日本近現代人名辞典

臼井勝美・高村直助・鳥海 靖・由井正臣 編

吉川弘文館

序

明治維新に始まる近代日本は、十九世紀末から二十世紀を通じて急速な発展をとげ、今日、好むと好まざるとにかかわらず国際社会におけるその影響力は非常に大きなものとなった。その間、日本人は激動する国際社会の中で、建設・破壊・戦争などさまざまな歴史的体験を味わった。近年、一方で政治・経済・社会・情報・文化といったあらゆる局面での地球規模の一体化が進むと同時に、他方では価値観の多様化が進行するといった状況がみられ、社会は混迷の兆しさえ見せ始めている。

歴史が「人間ドラマ」であることはしばしば指摘されているが、こうした状況の中で迎えた二十一世紀の初年にあたり、近代日本の歩みを、個々の人物の足跡を通して改めて見直してみることも意義深いことと考える。また、近現代という時期を限って挙げられる人物は、幕末維新期の勤王志士や、つい最近まで身近で活躍していた懐かしい顔ぶれが揃い、一般の関心も強いであろう。

幸い国史大辞典編集委員会が三十有余年の歳月をかけて完成させた『国史大辞典』には、近現代の人名項目が幅広く収められており、それを一冊の人名辞典として成すことの意義は大なるものがあると考える。そこで、近代担当の四名が、これらの項目をベースに項目の増補を行い、日本近代の夜明けである明治維新から二十世紀末に至る間に顕著な活躍を示した人物を網羅した人名辞典の編纂を行うことととなった。

日本近代の始期を明治維新に置くことは通説となっている。しかし、明治維新の始期に関してはその国内的必然性を強調して天保期に置く考え方や、国際的衝撃を重視してペリー来航の嘉永六年（一八五三）に置く考え方とがある。本辞典を編むにあたっては、近代の始期をひとまずペリー来航時として捉え、この時期を上限に、政治・経済・外交・科学・文化等で活躍した人物を対象とすることとした。また、下限は本辞典の刊行時期とのかね合いから平成十一年（一九九九）末までの物故者を対象とした。なお、内閣総理大臣就任者は、小泉純一郎首相までの歴代すべてを項目に立てることとした。

収載人物の選択にあたっては、概ねペリー来航以後の生存・活躍を目安として採否を決定したが、慶応年間（一八六五―六八）以降に没した人物については『国史大辞典』掲載項目をすべて採用するという方針をとった。もとより今日、同辞典のみでは十全ではないことは勿論である。新資料による加筆・訂正を施し、またその後の物故者を網羅的に検討した末、大塚久雄・杉原千畝・朝海浩一郎・司馬遼太郎・中村元……等のほか、野球の沢村栄治をはじめとするスポーツ関係の人物、木下恵介・黒澤明などの映画関係者までも含めた一一二項目を新たに立ててこれに加えた。

その結果、孝明天皇から昭和天皇に至る歴代天皇をはじめ、十二代徳川家慶から十五代慶喜に至る江戸幕府将軍、幕末期の各藩藩主、明治維新関係の志士、幕臣、篤農、商人、儒学者、国学者、政治家、民権家、内閣総理大臣、政府高官、軍人、実業家、思想家、学者、社会運動家・同事業家、文学者、音楽家、演劇人、映画人、スポーツ人などに、日本と関わりの深い外国人をも加えた収載人物は四五〇〇余名にのぼり、一冊本で詳細な解説をもつ人名辞典としては最大規模の人名辞典となった。

その記載は、生誕年月日・出生地・父母・履歴・死没年月日などをできる限り詳しくするよう心掛けた。墓所についても可能な範囲で記載し、研究者の便を図ってある。また、巻末には詳細な索引と没年月日順に配列した人名項目一覧を付した。

最後に、この辞典のために、項目の転載と新規執筆を快諾していただいた執筆者の方々に深く感謝申し上げる。

平成十三年六月

臼井勝美
高村直助
鳥海　靖
由井正臣

凡例

項目

一　本辞典には、明治維新以後、平成十一年（一九九九）に至る間に政治・経済・外交・科学・文化等で顕著な業績を示した人物を採取した。

二　一つの項目で、別の呼称や読みのある場合は、適宜その一つを選んで見出しを立て、他は必要に応じカラ見出しとし、その項目を指示した。

三　見出し

1　項目名の見出しは、かな見出し、本見出しの順に示した。

2　かな見出しは現代かなづかいによる「ひらがな」書きとした。また外国人名は「カタカナ」書きとし、原語の読みに近いように表記した。欧米人名は、ファミリー＝ネームで表記し、長音は長音符号（ー）を用いた。ただし、中国・朝鮮の人名などで慣用の漢字読みによるものは「ひらがな」書きとした。

3　本見出しは、日本読みのものは、漢字と「ひらがな」を用い、外国人名は原語を用いた。ただし、ギリシャ語・ロシア語などは、ローマ字に置きかえたものを用いた。欧米人名は、パーソナル＝ネーム、ファミリー＝ネームの順のフルネームとし、称号も付記した。かな見出しと全く一致する場合は、本見出しを省略した。

4　中国・朝鮮の人名は、必要に応じ本見出しの後に原語音のローマ字綴り（中国はピン音、朝鮮はマッキューン＝ライシャワー方式）を付記した。

配列

一　配列は、かな見出しの五十音順とした。清音・濁音・半濁音の順とし、また、促音・拗音も音順に加えた。長音符号（ー）は、その前の「カタカナ」の母音をくり返すものとみなして配列した。

二　かな見出しが同じ場合は、本見出しの字数・画数の順とした。

三　かな見出し、本見出しが同じ場合は、おおむね著名な順または年代順とし、㈠・㈡・㈢…を冠して一項目にまとめた。

記述

一　文体・用字

1　平易簡潔な文章を心がけ、敬語・敬称の使用は避けた。

2　漢字まじりの「ひらがな」書き口語文とし、かなづかいは、現代かなづかいを用いた。

3　漢字は、新字体を用い、歴史的用語などのほかは、なるべく常用漢字内で記述した。また、難読語には必要に応じて適宜振りがなを付けた。

4　数字は、漢数字を使用し、十・百・千・万などの単位語を付けた。ただし、西暦、西洋の度量衡、百分比、文献の編・巻・号などは、単位語を略し、桁数が多い時は、万以上の単位語を付けた。また、壱・弐・参・拾・廿・卅などの数字は使用しなかった。横書きの場合は、アラビア数字を用いた。

二　年次・年号

1　年次表記は、原則として年号を用い、（　）内に西暦を付け加えた。同年号が再出する場合は、西暦を省略した。

2　明治以前の改元の年号は原則として新年号を用い、太陽暦採用（明治五年、一八七二）前は、一月とはせず、正月とした。

三　昭和二十四年（一九四九）以前に没した日本人および中国・朝鮮人の年齢は、かぞえ年齢とし、そのほかは満年齢で記した。

四　記述の最後に基本的な参考文献となる著書・論文をあげ、研究の便を図った。

五　項目の最後に執筆者名を（　）内に記した。

六　記号

『　』　書名・雑誌名・叢書名などをかこむ。

「　」　引用文または引用語句、特に強調する語句、および論文名などをかこむ。

（　）　注および角書・割書を一行にしてかこむ。

⇨　カラ見出し項目について、参照すべき項目を示す。

—　区間を示す。

例：江戸—長崎

〜　数の幅を示す。

例：二五〜三五センチ

・　並列点および小数点を示す。

＝　二語以上の外国語を「カタカナ」書きにしてつなぐ時に用いる。

例：ウィリアム＝アダムス

‐　原語のハイフンを「カタカナ」書きにするときに用いる。

あ

アーサー James Hope Arthur 一八四二―七七 アメリカのコネティカット州ハートフォードに生まれる。南北戦争当時、十八歳で北軍に加わり、一年半軍隊生活をしたが、七〇年ブラウン大学、七三年ニュートン神学校を卒業。明治六年（一八七三）十月バプテスト教会宣教師として来日、横浜で日本語を学び、一方、夜学校で英語を教えたりした。同七年六月東京に移り、来日の時同船して知り合った森有礼から駿河台の家居を借りて、はじめは男児を教え、やがて女学校を始めた。八年十一月同派の婦人宣教師キダー Anna H. Kidder の来任とともに喜多女学校と呼ばれた。のちの駿河台英和女学校である。また同派の東京伝道の開拓者であり、九年五月東京で最初のバプテスト教会である東京第一浸礼教会を設立した。同十年五月健康を害したため帰国。一八七七年十二月九日、滞在中のカリフォルニア州オークランドで没。三十五歳。

参考文献 Proceedings of the General Conference of Protestant Missionaries in Japan, held in Tokyo October 24―31, 1900, 高橋楯雄編『日本バプテスト史略』上

（重久篤太郎）

アーネスト＝サトウ *Sir* Ernest Mason Satow ⇨サトウ

アーノルド *Sir* Edwin Arnold 一八三二―一九〇四 イギリスの詩人、ジャーナリスト。一八三二年六月十日イギリス、ケント州グレブゼンドに生まれる。ロンドン大学・オックスフォード大学を卒業。はじめ教育者となり、五四年から二ヵ年バーミンガムのエドワード王学校長、五六年から六一年までインド、プーナのデカン学校（コレッジ）の校長をつとめた。帰国後は『デーリー＝テレグラフ』の社説を執筆し、七三年主筆となった。八八年勲爵士（ナイト）を授けられる。移動特派員として世界中を回っていたが、明治二十二年（一八八九）に来日して二年近く滞在、各地で講演した。三番目の妻は仙台のクロカワ＝タマという日本人であった。一九〇四年三月二十四日没。七十一歳。作品は英詩によって東洋の思想と生活をうたったものが多く、釈迦の生涯をうたった長篇詩「アジアの光」The Light of Asia で名声を得、また日本関係の著作もある。著書に The Light of the World (1891); Japonica (1891); Adzuma or the Japanese Wife (1893); Seas and Lands (1899) などがある。

参考文献 W. C. Wilkinson: Edwin Arnold as Poetizer and as Paganizer (1884); Brooks Wright: Interpreter of Buddhism to the West, *Sir* Edwin Arnold (1969).

（重久篤太郎）

あいかわよしすけ 鮎川義介 一八八〇―一九六七 大正・昭和時代の技術者、実業家。特に日産（のちに満洲重工業開発会社）コンツェルンの総帥として著名。明治十三年（一八八〇）十一月六日長州藩士鮎川弥八の子に生まれる。鮎川家は、井上馨・貝島太助や三菱の木村久寿弥太・藤田伝三郎らとも姻戚であった。東大工科大学機械工学科卒業ののち、芝浦製作所の職工となり、アメリカに渡り、可鍛鋳鉄技術を研究して、明治四十一年井上の後援を得て戸畑鋳物を創設、経営にあたる。昭和三年（一九二八）、妹婿久原房之助の久原鉱業の経営難に際し、その社長となり、これを改組して持株会社「日本産業（日産）」とし、久原鉱業（日本鉱業と改称）・日立製作所系を子会社として発足した。日産の特色は、経営難の企業をやすく買いとりこれを更生させて、その株式を公開し、そのプレミアムを得るという事業内容と、持株会社日産の株式を公開し、大衆参加とするアメリカ方式をとったことであった。日産も昭和五・六年の不況期には赤字を重ねたが、同七年以後、業績は急激に好転し、日本水素・日産自動車・日産化学などを傘下におさめ、拡張をかさね、当時の軍需工業の発展の一翼をにない、新興財閥としての地位を確立した。鮎川は日本窒素の野口遵、理研の大河内正敏、日本曹達の中野友礼らとともに、技術者出身のコンツェルン主宰者として脚光をあびた。しかし、同十年ごろからは業績はやや下むき、加えて十二年の増税のため、子会社の利益と親会社の利益が二重に課税されることになり、持株会社の妙味はうすれるに至った。これよりさき、昭和十一年鮎川は陸軍の希望によって満洲を視察し、満洲産業開発計画に助言したことがあったが、十二年春、同計画の発足にあたり、陸軍・関東軍の要請をうけて満洲に重工業を建設する事業をひきうけ、同年十一月、日産本社を満洲にうつし満洲重工業と改称してこれを満洲国法人とした。その際の条件は満洲国政府の全額出資によって倍額に増資して資本金を四・五億円とし、かつ六％の配当保証を付すること、満鉄傘下の昭和製鋼以下の各社を満洲重工業の子会社とすること、そのための技術・資金を外国、特にアメリカに仰ぐことなどであった。日華事変が長期化し、対日世論が悪化して、外資導入の交渉は不成功に終り、ドイツとの連絡もうまくゆかず、重工業の建設ははかばかしくないままに、鮎川は十七年、後事を高碕達之助に委ねて満洲重工業を退いた。帰国後は東条内閣顧問となり、戦後戦犯容疑で東京の巣鴨に拘置されたが、二十二年釈放。二十七年中小企業助成会、三十一年中小企業政治連盟を創立、総裁となりみずから参議院議員となり、三十三年岸内閣最高顧問として訪米。三十四年、次男金次郎の選挙違反問題で議員を辞任。日産・満洲重工業の時代の足跡は昭和前期経済の

上できわめて大きい。四十二年二月十三日没。八十六歳。著書には『物の見方考へ方』『百味箪笥』などがある。

参考文献 日本経済新聞社編『私の履歴書』二四、佐々木義彦編『鮎川義介先生追想録』、山崎一芳『風雲児鮎川義介』、和田日出吉『日産コンツェルン』、小島直記『鮎川義介伝赤い夕陽』、安藤良雄編『昭和政治経済史への証言』上 （中村 隆英）

あいきつるきち 相木鶴吉 生没年不詳 明治時代の機関士、労働問題記者。自由民権運動から労働運動に参加し明治二十四年（一八九一）四月、矢野絃吉や自由党員長坂八郎らと群馬県高崎で『上毛自由』を発刊、労働問題を論じ百二十五号まで続刊した。同三十年十二月一日片山潜主筆『労働世界』が発刊されると、労働新聞社社員となってその挿絵を担当したが、翌三十一年四月五日、日本鉄道矯正会が組織されるとその所属となって労働運動に参加した。

参考文献 富沢実『群馬県社会運動物語』、片山潜・西川光次郎『日本の労働運動』（『岩波文庫』） （大原 慧）

あいざわさぶろう 相沢三郎 一八八九―一九三六 大正・昭和時代前期の陸軍軍人。明治二十二年（一八八九）九月九日仙台市に生まる。陸士卒業後、各地の歩兵連隊、戸山学校に勤務。昭和八年（一九三三）中佐となる。この間昭和四、五年ごろから村中孝次・末松太平・大蔵栄一・大岸頼好・西田税らと相識り、いわゆる皇道派の将校として昭和維新運動に邁進する。十月事件に参加。同十年八月十二日軍務局長永田鉄山少将を斬殺し、翌十一年七月三日銃殺刑に処せられた。四十八歳。彼は尊皇絶対を信念とした剣術の達人でもあった。

参考文献 高橋正衛『二・二六事件』（『中公新書』七六）、河野司編『二・二六事件』、林茂・伊藤隆他編『二・二六事件秘録』一 （高橋 正衛）

あいざわしゅんよう 相沢春洋 一八九六―一九六三 昭和時代の書家。名は茂、字は硯卿、別号に天心・酔硯・二水がある。明治二十九年（一八九六）二月十四日神奈川県三浦郡浦賀町（横須賀市浦賀町）に生まれた。早稲田実業学校卒、早稲田大学商科中退。書を中村春堂に学び、大正九年（一九二〇）文部省習字科試験に合格、諸中等学校に奉職した。また雑誌『手習』を主宰し、泰東書道院理事・審査員を経て昭和二十年（一九四五）以後しばらく日展審査員・参事となった。その書は鶩堂流に上代仮名高野切の書風を加味したものである。また趣味が広く硯石の鑑定、篆刻、大和絵などもよくした。同三十八年十一月二十三日栃木県鹿沼市で没。年六十七。著書に『ペン習字手本』『古筆の見方』、また『相沢春洋著作集』全一巻がある。

参考文献 奥山錦洞『日本書道史』 （樋口 秀雄）

あいざわせいしさい 会沢正志斎 一七八二―一八六三 江戸時代後期の儒学者。水戸藩士。名は安（やすし）、字は伯民、幼少時の通称は市五郎または安吉、元服して恒蔵と改めた。号は正志斎・欣賞斎、弘化二年（一八四五）致仕して憩斎といった。天明二年（一七八二）五月二十五日、水戸城西南下谷の宅に恭敬の長男として生まれた。会沢家は水戸藩成立前は常陸国久慈郡諸沢村（茨城県那珂郡山方町諸沢）の農民、初代徳川頼房の時、水戸に出て餌差となった。祖父が郡方勤め、父の代にはじめて下士の列に加わった。彼は幼少より学を好み、寛政三年（一七九一）十歳の時、藤田幽谷の門に入り、儒学・史学を学び、その高弟となった。同十一年彰考館に入って『大日本史』の編纂に従って以来、実力を認められて昇進し、文化元年（一八〇四）には二十三歳で徳川斉昭ら諸公子の侍読を命ぜられた。文政七年（一八二四）水戸領内大津浜に英人が上陸した時は、筆談役として英人と接触し、危機感を深めた。幕末尊攘運動に思想的影響を与えた『新論』は、その翌年に脱稿したものである。同九年彰考館総裁代役、同十二年藩主斉脩の継嗣問題が起ると、藤田東湖らとともに斉昭擁立派として活躍、藩主斉昭を中心とする天保の藩政改革にあたっては、改革派の中核として活躍した。天保元年（一八三〇）郡奉行、同二年御用調役、ついで彰考館総裁。特に藩校弘道館の建設に尽くし、同十一年弘道館の初代総教（教授頭取・督学）となった。その間禄高百五十石、役料二百石、都合三百五十石（水戸藩では中士の待遇）を給せられた。弘化元年斉昭が失脚すると、その雪冤運動にくわわり、同二年致仕し、翌三年蟄居を命ぜられた。この間に多くの著作がなされた。嘉永二年（一八四九）赦され、同六年学校教職となり、安政二年（一八五五）には弘道館総教に復し、本禄二百五十石、役料二百石、都合四百五十石を受けた。同五年戊午の密勅をめぐって水幕関係が悪化すると、正志斎は藩内過激派の鎮圧を主張し、かつての改革派同志の一部から、鎮派・柳派などと非難されるに至った。文久二年（一八六二）格式馬廻頭上座列となり、水戸では上士の待遇となった。同三年七月十四日水戸の自邸で没した。八十二歳。墓は水戸城外千波原先塋の地、本法寺境内にある。水戸藩では抜群の儒学者であり、教育者であった。彼の家塾や弘道館で、その教えを受けたものは藩内ばかりでなく、全国各地に及んだ。真木和泉・吉田松陰らも水戸訪問の際、彼に会って啓発された。正志斎は自著について、これを閑聖（国体・教育・政治・経済・道徳・時務論など）、息邪（破邪論）、思問（経伝の注釈を主とした儒学書）、言志（詩）、達己（文章）の五編に分類している。その主要なものには、閑聖編の『新論』『下学邇言』『江湖負暄』『迪彝篇』『時務策』『人臣去就説』、息邪編の『豈好辯』『諳夷問答』『三眼余考』、思問編の『泰否炳鑑』『読論日札』『読書日札』『典謨述義』『読周官』、言志編の『言志篇』『呵柯集』、達己編の『正志斎文稿』などがある。

参考文献 『水府系纂』、寺門謹『会沢先生行実』、同『正志斎先生略譜』、西村文則『会沢伯民』、高須芳次郎『会沢正志斎』、瀬谷義彦『会沢正志斎』（『日本教育

先哲叢書』一三)、山口宗之『幕末政治思想史研究』、尾藤正英『新論・迪彝篇』解説(『岩波文庫』)　（瀬谷　義彦）

あいざわただひろ　相沢忠洋　一九二六―八九　日本最初の旧石器発見者。大正十五年(一九二六)六月二十一日、相沢忠三郎・いしの長男として東京府荏原郡羽田村大字猟師町(東京都大田区羽田)で出生。不遇な幼少期を過ごし浅草の商家の奉公人となった昭和十三年(一九三八)ごろから独学で考古学を勉強。昭和十九年軍務(海軍)に服し、同二十年十月に桐生市へ復員。このころから行商しながら赤城山南麓で考古学調査を続ける。昭和二十四年七月に群馬県新田郡笠懸村岩宿の関東ローム(赤土)層断面から槍先形尖頭器を発見、これが日本最初の旧石器となった。その後、赤城人類文化研究所を創設し、多くの前期旧石器を発掘し日本列島人類文化の起源を終生求め続けた。昭和四十二年第一回吉川英治文化賞受賞。平成元年(一九八九)五月二十二日没。桐生市相生町薬王寺に眠る。六十二歳。勢多郡新里村奥沢に相沢忠洋記念館がある。

参考文献　『群馬県史資料編―原始古代1』、相沢忠洋『「岩宿」の発見』、同『「岩宿」の発見―まぼろしの旧石器をもとめて―』(『ちくま少年文庫』)、同「赤城山麓における関東ローム層中諸石器文化層の位置について」(『第四紀研究』一ノ一)　（大塚　初重）

あいざわやすかた　愛沢寧堅　一八四九―一九二九　明治・大正時代の自由民権家。陸奥国標葉郡高瀬村(福島県双葉郡浪江町)愛沢為規の長男として嘉永二年(一八四九)に生まれた。中村藩の下級武士で十人扶持、二十歳で戊辰戦争に従軍。明治六年(一八七三)磐前県属卒。翌七年小学校教員となる。十一年に北辰社に加入し県会議員に当選。河野広中らと交わり、十四年福島自由党の結成に努力。このころ三町歩の田畑を所有。県令三島通庸の圧制に反対し、十五年十二月一日福島事件に際して河野らとともに逮捕され、政府転覆の盟約を結んだ廉で、軽禁獄六年に処せられた。二十二年二月憲法発布の時、大赦出獄。その後衆議院議員に当選五回。はじめ自由党、のち憲政本党に所属。三十六年十二月、第十九議会で政治問題となった河野の奉答文の起草者は愛沢ともいわれた。中国古文学に詳しかったという。昭和四年(一九二九)八十一歳で没した。

参考文献　高橋哲夫『福島県民権家列伝』、庄司吉之助『日本政社政党発達史』　（庄司吉之助）

あいだにろう　相田二郎　一八九七―一九四五　大正から昭和にかけての日本古文書学・中世史学者。明治三十年(一八九七)五月十二日、本籍地神奈川県足柄下郡早川村に磯吉の次男として生まれた。神奈川県立小田原中学校から第四高等学校を経て大正九年(一九二〇)東京帝国大学文学部国史学科に入り同十二年卒業、直ちに同文学部史料編纂掛嘱託となり『大日本古文書』の編纂に従事、昭和二年(一九二七)史料編纂官補、同五年以降文学部講師として古文書学を講じた。同八年史料編纂官となり、同二十年六月二十二日、終戦間ぎわの窮乏のうち奇病に罹って没した。四十九歳。この間臨時東山御文庫の調査委員、歴代宸翰の調査委員、臨時陵墓調査委員、金沢文庫嘱託、沼津市史編纂顧問、東京都史蹟名勝天然紀念物調査嘱託などを兼ね、また一時期広島文理科大学、九州帝大法文学部で古文書学を講じた。史料編纂所の公務出張および各方面からの依頼で史料を採訪した範囲は、公的記録に残るものだけでも山形・愛知・三重・滋賀・京都・大阪・奈良・和歌山・広島・山口・福岡・佐賀など十二府県にのぼり、日常閑暇をみては古文書の採訪研究に余念がなかった。主として『歴史地理』誌上でめざましい研究活動をつづけ、『史学雑誌』『国史学』などに発表された雄篇も少なくない。主著に『中世の関所』(昭和十八年)、『日本の古文書』(同二十四年)、『蒙古襲来の研究』(同三十三年)がある。全作品を通じて古文書に関する深い学識と理解がにじみ出ている。古文書の研究・教育と史料の編纂に余念ない生涯であった。

参考文献　『歴史地理』八八ノ四(杉田二郎追悼特輯)　（弥永　貞三）

あいちきいち　愛知揆一　一九〇七―七三　昭和時代の官僚、政治家。明治四十年(一九〇七)十月十日、理論物理学の先駆者として著名な東北帝国大学教授愛知敬一の長男として仙台市に生まれ、昭和六年(一九三一)東京帝国大学法学部を卒業。大蔵省に入って、順調に官房長、銀行局長へ昇進したが、占領軍との財閥解体交渉の手腕を吉田茂首相に見込まれて政界に転じ、二十五年の参議院選挙に自由党から全国区で初当選。三十年の総選挙から衆議院宮城一区に移って連続七回の当選を重ねた。保守党内屈指の財政・経済通として昭和二十九年吉田内閣の通産相に抜擢された後、歴代内閣で主要閣僚や党役員を歴任。特に佐藤・田中角栄両内閣の発足には政策・党務両面で支柱の役割を果たした。佐藤内閣の外相として沖縄の本土並み返還に尽力した後、田中内閣では蔵相として第一次石油危機への対応に腐心したが、閣議で補正予算案の説明を行なった翌日の四十八年十一月二十三日、訪欧を二日後に控えて急死。六十六歳。その死は田中内閣の崩壊に拍車をかけた。

参考文献　日本経済研究会編『ステーツマン愛知揆一追想録』　（今津　弘）

あいづのこてつ　会津小鉄　一八四五―八五　幕末・明治時代前期の関西の侠客。本名上坂仙吉。素生は明らかでない。文久二年(一八六二)会津侯松平容保が京都守護職に任ぜられてから、会津部屋に奉公し、会津の小鉄といわれた。侠気があり明治維新の京都騒乱には、会津方軍夫を指揮して功があった。明治になってから京阪を中心に二千五百余人の子分(乾分)と、豪壮な賭場とを持って威をふるった。明治十八年(一八八五)三月十九日、洛外白川村にて没す。四十一歳。江戸の新門辰五郎、東海の清水次郎長、関西の小鉄を世に三侠客と並び称している。

参考文献　山川浩『京都守護職始末』、尾形鶴吉『本邦侠客の研究』、田村栄太郎『やくざの生活』、桜田大我「関西極道界の巨人」(『日本及日本人』五四九)

（尾形　裕康）

あいづやいち　会津八一　一八八一―一九五六　大正・昭和時代の美術史家、歌人、書人。渾斎・秋艸道人と号した。明治十四年(一八八一)八月一日、新潟古町通に生まれる。同三十九年早稲田大学文学部を卒業、坪内逍遥にふかく師事した。青年時代、新潟にあって正岡子規の俳句革新をうけつぎ、実作・評論に従ったが、のち短歌に転じ、大正十三年(一九二四)第一歌集『南京新唱』を出版した。その歌風は『万葉集』、良寛、子規を継承し、独自の歌格をなしている。以後『鹿鳴集』を編み、円熟を加えた。また自作の歌をテーマにエッセー『渾斎随筆』を公刊した。他方、大学卒業後は新潟県中頸城郡の有恒学舎に、ついで明治四十三年、早稲田中学に英語の教師として勤めた。大正二年には早稲田大学文学科講師を兼任し、同十四年からは早稲田大学付属高等学院教授に就任、昭和六年(一九三一)同大学教授として東洋美術史を講述した。東洋美術の著述としては、最も早期に『奈良美術史料・推古篇』がある。そのころから創刊された美術史誌『東洋美術』の編集を指導し、盛んに奈良美術に関する論文を執筆し、ついに『法隆寺・法起寺・法輪寺建立年代の研究』を著わして文学博士の号を受けた。同二十年四月一日、早大教授を辞任、のち同校名誉教授となる。同年四月十四日、米軍機の爆撃により罹災、蔵書と愛玩の器をことごとく灰燼にし、郷里新潟に帰った。やがて新潟中条町西条の観音堂での生活が始まる。翌年、新潟市南浜通二番町に転居、歌集『山光集』を編み、つづいてその翌年、最後の歌集『寒燈集』を出版し、また書画図録『遊神帖』を公刊した。八一は書画の資質にもめぐまれ、すでに早くから書壇外にあって清冽高雅な書品をもって知られていた。とりわけ戦後は、書画の制作に心を傾け、しきりに個展をひらいた。画家杉本健吉との合作になる書画譜『春日野』もその一つである。昭和二十六年自作の歌を一本にまとめて、『会津八一全歌集』を出版した。また『鹿鳴集』に自註をほどこして『自註鹿鳴集』を印行した。同三十一年十一月二十一日冠状動脈硬化症のために死去。享年七十五歳。新潟市西堀通瑞光寺に葬られる。戒名は自撰の渾斎秋艸道人。死後『会津八一全集』全十巻が刊行されている。

参考文献　宮川寅雄『会津八一』(『紀伊国屋新書』A四九)、安藤更生『書豪会津八一』、長島健・柳田泉編『坪内逍遥・会津八一往復書簡』

（宮川　寅雄）

あいみつ　靉光　一九〇七―四六　大正・昭和時代前期の洋画家。本名石村日郎。明治四十年(一九〇七)六月二十四日広島県山県郡壬生町(千代田町)で生まれた。十八歳の時上京して太平洋画会研究所に学んだが、このころから靉川光郎と名のり、さらに略して靉光と号した。マチス・ゴッホ・ルオーらに傾倒し、大正十五年(一九二六)から二科・一九三〇年協会・独立美術協会・中央美術などの諸美術展に相ついで出品、昭和十四年(一九三九)には美術文化協会の創立にあたって同人となった。作風はその間多彩に変貌したが、早くから東洋画に関心をもち、独自の方法で東西美術様式の融合をはかりながら、次第に超現実的な傾向に進んだ。同十七年同志と新人画会を結成して一層の活躍を期したが、第二次大戦に応召、昭和二十一年一月十九日上海で戦病死した。四十歳。代表作は「馬」「目のある風景」「自画像」など。

参考文献　宮川寅雄『靉光』、菊地芳一郎編『靉光』

（富山　秀男）

アウンサン　Aung San　一九一五―四七　ビルマ独立運動の指導者。アウンサンとするのが正しい表記であるが、わが国ではオンサンと誤って表記される。一九一五年二月十三日、中部ビルマ、マグウェ県ナッマウ町に生まれる。三二年ラングーン大学に入り法律を学んだ。同大学学生自治会の執行部に入り、機関誌『オウウェイ』の編集責任者となり、筆禍のため大学を追放されたが、三六年学生ストライキを指導し一躍有名となる。全ビルマ学生連合を組織し初代書記長、三七年委員長。三八年ドバマ＝アシアヨン(一名タキン党)に入り、タキンオン＝サンと称し、三九年書記長に就任。四〇年インド国民会議派大会に出席し、同派の反帝国主義運動に共鳴し、帰国後反英独立運動を指導したため、イギリス官憲の追及をうけ、同年密出国し厦門（アモイ）を経て日本に渡り、日本の援助のもとにいわゆる三十人志士を中心として、ビルマ独立義勇軍ＢＩＡを作り、太平洋戦争が起ると日本軍と共にビルマに侵攻。バモー政府の国防相となり、またビルマ国防軍ＢＤＡの司令官となった。他方四四年密かに反ファシスト人民自由連盟ＡＦＰＦＬという抗日地下組織を作り、連合軍のビルマ侵攻に応じて四五年三月、日本軍に叛乱を起した。戦後四五年ＡＦＰＦＬの総裁に選ばれ、四七年二月パンロウン会議でビルマ各民族の団結を固め、一方新任のランス総督と交渉、中間政府を組織し副主席となった。四七年一月ロンドンでオンサン・アトリー協定を結び、完全独立を準備した。しかし同年七月十九日閣議の最中反対派に暗殺された。三十二歳。

参考文献　Maung Maung：A Trial in Burma；Maung Maung：Aung San of Burma. ボウ＝トゥンフラ『アウンサン将軍―ビルマ独立の立役者―』(荻原弘明・大野徹訳、『鹿大史学』一四・一五、『鹿児島大学史録』一)

（荻原　弘明）

あえばこうそん　饗庭篁村　一八五五―一九二二　明治時代の小説家、劇評家、新聞記者。本名与三郎。別号竜（りゅう）泉（せん）居士・竹の屋主人など。安政二年(一八五五)八月十五日江戸下谷竜泉寺町(東京都台東区竜泉)の質屋に生まれた。明治七年(一八七四)読売新聞社に入社し、のちに小説を執筆して、同十四、五年ごろには、岡本起泉・古川魁蕾とともに三才子と称され、同二十年ごろには、須藤南翠とともに文壇の二長老格とみられるに至った。彼の作風は、江戸文学、特に江島其磧・八文字屋自笑の八文字屋本が基調となっていたように、前期上方文学にまで通じていたために、明治二十年代の元禄文学復興の先駆として、根岸派の代表作家となりえたのだった。同二十二年、読売新聞社から朝日新聞社に転じ、終生同社に関係した。明治二十五年以降は、小説よりも劇評に力を注ぐようになり、一方、坪内逍遙の要請によって、早稲田大学の前身東京専門学校で江戸文学を講義した。新時代の動向や文学の進歩に関心を示して挫折した過渡期の作家だった。大正十一年(一九二二)六月二十日没。六十八歳。墓は東京都豊島区駒込の染井墓地にある。著書は『当世商人気質』(明治十九年)、『むら竹』(同二十二―二十四年)、『竹の屋劇評集』(昭和二年)などがある。

参考文献 暉峻康隆『近世文学の展望』、木俣修他編『人と作品現代文学講座』一、『日本文学全集』六九、川田千恵子「文学遺跡巡礼(日本文学篇八四)」(『学苑』一二ノ六) (興津 要)

あおきかずお 青木一男 一八八九―一九七七 大正・昭和時代の官僚、政治家。明治二十二年(一八八九)十一月二十八日、長野県に生まれる。東京帝国大学法科大学卒業後、大正五年(一九一六)大蔵省に入る。英仏駐在財務書記を経て大正末から昭和十一年(一九三六)三月まで、国庫課長・外国為替管理部長・理財局長として、金現送、金輸出解禁、同再禁止、資本逃避防止、外国為替管理など、対外経済問題の処理にあたった。大蔵省退官後、対満事務局次長、十二年十月企画院次長、十四年一月同総裁。十四年八月に阿部内閣の大蔵大臣兼企画院総裁となり在任五ヵ月。十五年四月阿部大使のもとで中華民国特命全権大使顧問となり在華一年九ヵ月、汪政権の独立に尽力した。阿部内閣の英米協調的な経済政策態度は、彼の企画院以来の日本経済研究によるものであった。十七年九月に東条内閣の国務大臣となり、同年十一月大東亜省設置とともに大東亜大臣となり、在任一年九ヵ月。この間、十四年八月から二十一年一月まで貴族院議員。第二次世界大戦後、いったん公職追放となったが、まもなく解除となり、二十八年から五十二年まで参議院議員、自由民主党所属。著書として『聖山随想』がある。昭和五十二年六月二十五日没。九十二歳。 (西村紀三郎)

あおきしげる 青木繁 一八八二―一九一一 明治時代の洋画家。明治十五年(一八八二)九月二十三日、久留米に生まれ、同三十二年十七歳で中学を中途退学して上京、小山正太郎の洋画塾不同舎に学んだが、翌年東京美術学校西洋画科選科に進み、黒田清輝の指導をうけた。この在学中インドや日本神話に強い興味をもち、またイギリスのラファエル前派の画風などもとり入れて、早くから独自の情熱的作風を生みだし、三十六年の第八回白馬会展に「黄泉比良坂」「闍威弥尼」などを出品、白馬会賞をうけ、さらに翌年の卒業の年には、第九回白馬会展に名作「海の幸」を発表して、一躍その天分を認められた。またこの年、同じく房州布良(めら)の海辺に取材した印象派風の海景数種や、華麗な色調による「天平時代」などを制作、詩人蒲原有明と知り合い、その詩集に口絵や挿絵を描いたりしている。その後は、四十年東京府勧業博覧会に「わだつみのいろこの宮」を出品して三等賞となり、多くの識者に注目されたが、実家の没落や恋愛生活のつまずきなどから同年九州に戻り、四十一年以後、久留米や熊本・天草・佐賀などを放浪した末、明治四十四年三月二十四日病気のため福岡市の病院で三十歳の薄命の生涯を閉じた。その作風は明治時代中期の自然主義に抗して、独特な浪漫的作情を高くうたい上げている点に特徴があり、主な遺作はブリヂストン美術館に収蔵されている。なお遺書に『仮象の創造』がある。

参考文献 『青木繁画集』、河北倫明『青木繁―生涯と芸術―』 (富山 秀男)

あおきしゅうすけ 青木周弼 一八〇三―六三 江戸時代後期のオランダ医学者。享和三年(一八〇三)正月三日、周防大島郡に生まれる。名は邦彦、月橋と号し、周弼は通称。萩藩藩医能美洞庵の門に入って漢方医学を学んだ後、大坂に遊学して蘭学を修める。さらに江戸に出て坪井信道・宇田川榛斎のもとでオランダ医学を修め、一時長崎にも遊学した。天保九年(一八三八)、萩藩藩医に召し抱えられ、同十一年藩の医師養成機関である医学館(好生館)の設立に尽力、蘭学教授となって多くの子弟を教育した。嘉永二年(一八四九)牛痘苗伝来を聞いて、弟研蔵を牛痘接種法伝習のために長崎に遊学せしめ、まずこれを自家の子女に試みた上、広く藩内に施行した。藩主毛利敬親の信任を得て、医育の興隆、衛生事業の発展に寄与する一方、海外の事情に通じ、幕末の時事を憂いて開国進取の精神を鼓吹し、また西洋兵学を紹介した。文久三年(一八六三)十二月十六日、六十一歳で没す。周防国大島郡広雲寺に葬ったが、のち青木子爵家墓地に改葬された。著書に『医院類案』『察病論』『内外方叢』『病理論』などがある。

参考文献 青木周弼先生顕彰会編『青木周弼』 (大島蘭三郎)

あおきしゅうぞう 青木周蔵 一八四四―一九一四 明治時代の外交官。琴城と号した。弘化元年(一八四四)正月十五日、父三浦玄仲、母友子の長男として長門国厚狭郡に生まれる。幼名団七、のち玄明と改む。幼くして学を好み、福原越後の領内にある村学校晩成堂、豊後中津の手島仁太郎の塾で学ぶ。手島塾の橋本忠次郎に勤皇を教えられ、福沢諭吉の修学方法に傾倒する。慶応元年(一八六五)萩藩校明倫館好生堂教諭役青木研蔵の養子となる。同三年藩命で長崎へ赴き医学を修め、明治元年(一八六八)医学修業のため藩留学生としてプロシアへ向かう。ベルリン到着後、宿願であった政治・経済学を大学で学ぶ。

木戸孝允の推薦によって同六年外務一等書記官心得を振出しに外交官の道を歩むことになった。同七年最初の専任駐独公使となる。同十年ドイツ貴族の娘エリザベットを妻とし、ドイツでの外交活動が有利となる。木戸の没後、井上馨の頭脳となりドイツから条約改正交渉の助言を行う。同十九年外務次官となって井上の主宰する条約改正会議に女房役として活躍、大隈外相時代も次官として残る。同二十二年第一次山県内閣の外相としてイギリスと条約改正交渉にあたる。交渉が有利に動いた時大津事件が起り、責任をとらされて辞職。同二十五年再び駐独公使、翌年イギリスとの条約改正交渉のため駐英公使兼任となって苦闘の末、同二十七年七月、日英通商航海条約に調印、領事裁判権の撤廃に成功した。ついで同三十一年、第二次山県内閣の外相となり、北清事変を遂行した。同三十九年、駐米大使として移民問題の解決にあたったが、越権行為ありと召還された。青木は駐独公使時代が長く、明治のドイツ通の第一人者で、日本の体制づくりにドイツ化を図った。大正三年(一九一四)二月十六日東京市麴町区上二番地(千代田区麴町)で没。七十一歳。枢密顧問官。子爵。栃木県那須別荘内に葬る。著作に『青木周蔵筆記』『条約改正記事』がある。

参考文献 『青木周蔵自伝』(『東洋文庫』一六八)、河村一夫「青木外相の韓国に関連する対露強硬政策の発展と日英同盟の成立との関係」(『朝鮮学報』五四・五五)
(坂根 義久)

あおきのぶみつ 青木信光 一八六九―一九四九 明治から昭和時代前期にかけての政治家。明治二年(一八六九)九月二十日、水戸藩付家老中山信徴の四男として生まれる。のち、摂津国麻田藩主青木重義の養嗣子となり、子爵を襲爵。二十三年東京法学院卒。三十年貴族院議員に当選。明治末期から大正期にかけて、水野直らとともに研究会(子爵団を中心とする、貴族院内最有力会派)の幹部として活躍。昭和二十一年(一九四六)まで在職。この間、宗秩寮審議官、日本銀行および住宅営団各監事、鉄道会議議員、国有財産調査会および文政審議会各委員を歴任。また、内国通運・東武鉄道・仁寿生命・日華生命・武蔵中央電鉄各社重役を勤めるなど、実業界にも足跡を残す。昭和二十四年十二月二十七日死去。八十一歳。
(成沢 光)

あおきのりずみ 青木宣純 一八五九―一九二三 明治・大正時代の陸軍軍人。安政六年(一八五九)五月十九日、宮崎に生まれた。父は新蔵。第三期砲兵科士官生徒として、明治十二年(一八七九)に陸軍士官学校を卒業し、砲兵少尉となる。同二十四年参謀本部付としてベルギーに留学した。日清戦争には、少佐で第一軍参謀として出征し、もっぱら情報勤務にあたった。北清事変にも出征したが、作戦に関係せず、占領した天津の民政長官に任ぜられた。このような経歴によって、日露戦争には、大佐で出征し、満洲軍総司令部付となっていたが、特別任務に服し、北京に在って情報蒐集にあたった。そして戦争が終ると、そのまま清国公使館付武官に補せられ、この職を大正二年(一九一三)八月まで続け、その八月二十三日に中将に進むとともに、旅順要塞司令官に転補された。在職二年にして、同四年十二月参謀本部付となり、同八年八月予備役に編入された。これよりさき同六年二月に、現役のまま支那総統府(袁世凱政府)の軍事顧問となって、日中親善に尽くすところが多かった。大正十二年十二月十二日に没した。六十五歳。軍人生活四十年の間、部隊生活は中・少尉時代数年にして、その大部分は諜報的勤務、それも中国勤務で終始したのは珍しい例である。中国の官民からの信望は大きかった。

参考文献 故伊集院男爵十周年忌追悼会編『伊集院彦吉男・青木宣純将軍追悼録』
(松下 芳男)

あおのすえきち 青野季吉 一八九〇―一九六一 大正・昭和時代の文芸評論家。明治二十三年(一八九〇)二月二十四日新潟県佐渡に生まれた。早大英文科卒。中学生のころ、同郷の北一輝の影響を受けて社会問題に関心をもち、大正中期に市川正一・平林初之輔・鈴木茂三郎らを知り社会主義の理論を学んだ。大正九年(一九二〇)、直木三十五にすすめられてロープシンの『蒼ざめたる馬』を翻訳。十一年、市川・平林らと『無産階級』を発行。同年、評論『心霊の滅亡』を発表して文壇に認められた。第一次共産党に入党。翌年一月『種蒔く人』の同人となった。同十三年日本ビューローの一員として徳田球一らと上海に渡り、コミンテルン代表と会ったりしたが、帰国後ビューローを去り党と絶縁。同年の『文芸戦線』創刊後は「外在批評論」「目的意識論」などを主唱し、初期プロレタリア文学の指導的評論家として重きをなした。全日本無産者芸術連盟(ナップ)成立後は労農派系の文戦派をリードしたが、昭和十三年(一九三八)人民戦線事件でとらえられ、獄中で転向した。第二次大戦後は日本ペンクラブを再建、日本文芸家協会の会長にも就き、文壇の長老として活躍した。同三十六年六月二十三日没。七十一歳。著書に『解放の芸術』『転換期の文学』『マルクス主義文学闘争』『実践的文学論』『一つの石』『文学五十年』『青野季吉日記』その他がある。

参考文献 『文学』三一ノ七(青野季吉特集)
(小田切 進)

あおやまかげみち 青山景通 一八一九―九一 幕末・明治時代の国学者。美濃国苗木藩士。文政二年(一八一九)の生まれ。幼名は直意、通称は稲吉。平田篤胤の門に入り、また書を三好想山に学び、明治維新後は神祇事務局、神祇官の権判事、神祇少祐に任ぜられ、神祇大副近衛忠房らと明治四年(一八七一)の神宮改革にもあたった。苗木藩の神仏分離も景通父子に負うところが多い。明治二十四年二月十一日没。七十三歳。名医青山胤通(男爵)はその三男である。

参考文献 鵜崎熊吉『青山胤通』、常世長胤『神祇官沿革物語』、同『神教組織物語』
(阪本 健一)

あおやまさんう　青山杉雨　一九一二―九三　昭和・平成期を代表する書家。明治四十五年(一九一二)六月六日、父千代吉・母ための次男として愛知県葉栗郡草井村(江南市)に生まれる。本名文雄。豊道春海門の大池晴嵐に書を学び、華麗な行書・草書を得意にしたが、昭和十七年(一九四二)西川寧(靖庵)に師事、やがて篆隷体に意志的で力強い作風を創始した。同二十五年・二十六年、日展特選を連続受賞。三十八年文部大臣賞、四十年日本芸術院賞を受賞。日展・読売書法会の要職を歴任して書道界をリードするとともに、三十四年大東文化大学教授に任ずるなど書道教育に尽力、『明清書道図説』『書の実相―中国書道史話―』など著作も多く、書に関わる研究・教育・啓蒙の面で多大な業績を残した。五十八年日本芸術院会員、六十年勲三等旭日中綬章を受け、さらに六十三年文化功労者に選ばれ、平成四年(一九九二)に書道界三人目の文化勲章を受章した。同五年二月十三日没。八十歳。法名洪覚院殿文誉杉雨大居士。墓所は東京都品川区上大崎の高福院。

参考文献　『青山杉雨展図録』、東京国立博物館編『青山杉雨氏寄贈中国書蹟図録』　(角井　博)

あおやますぎさく　青山杉作　一八八九―一九五六　大正・昭和時代の俳優、演出家。明治二十二年(一八八九)新潟県北蒲原郡紫雲寺村に東本願寺派紫雲寺の第十五代世子として生まれた。本名達美。早大哲学科から英文科に転じて中退し、友人村田実と「とりで社」を明治四十五年に設立、このときから青山杉作の芸名を使った。大正六年(一九一七)に踏路社を結成して写実演劇の徹底を期して出発、同時に日本映画の黎明期に俳優として参加した。同十三年築地小劇場が設立されると演出家として招かれ、俳優指導に力を注いだ。東山千栄子は門下生の一人である。彼はまた松竹少女歌劇団、放送劇団、オペラ関係の演出面を開拓した先駆者であるが、オニールやイプセンその他新劇関係の演出作品だけで百八十余あり、アリストパネス『女の平和』(昭和二十九年(一九五四)上演)の群衆処理は秀抜な演出として残った。昭和十九年に俳優座創立に参加して劇団代表者となり、同三十一年十二月二十六日心筋梗塞のため東京都港区麻布飯倉片町の自宅で死去、六十七歳だった。

参考文献　青山杉作追悼記念刊行委員会編『青山杉作』　(尾崎　宏次)

あおやまたねみち　青山胤通　一八五九―一九一七　明治時代の医師。癌研究会をおこす。幼名を捨松、さらに助松。安政六年(一八五九)五月十五日、美濃苗木藩の江戸下屋敷(麻布)に生まれた。父景通は平田流国学の信奉者。明治二年(一八六九)国学者平田延胤(篤胤の孫)の養子となり、胤通と改名。同四年青山姓に復す。同六年大学東校に入学、同十五年東京大学医学部を卒業し、ベルツ教授の助手となる。翌十六年ドイツに留学し、ウィルヒョウらに師事し、同二十年帰国、ただちに母校の教授に任ぜられ、内科学講座を担当した。業績としては二十七年の香港におけるペスト研究が著名で、この時みずからも罹患した。三十四年医科大学長。三十九年帝国学士院会員。大正三年(一九一四)伝染病研究所文部省移管問題が起り、渦中の人となる。同六年十二月二十三日東京で死亡。五十九歳。谷中墓地に神葬された。

参考文献　鵜崎熊吉『青山胤通』、熊谷謙二編『思い出の青山胤通先生』　(大塚　恭男)

あおやまのぶみつ　青山延光　一八〇七―七一　江戸時代後期の儒学者。常陸国水戸藩士。字は伯卿、通称は量太郎、佩弦斎または晩翠と号した。青山延于の長子。母は佐野盛章の女。文化四年(一八〇七)十月二十三日水戸城下の田見小路に生まれた。文政七年(一八二四)五人扶持を受けて江戸彰考館雇、同十年『東藩文献志』編修掛りに任ぜられた。天保元年(一八三〇)水戸勤めとなって彰考館総裁代役、同十一年小性頭取に進み弘道館教授を命ぜられ、十四年家督を継ぎ(百五十石)小性頭で教授頭取を兼ねた。弘化三年(一八四六)再び彰考館に入り『大日本史』の校訂作業に尽力、嘉永二年(一八四九)の紀伝上木に際しては前藩主徳川斉昭の跋文を代作した。同五年小性頭兼教授頭取に戻り、役料二百石を給せられた。明治二年(一八六九)には大学中博士となり、同四年九月二十九日東京本郷弓町の自宅で没。六十五歳。墓は水戸市内の常磐共有墓地にある。史学と文書に秀で、『国史紀事本末』『野史纂略』『学校興廃考』等多数の著述がある。

参考文献　青山勇編『先考行状』、栗田勤『水藩修史事略』、吉田一徳『大日本史紀伝志表撰者考』、『水戸市史』中三　(鈴木　暎一)

あかいかげあき　赤井景韶　一八五九―八五　明治時代前期の自由民権運動家。越後国高田藩出身。旧名乙五郎。安政六年(一八五九)九月二十五日、高田城下に生まれた。赤井家の旧禄は十石二人扶持。父喜平は戊辰戦争で戦死、母に育てられた。明治十年(一八七七)西南戦争に巡査として参加。その後東京にとどまったが同十四年に帰郷、同年十一月、現在の上越市を中心に結成された頸城自由党に加入、『自由党史』によれば、「人と為り俊慓、最も感情に富み、慷慨自ら性を成す」青年党員であった。翌十五年、大臣・参議の暗殺を志したが説得されて中止、この時書いた天誅党旨意書が同十六年の高田事件の際唯一の証拠とされ、彼のみが内乱陰謀予備で重禁獄九年の判決を受けた。東京の石川島監獄に服役中、同十七年三月二十六日に脱獄、車夫を撲殺し、九月に逮捕された。死刑の宣告を受け、同十八年七月二十七日、東京の市ヶ谷監獄内の絞首台で二十七歳の生涯を閉じた。東京谷中の天王寺の墓地に「赤井景韶之碑」がある。

参考文献　『高田市史』一、江村栄一『自由民権革命の研究』、宮武外骨編「赤井景韶伝」(『随題随記随刊』所収)　(江村　栄一)

あかいよねきち　赤井米吉　一八八七―一九七四　大正・昭和時代の教育者。私立明星学園の創設者。明治二十年

（一八八七）六月一日、石川県石川郡野村（金沢市）に生まれる。山本太右衛門・はつの三男。金沢第二中学校、石川師範学校を経て、同四十五年広島高等師範学校を卒業、愛媛師範学校教諭となる。その後、福井県の中等学校教諭、秋田師範付属小学校主事として活躍し、大正十一年（一九二二）私立成城小学校に幹事として転任した。大正期自由教育を実践的にになったが、ダルトン＝プランDalton-plan の翻訳・紹介者として有名になる。同十三年五月、三人の同人と私立明星学園を創設、初代校長となる。一九三〇年代には、国際的教育会議に参加したり、著述活動も精力的に行なった。戦後、郷里金沢に金沢女子専門学校を創設したが、戦中の国策協力が問われ、教職追放となる。解除後、明星学園理事長、全国市町村教委連合会会長、下中記念財団理事長となり、のち明星学園長。主著に『愛と理性の教育』（昭和三十九年）がある。また、北陸新聞社社長を務める。昭和四十九年二月二十六日没。八十六歳。

（久保 義三）

あかおびん　赤尾敏　一八九九―一九九〇　昭和時代の国家主義者。明治三十二年（一八九九）一月十五日、名古屋市に生まれる。愛知県立第三中学校五年の春に、父の漁業根拠地の三宅島に渡り、共産主義的社会の実現を夢み、数十万円を蕩尽す。大正十年（一九二一）名古屋に帰り、借家人組合、農民組合を組織し社会主義運動に従事、十四年検挙され懲役一年（執行猶予五年）に処せらる。この検挙・裁判中、赤尾に対する組合員の非人情・悪宣伝を動機に社会主義を捨て、皇室中心を奉ずる国家主義者に転向。同年三月上京、メーデーに対抗する愛国的示威運動として建国祭の挙行を計画、十五年二月十一日に第一回建国祭を決行。同時に上杉慎吉・高畠素之・頭山満らの賛同を得て建国会を結成（会長は上杉）。第二次世界大戦下の昭和十七年（一九四二）建国会を大日本皇道会と改称。同年四月の翼賛選挙で東京第六区から非推薦候補で立候補し当選。翌年衆議院内での東条英機首相弾劾の言辞により懲罰さる。終戦で会は解散、公職追放になる。二十六年八月六日、追放解除。翌二十七年十一月三日、大日本愛国党を結成し、総裁となる。反共運動を中心に憲法改正、ソ連抑留日本人の帰国促進、親米などをスローガンに掲げ連日の街頭演説、文書配布をなす。数多くの国政選挙に立候補している。平成二年（一九九〇）二月六日没。九十一歳。墓は神奈川県横須賀市津久井の東光寺にある。なお浅沼稲次郎社会党書記長刺殺犯人、中央公論社社長邸襲撃（嶋中事件）犯人は、大日本愛国党の元党員である。

参考文献　司法省刑事局編『国家主義系団体員の経歴調査』一、公安資料調査会編『憂国箴言』

（高橋 正衛）

あかぎむねのり　赤城宗徳　一九〇四―九三　昭和・平成時代初期の政治家。明治三十七年（一九〇四）十二月二日茨城県に生まれる。昭和二年（一九二七）東京帝国大学法学部卒業。郷里の上野村村長・茨城県会議員を経て、同十二年茨城県三区より衆議院議員に当選、以来十五回当選。農業協同組合運動を進め、同県農協中央会会長、同中央畜産会会長などをつとめた。第二次世界大戦後、一時、公職追放にあったが、解除後政界に復帰し自由党に入党。いったん民主党に転じ、保守合同で自由民主党に入る。第二次岸内閣の官房長官、ついで防衛庁長官となり、三十五年の安保改定反対運動の高まりに対して自衛隊の出動拒否を貫いた。第二次・三次池田内閣、第一次・三次佐藤内閣の農林大臣をつとめ、農業の構造改善に尽力、また日ソ漁業交渉にあたった。自民党内では総務会長・政務調査会長などの要職を歴任。平成二年（一九九〇）の総選挙には立候補せず政界を引退。著書に『苦悩する農村』『平将門』『農村随想』などがある。平成五年十一月十一日東京都の病院で死去。八十八歳。

参考文献　寺田晃夫他編『歴代国会議員名鑑』中

（鳥海 靖）

あかしてるお　明石照男　一八八一―一九五六　大正・昭和時代の銀行家。明治十四年（一八八一）三月三十日、静一郎の長男として生まる。同三十九年東京帝大法科大学卒業、欧米留学。同四十四年一月第一銀行に入行、大阪支店副支配人・取締役・副頭取などを経て、昭和十年（一九三五）十月第四代頭取に就任、「健全銀行主義」「経済道徳合一主義」をもって経営にあたる。十八年三月、三井銀行との合併により帝国銀行取締役会長となり二十年三月辞任。昭和三十一年九月二十九日没。七十五歳。妻愛子は渋沢栄一の長女。『明治銀行史』『大正銀行史』などの著書がある。

参考文献　青潮社編『日本財界人物列伝』二

（杉山 和雄）

あかしひろあきら　明石博高　一八三九―一九一〇　明治時代に、京都において殖産興業・医療政策・救貧政策などを中心として近代文明の指導的役割を果たした人。幼名は弥三郎、実名を博人、字を博高、号を静瀾・万花堂主人といい、京都の四条通堀川西入唐津屋町に生まれた。祖父の善方より西洋医学・化学を、津藩医官柏原学介より解剖学・生理学などを学んだ。明治元年（一八六八）京都の御所内病院（病院の濫觴）、二年大阪病院、三年娼妓黴毒治療所、七年京都府療病院、同年医師試験制度制定などに尽力した。また勧業場・養蚕場・製紙場・製革場・牧畜場の開設、四年京都博覧会（博覧会の濫觴）の開設などのほか、西陣機業振興のためジャカード織機の輸入、物産引立会社の創設などを指導した。そのほかにも学校の設立、窮民授産所の設置など、その活動は多彩多方面に及んだ。『日本薬泉考』『化学撮要』などの著述がある。明治四十三年没。七十二歳。

参考文献　田中緑紅『明治文化と明石博高翁』、明石厚明『静瀾翁略伝』、吉川秀造「明治初年京都府の新産業政策と明石博高」（『経済史研究』二六ノ二）

（林 英夫）

あかしもとじろう　明石元二郎　一八六四―一九一九　明治・大正時代の陸軍軍人。元治元年(一八六四)八月一日福岡藩士明石助九郎の次男として福岡で生まれた。幼時に父を失い、母秀に育てられた。明治九年(一八七六)上京し、安井息軒の塾に入ったが、翌十年六月陸軍士官学校幼年生徒となった。同十四年士官学校に進み、十六年十二月同校を卒業して陸軍少尉となり、二十年陸軍大学校に入り、二十二年十二月同校を卒業した。二十七年二月ドイツ留学に出発したが、日清戦争のため翌二十八年四月帰国、直ちに近衛師団参謀として台湾占領に参加した。二十九年参謀本部員となり、川上参謀次長に随って台湾およびインドシナを視察した。三十一年米西戦争に際してフィリピンに派遣され、三十三年義和団事件に際しては清国に派遣された。三十四年フランス公使館付、三十五年ロシア公使館付となり、日露戦争勃発に際してストックホルムに移り、諜報活動に従いロシアの革命派とも接触した。戦後、一旦帰国したが三十九年ドイツ大使館付となった。四十年十月陸軍少将に進み、第十四憲兵隊長(朝鮮)となった。以後四十一年韓国駐劄軍参謀長兼韓国駐劄憲兵隊長、四十三年韓国駐劄憲兵隊司令官、ついで朝鮮駐劄憲兵隊司令官と職名は変わったが、一貫して憲兵による朝鮮支配、義兵運動鎮圧の主役であった。大正三年(一九一四)参謀次長に転じ、四年第六師団長となったが、同七年六月台湾総督に任ぜられ、陸軍大将に進んだ。翌八年台湾総督の武官専任制の廃止、台湾軍の分離に伴い、台湾軍司令官を兼ねた。このころより病重く、上京の途中十月二十六日福岡で死去した。五十六歳。墓は東京都港区愛宕町の青松寺にある。在外勤務の長い異色ある経歴をたどった軍人だが、特に植民地統治の担当者および朝鮮における憲兵政治の指導者として大きな役割を演じた。

［参考文献］小森徳治『明石元二郎』
（藤原　彰）

あかねたけと　赤根武人　一八三八―六六　江戸時代後期の萩藩士。赤禰とも書く。天保九年(一八三八)正月十五日周防大島郡柱島(山口県岩国市)の医師松崎三宅の次男として生まる。名は貞一、通称は幹之丞。はじめ同国玖珂郡遠崎村妙円寺の僧月性に従学、その推挙により熊毛郡阿月村の領主浦氏の郷校克己堂に入学を許され、ついで浦氏の家臣赤根雅平の養子となる。安政三年(一八五六)吉田松陰の門に入り、翌年来藩した梅田雲浜に従って上京、同五年雲浜が安政の大獄に連座するや、その救出を策して幕吏に捕えられた。のち許されて国に帰り、文久三年(一八六三)六月高杉晋作らと奇兵隊を組織し、十月その総督となる。元治元年(一八六四)七月、長州藩は京都蛤御門の変に敗れて幕府の追討をうけるに至り、藩内に恭順・主戦の二派を生じた。赤根は恭順を主張して高杉らと意見が合わず、脱藩して新撰組の伊東甲子太郎に身を寄せ、国内和平のために画策したが、慶応元年(一八六五)の暮、柱島の生家に帰ったところを捕えられ、翌二年正月二十五日、山口鰐石河原で斬刑に処せられた。年二十九。

［参考文献］村上磐太郎『浦靫負と阿月尊攘運動の理念』、『報效志士人名録』、沢俊雄「維新と克己堂の人々」(『柳井の維新史』所収)
（三坂　圭治）

あかぼりしろう　赤堀四郎　一九〇〇―九二　昭和時代の化学者。明治三十三年(一九〇〇)一月二十日、静岡県小笠郡千浜村(大東町)に生まれる。大正十年(一九二一)、千葉医学専門学校薬学科卒。同十四年、東北帝国大学理学部化学科卒。有機化学者真島利行に学び、アミノ酸の研究に生化学的考察を導入して、合成によってたんぱく質の構造研究を行う。昭和七年(一九三二)プラハのワルドシュミット=ライツのもとに二年間留学、帰途アメリカのノースロップのもとで酵素結晶法を学んで帰国。同十年大阪帝国大学助教授、教授を経て理化学研究所長その他を歴任。醬油の香気成分の研究からメチオノールを発見、合成したのに始まり、多数のアミノ酸を合成した。また同二十六年には消化酵素タカジアスターゼに含まれるタカアミラーゼの結晶化に成功。それらの過程で、たんぱく質構造の生化学的研究を深め、「たんぱく質におけるアミノ酸の結合順序について」の研究で、同三十年日本学士院賞をうけた。また同四十年には文化勲章を受章した。平成四年(一九九二)十一月三日没。九十二歳。

［参考文献］『日本学士院紀要』一三ノ二
（山下　愛子）

あかまつかつまろ　赤松克麿　一八九四―一九五五　大正・昭和時代の社会運動家。山口県徳山の浄土真宗徳応寺の住職照幢と母安子の四男。明治二十七年(一八九四)十二月四日生まれ。祖父は連城、夫人は恩師吉野作造の次女、弟妹に常子・五百麿がいる。与謝野鉄幹の甥にあたる。徳山中学四年のとき校長排斥運動をし、責任を負って退学したが、翌四十五年中学検定試験に合格、同僚に先んじて第三高等学校に入学、大正四年(一九一五)東京帝大法科大学政治科にすすむ。緑会弁論部に属し、ロシア革命の影響をうけて宮崎竜介・石渡春雄と相談、吉野作造教授の協力を得て七年十二月上旬、新人会を結成した。翌八年東大を卒業、東洋経済新報社勤務の傍ら、当時創刊された雑誌『解放』の編集にあたった。十年日本労働総同盟に加わり、翌年野坂参三らと日本共産党に参加したが、第一次共産党事件で検挙されて転向、科学的日本主義を唱えた。大正十五年、労働農民党から分離して社会民衆党結成に加わり、中央委員となり、昭和五年(一九三〇)同党書記長に就任した。満洲事変後、同党の右旋回を提唱して失敗、脱党して翌年日本国家社会党を組織し、党務長となった。しかし赤松の国家社会主義から日本主義への再転向で同党は解体、赤松は国民協会を設立、八年より雑誌『国民運動』を発行した。十二年の総選挙には北海道より立候補して当選、同年七月日本革新党を組織し、党務長に就任した。同年九月陸軍の依頼で上海派遣軍報道部に属し、十五年大政翼賛会結成には企画部長に就任、戦争に協力した。戦後追放処分をうけてからは武蔵野の小平に居を構え、野菜などを栽培して晴耕雨読の生活に入り、二十六年追放解除、以後二十八年日本産業協力連盟理事長に就任したが往年の活動力なく、翌年直腸癌の手術をうけ、三十年十二月十三日癌の再発で死去した。六十一歳。著書は『社会革命史論』『転換期の日本社会運動』『社会主義に於ける現実主義』『日本社会運動史』『東洋への郷愁』などがある。

（神田　文人）

参考文献　『日本及日本人』七ノ二・三（赤松克麿の生涯）

あかまつこさぶろう　赤松小三郎　一八三一―六七　江戸時代後期の洋学者。諱は友裕または惟敬。天保二年（一八三一）四月四日信州上田藩士芦田勘兵衛の次男に生まる。嘉永元年（一八四八）江戸に出て、内田弥太郎に算数・天文などを学び、さらに下曾根金三郎に蘭学・砲術を学ぶ。安政元年（一八五四）、同藩赤松弘の養嗣子となり、勝海舟に学ぶ。翌二年勝に従い長崎に赴き、オランダ人の海軍伝習に参加し、同六年勝とともに帰府した。文久二年（一八六二）藩の調練調方御用掛となり、元治元年（一八六四）横浜の英国士官に就き英語・英国式兵学を学び、英国兵書の翻訳を始めた。慶応元年（一八六五）幕府の長州再征の折、上田藩も出兵したので、これに従って大坂・京都に出た。同二年また京都に出て塾を開き、英国式兵学を教授して名を揚げ、鹿児島藩の聘を受け、同藩の藩士を教えていたが、政治上では「幕薩一和」を唱え公議政体を主張したという。慶応三年九月三日京都で刺客に襲われ死んだ。三十七歳。黒谷墓地に葬られた。原因・犯人ともに不明であるが、鹿児島藩士らしいという。訳書として『英国歩兵練法』（慶応二年刊）があり、のち従五位を贈られる。

参考文献　柴崎新一『赤松小三郎先生』

（沼田　次郎）

あかまつつねこ　赤松常子　一八九七―一九六五　大正・昭和時代の労働運動家、政治家。明治三十年（一八九七）八月十一日、山口県徳山の寺家に生まれた。京都西本願寺の女子専門学校在学中東大新人会にいた兄克麿の影響をうけて学校を中退し、大阪などの工場を転々として女工生活を体験した。大正十二年（一九二三）八月上京し、十四年日本労働総同盟婦人部に入り、昭和二年（一九二七）社会民衆党系の社会婦人同盟の創立に参加した。総同盟婦人部長としては、同年野田醤油争議を応援し、同六年三月日本セルロイド工場争議の際には、争議団本部に四十日立て籠った婦人労働者を応援して労働講座をひらき、同十二年伊豆持越金山争議にも、働き手を失った遺家族の代弁者として応援した。戦時中は大日本産業報国会に入ったが、戦後は総同盟、社会党婦人部長となり、同二十二年参議院議員、芦田内閣の厚生政務次官となった。その後民主社会党に入り、日本民主婦人の会の会長となった。同四十年七月二十一日没。六十七歳。

参考文献　赤松常子顕彰会編『道絶えず』

（井手　文子）

あかまつとしひで　赤松俊秀　一九〇七―七九　昭和時代の日本古代・中世史研究者。明治四十年（一九〇七）四月二十八日、北海道石狩国上川郡鷹栖村（旭川市）において、父恵門・母康枝の四男として生まれる。旭川中学校・第三高等学校を経て京都帝国大学文学部史学科にすすみ、三浦周行・西田直二郎・中村直勝らに師事。同期に清水三男らがいる。昭和六年（一九三一）卒業。翌七年京都府史蹟勝地保存委員会臨時委員となり、つづいて京都府嘱託、さらに主事として、京都市内や府下社寺の宝物や史跡の調査に従事し、二十四年全国ではじめて設置された京都府教育委員会文化財保護課の初代課長となる。二十六年京都大学文学部助教授に転じ、二十八年教授に昇任。三十七年文学博士。四十六年京都大学を停年退官後は、大谷大学・四天王寺女子大学教授を歴任し、五十四年一月二十四日病気により没。七十一歳。法名は和順院釈俊秀。墓は京都市左京区の法然院にある。古文書・古記録をはじめとする関係史資料のくわしい調査検討にもとづく厳密な実証研究を学風とし、政治史・社会経済史・文化史などに多彩な業績をのこした。その主要なものは、初期荘園の経営・町座の成立・供御人と惣などの論考をあつめた『古代中世社会経済史研究』、『教行信証』『親鸞伝絵』など真宗史や覚超・覚鑁・一遍の研究などをあつめた『鎌倉仏教の研究』『続鎌倉仏教の研究』、親鸞伝の『親鸞』（『人物叢書』六五）、寺院史研究をあつめた『京都寺史考』などに代表される。『醍醐寺新要録』（全三巻）、『隔蓂記』（全六巻）、『教王護国寺文書』（全十巻・絵図一巻）など大部の重要史料も翻刻した。晩年は説話の歴史学的考察による『平家物語』の研究に没頭し、没後に『平家物語の研究』としてまとめられている。また文化財保護審議会専門委員をはじめ文化財関係の各種委員として活躍したほか、第二次世界大戦中の文化財の緊急調査と疎開や、文化財保護課長在任中焼失した金閣の再建に奔走するなど、文化財保護の上にのこした足跡も大きく、昭和四十九年これらの功績によって紫綬褒章を受章している。

参考文献　「赤松俊秀先生略年譜・赤松俊秀先生著作略目録」（赤松俊秀教授退官記念事業会編『赤松俊秀教授退官記念国史論集』所収）

（熱田　公）

あかまつのりよし　赤松則良　一八四一―一九二〇　明治時代の技術家、海軍軍人。造船学の発展に貢献した。静岡県士族を称し、大三郎といった。天保十二年（一八四一）十一月幕臣吉沢政範の次男に生まれ、赤松良則の養子となった。幕末期に、長崎でオランダ人から航海法を学んだうえ、幕命によって、オランダへ留学。明治新政府のもとで、沼津兵学校に勤務した後、明治三年（一八七〇）に兵部省、ついで民部省へ出仕。その後、海軍兵学校大教授となった。また同五年には、海軍大丞となり、翌年ウィーン万国博覧会へ出張。七年に海軍少将に任官したうえ、台湾出兵に活躍している。九年には、横須賀造船所に配属され、軍艦の建造に従事し、造船学にその腕をふるった。二十年中将に昇進、佐世保鎮守府・横須賀鎮守府の各司令長官を歴任するなど海軍の要職にあった。二十五年予備役編入。その間、男爵に列し、明治三十年七月から大正六年(一九一七)九月まで貴族院議員をつとめた。大正九年九月二十三日没した。時に八十歳。

[参考文献] 内閣修史局編『百官履歴』下(『日本史籍協会叢書』)、井尻常吉編『歴代顕官録』 (石塚 裕道)

あかまつれんじょう 赤松連城 一八四一―一九一九 明治時代の真宗本願寺派僧侶。天保十二年(一八四一)正月金沢に生まれ、若狭の妙寿寺栖城に養われ宗学を学ぶ。明治元年(一八六八)周防徳山の徳応寺の養子となる。大洲鉄然の主唱する本山改革に参画、島地黙雷らとこれを推進、宗政を坊官の手から僧侶に移し、中央集権化をはかった。同五年正月連枝梅上沢融に従って渡欧、同七年八月まで堀川教阿とともにイギリスに留学。帰国後欧米の教育制度にならって宗門教育の改革を唱えてその任にあたり、同八年四月学林に普通学科を設け、宗余乗および地理・物理などを教授、また学級制度を採用した。さらに同十二年学制を更改、大・中・小教校制を立て大教校長に就任。門主・北畠道竜の教義改正、寺務所東京移転計画に反対した。島地らによる真宗の大教院分離運動を支援し、これに絡って紛糾していた興正寺別派独立問題の解決に尽力。同十四年一月教導職制廃止を建議。のち大学林綜理・仏教大学長・執行長など宗門の要職を歴任、国内外の伝道にも力を尽くした。共存同衆の発足時からの会員。同三十六年勧学。宗制・寺法の制定、集会の開設をはじめ近代教団体制の確立につとめ、また護持会財団・大日本仏教慈善会財団の創立に努力。宗教法案に賛成し、門主明如の命でその成立をはかったが成らなかった。大正三年(一九一四)本願寺の財政不正事件に連座して第一線から退いた。大正八年七月二十日没。七十九歳。墓は京都市東山区の西大谷本廟にある。著書は英文『真宗本義』『仏教史』など。

[参考文献] 『明如上人伝』、『竜谷大学三百年史』、常光浩然『近代仏教界の人間像』 (福島 寛隆)

あきたうじゃく 秋田雨雀 一八八三―一九六二 明治から昭和時代にかけての詩人、劇作家、児童文学者。本名は徳三。明治十六年(一八八三)一月三十日(一月三十一日・二月二日という説もある)、青森県南津軽郡黒石町大字前町(黒石市前町)に、盲目の産科医玄庵・母まつの長男として生まれた。早大英文科に学び、同三十七年に詩集『黎明』を自費出版し、坪内逍遥・島崎藤村に認められた。同四十年に小山内薫の『新思潮』の編集に参加、イプセンを通して劇作に熱中し、処女作『第一の暁』が同四十四年に自由劇場で上演され、のち『埋れた春』『骸骨の舞跳』など反封建・反戦のドラマを書いた。ロシアから来た盲目の詩人エロシェンコを大正四年(一九一五)に知って、エスペランティストとなり、童話『太陽と花園』を執筆。昭和二年(一九二七)にソ連革命十周年記念に招かれ、翌年帰国後は社会運動家として活動、同九年には新協劇団の事務長となった。戦後は二十三年に設立された舞台芸術学院の学長として、若き演劇人の教育に没頭し、三十七年五月十二日東京板橋で没。七十九歳。

[参考文献] 『秋田雨雀日記』、『雨雀自伝』 (尾崎 宏次)

あきたきよし 秋田清 一八八一―一九四四 大正・昭和時代前期の政治家。明治十四年(一八八一)八月二十九日、徳島県三好郡足代村(三好町)に生まれる。同三十四年日本法律学校を卒業し判事となったが、三―六年辞任。二六新報社に入り、編集長を経て、四十四年秋山定輔のあとを襲い社長に就任。大正六年(一九一七)一度辞任したが、翌年再任され、十三年まで在任。明治四十五年徳島県郡部より衆議院議員に当選して以来、当選十回。立憲同志会創立に参加、のち維新会・新政会を組織。大正十一年立憲国民党入党。のち、革新倶楽部を経て政友会に入る。昭和二年(一九二七)逓信政務次官、翌年内務政務次官となる。同七年衆議院議長に選ばれる。九年政友会を脱党。十年内閣審議会委員となる。十二年第一議員倶楽部に入る。同年内閣参議に就任。十四年阿部内閣厚生大臣、十五年新体制準備会委員、第二次近衛内閣拓務大臣を歴任。この間、大正七年の筑豊炭鉱株式会社創立をはじめとして、実業界にも足跡を残す。昭和十九年十二月三日死去。六十四歳。

[参考文献] 吉田弘留編『秋田清』 (成沢 光)

あきたせいが 秋田静臥 一八一八―一九〇〇 江戸時代後期の陸奥国三春藩家老。文政元年(一八一八)十月十一日、三春藩主秋田孝季の二子に生まれ、本名季春、童名孝松、のち主税・千柄と称す。静臥はその号。慶応元年(一八六五)、兄憙季死後その子映季の後見として藩政を執り、戊辰戦争時には一時奥羽越列藩同盟に参加したが、のち官軍に降った。版籍奉還後、三春藩大参事、明治四年(一八七一)以後東京に移り、宗家の庇護にあたった。明治三十三年三月十四日没。八十三歳。大正七年(一九一八)贈従四位。

[参考文献] 田尻佐編『贈位諸賢伝』一 (鎌田 永吉)

あきづきさつお 秋月左都夫 一八五八―一九四五 明治・大正時代の外交官。安政五年(一八五八)二月二十四日生まれ、明治十七年(一八八四)司法省法律学校卒、欧州留学、二十四年外務省に入り、釜山領事、在韓国・フランス・ロシア公使館書記官を歴任。翌二十五年四月三島通庸長女そのと結婚。二十七年スウェーデン駐在公使、四十年ベルギー駐在公使、四十二年オーストリア駐在大使。大正三年(一九一四)四月退官。パリ講和会議の全権団顧問として西園寺全権を補佐。昭和二十年(一九四五)六月二十五日死去。八十八歳。 (稲生典太郎)

あきづきたねたつ 秋月種樹 一八三三―一九〇四 江

戸時代後期の日向国高鍋藩世子。明治天皇の侍読。通称政太郎、叙任して右京亮を称す。天保四年(一八三三)十月種任の三男に生まれ、文久三年(一八六三)六月藩主の兄種殷(たねとみ)の世子となる。前年十一月学問所奉行に任ぜられ、三年九月若年寄格に任じ、学問所奉行を兼ね、将軍徳川家茂の侍読を命ぜられ、十二月家茂の上洛に随従し、元治元年(一八六四)五月本役および兼役を辞した。慶応三年(一八六七)六月若年寄に任じ、十二月辞した。維新後新政府に出仕して、明治元年(一八六八)二月参与・内国事務局権輔に就任。閏四月行政官の弁事に転じ、七月議政官下局議長を兼ね、九月議事体裁取調掛を命ぜられて議会制度の調査に従事、翌二年三月公議所が開設されると、初代議長となったが、四月罷めた。また学校制度の整備にも与り、元年十一月学校取調御用掛を兼ね、十二月判学事、翌二年四月副知学事に進み、七月大学少監、十月大学大監に任じ、三年七月罷めた。この間、元年六月より三年七月まで、侍読として明治天皇の輔導にあたった。この後、四年左院少議官、八年元老院議官などを歴任、同二十七年貴族院議員に勅選された。この間、華族会館・第十五銀行の設立にも尽力した。三十七年十月十七日没した。七十二歳。

参考文献 内閣修史局編『百官履歴』下(『日本史籍協会叢書』)　(吉田　常吉)

あきづきたねとみ　秋月種殷　一八一七—七四　江戸時代後期の日向国高鍋藩主。文化十四年(一八一七)六月九日、江戸上麻布百姓町の藩邸に生まれた。父は秋月種任、母は脇坂安董の女。幼名松之助。佐渡守。天保十四年(一八四三)種任隠居の後をうけ藩主となり、翌弘化元年(一八四四)法令六十八条を定め藩政を刷新し、時局に備え兵賦局を置いて兵制を改め、細島湊などに砲台を築造して海防を厳重にし、備荒米の貯蔵、部分林の奨励、砂糖の製造などを行なった。文久三年(一八六三)にはみずから上洛して天機を奉伺し勅書を賜わった。明治二年(一八六九)版籍を奉還して高鍋藩知事に任ぜられたが、同四年の廃藩で上京、同七年三月十八日東京で没した。年五十八。麻布崇巌寺に葬る。

参考文献 『高鍋藩本藩実録』(『日向郷土史料集』六・七)、『高鍋藩藩尾録』　(石川恒太郎)

アギナルド　Emilio Aguinaldo　一八六九—一九六四　フィリピン革命の指導者。フィリピン共和国大統領。一八六九年三月二十二日、カビテ州カビテ町(カウィット町)に生まれる。父は長年この町の町長をつとめた地方の名士で、かれ自身若くして町長の職にあったが、秘密結社カティプーナンに共鳴して独立運動に入った。九六年八月フィリピン革命の勃発と同時にカビテ州のカティプーナン員を率いて戦いに参加、革命軍指導者として頭角をあらわした。その結果、カティプーナンの組織者アンドレス=ボニファシオとの間に主導権争いを生じたが、この内紛に勝って革命軍の最高指導者となった。九七年十二月ビャック=ナ=バト条約によってスペインとの間に和平が成立、一時香港へ亡命したが、翌九八年五月アメリカの助力で帰国、戦闘を再開した。同年六月十二日独立宣言を発表、革命政府を組織した。九九年一月にはマロロス憲法を発布、フィリピン共和国を樹立して初代大統領に選ばれた。しかしアメリカの真意がフィリピン占領にあることが明確になるに及んで、九九年二月対米戦争を開始したが、アメリカの圧倒的な軍事力を前にして敗北し、一九〇一年三月降服した。この後はカビテの郷里に隠遁して政治の表面で活動することを好まなかったが、三五年、アメリカ支配下で初の大統領選挙にかつぎ出され、ケソンに敗れた。六四年二月六日没す。九十四歳。　(池端　雪浦)

あきひとしんのう　彰仁親王　一八四六—一九〇三　明治時代の軍人。伏見宮邦家親王の第八子。母は鷹司政熙女景子、生母は堀内信子。弘化三年(一八四六)正月十六日誕生。幼名は豊宮。安政五年(一八五八)三月親王となり、名を嘉彰と賜わり、九月仁和寺に入室、法諱を純仁と改めた。慶応三年(一八六七)十二月復飾、名を嘉彰に復し、同月議定に任ぜられた。翌明治元年(一八六八)正月軍事総裁となり、ついで外国事務総裁、海陸軍務総督、兵部卿を歴任、また会津征討総督に任ぜられ、のち功によって永世禄千五百石を授けられた。同三年閏十月—五年十月英国に留学。同七年陸軍少将となり、佐賀の乱、西南戦争に功績あり、十三年陸軍中将に昇進した。十五年小松宮と称し、名を彰仁と改めた。二十三年陸軍大将となり、日清戦争に際し、征清大総督を命ぜられた。三十一年一月元帥府に列し、三十五年名代として英国皇帝の戴冠式に参列、翌三十六年二月十八日病死。五十八歳。国葬。東京小石川豊島岡墓地に葬る。この間日本赤十字社・大日本農会など多くの団体の総裁を兼ねた。

参考文献 内務省編『(小松宮)彰仁親王履歴』　(小西　四郎)

あきもとゆきとも　秋元志朝　一八二〇—七六　江戸時代後期の上野国館林藩主。文政三年(一八二〇)徳山藩主毛利広鎮の次男に生まる。秋元久朝の世子となり、天保十年(一八三九)四月襲封して山形藩主となり、弘化二年(一八四五)館林に転封した。初名譲佐、叙任して左衛門佐・但馬守を称す。皇室を尊崇して山陵の頽廃を慨き、家臣岡谷繁実の意見を用い、文久二年(一八六二)十月幕府に出願して領地河内国丹北郡の雄略天皇陵を修補した。翌三年十二月上京、萩藩世子毛利元徳の実兄たる関係から、政変後の幕長関係を憂慮し、元治元年(一八六四)四月岡谷らを小郡に派遣して周旋させたが、幕府より萩藩へ通謀した嫌疑を受け、同十月養子礼朝に家督を譲って致仕、刑部大輔と称した。維新後、明治元年(一八六八)七月より翌二年八月まで山陵副管に任じた。同九年七月二十六日没す。五十七歳。贈従三位。

参考文献 『上野館林秋元家譜』、岡谷繁実編『秋元志朝』、岡谷繁実述「館林藩国事鞅掌に関する事実」(『史

談会速記録』七）

（吉田　常吉）

あきやまさだすけ　秋山定輔　一八六八―一九五〇　明治時代のジャーナリスト。反権力大衆新聞『二六新報』の刊行主。明治元年（一八六八）七月七日、倉敷の商人秋山儀四郎の長男に生まれる。同二十三年、帝国大学法科大学を苦労して卒業したのち、会計検査院の検査官試補となったが、一年余で退官した。二十六年大石正己・稲垣満次郎を顧問として『二六新報』を創刊。江木衷・柴四朗・土子金四郎・大島貞益・鈴木天眼らが同人であった。センセーショナルな報道を主眼としていたが、経営難のため同人たちも離れ、一年余で休刊した。秋山は負債を返却したのち三十三年に再刊にこぎつけた。当時の大衆紙として最も成功していた『万朝報』から社会部長の飯高一也を編集に迎え、『二六新報』はまもなく東京で最高の発行部数（十八万部）をほこる新聞となった。再刊の年には三井財閥に対する攻撃を行い、つづいて吉原の私娼を自由廃業させ、さらに当時政界の実力者であった星亨が記者に暴言を吐いたことをとらえ論難して彼に謝罪を行わせた。三十四年には労働者懇親会を主催し、約三万人を東京向島に集めて、日本で最初の労働者の大デモンストレーションを実現した。その成功に対し翌年桂太郎内閣は集会を禁止し二六新報社員三十八人を逮捕した。秋山は三十五年と翌年の二度にわたって無所属で衆議院議員に立候補して当選したが、日露戦争下に桂内閣から秋山はロシアのスパイであるというフレーム＝アップを受け（いわゆる露探事件）、議員を退いた。ポーツマス講和に対して『二六新報』は政府を攻撃する硬派の先頭に立った。秋山は孫文ら中国革命の指導者たちと親交を深めつつ、山県有朋・桂太郎に接近して、大正政変に際しては桂内閣を支持した。昭和二十五年（一九五〇）一月十九日没。八十一歳。

参考文献　桜田倶楽部編『秋山定輔伝』

（荒瀬　豊）

あきやまさねゆき　秋山真之　一八六八―一九一八　明治・大正時代の海軍軍人。幼名は淳五郎。明治元年（一八六八）三月二十日、松山藩士秋山久敬と母貞の五男として伊予国松山に生まれた。好古の弟。東京大学予備門から海軍兵学校に転じ、同二十三年七月、首席で卒業。二十五年五月海軍少尉。二十六年六月巡洋艦「吉野」を回航するためにイギリスに渡った。二十七年四月砲艦「筑紫」の航海士となり、日清戦争に従軍。三十年六月軍令部の大尉諜報課員からアメリカに留学。三十一年夏の米西戦争に観戦武官、つづいて三十二年二月から半年アメリカ北大西洋艦隊の旗艦「ニューヨーク」で研学、アメリカ海軍の実状を子細に体得した。三十三年八月日本に帰り、常備艦隊少佐参謀を経て、海軍大学校教官となった。日露戦争中は連合艦隊の作戦参謀として、心血と脳漿とを注ぎつくした。世に大海報として知られる連合艦隊戦報の多くはかれの筆で、「皇国ノ興廃コノ一戦ニアリ」とか、「本日天気晴朗ナレドモ波高シ」など、明治日本の躍動する心魂の表現者となった。海軍大学校で三度講じたその基本戦術・応用戦術・戦務などは、長いこと日本海軍の兵学の根底となっていた。戦後は「音羽」「出雲」「伊吹」などの大佐艦長を経て、四十四年三月第一艦隊参謀長となり、大正三年（一九一四）四月少将で軍務局長、五年三月から第一次世界大戦視察。翌年海軍中将、同七年二月四日病のため小田原で没した。五十一歳。東京青山墓地に葬られる。

参考文献　秋山真之会編『秋山真之』、島田謹二『アメリカにおける秋山真之』（『朝日選書』五一・五三）

（島田　謹二）

あきやまよしふる　秋山好古　一八五九―一九三〇　明治・大正時代の陸軍軍人。安政六年（一八五九）正月七日、伊予国松山藩士秋山久敬と母貞の三男として松山城下に生まれた。通称は信三郎。海軍中将秋山真之の実兄である。第三期騎兵科士官生徒として、明治十二年（一八七九）に陸軍士官学校卒業、陸軍大学校は第一期生である。同二十年に旧藩主久松定謨に従ってフランスに留学し、騎兵科の人材として、当時すでに嘱望されていた。日清戦争には、少佐で騎兵第一大隊長として出征し、土城子で有名な白兵戦をやって、驍名をとどろかせた。戦後中佐に進級して、陸軍乗馬学校長に補せられ、学校が陸軍騎兵実施学校と改称されても、校長たることは変わらず、この在職四年の間に、騎兵科根本の編制・戦闘原則・武装・訓練などを研究し、「騎兵の秋山」の名が部内に高くなった。北清事変には、第五師団兵站監として出征し、やがて清国駐屯軍参謀長、ついで駐屯軍司令官となった。三十六年四月、騎兵第一旅団長に転補、この職で日露戦争に出征した。旅団は第二軍に属して、ミシチェンコ中将の大騎兵団にあたり、よく寡をもって衆を制した。特に沙河の会戦・黒溝台の会戦には、非常な苦戦に堪えて、満洲軍の危機を救い、その武勲は戦史を飾った。戦後騎兵監となり、四十二年八月中将に進み、第十三師団長、近衛師団長、朝鮮駐剳軍司令官を歴任し、大正五年（一九一六）十一月に大将に昇った。九年十二月教育総監になり、十二年三月に予備役に入った。典型的な古武士的風格のある武将であって、元帥にならなかったのは、かれが辞退したからだともいわれる。退職後推されて郷里松山の中学校長になったが、かれらしい生き方である。昭和五年（一九三〇）十一月四日に没した。七十二歳。墓は東京都港区の青山墓地にある。

参考文献　秋山好古大将伝記刊行会編『秋山好古』

（松下　芳男）

あきらさだあつ　秋良貞温　一八一一―九〇　江戸時代後期の長門国萩藩士。周防国熊毛郡阿月村（山口県柳井市）の領主浦氏の家臣秋良宣直の長男。通称は軍蔵、のち敦之助と改め、桃処・坐山などと号した。はじめ同郷の国学者岩政信比古に師事し、ついで萩藩校明倫館に学び、天保四年（一八三三）京都に遊学した。理財の才に長じ、同六年浦靫負の家督相続とともに財政整理を一任され、同十三年正月、郷校「克己堂」を建設して初代会頭となる。靫負は弘化四年(一八四七)九月から万延元年(一八六〇)六月まで、途中嘉永年間(一八四八—五四)の二ヵ年を除いて前後十二年間、江戸あるいは国元の家老職を勤めた。貞温は常にその左右にあって藩政の機密に参画し、藩内外の志士と往来して国事に努め、文久三年(一八六三)六月には本藩士格で九州諸侯に使した。吉田松陰は彼をもって「南郡勤王第一峰」と評している。維新後は教部省に出仕し、明治六年(一八七三)六月鎌倉宮宮司、同七年四月広田神社宮司、同八年四月大和神社大宮司となり、神奈川・兵庫・奈良各県の教導取締を歴任。同二十三年十月十六日、山口県佐波郡中関村(防府市中関)の自宅で病死した。年八十。同四十五年二月贈正五位。

参考文献 沢俊雄「維新と克己堂の人々」(『柳井の維新史』所収)

(三坂 圭治)

あくたがわやすし 芥川也寸志 一九二五—八九 昭和時代の作曲家。大正十四年(一九二五)七月十二日、父作家芥川竜之介、母文(ふみ)の三男として東京府北豊島郡滝野川町田端(北区田端)に生まれる。昭和二十四年(一九四九)東京音楽学校研究科卒。橋本国彦、信時潔、伊福部昭に作曲を師事。「交響三章」でデビューし、同二十五年、「交響管弦楽のための音楽」がNHK管弦楽懸賞に特賞入選。同二十八年「弦楽のための三楽章(トリプリティーク)」がカーネギーホールで初演されるなど、戦後派の第一線にたつ。この年、団伊玖磨、黛敏郎とグループ「三人の会」を結成しオーケストラ作品による作品展を開いた。三十三年、第三回に発表した「エローラ交響曲」は代表作に数えられている。同二十九年からソ連をたびたび訪れ、音楽交流に力を入れた。同五十一年、第八回鳥井音楽賞を授賞。同六十年、紫綬褒章。日本音楽著作権協会理事長、日本作曲家協議会委員長、サントリー音楽財団理事、アマチュアオーケストラの新交響楽団の代表などの要職に就いていた。平成元年(一九八九)一月三十一日東京没。六十三歳。著書には『私の音楽談義』(昭和三十四年)、『現代音楽に関する三人の意見』(団伊玖磨、黛敏郎共著、三十一年)、『音楽の現場』(三十七年)、『音楽を愛する人に』(四十二年)、『音楽の基礎』(『岩波新書』四十六年)、『音楽の遊園地』(四十八年)、『人はさまざま、歩く道もさまざま』(全二巻、五十二年)、『歌の絵本』(全二巻、五十二・五十四年)、『音楽の旅』(五十六年)などがある。

(石田 一志)

あくたがわりゅうのすけ 芥川竜之介 一八九二—一九二七 大正時代の小説家。別号柳川隆之介・澄江堂主人。俳号我鬼。明治二十五年(一八九二)三月一日、東京市京橋区(中央区)入船町に生まれた。父新原敏三は酪農業を営む進取の人だったが、生後七ヵ月で実母ふくが発狂したため、本所区(墨田区)小泉町の芥川家(母の実家)に引き取られ、芥川道章の養子となった(正式の養子縁組は明治三十七年八月)。道章は実母の長兄にあたり、東京府の役人で、土木課長に進んだ。養母は儔(とも)、幕末の大通細木香以の姪にあたる。芥川家は下町の由緒ある旧家で、代代江戸城の御奥坊主を勤め、江戸趣味を愛好し、文人的な気風が強かった。その家風と、おなじく江戸情緒を濃くとどめた本所一帯の風土性とは、実母の発狂という事実とあわせて、芥川文学の根柢に沈む文人趣味やニヒリズムをつちかう重要な幼時体験となった。同三十八年、本所元町の江東小学校を終えて東京府立三中に入学、ついで四十三年に一高文科に入り、大正二年(一九一三)九月に東京帝大英文科に進んだ。少年時代から病弱で、そのため早くから読書を好み、東西の文学や哲学を耽読、「本の中の人生を知らうとした」と、のちに回想している。東大在学中に同窓の友人久米正雄や菊地寛らと第三次および第四次『新思潮』を創刊、夏目漱石の知遇を得た。同五年二月、第四次『新思潮』創刊号所掲の『鼻』が出世作で、漱石の激賞を得て文壇進出の機縁となった。同年七月東大を卒業、十二月海軍機関学校の嘱託教官に就任し鎌倉に住んだ。かたわら創作活動を続け、『芋粥』『地獄変』『奉教人の死』など、主として説話や古典に題材を求めた短編を書き、歴史小説の新しい領域を拓いた。計算のゆきとどいた構成、一作ごとに語り口を変える文体など、知的で巧緻な作風は同時代に比類がなく、いわゆる新技巧派の代表作家と目された。同八年三月、機関学校を辞職して東京に帰り、以後は大阪毎日新聞社の社友(のちに社員)として、作家活動に専念した。その作風は前・後の二期に大別され、前期は日常的現実を否定する芸術至上主義をめざしたが、『舞踏会』『秋』などを書いた同九年前後から、健康の衰えや時代の動向などに促されて文学観の動揺を生じ、現実を描くための方法を模索し始めた。それは機関学校時代の私生活を短編化した保吉物を経て、半自伝体の中編『大導寺信輔の半生』に至るが、このころから芥川のニヒリズムはいっそう深刻化し、『河童』や『玄鶴山房』などに、救済のない絶望的な人間風景を描いて、昭和二年(一九二七)七月二十四日、ついに自殺した。三十六歳。墓は東京都豊島区巣鴨の慈眼寺にある。死を前にした虚無的な心情は遺稿の『歯車』『或阿呆の一生』『西方の人』正続などに生々しく、その死は、時代の転形期に遭遇した知識階級の敗北の象徴として、文壇の内外に大きな衝撃を与えた。第一短編集『羅生門』(大正六年)以下の多くの短編集をはじめ、童話集『三つの宝』(昭和三年)、評論集『侏儒の言葉』(同二年)、詩集『澄江堂遺珠』(同八年)などがあり、全集も数種出ている。

参考文献 吉田精一『芥川竜之介』、森本修『芥川竜之介伝記論考』、三好行雄編『芥川竜之介』(『現代のエスプリ』二四)、福田恒存『作家論』(『福田恒存評論集』三)

(三好 行雄)

あけがらすはや 暁烏敏 一八七七—一九五四 明治から昭和時代にかけての仏教思想家、仏教伝道者。幼名も敏。明治十年（一八七七）七月十二日、石川県石川郡出城村北安田（松任市）真宗大谷派明達寺で誕生。父依念、母千代野。同二十四年得度。金沢共立尋常中学、京都大谷尋常中学を経て同二十九年九月真宗大学本科に入学。この年、清沢満之（まんし）を中心に東本願寺の宗門革新運動が起り、大学生改革派委員となり、百余名とともに退学処分をうけた。翌年復学、同三十二年卒業、住職となり、また東京に出て清沢の浩々洞に入り、以後、生涯を精神主義に基づく仏教伝道に捧げ、足跡は日本全国をはじめ欧米・中国・朝鮮に及んだ。寺内に香草社を営み伝道書の著述と出版をつづけ、文教院を設け聖徳太子奉讃に努めた。昭和二十六年（一九五一）一月から一年間東本願寺宗務総長に就き、同朋生活運動を始めた。同二十九年八月二十七日没。七十七歳。法名香草院釈彰敏。全著述・書簡などは『暁烏敏全集』全二十三巻に収録されている。

参考文献 『暁烏敏年表』（『暁烏敏全集』三部一―五）、近残花房編『加能真宗僧英伝』、常光浩然「暁烏敏」（『明治の仏教者』下所収） （柏原 祐泉）

あごいんしょうしち　安居院庄七　一七八九―一八六三　江戸時代後期の報徳社運動の指導者。通称庄七、諱は義道。蘆翁・乾坤斎と号した。寛政元年（一七八九）相模国大住郡蓑毛村（神奈川県秦野市蓑毛）大山の修験密正院に生まれ、同郡曾屋村（秦野市曾屋）の商家安居院家に入聟。米相場に手を出して家産を失い、二宮尊徳の門に入った。元値商をはじめ、また万人講を結成して伊勢・春日・石清水三社への献燈や社会奉仕につとめた。弘化三年（一八四六）から遠江国長上郡下石田村（静岡県浜松市下石田町）で難村興復の報徳仕法を行い、以後、遠江・駿河二国を中心とする幕末の報徳社運動の指導者として活躍した。尊徳の仕法が封建権力の依頼と支持によって行われたのに対し、安居院のそれは、村落の豪農たちとの意気投合のもとに行われた民間の結社式のもので、通俗道徳の実践と正条植その他の新たな農業技術の普及を結びつけて、多くの難村を復興させた。文久三年（一八六三）八月十三日没。七十五歳。墓は浜松市玄忠寺にある。

参考文献 鷲山恭平『（報徳開拓者）安居院義道』 （安丸 良夫）

あさいちゅう　浅井忠　一八五六―一九〇七　明治時代の洋画家。安政三年（一八五六）六月二十一日江戸に生まれ、幼少から佐倉藩の画家黒沼槐山に花鳥画を習ったが、明治八年（一八七五）国沢新九郎の彰技堂に入って油絵を学び、翌九年新設の工部美術学校でフォンタネージの薫陶をうけた。師の帰国後は同志と十一字会を結んで研究をつづけ、同二十二年わが国最初の洋画団体である明治美術会を創立、「春畝」「収穫」などの秀作を発表して同会で重きをなし、三十一年には推されて東京美術学校教授となった上、三十三年から二年間フランスに留学した。三十五年帰国後は直ちに京都高等工芸学校教授に転じて京都に移り、かたわら聖護院洋画研究所を開いたり、関西美術院を設立するなど後進の指導を心掛け、門下から梅原竜三郎や安井曾太郎らを出して、関西画壇の発展振興に寄与するところ大であった。その作風はフォンタネージの流れを汲む抒情的表現の上に、独自の詩趣を加えたもので、はじめは外光派導入前の明治初期洋画を特色づける脂派（やには）の代表と目されたが、渡欧後は印象派の明るい技法も取り入れて「グレーの秋」などを生んだほか、水彩画に多くの佳作を残した。明治四十年十二月十九日死去。五十二歳。著書に『木魚遺響』などがある。

参考文献 石井柏亭編『浅井忠』、隈元謙次郎『浅井忠』 （富山 秀男）

あさかいこういちろう　朝海浩一郎　一九〇六―九五　昭和時代の外交官。明治三十九年（一九〇六）三月十五日、栃木県足利市に朝海嘉吉郎・キタの長男として生まれる。昭和四年（一九二九）東京商科大学卒業とともに外務省に入省。米、英、中国に在勤の後、情報局、調査部、戦時経済局などの課長を歴任。戦後は終戦連絡中央事務局勤務中には、占領軍総司令部関係者、連合国要人との接触や、対日理事会会合傍聴の度に、詳細なメモをまとめた。それらは史料的価値が高いため、単行本として刊行されている。同二十六年八月、国交回復準備のためロンドン在外事務所所長に就任、翌年駐英公使となり、外務審議官、駐フィリピン大使を経て、三十二年四月には駐米大使に任命され、三十八年四月まで六年間在任。駐米大使時代には、ジェラード事件、食器輸入制限問題の円満解決のために米側と折衝した。東京で行われた日米安保改定交渉には直接関与しなかったが、安保騒動後の日米関係修復に尽力した。その後外務省顧問、また株式会社大林組の顧問を勤めた。平成七年（一九九五）九月九日没。八十九歳。

参考文献 外務省編『初期対日占領政策―朝海浩一郎報告書』上下、朝海浩一郎『司町閑話―一外交官の回想』 （有賀 貞）

あさかごんさい　安積艮斎　一七九一―一八六一　江戸時代後期の儒学者。名は重信、または信、字は思順、通称は祐助。艮斎、また見山桜と号した。陸奥国安積郡郡山（福島県郡山市）の人。その地の八幡宮の神主安藤親重の子。母は今泉氏。のち江戸に出て佐藤一斎の家僕となって苦学し、ついで林述斎の門に入り、はじめ神田駿河台にのち麴町に塾を開いた。天保の末年に二本松藩の藩学教授となり安積と姓を改めた。六十歳のとき昌平黌教官に抜擢され、一斎とともに育英の任にあたった。文久元年（一八六一）三月三十日没。年七十一。墓は東京都葛飾区堀切の妙源寺にある。その著に『艮斎文略』七巻、『艮斎文略続編』三巻、『艮斎詩略』三巻、『艮斎間話』二巻、『艮斎間話続編』一巻、『朱学管窺』一巻、『史論』二巻などがある。 （頼 惟勤）

あさかわかんいち　朝河貫一　一八七三―一九四八　明治から昭和時代前期にかけての歴史学者。明治六年（一八七三）十二月二十二日、旧二本松藩士朝河正澄の長男として福島県二本松に生まれ、安積中学校に学んだ。英語修得にはげしい努力を注ぎ、記憶するごとに英和辞書の一頁一頁を食べてしまい、最後の表紙と裏表紙を校庭の桜の根もとに埋めたという。伝えて朝河桜と称している。同二十五年十一月東京専門学校文学科の編入試験に合格し、苦学しながら学んだが、成績は抜群であった。この彼が滞米五十余年の第一歩をしるしたのは、彼がその貸費生となったダートマス大学の町ハノーバーであり、同二十九年の新春であった。そこを首席で卒えてからエール大学大学院に学び、同三十五年に学位論文「大化改新」(英文)をもって学位を授けられた。その後ダートマス大学で極東史の講師を勤め、同三十八年には『日露衝突』(英文)を著わして、戦争の原因を米国に説明した。翌年にはエール大学より日本留学を命ぜられ、第一回の帰朝を行なったので、二本松の父のもとに帰省した。再び渡米してからはもっぱらエール大学で日本史を教え、ついでヨーロッパ中世史をも講義するに至るが、彼の名前とともに世界的に有名な『入来文書』The Documents of Iriki は、大正六年(一九一七)から二年間にわたった東大史料編纂掛留学の際における現地採訪が基礎となっている。彼の研究はほとんどが英文で発表されたため、すぐれた先駆的な業績も、この孤島の学界に影響しなかった。それらの論文は遺稿「越前牛原荘」などとともに『荘園研究』(昭和四十年刊)に収められ日本で出版された。昭和十八年(一九四三)に同大学を定年退職し名誉教授となった。彼の一生は飽くなき努力で貫かれたが、その著書『日本の禍機』(明治四十二年刊)にもみられるように、常に国際的視野に立って日本の進路を憂えてやまなかった。明治以来日本の指導者たちへ送った数々の書翰がそれを物語っている。昭和二十三年八月十一日米国ワーズボロで七十六歳の生涯を閉じた。エール大学は大学葬をもって送り、グローブ=ストリートに埋葬した。

[参考文献] 朝河貫一博士顕彰準備会編『朝河貫一博士略伝』、堀米庸三『歴史の意味』(『中公叢書』)、桑原善作「朝河貫一」(福島県編『福島百年の先覚者』所収)、坪内士行「朝河貫一博士」(『読書展望』三ノ一〇)、木村毅「朝河貫一氏断片」(同)、「故朝河博士著作目録」(『社会経済史学』一五ノ三・四合併号)、渡辺世祐「朝河貫一君をしのびて」(同)、滝川政次郎「故朝河貫一氏と私」(同)、姉崎正治「朝河貫一の追憶」(『塔』一ノ三)、下村勇吉「朝河貫一博士のこと」(『理想』二一七)、京口元吉「朝河貫一博士と入来文書」(『史観』四六)、阿部善雄「朝河貫一博士の学績」(『日本歴史』六六)、荒川秀俊「アメリカ国会図書館と朝河貫一博士の墓」(同一五九)、小笠原長和「早稲田の人朝河貫一」(『新鐘』一四)
(阿部　善雄)

あさくらふみお　朝倉文夫　一八八三―一九六四　明治から昭和時代にかけての彫刻家。明治十六年(一八八三)三月一日大分県に生まれ、同四十年東京美術学校彫刻科選科を卒業し、翌年の第二回文展から第八回文展まで毎回連続して受賞、特に第二回展の「闇」、第四回展の「墓守」、第七回展の「含羞」は、いずれも最高の二等賞となって、早くから彫刻界にその盛名を馳せた。以来、官展の審査員や母校東京美術学校の教授をながく勤める一方、朝倉彫塑塾を主宰して多くの後進を育成するなど、久しくわが国近代彫刻界の元老的地位にあり、大正八年(一九一九)帝国美術院会員、昭和十二年(一九三七)帝国芸術院会員に推されたのち、同十九年帝室技芸員となり、さらに同二十三年には文化勲章をうけた。一貫して自然主義的写実を標榜した彼の作風は、的確な技術にもとづく穏健なものであり、主として大作に力量を示した。昭和三十九年四月十八日死去。八十一歳。没後その遺作は朝倉彫塑館に陳列されて一般公開されている。

[参考文献] 平凡社編『彫塑朝倉文夫』
(富山　秀男)

あさだぜんのすけ　朝田善之助　一九〇二―八三　大正・昭和時代の部落解放運動・労働運動の活動家。明治三十五年(一九〇二)五月二十五日、京都府愛宕郡田中村(京都市左京区)で父幾之助・母ミエの三男に生まれた。戸籍上は七月四日の出生。大正十一年(一九二二)三月三日の全国水平社(全水)創立大会に参加し、昭和三年(一九二八)全水総本部の理事・中央委員となった。五年に洛北友禅工・京都市バスの労働争議を指導し、労農党系の京都労働組合総評議会の執行委員長に推された。六年に「全水解消意見」を提出して波紋を投げかけたが、八年には自己批判して部落委員会活動の方針を提起した。この新方針は同年七月からの高松地方裁判所差別裁判事件で実践され、差別判決取消要求の請願行進副隊長となった。十四年部落厚生皇民運動に参画したため、翌年全水から除名された。第二次世界大戦後は、二十一年二月結成の部落解放全国委員会(三十年部落解放同盟と改称)の常任全国委員、二十三年から中央執行委員をつとめた。三十八年に副委員長、四十二年には松本治一郎のあとを継いで中央執行委員長となり、五十年まで在任して部落解放国策樹立要求全国闘争・同和対策審議会答申完全実施要求闘争・狭山事件裁判闘争などの推進にあたった。その間に提起した部落差別についての三つの基本命題、「部落差別の本質、部落差別の社会的存在意義、社会意識としての差別観念」は、俗に「朝田理論」と呼ばれて多くの論議を呼んだ。昭和五十八年四月二十九日没。八十歳。墓は京都市左京区南禅寺北ノ坊町の光雲寺にある。著書に自伝『差別と闘いつづけて』や『解放運動の基本認識』がある。また朝田教育財団より『朝田善之助全記録』が刊行されている。

[参考文献] 渡部徹編著『京都地方労働運動史』、朝田教育財団編『追悼朝田善之助』
(川村善二郎)

あさだそうはく　浅田宗伯　一八一五―九四　幕末・明治時代の漢方医学の大家。文化十二年(一八一五)五月二十二日、医師である父惟諳の長男として、信濃国筑摩郡栗林村(長野県松本市島立)に生まれた。幼名を直民といい、のち惟常と改めた。また字は識此で栗園と号した。十八歳の時、高遠藩の中村中倧に師事し、ついで京都に行き、中西鷹山の塾に学んだ。その後いったん郷里に帰り、天保四年(一八三三)江戸に上り、医を開業したが、三年間困窮の生活をおくった。たまたま法眼本康宗円の知遇を得、その紹介により、多紀元堅・小島学古・喜多村栲窓らと識ってより医業大いに進んだ。同七年剃髪して名を宗伯と改めた。安政二年(一八六六)幕府の御目見医師となり、『医心方』校正のことにあたった。同四年フランス公使の病気の際、諸治が効をみなかったので、幕府の命を受け、治療にあたり効を得た。これに対しフランス皇帝は自鳴鐘(時計)と氊毼(せんかつ)(敷物)を贈って謝意を表した。慶応二年(一八六六)徳川家茂の病気を診、幕府奥医師となり、法眼に叙せられた。明治四年(一八七一)牛込横寺町に居を移し、隠居しようとしたが果たさず、ついに終生診療・子弟教育・著述のことにあたり、時運に入れられなかった当時の漢方医学のために努力を傾倒した。同二十七年三月十六日死去。八十歳。墓は東京都台東区の谷中墓地にある。著書は『橘窓書影』『勿誤薬室方函』『皇国名医伝』など八十部二百巻を数えている。

参考文献 赤沼金三郎『浅田宗伯翁伝』、中野康章『杏林清風』 (大塚 恭男)

あさだのぶおき 浅田信興 一八五一―一九二七 明治・大正時代の陸軍軍人。嘉永四年(一八五一)十月十二日武蔵川越藩に生まれた。明治五年(一八七二)陸軍少尉に任ぜられて以来累進し、その間、西南戦争では小隊長として出征し、その豪勇が官賊の間に鳴り渡った。日清戦争のときは、中佐で屯田兵参謀長であったが、屯田兵は臨時師団として東京まで来ただけで、ついに戦場の土を踏まなかった。日露戦争では、近衛歩兵第一旅団長として出征し、師団長長谷川好道が韓国駐劄軍司令官に転出するや、中将に昇り、その後を襲って近衛師団長に補せられて、終戦まで戦場に在った。戦後第十二師団長、第四師団長を経て、四十四年九月に教育総監となり、大正元年(一九一二)八月大将に昇り、三年四月軍事参議官、五年十月予備役に入った。戦功により男爵を授けられた。昭和二年(一九二七)四月二十七日没。七十七歳。当時閥外の出身でよく大将に昇ったことは、その戦功のしからしめるものであろう。 (松下 芳男)

あさだまさふみ 浅田正文 一八五四―一九一二 明治時代の実業家。安房花房藩士丈作の長男として安政元年(一八五四)七月二十日生まれた。維新後、政府会計局に就職したが、明治七年(一八七四)三菱商会(翌年三菱会社と改称)にはいり、十八年、同社と共同運輸の合併によって創立された日本郵船に移った。二十二年以後は重役陣に加わり、四十四年秋に引退するまで、同社の経理面における首脳として活躍した。この間、二十九年には東武鉄道、また三十九年には明治製糖会社の創立に参画し、それぞれの重役に就任した。四十五年四月十八日、五十九歳で没した。

参考文献 『日本郵船株式会社五十年史』 (服部 一馬)

あさぬまいねじろう 浅沼稲次郎 一八九八―一九六〇 大正・昭和時代の社会運動家、政治家。明治三十一年(一八九八)十二月二十七日東京府三宅島に生まれる。父半次郎はのち神着村(三宅村)村長、母は浅岡よし。同四十三年上京。翌春府立三中(現両国高校)に入学、大正五年(一九一六)卒業、陸軍士官学校の受験に失敗、七年早稲田大学予科に入学した。雄弁会、ボート部に属したが、政治への志向やみがたく、翌年二月民人同盟会の結成に参加した。同会が急進派と現実派に割れるや後者に属して、十月建設者同盟を結成、以後田所輝明・稲村隆一・三宅正一らと親交を結んだ。九年大学部に進学、十二年卒業したが、同年五月軍事研究団事件おこるや反対運動の先頭にたち、右翼のリンチにあう。関東大震災のときは軍隊に捕えられ、九死に一生を得た。このころより建設者同盟の同人は農民運動のため各地に散ったが、浅沼は遊軍的存在で東京にとどまった。十三、四年ごろ無産政党の組織化が具体化し、十四年十二月、農民労働党が結成されるや書記長に就任したが、三時間で解散させられた。翌年の労働農民党の組織部長となり、また日本農民組合常任委員として木崎村争議を指導したが、十二月日本労農党結成に参加、組織部長に就任した。以後麻生久のもとで中間派社会民主主義の指導者として活躍、昭和七年(一九三二)の社会大衆党結成には常任中央委員となり、翌年東京市会議員選挙に当選。十一・十二年の総選挙に連続当選した。戦後日本社会党創立に参加、組織部長となり、二十一年の総選挙より連続七回当選、その間一時組織局長となったが二十二年以降、大体書記長のポストにつき(左右分裂のときは右派)、党のまとめ役として活躍した。理論家ではないが現実的な指導者として次第に戦闘化、左翼化し、三十四年三月社会党訪中使節団長として、「アメリカ帝国主義は日中共同の敵」との共同声明を発表した。安保闘争の高まりの中で三十五年三月、社会党委員長となり、闘争の先頭にたったが、十月十二日三党首立会演説会で演説中、十七歳の右翼少年山口二矢(おとや)に刺殺された。六十一歳。墓は東京都府中市の多磨墓地にある。関係文書が国立国会図書館に収められている(『浅沼稲次郎関係文書目録(稿)』)。

参考文献 日本社会党機関紙局『人間機関車ヌマさんの記録』、大曲直『浅沼稲次郎』 (神田 文人)

あさのけんしん 浅野研真 一八九八―一九三九 昭和時代前期の宗教社会学者、評論家。明治三十一年(一八九八)七月二十五日愛知県中島郡祖父江町の真宗大谷派の寺院に生まれ、日本大学を卒業後、フランスに留学、デュルケム学派の宗教社会学を研究するかたわら、仏教の社会学的研究を開拓しようと志した。昭和三年(一九二八)帰国し、『社会現象としての宗教』を著わして論壇に登場した。当時盛んだった反宗教運動とマルクス主義に強く関心を注ぎ、仏教の近代化を実現するため同八年友松圓諦らと仏教法政経済研究所をおこし、雑誌『仏陀』を発行して理論的研究に専念、『日本仏教社会事業史』や『仏教社会学研究』を公にし、この部門の開拓者となった。反宗教運動の波が去って、仏教復興が叫ばれ出した昭和十年代の初め、時流に乗って盟友が雑誌『真理』を発行し、「真理運動」をおこすと、外側に立って批判し、独自の評論と実践活動を展開した。晩年には一向一揆の研究に着手、異常な熱意をもやしたが完成をみずに昭和十四年(一九三九)七月十日ガンで没した。四十二歳。著書には前記のほか『労働学校』『佐田介石』などがある。

参考文献　森竜吉・吉田久一『求道の人々』、桜井庄太郎「浅野研真氏を憶ふ」(『日本社会学会報社会学』七)
(森　竜吉)

あさのそういちろう　浅野総一郎　一八四八―一九三〇　明治から昭和時代前期にかけての実業家。浅野財閥の創設者。越中国氷見郡藪田村(富山県氷見市)の医家浅野泰順の次男として嘉永元年(一八四八)三月十日生まれた。幼名泰治郎。六歳の時父に死別、医家宮崎南禎の養子となったが十四歳の時生家に戻り、さらに慶応二年(一八六六)、近村の豪農鎌仲惣右衛門の養子に迎えられ、惣一郎と改名した。この前後から地元物産の販売業を試みたが失敗を重ね、明治三年(一八七〇)養家を逐われた。五年夏上京、雑業を転々とした後、翌六年横浜に薪炭・石炭販売店を開いた。八年ごろ、石炭販売先の横浜瓦斯局で廃棄されるコークスに着目、その一手払下げを受け、工部省深川工作分局のセメント工場へ燃料として売り込むことに成功した。また、王子抄紙部(のちの王子製紙会社)への石炭販売を契機として、その総理渋沢栄一の知遇を得ることになった。同十六年、渋沢の斡旋で深川セメント工場を借り受け、翌年その払下げを受けるに至った。十年代末からの企業勃興気運に乗って、浅野のセメント事業は急速に発展し、彼が有力な産業資本家に成長する基盤となった。一方、彼は多方面にわたる産業部門への進出を企図し、それらのうち明治末年までにセメント製造と並ぶ主要事業になったのは、同十六年創立の磐城炭礦と二十九年設立の東洋汽船であった。この間、二十六年には総一郎と改名。明治末から第一次世界大戦直後に至る時期に、彼の事業活動は最も盛んになった。特に同四十五年、渋沢栄一・安田善次郎らの協力を得て着手した京浜間の地先海面百五十万坪の埋立事業は、そこへ関係企業の工場を相ついで設立する契機となり、埋立地およびその付近には、浅野セメント、女婿白石元治郎がもと八幡製鉄所技師今泉嘉一郎と協力して設立した日本鋼管、浅野造船所、浅野製鉄所などがつぎつぎに進出した。埋立地へ送電するため彼は水力発電事業も手がけた。当時、横浜市が工業招致政策を推進していたためもあって、神奈川方面における工場進出が活発化しており、また川崎町を中心とする多摩川下流沿岸も工場地化しつつあった。浅野の埋立事業はこれらと結びつき、京浜臨海工業地帯の中核部分をつくりあげた。のちに北九州小倉や尼崎でも同様の築港埋立事業を企てた。以上のほかにも、浅野が生前直接・間接に関係した企業は五十社を超え、麦酒・肥料・銀行・保険などの部門にも一時関係し、彼が一生関係をもたなかった産業分野は紡績と製糖ぐらいであるといわれた。大正七年(一九一八)には関係事業の持株会社として浅野同族会社を創立し財閥の形態をととのえたが、金融面では、明治三十一年浅野セメント工場を合資会社組織にした時以来、特に安田と密接な関連を保ち、また渋沢も終始力になった。なお、産業界以外における業績としては、浅野綜合中学、および浅野共済病院の設立がある。昭和五年(一九三〇)十一月九日没。八十三歳。没後は長男泰治郎が二代目総一郎の名をついだ。

参考文献　浅野泰治郎・浅野良三『浅野総一郎』
(服部　一馬)

あさのながこと　浅野長勲　一八四二―一九三七　明治時代前期の安芸国広島藩主。一族である懋昭(としてる)の長男。初名は長興、通称は喜代槌・為五郎。天保十三年(一八四二)七月二十三日に生まれ、安政三年(一八五六)従兄の広島支藩主浅野長訓(ながみち)の養子となり、同五年十一月長訓の本家相続によって支藩主となり、近江守を称した。ついで、文久二年(一八六二)十二月本家の養子となり、翌三年二月名を茂勲(明治元年十二月長勲)と改め、紀伊守を称した。爾来広島藩世子として国事に奔走、同年四月孝明天皇の石清水八幡宮行幸に供奉し、政変後の長州藩の立場に同情して寛典論を唱え、同年九月には津山藩主松平慶倫らと連署して朝廷に建議し、慶応三年(一八六七)六月には再征後の処置につき幕府に建議した。広島藩は同年九月薩長二藩と三藩挙兵討幕の盟約を結んだが、高知藩の公議政体論にも共鳴し、将軍徳川慶喜に大政奉還を勧告した。長勲は同年十一月率兵入京し、十二月王政復古となると、議定に任じて小御所会議に出席、山内豊信の慶喜擁護論に与したが岩倉具視に説得された。明治元年(一八六八)正月鳥羽・伏見の戦後、議定を辞そうとしたが許されず、会計事務総督・会計事務局輔を兼ねた。ついで議政官が設置されると翌二年二月参与となり、さらに三月議定に転じたが、まもなく辞任し、新政には長く参与しなかった。この間、二年正月長訓のあとを継いで広島藩主となり、六月東北出兵の功によって賞典禄一万五千石を永世下賜され、同月版籍奉還により広島藩知事、四年七月廃藩によりこれを罷めた。十三年元老院議官、十五年イタリア公使、十七年宮内省華族局長官等を歴任し、同年華族令の制定とともに侯爵に列せられた。また明治二十三年から昭和十二年(一九三七)まで貴族院議員をつとめた。旧大名中唯一の生存者として長寿を保ち、昭和十二年二月一日九十六歳で没した。

参考文献　『(安芸広島)浅野家譜』、内閣修史局編『百官履歴』下(『日本史籍協会叢書』)、浅野長勲『維新前後』(『芸備叢書』七)、浅野長勲述・手島益雄編『天皇御親征と小御所会議の実況』(同四)、手島益雄編『明治維新の際に於ける芸藩の活動』、『浅野長勲自叙伝』、代々木会編『浅野長勲侯懐旧談』　(吉田　常吉)

あさのながみち　浅野長訓　一八一二―七二　幕末・維新期の安芸国広島藩主。文化九年(一八一二)浅野長懋の五子として生まれ、幼名千之助また為五郎。文政元年(一八一八)浅野氏内証分家長容の養子となり、茂長と名を改め、同七年家督を継ぎ近江守を称した。安政五年(一八五八)広島藩主慶熾が嗣子なくして没したため、にわかに宗家に入り、長訓と改名、安芸守となる。開港後の政局に対処するため、辻将曹らを年寄に登用し、洋式兵制による軍備の充実を中心とする藩政改革を推進した。両度の長州征討では、広島が征長軍の集結地となり、長訓は辻らの献策に従い、第一次は和議を斡旋し、第二次は征長の名分が明らかでないことを理由に出陣を断わり、休戦による事態の収拾をはかった。王政復古の際、挙兵討幕を主張する薩・長両藩と、公議政体論の高知藩との間を調停する役割をになったが、戊辰戦争が起り、政局の主流を離れた。明治二年(一八六九)正月病気により致仕、養嗣子長勲に家督を譲った。同五年七月二十六日東京に没し、芝青松寺に葬られる。のち広島の国泰寺に改葬、さらに神田山(広島市牛田町)に移す。六十一歳。

参考文献　『(安芸広島)浅野家譜』、『芸藩志』、『新修広島市史』二　(後藤　陽一)

あさはらけんぞう　浅原健三　一八九七―一九六七　大正・昭和時代の労働運動家。明治三十年(一八九七)二月二十八日福岡県鞍手郡大之浦炭鉱の坑夫の三男に生まれ、十六歳で単身上京、大正三年(一九一四)以来働きながら日本大学に通う一方、政友会の院外団である鉄心会に関係したが、同窓の加藤勘十を知り、大杉栄のもとに出入りするうちにサンディカリストになった。日大を中退して同八年八幡に帰り、八幡製鉄所の職工を組織して日本労友会を結成、翌九年二月の同所第一次争議を指導し、治安警察法第一七条違反で四ヵ月の刑をうけた。出獄後、筑豊の鉱山労働運動に活躍、同十四年四月には九州民憲党を結成し、昭和三年(一九二八)の第一回普選には福岡県二区で当選、同年末の七党合同で民憲党を解体して日本大衆党の中央執行委員になった。同十一年一月、全体主義的風潮に乗って社会大衆党を脱し、石原莞爾・林銑十郎ら陸軍軍人と結び、満洲国協和会の運動に参加したが、軍の内紛から十三年に東京憲兵隊に検挙され、釈放後は実業に転じ上海に渡った。同四十二年七月十九日死去。七十歳。著書に『鎔鉱炉の火は消えたり』がある。

参考文献　『八幡製鉄所労働運動誌』、大谷敬二郎『昭和憲兵史』　(松尾　洋)

あさひぎょくざん　旭玉山　一八四三―一九二三　明治時代の彫刻家。幼名富丸、のち富三郎と改めた。天保十四年(一八四三)江戸に生まれ(一説には天保十二年あるいは同十三年ともいう)、二十四歳のとき僧侶から還俗して象牙彫刻を学んだ。牙彫は明治初年日本の特技として海外にも知られ、きわめて流行したが、彼はそうした機運の中で抜群の名人芸を発揮し、明治十年(一八七七)第一回内国勧業博覧会に牙彫「髑髏」を出品して、最高賞である竜紋賞を受け、同十四年の第二回博覧会においても受賞した。その後は同十九年東京彫工会を結成して、その中心となって活躍したほか、東京美術学校教授、帝室技芸員にも挙げられ、石川光明らと並ぶ牙彫界の重鎮と目されるに至った。その作風は精細高雅で格調高く、代表作に右のほか宮内庁蔵の「官女」などがある。　(富山　秀男)

あさひこしんのう　朝彦親王　一八二四―九一　幕末・維新期の政治家。伏見宮邦家親王の第四子。幼名熊千代・富宮。母は青蓮院坊官鳥居小路経親の女信子。文政七年(一八二四)正月二十八日京都に生まれる。天保七年(一八三六)八月仁孝天皇の養子となり、奈良一乗院門跡に補せられ、翌八年十二月親王宣下、名を成憲と賜わり、同九年閏四月得度、尊応入道親王と称した。嘉永元年(一八四八)三月二品に叙し、同五年三月勅旨により、改めて京都粟田口青蓮院門跡となり、尊融と改称し、世に粟田宮と称せられた。人となり豪気で、水戸藩士から今大塔宮と注目されていたが、安政五年(一八五八)のころ、通商条約調印と将軍継嗣の二大問題が起ると、水戸藩士らの働きかけもあって、親王は条約勅許に反対し、将軍継嗣には一橋慶喜を嘱望した。このため安政の大獄が起ると、同六年二月慎に、同年十二月隠居、永蟄居に処せられ、相国寺塔頭桂芳軒に幽居し、獅子王院宮と称した。文久二年(一八六二)四月幕府の内奏により、永蟄居を赦され、青蓮院門跡に還補した。親王に対する孝明天皇の親任は厚く、同年十二月国事御用掛の新設とともにこの職につき、翌年正月には特旨をもって還俗の内勅を賜わり、ついで中川宮と称した。時に公武合体派と尊王攘夷派との対立が激化したが、親王は公武合体派の中心となり、翌三年八月十八日の政変を計画し、会津藩・鹿児島藩と協力して、長州藩を中心とする尊攘派勢力を京都から一掃することに成功した。同年八月二十七日元服し、名を朝彦と賜わり、弾正尹に任ぜられ、世に尹宮と称され、翌元治元年(一八六四)十月宮号を賀陽宮と改称した。その後も公武合体派の重鎮として国事にあたり、慶応年間(一八六五―六八)に及んだが、孝明天皇の崩御するに及んで次第に孤立し、慶応三年十二月、「王政復古の大号令」発布とともに国事御用掛の職が廃止され、参朝を停止され、その政治的生命は終った。明治元年(一八六八)八月、反政府運動を計画したとの嫌疑により、親王の宣旨を奪われ、広島藩に幽閉された。同三年閏十月京都帰住を許され、爾来伏見宮邸に謹慎したが、五年宮号を称することを許され、同八年五月一家を立て、久邇宮と称した。同年七月神宮祭主に任ぜられ、職にあること十六年余、同二十四年十月二十五日没した。六十八歳。

参考文献 『朝彦親王日記』(『日本史籍協会叢書』)、『青蓮歌集』、徳富猪一郎『維新回天の一面』
(小西　四郎)

あさひなそうげん　朝比奈宗源　一八九一―一九七九　昭和時代の臨済宗円覚寺派管長。号は別峯、軒号は平等軒。明治二十四年(一八九一)一月九日、静岡県庵原郡両河内村和田島(清水市)に父源十・母ふみの六人の子の末男として生まれる。幼名源二。同三十五年、静岡県臨済宗妙心寺派清見寺住持、坂上宗詮について出家得度。宗源と安名される。同四十二年京都花園の妙心寺僧堂に入り、池上湘山に参禅、ついで大正六年(一九一七)鎌倉円覚寺僧堂で古川堯道に随って参禅を重ねて嗣法する。同十一年二月、鎌倉浄智寺の住持になる。昭和十七年(一九四二)十月、円覚寺住持代務者となり、同年十二月同寺住持となる。同二十年四月、臨済宗各派合同制による一宗管長制度の廃止により、円覚寺派管長となる。大正八年、日本大学宗教科に入学し、同科を卒業。学僧としても知られる。海外に渡航すること数次、世界連邦運動に参加。昭和四十二年、同運動の日本宗教委員会仏教代表に就任。また日本を守る会の結成にも尽力する。同五十四年八月二十五日示寂。八十八歳。遺骨を円覚寺正続院の塔に、分骨を浄智寺の塔に埋葬する。著書に『仏心』『無門関提唱』『朝比奈宗源老師の獅子吼』などがあり、『碧巌録』『臨済録』についての訳注が『岩波文庫』に収められている。
(古田　紹欽)

あさひなちせん　朝比奈知泉　一八六二―一九三九　明治時代の新聞記者。政論を得意とした。号は碌堂、他に珂南・珂水懶魚・不染廬主人など。文久二年(一八六二)四月十五日、水戸藩士泰成の次男に生まれ、のちに伯父泰交の家を継ぐ。明治十二年(一八七九)茨城師範学校卒業、母校水戸上市小学校訓導となったが、翌十三年上京。慶応義塾外塾・欧亜学館などを転々とし、同十五年東京大学予備門に入学、続いて帝国大学法科大学政治学科に学んだ。その間報知社に入社、また『国民之友』などにも寄稿し、同二十一年、山県有朋の後援で『東京新報』が創刊されると主筆となり、大学を中退した。大学でラートゲンから学んだ国法学を立論の基礎として政党否定・議会攻撃の論説を書いた。大隈重信の条約改正に反対し、三度発行停止となった。同二十四年、伊東巳代治が『東京日日新聞』を手に入れるとその社説を書き、翌年『東京新報』を廃刊して同紙の主筆になり、法律万能の立場から超然内閣擁護の論陣を張った。同二十七年の条約改正問題、翌年の遼東還付問題をめぐって『日本』の陸羯南(くがかつなん)と激しく論争し、その間二度発行停止に遇った。同二十九年ごろから実務を離れ、二度にわたって欧米に遊び、同三十七年『東京日日新聞』が伊東の手を離れると、健康を害したためもあって退社、第一線を退いた。昭和十四年(一九三九)五月二十二日、七十八歳で死去。著書に『朝比奈知泉文集』(昭和二年)、『老記者の思ひ出』(同十三年)がある。
(北原　衛)

あさひなやすひこ　朝比奈泰彦　一八八一―一九七五　明治から昭和時代にかけての薬学者。明治十四年(一八八一)四月十六日(実は十二日)、東京本所区林町(墨田区本所)に生まれる。父は和四郎泰丈、母は中山氏鈴子で、その長子である。同三十五年東京帝国大学医科大学薬学科に入学、同三十八年首席で卒業し、生薬学の下山順一郎教授の助手となった。同四十二年八月留学のために渡欧、チューリッヒのウィルステッター教授、ベルリンのフィッシャー教授に師事し、大正元年(一九一二)九月帰朝し、その間に病没した下山教授のあとを受けて、生薬学講座担任の助教授に任ぜられ、同七年二月には教授に昇進した。キツネノボタンの有毒成分アネモニンの研究をはじめ、各種の和漢薬の成分研究を行い、同十二年には、一連の「漢薬成分の化学的研究」の業績によって帝国学士院恩賜賞を受けた。またこのころより地衣類の研究を積極的に行なった。昭和五年(一九三〇)には帝国学士院会員となり、同十三年日本薬学会会頭に当選。十六年東京帝国大学を停年退職し、名誉教授の称号を得た。この年、『明治前日本薬物学史』の編集委員長となる。十八年には文化勲章を授けられた。二十三年には正倉院薬物調査主任として研究を指揮した。二十六年には文化功労者に選ばれ、以後も薬学界の長老として多くの活動を行なった。五十年六月三十日没。九十四歳。港区の青山墓地に葬られる。著書に『日本の地衣』、『正倉院薬物』(編著)などがある。

参考文献 朝比奈泰彦『私のたどった道』、根本曽代子編『朝比奈泰彦伝』
(大塚　恭男)

あさひへいご　朝日平吾　一八九〇―一九二一　大正時代のテロリスト。明治二十三年(一八九〇)七月佐賀県に生まれた。鎮西学院・早大商科・日大法科をそれぞれ中退。大正五年(一九一六)ごろ、薄益三の馬賊隊に加わる。同九年平民青年党を結成。ついで労働ホテルを建設しようとしたが失敗。翌十年神洲義団を組織した。同年九月二十八日、安田財閥の当主安田善次郎を刺殺し、その場で自刃した。三十二歳。斬奸状と「死の叫び」と題する遺書とに記されたところは、日本ファシズムに直接先駆する精神を明らかにするものとされている。

参考文献 奥野貫『嗚呼朝日平吾』、今井清一・高橋正衛編『国家主義運動』一(『現代史資料』四)、高橋正衛編『国家主義運動』二(同五)、橋川文三編『超国家主義』(『現代日本思想大系』三一)
(松沢　哲成)

あさぶきえいじ　朝吹英二　一八四九―一九一八　明治時代の実業家。嘉永二年(一八四九)二月十八日、豊前国下毛郡下郷村宮園に、朝吹泰造の次男として生まる。生家は代々の庄屋。幼名は万吉。明治二年(一八六九)上京し、翌年福沢諭吉邸の玄関番となり、同五年には慶応義塾出版社主任となる。荘田平五郎の紹介で同十一年七月三菱会社に入り、のち支配人となる。岩崎弥太郎の下で活躍したが、同十三年八月には福沢諭吉の推薦もあって貿易商会に移り、支配人となったが、直輸出の目的を達しえず、十四年の政変による大隈の下野も加わって、損失が生じた。在野生活後二十五年一月、義兄中上川彦次郎の推挙で鐘紡に入社、専務取締役となり、鐘紡の発展に努力。さらに二十七年三井銀行の抵当流れであった富岡製糸場・芝浦製作所を中心にした三井工業部が設立されると、その専務理事となり、経営の充実に尽力した。ついで、三十一年三井呉服店専務理事、三十三年王子製紙取締役（のち会長）、三十五年三井同族会管理部理事、四十二年三井合名会社参事などを歴任、よく中上川を助けて、三井財閥の形成の基礎を固め、他方交詢社系の政治運動の先頭にたって、第一次護憲運動の援助にも尽力した。大正七年（一九一八）一月三十一日、七十歳で没した。

参考文献　朝吹英二氏伝記編纂会編『朝吹英二君伝』　（加藤幸三郎）

あさみよしち　浅見与七　一八九四―一九七六　大正から昭和時代にかけての果樹園芸学者。明治二十七年（一八九四）三月十二日岐阜県恵那郡に生まれる。父浅見与一右衛門の三男。大正七年（一九一八）東大農科大学卒、同十二年農博、東大助教授となり、約三ヵ年中国・米・英・独に視察留学後、昭和七年（一九三二）東大教授となり、園芸第一講座を担任、同二十三年から二十五年まで農学部長を勤めた。同二十九年停年退職し、名誉教授となる。この間督学官、科学技術審議会委員、教育制度研究会委員、国立園芸試験場長兼務、日本園芸中央会役員、園芸学会役員ならびに会長、学術会議委員第六部長などを勤めた。また数度の海外出張の使命を果たし、第二次世界大戦前後の混乱期を通じ広い視野と科学的に豊かな見識をもって、教育界、特に園芸学界の発展、果樹園芸産業振興に中心的存在として寄与してきている。著書のうちThe crab-apples and nectarines of Japan (1923)は学位論文として、『果樹栽培汎論』三巻（昭和十三・十七・二十八年）は既往内外の研究を体系化したものとして、また、『鶏肋』（同四十六年）は一果樹研究者の雑記を副題として、果樹園芸のわが国の歴史、諸外国の発展を知る資料としていずれも高く評価されている。昭和五十一年十一月六日没。八十二歳。　（山崎　肯哉）

あしだえのすけ　芦田恵之助　一八七三―一九五一　明治から昭和時代にかけての国語教育の改革につとめた教壇実践家。明治六年（一八七三）一月八日兵庫県氷上郡竹田村（市島町）に生まれる。十六歳のとき京都府下小学校を卒業。傾いた家運の中で小学校の授業生となったが、同二十九年の夏季講習会で東京高等師範学校の樋口勘次郎に接したことから、同三十一年十一月上京して樋口に師事し、かたわら国学院専科に学んだ。翌年には高師の嘱託となり、さらに同三十四年姫路中学校に赴任した。このころから国文法や作文指導の研究に専念し、同三十八年九月に高師訓導に復してから随意選題による綴方教育を提唱した。「読むとは自己を読むなり」という真実の描写と自由選題という着眼から、一部には生活綴方教育の先駆者とも呼ばれている。以来大正期を通じて綴り方・読み方教授の工夫や著述にあたり、大正六年（一九一七）文部省嘱託として『尋常小学国語読本』を編集した。同十年に高師を退職した後、朝鮮や南洋群島をめぐってその土地の国語読本を編集、また同十五年から昭和十六年（一九四一）にかけて全国教壇行脚を志し、樺太から台湾および満洲にまでその足跡をしるした。さらに昭和七年、「同志同行社」を組織して国語教育易行道（皆読・皆話・皆書）を提唱し、二十六年鳥取県下の教壇行脚中に倒れるまで活動した。同年十二月九日、郷里に静養中没した。七十八歳。晩年の自伝に『恵雨自伝』がある。

参考文献　実践社編『回想の芦田恵之助』、小田切正「芦田恵之助研究―大正期を中心として―」（『教育学研究』三四ノ一）　（上沼　八郎）

あしだこれと　蘆田伊人　一八七七―一九六〇　明治から昭和時代にかけての歴史地理学者。明治十年（一八七七）九月二十八日福井に生まれ、同三十七年早大卒。同三十九年東京帝国大学史料編纂官補に任ぜられ、第六編部（南北朝時代）の編纂に従事したが、同四十四年辞任。その後は依嘱を受けて、三井男爵家遠祖史料の調査研究、松平春嶽伝記編纂、小浜酒井家史料の編纂、『松平春嶽全集』の編纂刊行などに従事した。その間、吉田東伍・喜田貞吉の指導または協力のもとに日本歴史地理学の研究に志し、江戸時代の大名領地の沿革調査（寛文度の成果は東大史料編纂所にある）、日本村落の歴史地理的研究、帝室御料地の沿革調査（『御料地史稿』はその成果）などを時々の課題とし、ひろく古地図・地誌を蒐集し、日本歴史地理学会の同人として『歴史地理』誌に多く寄稿、はじめ吉田東伍を助け、のち独力で『大日本読史地図』を作成刊行し、日本の地誌の一大集成である『大日本地誌大系』を編纂刊行した。晩年東京で戦災、福井で地震に遭い、長野県諏訪市に移住して昭和三十五年（一九六〇）六月六日没した。年八十二。

参考文献　『歴史地理』九〇ノ一（蘆田伊人氏追悼録）　（桃　裕行）

あしだひとし　芦田均　一八八七―一九五九　昭和時代の政治家。明治二十年（一八八七）十一月十五日、京都の旧家に生まれた。父鹿之助は政友会代議士をつとめたこともある政治家。四十五年東京帝国大学法科大学を卒業して外務省に入り、ロシア・フランス大使館、本省情報課長、トルコ・ベルギー大使館などに勤務、ベルギー代理大使の任にあった時満洲事変が勃発、これを機に辞職して帰国、昭和七年（一九三二）二月総選挙に京都より立候補して当選、以後政友会の外交通として知られたが、軍部の独走には批判的態度をとり、第七十五議会では反軍演説問題による斎藤隆夫の除名に反対、大政翼賛会結成にも参加しなかった。戦後いちはやく鳩山一郎・安藤正純らとともに政党再建に乗り出し、日本自由党結成に加わったが、同時に幣原内閣にも厚生大臣として入閣、第一次吉田内閣のもとでは衆議院憲法改正特別委員長をつとめた。修正資本主義をかかげて次第に自由党主流から離れ、二十二年三月脱党して、日本進歩党を中核とした民主党の結成に参加、同年五月の第二回大会で総裁の地位を得た。ついで片山内閣に外相として入閣、同内閣倒壊ののち、二十三年三月芦田内閣の組閣に成功、首相兼外相をつとめたが、同年十月昭和電工疑獄事件のため辞職、十二月にはみずからも逮捕・起訴されたが、結局無罪の判決を得る。以後、民主党野党派、国民民主党、改進党、日本民主党、自由民主党に属したが、改進党時代には憲法第九条は自衛のための戦力を持つことを禁止しているものではないとの解釈をとり、日本国憲法のもとでの再軍備論をとなえて注目された。昭和三十四年六月二十日衆議院議員の現職で死去。七十一歳。著書に『巴里会議後の欧洲外交』『君府海峡通航制度史論』『最近世界外交史』『バルカン』『革命前夜のロシア』『第二次世界大戦外交史』があり、『芦田均日記』全七巻が刊行されている。（古屋 哲夫）

あじまたてわき 安島帯刀 一八一一―五九 江戸時代後期の常陸国水戸藩士。諱ははじめ忠誨、のち信立、字は思誠、通称は弥次郎、峨興と号した。文化八年（一八一一）水戸藩士戸田三右衛門忠之の次男として生まれ、母の生家安島彦之允信順の養子となる。戸田蓬軒の弟にあたる。文政十二年（一八二九）藩主継嗣の紛議に際し、兄と江戸に出て運動し、ついに徳川斉昭を擁立した。天保年間（一八三〇―四四）、小十人組より郡奉行・勘定奉行・小性頭取に進み、斉昭を扶けて藩政改革に尽力、時に上書して山陵修補のことを発議した。弘化元年（一八四四）斉昭が幕譴を蒙り致仕・謹慎を命ぜられると、これが雪冤に奔走、同三年職禄を奪われて禁錮に処せられた。嘉永二年（一八四九）赦され、小納戸より安政年間（一八五四―六〇）には小性頭取・側用人に進み、学校奉行を兼ね、この間、軍艦旭日丸の建造を監督した。同五年大番頭に進み、禄は八百石となった。同年斉昭は再び幕譴を蒙って急度慎を命ぜられたが、帯刀は家老となってよく藩主慶篤を補佐した。時に幕府の無断条約調印と紀州慶福の将軍継嗣決定のことから、朝廷は同年八月密勅を水戸藩に賜わった。これがため幕府の嫌疑を受けて安政の大獄に連坐し、翌六年四月二十六日評定所に召喚されて訊問され、即日江戸三田藩邸に監禁され、両度の訊問の後、八月二十七日切腹を命ぜられた。年四十九。墓は水戸市の酒門共有墓地にある。辞世「玉の緒の絶ともよしやわか君のかけのまもりとならんと思へは」。文久二年（一八六二）十一月幕府は朝命を奉じて罪名を除き、墓石の建立を許した。贈正四位。

参考文献 『水戸藩史料』、宮内省編『（修補）殉難録稿』前篇、田尻佐編『贈位諸賢伝』一（吉田 常吉）

あすかたいちお 飛鳥田一雄 一九一五―九〇 昭和時代の政治家。大正四年（一九一五）四月二日、横浜市に父喜一・母さとの長男として生まれる。小児麻痺にかかり左足が不自由となる。明治大学に学び高文試験に合格、弁護士資格を取得。第二次世界大戦後、日本社会党の結党に参加。横浜地方裁判所におけるB・C級戦犯の裁判で弁護活動。横浜市議会議員、神奈川県議会議員を経て、昭和二十八年（一九五三）神奈川第一区から衆議院議員に当選。左派社会党に属し、平和同志会の一員となる。「極東の範囲」の論点を明示するなど、「安保国会」の論戦で活躍。三十八年横浜市長となり、四選される。飛鳥田の横浜市政十五年間に試みられた「市長への手紙」「一万人市民集会」「市民生活白書」などは、革新自治体における直接民主主義の先行的な実験例となった。翌三十九年に飛鳥田が中心になって発足させた「全国革新市長会」は、最盛期には百三十六市を包含する組織となっている。五十二年、成田知巳に請われて社会党委員長となる。五十四年、東京第一区から衆院に復帰、五十八年、社会党委員長辞任とともに政界引退を表明。この間、衆院当選計六回。社会党の委員長として飛鳥田が試みたのは直接民主主義理念による「全党員投票による委員長公選」であり、「一〇〇万党建設」であった。「保革連合」阻止の目的で「社公合意」を成立させ、綱領文書「日本における社会主義への道」の見直しを確定したのが、最後の仕事となった。平成二年（一九九〇）十月十一日、神奈川県鎌倉市の額田記念病院で没した。七十五歳。著書に『飛鳥田一雄回想録』がある。（高橋 彦博）

アストン William George Aston 一八四一―一九一一 イギリスの外交官、日本学者。一八四一年四月九日アイルランドに生まれ、六二年同地のクインズ＝カレッジを卒業し、元治元年（一八六四）外務省の競争試験をパスして江戸駐在英国公使館付日本語通訳生として来日、公使パークスのもとで同僚サトウとともに幕末維新期の対日交渉にあたった。明治三年（一八七〇）通訳兼翻訳官となり、同五年八月より十二月まで日本使節に付して一時帰国、同八年より十五年まで日本語書記官補、同年より十七年まで長崎領事の職にあり、この間しばしば兵庫領事代理を兼ねた。十七年より十九年まで朝鮮総領事として京城に赴任、十九年より二十二年退官するまで東京公使館書記官を勤めた。帰国後日本の言語・文化の研究に没頭し、チェンバレン、サトウとともに明治時代西洋日本学の三大学者の一人に数えられている。代表作にNihongi, chronicles of Japan from the earliest times to A. D. 697 (1896)（英訳『日本書紀』）があり、サンソムも「翻訳や註釈に使える材料が何もない、まったく零のスタートラインから始めた仕事だが貴重な出来ばえ」とほめている。またShinto, the way of the Gods (1905)（『神道』）は宗教学的に日本固有の信仰を研究した最初の書といわれる。一九一一年十一月二十二日サウス＝デボン州ビーヤで没。七十歳。（金井 圓）

あずまりょうたろう 東竜太郎 一八九三―一九八三

昭和時代の医学者、行政家。医学博士。明治二十六年(一八九三)一月十六日、開業医東藤九郎の長男として大阪市船場に生まれる。第一高等学校を経て大正六年(一九一七)東京帝国大学医科大学医学科卒業。在学中、ボート選手として活躍。大学院に進学し、大正十一—十五年ロンドン大学に留学、物理化学・生理学を専攻。帰国後、東京帝大医学部助教授を経て昭和九年(一九三四)教授に就任、日本におけるスポーツ医学の草分けとなった。一時、東京高等体育学校校長を兼任。二十一年厚生省医務局長を兼ね衛生行政・医療改革を推進。二十四年東大教育学部教授を併任したが、二十八年停年退官で東大を去り名誉教授となった。この間、昭和二十二—三十三年日本体育協会会長、また二十五年から国際オリンピック委員会(IOC)委員として、オリンピック大会の東京誘致に尽力した。三十四年四月自由民主党に推されて東京都知事選挙に出馬し、革新勢力の推す有田八郎元外相を破って当選、三十八年四月に再選された。三十九年十月オリンピック東京大会開催。都知事在任中は、日本経済の高度成長を反映して東京に人口が集中し、その巨大化・過密化が進行したが、これに対応して道路・地下鉄の建設など東京改造・都市計画の推進にあたった。しかし三十九年夏には水不足が深刻化し、翌年には都議会の与党議員の汚職が続発して都議会は解散となり、四十年七月の選挙で自民党が少数与党に転落したため都政運営は苦境に立たされた。二期八年間都知事をつとめたのち四十二年四月退任。その後、日本赤十字社社長などをつとめた。著書に『スポーツと共に』などがある。五十八年五月二十六日肺炎のため東京都文京区の順天堂大学医学部附属順天堂医院で没。九十歳。墓は東京都府中市の多磨墓地にある。

参考文献 鈴木俊一他編『唯従自然—東竜太郎紙碑』、歴代知事編纂会編『日本の歴代知事』一 (鳥海 靖)

あそういそじ 麻生磯次 一八九六—一九七九 昭和時代の国文学者、教育家。明治二十九年(一八九六)七月二十一日、千葉県武射(むさ)郡睦岡村戸田(山武郡山武町)の豪農の家に生まれる。父源太郎・母たみ。大正九年(一九二〇)東京帝国大学文学部卒業。第六高等学校教授を経て、昭和二年(一九二八)京城帝国大学助教授、十四年教授。この間同大教授安倍能成と親交があり、十五年に第一高等学校長になった安倍に請われて十七年同校教授になり、二十三年一高の最後の校長になる。二十四年新制の東京大学教授(教養学部勤務、二十五年三月まで一高校長兼任。二十五年文学部勤務兼教養学部勤務)。二十六年教養学部長、三十年文学部長、三十二年停年で退職。同年学習院大学教授、三十四年文学部長、三十八年学習院大学学長(四十四年三月まで)、四十一年学習院長になり理事長を兼ねる。同年浩宮(皇孫)の幼稚園入園に際して幼稚園長を兼ねる(以上三職は四十五年八月まで)。同年、日本学士院会員。以上数々の教育の要職に就き、その業績により四十五年文化功労者となる。五十四年九月九日没。享年八十三。正三位、勲一等瑞宝章受章。法名、麻生庵蓬仙居士。文学博士の学位論文は『江戸文学と中国文学』で、著書は前記のほか『滝沢馬琴』『俳趣味の発達』『笑の研究』『江戸小説概論』『奥の細道講読』『芭蕉物語』など多数。自伝に『喜寿回顧』、歌句集に『喜寿以後』がある。

参考文献 『東京大学百年史』部局史四、『国語と国文学』五七ノ二(麻生磯次博士追悼) (冨士 昭雄)

あそうたかきち 麻生太賀吉 一九一一—八〇 昭和時代の実業家、政治家。明治四十四年(一九一一)九月二十九日福岡県に生まれる。祖父は石炭王と称された麻生太吉。夫人和子は第二次世界大戦後の首相吉田茂の娘。九州帝国大学で聴講生として採鉱学を学ぶ。昭和八年(一九三三)太吉の経営する麻生商店に入り、太吉の死後、翌年社長。その後、産業セメント鉄道・麻生鉱業・麻生セメントなどの各社長を歴任して炭鉱・セメント業界で活躍、九州電力会長・日本石炭協会会長もつとめた。第二次世界大戦後政界入りし、同二十四年一月第二十四回総選挙で福岡県二区から衆議院議員に当選、以来三回連続当選。民主自由党(のち自由党)に属し、吉田茂の女婿としてその側近となり、政財界にまたがって人脈を形成。同二十六年九月吉田全権に同行してサンフランシスコ講和会議に出席。吉田首相の退陣とともに、同三十年政界を引退した。同四十八年麻生セメント会長。三女信子は三笠宮寛仁(ともひと)親王の妃。同五十五年十二月二日病没。六十九歳。

参考文献 寺田晃夫他編『歴代国会議員名鑑』中 (鳥海 靖)

あそうたきち 麻生太吉 一八五七—一九三三 明治・大正時代の炭鉱業者。安政四年(一八五七)七月七日、筑前国嘉麻郡立岩村字栢(かや)ノ森(福岡県飯塚市)に大庄屋麻生賀郎とマツの長男として生まれる。幼名鶴次郎。明治五年(一八七二)より鯰田坑などの開発に従事、のち鯰田を三菱鉱業に売却、忠隈坑を住友へ、本洞坑を三井に売却するなどして、その資金で発展。(株)麻生商店社長、石炭鉱業連合会会長、九州水力電気社長、衆・貴両院議員を勤める。昭和八年(一九三三)十二月八日七十七歳で死去。

参考文献 泉彦蔵『麻生太吉伝』、麻生太吉翁伝刊行会編『麻生太吉翁伝』 (小林 正彬)

あそうひさし 麻生久 一八九一—一九四〇 大正・昭和時代の労働運動家、政治家。明治二十四年(一八九一)五月二十四日、良策の次男として大分県玖珠郡東飯田村(九重町)に生まれた。二十九年、叔父麻生忠蔵の養子となり東京に移ったが、三年後養父の死にあい、再び生家にもどった。四十二年大分中学を卒業、上京して第一高等学校を受験したが失敗、翌年第三高等学校仏文科に入学。文学に耽る一方、棚橋小虎・山名義鶴らと縦横会を組織して進歩派の学生運動をおこした。大正二年(一九一三)第一次護憲運動に参加、同年東京帝大仏法科にすすんだ。六年結婚、大学を卒業。東京日日新聞記者となったが、ロシア革命に感激、水曜会を組織して社会主義研究をはじめ、友愛会にも関係した。翌年黎明会結成に奔走、新人会に参加。八年記者をやめて友愛会出版部長となり、雑誌『解放』創刊に活躍する。翌年全日本鉱夫総連合会を結成、足尾争議を指導した。十四年総同盟政治部長に就任、翌年労働農民党中央委員になったが、同年十月総同盟など右派組合が脱退して新党樹立を画策すると、翌月麻生は同志の糾合をはかり、十二月中間派の日本労農党を結成、翌年書記長に就任した。以後一貫して中間派社会民主主義のリーダーとなり、昭和七年(一九三二)七月、社会民衆党と合同して社会大衆党を組織し書記長となった。この間、満洲事変、五・一五事件以後、軍部・ファシズムに接近し、八年には「転換期日本の建設計画」を起草、翌年の陸軍パンフレットについては、その「革新性」を評価するに至った。十一年・十二年の総選挙に当選、無産政党への期待を集めたが、この時期人民戦線運動をめざす労農無産協議会(のちの日本無産党)が門戸開放を要求したのに対して拒みつづけた。十三年、電力国家管理法に賛成、翌年東方会との合同を画策、十五年には近衛新体制に協力、七月にはいち早く社大党を解党したが、新体制発足を前に九月六日病没した。五十歳。法名顕正院釈法久。著書に『濁流に泳ぐ』『黎明』『無産政党とは何ぞや』などがある。

（神田　文人）

参考文献　麻生久伝刊行委員会編『麻生久伝』

あだちけんぞう　安達謙蔵　一八六四―一九四八　明治から昭和時代にかけての政党政治家。元治元年(一八六四)十月二十三日、熊本の士族に生まる。済々黌に学び佐々友房に認められ、明治二十七年(一八九四)の東学党の乱の際佐々の命で渡韓。室田釜山総領事のすすめで『朝鮮時報』の発刊の事にあたり、また井上馨公使の協力を得て京城にハングル新聞『漢城新報』を発刊。翌年、三浦梧楼公使の依頼を受けて閔妃殺害事件に関係し退韓、謀殺および兇徒嘯集の嫌疑で拘引された。同二十九年国権党常務委員に就任し、政治に関係をもち、三十五年総選挙以来十四回連続当選。はじめ帝国党に所属し、ついで大同倶楽部・中央倶楽部の組織に尽力し、ついで桂の立憲同志会結成にも参画し、同党幹事となった。大正三年(一九一四)大隈内閣の外務参政官に就任、この大隈内閣の総選挙に采配をふるって成功させ、「選挙の神様」のニックネームを得た。憲政会成立にあたって総務として重きをなし、同十三年清浦内閣成立後、政友会の岡崎邦輔と会見して三派提携の発端を作り、この選挙でもその手腕を発揮した。護憲三派内閣下で普選案の成立に尽力し、やがて逓相として入閣、つづく第一次若槻内閣に留任、兼内務大臣臨時代理。昭和二年(一九二七)民政党が成立し同党総務となる。三年の総選挙でも采配をふるい好成績を収めた。四年浜口内閣が成立し、内務大臣に就任、五年の総選挙でも大勝を収め、中野正剛・永井柳太郎らを幕下に党人派の総帥として党内に重きをなした。六年第二次若槻内閣に留任したが、満洲事変の勃発、軍部の不穏状況、イギリスの金輸出禁止などに直面し、外交財政政策の転換によって事態を乗り切るべく、政友会との協力のもとに挙国一致内閣を提唱した(協力内閣運動)が、閣内の反対論が強く、これがきっかけとなって若槻内閣は崩壊した。同七年民政党を脱した配下の代議士とともに、極東モンロー主義・統制経済を主張する国民同盟を結成、総裁に就任したが、少数派を脱し得なかった。同十年内閣審議会委員、十五年内閣参議、同年国民同盟を解党、大政翼賛会顧問、十七年政界を隠退し、国民精神の修養をとなえ、横浜に八聖殿を建てるなどした。同二十三年八月二日没。八十五歳。

参考文献　『安達謙蔵自叙伝』

（伊藤　隆）

あだちけんちゅう　安達憲忠　一八五七―一九三〇　明治時代の社会事業開拓者。幼名林吉。安政四年(一八五七)八月三日、備前国和気郡熊山村(岡山県赤磐郡熊山町佐古部落)の旧家安達熊四郎の次男に生まれ、十歳のとき母与志の急死により寺に預けられ憲忠と改名。青年期に漢学者西薇山の影響で自由民権運動に関係し、集会条例違反で入獄。その後東京で政治運動に関係、さらに福島へ転出、新聞記者当時瓜生岩を知る。明治二十年(一八八七)東京府属に就任。二十四年養育院幹事となる。院長渋沢栄一の下で、光田健輔らの助言を得て、収容者の処遇改善に努めた。まず、幼児掛長に瓜生岩を招き、また里親制度を開拓した。三十三年虚弱児を転住させて結核死亡を半減させ、日清戦争後の少年非行の激化に対し、同三十一年『窮児悪化の状況』を著わして識者を啓蒙し、三十三年に本院に感化部を設けたが、弊害を伴うので「井の頭学校」に三十八年分離し、四十二年幼児を「巣鴨分院」として、さらに院内結核患者を「板橋分院」としてそれぞれ分離し、また杉山鍼按学校の設立を援助して盲児の職業指導に、本願寺無料宿泊所を援助して自由労働者の保護を促進したのも彼の努力によるものである。しかし大正八年(一九一九)本院拡張のため板橋に敷地買収中、健康を理由に養育院を辞任した。十一年社会事業についての所信を『貧か富か』に披瀝し、また同年上宮教会専務理事に選ばれ、自由労働者宿泊所を建設した。昭和五年(一九三〇)十二月二日、交通事故による衝撃から脳溢血により急死。七十四歳。東京の雑司ヶ谷共同墓地に葬る。

（重田　信一）

あだちこう　足立康　一八九八―一九四一　昭和時代前期に活躍した建築史・美術史家。明治三十一年(一八九八)七月十日神奈川県に生まれる。のち山本家に入ったが、終生足立姓を称えた。東大工学部造兵学科・同文学部美学美術史学科卒業後、昭和三年(一九二八)工学部建築学科大学院に入り、伊東忠太・関野貞に師事し、古代の建築史・美術史を研究。古代建築の文献的研究で一世を風靡した。同十二年福山敏男らと建築史研究会を組織、同十四年より雑誌『建築史』を刊行して論陣を張り、「法隆寺新非再建論」で喜田貞吉らとも論争したが、同十六年十二月二十九日結核のため神奈川県茅ヶ崎の病舎で没した。四十四歳。著書に『薬師寺伽藍の研究』『藤原宮阯伝説地高殿の調査』『日本彫刻史の研究』などがある。

参考文献 『建築史』四ノ二（足立博士追悼号）

（太田博太郎）

あだちこうのすけ　安達幸之助　一八二四—六九　江戸時代後期の蘭学者。加賀国金沢藩士。名は寛栗（ひろかた）。中宮某の子。のち足軽安達氏の養嗣子となる。兵学を志し安政二年（一八五五）江戸藩邸に在勤して蘭学を村田蔵六（大村益次郎）に学ぶ。万延元年（一八六〇）幕府の講武所で西洋兵学を教え、翌年帰藩して藩校の壮猶館教授となり、また大砲鋳造に従事した。のち京都に出て大村に用いられ軍務官二等教授となり、伏見兵学校で兵学・英書を教えた。明治二年（一八六九）九月四日大村が京都三条で刺客に襲われた際、安達もその場に居合わせ、大村が負傷して逃れた際、彼は河原に走り出てみずから大村と名乗り、刺客と闘って死んだと伝えられている。四十六歳。のち正五位を贈られた。

（沼田　次郎）

あだちせいふう　安達清風　一八三五—八四　江戸時代後期の鳥取藩の尊攘派藩士。父は鳥取藩士安達貞恭（三百石高）。天保六年（一八三五）三月二十三日鳥取城下に貞恭の長男として誕生。はじめ和太郎、ついで清蔵・志津馬・清一郎と称し、諱は忠貫、明治四年（一八七一）これを清風と改めた。嘉永五年（一八五二）江戸に出て、ついで水戸藩において勉学し、安政年間（一八五四—六〇）には京都の志士と交遊した。文久年間（一八六一—六四）に入って藩主池田慶徳の側近となって行動したが、慶徳は水戸藩主徳川斉昭の子であるだけに、尊攘的意見を持っていた。しかし急進尊攘派でなく、漸進主義をとり、その線に沿いながら清風は宮や公卿邸に出入りし、幕府の要路や諸藩主らとの交渉にもあたった。慶応二年（一八六六）病気と称して出仕しなかったが、明治元年藩庁に再出仕し、のち中央政府や岡山県吏として勤務したこともあるが、同十七年九月十五日病死した。五十歳。彼の安政元年から明治元年に至る日記は、『安達清風日記』として、『日本史籍協会叢書』に収められており、さらに補遺が同叢書『維新日乗纂輯』四に収載されている。

（小西　四郎）

あだちただし　足立正　一八八三—一九七三　大正・昭和時代の財界人。明治十六年（一八八三）二月二十八日、鳥取県に生まれる。同三十八年東京高等商業学校卒業、三井物産に入社。同四十四年、藤原銀次郎が三井物産から王子製紙会社の再建に送りこまれたとき、足立も行動をともにし、王子製紙庶務課長に就任した。藤原の妻の生家が足立の生家の隣家であった関係もあり、終始藤原を助け、王子工場長、苫小牧工場長を歴任、大正九年（一九二〇）取締役専務副社長に就任。大川平三郎の富士製紙・樺太工業との激烈な競争に勝利して両社を合併し、昭和八年（一九三三）大独占企業王子製紙を出現させ、製紙王藤原の名声を高めた。同十七年王子製紙社長、関連各社の社長および役員を兼任し、翌年日本加工製紙会長、戦時下の紙パルプ業界に君臨したが、同二十一年辞任、経団連常任委員など、各種経済団体の役員に就任し、経営者から財界活動へと転じた。同二十二年公職追放、二十五年追放解除で財界活動に復帰、同三十二年の藤山愛一郎の政界入りのあと東京商工会議所会頭、日本商工会議所会頭に就任、三十五年一月の改定日米安全保障条約調印にあたっては財界を代表して調印全権に就任した。日本生産性本部会長、日経連・経団連各常任理事として財界に大きな発言権をもち、東京放送会長・日本民間放送連盟会長として言論界にも影響力をもった。同四十四年日商会頭を辞任、第一線を退いた後も、特にいわゆる台湾ロビーの有力者としてなお強い影響力をもっていた。同四十八年三月二十九日没。九十歳。東京都港区西麻布の長谷寺に葬られる。

（大江志乃夫）

あだちぶんたろう　足立文太郎　一八六五—一九四五　明治から昭和時代前期にかけての解剖学および人類学者。慶応元年（一八六五）六月十五日、伊豆国田方郡市山村（天城湯ヶ島町）に足立長造の長男として生まれる。明治二十七年（一八九四）、帝国大学医科大学を卒業後、解剖学教室の助手として勤務。同三十一年十月、第三高等学校教授に任ぜられた。同三十二年五月、解剖学研究のためにドイツに留学し、同三十七年五月帰朝、同月京都帝国大学医科大学教授に任ぜられ、解剖学講座を担当した。大正十年（一九二一）には京都帝国大学医学部長に任ぜられた。同十四年に大学を停年退職後も、日本人体質の研究を行い、軟部人類学（軟部とは骨に対して、内臓・筋肉・脈管などを指す）の創設者として世界の学界に重きをなした。昭和五年（一九三〇）には学士院恩賜賞を受けたが、その他多くの栄誉を受けた。同二十年四月一日、京都の自宅で死去。八十一歳。墓は京都市左京区の真如堂にある。

（大塚　恭男）

あつみかいえん　渥美契縁　一八四〇—一九〇六　明治時代の真宗大谷派の宗政家。諱は厳華、号は択堂・三峯・見白山人。天保十一年（一八四〇）七月伊勢国亀山の真宗大谷派法因寺で誕生。嘉永二年（一八四九）得度。東本願寺の高倉学寮で学んだ。明治四年（一八七一）の本山寺務所開設で石川舜台と最高職の議事に就き、翌五年改正掛となり宗政近代化をはかった。同十年には真宗解禁直後の鹿児島開教に努めた。同十三年十一月本山特命で石川県能美郡小松町、同派本覚寺の住職になった。その後、同十五・十六・二十一・三十六年と、つづいて執事、参務、寺務総長などに就任、東本願寺宗政を担当した。この間、相続講を起して膨大な本願寺負債を消却し、同二十八年には両堂（現存の本堂と御影堂）再建の落成を成就した。同三十九年四月十八日没。六十七歳。法名即是院釈厳華。主著『浄土和讃勧信録』『歎異鈔提要説教』『十七論題真宗説教略弁』など。

参考文献 『厳華自伝』、近残花房編『加能真宗僧英伝』、水谷寿「明治維新以後における大谷派宗政の変遷」(『真宗』三七二―三九〇) (柏原 祐泉)

あつみきよし 渥美清 一九二八―九六 昭和・平成時代の喜劇俳優。昭和三年(一九二八)三月一〇日、東京市下谷区車坂町(台東区上野七丁目)に生まれる。本名田所康雄。小学生時代は病身で長期欠席がちであり、ラジオの話芸を聞いて過ごす時間が多く、それを真似することで話術の基礎を学んだ。同二十年巣鴨中学卒。敗戦後は闇屋などをやり、テキ屋のお兄ちゃんたちとの交遊も多くて彼らの口上をノートにとって研究した。浅草のストリップ劇場でコメディアンになり、一九五〇年代末からテレビにも出演するようになる。三十八年、映画の「拝啓天皇陛下様」の主演が出世作となり、一見やくざっぽいが根は善良な下層社会の男を演じることに才能を示した。四十四年に始まった山田洋次脚本監督の「男はつらいよ」シリーズは大ヒットを続けて平成八年(一九九六)に彼の死で中断されるまで四十八本という記録的な連作となった。彼の演じた寅さんこと車寅次郎は国民的ヒーローといえる。平成八年(一九九六)八月四日没。六十八歳。 (佐藤 忠男)

あつみせいたろう 渥美清太郎 一八九二―一九五九 大正・昭和時代の歌舞伎・邦楽評論家。明治二十五年(一八九二)十二月東京に生まれる。郁文館中学中退。同四十四年演芸画報社に入社、以来昭和二十五年(一九五〇)まで『演芸画報』および同誌を同十八年に統合した『演劇界』を編集、その間歌舞伎・邦楽・舞踊などの考証評論に健筆をふるい、演出・作詞などにも才能を発揮した。同三十四年八月二十日没。六十六歳。著書に『歌舞伎狂言往来』(昭和二年)、『邦楽舞踊辞典』(同十三年)、『歌舞伎大全』(同十八年)、『日本演劇辞典』(同十九年)、『六代目菊五郎評伝』(同二十五年)、『歌舞伎舞踊』(同三十一年)、『日本舞踊史』(同三十三年)など、編著に『歌舞伎脚本傑作集』(大正十一―十五年)、『大南北全集』(同十四―昭和三年)、『日本戯曲全集』(昭和三―八年)などがあり、遺稿「系統別歌舞伎戯曲解題」は雑誌『芸能』に連載。 (平野 健次)

アトキンソン Robert William Atkinson 一八五〇―一九二九 イギリスの化学者。スコットランド、ニューカッスルの生まれ。ロンドンの王立化学学校・王立鉱山学校に学ぶ。御雇外国人教師として明治七年(一八七四)来日。開成学校・東京大学で、科学的に化学を教える。「元素の状態に関せる思想の沿革略説」(『東京化学会誌』二帙、一八八一)など化学思想の組織的移植をはじめ、実際面では、日本酒醸造について研究し、火入れの操作は、ヨーロッパでは、パスツールによってはじめられたが、日本ではすでに三百年来行われていることを指摘し、さらにこれを完全にするために、パスツールの原理を参考にすべきであると助言、日本古来の経験的成果に対して理論的根拠を与えた。明治十四年本国に帰る。彼の門下には、久原躬弦・高松豊吉ら、わが国化学の創成者を輩出。主著「日本酒醸造化学」(『理科会粋』六、一八八一)などがある。一九二九年十二月十日没。 (山下 愛子)

あとべよしすけ 跡部良弼 一七九九―一八六八 江戸時代後期の幕臣。山城守、のち能登守、甲斐守、遠江守。寛政十一年(一七九九)十月十一日に生まれる。唐津藩主水野忠光の五男で、忠邦の弟。旗本跡部氏を継ぐ。天保七年(一八三六)四月二十四日、堺奉行より転じて大坂東町奉行となる。良弼は東西与力・同心を交流させるなどして、世襲制度に安住する与力・同心制度を改革しようとする意志があると見做され、与力・同心でこれを不安視する者が多かった。また打ち続く凶作で米不足のなかで幕命により大坂の米を江戸に送ることを強行したので、旧与力大塩平八郎は門下の与力・同心たちと謀り挙兵、良弼は西町奉行とともにその鎮圧にあたった。天保十年九月十日大目付(同十二年十二月八日までと安政二年八月九日より同三年十一月十八日までの二度)、つづいて勘定奉行(天保十二年十二月八日より弘化元年九月十五日まで)、江戸町奉行(弘化元年九月十五日より同二年三月十五日までと、安政三年十一月十八日より同五年五月二十四日までの二度)などを歴任、明治元年(一八六八)二月二十六日若年寄となり同三月三日辞任。同十二月二十日没。六十九歳。法名恭量院殿大寛楽善大居士。墓は群馬県伊勢崎市宮子町の跡部氏開基の紅巌寺墓地にある。

参考文献 『不揚録』二(『日本史料選書』七)、『大阪市史』 (大石 慎三郎)

あとみかけい 跡見花蹊 一八四〇―一九二六 明治・大正時代の女流女子教育家、跡見女学校の創設者。名は滝野。花蹊と号した。天保十一年(一八四〇)四月九日、摂津国西成郡木津村(大阪市西成区)に生まれる。父は郷士跡見重敬、母は幾野。当時跡見家は衰運時代で、花蹊はその再興を期して幼少より学芸に志した。特に円山派の絵画や詩文にすぐれ、父の経営する私塾を助けながら修業を積んだ。慶応二年(一八六六)京都に私塾を開き、上流子女に絵画・書・詩文を教え、女流教育家の地歩を築いた。東京移住後も塾教育を続けたが、やがて文明開化の女子風俗に反発して、明治八年(一八七五)神田中猿楽町(神田神保町)に校舎を設けて跡見女学校を開いた。同二十一年小石川柳町に移転、伝統的な女子の教養教科と家族的な寄宿舎訓育によって、優美高尚な女子を育成することに独身の一生涯を傾注した。大正八年(一九一九)同校校長を辞任。父重敬、姉千代滝、弟愛四郎、養嗣李子の跡見一家も挙げてこれを助けた。大正十五年一月十日没。八十七歳。墓は東京都文京区小石川の光円寺にある。

参考文献 跡見李子編『花のしづく』、藤井瑞枝『花の下みち』、高橋勝介『跡見花蹊女史伝』 (千住 克己)

あなみこれちか　阿南惟幾　一八八七―一九四五　昭和時代前期の陸軍軍人、陸軍大臣。大分県竹田の出身。明治二十年（一八八七）二月二十一日東京に生まれ、父尚（判事、地方官）の任地を転々としたが、徳島中学校から広島地方幼年学校を経て、日露戦争直後の三十八年十一月陸軍士官学校を卒業（十八期）して翌年六月歩兵少尉に任官、歩兵第一連隊付となった。秀才型ではなく、陸軍大学校も三回目の受験で合格したほどであったが、重厚・誠実な純武人型軍人として、次第に声価を高め、参謀本部勤務、侍従武官、人事局長を経て、昭和十四年（一九三九）十月陸軍次官に累進、さらに中国・満洲の軍司令官を勤めて同十八年五月陸軍大将に昇進、二十年四月航空総監から鈴木内閣の陸軍大臣に就任した。八月ポツダム宣言受諾の可否をめぐって、断固抗戦を主張する陸軍部内の少壮幕僚に突きあげられ苦悩したが、終戦の聖断が下ると、承詔必謹を唱えて強硬派を慰撫し、八月十五日夜従容として割腹自決をとげ、無血終戦を達成した。年五十九。墓は東京都府中市の多磨墓地にある。

参考文献　沖修二『阿南惟幾伝』（秦　郁彦）

あねがこうじきんとも　姉小路公知　一八三九―六三　江戸時代後期の公家。天保十年（一八三九）十二月五日左近衛権少将公前の長男として京都禁苑日御門前同邸内に生まる。母は中院通繋の女。幼名は靖麿。安政四年（一八五七）三月家督を継ぎ、のち正四位下右近衛権少将に進んだ。少時より三条実美と親交あり、長じて通商条約調印の勅許に反対し、同五年三月外交措置を幕府に委任するとの関白九条尚忠の勅諚案に反対し、中山忠能ら八十八人列参に加わって改刪の文案を決定した。爾来実美とともに少壮尊攘派公家として、次第に志士からも嘱目され、文久二年（一八六二）八月実美ら十二人と連署して、和宮降嫁に尽力した久我建通・岩倉具視らを弾劾した。九月には実美を正使、公知を副使とする攘夷別勅使に任ぜられ、十一月江戸城に臨んで将軍徳川家茂に攘夷督促と親兵設置の勅旨を伝宣したが、この時はじめて従来の勅使待遇法が改められた。十二月国事御用掛に補され、翌三年二月国事参政に転じた。三月孝明天皇の攘夷祈願のための賀茂社行幸に、四月には石清水社行幸に供奉した。同月摂海防衛巡検の朝命を受け、長州藩士ら七十余人を随えて大坂に下り、軍艦奉行並勝海舟より摂海防禦策を聞き、かつ順動丸に乗って兵庫沿海を巡視して帰京した。五月二十日の夜、御所より退出の途次、朔平門外巽の角で刺客三人に襲われて暗殺された。年二十五。二十五日特旨をもって参議左近衛権中将を贈られた。現場に残された刀から、刺客は鹿児島藩士田中新兵衛といわれ、二十六日逮捕して京都町奉行所に監禁したが、即日自殺して審問の緒を失った。墓は京都市上京区の松林院にある。贈正二位。

参考文献　関博直『姉小路公知伝』、宮内省編『（修補）殉難録稿』中、田尻佐編『贈位諸賢伝』一、寺師宗徳「姉小路卿御遭難の事実」（『史談速記録』四六）（吉田　常吉）

あねがこうじのつぼね　姉小路局　一七九五―一八八〇　江戸時代後期の大奥の上﨟、年寄。寛政七年（一七九五）公家橋本実誠の娘として生まれる。名はいよ。文化六年（一八〇九）有栖川宮喬子（楽宮）の徳川家慶に入輿のとき従って江戸に下る。家斉の第二十女和姫が文政十二年（一八二九）十一月毛利斉広に嫁すに、その小女﨟となって従ったが、八ヵ月後に和姫が没したので、西ノ丸に戻った。天保八年（一八三七）家慶が将軍になると本丸大奥の上﨟・年寄として権威をふるう。水野忠邦の天保の改革は大奥にも倹約を求めたが、それを巧みに回避した話が伝えられている。神楽坂下の牡丹屋敷（新宿区神楽坂一丁目）の町屋を与えられた。これは宝暦以来、大奥の年寄に与えられる慣習の地である。嘉永六年（一八五三）家慶の没後は落飾して勝光院を称し、毛利家の檜屋敷（港区赤坂九丁目）に隠居した。和宮降嫁を上洛して斡旋。のち本所の進家に養われる。明治十三年（一八八〇）八月九日没。八十六歳。増上寺山内松蓮社に葬る。（進士　慶幹）

あねさきまさはる　姉崎正治　一八七三―一九四九　明治から昭和時代にかけての日本宗教学の祖。号は嘲風。明治六年（一八七三）七月二十五日京都姉崎正盛の長男として生まれる。第三高等中学を経て帝国大学文科大学哲学科を同二十九年卒業、大学院にて宗教学を専攻。同三十年井上マスと結婚。『印度宗教史』を著わす。三十一年母校講師就任。『比較宗教学』を刊行。三十二年『仏教聖典史論』、三十三年助教授となり、『上世印度宗教史』を刊行。ドイツのキール大学に留学しパウル＝ドイッセンに師事す。三十五年英国に移り、リス＝デビッズにつく。『現身仏と法身仏』によって文学博士を授与さる。三十七年教授。三十八年東京帝国大学に宗教学講座を開設し初代の主任教授となる。四十年より四十一年まで世界周遊。四十三年『根本仏教』を著わす。大正二年（一九一三）より四年にかけハーバード大学に招かれ、日本文明講座を担当し日本宗教史を講ず。同五年『法華経の行者日蓮』刊行。高山樗牛の感化による日蓮信仰の学問的結実である。同七年カリフォルニア大学に出講。同大より法学博士の学位を贈らる。八年コレージュ＝ド＝フランスに出講。十年ハワイ汎太平洋教育会議に出席。同十二年帝都復興院評議員臨時評議員に選ばる。東京帝国大学付属図書館長に就任し、関東大震災のため炎上した図書館の復興に尽瘁。同年帝国学士院会員となる。同十四年『切支丹宗門の迫害と潜伏』を著わし、爾後昭和七年（一九三二）までに切支丹関係書五冊を著わす。同三年フランスよりレジオン＝ドヌール勲章を贈らる。同五年日本宗教学会設立初代会長となる。八年シカゴ世界宗教大会に出席、ついでジュネーブ国際連盟学術協力委員会出席。同年停年制により名誉教授となる。十四年貴族院議員に推挙さる。二十四年七月二十三日脳溢血再発し熱海南北荘に没す。七十七歳。法名は鷲峰院嘲風日治大居士。墓は鎌倉市大町日蓮宗妙本寺にある。数次の外遊を通じ日本文化を海外に顕揚し東西文化の交流に尽くす傍ら、若き日、高山樗牛と親交し文藻きわめて豊かであった。著書は上掲のほか多数。

参考文献 姉崎正治『己辨集』、同『わが生涯』、嘲風会編『(姉崎正治先生)書誌』、増谷文雄『姉崎正治の業績』(『宗教研究』一四七)、小口偉一「宗教学五十年の歩み」(同) (竹中 信常)

あべいいわね 安部井磐根 一八三二―一九一六 明治時代の政治家。天保三年(一八三二)三月十七日、陸奥二本松藩士安部井又之丞の子として生まれる。戊辰戦争にあたって二本松藩は新政府軍と戦って敗れたが、彼は新政府に旧領回復を請願、奔走して声望をあげた。維新後若松県監査、同権少参事、同参事を歴任。明治十一年(一八七八)福島県会議員、同議長。ついで安達郡郡長となったが、同十五年県令三島通庸と対立辞職。十九年再び県会議員、同議長。以後累選され、二十三年第一回の衆議院議員総選挙で当選。大成会の領袖となり、ついで小会派を転々としたが、二十六年衆議院副議長に挙げられた。この前後、神鞭知常などとともに大日本協会を組織し、条約改正問題をめぐり、「対外硬」の立場から第五議会において時の第二次伊藤内閣攻撃の中心となって名声を挙げた。第五議会解散後しばらく衆議院選挙に出ず、第十二議会に再び出馬、憲政本党に属して一貫して「対外硬」を主張し、同三十三年から三十五年にかけ近衛篤麿などの国民同盟会に参加した。その後政界の表面から退き、大正五年(一九一六)十一月九日死去。八十五歳。

参考文献 大津淳一郎『大日本憲政史』三・四、『近衛篤麿日記』三―五、黒竜会編『東亜先覚志士記伝』下 (安井 達弥)

あべいそお 安部磯雄 一八六五―一九四九 明治から昭和にかけての社会運動の先駆者。慶応元年(一八六五)二月四日、福岡藩士岡本権之丞の次男に生まれた。明治十五年(一八八二)京都の同志社に学び、新島襄から受洗した。同志社を卒業し、ついでアメリカに留学、ハートフォード神学校を卒業し、ついでベルリン大学に学んで二十八年帰国した。岡山教会で伝道事業に従い、やがて同志社に迎えられたが、中学の教頭をしていたとき、宣教師と意見が衝突して同志社を辞め、同三十二年より東京専門学校(早稲田大学の前身)教授となった。これより先、ユニテリアン協会に属し、『六合雑誌』の主筆として、キリスト教的人道主義の立場より社会主義を唱え、労働組合期成会にも参加したが、三十一年十月幸徳秋水・木下尚江らとともに社会主義研究会を組織し、三十三年社会主義協会と改称するとともにその会長となり、社会主義を活発に宣伝した。同三十四年五月片山潜・幸徳・木下らと社会民主党を結成し、その宣言文の起草に加わったが、即日結社禁止をうけた。日露戦争に際しては一貫して非戦論を堅持し、週刊『平民新聞』を支援した。同三十八年十一月木下・石川三四郎らとキリスト教社会主義の立場をとる『新紀元』を創刊し、幸徳ら唯物論派と対立したが、同四十年一月に日刊『平民新聞』が創刊されると、社外からこれを援助した。しかし同四十三年の幸徳事件(大逆事件)を契機に社会主義運動より退き、早大野球部を創立して早慶戦の端初をつくり、また講道館の嘉納治五郎らとともに、翌四十四年大日本体育協会を創立し、わが国のスポーツ界に貢献した。その後大正デモクラシー運動の興隆とともに社会運動に復帰し、大正十三年(一九二四)日本フェビアン協会を創立し、同協会会長となった。また同年六月、大山郁夫・賀川豊彦らと政治研究会をつくり、大正十五年三月労働農民党の創立に際しては、その顧問となったがまもなく脱退し、同年吉野作造らとともに右翼無産政党社会民衆党の産婆役となり、その中央執行委員長となった。このとき早稲田大学を辞職した。昭和三年(一九二八)第一回普選で東京二区から立候補し最高点で当選したが、それ以来代議士当選四回に及んだ。七年の社会民衆党分裂にあたっては、左派の麻生久らとともに社会大衆党を結成し、同党中央執行委員長をつとめたが、昭和十五年反軍演説事件における斎藤隆夫議員除名に際して欠席したのを機会に同党を離れ、勤労国民党の結成準備中、結社を禁止され、代議士を辞した。第二次世界大戦後は日本社会党顧問となった。また大正時代以来の熱心な産児制限論者としても知られた。主な著書には『社会問題解釈法』『社会問題概論』『土地国有論』『次の時代』『地上の理想国・瑞西』『産児制限の理論と実際』(馬島僴と共著)がある。昭和二十四年二月十日死去。八十五歳。

参考文献 安部磯雄『社会主義者となるまで』、片山哲『安部磯雄伝』 (藤井 松一)

あべいちろべえ 阿部市郎兵衛 江戸時代以来の近江商人。近江国(滋賀県)神崎郡能登川に住み、代々市郎兵衛を名乗って、麻布商を営んでいた。初代教順(元禄十五年七月没)、二代目教善(寛保二年正月没)、三代目教祐(天明元年七月没)、四代目専祐(寛政二年八月没)、五代目常省(天保六年三月没)。五代目は奥州より紅花を買い入れ、紅染に改良を加え、「紅市」の名を売った。享和末年に自宅で麻布販売を始め、毎年八月から十二月を仕入れ期間とし、翌年正月十六日店を開いた。延売(のべうり)という三～六ヵ月の掛売り販売で、利子による儲けも加わって、富裕となった。その子六代目浄廉(安政五年正月没)のとき、北海道・奥州・丹後に商圏を伸長し、鯡・干鰯・紅花・縮緬を広く取引した。七代目蓮水(明治三十七年没)、八代目浄幸を経て、家ますます栄え、分流の一門十数家みな盛大をきわめ、市郎兵衛家はその統領であった。四代目のとき、分かれた阿部市太郎家は麻布・北海産肥料を扱い、その養子に阿部房次郎がいる。金巾製織を本家とともにおこしたが、この会社は大阪紡績に合併した。そして阿部家は大阪紡績(現東洋紡)の中枢人物ともなった。

参考文献 平瀬光慶『近江商人』、井上政共『近江商人』、阿部房次郎伝記編纂委員会編『阿部房次郎伝』
（宮本　又次）

あべうのはち　阿部宇之八　一八六一―一九二四　明治・大正時代のジャーナリスト。文久元年（一八六一）二月二十八日阿波国の素封家滝本五郎の第三子として生まれ、阿部興人の嗣となる。慶応義塾などに学んだ後、明治十四年（一八八一）から『大阪新報』『郵便報知新聞』などの記者をつとめる。同十八年北海道開発を志して渡道、一時道吏となったが同二十年八月二十六日以後『北海道新聞』『北海道毎日新聞』『北海タイムス』の創刊・育成に努め道言論界の大先達となり同時に政財界発展の指導者でもあった。大正十三年（一九二四）十一月十四日没。六十四歳。

参考文献　阿部宇之八伝記刊行会編『阿部宇之八伝』
（西田　長寿）

あべかめじ　阿部亀治　一八六八―一九二八　明治・大正時代の精農家。出羽国田川郡大和村（山形県余目町）に生まる。明治二十六年（一八九三）より数年にわたる苦心の末、冷害に強い水稲品種「亀の尾」を育成した。亀の尾は画期的耐冷性遺伝質を有し、昭和初期の東北地方の大冷害に強かった品種「陸羽一三二号」には片親に亀の尾が交配され、さらに優良品種「農林一号」には陸羽一三二号が交配されている。昭和三年（一九二八）没。六十一歳。
（細田　友雄）

あべげんき　安倍源基　一八九四―一九八九　昭和時代の内務官僚。明治二十七年（一八九四）二月十四日に生まれる。大正九年（一九二〇）東京帝国大学法学部卒。内務省に入り、同十五年から昭和四年（一九二九）まで警保局事務官として広東および北京駐在。同七年に設置された警視庁特別高等警察部の初代部長に就任、共産党弾圧に敏腕をふるう。同十二年警保局保安課長、同年第一次近衛内閣で警保局長、警視総監、十五年米内内閣で再び警視総監、十六年企画院次長、二十年鈴木内閣の内務大臣に就任。敗戦後A級戦犯容疑者に指名され、のち容疑は解かれたが、二十二年公職追放となった。同年弁護士登録（～四十二年）。三十三年新日本協議会を設立、代表理事。平成元年（一九八九）十月六日没。九十五歳。

参考文献　内政史研究会『安倍源基氏談話速記録』、安倍基雄『最後の内務大臣安倍源基の半生』
（伊藤　隆）

あべこうぼう　安部公房　一九二四―九三　昭和戦後期の小説家、劇作家。本名公房。大正十三年（一九二四）三月七日、東京府北豊島郡滝野川町西ヶ原（東京都北区）に父浅吉・母ヨリミの子として生まれる。父が満洲医科大学の医者であったため、中国東北部の奉天（瀋陽）で育つ。成城高等学校を経て、東京帝国大学医学部に入学。一時、奉天に戻っていたときに、第二次世界大戦敗戦を迎えた。昭和二十一年（一九四六）父母の出身地、北海道に引き揚げた。このころから次第に詩や小説を書き始め、まず『無名詩集』（二十二年）を自費出版。ついで小説の実質的処女作『終りし道の標べに』を『個性』昭和二十三年二月号に発表。日本文学の伝統から断絶した異種の登場として注目された。二十三年三月、東大医学部を卒業したが、この小説が当時の戦後派の拠点である真善美社の『アプレゲール＝クレアトリス叢書』に収められ、刊行されたのを契機に小説家の道を選んだ。戦後文学者との交流が深まるなか、マルクス主義とアバンギャルド芸術を結びつけた花田清輝の影響を受ける。二十世紀の科学と芸術の認識に立って、リアリズムを支えた科学観や描写法を一蹴。カフカと共通する変身譚や不条理劇をユーモアあふれるかたちで書いた。『赤い繭』（二十五年）で戦後文学賞を、『壁―S・カルマ氏の犯罪』（二十六年）で芥川賞を受賞。同二十五年以後の日本共産党分裂期には積極的に運動の渦中に身を投じた。その後『けものたちは故郷をめざす』（三十二年）、『第四間氷期』（三十四年）を経て、『砂の女』（三十七年）を発表。読売文学賞を得たほか、フランスでも最優秀外国文学賞を得るなど海外でも高い評価を受けた。さらに『他人の顔』（三十九年）、『榎本武揚』（四十年）、『燃えつきた地図』（四十二年）、『箱男』（四十八年）、『密会』（五十二年）、『方舟さくら丸』（五十九年）などがある。また劇作家としての活躍もめざましく、「幽霊はここにいる」（昭和三十三年）、「友達」（四十二年）などの戯曲で岸田戯曲賞や谷崎賞を受賞した。演劇グループ「安部公房スタジオ」での上演活動も大きい。平成五年（一九九三）一月二十二日、急性心不全のため没。六十八歳。『飛ぶ男』が遺作となった。『安部公房全集』（新潮社）が刊行されている。

参考文献　佐々木基一編『作家の世界　安部公房』、谷真介『安部公房レトリック事典』
（紅野　謙介）

あべさだゆき　阿倍貞行　一八二七―八五　明治時代前期の開拓事業の指導者。文政十年（一八二七）七月十七日陸奥国安積郡郡山（福島県郡山市）の商家小野屋に生まれる。父は貞命。幼名は虎吉、代々茂兵衛を称した。福島県令の奨励により、明治六年（一八七三）有志商人二十四名を募り開成社を組織、安積郡大槻原の開墾に従事し、桑野村を創設した。同事業は士族授産を目的とする安積疏水開墾工事として引き継がれ、同十五年完成された。同十八年六月二十三日五十九歳にて没した。

参考文献　農商務省農務局纂訂『大日本農功伝』
（伝田　功）

あべしげたか　阿部重孝　一八九〇―一九三九　大正・昭和時代前期の教育学者。教育制度・教育行政学に科学的、実証的研究方法を導入した。明治二十三年（一八九〇）二月十一日新潟県に生まれる。東京帝国大学文科大学を卒業、一時文部省で行政調査事務を担当したのち、大正八年（一九一九）東京帝国大学助教授、昭和九年（一九三四）同大学教授となる。当時の教育学で主流をなしていた思弁的、抽象的研究方法を批判し、教育の現実事象、特に教育制度を対象とし、実証的、統計的方法によりそのありようを分析することに努めた。主著『欧米学校教育発達史』には、実証的な比較教育史研究の労作として、今日なお高い評価が与えられている。昭和十四年六月五日没。五十歳。　（佐藤　秀夫）

あべじろう　阿部次郎　一八八三―一九五九　明治から昭和時代にかけての哲学者、美学者。明治十六年（一八八三）八月二十七日、小学校の教師であった阿部富太郎の次男として、山形県飽海郡上郷村大字山寺村（松山町）に生まれた。山形中学在学中、内村鑑三の諸著、島崎藤村の『若菜集』などを愛読し、文学への興味を覚えた。第一高等学校を経て、東大哲学科に進み、ケーベルから深い影響を受け、また小山内薫らと『帝国文学』の編集にあたった。同四十年に東大を卒業した後、四十二年から夏目漱石の門に入り、森田草平・小宮豊隆らと親交を結んだ。大正二年（一九一三）から慶応大学講師となり、翌三年に『三太郎の日記』を出版した。これは多感な自我の内面的な彷徨と反省を日記体で記録したもので、新しい哲学的人生論の書として青年知識層に歓迎され、広く読まれた。また安倍能成・上野直昭らとともに岩波書店の『哲学叢書』（大正四―六年）の編集に加わり、さらに主幹として雑誌『思潮』（同六―八年）を主宰するなど、個人の内面的個体性を重んずる理想主義的な立場から、多面的な著作活動を展開し、大正期の教養主義・人格主義の思潮を代表する人物の一人と目されるようになった。同十年東北帝大教授に就任し、翌十一年から十二年にかけてのヨーロッパ留学を経て、十三年から仙台に移住、以後昭和二十年（一九四五）に停年退職するまで、同校で美学を講じた。同二十九年六月仙台に「阿部日本文化研究所」を設立したが、すでに健康がすぐれず、同三十四年十月二十日に没した。七十六歳。墓は仙台市北山二丁目の北山霊園内にある。主著としては、『三太郎の日記』のほか、『倫理学の根本問題』（リップス原著、大正五年）、『美学』（同六年）、『ニイチェのツァラツストラ解釈並びに批評』（同八年）、『人格主義』（同十一年）、『徳川時代の芸術と社会』（昭和六年）、『世界文化と日本文化』（同八年）があり、『阿部次郎全集』全十七巻が出ている。

［参考文献］　船山信一『大正哲学史研究』、新関岳雄『光と影―ある阿部次郎伝』、上山春平「阿部次郎の思想史的位置」（『思想』四二九）　（古田　光）

あべしんぞう　阿部真造　一八三一―八八　江戸時代後期の唐通事筆者、キリスト教徒。本名貞方次平太、通称良助。天保二年（一八三一）長崎八百屋町に生まれ（『大隈文書』）、家職の唐通事筆者となったが、故あって失職。受洗して大浦天主堂に隠れ、阿部新造、のちに真造と名乗り、プチジャン版教書出版および神学生教育を手伝った。浦上教徒事件に際して明治二年（一八六九）十二月、香港に逃れ、四年帰国、翌年横浜天主堂を脱走して西郷隆盛に建白書を提出。切支丹説破のため教導職についた。晩年のことは明らかでない。明治二十一年三月二十一日没。五十八歳。著書に『夢醒真論』がある。

［参考文献］　片岡弥吉「阿部真造について」（『キリシタン研究』六）　（片岡　弥吉）

あべしんたろう　安倍晋太郎　一九二四―九一　昭和戦後・平成時代初期の政治家。大正十三年（一九二四）四月二十九日山口県に生まれる。父は山口県会議員（のち衆議院議員）安倍寛。夫人洋子は、郷里の先輩で第二次世界大戦後に首相となった岸信介の長女。昭和二十四年（一九四九）東京大学法学部卒。毎日新聞社に入り政治部記者となる。岸信介外相・首相の秘書官をつとめたのち、同三十三年の総選挙で山口県一区から衆議院議員に当選、以来十一回連続当選。自由民主党に所属し、岸首相退陣後、岸派を引き継いだ福田赳夫のもとで「福田派のプリンス」と目され、若手世代の代表格として活躍。同四十九年三木内閣の農相に入閣。以後、福田内閣の官房長官、鈴木善幸内閣の通産相、第一次・第二次中曾根内閣の外相などを歴任。ニューリーダーの一人として期待され、自民党政調会長・幹事長をつとめた。この間、安倍派を率いて同五十七年・六十二年党総裁選挙に立候補したが、中曾根康弘・竹下登に敗れた。平成元年（一九八九）リクルート事件に連坐し幹事長を辞任。再起を期したが病に倒れ、同三年五月十五日死去。六十七歳。

［参考文献］　佐藤正忠『覇を競う―政界新実力者列伝』、同『安倍晋太郎最後の挑戦』、小林吉弥『総理になれなかった男たち―逆説的指導者論―』　（鳥海　靖）

あべしんのすけ　阿部真之助　一八八四―一九六四　大正・昭和時代のジャーナリスト。明治十七年（一八八四）三月二十九日埼玉県熊谷在の酒造家阿部久兵衛の次男として生まれる。第二高等学校を経て同四十一年七月東京帝国大学文科大学卒業（社会学）。『満洲日日新聞』『高田新聞』を経て、四十四年八月東京日日新聞社にはいり、一時『大阪毎日新聞』に転じたが、昭和二十四年（一九四九）三月社友となるまで同社にあり、各部長、主幹、主筆、取締役、顧問などの重職についた。その学芸部長時代は東日学芸部全盛時代を作り出した。また『東洋経済』『東京新聞』『サンデー毎日』『北海タイムス』などの特設欄のメンバーとして平明達意の名文を寄せた。放送関係では大正十四年（一九二五）三月東京放送局ラジオ計画委員となったこともあり、昭和三十五年五月には日本放送連合会理事に、その十月にはＮＨＫ会長に就任した。同三十九年七月九日没。八十歳。その生涯を気骨ある自由主義言論人として終始した。著書には『犯罪社会学』『当世うらおもて』（昭和二十八年）、『近代政治家評伝』（同）など多数あり、没後『阿部真之助選集』全一巻がでた。　（西田　長寿）

あべたいぞう　阿部泰蔵　一八四九―一九二四　明治・大正時代の実業家、日本の生命保険業の創始者。嘉永二年（一八四九）四月二十七日、三河国八名郡下吉田村（愛知県南設楽郡鳳来町）に医師豊田鉉剛の三男として生まれ、万延元年（一八六〇）医師阿部三圭の養子となる。医業を好まず漢学・蘭学を修め、福沢諭吉を尊敬して設立当時から慶応義塾に学び、維新後塾頭となる。明治四年（一八七一）文部省に出仕、米国に留学、近代社会における生命保険の役割を認識し、帰国後同十四年、明治生命を創立した。以後保険業の発展に尽くすとともに実業界で活躍した。大正十三年（一九二四）十月二十二日没。七十六歳。

参考文献 『明治生命七十年史』 （由井 常彦）

あべともじ 阿部知二 一九〇三―七三 昭和時代の小説家、評論家、英文学者。明治三十六年（一九〇三）六月二十六日、岡山県勝田郡湯郷村（英田郡美作町）に生まれる。中学教員の父良平の転任に伴って、島根県簸川郡遙堪村（大社町）、兵庫県姫路市坊主町と移り、姫路中学校、第八高等学校を経て、昭和二年（一九二七）東京帝国大学文学部英文学科卒業。在学中より、『朱門』『青雲』の同人として小説を発表、五年の『日独対抗競技』によって文壇に登場し、同年刊行の評論集『主知的文学論』によって、主知主義の名が与えられた。のち『行動』『文学界』の同人となり、十一年の長編『冬の宿』によって世評が定まった。十四年の『風雪』は、戦争期の自由主義知識人の抵抗を扱った注目作である。太平洋戦争下には、ジャワや上海に赴き、二十年から二十五年まで姫路に住んだ。戦後は、進歩派陣営の一人として、平和論を説き、国内外の社会活動に積極的に参加した。戦後の代表作は『日月の窓』（三十四年）、『白い塔』（三十八年）など。文化学院、明治大学などに勤務し、英文学者としての研究、翻訳なども多い。『捕囚』を未完として、四十八年四月二十三日没。六十九歳。墓は神奈川県川崎市多摩区南生田の春秋苑にある。『阿部知二全集』全十三巻（河出書房新社）。

参考文献 姫路地方文化団体連合協議会編『のじぎくの故郷で―阿部知二先生をしのぶ記録―』、徳田一穂「阿部知二」（『昭和文学作家論』下所収）、岩上順一「阿部知二について」（『新文学の想念』所収）、水上勲『阿部知二研究』、森本穫『阿部知二 原郷への旅』 （磯貝 英夫）

あべのぶゆき 阿部信行 一八七五―一九五三 大正・昭和時代の軍人、政治家。明治八年（一八七五）十一月二十四日金沢藩士阿部信満の長男に生まれ、東京府立一中から四高に進んだが、日清戦争に刺激されて陸軍士官学校に転じ、同三十年十一月卒業（第九期）、翌年六月砲兵少尉に任官した。四十年陸軍大学校を優等で卒業。参謀本部に配属され、ドイツ留学、陸大教官、参謀本部の課長・部長と順調な昇進を続け、大正十五年（一九二六）陸軍省軍務局長に転じて以来軍政畑に移り、昭和三年（一九二八）陸軍次官に昇進、宇垣陸軍大臣が病気療養中は、一時陸相代理を勤めた。温厚・円満な性格で、軍政事務に長じ、昭和初年に陸軍部内を二つに割った皇道派と統制派との派閥抗争の圏外に立ち、重臣・政党・財界方面との関係も良好であった。その後第四師団長を経て台湾軍司令官在任中の昭和八年六月陸軍大将に進級、軍事参議官に移ったが、二・二六事件後の粛軍人事で陸軍長老としての責任を負って辞職し、十一年三月予備役に編入された。十四年八月三十日大命降下により平沼内閣のあとを受けて、阿部内閣を組織したが、比較的リベラルな傾向の閣僚を起用したため、陸軍は内閣を保守勢力の代表と見なして協力せず、「木炭自動車」といわれた弱体内閣となり、四ヵ月余の短命で米内内閣に代わった。その後汪兆銘政権（南京政府）成立時の中国特派大使、翼賛政治会総裁を経、十九年七月最後の朝鮮総督に任命され、任地の京城で終戦を迎えた。武将としての戦運には恵まれず、日露戦争、第一次世界大戦、シベリア出兵のいずれにも参戦せず、金鵄勲章を持たない唯一の陸軍大将といわれた。昭和二十八年九月七日没。七十七歳。 （秦 郁彦）

あべひこたろう 阿部彦太郎 一八四〇―一九〇四 明治時代の大阪の相場師、実業家。天保十一年（一八四〇）七月二十一日、阿部市郎兵衛家分家の麻布商市次郎の長男として、近江国神崎郡能登川に生まれ、維新前大坂に出て米穀商を営む。北国米・外米などを扱うほか、米をはじめ株式・綿糸・砂糖などで再三大規模な相場を張る一方、内外綿頭取・大阪商船取締役などを勤め、吉野に植林を行い、大地主でもあった。明治三十七年（一九〇四）五月五日東京で死亡。六十五歳。

参考文献 実業之世界社編『財界物故傑物伝』上 （高村 直助）

あべまさと 阿部正外 一八二八―八七 江戸時代後期の陸奥国白河藩主、老中。幼名は粂作、通称は長吉郎・兵庫。文政十一年（一八二八）正月元日、小性組番頭阿部遠江守正蔵の次男として江戸に生まる。嘉永元年（一八四八）八月家督を継いで禄三千石を受け、使番・小普請組支配を経て、安政六年（一八五九）三月禁裏付となり、越前守を称し、和宮下向用掛を仰せ付けられ、文久元年（一八六一）十一月神奈川奉行、同二年閏八月外国奉行、同三年四月町奉行に進み、元治元年（一八六四）三月本家の白河藩主阿部正耆の死去により遺領を相続した。同年六月寺社奉行兼奏者番から老中に進み、豊後守を称した。慶応元年（一八六五）二月老中本荘宗秀と率兵入京、禁裏御守衛総督一橋慶喜に東帰を要請したが、かえって朝廷より将軍徳川家茂の上洛を促され、帰府を命ぜられ、閏五月家茂に従って入京、ついで大坂城に入った。同年九月英仏米蘭四国代表が軍艦を率いて兵庫沖に来航し、兵庫開港と条約勅許を要求したので、正外は四国代表と会見し、かつ幕議で兵庫開港を主張してこれに決定したことが朝廷の忌諱に触れ、十月朝命により官位褫奪・国許謹慎となり、老中を罷免され、翌二年六月さらに致仕・蟄居を命ぜられ、棚倉に移封され、遺領は正静が継いだ。明治元年（一八六八）六月戊辰戦争に棚倉城が落城すると、逃れて出羽分領に移り、正静の帰順により、翌二年五月棚倉に帰り、四年十月東京に居住した。二十年四月二十日没。六十歳。

参考文献　『磐城棚倉阿部家譜』、川勝隆儀「阿部正外侯の事歴」(『史談会速記録』二六九)　(吉田　常吉)

あべまさひろ　阿部正弘　一八一九―五七　江戸時代後期の老中。備後国福山藩主。通称は正一・剛蔵・主計、裕軒と号する。文政二年(一八一九)十月十六日江戸に生まれる。阿部正精の六男、母は側室高野氏。天保七年(一八三六)十二月、兄正寧隠居のあとをうけて福山十万石を襲封。これよりさき従五位下に叙し伊勢守に任ぜられた。九年九月奏者番となり、十一年十一月寺社奉行となり、十二年十月、下総中山法華経寺僧侶の女犯事件を処断し、令名をはせた。十四年閏九月、わずか二十五歳で老中に任命され、十二月従四位下に叙せられ、翌弘化元年(一八四四)六月侍従に任ぜられた。七月、勝手掛を命ぜられ、またこの月、海防掛がおかれたとき、正弘はその一員に列した。同二年二月、水野忠邦の罷免後、老中首席の地位についた。嘉永四年(一八五一)二月、宇和島藩主伊達宗城らの進言をいれ、鹿児島藩主島津斉興を隠居させ、同藩の改革派に擁せられていた斉彬をして無事に藩主たることを得させ、同藩の内粉を解決した。同五年十二月一万石加増。同六年六月、アメリカ合衆国使節ペリーが渡来して開国を要求したとき、正弘は、必ずしも外交上の定見をもっていなかったようであるが、翌安政元年(一八五四)ペリーが再渡来したときには、米使応接掛に最大限の譲歩をする秘密命令を与え、それにもとづいて交渉した結果、三月三日、日米和親条約の調印をみた。またかれは、ペリーのもたらしたアメリカの国書を諸大名や幕臣に示して、忌憚なく意見を提出させた。これは、天下の大政が幕府の独裁であることをたてまえとする政治のあり方に変革を導入するはじまりとなった。米艦の渡来後、正弘は有力な諸侯との協力に努力した。まず嘉永六年七月、徳川斉昭を海防参与にあげた。その背後には、当時斉昭が諸藩声望の中心であるという事情があった。また鹿児島藩主として令名があり、かつ外様の大藩主からなる大広間詰大名の指導者である島津斉彬との接近には特に意を用いた。そのため安政三年十二月、斉彬の養女篤姫を将軍家定の夫人にいれている。また徳川一門から構成される大廊下席大名の有力者、福井藩主松平慶永とも緊密な接触を保った。しかし正弘が斉昭の意見をいれて、松平乗全・同忠固の二老中を罷免したことは、井伊直弼を指導者とする溜間詰大名との関係を悪化させた。そこで安政二年十月、溜間詰の堀田正睦を老中に再起用し、老中首席の任をも堀田に譲って、溜間詰との摩擦回避をはかった。正弘は、黒船渡来後の時勢の変化に応じて、永井尚志・岩瀬忠震をはじめ少壮有為の人材をしきりに登用し、幕政改革の推進力とした。安政二年二月には、講武場(のちの講武所)を設け、また七月長崎に海軍伝習所を開き、洋式兵術の導入につとめた。さらに同年六月、洋学所(のちの蕃書調所、開成所)を創設し、西洋文化の吸収を企てた。このように情勢の変化に対応する正弘の政治には大いにみるべきものがあったが、業半ばにして同四年六月十七日三十九歳の壮齢で病死した。江戸浅草新堀端西福寺に葬られたが、のち谷中墓地に改葬された。法名は良徳院高誉信義節道。

参考文献　浜野章吉『懐旧紀事阿部伊勢守事蹟』、渡辺修二郎『阿部正弘事蹟』、田保橋潔『(増訂)近代日本外国関係史』、石井孝『日本開国史』　(石井　孝)

あべもりたろう　阿部守太郎　一八七二―一九一三　明治・大正時代の外交官。明治五年(一八七二)十一月十日大分県下毛郡桜州村に阿部源三郎長男として生まれる。中津中学、第三高等学校、同二十九年七月、帝国大学法科大学政治学科卒業。同月大蔵属に任官、同年十二月文官高等試験合格。翌三十年十月大隈外相小村次官の外務省に転官、外務書記官に任ぜらる。三十三年十月加藤外相秘書官兼任。翌三十四年公使館二等書記官となり、十月の初め英国に着任。林董公使の下で日英協約商議事務に従事、その功により三十五年三月勲五等瑞宝章に叙せられた。英国在勤三年半余、日露戦争末期の三十八年六月、任公使館一等書記官として清国に転勤、七月末北京着任。四十二年九月まで四年有余、内田康哉・林権助・伊集院彦吉各公使に仕え、その間再度臨時代理公使を勤め、日露戦争後の日清間重要外交問題に参画する。四十二年九月帰朝。十月小村外相の下で条約改正準備委員会委員を命ぜられ、十二月外務省参事官となり、高等官二等に叙せられた。四十四年八月英国ほか四国との通商航海条約改訂の功により勲二等に叙せられ旭日重光章を受く。四十五年五月内田外相の下で外務省政務局長となり、取調局長を兼任。大正二年(一九一三)六月牧野外相の時取調局長廃官となる。これより先、満蒙問題は領土的企図を排して平和的伸張をはかり、中国との親善、露国、英国などとの協調、本施策遂行のため軍部その他を押えて外交の統一に努めんとする長文の「外交政策の基本方針」を執筆する。同二年春夏の間、中国第二次革命に際し、右方針に基づく外務省の南京事件などの処理をすこぶる不満とする強硬論が一部に高まり、阿部にその責任ありとする二青年岡田満・宮本千代吉のため、九月五日夕刻、伊集院公使の帰朝を新橋に迎えて帰る途中、霊南坂自邸前で岡田に刺され、翌六日午前死去した。四十二歳。東京青山墓地に葬られる。同日付任特命全権公使となり、従四位勲一等瑞宝章を授けられた。

参考文献　外務省編『日本外交年表竝主要文書』上、栗原健編『対満蒙政策史の一面』　(栗原　健)

あべよししげ　安倍能成　一八八三―一九六六　明治から昭和時代にかけての哲学者、教育家。明治十六年(一八八三)十二月二十三日、父義任(医師)、母シナの八男として、愛媛県の松山に生まれた。松山中学校を経て、同三十五年第一高等学校に進み、在学中、野上豊一郎・藤原正・小宮豊隆・藤村操・岩波茂雄らと相識り、魚住影雄とともに個人主義を主張して注目された。その後、東大哲学科に進み、ケーベル・波多野精一らの影響を受け、夏目漱石にも近づいた。同四十二年に大学を卒業し、そのころから文芸評論を発表し、しばしば自然主義について論じた。また、岩波書店の『哲学叢書』の編集に加わり、みずからも同叢書に『西洋古代中世哲学史』(大正五年)、『西洋近世哲学史』(同六年)などを執筆した。慶応・一高の講師、法政大教授などを経て、大正十三年(一九二四)から約一年間ヨーロッパに留学後、同十五年に京城帝大教授となる。昭和十五年(一九四〇)第一高等学校長に転じ、戦後、二十年十二月に貴族院議員に勅選され、翌二十一年一月から五月まで、幣原喜重郎内閣の文部大臣として、教育制度の改革にあたった。その後、同年十月から学習院長となり(一時、帝室博物館総長と兼任)、以後終生その経営に尽力した。講和前後の時期には、平和問題談話会に参加して全面講和論を説き、また雑誌『心』の編集にも与っていたが、同四十一年六月七日に没した。八十二歳。墓は神奈川県鎌倉市山ノ内の東慶寺にある。著書は前述のほか『カントの実践哲学』(大正十三年)、『平和への念願』(昭和二十六年)、『岩波茂雄伝』(同三十二年)など多数あり、『安倍能成選集』全五巻が出ている。

参考文献　安倍能成『我が生ひ立ち』、同『戦後の自叙伝』、『安倍能成・天野貞祐・辰野隆集』(『昭和文学全集』一〇)　(古田　光)

あぼきよかず　安保清種　一八七〇―一九四八　明治から昭和時代にかけての軍人。明治三年(一八七〇)十月十五日海軍大佐沢野種鉄の三男として佐賀県で生まれたが、のち初期日本海軍の長老であった男爵安保清康海軍中将の養嗣子となった。佐賀中学を経て同二十四年海軍兵学校を卒業、日清・日露の両海戦に参加後、イギリス留学、第二艦隊参謀長を経てイギリス大使館付武官、戦艦安芸艦長ののち大正五年(一九一六)少将に進級、軍令部第一班長(作戦)から九年中将、軍令部次長と順調に軍令系統の要職を累進し、さらに同十二年艦政本部長、十三年海軍次官、十四年呉鎮守府司令長官を歴任、昭和二年(一九二七)大将に昇進、五年のロンドン軍縮会議には軍事参議官のまま出席した。そしてロンドン条約批准をめぐる軍縮派と艦隊派の対立を収拾するため、その中間的立場を買われて五年十月海軍大臣に就任したが、両派の相剋を解消することはできなかった。同六年十二月若槻内閣の総辞職とともに、海相を大角岑生に譲って軍事参議官に移ったが、同九年一月予備役に編入された。昭和二十三年六月八日没。七十九歳。　(秦　郁彦)

あまだぐあん　天田愚庵　一八五四―一九〇四　明治時代の禅僧。歌人。旧姓甘田、幼名久五郎。のち天田五郎と改姓名。法号は鉄眼(てつげん)、のち愚庵。安政元年(一八五四)七月二十日、陸奥国平に生まれた。父は平藩士甘田平太夫、母はなみ。戊辰戦争には十五歳で平城に籠り、戦乱に父母を失い、二十年探索したが会えなかった。前半生は転々と各地を放浪したが、特に山岡鉄舟の知遇を得た。最初政治活動にふけり、次に写真師となり、また明治十五年(一八八二)から約三年山本長五郎(清水次郎長)の養子ともなった。同二十年大阪内外新報社幹事から転じて、京都林丘寺で滴水禅師のもとに得度。晩年の同二十五年から八年間を京都清水の草庵、同三十三年から四年間を伏見桃山の草庵で自適の生活を送った。同三十七年一月十七日、桃山の自宅で示寂。五十一歳。骨を天竜寺内の無縫塔に納めたが、のち昭和十一年(一九三六)嵯峨の鹿王院に正式に建碑埋骨された。著述に『東海遊侠伝』(明治十七年)、『巡礼日記』(同二十七年)があり、没後『愚庵遺稿』(同三十七年)、『愚庵全集』全一巻(昭和三年)が編まれた。漢詩・和歌に秀れ、特に万葉調を取り入れ、真率の情にあふれた歌風は、正岡子規らに影響を与えた。

参考文献　中柴光泰・斎藤卓児『天田愚庵の世界』、湯本喜作『愚庵研究』、同『愚庵の周辺』　(新間　進一)

あまのたつお　天野辰夫　一八九二―一九七四　大正・昭和時代の国家社会主義運動家。明治二十五年(一八九二)二月二十二日静岡県の浜松に生まれる。東京帝国大学独法科卒。弁護士となる。上杉慎吉に私淑し、新人会に対抗する興国同志会を組織し、森戸事件に活躍。浜松の日本楽器(父が社長)大争議で争議団と抗争。昭和二年(一九二七)全日本興国同志会を組織。また愛国勤労党の創立に参加。血盟団事件の弁護人のとき神兵隊事件の総司令として検挙された。同十四年勤皇まことむすび社世話人。同十六年平沼国務相狙撃事件に連座した。昭和四十九年一月二十日没。八十一歳。

参考文献　今井清一・高橋正衛編『国家主義運動』一(『現代史資料』四)、馬場義続「我国に於ける最近の国家主義乃至国家社会主義運動に就て」(『司法研究』一九)　(高橋　正衛)

あまのためゆき　天野為之　一八六〇―一九三八　明治・大正時代の経済学者。佐賀県人。旧唐津藩小笠原家の江戸在勤藩医天野松庵の長子。戸籍上では安政六年(一八五九)十二月二十七日生まれであるが、実際は万延元年(一八六〇)十二月二十七日生まれである。明治元年(一八六八)父に死別、唐津に赴き、同四、五年のころ、唐津藩英語学校で高橋是清に英語を学ぶ。以後生涯高橋と親交があった。同八年開成学校に入り、東京大学予備門を経て東京大学に進み、同十五年七月同大学政治理財科卒業(文学士)。在学中から小野梓の鷗渡会員であったが、卒業後直ちに改進党に入り、同二十三年衆議員議員に当選、二十五年第二回総選挙に落選し以後政界を退く。他方卒業とともに大隈重信創立の東京専門学校教師となり、大正六年(一九一七)十月早稲田大学教師ならびに学長を辞するまで一貫して早稲田の発展に尽くした。その間早稲田実業学校の創立に与り、その生涯をかけて同校の興隆に尽くした。その間『内外政党事情』『中央学術雑誌』の編輯に携わり、また『日本理財雑誌』(明治二十二―二十三年)を独力で発行、さらに明治三十年三月から同四十年三月まで『東洋経済新報』を主宰。経済学上ミルの学説を信奉、日本の経済学の深化、産業資本の政治からの自立発展のために不断の主張をつづけた。昭和十三年（一九三八）三月二十六日没。七十九歳。筆名は淞村居士・、大山人・牛中山人。著訳書も多いが『経済原論』と『経済策論』が有名。

参考文献　浅川栄次郎・西田長寿『天野為之』（西田　長寿）

あまのていゆう　天野貞祐　一八八四―一九八〇　大正・昭和時代の哲学者、教育家。明治十七年（一八八四）九月三十日、天野藤三・種の四男として、神奈川県津久井郡鳥屋村（津久井町）に生まれる。同三十九年第一高等学校に入学し、九鬼周造・児島喜久雄らと交わる。同四十二年京都帝国大学文科大学哲学科に進み、桑木厳翼のもとでカント哲学を学ぶ。同四十五年同校卒業後、第七高等学校・学習院などの教授を経て、大正十五年（一九二六）京都帝国大学文学部助教授となり、西洋哲学史（のちに倫理学）を担当。この間、七高教授時代に岩下壮一と親交を結び、大正十二年にドイツに留学している。昭和五年（一九三〇）にカント『純粋理性批判』を訳了。同六年京大教授となり、文学博士号を受ける。同十年『カント純粋理性批判の形而上学的性格』を出版。同十二年『道理の感覚』を刊行し、全体主義化の風潮に抗して自由主義的個人主義の意義を説いたが、反軍思想の疑いがかけられ自発的絶版を余儀なくされる。同十九年京大を停年退官し、甲南高等学校長となる。第二次世界大戦後、同二十一年に一高校長となり（二十三年まで）、同二十二年からは教育刷新委員会委員として教育政策の決定に参加。日本育英会会長を経て、同二十五年に吉田茂の懇請により、第三次吉田内閣の文部大臣となる（二十七年まで）。文相時代には「静かなる愛国心」・道徳教育の強調、「国民実践要領」などで世間の批判を浴びたが、他方、教員給与費の半額国庫負担を制度化した。戦後の天野は個人主義のゆきすぎを憂い、天皇や国家の意義を強調する保守主義的国家主義に傾いたのである。同二十五年『今日に生きる倫理』を刊行。その後、中央教育審議会委員（二十八―四十二年）または会長として活動。この間、独協大学学長・自由学園理事長などを歴任。同三十六年文化功労者となる。同五十五年三月六日、老衰のため東京都武蔵野市吉祥寺の自宅で没。九十五歳。『天野貞祐全集』全九巻（昭和四十五―四十六年、栗田書店）がある。

参考文献　久野収・鶴見俊輔・藤田省三『戦後日本の思想』、安倍能成「道理の感覚」（『思想』一八五）（古田　光）

あまのはちろう　天野八郎　一八三一―六八　江戸時代後期の武人。彰義隊副長。天保二年（一八三一）、上野国甘楽郡磐戸村（群馬県甘楽郡南牧村）の庄屋大井田忠恕の次男に生まれる。諱は忠告、号は、斃止。のちに天野氏を名乗る。明治元年（一八六八）鳥羽・伏見の敗戦後、幕臣の有志が相謀って彰義隊を結び官軍に抗した時、天野は幕臣ではなかったが、副頭取に推された。のち頭取の渋沢成一郎と意見があわず、渋沢が脱隊したので、頭に小田井蔵太と池田大隅守をいただき、天野は頭並となった。はじめ江戸浅草本願寺に陣し、のち上野の山に立て籠って事実上の総帥として同年五月十五日の戦闘の指揮にあたって敗退、さらに江戸市内に潜伏して再起を図ったが同年七月捕えられて同十一月八日獄中で没。三十八歳。小塚原に埋められ、のち荒川区南千住の円通寺に改葬された。性豪放。獄中に『斃休録』を著わす。

参考文献　山崎有信『幕末史譚天野八郎伝』、同『彰義隊戦史』（金子　吉衛）

あめみやけいじろう　雨宮敬次郎　一八四六―一九一一　甲州財閥の一翼をなした明治時代の実業家。弘化三年（一八四六）九月五日、甲斐国山梨郡牛奥村（山梨県塩山市）長百姓雨宮惣右衛門の次男に生まれた。幼名は袈裟六。少年時代より糸繭買など季節商いに従事し江戸横浜と甲州信州間を往来した。明治三年（一八七〇）ごろより横浜に移って銀相場、蚕種・生糸売込みで浮沈をくり返した。同九年蚕種売捌きのためイタリアへ渡航したが失敗して無一物で帰国し、石油・蚕種取引をつづけ十三年より東京府下南葛飾郡深川に製粉工場を経営などするうち、大蔵卿大隈重信の内意により大阪商法会議所会頭五代友厚をたすけて紙幣下落防止に奔走したこともあった。また軽井沢で土地開墾事業、東京市中・山梨県下で土地買収を進めた。二十一年甲武鉄道に入り取締役となり、その後川越鉄道・北海道炭礦鉄道に関係し、さらに日本鋳鉄会社を起し社長となった。二十八年東京市水道鉄管疑獄で収監されたが証拠不十分で予審免訴となり、出獄後仙人鉄山を経営した。この間、同二十六年に東京市街鉄道事業を発起し、福沢捨次郎・星亨派の出願者と認可を争ったが、三十二年に三派の妥協成り、三十六年合同して東京市街鉄道株式会社を設立し、その取締役会長となった。しかし三十九年東京電車鉄道・東京電気鉄道との乗車賃値上協定に反対して同社を辞し、そのあと江ノ島電鉄社長となり、また物産振興を唱えて各地に軽便鉄道会社を設立するなど各種事業経営にあたり、同四十四年一月二十日六十六歳で没した。相場師として出発しながら早くから鉄道国有論を唱え、東京市街鉄道発起にあたっては株式所有を一人二百株に限ることを主張し、東京市街鉄道成立後に三井の益田孝から促された東京電車鉄道（馬車鉄道）との合併問題に際し、運賃三銭均一を発表して合併派の機先を制するなど独特の公益事業観の持主でもあった。

参考文献　桜内幸雄編『過去六十年事蹟』、白柳秀湖『現代財閥罪悪史』（有泉　貞夫）

アメリカひこぞう　アメリカ彦蔵　⇨浜田彦蔵

あもうえいじ　天羽英二　一八八七―一九六八　大正・昭和時代の外交官。明治二十年（一八八七）八月二十一日徳島県に生まれる。同四十三年東京高商（一橋大の前身）

卒業。大正元年(一九一二)外務省に入り、ヨーロッパの大・公使館を歴任。本省欧米第二課勤務を経て、同十二年広東総領事。その間ワシントン会議、山東懸案解決条約共同委員会などに随員として出席した。昭和に入り在中国公使館、ついで在ソ大使館の一等書記官(のち参事官)となり、昭和八年(一九三三)外務省情報部長に任ぜられた。翌年「天羽声明」を発表して、内外の世論を沸かせたが、これには彼自身の責任とばかりいえないものがあった。同十二年スイス公使、十四年イタリア大使に任ぜられたが、十六年には一度依願免本官。同年中に外務次官、対満事務局・企画院参与として現役復帰し、終戦とともにこれらを辞した。その間国際会議事務局長・国際連盟阿片委員会代表委員になったこともあった。戦後戦犯容疑で東京巣鴨拘置所に送られたが、不起訴処分となった。昭和四十三年七月三十一日死去。八十歳。（島田 俊彦）

あらいいくのすけ　荒井郁之助　一八三五―一九〇九　幕末・明治時代の幕臣。官吏。諱は顕徳。天保六年(一八三五)代官荒井清兵衛顕道の男として生まれる。昌平坂学問所に学び、安政四年(一八五七)長崎海軍伝習所に入って航海術を修めて、文久二年(一八六二)十月軍艦頭取に挙げられて以来、元治元年(一八六四)十一月講武所取締役、慶応二年(一八六六)四月歩兵差図役頭取、同三年五月歩兵頭並を歴任。幕府瓦解後の明治元年(一八六八)正月軍艦頭に任ぜられ、二千石を受けた。新政府の旧幕府軍艦回収を不満とし、同年四月海軍副総裁榎本武揚に率いられて品川沖から房州館山に脱走したが、陸軍総裁勝海舟に説諭されて品川沖に帰航した。ついで八月十九日の夜、榎本とともに軍艦八隻を率いて品川沖を脱走、東北諸藩を援助しようと松島湾に寄航したが、すでに仙台藩は戦意を失っていたので、仙台・会津諸藩士を収容、十月松島湾を出航して蝦夷地鷲ノ木に上陸、五稜郭に拠って全島を占領し、統治開拓にあたることになり、十二月総裁以下の諸有司を定め、郁之助は海軍奉行に選ばれた。北征艦隊の甲鉄艦奪取を計画し、翌二年三月回天に乗じ、蟠竜・高雄を率いて宮古港を襲撃したが失敗し、回天艦長甲賀源吾を喪った。四月以降、政府軍の来攻とともに海陸に戦ったが、五月十八日五稜郭陥落して投降、六月榎本らとともに東京に檻送された。繋獄三年、五年五月赦されて開拓使出仕となり、農学校の設立、米国式農法の輸入、女子留学生の派遣などに尽力。十年辞職して東京に帰り、十二年内務省測量局長となり、気象台長に転じ、十五年辞職した。同四十二年七月十九日没した。年七十五。墓は東京都渋谷区広尾の祥雲寺にある。

参考文献　福永恭助『海将荒井郁之助』、原田朗『荒井郁之助』(『人物叢書』二〇七)（吉田 常吉）

あらいけんたろう　荒井賢太郎　一八六三―一九三八　明治から昭和時代前期にかけての官僚、政治家。文久三年(一八六三)十月、越後国高田藩士の家に生まれる。明治二十五年(一八九二)帝国大学法科大学卒。大蔵省に入り、三十六年主計局長となる。四十三年朝鮮総督府度支部長官に就任。大正六年(一九一七)貴族院議員に勅選。十一年加藤友三郎内閣農商務大臣に就任、十五年枢密顧問官に任ぜられ、昭和十一年(一九三六)枢密院副議長となる。同十三年一月二十九日死去。七十六歳。（成沢 光）

あらいしょうご　新井章吾　一八五六―一九〇六　明治時代の政治家。安政三年(一八五六)二月十二日、下野国都賀郡吹上村(栃木市吹上町)の豪農、新井四平治の次男に生まれる。地元の日就館・育英舎で漢学・英学を学ぶ。吹上村戸長・栃木県会議員を歴任。国会開設運動に奔走し、『栃木新聞』・雑誌『自治政談』を創刊して自由民権運動の発展に努め、自由党急進派の領袖として活躍した。明治十八年(一八八五)大井憲太郎らとともに朝鮮改革をはかるべく爆発物を携えて朝鮮渡航を企て、発覚して長崎で検挙された(大阪事件)。二十年九月大阪重罪裁判所で軽禁獄五年監視二年の判決を受けて上告したが、翌年七月名古屋重罪裁判所で重懲役九年を宣告された。二十二年二月憲法発布に際して大赦出獄。政界に復帰し、二十三年栃木県会議長。同年七月第一回衆議院議員総選挙で栃木県第二区より当選。以来当選七回(第一―六、九回)。その間、星亨らとの対立から次第に自由党内で勢力を失い、政府部内の薩派と接近して政府の海軍拡張案を支持し二十五年五月脱党。同年十月大井らと東洋自由党を結成、翌々年には大日本協会に合流し、内地雑居反対を唱えて対外硬運動を進めた。その後、諸会派を転々としたが、三十一年以後憲政党を経て立憲政友会に所属。その間、二十九年高島鞆之助拓殖務大臣のもとで北部局長に就任したが、翌年廃省により辞任。晩年は宇治川水力電気会社創立に尽力した。明治三十九年十月十六日東京で死去。五十一歳。

参考文献　野島幾太郎『新井章吾先生』、大町雅美『新井章吾』、黒竜会編『東亜先覚志士記伝』下、衆議院事務局編『衆議院議員略歴』（鳥海 靖）

あらいにっさつ　新居日薩　一八三〇―八八　幕末・明治時代前期の宗教家。今日の日蓮宗の基礎をつくった。天保元年(一八三〇)十二月二十六日上野国山田郡桐生町(群馬県桐生市)新居宗左衛門第六男として誕生。幼名林之助。父の職業は機織屋。同九年二月武蔵国秩父郡御堂村(埼玉県秩父郡東秩父村)日蓮宗浄蓮寺大東院日軌の弟子となり、翌十年得度し日薩と改めた。嘉永元年(一八四八)十九歳の時、加賀国金沢立像寺充治学園に入り、優陀那院日輝に従学した。日輝は学者としてきこえたが、また信仰家で、今日の日蓮宗教学、法要儀式の軌範に影響をあたえた。充治学園からは近代日蓮宗の人材を多く輩出した。日薩は二十六歳まで七年間日輝についた後、安政二年(一八五五)に江戸に出て、駒込蓮久寺に住した。翌年親友野口之布とともに藤森弘庵の塾に通った。明治維新に際し、池上本門寺境内の南谷檀林で仏典の講義に力をそそぎ、また師日輝の著書の公刊にあたった。明治二年(一八六九)四月二十五日養鸕徹定ら仏教界の代表的人物とともに諸宗道徳会盟を結び、廃仏毀釈の嵐が吹き荒れる中で、仏教復興に努力した。同七年四十五歳の若さで身延久遠寺住職となり、また日蓮宗一致派管長として日蓮宗の改革にあたった。八年一月福田行誡らとともに「諸寺院連名建白書」を太政官に提出した。その後日蓮宗の宗名の確立、宗門の教育行政の統一に努力した。十二年には福田会育児院の創設にあたった。二十一年八月二十九日池上にて没。五十九歳。本門寺に埋骨。

参考文献　薩和上遺稿事蹟編纂会編『新居日薩』、執行海秀「近代日蓮教学の形成」(『近代日本の法華仏教』所収)　(吉田　久一)

あらおしげあきら　荒尾成章　一八二六―一九〇三　幕末・維新期の因幡国鳥取藩士。幼名徳次郎、のち駿河、維新後に十郎と改める。文政九年(一八二六)備前国土倉四郎兵衛の次男として生まれ、のち米子荒尾分家荒尾成昭の養子となる。家禄二千三百石(のち三千三百石)。嘉永四年(一八五一)家老となり、安政の改革で学校惣督、のちに勝手方根取となる。第一次長州征討の際、名代として大坂の軍議に参加。慶応元年(一八六五)京都詰となり、国事に奔走する。明治戊辰戦争には藩論を統一し、兵五百人を率いて伏見に戦い、ついで越後国軍監として会津征討にも参加する。帰還後、藩政改革で総学司執政・少参事、さらに宇倍・大神山神社宮司となる。明治六年(一八七三)退隠し、同三十六年九月二十一日、倉吉に客死する。七十八歳。

参考文献　鳥取県編『鳥取藩史』一、世家三　(山中　寿夫)

あらおせい　荒尾精　一八五八―九六　明治時代前期の陸軍軍人、大陸浪人。安政五年(一八五八)正月尾州枇杷島に生まれる。幼名一太郎。東方斎と号す。明治十一年(一八七八)教導団入団、翌十二年卒業し陸軍軍曹に任官。明治十三年陸軍士官学校入校、同十五年冬同校卒、陸軍少尉任官、同十六年春歩兵第十三連隊付、熊本に在勤。同十八年参謀本部支那部付、翌十九年春、命により清国出張。これを機に清国改造・日清提携を唱えて精力的な活動期に入った。はじめ岸田吟香の援助のもとに楽善堂を経営。同二十三年日清提携のための人材養成を目的として上海に日清貿易研究所を設立。根津一の協力により運営され、また『清国通商綜覧』三巻が編まれた。日清開戦とともに京都若王寺に閉居し、明治二十九年九月新領土台湾の統治策を講ずるため渡台したが、この地でコレラに罹り同十月三十日病没した。三十九歳。東京谷中初音町(台東区谷中)の全生庵に葬る。

参考文献　井上雅二『巨人荒尾精』、小山一郎『東亜先覚荒尾精』、松岡恭一・山口昇編『沿革史―日清貿易研究所・東亜同文書院』、東亜同文会編『対支回顧録』下、黒竜会編『東亜先覚志士記伝』下　(安井　達弥)

あらがきひでお　荒垣秀雄　一九〇三―八九　昭和時代の新聞記者。明治三十六年(一九〇三)七月十九日、岐阜県に生まれる。大正十五年(一九二六)早稲田大学政治経済学部を卒業し、東京朝日新聞社に入社。英国のジョージ六世の戴冠式に特派され、文名を高めた。さらに、満洲事変の従軍記者として活躍、昭和十四年(一九三九)東京本社社会部長に就任。その後、リオ＝デ＝ジャネイロ支局長、マニラ総局長を歴任。敗戦後の同二十年十一月論説委員となり、朝刊のコラム「天声人語」を担当した。以後十七年六ヵ月もの長い間同欄を執筆し、柔らかで自在の文章のうちに的確な批評を含ませた独特のスタイル、政治問題から日常風物に至る題材の幅広さによって人気を博し、新聞コラムの一つの典型を作り出した。同三十一年第四回菊池寛賞受賞。同三十八年退社後は、自然保護協会会長を務めるなど、自然保護運動に尽力した。『昭和―人の世も花も―』など著書も多い。平成元年(一九八九)七月八日没。八十五歳。　(有山　輝雄)

あらきえいきち　新木栄吉　一八九一―一九五九　昭和時代の財政家。明治二十四年(一八九一)四月二十四日石川県に生まれた。大正五年(一九一六)東京帝国大学法科大学卒業と同時に日銀に入行した。同十一年と昭和十年(一九三五)の二回にわたって渡米。昭和十二年帰国後、外国為替局長を振出しに営業局長、日銀理事を経て同二十年十月には第十七代総裁に就任した。総裁在任中、金融の中立性を確保するために日本銀行法の改正準備を進めるとともに、インフレ阻止の一策として高率適用制度の復活をはかったが、翌年六月公職追放令によって辞任した。その後、追放解除となり、二十七年六月からアメリカ駐在の日本大使をつとめたが、二十九年十二月には一万田尚登のあとを承け、第十九代総裁に再任された。就任後高率適用制度を改正し公定歩合の変動を中心とする金利政策の運営をはかるとともに、アメリカの支払準備制度を採り入れて準備預金制度の導入をはかるための準備を進めたが、三十一年十一月病気のため辞任した。三十四年二月一日死去。六十七歳。

参考文献　岡崎嘉平太『新木栄吉論』、吉野俊彦『歴代日本銀行総裁論』　(村上　はつ)

あらきかんぽ　荒木寛畝　一八三一―一九一五　明治時代の日本画家。旧姓田中、本名光三郎。天保二年(一八三一)六月十六日江戸に生まれ、若くして荒木寛快に師事、のちその嗣子となった。はじめ高知藩主山内容堂の知遇を得てその絵師となり、また一時洋画を学んで博覧会に油絵を出品したりしたが、やがて日本画に専念し、内外の美術展でたびたび受賞、その審査員をつとめた。その後は明治三十一年(一八九八)東京美術学校教授に任ぜられた上、同三十三年帝室技芸員に推され、文展発足後は毎回審査員となった。その作風は北宗・南宗の融合様式に洋風の写実味を加味したもので、御物「孔雀図」をはじめ花鳥画の領域に多くの佳作を残したほか、私塾読画会を通じてその作風を後進に伝えた。大正四年(一九一五)六月二日没。八十五歳。墓は東京都新宿区弁天町の浄輪寺にある。（富山　秀男）

あらきこどう　**荒木古童**　尺八の演奏家。

(一)初代　一八二三—一九〇八　近江国水口藩士荒木亀三郎の三男。半三郎。幼少から尺八を五柳に学び、のち虚無僧となって修業中琴古流から分かれた一閑流の豊田古童(勝五郎)に師事、その没後二十九歳で古童を襲名。さらに久松風陽に師事、明治四年(一八七一)虚無僧普化宗廃止後も尺八界に立て籠って、尺八を盛んにさせた功績は大きい。彼は従来の普化尺八を、箏・三味線と合奏する三曲尺八として適合するよう穴割や歌口を改良したり、地唄の尺八譜を作曲したり、尺八音楽の新分野を開拓した。同四十一年一月十七日に没し、東京浅草の霊梅軒に葬る。八十六歳。法名は暢神軒清泉竹翁居士。

(二)三代　一八七九—一九三五　前者は荒木古童としては初代だが古童としては二代目なので、その長男真之助は三代目をつぎ、三曲尺八界に重きをなし、名人といわれた。昭和十年(一九三五)五月二日没。五十七歳。法名は青竹軒筦巌古欽居士。

(三)四代　一九〇二—一九四三　四代目はその四男荒木聚、前名梅旭が襲名。昭和十八年(一九四三)七月一日没。四十二歳。

(四)五代　一九三八—　五代目はその長男達也が昭和三十七年(一九六二)七月に襲名したが、間もなく渡米、その後引き続きアメリカの大学で尺八講座を担当している。

参考文献　栗原広太『尺八史考』　（西山松之助）

あらきさだお　**荒木貞夫**　一八七七—一九六六　大正・昭和時代の軍人、政治家。明治十年(一八七七)五月二十六日東京に生まる。陸軍士官学校卒、陸軍大学在学中日露戦争に従軍、陸大を首席で卒業。主として参謀本部に勤務(張作霖爆殺事件のときは参謀本部第一部長)。この間ロシア駐在武官補佐官・憲兵司令官を勤める。第六師団長・教育総監本部長を経て昭和六年(一九三一)十二月から九年一月まで犬養・斎藤内閣の陸相となる。ついで軍事参議官・男爵となる。二・二六事件により十一年三月予備役に編入。十三年五月から十四年八月まで近衛・平沼内閣の文部大臣となった。極東軍事裁判でA級戦犯として終身刑を言い渡される。同三十年仮釈放。荒木が陸軍中将で陸相となり得たのは、宇垣一成が昭和六年六月に予備役となったことおよび陸軍部内の二つの勢力がともに荒木を支持したことによる。一つは陸軍省・参謀本部の中堅幕僚の実力派、他は尉官クラスの隊付の青年将校である。陸相にした直接の力は前者であり、後者は陸軍部内の圧倒的「荒木人気」の支えであった。陸軍の建軍以来、陸軍を支配してきた長州閥は第一次世界大戦による兵器の飛躍的進歩、新兵器の出現と戦争形態の変化により、単なる人脈や日露戦争の武勇伝だけではその支配力を保ち得なくなった。陸軍の近代化、戦争の国家総力戦化の要請が起きたのである。さらに伝統的仮想敵国たるロシアの革命成功は、軍の中堅実力者層に軍部内の改革と国家改造の必要を痛感させるに至った。田中義一が予備役にあった時(宇垣時代)にこの気運はみなぎり、総力戦へと体制を固め、満蒙問題の武力解決を策する永田鉄山を中心とする省部の実力派将校が一夕会を結成した。昭和二年三月の初会合の席上、申合せの一つとして将来の陸軍を荒木貞夫・真崎甚三郎・林銑十郎に託すと定めた。第二に荒木は国本社の理事になったように、また従来軍隊を「国軍」と呼称していたのを「皇軍」と呼び直したごとく、皇道主義の精神主義者として陸軍部内で知られていた。この精神主義と階級の厳しい軍隊内で割合に下級将校と親しく談ずる人柄とが、同じく軍部内で国家改造運動を続けていた青年将校に自分たちの運動のホープとして担がれるに至ったのである。同七年一月真崎が参謀次長になり、柳川平助次官・山岡重厚軍務局長という陸軍省の人事は、上原勇作元帥の存在、武藤信義関東軍司令官と相まって、いわゆる皇道派時代を現出した。しかし陸相としての荒木は予算問題や陸軍提出の「皇国基本要綱」などが閣議を通らず、省部の幕僚将校の失望を買い、また青年将校も「口説の将」として失望するに至り、急速に部内の勢力を失墜していく。文相就任は板垣征四郎中将を陸相とし、日中和平を策したものであるがこれも失敗に終わった。近衛は対ソ戦の権威としてより日本赤化の防遏(ぼうあつ)のため荒木を重用していた。同四十一年十一月二日奈良県十津川で講演旅行中急逝した。八十九歳。

参考文献　橘川学『秘録陸軍裏面史』上、同『嵐と闘ふ哲将荒木』、高宮太平『順逆の昭和史』、秦郁彦『軍ファシズム運動史』、高橋正衛『昭和の軍閥』(『中公新書』一九四)　（高橋　正衛）

あらきじっぽ　**荒木十畝**　一八七二—一九四四　明治から昭和時代にかけての日本画家。本名悌二郎。明治五年(一八七二)三月十五日長崎県大村に朝長兵蔵の次男として生まれ、同二十五年上京して荒木寛畝に師事、翌年師の家を継ぎ、琴湖の号を十畝と改めた。その後は同二十八年日本美術協会会員となり、同三十年日本画会を組織、また同四十年からは正派同志会を経て文・帝展に出品し、第二回文展以後引き続き官展の審査員をつとめた。花鳥画を得意として、その間大正八年(一九一九)第一回帝展出品の「黄昏」などによって絶讃を博した後、同十三年帝国美術院会員に推された。長く東京女子高等師範学校の教職にあったほか、読画会を主宰して多くの門弟を指導し、また昭和の初め中国やタイに渡って日本美術展覧会を開くなど、日本美術の海外紹介にも力を尽くした。昭和十九年(一九四四)九月十一日没。七十三歳。墓は東京都新宿区弁天町の浄輪寺にある。（富山　秀男）

あらきとらさぶろう　**荒木寅三郎**　一八六六—一九四二　明治から昭和時代にかけての生化学者。慶応二年(一八六六)十月十七日、上野国碓氷郡板鼻(群馬県安中市)に荒木保爾の長男として生まる。十三歳で東京に出て、本郷の金杉恒宅に入る。中村正直の同人社塾に通う。明治二十年(一八八七)帝国大学医科大学別科を卒業し、一時郷里で開業したが、半年たらずで再び上京し、生理学教室に入り、助手として大沢謙二教授に師事した。同二十二年ドイツに留学し、ストラスブルク大学のホッペザイラー教授のもとで生化学を学ぶ。同二十八年十二月帰朝し、翌年二月第三高等学校教授、医学部勤務に任ぜられた。同三十年三月医学博士となり、同三十二年九月京都帝国大学医科大学教授となり、医化学講座を担任した。同三十六年七月医科大学長となり、大正四年(一九一五)六月京都帝国大学総長となる。昭和四年(一九二九)には学習院長となったが、同十二年四月退官した。五月に枢密顧問官。同十七年一月二十八日東京で死亡した。七十七歳。

参考文献 『日本医事新報』一〇二一　(大塚 泰男)

あらきもりあき 安良城盛昭 一九二七―九三 昭和時代の歴史学者。昭和二年(一九二七)五月十日、東京に生まれる。二十八年東京大学(旧制)経済学部を卒業。学部卒業論文が『歴史学研究』誌上に「太閤検地の歴史的前提」上・下、「太閤検地の歴史的意義」として発表されると、学界に「安良城旋風」(服部之総の評言)を捲き起した。三十五年東京大学社会科学研究所助教授、四十八年沖縄大学法経学部教授、五十三年同大学学長・嘉数学園理事長、五十五年大阪府立大学総合科学部教授を歴任し、平成三年(一九九一)同大学名誉教授となり、五年四月十二日没。六十五歳。卒業論文の発表により太閤検地論争の渦中に身を投じた安良城は、論争の中で研究を発展させ、日本前近代史の時代区分についても独自の所論を展開した。これらの研究の中心的部分は昭和三十四年に『幕藩体制社会の成立と構造』としてまとめられたが、その後、反批判や補論を収めた増補訂正版(四十三年・五十七年・六十一年)と、前著に収め切れなかった研究や反論をまとめて『歴史学における理論と実証』(昭和四十四年)、『日本封建社会成立史論』上(五十九年)が刊行された。昭和三十一年夏以降は地主制論争に加わりつつ、成立期地主制の研究に没頭し、その成果は『天皇制と地主制』上・下(平成二年)としてまとめられた。沖縄大学に赴任後、沖縄全域を踏査し、新発見の史料も加えて、沖縄史の再構成を試み『新・沖縄史論』(昭和五十五年)を執筆し、「琉球における地割制度の起源と変遷」上・下(五十六年・五十七年)をはじめ琉球・沖縄史に関する研究を発表した。六十一年の昭和天皇在位六十周年を前に天皇美化の動向が進み、さらに天皇の病気から死没と、その後つぎつぎに行われた代替りの諸儀式をめぐって天皇問題に関心が高まると、天皇と天皇制について論陣を張り、それらをまとめて『天皇・天皇制・百姓・沖縄』(平成元年)を刊行した。大阪に赴任後、部落問題の起源の研究に着手し、「社会的身分」と「制度的身分」という分析概念に立って論点を開示したが、研究を実らせずに終った。日本前近代史の時代区分についての所論は、古代律令制をアジア的な総体的奴隷制、中世荘園制を家父長制的奴隷制、近世幕藩制を農奴制とし、太閤検地を生産様式の交替に対応した変革的土地政策とするもので、「安良城理論」といわれる。

参考文献 「安良城盛昭教授略歴・研究一覧」(大阪府立大学『人文学論集』九・一〇合併号)　(山口 啓二)

あらはたかんそん 荒畑寒村 一八八七―一九八一 大正・昭和時代の社会運動家。本名勝三。明治二十年(一八八七)八月十四日、横浜永楽町に荒畑岩吉・サダの次男として生まれる。同三十四年横浜市立吉田高等小学校卒業。商社に勤めるかたわら英語の夜学に通ったがこの間に受洗。同三十六年幸徳秋水・堺利彦らの反戦思想に感銘を受け社会主義思想に共鳴し翌三十七年社会主義協会に入会し、また横浜平民結社を創立した。以降幸徳・堺らと社会主義運動に挺身したが、その間『牟婁新報』『光』、日刊『平民新聞』『大阪日報』等々の記者および編集者として活躍。同四十一年赤旗事件に連座入獄、四十四年『二六新報』の記者となったが、大正元年(一九一二)『近代思想』発刊などにより、「冬の時代」にも山川均・堺らと社会主義運動の砦を守り続けた。同九年社会主義同盟創立に参加、同十一年七月日本共産党が創立され書記長に選ばれる。十一月北京に密行、翌十二年ソビエトに渡る。昭和二年(一九二七)福本イズム批判の文書を提出し十二月『労農』創刊同人となり、以後無産政党運動・労働運動の全域にわたって極左主義・右翼階級協調主義と闘う論陣を張る。同十二年人民戦線事件で入獄。第二次大戦後は労働組合総同盟関東金属労働組合結成。同二十一年中央労働委員会労働者側委員。日本社会党中央委員、同党から代議士当選、同二十三年同党脱党。二十六年旧労農派を再結集して社会主義協会結成、のち脱退。常に反体制の側に生を貫いている。著訳書は、『谷中村滅亡史』、ウェッブ著『労働組合運動史』(山川共訳)他、また『荒畑寒村著作集』全十巻がある。昭和五十六年三月六日没。九十三歳。

参考文献 『寒村自伝』(『岩波文庫』)、荒畑寒村『ひとすじの道』　(大原 慧)

ありさかなりあきら 有坂成章 一八五二―一九一五 明治時代の砲術家、発明家。嘉永五年(一八五二)二月十八日周防国岩国藩士、木部左門の次子として生まれ、同藩士有坂長良の養子となる。慶応元年(一八六五)藩の銃堡局に出仕、維新後の明治六年(一八七三)兵学寮に学び、同十五年陸軍大尉に任ぜられ、砲兵工廠において大砲の改良に尽力した。特に同二十五年陸軍が速射砲採用を決定後に研究した第一号式速射砲は同三十一年制式野砲として採用され、「三十一年式速射野砲」と称せられた。有坂発明の野砲は同三十五年全野軍に配備され、日露戦争では偉力を発揮した。その功により同三十九年陸軍中将となり、翌年男爵を授けられた。野山砲のほか、これらの火砲に使用する薬莢爆管、分離薬筒式の薬莢、鋼製の榴弾などの考案があり、兵器界に多大の功績を残した。晩年脳を患い半身自由を失い閑居静養した。大正四年（一九一五）一月十一日死去。六十四歳。東京下谷の谷中墓地に葬られる。

参考文献 工学会編『明治工業史』火兵・鉄鋼篇 （山崎 俊雄）

ありさかひでよ 有坂秀世 一九〇八―五二 昭和時代の言語学者、国語学者。明治四十一年（一九〇八）九月五日広島県呉市に鉊蔵・敏子の五男として出生。昭和六年（一九三一）東京帝国大学文学部言語学科を卒業。同十四年四月から一年間、大正大学講師。同二十七年三月十三日、東京都世田谷区三軒茶屋で死去。四十三歳。著書に『語勢沿革研究』『音韻論』（博士学位論文）、『上代音韻攷』『国語音韻史の研究』（昭和二十七年、日本学士院賞受賞）がある。大学卒業の翌年に発病、入院生活を含む病弱な生活の中で意欲的研究を続け、多くの優れた業績を残した。珠玉の論文で、そのまま学界の定説となっているものが多いが、中でも上代語における母音交替の法則や、音節結合の法則の発見、あるいは、『切韻』における重紐の本質を明かにした諸論考は、国語音韻史の研究を飛躍的に発展させると同時に、日本語の系統論にも大きな刺戟を与えている。

参考文献 『国語学』一〇（有坂博士追悼録） （小松 英雄）

ありさわひろみ 有沢広巳 一八九六―一九八八 昭和時代の経済学者、統計学者。明治二十九年（一八九六）二月十六日、高知市蓮池町（はりまや町）に父元太郎・母秀の三男として生まれる。大正十一年（一九二二）東京帝国大学経済学部卒業、同学部助手、十三年助教授、統計学講座を担任。大森義太郎・向坂（さきさか）逸郎らとマルクス経済学を学び、大正十五年―昭和三年（一九二八）ドイツ留学。帰国後世界恐慌期の経済を実証的に分析し、『カルテル・トラスト・コンツェルン』上、『戦争と経済』『日本工業統制論』などを著わす。統計学の分野では、大数法則を、偶然性を通じて必然性が貫かれるという弁証法の立場から解明した。昭和十三年二月、大内兵衛・脇村義太郎らと「教授グループ事件」に連坐、労農派支持の理由で治安維持法違反に問われ休職、一審で有罪となったが、十九年の二審で無罪。第二次世界大戦後東大に復帰し、第一次吉田内閣の経済安定本部長官就任を固辞したが、石炭小委員会の長となり、生産復興の柱となる昭和二十二年石炭三〇〇〇万トン出炭計画（傾斜生産方式）を立案。以後、多方面の経済政策立案にあたり、官庁統計の再建、失業対策事業、原子力政策、エネルギー革命による炭鉱閉山対策などに貢献多大であった。戦後の学問的業績としては『再軍備の経済学』、産業論の方法を確立した『現代日本産業講座』（岩波書店）の総編集などがあるが、特に青年時代に感銘深かったワイマール＝ドイツの興亡を跡づけた『ワイマール共和国物語』、同『ワイマール共和国物語余話』（私家版）は力作である。晩年、日中学術交流のため中国社会科学院日本研究所に蔵書二万余冊を寄贈。日本学士院長（昭和五十五―六十一年）・学士会理事長（昭和四十九―六十三年）をつとめた。昭和六十三年三月七日没。九十二歳。墓は東京都小平市美園町の小平霊園にある。

参考文献 『有沢広巳の昭和史』編纂委員会編『有沢広巳の昭和史』、中村隆英編『資料・戦後日本の経済再建構想』、有沢広巳『学問と思想と人間と』 （中村 隆英）

ありしまいくま 有島生馬 一八八二―一九七四 大正・昭和時代の画家、小説家。本名壬生馬。明治十五年（一八八二）十一月二十六日、当時横浜税関長であった父武の次男として横浜月岡町に生まれた。母幸子、長兄武郎、里見弴はその弟。学習院初等科・中等科を経て、同三十七年東京外語イタリア語科を卒業後、藤島武二に洋画を学び、翌年六月渡欧、フランス・イタリアで研究を積み、数年間パリに滞在して、四十三年に帰国した。文学への関心は学習院中等科時代志賀直哉らと回覧雑誌を出したころに始まり、帰国後『白樺』に加わって、詩のほか、滞欧中の体験に根ざした小説を発表し、それらをまとめ第一創作集『蝙蝠の如く』を大正二年（一九一三）に刊行した。画業においては後期印象派の影響を強くうけ、「画家ポール＝セザンヌ」（『白樺』明治四十三年）を紹介、同人の応援を得、滞欧記念展を開き（同年七月）、また文展の保守性に反逆し、自由な創造をめざして、石井柏亭らと大正三年十月二科展を創設した。以後作家としては耽美的傾向の濃い作品集『南欧の日』（大正五年）をはじめ、『暴君へ』（同六年）、『死ぬほど』（同八年）、『嘘の果』（同十年）などを刊行、美術関係の著作にベルナールの『回想のセザンヌ』（同九年）の翻訳、随想集『美術の秋』（同）がある。昭和十年（一九三五）、美術院会員となり、そのためにやがて二科会を脱退し、十一年柏亭・安井曾太郎らと一水会を起した。同三十九年には文化功労者となり、四十九年九月十五日没。九十一歳。『有島生馬全集』全三巻がある。

参考文献 赤木桁平「新進作家論―白樺派の諸作家―」（『文章世界』一四五）、増田篤夫「有島生馬論」（『解放』二） （遠藤 祐）

ありしまたけお 有島武郎 一八七八―一九二三 明治・大正時代の小説家。明治十一年（一八七八）三月四日、東京小石川水道町に生まれる。父は武、母は幸子。有島生馬・里見弴はその弟。学習院初等科・中等科を経て札幌農学校に学び、同三十四年卒業。在学中にキリスト教に入信、内村鑑三の影響を強く受けた。三十六年アメリカに留学、最初ハバフォード大学に、つづいてハーバード大学に学び歴史と経済学を専攻したが、このころから信仰に動揺を来たすとともに学問にも興味を失い、文学書を濫読、特にホイットマンの詩集『草の葉』に傾倒、生涯の愛読書となる。一方、社会主義にも触れ、クロポトキンの無政府主義に共感、生涯その影響を受けた。同三十九年九月ヨーロッパに渡り、弟生馬と諸国を巡遊、同四十年四月単身帰国。翌四十一年、母校の農科大学英語教師として札幌に赴任。同四十二年三月神尾安子と結婚したが、その前後から信仰に対する懐疑をいっそう深め、同四十三年信仰を棄てて札幌独立教会を脱会するとともに、同年四月武者小路実篤らにより創刊された『白樺』に加入、文筆活動を開始し、思想上でもキリスト教的愛他精神から個性の自由な発展伸張を主眼とする愛己主義に転換した。この時期の代表作に『或る女のグリンプス』(明治四十四年—大正二年)、『お末の死』(大正三年)などがある。大正三年(一九一四)末、妻の罹病のため教職を辞して一家で東京に引き上げ、看病と育児のかたわら『宣言』(同四年)などを発表した。同五年八月に妻を、十二月に父を病気で失うとともに翌六年から本格的作家生活に入り、矢つぎ早に力作を発表、一躍人気作家となる。『死と其前後』『カインの末裔』『クララの出家』(以上同六年)、『生れ出づる悩み』『石にひしがれた雑草』(同七年)など。その旺盛な筆力は、翌八年三—五月に書き上げられた『或る女』前後編(前編は『或る女のグリンプス』の改作)において頂点に達し、他の追随を許さぬ作風を確立。その後も戯曲『三部曲』(同八年)、長編『星座』、童話集『一房の葡萄』(同十一年)などを書き、長編評論『惜みなく愛は奪ふ』(同九年)をはじめとする多くの評論やホイットマンおよびイプセンに関する研究・講演などにおいても、深い学殖と格調の高いヒューマニズムをもって若い知識人をひきつけ、文壇外において特異な地位と名声を獲得した。しかし第一次世界大戦後に訪れた深刻な社会矛盾・階級分裂・労働運動・社会運動激化の状況を前にして思想的行き詰まりに陥り(その心境は『宣言一つ』『文化の末路』などに示されている)、打開策として財産放棄、北海道狩太(かりぶと)の有島農場の解放などの挙に出たが根本的解決とはならず、最後は絶望感のうちに同十二年六月九日人妻波多野秋子と軽井沢の別荘で情死を遂げた。四十六歳。墓は東京都府中市の多磨墓地にある。『有島武郎全集』全十六巻などがある。

参考文献 本多秋五『「白樺」派の文学』、山田昭夫『有島武郎姿勢と軌跡』、安川定男『有島武郎論』、有島武郎研究会編『有島武郎研究叢書』 (安川 定男)

ありすえせいぞう 有末精三 一八九五—一九九二 大正・昭和時代初期の陸軍軍人。北海道出身。明治二十八年(一八九五)五月二十二日、屯田兵工兵大尉有末孫太郎・小菊の長男として北海道に生まれる。大正六年(一九一七)陸軍士官学校卒業(第二十九期生)。同十三年陸軍大学校卒業後、参謀本部部員を経て昭和三年(一九二八)から三年間イタリアに駐在し研修。同七年九月陸軍省副官兼陸相秘書官となり以後軍政方面に転じた。十年八月から軍務局軍事課員、この間に二・二六事件処理に関係。十一年八月からイタリア大使館付武官となり、日独伊防共協定の調印、強化に努力。十四年三月軍務局軍事課長。安部内閣の組閣に参画するなど政治に関与したが、十二月、北支那方面軍参謀(政務担当)、十六年三月から方面軍参謀副長、十七年八月大本営陸軍部第二部長(情報担当)。二十年三月陸軍中将。終戦時には、対連合軍陸軍連絡委員長。爾後、復員事務官、駐留米軍顧問、財団法人偕行社役員を歴任。平成四年(一九九二)二月十四日東京都世田谷区の病院で没。九十六歳。戒名、専精院釈義締。墓地は埼玉県大宮市の青葉園。

参考文献 有末精三『有末精三回顧録』、『政治と軍事と人事』 (森松 俊夫)

ありすがわのみやたかひとしんのう 有栖川宮幟仁親王 ⇨幟仁親王(たかひとしんのう)

ありすがわのみやたけひとしんのう 有栖川宮威仁親王 ⇨威仁親王(たけひとしんのう)

ありすがわのみやたるひとしんのう 有栖川宮熾仁親王 ⇨熾仁親王(たるひとしんのう)

ありたはちろう 有田八郎 一八八四—一九六五 明治から昭和時代にかけての外交官、外務大臣。明治十七年(一八八四)九月二十一日新潟県佐渡郡相川町に、漢方医山本桂の男として誕生、幼時同町有田リンの養子となる。政友会山本悌二郎の実弟。早稲田中学、第一高等学校を経て同四十二年六月東京帝国大学法科大学独法科卒業。同年十月外交官領事官試験合格。翌年二月領事官補として奉天総領事館へ赴任。四十五年三月よりオタワ・ホノルルを歴任、大正七年(一九一八)六月外務省事務官に転じ政務局第一課勤務。パリ講和全権委員随員として欧州に出張。平和会議事務処理の経験に鑑み、重光葵・堀内謙介・斎藤博らと外務省革新同志会を結成し、幹事役をつとめる。以後シャム・米国・中国に在勤、十四年六月天津総領事となる。昭和二年(一九二七)四月任大使館参事官、独国在勤を命ぜられるが、赴任直前の九月田中義一首相兼任外相の下、外務省亜細亜局長に転任、四年七月幣原外相となるが引き続き同局長として、対中国外交問題処理にあたる。五年十月駐墺公使となり、満洲事変に際しては国際連盟対策のため芳沢理事に協力する。七年一月芳沢外相より一時帰朝を命ぜられ、犬養首相の懇請により、五月十日芳沢外相の次官に就任。翌八年五月内田外相の時、白鳥情報部長の人事問題に関連して辞職する。同年十一月広田外相によりベルギー大使に任命され、十一年二月初め駐華大使となる。日中国交調整の使命をもって赴任するが、二・二六事件後成立した広田内閣の広田兼任外相よりの帰朝命令に接す。帰途、関東軍板垣参謀長らの対外政策意見を聞き、四月二日外相に就任。十三年二月貴族院議員。同年第一次近衛内閣の外相に就任。平沼内閣に留任。越えて米内内閣の外相に就任する。広田内閣以来、四度に及ぶ有田外相時代、日独防共協定。支那事変・防共協定強化問題・欧州戦争・南方政策など重要外交問題が累積する。この間、有田は日本の戦争突入への危機を避けるべく、主として軍の一部を中心とする強硬論を抑制しようと努力した。なかんずく平沼内閣時代、板垣陸相らの主張するソ連のほか英仏をも対象とする日独伊三国同盟論に対し、対象はソ連に限るべきであると米内海相とともに主張し、ついに譲らなかったことは特筆に値する。外相離任の間、再度外務省外交顧問に就任。同顧問退任後、同二十年七月初め、終戦のため上奏文を執筆、米内海相・木戸内府に終戦の要を説く。戦後は、在外同胞引揚促進運動・憲法擁護運動などに尽力、社会党推薦の東京都知事選挙に同三十年・三十四年と二度立候補するが落選。また三島由紀夫著『宴のあと』をプライバシー侵害と告訴し、「広田弘毅伝記刊行会」を主宰するが、同四十年三月四日病死した。八十歳。著書に『人の目の塵を見る』『馬鹿八と人はいう』の回顧録二書がある。

参考文献　日本国際政治学会太平洋戦争原因研究部編『太平洋戦争への道』、『外務省の百年』

（栗原　健）

ありちしなのじょう　有地品之允　一八四三―一九一九　明治時代の海軍軍人。天保十四年（一八四三）三月、萩藩に生まれ、戊辰戦争に参戦、明治四年（一八七一）二月御親兵として上京、陸軍少佐に任ぜられたが、七年に海軍に転じて中将まで累進した。日清戦争には、呉鎮守府司令長官、ついで第一艦隊司令長官に転じたが、二十八年十二月予備役に入った。のち枢密顧問官となり、また海事協会理事長として、義勇艦隊結成に力をつくし、武功により男爵を授けられた。大正八年（一九一九）一月十七日没した。七十七歳。墓は東京都港区の青山墓地にある。

（松下　芳男）

ありましろすけ　有馬四郎助　一八六四―一九三四　明治・大正時代の刑務官。元治元年（一八六四）二月二日益満喜藤太の四男として鹿児島に生まれ、明治二年（一八六九）有馬家をつぐ。鹿児島師範附属小学校訓導補助、京都府二等巡査、鹿児島県警部補などを経て、同十九年北海道集治監看守長となる。以後、埼玉県典獄・巣鴨監獄署長・市ヶ谷監獄署長・神奈川県典獄・小菅監獄典獄などを歴任。この間、同四十年少年少女釈放者のため根岸家庭学園（のち横浜家庭学園）を開設するなど、監獄改良を中心に行刑制度の確立と運営、保護事業につくした。有馬は明治三十一年牧師留岡幸助より受洗、クリスチャン典獄と呼ばれた。同年、東京の巣鴨監獄署長として留岡幸助を教誨師に任命し、それまでの本願寺派の僧侶を罷免した。仏教側の反対運動は政治問題になったが、これは巣鴨教誨師事件と呼ばれている。昭和四年（一九二九）豊多摩刑務所所長を最後に退官、その後も社会事業に尽力したが、同九年二月四日千葉で没した。七十一歳。

参考文献　三吉明『有馬四郎助』（『人物叢書』一四七）

（波多野和夫）

ありましんしち　有馬新七　一八二五―六二　江戸時代後期の薩摩国鹿児島藩士。尊王攘夷家。諱は正義、また武麿と称す。文政八年（一八二五）十一月四日薩摩国伊集院郷（鹿児島県日置郡伊集院町）に生まれた。父は郷士坂木四郎兵衛正直、同十年城下士有馬姓を継ぎ加治屋町に移る。少時より英敏激烈にして文武に励み、東郷流弓術・神影流剣術に達した。天保十四年（一八四三）江戸に出て山口菅山に就き、崎門学の精髄を極める。弘化二年（一八四五）より京都に滞在し、同門の先輩鈴木恕平・梅田雲浜らと交遊する。近衛家の計らいで宮廷に上り天皇親祭の新嘗祭を遠くから拝観するを得たが、この感激が骨の髄まで彼を純粋な勤王家にした。同三年帰国して大義名分論を唱え、藩の要路に睨まれて不遇にあったが、節を屈せず、嘉永四年（一八五一）島津斉彬の治世となるに及んで世に出るを得た。安政三年（一八五六）再度東上、同六年帰国したが、広く天下の志士と交わり、幕府の無勅許条約調印の非違を正そうとして画策した。帰国後は大久保利通ら同志四十余人と脱藩挙義を謀ったが、藩主茂久自筆の挙藩勤王の慰諭書を下され他日を期することとなったため、有村兄弟のみが桜田門外の変に参加した。文久元年（一八六一）十一月藩校造士館訓導師に任ぜられて大いに尊王精神を鼓吹したので、校風は一変したという。同二年三月島津久光の率兵上京の列に加わったが、久光の本意は奉勅公武周旋にあり、新七ら過激派の本意は討幕挙兵、すなわち青蓮院宮を戴き、関白九条尚忠・所司代酒井忠義を除いて義兵を挙ぐるにあった。かくて新七らは、密かに中山家家士田中河内介・久留米藩神官真木和泉守・岡藩士小河一敏らを加えて、四月二十三日伏見寺田屋に集合し夜を待った。一方、不穏の情報に驚いた久光は、大山格之助・奈良原繁ら九人の剣士を急派して鎮撫にあたらせたが、格闘か勃発して同志相搏つの惨劇となり、有馬ら七人は斬死した。時に新七三十八歳。墓は京都市伏見区鷹匠町の大黒寺にある。贈従四位。

参考文献　渡辺盛衛『有馬新七先生伝記及遺稿』、久保田収『有馬正義先生』、田尻佐編『贈位諸賢伝』一

（原口　虎雄）

ありまつひでよし　有松英義　一八六三―一九二七　明治・大正時代の官僚、政治家。文久三年（一八六三）六月十日、備前国御野郡に生まれる。岡山藩士有松正義の長男。明治二十一年（一八八八）独逸協会学校卒。井上馨の自治党機関誌『自治新誌』の記者となる。のち、判事、司法省参事官、農商務省参事官を経て、内務書記官兼法制局参事官となる。同三十一年、国際会議出席のため渡欧。翌年帰国後、警保局警務課長として、治安警察法・行政執行法など治安関係法を立案。のち、法典調査会委員、図書課長となり、著作権法と出版法の草案作成に尽力。その後、法制局第二部長を経て、三十六年、第一次桂内閣のもとで警保局長に任命される。三十七年、三重県知事、四十一年第二次桂内閣のもとで再度警保局長を勤めた後、四十四年貴族院議員に勅選。大正元年（一九一二）帝室林野管理局長官、三年枢密院書記官長、五年寺内

内閣の法制局長官、七年拓殖局長官を歴任。その間、臨時教育会議委員となる。七年、朝鮮・満洲・中国へ出張。九年枢密顧問官に任ぜられる。昭和二年(一九二七)十月二十四日死去。六十五歳。　　(成沢　光)

ありままさふみ　有馬正文　一八九五―一九四四　大正・昭和時代の海軍軍人。明治二十八年(一八九五)九月二十五日、中学教員有馬強太郎の長男として鹿児島に生まれる。鹿児島第一中学校を経て、大正四年(一九一五)海軍兵学校を卒業、同期に高木惣吉・中沢佑がいる。海軍大学校を終えたあと、第十・十四各戦隊参謀として日中戦争に参加。横浜海軍航空隊司令などを経て、太平洋戦争では昭和十七年(一九四二)第二次ソロモン海戦・南太平洋海戦において艦長として空母翔鶴を指揮。のち海軍航空本部教育部長を経て少将に進み、十九年四月第二十六航空戦隊司令官(ルソン島)に着任した。十月十五日地上勤務にもかかわらず戦局挽回を期し、みずから一式陸上攻撃機で出撃、フィリピン沖で敵艦に突入して戦死。死後中将に進級。五十歳。当時陣頭指揮による壮烈な最期として大きく報道された。五日後に神風特別攻撃隊が編成されており、航空特攻の先駆けといわれている。

参考文献　有馬俊郎『有馬正文』、菊村到『提督有馬正文』　　(庄司潤一郎)

ありまよりやす　有馬頼寧　一八八四―一九五七　大正・昭和時代の政治家。明治十七年(一八八四)十二月十七日旧久留米藩主有馬頼万伯爵の長男として生まれる。同四十三年東京帝国大学農科大学卒業、翌年農商務省に入る。大正六年(一九一七)辞職し、東京帝大農科大学附属教員養成所講師、このころトルストイ・河上肇・賀川豊彦の影響を受けた。同十年賀川の勧めで農民組合創設のため尽力、十一年日本教育者協会創立、同会長。十三年大学を辞職して無所属から衆議院に立候補、当選。のち政友会所属。十四年治安維持法に反対。昭和二年(一九二七)父の死により伯爵家を継ぎ衆議院議員を辞し、産業組合中央会監事。同四年貴族院議員に当選。近衛文麿・木戸幸一と並んで「革新」的な華族として注目された。七年斎藤内閣の農林政務次官、八年産業組合中央金庫理事長、十年同中央会会頭、十一年近衛を中心とした新政党結成を企図していわゆる荻窪会談を催し、十二年近衛内閣成立とともに農林大臣。十二―十三年近衛新党樹立のため画策し、十五年には近衛・木戸らと新体制運動に参画、八月新体制準備委員、十月の大政翼賛会成立とともに初代の事務局長に就任した。翌十六年三月「復古」派からの攻撃(翼賛会アカ論)によって事務局長を辞任、政界からも身を引いた。二十年A級戦犯容疑者として東京巣鴨拘置所に入所したが、翌年釈放。二十八年社会党右派から衆議院に出馬することを勧誘されたが断念、日本中央競馬会理事長などの職にあった。昭和三十二年一月十日没。七十二歳。

参考文献　尚友倶楽部・伊藤隆編『有馬頼寧日記』、有馬頼寧『政界道中記』、同『七十年の回想』、安田武「創立期の翼賛運動―有馬頼寧―」(思想の科学研究会編『共同研究転向』中所収)　　(伊藤　隆)

ありまりょうきつ　有馬良橘　一八六一―一九四四　明治から昭和時代にかけての海軍軍人。文久元年(一八六一)正月十一日紀伊国に生まれた。明治十五年(一八八二)海軍兵学校に入り、十九年卒業、二十一年海軍少尉に任官した。三十五年英国から新戦艦三笠を回航したが、日露開戦時は、連合艦隊先任参謀として三笠に搭乗していた。旅順港閉塞作戦が計画されると、参謀でありながら逸早く指揮官を志願し、広瀬武夫少佐らとともに輸送船天津丸で暗夜港口に突進したが、砲火はなはだしく、目標地点到達前に自沈した。三十七年七月大佐に進級し、音羽艦長に転じて日本海海戦に参加、戦後第二艦隊参謀長、軍令部第一班長、海軍兵学校長、第三艦隊司令長官を歴任して大将に進級、大正十一年(一九二二)予備役に編入された。昭和六年(一九三一)枢密顧問官に選任されるとともに、十二年にわたり明治神宮宮司を勤めたが、十九年五月一日病死した。八十四歳。旅順閉塞戦生き残りの英雄として広く名を知られていた。

参考文献　佐藤栄祐『有馬良橘伝』　　(秦　郁彦)

ありむらじざえもん　有村次左衛門　一八三八―六〇　江戸時代後期の薩摩国鹿児島藩士。諱は兼清。天保九年(一八三八)十二月二十八日鹿児島城下高麗町に生まる。父仁左衛門、母れん(連)。剛勇にして尊王の志深く、示現流剣技に達す。安政五年(一八五八)兄雄助と脱藩して国事に尽くそうとして藩に幽せらる。のち密かに江戸に出て水戸藩士金子孫二郎・高橋多一郎と幕府除奸および尊攘義挙を謀り、万延元年(一八六〇)三月三日水戸脱藩士佐野竹之介ら十余人と大老井伊直弼を桜田門外に要撃した。彼は行列の中央に突進し直弼を輿から引き出して首をあげ、剣尖に貫いて大呼走り去ろうとしたが、井伊の従士小笠原秀之丞に斬りつけられ、重傷のため力つき和田倉門外に至って自刃した。二十三歳。贈正五位。兄雄助は要撃の成功を見届け、京都に奔って尊攘の旗をあげようとしたが、伊勢四日市で藩吏に捕えられ、国元で自刃した。二十六歳。東京都港区の青山墓地に合葬。

参考文献　田尻佐編『贈位諸賢伝』一、『鹿児島県史』三　　(原口虎雄)

ありむられん　有村連　一八〇九―九五　江戸時代後期の女性。海江田信義(俊斎)・有村雄助・次左衛門の母。連は戸籍面。蓮寿尼。鹿児島藩医森元高視の女として文化六年(一八〇九)六月十日(戸籍面)生まれる。同藩士有村仁左衛門に嫁す。有村兄弟の桜田門外の変における壮烈な働きは、連平素の訓育にありといわれ、また和歌に巧みで「弓張りの月も時雨に曇るかな思ひ放たば隈なからまし」という激励の歌と「雄々しくも君につかふるますらをの母てふものはかなしかりけり」という兄弟の死を悼む歌は、薩摩婦人の心根を歌っている。明治二十八年(一八九五)十月二日没。八十七歳。

参考文献 『海江田家戸籍留』、沢田和一『有村家の人々』、鹿児島市婦人会『薩藩女性史』 (原口 虎雄)

ありよしあきら 有吉明 一八七六―一九三七 明治から昭和時代前期にかけての外交官。京都府出身。明治九年(一八七六)四月十五日誕生。同三十一年東京高等商業学校専攻部卒業、外務省に入る。以来領事館補または領事として、漢口・釜山などおもに中国と朝鮮に駐在した。同四十一年フランス大使館二等書記官となる。翌四十二年上海総領事に任ぜられ、その後大正九年(一九二〇)スイス公使になるまで十年以上その地位にあった。同十五年ブラジル大使に転じたが、昭和七年(一九三二)中国公使となり、同十年日中両国が相互に公使館の大使館昇格を行なったとき、初代の駐華大使となった。同十一年依願免本官。翌十二年六月二十五日死去。六十二歳。経歴が示すように有吉は一生のほとんどを対華外交に捧げた。しかもなかなかの硬骨漢で、昭和十年軍部の華北分離工作強行にあたり、とかくこれに妥協しがちな広田弘毅外相の訓令に対して執拗に抵抗したりした。

参考文献 島田俊彦「華北工作と国交調整」(日本国際政治学会太平洋戦争原因研究部編『太平洋戦争への道』三所収) (島田 俊彦)

ありよしさわこ 有吉佐和子 一九三一―八四 昭和時代後期の小説家。昭和六年(一九三一)一月二十日、母方の里和歌山市に生まれた。父は銀行勤務の有吉真次、母は秋津。父の勤務と戦争の関係で、小学校は、ジャワ島、和歌山、東京で、女学校は、東京と和歌山で過ごし、同二十七年、東京女子大学短大部英語科卒。学生時代に、『演劇界』の懸賞論文に入選し、卒業後、同誌嘱託となった。また、『白痴群』『新思潮』(第十五次)同人として、小説を手がけ、『地唄』(三十一年)が、文学界新人賞と芥川賞の候補となって、文壇に登場。以後、戯曲、台本、小説の各方面で、流行児として活躍。長編『紀ノ川』(三十四年)、『ぷえるとりこ日記』(三十九年)、『華岡青洲の妻』(四十一年)、『出雲の阿国』(四十二―四十四年)、『恍惚の人』(四十七年)、『複合汚染』(四十九―五十年)、『和宮様御留』(五十二―五十三年)など、歴史小説や社会問題小説を相ついで発表、才女といわれ、ベストセラーを生み、多くの文学賞を受け、世界の各地を訪れるなど、その活躍は華やかであったが、五十九年八月三十日、急性心不全のため自宅で死去。五十三歳。『有吉佐和子選集』全十三巻がある。

参考文献 千頭剛『有吉佐和子』(『作家論選集』)、宮内淳子編『有吉佐和子』(『新潮日本文学アルバム』七一)、有吉玉青『身がわり―母有吉佐和子との日日―』、丸川賀世子『有吉佐和子とわたし』 (磯貝 英夫)

あるがきざえもん 有賀喜左衛門 一八九七―一九七九 昭和時代の民俗学者、社会学者。明治三十年(一八九七)一月二十日、長野県上伊那郡朝日村平出(辰野町)に先代有賀喜左衛門の長男として生まれる。幼名通男。同三十九年、父の死により喜左衛門を襲名。大正十一年(一九二二)東京帝国大学文学部美術史学科卒業。昭和二十四年(一九四九)五十二歳のときにはじめて正規の職を得て、東京教育大学文学部社会学科教授になる。同三十二年、定年と同時に慶応義塾大学教授となり、その後、日本女子大学学長を務める。若いころ、『白樺』・民芸運動の影響を受け、大正十三年、柳田国男・岡正雄らとともに『民族』を創刊。翌年、渋沢敬三らが、民俗・民具研究の拠点となる「アチック＝ミューゼアム」を創設したとき、同人として参加。昭和八年「名子の賦役―小作料の原義―」が発表され、それは数年をかけて『農村社会の研究』(昭和十三年)、『日本家族制度と小作制度』(同十八年)と、改訂・増補され、のちに有賀理論とよばれるようになる固有の理論を形成する。有賀は小作慣行を農村の生活形態との関連から見なければその本質を理解できないという立場に立ち、当時の封建論争とは異なった論理を展開したので、それを第三の立場と呼ぶ人もいる。すなわち、地主と小作の関係に搾取・被搾取の関係よりも、親方・子方関係を認め、そこには庇護・奉仕にもとづく相互依存関係があることを指摘した。社会学界内での論争を通じて、同族団、経営体としての家、など農村社会学史上有名な論理を展開したので、若い一時期を除き社会学者とみなされがちであるが、終生、民俗学への強い関心と柳田への傾倒は変わらなかった。昭和五十四年十二月二十日没。八十二歳。墓は郷里の辰野町平出の見宗寺にある。同四十一年から四十六年にかけて『有賀喜左衛門著作集』全十一巻が刊行されている。

参考文献 柿崎京一・黒崎八洲次良・間宏編『有賀喜左衛門研究』、中野卓編『文明・文化・文学』、『信州白樺』六七(有賀喜左衛門・岡正雄特集) (鳥越 皓之)

あるがながお 有賀長雄 一八六〇―一九二一 明治・大正時代の国際法学者。外交政治史家。法博・文博。万延元年(一八六〇)十月一日、代々歌道をもってきこえた大坂有賀家七代目の高踏派歌人長隣の長男に生まれた。大阪英語学校から開成学校を経て明治十五年(一八八二)東京大学文科卒業。十七年主としてスペンサー説を雛型として本邦未発達の新分野であった『社会学』三巻を世に問い、かたわら大学校編輯掛として『日本社会史』を編纂。十九年欧州留学、ベルリン大学よりオーストリアにうつってスタイン・グナイストら独墺派国法学を受講。二十一年帰国して枢密院書記官兼総理秘書官に任ぜられた。二十二年一月帝国憲法発布の前月、独墺派憲法説を基底とする『国家学』を公刊して国法学者の位置を不動のものとした。二十五年農商務省に転じ、かたわら『帝国史略』公刊。さらに日清戦争従軍の体験が戦時国際法開眼の契機となり、戦後陸海軍大学校において国際法を講じた。日露戦争開戦前夜『戦時国際法』二巻上梓。開戦とともに国際法顧問として旅順に従軍、戦後『日露陸戦国際法論』を著わした。日清戦争後日赤特選幹事として万国総会参加三回、かたわら学友高田早苗経営の東京専門学校、のち早稲田大学教授を歴任、大正十年(一九二一)六月十七日に没した。六十二歳。墓は東京都港区の青山墓地にある。主著はおおかた同大学出版部から世に問われた。彼の研究著作歴はまさに当時の国運国歩と軌を一にし、国家学・国法行政国際法学などの経糸を織るに内外政治外交史編述が平行して、常に国歩選択の標準たらんとした意が跡づけられ、そのまま明治日本主流の足どりを投影している。（高野善一）

アレクセーエフ Evgenii Ivanovich Alekseev 一八四三―一九〇九 日露戦争勃発当時のロシアの極東総督。ロシア皇帝アレクサンドル二世の庶子。一九〇〇年(明治三十三)の義和団事件に際して海軍将官として出征。〇三年日露関係が険悪化したとき、極東総督に任命され、極東に関するロシアの軍事・外交の権限をゆだねられたが、日本に対する政略に関して開戦派のベゾブラーゾフやプレーベに利用され、日露外交交渉破綻の一因となった。〇四年日露戦争がおこると、極東総督と兼ねて極東陸海軍総司令官に任命されたが、戦術上無能であり、クロパトキン将軍の計画に反して無暴な攻撃を命令した。ゆえにロシア軍は勝利を得ることができず、後退をつづけたので、同年十月中旬の沙河会戦の後アレクセーエフは陸軍総司令官の職を解かれた。戦争末期の〇五年六月極東総督の制度が廃止され、アレクセーエフは参議院議員に任命された。（中山治一）

アレクセーエフ Kyril A. Alekseev 生没年不詳 帝政ロシアの大蔵省官吏。一八九〇年代に税関に勤務し、ロシアの極東貿易およびアジア諸国の経済事情に通じていた商務官。一八九七年六月、すなわち日清戦争以来ロシアの極東における経済的浸透政策が満洲と朝鮮のそれぞれの地で順調に展開していたとき、東清鉄道南部支線の終点を朝鮮の一港に求めることで満鮮両問題の一体化を図ろうとしていた蔵相ウィッテによって、その下工作を行う大蔵省エイジェントとして朝鮮財政顧問に指名される。彼はウィッテから、(一)朝鮮の財政状態と経済事情を調査し、露鮮の信用機関を組織しうる条件を明らかにする、(二)両国間の電信連絡を確立する、(三)イギリス人マクレビー＝ブラウンの握っている海関業務をロシア人の手に移管させるという指令を受けて、その月の末ペテルブルクを発ち、十月初旬、京城に到着した。前月ウェーバーに代わって駐韓公使となったアレクセイ＝ド＝スペーヤーの協力のもとに、彼は朝鮮政府に迫ってブラウンを解任させ、十月二十五日海関税務司に就任した。時を移さずウィッテも、その三日後、露鮮銀行の結成を決意し、皇帝(ツァーリ)の裁可を仰ぐ手続をとって呼応しようとしたが、銀行定款が複雑な官僚機構を通過するのに手間どっているうちに、十一月ドイツ艦隊による膠州湾占領事件が勃発して、政府の関心は南満に移らざるをえなくなり、その公式政策も新任外相ムラビヨフの主張により、「旅順旋回(ポート＝アーサー＝オリエンテーション)」を確認した。それでも露鮮銀行は十二月に入って皇帝の裁可を得、二十三日京城で最初の支店を開設する権利を請願するまでになったが、ムラビヨフは日英両国を刺激する朝鮮での冒険的行動を抑制する見地から、京城公使官にアレクセーエフに対する外交的支援を差し控えさせ、そのため彼は解任をこばむブラウンとその背後の日英外交部共同の抗議に抗しきれず、その年の末復職したブラウンのもとで下僚的地位につくことをよぎなくされた。翌九八年二月下旬、露鮮銀行は営業を開始するが、四月十二日ロシアの軍事・財政顧問の総引揚げと同時に閉鎖され、それによってウィッテのエイジェントとしての彼の数ヵ月間の短い使命も終了した。以後歴史に残る彼の事蹟は知られていない。

[参考文献] B. A. Romanov: Ocherki diplomaticheskoi istorii Russko-Iaponskoi voiny, 1895—1907 (1947); B. A. Romahov: Rossiia v Mandzhurii, 1892—1906 (1928); A. Malozemoff: Russian Far Eastern Policy, 1881—1904 (1958); W. L. Langer: The Diplomacy of Imperialism, 1890—1902 (1935); F. H. Harrington: God, Mammon, and the Japanese (1944).（菅原崇光）

アレン Horace Newton Allen 一八五八―一九三二 アメリカの長老教会宣教師、外交官。漢名、安連。一八五八年四月二十三日、アメリカのオハイオ州デラウェアに生まれる。八一年にオハイオ＝ウェスリアン大学、八三年にマイアミ医科大学を卒業。同年長老教会の宣教医として上海に渡り、翌年韓国に移った。八四年に起った甲申事変の際、王妃の甥その他の生命を救って名声を得、李朝の高宗皇帝の侍医となる。韓国政府の後援のもとに、広恵院という宣教病院を設立。八七年駐米韓国公使館参事官となったが、八九年再び韓国に来た。九〇年教会を退いて、駐韓アメリカ公使館書記官となり、弁理公使、総領事に昇進し、一九〇一年から〇五年まで特命全権公使であった。その間、韓国の政治・外交・社会・文化に貢献した。一九三二年十二月十一日、アメリカで没した。七十四歳。著書にKorean Tales (1889); Chronological Index of Foreign Relations of Korea from Beginnig of Christian Era to 20th Century (1900); Things Korean (1908)などがある。

[参考文献] L. G. Paik: The History of Protestant Missions in Korea.（重久篤太郎）

あわたのみやあさひこしんのう 粟田宮朝彦親王 ⇩朝彦親王

あわづたかあきら 粟津高明 一八三八―八〇 明治時代前期のキリスト者。桂二郎とも称す。天保九年(一八三八)四月二十九日膳所藩士の子に生まれる。明治元年(一八六八)横浜にて宣教師バラ J. H. Ballagh より受洗、同五年日本基督公会(横浜公会)設立に参加、同六年九月小川義綏ら東京在住会員とはかり築地に東京公会(のちに新栄教会)を組織。九年公会へ外国伝道局からの支配が強化されることに反発、外国宣教師の干渉をきらって退会、東京麻布の自宅に新しく日本教会を創立。ここで毎日曜ごとにみずから説教するとともに、洗礼・聖餐式を司り無教派独立をつらぬいた。かれは明治二年に大蔵省出仕、ついで海軍兵学寮、兵学校で英語を教授するかたわら、七年ごろより日曜日に幼年生徒へキリスト教を講義しており、独立伝道者としての生涯を十三年十月二十九日にとじた。四十三歳。葬儀は遺言にもとづき神道の式で挙行され東京赤坂の青山墓地に葬られた。日本教会は粟津死後、門人和田秀豊が指導、十五年小崎弘道の新桜田教会と合併、東京第一基督教会(のちの霊南坂教会)となる。

参考文献 湯浅与三『伸び行く教会』、同『基督にある自由を求めて』、佐波亘編『植村正久と其の時代』二、小沢三郎『日本プロテスタント史研究』

(大浜 徹也)

あんけいじゅ 安駉寿 An Kyŏng-su ?―一九〇〇 李氏朝鮮末期の政治家。一八九一年(明治二十四)典圜局幇辦として日本に渡り貨幣の鋳造を視察し、帰国後の一八九四年軍国機務処ができると警務使となり、大院君を排撃して憎まれ、以後、閔妃と結託した。閔妃が殺された後は、親露米派となり、李範晋らとともに親日派政府の打倒をはかり、ロシア公使ウェーベルと結び、一八九六年国王をロシア公使館に播遷させ、親日派を殺害追放した。かれは警務使・中枢院議官となったが、一八九八年、国王の皇太子への譲位を企てて発覚し、日本へ亡命した。一九〇〇年日本公使林権助の斡旋で帰国したが、すぐに逮捕され、かつて李埈鎔が閔妃ら皇族の殺害を計画したとき、それを知りながら告発しなかったという罪名で同年五月二十七日死刑に処せられた。(旗田 巍)

あんじゅうこん 安重根 An Chung-gŭn 一八七九―一九一〇 韓国の独立運動家。一八七九年七月十六日(旧)朝鮮の黄海道海州府首陽山の広石洞に生まれた。字は応七という。父は泰勲、進士ではあったが官途にはついていない。一八九四年の東学農民戦争には、農民戦争に反対したが、農民軍からの押収物のことで中央政府の閔泳駿と対立し迫害されたので、フランス人宣教師ジョセフ=ウィルヘルム(洪錫九)の保護をうけ、天主教徒となり、洗礼をうけ洗礼名を多然(トマス)というようになった。安重根が伊藤博文をねらうようになったのは、公判廷での陳述ではその理由として、第二・第三次日韓協約、韓国皇帝の廃位、軍隊の解散などをあげ、三年前(一九〇七年)から伊藤の命をねらっていたといっている。また国外に出て、韓国の義兵運動にも参加していたが、ウラジオストックで伊藤がハルビンに来ることを知って、一九〇九年十月二十六日ハルビン駅頭で伊藤を暗殺したのだが、共犯者については供述していない。事件後すぐロシア官憲に捕えられ、一九一〇年二月十四日旅順の関東都督府地方法院で死刑の判決をうけ、同年三月二十六日その刑の執行をうけた。三十二歳。(山辺健太郎)

アンダーソン Johan Gunnar Andersson 一八七四―一九六〇 スウェーデンの地質学者、考古学者。中国名安特生。一九一四年、北京政府鉱政顧問として中国へわたり、中国地質調査所員として地質・化石・考古の各部門で大きな業績をあげた。二一年、河南省澠池(ミェンチ)県仰韶(ヤンシャオ)村で中国本部ではじめて石器時代住居跡を発見し仰韶文化を設定した。二三年には北京市南郊の周口店石灰岩洞窟を発掘し、オットー=ツダンスキーによって北京人類の臼歯が掘りだされ、二六年からはロックフェラー財団の資金援助によって中国地質調査所と北京協和医学校新生代研究室が周口店の大規模な発掘を行い、完全な頭蓋骨をふくむ四十二体分の化石骨と石器を発見し、五十万年前の旧石器時代前期の人類と石器文化が確定した。二三年から二五年にかけて、仰韶文化の彩色土器を求めて甘粛省の大探検を行い、大量の彩色土器を採集し、甘粛六期の編年を設定し、中国考古学の基礎をうちたてた。二五年スウェーデンへ帰り、極東博物館 The Museum of Far Eastern Antiquities の館長となった。ここから出版されている紀要には極東研究の珠玉論文がのせられている。四三年に彼が書いた「中国先史研究」Researches into the Prehistory of the Chinese(『紀要』一五)は中国考古学についての彼の総まとめである。他に報告書として『中華遠古之文化』(一九二三年)、『甘粛考古記』(一九二五年)があり、Children of the yellow Earth(1934)(松崎寿和訳『黄土地帯』)の著書がある。(松崎 寿和)

アンデルソン Johan Gunnar Andersson ⇨アンダーソン

あんどうきさぶろう 安藤紀三郎 一八七九―一九五四 大正・昭和時代の軍人、政治家。明治十二年(一八七九)二月十一日に生まれる。同二十二年陸士卒。日露戦争に従軍、陸軍省人事局恩賞課員を長くつとめ、のち歩兵第二連隊長、恩賞課長、歩兵第三十旅団長、旅順要塞司令官を歴任し、昭和九年(一九三四)予備役に編入された。同七年陸軍中将。日中戦争開始とともに応召して兵団長となり、同十四年山下奉文の懇請により北支新民会顧問、のち副会長に就任。十六年十月大政翼賛会の改組にあたって副総裁に就任。十七年一月大日本翼賛壮年団長、三月大日本興亜同盟常任顧問にも就任した。六月中央協力会議長。同時に翼賛会と政府の連絡を密にするという主旨で東条内閣の無任所国務大臣に就任、翌十八年四月には同内閣の内務大臣となった。同十九年貴族院議員に勅選された。二十年戦犯容疑者として東京巣鴨拘置所に抑留されたが、同二十三年釈放。昭和二十九年五月十日没。七十五歳。(伊藤 隆)

あんどうこう 安藤幸 一八七八―一九六三 大正・昭和時代のバイオリン奏者。明治十一年(一八七八)十二月六日幸田成延の子として東京に生まれる。千島開拓者郡司成忠、文学者幸田露伴、史学者幸田成友は兄、ピアノ・バイオリン奏者幸田延は姉。同二十三年東京音楽学校研究生修了後、ベルリン国立音楽学校に留学、ヨアヒムに師事。同三十六年帰国後母校の教授となり、昭和七年(一九三二)退官したが、同十七年まで講師をつとめた。七年オーストリアで開催された国際音楽コンクールに審査員として出席。また、毎日新聞社主催の音楽コンクールでは創始以来審査員をつとめた。日本芸術院会員。門下に井上武雄・鷲見三郎・渡辺暁雄らがいる。昭和三十八年四月八日没。八十四歳。

参考文献 遠藤宏『明治音楽史考』、小宮豊隆編『明治文化史』九、渡鏡子『近代日本女性史』五

(平野 健次)

あんどうたろう 安藤太郎 一八四六—一九二四 明治・大正時代の禁酒運動家。弘化三年(一八四六)四月江戸の幕臣安藤文沢の家に生まれた。安井息軒に漢学を学び、戊辰戦争の際は、榎本武揚に従い五稜郭で戦った。維新後は政府に出仕。明治四年(一八七一)欧米派遣岩倉使節に随行、のち香港領事・ハワイ総領事・外務省通商局長などを歴任した。同二十一年ハワイ在勤中、日本人教会牧師美山貫一より受洗してキリスト教徒となり、同時に酒を廃した。同三十年退官とともに日本禁酒同盟を組織、禁酒運動に専念。大正六年(一九一七)には自宅に聖書の講義所を開設、安藤記念教会とした。同十三年十月二十七日、七十九歳で没す。

(波多野和夫)

あんどうてるぞう 安藤輝三 一九〇五—三六 昭和時代前期の陸軍軍人、二・二六事件の指導者。明治三十八年(一九〇五)二月二十五日に生まれる。陸軍士官学校卒。歩兵第三連隊付となり、陸軍大尉に昇進。二・二六事件のとき第三連隊の中隊長、部下を率い侍従長鈴木貫太郎を襲撃、重傷を負わす。昭和十一年(一九三六)七月十二日東京の代々木宇田川町の陸軍刑務所内で銃殺刑に処せられ、麻布の賢崇寺に埋葬される。三十二歳。安藤の決断が二・二六事件の決行を可能としたともいいうる、陸軍の改造運動の指導者の一人。給料の大半を部下の家族に送っていたという典型的革新将校でもあった。

参考文献 高橋正衛『二・二六事件』(『中公新書』七六)、河野司編『二・二六事件』、今井清一・高橋正衛編『国家主義運動』一(『現代史資料』四)

(高橋 正衛)

あんどうのぶまさ 安藤信正 一八一九—七一 江戸時代後期の老中。陸奥国磐城平藩主。幼名は欽之進・欽之助、名は信睦(のぶゆき)、ついで信行(万延元年十月)・信正(文久二年三月)と改め、鶴翁(明治元年三月)と号した。文政二年(一八一九)十一月二十五日江戸藩邸で誕生。父は信由(のぶより)、母は吉田藩主大河内信明の女。天保六年(一八三五)十二月従五位下伊勢守に叙任、同十四年閏九月長門守に転じた。弘化四年(一八四七)八月二日信由の死去により遺領五万石を継ぎ、嘉永元年(一八四八)正月奏者番に挙げられ、同四年六月寺社奉行見習、ついで十二月本役に進み、安政三年(一八五六)十二月対馬守を称した。同五年八月若年寄となり、翌六年八月安政の大獄に連坐して幕譴を蒙った水戸藩を督することになり、大老井伊直弼の意を受けて同藩に降下した戊午の密勅の返納を迫り、翌万延元年(一八六〇)正月老中に昇進後も、密勅の返納が遅れれば違勅の罪に問われて水戸家は滅亡するであろう、と終始水戸藩を威嚇した。同年三月井伊大老の横死後、老中に再任された久世広周と幕閣の中心となり、久世・安藤幕閣を組織し、大老横死後の政治方針を公武合体政策に切り換えた。信正は外国事務取扱の老中として外交問題を担当し、同年七月来朝したプロシア使節オイレンブルクの要求を容れ、十二月日普修好通商条約を締結し、たまたまこの間に発生した米国公使館通訳ヒュースケンの暗殺事件、あるいは翌文久元年(一八六一)五月に発生した水戸浪士の英国仮公使館東禅寺襲撃事件を処理し、同年七月露船ポサドニック号の対馬滞泊事件が起ると、英国公使オールコックとその退去につき協議し、また小笠原島の再開拓を主張して、同年十二月外国奉行水野忠徳らを同島に派遣し、同月両都両港開市開港延期談判のために勘定奉行兼外国奉行竹内保徳の一行をヨーロッパに派遣し、かねて露国と樺太定境につき談判させたが、信正より北緯五〇度案の内訓を与えられた目付京極高朗が露国側の示した四八度案に反対したので、国境問題は失敗に終った。内政問題では公武合体政策の上から、井伊大老の遺策に従って久世広周とともに皇妹和宮の将軍徳川家茂降嫁を奏請し、文久元年十月和宮の東下となり、翌二年二月婚儀が挙げられるに至ったが、尊攘派はこれを幕府勢力挽回の政略結婚と非難し、かつ信正の外国との協調政策に反発し、ことに水戸藩士は同藩に加えた弾圧に憤激し、同年正月十五日登城の途を水戸浪士平山兵介ら六人に坂下門外で襲われ傷ついた。同年四月内願により老中を免ぜられ、溜間格に進み、二万石加増されたが、八月老中在職中の失政により致仕・急度慎を命ぜられ、加増二万石を没収され、さらに十一月永蟄居・二万石削封の追罰を受け、慶応二年(一八六六)赦された。明治元年(一八六八)戊辰戦争が起ると、五月奥羽列藩同盟に加わって政府軍に抗し、七月磐城平城は落ち、信正は仙台に逃れ、東北平定後の十二月再び永蟄居を命ぜられ(藩主信勇は陸中磐井郡に移封、謹慎)、翌二年九月赦された。同四年十月八日没す。年五十三。法名謙徳院秀誉松厳鶴翁大居士。墓はもと東京都千代田区麴町の栖岸院にあったが、同寺は大正九年(一九二〇)杉並区永福町に移った。

参考文献 『磐城磐城平安藤家譜』、藤沢衛彦『閣老安藤対馬守』

(吉田 常吉)

あんどうひろたろう 安藤広太郎 一八七一—一九五八 明治から昭和時代にかけての農学者、国立農事試験場長。明治四年(一八七一)八月一日、柏原県(兵庫県)氷上郡柏原村に生まれる。父久次郎、母ゆき。同二十八年帝国大学農科大学卒業、農事試験場にはいる。大正九年(一九二〇)農事試験場長となり、同十四年茶業試験場長・園芸試

験場長を兼務、昭和十六年(一九四一)退官。その間二十二年間にわたり農事試験研究体制の確立と強化にあたる。中でも世界に類を見ない品種改良事業の組織をつくった。「植物の凍害に関する研究」で、大正八年農学博士の学位を得る。同十年より昭和元年まで九州帝国大学教授、大正十二年より昭和七年まで東京帝国大学教授を兼務、大正九年学術研究会議会員、昭和十年より二十一年まで帝国学士院会員、二十六年より日本学士院会員、十九年より二十年まで内閣顧問となる。二十八年文化功労賞、三十一年文化勲章を受ける。三十三年十月十四日東京で死去。八十七歳。従二位旭日大綬章。著書に『稲作要綱』『日本古代稲作史雑考』がある。 (細田　友雄)

あんどうまさずみ　安藤正純　一八七六―一九五五　大正・昭和時代の政治家。明治九年(一八七六)九月二十五日、東京浅草の真竜寺に生まれた。哲学館(東洋大学の前身)、東京専門学校(早稲田大学の前身)に学び、同三十四年新聞『日本』に入社。三十九年大阪朝日新聞に移り、さらに四十二年東京朝日新聞に転じた。大正九年(一九二〇)編集局長となり、朝日新聞社の東西定期航空路開設などに尽力した。九年の第十四回衆議院議員総選挙に東京より無所属で立候補して当選、十三年十二月政友会に入り、翌年朝日新聞を退社。昭和二年(一九二七)文部参与官、同六年文部政務次官に就任、九年の第六十五議会で代表質問を行なって以来しばしば政友会を代表して質問演説に立ち、十一年から翌年にかけては政友会幹事長をつとめた。大政翼賛会結成に参加せず、十七年のいわゆる翼賛選挙でも非推薦で立候補して当選、二十年八月敗戦の報を得るやいち早く鳩山一郎・芦田均らとともに政党再建をはかり、十一月結成の日本自由党で政務調査会長となったが、翌年公職追放された。二十五年追放解除、二十七年第二十五回総選挙で当選するや、鳩山派の中心人物の一人として、三木武吉らとともに自由党内に民主化同盟を結成して委員長となり、吉田茂総裁を批判したが、翌二十八年の鳩山派の分党には参加せず、五月には第五次吉田内閣の国務大臣に就任してむしろ鳩山らの復党に尽力した。二十九年十一月日本民主党結成に参加、第一次鳩山内閣の文部大臣として入閣、三十年二月には道徳教育に重点をおいた社会科改定方針を発表し、「安藤社会科」として問題とされた。しかし三月の第二次鳩山内閣には入閣せず、昭和三十年十月十四日病気のため死去した。七十九歳。

参考文献　安藤正純『政界を歩みつつ』、安井誠一郎編『安藤正純遺稿』 (古屋　哲夫)

あんどうりきち　安藤利吉　一八八四―一九四六　大正・昭和時代の陸軍軍人。明治十七年(一八八四)四月三日に生まれる。宮城県の出身。仙台二中卒業後、陸軍士官学校に入り、日露戦争中の明治三十七年第十六期生として卒業、歩兵少尉に任官した。その後大正三年(一九一四)陸大を卒業、第一次世界大戦中は四年間欧州に駐在、ついでインド駐劄武官・参謀本部部員・陸軍省兵務課長・イギリス大使館付武官・教育総監部本部長などの要職を歴任し、この間昭和十一年(一九三六)中将に昇進した。十三年第五師団長として中国戦線に出征、さらに第二十一軍司令官・南支那方面軍司令官として華南作戦を指揮したが、十五年九月北部仏印進駐にあたり、指揮下の第五師団が過早に国境を突破して仏印軍との衝突を誘発した責任を問われて予備役に編入された。しかし十六年十一月召集されて台湾軍司令官に返り咲き、十九年陸軍大将に昇進、台湾総督を兼ねたが、終戦後進駐した国民政府軍に戦犯として逮捕され、上海監獄に収容中、二十一年四月十九日獄内で自決した。六十三歳。 (秦　郁彦)

アンベール　Aimé Humbert　一八一九―一九〇〇　スイスの遣日使節。ウンベールともいう。一八一九年六月十二日スイスのラ＝ショー＝ド＝フォン近郊に生まれ、ドイツのチュービンゲン大学で人文課程を修め中退、教育者としての生活を始めたが、四八年プロイセンから独立したヌーシャテルの臨時政府樹立以後、官界に入り、州文部長官をはじめ多くの顕職を歴任してのち州参議院議員となる。この間五八年、地元の時計業組合 Union Horlogère の会長を委嘱された。六二年五月連邦議会により遣日使節団長に任ぜられ、同年十一月マルセーユを出帆、六四年六月に帰国。この間六四年二月六日(文久三年十二月二十九日)日瑞修好通商条約を江戸で締結。帰国後 Le Japon Illustré(日本図絵)を刊行し、六六年十月より九二年七月までヌーシャテルのアカデミーの講師の職にあったが、病を得て一九〇〇年九月十九日死去。八十一歳。墓はボールガールにある。 (金井　圓)

い

いいじまいさお　飯島魁　一八六一—一九二一　明治・大正時代の日本の先駆的動物学者。文久元年(一八六一)六月十七日浜松に生まる。明治八年(一八七五)東京開成学校に入学。同十年東京大学生物学科設置とともにその学生となり、同十四年七月まで動物学を学ぶ。卒業後、ただちに同大学生物学職員御用掛となり、翌十五年二月から同十七年までドイツに留学、ライプチヒ大学のロイカルトのもとで動物発生学を主として研究。同十八年七月十日東京大学生物学科講師に任命され、翌年三月勅令により帝国大学と改称されるに及び、同大学動物学教室教授となる。研究面ではカイメンの研究を中心とし、他に寄生虫・鳥類にも関心を示し、これらの日本における先駆者とされている。帝国学士院会員・三崎臨海実験所長を歴任、大正十年(一九二一)三月十四日、六十一歳で没す。墓は東京都豊島区駒込の染井墓地にある。著書には『人体寄生動物編』(明治二十一年)、『中等教育動物学教科書』(同二十三年)、『動物学提要』(大正七年)などがある。(鈴木　善次)

イーストレイク　Frank Warington Eastlake　一八五八—一九〇五　アメリカの英語学者。イーストレーキとして親しまれ、東湖の雅号を用いた。歯科医ウィリアム＝クラークの長男として一八五八年一月二十二日に生まれ、二歳のとき父とともに来日、のちアメリカ・フランス・ドイツに学び、ベルリン大学を出て、明治十七年(一八八四)ころ再び来日し、十九年東京築地で週刊英字新聞 The Tokyo Independence(別名『東京独立新聞』)を発刊、翌年廃刊。一旦帰国、三度来日して同二十一年ウェブスター辞書を棚橋一郎と共訳した『和訳字彙』を刊行、同二十二年太田ナオミと結婚、翌年磯辺弥一郎と協力して神田錦町に国民英学会を創立、教頭となったが間もなく脱退、週刊英字新聞 The Tokyo Spectator(東京スペクテートル)を発刊(明治二十四年十一月より翌年三月まで)、以後斎藤秀三郎と協力して正則英語学校を創立、日本における英語の普及につとめた。二十九年 Heroic Japan(日清戦争史)を著わし、三十四年『イーストレーキ英語新誌』を出した。三十八年二月十八日東京で没した。四十七歳。彼の夫人の著わした『憶ひ出の博言博士』によって人となりを知ることができる。(金井　圓)

いいだたけさと　飯田武郷　一八二七—一九〇〇　幕末・明治時代の国学者。通称彦介のちに守人、蓬室と号した。父は信州高島藩士飯田小十郎武敏、母は同藩飯島義道の娘諦子。文政十年(一八二七)十二月六日江戸の芝金杉の藩邸に生まれ、はじめ儒学を服部元済に学んだが、のち本居宣長の著書に感ずるところあって国学に志し、平田篤胤の没後の門人となり、また和歌を海野游翁に学んだ。嘉永五年(一八五二)二十六歳のときに畢生の大著『日本書紀通釈』の筆を起したが、やがて文久のころから尊王運動に加わり、郷里の信州上諏訪において同志を糾合し、慶応二年(一八六六)に家督を長男武夫に譲り、権田直助・落合直亮らと共に江戸薩摩屋敷と連絡をとったり、上洛して岩倉具視に献策するなど、東西に奔走した。王政復古後、明治元年(一八六八)京都大学皇学所創設とともに御用掛、ついで同講師、同二年高島藩皇学所開設とともに帰郷してその皇学教授となり、同五年廃藩後、氣比神宮、貫前・諏訪・浅間(富士)神社などの宮司を歴任したが、同九年東京に移って大教院講師、同十一年太政官修史館御用掛、同十三年から十九年まで東京大学教授、同二十一年皇典講究所講師となり、同二十三年国学院講師を兼ね、翌二十四年慶応義塾大学部教授、同二十六年神宮教校教授、同二十九年帝大文科大学講師となったが、同三十年眼疾のため職を辞した。『日本書紀通釈』七十巻は先行の諸注釈を集大成した『日本書紀』全巻の注釈書で、前後四十八年を費やして明治三十二年春に完成、その翌三十三年八月二十六日、東京牛込区(東京都新宿区)東榎町の自宅で病没した。年七十四。人となり沈着重厚で義理にあつく、歌文を好んだ。歌文集『蓬室集』がある。

参考文献　「飯田武郷伝」(飯田武郷『日本書紀通釈』付録)、山崎節子「飯田武郷」(『近代文学研究叢書』四所収)
(関　晃)

いいだだこつ　飯田蛇笏　一八八五—一九六二　大正・昭和時代の俳人。本名武治、別号山廬。明治十八年(一八八五)四月二十六日、山梨県東八代郡境川村生まれ、父宇作、母まきじの長男。庄屋名字帯刀の家柄。地主。同三十五年甲府中学を中退、上京。翌年京北中学に転入。三十七年早稲田大学英文科に入学、長田幹彦・若山牧水を知った。文学に熱中、詩・小説を『文庫』『新声』などに発表。三十九年四方呉膾に勧められ、「早稲田吟社」に参加、一方『国民新聞』に役句、ホトトギス句会に出た。四十一年八月再開の高浜虚子を中心とする「俳諧散心」に参加。反河東碧梧桐の立場の中にいたが、虚子が小説に専心し俳壇を退いたため句作を中止。家の都合もあって翌四十二年学業半ばで帰郷。大正二年(一九一三)虚子復帰後の『ホトトギス』に投句。「守旧派」俳人の中心作家となった。四年愛知県の『キララ』他の俳句欄の選を担当、七年『雲母』と改めて主宰、十四年より山梨で発行した。俳風は季節感を踏まえつつ、漢語を駆使し的確な写生による自然描写により重厚な味を見せる。昭和三十七年(一九六二)十月三日、脳軟化症のため生家で没。七十七歳。墓は山梨県東八代郡境川村小黒坂にある。著書は『山廬集』(昭和七年)、『近代句を語る』(同十

年）、『霊芝』（同十二年）、『俳句文学全集』飯田蛇笏篇（同年）、『山響集』（同十五年）、『現代俳句秀作の鑑賞』（同十八年）、『白嶽』（同年）、『心像』（同二十二年）、『春蘭』（同年）、『椿花集』（同四十一年）、『飯田蛇笏全句集』（同四十六年）など多数ある。

参考文献　高浜虚子『進むべき俳句の道』、角川源義・福田甲子男『飯田蛇笏』（『俳句シリーズ人と作品』七）、中村草田男「飯田蛇笏」（明治書院『俳句講座』六所収）、佐々木有風「蒼天を吹くもの―飯田蛇笏論―」（『現代俳句』四ノ七・八）、斎藤清衛「蛇笏俳句選集に対して」（『雲母』三五ノ六）　（松井　利彦）

いいだただひこ　飯田忠彦　一七九九―一八六一　江戸時代後期の歴史家。字は子邦、諱は忠彦、号は黙叟・夷浜釣叟、要人・刑部・左馬などと称した。寛政十一年（一七九九）十二月二十八日、周防国徳山に生まれた。父は徳山藩士里見義十郎。はじめ藩主の近習となったが、文政元年（一八一八）に致仕し、河内八尾の飯田謙介の養子となった。のち離縁となったが、姓はそのまま名乗った。史学に関心をもち、『諸系図』十八巻、『門跡伝』『黒御所伝』などを撰した。ついで『大日本史』の続編を作ろうとし、実録・日記・随筆などを蒐集し、各地に史料を求め、『野史』二百九十一巻を撰した。同六年関東に赴き、天保五年（一八三四）に大坂に帰り、有栖川宮家、中宮寺宮家に仕えた。このころから時事を論じ、安政の大獄起るや幕府の譴責を受けて江戸の獄に下った。のち赦されて京都深草村（京都市伏見区谷口）に隠棲した。文久元年（一八六一）五月十四日、桜田門の井伊直弼襲撃に関係ありとして再び捕えられ、宿預りになったが、五月二十七日切腹して死んだ。六十三歳。法名志信院黙叟理現居士。墓は京都市上京区河原町専修寺の子院竜源寺にある。

参考文献　武田勝蔵『（勤王志士野史編者）贈従四位飯田忠彦小伝』　（山本　武夫）

いいづかあきら　飯塚啓　一八六八―一九三八　明治から昭和時代前期にかけての動物学者。明治元年（一八六八）六月十六日、上野国群馬郡村上村（群馬県北群馬郡小野上村）に誕生。二十七年七月第一高等中学校本科を卒業、帝国大学理科大学動物学科に進学。三十年七月卒業後、大学院にて研究。三十三年八月第六高等学校教授、翌年九月東京帝国大学理科大学助教授を歴任、四十三年一月より学習院教授を勤め、昭和五年（一九三〇）三月に退官。翌年四月には東京科学博物館学芸委員を嘱託。この間、海産動物を専攻し、特に多毛環形動物の分類・分布・習性などを研究、サガミウロコムシなど新種の発見を行い、明治四十三年理学博士となる。昭和十三年十二月十日没す。七十一歳。著書としては『動物発生学』（明治三十九年）、『海産動物学』（同四十年）、『動物学教科書』（大正五年）など動物学の啓発普及に関するものが多く、ひろく愛読された。

参考文献　『自然科学博物館』一〇ノ一一〇　（鈴木　善次）

いいづかこうじ　飯塚浩二　一九〇六―七〇　昭和時代の人文地理学・歴史学者。明治三十九年（一九〇六）四月三日、東京市本郷区菊坂町（東京都文京区）に生まれる。昭和五年（一九三〇）東京帝国大学経済学部卒業。七年から九年にかけてパリ大学地理学教室に学ぶ。帰国後、外務省嘱託、立教大学教授を経て、十八年東京帝国大学教授。同大学東洋文化研究所所長を歴任し、四十二年退官。長身に太い眉、英気颯爽の自由人。四十五年十二月四日没。六十四歳。この間、昭和十三年『北緯七十九度』、十五年ビダル＝ド＝ラ＝ブラーシュ『人文地理学原理』（翻訳）、十九年『国土と国民』を刊行。第二次世界大戦後いちはやく学際的な東洋文化講座を組織するとともに、『比較文化論』（二十二年）、『人文地理学説史』（二十四年、文学博士論文）、『日本の軍隊』（二十五年）、『日本の精神的風土』（二十七年）など日本研究の基礎を固め、ついで『アジアのなかの日本』（三十五年）や『東洋史と西洋史とのあいだ』（三十八年）などで新たな世界史の地平を開いた。『飯塚浩二著作集』十巻（四十九―五十一年）がある。　（加藤　祐三）

いいづかろうかんさい　飯塚琅玕斎　一八九〇―一九五八　大正・昭和時代の竹工芸家。本名弥之助。明治二十三年（一八九〇）三月十五日、栃木県に生まれた。家は代々竹芸を業としたため、十二歳の時から父鳳翁について竹工を学び、大正四年（一九一五）大正天皇の御即位式用品や昭和三年（一九二八）の御大礼献上品等を謹製、またパリ万国博覧会やシカゴ万国博覧会をはじめとする内外展覧会に出品して広く認められた。中でも帝展に美術工芸部が設立されてからはここを舞台に活躍し、昭和七年と九年に特選となり、のち新文展で審査員をつとめた。「花籃・銘鳥光」を主とするその作品は、伝統的な竹芸の正調を保持する格調の高さに特徴があり、伝統派の第一人者としてそのすぐれた技術は抜群の評をうけていた。昭和三十二年十二月十七日没。六十八歳。代表作に「竹製筥」などがある。　（富山　秀男）

いいなおすけ　井伊直弼　一八一五―六〇　江戸時代後期の大老。近江国彦根藩主。文化十二年（一八一五）十月二十九日、十一代藩主直中の十四男として彦根城内で生まれた。母は側室のお富の方。通称は鉄三郎といい、柳王舎・柳和舎・緑舎・宗観・無根水などの号がある。五歳で母を失い、天保二年（一八三一）十七歳で父に死別したので、長兄の藩主直亮から三百俵を与えられ、城外の北の御屋敷に移り住んだ。同五年さる大名の養子の口があって、異母弟の直恭と江戸に出たが弟が選ばれ、翌年彦根に帰着した。江戸滞在中、『埋木舎の記』を草し、北の御屋敷を埋木舎と名づけ、文武諸芸の修業に励んだ。居合術では奥義をきわめて一派を創立するほどの腕前となり、禅では清凉寺の仙英禅師より悟道の域に達したといわれた。石州流の茶道では、片桐宗猿について奥義をきわめて一派を立て、藩主になってから代表作『茶湯一会集』を著わした。同十三年十一月本居派の国学者長野義言（よしとき）とめぐりあい、義言と師弟の契りを結んで以来、国学の研究に没頭した。直亮の世子となっていた仲兄の直元が病死したので、弘化三年（一八四六）二月江戸に出て世子となり、十二月従四位下侍従に叙任、玄蕃頭を兼ねた。翌四年二月彦根藩は相州警備の幕命を受けたが、直弼は井伊家は京都守護の家柄と反発、爾来老中阿部正弘を快しとしなかった。嘉永三年（一八五〇）九月直亮が国許で没し、十一月二十一日遺領三十五万石を継いで十三代藩主となり、二十七日掃部頭を称した。直亮との間柄は冷たかったが、直弼は養父の遺志と称して金十五万両をあまねく領内の士民に分配し、翌四年六月初入部すると、直亮時代の弊政の一掃に着手した。同六年六月江戸から帰国した直後、米国使節ペリーが浦賀に来航したが、彦根藩は相州警備の任を果たして幕府から慰労された。ついで出府、幕府の諮問に答え、八月再度にわたり米国措置の意見書を提出したが、開国を主張する意見は、幕政参与に起用された水戸老侯徳川斉昭の意見と相容れないものであった。翌安政元年（一八五四）正月ペリーが再航すると、江戸城西湖間における斉昭と溜間詰大名との討議で、打払いを主張する斉昭と和平穏便論を唱える直弼ならびに佐倉藩主堀田正睦らとは激論し、この対立がのちの政局に大きな影響を与えた。前年十一月相州警備から羽田・大森警備に転じ、安政元年四月待望の京都守護を命ぜられた。斉昭との対立は、翌二年十月老侯の嫌悪する正睦を溜間詰から推して老中に就任させたことから抜き差しならぬものとなり、三家対溜間詰の対立へと発展していった。同四年八月出府して、米国総領事ハリスの上府に反対していた溜間詰大名の意見をくつがえし、十二月米国の要求を容れるべしとの意見を連署して幕府に提出した。このころから政治問題化した十三代将軍徳川家定の継嗣に関し、血統論を唱えて紀州慶福（よしとみ）を推し南紀派の重鎮として、一橋慶喜（よしのぶ）を推す一橋派の福井藩主松平慶永・鹿児島藩主島津斉彬らと対立した。翌五年二月堀田正睦が条約勅許奏請のため上京すると、これに先立って長野義言を入京させて廷臣間に運動させ、関白九条尚忠を幕府支持に立たせ、内勅によって慶喜を将軍継嗣にしようとする一橋派の運動を阻止することを得たが、ついに勅許を得ることに失敗した。正睦が帰府してから三日後の四月二十三日、大老に就任。六月十九日井上清直・岩瀬忠震（ただなり）にハリスと日米修好通商条約に調印させたが、これに先立って反対派に違勅の罪を責められると調印の中止を諫言した宇津木六之丞に対し、兵端を開かず、国体を恥かしめないためにもその罪は甘受するといい、また二十四日の三家の押掛け登城にも動ぜず、二十五日慶福（のち将軍家茂）を将軍継嗣とする旨を公表した。朝廷より三家・大老のうち一人上京すべき勅諚が下ったが、老中間部詮勝を上京させることにし、またこの前後、京都の情勢を好転させるために、二回にわたり長野義言を上京させた。しかるに八月八日密勅が水戸藩に降下し、ついで九条関白が排斥されて辞職のやむなきに至ると、ついに義言の誇張潤色した報道に惑わされ、反対派の運動を水戸藩の陰謀と信じ、九月近藤茂左衛門・梅田雲浜の逮捕を契機に安政の大獄を断行、翌六年にかけて反対派の諸侯・有司・志士を厳罰したほか、累を宮・堂上とその家臣に及ぼしたが、条約の勅許を得るに至らなかった。大獄では水戸藩への処罰が最も厳しく、さらに同六年十二月、水戸藩に降下した密勅の返納を迫ったため、同藩激派を激昂させ、ついに万延元年（一八六〇）三月三日、水戸浪士を中心とする十八士に桜田門外で襲われて暗殺された。年四十六。井伊家では幕命によって喪を秘し、同月三十日大老を免ぜられ、閏三月三十日発喪、四月十日荏原郡世田谷の豪徳寺に埋葬。法名宗観院殿柳暁覚翁大居士。のち文久二年（一八六二）十一月幕府から安政五年以降の失政を追罰されて十万石削減された。

参考文献　『井伊家史料』（『大日本維新史料』類纂之部）、井伊正弘編『（井伊家史料）幕末風聞探索書』、『彦根市史』中、『井伊家秘書集録』、『公用方秘録』、島田三郎『開国始末井伊掃部頭直弼伝』、中村勝麻呂『井伊大老と開港』、同『（至誠之人）井伊大老』、岩崎重英『（維新前史）桜田義挙録』、吉田常吉『井伊直弼』（『人物叢書』一一三）
（吉田　常吉）

いいのきちさぶろう　飯野吉三郎　一八六七―一九四四　明治・大正時代の神道系の行者。東京渋谷の穏田（おんでん）に住んでいたので「穏田の行者」と呼ばれた。美濃国岩村に生まれ、神秘的な雰囲気の祈禱行法によって政界首脳の伊藤博文・山県有朋・清浦奎吾らの知遇を得て、政界上層に隠然たる勢力をもつに至った。特に下田歌子の信任があつく、その線で宮中に影響力を及ぼし、大正十年（一九二一）の皇太子外遊問題に介入した。また貞明皇后にも近づき、公然と宮中に出入りしたため、「日本のラスプーチン」と評判された。のち霊のはたらきを説き国家主義を掲げる大日本精神団を結成したが、利権をめぐる詐欺事件に関係したため、多年にわたって政界上層と宮中に扶植した勢力を一挙に失った。
（村上　重良）

イービ　Charles S. Eby　一八四五―一九二五　カナダ＝メソジスト教会宣教師、神学博士。カナダ、オンタリオ州に生まれる。十一歳の時受洗。ビクトリア大学卒業後牧師となり、オンタリオ地方のドイツ移民に五年間伝道した。明治九年（一八七六）九月来日し、翌十年七月山梨県有志者に招かれて平岩愃保とともに同県南部に約一ヵ月間伝道。同十一年二月甲府に移り、英語教授のかたわら説教や聖書研究を行い、山梨県におけるキリスト教伝道の基礎を据えた。同十四年七月甲府を去り、十六年一月より四月まで毎週土曜日に東京の旧明治会堂で「東京演説」を行い、スペンサーの不可知論、ダーウィンの進化論などに対するキリスト教擁護を試みた。同二十四年一月学生を対象とする伝道を行うため東京の本郷に中央会堂を建設、英文雑誌の発行や英語聖書研究会などを行なった。同二十七年一月休養と資金調達のため帰国したが、目的を達し得ず再び来日しなかった。一九二五年十二月二十一日没す。編著として『第一東京演説』がある。

参考文献　倉長巍編『加奈陀メソヂスト日本伝道概史』、『中央会堂五十年史』、『山梨英和学院八十年史』

（鵜沼　裕子）

いいようほう　伊井蓉峰　一八七一—一九三二　明治・大正時代の新派劇の俳優。本名申三郎。明治四年（一八七一）八月十六日、東京日本橋に生まれる。父は写真師北庭筑波。同二十四年、銀行員から川上音二郎の一座に入ったが、すぐに退座。依田学海の指導のもとに男女合同改良演劇「済美館（せいびかん）」を組織して、政治色をはなれた芸術至上主義・写実主義を掲げて、同年十一月浅草吾妻座で、依田学海作『政党美談淑女操』ほかを上演したが不成功に終った。二十八年には佐藤歳三・水野好美らと「伊佐美演劇」を起したが、同二十九年以後は、一座を組織して劇壇に地位を築き、同三十五年一月からは、日本橋真砂座で、河合武雄を女房役として、福島清・畠山古瓶らと近松研究劇八種を上演、原作忠実・写実的演出で劇界に注目された。以後、常に清新な文芸作品を上演したが、四十二年新派大合同に際して座長の地位にすわった。大正期には河合武雄・喜多村緑郎とともに三頭目時代をつくり、新派の中心勢力をなした。昭和七年（一九三二）八月十五日没。六十二歳。著書に『日本演劇の説』がある。

参考文献　秋庭太郎『日本新劇史』、『演芸画報』明治四十年六月・昭和七年九月

（菊池　明）

いがやくにお　猪谷六合雄　一八九〇—一九八六　昭和時代のスキー研究家。明治二十三年（一八九〇）五月五日、群馬県南勢多郡（勢多郡）富士見村赤城山の旅館に生まれる。父春雄・母ふし。館林中学校中退。オーストリアの軍人レルヒが日本にスキー術を伝えてまもない大正三年（一九一四）赤城山にやってきた一高生のスキー姿を見て、スキーに熱中する。家業を捨て、雪を求めて各地を転々とし、昭和四年（一九二九）二人目の妻サダ（日本最初の女性スキージャンパー）と千島列島国後（くなしり）に移り、古材を集めて小屋を建て六年間住む。二年目の春、千春誕生。その後、赤城・乗鞍・志賀高原に自力で小屋やゲレンデをつくり、父子で独自の回転技術を編み出す。「すべてのことに無限の可能性がある」となんでも試すことを信条とし、当時としては画期的なかかとのあがらないスキー締め具を開発したりした。千春へのスキー特訓も有名。それが昭和三十一年コルチナ＝ダンペッツォ冬季五輪回転銀メダルにつながる。九十四歳まで現役スキー教師。皇室のスキー指導も手がけた。昭和六十一年一月十日没。九十五歳。主著『雪に生きる』。『猪谷六合雄選集』全五冊がある。

（武田　文男）

いぎさんえんさい　伊木三猿斎　一八一八—八六　幕末・維新期の備前国岡山藩首席家老。名は忠澄。若狭のち長門と称し、三猿斎は致仕後の号。世々虫明の地三万三千石を領した。文政元年（一八一八）生まる。はじめ藩主池田慶政に仕え、嘉永六年（一八五三）十一月安房・上総警備の幕命を受けるとその任にあたった。慶政に嗣子なく、文久三年（一八六三）二月徳川斉昭の九男茂政を迎えてあとを継がせ、その輔導に努めた。翌月茂政に従って上京、藩論を勤王に向かわせることに尽力し、元治元年（一八六四）第一回長州征討に長州藩を寛典に処することを茂政に勧め、十一月みずから広島に至って西郷吉之助と解兵につき協議し、慶応元年（一八六五）幕府の長州藩再討にあたり、藩論をもってこれに反対した。長州藩は深くこれを徳とし、奇兵隊の有志を三猿斎に託してその指導を受けさせた。この前後、河田景与・坂本竜馬ら諸藩の脱藩士がたよってきたのを保護した。同三年十月幕府の政権返上にあたって京坂の人心が動揺した時、藩の有志を集めて諸隊を組織し変に備えた。明治元年（一八六八）三月章政に仕え、戊辰戦争には各地に転戦して功あり、同四年二月岡山藩大参事に任じ、ほどなく老をもって辞した。晩年は茶人として名声高く、また書画をよくした。同十九年三月二十日没、六十九歳。贈従四位。同三十九年養孫忠愛は男爵を授けられた。

参考文献　渡辺知水『伊木三猿斎を語る』

（吉田　常吉）

いぎひさいち　伊木寿一　一八八三—一九七〇　昭和時代の古文書学者。明治十六年（一八八三）三月三日、山口県大津郡三隅村に山口藩士族伊木尚義の長男として生まれた。山口高等学校を経て、東京帝国大学文科大学国史科に入学、同三十九年に卒業した。直ちに大学院に入学し、古文書学を専攻した。かたわら同大学史料編纂掛に勤務し、『大日本古文書』の『伊達家文書』『相良家文書』などの編纂に従事した。のちに史料編纂官として『大日本史料』九編の編纂も行なった。その間東北・慶応・国学院・明治などの諸大学に出講し、古文書学を講議した。定年退官後は立正大学の教授となった。昭和十五年（一九四〇）、「日本古文書学ノ研究」を提出し、慶応大学より文学博士の学位を授与された。また同四十一年、日本古文書学会が創立され、推されて会長の任についた。古文書学者として終始し、古文書学の発達に寄与し、後進の指導に尽くした功績が大きい。同四十五年十一月二十八日に死去した。八十七歳。墓は東京都八王子市の高尾霊園にある。著書には、『日本古文書学』（昭和五年刊）などがある。

参考文献　小島鉦作「伊木寿一先生の生涯と学績」（『立正大学文学部論叢』四〇）

（宝月　圭吾）

いくたしゅんげつ　生田春月　一八九二—一九三〇　大正時代の詩人。本名清平。明治二十五年（一八九二）三月十二日、鳥取県会見郡米子町道笑町（米子市）に生まれた。生家は酒造業であったが、春月十四歳のとき破産、一家をあげて朝鮮に渡った。ために春月は小学校を中退し、

『釜山日報』の解版工を手始めに、給仕・行商などの職を転々として各地を放浪したが、同四十一年に上京、同郷の評論家生田長江（同姓だが血縁関係はない）の書生となった。以来、夜学に通ってドイツ語を学びながら、『帝国文学』などに詩を発表し、大正六年（一九一七）十二月、処女詩集『霊魂の秋』を刊行、孤独な魂を訴えた純情素朴な感傷によって大衆的な名声を博した。続いて『感傷の春』以下多くの詩集を刊行したが詩風に発展はない。また訳詩集『ハイネ詩集』『ゲエテ詩集』や、自伝的な純愛小説『相寄る魂』などは、婦女子の間に迎えられた。しかし晩年には、体験の暗さから来る虚無思想を深め、昭和五年（一九三〇）五月十九日、三十九歳で瀬戸内海航行の汽船菫丸から身を投げて死んだ。最後の詩集『象徴の烏賊』（昭和五年六月）には、人生の寂寥感が凍みついている。『生田春月全集』全十巻がある。

参考文献　河村政敏「生田春月」（『本の手帖』五〇）、長谷川泉「生田春月の抒情詩」（同七二）、窪田般弥「生田春月「霊魂の秋」」（同七九）　（河村　政敏）

いくたちょうこう　生田長江　一八八二―一九三六　明治から昭和時代前期にかけての評論家、翻訳家、小説家。本名は弘治、別号星郊。明治十五年（一八八二）四月二十一日、鳥取県日野郡根雨村字日原（日野町）に生まれた。一高文科から東大哲学科に進み美学を学ぶ。はじめ星郊の号で『明星』に寄稿、『芸苑』に「小栗風葉論」を発表してからは、作家論に特色を発揮し、これらを同四十五年『最近の小説家』として収録、刊行した。同四十二年以後ニーチェの翻訳に力を注ぎ、四十四年一月に『ツァラトゥストラ』を刊行、ニーチェは彼の批評論理の支柱となり、宿痾の進行に悩みながらも畢生の事業として『ニイチェ全集』全十二巻を完成した。大正三年（一九一四）森田草平と雑誌『反響』を発行し、漱石門下やのちには堺利彦・伊藤野枝らの社会主義者にも紙面を提供し、広く社会問題や婦人問題に関心を示した。自然主義時代から新感覚派や社会主義に至る文芸および社会思潮に常に異を立てた反骨の鋭い論陣をはり、閨秀会および青鞜社を後援し、『資本論』の翻訳にとりくみ、また島田清次郎はじめ多くの新人を発掘した。晩年には宗教的境地を深め、小説『釈尊伝』を執筆した。昭和十一年（一九三六）一月十一日没。五十五歳。『生田長江全集』（五巻で中絶）がある。

参考文献　猪野謙二『明治の作家』、谷沢永一『大正期の文芸評論』（『塙選書』一八）　（谷沢　永一）

いくたっぷ　郁達夫　Yu Da-fu　一八九六―一九四五　中国の作家。名は文、達夫は字。浙江省富陽県の人。一八九六年（光緒二十二）十二月七日生。一九一三年（大正二）官費留学生として、一高特設予科、八高理科から文科に転じ東大経済学部卒業後二二年帰国。留学中郭沫若らと「創造社」を設立。当時の日本文壇の風潮の影響を強く受け「浪漫派・芸術派」と呼ばれて「文学研究会」と草創期の文壇を二分した。出世作『沈淪』は八高時代の生活に取材し「支那人」蔑視への悲憤を主題に、中国近代文学最初の赤裸な性欲描写で大きな反響を呼び、「頽廃と感傷」の色濃い作風は一時革命退潮期の苦悶の中にあった知識青年層の熱烈な共鳴を得た。国民革命の高潮とともに自己変革と作風転換に苦悩するが挫折、やがて遁世文人的世界に退く。開戦前年来日、亡命中の郭沫若を訪問。戦争初期は救国運動に活躍。ついでシンガポールに渡り、陥落寸前スマトラへ脱出したが、終戦直後（一九四五年八月二十九日といわれる）同地で日本憲兵に殺害された。創作集としては『沈淪』『蔦蘿集』『寒灰集』『鶏肋集』『過去集』『奇零集』『敝帚集』『薇蕨集』『断残集』『懺餘集』『日記九種』などがある。

参考文献　伊藤虎丸・稲葉昭二・鈴木正夫編『郁達夫資料』、同編『郁達夫資料補篇』、鈴木正夫『スマトラの郁達夫』、郭沫若『創造十年』（小野忍・丸山昇訳、『東洋文庫』一二六）、同「論郁達夫」（『歴史人物』所収）　（伊藤　虎丸）

いぐちあくり　井口阿くり　一八七〇―一九三一　明治・大正時代のわが国女子体育界の先達。明治三年（一八七〇）十一月二十二日、羽後国秋田郡秋田（秋田市亀ノ丁）にて生まれた。父は秋田藩の国学者井口糺。同十七年四月秋田県立女子師範学校に入学し、同二十一年東京女子高等師範学校に進んだ。二十五年三月卒業と同時に山口高等女学校教頭となったが、三十二年五月体操研究のため米国留学を命ぜられ、マサチューセッツ州ノーサンプトンのスミス大学で生理学と体操を研究、翌年九月ボストン体操師範学校に入学、三十五年に卒業した。同三十六年二月帰朝と同時に母校の女高師で国語体操専修科の教授となり、全国各地の講習会に出席して女子体育の指導者養成に専心した。翌三十七年十月、文部省の「体操遊戯取調委員」となり、スウェーデン体操を学校体操の中心教材に採用することに成功したが、その形式化がのちに藤村トヨなどから批判されるに至った。四十四年三月、地位を二階堂トクヨに譲り海外に渡るが、その後流転の生活を送り、大正十三年（一九二四）ロンドンから帰朝した後は、元同級生の茂木ちゑと協力して東京高等実習女学校の創設に尽力した。昭和六年（一九三一）三月二十六日没。六十二歳。著書に『各個演習教程』がある。

参考文献　秋田県立女子師範学校同窓会編『旭水』、上沼八郎『近代日本女子体育史序説』　（上沼　八郎）

いけうちとうしょ　池内陶所　一八一四―六三　江戸時代後期の儒学者。文化十一年（一八一四）京都の商家に生まれる。名は奉時、通称は泰蔵・大学。陶所はその号。貫名海屋に学び、知恩院宮尊超入道親王・青蓮院宮尊融入道親王の侍読となり、また堂上諸家の子弟を教えた。嘉永六年（一八五三）ごろから、国事に奔走し、水戸藩京都留守居鵜飼吉左衛門と親しく、もっぱら水戸藩の京都入説を周旋した。安政四年（一八五七）鵜飼は徳川斉昭の直書を陶所を通じて青蓮院宮と内大臣三条実万に内覧させ、両人に幕府の嫌疑を受けぬよう申し入れさせた。世に斉昭の建議書と伝えられるものも、実は陶所を通じてこの両人に呈上された豊田小太郎の建議書であった。将軍継嗣問題では水戸藩有志と一橋慶喜の擁立を謀り、幕府より梁川星巌・梅田雲浜・頼三樹三郎とともに悪謀の四天王と目され、翌五年九月雲浜がとらえられると、京都を去って潜伏したが、十月京都町奉行所に自首、十二月江戸に檻送され、翌六年八月中追放に処せられた。以来大坂に住したが、文久三年(一八六三)正月二十二日の夜、高知藩邸に山内容堂を訪ねての帰途、尼ヶ崎一丁目の寓居前で尊攘過激派の士に斬殺され、首級は難波橋上に梟された。陶所が変節してみずからを免れた点を指弾されたためである。年五十。墓は大阪市天王寺区上本町の大福寺にある。

参考文献　世古恪太郎『銘肝録』『維新史料』、同『唱義聞見録』(同)

(吉田　常吉)

いけうちひろし　池内宏　一八七八―一九五二　大正・昭和時代の東洋史学者。特に東北アジア史学の第一人者。明治十一年(一八七八)九月二十八日東京に生まれ、祖父は池内大学、父は池内基。第一高等学校を経て同三十七年東京帝国大学文科大学史学科を卒業、四十一年以降は朝鮮・満洲地方の歴史の研究に専念した。大正二年(一九一三)東京帝国大学文科大学講師を嘱託され、続いて五年、助教授となり新設の朝鮮史講座を分担、同十一年には「鮮初の東北境と女真との関係」と題する論文により文学博士の学位を得た。昭和三年(一九二八)、同大学文学部教授に昇進、朝鮮史講座を担当し、十四年三月に停年退官。その間、昭和十二年には帝国学士院会員となり、また同四年、東方文化学院が設立されると同学院東京研究所の評議員・理事として後進を指導、多くの優秀な東洋学者を育てた。彼の研究対象は東北アジア、特に朝鮮・満洲地域の歴史であって、時代は古代より近世に及んでおり、それらの地域の歴史上の諸問題を、明晰な合理主義と厳しい実証精神および透徹した史料批判を通じて解明し、多くの優れた学問的業績を残し、昭和二十七年十一月一日没。七十四歳。著書は『満鮮史研究』上世編(二冊)・中世編(三冊)・近世編(一冊)、『文禄慶長の役』正篇・別篇、『元寇の新研究』二巻、『(朝鮮平安北道義州郡の西部に於ける)高麗時代の古城址』、『真興王の戊子巡境碑と新羅の東北境』、『通溝』上巻、『日本上代史の一研究』など二十冊、論文は大小合わせて百十八篇に及んでいる。これらは東洋史学界に大きく寄与した。

(三上　次男)

いけがいきしろう　池貝喜四郎　一八七七―一九三三　明治・大正時代の技術者。明治十年(一八七七)五月十五日、千葉県平郡勝山村(鋸南町)で、池貝重右衛門・いえ夫妻の次男に生まれる。小学校卒業後、兄庄太郎の指導のもとに池貝鉄工所の機械工として仕事に従事。のち機械製造技術面で卓越した能力を発揮、池貝式標準旋盤をはじめとして同所の技術開発に関与し、発明特許件数三十四に及ぶ。大正八年(一九一九)海外視察、十一年副社長取締役営業部長になり、昭和八年(一九三三)三月二十八日腸チフスのため五十七歳で死去。

参考文献　池貝鉄工所編『池貝喜四郎追想録』

(佐藤昌一郎)

いけがいしょうたろう　池貝庄太郎　一八六九―一九三四　明治・大正時代の技術者。池貝鉄工所の創立者。明治二年(一八六九)十月十日、安房加知山藩士池貝重右衛門・いえ夫妻の長男に生まる。少年時代より機械工業で身をたてる決心をし、同十五年横浜の西村工場に徒弟として住みこみ、十九年田中久重工場(東芝電気の前身)に移り、旋盤等の修理技術を習得し、二十二年五月、東京芝区(港区)金杉川口町に二台の英国式旋盤備付けのある十九坪(六二・七平方メートル)の空き工場を借りうけ池貝工場を創業。同年、国産第一号の手廻し旋盤を完成。日清戦争の軍需等で活況を呈し、以後企業規模を拡大。彼は同工場が二十九年六月合資会社池貝鉄工所に、大正二年(一九一三)四月株式会社に成長した後も社長を続け、弟喜四郎とともに、技術開発の努力をし、軍・民需の旋盤、諸機関等の製造で、同所を有数の企業に成長させる敏腕を発揮した。昭和九年(一九三四)七月二十八日、前年十一月の脳溢血症に加えて肺炎を併発して死去。六十六歳。

参考文献　『池貝鉄工所五十年史』

(佐藤昌一郎)

いけがみゆきえ　池上雪枝　一八二六―九一　明治時代の慈善事業家。わが国最初の感化事業創始者。文政九年(一八二六)河内国に出生。幼時より和歌に長じ、のち易断にも詳しかった。神道布教に従事し、明治十六年(一八八三)六月、大阪北区空心町に神道祈禱所を設け、同時に不良少年保護に従事、児童数の増加に伴い翌年松ヶ江町に移転した。池上感化院は、特に授産事業に力をそそいだが、その他、少年鑑別や学習指導も行なった。同二十四年没。六十六歳。

参考文献　池上雪枝『雪枝草紙』、内務省社会局編『感化事業回顧三十年』

(一番ヶ瀬康子)

いけだきかん　池田亀鑑　一八九六―一九五六　昭和時代の国文学者。明治二十九年(一八九六)十二月九日、宍文・とらの長男として、鳥取県に生まれる。鳥取師範・東京高師を経て、大正十五年(一九二六)東大国文科を卒業。卒業後、東大の副手をつとめるかたわら、一高・二松学舎・大正大学などで教鞭をとったが、生家が没落したため苦学して学業を継続、家業之日本社発行の諸雑誌に六種類の筆名を用いて少年少女婦人小説を執筆。それによって得た資金で『源氏物語』を中心とする平安朝文学の研究に没頭、日本文献学の権威となった。昭和九年(一九三四)東大文学部助教授、同三十年教授に任ぜられた。『古典の批判的処置に関する研究』三冊(昭和十六年)は本文批判の理論と実際を提示した大著であり、これにより同十九年文学博士を授与された。『源氏物語大成』八冊(昭和二十八―三十一年、朝日文化賞受賞)はその理論に基づく『源氏物語』の文献学的研究の成果である。他の主要著書として『宮廷女流日記文学』(昭和二年)、『伊勢物語に就きての研究』二冊(昭和八年・九年)などがある。昭和三十一年十二月十九日、東京にて没。六十歳。墓は東京都府中市の多磨墓地にある。『池田亀鑑選集』全五巻が刊行されている。

参考文献 『国語と国文学』三四ノ二(池田亀鑑博士追悼号)、『古代文化』二〇ノ一(池田亀鑑博士追悼号)、長野甞一「源氏物語とともに—池田亀鑑の生涯—」(『立教大学日本文学』七—一〇)、同「小説家池田亀鑑」(『学苑』二一八・二一九・二二一)、木田園子「池田亀鑑博士著述総目録」(同二二四)　（長野 甞一）

いけだきくなえ 池田菊苗 一八六四—一九三六 明治・大正時代の化学者。元治元年(一八六四)九月八日京都に生まれる。父はもと金沢藩士であったが池田家の養子となる。明治二十二年(一八八九)、帝国大学理科大学化学科卒業。大学院を経て、同二十四年から二十九年まで東京高等師範学校教授。同年八月母校助教授となり、三十二年ドイツに留学して、ライプチッヒでオストワルドに新しい物理化学を学ぶ。同三十四年帰国、母校教授、理化学研究所化学部長、のち主任研究員、理想溶液論・蒸気密度測定法・触媒毒作用・反応速度などに関する研究があり、わが国の理論化学の基礎を築いた一人である。一方、同四十一年コンブのうまみからヒントを得て、グルタミン酸塩を主成分とする調味料製造法の特許を得た。のちの「味の素」の発明である。化学的製造法による食品添加物のはじめといえよう。さらに酸性白土を利用した乾燥剤その他の特許は、日本で四十件、アメリカ・イギリス・フランスなどで二十件ある。昭和六年(一九三一)、自宅に池田研究所を設立した。昭和十一年五月三日没。七十三歳。

参考文献 池田菊苗博士追憶会編『池田菊苗博士追憶録』　（山下 愛子）

いけだけんさい 池田謙斎 一八四一—一九一八 明治時代の医師。天保十二年(一八四一)十一月十日、越後国蒲原郡西野村(新潟県南蒲原郡中之島町)に長岡藩士入沢健蔵と小村氏浜子の次男として出生。幼名は桂助、のち謙輔といった。幼時緒方洪庵に学び、安政五年(一八五八)江戸に遊学し、文久二年(一八六二)西洋医学所に入学。元治元年(一八六四)幕府医官池田玄仲の養子となり、謙斎と改名した。この年、長崎に遊学し、精得館において、蘭医ボードゥインに学び、彼の帰国後はマンスフェルトおよびガラトマンに学んだ。明治元年(一八六八)江戸に帰り、戊辰戦争に従軍、傷病者を治療した。同三年十月、特命を得て、ドイツに留学し、ベルリン大学に学び、同九年帰朝し、ただちに陸軍軍医監、宮内省・文部省の御用掛を兼任し、翌十年四月、初代の東京大学医学部綜理に任ぜられた。同二十一年わが国最初の医学博士の称号を受けた。同三十一年男爵。大正七年(一九一八)四月三十日東京大森の別邸にて死亡。年七十八。墓は台東区の谷中墓地にある。

参考文献 池田謙斎述・入沢達吉編『回顧録』　（大塚 恭男）

いけだけんぞう 池田謙三 一八五四—一九二三 明治・大正時代の銀行家。安政元年(一八五四)十二月三日、士族池田澹治の長男として但馬国出石郡胥田(兵庫県出石郡出石町)に生まれる。明治九年(一八七六)上京、府庁勤務のかたわら漢学塾に学び、内務・大蔵省勤務ののち、同十三年実業界に入り、生糸貿易業に従事。原六郎に抜擢され、十六年三月第百国立銀行支配人兼取締役となり、四十五年四月頭取に就任。積極的経営を推進、業務発展をはかる。また東京貯蔵銀行の頭取、台湾銀行・日本興業銀行の創立委員なども歴任、銀行家として活躍した。大正十二年(一九二三)十一月二十九日七十歳で没。

参考文献 実業之世界社編『財界物故傑物伝』上　（杉山 和雄）

いけだしげあき 池田成彬 一八六七—一九五〇 明治から昭和時代前期の銀行家、財政家。米沢藩士池田成章の長男として慶応三年(一八六七)七月十六日に生まれた。幼年時代に上京、慶応義塾に学び、ハーバード大学に留学、時事新報社を経て明治二十八年(一八九五)三井銀行に入り、支店勤務ののち銀行業務研究のため渡英、三十三年営業部次長、三十七年営業部長となり、営業を指導し同四十二年常務に就任、昭和八年(一九三三)までその任にあり、営業部長となってから三十年近く同行を実質的に主宰した。この間、池田の方針は堅実であったが、必ずしも保守的ではなく、積極的であった。古く東京電燈の駒橋発電所の建設に金融して以来電力金融を行い、関東大震災後にその経営が困難になると、一面では電力会社に外貨債を発行させて負債を肩代りさせたり、あるいは電力事業の業績が悪化すると、五大銀行をかたらって昭和七年電力連盟を結成させ電力業界のリーダーシップを握るなど、果断な行動によって知られた。第一次世界大戦後、金融恐慌前後の金融業界の整理統合期にあたり、財閥系銀行は預金・貸出しの両面においてその比重をたかめたが、池田時代の三井銀行は五大銀行の主位にあって三井財閥の主な利益源の一つであり、また金融界における発言力も大であった。池田は昭和四年、欧米に遊んで金融市場を視察し、帰朝して蔵相井上準之助に金解禁政策への協力を約した。それは池田の英米中心の金本位への信頼と、国内における弱小企業整理の方針と、欧米金融市場における遊資運用への期待にたってのことであった。しかし、同六年世界恐慌の深刻化に伴ってイギリスが金輸出を禁止すると、ロンドンにあった三井銀行の八千万円の資金は三割方の値下がりをうけた上凍結され、その手当として二一〇〇万ドル余のドル為替を購入した。このとき金輸出再禁止を見越して円をドルにかえる思惑が活発化し(いわゆるドル買い)、池田はその元凶視されるに至った。彼は辞意を表明したがいれられず、かえって団琢磨横死後の三井本社に入って「財閥転向」の主役をつとめた。すなわち三井報恩会の設立(基金三千万円)、三井系企業の株式公開、三井十一家の当主の各社重役からの引退、三井物産の安川雄之助ら一部重役の引退などを実現し、さらに十一年五月、重役の停年制を設けみずからも勇退した。彼の直接の引退の動機は、表面は重役の停年制を設けたことにあったが、二・二六事件の前、右翼方面の情報を得るため北一輝に年二万円程度の金を与えていたために憲兵隊の取調べをうけたことも一つの理由であった。引退後の池田は次第に軍・政治家との接触を深め、近衛文麿・石原莞爾との連絡が多く、石原の「主要産業五ヶ年計画」の原案に対し好意的態度を示したため、十二年二月林銑十郎内閣の蔵相に擬せられたが辞退、結局日銀総裁を引きうけて産業資金供給の円滑化をはかったが、七月に辞職した。以後第一次近衛内閣の参議、蔵・商相として近衛の相談相手となり、また戦時統制の強化を進めた。この間、防共協定強化問題、興亜院設置問題などがおこり、池田自身も国家総動員法第一一条の利潤統制条項の発動について陸軍と対立した。近衛内閣退陣後、十四年三月には中央物価委員会会長。十四年八月の平沼騏一郎内閣退陣、十五年一月阿部信行内閣退陣の際は後継首相候補とされたが大命降下には至らなかった。十六年十月枢密顧問官。敗戦にあたっては、アメリカ軍と連絡して三井に財閥解体の覚悟をかためさせた。二十年十二月A級戦犯容疑者に指定されたが、翌年五月には解除された。その後は首相吉田茂の背後にあって相談役の役目を果たした。人格清廉、古武士の風格があったといわれる。二十五年十月九日大磯の自宅で没した。八十三歳。著書には『財界回顧』『故人今人』『私の人生観』などがある。

参考文献 今村武雄『池田成彬伝』、『三井銀行八十年史』

（中村 隆英）

いけだたいしん 池田泰真 一八二五—一九〇三 幕末・明治時代の漆工家。幼名久三郎。江戸に生まれた。天保六年(一八三五)から柴田是真について蒔絵と絵画を学び、ここで二十余年間修業したのち安政六年(一八五九)独立して江戸薬研堀に一家を構えた。その後は内外の博覧会に出品してたびたび受賞、またその審査員をつとめたほか、熱心に門下生を指導してすぐれた蒔絵師を育て、いわゆる「薬研派」を構成(薬研派とは近代蒔絵に新生面を開いた柴田是真の流れをくむもので、泰真が薬研堀に住んでいたところからこの名がある)、漆工界の有力作家として明治二十九年(一八九六)帝室技芸員に任ぜられた。代表作には「江之島蒔絵額」がある。同三十六年三月七日没。七十九歳。墓は東京都台東区今戸の称福寺にある。

（富山 秀男）

いけだたねのり 池田種徳 一八三一—七四 江戸時代後期の安芸国広島藩士。通称は徳太郎。快堂と号した。天保二年(一八三一)十月安芸国豊田郡忠海村(広島県竹原市)に生まれた。広瀬淡窓・亀井華卿に学び、壮年時江戸に遊び、清川八郎らと交わって尊王攘夷を鼓吹した。のち同志と幕府新募の浪士組に入り、文久三年(一八六三)の春、将軍徳川家茂の上洛に先立って洛外壬生村新徳寺に屯し一隊の長となった。ついで広島藩京都警衛組の招きに応じ士籍に列せられた。明治元年(一八六八)七月軍務官権判事・東北遊撃軍将副参謀、翌月参謀に進み、東北に出征して功あり、同年十二月以降常陸知県事・若森県権知事・新治県権令・島根県権令・岩手県参事を歴任、七年二月青森県権令となったが、九月十二日没した。四十四歳。贈正五位。

参考文献 田尻佐編『贈位諸賢伝』一、内閣修史局編『百官履歴』上(『日本史籍協会叢書』)、沢井常四郎『(維新志士)池田徳太郎』

（吉田 常吉）

いけだともちか 池田伴親 一八七八—一九〇七 明治時代の果樹園芸学者。明治十一年(一八七八)二月二十二日、東京四谷左門町に生まれる。父池田謙蔵は伊予国松山藩士として、明治四年米国に留学、英仏視察後同六年帰朝、同八年創設の内藤新宿樹芸課出仕、同九年米国独立百年万国博覧会の農業審査官として出張、その時はじめて同国からりんご苗(三〇〇ドル)、養蜂(一箱)、ならびに桃罐詰技術を導入。同十年三田育種場開設に参画し、同十二年その初代場長、同十四年大日本農会設立幹事など明治維新当時からの園芸農事新技術導入開拓者として活躍した。大正十一年(一九二二)二月二十日没す。七十九歳。伴親は明治三十四年東大農科大学卒、同三十六年同大学講師、園芸学担任、同三十九年同大学助教授、園芸学講座担任、同四十年農学博士。はやくから俊英の名高く、当時揺籃期にあった学界に、斬新基礎的な研究業績や学術的な著書を残した活眼の学者とみられている。講習指導のため全国的にも多くの足跡を残したが、同四十年三月十五日、東京芝区芝三田綱町にて没した。三十歳。墓は港区の青山墓地にある。業績としては「百合科植物反足細胞ノ生殖的作用ニ就テ」(英文)、「柑橘ニ於ケル無核果ノ生成ニ就テ」(ともに学位論文、『植物学雑誌』二四三に要旨掲載)、著書に『園芸果樹論』(明治三十七年)、『蔬菜園芸教科書』(同三十九年)、The Fruit culture in Japan(1906)がある。

（山崎 肯哉）

いけだながおき 池田長発 一八三七—七九 江戸時代後期の幕臣。筑後守と称し、可軒と号した。天保八年(一八三七)七月二十三日、旗本池田長休(ながやす)の子として江戸に生まる。長じて同族の旗本長溥(ながひろ)の養子となる(禄千二百石)。文久三年(一八六三)目付に外国奉行を兼任し、横浜鎖港交渉のため幕府使節の正使として同年十二月末横浜を出帆、フランスに渡った。ナポレオン三世政府の外相ドルーアン＝ド＝リュイスに対し、日本国内の攘夷運動激化の情勢を説き、それをそらすために横浜の一時鎖港を承認することを求めたが、フランス側はこれを拒否し、かえって攘夷派の行動に対する幕府の政治責任の履行を要求する「パリ約定」の調印を迫った。長発らはその調印後、予定のイギリス訪問を断念、急遽帰国の途につき元治元年(一八六四)七月横浜着。ただちに積極的な対外和親策を幕府に建議したが取り上げられず、役目不履行のかどで半知召し上げ、蟄居を命ぜられた。以後ほとんど幕政の表に出ることなく、維新後は岡山に閑居して明治十二年(一八七九)九月十二日同地に没した。四十三歳。

参考文献 岸加四郎『鶴遺老―池田筑後守長発伝―』

(芳賀 徹)

いけだはやと 池田勇人 一八九九―一九六五 昭和時代の政治家。明治三十二年(一八九九)十二月三日、広島県豊田郡吉名村(竹原市)の地主の家に生まれた。大正十四年(一九二五)京都帝国大学法学部を卒業、大蔵省に入ったが天疱瘡にかかり一時退職。昭和九年(一九三四)復職、主として税務関係のポストを歴任し、主税局長を経て二十二年二月第一次吉田内閣の時、石橋湛山蔵相のもとで事務次官に抜擢された。二十三年芦田内閣成立と同時に辞職して民主自由党に入り、翌二十四年一月の総選挙で広島二区より衆議院議員に当選。第三次吉田内閣の大蔵大臣に起用され、経済安定九原則によるインフレ収拾にあたり、以後三年八ヵ月にわたり蔵相の地位にあった。その間次第に吉田首相側近の一人となり、二十六年九月サンフランシスコ講和会議では全権委員として平和条約に署名、ついで翌年八月には、追放解除となった反吉田派に先制攻撃を加えるため抜き打ち解散を画策、選挙後の第四次吉田内閣では通産大臣に就任したが、約一ヵ月後の十一月には、インフレから安定経済に向かう際には中小企業者の倒産・自殺があってもやむをえないという趣旨の発言を追及され、党内反吉田派の欠席のため、新憲法下初めての閣僚不信任案を可決されて辞職した。しかし翌二十八年四月の総選挙後には自由党政調会長となり、同十月には吉田首相特使として渡米、ロバートソン国務次官補と防衛・経済援助などにつき会談、二十九年七月より十二月まで吉田総裁時代最後の党幹事長をつとめた。三十年十一月保守合同による自由民主党に参加したが、鳩山内閣時代は反主流の立場にあり、日ソ共同宣言批准案採決には棄権して抵抗の意思を示した。鳩山一郎引退後の総裁選挙では石井光次郎を推し、石橋派との間に二・三位連合を成立させ、決選投票で石橋湛山を勝利にみちびいた。ついで石橋内閣に大蔵大臣として入閣、第一次岸内閣にも留任、第二次岸内閣でも無任所国務大臣として閣内にあったが、三十三年十二月、警職法改正問題をめぐる政府の責任を追及して辞職した。しかし翌三十四年六月の内閣改造で通産相として復活、新安保条約の成立を支持、三十五年七月、同条約批准後の自民党大会で総裁に就任、以後総裁に三選、三次の内閣を組織したが、三十九年十一月ガン治療のため辞職。翌四十年八月十三日、ガン再発のため死去した。六十五歳。著書に『均衡財政』がある。

参考文献 土師二三生『人間池田勇人』、伊藤昌哉『池田勇人―その生と死―』、林房雄『随筆池田勇人』、宮沢喜一『東京―ワシントンの密談』 (古屋 哲夫)

いけだもちまさ 池田茂政 一八三九―九九 江戸時代後期の備前国岡山藩主。幼名は九郎麿、名は昭休・修政。楽山と号した。天保十年(一八三九)徳川斉昭の九男に生まれ、嘉永元年(一八四八)八月忍藩主松平忠国の養子となり、民部大輔忠矩といったが、斉昭が安政の大獄に連坐したため、安政六年(一八五九)十一月幕府より離籍を命ぜられた。文久三年(一八六三)二月八日岡山藩主池田慶政に養われて家督を継ぎ、三月従四位下侍従に叙任、備前守を兼ね、将軍徳川家茂の偏諱を賜わって茂政と改めた。実父の影響を受けて尊王攘夷を主張し、実兄の鳥取藩主池田慶徳とともに朝幕間に斡旋した。同三年三月入京、賀茂社・石清水社の行幸に供奉し、同年八月大和行幸の詔が下ると、慶徳および蜂須賀茂韶・上杉斉憲と参内してその猶予を奏請するなど、長州藩を中心とする過激な行動には反対したが、常に攘夷意見を堅持し、八月十八日の政変後、前記三藩主と攘夷監察の勅使を幕府に派遣することを朝廷に上書した。幕府の長州征討には終始反対して寛典論を唱え、再征には出兵を拒否し、慶応二年(一八六六)七月実弟の浜田藩主松平武聡の援兵派遣の要求にも応じなかった。明治元年(一八六八)正月鳥羽・伏見の戦には大津表を守り、桑名・備中松山藩の討伐に出兵、ついで藩兵を東海道先鋒総督府に属させて東上させた。三月十五日致仕、家督を養子章政に譲った。同二年九月弾正台に召されて弾正大弼に任じ、翌三年七月罷めた。同三十二年十二月十二日没。年六十一。

参考文献 『備前岡山池田家譜』、『岡山池田家文書』(『日本史籍協会叢書』) (吉田 常吉)

いけだよしのり 池田慶徳 一八三七―七七 江戸時代後期の因幡国鳥取藩最後の藩主。幼名五郎麿、ついで昭徳・慶徳と改める。省山と号す。天保八年(一八三七)七月十三日、江戸小石川(東京都文京区)の水戸家本邸で出生。父は水戸藩主徳川斉昭、母は側室の松波氏春子。嘉永三年(一八五〇)池田慶栄が嗣子なくして急逝したとき、幕命による養子として鳥取池田家を嗣ぎ、ついで従四位上侍従に叙任、相模守となる。同五年二月はじめて入国、前藩主の時の藩政改革の動きを継承、積極的な改革に着手し、人材登用、藩校尚徳館の拡張・充実、孝行奇特者の表彰、国産役所の設置などを行なった。用人田村貞彦を中心に、安達辰三郎・堀庄次郎らの改革推進者が登場、安政元年(一八五四)の在方改正によって改革はさらに本格的となった。佐野増蔵ら地方巧者を登用しての農政改革、国産奨励とその流通統制、反射炉の築造や砲台の建設に加えて屯田制などの軍制改革、人材登用その他の職制改革など一連の施策が安政年間(一八五四―六〇)を通じて行われた。一方、領内に水戸学の影響をうけた尊王攘夷論が盛んになり、他方では、用人田村図書を中心とする保守派が万延元年(一八六〇)ごろから勢力を得たため、慶徳はこの両者の対立に苦慮した。文久二年(一八六二)内外の要望をうけて、国事周旋にあたろうとしたが、守旧派に輔佐されて積極的な行動をとりえず、藩内尊攘派の失望をかった。翌三年賀茂行幸に供奉し、元治・慶応年間(一八六四―六八)の国事多端の際は、よく藩論を統一して薩長列藩の間に伍したが、異母弟将軍慶喜との関係から、維新の際は尊王と敬幕とを両立させようと努力し、大政奉還論をとなえた。明治元年(一八六八)鳥羽・伏見の戦では勅命によって伏見を守り、戊辰戦争には関東・奥羽に藩兵を出して平定に功があった。翌二年鳥取藩知事となり、四年廃藩により辞職。家督を子輝知に譲ったが、常に宮廷に出入りし、華族会館創立にも功があった。文章にも秀で、歌集『竹の舎集』、随筆『佐夜の夢』『千もとの桜』などがある。十年八月二日没。四十一歳。鳥取市上町の樗谿(おうちだに)神社に合祀。四十年従一位を追贈される。

参考文献 鳥取藩史編纂所編『池田慶徳公伝』、梶川栄吉編『(樗谿配祀)池田慶徳公略伝』 (山中寿夫)

いけなみしょうたろう 池波正太郎 一九二三―九〇 昭和時代の劇作家、小説家。大正十二年(一九二三)一月二十五日、東京市浅草聖天町(東京都台東区)に生まれた。父は綿糸問屋番頭の富次郎、母は鈴。父方の祖父は宮大工、母方の祖父は錺(かざり)職人であった。六歳の時、両親が離婚し、以後、母の実家で育った。昭和十年(一九三五)、小学校を卒業して、兜町の株式仲買店に勤務、このころ、歌舞伎や新国劇に親しんだ。太平洋戦争下の十七年には旋盤工となり、十九年には海兵団に入隊した。戦後の二十一年に東京都職員となり、以後九年間、役所務めをした。戦前には、小説を婦人雑誌に投稿しているが、戦後は、戯曲に移り、長谷川伸に師事、『鈍牛』(二十六年)をはじめ、いくつかの作品が、新国劇で上演された。二十九年から小説も書き始め、『錯乱』(三十五年)によって直木賞を受賞、大衆文芸作家としての地歩を固めた。『鬼(おに)平(へい)犯科帳』(昭和四十三年―平成二年(一九九〇))、『剣客商売』(昭和四十七年―平成元年)、『仕掛人・藤枝梅安』(昭和四十七年―平成二年)などの人気シリーズによって多くのファンを集め、吉川英治文学賞を受賞。ほかに、十六巻の『真田(さなだ)太平記』(昭和四十九―五十七年)もある。時代小説のヒーローに、庶民的、現代的な人間味を加えたところに、その人気の秘密がある。随筆も多く、絵もたしなんだ。平成二年五月三日没。六十七歳。『完本池波正太郎大成』全三十巻・別巻一がある。

参考文献 『池波正太郎』(『新潮日本文学アルバム』五三)、常盤新平『池波正太郎を読む』、中村嘉人『池波正太郎 男の世界』、太陽編集部編『池波正太郎の世界』(『コロナ・ブックス』五六) (磯貝英夫)

いけのせいいちろう 池野成一郎 一八六六―一九四三 明治から昭和時代にかけての植物学者、遺伝学者。慶応二年(一八六六)五月十三日江戸駿河台(東京都千代田区)の旗本の家に生まれ、東京開成学校・大学予備門を経て帝国大学理科大学植物学科に入学、明治二十三年(一八九〇)のただ一人の卒業生となり、大学院に進む。同二十四年農科大学助教授。三十九年ドイツ・フランスに留学、植物学を研究し、四十二年帰国。同年教授となり、植物学講座を担当する。これより先、理科大学植物学教室助手の平瀬作五郎は銀杏(イチョウ)の精子を発見、明治二十九年『植物学雑誌』に発表した。この研究を助けた池野は自身蘇鉄(ソテツ)の研究を始め、同年一月おくれて蘇鉄の精子発見を発表した。裸子植物である銀杏・蘇鉄の精子発見はシダ植物と種子植物とを結ぶものとして内外の学界の注目をあび、両人は四十五年帝国学士院恩賜賞受賞。同四十三年理学博士の学位を得、昭和二年(一九二七)には帝国学士院会員に推薦された。学士院会員としては『日本植物学輯報』の編集により海外に日本の植物学を紹介した。同十八年十月四日没。七十八歳。著書には、Zikken Idengaku(明治三十九年)、『植物系統学』(同)がある。

参考文献 篠遠喜人・向坂道治編『大生物学者と生物学』、野原茂六「池野成一郎博士」(堀川豊永編『近代日本の科学者』三所収) (木村陽二郎)

いけべきちじゅうろう 池辺吉十郎 一八三八―七七 幕末・維新期の肥後国熊本藩士。士族反乱の指導者。天保九年(一八三八)生まる。世禄二百石。第二次長州征討に従軍、明治元年(一八六八)玉名郡代、同二年熊本藩少参事、藩の主流で守旧派の学校党の領袖として活動したが、同三年六月、開明派の実学党が政権をとって藩政改革に乗り出したため免官、私塾を営み、同四年鹿児島に遊学、帰郷後は帰農したが、実学党追放をめざした県令安岡良亮によって県吏に登用された。しかし十年西南戦争が起ると、学校党の士族約七百人を糾合して熊本隊を組織し、みずから総帥として西郷軍に投じた。各地を転戦中、病気のため進退の自由を失って隊を離れ、鹿児島潜入をはかって果たさず、潜伏中の同年十月十六日に逮捕され、同二十六日長崎で斬刑に処せられた。年四十。その政治的影響力は大きく、後継者は佐々友房。また、『朝日新聞』主筆として夏目漱石・杉村楚人冠らを起用した池辺三山(吉太郎)はその長子である。

参考文献 武藤厳男編『肥後先哲偉蹟』後篇(『肥後文献叢書』別巻二)、黒竜会編『西南記伝』下二 (大江志乃夫)

いけべさんざん 池辺三山 一八六四―一九一二 明治時代の新聞記者。字は任道、諱は重遠、通称吉太郎。鉄崑崙・無字庵主人・菡萏庵主人・木生・芙蓉生の別号がある。元治元年(一八六四)二月五日、熊本京町に生まれた。池辺家は代々熊本藩主細川家に仕え、父惇右衛門重章(吉十郎)は、玉名郡代・少参事などを経て熊本在横島村で私塾を開き、子弟を教育したが、西南戦争の時熊本隊を率いて西郷軍を援け、長崎で斬罪に処せられた。三山はその長子、家学の教えを受け、父の死後国友古照軒の塾に入り、明治十四年(一八八一)上京。中村敬宇の同人社を経て慶応義塾に入ったが、十六年退学、知事鎌田景弼に従って佐賀県庁学務課属となり、翌年辞して上京、熊本出身学生の奨学機関有斐学舎の舎監となり、このころから条約改正反対運動に奔走、また『山梨日日新聞』に論説を執筆、二十一年十二月東海散士柴四朗に頼まれ、大阪で雑誌『経世評論』を創刊しその主筆となったが、二十三年一月東京に帰り新聞『日本』の客員となり、傍ら政治研究団体交信会を組織した。二十五年五月旧藩主世子細川護成の輔導役としてパリに赴き、欧州から観た日清戦争の外交批判「巴里通信」を『日本』に寄せて文名を揚げた。二十八年十一月帰国、二十九年十二月『大阪朝日新聞』に主筆として入社、三十年十二月『東京朝日新聞』の主筆兼務となって上京、のち『東朝』専任となり、紙面の刷新に努力した。ことに日露戦争に際しての論陣目覚しく、声価を高めるとともに、二葉亭四迷・夏目漱石らに多くの名篇を残させた功績は大きい。四十四年九月客員に退き、『中央公論』に維新政治家の人物評論を発表中、四十五年二月二十八日心臓病のため急死。四十九歳。法号大機山鉄崖崑崙居士。墓は東京都新宿区市谷河田町の月桂寺にある。著書に『(明治維新)三大政治家』がある。

[参考文献] 下田一喜編『池辺吉十郎伝』、克堂佐佐先生遺稿刊行会編『克堂佐佐先生遺稿』、『経世評論』、池部三山『巴里通信他』(『朝日文庫』一二)、笠信太郎「池辺三山」(『三代言論人集』六所収)　(清水　三郎)

いけべよしかた　池辺義象　一八六一―一九二三　明治後期から大正時代にかけての国文学者、法制史家。文久元年(一八六一)十月三日熊本藩士池辺軍次の次子に生まれる。小中村清矩の養子となり、のち本姓に復す。号は藤園。明治十五年(一八八二)東京大学古典講習科に入学、同十九年卒業して図書属となり、二十一年第一高等中学校嘱託、二十三年同校教授、二十七年女子高等師範学校教授兼任、三十一年仏国に遊学、三十六年京都帝大講師、大正三年(一九一四)臨時編修局編修、同六年御歌所寄人、翌七年六月臨時帝室編修局編修官などを歴任した。また明治二十二年以来国学院大学講師を勤めた。大正十二年三月六日死去。六十三歳。東京青山墓地に葬る。著書に『日本法制史』『日本法制史書目解題』『新撰日本外史』『欧羅巴』『古事記通釈』などがある。

[参考文献] 池辺義象『履歴書』、熊本市編『肥後文教と其城府の教育』、生田博史編『肥後先哲百家略伝』(『肥後先哲評伝』)　(藤井　貞文)

いこまらいゆう　生駒雷遊　一八九五―一九六四　大正・昭和時代の活動弁士。名は悦。明治二十八年(一八九五)四月、岡山県真島郡落合村(真庭郡落合町)に生まれる。家業は運送業。県立商業学校を出て上京、早稲田大学を中途退学。大正二年(一九一三)日活の活動写真弁士養成所に入り、塚田喜遊の弟子として修業した。同六年以降は浅草帝国館の花形弁士となり、上背のある端麗な容姿に清らかな声の美文調で朗々と謳いあげる抒情劇では多くの観客を熱狂させた。「朧々の宵闇に千村万落春たけて、紫紺の空には星の流れ緑の地には花吹雪、春や春、春南方のローマンス『南方の判事』全巻の終り」といった具合である。同十二年の関東大震災以後はみずから映画館経営にも乗り出し浅草千代田館を本拠として人気を博した。映画が発声になってからは軽演劇の俳優に転向し劇団笑の王国その他に出演、浅草の羽左衛門と騒がれた。昭和三十一年(一九五六)中風で倒れ、同三十九年十二月二日、食道癌のため自宅で死去。六十九歳。

[参考文献] 小林いさむ『映画の倒影』　(田中純一郎)

イサムノグチ　⇒ノグチイサム

いさわしゅうじ　伊沢修二　一八五一―一九一七　明治・大正時代の近代教育の開拓者。特に音楽教育と吃音矯正の領域において不動の地位をもつ。号は楽石。嘉永四年(一八五一)六月二十九日、信濃国伊那高遠城下(長野県上伊那郡高遠町)に下級士族伊沢文谷の長男として生まれた。伊沢多喜男はその末弟。藩校進徳館で洋学に接して頭角を現わし、明治三年(一八七〇)大学南校貢進生に選ばれた。同七年三月、愛知師範学校長に挙げられ、翌年七月には師範学科取調べのため高嶺秀夫・神津専三郎らとともに米国に留学し、ブリッジウォーター師範学校やハーバード大学で教育学や理化学などを修めた。この間メーソンから音楽を、グラハム=ベルから視話法を学んだ。明治十一年五月に帰国し、同年十月体操伝習所主幹に、翌年三月東京師範学校長に、さらに同年十月音楽取調掛に任命され、教育行政官として、教員養成、体育・音楽教育、盲唖教育など未開拓の分野を精力的に開拓した。特にメーソンと協力して、日本の近代音楽の確立につとめるとともに、同十四年には『小学唱歌』初篇を編集発行して音楽教育の方向を定めた。なお十九年三月には、文部省編輯局長として教科書検定制度に尽力し、また模範教科書の編集出版も手がけた。さらに二十三年二月に東京音楽学校長、六月に東京盲唖学校長を兼ねる一方では、「国家教育社」(二十九年十二月大日本教育会と合併して帝国教育会となる)を創設して教育勅語の普及徹底をはかるなど、国家主義教育を鼓吹した。ついで官を辞し、同二十五年八月、「国立教育期成同盟会」を組織して小学校教育費国庫負担運動を全国的に展開し、二十七年六月には学政研究会を設けて学制改革を提唱した。翌二十八年、日清戦争直後の新領土台湾に渡り、民政局学務部長として最初の植民地教育行政に手を染めその基礎を作った。翌年元日、部下の学務部員たちがゲリラに斃れた「芝山巌事件」は有名である。明治三十年七月、再び職を辞したのちは勅選貴族院議員として、また高等教育会議議員として学制改革にあたり、なお三十二年八月東京高等師範学校長に任ぜられたが、翌年病気のため退官した。その後同三十六年三月、東京の小石川に「楽石社」をおこして視話法による吃音矯正の社会事業に着手し、これに晩年を捧げた。大正五年(一九一六)、大陸にその応用を試みて成功し、翌六年五月三日、さらに米国に普及させようとする途上で急逝、東京の雑司ヶ谷墓地に葬られる。年六十七。法名大修院恒然無学居士。その思想の骨格は国家有機体説に基づく国家主義であったが、合理主義的な広い視野をもって一貫し、進化論の最初の訳出者(明治十二年『生種原始論』)としても注目される。また明治八年にはすでに『教授真法』の輯訳をとげ、同十五年にはわが国最初の『教育学』を刊行し、『学校管理法』その他の著書も多い。作曲の方面でも、代表的なものとして唱歌曲「紀元節」「来たれや来たれ」「皇御国(すめらみくに)」などがある。

参考文献 伊沢修二君還暦祝賀会編『(楽石自伝)教界周遊前記』、信濃教育会編『伊沢修二選集』、上沼八郎『伊沢修二』(『人物叢書』九八) (上沼八郎)

いさわたきお 伊沢多喜男 一八六九―一九四九 大正・昭和時代の官僚政治家。伊沢修二の弟。明治二年(一八六九)十一月二十四日、信濃国高遠藩士の家に生まれる。同二十八年帝国大学法科大学を卒業し、内務省に入る。山梨・岐阜県参事官、岐阜県警部長、福井・滋賀県書記官、滋賀県第一部長、警視庁第一部長などを経て、同四十年和歌山県知事、同四十二年愛媛県知事、大正元年(一九一二)新潟県知事となったが、翌二年反政友系と目されて休職。同三年大隈内閣下で警視総監となり、翌四年大浦事件との関連で加藤外相らに従って辞職。同五年貴族院議員に勅選。憲政会の加藤高明・浜口雄幸らときわめて親しかったが政党には入党しなかった。同八年憲政会系の勅選議員を中心にして同成会を組織し、貴族院における反政友系の有力な指導者の一人となった。また内務省の後進にも影響力をもち、同省内の反政友系のグループの統帥的存在でもあった。同十三年加藤高明内閣のとき台湾総督に任命され、翌年東京市長に選挙されて就任。昭和二年(一九二七)民政党の成立に尽力したがみずからは入党しなかった。田中内閣下の総選挙において、貴族院の同僚や休職知事などを組織して選挙監視委員会を作って選挙干渉に対抗し、また貴族院においても水野文相優諚事件などに関連して田中内閣をはげしく糾弾した。同四年浜口内閣の成立に際して入閣を予想されていたが入閣せず、外からこの内閣を強く支持した。五・一五事件後斎藤内閣の成立に尽力し、この内閣に伊沢系の官僚が進出し、伊沢自身も入閣を要請されたが辞し、やはり閣外から支援した。このころから革新官僚の台頭が云々され、その中には伊沢系と目された人々も少なくなかったが、伊沢はそれに同調しなかった。また国体明徴運動にも反対し、旧官僚および現状維持派として「革新」派から攻撃された。同十年内閣審議会委員。同十五年の近衛新体制に当初期待したがやがて失望。同年枢密顧問官に任ぜられた。敗戦後二十二年公職追放。二十四年八月十三日没。八十一歳。

参考文献 伊沢多喜男伝記編纂委員会編『伊沢多喜男』 (伊藤隆)

いざわらんじゃ 伊沢蘭奢 一八八九―一九二八 大正時代の女優。本名は三浦茂。芸名はジャスミンが好きだったのではじめ蘭麝としたが、のち蘭奢とかえた。明治二十二年(一八八九)十一月十六日島根県鹿足郡津和野町の紙問屋に生まれた。同四十年町内の薬問屋伊藤治輔と結婚したが、単身上京して上山草人を訪ねて近代劇協会に入り、大正七年(一九一八)に『ベニスの商人』にネリッサの役で初舞台をふんだ。のち畑中蓼坡が主宰した新劇協会に移って、中心的な女優となり、歴史的には築地小劇場出現までの間を埋めた貴重な存在であった。蘭奢は新劇協会が昭和三年(一九二八)に解散するまで帝国ホテル演芸場に主に出演、『伯父ワーニャ』『桜の園』などで好演技をみせた。大正十五年には村山知義作『勇ましき主婦』、翌年には岸田国士作『葉桜』等に主演して、新劇女優の道を開拓していった。昭和三年六月八日麻布笄町で没した。四十歳。自伝『素裸な自画像』が死後出版された。児童文学者伊藤佐喜雄は遺児である。

参考文献 尾崎宏次『女優の系図』 (尾崎宏次)

いしいいたろう 石射猪太郎 一八八七―一九五四 大正・昭和時代の外交官。明治二十年(一八八七)二月六日、福島県西白河郡に生まれる。同三十八年八月上海の東亜同文書院入学、四十一年六月同書院卒業、九月南満洲鉄道株式会社入社。大正二年(一九一三)高等文官試験に合格、四年十月外交官領事官試験に合格した。五年一月より中国・アメリカ・メキシコの各地に在勤、通商局第三課長、英国在勤。昭和四年(一九二九)九月、第二次幣原外相の時、吉林総領事となった。満洲事変に際しては、奉天総領事林久治郎と同調、不拡大方針をとった。七年七月上海に転勤、十一年七月特命全権公使となり、シャム国駐劄。十二年五月佐藤尚武外相の下で、東亜局長に就任。近衛内閣広田外相に替わったが、七月七日夜盧溝橋事件勃発、その時主管局長として事変処理にあたり、停戦和平交渉に努力した。翌十三年六月宇垣外相に、蔣介石と和平すべしとする「今後の事変対策に付ての考案」なる意見書を提出した。九月宇垣外相の辞任に伴い、東亜局長を替わり、十一月オランダ公使となる。十五年九月特命全権大使として、ブラジル国駐劄、十七年八月野村・来栖大使らとともに交換船で帰朝した。十九年八月ビルマ国へ転出、二十一年七月引き揚げ、八月八日依願免官となる。二十五年『外交官の一生』を出版、名著と目される。幣原平和財団理事として幣原喜重郎伝記編纂中、昭和二十九年二月八日病死した。六十七歳。

参考文献 『外務省の百年』下 (栗原健)

いしいきくじろう 石井菊次郎 一八六六―一九四五 明治から昭和時代前期にかけての外交官。慶応二年(一八六六)三月十日、上総国長柄郡真名村(千葉県茂原市真名)に父大和久市作・母ちかの次男として生まる。千葉中学から帝国大学法科大学法律学科に学び、明治二十三年(一八九〇)七月卒業。外務省に試補として入り、石井邦猷の養子となる。同二十四年十一月パリに赴任、五年間在勤した。同二十九年韓国仁川領事、同三十年清国に転じ、北京公使館に在勤中義和団事件にあい、北京籠城を経験した。同三十三年本省に帰り、十二月電信課長、同三十七年十一月通商局長に進んだ。小村寿太郎の知遇をうけ、日露講和に際しては、樺太南部割譲の内意が露国側にあるとの情報を得て講和の促進に寄与した。同四十一年六月西園寺内閣の林董外相の下で次官をつとめ、四十五年駐仏大使となる。その在任中第一次世界大戦が起り、大正四年(一九一五)十月大隈内閣の下で、加藤高明に代わって外相となり、十月十九日英仏露三国単独不講和宣言への日本加入を実現、また日露同盟条約を締結した。袁世凱の帝政企図には反対して英仏露三国とともに中国に対し共同勧告を行なった。さらに同六年十一月二日、特派大使としてアメリカにおいてランシング国務長官との間にいわゆる石井・ランシング協定と呼ばれる日米共同宣言に調印、中国における日本の特殊利益を認めさせた。同七年二月駐米大使となり、シベリア出兵について困難な日米間交渉にあたったが、翌年九月辞任して日本に帰った。しかし同年国際連盟総会第一回会議の日本代表となったのを皮切りに、その後数度にわたって国際会議に日本代表としてヨーロッパに渡り、永い外交経験を生かして国際場裡に活躍。明治四十四年男爵を授けられ、大正四年子爵に陞爵。晩年は枢密顧問官として昭和の目まぐるしい世の推移を眺めていたが、日独伊三国同盟の審議にあたって批判的態度をとった。昭和二十年(一九四五)五月二十五日から二十六日にかけての東京大空襲下、行方不明となった。八十歳。著書に『外交余録』『外交随想』(遺稿)がある。　(長岡新次郎)

いしいじゅうじ　石井十次　一八六五―一九一四　明治時代の社会事業家、孤児院の創始者。慶応元年(一八六五)四月十一日、日向国児湯郡上江村(宮崎県児湯郡高鍋町)にて出生、明治十五年(一八八二)岡山県甲種医学校に入学、十七年岡山キリスト教会にて金森通倫より受洗、二十年四月、病気療養を兼ねて岡山県下の某医師の代診となる。同月二十日、代診所の隣にあった大師堂に宿泊していた巡礼母子の依頼で、その長男八歳の児を養育することになる。これが岡山孤児院のはじまりである。同年九月岡山に帰り、三友寺を借りて孤児教育会を設立。石井は当時学制改革により、第三高等中学校医学部の学生であり、医学修業と孤児院経営のいずれかの二者択一にせまられ、二十二年一月、医書を焼いて、孤児院経営に専心する決意を示す。石井は「救済は教育なり」という信念をもち、明治二十年代の後半には、ルソーの『エミール』教育を実践しようとして、郷里に土地を購入し、ここで自然のなかの教育をしようとしたが、岡山地方にコレラが流行し、石井も感染して入院し、事業は挫折した。三十年代には世の孤児院事業にならい、経営も順調に発展したが、孤児院は社会の必要に応ずべきであるとし、「無制限収容」を宣言、三十九年には収容児は千二百名となり、世界的に有名となっている。こののち、孤児院のような収容施設が社会における最下層の人びとを生産していることを知り、孤児院は里親に切りかわり、「親のない子は子のない親」に育てられるべきだと考え、郷里の土地を整理してここに岡山孤児院を移し、この孤児たちを入植させ、里親村をつくろうとした。一方、孤児たちを生産する都市のスラムの教化救済事業の必要性を感じ、大阪南部の有名なスラム街で同情館・夜学校・保育所を開始した。しかしこの二つの事業が充分な成果をみないうちに、大正三年(一九一四)一月三十日、生前設立した宮崎県児湯郡上穂北村(西都市)茶臼原孤児院で石井は世を去った。五十歳。石井のよき理解者であり援助者は、倉敷紡績の大原孫三郎であった。なお、石井は十五歳の明治十二年十月四日より大正二年十一月二十六日まで三十四年間にわたって、その日の出来事・感想を日記に記していたが、この日記は昭和三十一年から石井記念友愛社から各年度ごとにまとめ、『石井十次日誌』として出版されている。

[参考文献]　西内天行『(石井十次詳伝)信天記』、石井紀念協会編『石井十次伝』、柴田善守『石井十次の生涯と思想』　(柴田善守)

いしいつるぞう　石井鶴三　一八八七―一九七三　大正・昭和時代の彫刻家。明治二十年(一八八七)六月五日画家石井鼎湖の三男として東京で生まれた。柏亭は兄。初め洋画を小山正太郎に、木彫を加藤景雲に学び、同四十三年東京美術学校彫刻科選科を卒業、翌年の第五回文展に「荒川嶽」を出品して褒状をうけた。大正四年(一九一五)からは再興日本美術院彫刻部に出品して翌年その同人となり、以来同彫刻部が解散するまで三十余年間、その中心的存在として堅実な構成力をもつ独自の作品を一貫して発表、かたわら昭和十九年(一九四四)から三十三年まで東京芸術大学教授として後進の指導にも力を尽くし、同二十五年日本芸術院会員となった。また彼は油絵・水彩画をも能くし、創立当初の二科展や院展洋画部に出品したのち春陽会会員となる一方、独特の滋味ある木版画を制作して日本創作版画協会・日本版画協会の会員となったほか、新聞雑誌の挿絵などにも腕をふるい、多方面に活躍した。昭和四十八年三月十七日没。八十五歳。代表作は「母古稀像」(昭和二年)、「俊寛」(同五年)など。

[参考文献]　恩地孝四郎『日本の現代版画』　(富山秀男)

いしいばく　石井漠　一八八六―一九六二　大正・昭和時代の舞踊家。本名は石井忠純。明治十九年(一八八六)十二月二十五日秋田県に生まれる。父は石井竜吉。同四十四年創設の帝国劇場歌劇部の第一期生。音楽をユンケル・ウェルクマイスター・三浦環に、洋舞をローシーに学ぶ。帝劇上演の数々のオペラに出演。当時の芸名は石井林郎。大正四年(一九一五)帝劇洋劇部(歌劇部が改名)解散の前年に独立。自身で舞踊会を開催し、ついで宝塚少女歌劇団の洋舞教師となる。同六年浅草日本館に立てこもり、浅草オペラの旗挙げ公演をする。同十一年渡欧し、四年間滞欧。帰国後、石井漠舞踊研究所を創設、後進の指導にあたると同時に、創作舞踊に専念した。西洋の古典舞踊に疑問を示し、ダルクローズ・ダンカンによって啓示されたフリーダンスに興味を示し、舞踊詩・現代舞踊の樹立に努力した。日本全国を巡演し、創作舞踊を普及させたことは認められてよい。昭和三十七年(一九六二)一月七日没。七十五歳。墓は東京都世田谷区玉川奥沢町の浄真寺と浅草公園にある。代表作「明暗」「人間釈迦」、主著『舞踊とその創作法』などがある。

(芦原　英了)

いしいはくてい　石井柏亭　一八八二―一九五八　明治から昭和時代にかけての洋画家。本名満吉。画家石井鼎湖の長男として明治十五年(一八八二)三月二十八日東京で生まれ、十歳のときから日本美術協会展その他に日本画を出品したが、父の死後同三十一年から浅井忠について洋画に転向、明治美術会や太平洋画会展に作品を送った。同三十七年東京美術学校に入学したが、病のため翌年退学。同四十年からは美術雑誌『方寸』を創刊するとともに文展に出品しだし、四十三年から二年間欧州に留学、ついで大正三年(一九一四)同志と二科会を創立して活躍し、さらに帝国美術院会員に選ばれて、昭和十一年(一九三六)には一水会を興した。一貫して平明温雅な自然主義的作風を堅持し、洋画の技術をもって日本の風土と国民性に即した油絵芸術を樹立することを主張し続けたが、同時に水彩画や創作版画の発展につくした功績も大きく、また高い識見と公正な判断に基づく評論・著述活動、教育界への発言など、長年にわたりわが美術界に多大の貢献をなした。昭和三十三年十二月二十九日没。七十六歳。墓は東京都文京区大塚の護国寺(共同墓地)にある。代表作として「ドイツの女」「巴里の宿にて」「滞船」があり、また著書に『日本絵画三代志』『浅井忠』などがある。

参考文献　石井柏亭古稀記念会編『石井柏亭』

(富山　秀男)

いしいみつじろう　石井光次郎　一八八九―一九八一　昭和戦後期の政治家。明治二十二年(一八八九)八月十八日、福岡県久留米市に生まれる。神戸高等商業学校(現神戸大学)を経て東京高等商業学校(現一橋大学)専攻科卒業。大正三年(一九一四)内務省に入り警視庁交通課長、同保安課長、台湾総督府参事官などを歴任。十一年朝日新聞社に入社、経理・営業畑を担当し、営業局長を経て代表取締役専務となった。昭和二十一年(一九四六)四月第二次世界大戦後最初の衆議院議員総選挙(第二十二回)に福岡第一区(のち福岡第三区)から当選、以来、四十四年第三十二回総選挙まで当選十回(第二十四回を除く)。昭和二十二年第一次吉田内閣に商工相として入閣したが公職追放にあった。二十七年政界に復帰し、二十七―二十九年第四・五次吉田内閣の運輸相。自由党幹事長として三十年の保守合同に尽力、同年自由民主党結成とともに総務会長。同郷の先輩緒方竹虎の死後、緒方派を継いで石井派とし党内に大きな勢力をつくった。三十一年十二月石橋湛山・岸信介と総裁を争って選挙で敗れたが、二位の石橋と連合して石橋総裁・総理の実現に協力した。翌年一月第一次岸内閣に国務相として入閣、同年七月の内閣改造で副総理となった。三十五年七月、党人派連合から推されて総裁選挙に立候補し、いわゆる官僚派の池田勇人と争ったが再び敗れた。その後、第一次池田内閣の通産相、第一次佐藤内閣の法相などを歴任、四十二―四十四年衆議院議長。四十七年政界を引退。その間三十七―五十年、日本体育協会会長をつとめ東京オリンピックの開催にも尽力した。また、五十六年一月から横綱審議委員会委員長。同年九月二十日、心不全のため東京都新宿区の東京女子医大病院で没。九十二歳。次女の石井好子はシャンソン歌手として名高い。回想録に『思い出の記』『回想八十年』がある。

参考文献　石井久子『追悼石井光次郎』、日本経済新聞社編『私の履歴書』四五

(鳥海　靖)

いしいりょういち　石井亮一　一八六七―一九三七　日本最初の精神薄弱児収容施設の創始者、明治から昭和時代前期にかけての精神薄弱児教育の開拓者。慶応三年(一八六七)五月二十五日、肥前佐賀水ヶ谷(佐賀市内)に、佐賀藩士石井雄左衛門の三男として、その妻けい子との間に出生。鍋島家の奨学生として築地立教学校(現立教大学)在学中、チャニング＝ウィリアムズ博士(アメリカ聖公会牧師、立教大学創始者)の影響によって受洗。明治二十三年(一八九〇)卒業直後立教女学校教頭となる。同二十四年濃尾大震災の新聞記事を読み、孤児となった少女を引き取ることを決意し職を辞す。現地より孤女二十余名を東京府北豊島郡滝野川村(北区滝野川)の自宅に引き取り、孤女学院を開設。そのなかに白痴児がいたことが動機となって白痴教育に生涯を捧げることを決意。同年渡米、各地で白痴教育施設を見学し翌年帰国、孤女学院を白痴児教育専門のものとし、同二十九年「滝野川学園」と改称した。大正九年(一九二〇)財団法人に改め、初代理事長渋沢栄一とともに経営の安定をはかった。昭和三年(一九二八)に東京府下北多摩郡谷保村(国立市谷保)に移転、八千余坪の敷地に教室・礼拝堂・児童寮・成人寮・職員住宅を新築し充実をはかったのが現在の施設である。それは、キリスト教主義教育を中心に、手工労働にもとづく労作教育および臨床心理学に裏づけられた一人一人への配慮によって運営された。同七年には東京府児童鑑別委員、同十年には東京府児童研究所長もつとめた。同十二年六月十三日病没。七十一歳。著作は、主著『白痴児―其研究及教育―』(明治三十七年)ほか六冊、論文四十八編等があり、『石井亮一全集』全三巻も公刊されている。

参考文献　滝乃川学園編『石井亮一伝』、吉田久一他編『人物でつづる近代社会事業の歩み』

(一番ヶ瀬康子)

いしいりょうすけ　石井良助　一九〇七―九三　昭和時代の法制史学者。明治四十年(一九〇七)十二月十四日、東京市麻布区本村町(東京都港区)に生まれる。昭和五年(一九三〇)東京帝国大学法学部卒業後、ただちに同学部助手に採用され、七年同助教授、十七年同教授、四十三年停年退官。退官後、新潟大学人文学部(法学科)教授(四十五年まで)に続いて専修大学法学部教授(五十三年まで)、さらに創価大学法学部教授(五十四年―平成二年(一九九〇))を歴任。この間、「中世武家不動産訴訟法の研究」により法学博士の学位を受ける(昭和十二年)。昭和二十四年法制史学会設立に参画、その理事となり、二十五年には代表理事となる(五十七年まで)。東京大学名誉教授(昭和四十三年)、日本学士院会員(五十二年)、日本司法博物館館長となり(五十八年)、紫綬褒章(昭和四十五年)、勲二等旭日重光章(五十三年)、文化功労者(五十九年)、文化勲章(平成二年)などを受章した。平成五年一月十二日没。八十五歳。墓は東京都港区白金二丁目の立行寺にある。没後、勲一等瑞宝章を受章した。シャープな法学的論理を駆使する師、中田薫の学風を継いで日本の各時代、各法分野の分析を積み重ねながら、それを体系化した。その体系は、各時代ごとに社会・法が生成・発展・衰微を繰り返すという独特の「波動史観」を縦軸とし、近代ヨーロッパ大陸において完成・確立した法体系を横軸としつつ、法は社会の骨格なりという比喩的認識に支えられたもので、これによって『日本法制史概説』(昭和二十三年)ほかの法制史概説書ばかりか、『日本史概説』(二十八年)、『略説日本国家史』(四十七年)など、一般史の概説書を書いている。個別研究の成果は、『中世武家不動産訴訟法の研究』(昭和十三年)、『天皇―天皇統治の史的解明―』(二十五年)、『日本不動産占有論―中世における知行の研究―』(二十七年)、『法制史論集』全十巻(四十七―六十一年)、その他おびただしい数の著書などに収められている。

参考文献　平松義郎・石井紫郎編『石井良助先生―人と業績―』、『創文』三四二(追悼・石井良助先生)

（石井　紫郎）

いしがきあやこ　石垣綾子　一九〇三―九六　昭和時代の評論家。明治三十六年(一九〇三)九月二十一日、東京で生まれる。自由主義教育を開発した自由学園を卒業。雑誌勤務を経て早稲田大学英文科で学び、このころ大山郁夫、山川菊栄らの影響をうけた。大正十五年(一九二六)姉夫婦に伴われて渡米しコロンビア大学で学ぶ。一九二〇年代から三〇年代のアメリカは好景気、生活革命・労働者市民等大衆運動の成長、世界恐慌の到来、日米戦争など、波乱に満ちた時代で、この四半世紀を過ごすなかで多くを知り友人を得た。昭和四年(一九二九)在米画家石垣栄太郎との結婚やアグネス＝スメドレー、パール＝バックらの作家たち、在米の片山潜ら日本社会主義者グループ等の人々である。日本敗戦の同二十六年夫婦は帰国するが、アメリカでの体験に立ち西欧デモクラシー精神を背景にした評論を書き、たちまち当時の女性論の旗手として新しいジャンルを開いた。なかでも三十年二月『婦人公論』に発表した「主婦という第二職業論」は時代の指標として婦人層に強いインパクトを与えた。平成八年(一九九六)十一月十二日没。九十三歳。著作『愛するアメリカ』、『回想のスメドレー』、『病めるアメリカ』、『オリーヴの墓標』など。

（井手　文子）

いしかわいちろう　石川一郎　一八八五―一九七〇　昭和時代の実業家、戦後の日本財界の重鎮。明治十八年(一八八五)十一月五日卯一郎の長男として東京に生まる。四十二年東京帝国大学応用化学科卒業、同大学工科大助教授となる。大正四年(一九一五)関東酸曹に入社して実業界に入り、同社常務を経て、同十二年同社が大日本人造肥料に合併したのち同社常務、大日本人造肥料が昭和十二年(一九三七)に日本化学工業を合併して成立した日産化学工業の社長。この間、開花期のソーダ工業に寄与し、特に第一次大戦後の大正七年輸入ソーダの圧迫によってソーダ工業が沈滞し、曹達晒粉同業会が組織されて以後、業界の世話役としても活躍し、化学工業連盟会長を経て、敗戦当時は化学工業統制会会長の地位にあった。敗戦後、各業種別統制会の協議体である重要産業協議会が改組され、昭和二十一年八月日本産業協議会が設立されると会長に就任、ついで総合経済団体である日本経済連盟会が解散し、経済団体連合が結成されると最有力加盟団体の日産協会長として代表理事に推され、同二十三年三月、経団連第二回定時総会で初代会長に選任。復興金融金庫設立、賠償問題、独占禁止法改正問題、講和問題などで戦後の財界の第一人者として指導的役割を果たした。同三十一年会長を辞任、名誉会長に推された。原子力委員会委員、日本原子力船開発事業団理事長などを歴任。同四十五年一月二十日没。八十四歳。墓は東京都豊島区駒込の染井墓地にある。

参考文献　安藤良雄編『昭和経済史への証言』下、『経団連の十年』

（大江志乃夫）

いしかわけん　石川謙　一八九一―一九六九　大正・昭和時代の日本教育史学者。藩校・寺子屋など近世教育機関、往来物・教訓書などの教材、石門心学等々の分野を中心に、近世教育史に関する実証的研究の基礎をきずいた。明治二十四年(一八九一)四月二十九日愛知県碧海郡花園村に小学校教師中川仙太郎の四男として生まれ、のち石川松吉の養子となる。高等小学校卒業ののち小学校教員勤務のかたわら独学、東京高等師範学校研究科から同校専攻科に進み、大正九年(一九二〇)同科を卒業、三上参次の指導を受けて日本教育史研究に着手。アメリカ・ドイツに留学ののち、法政大学講師・東京女子高等師範学校教授・お茶の水女子大学教授などを歴任、退官後は日本大学教授となる。昭和四年(一九二九)『日本庶民教育史』を著わして寺子屋に関する実証的研究に先鞭をつけ、ついで同十三年石門心学に関する研究を集成して

『石門心学史の研究』を刊行、翌年帝国学士院より恩賜賞を授与された。庶民教育の教材史にも深い関心を示し、往来物・教訓書などの収集整理につとめ、二十四年公刊の『古往来についての研究』に対し日本学士院より学士院賞が授与された。さらに古代の大学寮から近世の藩校にまで及ぶ学校史の研究を進め、三十五年『日本学校史の研究』を刊行した。多数の著書・論文を発表するとともに、日本教育史学会・日本教育学会・教育史学会などの設立に寄与し、日本教育史学の発展に重要な足跡を残した。昭和四十四年七月十二日没。七十八歳。

参考文献　石川謙博士還暦記念論文集編集委員会編『（石川謙博士還暦記念論文集）教育の史的展開』

（佐藤　秀夫）

いしかわこうめい　石川光明　一八五二―一九一三　明治時代の彫刻家。嘉永五年（一八五二）八月江戸浅草松山町に生まれる。幼名を勝太郎といい、家は代々宮彫大工であった。十四歳で菊川正光について牙彫（げちょう）を学び、かたわら狩野寿信に絵を習って、光明と改名。明治十四年（一八八一）の第二回内国勧業博覧会に牙彫「魚籃観音」を出品して妙技二等賞をうけ、その後も各種博覧会、美術展でしばしば受賞、審査員となるなど大いに認められた。そして同二十三年には最初の帝室技芸員にあげられ、翌年東京美術学校教授に任ぜられたほか、同四十年の文展開設後は引き続き審査員となり、伝統木彫の保存発展に尽力した。大正二年（一九一三）七月三十日没。年六十二。作品は牙彫のほか、木彫にも冴えた彫技を示し、代表作に「白衣観音」「牧童」、また牙彫では「古代鷹狩」などがある。

（富山　秀男）

いしかわさんしろう　石川三四郎　一八七六―一九五六　明治から昭和時代にかけての無政府主義者。旭山と号す。明治九年（一八七六）五月二十三日埼玉県児玉郡旭村（本庄市）の五十嵐家の三男に生まれ、のち石川家の養子となった。同三十四年東京法学院（中央大学の前身）を卒業。その直前本郷教会の海老名弾正より受洗。翌三十五年『万朝報』の記者となったが、日露戦争をめぐって社長と意見を異にし、幸徳秋水・堺利彦らと退社し平民社を結成し、週刊『平民新聞』に拠って非戦運動に活躍した。日露戦争後、平民社は解散し、安部磯雄・木下尚江らとともにキリスト教社会主義の立場に立つ雑誌『新紀元』を創刊した。同四十年日刊『平民新聞』の創刊に参加し、翌年福田英子の『世界婦人』の編集を援助した。その間、同四十年と四十二年の二度、筆禍事件で入獄した。大逆事件後、政府の圧迫を逃れて大正二年（一九一三）三月、日本を脱出してヨーロッパに渡り、フランス・ベルギー・イギリスなど各地を転々とし、第一次世界大戦を経験した。その間ポール＝ルクリュ夫妻や哲学者カーペンターと親交を結び、無政府主義思想を深めた。大正十年帰国、翌十一年再渡欧し翌年帰国した。昭和二年（一九二七）東京府北多摩郡千歳村（世田谷区船橋）に共学社を設け、『ディナミック』を発刊して無政府主義的啓蒙運動に努めたが、同九年官憲の圧迫により廃刊した。その前年北京に行き、東洋文化に関心をもち、以後東洋史研究に没頭した。第二次世界大戦後、アナーキスト連盟を組織し、無政府主義の理論・宣伝活動を行なったが、昭和三十一年十一月二十八日死去した。八十歳。主著に『日本社会主義史』『西洋社会運動史』などがある。

参考文献　石川三四郎『自叙伝』

（藤井　松一）

いしかわじゅん　石川淳　一八九九―一九八六　昭和時代の前衛的、無頼的小説家、評論家。号は夷斎。最後の文人ともいわれる。明治三十二年（一八九九）三月七日、東京市浅草区三好町（東京都台東区）に生まれ育った。祖父から『論語』を学び、東京外国語学校フランス語科を大正九年（一九二〇）卒業、福岡高等学校でフランス語教師を二年勤め辞職。ジッド・バレリイ・アランを研究、ジッドの『法王庁の抜穴』（昭和三年（一九二八）刊行）などを翻訳しているが、この時代のことには謎が多い。昭和十年、三十六歳で『佳人』『山桜』『葦手』『貧窮問答』など数多くの小説を発表。翌十一年『普賢』で第四回芥川賞を受賞。一躍文芸復興期の中核的作家になった。これらの短編は私小説のように日常の私生活を書かず、精神の運動と振幅によって物語を構成する近代の終焉を超えた前衛的な小説であった。反戦小説『マルスの歌』が発禁になったのち、長編『白描』、すぐれた評論である『文学大概』、名作『森鷗外』などを書くことで戦争下も文学活動を続ける。第二次世界大戦敗戦後、『黄金伝説』『焼跡のイエス』『かよひ小町』『処女懐胎』など焼跡の混乱した現実を精神の飛躍によって、メタフィジックの観念や超越的な美に昇華させる作品が絶望の中にいる若者たちの魂をひきつけ、織田作之助・太宰治・坂口安吾・檀一雄らとともに新戯作派・無頼派と呼ばれ、反逆的戦後文学の核となった。織田・太宰・田中英光・坂口らが若くしてつぎつぎに斬死するように世を去ったあと、『おとしばなし集』『珊瑚』『鷹』『虹』『紫苑物語』など古典の世界に唯美的に遊ぶ文学に韜晦し始める。『諸国畸人伝』や吉川幸次郎との往復書簡、『夷斎筆談』『夷斎俚言』『夷斎清言』『夷斎饒舌』『夷斎遊戯』『夷斎小識』『夷斎虚実』などの夷斎ものなど、中後期はもっぱら文人的に遊び、酒を愛し、一方福永武彦・島尾敏雄・安部公房・大江健三郎などの前衛的純文学者の後楯となった。昭和三十九年芸術院会員になる。しかし『荒魂』（昭和三十八年）から『至福千年』（四十二年）、さらには八十歳を過ぎて『狂風記』（五十五年）、『六道遊行』（五十八年）、『天門』（六十一年）と、間引きの死から蘇りブラックホールのように現世に復讐する男、古代からタイムトンネルでごみ処理場に出現する英雄、絶世の美女など現代への批判を神秘な深層、絢爛たる時空間に奇想天外な手法で展開し、『蛇の歌』を書きながら、昭和六十二年十二月二十九日、八十七歳で世を去った。老年まで前衛文学を貫いたのは偉業といえよう。『石川淳選集』全十七巻（岩波書店）、

『石川淳全集』全十九巻(筑摩書房)がある。

(奥野　健男)

いしかわしゅんたい　石川舜台　一八四二―一九三一　明治時代の真宗大谷派の宗政家。字は敬輔、号は節堂・青城・竜演など。天保十三年(一八四二)十月金沢藩小立野土取場の真宗大谷派永順寺で誕生。父祐誓、母貞。青年期まで郷里で漢学・宗学を学び、二十一歳で東本願寺の高倉学寮に入った。明治二年(一八六九)金沢で慎憲塾を開いて青年を指導、『慎憲塾叢書』を刊行した。同四年本山寺務所開設で渥美契縁と最高職の議事に就き、翌年改正掛となり宗政革新をはかった。同五年新門(法主職継職者)大谷光瑩らと欧米を巡遊し、翌年七月帰朝。新知見に基づき宗政を改革し、高倉学寮に翻訳局、編集局をおいて諸宗教典籍の翻訳、諸学概説の編集をさせ、教団の学制を全国の小教校・中教校と、京都の大教校に改め、全国に寺務出張所をおいて教団機構を整え、薩摩・琉球などの国内布教を充実し、清国・朝鮮などに伝道機関を設けた。同二十五年富山県石動町(小矢部市)の同派道林寺住職を兼務。同三十年再び参務として宗政を担当、清国・台湾・朝鮮などの開教、政府提出の宗教法案反対運動、巣鴨監獄の同派教誨師解任事件の解決などに努めたが、積極策が買われず、また諸事業資金調達上の財政問題で不信をうけ、同三十五年四月辞任した。同三十七年三たび寺務総長に就いたが間もなく辞めた。昭和六年(一九三一)十二月三十一日没。九十歳。法名は祐誓院釈舜台。主著『真宗安心論』『大経講話』『石川舜台選集』など。

参考文献　鹿野久恒編『傑僧石川舜台言行録』、近残花房編『加能真宗僧英伝』、多屋頼俊「石川舜台と東本願寺」(『(講座)近代仏教』二所収)、常光浩然「石川舜台」(『明治の仏教者』上所収)

(柏原　祐泉)

いしかわしんご　石川信吾　一八九四―一九六四　昭和時代の海軍軍人。明治二十七年(一八九四)一月一日誕生、山口県出身。海軍兵学校を経て昭和二年(一九二七)海軍大学卒。同四年五月海軍艦政本部員。同六年十月海軍軍令部参謀。森恪・松岡洋右と親しく、ロンドン条約をめぐり世上いわゆる艦隊派とみられた。同九年十一月第二艦隊参謀。同十一年一月より蘭印を経て、欧州各国特にナチス=ドイツを視察し、米国経由で八月帰国。同年十二月大佐。日中戦争勃発時には、知床艦長。同十三年一月青島海軍特務部長。同十四年十一月興亜院政務部第一課長。日独伊三国同盟の成立に努めた。同十五年十一月軍務局第二課長(政策)。対米英強硬派で、日米交渉・対米英開戦の枢機に参画した。同十七年六月南西方面艦隊参謀副長。同年十一月少将。以後航空戦隊司令官・軍需省総動員局総務部長・海軍運輸本部長を歴任して終戦。同三十九年十二月十七日没。七十歳。著書に『真珠湾までの経緯』がある。

参考文献　服部卓四郎『大東亜戦争全史』、日本国際政治学会太平洋戦争原因研究部編『太平洋戦争への道』、高木惣吉『私観太平洋戦争』、富岡定俊『開戦と終戦』

(小林　竜夫)

いしかわせいりゅう　石河正竜　一八二五―九五　幕末・明治時代前期の紡績技術者。文政八年(一八二五)十二月十九日、大和国高市郡畝傍の石川村(奈良県橿原市)で光美・貞子の間に誕生、楠木正季の子孫と伝えられる。弘化三年(一八四六)江戸に出て杉田成卿に漢学を学び、ついで長崎で蘭学を学ぶ。安政三年(一八五六)鹿児島藩に出仕、同年山田正太郎を石河確太郎と改め、御庭役・諸方交易方・開成学校教授などを歴任、紡績業・蒸気船建造など藩の殖産事業をにない、明治元年(一八六八)からは、同藩堺紡績所の建設・運転にあたった。同所が大蔵省の管轄になるとともに同五年四月、勧農寮八等出仕となった。同年十月以降は雇となり、富岡製糸場・屑糸紡績所の建設に従事、九月にはアッサムに茶業視察をした。二千錘紡績建設に際しては、勧農局・工務局雇として各所の要望に応じて出張、設計や機械据付けにあたった。十九年奏任四等技師となり、翌年正七位を与えられたのち四月非職。以後いくつかの紡績会社に関係したが、天満紡績在勤中脳溢血で倒れ、同二十八年十月十六日大阪市南区笠屋町で死亡。七十一歳。墓は愛知県岡崎市の誓願寺。

参考文献　絹川太一『本邦綿糸紡績史』一・二

(高村　直助)

いしかわたくぼく　石川啄木　一八八六―一九一二　明治時代の歌人、詩人。名は一、中学時代翠江・麦羊・白蘋と号した。明治十九年(一八八六)二月二十日岩手県南岩手郡日戸村(岩手郡玉山村)に生まれた。父一禎は曹洞宗常光寺の住職、母かつは南部藩士工藤条作常房の娘で、一禎の師僧葛原対月の妹。啄木は二歳の春父親が渋民村宝徳寺の住職に栄転したのでこの村で成長した。同二十八年三月渋民尋常小学校を首席で卒業して盛岡市立高等小学校に進み、十三歳のとき盛岡尋常中学校に十番の成績で入学した。しかしその後上級学年に進むにつれて文学と恋愛に熱中して学業を怠り、二回にわたるカンニング事件を起して五年生の同三十五年十月二十七日中学校を退学した。やむなく彼は文学をもって身を立てるという美名のもとに上京したが失敗に終り、翌年二月帰郷して病苦と敗残の身を故郷の禅房に養った。その後与謝野鉄幹の知遇を得て東京新詩社の同人となり、明星派の詩人として活躍、二十歳のとき処女詩集『あこがれ』を東京の小田島書房より出版、その前途が嘱望された。しかしこの年の春父親が宗費滞納を理由に宝徳寺の住職をやめさせられたので一家扶養の責任を負い、年来の愛人である堀合節子と結婚、盛岡市内に新居を構えたが、生活難のため渋民村に帰り、母校の代用教員となりかたわら小説『雲は天才である』や『葬列』を書いた。四十年五月、宝徳寺復帰運動の失敗から北海道に渡り、函館・札幌・小樽・釧路と一年にわたる漂泊生活を続けた。この間『小樽日報』や『釧路新聞』の記者をつとめたが、再び上京して創作生活にはいり、自然主義風の小説を書いたが認められず、窮乏の生活を送るうちにその創作意欲は短歌によって表現され、歌人としての新生面をひらいた。四十二年三月一日東京朝日新聞に校正係として就職、本郷弓町の喜之床という床屋の二階に家族との間借生活を始める。翌年の秋朝日歌壇の選者となり、十二月一日東雲堂書房より三行書の歌集『一握の砂』を出版して歌壇内外から注目された。この年六月幸徳秋水らの大逆事件に衝撃を受けて社会主義思想に接近、青年の自覚を促すことによって新しい時代にそなえようとし、土岐哀果(善麿)と提携して文芸思想雑誌『樹木と果実』の発行を計画するが実現せず、四十五年四月十三日肺結核のため小石川区久堅町の借家に波乱に富む二十七年の生涯を終えた。墓は函館市の立待岬にある。東京時代の啄木は大逆事件後の「冬の時代」の中で、その閉ざされた現状への批判と、当面の生活の中に磨滅してゆく自己への哀惜をモチーフとしながら多くの名作を書いた。その主なものは歌集『一握の砂』『悲しき玩具』、詩集『呼子と口笛』、評論「時代閉塞の現状」でその火花のような人生を綴った日記とともに現在『啄木全集』全八巻に収められており、時代に先駆した文学者のおもかげを伝えている。

参考文献 岩城之徳『石川啄木』(『人物叢書』六二)、国崎望久太郎『啄木論序説』

(岩城 之徳)

いしかわたつぞう 石川達三 一九〇五—八五 昭和時代の作家。明治三十八年(一九〇五)七月二日、秋田県平鹿郡横手町(秋田県横手市)に父祐助・母うんの三男として生まれる。父は中学校教師で、秋田中学校から、岡山県立高梁中学校、岡山市の私立関西中学校などに勤め、達三も関西中学校を卒業(大正十三年(一九二四))した。翌年早稲田大学第二高等学院入学、昭和二年(一九二七)同大学英文科へ進んだが一年で中退。電気関係の業界雑誌に勤めたりしながら、同人雑誌に小説を書き、新聞の懸賞小説に入選したりしていたが、五年に業界雑誌を退職し、退職金六百円を得て、ブラジル移民団に加わり、サンパウロの奥地で一ヵ月ほど働き、結婚を口実にして帰国。その時の見聞を材料にして小説『蒼氓』を書き、十年四月発行の同人雑誌『星座』に発表し、それが同年八月の第一回芥川賞受賞作となった。以来、十二年の『日蔭の村』、翌年の『生きてゐる兵隊』(発禁)、その翌年の『武漢作戦』などの代表作のほか多くの中・短篇を発表したが、十七年以後はほとんど作品発表を見ない。二十年以後、社会性のつよい風俗小説作家として活躍。二十二年『幸福の限界』『望みなきに非ず』、二十四年『風にそよぐ葦』、二十七年『最後の共和国』、翌年『悪の愉しさ』、三十年『四十八歳の抵抗』、三十七年『傷だらけの山河』、四十一年『金環蝕』など。晩年は実験小説的な作風に転じ、『解放された世界』『その最後の世界』『独りきりの世界』などがある。日本文芸家協会理事長、日本ペンクラブ会長、著作権保護同盟設立などの任務にも就いた。昭和六十年一月三十一日没。七十九歳。墓は東京都世田谷区奥沢七丁目の九品仏浄真寺にある。主要な作品は、『石川達三選集』全十四巻(昭和二十二—二十四年、二冊未刊)、『石川達三作品集』全十二巻(三十二—三十三年)、『石川達三作品集』全二十五巻(四十七—四十九年)に収められている。

参考文献 浜野健三郎『評伝石川達三の世界』、久保田正文『石川達三論』、同『新・石川達三論』

(久保田正文)

いしかわちよまつ 石川千代松 一八六〇—一九三五 明治から昭和時代前期にかけての動物学者、進化論の普及に貢献。万延元年(一八六〇)正月八日、旗本石川潮叟の次男として江戸本所亀沢町に誕生。明治元年(一八六八)静岡に移住するが、同五年東京に帰り進文学社に入り英語を学ぶ。同七年外国語学校、同八年開成学校予科に入学。幼時より動物に興味を示し、外国語学校時代担任教師フェントンに刺激され、蝶や蛾などの採集に没頭。この研究結果を同十一年ニューヨークの『昆虫学会雑誌』および『東京タイムス』に発表。翌年、東京大学生物学科に入学、正式に動物学の研究を開始。同十五年に卒業し、翌年東京大学助教授となる。同十八年十一月ドイツ留学に赴き、翌年一月フライブルグ着、ワイズマンに師事。同二十二年六月、フライブルグ大学より学位を受け、同年十月帰国した。同二十三年より帝国大学農科大学教授として大正十三年(一九二四)まで動物学を講義、その間、明治二十四年理学博士、同三十三年東京帝室博物館館長兼任、同四十一年欧米旅行、同四十四年帝国学士院会員就任。開成学校時代来日していたモースの進化論講義をまとめて出版して以来、進化論の普及啓発に努力、日本における進化思想史に重要な位置を占めている。台湾に講演旅行中昭和十年(一九三五)一月十七日、台北病院で没した。七十六歳。著書としては『動物進化論』(明治十六年)、『進化新論』(同二十四年)、『動物学講義』(大正二年より)など多数ある。また『石川千代松全集』全十巻がある。

参考文献 町田次郎「石川千代松伝」(『(近代)日本の科学者』一所収)

(鈴木 善次)

いしかわとうはち 石川藤八 一八四三—一九一四 明治時代の機業家。尾張国知多郡乙川村(愛知県半田市乙川)の石川家に生まれ、六代目を継いだ。石川家は幕末ごろから知多木綿の仲買商人であったが、明治三年(一八七〇)織物製造業に転じ、本店と分工場のほか、出機を出して経営。藤八は同二十九年石川木綿織工場を設立、翌三十年には、豊田佐吉とともに合資会社とし、社名を乙川綿布合資会社とし、豊田の発明した国産力織機六十台をもって経営、これが日本で国産の力織機を使用した最初の工場であった。なお、豊田佐吉は石川家の二階の部屋で力織機の研究に専念していたことがあった。のち、この工場の製品の優秀性が三井物産の目にとまり、豊田式力織機が世に知られる端緒となった。大正三年(一九一四)没す。七十二歳。

参考文献 豊田佐吉翁正伝編纂所編『豊田佐吉伝』、楫西光速『豊田佐吉』(『人物叢書』八九)、原口晃『豊田佐吉翁に聴く』　(林　英夫)

いしかわはんざん　石川半山　一八七二―一九二五　明治・大正時代のジャーナリスト、政治家。本名安次郎。半山は筆名で、他に城北隠士・呑海を用いた。明治五年(一八七二)八月十七日、旧岡山藩士石川彦衛の次男として岡山に生まれる。同二十二年、大阪紡績会社の山辺丈夫に知られ、その援助で同年秋慶応義塾に入ったが、中途退学。同二十四年一月改めて慶応義塾文学科に入り、傍ら『庚寅新誌』記者となる。このころ田口卯吉・中江兆民に知られる。同二十七年二月松本町の『信府日報』主筆、二十九年十月『中央新聞』(東京)に入る。以後、島田三郎の『毎日新聞』や『報知新聞』『東京朝日新聞』を経て、大正三年(一九一四)十二月『万朝報』に入り同十三年に至った。その間、米国・北京(報知時代)・欧米(万朝報時代)に特派される。明治三十六年よりみずから『好学雑誌』を発行。政治家として明治三十年三月には社会問題研究会の、同三十二年十月には普通選挙期成同盟会の組織に参加し、大正初年の護憲運動にも活動した。同十三年五月衆議院議員に当選している。社会主義に理解をもった改進党・憲政会系の政治家であった。大正十四年十一月十二日、東京渋谷の自邸に没する。五十四歳。

参考文献 田熊渭津子「石川半山年譜」(『明治文学全集』九二所収)　(西田　長寿)

いしかわふさかね　石川総管　一八四一―九九　江戸時代後期の常陸国下館藩主。同藩主近江守総貨の子。天保十二年(一八四一)八月九日生。嘉永二年(一八四九)十一月父の死により襲封。翌月叙爵して若狭守となる。江戸城中での詰所は雁間。慶応二年(一八六六)六月講武所奉行となり、同年八月陸軍奉行並、翌三年正月若年寄陸軍奉行兼帯となる。明治元年(一八六八)正月陸軍奉行を免ぜられ、国内御用取扱を命ぜられ、同年二月免職。戊辰戦争に際し、徳川譜代の藩主で、若年寄や陸軍奉行であったことから、新政府側につくか、旧幕府側に加担するか去就に迷い、水戸薬王院にのがれたことがある。同二年六月下館藩知事となり、四年七月廃藩置県によって知事を免ぜられた。同六年三月権少教正となった。三十二年六月二十三日没。五十九歳。茨城県真壁郡中村中館(下館市中館)の観音寺に葬る。法号は顕光院大教正総管道照大居士。　(小西　四郎)

いしかわみきあき　石河幹明　一八五九―一九四三　明治・大正時代のジャーナリスト。水戸藩士石河竹之助の三男として安政六年(一八五九)十月十七日誕生。明治十四年(一八八一)福沢諭吉が新聞発刊を企て新聞人の養成を心がけていた際、選ばれて五月一日その慶応義塾に入学。同十八年四月に同校本科を卒業して、福沢の創刊になる『時事新報』の記者となり、常にその側近に侍して文筆に専念、特に福沢の死後は前後二十二年間、同紙の社説およびのちには一般の編集をもつかさどるなど、生涯の大部分を『時事新報』にささげた。俗論を超越した真の新聞人として、まさに福沢の衣鉢を最もよくついだものと称されている。昭和十八年(一九四三)七月二十五日死去。八十五歳。なお、大正十二年(一九二三)に同社を退いてのちは慶応義塾の委嘱にこたえ、『福沢諭吉伝』全四巻を完成した。そのほか、その前後には『福沢全集』全十巻、『続福沢全集』全七巻を編纂、また別に『福沢諭吉』の著述があり、母校では明治年間から理事・評議員などをつとめた。

参考文献 三田商業研究会編『慶応義塾出身名流列伝』、清水繁隆編『慶応義塾塾誌』、板倉卓造「石河幹明氏のこと」(慶応義塾編『福沢諭吉とその周囲』所収)、久木東海男『新聞先覚評論』、「評議員石河幹明氏の訃」(『三田評論』五四八)　(会田　倉吉)

いしかわりきのすけ　石川理紀之助　一八四五―一九一五　明治時代の篤農。弘化二年(一八四五)二月二十五日出羽国秋田郡小泉村(秋田市金足小泉)に生まれた。父は奈良周喜治、代々の豪農で彼はその三男である。慶応元年(一八六五)近村山田村石川長十郎の養子となり、没落していた養家の家政整理につとめ、五年後に家産を回復約十五町歩の地主となっている。明治五年(一八七二)秋田県勧業係に任用され、作物適地試験を担当するかたわら、水稲の品種改良・腐米改良の指導などに従事した。この間農事関係者・有志農民を集めて勧農義会を組織し、種苗交換・農事研究推進の機関として永続せしめ、また同十四年大日本農会が設立されるに及び、特別会員として選任されている。翌十五年居村山田村救済のため勧業係を辞して帰村した。当時同村は窮乏の極にあり、彼はその救済策として同村の戸別調査を行い、同十八年山田村経済会を結成して更生計画を実践し、さらに二十八年には秋田県農会を設立した。二十年代には当時前田正名の指導のもとに推進されていた町村是調査の事業に共鳴し、各地の事例を集めるとともに、年来実践してきた自己の体験を基礎に、同二十九年「適産調」に着手した。これは町村に関する一切の事情を調査・診断し、町村経済の基礎を固め自治制の確立を目的とするもので、農村計画の例として著名である。調査は二県八郡四十九ヵ町村を対象とし、七百三十一冊に及ぶ調査書が残された。大正四年(一九一五)九月八日、七十一歳にて没した。

参考文献 石川老農事蹟調査会編『天下之老農石川理紀之助』、児玉庄太郎『偉人石川翁の事業と言行』　(伝田　功)

いしぐろただあつ　石黒忠篤　一八八四―一九六〇　昭和時代の農林官僚、政治家。明治十七年(一八八四)一月九日、石黒忠悳の長男として、東京に生まれる。同四十一年東京帝国大学法科大学卒。農商務省に入り、大正三年(一九一四)から約一年間欧州留学。八年農務局農政課長、十三年同局小作課長に任ぜられ、小作慣行調査、小作調停法立案などに尽力する。その後、農林省農務・蚕糸各局長を歴任。昭和六年（一九三一）農林次官となる。九年退官後、農村更生協会会長、産業組合中央金庫理事長などを経て、十五年第二次近衛内閣農林大臣に就任。以後、農業報国連盟・満洲移住協会、および日本農業研究所の各理事長となる。十八年から二十一年まで貴族院勅選議員。二十年鈴木内閣農商大臣に任ぜられる。二十一年公職追放。解除後二十七年参議院議員に当選、のち緑風会議員総会議長となる。なお、憲法調査会委員、全国農民連合会・国際食糧農業会・農業労務者派米協議会および国際農友会各会長、全国農業会議所および全国農業協同組合中央会各理事など要職を歴任。三十五年三月十日死去。七十六歳。著書に『農政落葉籠』がある。

参考文献 日本農業研究所編『石黒忠篤伝』、小平権一『石黒忠篤』（『一業一人伝』）、大竹啓介編著『石黒忠篤の農政思想』
（成沢　光）

いしぐろただのり　石黒忠悳　一八四五―一九四一　明治から昭和時代前期にかけての医師。弘化二年（一八四五）二月十一日、陸奥国伊達郡梁川に父平野順作良忠と母佐藤氏いね子の長男として生まる。幼名を庸太郎、のちに恒太郎といい、十二歳で元服して忠恕と称し、安政五年（一八五八）忠徳と改め、のちさらに徳の古字悳に改めた。万延元年（一八六〇）越後片貝村に帰り、祖家の石黒姓を継いだ。文久三年（一八六三）信州松代に佐久間象山を訪い、強い影響を受ける。元治元年（一八六四）江戸に出て、柳見仙の門に入り、西洋医学を学び、慶応元年（一八六五）に医学所に入学した。明治元年（一八六八）一旦帰郷し、翌二年再上京して再興された医学所に入る。この年大学（文部省の前身）少寮長心得に任ぜられ、以後官を進めたが、同四年文部卿大木喬任と対立して文部省を罷免となった。同年、軍医頭松本順のすすめで兵部省軍医寮に入り、軍医制度設立に参画した。以後同三十年軍医総監・陸軍医務局長の地位を停年を待たず勇退するまで、軍医として尽力した。また日本赤十字社の設立整備にも意を用い、同二十年にはドイツ、カールスルーエの第四回万国赤十字国際会議に政府委員として出席し、ひき続きドイツの陸軍医療制度を視察した。同二十八年男爵、三十五年貴族院議員、大正六年（一九一七）日本赤十字社長、同九年子爵となる。昭和十六年（一九四一）四月二十六日東京牛込の自宅で死亡。九十七歳。墓は台東区の谷中墓地にある。

参考文献 石黒忠悳『石黒忠悳懐旧九十年』
（大塚　恭男）

いしざかしゅうぞう　石坂周造　一八三二―一九〇三　幕末・明治時代の石油採掘業の先駆者。天保三年（一八三二）正月一日、江戸で幕府の針医、石坂宗哲の次男として生まれ、幕末には尊王攘夷をとなえて新徴組に属した。維新後、石油事業の有望性を聞き、明治四年（一八七一）に長野石炭油会社を創立して長野の善光寺付近で手掘りを始めた。つづいて同六年にアメリカから採油機械を導入し、わが国ではじめて機械掘りを行なったが、いずれも失敗した。その後新潟県三島郡尼瀬村でも機械掘りを行なったが、ここでも失敗し、同十一年には破産した。かれはその後も事業をおこし、苦境にたたされながらもようやく同三十二年に新潟県刈羽郡西山地区で採油に成功したが、鉱区の独占をきらい、他業者に開放した。三十六年五月二十二日七十二歳で死去。墓は東京都台東区谷中の全生庵にある。かれは石油採掘業の不運な先駆者であったが、その事業はわが国採油業発展の礎石となった。

参考文献 伊藤一隆『日本石油史』、日本石油史編集室編『日本石油史』
（笹原　昭五）

いしざかたいぞう　石坂泰三　一八八六―一九七五　昭和時代の実業家。明治十九年（一八八六）六月三日、石坂義雄の三男として東京下谷区練塀町（東京都台東区下谷）に生まれる。四十四年東京帝国大学法科大学卒業。高等文官試験合格。大正四年（一九一五）二十八歳の時、逓信省課長の椅子を去って第一生命に入社。支配人・専務・社長（この間東芝の取締役を兼任）となり、昭和二十一年（一九四六）社長辞任。同二十四年東芝再建のため、東芝の大口債権者である三井銀行社長佐藤喜一郎、復興金融金庫理事長工藤昭四郎の切望により、東芝社長となった。東芝再建にあたって六千人の人員整理の実現という困難な問題を解決しなければならなかったが、占領政策や松川事件などの情勢にたすけられて成功し、東芝再建に成功し、財界に不動の地位を占めた。同三十年日本生産性本部会長、同三十一年経済団体連合会会長、以後文字通り財界の第一人者として政治的にも強い影響力を行使し、同四十三年経団連会長を辞任して財界第一線を退いたが、日本工業倶楽部理事長、日本万国博覧会会長を歴任して財界の大御所的存在であった。五十年三月六日没。八十八歳。墓は東京都府中市の多磨墓地にある。

参考文献 石山賢吉『石坂泰三物語』、日本経済新聞社編『私の履歴書』二
（大江志乃夫）

いしざかまさたか　石坂昌孝　一八四一―一九〇七　明治時代の政党政治家。天保十二年（一八四一）四月二十二日、石坂古恩の三男として武蔵国多摩郡野津田村（東京都町田市）に生まれ、同村の里正石坂昌吉の養子となる。維新後には戸長となり会同所を設立、村民の合議による新しい村政の方針を探り、村の子弟に読書・習字・武術を習わせ、近傍町村の模範村となった。神奈川県令中島信行の抜擢により一時県属となった。明治十二年（一八七九）第一期の神奈川県会議員に南多摩郡から選出され、初代議長を勤め、十四年村野常右衛門らと融貫社を結成、原町田村に事務所を置き、各地で討論演説会を開いて国会開設運動の一翼を担い、県下各郡の青年を糾合して漢学、法制・経済、剣術などを習わせた。十五年自由党に加盟した。のち、大阪事件に多くの連累者を出して融貫社は

自然消滅した。二十年三大事件建白運動に参加、二十三年神奈川第三区より第一回衆議院総選挙に当選、以後三回連続当選し、自由党関東派の重鎮として活躍した。二十九年板垣内相のもとで群馬県知事、三十三年立憲政友会の結成に参加、臨時協議員となった。晩年には家産は傾き不遇であった。四十年一月十三日六十七歳で没。長女ミナは北村透谷の夫人。

参考文献 渡辺欽城『三多摩政戦史料』、色川大吉編『三多摩自由民権史料集』上巻 （宇野 俊一）

いしだえいいちろう 石田英一郎 一九〇三―六八 昭和時代の文化人類学者。明治三十六年(一九〇三)六月三十日大阪に生まれる。第一高等学校を経て、京都帝国大学経済学部に在学中、治安維持法にふれて検挙され、大正十五年(一九二六)中退。オーストリアに留学、昭和十四年(一九三九)ウィーン大学哲学部民族学科修了。張家口西北研究所次長、法政大学・東京大学・東北大学・埼玉大学の教授を歴任の後、多摩美術大学学長に在任中、同四十三年十一月九日東京で死去。東京都中野区宝仙寺に葬られる。六十五歳。当時日本民族学会会長も兼ねていた。著書には、初期の民族学的論考『河童駒引考』『桃太郎の母』、文化人類学の理論的確立のために書かれた労作『文化人類学ノート』『文化人類学序説』、それに晩年の西欧と日本の比較によって描き出した比較文化論『東西抄』『日本文化論』などがある。また江上波夫の「騎馬民族説」を引き出した「日本国家の起源」をめぐるシンポジウムをいくつか企画した功績も大きい。その多くは『石田英一郎全集』全八巻に収録されている。

参考文献 石田英一郎『人間と文化の探求』 （松谷 敏雄）

いしだかんのすけ 石田貫之助 一八四九―一九三四 明治時代の政治家。嘉永二年(一八四九)十二月播磨国美嚢郡中吉川村(兵庫県美嚢郡吉川町)に生まれる。明治十二年(一八七九)から二十三年まで兵庫県会議員をつとめ、同議長・常置委員などを歴任。この間、はじめ立憲改進党に属したが、のち自由党系に転じた。同十七年『神戸又新日報』発刊。衆議院議員当選六回。三十年二月自由党を脱党。同四月松方内閣のもとで富山県知事となったが、翌年二月辞任。同年憲政党に参加、ついで政友会に属したが、のち脱会。昭和九年(一九三四)十月八日没。八十六歳。 （関口 栄一）

いしだみきのすけ 石田幹之助 一八九一―一九七四 大正から昭和時代にかけての東洋史学者。明治二十四年(一八九一)十二月二十八日、忠三・房子の長男として千葉に生まれる。私立麻布中学校・第一高等学校を経て、大正五年(一九一六)東京帝国大学文科大学史学科を卒業。同学史学研究室副手、モリソン文庫主任、財団法人東洋文庫主事、財団法人国際文化振興会嘱託、同理事等を経て、日本大学および国学院大学教授となる。昭和四十三年(一九六八)十一月、日本学士院会員に選ばれ、同四十九年、東方学会会長になった。文学博士。昭和三十五年三月、フランス政府は日仏文化交流に対する貢献を高く評価して、Officier dans l'Ordre des Palmes Académiques に叙し、勲章を授け、同三十九年十一月、日本政府から、東洋史学の発展に尽くした功績により紫綬褒章を、同四十一年四月、勲三等瑞宝章を授けられた。博覧強記、その研究はアジア史のあらゆる分野に及び、著書・論文等の総数は四百に達しているが、中でも唐代の文化史、特に同時代を中心とする東西文化交渉史に優れた業績を挙げた。『長安の春』『唐史叢鈔』はそうした唐代文化の研究をやや平易な形で述べた論考を収めたものであるが、『東亜文化史叢考』に収められた合計三十七篇の論文は、題材の多様さと論証の精密さとにおいて、著者の学風を最もよく示している。一方、欧米・中国を中心とする諸外国の東洋学の研究や著名な学者の業績の紹介も、その力を尽くしたところの一つで、『欧人の支那研究』をはじめとする関係の著述が多い。しかしその学界に対する貢献として最も高く評価せられるべきものは、日本におけるアジア全域の人文・社会関係の書籍を最も多く、最も広く、そして最も組織的に集めている財団法人東洋文庫の経営の中心としての活動である。東洋文庫は、大正六年岩崎久弥が時の中華民国大総統の政治顧問モリソン G. E. Morrison の蔵書を買い取ってつくったモリソン文庫を拡充発展させ、同十三年財団法人としたものであるが、主として中国に関する欧米人の著作を中心にしたモリソンの蒐集を、アジアの全域に拡大し、さらに漢籍をはじめとする各国の原語で書かれた書籍を集めたもので、まさに東洋学研究の一大宝庫の観がある。氏はモリソン文庫の設立以来、昭和九年までその運営に尽瘁した。六十万冊を超える今日の蔵書の基礎をなす蒐集は、氏の努力に負うところが最も多い。同四十九年五月二十五日、急性肺炎のため東京都港区六本木の自宅で没す。八十二歳。南麻布光林寺に葬る。

参考文献 「石田幹之助博士略年譜・著作目録」(石田博士古稀記念事業会編『石田博士頌寿記念東洋史論叢』所収)、榎一雄『増訂長安の春』解説(『東洋文庫』九一)、『国史学』九四(石田幹之助博士追悼記事) （榎 一雄）

いしだもさく 石田茂作 一八九四―一九七七 大正から昭和時代にかけての仏教考古学者。瓦礫洞人と号す。明治二十七年(一八九四)十一月十日、信太郎・つまの長男として愛知県碧海郡矢作町(岡崎市矢作町)で生誕。大正十二年(一九二三)東京高等師範学校専攻科卒業。同十四年東京帝室博物館に奉職。昭和二十六年(一九五一)東京国立博物館学芸部長。ついで三十二年三月より四十年三月まで奈良国立博物館長を勤める。四十年から四十九年まで文化財保護委員会委員・文化庁文化財保護審議会委員。また四十五年以降、東京国立博物館評議員。一方、この間に正倉院・法隆寺・聖徳太子奉讃会・聖徳太子研究会・日本考古学会・日本考古学協会などの要職を兼務し、立正大学・東京文理科大学・竜谷大学などにも出講す。はじめ島地大等・三宅米吉・高橋健自らに師事し、のち仏教考古学の研究に多くの成果を挙げ、晩年仏教考古学に一つの組織化を与えた。学風は穏健かつ堅実・網羅的であり、平易な記述は説得力に富んでいる。昭和十六年文学博士。四十年朝日賞受賞。四十九年文化功労者に選ばれる。五十二年八月十日、肺炎のため東京都千代田区の同和病院で没したが、死の直前まで研究を続けていた。享年八十二歳。岡崎市梅園町の誓願寺に葬る。従三位となり、勲二等旭日重光章を受く。主な著書に『経塚』『(写経より見たる)奈良朝仏教の研究』『古瓦図鑑』『飛鳥時代寺院址の研究』『伽藍論攷』『校倉の研究』『仏教美術の基本』『日本仏塔』『聖徳太子尊像聚成』『仏教考古学論攷』などがある。

参考文献　石田茂作『随筆二つの感謝』、同「仏教考古学への道―七十年の思い出―」(『日本歴史考古学論叢』所収)、「石田茂作先生略歴幷著作目録」(『仏教考古学基礎資料叢刊』一)、『考古学雑誌』六三ノ二(故石田茂作博士追悼)、『考古学ジャーナル』一四三(石田茂作博士の軌跡)　(三宅　敏之)

いしだれいすけ　石田礼助　一八八六―一九七八　昭和の実業家。明治十九年(一八八六)二月二十日静岡県那賀郡江奈村(賀茂郡松崎町)に石田房吉の次男として生まる。同四十年東京高等商業学校を卒業、三井物産に入社、大連・シアトル・カルカッタ・ニューヨーク各支店長を歴任、昭和八年(一九三三)同取締役、同十一年常務取締役、同十四年代表取締役となった。物産常務安川雄之助が為替管理法をくぐって台湾電力社債をアメリカに輸出した事件当時はニューヨーク支店長で、三井財閥転向による安川退陣後の物産の統帥者となった。同十八年、交易営団設立とともに同営団総裁、戦後、公職追放令により隠退。同三十一年日本国有鉄道監査委員長。国鉄三河島事故・鶴見事故と大事故が続発する時期、国鉄の経営再建の任をおびて三十八年同総裁に就任、同四十四年まで在任した。在任中、国鉄東海道新幹線の開通をはじめ、国鉄合理化に取り組み、国鉄の経営に民間企業の経営方式を導入するなど試みたが、その経営にそそぐ情熱と経営感覚の古さとの矛盾があった。同五十三年七月二十七日没。九十二歳。　(大江志乃夫)

いじちすえやす　伊地知季安　一七八二―一八六七　江戸時代後期の鹿児島藩士。歴史家。諱は季彬、のち季安、通称小十郎、号潜隠、字子静。天明二年(一七八二)四月鹿児島城下に生まる。伊勢貞休の次男、小番家伊地知季伴の嗣となる。文化五年(一八〇八)近思録崩れに坐し、喜界遠島。同八年九月赦免、帰国ののちも同十二年九月まで閉居謹慎を命ぜられ、その後も役障(仕途の禁)の逆境に置かれた。弘化四年(一八四七)九月その学識を買われ、役障を解かれて軍役方掛となり、嘉永五年(一八五二)記録奉行、累進して慶応三年(一八六七)正月には用人に進んだが、引き続き記録方勤で、同年八月三日没。八十六歳。墓は鹿児島市冷水町興国寺墓地。『薩藩旧記雑録』(前編四十八巻・後編百二巻)は彼が文化末年ごろより没年に至るまで苦辛して編集した鹿児島藩の根本史料で、追録百八十二巻・付録三十巻は子季通が明治三十年(一八九七)ごろまで続輯して父の遺志を完成した。この父子二代八十年間の業績は言語を絶した不遇の中の超人的所産で、今日これを措いて鹿児島藩史研究は成り立たない。彼の史料蒐集の努力は一面において『漢学紀源』『薩州唐物来由考』『南聘紀考』『西藩田租考』『薩隅日田賦雑徴』『管窺愚考』『寛永軍徴』『近秘野草』『御当家様就一向宗御禁制愚按下書』『狩夫銀御旧法記』『差杉来由私考』『島津家正統系図』など多くの考証的著作として遺され、無量の余沢を与える。

参考文献　『鹿児島県史』、伊地知季通編『伊地知季安伝』　(原口　虎雄)

いじちまさはる　伊地知正治　一八二八―八六　明治時代前期の政府官僚。旧鹿児島藩出身。文政十一年(一八二八)六月一日生まれる。政局に登場したきっかけは、明治元年(一八六八)の戊辰戦争で東山道先鋒総督参謀となり、江戸攻撃の「東征軍」指揮者として活躍したことにあった。この結果、「東北平定ノ功」により、永世禄高千石を下賜された。その後、同五年に、教部省御用掛として、官僚の第一歩をふみ出し、同七年には、参議兼地方官会議議長をつとめ、翌年に一等侍講、修史局副総裁となった。さらに、同十年には、修史館総裁に昇進している。同十七年に伯爵をうけ、また、同十九年には、宮中顧問官をもつとめた。同年五月二十三日に死去。五十九歳。墓は東京都港区の青山墓地にある。なお、戊辰戦争の従軍日記として『伊地知正治日記』があり、維新史の研究史料として役にたつ。　(石塚　裕道)

いしづかえいぞう　石塚英蔵　一八六六―一九四二　明治から昭和時代前期にかけての植民地官僚。慶応二年(一八六六)七月、会津藩士石塚和三郎の長男として生まれる。明治二十三年(一八九〇)帝国大学法科大学政治学科卒。法制局参事官兼書記官、韓国議政府顧問官、台湾総督府参与官長を経て、三十四年同総務局長、三十八年から四十年まで関東州および関東都督府民政長官を歴任。以後朝鮮に転じ、統監府参与官、同総務長官代理、総督府取調局長官を経て、四十五年同農商工部長官となる。大正五年(一九一六)貴族院議員に勅選され、はじめ茶話会に所属、のち同和会の結成に参画。同年から十二年まで東洋拓殖会社総裁に任ぜられる。昭和四年(一九二九)から六年まで台湾総督、九年枢密顧問官となる。昭和十七年七月二十八日死去。七十七歳。　(成沢　光)

いしづかじゅうへい　石塚重平　一八五五―一九〇七　明治時代の政治家。安政二年(一八五五)十月、信濃国佐久郡小諸(長野県小諸市)に生まれる。副戸長などをつとめ、自由民権運動に参加。明治十八年(一八八五)十一月大阪事件で拘引、軽禁錮一年半。二十二年二月大赦出獄、大同団結運動に参加、のち自由党を経て政友会に属し、長く幹事の地位にあった。その間、衆議院当選四回。三十三年十月から翌年五月にかけて、伊藤内閣の渡辺蔵相のもとで官房長をつとめた。三十六年四月総裁専制反対を唱えて政友会を除名された。同四十年八月十二日没。五十三歳。（関口 栄一）

いしばししょうじろう 石橋正二郎 一八八九―一九七六 昭和時代の実業家。明治二十二年（一八八九）二月二十五日福岡県久留米の仕立屋の次男に生まれる。同三十九年久留米商業学校を卒業、家業をつぎ、兄徳次郎と共に足袋専業の機械生産を始めた。大正七年（一九一八）日本足袋会社を創立、同十二年ゴム工業に転業して地下足袋を創製、労働用のはきものとして大いにあて、昭和三年（一九二八）にはゴム靴専門工場を建設、翌年には自動車タイヤの国産化を計画し、同六年ブリヂストンタイヤ会社を創立し、以後軍需生産で発展の一途をたどった。日本足袋は同十二年に日本ゴムと改称、同二十二年、集中排除法により日本ゴム社長を退任、以後ブリヂストンの経営に集中、日本ゴム工業会会長・日経連常任理事・日本合成ゴム社長・プリンス自動車工業社長などの地位についた。政治的には鳩山一郎の後援者として活躍、文化事業ではブリヂストン美術館・石橋文化センター・石橋財団を創設した。同五十一年九月十一日没。八十七歳。

参考文献 石橋正二郎『私の歩み』、日本経済新聞社編『私の履歴書』三（大江志乃夫）

いしばしたろべえ 石橋太郎兵衛 一八四九―一九二二 千葉県九十九里椎名内村の網元兼農業者、改良揚繰網の発明者であるという。九代目太郎兵衛は明治二十一年（一八八八）、東京内湾で使用されていた六人網からヒントを得て、改良揚繰網を発明したという。旧来改良揚繰網の発明者は同村の千本松喜助であるとされてきたが、後に真の発明者は太郎兵衛であると、その子孫たちが昭和十年代から訴え続けている（十九年八月二日『日本水産新聞』に中村吉次郎寄稿、石橋定治郎『揚繰網発明の真相』）。大正十一年（一九二二）七月二十七日没。七十四歳。

参考文献 山口和雄『日本漁業史』、日本常民文化研究所編『日本漁民事績略』（『常民文化研究』七三）、水産庁水産資料館編『漁船動力化前におけるあぐり・巾着網漁業技術の発達』（二野瓶徳夫）

いしばしたんざん 石橋湛山 一八八四―一九七三 大正・昭和時代の経済評論家、政治家。明治十七年（一八八四）九月二十五日東京に生まれた。父杉田日布は日蓮宗僧侶でのち身延山久遠寺八十一世法主となった。石橋は母方の姓。小・中学校時代は山梨ですごし、のち上京して四十年早稲田大学文学部卒、東京毎日新聞記者を経て四十四年東洋経済新報社に入社。以後次第にその自由主義的論説で知られ、帝国主義批判の立場を強めた。大正十三年（一九二四）主幹、昭和十四年（一九三九）社長に就任した。第二次大戦後は二十一年四月の総選挙で日本自由党から東京で立候補して落選したが、五月の第一次吉田内閣の成立にあたっては、大蔵大臣に起用された。石炭など基礎物資の増産のためには補給金の支出を惜しまないというインフレ的財政政策をとり、また二・一ストに向かう労組との交渉に活躍、内閣の実力者と目され、二十二年四月総選挙で静岡から当選したが、六月GHQの指示で公職追放された。蔵相として過大な終戦処理費に抵抗したのがその原因と評された。二十六年六月追放解除となり自由党にもどると反吉田派の中心となり、自由党から除名されたり、分党派自由党に参加するなど活躍、二十九年改進党との合同による日本民主党の結成にあたっては、最高委員の一人となった。第一次・第二次鳩山内閣の通産大臣に就任、ついで保守合同後の第三次鳩山内閣にも留任した。日ソ国交回復を機に鳩山首相が引退の意をあらわしたのち、三十一年十二月十四日の自由民主党大会では岸信介・石井光次郎と総裁の座をあらそい、第一回投票では二位にとどまったが、決選投票では七票の差で岸を破って総裁となり、首相の指名を得て十二月二十三日石橋内閣を組織した。しかし翌三十二年一月二十四日病に倒れ、長期療養の必要のため二月二十三日辞職した。以後は中ソ両国との親善に努力、三十四年九月には訪中して周恩来首相と共同コミュニケを発表、また三十五年六月には新安保条約批准案の強行採決に反対して東久邇・片山の両元首相とともに岸首相に退陣を勧告するなどの活動を行い、さらに三十五年から三十七年にわたり日ソ協会会長をもつとめた。四十八年四月二十五日、脳硬塞のため死去。八十八歳。『湛山回想』、『石橋湛山全集』全十五巻がある。

参考文献 志村秀太郎『石橋湛山』（古屋 哲夫）

いしばしにんげつ 石橋忍月 一八六五―一九二六 明治・大正時代の文芸評論家、小説家。本名友吉。萩の門・福洲学人・筑水漁夫（史）・気取半之丞などの号がある。慶応元年（一八六五）九月一日、筑後国上妻郡湯辺田村（福岡県八女郡黒木町）に父石橋茂・母ふくの三男として生まれ、のち、上妻郡福島町の叔父石橋養元の養嗣子になった。明治二十四年（一八九一）七月帝大法科大学を卒業。同年内務省にはいったが、翌年辞任、同二十六年には『北国新聞』顧問に招かれ金沢に行った。帰京後弁護士となったが同三十二年には長崎地方裁判所判事となって赴任し、没年まで長崎に在任した。帝大在学中からレッシング・ゲーテ・シラーなどに親しみ文学への目を開き、坪内逍遙の『妹と背鏡』、二葉亭四迷の『浮雲』などを論じた清新な筆触で認められた。『女学雑誌』『江湖新聞』『国会』『国民之友』などを舞台に活躍した。森鷗外の『舞姫』『うたかたの記』『文づかひ』をめぐって鷗外と論争し評論の地位を高めた。小説に『捨小舟』『お八重』『露子姫』『辻占売』『惟任日向守』などがあるが、『想実論』『戯曲論』など浪漫的批評に本質が認められる。大正十五年（一九二六）二月一日没。六十二歳。郷里福島町（八女市）の無量寿院に葬られた。

参考文献 高橋由美子他「石橋忍月」(『近代文学研究叢書』二四所収) (長谷川 泉)

いしばしまさかた 石橋政方 一八四〇—一九一六 幕末・明治時代のオランダ通詞、外務省官吏。天保十一年(一八四〇)三月生まる。七代目助左衛門の曾孫にあたる。はじめ助十郎といった。嘉永元年(一八四八)稽古通詞、安政二年(一八五五)小通詞末席、同六年神奈川詰、以後神奈川奉行支配として外交交渉に多く参与して次第に立身し、元治元年(一八六四)には御勘定格通弁御用頭取となる。明治元年(一八六八)以降新政府に出仕し外国官一等訳官・外務大訳官・同権少丞・同大書記官等々を歴任し、同二十六年三月官を辞す。その間早くから英語を習得し、万延二年(一八六一)には啓蒙的な会話書ともいうべき『英語箋』(二冊)を著わしている。幕末から明治にかけて英語の通訳および翻訳方として外交交渉に尽くすところが多かった。大正五年(一九一六)十二月二十六日没。七十七歳。文学者石橋思案は政方の長男である。 (沼田 次郎)

いしばしわくん 石橋和訓 一八七六—一九二八 明治・大正時代の洋画家。島根県に生まれ、はじめ滝和亭について日本画を学んだが、のち転じて洋画を専攻し、明治三十六年(一九〇三)イギリスに渡り、同四十年ロイヤル=アカデミーを卒業、大正七年(一九一八)帰国した。この間明治四十一年の第二回文展に「ものおもい」を、翌年の第三回文展に「美人読書」を出品してともに三等賞をうけ、大正七年文展推薦となった。大正十年から同十三年にかけては再びイギリスに滞在したが、帰国の年の第五回帝展から審査員をつとめた。彼はロイヤル=ポートレイト=ソサイエティーの会員でもあり、イギリスでも認められていたが、その作風は英国官学派の堅実な描写を特徴とし、多くの名士の肖像画を残した。昭和三年(一九二八)五月三日没。五十三歳。 (富山 秀男)

いしはらかんじ 石原莞爾 一八八九—一九四九 大正・昭和時代前期の陸軍軍人、日本ファシズムを代表する一人。明治二十二年(一八八九)一月十八日山形県西田川郡鶴岡町日和町(鶴岡市日吉町)に啓介・鉦井(かねい)の三男として生まれた。明治三十五年九月仙台地方幼年学校に入学、同三十八年七月首席で卒業。中央幼年学校を経て四十年十二月陸軍士官学校入学、四十二年五月卒業(二十一期、卒業成績七番)。大正四年(一九一五)十一月陸軍大学校入学、同七年十一月卒業(三十期。二番、恩賜の軍刀)。八年国府銻子と結婚、九年日蓮信仰に入る(田中智学の国柱会の会員となる)。同十年陸大兵学教官。十一年から十四年にかけてドイツに出張、戦争史研究に従事した。帰朝してのち陸大で戦史を講義、その独自な終末論・世界最終戦論の基本構想(「人類前史」を総括する世界大戦ののち、人類は「黄金世界」に入ってゆくという考え)を明らかにした。昭和三年(一九二八)十月二十日、関東軍参謀(作戦主任)として旅順に着任した。これ以後、世界最終戦の直接的先駆たる「東亜大持久戦」の口火を切るものとしての満洲事変惹起のために、種々準備するところがあった。六年から七年にかけて、満洲事変の軍事的ならびに政治的展開を指導した主役として、板垣征四郎高級参謀とともに大活躍した。満洲事変・満洲国設立は、石原莞爾の生涯における最も主要な業績の一つである。八年八月一日歩兵第四(仙台)連隊長。十年八月一日、参謀本部作戦課長の要職に就く。十一年、二・二六事件の勃発にあたっては、戒厳参謀(作戦主任)を兼勤して、事態収拾のために働いた。同年六月参謀本部に戦争指導課を新設、みずから初代課長に就任した。この前後石原は、その抱懐する「昭和維新論」の具体的実現に乗り出すようになった。その第一は、宮崎正義らの日満財政研究会の研究を基礎として産業の飛躍的発展・生産力の大拡充計画案を作成したことである。石原によれば、このような「産業革命」を経て経済力が充実したときはじめて、日本は来たるべき最終戦に勝つことができるのであった。したがって、それまで不戦・提携などの外交・軍事政策が採られるべきとされた(以上は陸軍部内で正式決定をみた)。第二に、このような外交・軍事・経済などにわたる「戦争指導計画」を実施するために、吾党内閣の樹立が企図された。昭和十二年、浅原健三・十河信二・片倉衷ら石原派はこの目的で画策した。その結果、宇垣内閣を流産させたが、吾党内閣の設立にはついに成功しなかった。この年七月盧溝橋事件が勃発し、石原作戦部長(十二年三月就任)は不拡大を唱えたが容れられなかった。同年九月関東軍参謀副長に転出、十四年留守京都師団長に補任、十六年予備役に編入された。この前後から、東亜聯盟運動に次第に没頭した(十四年九月、東亜聯盟協会結成)。二十四年八月十五日山形県飽海郡高瀬村西山(遊佐町)に死去。六十一歳であった。著書に『戦争史大観』、『世界最終戦論』(講演速記)などがある。

参考文献 角田順・稲葉正夫編『石原莞爾資料—国防論策—』、同編『石原莞爾資料—戦争史論—』、小林竜夫・島田俊彦編『満洲事変』(『現代史資料』七)、小林竜夫・島田俊彦・稲葉正夫編『続満洲事変』(同一一)、稲葉正夫他編『日中戦争』一—五(同八—一〇・一二・一三)、日本国際政治学会太平洋戦争原因研究部編『太平洋戦争への道』別巻資料篇、藤本治毅『人間石原莞爾』、山口重次『悲劇の将軍石原莞爾』、西郷鋼作『石原莞爾』、榊山潤『石原莞爾』、松沢哲成『石原莞爾と世界最終戦論—満洲事変前後の日本ファシズム運動—』(『社会科学研究』二二ノ三・四) (松沢 哲成)

いしはらけん 石原謙 一八八二—一九七六 大正・昭和に活躍したキリスト教史研究者。明治十五年(一八八二)八月一日、東京本郷区本郷四丁目に、父量、母ちせの次男として生まる。牧師の子として当時珍しいキリスト教的家庭にそだった。同三十七年七月、第一高等学校を卒業、東京帝国大学文科大学史学科に入学したが翌年哲学科に転科、同四十年七月卒業して同大学院に進み、ケーベルの指導をうける。四十五年七月、大学院に卒業論文「アレクサンドリアのクレメンスの哲学」を提出。大正七年(一九一八)九月、同文科大学講師、同十年四月、文学博士の学位をうけ、同年八月、東京帝国大学助教授に就任。この間、同年四月より十二年十月まで文部省在外研究員としてヨーロッパ留学、ドイツのハイデルベルク大学、スイスのバーゼル大学に学ぶ。帰国後、東京帝国大学文学部哲学第二講座分担。大正十三年七月、新設間もない東北帝国大学法文学部教授に就任、哲学第二講座を分担し、キリスト教思想史の講義を試みた。昭和十五年(一九四〇)九月、同大学を辞任後、東京女子大学長・青山学院大学教授、また日本基督教学会初代理事長・日本基督教団常議員・中世哲学会初代委員長ならびに会長などを歴任。昭和二十八年、日本学士院会員。三十七年十一月文化功労者として顕彰された。同四十一年四月、病気のため一切の公職を辞任。同四十七年刊行の『ヨーロッパ・キリスト教史』(上・下二巻)は、大学卒業以来六十余年の宿願である「キリスト教とは何か」の問を、キリスト教の歴史を通して解することを目標としている。石原は、先学の波多野精一の開拓した道をさらに固める役割を果たした。同四十八年十一月、文化勲章をうける。ハイデルベルク大学名誉神学博士、東北大学名誉教授、信濃町教会名誉長老。同五十一年七月四日順天堂大学附属病院で没。九十三歳。八王子市元八王子町の南多摩霊園に葬られる。著書として、前記のほかに『基督教史』『中世キリスト教研究』『日本キリスト教史論』などがある。

[参考文献] 加藤武編「石原謙略年譜・業績目録」(『中世思想研究』一八)
(高橋　昌郎)

いしはらしのぶ　石原忍　一八七九―一九六三　大正・昭和時代の眼科医師。明治十二年(一八七九)九月十五日、石原氏基とレイ(金森氏)の長男として東京に生まれる。同三十八年東京帝国大学医科大学卒業後、陸軍に入り、大正十年(一九二一)には、陸軍一等軍医正、同十五年には陸軍軍医監となる。その間大正元年より二年間ドイツに留学。同十一年には東京帝国大学教授となり眼科学講座を担任した。色盲についての研究は著名で、その考案になる石原式色盲検査表は第十三回国際眼科学会(一九二九)で推薦を受けた。昭和十五年(一九四〇)東京帝大を停年退職。翌十六年「色神及び色盲の研究」で帝国学士院賞受賞、同三十二年には日本学士院会員となる。また新国字研究にも努力し、三十年「ローマ字式カナ文字」を作成発表した。これよりさき二十一年来、静岡県賀茂郡下河津村に眼科医院を開業し三十二年同村長より名誉村民に推された。同三十八年一月三日死去。八十三歳。墓は東京都新宿区西新宿の常円寺にある。著書に『近世眼科処方集』がある。

[参考文献] 石津寛編『石原先生』、『臨床眼科』一七ノ五(故石原先生を偲ぶ)、石原忍「回顧八十年」(『東京医事新誌』七六ノ一一、七七ノ一・三)
(大塚　恭男)

いしはらじゅん　石原純　一八八一―一九四七　大正・昭和時代の理論物理学者、歌人。明治十四年(一八八一)一月十五日東京に生まれる。同三十九年、東京帝国大学理科大学理論物理学科卒。陸軍砲工学校教官を経て同四十四年、東北帝国大学理科大学が創設されるやその助教授に任ぜられた。翌大正元年(一九一二)海外留学の途に上り、ドイツおよびスイスの諸大学に遊ぶ。同三年帰国。東北帝国大学教授となる。その前後を通じて、『アンナーレン＝デァ＝フィジーク』『フィジカリッシェ＝ツァイトシュリフト』などの専門誌に相対性原理や量子論の研究を発表し、その世界的な、精彩ある成果により日本においても同八年、「相対性原理・万有引力論および量子論の研究」のテーマで帝国学士院から恩賜賞を受けた。一方、石原は歌人としても知られ、「日光」と呼ぶ短歌集団を主宰した。その集団員である一女性と恋愛事件を起し、そのため同十年、突然大学教授の職を追われた。その後の石原は全く民間の科学者であった。翌十一年、アインシュタインが来日した際には博士に同行して各地における講演に通訳の労をとり、その後は岩波書店を拠点に執筆・著作・編集・出版の方面で、その几帳面な仕事を進めた。科学の啓蒙家としては思想的に中立的な弱さもあったが、科学解説者としては他に求めることのできない深さと重厚さがあり、文章も平易で一種の気品さえあった。第二次大戦の暗雲がひろがり、国内ではきびしい思想統制が強行されたが、石原はいささかもその非科学的、非合理的統制に煩わされるところがなかった。昭和二十年(一九四五)の暮、交通事故で重傷を負って、療養中の同二十二年一月十九日に没した。年六十七。後半生が科学の著作家であったため、著書は多い。初期の学術論文としては、「光量子の理論によせて」(明治四十四年)、「運動可秤物体における最小作用の原理について」(大正二年)、「重力の相対性理論」(同四年)、「作用量子の普遍的意義」(同年)、「量子説と水素原子スペクトル」(同年)があり、著書には『相対性原理』(同十二年)、『自然科学概論』(昭和四年)、ほかに歌集『靉日』などがある。

[参考文献] 木俣修他編『人と作品現代文学講座』五、三枝博音「石原純―科学の心と詩の心―」(朝日ジャーナル編『日本の思想家』三所収)
(岡　邦雄)

いしはらひろいちろう　石原広一郎　一八九〇―一九七〇　大正・昭和時代の実業家、国家主義者。京都生まれ。立命館大学卒業ののち、弟二人とともにマライに渡航、ゴム園・貿易などに従事しつつジョホールに鉄鉱山を発見、台湾銀行の中川小十郎らの援助のもとに開発、南洋鉱業公司(のちに石原産業海運株式会社)を創設した。鉄鉱石を八幡製鉄に納入、のちにはボーキサイトにも手をのばし、開発地帯もフィリピン・海南島にのび、内地にも二、三の鉱山を所有するに至った。一方、彼には陸軍軍人および右翼との交際が生じ、五・一五事件の前には大川周明に資金を与え、また二・二六事件の際には斎藤瀏を通じて栗原安秀に千円を与えたが、「証憑十分ナラズ」無罪となった。その後も軍との協力で南方に進出、敗戦後東京裁判ではA級戦犯容疑で東京巣鴨拘置所に収容、昭和二十三年(一九四八)釈放された。以後は再び実業界にもどり、鉱山のほか、化学工業・チタンなどにも進出、南方の開発にも手をのばしている。自著として『創業三十五年を回顧して』がある。昭和四十五年四月十六日没。

参考文献 『二・二六事件判決原本』、和田日出吉『二・二六以後』、斎藤瀏『二・二六』 (中村 隆英)

いしはらゆうじろう 石原裕次郎 一九三四—八七 昭和時代後期の映画俳優。昭和九年(一九三四)十二月二十八日、神戸市に生まれる。慶応義塾大学中退。兄の石原慎太郎の小説『太陽の季節』の映画化で俳優として同三十一年にデビュー。兄が小説で描いたいわゆる太陽族のモデルとして好奇心の眼で見られたが、まもなくさっそうとしたアクションもののスターとして大きな人気を得るようになった。その人気の爆発的な大きさは、彼の所属する日活撮影所の企画の傾向を一新させ、彼の亜流をつぎつぎと生み出したほどであって、文字どおりスターとして一つの時代を画したといえる。代表作には「狂った果実」(三十一年)、「嵐を呼ぶ男」(三十二年)、「錆びたナイフ」(三十三年)、「憎いあンちくしょう」(三十七年)、「太平洋ひとりぼっち」(三十八年)などがあり、この時代のカッコイイといわれる青年の代表と目された。昭和六十二年(一九八七)七月十七日没。五十三歳。 (佐藤 忠男)

いしみつまきよ 石光真清 一八六八—一九四二 明治・大正時代の大陸浪人。明治元年(一八六八)八月三十一日、熊本藩士の子として熊本城下に生まれる。はじめ陸軍に入ったが、日清戦争後ロシア研究を志し、大陸に渡って諜報活動にたずさわった。同三十四年大尉で軍職を離れ満洲・シベリアを広く放浪し大陸浪人としての数奇な生活を送ったが、日露戦争・シベリア出兵にはそれぞれ召集されて従軍した。その生涯を克明な手記として綴ったのち、昭和十七年(一九四二)四月十五日東京で没した。七十五歳。その嗣子真人が父の手記を整理し『城下の人』『曠野の花』『望郷の歌』『誰のために』の四部作として発表し、明治期青年のロマンティシズムの一つの典型として評価が高かった。大陸進出の尖兵としての役割を果たした謀略諜報関係者の一人であり、岡本柳之助などと同じ軍人出身の大陸浪人である。弟真臣も陸軍に入り中将に進んだ。 (藤原 彰)

いしもだしょう 石母田正 一九一二—八六 昭和時代の日本史学者。大正元年(一九一二)九月九日、父正輔・母まつの次男として札幌に生まれ、宮城県牡鹿郡石巻町(石巻市)に育つ。第二高等学校を経て、昭和六年(一九三一)東京帝国大学文学部西洋哲学科に入学、九年国史学科に転科、十二年卒業。冨山房・朝日新聞社勤務などののち、二十三年法政大学法学部教授、五十六年退職。昭和十三年ころから渡部義通を中心に、松本新八郎・藤間生大らとともに、日本古代・中世史を、史的唯物論の立場から共同研究し、古代の戸籍の史料批判・分析にもとづく古代家族論・奴隷制論にかかわる論文をつぎつぎに発表した。十九年十月からほぼ一ヵ月で、『中世的世界の形成』を執筆、第二次世界大戦敗戦後の二十一年六月刊行。伊賀国の黒田荘という一荘園を舞台として、領主東大寺の専制的支配とそれに対抗する在地領主・民衆の抵抗を軸に、古代から中世への曲折にみちた移行過程を、広い視野と堅牢な理論をふまえ、みごとな歴史叙述として描きだし、人文・社会科学の諸分野に大きな影響を与え、戦後歴史学の出発点を築いた。その後、二十一年には『古代末期政治史序説』、四十六年には『日本の古代国家』を刊行。特に後者は、日本の古代国家の成立を、東アジア国際関係の中で、広い視野からとらえるとともに、律令国家の専制支配の基盤的階級関係を首長制としてとらえるなど、新鮮な視野と理論によって論じ、古代国家研究の新しい枠組を提示した。石母田は、このように史的唯物論とその柔軟な解釈、また克明な実証によって、古代・中世史の水準を引き上げるとともに、ゆたかな哲学的、文学的資質にもめぐまれ、『古事記』を題材とした「古代貴族の英雄時代—古事記の一考察—」(石母田・太田秀通共著『論集史学』、昭和二十三年)や『平家物語』(三十二年)など文化史・思想史にわたる労作も発表した。さらに、戦後いち早く、民主主義科学者協会・日本文化人会議の創設に参加し、あるいは歴史学研究会の編集長をつとめるなど、科学運動にも積極的にとりくんだ。特に一九五〇年代初頭の国民的歴史運動は、歴史学をアカデミズムの拘束から解放し、民衆が足もとから身近に歴史を掘りおこしてゆくことを通じて歴史意識を高めてゆく道を示したもので、その間に書かれた諸論稿を集成した『歴史と民族の発見』(昭和二十七年)、『続歴史と民族の発見』(二十八年)は、多くの若者の精神を鼓舞した。四十八年難病にかかり、長い闘病生活を強いられた。六十一年一月十八日没。七十三歳。東京都八王子市の高尾霊園に葬る。没後、『石母田正著作集』全十六巻(岩波書店)が刊行された。

参考文献 『歴史評論』四三六(特集・石母田正氏の人と学問)、吉田晶・石井進「石母田正氏の学問と生涯」(『歴史学研究』五五六) (永原 慶二)

いしもとしんろく 石本新六 一八五四—一九一二 明治時代の軍人、政治家。安政元年(一八五四)正月二十日姫路に生まる。陸軍士官学校第一期工兵科士官生徒として卒業し、爾後工兵科の秀才として累進した。明治三十年(一八九七)九月大佐をもって初代の築城本部長に補せられたが、三十五年四月少将のとき、陸相寺内正毅に抜擢されて、陸軍総務長官(やがて陸軍次官と改称)に補せられた。この職において日露戦争を終始し、戦後の四十四年八月、寺内に替わって第二次西園寺内閣の陸相に任ぜられた。時に当面した国政の大問題は、朝鮮二個師団増設問題であって、日露の再戦を予想する陸軍としては、この増師を絶対に必要としたのに反し、財政としては、日露戦争後の財政難を処理するため、増師案は容れられないものであった。この難境に立った石本は、苦悩によって健康を害し、明治四十五年四月二日没した。年五十九。東京谷中墓地に葬られる。さきに戦功により男爵を授けられた。　（松下 芳男）

いしもとみしお　石本巳四雄　一八九三―一九四〇　大正・昭和時代の地震学者。明治二十六年（一八九三）九月十七日東京に生まれる。大正六年（一九一七）東京帝国大学理科大学実験物理学科卒。工科大学造船学科に勤務、同八年三菱造船研究所に転じた。翌九年から十三年までフランスに留学、帰国の翌年、地震研究所の創立とともに、東京帝国大学助教授となる。昭和八年（一九三三）初代所長末広恭二の後をうけて地震研究所長となる。同十五年二月四日没。四十八歳。業績の代表的なものはまずシリカ傾斜計（昭和四年）があげられる。これは小型のシリカ製水平振子を主体としたもので、特徴は従来の金属製水平振子と異なり、気温や湿度の変化の影響を受けないので長期にわたる地殻傾斜を記録することができる。また加速度計を考案、これはシリカ傾斜計との関連において行われたもので、各種建造物や自動車・列車の振動測定を目的として作られ、これによって石本は今日の地震工学の基礎を築いた。ほかにも地震の原因についての考案がある。　（岡 邦雄）

いしやまけんきち　石山賢吉　一八八二―一九六四　大正・昭和時代の出版事業家。明治十五年（一八八二）一月二日新潟県西蒲原郡曾根村（西川町）に生まる。県下白根町郵便局電信技手などを勤めたのち同三十六年五月上京、日本大学法学部別科に一時在籍、翌三十七年一月慶応義塾商業学校ならびに正則英語学校に学び、同三十九年右商業学校を卒業。在学中から勤務した『三田商業界』およびその後身たる『実業之世界』などの記者を経て、福沢桃介の後援を得て、大正二年（一九一三）五月、経済雑誌『ダイヤモンド』を創刊、これが実業界の歓迎を得て、関東大震災、太平洋戦争中の苦難を乗り越えて、現在のダイヤモンド社たらしめた。『ダイヤモンド』が会社の業績、特に決算報告の分析において類似雑誌を一頭地を抜いて好評を得たことが、その発展の主因といわれている。昭和三十九年（一九六四）七月二十三日没す。八十二歳。著書中『決算報告の見方』は特に有名。

参考文献　石山賢吉『回顧七十年』　（西田 長寿）

いじゅういんごろう　伊集院五郎　一八五二―一九二一　明治・大正時代の海軍軍人。嘉永五年（一八五二）九月二十八日、鹿児島に生まれる。明治四年（一八七一）に海軍兵学寮に入ったが、学業半ばにして台湾出兵および西南戦争に出征し、卒業しないでイギリスの海軍兵学校に入学し、十六年に卒業して帰朝した。のち再びイギリスの海軍大学校に学び、海軍の新知識として、部内に重要視され、海上勤務に服すること少なく、多くは海軍軍令部勤務であった。日清戦争には少佐で大本営海軍部参謀、日露戦争には中将で海軍軍令部次長として、帷幄に参した。その間三十三年に伊集院信管を発明したが、これは日露戦争に効を奏した。日露戦争後第二および第一艦隊司令長官、四十年九月に功により男爵を授けられた。同四十二年十二月一日に海軍軍令部長に補せられ、翌年十二月大将に進んだ。そして大正三年（一九一四）四月に軍事参議官に転じたが、六年五月二十六日に元帥府に列せられた。戦場に臨まないで、元帥たることは異例である。同十年一月十三日に没した。七十歳。墓は東京都港区の青山墓地にある。　（松下 芳男）

いじゅういんひこきち　伊集院彦吉　一八六四―一九二四　明治・大正時代の外交官、政治家。鹿児島県士族。元治元年（一八六四）六月十九日、薩摩国鹿児島に生まれる。明治二十三年（一八九〇）七月、帝国大学法科大学を卒業し、同月、石井菊次郎らとともに外務省試補となり、二十六年九月芝罘在勤副領事、釜山・仁川各領事を経、三十四年天津領事、翌年総領事に昇任、三十七年七月牛荘兼任領事、四十年二月大使館参事官に任ぜられ、英国在勤、四十一年六月清国公使となり、小村・内田・牧野外相らのもと、大正二年（一九一三）七月山座円次郎公使に替わるまで五年間、日露戦争後の満洲問題諸懸案についての日清交渉、明治四十四年の「辛亥革命」およびその後における日中間外交の衝にあたる。小村外相は、後継者として伊集院と山座を嘱目していた。大正三年一月中国駐劄を免ぜられ、その後一時臨時外務省の事務に従事。同五年二月イタリア大使となり、在任中八年一月、パリ平和会議の講和全権委員としてパリに出張、西園寺・牧野・珍田・松井各全権委員と協力する。同十年外務省の初代情報部長。同十一年関東長官。同十二年九月十九日第二次山本権兵衛内閣の外務大臣に就任。翌年一月内閣総辞職により辞任し、四月二十六日病死。六十一歳。墓は東京都港区青山墓地にある。

参考文献　外務省編『小村外交史』、伊集院彦吉一周年追悼会編『故男爵伊集院彦吉追悼誌』、故伊集院男爵十周年忌追悼会編『（伊集院彦吉男 青木宣純将軍）追悼録』、信夫淳平『外交側面史談』　（栗原 健）

いしわたそうたろう　石渡荘太郎　一八九一―一九五〇　昭和時代の政治家、官僚。明治二十四年（一八九一）十月九日、司法官僚石渡敏一の長男として東京橋に生まれる。大正五年（一九一六）東京帝国大学法科大学卒。同年大蔵省に入り、主として税務に関係し主税局長、大蔵次官を経て、昭和十四年（一九三九）一月平沼内閣成立に際し、大蔵大臣に就任。ついで翌年一月、米内内閣の内閣書記官長となり、さらに、十六年三月、大政翼賛会事務総長となった。その後十九年二月に東条内閣、同年七月に小磯内閣の大蔵大臣をつとめ、二十年二月には再び内閣書記官長となり、また二十年六月に宮内大臣となって終戦処理にあたった。その間、昭和十五年七月から二十年六月まで貴族院議員(勅選)在任。このように多面な政治的活動は注目すべきであり、官僚出身者としては異色であった。その政治行動の一面は石渡が近衛文麿と学友であり、父が司法次官・内閣書記官長・貴族院議員・枢密顧問官であって文麿の父篤麿と親交が深かったことと関係する。ことに彼は文麿の期待を容れることが多かった。平沼内閣の政治課題は近衛内閣から持ち越された日独伊三国同盟締結の可否であったし、のちの米内内閣の書記官長でもこの問題に取り組み、その決定を延ばした。東条内閣末期の大蔵大臣就任は対外経済問題のためであり、小磯内閣に引き継がれて留任した。この調整役が二十年二月に繆斌事件に処して大蔵大臣から内閣書記官長に移るという異例の人事に発展し、とらわれない性格に対する嘱望が次に宮内大臣へと道をつけた。第二次世界大戦後、公職追放となり、二十五年十一月四日没す。五十九歳。

参考文献 有竹修二『石渡荘太郎伝』 (西村紀三郎)

いしわたりしげたね 石渡繁胤 一八六八―一九四一 明治から昭和時代の養蚕学者。明治元年(一八六八)、神奈川に生まれる。同二十五年七月、帝国大学農科大学を卒業ののち、農商務省技師・京都蚕業講習所技師を経て、四十一年、同講習所所長に就任。のち、原蚕種製造所技師になり、大正十一年(一九二二)から昭和五年(一九三〇)三月まで、東京帝国大学農学部講師を務める。なお、東京農業大学教授をも歴任した。この間、蚕の形態・生理に関する研究を行い、特にその雌雄鑑別法ですぐれた業績を修め、帝国発明協会から表彰され、これによって農学博士を授与される。なお、同時に報告された副論文、卒倒菌の研究も日本における最初の分離として評価されている。また、蚕業会との連絡も密で、『大日本蚕業会報』に多くの啓発記事を発表した。昭和十六年八月十八日脳軟化症のため死去。七十四歳。外山亀太郎との共著『実験蚕体解剖』(明治二十九年)がある。 (鈴木善次)

いずのちょうはち 伊豆長八 一八一五―八九 幕末・明治時代前期の泥鏝細工師。乾道または天祐と号す。伊豆松崎(静岡県賀茂郡松崎町)の入江を姓とする農家に生まれ、十二歳のころより左官の業につく。のち江戸に出て鏝細工師として名をあげ、左官播磨屋の養子になり十代目金兵衛を嗣ぐが、伊豆長八の名で呼ばれていた。絵事を修練して漆喰薄肉彫の彩色や、また漆喰像を造ることに長じて、茅場町薬師堂の建築装飾をはじめ、伊豆浄感寺、成田山などの装飾や漆喰像の製作に従事したが、明治十年(一八七七)第一回内国勧業博覧会に漆喰細工の画額と手炉を出品、褒状ももらっている。翌十一年に伊豆の竜沢寺に参禅、不動明王像を造っており、晩年は天祐居士として帰仏した。明治二十二年十月八日深川八名川町に没す。七十五歳。正定寺に葬りまた伊豆松崎浄感寺に葬る。寺内に長八記念館があり、作品を展示している。

参考文献 結城素明『伊豆長八』 (宮次男)

いずみきょうか 泉鏡花 一八七三―一九三九 明治から昭和時代前期にかけての小説家。本名鏡太郎。明治六年(一八七三)十一月四日金沢に生まれる。父政光(本名清次)は彫金師。母鈴は江戸下谷の出生で、葛野流の大鼓の家、中田氏の女。鈴の祖父中田万三郎、父豊喜ともに鼓を以て藩主前田侯に仕え、江戸に在ったが、維新の変革により金沢に転じ、鈴と泉政光との婚姻が成立した。金沢という美的伝統に薫染された土地に名人肌の彫工を父とし、能楽の囃子方の家系の人を母として鏡太郎は誕生した。鏡花の文章が彫琢に富み、きわめてリズミカルであるのは、この両家の血の交配が彼の手法に結晶したものと考えられる。幼時母から草双紙の絵解きを、町内の娘たちからは口碑伝説を聞いたことが後年の創作に大いに影響した。明治十五年、母は若くして没したが、これが生涯清らかな母の愛を慕い求める悲願となって、鏡花文学の情の源泉となった。同十七年四月、金沢高等小学校に入学。同年一致教会派の真愛学校(北陸英和学校の前身)に転じた。同二十年五月、英和学校を退き、二十三年の秋、尾崎紅葉の門下となる目的で上京。翌年の十月より尾崎家に住み込み、以来三年余を紅葉の膝下で、その薫陶をうけた。同二十六年五月、処女作『冠弥左衛門』を『京都日出新聞』に発表。二十七年十一月『義血侠血』(『滝の白糸』の外題で劇化)を『読売新聞』に紅葉の補筆で掲げ、二十八年四月『夜行巡査』を、六月『外科室』をおのおの『文芸倶楽部』に寄せ、この二作が川上眉山の同傾向の作とともに観念小説の名称を得て、硯友社の新進作家として、その地歩を確保。二十九年『一之巻』～『六之巻』『誓之巻』『照葉狂言』執筆以後は哀切味に富んだ神秘的作風に転じ、艶麗幽美な独自の文章で世に鏡花調をうたいあげ、のち自然主義文学が文壇を制覇するに及んでも超然と自己の詩境を守り、明治・大正・昭和の三代にわたって旺盛な創作活動を続け、昭和十二年(一九三七)には芸術院会員に推された。代表作に、『高野聖』(明治三十三年)、『風流線』(同三十六年)、『婦系図』(同四十年)、『白鷺』(同四十二年)、『歌行燈』(同四十三年)、『日本橋』(大正三年)、『眉かくしの霊』(同十三年)、『薄紅梅』(昭和十二年)などがある。明治三十六年の紅葉没後、硯友社の凋落で、一時文壇から脱落するかにみえたが、その後、永井荷風・夏目漱石に支援され、三田文学系の水上滝太郎・久保田万太郎に敬慕された。里見弴・谷崎潤一郎・芥川竜之介・川端康成・中河与一・三島由紀夫らは鏡花の讃美者である。また浪漫文学の精華として海外にまで、その芸術的価値は高く評価されている。昭和十四年九月七日没。六十七歳。東京雑司ヶ谷墓地に葬られた。『鏡花全集』全二十八巻別巻一巻がある。

参考文献 村松定孝『泉鏡花』 (村松定孝)

いずみせいいち 泉靖一 一九一五―七〇 昭和の文化

人類学者。大正四年(一九一五)六月三日東京に生まる。父は哲で国際法を専攻し、母ハツヨと共にキリスト教信者。京城帝国大学に社会学を学び秋葉隆に民族学、今村豊に自然人類学への関心を植えつけられる。登山を好み、山岳を通じて今西錦司らと親交を結んだ。京城帝国大学のころから民族学的な野外調査を重ね、済州島・満蒙・ニューギニアを歩く。敗戦後帰朝し、三年間、在外同朋援護会の仕事に従事する。以後、明治大学を経て昭和二十六年(一九五一)東京大学に招かれ、石田英一郎らとともにわが国最初の文化人類学の講座を担当して斯学の育成に努めた。翌二十七年ごろからアンデス古代文明の研究に進み、調査団を率いて四度ペルーで考古学的調査をした。同四十二年から南島や朝鮮のシャーマニズムに関する野外調査を行う。『インカ帝国』『フィールド・ノート』などアンデス文化・文明批評を中心に多くの著書がある。『古事記』の文化人類学的分析は未完に終った。同四十五年十一月十五日東京で没。五十五歳。『泉靖一著作集』全七巻がある。

(寺田　和夫)

いずみやまさんろく　泉山三六　一八九六―一九八一　昭和戦後期の政治家。明治二十九年(一八九六)三月三十日、山形県太田直右衛門の三男に生まれ青森県泉山吉兵衛の養子になる。大正十年(一九二一)東京帝国大学法学部政治学科を卒業し、同年三井銀行に入行、同行企画部長、帝国銀行秘書役兼調査役などを務めた。戦後退職し、昭和二十二年(一九四七)山形二区から衆議院議員(自由党)に当選した。二十三年十月第二次吉田内閣の大蔵大臣に抜擢され、経済安定本部長官、物価庁長官、経済調査庁長官を兼任した。しかし予算委員会に泥酔して出席、二ヵ月で引責辞任した。二十五年と三十一年に参議院議員に当選し、二十六年参議院自由党最高顧問、三十年欧米視察団団長、三十二年参議院予算委員長を務めた。三十七年参議院議員選挙に落選して引退した。勲二等旭日重光賞受章。五十六年七月七日死去。八十五歳。自伝に泉山間窓『トラ大臣になるまで―余が半生の想ひ出―』がある。

(高村　直助)

いずもじみちじろう　出雲路通次郎　一八七八―一九三九　明治から昭和時代前期にかけての有職故実家。明治十一年(一八七八)八月八日、京都の下御霊神社社司出雲路興通の次男として誕生。諱は敬通。小学校卒。同三十四年霊山官祭招魂社神職。三十八年下御霊神社社司となり、昭和十四年(一九三九)十一月二十六日、六十二歳で没す。大正四年(一九一五)・昭和三年の即位大礼諸儀および器具・被服に関する故実取調べを、宮内省から依嘱されたほか、京都御所東山御文庫取調べ、衣紋講習・調査、三勅祭の考証指導にもあずかった。大正四年には明治神宮造営局から神宝装飾に関することを依嘱され、内務省からは官国幣社殿内舗設に関することを依嘱された。大阪府立女子専門学校・京都帝国大学・竜谷大学の有職故実・神道講座を担当し、上代様草仮名の名筆としても著名である。著書に『有職故実』(『(岩波講座)日本歴史』所収)、『御大礼用語類集』『神祇と祭祀』『大礼と朝儀』などがある。

(出雲路敬和)

いせきもりとめ　井関盛艮　一八三三―九〇　幕末・明治時代前期の官僚。日本最初の日刊新聞『横浜毎日新聞』の発行企画者。旧宇和島藩士。幼名峰尾、実名公敦。同藩吉見氏と養子縁組のとき為頼、のち復籍して盛艮、通称斎右衛門、号は鶴陰。天保四年(一八三三)四月二十一日伊予宇和島で生まれる。父は盛古、母は大和田氏。十八歳で藩主伊達宗城の近習となり、漸進して大目付役軍使兼帯寺社奉行となる。慶応二年(一八六六)冬、藩命で長崎に行き、坂本竜馬・五代友厚・本木昌造らを知り、また海外事情に通じた。このころの井関を、イギリス書記官アーネスト=サトウは、「宇和島藩士で最も重要な人物」と評している。明治元年(一八六八)徴士外国事務掛参与助勤をふり出しに、同局判事、外務大丞などに任じ、東久世通禧とともにスペイン・スウェーデン・ドイツなど諸国との修好条約締結にあたる。同二年神奈川県権知事、翌三年同県知事のとき、本木の弟子陽其二を招いて活版所を開き、旧幕時代横浜の輸入外国書検閲官であった子安峻とともに十二月八日『横浜毎日新聞』第一号を発行させた。翌四年以後宇和島・名古屋・島根などの権・県令を歴任、同九年免官後は第二十国立銀行取締、東京商法会議所議員、東京株式取引所頭取などに推され、また東京―八王子間に私設鉄道開設を首唱、実現に努力した。明治二十三年二月十一日死没。五十八歳。東京谷中墓地に葬る。墓誌は同郷末広鉄腸の筆。

参考文献　アーネスト=サトウ『一外交官の見た明治維新』(坂田精一訳、『岩波文庫』)、小野秀雄『日本新聞発達史』

(藤田　務)

いそがいれんすけ　磯谷廉介　一八八六―一九六七　大正・昭和時代の陸軍軍人。明治十九年(一八八六)九月三日に生まれる。兵庫県篠山の出身。篠山中学・大阪地方幼年学校を経て、同三十七年十月第十六期生として陸軍士官学校を卒業、直ちに歩兵少尉に任官した。大正四年(一九一五)陸大を卒業、翌年参謀本部支那課に入り、以後陸軍の中国情報専門家としての道を歩んだ。大尉・中佐時代の二度にわたり広東に駐在し、数少ない南支通・国民党通と称された。昭和八年(一九三三)陸軍少将に昇進、参謀本部第二部長、ついで中国大使館付武官として、華北分離工作を指導したのち、十一年三月軍務局長に就任した。一年後第十師団長として華北戦線に出動、ついで関東軍参謀長に転出したが、十四年夏のノモンハン事件で積極方針をとって中央部と対立、結局敗北の責任を負って植田軍司令官らとともに予備役(中将)へ編入された。十七年一月召集され、香港占領地総督に起用されたが、戦後中国の戦犯に指名され、終身刑を宣告された。五年後に釈放され、四十二年六月六日病死した。八十歳。

(秦　郁彦)

いそのこえもん　磯野小右衛門　一八二五―一九〇三

明治時代の実業家。幼名仁三郎。長州萩の河村仁左衛門の次男として文政八年（一八二五）十月十三日に生まれた。弘化四年（一八四七）上坂。翌年磯野と改姓。米商として富を築き、萩藩に多額の献金をなし、戊辰戦争後、旧幕府米の管理を命ぜられる。明治四年（一八七一）、大阪の堂島米会所を再興し、頭取となり、以後、大阪株式取引所頭取・大阪商業会議所頭取などに就任。他方京都織物・帝国商業銀行・北浜銀行の創立に関係、役員となった。同三十六年六月十一日、七十九歳で没した。

〔参考文献〕梅原忠蔵編『帝国実業家立志編』、『京都織物株式会社五十年史』　（伊牟田敏充）

いそべあさいち　磯部浅一　一九〇五―三七　昭和時代前期の陸軍軍人。明治三十八年（一九〇五）四月一日生まれる。陸軍士官学校卒。陸軍の青年将校による国家改造運動の急進派の中心人物で、昭和九年（一九三四）に士官学校事件で村中孝次大尉とともに停職処分を受け、「粛軍に関する意見書」を執筆、配布して免官。二・二六事件の首魁として十二年八月十九日銃殺される。三十三歳。判決より死刑執行までに獄中で書いた手記は、軍ファシズム運動研究にとり貴重な文書である。

〔参考文献〕河野司編『二・二六事件』、今井清一・高橋正衛編『国家主義運動』一（『現代史資料』四）、高橋正衛編『国家主義運動』二（同五）　（高橋　正衛）

いそむらえいいち　磯村英一　一九〇三―九七　昭和時代の都市社会学者。明治三十六年（一九〇三）一月十日、東京生まれ。東京帝国大学在学中に東京市役所に入り、社会局の社会調査に参加、細民や浮浪者に焦点をあてた都市下層社会の実証的な分析を行う。こうした社会政策学的な関心は、横山源之助の『日本之下層社会』（明治三十二年）の「続編」の意図をもって書かれた『社会病理学』（昭和二十九年）にとどまらず、基本的には後年の同和行政や人権・差別問題への積極的な取り組みまでを貫くものであった。その一方で早くからシカゴ学派などの社会生態学の方法を取り入れて、盛り場や都市部のフィールド調査を組織している。居住する空間とも働くための空間とも異なる「第三の空間」として都市の特質を把握する独自の視角は、『都市社会学研究』（同三十四年）をはじめとする一連の都市社会学的な研究を生みだしていった。社会病理学や都市社会学の限界を自覚しつつ主張された後年の「都市学」は、人間にとって都市とは何かを追究するための都市総合科学であり、人間の居住をめぐる巨大都市の現実の国際的な分析や未来都市の構想の実践と結びついていた。平成九年（一九九七）四月五日没。九十四歳。　（佐藤　健二）

いたがきせいしろう　板垣征四郎　一八八五―一九四八　大正・昭和時代の軍人。岩手県盛岡出身。明治十八年（一八八五）一月二十一日生まれる。盛岡藩士の家系で父征徳は維新後郡長、女学校長などを勤めた。盛岡中学、仙台地方幼年学校を経て、同三十七年十月第十六期生として陸軍士官学校を卒業、直ちに歩兵少尉、歩兵四連隊付として日露戦争に出征した。大正五年（一九一六）陸大を卒業して翌年参謀本部支那課に入り、八年漢口派遣隊に勤務して以来陸軍の中国情報専門家としての道を進んだ。以後中国勤務と参謀本部を往復しつつ累進したが、昭和四年（一九二九）五月関東軍高級参謀として満洲に赴任した板垣大佐は、作戦主任の石原莞爾中佐とのコンビで、満洲事変計画の研究に専念し、六年九月十八日柳条湖事件を契機に全満洲を占領し、新国家満洲国を誕生させた。そして「智謀の石原」と「実行の板垣」は事変を成功させた二大原動力と目された。同七年少将に昇進した板垣は、ひきつづき残留して満洲国執政顧問、軍政部最高顧問を歴任して満洲国の育成にあたるとともに、関東軍参謀副長・同参謀長として、華北内蒙工作を推進した。十一年三月第五師団長に転じ、同年秋華北戦線に出動し、山西省で中共軍と戦ったが、十三年六月近衛首相の熱望により、陸軍大臣に就任した。それは多田参謀次長・石原少将らいわゆる「不拡大派」の献策によるもので、近衛は日中戦争の早期終結を意図していたのであるが、当時の陸軍部内の実権は、佐官級の幕僚層にあり、軍政経験の乏しい板垣陸相は、何らなすところなく、一年余で退陣して支那派遣軍総参謀長に転出した。十六年大将に進級して朝鮮軍司令官、第七方面軍司令官（シンガポール）を歴任したが、戦後A級戦犯に指名されて極東国際軍事裁判で死刑を宣告され、昭和二十三年十二月二十三日刑死した。六十四歳。

〔参考文献〕板垣征四郎編纂会編『板垣征四郎』　（秦　郁彦）

いたがきたいすけ　板垣退助　一八三七―一九一九　幕末・明治時代の政治家。天保八年（一八三七）四月十七日高知城下中島町の邸に生まれた。父は高知藩士乾正成、母は林氏賢貞。家禄三百石、馬廻格。退助の幼名は猪之助。安政二年（一八五五）勤番を以てはじめて江戸に上り、翌年帰藩。万延元年（一八六〇）免奉行、翌文久元年（一八六一）十月江戸藩邸詰に抜擢され、翌年藩主の父山内容堂の側用人となり、江戸藩邸総裁を命ぜられた。同三年山内容堂に従って上京、ついで帰藩した。当時高知藩内では上・下士の暗闘が深刻化していたが、板垣は上士派の巨頭の一人であった。同三年後半には、下士派とも気脈を通じ、翌元治元年（一八六四）には大監察となったが、慶応元年（一八六五）には辞し、江戸に上って専ら兵学を学んだ。このころ高知藩主流の動きは大政奉還―幕府勢力の温存の線であったが、板垣はこれと異なり、次第に薩長討幕派と提携するようになり、藩論を討幕の方向に進めようとし、同三年五月鹿児島藩の西郷隆盛と密かに討幕の盟約を結び、同志の糾合につとめ、下士派もこれに参加した。この形勢を見て、藩庁も彼を軍備総裁とし、高知藩の兵制改革が進行した。明治元年（一八六八）戊辰戦争が始まると、正月板垣は大隊司令として、兵を率いて上京し、薩長藩兵に伍して、新政府軍の中核的存在となった。板垣は東山道先鋒総督府参謀となり、各地に転戦、会津攻略には最も功績があった。この間、姓を乾から板垣に改めた。会津落城にあたって、板垣は四民平等の必要を痛感し、これがのち自分が自由民権運動に進む基本となったと語っているが、その点は疑問であり、彼は武士精神を庶民にまで吹き込む必要を感じたものと思われる。同二年高知藩大参事となり、四月参与に任ぜられ、同年勲功により永世禄千石を受けた。翌三年藩大参事として大いに藩政改革を行い、ついで薩の西郷隆盛・大久保利通、長の木戸孝允らと廃藩置県計画を議し、高知藩兵を親兵として上京させ、事が成就すると、参議に任ぜられた。岩倉遣外使節団の外遊にあたっては、西郷とともに留守政府の首脳となったが、同六年西郷とともに征韓を主張した。その意図するところは、必ずしも西郷と同一ではなかったが、征韓派が敗れると、十月彼も下野した。翌七年正月同じく下野した江藤新平・後藤象二郎・副島種臣らと愛国公党を組織し、由利公正・小室信夫・古沢滋・岡本健三郎を加えて、政府に民撰議院設立建白書を提出した。四月高知に帰り、片岡健吉・林有造らとともに立志社を創立した。翌八年大阪会議の結果、一時参議に再任したが、数ヵ月で辞職、爾後高知においてもっぱら立志社の経営にあたり、西南戦争に際し、彼はもっぱら自重して動かず、立志社員の一部による政府顛覆をめざす挙兵計画にも参加しなかった。同十一年九月立志社が中心となって愛国社が再興され、板垣もこの会に出席し、その後国会開設を要求する自由民権運動の高まりとともに、板垣はその先頭に立ち、各地に遊説した。同十四年十月国会開設の詔が発せられると、いちはやく自由党が結成され、板垣はその総理に選ばれた。翌十五年四月遊説途上、岐阜において刺客に襲われて負傷。ついで同年十一月外遊の途につき、翌年六月ヨーロッパ諸国を歴訪して帰国した。翌十七年十月、自由党首脳部は、急進左派の激化行動をきらって解党し、その際板垣は「暫らく郷里に帰りて午眠を為さんとす」と述べている。二十年には新華族制度による授爵がなされようとしたが、板垣は固辞した。しかし七月に至って天皇の恩命であるからとして、伯爵となった。のち一代華族論を主張し、子孫はその意を体して襲爵しなかった。二十三年九月帝国議会開設を前にして立憲自由党が結成されるとこれに参加し、のちいったん脱党したが、二十四年それが自由党と改称された際、板垣は総理に推戴され、二十九年には第二次伊藤博文内閣の内務大臣となった。三十一年六月自由党が進歩党と合同して憲政党となり、第三次伊藤内閣が総辞職すると、大隈重信・板垣退助に組閣の大命が下り、同月三十日隈板内閣が成立し、板垣はその内務大臣となった。しかし、同年十月内紛によって内閣は瓦解、以後板垣は政界を去り、もっぱら社会問題の解決に努力した。同三十七年雑誌『友愛』を発行し、同三十九年『自由党史』を監修公刊し、同四十四年雑誌『社会政策』を発行した。同誌に発表した論文は、大正八年(一九一九)『独論七年』と題して刊行された。板垣は比較的名利を求めず、生一本な純粋な性格で、権謀術数を用いない性格であった。同八年七月十六日病んで没した。八十三歳。墓は東京都品川区北品川の興源寺にある。板垣守正編による『板垣退助全集』が刊行されている。

参考文献　栗原亮一・宇田友猪編『板垣退助君伝』

（小西　四郎）

いたくらかつあき　板倉勝明　一八〇九―五七　江戸時代後期の上野国安中藩主。幼名は鶴五郎・百助、字は子赫、甘雨・節山と号す。勝尚の庶子として文化六年(一八〇九)十一月十一日生まる。文政三年(一八二〇)五月、十二歳にして襲封し、同七年従五位下伊予守となり、天保十四年(一八四三)十一月奏者番に任ぜられたが、翌年五月病気のため辞職した。勝明は学を好み、林檉宇・古賀侗庵らを招き、経史を講究した。また大坂加番として在坂中は、篠崎小竹・後藤松陰らを召して交遊した。著者に『西征紀行』『東還紀行』『遊中禅寺記』等がある。先儒の著述を蒐集・校刊したものとして『甘雨亭叢書』は著名である。彼はまた藩政改革に意を用い、楮・漆・杉などを領内の荒閑地に植え、橋梁・駅舎などを修築した。他方、早くから軍事面にも意を用い、家臣を旗本下曾根氏に遣わして、西洋砲歩操術を学ばせ、先見の明を示した。安政四年(一八五七)四月十日没。年四十九。三河国幡豆郡貝吹村(愛知県西尾市貝吹町)の長円寺に葬る。法名智照院英俊源雄。

参考文献　『群馬県史』二

（秋本　典夫）

いたくらかつきよ　板倉勝静　一八二三―八九　江戸時代後期の老中。備中国松山藩主。文政六年(一八二三)正月四日誕生。桑名藩主松平定永の八男。天保十三年(一八四二)備中松山藩主板倉勝職の養嗣子となり、嘉永二年(一八四九)閏四月襲封。周防守・阿波守・伊賀守と称した。同四年六月奏者番となり、安政四年(一八五七)八月寺社奉行を兼ね、安政の大獄の五手掛となったが、寛大な処分を主張して同六年二月罷免された。文久元年(一八六一)二月奏者番兼寺社奉行に復し、翌二年三月老中に進み、生麦事件および安政の大獄関係閣老の追罰と連坐者の赦免を処理し、同三年三月将軍徳川家茂の上洛に随行し、攘夷実行の勅命を奉承して六月帰府したが、その行われ難いのを知って辞表を提出して許されず、各国公使と横浜鎖港談判を開始し、池田長発の一行をヨーロッパに差遣した。元治元年(一八六四)六月老中を罷めて帰藩し、十一月長州征伐に藩兵を率いて出陣した。慶応元年(一八六五)十月老中に再任し、長州再征には寛典論を禁裏守衛総督一橋慶喜に進言し、家茂没後は慶喜の宗家相続と将軍就職に尽力、それが実現すると慶喜の幕政改革を補佐し、同三年十月の大政奉還前後は最も献替の功が多かった。明治元年(一八六八)正月鳥羽・伏見の敗戦後、慶喜に従って江戸に帰り、老中を辞し、家督を世子勝全に譲って隠退、松叟と号した。のち父子は日光山南照院に謹慎中、四月来攻した東山道先鋒総督府の軍門に降り、宇都宮英厳寺に幽閉されたが、大鳥圭介に救出され、会津・仙台を経て榎本武揚の旧幕艦隊に投じて五稜郭に拠ったが、翌二年五月その開城に先立って東京に出て自首、八月父子は安中藩に永預となり、旧封五万石を二万石に削られ、藩名を高梁（たかはし）藩と改称、十一月養子勝弼が高梁藩知事に任ぜられた。勝静は五年二月赦され、十年上野東照宮祠官となった。二十二年四月六日没。年六十七。墓は東京都文京区本駒込の吉祥寺にある。

参考文献　国分胤之『魚水実録』、「板倉伊賀守伝」(『旧幕府』一ノ四)　（吉田　常吉）

いたくらたくぞう　板倉卓造　一八七九—一九六三　明治から昭和時代にかけてのジャーナリスト、国際法学者。明治十二年(一八七九)十二月九日板倉理郎の長男として広島県三上郡庄原村(庄原市)に生まれる。同三十六年慶応義塾大学部政治科を卒業、普通部教員となる。四十年から四十三年三月まで欧米に留学、帰国後の同年四月大学部教員となり、国際法・政治学を担当する。同時に三十八年一月から『時事新報』の社説記者となり、大正十二年(一九二三)には主筆となったが、昭和十年(一九三五)十一月退社した。同十九年三月慶応義塾大学教授を辞し、四月名誉教授となる。第二次大戦後の二十一年一月一日『時事新報』を復刊、社長兼主筆、二十五年十一月から会長を勤める。三十年十月『時事新報』が『産経新聞』に合併するとともに、『産経時事』の論説委員長となったが、三十五年六月退社し顧問となる。これよりさき大正十五年には『近世国際法史論』で法学博士の学位を受け、また昭和二十六年十月日本新聞協会より第一回新聞文化賞を受けた。同三十八年十二月二十三日八十四歳で没した。彼の論旨は、福沢諭吉の流れをくむ自由主義で、大正時代には軍縮を主張して軍部ににらまれた。特に関東大震災の時、大杉栄虐殺事件を暴露攻撃し、憲兵隊におどされた事件は有名。また国際法の分野では、国際法規の歴史的な成立過程の研究で、功績をあげている。戦後は吉田内閣の政策を支持し、戦後日本の政治・外交の進路に大きな役割を果たした。著書としてはほかに『国民政治時代』『国際紛争史考』がある。

参考文献　『三田評論』六二五(板倉卓造先生記念政治問題特集)、『法学研究』三七ノ一二(板倉卓造先生追悼論文集)　（春原　昭彦）

いたざわたけお　板沢武雄　一八九五—一九六二　昭和時代の歴史学者。特に日蘭交渉史の専門家。明治二十八年(一八九五)一月五日(実は一月一日)岩手県南閉伊郡釜石町(釜石市)の天台宗寺門派の名刹観音寺住持板沢真小雄（まさお）、母喜智の五男として生まれ、長じて県立遠野中学に入学し、『台湾文化志』の著者伊能嘉矩の家に寄寓してその感化を受けた。大正五年(一九一六)七月仙台の第二高等学校を卒業、同年九月東京帝国大学文科大学国史学科に学んだ。同八年七月卒業後、宮内省図書寮や学習院教授、東大講師を経て、昭和十三年(一九三八)東大文学部助教授、ついで同十七年教授の任に就いたが、太平洋戦争終戦ののち職を退いて郷里観音寺の復興に努め、同二十七年から法政大学文学部教授として没年に及んだ。その間昭和二年四月から約二年間、主としてオランダに留学、日蘭交渉史関係史料の採訪と研鑽に努め、帰朝後精力的に関係論文を発表して学界や教壇に活躍した。それまでこの分野の先駆者村上直次郎・斎藤阿具両人の研究もあったが、彼の日蘭文化交渉史の諸研究は、オランダの史料を精査駆使したもので、ことに画期的な優れた概観「蘭学の発達」をはじめ、「日蘭文化交渉に於ける人的要素」「阿蘭陀通詞の研究」「阿蘭陀風説書の研究」「辞書及び文法書の編纂と蘭学の発達」や「厚生新編訳述考」などの諸論文は、後年の学位論文『日蘭文化交渉史の研究』にも収められ、いずれもその後の学界の蘭学史研究の発展に確固たる基礎を築いた重要な研究である。このほか『日蘭貿易史』『日本とオランダ』『シーボルト』『阿蘭陀風説書の研究』などの著書がある。昭和三十七年七月十五日没。六十七歳。

参考文献　『歴史地理』九〇ノ四(前会長板沢武雄氏追悼録)、緒方富雄他「板沢武雄博士と蘭学」(『蘭学資料研究会研究報告』一四八)　（岩生　成一）

いたにいちじろう　伊谷以知二郎　一八六四—一九三七　明治・大正時代の日本の近代漁業振興の功労者。元治元年(一八六四)十二月三日、田中伝の次男として和歌山藩江戸屋敷に生まれ、のち同藩伊谷久吉の養子となる。明治二十一年(一八八八)大日本水産会が水産伝習所を創立するに際し第一期生として入学、同二十三年卒業、ただちに大日本水産会録事として奉職。下啓助とともに「水産拡張意見」を公にし、同二十六年、関沢明清の後を承けて水産伝習所長に就任した。技術教育者として水産製造の科目を教授、日清戦争には軍用罐詰献納運動を企画。同三十年、農商務省が水産伝習所を吸収して、水産講習所と改めると、水産局勤務となり、引き続き教育に携わり、大正六年(一九一七)所長となる。同十三年辞任、のち日本勧業銀行理事となり、大日本水産会理事・日本罐詰協会副会長などを兼ね、昭和三年(一九二八)大日本水産会長となった。同七年日本水産学会創立に伴い、同会長に選任。樺太遠淵湖に繁茂する海藻 Ahnfeltia plicata から良質の寒天が得られることを見出し、伊谷草の和名が与えられた。昭和十二年三月三十日没。七十四歳。

参考文献　大日本水産会編『伊谷以知二郎伝』　（天野　慶之）

いたみまんさく　伊丹万作　一九〇〇—四六　昭和時代の映画監督、脚本家。本名池田義豊。明治三十三年(一九〇〇)一月二日松山市に生まれる。松山中学校卒業後、画家を経て、昭和二年(一九二七)日活に入社、翌三年片岡千恵蔵プロダクションに参加。稲垣浩監督の『天下太平記』(昭和三年)などの脚本を書き、同年の『仇討流転』で監督となる。以後、洒脱な脚本・演出の時代劇で注目され、無声映画期の代表作『国士無双』(同七年)は、剣術の名人の名をかたる贋ものが、本ものの名人と試合をして勝ってしまうという、日本武道の事大主義・権威主義に対する知的な諷刺喜劇であり、この作品で伊丹は日本映画界にはまれな知的な喜劇作家としての地位を確立した。トーキー期に入り、志賀直哉原作の『赤西蠣太』(同十一年)などの代表作を発表後、二十本余の監督作品を残して病床にふし、稲垣監督の『無法松の一生』(同十八年)などの脚本執筆後、昭和二十一年九月二十一日没した。四十七歳。作品の多くは『伊丹万作全集』全三巻に収録されている。

(山本喜久男)

いたやはざん　板谷波山　一八七二—一九六三　明治から昭和時代にかけての陶芸家。本名嘉七。明治五年(一八七二)三月三日茨城県に生まれ、同二十七年東京美術学校彫刻科を卒業、のち石川県立工業学校に赴任中、彫刻を教える間に陶磁研究にあたり、同三十六年製陶に専念するため東京田端に窯を築いた。その後は東京高等工業学校窯業科で後進を指導するかたわら、日本美術協会その他の内外美術工芸展に出品してたびたび受賞し、昭和二年(一九二七)帝展審査員となり、翌年帝国美術院賞を受賞、また同四年帝国美術院会員、同九年帝室技芸員に推され、二十八年には文化勲章をうけた。その作品は、素地に薄肉の彫刻文様をほどこしたものが多く、白磁や青磁、あるいは彩磁を通じて端正な形体感に抜群の特徴がある。昭和三十八年十月十日没。九十一歳。代表作として「葆光彩磁草花文花瓶」「朝陽磁鶴首花瓶」「彩磁桔梗文水差」がある。

(富山　秀男)

いちかわえいのすけ　市川栄之助　一八三一—七二　明治時代前期のキリスト教(新教)の殉難者。天保二年(一八三一)上総国の生まれといわれる。明治初年東京芝口柴井町の貸本屋市川七蔵の女まつと結婚、市川姓を名のる。明治二年(一八六九)アメリカ人宣教師グリーンを知り、翌年神戸に移り、グリーンやギュリックの日本語教師と秘書的仕事をしていた。翌四年五月十三日(旧暦)キリスト教信仰の容疑で妻とともに捕えられ、取調べ中翌五年十一月二十五日(旧暦)京都の牢獄で病死した。四十二歳。同三十七年改めて青山墓地に葬られた。取調官への供述では信仰を否認しており受洗の事実もないが、妻まつ(のち霊南坂基督教会員)の談話によれば栄之助も信仰をもっていたという。栄之助の殉難は同六年二月のキリスト教禁制解除の一因となった。

参考文献　佐波亘編『植村正久と其の時代』、小沢三郎『幕末明治耶蘇教史研究』、溝口靖夫編著『松山高吉』

(篠田　一人)

いちかわえんのすけ　市川猿之助　歌舞伎俳優。屋号は沢瀉(おもだか)屋。

㈠初代　一八五五—一九二二　下級俳優の子として安政二年(一八五五)七月二十一日江戸浅草に生まれた。喜熨斗(きのし)亀次郎。はじめ五代目尾上菊五郎に入門、のち九代目市川団十郎の弟子となったが、歌舞伎十八番の『勧進帳』を無断で演じたため破門された。明治二十三年(一八九〇)十月許されて市川猿之助となり、やがて二流芝居に移って座頭として主に時代物に実力をふるった。同四十三年二代目段四郎と改名、子の団子に猿之助を譲る。大正十一年(一九二二)二月六日没。六十八歳。

㈡二代　一八八八—一九六三　初代の長男。明治二十一年(一八八八)五月十日生まれる。本名喜熨斗政泰。五歳で初舞台、二十三歳で団子から二代目猿之助を襲名。二代目市川左団次の自由劇場に参加、大正・昭和の交には春秋座を結成、『父帰る』ほか近代劇や新舞踊をも手がけ、昭和三十年(一九五五)芸術院会員となる。同三十六年には訪ソ公演を行うなど進歩的俳優といわれた。晩年猿翁と改名、昭和三十八年六月十二日没。七十五歳。墓は初代・二代ともに東京都台東区上野の寛永寺にある。

㈢三代　一九三九—　二代目の長男は三代目段四郎をつぎ、その長男が団子を経て三代目猿之助をついでいる。昭和十四年(一九三九)十二月九日生まれた。本名喜熨斗政彦。同二十二年初舞台。父祖の家芸をつぐほか『義経千本桜』の狐忠信の宙乗りをはじめ古典の見直し新演出に努力、歌舞伎劇術を応用したスーパー歌舞伎『ヤマトタケル』『オグリ』『新三国志』そのほかによる新しい大劇場演劇の創造をこころみ、海外公演にも活躍している。

参考文献　伊原敏郎『明治演劇史』、『市川猿之助の仕事』

(河竹登志夫)

いちかわこだんじ　市川小団次　歌舞伎俳優。屋号は高島屋。五代目まであるが、三代目までは顕著でなく四代目が最も有名。

㈠四代　一八一二—六六　江戸市村座の火縄売りの子として文化九年(一八一二)に生まれた。七代目市川団十郎に入門したが、まもなく名古屋から大坂に移住、上方の芸風を身につけ、天保十四年(一八四三)大坂で四代目小団次を襲名。弘化四年(一八四七)江戸へ戻り、立回り・宙乗り、変化舞踊などのけれん物で人気を高めた。三代目瀬川如皐作の『佐倉義民伝』で一層名をあげ、安政元年(一八五四)以後二代目河竹新七(黙阿弥)と提携、『宇都谷峠』『三人吉三』『十六夜清心』『鼠小僧』『村井長庵』『御所の五郎蔵』などの生世話物、特に白浪物で幕末第一の名優となった。小柄で容姿音声ともすぐれないかわりに、写実芸と七五調せりふで市井下層の人間の哀歓をえがいた。慶応二年(一八六六)五月八日没。五十五歳。江戸深川浄心寺に葬られたが、のち池上本門寺に改葬された。

㈡五代　一八五〇—一九二二　四代目小団次の子で、嘉永三年(一八五〇)八月十六日生まれ。初代・二代目の左団次に一座、明治の新作も手がけたが傑出した存在ではなかった。大正十一年(一九二二)五月六日没。七十三歳。墓は東京都台東区東上野の正覚寺にある。

参考文献　伊原敏郎『近世日本演劇史』、同『明治演劇

史』、永井啓夫『市川小団次』　（河竹登志夫）

いちかわさいぐう　市川斎宮　一八一八―九九　江戸時代後期の蘭学者。諱兼恭（かねのり）、字敬叔。竽斎または浮天斎と号す。斎宮は通称である。文政元年（一八一八）五月十一日広島藩医市川文徴の三男に生まれる。大坂の緒方塾、江戸の杉田塾で蘭学を学び嘉永元年（一八四八）福井藩に聘せられ同六年幕府天文方和解御用、安政三年（一八五六）蕃書調所教授手伝、文久二年（一八六二）開成所教授となる。慶応元年（一八六五）幕臣に列せられ大番格砲兵差図役頭取勤方となる。明治維新後新政府に出仕し京都兵学校・大阪兵学寮教授を勤め明治五年（一八七二）致仕、十二年東京学士会院会員に選ばる。同三十二年没。八十二歳。調所在職中万延元年（一八六〇）ごろから加藤弘之とともにドイツ語を学び、わが国ではドイツ学の祖とされている。

参考文献　原平三「市川兼恭」（『温知会講演速記録』六三）　（沼田　次郎）

いちかわさだんじ　市川左団次　歌舞伎俳優。屋号は高島屋。

㈠初代　一八四二―一九〇四　大坂の床山の子として天保十三年（一八四二）十月二十八日生まれる。本名高橋栄三。十三歳で四代目市川小団次に入門して小米と名乗り、元治元年（一八六四）養子となって左団次と改名。養父没後一時廃業したが、河竹黙阿弥の支援で復帰、明治三年（一八七〇）『慶安太平記』の丸橋忠弥で認められ、主として黙阿弥の新作史劇に活躍、団十郎・菊五郎と並ぶ名優と称された。同二十六年千歳座を明治座として復興、座頭となり経営にあたった功も大きい。同三十七年八月七日没。六十三歳。深川霊岸町の浄心寺に葬られたが、のち池上本門寺に改葬された。

㈡二代　一八八〇―一九四〇　初代の長男。明治十三年（一八八〇）十月十九日東京築地で生まれた。本名高橋栄次郎。ぼたん、小米、莚升から、同三十九年九月亡父追善の丸橋忠弥を演じて二代目左団次を襲名。父の芸風をついだうえ、近代的な考え方を生かして小山内薫と結んで自由劇場を結成、イプセンやゴーリキーの作を初演して新劇運動を開拓、のち岡本綺堂と提携し、『修禅寺物語』『鳥辺山心中』ほかの新歌舞伎の名作を生み、昭和三年（一九二八）には一座を率いて最初の海外（ソ連）歌舞伎公演を行うなど、近代演劇史上に大きな足跡を残した。『毛抜』『鳴神』など歌舞伎十八番の復活上演も行なっている。昭和十五年二月二十三日没。六十一歳。墓は池上本門寺にある。

㈢三代　一八九八―一九六九　六代目市川門之助の子として明治三十一年（一八九八）八月二十六日東京に生まれた。本名荒川清。大正六年（一九一七）男寅（おとら）から四代目市川男女蔵を襲名。六代目尾上菊五郎の脇役をつとめ、昭和二十七年（一九五二）三代目左団次となる。二枚目・女方ともによく、温厚な人格者として知られた。昭和三十七年芸術院会員となる。同四十四年十月三日没。七十一歳。墓は東京都豊島区の雑司ヶ谷墓地にある。

㈣四代　一九四〇―　三代目の長男。昭和十五年（一九四〇）十一月十二日東京に生まれた。本名荒川欣也。同二十二年男寅の名で初舞台。五代目男女蔵を経て五十四年左団次を襲名。手堅い脇役、敵役を得意とする。

参考文献　利倉幸一『市川左団次覚書』、伊原敏郎『明治演劇史』　（河竹登志夫）

いちかわさんき　市河三喜　一八八六―一九七〇　大正・昭和時代の英語学者。曾祖父は儒学者寛斎、祖父は書家の米庵。明治十九年（一八八六）二月十八日に生まる。東京府立一中在学中、日本博物同志会をつくり『博物之友』を発行した。一高生のときには外人学者に交って済州島動植物探査を行なったが、東京帝大では言語学を専攻。留学後、大正五年（一九一六）東大英文科助教授、ついで教授となり、英語学を講じた。昭和二十一年（一九四六）停年退官。同三十四年文化功労者となる。大正・昭和における英文学界の指導的立場にあり、同四年発足の日本英文学会を組織して英語学および英文学研究の基礎をかためた。このほか語学教育研究所には晩年まで所長・理事長として英語教育のために尽力した。若いときの『英文法研究』（大正元年）はわが国における本格的英語学研究の端緒となった名著である。他に『英文学叢書』（岡倉由三郎との共編）、『英語学辞典』の監修・編集、シェークスピアの註釈、日本文学古典の英訳などひろい分野にわたる業績がある。なお英国王立文芸協会名誉会員でもあった。昭和四十五年三月十七日死去。八十四歳。

参考文献　『英語青年』一一六ノ七（市河三喜先生追悼特集号）、『語学教育』二九二（市河三喜博士追悼号）　（外山滋比古）

いちかわさんざえもん　市川三左衛門　一八一六―六九　江戸時代後期の常陸国水戸藩士。市川家は水戸藩創立時から仕官した名家。初代重時以来三左衛門を襲名、有名なのは幕末の三左衛門で、名は弘美、はじめ善次郎また主計と称した。文化十三年（一八一六）四月弘教の次男として生まれ、兄が早世したので天保十四年（一八四三）家督を継ぎ、安政五年（一八五八）には大寄合頭の要職についた。それ以後激化した藩内の党争では、幹部に門閥家の多い諸生党の指導者として、尊攘派の天狗党と対立、藩末の内乱には陣将として天狗党追討の軍を指揮した。元治元年（一八六四）六月の政変で執政となってからは、藩政の実権を握ったが、王政復古後、藩政の逆転により、明治元年（一八六八）三月水戸を脱出、数百名の佐幕派を率いて会津から北越に転戦、同年十月初め水戸に戻り、弘道館に拠って水戸城兵と戦って敗れ、下総八日市場に逃れた。同月八日追手の水戸藩兵に討たれた脱走兵が多かったが、三左衛門は負傷して落ちのび、東京に身を隠した。同二年三月捕えられ、四月三日水戸郊外長岡原で逆磔の極刑に処せられた。五十四歳。墓は水戸市松本町の祇園寺にある。法名法源院宗弘道盛居士。

参考文献　『水府系纂』六、『水戸藩史料』、高瀬真卿『(故老実歴)水戸史談』、郡司篤信『水戸野史』、坂井四郎兵衛『(天保明治)水戸見聞実記』　(瀬谷　義彦)

いちかわじゅかい　市川寿海　一八八六―一九七一　歌舞伎俳優。三代。屋号は成田屋。初代・二代目は七代目と九代目の市川団十郎の俳名で、芸名としては三代目だけである。明治十九年(一八八六)七月十二日東京日本橋(東京都中央区)に生まれる。太田照三。二十七年五代目市川小団次に入門、のち五代目市川寿美蔵の弟子となり、同四十年六代目寿美蔵を襲名した。以後二代目市川左団次一座に入り、二枚目役をつとめ、自由劇場創立にも参加、歌舞伎の新運動に協力した。戦前一時東宝劇団にも加盟、第二次大戦後は関西に移り、昭和二十四年(一九四九)三代目寿海と改め、事実上関西歌舞伎の総帥となった。立役・女方を兼ね、「助六」や「白井権八」などもいいが、本領は格調の中に近代感覚と音調とを生かした新歌舞伎にある。同三十四年芸術院会員に推された。四十六年四月三日没。八十四歳。墓は京都の天竜寺内松巌院にある。　(河竹登志夫)

いちかわしょういち　市川正一　一八九二―一九四五　大正・昭和時代前期の共産主義運動家。日本共産党の指導者。山口県厚狭郡宇部村(宇部市)出身。父は市川正路、母はマチ子。六人兄弟の長男として明治二十五年(一八九二)三月生。山口中学を経て大正五年(一九一六)早稲田大学文科を卒業、新聞記者となる。同十一年、思想研究団体木曜会を組織し、『無産階級』を発行、同年日本共産党が結成されると翌年一月入党、六月の第一次共産党事件で検挙された。十三年春の解党後、残務処理委員会に属して再建につとめ、十五年の第三回大会では獄中でアジプロ部長に就任、昭和二年(一九二七)二七年テーゼ発表の際中央委員に選出された。三・一五事件のあと党再建のためモスクワに渡り、コミンテルン第六回大会に出席、十月末帰国して活躍中、四年の四・一六事件で逮捕された。獄中では中央委員として統一公判を推進、六年七月二十一日から三十日まで、五回にわたって党史を陳述した。翌年十月の判決で無期懲役に処され、昭和二十年三月十五日宮城刑務所内で極度の栄養失調のため死亡した。五十四歳。著書に、公判で陳述した『日本共産党小史』、ほかに『階級的大衆的単一政党とは何か』などがある。

参考文献　日本共産党中央委員会宣伝部編『市川正一著作集』下　(神田　文人)

いちかわだんじゅうろう　市川団十郎　歌舞伎俳優。代代劇壇に君臨して名声をほしいままにした。姓は堀越、屋号は成田屋。定紋は三升。

㈠九代　一八三八―一九〇三　七代目の五男。天保九年(一八三八)十月十三日生まれ。幼にして河原崎家に養子となっていたが、のち明治七年(一八七四)団十郎を襲名。維新変革期の動乱で辛苦、また劇壇では明治新政府や新時代の知識人と親交を結んで旧江戸歌舞伎を改変、ざんぎり物・活歴物などの新生面に活躍した。同二十年には尾上菊五郎らと明治天皇の御前で『勧進帳』『寺子屋』などを演じ、かつて河原乞食といやしまれた俳優の社会的地位を向上させた。彼は『勧進帳』に倣った『紅葉狩』をはじめ、『高時』『鏡獅子』などの新しい舞踊劇を創演して「歌舞伎十八番」を制定した。五代目尾上菊五郎・初代市川左団次とともに団菊左ともてはやされた。俳句をよくし、紫扇・団洲・三升・寿海・夜雨庵と号した。明治三十六年九月十三日没。六十六歳。

㈡十代　一八八二―一九五六　九代目の長女翠扇の婿。没後十代目団十郎を追贈。

㈢十一代　一九〇九―六五　七代目松本幸四郎の長男。明治四十二年(一九〇九)一月六日生まれ。市川家へ養子に行き、昭和三十七年(一九六二)団十郎を襲名、同四十年十一月十日没。五十六歳。歴代の墓は東京都港区の青山墓地にある。

㈣十二代　一九四六―　十一代目の嫡男。昭和二十一年(一九四六)八月六日生まれ。同六十年団十郎を襲名。

参考文献　伊原敏郎『市川団十郎』、同『市川団十郎の代々』、同『日本演劇史』、同『近世日本演劇史』、同『明治演劇史』、松居松翁『団洲百話』、榎本虎彦『桜痴居士と団十郎』、高野辰之・黒木勘蔵編『元禄歌舞伎傑作集』、西山松之助『市川団十郎』(『人物叢書』五二)、『演劇界』二〇ノ四(市川団十郎)　(西山松之助)

いちかわだんぞう　市川団蔵　歌舞伎俳優。屋号は三河屋。市川団十郎の門葉では最も古く重い家柄である。

㈠六代　一八〇〇―七一　四代目団蔵の門弟市川荒五郎の子で寛政十二年(一八〇〇)江戸に生まれた。文化十年(一八一三)七代目団十郎に入門、江戸と京坂を往来し嘉永五年(一八五二)六代目団蔵となる。脇役・老人が無類といわれた。明治四年(一八七一)十月二十二日大阪で没。七十二歳。墓は東京都台東区の谷中天王寺墓地にある。

㈡七代　一八三六―一九一一　天保七年(一八三六)三月二十日江戸に生まれ、六代目団蔵の養子となり、のち七代目団十郎に入門。安政三年(一八五六)養父の前名市川九蔵をつぐ。明治維新後は不和のため中央劇壇を離れることが多かったが、七代目団十郎と四代目小団次を範とする江戸風の芸は九代目団十郎や五代目菊五郎に遜色なく、明治三十年(一八九七)七代目団蔵を襲名してその「団蔵型」を残した。佐倉宗吾や仁木弾正は日本一とされた。同四十四年九月十一日没。七十六歳。墓は東京都台東区谷中天王寺墓地にある。

㈢八代　一八八二―一九六六　七代目の実子で明治十五年(一八八二)五月十五日東京生まれ。本名市川銀蔵。ながく初代中村吉右衛門と同座して脇役をつとめ、昭和十八年(一九四三)九蔵から八代目団蔵をつぐ。晩年その古格の芸が尊重されたが、同四十一年引退、四国巡礼の帰路、六月四日瀬戸内海で入水自殺した。八十四歳。

㈣九代　一九五一―　八代目の孫で昭和二十六年(一九五一)五月二十九日東京に生まれた。本名市川和雄。同三十一年銀之助の名で初舞台。六十二年団蔵を襲名。敵役を本領とする。

参考文献　市川九蔵『七世市川団蔵』、伊原敏郎『日本演劇史』、同『近世日本演劇史』、同『明治演劇史』、『演芸画報』明治四十一年三月、『新演芸』大正十三年八月

（河竹登志夫）

いちかわちゅうしゃ　市川中車　歌舞伎俳優。屋号は立花屋。中車の名は市川八百蔵代々の俳名で、芸名としては七代目八百蔵が晩年名乗ったのが最初。㈠七代　一八六〇―一九三六　万延元年(一八六〇)二月二十七日京都に生まれる。本名橋尾亀次郎。七歳のとき初代尾上多見蔵に入門、上京後明治十三年(一八八〇)七代目八百蔵を襲名した。二十一年改めて九代目団十郎に入門、その脇役として活躍。師の没後は義太夫狂言の大立役に重厚な芸をみせて名優といわれた。大正七年(一九一八)「馬盥(ばだらい)の光秀」で日本一の光秀役者と称賛され、中車と改名した。昭和十一年(一九三六)七月十二日没。七十七歳。墓は東京都港区の青山墓地にある。㈡八代　一八九六―一九七一　二代目市川段四郎の三男、二代目猿之助(猿翁)の弟。明治二十九年(一八九六)十一月十日東京に生まれた。喜熨斗(きのし)倭貞。大正五年(一九一六)七代目の名前養子となり、養父が中車改名と同時(同七年十月)に八代目八百蔵となる。昭和二十八年(一九五三)中車を襲名。同四十六年六月二十日没。七十四歳。墓は東京都台東区上野桜木の寛永寺第二霊園にある。

参考文献　伊原敏郎『明治演劇史』、市川中車『中車芸話』

（河竹登志夫）

いちかわふさえ　市川房枝　一八九三―一九八一　大正・昭和時代の婦人運動家、政治家。愛知県中島郡明地村(尾西市)に明治二十六年(一八九三)五月十五日生まれる。家は中層地主。大正二年(一九一三)愛知女子師範学校を卒業、小学校教員や『名古屋新聞』記者として職業婦人の体験をもった。当時大正デモクラシー期をむかえ、婦人問題に使命を感じて評論家山田わかを尋ねて上京し、社会学を学ぶうちに、平塚らいてうと知り合い、同八年婦人参政権要求を主な目標にした新婦人協会の結成に加わり、理事として治安警察法第五条改正の請願運動などに活動した。同十年らいてうとの意見の相異から協会を離れ渡米し、帰国後の同十三年再び婦選運動を呼びかけ、婦人参政権獲得期成同盟会を設立し、同会の指導者として婦選大会の開催、機関誌『婦選』の発行などを行なった。戦時下一時大政翼賛会に協力したが、戦後昭和二十五年(一九五〇)婦人有権者同盟会の会長となり、同二十八年から四十六年まで参議院議員として活躍した。また同四十九年の参議院選挙でも、理想選挙をスローガンとし、全国区第二位の得票で当選した。昭和五十六年二月十一日没。八十七歳。

参考文献　日本経済新聞社編『私の履歴書』一三、市川房枝『私の婦人運動』、『市川房枝自伝』戦前編

（井手　文子）

いちきおとひこ　市来乙彦　一八七二―一九五四　大正・昭和時代の大蔵官僚、政治家。雅号は楽斎または貫邦。明治五年(一八七二)四月十三日、鹿児島県に生まれる。同二十九年帝国大学法科大学卒業。大蔵省に入り、主として主計・税務関係の事務にあたり、主計局長を経て、大正五年(一九一六)十二月から同七年十月まで大蔵次官をつとめた。同十一年六月、第一次世界大戦後のワシントン軍縮会議の全権であった加藤友三郎の組閣に際して大蔵大臣に就任し、大戦後の財政整理と軍縮財政に手をつけ、十二年度予算にその成果を示したが、同年八月首相死去により大臣を辞した。後継内閣の大蔵大臣となった井上準之助に代わって九月に日本銀行総裁となり、昭和二年(一九二七)四月までその職にあった。この間関東大震災(モラトリアム実施)・金融恐慌・金現送・金解禁論争など、大正末期から昭和初期の激動する金融諸問題に取り組んだ。昭和三年一月に東京市長となり、市政の再建・財政整理を図ったが、その成果を見ずに一年で辞任した。また、その間、大正七年九月から昭和二十二年五月まで貴族院議員(勅選)をつとめ、主として研究会に属した。第二次世界大戦後、第一回の参議院議員に当選、緑風会に所属。昭和二十九年二月十九日没。八十一歳。

（西村紀三郎）

いちきとくろう　一木喜徳郎　一八六七―一九四四　明治から昭和時代前期にかけての法学者、官僚政治家。慶応三年(一八六七)四月四日遠江国佐野郡倉真村(静岡県掛川市)に岡田良一郎の次男として生まれる。長兄は岡田良平。明治六年(一八七三)一木家の養子となった。同十六年東京大学文学部に入学、学制改革により帝国大学法科大学に編入され、二十年に卒業、ただちに内務省に入った。二十三年ドイツに私費留学し、国法学を修めた。二十五年同地で『日本法令予算論』を執筆し、日本で出版した。翌年帰朝、内務省に復職したが、二十七年には内務書記官兼任のまま法科大学教授になり、行政法および国法学を担当した。三十三年貴族院議員に勅選され、三十五年には桂内閣の法制局長官となった。三十九年法制局長官辞任と同時に法科大学教授も辞し、講師となったが、二年後には講師も辞任して完全に大学を去った。第二次桂内閣では内務次官として地方改良運動などに尽力、第三次桂内閣では法制局長官に再任された。大正三年(一九一四)第二次大隈内閣の文部大臣、翌年の内閣改造で内務大臣に転じた。同六年枢密顧問官となり、十三年には枢密院副議長となった。この間その法律的知識を生かして同院の特別委員会のほとんどに加わり、特に普選法案の審査では官僚派の立場からその骨抜きにつとめた。十四年宮内大臣に就任し、昭和八年(一九三三)までつとめ、退官後男爵。翌九年西園寺公望・斎藤実らの推選で枢密院議長となり、元老重臣グループの一員として

活躍したが、翌年の天皇機関説問題で、その憲法学説が平沼騏一郎一派に攻撃されて十一年三月辞任した。法学者としては、国家主権・天皇機関説の立場をとり、門下の美濃部達吉の天皇機関説の源流となったが、反面内閣員の任免は天皇大権に属するとして議院内閣制を否認した。政治的には山県有朋系官僚として、貴族院では茶話会に属し、官僚派のイデオローグとして活躍した。昭和十九年十二月十七日没。七十八歳。

参考文献 野口明編『一木先生回顧録』、家永三郎『日本近代憲法思想史研究』 （由井 正臣）

いちしまけんきち 市島謙吉 一八六〇―一九四四 明治から昭和時代前期にかけての政治家、文化事業家。幼名雄之助、のちに春城と号した。万延元年（一八六〇）二月十七日、江戸時代以来の代表的な水田地主としてきこえた越後国蒲原郡市島家の筆頭分家角市市島家五代治郎吉の長男として生まれた。同家は特に曾祖父三代治郎吉以来上越蔵米の廻漕を差配し、江戸の文人墨客の同家に寄寓する者数知れず、二代治郎吉（岱海堂）をはじめ多くの儒林文人を出した名家でもあった。彼は十二歳ですでに『資治通鑑』を白文で読み、十六歳で上京、東京英語学校を経て東京大学文学部に進んだ。大学卒業の一年前の明治十四年（一八八一）、参議大隈重信の追放とひきかえに国会開設の勅諭が下りると、大学を中退して大隈・小野梓らのもとへ走り、翌年立憲改進党結党と同時に入党した。山田一郎と新聞『内外政党事情』を創刊。さらに郷土に『高田新聞』を興して党勢拡張に献身、改正新聞紙条例筆禍第一号として投獄された。二十四年高田早苗のあとをうけて『読売新聞』主筆、衆議院議員当選三回。四十二歳の時喀血して政界引退。その後旧友高田を助けて早稲田大学の経営に専念、文化事業家に転進した。明治三十五年初代早大図書館長となり、日本図書館協会初代会長として図書館近代化の礎ともなった。この間、明治三十九年国書刊行会を創設して、未刊の古典的文献数百種の校訂・刊行にあたった。また大隈をいただいて大日本文明協会を創設し、欧米名著の紹介に努めるなど、みずから文明開化の裏方をもって任じていた。晩年は随筆家としても名をなし、随筆『蟹の泡』ほか十数巻の著書は文化資料的にも香り高いものである。昭和十九年（一九四四）四月二十一日没。八十五歳。

参考文献 市島謙吉『回顧録』、同『春城八十年の覚書』、林茂「政党の地方組織活動―市島謙吉をめぐって―」（篠原一・三谷太一郎編『近代日本の政治指導』所収） （高野 善一）

いちじょうただか 一条忠香 一八一二―六三 幕末・維新期の公家。文化九年（一八一二）二月十三日誕生。父は関白忠良、母は熊本藩主細川斉茲の女富子。十五代将軍徳川慶喜とは姻戚関係にあった。文政二年（一八一九）八歳で従四位上左近衛権中将に叙任し、翌年三月従三位、同十一年二月権大納言に進んだ。安政五年（一八五八）正月摂家の一人としてアメリカとの通商条約締結について勅問されると、三家以下諸大名の意見を徴すべき旨を奉答し、ついで老中堀田正睦が上京すると、三月関白九条尚忠の提議による外交措置の幕府委任を決した朝議に列した。同月内大臣に進み、八月水戸藩降勅の朝議に列し、ついで九条関白の辞職を審議する朝議に、九月には徳川家茂の将軍宣下を審議する朝議に列したが、老中間部詮勝が入京して圧力をかけると、十月には九条関白の辞職を朝議によってとどめた。翌六年二月安政の大獄に連坐、十日の慎に処せられたが、三月近衛忠熙辞職のあとを受けて左大臣に転じた。万延元年（一八六〇）閏三月祐宮（明治天皇）深曾木の儀の鬢親を参仕した。文久二年（一八六二）十二月新設の国事御用掛に任ぜられたが、公武合体派の忠香は少壮気鋭の同掛の廷臣と意合わず、そのため翌三年正月辞職を請うたが許されなかった。同年四月石清水社行幸に供奉し、十一月七日左大臣を辞し、同日没、二十一日京都東福寺に葬った。年五十二。著書として日記『忠香公記』、家集『桃蕊集』がある。なお、その女美子（はるこ）は明治天皇の皇后（昭憲皇太后）となった。

参考文献 『一条家譜』、『一条忠香日記抄』（『日本史籍協会叢書』） （吉田 常吉）

いちのへなおぞう 一戸直蔵 一八七七―一九二〇 明治・大正時代の天文学者、科学啓蒙家。青森県に生まれ、東奥義塾・青山学院を経て、明治三十三年（一九〇〇）東京帝国大学理科大学星学科に入り、卒業後、天文台の助手をつとめるかたわら、大学院で研究を続ける。同三十八年より二年余、アメリカのヤーキス天文台で変光星観測に従い、帰朝後東京帝大の講師となる。アメリカ流の高山天文台に大望遠鏡を据えることを企画し、台湾の新高山の頂上をダイナマイトで爆破して天文台を創る案、天文台の三鷹移転に反対して赤城山頂天文台案を出したが、当時の天文台長と衝突して野に下り、それから死去までの十年間『現代之科学』誌を主宰し、科学啓蒙にあたるとともに、学界の官僚主義批判の論陣を張った。大正九年（一九二〇）十一月二十七日没。四十四歳。

参考文献 中山茂『一戸直蔵―野におりた志の人―』（『民間日本学者シリーズ』一九）、一戸直蔵「過去を追想して将来に及ぶ」（『現代之科学』九ノ一） （中山 茂）

いちのへひょうえ 一戸兵衛 一八五五―一九三一 明治・大正時代の陸軍軍人。安政二年（一八五五）六月二十日、陸奥弘前藩に生まれた。明治七年（一八七四）二十歳の時、家を出奔して東京に出て、陸軍兵学寮内の戸山学校に入校し、九年二月に陸軍少尉試補となり、西南戦争に初陣した。日清戦争には少佐で大隊長として出征し、戦後諸職を経て近衛歩兵第四連隊長に補せられたが、身をもって部下を指導し、将校教育に意を用いた。三十四年五月少将に進み、金沢の歩兵第六旅団長に補せられ、この職で日露戦争に出征した。この旅団の属する第九師団は、第三軍に隷して、旅順攻略に向かったが、旅順におけるかれの活躍は、まさに生ける軍神であって、典型的武将たるの実を明らかに示したものであった。中でも戦史上燦然たる光彩を放つものは、一戸堡塁の奪取であって、第二回の旅順総攻撃において、激戦五日ののち唯一の成功となった殊勲である。戦後中将に進んで第十七・第四・第一の各師団長に歴補され、大正四年(一九一五)二月軍事参議官に転補、八月大将になった。その十二月教育総監に栄転し、在職三年半、軍事参議官専任、翌九年六月定年に達して、現役を退いた。その五月学習院長を兼ねたが、現役を退いてから、これに専任し、そののち明治神宮宮司、帝国在郷軍人会長を嘱託され、人格的尊敬をもたれつつ、昭和六年(一九三一)九月二日に没した。七十七歳。墓は東京都府中市の多磨墓地にある。かれは真に日本武将の名を恥ずかしめない名将であった。

(松下　芳男)

いちまだひさと　一万田尚登　一八九三―一九八四　昭和時代の財政家、政治家。明治二十六年(一八九三)八月十二日、一万田義興の三男として大分県の地主の家に生まる。東京帝国大学法科大学を卒業し、大正七年(一九一八)日本銀行へ入行。京都支店長・考査局長などを経て昭和十九年(一九四四)四月理事に昇任、二十年十月大阪支店長嘱託となる。新木栄吉総裁をはじめ副総裁、先任理事のほとんどが追放令に該当したため、二十一年六月大阪支店長から一挙に第十八代総裁に就任。在任期間八年六ヵ月。民間の資本蓄積が極度に不足し、オーバーローンの著しかった戦後復興期にあって、市中銀行に強い発言力をもち、さらに市中銀行を通じて産業界にも大きな影響力をもち「法皇」と称された。二十四年日銀政策委員会議長となり、二十六年にはサンフランシスコ対日講和会議に全権委員として出席した。二十九年十二月鳩山内閣の蔵相に就任して政界に入る。三十年以来衆議院議員。第二次・第三次鳩山内閣および第一次岸内閣の蔵相を歴任。四十五年政界を引退した。昭和五十九年一月二十二日没。九十歳。

参考文献　中村隆英他編『現代史を創る人びと』一

(杉山　和雄)

いちむらうざえもん　市村羽左衛門　歌舞伎俳優。座元。はじめ宇左衛門と書き、寛延元年(一七四八)八代目より羽左衛門となる。屋号は橘屋。一般に用いられている代数は、市村座の前身である村山座座元二代を加算したもの。ほかに市村座となってからの座元代数、および羽(宇)左衛門名義を名乗った人々の名義代数と三通りの数え方ができる。

(一)十三代　一八四四―一九〇三　座元十一代目。名義八代目。五代目尾上菊五郎の前名。嘉永四年(一八五一)正月襲名。

(二)十四代　一八四七―九三　座元十二代目。名義九代目。坂東家橘の前名。十三代目の弟。明治元年(一八六八)襲名。

(三)十五代　一八七四―一九四五　名義十代目。大正から昭和にかけての名優。明治七年(一八七四)十一月五日生まる。本名市村録太郎。初名坂東竹松。前名六代目市村家橘。俳名可江。屋号橘屋。十四代目の養子。明治三十六年(一九〇三)十月襲名。風貌よく、和事・生世話を得意とした。昭和二十年(一九四五)五月六日没。七十歳。

(四)十六代　一九〇五―五二　名義十一代目。明治三十八年(一九〇五)二月二十六日生まる。本名市村勇。初名市村竹松。前名七代目市村家橘。屋号橘屋。十五代目の養子。昭和二十二年(一九四七)二月襲名。おっとりした芸風で、女方・和事をよくした。同二十七年十月四日没。四十七歳。

(五)十七代　一九一六―　名義十二代目。大正五年(一九一六)七月十一日生まる。本名坂東衛。初名三代目坂東亀三郎。前名坂東薪水・七代目坂東彦三郎。六代目坂東彦三郎の子。昭和三十年(一九五五)十月襲名。藤間善蔵の名を藤間宗家から許されている。なお歴代の墓は東京江戸川区西瑞江の大雲寺にある。

参考文献　立川焉馬編『歌舞伎年代記』、石塚豊芥子編『続歌舞伎年代記』、田村成義編『続々歌舞伎年代記』、伊原敏郎『日本演劇史』、同『近世日本演劇史』、同『明治演劇史』、同『歌舞伎年表』、関根只誠『東都劇場沿革誌』

(今尾　哲也)

いちむらさんじろう　市村瓚次郎　一八六四―一九四七　明治から昭和時代にかけての東洋史学者。字は圭卿、号は器堂・筑波山人、のちに月波散人とも称した。元治元年(一八六四)八月九日常陸国筑波郡北条村(茨城県つくば市)の素封家に生まれ、明治十一年(一八七八)上京して小永井小舟の門に学び、明治法律学校を経て二十年帝国大学文科大学古典科卒業、学習院教授より東大助教授に転じ三十八年教授、四十年文学博士の学位を得、もっぱら東洋史学を講じた。四十一年富美宮允子内親王、四十三年泰宮聡子内親王の御用掛を仰せ付けられ漢文を進講し、また早稲田大学・国学院大学・日本女子大学などにも出講、その間前後五回中国を歴遊し、大いに史嚢を豊かにした。漢籍の蔵書は量多く、稀覯本も少なくなく、東京都立中央図書館に市村文庫として収蔵されている。大正十三年(一九二四)停年退職、翌年東京帝国大学名誉教授の称を受け、帝国学士院会員となり、昭和八年(一九三三)より十年まで国学院大学学長、また対支文化事業部・日満文化協会に参画、朝鮮・台湾などにも旅行した。著書には『支那史』(滝川亀太郎と共著)、『東洋史要』『支那論集』『文教論集』などがあり、『東洋史統』全四巻は最晩年の作で、その造詣の大概を通観するに足りる。なお若い時森鷗外の新声社に加わり、落合直文・井上通泰らとともに漢詩を新しい国風の詩に翻したり、日本の物語を漢詩に訳したり、あるいは欧州の詩文をわが国の韻文や漢詩に移して文壇に新風を吹き込んだ。また明治二十年林泰輔らと東洋学会を創立、会誌を発刊したが二十三年廃刊、四十二年には服部宇之吉らと東亜学術研究会を興し、雑誌『漢学』(のちに『東亜研究』と改題)を刊行するなど学界の進展に寄与したことが多い。昭和二十二年二月二十二日東京牛込諏訪町の邸に病没した。八十四歳。

参考文献 市村博士古稀記念東洋史論叢刊行会編『(市村博士古稀記念)東洋史論叢』、森潤三郎『鷗外森林太郎』 (石田幹之助)

いちむらみなと 市村咸人 一八七八―一九六三 明治から昭和時代にかけての歴史学者、教育者。明治十一年(一八七八)一月二日、長野県下伊那郡米川村(飯田市)に生まれる。父保三郎・母みち。長野県師範学校に学んだのち、昭和七年(一九三二)まで同県下の小学校と高等女学校の教職にあった。この間、下伊那郡誌資料収集委員、伊那史料叢書編纂主任、長野県史蹟名勝天然紀念物調査委員、長野県史編纂委員、下伊那史編纂委員長の任にあたる。研究対象は、考古・建築・仏像・史跡など多方面にわたり、文化財保護、史料刊行、後進の育成など、長野県の地方史研究を育てるのに大きな役割を果たした。特に昭和十四年刊行の『(建武中興を中心としたる)信濃勤王史攷』は、信濃中世史研究の大著として長く後進に裨益した。昭和三十八年十一月二十八日没。八十五歳。墓は飯田市竹佐の観音寺にある。その厖大な研究調査資料と蔵書とは、飯田市の下伊那教育会に「市村文庫」として保管され、研究者に利用されている。また、『市村咸人全集』全十二巻がある。

参考文献 信濃史学会編『長野県の地方史研究を育てた先学略年譜』、『信濃』一六ノ三(特集市村咸人先生追悼号) (塚本 学)

いちりきけんじろう 一力健治郎 一八六三―一九二九 明治・大正時代の宮城県の実業家、『河北新報』の創立者。文久三年(一八六三)九月二十五日仙台の洋品問屋鈴木作兵衛の三男として生まれ、ミッション系の東華中学を卒業してクリスチャンとなる。茶商万屋万兵衛の夫婦養子となりその経営にあたるがのちこれを放棄し、旧制第二高等学校に入学、第一回卒業生となる。卒業後植林会社(現在の宮城植林株式会社)を興し、同県地方の実業家として確固とした地位を占め、また宮城電燈会社重役など多くの企業の経営に関係した。明治二十七年(一八九四)県会議員、同二十八年市会議員となり反政友会の立場をとった。同三十年一月十七日、改進党員・宮城県会議長藤沢幾之輔の勧めで進歩党機関紙『東北日報』を基盤に『河北新報』を創刊しその経営に専心。「自由公正の言論、産業開発・東北振興、悪政糾弾・人権尊重」を謳い紙名を高めるとともに、非藩閥東北同盟の結成を主導するなど行動的言論人として活躍した。昭和四年(一九二九)十一月五日没。六十七歳。

参考文献 赤坂敬止編『一力健治郎』、河北新報社編『河北新報社長一力健治郎』、『河北新報の七十年』 (塚本 三夫)

いちりゅうさいていざん 一竜斎貞山 講釈師。江戸時代後期より現在まで七代にわたる名門で、『義士伝』や『伊達評定』などを家芸としている。

㈠二代 一八三九―七四 杉江氏、初代貞山門下、住所(浜町)にちなみ矢の倉山と呼ばれた。

㈡三代 一八三五―八九 本名内山孝七、潮花門で花林、二代目貞山門では貞吉から三代目襲名。のちに一山を名乗る。『義士伝』『伊賀の水月』を得意とした。明治二十二年(一八八九)三月二十一日没。五十五歳。

㈢四代 生没年不詳 本名住江勝太郎。三代目貞山門下。

㈣五代 一八六三―一九三五 本名青山岳次郎。三代目貞山門下。貞花、貞丈から五代目をつぎ、のち三代目錦城斎典山となり名人といわれ、『天保六花撰』は至芸と評された。昭和十年(一九三五)一月七日没。七十三歳。

㈤六代 一八七六―一九四五 五代目貞山門人。本名枡井長四郎。小金井芦州・神田伯山と並んで講釈界の三羽鳥とうたわれ、その『義士伝』は名人の評を得た。昭和二十年(一九四五)三月十日没。七十歳。

㈥七代 一九〇七―六六 本名佐藤貞之助。六代目門下。昭和二十二年(一九四七)七代目をつぎ、不振の講談界に新風を吹き込み怪談ものを得意とした。昭和四十一年(一九六六)十二月七日没。五十九歳。

参考文献 山口豊山編『夢跡集』軍談落語之部、佐野孝『講談五百年』、関根黙庵『講談落語今昔譚』、田辺南鶴編『講談研究』 (比留間 尚)

いっしげき 一志茂樹 一八九三―一九八五 大正・昭和時代の歴史学者、教育者。明治二十六年(一八九三)十一月十二日、長野県北安曇郡社村宮本(大町市)の仁科神明宮の社家に生まれる。父伊太郎・母うこん。長野県師範学校を卒業後、大正三年(一九一四)から昭和二十年(一九四五)まで、長野県の教育界にあって校長職や松本市教育会長などを歴任。教職についたころから『白樺』を知り、白樺教育を推進した。武者小路実篤・岸田劉生らと交わり、大正十一年には文芸誌『創作』の発行にあたった。昭和二年北安曇郡に赴任のころから歴史研究に主関心を移し、仁科氏研究の著書のほか、大がかりな民俗調査によった『北安曇郡郷土誌稿』を編纂した。昭和十七年一月、信濃史学会を興してその会長となり、廃刊していた『信濃』を復活させてこの経営にあたり、多彩な論考を発表し、多くの後進を育成した。地方史研究の独自性、自立性を主張するとともに、県の境界を外した地方史研究者の連携を求めた。文献史料以外に実地調査と地名研究の重要性を説き、地名研究の機関の創設を提唱し、圃場整備の進行にあたって、史料保存上の警鐘を打ち鳴らした。昭和二十六年から信濃史料刊行会編纂主任として、全三十二冊の『信濃史料』の完成までその中心にあり、同四十三年以後は長野県史編纂委員長として尽力した。この間、昭和四十一年紫綬褒章受章。同五十五年八月、飯田市での講壇で倒れ、同六十年二月二十七日松本市で没した。九十一歳。郷里の大町市大字社宮本の大志洞に葬られる。研究対象の中心となった「古代東山道の研究」によって、昭和三十六年文学博士となったが、この論文は未刊である。

参考文献 信濃史学会一志茂樹八十年回顧編集委員会編『地方史に生きる―聞き書・一志茂樹の回想―』、『信濃』三七ノ一〇（一志茂樹会長追悼号）

（塚本　学）

いづつとしひこ　井筒俊彦　一九一四―九三　昭和時代のイスラム学者、言語哲学者。特にイスラム神智学研究・コーラン学の第一人者。大正三年（一九一四）五月四日、東京に父信太郎・母シン子の子として生まれる。青山学院中等部を経て昭和十二年（一九三七）慶応義塾大学文学部英文科を卒業。卒業と同時に同学部助手に就任。イスラム思想・ギリシャ思想・言語学などの研究に従事、またアラビア語をはじめとする中東諸語、ロシア語、サンスクリット語などの研究習得に専念する。同二十四年同学部助教授就任。言語学・アラビア語・ギリシャ語などを担当。同二十九年同学言語文化研究所教授に就任。同三十五年 The Structure of the Ethical Terms in the Koran により文学博士の学位を得た。同三十七年カナダのマックギル大学客員教授となる。同四十四年慶応義塾大学退職、同年九月マックギル大学正教授に就任。同五十年マックギル大学退職、同年イラン王立哲学研究所教授就任。同五十四年イランから帰国。同五十六年慶応義塾大学名誉教授。同五十七年日本学士院会員となる。研究活動は多岐にわたる。初期にはギリシャ神秘思想、イスラム思想、コーランの言語哲学的研究に従事。中期にはペルシャ・イスラム哲学の研究。後期には仏教思想・老荘思想・朱子学などを視野に収めた独自の東洋哲学の構築を試みる。その学問的活動分野のおのおので後進を育成した。教えを受けた者は日本国内に限らず、海外にも多くいる。日本のイスラム研究の水準を飛躍的に引き上げた。テヘラン大学名誉博士、エジプト・アラビア語学士院会員。平成五年（一九九三）一月七日没。七十八歳。法名は常楽院俊岳定禅居士。墓は鎌倉市山ノ内の円覚寺塔頭、雲頂庵にある。英文著書に God and Man in the Koran, The Concept of Belief in Islamic Theology, The Key Philosophical Concepts in Sufism and Taoism など。邦文著書に『神秘哲学』『イスラーム思想史』『イスラーム哲学の原像』『意識と本質』『コスモスとアンチコスモス』など。その他、論文・編書・訳書が多数ある。中でも『コーラン』の厳密な原典訳はよく知られている。『井筒俊彦著作集』全十二巻がある。

（松本　耿郎）

いでたかし　出隆　一八九二―一九八〇　大正・昭和時代の哲学者。わが国における本格的なギリシャ哲学研究の嚆矢。明治二十五年（一八九二）三月十日、岡山県苫田郡津山町大字上之町（うえのちょう）（津山市）に渡辺惟明の次男として生まれ、同三十七年に叔父出道直の養子となる。大正六年（一九一七）東京帝国大学文科大学哲学科を卒業。青山学院・東洋大学・東京女子大学などの教授を経て、同十三年東京帝国大学文学部助教授となる。この間同十一年に、大正教養主義の古典の一つとなった『哲学以前』を刊行。ヨーロッパ留学（大正十五年―昭和二年（一九二七））ののち、昭和十年同大学教授となり、同十二年「ギリシャ人の霊魂観と人間学」で文学博士となる。同十八年主著『ギリシャの哲学と政治』を刊行。第二次世界大戦後、同二十三年に日本共産党に入党、東大教授の入党として話題をよんだ。同二十六年東大教授を辞職して東京都知事選挙に立候補し、落選。その後、日本哲学会・日本唯物論研究会などの委員長に選ばれたが、同三十九年日本共産党から除名された。この間にアリストテレスの『形而上学』を翻訳し、同四十三―四十八年には『アリストテレス全集』全十七巻を監修した。昭和五十五年三月九日、東京都杉並区の河北病院で没。八十七歳。『出隆著作集』全八巻・別巻一（昭和三十八―四十八年、勁草書房）がある。

参考文献 出かず子編『回想 出隆』、宮川透・荒川幾男編『日本近代哲学史』（『有斐閣選書』）

（古田　光）

いでみつさぞう　出光佐三　一八八五―一九八一　大正・昭和時代の実業家。明治十八年（一八八五）八月二十二日に福岡県で生まれ、神戸高等商業学校を卒業した。同四十四年に出光商会を創設し、昭和十五年（一九四〇）には出光興産を設立して初代社長になった。同社は戦後、石油精製・元売業者として発展したが、とりわけ同二十八年にイラン石油の輸入に成功したことは有名である。著書に『我が四十五年間』などがある。昭和五十六年三月七日没。九十五歳。

（笹原　昭五）

いとうえいのすけ　伊藤永之介　一九〇三―五九　昭和時代の小説家。明治三十六年（一九〇三）十一月二十一日、秋田市西根小屋町末町（秋田市中通）に生まれた。本名、栄之助。小学校卒業後、銀行員・新聞記者などを経て上京、郷里の先輩である『種蒔く人』の今野賢三や金子洋文らと交わり、プロレタリア文学系の『文芸戦線』や新感覚派の『文芸時代』にも評論を書き、当初は評論家として出発、ついで『文芸戦線』同人となり、銀行の生態をえぐった『恐慌』や『暴動』などを発表、「文戦派」の有力作家となる。昭和六年（一九三一）、満洲における朝鮮人農民の悲惨さを追求した『万宝山』により宇野浩二に認められた。プロレタリア文学運動の解体後、もっぱら農民文学のジャンルに進出、饒舌体の文章を駆使して東北農民の悲劇的、喜劇的な日常を『梟』『鴉』『鶯』などの「鳥類もの」で描き、作家としての地位を確立した。同十四年には新潮文芸賞を受賞した。第二次大戦後の代表作は『なつかしい山河』だが、一般的に好評を得たのは農村を背景にした『警察日記』である。再建後の農民文学会の会長などもつとめた。「山美しく人貧し」という言葉を口ぐせにした。昭和三十四年七月二十六日死去。五十五歳。『伊藤永之介作品集』全三巻がある。

参考文献 窪川鶴次郎『現代文学論』、岡沢秀虎「伊藤

永之介論」(『早稲田文学』昭和十四年一・二月)

（紅野　敏郎）

いとうかんさい　伊東貫斎　一八二六―九三　幕末・明治時代前期の蘭方医。名は盛貞、字は文仲。貫斎は号。文政九年(一八二六)五月十九日武蔵国府中(東京都府中市)に生まれた。祠官織田筑後と母峯尾氏の次男。江戸・長崎に遊学。弘化二年(一八四五)緒方洪庵に入門。嘉永六年(一八五三)四月伊東玄朴の女婿となる。安政二年(一八五五)七月紀州藩医。同四年九月ハリス登城の際、医務・翻訳を勤む。翌年正月ハリスの病を治して名声があがる。同年七月奥医師、のち法印。瑤川院と称した。万延元年(一八六〇)種痘所設立に参加。文久元年(一八六一)西洋医学所教授。同三年取締。明治三年(一八六〇)大典医、従五位勲六等。同二十六年七月二十八日没。六十八歳。東京谷中の天竜院に葬る。著書は『遠西方彙』三十巻、『眼科新篇』『日用方叢』など。

参考文献　伊東栄『伊東玄朴伝』

（片桐　一男）

いとうきさく　伊藤熹朔　一八九九―一九六七　昭和時代の舞台美術家。明治三十二年(一八九九)八月一日東京に生まれる。東京美術学校洋画科卒。在学中に土方与志の模型舞台研究所に加わり舞台美術の研究に没頭。築地小劇場に参加して『ジュリアス＝シーザー』をはじめ、三十二本の装置を手懸けた。築地小劇場分裂後は、築地座・新協劇団・俳優座・文学座その他、第二次世界大戦前から戦後にかけての各新劇団の装置を担当した。また大劇場演劇の分野でも、歌舞伎・新派その他あらゆる領域ですぐれた仕事を残し、さらに映画の美術監督としても貴重な業績をあげた。個々の作品の内容に応じ、また演出意図にそって、写実的あるいは様式的な、さまざまなスタイルの装置を自在に制作した。その数は五十年近くの間に四千点を越し、日本の演劇界に近代的舞台美術の分野を確立させた功績は大きい。昭和四十二年(一九六七)三月三十一日没。六十七歳。文部大臣賞・芸術院賞・毎日芸術賞・朝日文化賞などを受賞。兄は舞踊家伊藤道郎、弟は演出家千田是也で芸術家兄弟と称された。著書には『舞台装置の研究』『舞台美術』『舞台装置の三十年』などがある。

（茨木　憲）

いとうきんりょう　伊藤欽亮　一八五七―一九二八　明治・大正時代のジャーナリスト。安政四年(一八五七)八月四日生。旧萩藩士伊藤市右衛門の四男。少時一時期、林姓介の養子となったことがある。藩校明倫館、攻玉社を経て慶応義塾に入り明治十三年(一八八〇)卒業。『鎮西日報』(長崎)、『静岡新聞』の記者を経て、同十五年三月『時事新報』創刊の際同紙記者となり、のちその編輯を主宰。同二十九年から三十九年六月まで日本銀行に在って発行・文書の二局長を勤める。同月陸羯南の『日本』を買い受け社長として同紙主宰。政友会系ながら明快達意な論陣を張った。大正三年(一九一四)末同社が火災にあい廃刊。以後は交詢社理事、千代田生命その他諸会社の重役として活動。他方では雑誌『ダイヤモンド』を監修、多くの論説を発表した。剛直・謹厳・無私の人格者であった。昭和三年(一九二八)四月二十八日没。七十二歳。

参考文献　石山賢吉編『伊藤欽亮論集』

（西田　長寿）

いとうけいすけ　伊藤圭介　一八〇三―一九〇一　幕末から明治時代にかけての博物学者、蘭方医。本名舜民、のち清民、字は戴堯、のち圭介(「けいかい」とも呼ぶ)、号は錦窠・太古山樵・花繞書屋。美濃国可児郡久々利(岐阜県可児郡可児町)から名古屋に出て町医となった西山玄道の次男として、享和三年(一八〇三)正月二十七日呉服町で生まれ、のち父の生家伊藤家をつぐ。父や兄の大河内存真とともに本草学を水谷豊文に学ぶ。兄はのちに名古屋藩の奥医者となる。父や兄から医学・本草学を学び、十八歳で医師の資格を得、翌年の文政四年(一八二一)京都に出て蘭日辞典『訳鍵』の著者で、蘭方医の藤林泰助より洋学を学ぶ。また蘭方医でのちに名古屋藩の奥医師となった吉雄常三にも洋学を学んだ。文政九年、シーボルトが江戸参府の途中、尾張熱田(宮)駅に滞在した時に豊文や兄とともにシーボルトを訪れ学んだ。帰路のシーボルトに長崎遊学をすすめられ、翌年九月圭介は長崎にシーボルトを訪れ博物学を主として学んだ。翌年三月、長崎を去るにあたりシーボルトは彼にツンベルグの『日本植物誌』を贈った。これによって圭介は学名・和名対照の『泰西本草名疏』(文政十二年)を刊行、付録に日本で初めてリンネの植物分類体系を紹介して名声をあげた。またシーボルトの課題「勾玉考」を蘭文で起草しシーボルトに呈出した。天保の飢饉の時には『救荒食物便覧』(天保八年)を刊行し、天保十二年(一八四一)には『暎咭唎国種痘奇書』を刊行して牛痘法を紹介するとともに種痘所を設け幕末から明治にかけて活躍した。諸国に植物を採集し、薬品会・博物会をたびたび主催し『日本産物志』(明治六年・九年・十年)、『小石川植物園草木目録』(同十年・十四年)、賀来飛霞との共著『小石川植物園草木図説』(同十四年・十七年・十九年)など著作が多い。安政六年(一八五九)洋学館総裁心得、文久二年(一八六二)に蕃書調所内物産局の主任格、明治三年(一八七〇)新政府により大学出仕となり、同十三年小石川植物園担当、翌年東京大学教授、同二十一年日本で最初の理学博士となった。同三十四年一月二十日、九十九歳で没。墓は台東区の谷中墓地にある。男爵を授けられた。なお蔵書約二千冊が国立国会図書館の伊藤文庫に収められている(『上野図書館所蔵)伊藤文庫図書目録』)。

参考文献　杉本勲『伊藤圭介』(『人物叢書』四六)

（木村陽二郎）

いとうげんぼく　伊東玄朴　一八〇〇―七一　江戸時代後期の蘭方医。寛政十二年(一八〇〇)十二月二十八日、肥前国神埼郡仁比山村(佐賀県神埼郡神埼町)に生まれる。名は淵、字は伯寿、冲斎・長翁と号した。本姓は執行。

のち母方の親類伊東祐章の養嗣子となる。二十三歳で佐賀に出て、蘭方医島本竜嘯の門に入り蘭学を修める。二十五歳の時、長崎の通詞猪股伝次右衛門とシーボルトに就いてオランダ語・蘭医方を学んだ。文政九年(一八二六)江戸本所番場町・下谷長者町に開業し、かたわら医学書の翻訳に従事し、また蘭書を教授した。天保四年(一八三三)御徒町に移る(象先堂)。同六年ビショップの内科書を訳述した『医療正始』を公にしたが、この書は従来の翻訳書に比べて詳細であったため、大いに名声高まり多くの門弟・患者が集まったという。これよりさき天保二年鍋島家の招きにより侍医となる一方、西洋医学の研鑽と医業の開拓に努力を重ね、幕府侍医桂川国興に師事して西洋外科を学んだ。嘉永二年(一八四九)幕府は漢方医の要請に応じて、外科・眼科を除く蘭方禁止令、蘭書翻訳取締令を発したが、玄朴は同志を糾合して安政五年(一八五八)五月江戸神田お玉ヶ池に私設種痘所を設け、蘭方医学の擁護とその発展を図り、漢方医の圧迫に対抗する拠点とした。牛痘法の成功は漢方を凋落させるのに力があり、六月将軍家定重病の際には奥医師に任ぜられた。万延元年(一八六〇)十月種痘所は幕府直轄となり、翌文久元年(一八六一)十月西洋医学所と改称、玄朴は取締に任命された。功績により法印に叙せられ、長春院の号を賜わった(文久三年正月罷免)。明治四年(一八七一)正月二日没。七十二歳。東京谷中の天竜院に葬る。

参考文献 伊東栄『伊東玄朴伝』 (大鳥蘭三郎)

いとうこざえもん 伊藤小左衛門 一八一八—七九 幕末・維新期の豪商。文政元年(一八一八)十二月十八日、伊勢室山の豪商の家に生まれ五代目小左衛門となる。家業の味噌醤油醸造業をついだが、早くから茶・生糸の外国需要の多きを知り、みずから茶園を拓き製茶輸出を試み、北勢茶の隆盛を導いた。また養蚕・製糸の改良を志し、明治七年(一八七四)に器械製糸場を設置、その後規模を拡大した。明治十二年五月二十一日六十二歳で没。没後事業をひきついだ六代目小左衛門は機業部を加え伊藤組を組織した。三重紡績創立者伊藤伝七と五代目小左衛門は従兄弟の間柄である。

参考文献 三重県協賛会編『三重県事業史』、『四日市市史』、絹川太一『伊藤伝七翁』、和崎皓三「産業ブルジョアジーの生成と地主制の展開」(堀江英一・遠山茂樹編『自由民権期の研究』四所収) (海野 福寿)

いとうさちお 伊藤左千夫 一八六四—一九一三 明治時代の歌人、小説家。本名幸次郎、別に春園・無一塵庵主人・唯真閣主人などと称する。元治元年(一八六四)八月十八日、上総国武射郡殿台村(千葉県山武郡成東町殿台)において農業伊藤良作の四男として生まれる。農事のかたわら漢学を学び明治十四年(一八八一)三月上京して明治法律学校に入学したが眼病のため中途退学。同十八年一月再度上京して東京・横浜の乳業店で働き二十二年四月東京市本所区茅場町三丁目(墨田区江東橋)に独立して搾乳業を営み終生の業とした。このころ同業の伊藤並根より和歌・茶の湯を学び、同二十八年桐の舎桂子に師事し万葉に関心を持った。同三十一年新聞『日本』紙上で正岡子規と論争、のちに「歌よみに与ふる書」に感激して三十三年一月根岸短歌会に参加し、短歌や歌論を『日本』『心の花』に発表した。子規没後明治三十六年六月長塚節・蕨真らと機関誌『馬酔木』を創刊し中心となって活躍した。同三十九年一月『ホトトギス』に発表した『野菊の墓』が好評で、以後『隣の嫁』『分家』など自伝的小説をも書いた。同四十年三月以降森鷗外が主催した観潮楼歌会に出席し、外部の歌人に接して視野を広めた。四十一年一月『馬酔木』廃刊。後続誌『アカネ』を三井甲之が発行したが、ほどなく左千夫は甲之と対立してこれから別れて、十月に『阿羅々木』を発刊、二巻以降は編集兼発行者として経営にあたった。大正二年(一九一三)七月三十日脳溢血のため急逝した。五十歳。墓は東京都江東区亀戸の普門院にある。左千夫の作品は主情的でおおらかな歌風であったが、子規の客観写生の歌を学んで、九十九里浜の歌「ほろびの光」などに代表される独自の歌境を完成した。『万葉集新釈』をはじめとする万葉研究、短歌声調論である「叫び」の説、連作論など後世に影響した多くの歌論、写生的小説として『野菊の墓』『春の潮』以下の諸短編などの業績が数えられる。アララギ派初期の主宰者として島木赤彦・中村憲吉・古泉千樫・斎藤茂吉・土屋文明ら多くの門人を養成した功績は大きい。『左千夫全集』全九巻(六十一年)がある。

参考文献 橋田東声『子規と節と左千夫』、黒沢隆信『子規 節 左千夫の文学』、山本英吉『伊藤左千夫』、斎藤茂吉『伊藤左千夫』、北住敏夫『写生派歌人の研究』、土屋文明『伊藤左千夫』、『アララギ』六ノ一〇(伊藤左千夫追悼号)、永塚功『伊藤左千夫の研究』 (大戸三千枝)

いとうしずお 伊東静雄 一九〇六—五三 昭和時代の詩人。明治三十九年(一九〇六)十二月十日長崎県の諫早に生まれた。旧制大村中学、佐賀高校を経て、昭和四年(一九二九)京都帝大国文科を卒業、大阪府立住吉中学に就職した。翌五年、中学の先輩福田清人主宰の『明暗』にはじめて詩を発表、ついで『コギト』『日本浪曼派』『四季』の同人となる。第一詩集『わがひとに与ふる哀歌』(昭和十年)を自費出版すると、萩原朔太郎が純正な抒情詩人として激賞し、詩壇の注目を浴び、文芸汎論賞を受けた。その逆説的で鋭利な抒情の背景には『古今和歌集』、リルケ、ケストナー、ヘルダーリンなどの影響があるといわれる。つづいて第二詩集『夏花』(昭和十五年)によって清新な詩風を見せ、透谷賞を受けた。十八年『春のいそぎ』刊行、二十年空襲によって戦災にあい転居。二十四年肺結核発病、二十八年三月十二日没。四十六歳。『反響』(昭和二十二年)のほか、没後『伊東静雄詩集』(同二十八年)、『定本伊東静雄全集』全一巻(同三十六年)が刊行された。

参考文献 小高根二郎『詩人その生涯と運命』
（古川 清彦）

いとうしょうしん　伊藤証信　一八七六―一九六三　明治・大正時代の宗教家、精神運動家。幼名清九郎。明治九年(一八七六)九月十日三重県久米村坂井(桑名市)に生まれた。父伊藤清五郎は農業を営んだ。十四歳のとき真宗大谷派の僧籍に入り、証信と改めた。真宗大学にすすみ、学力優秀のため特待生に選ばれた。同三十七年四月トルストイの『我懺悔』『我宗教』を読み影響をうけたが、同年八月二十七日父の看病中、天地万物の内容はすべて「愛」であると悟って回心した。証信の悟りは「無我愛之真理」といわれるが、帰京後東京府下巣鴨の乞食の巣窟地に「無我苑」を設け、無我愛の真理を実験した。河上肇をはじめ入苑する者が多かった。翌三十八年六月十日雑誌『無我之愛』を創刊し、明治末期の思想界に影響を与えた。しかし証信の思想は大正期以降幾度か変化している。第一次大戦後の社会運動に刺激されて、精神運動をもって世界改造を行うことをとなえ、さらに昭和期に入ると「国家理想の闡明」を表明し、国家主義的主張に近づき、侵略戦争に協力する姿勢を示すに至った。昭和四年(一九二九)愛知県に「無我苑」を建立し、現在まで続いている。同三十八年一月十四日没した。八十六歳。

参考文献 吉田久一『日本近代仏教社会史研究』、三宅守常『無我愛哲学の基礎的研究』
（吉田 久一）

いとうじろうざえもん　伊藤次郎左衛門　豪商。名古屋商人の首座三家衆を関戸哲太郎・内田忠蔵とともに形成した。遠祖伊藤蘭丸祐広は織田氏に仕え、天正元年(一五七三)三好征討に従軍、戦死。子祐道(?―一六一五)は尾張国主松平忠吉の城下町清須に居住したが、慶長十六年(一六一一)築城遷府に伴い、いわゆる「清須越し」となって名古屋本町に出、呉服太物問屋を開業、伊藤屋という。その子祐基(一六〇九―七三)から次郎左衛門を名乗る。万治年中(一六五八―六一)茶屋町に移り、呉服所尾州茶屋と相対して居を定む。小売りへの転向、「現金売り掛け値なし」の商法採用など時勢に即した営業方針が民衆に支持され、みるみる産をなす。延享二年(一七四五)京都に仕入店を開設、明和五年(一七六八)江戸上野の松坂屋買収、文化二年(一八〇五)江戸大伝馬町に木綿問屋創業。天保年間(一八三〇―四四)につくられたなぞなぞ、「伊藤とかけて仙台銭と解く、心は田舎出来でも日本通用」どおりの発展をとげる。名古屋藩に対する財政協力の功で、商人中最高の待遇を受け、十二町歩除地拝領・呉服所名目苗字帯刀許可・合力米五百俵下賜はその一部。武家の転住没落に起因する売上げの減少、新政府の旧藩債償還遅滞で維新時には苦境に陥ったが、十四代目祐昌(一八四六―一九三〇)はこれを克服、明治八年(一八七五)大阪店を新設、十四年には伊藤銀行を設立した。同四十年上野店で商品陳列式の導入と女店員の採用を試み、四十二年株式会社改組を断行して着々とその準備を進めた後継者祐民(一八七八―一九四〇)は、四十三年三月名古屋で関西府県連合共進会が開催されるのを機会に、都心栄町に店舗を新築、百貨店への転換を果たし、松坂屋の基礎を固めた。彼は金融・時計・陶器など数多くの会社を手がけ、名古屋商業会議所会頭にも就任したが、多彩な活動は姻戚岡谷惣助と並び土着商人の雄たるにふさわしかった。明和五年の店則「家訓録」は有名。

参考文献 松坂屋伊藤祐民伝刊行会編『伊藤祐民伝』、竹中治助編『松坂屋新版店史概要』、林董一『名古屋商人史』、同『近世名古屋商人の研究』、『新修名古屋市史』三
（林 董一）

いとうしんぞう　伊藤慎蔵　一八二五―八〇　江戸時代後期の洋学者。名は精一・慎、字は君独、号は長洋・槌鈍軒・天真堂。文政八年(一八二五)長門国萩に伊藤宗寿の子として生まる。二十四歳で緒方洪庵に入門し三年後に適塾塾頭となった。安政二年(一八五五)師の推挙により越前大野藩の洋学館教授(百石)となり、教導のかたわら同藩の蝦夷地交易の必要上英人ピッジントン原著の蘭訳書『ゲスプレッケン＝ヲーフル＝ヲールカーネン』の和訳航海書『颶風新話』を同四年に出版。文久元年(一八六一)八月から数年隠退生活を送り、明治元年(一八六八)貢士となる。同三年大阪開成所数学教授、同五年上京し文部大助教となった。同十三年六月十七日赤坂田町の自宅で没した。年五十六。東京駒込の高林寺に葬られた。著訳書に『築城全書』二十五冊、『改正磁石霊震気療説』『筆算提要』がある。

参考文献 日本学士院編『明治前日本物理化学史』、岩治勇一編『奥越文化』五、『蘭学資料研究会研究報告』一八二
（大森 実）

いとうすけゆき　伊東祐亨　一八四三―一九一四　明治時代の海軍軍人。天保十四年(一八四三)五月十二日、鹿児島藩に生まれた。のちの海軍中将子爵伊東祐麿の弟にあたる。文久三年(一八六三)の薩英戦争には、二十一歳で参戦した。のち幕府の海軍操練所に学び、明治維新後富士山艦の一等士官になったのが、海軍軍人の第一歩である。爾後累進して、明治二十五年(一八九二)十二月中将に進み、翌年五月常備艦隊司令長官に補せられた。二十七年七月日清戦争が起ると、連合艦隊司令長官として、清国の水師提督丁汝昌の率いる艦隊と戦い、豊島沖の海戦で勝ち、黄海の海戦で、北洋水師に致命的損害を与えて、黄海の海上権を得、陸軍と策応して、威海衛を攻めて、清国艦隊を降伏させた。日清戦争後の二十八年五月連合艦隊司令長官を辞任し、樺山資紀に替わって海軍軍令部長となり、三十一年九月には大将に進んだ。日露戦争には、この職において大本営の帷幄に参し、連合艦隊司令長官東郷平八郎と呼応して、全勝の光栄を得た。戦後職を東郷平八郎に譲って軍事参議官となり、三十九年一月に元帥府に列せられた。これよりさき日清戦争の功により、子爵を授けられたが、日露戦争の功により、伯

爵に昇った。かれは名利に近づかず、純乎なる武人としてその一生を貫いた。大正三年（一九一四）一月十六日七十二歳で没した。墓は東京都品川区南品川の海晏寺にある。

参考文献　小笠原長生編『元帥伊東祐亨』

（松下　芳男）

いとうせいいち　伊藤整一　一八九〇―一九四五　大正・昭和時代の海軍軍人。明治二十三年（一八九〇）七月二十六日、福岡県三池郡開村黒崎開（高田町）で、農業伊藤梅太郎の長男として出生。母はユキ。県立伝習館中学校を経て海軍兵学校に入学、四十四年七月卒業。水雷術専攻の将校として進み、大正十二年（一九二三）十月、海軍大学校卒業。艦隊・海軍省人事局・海軍兵学校の各勤務のほか、アメリカ駐在・駐満海軍部付を経験し、海軍省人事局第一課長のあと重巡洋艦最上・同愛宕・戦艦榛名の各艦長を歴任して第二艦隊参謀長となり、昭和十二年（一九三七）十二月将官に進む。さらに海軍省人事局長・第八戦隊司令官・連合艦隊参謀長を経て、太平洋戦争開戦時には軍令部次長で、作戦指導の中枢にあった。十九年十二月第二艦隊司令長官となり、沖縄作戦のとき戦艦大和に坐乗して特攻艦隊を指揮し、二十年四月七日戦死。五十六歳。大将に進む。墓は福岡県大牟田市に建設された同人の顕彰碑の敷地内にある。

参考文献　吉田満『提督伊藤整一の生涯』、防衛庁防衛研修所戦史室編『沖縄方面海軍作戦』（『戦史叢書』一七）

（野村　実）

いとうだいはち　伊藤大八　一八五八―一九二七　明治・大正時代の政治家、実業家。安政五年（一八五八）十一月十五日、信濃国伊那郡伊賀良村（長野県飯田市）の庄屋平沢健二郎の次男として生まれ、明治七年（一八七四）伊藤家の養子となる。九年上京して中江兆民の仏学塾で学ぶ。陸軍幼年学校訳官、陸地測量部員を歴任ののち、二十三年七月第一回衆議院議員総選挙で長野県第七区から当選。以来あわせて当選五回（第一・二・三・十・十一回）。自由党→憲政党→立憲政友会に所属して再三役員となり、明治四十三年・四十四年、政友会幹事長をつとめた。この間、初期議会において鉄道路線拡張に奔走して鉄道敷設法成立に尽力し、鉄道会議議員となった。同三十一年、憲政党の大隈内閣のもとで逓信省参事官兼鉄道局長をつとめ、また、毛武鉄道会社・江ノ島電気鉄道会社を創立して取締役・社長となり、大正三年（一九一四）には南満洲鉄道会社の副総裁に就任するなど鉄道事業の発展に貢献した。昭和二年（一九二七）九月十日七十歳で病没。著書に『仏和辞林』『道往論』『黄揚楼客間』などがある。

参考文献　衆議院事務局編『衆議院議員略歴』

（鳥海　靖）

いとうたさぶろう　伊東多三郎　一九〇九―八四　昭和時代の歴史家。明治四十二年（一九〇九）二月十日、新潟県古志郡富曾亀村大字亀貝（長岡市）に、父三次郎・母テヒの長男として生まれる。昭和三年（一九二八）新潟高等学校を卒業、同六年東京帝国大学文学部国史学科卒業後、大倉精神文化研究所嘱託、同七年東京帝国大学文学部史料編纂所嘱託、同二十九年四月東京大学史料編纂所教授、同四十四年三月停年退官、五月東京大学名誉教授となる。その間東京大学・早稲田大学・明治大学・東京教育大学などで講師として日本近世史を講じた。同五十五年十一月勲三等瑞宝章を受章、同五十九年十月二十九日埼玉県大宮市の自宅にて没。七十五歳。従四位に叙せられ、長岡市亀貝町の伊東家の墓地に葬られる。日本近世史、特に藩制史・文化史・思想史の分野で新生面を開いた。また地方史の研究に力を尽くし多くの成果をあげた。昭和三十五年以来『水戸市史』の編纂に主幹として参加、没するまでその執筆監修にあたった。史料の精査、高度の学問性、豊かな郷土性を編纂方針に掲げたことは、その学風を端的に物語っている。主な著書には卒業論文を出版して反響を呼んだ『国学の史的考察』（昭和七年）をはじめ、『国学者の道』（同十九年）、『草莽の国学』（同二十年）、『日本封建制度史』（同二十三年）、『藩制成立史の綜合研究 米沢藩』（同三十八年共著）など多数ある。論文八十八編のうち精選されたものが『近世史の研究』（五冊、同五十九年）に収められている。

参考文献　「伊東多三郎年譜及著作目録」（伊東多三郎『近世史の研究』五所収）

（瀬谷　義彦）

いとうちゆう　伊藤痴遊　一八六七―一九三八　明治から昭和時代前期にかけての政治家、講談師。本名仁太郎。慶応三年（一八六七）二月横浜に生まれ、同地において小学校を卒え、以後ほとんど独学。少年時代の明治十四年（一八八一）から自由党に入り、翌年から星亨に師事して関東・愛知などに遊説、加波山事件、静岡事件、同二十年前後の秘密出版事件などに関係、検束されたり軽禁錮などの刑を受けた。二十年以後、政治史・人物論を中心に庶民的、啓蒙的講談をもって自己の生活の一助ともし政治運動ともした。四十四年以後、東京府会議員・東京市会議員・浅草区会議員に選ばれ、昭和三年（一九二八）・七年の総選挙においては衆議院議員に当選した。自由党―政友会系の政治家であった。同十三年九月二十五日没。七十二歳。昭和十年『痴遊雑誌』を創刊。これは彼の没後昭和十三年十一月発行第四巻第一号を「伊藤痴遊追悼号」として終刊。著書に『西郷南洲』『井上侯全伝』などがあり、没後『伊藤痴遊全集』全三十巻が刊行された。

（西田　長寿）

いとうちゅうた　伊東忠太　一八六七―一九五四　明治から昭和時代にかけての建築家。慶応三年（一八六七）十月二十六日、米沢藩士伊東祐順の次男として出羽国米沢に生まる。明治二十五年（一八九二）帝国大学工科大学造家学科を卒業、大学院に入り、建築史の研究を志した。同三十年には工科大学講師となり、同三十二年助教授に進み、三十四年工学博士、同三十八年教授となった。そのころ、日本建築史に関しては全く研究がなく、法隆寺が日本最古の建造物であることさえもわからなかった時代であった。伊東はまず法隆寺建築の研究をまとめ、ついで各時代の建築の研究に進み、日本建築史の体系をはじめて樹立したが、同三十四年以後、しばしば中国・インド・トルコなどを調査し、雲崗石窟を発見して世界に紹介し、東洋建築史の体系も樹立した。一方、同二十九年には古社寺保存会委員となり、終生、古建築の保存に尽力し、また震災記念堂・築地西本願寺本堂などを設計し、昭和三年(一九二八)東大退官後は早大・東京工大にも教鞭をとり、多くの建築家を養成した。同二十九年四月七日東京に没す。八十六歳。東京大学名誉教授。学士院会員。芸術院会員。昭和十八年文化勲章受章。著書に『伊東忠太建築文献』(六冊)、『支那建築装飾』(四冊)がある。

参考文献　岸田日出刀『建築学者伊東忠太』
（太田博太郎）

いとうちゅうべえ　伊藤忠兵衛　㈠初代　一八四二―一九〇三　明治時代の商人。幼名は栄吉、元服後、忠兵衛以時(もちとき)を名乗る。天保十三年(一八四二)七月二日、近江国犬上郡豊郷村に五代目伊藤長兵衛の次男として出生。生家は「紅長(べんちょう)」の屋号で耳付物小売商を営む地主であった。十一歳のとき、兄万次郎(のちに六代目長兵衛)とともに、はじめて近村へ行商に赴き、安政五年(一八五八)伯父に伴われて近江麻布の持下り業を開始、翌年には西国持下りに赴き、はじめて長崎の土を踏み貿易に関心を抱いた。幕末の動乱の中で巧みに商機をつかみ、北九州および防長を商圏として巨利を得たが、明治四年(一八七二)西国持下り業を兄に譲り、翌年正月、大阪本町二丁目に呉服太物商「紅忠」を開店した。西南戦争のころには輸入羅紗・ビロードの取扱いを開始、同十五年には京都に縮緬店を開設、松方デフレ期にも現金取引主義をとって事業を発展させ、同十七年に屋号を伊藤本店と改め、同時に染呉服を扱う京都店を開いた。翌年、外海(そとうみ)鉄次郎とともに伊藤外海組を設立、対米直貿易を開始。同二十六年大阪市東区安土町に伊藤糸店を開き、綿糸卸売業に進出、これを機会に複式簿記を採用した。日清戦争後の同二十九年、外海鉄次郎・前川善三郎・瀬尾喜兵衛らとともに日東合資を設立、その上海支店を通じて中国棉の輸入と日本綿糸の輸出を開始した。このほか、関西貿易・金巾製織・近江銀行・真宗信徒生命保険・日本貿易銀行などの諸会社の設立に参加。特に近江銀行では専務および頭取として経営の再建にあたった。また同二十四年五月から約二ヵ年間、豊郷村村長として郷里のために尽くした。なお、西本願寺派の敬虔な信徒で、仏教的経営理念で働いた。同三十六年七月八日、神戸市須磨の別邸で病没。六十二歳。西本願寺より安祥院浄眠の院号が贈られ、豊郷村に葬られた。

㈡二代　一八八六―一九七三　大正・昭和時代の実業家。幼名精一。明治十九年(一八八六)六月十二日、滋賀県犬上郡豊郷村に初代忠兵衛の次男として出生。同三十六年七月、初代病没により家督を相続、忠兵衛を襲名。翌年、東京高商への進学を断念して伊藤本店に入り、現場の修業から始めて、同四十一年改組によって設立された伊藤忠兵衛本部の代表となる。翌四十二年イギリスに留学、かたわらイギリスの織物類の流通経路を調査、直輸入と無為替輸入の道を開く。大正三年(一九一四)個人経営を伊藤忠合名会社に改組、代表社員となり、さらに同七年に伊藤忠商事株式会社に改組、社長となる。以後昭和二十年(一九四五)十二月まで同社後身の三興および大建産業の会長・社長。同二十二年公職追放。二十五年十月に追放解除され、その後、公益事業委員、通商産業省顧問、カナダ・キューバなどへの貿易使節団長の公職につく。仮名文字運動家としても有名。また疇坪と号し、俳句をよくした。同四十八年五月二十九日、国立熱海病院で病没。八十六歳。

参考文献　『伊藤忠商事一〇〇年』
（伊牟田敏充）

いとうちょうしち　伊藤長七　一八七七―一九三〇　大正時代の教育実践家。号は寒水。明治十年(一八七七)四月十三日、長野県諏訪郡四賀村(諏訪市)に生まれ、同三十一年長野師範学校を卒業して教壇生活を送ったが、三十四年東京高等師範学校に入学し、卒業後は同校の教諭となった。大正六年(一九一七)長野県木崎夏季大学の創立を手はじめに、軽井沢や伊勢山田などの夏季大学の開設に尽力し、同八年一月、東京府立第五中学校の初代校長となった。教育革新のために理想主義的な活動主義に基づいて児童や青年の精神を鼓舞し、教育者の視野の拡大と気宇の壮大を期待した。大正十年十月、学童たちの手紙をたずさえて欧米視察の途にのぼり、また昭和二年(一九二七)七月、米国トロント市の国際教育会議に出席、そのあと南米の移民地を視察して帰国した。まもなく病を得て同五年四月十九日没した。五十四歳。長野県小諸市に教え子たちの手になる「伊藤寒水之碑」がある。

参考文献　信濃教育会編『教育功労者列伝』
（上沼八郎）

いとうとくたろう　伊藤篤太郎　一八六五―一九四一　明治から昭和時代前期にかけての植物学者。伊藤圭介の門人で、その婿養子となった名古屋の医師、中野延吉を父として慶応元年(一八六五)十一月二十九日誕生。明治五年(一八七二)東京の祖父圭介のもとで植物学を学び、その学問をついだ。同十七年から三年間、英国に留学、植物学の新知識を得て帰朝後、学問の改革をとなえた。公・私立の諸学校に教鞭をとり、大正十年(一九二一)東北帝国大学に生物学科が設立されると、その講師となる。昭和十六年(一九四一)三月二十一日没した。七十七歳。著書に『多識会誌』『大日本植物図彙』などがある。

参考文献　杉本勲『伊藤圭介』(『人物叢書』四六)
（木村陽二郎）

いとうとしよし　伊藤雋吉　一八四〇―一九二一　明治時代の海軍軍人。天保十一年(一八四〇)三月二十八日丹後国田辺藩に生まれ、海軍に入って明治十年(一八七七)二月、中佐をもって海軍兵学校長に補せられ、まもなく大佐になって金剛艦長に転じ、同十四年六月に再び海軍兵学校長、十五年六月に少将に進んで艦政局長。ついで二十二年三月海軍参謀部長、海軍省第二局長。翌年五月に、海相樺山資紀の下で海軍次官となり、その九月中将に進んだ。この職のまま仁礼景範・西郷従道の三代の海相を補佐した。三十一年十一月、後輩の軍務局長山本権兵衛が山県内閣の海相に就任したとき、次官の椅子を大佐斎藤実に譲って、海軍省を去って海軍と永別した。次官在任中には軍務局長、初代の司法部長(のちの法務局長)を兼ね、省内の中心人物の観があったが、閥外の出身であったためか、中将男爵をもって海軍を去ったのである。大正十年(一九二一)四月十日没した。八十二歳。墓は東京都品川区南品川の海晏寺にある。 (松下 芳男)

いとうのえ 伊藤野枝 一八九五―一九二三 大正時代の婦人運動家、アナーキズム運動家。明治二十八年(一八九五)一月二十一日福岡県志摩郡今宿村(福岡市)に生まれる。かつて回漕問屋を営んでいた家は没落し、父は瓦職人、窮迫した暮しの中で育った。事業家の叔父の援助で上京、上野女学校を卒業し、郷里で結婚したがこれを拒んで家出、女学校の教師であった辻潤と同棲した。大正二年(一九一三)新しい女の集団として騒がれた青鞜社に参加し、自伝的小説・評論などの旺盛な執筆活動を行なった。その既成道徳・既成秩序への強烈な批判は、やがて彼女を機関誌『青鞜』の編集長にさせた。このころからアナーキストの指導者大杉栄に接近、大正五年夫と二児を捨て家を出、神近市子と愛を争いいわゆる日蔭茶屋事件ののち結ばれた。世の攻撃は激しくどん底生活の中から大杉とともに、同七年『文明批評』、翌年『労働運動』を発行しこれらに執筆、同十年社会主義的婦人団体赤瀾会にも参加した。同十二年九月十六日関東大震災直後、憲兵大尉甘粕正彦らのテロルにより暗殺された。二十九歳。七人の子を産み、創作、評論、エマ＝ゴールドマンの伝記、ファブル昆虫記などの翻訳、多くの著述を残した。また『伊藤野枝全集』全二巻がある。

参考文献 『伊藤野枝全集』(『大杉栄全集』別冊)、井手文子『自由それは私自身―評伝・伊藤野枝』(『ちくまぶっくす』二〇) (井手 文子)

いとうひとし 伊藤整 一九〇五―六九 昭和時代の小説家。整は筆名。明治三十八年(一九〇五)一月十六日、父昌整、母タマの長男として北海道松前郡炭焼沢村(松前町)に生まれた。父昌整は広島県人で海軍水路部測量員。整は父が日露戦争出征中に、母の実家で生まれ、庁立小樽中を経て小樽高商に進み、卒業後、新設の市立小樽中教員となった。昭和元年(一九二六)処女詩集『雪明りの路』を自費出版。同三年に東京商科大学(現在の一橋大)入学。在学中、批評雑誌『文芸レビュー』を創刊。詩から小説に転じ、第一次大戦後の前衛芸術、特にフロイトの精神分析を方法化した『感情細胞の断面』(昭和五年)や『生物祭』(同七年)などで、新進作家として認められた。彼の文学史的位相は横光利一・川端康成らの新感覚派文学のあとを受けモダニズムの潮流の中で独自の新心理文学を展開させたところにあり、ジョイスの『ユリシイズ』やD・H・ロレンスの『チャタレイ夫人の恋人』の翻訳によって、昭和初期の文壇に海外の新しい文芸を紹介する役割を果たした。戦前の代表作としては心理的方法と私小説的方法を綜合した『得能五郎の生活と意見』(昭和十五―十六年)があり、戦後はチャタレイ裁判の体験を生かし組織と人間の関係をテーマとした『火の鳥』(昭和二十四―二十八年)や『氾濫』(同三十一年)を書いた。また『小説の方法』(同二十三年)、『求道者と認識者』(同三十七年)を通して文学の本質を究明した理論家としての一面も見逃せないし、同二十七年から没年まで書きつがれた『日本文壇史』は全十巻を超える大著と成り、晩年には日本近代文学館理事長をもつとめた。同四十四年十一月十五日没。六十四歳。『伊藤整全集』全二十四巻がある。

参考文献 福田恒存「伊藤整」(『現代作家』所収)、奥野健男「伊藤整論」(『現代作家論』所収)、太田三郎「伊藤整とジョイス」(『日本近代文学の比較文学的研究』所収)、中村光夫『現代作家論』 (村松 定孝)

いとうひろくに 伊藤博邦 一八七〇―一九三一 明治から昭和時代前期にかけての華族。山口県士族井上五郎三郎(井上馨の実兄)の四男として明治三年(一八七〇)二月二日出生。幼名勇吉。同十一年伊藤博文の養嗣子となる。長じてドイツに留学、帰朝後宮内省に入り、式部次長・主馬頭・式部長官などを歴任。辞職後日本銀行監事となる。この間同四十二年襲爵して公爵となり貴族院議員となった。昭和六年(一九三一)六月九日死去。六十二歳。公爵伊藤博精の実父。

参考文献 春畝公追頌会編『伊藤博文伝』 (安井 達弥)

いとうひろぶみ 伊藤博文 一八四一―一九〇九 明治時代の政治家。幼名利助、のち俊輔、維新後博文と改む。号は春畝・滄浪閣主人。天保十二年(一八四一)九月二日、周防国熊毛郡束荷村(山口県熊毛郡大和町)の農民林十蔵の子として生まる。母は琴子。安政元年(一八五四)正月、父が萩藩の中間伊藤直右衛門の養子となったので伊藤姓を名乗る。外ではアヘン戦争の砲声が響き、内では天保の改革、萩藩の藩政改革が始まった時に周防国に生まれた彼は、安政三年以来幕府の命で萩藩が警備の任を担当していた相模国の御備場につとめ、その少・青年期において早くも幕末激動の渦中に巻き込まれた。同四年彼は終生師と仰いだ藩士来原良蔵から深い薫陶を受け、同年萩に帰るや吉田松陰の松下村塾に学んだ。その後高杉晋作・木戸孝允・久坂玄瑞らの影響下に京都・江戸・長崎などに往来し、文久二年(一八六二)にはイギリス公使館焼討ちに加わるなど、典型的な尊主攘夷運動の志士となった。同三年みずから志願して井上聞多(馨)らと英国に留学したが、翌年萩藩と列国との衝突の報道に接して急ぎ帰国、開国論を唱えて藩論転換につとめ、四国連合艦隊下関砲撃事件に際しては通訳として講和使節に参加した。その後長幕戦争、藩の内戦など相次ぐ危機的事態の中で木戸について武力倒幕運動に挺身した。この間、倒幕派の指導者たちに人物と才能を認められた伊藤は、王政復古後の新政府において、長州出身の有力な少壮官僚としての地位を保証されることとなった。すなわち、明治元年(一八六八)外国事務掛、兵庫県知事、同二年大蔵少輔兼民部少輔、同四年租税頭、工部大輔と累進した。同年十月、彼は岩倉遣外使節団に木戸孝允・大久保利通と並んで特命全権副使として加わり、二年にわたる欧米視察において注目すべき活躍を示した。同六年帰朝後、政府の征韓論争に直面した彼は、終始内治の整備・近代化優先の立場において非征韓を主張し、岩倉具視・木戸・大久保らを援けて奔走画策した。この論争による政府の大分裂とともに、彼は参議兼工部卿となり、参議兼内務卿大久保利通を事実上中心とする藩閥政府の中で参議兼大蔵卿大隈重信とともに政府の近代化政策の推進に決定的役割を果たし得る地位についた。爾後、不平士族層の反政府的動向、また同八年の大阪会議、立憲政体漸進の詔勅などにも示されるごとき政府の動揺など、起伏する政治的不安の中で、伊藤は地方官会議議長・政体取調御用・法制局長官などを兼任し、支配機構の法制的整備、それによる藩閥政権の維持に腐心した。以上の伊藤の行動軌跡は、新しい国家体制の基盤形成過程で、彼が岩倉・木戸・大久保ら新政府の指導者たちを援け、その間これらの人々にその見識才腕を認められ、重用され、きわめて順調かつ急速に政府内の有力な開明官僚としての地歩を確立していったことを示す。明治十年西南戦争の渦中で木戸・西郷隆盛が没し、続いて翌十一年五月大久保が横死するに至って、伊藤はそのあとを襲い参議兼内務卿となり、ここに名実ともに藩閥政権の中心的人物となった。この時、政府は自由民権運動の高まりゆく中でいよいよ憲法制定に向かって積極的に動き出した。当時、右大臣岩倉具視の厚い信任を受けていた伊藤は、「明治十四年の政変」において政治的ライバル大隈重信を政府より逐った後、翌十五年三月から同十六年八月にかけて一年余り、憲法制度調査の任を帯びて渡欧した。帰朝後の伊藤は、来たるべき憲法発布、立憲政治の開幕に備えて、憲法草案・皇室典範草案の起草をはじめ、国内の支配機構の確立整備に全力を挙げた。同十七年七月の華族令制定は議会制度における上院制度の考慮からであった。これによって、伊藤みずから伯爵となったばかりでなく、本来下級武士層出身である藩閥系有力官僚の多くが華族に列し、彼らは新しい身分的階層制の中で自己と藩閥政府の権威づけを計ったのである。同十八年十二月には、参議兼宮内卿伊藤の画策により、すでに形骸化しつつあった太政官制に代えて内閣制度が導入された。伊藤は初代総理大臣として典型的藩閥政府(第一次伊藤博内閣)を組織した。この内閣のもとで、同十九年以降、伊藤はみずから最高責任者として井上毅らのスタッフとともにいよいよ憲法草案の起草に着手した。二十一年四月に至って、井上毅を通して政府法律顧問ドイツ人レースレルの意見が大きく反映した草案の完成を見た。しかるにこの時、井上馨外相によって精力的に推進されつつあった条約改正交渉が、政府案漏洩事件を機として自由民権運動および政府内部、またその周辺からの激しい政府攻撃を誘発し頓挫した。この事態収拾に困難を来たした伊藤は、結局首相の地位を薩派の黒田清隆に譲った後、新設の枢密院の議長となり、憲法草案の最終審議に尽瘁した。この過程で伊藤は憲法制定の功臣として天皇の一段と深い信任を得、「元老」と呼ばれる藩閥最高首脳たちの中でも一頭地を抜く地位に立った。こうして伊藤は明治二十三年十一月の帝国議会開設以降初期議会において自負心に燃え、超然主義に基づく立憲制運用を、あるいは閣外において、あるいは自己の内閣において試みた。第一次山県・第一次松方両内閣当時、貴族院議長あるいは枢密院議長であった伊藤はしばしば内閣との間に摩擦を起すほどに議会対策に関して強い助言ないし内面指導をなした。しかるに、同二十五年八月第二次伊藤内閣を組織し、軍備拡張政策と条約改正交渉を巡って「民党連合」あるいは「対外硬派」の激しい攻勢に直面するに及んで、彼の超然主義は次第に動揺の兆を見せ始めた。同二十七年・二十八年、条約改正と日清戦争という二つの大問題を一応乗り切った後、伊藤は困難な戦後経営推進のため挙国一致内閣を構想し自由党の板垣退助と改進党の大隈の入閣を策したが、結果は板垣入閣と自由党の与党化にとどまった。しかしこれによって伊藤は超然主義崩壊の端緒をひらいた。さらに彼は明治三十一年第三次伊藤内閣で再び挙国一致内閣を試みたが失敗し退陣を余儀なくされた時、憲政党内閣の成立に決定的役割を果たし、またみずから二年後の政友会となる新党組織の運動を計画した。かかる伊藤の行動は次第に山県閥の強い反感を醸成した。同三十三年九月政友会が結成され、総裁に就任した伊藤は結党直後の政友会を率いて第四次伊藤内閣を組織したが、この伊藤最後の内閣は貴族院を中心とする山県閥によって終始苦境に立たされ、衆議院過半数の政友会を背後に擁しながら七ヵ月足らずの短命をもって終った。後継内閣首班に山県系の桂太郎が登場したことは、当時巨大な派閥網の上に立つ山県有朋とそれを欠く伊藤の間の政治的比重の差をおのずから示していた。爾後、政友会総裁としての伊藤は党内統制にいたく苦しむとともに、また内政面では地租増徴継続問題を巡り、外交面では日英同盟推進か日露協商打診かを巡り、桂内閣との間にはなはだ微妙な関係に立った。三十四年、アメリカ・ヨーロッパに渡った彼は、同年暮個人的資格でロシアに赴き、日露協商の打診にあたったが、桂内閣による日英同盟交渉の進行でこれを断念した。その後三十六年七月枢密院議長山県と首相桂の策謀により伊藤は枢密院議長に任ぜられ政友会総裁辞任を余儀なくされた。同年から翌年初めにかけての日露交渉・対露開戦にあたっては、他の元老・政府首脳とともに国家の最高政策決定に参画したが、終始慎重な態度を持したため、対露同志会など民間の対露強硬論者からは激しい攻撃を浴びた。日露戦争後、三十八年十二月から四十二年六月にわたる三年半、初代の韓国統監として韓国併合への道を拓いた。統監辞任後、極東問題についてロシアと意見交換のため満洲に赴いた伊藤は四十二年十月二十六日ハルビン駅頭において韓国人安重根に狙撃され暗殺された。六十九歳。なおこの間、彼は二十八年八月侯爵、四十年九月公爵に任ぜられ、死去に際しては従一位に叙せられ、国葬をもって東京府荏原郡大井村谷垂(東京都品川区西大井)の伊藤家墓地に葬られた。彼の性格には、強い自負心・調和性・公私峻別・物欲に淡泊などの特徴が窺われる。

[参考文献] 春畝公追頌会編『伊藤博文伝』、小松緑編『伊藤公全集』、平塚篤編『伊藤博文秘録』、同編『続伊藤博文秘録』、同編『伊藤家文書』、岡義武『近代日本の政治家』、橋川文三・松本三之介編『近代日本政治思想史』一(『近代日本思想史大系』三)、安井達弥「藩閥支配の変容―伊藤博文の場合―」(篠原一・三谷太一郎編『近代日本の政治指導』所収)、宇野俊一「伊藤博文」(遠山茂樹編『近代日本の政治家』所収)

(安井 達弥)

いとうまさのり 伊藤正徳 一八八七―一九六二 大正・昭和時代のジャーナリスト。明治二十年(一八八七)十月十八日茨城県の水戸に生まれる。大正二年(一九一三)慶応義塾理財科卒業、はじめ、三井物産会社に入社したが、同年十二月一日時事新報社に入社。最初は鉄道院担当であったが、まもなく海軍省詰となり海軍研究に精進。大正六年ロンドン特派員となりパリ平和会議、ワシントン軍縮会議でその敏腕を発揮し、以後国内有数の海軍通として知られた。その後累進して取締役編輯局長に至ったが、昭和八年(一九三三)退社。以後『中部日本新聞』専務取締役編輯局長、共同通信社理事長、日本新聞協会理事長の要職を経て、二十五年十一月、『時事新報』社長、三十年『産経新聞』取締役主幹となり同三十五年七月同社顧問となったが、三十七年四月二十一日没した。七十四歳。著書はきわめて多く、『潜水艇と潜水戦』(大正六年)、『改造の戦ひ』(同九年)、『国防史』(昭和十八年)、『新聞生活二十年』(同十八年)、『新聞五十年』(同年)、『軍閥興亡史』等々があり、編著に『加藤高明』(二冊)、『岩永裕吉君』がある。

(西田 長寿)

いとうみちお 伊藤道郎 一八九三―一九六一 大正・昭和時代の舞踊家。明治二十六年(一八九三)四月東京に生まれる。弟に伊藤熹朔・千田是也あり。慶応義塾普通部卒業後、大正元年(一九一二)渡欧、ダルクローズの律動教育を学ぶ。ロンドンで、イェーツの『鷹の井戸』を演出上演、注目される。欧州大戦により、同五年渡米。ニューヨークにて東洋舞踊を教授、また自身公演会を開いて踊った。のちにハリウッドに居を移し、そこで舞踊研究所を開き、多くのアメリカ人を指導した。その影響は今日まで残っている。昭和六年(一九三一)帰国、リサイタルを開いた。直ちに再度渡米。十四年最終的に帰国した。その年、日劇で振付上演した「プリンス=イゴール」が評判になった。第二次大戦後は伊藤道郎舞踊研究所を開き、後進の養成にあたったが、他方ファッションモデルの訓練にも努力した。晩年は舞踊家としてよりも、名士として活動した。昭和三十六年十一月六日没。六十八歳。

(芦原 英了)

いとうみよじ 伊東巳代治 一八五七―一九三四 明治から昭和時代前期にかけての官僚政治家。安政四年(一八五七)五月七日伊東善平の三男として長崎酒屋町に生まれる。広運館で英語を学び明治四年(一八七一)工部省電信寮の選抜試験に合格して上京。卒業後長崎電信局、兵庫県訳官となり、同九年再び上京して伊藤博文に識られ工部省に出仕した。以後伊藤直系の官僚として活躍、内務省さらに太政官に転じ、十五年伊藤の憲法調査に随行して渡欧。帰国後も制度取調局御用掛・太政官大書記官として立憲制創出に伴う諸制度の改革とその整備に努めた。また、伊藤のもとで井上毅・金子堅太郎とともに大日本帝国憲法・皇室典範ならびに憲法付属の諸法典の草案起草にあたった。枢密院書記官長を経て明治二十五年第二次伊藤内閣の内閣書記官長となり、特に政党工作に手腕をふるった。二十八年全権弁理大臣として日清講和条約の批准書交換のため清国へ出張、戦争中の功により男爵となる。内閣総辞職後も自由党との連携を維持し明治三十一年第三次伊藤内閣に農商務大臣として入閣、政府と自由党との提携を斡旋した。しかし板垣退助の入閣問題が他の閣僚の反対に逢って不調となり責任を負って辞任した。続く第一次大隈内閣がわが国最初の政党内閣として発足したのに対して、同内閣に留任した陸相桂太郎と通謀して内閣倒壊のため策謀。翌三十二年枢密顧問官に任ぜられたが、このころから山県有朋に接近し、元老につぐ世代の官僚政治家を自認、政界の裏面で画策する傾向を強めた。三十三年立憲政友会が伊藤を総裁として結成されるにあたって、その準備過程に参画しながら入党しなかった。明治三十六年帝室制度調査局副総裁となり皇室典範増補、皇室令などの制定にあたった。この間、明治二十四年から三十七年まで政府系の『東京日日新聞』の社長として政府擁護の論陣を張るとともに世論操縦に努めた。大正六年(一九一七)臨時外交調査会委員となりシベリア出兵問題、パリ講和会議、ワシントン会議など、第一次大戦から戦後にかけての重要な対外政策の決定に参与し、常に積極的な対外策を主張して政府の外交姿勢を批判・鞭撻した。また、大正十一年に山県が死んだ後は枢密院内の最古参として「憲法の番人」をもって自任し、枢密院諮詢事項について時の内閣を牽制した。特に対外政策では強硬外交を支持し、親政友会的な立場をとり、協調外交を進める憲政会、民政党内閣に対しては批判的であった。たとえば昭和二年(一九二七)金融恐慌対策として台湾銀行救済の緊急勅令案が枢密院にかけられた際には積極的にその否決を画策して若槻内閣倒壊の因を作り、またロンドン海軍軍縮条約についても反対の立場をとって浜口内閣を苦しめた。この間、明治四十年に子爵、大正十一年には伯爵を授けられた。昭和九年二月十九日死去。七十八歳。墓は東京都杉並区の築地本願寺和田堀廟所にある。

参考文献 晨亭会編『伯爵伊東巳代治』、小林竜夫編『翠雨荘日記』 (宇野 俊一)

いとうりつ　伊藤律 一九一三―八九 昭和時代の日本共産党の指導者。大正二年(一九一三)六月二十七日、岐阜県土岐郡土岐村(瑞浪市)に生まれる。父連次郎・母モトの長男。昭和五年(一九三〇)恵那中学校四年終了で第一高等学校に入学、七年日本共産青年同盟に加盟、地下に潜行、十二月放校処分される。翌年二月に共青中央事務局長となり、翌月日本共産党に入党、五月十八日治安維持法違反容疑で検挙され、十年四月十六日、懲役二年執行猶予三年の判決を受ける。十二年八月、長谷川浩らと党再建活動に着手。十四年八月、石黒武重の推薦で南満洲鉄道株式会社調査部嘱託となり、尾崎秀実を知る。同年十一月十一日、党再建活動で検挙され、アメリカ共産党日本人部所属の北林トモについて自供、ゾルゲ事件の発端となるスパイ容疑の核心とされているが、真偽は疑わしい。翌年八月病気で保釈され、満鉄に復職、年末に松本キミと結婚する。十六年九月二十九日起訴再収容され、翌年十二月二十八日の東京地方裁判所の懲役四年の判決、上告を経て、十八年十一月十一日東京地裁の差し戻し審で懲役三年の刑が確定、東京拘置所で服役、優遇されて雑役係となる。第二次世界大戦敗戦直後の二十年八月二十六日釈放され、人民社に入社するが、直ちに共産党本部に移り、党再建活動に参加、徳田球一書記長の懐刀として翌年二月の第五回大会で中央委員・書記局員、ついで政治局員となる。二十五年のコミンフォルム批判での党分裂の際は主流派に属して地下に潜り、志田重男・椎野悦朗と「三人委員会」を構成したが、二十六年の軍事方針採択後指導力減退、同年秋中国に密出国、北京の「孫機関」に属し、翌年五月一日以降、「自由日本放送」に従事する。徳田の病臥後の同年十二月下旬より野坂参三らの査問を受け、二十八年九月二十一日、『アカハタ』紙上でスパイとして除名された。以後監獄病院に移され、文化大革命時の虐待に耐え、五十五年八月生存が報道され、同年九月三日帰国したが、視力・聴力極度に衰え、歩行も困難であった。その後、連合赤軍の重信房子らとの通信ではスパイ説を否定しつつも共産党批判を公にせず、社会主義を信じて平成元年(一九八九)八月七日、腎不全で死去した。七十六歳。墓は東京都八王子市長房町の吉祥院にある。『伊藤律回想録―北京幽閉二十七年―』がある。

参考文献 川口信行・山本博『伊藤律の証言』、藤井冠次『伊藤律と北京・徳田機関』、毎日新聞社編『伊藤律―陰の昭和史―』、西野辰吉『伊藤律伝説』、渡部富哉『偽りの烙印―伊藤律・スパイ説の崩壊―』 (神田 文人)

いとうろくろべえ　伊藤六郎兵衛 一八二九―九四 明治時代前期の宗教家。丸山教教祖。行名は孝行。文政十二年(一八二九)七月十五日武蔵国橘樹郡登戸村(神奈川県川崎市登戸)の農民清宮家に生まれ、嘉永五年(一八五二)同村の地主伊藤家の入婿となった。同村は富士信仰の丸山講の本拠で、富士信仰が盛んであった。六郎兵衛は数回の大病を体験して富士信仰を深め、丸山講の先達となって修行を重ねた。明治元年(一八六八)明治維新の内戦に直面して、富士信仰の天下泰平、五穀成就の教えで世を救おうと志した。同三年には信仰の境地がさらにすすみ、神から「地の神一心行者」と称することを許されたとして、富士信仰に立つ独自の神道系教義を説き、現世利益の呪術・祈禱を施した。六郎兵衛は「登戸の生き神行者」と評判され、丸山教は関東・東海の農村に教線を伸ばしたが、同六年以後、たび重なる禁圧をうけ、しばしば検挙・拘留された。同八年布教活動を合法化するために、宍野半がひきいる富士一山講社(のち扶桑教)と合同し、同十五年、参元職(副管長)となった。丸山教は、同十八年扶桑教をはなれ、神道丸山教会として神道本局に所属し、六郎兵衛は同二十六年その大教正となった。同二十七年三月三十日登戸村の丸山教会本院にて没した。六十六歳。墓は登戸にある。述作に、教義と丸山教の沿革を記した『おしらべ(教祖親蹟御法)』八冊(明治二十一―二十七年)などがある。

参考文献 柚利淳一『丸山教祖伝』、村上重良・安丸良夫校注『民衆宗教の思想』(『日本思想大系』六七) (村上 重良)

いどさとひろ　井戸覚弘 ?―一八五八 江戸時代後期の幕臣。通称大蔵、のち叙爵して対馬守という。天保十三年(一八四二)十一月目付に任命。弘化二年(一八四五)十二月長崎奉行に転じ、嘉永二年(一八四九)八月町奉行となる。町奉行在任中、同六年十二月、アメリカ使節の応接掛を命ぜられた。弘化・嘉永のころ、長崎奉行として対外交渉の経験があったのを買われたもののようである。安政元年(一八五四)二月、林韑(大学頭)とともに出府して日米交渉について請訓すると、幕閣は、下田開港を含む最後的譲歩案を付与し、これにもとづいて交渉が進められた結果、三月、日米和親条約が結ばれた。覚弘は林韑その他の応接掛とともにこれに署名調印した。『ペリー提督日本遠征記』には、彼を「多分五十歳位であるらしく、肥満した丈の高い人物」と表現している。同三年十一月大目付に転じ、在職中安政五年四月没。江戸駒込養源寺に葬る。

参考文献 田保橋潔『(増訂)近代日本外国関係史』 (石井 孝)

いどひろみち 井戸弘道 ?―一八五五 江戸時代後期の幕臣。通称鉄太郎、のち叙爵して石見守という。嘉永元年(一八四八)五月目付に任命、同六年四月浦賀奉行に転じ、それからまもなく六月ペリーが浦賀に渡来すると、同僚の浦賀奉行戸田氏栄とともに久里浜においてペリーと会見し、アメリカ合衆国大統領の親書およびペリーの書簡を受け取った。ペリーは、日本の最高官職以外の人物との会見を拒否する方針をとっていたので、井戸は「石見侯井戸」と称し、大名の一人としてペリーと会見した。『ペリー提督日本遠征記』には、井戸を戸田にくらべて「もっとしわだらけで貧相で、もっと知恵のなさそうな顔をしている」といい、戸田よりも十歳ないし十五歳年長(戸田は五十歳くらい)らしい、とみている。そして会見中両人とも、「銅像のような形をしていた」と酷評している。同六年十二月大目付に転じ、在職中、安政二年(一八五五)七月没。江戸池上の法養寺に葬る。 (石井 孝)

いながきしめす 稲垣示 一八四九―一九〇二 明治時代の政治家、自由民権運動家。嘉永二年(一八四九)八月二十日、稲垣又平・もとの長男として越中国射水(いみず)郡棚田村(富山県射水郡大門町)の豪農の家に生まれる。幼名恒太郎、号は虎岳。金沢藩の洋学校壮猶館に学び、のち新川(にいかわ)県小学教員講習所・石川県農業講習所に学んだ。自由民権運動に投じ、射水郡高岡町に北立社(のち北立自由党)を創設し、明治十三年(一八八〇)大阪で開かれた愛国社第四回大会に出席、国会開設運動を進めた。十四年四月―十六年三月石川県議会議員。一時、常置委員をつとめた。在任中の十五年千坂高雅県令の私行上の問題を攻撃し、官吏侮辱罪で重禁錮五ヵ月・罰金三十円に処せられた。十七年にも北立自由党の集会条例違反事件で軽禁錮一ヵ月・罰金十円。この間、雑誌『相益社談』を創刊し、金沢の民権派新聞『北陸日報』『自由新誌』の社長をつとめた。十七年十二月朝鮮で甲申の変がおこると、守旧派政権打倒をめざして日本国内で義勇兵募集を企て、中止を命ぜられたが、翌十八年には大井憲太郎・新井章吾らとともに武器などを調達して朝鮮渡航を計画し、発覚して同年十一月長崎で検挙された(大阪事件)。二十年九月軽禁錮五年・監視二年を宣告され服罪。二十二年二月憲法発布に際して大赦により出獄、ただちに政界に復帰し大同団結運動に加わり、同年五月大同倶楽部の結成に参画。しかし二十三年九月の立憲自由党創立には加わらず、国権派の一員として十一月遠藤秀景らと国民自由党を創設した。この間二十二年日刊紙『北陸公論』(のち『北陸政論』)創刊。二十五年二月第二回衆議院議員総選挙で富山三区より当選、次の二十七年三月の選挙にも連続当選。はじめ独立倶楽部に所属し、ついで大井の東洋自由党結成に加わった。内地雑居問題ではこれに反対し、二十六年十月大井とともに大日本協会を設立して対外硬派の中心となった。その後、足尾銅山鉱毒反対運動を支援し、普通選挙期成同盟会に加わるなど社会運動に関心を示した。三十一年自由党に復帰し、憲政党結成に参画、同年八月の総選挙で三たび当選。三十三年九月立憲政友会の創立に加わり評議員となった。三十五年第七回総選挙に立候補したが選挙戦のさなか病気のため富山市で倒れ、同年八月九日没した。五十四歳。墓は郷里、大門町棚田の共同墓地にある。

参考文献 桜木成一『(自由民権の先覚者)稲垣示物語』、射水郡先覚者顕彰会編『稲垣虎岳先生を追慕して』 (鳥海 靖)

いながきまんじろう 稲垣満次郎 一八六一―一九〇八 明治時代の外交官。文久元年(一八六一)九月二十六日、肥前国松浦郡平戸村(長崎県平戸市)に生まれる。藩立学校維新館を経て鹿児島・長崎に遊学の後、大学予備門を経て、明治十五年(一八八二)東京大学文学部に入学。同十九年英国ケンブリッジ大学に入学。帰朝後、学習院・高等商業学校の嘱託教授を経て、同三十年三月、暹羅(シャム)国駐剳弁理公使に任ぜられ、三十六年特命全権公使に昇任、四十年二月、スペイン・ポルトガル駐剳公使に任ぜられたが、翌四十一年十一月二十五日、任地マドリード近郊で病没。四十八歳。墓は東京都港区の青山墓地にある。その著書『東方策』(明治二十四年初版)は、わが国民の対外思想を啓発し、東洋および世界に対するわが国の対外策を確立しようと意図したもので、広く読まれ版を重ねた。 (河村 一夫)

いなだまさつぐ 稲田正次 一九〇二―八四 昭和時代の憲法学者。明治三十五年(一九〇二)八月二十六日、島根県能美郡赤屋村(伯太町)下十年畑に父房蔵・母じんの次男として出生。島根県師範学校、東京高等師範学校を経て昭和六年(一九三一)九州帝国大学法文学部法科卒業。東京高等師範学校助教授、同教授、東京文理科大学助教授を経て、同二十七年東京教育大学教授。二十八年文学部長(一期四年)。二十年十一月憲法私案を発表、ついで尾崎行雄、海野普吉らと憲法懇談会をつくり、翌年三月発表の同会の日本国憲法草案要綱起草にあたり中心的役割を果たす。同案の特色は前文を置き人権尊重・平和主義を掲げたことにある。二十九年『憲法提要』刊行。三十五年には『明治憲法成立史』上巻を刊行し(下巻は三十七年刊)、明治憲法制定に至る政府・民間の諸団体・諸個人の憲法案などを精査し立憲制成立の過程を詳細に解明した。同書により法学博士。五十四年に続篇『明治憲法成立史の研究』刊行。四十一年東京教育大学停年退職、同名誉教授。その後東京理科大学教授、富士短期大学教授、同学長を歴任。昭和五十九年八月十四日東京で没。八十一歳。墓は小平市の小平霊園にある。

参考文献 稲田正次「教育大学在職当時の思い出」(『東京教育大学文学部記念誌』) (松永 昌三)

いなだりゅうきち 稲田竜吉 一八七四―一九五〇 明

治から昭和時代にかけての内科医。ワイル病病原体発見者。明治七年(一八七四)三月十八日、稲田見竜の次男として名古屋で生まれた。同三十三年東京帝国大学医科大学卒業。ただちに青山内科に入り、同三十五年ドイツに留学し、同三十八年帰朝した。在欧中の同三十六年京都帝国大学福岡医科大学助教授に任ぜられ、帰朝後九州帝国大学教授となり内科学を担当した。大正四年(一九一五)助教授井戸泰とともにワイル病病原体である黄疸出血性レプトスピラを発見し、その純培養に成功した。翌五年、井戸とともに学士院恩賜賞を受けた。同七年には東京帝国大学教授に任ぜられ、内科学講座を担任し、昭和九年(一九三四)に停年退職した。これよりさき昭和三年には学士院会員となり、同十九年には文化勲章を受けた。同二十五年二月二十七日死去。年七十五。墓は東京都港区の青山墓地にある。著書として塩田広重との共著による『重要なる疾患の予後』、編著として『疾病治療と体質』があり、また、没後に『黄疸出血性レプトスピラ病(ワイル病)』が刊行された。

参考文献 「稲田竜吉博士を偲ぶ」(『日本医事新報』一三五〇—一三五三)、「稲田竜吉博士の逝去を悼む」(『東京医事新誌』六七ノ三)　(大塚 恭男)

いなばおさむ　稲葉修　一九〇九—九二　昭和戦後期の政治家。明治四十二年(一九〇九)十一月十九日、稲葉真吉郎の九男として新潟県岩船郡村上町(村上市)に生まれる。昭和十一年(一九三六)中央大学法学部独法科卒業、同大学院で憲法・行政法を学ぶ。講師を経て十八年中央大学法学部教授。第二次世界大戦後政界を志し、二十四年第二十四回総選挙で新潟県二区から衆議院議員に初当選。以来、六十一年の第三十八回総選挙まで当選十四回(当選無効による再選を含む)。この間、民主党・国民民主党・改進党・日本民主党を経て三十年保守合同による自由民主党に所属。石橋・第一次岸内閣の文部政務次官、第一次田中角栄内閣(昭和四十七年)の文部大臣、三木内閣(四十九—五十一年)の法務大臣を歴任。法相在任中、昭和五十年クアラルンプールの日本赤軍米大使館占拠事件では、犯人の要求により「超法規的措置」で拘留・服役中の赤軍メンバー釈放を決断、同じく五十一年ロッキード事件では、指揮権発動を期待する党内の声にもかかわらず検察当局による田中角栄前首相逮捕を許可した。歯に衣を着せぬ直言で知られ、改憲論を唱えて長らく自民党憲法調査会会長をつとめた。五十五年第三十八回総選挙で落選したが、五十八年の総選挙で返り咲いた。この間、弁護士資格、法学博士の学位を取得。日本相撲協会の横綱審議委員会委員。平成二年(一九九〇)総選挙に出馬せず政界を引退。四年八月十五日老人性肺炎と心不全のため東京都中央区の聖路加国際病院で没。八十二歳。著書に『西独基本法制定史の考察』『土地収用理論の展開』『後世畏るべし』『稲葉修回想録』がある。

参考文献 日本国会全議員名鑑編纂委員会編『日本国国会全議員名鑑』上、衆議院・参議院編『議会制度百年史』衆議院議員名鑑　(鳥海 靖)

いなはたかつたろう　稲畑勝太郎　一八六二—一九四九　明治から昭和時代前期にかけての実業家、近代的染色技術の先覚者。明治十年(一八七七)、十六歳で京都府留学生として渡仏、サン＝シャール学塾・マルナス染工場・リヨン大学で染色を学び十八年帰国して京都府勧業課に勤務し、染色技術の普及にあたった。二十年京都織物会社を渋沢栄一を説いて設立、渡仏して会社の諸機械を購入し技師長を勤めた。二十三年退職して、京都市上京区に稲畑染料店を自営開業した。二十八年モスリン紡織株式会社を創設、後年社長となる。三十年には稲畑染工場を創設、同年大阪に本居を移し稲畑商店と称した。四十四年大阪染色同業組合長、大正三年(一九一四)大阪商業会議所副会頭、同九年日本羊毛工業会理事長、十一年大阪商業会議所会頭に当選。昭和十二年(一九三七)日本染料製造株式会社取締役会長(住友化学前身)。この間、各種の役員を兼任するほか、フランス・ベルギー・イタリア・ボリビア・チェコスロバキアなどとの親善に尽くし、各国政府より授勲されている。また業界雑誌に染料に関する研究論文、啓蒙的論説などを発表して化学染料の普及と国産染料の開発に尽くした。彼の創立経営する稲畑商店は各国の染料・石鹼・薬品・顔料・紡機・織機などの東洋代理店となり、明治三十九年には天津支店を設けるなど、手広く営業を行い、化学染料の普及と工業経営の指導的立場を代表する人物であった。編著に『増補仏国染法』(明治三十八年)がある。昭和二十四年九月二十九日、八十八歳で没。

参考文献 稲畑勝太郎翁喜寿記念伝記編纂会編『稲畑勝太郎君伝』、染料業界五十有余年刊行会編『染料業界五十有余年』　(林 英夫)

いなばまさくに　稲葉正邦　一八三四—九八　江戸時代後期の山城国淀藩主。天保五年(一八三四)五月二十六日、陸奥二本松藩主丹羽長富の次男として誕生、淀藩主稲葉正誼の養子となり嘉永元年(一八四八)二月襲封。はじめ長門守、のち美濃守と称す。文久三年(一八六三)六月から翌年四月まで京都所司代として京都守護職松平容保に協力し、特に八月十八日の政変に際して尊攘急進派をおさえた。続いて老中に昇進し、慶応二年(一八六六)十二月、徳川慶喜が将軍となると、その幕政改革の事業に参画した。まもなく幕府の職制改革により同三年五月国内事務総裁を兼ね、幕府政治の終末にあたり善後策に尽力した。大政奉還に際しては、将軍は摂政、関白を兼ねて政治の実権を握り、公家・武家および譜代・外様の別を廃して、上下の議事所を開き公議世論にもとづいて国是を定めるべきであると主張した。しかし鳥羽・伏見の戦がおこると、淀藩は直ちに政府軍に加担し、正邦は明治十七年(一八八四)七月子爵を授けられた。同三十一年七月十五日没。六十五歳。墓は東京都港区の青山墓地にある。　(時野谷 勝)

いなばまさみ　稲葉正巳　一八一五―七九　江戸時代後期の老中格、安房国館山藩主。文化十二年（一八一五）十月十五日稲葉正盛の長男として生まれる。通称興之進。父の死去により文政三年（一八二〇）二月襲封し、のち叙爵して兵部少輔・兵部大輔と称した。弘化二年（一八四五）七月大番頭となり、嘉永六年（一八五三）七月幕府が米国使節ペリー対策の意見を徴した時、徳川斉昭の登用を上申した。文久元年（一八六一）七月講武所奉行となり、同二年三月若年寄に進んだ。翌三年二月と十二月に将軍徳川家茂の上洛に随行した。元治元年（一八六四）九月若年寄を辞し、十二月致仕して家督を養嗣子正善に譲り、幾余翁と号した。慶応元年（一八六五）十一月若年寄に再任し、翌二年六月願により辞職して若年寄格となり、八月陸軍奉行に転じ、十二月老中格に進み、ついで海軍総裁を兼ね、英国海軍伝習事務を総理した。同三年十月将軍徳川慶喜が大政を奉還すると、老中格兼陸軍総裁大給乗謨らと海路西上し、慶喜にその早計を詰ったが、かえって帰府して諸有司を慰諭することを命ぜられた。明治元年（一八六八）正月海軍総裁を免ぜられて国内御用取扱となり、二月内願により老中格を免ぜられ、江隠と号した。同十二年九月十六日没。六十五歳。

参考文献　『（館山）稲葉家譜』　（吉田　常吉）

いなやまよしひろ　稲山嘉寛　一九〇四―八七　昭和時代の実業家、経営者。鉄鋼業界・財界の指導者。明治三十七年（一九〇四）一月二日、稲山銀行頭取、稲山伝太郎の次男として東京銀座（中央区）に生まれる。東京帝国大学経済学部商業学科卒業後、昭和三年（一九二八）商工省入省、のち官営八幡製鉄所（九年、製鉄合同により日本製鉄会社）勤務。二十五年日本製鉄会社の分割に伴い八幡製鉄会社常務、三十七年社長。カルテルによる業界協調論を展開し「ミスター＝カルテル」と呼ばれ、「鉄は産業の米」と主張。四十三年、鉄鋼業の過当競争に鑑み、永野重雄富士製鉄会社社長とともに両社の合併を決断し、公正取引委員会その他の反対はあったが、四十五年、新日本製鉄会社が誕生し初代社長に就任、業界の協調と秩序づくりに尽力。五十五年から六十一年まで経済団体連合会会長、財界の顔の役割を果たした。また、行政改革推進五人委員会のメンバーとして「増税なき財政再建」を主張。六十二年十月九日没。八十三歳。著書に『私の鉄鋼昭和史』『わかっちゃくれない』などがある。

参考文献　斉藤繁『我慢と協調は稲山嘉寛の哲学』　（中村　隆英）

いぬいしんべえ　乾新兵衛　一八六二―一九三四　明治・大正時代の金融業者。文久二年（一八六二）二月二十四日、摂津八部郡北野村（兵庫県神戸市）に酒小売商前田甚兵衛の長男として生まれる。幼名鹿蔵。少年時代から兵庫の酒造業者乾家に仕え、明治二十年（一八八七）同家の女婿となるとともに三代目新兵衛を襲名した。日露戦争の際、中古汽船を購入して海運業に進出。以後これをおもな事業とし、とりわけ第一次世界大戦時には巨利を得た。一方、蓄積した資金をもって大規模な私的金融業を営み、この面でも関西財界の陰の実力者となった。昭和九年（一九三四）十一月四日七十三歳で没す。

参考文献　『乾汽船六十年の歩み』　（服部　一馬）

いぬかいたける　犬養健　一八九六―一九六〇　大正・昭和時代の作家、政治家。明治二十九年（一八九六）七月二十一日、政治家犬養毅の子として東京で生まれた。学習院を経て東京帝大哲学科を中退、はやくから白樺派の影響をうけて作家を志し、大正十二年（一九二三）『一つの時代』、昭和四年（一九二九）『南京六月祭』の二創作集を発表して注目されたが、同五年二月総選挙で東京より立候補（政友会）して当選し政界に入った。五・一五事件で父が暗殺されて以後は、父の地盤だった岡山に選挙区を移した。日中戦争勃発後、和平工作や汪兆銘政権樹立工作に関与。また、ゾルゲ事件に関連して秘密漏洩容疑で逮捕されたこともある。第二次大戦後は日本進歩党の結成に加わって総務会長となり、自由党芦田均派および無所属との合同による民主党では七最高委員の一人となった。のち、いったん公職追放となったが訴願の結果追放解除を認められ、翌二十三年七月民主党に復帰、十二月十日の党大会で、総裁となった。第三次吉田内閣に対しては与党の立場に立ち、吉田首相（民主自由党）との間に保守合同をも策したが、党内にはこれに反対する動きも強く、民主党は連立派と野党派に分裂。また、民自党内でも、大野伴睦・幣原喜重郎らが反犬養の強い態度を示し、二十五年三月合同が実現して自由党が成立したが、犬養は翌年二月にようやく入党が認められた。以後、二十七年十月の第四次吉田内閣では法務大臣に就任、第五次吉田内閣にも留任したが、二十九年四月造船疑獄の捜査の最終段階で佐藤栄作自由党幹事長逮捕の方針が決定されるや、四月二十一日、法務大臣の検事総長に対する指揮権を発動するという異例の措置をとって佐藤逮捕を阻止し直ちに辞職した。昭和三十五年八月二十八日、衆議院議員の現職のまま死去。六十四歳。著書はほかに『揚子江は今も流れている』がある。　（古屋　哲夫）

いぬかいつよし　犬養毅　一八五五―一九三二　明治から昭和時代にかけての政党政治家。号は木堂。安政二年（一八五五）四月二十日、岡山藩士犬養源左衛門の次子として生まる。明治八年（一八七五）上京、『郵便報知新聞』に寄稿しながら慶応義塾に学んだ。同十年西南戦争に記者として従軍、戦地からの直報を送り名声を博した。同十三年慶応義塾を中退し、岩崎家の支援により豊川良平とともに『東海経済新報』を発刊して保護貿易主義を主張して田口卯吉の『東京経済雑誌』との間に論争を行なった。またこの年交詢社創立に参加、『交詢雑誌』の編輯にも従事。十四年大隈重信と福沢諭吉との関係から統計院権少書記官に任ぜられたが、同年十月の政変で大隈傘下の同志とともに連袂辞職し、翌十五年矢野文雄・藤田茂吉・箕浦勝人・尾崎行雄らと東洋議政会を組織し、ついで同年四月、この仲間とともに立憲改進党の結成に参加した。また同年東京府議。党機関紙に改組された『郵便報知新聞』の共有者の一人となった。翌十六年『秋田日報』主筆、十七年東京府会常置員、十九年報知社を辞し朝野新聞社入社。二十年大同団結運動に参加し、丁亥倶楽部幹事、二十二年大同倶楽部を結成して常議員となった。二十三年第一回総選挙で当選、以後十七回連続当選。改進党院内団体議員集会所所属。日刊新聞『民報』創刊。二十六年以降対外硬六派の中心人物の一人として活躍、二十九年対外硬派を基礎に組織された進歩党常議員、三十一年憲政党総務委員。中国人居留民子弟教育のための大同学校(横浜)の名誉校長、この前後から中国人との交遊関係を深めた。またこの年近衛篤麿を会長とする東亜同文会の組織に参画した。この年成立した隈板内閣で共和演説事件で辞任した尾崎行雄文相のあとをうけて入閣。憲政党の分裂にあたっては憲政本党に属し、三十二年総務委員。またフィリピン独立運動を援助した。三十六年党院内総務、三十八年日露講和問題では軟弱外交反対の立場をとった。三十九年以降党内に大石正己を首領とする改革派がおこり、犬養を中心とする非改革派との間ではげしく対立、四十三年非政友合同により立憲国民党を結成し、同党総務となる。四十四年南北朝正閏問題、大逆事件で政府を追及、また中国第一革命にあたり革命軍援助のため頭山満らとともに中国に渡った。大正元年(一九一二)・二年のいわゆる大正政変にあたって「閥族打破・憲政擁護」の運動の先頭に立ち尾崎とともに「憲政の神様」と称せられたが、立憲国民党は五領袖以下が脱党して桂新党(立憲同志会)に参加したため、少数党となった。三年四月第二次大隈内閣成立し入閣を求められたが謝絶。四年対華二十一箇条問題で大隈内閣の対中国政策の失敗を攻撃。六年寺内内閣の臨時外交調査委員に就任、国民党総理となる。七年普通選挙意見を発表、以後数年にわたって国民党から普選案を提出。また九年ごろから政界革新運動を起し、十一年には軍備縮小(経済的軍備改革)決議案を提出し、また国民党を中心に革新倶楽部を組織するなど第一次大戦後の新しい民衆運動の吸収を試みた。十二年第二次山本内閣に普選を条件として逓相として入閣。十三年清浦内閣の成立に対し、高橋是清政友会総裁、加藤高明憲政会総裁と会合、いわゆる護憲三派の提携を行い、同年六月加藤高明内閣の成立とともに逓相として入閣。十四年革新倶楽部を政友会と合同させ、みずからは逓相および衆議院議員を辞任し、以後しばらく政界の表面から隠退した。昭和四年(一九二九)田中義一政友会総裁が病没したあとをうけて政友会総裁に推戴されて就任。五年・六年総裁として民政党内閣を攻撃したが、六年十二月第二次若槻内閣崩壊のあと大命降下し内閣を組織した。翌七年五月十五日、首相官邸において海軍青年将校らに襲撃され殺害された(五・一五事件)。七十八歳。墓は東京都港区の青山墓地にある。犬養は一貫した反官僚派であり政党政治家であったが、「憲政の神様」ないし民衆運動のリーダーとしての側面と同時に、対外硬・アジア主義者であり、かつしばしば策士と評されるような側面(薩派と密接なつながりがあったこと、後藤新平・伊東巳代治との三角同盟など)を合わせもつ複雑な性格の政治家であったことに注目する必要があろう。

参考文献　木堂先生伝記刊行会編『犬養木堂伝』、鷲尾義直編『犬養木堂書簡集』、岡山県郷土文化財団編『新編犬養木堂書簡集』、時任英人『犬養毅―リベラリズムとナショナリズムの相剋―』、同『明治期の犬養毅』

(伊藤　隆)

いのうええんりょう　井上円了　一八五八―一九一九

明治・大正時代の仏教哲学者。幼名岸丸、のち襲常と改め、得度して円了と称し、甫水をはじめ数種の号を用いた。安政五年(一八五八)二月四日、越後国三島郡浦村、真宗大谷派慈光寺で誕生。父は円悟、母はいく。明治七年(一八七四)長岡洋学校で英語を学び、同十一年東本願寺給費生として東京大学予備門に入り、同十七年一月哲学会を組織し、翌十八年七月同大学哲学科を卒業した。同十九年から二十年にかけて『真理金針』三巻を著わし、キリスト教を批判し、仏教顕彰に努めた。ついで、同二十年から二十三年にかけて著わした『仏教活論』三巻(序論・破邪活論・顕正活論)は、仏教とキリスト教の優劣を西洋哲学や科学の方法論で論じ、仏教が近代的宗教であることの立証に努めたもので、仏教界で大いに読まれた。また、西洋哲学の原理に基づいて東洋思想を解釈し体系化することを計り、そのため、同二十年九月東京湯島に哲学館を創設し(のち小石川原町に移り東洋大学となる)、同二十一年本郷に哲学書院を設けて哲学書を出版し、雑誌『哲学会雑誌』(同二十五年『哲学雑誌』と改題)、同『東洋哲学』などを刊行し、のちには東京郊外江古田に哲学堂(四聖堂)を建て釈迦・孔子・ソクラテス・カントを祀った。この間、二十九年には『仏教哲学系統論』により文学博士号を授与された。また明治二十年代の国粋主義にも共鳴し、政教社の創立や雑誌『日本人』の発刊などに関与し、仏教の国粋論的顕揚に努め、同二十二年、大内青巒らと仏教公認運動を起した。一方また民間の迷信打破に努め、同二十七年『妖怪学講義』八巻を著わした。終生、官職につかず位階を望まず、日本全国を遊説して仏教伝道に努めたが、大正八年(一九一九)広く中国を巡遊し、六月五日大連で講演中に倒れ、翌日没した。六十二歳。墓は東京都中野区江古田の蓮華寺にある。円了の思想は明治の仏教哲学形成や仏教革新運動に大きな影響を及ぼし、村上専精や救世教の大道長安などに直接受け継がれた。主著には右のほか『教育宗教関係論』『哲学一夕話』『宗教哲学』『忠孝活論』などがある。

参考文献　常光浩然「井上円了」(『明治の仏教者』上所収)、増谷文雄「近世学僧小伝」(『近代仏教思想史』七所収)、吉田久一「明治中期の革新運動」(圭室諦成監修

『日本仏教史』三所収)、高島米峰「井上円了先生を憶ふ」(『現代仏教』一〇五)

(柏原 祐泉)

いのうえかおる 井上馨 一八三五―一九一五 明治・大正時代の政治家。幼名勇吉、または友次郎、一時聞多と称した。号は世外。天保六年(一八三五)十一月二十八日、周防国吉敷郡湯田村(山口市湯田)の萩藩の地侍井上光亨の次男に生まれ、農耕に従事しながら幼少時代を過ごした。十七歳のとき、萩の藩校明倫館に学び、二十一歳のとき、二百五十石の藩士志道家の養子となった。同年参勤交代に従って江戸にのぼり、蘭学を学び、江川太郎左衛門塾に砲術を学ぶなど、海防に目を向けた。万延元年(一八六〇)藩主の小性役となり、聞多の名を賜わった。以後、もっぱら藩主毛利敬親や藩世子定広の側近に侍して江戸と萩の間を往復した。一方では藩政府からイギリス海軍の研究を命ぜられたり、イギリス船の購入にあたったりしながら、他方では萩藩の尊王攘夷派青年藩士の中心人物の一人として活躍した。文久二年(一八六二)藩論が攘夷に決すると高杉晋作と外国公使襲撃を計画したが失敗。さらに江戸品川御殿山のイギリス公使館を焼き打ちした。同三年志道家を離別して井上姓に戻り、藩主の許しを得て、伊藤博文・井上勝・山尾庸三らとイギリス船でロンドンに渡ったが、途中早くも上海で開国論に転じ伊藤らを驚かせた。ロンドンで萩藩が攘夷を実行し外国船を砲撃したことを知り、伊藤とともに急遽帰国、藩主を前に会議で開国論を主張したがいれられなかった。しかし四国連合艦隊の下関砲撃で欧米軍事力の威力の前に攘夷の無謀なことを悟った藩政府により・高杉・伊藤とともに講和の使者に起用され、講和に成功した。第一次長州征討にあたっては、藩内のいわゆる正義派を代表して武備恭順を主張し、俗論派と対立したが、元治元年(一八六四)九月二十五日の藩是を決する会議の帰途、刺客に襲われ、全身に瀕死の重傷を負ったが、奇蹟的に生命を取り止めた。翌慶応元年(一八六五)高杉が奇兵隊をはじめ諸隊を率いて藩政権奪取の反乱をおこしたとき、井上は諸隊の一つ鴻城軍の総督に推されて反乱に参加し、つづく第二次長州征討も参謀として転戦した。以後主として外交にあたり、下関開港を計画したり、外国船や武器の購入などに任じた。幕末の志士時代は春山花輔・高田春太郎・山田新助などの変名を用いた。明治新政府成立後、新政府の参与となり、九州鎮撫総督参謀や長崎府判事を歴任、外交にあたるとともに浦上キリスタンの弾圧、いわゆる浦上四番崩れに関与した。明治二年(一八六九)大隈重信が大蔵大輔に任じ国内行財政の実権を握ると、そのもとで造幣頭、つづいて民部大丞兼大蔵大丞、翌三年大蔵少輔を歴任、参議木戸孝允を中心とした大隈・伊藤・井上らの大蔵省に依拠するいわゆる開明派グループを形成し、開化政策を推進した。廃藩置県後、大蔵大輔として強大な権限を握り、国立銀行の設置、三井などのいわゆる政商保護政策の展開を行なったが、西郷隆盛から「三井の番頭さん」と呼ばれ、また尾去沢鉱山の私有をめぐって司法卿江藤新平から追及を受けるなど内閣からの風当りが強く、同六年渋沢栄一とともに連袂辞職した。その後、益田孝らと先収会社(のちの三井物産)を設立して実業にたずさわったが、その間大阪会議を演出。まもなく政府に復帰して同九年特命副全権大使として日朝修好条規を締結、ついで渡欧帰国後、同十一年参議兼工部卿、翌十二年外務卿に就任。自由民権運動に対処するため、十四年一月のいわゆる熱海会議で伊藤・大隈とともに漸進主義の方針をとることを決したが、大隈の抜け駆けにあい、伊藤とともに薩派と結んでいわゆる明治十四年の政変を断行し大隈を追放した。外務卿から引き続いて第一次伊藤内閣の外務大臣となり、この間治外法権撤廃を中心とする条約改正交渉にあたり、そのために欧化政策を進めいわゆる鹿鳴館時代を現出したが、その条約改正案が日本の主権を著しく損うものとして国民の反対運動が高まり、二十年交渉を中止し辞職した。その後、二十一年七月から二十二年十二月まで黒田清隆内閣の農商務大臣、また二十五年八月から二十七年十月まで第二次伊藤内閣の内務大臣をつとめ、この間負傷した伊藤首相に代わって、二十五年十一月から二十六年二月まで首相臨時代理として第四議会に臨んだ。さらに日清戦争中は朝鮮駐在の特命全権公使、三十一年一月から六月まで第三次伊藤内閣の大蔵大臣となった。第三次伊藤内閣時代、地租増徴案をめぐってこれに反対する自由・進歩両党は合同して憲政党を結成し、衆議院の議席の大部分を占めるに至った。この動きに対抗するため伊藤と井上は従来の超然内閣主義を捨て、国民協会および財界有力者を網羅して政党を結成しようとし、井上のもとに政府党組織協議会の事務所を設置した。しかし、実際に動き始めてみると渋沢栄一をはじめ実業人が入党に消極的であり、元老山県有朋も反対したために結党は中止された。以後井上は政界第一線を退き、元老として活躍し、三十四年五月第四次伊藤内閣崩壊のあとを継いで組閣の大命を受けながらこれを拝辞した。この間十七年七月、華族に列せられて伯爵を授けられ、四十年九月侯爵となった。また財界では日本鉄道会社・日本郵船会社の設立に尽力し、また三井や藤田組などの財閥の大顧問として強力な発言権を持ったほか、貝島太助のような地方財閥や甥の鮎川義介を後見するなど、日本資本主義発達史上における財界最大の「黒幕」として強い影響力を持った。大正四年(一九一五)九月一日興津の別邸で病没。八十一歳。法名世外院殿無卿超然大居士。墓は東京都港区西麻布の長谷寺にある。

参考文献 井上馨侯伝記編纂会編『世外井上公伝』

(大江志乃夫)

いのうえかくごろう 井上角五郎 一八六〇―一九三八 明治から昭和時代前期にかけての政治家、実業家。万延元年(一八六〇)十月十八日備後国深津郡に生まれる。明治十二年(一八七九)上京して福沢諭吉邸に家庭教師として住み込み慶応義塾に通学。のちに後藤象二郎の知遇を得て学資の補助を受け、同十五年同校を卒業し韓国にわたり『漢城旬報』の創刊に尽力し同二十年帰朝。二十二年二月以降後藤象二郎の率いる大同団結運動に参加し、翌年の第一回衆議院議員選挙では広島県第八区から出馬、落選したが、補欠選挙で当選。以後第十四回総選挙(大正九年)まで連続当選。この間、第一議会では自由党に属したが予算問題で政府側につき除名された。二十六年五月福沢・後藤の紹介で北海道炭礦鉄道の重役に就任し、実業派議員として雨宮敬次郎らとともに鉄道国有、外資導入の運動に従事した。第十三回議会に星亨らの率いる憲政党が地租増徴、鉄道国有の政策を掲げると同党に入党、そのまま政友会に加盟したが、三十四年暮財政方針につき政友会と対立し除名された。四十年室蘭に日本製鋼所を起し会長に就任、四十三年辞職。その後も多くの会社・銀行などの役員をつとめるなど実業界で活躍した。昭和十三年(一九三八)九月二十三日死去。七十九歳。

[参考文献] 近藤吉雄編『井上角五郎先生伝』 (坂野 潤治)

いのうえきよなお 井上清直 一八〇九―六七 江戸時代後期の幕臣。幼名松吉、通称は新右衛門、のち信濃守と称した。文化六年(一八〇九)豊後日田代官所属吏で幕府徒士組に転じた内藤吉兵衛の次男に生まれ、のち与力井上新左衛門の養子となった。川路聖謨の弟。弘化四年(一八四七)十二月勘定組頭格となり、安政二年(一八五五)正月勘定吟味役に進み、四月老中阿部正弘により下田奉行に抜擢された。翌三年七月米国総領事ハリスの赴任以来その応接にあたり、同四年五月日米約定(下田条約)に調印、十月ハリスが登城して将軍徳川家定に謁見するのに立ち会い、十二月には目付岩瀬忠震とともに全権委員を命ぜられ、翌五年正月にかけて条約をハリスと審議し、六月下田から小柴沖に廻航した米艦ポーハタン号上でハリスと日米修好通商条約に調印した。七月外国奉行を兼ね、露国使節プチャーチン・英国使節エルギンと、九月には仏国使節グローとそれぞれ江戸において日露・日英・日仏修好通商条約に調印し、開国派の幕吏として外交の第一線に立って活躍した。翌六年正月以降ハリスと横浜開港を談判したが、同僚の永井尚志とともにハリスと妥協して神奈川開港に傾いたため、大老井伊直弼に忌まれ、二月小普請奉行に転じ、十一月軍艦奉行となった。文久二年(一八六二)八月外国奉行に再任、十二月町奉行に進み、翌三年将軍徳川家茂が上洛して攘夷実行の勅旨を奉承すると、同年五月寺社・勘定奉行と連署、外交拒絶・三港閉鎖に反対して将軍の辞職を幕府に建議した。ついで同月老中格小笠原長行が独断で生麦事件の償金を支払った後、海路率兵上坂すると、これに従ったため、八月免職、差控に処せられた。元治元年(一八六四)九月三たび外国奉行となり、十一月勘定奉行に転じ、慶応二年(一八六六)正月関東郡代を兼ね、六月町奉行に再任し勘定奉行を兼帯したが、九月兼帯を免ぜられ、翌三年十二月二十八日没した。年五十九。墓は東京都新宿区榎町の宗柏寺にある。

[参考文献] 川路寛堂「井上清直略伝」(『川路聖謨之生涯』所収) (吉田 常吉)

いのうえけんかぼう 井上剣花坊 一八七〇―一九三四 明治から昭和にかけての川柳作家。明治三年(一八七〇)六月三日、長門国萩に生まれた。本名幸一。父は毛利侯の世臣。独学により小学校代用教員、郷里の新聞記者、主筆を経て上京、同三十六年新聞『日本』に入社、柳樽寺川尚剣花坊と戯号した。機関誌『川柳』を刊行、阪井久良伎の江戸趣味鼓吹に対し革新川柳を主張し、ともに明治の狂句川柳と闘った。『大正川柳』を経て昭和になると『川柳人』を主宰、著書には『新川柳六千句』『古川柳の真髄』など多数ある。門下に川上三太郎・村田周魚・吉川英治らがいる。昭和九年(一九三四)九月十一日仮寓鎌倉建長寺で没。六十五歳。 (大村 沙華)

いのうえこうじ 井上幸治 一九一〇―八九 昭和時代の歴史学者、フランス近代史研究者。明治四十三年(一九一〇)七月十日、埼玉県秩父郡大宮町(秩父市)に、父重一郎・母ツネの次男として生まれる。昭和五年(一九三〇)浦和高等学校卒業、八年東京帝国大学文学部西洋史学科卒業。その後二十七年東京大学文学部非常勤講師となるまで大学の教壇とはほとんど無縁であったが、厖大な蔵書と博識をもって知られ、ことに近代フランス史に関しては社会経済から文化にまで造詣深く、その視野はスペインにも及んだ。昭和十一年に平凡社嘱託となって以来同社の出版に深く関与し、なかんずくその成果は『世界歴史事典』(二十六年以降)に示された。専攻分野では『ミラボーとフランス革命』(二十四年)、『ナポレオン』(二十七年)など意欲的な著作のほか、いわゆる「講座派」の近代資本主義成立論に対し、実証的な批判を加えた『ヨーロッパ近代工業の成立』(編著、三十四年)は、後進への影響大である。二十八年四月から三十五年三月まで神戸大学に勤めたのち、同年四月に立教大学教授、四十三―四十四年滞仏ののち五十一年津田塾大学に新設の国際関係学部教授となる。六〇年代以来、秩父事件・自由民権運動に対するかねてよりの関心をとみに強め、その研究成果『秩父事件史料集成』(共編、全六巻、昭和五十九年―平成元年(一九八九))は不朽の遺作となった。四年九月九日、肺癌のため国立がんセンター附属病院で没。七十九歳。

[参考文献] 井上幸治先生追悼文集編集委員会編『井上幸治先生追悼文集』 (成瀬 治)

いのうえこわし 井上毅 一八四三―九五 明治時代前期の官僚・政治家。明治憲法・教育勅語などの起草者。幼名多久馬。梧陰と号す。天保十四年(一八四三)十二月、熊本城下竹部に生まる。父は熊本藩家老米田家の家臣飯田権五兵衛、慶応元年(一八六五)、同じ家中の井上茂三郎の養子となった。家は中小性格、幼より神童といわれ、主人米田(長岡)是容に認められ、その命で藩儒木下犀潭(さいたん)の門に学ぶ。ついで藩校時習館の居寮生となった。慶応三年、江戸遊学を命ぜられてフランス学を学ぶ。一旦帰郷し、明治三年(一八七〇)再び東京にでて南校にはいり中舎長となった。四年官途について司法省十等出仕となる。五年六月司法卿江藤新平の渡欧に随員を命ぜられ、江藤は中止したが、井上らは渡仏し、さらにベルリンに赴いて六年九月帰朝した。七年大久保利通の清国派遣にあたって意見書を提出して随員に加えられ、諸文案の起草その他で才幹を発揮して大久保に認められ、これが頭角をあらわす糸口となった。八年『王国建国法』を訳出してプロシア憲法の内容をはじめて日本に紹介した。十年太政官大書記官、翌年兼地方官会議御用掛、ついで兼内務大書記官となる。このころ、伊藤博文のために「教育議」を起草した。これから、岩倉具視・伊藤らの命で各種の意見書の起案をするようになり、また自己の意見を上申し、これを通じて政府要路者と密着するようになった。折から自由民権運動が高潮に達して、国会開設の要求が岩倉その他の政府首脳を苦慮せしめた。たまたま十四年には参議大隈重信から政党内閣・国会即時開設の意見がでると、その対策のためにプロシア憲法による欽定憲法構想をまとめて、六月岩倉に提出した。これが岩倉の意にかない、政府の憲法構想の基準となった。同時に伊藤博文が憲法起草の責任者に指命され、井上がその協力者となった。おりから北海道開拓使官有物払下げ問題がおこると、大隈追放の政変を裏面で画策し、伊藤中心の薩長政府樹立をはかるとともに、国会開設の勅諭をも起草した。かくて同年十月政変(明治十四年の政変)となり、新設の参事院の議官となる。また、この年から太政官雇レースレルを顧問として憲法起草の準備調査に専心し、十七年には法制局御用掛・図書頭など兼勤となって諸法案立案にも与っている。また、十七年・十八年には井上馨・伊藤博文の随員として朝鮮・清国に赴いたがこれも条約その他外交文書起草のためであった。十八年十二月、内閣制度創始には、伊藤の下で一切の企画にあたり、翌十九年からいよいよ憲法起草に入った。伊藤の主宰のもとに、井上は主として憲法本文と皇室典範の起草を担当し、二十年五月、まず試草甲・乙案を脱稿、さらに起草をすすめ翌年四月、確定草案を完成した。ついで枢密院の審議には同院書記官長となり、憲法制定会議の司会にあたった。翌二十三年には「教育勅語」の起草にあたり、特に憲法との関連に留意した。この年枢密顧問官となる。二十六年三月、第二次伊藤内閣の文部大臣となり、学制改革、特に実業教育の振興を行なったが翌年八月病気のため辞任。二十八年一月子爵に列せられたが、同年三月十七日病没した。五十三歳。墓は東京都台東区谷中の瑞輪寺にある。著訳書には『治罪法備考』(明治七年)、『奢是吾敵論』(同十八年)、『内外臣民公私権考』(同二十二年)、『梧陰存稿』(同二十八年)などがある。

[参考文献] 井上毅伝記編纂委員会編『井上毅伝』史料篇、海後宗臣編『井上毅の教育政策』、海後宗臣『教育勅語成立史の研究』、稲田正次『明治憲法成立史』、木村匡『井上毅君教育事業小史』、井芹経平・小早川秀雄『元田井上両先生事蹟講演録』、大久保利謙「明治十四年の政変」(明治史料研究連絡会編『明治政権の確立過程』所収)

(大久保利謙)

いのうえしげよし 井上成美 一八八九―一九七五 大正・昭和時代の海軍軍人。明治二十二年(一八八九)十二月九日仙台市に生まれ、同四十二年十一月海軍兵学校卒。大正七年(一九一八)十二月から十年九月にかけてスイスに、同十年九月から十一年三月までフランスに駐在。同十一年十二月少佐、同十三年十二月海軍大学校卒。同十四年十二月中佐に昇進。同十三年十二月から昭和二年(一九二七)十月まで軍務局勤務。同二年十一月から四年八月までイタリア駐在武官となり、同四年十一月大佐に昇進。同五年のロンドン条約問題をめぐって世上いわゆる条約派と目せられた。同七年十一月軍務局第一課長となり、統帥権の拡大強化をはかる軍令部(部長伏見宮、次長高橋三吉)の海軍軍令部条例改正案に強硬に反対して、同八年九月横須賀鎮守府付に転出。同年十一月比叡艦長。同十年十一月少将に進み、横須賀鎮守府参謀長(司令長官米内光政)となる。二・二六事件に際し、万一に備えて、天皇の御召艦比叡を芝浦に回航させた。同十二年十月二十日第一次近衛内閣の米内海軍大臣、山本五十六次官のもとに軍務局長となり、平沼内閣下で、陸軍の要求する日独伊軍事同盟案に反対して、阻止に努めた。同十四年十月支那方面艦隊参謀長に転じ、同年十一月中将に昇進。同十五年十月航空本部長となり、大艦巨砲主義に反対して海軍の空軍化を力説した。同十六年八月第四艦隊司令長官となり、トラック島に赴任。太平洋戦争が勃発すると、中南部太平洋方面の諸作戦を指揮した。同十七年十月海軍兵学校長。兵学校教育では、普通学第一主義をとり、教官会議の英語廃止論をおさえて、その存続を命じた。サイパン玉砕によって東条内閣が倒れ、小磯内閣が成立すると、同十九年八月五日米内海軍大臣のもとに海軍次官に就任。直ちに海軍大臣に終戦工作開始の意見を具申し、高木惣吉少将に命じて、秘かに終戦工作を行わせた。同二十年五月十五日大将に昇進、軍事参議官となり終戦を迎えた。同五十年十二月十五日神奈川県横須賀市で没す。八十六歳。東京の多磨墓地に葬られる。

[参考文献] 服部卓四郎『大東亜戦争全史』、日本国際政治学会太平洋戦争原因研究部編『太平洋戦争への道』、外務省編『終戦史録』、高木惣吉『私観太平洋戦争』、阿川弘之『井上成美』、井上成美「荒崎放談」(『毎日グラフ』別冊『あゝ江田島』)、小林竜夫「統帥権干犯論と海軍軍令部条例の改正」(『国学院法学』五ノ四)

(小林 竜夫)

いのうえじゅうきち 井上十吉 一八六二―一九二九 大正から昭和時代前期にかけての英学者。文久二年(一八六二)十月、徳島に生まれる。十二歳のとき留学生となり渡英、ラグビー校に学び前後十一年滞在した。明治十九年(一八八六)第一高等学校教授となり、在職七年。これを辞してジャパン＝ガゼット紙記者となるが、翌年外務省に入った。著書は一世を風靡した『井上大和英辞典』(大正四年)と『井上大英和辞典』(同十年)があり、ほかに『忠臣蔵』の英訳など日本文化を海外へ紹介する仕事がいくつかある。昭和四年(一九二九)四月七日没。六十八歳。 (外山滋比古)

いのうえじゅんのすけ　井上準之助　一八六九—一九三二　大正・昭和時代前期の財政家、政治家。明治二年(一八六九)三月二十五日、日田県(大分県日田市)に生まれ、二高を経て帝大法科卒。明治二十九年日本銀行に入行、三十年イギリス・ベルギーに留学、帰国して三十八年大阪支店長、三十九年八月営業局長に異数の栄進をし、ニューヨーク代理店監督役を経て明治四十四年、横浜正金銀行に入り、常務、副頭取を経て大正二年(一九一三)同行頭取となり第一次大戦当時の国際金融を処理し同八年、日銀総裁となって戦後の金融にあたる。日銀時代から、この時の任命に至るまで井上を推挽したのは高橋是清であり、高橋は井上の日銀時代には副総裁、ついで総裁、この時には蔵相であった。第一次大戦後の同九年恐慌時およびその後、財界は不況に沈淪し、井上は自然財界の救済に向かわざるをえなくなった。たとえば同年六月、興銀を通じて五百万円の資金を電気事業、化学工業方面に融通したのを手はじめに、政府に働きかけて預金部資金のうち四千七百万円を興銀を通じて産業界の救済のために放出させた。この後も井上は企業の救済を重ね、「終に財界の救済を日本銀行の主たる仕事と看做すが如き感想を世間に生ぜしむるに至った」(深井英五『回顧七十年』)が、この方針は一面において財界の破局を回避しつつ、日本銀行と井上の財界における地位をたかめる結果になった。同十二年九月、関東大震災の直後、第二次山本権兵衛内閣の蔵相となり、モラトリアム(支払猶予令)を施行し、また震災地振出の手形などについて日銀が再割引するという震災手形制度を創始し、また復興予算の立案にあたったが、虎の門事件で内閣は総辞職し、貴族院議員に勅選されて外遊した。浪人時代も井上は財界の世話をやくかたわら、大日本連合青年団理事長となり、金融制度調査会に参加し、昭和二年(一九二七)の金融恐慌にあたっては台湾銀行の救済につとめ、そのために特設された台湾銀行調査会の会長となった。同年五月、金融恐慌後の政友会内閣における高橋是清蔵相のもとで、再び日銀総裁となり、恐慌後の資金の特別融通および休業銀行の処理と昭和銀行の発足に尽力した。以上の経歴からも知られるように、井上はそれまでどちらかといえば政友会系に近く、また政策的には原則的であるよりはむしろ政治的な動きを示してきた。そのなかで井上の地位は次第にたかまり、ジャーナリズムから財界世話業といわれるような地位にあって、財界のまとめ役をするとともに、政治への関心がつよまっていったようである。昭和二年、田中義一内閣成立の際にも井上は蔵相または外相候補になったのを辞したともいわれ(山下亀三郎『沈みつ浮きつ』)、再度の日銀総裁の椅子に長くとどまることを好まなかった様子がある。井上は同四年七月民政党浜口内閣の蔵相となって、民政党の党議となっていた金解禁政策の実行にあたったが、これは事前に民政党の江木翼・安達謙蔵らとの連絡があり、民政党内閣成立の際は入閣を約していたためであった。井上は全力をあげて金解禁の準備を行い、同年十一月、五年一月十一日より解禁実施を決定した。しかしこのための緊縮政策と、昭和四年秋に始まった世界恐慌の結果、日本経済ははげしい不況に襲われ、ロンドン軍縮条約問題と相まって政局は緊張した。同六年四月第二次若槻内閣成立後も井上は蔵相にとどまったが、満洲事変勃発後の同年九月二十一日、イギリスの金輸出再禁止にあい、ドル買い問題が惹起され、彼はドルの統制売りを行いつつ金利を引き上げてドル買い筋に立ち向かったが、安達内相の協力内閣運動がおこり、十二月十一日若槻内閣は総辞職した。井上はその後民政党筆頭総務として総選挙の対策にあたるうち、同七年二月九日、血盟団の小沼正にピストルで狙撃され、暗殺された。年六十四。墓は東京都港区の青山墓地にある。井上の性格は剛毅といわれたが、内面的にはかなりデリケートな人物であったようである。特にドル買対策に際しては、表面は強気であったが、内面の苦悩が大きかったことは、一、二の記録からもうかがえる。『井上準之助論叢』全五巻がある。

参考文献　日本銀行調査局編『日本金融史資料』昭和編二〇—二二、青木得三『井上準之助伝』、長幸男『日本経済思想史研究』、中村隆英『経済政策の運命』
(中村　隆英)

いのうえせいぞう　井上省三　一八四五—八六　明治時代前期の技術者。官営千住製絨所初代所長。幼名竹之助。弘化二年(一八四五)十月二十五日、長門国厚狭郡宇津井村(山口県下関市)の素封家伯野瀬兵衛の次男として生まれ、のち厚狭毛利氏の家臣井上半右衛門の養子となる。慶応二年(一八六六)六月、幕府の長州征討には、彊義隊の指揮者として善戦。翌慶応三年藩立山口兵学校(明倫館)に入学、蘭学を学ぶ。脱隊騒動での活躍を通じて木戸孝允の知遇を得、明治四年(一八七一)から伏見満宮(のち北白川宮)留学に随行して、ドイツに留学。岩倉大使一行とともに渡欧した木戸の反対にも屈せず、翌五年七月、宿願であった製絨技術習得のため、ドイツのシュレージュン州ザガンのウルブリヒト織物工場に移る。同八年秋帰国、翌九年一月内務省勧業寮雇に任ぜられ大久保内務卿の建議による羅紗製造所創設が同年三月許可されると、再び井上は、製絨機械の注文および外国人技師雇入れのため、ドイツに渡った。官営製絨所は明治十二年九月二十七日に正式に開業。井上の創設した製絨所は単に陸軍の需用品の調製のみでなく、広くわが国の毛織物工業の模範たらんとした。過労と病痾がたたって明治十九年十二月十日、熱海で没した。年四十二。

参考文献 井上省三記念事業委員会編『井上省三伝』、『千住製絨所沿革誌』、『千住製絨所五十年略史』　（加藤幸三郎）

いのうえただしろう　井上匡四郎　一八七六―一九五九　明治から昭和時代にかけての工学者。明治九年（一八七六）四月三十日、旧熊本藩儒岡松甕谷の次男として生まれる。同二十八年一月井上毅の養子となり、毅の没後、同年四月子爵となる。同三十二年東京帝国大学工科大学採鉱冶金学科卒業後、大学院に学び工学博士号を受く。東京帝大助教授、大阪高等工業学校・京都帝大・東京帝大の各教授を歴任。同四十三年十月から昭和二十一年（一九四六）五月まで貴族院議員をつとめた。この間大正十五年（一九二六）第一次若槻内閣の鉄道大臣に就任、昭和二年退官。のち鉄道会議議員などを歴任した。昭和三十四年三月十八日没。八十二歳。墓は東京都台東区谷中の瑞輪寺にある。　（原田　勝正）

いのうえてつじろう　井上哲次郎　一八五五―一九四四　明治・大正時代の哲学者。号は巽軒。安政二年（一八五五）十二月二十五日、筑前大宰府の医家に生まれた。幼時漢学を、ついで英学を学び、明治八年（一八七五）に上京し、東京開成学校予科を経て、同十年新設された東京大学の哲学科に進み、同十三年七月同科の第一回卒業生となる。同十四年杉浦重剛らと『東洋学芸雑誌』を刊行し、翌十五年には、外山正一・矢田部良吉と『新体詩抄』を出して、新体詩運動の先駆者となる。同十五年東大助教授となり、東洋哲学史を講じ、また西洋哲学の紹介と訳語に腐心して、『西洋哲学講義』（明治十六―十八年）、『哲学字彙』（同十七年）の二著を、有賀長雄と共同で出した。明治十七年、ドイツに留学し、クーノー＝フィッシャー、ツェラー、ブントらの講議を聞き、エドアルト＝フォン＝ハルトマン、フェヒナー、リープマンらと接触した。同二十三年十月に帰国後直ちに、日本人としてはじめて帝大哲学科の教授に任ぜられ、以後大正十二年（一九二三）三月に六十九歳で退職するまで、哲学界の大御所として教育界にも隠然たる勢力をもっていた。その間、明治二十八年に東京学士会院会員に選ばれたほか、文科大学長、哲学会会長、文部省中等教育修身科検定委員、教科書調査委員などを歴任し、また哲学館・学習院などでも哲学・修身を講じた。東大退職後、大正十四年に大東文化学院総長となり、また貴族院議員となったが、翌年、前年の著作『我国体と国民道徳』における三種の神器の解釈を「不敬」とする非難がおこり、問題の拡大を避けるために一切の公職を辞任した。その後、東洋大学・上智大学・立正大学などで東洋哲学・日本哲学を講じ、国家主義的な立場から多数の著書を出したが、昭和十九年（一九四四）十一月九日に没した。九十歳。井上は、『倫理新説』（明治十六年）のなかで、すでに観念論への傾向と西洋哲学への関心を強く示していたが、留学後はドイツ哲学の論理を手がかりとして東洋思想の哲学的研究への道をひらくとともに、哲学の立場から東西思想の「融合統一」をはかることの必要を強調した。井上の『現象即実在論』（明治二十七年）は、こうした志向にもとづく一つの先駆的な試みではあったが、思考方法の安易さのために、結果としては表面的な折衷の域を脱しえなかった。東洋哲学研究の主要著作としては、『日本陽明学派之哲学』（明治三十三年）、『日本古学派之哲学』（同三十五年）、『日本朱子学派之哲学』（同三十八年）の三部作があり、文献集としては蟹江義丸と共編の『日本倫理彙編』全十巻、有馬祐政と共編の『武士道叢書』全三巻などがある。また、井上は国民道徳・国民教育の問題にも強い関心を示し、教育勅語が出されるとその注釈書『勅語衍義』（同二十四年）を著わして、忠君愛国の精神を鼓吹し、さらに『教育ト宗教ノ衝突』（同二十六年）では国家主義的立場からキリスト教を排撃した。この面での主要著作としては、『国民道徳概論』（大正元年）、『日本精神の本質』（昭和九年）、『戦陣訓本義』（同十六年）などがあげられる。

参考文献 井上哲次郎『懐旧録』、船山信一『明治哲学史研究』、下村寅太郎・古田光編『哲学思想』（『現代日本思想大系』二四）、井上哲次郎「明治哲学界の回顧」（『(岩波講座)哲学』所収）　（古田　光）

いのうえでん　井上伝　一七八八―一八六九　江戸時代後期の女性、久留米絣の創始者。天明八年（一七八八）久留米の通外町に生まれ、幼少より機織りの稽古を始め、十二、三歳のころ、白糸をくくって藍汁に浸した後、これを取りだしてくり糸を解き、織機にかけて織ったところ白紋が点々とあり、あたかも雪や霰が、飛び舞う姿に似ていたので、人々は「雪ふり」「霰織り」また「加寿利」「お伝絣」とも呼んだ。これが久留米絣のはじまりである。その後、伝の技工はますます加わり、十五歳のころ、織法伝受を乞う者が、彼女の家に常に二十有余人いたという。文政十一年（一八二八）には、彼女の教えをうけて生業とする者四百人に及んだという。明治二年（一八六九）四月二十六日、八十二歳で没した。墓は福岡県久留米市寺町の徳雲寺にある。

参考文献 武田令太郎『久留米絣』、津原順吉『久留米絣』、久留米市編『先人の面影―久留米人物伝記―』　（林　英夫）

いのうえでんぞう　井上伝蔵　一八五四―一九一八　明治時代の自由民権家。秩父事件の指導者。安政元年（一八五四）武蔵国秩父郡下吉田村の旧家に生まれ、東京と秩父の間を往復して絹・生糸の仲買を行い、村の学務委員・衛生委員にもなった。明治十六年（一八八三）ごろ自由党に入り、大井憲太郎の指導を受け、やがて秩父自由党の幹事になった。十七年負債農民を結集する困民党の組織にあたり、自分では合法運動のわくを守ろうとし、大井も十月氏家直国を伝蔵のもとに送り武装蜂起を中止させようとしたが農民はこれを容れず、十一月一日を期して秩父全郡にわたって蜂起した。同日伝蔵は隊組織において会計長に任ぜられ、四日まで農民軍と行動をともにしたが、この日の午後本部が解体すると総理田代栄助とともに秩父の山中に逃れ、翌年欠席裁判で死刑の宣告を受けた。かれは追及を逃れて一年半秩父にひそんだのち北海道に渡り、石狩町、札幌、野付牛（北見市）に居住、伊藤房次郎と名のり、家庭をもち三十五年間、世にあらわれず、苦難の生活を送り、大正七年（一九一八）六月、六十五歳で死去する直前に前歴を明らかにした。

参考文献　井上幸治『秩父事件』（『中公新書』一六一）、埼玉新聞社出版局編『秩父事件史料』　（井上　幸治）

いのうえともいち　井上友一　一八七一―一九一九　明治・大正時代の内務官僚。明治四年（一八七一）四月十日、金沢に金沢藩士盛重の長男として生まれる。第四高等中学校から帝国大学法科大学にすすみ、同二十六年卒業。同年内務省に入り、主として県治局・地方局に勤務し、地方行政に取り組む。同三十三年パリの万国公私救済慈恵事業会議に出席、その途次欧米の地方自治の実状を視察し、地方自治の重要性とそれに関連して感化救済事業の必要性を痛感し、内務省の地方団体に対する積極的監督を推進した。日露戦争後には、国家の要請にこたえうる強力な町村の造出をめざして、地方改良運動を推進し、明治四十二年に第一回地方改良事業講習会を開き、以後同四十四年まで五回開催、そのつど出席し、町村の中堅人物育成に努力した。なおこれと並行して、明治四十一年には内務省主催の第一回感化救済事業講習会の開催、および公私社会事業の全国的機関である中央慈善協会の創立などを推進した。救済制度に対する井上の思想は、窮民は国民の権利としてではなく国からの恩恵として救助さるべきものであるとし、その目的を「国家全般の利害」および「公益公安」という立場から考えていた。大正四年（一九一五）には東京府知事となり、同七年の米騒動の時期には公設廉売市場、簡易食堂などを開設、いわゆる経済保護事業発展の端緒を開いた。翌八年六月十二日府知事在職中に病没。四十九歳。著書に『救済制度要義』『自治要義』などがある。

参考文献　近江匡男編『井上明府遺稿』　（仲村　優一）

いのうえにっしょう　井上日召　一八八六―一九六七　大正・昭和時代の国家主義者。明治十九年（一八八六）四月十二日群馬県に生まれる。本名昭、幼名四郎、晩年は日象と号した。前橋中学卒（同級生に高畠素之がいた）、早稲田大学文科、東洋協会専門学校ともに中退。同四十三年八月満洲に渡る。満鉄社員、ついで陸軍参謀本部の嘱託となり諜報活動に従事した。この時期に本間憲一郎・前田虎雄・木島完之を識った。大正五年（一九一六）帰国、同年中国に第三革命が起るや山東省に赴き居正の顧問となる。同十一年春帰国し、同十三年九月まで郷里川場村の三徳庵という破れ堂で断食して日蓮宗の修行をした。このとき日召と改名。同十五年建国会の創立に参加。しかし右翼運動の第一線には出ず、宇宙・国家・人生の問題解決のため身延山、静岡県三島の寺（このときの師が山本玄峰）で修行した。昭和三年（一九二八）五月茨城県の那珂川河口の岩舟山に籠り、同四年十二月同県大洗の東光台にある立正護国堂に入る。同五年十月までの護国堂時代にのちに血盟団事件を起す農村の青年を門下とした。同時に海軍の藤井斉大尉以下の五・一五事件を起す将校と相識り修行。同年十月以後東京に出て七生社の東大学生を門下とした。西田税にも接近し十月事件に参加。同七年二月九日、三月五日に門下の小沼正・菱沼五郎が井上準之助・団琢磨を暗殺。いわゆる血盟団事件である。井上が指導したこの事件は、暗殺の対象人物、組織なき組織による単独犯の結び合わせる事件として当時の社会状況と相まって空前の衝動を世に与えた。井上はこの事件で無期懲役に処せられ、同十五年仮出所、一時期近衛文麿の相談役をした。昭和四十二年三月四日没。八十歳。井上の右翼運動における立場および右翼の人間としてはすこぶる独自のものがあり、農民・労働者による大衆運動の限界を悟って、一転して「一殺多生」「革命の慈悲」「捨石主義」による国家改造運動を決行したことは今日でも、右翼運動の核心を知るうえに多くの問題を残している。著書に『日本精神に生よ』『日召自伝』（のちに改訂して『一人一殺』）がある。

参考文献　『血盟団事件公判速記録』、井上日召他『血盟団事件上申書・獄中手記』、小沼正『一殺多生』、今井清一・高橋正衛編『国家主義運動』一（『現代史資料』四）、高橋正衛編『国家主義運動』二（同五）　（高橋　正衛）

いのうえまさお　井上正夫　一八八一―一九五〇　明治から昭和時代にかけての新派劇の俳優。本名小坂勇一。明治十四年（一八八一）六月十五日、愛媛県に生まれる。少年時代、向学心に燃えながら陶器商に奉公するうち、二十九年大阪で見た成美団の芝居に感激、俳優を志し、敷島劇団という田舎回りの劇団に参加。のち真砂座の伊井蓉峰の一座に入り、三十八年、『女夫波』の橋見秀夫役が出世芸となり俳優としての地位を確立した。明治四十三年十一月、当時の新劇運動に刺戟されて「新時代劇協会」を組織、ショー作『馬盗坊』などを上演したが興行的に終り、新派にもどり大幹部俳優として活躍した。常に清新な戯曲を求め、内面的な性格描写を主とする演技で、大正中期から昭和初期にかけて『酒中日記』『生命の冠』『磔茂左衛門』『平将門』『富岡先生』など新劇的な戯曲を上演して新派の新人として劇界の話題となった。昭和十一年（一九三六）、新派と新劇との「中間演劇」を標榜し、久板栄二郎・三好十郎・北条秀司などの作品をつぎつぎと上演した。同二十四年、芸術院会員となる。翌二十五年二月七日、六十八歳で没した。

参考文献　井上正夫『化け損ねた狸』、秋庭太郎『日本新劇史』
（菊池　明）

いのうえまさる　井上勝　一八四三―一九一〇　明治時代の鉄道官僚。天保十四年（一八四三）八月一日萩藩士井上勝行の第三子として生まれ、野村家の養子となる。文久三年（一八六三）伊藤博文らと脱藩して渡英、ロンドン大学で鉱山・土木工学を学んだ。明治元年（一八六八）帰国し、井上姓に復した。翌二年十月造幣頭兼鉱山正に任官。三年鉄道建設開始とともに民部権大丞兼鉱山正、工部省設置に伴い工部権大丞となり、翌四年七月工部大丞となった。同年八月寮制施行により鉱山頭兼鉄道頭、五年七月鉄道の正式開業を前に鉄道頭専任となった。六年七月一時退官したが、七年一月再任。みずから大阪に赴いて阪神間および京阪間の建設工事にあたった。明治十年一月工部少輔、鉄道局長、十二年三月技監、十四年八月工部大輔となり、この間資金欠乏のために停滞した鉄道建設の進展を政府首脳部にうったえ、外国人への依存からの離脱の努力をつづけた。明治十六年東京―京都間を結ぶ幹線はいったんは中山道経由と決定したが、かれはこの線路に技術上の疑問をいだき、強硬に東海道経由への変更を説いた。明治十八年十二月内閣制度の実施に伴い、内閣直属の鉄道局長官となり、伊藤首相を説いて経路変更を実現、みずから工事現場を督励して、二十二年七月、東京―神戸間の鉄道を全通させた。この間二十年五月子爵を授けられ、二十三年鉄道局の内務省移管に伴い鉄道庁長官、二十五年鉄道庁の逓信省移管に伴い鉄道局長官となり、二十六年三月退官した。これより先二十四年七月には、鉄道の建設・運営の国家管理をめざす「鉄道政略ニ関スル議」を提出、鉄道敷設法の基礎づけを行なった。明治二十九年汽車製造合資会社を設立、機関車の国産化に努力をかたむけた。四十三年鉄道院顧問として渡欧、その途中ロンドンで病にかかり、八月二日同地で客死した。六十八歳。墓は東京都品川区北品川の東海寺にある。

参考文献　村井正利編『子爵井上勝君小伝』
（原田　勝正）

いのうえみちやす　井上通泰　一八六六―一九四一　明治から昭和時代にかけての歌人、国文学者、眼科医。慶応二年（一八六六）十二月二十一日、姫路元塩町に生まれた。藩校熊川舎（ゆうせんしゃ）教頭松岡操の三男、弟に柳田国男・松岡静雄・松岡映丘らがいる。明治十年（一八七七）医師井上家の養子となり、同二十三年帝国大学医科大学卒業、三十七年医学博士となる。早くから香川景樹の歌に傾倒し、『桂園叢書』を刊行、同四十年御歌所寄人となり、大正九年（一九二〇）退任、宮中顧問官となって以後は医業をやめ、国史・国文の研究に専心した。昭和十三年（一九三八）貴族院議員に勅選。同十六年八月十五日東京渋谷で没。七十六歳。家号を南天荘という。歌集に『南天荘歌集』『南大荘集』など、研究書として『播磨風土記新考』『肥前風土記新考』『豊後風土記新考』『西海道風土記逸文新考』『上代歴史地理新考』（二冊）、『万葉集新考』『万葉集雑攷』『万葉集追攷』などがある。風土記研究は考証が精確であり、大正より昭和にかけて刊行された『万葉集新考』は明治以降最初の『万葉集』全注書で、新見に富む。

参考文献　鈴木美枝子・佐尾裕子「井上通泰」（『近代文学研究叢書』四七所収）
（五味　智英）

いのうえみつさだ　井上光貞　一九一七―八三　昭和時代の古代史学者。大正六年（一九一七）九月十九日、父侯爵井上三郎・母千代子の長男として東京市麻布区宮村町（東京都港区）に生まれる（井上馨の孫）。成蹊高等学校を経て昭和十七年（一九四二）東京帝国大学文学部国史学科を卒業、帝国学士院において『帝室制度史』の編纂に従事し、東大文学部国史学研究室助手を経て二十四年東大教養学部講師、翌年助教授、三十六年文学部助教授、四十二年教授となり、四十九年から五十一年までは文学部長を勤めた。その間昭和三十三年から翌年にかけインドのデリー大学、三十六年から翌年にかけてはアメリカのハーバード大学における講義のためそれぞれ渡航した。昭和三十四年には「日本浄土教成立史の研究」により文学博士の学位を受領、また本務のほか文化財保護審議会専門委員・歴史的風土審議会委員などをも勤めた。五十三年東大退官後は国立歴史民俗博物館設立準備室長、五十六年同館長となり、同館の開館に尽瘁したが、展示公開直前の五十八年二月二十七日没。六十五歳。墓は東京都港区西麻布二丁目の長谷寺にある。マックス＝ウェーバーの理論を支えとし、津田左右吉による記紀の批判的研究を発展的に受けついで大化前代の部民制の研究に画期的業績をあげ、第二次世界大戦後の日本古代史の研究をリードした。その後、仏教の日本的展開を平安時代の浄土教の成立過程のなかにあとづけ、さらにインドやアメリカでの体験を経ることにより、日本の歴史を広く世界史的視野から捉える基本的視角を確立、その観点から日本における古代国家の形成、中国律令の継受の過程などの解明に努め、幅広い分野で旺盛な研究活動を行なった。諸学者の研究を大胆に取り入れて仮説を組み立てる構想力にすぐれ、学界の叡知を結集して各種の研究・出版を行う組織力をも備えていた。考古学や東洋史学など関連諸分野の研究者との交流に努め、特に高松塚古墳壁画や稲荷山古墳出土鉄剣銘など新しい遺跡・遺物の発見には大きな関心を示し、その解明に貢献した。さらに啓蒙書の執筆などを通じ、歴史学の研究成果を広く国民のものとすることにも大きな努力を払った。代表的著作に『日本古代国家の研究』『日本浄土教成立史の研究』『日本古代思想史の研究』などがあり、その主要著述は、自伝『わたくしの古代史学』とともに『井上光貞著作集』全十一巻に収められる。

参考文献　笹山晴生「井上光貞先生を偲ぶ」（『史学雑誌』九二ノ四）
（笹山　晴生）

いのうえみつはる　井上光晴　一九二六―九二　昭和時

代の小説家。大正十五年(一九二六)五月十五日、中国旅順で生まれた。父雪雄・母たか子。母とは四歳のときに生別。のち父も行方不明となり、九州の親戚のもとに身を寄せた。十二歳から長崎の崎戸炭鉱で働き、高等小学校を一年で中退。その後、旧制中学卒業の資格試験に合格。上京して電波兵器技術養成所を卒業した。第二次世界大戦後、日本共産党に入党したが、昭和二十八年(一九五三)離党。党内批判を盛り込んだ『書かれざる一章』(昭和二十五年)で小説家として登場。以後、天皇に対する戦中世代の拘泥を『ガダルカナル戦詩集』(同三十四年)に描き、原爆被爆者と差別の問題を重層的にとらえた『地の群れ』(同三十八年)で高い評価を得た。戦後文学の問題設定を継承拡充し、『心優しき叛逆者たち』(同四十八年)、『憑かれた人』(同五十六年)、『明日』(同五十七年)など現代の歴史と社会に迫り続けた。平成四年(一九九二)五月三十日、癌性腹膜炎により東京都調布市の病院で没。六十六歳。『井上光晴作品集』全三巻、『井上光晴新作品集』全五巻、『井上光晴第三作品集』全五巻(いずれも勁草書房)、『井上光晴長編小説全集』全十五巻(福武書店)がある。なお、小説家の井上荒野(あれの)は長女である。

[参考文献] 高野斗志美『井上光晴論』、ゆりはじめ『井上光晴の世界』、北村耕『井上光晴論』 （紅野　謙介）

いのうえやすし　井上靖　一九〇七―九一　昭和時代後期の小説家。明治四十年(一九〇七)五月六日、北海道上川郡旭川町(旭川市)に父隼雄(軍医)・母八重の長男として生まれる。井上家は代々の伊豆湯ヶ島(静岡県田方郡湯ヶ島町)の医家で、隼雄は養子。靖は、父の任地を転々とした上、六歳の時湯ヶ島に帰され、以後六年間、義理の祖母と二人で暮らした。浜松第一中学校より沼津中学校に移り、第四高等学校理科を経て、九州帝国大学法文学部英文学科入学、京都帝国大学文学部哲学科の美学専攻に転じて、昭和十一年(一九三六)に卒業。同年、毎日新聞社大阪本社に入社、以後、第二次世界大戦をはさんで(一時出征)、十五年間記者生活を送った。大学時代から、詩・小説・戯曲の筆をとっているが、勤勉ではなく、時流の影響もたいして受けていない。詩作に没頭するに至ったのは戦後のことで、やがて小説に移り、昭和二十五年に『闘牛』が芥川賞を受賞するや、にわかに流行作家として浮上した。四十三歳の時である。彼は、本来叙情的資質の人であるが、豊かな物語の才能に恵まれていて、以後、物語作品を量産し、それらの作品には、中間小説の名が与えられた。『氷壁』(三十二年)がその代表作である。やがて、『天平の甍(いらか)』(三十四年)をはじめとして、中国と日本にまたがる歴史小説を多く書くようになり、この領域から『風濤』(三十八年)などの傑作が生まれた。その他、自伝『しろばんば』(三十七年)をはじめとして、私小説的作品、短編小説に名作が多いことが注目される。戦後は、たびたび外国を訪問、多くの役職をこなし、三十九年に日本芸術院会員となり、五十一年には文化勲章を受けた。名作『孔子』(平成元年(一九八九))を完成させて、同三年一月二十九日病没。八十三歳。法名は峯雲院文華法徳日靖居士。墓は少年時代を過ごした天城湯ヶ島町の熊ノ山山頂共同墓地にある。『井上靖全集』全二十八巻・別巻一(新潮社)がある。巻刊行。

[参考文献] 福田宏年『井上靖の世界』、長谷川泉編『井上靖研究』、武田勝彦編『井上靖文学・海外の評価』、曾根博義編『井上靖・福田武彦』(『鑑賞日本現代文学』二七)、『井上靖』(『群像日本の作家』二〇)、上坂信男『虚往実帰　井上靖の小説世界』、井上ふみ『風のとおる道』 （磯貝　英夫）

いのうえやちよ　井上八千代　日本舞踊井上流の家元。

(一)二代　一七九一―一八六八　本名井上アヤ。寛政三年(一七九一)生まれる。初代の兄敬一の娘。舞に文楽の人形の型を取り入れたのと、金剛流の野村三次郎の影響をうけて、舞の幅を広げた。明治元年(一八六八)七十八歳で没す。

(二)三代　一八三八―一九三八　本名片山春子。天保九年(一八三八)生まれる。明治五年(一八七二)都おどりを始める。昭和十三年(一九三八)九月七日百一歳で没した。

(三)四代　一九〇五―　本名片山愛子。明治三十八年(一九〇五)五月十四日、生まれる。昭和三十二年(一九五七)芸術院会員となり、同五十年文化功労者に選ばれる。平成二年(一九九〇)文化勲章受章。

[参考文献] 日本経済新聞社編『私の履歴書』一一 （松本　亀松）

いのうえよしか　井上良馨　一八四五―一九二九　明治・大正時代の海軍軍人。弘化二年(一八四五)十一月、鹿児島に生まれる。軍楽隊にあこがれて、楽手になろうとしたが選にもれて海軍軍人となり、戊辰戦争に従軍した。明治八年(一八七五)の江華島事件には、雲揚艦長として渦中にあった。累進して十九年には少将に昇り、常備艦隊司令長官、海軍参謀部長となり、二十五年十二月に中将に昇り、佐世保鎮守府司令長官、横須賀鎮守府司令長官を歴任した。日清戦争の末期に西海艦隊司令長官に転補されたが、戦場には出なかった。日露戦争には横須賀鎮守府司令長官であったために、またも海戦に臨む機会を失った。戦後軍事参議官の閑職にあったが、三十四年十二月に大将に進み、四十四年十月には、元帥になった。二回の戦争に出陣せず、軍政においても殊功なきにかかわらず、元帥の栄冠を得たのは、薩閥に属したことによるといわれた。武功により子爵を授けられた。昭和四年(一九二九)三月二十二日に没した。八十五歳。 （松下　芳男）

いのうえよりくに　井上頼圀　一八三九―一九一四　幕末・明治時代の国学者。幼名を次郎、通称を肥後または鉄直、号は伯随または厚載。天保十年(一八三九)二月十八日井上民造の長子として江戸神田松下町に生まる。母は鈴木小兵衛の女喜知子。弘化元年(一八四四)手習師匠山本伊兵衛に入門、ついで高崎藩士犬塚義章について漢籍の素読をうけ、嘉永三年（一八五〇）には旗本の家に出入りして朱子学を講じ、また自宅で近隣の児童に素読を授けたりした。安政三年（一八五六）相川景見について歌学を修め、文久元年（一八六一）平田鉄胤の門に入り、元治元年（一八六四）には権田直助の門下となり、明治二年（一八六九）皇漢医道御用掛を仰せ付けられた。また同四年には私塾神習舎を開き、八年には大神神社少宮司兼補大講義となり、十年には宮内省御系譜掛を命ぜられた。かくて十五年六月には松野勇雄以下五名とともに発起人となって皇典講究所を設立した。これより後、皇典講究所講師・国学院講師・『古事類苑』校閲員・宮内省図書寮御系譜課長・華族女学校教授・学習院教授・図書寮編修課長・六国史校訂材料主任などを歴任し、この間三十八年には文学博士の学位を授けられた。大正三年（一九一四）七月四日東京麹町に七十六歳で没し、青山墓地に葬られた。著書の主なものには『都々古別神社考証』『越洲考』『皇統略記』『古史対照年表』『長慶天皇御即位論』『後宮制度沿革考』などがある。また愛書家としても有名であったが、今日その旧蔵書は無窮会図書館に神習文庫として収められている。

参考文献　田辺勝哉『井上頼圀翁小伝』、甲斐知恵子・加藤幸子「井上頼圀」（『近代文学研究叢書』一四所収）

（岸本　芳雄）

いのうひでのり　伊能穎則　一八〇五―七七　幕末・明治時代前期の国学者、歌人。通称は三右衛門・三造・外記、号は嵩村・梅宇。文化二年（一八〇五）下総香取郡佐原村（千葉県佐原市）に生まれた。神山魚貫・小山田与清・井上文雄に和歌を、平田篤胤に古学を学ぶ。嘉永のころ、家業（呉服商）を棄て江戸に出て家塾を開いた。明治二年（一八六九）大学大助教となり、『令義解』の御前講義をつとめた。ついで宣教中博士、帰郷して香取神宮少宮司兼権少教正となり、人心補導にあたった。また、蔵書をすべて香取神宮に寄付した。下総地方に歌道・国学のひろまった一因は彼に負うところが大きい。明治十年七月十一日没。七十三歳。香取郡牧野村（千葉県佐原市牧野）の観福寺に葬る。著書に『大日本史類名称訓』正続編、『歌語童喩』『神道新論』『夏衣集』『歌文集』などがあり、小中村清矩・木村正辞・横山由清・榊原芳野らは門人である。

参考文献　清宮秀堅『古学小伝』

（山本　武夫）

いのくちありや　井口在屋　一八五六―一九二三　明治・大正時代の機械工学者。渦巻ポンプの発明者。金沢藩の碩学、井口済の三男として安政三年（一八五六）十月三十日金沢に生まれ、明治十五年（一八八二）工部大学校機械工学科を卒業、ただちに同校助教授となり、翌年海軍省に転じ機関学校の教官となった。同十九年帝国大学工科大学助教授となり全国の水車を調査した。同二十七年には海軍大学校の教授をも兼ねた。同年ヨーロッパに留学、同二十九年帰国して工科大学教授に昇任した。翌三十年、機械学会の創立にあたって創立者の一人となり、学会内に術語選定委員会を創設し、みずから委員長となった。蒸気罐、蒸気機関をはじめ、歯車・ねじなどの機械要素、軸継手・はずみ車など、機械工学のあらゆる面にわたってすぐれた研究業績を残した。特に明治三十八年発表された渦巻ポンプの理論は国際的に有名となり、明治末期の日本人が生んだ独創的な研究成果とされた。その特許は大正三年（一九一四）一月二十九日畠山一清と二人の名でとられ、畠山の手で企業化され、今日の荏原製作所の基礎を築いた。明治三十二年工学博士、同四十二年には帝国学士院会員に推された。大正十二年三月二十五日没。六十八歳。東京本郷駒込真浄寺に葬る。

参考文献　「故名誉員井口在屋君小伝」（『機械学会誌』二六ノ七八）

（山崎　俊雄）

いのくまあさまろ　猪熊浅麻呂　一八七〇―一九四五　明治から昭和時代にかけての有職故実学者。明治三年（一八七〇）京都御苑内で国学者猪熊夏樹の子として生まれた。父や飯田武郷について古典国文学を修め、叔父北小路随光や山科言縄らの旧公家に有職故実を学んだ。明治維新で廃滅した旧宮廷文化を伝承して、わが国の古典文化の考究に向けようとした。『旧儀装飾十六式図譜』などの著作がある。登極令制定や大正・昭和の即位大典の考証にあたり、また賀茂・石清水・春日の三勅祭の指導保存に努力し、京都の時代祭その他の祭儀などの諸行事にも参画し、内務省神社局や神祇院で神社祭典の考証などにも関係した。京都帝大文科、京都絵専、京都女専などで国文学・有職故実・風俗史を講義し、また長く京都博物館に学芸委員として旧儀の調度、服飾類の出陳および解説に努力した。昭和二十年（一九四五）五月一日に没し、京都黒谷に葬った。七十六歳。

（猪熊　兼繁）

いのひろや　井野碩哉　一八九一―一九八〇　昭和時代の官僚、政治家。明治二十四年（一八九一）十二月十二日三重県に生まれる。東京帝国大学法科大学独法科卒業。農商務省（のち農林省）に入り米穀・水産・会計・文書の各課長、蚕糸局長、企画庁次長、農林次官などを歴任。日本水産（株）専務などを経て、昭和十六年（一九四一）第二次近衛内閣に農林大臣として入閣、第三次近衛・東条内閣に留任し同十八年まで在職。その間、同十七年の翼賛選挙で推薦候補として衆議院議員に当選。第二次世界大戦後、戦犯容疑でいちじ収監され、また、公職追放となったが、釈放・追放解除ののち、同二十八年三重地方区から参議院議員に当選、以来三回連続当選。緑風会に所属したが同三十二年脱会して自由民主党に入党。同三十四―三十五年第二次岸内閣の法務大臣をつとめた。同四十六年政界を引退。新宿ステーションビルディング会長・皇学館大学理事長。昭和五十五年五月十九日腎不全のため東京の半蔵門病院で死去。八十八歳。

参考文献　寺田晃夫他編『歴代国会議員名鑑』上

（鳥海　靖）

いのべしげお　井野辺茂雄　一八七七―一九五四　明治から昭和時代にかけての歴史学者。明治十年(一八七七)一月二十五日、高知に生まれる。同三十年国学院を卒業、翌三十一年東京経済雑誌社に入社し、正続『国史大系』・正続『群書類従』の校訂出版に従事。同三十二年以来、渋沢家の編纂所に勤務し、『徳川慶喜公伝』の編纂にあたった。同三十九年東大史料編纂補助となり、翌四十年七月より八代国治・早川純三郎とともに『国史大辞典』の編纂にあたった。大正十二年(一九二三)史料編纂官に任じ、主として『大日本史料』十二編の編纂を担当し、昭和十年(一九三五)文学博士の学位を受け、同十二年に停年退官した。明治維新前史を得意とし、内政問題・対外政策の複雑な事情の解明につとめた。また『(新訂増補)国史大系』の事業に参加。他方では東京大学・国学院大学で江戸時代史・幕末史を講じた。昭和二十九年一月二十日没。七十六歳。墓は東京都港区の青山墓地にある。著書に『幕末史の研究』『幕末史概説』『維新前史の研究』『維新史考』などがある。

参考文献　広野三郎「井野辺茂雄博士」(『国史学』別冊昭和三十四年十一月、五十年の回顧)、藤井貞文「井野辺茂雄先生略伝」(同六二)　（藤井　貞文）

いのまたつなお　猪俣津南雄　一八八九―一九四二　大正・昭和時代前期の社会主義者。明治二十二年(一八八九)四月二十二日新潟市に生まれる。父津兵衛、母蝶は養父母。小学校時代に養家が破産し、長岡に住む実母に引き取られ、長岡中学にすすむ。在学中俳句をつくり、河東碧梧桐に師事、鹿語の号をもらう。卒業後小学校の代用教員になったが、好学心止みがたく、上京、苦学した。同四十年十二月、高田砲兵連隊に入隊。勉学は中断しかけたが、講義録で独習した。大正元年(一九一二)九月早稲田高等専門学校二年の編入試験に合格。翌年卒業した。四年十月、先輩知己の援助で渡米、苦学してウィスコンシン大学で農業経済学を学び、十年に帰国して早稲田大学講師となった。なお、在米中ポーランド婦人(日本名べル)と結婚した。十一年日本共産党が結成されると参加し、第一次共産党事件に連座、四ヵ月の刑をうけて十五年十月下獄した。このころより、日本におけるブルジョア支配の確立説をとり、昭和二年(一九二七)、二七年テーゼの二段階革命論と対立、同年十二月、雑誌『労農』の同人として指導的に発言した。しかし日本大衆党の粛党問題を機に同人と対立、四年九月脱退した。以後主として農業問題を研究したが、人民戦線論が紹介されることに応じて、日本ファシズムを告発した。十二年十二月、人民戦線事件で検挙され、十七年一月十九日、腎臓炎のため死去した。五十四歳。著書に『金融資本論』『帝国主義研究』『現代日本研究』『農村問題入門』などがある。

参考文献　高野実「猪俣津南雄研究」(一)(『猪俣津南雄―戦闘的マルクス主義者―』)　（神田　文人）

いばさだたけ　伊庭貞剛　一八四七―一九二六　明治時代中期の実業家。幼名耕之助。湖舟・石山・自念・幽翁などと号す。弘化四年(一八四七)正月五日、近江国蒲生郡武佐村西宿(滋賀県近江八幡市)に、伊庭貞隆の長男に生まる。明治元年(一八六八)、京都御所禁衛隊に入り、一時帰郷後、翌年再上洛し京都御留守刑法少監察となり、以後、司法官として勤務。同十年には大阪上等裁判所判事に昇進したが、十二年退官し、叔父広瀬宰平の慫慂により住友家の本店支配人となった。二十七年、別子鉱業所に紛争が勃発すると同所に赴き、同年七月同所支配人に任ぜられ、紛争処理、排水工事、製錬所の四阪島移転、別子植林などにあたった。三十二年本店に帰任、翌年総理事に任ぜられたが、三十七年住友家を辞し、滋賀県石山(大津市)に隠棲した。大阪紡績・大阪商船の創立にも関与し、取締役になったほか、衆議院議員(同二十三年滋賀県選出)・大阪市参事会員・大阪商業会議所議員・大阪株式取引所役員などにも推され、住友家代表として活動した。大正十五年(一九二六)十月二十三日八十歳で没した。

参考文献　西川正治郎『幽翁』、住友春翠編纂委員会編『住友春翠』、神山誠『伊庭貞剛』　（伊牟田敏充）

いばそうたろう　伊庭想太郎　一八五一―一九〇七　明治時代の教育家。星亨の暗殺者。嘉永四年(一八五一)十月幕臣で心形刀流の剣術師範伊庭軍平の四男として生まれる。唐津藩世子小笠原長行の信任を得、長行の長男長生の教育を引き受け、家塾文友館で学生の養育にあたった。その間東京農学校校長、四谷区会議員・学務委員を歴任、他方日本貯蓄銀行頭取、江戸川製紙場長成社社長となった。東京市教育会の発起人となって会長星亨に接し、明治三十三年(一九〇〇)の東京市会の汚職事件への星の関与を怒り、その後の言動に憤激、翌三十四年六月二十一日東京市参事会室で星を殺害した。無期懲役となり同四十年十月三十一日東京の小菅監獄で病没した。年五十七。

参考文献　中村菊男『明治的人間像』、有泉貞夫『星亨』　（宇野　俊一）

いばたかし　伊庭孝　一八八七―一九三七　大正・昭和時代前期の音楽評論家、歌劇演出および脚本家。後年自身で「いば・こう」と署名した。明治二十年(一八八七)十二月一日、伊庭真の次男として東京に生まれ、幼時に伊庭想太郎の養子となったが、同三十四年想太郎の東京市長星亨暗殺事件後、兄秀栄に養われ大阪に移住。同志社大学中退後上京、大正元年(一九一二)近代劇協会の創立に参加、同六年高木徳子・高田雅夫らと歌舞劇協会を組織して浅草オペラの確立に尽力、のちに関西で新星歌劇団を主宰、音楽雑誌『白眉』を編集するなど、歌劇の普及につとめた一方、伝統的な日本音楽の研究も行うなど多彩な活動をした。昭和十二年(一九三七)二月二十五日没。五十一歳。著書に『日本音楽概論』(昭和三年)の名著などがあるほか、編集レコードに『日本音楽史音盤集』(パルロフォン)がある。その功績を記念して同二十三年伊庭歌劇賞が設定された。

参考文献　堀内敬三『音楽五十年史』、藤浦洸「伊庭孝伝」(『音楽世界』九ノ四・五・七)　（平野健次）

いばはちろう　伊庭八郎　一八四三―六九　江戸時代後期の剣客。諱は秀穎。天保十四年(一八四三)講武所の心形刀流指南役伊庭秀業の長子として生まる。父および養父秀俊の薫陶をうけて、文武に勝れ、長じて講武所に入り、のち奥詰となったが、明治元年(一八六八)正月、鳥羽・伏見に戦い、敗れて江戸に帰る。同年四月遊撃隊の一部隊長として同志人見勝太郎と海路、上総国木更津に上陸、請西藩主林昌之助忠崇に佐幕を説き、ともに二百余名を率いて相模国真鶴に上陸、沼津に至り官軍の後方をつこうとして一時は箱根の関を占拠したが、五月湯本三枚橋で左腕に重傷をうけ敗退、江戸に帰って彰義隊に入る。彰義隊の滅亡後、陸奥国に渡って、奥羽同盟に参加した。仙台藩の恭順後は、榎本武揚と五稜郭に拠ったが、銃創のため明治二年五月十二日陣中で没。二十七歳。墓は東京都中野区沼袋の貞源寺にある。法名秀穎院清誉是一居士。著書に『征西日記』一巻と「まてよ君迷途も友と思ひしにしばしをくるる身こそつらけれ」の辞世がある。

参考文献　『小田原市史料』、石内為次郎『箱根八里』　（金子吉衛）

いはふゆう　伊波普猷　一八七六―一九四七　明治から昭和時代にかけての沖縄研究(沖縄学)の開拓者。号は物外。琉球処分(沖縄県設置)前の明治九年(一八七六)三月十五日、那覇の士族身分の素封家に生まれる。長じて首里の沖縄尋常中学校(のちの県立第一中学校)に学んだが、校長排斥のストライキ事件のリーダーとなり退学処分となる。その後上京し、数年間の浪人生活を経て第三高等学校に入学。卒業後、明治三十六年東京帝国大学に新設されたばかりの言語学科に入学した(第一期生)。同期に橋本進吉(国語学)・小倉進平(朝鮮語学)が、一期下に金田一京助(アイヌ語学)がいる。伊波は琉球語学を研究したので、ここに近代言語学を担ったパイオニアたちが顔を揃えたことになる。三高時代から琉球の歴史・文化に関心を抱き、東大時代にはすでに祭祀歌謡集『おもろさうし』の解読など専門的な仕事に没頭していた。明治三十九年、東大卒業後ただちに帰郷し、沖縄県立図書館長として啓蒙運動を展開するかたわら沖縄に関する多角的な研究に尽力した。のちに上京し、清貧に甘んじながら沖縄研究に没頭。第二次世界大戦終戦直後の昭和二十二年(一九四七)八月十三日、東京にて没。七十二歳。近代沖縄を背負う思想的運動家としての側面をも持ち、学問を通じて沖縄の進むべき指針を訴えるべく活動した。『古琉球』などの代表的著作があり、後世の研究者から「沖縄学の父」と称され、敬愛を集めた。墓所は浦添城跡(沖縄県浦添市仲間)の一角にあり、「おもろと沖縄学の父」を讃える顕彰碑が建っている。没後、昭和四十九年から五十一年にかけて『伊波普猷全集』全十一巻が刊行されている。

参考文献　鹿野政直『沖縄の淵―伊波普猷とその時代―』　（高良倉吉）

いはらせいせいえん　伊原青々園　一八七〇―一九四一　明治から昭和時代にかけての演劇学者、劇評家、作家。本名は敏郎。明治三年(一八七〇)四月二十四日出雲国松江に生まれた。父は小学校教員斎、母はふじ。十九歳の春東京に出て第一高等学校予科に学び、本科を中退後、二六新報社に入って劇評を執筆した。同僚に斎藤緑雨がいた。明治三十年に都新聞社に入社、一時三木竹二の雑誌『歌舞伎』の編集に協力するため退社したが、三十六年復社、以後死ぬまで在籍した。新聞紙上に探偵実話を主とする小説も数多く書いたが、終始筆をとり続けたのは歌舞伎・新派の劇評で、演劇史や作品論を基本にした親切な論風が特色であった。ジャーナリストであると同時に、学者でもあった青々園の著書として、『桟敷から書斎へ』があり、また労作は『日本演劇史』『近世日本演劇史』『明治演劇史』の三部作で、これによって昭和十年(一九三五)文学博士号、同九年朝日賞を贈られた。昭和十六年七月二十六日没す。七十二歳。死後遺稿『歌舞伎年表』八巻が刊行された。

参考文献　利倉幸一編『青々園・伊原敏郎』　（戸板康二）

いぶかかじのすけ　井深梶之助　一八五四―一九四〇　明治から昭和時代前期にかけてのキリスト教界指導者。会津藩日新館学校奉行井深宅右衛門の長男として安政元年(一八五四)六月十日生まれる。会津落城後洋学を修業、横浜の修文館でS・R・ブラウンに接し、明治六年(一八七三)一月五日同師から受洗、その私塾に学んだ。同十年東京一致神学校入学、翌年卒業。麹町日本基督教会牧師・神学校助教授を経て、十九年新設の明治学院神学部教授、副総理となる。二十三年米国のユニオン神学校に留学。翌年帰朝、ヘボンのあと第二代明治学院総理となる。大正十年(一九二一)辞任後も名誉総理。これよりさき明治三十二年の文部省訓令一二号に対し、キリスト教学校代表者の先頭に立って抗議、信教の自由を主張、明治学院は法的特典を返上して宗教教育を堅持した。同四十五年の三教会同にはプロテスタント代表として出席。他方、日本基督教会大会議長・日本基督教青年会同盟委員長・日本全国基督教会同盟委員長・万国日曜学校同盟副議長などに就任、キリスト教界の国際会議に日本代表となることが多かった。昭和十五年(一九四〇)六月二十四日東京芝白金三光町の自宅で没。八十七歳。

参考文献　明治学院編『井深梶之助とその時代』　（工藤英一）

いぶかまさる　井深大　一九〇八―九七　昭和時代の実業家。明治四十一年(一九〇八)四月十一日、栃木県上都賀郡日光町(日光市)の古河鉱業社宅で井深甫・さわの長男に生まれた。昭和八年(一九三三)早稲田大学理工学部電気工学科卒業、在学中から発明家として知られ、「光るネオン」は同年のパリ博覧会で優秀発明賞を受賞した。写真化学研究所(PCL、のち東宝映画)、日本光音工業無線部主任を経て十五年日本測定器を設立し常務、二十一年に東京通信工業(のちソニー)を設立し専務、二十五年社長に就任した。テープレコーダー、トランジスタラジオなど日本初の家庭電器製品を商品化、独自の研究開発を重視、カラーテレビやVTR、CDプレイヤーなどの新製品を送りだし、同社を世界的企業に成長させた。四十六年会長、五十一年名誉会長。四十四年に幼児開発協会を設立し理事長に就任、四十七年にソニー教育振興財団を設立するなど教育問題にも関わり、『幼稚園では遅すぎる』『わが心を語る　子育て母育て』の著書がある。六十一年勲一等旭日大綬賞、平成元年(一九八九)文化功労者。同四年文化勲章受賞。平成九年十二月十九日死亡。八十九歳。

参考文献　『私の履歴書』一八　（高村　直助）

いぶせますじ　井伏鱒二　一八九八―一九九三　大正・昭和時代の小説家。本名満寿二。明治三十一年(一八九八)二月十五日広島県安那郡加茂村の井伏郁太の次男に生まれる。早稲田大学仏文科、日本美術学校別科同時中退。はじめ画家を志し、のち創作に転じて、大正十二年(一九二三)『幽閉』(のち『山椒魚』と改題)以後、特異な芸術的作風で文壇上独自な存在となり、数多く長短篇の現代物・歴史物の筆をとった。昭和三十五年(一九六〇)日本芸術院会員となる。現代物では戦前『集金旅行』『多甚古村』、戦中『花の町』、戦後『本日休診』『遥拝隊長』『駅前旅館』『珍品堂主人』、さらに広島の原爆災害を書いた『黒い雨』に世相を風刺した。歴史物では主作品に、『さざなみ軍記』(昭和二年着手、十三年刊行)に寿永二年(一一八三)から翌年にわたる都を落ちゆく平家名門の少年の転戦日記、『青ヶ島大概記』(昭和九年)に安永・天明のたび重なる爆発に生きぬく住民の辛苦と役人の暴虐を、『侘助』(昭和二十一年、題名『波高島』)に生類憐みの令下の甲州富士川流域の流刑地波高島(はだかじま)の流人の諸相と存亡を、『武州鉢形城』(昭和三十六・三十七年)に天正十八年(一五九〇)落城の際の備前国出身の足軽衆二人の言動を古文書をたよりに推理風に描いた。漂流物では、『ジョン万次郎漂流記』(昭和十二年)を実録風に、『漂民宇三郎』(同二十九・三十年)に天保年間(一八三〇―四四)の史実に即しながらその人物の体験と実感によって理想像として描いた。作風には森鷗外の影響が大きく、また瀬戸内海と甲州山間の風土性が色こく、モラリストである作者は、人間の美徳も罪悪もそのままにとらえ、その矛盾に生臭味を感じとるところからユーモアが、また切迫した矛盾がモラルで処理できないときにとぼけるところからペーソスが漂うのが持味であった。社会や歴史への批判をあらわに示さず、ゆたかな想像力で、そこに生きる庶民の悲喜哀歓の体感を描出して想い至らせ、素材のもつ重大な意味の鬱積をふまえながら、淡彩な水墨画風に描くのが、一貫した作風であるが、戦前と戦後とではその焦点が人物にまつわる情感的興味から運命的関心に推移している。近代文学に珍しい清潔な非都会的庶民文学の作家である。昭和四十一年(一九六六)文化勲章受章。平成五年(一九九三)七月十日没。九十五歳。『井伏鱒二全集』全十四巻がある。

参考文献　中村光夫「井伏鱒二」(『作家論集』四所収)　（酒井森之介）

いぶりいぞう　飯降伊蔵　一八三三―一九〇七　明治時代の天理教の宗教者。教祖中山みきのあとをうけ神意の伝達者となった。「本席(ほんせき)」と称さる。天保四年(一八三三)十二月二十八日大和国宇陀(奈良県宇陀郡)に誕生。弘化三年(一八四六)ごろから大工修業を始め、のち添上郡櫟本(天理市)に住して大工を家業とした。元治元年(一八六四)妻おさとの産後の煩いを契機に入信。その実直な人柄と一途な信仰態度の故にみきの厚い信頼をうけた。明治十五年(一八八二)春からは中山家の屋敷内に家族共々住みこんで仕え、時には代理として神言を伝えることもあった。同二十年三月二十五日より「本席」の座につき、以来同四十年六月九日七十五歳で没するまで、信者の願に応じあるいは折節にあたって神言を伝え、草創期の天理教団を信仰的に導いた。筆録された言葉は一万数千件にのぼり、天理教の三原典の一つである『おさしづ』(改修版)全七巻の中におさめられている。

参考文献　植田英蔵編『人間本席様』、奥谷文智『本席飯降伊蔵』　（松本　滋）

いまいけいしょう　今井慶松　一八七一―一九四七　明治から昭和時代にかけての山田流箏曲家。明治四年(一八七一)三月二十五日、今井宗三郎の長男として横浜に生まれる。本名新太郎。四歳で失明。七歳で箏の道に入り、同十七年に上京して三世山勢検校(松韻)に師事。二十三年慶松の芸名を名びろめ。麴町(千代田区)に教授所を開く。同三十一年東京音楽学校助教授となり、三十六年師の山勢松韻のあとを受けて教授に昇格。門下を組織して移風会と称し、全国に門人多く、明治末年から昭和にかけて箏曲界の大御所的存在。日本三曲協会会長、山田流箏曲協会会長をつとめ、昭和十七年(一九四二)芸術院会員。力強くかつ当時としては技巧的演奏で名声を博す。「新ざらし」(演奏者各自の編曲をくわえるのが普通)の演奏は特に有名。作曲は、処女作「御代の春」以下多数あり、中でも「四季の調べ」ほか明治末期の作品は斬新な曲風で注目された。昭和二十二年七月十一日没。七十七歳。

参考文献　今井慶松『松の吹き寄せ』、藤田俊一『今井慶松芸談』　（上参郷祐康）

いまいごすけ　今井五介　一八五九―一九四六　明治時代後期から昭和時代前期にかけての実業家。片倉製糸の経営者。安政六年(一八五九)十一月十五日、信濃国諏訪郡川岸村(長野県岡谷市)の豪農片倉市助の三男として出生。明治十年（一八七七）隣村平野村の今井太郎家の養子となる。同十九年から二十三年にかけてアメリカ合衆国で生活。帰朝後片倉家所有の松本製糸所主任となり、二十八年片倉組結成以降は同組全体の経営にも参画した。大正初年から東京に移住し、主として片倉組の対外折衝を担当、大正九年（一九二〇）片倉製糸紡績株式会社が設立されるとその副社長になり、昭和八年（一九三三）から十六年まで社長に就任した。大正期における一代交配蚕種の配布や御法川式多条繰糸機の研究援助・実用化など、片倉製糸の高級糸生産を先導した。また、帝国蚕糸株式会社（一～三次）や日本蚕糸統制株式会社など大正・昭和前期の蚕糸業全体の救済および統制にも尽力した。他方大正七年以降貴族院多額納税議員となり、昭和七年からは勅選議員となった。同二十一年七月九日、東京にて八十八歳で死去。

［参考文献］西ヶ原同窓会編『今井五介翁伝』　（石井　寛治）

いまいずみかいちろう　今泉嘉一郎　一八六七―一九四一　明治・大正時代の製鉄技術者。慶応三年（一八六七）六月、上野国勢多郡花輪に今泉常子の長男として生まれる。明治二十五年（一八九二）帝国大学工科大学採鉱冶金学科を卒業。農商務省にはいり恩師の野呂景義の指導のもとに別子銅山の含銅硫化鉄鉱の湿式収銅法を研究し、国内未利用鉄資源の開発を図った。榎本武揚に認められ、彼の農商務大臣就任とともに、内命を受けて製鉄研究のため欧米に留学、フライブルクおよびベルリンの両鉱山大学に学んだ。帰国後、野呂教授のあとを継いで鉄冶金学を講じ、同三十四年八幡製鉄所の操業にあたり製鋼部長となり、転炉および平炉による製鋼技術を指導した。のち民間鉄鋼業の創設を志し、大学同窓の学友、白石元治郎とともに同四十五年日本鋼管株式会社を設立、マンネスマン式継目無鋼管の製造、トーマス製鋼法の実施に尽力した。大正四年（一九一五）工学博士の学位をうけ、日本鉄鋼協会会長・衆議院議員・日刊工業新聞社長などの要職を勤めた。昭和十六年（一九四一）六月二十九日没。七十五歳。

［参考文献］今泉嘉一郎伝記刊行会編『工学博士今泉嘉一郎伝』　（山崎　俊雄）

いまいずみゆうさく　今泉雄作　一八五〇―一九三一　明治・大正時代の美術史家、鑑識家。諱は彰、字は有常、幼名は亀太郎、はじめ文峰と号し、のち也軒または無礙庵・常真居士と称す。江戸南町奉行支配組同心今泉覚左衛門の第三子として嘉永三年（一八五〇）六月十九日江戸八丁堀北島町に生まる。十六歳で昌平黌に入り、明治維新ののち某英学塾に語学を習う。明治初年、真新聞編輯長に迎えられ、同十年（一八七七）インド経由で渡仏、パリのギメー美術館の客員となり東洋美術を研究し、同十六年帰朝す。文部省学務局に勤務、岡倉天心らと東京美術学校の創立に参画し、開校後は教職監理の要職につく。のち京都美術工芸学校長・帝室博物館美術部長・大倉集古館長などを歴任、その間古社寺保存委員に就任している。また日本美術協会理事兼審査長として同会主催の展覧会の審査にあたる。昭和六年（一九三一）一月二十八日没。八十二歳。東京牛込宗柏寺に葬る。著作に『君台観左右帳記考証』『日本陶瓷史』などがある。　（宮　次男）

いまいたけお　今井武夫　一八九八―一九八二　昭和時代前期の陸軍軍人。明治三十一年（一八九八）二月二十三日、長野県に今井熊太郎の四男として生まれる。大正七年（一九一八）五月陸軍士官学校卒業（第三十期生）。昭和三年（一九二八）十二月陸軍大学校卒業（第四十期生）。五年八月から参謀本部支那課に勤務したのが、中国との深い縁を持つはじまりで、中国駐在の研究員、奉天特務機関員を経て、九年三月再び参謀本部支那課勤務。十年十二月在中国大使館付武官補佐官（北平）となり、十二年七月の盧溝橋事件をはじめ日中間の諸紛争解決に努めた。同年十二月から大本営陸軍参謀（支那課の班長・課長）、十四年九月支那派遣軍参謀となり、宋子良と称する人物を通じ、香港で中国国民政府との直接和平交渉（桐工作という）に携わった。太平洋戦争勃発時は歩兵第百四十一連隊長として比島に出征。十七年八月から支那派遣軍参謀、続いて大東亜省調査官・参事官となり、対中国諸施策に参画。十八年三月少将。十九年八月から支那派遣軍総参謀副長として最後の日中和平工作に努め、八月には河南省で中国国民政府代表何柱国と終戦について懇談。復員後は主として軍事史を研究。昭和五十七年六月十二日没。八十四歳。法名は最勝院釈武徳。墓は東京都府中市の多磨墓地にある。著書に『支那事変の回想』などがある。

［参考文献］防衛庁防衛研修所戦史室編『北支の治安戦』一・二、同『支那事変陸軍作戦』　（森松　俊夫）

いまいただし　今井正　一九一二―九一　昭和・平成時代の映画監督。明治四十五年（一九一二）一月八日、父六助・母たねの長男として東京府豊多摩郡渋谷町大字麻布広尾町（東京都渋谷区広尾五丁目）に生まれる（父は霊泉院の住職）。昭和十年（一九三五）東京帝国大学を中途退学、同年京都のＪＯスタジオ（二年後、ＰＣＬと合併して東宝映画となる）に入社。同十四年「沼津兵学校」で監督デビュー。第二次世界大戦後は快活明朗な青春映画「青い山脈」（二十四年）、戦時下の悲恋を描く反戦映画「また逢う日まで」（二十五年）で第一線級の監督に昇りつめ、東宝争議後会社を追われると、戦後の独立プロ第一作「どっこい生きてる」（二十六年）を発表、以後も「ひめゆりの塔」「にごりえ」（ともに二十八年）のほか、係争中の八海（やかい）事件の裁判を採り上げ被告の無実を訴えた「真昼の暗黒」（三十一年）、農村の悲劇を描く「米」、原爆症の少女の純愛もの「純愛物語」（ともに三十二年）、混血児姉弟を描く「キクとイサム」（三十三年）など、左翼ヒューマニズムの立場から戦後日本の抱えるさまざまな社会問題を描いた。東京大空襲を題材にした「戦争と青春」（平成三年（一九九一)が遺作。平成三年十一月二十二日、蜘蛛膜下出血のため埼玉県草加市の病院で没。七十九歳。墓は生家の霊泉院にある。著書に『今井正・全仕事』がある。

参考文献 新日本出版社編集部編『今井正の映画人生』、『フィルムセンター』八〇(今井正監督特集)

(宮本　高晴)

いまいとしき　今井登志喜　一八八六—一九五〇　大正・昭和時代の西洋史学者。明治十九年(一八八六)六月八日長野県諏訪郡平野村(岡谷市)に生まれた。父水穂、母なか。諏訪中学校、第一高等学校を経て同四十四年東京帝国大学文科大学史学科卒業。大正九年(一九二〇)第一高等学校教授。同十二年東京帝国大学助教授。文学部において西洋史学の講義を担当した。同年より同十五年まで英・独・仏・米諸国に留学。昭和五年(一九三〇)教授となり、同十四年より十九年まで文学部長を勤め、二十二年停年退職した。同二十五年三月二十一日東京において没。六十三歳。今井は夙に現代社会の都市問題に注目して都市の発達史を専門とし、その観点からヨーロッパの社会史を研究し、また都市の盛衰を中心としてヨーロッパ諸国民の勢力関係の推移を考察する独自の学風を展開した。日本史への造詣も深く、出身地長野県の郷土史の振興に資したところも大きい。彼はまた戦時下の東京帝大で評議員、学部長の要職につき、外部の圧迫に抗して学問の自由、大学の自治を守るために少なからぬ貢献をした。著書には『英国社会史』(昭和二十三年)、『歴史学研究法』(同二十四年)、『近世における繁栄中心の移動』(同二十五年)、『都市発達史研究』(同二十六年)、『西洋政治史』(同年)があり、その他信濃教育会蔵版『諏訪史』および『東京帝国大学五十年史』『東京帝国大学学術大観』の編纂に従事した。

(林　健太郎)

いまいよしゆき　今井嘉幸　一八七八—一九五一　大正・昭和時代の政治家。明治十一年(一八七八)五月二十五日愛媛県に生まれる。同三十九年東京帝国大学卒業。東京地方裁判所判事現職のまま、同四十一年清国政府に招かれ、天津の北洋法政学堂教習となり法制を講じ、同僚の吉野作造と親交を結んだ。大正三年(一九一四)法学博士の学位を受け弁護士を開業したが、翌年中国第三革命の勃発とともに雲南軍法律顧問として革命派を援助した。同六年第十三回総選挙には普通選挙を公約して佐々木惣一らの援助を得て大阪市より当選。既成政党に属さず、専ら普選法実現のために献身し、異色の民本主義代議士として注目された。第一次世界大戦後は黎明会員となり、普選運動の先頭に立ち、同九年総選挙で落選したが、十一年西日本普選大連合を結成するなど奮闘を示した。関西方面の労働組合とも深い接触があり、友愛会評議員であった。普選実施後関西民衆党を組織したが、再び議席を得たのは、翼賛選挙の折であった。昭和二十六年(一九五一)六月三十日没。七十三歳。著書には『支那国際法』『普選を中心として』がある。

参考文献 『今井嘉幸自叙伝五十年の夢』(『神戸学術叢書』五)

(松尾　尊兊)

いまきたこうせん　今北洪川　一八一六—九二　幕末・明治時代の臨済宗の禅僧。禅学者、儒学者。文化十三年(一八一六)七月十日、摂州福嶋(大阪市福島区)に今北善蔵忠久の三男として生まれた。諱は宗温、号は蒼竜窟、あるいは遊仙窟・虚舟・案山子と称した。幼年時代より父の感化を受けて儒学を学び、十四歳の春、藤沢東畡の門に入り、青年時代をその勉学に励み、十九歳のころには早くも儒学を教授した。一日『孟子』を講じ、浩然の気は説くべきものではなく行ずべきものであると叫び、これより出家の志をいだいた。天保十一年(一八四〇)二十五歳の時、ついに禅門に入り、京都相国寺心華院に住していた大拙承演を師として出家し、守拙の名を受けた。大拙は鬼大拙と呼ばれ、その禅風は厳しく激しいものがあったが、この師に就いて参禅修行すること多年、また師の命により岡山曹源寺儀山に随ってさらに修行を重ね、嘉永六年(一八五三)三十八歳の時、大悟して儀山の法系を嗣いだ。安政元年(一八五四)春、嵯峨の鹿王院に、翌年同地の瑞応院に住したが、同六年秋、周防国岩国の永興寺に藩主吉川侯に迎えられて住し、この寺を復興するとともに修行道場としての僧堂を建て、修行僧および藩士の参禅を志すものの教育につとめた。文久二年(一八六二)春、『禅海一瀾』を撰して藩主有格公に献呈した。本書は藩の文教政策に対して、ひそかに建言しようとしたものであり、その要旨は禅の立場から儒仏の二教一致調和説を主張している。幕末の極端な仏教排撃思想の台頭に理論をもって極力対処しようとした用意と配慮とが知られる。明治五年(一八七二)教部省設置に伴い地方教化の要職につき、同八年上京して東京臨済宗十山総黌大教師となり、この年教部省の命をうけ鎌倉円覚寺住持となった。時に六十歳。これより没年に至るまで道俗の教化に挺身し、法嗣に釈宗演、居士に山岡鉄舟・鳥尾得庵(小弥太)などを育成し、いわゆる鎌倉禅を盛大に導く基礎を開いた。明治二十五年一月十六日円覚寺に没し、同所に葬られた。七十七歳。著書に『蒼竜広録』『禅海一瀾』などがある。

参考文献 鈴木大拙『今北洪川』(『鈴木大拙全集』二六)

(古田　紹欽)

いまにしきんじ　今西錦司　一九〇二—九二　昭和時代の登山家、探検家、生物学者、人類学者。明治三十五年(一九〇二)一月六日、京都市上京区西陣に生まれる。父平三郎(二代目平兵衛)・母千賀の長男。京都市立西陣小学校、京都府立京都第一中学校、第三高等学校を経て、大正十四年(一九二五)京都帝国大学農学部農林生物学科に入学し昆虫学を専攻した。昭和三年(一九二八)卒業、その年洋画家鹿子木孟郎の長女園子と結婚。八年理学部講師(無給)となる。十四年理学博士。十九年中国張家口に設立された西北研究所の所長となる。二十一年帰国、大学に復帰した。二十五年京都大学人文科学研究所に移り、三十四年同研究所に社会人類学研究部門が新設されその教授となる。三十七年に京都大学理学部動物学教室に自然人類学講座が新設され、その教授を併任する。四十年に京都大学を停年退官し、岡山大学教養部教授となる。四十二年に岐阜大学長となり、二期六年間つとめる。四十七年勲二等瑞宝章をうけ、文化功労者となる。五十四年文化勲章受章。学生時代から登山家として活躍、勃興期の日本の近代アルピニズムをリードした。昭和六年には京都帝国大学にＡＡＣＫ(京都大学学士山岳会)を設立し、白頭山遠征隊の隊長としてその冬期初登頂に成功した。二十七年には日本山岳会のマナスル登山隊の先発隊長としてネパール・ヒマラヤを踏査。三十年に京都大学カラコラム・ヒンズークシ学術探検隊のカラコラム支隊長として氷河地帯を踏査した。四十八年日本山岳会会長。探検家としても早くから活動し、樺太・東満洲・モンゴルなどを踏査した。昭和十四年には京都探検地理学会を設立し、学術探検の指導を行なった。十六年にはミクロネシアのポナペ島の学術調査を実施し、十七年には探検隊長として中国東北部の北部大興安嶺の探検を行うなど、日本の学術探検の基礎をきずいた。生物学者としては、渓流性昆虫の観察から棲みわけ現象を発見し、それを一般化して、棲みわけ理論を展開した。それにもとづいて体系的な生物社会学を樹立した。生物の進化についてもダーウィンに対立する独自の進化論をうちだした。今西の思想は晩年に至ってその規模を拡大して、自然の総体を対象とする自然学を構想するようになった。昭和二十五年前後から野生ニホンザルの社会の研究を始め、その社会構造を解明することに成功し、日本における霊長類学の基礎をきずいた。三十三年以降はアフリカにおいてゴリラ、チンパンジーの社会の研究を開始して、多大の成果をあげた。それにもとづいて、人類社会の起源と進化について多くの新しい見解を生みだした。平成四年(一九九二)六月十五日京都にて老衰のため没。九十歳。墓は京都市北区紫野十二坊町上品蓮台寺にある。戒名は自然院寿山万壑錦峰居士。著書論文は多数あるが、その主なものは『今西錦司全集』(昭和四十九―五十年、全十巻、講談社刊、平成五年に増補版が刊行され全十二巻・別巻一となる)に収められている。今西の学問は多数の門人によってそれぞれうけつがれている。昆虫学および動物生態学は森下正明によって、植物生態学は吉良竜夫によって継承された。京大人文科学研究所の社会人類学部門は梅棹忠夫にひきつがれ、さらに谷泰に継承されている。文化人類学およびヒマラヤ研究は川喜田二郎と中尾佐助によって継承されている。構造地質学は藤田和夫によって継承、発展させられ、霊長類学は川村俊蔵・河合雅雄・伊谷純一郎らによってうけつがれた。

参考文献 川喜田二郎監修『今西錦司―その人と思想―』、斎藤清明『今西錦司―自然を求めて―』(『しょうらい社人物双書』三)、今西錦司他『今西錦司の世界』、本田靖春『評伝今西錦司』 (梅棹 忠夫)

いまにしりゅう　今西竜　一八七五―一九三二　大正・昭和時代前期の朝鮮史家。明治八年(一八七五)八月十五日、父文吾、母さだの長男として岐阜県池田郡池田村(揖斐郡池田町)に生まれた。同三十六年東京帝国大学文科大学史学科を卒業、ただちに大学院に入り朝鮮史を専攻した。大正二年(一九一三)京都帝国大学文科大学講師、同五年教授、八年官制改正により助教授となり、十一年『朝鮮古史の研究』によって文学博士の学位を受けた。昭和元年(一九二六)京城帝国大学教授兼京都帝国大学教授となり、同七年五月二十日、京都の客舎に没した。五十八歳。両大学における講義は朝鮮古代三国および王氏高麗時代に関するものを主として、発表された論文もそうであったが、史料の蒐集・研究は、朝鮮史の全領域にわたって広くかつ深かった。大学以外の公職としては、朝鮮総督府の古蹟調査委員・朝鮮史編修会委員などをつとめた。没後、遺著として出版された著作集に『新羅史研究』『百済史研究』『朝鮮古史の研究』『高麗史研究』『朝鮮史の栞』がある。 (末松 保和)

いまにしりんざぶろう　今西林三郎　一八五二―一九二四　明治・大正時代の実業家。嘉永五年(一八五二)二月五日、伊予国宇和郡好藤村(愛媛県北宇和郡広見町)の農家今西権四郎の五男として出生。明治十三年(一八八〇)上京。三菱会社商業学校速成科卒業後、三菱会社に勤務。同十四年大阪で回漕問屋を開業、翌十五年大阪同盟汽船取扱会社を設立、社長となる。大阪商船の創立に尽力、回漕部長・支配人などを歴任したが、同二十二年退職して石炭問屋および内外綿糸問屋を開業。そのかたわら明治二十四年以降、大阪毛糸・日本フランネル・朝日紡績などを設立、役員となったほか、山陽鉄道・阪神電気鉄道・大阪港土地・大阪瓦斯・中央セメント・明治炭坑・宇和島銀行・大阪三商銀行など多数の会社役員に就任。大阪石炭商組合長・大阪三品取引所理事長・大阪商業会議所会頭にも選ばれ、関西財界の有力者であった。また大阪市会議員、衆議院議員(大正四年愛媛県選出)としても活躍した。大正十三年(一九二四)八月二十七日、七十三歳で没した。

参考文献 野依秀市編『明治大正史』一三、実業之世界社編『財界物故傑物伝』上 (伊牟田敏充)

いまむらあきつね　今村明恒　一八七〇―一九四八　大正・昭和時代の地震学者。明治三年(一八七〇)六月十四日、鹿児島に生まれる。同二十七年七月、帝国大学理科大学物理学科を卒業。陸軍教授の職に在ったが、東京帝国大学には副手として勤務した。大正十二年(一九二三)、大森房吉のあとを継いで東京帝国大学教授となる。昭和六年(一九三一)、定年退職後も震災予防評議会(大正十二年の関東大震災後、日本の地震学研究機関は実質上、地震研究所とこの震災予防評議会より成ることとなった)幹事として重きをなした。明治初期ミルンらの主張で創設された日本地震学会は震災予防調査会の活動開始とともに解散していたが、昭和四年新たに地震学会が創設され、機関誌『地震』が創刊され、今村はこの機関誌の編集を実質的に指導した。今村は早くから「地震」と「震災」とをはっきり区別すべきことの重要性を啓蒙することに努めた。また「地震に伴なう地形変動の研究」のような理論的研究が直ちに現実的な論究につながっていることも今村の研究の特徴であった。昭和二十三年一月一日没。七十九歳。学術論文および著書が多数あるが、主著と考えられるものに英文で書いたTheoretical and applied Seismology(1937)がある。

参考文献　河角広「今村明恒先生」(『科学』一八ノ四)

（岡　邦雄）

いまむらしこう　今村紫紅　一八八〇—一九一六　明治時代の日本画家。本名寿三郎。明治十三年(一八八〇)十二月十六日、横浜に生まれ、十七歳で松本楓湖に師事、同三十三年から安田靫彦らと紅児会を作って新日本画の開拓にあたり、早くからそのリーダーとして活躍した。その後は巽(たつみ)画会や国画玉成会・文展などに出品して異才を認められたが、大正三年(一九一四)インドに渡り、帰国後日本美術院の再興に同人として加わった。その作品は、第六回文展で二等賞をうけた「近江八景」や第一回再興院展出品の「熱国の巻」など、大胆な構図と華麗な色彩表現を特色としており、大和絵や琳派、あるいは南画などの新解釈の上に、印象派の手法を加えるなど常に革新的な方向をめざして、後進を刺戟するところはなはだ大きかった。大正五年二月二日没。三十七歳。墓は東京都世田谷区北烏山の妙高寺にある。

参考文献　日本美術院編『紫紅画集』、竹田道太郎編『今村紫紅とその周辺』(『近代の美術』三七)

（富山　秀男）

いまむらちょうが　今村長賀　一八三七—一九一〇　明治時代の刀剣鑑定家。土佐藩士。通称は和助、のち和七郎という。天保八年(一八三七)土佐の高知に生まれた。明治元年(一八六八)の戊辰戦争に従軍。同四年陸軍少尉、まもなく中尉に任官。平常、古武器を愛好し、研ぎの名手として知られた本阿弥平十郎について刀剣の鑑定を学んだ。同十九年陸軍省管下の九段の遊就館取締を命ぜられ、武器甲冑の整頓鑑別にあたった。同二十二年臨時全国宝物取調鑑査役となり、図書頭九鬼隆一に従って全国著名の社寺旧家の古武器を調査して見聞を広め、刀剣家としての名声を博した。ことに相州物の研究から正宗抹殺論を提起し、従来の鑑定の域を脱して、史料を駆使しての高度批判にまで研究の水準をたかめた。晩年、宮内省の御剣係となり、明治四十三年十二月二十七日、東京麴町(東京都千代田区麴町)に没した。七十四歳。著書に『剣話録』『刀剣押形集』がある。

（鈴木　敬三）

いまむらひとし　今村均　一八八六—一九六八　大正・昭和時代前期の陸軍軍人。明治十九年(一八八六)六月二十八日判事の子として仙台に生まれる。陸軍士官学校に進み同四十年卒業、さらに大正四年(一九一五)陸軍大学校を首席で卒業、同七年から十年までイギリスに駐在、帰国後参謀本部部員、インド駐在武官、陸軍省軍務局課員などを経て昭和六年(一九三一)八月参謀本部作戦課長となり、満洲事変勃発に際しては関東軍の独走と対立した。その後連隊長、旅団長を経て同十一年三月関東軍参謀副長、さらに十三年一月陸軍省兵務局長となる。同年十一月第五師団長となり、十四年十一月からの南寧作戦に参加、苦戦する。太平洋戦争の開始に際しては第十六軍司令官としてジャワ攻略を指揮し、十七年十一月以来第八方面軍司令官としてラバウルにあった。戦後戦犯となり、みずから申し出て部下とともにマヌス島で服役した。個人的には板垣征四郎に近かったが、陸軍内部の関係では梅津美治郎とのつながりで統制派と目されていた。昭和四十三年十月三日没。八十二歳。誠実で職務に熱心な軍人として評価が高かった。自伝に『私記・一軍人六十年の哀歓』がある。

（藤原　彰）

いやながていぞう　弥永貞三　一九一五—八三　昭和時代の日本史学者。先祖は久留米藩の士族。大正四年(一九一五)七月十二日、父克己・母キヨノの三男として父の任地、長野県松本市北深志で生まれる。家族の上京により府立第四中学校、府立高等学校を経て、昭和十四年(一九三九)三月東京帝国大学文学部国史学科を卒業。同大学院在籍中の同年十二月に鉄道第一連隊に入隊。翌年鉄道第六連隊転属となり、華北で三年余勤務。同十八年帰国除隊して東京帝国大学史料編纂所に入所するが、翌十九年には再び召集され、華中で第二次世界大戦敗戦を迎える。同二十年十二月復員、翌年史料編纂所に復帰して『大日本古文書』(東南院文書)の編纂に従事するとともに、日本古代史、古文書学の研究を進める。同三十一年名古屋大学文学部に赴任。助教授・教授として東海地方の古代・中世史の研究にも尽力する。同四十四年東京大学教授として再び史料編纂所に戻り、史料編纂所長も勤めて、同五十一年退官。同年上智大学文学部教授となり、没時まで在職。同五十八年十二月三十日没。六十八歳。墓は横浜市鶴見区の総持寺にある。近代的な古代史学の確立に大きな役割を果たした。古文書学にも造詣が深く、研究分野は社会経済史から政治史・文化史など多方面に及ぶ。東大寺荘園絵図の精査と実地調査をもとにした『奈良時代の貴族と農民』は、古代史学の新しい分野を開拓した。社会経済史関係の論文は『日本古代社会経済史研究』に、政治史・文化史・史料学関係の論文は『日本古代の政治と史料』にまとめられている。

参考文献　「弥永貞三先生著作目録」(弥永貞三先生還暦記念会編『日本古代の社会と経済』上所収)、平田耿二「弥永貞三先生の業績を偲ぶ」(『上智史学』二九)

（吉田　孝）

いらこせいはく　伊良子清白　一八七七—一九四六　明治時代の詩人。本名暉造(てるぞう)。別号すずしろのや。俳号蘿月(らげつ)。明治十年(一八七七)十月四日島根県八上郡曳田村(鳥取県八頭郡河原町)に誕生。八歳の時三重県に移り、津中学を経て京都府立医学校卒業、同三十三年、上京して医業に従った。一時、東京外国語学校に学んだこともある。中学在学中より文学に親しみ、同二十七年、『少年文庫』(のち『文庫』と改題)に詩を投じて以来、同誌の主要詩人として活躍し、明治三十年代、河井酔茗・横瀬夜雨とともに『文庫』の三羽烏と称された。しかし明治三十九年五月、約二百篇の中から十八篇を選び、『孔雀船』一巻を編んで詩筆を断った。当時はちょうど象徴主義の移入期であったために彼の作品はほとんど顧みられなかったが、その典雅華麗な詩風は比べるものがなく、今日では明治浪漫詩の一典型と見られている。以後清白は官営病院の医師として島根・大分・台湾を転々とし、大正十一年(一九二二)三重県鳥羽町に開業、昭和二十一年(一九四六)一月十日、急病で没した。七十歳。

参考文献　日夏耿之介『明治大正詩史』(『日夏耿之介全集』三)、河井酔茗『明治代表詩人』、古川清彦「伊良子清白評伝」(『国語と国文学』二四ノ八)　（河村　政敏）

いりえけいしろう　入江啓四郎　一九〇三―七八　昭和時代の国際法学および外交史学者。明治三十六年(一九〇三)四月二十日、鳥取県会見(あいみ)郡八幡村(米子市東八幡)に村上正太郎・やゑの四男として生まれ、のちに入江姓を名乗る。昭和二年(一九二七)早稲田大学法学部卒業。ジャパン＝タイムス社入社。のち新聞連合社、同盟通信社を経て第二次世界大戦後、時事通信社入社。新聞記者時代から外交史・国際法の研究を行い、昭和二十八年愛知大学教授。のち成蹊大学教授、早稲田大学客員教授、創価大学教授を歴任。昭和五十一年十一月勲三等瑞宝章受章。昭和五十三年八月十三日没。七十五歳。墓は東京都文京区大塚五丁目の護国寺にある。漢籍にも通じ、外交史研究の蓄積をも基礎としながら、事例研究を積み上げた独自の国際法研究を行なった。晩年には国際経済法の分野にも新境地をひらいた。一方で『世界週報』などにも健筆を揮い、国際時事も論じた。主著に『支那辺疆と英露の角逐』『中国に於ける外国人の地位』『ヴェルサイユ体制の崩壊』(三巻)、『日本講和条約の研究』『中国古典と国際法』『国際不正競争と国際法』『国際経済紛争の争訟処理』『国際法上の賠償補償処理』『開発途上国における国有化』などがある。

参考文献　宮崎繁樹編『多国籍企業の法的研究(入江啓四郎先生追悼)』　（大畑篤四郎）

いりえすけまさ　入江相政　一九〇五―八五　昭和時代の侍従、侍従長。明治三十八年(一九〇五)六月二十九日、東京に生まれる。入江為守の三男、母は柳原前光の長女信子。父為守も東宮侍従長として、皇太子時代の昭和天皇に仕えた。東京帝国大学文学部卒業後、昭和七年(一九三二)学習院教授となる。昭和九年十月侍従に任ぜられて以後、昭和天皇に側近として仕え、同四十二年侍従次長、四十四年侍従長に任ぜられた。第二次世界大戦後の地方巡幸をはじめ、多くの昭和天皇行幸に随行し、侍従長時代には、四十六年の欧州七ヵ国訪問、五十年の訪米にも同行した。また、和歌にも見識があり、昭和二十二年の戦後最初の歌会始では、歌詠課長を兼任してその改革に関わった。昭和六十年九月二十九日、侍従長在任のまま辞任を目前にして急死した。八十歳。墓所は東京都文京区の徳源禅院、法名は文泉院殿游心舟雪大居士。随筆家としても著名で、『侍従とパイプ』をはじめとして、自伝『いくたびの春』など二十余冊にのぼる著作がある。また、侍従任官直後の昭和十年元日から死の直前まで克明な日記をつけており、死後その抄録が『入江相政日記』全六巻として出版された。

参考文献　岸田英夫『天皇と侍従長』　（梶田　明宏）

いりえはこう　入江波光　一八八七―一九四八　大正・昭和時代の日本画家。本名幾治郎。明治二十年(一八八七)九月二十六日、京都に生まれ、京都市立美術工芸学校を経て同四十四年京都市立絵画専門学校を卒業、この間第一回文展に「夕月」を出品したりしたが、一方古画の模写も熱心に手がけた。そして大正七年(一九一八)国画創作協会第一回展に「降魔」を出品して国画賞をうけ、翌年その同人となって「臨海の村」を発表、同十一年から翌年にかけては外遊した。昭和三年(一九二八)同協会日本画部解散後は、もっぱら画壇を離れて母校絵画専門学校の教職と、仏画や水墨画などを主とする独自の洗練された制作をすすめたが、同十五年文部省から法隆寺壁画の模写を依嘱され、晩年はほとんどこれに没頭し、完成間近い同二十三年六月九日急逝した。六十二歳。著書に『画論』がある。

参考文献　『波光(画集)』　（富山　秀男）

いりさわきょうへい　入沢恭平　一八三一―七四　幕末・維新期の医師。天保二年(一八三一)六月七日、父入沢健蔵と母浜子(小村氏)の長男として、越後国蒲原郡中之島村西野(新潟県南蒲原郡中之島町)に生まれる。安政三年(一八五六)江戸に出て、戸塚静海・土生玄昌に洋学を学び、万延元年(一八六〇)には長崎に行って蘭医ポンペのもとに学んだ。文久二年(一八六二)帰郷して開業した。明治四年(一八七一)東京鎮台第一分営を新発田(新潟県)に置くにあたり、徴されて陸軍一等軍医副に任ぜられる。のち分営とともに新潟に移り、同六年陸軍軍医に任ぜられた。翌七年一月十日死去。年四十四。恭平は池田謙斎の実兄にあたり、入沢達吉の父である。贈従五位。

参考文献　入沢達吉編『贈従五位入沢恭平先生日記』　（大塚　恭男）

いりさわそうじゅ　入沢宗寿　一八八五―一九四五　大正・昭和時代前期の教育学者。明治十八年(一八八五)十二月二十三日、鳥取県日野郡日野上村(日南町)の入沢元三郎の次男に生まれる。同四十四年東京帝国大学文科大学を卒業、神宮皇学館教授を経て大正八年(一九一九)東京帝国大学助教授となる。昭和四年(一九二九)ドイツへ留学、帰国後同大学教授に就任。思想家を主な対象とした欧米教育思想史の研究につとめ、同年刊行の『欧米教育思想史』『汎愛派の教育思想』はその集大成といえる。思想史研究とともに、現実の教育改革運動にも深い関心をもち、大正後半から昭和初年にかけて新教育運動の展開を理論的に指導した。昭和二十年五月十二日没。六十一歳。

参考文献 海後宗臣「入沢先生の業績」(『教育学研究』一四ノ一)、山崎博「入沢先生の追想」(同)

(佐藤 秀夫)

いりざわたつきち 入沢達吉 一八六五―一九三八 明治・大正時代の内科医。号は雲荘。慶応元年(一八六五)正月五日、越後国今町(新潟県見附市)に父入沢恭平の長男として生まれる。母は唯子(竹山氏、旧名杖子)。明治二十二年(一八八九)帝国大学医科大学を卒業し、ただちにベルツの助手となる。翌二十三年ドイツ留学に発つ。ストラスブルク・ベルリンの各大学に学び、同二十七年帰国。三十四年東京帝国大学医科大学教授に任ぜられ、内科学講座を担任した。四十二年日本内科学会会頭となる。大正十四年(一九二五)大学を停年退職し、名誉教授の称号を受ける。昭和二年(一九二七)日本医史学会設立に参加し、同七年以後は理事長として、同会の発展に努力した。九年日本医学会会頭となる。また日独文化協会理事長もつとめた。十三年十一月五日死去。年七十四。墓は東京都台東区の谷中墓地にある。脚気・寄生虫病はじめ多くの分野に業績があり、また『雲荘随筆』『楓荻集』『入沢先生の演説と文章』などの著書がある。

参考文献 宮川米次編『入沢達吉先生年譜』、藤浪剛一「入沢先生と医史学」(『中外医事新報』一二六三)

(大塚 恭男)

いわいかつじろう 岩井勝次郎 一八六三―一九三五 明治から昭和時代前期にかけての実業家。岩井産業(現日商岩井)の創立者。文久三年(一八六三)四月十一日、蔭山源右衛門・いとの次男として、丹波国桑田郡旭村(京都府亀岡市旭町文畑)に生まれた。明治八年(一八七五)、親戚の岩井文助の経営する大阪の唐物商加賀文に入店し、その養子となり、同二十九年七月独立して、居留地貿易の「引取屋」を開業した。いち早く直貿易にふみきり、さらにロンドンのウィリアム＝ダフ商会と取引を開始し、外遊してハンブルクのヒュブデンとも取引した。同三十五年ごろから岩井商店は急激に発展し、北浜四丁目に本社を新築し、店則をも実施した。同四十年にはメリヤス製造に手を伸ばし、白金莫大小工場を経営した。中国・東南アジアにも進出し、四十五年には個人組織を株式組織としその社長となる。また四十一年に日本セルロイド人造絹糸株式会社(大日本セルロイド)を設立、大正五年(一九一六)大阪鉄板製造株式会社の社長となり、七年には日本曹達工業株式会社(徳山曹達の前身)を設立し、関西ペイントの社長をも兼ねた。このように彼は、商業資本から出発し、それを基盤として工業会社経営にも進出した。一方教育界にも強い関心を持ち、京都帝国大学に岩井奨学資金を定め、他方参禅にも精進した。昭和十年(一九三五)十二月二十一日、七十三歳で没した。

参考文献 『岩井百年史』、宮本又次『大阪商人太平記』明治維新篇・明治中期篇・明治後期篇下

(宮本 又次)

いわいはんしろう 岩井半四郎 歌舞伎俳優。現在まで十二代を数えるが、岩井家では三代目・四代目を代数に加えない。屋号は大和屋。

(一)八代 一八二九―八二 幕末・明治時代の若女方の名優。文政十二年(一八二九)十月二日誕生。幼名久次郎。初名三代目岩井粂三郎。前名二代目岩井紫若。俗称燕子半四郎。七代目の子。明治五年(一八七二)三月襲名。東京随一の立女方として重んぜられた。明治十五年二月十九日没。五十四歳。

(二)九代 一八八二―一九四五 五代目岩井粂三郎が、死後名義を追贈された。

(三)十代 一九二七― 昭和二年(一九二七)八月八日生。本名仁科周芳。前名二代目市川笑猿。同二十六年十月襲名。のち東宝歌舞伎に移る。歴代の墓は東京深川の浄心寺にある。

参考文献 立川焉馬編『歌舞妓年代記』、石塚豊芥子編『続歌舞妓年代記』、田村成義編『続々歌舞伎年代記』、伊原敏郎『日本演劇史』、同『近世日本演劇史』、同『明治演劇史』、同『歌舞伎年表』、『演劇界』五六ノ一二(最新歌舞伎俳優名鑑)

(今尾 哲也)

いわおせいいち 岩生成一 一九〇〇―八八 昭和時代の日本史家、近世対外交渉史専攻。明治三十三年(一九〇〇)六月二日、東京市牛込区市谷町(東京都新宿区)に生まれる。父力次郎・母三千歳の長男。本籍地福岡県小倉市馬借町(北九州市小倉北区)で育ち、第五高等学校文科甲類卒業後、東京帝国大学文学部国史学科に進学、大正十四年(一九二五)三月卒業、同年四月史料編纂官補として同大学史料編纂所に入所。昭和四年(一九二九)十一月台北帝国大学助教授として赴任、同十一年三月教授となり南洋史講座を担任。第二次世界大戦敗戦のため廃官、同二十一年末帰国。同二十三年五月より同三十六年三月停年退官まで東京大学教授として文学部国史学科近世史講座を担任し、史料編纂所海外史料部長・大学院人文科学研究科史学課程主任をも併任した。退官後は日本大学文学部教授(昭和三十八年まで)、法政大学文学部教授(同四十六年まで)を歴任した。この間、主著『南洋日本町の研究』(昭和十五年刊)により昭和十六年帝国学士院賞、同二十六年文学博士(東京大学)の学位を授与され、同六十二年東京大学名誉教授となる。昭和二年以降、極東・東インド・ヨーロッパ諸国での史料採訪の経験豊かな実証史家で、同二十七年八月日蘭交渉史研究会を組織・主宰するほか、日本学士院第一部会員(昭和四十年より)、財団法人史学会顧問(昭和三十六年より)その他諸学会の役

員を勧め、昭和六十三年三月二十一日横須賀市の衣笠病院で没。八十七歳。静岡県駿東郡小山町の富士霊園に葬る。上記の主著（昭和四十一年増訂版）のほか『朱印船貿易史の研究』（昭和三十三年初版、同六十年新版）、『続南洋日本町の研究』（同六十二年刊）をはじめ百五十余編の著書・論文・編訳書がある。

参考文献 金井圓「岩生成一先生を偲ぶ」（『史学雑誌』九七ノ六）、同「岩生成一先生略年譜及び著書論文目録」（『日蘭学会会誌』一三ノ一）、箭内健次他「先学を語る―岩生成一博士―」（『東方学』八〇）　（金井　圓）

いわかわともたろう 岩川友太郎 一八五四―一九三三 明治時代の動物学者。安政元年（一八五四）十二月、陸奥国弘前（青森県弘前市）に生まる。藩校英学寮に学んだ後、上京し開成学校に進む。明治十年（一八七七）東京大学の開設に伴い同大学に編入され、生物学科学生として動物学を学ぶ。同十四年七月、東京大学生物学科の第一回卒業生として巣立ち、東京師範学校（東京高師の前身）の教諭となり、同三十一年から東京女子高等師範学校教授となる。その間、女子教育に努力したが、動物学分野では主として貝類の研究を行い、日本の貝類目録を編纂、のちの研究者に寄与した。モースおよびホイットマンなど外国人教師の指導を直接受け、わが国に近代動物学を移植した功績者の一人といえよう。昭和八年（一九三三）五月二日没。八十歳。著書としては『日本産貝類標本目録』（明治四十二年、第一編出版）、『動物通解』（明治十八年）などがある。　（鈴木　善次）

いわくらともさだ 岩倉具定 一八五一―一九一〇 明治時代の官僚。幼名は周丸（ちかまる）。嘉永四年（一八五一）十二月二十七日岩倉具視の第三子として生まる。明治元年（一八六八）正月東山道鎮撫総督となり、ついで奥羽征討白河口総督となって各地に転戦し、翌二年六月永世禄三百石を受けた。同三年正月米国に留学、五年五月帰朝、爾後政府に出仕して諸官を歴任、十五年三月伊藤博文の欧行に随従した。十七年七月兄具綱の隠退により家督を継ぎ、二十公爵となる。二十年五月帝室制度取調委員となり、二十三年十月貴族院議員に列した。二十五年三月学習院長兼任、十月辞職した。三十三年二月枢密顧問官となり、四十二年六月宮内大臣に任ぜられた。翌四十三年四月一日病没した。六十歳。従一位に叙せられ、、桐花大綬章を受け、侍従が派遣されて、霊前に御沙汰書が下賜された。東京都品川区南品川の海晏寺に葬られた。

参考文献 西村文則『岩倉具定公伝』　（小西　四郎）

いわくらともみ 岩倉具視 一八二五―八三 幕末・明治時代前期の政治家。小字周丸（かねまる）、号ははじめ華竜、のち対岳。文政八年（一八二五）九月十五日、前権中納言堀河康親の第二子として京都の堀河邸で生まれた。母は勧修寺経逸の女淑子。伏原宣明に学びその斡旋によって、天保九年（一八三八）岩倉具慶の嗣となり、具視と名のった。岩倉家は村上源氏で久我家の支流であり、遠祖具起が江戸時代初期に岩倉を称した。嘉永六年（一八五三）、関白鷹司政通の門に入り朝廷改革の意見を政通に述べた。その引きで安政元年（一八五四）、孝明天皇の侍従となり、ついで近習となって、天皇側近に仕えこれが政治への接近となった。同五年、日米修好通商条約調印の勅許奏請のため老中堀田正睦が上京すると勅許阻止をはかって中山忠能以下公家八十八人の列参を画策して堀田を窮地に追いこんだ。このとき「神州万歳堅策」を内奏した。ついで和宮降嫁問題がおこると、公武合体による朝権回復の策として孝明天皇を動かしてそれを推進した。文久元年（一八六一）、和宮に従って江戸に下り、将軍徳川家茂自筆の誓詞を獲得して帰った。二年、島津久光が入京し公武合体運動に乗り出し、江戸に勅使派遣を要請すると、鹿児島藩の意向をいれた対幕府「三事策」をまとめて同藩を支持し、これから鹿児島藩と結びつくようになった。しかし、和宮降嫁推進が尊攘派の糾弾するところとなってこの八月、同志とともに辞官落飾を命ぜられ、名を友山と改め、洛北岩倉村に幽居、慶応三年（一八六七）まで追放の身となった。この間、政局は文久三年八月十八日の政変、翌元治元年（一八六四）の禁門の変について長州征討へと情勢が急転した。岩倉村には非蔵人松尾相永をはじめ香川敬三・井上石見らが出入りして情報を伝えた。持論の王政復古による国内統一を推進するために「叢裡鳴虫」「全国合同策」「済時策」などの政治意見書を起草し、朝廷・鹿児島藩の同志へ贈った。慶応二年、将軍徳川家茂が急死すると徳川慶喜の将軍就任を阻止して一挙に王政復古を実現せしめようとはかり、同志の中御門経之を動かして有志公家の列参建議を行わしめて、朝廷改革・列藩召集を天皇に上奏せしめた。しかし、これが慶喜側の運動で成功おぼつかなしとみると、方針を転じて鹿児島藩に働きかけたがこれも低迷する間に慶喜の将軍宣下、孝明天皇の崩御によって情勢が一転してしまった。慶応三年三月、入洛を許された。長州処分と兵庫開港勅許問題をめぐって慶喜と島津久光が衝突し、これをきっかけに鹿児島藩は萩藩と連合の下に討幕に向かい、高知藩はこれを牽制すべく大政奉還運動を始め、ついに薩長討幕派の圧力でこの年十二月九日、王政復古の政変となった。この際、岩倉は中御門経之・中山忠能・正親町三条（嵯峨）実愛らの王政復古派の公家とともに参画し、大久保利通と実現の手順を謀議、また玉松操を用いて王政復古の新政構想の立案にあたらしめた。王政復古挙行の夜の小御所会議では慶喜擁護論を説く高知藩の山内容堂を押えて慶喜処分を決した。岩倉はこの日、新政府の参与、ついで議定となった。明治元年（一八六八）、鳥羽・伏見の戦の後、三条実美とともに、副総裁、さらに議定兼輔相となるなど以後終始、新政府の中心人物となった。新政開始にあたって特に朝廷改革に力を注いだ。同二年、東京に移る。七月官制改革で大納言となり、復古功臣賞典として永世禄五千石を受ける。三年、民部省御用掛、年末に勅命で鹿児島・山口に赴く。四年、廃藩置県後の改革で外務卿となり、ついで右大臣となる。この改革で旧公家では三条実美と二人が政府の枢位にとどまり、しかもその中心として重きをなした。十一月、特命全権大使として欧米各国に赴き条約改正の予備交渉を行い、六年帰朝すると征韓論争で政府が分裂、三条太政大臣の病中その代理となり、非征韓派の大久保利通一派を支持した。七年、赤坂喰違で土佐士族武市熊吉らに襲わる。華族会館創設にあたりこれを指導し、皇室の藩屛として華族の同族的結集をはかり、ついで同館内に部長局が設けられると督部長となり、華族仲間の総監督となる。八年、大阪会議の結果、元老院が設けられ、翌九年から国憲編纂が始まると、立憲政体は日本の固有の国体に変更をきたすと反対の意向を示して、次第に保守的態度をとるようになった。九年、天皇の奥羽巡幸に扈従、西南戦争後、自由民権運動が高揚するとその抑圧に苦慮し、対策として諸参議の憲法意見を徴したほか、士族擁護のための士族授産の議などの意見を提出した。十四年、参議大隈重信のイギリス風の憲法意見をきっかけに太政官大書記官井上毅がプロシア風の欽定憲法構想を提出するとこれを採用して政府の憲法制定方針を確定し、同時に参議伊藤博文を起草者に指名した。ついで、十年後の国会開設の勅諭、大隈参議追放の明治十四年の政変を推進した。その後も府県会中止の建議、皇室財産の確立策に力をいれ、宮内省の国史編纂の主宰にあたり、また華族財産保護のための第十五銀行創設、同じく華族の事業として日本鉄道会社の設立をはかるなど皇室擁護のために執念を燃やした。しかしこれより先、胃癌を病み、明治十六年七月二十日病没。五十九歳。墓は東京都品川区南品川の海晏寺にある。贈太政大臣、のち贈正一位。華族令の制定により嗣子具定は公爵に列する。

参考文献　『岩倉具視関係文書』(『日本史籍協会叢書』)、『岩倉贈太政大臣集』、宮内省編『岩倉公実記』、徳富猪一郎『岩倉具視公』

（大久保利謙）

いわくろひでお　岩畔豪雄　一八九七―一九七〇　昭和時代の陸軍軍人。明治三十年(一八九七)十月十日、広島県に生まれる。大正七年(一九一八)陸軍士官学校卒業(三十期)。歩兵第十六連隊付を経て陸軍大学校に入学し、同十五年卒業。陸軍省整備局課員・関東軍参謀・参謀本部員(第八課)・陸軍省軍務局軍事課高級課員などを歴任した後、昭和十四年(一九三九)二月―十六年二月、軍事課長をつとめ、十五年には陸軍の南進計画を盛り込んだ「世界情勢ノ推移ニ伴フ時局処理要綱」の立案に参画した。ついで、十六年三月アメリカに派遣され、日米了解案の作成にあたった。太平洋戦争中はインド独立協力機関長として活躍。十八年三月少将に進級、翌年第二十八軍参謀長となりインパール作戦に従事。敗戦後、京都産業大学理事をつとめた。著書に『戦争史論』『科学時代から人間の時代』がある。昭和四十五年十一月二十二日死去。七十三歳。

参考文献　日本近代史料研究会編『岩畔豪雄談話速記録』(『日本近代史料叢書』B七)、日本近代史料研究会編『日本陸海軍の制度・組織・人事』

（鳥海　靖）

いわさきこやた　岩崎小弥太　一八七九―一九四五　大正・昭和時代の実業家。明治十二年(一八七九)八月三日東京に生まれた。岩崎弥之助の長男、母は維新の元勲後藤象二郎の長女早苗である。第一高等学校を経て東京帝国大学法科大学に学び、中途英国に留学、ケンブリッジ大学歴史学科を卒業して、同三十九年に帰国した。その年三菱合資会社の副社長に就任、大正五年(一九一六)七月同社の社長になった。三菱は小弥太によって大きな変革を遂げた。この時まで三菱の経営する各種の企業は、三菱合資一社によって経営されてきたが、小弥太は就任の翌年から造船・製鉄・鉱業・銀行・商事・地所などの社有事業を漸次分離し、それぞれ独立の株式会社に改組した(三菱ではこれを分系会社と称する)。かくて三菱合資会社を中核とし、分系会社を衛星とするコンツェルンの形成を進め、また分系諸会社はそれぞれ傘下に多数の子会社を擁して、巨大なピラミッド型企業組織を形成した。三菱合資は爾来持株会社として資本的に分系会社を支配するとともに、系列諸会社の総本社としてコンツェルンの指導運営にあたった。小弥太の指導は、既成事業の育成のほか、航空機・電機・信託・保険・石油・化学工業・製鋼など新規企業の設立と海外事業の開発に見るべき事績を残した。三菱の歴史において小弥太の社長時代は、最も巨大な綜合的企業体を組成した時代といってよい。小弥太は他面すぐれた文化人であった。明治四十三年、西洋音楽の振興普及を目的とする東京フィルハーモニック＝ソサエチーを設立して音楽家を後援し、数多くの音楽会を開催した。同事業はさらに発展し、大正三年山田耕筰を後援して、わが国最初の民間管絃楽団を結成、同五年まで毎月定期演奏会を開催した。山田を中心とする交響楽運動として、音楽史上重要な意義をもつものであった。彼の文化事業の第二は成蹊学園の創立である。明治四十五年、今村繁三とともに教育家中村春二を後援して私立成蹊実務学校を設立、ついで成蹊女学校、七年制高等学校を開設した。中村と今村は小弥太と学生時代から親友であり、教育の理想を同じくした。小弥太は中村校長没後は理事長として、学園の発展に尽力した。第三は静嘉堂文庫の公開である。同文庫は父岩崎弥之助の創設にかかるが、小弥太はさらに蒐書につとめ、約十八万冊を収める大文庫を作り、昭和十五年(一九四〇)財団法人静嘉堂を設立して一般に公開した。東洋学研究の世界的図書館として学界に寄与している。小弥太は第二次世界大戦終結後の昭和二十年十二月二日、六十七歳で没した。死去の直前、わが国に進駐した連合軍側の意向により、政府は財閥四社に対し自発的解体を求めたが、小弥太は「三菱本社は国策に協力したが、罪悪を犯してはいない。命令による解体ならば受けるが、自発的に解体することは我社の株主に対して為し得ない」と拒絶した。小弥太の最後を飾る逸話である。

参考文献　岩崎小弥太伝編纂委員会編『岩崎小弥太伝』

（中野　忠明）

いわさきとしや　岩崎俊弥　一八八一―一九三〇　明治時代後期から昭和時代前期にかけての実業家、化学工業の先覚者。明治十四年（一八八一）一月二十八日に生まれる。岩崎弥之助の次男。第一高等学校理科に学び、同三十四年英国に留学、ロンドン大学で応用化学を修めて三十六年帰国した。四十年兵庫県尼崎に旭硝子株式会社を設立して国産板ガラスの製造に従事、斯業の発達に貢献した。同社はソーダ灰工業をはじめ塗料、局方重曹、その他各種の化学工業製品の製造開発をも行い、化学工業界の大手企業となるに至った。昭和五年（一九三〇）十月十六日病没した。五十歳。

参考文献　故岩崎俊弥氏伝記編纂会編『岩崎俊弥』

（中野　忠明）

いわさきひさや　岩崎久弥　一八六五―一九五五　明治から昭和時代にかけての実業家、拓殖事業家。慶応元年（一八六五）八月二十五日岩崎弥太郎の長男として土佐に生まれた。慶応義塾・三菱商業学校に学び、明治十九年（一八八六）米国ペンシルバニア大学に留学、同二十四年に帰国した。二十六年叔父岩崎弥之助とともに三菱合資会社を設立し、その社長に就任、大正五年（一九一六）まで二十三年間、三菱の経営を主宰した。その間鉱業・造船・銀行・商事などの事業は躍進を遂げたが、当時はまだこれらの企業は三菱合資一社の手で経営せられ、コンツェルン的組織を形成するに至らなかった。久弥の事業家としての真面目は、むしろ社長退任後に発揮された。彼は動植物に対する知識が深く、農耕・畜産などに熱意をもった。同八年十月創立の東山農事株式会社は、久弥のこのような理想を実現したもので、従来岩崎家が経営してきた韓国の東山農場（米作）、岩手県の小岩井農場（畜産）、北海道の拓北農場（農牧）と、三菱合資経営の新潟県下の米作事業を同社に統合した。これはわが国には珍しい大資本経営綜合農牧事業の出現であった。特記すべきことは海外に進出して、邦人経営の大規模な拓殖事業を行なったことである。すなわち、朝鮮における米作・牧畜・林業、台湾における竹林（パルプ製造）・紅茶・珈琲栽培、スマトラにおける油椰子栽培とマレー半島のゴム農園などがそれであり、さらにブラジルにおいて珈琲栽培・牧畜のほか、現地法人カーザ東山を設立して銀行・商事・地所・紡績・鉄工業など各種の企業に進出し、ブラジル産業界に貢献した。しかし第二次世界大戦によりブラジル以外での海外事業は没収され、久弥の雄図は瓦解した。なお久弥は明治三十一年神戸に製紙会社を設立したが、これは現在の三菱製紙株式会社に大成した。彼はまた東洋文庫を設立した。昭和三十年（一九五五）十二月二日、九十歳で没した。

参考文献　岩崎久弥伝編纂委員会編『岩崎久弥伝』

（中野　忠明）

いわさきやたろう　岩崎弥太郎　一八三四―八五　明治時代前期の実業家。三菱会社の創始者。天保五年（一八三四）十二月十一日土佐国安芸郡井の口村（高知県安芸市）に岩崎弥次郎の長男として生まれた。名は敏、字は好古、維新後名を寛と改めた。雅号ははじめ毅堂、のち東山。地下浪人の家に生まれ、年少から学問で立身する志望をもち、その修業に打ち込んだ。はじめ土佐の儒者岡本寧浦に学び、のち江戸昌平黌の儒員安積艮斎の塾にはいった。その後、高知藩参政吉田東洋の門人になり、安政六年（一八五九）師の推挙によって藩に職を得、十月西洋事情の調査を命ぜられて長崎におもむき、翌年四月帰藩した。慶応三年（一八六七）三月、再び起用されて長崎に行き、高知藩の開成館長崎出張所に勤務し、やがてその主任になった。弥太郎の着任は同所開設の一ヵ月後である。そして、翌明治元年（一八六八）閏四月これが閉鎖された後も同地に滞在したので、高知藩の長崎貿易は、弥太郎によって行われたといってよい。彼が扱ったのは、維新戦争における勤王方戦力としての高知藩の武器・弾薬・艦船・諸器械の買入れと、その資金獲得のための土佐物産の輸出であった。弥太郎は文久元年（一八六一）に郷士の家格を得、浪人の身分を脱したが、慶応三年十一月長崎貿易での功績を認められて、上士階級の新留守居組に昇進した。明治二年正月には、藩の大坂商会（旧開成館大坂出張所）に転出し、翌三年閏十月、高知藩少参事に任ぜられ、浪華会計係の職につき藩の大坂事務を董督した。これは彼の最高官歴であって、その出身からいって異例の進級であった。同四年七月、廃藩置県が施行され、全国の藩は廃絶し、旧武士階層の者はその封建的特権と秩禄を失ったが、官職を失った弥太郎は、実業界への転進をはかった。これよりさき高知藩は、政府の藩営商会所禁止令により、同三年十月大坂商会を藩より切り離し、九十九商会の名称で汽船運輸を行わせていたが、同四年廃藩置県後、弥太郎は大坂藩邸の同志と語らい、この事業を一党の立脚地として独立し、新商社の旗を掲げた。時に明治四年九月十五日であった。新会社は三川商会と称したが、これは三菱創業の意義をもつものである。その後弥太郎は社主の地位についた。彼は長崎・大阪での外国商人との交渉を通じて世界経済に対する眼識をひらき、またわが国の旧商人道とは異なる「近代実業」の意義と、実業家の社会的使命について新しい認識をもった。三菱が勃興するまでには、国内の汽船会社との競争があり、社名も三川商会から三菱商会、三菱汽船会社へと改称した。明治七年の台湾出兵の際、軍事輸送の命をうけ、これを完遂して政府の信任を得た。翌八年内務卿大久保利通は本邦海運振興政策を実施するにあたり、弥太郎の率いる三菱会社を起用し、これに郵便物の託送と外国定期航路の開設、海員養成などの任務を委託し、合計三十隻の船舶と運航助成金年額二十五万円を交付して、会社を助成した。郵便汽船三菱会社（八年九月改称）はこれにより国内最大の汽船会社になり、わが沿岸航運に進出した外国汽船会社を駆逐したほか、明治十年の西南戦争の軍事輸送に著大な功績を立て、政府の期待にこたえた。かくて社業の躍進により資本の蓄積に成功した三菱は、漸次海運以外の事業へ多角的に進出した。その着手したものには鉱山・造船・金融・貿易・倉庫・水道などがあり、また他の企業に対する投資も行なったが、当時はまだそれらの企業は大きな発展を見なかった。企業家としての弥太郎の特長は、国士的精神が旺盛であり、同じ武士出身の官僚が、政治上に行なった経綸を、実業界に実現しようとした。彼は明治の新経済社会を建設するために、先進国の技術や経済機関の導入をはかった。為替銀行・海上保険・港湾倉庫の建設を提唱し、政府の着手の遅れるものは、自己の手でこれを作ろうとした。明治初期経済に果たしたその「建設の作業」は高く評価されてよい。明治十四年十月の政変以後、政府は三菱抑圧方針に転じた。岩崎を大隈派の金穴と見なしたのと、三菱の海運独占に対する世論の反対が高まったからである。政府は公然と三菱を非難し、新汽船会社(共同運輸会社)の設立を援助して、三菱に対抗させた。明治十六年に始まる両社の競争は激烈をきわめたが、弥太郎は競争途中の明治十八年二月七日、五十二歳で病死した。墓は東京都豊島区駒込の染井墓地にある。没後の同年九月、両社は政府の勧告により合併して日本郵船会社を創立、三菱は海運業を閉鎖した。なお生前弥太郎は三菱商業学校と商船学校を設立し、実業教育と海員養成につとめた。商船学校は明治十五年に政府に上納し、官立東京商船学校になった。現在の東京商船大学の前身である。

参考文献 岩崎弥太郎・弥之助伝記編纂会編『岩崎弥太郎伝』
（中野　忠明）

いわさきやのすけ　岩崎弥之助　一八五一―一九〇八　明治時代の実業家。嘉永四年(一八五一)正月八日土佐国安芸郡井の口村(高知県安芸市)に岩崎弥次郎の次男として生まれた。蘭室と号す。家は地下浪人であるが、兄岩崎弥太郎は奮闘して文久元年(一八六一)郷士の家格を得た。弥之助は十七歳で高知藩校致道館に学び、明治四年(一八七一)大阪に出て儒者重野安繹の塾に入った。五年兄の勧めで米国ニューヨークに留学、翌年父の死に逢って帰国した。その後は兄を輔けて創業期の三菱会社の経営に力をつくし、明治十八年二月弥太郎の死去により郵便汽船三菱会社の社長に就任した。当時三菱は政府の後援する共同運輸会社と海上輸送の主導権を争い、激烈な競争を展開していた。このため両社は莫大な損失を生じ、ともに打撃をうけた。弥之助は共同社長森岡昌純と会談して和解策を講じ、政府もまた海運界の衰微を憂慮して両社の合併を勧告した。弥之助は「たとえ三菱の旗号は倒れ、弥之助等がこの事業に従事すると否とに拘らず、我国海運の全体を瓦解に至らしめないため、政府の勧告に従がう」旨を上申して、両社の合同に踏み切り、同十八年九月両社合併して日本郵船会社を設立した。同時に三菱は海運事業の一切を新会社に移譲して会社を閉鎖した。弥之助は翌十九年三月、新たに「三菱社」を創立して鉱業・造船・銀行・地所・倉庫などの事業に転進した。弥太郎の時代の三菱は海運を中心としたが、弥之助による三菱の再興は、海から陸へ転換したもので、のちの三菱企業の根幹はこの時代にきずかれた。中でも同二十三年に着手した東京丸ノ内の洋式事務所街の建設は特記すべき事業であった。明治二十六年十二月、商法(旧商法)の実施により弥之助は会社を改組して三菱合資会社を設立、社長の職を兄弥太郎の長男岩崎久弥に譲った。なお明治二十三年帝国議会の開設にあたり、貴族院議員に勅選され、同二十九年六月男爵を授けられた。同年十一月首相松方正義の要請により第四代日本銀行総裁に就任した。あたかも日清戦争後の反動不況期に際会したが、施策よくこれを乗り切り、また三十年のわが国幣制の金本位制への転換に際し、円滑にこれを実施した。その他、日銀最初の買いオペレーションの断行、本邦公債の海外募集など顕著な事績を残したが、三十一年十月蔵相松田正久と日銀の公定歩合引下げ問題で意見を異にして辞職した。彼はその後公職には就かなかったが、財界の長老として重きをなした。他方弥之助は学問を好み、書籍と古美術品を蒐集した。恩師重野安繹の修史事業を後援して『国史綜覧稿』十冊その他の史書を刊行し、清国の学者陸心源の蔵書四万余冊を船載して静嘉堂文庫を作ったごときは、その顕著な例である。明治四十一年三月二十五日、五十八歳で没した。墓は東京都世田谷区岡本の紅葉ヶ丘にある。

参考文献 岩崎弥太郎・弥之助伝記編纂会編『岩崎弥之助伝』、吉野俊彦『歴代日本銀行総裁論』
（中野　忠明）

いわささくたろう　岩佐作太郎　一八七九―一九六七　明治から昭和時代にかけての無政府主義者。明治十二年(一八七九)九月二十五日、千葉県上埴生郡棚毛(長生郡長南町)に生まれる。同三十二年東京法学院(現中央大学)卒業、三十四年渡米、サンフランシスコ日本人社会主義協会に属し、三十八年社会革命党結成に参加、大逆事件には天皇への公開状を発表、一躍有名になった。大正七年(一九一八)帰国、社会主義同盟の発起人となり十四年黒色青年連盟創立に参加、純正アナーキズムの立場から労働運動を否定した。その後転向。昭和十二年(一九三七)民族主義の立場から『国家論大綱』を著わした。戦後同二十一年、日本アナーキスト連盟全国委員長に就任。四十二年二月十三日死去。八十七歳。

参考文献 秋山清「アナキスト―岩佐作太郎・萩原恭次郎―」(思想の科学研究会編『共同研究転向』中所収)
（神田　文人）

いわさじゅん　岩佐純　一八三六―一九一二　幕末・明治時代の医師。近代医学教育制度功績者。幼名は又玄、字は仲成。黙斎と号す。天保七年(一八三六)五月一日越前国元三上町に生まれた。父は越前家の侍医で玄珪といった。はじめ藩の医学校に学び、十五歳のころ、西洋医学を学ぼうと父に遊学を願ったが許されなかった。たまたま藩主(松平春嶽)が江戸から坪井信良を聘して侍医としていたので、洋医法を学ぶことができた。安政三年(一八五六)江戸に上り坪井芳洲の塾に学び、さらに下総佐倉の佐藤尚中の門に学んだ。万延元年(一八六〇)帰郷し、侍医兼洋学所教授に任ぜられたが、同年長崎に行って蘭医ポンペのもとで学び、翌文久元年(一八六一)帰郷した。元治元年(一八六四)長崎に再遊、ボードウィンに学び、慶応二年(一八六六)帰郷した。同三年春嶽に随っての在洛中に孝明天皇を診療。明治二年(一八六九)西洋医学普及のため医学校設立の建言を行い、容れられて医学校取調御用掛に任ぜられた。同時に相良知安とともにドイツ医学の採用を主張し、その後の日本の医学教育に決定的な影響を与えた。大学少丞・大学大丞・文部大丞・文部中教授などを歴任し、同五年以後、明治天皇の侍医を勤めた。同十七年四月より一年半にわたり欧州巡遊。三十一年宮中顧問官となり、同四十年男爵となる。明治四十五年一月五日死去。七十七歳。法名純誠院殿仁山天寿大居士。墓は東京都品川区南品川の天竜寺にある。

参考文献 近藤修之助・早見純一『明治医家列伝』一、「岩佐純先生小伝」(『刀圭新報』三ノ七)

(大塚　恭男)

いわしたさじえもん 岩下左次右衛門 ⇨岩下方平(いわしたまさひら)

いわしたせいしゅう 岩下清周 一八五七―一九二八 明治時代の実業家。幼名小早太。誠堂と号す。信濃国松代代官町(長野市松代町)に、松代藩奉行職の岩下左源太清濃の次男として安政四年(一八五七)五月二十八日出生。三歳で父と、十七歳で養父と死別。明治七年(一八七四)上京して、苦学。同十一年三井物産に入社し、アメリカ・フランスなどに勤務。二十一年退社し、翌年品川電燈を起して社長となる。二十四年、中上川改革下の三井銀行副支配人に就任、以後支配人、大阪支店長を歴任、この間、一時、鐘淵紡績・王子製紙などの取締役を兼ねたが、同二十九年退職。ただちに北浜銀行の創立に関係し、常務に就任、三十六年頭取に進んだ。北浜銀行では積極的な貸出政策をとり、豊田式織機・日本醬油・箕面有馬電気軌道・大阪電気軌道・日本興業など多数の会社に関係し、役員となったが、大正三年(一九一四)同行が破綻し、頭取を辞した。なお、桂太郎・原敬らとも親しく、明治四十一年より大正三年まで衆議院議員に在職した。昭和三年(一九二八)三月十九日、七十二歳で没した。

参考文献 故岩下清周君伝記編纂会編『岩下清周伝』、伊牟田敏充「岩下清周と北浜銀行」(大塚久雄他編『資本主義の形成と発展』所収)

(伊牟田敏充)

いわしたそういち 岩下壮一 一八八九―一九四〇 昭和時代前期のカトリック司祭、ライ者の父、神学者。明治二十二年(一八八九)九月十八日、東京市京橋区(東京都中央区)で実業家岩下清周の長男として出生。明治三十四年十一月一日、私立暁星学校中学部在学中に同校長エミル＝エック師より受洗。大正元年(一九一二)東京帝国大学文科大学哲学科卒業。同八年八月、第七高等学校造士館教授に在職中、文部省在外研究留学生として渡欧、スコラ神学の真髄にふれた。同十四年六月六日、ベネチア大司教のラフォンテーヌ枢機卿により司祭に叙階。同年十二月帰国。これより研究・著述および布教運動に尽瘁。昭和五年(一九三〇)十一月、救ライ施設神山復生病院六代目院長に就任、のち同財団理事長。同十五年十月、興亜院の依嘱をうけ中国にわたり、日本軍と中国天主教との意志疎通をはかる。帰国後十二月三日病死。五十二歳。著書に『信仰の遺産』『中世哲学思想史研究』その他があり、『岩下壮一全集』全九巻も刊行されている。

参考文献 小林珍雄『岩下神父の生涯』

(高橋　昌郎)

いわしたまさひら 岩下方平 一八二七―一九〇〇 幕末・明治時代前期の薩摩国鹿児島藩士、官僚。左二または左次右衛門ともいった。文政十年(一八二七)三月出生。誠忠組の一員として島津久光に従い国事に奔走。生麦事件に際しては藩を代表してイギリス公使と交渉した。明治新政府における官歴は、明治元年(一八六八)二月に、徴士参与・外国事務判事に任官したのがはじまりで、その直後、大阪府判事・刑法官に転任。翌二年には、永世禄として高千石を下賜され、その翌年、京都府権知事に就任。その後、まもなく東京出張を命ぜられ、東京府貫属となり、同四年には大阪府大参事、さらに同十一年に元老院議官、同十四年に神官教導職会議長に就任、同二十年に子爵、その後、貴族院議員・麝香間祇候となる。明治三十三年八月十五日没す。七十四歳。

参考文献 内閣修史局編『百官履歴』下(『日本史籍協会叢書』)

(石塚　裕道)

いわずみりょうじ 岩住良治 一八七五―一九五八 明治から昭和時代にかけての農学者。明治八年(一八七五)一月十日宮城県に生まれる。同三十三年七月東京帝国大学農科大学農学科卒業と同時に同大学実科講師に就任し、三十五年三月農学科畜産学講座助教授となった。三十六年七月より四十年三月までヨーロッパに留学。四十四年十一月畜産学講座教授に任命され、以後わが国畜産学界の中心的存在として欧米新知識の導入・紹介に努め、また畜産学の学問的体系化に貢献するなど、わが国における近代畜産学の基礎を築いた。大正十三年(一九二四)日本畜産学会創立と同時に初代会長に就任。昭和三年(一九二八)三月東大を停年退官、同年五月名誉教授に推薦される。同二十三年二月十日千葉市にて死去。八十三歳。著書として『畜産学教科書各論』(大正十三年)、『家畜改良論』(同十四年)、『家畜栄養の原理と応用』(昭和二年)、『畜産学汎論』(同十年)、その他論説がある。

参考文献 『東大農学部畜産学講座家畜育種学講座開設七〇周年記念誌』

(近宗　干城)

いわせただなり　岩瀬忠震　一八一八―六一　江戸時代後期の幕臣。字は善鳴、通称ははじめ篤三郎・忠三郎、のち修理、叙爵して伊賀守・肥後守と称し、蟾洲・百里・鷗処などと号した。文政元年（一八一八）、江戸に生まれた。旗本設楽貞丈の三男。母は林述斎の女。天保五年（一八三四）旗本岩瀬忠正の養子となり、終生部屋住の身で幕府に仕えた。安政元年（一八五四）正月老中阿部正弘に抜擢されて徒頭より目付に進み、海防掛を兼ねて以来、正弘の幕政改革を補佐して、講武所・蕃書調所・長崎海軍伝習所の創設に関与した。また勝海舟・矢田堀鴻らの俊才の登用を正弘に進言し、常に開国論を唱えて外交の第一線に活躍して、開明派の幕臣として知られた。同三年七月米国総領事ハリスが着任すると、下田に特派され、下田奉行とともに応接にあたり、九月には幕命により川路聖謨・水野忠徳と水戸老侯徳川斉昭に外交事情を報告、通商のやむを得ない旨を説き、十月外国貿易取調掛に任命された。翌四年四月長崎の取扱と貿易事項の調査を命ぜられ、長崎奉行とともに和蘭理事官クルチウスを応接し、八月日蘭追加条約に調印、ついで九月には露国使節プチャーチンと日露追加条約に調印した。帰府後、同年十二月井上清直とともにハリスと日米修好通商条約草案を審議し、翌五年正月これを終え、ついで老中堀田正睦の条約勅許奏請に川路聖謨とともに随行を命ぜられて上京、四月帰府した。将軍継嗣問題では一橋慶喜を推し、同月南紀派の井伊直弼が大老になると、同志とその就任反対を老中に進言し、大老より傲慢不遜と忌まれたが、外交交渉の第一人者であったため、しばらく処罰を免れた。同年六月十九日、ハリスの要求に従って井上清直と日米修好通商条約に調印し、ついで七月から九月にかけて、蘭露英仏四国と相ついで修好通商条約を結んだ。安政五箇国条約調印完了の二日後の九月五日、作事奉行に左遷され、翌六年八月二十七日、ついに罷免、切米を召し上げられ、差控に処せられた。爾来江戸向島の別墅に閑居し、文久元年（一八六一）七月十一日没した。四十四歳。江戸小石川白山蓮華寺に葬られたが、のち東京都豊島区の雑司ヶ谷墓地に改葬された。水野忠徳・小栗忠順とともに幕末三傑と称せられる。大正四年（一九一五）贈正五位。

参考文献　『維新史料』五六、川崎三郎『幕末三俊』、栗本鋤雲「岩瀬肥後守の事歴」（『匏庵遺稿』所収）、京口元吉「岩瀬肥後守忠震とその手記」（『史観』六二）

（吉田　常吉）

いわたあいのすけ　岩田愛之助　一八九〇―一九五〇　大正・昭和時代のいわゆる大陸浪人。右翼団体「愛国社」社長。明治二十三年（一八九〇）兵庫県姫路に生まれた。私立大成中学を卒業。同四十三年春中国大陸に渡った。翌四十四年黄興らによる武漢革命に参加。またこのあと、清朝復辟運動に活躍した。大正二年（一九一三）六月帰朝し、頭山満・内田良平・田中弘之（舎身）らに接近、対支外交問題を論じた。同年九月内閣の外交政策の失敗を批難して、岡田満・真継雲山・宮本千代吉とともに阿部外務省政務局長を暗殺した。同四年一月無期懲役に処されたが、十三年五月仮出所。同年十月ごろ北京に遊ぶ。昭和三年（一九二八）ごろ帰朝、間もなく愛国社を結成した（機関誌『愛国新聞』、幹部に角田知長、小山田大六など）。同四年五月、神奈川に愛国社村塾を開いた。六年から八年にかけて愛国学生連盟・愛国青年連盟・愛国法曹連盟・愛国労働連盟など各種支持団体を創った。なお、五年浜口首相を襲った佐郷屋留雄は岩田を慕って上京、岩田宅に寄寓していた。昭和二十五年三月没。

参考文献　今井清一・高橋正衛編『国家主義運動』一（『現代史資料』四）、内務省警保局編『昭和七年中ニ於ケル社会運動ノ状況』、田辺三郎・小杉賢二・岡野忠弘『愛国運動闘士列伝』、司法省刑事局編『国家主義乃至国家社会主義団体輯覧』（『思想研究資料』特輯三）、馬場義続「我国に於ける最近の国家主義乃至国家社会主義運動に就て」（『司法研究』一九）

（松沢　哲成）

いわたこうざん　岩田好算　一八一二―七八　幕末・明治時代前期の和算家。文化九年（一八一二）江戸に生まれる。名は専平。関流の馬場正統の門人として和算を修めた。『東京数学会社雑誌』第一号に寺尾寿（のちの東京天文台初代台長）が「岩田好算翁問題ノ制解及ヒ敷衍」と題する論文を寄せてから有名になった。わが国の和算家としては、ほぼ最後の人であるが、その経歴はほとんどあきらかでない。彼の問題とは、「一ツノ楕円ト其二切線トニ切触セル四ノ円ヲ画クニ、楕円ニ外切セル二ノ円ノ直径ノ積ハ、内切セル二ノ直径ノ積ト相等シ」というのである。当時の日本は和算の衰亡と洋算の輸入との過渡期にあり、独創的研究の見るべきものもなく、学会雑誌の論文といえども、要するに和算の問題を洋算で解くとか、それを避けてわざわざ和算に固執する難問解決の労をみずから誇るにすぎなかった。ここでの「岩田好算の問題」も純粋に和算的な方法によって解かれたものであった。岩田みずから曰く「元治元年（一八六四）八月ヨリ慶応二年（一八六六）五月ニ至リ漸ク大成ス紙筆ヲ費ヤスコト少カラス（中略）故ニ切磋琢磨ノ効ヲ積ンデ今本術ヲ得タリ」。明治十一年（一八七八）七月没。六十七歳。

（岡　邦雄）

いわたちゅうぞう　岩田宙造　一八七五―一九六六　明治から昭和時代にかけての弁護士、政治家。明治八年（一八七五）四月七日、山口県に生まれる。旧姓樋山。岩田家の養子となる。同三十一年東京帝国大学法科大学卒。三十三年、山県有朋系の月刊雑誌『明義』を創刊し、政党内閣反対の論陣を張る。東京日日新聞記者を経て、三十五年から弁護士となる。第一東京弁護士会会長、東京帝国大学農科大学・中央大学各講師、法制審議会・小作制度調査・民事訴訟法改正調査各委員を歴任。大正五年（一九一六）法学博士の学位を受ける。昭和六年（一九三一）から同二十一年まで貴族院勅選議員を勤める。同和会所属。

二十年、東久邇宮内閣および幣原内閣司法大臣に就任したが、二十一年公職追放。二十八年、日本弁護士連合会会長に就任。なおこの間、内閣顧問・行政査察使・鉄道会議議員および中外調査会・領土問題国民連盟・日本ハンガリー救援会・国民協会・中外調査会各会長等を勤めた。昭和四十一年二月二十二日死去。九十歳。 (成沢 光)

参考文献 日本経済新聞社編『私の履歴書』四

いわたとうしち 岩田藤七 一八九三―一九八〇 昭和時代のガラス工芸家。明治二十六年(一八九三)三月十二日東京で生まれた。大正七年(一九一八)東京美術学校金工科を卒業後、直ちに同校西洋画科に再入学して同十二年同科を卒業。はじめ帝展を舞台に彫刻を発表したが、昭和二年(一九二七)帝展に美術工芸部が新設されて以来ガラス工芸を出品し、翌三年「吹込みルビー色硝子銀花瓶」で、同四年「硝子製水槽」、五年「はぎ合せ硝子スタンド」で連続三回帝展特選となり、注目を集めた。彼は吹き硝子の技法に各種の斬新自由な意匠を凝らして、この分野に新生面を開いた功労者であり、二十五年第六回日展出品の「光の美(ガラス)」によって日本芸術院賞を受賞、二十九年芸術院会員に推され、四十五年には文化功労者にも選ばれた。昭和五十五年八月二十三日没。八十七歳。 (富山 秀男)

いわたふみお 岩田富美夫 一八九一―一九四三 明治から昭和時代前期にかけての国家主義者。明治二十四年(一八九一)十月二十七日生まれる。日本大学卒。中国の第三革命のとき、中国・シベリアに渡り、馬賊の群に投じたり、シベリアのチタの監獄に投獄されたりした。大正八年(一九一九)北一輝が上海で『日本改造法案大綱』執筆中に北の門下となる。『改造法案』の序文に「豪侠岩田の鉄腕」と記され、北の死に至るまで、その信頼を得、清水行之助とともに北の行動面の実行者であった。同時にまた社会主義者であった高畠素之の門下でもあった。同十二年二月猶存社が解散されるや同年六月大化会を創立す。この大化会時代に大杉栄遺骨奪還、前橋水平社などの諸事件を起し、また野田醬油争議で争議団と抗争した。昭和になり二・二六事件の被告磯部浅一の獄中手記の秘匿問題を起す。右翼のなかでは激しい行動をした代表的人物であった。昭和七年(一九三二)以来没年まで『やまと新聞』の社長となる。同十八年七月六日鎌倉に没す。五十三歳。

参考文献 内務省編『国家主義其ノ他ノ保守団体調表』、田辺三郎・小杉賢二・岡野忠弘『愛国運動闘士列伝』、馬場義続「我国に於ける最近の国家主義乃至国家社会主義運動に就て」(『司法研究』一九) (高橋 正衛)

いわたよしみち 岩田義道 一八九八―一九三二 昭和時代前期の共産主義者。明治三十一年(一八九八)四月一日生。愛知県葉栗郡北方村(一宮市)の出身。高等小学校卒業後一時代用教員となり、大正六年(一九一七)愛知県第一師範学校卒業、教職についたが、苦学して、同九年松山高等学校に入学、十二年京都帝大経済学部にすすんだ。河上肇の影響をうけ、社会科学研究会の主要メンバーとして活躍。十四年十二月以降京大学連事件に連座。昭和二年(一九二七)五月、治安維持法違反で禁錮十ヵ月を宣告されたが、控訴して活動をつづけた。上京して産業労働調査所員となり、翌年二月ごろ日本共産党に入党、第一回普選には松本治一郎の応援をした。三・一五事件後、党再建のため中国に渡り活動中の八月逮捕された。五年十月保釈出獄したが、偽装転向といわれる。翌年一月以降、風間丈吉らと中央委員会を構成し、『赤旗』の編集・宣伝につとめ、活版化を実現、また農民運動の指導にあたった。七年十月三十日、東京でスパイMこと松村と連絡中逮捕され、警視庁の拷問で十一月三日虐殺された。三十五歳。

参考文献 山辺健太郎編『社会主義運動』三、『現代史資料』一六)、加藤義信「岩田義道のおいたち」(『赤旗』一九七一年十一月四・五日) (神田 文人)

いわつきのぶはる 岩槻信治 一八八九―一九四八 明治から昭和時代の農業技師、育種家。明治二十二年(一八八九)八月三十日、愛知県碧海郡矢作村に生まれる。父は善吉。同三十九年、愛知県立安城農学校を卒業、直ちに愛知県立農事試験場にはいる。勤続四十三年の間に主として米麦に関する試験研究に従事、多数の優良品種の育成と栽培法の改善につとむ。特に、水稲品種「金南風(きんまぜ)」の育成で名声を得る。昭和二十三年(一九四八)没。六十歳。著書に『稲作改良精説』『米麦技術の改良』がある。 (細田 友雄)

いわながマキ 岩永マキ 一八四九―一九二〇 明治時代の社会福祉事業家。嘉永二年(一八四九)三月三日肥前国浦上村山里本原郷(長崎市)に生まれる。父は岩永市造。母は市造の先妻で名は不詳。浦上教徒事件に際して明治二年(一八六九)岡山藩に配流。同六年、キリシタン弾圧停止で帰郷。翌七年、赤痢・天然痘流行にあたり、救護活動に挺身し、その終息後、孤児養育に志し、明治十年、同志の乙女らと女子修道院浦上十字会を創立して、生涯独身で共同生活をしながら、孤児養育に献身した。大正九年(一九二〇)一月二十七日没。七十二歳。墓は長崎市石神町のこうらんば墓地にある。マキの遺業はその後も長崎聖婢姉妹会の社会福祉事業として発展、今日に至っている。

参考文献 片岡弥吉『信仰に輝くキリシタン婦人達』、同『岩永マキと浦上の乙女たち』 (片岡 弥吉)

いわながゆうきち 岩永裕吉 一八八三―一九三九 大正・昭和時代前期のジャーナリスト。明治十六年(一八八三)九月十三日、長与専斎の四男として東京神田駿河台に生まれたが、同二十三年母方の叔父岩永家の養子となる。四十二年京都帝国大学を卒業し四十四年満鉄に入社したが、大正六年(一九一七)退社、鉄道院総裁秘書官などを勤める。同七年から翌年にかけ欧米を回って帰国。九年四月から外国事情の紹介誌『岩永通信』の発行を始める。十年国際通信社の樺山愛輔社長に請われて、同社へ入社。十五年五月には「国際」と「東方通信社」を合併して「日本新聞聯合社」を創立、日本を代表するナショナル＝ニュース＝エージェンシー設立の構想実現に着手する。以後米国のAP、英国のロイターなどと対等の通信契約を結ぶのに成功、日本の通信独立に大きな功績を果たした。昭和十一年(一九三六)当時の二大通信社、「聯合」と「日本電報通信社」を合併して「同盟通信社」を設立、社長となり、名実ともに日本の代表的通信社を作りあげた。同十三年十二月、貴族院議員に勅選されたが、翌十四年九月二日、五十七歳で没した。

参考文献 古野伊之助編『岩永裕吉君』

(春原 昭彦)

いわなみしげお 岩波茂雄 一八八一—一九四六 大正・昭和時代の出版人。岩波書店の創業者。明治十四年(一八八一)八月二十七日、長野県諏訪郡中洲村(諏訪市)に、農家の長男として生まれる。日本中学を経て、同三十四年に第一高等学校に進み、阿部次郎・安倍能成らと交わり、人生問題に悩み、トルストイに傾倒した。その後、東大哲学科選科に入り、同四十一年に卒業。しばらく教職にあったが、大正二年(一九一三)に古本屋「岩波書店」を開業、翌三年には夏目漱石の『こゝろ』を処女出版した。以後、『哲学叢書』(大正四—六年)、『岩波文庫』(昭和二年—)など、多くの書籍・雑誌を刊行し、学問・文化の発展に貢献した。昭和十五年(一九四〇)、津田左右吉の諸著の出版に関し、著者とともに起訴されたが、同十九年、時効により免訴。二十年、貴族院議員となり、翌二十一年二月、文化勲章を授与された。同年四月二十五日に死去。六十六歳。鎌倉東慶寺に葬られる。

参考文献 安倍能成『岩波茂雄伝』、小林勇『惜櫟荘主人—一つの岩波茂雄伝—』、『岩波書店五十年』

(古田 光)

いわのほうめい 岩野泡鳴 一八七三—一九二〇 明治・大正時代の詩人、小説家、評論家。本名美衛。明治六年(一八七三)一月二十日、名東県津名郡洲本(兵庫県洲本市)に直夫・サトの長男として生まれた。幼時から神道思想や自由民権運動、キリスト教思想などへの接近がみられたことは、泡鳴みずから語るところである。長じて大阪の泰西学館に入り、時代の風潮にも促されて、伝道師たらんとして洗礼をうけた。明治二十一年、一家東京転住に伴い、明治学院に入学、このころからキリスト教への情熱はうすれ、同二十四年仙台神学校(同年東北学院と改組)に学ぶに及んで、エマソンへの著しい傾斜を通して、キリスト教から離脱した。キリスト教への批判は『神秘的半獣主義』から『古神道大義』に至る思想展開の基盤ともなった。劇作家を志して明治二十七年帰京、詩作も試み、滋賀県立第二中学校教師を勤めていた明治三十四年には、第一詩集『露じも』を自費出版した。その後『明星』を主な舞台として、詩や詩論を発表していたが、三十六年に至って相馬御風・前田林外らと雑誌『白百合』を創刊した。この期の作は第二詩集『夕潮』(明治三十七年)と第三詩集『悲恋悲歌』(同三十八年)に収められ、みずから苦悶詩と称する独自の詩風は詩壇の注目するところとなった。一方、『芸者小竹』(同三十九年)などを発表して小説にも興味を示し、さらに『神秘的半獣主義』(同年)で刹那的文芸観を開陳した。この論は発展拡大して『新自然主義』(同四十一年)や『悲痛の哲理』(同四十三年)となり、芸術即実行や一元描写などの主張を生み、日本主義思想にまで及ぶ。第四詩集『闇の盃盤』(同四十一年)も『新自然主義』の産物である。明治四十二年、一元描写的方法の契機となった『耽溺』を発表して、小説家としての地歩を確立したが、生活上のゆき詰りもあって、この年樺太での蟹の罐詰事業を企てた。しかし失敗に終って帰途北海道を放浪、この間の経緯はのちに長篇五部作『発展』『毒薬を飲む女』『放浪』『断橋』『憑き物』にまとめられた。帰京後は五部作の女主人公のモデルとも別れ、妻とも別居し、新たに遠藤清子と同棲して世間に話題をまいた。一時期大阪新報社に勤務して東京を離れたが、大正期に入るや、執筆活動ますます旺盛となり各誌をにぎわした。短篇集『ぼんち』(大正二年)や、アーサー＝シモンズの『表象派の文学運動』(同年)、第五詩集『恋のしやりかうべ』(同四年)などを出版する一方、『筧博士の古神道大義』(同年)、『近代生活の解剖』(同年)、さらに雑誌『新日本主義』(のち『日本主義』と改称)の創刊(同五年)などで、彼本来の自我の絶対観を基底とする「個人主義的国家主義」「内部的帝国主義」を唱道した。大正四年(一九一五)、第二の妻清子と別居し、蒲原英枝と同棲したため世間の非難をあびたが『男女と貞操問題』(同四年)で反駁、刹那主義・生々発展主義の恋愛観・結婚観を明らかにした。なお、早くから萌していた一元描写の方法も「現代将来の小説的発想を一新すべき僕の描写論」(同七年)に至って確立した。作中の一主要人物に作者の感情を移入し、その人物の視点を通して観察するという彼の描写論は『猫八』(同七年)、『浅間の霊』(同年)などの、いわゆる「有情滑稽物」の佳作を生んだ。さらに一元描写の立場から五部作を改訂したり、最初の妻幸と二人の男の子とに材料を得た「おせい物」といわれる六連作を執筆するなど、精力的な活動を続けていたが、大正九年五月九日、四十八歳で病死し、東京豊島区の雑司ヶ谷墓地に埋葬された。主観的、独断的な彼の思想と理論は、創作にも拡充され、客観的、観照的な自然主義作家の中にあって、ひときわ特異な存在であり、徹底した愛欲の解剖と奔放不羈な表現と相まって、自然主義文壇の一新風となった。没後『泡鳴全集』全十八巻が刊行された。

参考文献 舟橋聖一『岩野泡鳴伝』、吉田精一『自然主義の研究』、大久保典夫『岩野泡鳴』、柳田知常『岩野泡鳴論考』、大久保典夫『岩野泡鳴の時代』、伴悦『岩

野泡鳴—「五部作」の世界—』、鎌倉芳信『岩野泡鳴研究』　（杉本　邦子）

いわはしこやた　岩橋小弥太　一八八五—一九七八　大正・昭和時代の国史学者。明治十八年（一八八五）十月十一日、大阪府東区北久宝寺町三丁目（大阪市）で出生。同四十年国学院大学師範部国語漢文科卒業。『大阪市史』の編纂、三井家家史編纂室の嘱託を経て、大正六年（一九一七）京都帝国大学文科大学国史研究室助手。同十三年東京帝国大学史料編纂所嘱託、臨時東山御文庫取調嘱託となり、同十四年東京帝国大学史料編纂官に任官。昭和二十二年（一九四七）退官まで『大日本史料』第七編の編纂にあたった。昭和二十一年から同四十三年まで国学院大学史学科教授として古代・中世史を講じ、昭和二十四年「中世の謡物に関する研究」により文学博士の学位受領。学問領域は古代から近世にわたったが、古記録・古文書に通暁し、また中世芸能史研究に業績がある。壮年時代は実証的中世史家として令名高く、京都社寺を中心とする史料の調査・研究に貢献した。帝国学士院の『宸翰英華』完成はその力に負うことが大きい。晩年はもっぱら古代史研究に従事し、主として律令制度の解明を行なった。また永らく重要美術品等調査委員会委員・文化財専門審議会専門委員として文化財保護にも尽力した。同三十九年紫綬褒章受章。同五十三年十二月九日没。九十三歳。墓は東京都多磨墓地にある。法名寿山院葉間日泰居士。主要著書『京畿社寺考』『史料採訪』『日本芸能史』『上代史籍の研究』『上代官職制度の研究』『花園天皇』（『人物叢書』）、『上田秋成』など。

参考文献　『国史学』一〇八（岩橋小弥太博士追悼号）、岩橋小弥太「葉間堂老翁自伝」（『国学院雑誌』八〇ノ一一）　（山本　信吉）

いわむらしのぶ　岩村忍　一九〇五—八八　昭和時代のモンゴル史研究者。明治三十八年（一九〇五）九月二十六日、北海道小樽区に生まれる。カナダのトロント大学大学院で経済史を専攻。昭和五年（一九三〇）新聞連合社に入社。満洲事変後、国際連盟のリットン調査団に随行取材。ヨーロッパ駐在中、十三世紀モンゴル政権下における東西交渉に関する史料を収集し、『十三世紀東西交渉史序説』（昭和十四年）を発表した。同十七年、文部省民族研究所第二部長となり、北中国のイスラム教徒社会を調査した。昭和二十五—四十四年、京都大学人文科学研究所教授。この間、同大学の東南アジア研究センターの設立に努力し、初代所長を勤めた。同二十九—三十年、アフガニスタンに残るモンゴル族の子孫とその言語の調査に従事、ヒンズークシ山中のジルニ村でペルシャ語＝モンゴル語の語彙集を発見、英文によるその研究であるZirni Manuscript（昭和三十六年）を発表した。なお『モンゴル社会経済史の研究』（同四十三年）は文献研究の集大成である。日本モンゴル学会初代会長をも勤めた。昭和六十三年六月一日没。八十二歳。　（勝藤　猛）

いわむらたかとし　岩村高俊　一八四五—一九〇六　明治時代の官僚。別に精一郎ともいう。弘化二年（一八四五）十一月十日、高知藩陪臣の家に生まる。長兄が岩村通俊、次兄が林有造。戊辰戦争で、「東征軍」の東山道総督府監察兼応接掛をつとめ、ついで軍監として活躍し、その功を認められ、明治二年（一八六九）に、永世禄高二百石を受けた。その後、宇都宮・神奈川両権参事を歴任した後、同七年佐賀県権令となり、佐賀の乱鎮定に功をおさめた。その直後、全権弁理大臣大久保利通の随員として清国に赴く。帰国後、愛媛・石川・愛知県令として赴任。また福岡・広島県知事などを歴任。同二十五年に貴族院議員に勅選され、その後、男爵を授けられた。同三十九年一月四日没。六十二歳。

参考文献　内閣修史局編『百官履歴』下（『日本史籍協会叢書』）、黒竜会編『西南記伝』六、井尻常吉編『歴代顕官録』　（石塚　裕道）

いわむらとおる　岩村透　一八七〇—一九一七　明治・大正時代の美術史家。号は芋洗・観堂。明治三年（一八七〇）正月二十五日東京小石川に生まれる。父は高俊。同二十一年東京英和学校を中途退学してアメリカに留学、二十四年さらに渡仏してアカデミー＝ジュリアンで画技を学んだ。このころ黒田清輝や久米桂一郎らと親交があり、翌年帰国してからは明治美術会の評議員、二十九年白馬会の会員となったのち、東京美術学校で西洋美術史を講じ、三十四年同校教授に推された。また文展開設後は審査員を勤めたほか、大正二年（一九一三）国民美術協会の創立に尽力したが、その間主として雑誌『美術評論』や『美術新報』などを通じて、斬新な批評や西洋美術史学の諸論を発表。美術界に多くの新風を送った。大正六年八月十七日神奈川県三崎で没す。四十八歳。著書には『西洋彫刻史』『芸苑雑稿』などがある。

参考文献　清見陸郎『岩村透と近代美術』　（富山　秀男）

いわむらみちとし　岩村通俊　一八四〇—一九一五　明治時代の官僚政治家。天保十一年（一八四〇）六月高知藩陪臣の家に生まる。林有造・岩村高俊の兄。戊辰戦争に参加。明治二年（一八六九）箱館府権判事、同三年開拓判官、五年開拓大判官に任ぜられ、初期の北海道開拓に従事。六年佐賀県権令、七年工部省出仕、同年大久保利通に従って佐賀の乱鎮圧に出張、二等議官、八年四等判事。九年山口裁判長となり萩の乱の裁判を行う。十年西南戦争勃発とともに大久保の信頼をうけ鹿児島県令となり、県政再建に尽力。十三年元老院議官、十四年会計検査院長。十五年沖縄問題で同県出張、翌十六年同県知事を兼任、十七年恩給局長官を兼任、同年司法大輔、十九年北海道庁長官として再び北海道開発に尽力。二十一年再度元老院議官、同年農商務次官、翌年第一次山県内閣の農商務大臣。二十三年宮中顧問官、二十四年御料局長となり、二十九年免官、同年男爵を授けられた。大正四年（一九一五）二月二十日没。七十六歳。

参考文献 片山敬次『岩村通俊伝』、『岩村通俊関係文書』（『史学雑誌』七八ノ一一・一二、七九ノ一）
（伊藤 隆）

いわむらみちよ 岩村通世 一八八三―一九六五 大正・昭和時代の司法官僚。明治十六年（一八八三）八月二十一日東京に生まる。男爵岩村通俊の五男。同四十三年東京帝国大学法科大学卒。検事となり、東京地裁検事・司法省参事官兼秘書官長・大臣官房秘書課長・同保護課長・東京控訴院検事・名古屋地裁・東京地裁検事正などを歴任。この間八幡製鉄疑獄・帝人事件・天皇機関説問題などの審理に関係し、また司法保護、少年保護法、施設の充実に力をそそぎ、後々までこの方面の事業に尽力した。昭和十年（一九三五）司法省刑事局長となり、二・二六事件の処理にあたり、同十二年大審院検事次長となり、神兵隊事件の立会検事、さらに同年司法次官、十五年には検事総長に就任、ゾルゲ事件を処理した。十六年七月第三次近衛内閣に入閣して司法大臣となり、同年十月東条内閣成立とともにひきつづき司法大臣として留任、尾崎行雄不敬事件・中野正剛事件に関係したが、また司法における戦時体制の確立に尽力。二十年第一級戦犯容疑者として巣鴨に収容されたが、二十三年容疑がはれて釈放。その後弁護士。また東京家庭裁判所調停委員、日本調停協会連合会理事長として、日本における調停制度の創立期から関係してきた関係上、調停制度の発展のため尽力するところがあった。昭和四十年三月十三日没。八十一歳。

参考文献 岩村通世伝刊行会編『岩村通世伝』
（伊藤 隆）

いわもとかしこ 巌本嘉志子 ⇩若松賤子（わかまつしずこ）

いわもとぜんじ 巌本善治 一八六三―一九四二 明治時代の雑誌記者、女子教育者。文久三年（一八六三）六月十五日、但馬国出石郡出石に生まれた。父井上藤兵衛は商人で彼はその次男である。のち巌本家の養子となった。明治九年（一八七六）上京、同人社および学農社農学校に学び、同校卒業後学農社から刊行されていた『農業雑誌』の編輯に従事、また同社社長津田仙の影響下にキリスト教を信仰するに至った。同誌は自由主義的傾向の強い雑誌であり、彼の啓蒙主義的論説がその性格を特徴づけていた。またキリスト教的立場より婦人解放に関心をよせ、明治十七年『女学新誌』（翌年『女学雑誌』と改題）編輯人、翌十八年『基督教新聞』の主筆として活躍、さらに同二十年明治女学校教頭となり、啓蒙的な女子教育を通じて教育界に大きな影響を与えた。同二十二年若松賤子と結婚、彼女も『女学雑誌』の編輯に助力した。昭和十七年（一九四二）十月五日、八十歳にて没した。

参考文献 東京都編『東京の女子教育』、伝田功『近代日本経済思想の研究』
（伝田 功）

いわもとまり 巌本真理 一九二六―七九 昭和時代のバイオリニスト。大正十五年（一九二六）一月十九日東京生まれ、小女時代は巌本メアリー・エステルと名乗った。小野アンナに学び、昭和十二年（一九三七）十一歳で第六回音楽コンクールの第一位となり、天才少女と呼ばれる。その後、独奏者として活躍するが、その間に斎藤秀雄に室内楽を師事。同三十九年、「巌本真理弦楽四重奏団」を結成。十五年間に九十四回の定期演奏会を行なった。また二十二年～二十五年、東京音楽学校の講師もつとめた。四十九年モービル賞、五十四年サントリー特別賞など多くの賞を受けた。五十四年五月十一日東京で没。五十三歳。
（石田 一志）

いわやいちろく 巌谷一六 一八三四―一九〇五 明治時代の書家。名は修、字は誠卿・古梅、号は一六居士・迂堂・金粟・嗡霞楼・呑沢。天保五年（一八三四）二月一日近江水口町に生まる。父は水口藩医玄通で幼時に死別し、母と出京して書を安見氏、漢学を皆川西園、医を三角東園に学び、二十一歳で帰藩して父の職を嗣いだ。明治維新前、勤王家として大和義挙の志士藤本鉄石・松本奎堂らと親交し、三条実美に接近した。維新後は徴士・議政官史官・太政官内史となり当時の詔勅・制令の浄書を執筆した。のち内閣書記官・元老院議官・錦鶏間祗候・貴族院議員を歴任した。書は菱湖流に出発し、のち楊守敬の来日を機に一変して堅勁洒脱の書風をもって一六流をなした。日下部鳴鶴と並び明治時代の書名をうたわれる。明治三十八年（一九〇五）七月十一日没。七十二歳。作品に「熾仁親王墓誌銘」、法帖に『白楽天池上篇』ほかがある。

参考文献 伊東卓治「明治の書道」（『明治文化史』八所収）、奥山錦洞『日本書道史』
（樋口 秀雄）

いわやさざなみ 巌谷小波 一八七〇―一九三三 明治時代の童話作家、小説家。本名季雄、別号漣山人。明治三年（一八七〇）六月六日東京に生まれる。父修は一六居士と号した書道・漢詩の名家。季雄は独逸学協会学校を卒え、同二十年杉浦重剛の称好塾に学ぶ。尾崎紅葉らの硯友社に加わり、『我楽多文庫』の『真如の月』（明治二十年）を処女作とし、『妹背貝』（『新著百種』、同二十二年）によって作家の名をあげた。『こがね丸』（『少年文学』一、同二十四年）は児童文学に新生面をもたらし、やがてこの分野の第一人者となった。二十八年『少年世界』を創刊、多くのお伽噺を発表、また『日本昔噺』『日本お伽噺』なども刊行した。三十三年、ベルリン大学東洋語学部講師として渡欧、帰朝後は文部省の各種委員となり、大正以後は童話口演により全国の子供たちに親しまれた。昭和八年（一九三三）九月五日没。六十四歳。著書は多く、その主要なものは『小波お伽全集』に収められ、『世界お伽噺』（百冊、明治三十二年）、『世界お伽文庫』（五十冊、同四十二年）のほか、アジア諸国の説話八千余篇を集めた『大語園』（全十巻、昭和十年）もある。

参考文献 巌谷小波『我が五十年』、福田清人『硯友社の文学運動』、木村小舟『少年文学史』、伊狩章『後期硯友社文学の研究』
（伊狩 章）

いわやまつへい　岩谷松平　一八四九―一九二〇　わが国における紙巻たばこ製造の創始者。嘉永二年(一八四九)二月二日、岩谷卯之助の次男として薩摩国川内向田町(鹿児島県川内市向田町)に生まれる。十七歳のとき、生家の宗家にあたる叔父で、藩の用達商人であった岩谷松兵衛の養嗣子になった。明治二年(一八六九)に家督をつぎ、廃藩後も鹿児島県物産の回漕・販売に活躍したが、同十年八月、上京して銀座に呉服太物店薩摩屋を開設した。十三年春、店を拡充すると同時にたばこ販売業を兼営し、さらに鹿児島出身の元勲川村純義の勧めで、鹿児島産の葉たばこを用いて紙巻たばこの製造・販売に乗り出した。東京の京橋木挽町に工場を設け、製品には「天狗」印の商標を付け、等級に応じ金・銀・赤・青の四種に分けた。宣伝に独特の工夫をこらし、「岩谷天狗」の評判を高めた。一方、十六年にはアメリカのギンボール商会と契約し、同商会製たばこの日本における販売代理人となった。三十八年、たばこ製造専売制実施に際し、彼の事業は政府に買収され、その後は牧畜・肥料販売などの事業に従った。なお、三十六年三月には、衆議院議員に当選した。大正九年(一九二〇)三月十日七十二歳で没した。

参考文献　実業之世界社編『財界物故傑物伝』上

(服部　一馬)

イング　John Ing　一八四〇―一九二〇　アメリカのメソジスト監督教会宣教師。漢名は殷約翰。セントルイスに生まれ、インディアナ州アスベリー大学に学び、もと騎兵少佐であったが、メソジスト教会に入り、三年間中国の九江で伝道に従ったのち、明治七年(一八七四)日本に渡来し、弘前の東奥義塾の創立者菊池九郎の求めに応じてここに英語教師として雇われ、同十一年まで英語・理学・化学・博物・数学・史学を担当、地方教育の振興に努め、十年には、塾生珍田捨己・佐藤愛麿ら五名をアメリカに留学させた。弘前では塾長本多庸一と協力してよく伝道に努め、八年十一月の弘前基督公会創立に功があった。また自然科学の知識に富み、トマト・アスパラガス・レタス・リンゴなどの種子や苗木をアメリカから移植した。日本語は話せなかったが、その人柄は塾生の恭敬を受けた。病のために明治十一年帰国。一九二〇年六月四日没。

(金井　圓)

いんしへい　尹始炳　Yun Si-byŏng　一八五九―一九三一　李氏朝鮮末期の政治家。京畿道坡州郡の人。内外官職を歴任し全羅北道観察使になったが、一八九六年独立協会ができると退官して協会に入り、協会が主宰する万民共同会の議長となって活躍、政府の弾圧に抗してたたかった。九八年独立協会が解散させられたのち日本・清国を遊歴し、一九〇四年日露戦争がおこると日本の黒竜会の後援を得て一民会をつくり、つづいて維新会に合流して会長になり、さらに宋秉畯とともに一進会をつくって会長になり、親日を高唱し日本の軍事活動を助けた。戦争終了後、会長の地位を李容九にゆずったが、親日活動をつづけ日韓併合を画策した。

参考文献　鄭喬『韓国季年史』

(旗田　巍)

いんじょこう　殷汝耕　Yin Ru-geng　一八八八―一九四七　中国近代の政治家で親日派。中国浙江省に生まれ、早稲田大学政経学部卒業。日本人を妻とする。帰国後革命運動に参加したが、やがて中華民国政府に入り、対日問題の処理にあたる。大正十四年(一九二五)に郭松齢が、日本の関東軍の支持する張作霖に反旗を翻したとき、彼は郭軍の外交部長として、同軍の奉天攻撃について日本側の諒解を得ることに努めた。郭軍の敗北後、日本に亡命して、郭軍への参加を釈明した。その後蔣介石の配下として対日問題にあたっていたが、昭和十年(一九三五)梅津・何応欽協定成立の結果として、日本側が河北省から国民政府と国民党の勢力を駆逐したあと、殷はその東北隅に冀東防共自治委員会(のち政府と改称)という名の傀儡政権を組織した。そして日本側から求められるままに、この政府の海岸線で日本商品の密輸を公認して、中国市場を混乱させ、中国人民の排日意識をあおりたてる結果を招いた。同十二年日華事変発生直後、通州で彼の部下が反乱を起し、多くの日本人を殺傷する事件が起ったので、殷は責任を問われて辞職したが、その後も引き続き日本軍に協力した。戦後、漢奸として中国人の手で処刑された。

(島田　俊彦)

う

ウィグモア John Henry Wigmore 一八六三—一九四三 アメリカの法律学者。一八六三年三月四日、アメリカ、サンフランシスコに生まれる。八七年ハーバード大学を卒業して法律学を修め、同年から八九年までボストンで弁護士を開業した。明治二十二年(一八八九)慶応義塾大学法律科の主任教授として来日、同二十五年まで在職して英米法を講じ、法律学科育成に貢献した。かたわら日本の法制史の研究をした。一八九三年以後ノースウェスタン大学法学教授となり、一九〇一年から二九年まで法学部長をつとめ、名誉教授となった。昭和十年(一九三五)再び来日、東京帝大・慶応義塾などで法制史の講演をなし、また江戸時代法制史資料を集めた。一九四三年四月二十日、シカゴに没した。八十歳。英米証拠法の権威であり、江戸時代の法制に関する著述もある。著書に Materials for the Study of Private Law in Old Japan (1892); Treatise on Evidence (10 vols., 1904—05, 1923, 1940); Pocket Code of Evidence (1909); A Panorama of the World's Legal Systems (1928, 36); Kaleidoscope of Justice (1941) などがある。

参考文献 大久保利謙編『外国人の見た日本』三、高柳賢三「ウィグモア先生の人格と業績」(帝国大学新聞社編『文化と大学』所収)、平良「J・H・ウィグモア博士関係文献目録」(慶応義塾大学『法学研究』三一ノ二・三合併号) (重久篤太郎)

ウィッテ Sergei Yulievich Vitte ⇩ビッテ

ういはくじゅ 宇井伯寿 一八八二—一九六三 大正・昭和時代の印度哲学・仏教学者。明治十五年(一八八二)六月一日愛知県宝飯郡下佐脇村(御津町)に生まれた。幼名茂七、十二歳の時、檀那寺の東漸寺に入って得度し、名を伯寿と改めた。第一高等学校を経て同四十二年七月、東京帝国大学文科大学印度哲学科を卒業。同大学院において高楠順次郎教授のもとに研究を重ね、曹洞宗大学講師となり、大正二年(一九一三)より同六年まで同宗海外留学生として欧州に学んだ。同八年東京帝国大学講師、同十二年東北帝国大学教授、昭和五年(一九三〇)東京帝国大学教授に転任、翌六年には『印度哲学研究』六巻によって帝国学士院賞を受賞した。同十八年定年により同大学退官、同二十年に帝国学士院会員に選ばれ、同二十八年に文化勲章を受けた。また駒沢大学教授・同学長・名古屋大学講師等の諸大学の教授・講師も兼ねた。印度哲学・仏教学研究に多大の業績を遺し、『仏教汎論』『摂大乗論研究』などの多数の大著がある。昭和三十八年七月十四日、神奈川県鎌倉市二階堂の自宅に没す。八十一歳。多磨墓地に葬られた。のち、東漸寺にも分骨埋葬。

参考文献 宇井伯寿『インド哲学から仏教へ』 (古田 紹欽)

ウィリアムズ Channing Moore Williams 一八二九—一九一〇 米国聖公会(内外伝道協会)派遣の宣教師。日本聖公会初代主教。立教大学・立教女学院などの創立者。一八二九年七月十八日アメリカ、バージニア州リッチモンドに生まれる。ウィリアム＝アンド＝メリー大学、バージニア神学校卒業。J・リギンズと中国で活躍。のち日本最初のプロテスタント宣教師の一人として安政六年(一八五九)六月五日長崎に上陸した。しかし当時は禁教下だったので日本語の習得に努め、宣教開始に備えた。慶応元年(一八六五)中国と日本の主教となる。明治二年(一八六九)十月大坂へ移り、私塾をひらき英学を教える。同六年二月切支丹禁制の高札が撤去され、同年十一月東京へ移る。以後同四十一年四月帰国するまで、キリスト教の宣教と教育に献身した。常に粗衣・粗食に甘んじ、聖徒の面影があったといわれる。一九一〇年十二月二日、生まれ故郷で死去。八十一歳。生涯独身を通した。

参考文献 元田作之進『老監督ウィリアムズ』、松平惟太郎『日本聖公会百年史』、佐波亘編『植村正久と其の時代』、徳重浅吉『維新政治宗教史研究』、『立教学院百年史』、安藤美登里・力武葉子・五十嵐睦子「C・M・ウィリアムズ」(『近代文学研究叢書』一二所収)、矢崎健一「C・M・ウィリアムズの翻訳と著書」(『キリスト教史学』一六)、伊沢平八郎「C・M・ウィリアムズについて」(同) (伊沢平八郎)

ウィリアムズ Samuel Wells Williams 一八一二—一八八四 米国伝道会社所属の宣教師。中国研究者。一八一二年九月二十二日生まる。三三年中国に渡り、広東で『中国叢書』The Chines Repository の編集にあたる一方、澳門で日本の漂流漁師より日本語を学んだ。天保八年(一八三七)日本人送還のモリソン号に乗り組み、江戸湾で撃退された。嘉永六年(一八五三)ペリー艦隊の通訳として来日、翌年たまたま吉田松陰海外脱出に出会った。松陰は彼の日本語をほめている。安政五年(一八五八)長崎滞在中オランダ人ドンケル＝クルティウスよりの報に同じく滞在中のサイルとウッドと連絡し、米国監督・米国改革・米国長老教会最初の宣教師派遣のきっかけをつくった。のちエール大学で教えた。一八八四年二月十六日没。七十一歳。著書に『中国総論』The Middle Kingdom (1848)、『ペリー日本遠征随行日記』(『新異国叢書』八所収) A Journal of the Perry expedition to Japan (1910) などがある。

参考文献 Frederick Wells Williams, ed., The life and letters of Samuel Wells Williams (1889); Frederick Wells Williams, ed., The Journal of S. Wells Williams, Journal of the North-China Branch of the Royal Asiatic Society. vol. 42 (1911) (大内 三郎)

ウィリス William Willis 一八三七―九四 イギリスの医学者。一八三七年アイルランドのフェルマナー州フローレンス=コートに生まれ、エジンバラ大学で医学を学び、五九年に卒業。翌六〇年五月、ロンドンのミドル=セックス病院の医員となり、一年半の間在職した。文久元年(一八六一)末に江戸のイギリス公使館の医官として来日。生麦事件・薩英戦争には負傷者の手当に活躍、これが機縁となって鹿児島藩と密接な関係を結ぶこととなり、明治元年(一八六八)正月の鳥羽・伏見の戦に際しては同藩の依頼に応じて京都相国寺の鹿児島藩軍陣病院で負傷者の治療にあたった。その後いわゆる維新戦争の時に各地(横浜・東京・越後高田・柏崎・新発田)の軍陣病院に出張して多数の負傷者の治療にあたり、切断手術・弾丸摘出術をも行なった。戦乱平定後、同二年三月、医学校教師に任ぜられ、兼ねて東京府大病院医官となったが、同年に日本政府のドイツ医学採用の方針が定まったため、西郷隆盛の斡旋によりその年末に鹿児島に赴き、医学校と病院を開設した。同十年まで医学教育と患者の診療にあたり、また鹿児島地方の公衆衛生を指導した。同年イギリスに帰り、同十四年再び来日したが、間もなくイギリスへ戻った。その後イギリス王立外科学会会員となり、一時開業した。一八八五年バンコック駐在イギリス公使館医官となり、九二年まで在職した。九四年二月十四日故郷で病気のため没した。

参考文献 鮫島近二『明治維新と英医ウィリス』、石橋長英・小川鼎三『お雇い外国人』九 （大鳥蘭三郎）

ウィン Thomas Clay Winn 一八五一―一九三一 米国長老教会在日外人宣教師。一八五一年六月二十九日米国ジョージア州に生まれた。ユニオン神学校卒業。すでに渡日していた最初の宣教師ブラウン S. R. Brown は伯父で、その感化を受け明治十年(一八七七)来日、十二年石川県中学師範学校の外人教師となった。十四年任期を終えたのちもそのまま三十一年まで金沢にとどまってキリスト教伝道につとめ、孤児院、愛真学校(北陸学院の前身)を設立し、同地にキリスト教の地盤を築いた。その後同年から三十九年にかけて大阪に伝道し、折から日露戦争後遼東半島、満洲の伝道を計画せる日疋信亮らに要請されて大連に赴き、大正十二年(一九二三)まで大連・奉天・旅順・沙河口・新義州・撫順・長春における教会(日本基督教会派)の設立、伝道に尽力した。隠退後来日し、昭和六年(一九三一)二月八日金沢で死去した。七十九歳。

参考文献 中沢正七編『日本の使徒トマス・ウヰン伝』、佐波亘編『植村正久と其の時代』三 （大内三郎）

ウィンクラー Heinrich Winkler 一八四八―一九三〇 ドイツの比較言語学者。カストレン(フィンランドの言語学者)が『アルタイ諸語の人称接辞』(一八六二年)のなかで、フィンノ=ウグル語、サモエード語、モンゴル語、満洲・ツングース語、トルコ語の人称接辞を比較して系統関係を論じてから、欧州ではそれに刺激されてウラル(フィンノ=ウグル、サモエード)、アルタイ(モンゴル・ツングース・トルコ)学説が盛んとなり、その同系を擁護した学者の一人がウィンクラーである。日本語をウラル=アルタイ系の言語と考え、特にフィン語と関係が深いと見た(ハンガリーのプレーレも日本語をウラル系言語に近いと見た)。ウィンクラーのウラル=アルタイ説は主としてタイポロジー・シンタクスの類似点に重きをおき、形態論や音体系における実質的合致の証明にまでは進まなかった。藤岡勝二は一九〇二年(明治三十五)九月ブレスラウでウィンクラーに会い影響を受けた(『国学院雑誌』八ノ四)。『ウラル・アルタイ諸民族と言語』(一八八四年)、『ウラル・アルタイ語族、フィン語と日本語』(一九〇九年)などの著書がある。 （村山七郎）

ウィンチェスター Charles Alexander Winchester ?―一八八三 イギリスの外交官。一八四一年海軍軍医補に任命。四二年中国に渡り、はじめ香港居留地の医官をつとめ、厦門(アモイ)・寧波(ニンポー)など各地領事館に勤務したのち、五五年広東駐在副領事に任命。文久元年二月(一八六一年三月)箱館駐在領事に任命され、翌二年十月(六二年十二月)神奈川駐在領事に転じた。その間オールコックの帰国後、同二年一月(六二年三月)から四月(五月)まで二ヵ月間、代理公使をつとめたことがあった。神奈川駐在領事として勤務中、同三年末(六四年初め)から翌元治元年初めにかけて幕府の生糸貿易制限の強行にさいし、しばしば神奈川奉行と交渉した。オールコックの再度帰国後、元治元年十一月(六四年十二月)から翌慶応元年閏五月(六五年七月)まで、再び代理公使をつとめた。その間、慶応元年四月(六五年四月)下関償金の三分の二を免除する条件として、(一)一八六六年一月一日よりの兵庫開港、(二)条約勅許、(三)輸入関税軽減を本国政府に提案し、やがてその承認を得た。一八六五年三月上海駐在領事に転じ、七月同地に赴任した。一八八三年七月十八日没。六十三歳。

参考文献 『横浜市史』二、沼田次郎編『幕末駐日英国外交使臣略歴並ビニ在日英国公使館領事館一覧』、石井孝『増訂明治維新の国際的環境』 （石井孝）

ウーヌ U Nu 一九〇七―九五 ビルマ連邦共和国の政治家。一九〇七年五月二十五日、下ビルマ、ミャウンミャ県に生まれる。二九年ラングーン大学卒業後、下ビルマ、マウビン県の公立高校に赴任、三一年結婚。三四年退職し、ラングーン大学に再入学し法律学を修めた。ドバマ=アシアヨン(一名タキン党)に入り、タキンヌと称す。三五年同大学学生自治会委員長に選ばれ、三六年の学生ストライキを指導した。三九年友好使節団の一員として訪中。四〇年投獄、四二年日本軍の侵攻により釈放、日本占領下でバモー政府の外相となる。戦後反ファシスト人民自由連盟 AFPFL 副総裁、制憲議会の議長となり、四七年十月首席代表として独立協定をイギリスと調印し、四八年一月独立とともに初代首相。五二年ウーヌと称す。のち数回首相に就任。六二年三月ネウィンのクーデターによって拘禁され、六六年釈放。六九年四月出国を許され、タイでネウィン政権打倒のため軍事攻勢を行なったが不成功に終る。一九九五年二月十四日没。八十七歳。著書に Burma under the Japanese; The People Win through がある。

参考文献 Richard Butwell: U Nu of Burma.

（荻原　弘明）

ウェーバー **Karl Ivanovitch Waeber** 生没年不詳　帝政ロシア外交官。中国名は韋貝。北京公使館書記・天津領事となり、一八八四年、朝露修好通商条約を結ぶために朝鮮に赴き、翌年、代理公使兼総領事となった。当時甲申政変をきっかけとして朝鮮をめぐる国際関係が紛糾していた。かれは朝鮮宮廷に接近し、イギリスの朝鮮進出の阻止に努力し、ロシア勢力の拡大をはかった。九四年、駐清代理公使に転任したが、「東学党の乱」で国際関係が緊迫すると直ちに復任し、日本に撤兵を勧告した。日清戦争ののちは、三国干渉の勢いに乗じて朝鮮政界に親露勢力を拡大し、九六年には朝鮮国王を王宮から誘い出してロシア公使館にうつした。以後、ロシアの勢力は一段と伸張したが、やがて朝鮮支配について日露両国間に協商が行われ、同年、日本公使小村寿太郎とウェーバーは覚書を交換した。その結果、翌九七年、国王は王宮にもどった。同年、ウェーバーはメキシコ駐劄公使に転出した。

（旗田　巍）

うえきえもり　植木枝盛　一八五七—九二　明治時代前期の自由民権家。安政四年（一八五七）正月二十日に高知藩士の家に生まれ、藩校致道館で漢学等を学び、明治七年（一八七四）板垣退助の演説をきいて政治思想に目を開いた。同八年東京において明六社・三田演説会・キリスト教会などに出入りして、近代西洋思想を学び、次第に民権論者として活動し始めた。九年『郵便報知新聞』に投じた文章が官憲の忌諱にふれ、禁獄の刑に処せられたが、かえって民権の志を強くし、十年高知に帰って立志社に加わり、立志社建白書の草稿を起草した。十一年に各地方遊説の途にのぼり、ついで、自主的地方民会として設立された土佐州会の議員に選ばれ、地方自治の確立に尽力した。同年から十三年にかけ、愛国社の再興、国会期成同盟の結成などに参加し、十三年末の有志による自由党結成、十四年の政党としての自由党結成にそれぞれ参画した。その間これらの組織関係の重要文書の起草にしばしばあたったが、特に十四年夏立志社草案として起草した私擬憲法「日本国国憲案」は、この前後に官民間で相ついで作られた数十にのぼる憲法草案のなかでも、もっとも徹底した民主主義の精神を示している。十四年十一月全国の酒造人に檄文を送り、翌年五月には官憲の禁をおかして京都で酒屋会議を開き、増税反対の議決を行わせた。植木は早くから板垣のブレーンであった関係上、自由党ではいわゆる土佐派の一人として行動したが、十七年には村松愛蔵のために檄文を草し、のちに飯田事件の蜂起の檄文に用いられており、土佐派の域をはみ出していたと見られるふしもある。十七年自由党が解党すると、高知に帰り、十九年から二十一年まで高知県会議員として県政民主化のために力をつくすかたわら、婦人解放・風俗改良など、従来の政治運動よりはさらにはばの広い啓蒙運動を開始した。二十三年愛国公党の創立にあずかり、第一回衆議院議員総選挙に立候補して当選したが、二十四年二月の第一回帝国議会で、いわゆる土佐派二十九議員の一人として予算案に関し民党を裏切る行動に出て、自由党を脱会した。同年十二月第二回議会で衆議院が解散されたのち、自由党に復帰したが、その直後に発病し、二十五年一月二十三日東京で没す。三十六歳。他殺の疑いがある。少年時代より文筆に長じ、民権派の機関紙『愛国志林』（のち『愛国新誌』）『高知新聞』『土陽新聞』などを主宰し、数多くの論説で紙面をかざったほかに、『民権自由論』『民権自由論二篇甲号』『天賦人権弁』『一局議院論』『報国纂録』『東洋之婦女』などの単行著作もある。板垣退助の論を筆記したという名で公にされた『無上政法論』も、植木の著作とみてよく、世界政府による軍備全廃をめざす珍しい着想を示している。『民権数へ歌』や『自由詞林』など、民権思想を詩歌に表現した作品もあり、口語体の駆使と相まち、文芸史にも足跡をのこした。また日記として、『植木枝盛日記』がある。

参考文献 家永三郎『植木枝盛研究』、外崎光広『明治前期婦人解放論史』

（家永　三郎）

うえきこうしろう　植木庚子郎　一九〇〇—八〇　昭和時代の官僚、政治家。明治三十三年（一九〇〇）一月二十八日、清水伊右衛門の子として福井県丹生郡天津村（清水町）清水山（しみずやま）に生まれ、植木信一の養子となる。大正十三年（一九二四）十一月高等文官試験合格。同十四年東京帝国大学法学部卒業後大蔵省に入り、昭和十二年（一九三七）五月主計局調査課長、同十四年五月主計局予算課長、同十七年六月主計局長、同二十年四月専売局長官となる。第二次世界大戦後公職追放を経て、同二十七年十月衆議院議員に当選（自由党、同三十年保守合同後は自由民主党）、第五次吉田内閣の大蔵政務次官、第二次池田内閣および第三次佐藤内閣の法相、第一次田中角栄内閣の蔵相を務めた。自民党では佐藤（栄作）派、のち田中（角栄）派に属し、政策通として知られた。昭和五十一年十二月の総選挙で落選し、引退。同五十五年三月十一日、八十歳で没。

参考文献 警察文化協会編『警察時事年鑑』一九七九年版、『清水町史』下

（古川　隆久）

うえさねみち　上真行　一八五一—一九三七　明治時代から昭和時代前期にかけての雅楽家、作曲家。雅楽の流派の一つ、奈良方の上家の出身。代々笛を専門とする。嘉永四年（一八五一）七月二日、京都に生まれる。はじめ、真裕（さねみち）と称した。号夢香、別に善愁人。父は真節（さねたけ）といい、竹潭と号した。母は小泉愛子。明治七年（一八七四）東上を申し付けられ、雅楽局の伶人として皇室およびそれと

関係する寺院などで雅楽演奏に従事、昇進して大正六年（一九一七）には楽長となる。この間、明治の初期の洋楽輸入に際してはその伝習も受け、なかでもチェロを得意とし、日本最初のチェロ奏者ともいわれる。また作曲の才能にもすぐれ、「鉄道唱歌」「一月一日」など多数の唱歌を作曲した。明治十四年からは洋楽教育機関である音楽取調掛の教官としても勤務。中学校・高等女学校などの音楽教員検定試験官や講師を勤めて教育にも熱心であった。大正九年には正倉院楽器の調査研究も行い、明治・大正・昭和にわたって幅広く音楽活動を行なった。このほか漢詩をよくし、能筆家でもあった。昭和十二年（一九三七）二月二十八日死亡。八十七歳。

参考文献　水原渭江「近世宮廷音楽家の年譜」（『雅楽研究』一）　（蒲生美津子）

うえすぎしんきち　上杉慎吉　一八七八―一九二九　明治後期から大正時代の憲法学者。明治十一年（一八七八）八月十八日福井県に生まる。東京帝国大学に入学し、三十六年卒業。翌三十七年に在学中の保証人でもあった教授一木喜徳郎にすすめられて助教授に任官し、三十九年にヨーロッパに留学し、ドイツ国法学界の大家イェリネックらに接して帰国した。学生のころ、教授穂積八束から目をかけられたが、上杉は当時キリスト教に心を寄せており、穂積に対しては反感をいだき、ヨーロッパ留学までは、その学説の欠陥を指摘することに努力してきたとみずから語っている。この間、三十八年に『帝国憲法』を、三十九年には『比較各国憲法論』をそれぞれ公刊しているが、この両書では国家を法人とし、天皇を国家の機関とするいわゆる天皇機関説をとっていた。ところが、ヨーロッパに留学して、国家法人説の創唱者であるイェリネックに接触して帰りながら、帰国後は、穂積八束の唱える天皇主権説に転向し、一木を経て、先輩教授美濃部達吉らの主張する国家法人説に立つ憲法学者と鋭く対立した。美濃部が四十四年に文部省主催夏期講習会で憲法の講義を行うと、上杉は、穂積とともに、美濃部の憲法論に攻撃を加え、上杉・美濃部を中心に、天皇主権説対天皇機関説のはげしい論争が展開された。穂積が大正元年（一九一二）病のために退官すると、その後をついで東大憲法講座を担任し、同三年には『帝国憲法述義』、十三年には『新稿憲法述義』などを公刊し、美濃部や京都帝国大学教授佐々木惣一らの唱える立憲主義天皇機関説憲法学と正面から対立する君権主義天皇主権説憲法学を講じ続けた。東大では進歩派の学生の組織する新人会に対抗する七生社を育成したばかりでなく、晩年には軍部と結び、右翼団体の有力な保護者となった。しかしながら、学界では美濃部らの機関説憲法学が優勢で、上杉の学説は重んぜられなかったために、うつうつとしてたのしまなかったという。昭和四年（一九二九）四月七日五十二歳で死んだが、学説をつぐものは出なかった。墓は東京都府中市の多磨墓地にある。

参考文献　家永三郎『日本近代憲法思想史研究』、上杉重二郎「上杉慎吉」（『朝日ジャーナル』一九六三年十二月一日号）　（家永　三郎）

うえすぎなりのり　上杉斉憲　一八二〇―八九　幕末・維新期の米沢藩主。文政三年（一八二〇）五月十日米沢城に誕生。父は斉定。幼名鶴千代・篤千代、通称は喜平次、初名は広徳、のち斉憲と改め、曦山と号した。天保十年（一八三九）四月襲封、弾正大弼と称した。文久三年（一八六三）二月上洛、ついで賀茂・石清水両社の行幸に供奉し、八月鳥取藩主池田慶徳らと参内して攘夷親征の猶予を奏請し、十八日の政変には召により参内して持ち場を固め、また慶徳らと七卿および長州藩に対する寛典を朝廷に上書し、九月退京した。慶応二年（一八六六）六月屋代郷三万七千石を加封されて十八万七千余石となった。明治元年（一八六八）正月鳥羽・伏見の戦がおこるや、秋田藩主佐竹義堯・盛岡藩主南部利剛とともに仙台藩主伊達慶邦を援けて会津藩征討を命ぜられたが、かえって閏四月慶邦と東北諸藩の重臣を白石城に集めて会津藩救解策を協議し、両人は連署してこれを奥羽鎮撫総督に嘆願し、却下されるや、五月慶邦と盟主となって奥羽越列藩同盟を組織して抗戦した。八月越後口国境を突破されるに及んで降伏し、のち同盟諸藩に帰順を勧め、その子茂憲は会津征討に参加した。十二月諸藩に率先して謝罪したために寛典に処せられ、封土四万石を削られて隠居を命ぜられ、茂憲が家督を継いだ。三年二月藩知事茂憲を輔けて藩政に参与することを命ぜられ、のち東京に移住、五年十月中教正に補せられた。二十二年五月二十日没。七十歳。

参考文献　『米沢上杉家譜』　（吉田　常吉）

ウェスト　Charles Dickinson West　一八四八―一九〇八　イギリスの造船技術者、機械工学者。一八四八年アイルランドに生まれ、ダブリン大学に学び、バルケンヘッド造船所の設計技師長として在職中、明治十五年（一八八二）日本に招かれて工部大学校機械工学主任教授となる。以後明治四十年まで二十五年の長きにわたって東京帝国大学機械工学科に在職した。特に舶用機関学を担当し、約五百名に及ぶ日本海軍および民間造船所に就職する造船技術者を養成した。ヨットを愛好し、自分で設計し製作させたヨットに「大名」と命名して帆走を楽しんだ。明治四十一年一月十日東京で没し、青山墓地に葬られ、滞日二十五年余の功により勲二等瑞宝章を受けた。日本の造船業・機械工業に果たした役割はきわめて大きい。

参考文献　井口在屋「故チャールス＝ヂッキンソン＝ウェスト先生の伝」（『機械学会誌』一〇ノ一八）　（山崎　俊雄）

ウェストン　Walter Weston　一八六一―一九四〇　英国宣教師、日本近代登山の父。一八六一年十二月二十五日英国ダービー州で生まれる。ケンブリッジ＝クレア＝カレッジ卒。マスター＝オブ＝アーツの称号を受け八五年聖職につき、かたわら登山を趣味としスイスのマッターホルンなどに登る。明治二十一年(一八八八)神戸の英国教会牧師として来日、同二十七年まで七年間滞日、当時未知の日本中部山岳地帯の山々を登り、一八九六年Mountaineering and Exploration in The Japanese Alpsを出版。明治三十五―三十八年、四十四年―大正四年(一九一五)と三度来日。二度目の来日中小島烏水らと知りあい、日本山岳会結成の気運を作る。明治四十三年同会最初の名誉会員に推され、一九一七年王立地学協会からパックグランド賞受賞、昭和十二年(一九三七)日本政府より勲四等瑞宝章受章、同年長野県上高地に胸像浮彫が作られた。一九四〇年三月二十七日ケンシントンにて死去。七十八歳。（山崎　安治）

うえだかずとし　上田万年　一八六七―一九三七　明治から昭和時代にかけての国語学者。慶応三年(一八六七)正月七日江戸大久保の名古屋藩下屋敷に生まれた。父は虎之丞、母はいね子。大学予備門を経て帝国大学文科大学和文学科を明治二十一年(一八八八)七月卒業、大学院に進み英語学授業嘱託となった。はじめ近世文学のうち、ことに演劇学を志望したが、のちに、B・H・チェンバレンに師事して国語学に転じた。同二十三年からドイツ・フランスに博言学修業のため遊学、二十七年帰国し、帝国大学教授に任ぜられた。また文部省専門学務局長、国語調査委員会主査委員、文科大学学長、神宮皇学館長、臨時国語調査委員会会長などに任じ教育家・国語政策推進者として活動した。三十二年文学博士となり、昭和二年(一九二七)東京帝大教授を退官して名誉教授の称号を受けた。日本音声学協会会長・国学院大学学長その他の位置にあって、教育界・学界の長老として仰がれたが、同十二年十月二十六日没した。七十一歳。東京府赤坂区(東京都港区南青山)の竜泉寺に葬られる。ドイツ留学によって得た印欧言語学に拠って、近代科学としての日本語研究を国語学として確立した。日本語の系統論・音韻史・研究史に新しい光明をかかげ、国語の研究・調査の指導・促進と、国語政策の啓蒙に実績が多かった。「国語」という用語の定立、国語研究室の創設・充実、国語調査委員会での後進の誘掖など、その指導的な役割は大きなものがあった。主著『国語のため』『国語学の十講』など。

参考文献　『国語と国文学』一四ノ一二(上田万年博士追悼録)、『方言』八ノ二(上田万年博士追悼記念号)　（山田　俊雄）

うえだけんきち　植田謙吉　一八七五―一九六二　明治後期から昭和時代前期にかけての陸軍軍人。明治八年(一八七五)三月八日大阪府士族植田謙八の次男として生まれ、実業家を志して、北野中学から東京高商に進んだが、日清戦争後の軍国気分に刺激されて同三十年陸軍士官学校に転じ、翌年第十期生として卒業、騎兵少尉に任官した。四十二年陸軍大学校卒業後、師団参謀、軍務局、騎兵監部、浦塩派遣軍の作戦主任参謀、支那駐屯軍司令官などを歴任した。昭和七年(一九三二)上海事変が起ると第九師団を率いて出征、名指揮官の名を高めたが、停戦直後に反日朝鮮人の投じた爆弾で重傷を負った。その後参謀次長・朝鮮軍司令官を経て大将に進級、十一年関東軍司令官に親補されたが、十四年九月ノモンハン事件敗戦の責任を負い解任、十二月予備役に編入された。昭和三十七年九月十一日没。八十七歳。生涯を独身で通し「童貞将軍」と呼ばれた。高潔・廉直な人格者として信望を集めた。（秦　郁彦）

うえだていじろう　上田貞次郎　一八七九―一九四〇　明治後期から昭和時代前期にかけての経済学者。明治十二年(一八七九)三月十九日、旧和歌山藩士上田章の次男として東京麻布の徳川茂承邸内で生まれた。同三十五年七月、高等商業学校専攻部を卒業、指導教授福田徳三の勧めで母校の講師となり、三十八年教授に昇進した。大正九年(一九二〇)同校が東京商科大学に昇格した後も引き続き教授として在職、昭和十一年(一九三六)末から没年まで学長の任にあった。同十二年学士院会員に選ばれた。生涯を通じ商業政策および企業経済に関する研究を続ける一方、第一次世界大戦後には社会問題への関心を基礎にして、イギリス産業革命史の研究をまとめ、また大正十五年四月以降三年間にわたり雑誌『企業と社会』を主宰して「新自由主義」の立場を提唱した。この間大正十四年には大日本経営学会を創立、常任理事(事実上の理事長)となった。さらに、昭和八年ごろからは、日本の人口問題の研究に力を注いだ。主著『株式会社経済論』(大正二年)、『英国産業革命史論』(同十二年)、『商業政策』(昭和五年)、『日本人口政策』(同十二年)などがある。昭和十五年五月八日病没。六十二歳。東京府北多摩郡多磨村(東京都府中市)の多磨墓地に葬られる。なお明治二十五年から晩年までの『上田貞次郎日記』全三巻(昭和三十八―四十年)、『上田貞次郎全集』全七巻(同五十―五十一年)がある。

参考文献　「上田貞次郎年譜・上田貞次郎著作目録」(『上田貞次郎全集』七所収)、上田正一『上田貞次郎伝』　（服部　一馬）

うえだびん　上田敏　一八七四―一九一六　明治・大正時代の詩人、評論家、英文学者。柳村と号した。明治七年(一八七四)十月三十日、東京の築地に生まれた。祖父上田東作は文久元年(一八六一)修交使竹内下野守保徳一行に加わって渡欧、父絅二は幕末の儒者乙骨耐軒の第二子で、同三年幕府使節池田筑後守長発一行に加わって渡仏、帰朝後上田家に入った。母孝子の妹悌子は明治四年にアメリカに渡航した最初の女子留学生の一人。敏は第一高等中学校入学と同時に田口卯吉の邸に寄寓、平田禿木を通じて『文学界』の同人となり、東京帝国大学英文科に入学後は『帝国文学』の創刊に参画、同誌上に海外文学の新声を紹介、卒業後高等師範学校教授となり、小泉八雲辞任の後をうけて、夏目漱石とともに東大講師となった。明治三十八年、主として『明星』に発表したフランス高踏派・象徴派を中心とする訳詩集『海潮音』を刊行して、詩壇に絶大な影響を及ぼした。外遊の後京都帝国大学教授となり、同四十三年文学博士となる。大正五年(一九一六)七月九日東京で没した。四十三歳。墓は東京都台東区の谷中墓地。昭和三年六月―六年七月『上田敏全集』全九巻が刊行された。

参考文献　安田保雄『上田敏研究』　(安田　保雄)

うえのいわたろう　上野岩太郎　一八六七―一九二五　明治後期から大正時代にかけての新聞記者。号は靺鞨。慶応三年(一八六七)八月一日熊本の人野口新作の長男に生まれ、のち上野姓を継ぐ。徳富淇水・星亨に学び、『大阪公論』『国民新聞』などを経て、明治三十年(一八九七)十一月『大朝』初代北京特派員となり、北清事変・日露戦争に従軍。同三十八年『順天時報』社長となり、在任六年、のち『新公論』を経営したが、大正十四年(一九二五)十月二十七日死去。五十九歳。法号は靺鞨院精堅含章居士。墓は横浜市の総持寺にある。

参考文献　東亜同文会編『対支回顧録』、同編『続対支回顧録』、黒竜会編『東亜先覚志士記伝』　(清水　三郎)

うえのかげのり　上野景範　一八四四―八八　明治時代前期の外交官。通称は敬介。弘化元年(一八四四)十二月一日、鹿児島に生まれ、若くして洋学を修め英語・蘭語に通じた。明治元年(一八六八)正月外国事務御用掛となり、造幣器機買上げのため香港に出張、同二年九月幕末以降奴隷としてハワイ国に売り渡されていた日本人を召還するため現地に出張。三年六月特例弁務使として英国に赴き、一旦ネルソン＝レーに任せた外債をオリエンタル＝バンクに切りかえる交渉にあたり成功。四年八月帰朝。五年十一月外務少輔、七年九月より十二年四月まで英国駐在特命全権公使。十二年九月条約改正取調御用掛。十一月外務少輔、十三年二月外務大輔に任ぜられ、七月条約改正局が設置されるやその局長となり、井上馨外務卿の条約改正事業を推進。十四年七月議定官兼任。十五年七月墺国公使。十七年十二月帰朝。十八年二月元老院議官に転任。二十一年四月十一日没。四十五歳。墓は東京都港区白金台の瑞聖寺にある。なお国立国会図書館憲政資料室には『上野景範文書』として関係書翰・書類が寄託されている。

参考文献　内閣修史局編『百官履歴』上(『日本史籍協会叢書』)　(稲生典太郎)

うえのひこま　上野彦馬　一八三八―一九〇四　わが国写真術研究の開祖。李渓と号す。天保九年(一八三八)八月二十七日、砲術や測量で名高い上野俊之丞の四男として長崎で生まれた。十五歳のとき豊後の広瀬淡窓の塾に入ったが、のち長崎に帰って通詞名村八右衛門からオランダ語を習い、ポンペの舎密(せいみ)研究所に入って化学を学んだ。このころたまたま同研究所で写真術の書物を見て大いに関心を抱き、薬品を種々調合したり双眼鏡のレンズを器械に充用するなど、いろいろな苦心の末ようやくその目的を達成した。そして文久二年(一八六二)泰西化学紹介書最古のものとされる『舎密局必携』三巻を著わし、また同年十一月長崎中島にわが国最初の写真館「上野撮影局」を開業、実地研究を重ねるに従って技術も大いに進歩したといわれる。その後明治七年(一八七四)には金星観測の天体写真を、同十年には西南戦争の情況を撮影した。いずれもわが国最初の写真記録である。彼は交友内外にきわめて広く、勝海舟や榎本武揚らはかつての同窓であり、また維新の際には高杉晋作・坂本竜馬・西郷隆盛・伊藤博文らと頻繁に往来して、彼らを撮影していたことでも知られる。同三十七年五月二十二日長崎新大工町の自宅で没。六十七歳。長崎の皓台寺に葬る。

参考文献　古賀十二郎『長崎洋学史』、永見徳太郎「写真界に於ける上野彦馬の位置」(『長崎談叢』一四)、鈴木八郎他監修『写真の開祖上野彦馬』　(富山　秀男)

うえのりいち　上野理一　一八四七―一九一九　明治・大正時代の新聞人。朝日新聞社長。号有竹。丹波国篠山(兵庫県多紀郡篠山町)に上野保兵衛・かねの長子として嘉永元年(一八四八)十月三日に生まれた。藩儒渡辺弗措に学び、明治三年(一八七〇)父の死後、大阪に出て輸出用の製茶業を営み、同八年大阪鎮台司令官三好重臣の執事となり、十三年四月辞し、兵庫県川辺郡書記に就任したが、同年十月『朝日新聞』に入社、十四年一月十六日村山竜平と共同出資してその経営にあたり、四十一年十月合資組織に改めてからは、村山と一年交代で社長に就任。この間三十年日本勧業銀行創立にあたり、一期間監査役に就任した。大正八年(一九一九)病のため社長を辞して療養中、同十二月三十一日死去。七十二歳。法号純正院殿顕誉理観統長大居士。墓は京都市鹿ヶ谷法然院にある。茶道を藪内節庵に学んで奥儀を極め、古書・古器物の鑑識に詳しく、日本の古美術散佚を防ぐに功があった。

参考文献　朝日新聞社編『上野理一伝』、同編『村山竜平伝』　(清水　三郎)

うえはらえつじろう　植原悦二郎　一八七七―一九六二　大正・昭和時代の政治家。明治十年(一八七七)五月十五日、長野県安曇郡明盛村(南安曇郡三郷村)に父繁太郎・母つじの次男として生まれた。三十二年米国に渡り、働きながらワシントン州立大学を卒業。四十年さらに英国に渡ってロンドン大学に学び、四十三年ドクトル＝オブ＝エコノミック＝サイエンスの学位を得て翌年帰国、明治大学教授となる。大正六年(一九一七)四月総選挙にあたり、犬養毅に求められて国民党に入り、長野県より立候補して当選。以後、革新倶楽部・政友会に所属。加藤高明内閣で逓信参与官、田中義一内閣で外務参与官に就任。ついで昭和七年(一九三二)三月召集の第六十一議会で衆議院副議長にえらばれ、十年十二月召集の第六十八議会までその職をつとめた。軍部の独走と戦争の拡大には批判的態度をとり、大政翼賛会結成に参加せず、十七年のいわゆる翼賛選挙では翼賛政治体制協議会の推薦を受けずに立候補したが、激しい選挙干渉のため落選のうきめにあった。戦後は日本自由党の結成に加わり、二十一年五月、第一次吉田内閣の国務大臣となり、二十二年一月には内務大臣にまわった。講和後は、鳩山一郎を中心とする反吉田派の一員となり、鳩山を総裁とする分党派自由党、日本民主党に参加、また第二次鳩山内閣時代には政府代表団顧問としてバンドンのアジア・アフリカ会議に出席した。三十三年五月の総選挙で落選して以来政界を引退。三十七年十二月二日、病気のため死去した。八十五歳。著書に『日本民権発達史』『八十路の憶出』などがある。（古屋 哲夫）

うえはらけいじ 上原敬二 一八八九―一九八一 大正・昭和時代の造園学者、林学博士。明治二十二年（一八八九）二月五日東京府に生まれた。父は安兵衛。大正三年（一九一四）、東京帝国大学林学科卒業。大学院で造園学を専攻後、明治神宮神苑造成に関与した。のちに、東京高等造園学校長、東京農業大学教授をつとめた。庭園・都市公園の学問的体系化と技術開発に貢献した。著書も多く、大正末の『庭園学概要』、『都市計画と公園』、『樹木大図説』全四巻、『ガーデンシリーズ』全二十巻など。昭和五十六年（一九八一）十月二十四日没。九十二歳。

参考文献 上原敬二『談話室の造園学』
（陣内 巌）

うえはらせんろく 上原専禄 一八九九―一九七五 昭和時代の歴史学者、思想家。明治三十二年（一八九九）五月二十一日、京都市堺町丸太町の商家に、父専治郎の長男として生まれる。七歳にして父を失い、伯父上原宗兵衛の嗣子となって松山に移る。大正五年（一九一六）愛媛県立松山中学校を卒業、上京して東京高等商業学校に入学。十一年東京商科大学（現一橋大学）の研究科に進んだが、同年そこを退学すると在外研究生として渡欧、十四年までウィーン大学のA・ドープシュ教授のもとで厳密な史料批判に基づく中世史研究を学ぶ。のち『独逸中世史研究』（昭和十七年（一九四二））に収録された「フッガー家時報」と「クロスターノイブルク修道院のグルントヘルシャフト」はこの在外研究の成果で、当時の学界に甚大な衝撃を与えた。大正十五年帰国後、高岡高等商業学校教授、昭和三年母校の東京商科大学附属商学専門部教授、翌年同大学予科講師をふり出しに、十四年同大学教授。二十一年八月には早くも学長に選ばれた（昭和二十四年一月まで）。学長として、大学の自由、民主的な運営の実現につとめ、広く教育改革の見地から新制大学の進路を模索したが、学内外の障害多く、三十五年三月定年をまたず教授の職を辞す。日本の第二次世界大戦敗戦を思想的に深く受けとめた上原は、知識人と労働者を結びつけるため三十一年につくられた国民文化会議の議長を引き受け、日教組が設立した国民教育研究所とも深く関わる一方、歴史研究の関心をアジア・アフリカ問題に向け、『世界史における現代のアジア』（三十六年）、『歴史的省察の新対象』（二十三年）などを著わした。六〇年安保闘争の経験を通して、日本の知識人や進歩的政党に幻滅してからは、かねがね親しんでいた日蓮の研究に沈潜。とりわけ四十四年愛妻を失って以来、真の回向は死者との共闘にありとの心境に達し、かつその立場から壮大な世界史像を追求（『死者・生者』、四十九年）。四十六年長女と京都に隠棲、翌年宇治に移り、五十年十月二十八日、京都市桂病院で没。七十六歳。墓は京都市北区西賀茂の西方寺にある。六十二年より『上原専禄著作集』全二十八巻が刊行されている。（成瀬 治）

うえはらゆうさく 上原勇作 一八五六―一九三三 明治から昭和時代前期にかけての陸軍軍人。名は資長。安政三年（一八五六）十一月九日、日向国都城（宮崎県都城市）の鹿児島藩の支藩藩士竜岡資弦の次男に生まれ、同藩の上原家を継いだ。明治十二年（一八七九）陸軍士官学校を卒業し工兵少尉となり、十四年から十八年までフランスに留学した。帰国後陸士教官、参謀本部員などを経て日清戦争には第一軍参謀として参加。戦後参謀本部各部長を歴任し、三十四年工兵監となる。日露戦争には第四軍参謀長として参加。戦後中将に進み男爵となる。第七、第十四師団長を歴任した後、四十五年陸相に就任した。第二次西園寺内閣の緊縮方針に対立して二個師団の増設を要求し、それが容れられなかったため同年（大正元、一九一二）十二月単独で辞職して内閣を倒し、大正政変のきっかけを作った。その後第三師団長、教育総監を経て大正四年大将に進み同年から十二年まで参謀総長に在任。この間十年元帥に列せられ子爵に上った。陸軍部内薩摩閥の長老として長州閥と対立し、十三年一月清浦内閣の陸相に福田雅太郎を推したが、田中前陸相の推す宇垣一成陸相が実現した。宇垣の進めた四個師団の廃止に反対し、武藤信義・荒木貞夫・真崎甚三郎など九州出身者を率いて宇垣閥と事ごとに対立し、後の皇道派の系譜に連なる派閥の統領となったが、昭和八年（一九三三）十一月八日死去した。七十八歳。東京赤坂の青山墓地に葬られた。日本における工兵の創始者であり、フランス工兵の技術を日本に輸入した。また教育関係の職を歴任し、軍隊教育の画一化と規格化を図った。妻は薩摩出身の元帥野津道貫の娘であり、藩閥郷党意識は強く、都城への連隊の誘致をはかるなど郷里とのつながりも強かった。

参考文献 元帥上原勇作伝記刊行会編『元帥上原勇作伝』、上原勇作関係文書研究会編『上原勇作関係文書』
（藤原 彰）

うえはらろくしろう 上原六四郎 一八四八―一九一三 明治時代の物理学者、手工教育家、尺八家。旧名は重之。尺八の芸号は虚洞。嘉永元年（一八四八）十二月武蔵国岩槻藩士の子として江戸に生まれる。明治二年（一八六九）開成所に入りフランス語を学んだが同八年退学、同年陸軍士官学校に出仕。十年西南戦争に際して熊本城救出のため軽気球を製作、試乗した。十五年から音楽取調掛に出仕、その後身である東京音楽学校において音響学を講義、二十六年同校が高等師範附属音楽学校となるや、その主事となり三十一年まで校長事務を扱う。ほかに東京高等範師学校の手工科も兼担、用器画の教科書を編述。また、琴古流尺八を初代荒木古童(竹翁、二代目古童)に学び、尺八譜を改良して現行の点譜式楽譜を創案した。大正二年(一九一三)四月一日没。六十六歳。同七年高等師範内に銅像が建てられた。著書の『俗楽旋律考』(明治二十八年刊)では、はじめて日本音楽の音階を科学的に論じた。

参考文献 『手工研究』四二(上原先生銅像建設記念号)、兼常清佐『俗楽旋律考』解説(『岩波文庫』)

(平野 健次)

うえまつこうしょう　植松考昭　一八七六―一九一二　明治時代のジャーナリスト。明治九年(一八七六)三月生まれる。石川県金沢出身。同二十九年東京専門学校英語政治科卒業。一年志願兵役を終え、三十一年東洋経済新報社に入り、天野為之博士を助けて同社の発展に献身し、三十六年同社の組織変更に際して主幹に推された。明治三十七・八年戦役(日露戦争)には召集を受けて従軍している。三十九年春召集解除の後、東洋経済新報に復社。旧のごとく主幹となり、大正元年(一九一二)九月十四日没。三十七歳。著書に『二年兵役論』(明治三十五年)、『自由貿易乎保護貿易乎』(同四十三年)、『明治史伝』(同四十五年)がある。いずれも『東洋経済新報』に本名または轟木の筆名で連載されたもので、それぞれの学問分野では貴重なものである。

(西田 長寿)

うえまつしげおか　植松茂岳　一七九四―一八七六　江戸後期から明治時代前期の国学者。尾張国名古屋藩士。名は茂岳(一時、藩主の諱をさけて成岳・懋嶽)、通称は庄左衛門、松蔭・不言・不知と号した。寛政六年(一七九四)十二月十日、名古屋藩士小林常倫の次男として名古屋城下流川通で出生。十歳で父を失い貧しかったため、版木彫刻を業としていた鈴屋門の俊足植松有信の養子となって国学を学び、有信の死後は本居大平に就学。天保六年(一八三五)に藩校明倫堂に出仕、のちに藩主の侍講となり、『尾張志』の撰述、『古事記』・六国史の校合、熱田文庫の建設、真福寺本の調査にあたる。安政の大獄に連坐、文久二年(一八六二)職禄を復し、明治三年(一八七〇)致仕。同九年三月二十日に没。八十三歳。熱田神官墓地に葬る。著書には平田篤胤の『霊能真柱』を駁し、篤胤の名古屋藩仕官を遂げさせなかった『天説辨』や、『皇国大道辨』『鎮国説』『愛国一端』などがある。

参考文献 植松茂『植松茂岳』、正木梅谷『明倫堂典籍秘録』(『名古屋叢書』一)、『名古屋市史』人物編一、名古屋市教育委員会編『明治の名古屋人』、川島丈内『名古屋文学史』、大川茂雄・南茂樹編『国学者伝記集成』二

(小島 広次)

うえむらこうごろう　植村甲午郎　一八九四―一九七八　昭和時代の財界人。明治二十七年(一八九四)三月十二日東京に生まれる。父澄三郎は逓信官僚を経て、大日本麦酒常務。大正七年(一九一八)東京帝大法科大学卒。農商務省に入り、工場監督官・大臣秘書官等を経て内閣資源局の課長・部長を歴任し、企画院次長。統制団体に転じて石炭統制会理事長、石炭鉱業会副会長。昭和二十四年(一九四九)三四石炭社長・日本麦酒監査役、同三十二年日本電波塔取締役。経済団体連合会会長石坂泰三のもとで同副会長をつとめ、四十三年経団連会長に就任した。きっすいの経済界出身でなく、二代にわたって高級官僚から財界入りをしただけに、経営者として経歴がなく、それだけに財界の統率者としてやや軽量との評もあった。半面、官僚出身者として政・財界に顔も広く事務的にも練達しており、財界の調整役としては適任。石坂前会長が経営者としての実績にたって個性の強い運営を行なったのに対し、副会長をはじめ経団連首脳を業種、系列グループ、地域のバランスを考慮した構成とし、集団指導的な体制をとった。三十三年の警察官職務執行法に対する国民的な反対闘争に際しては、与党自由民主党に対する財界の資金パイプである経済再建懇談会の世話人となり、「岸政権にいい政治をしてもらうためには協力を惜しまない」と発言をして危機に陥った岸信介内閣に強力なてこ入れを行い、さらに佐藤栄作内閣とも密着する姿勢を示した。四十九年五月同会長を辞任し、五十三年八月一日没。八十四歳。

参考文献 日本経済新聞社編『私の履歴書』三二

(大江志乃夫)

うえむらしょうえん　上村松園　一八七五―一九四九　明治から昭和時代にかけての日本画家。本名津禰。明治八年(一八七五)四月二十三日京都に生まれ、はじめ京都府画学校に入って鈴木松年に師事し、退学後幸野楳嶺、竹内栖鳳について四条派を学んだ。その間第三回内国勧業博覧会に「四季美人図」を出品して一等褒状をうけたのをはじめ、各種美術展でたびたび受賞し、文展開設後は第一回展に「長夜」で三等賞、以後連続して三等賞、二等賞をうけて注目を浴びた。その作風は四条派の技法に近代感覚をとり入れた気品高いもので、一貫して優雅な美人画を制作、その開拓に尽くした功績は大きい。長く官展を中心として活躍し、昭和十六年(一九四一)帝国芸術院会員、同十九年帝室技芸員となり、二十三年には女性としてはじめて文化勲章をうけた。二十四年八月二十七日没。七十五歳。京都西大谷墓地に葬る。

参考文献 上村松園『青眉抄』(『講談社文庫』)、『上村松園名作集』

(富山 秀男)

うえむらたまき　植村環　一八九〇―一九八二　昭和時代の婦人牧師、伝道者。日本キリスト教女子青年会(YWCA)の指導者。明治二十三年(一八九〇)八月二十四日父正久、母季野の三女として東京麴町に生まれた。父は明治・大正二代にわたる日本のキリスト教会の指導者、周囲に篤信の人にめぐまれて育った。女子学院を卒業、明治四十

四年渡米、ウェルズレー大学に学び、大正四年(一九一五)卒業。帰国後女子英学塾に教え、婚約中の川戸洲三と同六年結婚した。しかし九年夫川戸が脳癌に倒れ、さらに妹恵子が米国ハートフォード神学校留学中腎臓結核で死去するという不幸が重なった。十四年には父正久も急死した。もともと父正久には女子のみ四人で、そのなかで四女恵子だけが父の志を継いで伝道者となろうとしたが、中途に倒れたので環は志を立てて伝道者たらんとし、三十代半ばにして英国スコットランド、エジンバラのニューカレッジに大正十四年から昭和四年(一九二九)にかけて留学し、神学の勉強を始めた。やがて帰国し東京淀橋柏木に伝道を開始した。現在の日本基督教会柏木教会はその牧する所で、優れた指導力は牧界のみならず日本YWCAにも発揮され、太平洋戦争中昭和十七年日本YWCA同盟の委員長に選ばれてこれを護り、戦後同会長として再組織に尽力し、今日の日本YWCAの基礎を築いた。昭和五十七年五月二十六日没。九十一歳。

参考文献 植村環『父母とわれら』、『日本YWCA五十年の歩み』、佐波亘編『植村正久と其の時代』 (大内 三郎)

うえむらちょうざぶろう 植村澄三郎 一八六二―一九四一 明治・大正時代の実業家。文久二年(一八六二)十月十一日、甲斐国甲府に生まれ、小学校卒業後私塾で漢学を学んだ。小学校教員を経て官界にはいり、開拓使、山形逓信管理局に勤めた後、明治二十二年(一八八九)北海道炭礦鉄道創立と同時に入社して経理部支配人となった。この時、渋沢栄一の知遇を得た。同二十六年同社監査役に就任したが、翌年渋沢に推されて札幌麦酒会社専務取締役になり、三十九年同社と日本麦酒・大阪麦酒両社の合併によって大日本麦酒会社が設立された後は、昭和五年(一九三〇)までその常務取締役の任にあたった。同八年には同社相談役に就任した。札幌麦酒時代から原料麦の改良、麦芽・ホップの国産化、ホップ園経営などに力を注いだ。同十六年一月十六日、八十歳で死去。 (服部 一馬)

うえむらなおみ 植村直己 一九四一―八四 昭和時代の登山家、冒険家。昭和十六年(一九四一)二月十二日、兵庫県城崎郡国府村上郷(日高町)の農家に生まれる。父藤治郎・母梅。六人兄弟の末子。兵庫県立豊岡高等学校から明治大学農学部へ進み、山岳部で活躍。昭和三十九年、明大を卒業してすぐ、建設現場のアルバイトで貯めた一一〇ドルをふところに移民船で渡米。さらに欧州へ渡り、モンブラン単独登山を企てたが、クレバスに落ちて失敗。翌四十年、明大ヒマラヤ隊に飛び入り参加し、ゴジュンバカンII峰に初登頂。以来、世界の高峰に挑みつづけ、五十一年までに世界初の五大陸最高峰登頂者となる。うち四十五年のエベレストは日本人初の登頂。やがて極地への犬ぞり旅行に転進し、五十三年北極点単独初到達、グリーンランド初縦断。五十九年、四十三歳の誕生日に北米最高峰マッキンリーの冬季単独初登頂に成功したが、下山中、荒天で消息を絶つ。二月二十六日ごろに遭難か。墓は東京都板橋区赤塚五丁目の乗蓮寺にある。二十世紀最高の冒険家と内外で讃えられ、国民栄誉賞、英バーラー(勇敢)賞などを受賞。主著『極北に駆ける』。

参考文献 中島祥和『遥かなるマッキンリー・植村直己の愛と冒険』(『講談社X文庫』)、本多勝一・武田文男『植村直己の冒険』(『朝日文庫』) (武田 文男)

うえむらまさひさ 植村正久 一八五七―一九二五 明治・大正時代の牧師。わが国キリスト教会形成の第一人者。安政四年(一八五七)十二月一日上総国山辺郡武謝田村(千葉県東金市)に生まれた(一説に江戸芝露月町ともいう)。旗本千五百石取の家で、父禱十郎、母ていの長男で下に弟二人あり、幼名道太郎。謙堂・謙堂漁叟・雲井春香・咀真生・土岐玄・飯田覚士はその号またはペンネームである。大政奉還とともに一家没落しいったん所領地に帰農したが、明治元年(一八六八)家の再興を期して横浜に出て薪炭商を営んだ。貧困のなかで彼は早くから英語を勉強させられ、同五年旧正月、米国改革教会宣教師バラー J. H. Ballagh の学塾に学んだ。たまたまその時同学塾の日本人生徒を中心に外人キリスト教信徒の新年(陽暦)祈禱会にちなんで同じく新年祈禱会が催され、植村はキリスト教を奉ずる意向はなかったが、バラーの説教と傍輩の祈禱に打たれて、数週間続行された祈禱会に最後まで参加した。日本最初の教会横浜公会は右の祈禱会の結実で、その年二月二日(陽暦三月十日)受洗した者を会員に同日誕生した。それは超教派を標榜し外国教派教会ミッションからの独立を意図し「公会」と称した。植村の受洗は翌六年五月四日で政府のキリスト教黙認後だったが、その前後彼は牧師たるべく決意し、九月同じ改革教会宣教師ブラウン S. R. Brown の学塾にはいり神学の勉強を始めた。十年米国長老・米国改革およびスコットランド合同長老教会と日本基督公会とが合同し日本基督一致教会(二十四年より日本基督教会と改称)が設立され、ブラウン塾も東京一致神学校に編入されたので植村もこれに移り、同じころ東京下谷に伝道を開始した。十三年一月十七日按手礼を受け下谷一致教会の正牧師となり、十六年辞任後二十年から番町一致教会・日基一番町教会・同富士見町教会の牧師として生涯伝道界に活躍した。その間十三年東京青年会(日本基督教青年会同盟の基礎)の結成に尽力、さらに同年その機関誌『六合雑誌』の発刊編集にあたり、十六年には『東京毎週新報』の創刊にも参画した。『真理一斑』(十七年刊)、『福音道志流部』(十八年刊)はその青年時代の著作で、植村は若くして一致教会を代表する地位に立ってきたが、二十三年三月『日本評論』(二十七年廃刊)、『福音週報』(翌年『福音新報』と改め再刊生涯続行)の同時刊行はそれを決定的にした。特に後者は一致・日基教会の機関誌に見做されるほど同教会に指導性を発揮し、教会形成に貢献した。幕末・明治初期日本に入ってきたキリスト教(プロテスタンティズム)

の移入受容は当然日本人初代信徒の歴史的課題となった。植村は西洋キリスト教会の伝統に拠ってキリスト教を受け容れ、日本にキリスト教会を形成することをもって自己の課題とし、それをもっぱら一致・日基教会を米国長老・米国改革教会ほかの協力関係にあった外国ミッションと明治の国家権力とから解放するという二つの路線の上に敷いた。前者についてみると、二十四年一致教会は日基教会と改称するにあたり信条を改正、日基教会は二十七年大会伝道局を独立して日本による伝道体制の確立、三十八年同じく大会における教会の自給独立の決議に基づいて教会の経済的独立の布陣を試みたが、植村は終始その指導的役割を発揮し、またその間、同教派教会を支える神学の確立に努めた。すなわち彼は神学の基礎を前記改正信条に求め、これを福音主義の方向で追求した。明治二十年代に盛んになった「新神学」への挑戦克服、さらに三十四年・三十五年にわたる海老名弾正との基督論論争を通じて彼の神学思想を顕著にみることができる。かかる植村の活動は日本における神学の伝道上の主導権を外人宣教師より日本人信徒の手中に納める結果となったが、植村は三十七年その前年外人教師と神学上の見解の相違から明治学院神学部教授を辞任したのを機会に東京神学社神学専門学校を創設、校長として日本人による牧師伝道者の養成に励んだ。後者の国家権力からの解放に関しては、まず二十四年の内村鑑三不敬事件をあげねばならない。彼は『福音週報』『福音新報』に「不敬罪と基督教」ほかで不当なる儀礼による天皇の神聖化で政府を非難するとともに、その神聖化を支える教育勅語の国民道徳体系に対してキリスト教の立場から批判し、『福音週報』は発禁となった。四十五年の西園寺内閣の教化政策としての「三教会同」にも批判的態度を堅持した。その後この態度は幾分崩れたが、台湾・朝鮮・満洲ほかの伝道に関心を寄せ、特に朝鮮への政府の植民地対策にはあきたらなかった。大正十二年(一九二三)の関東大震災に被害を蒙った教会の復興に尽力し、十四年一月八日急逝した。東京府北多摩郡多磨村(東京都府中市)の多磨墓地に葬られる。時に六十九歳であった。著書に前記二書のほか『信仰の友』『霊性の危機』『祈りの生活』『信仰の生活』などあり、その他『福音新報』を中心に『六合雑誌』『日本評論』『福音週報』『宗教及び文芸』ほかに執筆している。『植村全集』全八巻(ただし内容は選集程度)、『植村正久著作集』全七巻などがある。

[参考文献] 佐波亘編『植村正久と其の時代』、植村環『父母のこと』、京極純一『植村正久』、大内三郎他『植村正久著作集』解説、『神学と教会』二ノ一(昭和十年植村記念号)、『福音と世界』二〇ノ一(特輯植村正久論)

(大内　三郎)

ウェルクマイスター Heinrich Werkmeister 一八八三―一九三六 ドイツの音楽家。一八八三年三月三十一日、ドイツ、バルメンに生まれる。ベルリン国立音楽学校でチェロをローベルト＝ハウスマン Robert Hausmann に学び、一九〇七年に卒業。ただちに演奏活動を始めたが、同年(明治四十年)十二月東京音楽学校講師として来日、チェロを教えた。のち同校教師となり大正十年(一九二一)まで在職、翌年一旦帰国したが、同十二年再び来日、東京高等音楽学院・東洋音楽学校など私立各校のチェロ教師となり、昭和八年(一九三三)再び東京音楽学校の教授を嘱託された。在日二十九年、チェロ演奏を普及し、東京音楽学校のユンケル August Junker・ペーツォルト夫人 Hanka Petzold らとともに室内楽の紹介につとめ、また帝国劇場管弦楽部を指導するなど、洋楽の発達に多大の貢献をした。昭和十一年八月十六日、東京で没。五十三歳。墓は東京都府中市の多磨墓地にある。作品にバレー「胡蝶の舞」、歌劇「釈迦」、チェロ小品、室内楽曲などがある。

(重久篤太郎)

ウェルニッヒ Albrecht Ludwig Agathon Wernich 一八四三―九六 ドイツの医学者。一八四三年七月十五日エルビングに生まれる。ケーニヒスベルグ大学で医学を学び、六七年に卒業、その後プラハ・ミュンヘン・ライプチヒ・ベルリンの各大学に留学・六八年ベルリンのエリザベート病院の医員となる。七〇―七一年の普仏戦争には軍医として加わり、その後ベルリン大学の産婦人科学講師に任ぜられ、明治七年(一八七四)十一月東京医学校(現在の東京大学医学部)教師として着任、ミュレルの後任として産婦人科学を、ホフマンの後任として内科学を担任、同九年十一月まで在任した。帰独後は疫学と衛生学の研究を始め、またベルリン大学の病理学各論および治療学講師に任ぜられた。一八八一年ベルリン市衛生技師となり、九一年ベルリン市警視総監顧問医に任ぜられた。九六年五月十九日ベルリンで糖尿病のため没した。五十二歳。日本の脚気に関する研究論文がある。

[参考文献] A. Hirsch: Biographisches Lexikon der hervorragenden Aerzte aller Zeiten und Völker (1888).

(大鳥蘭三郎)

ウェン＝リード Eugene M. Van Reed ⇨バン＝リード

ウォートルス Thomas James Waters 生没年不詳 イギリス人土木技師。日本で多くの建築を設計した。明治元年(一八六八)造幣寮建設のため政商グラバーの推薦で来日し、のち大蔵省に傭われたとするのが通説だったが、実際の来日はそれよりも早く、明治二年の大隈重信宛の書簡に「薩摩藩で五つの大工場を建設した」とあるので、慶応三年(一八六七)竣工の洋式紡績所あるいは同元年の集成館機械工場の建設にすでにたずさわっていたらしい。その後大阪で明治四年竣工の造幣寮の諸建築を設計し、同年大蔵省土木寮に、同七年工部省製作寮に傭われて、政府関係の営繕工事を担当した。また同五年の銀座大火後の煉瓦街の計画案も彼の手になる。彼は建築家ではなくイギリスでの資格は測量技術者だったようである。現存する建築として大阪造幣寮のなかの応接所だった泉布観ならびに鋳造所のポーチコ(現桜宮公会堂玄関、ともに重要文化財)がある。明治十年ごろ離日した。

参考文献 村松貞次郎・加藤安雄「ウォートルスの経歴について」(『日本建築学会論文報告集』一〇三)

(稲垣 栄三)

ウォーナー Langdon Warner 一八八一―一九五五 アメリカの東洋美術研究家。一八八一年八月一日、マサチューセッツ州ケンブリッジに生まれ、ハーバード大学を卒業。一九〇四年から〇五年にかけて東洋各国を調査した地質学者パンペリの西トルキスタン探検隊に加わり、アナウの発掘に従事、翌年から七年間ボストン美術館の東洋部につとめて岡倉天心に接した。その後はクリーブランド美術館の調査員を経て、フィラデルフィア美術館長となり、二三年から五〇年までハーバード大学付属フォッグ美術館の調査員としてたびたび中国や日本に滞在、二三年には敦煌万仏峡を訪ねて唐・宋の壁画などを持ち帰った。かれは象牙の塔の学者というより、実地調査を基礎として東洋美術に精通するに至った優れた研究者・鑑賞家であり、太平洋戦争中には京都・奈良を爆撃から救うため大統領に働きかけ、日本美術の保護のために尽瘁した。いわゆるウォーナー＝リストは、それら爆撃から除外すべき日本文化財の一覧表としてのちに有名になったが、終戦後も来日し、連合国軍統治下の古美術の保護について指導助言するところ多大であった。日本美術に関する著書中ではJapanese Sculpture of the Suiko period (1923);The Enduring Art of Japan(1952)などが名高い。一九五五年六月九日没。七十三歳。

(富山 秀男)

うおずみげんじべえ 魚住源次兵衛 一八一七―八〇 江戸時代後期の熊本藩士。勤王党(中道派)首領格。世禄三百石、細川氏丹後以来の旧臣。初名良之のち真郷・勝熊ともいい、さらに勤と改める。通称源次兵衛。魚住小五郎の嫡子として文化十四年(一八一七)十一月熊本城下に生まれる。林藤次(桜園)につき国学を修め、天保七年(一八三六)家督を継ぎ番方となる。弘化四年(一八四七)鉄炮頭となり嘉永六年(一八五三)江戸勤番、安政二年(一八五五)帰国、池部春常に西洋砲術を学びさらに江川・高島二流を修めた。文久二年(一八六二)藩に建白して世子細川護美(もりよし)に従い入京。諸方の有志と交わって王事に尽力、そのためのち俗論派の忌むところとなり、元治元年(一八六四)七月家に幽閉された。しかし、慶応三年(一八六七)には護美の兄護久を擁して豊後国鶴崎(大分市)に至った時、帰国すべき旨の急使に接したが、翌年正月藩論を排して上洛、参内した。これによって藩論ようやく定まり、藩兵に禁門を守衛させるに至り、かれは維新後帰国した。明治十三年(一八八〇)九月十六日没。六十四歳。

参考文献 武藤厳男編『肥後先哲偉蹟』後編(『肥後文献叢書』別巻二)、後藤是山『肥後の勤王』

(森田 誠一)

うおずみそうごろう 魚澄惣五郎 一八八九―一九五九 大正・昭和時代の日本史家。明治二十二年(一八八九)十一月十七日神戸市に魚澄惣一郎の次男として誕生。母はくま。大正三年(一九一四)東京帝大国史学科卒業。同年京都帝大大学院に入学、翌年京都帝大文学部副手。同五年京都府立五中教諭、以後府立三中教諭、南桑田郡立高等女学校長などを歴任。同十三年大阪府立女専教授に就任、以後京大・関西大・東北大などの講師を併任。昭和二十年(一九四五)竜谷大学教授。同二十二年広島文理大教授、新学制により広島大学文学部教授。同二十九年関西大学大学院教授に転ず。その間雑誌『歴史と地理』の発刊に尽力、また関西の諸府県および広島県の史蹟名勝天然紀念物調査委員、広島史学研究会理事長、大阪歴史学会会長、日本学術会議会員、広島・西宮の市史編纂委員長となる。同三十四年三月二十六日病没。六十九歳。中世史に精しく、著書に『古社寺の研究』『歴史地理の研究』『南北朝』(『綜合日本史大系』六)、『室町時代』(『日本新文化史』八)などがある。

参考文献 魚澄先生御退官謝恩事業会編『魚澄先生記念録』、「魚澄惣五郎先生略年譜及著作目録」(魚澄先生古稀記念会編『(魚澄先生古稀記念)国史学論叢』所収)

(松岡 久人)

うがいきちざえもん 鵜飼吉左衛門 一七九八―一八五九 江戸時代後期の水戸藩士。名は知信、字は子態、拙斎また聒翁と号した。寛政十年(一七九八)鵜飼真教の次男に生まれ、叔父知盛の家督を継いだ。天保年中(一八三〇―四四)藩主徳川斉昭に仕えて京都留守居に進んだ。弘化元年(一八四四)斉昭が失脚すると、権臣の藩政を専断するのを憤り、書を堂上廷臣に呈したことが罪に問われ、同三年職を奪われて水戸に還されたが、嘉永六年(一八五三)斉昭の政界復帰により前職に復し、安政四年(一八五七)長男幸吉(知明)も京都留守居助役を命ぜられて父を輔佐した。翌五年二月老中堀田正睦が入京して条約の勅許を請うと、その阻止に奔走し、将軍継嗣問題では青蓮院宮尊融法親王・内大臣三条実万に一橋慶喜の擁立を入説、また斉昭の命により、池内陶所を通じて両人に幕府の嫌疑を受けることのないよう申し入れさせた。同年六月大老井伊直弼のもとに日米修好通商条約の調印が断行されると、吉左衛門父子は鹿児島藩士日下部伊三次・儒者梁川星巌らと謀り、左大臣近衛忠煕および実万らに入説し、勅諚によって直弼を却けようと計画して、朝議もこれに決した。八月八日武家伝奏万里小路正房の里亭に赴き藩主徳川慶篤に下された勅諚(戊午の密勅)を託されたが、時に病のため幸吉に捧持させて東海道を下らせ、勅諚は無事江戸小石川藩邸に届けられ、十七日慶篤に伝達された。幕府は事の重大なのに驚き、外交事情弁明のために上京した老中間部詮勝に勅諚降下関係者の逮捕を命じたので、九月十八日吉左衛門父子は京都町奉行所に出頭を命ぜられ、六角の獄に禁錮され、十二月江戸に檻送、吉左衛門は大聖寺藩邸、幸吉は高田藩邸に預けられ、翌六年評定所の糺問を受けた後、八月二十七日吉左衛門は江戸伝馬町の獄において死罪に、幸吉は獄門に処せられた。

時に吉左衛門は六十二歳、幸吉は三十二歳。初め父子は密かに小塚原に埋められたが、文久二年(一八六二)十一月大赦令により罪を赦されたので、水戸常磐原(茨城県水戸市松本町常磐共有墓地)に帰葬された。父子ともに贈従四位。歌集に『雪の細道』(『蛙の声』)がある。

[参考文献] 鵜飼幸吉編『尊攘私記』　（吉田　常吉）

うかいてつじょう　養鸕徹定　一八一四―九一　明治時代前期の浄土宗の僧侶。松翁古渓・杞憂道人・古経堂主人などと号す。文化十一年(一八一四)三月十五日、筑後国久留米(福岡県久留米市)に生まれる。父久留米藩士鵜飼万五郎政善・母久保氏の第二子。六歳のとき久留米西岸寺光誉禅竜について剃髪。文政十年(一八二七)京都、ついで天保三年(一八三二)江戸に遊学。五年増上寺にて宗脈を受く。十三年増上寺学寮を掌り、文久元年(一八六一)武蔵国岩槻(埼玉県岩槻市加倉)の浄国寺住職となる。明治三年(一八七〇)等誉明賢の命で周防山口に浄土宗学校を設立。同五年教部省が設置されると十等出仕に補し、六月権少教正に任じ、浅草誓願寺に董す。七月権大教正となり、六年一月小石川伝通院に転じ、七年四月京都知恩院に晋山。八年三月大教正となり、浄土宗規を改定す。十六年浅草幡随院を兼務。十八年浄土宗管長となり、十九年門跡号の公称を許可される。知恩院董住以来各地に巡錫し諸寺を創建す。二十年四月知恩院を辞し塔頭福寿院に住し、傍ら各地を巡化す。二十四年三月十五日名古屋阿弥陀堂にて没し、遺骸を華頂山に塔す。七十八歳。法名瑞蓮社順誉。漢学者狩谷棭斎、国学者伴信友について仏教考証史家として古籍を探索し、これを通じて日本文化史上の仏教の評価を高めた。また音楽を好み、古籍を愛し、書および詩文をよくした。他方英人エドキンズの仏教批判にはげしく反論した。著書に『十六羅漢図賛輯録』二巻、『闔山取蔵古本捜索録』二巻、『諸山蔵経考』二巻、『釈教正謬初破再破』三巻、『古経題跋』二巻、『縁山詩叢』二巻、『天寿国曼荼羅記』一葉、『法隆寺金堂画仏記』三葉、『古経捜索録』二巻、『訳場列位』一巻、『古経堂詩文鈔』八冊などがある。

[参考文献] 『略伝集』(『浄土宗全書』一八)、岩崎敲玄『浄土教史』、小島章見「古経堂徹定の考証学的著書」(『仏教論叢』一)、牧田諦亮「徹定上人年譜稿」(『仏教文化研究』一四)、同「徹定上人年譜」(『古経捜索録』影印本付載)　（竹中　信常）

うがきかずしげ　宇垣一成　一八六八―一九五六　大正・昭和時代の陸軍軍人、政治家。明治元年(一八六八)六月二十一日、備前国磐梨郡潟瀬村(岡山県赤磐郡瀬戸町)にて、百姓宇垣杢右衛門・同たかの五男として生まれる。幼名杢次。小学校卒業後代用教員となり、同十七年には十七歳にして隣村御休村の小学校長となったが、十九年上京。二十一年に陸軍士官学校に入校、二十三年七月卒業。兵科は歩兵。さらに三十三年に陸軍大学校を卒業。三十五年八月より三十七年四月に至るまでドイツに留学。日露戦争には第八師団の参謀として出征し、三十九年二月から四十一年二月に至るまで駐在武官として再びドイツに駐在。帰国後参謀本部総務部部員。続いて教育総監部に移り、四十四年九月陸軍省軍務局軍事課長となる。大正二年(一九一三)、陸海軍大臣を現役将官に限っている制度が政党を中心とする勢力によって問題として取り上げられ、その資格が予後備にまで広げられようとすると、それに反対して怪文書を作成、周囲に配付し八月歩兵第六連隊長に左遷された。同四年一月再度軍事課長となり、大隈内閣の岡市之助陸相の下で二個師団増設のために奔走した。同年八月少将に任ぜられ、陸軍歩兵学校長。五年三月参謀本部第一部長。七年、陸軍軍事協約委員の一人として中国に出張、ロシアの革命勢力の東漸を想定して段祺瑞政権との間に日華陸軍共同防敵軍事協定を締結した。同年十一月総務部長兼第一部長。八年四月陸軍大学校長、七月中将。十年三月第十師団長。十一年五月教育総監部本部長。十二年十月、田中義一陸軍大臣の下に次官となる。十三年一月、清浦奎吾の組閣にあたり、田中は長州系勢力の後継者たらしむべく宇垣を陸相に推薦し、上原勇作元帥は九州系勢力を台頭させようとして長崎県出身の福田雅太郎大将を推したが、結局宇垣が陸軍大臣の座を占め、以後、第一次・第二次加藤内閣、第一次若槻内閣に留任、四代の内閣の陸相となった。この間、十四年八月に大将。次官時代、制度調査委員長として、山梨半造陸軍大臣によって行われた軍備縮小の後を承けた軍備整理の研究を主宰、大臣時代には四個師団の廃止をはじめとする大規模な軍備整理を敢行し、節減した経費を以て装備の近代化をはかり、一方、学校教練・青年訓練を推進して国防の底辺の拡大に努めた。主としてこの時の実行力が元老西園寺公望をはじめ広く政界に認識され、宇垣は以後、「政界の惑星」となる。昭和二年(一九二七)、斎藤実朝鮮総督がジュネーブ軍縮会議に出張すると、四月現任のまま総督臨時代理となり、同月、田中義一内閣の成立に際して陸相を辞任、軍事参議官となった。十月、朝鮮総督臨時代理を免ぜられる。同四年七月、浜口雄幸が組閣すると再度陸軍大臣となり、第二次軍備整理を構想し、民政党が絶対多数を得た同五年二月の第十七回選挙にも画策して内閣の安定に協力したが、折しもロンドン海軍軍縮条約の締結について紛争が生じ、同年十一月浜口首相は狙撃されて再起できず、また、世情の険悪化はようやく増した。同年六月以来宇垣は中耳炎で静養、阿部信行中将が臨時代理を務めていたが同じ十一月に復帰、ほぼ時を同じくして、東亜経済調査局理事長大川周明、大行会の清水行之助、参謀本部の重藤千秋支那課長・橋本欣五郎ロシア班長らは、宇垣を擁立してクーデターを行う計画を立てた。彼らは翌六年一月早早には、二宮治重参謀次長・建川美次第二部長・小磯国昭軍務局長など、軍の最上層部の了解を得たが、永田鉄山軍事課長・岡村寧次補任課長らの反対に会い、また、宇垣自身が態度をはっきりさせなかったことからこの計画は未発のまま中止となった。この事件は、クーデターの日取りが、第五十九議会に労働組合法案が上程される三月に予定されていたので一般に三月事件と称された。その後宇垣は同年四月陸軍大臣辞任。六月朝鮮総督に任ぜられ、みずから進んで予備役に編入された。朝鮮にあっては農村振興に努め、「南綿北羊」を奨励し、北朝鮮高原地帯に綿羊を飼育、南朝鮮に綿を栽培して農民の現金収入を増すと同時に、日本の繊維産業に原料を供給すべく試みた。また電力統制を行い、野口遵を後援して北朝鮮に電源を開拓し、重化学工業を興した。十一年八月朝鮮総督を免ぜられ、前官礼遇。十二年一月、広田弘毅内閣が退陣すると重臣層を中心として宇垣の統制力への期待は高まり、組閣の大命を受けたがもはや陸軍内に影響力を行使できず、陸相を得られず組閣は失敗した。同年十月、第一次近衛内閣の内閣参議となり、翌十三年五月外務大臣に就任、さらに六月拓務大臣を兼ねた。外相就任の条件として、対華外交の一元化、国民党政権との和平交渉を推進することなどを挙げ、国民政府行政院長である孔祥熙と接触し始め、他方駐日英国大使L・R・クレーギー、米国大使J・C・グルーと会談を継続して対外協調に努めたが、状況は好転せず、折から対華外交を一元化して管轄する機関として、外務省を無視して新たに興亜院を設置することが決定されたことに抗議する形をとって辞職した。以後閑居を続け、十九年九月中国に渡り、私的な資格で和平工作の調査を行なった。二十八年四月、参議院議員選挙に全国区より立候補、最高点で当選、緑風会に属した。三十一年四月三十日没。八十七歳。著書・論稿に『宇垣日記』『松籟清談』『身辺雑話』「老兵の述懐」(『読売評論』二ノ一〇―三ノ六)、「ヒンデンブルグ」(朝日新聞社編『世界人の横顔』所収)、「身血を注いだ余が対中国親善工作の回顧」(『キング』二六ノ一二)などがある。

参考文献 鎌田沢一郎『宇垣一成』、渡辺茂雄『宇垣一成の歩んだ道』、額田坦『秘録宇垣一成』

（竹山　護夫）

うきたかずたみ　浮田和民　一八五九―一九四六　明治後期から大正時代にかけての政治学者。代表的な立憲主義者。安政六年(一八五九)十二月二十八日、肥後国熊本竹部久本寺東横町に生まれる。父栗田十太直之、母次。明治四年(一八七一)熊本洋学校に入学、ジェーンズの薫陶をうける。同九年花岡山盟約に参加、洗礼をうけてトーマス＝浮田と称した。同年京都同志社英学校に入学、十二年卒業。翌年大阪天満教会会頭に就任し、伝道活動に従事。十九年同志社政法学校講師に就任、二十五年から二十七年までエール大学に留学、帰朝後同志社大学教授となり史学および政治学を講義した。三十年東京専門学校(早稲田大学の前身)に移り、政治学・社会学・西洋史を担当するかたわら論壇でのはなばなしい活動を開始。四十一年文明協会編輯長。四十二年から大正六年(一九一七)まで雑誌『太陽』の主幹を兼務し、同誌の花形論客として立憲主義論を精力的に展開することによって、大正デモクラシー運動初期の代表的な思想家としての役割を果たした。明治四十五年帰一協会幹事、大正五年大日本青年修養団評議員に就任。同九年から十年にかけての欧米視察旅行後、論壇の第一線から身をひき、教育に専念するようになった。昭和十六年(一九四一)早稲田大学を退職、名誉教授となる。同二十一年十月二十八日東京都豊島区本町の自邸で死去。八十八歳。著書に『倫理的帝国主義』(明治四十二年刊)ほか数十冊がある。

参考文献 故浮田和民先生追懐録編纂委員会編『浮田和民先生追懐録』、早稲田大学校史資料室編『浮田和民博士年譜と著作目録』、宮本又久「民本主義の誕生―浮田和民を通じて―」(『史林』五〇ノ二)、栄沢幸二「帝国主義成立期における浮田和民の思想的特質」(『歴史学研究』三三二)、中西敬二郎編「浮田和民博士著述目録」(『早稲田大学史記要』二ノ一)

（栄沢　幸二）

うざきろじょう　鵜崎鷺城　一八七三―一九三四　明治・大正時代のジャーナリスト。明治六年(一八七三)十一月一日、旧播磨国姫路藩士鵜崎久平の四男として生まれる。本名は熊吉。同二十六年東京専門学校卒業。『東京日日新聞』『九州日日新聞』『毎日電報』『大阪毎日新聞』『関門日日新聞』などの記者として活躍する傍ら、『日本人』『日本及日本人』『中央公論』などに寄稿、当時の政界人物評論界では見方の鋭い点で優れていた。同二十九年以来犬養毅に師事した。昭和九年(一九三四)十月二十八日没。六十二歳。著書は『朝野の五大閥』『犬養毅伝』などすこぶる多い。

参考文献 木村毅編『明治人物論集』(『明治文学全集』九二)

（西田　長寿）

うざわふさあき　鵜沢総明　一八七二―一九五五　明治から昭和時代にかけての法学者、政治家。明治五年(一八七二)八月二日木更津県長柄郡上大田村(千葉県茂原市)に誕生。一高を経て同三十二年東京帝大法科大学を卒業、ただちに生涯の業としての弁護士を開業。明治末より、花井卓蔵と併称される手腕を発揮し、太平洋戦争後は極東軍事裁判日本側弁護士団長をつとめた。明治三十四年明治法律学校(のちの明治大学)講師となり、没年までこの学園に法律哲学・東洋政治哲学・法学通論・比較法制史を講じ、昭和九年(一九三四)総長となり、以後四度改選された。なお、同十五年大東文化学院総長、戦後国際基督教大学評議員会議長をもつとめた。主たる学問分野は法律哲学で、中国古典哲学の造詣のうえに、独得の体系を構築し、明治四十一年には法学博士の学位を受け、民間学者としては稀有の例と評された。著述としては『法学通論』(明治三十七年)、『法律と道徳との関係』(同三十八年)、『老子の研究』(昭和十年)、『政治哲学』(同十二年)、『法律哲学』(同二十九年)がある。また明治四十二年には花井卓蔵とともに雑誌『刑事法評林』を刊行して人権擁護の論陣を張り、大正二年(一九一三)には雑誌

『国家及国家学』を主宰し、民本主義運動の一翼を形成した。この生涯の最盛期の論策は『偆偢論集』(大正五年)にまとめられている。明治四十一年衆議院議員に当選し、第十回より第十四回まで補選をあわせて六回連続して議席にあった。政友会に属し、原敬に重用され、大正六年第三十八議会では院内総務となり、第四十二・第四十三両議会にも再選された。同七年より九年まで協議員長、九年より十一年まで総務委員の要職にあり、党の領袖の一人となり、退任後は顧問として大臣歴任者なみの待遇を受けた。昭和三年、田中政友会内閣の推薦で貴族院議員に勅選された。同十年政友会を離れ、永田鉄山暗殺事件の弁護にあたり、十二年には貴族院を辞し、政界を去った。三十年十月二十一日、八十三歳で没した。

参考文献 石川正俊『鵜沢総明』 (松尾 尊兊)

うじいえなおくに 氏家直国 一八五七—一九〇二 明治時代の自由民権運動家。安政四年(一八五七)仙台藩士氏家直幸の子に生まれ、明治九年(一八七六)陸軍教導団の生徒となった。西南戦争に参加し、人吉で薩摩兵に捕えられ、のち軍曹となって出営した。剣道や銃術に長じ、詩を作り、典型的な自由党壮士となり、大井憲太郎の指導をうけた。同十七年十月、秩父困民党の蜂起計画が大井に知らされると、大井は蜂起阻止の説得使として氏家を秩父自由党員井上伝蔵のもとに送ったが、秩父困民党はすでに井上の説得に応ぜず、十一月一日蜂起を敢行した。大阪事件の準備段階において氏家は数名と奈良県において二回の強盗を企て、資金の獲得につとめたが、いずれも失敗し、やがて逮捕され、重禁錮二年の刑を受けた。この後の経歴には不明の点が多いが、上海に渡り、北清事変に干与し、同三十五年七月腸チフスで病死した。四十六歳。

参考文献 板垣退助監修『自由党史』(『岩波文庫』) (井上 幸治)

うしおしげのすけ 潮恵之輔 一八八一—一九五五 大正・昭和時代の内務官僚。明治十四年(一八八一)八月十一日島根県に生まる。四十年東京帝大法科大学卒、内務省に入り、大正二年(一九一三)地方局市町村課長、以後大臣官房文書課長、地方局府県課長、衛生局長などを経て、同十一年地方局長となり、地方制度改革・選挙法改正に関与した。昭和三年(一九二八)田中義一内閣から第二次若槻内閣にかけて内務次官、同六年貴族院議員に勅選された。翌七年斎藤内閣が成立すると再び内務次官となり、官吏身分保障に尽力、また選挙粛正運動にも寄与した。同十一年、二・二六事件後に成立した広田内閣の内務大臣兼文部大臣に就任。同十三年枢密顧問官となり、二十一年六月同副議長に任ぜられた。翌二十二年公職を追放された。官僚歴の大半を本省で過ごし、法制にくわしく、政党に関係せず、戦前の内務官僚の典型と目されていた。同三十年一月九日死去。七十三歳。

参考文献 中島頼重『元内務大臣正二位勲一等故潮恵之輔先生』、後藤文夫他(座談会)「潮恵之輔さんの思い出」(『大霞』二七) (伊藤 隆)

うしおだちせこ 潮田千勢子 一八四四—一九〇三 明治時代の社会事業家。弘化元年(一八四四)九月二十一日誕生。父は信州飯田藩医丸山竜珉。同藩潮田健次郎と結婚。キリスト教を固く奉じ、夫没後の明治十七年(一八八四)上京して、横浜聖経女学校を卒業。婦人矯風会創設に参画し、ことに女子授産場の設置、足尾銅山鉱毒地救済に挺身して、矯風会の牽引車的役割を果たした。同三十六年日本婦人矯風会第二代会頭に就いたが、同年七月四日没。六十歳。東京青山墓地に葬る。

参考文献 阿部玲子「足尾鉱毒問題と潮田千勢子」(『歴史評論』三四七) (千住 克己)

うじしぶん 宇治紫文 一中節宇治派家元の芸名。六代目まであるが、初代が最も有名。

(一)初代 一七九一—一八五八 寛政三年(一七九一)に生まれる。本名勝田権左衛門。江戸浅草材木町の名主。五代目都一中(みやこいっちゅう)に師事し、都一閑斎と名のった。嘉永二年(一八四九)八月に一派をおこし、宇治紫文斎と名のり、宇治派の発展に尽力。安政五年(一八五八)二月二十二日、六十八歳で没。浅草馬道妙音院に葬る。狂歌にも才があった。

(二)二代 一八二一—七九 文政四年(一八二一)に生まれる。初代の実子。幼名福太郎また福之助。初名都和中。父の一周忌に二代目宇治紫文を襲名。明治八年(一八七五)隠居し、同十二年九月十三日、五十九歳で没。

(吉川 英史)

うしばたくぞう 牛場卓蔵 一八五〇—一九二二 明治時代の実業家。山陽鉄道会社社長。嘉永三年(一八五〇)十二月、伊勢国一志郡七栗村(三重県久居市)に生まれた。原平三郎の三男で、のち牛場圭次郎の養子となった。明治四年(一八七一)上京して慶応義塾に入り、雄弁家として知られた。同九年内務省に入り、十五年には朝鮮政府顧問、十六年大蔵省収税官となった。二十年退官して日本土木会社創立に関与し、同年山陽鉄道会社に入り、二十七年四月、総支配人、三十一年四月専務取締役、三十七年取締役会長(三十三年十月以降同社では社長を会長と称していた)、三十九年十二月一日同社の国有鉄道買収まで在任した。牛場は山陽鉄道の独自の発展の基礎をきずいた中心人物で、英・米その他の鉄道企業の制度を積極的にとり入れ、赤帽・寝台車・食堂車・急行列車など、利用者本位の経営方針を強く押し出した。大正十一年(一九二二)三月五日没。七十三歳。「私設鉄道利益配当制限論」(明治三十九年一月『鉄道時報』連載)の論文がある。

参考文献 実業之世界社編『財界物故傑物伝』上 (原田 勝正)

うしろくじゅん 後宮淳 一八八四—一九七三 明治後期から昭和時代前期にかけての陸軍軍人。明治十七年(一八八四)九月二十八日農業後宮力の長男として京都府で生まれた。大阪地方幼年学校を経て三十八年三月陸軍士官学校を第十七期生として卒業、直ちに歩兵少尉に任官、第三十八連隊付となった。大正六年(一九一七)陸軍大学校を卒業したのち、鉄道を専門とし師団参謀・参謀本部勤務などを経て、二度にわたり、満鉄の勤務将校を勤めた。昭和九年(一九三四)少将に進級し、参本第三部長・人事局長を経て軍務局長で日中戦争を迎え、第二十六師団長・第四軍司令官・南支那方面軍司令官・支那派遣参謀長を歴任、十七年陸軍大将に進級し、中部軍司令官に転じたが、十九年二月、同期生の東条英機首相兼陸相が参謀総長を兼任した際、参謀次長に就任し、マリアナ決戦などの悲惨な玉砕戦闘を指導した。東条内閣の退陣とともに転出、満洲国西半の防衛を担当する第三方面軍司令官に親補され、翌年八月侵入したソ連軍を迎撃したが、数日で終戦となり、シベリアの捕虜収容所で十年余をすごし、三十一年釈放されて帰国した。その後、郷友連盟会長をつとめた。昭和四十八年十一月二十四日没。八十九歳。（秦　郁彦）

うすきひこえもん　宇宿彦右衛門　一八一九―六三　江戸時代後期の鹿児島藩士。同藩洋式工業の指導者。諱は行誼(ゆきよし)。文政二年(一八一九)鹿児島城下に生まる。父は伊地知季幹、宇宿氏を嗣ぐ。高島流洋式砲術を成田正之に、示現流剣術を東郷藤兵衛に就いて究む。弘化元年(一八四四)以来、藩の各種技術工芸の諸役を歴任し研究を進めた。藩主島津斉彬の知遇厚く、嘉永六年(一八五三)江戸田町海岸砲台を築造し、安政元年(一八五四)再び江戸に随従して蒸気船製造・電信・写真などの術を修め、帰藩後「集成館」掛りとなって、反射炉・熔鉱炉・地雷・水雷など創製の事にあたり、鹿児島藩洋式工業の中枢として活躍した。藩の汽船購入・製造・試運転は常に彼の任務であったが、文久三年(一八六三)十二月二十四日、幕府からの借船長崎丸を大坂に廻航中、馬関海峡で長州の砲撃にあい、船とともに沈み没。四十五歳。贈従五位。

参考文献　田尻佐編『贈位諸賢伝』一、鹿児島市役所編『薩藩の文化』（原口　虎雄）

うだがわぶんかい　宇田川文海　一八四八―一九三〇　明治・大正時代の小説家。嘉永元年(一八四八)二月二十四日江戸本郷新町屋(文京区湯島)道具商伊勢屋市兵衛の三男として生まれた。本名鳥山棄三、号半痴居士。早く父母を喪い、一時仏道に入ろうとしたがのち心変り、明治七年(一八七四)二月『遐邇新聞』(秋田)記者となる。翌八年秋、秋田を去り阪神に赴き、兄茂中貞次によって『神戸港新聞』に入る。同年十二月『浪花新聞』を創刊し、十年夏退社、その年創刊の『大阪日日新聞』に入り雑報主任となる。大阪日日は間もなく『大阪新聞』と改題、十一年三月『大阪日報』に合併するが、文海は両新聞の記者をかねた。十三年八月『魁新聞』に入り、翌十四年九月『朝日新聞』に入った。このころすでに関西における小説家としての地位を確立、以後三十年ごろまでは関西文壇の大御所的存在であった。彼の朝日在社は明治二十二年九月に及ぶが、その間、同十八年十月二十七日創刊の『日本絵入新聞』に半年ほど在社。同二十六年四月末『大阪毎日新聞』に入り以後十年ほど在社した。その後は新聞や雑誌の寄稿家として世を送ったらしいがその間明治三十五年七月創刊の『大阪朝報』には記者として相当主要な地位についたらしい。管野スガはかれの門人としてここの婦人記者であった。晩年は豊臣秀吉の研究に力を入れていた。昭和五年(一九三〇)一月六日大阪住吉町の自宅で没。八十三歳。墓は東京都台東区寿二丁目の宗円寺にある。作品には『勤王佐幕巷説二葉松』(明治十七年)などがある。

参考文献　宇田川文海『喜寿記念』、大塚豊子・松葉晨子・三浦阿き子「宇田川文海」(『近代文学研究叢書』三一所収)（西田　長寿）

うたざわしばきん　哥沢芝金　歌(哥)沢節芝派家元の芸名。五代目まである。

(一)初代　一八二八―七四　文政十一年(一八二八)江戸に生まれ、本名柴田金吉、掾号哥沢土佐大掾(じょう)。江戸高砂町の御家人柴田弥三郎の三男。歌沢笹丸を中心とする歌沢の仲間に入り名手であったが、笹丸の没後文久二年(一八六二)別派をたて、歌の字を哥にして哥沢と称し、みずから芝金と名のった。河竹黙阿弥らと交友があったのが縁で、明治三年(一八七〇)の中村座三月興行をはじめとして数回劇場に出演。同七年八月二十七日、四十七歳で没。本所太平町法恩寺に葬る。

(二)三代　一八四〇―一九一一　本名勢以(せい)。初代の養女。江戸深川熊井町の廻船業南部屋久次郎の娘。天保十一年(一八四〇)に生まれる。明治二十一年(一八八八)三代目を襲名。その芸は初代をしのぐといわれ、清元お葉と並び称された。同派の稽古本『松の緑』の編者。明治四十四年五月二十七日没。七十二歳。深川霊巌町済生院に葬る。（吉川　英史）

うたざわとらえもん　歌沢寅右衛門　歌沢節寅派家元の芸名。五代目まである。

(一)二代　一八一三―七五　文化十年(一八一三)江戸に生まれ、本名平田虎右衛門、通称平虎。江戸日本橋橘町の畳屋。歌沢の始祖歌沢笹丸を知り、その才能を認められて歌沢の仲間に入った。嘉永六年(一八五三)版の冊子『江戸高名細見』の「はうたやいき五郎」の題下に「橘町平虎」の名が三段目に載り、慶応元年(一八六五)版の同書には筆頭にその名がみられる。安政四年(一八五七)笹丸が大和大掾を受領して間もなく家元を譲られ、歌沢能登と名のり、のち歌沢相模と改名。寅右衛門としては初代であるが、笹丸を初代としみずからは二代目と称した。明治八年(一八七五)十月十三日没。六十三歳。本所原庭町妙縁寺に葬る。

(二)四代　一八七二―一九四三　明治五年(一八七二)東京に生まれ、本名平田ゆき。三代目(二代目の娘)の娘。寅派中興の祖ともいうべき人。昭和十八年(一九四三)三月七日東京で没。七十二歳。（吉川　英史）

うだせいいち　宇田成一　一八五〇―一九二六　明治時代の自由民権家。陸奥国耶麻郡下柴村(福島県喜多方市関柴)に嘉永三年(一八五〇)宇田伝蔵の長男に生まれる。宇田家は会津藩から二百石を賜い、のち代々肝煎を勤めたが、明治元年(一八六八)会津地方に起ったヤァヤァといわれた肝煎征伐の世直し一揆に家を焼かれている。十五年ころは水田二町、畑一町を所有したが、政治運動で全財産を失った。十一年喜多方に愛身社を起し、民権運動の中心となり、十四年会津自由党を結成し、十五年には三島通庸福島県令と激突し、議案毎号否決の動議を出し、また同年三月会津三方道路開鑿のため、会津六郡連合会が組織され、議員となったが、議決の不当を責め、道路工事反対の指導を行い、ついに若松で帝政党員の襲撃をうけた。宇田は同志とともに宮城控訴院に出訴を決意し、その準備を進めたが、新合村で二十数人の巡査に逮捕された。喜多方警察署に拘留中、弾正ヶ原に集合した農民は警察署に宇田らの引渡しを要求し、喜多方事件が発生した。宇田は高等法院で七回の予審をうけ、放免となったが、官吏侮辱で再び追跡され、東京・新潟・米沢を転転とし、ついに逮捕された。十九年出獄。二十五年県会議員当選。晩年は郡会議長・村長を勤め、大正十五年(一九二六)七月十七日七十七歳で没した。

［参考文献］　高橋哲夫『福島民権家列伝』、庄司吉之助『日本政社政党発達史』　(庄司吉之助)

うだともい　宇田友猪　一八六八―一九三〇　明治後期から大正時代にかけてのジャーナリスト、漢詩人。明治元年(一八六八)七月十七日土佐国土佐郡小高坂村(高知市)の高知藩士の家に生まれる。号は滄溟。同二十三年東京専門学校邦語政治科卒業。『自由新聞』『新愛知』『新潟毎日新聞』の記者を経て、三十五年ごろ『高知実業新聞』、続いて『土陽新聞』主筆として立志社の伝統を伝えるためにその孤塁を守った。その間、三十六年には板垣退助の風俗改良会機関誌『友愛』の編集人にもなっている。大正二年(一九一三)仙台の『新東北』主筆となり、同十二年に及んだ。のち盛岡に移り、『原敬伝』の編纂に従った。昭和五年(一九三〇)十一月十二日没。六十三歳。編纂書に『自由党史』二巻、『板垣退助君伝』があり、著書に『滄溟詩集』がある。　(西田長寿)

うたはし　歌橋　生没年不詳　幕末の大奥女中。第十三代将軍徳川家定の乳母。家定は虚弱なため、将軍就職(嘉永六年(一八五三)、三十歳)後まもなく養嗣問題が議せられていたという。その対象になったのが、家定のいとこの慶福(紀伊徳川家)と、水戸の徳川斉昭の子の一橋慶喜とであった。大奥では斉昭をきらう風潮があり、家定の生母本寿院や歌橋はその先頭にたったという。嘉永六年においてすでに十七歳であった慶喜よりは、八歳の慶福の方が養嗣としてふさわしいというのもその理由の一つであった。夫人に二度先立たれた家定に三番目の夫人として島津斉彬の女篤姫(天璋院)が送りこまれた(安政三年(一八五六))のは、慶喜を推す一橋派(松平慶永・伊達宗城ら)の策謀であり、彼女に家定夫人として大奥内の意見を慶喜を養嗣とする線でまとめさせるためであったが、歌橋らの妨害により、その計画をはやくあきらめてしまったようである。安政五年、南紀派(水野忠央・井伊直弼・堀田正睦ら)の推す慶福が宗家を継ぎ、第十四代将軍となった。　(進士慶幹)

うちがさきさくさぶろう　内ヶ崎作三郎　一八七七―一九四七　大正・昭和時代の政治家。明治十年(一八七七)四月八日宮城県黒川郡富谷村に生まる。三十四年東京帝国大学英文科卒。四十四年英国オックスフォード大学に留学。帰国後早稲田大学教授・理事となる。大正十三年(一九二四)から衆議院議員に選出され、憲政会・立憲民政党を経て日本進歩党に所属。昭和四年(一九二九)内務参与官、十年民政党総務、十二年文部政務次官を歴任。十六年から二十年まで衆議院副議長を勤める。二十二年二月四日死去。七十一歳。著書に『ロイド・ジョールヂ』『近代人の信仰』『人生学』『世界文化の趨勢』がある。

［参考文献］　白合藤五郎編『宮城県名士宝鑑』、『富谷町誌』　(成沢光)

うちだいつみ　内田五観　一八〇五―八二　幕末・明治時代前後の和算家。通称弥太郎。はじめの名は恭、のちに観または五観といった。観斎・宇宙堂などと号した。文化二年(一八〇五)三月江戸に生まれた。本姓宮野。のち御家人内田氏の養子となる。十一歳のとき関流の日下誠の門に入って数学を学び、十八歳のとき皆伝を受けた。天保の初め高野長英の弟子となって兵学を学んだ。蘭学にも興味をもち、その塾を瑪得瑪弟加(マテマチカ)塾と名づけ、また詳証館と称した。詳証学は Wiskunde の訳である。この縁で、長英脱獄の際は内田の甥の家にかくまわれた。内田はまた測量にも通じ、嘉永年間(一八四八―五四)、江川太郎左衛門が伊豆・相模の海岸測量を行なった際には、その下にあって大きな功績を挙げた。明治維新後は文部省に出仕。明治五年(一八七二)、太陰暦を太陽暦に改めるための編暦事業の局にあたった。なお、新政府が度量衡の単位を定めたとき、尺度の単位のもとになったのは、彼が所持していた古いものさしの写しであった。その後も彼は編暦事業に従事していたが、内務省に転じた後、病をもって職を退いた。同十二年東京学士会院(日本学士院の前身)会員に選ばれた。同十五年三月二十九日没。七十九歳。四谷西応寺に葬る。彼は和洋の学に通じ、非常に広い範囲の活躍をしたが、和算家としての独創的な仕事は少なかったと評せられている。しかし、その著『古今算鑑』(天保三年)は名著として知られる。その弟子には剣持章行・法道寺善・桑本正明・竹内修敬など知名の数学者がきわめて多い。

［参考文献］　日本学士院編『明治前日本数学史』五　(大矢真一)

うちだかきち　内田嘉吉　一八六六―一九三三　明治後

期から大正時代にかけての官僚。慶応二年(一八六六)十月十二日、江戸に生まれる。明治十七年(一八八四)東京外国語学校卒業、二十四年帝国大学卒業。同年逓信省に入り、三十四年同省管船局長に任ぜられ、四十三年台湾総督府民政長官に転任するまで、主として海事行政に携わり、各種海事法規の制定に参画し、わが国海運政策の確立に貢献した。総督府民政長官としては、産業の開発などに努めた。大正六年(一九一七)、逓信次官に任ぜられ、戦時船舶管理令の制定などに努め、同七年次官を退官後、貴族院議員に勅選され、また、十二年より十三年まで、台湾総督に任ぜられた。南洋協会・ラテンアメリカ協会などの創立にも尽力し、十年日本産業協会の設立にあたり会長に就任した。その蔵書は、現在東京都千代田区立千代田図書館の所蔵で、特に大航海時代の稀覯書が多い。昭和八年(一九三三)一月三日死去。六十八歳。

参考文献 『日本海事協会五十年史』、逓信省編『逓信事業史』、逓信省管船局編『海事摘要』、故内田嘉吉氏記念事業会編『内田嘉吉文庫稀覯書集覧』、住田正一編『海事関係文献総目録』

（河村　一夫）

うちだぎんぞう　内田銀蔵　一八七二―一九一九　明治・大正時代の歴史学者。日本経済史学の開拓者。明治五年(一八七二)正月二十五日、東京府足立郡千住宿中組(東京都足立区)の旧家に生まれる。同二十二年に早稲田大学の前身、東京専門学校を卒業し、のち帝国大学文科大学に入学して、国史科に学んだ。同期生には国史科の喜田貞吉・黒板勝美・笹川種郎、史学科の原勝郎・幸田成友、漢学科の桑原隲蔵らがいる。二十九年七月に卒業して大学院に進み、「日本経済史及史学と経済学との教育的価値」を研究題目とした。三十一年、『史学雑誌』に「経済史の性質及び範囲に就きて」を発表。翌年東京帝国大学文科大学の講師になり、国史科・史学科で、日本の大学講壇最初の日本経済史を講義した。三十一年、福田徳三の『日本経済史論』(独文)につぐ先駆的著作『経済史』を、東京専門学校政治経済科講義録として執筆し、三十五年に論文「我国中古の班田収授法及近時まで本邦中所々に存在せし田地定期割替の慣行に就きて」、および「徳川時代特に其中世以後に於ける外国金銀の輸入」を書き、これによって同年十月、文学博士の学位を授与された。一方この年の八月、文部省外国留学生としてヨーロッパに派遣されることになり、翌三十六年一月に出発、イギリス・フランス・ドイツの各地をめぐって三年間留学、主としてドイツ歴史学派の学風を学び、その途中三十八年三月に広島高等師範学校教授に任命され、三十九年六月に帰国した。たまたまこの年に京都帝国大学に文科大学が増設されることになったので、同年八月に同大学教授を兼任し、文科大学史学科開設の企画に参加した。その際とくに、日本ではじめて史学科で学生のための国史研究室を設け、またはじめて史学科に地理学講座を置いたのは、内田の創見によるものであったといわれる。翌四十年五月には同大学専任教授となり、同年九月に開講された史学科で国史学講座を担当し、史学研究法および国史概論を講義した。この時三十六歳。開講時の同僚には助教授坂口昂、国史資料蒐集嘱託を任とした講師三浦周行がおり、翌年喜田貞吉を講師に迎えている。その後内田は、史学研究法・国史概論のほかに、日本近世史・日本経済史の講義をあわせて行なったが、それとともに、史学の理論的究明をめざす論文「史学と哲学」を四十三年発刊の京都帝国大学文科大学の紀要『芸文』の第一号以下に発表し、また四十五年にその経済史の理論を展開した著作『経済史総論』を刊行するなど豊富な執筆活動を続けた。第一次世界大戦後の大正七年(一九一八)四月、再び欧米各国に出張、翌年三月帰国したが、間もなく七月に発病し、同二十日に四十八歳で死去した。墓は東京都足立区綾瀬の清亮寺にある。著書としては前記のほかに、『日本経済史の研究』二巻、『内田銀蔵遺稿全集』五巻、『近世の日本』、さらに『日本文化名著選』に収められた『日本経済史概要』、『国史総論』などがある。

参考文献 「内田銀蔵博士の略歴」(『芸文』一〇ノ八)、「故内田銀蔵博士著述目録」(同一〇ノ九)

（戸田　芳実）

うちださだつち　内田定槌　一八六五―一九四二　明治後期から大正時代にかけての外交官。慶応元年(一八六五)正月十七日、豊前国に生まれる。明治二十二年(一八八九)帝国大学を卒業、外務省に入り、交際官試補を命ぜられ、同二十三年副領事に任ぜられて上海在勤、二十六年領事として京城在勤を命ぜられ、二十八年十月、京城での閔妃殺害事件に際し、詳細で正確な報告書を提出、事件の解決に資した。ついで二十九年ニューヨーク在勤領事、三十九年ブラジル駐劄公使を経て四十五年より大正七年(一九一八)までスウェーデン駐劄公使に在任したが、この間、ドイツとの単独講和につき打診した。第一次世界大戦後、同十年、国際連盟派遣の高級委員としてトルコに赴任し、十二年まで同国に在り、両国国交進展に尽くした。昭和十七年(一九四二)六月二日死去。七十八歳。

参考文献 外務省編『日本外交文書』二八ノ一、大正五年ノ三、小幡西吉伝記刊行会編『小幡西吉』、三宅正樹『(増訂版)世界史におけるドイツと日本』、内藤智秀『日土交渉史』、同『東西文化の融合』、山辺健太郎「乙未の変について」(日本国際政治学会編『日韓関係の展開』所収)、内藤智秀「日土条約締結史上の問題」(史学会編『東西交渉史論』下所収)、田中時彦「閔妃殺害事件―窮余の対韓陰謀に対する政治裁量―」(『日本政治裁判史録』明治・後所収)、早島瑛「内田定槌日誌」(『史学雑誌』八八ノ八)

（河村　一夫）

うちだとむ　内田吐夢　一八九八―一九七〇　昭和時代の映画監督。明治三十一年(一八九八)四月二十六日、父源蔵・母幸の三男として岡山市に生まれる。本名常次郎。岡山中学校中退後、横浜でピアノ調律師となるが、大正九年(一九二〇)大正活映の俳優となり「蛇性の婬」などに出演。牧野教育映画、特作映画社などを経て、同十五年日活京都大将軍撮影所に入社、翌昭和二年(一九二七)監督に昇進。軽妙な喜劇映画を連作したあと、傾向映画「生ける人形」(四年)、諷刺時代劇「仇討選手」(六年)で評価を高め、同七年日活を脱退するが、十年復帰。リアリズムを主体とする男性的な力強い作風で「人生劇場」(十一年)、「裸の町」「限りなき前進」(ともに十二年)、「土」(十四年)など意欲的な傑作を続々と発表する。二十九年第二次世界大戦敗戦後残留していた中国から帰還、翌年「血槍富士」で映画界にカムバック、三十一年以降東映に所属、「宮本武蔵」五部作(三十六―四十年)、「浪花の恋の物語」(三十四年)などの時代劇を中心に手がけるが、戦後の日本を舞台にした人間の運命の壮大な物語「飢餓海峡」(三十九年)は、彼の集大成的傑作となる。遺作となる「真剣勝負」(四十六年)の撮影中に倒れ、同四十五年八月七日没。七十二歳。法名は厳浄院釈吐夢居士。墓は東京都杉並区永福一丁目の築地本願寺別院にある。著書に『映画監督五十年』がある。

参考文献 吐夢地蔵有志会出版実行委員会編『吐夢がゆく―内田吐夢追悼集―』、岸松雄『日本映画人伝』、『フィルムセンター』九〇(内田吐夢監督特集)

(宮本　高晴)

うちだのぶや　内田信也　一八八〇―一九七一　明治から昭和時代にかけての実業家、政治家。明治十三年(一八八〇)十二月六日、旧常陸国麻生藩士内田寛の六男として茨城県行方郡麻生村に生まれ、少年時代に一家とともに上京した。同三十八年東京高商本科を卒業、三井物産に入社し神戸の船舶部に勤めた。四十四年に同社船舶部長であった川村貞次郎とともに定期貸船を主目的とする明治海運会社(資本金二十一万余円)を興した。大正二年(一九一三)七月三井物産を退社、翌年神戸に事務所を開設して船舶ブローカーの営業を始めた。ついで同四年には所有汽船一隻で内田汽船会社を設立、折からの大戦景気に乗じて、翌五年には運航船舶を一挙に十六隻にふやし、六十割の株式配当を実現するほどの巨利を得た。また、六年にはもと石川島造船所技師長の進経太とともに横浜鉄工所の経営にあたったが、翌七年四月これを支配下におさめて内田造船所(資本金二百万円)を創立した。同社は工場設備を整備する一方、三菱造船所から技師・職工を引き抜き、活発な造船需要に応じた。一方、六年二月神戸の事務所を拡充して内田商事会社を設立、汽船の売買を中心とする貿易によって莫大な利益を獲得した。これらの事業を通じ、内田は代表的な「船成金」になった。戦後の不況期には、所有船舶をいちはやく処分し、造船所も大阪鉄工所へ売却して破綻を免れた。十三年の衆議院選挙に政友会所属で出馬して当選、昭和十八年(一九四三)まで計七回にわたり議席を確保し、その間昭和九年岡田内閣の鉄道大臣、同十九年二月東条内閣の農商務大臣をつとめた。太平洋戦争後は二十八年四月の衆議院選挙に当選、第五次吉田内閣の農林大臣に就任した。なお二十四年以来明治海運会社社長をつとめた。四十六年一月七日没。九十歳。

参考文献 内田信也『風雪五十年』、イハラキ時事社編輯局編『風雲児内田信也』、寺谷武明「内田造船所」(『日本近代造船史序説』所収)

(服部　一馬)

うちだひゃっけん　内田百閒　一八八九―一九七一　大正・昭和時代の小説家、随筆家。本名栄造、別号百鬼園。明治二十二年(一八八九)五月二十九日、岡山に生まれる。岡山中学、六高を経て東京帝国大学独文科に入学、この間夏目漱石の初期作品を熱読し、上京後漱石門に入る。俳句・俳文をよくしたが、漱石存生時はその著作の校正に携わり、自身の文壇的出発は遅れた。大正五年(一九一六)以後陸軍士官学校・法政大学でドイツ語を教えたが、同十一年幻想的小説集『冥途』を刊行、漱石の『夢十夜』を発展させた独自な文体に新境地を開いた。昭和八年(一九三三)に刊行した『百鬼園随筆』は人物記・ユーモア随筆ふうの著作で、以後、夢・幻想とユーモアの二系統の文章をたゆみなく書き続け、今日に至るまで有数の読者に愛読されている。その骨格正しい文章は深い味わいを持ち、また漱石文学の正当な継承者の一人として評価される。他に『贋作吾輩は猫である』(昭和二十五年)、『阿房列車』(同二十七―三十一年)、『私の「漱石」と「竜之介」』(同四十年)、そして絶作『日没閉門』(同四十六年)がある。同四十六年四月二十日没。八十一歳。東京都中野区上高田四丁目の金剛寺に葬られた。『内田百閒全集』全十巻がある。

参考文献 平山三郎『百鬼園先生雑記帳』、川村二郎『内田百閒論　無意味の涙』

(内田　道雄)

うちだまさかぜ　内田政風　一八一五―九三　幕末・明治時代前期の鹿児島藩士、官僚。文化十二年(一八一五)生まれる。仲之助とも称した。文久二年(一八六二)、島津久光が勅使に従って入府するときに、汽船を利用してひそかに兵器を輸送。このため幕府から同藩に問責してきたが、内田は出頭したにもかかわらず、言を左右にして逃れた。また禁門の変や戊辰戦争にも軍需品の供給にあたった。明治二年(一八六九)に藩参政、翌三年に少弁に昇進した。四年参議広沢真臣が暗殺されたとき、政府は東京府内に戒厳制度を施行しようとしたが、内田は反対して中止させた。同年廃藩置県に伴って、金沢県参事ついで初代石川県令に就任、功績をあげた。八年辞任、その後、久光を輔佐して国事につくし、また島津家令もつとめた。二十六年十月十八日没。七十九歳。

参考文献 井尻常吉編『歴代顕官録』

(石塚　裕道)

うちだやすや　内田康哉　一八六五―一九三六　明治から昭和時代前期にかけての外交官。慶応元年(一八六五)八月一日肥後国八代郡和鹿島村(熊本県八代郡竜北町)に生まれる。明治二十年(一八八七)帝国大学法科大学政治学科卒業後直ちに外務省に入省、交際官試補・取調局勤務を経て在ワシントン日本公使館在勤、陸奥宗光公使の知遇を得た。同二十三年から二十五年まで陸奥に従って農商務省に勤務したが、再び外務省に戻り、二十六年在英公使館三等書記官となり、その後清国在勤を経て本省勤務、三十四年清国公使となり、日露戦争前後の時期において、満洲に関する露清同盟密約の情報探知、満洲に関する日清協約の成立に努力した。三十九年清国公使を免ぜられ、翌四十年オーストリア大使兼任スイス大使に任命さる。四十二年米国大使となり十二月にワシントンへ赴任。移民問題をめぐって米国の一部に流布した日米戦争に関する浮説の一掃に努力し、四十四年日米通商航海条約に調印、同年八月外相就任のため帰朝命令を受け帰国、第二次西園寺内閣の外相に就任、折から清国に勃発した辛亥革命に対処、翌四十五年七月ロシアとの間に満洲の勢力範囲分界線延長、内蒙古を東西の勢力範囲に分割した第三回日露協商を成立させた。大正五年(一九一六)ロシア大使に任命され、翌年二月ペトログラードに着任したが、直後に二月革命勃発、四月日本政府を代表して露国仮政府承認の公文を提出、十月革命によりソビエト政府成立、治安険悪となり本省の命により翌七年二月露都を引き揚げ帰朝、九月原敬内閣の成立とともに外相として入閣、シベリア出兵には㈠ボルシェビキ政権永続の可能性、㈡米英仏の利益のため日本が犠牲を払うことへの疑問から反対した。第二次外相時代、パリ平和会議(一九一九)、ワシントン会議(一九二一―二二)に対処した。同十四年枢密顧問官となり、昭和三年(一九二八)パリ不戦条約会議全権として渡仏、不戦条約に署名したが、条約文中の字句「其ノ各自ノ人民ノ名ニ於テ」In the names of their respective people が日本憲法に抵触し、国体の根本観念に相反すると国内で問題となり、責任をとって枢密顧問官を辞した。同六年南満洲鉄道会社総裁となり、柳条湖事件に遭遇、関東軍をはじめとする「現地の空気」に同調して、本国へ積極策採用の意見具申に上京した。翌年軍に推されて三たび外相に就任、第六十三帝国議会で満洲国承認問題に関し、政友会の森恪議員の質問に「国を焦土にしてもこの主張を徹することに於ては一歩も譲らない決心」と答弁し、ジャーナリズムが大きく取り上げたため、「内田焦土外交」の異名で呼ばれるに至った。その後同七年九月の満洲国承認、翌八年三月の国際連盟脱退に対処し、同年九月健康を害して辞職、同十一年三月十二日死去。七十二歳。墓は東京都府中市多磨町の多磨墓地。

[参考文献] 内田康哉伝記編纂委員会・鹿島平和研究所編『内田康哉』
（池井　優）

うちだよしかず　内田祥三　一八八五―一九七二　明治から昭和時代にかけての建築家、建築学者。工学博士。日本学士院会員。日本建築学会会長その他多くの役職をつとめる。明治十八年(一八八五)二月二十三日、東京深川(東京都江東区)に父安兵衛・母せんの長男として生まれる。同四十年東京帝国大学工科大学建築学科を卒業、三菱合資会社に入社したが、同四十三年には大学に戻ってコンクリートを原料とする建築構造の研究を開始し、以後は東京帝国大学を拠点として学究生活に終始した。同四十四年講師、大正五年(一九一六)助教授、同十年教授、さらに昭和十六年(一九四一)工学部長、同十八年には東京帝国大学総長となった。内田は耐震構造の開拓者であるが、明治末年から昭和戦前までの、ちょうど日本の建築と都市が近代化を推進する時期にあって、建築構造のみならず建築計画、都市計画、防火、建築法規、住宅問題、文化財保護など、建築に関わるあらゆる分野に関心をもち、後進の育成、建築界の組織化に尽力した。大正十二年から昭和十三年まで東京帝国大学営繕課長を兼任し、関東大震災後の東京帝国大学キャンパス計画ならびにそのほとんどの建築の設計に関与した。代表作として大講堂(大正十四年竣工)、図書館(昭和三年竣工)などがある。昭和四十七年度文化勲章を受章したが、同年十二月十四日没。八十七歳。東京都港区の青山墓地に葬られる。

[参考文献] 内田祥三先生眉寿祝賀記念作品集刊行会編『内田祥三先生作品集』
（稲垣　栄三）

うちだりょうへい　内田良平　一八七四―一九三七　明治から昭和時代前期にかけての国権主義者。硬石と号す。明治七年(一八七四)二月十一日福岡の大円寺町(福岡市唐人町三丁目)に内田良五郎の三男として生まれた。幼名は甲(きのえ)。少年時代から大陸に関心を持ち、玄洋社に属し、同二十七年東学党の乱に際して「天佑俠」の一員として渡韓。「三国干渉」以後対露活動に入る。三十年八月シベリアを横断し、翌年帰国。三十四年黒竜会を創設し、その主幹となり、露国事情を紹介。三十六年、同志と「対露同志会」を結成、対露開戦を主張し、政府・軍部に進言した。三十一年孫文と盟約、以後その支援活動は辛亥革命前後まで続いた。三十三年広州に赴き、孫文・李鴻章提携を斡旋、革命義勇軍を組織して「恵州起義」に備えた。三十八年、孫文・黄興の提携による中国(革命)同盟会の成立にも関係した。またフィリピン独立軍志士アギナルド援助、インド独立志士ラス＝ビハリ＝ボース庇護にも関係した。彼は韓国確保を宿願とし、三十九年伊藤博文韓国統監に従って渡韓、一進会の李容九らと盟約して「日韓合邦」達成に挺身、結果的には日韓併合促進の役割を果たしたが、政府の対韓政策には反対し、大正十年(一九二一)「同光会」を結成して韓国内政の独立を主張した。中華民国政府成立後、中国観を変え、「満蒙の独立」のため川島浪速らと協力、また華北地域工作などにつき政府に進言した。大正以後、赤化防止とデモクラシー思想反対の立場から、右翼的傾向を示し、同七年のシベリア出兵主張、浪人会による「大阪朝日新聞膺懲運動」、十四年の「純正普選運動」などに活躍。しかし他面、「シベリア出征兵士粛軍断行要求意見書」提出や、十一年のロシア飢饉救済運動をも行なった。第一次世界大戦後、国際間における日本の危急を憂え、パリ平和会議に「人種差別撤廃」を要求、十二年の対米「排日移民法」反対や、ワシントン・ロンドン両会議による海軍軍縮案反対などに国民運動の中心的存在となった。彼の活動は、大正三年の「国民外交同盟」、昭和三年(一九二八)の「内治外交作振同盟」など、国民運動の形態をとるものが多いが、同六年に至って「大日本生産党」を結成、その総裁となる。その主義は「大日本主義による国家の経綸」にあり、その政綱・政策には欽定憲法に基づく国家社会主義的色彩が濃い。党員は多く青壮年者で、のちの血盟団・神兵隊両事件関係者が、その中核を成していたといわれる。内田は「満洲事変」に対しては「満鮮問題国民同盟」を組織し、関東軍支持を声明した。七年以降、病身を押して活躍し、「日満蒙連邦建設」「日支共存」「皇謨翼賛運動」を構想したが、十二年七月二十六日没した。六十四歳。著書・意見書などはきわめて多く、『露西亜亡国論』『支那観』『(皇国史談)日本之亜細亜』『硬石五拾年譜』などのほか歌集『杜鵑録』や『西南記伝』『東亜先覚志士記伝』などの編纂事業が知られている。

参考文献 黒竜倶楽部編『国士内田良平伝』、葛生能久編『日韓合邦秘史』、西尾陽太郎「九州における近代の思想状況」(福岡ユネスコ協会編『九州文化論集』四所収)
(西尾陽太郎)

うちだろあん　内田魯庵　一八六八―一九二九　明治・大正時代の評論家、翻訳家、小説家、考証家。名は貢(みつぎ)、別号は不知庵・藤阿弥ほか。明治元年(一八六八)閏四月五日、江戸下谷車坂六軒町に生まれた。父鉦太郎は上野東照宮警固御用人組勤仕の幕臣でのちに東京府庁に勤めた。小学校卒業後、同人社・立教学校・大学予備門などに学んだがいずれも中退し、築地居留地で知ったフルベッキに愛され英語力を身につけた。遠縁の翻訳家井上勤の仕事を手伝う内に幼時より養ってきた文学趣味が、時あたかも硯友社の勃興にあたり山田美妙・尾崎紅葉らの小説に対する批評をもって巌本善治主宰の『女学雑誌』上に開花することとなり、やがて同二十三年の『国民新聞』創刊に招かれ、半年在籍後は『国民之友』、のちには『太陽』などに批評の論陣をはった。二十二年にドストエフスキーの『罪と罰』にはじめて接し、さらに同年に二葉亭四迷と相識になったことがその文学観をかためさせ、硯友社の遊戯主義を批判するとともに、功利主義的文学観とはげしく戦った。二十五年に『罪と罰』二巻の翻訳を行なったが、三十一年に『くれの廿八日』を発表して小説家としての活動も展開した。当時、社会小説論議が起るや政界の腐敗に憤激し「政治小説起れよ」とよびかけ、みずから英国のアディスンにならった『社会百面相』の連作を発表した。だが、つとに近松の再発見と芭蕉研究を行なってきた魯庵はビブリオグラフィーに対する志と生活を安定させるために、三十四年に丸善入社、『学鐙』の編集にあたるほか、洋書輸入の顧問となって、昭和四年(一九二九)六月二十九日六十二歳で没するまで在籍した。入社後は現役の文芸批評と小説から離れ、随筆と考証をもっぱらするようになった魯庵は、『復活』等の翻訳、文壇回想録『思ひ出す人々』のほか、随筆集『バクダン』『貘の舌』所収の生涯を通じた進歩思想理解者の面目を示す文明批評や、書籍に関する該博な紹介と保護・普及に尽力した。『魯庵随筆集』が『改造文庫』に収載されている。墓は東京都府中市の多磨墓地。

参考文献 野村喬『内田魯庵伝』
(野村　喬)

うちむらかんぞう　内村鑑三　一八六一―一九三〇　明治・大正時代のキリスト教徒。無教会主義を樹立したわが国キリスト教界の代表的人物。父宜之(よしゆき)、母ヤソの長男として文久元年(一八六一)二月十三日江戸の藩邸に生まれた。高崎藩士五十石取りの家であった。維新の変革に伴い父は明治政府の官吏となり、陸前国に勤務し、鑑三も幼少時石巻ほかで育った。明治四年(一八七一)高崎に転じまもなく官も解かれ、鑑三も戻った。同六年東京に移り、翌年東京外国語学校(のち東京英語学校→東京大学予備門と改称)に入ったが、家が貧しく北海道開拓使の勧誘に応じ官費支給の札幌農学校に第二期生として十年入学した。同校教頭クラーク W. S. Clark はすでに「青年よ大志をいだけ」を残して帰米していたが、そのキリスト教に基づく薫陶の風は残り、内村は上級生より「イエスを信ずる者の契約」に強制的に署名させられ、翌十一年米国美以教会函館在住宣教師ハリス M. C. Harris より洗礼を受けた。級友と熱心な信仰生活を営んだのち十四年七月首席で卒業、北海道開拓使御用掛となり、北辺の海域で水産の調査開発に努めその学者的能力を発揮した。十六年それを辞して上京、十二月農商務省御用掛となり再び水産方面の仕事についた。十七年浅田タケと結婚したが破れ、十二月傷心のうちに渡米した。米国で州立白痴院につとめたのちようやくアーモスト大学の入学に恵まれた。二十年七月同大学を卒業したが、その前年贖罪のキリストに回心した。いったんハートフォード神学校に入ったが神学になじめず、二十一年退学し、九月帰国した。内村は歓迎されて新潟北越学館の仮教頭として赴任したが、たちまち学校当局と衝突し辞任した。二十三年九月、第一高等中学校嘱託となったが、翌年一月九日いわゆる「不敬事件」を起し世人の非難を一身に浴び、病臥中解職された。夫の身を案じて心を傷めた妻の加寿子も急死した。その後二十六年まで大阪の泰西学館・熊本英学校さらに京都と転々とし、京都で著述に没頭した。『日本国の天職』(英文)、『基督信徒の慰』、『求安録』、『余は如何にして基督信徒となりし乎』、『日本及び日本人』(のちの『代表的日本人』)などの力作はそのころの著作である。二十九年名古屋英和学校につとめ、翌三十年『万朝報』の英文主筆に迎えられようやく東京に戻った。内村が「無教会」という用語を公にしたのは、三十四年三月十日『無教会』(毎月一回)の発刊によるといわれる。それは従来の教会を無視する意味でなく、教会のない者の教会だと控え目にいう。彼は外国ミッションとほとんど交渉なく信仰生活を堅持した故もあって自分自身で『聖書』の真理を把握しようとし、そのため西洋伝統の教会に結びついたキリスト教の通念にこだわらなかった。かかる姿勢は次第に強まった。不敬事件で日本国中から村八分にされ、強制的に入信せしめられたキリスト教の神を怨んで国民からも神からも孤独に置かれた時、はじめて神の恩寵のみが慰めであることがわかった。と同時にこの恩寵に支えられてはじめて自己の独立と自由を自覚した。独立したキリスト者にしてはじめて藩閥政府・華族・実業家・教育者の不正不義を抉り粉砕して自由に祖国を愛することができる。またそうすることが神を愛するゆえんだと考えた。内村の無教会主義にはかかる信仰の上に立った個の自覚があり、その独立と自由を発揮するには、日本の国家権力からも西洋そして日本の教会からも個は解放されなければならないとした。三十一年六月より主筆として刊行してきた『東京独立雑誌』を廃刊し、三十三年九月『聖書之研究』を創刊した。これはわが国最初の『聖書』研究誌で、内村は生涯『聖書』そのものの研究を通じてその真理性を明確にし、またそうすることによって痛烈な社会評論を試み、無教会主義の立場を鮮明にした。日露戦争には非戦論を唱えて注目を浴びたが、平和思想に徹しこれを主張した。しかし彼の意図に反して大正三年(一九一四)第一次世界大戦が勃発し、同六年には米国も参戦するに至ったので、世界の救済はイエス＝キリストの再臨の審判による以外にないとし、翌七年より再臨論を展開し、世界の歴史を終末から見直すべきことを説いた。一方、明治四十年ごろより『聖書』を講じて、無教会主義を奉ずる彼独自の日曜集会に発展させた。昭和五年(一九三〇)三月二十八日没。七十歳。東京府北多摩郡多磨村(東京都府中市)の多磨墓地に葬られる。内村の著作品は非常に多く、また『内村鑑三全集』全二十巻、『内村鑑三著作集』全二十一巻、『内村鑑三聖書注解全集』全十七巻、『内村鑑三日記書簡全集』全八巻、『内村鑑三信仰著作全集』全二十五巻などが刊行されている。

参考文献 鈴木俊郎編『追想集内村鑑三先生』、森有正『内村鑑三』(『アテネ文庫』一二一)、中沢洽樹『若き内村鑑三論』、小沢三郎『内村鑑三不敬事件』、土肥昭夫『内村鑑三』、関根正雄編『内村鑑三』、品川力編『内村鑑三研究文献目録』 （大内 三郎）

うちやまかんぞう 内山完造 一八八五―一九五九 大正・昭和時代の中国在留商人、日中友好推進者。明治十八年(一八八五)一月十一日岡山県後月郡芳井村字吉井、村長内山賢太郎の長男として生まれる。高等小学校を卒業後、大阪の洋反物商を振出しに、京阪地区の各種商家に奉公。大正二年(一九一三)、参天堂という薬屋の店員として中国にわたる。大学眼薬などの販売に従事、くまなく中国各地をあるき、人情の機微を知り、委託販売で成功する。かねてキリスト教を信仰、同六年に上海で『聖書』販売を思いたち、夫人の手で内山書店を開く。参天堂をやめ、各種図書をあつかい、同十五年ごろ日本で円本時代が始まるとともに大をなす。日本語の社会科学書の入手に、北京大学の李大釗・陳独秀らも来店。昭和二年(一九二七)に来店した魯迅とは、次第に交友をふかめる。かくて内山書店は上海在住日本人のほか、中国文化界にも知られた存在となり、日中親善に寄与。同二十二年十二月、日本の敗戦で帰国。以後、日中友好運動に生涯をささげた。三十四年九月二十日、北京で死去。七十四歳。『そんへえ・おおへえ』ほか、著書多数。自伝として『花甲録』がある。 （野沢 豊）

うちやまぐどう 内山愚童 一八七四―一九一一 明治時代後期の無政府主義者、曹洞宗僧侶。明治七年(一八七四)五月十七日新潟県魚沼郡小千谷町(小千谷市)に生まれた。父内山直吉、母カズの長男。幼名慶吉。父の職業は菓子器型の製造。愚童は小千谷高等小学校を優秀な成績で卒業したが、幼年から佐倉惣五郎らを慕い、長じてからは土地解放や婦人参政権について関心を持った。二十四歳で曹洞宗に帰し、三十七年二月神奈川県第六宗務所下四等法地林泉寺の住職となった。社会主義者となったのは林泉寺の住職に就任した前後からで、無政府主義をとるようになったのは、幸徳秋水と交わりを結んでからである。四十二年十一月出版法違犯・爆発物取締規則違犯で起訴され入獄した。続いて四十三年の大逆事件に連座、翌年一月二十四日死刑に処せられた。三十八歳。墓は神奈川県足柄下郡箱根町大平台林泉寺にある。著述に『(入獄紀念)無政府共産』『平凡の自覚』その他がある。

参考文献 吉田久一『日本近代仏教史研究』、同「内山愚童と高木顕明の著述」(『日本歴史』一三二)、柏木隆法『大逆事件と内山愚童』 （吉田 久一）

うちやましちろうえもん 内山七郎右衛門 一八〇七―八一 幕末・維新期の越前国大野藩士。経世家。文化四年(一八〇七)誕生。名は良休。若くして江戸に出て朝川善庵の門に入って経済の学を修めた。藩主土井利忠に済世の才を認められて用いられ、天保十三年(一八四二)藩財政の改革を命ぜられるや、領民の反対を顧みず、利忠に勧め、商法を布行して貨殖の策を講じ、安政二年(一八五五)大坂に商社を設け、藩の産物刻み煙草の販売をはじめ、ついで横浜・箱館などの各地にも商社を設け、物産を交易して利を挙げ、藩財政を豊かにした。また病院を創設して種痘を普及し、物産の播殖、救荒の設備に尽力した。弟隆佐も要職にあって藩政に参与し、両内山の名は四方に聞えた。前福井藩主松平慶永は七郎右衛門を礼遇すること厚かった。維新後は士族授産に尽力し、また節倹によって冗費を省き、その蓄財は公共事業に寄付した。明治十一年(一八七八)明治天皇の北陸巡幸に際して今庄に召され、岩倉具視より通商殖産の功を賞された。同十四年八月十八日没。年七十五。贈正五位。

参考文献 石川三吾編『内山良休翁略伝』 （吉田 常吉）

うつきろくのじょう　宇津木六之丞　一八〇九―六二　江戸時代後期の近江国彦根藩士。文化六年（一八〇九）古沢六右衛門の三男として生まる。幼名留吉。十三歳の時、宇津木景俊の養子となり、名を六之丞、字を景福と称した。天保五年（一八三四）母衣役、以来物頭、城使、表用人を歴任、弘化四年（一八四七）相模国海岸警備に赴き嘉永三年（一八五〇）同国預り所奉行を勤めた。安政元年（一八五四）藩主側役、同五年井伊直弼が大老の任につくと、公用人となり、京都にあって活躍する長野主膳に呼応して直弼を助けた。彼の書いた『公用方秘録』は政界の内面を衝き、大老の苦衷を伝える幕末史研究の貴重資料である。桜田門外の変後、文久二年（一八六二）政変により彦根に押送、八月禁錮を命じられ、十月二十七日斬罪に処せられた。年五十四。墓は彦根の清涼寺。諡号は真月院竜領法鎮居士。（西田　集平）

うつのみやさぶろう　宇都宮三郎　一八三四―一九〇二　江戸後期から明治時代前期の蘭学者、化学技術者。天保五年（一八三四）十月十五日、名古屋藩士神谷半右衛門義重の三男に生まれた。のち宇都宮と改姓。砲術・舎密（化学）などを学び、文久元年（一八六一）より蕃書調所に勤める。安政四年（一八五七）化学分析にもとづく大砲合金の製造を指導。明治七年（一八七四）政府が深川に設置した摂綿篤製造所でセメントの製造実験を行い、同十一年耐火レンガの製造研究および同製造所設置に尽力した。十六年には民間の経営に移り、浅野セメント会社および品川煉瓦会社となった。他に陶窯業の改良、藍の製造などについても貢献、維新後の殖産興業に尽くすところ大であった。三十五年七月二十三日没。六十九歳。墓は愛知県豊田市畝部西町の幸福寺にある。

参考文献　交詢社編・汲古会増補編集『宇都宮氏経歴談』（山下　愛子）

うつのみやたろう　宇都宮太郎　一八六一―一九二二　明治・大正時代の陸軍軍人。文久元年（一八六一）三月佐賀藩に生まれ、陸軍士官学校第七期歩兵科士官生徒として卒業し、歩兵少尉になった。明治二十三年（一八九〇）陸軍大学校を出てから、参謀本部に勤務したが、ここで川上操六に認められて、栄転の運を摑んだ。大佐で参謀本部課長を勤めたのち、歩兵第一連隊長に転じたが、非常に熱心な勤務ぶりで、模範連隊長といわれた。日露戦争中は、公使館付武官としてロンドンに在ったので、戦場には出なかった。戦後参謀本部第一部長、第二部長、大正三年（一九一四）五月、中将に進んで第七師団長、ついで第四師団長を経て、七年七月に朝鮮軍司令官に栄転し、八年十一月に大将に昇った。そして九年八月に軍事参議官として内地に帰ったが、十一年二月十五日現職で没した。六十二歳。陸軍部内の反長閥の佐賀閥の指導者と見られていた。（松下　芳男）

うつのみやとくま　宇都宮徳馬　一九〇六―二〇〇〇　昭和・平成時代の政治家。明治三十九年（一九〇六）九月二十四日、陸軍大学校幹事陸軍大佐宇都宮太郎（のち朝鮮軍司令官、大将）の長男として東京に生まれる。陸軍幼年学校卒業後、水戸高等学校を経て、昭和三年（一九二八）京都帝国大学経済学部に入学、河上肇に学び社会科学研究会再建にあたるなど社会主義学生運動を指導。四年四・一六事件で検挙。翌年日本共産党に入り、治安維持法違反で起訴された。転向して出獄後、株の売買で利益をあげ製薬会社（のちのミノファーゲン製薬本舗）を創設し社長となった。第二次世界大戦後の二十四年第二十四回衆議院議員総選挙に立候補したが次点で落選。二十七年第二十五回総選挙で東京二区から当選、以後、衆議院議員に連続十回当選。はじめ自由党に所属したが反吉田派として二十九年日本民主党結成に参画、三十年保守合同によって自由民主党に加わり、第三次鳩山内閣（三十一―三十一年）の行政管理庁政務次官。衆議院懲罰委員長・同決算委員長をつとめ、党内にあっては政務調査会副会長・副幹事長を歴任。しばしば党内の主流派に反する行動をとり、派閥に属せず、一匹狼的な異色の政治家と目された。日中友好協会会長・日本アルジェリア協会会長などをつとめ、「アジアの中の日本」という立場に立って、日中国交の正常化や核軍縮の実現に努力した。五十一年ロッキード事件がおこり自民党幹部にまで疑惑がひろがると、政治的腐敗に抗議して、同年十月自民党を離党、ついで衆議院議員を辞職した。同年十二月の総選挙では無所属のまま当選したが、五十四年の第三十五回総選挙では落選。その後参議院議員をめざし、五十五年東京地方区から当選、院内では新政クラブに所属。ついで六十一年には、新自由クラブの名簿順位一位で比例代表として当選。平成四年（一九九二）政界から引退。同十二年七月一日神奈川県相模原病院で肺炎のため死去。九十三歳。著書に『官僚社会主義批判』『七億の隣人』『アジアに立つ』などがある。

参考文献　田々宮英太郎『新・政界人物評伝』、大塚有章『未完の旅路』二（『三一新書』八四六）、戸川猪佐武『保守を支える人々』（鳥海　靖）

うつのみやまさあき　宇都宮正顕　一八一五―八五　幕末・維新期の勤王家。文化十二年（一八一五）生まる。もと古海氏。初め東四郎、のち次郎兵衛・与次兵衛と称し、漁叟と号した。家は代々福岡藩領筑前遠賀郡黒崎宿（福岡県北九州市八幡西区黒崎）の庄屋で、鹿児島・佐賀・熊本三藩の宿本陣をつとめ、父を義顕といった。正顕は文学を嗜み、世故に通じ、人となり侠気に富み、しばしば私財を投じて貧民を救済した。庄屋となり、苗字帯刀を許され、船庄屋兼務、大庄屋格に進んだ。諸藩の志士と交わり、ことに鹿児島藩士村山松根とは国事のほかに風流の交わりがあった。安政五年（一八五八）僧月照の潜行を庇護し、ついで鹿児島藩士有村雄助の危難を脱せしめ、文久二年（一八六二）久留米藩士大鳥居理兵衛一族の義挙を援けた。元治元年（一八六四）家老加藤司書が鹿児島藩士と会合するのを援け、慶応元年（一八六五）五卿が大宰府に移る際も投宿し、以来薩長連盟の端緒を開くのに尽力した。のち福岡藩論一変し、加藤らが幽閉されるや、正顕も連座して抑留数十日に及んだが、鹿児島藩士関山新兵衛の弁疏により譴責にとどまり、帰家するを得た。明治六年（一八七三）宇都宮氏と改め、同十八年三月没した。年七十一。贈従五位。

参考文献　宇都宮東四郎編『贈従五位宇都宮正顕翁小伝』　（吉田　常吉）

うつのみやもくりん　宇都宮黙霖　一八二四—九七　幕末・維新期の勤王僧。名は雄綱、通称は真名介、字は絢夫、僧名を覚了また鶴梁といい、黙霖はその号で、慶応二年（一八六六）還俗して宇都宮氏を称した。文政七年（一八二四）僧峻嶺の子として安芸国賀茂郡長浜（広島県竹原市忠海町長浜）に生まれ、幼時聾となり、かつ吃りのため、薙髪して僧となった。好んで書を読み、広く内外の典籍に通じた。人と語るに筆をもって舌に代え、たちまち数十枚に及んだ。安政以来諸国を遊歴して勤王の志士と交わり、吉田松陰・頼三樹三郎・梅田雲浜と親交があった。時事を探知することがもっとも詳らかで、また幕府の機密の事にも及んだ。人が聞いてそれを不審に思うと、「未聾於心」の四字を書いて見せたという。安政五年（一八五八）安政の大獄に連坐して捕えられたが、僧のために釈された。その後長州藩士と討幕のために働き、元治元年（一八六四）第一回長州征討に広島に潜入して再び投獄された。明治二年（一八六九）赦されて大阪府貫属となり、のち湊川神社・男山八幡宮の神官となった。これを辞してから大蔵経和訳に従事した。人あってその才を惜しみ、仕官を薦めたが、廃人の故をもって辞し、晩年は呉港に隠棲、同三十年九月十五日没した。年七十四。賀茂郡吉川村（東広島市）の西福寺に葬る。贈従五位。

参考文献　小田豊登編『勤王僧黙霖略伝』、知切光歳『宇都宮黙霖』（『郷土偉人伝選書』一）　（吉田　常吉）

うつみただかつ　内海忠勝　一八四三—一九〇五　明治時代の内務官僚。通称精一。天保十四年（一八四三）八月十九日、周防国吉敷郡吉敷村（山口市吉敷）に、吉敷毛利家の家臣吉田治助の四男として生まれる。のち、内海家の養子となる。奇兵隊に加わって討幕戦に従軍。明治元年（一八六八）兵庫県庁に出仕して以来、地方官の道を歩んだ。兵庫・神奈川各県大参事を勤めてから、同四年岩倉遣外使節に随行して欧米各国を巡遊。帰国後大阪府参事、同大書記官を経て、十年から十六年まで、長崎県権令（のち県令）。十七年から十八年まで三重県県令、ついで二十二年まで兵庫県県令（のち知事）となる。さらに、二十二年から二十四年まで長野県、二十四年から二十六年まで神奈川県、二十八年から三十年まで大阪府、三十年から三十三年まで京都府の各知事を歴任。三十二年貴族院議員に勅選されるが、翌年辞任。同年男爵を授けられる。三十三年会計検査院長となり、ついで、翌年第一次桂内閣の成立とともに内務大臣に任ぜられる。三十六年辞任。翌年貴族院議員に当選。三十八年一月二十日死去。六十三歳。東京青山墓地に葬られる。

参考文献　高橋文雄『内海忠勝』　（成沢　光）

うながみたねひら　海上胤平　一八二九—一九一六　明治時代の歌人。旧称六郎正胤。号椎園。文政十二年（一八二九）十二月三十日、下総国海上郡三川村（千葉県海上郡飯岡町）に生まれた。父海上契胤。青年期から剣を千葉周作に学び諸国を遍歴し、十余年和歌山藩の指南役を勤めた。その間同藩の加納諸平から歌を学んだ。維新後、官吏となり水原県（越後）、山形県に歴任。明治十六年（一八八三）官を辞し、やがて東京で椎木吟社を結成し歌人生活に徹した。『東京大家十四家集評論』（明治十七年刊）、『長歌改良論弁駁』（同二十二年刊）、『歌学会歌範評論』（二十六年刊）、『新自讃歌評論』（三十六年刊）の四著は当代の歌集や評論への鋭い批判で、はじめの二書は鈴木弘恭・佐々木弘綱らとの論争を呼び起した。御歌所派など『古今和歌集』中心の時流に対し、一体に五七調尊重などの万葉主義に立ち、歌風も万葉調が多い。歌集に『椎園詠草』（明治四十三年刊）、『椎園家集』（大正四年刊）があり、長・短歌合わせ、約二千首を残した。東京神田猿楽町の自宅で大正五年（一九一六）三月二十九日没。八十八歳。千葉県海上郡飯岡町三川墓地の海上家代々の墓に葬る。海上竜子がそのあとを継いだ。

参考文献　片桐顕智『明治短歌史論』、久松潜一「海上胤平」（明治神宮編『明治の歌人』所収）、小嵐市恵他「海上胤平」（『近代文学研究叢書』一六所収）　（新間　進一）

うのえんくう　宇野円空　一八八五—一九四九　大正・昭和時代の宗教学・宗教民族学者。明治十八年（一八八五）十一月二十八日京都に生まれた。第三高等学校から東京帝国大学哲学科に学び、宗教学を専攻し、同四十三年卒業の後直ちに京都帝国大学大学院に入った。大正九年（一九二〇）より同十二年まで、フランス・ドイツ・オランダに留学、十五年東京帝国大学講師となり、昭和二年（一九二七）に同大学助教授に昇進、同十六年に同大学東洋文化研究所教授、十八年から二十一年まで研究所所長をつとめた。二十一年十月同大学定年退官後は衆議員文教専門委員に選ばれた。中国農村社会の宗教儀礼、マライシャの稲米儀礼、台湾高砂族慣習などの実証的研究にすぐれた業績をのこし、宗教民族学の確立につくし、『マライシャに於ける稲米儀礼』により帝国学士院より恩賜賞を授与された。ほかに『宗教民族学』『宗教学』などの著書がある。二十四年一月一日没。六十五歳。京都市西本願寺大谷廟所内専徳寺宇野家墓・東京西本願寺築地別院本願寺廟所内宇野家墓に葬られた。

参考文献　棚瀬襄爾「宗教民族学者としての故宇野円空先生」（『民族学研究』一三ノ四）　（古田　紹欽）

うのえんざぶろう　宇野円三郎　一八三四—一九一一　明治時代の治山治水事業の先覚者。天保五年（一八三四）五月二十一日備前国和気郡福田村（岡山県備前市）に誕生。

代々農業に従事し、彼も幕末・維新期にかけて福田村の庄屋をつとめ、民政に尽力した。維新後岡山県では山林の荒廃が顕著となり、このため洪水・土砂流出・河川の埋堆などによる災害が頻発した。明治十三年（一八八〇）高梁川堤防決潰による大災害の発生を機に、同十五年県令高崎五六に治水建言を提出、治水の要はその本源たる山地の砂防工事および殖林事業の重視にあることを指摘している。この建言により翌十六年砂防工施行規則が公布され、砂防工事が推進された。その効果が著しく、次第に他県にも採用され、さらに三十年政府による砂防法公布の一因となった。著書に『(治水殖林)本源論』『(治水本源)砂防工大意』などがあり、熊沢蕃山の所説に学びながら体験に基づく自説が述べられている。明治四十四年七月二十日没。七十八歳。岡山市三門石井山に葬られた。

[参考文献] 小林久磨雄『宇野円三郎先生』

（伝田　功）

うのこうじ　宇野浩二　一八九一―一九六一　大正・昭和時代の小説家。本名格次郎。明治二十四年（一八九一）七月二十六日、宇野六三郎の次男として福岡市に生まれる。幼時に父と死別、少年時代を大阪で送る。天王寺中学を経て同四十三年早稲田大学英文科予科に入学、大正四年（一九一五）同大学を中退。小説家を志して長らく不遇であったがその間に広津和郎・近松秋江らと知り合う。大正八年発表の『蔵の中』『苦の世界』で特異な私小説作家として認められる。その後『山恋ひ』『子を貸し屋』など多くの秀作を発表したが、昭和二年（一九二七）ごろから強度の神経衰弱のため創作活動は中絶した。同八年『枯木のある風景』で再び文壇に復活、つづいて『枯野の夢』『子の来歴』などを発表。前期の奇警なユーモアや空想をまじえた饒舌的な作風に対して、病気回復後の後期のそれは簡潔で厳しい凝視に満ちた描写に特徴がある。創作以外にも、同八年、雑誌『文学界』の創刊に携わり、十三年には芥川賞の銓衡委員になるなどの活動を見せる。戦後は、二十四年に芸術院会員に選出され、小説『思ひ川』で二十五年度読売文学賞を受賞。晩年には広津和郎とともに松川事件にも尽力。三十六年九月二十一日、肺結核で死去。七十歳。東京都台東区松が谷の浄土宗満泉山広大寺に葬られる。『宇野浩二全集』全十二巻（昭和四十四年）がある。

[参考文献] 水上勉『宇野浩二伝』、川崎長太郎他編『宇野浩二回想』、正宗白鳥「宇野浩二」（『作家論』二所収）

（田中　保隆）

うのこうぞう　宇野弘蔵　一八九七―一九七七　大正・昭和時代の経済学者。明治三十年（一八九七）十一月十二日、岡山県倉敷町に生まれる。第六高等学校卒業後、東京帝国大学法科大学独法科に入学し、直ちに経済学科に転科、大正十年（一九二一）同校卒業。大原社会問題研究所嘱託となり、翌十一年高野岩三郎長女マリアと結婚し、同年九月、経済学研究のためドイツに留学。同十三年帰朝して東北帝国大学助教授となり、経済学第三講座（経済政策論）を担当した。昭和十三年（一九三八）二月、いわゆる労農派教授グループ事件に連坐して仙台で検挙、起訴されたが、十五年、無罪の判決を受ける。翌十六年一月同大学辞職後は日本貿易研究所、三菱経済研究所を経て、二十二年東京帝国大学教授として同大学社会科学研究所に勤務し、二十四年六月から二十七年二月までは同研究所所長を勤め、三十三年、同大学を停年退官。同年、法政大学社会学部教授となり、四十四年、同大学を退職した。五十二年二月二十二日、神奈川県藤沢市鵠沼の自宅で七十九歳にて死去。神奈川県鎌倉市の極楽寺に遺骨をおさめる。その著『資本論五十年』に述べられているように生涯をマルクス『資本論』の研究にささげ、いわゆる宇野理論として、経済学研究の分野を第一には純理論的体系、第二には資本主義の世界史的発展段階、第三には個々の国あるいは世界資本主義の具体的な分析、という三段階に分け、これを通して経済学を体系化し、それは資本主義以前の諸社会の経済史、あるいは社会主義社会の経済の研究などにもその方法を提供し、それがまた唯物史観によって社会科学を確立する第一歩であるとしている。その著作は『宇野弘蔵著作集』全十巻・別巻一に収められている。

（斎藤　晴造）

うのじゅうきち　宇野重吉　一九一四―八八　昭和時代の俳優、演出家。福井県出身。大正三年（一九一四）九月二十七日に生まれる。本名は寺尾信夫。昭和七年（一九三二）に上京、日本大学芸術科に入学したが中退してプロレタリア芸術運動に参加、同年九月日本プロレタリア演劇研究所に入る。弾圧下で結成された新協劇団（昭和九年九月）に移って村山知義・久保栄らの演出を受け、新人俳優として頭角をあらわした。鋭利・素朴の両面をそなえ、ゴーリキー『どん底』のペペル、久保栄『火山灰地』の泉治郎で地位を確立したが、日中戦争下、昭和十五年に劇団は強制解散させられた。検挙・応召などの苦難を経て、太平洋戦争下では移動演劇隊の瑞穂劇団を北林谷栄らと結成して乗り切る。昭和二十一年三月、ボルネオから復員、同二十五年滝沢修・清水将夫・北林谷栄らと劇団民芸を創立して中心人物となる。リアリズムの新しい展望を一貫して追求し、ソビエト演劇の紹介、武者小路実篤・岸田国士・小山祐士らをふくめた日本近代劇の再検討を指針にした。昭和四十四年に『かもめ』を演出したあと集中的にチェーホフ研究に没頭した。一方で同世代の劇作家木下順二と親交を深めて『審判』『子午線の祀り』などの木下作品を演出、代表作として残した。映画・テレビでの活躍も続けたが、晩年は宇野一座を組んで芝居の原点にかえろうと木下順二の『三年寝太郎』を演じつつ全国公演にでた。途中癌に倒れ、武者小路実篤作『馬鹿一の夢』が最後の舞台になった。昭和六十三年一月九日没。七十三歳。著書に『光と影』『新劇・愉し哀し』『チェーホフの『桜の園』について』などがある。

参考文献　麦秋社編『旅廻り宇野重吉一座』　（尾崎　宏次）

うのそうすけ　宇野宗佑　一九二二―九八　昭和・平成時代の政治家。平成元年（一九八九）六月から八月までの二ヵ月の内閣総理大臣、第十三代自由民主党総裁。大正十一年（一九二二）八月二十七日、滋賀県野洲郡守山町（守山市）の造り酒屋に生まれる。神戸商業大学在学中、学徒出陣で兵役につき、第二次世界大戦敗戦後、シベリア抑留二年で大学は中退。滋賀県議会議員、河野一郎衆議院議員秘書を経て、昭和三十五年（一九六〇）滋賀県（全県一区）から衆議院議員選挙に初当選。自民党の河野派・中曾根派に所属。防衛庁・科学技術庁・行政管理庁の各長官、中曾根内閣の通産相、竹下内閣の外相を歴任し、党内有数の政治家と評価された。リクルート事件で竹下登首相が引責辞任したあと平成元年六月に自民党総裁に選ばれ、政権の座についたが、平成元年七月の参議院議員選挙で自民党が惨敗し、その責任を負って八月に辞任、わずか二ヵ月の短命首相に終った。平成十年（一九九八）五月十九日没。七十五歳。　（内田　健三）

うのてつと　宇野哲人　一八七五―一九七四　明治から昭和時代にかけての中国哲学者。字は季明、号は澄江。明治八年（一八七五）十一月十五日、白川県第一大区内坪井（熊本市内坪井町）に生まれた。父丈九郎は旧熊本藩士で貫氏から養子となる。弓道師範。母千喜（ちき）は和田氏の出。済々黌・五高を経て同三十三年東京帝国大学文科大学漢学科を首席で卒業、銀時計恩賜。大学院で中国近世哲学史を研究、東京高師教授、東京帝大助教授・教授・文学部長を歴任し東京文理科大学創設とともに同教授を兼ね、昭和十一年（一九三六）定年退官、東大名誉教授の称号を授けられた。支那事変起るや招かれて国立北京大学文学院名誉教授となり、同学の再建に努力した。同二十年東方文化学院長、同二十四年実践女子大学長、同三十三年名誉学長となる。大正八年（一九一九）「洙泗源流論」により文学博士。明治三十八年から四十三年まで清・独両国に留学し、西洋哲学の方法によって中国哲学を体系づけ、はじめて近代的研究法を確立した。各大学に出講するかたわら社会的には戦前は財団法人斯文会の総務理事、戦後は財団法人東方学会の理事長・会長として学問の普及と後進の養成につとめるほか文部省関係の諸委員となり、各方面に活躍した。熊本県近代文化功労者、熊本市名誉市民、昭和四十九年二月十九日、東京医科歯科大学附属病院にて没した。九十八歳。法名文恭院殿忠恕澄江大居士。文京区大塚護国寺共葬墓地と郷里熊本市横手町安国寺祖塋に葬られた。著書論文は多いが、主著は『儒学史』上、『支那哲学史―近世儒学―』『（増訂）支那哲学史講話』『（増補改版）支那哲学の研究』『支那哲学概論』『二程子の哲学』など。

参考文献　宇野哲人『一筋の道百年』、財団法人斯文会編『宇野哲人先生追悼録』、宇野精一「宇野哲人先生年譜」（宇野哲人先生白寿祝賀記念会編『（宇野哲人先生白寿祝賀記念）東洋学論叢』所収）、同「宇野哲人先生著書論文目録」（同所収）、諸橋轍次他「宇野哲人先生追悼録」（『東方学』四八）　（宇野　精一）

うぶかたとしろう　生方敏郎　一八八二―一九六九　大正・昭和時代の諷刺作家。明治十五年（一八八二）八月二十四日生まれる。群馬県利根郡沼田町（沼田市）の出身。早稲田大学英文科卒業。島村抱月門下として『早稲田文学』に拠った。『東京朝日新聞』『やまと新聞』『大正日日新聞』などの新聞社員になったこともあったが、生涯の大半を自由なエッセイストとして送った。明治末年より昭和初年にかけてのいわゆる大正デモクラシー期には、ときの権力や資本家を諷刺する評論や短篇を『文章世界』『中央公論』『解放』などに書きつづけ、『一円札と猫』『人のアラ世間のアラ』『玉手箱を開くまで』『洋服細民の悲しき笑ひ』『虐げられた笑ひ』『謎の人生』『金ゆゑに』『人生の表裏』などの著作は多くの読者をもった。昭和十年（一九三五）八月、軍部の横暴を批判する目的で個人雑誌『古人今人』を創刊し、戦時下も刊行をつづける叛骨を示し、死の前年同四十三年十月、百三十五号で中断した。なお『明治大正見聞史』はすぐれた同時代世相史である。四十四年八月六日没。八十六歳。東京都府中市多磨町の多磨墓地に葬られる。

参考文献　ねずまさし「大正時代の諷刺文学―生方敏郎について―」（『思想』五〇〇）、『土田杏村とその時代』一二・一三合併号（特集「生方敏郎氏を追悼して」）　（松尾　尊兊）

うめがたにとうたろう　梅ヶ谷藤太郎　㈠初代　一八四五―一九二八　明治時代前期の横綱力士。本名小江藤太郎。弘化二年（一八四五）、筑前国上座郡志波村字梅ヶ谷（福岡県朝倉郡杷木町）の農家小江藤右衛門の次男として生まれる。身長五尺九寸（約一七九センチ）、体重三十六貫（一三五キロ）。相撲振りは堅実巧妙。幼少より膂力抜群、文久三年（一八六三）大坂に出てその力士団に湊由良右衛門の弟子として入り、明治三年（一八七〇）大関に昇ったが、当時は東京大相撲こそ一流と見られていたところから上京を決意、玉垣額之助のもとに入門。翌春番付外で取り、十一月に幕下に付け出された。並ならぬ好成績を続けながら、東京相撲会所から冷遇され、容易に昇進を認められず、七年十二月にやっと入幕した。その後も常に全勝またはこれに准ずる星を残しても出世はたどたどしかった。十一年十二月に大関。ようやく十七年一月横綱を許され、その三月芝延遼館で天覧相撲の栄に浴したが、翌年五月限り引退した。幕内十一年間中、六敗したのみである。文明開化期の相撲の衰えを、彼が復興させたといわれるほどの誠実な人格者として聞え、引退後年寄雷（いかずち）権太夫として、検査役・副取締・取締を歴任、常設国技館を両国に建設するにあたっても、その人徳でよく融資を得た。晩年も大雷と呼ばれて慕われつつ、昭和三年（一九二八）六月十五日八十四歳で没。

㈡二代　一八七八―一九二七　明治後期から大正時代の横綱力士。明治十一年（一八七八）十一月、石川県新川郡水橋村（富山市）の売薬業家押田善平の十男に生まれる。初名音松。少年時に上京、初代梅ヶ谷の弟子となり、さらにその養子となる。五尺六寸（約一七〇チセン）、四十貫（一五〇キロ）の典型的アンコの身体ながら寄り身の妙技を発揮し順調に昇進、「梅・常陸」といわれたように、常陸山との争覇で常に角狂を興奮させ、相撲界の隆昌期を導いた。明治三十三年大関、三年後に常陸山とともに横綱、大正四年（一九一五）引退、年寄雷権太夫を襲名、取締にも推された時期がある。昭和二年（一九二七）九月二日没。五十歳。初代・二代の墓所は東京都大田区池上の実相寺。

〔参考文献〕酒井忠正『日本相撲史』中　（和歌森太郎）

うめけんじろう　梅謙次郎　一八六〇―一九一〇　明治時代最大の民・商法学者。諱は信友、字は子順、瑟泉居士または洋々学人と号した。万延元年（一八六〇）六月七日松江藩医梅薫の次男として出雲国松江に生まれ、神童の称あり、明治八年（一八七五）東京外国語学校に入りフランス語を修め、同十三年司法省法学校入学、十七年卒業。十八年末文部省より留学。まず翌年から三年余リヨン大学に学び、その間大著『和解論』De la Transactionを提出して、ドクトゥール＝アン＝ドロアの学位を得、リヨン市から金銀混成賞牌をうけ同書は学界に名声を博した。ついでベルリン大学に学び二十三年帰朝、帝国大学法科大学教授に任じられ翌年法学博士。二十六年、旧民法・旧商法修正のための法典調査会が設置されると、穂積陳重・富井政章とともに民法の、また田部芳・岡野敬次郎とともに商法の、各起草委員として両法典の成立に尽力した。終始帝大教授を本務としたが、一時、法制局長官などを兼任し、また、三十三年から一年たらず文部省総務長官に任じた。三十九年帝国学士院会員。帝国大学での教育のほか、法学の普及発達のため私学経営に力を注ぎ、三十二年和仏法律学校校長、三十六年法政大学（前者の改称）総理。『法学志林』を創刊。また、梅を尊敬する中国人留学生の要望に応じ、法政速成科を開設して二千余人のこれら学生に法政教育を行なった。その教えをうけた者には董必武・汪兆銘・居正・沈鈞儒・仇鰲らがある。中国に関心深く、三十九年清国を漫遊、張之洞・袁世凱らと会見。清国の法律につき懇嘱をうけ、これが機縁となり清末立法事業に岡田朝太郎・松岡義正・志田鉀太郎らを推薦・参画させた。日露戦争後、伊藤博文が韓国統監となるや、招聘されて韓国法律顧問となり、四十三年八月二十六日同地で腸チフスに罹り、五十一歳で死去。著書は上述のほか、『民法要義』五巻（明治二十九―三十三年刊）、『民法講義』（同三十四年刊）、『民法原理』二巻（同三十六―三十七年刊）、『商法義解』五巻（同二十三―二十六年刊）など。日本私法学の開拓者、明治期の偉大な立法家であった。

〔参考文献〕東川徳治『博士梅謙次郎』、「嗚呼梅博士」（『法学志林』一二ノ九）、中村吉三郎「梅謙次郎」（『法学セミナー』四五）　（福島　正夫）

うめざきはるお　梅崎春生　一九一五―六五　昭和時代の小説家。大正四年（一九一五）二月十五日福岡市に生まれる。東大国文科卒。昭和十九年（一九四四）召集により佐世保海兵団に入団、暗号特技兵として九州各地に勤務。『桜島』（昭和二十一年九月発表）、『日の果て』（同二十二年九月発表）により戦後文学の代表作家となる。戦前から戦中にかけての暗い青春の体験を出発点として、絶望的、虚無的な人間観・世界観を培っていった。またその文学技法については出発当初から完成されていると評されるほどのものがあった。すぐれた感性と文体によって、日常的な人間存在の奥にある不安と虚無を心象においてとらえ、明晰にイメージ化するところに特徴がある。『ボロ屋の春秋』で直木賞、『砂時計』で新潮社文学賞、『狂ひ凧』で芸術選奨を受賞。同四十年七月十九日没。五十歳。静岡県駿東郡小山町の富士霊園に葬られた。その他の作品に『B島風物誌』『飢ゑの季節』などがあり、『幻化』は毎日出版文化賞を受けた。作品は『梅崎春生全集』全七巻（同四十一年十月刊）にすべて収められている。

〔参考文献〕古林尚「梅崎春生論」（佐古純一郎・三好行雄編著『戦後作家研究』所収）、日野啓三「梅崎春生論」（小久保実編『戦後文学―展望と課題―』所収）、三浦朱門「評伝的解説〈梅崎春生〉」（『現代日本の文学』三八所収）　（鳥居　邦朗）

うめざわまごたろう　梅沢孫太郎　一八一七―八一　幕末・維新期の水戸藩士。文化十四年（一八一七）水戸藩鉄炮方師範役国友尚之の三子に生まれ、同藩士梅沢氏を嗣いだ。名は亮、明治に至り守義と改めた。藩主徳川斉昭に仕え、徒目付より吟味役・大納戸奉行に進んだが、斉昭の失脚により馬廻番に左遷された。文久二年（一八六二）十一月原市之進らとともに家老大場一真斎に従って江戸に出て国事に奔走、十二月将軍後見職一橋慶喜上京の際の随員に選ばれ、市之進らと上京、翌三年五月慶喜に従って帰府したが、いくばくもなく慶喜の関白鷹司輔熙に宛てた後見職の辞表を携えて上京し、折からおこった老中格小笠原長行率兵上京の風説を関白に言上し、京都の人々を震駭させた。同年十一月再び慶喜に従って上京、翌元治元年（一八六四）三月慶喜が禁裏御守衛総督となるや、市之進とともに望まれて一橋家の雇となり、京都にあって本国寺党の領袖となった。同年十二月慶喜が武田耕雲斎・藤田小四郎ら追討のため出陣するや、先鋒を命ぜられて敦賀に赴き、耕雲斎らに大義を説いて降伏を勧めた。慶応二年（一八六六）八月慶喜が宗家を継ぐや、高知・鹿児島・佐賀・熊本の諸藩に赴いて藩主の上京を促し、九月帰京して幕府から目付に抜擢され、十二月慶喜が将軍職につくや、その幕政改革を輔佐し、市之進とともにもっとも功績が大きかった。翌三年八月兵庫開港の議決するや、幕府の小臣はこれをもって孫太郎らが慶喜に勧めて勅許を強請させたと信じ、これがため市之進は暗殺されたが、幸い孫太郎は難を免れた。同年十二月慶喜が大坂に退く時、二条城引渡しのことを命ぜられて京都にとどまり、松平慶永と慶喜のために周旋した。翌明治元年(一八六八)三月大目付に進み、政府軍東下の時は謝罪使として中山道の政府軍本営に向かった。のち慶喜に従って駿府に移住し、その家扶となった。十四年五月二十日没。年六十五。

参考文献　渋沢栄一『徳川慶喜公伝』四(『東洋文庫』一〇七)　(吉田　常吉)

うめだうんぴん　梅田雲浜　一八一五―五九　幕末の若狭国小浜藩士。幼名は義質、のち定明と改め、通称は源次郎。雲浜・湖南・東塢と号す。文化十二年(一八一五)六月七日、若狭国小浜城下の竹原三番地に、小浜藩士矢部岩十郎義比の次男として生まれる。のち祖父の実家の梅田姓を名乗り、独立して一家をたつ。文政五年(一八二二)八歳にして藩校順造館に入学し、崎門学を学ぶ。ついで同十二年京都に上り、崎門学派の学塾望楠軒に学ぶも、翌年江戸に遊学し、小浜藩儒であり、望楠軒学派の正統をつぐ山口菅山の門に入る。十年の修行ののち、ようやく天保十一年(一八四〇)になって小浜に帰国。その翌年再度京に上り、大津の地に湖南塾を開き、はじめて子弟を教授する。同十四年になって京都の望楠軒講主にむかえられ、その翌年上原立斎の娘信子と結婚したが、生活は依然として困窮していた。こうして雲浜は、『靖献遺言』を中心とする崎門学者として、広く世に知られるようになっていった。ところが、ようやく対外関係が緊迫化するにつれ、雲浜も政治的発言を始めるに至った。嘉永三年(一八五〇)に藩の重役に海防策についての意見を書き送ったが、これが藩政批判として藩の忌諱にふれ、同五年、雲浜は小浜藩の士籍を削られ、浪人学者となった。こうしてペリー来航後の状勢のなかで、生活困難に陥りながらも、政治運動に参加し、尊王攘夷論を唱えた。ペリー来航にあたっては徳川斉昭の幕閣登用を主張し、ペリー再来のときは江戸に赴き、吉田松陰と交渉をもつに至った。ついで水戸に赴き、家老武田耕雲斎以下に尊攘論を説くも効果なく、帰京した。その年の九月、ロシア軍艦が大坂天保山沖に現われて条約締結を迫るという事態が起るや、十津川郷士と連絡をとり、妻子を放置し、ロシア軍艦撃攘のため大坂に下ったが、すでに天保山沖を出発したあとであった。その後京都にあって梁川星巌につぐ志士の指導者となり、安政三年(一八五六)から上方と長州の産物交易の仕事を始め、あわせて山口藩遊説も行なっている。また皇居守護のため十津川郷士起用を周旋したこともあった。さらに将軍継嗣問題・条約勅許問題が起るや、一橋慶喜擁立・勅許反対を推進し、青蓮院宮尊融入道親王の知遇を得て、意見を述べたが、水戸藩への戊午の密勅降下にも関係していた。こうした活躍のため、安政の大獄が始まるや、同五年九月他の志士に先んじて捕えられ、江戸に送られた。翌年小倉藩主小笠原忠嘉に預けられ、取調べが終らないまま、九月十四日病死。四十五歳。江戸浅草の海禅寺中泊船軒に葬られた。

参考文献　佐伯仲蔵編『梅田雲浜遺稿並伝』、北島正元『梅田雲浜』　(池田　敬正)

うめづよしじろう　梅津美治郎　一八八二―一九四九　大正・昭和時代の軍人、日本陸軍最後の参謀総長。明治十五年(一八八二)一月四日大分県に生まれ、是永家から梅津家の養嗣子となった。中学済々黌、熊本地方幼年学校を経て同三十六年十一月第十五期生として陸軍士官学校を卒業。翌年三月歩兵少尉に任官すると同時に第一師団の小隊長として日露戦争に出征した。四十四年陸軍大学校を首席で卒業して参謀本部に配属されて以後、ドイツ・デンマーク駐在、スイス公使館付武官、軍務局課員、歩兵第三連隊長、参本課長、軍事課長と順調に累進し、昭和五年(一九三〇)少将に進級、参本総務部長を経て支那駐屯軍司令官時代には日本の華北進出の第一歩となった梅津・何応欽協定(昭和十年六月十日)を結び、一躍その名を知られた。きわめて緻密・冷静な事務家型軍事官僚の一典型であったが、二・二六事件勃発当初、動揺した幹部が多かった中で第二師団長としていち早く反乱軍討伐の意志を宣明し、事件終結後の粛軍体制を固めるため陸軍次官に起用され、いわゆる新統制派の代表として軍政手腕をふるった。十三年第一軍司令官として中国戦線に出動、十四年九月関東軍司令官に転じノモンハン事件後の再建にあたり、この間陸軍大将に昇進した。太平洋戦争末期に至る約五年この地位にあったが、東条内閣の崩壊により十九年七月参謀総長に就任、終戦に至る困難な作戦指導を担当した。二十年九月二日ミズリー号上における降伏調印式には大本営を代表して参列したが、A級戦犯に指名され、終身禁錮を宣告された。服役中病気により、二十四年一月八日死去した。六十八歳。

参考文献　梅津美治郎刊行会編『最後の参謀総長梅津美治郎』　(秦　郁彦)

うめねつねさぶろう　梅根常三郎　一八八四―一九五六　大正・昭和時代の鉄鋼技術者。福岡県人安元俊次の長男として明治十七年(一八八四)二月二十七日に生まれ、のち梅根専一郎の養子となる。第五高等学校を経て同四十四年京都帝国大学理工科大学採鉱冶金科を卒業し、八幡製鉄所技師となり、大正六年(一九一七)農商務省技師を兼務し製鉄所第一製鋼課長となる。ついで南満洲鉄道株式会社鞍山製鉄所に転じ同十年より同所における貧鉱処理技術を研究、磁化焙焼法を発明して、原料事前処理、低原価銑に画期的な業績をのこした。昭和七年(一九三二)工学博士の学位を受け、同十四年にはわが国十大発明家の一人に選ばれた。終戦後中国より最高の待遇をもって留用され、長春大学教授、工業部最高顧問、総合科学研究所員などとして中国東北地区の復興に寄与し、二十八年帰国、三十一年三月十七日死去。七十二歳。　(山崎　俊雄)

うめはらすえじ　梅原末治　一八九三―一九八三　大正・昭和時代の考古学者。明治二十六年（一八九三）八月十三日、大阪羽曳野に生まれる。大正二年（一九一三）同志社普通学校（中学）卒業、身体虚弱のため上級の学校に進学せず、三年京都帝国大学文学部に新設の考古学講座の無給雇い。十四年より三年余欧米に留学、帰国後昭和四年（一九二九）東方文化学院京都研究所の研究員に採用される。八年京都帝国大学文学部助教授、十四年教授に昇進、三十一年停年退官。同年天理大学おやさと研究所研究員、三十八年退職。同年文化功労者として顕彰せられる。五十八年二月十九日没。八十九歳。墓は京都市左京区鹿ヶ谷御所ノ段町の法然院にある。中学時代に入会した歴史地理学会において無類の熱意、秀れた図面・拓本作製の技能が、当時の第一線研究者の目にとまり、はじめは有能な助手として、ついで考古学界の権威として、近畿を中心とする日本および朝鮮の先史から歴史時代に至る遺跡の発掘調査を手がけ、多数の報告をものした。古美術商・公私コレクター所蔵の考古遺物の写真・拓本・実測図などの資料蒐集にもきわめて熱心で、銅鐸・青銅鏡・漆器・中国の青銅器などの資料紹介につとめ、大部の資料集も多数刊行し、学界に裨益すること多大であった。生涯孜々として倦まず、その出版物は等身大を超えるという。「物（もの）」（遺物）をよく見、「物」自体から出発すべし、というのがこの考古学者の口癖であったが、終始「物」の観察と記録の蒐集から出ることがなかった。

参考文献　梅原末治『考古学六十年』　（林　巳奈夫）

うめはらりゅうざぶろう　梅原竜三郎　一八八八―一九八六　大正・昭和時代の洋画家。本名良三郎。明治二十一年（一八八八）三月九日絹物問屋長兵衛の三男として京都に生まれる。伊藤快彦・浅井忠に師事して関西美術院に学び、同四十一年渡仏、晩年のルノワールを訪ねて親しくその薫陶をうけた。大正二年（一九一三）帰国後は二科会・春陽会への参加を経て、同十五年国画創作協会に移って洋画部を開設、同協会の日本画部解散後は国画会と改名し、長くこれを主宰した。その間昭和十年（一九三五）帝国美術院会員、同十九年帝室技芸員となり、同年から八年間東京美術学校教授をつとめたほか、二十七年には文化勲章を、四十八年にはフランスからコマンドール勲章をうけた。昭和十年代にはしばしば中国を訪れ、また同二十七年以後はしばしば渡欧して南仏で制作する。その作風は初期の柔軟華麗な筆調から次第に強さを加え、中期以後は東洋画の伝統もくみ入れて、さらに絢爛豪放な色彩美の表現へと進んでいる。風景・人物・静物の各分野に秀作が多いが、代表作には「金の首飾」「紫禁城」「カンヌ」などがある。昭和六十一年一月十六日没。九十七歳。　（富山　秀男）

うめわかまんざぶろう　梅若万三郎　一八六八―一九四六　明治から昭和時代にかけての能楽師、観世流シテ方。初代梅若実の長男として、明治元年（一八六八）十一月二十一日に生まれる。大正十一年（一九二二）梅若流初代宗家となったが、昭和八年（一九三三）観世流に復帰した。昭和二十一年六月二十九日没。七十九歳。東京都品川区の海晏寺に葬る。法名大雅院万壑松籟居士。生涯に演能三千番、老女物をすべて演じた彼は、能楽界最初の芸術院会員、文化勲章受章。初代実の烈しい稽古と天成の美声と音量、見事な容姿によって、観客を圧倒したという。三番目物を得意とした。二代万三郎はその四男。　（草深　清）

うめわかみのる　梅若実　能楽師、観世流シテ方。

㈠初代　一八二八―一九〇九　文政十一年（一八二八）四月十三日、江戸日本橋白銀町（東京都中央区日本橋）に生まれる。幼名亀次郎、のち六郎。隠居名実。明治維新の能楽衰退のうちにあって、十六代宝生九郎とともに、今日の能楽へと発展させる基を守り続けた。優艶で才気あふれる芸風で観客を引きつけたといわれる。十六代宝生九郎・桜間伴馬（さくらまばんば）とともに明治の三名人といわれる。また、長男初代梅若万三郎・次男梅若六郎（二代目実）・娘聟観世銕之丞（華雪）を稽古、次の「万・六・銕」時代の基礎を造って、後進をよく育成した。明治四十二年（一九〇九）一月十九日没。八十二歳。墓所は東京都品川区の海晏寺。法名梅霊院若誉実心居士。

㈡二代　一八七八―一九五九　明治十一年（一八七八）四月二十八日東京に生まれる。幼名竹世、のちに六郎・実邦・景昭。隠居名実。兄万三郎とともに、梅若流を樹立。昭和八年（一九三三）万三郎の観世流復帰ののちも、ひとりこれに拠った。第二次世界大戦中は観世流梅若派として、戦後同二十九年に観世流に復帰。舞台は演劇性に富む反面、時に感傷に流れるきらいはあったが、観客を魅了する華やかな面は、父初代実の芸風をよく伝えたものと高く評価された。三十年芸術院会員。三十四年八月十六日没。八十一歳。東京都品川区の海晏寺に葬る。法名虚空蔵院梅光覚仙実邦大居士。

参考文献　野上豊一郎編『能楽全書』二、池内信嘉『能楽盛衰記』　（草深　清）

うらけいいち　浦敬一　一八六〇―？　明治時代のジャーナリスト、中国研究家。万延元年（一八六〇）四月四日肥前平戸藩士坂本琢左衛門の子に生まれ、出でて同藩士浦貞元の養嗣子となる。幼名省三、字は士和。平戸の維新館、藩学寮で学び、明治十二年（一八七九）・十三年佐賀県巡査を勤む。同十四年東京に出て、同人社に、次に専修学校に学び、十六年卒業。その間丸山作楽と交わる。十八年十二月『内外新報』（大阪）に入り、まもなく『鎮西日報』（長崎）の再建に努め、その編集にたずさわる。その間、十九年七月青木貞三の『商業電報』創刊に関係し、記者となる。二十年十月渡清、岸田吟香経営の楽善堂（漢口）に寄寓、中国事情の研究に従い、二十一年六月以来新疆方面の踏査に志したが、翌年九月、蘭州を経て嘉峪関へ出発後消息を絶った。

参考文献　塙薫蔵『浦敬一』　（西田　長寿）

うらたながたみ　浦田長民　一八四〇—九三　江戸後期から明治時代前期の神道家。伊勢の人、字は穀夫、改亭と号した。天保十一年(一八四〇)正月二十八日の生まれ。父は長一、母は和田氏。幼時八羽光穂の言を聞いて尊王の志を起し、鷹羽雲淙の門に入り、また津藩の斎藤拙堂の塾にも学んだ。若くして配札に託し京都・大坂に赴き、安政四年(一八五七)皇大神宮権禰宜・大内人、同六年宇治年寄の列に入り、文久騒擾の際有栖川宮に謁し、三条家に上書して、神宮警衛の勅書を賜わると称して宇治に帰り、禁錮三年の刑に処せられた。明治元年(一八六八)度会府出仕、二年度会県少参事、三年宇治山田督学、四年上京して神祇官、教部省に出仕、同五年七月神宮少宮司兼任(十月専任)、神宮改革の事にあたり大麻頒布の事業を神宮に収め、神宮教院を開いて教化運動を推進し、大宮司田中頼庸と『神宮明治祭式』十九巻を撰上した。十年辞任後再び上京、伏見宮家附などとなり、また帰県して度会・鈴鹿・奄芸の各郡長を歴任し、明治二十六年十月二日病没した。年五十四。著書に『神典採要』『大道本義』『読無字書斎詩鈔』などがある。

参考文献　神宮司庁編『公文類纂』教導篇・祭儀篇、同編『神宮司庁日誌』、阪本健一「明治初期に於ける神宮の教化運動」(神宮司庁編『神宮・明治百年史』上所収)、西川順土「神宮御動座問題」(同補遺所収)、三木正太郎「神宮祠官の活動—浦田長民を中心とする—」(神道文化会編『(明治維新)神道百年史』五所収)

（阪本　健一）

うりゅういわ　瓜生岩　一八二九—九七　江戸後期から明治時代前期の慈善事業家。文政十二年(一八二九)二月十五日、陸奥国耶麻郡熱塩村(福島県耶麻郡熱塩加納村)に生まれた。父渡辺利左衛門、母りえ。九歳にして父を失い、母の実家瓜生家に帰った。天保十三年(一八四二)若松の叔父医師山内春瓏の薫陶をうけ、堕胎間引の防止に関心を持った。十七歳佐瀬茂助をむかえ、一男三女をあげたが、夫と早く死別した。会津戦争に際し、戦場より助けだした幼童中引取人ある者はこれに帰し、残った者を集めて小田付村に幼学校を設立して救養した。また婦女子らに戊辰以降夜具蒲団・衣類・建具などを貸与し、さらに戦死者の施餓鬼を行なったので、明治三年(一八七〇)民政局から褒賞をうけた。岩はこのころ乱暴掠奪の風を正し、戦死者の亡魂を祭り、堕胎棄児の蛮風を正し、仏法の興隆を謀り、国内の平穏を祈るという五つの目的のもとに会津地方に授戒会を起した。五年十月上京して佐倉藩大塚十右衛門の創立した救養会所を訪ね棄児・遺児・老病者の救養について教えを受け、帰郷して喜多方近郊の岩崎村長福寺で、堕胎防止や行旅病者の収容保護につくした。授戒会や矯風演説会の影響によって、二十年前後にはこの地方の堕胎の悪習があとを絶ったといわれる。二十一年磐梯山噴火による傷者を救済し、二十二年十二月福島救育所を設置し窮民・孤児の救済に力をつくした。二十三年の大洪水には飴糟利用法を発明して食料欠乏対策を講じ、二十四年帝国議会に婦人慈善章制定請願書を提出した。同年東京市養育院幼童世話掛長となり、さらに北会津・耶麻・河沼三郡に育児会を設置し、喜多方町に産婆看護婦養成所を設け、同年十月の濃尾大震災にも慰問につとめた。二十六年棄貧児救済のため福島鳳鳴会を設立し、若松に産婆看護婦養成所ならびに私立済世病院を創立した。二十七年土方久元宮相の夫人と謀り、瓜生会を設けて事業の拡張につとめ、二十九年には藍綬褒章を授与された。三十年四月十九日没した。六十九歳。耶麻郡熱塩村示現寺に葬る。

参考文献　奥寺竜渓『瓜生岩子』、吉田久一『日本近代仏教社会史研究』

（吉田　久一）

うりゅうそときち　瓜生外吉　一八五七—一九三七　明治時代の海軍軍人。安政四年(一八五七)正月二日加賀大聖寺藩士瓜生吟弥の次男に生まれ、明治五年(一八七二)海軍兵学寮に入ったが卒業せず、八年六月にアメリカに留学して海軍学を学んだ。西南戦争には帰国して、参軍川村純義に従って戦地に行き、十三年に海軍少尉に任ぜられた。爾後累進し、二十四年大佐に昇り、日清戦争には、フランス公使館付武官であったので従軍しなかった。戦後帰朝して秋津洲・扶桑の艦長をしたが、扶桑艦長のとき、演習中松島と衝突して問題となった。日露戦争のとき、少将で第四戦隊司令官として出征し、緒戦の仁川沖の海戦で勝って名を挙げた。戦争中はその職で終始し、戦後竹敷要港部司令官、佐世保・横須賀の鎮守府司令長官を勤め、戦功により男爵を授けられ、大正元年(一九一二)十月に大将となり、十二月に海軍を去った。のち貴族院議員に勅選され、昭和十二年(一九三七)十一月十一日に没した。八十一歳。かれは事務家的武将で、駐米大使に擬せられたこともあった。

（松下　芳男）

うりゅうはじむ　瓜生寅　一八四二—一九一三　明治時代の官僚、実業家。天保十三年(一八四二)正月十五日福井藩士多部五郎右衛門の長男として出生。幼名寅作。漢学・洋学を修め、幕府の英語学校教授を勤めた。維新後、文部省・大蔵省・工部省に出仕、学制や印紙税則の制定に関与したが、病気を機に明治十二年(一八七九)退官、実業界に転じた。日本鉄道会社幹事、兵庫米穀輸出会社顧問、馬関商業会議所副頭取などを歴任、かたわら下関で外国船積立業瓜生商会を経営した。博覧強記で、『大日本図画』『交道起源』『商業博物誌』など約五十点の著作がある。大正二年(一九一三)二月二十三日、七十二歳で没した。墓は東京都港区の青山墓地にある。

参考文献　渡辺宏「瓜生寅の履歴と著作」(『日本古書通信』四四ノ二)

（高村　直助）

うんしょう　雲照　一八二七—一九〇九　明治時代の僧侶。真言宗の律師。字は大雄。文政十年(一八二七)三月二十日出雲国神門郡東園村(島根県出雲市東園町)、渡辺忠左衛門の四男として生まれた。天保七年(一八三六)九月八日岩屋寺慈雲に従って出家。嘉永元年(一八四八)金剛峯寺衆徒となり良基に『華厳五教章』、実賢に密教、高堅に『天台四教儀』を学び、飲光の嫡孫長栄寺端堂より十善戒を受けた。明治二年(一八六九)浄国寺徹定と面談し諸宗同徳会盟結成の計画に加わる。このころ「僧弊一洗官符建白」など数千言に及ぶ上奏文を草し、戒律主義の復興を主張した。同七年推されて東山科の門跡勧修寺の住職に就任するが、十年戒律主義が本山の格式と相容れないことを悟り門跡を辞職して修行に励む。その後大崎行智の協力を得て宗門の改革を企図するが、高野山衆徒の反対にあいやむなく下山する。十八年これを機会に宗門との関係を断って東上し、青木貞三の庇護のもとに東京・京都に結社十善会を結成し、目白台の新長谷寺、那須野の雲照寺を戒律主義の道場として布教活動を行う。二十三年『十善宝窟』を創刊し、「十善戒宗安心大旨」など多数の論説を発表している。三十一年全国各地に十善支会が設立され、戒律主義運動の全盛期を迎える。著書は『仏教大意』『大日本国教論』など三十余部に及んでいる。四十二年四月十三日、発起人沢柳政太郎の依頼による徳教講習会の講義録執筆中突如倒れ八十三歳で没した。

[参考文献] 草繫全宜編『釈雲照』、吉田久一編『明治宗教文学集』一(『明治文学全集』八七)、池田英俊『明治の新仏教運動』、同「雲照の戒律主義について」(『印度学仏教学研究』五ノ二)、同「明治仏教の一特質—十善道徳の問題をめぐって—」(同一一ノ二)、柏原祐泉「近代仏教形成の前駆的性格—行誡・雲照の場合—」(同一二ノ一)　(池田　英俊)

うんのしょうみん　海野勝珉　一八四四—一九一五　明治時代の金工家。本名竹次郎。芳洲と号す。弘化元年(一八四四)五月十五日水戸に生まれ、九歳のときから伯父海野美盛および萩谷勝平について彫金を修め、また安達梅渓に書画を学んだ。その後は明治元年(一八六八)東京に出て彫金を業としたが、廃刀令によって刀剣装飾の仕事に大打撃を蒙り、止むなく応用分野の開拓に挺身、同十年第　回内国勧業博覧会に神代人物その他を出品して褒状を受けたほか、内外の博覧会でたびたび受賞し、二十三年東京美術学校に迎えられて加納夏雄のもとで研鑽、二十七年教授となり、二十九年には帝室技芸員に任ぜられた。その作風は、色の異なる金属を象嵌して華麗な味を出す点に特徴があり、優れた技術をもって伝統的彫金術を近代に伝えた。大正四年(一九一五)十月六日、本所番場町の家に没。七十二歳。東京北豊島郡染井墓地に葬られる。　(富山　秀男)

ウンベール　Aimé Humbert　⇨アンベール

え

エアトン　William Edward Ayrton　一八四七—一九〇八　イギリスの物理学者、電気工学者。一八四七年九月十四日生まれる。ロンドンのユニバーシチー＝カレッジ卒業。インドの電報局勤務後、明治六年(一八七三)—十一年、日本政府の招聘により工学寮(同十年、東京開成学校が東京大学となるに際して工部大学校となる)で物理学と電信学を講じた(工部大学校となると同時にその電信科は電気工学科と改称されたが、その主要な教科は電信だけであった)。同十一年三月二十五日、電信中央局の開業式の日、エアトンはまだ発電機の輸入がなかった当時だったので、数十個の電池をつないでアーク燈を点火し、会場を照明した。これが日本最初のアーク燈であった。一八七九年帰国。八四年よりサウスケンシントン中央工業大学教授となり、一九〇八年まで応用物理学を講じた。同年十一月八日没。六十一歳。

[参考文献] ユネスコ東アジア文化研究センター編『資料御雇外国人』　(岡　邦雄)

えいしょうこうたいごう　英照皇太后　一八三三—九七　明治天皇の嫡母。名は夙子、幼称は基君。九条尚忠の六女。天保四年(一八三三)十二月十三日誕生。母は南大路長尹の女菅山。孝明天皇が皇太子の時御息所となり、天皇即位後女御宣下を受け、ついで准三宮宣下あり、万延元年(一八六〇)七月儲君睦仁親王(明治天皇)の御実母と公称された。この間皇女一人を生んだが、ともに天折した。明治元年(一八六八)二月皇太后と尊称せられ、同三十年一月十一日青山御所において崩御、六十五歳。同月三十日英照皇太后の追号を奉った。京都市東山区今熊野泉山町の後月輪東北陵に葬られる。

参考文献 宮内省編『孝明天皇紀』、同編『明治天皇紀』 （後藤 四郎）

えいらくわぜん 永楽和全 一八二三―九六 幕末・明治時代前期の京都の陶工。京焼の名工であった永楽十一代目保全の子で父に劣らぬ良工。文政六年（一八二三）生まる。青磁・染付・金襴手と多技であったが、呉須赤絵写に妙技を振るい、金襴手では貼写式によって織文様を絵付し、金銀彩を加えた新しい方法を創出した。また仁清写も試みたが、晩年には本阿弥光悦・尾形乾山の風を慕い、乾山の土器皿に倣った絵替り皿などに別趣の味ある秀作をものした。慶応年間（一八六五―六八）加賀国の山代に赴き九谷焼に赤絵・金襴手の指導を行い、その面目を一新した。また、義弟西村宗三郎（回全）の宅地が仁清窯跡にあったので仁清窯の再興を計ったこともあり、その他、下河原に菊渓窯、三河の岡崎にも築窯、これは岡崎永楽と呼ばれ呉須赤絵風の磁器を焼いた。明治二十九年（一八九六）五月六日没。七十四歳。墓は京都市東山区高台寺にある。 （中川 千咲）

えがわたろうざえもん 江川太郎左衛門 伊豆韮山（静岡県田方郡韮山町）に住む江戸幕府の世襲代官。太郎左衛門は、江川家歴代当主の通称である。江川家は中世以来の名家で、清和源氏源経基の孫宇野頼親を初代とし、初め本拠を大和国奥之郷宇野（奈良県五条市）においたが、のち九代親信の時に伊豆国八牧郷江川に移った。その子治長は源頼朝の挙兵を助けて戦功あり、江川荘を安堵されて、鎌倉幕府に仕えた。十六代英親は弘長元年（一二六一）伊豆国伊東に配流された日蓮に帰依し、以来江川家は日蓮宗の有力な信者となった。家名を江川に改めたのは室町時代の初め二十一代英信以来のことと伝えられる。二十三代英住は北条早雲に従い、これ以後江川家は後北条氏の配下にあった。その後二十八代英長は小田原の陣の際徳川家康に従い、ために慶長元年（一五九六）世襲代官に任用された。所管地の高は五千石余で、はじめ租米の十分の一を与えられたが、元禄以来給米百五十俵を賜わった。世襲代官といっても、その地位は必ずしも安泰ではなく、三十二代英勝は上納遅滞と不正の理由で、享保八年（一七二三）一時その職を奪われたことがある。江川家歴代代官の中で、最も有名なのは、三十六代英竜（一八〇一―五五）である。英竜は幼名を芳次郎といい、のちに邦次郎に改めた。字は九淵、坦庵と号した。三十五代英毅の次男である。享和元年（一八〇一）五月十三日伊豆韮山の代官屋敷に生まれた。幼にして武を好み、文政元年（一八一八）十八歳の時江戸の剣客岡田十松の門に入り、かたわら市河米庵・谷文晁について書画を学んだ。同四年兄英虎が病死したため嗣子となり、天保六年（一八三五）代官職をついで、家例により太郎左衛門と称した。その所管地は、はじめ武蔵・相模・伊豆・駿河四ヵ国合わせて五万四千石であったが、同九年には右のほか甲斐の幕領を加え、十二万石余に及び以後増地されて安政元年（一八五四）には二十六万石に達した。代官就任当時より民政にはげみ、ひそかに管内の民情を視察し、あるいは人材登用を行い、また篤農家二宮尊徳の意見を徴するなどして、施政の公正と人民の保育につとめた。そのため世直し江川大明神の異名で呼ばれた。英竜の事績の中で特に注目されるのは、海防に関するものである。かれの所管地には伊豆・相模の海岸のごとき海防の要衝が含まれていたから、はやくから海防問題に注意を払い、はじめ水戸藩抱え蘭学者幡崎鼎について西洋事情や砲術を学んだが、天保八年鼎が罪せられるに及んで、田原藩士渡辺登（崋山）に師事した。閣老水野忠邦の親任が厚く、同九年正月、特に抜擢されて、目付鳥居耀蔵とともに、相模・安房・上総および伊豆海岸の巡視に赴いた。そのおり海岸測量にあたり洋学者の援助を得たことから鳥居の怨みを買い、蛮社の獄の際、容疑者の一人にあげられたが、閣老水野の配慮によりあやうく難を免れた。アヘン戦争（一八四〇―四二）の際、幕府は兵制改革に関する高島秋帆の建議をいれて、同十二年高島を江戸に招き、その所持する西洋砲を購入するとともに、特に江川英竜を選んで、西洋砲術の伝授を受けさせ、西洋砲の借用を許した。そしてその翌年九月には英竜に西洋砲術の教授を許可した。そのため入門するものは、幕臣川路聖謨・松代藩士佐久間象山はじめ、約一ヵ月の間に百名近くにのぼった。また同じころ西洋砲の鋳造も許可されたため、韮山に鋳造場を設け、幕府・諸藩の求めに応じた。天保十三年幕府が軍事改革を企てると、翌十四年五月英竜は鉄炮方兼帯を命ぜられ、幕府の軍事顧問として改革を推進し、幕兵の装備を火炮中心に切りかえようとした。しかし同年閏九月閣老水野忠邦が失脚したため、この改革は中止となり、弘化元年（一八四四）鉄炮方兼帯を解任された。これ以後は韮山において砲術の教授と大砲鋳造に専念した。嘉永二年（一八四九）英艦マリナー号が下田に入港した際、みずから同地に赴き、応接にあたるとともに、幕府に下田警備策を建議し、管内に農兵を設置して、海防にあたらせるべきことを力説したが、許可されなかった。同六年米艦隊の渡来にあたり、英竜は勘定吟味役格にあげられ、海防の議に参画した。内海警備のため品川沖の台場設置にあたり、みずから指揮監督して安政元年に六基を完成、また湯島の鉄砲鋳造場および韮山の鋳造場で大砲の製作にあたり韮山郊外に反射炉を設けて、鉄砲の鋳造に資した。同年暮、幕命により病をおして出府したが、翌二年正月十六日江戸本所の屋敷で没した。時に五十五歳。生地韮山の本立寺に葬られる。なお、昭和四十二年（一九六七）二月故東大法学部教授江川英文の遺志により、その所蔵史料を研究者に供するため、江川邸内に財団法人江川文庫を設立。四千点余の資料は反射炉・洋式造船・砲術などの江川英竜の業績に関するもののほか、享保期より明治初期に至る韮山代官支配地の記録すなわち各種御用留・代官伺書・一件文書などを主体としている。しかし駿豆甲相にわたる支配地の資料は駿豆相を中心とし、甲武のものは稀少である。

参考文献　『江川太郎左衛門英竜行状書』、『江川家履歴書』、戸羽山瀚編『江川坦庵全集』、佐藤昌介『洋学史研究序説』、仲田正之『江川坦庵』（『人物叢書』一八六）　（佐藤昌介・仲田正之）

えがわひでたつ　江川英竜　⇩江川太郎左衛門

えぎがくすい　江木鰐水　一八一〇－八一　江戸時代後期の儒学者。諱は戩、字は晋戈、通称は繁太郎。鰐水・健斎・三鹿斎と号した。文化七年（一八一〇）十二月二十二日安芸国豊田郡戸野村（広島県賀茂郡福富町）の福原貞章の三男に生まる。備後福山に出て藩医五十川義路（号菽斎）の子義集（号簑州）に医学を学び、義路の娘政と結婚し、江木玄朴の家を継いだ。のち、野坂完山に、ついで京都で頼山陽に学んだ。山陽の没後、篠崎小竹・古賀侗庵に学び、天保八年（一八三七）福山藩に仕え儒官に至る。嘉永六年（一八五三）に江戸邸藩校、安政元年（一八五四）には福山に誠之館が成り、子弟の教育にあたった。元治元年（一八六四）長州征討には広島に、慶応元年（一八六五）の長州再征には石州口に出陣し、また、明治二年（一八六九）には福山藩参謀として箱館戦争に参加した。廃藩置県の後は、士族の授産に尽くし、養蚕業振興、水利対策、塩田の構築など県庁にしばしば建言し、また愛国社の創設に尽力した。同十年、一家を挙げて東京に移り住み、十四年十月八日七十二歳で没した。墓は上野谷中天王寺墓地にある。著書は板刻されたのは『山陽先生行状』のみであるが、未刊のものは多種で非常に多い。その著述目録は、東大史料編纂所所蔵『江木鰐水日記』の巻末に付載されている。

参考文献　江木保男編・三嶋毅撰『鰐水江木先生碑文』　（山本　武夫）

えぎかずゆき　江木千之　一八五三－一九三二　明治・大正時代の官僚。幼名吉太郎。嘉永六年（一八五三）四月十四日、岩国藩士江木俊敬の長男として周防国玖珂郡岩国（山口県岩国市）に生まれる。実弟衷。明治七年（一八七四）工部大学校病気中退、同年文部省に入る。東京開成学校・長崎師範学校教員、文部少書記官・視学官・参事官を経て、同二十四年普通学務局長に就任。二十五年内務省に転じ、大臣秘書官兼内務書記官、二十六年県治局長となる。二十九年から三十年まで茨城県、三十年栃木県、三十年から三十一年まで愛知県、三十一年から三十六年まで広島県、三十六年から四十年まで熊本県の各県知事を歴任。三十七年貴族院議員に勅選され、山県系の幸倶楽部・茶話会の幹部となる。大正二年（一九一三）教育調査会、三年教科用図書調査委員会、六年臨時教育会議、八年臨時教育委員会、臨時法制審議会、十年臨時教育行政調査会、十一年教育評議会の各委員を勤め、大正期における教育制度の改革、およびいわゆる「国民精神の作興」運動に尽力する。十三年一月清浦内閣文部大臣となり、同年六月内閣総辞職後、枢密顧問官に任ぜられる。なお、この間、防長教育会・大日本教育会・全国教育連合会・日本赤十字社・大日本武徳会・警察協会・帝国教育会・桐花学会・日華協会・大日本国防義会・皇典講究所・大東文化協会など多数の民間団体の役員を歴任。昭和二年（一九二七）には一時、国学院大学学長を勤める。同七年八月二十三日死去。八十歳。下谷区（台東区）の谷中墓地に葬られる。養嗣子は翼。

参考文献　江木千之翁経歴談刊行会編『江木千之翁経歴談』　（成沢　光）

えぎたすく　江木翼　一八七三－一九三二　大正・昭和時代の官僚、政治家。明治六年（一八七三）四月二十四日、山口県玖珂郡御庄村（岩国市）の酒造家羽村卯作の三男に生まれ江木千之の養子となった。明治三十年東京帝国大学法科大学卒業、内務省に入り、法制局参事官・内閣書記官などを経て、大正元年（一九一二）第三次桂内閣の内閣書記官長となり、翌二年桂の立憲同志会の成立には中心人物の一人として活躍。三年山本内閣倒壊し第二次大隈内閣が成立すると再び内閣書記官長に就任、同五年内閣総辞職の際貴族院議員に勅選された。また立憲同志会を中心とする憲政会の結成にも参画し、同党の幹部の一人となった。これ以後憲政会はいわゆる苦節十年を送ることになるが、この間江木は貴族院における闘将として活躍し、また選挙法改正問題の論客、とくに比例代表制論者として活躍した。また大正九年にはそれまでの殖民政策の研究に対し法学博士の学位を受けた。同十三年護憲三派内閣の成立とともに三たび内閣書記官長に就任、行政整理・貴族院改革・普選案などの懸案の成立に努力した。同十四年第二次加藤高明内閣の司法大臣に就任。翌年成立した第一次若槻内閣に留任したが、この時朴烈事件・松島遊廓疑獄などに関し野党からの攻撃を受けた。昭和二年（一九二七）民政党成立し、顧問となったが翌三年筆頭総務。四年浜口内閣の成立に際し鉄道大臣に就任、この内閣の中心的閣僚の一人としてロンドン軍縮問題で軍縮条約の成立に努力した。六年第二次若槻内閣に留任、満洲事変の拡大に反対したが、成功せず、翌七年犬養内閣下での総選挙中従来からの病気が悪化し、同年九月十八日病没した。六十歳。

参考文献　江木翼君伝記編纂会編『江木翼伝』、同編『江木翼論叢』、伊藤隆「江木千之・江木翼関係文書」（『社会科学研究』二六ノ二）　（伊藤　隆）

えぐちさんせい　江口三省　⇩小松三省

えぐちぼくろう　江口朴郎　一九一一－八九　昭和時代の歴史学者、ヨーロッパ史を専攻。明治四十四年（一九一一）三月十九日、佐賀県に生まれ、のち鎌倉・藤沢に転居。第一高等学校文科を経て、昭和八年（一九三三）東京帝国大学文学部西洋史学科を卒業。九－十四年、外務省嘱託。十六－二十二年、姫路高等学校教授。二十二年、第一高等学校教授。二十五年、学制改革によって東京大学教養学部助教授となり、二十八年同教授。四十六年に停年退官し、名誉教授の称号を授与された。のち法政大学社会学部教授、ついで四十九年、津田塾大学学芸学部教授となり、六十一年定年退職。この間、二十五―三十七年、歴史学研究会の代表委員(のち委員長と改称)、三十八―六十年、日本学術会議会員に選出された。はじめは第一次世界大戦前史におけるヨーロッパの外交史的研究に従事したが、第二次世界大戦における日本の敗戦後、日本帝国主義論を中心として学界の注目を浴び、『帝国主義と民族』をはじめとする業績を発表し、独自のマルクス解釈にもとづく柔軟な思考によって帝国主義時代の歴史把握において新しい境地を開いた。その学風の特徴は、問題をひろく国際的な関連において捉えるところにあり、歴史研究に国際関係の視野を提供し、戦後日本の現代史研究において指導的立場にあった。特に、従来学界で軽視されてきた東ヨーロッパ・旧ソビエト連邦地域などの歴史については、多くの専門家を育成した。また、論壇においてもナショナリズム論・平和論・現代社会主義論などのひろい分野にわたって健筆をふるい、晩年は原水爆禁止運動やアジア諸国との友好運動などに活躍した。『帝国主義と民族』、『帝国主義時代の研究』、『帝国主義の時代』(『岩波全書』)をはじめ著書は多く、大半は『江口朴郎著作集』に収められている。平成元年(一九八九)三月十五日没。七十七歳。墓は藤沢市鵠沼神明三丁目の万福寺にある。

〔参考文献〕斉藤孝・西川正雄編『思索する歴史家江口朴郎』
（斉藤　孝）

えだくにみち　江田国通　一八四八―七七　幕末・維新期の軍人。通称正蔵。嘉永元年(一八四八)鹿児島藩士江田平蔵の長男として生まる。藩校造士館に学び、薩英戦争に際しては十六歳で従軍した。慶応三年(一八六七)島津久光の上洛に従い、禁闕守衛の任にあたった。翌明治元年(一八六八)正月の鳥羽・伏見の戦にあたって砲戦隊に属して鳥羽の戦闘に参加、以後戊辰戦争に従軍し、下総・上総、つづいて上野の彰義隊討伐、会津若松の攻略に転戦し、同二年二月藩兵小頭長、三月親兵として上京、六月戊辰奥羽戦争の第一親兵賞典禄六千石中より八石を分与。以後、陸軍に属し、同十年の西南戦争には少佐で近衛歩兵第一連隊第二大隊長として従軍。三月四日、野津道貫大佐の指揮下に薩将篠原国幹が死守する熊本北西の吉次越の険を力攻、面識のある篠原を部下に狙撃させて戦死させたが、自身もまた敵弾をうけて戦死、勇名をはせた。年三十。贈従五位。
（大江志乃夫）

えださぶろう　江田三郎　一九〇七―七七　昭和時代の政治家。明治四十年(一九〇七)七月二十二日(戸籍は二十九日)、岡山県御津郡建部村に父松次郎・母登瀬の戸籍上の長男として生まれる。神戸高等商業学校を経て、東京商科大学(現一橋大学)に入学。この間、マルクス主義の影響を受ける。農民運動や無産政党に参加、大衆運動の経験を積む。大学は中退。昭和十二年(一九三七)岡山県議会議員となるが、翌年人民戦線事件で逮捕される。出獄後、中国に渡る。第二次世界大戦後、日本社会党所属で岡山県議を二期務めたあと、二十五年に参議院岡山地方区で当選、三十七年まで参議院議員。昭和二十七年、社会党中央執行委員となり、『社会タイムス』の発行に取り組むが、失敗。三十五年から書記長、組織局長、副委員長などの党務に就く。テレビ討論で活躍。三度、委員長候補となるが、三度とも選出されることはなかった。三十八年から衆議院岡山二区で連続四回当選。左派社会党に属していた江田であったが、やがて大衆政治家の本領を発揮、市民社会主義の構想を「構造改革」論や「江田ビジョン」として提示。党内左派から強い批判を受ける存在となった。昭和五十一年二月、市民社会主義を目指す「新しい日本を考える会」を結成、翌五十二年三月、党を去ることとなる。社会市民連合(のちの社会民主連合)を発足させ、代表委員となったところで倒れ、同年五月二十二日、東京都港区西新橋の慈恵医大病院で没した。六十九歳。著書に『日本の社会主義』『私の日本改造構想』などがある。のち社民連代表となった江田五月は長男である。没後十五年の平成四年(一九九二)五月、郷里の建部町の妙福寺で開かれた墓前祭で、社会党は、江田を「再評価」する執行委員会声明を発表した。

〔参考文献〕刊行会編『江田三郎―そのロマンと追想―』
（高橋　彦博）

エッケルト　Franz Eckert　一八五二―一九一六　ドイツ・プロシアの音楽家。明治十二年(一八七九)、駐日ドイツ領事の斡旋によって来日。英人フェントンの後任として、海軍軍楽隊の教師に雇われる。以後、日本海軍の軍楽隊はドイツ式の伝統を踏襲することになった。同十三年、国歌「君が代」の撰定委員に加わり、林広守・奥好義合作の旋律に伴奏をつけ、同年十一月三日の天長節に宮中で、洋楽器による最初の公式演奏が行われた。十六年から四年間、音楽取調掛を兼務し、掛長伊沢修二を補佐して教育音楽に尽力した。二十一年、海軍軍楽隊から解任されたあとは宮内省雅楽部の専任教師となった。さらに二十五年からは陸軍戸山学校をも兼務した。三十年、英照皇太后の葬儀に際して奉悼曲「哀の極」を譜作。三十二年、日本から去ったあとは朝鮮李王家の楽長に就任して、一九一六年七月六日ソウルで死去した。六十四歳。

〔参考文献〕遠藤宏『明治音楽史考』
（服部竜太郎）

エッゲルト　Udo Eggert　一八四八―九三　ドイツの経済学者、御雇外国人教師。一八四八年ザクセンに生まれ、ハレ、ライプチヒ、ゲッチンゲンの各大学で学んだのち、アンデナウ大学の教授となる。明治二十年(一八八七)帝国大学教授として招かれ来日、理財学を講じた。同二十六年帰国しようとして、三月一日湘南で病没した。墓は東京都港区の青山墓地にある。主著に、当時の農村の疲弊状況を分析したLandreform in Japan: specially based on the development of credit association(明治二十四年、織田一訳『日本振農策』、『明治農業論集』所収)がある。同時代のマイエットと比較すると、彼は農村を国内市場として重視していた。プロシア型農業改革の立場に立って、国家権力の強制と指導により、負債償却・耕地の交換分合・耕地拡張・地租軽減などの課題を達成し、資本家的農業への道を開くことを提唱した。 (高村 直助)

参考文献 ユネスコ東アジア文化研究センター編『資料御雇外国人』

えとうげんくろう 江藤源九郎 一八七九―一九五七 明治から昭和時代にかけての陸軍軍人、政治家。明治十二年(一八七九)二月二十五日、源作・はまの子として東京神田に生まれ、のち父の勤務の関係から奈良に移った。父源作は江藤新平の弟。同三十二年陸軍士官学校(第十一期)を卒業、日露戦争に出征したのち、参謀本部副官、歩兵五十三・三十八両連隊長を経て昭和二年(一九二七)少将に進級とともに予備役に編入されたが、七年二月奈良県から衆議院議員に選出され、二十年まで在席した。十年国体明徴問題が起ると、右翼・在郷軍人会と連係して美濃部達吉を不敬罪で告発し、岡田内閣を追及して著名になった。三十二年五月三日没。七十八歳。奈良市油阪町の蓮長寺に葬られた。 (秦 郁彦)

えとうじゅん 江藤淳 一九三二―九九 昭和・平成時代の文芸評論家。昭和七年(一九三二)十二月二十五日、東京に父江頭隆、母広子の長男として出生。本名淳夫。四歳の時に母と死別。小説『一族再会』、評論『成熟と喪失』、自伝的小説『幼年時代』(未完)など、彼の作品世界に底流する「母性」への思慕は、この生母との早い別離に淵源する。慶応大学英文科在学中、『三田文学』に「夏目漱石論」を発表、切れ味のよい新鮮な文章と鋭利な論理が評価され、新鋭評論家としてのスタートを切った。『作家は行動する』『小林秀雄』などで戦後に登場した文芸評論家の旗手と目され、文芸批評のみならず社会・政治評論の分野でもオピニオン・リーダーとして活躍した。勝海舟、西郷隆盛、福沢諭吉などの評伝、歴史評論の系譜があり、無条件降伏論争など現代史に関わる論争もある。『漱石とその時代』は作家論と時代状況論とを融合させた代表作だが、完結を目前にして、平成十一年(一九九九)七月二十一日、著者の自殺によって中断、未完に終わった。享年六十六。 (川村 湊)

えとうしんぺい 江藤新平 一八三四―七四 幕末・維新期の政治家。旧佐賀藩士。名は胤雄、字は新平、号は南白。天保五年(一八三四)二月九日、肥前国佐賀郡の八戸村(佐賀市八戸)に生まれた。父胤光は佐賀藩の下士、手明鑓で郡目付役、母は浦氏。十六歳で藩校弘道館に寄宿、国学教諭枝吉神陽の尊皇論に傾倒して嘉永三年(一八五〇)義祭同盟に参加、安政元年(一八五四)弘道館を退学、「諭鄂羅斯檄」(嘉永六年)で攘夷論を、『図海策』(安政三年)で開国論をそれぞれ唱えた。安政六年藩の御火術方目付、万延元年(一八六〇)上佐賀代官手許、文久二年(一八六二)貿品方となる。同年六月、木戸孝允をたよって脱藩出京、姉小路公知を通じ皇権復帰を願う密書を上奏しようとしたが、前藩主鍋島直正から帰藩を命じられ永蟄居となった。長州再征に反対し、久留米の真木外記と通じていた。慶応三年(一八六七)永蟄居を許され郡目付役となる。同年暮、藩主直大に先行して出京、明治元年(一八六八)二月江戸軍監として江戸に行き閏四月徴士となった。このころ江戸遷都を岩倉具視に建議した。五月江戸鎮台民政兼会計営繕判事、七月東京鎮将府会計局判事となり、由利公正の太政官札発行に反対、東京知府事烏丸光徳からは弾劾を受けた。十月に鎮将府廃止、会計局が会計官出張所として東京府に合併されることに反対し英米の三権分立を説き、新政府の負債を朝債であるとして国債とすることに反対した。同二年二月藩の参政・権大参事となり藩制改革を担当、軍制・民政改革を推進、恨みをかって兇徒に傷つけられた。同年十一月、中弁(従五位)となり制度局取調掛として四年七月文部大輔に転ずるまで、「国政改革案」をはじめ多くの官制改革案を草して中央集権化をはかった。同時にまた三年九月から制度局中弁として第一回の民法編纂にも参加していた。四年七月文部大輔として創設の文部省にあり、八月左院議員となり副議長(十二月、従四位)となった。同五年三月教部省御用掛兼勤となり、この間、左院の官制を整備した。五年四月司法卿(五月、正四位)となり、司法権の独立、司法制度の整備などに大きな影響を与えた。江藤が司法卿となる直前、民法編纂も司法省で行われることになって、彼のもとで、「改刪未定本民法」、「皇国民法仮規則」などが完成、五年十月から民法会議を主催、審議をすすめ、六年三月「民法仮法則」を完成、四月司法省を去り参議となった。司法省時代、井上馨・山県有朋などと対立があった。六年十月征韓論争に破れて下野し、翌年一月民撰議院設立建白に署名。帰郷後、二月佐賀の乱の指導的立場に推され、征韓党を率い政府軍と闘い、敗れて鹿児島・高知に逃れたが逮捕され、四月十三日佐賀城内で斬罪梟首された。年四十一。墓所は、佐賀市本行寺。大正元年(一九一二)九月罪名消滅、同五年復位追贈。 (杉谷 昭)

参考文献 的野半介『江藤南白』、杉谷昭『江藤新平』(『人物叢書』八七)

えどがわらんぽ 江戸川乱歩 一八九四―一九六五 大正・昭和時代の小説家。本名平井太郎。明治二十七年(一八九四)十月二十一日、三重県名張郡名張町(名張市)に生まれた。父平井繁男は郡役所書記、のちに輸入機械商となった。母は菊。早稲田大学政経学部在学中から英米の推理小説を耽読し、卒業後は貿易会社社員、古本商、日本工人倶楽部書記長、新聞記者など十数種の職業を変えた。大正十二年(一九二三)の処女作『二銭銅貨』や『心理試験』により、わが国に創作推理小説の発展すべき可能性を示した。これらのほかに妖異な雰囲気を盛った

『陰獣』などで、論理的に謎を解明する本格物の佳作を生んだが、一方、『屋根裏の散歩者』『人間椅子』のような卓抜な着想、『パノラマ島奇譚』や『押絵と旅する男』のような華麗な夢や幽艶な幻想を描いて、浪漫的作品にも注目すべき成果をあげた。昭和四年（一九二九）の『蜘蛛男』以下の通俗長篇は、強烈なスリルとサスペンスを基調としたため、熱狂的歓迎を受けたが、時局の進展に伴って筆を折った。戦後は海外推理小説の紹介と研究につとめ、評論集『幻影城』は同二十七年に探偵作家クラブ賞を授けられ、また『探偵小説四十年』は自己中心的推理小説発展史で、豊富な資料にもとづいている。その提唱により、同二十二年に探偵作家クラブが設立され初代会長となったが、三十八年、改組されて社団法人日本推理作家協会が誕生すると、初代理事長に推された。二十九年の還暦祝賀に際して、みずから基金を提供して江戸川乱歩賞を制定し、はじめ推理小説界の功労者の顕彰、のちに新人作家の育成に寄与している。還暦を機会に再び創作活動をはじめ、『化人幻戯』などを執筆、三十二年からは雑誌『宝石』の編集にあたり、斯界の振興を企てた。生涯を推理小説のために終始したというべきで、四十年七月二十八日死去。七十歳。東京都府中市の多磨墓地に葬られた。作品は『江戸川乱歩全集』全十五巻にまとめられている。（中島河太郎）

エドキンズ　Joseph Edkins　一八二三―一九〇五　ロンドン伝道会宣教師、中国学者。一八二三年十二月、イギリス、グロスターシャー、ネイルズワースに生まれる。漢名は艾約瑟。ロンドン大学を卒業。四八年ロンドン伝道会代表として派遣されて上海に着任。五八年、一旦帰国したが五九年再び上海に来り、六一年天津で開教し、六三年に北京に移った。八〇年以後中国税関通訳官となり、はじめは北京に、のち没するまでの十五年間は上海に住んだ。一九〇五年四月、上海で没した。八十一歳。言語学者として著名であり、特に中国の言語・文学・宗教に通じて、多くの著書・論文を発表した。また中国語と日本語との関係を論じた論文を『日本アジア協会会報』Transactions of the Asiatic Society of Japan に寄せている。著書に『釈教正謬』（一八五八年、明治二年養鸕徹定翻刻版）、Notices of Chinese Buddhism (1855―56)；The Religious Condition of the Chinese (1859)；China's Place in Philology (1871)　論文に Influence of Chinese Dialects on the Japanese Pronunciation of the Chinese Part of the Japanese Language, Transactions of the Asiatic Society of Japan. vol. 8, part 4. (1880) などがある。

参考文献　Alexander Wylie：Memorials of Protestant Missionaries to the Chinese (1867).（重久篤太郎）

えのきかずお　榎一雄　一九一三―八九　昭和時代の東洋史学者。大正二年（一九一三）十一月十一日、兵庫県明石郡垂水村（神戸市垂水区）に父栄三郎・母芳乃の長男として生まれる。第一高等学校文科丙類を経て昭和十二年（一九三七）東京帝国大学文学部東洋史学科卒業。同年東洋文庫研究生となり、晩年の白鳥庫吉の口述筆記にあたり、白鳥の『西域史研究』（岩波書店）の刊行を支え、以後一貫して東洋文庫の維持発展に心血を注いだ。三十二年研究部長、三十五年専務理事、五十九年理事長を歴任。同時に一高教授から東京大学助教授（昭和二十三年）、三十年教授、四十九年停年退官するまで、中央アジア史・東西交渉史を中心に広汎な学識と情熱で後進の育成に努めた。その間ロンドン大学（昭和二十七―二十八年）、インド国際関係学院（三十一―三十二年）、メキシコ学院（三十七年）、シドニー大学（四十五年）などの客員教授として国際協力に尽力するとともに、海外所在のアジア史史料の撮影・収集に力を注ぎ東洋文庫の充実を齎した。平成元年（一九八九）十一月五日没。七十五歳。法名は史芳院淡雅日静居士。墓は横浜市西区元久保町の川合寺にある。その研究領域はきわめて広く、西域史のほか邪馬臺国をめぐる日本上古史や東西に渉る人の往来、文化交流に関し多彩な業績を残した。『榎一雄著作集』全十二巻・別巻一巻（汲古書院）がある。

参考文献　榎博士還暦記念東洋史論叢編纂委員会編『（榎博士還暦記念）東洋史論叢』、榎博士頌寿記念東洋史論叢編纂委員会編『（榎博士頌寿記念）東洋史論叢』、上野実朗他「榎一雄博士追悼録」（『東方学』八〇）（池田　温）

えのもとけんいち　榎本健一　一九〇四―七〇　昭和時代の喜劇俳優。明治三十七年（一九〇四）十月十一日、東京青山の鞄屋の長男として生まれた。早く母を失い、大正十一年（一九二二）俳優募集の広告にひかれて根岸歌劇団に入り、柳田貞一の門下となった。昭和四年（一九二九）に浅草水族館の二階に最初のレビュー専門劇場カジノ＝フォリーが開場し、ここで榎本健一はその才を認められて、以後エノケンの愛称で大衆に親しまれた。昭和初期の不況はエロ・グロ・ナンセンスの時代をうんだが、エノケンはマック＝セネット映画の影響をうけて笑劇、パロディーに秀逸な芸域を開拓した。小柄で悪声だったが、音楽性を身につけ、機敏な動きが特徴だった。同九年に映画「青春酔虎伝」に主演し、エノケン一座は浅草から丸ノ内へ進出した。「法界坊」「リリオム」「らくだの馬さん」などの傑作を残した。二十九年脱疽のため右足首を切断、晩年は片脚のボードビリアンであった。四十五年一月七日没。六十五歳。東京都港区西麻布二丁目の長谷寺に葬られた。戒名天真院殿喜王如春大居士。

参考文献　旗一兵『喜劇人回り舞台』（尾崎　宏次）

えのもとたけあき　榎本武揚　一八三六―一九〇八　幕末・維新期の海軍副総裁、維新後、海軍中将・各省大臣を歴任した明治顕臣の一人。通称釜次郎、梁川と号した。天保七年（一八三六）八月二十五日江戸下谷三味線堀（東京都台東区小島一丁目）に生まれる。元天文方出仕西ノ丸御徒目付榎本円兵衛の次男。弘化四年（一八四七）昌平坂学問所に入りさらに米国帰りの中浜万次郎の塾に学び、大鳥圭介らと相知る。箱館奉行堀織部正利熙に従い箱館に赴く。安政三年（一八五六）四月長崎の海軍伝習所に第二期生として入所。勝海舟の指導を受く。同五年六月江戸築地の海軍操練所の御軍艦操練教授に登用され、これより武揚と名乗る。文久二年（一八六二）六月オランダ留学生として渡欧。ヘーグにおいて航海術・砲術・造船術・機関学・国際法などを学習。幕府がオランダに注文中の軍艦開陽丸が完成し、慶応二年（一八六六）十月これを廻送して帰国、翌三年二月江戸着。大歓迎を受く。開陽丸船将を命ぜられ和泉守に叙せらる。大政奉還の前後には兵庫・大坂にあり、明治元年（一八六八）正月海軍副総裁として徳川慶喜の東帰を追って江戸に帰る。三月江戸城明渡しの後、官軍による軍艦銃砲接収を拒み、八月軍艦八隻を率いて品川沖を脱出、十月箱館に入り蝦夷島政府を樹立。翌二年五月同政府撃破され降服。東京に護送されて辰ノ口の牢に禁錮。五年三月特旨をもって罪を赦され、開拓使に出仕、北海道各地を踏査。七年一月海軍中将兼特命全権公使露国公使館在勤を命ぜられる。彼の起用は旧幕以来懸案の樺太帰属問題の解決にあり、八年五月七日ペテルスブルグにおいて日露樺太・千島交換条約が榎本と露国外務大臣ゴルチャコフの間に調印を見た。十一年七月露都を発し、シベリアを馬車で踏破、十月帰朝。十二年二月条約改正取調御用掛、十一月外務大輔、議定官兼任。十三年二月より十四年四月まで海軍卿、五月皇居造営御用掛、十五年五月同副総裁。八月駐清特命全権公使、十八年四月の天津条約締結に尽力。十月帰国。十二月逓信大臣。二十年五月子爵を授けらる。二十二年三月森有礼の暗殺のあとをうけて文部大臣、二十三年五月辞職。枢密院顧問官に任ぜらる。二十四年五月大津事件の突発により引責辞職した青木周蔵のあとの外務大臣となり善後処置にあたる。二十五年四月条約改正案調査委員会の委員長となるも、進捗を見ぬうち八月辞職。二十七年一月農商務大臣、三十年三月辞職して前官礼遇の命を蒙る。四十一年十月二十六日没。七十三歳。駒込吉祥寺に葬る。夫人は幕府医官林洞海の女たつ。慶応三年三月十六歳で結婚、文才あり、名流夫人の典型として令名が高かった。明治二十六年没。旧幕臣にして明治政府に出た者に対しては種々の批判があり、福沢諭吉は『瘠我慢の説』を書いて勝や榎本の進退を大いに論じたことがあるが、榎本が重用されたのは彼の技術的素養と外官的天分を政府が必要としたからである。彼の江戸っ子的侠気は私財をなげうって窮迫した旧幕臣を援助することしばしばであったと伝えられている。

参考文献 加茂儀一『榎本武揚』
（稲生典太郎）

えばらそろく 江原素六 一八四二―一九二二 明治・大正時代の政治家、教育家。天保十三年（一八四二）正月二十九日幕臣江原源吾の長男として江戸に生まる。幼名鋳三郎。昌平坂学問所・講武所に学び、講武所教授方・歩兵指図役頭取並・砲兵指図役頭取並を経て撒兵頭となる。明治元年（一八六八）鳥羽・伏見の戦に従軍、同年四月江戸を脱走、下総船橋方面に転戦して負傷、駿河に遁れる。同十月静岡藩少参事となり軍事掛沼津兵学校附。三年藩庁出仕。四年四月命によりアメリカ視察。同年十二月帰国、静岡県下で牧畜・製茶・植林業に従事する一方、五年集成舎設立、六年県学区取締、八年県師範学校長、十二年沼津中学校長など教育事業に携わり、また九年同県会議員、十二年駿東郡長となる。この間十一年カナダ＝メソジスト教会宣教師ミーチャムにより受洗、十四年十二月再度受洗して伝道生活に入り、二十二年上京して東洋英和学校幹事、のち校長、二十八年麻布中学校を設立した。その間、二十三年七月静岡七区より衆議院議員に当選、以後当選七回（一―五・八・九、八・九は東京市選出）。自由党・憲政党・政友会に所属し、党の重要な役職を歴任、多く星亨と行動をともにしたが、徳望をもって党内各派間に重きをなした。星没後、二十四年東京市教育会会長、翌年同市参事会員となった。他に三十一年高等教育会議議員、三十七年東京基督教青年会理事長、四十五年四月政党人としてはじめて貴族院議員に勅選された。大正十一年（一九二二）五月二十日没。八十一歳。

参考文献 江原先生記念会編『基督者としての江原素六先生』、江原先生伝記編纂委員編『江原素六先生伝』、村田勤『江原素六先生伝』
（関口栄二）

えびさわありみち 海老沢有道 一九一〇―九二 昭和時代のキリシタン史および南蛮学研究者。明治四十三年（一九一〇）十一月二十日、兵庫県河辺郡尼崎町（尼崎市）に生まれる。父亮・母昌子。昭和九年（一九三四）立教大学文学部史学科卒業後、同志社高等女学校に勤める。十六年『カトリック大辞典』編集に参与す。十八年に応召、二十一年復員。二十四年から聖心女子大学、三十五―五十年立教大学で近世史とキリシタン史を講じる。三十六年『南蛮学統の研究』で東京大学から文学博士号を授かる。キリシタン文化研究会設立に参加。二十四年キリスト教史学会創設に尽くし、のち理事長となり『日本キリスト教歴史大事典』を編集刊行する。三十年間に及んだ通信『ゑぴすとら』は平成四年（一九九二）一月、九一号をもって閉刊した。同年一月三日没。八十一歳。著書には思想史の分野から寛永鎖国の成立過程を解明した『日本キリシタン史』『切支丹史の研究』『切支丹典籍叢考』『キリシタンの弾圧と抵抗』『維新変革期とキリスト教』『洋楽伝来史』『日本の聖書』『キリシタン南蛮文学入門』などがある。

参考文献 大久保利謙他「海老沢有道先生追悼」（『史苑』五三ノ二）
（五野井隆史）

えびなだんじょう 海老名弾正 一八五六―一九三七 明治・大正時代のキリスト教思想家。安政三年（一八五六）八月二十日筑後柳川藩士の子に生まれた。幼名喜三郎。明治五年（一八七二）九月熊本洋学校に学び、横井小楠の伝統に立つ実学経世論と教学責任者L・ジェーンズの近代洋学を修得し、彼の感化でキリスト教に入信。同九年一月彼ら洋学校生徒三十五名は奉教趣意書に署名し、キリスト教の啓蒙教化と新しい国家建設の志を公にした。洋学校廃校のため、同年九月新島襄の同志社英学校に入学、創立間もないこの学校をキリスト教による清新な学風と批判精神と規律ある学園にする上で貢献した。十二年六月同志社卒業後群馬県安中教会牧師、十九年四月本郷湯島の講義所開設、翌年七月熊本英学校、同女学校の教育に従事、二十三年十月日本基督教伝道会社社長として組合教会の全国的伝道の管理運営にあたり、特にミッションよりの自給独立に尽力し、二十六年九月神戸教会牧師となったが、三十年五月東京伝道を志して上京し、さきの講義所を本郷教会とし、大正九年(一九二〇)三月まで、その牧師として活躍した。月刊誌『新人』(明治三十三年七月創刊)、『新女界』(同四十二年四月創刊)を刊行、ほぼ毎号執筆し、キリスト教思想・日本文化・政治・社会・教育の問題を論じ、思想界に著しい影響を与えた。日露戦争前後より明治末期まで教会は特ににぎわい、学生青年で彼に学ぶものは多かった。その感化をうけ、教育界・政治界・実業界で活動したものに吉野作造・三沢糾・小山東助・内ヶ崎作三郎・小林富次郎・石川武美らがある。九年四月同志社総長となり、大学法学部・文学部の整備充実、専門学校の再建、男女共学の実施、国際精神の普及につとめた。昭和三年(一九二八)十一月同志社を辞任、本郷教会名誉牧師として国内外の教会を応援したが、十二年五月二十二日東京で死去した。八十二歳。多磨墓地に葬られたが、のち福岡県柳川の海老名家代々の墓に改葬された。その著作は『基督教の本義』(明治三十六年刊)、『基督教十講』(大正四年刊)、『基督教新論』(同七年刊)、『基督教大観』(昭和五年刊)、『帝国之新生命』(明治三十五年刊)、『新国民の修養』(同四十三年刊)、『国民道徳と基督教』(同四十五年刊)、『日本国民と基督教』(大正八年刊)、『日本精神の本質と基督教』(同年刊)など多数である。彼のキリスト教は万物を創造し、支配する神との人格的関係に生きる体験的宗教である。イエスはこの関係の理想的実現となるが、それでは彼は人間であって神また救い主でないと福音主義者植村正久やキリスト教界より排撃された。彼は神との人格的関係を普遍的な宗教意識とし、儒教・神道にも妥当するとし、キリスト教による総合折衷を考え、そこから国家道徳の深化発展を説いた。また神との人格的関係に生きる人間の尊厳を強調し、同胞博愛の精神を教えて、大正デモクラシーの首唱者吉野、社会的キリスト教の提唱者中島重を啓発した。その思想的柔軟さのために、時流に便乗する人物と評する人もある。

[参考文献] 渡瀬常吉『海老名弾正先生』、武田清子編『新人の創造』、熊野義孝『日本キリスト教神学思想史』、吉馴明子『海老名弾正の政治思想』、土肥昭夫「海老名弾正」(和田洋一編『同志社の思想家たち』所収)、同「海老名弾正の神学思想」(同志社大学人文科学研究所編『熊本バンド研究』所収)　(土肥 昭夫)

えまつとむ　江馬務　一八八四―一九七九　大正・昭和時代の風俗史研究者。風俗史の実証的研究によって史学としての体系をなしとげた学者で、研究範囲は日本さらに世界に及び、衣食住、有職故実、染織、化粧・結髪、民俗風習・行事などの全般にわたっている。明治十七年(一八八四)十二月二日、父章太郎・母志んの長男として京都に生まれる。父は京都府立医学専門学校教授、祖父は尊王の文人江馬天江である。明治四十三年京都帝国大学史学科卒業、風俗史専攻。翌四十四年風俗研究所および風俗研究会を創設し、所長・主幹、のち会長となり、大正五年(一九一六)『風俗研究』を発刊する(昭和十七年(一九四二)二四四号で終刊)。昭和二十七年日本風俗文化学会会長、同三十五年日本風俗史学会を創立し、会長に就任。京都市立絵画専門学校のほか多数の学校に出講し、昭和二十四年京都女子大学教授となる。著書・論文などの執筆は多く、その大半は中央公論社刊の『江馬務著作集』全十二巻別巻一巻に収められている。昭和五十四年五月十日没。九十四歳。同日、勲三等瑞宝章を贈られる。京都市東山区の高台寺に葬られる。

[参考文献] 日本風俗史学会編『風俗史学の三十年』、『風俗』一九ノ三・四合併号(江馬務先生追悼記念号)、中村太郎編「年譜」(『江馬務著作集』別巻所収)、井筒雅風「江馬務先生を悼む」(『日本歴史』三七八)　(井筒 雅風)

えみえいま　江見鋭馬　一八三四―七一　幕末・維新期の備前国岡山藩士。勤王家。諱は忠梁、字ははじめ陽之進、のち鋭馬。天保五年(一八三四)江見大五郎(百五十石)の子として岡山に生まる。温良で才器に富み、大義に通じ弓術に長じた。親戚の近衛家臣物部修理によって京師の動静を聞き、牧野権六郎らと勤王を鼓吹し同志を糾合し、国事周旋方として上京、搢紳に出入りした。藩主池田慶政の退隠に際し建議して徳川斉昭の第九子(茂政)を迎えるに功があった。慶応二年(一八六六)主命を奉じて一橋慶喜に謁し、幕府の因循を責め攘夷および征長の解決を促す。明治元年(一八六八)六月藩政府顧問兼外交方頭取、同二年執政補から参政、さらに権大参事に昇進したが明治四年八月十五日病没。三十八歳。同四十三年正五位追贈。

[参考文献] 『江見鋭馬奉公書』(岡山大学付属図書館蔵池田家文庫)、妹尾粂編『備前岡山人名彙海』　(谷口 澄夫)

えみすいいん　江見水蔭　一八六九―一九三四　明治・大正時代の小説家。本名忠功、怒濤庵・角燈子・落水子・水蔭亭雨外・半翠隠士などのペンネームを用いる。明治二年(一八六九)八月十二日岡山に生まる。十四年軍人を志し上京、十八年杉浦重剛の称好塾に入り、同塾の巖谷小波にさそわれて尾崎紅葉の硯友社に加入、『文庫』(明治二十二年)に処女作『旅画師』を発表した。二十五年にはみずから江水社を起して個人雑誌『小桜縅』を発刊、二十七年中央新聞社に入り、同紙に短篇小説を連載した。日清戦争後、文壇の新気運にのって『女房殺し』(同二十八年)、『泥水清水』(同二十九年)、『新潮来曲』(同三十年)などを書き、それぞれ好評であった。しかしその後下り坂となり、読売新聞・神戸新聞を経て、三十二年博文館に入社、週刊誌『太平洋』および『少年世界』の主筆となり冒険小説・探険記などを発表、純文学を離れて通俗作や脚本に移り、三十七年二六新報社、四十一年『探険世界』主筆などの職に従った。その後も通俗小説は多かったが、晩年は講演・揮毫によって全国を廻り、昭和九年(一九三四)十一月三日その旅先の松山で没した。六十六歳。墓は東京都の谷中墓地にある。自伝『自己中心明治文壇史』(昭和二年)は、明治文学研究の資料として高く評価されている。

参考文献 福田清人『硯友社の文学運動』、伊狩章『後期硯友社文学の研究』 (伊狩 章)

えもんのないし 衛門内侍 一八三七―一九一〇 孝明天皇の後宮。本名堀河紀子(もとこ)、隠居女官としての呼び名を藤式部と称する。天保八年(一八三七)六月一日、権中納言堀河康親の女として生まる。岩倉具視の実妹にあたる。母は僧慧眼の女さじ。嘉永五年(一八五二)十二月孝明天皇の後宮に入って掌侍となり、衛門内侍(えもんのないし)と称せられた。寿万宮・理宮の二皇女を生む。皇妹和宮の将軍徳川家茂への降嫁に際して天皇の側近にあって尽力したが、文久二年(一八六二)政局の主導権が尊攘派勢力に移ると、同派激徒から君側の奸と目され、久我建通以下の四廷臣および掌侍今城重子とあわせて四奸両嬪と呼ばれて、執拗な排斥と脅迫を受けるに至った。このため同年九月辞官・隠居を命ぜられ、ついで洛中居住を禁ぜられて大原野村に閑居したが、さらに翌三年二月御暇の上、剃髪して鹿ヶ谷霊鑑寺に蟄居させられた。明治元年(一八六八)七月処分をとかれて掌侍隠居に復し、同四十三年五月七日没。七十四歳。京都真如堂墓地に葬る。

参考文献 『堀河家系譜』、宮内省編『孝明天皇紀』、維新史料編纂会編『維新史』三 (武部 敏夫)

エリオット *Sir* Charles Norton Edgecumbe Eliot 一八六四―一九三一 イギリスの外交官、東洋学者。一八六四年生まる。オックスフォード大学出身、八八年ペテルブルグを振出しに各地のイギリス在外公館に勤務、退官して一九〇五年よりシェフィールド大学副総長、一二年より香港大学初代総長を勤めたが第一次世界大戦中外交畑に復帰、大正八年(一九一九)駐日英国大使として来任、日英親善に尽くすかたわら、仏教を研究、同十五年退職一旦帰国、昭和四年(一九二九)研究のため再び来日、奈良で著述中健康を害し、帰国の途次、一九三一年三月十六日船中で没した。代表的著作は Hinduism and Buddhism, 1921 (ヒンズー教と仏教)であるが、他にも著書多く、日本関係では Letters from the Far East, 1907 (極東からの書翰)、Japanese Buddhism, 1935 (日本仏教)があり、サンソムも、東洋学の巨人族のひとりと称賛している。 (金井 圓)

エルギン James Bruce, *8th Earl* of Elgin and *12th Earl* of Kincardine ⇨ブルース

エルメレンス C. J. Ermerins 一八四一―八〇 オランダの医学者、大阪医学校教師。一八四一年六月二十一日オランダのミッデルブルグで生まれる。一八六四年グローニンゲン大学に論文を提出して学位を得た。明治三年(一八七〇)夏、ボードゥインの後任として大阪医学校に着任、二十九歳であった。同七年一時帰国、翌年再び来朝、当時の月俸は金貨五百円であった。十年の夏、任期満ち、後任のマンスフェルトと交代帰国した。大阪滞在実に七ヵ年に達した。その間の講義で和訳出版されたものは『生理新論』『生理各論』『薬物学』『原病学通論』『原病学各論』『産科論』『外科総論』『外科各論』などである。帰国後はヘーグの市民病院院長を務めていたが、一八八〇年二月十一日南フランス方面旅行中ラ＝チュルビーで客死した。まだ壮齢三十八歳であった。死去の報が大阪に伝わると、大阪医学校の関係者、かつてその診療をうけたものなどふるって基金を出しあい、中之島公園に高さ五メートルもある記念碑を建て、明治十四年八月二十四日除幕式を行なった。碑の正面上部には、FOR THE MEMORY OF Dr. C. J. ERMERINS と四行に刻み、その下部に阪谷朗廬の撰した彰徳の辞が縦に彫ってある。この記念碑は、その後大阪大学医学部正面玄関前に移されている。

参考文献 松尾耕三『近世名医伝』、中野操『大阪医学風土記』、同『明治初期の大阪医学校とオランダ人教師』、Kleiweg de Zwaan: Völkerkundliches und Geschichtliches über die Heilkunde der Chinesen und Japaner. (中野 操)

エロシェンコ Vasilii Eroshenko 一八九〇―一九五二 ロシアの詩人、児童文学者。一八九〇年十二月三十一日、ウクライナ、ベルゴロド州アブーホフカ村に生まれる。四歳のとき、はしかのため盲目となる。モスクワ第一盲学校卒、ロンドン王立盲人音楽師範学校に留学。大正三年(一九一四)、東京盲学校特別研究生となって来日し、秋田雨雀・神近市子・片上伸・相馬黒光らと相知る。処女作『提燈の話』『雨が降る』(大正五年)を口述筆記の日本語で発表し、文壇的に認められた。東南アジア諸国を放浪中、祖国における十月革命の報に接し、インド、アフガニスタンを経て帰国しようとしたが、英国政庁に追いかえされて、同八年再び来日、日本の社会主義運動に接近した。のちに『夜明け前の歌』『最後の溜息』『人類の為めに』の三つの創作集におさめた日本語の童話をつぎつぎに発表した。その多くはロシア民話風なものとユートピア社会主義的なものに分けることができる。第二次『種蒔く人』同人。十年、メーデーや日本社会主義同盟第二回大会などに参加、危険人物として国外に追放さ

れた。中国におもむいて胡愈之・魯迅・周作人などと知り、北京大教授となる。エスペラント創作集『ある孤独な魂のうめき』(一九二三年刊)を上海から出版。一九二四年、ソ連に帰国後は極東勤労者共産主義大学・全露盲人協会・国立出版所・モスクワ盲学校などで働いた。五二年十二月二十三日没す。六十一歳。死後、祖国での評価がたかまり、六三年ロシア語版、六九年ウクライナ語版の創作集が出版された。昭和三十四年(一九五九)高杉一郎編『エロシェンコ全集』全三巻がみすず書房から刊行された。

参考文献 高杉一郎『盲目の詩人エロシェンコ』(『新潮一時間文庫』)、同『夜あけ前の歌』 (高杉 一郎)

えんしゃくざん 閻錫山 Yan Xishan 一八八三―一九六〇 中華民国時代の軍閥。一八八三年十月八日山西省五台県で半農半商の家に生まれる。字は百川。山西武備学堂卒業後、官費留学生として赴日、振武学校、弘前歩兵第三十一連隊候補生を経て、一九〇九年士官学校卒業。在日中、同盟会にはいり、辛亥革命の際は標統(連隊長)で、清軍と戦って敗れたが、一二年民国成立で山西都督に就任。以後中華民国三十八年間を通じ事実上の山西王として、地方軍閥中唯一の長命を保った。軍閥としては直隷派に属しつつも山西モンロー主義を唱えて内治に専念し、模範軍閥とされた。二七年国民革命へ寝返り、翌年北京攻略後、内政部長、陸海空軍副総司令。三〇年馮玉祥・汪兆銘の反蔣戦に参加し北平新国民政府の主席となったが、失敗して大連に亡命した。翌年帰郷し、三二年山西王の地位に戻り、再び山西モンロー主義をとり、省政十年建設計画をたて、省営公司をおこし、土地村有制を唱えた。三七年日華事変で第二戦区司令長官となり当初は相当の抵抗を示したが、同年十一月省都太原の陥落以後は、省の西南吉県の山地に退き、民族革命・兵農合一・自強救国を唱え、内治に専念して抗戦を怠り、三九年以後は日本軍との局地的秘密停戦を結んだといわれる。その間、重慶・中共双方から地盤を浸食され、反共の決意を固くした。四五年太原に復帰、四八年解放軍の攻撃では旧日本軍まで動員して太原防衛にあたったが、四九年春陥落に先立って南方に脱出した。四九年六月広州で内閣を組織し行政院長兼国防部長。やがて総統代理李宗仁と対立して離れ、行政院は十月重慶、十一月成都、十二月台北に移転し、五〇年三月蔣総統の復職で総辞職した。以後総統府資政、国民党中央評議委員。のち台北郊外に引退し、著述にはげみ、反共、大同を鼓吹した。著書のうち『大同の路』などは特に邦訳して日本で出版させている。六〇年五月二十三日台北で死去した。七十八歳。

参考文献 『閻錫山早年回憶録』、陳少校『軍閥別伝』 (小原 正治)

えんじょうじきよし 円城寺清 一八七〇―一九〇八 明治時代後期の政論記者。号は天山。肥前国小城郡晴田村(佐賀県小城郡小城町)の平民本内の長男として明治三年(一八七〇)十一月に生まれた。佐賀県立中学を経て同二十五年七月、東京専門学校政治科を卒業。ただちに『郵便報知新聞』に入り同二十七年末まで在勤。翌年『改進党々報』記者になり、以後『進歩党々報』・『憲政本党々報』記者を経て同三十二年二月『万朝報』社に入り、論説記者として活動した。その立場はイギリス功利主義的で改進党論客として早くより名を馳せた。日露戦争については露西亜の不信を討つという立場から開戦を主張している。著書に『大隈伯昔日譚』『日本の富及所得』『非増租論』などがある。明治四十一年十月二十一日没。三十九歳。東京青山墓地に葬る。

参考文献 佐藤能丸「天山円城寺清略伝―『大隈伯昔日譚』復刻に寄せて―」(『早稲田大学史記要』五) (西田 長寿)

えんせいがい 袁世凱 Yuan Shikai 一八五九―一九一六 中国清時代末期の直隷総督、中華民国の初代大総統、北洋軍閥の総帥。一八五九年(咸豊九)、中国河南省項城県の自作的地主の四男に生まれた。字は慰亭、号は容庵。太平天国に対する反革命戦に活躍した袁甲三は従祖父である。袁世凱は、中級官僚の叔父の養子になって科挙試験の勉強をはじめ、養父の死後は、その従弟、袁甲三の子で当時戸部侍郎だった保恒の家で勉強を続けたが、勉強よりも乗馬や空手を好んだ。二十歳のとき、保恒が死んで一時陳州に滞在したとき、徐世昌と友人になり、進士受験の費用を援助した。二十三歳になって山東省登州に行き、養父の友人、淮軍の部将呉長慶の幕客になり、壬午の変(一八八二年)が起って呉長慶の軍隊とともに漢城に進駐した。ベトナム問題での清仏和議の失敗後、フランス艦隊の北上に備え、呉長慶が一半の軍隊をもって一八八四年(光緒十)の春金州に移駐したのち、袁は残留の軍隊を握って漢城にとどまり、その年末に起った甲申の変を鎮圧し、日本勢力を漢城から駆逐した。しかし、李鴻章は、両面作戦を恐れ天津条約を締結してその軍隊を撤退した。袁は、その後も漢城に駐在し、李鴻章の意を受けて中国の宗主権維持に努力したが、日本の反撃によって日清戦争が起って中国に逃げ帰った。この朝鮮時代に唐紹儀と知り合った。日清戦争で李鴻章麾下の淮軍が連敗し、ドイツ人顧問将校の進言でドイツ式の新軍隊を急に組織しはじめたが、戦後、袁は、このいわゆる新建陸軍の司令官に起用された。戊戌の新政が始まると、栄禄が直隷総督に任ぜられ、直隷に駐屯する四つの軍隊を統率したが、新建陸軍は、その精鋭であった。変法派はこの武力を獲得するため袁世凱に働きかけたが、かれはかえって栄禄にこれをもらし、西太后に認められた。政変後、栄禄は先の四つの軍隊の外にみずから一軍を組織してこれを武衛五軍としたが、義和団事件がおこると、八ヵ国連合軍との戦いで武衛軍が壊滅し、ただ山東巡撫の袁とともに山東に駐屯した新建陸軍のみが温存された。辛丑条約を成立させて死亡した李鴻章のあとを承けて直隷総督兼北洋大臣(最初は代理)になった袁は、この軍隊をもって直隷に帰り、これを増強して日露戦争後には六箇師団(鎮)にしたほか、満洲に派遣した守備隊も二箇師団に拡大させた。袁の武力を恐れた満人は、一九〇六年、新設された陸軍部に兵権を集中してこれを握り、袁の手にはその請によって二箇師団のみを残したが、これも、翌年袁を外務部尚書兼軍機大臣に転任させて取り上げた。さきに袁は、日本軍撤退後の満洲に新設された東三省総督に徐世昌、奉天巡撫に唐紹儀を推したが、外務部尚書になったかれは、唐をしてアメリカ勢力を満洲に導入させ、日・露の勢力を抑制しようとした。しかし、これはかえって日・露を接近させた。一九〇八年十一月、光緒帝が死んで宣統帝(溥儀)が三歳で即位し、つづいて西太后が死ぬと、宣統帝の父醇親王載灃が監国摂政王になり、翌年一月、袁は免職された。ところが、清朝は武昌の革命兵変後、北洋新軍を反革命に使用するため、この軍隊の幹部を指揮し得る袁の起用が必要になった。袁は清朝の弱身につけこんでその譲歩を強い、全権をもつ内閣総理大臣として北京に帰り、北洋軍の武力と英・米の支持を背景に革命軍と清朝を操縦し、清朝に統治権を放棄させて臨時大総統になった。革命派は、臨時約法(憲法)をつくって袁を抑えようとしたが、袁は、衆・参両議院議員の選挙で革命派の国民党が多数を占めると、その首領宋教仁を暗殺し、議会の承認なしに二五〇〇万ポンドの善後借款を得て革命派の第二革命蜂起を鎮圧した。ついで、議員を脅迫して正式の大総統に選挙されると、国民党議員の資格を剝奪し、お手盛りの政治会議を議会に代え、国務院制を廃止し、独裁体制を固めた。日本の提出した二十一箇条要求を、内外の強い反対で大きく修正させた上で調印すると、まもなく籌安会ついで全国請願聯合会が発起されて、袁を皇帝にするための世論形成運動がおこり、一九一五年の年末には、翌年袁が皇帝に即位して年号を洪憲とすることが決定した。ところが、雲南に蔡鍔らの護国軍が討袁に蜂起したのみでなく、段祺瑞・馮国璋もこれに反対して、帝政の夢が破れた袁は、かねて病んでいた尿毒症が悪化して一九一六年六月六日死亡した。五十八歳であった。

参考文献 沈祖憲・呉闓生『容菴弟子記』、内藤順太郎『正伝袁世凱』、波多野善大『中国近代軍閥の研究』、Jerome Ch'en: Yuan Shihk'ai, 1859—1916 (1961)。

（波多野善大）

エンソー George Ensor ?—一九一〇 英国教会伝道協会(C・M・S)が、わが国に派遣した最初の宣教師。明治元年(一八六八)十二月十一日来日(長崎)。当時キリスト教は禁教であり、絶えず生命の危険に脅かされたという。しかし「妖僧」と呼ばれ、また「耶蘇教師エンソール(中略)公然邪教を披露し、頻ニ教導致候故乎、来集英学者之内過半ハ是ヲ珍重シ、甚キハ自宅ニ馬利亜耶蘇を拘ける像杯を額ニ掛ケ置、密カニ礼拝も致候由」とあるように、長崎での洋学教授などを通じて活躍した。初期の日本プロテスタント史上異色の二川一騰(小島)は、明治二年エンソーから受洗している。同六年春、心労と過労のため健康を害し、妻とともに一旦帰国した。のち宣教師となった娘のE・V・エンソーと一緒に、同四十二年春再来日し、東京で宣教に従ったが、まもなく帰国の途につき、途中スペイン南端のジブラルタル近くで没した。一九一〇年七月十三日、同島に埋葬された。著書に『神道弁謬(または謬弁)』がある。

参考文献 吉田寅復刻・解題・校訂『神道破斥(神道謬弁)』(『一九世紀東亜キリスト教史研究』二)、佐波亘編『植村正久と其の時代』、小沢三郎『日本プロテスタント史研究』、同『幕末明治耶蘇教史研究』、徳永浅吉『維新政治宗教史研究』、西川順士「神道弁謬について」(『勢陽論叢』三)、E. V. Ensor: Rev. George Ensor. His Last Year, The Japan Evangelist. Vol. 17. No. 11.

（伊沢平八郎）

えんちふみこ 円地文子 一九〇五—八六 昭和時代の小説家、劇作家。明治三十八年(一九〇五)十月二日、東京市浅草区向柳原町(東京都台東区浅草橋)に生まれた。父は国語学者上田万年(かずとし)、母は鶴子。本名富美(ふみ)。東京高師附小を経て、日本女子大附属高女四年修了。一家は芝居好きで、早くから歌舞伎に親しみ、日本の古典を読み、耽美派の作品にひかれた。昭和の初めから戯曲を発表し始め、昭和十年(一九三五)には戯曲集『惜春』を刊行。同年に『日暦』、翌年『人民文庫』同人となって、小説に転じた。この間、五年に結婚し、ようやく戦争を切り抜けた二十一年に子宮癌を手術した。『ひもじい月日』(二十八年)が女流文学者賞を得たことを機に、旺盛な筆力を発揮、大作『女坂』(二十四—三十二年)、『朱を奪ふもの』(三十—三十一年)を初めとする自伝的三部作、短編『妖』(二十一年)、古典にふみこんだ『なまみこ物語』(三十四—四十年)、老いを主題とする『菊慈童』(五十七—五十八年)など、女性の深層を追求する秀作をつぎつぎに発表、多くの文学賞を得るとともに、日本芸術院会員となり、六十年には、文化勲章を受章した。『源氏物語』の全訳もある。六十一年十一月十四日没。八十一歳。『円地文子全集』全十六巻がある。

参考文献 亀井秀雄・小笠原美子『円地文子の世界』、冨塚素子『母・円地文子』、上坂信男『円地文子—その「源氏物語」返照—』

（磯貝英夫）

エンデ Hermann Ende 一八二九—一九〇七 プロイセンの建築家。一八二九年三月四日ランズベルクに生まれ、ベルリンのバウ＝アカデミーを卒業、まもなくウィルヘルム＝ベックマンとともにエンデ＝ベックマン建築事務所を開設した。明治十五年(一八八二)帝国議会議事堂ならびに諸官庁建築の設計を日本政府から委嘱され、同十九年設計図を持って来日し、日比谷にこれらを集中して建てる案を立てた。彼はこの軟弱な敷地に固執しすぎたために政府の信用を失い、また政府の財政上の困難も加わって当初の計画は大幅に縮小され、彼の設計で実現したのは司法省(明治二十八年)、裁判所(同二十九年)のみで、しかも両者とも原案を簡略化してようやく完成した。彼はまたベルリン工業大学教授、バウ＝アカデミー教授・評議員・院長などを歴任、一九〇七年八月十日死去した。七十八歳。

参考文献 三枝博音・野崎茂・佐々木峻『近代日本産業技術の西欧化』 (稲垣 栄三)

えんどうきよこ 遠藤清子 一八八〇―一九二〇 明治・大正時代の婦人運動家。明治十三年(一八八〇)三月十一日東京神田に生まれ、芝で育った。若くして独立学校教師の職につき、同三十七年から同四十一年まで数名の婦人と婦人参政権要求のための治安警察法改正請願運動を行なった。同四十二年文学者岩野泡鳴と同棲、のち結婚。四十四年青鞜社に参加した。大正四年(一九一五)泡鳴と別居ののち離婚したが、洋画家遠藤辰之助と再婚。同八年新婦人協会に参加し婦人参政権運動に加わったが、同九年十二月十八日死去。四十一歳。

参考文献 岩野清子『愛の闘争』 (井手 文子)

えんどうさねのぶ 遠藤允信 一八三六―九九 幕末・明治維新期の仙台藩士。通称文七郎、睡竜斎と号す。陸奥国栗原郡一迫川口(宮城県栗原郡一迫町)拝領の宿老家(二千石)に生まれ、十九歳で父元良(もとなが)に代わり執政(奉行)となる。桜田良佐らとともに早くから尊王攘夷を唱え、文久二年(一八六二)八月藩命により上洛、勤王家と交わったが、帰藩後佐幕派に退けられ三年正月閉門となる。奥羽越列藩同盟崩壊後、明治元年(一八六八)九月、佐幕派の但木土佐らに代わって執政となり、敗戦処理にあたる。のち待詔院下局出仕、ついで仙台藩権大参事。同三年神祇少佑従六位、四年権少教正に補し神道布教に従い、氷川神社・都々古別神社・平野神社などの宮司を歴任し、同十五年致仕。二十四年国幣中社志波彦塩竈神社宮司となり、三十二年四月二十日辞職、同日没した。六十四歳。法名大竜院殿亀山允信大居士。栗原郡花山村城国寺に葬る。贈従四位。 (鎌田 永吉)

えんどうさぶろう 遠藤三郎 一八九三―一九八四 大正・昭和時代の陸軍軍人、昭和戦後期の平和運動家。明治二十六年(一八九三)一月二日、山形県東置賜郡小松町(川西町)に呉服商遠藤金吾・みのの三男として生まれる。仙台幼年学校を経て、大正三年(一九一四)陸軍士官学校を卒業。同十一年陸軍大学校を卒業、参謀本部作戦課に勤務。以後、主に作戦畑を歩む。大正十五年から昭和四年(一九二九)までフランスに留学、メッツ防空学校・フランス陸軍大学校に学ぶ。この間、世界連邦論の影響を受ける。満洲事変では参謀本部作戦課員として関東軍との連絡のため満洲に派遣され、のち関東軍作戦参謀として、熱河作戦、塘沽(タンクー)停戦協定などに従事。日中戦争には野戦重砲兵連隊長として華北に出征。昭和十四年ノモンハン事件停戦のため関東軍副参謀長として赴任、日本の対ソ作戦計画を「攻勢」から「防勢」に変えようとして軍中央と衝突、航空部門に転ぜられる。太平洋戦争初期、第三飛行団長として、仏印・マレー・ジャワなどに出征。同十七年十二月中将に昇進、航空士官学校長となる。翌十八年五月陸軍航空総監部総務部長、同年十一月軍需省創設に伴い同省航空兵器総局長官に就任、兵器産業の国営化、航空機種の統一規格化などを推進したが、敗戦となる。昭和二十二年戦犯として巣鴨拘置所に入所、一年後不起訴となり釈放。その後、家族とともに埼玉県入間川(狭山市)に一開拓農民として入植、辛酸をなめる。朝鮮戦争を契機とする日本の再軍備に強く反対し、同二十八年には片山哲元首相らと憲法擁護国民連合を結成、護憲・平和運動を推進。また世界連邦建設同盟にも参加。同三十年以来しばしば中国を訪問、日中友好元軍人の会を組織し、日中国交回復に尽力したが、昭和五十九年十月十一日没。享年九十一。著書に『日中十五年戦争と私』がある。

参考文献 宮武剛『将軍と遺言』 (由井 正臣)

えんどうしちろう 遠藤七郎 一八三九―九二 幕末・維新期の勤王家。名は昭忠、字は子明、愛山また睡虎・甘雨と号した。家は世々越後国蒲原郡葛塚村(新潟県豊栄市)の庄屋で、天保十年(一八三九)生まれ、人となり慷慨気節があった。明治元年(一八六八)戊辰戦争に政府軍に加わり、有志の農民三百余人を集めて一隊を組織し、名づけて北辰隊と称した。みずからその隊長となり、伊藤退蔵を監軍に、西方訥・伊野徳右衛門を小隊長とし、東北各地に転戦して功があった。のち奥平謙輔に属して佐渡の守衛にあたり、東北地方平定後、解隊して帰農した。翌二年十二月その功を賞せられ、終身五人扶持を賜わり、一代限り苗字帯刀を許された。七郎は王陽明の学を奉じ、もっとも大塩平八郎に私淑した。また画を嗜み、詩書をよくした。帰農後は志を仕途に絶ち、晴耕雨読の生活を送ったが、晩年は世に容れられず不遇であった。二十五年一月東京の客舎に没。年五十四。贈従五位。 (吉田 常吉)

えんどうしゅうさく 遠藤周作 一九二三―九六 昭和時代後期の小説家。大正十二年(一九二三)三月二十七日、東京市西巣鴨町(東京都豊島区)に生まれる。父は銀行員遠藤常久、母は郁。三歳で、父の転勤のため、満洲大連に移り、十歳で、父母離婚のため、母と、母の姉を頼って神戸に移住。十一歳で、母に次いで、カトリックの洗礼を受けた。私立灘中学校を経て、三浪の後、昭和十八年(一九四三)、父の意に背いて、慶応義塾大学文学部予科に入学、同二十四年、同大仏文科卒。在学中から、『神々と神と』(二十二年)を手初めに、諸誌に評論を発表、二十五年から二年半、現代カトリック文学の研究のため、フランスのリヨン大学に留学した。『白い人』(三十年)が芥川賞を受賞して作家として登場、以後、もっぱら、一神論と汎神論、キリスト教と東洋といった重い宗教的主題を追って、文学活動を展開した。それは、『海と毒薬』

(三十二年)、『沈黙』(四十一年)、『死海のほとり』(四十八年)、『侍』(五十五年)、『スキャンダル』(六十一年)などと続き、最後の『深い河(ディープリバー)』(平成五年(一九九三))で、宗教なるものの根源の場にまで踏みこんでいる。その一方、大衆向けの軽小説『おバカさん』(昭和三十四年)、『ヘチマくん』(同三十六年)などで、キリスト教的愛のかたちを説いたり、自分の住まいを狐狸庵と名づけて、狐狸庵発信ぐうたら哲学を説いたりと、軽みに遊んで、バランスをとるところがあった。芸術院会員、日本ペンクラブ会長となり、平成七年には文化勲章を受賞。八年九月二十九日没。『遠藤周作文学全集』全十一巻がある。

参考文献 武田友寿『遠藤周作の世界』、泉秀樹『遠藤周作の研究』、小久保実『遠藤周作の世界』、笠井秋生『遠藤周作論』、広尾廉二『遠藤周作のすべて』、川島秀一『遠藤周作 愛の同伴者』(『和泉選書』七七)

(磯貝 英夫)

えんどうとしさだ 遠藤利貞 一八四三―一九一五 明治時代の和算史研究家。春江、のちに春峰と号した。天保十四年(一八四三)正月十五日、桑名藩江戸藩邸で生まれた。父は桑名藩士堀尾利見(としあり)、母は理世子。若くして遠藤氏をついだ。そのころから数学の独習を始め、のちに和田寧の高弟細井若狭の弟子となる。明治二年(一八六九)桑名に赴き、藩校の数学教師となる。同五年再び東京に出、洋算を修めた。間もなくいくつかの私塾で洋算を教え、のちには公私立の中等学校に勤務して数学を教えた。同十年東京数学会社(現在の日本数学会の前身)設立の際、その会員となった。その会には和算家の会員が多かったにもかかわらず、洋算家のために圧倒される観を呈した。遠藤はこれを慨し、和算の歴史を編して後世に伝えようと決心し、翌十一年に編纂を始め、二十六年に脱稿した。これは二十九年に『大日本数学史』として刊行された。遠藤はその後、理科大学助手・帝国学士院嘱託として和算史の研究をつづけると同時にこの書の増訂を怠らなかったが、完成せずして大正四年(一九一五)四月二十日死没した。七十三歳。墓は東京都豊島区の染井墓地にある。この書は、その後三上義夫の編纂によって、同七年『(増修)日本数学史』として刊行された。

参考文献 三上義夫「故遠藤利貞翁略伝」(同編『(増修)日本数学史』所収)

(大矢 真一)

えんどうよしき 遠藤芳樹 一八四二―一九〇八 明治時代の商業史研究者。幼名愛之助、靄軒と号す。天保十三年(一八四二)正月二十一日江戸に生まれ、幕府御家人として評定所書物方書役などを勤務。維新後駿府に移り、一時静岡県属となる。のちに農商務省属となり、『興業意見』の編纂にあたり商業旧慣を調査。明治十八年(一八八五)ごろ同省を辞し、晩年には東京帝国大学法制史研究室に奉職した。同四十一年九月十一日、小石川区武島町で没す。六十七歳。麻布区永坂町(港区麻布永坂町)の光照寺に葬られた。著書には『日本商業志』『商業習慣調』『大阪商業習慣録』『鉛筆余唾』などがある。

参考文献 黒羽兵治郎『近世の大阪』

(伊牟田敏充)

お

おいかわこしろう 及川古志郎 一八八三―一九五八 大正・昭和時代前期の海軍軍人。明治十六年(一八八三)二月八日岩手県盛岡に生まれた。盛岡中学時代は石川啄木・金田一京助らとの交友篤く、文学少年であったが、海軍士官を志して海軍兵学校に入り、三十六年卒業して直ちに日露戦争に出征した。大正四年(一九一五)海軍大学校甲種学生を卒業し、七年の長きにわたり東宮(皇太子)御付武官をつとめた。のち鬼怒・多摩艦長、軍令部作戦課長、同第一班長、海軍兵学校校長などを歴任。この間、累進して昭和八年(一九三三)海軍中将に進級。第三艦隊司令長官・航空本部長を経て、十三年四月支那方面艦隊司令長官に就任、中国大陸の海上封鎖にあたった。十四年十一月大将に進級。横須賀鎮守府司令長官をつとめたのち、三国同盟問題で病に倒れた吉田善吾海相に代わり、十五年九月第二次近衛内閣の海軍大臣として入閣した。温厚で文人肌の及川が選ばれたのは、陸軍との衝突を回避するためであったが、予期されたように、同盟問題でも、翌十六年夏秋の対米開戦決定をめぐる論議でも、及川海相の態度は優柔不断であり、特に中堅幕僚層の強硬論を押えられず、日米開戦を目前にした十月の内閣更迭で嶋田繁太郎と交代した。その後軍事参議官・海大校長・海上護衛総司令官を歴任して十九年八月軍令部総長に就任、太平洋戦争末期の海軍作戦を指揮した。二十年五月軍事参議官となり敗戦をむかえた。三十三年五月九日死去。七十五歳。

参考文献　及川古志郎を偲ぶ会編『及川古志郎』　（秦　郁彦）

おいかわへいじ　及川平治　一八七五—一九三九　明治・大正時代の教育者。明治八年（一八七五）三月二十八日、宮城県栗原郡若柳村に生まれる。同四十年兵庫県明石女子師範学校付属小学校の主事となり、昭和十一年（一九三六）三月までおよそ三十年間、同校に勤務。その間、「分団式動的教育法」の名で子どもの自律性を尊重する新教育を実践し、大正期の自由教育を担った。昭和七年仙台市教育研究所長に就任、カリキュラム問題の研究に従事したが、十四年一月一日に病死し、郷里若柳町柳徳寺の及川家墓地に葬られた。六十五歳。

参考文献　三先生言行録刊行会編『三人の先生』　（久保　義三）

オイレンブルク　Friedrich Albrecht *Graf* zu Eulenburg　一八一五—八一　幕末に来日し、通商条約を締結したプロシア全権使節。一八一五年六月二十九日生まれる。法律・政治学を学び、四四年行政官となり、のち外交官に転じ、五二年アントワープ、五九年ワルシャワ各総領事に任命された。当時顕著な商工業発展を遂げていたドイツは、外国貿易拡大のため通商条約締結を各国に求めたが、この政策の一環として、対日条約交渉が試みられた。五九年、日本・タイ・清国・ハワイとの通商条約締結を目的とする東洋艦隊遠征が決定され、十月、オイレンブルクが同遠征隊公使に任命された。彼はアルコーナ号に搭乗し、万延元年（一八六〇）七月、江戸湾に入港した。幕府は当初締結延期に努めたが、米公使ハリスの調停案を容れ、十二月、通商条約（両都両港開市開港条項を除く）が、オイレンブルク・幕府全権委員との間に調印された。帰国後彼は、ビスマルク内閣の内相に任命された。一八八一年六月二日死去。六十五歳。　（多田　実）

おうこくい　王国維　Wang Guo-wei　一八七七—一九二七　清末・民国の史学者。浙江省海寧県の人。字は静安、号は観堂。一八七七年に生まれる。羅振玉の知遇をうけて学に志す。はじめ、英語・日本語を学び、カント・ショーペンハウエルの哲学の影響をうけたが、文学に転じて閑却されていた俗文学である宋元の戯曲の歴史の研究を開拓した。一九一一年辛亥革命に際し、清朝に節をたて、羅振玉に従って日本に亡命し京都に来住した。清朝考証学の正統にかえり、経学・史学とくに金石学に集中し、新たに発見された史料をもとにして、失われた歴史の空白部分を巧みに復原した。敦煌で出土した漢代木簡によって辺境の地理と屯田制を明らかにし、羅振玉を助けて河南省安陽から発掘された甲骨文を整理し、殷王朝後半期の王室の卜辞であることを実証、日本の中国古代史研究にも大きい影響を与えた。その後帰国し清華研究院の教授となったが、二七年の馮玉祥の北京入城にあって、清朝の前途に絶望し、六月二日（陰暦五月三日）北京郊外万寿山頤和園内の昆明湖に投身自殺した。五十一歳。『王忠愨公遺集』があり、ほとんどの著作を収める。

参考文献　王徳毅編『王国維年譜』、『国学月報』二ノ八—一〇合刊号（王静安先生専号）、『芸文』一八ノ八・九、貝塚茂樹編『古代殷帝国』、貝塚茂樹『中国古代史学の発展』（『貝塚茂樹著作集』四）　（貝塚　茂樹）

おうこくびん　王克敏　Wang Ke-min　一八七三—一九四五　中国近代の政治家。一八七三年浙江省杭県の富家に生まれる。字は叔魯。挙人出身。一九〇〇年（明治三十三）から八年間留日学生監督、公使館員として在日。帰国後外務部などで外事事務を扱ったが民国成立で退官。一三年渡仏、帰国後中法実業銀行重役となり以後銀行界の顔役になる。一七年中国銀行総裁、同年以後三度財政総長となり六つの内閣に列した。その間、一九年の上海南北和平会議に出席し、大総統曹錕との関係を深め、また天津の民族紡績業の大株主となった。二四年曹錕ら直隷派の失脚で天津に逃げ実業に専念し、二七年にはさらに国民政府の逮捕令を受け大連に亡命した。その後奉天派に投じ三二年東北政務委員、このころから上海に住む。三五年の北支事件では、蒋介石の懇請により駐平政務整理委員長黄郛の代理として北上、日華間の緩衝的役割を果たした。三六年冀察政務委員会経済委員会主席に任命されたが、日本陸軍内の意見不一致などのため就任できなかった。日華事変中、三七年十二月北京に中華民国臨時政府ができるとその初代行政委員長となり、新民学院長、中華民国政府連合委員会主席委員、新民会長などの要職を兼ね、四〇年三月臨時政府が華北政務委員会に改組されたのを機会に、同六月辞任した。ついで四三年七月四代目の委員長となり四五年二月に至った。四五年十二月八日漢奸として逮捕され、同二十五日北平で獄死。七十三歳。　（小原　正治）

おうせいえい　汪精衛　⇨汪兆銘

おうちょうめい　汪兆銘　Wang Zhao-ming　一八八五—一九四四　現代中国の政治家。号は精衛（Ching-wei）。日中戦争の間、日本に協力したため「漢奸」と呼ばれている。一八八五年生まれ。広東省の出身。父は浙江省から移住してきた小商人、母は後妻の呉氏。明治三十七年（一九〇四）広東省政府の官費留学生として来日、二年後に東京法政大学速成科卒業。この間、孫文の指導する革命同盟会に加入、章炳麟を補佐して同会機関紙『民報』編集に参加。次第に直接行動主義の色彩を強め、一九一〇年三月、清朝の摂政醇親王載灃の暗殺を計画して失敗。民政部尚書粛親王の革命派懐柔策により、死一等を減ぜられて終身禁錮。一一年十月辛亥革命おこるや釈放されて南北和議に努力、袁世凱と孫文の妥協に成功。一三年第二革命の失敗により出国、フランスに留学。ここで本格的にフランス文学と社会学を習得。一七年一月シベリア経由で帰国、孫文が広東に樹立した軍政府に協力。一九年には個人の資格でパリ講和会議に出席。以後中国国民党内において左派の指導者として重きをなし、二五年孫文死去の際には有名な「孫文遺嘱」を起草。二六年一月の国民党第二回全国代表大会においては蒋介石をおさえて中央委員第一位に当選。やがて国民政府中央政治委員長に就任。二六年三月「中山艦事件」が起るや、蒋介石の事件に対する処置を不満としてフランスに外遊。二七年三月蒋介石らの要請で帰国の途につき、四月一日上海着、ただちに中国共産党との話あいに入り、四月五日陳独秀と共同声明を発したが、結局蒋介石らと共産党との調停に成功しなかった。「四・一二政変」以後は、国民党左派による武漢政府の領袖として容共政策をつづけたが、六月、コミンテルン中央が在華代表ロイに送った密電を見て変心。七月、中国共産党と絶縁、八月、南京政府に合流。九月、中央特別委員会委員・広東政治分会主席として事態の収拾にあたったが、十二月、「広東コンミューン」事件おこり、その責任をとわれて再びフランスに亡命。二九年、閻錫山・馮玉祥・張発奎らが大規模な反蒋運動を開始するや、ひそかに帰国して権力の回復に努力。このころから、かつての革命的左派の指導者としての性格は喪失。三一年「満洲事変」おこるや蒋介石との妥協進み、三二年一月、蒋汪合作政権の成立とともに行政院長兼鉄道部長に就任。「一面抵抗、一面交渉」のスローガンのもとに日本との折衝にあたったが、張学良弾劾問題や宋子文の財政政策を不満として、九月、病気静養を理由にヨーロッパに外遊。三三年三月、帰国とともに行政院長に復職、同時に外交部長を兼任して対日交渉にあたったが、「安内攘外」の基本方針のもと妥協外交に終始。三五年十一月、国民党六中全会のさい汪外交を不満とする刺客に狙撃されて負傷、三六年三月再び外遊。三六年十二月、西安事件おこるや帰国して反共第一を主張、一致抗日・国共合作の時代の風潮に反対したが成功せず、三七年七月盧溝橋事件の後、三八年四月、国民党副総裁・国民参政会議長などの要職に就いたが、たび重なる外遊と時代逆行的な反共主義のために党内の権威は失墜。このころから参謀本部今井武夫中佐、陸軍省軍務課長影佐禎昭大佐らの汪兆銘接近工作が進展。高宗武・梅思平らの暗躍により対日和平工作進み、十二月、妻の陳璧君、周仏海・陳公博・曾仲鳴ら四十四名と重慶脱出、ハノイに入り反共和平救国を主張。以後次第に日本軍部のペースにまきこまれ、三九年八月「純正国民党」、四〇年三月南京政府を発足させたが、善隣友好・共同防共・経済提携の名のもとに事実上傀儡（かいらい）政権に転落。昭和十八年（一九四三）九月来日し、翌十九年十一月十日、名古屋帝国大学付属病院で死去。六十歳。なお妻の陳璧君は戦後戦犯として逮捕され、五九年ごろ上海監獄で病死したといわれる。また、近年、汪兆銘関係者から、汪の対日妥協は反共のための一時的なものであって決して本心から出たものではないことを主張する本の出版が相ついだ。

参考文献　『汪精衛自叙伝』（安藤徳器編訳）、波多野乾一『中国国民党通史』、金雄白『汪政権実録』、劉傑『漢奸裁判』（『中公新書』一五四四）
（宇野　重昭）

おうみやちょうべい　近江屋長兵衛　江戸時代中期以降世襲された大坂町人。明治四年（一八七一）の戸籍法改正にともない姓を武田と定める。現在の武田薬品工業株式会社社長武田長兵衛の祖。初代の長兵衛は、寛延二年（一七五〇）に竹田徳兵衛の次男として、大和国薬井村（奈良県北葛城郡河合町大字薬井）に生まれた。五歳のとき大坂博労町で、綿商を商っていた叔父の河内屋武兵衛の養子となった。その後、道修町の薬種仲買商近江屋喜助方へ奉公にあがった。十七年間この店で苦労して、道修町二丁目の堺筋角へ「のれん分け」され、天明元年（一七八一）六月十二日ここに薬種仲買商の店舗を開いたわけだが、これが実に今日の武田薬品工業株式会社の創立記念日にあたるわけで、寛政年間（一七八九―一八〇一）に同じ道修町の難波橋筋へ、さらに文政三年（一八二〇）に中橋筋東南角（道修町二丁目）へ移転した。いま武田薬品の本社がある場所である。当時世間では近江屋長兵衛を略し、「近長」と呼んだが、店のマークは「抱き山本」であった。和薬・漢薬のほか南蛮やオランダから輸入される洋薬を取り扱い、地方取引にも力を入れ、北は秋田、南は長崎あたりまで取引がひろがった。安政六年（一八五九）横浜開港により近長（四代目時代）は早くも横浜の洋薬輸入業者と取引を開始し、米国パロスウェル＝カム社の製品で「りむり出し」商標のものを売り出し、シェーソング・バイエルなどドイツ製品を明治二十年代から輸入した。このころから洋薬本位となり、やがて医薬品の国産化をはかり、二十八年大阪北区高垣町にあった内林製薬所を専属工場にした。明治三十七年五代目長兵衛（重太郎。昭和三十四年（一九五九）八月四日九十歳で死去）が襲名。明治四十一年には中津町の製薬所の横に薬品試験場を設けた。昭和十八年武田薬品工業発足とともに六代目長兵衛（同五十五年九月一日七十五歳で死去）が襲名した。わが国最大の薬品メーカーの源流は実にこの近江屋長兵衛に発するのである。

参考文献　『武田百八十年史』、宮本又次『大阪商人太平記』明治後期篇
（宮本　又次）

おおあさただお　大麻唯男　一八八九―一九五七　昭和時代の政党政治家。明治二十二年（一八八九）七月七日、大麻丰三郎の四男として熊本県玉名郡梅林村（玉名市）に生まれる。大正三年（一九一四）東京帝国大学法科大学卒。内務省に入り、同十三年清浦内閣成立とともに同郷の関係もあって首相秘書官となり、ついで同年の衆議院選挙に政友本党から立候補して当選、以後十回当選。のち民政党所属。昭和四年（一九二九）浜口内閣文部参与官、同九年民政党幹事長、同十五年同党筆頭総務。同年大政翼賛会成立とともに同会総務、同十七年翼賛政治会常任総務、同十八年東条内閣改造にあたり、無任所大臣として入閣した。敗戦とともに進歩党結成に尽力したが、翌二十一年公職追放。同二十六年追放解除され政界に復帰し、重光葵を総裁にして改進党を結成、同二十九年日本民主

党を結成し最高顧問となって吉田内閣打倒に努力し、同年鳩山内閣成立とともに国務大臣(国家公安委員長)として入閣、第二・三次内閣にも留任した。昭和三十二年二月二十日死去。六十七歳。

参考文献 大麻唯男伝記研究会編『大麻唯男』伝記編・論文編・談話編、坂田大『人間大麻唯男』

(伊藤 隆)

おおいけんたろう 大井憲太郎 一八四三―一九二二 明治・大正時代の政治家、社会運動家。天保十四年(一八四三)八月十日豊前国宇佐郡高並村(大分県宇佐郡院内町高並)の農高並家に生まれる。幼名彦六、のち大輔と改名。文久二年(一八六二)長崎に遊学、蘭学・舎密学を学び、大井卜新を知る。翌年大坂に遊び卜新と義兄弟となり大井姓を名のるようになった。慶応元年(一八六五)江戸に出て開成所に通学、フランス語・舎密学を修め、のち開成所舎密局に勤務した。明治元年(一八六八)箕作麟祥に師事し、大坂・神戸に赴いたが、箕作帰京後は大坂舎密局で研究を続けた。同三年帰京、箕作塾に入り、大学南校に通学し、フランス学を学び、のち法律学に転じた。憲太郎と称するようになったのもこの時期である。四年兵部省造兵司に出仕、いったん辞職ののち六年陸軍省に出仕し、かたわら『仏国政典』などフランス法律書の翻訳を行なった。七年一月民撰議院設立建白をきっかけにおこった民撰議院論争では、馬城台次郎のペンネームで卓越した民主主義理論で独自の民撰議院の必要性を論じ、加藤弘之らの「尚早論」を論駁、世人の注目をあびた。翌年元老院少書記官となったが、九年には免官となり、その後『東京曙新聞』の記者となり、十年には私塾講法学社を設立したが、のちに別れて明法社を開設してフランス法典を講じた。十四年代言人の資格を得て、以後これで生計をたてた。自由党参加の時期は明らかでないが、十五年六月に党常議員となり、関東各地を遊説し、党内左派の指導者、民権理論家として重きをなした。高田事件・福島事件の法廷弁護、加波山事件の援助など自由党激化諸事件に深い関係をもったが、秩父事件では蜂起の中止を説き、その直後の自由党解党に賛成した。十八年五月、小林樟雄・磯山清兵衛らと、国内変革の行きづまりを打開する契機をつくるために朝鮮改革を計画したが、事前に発覚して捕えられ、重懲役九年に処せられた(大阪事件)。二十二年憲法発布の大赦で出獄、大同団結運動に参加して大同協和会を組織、これを基礎に翌年自由党を組織して「国会による憲法の点閲」を唱え、「選挙権の拡張」など革新的綱領をかかげたがまもなく旧自由党派の立憲自由党に合流した。その後自由党の議員政党化に反対して党内に東洋倶楽部を結成、『あづま新聞』によって平民主義を主張するとともに国権拡張論を鼓吹した。二十五年自由党を脱して東洋自由党を結成し、綱領に対外硬・国権発揚をかかげる反面、貧民・労働者の保護を主張して党内に普通選挙同盟会・日本労働協会・小作条例調査会を設けて、社会問題の解決をめざしたが、翌年には解党した。二十七年第三回総選挙に対外硬の大日本協会派から立候補して当選した。議席はこれ一回である。三十二年大阪で大日本労働協会・小作条例期成同盟会を政党と関係なく設立し、労働組合、小作人の組織化に努力したが十分成功しなかった。日露戦争後児玉源太郎のすすめで渡満、労働者保護事業に従事した。晩年の活動については十分明らかではないが、普通選挙同盟会・老壮会などに参加した。大正十一年(一九二二)十月十五日八十歳で死去。生前ギリシャ正教に入信、葬儀は駿河台ニコライ堂で執り行われ、東京の雑司ヶ谷墓地に葬られた。著作には『時事要論』(明治十九年刊)、『自由略論』(同二十二年刊)などがある。

参考文献 平野義太郎『馬城大井憲太郎伝』、平野義太郎・福島新吾編『大井憲太郎の研究』(『馬城大井憲太郎伝』復刻版別冊)、平野義太郎『大井憲太郎』(『人物叢書』一一八)、福島新吾「大井憲太郎における国家像」(山田盛太郎編『日本資本主義の諸問題―小林良正博士還暦記念論文集―』所収)、中塚明「大井憲太郎論」(『歴史学研究』二四七)

(由井 正臣)

おおいしげもと 大井成元 一八六三―一九五一 明治・大正時代の陸軍軍人。文久三年(一八六三)九月十日山口藩士大井又平の三男として生まれる。明治十六年(一八八三)陸軍士官学校第六期歩兵科を卒業、同二十一年陸軍大学校を卒業した。日清戦争には、第二軍参謀として出征し、爾後台湾総督府参謀、陸軍大学校教官などを歴任、日露戦争には、ドイツ公使館付武官であったために、出征しなかった。しかし情報報告の功は大きく評価された。その後陸軍省軍事課長を勤め、四十二年一月少将に昇って歩兵第十九旅団長、ついで近衛歩兵第二旅団長、陸軍大学校長を経て、大正三年(一九一四)五月中将に昇って第八師団長に補せられた。同七年七月第十二師団長に転じ、シベリア出兵に出征、八年八月に派遣軍司令官に昇格した。八年十一月に大将に進み、帰って軍事参議官に納まり、十二年三月に陸軍を去った。初名菊太郎、元帥に成るとて成元と改名したが、元帥にはならず、男爵になり、十三年に貴族院議員になった。昭和二十六年(一九五一)七月十五日没した。八十七歳。

(松下 芳男)

おおいしせいのすけ 大石誠之助 一八六七―一九一一 明治時代の医師。名は誠之助。禄亭・無門庵・禄亭永升などの号がある。慶応三年(一八六七)十一月四日、父増平・母かよの次男として紀州新宮に生まれる。明治十六年(一八八三)ごろから大阪で英語を学び、同十七年大阪西教会で兄余平に伴われてA・D・ヘール牧師により受洗。同年五月同志社英学校普通科に入学、二年半在学。二十三年渡米、二十四年オレゴン州立大学医学部第二学年に入学、二十八年同大学を卒業、ドクトルの称号を得た。二十九年帰国して新宮で医院を開業。三十二年伝染病研究にインドに行き三十四年新宮に帰る。このころより社会主義に傾倒して『週刊平民新聞』『直言』『熊野新報』『牟婁新報』『サンセット』などに寄稿し、しばしば筆禍を蒙った。新宮の平民クラブの中心であったが、四十三年の大逆事件に連座し、四十四年一月二十四日に刑死した。四十五歳。

参考文献 神崎清『革命伝説』、絲屋寿雄『大逆事件』、同『大石誠之助』、浜畑栄造『大石誠之助小伝』、森長英三郎『禄亭大石誠之助』 （絲屋 寿雄）

おおいしまさみ 大石正己 一八五五―一九三五 明治・大正時代の政治家。「まさみ」は通称、正しくは「まさき」とよぶ。安政二年（一八五五）四月十一日高知藩士大石良則の次子として生まる。立志学舎に学び立志社員となり、明治十一年（一八七八）九月板垣退助に従って愛国社再興大会に出席。その後嚶鳴社に加わり、十三年九月ごろから馬場辰猪ら慶応義塾出身者による政談討論演説会に参加。翌年四月馬場・末広重恭らとともに国友会を設立。このころ馬場の紹介によって岩崎弥太郎に知られ、以後その援助をうける。同年十月自由党創立に参加して幹事、のち常議員、また自由新聞社主となる。十五年十月馬場・末広とともに板垣洋行に反対して自由新聞社を去り、翌年九月ともに脱党して独立党を称した。十八年十一月洋行準備中爆発物取締規則違反容疑で馬場とともに逮捕、翌年六月証拠不充分で釈放、直ちに渡米、二十年馬場と別れイギリスを経て帰国した。同年十月大同団結運動に参加、後藤象二郎の帷幕にあって運動の中心的存在となった。翌年六月『政論』主筆、七月―八月後藤の東北・北陸遊説に随行、十一月『政論』の新聞紙条例違反に関して拘引、軽禁錮一年六ヵ月罰金百円に処せられ、二十二年二月大赦により出獄した。その後再び渡英、帰国して「東方策」を主唱、二十五年十一月―翌年七月朝鮮駐劄弁理公使として防穀令問題の強圧的処理にあたる。その後松方正義・大隈重信間に画策、三十年四月―十一月松方内閣の農商務次官。三十一年六月憲政党創立委員となり、大隈内閣に入って農商務大臣となる。同年八月三重四区より衆議院議員、以後連続六回当選。憲政党分裂後、憲政本党に属し政務委員・常議員など歴任。その間「改革」＝非政友合同を主張し「非改革」派の犬養毅と対立したが、のち妥協、四十三年ともに立憲国民党を創立、常務委員となった。大正二年（一九一三）一月脱党して立憲同志会に参加、のち総務。四年一月大隈内閣の農相就任勧誘を断わり、総務を辞任、同時に政界を引退して禅の道に入った。昭和十年（一九三五）七月十二日没。八十一歳。東京の青山墓地に葬る。 （関口 栄一）

おおうちせいらん 大内青巒 一八四五―一九一八 明治時代の仏教思想家。還俗居士。名は退、字は巻之、号は藹々・露堂。通称は青巒。弘化二年（一八四五）四月十七日仙台五番丁に生まれた。幼少にして父母を失い、仙台藩士但木土佐に養育された。水戸に出て曹洞宗の照庵のもとで出家し泥牛と称した。万延元年（一八六〇）師照庵に従って江戸に赴き、大槻磐渓に漢学を学び、仏教研究に志し禅を原坦山に、仏典講読を福田行誡に師事し深く究めるところがあった。のち推挙されて本願寺法主光尊の侍講となる。以来禅浄一致を唱え還俗居士となって在家主義の仏教を主張した。明治八年（一八七五）七月『明教新誌』を発行し、護法論・信教自由論・戒律論など多方面にわたる論説を発表し人心の啓発に努め、啓蒙思想家として幅広い活動を行うが、時代の推移とともに思想の振幅も見られた。同十年代から二十年代にかけて結社和敬会・尊皇奉仏大同団・福田会などの結成に指導的役割を果たし、ことに曹洞扶宗会では民衆教化の標準『洞上在家修証義』を草し、戒律と報恩の教理を基調とする宗教的な実践の体系化を試みる。さらに鴻盟社を結び大内門下を含む百余名の社員の中から著名な僧侶・学者が輩出した。著書には『碧巌集講話』など禅学関係のものが多い。大正三年（一九一四）東洋大学学長に就任。同七年十二月十六日永平寺参詣宿泊中脳溢血で倒れ七十四歳で没した。墓は東京都港区西麻布二丁目の長谷寺にある。『(学術宗教)青巒居士演説集』がある。

参考文献 古米地一男『仏教大家論纂』解題（『明治文化全集』一九）、池田英俊『明治の新仏教運動』、同「明治における在家仏教運動―特に恩と戒の実践をめぐって―」（日本宗教史研究会編『布教者と民衆との対話』所収）、『護法』三二ノ二（大内青巒居士追悼号）、境野黄洋「大内青巒先生のことども」（『現代仏教』一〇五） （池田 英俊）

おおうちひょうえ 大内兵衛 一八八八―一九八〇 大正・昭和時代の経済・財政・統計学者。明治二十一年（一八八八）八月二十九日、兵庫県三原郡高田村脇田（西淡町松帆脇田）に父万平・母しなの七男として生まれる。第五高等学校、東京帝国大学法科大学経済学科卒業。大蔵省勤務ののち東京帝大経済学部助教授、財政学担当。大正九年（一九二〇）、森戸事件により退官し十一年復官。昭和十三年（一九三八）人民戦線事件で労農派教授グループの一員として検挙され休職、十九年無罪確定、第二次世界大戦後二十年復職。二十四年停年退官。法政大学総長、社会保障制度審議会会長、統計審議会会長、日本統計学会会長などを歴任。日本学士院会員。財政学の業績では『財政学大綱』、『日本財政論』公債篇が代表作。前者は古典派流の財政学を基調とし、後者はマルクス主義的色彩の濃いもの。特に前者は日本を代表するリベラルな財政学教科書として大きな影響力をもち、学界・官界・政界・財界に大内山脈とよばれる人脈が形成された。古典派やマルクスの経済学・統計学の紹介、研究、統計整備に貢献した。戦後は進歩的な言論・思想のリーダーとして活躍。終戦直後渋沢敬三蔵相に「蛮勇を振るってインフレの源を断て」とせまった蛮勇演説は特に有名だが、日本社会党のブレーンとして社会主義協会に拠って指導的発言をし、宮沢俊義らと憲法問題研究会を組織して平和憲法擁護の論陣を張った。美濃部亮吉東京都知事の生みの親だったことは周知のところである。著書論文はきわめて多く、名文家として著名なうえ、能筆家であった。昭和五十五年五月一日、神奈川県鎌倉市の自宅で没した。九十一歳。墓は東京都府中市の多磨墓地にある。『大内兵衛著作集』全十二巻がある。経済学者大内力（つとむ）はその子。

（林　健久）

おおうらかねたけ　大浦兼武　一八五〇—一九一八　明治・大正時代の官僚政治家。嘉永三年（一八五〇）五月六日、鹿児島藩の陪臣大浦兼友の次男として薩摩国薩摩郡宮之城に生まれる。明治元年（一八六八）奥羽征討に従軍。同二年、藩の常備隊小頭となる。四年、明治政府が警察機関として東京府取締組を設けると、その徴募に応じて上京し、邏卒小頭となる。以来、警察官僚の道を歩む。五年司法省少警部、七年台湾出兵に従う。八年警視庁警部補、十年西南戦争に従軍。十五年大阪府警部長、十九年警視、二十年警視庁第三局次長・富山県書記官、二十一年内務省警保局次長、二十四年警保局主事、二十五年大阪府書記官を経て、二十六年島根県知事、ついで二十八年山口県、二十九年熊本県各知事となる。三十一年隈板内閣成立とともに宮城県知事に任命されたが即日辞職。この間、山県有朋系官僚の一人として勢力をのばし同年第二次山県内閣の組閣に際し警視総監に任ぜられる。三十三年貴族院議員に勅選。三十四年第一次桂内閣のもとで再度警視総監となり、三十六年逓信大臣に転じた。四十年男爵を授与。四十一年第二次桂内閣に農商務大臣として入閣、四十三年日英博覧会総裁としてロンドンに赴き、欧州各国を巡遊。四十四年子爵。大正元年（一九一二）第三次桂内閣のもとで内務大臣に就任。二年桂の立憲同志会創立に参画し総務を勤める。三年同志会を与党とする大隈内閣の成立とともに農商務大臣に任ぜられる。この年の暮、議会が、多数を占める野党政友会の力によって、陸軍の二個師団増設案を否決したため、内閣は議会を解散した。翌四年早々大浦は内務大臣に転じて、総選挙取締りの直接指揮にあたり、選挙の結果、同志会は政友会を抜いて第一党となったが、大浦は議会において、選挙干渉弾劾決議案を野党から突きつけられる。さらに、前年の増師案審議に際し、政友会の一部を買収した旨の容疑により告発され、四年七月内務大臣を辞任し、政界から隠退する。なお、明治三十三年より警察協会、同三十九年より大日本武徳会各会長、大正二年より済生会副会長などを歴任。またブラジル移民事業にも尽力。大正七年九月三十日死去。六十九歳。東京の青山墓地に葬られる。

参考文献　香川悦次・松井広吉編『大浦兼武伝』

（成沢　光）

おおうらけい　大浦慶　一八二八—八四　幕末・明治時代前期の茶商。文政十一年（一八二八）六月生。長崎油屋町で茶商を営み、嘉永六年（一八五三）出島在留の蘭商テキストルを通じて、肥前嬉野茶の見本を英・米・アラビアへ送る。三年後英商オールトから大量の茶の注文をうけ、九州各地から一万斤を集め米国へ輸出した。製茶輸出の嚆矢である。また、幕末に勤皇の志士を庇護したことも有名で、その女傑ぶりが伝えられている。明治十七年（一八八四）四月十七日没。五十七歳。

参考文献　古川増寿編『長崎県人物伝』

（海野　福寿）

おおえたく　大江卓　一八四七—一九二一　明治時代の政治家、実業家。弘化四年（一八四七）九月二十一日、土佐国幡多郡柏島（高知県幡多郡大月町柏島）に生まれる。宇和島・長崎に遊学。慶応三年（一八六七）、侍従鷲尾隆聚を擁して高野山に倒幕挙兵。維新後兵庫県判事試補・民部省出仕・工部省出仕・神奈川県参事を経て、明治五年（一八七二）七月同権令となる。この間賤民・芸娼妓解放に努力、同月ペルー船マリア＝ルース号事件の取調べを命ぜられ、九月同船の清国人苦力（クーリー）を清国に引き渡した。七年一月大蔵省五等出仕、四月同記録権頭を兼ねたが六月免官。八年十月五等出仕免官。このころ後藤象二郎の次女小苗と結婚、後藤を援けて蓬莱社・高島炭坑の経営に従事。西南戦争中林有造・陸奥宗光らとともに政府転覆を企て、十一年四月逮捕、八月禁獄十年に処せられた。十七年仮出獄して鉱山業などを営んだが、二十二年後藤に従って大同団結運動に参加、のち大同倶楽部に属して政論新聞社長を務め、二十三年五月庚寅倶楽部事務員となり自由党再興に努力。七月岩手五区より衆議院に当選、九月立憲自由党常議員・弥生倶楽部整理委員となる。第一議会で予算委員長として予算審議にあたり、二十四年一月八百万円に及ぶ削減を内容とする査定結果を報告するが、他方初回の議会の解散を回避しようとする立場から、竹内綱と連名で意見書を発表して五百五十万円の削減で政府と妥協することを主張、二月いわゆる既定歳出削減に関し確定議前に政府の同意を請求すべきものとするとの動議に賛成、林・竹内らとともに脱党した。第二回総選挙に落選。以後政界を去り、東京株式取引所頭取・東京商業会議所副会頭などを歴任。二十九年ごろから竹内らとともに京釜鉄道敷設に努力、また朝鮮・中国雲南に遊んでその内政に干与した。大正三年（一九一四）仏門に入り天也と改名。同年板垣退助らと帝国公道会を創立、のち会長となった。十年九月十二日没。七十五歳。

参考文献　雑賀博愛『大江天也伝』

（関口　栄一）

おおおかいくぞう　大岡育造　一八五六—一九二八　明治後期から大正時代にかけての政治家。号は硯海。安政三年（一八五六）六月三日、長門国豊浦郡小串村（山口県豊浦郡豊浦町）の医師大岡尚斎の長男として生まれる。長崎医学校で医学を学んだが、のち上京して、講法学館および司法省法学校において法律学を修め、弁護士となった。嚶鳴社系の政論誌『東京輿論新誌』を主宰し論陣を張った。明治二十三年（一八九〇）、『江戸新聞』を買収して、『東京中新聞』と改題し、社長に就任。翌年から同紙を『中央新聞』と改め、国民協会、のち立憲政友会の機関紙とし、党の宣伝に努めた。二十三年の帝国議会開設とともに、山口県から衆議院議員に選出され、二十七年の第三回総選挙まで連続して当選。無所属から、中央交渉部を経て国民協会に所属。同年第四回総選挙に落選。三十一年に再選されてからは、大正四年（一九一五）に一度落選したときを除いて、連続当選。明治三十二年帝国党の結成に参加。同年欧米を巡遊。翌三十三年立憲政友会の創立に際し、これに参画して総務委員となった。三十六年東京市参事会員となり、ついで同市会議長に選ばれた。四十四年には衆議院議長に選出された。大正元年任期満了となったが、再選され同三年まで留任。同年、奥田義人の後任として第一次山本内閣の文部大臣に任ぜられたが、一月余りで内閣総辞職となり、行政手腕を発揮する機会に恵まれずに終った。六年三度衆議院議長に選出され、九年の議会解散までその任を勤めた。八年協調会の創立とともに副会長となった。昭和三年（一九二八）一月二十六日死去。七十三歳。（成沢　光）

おおおかしょうへい　大岡昇平　一九〇九―八八　昭和時代の小説家。明治四十二年（一九〇九）三月六日、東京市牛込区新小川町（東京都新宿区）に生まれる。父貞三郎・母つる。青山学院中学部・成城高等学校を経て京都帝国大学文学部文学科（仏文学専攻）卒業。高校時代に富永太郎の詩に魅せられ、また小林秀雄・中原中也・河上徹太郎らを知る。京大卒業後は国民新聞社・帝国酸素などに勤めながら、スタンダール研究に打ち込む。昭和十九年（一九四四）一兵士としてフィリピンのミンドロ島に出征。翌二十年一月、部隊が米軍の攻撃を受けた折に病兵として残され、独り山中を彷徨、昏倒していたところを米兵に発見されて捕虜となる。復員後の二十三年、この時の体験を明晰かつ論理的な文体で検討した『俘虜記』（合本『俘虜記』収録時に「捉まるまで」と改題）を発表、作家として登場した。ついで復員した青年と禁欲的な人妻との恋愛を描いた『武蔵野夫人』（二十五年）、敗軍の中での人肉食と神の幻想とを題材とした『野火』（二十七年）を刊行、また『俘虜記』の続編として収容所の捕虜たちの生態を叙述し（合本『俘虜記』（二十七年））、戦後の文学を代表する作家の一人となった。昭和三十年代から四十年代初めにかけては、自己の文学的青春の検討の意味を含めて富永太郎・中原中也の評伝を書き進める一方、不幸な銀座のホステスをヒロインとした『花影』（三十六年）や歴史小説『将門記』（四十一年）、『天誅組』（刊行は四十九年）などを書く。昭和四十六年、大作『レイテ戦記』を刊行。日米双方の膨大な資料を駆使し、多くの戦死者への鎮魂の意をこめて、太平洋戦争末期の天王山といわれたフィリピンのレイテ島での日米両軍の激闘を詳細厳密に再現した。この年、日本芸術院会員に選ばれたが、「過去に捕虜の経験があるので国家的栄誉を受ける気持ちにはなれない」として辞退している。その後の主な作品としては自伝小説『幼年』（四十八年）、『少年』（五十年）、推理小説『事件』（五十二年）、評論『小説家夏目漱石』（六十三年）などがある。昭和六十三年十二月二十五日、脳梗塞のため東京都文京区の順天堂大学医学部附属順天堂医院で没。七十九歳。墓は東京都府中市の多磨墓地にある。森鷗外の歴史小説『堺事件』批判として書かれた『堺港攘夷始末』が没後、平成元年（一九八九）に刊行された。『大岡昇平全集』全十五巻（中央公論社）、『大岡昇平集』全十八巻（岩波書店）があり、『大岡昇平全集』全二十三巻・別巻一（筑摩書房）が刊行されている。

参考文献　中野孝次『絶対零度の文学―大岡昇平論―』、亀井秀雄『個我の集合性―大岡昇平論―』
（吉田　凞生）

おおおとせいざん　大音青山　一八一七―八六　幕末の福岡藩士。文化十四年（一八一七）生まれる。黒田家の重臣で世禄四千五百石を食む。醒山の子で、のち聴雨の養子となる。はじめ伊織と称し、のち一能・因幡・青山と改めた。嘉永元年（一八四八）家督を継いで中老となり、藩士に蘭学および西洋兵術を習わせ、経済を整理するなど藩政を改革した。文久元年（一八六一）家老に進んだが、佐幕派の勢が強く、その圧迫により退職、名を一能と改めた。元治元年（一八六四）同志黒田播磨・矢野相模と再び復職、名を因幡と改めた。これより加藤司書を抜擢して藩論を一定し、薩長融和、五卿の大宰府移転に尽力したが、慶応元年（一八六五）藩論一変して退職、家督を素雪に譲り、青山と称した。維新後、旧知行地筑前鞍手郡山口村（福岡県鞍手郡若宮町）に移住した。明治四年（一八七一）矢野梅庵とともに福岡藩大参事に任じた。同十九年四月十九日没。年七十。贈正五位。（吉田　常吉）

おおかわしゅうめい　大川周明　一八八六―一九五七　大正・昭和時代の日本ファシズム運動の指導者の一人。老壮会・猶存社系の代表的人物。明治十九年（一八八六）十二月六日山形県飽海郡西荒瀬村大字藤（酒田市）に誕生。三十七年三月県立庄内中学を卒業。五高一部乙類を経て四十年九月東京帝大哲学科に入学、印度哲学を専攻した。四十四年七月同卒業。学生時代から卒業後まで参謀本部の依頼でドイツ語の翻訳をし、軍人の知合いを得た。大正初め、たまたまコットン『支那』を手にし、一読白人による有色人圧迫の暴状を知り翻然アジア主義に目覚めたという。このあと、印哲研究からインドの現状や植民政策の研究に移った。この研究を満鉄総裁後藤新平に認められ、大正八年（一九一九）満鉄東亜経済調査局調査課長に就任した。これより少し前、第一次世界大戦前後における国際的変動の波を受けて、内外重要諸問題につき議論し対策を講じるため、満川亀太郎・佐藤鋼次郎・岡悌治らとともに、老壮会を創った（大正七年十月九日が第一回会合）。ついで、いっそう実行的国家改造運動に取り組むべく単身上海へ飛んで北一輝を迎え、満川・平賀磯次郎らとともに八年八月一日猶存社を結成した。その綱領に、「革命日本ノ建設」「民族解放運動」などとあった。『雄叫び』がその機関紙。十一年ごろ、北とのあいだに意見不一致をきたし感情的に疎隔した。この年鹿子木員信が渡欧した。翌年二月、ついに猶存社は解散を宣言した。この年秋、旧本丸内「大学寮」を事実上主宰、青年教育に与った。これに、西田税が来り投じた。陸・海青年将校(藤井斉・古賀清志・末松太平ら)も出入りした。『消息』が機関誌。十三年四月行地会を起し、翌年二月十一日行地社を創立した。その綱領に、「国民的理想ノ確立」「有色民族ノ解放」「世界ノ道義的統一」などとあった。機関誌は『月刊日本』。同人は他に、笠木良明・綾川武治・金内良輔・島野三郎など多数。行地社は、各大学に基礎をおいて勢力を伸張した。このようにしてほぼ大正末まで、大川周明は日本ファシズム運動の中心に位置し、その影響下に多数の人材を培養・育成していったのであった。また、その多数の著作による影響力も大きかった。しかし大正十五年、行地社は安田生命馘首事件を契機に分裂、主なる幹部が相ついで脱退した。昭和四年(一九二九)六月、財団法人東亜経済調査局理事長(七年六月まで)。六年、桜会の急進派橋本欣五郎一派によるクーデター計画(三月事件・十月事件)に積極的に参加した(未遂)。七年二月、満洲事変を契機に昂揚した「愛国熱」を背景に合法的維新を目指す国民運動を目論んで、神武会を創った(石原広一郎・菊池武夫・河本大作ら)。五・一五事件に際しては、古賀清志を通じてこれに資金を供与した(六月十五日検挙、八年十一月三十日求刑、九年二月三日判決、禁錮五年)。第二次世界大戦敗戦に際しては、精神病を発して極東国際軍事裁判免除。戦後、井上日召・橘孝三郎らとともに救国総連合を起した。著書は『特許植民会社制度研究』『近世欧羅巴植民史』『日本精神研究』『安楽の門』ほか多数があり、『大川周明全集』全七巻(昭和四十九年九月)も刊行されている。三十二年十二月二十四日死去。七十一歳。

参考文献 竹内好編『アジア主義』(『現代日本思想大系』九)
(松沢 哲成)

おおかわへいざぶろう 大川平三郎 一八六〇—一九三六 明治・大正時代の製紙技師兼事業家。武蔵国川越藩士大川平兵衛の次男修三と尾高惇忠の妹みち子の次男として、万延元年(一八六〇)十月二十五日、同国入間郡三芳野村(埼玉県坂戸市)に生まれた。明治五年(一八七二)東京に出、遠縁にあたる渋沢栄一の書生となり、傍ら本郷の壬申義塾に通学、間もなく大学南校に転校してドイツ語・地理・歴史を学んだ。八年には渋沢の推薦で抄紙会社(王子製紙の前身)に図引工として入社した。その後抄紙技術習得のため、十二年にはアメリカ、十七年には欧州に派遣された。天竜川流域のパルプ製造工場建設はこの留学の成果である。木材パルプを原料とする抄紙技術の完成のために、二十九年には再度アメリカに渡り、帰国後大川式ダイゼスタアと称するパルプ製出機を発明した。このように二十年代までの王子製紙の製紙技術改善に大きく貢献したのである。一職工として入社した彼は十三年には副支配人心得、二十六年には専務取締役に就任したが、最大の株主である三井の斡旋で入社した幹部との意見対立がもとで、三十一年には渋沢とともに王子製紙を退社した。三十四年上海の華章造紙公司開業に際して乞われて同社の技師長に就任したが、三十六年には彼が中心となって九州製紙(前身東肥製紙)を設立した。彼が事業家として製紙業に関係していくようになったのはこのときからである。その後三十九年には中央製紙、四十一年には木曾興業、大正二年(一九一三)には樺太工業を設立して各社の社長ないし会長に就任、さらに同七年には四日市製紙、翌年には富士製紙の社長に就任して両社の経営立直しの任にあたった。かくして王子と肩を並べる製紙会社の経営者となり製紙王と称された。渋沢・浅野・安田らと共同して製紙のほかセメント・電力・ビール・炭鉱その他の諸事業にも進出し、大川財閥を形成した。昭和八年(一九三三)大王子出現後製紙業経営の第一陣から後退、十一年十二月三十日死去。七十七歳。

参考文献 竹越与三郎編『大川平三郎君伝』、実業之世界社編輯局編『大川平三郎伝』(『財界偉人伝叢書』一)、西野入愛一『(浅野・渋沢・大川・古河)コンツェルン読本』(『日本コンツェルン全書』九)
(村上 はつ)

おおきえんきち 大木遠吉 一八七一—一九二六 明治後期から大正時代にかけての政治家。明治四年(一八七一)八月五日、文部卿大木喬任の嗣子として生まれる。三十二年父の死とともに伯爵を襲爵。四十一年から四十四年まで貴族院議員。伯爵同志会を組織して官僚系議員団と対抗した。大正七年(一九一八)、再度貴族院議員に当選し翌年伯爵団と研究会の合同を実現。同九年原内閣の司法大臣となり、司法官僚の硬直的性格を批判した、いわゆる「司法官化石」発言によって物議を醸した。十年高橋内閣に法相として留任。ついで、十一年加藤友三郎内閣の成立とともに鉄道大臣に就任。退官後は研究会の幹部として、政友会と政友本党との合同問題に尽力。なお、この間、公道会会長・大東文化協会会頭・大日本国粋会総裁・帝国農会会長など民間諸団体の役員を歴任。十五年二月十四日死去。五十六歳。東京の青山墓地に葬られた。

参考文献 伊藤正『大木遠吉伯』
(成沢 光)

おおきたかとう 大木喬任 一八三二—九九 明治時代の政治家。天保三年(一八三二)三月二十三日佐賀藩士大木知喬の長男として生まれる。通称幡六のち民平と改名。嘉永年間(一八四八—五四)同藩士枝吉神陽の義祭同盟に参加、尊王論をとなえ、藩内改革を推進した。維新後の明治元年(一八六八)閏四月徴士として召され、参与職外国事務局判事となり、まもなく京都府判事、さらに軍務官判事となったが、七月には参与に再任された。これより先、閏四月江藤新平と連署で東京奠都の意見を岩倉輔相に提出、その実現に努力した。東行決定とともに九月には供奉を命ぜられ、以後東京に在勤、議事体裁取調御用掛となり、十二月には兼任のまま東京府知事となった。翌年七月東京府大参事となり、一時権府知事となったがまもなく大参事に復した。同三年七月民部大輔、さらに翌年七月民部卿となったが、同月民部省が廃止され、文部卿に転じ、学制頒布など近代教育制度の確立に尽力した。六年四月参議となり、同年十月以後は司法卿を兼任した。九年の山口・熊本の乱には、平定後現地に出張して処分判決を行なった。十三年元老院議長を兼任、また民法編纂総裁として法典編纂にも尽力した。十四年五月には民権運動の高揚するなかで「乞レ定二国体一之疏」と題する憲法意見を提出し、立憲制を神代以来の日本の国体によって基礎づけるという国粋的解釈を試みている。十四年十月政変直後兼官を辞任したが、ただちに司法卿を兼任、十六年には文部卿に転じた。翌年七月華族令制定により伯爵を授けられた。十八年十二月内閣制度の施行に伴い元老院議長に転出、二十一年には枢密顧問官、翌年十二月枢密院議長となり、特に内閣に列した。二十四年六月松方内閣の文部大臣、翌年八月辞任と同時に枢密院議長に再任されたがまもなく辞任して麝香間(じゃこうのま)祇候となった。寡黙実行、篤実な人柄で、藩閥人事の均衡から佐賀藩を代表して要職についた。三十二年九月二十六日没。六十八歳。東京赤坂(港区)の青山墓地に葬られる。

[参考文献] 内閣修史局編『百官履歴』上(『日本史籍協会叢書』)、『大木喬任履歴草稿』(国立国会図書館憲政資料室所蔵『大木喬任文書』)
(由井　正臣)

おおきたさぶろう　大来佐武郎　一九一四―九三　昭和時代の官庁エコノミスト、第二次大平内閣外相。国際人として著名。大正三年(一九一四)十一月三日、中国大連市桂町に父修治・母はなの三男として誕生。昭和十二年(一九三七)に東京帝国大学工学部電気工学科卒業、逓信省・大東亜省を経て外務省調査局に移り、有沢広巳・中山伊知郎・東畑精一らを集め、『日本経済再建の基本問題』(二十一年三月、同九月改訂)を編集、第二次世界大戦後復興の指針として高い評価を得た。ついで経済安定本部調査課長となり、第二―五回の『経済白書』(二十三―二十六年)、「太平洋戦争による国富被害調査」(二十四年)をまとめ、二十七年国連アジア極東経済委員会(ECAFE)経済分析課長として経済開発問題に参画。帰国して三十二年に経済企画庁総合計画局長となり、三十五年「所得倍増計画」立案にあたり、三十八年退官。翌年日本経済研究センター理事長、四十六年国際開発センター理事長、四十八年海外経済協力基金総裁を歴任。多くの国際会議において日本経済への理解を深め、各国の経済政策に助言した。五十四年第二次大平内閣の外相、五十五年七月対外経済関係政府代表として経済外交に活躍。五十七年新設の国際大学学長、六十三年対外経済協力審議会会長。しばしば海外に出張し知己も多く、プリンストン大学など海外の大学から七つの名誉博士号を受け、勲章などの受章も多い。『エコノミスト外相の二五二日』『世界経済診断』『経済外交に生きる』『東奔西走』、Developing Economies and Japan など邦文十一冊・英文六冊の著書がある。平成五年(一九九三)二月九日没。七十八歳。墓は東京都中野区上高田一丁目の宗清寺にある。

[参考文献] 有沢広巳監修『戦後日本の経済政策構想』、経済企画庁編『現代日本経済の展開―経済企画庁30年史―』
(中村　隆英)

おおぎまちきんただ　正親町公董　一八三九―七九　幕末・維新期の尊攘派公家。天保十年(一八三九)正月二十四日中山忠能の次男として生まれる。母は高知藩山内豊敬六女。大納言正親町実徳の養子となり、文久三年(一八六三)二月国事寄人となった。同年六月攘夷監察使となって萩藩に赴き、九月帰京、翌十月差控を命ぜられた。慶応三年(一八六七)正月差控を免され、同年十二月十三日参与となり、戊辰戦争に参加し、奥羽追討総督となって活躍した。明治二年(一八六九)七月陸軍少将に任ぜられ、同四年七月免官、十二年十二月二十七日没した。四十一歳。
(小西　四郎)

おおぎまちさねまさ　正親町実正　一八五五―一九二三　明治時代の官吏、政治家。安政二年(一八五五)六月七日生まれる。父は公家正親町公董。文久二年(一八六二)十二月侍従となり、維新後東京大学に学び、物理・化学を専攻し、明治十二年(一八七九)宮内省御用掛となり、侍医寮に勤め、同十五年家督を相続し、十七年伯爵を授けられた。二十三年貴族院議員となり、爾来研究会の領袖として重きをなした。大正七年(一九一八)五月侍従長となり、同十年賞勲局総裁となった。十二年六月二十五日没した。六十九歳。染井墓地に葬る。
(小西　四郎)

おおぎまちさんじょうさねなる　正親町三条実愛　一八二〇―一九〇九　幕末・維新期の王政復古派公家、政治家。文政三年(一八二〇)十二月五日生まれる。父は前参議実義、母は松平丹波守光年朝臣女。安政六年(一八五九)二月九条関白排斥運動に連坐して慎を命ぜられたが、八月権大納言に任じ、翌万延元年(一八六〇)六月議奏となった。文久初頭薩長両藩の国事周旋の執奏につとめ、文久二年(一八六二)十二月国事御用掛となった。翌三年正月議奏を、二月権大納言を辞したが、同年八月再び議奏となり、翌元治元年(一八六四)十月権大納言に還任した。慶応二年(一八六六)十月議奏を辞し、また同月二十二卿列参建言に坐して処罰され、閉門を命ぜられた。翌三年三月新帝践祚の直後勅勘を免ぜられ、五月十八日議奏に復した。同年十月討幕の密勅を薩長両藩に伝え、ついで王政復古の大号令が発せられると、十二月九日議定となり、明治元年(一八六八)正月内国事務総督、ついで二月三日輔弼となった。同年閏四月議定となり、翌二年五月刑法官知事に任ぜられ、同年七月刑部卿となり、九月賞典禄千石を受けた。三年十二月十五日正親町三条を嵯峨と改号し、五年三月教部卿に任ぜられた。同年十月同卿を免ぜられ、麝香間(じゃこうのま)出仕となり、四十二年十月二十日没した。九十歳。昭和になって日本史籍協会より大塚武松によって『嵯峨実愛日記』三冊が刊行された。

(小西 四郎)

おおぐちきろく 大口喜六 一八七〇―一九五七 明治後期から昭和時代前期にかけての政治家、実業家。明治三年(一八七〇)五月二十五日三河国豊橋に生まれる。東京薬学校、帝国大学薬学科などに学び、薬剤師となる。三十一年および三十五年以降豊橋町長、三十六年愛知県会議員、四十年初代豊橋市長を歴任。四十五年衆議院議員に当選、以来当選十回。立憲国民党・革新倶楽部・立憲政友会を経て日本自由党所属。政友会総務・同政務調査会長を勤める。この間、豊橋市会議員・同議長・市長をたびたび兼任。昭和二年(一九二七)田中義一内閣大蔵政務次官に就任。同十五年国民厚生金庫理事長となる。この間、東京化学工業・豊橋電気・矢作水力などの取締役を勤め、実業界にも足跡をのこす。三十二年一月二十七日死去。八十六歳。法号心月院殿豊水蓊山大居士。豊橋市の向山霊苑に葬る。著書に『財政整理』などがある。

参考文献 宮脇良一『豊橋言論史』、根本曾代子「近代財界人伝(四二)—蓊山・大口喜六先生—」(『薬局』一二ノ四)

(成沢 光)

おおくにたかまさ 大国隆正 一七九二―一八七一 幕末・明治時代前期の国学者。初名は秀文または秀清、字は子蝶、通称は仲衛。はじめ一造、のち総一郎・匠作・仲、号は戴雪・天隠・如意山人・佐紀乃屋・葵園・居射室・真瓊園など。はじめ今井氏、中ごろ野之口と改め、のち大国を称した。石見国津和野藩士今井秀馨の子、母は久留米藩士石里氏の女。寛政四年(一七九二)十一月二十九日江戸桜田の藩邸に生まれた。文化四年(一八〇七)平田篤胤の門に入り、また昌平坂学問所に学んで業を古賀精里に受け、同六年同所の舎長となった。若くして音韻の学に志し、本居宣長の門人村田春門について教えを受けた。同十四年家を嗣ぎ、文政元年(一八一八)長崎に遊学すること数ヵ月、西洋の理学やインドの梵書をも渉猟した。また書法を清国人に問い、ついで津和野を過ぎり江戸に還り、皇朝諸名家の筆跡を学び、みずから一家をなした。その後もっぱら神代の古事や五十音図に係る諸書を攻めて、『古伝通解』および『矮屋一家言』などの稿を起すに至った。同十一年藩命により大納戸武具役についたが、故あって亡命し、天保二年(一八三一)父秀馨没して家運傾き、同五年再度の火災に罹って妻子と離れ、六年単身大坂に赴いて精励し、爾来国学を京摂の間に講じて、いわゆる「本教」「本学」の名を高からしめた。七年播磨小野藩一柳侯の帰正館に赴き、子弟を教導すること五ヵ年。十二年よりは京都に家塾報本学舎を開き、その前後姫路藩の和学校好古堂に国典を講じ、また福山藩の阿部侯に聘せられ、あるいは水戸斉昭の知遇を受け、あるいは関白鷹司政通に見えて皇典を釈き、公家堂上に皇室の復興を説いた。嘉永四年(一八五一)津和野藩主亀井茲監が隆正の学識を嘉賞して臣籍に復せしめた恩義に感謝して、藩校養老館に講義し国学教師岡熊臣とともに、幾多の人材を養成した。明治初頭の神祇行政は津和野藩主従の奉公を多とすべく、隆正の構想に基づくところ少なくない。明治元年(一八六八)内国事務局権判事より神祇事務局にうつり、宣教の事に力をつくし、四年八月十七日病没した。年八十。東京赤坂霊南坂陽泉寺に葬る。著書は『本学挙要』『馭戎問答』『文武虚実論』『直毘霊補注』など百有余種に上る。昭和十二年(一九三七)『大国隆正全集』全七巻が刊行され、その主なるものを収めている。これより先、大正四年(一九一五)十一月従四位を贈られた。

参考文献 井上瑞枝編『(維新前後)津和野藩士奉公事蹟』上、河野省三「大国隆正と幕末の国学」(国学院大学道義学会編『幕末勤王思想の研究』所収)、上田賢治「大国隆正の回心」(『神道宗教』八)、山口鋭之助「明治戊辰の祭政一致の御制度回復」(『神道学雑誌』五)

(阪本 健一)

おおくぼいちおう 大久保一翁 ⇨大久保忠寛(おおくぼただひろ)

おおくぼただひろ 大久保忠寛 一八一七―八八 幕末・明治時代前期の政治家。文化十四年(一八一七)十一月二十九日誕生。父は西ノ丸留守居大久保忠向。初名忠正、のち忠寛、幼名金之助、通称三四郎・三市郎、叙爵して志摩守・右近将監・伊勢守・越中守と称し、隠居して一翁といった。号は石泉・桜園。安政元年(一八五四)五月老中阿部正弘に抜擢され、目付に任じ、海防掛となって以来、同役の岩瀬忠震と協力して事にあたった。同三年十月外国貿易取調掛を命ぜられ、同月蕃書調所総裁を兼帯、講武所の創設に尽力した。四年正月目付より長崎奉行(赴任せず)に転じ、駿府町奉行・禁裏付を経て、六年二月京都町奉行となったが、一橋派のため大老井伊直弼に忌まれ、六月西ノ丸留守居に左遷、八月罷免された。文久元年(一八六一)八月寄合より蕃書調所頭取に再任し、外国奉行・大目付・御側御用取次を経て、同二年十一月講武所奉行となったが、安政の大獄関係有司の追罰に際し、京都町奉行勤役中の不束の儀を咎められ、同月罷免差控に処せられた。元治元年(一八六四)七月寄合より勘定奉行に任ぜられたが、わずか五日で罷免され、慶応元年(一八六五)二月隠居して一翁と称した。同年十二月長州再征に際して大坂に召され、将軍徳川家茂の諮問に答え、寛大の処置を講ずべきことを主張したが容れられず、翌二年正月江戸に帰った。幕府瓦解後の明治元年(一八六八)正月会計総裁となり、二月若年寄に転じたが、この間前将軍徳川慶喜の意を体して陸軍総裁勝義邦(海舟)とともに恭順論を唱え、徳川家救解に奔走し、四月田安慶頼と勅使橋本実梁・柳原前光を江戸城に迎えて徳川家処分の条項を示され、その結果、慶喜の水戸退隠、江戸城明渡しとなり、閏四月東征大総督府より江戸の鎮撫取締りを命ぜられた。五月徳川家達が駿府七十万石に封ぜられると、家達を補佐して藩政をとり、版籍奉還後の二年八月静岡藩権大参事、廃藩置県後の四年十一月静岡県参事となり、五年五月文部省二等出仕を仰せ付けられ、同月東京府知事に任じ、八年十二月教部少輔に転じ、十年一月元老院議官に任ぜられた。二十年五月子爵を授けられ、翌年七月三十一日没した。年七十二。青山墓地に葬られたが、のち府中市多磨町の多磨墓地に改葬された。詩歌集に『桜園集』がある。

参考文献「大久保一翁伝」(『旧幕府』一ノ三)、松岡英夫『大久保一翁』(『中公新書』五三六)

(吉田　常吉)

おおくぼとしあき　大久保利謙　一九〇〇—九五　昭和・平成時代の歴史家。明治三十三年(一九〇〇)一月二十五日、父大久保利武・母栄の長男として東京市牛込区(東京都新宿区)に生まれる。祖父は大久保利通。学習院高等科を経て、京都帝国大学経済学部に入学するも中退、東京帝国大学文学部国史学科に入学、昭和三年(一九二八)卒業。文学部副手となり、同年東京帝国大学五十年史編纂嘱託を併任。五十年史編纂の過程で、近代教育史、西欧学問導入史に関心を深め、さらに同五年に薩藩史研究会を結成し、重野安繹の研究をつうじて日本史学史へと研究領域を拡大、またシーボルト文献調査をつうじて洋学史にも関心をもった。同十二年ごろから明治文化研究会例会に出席、尾佐竹猛その他の会員から刺激をうける。帝国学士院六十年史の編纂、貴族院五十年史編纂委員を嘱託され、貴重な原史料の収集、閲読により、その実証的学問を築く。これらの成果は、『日本近代史学史』(昭和十五年)、『日本の大学』(十八年)、『森有礼』(十九年)などに結実した。十八年父の死去により家督を相続、侯爵として貴族院議員となり、戦後の日本憲法制定に立会う。戦後、文部省の委嘱により『くにのあゆみ』共同執筆に参加。衆・参両院に働きかけ、国立国会図書館に憲政資料室を創設、散逸の危機にあった近代的政治史料の集収・公開に尽力し、戦後の近代史研究の基礎を固めた。他方、研究では『西周全集』全四巻の編纂をはじめ、明六社の啓蒙思想等文化史の研究を深めるとともに、明治維新期から大正期に及ぶ政治史研究に力を注ぎ、『明治憲法の出来るまで』(三十一年)、『日本全史』十　近代III(三十九年)、『岩倉具視』(四十八年)などの著書のほか、基本史料を駆使した研究史上画期的な諸論文を発表した。また晩年には近代華族制度の研究を深め、新たな研究領域を開拓した。これらの業績は『大久保利謙歴史著作集』全八巻(昭和六十一—平成五年(一九九三))にまとめられている。平成五年には、これらの研究業績と近代史資料の収集・保存に貢献したことに対し朝日賞が贈られた。平成七年十二月三十一日、東京都世田谷区成城の自宅において死去。九十五歳。東京都港区南青山の青山墓地に葬られる。

参考文献　大久保利謙『日本近代史学事始め—一歴史家の回想—』(『岩波新書』)、『みすず』四二〇(追悼・大久保利謙)、由井正臣「大久保利謙」(今谷明他編『20世紀の歴史家たち』二所収)

(由井　正臣)

おおくぼとしみち　大久保利通　一八三〇—七八　明治維新の指導的政治家。諱は利済のち利通と改む。幼名は正袈裟、のちに正助・一蔵と称し、甲東(こうとう)と号す。天保元年(一八三〇)八月十日鹿児島藩士大久保次右衛門利世の長男として、鹿児島城下加治屋町に生まれる。母は同藩の蘭学者として名高い医師皆吉鳳徳の娘ふく子。家は城下士の下級、御小姓組に属した。西郷隆盛の家とは同じ町内、同じ家格の父親同志は親しい仲であり、利通は三歳年上の西郷とあそび友達であった。父は、琉球館付役という卑職にあったが、鹿児島藩主島津斉興のあとつぎをめぐる御家騒動(高崎崩れ、またお由羅騒動と呼ばれる)には、斉彬を擁立しようとする高崎派に加わって、嘉永三年(一八五〇)鬼界島に流された。この事件が利通の政治思想に深い影響を与えた。同四年斉彬が藩主となると西郷・利通らの派は登用され、利通は安政四年(一八五七)西郷とともに徒目付となったが、安政の大獄直前の翌年七月に斉彬が病死し、藩内反対派がかつぐ忠義が藩主となり、その父久光が藩政をにぎると、西郷・利通らには不利となった。六年十一月利通は、岩下方平(まさひら)・伊地知正治・有馬新七ら四十数名と、精忠組と名づける尊王攘夷派を結成した。その領袖として、利通は、藩庁との抗争あるいは脱藩という方針をとらず、藩主をいただいての挙藩勤王の実現につとめた。彼が同志のなかの過激派の抑制にあたった功績が認められ、文久元年(一八六一)十一月三十二歳の時、異例の抜擢をうけ、勘定方小頭から小納戸役に昇進し、政務に参与することとなった。翌二年には、利通は久光の公武合体政策のため働いたが、翌年八月十八日の政変の後は、これまで久光の嫌忌をうけていた西郷が藩政に復帰したのとむすんで、次第に久光の意向をこえて藩の動向を反幕に傾けることに努めるようになった。慶応二年(一八六六)の第二回長州征討には利通は西郷とともに反対し、四月家老岩下方平と相談し、藩主の名による出兵拒絶建白書を書き、これを幕府に提出した。同二年・三年彼は京坂にあり、岩倉具視とむすんで、倒幕のための朝廷工作にあたり、三年十月薩長両藩主父子あての討幕の密勅の実現のため暗躍した。ついで十二月の王政復古クーデターには、宮中に入って政変遂行の采配をふるった。明治元年(一八六八)正月以降の戊辰戦争には、西郷が幕軍追討の指揮をとって東国に転戦したのに対し、利通は京都で岩倉・木戸孝允とともに、天皇政府樹立の政略をめぐらした。この年正月の彼の浪華遷都の建白書は、在来の天皇のあり方を一変し「民の父母たる」実をあげるよう求めたもので、天皇制創始の識見をうかがうことができる。元年閏四月参与に任ぜられ、薩州派の首領として政務の中枢に参画した。同二年の版籍奉還、四年の廃藩置県にあたっては、積極論の木戸と慎重論の利通が協力することによって、中心的な役割を果たした。この間、利通は久光からも冷眼視され、藩士多数派からも支持を得られず孤立していたが、戊辰戦争凱旋後藩地にひきこもっていた西郷と久光・忠義父子を中央政局に引き出すために勅使の鹿児島派遣を請い、これによって廃藩置県の実現にこぎつけた。彼の政治勢力は、中央薩州閥の首領であること、官庁組織と官僚層を掌握することによって築かれた。四年六月大蔵卿となったが、この時民部省を廃してその主要業務を大蔵省に吸収し、財政・殖産興業・内政を一手ににぎる権限をもった。ついで廃藩置県直後、右大臣岩倉具視全権大使のもとで、参議木戸孝允とともに副使となり、十一月欧米巡回に出た。彼は欧米の文物を見学し、プロシアの宰相ビスマルクに感服したが、この洋行が、「宇内の大勢」を知るという政治指導者の箔をつけた。六年五月一行に先立って帰国したが、折から政府内では、参議西郷隆盛・同板垣退助らの征韓論が支配し、西郷を遣韓大使とする案が実現の寸前にあった。利通は内政整備の急を主張し岩倉・木戸・伊藤博文ら欧米巡回派とともに、これに反対し、十月には参議に就任して、閣議で西郷と対立した。太政大臣三条実美の病気を機会に、岩倉がその代理となって、征韓反対の方針を強行し、これを不満とする西郷・板垣ら征韓派五人の参議は辞職するに至った。これ以後、岩倉・大久保を中心として、政府の施政が行われた。六年十一月、新設の内務省の長官内務卿を兼任したが、この地位は警察から殖産興業にわたる内政を総括し、地方官を指揮する広汎な権限をもつものであり、世に大久保独裁といわれる時期を開いた。七年二月江藤新平・島義勇が佐賀の乱をおこすや、軍隊の指揮と反徒の処分の全権を委任されて佐賀に赴き、鎮定・処刑に冷徹果断の面目を発揮した。四月佐賀から帰京した利通は休む間もなく長崎に行き、台湾蕃地事務都督西郷従道と協議して、台湾出兵の実施を決断し、その跡始末のため八月全権弁理大臣として北京に赴き、わが出兵の「義挙」たることを清国に認めさせるのに成功した。八年に入ると、利通は、台湾出兵に反対して参議を辞していた木戸および征韓論で下野した板垣と妥協して政府の強化をはかり(大阪会議)、四月に漸次立憲制を立てるとの詔勅が出た。彼が立憲制を支持した考えは、六年十一月の意見書に表明されているが、その結論は、わが国の土地・風俗・時勢に従った独自の立憲制度を漸次順序を追って実施するというにあり、政府首脳の多数意見を代表していた。九年四月明治天皇は霞ヶ関に新築した利通の邸に行幸した。このことは、三条・岩倉の公卿に次ぐ元勲としての地位に立ったことを意味した。この年熊本の乱(神風連の乱)、秋月の乱、萩の乱と相つぐ士族暴動の鎮圧に苦心するとともに、他面茨城・三重の大農民一揆勃発の形勢にかんがみ、十二月地価百分の三の地租を百分の二・五に引き下げる建言書を出し、翌年一月の詔勅でこれを実現し農民の慰撫をはかった。その上で、西郷の支配下にあった鹿児島県政に対する統制を強化し、反政府的な鹿児島私学校党に圧迫を加え、十年二月起った西南戦争に対しては、大阪にあって攻略の最高指揮をとった。この乱後、内政整備に施政の中心をおき、八月の内国勧業博覧会を主宰し、十一年三月「地方の体制等改正の儀」を建議し、その結果が七月の三新法公布として実った。しかし五月十四日、馬車で宮中に向かう途中、麹町清水谷で暴漢に襲われて死んだ。時に年四十九。特旨をもって右大臣正二位を贈られ、のち三十四年五月、従一位を追贈された。犯人は、大久保の独裁政治を憤る石川県士族島田一良ら六名であった。なお大久保の墓は東京都港区の青山墓地にある。大久保は、西郷隆盛・木戸孝允とともに、維新の三傑といわれた。彼は幕末には藩庁、維新後は中央政府と一貫して権力の座に連なり、ついに最高の実権者となった。この点で下野ないし反抗をくり返した木戸・西郷とちがっていた。西郷が悲劇の英雄として、生前も死後も郷党ひろく国民の敬愛をうけたのに対し、彼は冷徹な権力者と見なされ人気はなかった。しかし彼は、西郷・木戸の維新志士型の政治家と異なって、官僚組織を使って政策をたて実行する官僚政治家であり、日本的な近代政治家の原型を作った。

[参考文献] 勝田孫弥『大久保利通伝』、『大久保利通文書』(『日本史籍協会叢書』)、『大久保利通日記』(同)、立教大学日本史研究室編『大久保利通関係文書』

(遠山　茂樹)

おおくぼとめじろう　大久保留次郎　一八八七―一九六六　昭和時代の官僚、政治家。明治二十年(一八八七)五月十二日生まれる。大正二年(一九一三)東京高等師範学校卒、高等文官試験に合格。台湾総督府警視、新橋・牛込・神楽坂各警察署長、ハルビン駐在内務事務官、新潟・福岡各県警察部長、警視庁刑事部長、台湾総督府警務局長を経て、昭和二年(一九二七)田中義一内閣のとき警視庁官房主事に就任、三・一五事件、第一回普選で活躍して認められた。同六年千葉県知事に復活、その後東京市助役、同十五年東京市長。戦後昭和二十一年自民党から立候補して当選、公職追放になったが、解除後二十七年再選、二十九年日本民主党結成に参加して同党顧問をつとめ、三十年第二次鳩山内閣の国務大臣(北海道開発庁長官)、三十一年石橋内閣の国務大臣(国家公安委員長・行政管理庁長官)、三十二年第一次岸内閣の国務大臣(行政管理庁長官)を歴任した。政治的にはほぼ一貫して鳩山系であった。四十一年十一月十九日没。七十九歳。

(伊藤　隆)

おおくまうじひろ　大熊氏広　一八五六―一九三四　明治時代の彫刻家。安政三年(一八五六)六月十三日武蔵国に生まれ、明治九年(一八七六)工部美術学校の開設とともに入学して、ラグーザの指導をうけた。在学中技術の上達は同窓に遙かに擢んで、同十三年彫刻科の助手に任ぜられたほどだったが、十五年卒業後は工部省出仕となり皇居造営の彫刻制作などに参加、二十一年から翌年にかけてヨーロッパに留学し、ローマの美術学校でモンテベルデらについてさらに研鑽を重ねた。帰国後はもっぱら銅像制作にあたり、日本美術協会・東京彫工会会員となったほか、内外の博覧会の審査官に選ばれ、四十年からは長年文展審査員をつとめた。その作風は写実的なうちに、摂取期におけるわが国洋風塑像の最高水準を示すもので、主要作に「大村益次郎銅像」(明治二十六年)、「有栖川宮熾仁親王銅像」(同三十六年)、「小松宮彰仁親王銅像」(同四十五年)などの大作がある。昭和九年(一九三四)三月二十日東京において没。七十九歳。

(富山　秀男)

おおくまことみち　大隈言道　一七九八—一八六八　江戸時代後期の歌人。筑前福岡の人。通称清助、号萍堂。寛政十年(一七九八)福岡の富商大隈茂助の家に生まれた。幼年より二川相近に学び、はやくより郷党にぬきんでた。天保七年(一八三六)家業を弟に譲って、今泉なる池萍堂に閑居を求め、いよいよ作歌に精進した。古典がおのおのその時代に対して持つ「新正」さを、現代に即応して活かすことによって、いわゆる「木偶歌」から脱した新しい歌風を創めようとする情熱を、作歌随想の『ひとりごち』などに汲むことができる。修練を重ね独自の新風を啓いたが、専門歌人としての誇りから家集刊行を企て、そのため安政四年(一八五七)六十歳のとき大坂に上った。数年間の辛苦を経て『草径集』を刊行した。新正な歌風に満ちたすぐれた集であり、このほかに『鳬居集』『今橋集』『続草径集』など作品集が多く傑作に富んでいる。明治元年(一八六八)七月二十九日、七十一歳で池萍堂に没した。香正寺(福岡市薬院)の先祖代々の塋域に葬られた。墓標には萍堂言道居士と自筆の大字が刻んである。

[参考文献]　佐佐木信綱・梅野満雄編『大隈言道とその歌』、久松潜一・野村貴次校注『近世和歌集』大隈言道(『日本古典文学大系』九三)、山本嘉将「大隈言道論」(『近世和歌史論』所収)、穴山孝道「大隈言道」(『和歌文学講座』八所収)

(山本　嘉将)

おおくましげのぶ　大隈重信　一八三八—一九二二　明治・大正時代の政治家。天保九年(一八三八)二月十六日佐賀の会所小路に、父信保、母三井子の長男として生まれた。幼名は八太郎。大隈家は代々、佐賀藩に砲術・築城家としてつかえ、父信保も知行地四百石、物成百二十石を支給された上士であった。だが、大隈は十三歳で父を失い、それ以後はもっぱら母に育てられた。七歳で藩校弘道館外生寮(蒙養舎)に入学、十六歳で内生寮に進級したが、葉隠主義と朱子学を主とする藩校の制度に反発し、安政元年(一八五四)義祭同盟に加わり、翌年弘道館の南北寮騒動の首謀者として放校され蘭学寮に移った。のち蘭学寮が弘道館と合併されてその教官となった。文久三年(一八六三)長州藩の下関外国船砲撃にあたり長州藩援助を計画、また元治元年(一八六四)の長州征討に際しては、藩主鍋島直正を動かして長幕間に斡旋し、それを中止させようとしたが果たせなかった。このころ、長崎でオランダ系米人宣教師フルベッキについて英学を学び、慶応元年(一八六五)五月長崎に英学塾「致遠館」を設立し、みずからその経営にあたった。こうして大隈は幕末動乱期に京都・兵庫・長崎などに赴いて尊攘激派として活躍し、同三年三月には将軍徳川慶喜に政権返還を勧告しようとして副島種臣とともに脱藩上京したが、間もなく藩役人に捕えられて佐賀へ送還、一ヵ月の謹慎処分をうけた。明治元年(一八六八)三月徴士参与職、外国事務局判事として横浜在勤を命ぜられ、キリスト教徒処分問題でイギリス公使パークスとの外交交渉にあたり、十二月外国官副知事に昇進、翌年三月会計官副知事を兼務し贋貨問題の処理にあたった。ついで大蔵大輔となり、鉄道・電信の建設、工部省の開局などに尽力し、同三年九月参議に任ぜられ、六年五月大蔵省事務総裁ついで大蔵卿となり、十一年五月地租改正事務局総裁を兼任、十三年二月参議専任となった。この間征韓論に反対し、七年の台湾出兵で蕃地事務局長官、十年の西南戦争では征討費総理事務局長官となり、大久保政権の一翼として財政問題を担当、秩禄処分・地租改正などの改革の推進者となり、また殖産興業政策を進め、いわゆる大隈財政を展開して近代産業の発展に貢献した。特にこのとき岩崎弥太郎の三菱汽船会社を援助し、後年までの三菱との密接な関係の基礎をつくったことは有名である。十四年三月「国会開設奏議」を提出して政党内閣制と国会の即時開設を主張、また開拓使官有物払下げに反対、さらに財政上の不手ぎわも加わって薩長勢力と衝突し、十月参議を免ぜられ、大隈派とみられた多数の官吏も辞職した(明治十四年の政変)。政変後大隈は、小野梓・矢野文雄ら辞職官吏と政党組織をすすめ、翌年四月立憲改進党を結成して総理となり、十月に東京専門学校(のちの早稲田大学)を創立した。二十年五月伯爵を授けられ、二十一年二月伊藤内閣の外務大臣となり、ついで、黒田内閣で条約改正交渉にあたったが、外人裁判官任用問題で激しい反対にあい、二十二年十月玄洋社員来島恒喜に爆弾を投ぜられて負傷し辞職した。その後枢密顧問官となったが、二十四年十一月自由党総理板垣退助と提携したため免官された。二十九年三月改進党を中心に小政党を合併して進歩党を結成し党首となり、まもなく薩派と提携して松方内閣の外務大臣となり(松隈内閣)、翌年三月農商務大臣を兼任したが、薩派と合わず十一月に辞職した。三十一年六月、多年の宿敵板垣とともに自由・進歩両党を合同させて憲政党を組織、ついでわが国最初の政党内閣(隈板内閣)を組織したが、両党派の対立と閣内統一に苦しみ、わずか四ヵ月にして憲政党は憲政党(自由党派)と憲政本党(改進党派)に分裂し、隈板内閣も総辞職した。そののち大隈は憲政本党総理としてなお政党を率いたが、四十年一月に高齢のゆえをもっていったん政界から引退し、四月に早稲田大学総長に就任した。このあとしばらくの間、「文明協会」を設立し、『新日本』『大観』などの雑誌を発行し、また多数の著書を著わし各地で講演会・演説会を開いて国民文化の向上につとめた。ついで大正初年の第一次護憲運動が起ると再び政界にもどり、立憲同志会の援助のもとに大正三年(一九一四)四月第二次大隈内閣を組織し内務大臣を兼任、第一次世界大戦に参戦し、また翌四年には対華二十一箇条要求を提出し、陸海軍備の拡大につとめた。同年八月内閣を改造し外務大臣を兼任し翌年七月侯爵に叙せられたが、十月総辞職し、完全に政界から離れた。大隈はきわめて磊落(らいらく)かつ楽天家であり、そのため「民衆政治家」と呼ばれて人々に親しまれたが、他方「早稲田の大風呂敷」などと悪口もされた。大正十一年一月十日胆石症のため早稲田の自宅で死去した。八十五歳。十七日に日比谷公園で国民葬が催され、音羽(文京区大塚)の護国寺に葬られた。著書に『開国五十年史』『開国大勢史』『大勢を達観せよ』『国民読本』『東西文明の調和』『大隈伯昔日譚』などがある。

[参考文献] 早稲田大学社会科学研究所編『大隈文書』、大隈侯八十五年史編纂会編『大隈侯八十五年史』、渡辺幾治郎『大隈重信』、同『文書より観たる大隈重信侯』、中村尚美『大隈重信』(『人物叢書』七六)、柳田泉『明治文明史における大隈重信』 (中村 尚美)

おおくらきはちろう 大倉喜八郎 一八三七―一九二八 明治時代の実業家。天保八年(一八三七)九月二十四日、越後国蒲原郡新発田町(新潟県新発田市)に生まれた。生家は新発田藩の代々の大名主で名字帯刀御免の家柄、父は大倉千之助で学問文章を好み、詩文を能くし、当時の地方の文化人であった。その三男として、幼時より四書五経・習字・珠算・狂歌などを習った。嘉永六年(一八五三)父が死に、翌年母が死ぬと、江戸に出る決心をし、姉貞子から餞別として二十両を得て出郷、麻布の鰹節店に商売見習として三年住み込み、その働きぶりを見込まれて養子に望まれたが、安政四年(一八五七)独立、下谷に乾物店大倉屋を開業、相当の利益をあげたが、開港後、横浜港を視察し銃砲の取引に着目し、慶応元年(一八六五)神田和泉橋に大倉屋銃砲店を開業した。オランダ人エドワード＝スネルをはじめとする横浜の外商から銃砲を買って幕府・諸藩に売り込んだが、幕末の情勢下で注文が殺到し、特に戊辰戦争に際しては奥羽征討総督有栖川宮熾仁親王の御用達を命ぜられ、軍需品の納入を一手に引き受けて巨利を博した。明治五年(一八七二)外国貿易商への転身をはかって海外視察に出、ロンドン滞在中に岩倉具視遣外大使一行と会い、木戸孝允や大久保利通に製絨所建設をすすめ、帰国後、千住製絨所の御用商人として羊毛の納入にあたった。同六年資本金十五万円で大倉組商会を創立し貿易事業を開始、翌七年ロンドンに支店開設、台湾出兵には征台都督府御用達として兵站輸送を一手に引き受け、日朝修好条規締結後は率先して朝鮮貿易を開始し、釜山に銀行を設置(のち第一銀行支店)、十七年にはインド貿易に乗り出すとともに、二回目の洋行をし、アメリカ政府に日本茶の輸入禁止を解除させた。二十六年合名会社大倉組に改組、日清・日露両戦争に軍の用達として兵器・食糧の供給を独占して巨利を得るとともに、中国・満洲の利権を獲得した。特に三十八年には満洲の本渓湖鉱山の採掘事業に着手、ついに日中合弁の本渓湖煤鉄公司を創立し、四十四年から公司の事業を開始した。三十五年には日本人として最初の対華借款二十五万円を漢陽鉄廠に対して行い、また四十一年には寺内正毅陸軍大臣の肝入りで三井物産・高田商会と中国向け武器独占輸出を業とする泰平組合を設立した。このように維新の動乱期の武器商人として出発し一貫して軍の御用商人を主事業として発展したため、日本における代表的な「死の商人」と見なされたが、事業はビール・皮革などの部門をはじめ、帝国劇場や帝国ホテルに及んだ。四十四年資本金一千万円で株式会社大倉組を設立して合名会社大倉組の商事部門をこれに移し、財閥としての機構をととのえた。大倉高等商業学校(現在の東京経済大学)を設立するなど教育にも関心を示した。日露戦争の功により男爵を授けられた。昭和三年(一九二八)四月二十二日、九十二歳で没し、東京市小石川区(東京都文京区大塚)の護国寺に葬られる。

[参考文献] 鶴友会編『大倉鶴彦翁』、大倉高等商業学校編『鶴彦翁回顧録』 (大江志乃夫)

おおこうちかずお 大河内一男 一九〇五―八四 昭和時代の経済学者。明治三十八年(一九〇五)一月二十九日、講談作者の大河内翠山(本名発五郎)・みよの長男として東京市下谷(東京都台東区)に生まれる。昭和四年(一九二九)東京帝国大学経済学部を卒業したのち、河合栄治郎のもとで社会政策学の助手として研究生活を始めたが、河合栄治郎事件(昭和十四年)に巻きこまれ、師と袂を分かち大学に残った。昭和十四年助教授に昇任し、経済学史を担当したが、二十年教授に昇任、社会政策の担当となる。世界大恐慌の最中に研究生活に入った大河内は、ドイツに生まれた伝統的社会政策論の無力さを痛感し、『社会政策の基本問題』(昭和十五年)に集成された一連の作品を通じて、社会政策を経済政策の一分肢として把握する独自の理論体系を構築した。大河内はこれをみずから「社会政策の経済理論」と称したが、一般には「大河内理論」と呼ばれ、日本の社会政策学における支配的学説となった。また、経済学史の分野でも、『独逸社会政策思想史』(昭和十一年)、『スミスとリスト』(十八年)など優れた業績を残した。さらに、第二次世界大戦後は、東大社会科学研究所を中心に『戦後労働組合の実態』(二十五年)などいくつかの実態調査を組織し、企業別組合、出稼型賃労働など日本の労使関係を理解するためのキー概念を提示して学界に多大な影響を与えた。昭和三十八年十二月東京大学総長に選出されたが、四十三年十一月東大紛争のなかで辞任。昭和四十年日本学士院会員。総長退任後は、失業対策審議会会長、社会保障制度審議会会長、日本生産性本部副会長、社会経済国民会議議長など多方面にわたる社会的活動に従事した。五十九年八月九日没。七十九歳。墓は埼玉県所沢市の所沢聖地霊園にある。著書に『大河内一男著作集』（全五巻、青林書院）、『大河内一男集』（全八巻、労働旬報社）がある。

参考文献 「大河内一男先生年譜・著作目録」（大河内一男先生還暦記念論文集刊行委員会編『大河内一男先生還暦記念論文集』三所収） （兵藤 釗）

おおこうちまさただ 大河内正質 一八四四―一九〇一 幕末・維新期の上総国大多喜藩主、老中格。弘化元年（一八四四）四月十日、鯖江藩主間部詮勝の五男に生まれ、のち大多喜藩主大河内正和の養子となる。初名飽徳、のち正質、梅僊と号した。養父の死去により文久二年（一八六二）十一月襲封、叙爵して備前守と称し、のち弾正忠・豊前守と称した。元治元年（一八六四）七月奏者番に挙げられ、慶応元年（一八六五）五月将軍徳川家茂の長州再征出陣に従って江戸を発し、同二年八月大坂において若年寄に任ぜられ、翌三年十二月王政復古後、前将軍徳川慶喜の辞官納地問題がおこるや、若年寄兼陸軍奉行竹中重固らと鹿児島藩討伐を計画、ついで慶喜に従って二条城より大坂城に退き、老中格に進んだ。明治元年（一八六八）正月鳥羽・伏見の戦がおこるや、老中と連署して六ヵ国公使に局外中立を要求した。ついで慶喜の大坂城退去後、諸藩に令して江戸または藩地に帰還することを命じて東帰したが、朝廷より官位を褫奪され、京都藩邸を没収され、二月慶喜よりは老中格を免ぜられ、逼塞を仰せ付けられた。初め大多喜城に、ついで城外の寺院で謹慎したが、のち佐倉藩に幽居し、同年八月許されて官位を復し、翌二年六月版籍を奉還して大多喜藩知事に任じ、四年七月廃藩により免ぜられた。のち軍職につき、宮内省御用掛となり、十七年七月子爵を授けられ、二十三年七月貴族院議員に任じ、三十四年六月二日没した。年五十八。

参考文献 『上総大多喜大河内家譜』 （吉田 常吉）

おおこうちまさとし 大河内正敏 一八七八―一九五二 大正・昭和時代の工学者、実業家。旧大多喜藩主大河内正質の長男として明治十一年（一八七八）十二月六日東京芝浜松町に生まれ、学習院中等学科を卒業した。同三十一年十一月旧吉田藩子爵大河内信好妹一子と結婚、養嗣子として入籍、四十年襲爵した。第一高等学校を経て三十六年、東京帝国大学工科大学造兵学科を卒業、同講師、助教授、四十四年教授となり、火砲構造理論・砲架構造理論および砲外弾道学を講義した。造兵学の教育に物理実験を課したことが功績とされる。三十八年火薬学者の楠瀬熊治とともに火兵学会を創設した。大正四年（一九一五）貴族院議員、同七年財団法人理化学研究所研究員、十年九月三十日同所長となり、独自の研究室制度を試みた。この制度は主任研究員に責任を与え、研究室内ではすべて自由・平等、かつ雑務から解放して研究に専念させたので、所内から多くの国際的な業績をあげることができた。大正三年東京帝国大学より工学博士の学位を受け、造兵学・機械工作・材料・鋳造・ピストンリング・生産工学など多数の研究論文を『火兵学会誌』『機械学会誌』『理化学研究所彙報』などに発表した。理化学研究所の研究を後援し、所内の研究成果を工業化するため昭和二年（一九二七）理化学興業株式会社を設立して同会長となり、二十年公職追放で退くまで、新興コンツェルン「理研産業団」傘下の六十数社を主宰した。「科学主義工業」のスローガンのもとに、農村工業、芋づる式経営、専門工作機械、単能工、高賃金低コストなどの諸問題を唱え実施した。主な製品に合成酒・ビタミン・写真材料・ピストンリング・マグネシウム・アルマイト・合成樹脂などがある。工業論に関する著書のほか、陶器鑑賞に関する著作も多い。昭和二十七年八月二十九日死去。七十三歳。菩提寺である埼玉県北足立郡新座町野火止（新座市）の平林寺に葬られた。二十八年大河内記念会が設けられ、工業技術に貢献したものに対して毎年一回、大河内記念賞が贈られている。

参考文献 大河内記念会編『大河内正敏、人とその事業』 （山崎 俊雄）

おおさかゆうきち 大幸勇吉 一八六六―一九五〇 明治から昭和時代の化学者。慶応二年（一八六六）十二月二十二日加賀国大聖寺に生まる。明治二十二年（一八八九）、帝国大学理科大学に入学し、ダイバースおよび垪和為昌に学ぶ。二十五年卒業後、熊本の旧制五高教授。二十九年、東京高等師範学校教授。三十二年、池田菊苗と一緒にドイツに留学して、オストワルドに新興の物理化学を学ぶ。のちゲッチンゲンのネルンストのもとで研究、三十五年帰国後、京都帝大教授。電気化学工業界の開拓および東大の池田と並んで、わが国物理化学の基礎を築く。電解質溶液の解離、触媒作用などについての研究のほか、当時問題となっていた「ブドウ糖の倍旋光について」反応速度の面から解明した。さらに多数の斬新な教科書を著わしたが、なかでも大著『物理化学』は古典的名著である。なお、塩類の多相系平衡についての研究は、のちにチリ硝石から硝石を得るための相律の応用に導かれ、第一次世界大戦に際して、イギリスのドンナン教授のもとで完成され、連合国側勝利の一遠因となった。昭和二十五年（一九五〇）九月九日没。八十三歳。 （山下 愛子）

おおさこさだきよ 大迫貞清 一八二五―九六 明治時代前期の官僚。別に喜衛といった。文政八年（一八二五）五月七日、鹿児島藩士山之内玄軒の四男として生まれ、大迫貞邦の養子となった。明治新政府のもとで、明治三年（一八七〇）に鹿児島藩権大参事に就任、のちに同五年、陸軍少佐となり、陸軍省築造局に勤務さらに陸軍中佐へ昇進した。その翌年には、陸軍司令官に任命されたが、同七年に軍務をはなれて、静岡県権令となり、同県令を経て、十六年に警視総監に就任した。その後、元老院議官を経て二十五―二十七年出身地の鹿児島県知事をつとめた。この間、二十年に子爵を授けられ、二十九年四月二十七日没した。七十二歳。東京青山墓地に葬られた。

参考文献 内閣修史局編『百官履歴』下『日本史籍協

会叢書』)、井尻常吉編『歴代顕官録』　（石塚　裕道）

おおさわけんじ　大沢謙二　一八五二―一九二七　明治・大正時代の生理学者で、わが国近代生理学の祖。嘉永五年（一八五二）七月三日、父大林美濃、母梅村氏ノブの四男として三河国宝飯郡当古村（愛知県豊川市当古町）に生まれた。幼名は右近次。文久二年（一八六二）吉田藩侍医大沢玄竜の養子となり謙二と改名した。慶応二年（一八六六）足立寛に伴われて江戸に行き、医学所に入った。明治元年（一八六八）一旦帰郷し翌二年上京し、再興された医学所に入り、句読師となった。同三年中得業士になり、ドイツ留学を命ぜられた。この時デュ＝ボア＝レーモンの講義を聴いた。七年帰国したが、十一年再び渡独し、ゴルツ・ホッペザイラーらを聴講し、十五年帰朝し、東京大学医学部教授となり、生理学を講じた。二十三年帝国大学医科大学長となる。大正四年（一九一五）大学を退職し、名誉教授の称号を受けた。また、万国生理学会委員・学士院会員・中央衛生会委員などを歴任した。昭和二年（一九二七）一月十日死去。七十六歳。

参考文献　大沢謙二述・永井潜編『燈影虫語』、近藤修之助・早見純一『明治医家列伝』一　（大塚　恭男）

おおさわぜんすけ　大沢善助　一八五四―一九三四　明治・大正時代の実業家。安政元年（一八五四）二月九日、市井の侠客大垣屋音松の次男として京都で出生。松之助といったが、明治三年（一八七〇）侠客大沢清八の養子となり、七年善助と改名。九年古物商としてようやく成功の端緒を摑む。ついで押絵細工の製造輸出、時計製造に着手。同二十五年京都電燈会社（二十一年開業）社長、以後通算三十三年歴任。交流高圧の水力発電方式を採用して積極経営を行い業績躍進。大津・福井にまで営業区域を広げた。わが国最初の電気鉄道を京都に起し（二十七年）、その後名古屋電気鉄道・釜山電燈・越前電気鉄道・大同電力・叡山電気鉄道など、各社の創立にも参加した。一方、二十五年には個人事業の大沢商会を設立し貿易業でも成功。倒産企業の整理や京都取引所の経営にも参加するなど多彩な活動を行なった。この間明治十年新島襄から洗礼を受け、同志社社員として教育や社会事業に尽力。また京都府会ならびに市会の有力議員であり、商業会議所議員も歴任し社会・政治面にも活躍し、昭和二年（一九二七）京都電燈社長を辞任後は免囚保護に貢献。だがその反面、京都電鉄会社の通行税脱税事件（明治四十四年）・京都市長選汚職事件（大正七年）に連座したこともある。昭和九年十月十日没。八十一歳。京都市吉田山墓地に埋葬。自叙伝『回顧七十五年』がある。

参考文献　『京都電燈株式会社五十年史』、大沢善助翁功績記念会編『大沢善助翁』　（松島　春海）

おおしたとうじろう　大下藤次郎　一八七〇―一九一一　明治時代後期の洋画家。明治三年（一八七〇）七月九日東京に生まれ、中丸精十郎や原田直次郎に師事、明治美術会展に出品した。はじめは油絵と水彩画の両方を描いていたが、同三十一年オーストラリアに旅行、このころから次第に水彩の風景画を専門とするに至り、三十五年満谷国四郎らと太平洋画会を組織、また同年石川寅治と水彩画研究のため欧米に外遊して翌年帰国した。水彩画の普及・指導にも尽瘁し、『水彩画之栞』や『水彩画階梯』などの技法書を出版したり、あるいは水彩画研究団体春鳥会を興して雑誌『みづゑ』を発行したりしたほか、四十年には丸山晩霞・河合新蔵らと日本水彩画会を結成した。静謐（せいひつ）温雅な作風で知られ、代表作に「穂高の麓」などがある。四十四年十月十日没。四十二歳。雑司ヶ谷墓地に葬られた。

参考文献　『大下藤次郎遺作集』、『みづゑ』九〇〇　（富山　秀男）

おおしまうきち　大島宇吉　一八五二―一九四〇　明治から昭和時代前期にかけての政治家、実業家。嘉永五年（一八五二）三月六日、尾張国春日井郡小幡（名古屋市守山区小幡）に生まれた。家はその地方の連綿たる豪族であった。少年時代、儒者富永梅雪に就いて学んだ。早くから自由民権運動に参加、愛知自由党の、そして名古屋の公道協会の中心人物の一人で、自由党名古屋事件等にもその資金獲得運動に無関係でなかった。二十八歳で戸長となり、郡会議員を経て明治十七年（一八八四）五月から同二十五年四月まで愛知県議会議員に選ばれた。第一回衆議院議員総選挙に落選して以来は後進政治家の養成と名古屋実業界の発展とを心がけた。大正七年（一九一八）愛知県下の補欠選挙に原敬の懇望で立候補したが次点であった。たまたま奥村三樹之助の辞任で翌年三月繰上当選衆議院議員となったが、この人の本領は新聞経営にあった。明治二十年七月三十一日『愛知絵入新聞』を創刊、翌二十一年七月五日、これを『新愛知』と改題し第一号から発行し、以来一意その発展に専心し、ただに中京第一の新聞に育て上げたのみならず、その勢力を静岡・岐阜・三重・奈良・福井・富山・長野・京都（両丹）の府県に及ぼし姉妹紙を発行、昭和十三年（一九三八）には『国民新聞』をその手に納め、多年の望みを達して東京に進出した。その間、放送協会評議員、同盟通信社理事などに就任、新聞界の重鎮であった。十五年十二月三十一日没。八十九歳。墓は名古屋市守山区の長慶寺にある。

参考文献　野田兼一編『大島宇吉翁伝』　（西田　長寿）

おおしまけんいち　大島健一　一八五八―一九四七　明治から昭和時代前期にかけての陸軍軍人。安政五年（一八五八）五月九日美濃岩村藩士大島桂之進の長男として生まれる。陸軍士官学校第四期砲兵科士官生徒として卒業し、明治十四年（一八八一）に砲兵少尉に任ぜられた。部内の秀才として、ドイツおよびフランスに駐在し、語学および学識の豊富をもって部内に有名であった。山県有朋の副官をしてその信頼を得た。日清戦争には、陸軍士官学校および陸軍砲工学校の教官であったので出征しなかった。日露戦争には、大佐で兵站総監部参謀長をつとめ、事実上の兵站総監として大役を果たした。戦争樺太境界劃定委員長の任に服し、本職は参謀本部総務部長、ついで参謀次長となり、大正二年(一九一三)八月に中将に昇進した。同三年四月大隈内閣の陸軍次官になり、五年三月陸相岡市之助が病気のため辞任すると、陸軍大臣に昇格した。七年九月辞任したのち青島守備軍司令官に出たが、八年六月予備役に編入された。その後貴族院議員に勅選され、ついで昭和十五年(一九四〇)に枢密顧問官になった。同二十二年三月二十四日没。九十歳。なお、陸軍中将大島浩はその子である。（松下　芳男）

おおしまさだます　大島貞益　一八四五―一九一四　明治時代の経済学者。弘化二年(一八四五)二月十七日に生まれる。但馬国出石藩の洋兵学者大島貞薫の三男。箕作麟祥門下の英学者で、教育関係の官吏として活動する。明治二十年(一八八七)以後は産業保護主義を主張、富田鉄之助らと国家経済会を組織、『国家経済会報告』を主宰した。『馬爾去斯(マルサス)人口論要略』『李氏経済論』によって著名。大正三年(一九一四)十月十九日没。七十歳。

参考文献　西田長寿『大島貞益』、本庄栄治郎『情勢論』解題(『明治文化叢書』)　（西田　長寿）

おおしまたかとう　大島高任　一八二六―一九〇一　江戸時代後期から明治時代の鉱業技術者。文政九年(一八二六)五月十一日、陸奥国岩手郡盛岡仁王小路(岩手県盛岡市内丸)に生まれた。父の周意は盛岡藩医、母は大和田氏。幼名は文治、のちに周禎さらに総左衛門。箕作阮甫・坪井信道・伊東玄朴らの門で、また長崎遊学により蘭学とくに西洋の兵法・砲術・採鉱などを学んだ。徳川斉昭の知遇を得、安政以降水戸藩反射炉や南部釜石製鉄高炉を建造。万延元年(一八六〇)盛岡藩御国産頭取・御勘定奉行格また蕃書調所出役教授手伝。明治二年(一八六九)鉱山権正・大学大助教となり名を高任と改めた。同十三年工部大技長、十八年佐渡鉱山局長となる。この間坑学寮創設の進言、岩倉全権大使一行と米欧回覧、鉱業指導など製鉄近代化に努力した。二十三年より終生日本鉱業会会長であった。三十四年三月二十九日東京本郷の自宅に没す。七十六歳。谷中(台東区)の天王寺に葬られた。諡号は大量院殿智順良鑑居士。著書は『西洋操銃篇』『鉄銃製造御用中心覚之概略』。

参考文献　大島信蔵編『大島高任行実』、『日本科学古典全書』九、日本科学史学会編『日本科学技術史大系』六　（大森　実）

おおしまとものじょう　大島友之允　一八二六―八二　幕末・維新期の対馬国府中藩士。初名朝宗、のち藩主宗重正(のち義達)より名を正朝と賜わった。号は似水。文政九年(一八二六)生まれる。禄百二十石を食む上士で、安政二年(一八五五)九州に使して大砲鋳造の事にあたり、同六年尊攘論を首唱して蟄居を命ぜられた。文久二年(一八六二)尊攘派の同志とともに佐幕派の藩老佐須伊織を仆して藩論を覆し、藩主重正の継立のために尽力し、ついで江戸にあって諸藩の志士と交わった。翌三年大坂留守居となり、国事周旋掛を兼ね、このころ変名を中村信造といった。慶応二年(一八六六)帰国して大監察・側用人の要職に任じ、翌三年大坂に祇役した。維新後、府中藩防備の見地から朝鮮経略の策を論じ、かつ藩力富強の策を講じ、明治二年(一八六九)豊前・豊後三万三千石の地を割いて藩に付せられるや、新領地管領の事を処理した。翌三年外務省に出仕し、四年厳原藩(府中藩の後称)参政となり、朝鮮派遣を命ぜられた。のち隠退し、九年以来九州を巡遊して時事に奔走した。十五年八月九日長崎で客死。年五十七。贈正五位。（吉田　常吉）

おおしまひさなお　大島久直　一八四八―一九二八　明治・大正時代の陸軍軍人。嘉永元年(一八四八)九月五日秋田藩士大島源二の次男として生まる。明治四年(一八七一)陸軍中尉に任ぜられ、西南戦争には、陸軍卿山県有朋の参謀として出征し、爾後累進して、同二十三年六月陸軍大学校長、二十五年二月少将に進み、歩兵第五旅団長、監軍部参謀長、歩兵第六旅団長を歴任し、日清戦争は、同旅団長として第三師団に隷して参戦した。戦後、男爵を授けられ、台湾総督府参謀長、再び陸軍大学校長、歩兵第十二旅団長、三十一年十月中将に昇進し、第九師団長に補せられ、この職で日露戦争に際会し、第三軍に隷して、旅順攻囲戦に参加したが、攻囲師団中功績上位といわれた。戦後近衛師団長を経て、三十九年五月大将に進み、翌年戦功により子爵授与。四十一年十二月に教育総監に転補され、三年近く在任したのち、四十四年九月軍事参議官に補せられたが、これが軍職の最後であって、大正二年(一九一三)九月現役を去り、昭和三年(一九二八)九月二十七日没した。八十一歳。（松下　芳男）

おおしまひろし　大島浩　一八八六―一九七五　大正・昭和時代前期の陸軍軍人。岐阜県出身。明治十九年(一八八六)四月十九日、後の陸軍中将・陸軍大臣大島健一を父として生まれる。東京府立四中・東京地方幼年学校を経て、三十八年十一月第十八期生として陸軍士官学校を卒業、翌年砲兵少尉に任官した。大正四年(一九一五)陸軍大学校を卒業して参謀本部に勤務したが、十年ドイツ大使館付武官補佐官ついでオーストリア大使館付武官となり、十三年帰国。野砲第十連隊長・参謀本部要塞課長を勤めたのち、昭和九年(一九三四)ドイツ大使館付武官に任命され、同十一年日独防共協定締結の主務者としてナチス＝ドイツに傾斜し、ヒトラー総統の信任が厚かった。その間、累進して十三年三月中将に昇進。同年十月予備役編入とともに、陸軍部内親独派の支援を受けて駐ドイツ大使に就任、日独伊三国同盟の実現を推進した。十四年十二月いったん退任したが、十五年十二月再び駐ドイツ大使に就任し、以後終戦まで五年近くの長期にわたり在任したが、最後までドイツの勝利を信じ、日本の世界情勢判断を誤らせる一因を作った。戦後A級戦犯に指名され、二十三年十一月終身刑を宣告されたが、三十年に釈放された。五十年六月六日神奈川県茅ヶ崎市にて没。

八十九歳。

参考文献　鈴木健二『駐独大使大島浩』

（秦　郁彦）

おおしまみちたろう　大島道太郎　一八六〇―一九二一　明治後期から大正時代にかけての冶金技術者、八幡製鉄所の初代技監。万延元年（一八六〇）大島高任の長男として陸奥国岩手郡盛岡（盛岡市）に生まれ、明治十年（一八七七）東京大学理学部採鉱冶金学科を修業、同年ドイツに留学、同十四年フライベルグ鉱山大学を卒業した。翌十五年から二十三年には、東北地方における諸鉱山の開発に従事、二十三年宮内省御料局技師に任ぜられ、生野鉱山の開発、大阪製錬所の創設にあたる。二十四年工学博士の学位を受く。二十九年製鉄所技監に任ぜられ、三十一年技監廃止後は工務部長となり、三十六年同所辞職まで八幡製鉄所においてドイツを範とする創業を指導した。明治四十一年東京帝国大学工科大学教授に任ぜられ、冶金学を担当した。大正三年（一九一四）、漢冶萍煤鉄廠礦有限公司最高顧問技師に選ばれ、同所の技術を統轄し大冶鋼鉄廠に熔鉱炉を新設した。同十年十月五日任地大冶において死去。六十二歳。

（山崎　俊雄）

おおしまよしまさ　大島義昌　一八五〇―一九二六　明治・大正時代の陸軍軍人。嘉永三年（一八五〇）八月十五日山口藩士大島慶三郎の長男として生まる。明治三年（一八七〇）に大阪兵学寮に入学し、翌年八月卒業して陸軍少尉心得となった。西南戦争には、少佐で大阪鎮台歩兵第八連大隊長として出征した。のち中部監軍部参謀、仙台鎮台参謀長心得、陸軍士官学校次長、東京鎮台参謀長などを歴任。二十四年六月少将に昇進して、歩兵第九旅団長に補せられ、第五師団に隷して、日清戦争に参戦し、平壌の緒戦で功を樹てた。戦後男爵を授けられ、また対馬警備隊司令官となり、三十一年二月中将に昇進して第三師団長に転補、この職で日露戦争に際会し、第二軍の隷下にあって戦争を終始した。戦争の終った三十八年十月に大将に進み、新設の関東総督（のち関東都督）に任ぜられ、四十五年四月まで在職して、軍事参議官に転じた。この間、戦功により子爵に昇爵。大正四年（一九一五）八月定年により陸軍を去り、同十五年四月十日に没した。七十七歳。

（松下　芳男）

おおすがおつじ　大須賀乙字　一八八一―一九二〇　明治四十年（一九〇七）ごろから大正時代に活躍した俳人。本名績。明治十四年七月二十九日、福島県宇多郡中村町（相馬市中村）に生まる。父は漢学者（二高教授）大須賀筠軒。安積中学、仙台第一中学、二高を経て四十一年東京帝大国文科卒。曹洞宗第一中学林、曹洞宗大学、東洋音楽学校、麴町女学校、東京音楽学校などの教師を歴任。俳句は仙台一中在学中から乙字の号で句作を始め、二高在学中正岡子規にも会い、佐藤紅緑・佐々醒雪らの「奥羽百文会」で活躍。三十七年から河東碧梧桐選の『日本』俳句欄に投稿。三十八年『東京日日新聞』選者、四十一年二月『アカネ』創刊号に「俳句界の新傾向」を発表、日本俳句に新動向のあることをいい、子規在世中の印象明瞭の句風に対した句法を六平斎亦夢の『俳諧一串抄』の示唆から暗示法として推奨、新傾向俳句運動の口火を切り、碧梧桐中心の俳壇に影響を与えた。碧梧桐が自然主義の影響から急進化するのを批判、大正に入ってからは新傾向の無季・自由律を非難。他方、高浜虚子の『ホトトギス』に批判を加えた。『石楠』『懸葵』『常磐木』などに拠ったが、大正八年（一九一九）『石楠』を離れ孤立した。俳風は季題趣味に立つ大まかな描写句。明治期は直接俳壇動向に影響したが、大正に入ってからは季題象徴論、二句一章論など俳諧本質論に特異な実りを見せた。同九年一月二十日、インフルエンザで没。四十歳。雑司ヶ谷墓地に葬る。著書は、『乙字句集』（岩谷山梔子・名和三幹竹編、大正十年五月刊）、『乙字俳論集』（木下蘇子編、同年十一月刊）。編著書は『故人春夏秋冬』（同七年四月刊）、『乙字選碧梧桐句集』（同五年二月刊）など。

参考文献　村山古郷『大須賀乙字伝』、三井甲之「大須賀乙字の追憶」（改造社『俳句講座』八所収）、大森桐明「大須賀乙字論」（『俳句研究』一ノ九）、内藤吐天「乙字の位置」（『現代俳句』三ノ五）、伊沢元美「大須賀乙字」（『鹿火屋』三七九）

（松井　利彦）

おおすぎさかえ　大杉栄　一八八五―一九二三　明治・大正時代の社会運動家。父祖の地は愛知県海東郡越治村字宇治（津島市）、家は代々庄屋をつとめた旧家。父は東（あずま）、母は豊（とよ）。男四人、女五人兄弟の長男。父が陸軍少尉で丸亀連隊勤務中の明治十八年（一八八五）一月十七日出生（ただし戸籍面は五月十七日）。まもなく父の転任により東京に移り、二十二年さらに新潟県新発田町（新発田市）へ移住した。幼にして腕白乱暴、動物に対し殺伐残忍であった。三十二年、新発田中学二年から名古屋陸軍幼年学校に入学したが、翌々年学友と格闘、重傷を負わせ、退校させられた。三十五年上京して順天中学五年に編入、翌年卒業、外国語学校フランス語科に入学した。このころ谷中村事件を通じて社会問題に関心をもち、週刊『平民新聞』をみて平民社に堺利彦・幸徳秋水らを訪ねた。三十九年卒業のとき、陸大教官も夢みたが、電車賃値上げ反対運動に参加、兇徒聚衆罪で起訴され、その道は断たれた。同年六月保釈出獄し、同月、黒板勝美らと「日本エスペラント協会」を設立した。九月堀紫山の妹保子と結婚。四十年二月、幸徳の「直接行動論」提唱に対し、日刊『平民新聞』に「欧州社会運動の大勢」を発表、これを支持した。この年の筆禍事件、翌年の金曜会屋上演説事件でそれぞれ入獄、さらに山口義三の出獄記念集会での「赤旗事件」で懲役六ヵ月に処され千葉監獄に送られた。そのたびに一犯一語主義で外国語を独習した。出獄したときは大逆事件の真直中で、先に出獄した堺は売文社を興して出獄者の生計を維持し、大杉もこれに参加した。「冬の時代」の大正元年（一九一二）十月、敢然として荒畑寒村と『近代思想』を創刊、文壇・思想界の注目をひいた。しかし評論活動にあきたらず二年で廃刊、労働運動進出のために『平民新聞』を発行した。この間「センディカリスム研究会」を継続、「仏語研究会」も並行して開催、宮島資夫・神近市子らも参加した。同五年、伊藤野枝と恋愛、神近との三角関係がもつれ、十一月、葉山の日蔭茶屋で神近に刺された。この事件で保子と離別、伊藤と同棲、生まれた長女には悪魔の子という意味で魔子と名づけた。同七年、貧困のどん底で伊藤と月刊『文明批評』を、和田久太郎らと『労働新聞』を相ついで創刊した。このころ「労働問題座談会」と「センディカリスム研究会」とが合併、「北風会」を名のり、もっぱら無政府主義を宣伝、労働組合主義を攻撃、「大杉一派」の名声を博した。翌年近藤憲二・和田・伊藤らと月刊『労働運動』を創刊、九年の「日本社会主義同盟」の発起人に名を連ね、またコミンテルンの連絡で上海まで出向いた。そのときの資金で翌年、近藤栄蔵・高津正道らボル派と週刊『労働運動』を創刊した。しかしロシア革命の評価をめぐってボル派と対立、十三号で廃刊、十二月再度、近藤・和田・伊藤らアナーキストだけで第三次『労働運動』を発刊、ボルシェビズム攻撃の論陣を布いた。同十一年の日本労働組合総連合には労働同盟側の自由連合主義を擁護推進した。その直後、フランス無政府党の招待で密出国し、翌十二年のパリのメーデーで飛入り演説をして発覚、ラ＝サンテ監獄に収容ののち強制送還された。同年九月一日、関東大震災にあい、みずから夜警にも協力していたが、十六日、伊藤とともに鶴見の妹を訪ね、帰りに甥の橘宗一（むねかず）を連れ帰る途中、自宅近くの柏木で甘粕正彦憲兵大尉らに拘引され、殺された。三十九歳。下手人は麻布三連隊といわれているが、甘粕ら五人の憲兵隊員が軍法会議にかけられた。なお、死体はいったん古井戸に投げこまれ、引きあげられて二十日、第一師団で解剖され、三宅坂の衛戍（えいじゅ）病院におかれた。二十五日の死体引取りの際は包帯でグルグル巻きにされ、セメントで固められていて確かめようがなかった。十二月十六日、谷中斎場での葬儀は、当日朝の右翼による遺骨強奪のため、骨のない葬儀となった。墓所は静岡市清水公園の共同墓地。なお大杉の死後急速にアナーキズムは凋落した。論文集には『社会的個人主義』『労働運動の哲学』『正義を求める心』等、翻訳に『男女関係の進化』『相互扶助論』『一革命家の思い出』など多数があり、全集も三種類刊行されている。

参考文献　大沢正道『大杉栄研究』
（神田　文人）

おおずてつねん　大洲鉄然　一八三四―一九〇二　幕末・明治時代の真宗本願寺派僧侶。字は後楽、号は石堂・九香。天保五年（一八三四）十一月五日周防国大島郡久賀村の覚法寺に生まれる。月性の薫陶を受け、太田梁平に漢学を、善譲に宗学を学ぶ。文久三年（一八六三）京都遊学、南渓に師事、また護法策を講ず。帰藩して僧侶数十人と義勇隊に入り、翌年真武隊を編成。藩命で長防二国を巡回して大義名分を説き、また第二奇兵隊に入り、岩城山に屯す。慶応元年（一八六五）兄香然の死によって覚法寺を継ぐ。同二年幕府の長州再征にあたり護国団を組織してこれと戦う。藩に宗風改正を建議、改正局を萩准円寺におき、寺院子弟に文武を教授。花山院家理を奉じての討幕挙兵に関わり蟄居を命ぜられた。明治元年（一八六八）本山改革を企て宗政を坊官から僧侶の手に移し、政府の廃仏に対処しながら教団体制の再編につとめた。同三年九月門主広如の命で島地黙雷と寺院寮、ついで四年九月教部省の設置を建議。教部省による宗教行政に抗して島地の政教分離運動を支援。同九年鹿児島開教に尽力、西南戦争に遭遇して西郷軍に捕えられた。十二年門主明如・北畠道竜の改革運動・寺務所東京移転計画に反対して辞職。のち復帰して執行長など要職を歴任、寺法制定・集会開設など諸改革にたずさわる。護持会財団・大日本仏教慈善会財団の設立に努力、日清戦争には門主明如を助けて軍隊布教に活躍。明治三十五年四月二十五日没。六十九歳。著に『九香遺稿』など。大正五年（一九一六）正五位贈。

参考文献　明如上人伝編纂委員会編『明如上人伝』、島地黙雷「大洲鉄然師伝」（『現代仏教』一〇五）
（福島　寛隆）

おおすみみねお　大角岑生　一八七六―一九四一　大正から昭和時代前期にかけての海軍軍人。明治九年（一八七六）五月一日愛知県中島郡三宅村（平和町）に生まれ、愛知一中・攻玉社中学を経て三十年海軍兵学校を卒業。日露戦争には松島航海長、満洲丸艦長として参加した。四十年海軍大学校を卒業してドイツに留学、順調に累進して軍令部参謀・フランス大使館付武官・軍務局長・第三戦隊司令官を経て、大正十三年（一九二四）中将に昇進、海軍次官・第二艦隊司令長官・横須賀鎮守府司令長官を歴任した。昭和六年（一九三一）海軍大将に進級し、同年十二月犬養内閣の海軍大臣として入閣した。翌年五月、五・一五事件の責任を負って辞職したが、八年一月再び海軍大臣となり、十一年三月まで在任した。当時ロンドン条約に端を発し、軍縮派（条約派）と艦隊派の対立が激化しつつあったが、大角海相は、艦隊派に傾き、軍縮派と見られた数人の人材を予備役に編入した。男爵に列せられ、ひきつづき軍事参議官に在任したが、十六年二月五日中国視察中に飛行機事故で死亡した。六十六歳。

参考文献　大角大将伝記刊行会編『男爵大角岑生伝』
（秦　郁彦）

おおぜきますひろ　大関増裕　一八三七―六七　江戸時代後期の下野国黒羽藩主。天保八年（一八三七）十二月遠江横須賀藩世子西尾忠宝の次男として生まれる。初名忠道、ついで忠徳と改めた。文久元年（一八六一）二十五歳で養父の黒羽藩主大関増徳のあとを継いだ。増徳も養子であり、家老らと合わず押込隠居に処せられたが、増裕の家督によって大関氏の血統はまったく断絶した。増裕はその人材を認められ、翌年講武所奉行・初代陸軍奉行・海軍奉行を歴任し、幕府の洋式兵制の制定に参画した。その内容は、親衛軍の建設ならびに歩・騎・砲の三兵科将士の養成と編制を上申し、幕府はこれを容れて新陸軍をつくり、陸軍奉行を置いた。また海軍拡張案を提唱し、全国海岸を六海軍区に分け、大小軍艦三百七十隻の建造を計画したが、同三年三月病気を理由に辞職したため実現をみるに至らなかった。このように幕府の軍備増強につとめる一方、藩の富国強兵にも積極的な姿勢を示した。同二年十一月家老らの要請に対し、かれらに直書を発し、士民撫育・府軍充実・兵備拡張・土地開拓など富国強兵を目ざした七ヵ条を断行するために全権を与えるならば、幕府の役職を辞し、入部して藩政改革にあたると回答した。家老・諸役人も同意したので、同三年三月陸軍奉行を辞し、領地に赴いた。これより腐敗した藩政の刷新につとめ、要路に人材を登用して借上・倹約・年貢増徴のほか、いったん廃止された専売仕法を再興し、殖産興業に力を入れて藩財政のたて直しをはかった。死去の前年には樺太開拓まで計画している。さらにこれと平行して軍備の充実にも意を用い、幕府の兵制にならって歩・騎・砲三兵を編制するとともに領内農工商の子弟をもって農兵を組織し、軍政を一般政務と分離して藩主に直属させた。慶応元年(一八六五)再び海軍奉行に任命され、同三年外様大名でありながら若年寄に抜擢され海軍奉行を兼ねた。その在職中、重ねて海軍拡張を計画し、海軍学校章程以下諸規則を起案したが、急死により挫折した。大政奉還に大きな衝撃を受けて自殺したとみられるふしが多い。同三年十二月九日没。三十一歳。菩提寺黒羽大雄寺に葬られる。法名は賢瑋院殿巍山槐堂大居士。

参考文献　小林華平『大関肥後守増裕公略記』、蓮実長「大関増裕」(栃木県教育会編『下野勤皇列伝』前篇所収)

(北島　正元)

おおぜきわしちろう　大関和七郎　一八三六―六一　江戸時代後期の水戸藩士。天保七年(一八三六)水戸藩士黒沢林蔵勝正の三男として生まる。黒沢忠三郎の弟。のち叔父大関恒右衛門増賀の養子となる。名は増美、字は子質、通称は初め忠次、のち和七郎と改めた。弘化三年(一八四六)家督を継いで禄百五十石を受け、安政年間(一八五四―六〇)大番組に班せられた。同五年八月水戸藩に戊午の密勅が降下するや、一意朝旨遵奉を念とし、しばしば水戸―江戸の間を往復して形勢を探った。幕府は勅諚の返納を迫り、翌六年十二月藩庁および鎮派が辺納論に傾いたため、山口辰之介・根本新平ら同志の激派と長岡に屯集して返納阻止の気勢をあげた。万延元年(一八六〇)正月黒沢忠三郎・佐野竹之介・海後磋磯之介らの同志と自宅で密議をこらし、二月山口辰之介と江戸に潜行、三月三日同志十八人と桜田門外に大老井伊直弼を要撃して本懐を達した後、森五六郎ら三人と熊本藩邸に自訴し、八日富山藩邸に預けられ、文久元年(一八六一)七月二十六日死罪に処せられた。年二十六。江戸千住小塚原の回向院に葬られたが、のち常陸国水戸城外の常磐原(水戸市松本町常磐共有墓地)に改葬された。贈正五位。

(吉田　常吉)

おおせじんたろう　大瀬甚太郎　一八六五―一九四四　明治・大正時代の教育学者。西洋教育史学の先達。慶応元年(一八六五)十二月二十四日加賀国金沢に生まる。漢学者・金沢藩士大瀬直温の長男。帝国大学文科大学において哲学・教育学を専攻。第五高等学校教授在職中にドイツ・フランスへ留学、帰国後は東京高等師範学校・東京文理科大学等で教育学・教育史の講義を担当した。明治三十九年(一九〇六)出版の『欧洲教育史』は、翻訳によらない邦人著作の最初のヨーロッパ教育史研究書として著名である。昭和十九年(一九四四)五月二十九日没。八十歳。

参考文献　東京文理科大学教育学会編『(大瀬博士古稀祝賀)記念論文集』、大瀬甚太郎「回顧六十年」(岩波書店『教育』三ノ一)

(佐藤　秀夫)

おおたあきら　太田亮　一八八四―一九五六　昭和時代の歴史学者、法学博士。明治十七年(一八八四)七月一日大阪府吉野郡下市村(奈良県吉野郡下市町)に生まる。同四十三年神宮皇学館卒業。内務省考証官補、同省嘱託などを経て、昭和十六年(一九四一)立命館大学教授となり、同二十四年近畿大学教授となった。専門は日本古代史で、『(日本古代)氏族制度』『日本古代史新研究』『(漢韓史籍に顕はれたる)日韓古代史資料』『(日本上代に於ける)社会組織の研究』『姓氏家系大辞典』『家系系図の合理的研究法』『日本国誌資料叢書』などの著述があり、氏族制度・系譜学・地誌編纂等に多くの業績を残した。昭和三十一年五月二十七日没。七十一歳。京都市東山区清閑寺霊山町霊明神社に葬られた。

(皆川　完一)

おおたかおる　太田薫　一九一二―九八　昭和時代後期の労働運動指導者。明治四十五年(一九一二)一月一日岡山県生まれ。旧姓・萩尾。六高を経て大阪大学応用科学科卒。終生、六高人脈を活用。終戦当時、宇部窒素(のち宇部興産)の課長。組合活動に入り総同盟左派の高野実に接近。のち離反。昭和二十五年(一九五〇)、合化労連を組織し委員長となる。同二十七年、宇部興産の長期争議に完勝。三十年、総評副議長となり岩井章事務局長と組んで「太田―岩井ライン」を確立。三十三年から四十一年にかけて総評議長。春闘方式を定着させて「むかし陸軍、いま総評」といわれた。四十年、国際レーニン平和賞を受賞。東京都知事選にも立候補。六十四年の総評解散後、「御用組合の集まり」として連合を批判、岩井、市川誠らによる「労研センター」の代表となる。平成十年(一九九八)九月二十四日、東京都内で病没。八十六歳。「天衣無縫の戦闘的労働組合主義者」の立場を示した。著書に『戦いの中で―労働運動二十五年』ほか多数がある。

(高橋　彦博)

おおたがきしろう　太田垣士郎　一八九四―一九六四　昭和時代の財界人。明治二十七年(一八九四)二月一日兵庫県城崎郡城崎町に隆準・婦久の長男として生まれる。大正九年(一九二〇)京都帝大経済学部を卒業。日本信託銀行を経て、同十四年阪神急行電鉄に入社。百貨店部営業部長、運輸部長、支配人を経て昭和十八年(一九四三)取締役、同二十一年社長、二十六年関西電力社長、三十四年会長。この間、関西経営者協会会長・関西経済連合会会長を歴任、また死去当時、近畿圏整備審議会会長・電気事業連合会会長などの地位にあった。関西電力社長時代に黒部峡谷の関電第四ダム(黒四ダム)の難工事を完成させ、また関西電力を実力日本一の電力会社に育成するなど、経営者としての手腕を発揮した。財界人としては近畿圏を単一の広域経済圏として発展させる構想を推進、関西財界の第一人者として活躍した。東京オリンピックにあたっては日本体育協会財務委員長として資金の調達にあたっていたが、三十九年三月十六日オリンピック開会を待たずに死去した。七十歳。墓は大阪の服部霊園にある。

参考文献 太田垣士郎氏追懐録編纂委員会編『太田垣士郎氏の追憶』 (大江 志乃夫)

おおたがきれんげつ 太田垣蓮月 一七九一―一八七五 江戸時代後期の歌人。寛政三年(一七九一)正月八日生まる。名は誠(のぶ)。出家して蓮月という。伊勢藤堂家分家藤堂某の庶女といわれ、生後直ちに京都太田垣伴左衛門光古の養女となる。八、九歳ごろ亀岡城に勤仕し、薙刀・鎖鎌・剣術・歌舞・歌・裁縫など、人に教えるに足る芸が七つあったという。歌は六人部是香に添削を請い、晩年の上田秋成に学んだという。十七歳で大田垣家の養子望古と結婚、一男二女を挙げたがいずれも早世、望古は放蕩無頼、養父とも合わず離別し、のち入家した養子古肥と再婚、一女を挙げたが再び夫古肥の死に遭った。時に三十三歳。剃髪して蓮月といい、養父西心(光古)とともに知恩院山内真葛庵に住んだ。娘と養父も他界し、人生の悲嘆に逢いつづけてついに孤(ひと)りとなり、岡崎に居を移し、全く天涯孤独の身となり、和歌諷詠を事としたが、自活の道を求めて陶器を作り、みずからの歌を釘で彫った。人々は蓮月焼といって珍重した。歌友も多く、歌は閑雅、清新、女性のやさしさを伝えている。歌集に『海人の刈藻』『蓮月式部二女和歌集』(誤あり)がある。明治八年(一八七五)十二月十日没。八十五歳。墓は京都市北区西賀茂小谷墓地にある。昭和初年に『蓮月尼全集』全三巻が刊行された。

参考文献 近江満子『蓮月尼』、成瀬慶子『大田垣蓮月』、徳田光円『蓮月尼乃新研究』、会田範治他編『近世女流文人伝』、杉本秀太郎『大田垣蓮月』 (伊藤 嘉夫)

おおたぐろともお 太田黒伴雄 一八三五―七六 幕末・明治維新期の肥後国熊本藩士。神官。神風連の最高指導者。天保六年(一八三五)熊本藩飯田熊助の次男に生まれ、同藩の下士大野家に入り大野鉄兵衛と称した。江戸藩邸に勤務して朱子学のち陽明学を学び、帰国後、国学者林桜園の門に入り、尊王攘夷運動に投じ、のちに池田屋事件で斃れた宮部鼎蔵らの先輩にも重んぜられ、また河上彦斎・加屋霽堅(はるかた)らともっとも親しかった。元治元年(一八六四)、投獄・釈放後、神官をこころざして飽田郡内田村(熊本県飽託郡天明町)の新開大神宮の祠官太田黒氏に入婿した。明治三年(一八七〇)、三条実美の徴命で上京する師の桜園に随行し、桜園は老年病身のゆえを以て後事を太田黒ほか一名の門生にゆだねることを岩倉具視に言上したが、神道家の太田黒が新政府に受け入れられる余地はなく、太田黒もこれを好まず、もっぱら郷里にあって亡師の衣鉢をついでその国学と敬神思想を説き、特に下士出身の多数の旧藩士族の信望を集め、その一党は敬神党または神風連と呼ばれるに至った。同九年三月の廃刀令、つづく断髪令に神風連の悲憤は極点に達したが、太田黒は極力これを慰撫し、神意があれば起つとし、同年十月二十四日、ついに神意があったとして、挙兵した。太田黒はみずから本隊の首将として砲兵大隊攻撃の指揮をとり、これを占領し、さらに歩兵営攻撃を増援したが、鎮台兵の反撃によって苦戦におちいり、銃弾を胸に受けて重傷を負い、後退して近くの茶店に入り、義弟大野昇雄の介錯により死についた。四十二歳。

参考文献 武藤厳男編『肥後先哲偉蹟』後編(『肥後文献叢書』別巻二) (大江志乃夫)

おおたけかんいち 大竹貫一 一八六〇―一九四四 明治から昭和時代前期にかけての政治家。万延元年(一八六〇)三月十二日、越後国蒲原郡中之島村(新潟県南蒲原郡中之島村大字中之島)に父英治の六男として出生。新潟英語学校に学び、明治十三年(一八八〇)から大正三年(一九一四)に至る間中之島村村会議員、また明治十五年から同三十五年まで南蒲原郡郡会議員。さらに、同十九年から同二十四年まで新潟県県会議員となる。この間、水利事業などを中心に地方政治に力を注いだ。明治二十七年から昭和十三年(一九三八)に至る間第六・第十五回総選挙を除き衆議院議員。この間、明治時代においては対外硬の立場から条約改正問題で政府を攻撃し、さらに近衛篤麿ら国民同盟会の対露強硬論に加わり、日露戦争講和会議に際しては講和問題同志聯合会の最も活動的なメンバーの一人として活躍。明治三十八年日露講和条約反対の日比谷焼打事件では、指導者として兇徒聚衆罪に問われたが、無罪となった。大正時代に入っては、全国普選連合会の有力メンバーとして普選運動に活躍し、また第二次護憲運動においても積極的な活動をした。昭和七年安達謙蔵らと国民同盟を組織した。同十三年貴族院議員となったが翌年辞任。同十九年九月二十二日没。八十五歳。郷里光正寺に葬る。

参考文献 故大竹貫一翁伝記編纂会編『大竹貫一先生小伝』 (安井 達弥)

おおたごんえもん 太田権右衛門 一八三五―六六 江戸時代後期の因幡国鳥取藩士。尊攘派志士。諱は宣鋪、字は子静、峴々斎と号した。天保六年(一八三五)、鳥取城下上町に生まれた。父も権右衛門といい、同藩の江戸御番・江戸御留守詰などを歴任した。権右衛門は幼名金作、弘化三年(一八四六)家督を継ぎ、禄高五百石(十六歳まで、百石御預)をうけた。安政五年(一八五八)、御近習となり、翌六年、権右衛門を襲名。文久二年(一八六二)、胸痛のため御城詰御免となったが、翌三年春、快復して、御用人高沢省己支配となり、京都表御詰を命ぜられた。同年八月十七日、因循派とみられた藩の重臣黒部権之助ら四名を、その宿所京都本圀寺に、同志二十人とともに襲撃斬殺し、このため藩地に幽囚されたが、慶応二年(一八六六)脱出して長州に向かう途次、八月三日、権右衛門と同志のうち三名が、出雲国手結浦で黒部らの残党に包囲されて殺された。三十二歳。墓は同地慶禅院にある。戒号、大歇院殿利応休心大居士。

参考文献 『藩士家譜』、早川敬造編『二十士事件志料集』、青木寿光『因幡二十士伝』 （徳永 職男）

おおたしょうじろう 太田晶二郎 一九一三―八七 昭和時代の日本史学者。大正二年(一九一三)三月二十九日、画家太田三郎・はまの次男として東京府豊多摩郡渋谷町下渋谷(東京都渋谷区)に生まれる。武蔵高等学校尋常科・高等科を経て東京帝国大学文学部国史学科に入学、昭和十一年(一九三六)卒業ののち、東大史料編纂所の嘱託となり、翌十二年史料編纂官補となる。同十七年京城帝国大学予科教授に転じたが、太平洋戦争終戦により自然退官となり、二十二年に史料編纂所に復帰した。二十九年助教授、四十一年教授に進み、四十八年停年により退官した。その後前田育徳会常務理事・一誠堂書店顧問となり、中央大学・大東文化大学などの講師を兼ねた。六十二年二月二十日没。七十三歳。東京都八王子市の東京霊園に葬られた。日本漢籍史を研究課題とし、中国の芸文のわが国への移入・影響などについて詳細・緻密な論文を著わし、該博な学識と考証の精密を以て知られる。史料編纂所では『大日本史料』第一・二編の編纂、『幕府書物方日記』(『大日本近世史料』)の校訂を担当した。自著を遺さなかったが、没後『太田晶二郎著作集』全五冊が出版された。

参考文献 飯田瑞穂編「年譜および著作目録」(『太田晶二郎著作集』五所収) （皆川 完一）

おおたすけもと 太田資始 一七九九―一八六七 江戸時代後期の遠江国掛川藩主。江戸幕府老中。寛政十一年(一七九九)近江国宮川藩主堀田正穀(まさざね)の三男として生まる。初名正寛・友三郎。文化七年(一八一〇)掛川藩主太田資言の養子となり家督をついだ。文政五年(一八二二)寺社奉行となり、ついで同十一年大坂城代に昇進し、さらに天保二年(一八三一)京都所司代、同五年西ノ丸老中を歴任して八年四月本丸老中に昇った。その間官位もすすみ、備中守・摂津守を経て従四位下備後守に叙任した。十二年老中首座水野忠邦の主導による天保の改革が開始されると、その急激な改革方針に反対し、徳川斉昭を参府させ、共謀して忠邦を失脚させようとした。しかし忠邦に未然に察知され、幕閣を追放されたので、病気と称して家督を子資功(すけかつ)に譲り道醇(どうじゅん)と号した。その後安政五年(一八五八)大老井伊直弼が勅許をまたずに日米修好通商条約に調印したため論議沸騰したが、直弼はこの状勢に対して幕閣を改造して内部を固める必要を認め、人事の刷新を断行した。そのとき資始も老中に再任し、外国事務主管となり、イギリス・プロシア・アメリカ諸国の使節と応接した。さらに通貨問題・神奈川開港問題などの解決にあたり、特に幕府の内政・外交の改革を命じた水戸藩への降勅が諸藩に廻達されるのを阻止することにつとめ、同藩上下の処罰を断行したが、直弼から寛大に過ぎると批判され、同六年七月老中を辞任し、ついで慎を命ぜられた。翌万延元年(一八六〇)三月桜田門外の変がおこり、老中久世広周・安藤信正の執政が実現すると、公武一和の方針に転じ、同年九月安政の大獄で処罰された一橋派の諸大名の謹慎をとくとともに、幕府関係者の資始らの謹慎も宥免された。その後文久三年(一八六三)四月三たび老中に就任したが、一ヵ月足らずで辞職した。慶応三年(一八六七)五月十八日没。六十九歳。

参考文献 維新史料編纂会編『維新史』 （北島 正元）

おおだちしげお 大達茂雄 一八九二―一九五五 昭和時代の官僚政治家。明治二十五年(一八九二)一月五日、大達新作の次男として島根県に生まれる。大正五年(一九一六)東京帝国大学法科大学政治科卒、内務省に入り、医務課長・行政課長などを経て、昭和七年(一九三二)福井県知事となる。昭和九年満洲国法制局長・国務院総務庁次長、同十一年総務庁長に就任したが、同年末協和会問題で関東軍首脳部と対立して辞任。十二年北支方面軍付、十三年中華民国臨時政府法律顧問、十四年内務次官(阿部・米内内閣)。太平洋戦争開戦後、十七年昭南特別市(シンガポール)市長に就任したが、翌十八年東京都が発足するとその初代長官に任ぜられた。翌十九年小磯内閣の内務大臣。敗戦後昭和二十年戦犯容疑者として巣鴨に収容されたが、二十二年釈放。二十七年追放解除。二十八年自由党に入党、参議院議員に当選、第五次吉田内閣の文相に就任し、翌二十九年教育二法案を作成、日教組・社会党の反対をおしきってその成立に全力をあげ、戦後の文部行政の一つの転換点を作った。三十年九月二十五日没。六十三歳。

参考文献 大達茂雄伝記刊行会編『大達茂雄』 （伊藤 隆）

おおたにかひょうえ 大谷嘉兵衛 一八四四―一九三三 明治・大正時代の実業家。弘化元年(一八四四)十二月二十二日伊勢国飯高郡谷野村(三重県飯南郡飯高町)に吉兵衛の四男として生まれる。文久二年(一八六二)横浜に出で小倉藤兵衛方で製茶貿易に従事、まもなくそこを出て、慶応三年(一八六七)横浜のスミス＝ベーカー商会に製茶買入方として雇われる。明治元年(一八六八)独立して製茶売込店を開き、同十年代から二十年代前半にかけ横浜における最大の製茶売込商となった。この間、同志とともに製茶改良会社、茶商協同組を起して粗製濫造の防止につとめ、茶業組合中央会が設置されるや二十四年以後その議長として活動、他方第七十四国立銀行および横浜貯蓄銀行の取締役、つづいて頭取となり、また横浜貿易商総代に選ばれるなど、日本の茶業界と横浜の財界において確固たる地位を築きあげた。さらに政界にも進出し、二十三年には横浜市会議長および神奈川県市部会議長に推され、横浜市政の難問題の解決に努力した。また横浜商業学校の創立を発起し、二十六年以降は横浜市教育会会長として教育の発展にも尽力した。二十八年日本製茶株式会社を設立して茶の直輸出に努め、同年横浜商業会議所の創立に参加し、三十年から三十六年にかけその会頭として活動した。三十一年米国が製茶関税を新設するや、翌三十二年渡米して製茶関税の撤廃および太平洋海底電線敷設速成の運動を展開した。その主張はその後実現したが、茶の輸出はこのころから次第に重要性を減じ、彼も三十三年から茶のほかに生糸の売込を兼営した。その後は湖南汽船・横浜倉庫・横浜電線製造・グランドホテル・相模水力電気など、各社の取締役を歴任、横浜銀行集会所理事、横浜取引所理事長、横浜商業会議所会頭(明治四十二年―大正十年)、貴族院議員となり、また横浜市の水道拡張および港湾改良事業に尽力し、さらに昭和初年に至るまで茶業組合中央会議所会頭、横浜貿易協会会頭として在任するなど多方面の活動をつづけ、昭和八年(一九三三)二月三日、九十歳をもって没した。

参考文献　茂出木源太郎編『大谷嘉兵衛翁伝』　(山口　和雄)

おおたにきくぞう　大谷喜久蔵　一八五五―一九二三　明治・大正時代の陸軍軍人。安政二年(一八五五)十二月二十八日越前敦賀藩に生まれ、明治四年(一八七一)十月、一壮兵として大阪鎮台彦根分営に入営。のち陸軍士官学校に入校し、第二期歩兵科士官生徒として卒業。十二年に歩兵少尉に任ぜられた。日清戦争には、第六師団参謀として出征、戦後第四師団および近衛師団の参謀長を歴任し、三十一年三月に教育総監部本部長になり、ついで陸軍戸山学校長に転じ、三十五年六月少将に進み、歩兵第二十四旅団長に出たが、翌年七月再び戸山学校長に戻った。日露戦争には、第三軍兵站監として出征し、戦争の末期韓国駐箚軍参謀長に転じた。戦後教育総監部参謀長となり、四十二年八月中将に進んで第五師団長に転補され、理想的な師団長といわれた。大正四年(一九一五)五月青島守備軍司令官、翌年十一月大将に進み、六年八月に軍事参議官に納まった。同七年八月のシベリア出兵には浦塩派遣軍司令官として出征し、翌八年八月任を大井成元に譲って教育総監に就任した。九年十二月予備役に入るとともに戦功により男爵を授けられた。十二年十一月二十六日に没した。六十九歳。東京赤坂(港区)の青山墓地に葬られた。　(松下　芳男)

おおたにこうえい　大谷光瑩　一八五二―一九二三　明治時代の宗教家。真宗大谷派(東)本願寺第二十二世法主。幼名光養麿、号愚邸、法号現如。嘉永五年(一八五二)七月二十七日京都東本願寺で生まれる。父同寺第二十一世光勝(厳如)、母山階宮邦家親王女嘉枝宮。万延元年(一八六〇)十二月得度、大僧都になり、翌文久元年(一八六一)二月僧正、同三年十二月大僧正に任じた。明治元年(一八六八)二月、新政府の奥羽征討軍軍費調達を命ぜられ、近江・東海地方の門徒へ勧募行脚した。同三年二月北海道開拓を委託され、資金調達を重ねつつ渡道、新道切開・農民移植・教化普及に努め、札幌別院を建てた。同五年九月には石川舜台・成島柳北・松本白華らを随え欧州視察に密行し、教団近代化への知見を深めた。同二十二年十月東本願寺二十二世を継ぎ、同二十八年四月には現存の本堂・御影堂の再建を落成した。同四十一年十月職を法嗣光演に譲り隠居。大正十二年(一九二三)二月八日没。七十二歳。法名荘厳光院現如。

参考文献　『現如上人略伝』、常光浩然「大谷光瑩」(『明治の仏教者』上所収)、多屋弘『東本願寺北海道開拓史』　(柏原　祐泉)

おおたにこうえん　大谷光演　一八七五―一九四三　明治後期から昭和時代前期にかけての僧侶。真宗大谷派(東)本願寺二十三世法主。二十二世光瑩(現如)の次子として明治八年(一八七五)二月二十七日生まれる。幼名光養麿、法名彰如、諱光演、諡は無量光院、号は句仏・愚峰・春坡・獅子窟上人。同三十一年清沢満之(まんし)らの宗門改革に呼応し、弟瑩亮と東京へ行き、浅草別院にとどまる。三十三年仏骨奉迎正使としてシャムに渡る。翌年、大谷派副管長。四十一年父隠退により法主に就任。四十四年宗祖六百五十回忌を勤修、書院・門などを建造。鉱山事業などに失敗し、多額の負債をつくり、大正十四年(一九二五)職を長子光暢に譲る。趣味ひろく特に俳句をよくし高浜虚子・河東碧梧桐につく。句集『夢の跡』『我は我』『句仏句集』などがある。雑誌『懸葵』を主宰。画を幸野楳嶺・竹内栖鳳に学ぶ。昭和十八年(一九四三)二月六日東京池上にて死去。六十九歳。

参考文献　沼夜濤『句仏上人』　(千葉　乗隆)

おおたにこうずい　大谷光瑞　一八七六―一九四八　明治後期から昭和時代前期の僧侶、探検家。真宗本願寺派(西)本願寺二十二世宗主。二十一世光尊(明如)の長男として明治九年(一八七六)十二月二十七日生まれる。幼名峻麿、法名鏡如、諱光瑞。諡は信英院。貞明皇后の姉九条壽子と結婚。同三十六年父死去し継職、ときに西域探検のためインドに滞在中。宗主就任後も探検を続行させ、また中国・インド・西欧などを巡遊。六甲に別邸二楽荘をたて、探検収集品の整理研究、英才教育の学校、園芸試験場、測候所、印刷所などを併置。宗主としては教団の近代化につとめ、日露戦争には多数の従軍布教使を派遺。大正三年（一九一四）、負債および疑獄事件のため隠退。以後は著述・講演と事業に精力を傾注。光寿会・光瑞会・三夜倶楽部などを結成。『大乗』誌刊行。中国の孫文政府の最高顧問。太平洋戦争中は内閣参議・内閣顧問。昭和二十三年（一九四八）十月五日大分県別府で死去。七十三歳。『大谷光瑞全集』全十三巻がある。

参考文献 鏡如上人七回忌法要事務所編『鏡如上人年譜』、『本願寺史』三　（千葉　乗隆）

おおたにこうぞう　大谷幸蔵　一八二五―八七　幕末・明治時代前期の蚕種商人。文政八年（一八二五）五月、信濃国更級郡羽尾村（長野県埴科郡戸倉町）の農民大谷己代蔵の子として出生。紬の江戸販売で致富し、大黒屋と称す。明治二年（一八六九）松代商法会社頭取となる。商社札で蚕種を買い占めるが、相場暴落のため商社札の信用を失墜せしめ、同三年の松代騒動の際真っ先に焼打にあった。十三年にかけて四回イタリアへ渡り、蚕種輸出のために尽力、二十年四月六日死去。六十三歳。

参考文献 尾崎章一『蚕界偉人大谷幸蔵』、吉永昭「松代商法会社の研究」（『社会経済史学』二三ノ二）　（石井　寛治）

おおたにこうそん　大谷光尊　一八五〇―一九〇三　明治時代の僧侶。真宗本願寺派（西）本願寺二十一世宗主。二十世光沢（広如）の五男として嘉永三年（一八五〇）二月四日生まれる。幼名を峩君、法名明如、諱光尊、字子馨、六華・楳窓と号す。諡は信知院。明治四年（一八七一）宗主に就任、同三十六年まで在職。この間、維新の変革期にあたり、本願寺の道標を明示し、近代教団の基盤を確立。大教院における神道を中心とする仏教再編成の企に、島地黙雷の提案をいれ、諸派にはかり、八年大教院より分離。これは信教自由運動へと発展する。九年以来宗規・寺法の改革に着手し、本末制を整理し触頭制を廃止す。十二年北畠道竜の進言により寺務所の東京移転を計るも失敗。翌十三年集会規則を発布し、末寺住職の宗政参加を認む。十九年護持会財団を設け資金調達の機関とし、三十三年慈善会財団を設立し社会教化・社会事業の推進に資す。三十六年一月十八日没。五十四歳。

参考文献 明如上人伝記編纂所編『明如上人伝』、『本願寺史』三　（千葉　乗隆）

おおたにたけじろう　大谷竹次郎　一八七七―一九六九　明治・大正・昭和三代に君臨した演劇映画の興行師。明治十年（一八七七）十二月十三日京都に生まれ、双生児の兄松次郎とともに芝居の仲売りから出発、同二十九年十八歳で阪井座の金主となり、三十五年兄と松竹合名社を創立、新派の静間小次郎と結んで「静間演劇」をおこした。三十九年南座を得て京都劇壇を制圧、四十三年単身上京して新富座・本郷座をつぎつぎに買収、数年のうちに歌舞伎座・明治座・市村座を手に入れてほとんどの歌舞伎俳優を掌握した。さらに大正九年（一九二〇）松竹キネマ合名社を創立、浅草の大衆演劇にも進出、昭和五年（一九三〇）には帝国劇場をも併合し、文楽をも経営、独占企業化に成功した。のち東宝がこれに対抗するが、水ものだった演劇興行を近代企業化したことは画期的である。ことに関東大震災、第二次世界大戦の二度の災害にあって経営を維持し、伝統演劇を守りつづけた功は大きい。同三十年文化勲章、四十二年勲一等を受けた。昭和四十四年十二月二十六日、九十二歳で没。

参考文献 脇屋光伸『大谷竹次郎演劇六十年』、田中純一郎『大谷竹次郎』（『一業一人伝』）、渡辺喜恵子『京おとこ大谷竹次郎物語』、村松梢風『松竹兄弟物語』、百人が語る巨人像・大谷竹次郎刊行会編『百人が語る巨人像大谷竹次郎』　（河竹登志夫）

おおたによねたろう　大谷米太郎　一八八一―一九六八　昭和時代の実業家。明治十四年（一八八一）七月二十四日石川県礪波郡正得村（富山県小矢部市）に生まる。次兵衛・いとの長男。刻苦力行して一代で大谷重工業を創設し、昭和十五年（一九四〇）同社長、同二十七年星製薬社長、二十八年大谷製鋼所社長。太平洋戦争後、東京赤坂の広大な旧皇族邸庭園の荒廃を惜しんで買い取り、保存したが、東京オリンピックを機にその地にホテル・ニューオータニを建設、会長に就任、日本の豪華大ホテル建設時代の口火を切った。四十三年五月十九日没。八十六歳。

参考文献 日本経済新聞社編『私の履歴書』三七　（大江志乃夫）

おおたみずほ　太田水穂　一八七六―一九五五　大正・昭和時代の歌人。本名は貞一、別号はみづほのや。明治九年（一八七六）十二月九日、長野県筑摩郡原新田村（塩尻市）に父億五郎、母くりの三男として生まれた。同三十一年、長野県師範学校卒業。県下の教員生活十年を経て、上京後は日本歯科医学校に倫理学を講じた。大正四年（一九一五）歌誌『潮音』を創刊し、没するまで四十年間主宰したが、その間、妻みつ（女流歌人四賀光子）の協力が大きい。大正時代後半に友人と芭蕉研究に励み、その歌風にも芭蕉の影響を受け、歌集『雲鳥』（大正十一年刊）、同『冬菜』（昭和二年刊）などの作に見るように、象徴的な歌風に移った。戦後は日本芸術院会員となり、活発に作歌を続けたが、昭和三十年（一九五五）一月一日、自宅で死去した。七十八歳。鎌倉東慶寺に葬られた。歌誌『潮音』は嗣子青丘が継承。著作に、『つゆ艸』（明治三十五年刊）から『老蘇の森』（昭和三十年刊）まで十点の歌集と、歌論『短歌立言』（大正十年刊）、研究『芭蕉俳諧の根本問題』（同十五年刊）、『日本和歌史論』中世篇（昭和二十四年刊）などがある。また山崎敏夫編『明治文学全集』六三に作品が収められ、『太田水穂全集』全十巻（昭和三十二年）もある。

参考文献 太田青丘『太田水穂』、同『太田水穂研究』　（新間　進一）

おおつかたけまつ　大塚武松　一八七八―一九四六　明治から昭和時代前期にかけての歴史学者。明治十一年（一八七八）八月二日山口県岩国に生まれる。同三十六年東京帝国大学文科大学史学科を卒業。外務省の『大日本外交文書』編纂に従事、同四十四年六月維新史料編纂会の設置とともに文部省に転じ、その常置委員となり、のちに維新史料編纂官に任じ、昭和十五年(一九四〇)六月退官。ついで上智大学教授となった。同二十年に戦災にあい、多年集めた史料を失い、翌二十一年十二月五日故郷に没した。六十九歳。この間、史局においては主として『大日本維新史料』『維新史料綱要』の編纂を担当し、『概観維新史』の執筆を主宰した。また京都帝大・東京文理科大学に出講して幕末史を講じ、昭和三年には英・仏に出張して外交文書を調査し、多大の成果を収め、幕末史の研究に新生面を開き、後進の養成に貢献するところが大きかった。著書に『幕末外交史の研究』がある。 (藤井 貞文)

おおつかひさお 大塚久雄 一九〇七―九六 昭和時代の経済史家。明治四十年(一九〇七)五月三日、大塚英太郎の次男として京都市に生まれ、京都府立第一中学校、第三高等学校を経て、昭和五年(一九三〇)に東京帝国大学経済学部を卒業。同大学助手、法政大学講師・助教授・教授を経て同十四年に東京帝国大学に復帰、講師・助教授・教授を歴任、四十三年に東京大学を停年退官、名誉教授の称号を受けた。四十五年、国際基督教大学教授、五十三年停年、引き続き客員教授として六十年まで在職。主として経済史を講じ、昭和二十六年経済学博士、三十八年日本学術会議会員、四十四年から日本学士院会員。経済史研究および社会科学方法論における功績により四十五年度朝日賞を受賞、五十年に文化功労者、平成四年(一九九二)文化勲章を受章。平成八年七月九日東京都練馬区石神井台の自宅で没。八十九歳。所沢聖地霊園(埼玉県所沢市下新井)に眠る。社会科学者であると同時に内村鑑三・矢内原忠雄の講莚に連なった無協会キリスト者として生涯を全うした。その比較経済史研究(「大塚史学」)は、国際的な通説を批判し、欧米資本主義成立の基本線を商業の発達一般でなく「農村工業」を基盤とする「中産的生産者層」の独立自由な発展に求める「小生産者的発展説」を提唱して、その根拠と意義を「前期的資本」「共同体」「局地的市場圏」「国民経済」「近代化の人間的基礎」など、多面的に解明した。その骨格は戦前・戦中の「暗い谷間」に形成され、明治以降の日本経済の発展と人々の思考・行動様式の特徴を理解するために世界史的な批判的比較の座標を設定しようという問題意識から「日本人の目で」欧米近現代の歴史的起点を凝視し、分析の概念や枠組を自前で開発してパラダイムの転換を促した。その業績はわが国における西洋経済史研究を自立した学問として確立し、広く「市民社会」派の人々を啓蒙した。大塚は社会や歴史を捉えるには経済や政治だけでなく理念・思想・宗教を含む文化諸領域の重みを考慮すべきことを強調し、「マルクスとヴェーバー」を中心に「社会科学の方法」、とりわけ「社会科学における人間」の再検討を課題とした。その際、「南北問題」(低開発国の自立)と「意味喪失の文化」(心の貧しさ)を「現代の問題」の核心とみる観点から、物資的な豊かさの追及に努力を集中してきた「経済学の文化的限界」を超え、西洋先進諸国の最盛期の経験をもとにした従来の社会科学を超える「一般理論」の構築を日本の学問の急務とした。アジア文化圏に位置して西洋文明を受容・変容し「経済大国と談合的文化」の共生態を形成した日本、高度経済成長の裏側で「心の貧しさ」を経験した「日本人の眼」が「一般理論」の形成に貢献できるというのである。主要著書に、『株式会社発生史論』、『近代欧洲経済史序説』、『近代資本主義の系譜』、『近代化の歴史的起点』、『近代化の人間的基礎』、『共同体の基礎理論』、『欧洲経済史』、『国民経済 その歴史的考察』、『社会科学の方法―ヴェーバーとマルクス』(『岩波新書』)、『社会科学における人間』(同)、『生活の貧しさと心の貧しさ』、『意味喪失の時代に生きる』、『歴史と現代』(『朝日選書』)、『社会科学と信仰と』、『大塚久雄著作集』(全十三巻)、*The Spirit of Capitalism-The Max Weber Thesis in an Economic Historical Perspective* など。

参考文献 上野正治『大塚久雄著作ノート』、同「大塚久雄著作ノート」補遺・Ⅲ―Ⅵ(『茨城キリスト教短期大学紀要』七・九・十・十六・二十七)、田村光三編『大塚久雄―キリスト者・社会科学者』、大塚久雄教授演習同窓会(ヨーマン会)編『師・友・学問―ヨーマン会の半世紀―』、E・シュレマー「近代工業社会成立にかんする一般理論への道?」(『社会経済史学』四十九ノ四)、関口尚志「大塚史学と現代」(『学士会会報』八・四)、小林昇他「追悼・大塚久雄」(『みすず』四二六)、大内力他「大塚久雄先生追悼」(『経友』一三六) (関口 尚志)

おおつかやすじ 大塚保治 一八六八―一九三一 明治後期から昭和時代前期の代表的美学者。明治元年(一八六八)上野国勢多郡筅井(うつぼい)村(前橋市)に生まれる。旧姓小屋、夫人は歌人大塚楠緒子。同二十四年、帝国大学哲学科を卒業し、さらに大学院に学び、二十九年から四ヵ年独・仏・伊などに留学して研鑽を深めた。帰国後は東京帝国大学美学講座初代の主任教授に就任、三十四年文学博士の学位をうけ、以後明治・大正・昭和と三十年にわたり、後進を指導育成するとともに、わが国斯学の基礎を確立した。昭和四年(一九二九)停年退官、名誉教授となり、同六年三月二日病没。六十四歳。東京府北豊島郡雑司ヶ谷墓地に葬られる。その美学の立場は、初期においてはおおむね経験的、科学的美学、特に心理学的、社会学的方法に重点をおいたが、後年にはディルタイの精神科学の概念やフッサールの現象学的方法に関心を示しつつ、一種の類型学的見地に赴いた。若干の論文のほか著書はなく、在任中は講義に専念、それらはすべて『大塚博士講義集』二巻に収められている。 (山本 正男)

おおつきしゅんさい 大槻俊斎 一八〇四―六二 江戸

時代後期の蘭方医。名は肇（ただし）、字は仲敏、俊斎は通称、弘淵と号す。文化元年（一八〇四）陸奥国桃生郡赤井村（宮城県桃生郡矢本町赤井）に生まれる。医師を志して十六歳の時医師沸谷氏の養子となったが、間もなく生家に戻る。文政四年（一八二一）江戸に出て、川越藩医官高橋尚斎の学僕となり医学を学んだ。さらに水戸藩の支封である長沼藩医官手塚良仙に師事して医学の勉学に励むかたわら、蘭学者湊長安を通じて足立長雋の門にはいり、蘭学・オランダ医学をも学んだ。江戸滞在十余年の間に高野長英・小関三英・渡辺崋山らと交際して大いに知識をひろめた。天保八年（一八三七）長崎に遊学し蘭医方の研鑽に努める一方、西洋式砲術、兵式をも学んだ。同十一年江戸に帰り、下谷練塀小路で医業を開き、良仙の推挙により長沼侯医官となった。また仙台侯侍医に迎えられて江戸藩邸に出仕した。翌年再び長崎に遊んで牛痘接種法を学び、牛痘苗を得て江戸伊勢屋の子幾次郎に接種して成功した。これが江戸における種痘の最初で俊斎の名声は一時に高まったという。安政元年（一八五四）セリウスの外科書から銃創療治の要領を抄訳して『銃創瑣言』一冊を著わし、西洋医学の銃創治療法を初めて紹介した。しかし嘉永二年（一八四九）漢方医の要請に応じて幕府は外科・眼科を除く蘭方禁止令、蘭書翻訳取締令を発していたため、『銃創瑣言』の刊行は困難を極めた。俊斎は伊東玄朴ら同志を糾合して安政五年神田お玉ヶ池に私設種痘所を設け、蘭方医学の擁護とその発展を図り、漢方医の圧迫に対抗する拠点とした。時代の趨勢は如何ともし難く、牛痘法の成功は漢方を凋落せしめるのに力があり、万延元年（一八六〇）種痘所は幕府直轄となり、俊斎はその初代頭取に任じられた（種痘所はその後多くの変遷を経て、現在の東京大学医学部となる）。文久二年（一八六二）四月九日没。五十九歳。江戸駒込摠禅寺に葬られたが、のち同寺の移転により改葬され、現在墓は豊島区巣鴨五丁目の同寺墓地にある。

参考文献　青木大輔『大槻俊斎』　（大島蘭三郎）

おおつきじょでん　大槻如電　一八四五―一九三一　明治・大正時代の学者。名は清修、字は念卿、通称修次・分（まくり）・修二。如電・玩古道人・活漁人・天笑子と号す。弘化二年（一八四五）仙台藩儒者大槻磐渓の次男として江戸に生まれる。家学を父に受け、また幕府の儒官林家に入門し、仙台藩校養賢堂に学び、保田光則につき国学も修めた。養賢堂の句読師となり、慶応二年（一八六六）家を相続し大番組に入り、砲術指南役を勤め、維新後東京に出て、明治四年（一八七一）海軍兵学寮の皇漢学教官、さらに文部省で字書取調掛・教科書編纂・漢字制限調査などを担当したが、同七年辞官、翌年家督を弟文彦に譲り、以後在野の学者として和漢洋の学から文芸・音楽・舞踊などまで博学多才をもって文苑に活動し、大正期には演芸矯風会・六書会・同愛社などを起こした。昭和六年（一九三一）一月十二日、日暮里で病死。八十七歳。芝高輪東禅寺に葬られた。著書『日本教育志』『日本地誌要略』『国史要略』『駅路通』『古器用考』『舞楽図説』などがあるが、特に『洋学年表』（明治十年刊、昭和二年『（新撰）洋学年表』として増補刊行）は洋学史研究の基本書として広く用いられている。　（伊東多三郎）

おおつきばんけい　大槻磐渓　一八〇一―七八　江戸時代後期の儒者、砲術家。名は清崇、字は士広、通称は平次、磐渓はその号。仙台藩医蘭学者大槻玄沢の第二子。享和元年（一八〇一）五月十五日江戸木挽町（中央区東銀座）に生まれる。はじめ岡山藩儒者井上四明に師事し、ついで十六歳のとき昌平坂学問所に入門、松崎慊堂に学んだ。文政十年（一八二七）東海・畿内を歴遊、父の死にあいいったん帰府したが、同十一年七月蘭学修業のため長崎に赴いた。しかしシーボルト事件がおこったため、翌年十一月志をとげずに江戸に戻った。天保三年（一八三二）藩の儒員に挙げられ、以来儒学に専心し、文章家として名をなした。同十二年五月旧友高島秋帆の徳丸原における砲術演練を見学、これより西洋砲術を志し、高島の門人大塚蜂郎の門に入り、のち江川塾で学び、藩士の調練にあたった。嘉永二年（一八四九）イギリス艦隊渡来の噂がおこるや、『献芹微衷』を著わし、ロシアと提携してイギリスにあたるべきことを説き、また米艦隊渡来の際は幕府に上書して開国論を主張した。文久二年（一八六二）仙台に移り、藩校養賢堂の学頭となったが、学制の改革をはばまれ、翌三年辞職した。明治元年（一八六八）奥羽諸藩が連合挙兵した際、主戦論を唱え、執政但木土佐を助けて種々画策したが、こと破れて下獄した。のち許されて同四年東京に出、文雅風流を友として明治十一年六月十三日病没した。七十八歳。芝高輪の東禅寺に葬られる。

参考文献　大槻茂雄編『磐渓先生事略』、大槻文彦『磐翁年譜』　（佐藤　昌介）

おおつきふみひこ　大槻文彦　一八四七―一九二八　明治・大正時代の国語学者、史伝家。幼名復三郎、諱清復、字文彦、仮名の舎・秋萍居士・復軒と号す。弘化四年（一八四七）十一月十五日江戸木挽町（東京都中央区銀座）に生まれた。父は清崇、磐渓と号したが、その第三子にあたり、兄に修二（号、如電）がある。幕府の蕃書和解方でもあった祖父磐水にならって洋学を志し、家学を受けた後、文久二年（一八六二）幕府の開成所に入り英学・数学を修め、慶応二年（一八六六）には洋学稽古人を命じられた。翻訳に従事する一方、横浜に出て米国人に就いて英語を研修した。幕藩制瓦解の後、一時潜伏したが、明治三年（一八七〇）には東京に出て大学南校に入り英学・数学を修め、同四年箕作秋坪の私塾三叉学舎の塾長となった。五年十月文部省出仕となり、『英和対訳辞書』の編輯に従い、この後文部省関係の事業として、教科書の編輯、宮城師範学校長就任、『日本辞書』の編輯、宮城県尋常中学校長就任、国語調査委員会主査委員就任などがつづき明治末年に及んだ。その間、三十二年に文学博士となり、四十四年には帝国学士院会員に推され、『言海』の補訂に従っていたが、昭和三年（一九二八）二月十七日、八十二歳で死去した。法名言海院殿松陰文彦居士。墓所は品川区の東禅寺山内。国語学の方面では、『日本辞書言海』と『広日本文典』および『口語法別記』が代表的名著である。いずれも、西洋言語学の影響の濃いものであるが、『言海』は体例のととのったものであり、語学的にみてきわめて良心的な辞書として成功したものである。『広日本文典』は和洋折衷の穏健な文法書としてその時代の定評を得、『口語法別記』は歴史的地理的考察の周到を以て貢献するところが多い。史伝として『万国史略』『羅馬史略』『伊達騒動実録』があり、地誌や洋学関係書の校訂にも従事したが、明治三十五年刊の論集『復軒雑纂』に収められたところによると、仮名文字論者としての論説も多く、晩年の国語学者・辞書編纂家とは異なる。文明開化時代の清新の気概が感じられる。

参考文献 『国語と国文学』五ノ七（大槻大矢両博士記念）、大槻清彦校閲・山田俊雄編輯『図録（日本辞書）言海』
（山田 俊雄）

おおつきぶんぺい 大槻文平 一九〇三―九二 昭和時代の経営者、財界人。明治三十六年（一九〇三）九月二十七日、宮城県伊具郡丸森町に父胞治・母ちよの長男として生まれ、昭和三年（一九二八）東京帝国大学法学部を卒業、三菱鉱業に入社した。主に労務・総務を担当、戦後石炭産業が斜陽化すると大幅人員整理を推進し「人切り文平」の異名をとった。三十八年社長、四十八年三菱セメント・豊国セメントと合併し三菱鉱業セメント（現三菱マテリアル）と改称、五十一年会長、六十一年相談役となる。五十四年から五年間三菱グループ「金曜会」の世話人代表。五十年日経連副会長、五十四年から八年間会長を務め、「ハンブルライフ」（つましい生活）を唱え「生産性基準原理」に基づき賃上げ抑制を貫き、六十一年これを批判した五島昇らを謝罪させた。五十六年臨時行政調査会（第二次臨調）顧問、六十二年臨時行政改革推進協議会（新行革審）会長となる。平成四年（一九九二）八月九日没。八十八歳。著書に『私の三菱昭和史』がある。
（高村 直助）

おおつじゅんいちろう 大津淳一郎 一八五六―一九三二 明治から昭和時代前期にかけての政治家。安政三年（一八五六）十二月二十三日常陸国多賀郡（茨城県日立市川尻町）に生まれる。号は北州、また鈴山。明治十二年（一八七九）『茨城新報』編集長となり、このころより政治運動にたずさわり、十三年興民公会（一に興民会）を組織、愛国社大会に参加、国会開設を請願した。十四年『茨城日日新聞』を創刊、翌年同県会議員に選ばれ山岳党の首領となり、十六年立憲改進党に加わったが、十八年同県兵事課長に任ぜられ、のち議事課長に転じ、二十三年一月辞して東北物産会社を設立して社長となり、同年の第一回衆議院議員総選挙以来、第二回（明治二十五年）、第十・一回（同四十五年）を除き、第十五回（大正十三年）まで前後十三回同県より衆議院議員に当選した。立憲改進党以後、進歩党・憲政党・憲政本党・立憲国民党・立憲同志会を経て憲政会に属し、その総務・顧問などに任じ、昭和二年（一九二七）貴族院議員に任ぜられ、同成会に属し、立憲民政党の相談役・顧問を歴任した。その間、大正四年（一九一五）大蔵省副参政官・文部省参政官に任ぜられた。『大日本憲政史』（昭和二年・三年）『帝国憲政と道義』（明治四十五年）、『日本官吏任用論』『経世論』『中間小集』『涙痕集』などの著書がある。昭和七年一月二十九日没。七十七歳。

参考文献 衆議院事務局編『衆議院議員略歴』、木戸照陽『日本帝国国会議員正伝』、宮武外骨・西田長寿『新聞雑誌関係者略伝』一〇（『日本古書通信』三三ノ八）
（林 茂）

おおてたくじ 大手拓次 一八八七―一九三四 大正時代の詩人。明治二十年（一八八七）十二月三日、群馬県磯部温泉の旅館鳳来館主大手宇佐吉・のぶの次男として生まれた。同三十九年高崎中学を卒業して早稲田大学に進み、このころから詩作を始め、ボードレール・サマンに傾倒した。大正元年（一九一二）、北原白秋の『朱欒（ザンボア）』に詩を発表、萩原朔太郎・室生犀星と並んで白秋門の新進となった。ライオン歯磨本舗広告部に勤めたが、昭和九年（一九三四）四月十八日病没。四十八歳。郷里の大手家墓地に葬られた。没後、詩集『藍色の蟇』（昭和十一年）、『蛇の花嫁』（同十五年）、『大手拓次全集』全五巻・別巻一（同四十六年）が上梓された。
（古川 清彦）

おおとりけいすけ 大鳥圭介 一八三三―一九一一 幕末・明治時代の政治家。天保四年（一八三三）二月二十五日、播磨国赤穂郡の一小村に生まれた。父は医師小林直輔。名は純彰、通称圭介、如楓と号した。岡山藩の閑谷学校で漢学を修め、ついで大坂の緒方洪庵について蘭学を学び、安政元年（一八五四）江戸に出て坪井忠益の塾に入り、同四年韮山代官兼鉄炮方江川英敏について兵学を修めた。慶応二年（一八六六）幕府に用いられて両番格歩兵差図役頭取勤方となり、幕兵の洋式調練にあたり、翌三年歩兵差図役頭取・歩兵頭並を経て、明治元年（一八六八）正月歩兵頭となり、二月歩兵奉行に進んだ。鳥羽・伏見の戦以来主戦論を唱えていたが、四月十一日江戸開城となるや、同志二百余人を率いて脱走、宇都宮・日光・会津で政府軍と抗戦し、さらに仙台に走り、十月海軍副総裁榎本武揚の率いる旧幕艦隊に投じて蝦夷地に逃れ、五稜郭に拠り、推されて陸軍奉行となったが、翌二年五月十八日降伏、東京に護送されて投獄された。五年正月赦されて出獄し、政府に仕えて開拓使出仕を命ぜられ、大蔵少丞を兼ねた。同年大蔵少輔吉田清成の米国差遣に随行した。七年陸軍省四等出仕を、八年工部省四等出仕を命ぜられ、ついで工部権頭兼製作頭から工部頭に進んだ。九年内国勧業博覧会御用掛を命ぜられ、十年工部大書記官に任じ、十三年再び内国勧業博覧会用掛を命ぜられ、審査部長となった。十四年工部技監に任じ、十五年工部大学校長となり、学習院長・華族女学校長を兼ねた。二十二年六月特命全権公使に任じて清国に在勤し、二十六年七月朝鮮駐劄を兼任した。賜暇帰朝中、たまたま二十七年東学党の乱が起り、清国が朝鮮に出兵したので急遽帰任、政府の訓令により清兵撤退、内政改革の実行を朝鮮宮廷に要求し、ついに日清戦争の端を作った。同年十一月枢密顧問官に任じ、三十三年男爵を授けられた。四十四年六月十五日没。年七十九。東京の青山墓地に葬る。著書に『獄中日記』『幕末実戦史』がある。

参考文献 山崎有信『大鳥圭介伝』、遠山茂樹「戊辰戦役と大鳥圭介」(高柳光寿博士頌寿記念会編『戦乱と人物』所収) (吉田 常吉)

おおとりせっそう 鴻雪爪 一八一四—一九〇四 幕末から明治時代前期にかけての宗教家。文化十一年(一八一四)正月備後に生まる。出家して清拙、のち雪爪を号とする。石見津和野大定院(曹洞宗)無底に就いて出家。弘化三年(一八四六)より大垣全昌寺に住し、大垣藩主戸田家の藩老小原鉄心と親交、国事に関心をもち黒衣宰相の観あり。安政四年(一八五七)福井孝顕寺に晋山、福井藩主松平春嶽雪爪に師事す。慶応三年(一八六七)彦根清凉寺に晋住、井伊侯の請ずる処。この年京に召されて耶蘇教取扱いについて意見を徴せらる。明治元年(一八六八)五箇条の誓文に時を同じくして戊辰の建白書を呈し神・儒・仏三教協同して外教の進出に備うべきを主張し軽率なる廃仏論を誡しむ。福井に国漢梵洋の僧学校成るも師の示す処。翌年五月教導局御用掛として東上、四年再び法教について建白し特に僧侶の噉肉蓄妻の公許を求む。同年左院の少議生に任ぜられ在官中の還俗を申し付けらる。翌五年教部省出仕を罷め大教院の院長につき、のち芝琴平神社の祠官につき神道管長となり三十七年六月十八日死去。九十一歳。東京赤坂の青山墓地に葬る。従四位に叙せらる。著書に『山高水長図記』三巻がある。

参考文献 服部荘夫『鴻雪爪翁』、小林正盛『鴻雪爪翁山雨楼詩文鈔』 (友松 圓諦)

おおにしたきじろう 大西滝治郎 一八九一—一九四五 大正・昭和時代前期の海軍軍人。特攻戦術の創始者。明治二十四年(一八九一)六月二日兵庫県の農業大西亀吉の三男に生まれ、柏原中学を経て、四十五年海軍兵学校を卒業した。少尉時代に創始期の航空隊に志望して操縦者となり、第一次世界大戦中は水上機で印度洋に行動し、その後終戦までを航空界に終始して「海軍航空育ての親」といわれ、飛行将校の信望を担った。英仏留学、航空母艦の飛行長・副長、航空隊の副長・司令などを歴任、昭和十四年(一九三九)第二連合航空隊司令官として重慶爆撃を指揮し、太平洋戦争初頭には第十一航空艦隊参謀長として南方作戦の成功に貢献した。十八年中将に進級し、十一月新設の軍需省に航空兵器総局総務局長として入り、決戦兵器である航空機の増産にあたったが、十九年十月第一航空艦隊司令長官に転出、米軍侵攻直後の比島に着任した。しかし一航艦の可動機は数十機にすぎず、苦悩した大西はかねてから抱懐していた特攻戦法の採用を決意し、十月二十五日第一隊が米空母に突入し、以後海軍航空隊は終戦に至るまで特攻を主攻撃法とした。台湾に後退した大西は、二十年五月軍令部次長に転じ最後まで徹底抗戦を主張したが、終戦を迎え、八月十六日「特攻隊の英霊に謝す」との遺書を残して自決した。五十五歳。

参考文献 故大西滝治郎海軍中将伝刊行会編『大西滝治郎』 (秦 郁彦)

おおにしはじめ 大西祝 一八六四—一九〇〇 明治時代の哲学者。操山と号す。元治元年(一八六四)八月七日、岡山藩士木全(きまた)正脩の子として生まれた。明治十年(一八七七)、叔父にあたる大西氏を継ぎ、同年、同志社英学校に入り、十四年に普通科を、十七年に神学科をおえた。同級生中の弱齢をもって俊秀の評判が高かった。同十八年一月、東京大学予備門の第三年級に編入され、半年後に文学部(翌年より文科大学)に移り哲学科に学んだ。二十二年大学院生となり、倫理学の研究に従事した。そのかたわら、二十四年九月より東京専門学校に出講し、三十一年二月まで、哲学・心理学・論理学・倫理学・美学などを講じ、その人格と学識によって学生に深い感化を与えた。その間、『六合雑誌』の編集を担当し、時評欄を設けて時事評論を展開した。二十九年、姉崎正治らとともに丁酉倫理会を組織し、また翌年には高等師範学校倫理科講師となった。三十一年二月、哲学研究のためドイツへ留学し、主としてイエーナ大学・ライプチッヒ大学に滞在し、前者ではオイケンと交わり、後者ではブントの講義をきいた。またローマ・フィレンツェなどをめぐり、広くヨーロッパ文化の吸収につとめた。そのころかれは、新設の京都帝国大学文科大学の長に内定しており、そのための学科や組織の調査をも滞欧中の仕事としていたが、三十二年健康を害して帰国、静養もかなわず、三十三年十一月二日、三十七歳をもって没した。岡山西郊の妙林寺に葬られたが、その後の再度の改葬により、現在では墓は岡山市平井山にある。なお、三十二年十一月には、羅馬字日本語書方取調委員に任ぜられている。幼時より青年期までキリスト教の影響をうけ、それは生涯にわたってかれの学問と思想を規定した。大西は、幅広い視野をもった市民的哲学者であり、その仕事は哲学・思想・文学にわたっている。哲学の分野では哲学的科学の組織化に大きな足跡をのこした。その三本の柱は西洋哲学史・論理学・倫理学であって、かれの『西洋哲学史』(明治二十八年)は、日本人自身の手に成る最初の本格的な哲学史であり、その『論理学』(同二十六年)は古今東西にわたっての論理学を集大成し、ともに長く権威的な書物であった。また倫理学には『良心起原論』(同二十三年)、『倫理学』(同二十九年)があり、理想主義の立場に立っている。思想の分野では、時事問題・宗教・芸術・教育など広い範囲にわたって活発な評論活動を行い、明治中期の国家主義的風潮やそのイデオローグである井上哲次郎らに対し、「批評心」「教育勅語と倫理説」「当今の衝突論」(いずれも同二十六年)などを書いて、倫理の自立性を主張し市民的立場を擁護した。また日清戦争後は、「社会主義の必要」(同二十九年)を説いた。文学の分野では、西欧詩学の素養を背景としてしばしば詩歌論をものし、みずからも和歌・新体詩を作った。妻は松井氏幾。『大西博士全集』全七巻(同三十六―三十七年)があり、また論稿の一部は『明治哲学思想集』(『明治文学全集』八〇、昭和四十九年)に収める。

参考文献 三枝博音『日本の観念論者』、中桐確太郎・綱島栄一郎「文学博士大西祝先生略伝」(『大西博士全集』七所収)、小野寺和子「大西祝」(『近代文学研究叢書』四所収)

（鹿野 政直）

おおぬまちんざん 大沼枕山 一八一八―九一 幕末・明治時代前期の漢詩人。名は厚、字は士寿、捨吉と称し、枕山と号した。文政元年(一八一八)三月十九日江戸下谷に誕生。十歳のとき父大沼竹渓と死別し、尾張丹羽郡丹羽村(愛知県一宮市)の叔父鷲津松隠に養われた。天保六年(一八三五)江戸に帰り、梁川星巌の玉池吟社に参じ、詩人として活躍した。のち下谷仲御徒町に下谷吟社を開き、子弟を導いて晩年に及んだ。明治二十四年(一八九一)十月一日下谷花園町暗闇坂の邸に没した。七十四歳。墓は東京都台東区谷中の瑞輪寺にある。『枕山詩鈔』その他の著書がある。

参考文献 永井荷風『下谷叢話』(『荷風全集』一五)、信夫恕軒「大沼枕山伝」(『恕軒遺稿』上所収)

（富士川英郎）

おおのただとも 多忠朝 一八八三―一九五六 大正・昭和時代の雅楽の演奏家および作曲家。明治十六年(一八八三)四月五日東京麴町区土手三番町に生まれる。父は忠古。雅楽演奏を専業とする多家の出身。宮内省雅楽部(今日の宮内庁楽部)に同三十一年三月十五日楽生として入り雅楽の実技を習得、同四十二年六月一日より楽師となり、昇進して昭和十一年(一九三六)十一月八日楽長となった。同二十一年十二月二十一日楽部を退官するまで、宮中や各地の神社などで雅楽演奏に従事した。この間洋楽の演奏活動も行い、大正十二年(一九二三)六月には報知新聞社講堂で男女学生中心のアマチュアオーケストラの演奏会を開催した。また雅楽の新作も試み、「承久楽」「悠久」「浦安」「昭和楽」「懐古」などの曲が知られる。これらは伝統的な雅楽の形式をとるもので、中には従来用いている雅楽器の他に、竽、牙琴、大篳篥、大筝などの大型の楽器を加えたものもあり注目される。楽部退官後は神社音楽協会を組織して雅楽の普及に努めた。昭和三十一年十月二十一日没。七十三歳。

参考文献 鶴橋泰三編『現代音楽大観』

（蒲生美津子）

おおののりちか 大野規周 一八二〇―八六 幕末・明治時代前期の精密器械技術者。文政三年(一八二〇)江戸に生まれる。通称弥三郎、法眼と号す。伊能忠敬の測量器械を作った弥五郎が祖父、弥三郎規行が父。尺度・分度器・時計などの製作技術に長じ、安政二年(一八五五)福井藩に技術指導のため士分として招聘された。文久二年(一八六二)幕府の留学生とともに職方としてオランダに派遣され、精密器械技術を学んで慶応三年(一八六七)帰国、海軍器械技師となった。維新後は太政官工作部出仕、ついで大蔵省造幣寮権允を勤め、明治度量衡制度の立案にも参画したらしい。明治四年(一八七一)大阪造幣寮に転じ、造幣作業の監督にあたるとともに、尺度・分銅・天びん・寒暖計・目盛器械・分度器・時計など近代度量衡の標準器機を製作した。その技術は今日に比較してもきわめてすぐれたものである。西洋精密技術の草分けといえる。同十九年十月六日没。六十七歳。造幣局近くの大阪市都島区の桜宮神社境内に顕彰碑がある。

（小泉袈裟勝）

おおのばんぼく 大野伴睦 一八九〇―一九六四 大正・昭和時代の政治家。明治二十三年(一八九〇)九月二十日、岐阜県山県郡谷合村(美山町)の素封家の四男に生まれた。父直太郎は収入役、助役、村長などを四十余年にわたり歴任。十八歳で上京、明治大学法科に入学したが、第一次憲政擁護運動に参加、政府系新聞社焼打ちに加わって逮捕されたのを機会に、退学して政友会院外団に入った。以後、東京市会議員を経て、昭和五年(一九三〇)の総選挙で岐阜より当選、この間次第に鳩山一郎に私淑。十七年のいわゆる翼賛選挙でも、翼賛政治体制協議会の推薦を受けずに立候補したが落選のうきめをみた。戦後は日本自由党結成に参加、内務政務次官を経て、二十一年六月河野一郎追放のあとをうけて自由党幹事長に就任。一年九ヵ月在任したが、二十三年九月昭電疑獄事件に関する収賄容疑で逮捕された。二十七年一月無罪確定。八月には第十四国会で衆議院議長となり、第十五国会でも議長、二十八年五月の第五次吉田内閣で国務大臣、北海道開発庁長官。三十年五月以降三木武吉との間で保守合同を画策。十一月の自由民主党結成にあたっては、鳩山一郎・緒方竹虎・三木武吉とともに総裁代行委員となり、三十二年七月、岸総裁のもとで副総裁に指名された。三十五年七月、岸辞職後の自民党総裁選挙に立候補したが形勢不利とみて辞退し、石井光次郎支持にまわったが、池田勇人のために敗れた。しかし三十六年七月には再び副総裁に復帰、三十七年十二月には池田首相の親書をたずさえて韓国を訪問。日韓会談促進につくした。三十九年五月二十九日死去。七十三歳。著書に『伴睦放談』『大野伴睦回想録』がある。

参考文献 大野伴睦先生追想録刊行会編『大野伴睦―小伝と追想記―』

（古屋 哲夫）

おおばいわお 大場磐雄 一八九九―一九七五 大正・昭和時代の考古学者。明治三十二年(一八九九)九月三日東京に生まれる。谷川利一・たかの三男。昭和三年(一九二八)母方大場家を相続、改姓。大正十一年(一九二二)国学院大学大学部国史学科卒業後、内務省神社局嘱託として神社に関する調査考証にあたり、かたわら国学院大学講師を兼務する。その間考古学的立場から古代祭祀関係遺跡・遺物を研究し、日本考古学の中に神道考古学という一分野を開拓した。昭和二十三年「祭祀遺跡の研究」で文学博士の学位を受け、同二十四年より国学院大学教授となる。同四十五年定年により客員教授。その間同四十四年から四十六年まで日本考古学協会委員長、同四十七年より文化財保護審議会専門委員をつとめる。主要著書に『日本考古学概説』『考古学』『神道考古学論攷』『まつり』『祭祀遺蹟—神道考古学の基礎的研究—』『大場磐雄著作集』全八巻があり、ほかにも著書・論文四百篇以上がある。昭和五十年六月七日没。年七十五。渋谷区幡ヶ谷清岸寺の大場家墓地に葬る。

参考文献 大場磐雄先生記念事業会編『楽石大場磐雄先生略年譜幷著作論文目録』、『信濃』二七ノ一〇(大場磐雄先生追悼号)、「大場磐雄博士追悼記事」(『国史学』九七)　(乙益 重隆)

おおばかこう　大庭柯公　一八七二—?　明治・大正時代の新聞記者。名は景秋。明治五年(一八七二)七月二十七日山口県豊浦郡長府町(下関市長府)の大庭景明・とき子の三男に生まれ、九歳の時上京。父に死なれ太政官の給仕となって苦学し、長谷川二葉亭とともに古川常一郎に露語を学び、二十九年ウラジオストックへ渡航、三十一年善通寺師団露語教師から参謀本部通訳官、外務省海外派遣員を経て、三十七年通訳官として日露戦争に従軍、三十九年『大阪毎日新聞』に入社し海外に特派、のち『東京日日新聞』に転じ、四十四年退社、『外交時報』を主宰。大正三年(一九一四)六月『東京朝日新聞』に入社、七月露都特派員として露軍に従軍、七年退社し雑誌『我等』に参画、また黎明会・社会主義同盟に加入、八年『読売新聞』編集局長となったが、十年五月みずから露都特派員を希望、十月モスクワ着以後消息を絶った。処刑説もあるが確証はない。その後十三年十一月カラハンを通じ、ソ連外務省より大庭の遺留金として四三チェルウォネッツが遺族に回送され、もはや生存せざるものとして、翌年一月東京原宿妙円寺で仮葬儀が営まれた。著書に『露国及露人研究』などがあり、『柯公全集』全五巻も刊行されている。

参考文献『柯公追悼文集』(『柯公全集』別巻)、久保田栄吉『赤露二年獄中生活』　(清水 三郎)

おおはしいちぞう　大橋一蔵　一八四八—八九　明治時代前期の士族反乱の指導者。名は漬賓、晏如または北溟と号した。嘉永元年(一八四八)、越後国蒲原郡下島村(新潟県見附市)の豪農の家に生まれる。若くして江戸に出て大橋訥庵の門に学んだ。明治元年(一八六八)前原一誠が越後府判事となった関係から一蔵は彼のもとに出入りするようになり、のち、下野した前原を、友人益田静方とともにたびたび訪問して新政府への不満を語り合った。同九年萩の乱がおこると、これに呼応して同志を集め、郷里で事を起そうと計画したが失敗して自首し、終身刑の宣言を受けたが、まもなく特赦により出獄した。その後、弥彦塾なる私立学校を開き、尋常中学校の認可を受け校長となった。同十九年辞任して北海道開拓事業に専念。二十二年憲法発布の当日、東京で交通事故により重傷を負い、同年二月十三日死去した。四十二歳。

参考文献 黒竜会編『西南記伝』　(鳥海 靖)

おおはしさへい　大橋佐平　一八三五—一九〇一　明治時代の実業家、博文館創業者。天保六年(一八三五)十二月二十二日越後長岡の町人渡辺又七、母与瀬の次男に生まれ、のち大橋家を嗣ぐ。明治維新ののち越後府御用係として学校創設などに努力したのち、明治十四年(一八八一)に北越新聞社・越佐毎日新聞社を創設したのにつづいて、同十九年に上京し、翌年に博文館を開業した。最初に刊行した『日本大家論集』が主要な雑誌の重要な論説を集めたものであったことが成功して各号とも版をかさね、『日本之教学』『日本之女学』『日本之商人』(以上明治二十年)、『日本之殖産』『日本之法律』『日本之時事』(同二十一年)など領域を分けた雑誌を各種刊行して二十年代の雑誌王国を形成した。それらを整理して二十八年に創刊した『太陽』『少年世界』『文芸倶楽部』はそれぞれ明治を代表する総合雑誌・少年雑誌・文芸雑誌としての声価をかち得た。単行本の領域でも『日本文学全書』『日本歌学全書』『日本法典全書』などの大冊ものから懐中日記に至るまで創意にあふれる企画を相ついで実現した。また大橋佐平の功労は出版だけにかぎられず、通信社として内外通信社(二十七年創業)、洋紙専門店として博進社(三十年、当初は博進堂)、印刷会社として共同印刷(三十一年、当初は博文館印刷所)を興し、書籍取次業の東京堂とも深い関係をもって、出版コンツェルンの観を呈して明治の文化に貢献した。晩年に当時私立図書館としては最高の蔵書数を誇った大橋図書館を設立し、明治三十四年十一月三日東京麹町の自宅に没した。六十七歳。日暮里養福寺に埋葬。法名如実院殿唯心一阿居士。

参考文献 坪谷善四郎『大橋佐平翁伝』、同『博文館五十年史』　(荒瀬 豊)

おおはししん　大橋慎　一八三五—七二　幕末・維新期の土佐国高知藩陪臣。天保六年(一八三五)に生まれる。高知藩山内氏の家老深尾鼎の臣で、はじめ橋本鉄猪と称した。父は懐徳。勤王党に参加して国事に奔走、元治元年(一八六四)八月十四日同志数名と脱藩して萩藩に身を寄せ、さらに大坂や大和十津川に転転潜伏、そのころ名を大橋慎三と改めた。慶応二年(一八六六)京都に潜入して水戸浪士香川敬三らと結び、岩倉具視の知遇を受けて討幕運動に参画、同三年十二月侍従鷲尾隆聚を擁して高野山に屯集し大坂城牽制の役をつとめた。鳥羽・伏見の戦後京都に帰還、慎三の名を慎と改めた。維新政府に仕えて開拓使判官・式部権助・太政官大議生などを歴任、しばしば策を岩倉具視に献じ、その将来を期待されたが、明治五年(一八七二)六月二日三十八歳で病死した。贈従四位。

参考文献　寺石正路『土佐偉人伝』、瑞山会編『維新土佐勤王史』、田尻佐編『贈位諸賢伝』一　（平尾　道雄）

おおはししんたろう　大橋新太郎　一八六三―一九四四　明治から昭和時代前期にかけての実業家。文久三年(一八六三)七月二十九日大橋佐平の三男として越後長岡に生まれた。母は松子。中村敬宇の同人社で学んだのち博文館を父佐平とともに経営した。博文館創業の『日本大家論集』の内容を決定したのも新太郎だったといわれ、佐平が奔放な事業欲を発揮するのに対して新太郎は採算の実を考えて成功にみちびいたと評される。明治三十二年(一八九九)東京商業会議所議員に当選した。大正十五年(一九二六)貴族院議員に勅選され、昭和十九年(一九四四)五月五日没。八十二歳。

参考文献　坪谷善四郎『博文館五十年史』　（荒瀬　豊）

おおはしとつあん　大橋訥庵　一八一六―六二　幕末の儒者。名は正順、字は周道、通称は順蔵、訥庵はその号である。長沼流兵学者清水赤城の第四子。文化十三年(一八一六)江戸飯田町に生まれる。文政十二年(一八二九、十四歳)信州飯山に赴き、一族の飯山藩士酒井義重の養子となる。天保六年(一八三五、二十歳)江戸に留学、同八年佐藤一斎の門に入った。のちゆえあって養家を辞し、旧姓に復した。同十二年江戸の豪商大橋淡雅の養子となり、養父の郷里宇都宮藩の士籍を得、藩侯の侍講をつとめ、かたわら思誠塾を開いて子弟の教育にあたった。その学風は、はじめ師佐藤一斎の感化により陽明学的色彩が濃かったが、のちもっぱら朱子学を尊奉、祖述した。熱狂的な排外主義者で、嘉永五年(一八五二)から六年にかけて『闢邪小言』を著わし、西洋学術の批判・排撃につとめた。同六年米艦隊の渡来に際し、幕府に上書して徹底的な攘夷を主張し、『隣疝臆議』を著わして徳川斉昭に攘夷の決行をせまり、あるいは『元寇紀略』を著わして攘夷精神を鼓舞した。安政二年(一八五五)の大地震を機に、一時江戸郊外の小梅村に隠栖したが、大老井伊直弼の条約違勅調印に憤激して再び国事に奔走、桜田門外の変以後は志士の間に隠然たる勢力をもつようになった。文久元年(一八六一)七月幕府の和宮降嫁奏請の報が伝えられると、公武合体に反対して王政復古の策論を密奏し、また水戸藩激派とともに日光宮擁立による攘夷の大号令渙発を策した。しかしいずれも失敗に終ったため、水戸藩激派の老中安藤信行襲撃策に合流した。しかし坂下門外の変に先立つ三日前の文久二年正月十二日に捕われて伝馬町の獄舎に投ぜられ、同年七月七日出獄を許され宇都宮藩に預けられたが、同十二日に病死した。時に四十七歳。谷中(台東区)の天王寺に葬られる。『大橋訥庵先生全集』全三巻がある。

参考文献　寺田剛『大橋訥庵先生伝』　（佐藤　昌介）

おおばじろう　大庭二郎　一八六四―一九三五　明治・大正時代の陸軍軍人。元治元年(一八六四)六月二十三日山口藩士大庭此面の長男として生まれる。明治十九年(一八八六)陸軍士官学校第八期歩兵科士官生徒として卒業、二十五年中尉のとき陸軍大学校を優等で卒業した。爾後長州閥の寵児として特進し、陸大兵学教官、近衛歩兵第二連隊長、参謀本部課長などを歴任し、この間日露戦争では、中佐をもって第三軍の参謀副長として、旅順攻囲の作戦に任じたが、この作戦の失敗によって、後備第二師団参謀長に左遷された。四十二年十二月戸山学校長に補せられ、翌年十一月少将に昇進した。大正元年(一九一二)八月陸軍歩兵学校新設に際して、同校校長兼戸山学校長となった。二年三月歩兵第十一旅団長、四年二月中将に進み、第三師団長、九年八月朝鮮軍司令官に転補、同年十二月に大将となった。そののち軍事参議官を経て十二年三月教育総監に栄転した。十五年三月に予備役に入り、昭和十年(一九三五)二月十一日に没した。七十二歳。　（松下　芳男）

おおばせっさい　大庭雪斎　一八〇五―七三　江戸時代後期の肥前国佐賀藩士。蘭学者。諱は景徳、通称を忞といい、雪斎と号す。文化二年(一八〇五)佐賀藩士の家に生まれ、はじめ同藩蘭学の始祖島本竜嘯に蘭学を学び、ついでシーボルトに師事し、壮年になって緒方洪庵の塾に入門した。その関係から洪庵の『扶氏経験遺訓』に参校している。嘉永四年(一八五一)初代の蘭学寮教導に任じたが、安政五年(一八五八)医学寮が好生館に改組された際、教導方頭取となった。慶応元年(一八六五)隠退し、明治六年(一八七三)病没。六十九歳。佐賀天徳寺に葬る。刊本の『訳和蘭文語』と『民間格致問答』は有名であるが、近時『液体究理分離則』『算字算法基原或問』などの著述が発見され、蘭語に堪能な雪斎の翻訳が多方面に及んでいることが明らかとなった。

参考文献　古田東朔「大庭雪斎」(『蘭学資料研究会研究報告』一四二)、杉本勲「大庭雪斎訳述考」(同二二一)　（杉本　勲）

おおはまのぶもと　大浜信泉　一八九一―一九七六　大正・昭和時代の商法学者、早稲田大学第七代総長。明治二十四年(一八九一)十月五日、沖縄県石垣島に父信烈・母逸の長男として生まれる。大正七年(一九一八)、早稲田大学大学部法学科英法科を卒業。三井物産勤務の後、弁護士業務を開業、十一年、早稲田大学講師となり、十四年から二年半、英・仏・独に留学、商法ならびに衡平法を研究し、昭和二年(一九二七)、教授となった。以後、法学部長、理事などを経て、二十九年から四十一年まで総長をつとめた。三十二年に、日本学士院会員となったのをはじめ、日本私立大学連盟、日本学生野球協会、沖縄協会の各会長、プロ野球コミッショナーなどを歴任し、南方同胞援護会会長、沖縄問題等懇談会座長となり沖縄返還のために尽力した。四十七年には、沖縄国際海洋博覧会協会会長に就任し、五十年から五十一年にかけての同博覧会開催の任にあたり、閉会後の五十一年二月十三日に死去した。八十四歳。戒名大闊院殿徹翁信泉大居士。東京都八王子市の上川霊園に葬られた。主著『英国社会主義立法』『商行為法要論』『手形小切手法要義』。

参考文献 大浜信泉『総長十二年の歩み』、同『私の沖縄戦後史―返還秘史―』、亀川正東『大浜信泉伝』、大浜信泉伝記編集員会編『大浜信泉』、早稲田大学大学史編集所編『早稲田大学百年史』五 （佐藤 能丸）

おおばやしよしごろう 大林芳五郎 一八六四―一九一六 明治時代の実業家、建設業大林組の創業者。元治元年（一八六四）九月十四日、塩・肥料商徳七の次男として大坂の靱（大阪市西区靱）に生まれた。はじめ呉服商に奉公、のちみずから大阪に呉服商を営む。二十歳のとき上京、当時宮内省出入りの土木建築請負人砂崎庄次郎のもとで工事現場の実務を学ぶ。品川―赤羽間鉄道工事・名古屋師団豊橋分営工事・皇居造営工事などの経験をつみ、大阪において大阪鉄道工事、呉軍港工事などに従う。明治二十五年（一八九二）大林組創業、以後大阪築港工事・内国勧業博覧会工事などで実力を示し、日露戦争に際し朝鮮における鉄道・兵営工事、旅順港閉塞などに従う。のち阪急、阪堺、生駒トンネルを含む大軌など電鉄工事、経営を通じて岩下清周・片岡直輝などを知り大阪財界に一定の地位を占めるに至った。同四十四年東京中央ステーション（現東京駅）の工事を入手、大正三年（一九一四）これを完成した。その後大林組は株式会社に組織がえ、いわゆる大手五社の一つに数えられている。大正五年一月二十四日没。五十三歳。大阪市北区の竜淵寺に葬られたが、のち神戸御影の上ノ山共同墓地に改葬された。

参考文献 白田喜八郎編『大林芳五郎伝』 （古川 修）

おおはらしげとみ 大原重徳 一八〇一―七九 幕末・維新期の尊攘派公家。字は徳義。幼名常麿。享和元年（一八〇一）十月十六日、大原家四代重尹の第五子として京都に生まれる。母は前大納言唐橋在家女。文化二年（一八〇五）四月兄の五代重成の養子となり、天保九年（一八三八）八月重成の死により、大原家六代の当主となった。嘉永六年（一八五三）の米国使節ペリー来航以降、もっぱら攘夷論を主張し、安政五年（一八五八）日米修好通商条約締結問題が朝幕間に緊張をもたらした時、前水戸藩主徳川斉昭と志を通じようとした。このため大坂城代土屋寅直の家臣大久保要を介して水戸に赴こうとし、五月六日秘かに京を離れて大坂に至ったが、目的を達することができなかった。許可なく出京したことは、厳科に処せられる行為であったが、特に勅旨を以て罪を許された。時に年五十八、重徳の名は尊攘公家として著名となった。文久二年（一八六二）朝廷は島津久光の献言により、勅使を幕府に派遣することとなり、五月重徳は勅使に任ぜられ、左衛門督となった。六月重徳は江戸城において、幕政を改革し、攘夷の方策を整うべしと勅旨を将軍に伝えた。これによって一橋慶喜の将軍後見職、松平慶永の政事総裁職就任が実現した。重徳は閏八月帰京し、同年十二月国事御用掛となった。しかし勅使となった際、薩長融和をはかるため勅諚を改竄したことを責められ、文久三年二月落飾・閉門を命ぜられた。八月罪を許され、翌元治元年（一八六四）正月復飾した。慶応二年（一八六六）八月には二十二卿列参の中心人物となって朝政改革を建言したが、かえって朝譴を蒙り、閉門を命ぜられた。翌三年二月新帝践祚の直後罪を許され、王政復古派公家として活躍し、同年十二月小御所会議では山内豊信と論争した。同月九日参与となり、明治元年（一八六八）閏四月刑法官知事に任ぜられ、翌年五月議定となり、さらに同月上局議長に転じ、同年九月集議院長官に任ぜられた。同月永世禄千石を受け、明治三年閏十月本官を辞し、麝香間（じゃこうのま）の出仕となった。明治十二年四月一日没。七十九歳。贈正二位。墓は東京都台東区の谷中墓地にある。

参考文献 維新史料編纂会編『維新史』 （小西 四郎）

おおはらそういちろう 大原総一郎 一九〇九―六八 昭和時代の実業家。学芸・民芸に深い理解を示したヒューマニスト。明治四十二年（一九〇九）七月二十九日、大原孫三郎の一人息子として岡山県倉敷に生まれる。昭和七年（一九三二）東京帝大経済学部卒業。同十四年倉敷絹織（現在のクラレ）社長に就任し、死に至るまで社長として化織産業の発展に尽くす。このほか倉敷紡績社長・倉敷中央病院理事長などの役職につき、また物価庁次長・関西経済同友会代表幹事・日本放送協会（ＮＨＫ）経営委員・国民生活審議会会長などに就任した。同三十二年より三年間東京大学経済学部講師となり、三十六年その著『化学繊維工業論』により経済学博士の学位をうけた。前記の国民生活審議会や経済審議会など各種の審議会の委員に推薦されたのは、その人道主義的立場と広い経済的学識が一般に評価されていたからである。また音楽や芸術に深い理解をもち、同年に日本民芸協会会長、三十九年大原美術館館長に就任、美術品の収集や芸術家への援助につとめた。随筆集『母と青葉木菟』があるほか、遺稿集『夏の最後のバラ』が死後刊行された。四十三年七月二十七日没。五十八歳。 （大島 清）

おおはらまごさぶろう 大原孫三郎 一八八〇―一九四三 明治から昭和時代前期の実業家。社会事業や文化事業に私財を投じて後援した。明治十三年（一八八〇）七月二十八日、岡山県倉敷に生まれる。父孝四郎の始めた倉敷紡績所の経営をひきついで三十九年社長となり、第一次世界大戦前後のわが国経済発展の波にのり、天才的手腕をふるって大いに事業を伸張、株式会社倉紡は十大紡績会社の一つとなった。このほか電燈・電力・金融・新聞などの経営にも手をひろげ、関西財界の第一人者となった。青年のころ、岡山孤児院の創設者で熱烈なキリスト教徒であった石井十次と会いその精神と事業に共鳴、以後孤児育英その他社会事業を援助した。みずから六〇〇㌶余の大地主であった大原は、地主小作問題の解決をはかるため四十三年大原家奨農会をつくり、農事改良をはかり、また自作農創設を提唱した。奨農会はのち大原農業研究所に発展したが、戦後岡山大学の付属研究所となった。大正七年(一九一八)米騒動の勃発を見て日本の将来を憂え、社会問題の根本的解決のためにはまず問題の根源と本質を公正な立場から科学的に研究する必要があると直感、翌年大原社会問題研究所を創設し、所長に高野岩三郎をむかえ、多数の有能な学者の参加を得て社会問題と経済学の研究に大きな成果をあげた。研究所は戦後法政大学と合併し現存している。また現存の日本労働科学研究所の前身たる倉敷労働科学研究所も大原の創設したもの。このほか、倉敷天文台や大原美術館も彼のつくった施設である。大原は、社会より得た財産はすべて社会に返すとの信念をつらぬき、その蓄積した一切の私財を社会のために消費した特異の産業資本家であった。昭和十八年(一九四三)一月十八日没。六十四歳。墓は倉敷市阿知の観竜寺にある。

参考文献 大島清『高野岩三郎伝』、大江志乃夫『戦略経営者列伝』(『三一新書』四〇六) (大島 清)

おおはらゆうがく 大原幽学 一七九七―一八五八 江戸時代後期の農民指導者。寛政九年(一七九七)生まる。名古屋藩士大道寺氏の出と伝えられるが明らかではなく、彼自身も固く秘し、ただ尾州藩牢人と称していたという。ともかく若くして漂泊の身となったことは、後年の彼の遺書に「時に僕十八歳にして漂泊之身と成り」とあるによって知られる。それは父から勘当をうけたとされ、その理由も門人の伝えるところでは、藩の剣道指南を果し合いの末殺したためともいうが明らかではない。かくて彼は生家を出てから十五年の歳月を畿内・中国・四国と流浪し、その間勉学とともに各地の実状を見聞した。天保元年(一八三〇)には信濃に入り、翌年には江戸に入り浦賀から安房に渡った。以降房総各地を巡歴し、下総国香取郡長部村(千葉県香取郡干潟町)の名主伊兵衛(遠藤氏)の依頼ではじめて長部村を訪れたのは同六年であった。ここで性理の学を農民に教授し翌年再び京坂地方へ旅立ったが、門人らの要請で同十三年から長部村に本拠を定めての活動が始まった。時に幽学四十六歳であった。彼の性理学なる教説は神・儒・仏を融合させ、これに自己の経験を加えてまとめたものである。『性学趣意』によれば天地の和を性とし「天地の和なる性の所以を知て、己は常に其性の儘に居て、君臣・父子・夫婦・昆弟・朋友の情を能味ひて、其礼自立よふと行」えば、「大地の和の如く万民万物を育ひ(中略)或は其所或は其家内の者を育ひ、遠くは是を万歳の後に至らしむ、近くは子孫且其身の行末を立しむの道学也」と規定している。ここにはおのおの分相応の「礼」がおのずから存在していることを説くと同時に「家」および「子孫」永続の道を学ぶ必要が説かれている。このような主観的要素の強い教説と家族主義道徳の尊重は、保守的な農業社会にふさわしいものであった。以来彼のひたむきな努力によって本拠とした長部村やその近村が、めきめきと荒廃から立ち直ったことはまさに一つの驚異にほかならなかった。すなわち彼は農業技術の改良にあたっては、植付・収穫の時期、正条植、肥料のつくりかた、二毛作など関西地方のすぐれた農業技術を導入指導するとともに、毎年正月六日の年中仕事割日記の作成や宵相談と称する日々の仕事の割付などを通じて、農業生産の計画的合理性を教えたのである。特に彼の創設した農地を出資してそれから生まれる利益を積み立て潰百姓の再興をはかる先祖株組合の結成は、世界最初の産業協同組合といわれてその先駆的な性格が高く評価された。こうして彼は長部村に定着して鋭意農民の指導にあたったが、そのゆくてに一つの暗影がつきまとうようになった。それは嘉永四年(一八五一)四月十八日の夕方、幽学の教説に疑心をいだく関東取締出役手先の内偵に端を発する改心楼(性学教導所)乱入事件が起ったことである。取締出役から疑いの目でみられた点として、中井信彦は㈠同三年の改心楼の建築、㈡宿内部落の造成をあげている。この事件は取締出役にとりあげられ、やがて出役から勘定所に移された。評定所の判決がでたのは足かけ六年後の安政四年(一八五七)十月のことでその判決文によると、幽学は有罪で押込処分にされた。その理由は、㈠戸籍上の手続をせずに長部村にながく居住したこと、㈡農民に不似合な改心楼の建築を指導したこと、㈢不十分な学力で独断的な教説を説いたこと、㈣百姓株・田畑など領主の管理に属することがらに関与し、また共同財産制を結成させたこと、の四点であった。そして改心楼などの教導所はとりこわされ、幽学が門人たちと心血を注いでつくった先祖株組合も解散させられるうきめをみた。百日の押込を終えて幽学は長部村に帰ったが、同五年三月七日の深更、彼は白絹の下着に黒絹の上着を着し、白帯をしめ、小倉の無地袴をはいて長部村遠藤家墓所で、作法に従って割腹して果てた。六十二歳。法名を理性院幽玄道学居士といい、墓は自殺した場所(千葉県香取郡干潟町長部)にある。著書には『口まめ草』『性学趣意』『微味幽玄考』『性学日記』『規式解』などがある。彼の果たした役割やその思想については比較的多彩な研究がつみあげられてきている。今後とも関東農村の性格、特に下総農村という背景のなかで、より精緻な研究の体系化がのぞまれる。何といっても幽学は二宮尊徳とともに(厳密にみれば両人のタイプには類似性とともに異なる面も存しようが)、思想家というよりも実践を第一とする農村指導者であり、日常の経験的知識をもとにして思想の体系化を試みようとするタイプの人物であったことは否めないであろう。そのような視角から彼のダイナミックな実践活動をみていく必要があるであろう。なお、主要著書は鴇田恵吉編『大原幽学選集』や、千葉県教育会編『大原幽学全集』などに収められ、関係資料は現在、干潟町長部の大原幽学記念館に収蔵されている。

［参考文献］岩橋遵成『大日本倫理思想発達史』、千葉県内務部編『大原幽学』、農業発達史調査会編『日本農業発達史』一・二、高倉テル『評伝大原幽学』、野村兼太郎『近世日本の経世家』、越川春樹『大原幽学研究』、中井信彦『大原幽学』（『人物叢書』一〇四）、杉本勲『近世実学史の研究』、北島正元『日本史概説』三（『岩波全書』）、小林英一「大原幽学論」（『思想』四〇七）、小笠原長和他「東総農村と大原幽学―千葉県香取郡干潟町近世史料調査報告―」（『千葉大学文理学部文化科学紀要』五）（川村　優）

おおひらまさよし　大平正芳　一九一〇―八〇　昭和戦後期の政治家。昭和五十三年（一九七八）十二月から五十五年六月まで、一年半の内閣総理大臣、第九代自由民主党総裁。明治四十三年（一九一〇）三月十二日、香川県三豊郡和田村（豊浜町）に生まれる。昭和十一年東京商科大学を卒業し、大蔵省に入省。第二次世界大戦後、池田勇人蔵相の秘書官などをつとめたあと、二十七年香川県第二区から衆議院議員選挙に初当選し、はじめ自由党、三十年の保守合同後は自由民主党池田派に属した。三十五年七月池田内閣の官房長官、のち外相、佐藤内閣の通産相、田中角栄内閣の外相、三木内閣の蔵相などを歴任し、福田内閣では自民党幹事長となった。その間、四十七年九月には、田中首相・大平外相のコンビで日中国交正常化を実現した。五十三年十一月、福田赳夫現職総裁と総裁選予備選挙で争って勝ち、同年十二月、総理・総裁の座についた。翌五十四年十月の総選挙で自民党は過半数を割り、反主流派から辞任要求が出たが、いわゆる四十日抗争で乗り切った。しかし抗争はなお続き、五十五年五月に野党提出の内閣不信任案が党内の造反で可決されると、大平は衆議院解散を決意し、七月に予定された参議院議員選挙との衆参同日選挙に踏み切った。その選挙戦のさなかの六月十二日、心筋梗塞のため急死した。七十歳。墓は東京都府中市の多磨墓地にある。戦後初の現職総理の死であり、内憂外患の政情とともに、その死への同情も加わり、六月二十二日に行われた同日選挙は自民党の大勝となった。

［参考文献］大平正芳回想録刊行会編『大平正芳回想録』（内田　健三）

おおまえだえいごろう　大前田英五郎　一七九三―一八七四　江戸時代後期の侠客。本姓は田島、栄五郎ともかく。寛政五年（一七九三）、上州勢多郡大前田（群馬県勢多郡宮城村）に生まれる。父は久五郎、母はきよ。祖父は名主をつとめたが、父は草角力が強く博奕打となる。兄要吉も博奕打。彼は幼時より凶暴で火の玉小僧といわれる。剣術をならい、長脇差をおび、十五歳では縄張争いの先陣をつとめ、二十五歳のときには久宮丈八を殺した。このあと賭博の罪で捕えられ一時佐渡へ流刑されたが島抜けをする。その後名古屋を中心に東海道に勢力をつよめ、賭場仲裁役の親分と知られる。国定忠治をも訓戒したといわれる。その勢力は強大で、多くの博徒を支配し、相武・駿遠・濃尾ににらみをきかし、子分に四天王・八人衆・十哲をもった。明治七年（一八七四）二月二十六日に大前田で病没。八十二歳。墓は群馬県勢多郡大胡町の雷電山にある。辞世は「あらうれし行くさきとほき死出の旅」で墓碑に残さる。

［参考文献］萩原進『群馬県遊民史』、田村栄太郎『やくざ考』、同『やくざの生活』（芳賀　登）

おおまちけいげつ　大町桂月　一八六九―一九二五　明治・大正時代の詩人、評論家、随筆家。本名芳衛（よしえ）。明治二年（一八六九）正月二十四日、土佐高知に高知藩士大町通の三男として生まれる。同十三年に上京し、第一高等中学・帝国大学文科大学国文科に学び、二十九年に卒業。在学中、二十八年の『帝国文学』創刊にあたり編集委員の一人となり、文芸評論や新体詩を同誌上に掲載、文名が上がった。卒業後一時、地方で教鞭を取る。三十三年に帰京、博文館に入社し、雑誌『文芸倶楽部』『太陽』『中学世界』などに評論・随筆を発表していたが三十八年ごろ退社。四十二年から大正七年（一九一八）ごろまで冨山房の雑誌『学生』を主宰した。また、生来旅行を好み、明治三十年ごろから紀行文を書き、晩年は中国大陸にも渡り紀行文家として第一人者の地位にあった。大正十四年、本籍を青森県上北郡法奥沢村蔦（つた）（十和田湖町）に移したが、同年六月十日ここに没。五十七歳。遺骨は蔦と東京雑司ヶ谷に分骨された。主著に『文学小観』（明治三十三年刊）、『筆のしづく』三巻（同三十六―四十一年刊）、『日本文章史』（四十年刊）、『日本の山水』（大正四年刊）、『桂月全集』全十二巻別巻一巻がある。

［参考文献］『桂月全集』別巻、石田淑子・二木慶・田村敏子・師井キヌエ「大町桂月」（『近代文学研究叢書』二四所収）（田中　保隆）

おおむらすみひろ　大村純熙　一八二五―八二　幕末・維新期の肥前国大村藩主。文政八年（一八二五）生まれる。初名は利純、台山と号した。弘化四年（一八四七）二月純顕の致仕により、純熙が襲封し、十二月叙爵して修理を改めて丹後守と称した。早くより海防に力を注ぎ、渡辺清左衛門に命じて英国式兵制を採用し、軍器の改良を期した。文久三年（一八六三）六月長崎奉行を命ぜられ、八月とくに班を進められて長崎総奉行となったが、元治元年（一八六四）九月願により免ぜられた。当時藩内は勤王・佐幕の両派に分かれて紛糾し、慶応三年（一八六七）正月勤王派の松林廉之助（飯山）が暗殺されるや、厳に捜索して佐幕派を処刑し、一藩の方向を定めた。明治元年（一八六八）戊辰戦争に藩兵を率いて出征、東北各地に転戦して功あり、同二年六月賞典禄三万石を永世下賜された。同月版籍を奉還して大村藩知事に任じ、四年七月廃藩によりこれを免ぜられ、東京に移住した。十五年一月十二日没。年五十八。贈従二位。

参考文献　『肥前大村大村家譜』、山路愛山編『台山公事蹟』　（吉田　常吉）

おおむらせいいち　大村清一　一八九二―一九六八　昭和時代の内務官僚、政治家。明治二十五年（一八九二）五月四日岡山県津山に生まれる。大正六年（一九一七）京都帝大独法卒。内務省に入り、昭和十年（一九三五）長野県知事、同十一年地方局長、十二年警保局長。社会局長官、長野・神奈川県知事、文部次官、東京市助役、文部次官を経て、二十一年内務次官、同年第一次吉田内閣の内務大臣、貴族院議員に勅選、二十三回総選挙で衆議院議員に当選（以後六回）、民主自由党・日本民主党に属し、二十九年第一次鳩山内閣の国務大臣（防衛庁長官）に就任した。四十三年五月二十四日没。七十六歳。

参考文献　大村清一追悼録刊行会編『大村清一を偲ぶ』　（伊藤　隆）

おおむらせいがい　大村西崖　一八六八―一九二七　明治・大正時代の東洋美術史家。本姓名塩沢峯吉。明治元年（一八六八）十月十二日、駿河国富士郡加島村（静岡県富士市）に生まれる。同二十五年東京美術学校彫刻科に在学中、同郷の大村家の養子となった。翌年彫刻科の第一回卒業生となったが、在学中から仏教美術史と漢学に秀でていたため、卒業後もその研究に従事して彫刻家たることを断念したが、数点の作品は残っている。二十九年に東京美術学校助教授に任ぜられて、主に東洋美術史を講義し、三十五年教授に昇進してから、昭和二年（一九二七）三月七日、六十歳で没するまで在職した。助教授時代から仏教学と東洋美術史の研究論文を発表しているが、教授になると同時に編纂しはじめて、明治末年に終了した『東洋美術大観』十五冊（審美書院刊）は、豪華大冊であり、引き続いて同書院から正倉院御物の図録たる『東瀛珠光』をはじめ、多種の大図録類を編集発行しており、中国に留学して名著『支那美術史彫塑篇』を著わし、大正七年（一九一八）刊の『密教発達志』五巻は、帝国学士院賞を受けている。また同十四年に講義を底本として、東陽堂書店から出版した『東洋美術史』一冊は、日本・中国・印度の美術を並列的年代順に記述して、その簡要な叙述内容は現在でも多くの啓発を与える問題を具えている。なお西崖なる雅号は助教授時代から一貫して用い、別に帰学堂学人とも称した。　（谷　信一）

おおむらたくいち　大村卓一　一八七二―一九四六　第一次世界大戦以降植民地で活動した鉄道官僚。明治五年（一八七二）二月十三日、福井に生まれる。同二十九年札幌農学校を卒業し北海道炭礦鉄道会社の技師となった。鉄道国有化と同時に帝国鉄道庁に入り、大正七年（一九一八）鉄道監察官。以後シベリア鉄道管理官、山東鉄道事務所長、朝鮮鉄道局長、関東軍交通監督部長を歴任、昭和十年（一九三五）松岡洋右総裁の下で満鉄副総裁、同十四年から十八年まで総裁。満鉄総裁退任後は大陸科学院長。二十一年三月五日中国東北の海竜において死亡。七十五歳。　（安藤　実）

おおむらますじろう　大村益次郎　一八二五―六九　幕末・維新期の政治家、軍政家。幼名宗太郎、のち村田良庵、蔵六。慶応元年（一八六五）十二月、長州藩主毛利敬親の命により大村益次郎と改姓名。諱は永敏。文政八年（一八二五）五月三日、町医師藤村孝益・村田梅の長男として周防国吉敷郡鋳銭司村字大村（山口市鋳銭司）に生まれ、村田家を嗣ぐ。天保十三年（一八四二）梅田幽斎に蘭学を学び、翌年広瀬淡窓の咸宜園に入門。弘化三年（一八四六）緒方洪庵の適塾に蘭学を学び、ついで長崎に遊学。再び適塾に入り、嘉永二年（一八四九）塾頭となった。翌年、郷里に帰り医業を営んだが不振、同六年、伊達宗城の招きにより宇和島藩に出仕して蘭学の教授を行い、軍政改革に参画す。安政三年（一八五六）藩主に従い江戸に赴く。江戸で鳩居堂を私営し子弟の教育にあたるとともに、蕃書調所教授方手伝、講武所教授として幕府に出仕した。万延元年（一八六〇）四月、長州藩雇士となり、長州藩の洋学教育機関である博習堂用掛として蘭学教育を行なった。文久元年（一八六一）より三年にかけて江戸詰。この間、井上聞多（馨）・伊藤俊輔（博文）のイギリス留学に尽力した。同三年八月十八日の政変後帰藩、手当防禦事務用掛となり、元治元年（一八六四）八月、四国艦隊下関砲撃の善後処理として、講和交渉にあたり、ついで政務座役事務扱として藩庁に入った。だが、尊攘・討幕派政権の退潮の中で職を解かれた。元治・慶応の長州藩内戦後の討幕派政権の形成に伴い、再び藩政府に出仕、防禦掛兼兵学校用掛、用所役軍務専任、軍政用掛など、軍政の中枢に身を置き、長州藩「割拠」体制の軍政面の指導者として活動した。第二次長州征討には、石州口軍事参謀として軍事指導を行い、休戦後も軍政改革指導の任にあたった。長州藩の慶応軍政改革は、武器の西洋化と、家臣の封建的「私」的主従関係を解体し、個々の家臣を藩政府直属軍として再組織化するという、軍事組織再編成に重点が置かれていた。なお、慶応元年閏五月大組士に昇格し、禄百石を給せられた。戊辰戦争当初には、藩政指導にあたっていたが、明治元年（一八六八）正月、毛利元徳に従って上洛、二月、軍防事務局判事加勢として維新政府に出仕。その後、軍防事務局判事、軍務官判事、軍務官副知事を歴任し、新政府の軍政事務を担当。また、閏四月江戸に赴き江戸府判事を兼任。江戸の治安回復に尽力し、五月十五日、上野に拠る彰義隊討伐を指揮、その後も江戸にあって東北戦争の軍事指導を行う。同二年六月、戊辰戦争の軍功により永世禄千五百石を受ける。七月八日の官制改革で兵部省が設置されると同時に、兵部大輔に就任。国民皆兵主義に基づく徴兵制度創出をも含む構想のもと、仏式軍事技術を基本とする軍制の統一、士官養成機関の設置、政府直属軍の創立など、多方面にわたる軍政改革に着手したが、九月四日、京都で攘夷派の浪士に襲われ負傷、十一月五日死去した。四十五歳。

墓は山口市鋳銭司にある。

参考文献 村田峰次郎『大村益次郎先生事蹟』、田中惣五郎『近代軍制の創始者大村益次郎』、大村益次郎先生伝記刊行会編『大村益次郎』、絲屋寿雄『大村益次郎』(『中公新書』二五七)、内田伸編『大村益次郎文書』 (井上 勲)

おおもりきんごろう 大森金五郎 一八六七―一九三七 明治・大大正時代の国史学者、歴史教育者。慶応三年(一八六七)四月二十五日、上総国埴生郡又富(千葉県長生郡長南町)に生まれた。江戸時代名主をつとめた家柄である。中学二年修了後東京に出、明治十九年(一八八六)七月、第一高等中学校予科に入学、二十二年本科に入学し、二十四年卒業、帝国大学文科大学で国史学を専攻し、二十七年卒業、国史学科第二回生であった。三十年、第一高等学校講師、三十二年、学習院教授に任ぜられ、大正八年(一九一九)六月、依願免官。その後は実践女子専門学校・明治大学・早稲田大学・国学院大学などに教鞭をとった。この間、学習院時代には乃木希典院長の下に、学習院寄宿舎の寮長として訓育に従事、教員検定臨時委員も多年にわたってつとめた。明治三十一年には日本歴史地理研究会の発起人の一人となり、雑誌『歴史地理』を刊行し、また頼朝会を創立し指導した。専攻は鎌倉時代、著書のうち『日本読史年表』は利用しやすいので便利とされ、また『かまくら』は、実地踏査をした鎌倉史跡の案内書として有名であった。生まれつき身体強壮ではなく、温厚で他人と競争することを好まず、野外散策と乗馬を趣味とした。昭和十二年(一九三七)一月十三日、七十一歳で死んだ。源頼朝の忌日と同じなのは奇とすべきであろう。著書に『武家時代之研究』三冊、『日本中世史論考』などがある。

参考文献 『歴史地理』六九ノ三(大森金五郎氏追悼録) (貫 達人)

おおもりふさきち 大森房吉 一八六八―一九二三 明治後期から大正時代の地震学者。明治元年(一八六八)九月十五日福井に生まれる。同二十三年、帝国大学理科大学物理学科卒。その翌年、濃尾地震が起り、その余震の研究を始めた。同年大学助手、二十五年には講師となり、その年震災予防調査会の発足とともに委員となる。三十年海外留学中、関谷清景のあとを継いで教授となり、また調査会幹事となる。翌年理学博士。大正十二年(一九二三)、オーストラリア出張中、関東大震災の報をきき、急遽帰国の途についたが同年十一月八日病気のため死去。五十六歳。多磨墓地に葬られる。日本地震学会は明治二十三年に解散したが、大森はその設立者であるミルンおよび関谷清景とともに『日本地震輯報』の発行を続けた。また日本における地震記録の蒐集は明治以来行われていたが、大森はそれを継承して同三十七年『本邦地震史資料』二巻にまとめた。ほかにその業績の二、三を記せば、余震に関する研究(明治二十七年)、一年中の地震頻度の分析についての研究(同三十一年)、大森式水平振子地震計の開発(同三十四年)、その他各種建築物の震動計測、火山の調査などがある。著書には『地震学講話』『日本噴火志』など多数ある。

参考文献 藤井陽一郎『日本の地震学』(『紀伊国屋新書』C一九) (岡 邦雄)

おおもりよしたろう 大森義太郎 一八九八―一九四〇 大正・昭和時代前期の社会主義者、評論家。横浜市出身。明治三十一年(一八九八)九月二十六日生。一時秋田県土崎に住んだが東京に移住、「江戸ッ子」を自認した。一高から東大にすすみ、大正十一年(一九二二)卒業、十三年同大学助教授となる。軍事教練反対演説、新潟県小作争議調査などから赤化教授とされ、昭和三年(一九二八)三・一五事件の余波でみずから辞職、以後文筆活動に入る。労農派に属し、『労農』『改造』『中央公論』などに社会科学関係の論文を発表、十年ころからは文芸評論も行なった。文体は軽妙、辛辣(しんらつ)で読ませるが、河合栄治郎らの自由主義批判にはセクト主義の傾向がみられる。十二年十二月、人民戦線事件で検挙され、翌年肋膜炎の悪化で仮出所し、十四年保釈され、余技として映画評論も手がけた。十五年七月二十八日胃癌のため東大付属病院で死去。四十三歳。著書『史的唯物論』『唯物弁証法読本』『まてりありすむすみりたんす』等。

参考文献 向坂逸郎『戦士の碑』 (神田 文人)

おおやしんぞう 大屋晋三 一八九四―一九八〇 昭和時代の実業家、政治家。明治二十七年(一八九四)七月五日群馬県邑楽郡佐貫村(明和村)に誕生。父は旧前橋藩士央、母はツネ。大正七年(一九一八)鈴木商店に入社、同十四年帝人に派遣され、岩国工場の建設にあたり、以後その発展につとめた。第二次世界大戦後、特に被害の大きかった帝人の社長として復興にあたり、政界に転ずる。ただちに第二次吉田内閣の商工大臣・蔵相臨時代理、第三次吉田内閣の運輸大臣として戦後の産業復興計画にあたり、ドッジ=ライン期の統制撤廃の事業を主宰し、参議院自由党にあって活躍。しかし、その後人絹は斜陽化し、帝人の合成繊維への進出がおくれ、業績が悪化したのをみて政界を退いて昭和三十一年(一九五六)社長に復帰、ただちにテトロン(ポリエステル繊維)の開発を手がけ、三年余にして帝人の業績を回復させた。五十五年三月九日没。八十五歳。

参考文献 日本経済新聞社編『私の履歴書』六 (中村 隆英)

おおやそういち 大宅壮一 一九〇〇―七〇 昭和時代の社会評論家。明治三十三年(一九〇〇)九月十三日、大阪府三島郡富田村(高槻市)に父八雄、母トクの三男として生まれる。中学退学後中学終了資格をとり三高に入学。この前後賀川豊彦らの影響で社会主義の洗礼をうけた。東大文学部社会学科に入学して新人会に加盟し、フェビアン協会主事として活躍した。東大中退後新潮社嘱託などをつとめ、大正十五年(一九二六)『新潮』に「文壇ギルドの解体期」を書いて文壇に進出、旺盛な評論活動を展開した。昭和四年（一九二九）の「モダン層とモダン相」で社会・世相評論家としての才能を示した。翌五年ナップに参加。戦時中は右傾化の風潮に批判的立場をとったが、評論の数は次第に減じ、一時中国・ジャワに従軍記者として赴いた。戦中・戦後の一時期は文筆活動を中止したが、同二十五年ごろからジャーナリズムに復帰し、社会評論・人物論を展開し大きな地位を占めた。戦後の活動は三十年執筆の「無思想人宣言」に示される「厳正中立、徹底した是々非々主義」の立場をとり、持ち前の毒舌と鋭い時代感覚で、一億総白痴化、駅弁大学などの新造語をもって世論に大きな影響を与えた。四十五年十一月二十二日山中湖畔で病没。七十歳。鎌倉瑞泉寺に葬られた。主要著書は『大宅壮一選集』（筑摩書房版十二巻、サンケイ新聞社版八巻）に収められている。なお二十万冊に及ぶ蔵書は「大宅壮一文庫」（東京都世田谷区八幡山三丁目）として公開されている。

参考文献 『無思想の思想―大宅壮一・一巻選集―』 （由井正臣）

おおやとおる　大矢透　一八五〇―一九二八　明治・大正時代の国語学者。幼名又七郎。嘉永三年（一八五〇）十二月三日、越後国蒲原郡中高井村（新潟県白根市根岸）に名主大矢辰次郎の五男として出生。母は西潟氏美代子。若年、明治維新の際には従軍したが、のち新潟師範学校を卒業し、茨城県師範学校・同県第一中学校・同第二中学校に奉職、さらに文部省雇、文部属を経て明治三十五年（一九〇二）文部省国語調査委員会補助委員、同四十二年同委員会委員となる。大正五年（一九一六）帝国学士院より恩賜賞を授与せられ、同八年啓明会より研究補助金を得、仮名研究のため奈良に移住し、同十四年に京大より文学博士の学位を授けられ、昭和三年（一九二八）三月十六日七十九歳にて病没、東京雑司ヶ谷墓地に葬られた。研究業績は仮名の歴史的発達の研究が中心を成し、古訓点・上代万葉仮名・五十音図・いろは歌をはじめとして古代中国語音・『韻鏡』の研究に及ぶ。『仮名の研究』（『啓明会紀要』五、大正十五年、学位論文）は、その研究の大要である。明治三十六年に高峰秀夫所蔵の古経巻の古点を見て、仮名の歴史的研究の志を起し、古点本の研究として『仮名遣及仮名字体沿革史料』（明治四十二年）、『地蔵十輪経元慶点』（大正九年）、『成実論天長点』（同十一年）、『願経四分律古点』（同年）、上代文献の万葉仮名の研究として『古言衣延弁補考』（明治四十年）、『仮名源流考及証本写真』（同四十四年）、仮名の基となった古代中国語音の研究として『周代古音考附韻徴』（大正三年）および『韻鏡考』（同十三年）、五十音図・いろは歌が平安時代中期の成立なりと説いた『音図及手習詞歌考』（大正七年）などの諸名著を著わした。大矢によって仮名文字・仮名遣・音韻などの国語史学的研究ははじめて体系を整え、平安時代初期以降に平仮名・片仮名が発生したこと、平安時代中期にハ行転呼音の生じたことなどが明らかにされた。現代国語史学の草創の学者である。

参考文献 『国語と国文学』五ノ七（大槻大矢両博士記念）、中田祝夫『音図及手習詞歌考』解題（復刻本付載）、太田晶二郎「大矢透博士の著書稿本刊本及び蔵書」（『東京大学史料編纂所報』五） （築島裕）

おおやまいくお　大山郁夫　一八八〇―一九五五　大正・昭和時代の社会運動家。明治十三年（一八八〇）九月二十日、兵庫県赤穂郡大持村（上郡町）の医師福本剛策の次男に生まれた。母はすみえ。二十九年小学校卒業後、中国語研究生募集試験に合格、一年間給費生となる。翌年神戸の大山晨一郎の養子となり、三十一年神戸商業学校二年に編入、三十四年卒業、東京専門学校（早稲田大学）英語政治科にすすみ、大学では政治経済科を専攻、三十八年卒業した。翌年政経科の講師となり、また水野柳子と結婚した。四十三年シカゴ大学に留学、大正元年（一九一二）さらにミュンヘン大学に学び、同三年帰国、早稲田大学教授となった。同六年、いわゆる早稲田大学騒動で辞職、大阪朝日新聞記者となった。翌年夏、シベリア出兵反対の言論活動で筆禍事件をおこし、十月長谷川如是閑らと退社、翌月吉野作造らと黎明会をおこし、八年長谷川・河上肇らと雑誌『我等』を創刊、民本主義を提唱した。翌年早稲田大学に復帰、十二年の早大軍研団事件には大学擁護のために活躍、関東大震災には憲兵隊に捕えられたが危うく一命をとりとめた。翌年政治研究会創立委員となって無産政党の組織化につとめ、十五年十二月労働農民党委員長に就任、教授の進退問題に発展、いわゆる大山事件を惹起した。この間『政治の社会的基礎』『現代日本の政治過程』を著わし、科学としての政治学の確立につとめた。昭和二年（一九二七）、結局教授の職を辞して実践運動に身を投じ、労働農民党の「輝やける委員長」として勇名を馳せた。翌年の第一回普選に香川第二区より立候補、猛烈な選挙干渉で惜敗した。その直後、同党が結社禁止されるや再建につとめ、年末、政治的自由獲得労農同盟を結成、翌年労働者農民党に発展させた。しかし五年には共産党による労農党解消運動がおこり、組織的混乱のうちに翌年全国大衆党と合同、全国労農大衆党が結成され大山は第一線を退いた。ファッショ化の嵐吹きはじめた七年三月、世界の諸事情研究のため渡米、エバンストンのノースウェスタン大学政治学部研究嘱託となった。十六年、ワシントンのアメリカン＝カウンシル＝オブ＝ラーネッド＝ソサイエティーの委嘱で美濃部達吉の『憲法精義』の英訳に着手したが、胃潰瘍で入院、手術し、完了しなかった。太平洋戦争突入後は、日本帝国主義敗北への期待と「日本人意識」の葛藤に悩みながらも、十八年アメリカ政府よりの「海外日本人革命政府」樹立の要請を拒み、また居留民交換船による帰国も拒んだ。戦後、アメリカから非武装・平和・主権在民の日本樹立を日本国民によびかけ、二十二年十月帰国、反動勢力との闘いを宣言した。三度早稲田大学にもどり

（二十六年停年退職）、二十五年参議院議員に当選、同年平和を守る会会長、世界平和評議員となり、二十六年世界平和評議会理事に選ばれ、アメリカの朝鮮戦争での細菌戦に抗議するなど、戦後は一貫して平和運動に挺身、同年国際スターリン平和賞（のち国際レーニン賞と改称）を受賞した。その後も周恩来中華人民共和国総理、金日成朝鮮民主主義人民共和国首相と会見、国際緊張緩和、国際平和のため活躍したが、三十年十一月三十日、硬脳膜下血腫のため死去した。七十五歳。十二月八日、大隈講堂で大山郁夫平和葬が執行された。墓は都下小平霊園にある。なお『大山郁夫全集』全五巻が刊行されている。

参考文献　大山郁夫記念事業会編『大山郁夫伝』

（神田　文人）

おおやまいわお　大山巌　一八四二―一九一六　明治時代の陸軍軍人。天保十三年（一八四二）十月十日鹿児島藩士大山綱昌の次男として城下下加治屋町方限に生まる。母は同藩士大山綱毅の娘競。名岩次郎、のち弥助と称し、ついで巌と改め、赫山と号した。西郷隆盛の従弟にあたる。急進的な尊王攘夷運動に加わり、文久二年（一八六二）寺田屋事件に連坐して謹慎を命ぜられた。翌年の薩英戦争には、二十二歳にして初陣し、イギリス軍艦の新式大砲の威力を痛感し、のちに弥助砲を発明する機縁となった。戦後藩命によって、江戸の江川塾（太郎左衛門）で砲術を学び、戊辰戦争には砲隊長として出征して、関東・東北各地に転戦し、会津若松城攻撃に参加したが、銃弾を受け負傷した。明治三年（一八七〇）軍事視察のために渡欧、同年起った普仏戦争には、プロシア軍に従って戦況を目撃した。四年三月に帰朝し、四月兵部権大丞に、七月陸軍大佐に任ぜられ、八月陸軍少将に進んだ。そして十一月再び渡欧して、主としてフランスに滞在して、軍政および砲術を研究し、七年十月に帰朝した。帰朝後陸軍少将にして陸軍少輔を兼ね、陸軍卿山県有朋を輔けて、陸軍建設の事業にあたった。九年の神風連の乱には、三浦梧楼とともに熊本に赴いて、この後始末にあたり、熊本鎮台司令長官種田政明が、この乱で死んだので、暫時その後任をつとめた。十年二月、西南戦争が起ると、別働第一旅団司令長官として出征し、従兄西郷隆盛を討つの悲劇の人となった。十一年十一月中将に進み、同十二月参謀本部次長となり、翌年十月内務大輔を兼任。ついで十三年二月陸軍卿に任ぜられた。のち官制の改正があって、陸軍大臣と改称されたが、二十九年九月まで枢密顧問官の時期および日清戦争中の出征した時期を除いて前後合わせて約十四年間、陸軍軍政の長官として坐り、軍政上の貢献は大きかった。なおこの間に、海軍大臣および文部大臣を兼ねたこともあった。二十四年五月大将に進み、日清戦争起るや、二十七年九月第二軍司令官として出征し、旅順口・蓋平・威海衛の諸作戦に功をたてた。戦後陸相に戻ったが、二十九年九月に挂冠、三十一年一月、彰仁親王・山県有朋・西郷従道とともに、最初の元帥となった。三十二年五月参謀総長に補せられ、北清事変に対処した。三十七年二月日露戦争起るや、参謀総長として作戦指導にあたったが、六月満洲軍総司令官に任ぜられて、出征した。この出征は必ずしも予定されたものではなかったのを、かれは「各軍司令官を統帥するものは、自分以外にはない」という自信のもとに、みずから請うてその任にあたったものである。そして出征するにあたり、海相山本権兵衛に、「作戦のことは自分が引きうける、終戦の軍配を頼む」といったという。はたして満洲の軍陣にあるや、総参謀長児玉源太郎を補佐として、善断善戦、全勝の功を収めたのである。戦後元帥府に納まり、大正三年（一九一四）四月内大臣に任ぜられ、越えて五年十月、福岡県下の陸軍特別大演習に、天皇に供奉したが、帰途病を得て、東京の本邸に帰臥して再び起たず、十二月十日、七十五歳で没した。墓は栃木県那須郡西那須野町にある。内大臣元帥陸軍大将従一位大勲位功一級公爵が、かれの地上の光栄で、人臣の極位である。かれは政治的な野心なく、終生武将として国家に尽くした。

参考文献　尾野実信編『元帥公爵大山巌』

（松下　芳男）

おおやまつなよし　大山綱良　一八二五―七七　幕末・維新期の薩摩国鹿児島藩士。初代鹿児島県令。通称は格之助、角右衛門ともいう。文政八年（一八二五）十一月六日、鹿児島藩士樺山善之進の次子として鹿児島に生まれ、のち大山四郎助の養子となった。家禄百三十六石。若いころ薩藩下級武士子弟の内職である城の茶坊主となり正円と称した。文久二年（一八六二）、島津久光の率兵公武周旋に随従、四月二十三日、伏見寺田屋に屯集して久光の公武合体方針に反抗した有馬新七ら薩藩尊攘派首脳を、久光の命をうけ奈良原繁らと斬った。その功により、五月二十日、供目付となり藩政の一線に進出した。慶応年間（一八六五―六八）薩藩が倒幕路線に傾斜すると、西郷隆盛の指揮下に活躍、慶応二年には筑前太宰府にいた三条実美ら五卿の警護や帰京斡旋にあたり、翌三年九月には倒幕挙兵の協定のため大久保利通と長州藩に使した。十月、藩軍先遣隊を率いて藩地を発ち、王政復古に参加した。明治元年（一八六八）戊辰戦争がはじまると、正月六日、征討大将軍嘉彰親王の軍事参謀、ついで二月二十九日には奥羽鎮撫総督九条道孝の参謀となって奥羽地方を転戦、特に秋田藩を新政府側につけるのに功があった。賞典禄八百石。帰藩後、同二年二月二十五日に監察総裁、翌三年六月に権大参事心得となり藩政に参与した。廃藩置県後、四年八月二十三日に鹿児島県大参事、十一月十四日に県参事、六年四月十九日に県権令、翌七年十月五日に県令となったが、地元出身者が県政責任者となるのは異例のことであり、鹿児島県の特殊性を示している。かれは士族に有利な税制・禄制を施行、内務省の県政改革要求を拒否、地方民会開催に反対し、政府に対し半独立的立場をとった。同八年、西郷隆盛の私学校関係者を区・戸長、学校長、警部などに多数任命し、鹿児島県を西郷派士族の支配下においた。十年二月、西南戦争が勃発すると西郷軍を積極的に支援し、県の公金十五万円を軍資金に提供した。そのため、三月十七日に官位を剥奪され、九月三十日、長崎で斬罪に処せられた。五十三歳。墓は鹿児島市上竜尾町の南洲墓地にある。贈従五位。

参考文献　内閣修史局編『百官履歴』上(『日本史籍協会叢書』)、黒竜会編『西南記伝』下二、小寺鉄之助編『西南の役薩軍口供書』、『鹿児島県史』三

(毛利　敏彦)

おおやまやすはる　大山康晴　一九二三—九二　昭和時代の将棋棋士。第十五世名人。大正十二年(一九二三)三月十三日、岡山県浅口郡河内(こうち)町西阿知(倉敷市)の生まれ。昭和十年(一九三五)大阪の木見金治郎九段に入門。同十八年六段。同二十三年八段。同二十七年、木村義雄十四世名人を破って名人となり、同四十七年まで名人位を通算十八期保持。第二次世界大戦後、兄弟子の升田幸三九段と二十余年にわたって覇を競い、攻めの中に独特の受けの技を見せた。ことに同三十年以降は、新しい振飛車戦法を開拓して無敵大山時代を築いた。優勝百二十四回、A級在位四十五年の記録を樹立。同五十一年、現役のまま十五世名人を許された。同五十四年、NHK放送文化賞、紫綬褒章。同六十二年、東京都文化賞、菊池寛賞。平成二年(一九九〇)文化功労者顕彰。同四年七月二十六日、千葉県柏市の国立がんセンター東病院でA級棋士のまま没。六十九歳。郷里、倉敷市西阿知町の遍照院に葬る。正四位勲二等瑞宝章を追贈。著書に『昭和将棋史』『棋風堂堂』(天狗太郎編)、『大山康晴全集』三巻、『勝負のこころ』などがある。

(山本　亨介)

おおるいのぶる　大類伸　一八八四—一九七五　大正・昭和時代の歴史学者。明治十七年(一八八四)二月二日(戸籍上は二十二日)東京市神田区(戸籍は日本橋区)に伊藤辰之助・順の次男として生まれた。第一高等学校を経て東京帝国大学文科大学史学科に入学、同三十九年卒業。母の実家大類家を継ぐ。同四十五年同大学副手。大正四年(一九一五)日本の城郭の研究により文学博士の学位を受ける。翌年同大学講師、同十年東京帝国大学助教授に任ぜられた。同十一—十二年仏・独・伊三国に留学。大正十三年東北帝国大学教授となり昭和十九年(一九四四)まで在職、その後日本女子大学、明治大学教授を歴任した。昭和二年以降学士院会員。西洋史学界における文化史の創始者で『西洋中世の文化』(大正十四年、改稿昭和二十八年)、『ルネサンス文化の研究』(昭和十三年)などにより大きな業績を残した。歴史理論にも関心深く『史学概論』(同七年)、『概論歴史学』(同十九年)などがある。日本史については『城郭の研究』(大正四年)、『桃山の春』(昭和四十四年)のほか、晩年には学士院所蔵キリシタン史料の研究を行なった。その他著書『日本城郭史』(鳥羽正雄共著、昭和十一年)、『西洋史新講』(同九年)、『ルネサンス文化の潮流』(同十八年)、『西洋文化史論考』(同三十六年)など。昭和五十年十二月二十七日没。九十一歳。法名寿徳院伸誉広学智道居士。墓は神奈川県藤沢市本真寺にある。

参考文献　日本女子大学史学研究会編『大類伸博士喜寿記念史学論文集』、『西洋史研究』七(大類先生の喜寿を祝いて)、村川堅太郎「故大類伸会員追悼の辞」(『日本学士院紀要』三四ノ一)、保坂栄一「大類伸先生と大類史学」(『日本歴史』三三七)、西村貞二「本会顧問大類伸先生を偲ぶ」(『史学雑誌』八五ノ三)

(林　健太郎)

オールコック　*Sir* Rutherford Alcock　一八〇九—九七　イギリスの外交官、幕末の駐日公使。一八〇九年五月イーリングに生まれる。はじめ父の業をついで医師となり、一八三二—三七年軍医として勤務した。四四年厦門(アモイ)駐在領事に任命、ついで福州駐在領事を経て、四六年上海駐在領事に転じ、イギリス租界の設立・拡大につとめ、五五年さらに広東駐在領事に転じた。五八年十二月(安政五年十一月)日本駐在総領事に任ぜられ、安政六年五月(一八五九年六月)江戸に着任、高輪の東禅寺に居住、同年十一月(五九年十一月)公使に昇任した。当時の日本における彼の競争者は、先任者であるアメリカ公使ハリスで、事ごとに対立した。たとえば万延元年十二月(六一年一月)アメリカ公使館員ヒュースケン殺害事件に際して、彼が幕府への示威行動として、フランス公使らとともに横浜に去ったのに、ハリスひとり幕府の善意を信じるとして江戸にとどまったようなことは、その著しい例である。文久元年五月(六一年七月)公使の内地旅行を怒った水戸浪士の一団によって、仮公使館の東禅寺が襲撃されたが、かろうじて難を免れた。これよりさき万延元年から幕府が両都(江戸・大坂)・両港(兵庫・新潟)開市開港延期を提議してきたのに対して、彼ははじめ反対の意向を表明したが、一面、関係各国政府と直接交渉するため使節派遣を勧告した。文久元年七月(六一年八月)に至り条件付で開市開港の延期に譲歩する態度を決め、同二年二月(六二年三月)この問題についての最後的了解を幕府との間に成立させて賜暇帰国の途についた。そして帰国後、幕府の使節と本国外相との間を仲介して、同二年五月(六二年六月)条件付で開市開港の五ヵ年延期を認めるロンドン覚書が調印された。元治元年正月(六四年三月)帰任。ときに長州藩の下関海峡封鎖、幕府の横浜鎖港提議など、重大な外交的危機に際し、日本の全支配者に攘夷の不可能なことを示すため下関遠征の計画を立て、フランス・アメリカ・オランダ三国代表の同意を得た。この計画にもとづき、同年八月(六四年九月)イギリス・フランス・アメリカ・オランダ四国連合艦隊による下関砲台攻撃が行われ、長州藩は降伏した。その後勝利の余威を駆って幕府に政策の転換を迫り、生糸貿易の制限を解除させた。同年九月(六四年十月)他の関係三国代表とともに幕府との間に下関問題にかんする取極書を結び、償

金三〇〇万ドルの支払を約させた。なお下関遠征後、彼がうちたてた対日政策は、その後におけるイギリスの対日政策を示すものとしてきわめて重要である。同年十一月(六四年十二月)本国政府の召還により、帰国の途についた。帰国後、下関遠征は本国政府に了承され、一八六五年清国駐在公使に転じ、六九年清国政府との間にオールコック協定を結び、同年帰国した。七一年外交官生活を退いたが、その後、王立地理学協会長をつとめたことがある。九七年十一月二日死去。八十八歳。日本関係の著書として『大君の都』The Capital of the Tycoon(山口光朔訳、『岩波文庫』)が有名である。

参考文献 Michie: The Englishman in China. 石井孝『増訂明治維新の国際的環境』、坂野正高『近代中国外交史研究』 (石井　孝)

おおわだたけき　大和田建樹　一八五七―一九一〇　明治時代前期の国文学者、歌人、詩人。安政四年(一八五七)四月二十九日、伊予国宇和島に生誕。藩校を経て広島外国語学校で英語を学び、明治十二年(一八七九)上京。東京大学古典講習科・高等師範学校・跡見女学校などに教職をもち、二十年詞華集『詩人の春』出版後、『雪月花』など散文・韻文の叢書、『明治唱歌』『帝国唱歌』『鉄道唱歌』および啓蒙的な『通俗文学全書』や文学史の類など著書が多い。四十三年十月一日没。五十四歳。東京青山墓地に葬られた。

参考文献 福島タマ・矢野ふみ・塚田菊子「大和田建樹」(『近代文学研究叢書』一二所収) (石丸　久)

おおわだていじ　大和田悌二　一八八八―一九八七　昭和時代の逓信官僚。明治二十一年(一八八八)十一月二十三日上ノ畑幸吉の次男に生まれ、大和田久兵衛の養子となる。大正四年(一九一五)京都帝大卒、弁護士を経て逓信省に入り、名古屋逓信局長を経て経理局長在任中、昭和十一年(一九三六)頼母木逓相が奥村喜和男の案にもとづき、電力国営を考えた際電力局長となり、十三年春の議会において、電力業界の反対をおしきり、水力発電設備を現物出資させて国家管理とする日本発送電の設立を中心とする第一次電力国家管理案を成立させた。大和田は当時逓信省内の革新官僚の代表者と目されており、十三年次官。十五年退官後は、中野友礼を失ったのちの日本曹達に入ってその社務に尽力した。著書に『電力国家管理論』『神性発掘』がある。六十二年十月十八日没。九十八歳。 (中村　隆英)

おかあさじろう　丘浅次郎　一八六八―一九四四　明治から昭和時代前期にかけての動物学者、進化論の普及に貢献した。明治元年(一八六八)十一月十八日遠江国長上郡掛塚(静岡県磐田郡竜洋町)に誕生。同十九年、帝国大学選科に入学、二十二年まで動物学を学ぶ。二十四年、ドイツに留学、フライブルグ大学で当時名声をはくしていたワイズマンに師事、一年間発生学を中心に研究。つづく二年間はライプチヒ大学でロイカルトに師事、二十七年帰国。翌年から山口高等学校教授、三十年から東京高等師範学校教授、さらに昭和四年(一九二九)東京文理科大学講師を勤め、同十一年に退任。その間、ヒル・ホヤ・コケムシなどの発生・形態を研究する一方、生物進化論の啓発に努力、それを通して活発な文明批評も行なった。大正十四年(一九二五)に帝国学士院会員に選ばれた。昭和十九年五月二日、七十七歳で没す。谷中墓地に葬られた。著書に『進化論講話』(明治三十七年)、『生物学講話』(大正五年)、『猿の群れから共和国まで』(同十五年)など多方面のものがある。なお『丘浅次郎著作集』全六巻、『丘浅次郎集』(『近代日本思想大系』九)がある。 (鈴木　善次)

おかいちのすけ　岡市之助　一八六〇―一九一六　明治・大正時代の陸軍軍人。万延元年(一八六〇)三月七日山口藩士岡吉春の次男に生まれたが、京都府の在籍になっている。母はゑい。明治十四年(一八八一)陸軍士官学校第四期歩兵科士官生徒として卒業。二十一年中尉のとき陸軍大学校を卒業した。日清戦争には、第一師団長山地元治の下で参謀として出征し、日露戦争には、大佐で陸軍省軍務局軍事課長の職において大本営に勤務した。三十八年三月少将に昇り、参謀本部総務部長・歩兵第二十九旅団長・陸軍省軍務局長などを歴任。四十四年九月に陸軍次官に任ぜられ、四十五年二月中将に昇った。大正二年(一九一三)五月、山本権兵衛内閣の断行した軍部大臣現役大中将専任制の現役制撤廃に反対して辞職したが、六月に第三師団長に補せられた。在職十ヵ月、三年四月大隈内閣の陸軍大臣に就任した。在職中第一次世界大戦が勃発し、異常の激務のために健康を害し、五年三月に辞職したが、再び起たず、同年七月二十日に没した。五十七歳。戦功により男爵を授けられ、正三位勲一等に叙せられた。

参考文献 『岡市之助文書』(国立国会図書館憲政資料室蔵) (松下　芳男)

おかうちしげとし　岡内重俊　一八四二―一九一五　明治時代の貴族院議員。天保十三年(一八四二)四月二日土佐国土佐郡潮江村(高知市)に生まれる。高知藩士岡内清胤の長男。通称は俊太郎。坂本竜馬の海援隊に入り、その秘書役となる。明治政府の司法官僚となり、明治二年(一八六九)渡欧。司法大検事・長崎上等裁判所長心得・大審院刑事局詰・高等法院陪席判事を歴任して、同十九年五月元老院議官となり、同二十三年九月貴族院議員に勅選さる。のち男爵をうけ、晩年は政友会に所属した。大正四年(一九一五)九月十九日病没。七十四歳。墓は東京都台東区の谷中墓地にある。 (池田　敬正)

おかおにたろう　岡鬼太郎　一八七二―一九四三　明治から昭和時代前期にかけての作家、劇評家。本名は嘉太郎。明治五年(一八七二)八月一日、父岡喜智、母モトの長男として東京芝で生まれた。慶応義塾を卒業、二十一歳から『時事新報』を最初にいくつかの新聞社の記者として、劇評を書いた。死ぬまで執筆した歌舞伎評は独特の文体と、きびしい批判を持ち、広く愛読されたが、その劇評集は『歌舞伎眼鏡』『歌舞伎と文楽』の二冊しか残っていない。俳優では二代目市川左団次と親しく、招かれて明治座の主事となり、その後松竹に入社して、興行界の人となった。左団次のために数編の脚本を書いたが、『今様薩摩歌』はその中の傑作で、古典的な様式を用いて鮮烈な人間の心理を描破している。最後の作品は前進座が上演した『梵鐘』であった。戦時下に発足した日本演劇社(雑誌社)初代社長に就任間もなく、昭和十八年(一九四三)十月二十九日病没。七十二歳。岡家の墓地麻布笄町の長谷寺に葬られた。戒名は千秋院鬼岳道仙居士。鬼太郎の初期の花柳小説は永井荷風が激賞したが、風俗時評・社会時評もすばらしい。なお長男は画家岡鹿之助である。

参考文献 竹下英一『岡鬼太郎伝』　(戸板康二)

おかきよし　岡潔　一九〇一―七八　昭和時代の数学者。宗教的人格でも識られる。明治三十四年(一九〇一)四月十九日、大阪に生まれる。父が日露戦争に出征、和歌山県伊都郡紀見村(橋本市)の祖父の許で育つ。大正十四年(一九二五)京都帝国大学理学部数学科卒業、講師となり湯川秀樹らを教える。昭和四年(一九二九)フランス留学。七年帰国、広島文理科大学助教授。生涯の研究課題を見定め、深沈のうち上空移行の原理を観じて連作「多変数解析関数」を書き始める。十二年紀見村に帰る。第二次世界大戦後光明主義に帰依、芋作りのうち不定域イデアル論を開拓、その論文第七はフランスで印刷発表される。二十四年奈良女子大学教授となり、二十六年日本学士院賞、そして三十五年文化勲章を受ける。主著 Sur les fonctions analytiques de plusieurs variables (1961、増補版 83)。四十年停年退職。五十三年三月一日、奈良市高畑町の自宅で没。七十六歳。墓は高野山の回向院(和歌山県伊都郡高野町)のほか二ヵ所にある。数学の主著のほか、『春宵十話』(毎日新聞社)、『風蘭』(講談社)、『紫の火花』(朝日新聞社)、『一葉舟』(読売新聞社)、対話『人間の建設』(新潮社)などがある。

参考文献 高瀬正仁「紀見峠を越えて」(『数学セミナー』二九ノ七―三〇ノ三)　(清水達雄)

おかくらしろう　岡倉士朗　一九〇九―五九　昭和時代の演出家。明治四十二年(一九〇九)九月二十四日英文学者岡倉由三郎の三男として東京本郷丸山新町に生まる。岡倉天心は伯父にあたる。立教大学英文科卒。在学中より義兄藤森成吉の紹介で新築地劇団に参加、土方与志のもとで演出部員となる。「ハムレット」「綴方教室」などを演出。昭和十五年(一九四〇)八月、新劇事件(新協・新築地両劇団の強制解散)に際して検挙され治安維持法違反のかどで、懲役二年執行猶予四年の判決を受けた。戦後、山本安英・木下順二らとともに「ぶどうの会」を結成、『夕鶴』その他同会上演のほとんど全作品を演出、またスタニスラフスキー=システムによる俳優訓練を実践した。並行して民衆芸術劇場(第一次民芸)から劇団民芸の創設に参加、『炎の人』『島』などを演出した。なお菊五郎劇団での『彦市ばなし』その他歌舞伎俳優による演出を担当、また狂言による『楢山節考』の上演、西川鯉三郎の舞踊劇演出などで、伝統演劇と新劇との接点に立って貴重な業績を残した。同三十四年二月二十二日没。四十九歳。遺稿集に『演出者の仕事』がある。　(茨木憲)

おかくらてんしん　岡倉天心　一八六二―一九一三　明治時代の美術指導者、思想家。幼名は角蔵、のちに覚三と改める。後年、天心と号した。文久二年(一八六二)十二月二十六日、横浜本町に生まれる。父は元越前福井藩士で、当時、藩命によって横浜に生糸商を営む石川屋勘右衛門、母は旧姓野畑、名をこのといい、天心はその第二子である。幼時より英語を学び、また、漢籍を学んだ。明治六年(一八七三)藩命で石川屋を閉鎖し、東京に移住、それに伴って天心は東京外国語学校に入学、同十年、東京大学文学部に入学し主として政治学・理財学などを学んだ。十二年、大岡もとと結婚、翌年東京大学を卒業し、その十月、文部省出仕音楽取調掛を命ぜられた。大学時代の師アーネスト=フェノロサと交誼をつよめ、フェノロサの日本美術研究をたすけた。十五年文部少輔九鬼隆一に随行し、近畿地方の社寺の宝物を調査する。また洋画家小山正太郎と書についての論争をたたかわした。十七年六月フェノロサ・加納鉄哉(てっさい)らと近畿地方に出張、このとき法隆寺に至って夢殿の秘仏本尊の観音立像を検査する。十九年、図書取調掛主幹に任じ、もっぱら東京美術学校創立の準備にあたる。十月には、美術取調委員として浜尾新・フェノロサとともに欧米の美術・美術行政・学校制度の視察のため出発、翌年十月帰国、東京美術学校幹事に任ぜられる。二十二年二月、東京美術学校開校、そのころ改組開設された帝国博物館の東京博物館理事・美術部長を命ぜられる。この前後、森田思軒らのいわゆる根岸派の文士と交遊する。十月には高橋健三とはかり、美術誌『国華』を創刊。翌年十月、東京美術学校長に任ぜられ、教授として数年、日本美術史講義を行う。この講義は、近代における学術性をもった日本美術史の最初の講義であった。明治二十六年七月、宮内省の命で中国旅行にのぼり同年十二月に帰国した。この旅行のおりの見聞は、天心の視野を広め、のちの東洋文明論の展開に役立った。二十九年四月、日本絵画協会が結成せられ、その副会頭に推された。七月には創立当初以後存置しなかった西洋画科を東京美術学校に新設し、黒田清輝をむかえて講師とした。同年九月、日本絵画協会第一回絵画共進会が開催され、天心はその審査委員長となった。すでに天心門下の横山大観・菱田春草・下村観山らは、天心の指導下に旺盛な制作をもって新日本画創造の道を歩んでいた。三十一年いわゆる東京美術学校事件が発生し、三月天心は同校非職を命ぜられ、橋本雅邦以下十七名は連袂辞職した。ついで十月、野にくだって日本美術院を創立し、美術運動を推進した。天心門下の作風が没骨描法を用いたので、朦朧派として誹謗されたのはこの以後である。翌年十一月、インド旅行に出発、越年して十月帰国、この間 The Ideals of the East, with Special Reference to the Art of Japan（『東洋の理想』）を執筆、翌年ロンドンから出版した。本書は天心の主著の一つで、列強の支配下にあるアジアの解放を主張し、アジアの文化的優秀性を強調、特にその総合的継承者としての日本の歴史的な指導的役割を強調した。三十七年二月、ボストン美術館の招聘でアメリカに渡航、十一月には The Awaking of Japan（『日本の目覚め』）をニューヨークから出版した。以後連年、ボストン美術館勤務のために渡米、滞留することになる。三十九年には、代表的著作の一つ The Book of Tea（『茶の本』）をニューヨークから出版した。本書は天心美学の書ともいうべきもので、茶事に托して日本の伝統文化の優越性を主張したものである。この年、天心は日本美術院を茨城県五浦（いづら）に移すことを決定した。十月には中国旅行に出発し、翌年二月帰国。天心の興味は専ら対外的活動に傾斜するようになる。四十年、文部省美術展覧会が創設され、天心門下の日本美術院同人も参加し、天心の新日本画創造の運動は次第に世の声望をになうようになる。四十三年東京帝国大学講師として「泰東巧芸史」を講述した。翌年から翌々年にかけて、その大半を欧亜旅行と滞在にあけくれたが、その間、インドにおいてプリアンバダ＝デービ＝バネルジーなる女詩人と親交を結んだ。大正二年（一九一三）八月、腎臓炎を病み、九月二日心臓発作を起して越後赤倉山荘で死去。五十二歳。東京染井墓地に埋葬、遺志により五浦に分骨した。法名は釈天心。同十一年刊日本美術院蔵版『天心全集』全三巻、昭和十（一九三五）―十一年聖文閣刊『岡倉天心全集』全三巻（同十四年増補を加え『（決定版）岡倉天心全集』全五巻として聖文閣より刊行、六芸社版はこれと同じ紙型を用いた再刻本）、同十九―二十年創元社刊『天心全集』（敗戦のため二巻を刊行して中絶）、同五十四―五十六年平凡社刊『岡倉天心全集』全八巻・別巻一（平成五年（一九九三）橋川文三編『岡倉天心　人と思想』を加え全十巻として復刊）、簡明な著作集として昭和四十三年筑摩書房刊『岡倉天心集』（『明治文学全集』三八、亀井勝一郎・宮川寅雄共編）がある。

〔参考文献〕岡倉一雄『父天心』、清見陸郎『天心岡倉覚三』、宮川寅雄『岡倉天心』、下村英時編『天心とその書簡』

（宮川　寅雄）

おかくらよしさぶろう　岡倉由三郎　一八六八―一九三六　明治から昭和時代前期にかけての英学者。明治元年（一八六八）二月二十二日、元福井藩士岡倉勘右衛門の三子として横浜本町に生まれる。天心（覚三）の弟。東京大学で博言学を修め、朝鮮で日本語を教えたこともあるが、東京高等師範学校の英語英文学の教授として福原麟太郎らを育てた。のち立教大学教授となりわが国ではじめてラジオ英語講座を担当。市河三喜とともに『研究社大英和辞典』（昭和二年）、『英文学叢書』の主幹。『英語教育』（明治四十四年）は最近その見識が再認識されている古典である。昭和十一年（一九三六）十月三十一日没。六十九歳。染井墓地に葬られた。

〔参考文献〕平井法・小尾寿子・梅津繁子「岡倉由三郎」（『近代文学研究叢書』四一所収）

（外山滋比古）

おかざきかへいた　岡崎嘉平太　一八九七―一九八九　昭和時代の実業家、外交官。一九七〇年代を中心に日中友好のため活躍した。明治三十年（一八九七）四月十六日、岡山県賀陽郡大和村（上房郡賀陽町）に誕生。父の事業の失敗と家の火事のため吉備郡総社町（岡山県総社市）に移ったが、まもなく父が渡米、彼地で没したため、貧乏暮しのなかに苦労して第一高等学校に進学。この高校時代に中国人留学生と知り合い、中国に対する関心を深めた。大正十一年（一九二二）東京帝国大学法学部政治学科卒業後、日本銀行に入ったが、昭和十三年（一九三八）中国通として選ばれて渡華、十四年には上海の華興商業銀行の役員に就任した。その後八年間の在華時代に見聞と交友関係を拡げ、大東亜省参事官を経て上海在勤日本大使館参事官に在職中、日本の第二次世界大戦敗戦の日を迎えた。帰国後、池貝鉄工社長、丸善石油社長、全日本空輸社長などを歴任。この間、日中友好貿易の促進に努力、三十七年には周恩来と会見、廖承志とＬＴ貿易の協定を結んだ高碕達之助に協力、四十三年には古井喜実・田川誠一らと協力して日中覚書貿易の推進に努力、四十六年には中国側の主張する日中復交三原則に積極的に賛意を表して日中覚書貿易共同コミュニケを実現させ、日中国交正常化に貢献した。ただし思想的には中華人民共和国一辺倒ではなく、大きな視点からは孫文・蔣介石・周恩来らはみな同じ考えと同一視し、国共間の政治問題に日本が深入りしないよう警告を繰り返した。日中覚書事務所代表。平成元年（一九八九）九月二十二日、東京都大田区の東邦大学医学部附属大森病院で急性硬膜血腫のため没。九十二歳。墓は郷里の賀陽町北にある。著書に『中国問題への道』がある。

（宇野　重昭）

おかざきくにすけ　岡崎邦輔　一八五三―一九三六　明治・大正時代の政党政治家。号は晩香。嘉永六年（一八五三）三月十五日、和歌山藩士長坂覚弥の次男として和歌山城内三ノ丸の邸内（和歌山市南汀町）に生まれる。父は藩の参政奥係をつとめ、家禄四百五十石、母は同藩士渥美家の四女落穂。脱藩して国事に奔走していた従兄伊達宗興・陸奥宗光らの感化を受けて成長。藩校学習館に入学、鳥羽・伏見の戦には鼓手として出征した。明治五年（一八七二）権令宗興を頼って広島県庁に勤め、翌年陸奥のもとで大蔵省に出仕、さらに内務省・司法省に転じた。同十一年新宮警察署長、十三年和歌山警察署長に転じた。二十一年駐米公使となった陸奥に随って渡米、留学した。二十三年帰国、翌年陸奥が代議士を辞任するとその補欠選挙に立候補するため岡崎文左衛門の家に入籍、被選挙権を得、初当選を遂げた。以後紀州派の中心人物として陸奥の議会政略を支援し、二十五年独立俱楽部を結成した。このころから政界の策士としての手腕を磨いた。日清戦後経営の実現のために伊藤内閣と自由党との提携を周旋し、三十年自由党に入党、ついで憲政党結成に参加したが、星亨とともに隈板内閣の分裂を策し、分裂後の憲政党を続く第二次山県内閣と提携させるため工作した。三十三年立憲政友会の創立に参加し、続く第四次伊藤内閣には星逓相のもとで官房長に就任した。しかし陸奥の次男古河潤吉との縁で三十年以来古河合名会社の理事に就任していたため、これ以後しばらく総選挙に立候補せず実業に専念、三十九年京阪電鉄取締役、大正六年(一九一七)には社長となる。明治四十一年東京府下より再び代議士に当選。四十四年政友会政務調査会委員長、第一次護憲運動には桂内閣打倒の急先鋒として活躍したが、内閣倒壊後政友会が薩閥山本権兵衛内閣の与党となったため尾崎行雄らとの義理合いから脱党し、政友俱楽部を組織した。やがて政友会に復帰、翌大正三年には総務、以後政友会内のまとめ役として党内に重きをなした。原敬死後の後継総裁に蔵相高橋是清を推し、同十三年分裂後も政友会にとどまり、選挙委員長として奮闘、第二次護憲運動勝利の一因を作った。護憲三派内閣の公約、普選法をめぐる貴衆両院の対立を調停、同法成立に大きく寄与した。十四年内閣改造に際して農相として入閣したがこのころすでに憲政・政友両党の対立は表面化し、就任後わずか三ヵ月で内閣総辞職となった。昭和三年(一九二八)の普選第一回の総選挙には立候補せず政界引退を表明、この年勅選議員となる。以後政党の腐敗と凋落を憂慮しつつ同十一年二・二六事件の直後から発病、七月二十二日、東京大井町の自宅で死去。八十四歳。墓は郷里和歌山市の護念寺にある。

参考文献 平野嶺夫『岡崎邦輔伝』

(宇野 俊一)

おかざきせっせい 岡崎雪声 一八五四―一九二一 明治・大正時代の鋳金家。安政元年(一八五四)十一月山城国伏見町に生まれ、上京後鋳金を学んだ。明治二十三年(一八九〇)第三回内国勧業博覧会に「鋳銅雲竜図」を出品して二等妙技賞をうけたのをはじめ、内外の博覧会でたびたび受賞、東京美術学校の教職に迎えられたほか、皇居前広場の楠木正成像や上野公園の西郷隆盛像など、明治から大正期にかけて制作された多くの銅像の鋳造を手がけた。大作を得意とする鋳造界の第一人者だった。大正十年(一九二一)四月十六日没。六十八歳。東京本郷区駒込蓬萊町(文京区向丘)の清林寺に葬る。

(富山 秀男)

おかざきたかし 岡崎敬 一九二三―九〇 昭和時代の東洋考古学者。大正十二年(一九二三)七月二十二日、北海道札幌市に父俊雄・母タマの長男として生まれ、福岡県で育つ。昭和十九年(一九四四)京都帝国大学文学部史学科(東洋史学専攻)を卒業。同大学院特別研究生(考古学専攻)を経て、福岡中央高等学校教諭、京都大学人文科学研究所助手、名古屋大学教養部助教授を歴任ののち、昭和三十五年九州大学文学部助教授、四十七年教授となり、六十二年退官して名誉教授となる。中近東から日本にまたがる広大な地域を研究の対象とした。中国については漢から隋・唐に至る時代の考古学、特にシルクロードに関する論文が多く、『東西交渉の考古学』によって文学博士の学位を受けた。また北部九州の大陸に関係の深い遺跡の調査を進め、『立岩遺跡』『宗像沖ノ島』『末盧国』などの報告書を編纂した。昭和六十一年紫綬褒章受章。平成二年(一九九〇)六月十一日病没。六十六歳。福岡市南区平和四丁目の平尾霊園に葬る。没後、勲三等旭日章を受けた。

参考文献 岡崎敬先生退官記念事業会編『東アジアの考古と歴史』

(横山 浩一)

おかざきふみお 岡崎文夫 一八八八―一九五〇 大正・昭和時代の中国史学者。字は煥卿、桜洲と号す。明治二十一年(一八八八)二月二十三日富山県婦負郡西本郷村(婦中町)に生まれる。第四高等学校を経て、京都帝大東洋史学科を大正元年(一九一二)卒業、大学院に入る。同八年より二年間中国に留学、十三年東北帝大助教授となり、教授に進み昭和二十四年(一九四九)の定年に至り、その間イギリス・フランスに留学すること一年有余であった。師事する内藤湖南の影響を深く受け、史観・史論に興味をもち、章句の学、考証のための考証を好まなかった。はじめ中国近世史を学び、のちに古代史・中世史に転じ、日本最初の二国六朝史の専門家として顕われ、分裂短命王朝の相継ぐこの時代に体系を与えた名著『魏晋南北朝通史』および論文集『南北朝に於ける社会経済制度』を世に送り、かつこれによって学位を得た。水利にも関心を持ち、池田静夫と共著の『江南文化開発史』ほか二、三の論考がある。大勢を通観した概説に『古代支那史要』があり、『支那史概説』上は下篇の執筆者を求めたが獲られなかった。同二十五年二月二十四日、郷里富山で没。六十二歳。

参考文献 「岡崎博士略歴・著書目録」(『東洋史研究』一一ノ一)、「岡崎文夫博士年譜・著述目録」(『歴史』二)

(宮崎 市定)

おかざわくわし 岡沢精 一八四四―一九〇八 明治時代の陸軍軍人。弘化元年(一八四四)七月七日長州藩士の子として江戸藩邸で生まれた。尊攘・倒幕運動に加わり、戊辰戦争に従軍したのち、明治四年(一八七一)八月中尉で新政府の陸軍に編入され、十一月には少佐に昇進した。十年の西南戦争には中佐で別働第一旅団参謀長として出征、その後近衛参謀長・歩兵第八旅団長を経て、二十四年陸軍次官兼軍務局長となったが、日清戦争で大本営が新設されると、軍事内局長として明治天皇の側近に侍し、戦後の二十九年初代の侍従武官長に任命され、四十一年十二月十二日六十五歳で病死するまで、十四年間その地位にあり天皇の厚い信任を受けた。この間中将・大将と累進し、四十年には華族に列せられ子爵を授けられたが、

日清・日露の両戦争とも出征する機会がなく、武将としては不運であった。東京の青山墓地に葬られた。（秦　郁彦）

おがさわらながなり　小笠原長生　一八六七―一九五八　明治・大正時代の海軍軍人。慶応三年（一八六七）十一月二十日老中小笠原長行の長男として、江戸唐津藩邸内に生まれた。明治十七年（一八八四）七月子爵を授爵。同二十年海軍兵学校第十四期生として卒業し、二十一年海軍少尉となり、爾後累進して、大正七年（一九一八）十二月中将に昇る。この間軍令部などの中央官衙や東郷平八郎の副官、あるいは海軍大学校教官という机上的勤務が多く、第一線の武職についたことは少なかったが、文筆に長じていたので重宝がられた。日露戦争には、参謀少佐として、戦時大本営に在って服務した。中将昇進の翌年海軍を去る。軍務のほかに東宮（昭和天皇）御学問所幹事、宮内省御用掛、文部省教科書調査員、学習院御用掛などに任じ、また『東郷元帥詳伝』を書き、東郷の私設秘書のような仕事をした。そのほか『海戦日録』『撃滅』など多くの著書がある。昭和三十三年（一九五八）九月二十日没した。九十歳。

参考文献　市川銑造編『子爵小笠原長生』、原清『小笠原長生と其随筆』（松下　芳男）

おがさわらながみち　小笠原長行　一八二二―九一　幕末の唐津藩世子、老中。幼名は行若、のち敬七郎、明山と号した。文政五年（一八二二）五月十一日唐津藩主小笠原長昌の長男として唐津城本丸に生まれる。安政四年（一八五七）九月藩主長国（松平光庸次男）の養子となり、叙爵して図書頭と称した。世子ながら藩政を執って治績あり、文久二年（一八六二）七月幕府より異数の抜擢をもって奏者番に挙げられ、閏八月若年寄、九月老中格に進み、十月外国御用取扱を命ぜられた。時に安政の大獄関係者の追罰問題がおこり、長行は井伊直弼および閣老らの追罰を主唱し、幕議もこれに決定した。同年十二月将軍後見職一橋慶喜と前後して上坂、ついで入京参内し、翌三年四月生麦事件を解決するために帰府した。当時朝議は鎖港攘夷に決定していたが、長行は英国側の兵威をもってする強硬な態度に屈し、五月独断をもって横浜で生麦事件の償金を交付し、ついで事情を弁疏するため、歩騎砲兵千余人を率いて海路上坂、直ちに京都に向かったが、淀で阻止され、六月朝命により免職され、帰府して閉居した。元治元年（一八六四）九月謹慎を解かれ、壱岐守と改めた。慶応元年（一八六五）九月大坂にて老中格に再任、条約勅許・兵庫先期開港問題について議し、十月老中に進み、長州処分問題について議した。翌二年二月広島に赴き、長州藩と折衝したが談判決裂し、六月長州再征となるや、九州方面監軍として小倉に移り、敗戦により小倉城を捨てて逃げ帰り、十月江戸にて免職、逼塞を命ぜられた。しかし同年十一月老中に再任、十二月外国御用取扱を命ぜられ、翌三年正月上坂、兵庫開港問題について議し、六月帰府して外国事務総裁を兼ねた。幕府瓦解後、明治元年（一八六八）正月外国事務総裁を免ぜられ、二月老中を辞し、三月脱出して福島に走り、ついで仙台より榎本武揚の指揮する旧幕艦隊に投じて箱館に拠った。のち箱館を脱出、帰京して潜伏。五年七月に至って外国より帰朝したとして自首したが罪は問われなかった。爾来病と称して深川高橋邸に閑居し、二十四年一月二十二日没した。年七十。谷中天王寺に葬られる。これより先、明治六年九月長男長生が長国のあとを受けて小笠原家を継ぎ、十七年七月子爵を授けられた。

参考文献　小笠原壱岐守長行編纂会編『小笠原壱岐守長行』、田辺松坡『小笠原明山公御事蹟』（『旧幕府』一ノ一・三・六）、大野右仲『小笠原長行君事歴一斑』（『史談速記録』一九六）（吉田　常吉）

おがさわらながよし　小笠原長幹　一八八五―一九三五　大正・昭和時代の華族政治家。伯爵。明治十八年（一八八五）三月二日、豊前国小倉藩主小笠原忠忱・妻純子の長男として生まれる。ケンブリッジ大学留学後、式部官・大礼使典議官を経て、大正七年（一九一八）貴族院議員に選出される。研究会幹部として活躍し、九年陸軍省参事官、続いて十一年国勢院総裁に任ぜられる。なお行政制度審議会委員・鉄道会議議員を歴任。昭和十年（一九三五）二月九日死去。五十一歳。正三位勲二等。（成沢　光）

おかしかのすけ　岡鹿之助　一八九八―一九七八　昭和時代の洋画家。明治三十一年（一八九八）七月二日、東京市麻布区（東京都港区）に生まれた。父は劇作家として知られる岡鬼太郎（本名嘉太郎）。大正八年（一九一九）東京美術学校西洋画科に入学、岡田三郎助教室で学んで十三年に卒業。同年に渡仏し、新印象派風の点描による静謐で詩的な画風を確立、サロン＝ドートンヌの会員として活躍した。昭和十四年（一九三九）に帰国、翌年春陽会に加わり、終生同会に出品した。二十七年の「遊蝶花」で芸能選奨文部大臣賞を受賞。三十九年に日本芸術院賞、四十七年に文化勲章を受章した。五十三年四月二十八日、心不全により東京都大田区の田園調布総合病院で没。七十九歳。墓は港区西麻布二丁目の長谷寺にある。前述の「遊蝶花」や「雪の発電所」（三十一年）などが代表作。著書に『油絵のマティエール』などがある。（原田　実）

おかしげき　岡繁樹　一八七八―一九五九　明治から昭和時代にかけての反戦運動家。高知県出身。明治十一年（一八七八）八月二十四日生。腕白で中学三年で退学となり、十七歳で家出、上京して大成中学を卒業、この間廃嫡される。三十二年陸士受験に失敗、『万朝報』記者となったが、先輩記者を殴打して退社、三十五年渡米、「桑港平民社」を組織して非戦論を発表、大逆事件のときは死刑反対の示威運動をした。サンフランシスコで金門印刷所を創業、昭和十四年（一九三九）には『桜府日報』を買収した。太平洋戦争おこるや、ルーズベルト大統領に日本活字の貸与を申し入れ、十八年、みずからビルマ戦線に赴いて日本軍の降伏工作に従事した。二十一年帰米後、『北米毎日新聞』などを発行、また『井伊大老』を書いてその再評価をした。三十四年六月五日死去。八十歳。

参考文献　岡直樹・塩田庄兵衛・藤原彰編『祖国を敵として―在米日本人の反戦運動―』　（神田　文人）

おかだあきお　岡田章雄　一九〇八―八二　昭和時代の歴史家、日欧交渉史研究者。明治四十一年（一九〇八）十月二日、群馬県前橋市に生まれる。父啓蔵・母キク。昭和七年（一九三二）東京帝国大学文学部国史学科卒業。翌年史料編纂所に入り、在外日本関係史料の調査・研究・編纂に従事す。三十二年在外史料収集のため南欧四ヵ国に出張し、『大日本史料』第十―十二編の在外日本関係史料の編纂にあたり、『天正遣欧使節関係史料』二巻、『日本関係海外史料目録』十四巻を刊行す。三十三年史料編纂所教授となり、四十四年に停年退官。同年青山学院大学文学部教授となり、同大学間島記念図書館長を併任（四十七―四十九年）、五十二年に退職。日本歴史地理学会誌『歴史地理』の編集に携わり、日本風俗史学会の創立に参加した。また日本歴史学会・キリシタン文化研究会・日本ポルトガル協会の各理事を務む。十六世紀以降十九世紀に至る外国文献や史料を渉猟してキリシタン史および貿易史を究め、特にキリシタンの日本社会や習俗との交渉関係史に新境地を拓いた。著書に『キリシタン・バテレン―布教と俗信―』『天草時貞』『キリシタン大名』、訳注書に『ルイス・フロイス日欧文化比較』があり、その他の著作の多くは『岡田章雄著作集』全六巻（思文閣出版）に収められている。また、昭和二十一年編纂の国定教科書『くにのあゆみ』の執筆者の一人でもある。昭和五十七年三月十八日脳出血のため東京都板橋区の小豆沢（あずさわ）病院で没。七十三歳。法名は寿光院春岳章道居士。墨田区東向島三丁目の蓮花寺に葬る。なお、太平洋戦争中の戦時ポスターの収集家でもあり、没後、ポスターは国立国会図書館に寄贈された。

参考文献　『キリシタン文化研究会会報』二二ノ二（岡田章雄先生追悼号）、『風俗』二二ノ二（岡田章雄先生追悼号）　（五野井隆史）

おかたかずみ　岡敬純　一八九〇―一九七三　昭和時代前期の海軍軍人。山口県出身。明治二十三年（一八九〇）二月十一日大阪で生まれ、四十四年海軍兵学校を卒業、大正十二年（一九二三）海軍大学校を卒業して直ちにフランスへ留学、軍令部・国際連盟日本代表部・海軍省調査課長を経て昭和十三年（一九三八）軍務局第一課長となり、一年間迅鯨艦長を勤めたほかは二十年にわたり、海上勤務に出ないという珍しい経歴であった。十四年少将、同年十月軍令部第三部長、ついで十五年十月軍務局長の要職につき四年近く在任し、日中戦争・太平洋戦争のほぼ全期間にわたり練達の事務官僚として海軍軍政を担当した。十七年十一月中将に昇進、十九年七月海軍次官に就任したが、東条内閣の倒壊により翌八月には辞任し、鎮海警備府司令長官に転出、翌年六月予備役に編入された。戦後A級戦犯に指名され、終身禁錮の刑を宣告され服役したが、二十九年十月病気のため釈放された。四十八年十二月四日没。八十三歳。　（秦　郁彦）

おかだけいすけ　岡田啓介　一八六八―一九五二　大正・昭和時代前期の海軍軍人、政治家。明治元年（一八六八）正月二十一日、福井藩士岡田喜藤太・同波留の長男として福井に生まれる。家は禄高百石、父は戊辰戦争に際し、藩の農兵指揮をつとめた。同二十二年四月海軍兵学校卒業、以後水雷術を専攻。日清戦争には少尉で出征、東郷平八郎指揮の浪速に乗り組んで、豊島沖海戦・高陞号撃沈事件などに参加した。同三十四年五月海軍大学校甲種卒業。日露戦争では、春日副長として日本海海戦に従軍。その後、海軍大学校教官・水雷学校長・春日艦長・鹿島艦長などを歴任した。大正二年（一九一三）十二月少将に任ぜられ、同四年十二月海軍省人事局長、六年十二月中将、七年十月海軍省艦政局長、九年十月海軍艦政本部長、そして十二年五月には海軍次官、十三年六月大将、十二月連合艦隊司令長官。十五年十二月横須賀鎮守府司令長官に補され、昭和二年（一九二七）四月田中義一内閣の海軍大臣に任ぜられた。この時、臨時艦船建造部を組織、造船会社を軍管理下に置いて、金融恐慌で苦しむ造船業界を救済した逸話は有名である。同四年七月大臣を辞任し、軍事参議官に補された。翌五年、ロンドン海軍軍縮会議において、米国側は、日本の戦力の対米比率、大型巡洋艦〇・六、軽巡洋艦〇・七、駆逐艦〇・七、潜水艦同率五万二七〇〇トンの妥協案を示し、日本側全権はこれに同意して本国に請訓してきたが、海軍軍令部は加藤寛治部長・末次信正次長以下、この戦力では国防の安全に責任を持てないと主張して、軍縮会議の決裂を絶対に避けようとする浜口雄幸首相以下の政府および原則的には政府の方針を支持する海軍省と激しく衝突した。このため朝野を挙げての紛争が生じたが、この時岡田は、政府・海軍軍令部・海軍省三者の間の斡旋に奔走し、軍縮条約締結を可能にするために寄与、その政治的手腕を認められた。同七年五月斎藤実内閣が成立すると海相として入閣し、かねて交友のあった森恪を通して対政友会工作を行い、当時絶対多数を持つ政友会を抑制して中間内閣の弱点を補強する大きな役割を果たした。八年一月大臣を辞任し、後備役に編入となる。九年七月組閣し、内閣総理大臣兼拓務大臣をつとめた。非常時局の掛け声のもとに安定を欠く世相の鎮静に努めたため、岡田内閣は革新右翼の側から現状維持派の政権であるとして激しい攻撃を受けた。十一年二月、二・二六事件が勃発すると、栗原安秀中尉以下に官邸を襲撃されたが奇跡的に殺害を免れ、麹町憲兵分隊の憲兵らによって救出された。十二年前官礼遇の沙汰があり、重臣の列に加わった。十六年、日米交渉が行き詰まって、対米開戦か非戦かで政府内が動揺すると、及川古志郎海軍大臣をして、海軍は対米戦に自信のない旨を発言させて陸軍側の強硬論を押えようと試みたが、結局失敗した。十八年以後戦局収拾を企図し、東条英機首相を退陣させることに努力、十九年七月には重臣たちが申し合わせて、内閣改造に非協力の姿勢を打ち出し、東条内閣を総辞職させることに成功した。二十年四月に成立した鈴木貫太郎内閣には、女婿の迫水久常を書記官長として送り込み、全面的に協力、影響力を行使した。二十七年十月十七日没。八十四歳。著書に『岡田啓介回顧録』がある。

参考文献 岡田大将記録編纂会編『岡田啓介』 （竹山 護夫）

おがたこうあん 緒方洪庵 一八一〇―六三 江戸時代後期の蘭学者、医学者、教育者。諱は章、字は公裁、洪庵・適々斎・華陰などと号した。はじめ三平と称したが、のち洪庵と改めた。文化七年(一八一〇)七月十四日、備中国賀陽郡足守(岡山市足守)で父佐伯惟因、母キャウの三男として生まれた。はじめ田上騂之助といい、文政八年(一八二五)二月十六歳で元服したとき惟彰を名のった。この年大坂に足守藩の蔵屋敷ができ、留守居役になった父と大坂に修行に出た。あくる九年七月、蘭学医中環(天游)の門に入り、このとき緒方三平とあらためた。天保元年(一八三〇)四月二十一歳のとき、師のすすめで江戸で修業するため大坂をはなれた。しばらく木更津にいて、あくる二年二月二十二歳で江戸の蘭学医坪井信道の塾に入った。それから四年間に多くの翻訳を完成した。ことに『人身窮理学小解』(写本)は有名である。かたわら師のすすめにより、宇田川玄真の門に出入りし、深くその学才を認められた。同六年二月信道塾を去り、あくる年二月大坂をたって長崎へ修業にいった。このときから緒方洪庵とあらためた。二十七歳。長崎で青木周弼・伊東南洋(岡海蔵)の三人で『袖珍内外方叢』を訳して、たいそう歓迎された。九年正月長崎をたち、三月足守から大坂に出て、瓦町に蘭学塾「適々斎塾」(略して「適塾」)を開き、医業のかたわら蘭学を教えた。七月億川百記の女八重と結婚した。塾はたいそう盛んになり、同十四年十二月に船場過書町にうつってからは大いに発展し、全国から青年があつまり、その数は三千をこえたといわれる。なかに、のち明治になってから重要な役割を果たした人がたくさんいる。入門順にあげると、大戸郁蔵(緒方郁蔵)・村上代三郎・村田蔵六(大村益次郎)・武田斐三郎・佐野栄寿(常民)・菊池秋坪(箕作秋坪)・橋本左内・大鳥圭介・長与専斎・福沢諭吉・花房義質・高松凌雲・足立寛・池田謙斎などである。洪庵は塾の経営のかたわら、嘉永二年(一八四九)からは牛痘種痘の普及につくし、安政五年(一八五八)のコレラの大流行には『虎狼痢治準』を刊行して治療に精魂をつくした。またこのころ『扶氏経験遺訓』(三十巻、ドイツの学医フーフェランドの内科書の翻訳)の刊行を完成し、日本の内科医に大いに益した。また『病学通論』(三巻、嘉永二年)の刊行は、病気の本態の考え方に役に立った。文久二年(一八六二)八月江戸に召されて、奥医師と西洋医学所頭取とを兼ね、同十二月法眼に叙せられたが、あくる年六月十日突然の大喀血で急死した。五十四歳。駒込高林寺に葬る。遺髪は大坂天満竜海寺。家業は子平三(のち惟準)がついだ。明治四十二年(一九〇九)従四位贈位。適々斎塾の建物は現存し、国の史跡に指定されている。

参考文献 緒方富雄『緒方洪庵伝』、同『緒方洪庵適々斎塾姓名録』、同『蘭学のころ』 （緒方 富雄）

おがたこれよし 緒方惟準 一八四三―一九〇九 明治時代の医師。天保十四年(一八四三)八月一日、父緒方洪庵と母億川氏八重の次男として大坂船場過書町に生まれた。幼名平三、通称洪哉、名は準、字子縄、蘭洲と号した。加賀大聖寺で渡辺卯三郎に二年間漢籍と和蘭文典を学び、さらに越前大野で洋学館の伊藤慎蔵に蘭書と洋式操練を学んだ。安政五年(一八五八)長崎に行き、ポンペ・ボードゥイン・マンスフェルト・ハラタマらに学び、文久二年(一八六二)医学伝習御用に任ぜられた。翌三年洪庵死去により江戸に帰り、西洋医学所教授となる。元治元年(一八六四)再び長崎に行き、慶応元年(一八六五)にはオランダに留学した。明治元年(一八六八)帰朝し、典薬寮医師となり、医学所取締に任ぜられた。翌年医学所を辞し、大阪表病院御用となり、同三年軍事病院兼務となり、以後同二十年の退職まで軍医畑に活躍。その後は野にあって緒方病院院長などに従事。同四十二年七月二十一日死去。六十七歳。墓は大阪市北区東寺町の天満竜海寺にある。

参考文献 ドーデ編『緒方惟準翁小伝』、幹澄「緒方惟準先生一夕話」(『医事会報』四七―五四) （大塚 恭男）

おかださぶろうすけ 岡田三郎助 一八六九―一九三九 明治から昭和時代前期にかけての洋画家。明治二年(一八六九)正月十二日佐賀藩士石尾孝基の四男に生まれ、のち岡田家の養子となる。はじめ曾山幸彦の大幸館画塾に学んだが、その後新帰朝の黒田清輝や久米桂一郎と知り合い、その薫陶をうけた。そして同二十九年白馬会の創立に加わって会員となるとともに、同年東京美術学校助教授に任ぜられ、同三十年から五年間フランスに留学、ラファエル=コランについて明るい外光派の作風を学んだ。帰国後は直ちに東京美術学校教授、また文展開設以後は毎回その審査員となり、さらに大正八年(一九一九)帝国美術院会員、昭和九年(一九三四)帝室技芸員に推され、同十二年には第一回の文化勲章をうけた。十四年九月二十三日没。七十一歳。東京の青山墓地に葬る。その作風は繊細高雅な点に特色があり、代表作に「某夫人像」「ヨネ桃の林」「あやめの衣」などがある。

参考文献 大隅為三・辻永編『画人岡田三郎助』、辻永編『岡田三郎助作品集』 （富山 秀男）

おかださへいじ 岡田佐平治 一八一二―七八 幕末・維新期の農村指導者。名は清忠、号は無息軒。文化九年(一八一二)遠江国佐野郡倉真村(静岡県掛川市倉真)に生まれた。家は代々庄屋をつとめ佐平治を名のる豪農であった。父は清光と呼び佐平治は次男であったが、長男病死のため文政九年（一八二六）に家を継いでいる。岡田家は清光の代に至り、遊惰逸楽にふけり、ために家運衰退し、佐平治も文化十四年に別家に移り、幼少時を過ごしている。彼はこの時期より家運の挽回を期していたが、家督を継いでのちは、家政の改革につとめるとともに、文政十二年佐野郡増田村田村葛嶺について文学・算術を学び、さらに天保六年（一八三五）掛川藩の海津辰弥について兵学を修めている。この間天保四年倉真村の段別を測量、小前免割などの正確を期し、長年にわたる村内の紛争解決につとめ、同十年庄屋となり、さらに翌年には掛川藩御用達にとりたてられている。嘉永元年（一八四八）二宮尊徳の門に入り、同年倉真村に牛岡組報徳社を設立、同地方における報徳社運動の先駆となっている。安政元年（一八五四）より窮民撫育、貧村復興を目的として、地方有志者とともに献金・献米を行い、これを資産金として維持してきたが、維新後明治六年（一八七三）浜松に資産金貸付所を設立し、主務（役員）として就任した。なお維新後報徳社運動は急速な発展をとげ、彼は遠江国報徳社の初代社長となっている。同十一年三月三日郷里において没した。六十七歳。

参考文献　岡田良一郎『無息軒翁一代記』

（伝田　功）

おかだしんいちろう　岡田信一郎　一八八三―一九三二　明治から昭和時代前期にかけての建築家。明治十六年（一八八三）十一月二十日東京芝宇田川町に生まれる。同三十九年東京帝国大学工科大学を卒業後、警視庁、日本銀行の嘱託を経て翌年東京美術学校講師、のち教授となり早稲田大学教授を兼任。代表作に歌舞伎座（大正十四年）、東京府美術館（同十五年）、ニコライ堂改築（昭和五年）、明治生命保険会社ビル（同九年）などがある（ニコライ堂と明治生命ビルは重要文化財）。明治の西欧様式導入期のあとをうけて、その日本への定着と新様式の開拓に尽力した。昭和七年（一九三二）四月四日死去。五十歳。東京護国寺に葬る。

（稲垣　栄三）

おがたたけとら　緒方竹虎　一八八八―一九五六　大正・昭和時代の言論人、政治家。明治二十一年（一八八八）一月三十日、道平の三男として山形に生まれたが、五歳の時、父の転任に伴い福岡市に移住、福岡で育つ。同四十四年早大専門部を卒業して大阪朝日新聞社に入社、東京の大阪通信部勤務となる。大正十二年（一九二三）四月、東京朝日の整理部長に就任、政治部長を経て同十四年編輯局長となる。以後、下村宏・石井光次郎・美土路（みどろ）昌一（ますいち）らとともに、東京朝日の経営に参画、その発展に多大の貢献をなすとともに、朝日の筆政を主宰した。昭和十一年（一九三六）二・二六事件の時、陸軍青年将校の朝日襲撃に際し、単身叛乱軍と対決した話は有名。同十八年副社長となったが、翌十九年七月、朝日を退社して小磯内閣の国務相兼情報局総裁に就任。同二十年四月内閣総辞職により退官したが、同年八月東久邇宮内閣成立とともに再び国務相兼内閣書記官長兼情報局総裁となり、終戦時の混乱収拾に力をつくした。同十二月戦犯容疑者に指名され、続いて公職追放となったが、二十二年戦犯容疑を解除され、二十六年公職追放が解除されると政界に復帰。二十七年、自由党から衆議院議員に当選、第四次吉田内閣の国務相兼内閣官房長官となる。以後、副総理として、また自由党の領袖として政界に重きをなした。二十九年吉田茂に代わって自由党総裁に就任したが、三十年の総選挙に敗れ、野党総裁として保守合同に尽力、同年十一月自由民主党を結成して総裁代行に就任したが、翌三十一年一月二十八日、六十七歳で急逝した。東京の青山墓地に葬る。著書に『人間中野正剛』『一軍人の生涯―米内光政の思ひ出―』等がある。

参考文献　高宮太平『人間緒方竹虎』、嘉治隆一『緒方竹虎』（『一業一人伝』）、緒方竹虎伝記刊行会編『緒方竹虎』、栗田直樹『緒方竹虎』（『人物叢書』二二九）

（春原　昭彦）

おかだたけまつ　岡田武松　一八七四―一九五六　明治から昭和時代にかけての気象学者。日本の気象事業の育ての親。明治七年（一八七四）八月十七日千葉県布佐（我孫子市）に父由之助、母ひさの次男として生まれる。同三十二年東京帝国大学理科大学物理科卒業後、中央気象台に入り、予報課勤務、三十七年予報課長となり、翌年の日本海海戦当時の予報を担当した。大正九年（一九二〇）神戸海洋気象台長、十二年中村精男のあとをうけ、四代目の中央気象台長となり、昭和十六年（一九四一）まで在職した。岡田の学的業績としては「梅雨論」（学位論文）のほか東北凶冷の研究などが知られており、同六年には、『日本の気候』（英文）を刊行した。気象事業の面では気象官署の国営化（昭和十四年完了）、暴風警報と海洋観測法の確立などがあり、また気象技術者の養成機関である測候技術官養成所（気象大学校）を大正十一年に創立した。著書に『気象学講話』（明治四十一年）、『雨』（大正五年）、『気象学』（昭和二年）などがあり、初版後の数多くの改訂新版によって、後進に大きな影響を与えた。昭和二十四年に文化勲章を受章した。同三十一年九月二日没。八十二歳。青山斎場で気象庁葬が営まれた。布佐の延命寺に葬らる。

参考文献　須田滝雄『岡田武松伝』

（根本　順吉）

おかだただひこ　岡田忠彦　一八七八―一九五八　大正・昭和時代の内務官僚、政治家。明治十一年（一八七八）三月二十一日岡田吟平の長男として岡山に生まれる。三十六年東京帝国大学法科大学政治科卒。内務省に入り、埼玉・長野・熊本各県知事を歴任。大正十二年（一九二三）内務省警保局長となる。翌年、岡山県より衆議院議員に当選。中正倶楽部を経て立憲政友会に所属。昭和十一年（一九三六）衆議院副議長、十七年から二十年まで同議長。二十年鈴木内閣厚生大臣。戦後、公職追放にされるが、解除後の二十七年衆議院議員に選出され、自由党に所属。

また瀬戸内海観光貿易株式会社社長をつとめる。三十三年十月三十日死去。八十歳。著書に『南支那の一瞥』がある。

参考文献 石井三二馬『政局の黎明に躍動する人々』、『岡山市史』人物編　（成沢　光）

おがたとみお　緒方富雄　一九〇一―八九　昭和時代の医学者。明治三十四年（一九〇一）十一月三日、大阪市東区北新町に生まれる。父は蘭学者緒方洪庵の孫にあたる緒方銈次郎、母は友香（三浦氏）。大正十五年（一九二六）東京帝国大学医学部卒業。病理学教室、法医学教室を経て、血清学を専攻。昭和九年（一九三四）アメリカに留学し、シカゴ大学、ニューヨーク市マウントサイナイ病院で血清学を研究、翌年帰国。昭和十一年助教授、同二十四年教授（血清学）となり、同三十七年退官。この間、東京大学医学図書館長を勤める。日本血清学会、蘭学資料研究会、日本輸血学会、緒方医学化学研究所、日本臨床病理同学院、日本ヒポクラテスの会などの創設運営にあたる。『医学と生物学』の編集主幹、『医学のあゆみ』の第一期編集長を歴任した。著書に『理論血清学』『緒方洪庵伝』『日本におけるヒポクラテス賛美』がある。平成元年（一九八九）三月三十一日没。八十七歳。墓は大阪市北区同心一丁目の竜海禅寺にある。

参考文献 「緒方富雄先生御略歴」（『医学と生物学』一一八ノ五）、鈴木鑑「緒方富雄先生と血清学、付、緒方富雄先生略歴」（『医学のあゆみ』一四九ノ四）　（片桐　一男）

おがたともさぶろう　緒方知三郎　一八八三―一九七三　大正・昭和時代の病理学者。明治十六年（一八八三）一月三十一日、東京神田猿楽町に、父緒方惟準、母三沢氏吉重の三男として生まる。同四十一年東京帝国大学医科大学を卒業し、病理学教室助手となった。四十三年ドイツに留学し、大正二年（一九一三）帰国した。翌三年東京帝国大学医科大学助教授となり、病理学講座を担任し、同十二年には、同じく教授に昇進した。ビタミンB_1欠乏症、唾液腺ホルモン、カシン＝ベック病などに多くの業績をあげ、実弟章（東大薬学科教授）と協力して唾液腺ホルモンを分離し、パロチンと命名し、これにより昭和十九年（一九四四）学士院恩賜賞を得た。同十八年東大を停年退職後、日本医科大学・東京医科大学などでひき続き教育・研究に従事し、二十九年社団法人老人病研究所設立とともに所長となる。四十三年同研究所が日本医科大学に移管された後も所長を勤めた。三十二年に文化勲章を受章。四十八年八月二十五日没。九十歳。著書に『病理学総論』『病理学入門』『いつまでも若く』『老年病理学総論概説』などがある。

参考文献 日本経済新聞社編『私の履歴書』四一、緒方知三郎『一筋の道』　（大塚　恭男）

おがたまさのり　緒方正規　一八五三―一九一九　明治・大正時代の衛生学者。嘉永六年（一八五三）十一月五日、肥後国八代郡河俣村（熊本県八代郡東陽村河俣）に生まる。父は玄春といった。明治三年（一八七〇）熊本医学校に入り、蘭学と医学を学ぶ。同五年東京に出て、大学南校に入り、半年ほどで大学東校に転じた。十三年東京大学医学部を卒業し、同年ドイツ留学に発つ。ライプチッヒでルートウィヒ・ホフマン、ミュンヘンでペッテンコーフェル・フォイトらの各教授に師事し、衛生学・生理学を学び、十七年帰朝、翌十八年東京大学御用掛、医学部講師となり、十九年帝国大学医科大学教授となり、衛生学講座を担当した。また細菌学の講義もあわせ行なった。二十四年より三年間、海軍省に兼務し、細菌学の講義を行い、三十一年東京帝国大学医科大学長となる。大正八年（一九一九）七月三十日死去。六十七歳。墓は豊島区の染井共同墓地。論文として「分泌時ニ於ケル膵細胞ノ変化」「鼠咬症ノ病原及治療研究」などがある。

参考文献 『衛生学伝染病学雑誌』一五ノ二（故緒方会頭記念号）、呉秀三「医学博士緒方正規君ノ伝」（『東洋学芸雑誌』三六ノ四五六）、「緒方正規先生生誕百年記念座談会」（『日本医事新報』一五〇七）　（大塚　恭男）

おかだやいちろう　岡田弥一郎　一八九二―一九七六　大正・昭和時代の生物学者。明治二十五年（一八九二）六月二十四日、石川県の岡田秀男の長男として誕生。大正五年（一九一六）水産講習所研究科を卒業、東京大学助手、東京高等師範学校教授、農事試験場嘱託、水産講習所講師を歴任。昭和七年（一九三二）欧米留学、同十九年山階鳥類研究所理事、二十二年資源科学研究所副所長、二十五年三重県立大学水産学部長、三十六年東海大学教授。五十一年四月二十八日没。八十三歳。著書に『系統動物学』ほか多数あり。　（鈴木　善次）

おかだよしこ　岡田嘉子　一九〇二―九二　大正・昭和時代の女優。明治三十五年（一九〇二）四月二十一日、岡田武雄・ヤエの長女として広島市大手町（中区）に生まれる。大正七年（一九一八）東京女子美術学校卒業。舞台にあこがれ、中村吉蔵の新芸術座に参加、同十年、舞台協会の「出家とその弟子」に出演して人気を博す。翌年舞台協会・日活提携による「髑髏（どくろ）の舞」で映画初出演。十三年、舞台協会の多額の負債を返済するため日活に入社、「街の手品師」（十四年）、「狂恋の女師匠」（十五年、溝口健二監督）、「彼をめぐる五人の女」（昭和二年（一九二七））などで好演、モダンで妖艶な新しいタイプの女優として得がたい存在となる。昭和二年「椿姫」を撮影中に共演者竹内良一と失踪、「恋の逃避行」事件として話題になる。これにより日活を解雇され、以後は舞台と映画の両分野で活躍。この間松竹映画に何本か出演、島津保次郎監督の「隣の八重ちゃん」（九年）、小津安二郎監督の「東京の女」（七年）や「東京の宿」（十年）などに出演した。同十三年左翼演劇新協劇団の演出家杉本良吉と樺太（サハリン）でソ連領内へ越境、消息を絶つ。のちに明らかになったところでは、両人ともスパイ容疑で逮捕され、杉本は越境の翌年銃殺刑（表向きは病死）に処せられた。第二次世界大戦後の二十七年、岡田はモスクワ放送局の日本語放送課長として健在であることが判明、国をあげての働きかけで、四十七年十一月に一時帰国が実現、日本滞在中は舞台・映画（「男はつらいよ寅次郎夕焼け小焼け」（五十一年）、「オレンジロード急行（エクスプレス）」（五十三年）など）に出演したほか、舞台演出も手がける。六十一年に国籍のあるソ連に戻り、平成四年（一九九二）二月十日、老衰のためモスクワで没。八十九歳。自伝として帰国中に著わした『悔いなき命を』がある。

参考文献 有城三朗編『炎の女の70年』、工藤正治『終りなき冬の旅』、岸松雄『日本映画人伝』、升本喜年『女優岡田嘉子』 （宮本　高晴）

おかだりょういちろう　岡田良一郎　一八三九－一九一五　明治時代における報徳運動の最高指導者。日本最初の信用組合の創設者。字は廉夫・清行、淡山と号す。天保十年（一八三九）十月二十一日岡田佐平治の長男として遠江国佐野郡倉真（くらみ）村（静岡県掛川市倉真）に生まる。父は総庄屋をつとめ、二宮尊徳の門下に入り、報徳運動を進めた。良一郎は庄屋・戸長・大区長・県会議長・郡長などを経て衆議院議員に当選二回。明治九年（一八七六）に浜松県で地租改正反対運動が勃発した際、県令に説いて民会を創設し、その議長となって地価修正運動を指導し、以後十年間の努力の末ついに成功した。また資産金貸付所（明治二十五年に掛川信用組合に発展）・製糸場・紡績会社などを設立し、掛川農学社を起こして農業技術の向上普及にも尽力した。その間、安政元年（一八五四）、父の命により二宮尊徳の門に入り、ついでその子尊行に師事して報徳運動を進めた。明治八年、父の後継者として遠江国報徳社社長となり、明治以降の報徳運動の発展の基礎をきずいた。さらに同四十四年遠江国報徳社が大日本報徳社に発展・改称するとその社長となった。『活法経済論』『無息軒翁一代記』『報徳富国論』『報徳学斉家談』『漂洋紀事本末』などの著作がある。大正四年（一九一五）一月一日没。七十七歳。なお、報徳社の事業は長男の良平（文部大臣）、ついで次男の一木喜徳郎（枢密院議長）に受け継がれた。

参考文献 山田猪太郎『淡山岡田良一郎先生年譜』、袴田銀蔵『淡山岡田良一郎先生略年譜』、戸塚一郎『岡田淡山先生伝』、山田万作『岳陽名士伝』、海野福寿・加藤隆編『殖産興業と報徳運動』 （原口　清）

おかだりょうへい　岡田良平　一八六四－一九三四　明治から昭和時代前期の教育行政家。号恭堂、字篤夫。元治元年（一八六四）五月四日遠江国佐野郡倉真（くらみ）村（静岡県掛川市倉真）の庄屋の家に長男として生まれる。父良一郎、母栄子。一木喜徳郎は実弟。小学校卒業後明治九年（一八七六）父の経営する私立冀北学舎に入り漢学・英学を学ぶ。十一年上京、東京府立第一中学を経て東京大学予備門に入学。十六年東京大学文学部入学、哲学を専攻、二十年七月帝国大学卒業。在学中特待生にもなった。大学院を経て二十二年第一高等中学校教諭、翌年教授となる。二十六年文部省に入り視学官、二十九年まで山口高等中学校（のち山口高等学校）校長に赴任、学生騒動の解決に手腕を振るう。その後参事官・書記官・視学官などを歴任、三十二年樺山資紀文相のもとで参与官に抜擢され、私立学校令・教育基金令・小学校令などの制・改定に関与。実業学務局の復活にも努め、三十二年その実現とともに局長に就任、欧州出張のついでに実業教育を調査し帰朝後「実業学校増設計画」を立案。三十四年菊池大麓文相のもとで総務長官となり、専門学校令制定、教科書国定化などに関与、文部省廃止の動きに反対し阻止に貢献したが、三十六年官制改革で退官、翌年貴族院議員（昭和四年依願免）。四十年京都帝国大学総長、翌年小松原英太郎文相のもとで文部次官、文教行政に業績を示し、通俗教育調査委員会の委員長なども兼任。大正五年（一九一六）寺内内閣の文相に就任、翌年小松原らの助言を得てわが国最初の内閣直属の教育諮問機関である臨時教育会議の設置に成功、その答申に従って永年の懸案であった高等教育制度の改革を断行、また義務教育費国庫負担の道を開いた。同十二年から昭和二年（一九二七）まで加藤内閣・第一次若槻内閣の文相に就任、現役将校の配属、青年訓練所の設置、幼稚園令制定などを実施。同四年枢密顧問官、八年文政審議会副総裁に任命されたが、同九年五月二十三日死去。七十一歳。故郷に葬られた。そのほか大日本報徳社社長・産業組合中央会会頭なども勤めた。

参考文献 松浦鎮次郎他編『岡田良平先生小伝』、下村寿一『岡田良平』（『日本教育先哲叢書』二二）、伊藤隆・坂野潤治・竹山護夫「岡田良平関係文書」（『社会科学研究』二ノ五・六合併号） （久原　甫）

おかのきたろう　岡野喜太郎　一八六四－一九六五　明治から昭和時代にかけての銀行家。駿河銀行の設立者。頭取。元治元年（一八六四）四月四日、駿河国駿東郡愛鷹村青野（静岡県沼津市）に、名主弥平太の長男として出生。明治十八年（一八八五）十月韮山師範を中退、農村の荒廃収拾のため同二十年一月貯蓄組合を設立、同二十八年十月、根方銀行（駿河銀行の前身）を設立し頭取となる。昭和三十二年（一九五七）一月取締役会長に就任（頭取在職六十二年）。勤倹貯蓄をモットーに地方金融の充実に尽力。一県一行主義の強行に反対したり、一千万円貯金を提唱したりした。同四十年六月六日死去。百一歳。墓は生家の妙泉寺にある。

参考文献 岡野喜太郎追想録編纂委員会編『岡野喜太郎の追想』、橋本求『岡野喜太郎伝―人とその事業―』 （杉山　和雄）

おかのけいじろう　岡野敬次郎　一八六五－一九二五　明治・大正時代の商法学者。慶応元年（一八六五）九月二十一日、幕臣岡野親美の次男として上野国群馬郡岩鼻（群馬県高崎市岩鼻）に生まれる。六樹と号す。明治十九年（一八八六）帝国大学法科大学卒。二十一年同大学助教授。

二十四年からドイツに留学。二十八年帰国後、教授となり商法講座を担任。同年法典調査会委員に任ぜられ、商法関係法案の起草に尽力。傍ら、農商務省参事官・法制局参事官・東京帝国大学評議員を歴任。三十二年法学博士の学位を受ける。三十九年第一次西園寺内閣法制局長官となる。四十一年貴族院議員に勅選され、交友倶楽部に所属。四十四年第二次西園寺内閣、大正二年(一九一三)第一次山本内閣各法制局長官、同年行政裁判所長官となる。六年から中央大学学長を勤める。十一年加藤友三郎内閣司法大臣、十二年第二次山本内閣文部大臣兼農商務大臣を経て、十四年枢密院副議長・帝国学士院長となり、男爵を授けられる。同年十二月二十二日死去。六十一歳。下谷区(台東区)谷中墓地に葬られる。著書に『日本手形法』『会社法講義案』『会社法』『商行為及保険法』などがある。

参考文献 六樹会編『岡野敬次郎伝』、同編『六樹先生追憶談』 (成沢 光)

おかのやしげざね 岡谷繁実 一八三五―一九二〇 幕末・明治時代の尊攘志士、官吏、歴史家。天保六年(一八三五)三月十二日、出羽国山形(山形県山形市)に岡谷嘉兵衛繁正の長男として出生。母は納子。字は鈕吾で、斯波純一郎・斯波弾正・天民とも称す。岡谷家は山形藩藩主秋元家の家臣で三百石取。秋元家は弘化二年(一八四五)に上野国館林へ移封。繁実は江戸の昌平黌(昌平坂学問所)に学んだのち、攘夷論を主張して上京し、勅使東下の運動に参加した。また、宇都宮藩家老の戸田忠至(間瀬和三郎)とともに山陵修補事業を推進。戊辰戦争では少壮公家の高松実村を擁して中山道を進撃し、甲斐国鎮撫のさきがけとなる。その後、江戸遷都論を建議し、明治二年(一八六九)二月に新政府の行政官出仕に登用され、民部官出仕に転じたのち、岩代国巡察使附属や若松県・水沢県などの地方官を歴任。七年に内務省七等出仕、同九年に内務少丞。十一年には修史館御用掛となり、長慶天皇の事蹟調査や金沢文庫の再興に尽力した。三十四年に鎌倉宮宮司、翌年に氷川神社宮司。晩年は史談会の幹事として活躍し、『名将言行録』『皇朝編年史』などの史書や諸記録を残した。大正九年(一九二〇)十二月九日没。八十六歳。墓は埼玉県深谷市萱場の清心寺にある。

参考文献 「秋元泰朝・岡谷繁実・木呂子退蔵贈位申請書」(館林市立図書館蔵)、『重修岡谷家譜』(国立史料館蔵)、群馬県邑楽郡館林町役場編『館林人物誌』、原島陽一・松尾正人「岡谷文書―幕末・明治書翰類―」(『史料館研究紀要』二四・二五) (松尾 正人)

おかばしじすけ 岡橋治助 一八二四―一九一三 明治時代の実業家。幼名留吉。文政七年(一八二四)十二月十四日、大和国十市郡味間村(奈良県桜井市三輪)に、農業清七の八男として生まれる。天保十三年(一八四二)大坂船場の太物商島屋忠三郎に奉公。安政三年(一八五六)別家して油屋治助と名乗り木綿商を開業、明治初年には大阪有数の木綿問屋となる。明治十一年(一八七八)、第三十四国立銀行を設立し、頭取に就任。同二十年天満紡績を設立し、社長となったほか、天満織物・日本紡績・日本綿花・大阪鉄道・河南鉄道・紀和鉄道・共同曳船・日本倉庫・日本生命保険・日本海陸保険・日本火災保険・中立貯蓄銀行などの設立に関係し、これら諸会社の役員となる。また、大阪農工銀行および日本興業銀行の創立委員を委嘱され、大阪商業会議所特別議員に推されるなど、明治期を通じて大阪財界の有力者の一人として活躍したが、同四十一年隠居、清左衛門と改名、大正二年(一九一三)十一月二日没した。九十歳。

参考文献 『ニチボー七十五年史』 (伊牟田敏充)

おかふもと 岡麓 一八七七―一九五一 明治から昭和時代前期にかけての歌人、書家。本名三郎。別号三谷・傘谷。明治十年(一八七七)三月三日、東京府本郷金助町一に旧幕御殿医良節の三男として生まる。母は仲村氏さい。府立一中中退後宝田通文の精義塾などに学び、また多田親愛に仮名書きを習った。一時出版業彩雲閣書房を経営。大正以後は書家として立ち、聖心女子学院・徳川達道家文庫などに勤務のかたわら家塾をもひらいた。少年期から旧派の歌に手をそめたが、同三十二年、正岡子規の根岸短歌会に参加。大正五年(一九一六)、『アララギ』に加わって再び作歌を始め、同派の長老としてきめのこまかな独自の詠風を見せた。昭和二十年(一九四五)、戦禍を避けて長野県北安曇郡会染村内鎌(池田町)に移居し、同二十六年九月七日、同地で没。七十四歳。『庭苔』から『雪間草』に至る七巻の歌集があり、不遇に送った晩年の境涯詠に心うつものが多い。芸術院会員。墓は東京都文京区向丘二丁目の高林寺にある。

参考文献 杉田嘉次『意前筆後』、『余情』一〇(岡麓研究)、『アララギ』四五ノ五(岡麓追悼号)、内川幸雄「晩年の岡麓」(『国語科通信』一五)、斎藤正二「岡麓歌注」(『短歓』一二ノ一〇・一一) (本林 勝夫)

おかべきんじろう 岡部金治郎 一八九六―一九八四 大正・昭和時代の電気工学者。明治二十九年(一八九六)三月二十七日名古屋市に生まれ、大正十一年(一九二二)東北帝国大学電気工学科を卒業。同大学講師、名古屋高等工業学校教授、大阪帝国大学助教授を経て、昭和十四年(一九三九)同教授となった。東北帝大の八木秀次の指導のもとで「分割陽極マグネトロンによる極超短波の発生」と題する論文を昭和二年に発表して、ハルが発見したマグネトロン(磁電管)の原理を実用的水準にまで発展させた。このマグネトロンにより当時三〇センチくらいの波長の電波しか発生できなかったのを、一躍三センチくらいの波長の電波を発生することができた。同四年工学博士の学位を受けた。大阪帝大では、極超短波発振用で大阪管といわれるマグネトロンを同十一年に発明した。戦時中はマグネトロンの応用として秘密通信を考え、この研究は海軍にひきつがれた。これらの研究業績により、同十六年学士院恩賜賞、十九年文化勲章を受け、二十六年文化功労者に選ばれた。五十九年四月八日没。八十八歳。著者に『特殊熱電子管』『電子工学』などがある。

（山崎　俊雄）

おかべながもと　岡部長職　一八五四―一九二五　明治・大正時代の外交官、官僚政治家。子爵。安政元年（一八五四）十一月十六日従五位下美濃守岡部長発の長男として生まれ、同三年伯父長寛の養嗣子となる。明治元年（一八六八）十二月和泉国岸和田五万三千石を襲封、同二年版籍奉還の上表を提出、六月岸和田藩知事、四年廃藩置県に伴い免官となる。八年十一月アメリカに留学、ニューヘブン・エール両大学に学び、ついで十五年渡英、ケンブリッジ大学に学ぶ。のち欧州各国を歴訪して十六年十月帰国した。十九年三月公使館参事官となり二十年十二月よりイギリス公使館に在勤、臨時代理公使も勤めた。二十二年十二月青木外相のもとで外務次官となり、大隈外相の条約改正交渉失敗のあとをうけて対等条約締結の方針のもとに交渉を開始したが、翌二十四年大津事件の責を負って青木外相とともに辞任、六月特命全権公使となった。この間二十三年七月には貴族院の子爵議員に選ばれ、第一議会が開かれると堀田正養らとともに木曜会をつくりさらに二十四年十一月研究会を組織し、堀田らとともにその幹事として研究会を掌握、政党勢力の伸張に対抗した。隈板内閣、第四次伊藤内閣に対しては貴族院内の批判勢力の急先鋒となって活躍した。これ以後も永く研究会の実権を握り貴族院の中心勢力となった。この間三十年十月には東京府知事となり、四十一年七月第二次桂内閣には研究会の勢力を背景に司法大臣として入閣、在任中にいわゆる大逆事件に直面、その善後処置に苦慮した。大正五年（一九一六）四月枢密顧問官となり、十四年十二月二十七日没。七十二歳。東京の青山墓地に葬られた。

参考文献　杉本勝二郎編『（華族列伝）国乃礎』中

（宇野　俊一）

おかまつおうこく　岡松甕谷　一八二〇―九五　江戸時代後期から明治時代前期にかけての儒学者。名は辰、字は君盈、はじめ通称は辰吾。甕谷と号した。文政三年（一八二〇）豊後国高田（大分県豊後高田市）に岡松真友の次男として生まる。はじめ帆足万里に日出（ひじ）において従学すること十余年、万里を通じて西人窮理の学をも究めた。ついで熊本藩に仕えた。維新以後、大学少博士などに任ぜられたが、間もなくこれを辞して高田に帰った。明治九年（一八七六）また上京して紹成書院を設けて子弟に教授した。経術に深く、文章に巧みであり、かつ英蘭の二国語に通じ、世人は巨儒として推重した。のち東京大学教授、東京学士会院会員に推され、同二十八年二月十八日、七十六歳で没し青山墓地に葬られた。晩年は人心が西学に心酔することを厭い、文章を軽んずることを慨嘆し、絶えて西学を口にせず、世と背馳し、不遇であったという。次子は井上毅のあとを嗣いだ。著に『甕谷遺稿』八巻、『初学文範』二巻、『荘子考』四巻、『楚辞考』四巻などがある。

（頼　惟勤）

おかみのる　岡実　一八七三―一九三九　明治後期から昭和時代前期にかけての農商務官僚、新聞経営者。法学博士。明治六年（一八七三）九月十二日岡義杪の長男として奈良県に生まれる。東京帝国大学法科大学政治科卒、内務省属、法制局参事官、農商務省参事官に転じ商工局商工課長。同三十八年にベルギーをはじめ欧米各国視察、四十三年工務局長、大正二年（一九一三）商工局長となる。この間、産業組合法・工場法・簡易保険法など社会立法の制定に努力し、特にわが国の工場および職工の実態を調査し、諸外国の工場制度を参酌して工場法案を起草・成立せしめた功績は特筆される。第一次世界大戦中の米価騰貴対策をめぐって仲小路廉農相と意見が対立、同七年辞任した。同年パリ平和会議の随員となり、翌八年には第一回国際労働会議に政府代表として出席、八時間労働制の問題で日本の特殊性を強調し、除外例を認めさせるために努力した。その後もたびたび国際連盟の諸会議には政府委員として出張した。十一年東京日日新聞顧問、十二年『エコノミスト』創刊にあたり主筆として迎えられ、さらに昭和二年（一九二七）東京日日新聞編集主幹、取締役、副社長を歴任、八年取締役会長となり社業の発展に大きく寄与し、十三年に勇退した。この間九年には富民協会理事長となる。同十四年十一月二十日六十七歳で死去した。著書に『工場法論』などがある。

（宇野　俊一）

おかむらきんたろう　岡村金太郎　一八六七―一九三五　明治から昭和時代前期にかけての藻類学者、水産学者。慶応三年（一八六七）四月二日、江戸芝新光町（東京都港区）に生まれ、攻玉社・大学予備門を経て明治二十二年（一八八九）七月帝国大学理科大学植物学科を卒業、大学院に進み海藻学を専攻、同二十四年水産伝習所教師、次年金沢の第四高等中学校教授、二十八年理学博士、二十九年職を辞し三十年四月水産講習所講師、のちに教授、大正十三年（一九二四）―昭和六年（一九三一）水産講習所所長、また東京帝国大学講師として農学部水産学科・理学部植物学科で水産学・藻類学の教育と研究指導にあたった。アサクサノリ・テングサ・アオノリの養殖に功績が多い。日本水産学会会長をつとめた。岡村は日本の藻類学の創立者で、かつ基礎的研究の完成者である。また一方では往来物の収集家と知られ、現在その収集本は東京大学付属図書館に収められている。論文・著書多く主著に『日本藻類図譜』全七巻（明治四十年―昭和十七年）、『藻類系統学』（昭和五年）、『日本海藻誌』（同十一年）。昭和十年八月二十一日東京で没した。六十九歳。墓は渋谷区千駄ヶ谷の瑞円寺にある。

参考文献　山田幸男「故岡村金太郎先生略伝」（『植物学雑誌』四九ノ五八七）

（木村陽二郎）

おかむらしこう　岡村柿紅　一八八一―一九二五　明治・大正時代の劇作家、劇評家。本名久寿治。明治十四年（一八八一)九月十四日、高知の北奉公人町に生まれ、五歳の時、父母と上京。中学卒業後、叔母が女義太夫の二代目竹本東玉であったことから、芸能人や硯友社系の文人とも交わり、同三十四年以降、約十年間、中央新聞・二六新報・読売新聞にあって劇評を担当、この間文士劇の上演にも参画した。四十四年四月、博文館の『演芸倶楽部』編集主任、大正五年(一九一六)三月からは玄文社の『新演芸』を創刊して主筆となり、演劇ジャーナリストとして活躍した。同四年五月、市村座の田村成義に招かれて顧問となり、成義没後も嗣子田村寿二郎を助け、晩年は専務取締役として同座の経営に尽力した。劇作家としては、六代目尾上菊五郎のために書き下した新歌舞伎風の脚本の外、『身替座禅』(明治四十三年初演)、『棒しばり』(大正五年初演)、『悪太郎』(同十三年初演)など、能狂言に取材した舞踊劇が著名。十四年五月六日、東京高輪で没した。四十五歳。鶴見の総持寺に葬られた。

(藤木　宏幸)

おかむらつかさ　岡村司　一八六六―一九二二　明治・大正時代の民法学者。慶応二年(一八六六)十二月十四日下総古河に岡村忠右衛門の三男として生まれ、漢学を二松学舎に学び、のち帝国大学でフランス法を学び、明治二十五年(一八九二)卒業、三十二年京都帝国大学助教授となってフランスに留学、三十五年帰国して教授となった。大正三年(一九一四)官を辞して弁護士となり、同十一年三月二十三日死んだ。五十七歳。民法学者としては、近代的小家族制度を理想とし、その持論により明治憲法下の家族制度を批判したために、明治四十四年懲戒処分を受けた。弁護士となってから、大阪弁護士会の民法改正案を起草し、近代的家族制度の立法をはかったこともある。漢学で学んだ孟子とフランス学で学んだルソーから大きな影響を受けた理想主義思想をいだいていたもようで、その『法学通論』では、自然法を重んじ、国民の権利を主とするすぐれた法意識が示されており、明治の法学界のなかでは、特異の位置を占めている。著書に『親族法講義』『思想小史』『巨鹿余稿』などがある。

参考文献　家永三郎『日本近代憲法思想史研究』

(家永　三郎)

おかむらやすじ　岡村寧次　一八八四―一九六六　大正・昭和時代の陸軍軍人。明治十七年(一八八四)五月十五日東京四谷の旧旗本岡村寧永の次男に生まれ、早稲田中学・中央幼年学校予科を経て、三十七年十月第十六期生として陸軍士官学校を卒業、ただちに歩兵少尉に任官して第一師団に加わり、日露戦争に出征した。陸士時代から中国大陸に志していたが、大正二年(一九一三)陸軍大学校卒業後中国情報専門家となり、中国勤務と参謀本部支那課を往復した。永田鉄山・小畑敏四郎と並んで陸士第十六期の三羽烏と称され、大正中期に長州閥打倒の盟約を結んだが、のちに永田と小畑は離反し、調停役の岡村だけが最後まで残って大将まで累進した。昭和七年(一九三二)岡村は上海派遣軍参謀副長ついで関東軍参謀副長に転じ、参謀本部第二部長、第二師団長を経て、十三年七月第十一軍司令官に任命され、漢口作戦を指揮した。十六年七月北支那方面軍司令官、十九年八月第六方面軍司令官を経て、十一月支那派遣軍総司令官に就任し、この間大陸打通作戦を指揮したが、二十年に入ると、全軍は米軍の上陸に備え、占領地の大部を放棄して後退を開始した。八月終戦の大詔が降り、中国大陸百万の日本軍は中国軍に対し降伏したが、岡村は戦犯を免れ、二十四年に復員した。のち偕行社会長として旧陸士出身者の長老的存在であったが、四十一年九月二日病死した。八十二歳。

参考文献　舩木繁『支那派遣軍総司令官岡村寧次』

(秦　郁彦)

おかもといっぺい　岡本一平　一八八六―一九四八　明治から昭和時代前期にかけての漫画家。明治十九年(一八八六)六月十一日北海道函館に生まれた。大阪・東京と居を移したのち、武内桂舟や徳永柳州、さらに藤島武二について油絵を学び、同四十三年東京美術学校西洋画科選科を卒業、翌四十四年には文展に「トンネル横町」を出品入選したほか、帝国劇場の天井画や舞台装置などの仕事にたずさわった。しかしその直後四十五年東京朝日新聞社に入社し、漫画を描いてこれを専門とするに至り、大正から昭和にかけて長く同紙上で健筆を振るった。その作風は鋭い描写と妙味ある警句に特色があり、従来の漫画形式を破る斬新さによって広く親しまれた。また著書に『紙上世界漫画漫遊』『弥次喜多再興』などがある。妻は作家岡本かの子で、画家岡本太郎はその子である。昭和二十三年(一九四八)十月十一日没。六十三歳。多磨墓地に葬られた。

(富山　秀男)

おかもとかのこ　岡本かの子　一八八九―一九三九　大正時代の歌人、昭和時代前期の小説家。本名カノ。明治二十二年(一八八九)三月一日、東京府赤坂区青山南町(東京都港区北青山)の大貫家別邸で生まれる。父寅吉、母アイの長女。大貫家は神奈川県二子の多摩川河畔に数百年続いた大地主で、幕府御用商を勤めた家柄。溝ノ口高等小学校卒業のころから、谷崎潤一郎とも親交をもち晶川と号して文才を謳われた次兄雪之助の影響で文学書に親しみ、跡見女学校在学中から『明星』に短歌を発表、やがて『スバル』同人になる。同四十三年のちの漫画家岡本一平と結婚。夫婦間の危機をくぐって『かろきねたみ』『愛のなやみ』などの歌集を刊行し、一方仏教研究家としても著名になった。昭和四年(一九二九)―七年の欧州旅行ののち小説家に転身、デビュー作『鶴は病みき』以降没するまでの数年間に超人的な創作力を示した。同十四年二月十八日、小石川帝大病院で没し多磨墓地に葬られた。数え五十一歳。代表作は『母子叙情』『老妓抄』『生々流転』など。『岡本かの子全集』全十五巻(ほかに補巻一、別巻二)がある。

参考文献　岩崎呉夫『芸術餓鬼岡本かの子伝』、瀬戸内晴美『かの子撩乱』、古屋照子『華やぐいのち』、岡本

太郎『母の手紙―母かの子・父一平への追想―』、同『一平　かの子―心に生きる凄い父母―』　（畑　有三）

おかもときどう　岡本綺堂　一八七二―一九三九　明治から昭和時代前期にかけての劇作家、小説家、劇評家。本名敬二。別号狂綺堂・甲字楼主人。明治五年（一八七二）十月十五日、旧幕臣岡本敬之助の長男として、東京芝高輪（港区）に生まれた。少年時代、父と叔父武田悌吾からそれぞれ漢詩と英語を学び、また父の勤務先英国公使館の留学生からも英語を学んだ。同二十二年東京府立一中を卒業したが、幕臣の子は官界に入れる見込みはなく、また在学中父に連れられて劇場に出入りするうち、演劇改良運動に刺戟されて劇作家を志望、進学を断念して東京日日新聞に入社した。以後絵入日報社・やまと新聞社など記者生活をつづけながら劇評を担当、劇作を習作した。三十五年一月、岡鬼太郎との合作『金鯱噂高浪（きんのしゃちほこうわさのたかなみ）』が歌舞伎座で上演され自作上演の最初となった。四十一年七月、明治座で川上音二郎の依頼によって二代目市川左団次のために書いた『維新前後』が好評で、これが左団次との提携の端緒となり、翌年から左団次のために連作したが、四十四年五月『修禅寺物語』によって新歌舞伎作家の地位を確立した。大正二年（一九一三）記者生活を去って劇作に専心、『室町御所』『鳥辺山心中』『尾上伊太八』『番町皿屋敷』などを発表。また小説の筆もとり新聞小説のほか『半七捕物帳』を起稿した。同八年二月帝国劇場の嘱託となって外遊。関東大震災以後は諸所を転々としながら『雁金文七』『虚無僧』『新宿夜話』『湯屋の二階』『権三と助十』などを発表し、詩情をたたえた枯淡な作風となり、世話物や喜劇に新境地をひらいた。昭和期の代表作は『正雪の二代目』『相馬の金さん』『おさだの仇討』『朝鮮屏風』『天保演劇史』『荒木又右衛門』など。昭和十二年（一九三七）六月、劇界を代表して帝国芸術院会員となる。同十四年三月一日上目黒の自宅で没し、青山墓地に葬られた。六十八歳。法名常楽院綺堂日敬居士。戯曲百九十六篇のほか『半七捕物帳』六十八篇、『三浦老人昔話』『青蛙堂鬼談』など読物類百編、新聞小説などがある。特に『半七捕物帳』はいわゆる捕物帳物の最初で後世に影響を及ぼし、また江戸風俗の考証の正確さでも著名である。『岡本綺堂戯曲選集』八巻がある。

参考文献　岡本経一編『綺堂年代記』　（菊池　明）

おかもとけんざぶろう　岡本健三郎　一八四二―八五　明治時代前期の官吏、自由民権家、実業家。別名は義方と称した。天保十三年（一八四二）土佐国土佐郡潮江村（高知市）に生まれる。明治新政府のもとにあって、大津県判事をはじめとして、大蔵大丞の職などを歴任した。明治六年（一八七三）十月、征韓論争がおこり、西郷隆盛らの征韓派が朝議で岩倉具視・大久保利通・木戸孝允らの征韓反対派と対立して敗退、下野すると、岡本も行動をともにした。ここに下野参議と旧政府官僚は、さらに有志者を加えて、民撰議院設立建白運動を進めるとともに、西郷隆盛一派らの不平士族は反乱をおこし、岩倉具視や大久保利通らを中心とする明治政府と対決することになった。同七年一月、自由民権運動の出発点になった民撰議院設立建白書の起草には、前参議の板垣退助・後藤象二郎・江藤新平ら、それに加えて、進歩的知識人の小室信夫・古沢滋が参加したが、岡本は、旧財政官僚として、由利公正とともに加わった。この後、十年に西南戦争がおこると、かれは林有造らの蜂起計画にも応じ、外国商人から、小銃などの武器を購入しようとする動きを示したが、事前に発覚して、禁獄の刑を受けた。出獄の後、政界から実業界に転身、創立された郵船会社の重役になった。十八年十二月二十六日没。四十四歳。

参考文献　内閣修史局編『百官履歴』下（『日本史籍協会叢書』）、板垣退助監修『自由党史』（『岩波文庫』）　（石塚　裕道）

おかもとこうせき　岡本黄石　一八一一―九八　幕末・維新期の近江国彦根藩家老。名は宣迪、字は吉甫、通称半助、黄石はその号。文化八年（一八一一）十一月二十一日宇津木久純の第四子として生まれる。文政五年（一八二二）十二歳の時、岡本織部祐業常の養子となる。詩文を中島棕隠・梁川星巌・菊池五山らに受け、書法を巻菱湖に学び、特に星巌から尊攘思想の影響を強く受けた。天保七年（一八三六）中老となり、弘化四年（一八四七）藩命により藩兵を率いて相模警備の任にあたり、嘉永四年（一八五一）家老格、翌年家老に進んだ。安政五年（一八五八）藩主井伊直弼が大老職に就くや、上書してその就職を諫止し、また大橋訥庵・藤本鉄石・頼三樹三郎らの志士と親交があり、黄石の尊攘思想が直弼に忌まれて疎外された。万延元年（一八六〇）期満ちて帰藩しようとしたとき、たまたま桜田門外の変が起って藩士が動揺したが、とどまって藩士を鎮撫した。文久二年（一八六二）八月木俣清左衛門・庵原助左衛門の二家老を斥け、宇津木六之丞・長野義言を処刑し、直弼に重用された家臣を一掃して藩論を尊攘の方向に導き、ついで十一月十万石減知の幕命が下ったが、幼主直憲を輔けて士民の動揺を鎮静させた。慶応元年（一八六五）直憲に従って長州再征のため広島に滞陣した。明治元年（一八六八）戊辰戦争には一藩を挙げて朝廷側に立たせ、三月貢士に挙げられたが老をもって辞し、家督を宣猷に譲って片水荘に退隠した。のち東京に移り、麴坊吟社を創設、自適の生活を送った。明治三十一年四月十二日没。年八十八。法名黄石院嶽雪海濤大居士。東京世田谷の豪徳寺に葬る。著書に『黄石斎詩集』がある。

参考文献　須永元「岡本黄石先生伝」（『日本及日本人』八一一）　（吉田　常吉）

おかもとたろう　岡本太郎　一九一一―九六　昭和時代の美術家。明治四十四年（一九一一）二月二十六日、漫画家岡本一平と歌人で小説家のかの子の間に、神奈川県橘樹郡川崎町（川崎市）で生まれた。昭和四年（一九二九）東京美術学校に入学するが半年で退学、同年父母の渡欧に同行してパリに赴き、独りのこってパリ大学哲学科に学びながら、アブストラクション・クレアションなどの前衛運動に参加、純粋抽象からシュルレアリスムに分け入って、「傷ましき腕」などの初期の代表作を残した。同十五年帰国後は一時二科会会員となったが、第二次世界大戦後は旧弊な画壇に反抗して、対極主義を唱えながら絵画制作のみならず、文筆活動、講演などを通じて、モダニズムを一貫して批判しつづけた。当時の作品に原色を対比させた社会諷刺的な「森の掟」や「燃える人」などがある。その後四十五年日本万国博覧会の巨大なモニュメント「太陽の塔」、同五十年パリの国際会議センターの五枚のレリーフ壁画を制作、多分野にわたり八面六臂の大活躍を展開し、さらに映画やテレビへの出演を通じて家庭の茶の間の人気者にまでなるに至った。内外にわたる頻繁な展覧会のほか、著作も数多く、主要なものに『アヴァンギャルド芸術』、『日本再発見—芸術風土記』、『岡本太郎著作集』(全九巻)などがある。平成八年(一九九六)一月七日東京において没。八十四歳。東京都府中市の多磨墓地に眠る。最晩年に多数の作品を川崎市に寄贈していたので、川崎市岡本太郎美術館が設置されている。

参考文献 山本太郎編『岡本太郎の全貌』、滝口修造他『T. OKAMOTO』、大岡信・ミッシェル＝ラゴン他『岡本太郎』、針生一郎・ピエール＝クロソウスキー『岡本太郎』 （富山 秀男）

おかもとのりぶみ 岡本則録 一八四七―一九三一 明治・大正時代の和算家、のち洋算に移る。弘化四年(一八四七)江戸に生まれる。はじめ和算家長谷川弘の門に入り、関流の別伝免許を伝えられた。のちに洋算に転じたがその過程は、小倉金之助によれば主として独学によったものと考えられる。そして明治四年(一八七一)には大阪開成所の教員となり、同六年には大阪師範学校教師、のちにその校長となる。十年には学習院学監となった。同年東京数学会社の設立以来、多くの論稿を寄せたほか訳語の選定に努力し、十一年から十三年まで同社の社長に推された。十六年、愛媛県師範学校長兼中学校長となったが、二十年には陸軍士官学校教授となっており、二十二年には辞して『陸軍数学教程』(二十三年刊)の編集に従い、二十四年成城学校教頭、のちに校長となり、大正十年(一九二一)引退した。同十五年から帝国学士院において和算書の整理、目録の作成に従事した。昭和六年(一九三一)二月十七日没。八十五歳。初期の訳書としては『(訓蒙)測地新法』(明治六年)、『代数整数新法』(同七年)、『(上等小学課書)幾何初歩』(同九年)その他がある。

参考文献 三上義夫「私の見た岡本則録翁の回顧」(『高等数学研究』二ノ六) （岡 邦雄）

おかもとやすたか 岡本保孝 一七九七―一八七八 江戸後期から明治時代前期の国学者。名は保孝、字は子戒、通称は縫殿助、のち勘右衛門。号は順台・戒得居士・歳計堂・拙誠堂・況斎・麻志天之屋といった。寛政九年(一七九七)七月二十九日、江戸根津三浦坂の若林包貞の次男として生まれた。父は出生前四月に没した。文化十二年(一八一五)十九歳で本郷壱岐坂の幕臣岡本保修の養子となったが、養父も同年三月没した。岡本家には宿債があり、薄禄窮迫であったが、朝は粥を食し、極力出費をさけ、壱岐坂のかゆやの称をとりながらその家を復興した。清水浜臣の門人となり、狩谷棭斎に従うに至り、保孝の学問の道は開けた。その学域の広さは和・漢・仏典にまで及んでいる。その著述および手沢本の多きこと数百巻に及び、国立国会図書館や静嘉堂文庫に多く現蔵されている。その収書のはじめは、生まれた時父執近藤正斎より四書を贈られたのと、若林時代に『史記』一部を入手したに始まり、後年は豊富な資料を研究者には提供していたという。明治政府になってからは、大学中博士となり、編輯寮で『語彙』編輯の事にあずかったが、明治六年(一八七三)中風に罹り、同十一年四月五日小石川柳町の家に没した。八十二歳。浅草松山町の東国寺に葬る。没する前年「ももたらすやその翁も耄ほれて人わらへなる身こそつらけれ」と詠じている。なお保孝の大きな功績の一つは江戸時代の研究成果を明治時代へ、門人木村正辞に伝えたことである。著書は『況斎雑話』『難波江』などが流布しているが、多くは『況斎叢書』や『岡本況斎雑著』などに収められている。

参考文献 『岡本保孝年譜』、岡田正美「岡本保孝翁略伝」(『帝国文学』二ノ八)、榎一雄「岡本保孝のこと」(『東洋文庫書報』八・九) （丸山 季夫）

おかもとりゅうのすけ 岡本柳之助 一八五二―一九一二 明治時代の陸軍軍人・大陸浪人。号は東光。嘉永五年(一八五二)八月和歌山藩士諏訪新右衛門の次子として江戸の藩邸に生まれ、幼いとき岡本家を継いだ。十五歳で幕府の砲兵練習所に学び、藩の砲兵頭となり、維新のときには藩の歩兵隊長となったが、上野の幕軍の退却のため戦うことなく、和歌山に帰った。明治七年(一八七四)に陸軍大尉に任ぜられ、西南戦争には、別働四旅団の参謀長山地元治中佐のもとで参謀として従軍した。戦後少佐に進み、東京鎮台予備砲兵第一大隊長となって東京に帰った。十一年八月二十三日の夜、竹橋内の近衛砲兵大隊の兵が反乱を起こしたとき、かれが、主謀者と疑われて官職を剥奪された。これより先、明治九年黒田清隆に随行して朝鮮に赴いた関係で、浪人後も朝鮮問題について奔走し、金玉均らと深く交わり、金の亡命を助けた。二十七年東学党の乱に際して朝鮮にわたって清国の動静を調査し、翌年十月、三浦公使らとはかって閔妃殺害のクーデターを指揮したため投獄された。そののち、四十四年の武漢の革命騒乱にも関係するなどいわゆる大陸浪人として活躍したが、四十五年五月十四日、上海の客舎に病没した。六十一歳。遺骨は東京の池上本門寺に葬られた。

参考文献　黒竜会編『東亜先覚志士記伝』下　（松下　芳男）

おかやけ　岡谷家　江戸時代後期名古屋商人の三家衆に次ぐ高い家格除地衆の一つ。先祖の神谷九郎右衛門は美濃国加納（岐阜市）の城主戸田氏の家臣。その子孫初代惣助（？―一七一〇）は寛文九年（一六六九）、一説に延宝年中（一六七三―八一）名古屋に移り、氏を岡谷とあらため、鉄砲町に金物屋を開業。屋号は笹屋。天保九年（一八三八）名古屋藩勝手御用達。藩財政への貢献により扶持七人分給与・代々継目名披露許可・除地十町歩下賜。幕末一時経営難に陥ったが、九代惣助（一八五一―一九二七）はよく時勢を見通し、機敏な商略を用いて家運の挽回・伸張に努めた。明治元年（一八六八）国産御用達総裁、同四年四月名古屋藩通商会社総頭取脇。家業のほか、最も力を注いだものに名古屋特産七宝焼の改良があるが、紡績・金融・瓦斯事業における活躍も忘れられない。同三十四年名古屋商業会議所副会頭。姻戚伊藤次郎左衛門家とならぶ土着商人の雄。天保七年の家訓「戒訓」は有名。

参考文献　『大正昭和名古屋市史』三、北原種忠編『家憲正鑑』、宮本又次『近世商人意識の研究』、林董一『名古屋商人史』、同『近世名古屋商人の研究』　（林　董一）

おかよしたけ　岡義武　一九〇二―九〇　昭和時代の政治史家。明治三十五年（一九〇二）十月二十一日、父実・母政子の長男として東京市麹町区（東京都千代田区）に生まれる。第一高等学校を経て、大正十五年（一九二六）東京帝国大学法学部政治学科卒業。吉野作造の後継者として昭和十四年（一九三九）東大法学部政治史講座担任教授となり、近代ヨーロッパ、近代日本および国際政治の三領域にわたって、日本の政治史学の礎石を成す業績を残した。近代ヨーロッパ政治史研究の成果は、太平洋戦争中に完成され、戦争直後に公刊された『近代欧洲政治史』、およびそれを補訂した『近代ヨーロッパ政治史』に集約されている。また伝統的な外交史研究とは異なる、国際社会そのものを対象とする政治史研究を志向し、その成果を『国際政治史』に結実させた。こうした二方面の研究から得られた知見を活かしながら近代日本政治史研究を進め、幕末維新期から国会開設に至る時期を対象とした『近代日本政治史』一、大正期の日本を対象とした『転換期の大正』を公刊し、さらに『近代日本の政治家』『山県有朋』『近衛文麿』などの政治家研究の成果を生んだ。『黎明期の明治日本』に代表されるような日本の対外関係および対外意識についての実証的研究もまた先駆的である。昭和四十七年日本学士院会員、五十二年文化功労者に選ばれ、六十一年文化勲章を授与された。平成二年（一九九〇）十月五日没。八十七歳。墓は東京都目黒区中目黒五丁目の祐天寺にある。『岡義武著作集』全八巻および『岡義武ロンドン日記―一九三六―一九三七―』が刊行されている。

参考文献　『みすず』三五九（追悼岡義武）　（三谷太一郎）

おかろくもん　岡鹿門　一八三三―一九一四　幕末・明治時代の漢学者。天保四年（一八三三）生まる。名は千仞、字は振衣、通称啓輔、鹿門はその号。家は世々仙台藩の大番士で、はじめ藩校養賢堂に学び、二十歳で江戸に出て昌平坂学問所に入り、もっぱら経史を修め、挙げられて書生寮舎長となった。同学の重野安繹・中村正直・松本奎堂・松林飯山と親交があった。文久元年（一八六一）大坂に寓し、奎堂・飯山と双松岡塾を開き、公卿や薩長の志士に尊攘論を説き、清川八郎・本間精一郎らも出入りして、幕吏の指目するところとなった。奎堂は去って同志を糾合し、飯山は肥前大村に帰り、鹿門もまた藩命により帰国、養賢堂指南役となった。明治元年（一八六八）戊辰戦争に際し、尊王論を唱えて奥羽列藩同盟の結成に反対し、一時獄に下されたが、やがて許されて公子の侍講に挙げられた。同三年大学助教となって居を東京芝に移し、かたわら綏猷堂を開いて子弟に教授した。ついで東京府学教授・修史館協修・東京図書館長を歴任、のち疾をもって辞して以来、後進の指導と著述に専念した。十七年中国に遊んで李鴻章と会談、両国善隣を論じた。大正三年（一九一四）二月二十八日没。年八十二。墓は目黒区中目黒の祐天寺にある。著書に『尊攘紀事』『尊攘紀事補遺』のほかに、中国旅行記の『観光紀游』などがある。

参考文献　宇野量介『鹿門岡千仞の生涯』、中田吉信「岡千仞と王韜」（『参考書誌研究』一三）　（吉田　常吉）

おがわうせん　小川芋銭　一八六八―一九三八　明治から昭和時代前期にかけての日本画家。本名茂吉。別号に牛里・草汁庵・芋銭子・莒滄子などを用いる。明治元年（一八六八）二月十八日東京赤坂に生まれ、はじめ本多錦吉郎の彰技堂に入って洋画を学び、のち日本画を独修した。二十三歳ごろから『朝野新聞』に時事漫画を連載し、ついで同二十六年父の命で郷里茨城県牛久村に帰農しながら、同四十年前後『平民新聞』や『国民新聞』などに農民生活を主とした漫画を送稿、次第に名を知られるに至り、大正四年（一九一五）には珊瑚会の結成に際してその会員となった。その後は同六年珊瑚会展出品作「森羅万象」などが横山大観に認められて、同年再興日本美術院同人に推され、以後院展を通じて本格的な作品を発表、作風もこれを転機に飄々たる新南画風の異色ある表現にすすみ、永住の地牛久沼畔の風光や生物、特に河童などを主題として脱俗幻想的な水墨作品を数多く残した。代表作には「樹下石人談」「沼四題」「水魅戯」などがある。昭和十三年（一九三八）十二月十七日牛久の草庵に没。七十一歳。同地の得月院墓地に葬られた。

参考文献　斎藤隆三『大痴芋銭』、鈴木進編『芋銭』　（富山　秀男）

おがわかずまさ　小川一真　一八六〇―一九二九　明治

から昭和時代前期にかけての写真家。万延元年（一八六〇）八月十五日武蔵国忍町（埼玉県行田市忍）に生まれた。早く東京に出て英学を修め、ついで写真術を志して明治十五年（一八八二）米国軍艦の乗組員として渡米、三年間研鑽のすえ帰朝開業した。その後はしばしば宮中に参内して皇族の撮影を命ぜられる特典に浴し、同二十一年宮内省の依頼で宝物取調委員の随行員として全国を周遊、あまねく古社寺の秘宝名画を撮影し、これをもって翌二十二年十月東洋・日本美術専門の豪華雑誌『国華』の創刊に協力参加した。以来内外の博覧会・美術展に出品して常に受賞したほか、コロタイプによる美術複製法を創案するなど写真製版や印刷業も手がけて『写真月報』を発行し、同四十三年には長年にわたり写真界の進歩に尽くした功績を認められて帝室技芸員に推された。昭和四年（一九二九）九月六日没。七十歳。東京赤坂区青山墓地に葬られる。（富山 秀男）

おがわきよひこ 小川清彦 一八八二―一九五〇 明治から昭和時代にかけての天文学者。明治十五年（一八八二）十月二日、邦臣・マサの次男として生まれる。東京物理学校卒業後、東京天文台勤務。退職後、昭和二十五年（一九五〇）一月十日六十七歳で没。墓は多磨墓地にある。天文暦学史に関する種々の研究を発表したが、そのうち特に注目すべきものは、日本神武紀元に関する『日本書紀の暦日に就て』（昭和二十一年）で、従来の渋川春海・中根元圭の第一・第二・第三期に分かったものと異なり、全面的に研究し直し、『日本書紀』編纂当時知られていた暦法により、神武紀より四五〇年ごろまでは儀鳳暦平朔、四五〇年ごろより持統紀までは元嘉暦によったものとの仮定により、『日本書紀』において三ヵ所の「閏」の字の脱落があるものとすれば、『日本書紀』の暦日を全部説明しうるという新説を立てた。この説は長い間正式に発表されなかったため、正式の批評がなされていないが、有力な神武紀元の推定法として専門家の間に認められている。

参考文献 寺田勢造「小川清彦さんを憶う」（『天文月報』四三ノ四）、小川清彦『日本書紀の暦日に就て』（内田正雄『日本書紀暦日原典』付載）（神田 茂）

おがわごうたろう 小川郷太郎 一八七六―一九四五 大正・昭和時代前期の経済学者、政治家。明治九年（一八七六）六月九日、村山菊蔵の長男として岡山県浅口郡里庄村に生まれ、のち小川家に入る。三十六年東京帝国大学法科大学政治科卒。三十九年から四十五年までドイツおよび欧州各国に留学。大正二年（一九一三）法学博士の学位を受ける。京都帝国大学教授、同経済学部長となる。六年京都市より衆議院議員に当選（無所属、のち新政会所属）。九年に岡山県から立って一度落選するが、十三年以降連続当選（中正倶楽部・政友本党を経て、立憲民政党・翼賛議員同盟・翼賛政治会・大日本政治会に所属）。十五年から昭和四年（一九二九）まで政友本党および立憲民政党政務調査会長。同年浜口内閣大蔵政務次官、十一年広田内閣商工大臣、十五年第二次近衛内閣鉄道大臣に任ぜられる。この間、資源審議会副総裁、帝国経済会議議員、商工組合中央金庫および帝都高速度交通営団設立委員長をつとめ、第二次世界大戦中は、ビルマ政府最高顧問となったが、二十年四月一日帰国の途中、乗船した阿波丸がアメリカ潜水艦に撃沈され船と運命をともにする。七十歳。『財政学』『租税論』『税制整理論』『社会問題と財政』ほか多数の著書がある。

参考文献 汐見三郎「小川先生のことども」（『書斎の窓』二九）（成沢 光）

おがわしげじろう 小河滋次郎 一八六三―一九二五 明治・大正時代の社会事業家。文久三年（一八六三）十二月三日信濃国上田の金子宗元の次男に生まれ、のち小河家の養子となる。明治十七年（一八八四）東京専門学校卒業、十九年内務省嘱託となる。以後四十四年まで司法畑、特に監獄関係に職をもち、日本における監獄学の草分けであり、外遊も四回あり、法学博士である。しかしここでは小河の進歩的な思想はうけいれられなかった。在野の留岡幸助などに近づき、民間社会事業を知る。四十五年名著『救恤十訓』を著わし、社会事業に指針を与えた。大正二年（一九一三）四月、大阪府知事大久保利武の招きに応じて、大阪府嘱託となり、社会事業の指導者となる。当時大阪は日本の商工業の中心であり、また貧困者も多かったが、同時に近代的市民社会の意識も高く、民間社会事業が盛んに行われた。小河はこれら民間社会事業の連絡調整の必要をとき、研究会をひらき、機関誌を発行した。同六年末に林市蔵知事が赴任し、小河はそのまま嘱託の位置にとどまった。七年八月に米騒動が大阪の地にも拡がり、世情騒然となる。このような社会状況のなかで、小河はかねてあたためてきた新しい社会事業を実現しようとする。これが林知事の決断によって生まれた方面委員制度である。小河は専門社会事業の発展に努力してきたが、このような専門社会事業の発展だけではその機能を果たすことはできない。民衆の生活と結びつける民間の協力者が必要であると考えた。これが方面委員であり、方面委員はその担当地区の住民の状況に精通して、その指導にあたるとともに、専門社会事業との間を結びつける民間の協力者であった。この方面委員制度は、その前年に創設された岡山県済世顧問制度とともに現在の民生委員制度の原型である。小河はその後各地の方面事業の指導にあたったが、十三年日本生命済生会の常任理事となり、翌十四年四月二日大阪市天王寺の自宅で永眠。六十三歳。京都市上京区（左京区）の法然院に葬られた。著書には前記『救恤十訓』のほか『社会事業と方面委員制度』『監獄学』などがあり、また『小河滋次郎著作選集』上・中（下は戦争のため未刊）がある。

参考文献 柴田善守『小河滋次郎の社会事業思想』（柴田 善守）

おがわしょうみん 小川松民 一八四七―九一 明治時

代前期の漆芸家。本名繁次郎。弘化四年(一八四七)江戸に生まれ、十五歳のときから蒔絵を中山胡民に、絵を池田孤村について学んだ。明治九年(一八七六)渡米して万国博覧会を見物、得るところ多く、帰国後の同十年第一回内国勧業博覧会に蒔絵の茶盒を出品して竜紋賞を受賞、その後も第二回・第三回の内国勧業博覧会でいずれも妙技二等賞をうけ、二十三年七月東京美術学校の教職に迎えられ漆工科を創設した。彼は早くから漆工の改良と後進の指導に尽力し、同年十一月には日本漆工会を組織したりしたが、同時に古典蒔絵の模造にも長じ、宮内省や農商務省からの依頼で多くの古代漆器の複製に優れた技倆を発揮した。翌二十四年五月三十日没。四十五歳。東京谷中の天王寺墓地に葬られる。　(富山　秀男)

おがわたくじ　小川琢治　一八七〇―一九四一　明治から昭和時代前期にかけての地質学者、地理学者、歴史地理学者。明治三年(一八七〇)五月二十八日、紀伊国田辺の儒者浅井篤の次男に生まれ、のち小川家をついだ。同二十九年帝国大学理科大学卒業、地質調査所技師となり、日本各地、台湾、アジア大陸の地質調査、さらに諸外国の歴訪、国際学会出席などに活躍。E・ナウマンらおよび原田豊吉など日本の近代科学の黎明期に海外から帰朝した新鋭の先輩地学者たちの、典型的な弧状列島日本の構造に関する学説にむかって、みずからのデータと当時なお乏しかった既存の内外資料とに基づいて多くの研究報告を公にし、学界の権威に屈することなく論争を挑んだ。その卓抜な識見と不撓の精進とによって早く一家をなし、日本群島地質構造論の発展に研究生活初期の努力を傾注、その「日本群島の地体構造について」は同四十年の国際地質学会議に発表され、またジュース、リヒトホーフェンらの学説の論議においても「日本群島は褶曲山嶽に非ざるか」などを公表して、世界の学界の注目をひき、貢献すること多大であった。四十一年、京都帝国大学文学部に地理学講座が新設されてその教授となり、四十一年理学博士となる。のちに人文地理学、精緻な数理地理学などを含む自然地理学、地質学、広義の地球物理学その他もろもろの境界領域をも包括する、きわめて広義の地学体系の発展・確立に先鞭をつけ、大きな足跡を遺した。また、わが国の氷河地形をヘットナーらとともに確認して問題を提起し、さらに関東大震災の後、学界での従来の「地震構造線」の概念を是正し、深発地震、日本島弧に並行する海溝などにも着目して、地殻の科学、ひいては災害の科学への新生面を拓いた。昭和五年(一九三〇)京都帝大を退いてからも、『支那歴史地理研究』(初集および続集)その他、広範にわたる実証的、文献的考証などに基づく幾多の著作を相ついで発表しつづけ、自然および人文両科学にわたる薀蓄を踏まえて、教育と啓蒙に尽くしたその学風は永く日本の学界に新たな息ぶきを喚起するであろう。同十六年十一月十五日没。七十二歳。没後公刊された著作のうち、『日本群島』は京都大学での講義の草稿をまとめたもので、その卓見が随所に躍如としている。子息には長男小川芳樹(冶金学)、次男貝塚茂樹(東洋史)、三男湯川秀樹(素粒子理論)、四男小川環樹(中国文学)がある。その主な論著を掲げると、「日本群島地質構造論」(明治三十一―三十五年、『地学雑誌』)、「西南日本の地質構造概観」(同三十九年、『地質要報』)、「日本群島は褶曲山嶽に非ざるか」(同年、『地質学雑誌』)、『台湾諸島誌』(同二十九年)、『地震と都市』(大正十二年)、『人文地理学研究』(昭和三年)、『地質現象の新解釈』(同四年)、『日本群島』(同十九年)などがある。「山海経の錯簡に就て」(明治四十四年、『芸文』)、「支那上古の天地開闢及洪水伝説」(大正二年、同)、同補遺(同十年、同)、「水滸伝の地理雑観」(同十四年、『地球』)なども多数の注目すべき労作の例といえよう。また報告として明治四十年の国際地質学会議における「日本群島の地体構造について」がある。

参考文献　石橋五郎編『(小川博士還暦記念)史学地理学論叢』、中村新太郎編『(小川博士還暦記念)地学論叢』、石原純『科学史』(『現代日本文明史』一三)、望月勝海『日本地学史』、日本科学史学会編『日本科学技術史大系』一四、上田誠也・杉村新『孤状列島』、Edmund Naumann: Über den Bau und die Entstehung der japanischen Inseln (1885) Toyokiti Harada: Versuch einer geotektonischen Gliederung der japanischen Inseln (1883); Ferdinand von Richthofen: China (1877—1971); Edward Suess: Das Antlitz der Erde (1883—1909). 小川琢治『一地理学者之生涯』　(村越　司)

おがわたまき　小川環樹　一九一〇―九三　昭和時代の中国語学・中国文学者。字は士解。明治四十三年(一九一〇)十月三日、京都市上京区寺町通広小路上ル染殿町にて出生。父琢治・母小雪の四男。小川芳樹・貝塚茂樹・湯川秀樹の弟。京都第一中学校、第三高等学校を経て、昭和七年(一九三二)京都帝国大学文学部文学科卒業。在学中、鈴木虎雄・倉石武四郎より支那語学・支那文学を学ぶ。九年から十一年まで中国留学、欧米言語学を中国に導き入れた羅常培・趙元任らに教えを受け、また、蘇州に滞在して蘇州方言を学ぶ。十三年東北帝国大学法文学部講師、のち助教授、教授に昇任。二十五年京都大学文学部に転任、二十六年文学博士、四十九年停年退官、のち京都産業大学教授。平成元年(一九八九)日本学士院会員に推される。日本に伝統的な文字学と異なる近代的中国語学を伝え、学位論文「元明小説史の研究」は、新資料の利用とともに方言学などの新しい語学を駆使して中国古典小説の問題点を見直したもので、中国語学そのものの諸論文は『中国語学研究』(昭和五十年)にまとめられる。中国文学全般に造詣深く、『唐詩概説』(昭和三十三年)は詩型・押韻など中国詩に関するすぐれた参考書で、その他『史記』『三国志演義』『蘇東坡詩』など翻訳も多い。『中国語学研究』を除く諸文は、没後『小川環樹著作集』五巻(平成九年)に輯められた。平成五年八月三十

一日、京都市左京区八瀬高折病院にて没。八十二歳。法名は清心院明誉樹光浄安居士。

[参考文献] 小川環樹『談往閑語』、「小川環樹教授年譜略・編年著作目録」(入矢教授小川教授退休記念会編『(入矢教授小川教授)退休記念中国(文学語学)論集』所収)　（清水　茂）

おがわへいきち　小川平吉　一八六九―一九四二　明治から昭和時代前期にかけての政党政治家。明治二年(一八六九)十二月一日信濃国諏訪郡富士見村の名家小川金蔵の三男に生まれる。号は射山。同二十五年帝国大学仏法科を卒業して、弁護士となった。三十年に原嘉道・花井卓蔵らとともに日本弁護士協会を組織して司法部の革新をめざした。またこの前後から大陸問題に関心をもち、三十一年には江木衷・花井卓蔵らと江湖倶楽部を組織し、同年また近衛篤麿の組織した東亜同文会に参加し、やがて幹事となった(大正二年から幹事長)。明治三十三年ロシアの満洲占領に対し近衛を擁して国民同盟会を組織し、一旦解散したのち同三十五年対露同志会を組織して対露戦の輿論喚起に尽力した。一方三十三年立憲政友会の成立とともに入党、三十六年衆議院議員に初当選(以後当選十回)したが、この年政友会革新運動をおこして脱党した。また河野広中・尾崎行雄・秋山定輔らと勅語奉答文事件を計画し議会の解散をまねいた。日露戦争中から宋秉畯・李容九らと親交をむすび、後年ともに日韓併合に尽力した。三十八年日露講和条約締結にあたって河野広中・大竹貫一らとともに講和条件を不満とし講和問題同志会を組織し日比谷焼打事件の発端を作った。四十三年政友会に復帰。翌年辛亥革命勃発とともに同志と有隣会を組織して南方革命派を援助した。大正三年(一九一四)「対支平和根本策」を加藤高明外相に建議し、二十一箇条要求の一つの発端を作った。同四年政友会幹事長、七年東京弁護士会会長。九年原内閣のもとで国勢院総裁に就任した。このころから東亜問題とともに「思想」問題にも努力し、十二年大東文化協会を創立、副会頭となり、また十四年日刊新聞『日本』を発刊し日本精神の発揚につとめた。同年、護憲三派内閣司法大臣となり、左翼運動の抑圧にあたった。昭和二年(一九二七)田中内閣の鉄道大臣となり、共産党弾圧(治安維持法の改正)・対中国強硬外交に尽力。同三年張作霖爆死事件につき最初に情報を得てその処置に奔走。四年五私鉄疑獄事件に連坐して収監され、政治生命を失った(のち有罪の判決を受けた)。その後も満洲問題・対ソ強硬論で活動をつづけたが、十二年日中戦争開始とともに、蔣介石との直接和平交渉の必要を主張して積極的に活動し、特に先代以来懇意であった近衛文麿を通じて軍部にも働きかけ、また萱野長知を使って蔣介石ら国民政府要人との接触を図ったが結局成功しなかった。国粋主義の立場から統制経済・三国同盟・日米開戦にも強く反対した。十七年二月二日没。七十四歳。著書に『孟子新評』『王道覇道と皇道政治』などがある。

[参考文献] 小川平吉文書研究会編『小川平吉関係文書』　（伊藤　隆）

おがわみめい　小川未明　一八八二―一九六一　明治から昭和時代にかけての小説家、児童文学者。本名健作。明治十五年(一八八二)四月七日新潟県高田に生まれる。同三十八年早稲田大学英文科卒業。在学中『新小説』に発表した『霰に霙』(同三十八年)で認められた。卒業後島村抱月のすすめにより早稲田文学社に入社『少年文庫』を編集。翌四十年読売新聞社に勤めながら小説を書き続け、この年第一短編集『愁人』、第二短編集『緑髪』を出版、文壇的地歩をきずいた。また青鳥会を興し、自然主義文学思潮に対してプロテストし新浪漫主義文学の独自な作風を形成した。四十四年の『薔薇と巫女』『物言はぬ顔』で名を成した。その前年に児童文学では『赤い船』によって、日本児童文学の近代化に先駆的役割を果たした。四十五年長編『魯鈍な猫』を『読売新聞』に連載。このころより大杉栄らと交友し社会主義思想に接近、『底の社会へ』(大正三年)ほかの問題作を発表、大正九年(一九二〇)には日本社会主義同盟の発起に加わった。その後日本フェビアン協会、日本無産派芸術連盟、新興童話作家連盟、自由芸術家連盟と所属団体を変えたが、未明の理想主義的な志向が階級闘争理論と合わず、よりアナーキズムに惹かれていった過程を示すものであろう。児童文学の面では『赤い鳥』創刊による創作童話興隆の気運に応じ『赤い蠟燭と人魚』(十年)、『月夜と眼鏡』(十一年)などのロマンチックな代表作を書き、同十五年五月、以降童話制作に専念する声明を発表、実践した。昭和八年(一九三三)長編童話『雪原の少年』以降子どもの現実生活に取材した作品が多くなり、リアルな作風に傾斜した。第二次世界大戦中は『夜の進軍ラッパ』(昭和十五年)ほかの戦争協力作品を書いたが、戦後ヒューマニズムに回帰、『どこかに生きながら』(二十一年)などを書き、民主主義児童文学の育成に貢献した。同二十一年日本児童文学者協会初代会長、二十六年日本芸術院賞、二十八年文化功労賞をうけ、同年芸術院会員に推された。思想的遍歴を貫く根源的なヒューマニズムに由来する美と真実の追求があった。むしろ小説よりも童話に、長編よりも短編に本領が発揮されている。およそ一千点に近いといわれる「未明童話」の創作活動を通し、わが国の児童文学の近代化を推進した功積は大きい。三十六年五月十一日没。七十九歳。東京都下小平霊園に葬られた。作品は『(定本)小川未明童話集』全十六巻、『小川未明作品集』全五巻に収められている。

[参考文献] 上笙一郎『未明童話の本質』、『文学』二九ノ一〇(小川未明)　（滑川　道夫）

おがわよしやす　小川義綏　一八三一―一九一二　明治時代の日本基督教会牧師。天保二年(一八三一)十月武蔵国多摩郡分梅村(東京都府中市)の農家に生まれる。幼名鹿之助。川田甕江らにつき漢学を修めた。文久三年(一八六三)米国人宣教師デビッド=タムソンの日本語教師となり、ともに『旧約聖書』の「約百記(ヨブ)」の翻訳にあたった。タムソンの信仰と人格に感化され明治二年(一八六九)受洗。同五年横浜に設立された日本基督公会(横浜公会)の長老に選任。翌年東京公会(のち新栄橋教会)の長老として教会設立にあたった。十年牧師となり各地の伝道にあたり、日本基督一致教会・日本基督教会の発展につくした。大正元年(一九一二)十二月十九日没。八十二歳。（波多野和夫）

おぎえろゆう　荻江露友　荻江節家元の芸名。㈠四代　一八三六―八四　天保七年(一八三六)江戸に生まれ、本名近江屋喜左衛門。三代目露友の没後この芸系の再興をはかった玉屋山三郎のすすめで明治八年(一八七五)四代目を襲名。地歌をとり入れたり、新作を加えたりして荻江節を発展させた。現在の荻江節の芸風の祖。同十七年六月三十日、東京で没。四十九歳。㈡五代　一八九二―一九九三　前田青邨夫人すゑで、明治二十五年(一八九二)十月十日生まれ。昭和三十一年(一九五六)五代目荻江露友を披露、同流復興の功績により同四十三年度芸術選奨受賞。四十六年芸術院賞を受賞。平成五年(一九九三)九月二十二日没。百歳。

参考文献　中内蝶二・田村西男編『古曲全集』(『日本音曲全集』一一)、町田佳声・仁村美津夫『宗家五世荻江露友』　（吉川　英史）

おききばたろう　沖牙太郎　一八四八―一九〇六　明治時代の実業家。沖商会(現沖電気工業)の創設者。嘉永元年(一八四八)四月八日、安芸国沼田郡新庄村字中原(広島市三篠町)に生まれる。父は太郎、母はノブで、農業を営み、牙太郎は五男。幼名正太郎、のち牙太郎と改め、秀正と称した時代もある。十三歳で植木師吉崎太郎の養子となり(吉崎牙太郎)、従兄小川理助に就いて銀細工を習う。次兄沖粂六は江戸根津の具足師明珍について修業、のち広島藩に帰った。長州征討のとき、沖一族(長兄・次兄・三兄・四兄は夭折)とともに藩の武具所に入職、もっぱら武具の製作修理に従事、明治維新を迎え失職する。明治七年(一八七四)二十七歳で上京、広島県出張所書記手伝、同年七月同郷の先輩で電信寮修技科長原田隆造の家僕となり、主人の弁当をもって通ううち、自作の銀のかんざしを添えた履歴書がものをいって、同年八月電信寮製機科の雑役に採用された。この年、国産電信機技術の保持者田中久重のもとに出向し、また、ルイス=シェーファー(ドイツ人、御雇外人)に就き学び、翌年、製機科技術一等見習下級に昇進、のち所内の者と「ヤルキ」(やる気)社を結成、国産に努力、紙製ダニエル電池および漆塗線を考案した。同十三年辞表を出し、十四年一月京橋新肴町十九番地に明工舎を創立、同三十二年合名会社沖商会を元電務局長吉田正秀と設立、翌年解散し匿名組合とし、電信機・兵器製作を続けたが、三十九年五月二十九日死去。五十九歳。青山墓地に葬られる。

参考文献　沖牙太郎伝記編纂係編『沖牙太郎』、加藤木重教『日本電気事業発達史』前編、小林正彬『「からくり儀右衛門」から東芝まで―在来技術と近代技術―』(『政府と企業』)　（小林　正彬）

おぎすたかのり　荻須高徳　一九〇一―八六　昭和時代の洋画家。明治三十四年(一九〇一)十一月三十日愛知県中島郡井長谷村大字井堀(稲沢市井堀高見町)に父福次郎、母こうの二男二女の次男として生まれる。父は同地有数の地主で、漢学・和歌・俳句に親しみ、書画骨董を好んでいた。昭和二年(一九二七)東京美術学校西洋画科を卒業、同年直ちに渡仏して佐伯祐三の影響下に制作活動を始めた。翌年からサロン=ドートンヌ、ついでサロン=デ=テュイルリーなどに出品を続け、会員となるかたわら頻繁に個展を開催。同十五年帰国後は新制作派協会会員となり、滞欧作を特別陳列して評価を確立した。しかし二十三年日本人画家として戦後はじめてフランス入国を許され、以後パリを中心にヨーロッパ各地で旺盛な制作を展開、国際的名声を高めた。その作風は明快で骨太な筆致により古い街並を抒情的に表現するもので、代表作には「モンマルトル裏」「サン・マルタン運河」などがある。内外を通じ受賞、叙勲の例は数多く、日本では五十六年文化功労者に選任されたほか、没年には文化勲章が追贈された。なお郷里の愛知県稲沢市に荻須記念美術館がある。昭和六十一年十月十四日パリ十八区のアトリエで死去。八十四歳。モンマルトル墓地に埋葬された。

参考文献　『画集荻須高徳』、荻須高徳『私のパリ、パリの私―荻須高徳の回想』　（富山　秀男）

おきていすけ　沖禎介　一八七四―一九〇四　日露戦争の特別任務者。明治七年(一八七四)六月判事沖荘蔵の長男として長崎県平戸に生まれる。第五高等中学校に学び、ついで東京専門学校に入学したが、中退。三十四年九月清国に渡り、東文学社長中島裁之を知って、同社教師となり、また三十六年六月には文明学社を創立した。日露戦争が起ると、同志横川省三ら六人と特別任務に服し、チチハル雅児河鉄橋を爆破せんとして失敗し、三十七年四月八日ロシア軍に捕われ、同月二十一日ハルビン付近で銃殺された。三十一歳。

参考文献　井戸川辰三他『(日露戦役)殉国志士事蹟』、東亜同文会編『対支回顧録』下　（松下　芳男）

おきなかしげお　沖中重雄　一九〇二―九二　昭和時代の医学者・内科医。医学博士。明治三十五年(一九〇二)十月八日、石川県金沢市に太田米丸の三男として生まれ、のち沖中盤根の養子となる。昭和三年(一九二八)東京帝国大学医学部卒業、呉建(くれけん)の教室に入り内科学専攻。同二十一年同学部第三内科学講座教授。自律神経系に関する研究をするとともに臨床を尊重し、医学教育、専門医の育成に意を用いた。臨床神経学の重要性を唱え、日本臨床神経学会の創立に関与し、神経内科の独立に尽力。剖検(病理解剖)を積極的に行い、臨床診断と対比した。三十八年定年退官後、東京虎の門病院院長となり、四十八年冲中記念成人病研究所を設立。学士院恩賜賞(三十六年)、文化勲章(四十五年)を受ける。第十八回日本医学会総会会頭(四十六年)門下から多数の教授を輩出し、戦後の内科学を中心とした医学・診療水準の向上に貢献。『内科書』など編著書多数。平成四年四月二十日、神奈川県川崎市梶が谷の虎の門病院分院で死去。八十九歳。墓は八王子市大谷町の富士見台霊園にある。

参考文献　冲中重雄『医師と患者』(『UP選書』七二)、同『医師の心』(同一八九)、東大医学部冲中内科医局編『冲中教授臨床講義集』、冲中重雄先生を偲ぶ会編『冲中重雄—医の道—』、安芸基雄「冲中重雄先生」(『臨床科学』二九ノ一一)　(長門谷洋治)

おきのいわさぶろう　沖野岩三郎　一八七六—一九五六　明治から昭和時代にかけての牧師、小説家。明治九年(一八七六)一月五日、和歌山県日高郡寒川(そうがわ)村に生まれる。二十三年和歌山師範学校講習科に入学、三十年日高郡竜神小学校長、翌三十一年郷里の寒川小学校長となる。三十七年上京して明治学院神学部に入学、四十年卒業と同時に和歌山県の日本基督教会新宮教会牧師となる。四十三年六月幸徳秋水らによるいわゆる大逆事件が発覚し、これに関係の医師大石誠之助と親交があったため、嫌疑をかけられ、取調べの結果、疑いは晴れたが、それ以来、激しい社会的圧迫を受けた。この体験を書いた小説『宿命』が『大阪朝日新聞』懸賞小説に入選、大正六年(一九一七)再び上京、作家生活にはいった。小説・童話・感想・紀行・研究など、多数の著作がある。晩年は、長野県軽井沢に日本基督教団浅間高原教会を設立、昭和三十一年(一九五六)一月三十一日死去した。八十歳。

参考文献　関根文之助『宿命と戦った人』、朝日新聞社社史編集室『大朝懸賞小説「宿命」と大逆事件』　(関根文之助)

おぎのぎんこ　荻野吟子　一八五一—一九一三　明治時代の女医。日本の女医第一号。嘉永四年(一八五一)三月三日、武蔵国大里郡秦村(埼玉県大里郡妻沼町)に荻野綾三郎の五女として生まれる。十六歳で稲村某と結婚したが、二年後病を得て離婚、闘病の末、医を志し、明治六年(一八七三)漢方医井上頼圀の門に入り、さらに東京女子師範学校を経て、同十二年私立医学校好寿院に入学し、十五年卒業した。多くの困難を経て、十七年医術開業試験前期試験に、十九年後期試験に合格し、女性としてはじめて医籍に登録された。同年本郷教会で洗礼を受け、キリスト教婦人矯風会に参加した。二十三年志方之善と結婚、二十七年開拓者の一人として北海道瀬棚村に移る。三十年瀬棚で開業。三十八年に志方之善が死亡し、四十一年東京江東区新小梅町に移り開業する。大正二年(一九一三)六月二十三日病没。六十三歳。墓は豊島区の雑司ヶ谷墓地にある。

参考文献　北海道医師会医政史編纂委員会編『荻野吟子』、日本女医史編纂委員会編『日本女医史』　(大塚恭男)

おきのただお　沖野忠雄　一八五四—一九二一　明治・大正時代の土木技術者。安政元年(一八五四)正月、但馬国城崎郡大磯村(兵庫県豊岡市大磯町)に生まれた。父春水は士族、彼はその次男である。幼名松之助。明治三年(一八七〇)大学南校に入学フランス語を学び、同八年六月文部省留学生としてフランスに留学、パリ高等工業学校で土木工学を修め、十四年帰国した。十六年内務省土木局に入り、土木行政に従事するかたわら土木工学の研究につとめ、のち工学博士となった。二十四年第五区(大阪)土木監督署長となり、大阪築港・大阪水道・淀川改修工事などを指導した。三十一年着工十二年後に完成された淀川改修工事は、瀬田・木津・桂三水系に及ぶ大工事で、その後の治水工事の模範とされた。四十四年内務技官として本省に帰ったが、大正六年(一九一七)大水害により淀川が決潰し、責任を感じて翌年七月辞任した。同十年三月二十六日六十八歳にて没した。

参考文献　琵琶湖治水会編『琵琶湖治水沿革誌』、『(明治大正)大阪市史』三　(伝田功)

おぎのどくおん　荻野独園　一八一九—九五　幕末・明治時代前期の僧侶。文政二年(一八一九)六月備前国児島郡山坂村(岡山県玉野市下山坂)に生まれる。名は承珠、字独園、退耕庵と号す。八歳、郡の掌善寺(臨済)泰宗を師として出家、幼名之規。年十八学を豊後の帆足万里にうけ経論に通じ『周易』に精し。居る六年上京相国寺に掛錫、大拙に承事す。執侍十四年深く道髄をきわめ承珠と改む。嘉永五年(一八五二)師病むや于越渓譚に参ず。その会下において伊達千広自得居士を知る。明治三年(一八七〇)八月相国寺住持に補せらる。時に大政革新、神儒の仏を排する者多く仏教の危機なり。師邪説を斥けて正法を開き祖風を守る。五年官教部省を置き大教正に列す。神仏合併大教院を増上寺に設けるや選ばれて院長となり、かねて臨済・曹洞・黄檗三宗の総管長となる。当時神官跳梁して三条の教憲に宗意を交説するを許さず。師断乎として教部大輔宍戸璣、京都府知事槇村正直を説得してついに諸宗の宣教自由を得しむ。太政官宗派管長を華族に列するを却く。同九年鹿児島藩の破仏をきき仏寺を復興。二十八年八月十日七十七歳で入寂。墓は相国寺塔頭大光明寺墓地所在。　(友松圓諦)

おぎゅうゆずる　大給恒　一八三九—一九一〇　幕末の三河国奥殿藩主。老中格、賞勲局総裁。天保十年(一八三九)十一月十三日、奥殿藩主松平乗利(のりかた)の次子に生まる。初名乗謨、叙爵して兵部少輔・縫殿頭と称し、亀崖と号し、明治になり大給と改姓した。嘉永五年(一八五二)三月襲封(一万六千石)、早くから蘭学と仏語を学び、練兵は諸藩に率先して仏式を採用した。文久三年(一八六三)八月以降三たび若年寄となり、この間一時陸軍奉行に転じ、慶応二年(一八六六)六月老中格に進み、十二月陸軍総裁を兼ね、意を兵制改革に用い、翌三年二月大坂において仏国公使ロッシュより幕政改革につき意見を求め、これを実行に移した。同年十月将軍徳川慶喜が大政を奉還するや、諸侯の衆議を徴して上下の議事院を開き、将軍を上院の上位に置くこと、諸藩兵を廃して政府の海陸軍を編制し、将軍の指揮下に置くことを論じ、ついで有司とともに海路西上し、慶喜に大政奉還の早計なることを進言した。明治元年(一八六八)正月陸軍総裁を免ぜられ、二月老中格を辞した。これより先、文久三年十一月信濃田野口に転封、ここに箱館の五稜郭と同じ稜堡式築城法を採用した城郭を築き、明治元年五月藩名を田野口から竜岡と改称した。戊辰戦争には北越に出兵し、翌二年六月版籍奉還により竜岡藩知事に任じ、四年六月廃藩に先だってこれを辞した。同年八月左院少議官、五年十月三等議官に任じ、六年六月式部寮御用掛をもって賞牌取調御用掛専務を仰せ付けられ、七年七月賞牌に関する経費および事務局設置のことを建議し、九年十月賞勲事務局設置とともに翌月副長官(のち副総裁)、また一時元老院議官となった。日清戦争起るや金鵄勲章条例調査委員を命ぜられ、二十八年八月賞勲局総裁に進み、四十二年二月枢密顧問官に任ぜられた。明治十七年七月子爵を授けられ、四十年九月伯爵に陞爵。四十三年一月六日没。年七十二。墓は渋谷区広尾の祥雲寺にある。賞勲の事務に鞅掌すること三十余年、総裁の名を署して授与された賞勲の総数百十五万と称せられる。また佐野常民と明治十年五月博愛社を創立、副社長となった。

参考文献 榎本半重『大給亀崖公伝』、内閣修史局編『百官履歴』下(『日本史籍協会叢書』) (吉田 常吉)

おぎわらせいせんすい　荻原井泉水 一八八四—一九七六 明治から昭和時代にかけての俳人。本名藤吉。明治十七年(一八八四)六月一日東京芝神明町の商家に生まる。俳句は中学時代から始め、尾崎紅葉選『読売新聞』や秋声会・半面派などに投稿したが、一高在学中正岡子規の日本派に傾倒し、友人らと一高俳句会を興した。東大言語科卒業のころ河東碧梧桐の新傾向俳句運動が興り、これに参加。従来の俳号愛桜を井泉水と改めた。同四十四年新傾向派の雑誌『層雲』を創刊、同派のために論陣を張ったが、その印象的、象徴的、理想派・人道派的傾向と季題無用説が自然主義的な碧梧桐の傾向と合わなくなり分裂した。そのころの『層雲』、第一句集『自然の扉』(大正三年)を経て、第二・第三句集に至ると宗教色を帯びてくる。ことに大正十二年(一九二三)の関東大震災に妻子や母の死にあい、いよいよその色を強め、一燈園や高野山の生活をする。第七句集『短律時代』(昭和四年三月)前後はこの自由律俳句には特に短律調が目立つ。その後また長律の句も多くなり、旅がちな生活から再婚して鎌倉に落ち着いた。井泉水自身の句集、評論・随筆などの著も多く、また俳句作家のみならず、松尾芭蕉・小林一茶らの俳諧研究家としても活躍し、その方面の著書・編著もすこぶる多い。昭和四十年(一九六五)には日本芸術院会員に選ばれ、その後も『層雲』や個人雑誌『随』などに健筆を振るっていたが、同五十一年五月二十日、鎌倉の自宅で没した。九十一歳。東京都港区六本木四丁目の妙像寺に葬られた。門下に漂泊の俳人尾崎放哉・種田山頭火やプロレタリア俳人栗林一石路が出ている。

参考文献 木俣修他編『人と作品現代文学講座』四・五 (阿部喜三男)

おぎわらもりえ　荻原守衛 一八七九—一九一〇 明治時代の彫刻家。碌山と号した。明治十二年(一八七九)十二月一日長野県南安曇郡穂高村の農業勘六の五男に生まれ、二十歳のとき画家を志して上京、小山正太郎の不同舎に学び、同三十四年渡米してニューヨークの美術学校に通学した。そして同三十六年さらにフランスに渡ってアカデミー＝ジュリアンでローランスなどに師事したが、一九〇四年のサロンでロダンの「考える人」をみて感動し、彫刻に転じた。明治四十一年帰国後は新宿中村屋に仮寓し、文展や太平洋画会展に生命感あふれる清新な作品を発表、同年の第二回文展出品の「文覚」、第三回文展の「北条虎吉肖像」、第四回文展出品の「女」はいずれも三等賞をうけ、その大成を嘱望されたが、惜しくも三十二歳の若さで同四十三年四月二十二日中村屋で没し、郷里の荻原家墓地に葬られた。法名は天真院文海美光清居士。彼は高村光太郎とともにわが国にはじめて本格的な近代彫刻の道を拓いた作家で、ロダンを思慕したその自由大胆で迫力ある作品は、日本アルプスを望む生地長野県穂高町に建てられた碌山美術館に収められ、一般に公開されている。

参考文献 荻原守衛『彫刻真髄』、仁科惇『碌山荻原守衛』 (富山 秀男)

おくしげさぶろう　奥繁三郎 一八六一—一九二四 明治・大正時代の政治家、実業家。文久元年(一八六一)六月二十五日男山神社の祠官奥季次の長男として山城国綴喜郡八幡(京都府八幡市)に生まれる。明治十二年(一八七九)京都府師範学校卒。小学教諭兼校長を勤めたのち、大阪法学舎に学び、弁護士となった。二十一年から二十五年まで、および二十七年から三十一年まで京都府会議員。三十一年京都府から衆議院議員に当選。自由党・憲政党を経て、立憲政友会所属。三十七年および四十三年京都市会議員を兼任。四十四年から四十五年まで政友会幹事長を勤める。大正三年(一九一四)、および同九年から十二年まで衆議院議長に選出される。この間、明治二十九年から大正四年まで京都府教育会副会長となる。明治四十二年京都瓦斯株式会社、四十三年京津電気軌道株式会社を創立、各社長となり、さらに阪神電気軌道、京都府農工銀行各取締役を勤めるなど、実業界に足跡を残す。大正十三年九月八日死去。六十四歳。

参考文献 衆議院事務局編『衆議院議員略歴』 (成沢 光)

おくだまさか　奥田正香 一八四七—一九二一 明治・大正時代の事業家。弘化四年(一八四七)三月、五郎八の長男として生まれた。名古屋藩士。江戸に出、一時芝増上寺の学僧となったが、帰郷して愛知県庁に入った。しかし間もなく退官して味噌・醤油販売業を営んだ。紡績業が最初の勃興期を迎えるや、いち早く明治二十年(一八八七)に尾張紡績を設立し、その後二十六年には名古屋商業会議所会頭、名古屋株式取引所理事長の要職につき、名古屋財界を指導した。二十九年には明治銀行を設立するとともに日本車輌を起し社長に就任した。そのほか彼が関係した事業に電鉄・瓦斯・電力などがある・伊藤次郎左衛門・滝兵助などのようないわゆる中京財閥ではないが、中京の渋沢の名をかち得た中京財界の傑物である。大正二年(一九一三)実業界を引退、同十年一月三十一日死去。七十五歳。覚王山奥ノ院(千種台北方)に葬られる。

参考文献 『大正昭和名古屋市史』一―五、杉浦英一『中京財界史』、実業之世界社編『財界物故傑物伝』上、名古屋市教育委員会編『明治の名古屋人』 (村上 はつ)

おくだよしと　奥田義人　一八六〇―一九一七　明治から大正時代の官僚、政治家。万延元年(一八六〇)六月十四日、鳥取藩士鉄蔵の次男として生まれる。明治十七年(一八八四)東京大学法学部卒。太政官御用掛兼制度取調局御用掛を経て、同二十三年農商務省特許局長、二十五年行政裁判所評定官・内閣官報局長、二十六年法典調査会委員・内閣書記官記録課長を歴任。二十八年衆議院書記官長となる。二十九年拓殖務次官、三十年農商務次官兼山林局長、三十一年退官し欧米巡遊。翌年文部次官に就任、三十三年第四次伊藤内閣法制局長官となり、翌年第一次桂内閣に留任するが、行政整理問題をめぐって桂と折り合わず、三十五年辞任。同年東京市名誉参事会員、翌年法学博士の学位を受ける。三十六年鳥取市より衆議院議員に当選、三十七年再選。四十一年宮中顧問官、四十五年貴族院勅選議員となる。大正二年(一九一三)第一次山本内閣文部大臣、翌年司法大臣に任ぜられる。同四年東京市長となり、在任中の六年八月二十一日死去。五十八歳。東京市本所区向島須崎町(東京都墨田区向島)の弘福寺に葬られた。同年男爵を授けられる。なお、明治十八年英吉利法律学校創立者の一人となって以来、東京法学院幹事・中央大学理事を経て、四十五年同大学学長となる。著書には『民法親族法論』『民法相続法論』などがある。

参考文献 岡田朋治『嗚呼奥田博士』 (成沢 光)

おくのまさつな　奥野昌綱　一八二三―一九一〇　日本基督教会牧師。文政六年(一八二三)四月四日幕臣竹内五左衛門直通の三男として江戸下谷御徒町(台東区)に生まれ、奥野家をつぐ。寛永寺輪王寺宮の随身者となる。文武の道に精進、漢学・和歌・謡曲・能笛などの学問・技芸を習得、小野派一刀流・宝蔵院流槍術の免許皆伝をうけた。戊辰戦争の際は咸臨丸に乗り込み榎本武揚に従おうとしたが嵐のため清水に漂着。明治四年(一八七一)米国人宣教師ジェームス＝ヘボンの日本語の教師となる。ヘボンによりキリスト教にふれ同五年受洗。翌年日本基督公会の長老に選任。十年牧師となる。和漢の教養を生かし『聖書』の翻訳、『讃美歌』の編纂に功績をのこした。四十三年十二月二日没。八十八歳。青山学院講堂で葬儀、青山墓地に葬られた。

参考文献 黒田惟信『奥野昌綱先生略伝並歌集』 (波多野和夫)

おくのみやけんし　奥宮健之　一八五七―一九一一　明治時代の社会主義者。安政四年(一八五七)十一月十二日土佐国土佐郡布師田村(高知市布師田)に生まれた。父正由(号慥斎)は、藩主山内容堂の侍講をつとめた陽明学者であった。明治十四年(一八八一)、健之は三菱会社に入社したが、同年十月、自由党が結成されるや、社を辞して入党した。その後、一貫して貧しい労働者の味方として闘いつづけた。翌十五年十月、東京で人力車夫の生活擁護を目的とし、車夫の三浦亀吉らと車夫懇親会をつくり、車会党規則を発表したが、結社禁止にあった。このとき最初の検挙投獄を経験した健之は、ますます急進的な民権家となった。十七年の名古屋事件に加わり、警官殺害の嫌疑をかけられ、さらには脱獄未遂などにより、あやうく死刑となるところを免れて無期徒刑の判決をうけて下獄し、十二年余の獄中生活を送り、特赦によって三十年七月に出獄した。その後、大井憲太郎の大日本労働協会や矢野文雄の社会主義講究会に参加して、労働運動・社会主義運動に乗り出すとともに、熱心な普通選挙論者でもあった。三十六年、同郷の後輩であった幸徳秋水らが平民社を結成するや、ここに出入りし、『平民新聞』にも寄稿した。四十三年、大逆事件が起るや、幸徳に爆裂弾の製法を教えたことなどがきっかけとなって検挙された。そして翌四十四年一月二十四日、政府のスパイではなかったかとのうたがいをかけられながら、幸徳らとともに死刑に処せられ、五十五年の不遇な波瀾にみちた生涯を終った。東京都北豊島郡の染井墓地に葬る。

参考文献 中島及『暗殺の記録』、絲屋寿雄『奥宮健之』(『紀伊国屋新書』B五一)、塩田庄兵衛「奥宮健之覚書」(『経済と経済学』一〇・一一合併号)、笹島正雄「奥宮健之」(『思想の科学』三七・四六) (松尾 章一)

おくはらせいこ　奥原晴湖　一八三七―一九一三　明治時代の女流日本画家。本名節子。天保八年(一八三七)八月十五日下総国古河で同藩の家老職池田重太郎の三女として生まれ、のち奥原家の養女となった。はじめ同藩の画家牧田水石について南北合流の画風を学び、慶応元年(一八六五)江戸に出て明清諸家の技法を研究、特に鄭板橋と費晴湖に私淑し、みずから東海晴湖と称したぐらいだった。奇行逸話に富む女傑で、文人画の流行した明治初期に安田老山と覇を競う第一流の文人画家として活躍したが、のち明治二十四年(一八九一)東京を去って埼玉県熊谷在に隠棲、悠々自適の画生活を続けた。その作風は、前半生の豪放磊落な水墨様式に対して、のち次第に謹厳緻密な色彩画に進み、「月ヶ瀬梅渓図巻」や「琵琶行」など、晩年までなお佳作を残した。大正二年(一九一三)七月二十八日没。七十七歳。墓は熊谷市上之の竜淵寺にある。 (富山 秀男)

おぐまひでお 小熊秀雄 一九〇一—四〇 昭和時代前期の詩人。明治三十四年(一九〇一)九月九日、北海道小樽に生まれた。父は三木清次郎、母は小熊マツ。戸籍面では母マツの私生子である。三歳の時、母が死亡し、再婚した父母とともに樺太に渡った。少年時代から青年時代に北海道稚内、樺太豊原・泊居などの各地を流浪、職を転々し、昭和三年(一九二八)に上京して業界紙の編集などに従事した。同六年にプロレタリア詩人会に参加、詩を発表し始め、九年創刊の『詩精神』に拠って旺盛な詩作活動をした。十年『小熊秀雄詩集』、長編叙事詩集『飛ぶ橇』を上梓、それらにはソ連詩人マヤコフスキーらの影響が見られる。小熊はプロレタリア文学運動の退潮期に現われたコンミニズム派の詩人で、饒舌な精力的な詩風によってよく現実の重圧に堪えた。同年から壺井繁治らの風刺雑誌『太鼓』の同人にもなったが、十五年十一月二十日病没。四十歳。東京府下多磨墓地に葬る。没後未刊の詩集『流民詩集』(昭和二十二年)、『小熊秀雄詩集』(同二十八年)、『小熊秀雄全詩集』(同四十年)、『小熊秀雄評論集』(同四十一年)、『小熊秀雄全集』全五巻(同五十二—五十三年)が上梓された。 (古川 清彦)

おぐままもる 小熊捍 一八八五—一九七一 大正・昭和時代の遺伝学者、農学博士。明治十八年(一八八五)八月二十四日、東京にて誕生。同四十四年東北帝国大学農科大学を卒業、大正二年(一九一三)同大学助教授となり昆虫学を講義、同十一年欧米に留学、十四年帰国。昭和四年(一九二九)五月北海道帝大教授になり、同二十三年まで勤務。翌二十四年国立遺伝学研究所所長になった。その間、カイコやヒトの染色体などを研究、特にヒトの染色体数に関して他の学者と対立する説を提出した。同四十六年九月十日没。八十六歳。

参考文献 牧野佐二郎編『小熊捍教授退職記念細胞学遺伝学論文集』上 (鈴木 善次)

おくむめお 奥むめお 一八九五—一九九七 大正から昭和時代にかけての婦人運動家、政治家。明治二十八年(一八九五)十月二十四日福井市に生まれた。大正五年(一九一六)日本女子大学を卒業、当時上昇期にあった労働運動に影響され、女工としての体験をもった。同八年新婦人協会の結成に平塚雷鳥らと参加、理事として婦選運動をしたが、婦人大衆との距離を感じ、より現実的な婦人運動を志し、同会解散後同十二年四月矢部初子らと職業婦人社を創立、『婦人運動』を発行し、また事務員・タイピスト・看護婦などの職業婦人団体の連盟結成に加わった。関東大震災には社会運動犠牲者の救援もし、同十四年普選実施にあたりつくられた政治研究会の中央委員になった。昭和二年(一九二七)関東消費組合連盟に婦人部をつくりリンゴなどを売ったが、同五年東京本所に婦人セツルメントを創立、振興事業もし、同十年「働く婦人の家」を東京・名古屋などに開設している。戦時中は厚生省労務管理委員となったが、戦後参議院議員になり、同二十三年主食欠配・物価騰貴にあたり九月主婦連合会を結成、会長となった。著書に『あけくれ』(昭和三十二年)がある。平成九年(一九九七)七月七日没。百一歳。

参考文献 三井礼子編『現代婦人運動史年表』、日本経済新聞社編『私の履歴書』六 (井手 文子)

おくむらいおこ 奥村五百子 一八四五—一九〇七 明治時代の婦人運動家。愛国婦人会の創立者。弘化二年(一八四五)五月三日肥前唐津の真宗の寺家に生まれた。父は奥村了寛、兄は円心。幼時から快活男まさりの性格で、勤王派の父兄の影響をうけてこれを援け、文久三年(一八六三)十九歳の時男装して萩藩に使者となったり、野村望東尼や西郷隆盛などに接したりした。慶応二年(一八六六)二十二歳で福成寺住職大友法忍に嫁したが死別、三年後水戸藩浪士鯉淵彦五郎と再婚一男二女を得たが、やがて明治新政府の治下、時流に乗れなかった下級士族出身の夫の無気力に耐えられず四十三歳で離婚した。その後郷里にあって三児をかかえて生活と闘い、養蚕業の奨励など産業発展につながる地方活動を行なった。憲法発布以後政治に再び眼をむけ、朝鮮の志士金玉均らと交わって明治二十七年(一八九四)渡韓し、同二十九年に再び渡韓して光州に入り、同地に実業学校を設立するなどした。三十三年東本願寺より派遣されて南清を視察、同年北清事変がおこると大谷勝信の皇軍慰問使に加わって天津・北京を巡歴した。この時五百子五十六歳、戦地での悲惨な体験は彼女に軍国主義思想を強めさせ、軍事援護を目的とする婦人団体の必要を痛感させた。熱心な説得ののち、旧藩主小笠原長生・近衛篤麿など政界、軍部上層の援助を得て二十四年愛国婦人会を結成するのに成功した。同会の九段偕行社での会員奨励会(事実上の発会式)では、五百子は「天皇陛下の御稜威のもとに生まれたればこそ日本婦人だと威張っていられる、日本の陸海軍が弱かったらこうして畳の上には居られません」と演説し、涙は滂沱と流れ終いには壇上でおいおい泣き出して参会者を感動させた。皇族・華族らをいただいた身分的な同会の軍国主義的な性格を、家庭の中にまで拡めようとしたのは五百子であり、黒い被布に片手に数珠をもつ姿で全国を遊説し、演説会は三百五十回にのぼった。日露戦争にあたっては満洲まで赴いた行動的女性である。明治四十年二月七日京都にて死亡した。六十三歳。法名は唯信院釈貞道尼という。

参考文献 小笠原長生編『正伝奥村五百子』、愛国婦人会編『奥村五百子詳伝』、大久保利謙編『日本人物史大系』六 (井手 文子)

おくむらきわお 奥村喜和男 一九〇〇—六九 昭和戦前・戦中期の官僚。明治三十三年(一九〇〇)一月四日、奥村平治の長男として福岡県京都郡今川村天生田(行橋市)

に生まれる。大正十二年(一九二三)十二月高等文官試験合格。十四年三月東京帝国大学法学部卒業後、逓信省に入省。昭和十年(一九三五)五月内閣調査局調査官となり、電力事業の国家管理構想(電力国家管理案)の立案者として「新々官僚」(のちの「革新官僚」)のはしりといわれた。十五年八月、逓信省大臣官房企画課長のまま企画院書記官を兼任し、「新体制運動」に関わった。十六年十月情報局次長となり、十八年四月に退官、第二次世界大戦後、二十三年三月―二十七年四月公職追放。二十八年九月、東陽通商社長。四十四年八月十九日六十九歳で没。墓は神奈川県鎌倉市十二所の鎌倉霊園にある。主な著書に『日本政治の革新』(昭和十三年、育生社)、『変革期日本の政治経済』(十五年、ささき書房)、『尊皇攘夷の血戦』(十八年、旺文社)がある。

参考文献 奥村勝子編『追憶奥村喜和男』、橋川文三「新官僚の政治思想」(『橋川文三著作集』五所収)、田中利憲「「革新官僚」の経済思想」(広島大学『社会経済研究』五)、山崎喜春「「革新官僚」と電力国家管理」(広島大学『経済学研究』三)、古川隆久『昭和戦中期の総合国策機関』
(古川 隆久)

おくむらとぎゅう 奥村土牛 一八八九―一九九〇 昭和時代の日本画家。本名義三。明治二十二年(一八八九)二月十八日東京に生まれ、同三十八年から梶田半古に師事して日本画を習い、のち同門の兄弟子小林古径について再興日本美術院展へ出品、昭和二年(一九二七)第十四回院展に「胡瓜畑」が初入選して以来毎回入選し、同七年その同人に推された。その後は引き続き院展に出品して堅実な歩みを示すとともに、十九年から二十六年まで東京芸術大学の講師をつとめ、二十二年日本芸術院会員となり、さらに三十七年には文化勲章をうけた。その作風は「鴨」「信濃の山」など真摯な自然描写を経て、簡潔化された新古典主義的方向のうちに深く透徹した表現を示して、「踊り子」「鳴門」などの秀作を生みだしている。平成二年(一九九〇)九月二十五日東京で没。百一歳。

参考文献 『奥村土牛自撰画集』(『日本画自撰画集』一)、難波専太郎『奥村土牛』、奥村土牛『牛のあゆみ』
(富山 秀男)

おくやすかた 奥保鞏 一八四六―一九三〇 明治・大正時代の陸軍軍人。弘化三年(一八四六)十一月十九日、小倉藩に生まる。父は小倉藩士奥保矩。十五歳で三百石馬廻役を勤め、小倉藩が長州藩と戦ったときが初陣であった。明治四年(一八七一)に陸軍大尉心得となり、同七年二月の佐賀の乱には熊本鎮台の中隊長として出征し、その豪勇は軍の内外に知られた。台湾出兵のときは、大隊長として出動し、各地に転戦した。西南戦争には、大隊長として熊本城内に籠城したが、官軍との連絡を要することいよいよ急なとき、かれは部下大隊をもって突囲隊を組織し、重囲を破って官軍と連絡した。このときのかれの奮戦ぶりが、錦絵となって売り出された。戦後累進して、十八年五月に少将になり、二十四年六月に東宮武官長、二十六年十一月に近衛歩兵第二旅団長に転補、翌年軍事視察のため欧州に派遣されたが、日清戦争のため急遽帰朝し、大本営に供奉して広島に行った。ところが第一軍司令官山県有朋が病気で帰還し、第五師団長野津道貫がこれに代わるに及んで、奥は中将に昇進して第五師団長となり、後半の作戦に従った。戦後第一師団長、近衛師団長、東京防御総督を歴任し、三十六年十一月に大将に昇進した。日露戦争には第二軍司令官として出征し、南山の緒戦以来、奉天の会戦まで、ロシア軍の主力と戦ったが、その作戦ぶりは水際立って鮮かなものであった。戦後参謀総長となり、六年間在職したが、その間に元帥の称号が与えられた。また戦功により伯爵の栄誉を得た。昭和五年(一九三〇)七月十九日没した。八十五歳。東京赤坂の青山墓地に葬られた。

参考文献 黒田甲子郎『奥元帥伝』
(松下 芳男)

おくよしいさ 奥好義 一八五八―一九三三 明治から昭和時代前期にかけての雅楽家および作曲家。安政五年(一八五八)九月二十二日、京都に生まる。雅楽を専業としてきた奥家の出身。父は好学、のちに行業の養子となる。明治三年(一八七〇)東上、宮内省雅楽局において、雅楽演奏を行う一方、当時輸入された洋楽の教習を受け、最新の外国文化を身につけた。音楽取調掛御用掛、女子高等師範助教授などを兼任。唱歌の作曲も試みた。国歌作成計画と関連して、幾人かの雅楽師の作品の中から彼の「君が代」が祝日大祭日唱歌に選ばれ、明治二十六年当時の楽長林広守撰として官報に発表された。昭和八年(一九三三)三月六日没す。七十六歳。

参考文献 鶴橋泰三編『現代音楽大観』
(蒲生美津子)

おぐらきんのすけ 小倉金之助 一八八五―一九六二 大正・昭和時代の数学者、数学史家、数学教育学者。明治十八年(一八八五)三月十四日山形県酒田に生まれる。同三十八年、東京物理学校(東京理科大学の前身)卒。東京帝国大学理科大学化学選科へ入学。翌年大学を中途退学。家業と研究を両立させるために、もっぱら数学を研究することになる。四十四年、新設された東北帝国大学理科大学助手、数学教室に勤務し、『東北数学雑誌』の編集に従う。四十五年処女作『級数概論』(名義は林鶴一との共著であるが、実質は小倉単独の労作)を出版。大正五年(一九一六)、論文「保存力の場における径路」により理学博士。翌六年、塩見理化学研究所研究員、大阪医科大学教授。同八年フランス留学、十年帰国。十三年『数学教育の根本問題』を出して、その後の日本における数学教育運動の方向を正しく指示した。十四年塩見理化学研究所長。昭和四年(一九二九)、論文「階級社会の数学」を発表。同七年唯物論研究会創立世話人の一人となる。十二年塩見理化学研究所長を辞任、東京に移る。十五年東京物理学校理事長および幹事となる。太平洋戦争後の二十一年民主主義科学者協会初代会長。二十三年日本科学史学会会長。三十七年十月二十一日没。七十七歳。おびただしい学術論文・一般論文・著書のほか稀に見る精力と特徴に充ちた翻訳の労作が注目される。たとえばルーシェ＝コンブルース『初等幾何学』（第一巻初版大正二年、第二巻初版同四年）、サーモン『円錐曲線解析幾何学』（同三年）カジョリ『初等数学史』（初版は井出弥門共訳、昭和三年）。名著として知られる既述『数学教育の根本問題』のほかに、『数学史研究』（第一輯昭和十年第一刷、第二輯二十三年第一刷）、『数学教育史』（七年）がある。まことに日本数学界の異才であり、民間学者としての位置を堅持して科学の社会的性格に深い洞観があったために、初期には幾何学的基調のフランス流の数学者であったが、早くから数学史に関心が深く、また数学教育に対し鋭い批判を行い、数学史研究に独創的な途をひらくとともに、日本の数学教育の民主化に大きな貢献があった。『小倉金之助著作集』全八巻がある。

［参考文献］小倉金之助『数学者の回想』（『小倉金之助著作集』七）　（岡　邦雄）

おぐらしんぺい　小倉進平　一八八二―一九四四　大正・昭和時代前期の言語学者、朝鮮語学者。明治十五年（一八八二）六月四日仙台に生まれた。同三十九年東京帝国大学文科大学言語学科を卒業、朝鮮語の研究を志し、四十四年朝鮮に渡って教科書の編集の傍ら朝鮮語の研究に専心した。大正十五年（一九二六）京城に帝国大学が設置されるや、その教授に任ぜられ、翌年文学博士の学位を授けられた。昭和八年（一九三三）には東京帝国大学の教授となり、京城大学の教授を兼任した。同十八年両大学を停年退官後、病を得て翌年二月八日六十三歳をもって死去した。仙台の愚鈍院に葬られる。博士は不撓の精神をもってほとんど未開拓であった朝鮮語の言語学的研究の基礎確立に大いなる足跡を残した。その主著『郷歌及び吏読の研究』（昭和四年）は古代語解明に寄与したことによって昭和十年学士院恩賜賞を授けられ、『増訂朝鮮語学史』（同十五年）、『朝鮮語方言の研究』（同十九年）などいずれも永く本格的研究の指針となるものである。『小倉進平博士著作集』全四巻がある。　（河野　六郎）

おぐらまさつね　小倉正恒　一八七五―一九六一　明治から昭和時代にかけての実業家。明治八年（一八七五）三月二十二日旧金沢藩士小倉正路の長男として金沢に生まれる。号は簡斎。同三十年東京大学英法科卒。少時より漢籍に親しみ、また武道・参禅に熱心で、東洋的風格があった。一旦内務省に入ったが、三十二年住友に入る。当時住友は近代化をはかろうとし、鈴木馬左也・河上謹一らの人材を集めていた。住友倉庫・住友銀行などを経てイギリスに三年間留学、三十五年帰国して本店・神戸支店を経て本店副支配人、ついで大正二年（一九一三）支配人、七年理事、十年常務理事、昭和五年（一九三〇）総理事となった。この間、明治末期以来、別子製銅所の煙害問題の処理にあたり、また新居浜の肥料製造所の建設、鴻之舞金山の買収、開坑などにあたった。大正期より昭和初期にかけて住友本店の住友合資への改組、コンツェルン化に伴って、林業・炭鉱・ガラス・電線・電気機械・電力・信託・保険などの創設買収に参画。総理事就任後は、不況対策にあたるかたわら、アルミ事業の創設、化学・電機・伸銅鋼管・機械部門の拡張にあたり、住友系重化学工業の基礎をつくった。この間、昭和八年貴族院議員に勅選され、以後内閣審議会委員をはじめ政界との接触が濃くなり、近衛文麿・平沼騏一郎・吉田茂・小幡西吉らと親しかった。十六年四月第二次近衛内閣に国務相として入閣、懸案の経済新体制問題のまとめ役として、産業側の自主性を残しつつこれを発足させ、七月第三次近衛内閣では蔵相に転じたが、十月総辞職。十七年三月より二年間戦時金融金庫総裁・東亜経済懇談会会長・大東亜建設審議会委員として戦時下の日本経済を推進し、以後国民政府（南京）全国経済委員会最高顧問などを歴任して中国人の敬愛をうけたという。第二次世界大戦後、公職追放となった。小倉は住友財閥大成期の指導者としての役割のほか、政財界において財閥を代表する地位にあって、住友の伊庭貞剛・鈴木馬左也以来の東洋的、国士的風格をもって事に処した。三十六年十一月二十日東京吉祥寺の自宅で病没。八十六歳。著書『小倉正恒談叢』『蘇浙游記』など。

［参考文献］小倉正恒伝記編纂会編『小倉正恒』、栂井義雄『小倉正恒伝・古田俊之助伝』（『日本財界人物伝全集』一〇）、川田順『住友回想記』、同『続住友回想記』　（中村　隆英）

おぐりこうずけのすけ　小栗上野介　⇨小栗忠順（おぐりただまさ）

おぐりただまさ　小栗忠順　一八二七―六八　幕末・維新期の幕吏。通称は剛太郎、又一。叙爵して豊後守といい、のち上野介と改めた。文政十年（一八二七）江戸に生まれる。新潟奉行小栗忠高の子。安政二年（一八五五）十月小栗家（二千五百石）を継ぐ。同四年正月使番となり、六年九月目付に進む。ついで遣米使節の一員に選ばれ、万延元年（一八六〇）正月出発、九月帰国した。同年十一月外国奉行に昇進。ロシア海軍の対馬上陸に際して、幕府の命を受け、文久元年（一八六一）五月、現地に赴き退去を要求したが、目的を達しないで江戸に帰った。七月外国奉行罷免、同二年六月勘定奉行となり、閏八月町奉行に転じてのち、十二月勘定奉行に復し、歩兵奉行を兼ね、同三年四月罷免、七月陸軍奉行並となったが、わずか二十日たらずで罷免された。この間同二年六月には、歩・騎・砲三兵を編成しようとする陸軍の軍制改革に参画した。また三年四月歩兵奉行在職中、新編成の陸軍部隊を率いて上京し、朝廷に圧迫を加え、和親開国の勅旨を強要しようとする陰謀を企てた。しかしこの計画は未然に発覚して罷免されたが、その後も謹慎することなく、同志と連絡し再挙をはかっていたという。小栗の陰謀には　強硬派幕吏の支持があったらしい。元治元年（一八六四）八月、一年余の在野期間を経て、また勘定奉行にもどった。その後、製鉄所の建設についてフランス公使ロッシュとの間で予備交渉を行なった。やがて同年十二月軍艦奉行に転じたのは、製鉄所の建設に専念させるためであろう。こうしてのちの横須賀軍港の基礎は小栗によって築かれた。翌慶応元年(一八六五)二月軍艦奉行を免ぜられたが、五月には勘定奉行に復し、以後明治元年(一八六八)正月までその職にあった。この間、彼は事実上の「蔵相」として、困難な幕府最末期の財政を担当した。慶応二年の関税率改訂交渉に際しては、中心人物として参加した。彼は、幕府の重要財源として関税収入に目をつけていた。当時、フランスとの経済関係が緊密となり、経済使節クーレが渡来すると、小栗はもっぱら彼との交渉にあたり、同年八月、六〇〇万ドルの借款契約が成立した。そして九月には、「フランス輸出入会社」と結合関係をもつべき「日本の商業・航海大会社」の組織についても契約ができた。小栗は、フランスとの経済関係を緊密にする一方、国内では三都の特権商人と結んで、全国の商品流通を掌握しようとした。三井を通じて江戸や横浜の商人に融資したり、鴻池ら大坂の巨商によって兵庫商社を設立したりしたのは、その現われである。さらに彼は、旗本の軍役を金納させ、傭兵による新しい陸軍の編制を企てた。明治元年正月、前将軍徳川慶喜の東帰後、あまりに強硬な抗戦論を主張したため、慶喜に忌まれて、勘定奉行を罷免された。三月、知行所の上野国群馬郡権田村(群馬県群馬郡倉渕村権田)に土着し、形勢を観望しつつ再挙をはかったが、政府軍に捕えられ、閏四月六日、烏川のほとりで斬られた。四十二歳。権田村東善寺に葬られる。

参考文献　栗本鋤雲稿・栗本秀二郎編『匏庵遺稿』、蜷川新『維新前後の政争と小栗上野の死』、同『(開国の先覚者)小栗上野介』、石井孝「小栗忠順」(北島正元編『江戸幕府』下所収)、戸川残花「小栗上野介」(『旧幕府』四ノ七・八)　(石井　孝)

おぐりふうよう　小栗風葉　一八七五―一九二六　明治時代の小説家。本名加藤磯夫。小栗は旧姓。明治八年(一八七五)二月三日、愛知県知多郡半田村(半田市)に薬屋の長男として生まれた。少時から文学に志し、同二十三年上京、中学を中退して尾崎紅葉に入門した。二十九年に発表した『寝白粉』『亀甲鶴』が出世作となり文壇に進出。さらに三十一年『恋慕ながし』が読者の歓迎を受け、ゆるぎない地位を占めた。日露戦争後の三十八―三十九年には長編『青春』を『読売新聞』に連載、当時の青年男女の哀歓を華麗な才筆で描いて大衆を熱狂させた。その後自然主義的作風に転じ、四十年に『天才』『恋ざめ』、四十一年に『世間師』などを発表したが、生活が放縦に流れ、文学にも行き詰まって、四十二年『耽溺』発表後まもなく豊橋に退いた。以後は通俗小説を執筆する程度で文壇から遠ざかり、趣味の造園を楽しんだ。大正十五年(一九二六)一月十五日没。五十二歳。

参考文献　岡保生『評伝小栗風葉』、近藤恒次『小栗風葉書誌』　(岡　保生)

おざきかずお　尾崎一雄　一八九九―一九八三　昭和時代の小説家。明治三十二年(一八九九)十二月二十五日、三重県度会郡宇治山田町(伊勢市)に生まれる。父八束は神宮皇学館教授。尾崎家は、神奈川県足柄下郡下曾我村(小田原市)の神官の家柄で、母タイも静岡県駿東郡沼津町の神官の出である。宇治山田および両親の郷里で小学校時代を過ごし、小田原の神奈川県立第二中学校を経て、昭和二年(一九二七)早稲田大学国文科卒業。早稲田高等学院時代から習作を始め、志賀直哉に傾倒した。大正十五年(一九二六)に『早春の蜜蜂』を『新潮』にのせたが、その後しばらくはスランプに陥り、生活も破綻した。昭和六年、山原松江と結婚して、精神的に立直り、十二年に刊行した『暢気眼鏡』で芥川賞を受賞して、作家的地位を確立した。十九年には、胃潰瘍のため郷里で療養生活に入り、二十三年の『虫のいろいろ』などの、心機一転した透明な心境小説によって、第二次世界大戦後の文壇に好評を博した。ほかに、三十六年の『まぼろしの記』、四十五―四十八年の自伝『あの日この日』などが注目される。志賀直系の調和的私小説家で、三十九年に日本芸術院会員となった。五十八年三月三十一日没。八十三歳。墓は小田原市曾我谷津の尾崎家屋敷地内にある。

参考文献　関口良雄『尾崎一雄文学書目』、尾崎一雄『尾崎一雄対話集』、尾崎松枝『尾崎一雄―人とその文学―』、浅見淵「尾崎一雄論」(『群像』七ノ七)、高橋英夫「尾崎一雄論」(同二九ノ一〇)、平野謙「さまざまな青春(続)」(『展望』八四)　(磯貝　英夫)

おざききはち　尾崎喜八　一八九二―一九七四　大正・昭和時代の詩人。明治二十五年(一八九二)一月三十一日、東京京橋湊町に生まれた。生家は富裕な廻漕問屋だった。京華商業卒業後、数年間銀行・会社へ勤めたが、文学への志望止みがたく、大正二年(一九一三)ころ高村光太郎を知り、ついで武者小路実篤・千家元麿らと交わり、『白樺』に翻訳や詩を発表するようになった。ベルハーレン・ホイットマン・ロマン=ロランなどの文学に親しみ、同十一年、第一詩集『空と樹木』を刊行、健康な生命感と理想主義の精神で注目され、続いて『高層雲の下』『曠野の火』などで、人生詩人・自然詩人としての成熟を加え、知性的で内的世界の調和を求める詩境を示した。また「ロマン=ロラン友の会」を設立し、その中心となって活躍した。他の詩集として『旅と滞在』『行人の歌』『高原詩抄』『二十年の歌』『夏雲』『残花抄』『花咲ける孤独』『田舎のモーツァルト』などがあり、随筆・翻訳の著作も多い。『尾崎喜八詩文集』全十巻がある。昭和四十九年(一九七四)二月四日没。八十二歳。神奈川県鎌倉市山ノ内の明月院に葬る。

参考文献　伊藤信吉『鑑賞現代詩』二　(分銅　惇作)

おざきこうよう　尾崎紅葉　一八六七―一九〇三　明治時代の小説家。慶応三年(一八六七)十二月十六日(一説に二十七日)、江戸の芝中門前町に生まれた。本名徳太郎。十千万堂・源悪太郎・半可通人・素湯夫・花紅治史・縁山などの別号がある。父惣蔵は谷斎と号し、角彫の名人で、また幇間でもあった。早く母庸を失ったため、母方の祖父母に育てられた。明治十六年(一八八三)大学予備門に入学、同十八年山田美妙・石橋思案らと硯友社を結成し、機関誌『我楽多文庫』を創刊した。文学活動の第一歩である。同誌に式亭三馬や十返舎一九の影響を受けた『(江島土産)滑稽貝屛風』などを書いたが、次第に写実主義的な傾向を見せ始めた。二十二年悲劇的ロマンスの『(二人比丘尼)色懺悔』を『新著百種』第一号として発行、出世作となった。この年大学に在籍のまま読売新聞社員となり、以後同紙に創作を発表する。翌年、帝国大学中途退学。二十三、四年ごろは井原西鶴に心酔した時期でその影響も著しく、『伽羅枕』などはその典型である。しかし新聞小説家として時流の動向、読者の好尚を見きわめつつ、一方また東西の先行文学からたえず新奇な題材を求めて、みずからの進路を開拓した彼は、二十五年の『三人妻』で当代女性の群像を描き、すすんで二十六年の『男ごゝろ』や『心の闇』では男性の深刻な心理にふれた。この間、たえず文章の修練につとめ、二十四―二十五年の『二人女房』で試みた「である」調の口語文をみがきあげて、めんめんたる心理描写に適合させ、二十九年『多情多恨』を発表した。これは日清戦争後の近代的知識人の内面に迫ろうとした意欲作であった。さらに三十年からは一代の大作『金色夜叉』の執筆に全力を注いだ。この作は時代社会の潮流をとらえ、金力と愛情との争いのなかで人間の生きる課題を発見しようとした野心作であるが、新聞小説としての制約上、興味の中心は男女主人公の運命に向けられた。しかし、このため貫一・お宮の名前は大衆の心に刻まれ、やがて演劇・映画・流行歌などを通してひろく普及した。明治における国民文学の代表作といってよい。紅葉はこの執筆に苦しんで健康を害し、佐渡をはじめ修善寺・成東など、各地に旅行したりして療養につとめたが、病勢は好転せず、ついに三十六年三月大学病院に入院、胃癌と診断された。『金色夜叉』はかくて未完に終ったが、紅葉はこの前年読売新聞社を退社、二六新報に入社していた。このころツルゲーネフ・チェーホフなどの翻訳に従事し、泉鏡花・徳田秋声・小栗風葉ら多数の門弟の育成・指導にもつとめ、青年期から親しんできた俳句にも熱心で、九月『俳諧新潮』を刊行したりしたが、十月三十日東京市牛込区(新宿区)横寺町の自宅で没した。三十七歳。青山墓地に葬る。法名は彩文院紅葉日崇居士。生前一代の大家と仰がれた彼は文章報国を念じていたという。博文館・春陽堂・中央公論社の各全集がある。

[参考文献]　福田清人『尾崎紅葉』、岡保生『尾崎紅葉の生涯と文学』
（岡　保生）

おざきさぶろう　尾崎三良　一八四二―一九一八　明治時代の官僚政治家。男爵。天保十三年(一八四二)正月京都仁和寺宮家士尾崎盛之、母桃華子の三男として葛野郡西院村(京都市西院)に生まれる。幼くして孤児となり冷泉家に寄寓、のち三条実美に仕えた。七卿落ちの際には実美に随って長州、さらに太宰府に移り、名を戸田雅楽と改め尊王攘夷運動に挺身、明治維新以後、外遊の必要を痛感、実美の世子公恭に随って英国へ留学、明治六年(一八七三)帰朝、太政官に出仕して制度取調掛、四等議官となり、国憲編纂・条約取調・政体取調などの諸掛を兼任、特に諸法制の整備に努めた。十三年外務一等書記官としてロシア公使館在勤、十四年太政官大書記官、翌年参事院議官となり政府代表として元老院に出席、議案の説明・質疑応答にあたった。十八年には元老院議官となり、二十年他の議官とともに憲法草案を元老院で審議するよう建議した。二十三年法政局部長、翌年法制局長官となり政府委員として議会で活躍、また、二十三年勅選議員、四十年には宮中顧問官となった。他方白水炭鉱会社社長・房総鉄道会社監査役となり京釜鉄道会社の創立にも参画した。晩年には文部省維新史料編纂委員をつとめた。大正七年(一九一八)十月十三日没した。七十七歳。墓は東京の青山墓地にある。

[参考文献]　杉本勝二郎編『国乃礎後編』上、『尾崎三良自叙略伝』(『中公文庫』)
（宇野　俊一）

おざきしろう　尾崎士郎　一八九八―一九六四　大正・昭和時代の小説家。明治三十一年(一八九八)二月五日、愛知県幡豆郡横須賀村(吉良町)に父嘉三郎、母よねの三男として生まれ、早稲田大学政治科中退。当初、反抗的情熱家で、堺利彦・高畠素之らの売文社その他の政治言論機関に携わったが、のちに創作道に進んだ。主知性を加えた自然主義系の人生派の作風だが、過剰自意識の一方に古風なヒロイズムがあり、左翼文学にも対立したが、『人生劇場』(主篇昭和八―十一年)では、解体期の人間生活の意義の模索と、壮士仁侠に同情する庶民感情に潜む義理人情とが結合し、人間味豊かな自伝的長篇となって大好評を博したが、その後は通俗味を強めた。好んで幸徳事件を扱い、『獄中より』(大正九年)以下『獄室の暗影』『伝説』『蜜柑の皮』『大逆事件』(昭和二十七年)などあり、歴史小説には、戦争中『石田三成』『成吉思汗』『高杉晋作』、関ヶ原の戦を扱った『篝火』(以上同十三―十六年)などに動乱に生きる英雄の運命を描き、戦後に『春雁』『風霜』『雷電』『伊勢新九郎』(以上二十五―二十九年)などがある。昭和三十九年(一九六四)二月十九日東京大田区山王の自宅で没。六十六歳。墓所は神奈川県川崎市生田の春秋苑。『尾崎士郎全集』全十二巻(昭和四十年十一月)がある。

[参考文献]　日本経済新聞社編『私の履歴書』一九、尾崎士郎『小説四十六年』
（酒井森之介）

おざきただはる　尾崎忠治　一八三一―一九〇五　明治

時代の司法官僚。天保二年(一八三一)二月土佐に生まれ、国学者奥宮慥斎(ぞうさい)に学んだ。明治三年(一八七〇)、刑部大解部となり、翌年以降は司法官の道を歩み、司法少判事、長崎上等裁判所心得、高等法院陪席裁判官、東京控訴院長を経て、同十九年八月、玉乃世履のあとをうけて第三代大審院長に就任した。二十三年八月、枢密顧問官に転じ、三十三年男爵となり、三十八年十月十六日死去した。七十五歳。

(小田中聰樹)

おざきほうさい　尾崎放哉　一八八五―一九二六　大正時代の俳人。本名秀雄。明治十八年(一八八五)一月二十日、鳥取の立川町字慈姑田に尾崎信三の長男として生まれる。父信三は鳥取藩士族、のち鳥取市の法務官。鳥取県立一中、一高を経て、四十二年東京帝国大学法科大学卒。東洋生命保険契約課長、朝鮮火災海上保険支配人となったが、大正十二年(一九二三)から放浪生活に入り、財産・家族を捨て、京都の一燈園で托鉢生活を始めた。以後、知恩院塔頭の常称院、須磨寺の大師堂、若狭の常高寺を転々、最後に小豆島西光寺奥の院南郷庵の堂守となった。俳句は一高在学中、高浜虚子選の『国民新聞』に投稿することから始め、四十三年ごろ一時中断、大正五年から荻原井泉水の『層雲』により俳句を復活、諦観、心境性をつきつめ、自由律俳句の短律に専心、特異な作風をみせた。「足のうら洗へば白くなる」「咳をしてもひとり」など。同十五年四月七日、南郷庵にて喉頭結核で没。四十二歳。戒名大空放哉居士、墓地は南郷庵の裏手。著書に句文集『大空』(大正十五年六月刊)、『放哉書簡集』(昭和二年十一月刊)がある。

参考文献　青木茂『乞食放哉の大往生』、志賀白鷹『俳人放哉』、河本緑石『大空放哉伝』、上田都史『人間尾崎放哉』、小沢武二『放哉書簡好日集』、飯尾青城子『放哉居士消息』、伊沢元美『尾崎放哉』(『俳句シリーズ人と作品』一五)、横山白虹「尾崎放哉」(『現代俳句講座』三所収)、秋山秋紅蓼「尾崎放哉」(明治書院『俳句講座』八所収)

(松井利彦)

おざきほつみ　尾崎秀実　一九〇一―四四　昭和時代前期の政治家、評論家。筆名白川次郎。明治三十四年(一九〇一)四月二十九日(戸籍は五月一日)、東京芝に新聞人である父秀太郎(秀真と号す)と母きたの間に生まれた。生後まもなく父の赴任先である台湾に移住し、中学まで植民地で過ごした後、第一高等学校を経て大正十四年(一九二五)東京帝国大学法学部政治学科を卒業。大学院を経て翌年朝日新聞社に入社、昭和十三年(一九三八)まで勤めた。その間四年間、上海特派員として上海に在勤、国際的緊張の強まる同地で科学的な中国認識をふかめた。日中間の緊張がたかまるにつれて、彼の中国観は高く評価され、昭和研究会・第一次近衛内閣・満鉄東京支社調査室などの嘱託を歴任。日中問題についての経世的な言論活動に従った。特にアジア民族の解放を裏に秘めた東亜協同体論は有名。同十六年太平洋戦争の直前にゾルゲ事件で検挙され、治安維持法・国防保安法・軍機保護法違反などの罪名で、同十九年十一月七日巣鴨の東京拘置所で処刑された。四十四歳。実際は反戦行動に対する弾圧であった。著書は『現代支那論』ほか。また獄中通信『愛情はふる星のごとく』は戦後刊行されベストセラーとなった。『尾崎秀実著作集』全五巻がある。

参考文献　小尾俊人編『ゾルゲ事件』一―三(『現代史資料』一―三)、石堂清倫編『ゾルゲ事件』四(同二四)、風間道太郎『尾崎秀実伝』、尾崎秀樹『ゾルゲ事件』(『中公新書』八)

(尾崎秀樹)

おざきゆきお　尾崎行雄　一八五八―一九五四　明治から昭和時代前期にかけての政党政治家。号は咢堂。安政五年(一八五八)十一月二十日、尾崎行正・貞子の長男として相模国津久井郡又野村(神奈川県津久井郡津久井町)に生まれる。地方官であった父の転任で度会県(三重県)に居住、明治七年(一八七四)上京して慶応義塾に入学、のち中退して工学寮に学んだがまもなく退学、十年「討薩論」を『曙新聞』に投書して文才を認められ、『民間雑誌』の編集、英書の翻訳に従事、十二年福沢諭吉の推薦で『新潟新聞』の主筆となった。十四年矢野文雄に招かれ統計院権少書記官に任官したが十四年の政変で大隈重信に随って下野、翌年『郵便報知新聞』の論説記者となり、立憲改進党の創立に参画、以後、改進党の論客として論説・遊説に活躍した。十八年東京府会議員、また『朝野新聞』に転じて健筆をふるった。二十年大同団結運動に参加したが十二月保安条例によって東京から追放され、この機を利用して欧米に遊学。二十二年大隈遭難の報を聞き急遽帰国、翌年第一回総選挙に三重県第五区から立候補して当選、以後昭和二十七年(一九五二)の総選挙まで二十五回連続当選、六十三年の議員生活を送ることになる。改進党幹部として議政壇上で藩閥政府の内外政策を痛烈に批判、二十九年第二次松方内閣には進歩党領袖として外務省の勅任参事官となった。三十一年自由・進歩両党合同に成る憲政党の総務委員、六月第一次大隈(隈板)内閣の文相として入閣したが、「共和演説事件」によって辞任した。三十三年立憲政友会結成に憲政本党を脱党して参加、創立委員・総務委員を歴任、第十六・十七議会には松田正久・原敬らとともに最高幹部として党務を掌握、桂内閣と対立した。しかし第十八議会に総裁伊藤博文が単独で政府と妥協したため、憤慨して脱党した。三十六年東京市会から市長に推され四十五年六月まで就任、議会では同志研究会・猶興会などに属したが四十二年再び政友会に入党した。大正元年(一九一二)憲政擁護運動がおこると立憲国民党の犬養毅とともに運動の先頭に立ち、議会では桂首相を鋭く糾弾して内閣総辞職に追い込み、世に「憲政の神様」と讃えられた。二年二月後継首相に薩派の山本権兵衛が立ち、政友会がこれと提携するや脱党して中正会を結成し、藩閥批判の姿勢を堅持した。三年シーメンス事件が起きると政府を鋭く弾劾、同年四月大隈内閣の法相として入閣。政府の中心的存在であった内相大浦兼武の瀆職事件が明るみに出ると法相として公正な裁断を行なった。五年十月中正会は立憲同志会・公友倶楽部と合同して憲政会を結成、その筆頭総務に挙げられ、寺内官僚内閣の非立憲政治を終始攻撃した。八年欧米視察に出発、帰国後は普選即行論を唱え、第四十四議会で憲政会の普選案に反対したため除名となった。対外政策の面では、明治以来、対外強硬論を唱えることが多かったが、このころからシベリア出兵に反対し、軍備縮小論を唱えて各地に遊説し、十一年革新倶楽部に参加した。十三年護憲三派運動にもかつぎ出されたが、翌年革新倶楽部が政友会に合併したため脱党、以後無所属となり議会を中心に軍国主義化の傾向に反対して活動、昭和三年三大国難決議案の提出、十年国防に関する質問を行い、さらに日独伊三国同盟に反対し、大政翼賛会に批判的立場をとった。ついに同十七年の翼賛選挙で演説中に引用した川柳が不敬罪にあたるとして起訴されたが、十九年大審院で無罪の判決を受けた。戦後は憲政の長老的存在として戦争否定、世界連邦建設を提唱、議会では九十一歳の高齢で吉田内閣批判の質問演説に立った。二十八年の総選挙ではじめて落選、翌年衆議院名誉議員となり、十月六日逗子の風雲閣で死去した。九十五歳。同月十三日、築地本願寺で衆議院葬が行われ、遺骨は鎌倉の円覚寺に葬られた。著書は約八十冊に及ぶが、大部分は『尾崎咢堂全集』全十二巻に収められている。

参考文献 伊佐秀雄『尾崎行雄伝』、同『尾崎行雄』(『人物叢書』四八)

(宇野 俊一)

おさだあらた　長田新　一八八七―一九六一　大正・昭和時代の教育学者。明治二十年(一八八七)二月一日、長野県諏訪郡豊平村(茅野市豊平)に生まれる。同四十三年三月広島高等師範学校を卒業、さらに大正元年(一九一二)九月京都帝大哲学科に入学、小西重直のもとで教育学を専攻した。同四年七月、京大卒業と同時に帝国教育会長沢柳政太郎の助手として教育学の研究に従い、同九年六月母校広島高師の教授となった。以来昭和三十六年(一九六一)四月十八日、七十四歳で永眠するまで、広島において六千数百の学生に教育哲学・教育立国論を講じた。この間、昭和五年広島文理科大学教授となり、二十年十二月同校の学長に選ばれ、原爆のため灰燼に帰した大学の復興につとめたが、二十八年三月退官後は同校名誉教授となった。早くからフレーベルやペスタロッチーに傾倒し、のちペスタロッチー運動を提唱してその伝記や全集の完訳をなしとげた。このため十六年スイス国政府からペスタロッチー賞を授けられ、三十五年にはチューリッヒ大学哲学博士の名誉学位を贈られた。また二十二年から日本教育学会長を勤めるほか学界内外の活動の領域は広く、中でも自己の被爆体験の上に立つ平和運動と、広い視野をもつ進歩的教育学説には強い説得力があった。おもな著書は、『教育学』(昭和八年)、『教育哲学の課題』(同二十九年)など約六十冊に及ぶが、特に編書『原爆の子』(同二十六年)は、諸外国にも翻訳紹介されて反響を呼んでいる。

参考文献 『教育学研究』二八ノ二(長田新博士追悼特集)

(上沼 八郎)

おさたけたけき　尾佐竹猛　一八八〇―一九四六　明治から昭和時代前期にかけての司法官、日本近代史学者。号は雨花子。明治十三年(一八八〇)一月二十日、金沢に生まれる。父は旧金沢藩儒者尾佐竹保。上京して明治法律学校に学び、三十二年卒業、司法官試補となり、福井地方裁判所、東京・名古屋控訴院の判事となった。公務の傍ら史料の収集に興味を持ち、大正九年(一九二〇)、『新聞雑誌之創始者)柳川春三』を刊行、これは明治新聞史研究の開拓であった。同七年、東京控訴院判事となり以後東京に居をすえ、司法官の立場から日本の法制史・刑罰史・裁判史などに関する論文・随筆を法学関係の諸雑誌に発表した。これは習作時代で、やがて研究の中心が明治維新史へ向かい、同十一年から『法律及政治』に「帝国議会史前記」を連載、十四年『(維新前後に於ける)立憲思想』と改題して出版した。これが主著で、明治維新を立憲政治への過程としてとらえ、大政奉還・「五箇条の誓文」などに新解釈を与えた。論証に民間史料を駆使して独自の史風を樹立した。大正十年吉野作造を知り、十三年、吉野のほか宮武外骨らと明治文化研究会をおこし、雑誌『新旧時代』(のち『明治文化研究』)を発刊した。このころ、「明治文化」に対する関心と研究熱が高まり吉野とともにその中心となった。十三年、大審院判事となる。昭和二年(一九二七)から明治文化研究会同人と『明治文化全集』全二十四巻を刊行した。同三年、前掲主著で法学博士となる。五年『日本憲政史』を著わす。幕末の公議世論以降議会開設までを憲政の胎生・準備期として立憲制形成の通史をまとめた。九年高等試験臨時委員となる。十二年貴族院五十年史編纂会、衆議院憲政史編纂会の委員長となり、公務として日本憲政史関係、特に自由民権・明治憲法制定関係の基本史料の調査に力をいれ、学風も史料主義を標榜するようになった。以上のほか母校明治大学法学部教授として明治史を講じ、また九州帝国大学の講師となった。十七年、大審院退官、憲政史研究に専心しようとしたが戦災で挫折し、二十一年十月一日病没。六十七歳。金沢市高道町(東山二丁目)の蓮覚寺内尾佐竹家墓所に葬られた。著書に『日本憲政史大綱』『明治維新』『(国際法上より観たる)幕末外交物語』その他がある。なお『尾佐竹猛全集』(一・七・一一―一三巻の五巻で中絶)がある。

参考文献 『尾佐竹猛全集』解題、木村毅他(座談会)「維新史研究の歩み(二)―明治文化研究会をめぐって―」(『日本歴史』二四七)、稲田正次他(座談会)「維新史研究の歩み(六)―明治憲政史を中心として―」(同二五一)、山野博史・田熊渭津子編「尾佐竹猛略年譜・著作目録」(『日本憲政史大綱』下復刻版付載)

(大久保利謙)

おさだしゅうとう　長田秋濤　一八七一―一九一五　明治・大正時代の翻訳家、小説家、戯曲家。本名忠一（ただかず）。明治四年(一八七一)十月五日、静岡県に生誕。父は仏学者銈太郎。学習院、第二高等学校を経てケンブリッジ大学、パリ大学に政治・法律を学ぶ。帰国して演劇改良を志し、市川団十郎・川上音二郎と提携し、戯曲『菊水』を創作。仏文学の邦訳に功あり、小デュマの『椿姫』は完訳、ユーゴーの『鐘楼守』は尾崎紅葉との共訳。その他多数。大正四年(一九一五)十二月二十五日没。四十五歳。東京谷中の天王寺に葬る。

参考文献　小沢明子・平山鈴子「長田秋濤」(『近代文学研究叢書』一六所収)　(石丸　久)

おさないかおる　小山内薫　一八八一―一九二八　近代演劇の開拓者。明治十四年(一八八一)七月二十六日広島師団陸軍衛戍病院長の父建と母錞の次男として広島の大手町に生まれる。同三十二年第一高等学校に入学、内村鑑三のもとで『聖書之研究』の編集助手を勤めた。三十七年新派の伊井蓉峰一座の座付作者となったが、その演劇理念に絶望し東京帝国大学英文科を卒業した翌四十年十月退団。この年九月『新思潮』(第一次)を発刊し、近代演劇の確立者イプセンをはじめとする自然主義戯曲の紹介を行い、演出の機能を理論化したゴードン＝クレイグの研究をすすめた。友人の二代目市川左団次とともに四十二年十一月、世界で最初に近代劇を上演したアントワーヌの俳優集団にならって、自由劇場を結成し、有楽座でイプセンの『ジョン＝ガブリエル＝ボルクマン』を上演した。自由劇場は、その後大正八年(一九一九)まで九回の試演会をもち、『どん底』などの上演によって、ヨーロッパ近代劇の翻訳舞台化による新しい演劇(新劇)の先駆的役割を占めた。第一次渡欧(大正元―二年)後、モスクワ芸術座のスタニスラフスキーとドイツ座のラインハルトの影響をうけ、自由劇場の仕事のほかに、市村座の幕内顧問(同七年)、松竹撮影所長(九年)を経て、『劇と評論』を創刊(十一年六月)。関東大震災後の同十三年六月、土方与志らとともに、「演劇の実験室」「演劇の常設館」「理想的小劇場」をモットーとして、新劇最初の有形劇場である築地小劇場を創立。チェーホフ・ゴーリキーなどの近代戯曲の翻訳・上演に力をそそぎ、新劇の演出・演技・舞台技術の各部門の基礎を築いた。その門下生として滝沢修・丸山定夫・千田是也・山本安英・杉村春子・東山千栄子らを生んだ。歌舞伎を主体とする新しい国劇を構想しつつ、昭和三年(一九二八)十二月二十五日急逝。四十七歳。多磨墓地に葬る。死後、築地小劇場は分裂し、昭和初期のプロレタリア演劇時代を招来した。『小山内薫全集』全八巻(昭和四―七年)、『小山内薫演劇論全集』全五巻(同三十九―四十三年)などがある。

参考文献　小山内薫・市川左団次編『自由劇場』、岡田八千代『若き日の小山内薫』、久保栄『小山内薫』、水品春樹『築地小劇場史』　(菅井　幸雄)

おさのけんじ　小佐野賢治　一九一七―八六　昭和時代の実業家。大正六年(一九一七)二月十五日、山梨県東山梨郡勝沼町に小佐野伊作・ひらのの長男として生まれ、高等小学校卒業後単身上京した。昭和十六年(一九四一)東洋自動車部品会社を設立し、海軍と結びついて第二次世界大戦時に巨利を得、敗戦直後に熱海ホテル・強羅ホテルを買収した。二十二年国際興業を設立し、外車販売と米軍のバス輸送で基礎を築き、二十三年米軍用ガソリンの不正流用で重労働一年の実刑判決を受けたが、各地の路線バスを傘下に収めていった。田中角栄とは「刎頸の友」と呼びあうほど親密な関係にあり、田中が自民党総裁に選ばれるに際しては、資金援助を行なったともいわれる。晩年にも事業欲は盛んで、日本航空など航空三社の大株主になり、六十年に帝国ホテルの筆頭株主となり会長に就任した。五十一年に発覚したロッキード事件では、国会の証人喚問に関して偽証罪(議院証言法違反)に問われ、一審(五十六年)では懲役一年の実刑、二審(五十九年)で懲役十ヵ月、執行猶予三年の判決を受けて上告中の六十一年十月二十七日、東京都港区の虎の門病院で没した。六十九歳。　(高村　直助)

おさらぎじろう　大佛次郎　一八九七―一九七三　昭和時代の文学者。本名野尻清彦。八木春泥・流山竜太郎などの筆名もある。明治三十年(一八九七)十月九日、横浜市英町に生まれた。父の政助は日本郵船勤務、母はぎんといった。東京府立第一中学校・第一高等学校を経て東京帝大政治学科に進み、卒業後、外務省に勤めたが、関東大震災を契機に作家として自立し、『鞍馬天狗』の連作で注目され、『大阪朝日新聞』に連載した『照る日くもる日』および『東京日日新聞』に発表した『赤穂浪士』で、大衆文壇の花形となった。初期の作品は伝奇性に富んだものが多かったが、いずれも現代感覚に裏づけられており、『赤穂浪士』『由比正雪』は知識人層にも愛読された。昭和六年(一九三一)に『白い姉』を書いたころから現代ものにも進出し、『ふらんす人形』『霧笛』を経て、戦後の『帰郷』や『宗方姉妹』にすぐれた業績を残している。さらにフランス第三共和制下の諸事件をあつかった『ドレフュス事件』『ブウランジェ将軍の悲劇』『パナマ事件』や、パリ＝コンミューンを描いた『パリ燃ゆ』などの史伝に時代感覚をもりこみ、幕末から明治へかけての歴史を丹念に追った絶筆『天皇の世紀』に、史伝ものの結実をみることができる。その文学の特色は、ゆたかな教養と市民的良識にささえられた大衆性にあった。芸術院会員、文化勲章受章者。昭和四十八年四月三十日、東京築地の国立がんセンターで没した。七十五歳。神奈川県鎌倉市扇が谷一丁目の寿福寺に葬る。作品は『大佛次郎時代小説自選集』十五巻、『大佛次郎ノンフィクション全集』五巻、『大佛次郎自選集現代小説』十巻、『大佛次郎時代小説全集』二十四巻などに収められている。

参考文献　多田道太郎・尾崎秀樹『大衆文学の可能性』、鶴見俊輔『「鞍馬天狗」の進化』(『鶴見俊輔著作集』四

所収）　（尾崎　秀樹）

おざわじさぶろう　小沢治三郎　一八八六―一九六六　昭和時代前期の海軍軍人。明治十九年（一八八六）十月二日宮崎県に生まれた。宮崎中学から第七高等学校に進んだが、中退して三十九年海軍兵学校に入り、四十二年卒業、翌年海軍少尉に任官した。水雷術を専攻し、大正十年（一九二一）海軍大学校を卒業したが、駆逐艦勤務が長かった。昭和十一年（一九三六）少将に進級したころから戦術家として部内に知られるようになり、連合艦隊参謀長・水雷学校長・第一航空戦隊司令官を歴任して、十五年中将に昇進、第三戦隊司令官から太平洋戦争開戦直前に南遣艦隊司令長官に補せられ、陸軍のマレー作戦を援護した。十七年十一月第三艦隊司令長官、十九年三月には第一機動艦隊司令長官として戦争中期以降の日米海上決戦を指揮したが、マリアナ沖・比島沖海戦ではいずれも敗れた。しかし後者における小沢艦隊の犠牲的牽制作戦は高く評価されている。十九年末軍令部次長に転じ、二十年五月には日本海軍最後の連合艦隊司令長官（海軍総司令長官兼任）に補せられたが、もはや残存する艦隊はほとんどなかった。戦後沈黙を守ったまま四十一年十一月九日八十歳で病死したが、日本海軍の最後期を代表する勇将であった。

参考文献　寺崎隆治『海軍魂―勇将小沢司令長官の生涯―』、小沢治三郎伝記刊行会編『回想の提督小沢治三郎』　（秦　郁彦）

おざわたけお　小沢武雄　一八四四―一九二六　明治時代の陸軍軍人。弘化元年（一八四四）十一月十日小倉藩士の家に生まれ、明治二年（一八六九）兵部省の筆生となり、四年に陸軍少佐として陸軍に出仕した。西南戦争には大佐で、征討軍本営の参謀として出征し、戦後少将に進んで陸軍総務局長、十八年五月中将に進んで陸軍士官学校長、ついで陸軍参謀本部次長を経て、二十一年五月―二十二年三月、参謀本部長をつとめた。この間、男爵を授与。二十三年予備役に編入。同年貴族院議員に勅選され、政界にも注目されたが、二十四年十二月十四日、貴族院の本会議において、国防の不備を暴露したということから陸軍の反感を買い、十七日に軍職を依願免官となった。前例後例のない事件であった。のち日赤副社長となり、また大正十五年（一九二六）一月まで貴族院議員をつとめ、研究会に所属した。同年一月二十九日没した。八十三歳。　（松下　芳男）

おざわべんぞう　小沢弁蔵　生没年不詳　明治時代の労働運動家。慶応年間（一八六五―六八）からの古い鉄工（鍛冶工）で、洋式鉄工技術を学び「我国の西洋鉄工中最も古き者の一人」（『日本の労働運動』）といわれる。小沢は明治二十年（一八八七）徒弟を引き連れて就業する親方職工として石川島造船所に就職中、はじめて鉄工組合の組織を計画し、弟国太郎、相田吉五郎らとともに鉄工懇親会を開催したが失敗、二十二年六月石川島造船所・海軍造兵廠・田中機械製作所・鉄道局などの鉄工を集め、労使の調和、相互扶助、職業紹介、自立共同工場の設立などを目的とする同盟進工組を結成した。同組は、間もなく積立金の私消のうわさがたったため解散を余儀なくされたが、小沢のこれらの運動が基礎になり、三十年、わが国最初の労働組合である鉄工組合の結成が成功に導かれ、小沢自身も三十二年七月にはその救済部長に就任して活動した。

参考文献　片山潜・西川光次郎『日本の労働運動』（『岩波文庫』）、池田信『日本機械工組合成立史論』、『労働世界』四〇　（松尾　洋）

おしかわしゅんろう　押川春浪（まさあり）　一八七六―一九一四　明治時代の小説家。本名方存。明治九年（一八七六）三月二十一日愛媛県温泉郡松山小唐人町（松山市）に生まれる。父は日本キリスト教会の元老であった方義、母は常子、その長男であった。素行奔放のため、明治学院・東北学院・札幌農学校・函館水産講習所を転々し、東京専門学校（のちの早大）英文科を同三十一年卒業、さらに政治科に在籍。在学中執筆した処女作が巌谷小波に認められ、『（海国冒険奇譚）海底軍艦』（明治三十三年）が出版された。以降一連の英雄冒険小説『（英雄小説）武侠の日本』（同三十五年）、『（海国冒険奇譚）新造軍艦』（三十七年）、『（戦時英雄小説）武侠艦隊』（三十八年）、『（英雄小説）新日本島』、『（英雄小説）東洋武侠団』（四十年）が代表作となった。三十七年博文館に入社、『日露戦争写真画報』の編集を経て『冒険世界』の主筆として冒険小説を執筆した。四十五年独立して『武侠世界』を創刊した。大正三年（一九一四）十一月十六日三十九歳で病没。東京雑司ヶ谷墓地に葬られる。春浪の大衆的武侠英雄冒険小説は、日清・日露両戦争のナショナリズムの昂揚期を背景として、空想的新兵器を登場させ軍事冒険小説を創始した。明治期の政治小説とベルヌの科学小説の系譜を踏まえた波瀾物語性をもって当時の青少年層にひろく愛読され、昭和初頭に台頭する冒険小説の発祥的意義を担っている。選集『春浪快著集』全四巻（大正五―八年）がある。

参考文献　福田宏子他「押川春浪」（『近代文学研究叢書』一五所収）　（滑川　道夫）

おしかわまさよし　押川方義　一八五一―一九二八　明治・大正時代のキリスト教徒、教育家。東北学院創立者、初代院長。嘉永四年（一八五一）十二月十六日、伊予国松山藩士橋本宅次の三男に生まれ、のち押川方至の養嗣子となる。明治二年（一八六九）、貢進生となり東京の開成学校に入学したが、同四年横浜英語学校に転じ、米国宣教師S・R・ブラウンならびにJ・H・バラーに師事し、その感化をうけ、キリスト教伝道者の大志を起した。五年バラーより洗礼を受けた。横浜遊学約四年の後、新潟に伝道中の英国宣教師セオバルド＝パームの要請に応じ、その協力者として同地に赴いた。十三年七月、新潟大火、伝道また頓挫を被る。すなわち押川はパームと手をわかち、宿望の地仙台に進出し、東北地方の開拓伝道に乗り出した。時あたかも欧化主義全盛期にあたり、その風潮に乗じキリスト教は急速に伝播した。すなわち翌十四年五月押川は仙台教会を組織し、次第にその周辺に及ぼし、十八年十一月宮城中会を建設、みずから議長となり日本基督教会に合同した。さらに十九年米国宣教師W・E・ホーイの協力を得て仙台神学校を創立したが、まもなく東北学院と改め、現在関東以北の私学の雄と称せられている。三十四年七月押川は東北学院長を辞任し、北海道同志教育会・大日本海外教育会などをおこし大陸に雄飛せんとしたが、いずれも永続しなかった。大正六年(一九一七)四月および同九年五月の二回、郷里より衆議院議員に選出され、昭和三年(一九二八)一月十日脳溢血にて死去した。七十八歳。墓は宮城県仙台市北山基督教共同墓地にある。

参考文献　花輪庄三郎『東北学院七十年史』、押川先生文書刊行会編『聖雄押川方義』　(花輪庄三郎)

おしこうじなみこ　押小路甫子　一八〇八―八四　江戸時代後期の女官。初名満子。左大史壬生知音の次男壬生正路の女で、大外記押小路師武の養子となる。文化五年(一八〇八)十月七日誕生。天保六年(一八三五)七月儲君御乳人に召出され、東宮御乳人を経、弘化三年(一八四六)二月孝明天皇の受禅に伴って大御乳人となり、長橋局の事務を補助し、内廷の金銀物品の出納にあたるのを任とした。慶応三年(一八六七)正月、御代替りによって辞任、なお引き続き前大御乳人として勤仕の後、明治四年(一八七一)六月宮中を退出した。隠居女官名を椹木と称す。同十七年九月二日没。七十七歳。その日記『大御乳人甫子記』二十五冊は安政六年(一八五九)より明治四年に至る職掌日記で(同僚の記若干を交える)、幕末維新期の宮中の日常を知るべき好資料である。ほかに『大御乳人甫子雑記』三冊も伝えられる。なおこれらの記録は一部を除き、『押小路甫子日記』(『日本史籍協会叢書』)として刊行されている。

参考文献　『押小路家系譜』　(武部　敏夫)

オズーフ　Pierre Marie Osouf　一八二九―一九〇六　来日カトリック宣教師、パリ外国宣教会員。一八二九年五月二十六日生まれる。明治八年(一八七五)日本司教プティジャンが北緯・南緯両司教区を設定、みずから南緯司教となるに及び、同十年北緯司教に挙げられて渡来、同二十四年東京大司教に叙階された。在日三十年、明治三十九年六月二十七日七十七歳で東京に没するまで、日本初期カトリック教会の発展に寄与し、ことに出版・教育事業を通じて、布教に挙げた効果は大きい。

参考文献　浦川和三郎『切支丹の復活』後篇　(助野健太郎)

おだいらなみへい　小平浪平　一八七四―一九五一　明治から昭和時代にかけての実業家。明治七年(一八七四)一月十五日、栃木県下都賀郡家中町(都賀町)に小平惣八・チヨの次男として生まれる。同三十三年、東京帝国大学工科大学電気工学科を卒業。直ちに合名会社藤田組小坂鉱山に入社、電気課長を勤めたが、同三十七年これを辞して東京電燈会社に移った。さらに同三十九年、久原鉱業所の経営者久原房之助の勧誘をうけ日立鉱山に移って、工作課長となった。工作課長の職にあって、まず手がけたのは鉱山用水力発電所の建設・運転と鉱山用電気機械の修理であった。しかし当時の事情から修理といっても事実上は新規製作に近いものも多く、次第に設計・製作技術が蓄積されるに至った。かくて鉱山用のすべての機械を自家製作する体制が築かれ、同四十四年には日立鉱山の電気機械修理工場が分離独立、大正元年(一九一二)日立製作所が設立された。小平はもともと日立製作所の母体となった電気機械修理工場の計画から建設まで担当した本人であったが、分離独立後は日立製作所主事となって電気機械の製作指導に専念した。明治四十五年、小平は東大工科大学卒の工学士、安川第五郎ら四人を採用、日立製作所発展の布石を打った。当時、日立鉱山の電気機械修理工場および、日立製作所で製作開始された電気機械としては五馬力誘導電動機に始まり、五KVA変圧器・一トン半電気機関車・六〇KVA交流発電機・ターボブロワー用二七五馬力誘導電動機などがある。大正九年日立製作所は久原鉱業会社から完全分離、株式会社日立製作所となったので、小平も所長から社長に転じた。この間、日立製作所は第一次世界大戦による外国電気機械輸入途絶の恩恵をうけ、事業は拡大を続けたが、小平は同十年さらに日本汽船笠戸造船所を買収、機関車製造にも乗り出した。第二次世界大戦後、小平は工場再建に奔走したが、昭和二十二年(一九四七)、連合軍の追放指定を受け、社長を倉田主税に譲った。同二十六年十月五日没。七十七歳。墓は東京都台東区の谷中墓地にある。

参考文献　『日立製作所史』、加波晒三『重工業王小平浪平』　(佐藤　真住)

おだかあつただ　尾高惇忠　一八三〇―一九〇一　明治時代前期の殖産興業推進者の一人。幼名新五郎、字は子行、藍香と号す。天保元年(一八三〇)七月二十七日、武蔵国榛沢郡手計村(埼玉県深谷市)の名主尾高保孝の子として生まれた。母は同郡血洗島村渋沢宗助の娘。農耕と藍玉商売のかたわら剣術と学問に精出した。明治元年(一八六八)には、渋沢喜作らとともに彰義隊を創設したが、のち脱退し、振武軍を結成、飯能において官軍と戦い敗退した。渋沢栄一の義兄という関係から、翌二年静岡藩勧業附属となり、三年には民部省監督権少佑に任ぜられ、ついで大蔵省勧業寮富岡製糸場掛(のち勧業大属)となって同製糸場の建設・経営にあたった。他方、秋蚕の飼育法を研究し、その普及に努力した。九年末に同製糸場を辞し、翌年より第一国立銀行盛岡支店・仙台支店に勤めつつ、製藍法の改良と普及につとめた。二十五年同行をやめ、三十四年一月二日、東京にて死去、生地に葬られた。七十二歳。著書に『蚕桑長策』『藍作指要』などがある。

参考文献 塚原蓼洲『藍香翁』 （石井 寛治）

おだかくにお 尾高邦雄 一九〇八―九三 昭和時代の職業社会学者・産業社会学者。明治四十一年（一九〇八）十月十七日、東京生まれ。昭和七年（一九三二）東京帝国大学文学部社会学科卒。東京大学、上智大学で教鞭をとる。社会学における「了解的方法」や「没価値性」の問題など方法論的な研究から出発したが、『職業社会学』（同十六年）ではマックス＝ウェーバーの職業論を下敷きにしながら、経済的な職業統計調査とも、技術的な職業心理学研究とも、規範的な職業道徳論とも異なる、独自の職業の社会学的研究を構想した。『職業観の変革』（十九年）『職業と近代社会』（二十三年）など一連の研究には、海南島の手工業者や出雲の山内の調査などのフィールドワークが含まれている。アメリカの産業社会学の発展に学びつつ、態度調査の方法を本格的に導入して、人間関係論の立場からの組織や経営、労務管理、労働組合、技術革新などの分析を行なった。産業社会学の本質と課題について論じた『産業における人間関係の科学』（二十八年）や、日本の労働者における会社と組合とへの「二重帰属意識」の問題を論じた『日本の経営』（四十年）などは、その時期の代表作である。平成五年（一九九三）九月十一日没。八十四歳。 （佐藤 健二）

おだかずま 織田一磨 一八八二―一九五六 明治から昭和時代前期にかけての版画家。明治十五年（一八八二）十一月十一日東京芝に生まれ、洋画を川村清雄に、石版を金子政次郎に学んだ。一時大阪に住み、同三十二年京都新古美術展に出品して一等褒賞をうけて以来、毎年同展に入選受賞し、三十六年帰京してトモエ会、のち文展に出品するとともに、四十二年雑誌『方寸』の同人となって石版による創作版画を開拓、二科・帝展へも出品した。その後は大正七年（一九一八）山本鼎らと日本創作版画協会を興して活躍するほか、昭和四年（一九二九）銅版・石版作家を結集して洋風版画会を設立するなど、創作版画の発展に大いに尽くした。その作品は堅実な写実に基づく風景石版が主で、代表作「東京風景」「大阪風景」の連作には時代の雰囲気を伝えた佳作が多い。同三十一年三月八日没。七十三歳。東京都練馬区桜台六丁目の広徳寺に葬られた。

参考文献 藤本韶三編『織田一磨―石版画全作品集―』 （富山 秀男）

おたぎみちてる 愛宕通旭 一八四六―七一 幕末・維新期の公家。弘化三年（一八四六）十月九日京都に誕生。父は内大臣久我建通、養父は右近衛権少将愛宕通致。安政四年（一八五七）従五位下となり、同六年元服、昇殿を許された。慶応二年（一八六六）八月中御門経之ら二十一卿とともに列参し、朝政の革新、長防解兵、列藩招集、勅勘諸卿の赦免を奏議した。明治元年（一八六八）参与兼軍防事務局親兵掛となり、同年十月神祇官に就任したが、翌年五月免官。同四年新政府の政治方針に不満を抱き、旧公家の失権恢復、攘夷を志し、武力をもってしても京都還幸をはかって、政体を一変しようと画策した。公家外山光輔・熊本藩士高田源兵衛（別名河上彦斎）・柳川藩士古賀十郎らと気脈を通じて行動したが、与党の中から密告するものがあり、密かに上京していた通旭は東京で捕えられ、同年十二月三日光輔とともに位記を奪われ、自刃を命ぜられた。二十六歳。 （小西 四郎）

おだぎりますのすけ 小田切万寿之助 一八六八―一九三四 明治時代の外交官。明治元年（一八六八）正月二十五日に生まれる。旧米沢藩の儒者小田切盛徳の長男。興亜会支那語学校・斯文学会・東京外国語学校で修業後、明治十七年九月より北京に、同十九年三月外務省留学生として天津に留学。二十年十二月領事館書記生として仁川在勤、二十三年京城在勤となり、その著『朝鮮』はこの間に成る。ついでサンフランシスコ・ニューヨーク在勤後、二十九年杭州領事となり、日清講和条約第六条に基づく同地専管居留地設定の困難な交渉にあたる。三十年五月上海領事となり、三十五年一月総領事に昇任、三十八年三月まで上海に在勤、この間の業績も多い。すなわち、三十一年戊戌政変の際、かつて西太后に直言のため逮捕令の出ていた学力深遠の文廷式の日本亡命を斡旋、また政変後、日清両皇室親交のため特使派遣の議が生じた際、矢野文雄駐清公使の命で北京に出張、慶親王と協議した。三十三年北清事変のため北京の公使と連絡杜絶の際、上海の鉄路大臣盛宣懐から入手の貴重な情報をもたらし、また暴動波及防止のため、盛と協議し、上海各領事と南清諸総督との秩序維持協定を斡旋した。かかる盛との親交の結果、三十七年一月湖北省大冶の鉄鉱石代価前借に関する三百万円の借款が成立し、北清事変後の通商航海条約改訂の際も、盛らと交渉した。三十八年七月外務省を辞職、同年十二月横浜正金銀行顧問、三十九年三月同行取締役に当選、満洲統轄店の監理を嘱託され、四十年八月、林権助駐清公使の懇望で北京駐在となり、数多の借款交渉に関与した。大正十二年（一九二三）末、対支文化事業の諮問機関の調査委員に依嘱された。また大正八年には、岩崎久弥の代理として、当時の中華民国大総統顧問モリソン Morrison, George Ernest 蒐集のアジア文庫二万四千冊の購入にあたった。昭和九年（一九三四）九月十二日死去。六十七歳。自作漢詩集として『銀台遺稿』がある。

参考文献 東亜同文会編『対支回顧録』下、榎一雄「モリソン氏と小田切万寿之助氏と―財団法人東洋文庫設立五十周年記念に因んで―」（『東洋文庫彙報』）、『愚斎存稿』上・下 （河村 一夫）

おださくのすけ 織田作之助 一九一三―四七 昭和時代前期の小説家。大正二年（一九一三）十月二十六日大阪天王寺に父織田鶴吉、母たかゑの長男として生まれ、第三高等学校在学中、左翼運動衰退の時勢に、社会改造の理想への不信から無頼の生活をし、文学の興味と肺結核で中退。アイルランドの戯曲やフランスの詩に傾倒し、昭和十三年(一九三八)の『雨』以後、西鶴文学の強い感化があって、年代記的物語形式(ロマン)で大阪庶民の愛欲のもつれや流転放浪、継子の反逆をしつこいまでに追求して濃密に描く作風を確立、同十五年『夫婦善哉』で世に出た。戦時の厳格な統制のため歴史小説に転じ、十七年『月照』や鹿児島藩出身で大阪で活躍した近代産業の開拓者『五代友厚』を書いたが、時局におもねらずに文学的抵抗を示した。戦後は私小説的伝統や旧道徳・旧秩序に明確に反逆し、二十一年『世相』では、戦災で焼失した大阪の町への郷愁をこめて、混乱した世相を体当りで描き、無頼派のタイトルや好色文学の世評を得たが、作品にはせつない孤独哀傷がこもっている。小説『土曜夫人』、評論『可能性の文学』『二流文楽論』は有名である。二十二年一月十日大喀血で急逝。三十五歳。大阪楞厳寺に葬られた。『織田作之助選集』五巻、『織田作之助全集』八巻がある。(酒井森之介)

おだじゅんいちろう　織田純一郎　一八五一―一九一九　明治時代のジャーナリスト。嘉永四年(一八五一)五月二十二日、京都に生まれた。父は所司代与力大塚信敬。同六年伯父若松永福(一条家諸太夫)の嗣となり、明治二年(一八六九)三月三条家諸太夫丹羽豊前守正庸の嗣となり、丹羽純一郎と名乗る。同年、三条実美に認められ、昌平学校、高知藩校致道館に学んだ。同三年十二月、その推挙によって英国に留学、六年十一月官費留学制度廃止のため、翌七年帰国、同年十一月、三条公恭補導役として英国に再留学、テンプルバーで法学を修め、十年ごろ帰朝したが、故あって官に就けなかった。ために文筆生活に志し、明治十一年、エドワード=ジョージ=アール=リットンの Ernest Maltravers を訳し『(欧洲奇事)花柳春話』と題して出版、文名をあげた。これはわが国の文学界に新風を送った。以後『竜動新繁昌記』『(仏国)巴里斯繁昌記』『(通俗)日本民権精理』等々を著わし、西欧社会の紹介と政治思想の啓蒙に尽くした。十二年織田姓を名乗ることとなる。十六年山田喜之助らと共同出版会社を組織したが、翌年、京都の『京都滋賀新報』(のちの『中外電報』)に入り、明治十八―二十四年は村山竜平の経営する『朝日新聞』その他の新聞主筆として活動した。この人の得意時代であったらしい。その後陸奥宗光の『寸鉄』、板垣退助らの『社会新報』主筆をつとめ、その間農商務省嘱託としての南洋視察などをしていた。『社会新報』廃刊後は根岸に閑居、大正三年(一九一四)京都に移り、同八年二月三日没。六十九歳。墓は京都市左京区の清光寺にある。

参考文献　柳田泉『明治初期翻訳文学の研究』(『明治文学研究』五)、平山鈴子・矢島令子・酒井景子「織田純一郎」(『近代文学研究叢書』一八所収)　(西田長寿)

おだにせいいちろう　男谷精一郎　一七九八―一八六四　江戸時代後期の幕臣、剣客。諱は信友、雅号を静斎・蘭斎という。寛政十年(一七九八)男谷新次郎信連の長男に生まれ、のち同族の幕臣男谷彦四郎思孝の養子となった。幼少から文武に励み、特に早く兵法を平山子竜に学んで感化を受け、のち団野源之進義高に直心影流剣術を学んで奥を得た。彼は古流の因襲を捨て、すすんで諸流の剣士と技を格し、ことに文政年中(一八一八―三〇)本所亀沢町に道場を持ってからは諸国の修行者を迎えて技を練りかつ眼界を広めた。嘉永末年徒頭であった時、時勢を憂えてしばしば幕府に講武策を建白した。その結果安政二年(一八五五)講武場の設置が決定するや、彼はその頭取を命ぜられ、続いて翌三年講武所と改称して開所されると教授方を兼ね、文久元年(一八六一)先手頭格となり以後剣術師範役専任、同二年十一月従五位下下総守に叙任され、翌三年八月西ノ丸留守居格、翌九月講武所奉行並に進んだ。彼は常に楠木正成・諸葛孔明を景慕し、書画をよくし、かつ稀に見る温厚の長者であったという。元治元年(一八六四)七月十六日没。六十七歳。江戸深川(江東区)増林寺に葬る。

参考文献　勝海舟編『陸軍歴史』一八・一九(『海舟全集』七)、安藤直方『講武所』(『東京市史外篇』三)、山田次朗吉『日本剣道史』

(島田貞一)

おだみきお　織田幹雄　一九〇五―九八　日本の代表的陸上競技選手。日本のレベルを世界一流に引き上げた。明治三十八年(一九〇五)三月三十日、広島県海田市に出生。大正十三年(一九二四)の第八回パリ・オリンピックで三段跳びで六位に入賞、昭和三年(一九二八)の第九回アムステルダム・オリンピックで三段跳びで一五・二一メートルで優勝した。いずれも日本人としての初めての快挙である。以後同七年の第十回ロスアンジェルス・オリンピック、十一年ベルリン・オリンピックでも日本は三段跳びで優勝し、日本のお家芸といわれるようになった。六年には一五・五八メートルの当時の世界記録をつくった。朝日新聞運動部長、早稲田大学教授を歴任。国立競技場第四コーナーの旗竿の一五・二一メートルは織田のアムステルダム・オリンピックでの日本人として初優勝を記念したものである。六十三年文化功労者。平成十年(一九九八)十二月二日没。九十三歳。(笹島恒輔)

おだよろず　織田萬　一八六八―一九四五　明治から昭和時代前期にかけての法学者。明治元年(一八六八)七月四日佐賀藩士の家に生まれ、同二十五年帝国大学法科大学を卒業。二十九―三十二年、ドイツ・フランスに留学。帰国後ただちに京都帝大教授となって法科の創設に関与し、昭和六年(一九三一)に停年退官するまで行政法を担当した。この間明治三十四年に法科大学長に就任した。大正七年(一九一八)に学士院会員となり、また同十年から昭和六年まで、京都帝大教授在職のまま国際司法裁判所判事としてオランダに在留した。帰国後、貴族院議員として勅選された。明治三十三年京都法政学校創立以来、その後身の立命館大学にも、教鞭をとり、名誉総長・学長事務取扱をつとめた。昭和二十年五月二十五日東京の自宅で戦災のため死去。七十八歳。主著として『日本行政法論』(明治二十八年刊)があり、後藤新平の依頼で臨時台湾旧慣調査委員として編纂にあたった『清国行政法』は名著とされている。

参考文献 坂野正高『近代中国外交史研究』 (岩井 忠熊)

おちあいけんたろう 落合謙太郎 一八七〇―一九二六 明治・大正時代の外交官。明治三年(一八七〇)二月二十一日近江国浅井郡落合村(滋賀県東浅井郡びわ町)に生まれる。同二十八年七月帝国大学法科大学政治学科卒業後、同九月外交官および領事官試験に合格し、京城・杭州領事館、露国公使館、本省政務局、仏国公使館、さらにまた露国公使館に在勤する。その間三十八年にはポーツマス講和全権委員随員、清国特派全権大使随員となり活躍した。その後四十二年に駐露大使館参事官に任ぜられ、辛亥革命勃発直後の四十四年十一月奉天総領事兼関東都督府事務官になったが、対満蒙交渉方針に関して福島安正関東都督と意見の扞格(かんかく)をきたし、大正四年(一九一五)十月に駐伊大使館参事官に転任、石井菊次郎外相就任後直ちに(十一月)駐和蘭兼丁抹公使に昇任した。九年七月駐伊大使になり、十一年スイスのローザンヌで開催の近東平和会議の全権委員となったが、数年来の宿痾に冒され、イタリアより鹿島丸にて帰朝の途次、十五年六月四日船上にて死亡した。五十七歳。墓は郷里の滋賀県東浅井郡びわ町落合にある。

参考文献 外務省編『日本外交文書』四四・四五ノ別冊、栗原健編『対満蒙政策史の一面』 (清水 秀子)

おちあいなおあき 落合直亮 一八二七―九四 幕末の勤王家。文政十年(一八二七)八月二十六日、落合俊雄の長男として武蔵国多摩郡駒木野村(東京都八王子市)に生まる。通称源一郎。家は代々駒木野関所の関守で、国学を叔父の山内嘉六と堀秀成に学んだ。嘉永六年(一八五三)ペリー来航するや、家督を弟の直澄に譲り、尊王攘夷を唱えて志士と交わった。文久三年(一八六三)幕府の浪士徴募に応じて上京、清川八郎らと封事を学習院に上り、藤本鉄石と連絡をとり、天誅組の大和挙兵に呼応して関東で攘夷挙兵を画策し、ついで元治元年(一八六四)水戸天狗党の筑波挙兵に応じ、上州で挙兵しようとして金井之恭とも往来し、この間小島四郎(相楽総三)とも交わった。慶応三年(一八六七)十月薩藩が浪士を募集するや、小島の檄文に応じ、門下生五人を率いて江戸芝三田の薩藩邸に投じ、変名して水原二郎と称し、糾合所屯集隊を組織、小島を総裁に、直亮は副総裁となり、関東の擾乱を画策した。同年十二月薩藩邸が旧幕兵により焼打ちされるや、薩藩士伊牟田尚平や三十余人と重囲を脱し、品川沖碇泊の薩藩軍艦翔鳳丸に乗じて西走、紀伊九鬼湊に上陸し、翌明治元年(一八六八)正月入京して西郷隆盛に関東の情勢を報じ、ついで政府軍に従って大坂・姫路に赴いた。二月岩倉具視の内命を受けて関東を視察、帰って復命した。維新後刑法官監察司判事・伊那県判事を経て、三年同県大参事に進んだが、四年横浜打払い事件に連坐して免官となった。六年陸前志波彦神社宮司兼大講義・仙台市神道中教院の統督となり、十年伊勢神宮禰宜・伊勢神宮教院の教官となり、十五年これを辞し、二十六年浅間神社宮司となった。二十七年十二月十一日没。年六十八。贈従五位。国文学者落合直文はその養子。

参考文献 史談会編『(国事鞅掌)報効志士人名録』一、落合直亮述「落合君国事鞅掌に関する来歴」(『史談速記録』一二・一三・一五) (吉田 常吉)

おちあいなおずみ 落合直澄 一八四〇―九一 明治時代前期の国学者。天保十一年(一八四〇)武蔵国多摩郡駒木野村(東京都八王子市)に生まる。駒木野関所の関守落合俊雄の四男。通称一平、小槇舎・植舎と号す。国学を堀秀成・富樫広蔭に学んだ。勤王の志が厚く、兄直亮と国事に奔走した。明治元年(一八六八)戊辰戦争起るや、東山道先鋒総督府参謀河田景与に従い、下野に戦って功を樹てた。二年神祇官宣教権少博士に任ぜられ、のち豊受大神宮禰宜・多度津神社宮司・出雲大社少宮司・伊勢神宮禰宜を経て大教正に進み、その間東京・京都また宇都宮の神宮教本部長として布教に専心し、公務のかたわら古書を研究し、著述に従事した。二十二年皇典講究所に招かれて講師となり、二十四年一月六日没した。年五十二。墓は東京都豊島区南池袋の雑司ヶ谷墓地にある。『語格大成図』『日本古代文字考』『古事記後伝』『古事記別伝』『古事記講録』など著書が多い。 (吉田 常吉)

おちあいなおぶみ 落合直文 一八六一―一九〇三 明治時代の歌人、国文学者。幼名は亀次郎(亀二郎とも自署)、別名盛光・直盛。二十六歳ごろ直文と改称。号は萩之家(旧号、桜舎)。文久元年(一八六一)十一月十五日、陸奥国本吉郡松岩村(宮城県気仙沼市字松崎片浜)の煙雲館に生まれた。父は仙台藩伊達家の筆頭家老鮎貝盛房、母はとし。明治七年(一八七四)仙台の中教院の主宰、国学者で神職の落合直亮(なおあき)の養子となり、同十年直亮の伊勢神宮転任とともに、神宮教院に入学。同校で堀秀成に国語国文を、植松有園に和歌を学んだ。十四年上京し、翌年東京大学古典講習科に入学した。約二年後中退して、歩兵第一連隊に入営三年間軍務をつとめた。二十一年皇典講究所講師に、翌年第一高等中学・国語伝習所の教師となり、以降教育に尽くした。文才にすぐれ、早く長詩「孝女白菊の歌」(同二十一―二十二年、『東洋学会雑誌』)を発表、また森鷗外らの新声社同人として訳詩集『於母影(おもかげ)』(二十二年、『国民之友』附録)の翻訳に参加した。二十三年池辺義象・萩野由之と共編の『日本文学全書』の刊行を開始、古典の普及に貢献した。このころから歌文改良の志を諸誌に述べ、二十六年浅香社を結成して和歌革新の先鞭をつけ、与謝野鉄幹・尾上柴舟ら多くの新人を養成した。同社衰退後も、鉄幹の『明星』(三十三年創刊)の運動を支援し、近代短歌の展開に力を尽くした。歌風は新旧折衷的であるが温雅典麗の趣が濃い。なお、晩年の数年間病に苦しみ転地療養などしながらも、文筆活動を続け、文法書・辞書・教科書など多数を刊行した。三十六年十二月十六日、自宅で没した。四十三歳。東京青山墓地に葬られた。『日本文学全書』のほか、おもな編著書に、『新撰歌典』(明治二十四年刊)、『騎馬旅行』(同二十六年刊)、『日本大文典』(二十七―三十年刊)、『高嶺の雪』(二十九年刊)、『ことばの泉』(三十一年刊)、『国書辞典』(三十五年刊)などがあり、没後『萩之家遺稿』(三十七年刊)、『萩之家歌集』(三十九年刊)、『落合直文集』(昭和二年刊)などが編まれた。また久松潜一編『明治文学全集』四四に作品が収載されている。

参考文献 矢吹弘史『落合直文』、福島タマ「落合直文」(『近代文学研究叢書』七所収) (新間 進一)

オット Eugen Ott 一八八九―一九七六 ドイツの軍人で、日独伊三国同盟締結時の駐日ドイツ大使。一八八九年四月八日ドイツのロッテンブルクに生まれ、一九〇九年砲兵大尉となり、第一次世界大戦では各地に転戦したが、大戦後には政治的な策動家として注目されるに至った。戦後まもなく、ドイツ国防軍の秘密再軍備のための国防軍側の連絡係となり、のち国防省国防軍局長に昇任、国防軍出身の陰謀家クルト=フォン=シュライヒャー首相の片腕となった。ために、ヒトラーによるシュライヒャー暗殺(一九三四年六月三十日)後、一時危険な立場に追いこまれた。国防軍局長を解任されて、昭和八年(一九三三)日本軍との連絡将校として名古屋に着任、ついで翌九年、ドイツ大使館付武官に任命され、日独防共協定達成に手腕を発揮した。陸軍元帥ウィルヘルム=カイテルの助言もあって、同十三年駐日大使に昇進、日独伊三国同盟成立に尽力したが、ゾルゲ事件にまきこまれて、同十八年、上海に左遷された。戦後は西ドイツにおいて天寿を全うした。一九七六年八月十一日没。八十七歳。 (三宅 正樹)

おづやすじろう 小津安二郎 一九〇三―六三 昭和時代の映画監督。日本芸術院会員。明治三十六年(一九〇三)十二月十二日、東京の深川に生まれ、宇治山田中学卒。大正十二年(一九二三)松竹蒲田撮影所に入社、撮影助手等を経て、時代劇「懺悔の刃」(昭和二年)でデビュー。以後「女房紛失」(同三年)などの短篇ナンセンス喜劇を連作、「会社員生活」(同四年)あたりから、小市民生活の現実をもりこみ、小市民映画のジャンルを開拓した。さらに「お嬢さん」(同五年)などのモダニズムを経て、「生れてはみたけれど」(同七年)、「出来ごころ」(同八年)、「浮草物語」(同九年)で小市民生活のリアリティーとロー=アングル撮影のスタイルを確立した。トーキー第一作「一人息子」(同十一年)以後、日本の家族の題材を追究し、戦後の「晩春」(同二十四年)、「麦秋」(同二十六年)、「東京物語」(同二十八年)で微妙な季節感覚とともに自己の芸術性を完成。昭和三十七年(一九六二)芸術院会員に選ばれ、翌年十二月十二日没。六十歳。神奈川県鎌倉市の円覚寺に葬られた。

参考文献 岩崎昶『日本映画作家論』、佐藤忠男『小津安二郎の芸術』(『朝日選書』一二六・一二七)、小津安二郎・人と仕事刊行会編『小津安二郎―人と仕事―』、ドナルド=リチー『小津安二郎の美学』(山本喜久男訳)、『キネマ旬報』三五八(小津安二郎―人と芸術―)、デビィット=ボードウェル『小津安二郎 映画の詩学』(山本喜久男訳) (山本喜久男)

おとたけいわぞう 乙竹岩造 一八七五―一九五三 明治から昭和時代にかけての教育学者、日本教育史学者。明治八年(一八七五)九月二十九日生まれる。三重県出身。高等師範学校卒業後、倫理学・教育学研究のため欧米に留学。帰国後東京高等師範学校・東京文理科大学などの教授となる。当初欧米教育学説の紹介や実験教育学・異常児教育などの研究にあたったが、大正初年から日本教育史の研究を始めた。昭和四年(一九二九)出版の『日本庶民教育史』全三巻は、全国規模で寺小屋教育体験者をアンケート調査し、その調査結果にもとづいてまとめたもので、学界から高い評価を与えられた。その収集した数多の貴重な文献類は乙竹文庫として東京教育大学附属図書館に収められた。ほかに『実験教育学』(明治四十一年)、『文化教育学の新研究』(大正十五年)、『日本教育史の研究』全二冊(昭和十年・十四年)などの著作がある。同二十八年六月十七日没。七十七歳。 (佐藤 秀夫)

おのあずさ 小野梓 一八五二―八六 明治時代前期の政治家。東洋と号す。嘉永五年(一八五二)二月二十日土佐国幡多郡宿毛(すくも)(高知県宿毛市)の高知藩老伊賀氏に仕えた軽格の家に生まれ父は節吉。少年のころ漢学校や私塾で漢籍を学んだ。明治元年(一八六八)高知藩の機勢隊に入り、出羽国荘内方面の戦闘に加わった。翌二年上京して昌平校に通学した。同四年には米国に遊学し、翌五年大蔵省の留学生として英国に遊学し、七年帰朝した。まもなく共存同衆というグループをつくり、その後その中心人物として活躍した。九年司法少丞に任官し民法課副長となり、翌十年司法少書記官ついで太政官少書記官を兼ね法制局専務となった。十一年元老書記官に転任したが、同年再び太政官少書記官・法制局専務となった。十二年五月政府は官吏が公衆に演説するのを禁じたが、彼はそのころから十三年にかけて多くの政治的学術的論文を『共存雑誌』に発表した。十三年会計検査院新設とともに三等検査官ついで二等検査官となった。そして会計法および会計検査院職制章程を起草した。そのころから参議大隈重信と接触し始めた。十四年に入ると、二月「今政十宜」、六月「再び施治の方嚮を論ず」を大隈におくった。同八月一等検査官に昇進したが、たまたま北海道開拓使官有物払下問題が起ったので、払下処分の非を議する意見書を草し他の検査官とともにこれを内閣に提出しようとして遂げなかった。十月七日「若し我自ら当らば」を草し東北行幸の明治天皇に従い帰京の途上にあった大隈へおくり、藩閥政府が払下げを強行すればこれを種にして政府を攻撃し、憲法制定をかちとるべきであるとすすめた。十月十二日勅諭が下り大隈の辞職が決まったので、小野も十月二十五日依願免官となった。まもなく大隈や河野敏鎌をたずね、政党組織の準備にとりかかった。彼を中心とするグループ(鷗渡会)の小川為次郎・高田早苗その他の人たちが彼を助けた。十二月「何以結党」、翌十五年二月「施政の要義」を起案し、これが後で改められて成案となり、三月十四日立憲改進党の趣意書として発表された。四月十六日結党式があり、彼は党の掌事におされた。同年十月大隈と協議して早稲田大学の前身である東京専門学校を設立した。彼をはじめ高田・天野その他彼のグループの人が多く教員となった。それから彼は党務と遊説、校務と講義のために忙しかった。十六年国憲私案を草し壬午協会で検討した。十七年十二月立憲改進党の解党問題が起り大隈が脱党したが、彼も掌事を辞し党から離れた。十四年九月はじめて喀血したが、十七年になって喀血がつづき肺患は次第に重くなった。それにも屈せず著述がすすめられ、彼のライフワークである『国憲汎論』は十五年上巻、十六年中巻を出したが、十八年九月についに下巻を出して完成した。この間十六年には出版社東洋館を興し、出版事業を行なったが、これは小野の死後坂本嘉治馬に引きつがれ、冨山房として発展した。十九年一月十一日東京神田錦町の家で病死した。三十五歳。谷中天王寺墓地に葬られた。著書には『国憲汎論』のほか『民法之骨』『東洋論策』『東洋遺稿』『留客斎日記』などがある。全集に西村真次編『小野梓全集』全二巻(昭和十一年(一九三六))、早稲田大学大学史編集所編『小野梓全集』全五巻(同五十三—五十七年)がある。

参考文献 永田新之允『小野梓』、早稲田大学仏教教友会編『小野梓』、西村真次『小野梓伝』、稲田正次『国憲汎論』解題(『明治文化全集』二八)、同「立憲改進党の結成」(『富士論叢』一ノ一)
(稲田　正次)

おのえきくごろう　尾上菊五郎　歌舞伎俳優。屋号は代々音羽屋。

(一)四代　一八〇八—六〇　江戸時代後期若女方の名優。初名中村辰蔵。前名中村歌蝶・尾上菊枝・三代目尾上栄三郎・四代目尾上梅幸。文化五年(一八〇八)大坂に生まれた。はじめ初代中村歌六の弟子であったが、のち三代目菊五郎の養子となり、安政二年(一八五五)九月襲名。万延元年(一八六〇)六月二十八日没。五十三歳。今戸広楽寺に葬られる。時代物を得意とするとともに、怪談狂言にもすぐれた技量を発揮した。

(二)五代　一八四四—一九〇三　明治時代の立役の名優。本名寺島清。初名市村九郎右衛門。前名十三代目市村羽左衛門・四代目市村家橘。弘化元年(一八四四)六月四日江戸に生まれた。父は十二代目市村羽左衛門。母は三代目の次女とは。嘉永二年(一八四九)四月、市村座で初舞台をふむ。同四年正月十三代目羽左衛門をつぎ、十七年間市村座の座元をつとめた。その間、出世芸『弁天小僧』によって世間に認められた。明治元年(一八六八)八月、弟に座元をゆずって五代目を襲名。それより、三代目菊五郎系統および四代目市川小団次系統の世話物を基礎として独自の芸境をひらき、九代目市川団十郎・初代市川左団次とともに団菊左と並称され、明治の歌舞伎界の重鎮として活躍、市川家の歌舞伎十八番に対抗して『戻橋』『土蜘』などをふくむ新古演劇十種を制定した。同三十六年二月十八日没。六十歳。本所押上大雲寺に葬られる。

(三)六代　一八八五—一九四九　近代の名優。本名寺島幸三。初名尾上幸三。前名二世尾上丑之助。明治十八年(一八八五)八月二十六日、五代目の実子として東京に生まれた。同十九年五月千歳座で初舞台をふみ、同三十六年三月襲名。三十八年市村座に招かれ、以後、初代中村吉右衛門とともにいわゆる二長町時代を現出、諸先輩をむこうにまわして、清新な舞台を見せた。大正三年(一九一四)狂言座を組織して新劇運動にも手を染め、昭和五年(一九三〇)には日本俳優学校を創立、俳優の育成をこころざした。同二十一年九月芸術院会員に推薦され、二十四年七月十日没した。六十五歳。今戸広楽寺に葬られる。九代目団十郎によってひらかれた歌舞伎の近代化を、身をもっておしすすめた。

(四)七代　一九四二—　本名寺島秀幸。初名五代目尾上丑之助。前名四代目尾上菊之助。昭和十七年(一九四二)十月二日、七代目尾上梅幸の子として生まれた。同四十八年七代目を襲名。

参考文献 立川焉馬編『歌舞妓年代記』、石塚豊芥子編『続歌舞妓年代記』、田村成義編『続々歌舞妓年代記』、俳優堂夢遊『(三都役者)世々の接木』五(『演劇文庫』一)、伊原敏郎『日本演劇史』、同『近世日本演劇史』、同『歌舞伎年表』、伊坂梅雪『尾上菊五郎自伝』、山岸荷葉『五世尾上菊五郎』、『演劇界』七ノ八(六代目菊五郎特輯)、『花道』別冊(六代目尾上菊五郎)、『演劇界』五六ノ一二(最新歌舞伎俳優名鑑)
(今尾　哲也)

おのえきくのじょう　尾上菊之丞　一九〇九—六四　大正・昭和時代の歌舞伎俳優、日本舞踊家。本名羽鳥友吉。明治四十二年(一九〇九)一月三十一日生まる。はじめ歌舞伎俳優で、六代目尾上菊五郎に師事し、尾上琴次郎を名乗る。舞踊は藤間勘十郎に師事し、藤間勘治郎、ついで亀三郎の名を許される。十八歳のとき「七曜座」を結成、二十歳のとき約一年間菊五郎より破門された。三十歳で俳優を廃業し舞踊家となり、昭和十三年(一九三八)菊五郎より尾上流を許され、二代目の家元、初代菊之丞を名乗る。東おどりや都おどりを振付け、容姿・技術ともにすぐれる。同三十九年八月十三日、ハワイにて客死す。五十五歳。なお三代目の家元、二代目菊之丞は甥の羽鳥紀雄が襲う。

参考文献 羽鳥利編『尾上菊之丞』
(郡司　正勝)

おのえさいしゅう　尾上柴舟　一八七六—一九五七　明

治から昭和時代にかけての歌人、国文学者、書家。文学博士。芸術院会員。名は八郎。明治九年(一八七六)八月二十日岡山県津山の北郷直衛の三男に生まれ、のち尾上勁の養子となる。三十四年東京帝国大学卒業。長く東京女高師・学習院の教授を勤めた。早くから大口鯛二に歌を学び、のち落合直文のあさ香社に入門、三十一年久保猪之吉・服部躬治らといかづち会を起し、新派和歌運動に参加した。三十五年には金子薫園と『叙景詩』を出して、清新な自然諷詠歌をもって明星調に反発した。三十八年彼を中心として結ばれた車前草社からは自然主義歌人前田夕暮・若山牧水を生んだ。四十三年『創作』に発表した「短歌滅亡私論」は歌壇に大きな反響をよんで有名である。大正三年(一九一四)以来『水甕』主宰。昭和三十二年(一九五七)一月十三日没。八十歳。東京都府中市の多磨墓地尾上家の墓に葬る。歌風は平淡にして流麗典雅、明治の末期内省的思索的傾向の濃い一時期があった。歌集に『銀鈴』『静夜』『永日』『日記の端より』『白き路』『朝ぐもり』『間歩集』『素月集』『ひとつの火』など十数冊、訳詩集に『ハイネの詩』『金帆』がある。また、国文学・書道の方面にも業績が多く、『日本文学新史』『歌と草仮名』などがあり、学位論文の『平安朝時代の草仮名の研究』は仮名書道の古典復帰運動に明確な体系を与えたものといわれ、また自身、平安朝仮名の風趣を現代の書道に表現した功労者である。

参考文献 水甕社編『尾上柴舟小誌』、『水甕』四四ノ九(尾上柴舟追悼号)　（広田栄太郎）

おのえしょうろく　尾上松緑　歌舞伎俳優。初代尾上松助の後名にはじまり、現在まで三代を数えるが、尾上家では梅鶴松緑を代数に加えない。

(一)梅鶴松緑　?―一八七三　江戸時代後期の立役。生年不詳。初名大谷徳二郎。前名中山徳二郎・尾上多女蔵・中山兵太郎・尾上梅鶴。屋号京極屋。はじめ二代目大谷友右衛門、ついで中山百花、さらに二代目尾上多見蔵の弟子となった。一時、百花の養子となったこともあるが、不縁。嘉永二年(一八四九)四月、三代目尾上菊五郎の推挙を得て襲名。老功な立役として活躍し、明治六年(一八七三)没した。

(二)二代　一九一三―八九　本名藤間豊。屋号音羽屋。大正二年(一九一三)三月二十八日、七代目松本幸四郎の三男として生まれた。同七年十月帝国劇場で初舞台をふむ。昭和三年(一九二八)より六代目尾上菊五郎に師事、同十年三月襲名し、二代目を名のる。同十二年四月には、舞踊藤間流家元四代目藤間勘右衛門の名もついだが、同五十年九月二代目藤間勘斎を襲名。同四十八年芸術院会員となる。平成元年(一九八九)六月二十五日没。七十六歳。

参考文献 石塚豊芥子編『続歌舞妓年代記』、俳優堂夢遊『(三都役者)世々の接木』五(『演劇文庫』一)、伊原敏郎『近世日本演劇史』、同『歌舞伎年表』、『演劇界』二六ノ一二(歌舞伎俳優名鑑)、『歌舞伎研究と批評』四　（今尾哲也）

おのえばいこう　尾上梅幸　歌舞伎俳優。初代尾上菊五郎の俳名にはじまり現在まで九代を数えるが、尾上家では延若梅幸・覚之助梅幸を代数に加えない。初代同様、二・五代目は二・五代目菊五郎の俳名。

(一)四代　四代目菊五郎の前名。弘化三年(一八四六)正月、三代目尾上栄三郎より襲名。

(二)延若梅幸　初代実川延若の前名。安政六年(一八五九)正月、四代目菊五郎の養子となって中村延雀より襲名。

(三)覚之助梅幸　四代目菊五郎の養子尾上覚之助が元治元年(一八六四)二月襲名。

(四)六代　一八七〇―一九三四　近代の名女方。明治三年(一八七〇)十月十五日生まる。本名寺島栄之助。初名西川栄之助。前名尾上栄之助・五代目尾上栄三郎。五代目菊五郎の養子。同三十六年三月襲名。昭和九年(一九三四)十一月八日没。六十五歳。墓は雑司ヶ谷墓地にある。

(五)七代　一九一五―九五　大正四年(一九一五)八月三十一日生まる。本名寺島誠三。初名四代目尾上丑之助。前名三代目尾上菊之助。六代目菊五郎の養子。昭和二十二年(一九四七)二月襲名。同五十一年芸術院会員となる。平成七年(一九九五)三月二十四日没。七十九歳。

参考文献 石塚豊芥子編『続歌舞妓年代記』、田村成義編『続々歌舞伎年代記』、俳優堂夢遊『(三都役者)世々の接木』五(『演劇文庫』一)、伊原敏郎『日本演劇史』、同『近世日本演劇史』、同『明治演劇史』、同『歌舞伎年表』、尾上梅幸『梅の下風』、同『女形の事』、『演劇界』二六ノ一二(歌舞伎俳優名鑑)、同五三ノ六　（今尾哲也）

おのえまつすけ　尾上松助　歌舞伎俳優。屋号は代々音羽屋。

(一)四代　一八四三―一九二八　明治・大正時代の名脇役。天保十四年(一八四三)二月二十九日生まれる。本名栗原梅五郎。幼名長助。初名松本小勘子。前名坂東橘五郎・尾上梅五郎。屋号音羽屋・山村屋。明治十四年(一八八一)六月襲名。「切られ与三」の蝙蝠安など安っぽい敵役を得意とした。昭和三年(一九二八)九月五日没。八十六歳。

(二)五代　一八八七―一九三七　明治二十年(一八八七)三月二十四日生まれる。本名福島幸吉。初名尾上菊松。前名尾上伊三郎。昭和十年(一九三五)襲名。十二年八月九日没。五十一歳。

(三)六代　一九四六―　昭和二十一年(一九四六)七月十三日生まれる。本名井上真一。初名尾上緑也。前名二代目尾上松鶴。同四十六年五月、襲名。

参考文献 石塚豊芥子編『続歌舞妓年代記』、田村成義編『続々歌舞伎年代記』、俳優堂夢遊『(三都役者)世々の接木』五(『演劇文庫』一)、伊原敏郎『近世日本演劇史』、同『明治演劇史』、同『歌舞伎年表』、邦枝完二編『松助芸談舞台八十年』、『演劇界』五六ノ一二(最新歌舞伎俳優名鑑)　（今尾哲也）

おのえまつのすけ　尾上松之助　一八七五―一九二六

明治・大正時代の映画俳優。名は鶴三、姓は中村。明治八年(一八七五)九月十二日岡山に生まれた。父幾三郎は岡山藩士から維新後野に下って転々、貸座敷を業としたが、子弟の訓育は厳格だったという。六歳の時山村流に就いて舞踊を習い、折から市内旭座に開演中の大阪役者尾上多見蔵に乞われて「寺小屋」の菅秀才に出演、これが病みつきで十七歳の時、父の反対を押して家出し、中村鶴三郎の名で旅芝居の一座に身を投じ、のち同志を集めて四国・中国・九州路を主に巡業、同三十七年三月神戸相生座で尾上松之助を襲名した。映画界に入ったのは京都千本座座主牧野省三の推薦により、四十二年十月「碁盤忠信」を撮影したときからで、小柄で目玉が大きく「目玉の松ちゃん」の愛称で、英雄・豪傑・忍術ものの立廻りに人気があり、大正十五年(一九二六)九月十一日に五十二歳で没するまで、約千本の時代映画に主演した。京都の等持院に葬る。昭和四十一年(一九六六)二月京都鴨川公園に胸像建立。

参考文献 田中純一郎『日本映画発達史』一(『中公文庫』)、岡村紫峰『尾上松之助』 (田中純一郎)

おのがどう 小野鵞堂 一八六二―一九二二 明治・大正時代の書家。鵞堂流の創始者。女子学習院教授、東宮御用掛。名は鐗之助、字は間金、号に斯華翁(このはなおう)・二柳居がある。文久二年(一八六二)二月十二日駿河国藤枝城内で、田中藩武道師範清右衛門成命を父として生まれた。同三年藩移封に伴い安房国安房郡北条(千葉県館山市)に移住、そこで育った。早く父に死別し、明治九年(一八七六)十五歳で上京し、菱湖流の成瀬大域に国漢・書法を学び、この間大蔵省の書記、日本新聞社に勤めながら仮名書道を研鑽した。明治二十三年『明倫百人一首』を執筆、これを昭憲皇太后に献上、また手本『古今和歌集序』を出版するに及んで、鵞堂の書名は一時に昂まった。翌年以後華族女学校(のち女子学習院)習字科担当の教師となり、三十余年間にわたり上流社会の子女教育につくした。また別に「斯華会」を創立し、全国に及ぶ門弟らに書道の通信教授を行い、刊行の手本も数百に及び、大正・昭和期を風靡した。大正十一年(一九二二)十二月六日東京神田猿楽町の自宅で没。六十一歳。谷中墓地に葬る。

参考文献 奥山錦洞『日本書道史』 (樋口秀雄)

おのきんろく 小野金六 一八五二―一九二三 明治・大正時代の実業家。嘉永五年(一八五二)八月十八日甲斐国巨摩郡河原部村(山梨県韮崎市)長百姓小野弥左衛門とうらの次男として生まれ、幼名は金六郎。明治六年(一八七三)二十二歳のとき上京し、東京府技手を短時日勤め小野組に入り、同組の倒産ののち関東各地を行商したあと山梨県中巨摩郡出身の深川米問屋市川家の米倉主任として正米取引に従事し、同十三年山梨第十銀行の東京支店長となった。十五年理科教材製造を目的とする東京機械製造株式会社を設立したのをはじめとして、二十年日本礦油専務、以後第九十五銀行副頭取、東京割引銀行頭取、さらに河瀬秀治らを勧説して富士製紙をおこし取締役として同社の拡張に尽力し四十三年社長となった。また若尾逸平・根津嘉一郎らとともに東京電燈株式を買い占め甲州財閥の東電支配に一役を果たした。このほか鉄道関係で両毛・東京市街・京釜・朝鮮中央・富士身延各鉄道、鉱業で加納鉱山・天塩炭礦ほか、電力で富士水電・桂川電力、観光事業では東洋遊園地・日本観光に関係し富士山麓開発に先鞭をつけた。そのほか輸出食品株式会社・東洋製罐など数多くの事業の興起経営にあたる。大正十二年(一九二三)三月十一日七十二歳で没し、晩年帰依した東京の堀ノ内にある日蓮宗妙法寺に葬られた。

参考文献 有隣会編『小野金六』 (有泉貞夫)

おのこうじ 小野晃嗣 一九〇四―四二 昭和時代前期の歴史家。はじめ均、のち晃嗣と改名。明治三十七年(一九〇四)十二月十八日岡山市南方に生まれた。昭和三年(一九二八)東京帝国大学文学部国史科卒業、同年史料編纂所勤務、同十二年史料編纂官となる。主に『読史備要』の作成、『大日本史料』第十一編の編纂を担当。十七年三月二十四日に没した。三十九歳。法名晃学院淳性至文居士。岡山市に葬る。史料編纂のかたわら、日本の封建(中世・近世)都市、中世市、越後青苧座・奈良興福寺塩座・京都北野麴座など著名な商人座、中世の製紙・酒造・木綿機業など産業史に関する多くの論文や著書を発表した。その研究は、中世の権力・産業構造・社会的分業との関係から中世都市と中世商業の問題を掘り下げた斬新な方法と厳しい実証主義をふまえたもので、昭和十年代以後のわが国中世商業や都市の研究に指導的な役割を果たした。主著である『近世城下町の研究』『日本産業発達史の研究』は、戦後の城下町や中世産業史研究の指針をなした名著というべきで、その学問的価値はこんにちなお高く評価されている。

参考文献 森末義彰「小野君の歩いてきた道を憶ふ」(『歴史地理』七九ノ五) (佐々木銀弥)

おのこうはん 小野広胖 一八一七―九八 幕末・明治時代の数学者、政治家。もと常陸笠間藩士、のち幕臣。通称友五郎。明治以後はこの通称を本名とした。和算家としては広胖の名で、洋算家としては友五郎の名で知られている。文化十四年(一八一七)十月二十三日生まれる。父は小守庫七宗次、母は飯田氏登和。のち小野家の養子となる。若くして笠間藩甲斐駒蔵の門弟となり和算を学び、のち江戸詰となった機会に長谷川弘の門に入った。この間いくつかの和算書にその名が出ている。安政二年(一八五五)幕府が長崎に海軍伝習所を設けたとき、友五郎も派遣されて、二ヵ年間蘭人から航海術・洋算などを学んだ。つづいて同四年幕府が江戸築地に軍艦教授所(のちに軍艦操練所)を開設したとき、その教授とされた。万延元年(一八六〇)咸臨丸アメリカ派遣の際はこれに乗り組み、航海測量を担当した。その他、江戸湾砲台建設の取調べ、小笠原島の測量、横須賀造船所設置の建議など、幕末における活躍は著しい。慶応三年(一八六七)幕府軍艦購入のため再び渡米し、帰国後勘定奉行並となる。明治維新後、工部省に出仕、鉄道建設などに功があった。明治十年(一八七七)工部省を辞す。同三十一年十月二十九日没。八十二歳。著書に『尋常小学児童洋算初歩』四巻などがある。また慶応三年の渡米の折の日記『小野友五郎日記』がある。

参考文献 久野勝弥「小野友五郎の生涯」(茨城県高等学校教育研究会『会報と研究集録』一)、同「小野友五郎の第一回渡米について」(『日本歴史』二九六)、同「小野友五郎第二回渡米について」(同三四一)

(大矢 真一)

おのこざん 小野湖山 一八一四―一九一〇 明治時代の漢詩人。名は長愿、また巻、字は懐之・士達・舒公、通称仙助・侗之助、湖山・狂々道人・侗翁と号す。旧姓横山氏。文化十一年(一八一四)正月十二日、三河吉田藩領の近江国浅井郡田根村高畑(滋賀県東浅井郡浅井町高畑)に生まる。郷士で医師横山玄篤の子。少時隣村曾根村の大岡松堂に経史を学び、天保元年(一八三〇)十七歳のとき来遊せる梁川星巌に見えて入門し、翌年江戸に出て尾藤水竹・藤森弘庵らに学び、星巌の玉池吟社に参して頭角を現わし、星巌が京都に隠退するときに同社を譲られた。嘉永五年(一八五二)出身地の吉田藩から招かれて江戸で儒臣となったが、ペリー来航以来諸藩の志士と尊攘を主張し、安政六年(一八五九)安政の大獄には藩命によって江戸より追放され、ついで幕命により吉田に幽閉された。文久三年(一八六三)藩校時習館の教授となり、尊王論を唱えて一藩を指導した。慶応三年(一八六七)摂政二条斉敬に召されて古書取調べに従事し、同年十月大政奉還のことあるや帰藩し、国事係として三河諸藩の帰順を説得した。明治元年(一八六八)徴士に挙げられ、総裁局権弁事・記録局主任となり、また帰郷して豊橋藩権少参事兼時習館督学をつとめた。五年上京、詩壇に名声を博し、大沼枕山・鱸(すずき)松塘(しょうとう)と明治三詩人と称せられ、詩酒の間に自適した。十六年明治天皇より端渓硯と京絹地とを賜わり、それより家を賜硯楼と称した。四十三年四月十日没。年九十七。京都妙心寺塔頭大竜院墓地に葬る。著書は『湖山楼詩鈔』『湖山楼十種』『湖山老後詩』『乍浦集詠鈔』など。

参考文献 豊橋市教育会編『小野湖山翁小伝』

(吉田 常吉)

おのせいいちろう 小野清一郎 一八九一―一九八六 大正・昭和時代の刑法学者。明治二十四年(一八九一)一月十日、小野房次郎の子として盛岡市に生まれる。第一高等学校を経て、大正六年(一九一七)東京帝国大学法科大学卒業。東京地方裁判所検事に就任するが、間もなく母校に復帰し、助教授を経て、同十二年に教授就任。刑法、刑事訴訟法、刑事学、法理学を講義した。第二次世界大戦後、公職追放により退官し弁護士を開業。第一東京弁護士会会長、法務省特別顧問、刑法改正準備会議長、日本学士院会員、愛知学院大学教授などの要職を歴任。昭和四十年(一九六五)勲一等瑞宝章、同四十七年文化勲章を受章。中学時代以来、仏教(浄土真宗)にきわめて造詣が深く、特に彼の刑法理論にはその影響が強く看取される。仏教思想にもとづく彼の理論は、恩師、牧野英一の主張と激しく相対立した。刑法改正作業に真正面から取り組み、強い指導力を発揮した。昭和六十一年三月九日没。九十五歳。主著に『刑法に於ける名誉の保護』『犯罪構成要件の理論』『刑罰の本質について・その他』『日本法理の自覚的展開』があり、主なものは『刑事法論集』全四巻に収められている。

参考文献 『愛知学院大学論叢法学研究』二一ノ四(小野清一郎教授退職記念号)、佐伯千仭・小林好信「刑法学史」(『(講座)日本近代法発達史』一一所収)、宮沢浩一「小野清一郎の刑法理論」(『法律時報』五二ノ三)、団藤重光「小野清一郎先生の人と学問」(『ジュリスト』八六一)、小田中聡樹「小野精一郎」(『法学教室』一五七)

(向井 健)

おのぜんえもん 小野善右衛門 京都小野本家は小野善助・助次郎・又次郎の三家よりなり、そのうち小野又次郎家の初代を善右衛門包敬、法名浄敬といい、宗家三代目政房の三子で、又次郎ともいった。糸店主人・江戸古手店主人であった。元文三年(一七三八)誕生、寛政元年(一七八九)三月十八日没。五十二歳。この家は二代目又次郎で中絶、宗家善助家六代目の子がついで三代目となった。しかし、再興後は善右衛門名を用いず、これは年限をかぎって上級番頭が名乗るものになり、安政元年(一八五四)彦兵衛、万延元年(一八六〇)金兵衛、文久三年(一八六三)篠五郎が交替してこれを名乗った。西村勘六は田和仁兵衛の子田和匀貞で、幼名長之助、のち勘六、文政九年(一八二六)四月誕生、天保七年(一八三六)三月小野善につとめ、嘉永五年(一八五二)三月江戸店の改革を行い、繰綿店丸合組の名代人となった。安政六年盛岡において善印・郡印が追放されたときにも、下って善後策につとめた。万延元年小野家の別家西村家をつぎ、明治維新時には維新政府への御用金を率先して出し、また会計基立金の徴収にも奔走し、商法司知事となり通商会社・為替会社の設立にも大いに寄与した。明治四年(一八七一)の戸籍法の制定にあたり、役名の善右衛門をただちに自分の本名として届け出で、西村善右衛門と称し、その後長女に西村家をつがせ、自分は西村家の籍をさって小野姓をおかし、新たに一家を創立した。このことは小野家内部に大なる物議をかもしたが、幕末・維新時に小野組のため、また国家のためにつくした功績は没すべきではない。小野組破綻後、清算事務にあたり、また小野商会を設立した。

参考文献 宮本又次『小野組の研究』

(宮本 又次)

おのぜんすけ 小野善助 小野組宗家代々の名。初代は包教で万治元年(一六五八)に生まれ、八十二歳で元文四年(一七三九)八月八日没。二代目釈祐信は享保七年(一七二二)十一月二十三日に没している。三代目政房は元禄十年(一六九七)生まれて、寛延三年(一七五〇)十一月九日没、五十四歳。四代目包該は享保九年に生まれ、天明六年(一七八六)正月二十日六十三歳で没。五代目包実は宝暦九年(一七五九)生まれて、天保十二年(一八四一)六月二十九日没、八十三歳。六代目包一は寛政五年(一七九三)に生まれ、天保六年十一月二十日四十三歳で没。七代目包矩は文政十一年(一八二八)生まれて、嘉永元年(一八四八)九月二十七日没、二十一歳。八代目包賢は天保二年に生まれ、明治二十年(一八八七)一月二十三日五十七歳で没。九代目にあたるものは包容だが廃嫡(善次郎といい、善助を名のらず)。以上のごとく九代目以外は代々善助を名のる。初代善助は近江大溝より寛文年間(一六六一―七三)盛岡に下った叔父の村井権兵衛をたより、元禄二年盛岡紺屋町に開店、宝永五年(一七〇八)上京して柳馬場六角下ル町に家を求めて住む。南部においては井筒屋善助(善印)として造酒をなし、質屋をも営んだが、京都にては南部の物資を移入し、享保八年烏丸押小路上ル秋野々町に町家を求めて移り、和糸・生絹・紅花問屋を開き、質屋・古手屋としてもあり、江戸にも開店、幕府の金銀御為替御用達ともなり、又次郎家・助次郎家と三家をもって構成した。江戸店は田所町にあった。明治維新時には御為替方として奉公の誠をつくし、巨額の御用金を出し、為替方として活躍し、府県為替方としても全国三府六十県のうち四十数県に出店を出した。東京田所町に油店と古着店とがあり、糸店は瀬戸物町にあったが、のち伊勢町に移った。小野組破綻ののち大番頭たる西村勘六(小野善右衛門)と本家善助との間は不和となり、協調をたもてず、別に古河市兵衛など商才と敏腕をもつものもいたが、ついに再起は困難であった。

[参考文献] 宮本又次『小野組の研究』一―三 (宮本 又次)

おのたけお 小野武夫 一八八三―一九四九 大正・昭和時代前期の農学者、農学博士。明治十六年(一八八三)八月三日大分県大野郡百枝村大字川辺(三重町)に清五郎の長男として生まれる。同三十四年大分県立農学校を卒業、その後上京して農商務省に勤務のかたわら法政大学専門部政治科を大正元年(一九一二)に卒業。翌年帝国農会に入って永小作慣行の調査にあたり、さらに同九年農商務省に移って永小作慣行の本格的な調査に従事した。その調査の成果は、同十三年『永小作論』として出版され、その精緻な研究は当時の学界から高く評価された。これが小野のその後の学問的業績の根幹をなすものであって、またこの研究の副産物である『郷士制度の研究』によって、翌年東京帝国大学から農学博士の学位を授与された。同十五年法政大学経済学部講師に就任。昭和六年(一九三一)教授となり、二十一年退任。二十四年六月五日東京小金井で死去。六十七歳。小野はその全生涯を日本の農村研究に捧げ、その業績には農業史・農村史に関するものと、現実の農村問題・農民運動を取り扱ったものとがあり、前者に属するものとしては、『農民経済史研究』『徳川時代の農家経済』『日本村落史考』『農村社会史論講』『土地経済史考証』『日本村落史概説』『日本兵農史論』『日本農業起源論』『日本庄園制史論』『(明治前期)土地制度史論』『地租改正史論』などがある。後者に属するものとしては、『農民運動の現在及将来』『農村の行方』『最近農業問題十講』『民族農政学』『戦後農村の実態と再建の諸問題』『農政学概論』などがある。なお小野が研究のかたわら蒐集した厖大な史料を『近世地方経済史料』『日本農民史料聚粋』『(徳川時代)百姓一揆叢談』として刊行した功績も逸することはできない。

[参考文献] 入交好脩「小野武夫先生の思い出」(『社会経済史学』一六ノ一)、野村兼太郎「小野武夫博士の学的業績」(同)、古島敏雄「小野武夫博士を憶ふ」(同)、小野武夫博士還暦記念論文集刊行会編『東洋農業経済史研究』 (今井林太郎)

おのたさぶろう 小野太三郎 一八四〇―一九一二 明治時代の慈善家。天保十一年(一八四〇)正月十五日、父弥三八、母千代の長男として金沢に生まれた。幼少のころ、金沢市中堀川町に住み、窮乏のなかに放置され、粗暴で近隣から排斥されていたが、悟るところがあり、独学で精進した。十三歳で金沢藩の卒方小物組となる。そのころ眼疾で失明の危険にさらされ、その経験から、藩の「座頭座」に毎年寄付をつづけた。明治維新後、困窮者が街にあふれているなかで、古物古着商を営み、その収益を窮民に施した。明治六年(一八七三)、金沢の木ノ新保に家屋一棟を購入して盲人二十余名を収容し、十一年には彦三二番丁付近に家屋六棟を買収し、そこには老幼男女を問わず二百余名を常時収容できた。兵営の残飯集めから収容者の死後の始末までを率先して行い、家庭をかえりみなかった。そのため妻は六人も去り、七人目の夫人は十四年の差があるにもかかわらず、終生夫に尽くし事業が継続できた。彼には後継者がいなかった。十八年に藍綬褒章を賜わった。その後、三十八年公布の石川県救貧所取締規則によると改善を必要とするので、奔走の結果、官民有志の協力を得て市内常磐町に五百坪の寮舎が新築され、「小野慈善院」(昭和九年(一九三四)に三口新町へ移転、現在は陽風園という)と命名、初代院長となる。四十五年四月五日、七十三歳で死去。金沢区内小立野宝円寺に葬られたが、のち陽風園構内に改葬、安置してある。 (重田 信一)

おのづかきへいじ 小野塚喜平次 一八七〇―一九四四 わが国のアカデミズムにおける政治学の創始者、東京帝国大学教授さらに総長。明治三年十二月二十一日(一八七一年二月十日)越後長岡城下上田町に生まれた。父平吉はかなり富裕な商人であった。同十八年上京。第一高等中学校を経て、二十八年帝国大学法科大学政治学科を首席で卒業し、ただちに大学院に入って政治学を専攻した。三十年在外研究を命ぜられてドイツに赴き、フランス・

イギリスにも学んで三十四年帰朝、東京帝国大学法科大学教授に任ぜられて、政治学講座最初の専任担当者となった。三十六年公刊の『政治学大綱』二巻は、わが国における体系的政治学の成立を示すものである。同年六人の同僚と政府に建議してロシアとの「満韓交換」に反対し（七博士事件）、三十八年同僚戸水寛人がポーツマス条約批判の言動によって休職処分を受けた（戸水事件）のに抗議したが、以後は研究に沈潜して多くの学術論文を書き、『欧洲現代立憲政況一斑』（明治四十一年）、『現代欧洲之憲政』（大正二年）、『欧洲現代政治及学説論集』（同五年）、『現代政治の諸研究』（同十五年）の諸著にこれらを公刊した。その学風は細心客観的な実証主義であって、ヨーロッパにおける議会・政党・選挙制度、および社会主義運動の動向を注意深く観察・分析しながら、わが国における立憲政治の発達に示唆を与えようと試み、また政治学の諸分野を開拓して、吉野作造・南原繁・蠟山政道ら多くの学者を育てた。大正六年（一九一七）帝国学士院会員となり、同十四年には学士院から貴族院議員に選出された。また同七年法科大学長として学制改革期の行政にあたったが、昭和三年（一九二八）古在由直の病気とともに総長事務代理、ついで総長となり、再選されて同九年まで、昭和恐慌、満洲事変当時の多難な大学行政を担当して大学を守り、同十年には学士院第一部長に選ばれた。軍国主義による大学自治の喪失と戦争突入とに憂憤しつつ、十八年には公職を辞し、十九年十一月二十六日軽井沢の別荘にて死去。七十五歳。

参考文献 南原繁・蠟山政道・矢部貞治『小野塚喜平次』、蠟山政道『日本における近代政治学の発達』

（福田 歓一）

おのともごろう 小野友五郎 ⇨小野広胖（おのこうはん）

おのひでお 小野秀雄 一八八五―一九七七 昭和時代の新聞学研究者。明治十八年（一八八五）八月十四日、滋賀県栗太郡草津村（草津市）の神官の長男として生まる。第三高等学校から同四十三年東京帝国大学文科大学独文科卒業。四十四年万朝報に入社、大正五年（一九一六）東京日日新聞社に移り、新聞記者としての経験を積む。大正中期、新聞史研究を志し、東大大学院に入学。毎日新聞社長本山彦一の依頼により、わが国最初の新聞史概説である『日本新聞発達史』を同十一年に刊行した。翌年、ドイツに留学し新聞学を学ぶ。帰国後、渋沢栄一らの援助を得て、東京帝国大学新聞学研究室設立に尽力し、昭和四年（一九二九）に発足するや嘱託としてその研究活動の中心となった。戦時体制下では内閣情報部嘱託等を務めた。同二十四年東大教授。同年東京大学に新聞研究所が新設されるや、定年を過ぎていたにもかかわらず、特別措置により初代所長に就任。さらに同二十六年日本新聞学会初代会長に就任するなど戦後の新聞研究、マスコミュニケーション研究の指導的役割を果たした。昭和五十二年（一九七七）七月十八日没。九十一歳。研究の基礎はドイツ新聞学にあり、主要著書には『新聞原論』『日本新聞史』等がある。同三十年新聞文化賞受賞。

（有山 輝雄）

おのみのぶ 尾野実信 一八六五―一九四六 明治・大正時代の陸軍軍人。慶応元年（一八六五）十月十五日、福岡藩士尾野実治の長男として生まれた。明治二十一年（一八八八）陸軍士官学校を卒業、歩兵少尉に任官して第十四連隊付となった。陸軍大学校在学中に日清戦争へ出征、戦後復帰して二十九年三月卒業、参謀本部に勤務したのち、三年間ドイツに留学、日露戦争開戦とともに大本営参謀を命じられたが、三十七年六月満洲軍参謀として出征、翌年末凱旋した。その後陸軍省歩兵課長・ドイツ大使館付武官・参謀本部第一部長・総務部長などの要職を歴任して大正五年（一九一六）中将に進級、第十・第十五師団長、教育総監部本部長、陸軍次官を経て、十一年大将に進級し、関東軍司令官となったが、これを最後として翌年軍事参議官に転じ、十四年予備役に入った。陸軍部内では田中義一・宇垣一成ら長州閥に対抗する有力な長老と見られていた。昭和二十一年（一九四六）四月十九日死去。八十二歳。女婿に、A級戦犯として東京裁判により刑死した武藤章がある。

（秦 郁彦）

おばただよし 小畑忠良 一八九三―一九七七 昭和時代の実業家、経済官僚、弁護士。明治二十六年（一八九三）二月十六日大阪に生まる。東京帝大法科大学英法科卒業後、大正六年（一九一七）住友総本店に入社、昭和十二年（一九三七）住友本社経理部長、同十五年第二次近衛内閣成立に際し、星野直樹企画院総裁に望まれて同院次長、以後産業報国会理事長・翼賛会事務局長・愛知県知事・東海北陸地方総監などを歴任。近衛新体制下の、「革新」イデオロギーへの理解を買われた異色人事であった。戦後自己批判して、平和運動・原水爆禁止運動・対中ソ友好活動に従事、また革新系におされて大阪府知事に三度立候補したが落選した。五十二年十月十一日没。八十四歳。

参考文献 小畑忠良「住友から企画院へ」（安藤良雄編『昭和経済史への証言』中所収）

（中村 隆英）

おばたとくじろう 小幡篤次郎 一八四二―一九〇五 明治時代の学者、教育家。慶応義塾長。天保十三年（一八四二）六月八日、豊前国中津藩士の子として生まれ、藩地にあって漢籍を学び、十六歳より二十三歳まで藩校進修館で、句読、塾頭館務の職に任じ、また剣にも長じた。元治元年（一八六四）、弟甚三郎らとともに、同郷の洋学者福沢諭吉に連れられて江戸へ赴き、福沢のもとで英学を学び、頭角をあらわして慶応二年（一八六六）より明治元年（一八六八）まで福沢塾の塾頭に任じ、また慶応二年以降、幕府の開成所の助教授をつとめた。明治四年中津市学校の創立にあたり、初代校長として英学普通教育のモデルを作った。同九年、文部省より招かれて中学師範学科（のちの高等師範学校）の創立のさい教授監督にあたり、翌十年には欧米を巡遊、十二年には東京学士会院の会員に選ばれた(同十四年これを辞す)。同十三年、交詢社の創立以来、幹事としてその運営にあたり、また十五年の『時事新報』の創立にも福沢を助けて尽力した。同二十三―三十年慶応義塾長、三十年より同塾副社頭に任じ、三十四年に福沢が死去してのちは、このあとをおそって慶応義塾社頭に推された。この間、二十三年より貴族院議員に勅選され、また貨幣制度調査会委員をつとめた。同三十八年四月十六日、六十四歳で病没。その生涯をつうじて、影の形にそうごとく福沢を補佐して慶応義塾の発展に力をつくし、晩年は塾の最長老として重きをなした。啓蒙期には著述家としても活躍し『学問のすゝめ』初編(明治五年)には、著者として福沢諭吉と名を連ね、明治六年には、トックビル Tocqueville の De la démocratie en Amérique(『アメリカ民主政治』)の出版の自由を論じた一章を、英訳本から重訳して、『上木自由論』と題して刊行した。これは出版の自由を論じた最初の単行本である。そのほか『博物新編』『英氏経済論』『宗教三論』などがある。

参考文献 小幡記念図書館編『小幡篤次郎先生小伝』、『慶応義塾百年史』上・中 (鹿野 政直)

おばたとしろう 小畑敏四郎 一八八五―一九四七 大正・昭和時代前期の陸軍軍人。明治十八年(一八八五)二月十九日旧高知藩士男爵小畑美稲の三男に生まれる。同三十七年陸軍士官学校を十六期生として卒業し、歩兵少尉に任官。四十四年陸軍大学校を卒業、参謀本部員となり、第一次世界大戦にはロシア陸軍に従軍、さらに戦後駐ソ連大使館付武官となった。その後陸大教官・連隊長などを経て昭和七年(一九三二)二月参謀本部第二(作戦)課長に就任、満洲事変の積極的推進を図った。同四月少将に進み参謀本部第三部長となり、対ソ早期開戦論を主張して、総力戦体制の確立を先とする永田鉄山第二部長と対立した。同十年陸大校長となり、十一年中将に進んだが、二・二六事件後の粛軍人事で予備役に編入された。陸軍部内皇道派の主要人物であり、また対ソ作戦の専門家としても知られた。近衛文麿にも注目され、二十年降伏直後の東久邇内閣に国務大臣として入閣した。二十二年一月十日死去した。六十三歳。妻は元田肇の娘。 (藤原 彰)

おばたゆうきち 小幡酉吉 一八七三―一九四七 明治から昭和時代前期の外交官。明治六年(一八七三)四月十二日、石川県士族小幡知平の三男として金沢に生まれる。同三十年東京帝国大学法科大学法律学科卒業。翌三十一年九月、第七回外交官および領事官試験合格。シンガポール・オーストリアおよびイギリス在勤を経て、三十八年八月任領事、芝罘(チーフー)在勤。四十年天津在勤、四十二年任総領事。大正三年(一九一四)五月任公使館一等書記官、中国在勤。日置益公使のもとでいわゆる「対華二十一箇条要求」交渉に参画する。同五年任大使館参事官。同年十一月、本野一郎外相・幣原喜重郎次官のもと外務省政務局長に就任。寺内正毅首相らの軍部的満洲施策に反対する。七年十月任特命全権公使、中国駐劄。爾来四年半余、日中外交問題の処理にあたる。十二年五月中国駐劄被免、十四年六月任特命全権大使、トルコ駐劄。昭和四年(一九二九)十二月、幣原外相は小幡を再度中国公使に派遣したいとしたが、国民政府は小幡のアグレマン(大公使派遣の時駐在国にあらかじめ求める承認)を拒絶。翌五年任ドイツ駐劄大使。八年依願免本官。翌九年七月任貴族院議員。十二年二月林銑十郎内閣の外相就任を請われるが、病気のため固辞する。同十五年四月任枢密顧問官、二十二年五月枢密院廃止につき退官。同年八月九日死去。七十五歳。竜峯と号し漢詩をよくした。

参考文献 小幡酉吉伝記刊行会編『小幡酉吉』、幣原平和財団編『幣原喜重郎』 (栗原 健)

おばらくによし 小原国芳 一八八七―一九七七 大正・昭和時代の教育者。玉川学園創設者。明治二十年(一八八七)四月八日鹿児島県に生まれる。鹿児島師範学校、広島高等師範学校、京都帝国大学を卒業。卒業論文「教育の根本問題としての宗教」は大正八年(一九一九)に出版された。京大卒業後、広島高師付属小学校主事となったが、同年沢柳政太郎に招かれて成城小学校主事となり、同校を教育改造運動の中心的存在たらしめるとともに、大正期の自由教育に指導的役割を果たした。彼の教育主張は「全人教育論」と呼ばれ、宗教と芸術を基盤とした聖と美の世界を志向する知的陶冶と人格育成の統一を強調した。その後、昭和四年(一九二九)玉川学園を創設、学校経営を出版等の事業とも結びつけ、講演・著述などの諸活動も精力的に展開し、今日の総合学園をきずきあげた。その構想力・実践力のゆたかさ、雄弁とも相まって教育界に与えた影響力は大きい。著書は『玉川塾の教育』『自由教育論』『教育立国論』など多数、『小原国芳全集』全四十六巻(昭和二十五―五十二年)がある。昭和五十二年十二月十三日没。九十歳。郷里鹿児島県川辺郡坊津町久志の小原家墓所および静岡県駿東郡小山町富士霊園に葬られた。

参考文献 小原国芳『夢みる人小原国芳自伝』、同『教育一路』 (久保 義三)

おはらてっしん 小原鉄心 一八一七―七二 幕末・維新期の大垣藩士、勤王家。名は忠寛、字は栗卿、通称二兵衛、号は鉄心、晩年是水・酔逸と号した。文化十四年(一八一七)十一月三日生まる。大垣藩世臣小原忠行の長男。壮時津藩の斎藤拙堂に師事して経史を学び、詩文に長じ、経世の才があった。諸役を経て天保十三年(一八四二)城代となり、嘉永三年(一八五〇)藩主戸田氏正の命により藩政改革に尽瘁して功あり、また藩の子弟を薫陶して衆望があった。同六年ペリーの浦賀に来航するや、幕命により江戸芝藩邸を警固し、翌安政元年(一八五四)再航に際し、支族浦賀奉行戸田氏栄の請いにより藩士を率いて浦賀に出張した。ペリー初航以来海外の形勢に留意し、幕臣下曾根金三郎の門に入って砲術を究め、また佐久間象山・高島秋帆・大槻磐渓に師事し、翌二年藩に兵制改革を建議して用いられた。文久三年(一八六三)八月十八日の政変には藩主氏彬に従って宮門を守衛し、翌元治元年(一八六四)七月長州藩兵が禁闕を犯すや、福原越後の兵を邀撃して破った。明治元年(一八六八)正月朝廷に召されて参与に任じたが、たまたま大垣藩兵は旧幕軍に従って京都に進撃し、子息忠迪もその中にあり、鉄心は使者を馳せてこれを止めようとしたが及ばず、鳥羽・伏見の開戦となり、藩主氏共(うじたか)は入京を禁止された。鉄心は急ぎ帰藩、氏共に大義を説いて上京を勧めて罪を待たせ、爾後藩兵を出して戊辰戦争に従軍させ、一藩を謝罪勤王の方向に導き、よく順逆を誤ることなからしめた。ついで会計事務掛・会計事務局判事・会計官判事を歴任、新貨鋳造の廟議に参画し、また江戸府判事を兼ねたが、同年五月病により職を辞し、功をもって朝廷より鎧一具を賜わった。版籍奉還後の二年七月大垣藩大参事に任じ、四年正月本保県権知事に転じたが、いまだ任に赴かないうち免ぜられ、大垣藩庁出仕を仰せ付けられ、五年四月十五日没した。年五十六。贈正五位。三十三年、後嗣適は先代の功により男爵を授けられた。なお著書に『鍊卒訓語』『大船摭要』『改革十則』などがある。

参考文献 内閣修史局編『百官履歴』上(『日本史籍協会叢書』)、中村規一『小原鉄心伝』、鳥尾弾三述「大垣藩小原是水君国事鞅掌事歴」(『史談速記録』九五)

(吉田 常吉)

おはらなおし 小原直 一八七七—一九六六 大正・昭和時代の司法官僚。明治十年(一八七七)一月二十四日、新潟県長岡に生まれる。同三十五年東京帝国大学法科大学卒、司法官となり、同四十二年東京地裁検事となった。日糖疑獄・大逆事件・シーメンス事件・大浦内相事件・阿部外務省政務局長暗殺事件・大隈重信暗殺未遂事件・米騒動などの大事件に関与した。大正九年(一九二〇)横浜地裁検事正、同十年東京地裁検事正、同十二年長崎控訴院検事長、翌十三年大審院次席検事(この時朴烈事件主任検事)を経て、昭和二年(一九二七)原法相のもとで司法次官に就任、以後内閣交代に留任し、同六年東京控訴院長、同九年岡田内閣の司法大臣に就任し、帝人事件および天皇機関説問題の処理にあたった。十一年貴族院議員、同年広田内閣に入閣する予定であったが、天皇機関説問題の処理について不満を買ったことから軍の干渉にあって阻止された。同十四年阿部内閣の内務大臣兼厚生大臣。戦後昭和二十二年公職追放、同二十六年解除。同二十九年第五次吉田内閣の法務大臣に就任して「造船疑獄」指揮権発動の跡始末にあたった。同四十一年九月八日死去。八十九歳。

参考文献 小原直回顧録編纂会編『小原直回顧録』

(伊藤 隆)

おぶちけいぞう 小渕恵三 一九三七—二〇〇〇 昭和戦後・平成時代の政治家。昭和十二年(一九三七)六月二十五日群馬県に生まれる。父光平は地方政治家で、第二次大戦後、衆議院議員。同三十七年早稲田大学文学部英文科卒業後、同大学院政治学研究科に学ぶ。父の死後、同三十八年その地盤を継いで群馬県三区(のち五区)から衆議院議員に当選、以来十二回連続当選。自由民主党所属。郵政・建設各政務次官を経て同五十四—五十五年第二次大平内閣の総理府総務長官・沖縄開発庁長官、昭和六十二年—平成元年(一九八九)竹下内閣の官房長官をつとめた。衆議院では大蔵委員長・予算委員長、党内にあっては田中派・竹下派と主流派を歩み幹事長・副総裁など要職を歴任。同九年第二次橋本内閣の外相を経て翌十年七月首相に指名され、また自由民主党の総裁に選出された。自由・公明両党と連立政権を形成、国旗・国歌法の制定、金融再生、日米ガイドライン見直しを進めたが、同十二年四月脳梗塞に倒れ退陣した。同年五月十四日東京の順天堂病院で死去。六十二歳。

参考文献 佐藤正忠『覇を競う—政界新実力者列伝』、後藤謙次『小渕恵三・全人像』(『全人像シリーズ』)

(鳥海 靖)

おみよのかた お美代の方 ?—一八七二 徳川十一代将軍家斉側室。お伊根ともいう。生年未詳。父は内藤造酒允就相、また川尻与兵衛、中山法華経寺の僧侶日啓などとの諸説があり一定しない。小納戸頭取中野播磨守清武(碩翁、一説に清茂)養女。容色に優れ、家斉の寵愛をうけた。そのため養父碩翁は権勢を得る。文化三年(一八〇六)御次となり、同七年中﨟にすすむ。十年溶姫(金沢藩主前田斉泰室)、十二年仲姫(早世)、十四年末姫(広島藩主浅野斉粛室)を生む。天保十二年(一八四一)家斉没後、摘髪して上﨟年寄上座となり、幕閣の粛正に際し、二ノ丸の専行院に退隠、また養父碩翁も奥勤を免じられた。明治五年(一八七二)没、年齢・墓所は未詳。

参考文献 『徳川幕府家譜』坤『徳川諸家系譜』一、竹尾次春『幕府祚胤伝』七(同二)

(北原 章男)

おもだかひさたか 沢瀉久孝 一八九〇—一九六八 大正・昭和時代の国文学者。明治二十三年(一八九〇)七月十二日三重県度会郡宇治山田町今在家町(伊勢市宇治今在家町)三番屋敷に生まれる。大正四年(一九一五)京都帝国大学文科大学文学科(国文学専攻)卒業。第五高等学校教授、京都帝国大学助教授を経、昭和十一年(一九三六)京都帝国大学教授。同二十六年三月辞職、四月同大学名誉教授。その間、昭和十年に文学博士。同二十六年七月一日、万葉学会成立の際、代表者に推された。長い学究生活を通じて、『万葉集』研究一筋に打ち込み、特に訓詁の重要性を説いて止まず、後進を育成して昭和万葉学の一主流を形成した。その研究の成果は、最後の著であり主著である『万葉集注釈』(二十巻)に集大成され、この完成に対し四十二年一月第三十七回朝日賞が授けられた。右のほかに著書として『万葉の作品と時代』『万葉古径』(三冊)、『万葉集序説』『万葉歌人の誕生』その他がある。同四十三年十月十四日、万葉学会全国大会のため静岡滞在中、静岡病院で心不全により没。七十八歳。墓所は伊勢市宇治中之切町の神宮会館横の山中。みたまは同市岡本の霊祭公社に祭る。

参考文献 沢瀉博士喜寿記念論文集刊行会編『(沢瀉博士喜寿記念)万葉学論叢』、『万葉』七〇(追悼沢瀉久孝博士) (五味 智英)

おやいづかつごろう 小柳津勝五郎 一八四七―一九一三 明治時代の農事研究者。弘化四年(一八四七)正月二十三日、三河国八名郡石巻村(愛知県豊橋市石巻町)に生まれた。父忠左衛門は宮大工の棟梁であったが維新後農業に従事した。明治初年以来農事研究に専念し、焼土肥料を創案してその普及を志し、明治十七年(一八八四)には上京して、三田育種場長池田謙蔵にその肥効試験を依頼している。焼土肥料は土壁で作った円筒状のかまの中に、わら・稲株・雑草・土などを混入して燻焼し、その上に肥水をかけたものである。その後一時泰西農学の吸収・普及にも関心をもったが、同十七年より経験農法の研究に復帰しその普及につとめた。しかし農学者の批判により事業を中断、二十三年より三河の山中に隠れて研究に従事、やがて燻炭肥料を創案、天理農法と名づけ、四十年代その普及に専念し、著書『弐倍収穫天理農法』は多くの版を重ねた。大正二年(一九一三)三月五日六十七歳にて没した。

参考文献 大西伍一『日本老農伝』、斎藤之男『日本農学史』 (伝田 功)

おやまとくじろう 尾山篤二郎 一八八九―一九六三 大正・昭和時代の歌人、国文学者。文学博士。号は無柯亭・草の家・刈萱・秋人など。明治二十二年(一八八九)十二月十五日金沢市に生まれた。若くして関節結核のため右脚大腿部から切断。金沢英学院に学ぶ。『新声』『文庫』に詩歌を投稿、四十二年上京後、前田夕暮と知り、『秀才文壇』『新声』の訪問記者となった。四十四年夕暮の『詩歌』創刊に際し同人となり、大正二年(一九一三)若山牧水の『創作』の編集を助けた。三年『異端』創刊。六年創刊の『短歌雑誌』を松村英一と共同編集。八年『自然』、昭和十三年(一九三八)『芸林』(二十四年『箜篌』と改題)を創刊・主宰して一家を成した。文壇・歌壇に交友が多く、書をよくし、古典研究にもすぐれ、評論に鋭く毒舌家として知られた。歌風は平明にして自由濶達、独自の境地を開いた。同三十八年六月二十三日没。七十三歳。神奈川県横浜市の日野公園墓地に葬られた。歌集に『さすらひ』『明る妙』『野を歩みて』『まんじゆさげ』『草籠』『平明調』『とふのすがごも』『雪客』など十一冊、研究書に『平明書屋歌話』『西行法師評伝』『大伴家持の研究』など多くある。

参考文献 窪田空穂他「追悼尾山篤二郎」(『短歌』一〇ノ八) (広田栄太郎)

おりくちしのぶ 折口信夫 一八八七―一九五三 大正・昭和時代前期の国文学者、歌人。筆名は釈迢空。明治二十年(一八八七)二月十一日、大阪府西成郡木津村(大阪市浪速区鴎町一丁目)に、父秀太郎、母こうの四男として生まれた。祖父造酒介は、奈良県高市郡の飛鳥坐神社の神主家から折口家に養子にはいって、町医者を本業として従来の家職、生薬と雑貨商を兼ねた。この大和の古社につながる縁が、少年期の信夫を古典に誘うための大きな刺戟となった。同三十二年大阪府立第五中学(後の天王寺中学)に入学。同級に武田祐吉・岩橋小弥太・西田直二郎がいた。武田・岩橋らとともに短歌回覧誌を作り、また中学の図書室で古典を耽読した結果、卒業期に落第して同三十八年卒業。国学院大学予科に入学して国文科に進み、三矢重松教授の指導を受けた。同四十三年大学卒業、大阪の今宮中学校教員となったが、大正三年(一九一四)職を辞して上京、翌四年民俗学者柳田国男に会い、民俗学の中にやがて自分の新しい学問の方途を見出すに至った。同五―六年の間に『口訳万葉集』三巻を著わし、八年国学院大学講師となり、のち教授となった。また、六年から十年に至る間、短歌誌『アララギ』の同人として選歌欄を担当した。十年と十二年には二度にわたって沖縄本島および壱岐・宮古・八重山諸島の民俗を実地調査し、古代研究の上に大きな示唆を得た。十二年には慶応義塾大学講師となり、のち教授となった。十三年、短歌誌『日光』が創刊されて同人となり、毎月、作品・評論・研究論文を発表。十五年から後の数年は、長野・愛知・静岡三県の山間部に伝承せられる郷土芸能の実地調査をしばしば行なった。昭和四年(一九二九)から五年の間に『古代研究』三巻を出版して、国文学の民俗学的研究に著しい業績を示した。同十四年には万葉びとの生活を具象化した小説『死者の書』を雑誌『日本評論』に発表した。十九年七月には、昭和二年以来同居していた門弟藤井春洋が、硫黄島の守備に赴いたのを機に養嗣子として入籍し、はじめて家族を持つことになったが、春洋は翌年、硫黄島において戦死した。二十三年、日本学術会議会員に選ばれ、二十六年にも再選された。二十八年七月、箱根の山荘において病を発し、九月三日、東京四谷の慶応病院において没した。六十六歳。遺骨は石川県羽咋市の折口家の墓にも分骨を埋葬した。信夫の学問は、国文学・民俗学・宗教学・芸能史などの領域にわたり、広い視野と鋭い洞察力によって、日本の古典、古代の民俗生活の研究に独自の方法による業績を示した。また一方には、歌人・詩人としての創作も多い。著書には前にあげたもののほか、『近代短歌』『日本芸能史六講』『日本文学の発生序説』『かぶき讃』などがあり、歌集として『海やまのあひだ』『春のことぶれ』『倭をぐな』、詩集に『古代感愛集』『近代悲傷集』などがある。『古代感愛集』は昭和二十二年度芸術院賞を受賞。国学院大学・慶応義塾大学において、多くの門弟を育成した。没後、同二十九年から三十二年にわたって出版された折口博士記念古代研究所編『折口信夫全集』(全三十一巻・索引一巻)は、日本芸術院恩賜賞を受けた。また同編『折口信夫全集』ノート編(全十八巻・索引一巻、同四十五―四十九年)がある。

参考文献 池田弥三郎『まれびとの座』(『中公文庫』)、加藤守雄『わが師折口信夫』、岡野弘彦『晩年の折口信夫』(『中公文庫』)
（岡野 弘彦）

おんきょういんどの 温恭院殿 ⇩徳川家定(とくがわいえさだ)

オンサン Aung San ⇩アウンサン

おんだてつや 恩田鉄弥 一八六四―一九四六 明治・大正時代の果樹園芸の大家、国立園芸試験場初代場長。元治元年(一八六四)十一月十八日下総国古河藩の家老の家に生まる。恩田啓吾の長男。明治十八年(一八八五)駒場農学校卒、福岡中学、埼玉師範、岩手農事講習所長、国立農事試験場陸羽支場長を歴任、同三十三年園芸試験場設立の命をうけ渡欧、三十五年静岡県興津町(清水市)に国立農試園芸部を設立、初代部長、大正八年(一九一九)農博、同十年独立した園芸試験場の初代場長となる。同十二年退官、東京農業大学教授、昭和十八年(一九四三)退任。この間日本園芸中央会役員(明治四十年理事、昭和七年副会長)。興津園芸試験場にある胸像賛文に「恩田博士ハ我ガ園芸界ノ初期ニ出デテ現今ノ学術研究進歩発展ノ基ヲ築キタル英邁高潔ノ士タル故ニ尊シ　熊谷八十三誌」とある。なお富有柿を世にひろめ、華北に旅して慈梨を導入している。また明治四十五年二月東京市寄贈のワシントンポトマック河畔の桜三千本は、同場において場員とともに周到に育成したものである。昭和二十一年六月十日疎開先の盛岡市三田家(長女婿家)にて死去。八十三歳。墓は東京青山墓地。主たる著書として『実験苹果栽培法』(大正十年)、『実験園芸講義』(同十一年)、『果樹園芸経営法』(同十三年)、『実験果樹剪定法』(同年)、『農学汎論』(同年)、『柑橘・無花果・枇杷・栗』(同十五年)がある。

参考文献 『興津園芸試験場五十年小史』、日本園芸中央会編『日本園芸発達史』
（山崎 肯哉）

おんちこうしろう 恩地孝四郎 一八九一―一九五五 大正・昭和時代の版画家。明治二十四年(一八九一)七月二日東京淀橋に生まれ、独協中学校を経て東京美術学校西洋画科と、一時彫刻科にも学んだ。早くから竹久夢二に私淑して『夢二画集』の装幀も手がけ、大正三年(一九一四)中途退学後は詩と版画の同人誌『月映(つくはえ)』を発刊、主観性の強い前衛的な木版画を制作した。その後は萩原朔太郎や室生犀星らの『感情』誌の創刊にも参加したが、同七年山本鼎・織田一磨らと日本創作版画協会を創立し、これが昭和六年(一九三一)日本版画協会へと発展改組する間を通じて、版画の地位向上と普及のため大いに貢献、戦後の版画隆盛の基盤をつくった。単純な抽象的構成に基づく抒情的な創作版画によって知られ、また装幀の分野でも広く活躍した。昭和三十年六月三日東京において没。六十三歳。著書に『工房雑記』『本の美術』『日本の現代版画』がある。
（富山 秀男）

おんでんのぎょうじゃ 隠田の行者 ⇩飯野吉三郎(いいのきちさぶろう)

か

かいおんじちょうごろう 海音寺潮五郎 一九〇一―七七 昭和時代の小説家、史伝家。本名末冨東作。明治三十四年(一九〇一)十一月五日、鹿児島県伊佐郡大口村(大口市)で生まれた。ただし戸籍面では同年三月十三日となっている。父の利兵衛は鉱山師だった。母はトメ。加治木中学を経て神宮皇学館に学んだが、恋愛問題が原因で退学、結婚後、上京して国学院大学に進んだ。はじめは中国文学を専攻する目的で地方中学の国漢教師をつとめたが、昭和四年(一九二九)に『うたかた草紙』を『サンデー毎日』に投稿、採用されたのをきっかけに創作欲に燃え、同誌の創刊十周年記念長篇小説募集に『風雲』が当選、『天正女合戦』『武道伝来記』が第三回(昭和十一年上半期)直木賞に選ばれて以来、時代小説・歴史小説の分野で活躍、戦後は史伝文学に進み、その復興につとめた。昭和四十三年菊池寛賞受賞、四十八年文化功労者となり、五十一年度の日本芸術院賞を受けた。代表作に『平将門』『天と地と』『武将列伝』などがあり、『西郷隆盛』(未完)が絶筆となった。昭和五十二年十二月一日栃木県黒磯市で死去。七十六歳。東京都杉並区の築地本願寺和田堀廟所に葬られる。『海音寺潮五郎全集』全二十一巻がある。
（尾崎 秀樹）

かいこうたけし 開高健 一九三〇―八九 昭和時代の小説家、エッセイスト。昭和五年(一九三〇)十二月三十日、父正義・母文子の長男として、大阪市天王寺区東平野町に生まれ育ち、第二次世界大戦敗戦を十代半ばで迎えた。大阪市立大学法学部に通い、卒業するもその間、戦後の闇市の中で工員や英会話教師などアルバイトを転転としながら、文学を志す。女流詩人牧羊子と結婚、上京、寿屋(現サントリー)宣伝部に勤め、昭和三十二年『新日本文学』に『パニック』を発表、笹の実のため異常に発生した鼠の引き起す事件を描く卓抜な発想で注目され、同年『裸の王様』で芥川賞を受賞。『太陽の季節』の石原慎太郎、『飼育』の大江健三郎、『パルタイ』の倉橋由美子、『奴隷の思想を排す』の評論家江藤淳らと第一次戦後派、第三の新人らを止揚する新しい文学世代をつくりあげ、現代日本文学にもっとも活気ある黄金時代をつくった。『日本三文オペラ』『ロビンソンの末裔』などの社会小説、続いて中国・東欧旅行、ベトナム戦場を訪れ、『輝ける闇』『夏の闇』を書き、戦乱や魚釣や冒険旅行から多くのルポルタージュ・エッセイを書く一方、『青い月曜日』『見た・揺れた・笑われた』『耳の物語』などの内省的な私小説も書く。行動家で知識が広く、ユーモアを忘れない昭和戦後期を代表する文学者だったが、癌に倒れ、『花終る闇』『珠玉』を残し、平成元年(一九八九)十二月九日、五十八歳の若さで没した。墓は神奈川県鎌倉市山ノ内の円覚寺塔頭、松嶺院にある。『開高健全集』全二十二巻がある。

参考文献　浦西和彦編『開高健書誌』(『近代文学書誌大系』一)　(奥野　健男)

かいごときおみ　海後宗臣　一九〇一―八七　昭和時代の教育学者。明治三十四年(一九〇一)九月十日、茨城県士族海後淳の長男として水戸市に生まれる。祖父宗親(磋磯之介)は万延元年(一八六〇)三月江戸城桜田門外で幕府大老井伊直弼を襲撃した浪士の一人。県立水戸中学校、第五高等学校を経て、大正十五年(一九二六)三月東京帝国大学文学部教育学科を卒業、大学院に入学ののち同年九月同大学助手となる。昭和七年(一九三二)新設の国民精神文化研究所に出向、同十一年東京帝国大学助教授に就任、第二次世界大戦後の二十二年東京大学教授に昇任し、同大学教育学部の創設に中心的な役割を果たした。三十七年停年により東京大学を退職、名誉教授の称号を授与される。昭和六十二年十一月二十二日没。享年八十六。水戸市内の旧藩士墓苑に葬られる。東京帝国大学助手時代より吉野作造らの明治文化研究会に加わり、日本近代教育史研究を開始、国民精神文化研究所員のころから、ライフワークとなる教育勅語成立史および初等教育における教科教育史、教科書史の各研究に着手、『日本近代学校史』(昭和十一年)、『日本教育小史』(十五年)、『学制七十年史』(十七年)などにより、日本近代教育史の最初の学問的な構図を提示した。戦後は、新設の社会科を中心として新教育の展開を理論的に指導する一方、連合国軍最高司令官総司令部民間情報教育局(GHQ／SCAP, CI&E)に協力して教育の民主化に寄与するよう努めたのち、『戦後日本の教育改革』全十巻(昭和四十四年―五十一年)の編著にあたり、戦後教育改革研究にも従事した。『海後宗臣著作集』全十巻(五十五年―五十六年)がある。　(佐藤　秀夫)

かいじまたすけ　貝島太助　一八四五―一九一六　明治時代の実業家。貝島炭礦株式会社初代社長。弘化二年(一八四五)正月十一日筑前国鞍手郡直方(福岡県直方市)に貧農永四郎の長男として生まれる。農業のかたわら、八歳のときから坑夫として働き、二十歳のとき結婚、夫婦で行商により百円の金を貯え、それを元に旅館を経営、明治三年(一八七〇)新入鉱の一部で炭坑業に従事し、西南戦争による炭価の暴騰で巨利を博した。十七年、福岡県鞍手郡宮田村大字上大隈字大之浦に二千三百坪の鉱区を買い付け、翌年、四万六千坪に増区、竪坑開鑿工事を起した。二十三年には大之浦鉱区を五十三万二千五百九十六坪に、菅牟田鉱区を二十二万八千三百六十七坪に増区したが、翌年の炭価暴落で大打撃を受けた。しかし井上馨の庇護によってこれを切り抜け、二十六年桐野斜坑を開鑿、以上三坑を大之浦坑と総称。日清戦争による好況で三十一年貝島礦業合名会社(同四十二年株式会社)に発展。「石炭事業一本で生きよ」を自戒の言葉として昭和三十五年(一九六〇)現在五百―七万坪の貝島炭礦の基礎を築いた。大正五年(一九一六)十一月一日、七十二歳で没した。墓は直方市山部の雲心寺にある。法名は光風院釈慈雲居士。

参考文献　高橋光威編『(貝島太助翁の成功談)炭鉱王』、貝島大之浦炭礦労働組合編『おおのうら十年史』　(小林　正彬)

かいづかしげき　貝塚茂樹　一九〇四―八七　昭和時代の東洋史学者。明治三十七年(一九〇四)五月一日、小川琢治の次男として東京で生まれる。大正十四年(一九二五)第三高等学校卒業、京都帝国大学文学部史学科に入学、昭和三年(一九二八)同卒業。七年東方文化学院京都研究所の研究員。二十年妻の実家の相続者戦死により一家養子となり、貝塚と改姓。二十三年所属の研究所が京都大学人文科学研究所に移管され、二十四年同研究所教授、同年より六年間同研究所長をつとめる。四十三年停年退官。五十一年文化功労者、五十九年文化勲章受章。六十二年二月九日没。八十二歳。貝塚の学者としての本領は中国の古代史学であるが、この分野の研究にそれまで日本ではほとんど無視されて来た殷・西周の甲骨文および金文を導入、本式に利用、紹介した功は大である。東方文化学院の研究員としてまとめた研究報告、京大での講義ノートをまとめて昭和二十一年『中国古代史学の発展』として刊行し、学界に大きな影響を与えた。貝塚の所属する人文科学研究所蔵の甲骨の資料集と、その考釈・研究の刊行(昭和三十四・三十五・四十三年)は、貝塚の学者としての甲骨文研究の総仕上げである。貝塚の関心の対象は広く、先秦時代の思想史関係の著書も『論語』ほか一、二にとどまらない。また現代史にも強い関心を懐き、『毛沢東伝』のごとき著書もある。古今の中国のみならず西欧の学問に及ぶ広い教養の持ち主としての貝塚の文筆活動は、広い読者層をあつめた。昭和五十一年から五十三年にかけて『貝塚茂樹著作集』全十巻が刊行されている。なお、兄に小川芳樹、弟に湯川秀樹・小川環樹がいる。（林　巳奈夫）

かいのうみちたか　戒能通孝　一九〇八―七五　昭和時代の法学者、弁護士。明治四十一年（一九〇八）五月三十日、父栄三郎・母田鶴子の子として長野県飯田に生まれる。第五高等学校を経て東京帝国大学法学部に入学し、昭和五年（一九三〇）卒業。ただちに同大学助手となる。末弘厳太郎門下として民法学を専攻しつつも、次第に幅広い独特な学風を形成する。『入会の研究』『法律社会学の諸問題』を上梓して法社会学の基礎を構築。第二次世界大戦後、極東国際軍事裁判の弁護人として活躍した。日本法社会学会の創立者の一人。末弘没後、『法律時報』の編集責任者を務める。同二十四年、早稲田大学教授、二十九年、東京都立大学教授。三十九年に小繋事件（岩手県二戸郡一戸町字小繋の入会地をめぐる五十年間にも及ぶ訴訟事件）の弁護人となる。四十四年、東京都公害研究所初代所長。五十年三月二十二日没。六十六歳。墓は静岡県駿東郡小山町の富士霊園にある。『戒能通孝著作集』全八巻がある。名古屋大学教授戒能通厚はその長男。

参考文献　『法律時報』四七ノ九（特集戒能博士の学問と業績）、戒能通厚「戒能法学研究」（『法律時報』五〇ノ一三）、潮見俊隆「戒能通孝」（『法学セミナー』三〇一）、利谷信義『戒能通孝著作集』四解説（向井　健）

かいふとしき　海部俊樹　一九三一―　昭和・平成時代の政治家。平成元年（一九八九）八月から三年十一月まで二年二ヵ月余りの内閣総理大臣、第十四代自由民主党総裁。昭和六年（一九三一）一月二日、名古屋市に生まれる。二十九年、早稲田大学法学部卒業。同郷の河野金昇衆議院議員の秘書となる。三十五年、河野のあとを継ぎ、愛知三区から衆議院議員に初当選。以来、連続十四回当選。自由民主党三木武夫派に所属。昭和四十九年、三木内閣の官房副長官となり、その活動と弁舌で一躍注目を浴びた。福田内閣と中曾根内閣で再度文相となる。平成元年八月、リクルート事件の打撃と、七月の参議院議員選挙の惨敗で苦境の自民党の総裁に選ばれ、海部内閣を発足させた。政治改革を唱えて、翌二年二月の総選挙で自民党の安定多数議席を獲得、第二次内閣を継続したが、三年十月、政治改革関連三法案が廃案となり、引責辞任した。六年六月、自民党を離党し同年十二月、新進党の結成にあたり党首に選出された。平成十二年四月から保守党最高顧問。（内田　健三）

かいぼぎょそん　海保漁村　一七九八―一八六六　江戸時代後期の漢学者。名は元備、字は純卿または郷老。通称は章之助。漁村または伝経廬と号する。寛政十年（一七九八）十一月二十二日、上総国武射郡北清水村（千葉県山武郡横芝町）に生まれる。里見氏の一族。父修之の三男、母は北田氏。幼時より父に経書を授けられ、文政四年（一八二一）、江戸に出て、太田錦城に入門。天保元年（一八三〇）、私塾を開き、門弟を教授したが、安政四年（一八五七）、幕府の医学館直舎儒学教授になった。慶応二年（一八六六）九月十八日、江戸下谷練塀小路の自宅にて没。六十九歳。本所普賢寺に葬られたが、のち寺の移転に伴って改葬され、現在墓は東京都府中市紅葉丘の同寺にある。法名、養源院映月積山居士。兄元寧の子、元起があとを嗣いだ。友人に医師・考証学者が多く、渋江抽斎・小島成斎の墓誌銘は、その筆に成る。その学問は、清朝考証学の影響を受け、経書の古い注釈を研究したが、刊行された著述は少ない。和習のない格調高い漢文を書き、文集『伝経廬文鈔』がある。また『漁村文話』正続は、中国の散文の概説書としてすぐれる。

参考文献　海保元起『漁村海保府君年譜』（『儒林雑纂』）（清水　茂）

ガウランド　William Gowland　一八四二―一九二二　化学者。一八四二年イギリス東海岸サンダーランドに生まれる。明治五年（一八七二）造幣事業の顧問として日本に招聘され、同二十一年まで滞在した。この間、銅の精製のためにイギリス式の反射炉を導入した。一方、日本の古墳に特別な関心を寄せ、公務のかたわら、大阪・奈良地方はもとより各地を歩き、古墳外形や出土品の研究をなし、日本古墳の研究を科学的な軌道にのせた。造幣事業に功績をもたらしたことによって勲三等に叙せられた。帰国後、イギリスの学界で冶金学方面に活動するとともに、次のような日本古墳に関する論文を発表した。The Dolmens and Burial Mounds in Japan, Archaeologia, Vol. 55（1897）; The Dolmens of Japan and their Builders, Transactions and Proceedings of the Japan Society, Vol. 4 part3（1897）; The Burial Mounds and Dolmens of the Early Emperors of Japan, Journal of the Royal Anthropological Institute, Vol. 37（1907）. なお彼は登山家としても著名で、信州の山岳地帯について、ジャパニーズ＝アルプスの名をあたえた。すなわち、日本アルプスの命名者であった。一九二二年六月十日没す。（斎藤　忠）

がうんたっち　臥雲辰致　一八四二―一九〇〇　明治時代の発明家。天保十三年（一八四二）八月十五日信濃国安曇郡小田多井村（長野県南安曇郡堀金村三田）横山儀十郎・なみの次男として生まれた。幼名を栄弥という。足袋底織の家業を手伝ううち、発明にこって岩原村（堀金村）の安楽寺に入れられたが、二十六歳にして臥雲山孤峰院の住持となる。明治四年（一八七一）廃寺のため還俗、臥雲辰致を名乗る。以後再び発明に専念し、同六年最初の綿糸紡績機（臥雲紡績機）をつくりあげた。一般にガラ紡機とよばれる。十年第一回内国勧業博覧会に出品して、最高の鳳紋賞牌を受けてから世人の注目をひき、各地に普及したが、模造品が続出して辰致は発明の利を得られず、貧窮のうちに改良を重ねた。同十五年発明に対して藍綬褒章を受章した。二十一年額田紡績組合に招かれて愛知県三河地方に赴き、技術指導を行う。翌二十二年待望の特許を得たが、報いられるものは少なかった。三十三年六月二十九日、五十九歳で東筑摩郡波多村で病没、同村上波多にある妻の実家川澄家の墓地に葬られた。法名真解脱釈臥雲工敏清居士。

参考文献　村瀬正章『臥雲辰致』(『人物叢書』一一五)、内国勧業博覧会事務局編『明治十年内国勧業博覧会報告書』　（村瀬　正章）

かえだのぶよし　海江田信義　一八三二―一九〇六　鹿児島藩出身の維新政府官僚。天保三年(一八三二)二月十一日生まれる。鹿児島藩士有村仁左衛門とその妻連の長男。同藩の日下部伊三次の嗣子となり、その旧姓海江田に改姓。武次または通称俊斎といった。嘉永五年(一八五二)、江戸に出仕して水戸藩士藤田東湖らと交わり、その後、当時の鹿児島藩の下級武士であった大久保利通・西郷隆盛・伊地知正治・吉井友実らと結束して精忠組を組織した。精忠組は藩主島津斉彬ついで久光にひきたてられたが、海江田はそのなかで尊攘派として活躍した。その後、戊辰戦争のとき、東海道先鋒総督参謀として江戸開城に功績があり、軍務官判事から、刑部大丞、弾正大忠を経て、明治三年(一八七〇)奈良県知事となる。同十四年には元老院議官に就任した。さらに同二十年には子爵となり、同二十三年に貴族院議員、翌年枢密顧問官となる。同三十九年十月二十七日没。七十五歳。青山墓地に葬られる。

参考文献　内閣修史局編『百官履歴』上(『日本史籍協会叢書』)、海江田信義述・西河称編『(維新前後)実歴史伝』　（石塚　裕道）

かおうきん　何応欽　He Ying-qin　一八八九―一九八七　国民政府の軍人。字は敬之。貴州省興義県の出身。一八八九年に生まれる。一九一六年(大正五)日本の陸軍士官学校を卒業し、帰国後革命派の軍人として出世、二四年六月黄埔軍官学校設立にあたっては総教官主任兼教導団第一団長。二六年北伐の際には東路軍総指揮。二七年四月の「四・一二政変」後は蔣介石に従って「剿共戦」に従事。三〇年より四四年まで中央の軍政部長として兵権を握り、三六年十二月西安事件で蔣介石が監禁されたときにも武力解決策を推進しようとしたことは有名。他方、知日派として対日国交調整に努力、三五年六月には梅津・何応欽協定を締結。日中戦争開始後は第四戦区指揮。三九年には国防最高委員会常務委員、総参謀長。四六年に執筆した『八年抗戦之経過』は資料として重要。四六年から四八年にかけて遣米軍事使節団長兼国連軍事参謀委員会中国代表。四八年帰国して国共内戦にあたったが、敗北して台湾に退却。以後、総統府戦略顧問委員会主任。一九八七年十月二十一日没。九十九歳。

参考文献　何応欽著、呉相湘主編『何上将抗戦期間軍事報告』　（宇野　重昭）

かがみけんきち　各務鎌吉　一八六八―一九三九　明治から昭和時代前期にかけての実業家。明治元年(一八六八)十二月二十二日、美濃国方県郡(岐阜市)に、各務省三の次男として生まれ、東京に移住。明治二十一年高等商業学校卒、京都府立商業学校、大阪府立商品陳列所勤務を経て、同二十四年三菱系の東京海上保険会社に入る。同社は、明治十二年創立、一時成績優良であったが、同業各社との競争が激しくなり、加えて同二十三年、イギリスに進出して始めた船舶保険の成績が思わしくなく、業績は悪化していた。それは当時のわが国の保険業務の知識がまだ乏しかったことが大きな理由であった。各務は同二十七年社命をうけてロンドンに至り、保険業務を研究して、会社再建の成案を得て一旦帰朝、再度渡英してロンドンの総代理店業務をウィリス商会に委ね、帰国して本店営業部長となり、半額減資を断行し、同社の業績を飛躍的に改善し、以後平生釟三郎と協力して死に至るまで業務を主宰し同社を世界最大の規模に発展させた。その間東洋海上火災・明治火災・明治生命など、同系統事業の重役を歴任、また大正十三年(一九二四)、日本郵船取締役、昭和四年(一九二九)社長、十年会長となり、この間世界恐慌に処して経営の合理化を行い、大阪商船との提携(郵・商ユニオン)を成功せしめた。本来は一人一業主義であったが、昭和に入ってのちは三菱系の巨頭として財界に重きをなし、各種審議会の委員をつとめ、昭和五年貴族院議員に勅選され、同十年、岡田内閣のもとで内閣審議会が成立、三井の池田成彬とともに財界を代表して委員となる。この時期電力問題にも関与、外債処理問題、電力連盟の成立に参加、電力国営の際電力審議会委員、のち日本発送電総裁に擬せられた。性狷介、みずから信ずるところあつく、独断専行の気風があったが、また部下を愛する一面もあった。海上・船舶保険業務の最高指導者であったことはもとより、大正・昭和前期のわが国の代表的財界人の一人といえよう。昭和十四年五月二十七日没。七十二歳。

参考文献　鈴木祥枝編『各務鎌吉君を偲ふ』　（中村　隆英）

かがみこうぞう　各務鉱三　一八九六―一九八五　昭和時代のガラス工芸家。明治二十九年(一八九六)三月七日岐阜県土岐郡笠原村(笠原町)に鈴三郎・ぎんの一男一女の長男として生まれる。大正五年(一九一六)東京高等工業学校選科を卒業。同九年窯業研究のため南満洲鉄道会社附属中央試験所に入ったが、ガラス原料が大量に産出されたため急遽その研究に転進、ドイツ人技師についてグラビュール技術などを習得した。ついで昭和二年(一九二七)渡独、シュトゥットガルト工芸学校でG・フォン＝アイフについてより高度なガラス工芸を学び、二年後帰国したのち同九年、わが国最初のクリスタルガラス工場である各務クリスタル製作所を設立した。クリスタルガラスによるカットやグラビュール、その他の技法で研ぎすましたような清冽な美しさをもつ作品を数多く生みだし、昭和七年から毎年官展にも出品、同三十五年日本芸術院賞をうけたりしたほか、多くの後進を養成してわが国ガラス工芸界の振興に尽くした功績は大きい。昭和六十年十二月三日没。八十九歳。

参考文献 前田泰次「各務鉱三」(『芸術新潮』五ノ一〇)

(富山 秀男)

かがわけいぞう 香川敬三 一八三九―一九一五 水戸藩尊攘派の志士で明治時代の宮内官。字は心豊、東洲と号し、鯉沼伊織・小林彦次郎とも称す。天保十年(一八三九)十一月、蓮田孝定の三子として出生。安政六年(一八五九)、桜田門外の変を契機に同藩が幕府から圧迫されると、同志とともにそれに抵抗、その翌年には江戸鹿児島藩邸にこもって、攘夷運動を行なったため、一時、幽閉されたことがある。文久三年(一八六三)、藩主に従って上京。ついで洛北の愛宕郡岩倉村(京都市左京区岩倉)に退隠中の岩倉具視に仕え、その後、王政復古の計画に参加。明治元年(一八六八)、東山道先鋒総督大軍監として関東に転戦、下総国流山(千葉県流山市)で幕臣近藤勇をとらえた。明治三年に兵部大丞・宮内権大丞となり、その後、外遊。同十年には宮内大書記官に昇進、さらに宮内少輔・皇后宮大夫・皇太后宮大夫・主殿頭・枢密顧問官もつとめた。伯爵。従一位勲一等。大正四年(一九一五)三月十八日没。七十七歳。墓は青山墓地にある。

参考文献 宮内省編『岩倉公実記』、金井之恭他編『明治史料)顕要職務補任録』

(石塚 裕道)

かがわとよひこ 賀川豊彦 一八八八―一九六〇 大正・昭和時代の牧師、社会運動家。明治二十一年(一八八八)七月十日神戸で賀川回漕店主賀川純一と妾菅生かめの間に生まれ、四歳の時両親に死別し、徳島県の賀川家にひきとられた。徳島中学在学中、宣教師H・W・マヤスによってキリスト教に導かれ入信。同三十八年伝道者を志して明治学院神学部予科に入り、同四十年カルビン主義の保守的な福音主義を奉ずるアメリカ南長老派教会が新設した神戸神学校に転じ、同四十四年卒業。神戸神学校在学中から神戸市葺合の新川とよぶ貧民街に住み伝道を開始、かたわら社会事業による貧困の解決に取り組んだ。賀川の行動基準となったものは、神学校時代に読んだトルストイの『我宗教』『我懺悔』などによる無抵抗主義、ヘンリー=ドラモンドの『世界最大なるもの』によるキリスト教愛の実践、ジョン=ウエスレーの『信仰日記』による伝道と貧民救済などであり、岡山孤児院の石井十次、救世軍の山室軍平よりうけた感化も大きかった。明治学院に入学後、マルクスの『資本論』を知り、その後くり返し繙読した。賀川は唯物史観とは異なった立場にたつが、『資本論』は、彼の社会思想形成には大きな影響を与えた書物であった。大正三年(一九一四)アメリカに留学し、プリンストンで神学の他に心理学・生物学を専攻して、同六年帰国。その後は労働組合運動による無産者の解放を重視し、鈴木文治らの友愛会に加盟。同十年神戸市の川崎・三菱両造船所の労働争議をはじめ数多くの労資闘争の第一線に活躍した。社会小説『死線を越えて』はそれらの記録であり、ベストセラーとなった。従来賀川の活動資金は宣教師マヤスの好意に依存していたが、印税収入の増加によって自立し、一層幅広い社会運動を展開するようになった。労働組合運動の主流が議会主義からアナルコ=サンディカリズムに旋回し始めると、杉山元治郎に協力を求めて農民組合運動に転進し、普通選挙法が成立すると無産政党の結成に尽力した。しかしそれも共産主義者の台頭にあって分裂した。関東大震災救援のため東京に事業と運動の本拠を移し、再び宗教活動にもどり、昭和四年(一九二九)日本基督教連盟による「神の国運動」の推進者となって全国を伝道行脚した。また伝道講演の足跡は、アメリカ・ヨーロッパ・フィリピン・オーストラリア・インド・中国などにも及んだ。同十五年反戦論を説いたとして渋谷憲兵隊に留置され、その後もたびたび官憲の圧迫をうけた。同二十年第二次世界大戦後、東久邇宮内閣の参与となり、貴族院議員に勅選されたが連合軍総司令部は、戦争中の行動に不審があると承認を留保し、ついに一度も登院できなかった。それ以後日本社会党の結成、新日本建設キリスト運動、世界連邦運動など多岐にわたる活動がつづき、欧米諸国・ブラジル・タイなどにおける伝道講演があった。同三十五年ノーベル平和賞候補者にあげられたが、同年四月二十三日東京の自宅で死去、七十一歳。府中市の多磨墓地に葬る。文筆をよくし著書百五十冊、翻訳書二十五冊、代表的なものに『貧民心理の研究』、小説『死線を越えて』、詩集『涙の二等分』、『イエスの宗教とその真理』、小説『一粒の麦』『小説キリスト』、『人格社会主義の本質』『宇宙目的論』がある。また『賀川豊彦全集』全二十四巻がある。

参考文献 横山春一『賀川豊彦伝』、賀川記念事業委員会編『賀川豊彦 人と業績』、隅谷三喜男『賀川豊彦』、村島帰之『賀川豊彦病中闘史』、杉山元治郎伝刊行会編『土地と自由のために 杉山元治郎伝』、黒田四郎『人間賀川豊彦』

(横山 春一)

かきあげじゅんしろう 書上順四郎 一八四七―一九一二 明治時代の実業家。弘化四年(一八四七)五月、上野国山田郡大間々の高草木慎平の三男として生まれ、明治三年(一八七〇)同郡桐生の書上謙三家の養子となる。生糸商売を営み、十三年から横浜の有力生糸売込問屋渋沢商店の支配人となり、四十三年病気引退するまでほぼ一貫してその任をつとめ、同商店の隆盛をもたらした。横浜火災運送保険株式会社および株式会社横浜蚕糸外四品取引所の創立に尽力し、両社の監査役をつとめた。四十五年三月二十五日没。六十六歳。

参考文献 森田忠吉編『(開港五十年紀念)横浜成功名誉鑑』

(石井 寛治)

かきうちさぶろう 柿内三郎 一八八二―一九六七 明治から昭和時代の生化学者。わが国の生化学を創始・育成した。明治十五年(一八八二)八月十四日、東京麴町区に生まれる。名前は正しくは「さむろう」と読む。同三十九年、東京帝国大学医科大学を卒業、翌四十年、同大学理科大学に再入学、池田菊苗に物理化学を学ぶ。四十三年卒業、直ちに同大学医科大学医化学教室の隈川宗雄教授に招かれて医化学講師、ついで助教授。大正四年(一九一五)から三年間アメリカに留学。エール・ボストン・ジョンズホプキンス・シカゴ・コーネル・ニューヨーク各大学で学ぶ。帰国の年大正七年、隈川教授の急逝により、後任教授に任ぜられ、医化学教室の建設と教育の仕事を継ぐ。翌八年、新設の東京帝国大学理学部化学科生化学講座を兼任。同十一年三月、東京生化学者宵の会を組織し会報を発行、欧文生化学雑誌Journal of Biochemistry(J・B)を私費で発刊、国際レベルで研究を交流し、同十四年の日本生化学会創設への基礎となる。昭和二年(一九二七)医化学教室を生化学教室と改称、革新をはかった。J・Bは同十九年一時終刊したが、戦後昭和二十五年学会誌として再刊された。同十八年停年退官。東京大学名誉教授。二十二年から二十八年にかけて日本学園校長。同四十二年十二月二十四日、東京で没す。八十五歳。墓は文京区の護国寺にある。法名寿光院観阿石雲居士。

[参考文献] 日本科学史学会編『日本科学技術史大系』一三、上代晧三「柿内三郎先生」(『科学』三八ノ三)、柿内三郎「長老懐古談 生化学と共に四〇年」(『自然』一二ノ一〇)、道家達将「学者の年輪(一)―柿内三郎と日本の生化学―」(同一九ノ七)　(山下愛子)

かきえもん　柿右衛門　⇨酒井田柿右衛門

かぎやカナ　鍵谷カナ　一七八二―一八六四　江戸時代後期の伊予絣(今出絣)の創始者。天明二年(一七八二)伊予国伊予郡西垣生村今出(松山市)の農家に生まれる。父は通称清吉、母は松本氏。同村の農家小野山藤八に嫁す。享和年間(一八〇一―〇四)飛白の絣を創製したと伝えられている。讃岐金刀比羅参宮の途中、同船した久留米の商人が着用していた久留米絣のデザインから考案したといわれ、また自家の藁屋根葺替えの際、押竹を縛った痕の斑紋からヒントを得て考案したともいわれている。はじめは、青草の汁を藍に代え、地機にかけた経糸を染めて織り出したが、その後、経緯糸を藍染にして、高機で織るようになり、十ノ字・井筒の絣もでき始めた。しかしカナが創製した今出絣は、文化文政期以降、主として松山城下町で製織され売り出されていた伊予縞の陰にかくれ、農村における機織りを厳禁する松山藩の規制もあって、ほとんど生産されることはなかった。それが伊予絣として、全国に知られるようになったのは、明治十八年(一八八五)伊予織物改良組合が、従来の伊予縞に代わって、絣の生産に努力し始めた時からである。翌年、伊予絣の創始者として、産業界に、ようやくその名声が高くなってきたカナは、農商務大臣から追賞された。この時、西垣生の三島神社境内に、カナの頌功碑が建立されたが、この碑文が、その履歴を記述した唯一の史料であるところからみて、カナは多分に伝説的なにおいのする人物である。元治元年(一八六四)没。八十三歳。墓は、松山市西垣生の長楽寺にある。法名は慈光妙照信女。

[参考文献] 川崎三郎「伊予絣の研究」(賀川英夫編『日本特殊産業の展相―伊予経済の研究―』所収)　(田中歳雄)

かくこれくま　賀来惟熊　一七九六―一八八〇　幕末の公益事業家、鋳砲家。寛政八年(一七九六)九月二十八日島原藩飛地豊前国宇佐郡佐田村(大分県宇佐郡安心院町)の酒造・搾蠟などを営む豪農、金納郷士の家に生まれる。父は惟秀、母は安。二十五歳で家業を嗣ぐ。文政年間(一八一八―三〇)植林の重要性を説き、己が山林に杉苗を植え領主松平氏にも十万本を献じた。嘉永五年(一八五二)の洪水には井堰復旧に努力し、また村内の水利事業や宇佐八幡宮の改築に尽力した。外警多事以来海防の必要を痛感し日出藩儒帆足万里の教えをうけ、農事の傍ら鋳物を業とし密かに鋳砲を企てた。藩主これを聞き大砲鋳造を内命す。安政二年(一八五五)反射炉を村内の宮の台に築き、三男三綱をして佐賀藩反射炉の秘法を探らせた。三綱は苦心の末、その燃料の石炭なるを知り、さらに工夫をこらし三年余を費やし、六ポンド・一二ポンド・一八ポンド各砲、計八門を鋳造した。その後、次男惟準は島原に赴き青銅砲十数門を鋳造して藩士に取り立てらる。明治十三年(一八八〇)二月二十五日没す。八十五歳。墓は、郷里の安心院町日尾字立中山にある。

[参考文献] 田尻佐編『贈位諸賢伝』一、大分県編『大分県被贈位者略伝』　(森田誠一)

かくまつじゃく　郭沫若　Guo Mo-ruo　一八九二―一九七八　中国の詩人、作家、歴史学者、政治家。四川省楽山県出身。本名は開貞であったが、故郷の沫水・若水の名をとり、はじめ沫若、のち沫若と称した。一八九二年に中地主の三男として生まれた。一九一四年(大正三)日本に渡り、官費生として六高から九州帝国大学医科大学に進み二三年に卒業したが、在学中、ハイネ・ホイットマン・タゴールなどの影響を受け、二一年から二二年にかけて郁達夫らと創造社を設立、機関誌『創造季刊』を発行した。処女詩集は『女神』で芸術主義・ロマンティシズムが強い。二四年河上肇の『社会組織と社会革命』を訳したころから革命文学に進み、二六年国民革命が北伐の形で展開するやこれに参加、鄧演達の下に総政治部副部長となった。二七年四月蒋介石が反共に転じた後には逮捕令で追われ、二八年(昭和三)初め、日本人の夫人と子女とともに上海から日本に脱出し千葉県市川に居を求め、以後十年間、唯物史観の立場から中国古代社会研究・甲骨文字研究に没頭した。三七年七月日中戦争が本格化するや単身帰国、はじめ上海文化界で活躍、のち武漢に赴いて国民政府軍事委員会政治部第三庁主任となり、抗日救国の宣伝工作を担当、三八年十月武漢陥落後は重慶に国民政府の後を追った。しかしやがて国民党の政治に失望してこれを批判し、四二年には有名な歴史劇『屈原』を執筆、日本の降伏後は、無党無派代表として四六年一月の政治協商会議に出席したが国民党批判はさらに強化され、四九年までに中国共産党支持に転じた。四九年九月政治協商会議全国委員会副主席、同年十月科学院院長、五〇年全国文学芸術界連合会主席に就任、五九年三月中国共産党に入党、六六年四月には有名な「自己批判」を行い、プロレタリア文化大革命の口火を切る一人となった。六九年中国共産党中央委員に選出された。七八年六月十二日没す。八十七歳。『郭沫若自伝』(小野忍・丸山昇訳、『東洋文庫』、全六巻)がある。なお、日本亡命中の研究・創作活動に関連した資料を収蔵した沫若文庫が、東京都三鷹市のアジア・アフリカ図書館の中国室にある。没後、郭沫若著作編集出版委員会が北京で発足、既刊の『郭沫若文集』全十七巻を改訂出版の予定。

(宇野　重昭)

カクラン George Cochran　一八三五—一九〇一　カナダメソジスト教会最初の日本伝道宣教師。一八三五年アイルランドに生まれ、幼時父母とともにカナダに移住。トロントのメトロポリタン教会牧師として名声があったが、キリシタン禁制の高札が廃止された明治六年(一八七三)六月、D・マクドナルドとともに来日、横浜で伝道した。翌七年中村正直に招かれて東京小石川の同人社で教育と伝道にあたった。中村正直・平岩愃保(第二代日本メソジスト教会監督)らはかれによって洗礼をうけた。同七年牛込教会を創立。十二年一旦帰国し、トロントで牧師をつとめたが、十七年再び来日して同年東京麻布に東洋英和学校(のち麻布中学校を分離)を設立し、校長として神学教育に力をつくした。二十六年健康を害してカナダに帰り、のちカリフォルニアに移ってサンタモニカ教会牧師、マクレー神学校教頭、南カリフォルニア大学文学部長を歴任。一九〇一年五月二十四日ロスアンジェルスで死去。

参考文献　『カナダメソヂスト教会日本年会記録』、『日本メソヂスト教会東部年会記録』、倉長巍『加奈陀メソヂスト日本伝道概史』

(気賀　健生)

かげささだあき　影佐禎昭　一八九三—一九四八　昭和期の陸軍軍人。明治二十六年(一八九三)三月七日元広島藩士(小学校長)影佐造次の長男として、広島県に生まれた。大阪府立市岡中学校を経て、陸軍士官学校に進み、大正三年(一九一四)卒業して砲兵少尉に任官した。陸軍大学校を優等で卒業して、参謀本部作戦課に配属されたが、同十四年から三年間東京帝国大学法学部に聴講生として派遣された。青年将校時代から中国問題に関心を持ち、昭和初年陸軍の中国政策を一新しようとする抱負を抱いて中国問題専門家に転向した。二年間の中国留学を経て、参謀本部支那班長・上海駐在武官を歴任、日中戦争勃発直後の昭和十二年(一九三七)八月砲兵大佐に進級し参謀本部支那課長に就任した。当時陸軍部内では日中戦争の処理をめぐっていわゆる拡大派と不拡大派が鋭く対立していたが、強硬派の影佐は、石原莞爾少将の不拡大論に強く影響され、一転して熱心な和平派に転向した。十三年一月十六日「蔣介石を対手にせず」との第一次近衛声明が発せられ、蔣政権を対象とした日中和平の見通しは絶望化したと見られたので、影佐は、蔣政権内の和平派である汪兆銘の引出しに着目し、松本重治・犬養健ら民間人の協力を得て、「無併合、無賠償」という寛大な条件で和平条件をまとめた。そして十五年三月汪を首班とする新中央政府が南京で成立したが、期待に反し中国民衆の信頼を得られず、日本軍の武力を背景に、かろうじて存立しうる弱体政権に終った。影佐は汪政権の最高軍事顧問をつとめたのち、十七年十二月中将となり、十八年ラバウルの第三十八師団長として出征、復員後中国の戦犯指名を受けたが、痼疾の肺疾患で二年余の療養ののち、二十三年九月十日、東京で病死した。五十六歳。

参考文献　世話人会編『人間影佐禎昭』

(秦　郁彦)

かけひかつひこ　筧克彦　一八七二—一九六一　明治から昭和時代にかけての法学者。明治五年(一八七二)十一月二十八日筧朴郎の長男として長野県上諏訪に生まれる。母は小枝。同三十年七月東京帝国大学法科大学法律学科卒業、翌年ドイツに留学。同三十六年東京帝国大学法科大学教授となり行政法講座を担当、その後法理学・憲法学をも担当し、昭和八年(一九三三)三月停年により退官、国学院大学などで講義する。留学中ハルナックの神学、ディルタイ、パウルゼンの哲学、ギールケのゲルマン固有法の影響をうけ、日本では穂積八束の家制国家論に動かされ、次第に古神道の研究に入り、これを自己の法理学・国家論の基礎とした。大正期以後この方向での活動は多くの労作となり、形而上学的方法により古神話を解釈し、「神ながらの道」を説いて天皇絶対化・天皇中心主義を唱道した。日中戦争以後、著書と講演により、軍部の推進する超国家主義の昂揚に多大の寄与をなした。著書に『仏教哲理』『西洋哲理』『古神道大義』『神ながらの道』『皇国行政法』『大日本帝国憲法の根本義』その他がある。昭和三十六年二月二十七日神奈川県三浦郡葉山町の自宅にて没。八十八歳。東京都港区の青山墓地に葬られる。また郷里長野県諏訪市湯ノ脇温泉寺山麓の先祖代々の墓所にも分骨されている。

参考文献　筧泰彦「父筧克彦のことども」(『学士会会報』六九〇)

(福島　正夫)

かげやましょうへい　影山庄平　一八八六—一九四五　大正・昭和時代前期の神道家、国家主義者。明治十九年(一八八六)二月十四日、愛知県渥美郡豊岡村(豊橋市東田町)に生まれる。父は地主、豊橋市会議員、神主。大正三年(一九一四)、神道十三派の一つ神道修成派の教師、同十一年に裁判所勤務をやめ神官となる。昭和十四年(一九三九)四月、大東塾の創設に参画し、長男影山正治がその塾長となったが、同十九年十一月、正治が出征したあとを受けて塾長代理となり、塾の運営にあたった。同二十年八月二十五日、東京代々木練兵場で大東塾生十三人とともに割腹自決した。六十歳。豊橋市内に葬られたが、のち東京都青梅市の大東農場内に改葬された。

参考文献　『大東塾三十年史』、影山正治『一つの戦史』、橋川文三編『超国家主義』（『現代日本思想大系』三一）
（高橋　正衛）

かげやまひでこ　景山英子　⇩福田英子（ふくだひでこ）

かげやままさはる　影山正治　一九一〇—七九　昭和時代の国家主義者、歌人。明治四十三年（一九一〇）六月十二日、影山庄平・歌の長男として愛知県豊橋市に生まれる。県立豊橋中学を卒業し、昭和四年（一九二九）、国学院大学に入学す。在学中よりいくつかの右翼団体の幹部となり活動す。同七年六月六日、大日本生産党に入党し中央委員となる。同八年七月十一日に発覚した神兵隊事件に連座、起訴さる。同十四年四月三日、大東塾を創設す。同十五年七月五日、三十七名を指揮して重臣らの暗殺を計画、同日発覚、検挙さる。同十九年十一月より同二十一年五月まで北支那に一兵卒として従軍。同二十年八月二十五日、父庄平ほか大東塾生十三名が自刃す。二十一年五月、短歌雑誌『不二』創刊。同二十九年四月三日、大東塾を再建する。同五十四年五月二十五日、青梅市の大東塾農場にて割腹、散弾銃で自決。六十八歳。大東塾農場内に葬られた。遺書の三枚の色紙一枚には「一死を以て元号法制化の実現を熱禱しまつる」とあった。著書としては『維新者の信条』『一つの戦史』『民族派の文学運動』がある。

参考文献　『大東塾三十年史』、司法省刑事局編『国家主義系団体員の経歴調査』一
（高橋　正衛）

かこつるど　賀古鶴所　一八五五—一九三一　明治から昭和時代にかけての耳鼻咽喉科医師、軍医。森鷗外の終生の盟友。安政二年（一八五五）正月二日、浜松藩医賀古公斎の長男として浜松に生まれる。藩主が上総国市原郡鶴舞に移封されるのに従って、明治二年（一八六九）同所に移る。翌三年上京し、箕作秋坪の塾に学び、同五年第一大学区医学校に入学した。明治十四年医師柳慎斎四女けい子と結婚、同年東京大学医学部を卒業し、ただちに陸軍軍医となる。十七年緒方正規に細菌学を学び、軍医学校でこれを講じ、のち陸軍大学校教官を兼任し、軍陣衛生学を講じた。二十一年内相山県有朋に随行して欧米を巡遊したが、その間ベルリンで耳鼻咽喉科学を学んだ。二十五年東京神田小川町に賀古耳科院を開設、公務のかたわら診療に従事した。日清・日露戦争に従軍し、日露戦争後軍医監になる。四十四年恩賜財団済生会を創立した。昭和六年（一九三一）一月一日東京で没した。七十七歳。墓は文京区本駒込の吉祥寺にある。法名は翠巌院玄雲鶴所居士。編著に『耳科新書』（明治二十五・二十六年）がある。

参考文献　松原純一「賀古書簡」（『鷗外』二）、同「賀古鶴所略年譜」（同）
（大塚　恭男）

かさいじゅんぱち　笠井順八　一八三五—一九一九　明治時代の実業家、小野田セメントの創立者。天保六年（一八三五）五月、山口藩御舟手有田甚平の三男に生まれ、七歳で同藩士笠井英之進の家名を相続した。山口藩に仕え、理財の道に長じ、同藩の財務・租税・土木・勧業など一切の事務を掌る御所帯方ならびに郡奉行元締役の要職を務めた。廃藩置県後山口県の会計大属となり、のち勧業局の主任となった。士族の窮状を救済するため、セメントの有望性に目をつけ、明治十四年（一八八一）資本金五万七千百五十円でセメント製造会社（のちの小野田セメント）を創立した。同社は日本で最初の民間セメント会社であった。創業時に制定した会社規則に、「外国の泥土を購う輸入を防遏し、進んで輸出し、わが国の泥土をもって外国の金貨を輸入して国民の義務を尽す」と会社の基本方針を打ちだしたが、これが現在まで小野田セメントの経営の方針となっている。会社組織の発展と同時に、社長として品質の改良、生産拡大、販売合理化に努めた。だが、同三十一年以降の不況で会社は危機に直面した。笠井は会社不振の責任を負い、会社の危機を救うため、自分の不動産および諸株券とその代金のすべてを提供するとともに、同三十四年社長を退いた。大正八年（一九一九）十一月、八十五歳で没した。

参考文献　笠井順八翁頌徳会編『笠井順八翁小伝』
（中村　忠一）

かさいしんいち　笠井信一　一八六四—一九二九　明治から昭和時代前期にかけての社会行政家、済世顧問制度の創設者。元治元年（一八六四）六月十九日駿河国富士郡蓼原村（静岡県富士市）に生まれた。父知雄、母やす。明治二十五年（一八九二）帝国大学法科大学卒業、岩手・静岡・岡山各県知事、北海道庁長官を歴任し、大正十年（一九二一）貴族院議員に勅選された。地方長官在任中敏腕と治績を以て知られ、郷里の富士市本市場には笠井明府遺業宣揚会が建立した頌徳碑がある。岡山県済世顧問制度は大正六年五月十二日岡山県訓令第一〇号、「済世顧問設置規程」の公布により創設された。わが国の方面委員制度、ひいては民生委員制度に与えた影響は少なくない。設置規程には「済世顧問ハ県下市町村ノ防貧事業ヲ遂行シ個人並社会ヲ向上セシムルコトヲ以テ目的トス」「済世顧問ノ防貧方法ハ精神上ノ感化、物質上ノ斡旋等ニ依リ現在及将来ニ於ケル貧困ノ原因ヲ消滅セシムルモノトス」とうたわれている。済世顧問の資格として、人格正しきもの、身体健全なるもの、常識に富めるもの、慈善同情心に富めるもの、市町村内中等以上の生活を営み、少なくとも俸給を以て衣食の資に供せざるもの、忠実勤勉でその職務に尽くすべきものなどと列記され、名誉職であった。本制度を創設した笠井信一は、制度の基調として、プラグマティズムの哲学と「天を養う天の如き心」をあげているが、思想の基本には東洋思想があった。済

世顧問制度は農業が中心であった岡山県に生まれたもので、翌年に成立したより近代的な大阪府の方面委員制度にとって代わられた。著書に『済世顧問制度之精神』がある。昭和四年(一九二九)七月二十五日東京小石川の自宅で没。六十六歳。墓は、静岡県吉原市今泉の妙遠寺にある。法名、済世院殿秤心厳毅日信大居士。

参考文献 岡山県社会事業協会編『岡山県済世制度二十年史』、守屋茂『近代岡山県社会事業史』

（吉田　久一）

かさいぜんぞう　葛西善蔵　一八八七―一九二八　大正時代の小説家。別号歌棄・酔狸州。明治二十年(一八八七)一月十六日、青森県中津軽郡弘前町松森町(弘前市松森町)に父卯一郎・母ひさの長男として生まれた。小学校卒業後上京し、新聞売り子をしながら夜学に学んだが帰郷。三十六年北海道に渡り鉄道や営林署に勤務した。三十八年再び上京、哲学館大学(東洋大学)に入学したが中退。四十一年郷里で結婚したものの作家を志して単身上京、徳田秋声に師事した。相馬御風を介して早稲田大学英文科の聴講生となり、広津和郎・谷崎精二らを知る。大正元年(一九一二)九月、彼らと同人誌『奇蹟』を創刊。これに『哀しき父』を、ついで『早稲田文学』に『贋物さげて』(のち『贋物』と改題)を発表して文壇に認められた。秋声ゆずりの鋭い現実観照と芸術のためには身の破滅も恐れぬ自虐性とで異彩を放った私小説作家であった。代表作に上記のほか『椎の若葉』『湖畔手記』などがある。酒と遅筆のため貧窮生活が続いたが、昭和三年(一九二八)七月二十三日、東京世田谷の寓居で病没した。時に四十二歳。法名は芸術院善巧酒仙居士。弘前市新寺町の徳増寺に葬られた。『葛西善蔵全集』が三種ある。

参考文献 谷崎精二『放浪の作家―葛西善蔵評伝―』(『現代新書』)、大森澄雄『葛西善蔵の研究』

（勝山　功）

かさぎしづこ　笠置シヅ子　一九一四―八五　昭和を代表する歌謡曲歌手。大正三年(一九一四)八月二十五日、香川県大川郡引田町生まれ。本名・亀井静子。幼くして大阪の薪炭商の養女になり、十三歳の昭和二年(一九二七)、OSK(大阪松竹楽劇部)のダンサーとして、三笠静子の名でデビュー。同十五年、服部良一作詞作曲の「ラッパと娘」を歌ってコロムビアより歌手デビュー、パンチのある唱法で注目された。二十二年日劇で「東京ブギウギ」を歌い、暗い世相の中で女の開放感を体当たりで示し多くの人々に夢を与え、爆発的人気を呼んだ。バイタリティーあふれる踊りで話題を集め、「ヘイヘイブギ」「ジャングルブギ」「買物ブギ」など一連のブギウギをヒットさせて、〝ブギの女王〟といわれた。三十年以降は歌手を廃業、懐メロ番組でも歌わなかったが、庶民的な雰囲気と愛敬のあるマスクが買われテレビ・舞台でも活躍した。六十年(一九八五)三月三十日没。七十歳。

参考文献 社団法人日本歌手協会編『社団法人日本歌手協会史―日本歌手協会の歩んだ道―』

（森島みちお）

かさぎよしあき　笠木良明　一八九二―一九五五　大正・昭和時代の国家主義者。明治二十五年(一八九二)七月二十二日、栃木県上都賀郡足尾町松原に生まれる。父良七・母やのの次男。東京帝国大学法科大学卒業後、大正七年(一九一八)老壮会の結成に参加。続いて猶存社に、北一輝と大川周明が対立すると大川が結成した行地社の同人となる。大正十五年の北一輝・西田税による宮内省怪文書事件で取調べられている。満鉄(南満洲鉄道会社)社員となり、東亜青年居士会をおこし、満鉄の青年有志を糾合した大雄峰会を組織する。満洲事変勃発から満洲国建国まで、関東軍に協力して、列車輸送、治安維持会結成に活動した。昭和八年(一九三三)大亜細亜建設社を組織して機関誌『大亜細亜』を発刊、また興亜塾を設立し、満洲事変前後に活躍したインテリ大陸浪人の代表であった。戦後は、昭和二十七年亜細亜同志会顧問・成田山奉讃会会長。昭和三十年九月一日自動車事故に遭い、同月二十三日死去。六十三歳。遺文、各氏の追憶談を収めた『笠木良明遺芳録』がある。

（高橋　正衛）

カサトキン　Ioan Dimitrovich Kasatkin　⇨ニコライ

かさはらけんじゅ　笠原研寿　一八五二―八三　明治前期の仏教学者。字は僧墨。嘉永五年(一八五二)五月五日越中国礪波郡城端(富山県東礪波郡城端町)の真宗大谷派恵林寺に生まれた。父は恵寿、母は布崎氏の女。金沢の同派永順寺石川舜台の慎憲塾に学び、明治五年(一八七二)東本願寺寺務所の記室長に就任、ここで南条文雄を知り親交した。二人は、このころ欧州視察から帰った本願寺新門現如の命で、同九年六月梵語学研修のためイギリスに留学した。当初はオックスフォード大学のマクドネル教授に、のちマックス＝ミュラー教授に梵語を学び、ホジソン将来の梵語仏典および初期インド方言仏典の解読や、諸図書館所蔵の梵語仏典の謄写などに励んだ。笠原は激務のため肺患にたおれ、同十五年九月単身帰朝し、十六年七月十六日東京大学病院で没した。時に三十二歳。南条と並ぶ逸才とされ、近代梵語学開拓者の一人として知られている。法名は梵行院研寿。『笠原遺文集』がある。

参考文献 南条文雄『懐旧録』(『東洋文庫』三五九)、同「忘れ得ぬ人々」(『合掌』二ノ一・三―九・一一、三ノ一―五・七―九)

（柏原　祐泉）

かさはらはくおう　笠原白翁　一八〇九―八〇　江戸時代後期の蘭方医師。種痘法の普及に功績があった。文化六年(一八〇九)五月越前国足羽郡深見村(福井市深見町)に生まれた。父は医師笠原竜斎。通称は良策、白翁は晩年の号である。文政十二年(一八二九)江戸にて磯野公道のもとで古医方を学び、天保三年(一八三二)帰国、開業した。同七年ごろ蘭医大武了玄を知り、そのもとで蘭方医学を学んだ。同十一年京都に行き、日野鼎哉の門に入った。翌十二年帰国したが、弘化二年(一八四五)再び京都に行き、清人邱浩川の『引痘新法全書』を読んで感銘を受け、牛痘苗を広東方面からとりよせようと尽力した。嘉永二年(一八四九)に蘭人モーニッケが長崎に痘苗をもたらした。白翁は日野鼎哉のもとでこれを入手し、苦心のすえ福井にはこんだ。福井ではただちに除痘館がひらかれ、同地方一帯に種痘法が普及した。白翁は晩年江戸に住み、明治十三年(一八八〇)八月二十三日同地で没した。七十二歳。墓は郷里の大安寺(福井市田ノ谷町)にある。

参考文献 福井県医師会編著『福井県医学史』、滋賀貞「種痘と笠原白翁」(『中外医事新報』一一九二・一一九三)

(大塚 恭男)

かざまきけいじろう 風巻景次郎 一九〇二―六〇 昭和時代の国文学者。明治三十五年(一九〇二)五月二十二日、兵庫県川辺郡小田村字常光寺(尼崎市)に平田景儀と里の五男として生まれ、翌年母方の叔父風巻平の養子となる。愛知県立第一中学校、第八高等学校を経て、大正十五年(一九二六)東京帝国大学文学部国文学科を卒業し、大阪府女子専門学校、長野県女子専門学校、東京音楽学校、清水高等商船学校、北京輔仁大学などの教授を経て、昭和二十二年(一九四七)六月北海道帝国大学法文学部(のち、北海道大学文学部)教授に就任、三十三年四月、関西大学教授に転任。三十五年一月四日没。五十七歳。菩提寺は、京都市の黒谷長安院。『新古今和歌集』を中心とする中世和歌を専攻しながら、学際的な視野で日本文学史の全体像を明確にする構想を模索し、該博な知識と犀利な感覚によって日本文学の全分野を対象として究明し、示唆的な業績を多数残している。主著に、『日本文学史の構想』『日本文学史の周辺』『新古今時代』『中世の文学伝統』などがある。また『風巻景次郎全集』全十巻が刊行されており、第十巻『戦後日記・書簡』に「年譜」(風巻春子編)、「論文・著書目録」を収める。

参考文献 北海道大学国文学会編『風巻景次郎研究 人と学問』

(小町谷照彦)

かさまつけんご 笠松謙吾 一八三八―七二 幕末・維新期の勤王活動家。名は賀之吉、字は士恭、通称謙吾、のち宗謙と改め、蜂嶺と号した。天保九年(一八三八)十二月、越後国頸城郡小猿屋村(新潟県上越市)庄屋忠右衛門の長子として生まれた。十二歳で高田の倉石典太に、嘉永六年(一八五三)三月江戸へ上り安積艮斎に、また昌平黌に入り藤森弘庵・羽倉簡堂に学んだ。元治元年(一八六四)七月、蛤御門の変に京都を遁れてきた同志蒲原の長谷川鉄之進、糸魚川の松山良三を匿い、同年十月水戸の天狗党武田耕雲斎を迎えようとして長野まで行ったが会えなかった。慶応三年(一八六七)倒幕運動に参加して、会津藩を孤立させようと、松山良三らと米沢藩を遊説中、計画が洩れ同志村松藩七士は捕われ、謙吾は仙台へ逃げ岡鹿門に匿われた。明治戊辰戦争には西園寺公望に従い軍功を賞された。明治四年(一八七一)柏崎県に建言して川浦郷学校を創立し、その教師となったが、翌年二月十八日病没した。三十五歳。墓は上越市小猿屋の旧屋敷跡にある。遺著に『鶏肋集』『蜂嶺詩集』などがある。

参考文献 坂口五峰『北越詩話』下、渡辺慶一『越後府中地方史研究』、今泉鐸次郎『北越名流遺芳』一

(渡辺 慶一)

かざみあきら 風見章 一八八六―一九六一 昭和時代の政治家。明治十九年(一八八六)二月十二日茨城県結城郡水海道(水海道市)の農家に力三郎・ぬいの次男として生まれる。同四十二年早稲田大学卒業、株屋につとめ、東京市電気局長秘書などを経て、大正二年(一九一三)中野正剛の推薦で大阪朝日新聞社に入社、六年退社、八年国際通信社入社、十年退社、十二年信濃毎日新聞主筆、この時期の普選運動および労働運動・社会主義運動に同情的な立場をとった。昭和三年(一九二八)衆議院議員選挙に茨城から出馬したが落選、五年当選(以後八回当選)、立憲民政党に属した。六年安達謙蔵・中野正剛らとともに民政党を脱党し、翌年国民同盟結成。十一年国民同盟を脱し無所属となる。十二年第一次近衛内閣の書記官長に就任。十五年近衛側近の一人として新体制運動をおこし、第二次近衛内閣の法相。この前後の時期を通じて、当時のいわゆる「革新」派の一人であった。十七年翼賛選挙に立候補せず、政界を退いた。二十一年公職追放、二十六年追放解除。二十七年無所属で衆議院議員当選、政界に復帰した。二十九年片山哲・有田八郎らと護憲運動をおこし、憲法擁護国民連合を結成した。三十年左派社会党に入党、社会党統一に尽力し、統一とともに同党顧問。原水禁運動・日中国交回復運動・安保反対運動に参加した。三十六年十二月二十日東京で没。七十五歳。

参考文献 須田禎一『風見章とその時代』

(伊藤 隆)

かじいもとじろう 梶井基次郎 一九〇一―三二 大正・昭和時代前期の小説家。明治三十四年(一九〇一)二月十七日大阪市西区土佐堀通五丁目に、宗太郎・ひさの次男として生まれた。府立北野中学、第三高等学校理科を経て、大正十三年(一九二四)東京帝国大学文学部英文科に入学。翌年、中谷孝雄らと同人雑誌『青空』を創刊、誌上に『檸檬』『城のある町にて』などを発表した。翌十五年、三高時代の肋膜炎を再発、伊豆湯ヶ島に転地して越年、川端康成を知った。以後、死に至るまで肺疾患との闘いが続いた。昭和三年(一九二八)大学除籍。この年九月帰阪、数度にわたり居を変え、同七年三月二十四日大阪市住吉区王子町二丁目十三番地(阿倍野区王子町)で没。三十二歳。墓所は南区中寺町常国寺。法名は泰山院基道信士。作品には、前記のほかに、「冬の蠅」『闇の絵巻』などがあり、生前はほとんど無名であったが、洗練された詩的散文によって外界と内面の交感を描き、人間存在の基底に迫る作風は、死後声価を高めた。『梶井基次郎全集』全三巻がある。

参考文献 中谷孝雄『梶井基次郎』(『筑摩叢書』)、石川

弘『梶井基次郎論』、鈴木沙那美『転位する魂　梶井基次郎』、大谷晃一『評伝梶井基次郎』　（山田　晃）

かじたはんこ　梶田半古　一八七〇―一九一七　明治時代の日本画家。本名錠次郎。明治三年（一八七〇）六月二十五日彫金家梶田政晴の長男として東京下谷御徒町で生まれ、十三歳で浮世絵師鍋田玉英に、十五歳で石井鼎湖に、翌年菊池容斎系の画家鈴木華邨について各派の筆法を習った。その後同二十四年日本画の革新をめざす日本青年絵画協会の結成に発起人の一人として加わり、二十九年同協会が日本絵画協会に発展し、また三十一年日本美術院が創立されるに及んで特別賛助会員となり、両会連合の共進会に「春宵怨」（同三十五年）や「豊年」（同三十六年）など浪漫的作品を発表、類型的な旧派の作風に抗して斬新な写実表現に力量を示した。同四十年の文展開設後は展覧会に出品せず振るわなかったが、新日本画の開拓に挺身した彼の門下からは小林古径・前田青邨・奥村土牛ら、次代の俊秀が輩出した。大正六年（一九一七）四月二十三日死去。四十八歳。巣鴨の染井墓地に葬られた。

参考文献　添田達嶺『半古と楓湖』　（富山　秀男）

かじつねきち　梶常吉　一八〇三―八三　江戸時代後期から明治時代前期にかけての七宝工。享和三年（一八〇三）五月名古屋藩士加地市右衛門の次男として生まれる。海東郡服部村（名古屋市中川区富田町服部）の庄屋恒川家の養子となり、金銀鍍金を業としたが、たまたまオランダ（一説には中国ともいわれる）よりもたらされた七宝を入手、これをもとに七ヵ年に及ぶ研究の末、天保三年（一八三二）正月に同技法を会得、さらに同八年に輸入品に近いものをつくるまでになり、わが国における近代七宝勃興の端緒をひらいた。嘉永三年（一八五〇）には名古屋藩より七宝香炉などの製作を命ぜられ、また藩主は常吉の七宝を将軍に献上して、名古屋藩の特産品として声価を得るに至った。明治十六年（一八八三）九月二十日没。八十一歳。常吉の技術は海東郡遠島村（海部郡七宝町）の林庄五郎に伝えられ、さらに同村の塚本貝助・塚本儀三郎・林小伝らに受けつがれて、今日の名古屋七宝の基が築かれていった。常吉の孫佐太郎も七宝工として知られる。なお明治における七宝の名工として聞える京都の並河靖之も梶常吉系統の七宝を学んでいる。

参考文献　林俊光『七宝の文様』　（岡田　譲）

かじのじんのすけ　梶野甚之助　一八五九―？　明治時代の自転車製作の先駆者。安政六年（一八五九）相模国津久井郡下で誕生。明治十二年（一八七九）ごろ横浜の蓬萊町に工場を設け（二十一年高島町へ移転）、木製自転車の製作を始めた。同二十八年ごろには米国製品にならって鉄輪車の製作に成功し、やがて製品の一部を輸出するに至り、また宮内省や参謀本部へも納品した。同三十五年には業界視察のため渡米した。日露戦争に従軍し、戦後は韓国の城津で雑貨商を開業。横浜の工場の経営は管理人にまかせた。没年不詳。

参考文献　森田忠吉編『（開港五十年紀念）横浜成功名誉鑑』　（服部　一馬）

かしまのりぶみ　鹿島則文　一八三九―一九〇一　幕末・明治時代の神職。天保十年（一八三九）正月十三日生まれる。父は鹿島神宮大宮司則孝。号は桜宇。儒書を安井息軒に学び、また、みずから皇典を究めて国事に奔走、慶応元年（一八六五）幕府に忌まれて八丈島に流されたが、明治二年（一八六九）赦免、六年鹿島神宮大宮司、十七年伊勢神宮宮司に任じ、祭儀の復興、林崎文庫の整備、神宮皇学館の拡充、『古事類苑』の出版などに力をつくした。三十一年神宮炎上の責を負い辞職帰郷。三十四年十月十日病没。年六十三。茨城県鹿島郡鹿島町三笠墓地に葬る。

参考文献　鹿島敏夫編『中臣鹿島連姓鹿島氏系譜』（『鹿島神宮文書』一）、「鹿島則文君実歴附十二節」（『史談速記録』六〇）、葦津大成「神祇官復興運動における神職の活動」（神道文化会編『（明治維新）神道百年史』五所収）　（阪本　健一）

かしまふさじろう　鹿島房次郎　一八六八―一九三二　明治から昭和時代前期にかけての実業家。神戸市長。明治元年（一八六八）九月二十一日備後国三上郡庄原村（広島県庄原市）に豪農田部香蔵の弟として生まる。東京高等商業学校を中退後渡米し、ミシガン大学を卒業、一時横浜で貿易商の手代となったが、二十九年神戸の鹿島家の女婿に入る。翌年神戸市役所に奉職、三十九年助役、四十年市長に就任、二期十一年在職後、川崎総本家総理事に迎えられ、昭和三年（一九二八）川崎造船所社長に就任、同社の整理再建に尽力したが、七年七月二十九日病没。六十五歳。

参考文献　『神戸市史』本編総説・本編各説、『川崎重工業株式会社社史』、実業之世界社編輯局編『財界物故傑物伝』上　（寺谷　武明）

かしままんぺい　鹿島万平　一八二二―九一　幕末・明治前期の商人、鹿島紡績所創立者。文政五年（一八二二）十月六日、江戸深川永代寺門前仲町（東京都江東区）の家持で米・酒屋を営む仁兵衛の次男に生まれた。いったん鈴木家の養子になったが、鹿島家に復し、分家して初代万兵衛と称し、のち長男に襲名させて万平と改名した。商家奉公ののち米屋を営んだこともあったが、嘉永二年（一八四九）日本橋堀江町四丁目に伝馬組木綿・繰綿問屋を開き、のち組合総代となった。開港後は、横浜の外商に綿花を売り込み、慶応三年（一八六七）には三井組社員となり、三野村利左衛門とともに横浜に生糸荷為替組合を組織した。明治二年（一八六九）東京貿易商社設立に際しては、総頭取三井八郎右衛門の目代として活躍し、ついで函館の同出張所設立に尽力し荷為替の便を開いた。また同四年には大倉喜八郎と共同で両替店を始めた。これよりさき、元治元年（一八六四）ころから数名の商人と機械制紡績工場の設立を企図し、脱落者続出にめげず明治五年、個人経営の鹿島紡績所の開業にこぎつけた。また北海道釧路国厚岸(あっけし)・浜中地方に数十ヵ所の漁場・昆布採取所を開き、鰊絞粕・魚油製造や昆布採取に従事し、博覧会・共進会では水産物部門で数回受賞している。同二十一年には、清国輸出を目的に田中平八らと日本昆布会社を函館に設立した。読書を好み、賀茂規清の門に入り国学を学んだこともあった。同二十四年十二月二十九日、王子滝野川村(東京都北区)において七十歳で病没し、駒込の染井墓地に葬られた。

参考文献 絹川太一『本邦綿糸紡績史』一、土屋喬雄「滝野川鹿島紡績所の創立・経営事情」(『経済学論集』三ノ一〇)

(高村　直助)

かじまもりのすけ　鹿島守之助　一八九六―一九七五　昭和時代の実業家、政治家、学者。明治二十九年(一八九六)二月二日、兵庫県揖西郡半田村(揖保郡揖保川町)に永富敏夫の四男として生まれる。第三高等学校を経て、大正九年(一九二〇)東京帝国大学法学部政治学科卒業。同年高等文官試験外交科に合格、外務省に入る。ドイツ在勤ののち本省欧米二課を経てイタリア在勤、その間昭和二年(一九二七)鹿島精一の長女卯女(うめ)と結婚、鹿島家の養嗣子となった。五年外務省を退官、第十七回総選挙に兵庫県第四区から立候補したが落選した。在独中クーデンホーフ＝カレルギー伯の汎ヨーロッパ主義に共鳴、汎アジア主義を唱えるに至る。九年『世界大戦原因の研究』、十三年『帝国外交の基本政策』を出版して高い評価をうけ、前者により東京帝国大学より法学博士の学位を受けた。同年株式会社鹿島組の社長に就任、十七年大政翼賛会調査局長となり、太平洋戦争敗北後、公職追放になった。二十八年参議院議員に当選(自由党)。三十二年第一次岸内閣において国務大臣・北海道開発庁長官に就任、以後自民党外交調査会会長などを歴任した。一方学者としては『日英外交史』など三十四年日本学士院賞を受け、四十八年には文化功労者に選ばれた。五十年十二月三日没。七十九歳。著書にはほかに『ビスマルクの外交政策』『日本外交政策の史的考察』(『帝国外交の基本政策』の改題)、『日米外交史』『日本外交史』『鹿島守之助外交論選集』などがある。

(臼井　勝美)

かじょしょう　何如璋　He Ru-zhang　一八三八―?　清国の初代駐日公使。一八三八年(道光十八)に生まれる。広東省大埔県出身。字は璞山、号は子峩。日本・清国間には日清修好条規の批准が明治六年(一八七三)に成立、翌七年、日本から初代駐清公使が赴任、これにおくれて同九年(光緒二)初代駐日公使を命ぜられたのが何如璋である。その時の官位は、二品頂戴升用翰林院侍講。同十年十二月来任、十五年二月まで在任。同十一・十二年は琉球帰属問題で外務卿寺島宗則と交渉したが、交渉はなかなか進まず、アメリカ前大統領グラントが来遊のとき、斡旋したが、それでもついにまとまらなかった。かれは日本から帰ると福州馬尾の船政大臣となったが、一八八四年(光緒十)、フランス艦隊が馬尾に攻めて来て、所属の軍艦を全滅され、大いに狼狽した。船政大臣をやめさせられた後は、香港で銭荘(両替・銀行)をひらいていた。著書に、『使東述略』『使東雑詠』がある。

参考文献 実藤恵秀『明治日支文化交渉』、小沢豁郎『清仏戦争見聞録』、岡千仞『観光紀游』

(実藤　恵秀)

カション　*L'Abbé* Mermet de Cachon　一八二八―?　フランス海外宣教団所属のカトリック宣教師。日本名和春。一八二八年九月十一日、フランスのスイス国境に近いラ＝ペッスに生まれ、五四年パリ海外宣教団神学校を卒業して司祭となりパリを出発した。はじめ中国南部で布教、のち琉球に滞在して日本語を修め、安政五年(一八五八)、日仏修好通商条約締結のためグロ男爵 *Baron* J. B Louis Gros の来日の際、フランス公使館付司祭兼通訳として江戸に来る。一旦帰国、翌六年駐日総領事ベルクール P. Duchesne de Bellecourt の通訳官として再来、総領事と不和のため退官。その後、箱館で仏語塾を開き、塩田三郎らを教え、また幕臣栗本瀬兵衛(鋤雲、安芸守)と親交を結び日仏両語交換教授をした。元治元年(一八六四)新任フランス公使ロッシュ Léon Roches が来任すると書記官に起用され、その顧問格で協力して幕仏間の親善に尽力した。慶応元年(一八六五)、江戸幕府に説いて日仏合作の横浜仏語伝習所 Collège franco-japonaise を設けさせてその校長となり、保科俊太郎ら多くの日本人子弟を養成した。慶応三年遣欧使節徳川民部大輔昭武のフランス訪問の際に帰国し、昭武の通訳官・教導役となる希望は果たせなかったが、使節随行の全権公使向山隼人正一履らの親英的態度を知った幕府の栗本公使と協力して、幕仏間の友好関係の維持に努め、日本留学生の世話にあたった。『パリ海外宣教団協会報』ではメルメ＝ド＝カションは一八七一年ごろニースで死亡したとする。著書に Les Aïnos. Origine. Langue. Moeurs. Religion.(『アイヌ―起源・言語・風俗・宗教―』、パリ、一八六三年)、編書に Dictionnaire français-anglais-japonais(『仏英和辞典』、第一巻A―E、パリ、一八六六年。第二・三巻未刊)がある。

参考文献 富田仁『仏英和辞典』(復刻版)解題

(金井　圓)

かしわいえん　柏井園　一八七〇―一九二〇　明治・大正時代の神学者、評論家。明治三年(一八七〇)六月二十六日、土佐国土佐郡福井村(高知市福井町)に生まれた。父は柏井重宜、母は怡久。少年のころから文章をよくし、高知共立学校を経て同志社普通学校(明治二十一―二十四年)を卒業。その間明治二十年六月五日R・B・グリナンより受洗。土佐女学校教員になった翌々二十六年高知県下大伝道応援にきた植村正久に認められて上京、以後明治学院神学部教員(同二十六―三十七年)、米国留学(同三十六―三十八年)ののち東京神学社教頭(同三十八?―大正六年)をつとめ、神学者としての道を歩む一方、『福音新報』『宗教及び文芸』の編輯にあたり、『開拓者』『文明評論』の責任者主筆として文筆活動に活躍した。大正六年（一九一七）『文明評論』掲載の田川大吉郎論文の筆禍事件が起り、責任者として東京神学社教頭を降り、多忙な生活を余儀なくされて健康を害し、同九年六月二十五日病死した。五十一歳。墓は東京都の雑司ヶ谷墓地にある。中正な福音主義の立場に拠り、『基督教史』ほかの著訳書あり、また多くの評論がある。これらは『柏井全集』全六巻、同続篇全六巻に収められている。

参考文献 熊野義孝「柏井園における教養の神学」（『日本キリスト教神学思想史』所収）、斎藤勇「柏井園」（『福音と時代』三ノ九）、同「文筆家としての柏井園先生」（『福音と世界』一一ノ一〇）　（大内　三郎）

かしわぎかいちろう　柏木貨一郎　一八四一―九八　幕末・明治時代の古美術鑑定家、収集家。天保十二年（一八四一）正月十六日江戸に生まれる。諱は政矩、号は探古斎。江戸幕府の大工棟梁だったが、明治維新後に文部省博物館に就職、博覧会開催などに従事し、明治五年（一八七二）町田久成・蜷川式胤とともに正倉院・近畿地方古社寺宝物調査員となる。大工棟梁としては茶室建築にすぐれ、また古美術や古書などの鑑定に長じ、収集家でもあった。著書に『集古印史』がある。明治三十一年九月六日没。五十八歳。法名気楽坊探古柏園禅士。東京深川寒光禅寺に葬られたが、のち谷中天王寺に改葬された。

参考文献 広瀬千香「探古と気楽坊人形」（『山中共古ノート』二所収）、香取秀真「道歓山房雑記」（『画説』八）　（樋口　秀雄）

かしわぎぎえん　柏木義円　一八六〇―一九三八　明治から昭和時代前期にかけての群馬県安中教会牧師。万延元年（一八六〇）三月九日、越後国（新潟県）三島郡与板の真宗寺院西光寺の住職徳円・ようの間に生まれた。同寺が廃寺となったため新潟師範、東京師範を経て明治十一年（一八七八）に群馬県碓氷郡へ小学校長として赴任。この地でキリスト教にふれ、十三年に蔵原惟郭の紹介で同志社入学。二十二年卒業後は新島襄の信頼を受けて教師として残った。二十三年、熊本英学校校長代理となったが、二十五年の奥村禎次郎「不敬事件」での学校当局の処置を非として辞任。同志社帰任後は『同志社文学』に「勅語と基督教」などを発表、「教育と宗教との衝突」にかんして臣民教育を鋭く批判、井上哲次郎と論戦。三十年、安中教会牧師に就任以来この地で終生農村伝道に従事。三十一年『上毛教界月報』を創刊、上毛諸教会の連帯をはかるとともに、信仰によって国家と教会の不義を論難した。そこでは日露非戦論、社会主義の紹介、組合教会の朝鮮伝道批判、ファシズム批判など鋭い時論を展開した。昭和十三年（一九三八）一月八日没。七十九歳。遺骨は安中の西広寺内の柏木家墓地に納められた。伊谷隆一編『柏木義円集』二巻（五十五・五十七年、未来社）が刊行されている。

参考文献 堀川寛一『顕信録―平和の使徒柏木義円―』、伊谷隆一『非戦の思想―土着キリスト者・柏木義円―』（『紀伊国屋新書』A三二）、管井吉郎『柏木義円伝』、森岡清美編著『地方小都市におけるキリスト教会の形成』、大浜徹也『明治キリスト教会史の研究』、田村紀雄『明治両毛の山鳴り』、武田清子「柏木義円の臣民教育批判」（『人間観の相剋』所収）、笠原芳光「柏木義円―非戦平和のキリスト者―」（和田洋一編『同志社の思想家たち』所収）、同「柏木義円の内村鑑三批判」（『キリスト教社会問題研究』一三）、大浜徹也「『上毛教界月報』考―購読者と財政をめぐって―」（木代修一先生喜寿記念論文集編集委員会編『知識人社会とその周囲』所収）、同「明治前期西上州における基督教会の形成」（『史潮』八二・八三合併号）、同「群馬県原市基督教会史に関する覚書―故柏木隼雄稿「原市教会略史」の紹介を中心に―」（『地方史研究』八五）　（大浜　徹也）

かしわぎただとし　柏木忠俊　一八二四―七八　幕吏から明治政府の地方官となる。幼名を壮蔵、のちに総蔵と改めた。文政七年（一八二四）三月伊豆国田方郡韮山（静岡県田方郡韮山町）に生まれ、江川代官所の書記となり、公事掛に昇進さらに手代となる。江川英竜（太郎左衛門）の指示により、長崎で蘭人から航海術・砲術・写真術などを学んだ。英竜の没後、江川家のもとでその施政を担当した。明治元年（一八六八）、新政府の徴士となり、のちに韮山県大参事、足柄県令などを歴任、退官。明治十一年十一月二十九日没。五十五歳。

参考文献 静岡県編『静岡県人物志』　（石塚　裕道）

かじわらちゅうじ　梶原仲治　一八七一―一九三九　明治から昭和時代前期にかけての銀行家。明治四年（一八七一）七月、北海道人梶原兵三郎の三男として山形県で生まれ、同二十八年兄兵吉家から分家した。上京して苦学し、牛島小学校准教員となり、第一高等学校を経て、同三十年東京帝国大学法科大学英法科を卒業した。直ちに日本銀行に入り、大阪支店長、ロンドン代理店監督役、本店調査局長を歴任した。横浜正金銀行に転じ、副頭取を経て大正八年（一九一九）頭取に就任、ついで同十一年から昭和二年（一九二七）まで日本勧業銀行総裁。その後、東京株式取引所理事長・日本興業銀行参与理事・工業組合中央会長などを勤め、同十四年一月六日、六十九歳で没した。　（高村　直助）

かすがいっこう　春日一幸　一九一〇―八九　昭和時代の政治家。明治四十三年（一九一〇）三月二十五日、岐阜県海津郡東江村（海津町）に生まれる。逓信講習所高等科卒業。文学に志して上京。第二次世界大戦後、日本社会党の結党に参加。愛知県議会議員二期を経て、昭和二十七年（一九五二）衆議院愛知一区から右派社会党で当選。その後、連続十四回当選。民主社会党（のち民社党）の分立にあたっては、西尾末広の影響で社会党内河上派から参加。民社党にあっては、国会対策委員長として活躍。

四十二年同党書記長。四十六年曾禰益を破って同党委員長に就任、民社党が西尾末広的体質から脱皮する方向を選ぶのを阻止した。その後も、党内において佐々木良作・永末英一らと対抗。ある時は「社公民連合」を提唱し、ある時は「保革連合」を企図するなど、西尾流の政権参画工作に従事し続けた。通常国会の代表質問で共産党宮本顕治委員長のスパイ査問事件を激しく追及したこともある。愛知県における民社党の地盤の構築者として、中小企業の代弁者として、特異な個性を発揮し続けた。平成元年(一九八九)五月二日没。七十九歳。『春日一幸著作撰集』全三巻がある。　(高橋　彦博)

かすがせんあん　春日潜庵　一八一一―七八　江戸時代末期・明治時代初期の儒者、勤王家。名は仲襄、字は子賛、叙爵して讃岐守と称し、潜庵と号した。文化八年(一八一一)八月三日京都烏丸に筑前守仲恭の子として生まれる。母は岸子。家は代々久我家諸大夫で、十二歳で父を失い、はじめ五十君南山・鈴木恕平に朱子学を修めたが、のち『王陽明文録』を読んで啓発され、陽明学者として立った。久我通明・建通父子に仕え、家政を整理すること前後二回、家政向きを豊かにしたが、この間、讒言にあって閉門十年に及んだ。嘉永六年(一八五三)ペリー来航以降、議奏の建通を補佐して三条実万の信任を受けた。安政五年(一八五八)条約勅許問題が起ると、深交のある梁川星巌の久我家入説を斡旋し、また入京した西郷隆盛らと国事に奔走し、ついに安政の大獄に連坐、十二月京都町奉行所に召喚、投獄され、翌六年三月江戸に送られ、十月永押込に処せられた。以来洛北紫野雲林院村の別宅に幽居し、文久二年(一八六二)十一月大赦にあい許されたが、内大臣建通は和宮降嫁事件に連坐、すでに落飾・幽居していた。明治元年(一八六八)二月参与久我通久が大和鎮撫総督となると、従って通久を補佐し、五月奈良県知事に任ぜられたが、事に連坐して投獄され、翌二年三月蟄居を命ぜられ、以来洛北平野村の本宅に屏居し、門弟を教育した。西郷は潜庵を信頼し、末弟小兵衛および門下十余人を送って学ばせた。同十一年三月二十三日没。六十八歳。葛野郡法蔵寺(京都市右京区鳴滝泉谷町)に葬る。著書に『潜庵遺稿』などがあり、門人には末広重恭(鉄腸)・河田景与らがいる。贈正四位。

[参考文献] 春日酔古『春日潜庵先生影迹』、春日仲淵「春日潜庵君(讃岐守)国事鞅掌事歴」(『史談速記録』一三〇・一三一・一三五・一三六)　(吉田　常吉)

かすがひろむ　春日弘　一八八五―一九七〇　大正・昭和時代の実業家。明治十八年(一八八五)八月八日長野県下高井郡穂波(山ノ内町)に春日喜一郎の長男として生まれる。住友金属の経営にあたる。明治四十四年東京帝国大学法科大学卒業後、直ちに住友総本店に入り、製銅販売店支配人、伸銅所支配人、同取締役、昭和十三年(一九三八)住友金属専務、同十六年社長となる。伸銅所当時にあっては安治川工場の桜島および尼崎への移転にあたり、同十五年、和歌山に銑鋼一貫製造所の建設に着手しのちの住友金属の基礎をきずいた。また太平洋戦争下にあって、航空機用のジュラルミンの増産に努め、静岡・豊橋・富山に大工場を建設したのが、日本軽金属の原型となった。戦後は追放され、戦前以来力をそそいできた日本陸上競技連盟の仕事に専心し、オリンピック委員会委員として尽力した。昭和四十五年九月十二日没。八十五歳。

[参考文献] 住友金属工業株式会社編『春日弘氏追懐録』　(中村　隆英)

かすがまさじ　春日政治　一八七八―一九六二　大正から昭和時代にかけての国語学者。明治十一年(一八七八)四月五日(戸籍面は四月一日)、長野県伊那郡美篶村下川手(伊那市美篶下川手)に弥七郎の次男として誕生。同三十八年東京高等師範学校予科卒業、四十四年京都帝国大学文科大学文学科を卒業、大正二年(一九一三)奈良女子高等師範学校教授、同十五年に九州帝国大学教授となる。昭和十一年(一九三六)文学博士、同二十五年日本学士院会員となり、同三十七年六月三十日、八十四歳で没す。墓は生誕地にある。法名天章院政岳治道居士。大矢透のあとを継いで訓点語学の基礎を築いた。特に東大寺正倉院蔵本を中心とする平安時代初期の訓点資料の多くを発掘調査して、その言語が国語史に寄与することを指摘し、多くの事実を明らかにした。『(西大寺本)金光明最勝王経古点の国語学的研究』乾・坤(昭和十七年刊、のちに再刊・復刊)はその代表作であり、昭和二十年、帝国学士院賞を授けられた。また仮名文字の沿革および上代文体についても優れた研究を残し、『仮名発達史序説』(昭和八年)、『片仮名の研究』(同九年)などがあり、論文集に『国語叢考』(同二十二年)、『万葉片々』(同二十三年)、『古訓点の研究』(同三十一年)、随筆集『青靄集』(同十四年)がある。その著作は『春日政治著作集』(全八冊、別巻一冊、昭和五十七―六十年)に収められている。

[参考文献] 春日和男「春日政治国語学関係著述論文目録」(『国語学』五二)、中田祝夫「春日政治博士を追慕して」(同)、「春日政治博士万葉集関係論文目録」(『万葉』四五)、『語文研究』一六(故春日政治博士追悼号)　(小林　芳規)

かずのみやちかこ　和宮親子　⇨親子内親王(ちかこないしんのう)

かすやぎぞう　粕谷義三　八六六―一九三〇　明治から昭和時代前期にかけての政治家。竹堂と号した。慶応二年(一八六六)八月十五日、武蔵国入間郡藤沢村(埼玉県入間市上藤沢)名主橋本家の長男として生まれた。父要作、母とり。明治十二年(一八七九)上京して漢学塾に学んだ後、十七年帰郷、村吏を経て川越郡役所書記となった。十九年渡米。サンフランシスコで週刊邦字新聞社に入り、二十二年ミシガン大学を卒業して帰国。自由新聞社入社。二十四年粕谷家を継いだ。二十五年埼玉県会議員に当選。二十九年県会副議長に就任。三十一年衆議院議員に当選。自由党・憲政党を経て立憲政友会に所属。議会において移民保護などを特に主張した。四十一年落選したが翌年補欠当選。大正四年(一九一五)再度落選ののち、六年再選され、以後連続当選。その間、政友会幹部として党務に尽力する一方、蓬萊生命保険・武蔵野鉄道などの重役を兼ね、財界にも足跡を残した。九年衆議院副議長、十二年・十三年議長を歴任。昭和五年(一九三〇)五月四日東京で死去。六十五歳。埼玉県入間郡豊岡町(入間市豊岡)の長泉寺に葬られる。

参考文献 関柾二編『竹堂粕谷義三伝』 (成沢 光)

かたおかけんきち 片岡健吉 一八四三―一九〇三 明治時代の政治家。幼名寅五郎、のち健吉と改め、益光と名のった。天保十四年(一八四三)十二月二十六日、高知藩士片岡俊平の長男(第三子)として高知中島町(高知市本町)に生まる。母は同藩士渋谷権左衛門の五女幸。片岡家は代々お馬廻役として知行二百石を受ける上士の家柄であった。世子(のち藩主)山内豊範のお伽役・側小性を経て、郡奉行・近習物頭などを歴任。明治元年(一八六八)戊辰戦争に際しては、藩兵を率いて各地に転戦した。ついで、藩の軍政改革にあたり、同四年から六年にかけて欧米各国を視察。帰国後海軍中佐に任ぜられたが、征韓論に敗れて下野した板垣退助らに従って、七年辞表を提出し帰郷。同年四月、高知において立志社創設に参加し、五月立志社会議の議長に推され、さらに翌年四月、同社の社長に選ばれ、自由民権運動の推進に尽力した。明治十年、西南戦争に際しては林有造ら立志社内の武力挙兵論に反対し、政府弾劾と民選議院設立を要求する建白書を政府に提出したが受理されず、かえって挙兵論者が検挙されたのに連坐して、同年八月捕えられ、禁獄百日の刑に処せられた。十二年高知県会議員に当選し議長に選ばれたが、まもなく辞任。翌年三月大阪で開かれた愛国社第四回大会の議長を勤め、四月国会期成同盟を代表し河野広中とともに太政官・元老院に国会開設請願書を奉呈したが却下された。十四年十月、自由党の結成に参画、各地に遊説して党勢拡張に努力したが、十七年十月、自由党解党大会にも議長を勤めた。二十年、三大事件建白運動を進め、同年十二月保安条例によって東京から退去を命ぜられたが、これを拒否したため軽禁錮二年六ヵ月を宣告された。二十二年二月、憲法発布の大赦で出獄。翌年五月愛国公党、同九月立憲自由党の創立にあたった。この間、七月、第一回衆議院議員総選挙で高知県第二区から当選。第一議会では竹内綱・林有造・植木枝盛らとともに政府と妥協して予算案成立に尽力し、二十四年二月立憲自由党を脱党したが、同年十二月復党。翌年の第二回総選挙では松方内閣の選挙干渉により落選したが、開票の不正を裁判に訴えて当選が認められた。以後、第三回(二十七年)から第八回(三十六年)の総選挙に連続当選。自由党(のち憲政党・立憲政友会)土佐派の領袖として重きをなし、二十七年衆議院副議長、三十一年から三十六年にかけて同議長を勤めた。この間、自由党と第二次伊藤内閣との提携を進めたが、第二次松方内閣に対しては、党内の提携派を抑えて、野党的立場の堅持をはかった。ついで、進歩党との提携による憲政党の結成、伊藤博文を擁立した立憲政友会の創設にも参画したが、晩年は次第に党内での指導力が弱まり反主流派的立場に立たされ、三十六年六月、政友会の桂内閣に対する妥協に反対して、林有造・西山志澄らとともに脱党した。なお、片岡はキリスト教(プロテスタント)を信仰し、高知教会の設立に尽力するとともに、十八年受洗した。三十五年には基督教青年会理事長・同志社社長兼校長に就任するなど、キリスト教教育の発展にも貢献した。明治三十六年十月三十一日高知市の自宅において腸閉塞で死去。六十一歳。土佐郡秦村秦泉寺(高知市東秦泉寺)の墓地に葬られた。

参考文献 『片岡健吉文書』(高知市立自由民権記念館蔵)、高知市民図書館編『片岡健吉日記』、川田瑞穂『片岡健吉先生伝』、片岡健吉先生銅像再建期成会編『片岡健吉先生の生涯』 (鳥海 靖)

かたおかちえぞう 片岡千恵蔵 一九〇三―八三 昭和時代の映画俳優。明治三十六年(一九〇三)三月三十日、群馬県新田郡藪塚本町に生まれる。本名植木正義。九歳で十一代目片岡仁左衛門の片岡少年劇に加入、歌舞伎俳優となる。昭和二年(一九二七)にマキノ映画に入社して時代劇映画スターとして成功する。同三年には千恵蔵プロダクションを設立し、それまでの立回り本位の通俗的なチャンバラ映画だけでなく、志賀直哉の小説による「赤西蠣太」(十一年)など、諷刺的で芸術的にも高い作品にも主演した。十四年の「鴛鴦歌合戦」は日本のミュージカルとして最初に成功した作品である。非常に多くの時代劇に出演しているが、代表作としては晩年に内田吐夢監督と組んだ「血槍富士」(三十年)、「大菩薩峠」三部作(三十二―三十四)をあげることができる。いずれも風格の大きい裂帛の気合いのこもった重厚な演技である。昭和五十八年(一九八三)三月三十一日没。八十歳。 (佐藤 忠男)

かたおかてっぺい 片岡鉄兵 一八九四―一九四四 昭和時代前期の小説家。明治二十七年(一八九四)二月二日、岡山県西条郡芳野村寺元(苫田郡鏡野町寺元)に生まれた。父敬一、母啓。県立津山中学に入学したころから『文章世界』などに投稿、大正二年(一九一三)、慶応大学仏文科予科に入学したが中退し、郷里で代用教員や『山陽新報』の記者などにつき、その後も新聞社を転々としながら、同十年、短編『舌』を書き、里見弴の推薦で『人間』の新進作家号(三巻七号)に発表され、文壇にデビュー、作家生活に入った。同十三年、横光利一・川端康成らと『文芸時代』を創刊し、新感覚派の代表的な新進作家と目されたが、昭和になってから左傾してプロレタリア文学運動に投じ、ナップに属して『綾里村快挙録』『愛情の問題』などを書いて活躍した。運動の崩壊と同時に再転向し、通俗小説の筆をとって『花嫁学校』『朱と緑』を『東京朝日新聞』に連載するなど、華麗で軽快な風俗小説を発表して活躍したが、昭和十九年（一九四四）十二月二十五日、旅先の和歌山県で客死した。五十一歳。墓は東京都の多磨墓地にある。『鉄兵傑作全集』全八巻がある。

参考文献 川端康成他「片岡鉄兵氏の印象」（『新潮』二五ノ一〇）、立野信之「片岡鉄兵」（『人物評論』昭和八年四月号）、同「二つの歴史―片岡鉄兵・その死の前後―」（『文芸往来』一ノ三）　（小田切　進）

かたおかなおてる　片岡直輝　一八五六―一九二七　明治・大正時代の実業家。土佐国高岡郡半山郷永野村（高知県高岡郡葉山村）の郷士片岡孫五郎直英と信子の長男として、安政三年（一八五六）七月三日出生。直温は弟。幼少で父を失い、十六歳で上京し、電信修技学校を経て海軍会計学舎（のちの海軍主計学校）に入り、明治十一年（一八七八）主計副となり海軍省会計局統計課勤務。十四年にはニュージーランドに航海、十九年には大主計として西郷従道海相の欧米視察に随行、二十一年軍艦厳島の建造監督官としてフランスに渡航した。二十四年、同艦を廻航して帰朝したが、進級制度に不満を持ち、翌年軍を離れ、河野敏鎌内相の秘書官、ついで二十六年大阪府書記官となる。二十九年、同郷川田小一郎の推薦で日本銀行に入り、翌年大阪支店長になったが、三十二年辞職した。三十四年二月、大株主浅野総一郎の推薦で大阪瓦斯会社の社長に招かれた。アメリカから外資を導入する一方、大阪市との道路使用問題のこじれを藤田伝三郎の仲裁を得て報償契約締結にこぎつけるなど、同社の本格的操業開始に尽力した。大阪財界の有力者として、大正三年（一九一四）北浜銀行破綻に伴う大阪電気軌道・大林組の窮状の救済や、浪速銀行の整理などに手腕を振るった。阪神電鉄・阪堺電鉄・南海電鉄の社長になったのをはじめ、堺瓦斯・広島電軌・大阪株式取引所・猪苗代水電など十数社に関係した。貴族院議員にもなったが、同六年大阪瓦斯社長を辞するとともに実業界を引退し、昭和二年（一九二七）四月十三日、七十二歳で没した。墓は大阪の阿倍野墓地にある。

参考文献 石川辰一郎編『片岡直輝翁記念誌』　（高村　直助）

かたおかなおはる　片岡直温　一八五九―一九三四　明治から昭和時代にかけての政治家、実業家。安政六年（一八五九）九月十六日土佐国高岡郡半山郷永野村（高知県高岡郡葉山村）に孫五郎直英・信子の次男として生まれる。直輝は兄。致道館・高知陶冶学校に学び、高岡郡郡役所書記を勤めたのち内務省警保局に出仕、明治十九年（一八八六）滋賀県警察部長となった。同二十二年官界から実業界に移り、日本生命保険会社を創立し、同三十六年から大正八年（一九一九）まで社長の座にあったが、この間一時参宮鉄道・関西鉄道の社長をも兼ねた。明治二十五年高知から出て衆議院議員となり、立憲同志会・憲政会に属し、財政経済通として知られ、総務も勤めた。大正十三年内務政務次官を引き受け、翌年八月商工大臣となり、在仕一年余で同十五年九月、早速整爾没後をうけて、翌昭和二年（一九二七）四月まで、若槻内閣の大蔵大臣となった。引き続き衆議院議員であったが、同五年貴族院議員に勅選された。同九年五月二十一日、京都の自宅で没す。七十六歳。墓は郷里葉山村にある。大蔵大臣在任期間はわずか七ヵ月余であったが、金融恐慌、さらには内閣総辞職のもととなった震災手形処理問題が、片岡を著名にしたといえる。著書に『大正昭和政治史の一断面』がある。

参考文献 実業之世界社編『財界物故傑物伝』上　（西村紀三郎）

かたおかにざえもん　片岡仁左衛門　歌舞伎俳優。元禄期の初代仁左衛門より現仁左衛門まで十三代をかぞえるか、それは家系上の代数であって、名義としては十代である。しかも家系代数の数え方には諸説あって一定せず、ことに六代目以前には不明確な点が多い。

㈠八代　一八一〇―六三　名義五代目。初名市川新之助。前名三桝岩五郎・嵐橘次郎・初代片岡我当・二代目片岡我童。俳名李童・我童・芦燕。屋号松島屋。七代目の養子。文化七年（一八一〇）生まれ。安政四年（一八五七）襲名。文久三年（一八六三）二月十六日没。年五十四。

㈡九代　一八三九―七一　名義六代目。初名三桝梅丸。前名二代目片岡松之助・二代目片岡我当。俳名我堂・芦燕。屋号松島屋。八代目の養子。天保十年（一八三九）生まれ。明治四年（一八七一）十一月二十二日没。年三十三。七代目・八代目とともに墓は大阪市南区中寺町の薬王寺にある。同四十年名義を追贈された。

㈢十代　一八五一―九五　名義七代目。本名片岡土之助。初名片岡土之助。前名片岡松若・三代目片岡我童。俳名我童・芦燕。屋号松島屋。八代目の実子。嘉永四年（一八五一）生まれ。明治二十八年（一八九五）襲名。同年四月十五日没。年四十五。墓は山梨県南巨摩郡身延山東谷の覚林坊にある。

㈣十一代　一八五七―一九二四　名義八代目。本名片岡秀太郎。初名片岡秀太郎。前名三代目片岡我当。俳名我当・万麿。屋号松島屋。八代目の実子。安政四年（一八五七）生まれ。近代の名優。明治四十年（一九〇七）襲名。幼時より舞台をつとめ、子供芝居などで修行し、明治中期より次第に頭角をあらわした。大阪にあっては初代中村鴈治郎のライバルとして、また東京においては団菊左の後継者として、新旧の舞台に幅広く貢献した。昭和九年（一九三四）十月十六日没。年七十八。墓は東京都大田区池上本町の本門寺にある。

㈤十二代　一八八二―一九四六　名義九代目。本名片岡東吉。初名二代目片岡土之助。前名四代目片岡我童。屋号松島屋。十代目の甥、養子。明治十五年（一八八二）生まれ。昭和十一年（一九三六）襲名。同二十一年三月十六日没。年六十五。墓は十代目と同じ。

㈥十三代　一九〇三―九四　名義十代目。本名片岡千代之助。初名片岡千代之助。前名四代目片岡我当。屋号松島屋。十一代目の実子。明治三十六年（一九〇三）生まれ。昭和二十六年（一九五一）襲名。平成六年（一九九四）三月二十六日没。年九十。

㈦十四代　一九一〇―九三　名義十一代目。本名片岡一。初名片岡ひとし。前名五代目片岡芦燕、十三代目片岡我童（芸名としては五代目）。屋号松島屋。明治四十三年（一九一〇）七月、十二代目仁左衛門の長男に生まれる。平成五年（一九九三）十二月没。八十三歳。死後に十四代目を追贈された。

㈧十五代　一九四四―　名義十二代目。本名片岡孝夫。前名片岡孝夫。屋号松島屋。昭和十九年（一九四四）三月、十三代目の三男に生まれる。平成十年（一九九八）一月襲名。

参考文献　片岡千代之助編『十一世仁左衛門』、守随憲治『歌舞伎序説』、渡辺保『仁左衛門の風格』、『演劇界』五六ノ三（歌舞伎の襲名）　（今尾　哲也）

かたがみのぶる　片上伸　一八八四―一九二八　明治から大正時代にかけての評論家、ロシア文学者。号は天弦。明治十七年（一八八四）二月二十日、愛媛県越智郡波止浜村（今治市波止浜）で、代々地主で庄屋をつとめた片上家に父良・母節の長男として生まれた。早稲田大学文科卒業。坪内逍遙・金子馬治・島村抱月らの教えを受けた。早稲田文学社記者・早稲田大学予科講師・同本科教授となり、初期には浪漫主義の傾向が強かったが、次第に自然主義に傾いた。明治の末からは理想的、全人格的なものに心をひかれ、大正四年（一九一五）ロシア留学を機に人道主義の影響を受けた。帰朝後、早稲田大学にロシア文学科を設け主任教授となり、黒田辰男・八住利雄・岡沢秀虎らを輩出した。同十三年再度ロシアに赴いてからは唯物史観に徹し、プロレタリア文学理論の発展につとめた。『思想の勝利』『文学評論』などの著、また『片上伸全集』全三巻がある。昭和三年（一九二八）三月五日、四十五歳で死去。墓は横浜市鶴見区の総持寺にある。法名は無量慧院釈天弦居士。

参考文献　渋谷節子・岡田桜子・大原幹子「片上伸」（『近代文学研究叢書』二八所収）　（長谷川　泉）

かたぎりせいすけ　片桐省介　一八三七―七三　幕末・維新期の越後の勤王家。天保八年（一八三七）越後国蒲原郡二俣村（新潟県南蒲原郡栄村）の庄屋の家に七蔵・れいの子として生まれた。名は直方、字は義卿、石厓または楠荘と号し、通称省助という。文久三年（一八六三）六月、大水害のあと村民が隣藩の村々と争議をかもし、数十人の死者を出した。彼は村のため幕府へ訴え、数年間江戸に滞在したが、ついに解決しなかった。この間、彼は多くの志士と交わり時局をよく洞察した。王政復古の直後、京都へ馳せ岩倉具視に会い、東国の情勢を詳細に報告し、早くも都を江戸へ遷すことを説いた。正親町公董・烏丸勝長の諸卿に従い、江戸へ下り東征大総督有栖川宮熾仁親王や関東監察使三条実美に献策すること多く、また昌平黌の復興にも力を尽くした。明治元年（一八六八）五月十九日江戸府鎮台が設置され、彼は翌月一日よりそこに勤務。十月、明治天皇東京行幸には東京府権判事として先駆を命ぜられた。やがて省介の登用を妬む者あり、官を辞した。金六百円と白絹五匹を下賜された。しかし彼の退官後の私生活に、贅沢・傲慢なところがあり、同二年十一月、恩賜の白絹を裁ち白衣を着て乗馬したために、濫用・豪奢・僭上の罪に問われ三宅島へ流された。弟二郎らの努力により四年五月、郷里へ返され禁錮となり、同五年許されたが翌六年二月十九日、郷里で三十七歳の生涯を閉じた。墓は栄村の善久寺にある。

参考文献　西村俊次『越佐大観』、坂口五峰『北越詩話』上、史談会編『勤王志士片桐省介君略歴』、尾佐竹猛「片桐省介」（『伝記』六ノ四・五・七、七ノ七）　（渡辺　慶一）

かたくらかねたろう　片倉兼太郎　㈠初代　一八四九―一九一七　明治・大正時代の代表的な製糸家。嘉永二年（一八四九）十一月二十九日、信濃国諏訪郡三沢村（長野県岡谷市川岸）の里正の家柄の豪農片倉市助の長男として生まれた。諱を宗兼、如水と号した。明治九年（一八七六）に家督相続。明治六年弟光治とともに十人取りの座繰製糸を始め、十一年には天竜河畔に三十二人取りの器械製糸所を設立した。翌十二年隣村平野村（岡谷市）の尾沢金左衛門・林倉太郎らと製糸結社開明社を結成。二十三年東筑摩郡松本町（松本市）に製糸所を設け、二十七年には三百六十釜の川岸製糸所を設けて三全社と称し、翌二十八年に一族で匿名組合片倉組を結成し、その組長となった。以後片倉組は年々その規模を拡大し、長野県外にも製糸所を数多く有するようになるが、兼太郎は一貫して組長の任にあって経営全体を統轄した。三十五年諏訪生糸同業組合組長、三十六年製糸同盟委員長、三十七年長野県生糸同業組合連合会会長にそれぞれ選ばれ、いずれも大正五年（一九一六）二月まで在任した。同六年二月十三日没。六十九歳。墓は岡谷市川岸の三沢区共同墓地。

㈡二代　一八六二―一九三四　大正・昭和時代前期の片倉製糸の代表者。文久二年（一八六二）十二月二十四日、信濃国諏訪郡三沢村（長野県岡谷市川岸）の片倉市助の四男として生まれ、佐一と名付けられた。諱は宗広、号は南湖または海堂。明治十年（一八七七）長兄兼太郎の準養子となる。養父を助けて製糸業に従事し、二十七年以降は川岸製糸所長を勤めつつ片倉組各製糸所内部の現業を総括した。二十九年に取引先の第十九銀行取締役となる。大正六年（一九一七）三月兼太郎を襲名して片倉組組長となり、同九年三月片倉製糸紡績株式会社を設立して取締役社長に就任、以後昭和八年（一九三三）七月取締役会長となるまで引き続き在任した。同九年一月八日没。七十三歳。嗣子脩一が襲名して三代目兼太郎となる。墓は初代と同所。

参考文献 足立栗園『初代片倉兼太郎君事歴』、二代片倉兼太郎翁伝記編纂委員編『二代片倉兼太郎翁伝』
（石井 寛治）

かたこうじ 加太こうじ 一九一八―九八 昭和時代の紙芝居作家・評論家。大正七年(一九一八)一月十一日東京市浅草区生まれ。父菊太郎、母すず。昭和恐慌下に失業者の手で街頭紙芝居が生まれ隆盛し始めめた時代、高等小学校二年十四歳だった加太は紙芝居の絵を描き始め、病弱で失業中の父にかわって一家五人の生活を支えた。『黄金バット』二代目の作画を担当するほか台本も手がけ、昭和九年(一九三四)には連続時代劇『天誅蜘蛛』がヒットした。紙芝居製作のかたわら太平洋美術学校に通い、同十三年卒業。戦時中は大日本画劇株式会社、画劇報国社などにかかわり紙芝居をつくった。敗戦後は民主化路線に沿って紙芝居集団の組織化に参画、『黄金バット』も新たに戦後版をつくった。昭和三十年代テレビの普及につれて紙芝居は衰退した。三十四年紙芝居に関する文章を『思想の科学』に寄稿したのを機に著述業に転じ、人々との出会いや経験をもとに、落語などの大衆芸能や世相・風俗史、犯罪・ヤクザなどに関する多くの著作を残した。五十五年から約十年『思想の科学』社長をつとめた。平成十年(一九九八)三月十三日埼玉県三郷市の病院で没。八十歳。墓は東京都新宿区原町の幸国寺にある。

参考文献 加太こうじ『街の自叙伝』、『紙芝居昭和史』
（北河 賢三）

かたひらしんめい 片平信明 一八三〇―九八 幕末・明治時代前期の農事指導者。天保元年(一八三〇)三月十五日、駿河国庵原郡杉山村(静岡県清水市)に生まれた。幼名嶺三郎、のち九郎左衛門。父は信貴、母は一宮氏。三男五女の次男。家は代々同村の名主であった。杉山村は耕地に乏しく、燈油原料となる別にあぶら桐と呼ばれる毒荏(どくえ)の栽植が主たる生業とされてきたが、幕末開港後豆燈油・石油などの輸入により凋落、彼は毒荏に代わる生業として茶の栽培に着眼し、村人にも勧奨したが、明治八年(一八七五)輸出の減退、茶価の暴落により失敗した。翌九年福住正兄の『富国捷径』を読み、報徳主義による村の再興を企図し、柴田順作の指導のもとに同年十二月杉山報徳社を設立、さらに山地を開墾して茶・桑・蜜柑の新植を行い、報徳善種金を開拓資金として貸し出し、新しい農業基盤の確立に成功した。同十一年杉山報徳学舎を設立し、青年を義務的に入学せしめたが、実業補習学校規程の公布により同二十七年杉山農業補習学校と改称された。同三十一年十月六日没した。年六十九。屋敷内の墓域に葬る。法名は透関院秀林玄逸居士。

参考文献 中上信英『報徳教と片平信明翁』、佐々井信太郎『杉山報徳社紀要』
（伝田 功）

かたやまくにか 片山国嘉 一八五五―一九三一 明治から昭和時代にかけての法医学者。安政二年(一八五五)七月七日遠江国周知郡領家村(静岡県周智郡春野町)に片山竜庵の次男として生まれた。明治三年(一八七〇)上京し、足立寛の学僕となり、翌四年大学東校に入学した。明治十二年東京大学医学部を卒業し、生理学教場へ出勤を命ぜられた。同十四年東京大学助教授となり、十七年裁判医学修学のためドイツ・オーストリア両国留学の途につき、同二十一年帰朝した。同年帝国大学医科大学教授に任ぜられ、翌二十二年本邦最初の法医学講座を開講した。三十年精神病学講座を兼担し、同時に東京府巣鴨病院医長を委嘱され、三十四年まで勤めた。三十五年清韓両国との医学交流の目的を以て同仁会を設立した。三十九年欧米各国に出張し、翌四十年帰朝した。四十三年東京帝国大学評議員となる。大正元年(一九一二)海軍軍医学校法医学教授を委嘱され、同十年まで勤めた。大正九年勲一等瑞宝章を授与された。十年東京帝国大学教授を退任し、同大学名誉教授に推された。十一年より禁酒運動を始め、没年まで熱心に続けた。昭和六年(一九三一)十一月二日東京の南胃腸病院で死去。七十七歳。墓は東京都府中市の多磨墓地にある。著書に『法医学提綱』(共著、明治二十三年)、『最新法医学講義』(同三十三年)、『酒害予防論』(大正十一年)、『医師薬剤交付権論』(同十三年)などがある。

参考文献 「片山国嘉先生小伝」(『東京帝国大学法医学教室五十三年史』所収)
（大塚 恭男）

かたやません 片山潜 一八五九―一九三三 明治から昭和時代にかけての社会主義者。わが国労働組合運動の最初の組織者、社会主義運動の先駆者、日本共産党結成の指導者、国際的反戦平和の闘士。本名藪木菅太郎、号深甫。安政六年(一八五九)十二月三日美作国久米南条郡羽出木村(岡山県久米郡久米南町羽出木)の庄屋藪木葭三郎の孫、父国平の次男として出生。明治元年(一八六八)母きちとともに分家し、農業労働に従事。同十二年同郡神目村片山幾太郎の養子として転籍。十三年岡山師範に入学するも翌十四年上京、文選工をしながら岡塾で漢学を学ぶ。同十七年「アメリカは貧乏でも勉強のできる所」と聞き渡米。デーワーク・コックなどの労働に従事しながら、同二十年オークランドのホプキンスアカデミー入学をふりだしにメリービル大学予科、グリンネル大学・同大学院、アンドーバー神学校、エール大学神学部卒業と、足かけ十三年の留学を終了し、文学修士 Master of Arts ならびに神学士 Bachelor of Divinity の資格を得て同二十九年一月帰国。その間、熱心なキリスト教徒となり社会問題への関心を深める。三十年キングスレイ館をおこし社会事業を開始するとともに社会問題研究会に参加、評議員となる。同年高野房太郎の紹介で労働組合期成会の結成に参加して以来、鉄工組合・日本鉄道矯正会・活版工組合などの結成・活動に主導的役割を果たす。三十一年社会主義研究会に参加、日常的実践を通じて次第に貧民問題から労働問題の解決へ、社会改良主義から社会主義へと思考を深める。同三十三年第二インターナショナルパリ大会の決議によりその本部員に選出さる。同年普通選挙期成同盟会に入会、幹事となる。翌三十四年五月日本で最初の社会主義政党たる社会民主党結成に参加するも二十日禁止さる。以後社会主義協会にあって社会主義思想普及のため全国を遊説。同三十六年十二月渡米、翌年二月桑港社会党を結成、八月オランダのアムステルダムで開かれた第二インターナショナル第六回大会に出席、おりしも日露戦争の最中であったが、ロシア代表プレハーノフとともに行なった反戦演説、両者の劇的握手は全世界に報道された。同三十九年一月帰国、同二月結成された日本社会党に参加、評議員となる。翌年二月幸徳秋水が「余が思想の変化」を発表、議会政策を批判し直接行動論を主張するに及んで、日本の社会主義運動は以後議会政策論・直接行動論・折衷論に分立して論争さる。片山は、第二インターの決議に従って普通選挙と議会政策に確信をもち、幸徳らの直接行動論・無政府主義的傾向を批判し、社会主義運動の重点を労働者階級の組織化にすえて活動する。「赤旗事件」(同四十一年六月)以後日本政府の社会主義運動に対する取締りは一段と強化され、四十三年五月いわゆる「大逆事件」によってすべての解放運動は一時停止された。この間、かれは新聞・雑誌・労働者茶話会などあらゆる機会を利用し、労働者に呼びかけ、普通選挙権・工場法・小作法・労働組合法・社会保障などの実現のために尽くし、また外国の友人・同志には「労働運動・社会主義運動に対する日本政府の思想的弾圧に抗議してくれるよう」訴え、さらに、東京市電ストライキを指導し、勝利に導いたが、同四十五年一月、ついに逮捕・投獄された。出獄後「日本での逆境に堪え得ない」ことと、「外国の同志に訴え、日本の運動を盛んにする」希望をもって大正三年(一九一四)渡米。同五年ルトガースの要請に応じニューヨークに移り、プロパガンダ=リーグに参加。翌六年レフト=ウィングの活動に参加。この間、トロツキーらロシア第一次革命の亡命指導者との交流を通じて次第に科学的社会主義思想を身につけ、ツィンメルワルト左派に協力。また、在米日本人を組織し、日本の労働運動と連絡した。同八年三月コミンテルンの結成に呼応し日本人コミュニスト=グループを組織し、アメリカ共産党結成に協力し、そのオリエンタル=ビューローに所属した。同十年極東勤労者大会を組織するためメキシコを出発、アメリカ・フランス・ドイツを経てソビエトに向かう。同十一年一月モスクワで開かれた極東勤労者大会の名誉議長となり、「日本の政治経済情勢・労働運動」について報告するとともに、コミンテルン日本支部としての日本共産党の結成を指導。同年十一月開かれたコミンテルン第四回世界大会に日本代表として出席、執行委員会幹部会員に選出さる。以後、昭和八年(一九三三)死亡するまで終生幹部会員として世界の社会主義運動ならびに国際的反戦・反帝運動に尽力。その間、アジア民族解放運動を指導し、また二七年テーゼ・三二年テーゼの作成に参加し、日本支部日本共産党の大衆化・ボルシェビキのために尽くした。昭和八年十一月五日、敗血症のためクレムリン病院の一室で七十五年の生涯をとじた。その遺骨はクララ=ツェトキンら四名の世界的革命家とともにクレムリンの赤い壁に葬られた。著書に『英国今日之社会』『日本の労働運動』『我社会主義』などがあり、後二者を除き主要著作を収めた片山潜生誕百年記念会編『片山潜著作集』全三巻がある。

参考文献　片山潜『わが回想』、隅谷三喜男『片山潜』(『UP選書』一七一)、岸本英太郎・渡辺春男・小山弘健『片山潜』

(大原　慧)

かたやまてつ　片山哲　一八八七—一九七八　大正・昭和時代の弁護士、社会運動家、政治家。明治二十年(一八八七)七月二十八日和歌山県西牟婁郡田辺町(田辺市)に生まれる。父は省三、母は雪江、兄弟姉妹六人の長男。出生地は同三十二年の水害で流出、田辺町上屋敷町で育つ。父は弁護士、母はクリスチャンで、幼時よりその影響をうける。三十三年田辺中学校入学、第三高等学校独法科を経て、四十一年東京帝国大学法科大学独法科に入学した。三高在学中、救世軍のブース大将の演説に魅せられ、東大入学後は東大キリスト教青年会館に入り、鈴木文治らと交流した。牧野英一教授の主観主義刑罰理論に基づく刑法理論に心服し、社会正義のために弁護士を職業にえらんだ。大正元年(一九一二)、卒業とともに弁護士として田辺に帰り、父のもとで法律実務を研修した。六年上京、翌年星島二郎・三木義久と「簡易法律相談所」を開設、貧困者の法律相談に応じた。ロシア革命・米騒動・原内閣の成立などをみて影響をうけ、九年「中央法律相談所」と改称、弁護活動を通じて死刑制度・公娼制度・戸主制度・小作制度廃止論、治安警察法第一七条撤廃などを主張し、さらに法律の民衆化のために『中央法律新報』を発刊した。また同年の森戸辰男事件や労働争議の弁護にあたり、十年から五年間東京女子大学校講師として家制度・公娼制度の廃止、主観主義刑法理論を講じ、婦人参政権の必要を説いた。このころから政治活動も開始し、十三年政治研究会結成に参加したが、思想的には安部磯雄の影響をうけて暴力革命反対の立場を堅持し、十五年一月、安部・吉野作造らと政治研究会を脱退、独立労働協会を組織した。同年十二月、社会民主主義右派の社会民衆党結成に活躍、書記長に就任、昭和五年(一九三〇)までその地位にあった。五年の第二回普選に当選、七年の社会大衆党結党時には中央執行委員・労働委員長となる。十一年・十二年の総選挙に連続当選したが、十五年三月、立憲民政党の斎藤隆夫の反軍演説に対する懲罰の本会議には鈴木文治・西尾末広・水谷長三郎らと欠席、社会大衆党は分裂した。欠席派は除名され、勤労国民党結成を企てたが結社禁止処分をうけた。十七年の翼賛選挙には非推薦で立候補したが落選した。戦後二十年十一月日本社会党結成に加わり、書記長に就任、二十一年九月委員長となる。日本社会党は翌年四月総選挙で第一党に躍進、六月片山内閣を組織した。しかし平野力三農相問題で紛糾、また非社会主義的政策から不人気となり、二十三年二月、九ヵ月で退陣、翌年の総選挙で落選した。二十六年社会党委員長を辞して最高顧問となり、同年の左右社会党分裂では最高顧問として右派に属した。社会党統一後は、三十三年顧問に返り咲いたが、第一線からは退いた。三十四年十二月離党を決意し翌年一月民主社会党結成に際しては最高顧問となったが、三十八年十一月選挙で落選して、政界を引退、四十年二月民主社会党からも離党した。この間二十九年に有田八郎・風見章らと憲法擁護国民連合を結成、議長となったが、民主社会党結成で分裂するや、三十六年五月憲法擁護新国民会議議長に就任した。また二十五年日本禁酒同盟理事長、三十一年社会福祉法人賛育病院理事長となり、三十四年中国文化研究協会を設立、四十年には世界連邦建設同盟キリスト者連盟会長、政界浄化・公営選挙連盟会長となった。昭和五十三年五月三十日神奈川県藤沢市の自宅で没す。九十歳。藤沢市大庭台墓地に葬られる。著書に『女性の法律』『民主主義の展開』などがある。

[参考文献] 片山哲『回顧と展望』

（神田 文人）

かたやまとうくま 片山東熊 一八五四―一九一七 明治・大正時代の建築家。安政元年（一八五四）十二月二十日長門国萩古萩（山口県萩市今古萩町）に、文左・ハルの四男として生まれる。明治十二年（一八七九）工部大学校造家学科を卒業、ただちに工部省技手となるが同十九年宮内省に転じ、その後生涯を宮廷建築家として過ごした。多くの宮殿・離宮や華族の邸宅を設計し、明治時代の記念的建築である東宮御所（赤坂離宮、明治三十九年大略完成）も彼の総監督のもとに完成した。このほか代表作は奈良博物館（同二十七年）、京都博物館（同二十八年）、東京国立博物館の表慶館（同四十二年）など（いずれも重要文化財）。大正六年（一九一七）十月二十四日に没した。六十四歳。墓は東京都港区の青山墓地にある。

[参考文献] 「片山博士を弔ふ」（『建築雑誌』三七二）

（稲垣 栄三）

かたやままさお 片山正夫 一八七七―一九六一 明治から昭和時代にかけての理論化学者。明治十年（一八七七）九月十一日、岡山県都宇郡茶屋（倉敷市茶屋町）に生まれる。同三十三年、東京帝国大学理科大学卒業後大学院で研究。同三十五年、東京高等工業学校（現、東京工業大学）教授に任ぜられ、電気化学を担当。同三十八年海外留学、チューリッヒ工科大学のローレンツに学び、ベルリン大学のネルンストのもとでボーデンシュタインと共同研究。同四十二年可逆電池の起電力は、ギブスの自由エネルギーであることを解明。帰国後、草創の東北帝国大学教授。大正四年（一九一五）表面張力の片山式を提出。同六年、理化学研究所の創設以来主任研究員。同八年、桜井錠二のあとを継いで東京帝国大学教授。昭和十三年（一九三八）停年退官。大正十四年、万国純正および応用化学会議に出席のため渡欧。ハーバーを訪問。のち来日の際には、日本化学会会長として、案内した。教育にあたっては、自由に創造性を育成する方針をとり、また、独自の科学観を展開。真島利行に協力して、『日本化学総覧』の刊行に尽力。日本学術振興会では、触媒研究委員会を組織。日本学士院会員。母校開成学園校長。晩年は、思索に執筆に過ごした。昭和三十六年六月十一日東京にて没。八十三歳。墓は、東京都港区の円沢寺にある。法名正雲院理岳玄透居士。著書に『化学本論』『分子熱力学総論』などがある。

[参考文献] 日本科学史学会編『日本科学技術史大系』一三、片山正夫「一、二の思い出と感想」（『化学の領域』四ノ二）、千谷利三「片山正夫先生」（『化学』一七ノ六）、玉虫文一「片山正夫博士の逝去を悼む」（『科学』三一ノ八）、山下愛子「片山正夫」（『MOL』四ノ九）

（山下 愛子）

かつかいしゅう 勝海舟 一八二三―九九 幕末・明治時代の政治家。名は義邦、通称を麟太郎、海舟は号。安房守を明治後安芳と変えて字とした。文政六年（一八二三）正月三十日、江戸本所亀沢町（東京都墨田区亀沢）の父の実家男谷（おたに）邸に、旗本小普請組の勝小吉・のぶの長男として生まれる。天保九年（一八三八）家督相続。剣術修行に専念し、同十四年ごろ免許皆伝。同じころ西洋兵術の勉強を始め、弘化二年（一八四五）ごろから永井青崖について蘭書を読んだ。嘉永三年（一八五〇）赤坂田町中通に蘭学塾を開き、また諸藩の依頼を受けて鉄砲・大砲を鋳造した。嘉永六年のペリー来航に際して幕府に海防意見書を提出、安政元年（一八五四）に目付海防掛となった大久保忠寛の知遇を得た。安政二年正月、下田取締掛手付として蕃書翻訳勤務を命じられ、続いて七月、海軍伝習のために長崎に派遣された。足かけ五年の伝習によって、知識・技術ともに第一人者となった海舟は、万延元年（一八六〇）日米通商条約批准使節派遣の機会に咸臨丸を指揮して太平洋を横断、アメリカ社会を実地に見た。帰国すると、蕃書調所頭取助・軍艦操練所頭取などを経て、文久二年（一八六二）閏八月、幕政大改革人事の一環として軍艦奉行並に昇進、政事総裁職松平慶永やそのブレーン横井小楠らの雄藩連合による国内統一方針と同じ路線を歩んだ。同三年にかけて幕府要人を乗せて江戸―大坂間を往復、また将軍徳川家茂や姉小路公知に大坂湾の防備体制を見せた。元治元年（一八六四）五月、軍艦奉行・安房守、前年将軍から許可を得ていた神戸海軍操練所を開き、幕臣だけでなく諸藩の学生や坂本竜馬など脱藩志士も教育した。九月、西郷隆盛と会い倒幕の暗示を与える。十一月、軍艦奉行を罷免され寄合。慶応二年（一八六六）五月、軍艦奉行に復任、上坂して第二次長州征討をめぐる薩摩と幕府側との紛争を調停、また九月には宮島で長州と停戦交渉をした。このころ小栗忠順らの幕府中心の統一国家構想に反対して幕府が政権を投げ出すことによる新国家樹立を構想しているが、新たに将軍となった徳川慶喜は受け入れない。明治元年(一八六八)鳥羽・伏見の戦で敗れた慶喜から後始末を依頼されると、三月、西郷隆盛に内戦の不利を説いて江戸攻防戦阻止に成功した。この年、徳川家の駿府移転に従って移住したが、新政府からしばしば呼び出され、明治二年には外務大丞や兵部大丞を命じられたがいずれも辞した。しかし版籍奉還や廃藩置県については相談にあずかっている。同五年東京へ帰住、五月、海軍大輔。翌六年三月、島津久光呼出しのため鹿児島に赴く。十月征韓論大分裂直後に参議兼海軍卿。八年四月免官、同時に元老院議官に任じられたが固辞し続けて十一月に至り免官となった。これで官途を離れたわけだが、政界の陰の相談役として重要な地位を保ち、また徳川家の後見人格として当主家達や隠居の慶喜、さらに旧幕臣たちの面倒をみた。二十年五月伯爵、二十一年四月枢密顧問官。同三十二年一月十九日死去。七十七歳。東京府荏原郡馬込村(大田区)南千束の洗足池畔における別荘の一角に葬る。法名は大観院殿海舟日安大居士。『開国起原』『吹塵録』など著書・編著書は多く、それぞれ生前に刊行されたが、また昭和四年(一九二九)に『海舟全集』全十巻が完成した。なお、近年『勝海舟全集』二種が編纂され、一種は完結し(勁草書房刊、全二十一巻別巻二巻)、他の一種は刊行中(講談社刊)である。

参考文献 松浦玲『勝海舟』(『中公新書』一五八)、石井孝『勝海舟』(『人物叢書』一七一) (松浦 玲)

かつきけいごろう 香月経五郎 一八四九―七四 佐賀の乱の主謀者の一人。嘉永二年(一八四九)肥前国佐賀に香月三之允の長子として生まる。佐賀藩士として藩校弘道館に学び、副島種臣・江藤新平の影響をうけて尊攘思想を抱き、慶応三年(一八六七)長崎に遊学して英学を修めた。明治二年(一八六九)大学南校に入り、翌年民部省の命をうけて海外留学生となり、アメリカ・イギリスに留学し、同六年末に帰朝。あたかも征韓論の決裂で江藤新平・副島種臣が参議を辞職した。翌年一月、江藤が佐賀に帰るのに従って帰郷し、佐賀県中属となる。当時、佐賀では島義勇を指導者とする憂国党と山中一郎を党首とする征韓党が結成され、二月に両党は江藤をかついで連繋して蜂起した。香月も征韓党に加盟して挙兵の指導者となり、乱敗れて江藤に従い薩摩に走り、日向飫肥から四国宇和島に渡り、山中を彷徨したが三月二十二日に捕縛され、佐賀に護送されて四月十三日斬に処せられた。二十六歳。

参考文献 黒竜会編『西南記伝』下一 (後藤 靖)

かつだまごや 勝田孫弥 一八六七―一九四一 明治から昭和時代前期にかけての明治維新史家。号泰東。慶応三年(一八六七)八月二十五日誕生。薩摩国喜入郷肝付家世臣勝田新左衛門の長男。鹿児島師範学校卒業、上京して明治法律学校に入学して法律を学ぶ。立憲政治に関心を持って明治二十三年(一八九〇)『帝国議会要論』を著わし、女子参政を主張した。のち維新史の研究に転じて二十七年・二十八年『西郷隆盛伝』五冊を刊行、さらに四十三年・四十四年『大久保利通伝』三巻をだして維新史家として地位を確立した。この二書の執筆には当時在世中の故老の実話を徴したほか、大久保伝では大久保の日記その他をはじめて紹介し、鹿児島藩中心の維新史の型をつくった。四十四年、維新史料編纂会が設立されると編纂官となり、昭和六年(一九三一)退官し、同会委員となる。同十六年八月二十一日病没。七十五歳。墓は東京都府中市の多磨墓地にある。なお、私塾東光学園を営み、また明治三十四年以降精華女学校(現在の東海大学東海精華女子高等学校)を経営した。そのほか一時雑誌『海国少年』を刊行した。 (大久保利謙)

カッテンダイケ Willem Johan Cornelis, *Ridder* Huijssen van Kattendijke 一八一六―六六 オランダの海軍軍人。一八一六年一月二十二日に生まれる。三五年少尉候補生、五一年大尉に昇進。江戸幕府の注文によりオランダで建造された軍艦ヤーパン号(のち咸臨丸)を廻航するとともに、五五年来長崎で幕府の要請下に行なっていた海軍教育を担当する第二次派遣隊を率い安政四年(一八五七)八月長崎着、約一ヵ年半にわたり勝安芳(海舟)・榎本武揚ら幕府諸藩の学生多数を教育したが、同六年伝習事業中止となり帰国、その間に昇進して海軍中佐となったが、一八六一年には海軍大臣に就任した。一時外務大臣を兼ねたこともあるというが、六六年二月六日五十歳で死去するまで海軍大臣を勤めた。在職中榎本はじめ内田恒次郎・西周・津田真道ら幕府の留学生が派遣され、また幕府が軍艦開陽丸の建造を発注した時も大臣として斡旋した。滞日中の記録として、Uittreksel uit het dagboek van W. J. C. Ridder Huijssen van Kattendijke gedurende zijn verblijf in Japan, in 1857, 1858 en 1859: 's Gravenhage, 1860.(『長崎海軍伝習所の日々』(水田信利訳、『東洋文庫』二六))がある。 (沼田 次郎)

かつぬませいぞう 勝沼精蔵 一八八六―一九六三 明治から昭和時代にかけての内科医師、文化勲章受章者。明治十九年(一八八六)八月二十五日、勝沼五郎・顕子の長男として神戸に生まれた。同四十四年東京帝国大学医科大学卒業後、三浦内科に入り、三浦謹之助教授の指導を受けた。大正二年(一九一三)同内科より病理学教室に派遣され、長与又郎教授の指導を受け、同八年、オキシダーゼの組織学的研究により医学博士となる。同年愛知県立医学専門学校教授、同十一年愛知医科大学教授となり、同年六月より同十四年六月までの間、欧米各国に留学した。同十五年「オキシダーゼの組織学的研究」により帝国学士院賞を受けた。昭和六年(一九三一)名古屋医科大学教授となり、翌七年には日本内科学会会頭をつとめた。同十四年名古屋帝国大学教授となり、内科学第一講座を担当し、同十六年には同大学航空医学第一講座を兼担した。同二十一年、名古屋大学環境医学研究所長となり、翌二十二年帝国学士院会員となった。同二十四年には名古屋大学学長に就任し、同三十四年退職までの十年間その職にあった。同二十九年文化勲章を受章し、同三十五年には国際血液学会会頭をつとめた。同三十八年四月第十七回日本医学会会頭に推薦されたが、同年十一月十日名古屋にて急逝した。七十七歳。著書に、Intrazellulare Oxydation und Indophenolblausynthese (1924). Anamie (Japan) (1937) などがある。

[参考文献]『日本内科学会雑誌』五二ノ一二、『臨床血液』四ノ六、『医学のあゆみ』四七ノ九、『日本医事新報ジュニア版』三一
（大塚　恭男）

カッペレッティ Giovani Vincenzo Cappelletti ?―一八八七 イタリアの建築家。明治九年（一八七六）工部美術学校の創設にあたって、フォンタネージおよびラグーザとともに日本政府に招かれてイタリアから来日し、予科において図学・装飾図案などを教えた。来日前の経歴は不詳。同十二年八月から翌年九月まで工部省営繕局に転じ、さらに同十四年の初め一時陸軍省にも奉職した。同十八年一月サンフランシスコに渡って設計活動を行なったが、一八八七年同市近郊の病院で没した。日本滞在中の作品として、参謀本部（明治十四年五月以降竣工）・遊就館（同十四年竣工）がある。両者ともにイタリア風の様式を駆使した名品であったが、現存しない。

[参考文献] 三枝博音・野崎茂・佐々木峻『近代日本産業技術の西欧化』、堀越三郎『明治初期の洋風建築』
（稲垣　栄三）

かつまたせいいち 勝間田清一 一九〇八―八九 昭和時代の政治家。明治四十一年（一九〇八）二月十一日、静岡県駿東郡印野村字北畑（御殿場市）に父弥平治・母せいの長男として生まれる。宇都宮高等農林学校を経て、昭和六年（一九三一）京都帝国大学農学部を卒業。協調会農村課、内閣調査局専門委員を経て、大政翼賛会組織部を担当。この間、和田博雄を知る。昭和研究会にも関与。同十六年企画院事件で逮捕される。同二十二年、第二次世界大戦後第二回の総選挙で静岡二区から日本社会党所属で当選。同六十一年に政界を引退するまで、当選十四回。片山内閣で経済安定本部長官。昭和五十八年から二年半、衆議院副議長。党内においては、政策審議会会長、教育宣伝局長、国会対策委員長、総務局長、日中国交回復委員長、国民運動担当、国際局長、副委員長などの役職を歴任。主に理論・政策のまとめ役。昭和四十一年に「日本における社会主義への道」をまとめ、翌四十二年から一年間、委員長就任。森戸・稲村論争以降、党の主要政策の作成のほとんどすべてに中間派の立場から関与した。平成元年（一九八九）十二月十四日、東京都葛飾区の東京慈恵会医科大学附属青戸病院で没した。八十一歳。『勝間田清一著作集』全三巻がある。
（高橋　彦博）

かつもとせいいちろう 勝本清一郎 一八九九―一九六七 昭和時代の評論家、近代日本文学研究家。明治三十二年（一八九九）五月五日、喜十郎・とみの子として東京に生まれ、慶応義塾大学文学部美術史科を卒業、大学院に学ぶ。昭和初期、マルクス主義芸術理論の影響を受け、理論と行動の両面で活躍した。昭和五年（一九三〇）ハリコフ（ソビエト連邦）の国際革命作家同盟第二回国際会議にドイツから藤森成吉とともに出席したが、帰国した同八年には小林多喜二の虐殺に象徴される左翼への弾圧が激しく、勝本は、世界文学の広い視野に立って日本文学を考察する仕事に着手、『日本文学の世界的位置』（昭和十一年）を出版。近代文学の資料の収集を広汎に徹底して行い、特に尾崎紅葉・北村透谷に関するそれは画期的で、中央公論社の『尾崎紅葉全集』は同十六年から三巻を編んで戦争により中絶したが、岩波書店の『透谷全集』（同二十五―三十年）は空前の完璧に近い編集である。『前衛の文学』（同五年）、『近代文学ノート』（同二十三年、新版同五十四・五十五年）の著もあり、日本ユネスコ協会理事長も勤めた。昭和四十二年三月二十三日没。六十七歳。

[参考文献] 勝本清一郎「プロレタリア文学と私」（『鑑賞と研究　現代日本文学講座』小説六所収）、勝本清一郎・平野謙「ハリコフ会議のころ」（『文学』三三ノ四）
（石丸　久）

かつやすよし 勝安芳 ⇨勝海舟（かつかいしゅう）

かつらぎひこいち 葛城彦一 一八一八―八〇 幕末・維新期の志士。名は経成、のち重任。はじめ竹内伴右衛門と称し、変名して内藤助右衛門と称し、帰藩後葛城彦一と改めた。文政元年（一八一八）生まれ。大隅国加治木（鹿児島県姶良郡加治木町）の郷士で、若くして江戸に遊学し、平田篤胤に学び、また鈴木重胤と交わった。嘉永二年（一八四九）島津家に家督相続の内紛が起った時、嫡庶の別を正して世子斉彬を推し、側室お由羅出生の久光を排した。高崎崩れ（お由羅騒動）が起るに及び、同志の岩崎仙吉（のち相良藤次）とともに筑前に走り、斉彬の大叔父で福岡藩主黒田斉溥（なりひろ）（のち長溥）の庇護を受けた。この間、勤王の志士と交わり、幕吏に追われた僧月照の薩摩入りに力を貸した。のち許されて帰藩したが、藩主斉彬の没後であった。加治木領主島津久宝の女貞姫が久光の養女となり、近衛忠房に入輿するにあたり、久光からその硬骨忠節を認められ、付人として起用された。明治四年（一八七一）渡辺重石丸（いかりまろ）を久光に推薦し、鹿児島に赴いて維新建業の方策を進言させた。岩倉具視・大久保利通らも廟議につき意見を徴したが、官途につかず、終生近衛家に仕えた。同十三年一月二十三日没。六十三歳。東京青山墓地に葬る。

[参考文献] 山内修一『薩藩維新秘史葛城彦一伝』
（吉田　常吉）

かつらこごろう 桂小五郎 ⇨木戸孝允（きどたかよし）

かつらたかしげ 桂誉重 一八一七―七一 幕末・維新期の越後新発田藩新津組大庄屋で国学者。通称慎吾、方正居と号す。文化十四年（一八一七）九月二日に桂家六代誉正の弟誉裕とその妻千世との長男に生まれ、伯父誉正の養子となり家督を継ぐ。桂家は承応年間（一六五二―五

五)に能登から移住し、商業に従いつつ急速な土地集積を行い、寛延二年(一七四九)大庄屋に任ぜられ、以後その職を世襲し、幕末から明治期には越後でも屈指の大地主の一人に成長している。養父誉正は特に民政に尽力し支配下村々の救恤に努め、また天保十四年(一八四三)に桂家を訪れた国学者鈴木重胤を介して、平田篤胤に入門している。誉重は翌年桂家を再訪した重胤に入門し、以後出羽庄内の豪農大滝光憲らとともに有力な経済的支援者となり、また重胤の最も信頼する門人として、その主著『祝詞講義』や『日本書紀伝』の校閲者とされている。彼はまた佐藤信淵の学説をもその子昇庵を通して学んでいる。彼は重胤が古道の解説を通して人心の教導をはかった『世継草』の解説である『世継草摘分』を嘉永年間(一八四八―五四)に著わし(明治十六年(一八八三)自家出版)、さらにそれをうけて社会秩序の崩壊、村方騒動などの頻発する「世直し状況」に対して人心の教導をはかるため、文久三年(一八六三)に『済生要略』を出版している。彼は一揆などを否定する一方、地主豪農の土地兼併を強く非難し、特に名主・村役人の農民に対する民生教導の重要性を説き、さらに「万民其家職ヲ日夜勤守スレハ即チ皇祖天神ノ賦命シ玉フニテ」とか、各人がみずからの「家職産業」を実践することが何よりも重要である、と説いている。ところで彼は大庄屋として幕末の藩政に協力する一方、王政復古・戊辰戦争においては息子誉恕とともに新政府を支持し、明治元年六月の奥羽越列藩同盟の一員としての藩主の出兵の際、農民を動員、指導してそれを妨げている。同二年誉重は新発田藩士族に属せられ、同四年九月十五日病のため自宅にて没した。五十五歳。誉恕はその後神道教化や学校設立などに活動し、同十一年天皇の北陸巡幸の際桂家は行在所となり、同十三年新潟県会議員に当選したが、翌十四年二月四十四歳で病没した。

参考文献 田村順三郎編『桂家に宛てたる鈴木重胤の書信』、伊東多三郎『草莽の国学』、沼田哲「変革期における一豪農の思想と行動」(『日本歴史』二八二)

(沼田 哲)

かつらだふじろう 桂田富士郎 一八六七―一九四六 明治から昭和時代にかけての医学者。慶応三年(一八六七)加賀国江沼郡大聖寺町耳聞山町(石川県加賀市)に庄田豊哉の長男として生まれた。幼名は幸吉。明治二十年(一八八七)桂田家を継ぐに及んで富士郎と改めた。明治十六年金沢医学校に入学、二十年卒業し、上京して帝国大学医科大学の病理学教室に入り、三浦守治教授の指導を受けた。同二十三年岡山の第三高等中学校医学部(のちの岡山医学専門学校)講師となり、病理学・法医学を担当した。同三十七年日本住血吸虫を発見したのをはじめ、寄生虫学上の多くの重要な研究を行なった。大正元年(一九一二)岡山医学専門学校を辞して外遊し、同三年神戸に船員病及熱帯病研究所を設立し、これに病院を付設して摂津病院と命名し所長兼院長となった。同七年日本住血吸虫の発見に対し帝国学士院賞を受けた。昭和二十年(一九四五)故郷の大聖寺に帰り、翌二十一年四月五日同地で没した。八十歳。墓は加賀市大聖寺町の全昌寺にあり、法名は桂岳院殿宏安道富居士。

参考文献 森下薫「加賀大聖寺と桂田博士」(『ある医学史の周辺』所収)

(大塚 恭男)

かつらたろう 桂太郎 一八四七―一九一三 明治時代の軍人、政治家。弘化四年(一八四七)十一月二十八日、萩藩士馬廻役百二十五石の桂与一右衛門信繁と母喜代子の長男として、長州萩平安古(山口県萩市平安古町)に生まれる。はじめ寿熊と称し、のち太郎と改名。海城と号す。藤田与次右衛門・岡田玄道について和漢学を学ぶ。萩藩の洋式銃陣の採用により万延元年(一八六〇)十四歳でこれに入り、戊辰戦争では萩藩第四大隊二番隊司令として奥州各地を転戦。維新後の明治二年(一八六九)には、ヨーロッパ留学をめざし横浜語学所に入学、翌三年同所は大阪兵学寮に移ったが、中途退学。同年、賞典禄二百五十石を資金にドイツに留学し軍事学を学んだ。同六年帰国し、翌年陸軍大尉として明治政府に出仕。明治八年ドイツ公使館付武官として再びドイツに赴き、主としてドイツ軍政を調査・研究する。同十一年帰国、山県有朋陸軍卿に参謀本部の独立を建言し、参謀本部設置後は管西局長に就任。山県有朋の庇護のもとに、プロシア軍制を範とする軍制改革を推進した。明治十七年大山巌陸軍卿一行とともにヨーロッパ各国の軍制を視察し、翌年帰国、同十九年陸軍次官となり、憲法発布に伴う軍制の改革を推進。同二十四年第三師団長に補任。日清戦争開始とともに第三師団を率いて出征した。二十八年戦功により子爵を授けられる。二十九年台湾総督となり、南進の拠点として台湾統治政策をすすめたが、同年十月、第二次松方内閣(松隈内閣)の陸相就任問題がこじれ、総督を辞任した。のち東京防禦総督に任命された。明治三十一年一月第三次伊藤内閣の陸軍大臣に就任、ついで同年六月第一次大隈内閣(隈板内閣)には特に勅命をもって留任し、政党内閣にあって軍備拡張政策を推進するとともに、政党内閣の倒壊を策した。同年九月陸軍大将に補任される。同内閣が官僚勢力の攻撃と内部の猟官争い、派閥対立で倒れたあと成立した第二次山県内閣に再び留任。同内閣の中心閣僚として、軍拡を中心とする日清戦後経営政策を推進した。明治三十三年中国義和団事件には、列強帝国主義への仲間入りをめざして八ヵ国連合軍のうち最大の兵力を派遣し、その鎮圧につとめた。同年十月第四次伊藤内閣が成立し、四たび陸相となったが、同年十二月病気を理由に辞任。陸相在任は四内閣、三年間に及んだが、この間に桂は軍政家から長閥をひきつぐ政治家へと成長した。三十四年五月、第四次伊藤内閣総辞職のあと首相候補に推薦され、翌六月二日山県系の官僚を網羅する内閣を組織した。東アジア情勢の緊迫するなかで、日英同盟締結の方針をかかげて、三十五年一月にはこれを実現し、内閣の威信をたかめた。翌三十六年四月、義和団事件を機会に満洲に大軍を投入したロシアが撤兵を実行せず、むしろ韓国国境に兵備を増強する動きをみせ、日露関係は緊迫し、以後対露交渉に全力を傾注。三十七年二月日露戦争開始後は首相として戦争遂行に尽力した。この間三十七年十二月から翌年八月にかけて立憲政友会領袖原敬と五度にわたって会談し、戦後の政友会総裁西園寺公望への政権譲渡を条件に政府への協力をとりつけた。しかし講和条約に不満をもった民衆の怒りは、日比谷焼打ち事件から全国的な講和反対運動となって展開し、その衝撃もあって、十二月には西園寺を後継首班に推薦して首相を辞任した。これは、「桂園時代」とよばれる新たな政治支配の形式のはじまりを意味した。同四十年には日露戦争の功績により侯爵となり、翌年第一次西園寺内閣辞職のあとをうけて第二次内閣を組織、韓国併合を行なった。その功により四十四年公爵を授けられた。他方、社会主義・無政府主義運動に対しては徹底した弾圧方針をとり、大逆事件では幸徳秋水ら十二名を死刑にして、社会主義者の「冬の時代」をつくりだした。四十四年八月首相を辞任し、西園寺と交代し、みずからは元勲待遇の詔勅をうけて元老となった。こうして桂は政治家として頂点にのぼりつめた。政治家としての桂は、人心収攬にたけ、いわゆる「ニコポン主義」(にっこり笑ってポンと肩をたたく)によって対立勢力を懐柔し、妥協によって難局をきりぬけながらも、次第に独自の政治勢力を形成した。第二次内閣の後半期からは次第に山県からも離れ、しばしば対立することもあった。四十五年七月、政党構想をいだいて欧米旅行に出発したが、途中モスクワで明治天皇の病の報に接し帰国。天皇の死後内大臣兼侍従長として宮中にはいった。同年(大正元)十二月二個師団増設問題で第二次西園寺内閣が倒れたあと、宮中からでて三たび内閣を組織したが、かえって憲政擁護運動をもりあがらせる結果となった。これに対抗して立憲同志会組織を公表したが、結局大正二年(一九一三)二月民衆運動の革命化をおそれて総辞職した。その後新政党の勢力拡大につとめたが、病をえて同年十月十日東京の自邸で死去した。六十七歳。東京世田谷の松陰神社隣りの大夫山(世田谷区若林)に葬られた。法名は長雲院殿忠誉義道清澄大居士。

参考文献 徳富猪一郎編『公爵桂太郎伝』、徳富猪一郎『政治家としての桂公』、岡義武『山県有朋』(『岩波新書』青一二〇)、升味準之輔『日本政党史論』一・三

(由井 正臣)

かつらひさたけ 桂久武 一八三〇―七七 幕末・維新期の鹿児島藩士。名は歳貞のち久武、右衛門・四郎と称す。天保元年(一八三〇)五月二十八日同藩日置領主島津久風の第五子に生まれ、桂久徴の養嗣となる。造士館掛・大島警衛などを経て家老加判役となり役料千石、御用部屋詰を命ぜられた。明治以降も藩政に与かり、鹿児島藩参政・執政、ついで明治三年(一八七〇)四月権大参事となる。四年都城県参事、同六年豊岡県権令を歴任したが下野し、西南戦争が勃発すると西郷軍に参加して兵站部の指揮にあたった。明治十年九月二十四日、城山落城の際、岩崎谷で流丸を受けて戦死した。四十八歳。南洲墓地(鹿児島市上竜尾町)に葬る。

参考文献 『鹿児島県史』三、黒竜会編『西南紀伝』下一

(大久保利謙)

かつらぶんじ 桂文治 落語家。

(一)四代 一八一九―六七 もと直参の武士と伝えられる。法名童遊亭大賀桂寿信士。

(二)五代 一八三〇―六〇 二代目文楽が襲名。法名桂嶽文秀信士。

(三)六代 一八四六―一九一一 四代目文治の長男が三代目文楽から文治を襲名。幼少より神童の聞こえが高く、ほぼ明治全期を通じて活躍し、当時の童幼の尻とり唄の文句に「下谷上野は山かつら、かつら文治ははなし家で」とうたわれるほどの名声を博した。落語組合の頭取を勤め、その芸風は老練で規格正しいものであった。得意は芝居噺。明治四十一年(一九〇八)大阪の桂文団治に七代目を譲って楽翁、三世大和大掾となり、同四十四年二月十七日没。六十六歳。光円寺(東京都港区虎ノ門)に葬られる。法名桂月院釈家元文治居士。

(四)七代 一八四八―一九二八 初代桂文枝門下の四天王の一人初代桂文団治の門人で、はじめ都雀といい、順枝・米喬を経て米団治となり、二代目文団治を嗣いだ。明治二十六年(一八九三)月亭文都・三代目笑福亭福松らとともに浪花三友派を組織し、二代目桂文枝が率いる桂派と対抗し、上方落語史上の最盛期を築き上げるのにひと役買った。明治四十一年十月、七代目文治を襲名した。得意の演目は、「野崎参り」「三十石」「佐々木信濃守」など。昭和三年(一九二八)九月十八日没。八十一歳。

(五)八代 一八八三―一九五五 明治十六年(一八八三)一月二十一日に生まれる。大正十一年(一九二二)襲名。上方から再び東京へ戻った。昭和三十年(一九五五)五月二十日没。七十三歳。

(六)九代 一八九二―一九七八 明治二十五年(一八九二)九月七日に生まれる。昭和二十五年(一九六〇)翁家さん馬から九代目をついだ。同五十三年三月八日没。八十七歳。

参考文献 前田勇『上方落語の歴史』、野村無名庵『本朝話人伝』

(比留間 尚)

かつらぶんらく 桂文楽 落語家。初代は三代目桂文治。二代目は五代目文治。三代目は六代目文治。

(一)四代 一八三八―九四 本名新井文三。天保九年(一八三八)十一月に生まれる。本業印判屋。六代目文治の門人。幇間の経験があったので、くるわ噺に長じていた。その口癖からテコデコの文楽といわれ、三遊亭円朝・柳亭燕枝に劣らぬ芸をもっていた。明治二十七年(一八九四)一月二十八日没。五十七歳。東京谷中の観音寺に葬られる。

法名桂真院宜演文楽居士。

㈡五代　生没年不詳　アンパンという渾名で親しまれた。

㈢八代　一八九二―一九七一　実際は六代目。明治二十五年(一八九二)十一月三日、父益功・母いくの次男として青森県の五所河原に生まれる。本名並河益義。十五歳で初代桂小南の門に入って小莚といい、のち翁家さん馬門に転じさん生、五代目柳亭左楽に移って二十四歳で真打になり翁家馬之助を襲名、二十六の時八代目文楽を嗣いだ。昭和二十九年(一九五四)・四十一年芸術祭賞、同三十六年紫綬褒章、同四十一年勲四等瑞宝章を受けた。落語協会を率いて古典の正統を守り、その高座は完璧と称讃された。得意は「素人鰻」「富久」「明烏」など。昭和四十六年十二月十二日東京にて没。七十九歳。墓は台東区寿の桃林寺、法名は桂春院文楽益義居士。『桂文楽全集』全二冊、レコード『桂文楽十八番集』などがある。

参考文献　野村無名庵『本朝話人伝』、飯島友治編『古典落語』二期三　（比留間　尚）

かつらみきすけ　桂三木助　落語家。

㈠二代　一八八四―一九四三　明治十七年(一八八四)に生まれる。本名松尾福松。同二十七年一月十日、二代目桂南光の門に入り、手遊の名で同年二月一日大阪南地法善寺金沢亭で初高座をつとめた。同三十七年十二月大阪輜重兵四大隊に入営、日露戦争に出征、同三十九年一月除隊、同年二月一日より高座に復帰、十一月二代目三木助を襲名して真打となった。舞踊にも長じていた。「三年酒」「箒屋娘」などを得意とし、月亭春松編『落語系図』には調査人として参加、『大阪落語名題総覧』を作るなど、落語史研究に好資料を提供した。昭和十八年(一九四三)十二月一日没。六十歳。墓は東京都台東区谷中の長久院にある。

㈡三代　一九〇二―六一　明治三十五年(一九〇二)三月二十八日東京本郷湯島に生まれる。本名小林七郎。柏枝時代の柳橋門で柏葉、小柳で二ツ目、大阪の二代目三木助門で三木男。帰京後、柳昇で真打。一時舞踊師匠。のち橘ノ円、昭和二十四年(一九四九)三代目三木助をつぐ。古典の芸術性を追求し、同二十九年「芝浜」で芸術祭奨励賞を受賞。昭和三十六年一月十六日没。五十八歳。墓は谷中の観音寺にある。

参考文献　飯島友治編『古典落語』一　（比留間　尚）

かとうおりへい　加藤織平　一八四九―八五　明治十七年(一八八四)の秩父事件における困民党の幹部。嘉永二年(一八四九)武蔵国秩父郡石間村(埼玉県秩父郡吉田町石間)に生まれた。父初太郎、母すみ。家はその地方の平均的農家よりゆたかで、かつて質屋を営んだのか、織平には「質屋の良介」という俗称もあり、多少周囲の農民に債権をもっていた。自由党員と目され、この地方の親分として多くの子分をもち、そのなかに秩父困民党の組織者がいたために明治十七年の夏から困民党の幹部となって農民的立場をとり、十一月一日に編成された闘争組織では副総理に推された。十一月四日、本陣の解体に際しては東京にのがれたが、七日警察に逮捕され、翌年二月十九日浦和重罪裁判所で死刑の宣告を受け、五月十八日熊谷において処刑された。三十七歳。墓は郷里石間にある。法名は円厳寂照居士。　（井上　幸治）

かとうかんじ　加藤完治　一八八四―一九六七　農本主義者、満蒙開拓移民の指導者。明治十七年(一八八四)一月二十二日、旧平戸藩士加藤家の長男として東京市本所に生まれる。第四高等学校を経て、東京帝国大学工科大学に入学、のち農科大学に編入、明治四十四年卒業。帝国農会に入り、中小農保護政策調査事務に従事。大正二年(一九一三)山崎延吉に招かれ愛知県立安城農林学校教諭、ついで同四年山形県立自治講習所長となる。同十一年から十三年にかけて一年四ヵ月欧米を視察し、帰国後同十五年茨城県西茨城郡宍戸町(友部町宍戸、のち東茨城郡下中妻村字内原(内原町)に移転)に日本国民高等学校を創立し、校長となった。この間、加藤は従来の農本主義に東京帝大法学部教授筧克彦の「神ながらの道」理論を加えた独自の農本主義理論で子弟を教育した。満洲事変後は関東軍の東宮鉄男とともに満洲移民の推進に奔走、昭和十三年(一九三八)満蒙開拓青少年義勇軍の発足と同時に、前記内原の満蒙開拓青少年義勇軍訓練所(通称、内原訓練所)所長となり、三ヵ月間の内地訓練の期間に徹底した「皇道教育」を行い、八万六千五百三十名の青少年義勇軍を満洲に送った。第二次世界大戦後の同二十一年教職追放となり、一時福島県西白河郡西郷村報徳開拓組合長として農耕に従事した。同二十七年追放解除となり、翌二十八年には日本高等国民学校(戦前の改称)の校長に復帰し、また旧満洲開拓関係団体の役員となった。昭和四十二年三月三十日、肝臓癌のため死去。東京都文京区の大泉寺に葬られた。享年八十三。『加藤完治全集』全五巻がある。

参考文献　日本国民高等学校編『加藤完治先生』、上笙一郎『満蒙開拓青少年義勇軍』(『中公新書』三一五)　（由井　正臣）

かとうかんじゅう　加藤勘十　一八九二―一九七八　大正・昭和時代の労働運動家、政治家。明治二十五年(一八九二)二月二十五日愛知県丹羽郡岩倉町字西市(岩倉市西市町)に亀次郎・たきの三男として生まれる。同三十五年小学校卒業、苦学して中学校に通ったが中退。大正元年(一九一二)徴兵検査で甲種合格、二年間軍隊に入る。除隊後日本大学の夜学で法律を学び、弁論部幹事となる。大学は中退というが定かではない。この間、普選運動に参加した。七年『労働世界』記者を経て『東京毎日新聞』記者となり、九年の八幡製鉄所争議を指導、騒擾罪で起訴された。同年全日本鉱夫総連合会創立に参加、以後鉱山争議を指導し、また日本社会主義同盟の発起人となる。十三年日本労働総同盟の主事兼会計となり、翌年全日本鉱夫総連合会主事に就任(昭和三年(一九二八)まで)した。

十五年、日本労農党・日本労働組合同盟の結成に参加、ともに中央執行委員に選ばれる。昭和五年関東金属産業労働組合委員長に就任、翌年日本労働組合同盟の日本労働倶楽部加盟に反対、合法左翼の立場から倶楽部排撃同盟を組織し、八年全労統一全国会議を、さらに翌年日本労働組合全国評議会を結成、いずれも委員長に就任した。十年AFL（アメリカ労働総同盟）の招待で渡米、亡命中の野坂参三とも会見した。翌年の総選挙に全国最高点で当選、労農無産協議会を結成、委員長となり反ファッショ人民戦線を目ざして社会大衆党に合同を申し入れたが拒絶され、十二年日本無産党に改組、委員長に就任した。同年末人民戦線事件で逮捕、起訴されたが、大審院で審理中敗戦を迎える。この間、十九年石本静枝と結婚した。第二次世界大戦後日本社会党の結成に参加、常任中央執行委員、労働連絡部長となり、鈴木茂三郎らと左派グループを形成、二十二年の二・一スト前後には共産党と定期的に連絡の任にあたる。二十一年の総選挙以後当選九回。二十二年五月共産党との絶縁を声明、翌年芦田内閣の労相に就任した。党内では結党時より左派の中央執行委員となり、二十五年組織局長となったが、翌年秋の分裂では右派社会党に参加、組織局長・教宣局長を歴任、三十年の統一大会で統制委員長となり、三十三年護憲委員長に転じた。四十四年の第三十二回総選挙には立候補せず、第一線を退いた。昭和五十三年九月二十七日没。八十六歳。

参考文献 加藤勘十『階級戦の先頭を往く』、同『自叙伝』、中村隆英・伊藤隆・原朗編『現代史を創る人びと』三 （神田 文人）

かとうくろう 加藤九郎 一八三〇―九〇 明治時代前期の新聞記者、少年教護の開拓者。天保元年（一八三〇）に生まれた。大坂の真宗大谷派寺院出身。広瀬旭荘の門に遊び、帰坂して塾を開き、兵庫県の吏員になった。明治初年教部省に出仕し中講義となった。築地の宣教師カロゾルスを助けて『仮名文天道溯原』の訳業にも参加した。しかし最も生彩を放ったのは新聞記者として『采風新聞』『読売新聞』『郵便報知新聞』『開導新聞』『共存雑誌』などに関係し、自由民権を高調し、その結果、明治九年（一八七六）に禁獄三年の刑をうけた。禁獄三年は『東京曙新聞』の藤波篤二郎と並んで最重刑であった。加藤は出獄後、多くの監獄の実状などを論説として発表したが、特に感化院の設立を企画したことが注目される。加藤は十四年五月築地訓盲院における懲矯院設立委員会で「懲矯」を「感化」と改めたが、それは本邦では「感化」の語の最初の使用であった。しかし事実上の感化院の開始は池上雪枝を待たなければならなかった。明治二十三年一月没。六十一歳。

参考文献 吉田久一『日本近代仏教社会史研究』 （吉田 久一）

かとうげんち 加藤玄智 一八七三―一九六五 明治から昭和時代にかけての宗教学者・神道学者。漢詩の嗜みもあり、波水漁郎・藤玄などと号した。明治六年（一八七三）六月十七日、東京浅草の真宗高田派称念寺の僧、加藤玄聴の長男に生まれた。同三十二年七月、東京帝国大学文科大学哲学科を卒業、さらに大学院に進み、四十二年七月、提出論文「知識と信仰」によって文学博士の学位を受けた。陸軍教授士官学校付・明治聖徳記念学会常務理事・同付属研究所長・東京帝国大学助教授・国学院大学教授などを歴任、この間、駒沢大学・大正大学・神宮皇学館などの講師をも兼ねた。昭和三十五年（一九六〇）十一月三日紫綬褒章を、四十年四月二十九日勲三等瑞宝章を授けられ、同年五月八日静岡県御殿場市東山の研究所学労窟に九十一歳で没し、東京都府中市の多磨墓地に葬られた。その著書は、『宗教学』『神道の宗教学的新研究』『本邦生祠の研究』『宗教学精要』『神道信仰要系序論』をはじめ、『神道書籍目録』『（明治大正昭和）神道書籍目録』などきわめて多く、英文のものもA study of Shintō, the religion of the Japanese nation など十数点に及んでいる。

参考文献 梅田義彦「加藤玄智博士略歴・主要著書論文目録」（加藤玄智『神道信仰要系序論』所収）、同「加藤玄智」（『神道宗教』四一） （岸本 芳雄）

かとうしげもと 加藤茂苞 一八六八―一九四九 明治から昭和時代にかけての稲の育種学者。旧名竜太郎。明治元年（一八六八）五月十七日、出羽国西田川郡鶴岡町（山形県鶴岡市）家中新町に生まれた。父甚平。帝国大学農学科卒。山形県中学校・同県師範学校教諭、国立農事試験場技師（陸羽・東奥・畿内支場、陸羽支場長）、九州大学農学部教授・農学部長、朝鮮総督府農事試験場長、水原高等農林学校長を経、退官後は東京農業大学教授となる。農学博士。昭和二十四年（一九四九）八月十六日、東京都杉並区清水町にて死去。八十二歳。墓は府中市の多磨墓地にある。

参考文献 日本農業年鑑刊行会編『年表農業百年付人物白年』（『日本農業年鑑』一九六八年別冊）、野口弥吉編『農事試験場畿内支場における育種―稲育種史研究会資料―』、永井威三郎「先覚をかたる―加藤茂苞先生と稲―」（『農業および園芸』四一ノ六） （細田 友雄）

かとうしげる 加藤繁 一八八〇―一九四六 明治から昭和時代にかけての歴史学者。日本における中国経済史・社会史の開拓者。明治十三年（一八八〇）九月三日今の島根県松江市奥谷町に内田虎次郎・セイの四男に生まれ、翌年加藤文八・シマの養嗣子となる。島根県立第一尋常中学校を経て、明治三十九年東京帝国大学文科大学支那史学選科を修了、京都にあった臨時台湾旧慣調査会に入り、『清国行政法』の編纂に従事、のち、慶応義塾大学講師・教授を経て大正十四年（一九二五）四月、東京帝国大学講師に就任、同助教授に昇り、昭和十一年（一九三六）教授となる。はじめ中国古代土地制度の研究に従事、ついで中国財政史の研究に転じ、主著『唐宋時代に於ける金銀の研究』(上下二冊、大正十四・十五年)によって大正十四年文学博士の学位を受け、さらに昭和二年五月二十日、学士院恩賜賞を授けられた。これは唐宋時代の金銀地金の貨幣的機能を、あらゆる関係材料を蒐集して研究したもので、その内容はもちろん、研究法においても画期的なものであった。つづいて中国経済史の諸方面に多くの研究を発表した。中でも、唐宋の商業組合「行」と組合の存在した商業区域「市」、倉庫業、信用証券ないし紙幣、硬貨、戸数や(人)口数に関するものなどはいずれもそれらについての新生面を開いたものであり、その他に漢代の財政史・貨幣史、歴代産業史、清朝経済史および中国社会史・思想史に関する論文も少なくない。二回中国に出張し、多くの経済史関係の資料を蒐集して帰った。学究であると同時に、一面趣味の人でもあって、俳句をよくした。主著以外の主要論文は、死後編集され、『支那経済史考証』(上下二冊、昭和二十七・二十八年)として世に送られている。そのほかに、『支那古田制の研究』(大正五年)、『支那経済史概説』(昭和十九年)、『支那学雑草』(同年)、『史記平準書・漢書食貨志』(訳註、同十七年)、『旧唐書食貨志・旧五代史食貨志』(訳註、同二十三年)、『支那革命史』(吉野作造との共著、大正十一年)、『絶対の忠誠』(昭和十八年)、『中国経済史の開拓』(同二十三年)、『加藤繁俳句集』(同三十七年)などの著訳書がある。昭和二十一年三月七日、六十七歳で没した。法名正覚院釈賢明、東京都の多磨墓地に葬られた。

[参考文献] 榎一雄「加藤繁博士小伝」(加藤繁著・榎一雄編『中国経済史の開拓』所収)、同「加藤繁博士小伝」(加藤繁著・和田清他編『支那経済史考証』下所収)
(榎　一雄)

かとうしずえ　加藤静枝　一八九七―二〇〇一　大正・昭和の婦人運動家、政治家。産児制限運動から出発し、無産運動に近づき、第二次大戦後社会党代議士として活動した。明治三十年(一八九七)三月二日、父広田理太郎・母敏子の長女として東京に生まれる。女子学習院を卒業し、男爵石本恵吉と結婚、のちアメリカで学び、大正十一年(一九二二)サンガー夫人を知る。同夫人来日をきっかけに産児制限運動にはいり、その思想と方法とを紹介、昭和六年(一九三一)馬島僩らと「日本産児調節連盟」をおこし、相談所をひらいた。この社会的活動をとおして労働者階級に近づき、やがて無産運動の活動家加藤勘十と恋愛、それ以前に多額な債務を残して中国に渡った石本とは、昭和十九年に宮内省から離婚を認められ、同年加藤と正式に結婚した。しかし日中戦争、太平洋戦争と戦争体制がすすむなかで、産限運動も逼塞した。戦後は家族計画の国策で運動は陽の目をみ、「国際家族計画連盟」の副会長となった。また婦人参政権が施行になり、その第一回総選挙に社会党議員として当選し、昭和三十一年参議院選全国区では最高点をとり、同四十九年まで議会活動をつづけ百歳を越えてなお気丈に発言をしつづけた。平成十三年(二〇〇一)十二月二十二日没。百四歳。著書『汝が名は母』『ひとすじの道』。
(井手　文子)

かとうすけいち　加藤祐一　生没年不詳　明治初年大阪経済界の指導者。幕末には下田奉行所、神奈川奉行所の役人で、啓之進と称した。明治元年(一八六八)外国事務局一等役、二年大阪通商司通商大佑、三年兵庫県参事を勤めたが、病気のため退官した。一時先収会社に勤めたが、十一年大阪商法会議所書記長、十二年大阪堂島米商会所肝煎となり、五代友厚の片腕として大阪経済界を指導した。また、『交易心得草』(明治元―三年)、『会社弁講釈』(同五年)、『銀行規略』(同六年)など、経済関係の啓蒙書を数多く著わした。

[参考文献] 菅野和太郎『続大阪経済史研究』、内田四方歳編『開港への幕臣旅中日記』
(高村　直助)

かとうそもう　加藤素毛　一八二五―七九　幕末・明治時代前期の飛騨の俳人。名は雅英、号は素毛・周海・米行子など。文政八年(一八二五)十月十七日、飛驒国益田郡下原村(岐阜県益田郡金山町)の大庄屋加藤三郎右衛門の次男として生まれた。万延元年(一八六〇)、幕府遣米使節に賄方として参加、地球を一周して同年九月帰国した。その見聞を各地で語り歩いたが、名古屋藩大道寺家家臣水野正信がこの談話に素毛の『亜行周海略日記』と『合衆国視聴録』を合わせて筆録したものが『二夜語』として残されている。明治十二年(一八七九)五月十二日没。五十五歳。下原村の玉竜寺に葬られる。

[参考文献] 吉田常吉編『(万延元年)遣米使節史料集成』三、熊原政男『加藤素毛略伝』
(芳賀　徹)

かとうたかあき　加藤高明　一八六〇―一九二六　明治・大正時代の外交官、政党政治家。万延元年(一八六〇)正月三日、名古屋藩の下級武士(佐屋代官手代)服部重文・久子の次男に生まれる。幼名総吉。明治五年(一八七二)、同じく下級藩士であった加藤家を嗣ぐ。同七年東京外国語学校に入学し、高明と改名。東京開成学校を経て、同十四年東京大学法学部を首席で卒業し、直ちに三菱本社に入った。同十六年より二年間イギリスに遊学、この間陸奥宗光の知遇を得た。帰国後三菱本社副支配人を経て十八年日本郵船に入り、同十九年岩崎弥太郎の長女春治と結婚した。翌二十年、公使館書記官兼外務省参事官として官界に入り、大隈重信外相のもとで条約改正交渉に参画、これが挫折すると大隈と進退をともにして外務省を去った。半年ののち、同二十三年大蔵省に迎えられ、銀行・監査・主税の三局長を歴任。同二十七年日清戦争開始とともに、外相陸奥宗光に招かれて外務省政務局長に転じ、同年十一月駐英公使に任命された。職にあること五年、後年駐英大使としての任期を合わせると九年に及び、これ以外在外使臣としての経歴はもたなかった。この長い在英生活は彼を親英外交の主張者、元老政治の嫌悪者とした。同三十三年十月、第四次伊藤内閣の外相に就任、対露強硬外交を推進した。翌年六月内閣総辞職のあとは、立憲政友会と友好関係を保ち、同三十五年の第七回総選挙には高知県郡部より、翌年三月の第八回総選挙には横浜市より当選、反桂内閣民党連合を画策し、一時伊藤博文と大隈を提携させることに成功、政治的手腕を示した。日露開戦後の第九回選挙には立候補せず、同三十七年十月、伊東巳代治より東京日日新聞を買い受け、社長として経営にあたったが、営業的に失敗、同四十年には社長を辞した。同三十九年一月、第一次西園寺内閣の外相となったが、鉄道国有法案に反対して、在職二ヵ月足らずで辞任した。同四十一年第二次桂内閣成立に伴い、同年九月駐英大使に任ぜられ、関税自主権回復による日英通商条約改訂や、第三次日英同盟締結の交渉にあたり、その功により同四十四年八月男爵を授けられた。翌年四月帰国の際山本権兵衛の斡旋でかつての政敵桂太郎と会い意気投合し、大正二年(一九一三)一月、第三次桂内閣の外相に迎えられ、同年四月立憲同志会に入り、十月死去した桂に後事を託され、十二月、同志会の総裁に就任した。七年前の準政友会員的な外務官僚は、ここに政友会と対立する政党政治家に転身した。同三年第二次大隈内閣が成立すると、副総理格の外相として重きをなし、同年七月第一次世界大戦が始まると率先して対独開戦を主張し、露骨な対中国侵略政策をとり、いわゆる対華二十一箇条要求を袁世凱政権に受諾させた。山県有朋ら元老の意向を無視した強引な政策決定は、元老の怒りを招き、これがその後長く彼が政権から遠ざかる遠因となった。同四年大浦兼武内相の議員買収事件が発生すると内閣の連帯責任を強調して八月に下野し、貴族院議員に勅選され、翌五年子爵を授けられた。同年十月、旧大隈内閣の与党三派が合同した憲政会の総裁に就任。寺内内閣の企てた臨時外交調査委員会にも参加を拒み、野党党首としての節を守った。第一次世界大戦後原敬の率いる政友会政権の圧迫に苦しみ、党内にも動揺がたえず、同十二年には彼を総裁の地位から追おうとする非政友合同運動まで発生したが、持ち前の剛直さと、財力と、若槻礼次郎・浜口雄幸ら有能な側近の支持で危機をのりこえた。同十一年彼はようやく普通選挙採用を決意し、憲政会は普選運動の指導権を握ることに成功した。同十三年、第二次護憲運動の結果、首相となり、いわゆる護憲三派内閣を組織し、幾多の画期的政策を遂行した。同十四年三派の提携が破れ総辞職したが、再び組閣にあたり、翌十五年一月二十八日、議会開会中に病に倒れた。六十七歳。臨終に際し伯爵に昇叙され、青山墓地に葬られた。

参考文献　伊藤正徳編『加藤高明』、長岡新次郎「加藤高明論」(『国際政治』三三)　（松尾 尊兊）

かとうたけお　加藤武男　一八七七―一九六三　昭和時代の三菱財閥の幹部経営者、三菱銀行発展の貢献者。明治十年(一八七七)六月五日栃木県上都賀郡落合村(今市市)の庄屋の家に昇一郎・ゆきの長男として生まれる。父の勧めにより慶応義塾大学部理財科に入学し、明治三十四年七月卒業、三菱合資会社銀行部に入社。銀行部長豊川良平の知遇を得、京都支店長・大阪支店長を経て、大正八年(一九一九)五月本店総務課に転じ、銀行部の株式会社改組の準備を担当する。同年八月三菱銀行の発足に伴い常務取締役となり、昭和十三年(一九三八)三月三菱銀行会長に就任し、十八年頭取・副頭取制採用とともに取締役頭取となり、終戦後の二十年十月これを辞任した。大正後期から昭和初期の不況期、それにつづく戦時期に銀行の経営者としてサウンド＝バンキングの方針を堅持し、東京鋼材や富士紡績の整理に才腕を発揮し、また金原・東京中野両銀行の買収、第百銀行の合併を推進するなど大いに活躍した。ことに十八年四月の第百銀行の合併は、同行が相対的に商業金融に力をそそぎ、中小企業を取引先とし、かつ店舗数も多かったため、三菱銀行の営業網拡大にきわめて効果的であった。一方昭和十八年二月株式会社三菱本社の発足とともに取締役理事に就任、三菱系主要企業の役員も兼務して、財閥の大番頭として重きをなした。戦後二十二年一月財界追放をうけたが、二十六年六月解除され、三菱グループの指導者的存在となった。昭和三十八年十月十七日東京で没した。八十六歳。今市市小代の生家のそばに葬られる。

参考文献　岩井良太郎『各務鎌吉伝 加藤武男伝』(『日本財界人物伝全集』九)、青潮出版株式会社編『日本財界人物列伝』二　（杉山 和雄）

かとうつねただ　加藤恒忠　一八五九―一九二三　明治・大正時代の外交官僚、政治家。号は拓川。伊予松山藩儒大原有恒の三男として安政六年(一八五九)正月二十二日松山に生まれ、のち加藤家を嗣ぐ。明治九年(一八七六)司法省法学校入学、同十二年原敬・陸羯南らとともに退学。同十六年フランスに留学、以後外交官として活動。同四十一年衆議院議員となり、大正元年(一九一二)貴族院議員に勅選される。その間明治四十四年大阪新報社長となり大正五年に至る。退社後松山市長として名声を得た。大正十二年三月二十六日、郷里にて没。六十五歳。墓は松山市朝生田町の相向寺にある。なお遺稿・追憶などを収めた『拓川集』全六巻がある。

参考文献　島津豊幸「加藤恒忠(拓川)」(『愛媛の先覚者』四所収)、蒲池文雄「子規の叔父加藤拓川」(『愛媛国文研究』一六)　（西田 長寿）

かとうときじろう　加藤時次郎　一八五九―一九三〇　明治・大正時代の社会運動家、医師。安政六年(一八五九)豊前国(福岡県)田川郡香春に生まれた。のちに加治と改姓。壬申義塾、外国語学校でドイツ語を学び、明治二十一年(一八八八)ドイツに留学、社会主義思想にふれた。二十三年帰国し、東京に加藤病院を開設し、のち社会主義研究会・社会主義協会に参加し、社会運動に関心を示した。同三十六年幸徳秋水・堺利彦らの平民社創設、週刊『平民新聞』の創刊を財政的に援助した。また直行団を組織して『直言』を発行し、『平民新聞』廃刊後の社会主義運動の中央的機関誌とした。同三十八年消費組合「共同会」を設立し、翌年渡欧の途次、ドイツのシュットガルトで開かれた第二インターナショナルの大会に出席した。同四十四年平民病院実費診療所を開設し、中下層民救済のため努力し、大正六年（一九一七）以後は普選運動に奔走した。昭和五年（一九三〇）病死。七十二歳。

（藤井　松一）

かとうともさぶろう　加藤友三郎　一八六一―一九二三　明治・大正時代の海軍軍人、政治家。文久元年（一八六一）二月二十二日、広島藩士の儒学者加藤七郎兵衛の三男（末子）として広島大手町に生まる。母は同藩士山田愛蔵の次女竹。家は十三石三人扶持の下級藩士であった。海軍軍人となった長兄種之助の影響を受け、上京して海軍兵学寮（まもなく海軍兵学校と改称）に入学。明治十三年（一八八〇）、同校を二番で卒業し、同十六年海軍少尉に任官。同十九年海軍兵学校砲術教授心得。ついで、海軍大学校に学び、二十二年同校を卒業（第一期）。浅間乗組・高千穂砲術長・横須賀鎮守府海兵団分隊長などを経て、二十四年から二十七年にかけて造兵監督官としてイギリスに出張した。二十七年日清戦争が勃発すると、吉野の砲術長として豊島沖海戦・黄海海戦・威海衛攻撃などに加わり、勲功をあげた。同年十二月海軍省軍務局第一課に勤務し、二十九年海軍大学校砲術教官を兼任。その後、八島副長・筑紫艦長・軍務局軍事課長・同第一課長兼第二課長・常備艦隊参謀長などを歴任。日露戦争に際しては、はじめ第二艦隊参謀長として旗艦出雲に乗り組み、三十七年八月、蔚山（ウルサン）沖海戦でウラジオ艦隊を撃破した。同年九月、海軍少将に昇進。翌年一月、東郷平八郎司令長官のもとで連合艦隊兼第一艦隊参謀長となり、旗艦三笠に乗艦して、五月、日本海海戦で遠来のバルチック艦隊の撃滅を指揮した。ついで、軍務局長を経て、三十九年一月から四十二年十二月まで海軍次官を勤め、斎藤実海相を補佐して日露戦争後の海軍拡張計画を推進し、政府委員としてたびたび議会に出席した。四十一年八月海軍中将。四十二年十二月呉鎮守府司令長官、大正二年（一九一三）十二月第一艦隊司令長官となり、翌年第一次世界大戦に日本が参戦すると、第一艦隊を率いて黄海方面に出動し、ドイツ艦船の探索と日本軍の青島（チンタオ）攻略作戦掩護にあたった。この間、三年三月、第一次山本内閣が退陣すると清浦奎吾が組閣の大命を受け、加藤は海軍大臣として入閣を求められたが、入閣条件として海軍拡張計画の実現を要求して、清浦内閣を流産に追い込んだ。四年八月、八代六郎海相がシーメンス事件に関する海軍部内の粛正を終って退任した後、加藤が第二次大隈内閣の海相に就任し、同月海軍大将に昇進。以来、十二年五月まで寺内・原・高橋および加藤自身の五代の内閣の海相を勤めた。九年九月、男爵授与。在任中は海軍部内をよく統制して、艦政機関の改革、海軍航空隊の新設など海軍諸機構の改革にあたるとともに、はじめは八八艦隊案の推進など海軍力の増強をはかったが、反面、国防力は軍事力のみにあらずとする広い視野に立ち、英米両国との無制限建艦競争には否定的で、十年から十一年にかけてのワシントン会議には日本の全権委員として出席し、海軍軍縮条約・九箇国条約・四箇国条約などの諸条約に調印して英米諸国との協調に努めた。十一年六月、高橋内閣退陣の後、後継内閣組織の大命を受け、貴族院勢力を基礎に立憲政友会の支持を得て内閣を組織し、みずから海相を兼任、ワシントン会議で約束した海軍軍縮・シベリア撤兵を実行に移したが、晩年は病気がちで、十二年八月二十四日、現職首相のまま大腸癌で死去した。六十三歳。死に際して子爵を授与され元帥府に列せられた。東京の青山墓地に葬られる。

[参考文献]　加藤元帥伝記編纂委員会編『元帥加藤友三郎伝』、新井達夫『加藤友三郎』（『三代宰相列伝』）

（鳥海　靖）

かとうひろはる　加藤寛治　一八七〇―一九三九　明治から昭和にかけての海軍軍人。明治三年（一八七〇）十月二日加藤直方・須磨子の長子として福井の小道具町（福井市豊島）に生まれる。明治二十四年海軍兵学校を卒業、二十七年少尉に任官、日清戦争に従軍す。二十九年十一月軍艦富士廻航委員を命ぜられて渡英、三十年十月帰朝。三十二年七月より三十五年三月までモスクワに駐在、同時期広瀬武夫少佐・田中義一少佐も同地に駐在す。日露戦争に少佐で出征し、三笠砲術長として黄海海戦に参加す。四十年五月伏見宮貞愛親王の随員として渡英、山本権兵衛大将に随行して日英海軍軍事協商の締結に参画し、米国経由八月帰朝す。四十二年五月より四十四年九月まで英国駐在大使館付武官。第一次世界大戦には、伊吹艦長として特別南遣枝隊を指揮し、豪州軍の欧州護送の任務に当る。ロシア革命に際し、大正七年（一九一八）一月ウラジオストック派遣の第五戦隊司令官に任ぜられ、同地警備の任につく。九年十二月中将に昇進。ワシントン会議には、海軍首席随員として参加し、対米七割の強硬論を主張す。帰朝後軍令部次長、第二艦隊司令長官、横須賀鎮守府司令長官、連合艦隊司令長官を歴任し、昭和二年（一九二七）四月大将に昇進、四年一月軍令部長。五年一月開催のロンドン海軍軍縮会議に際し、政府と意見合致せず、統帥権干犯問題が生じ、六月軍令部長を辞職、軍事参議官となる。以来世上いわゆる艦隊派の頭首とみられた。十年十一月現役を去り、十四年二月九日熱海にて死去。七十歳。東京品川の海晏寺に葬られた。法名寛祐院殿海翁華舟大居士。

[参考文献]　加藤寛治大将伝記編纂会編『加藤寛治大将伝』、坂井景南『英傑加藤寛治』、原田熊雄『西園寺公と政局』一、岡田大将記録編纂会編『岡田啓介』、小林竜夫「海軍軍縮条約」（日本国際政治学会太平洋戦争原因研究部編『太平洋戦争への道』一所収）

（小林　竜夫）

かとうひろゆき　加藤弘之　一八三六―一九一六　明治

の政治学者、初代の東京大学綜理。天保七年(一八三六)六月二十三日、但馬国出石城下谷山町(兵庫県出石郡出石町谷山)に、出石藩士加藤正照・錫子(山田氏)の長男として生まれた。幼名土代士、のち弘蔵。実名は成之・誠之を経て、明治元年(一八六八)より弘之と改めた。弘化二年(一八四五)、藩校弘道館に入り、嘉永五年(一八五二)、はじめて江戸へ出、まず甲州流兵学を修め、つづいて佐久間象山に入門、安政元年(一八五四)、大木仲益(のち坪井為春と改名)に入門して蘭学を学んだ。万延元年(一八六〇)、師の推薦で蕃書調所教授手伝となり、このころより次第に兵学から法学・哲学に転じた。またドイツ語を学び始め、ドイツ学の先駆者となった。文久二年(一八六二)、市川鈴子と結婚、元治元年(一八六四)、幕臣となり開成所教授職並に任ぜられた。明治元年、目付、大目付、勘定頭を歴任、ついで明治政府に召しだされて、十月、政体律令取調御用掛となった。同二年、会計権判事、学校権判事を経て、七月、大学大丞に任ぜられた。この年、「非人穢多御廃止之儀」を公議所に建議した。同三年、侍読、同四年七月、文部大丞、十月、外務大丞となり、同五年五月、天皇の畿内・山陽・西海道巡幸に随行した。八月、宮内省四等出仕、同七年二月、左院の一等議官に任ぜられた。また、明六社の社員となった。この年、民撰議院設立建白書がだされるや、尚早論を唱えて大井憲太郎らと論争した。翌八年四月、新設の元老院議官となったがやがて辞任、同十年二月、東京開成学校綜理、四月、東京大学法学部・理学部・文学部綜理に任ぜられた。十二年一月、東京学士会院会員となり、十四年七月、職制の改革とともに東京大学綜理に任ぜられた。十九年一月、元老院議官となり、二十年学位令が公布され、翌年五月文学博士の学位を授けられ、また二十二年には、雑誌『天則』を発刊した。二十三年五月、帝国大学総長に任ぜられ、九月、貴族院議員に勅選された。二十六年三月、帝国大学総長を辞任、二十八年七月、宮中顧問官となり、三十三年、男爵を、また三十四年、東京帝国大学名誉教授の称号を授けられた。三十八年五月、法学博士、三十九年七月、帝国学士院長となり、十二月、枢密顧問官に任ぜられた。このほか震災予防調査会長、高等教育会議議長、教科書調査委員会長などをつとめた。大正五年(一九一六)二月九日、東京にて死去。八十一歳。東京雑司ヶ谷墓地に葬られた。生前、従二位勲一等旭日大綬章をうけている。明治の代表的な官僚学者であって、学界の長老となったが、終生勉学を怠らず、また論争好きで、おびただしい著述をのこした。政治学者としての出発を示す『隣草』(写本、文久元年)をはじめとして、著書には、『西洋各国盛衰強弱一覧表』(慶応三年)、『立憲政体略』(明治元年)、『交易問答』(同二年)、『真政大意』(同三年)、『国体新論』(同七年)、『人権新説』(同十五年)、『加藤弘之講論集』(同二十四年)、『強者の権利の競争』(同二十六年十一月、ドイツ文 Der Kampf ums Recht des Stärkeren und seine Entwickelung は同五月)、『道徳法律之進歩』(同二十七年)、『天則百話』(同三十二年)、『道徳法律進化の理』(同三十三年)、『加藤弘之講演全集』四冊(同年)、『自然界の矛盾と進化』(同三十九年)、『我国体と基督教』(同四十年)、『迷想的宇宙観』(同四十一年)、『基督教徒窮す』(同四十二年)、『基督教の害毒』(前三者を合本、同四十四年)、『学説乞丐袋』(同年)、『自然と倫理』(大正元年)、『国家の統治権―「自然と倫理」の補遺第一―』(同二年)、『新常識論』(同三年)、『人性の自然と吾邦の前途』(同四年)、『加藤弘之自叙伝』(同年)、『責任論―「自然と倫理」の補遺第二―』(同五年)があり、ほかに著書・小冊子若干と、ブルンチュリ『国法汎論』、ビーデルマン『西洋各国立憲政体起立史』の訳書がある。かれの思想は、自由民権運動の勃興を境として二期に分かれる。前期を代表する『立憲政体略』『真政大意』『国体新論』では、おおむね天賦人権論の立場から、立憲政体の概略とその必要性を説き、守旧派への鋭い批判を展開するなど、啓蒙思想家として活躍した。ところが民撰議院設立建白書がだされたころから、批判の鋒先を急進派に向け、そのうえ明治十四年、海江田信義からきびしい批判を蒙ったのをきっかけに、『真政大意』『国体新論』の絶版声明をだした。この転向後の後期を代表するのは、『人権新説』と『強者の権利の競争』であって、前者でかれは、社会進化論の旗手としてあらわれ、天賦人権論を妄想と断言して、民権思想家とのあいだに論争をひき起し、また後者では、強権主義の立場からの国家論を展開した。晩年にはキリスト教批判を活発に行い、国家の利己心を機軸としつつ、国体の護持を強調した。無神論者で、葬儀は宗教ぬきで行われた。

[参考文献] 田畑忍『加藤弘之の国家思想』、同『加藤弘之』(『人物叢書』二九)、松本三之介『近代日本の政治と人間―その思想史的考察―』、下出隼吉「普選への歩み―加藤弘之博士の「隣草」を思う―」(下出民義編『下出隼吉遺稿』所収)、同「天賦人権説に関しての加藤外山両博士の論争に就いて」(同所収)

(鹿野 政直)

かとうまさのすけ 加藤政之助 一八五四―一九四一

明治から昭和時代前期にかけての政治家。安政元年(一八五四)七月、武蔵国足立郡滝馬室村(埼玉県鴻巣市滝馬室)の旧家に生まる。一時、埼玉県庁に勤務したが、のち慶応義塾に学び、明治十一年(一八七八)卒業。同十三年埼玉県会議員に当選、十五年から二十三年まで議長をつとめた。この間、郵便報知新聞記者・大阪新報主筆として健筆をふるい、また、立憲改進党の結成に参画するなど、自由民権運動の一翼を担った。二十五年、第二回衆議院議員総選挙に埼玉県第一区から当選して以来、第十五回総選挙(大正十三年)まで、第四・十四回を除いて毎回当選。その間、立憲改進・進歩・憲政・憲政本・立憲国民の各党に所属して党役員もつとめ、大正二年(一九一三)、桂太郎の立憲同志会結成に参加し、ついで憲政会に加わった。昭和二年(一九二七)貴族院議員に勅任され、同成会に所属。また、東上鉄道取締役・東京家畜市場社長をつとめるなど実業界にも関係した。十六年八月二日死去。八十八歳。

参考文献 加藤翁頌徳記念会編『加藤政之助翁略伝』、渡辺茂雄編『加藤政之助回顧録』　（鳥海　靖）

かとうまさよし　加藤正義　一八五四―一九二三　明治・大正時代の海運界の重鎮。安政元年(一八五四)二月二十三日、鳥取藩士加藤良吉の次男として伯耆国日野郡渡村(鳥取県日野郡日野町)に生まれた。維新後藩務に従い、廃藩とともに置賜県へ出仕したが、明治九年(一八七六)同県が山形県へ併合された直後、県令三島通庸と衝突して辞職。いったん大阪上等裁判所判事補に就任したが、同十年、兵庫県令森岡昌純に推されて同県吏に転じ、やがて勧業課長に任ぜられた。同十八年四月、政府の命を受け森岡とともに農商務省にはいり、非職となって共同運輸会社へ出向、同社と三菱会社の激しい競争が招いたわが国海運業の危機に対処することになった。彼は副社長として森岡社長をたすけ、同年九月、両社の合併による日本郵船会社の創立を実現した。以後、同社の理事・取締役を経て二十七年に副社長に就任、日清戦争後における欧・米・濠の定期航路の開設をはじめとする社業の発展に尽力した。また、同三十四年には朝鮮・中国を視察し、帰朝後に湖南汽船会社を起して社長となった。大正四年(一九一五)、日本郵船の一線から退いて相談役となった。なお、明治三十六年には東京商業会議所特別議員、同三十九年には東京市会議長に推された。大正十二年十二月二十四日病没。七十歳。墓は東京都港区の青山墓地にある。

参考文献 実業之世界社編『財界物故傑物伝』上、『日本郵船株式会社五十年史』　（服部　一馬）

かとうりょうごろう　加藤鐐五郎　一八八三―一九七〇　大正・昭和時代の政党政治家。明治十六年(一八八三)三月十一日、愛知県東春日井郡瀬戸町(瀬戸市)に生まれる。同三十八年愛知県立医学専門学校卒業。医学博士号を授与される。名古屋市会議員・愛知県会議員を経て、大正十三年(一九二四)から昭和十七年(一九四二)まで衆議院議員に連続当選。政友本党を経て立憲政友会所属。その間、犬養内閣の商工参与官、米内内閣の商工政務次官を歴任した。第二次世界大戦後公職追放となったがまもなく解除。二十七―三十八年まで衆議院議員をつとめ、自由党、自由民主党に所属した。その間、三十四―三十五年には衆議院議長をつとめ、第五次吉田内閣には法相として入閣した。また政界の第一線引退後は、自由民主党顧問となった。著書に『工場衛生』などがある。昭和四十五年十二月十九日死去。八十七歳。

参考文献 衆議院・参議院編『議会制度百年史』衆議院議員名鑑　（鳥海　靖）

かどのいくのしん　門野幾之進　一八五六―一九三八　明治から昭和時代前期にかけての実業家、教育者。安政三年(一八五六)三月十四日、志摩国鳥羽に鳥羽藩士門野豊右衛門親賢と易(やす)の長男として生まれた。維新後藩の奨学生として慶応義塾に学び、福沢諭吉にその才能を認められた。若年にして塾の教師をつとめ、明治十五年(一八八二)には塾頭となり、後進の指導にあたるかたわら、『時事新報』に社説を執筆したり、交詢社の発展に尽力するなど、慶応義塾のリーダー格の一人として活躍し、欧米に教育事情を視察したこともあった。同三十五年実業界に入り、三十七年千代田生命保険を創業、社長に就任した。同社は慶応義塾を背景に急速に成長、大正末年には業界第三位の契約高に達した。ついで千代田火災・千歳海上火災などの社長をかね、慶応義塾大学理事・時事新報社会長にも推された。彼は政治にも関心が深く、青年時代は板垣退助の立志社、大隈重信の立憲改進党の創立に参画し、また明治三十三年には衆議院議員に当選し、晩年には貴族院議員に勅選された。門野重九郎の兄にあたる。昭和十三年(一九三八)十一月十八日、東京麻布の自邸で没した。八十三歳。法名は瑞竜院殿白雲靄渓居士。青山墓地に葬られた。

参考文献 村田昇司『門野幾之進先生事蹟文集』　（由井　常彦）

かどのじゅうくろう　門野重九郎　一八六七―一九五八　明治後期から昭和前期にかけての実業家、財界人。慶応三年(一八六七)九月九日鳥羽藩士門野豊右衛門親賢・易(やす)の次男に生まれた。門野幾之進の実弟。明治十七年(一八八四)慶応義塾本科を卒業、二十四年帝国大学工科大学校を鉄道工学を学んで卒業した。渡米してペンシルバニア鉄道に勤務したが、二十九年帰国、山陽鉄道会社に技師として入社した。まもなく大倉組に入り、三十一年から四十年までロンドン支店長として在英した。帰国後、大倉組副頭取となり、大倉財閥の大番頭として大倉喜八郎、ついで大倉喜七郎を補佐し、同財閥系の三十数社に関係した。大正十一年(一九二二)ジェノア国際会議欧米派遣日本実業団に参加したのをはじめ、昭和八年(一九三三)にはロンドン国際経済会議に首席顧問として参加し、十二年には実業使節団団長として米英を訪問するなど、経済外交に活躍する一方、日本商工会議所会頭をも勤めたが、太平洋戦争勃発後第一線から引退した。昭和三十三年四月二十四日没。九十歳。墓は東京都港区の青山墓地にある。

参考文献 門野重九郎『平々凡々九十年』、藤原楚水『現代財界人物』　（高村　直助）

かどのとみのすけ　上遠野富之助　一八五九―一九二八　明治・大正時代の実業家。安政六年(一八五九)十月十九日、秋田藩士上遠野群吾の次男に生まれ、伯父の儒者上遠野豊の養子となる。秋田改進党の機関紙『秋田日報』の記者をしたが、上京して東京専門学校を卒業ののち『郵便報知新聞』の記者として活躍。奥田正香に才幹を認められて、明治二十六年(一八九三)名古屋商業会議所書記に採用されたのを皮切りとして名古屋実業界に足を踏み入れ、同四十二年には商業会議所副会頭、大正十年（一九二一）には会頭に就任し、奥田とともに名古屋地方産業の育成にあたった。一方、名古屋鉄道会社社長、明治銀行・日本車輛製造その他の重役をも兼任。同十三年の第六回国際労働会議に使用者代表として派遣された。昭和三年（一九二八）五月二十六日七十歳にて死去。名古屋市の日暹寺（十七年日泰寺と改称）に葬られ、四十九年同市の八事霊園に改葬された。法名は堅持院正誉護法鉄城居士。

参考文献　実業之世界社編『財界物故傑物伝』上、松下伝吉『中京財閥の新研究』、杉浦英一編『中京財界史』、名古屋市教育委員会編『明治の名古屋人』

（村上　はつ）

かとりほつま　香取秀真　一八七四―一九五四　明治から昭和時代にかけての金工家、金工史家、歌人。本名秀治郎、別に六斎・梅花亭などと号した。明治七年（一八七四）一月一日千葉県印旛郡船穂村（印西市）に生まれる。父蔵之助秀晴、母たま。同三十年東京美術学校鋳金本科を卒業、三十二年同校の研究科に進むと同時に、正岡子規について歌の道を修めた。その後は三十六年から母校で鋳金史を講ずる一方、創作面で同四十一年東京鋳金会を、大正十四年（一九二五）工芸済々会を興して活躍、また昭和二年（一九二七）には帝展第四部（美術工芸）の創設に参画してその委員・審査員となり、同四年帝国美術院会員ならびに国宝保存会委員、同八年から十八年まで東京美術学校教授、翌九年帝室技芸員、十二年帝国芸術院会員となるなど、金工界のみならず広く工芸界の中心的存在として工芸の発展振興に尽力、同二十八年文化勲章をうけたが、翌二十九年一月三十一日東京世田谷の自宅にて急性肺炎のため死去した。八十歳。作品には香炉・花器・釜・梵鐘など古典的モティーフを引きつぎながら、豊かな技術を生かした品格の高いものが多い。また東洋金工史の研究に大きな業績を挙げたことでも知られ、『日本金工史』『金工史談』『続金工史談』その他の学術的著述も多く、さらに随筆集に『鞴祭』、歌集に『天之真榊』などがある。墓は世田谷の豪徳寺にある。法名賢照院殿徳翁秀真居士。

（富山　秀男）

かないのぶる　金井延　一八六五―一九三三　明治・大正時代の経済学者。慶応元年（一八六五）二月一日、遠江国に道恭・直の長男として生まれる。明治十八年（一八八五）東京大学卒業、翌年ドイツに留学。コンラート・シュモラー・ワグナーら新歴史学派の教授たちに教えを受けた。同二十三年帰国後、二十六歳で帝国大学法科大学教授、法学博士となり、大正十四年（一九二五）まで在職。帰国後、講演「経済学の近況と講壇社会党」などによって、英米仏流の自由放任主義的経済学は今や旧派に属すると攻撃し、ドイツ新歴史学派（社会政策学派）の思想を展開し始めた。以後、社会政策学は、当時激化しつつあった社会問題に対処する理論として、また日本の国家主義的実情に即した理論として、帝大を中心とする学界を制覇し、金井を軸として明治三十年に設立された社会政策学会によってさらに組織的な地歩を固めた。金井が国家の労資関係への先行的な介入を主張し、工場法を弁護したのは、なお経済発展の前夜にある日本が、西欧的な階級対立の途を歩むのを避けるためであった。それゆえ同時に激しく社会主義を攻撃し、片山潜らと論争を行なった。また明治三十六年には、七博士の一人として日露開戦論の先頭に立った。金井の思想は、生硬な分配主義的社会政策論を特色とし、日本の現実に立った実証性に乏しかった。主著『社会経済学』『経済学総論』なども、ドイツの理論の翻案の域を出ていない。著作活動・公的活動は、大正三年ごろに終っている。昭和八年（一九三三）八月十三日神奈川県の大磯にて死去。六十九歳。墓は東京都港区の青山墓地にある。

参考文献　河井栄治郎『明治思想史の一断面―金井延を中心として―』（『河井栄治郎全集』八）、同編『金井延の生涯と学蹟』

（下田平裕身）

かないゆきやす　金井之恭　一八三三―一九〇七　幕末の志士、明治時代の官僚、書家。幼名文八郎、通称五郎、字は子誠、梧楼・金洞・錦鶏と号した。天保四年（一八三三）九月十八日、上野国佐位郡島村（群馬県佐波郡境町島村）に生まれる。画家・勤王家烏洲の三男。新田郡木崎町（新田町）の呉服商桑原家の養子となったが、のち復姓。慶応三年（一八六七）新田満次郎（俊純）を擁し討幕の挙兵を企て、投獄された。明治元年（一八六八）東山道先鋒総督府の軍に救助、新政府の命により九月東京府市政局に出仕、二年八月太政官少史、七年一月権少内史、同年四月台湾蕃地事務局御用掛となり、八月全権弁理大臣大久保利通の対清交渉に随行した。その後、内閣大書記官・元老院議官などを経て二十四年四月貴族院議員となった。また書をよくし、晩年には、日本書道会・書道奨励会の会長となった。四十年五月十三日没。年七十五。青山墓地に葬る。『高山操志』『使崎日誌』『適清日録』『西巡日乗』などを著わし、『使清弁理始末』『（明治史料）顕要職務補任録』の編纂にあたった。

参考文献　小野正弘『金井之恭君略伝』、金井文彦『勤皇の志士書道の大家金井之恭先生』、多賀谷健吉『洗筆余滴』

（三上　昭美）

かながきろぶん　仮名垣魯文　一八二九―九四　幕末・明治時代前期の戯作者・新聞記者。本名野崎文蔵。別号鈍亭・猫々道人など。文政十二年（一八二九）正月六日江戸京橋の魚屋佐吉の子に生まれ、奉公中に戯作者を志望して、放浪ののちに作家生活に入った。戯作執筆のかたわら、瓦板の文章や流行歌など流行を追う仕事を手がけ、のちのジャーナリストとしての基礎を成した。『滑稽富士詣』（万延元年（一八六〇））で売りだし、『西洋道中膝栗毛』（明治三年（一八七〇））や『安愚楽鍋』（同四年）で明治開化期の花形作家になったが、時勢にかんがみて方向転換し、教科書や実録を執筆したり、神奈川県庁に勤務したりしたのち、『横浜毎日新聞』『仮名読新聞』『いろは新聞』『今日新聞』などに関係して軽妙な戯文で活躍し、新聞のつづき物(新聞小説の源流)から明治の戯作が隆盛にむかった際、『高橋阿伝夜刃譚(たかはしおでんやしゃものがたり)』(同十二年)を刊行して人気を得た。際物的戯作者だが、明治初期の文学的空白期を埋めた功績は大きい。明治二十七年十一月八日没。六十六歳。法名仏骨庵独魯草文居士。墓は台東区谷中四丁目の永久寺にある。なお主な作品は『明治開化期文学集』(『明治文学全集』一・二)に収められている。

参考文献 興津要『転換期の文学―江戸から明治へ―』、同『(新訂)明治開化期文学の研究』、野崎左文『私の見た明治文壇』 (興津　要)

かなぐりしぞう　金栗四三　一八九一―一九八三　明治から昭和時代にかけてのマラソン選手・指導者。明治二十四年(一八九一)八月二十日、熊本県玉名郡玉名村(玉名市)に生まれる。同四十三年上京して東京高等師範学校に入学。校長嘉納治五郎が奨励していた長距離競走の練習に努め、同四十五年の夏、ストックホルムで開催の第五回オリンピックに日本最初の代表選手として短距離の三島弥彦(東京帝国大学)とともに参加し、マラソンに出場したが、初体験の舗装道路と炎暑に悩まされて一八キロで棄権した。この経験からマラソンに専心努力することを決意し、卒業後東京府立第二高等女学校などで教員を勤める傍ら、大正九年(一九二〇)のアントワープ、同十三年のパリと二回のオリンピックに連続参加したが入賞できず、希望を後進に託してマラソンの普及・振興に努めた。第二次世界大戦後、昭和二十二年(一九四七)に「金栗賞朝日マラソン」(福岡国際マラソンの前身)を創設し、同二十八年にはボストンマラソンで監督として山田敬蔵選手をはじめて優勝させ、宿願を果たした。同五十八年十一月十三日、九十二歳で没したが、生涯に走った距離は二五万キロに達したといわれる。墓は郷里の玉名市にある。

参考文献 日本体育協会編『日本体育協会七十五年史』、川本信正『スポーツのあゆみ』 (川本　信正)

かなざわしょうざぶろう　金沢庄三郎　一八七二―一九六七　明治から昭和時代にかけての言語学者。明治五年(一八七二)五月七日、大阪堂島裏の米問屋の長男として生まれた。父源三郎、母ちゑ。明治二十九年、帝国大学文科大学博言学科を卒業。国学院大学・東京帝国大学・駒沢大学・鶴見女子大学などにおいて、言語学・国語学を講じた。業績は広汎にわたるが、(一)外国言語学説の翻訳・紹介、(二)朝鮮語を主とする東洋語と日本語との比較研究、(三)日本語学、(四)国語辞典の編纂、に大別される。(一)としては、ダルメステテル A. Darmesteter『ことばのいのち』(明治三十年)、セース A. H. Sayce『言語学』(同三十一年)、ミュラー M. Müller『言語学』(同三十九年)などがあり、また(四)の『広辞林』(大正十四年(一九二五)初版)・『小辞林』(昭和三年(一九二八)初版)で一般に広く親しまれたが、中心的な業績は(二)の分野にあり、その成果は『日鮮同祖論』(昭和四年)に、ほぼ集約されている。日本語系統論への貢献は、きわめて大きい。昭和四十二年六月二日没。九十五歳。墓は東京都港区西麻布の永平寺別院にある。法名は月江庵禅心無得居士。

参考文献 時枝誠記「金沢庄三郎博士の国語学上の業績について」(『国語学』七〇)、国語学会編「金沢庄三郎博士著作年譜」(同) (小松　英雄)

かなだとくみつ　金田徳光　一八六三―一九一九　明治・大正時代の宗教家。徳光教教祖。幼名磯吉・徳松。文久三年(一八六三)九月二十日、和田徳平・ミネ(岡田氏)の長男として大坂八尾に生まる。明治十七年(一八八四)母方の親戚金田喜平の養嗣子となり、堺に刃物商を営む。同十九年小春と結婚、同二十一年長子喜一郎(二代目教主徳晃)誕生。同二十八年小春没、高子と再婚。神仏の信仰篤く、同四十年神道御岳教大講義の職階を得る。大正元年(一九一二)九月十一日、大阪天王寺に御岳教徳光教会を創設。教育勅語を本旨とし、信徒の不幸を教祖の身に振り替える「御振替」の儀礼により教勢発展。同六年神道本局に転属。このころ高子と離別、喜久恵と結婚し、同七年次男徳幸(三代目教主)誕生。同八年一月四日本部にて病没。五十七歳。諡は天人海瑠璃彦命。墓は和歌山県伊都郡の高野山奥之院にある。没後御木徳一の御岳教人道徳光教会(のち、ひとのみち教団)などが分派し、教勢不振となる。現在の教団の名称は徳光教。本部は昭和二十三年(一九四八)静岡県三島市に移された。信徒数一万五千弱。

参考文献 大森徳馬『神道徳光教祖伝』、芹川定『ひとのみち教団事件の研究』(『社会問題資料叢書』一輯) (洗　建)

かねまるしん　金丸信　一九一四―九六　昭和戦後・平成時代初期の政治家。大正三年(一九一四)九月十七日山梨県中巨摩郡白根町の造り酒屋に生まれる。昭和十四年(一九三九)東京農業大学卒業。日東工業・太平醸造・ニュー甲府の社長をつとめるなど山梨県の実業界で活躍。同三十三年山梨県(全県一区)から衆議院議員に当選、以来十二回連続当選。自由民主党所属。田中派の有力者として、同四十七年以来第二次田中角栄内閣の建設相、三木内閣の国土庁長官、福田内閣の防衛庁長官を経て同六十一―六十二年第三次中曾根内閣の副総理となった。衆議院では建設委員長・議院運営委員長などをつとめた。また党内にあっては総務会長・幹事長・副総裁など要職を歴任。田中が病気で倒れたのち党内最大派閥経世会(竹下派)の会長となり、昭和六十二年―平成元年(一九八九)の竹下内閣ではその後見役と目された。建設業界・運輸業界と深いつながりを持ち、同四年佐川急便からの五億円の献金が政治資金規正法違反とされ議員を辞職、ついで建設業界から毎年十億円に及ぶ闇献金を受けていたことが発覚し、同五年脱税容疑で東京地検に逮捕された。

著書に『立ち技・寝技―私の履歴書』。公判中の平成八年三月二十八日糖尿病が悪化し脳梗塞により山梨県白根町の自宅で死去。八十一歳。

参考文献 鷲尾彰『金丸信・全人像』、仲衛『寝技師の研究』 (鳥海 靖)

かなみつつねお　金光庸夫　一八七七―一九五五　大正・昭和時代の政治家。明治十年(一八七七)三月十三日大分県宇佐郡高家村(宇佐市)に生まれた。父は芳蔵、母はトモ。福岡県内の各税務署長を経て、鈴木商店に入り、さらに大正生命・東亜煙草など多くの会社の実権をにぎり実業界で成功した。同時に大正九年(一九二〇)以降立憲政友会から代議士として当選。以後当選通算九回。昭和六年(一九三一)以降政友会総務を歴任した。この年国際労働会議に使用者代表として出席、国際資本団副議長となる。十二年衆議院副議長、十四年阿部内閣の拓務大臣に就任した。同年の政友会分裂の際、中島知久平・久原房之助両派の中間に少数の金光派を結成したが、翌十五年各党とともに解散。同年第二次近衛内閣の厚生大臣に就任した。十八―十九年翼賛政治会常任総務、二十年大日本政治会総務会長。二十一年公職追放。追放解除後二十八年自由党から立候補して当選したが、三十年三月五日没。七十七歳。墓は東京都府中市の多磨墓地にある。 (伊藤 隆)

かなもりつうりん　金森通倫　一八五七―一九四五　明治から昭和時代前期にかけてのキリスト者。熊本バンド出身。安政四年(一八五七)八月、肥後国玉名郡小天本村(熊本県玉名郡天水町)に郷士の子として生まれ、明治四年(一八七一)に熊本の竹崎茶堂の日新堂に入塾、翌五年八月に熊本洋学校に入学、花岡山盟約に参加。十二年、同志社卒業後は岡山教会初代牧師として教勢拡大に努め、『基督教三綱領』(同十八年)を刊行、ついで十九年九月に同志社に招聘され、二十一年より社長代理として同志社大学設立の募金運動を推進したが二十二年五月に辞任。二十二年十一月に東京番町教会牧師に就任、二十四年四月辞任して、その信仰を述べた『日本現今之基督教並ニ将来之基督教』(同二十四年)を出版。「新神学」の旗手となる。二十五年に自由党入党、翌年に脱党後は米穀取引所仲買人となるなど俗界を流浪。日露戦争前後には大蔵・内務両省嘱託として『貯金のすすめ』(同三十五年)を書き、「釣瓶貯金」「絞出し貯金」「下女貯金」などを説いて全国遊説、国策に協力した。明治末年、夫人の死を契機に信仰へ回帰、大正三年(一九一四)に救世軍へ入隊、ハワイはじめ海外で布教、また大衆伝道に尽力。昭和二年(一九二七)、ホーリネス教会へ転会、「神・罪・救」の三綱領を説く「金森伝道」を展開。晩年には湘南の嶺山に隠居、原始的な洞窟生活をなして「今仙人」と称された。同二十年三月二日没。八十九歳。墓は東京都府中市の多磨墓地にある。

参考文献 比屋根安定『教界三十五人像』、湯浅与三『基督にある自由を求めて』、大内三郎『近代日本の聖書思想』、小沢三郎『内村鑑三不敬事件』、高橋虔「宮川経輝と金森通倫―信仰と人間―」(同志社大学人文科学研究所編『熊本バンド研究』所収)、同「金森通倫論」(『キリスト教社会問題研究』七)、高道基「熊本バンドと新神学問題(覚え書)」(同)、竹中正夫「岡山県における初期の教会形成」(同三)、杉井六郎「明治思想史における自由キリスト教提唱の意味」(同一一)、同「明治の基督者群像―金森通倫を中心として―」(京都大学人文科学研究所『人文学報』二四) (大浜 徹也)

かなもりとくじろう　金森徳次郎　一八八六―一九五九　大正・昭和時代の官僚、憲法学者。明治十九年(一八八六)三月十七日愛知県名古屋において父新七・母かまの間に生まれる。同四十五年東京帝国大学法科大学卒。大蔵省を経て内閣法制局に入り、本務の傍ら諸大学において憲法を講義。昭和九年(一九三四)七月岡田内閣の法制局長官となったが、美濃部達吉が天皇機関説論者として軍部その他の右翼分子に排撃されるに伴い、金森も同様の論者と見られて批判を受け、十一年一月辞職した。第二次世界大戦後の二十一年六月、第一次吉田内閣において国務大臣に就任。いわゆる憲法議会(第九十帝国議会)においては、新憲法草案に関する政府側の答弁をほとんど一手に引き受け、その成立に多大の貢献をした。当時の衆議院は、戦後初の総選挙により構成されたものであり、与党の保守系のほか、社共などの革新勢力も進出していたため、新憲法成立に必要な三分の二以上の賛成を得るためには、多くの困難があった。特に国体護持の立場にあった与党議員に対し、天皇が象徴となっても国体の変更をきたさないことの説得に苦心し、わが国体の本質は、国民が天皇をあこがれの中心として国を成していることにあり、天皇が政治上の権力を有するか否かは、国体の要件ではないと説明した。二十三年国立国会図書館の初代館長となり、在職十一年、その発展に貢献。著作・講演などの文化的活動によってもひろく知られた。主著に『帝国憲法要綱』(大正十一年(一九二二))がある。昭和三十四年六月十六日東京にて没。七十三歳。東京都文京区高林寺に葬られる。法名は積法院殿徳堂有隣居士。 (佐藤 達夫)

かなやはんぞう　金谷範三　一八七三―一九三三　明治から昭和時代初期にかけての陸軍軍人。明治六年(一八七三)四月大分県に生まれ、同二十七年陸軍士官学校を卒業して日清戦争に出征した。三十四年陸軍大学校を卒業、日露戦争では第二軍の参謀として満洲に転戦、作戦家としての定評を確立した。戦後、ドイツ駐在を経て、参謀本部部員・陸大教官・歩兵五十七連隊長・参謀本部作戦課長などの要職を順調に昇進し、大正七年(一九一八)陸軍少将に進級した。その後、支那駐屯軍司令官・参謀本部作戦部長・第十八師団長・参謀次長・朝鮮軍司令官を歴任したのち、昭和三年(一九二八)大将に昇進、五年二月参謀総長に就任した。特定の派閥に属さず、穏健な性格が、宇垣一成陸相に好まれたためと言われているが、同六年九月満洲事変が勃発すると、部内統制力の不足が露呈し、関東軍の暴走を押さえられず、幣原喜重郎外相らの不満を買った。また三月事件・十月事件など、青年将校の革新運動に対しても何らなすところなく、「下剋上」の悪弊を開いた。同年十二月辞任し、八年六月六日病死した。六十一歳。墓は東京都府中市の多磨墓地にある。（秦　郁彦）

かねこくんえん　金子薫園　一八七六―一九五一　明治後期から昭和時代にかけての歌人。日本芸術院会員。名は雄太郎。父は武山助雄、母はちか、外祖父の姓を継ぐ。明治九年（一八七六）十一月三十日東京神田に生まれた。同二十六年落合直文の浅香社に入門、新派和歌運動に参加した。『新声』の歌欄を担当し、同三十五年には尾上柴舟と共編の『叙景詩』を刊行して、清新な自然諷詠歌をもって明星調に反発した。翌三十六年には白菊会を起し、岡橙里（稲里）・佐瀬蘭舟・田波御白（みしろ）・吉植愛剣（庄亮）・武山英子（薫園の妹）・土岐湖友（哀果・善麿）の俊秀を輩出した。大正七年（一九一八）『光』を創刊。一時自由律短歌を試みたこともある。昭和二十六年（一九五一）三月三十日没。七十四歳。墓は、台東区の谷中墓地にある。彼の歌風は、温雅平淡にして、時流に影響されながらも、ついに微温的歌風から脱しきれなかった。『かたわれ月』『小詩国』『伶人』『わがおもひ』『覚めたる歌』『山河』以下『濃藍の空』を経て『白鷺集』『朝蜩』に至るまで幾多の歌集があるほか、歌話・短歌作法書など多く、短歌の普及に寄与するところが大きかった。

[参考文献] 新間進一「金子薫園」（『日本歌人講座』六所収）、平野宣紀「金子薫園」（『和歌文学講座』八所収）、早川幾忠「金子薫園」（明治神宮編『明治の歌人』所収）、小島清「金子薫園研究覚書」（『立命館文学』二ノ二・三）　（広田栄太郎）

かねこけんたろう　金子堅太郎　一八五三―一九四二　明治から昭和時代前期にかけての官僚政治家。渓水と号した。嘉永六年（一八五三）二月四日福岡藩士金子清蔵の長男として筑前国早良郡鳥飼村字四反田（福岡市中央区鳥飼三丁目）に生まれた。母は小野六平の長女安子。藩校修猷館に学び、明治三年（一八七〇）藩命により東京に遊学。さらに翌年旧藩主黒田長知に随ってアメリカに留学、ハーバード大学で法律学を修め、十一年帰国、東京大学予備門の教員となった。かたわら共存同衆や嚶鳴社に加盟し、学術・時事を論じた。十三年元老院に出仕、権大書記官となり各国憲法の調査にあたった。十七年宮中に制度取調局が設置されるとその局員となり、諸制度の創設に関与、十八年には総理大臣秘書官となり、翌年から伊藤博文のもとで井上毅・伊東巳代治らとともに憲法・皇室典範ならびに憲法付属の諸法典の起草にあたり、特に貴族院令・衆議院議員選挙法の立案を担当した。憲法発布後、議会運用の実情調査のため外遊、二十三年初代の貴族院書記官長となり、貴族院議員にも勅選された。二十七年第二次伊藤内閣には農商務次官、三十一年第三次伊藤内閣の農商務大臣となり終始伊藤直系の官僚として活躍した。三十三年伊藤が立憲政友会の結成に着手するとその創立委員、さらに総務委員となり、同年政友会を基礎とする第四次伊藤内閣の司法大臣となった。この年男爵となる。日露戦争に際しては渡米してハーバード大学の級友ルーズベルト大統領と折衝、さらにアメリカ国内の世論工作にもあたった。三十九年枢密顧問官、翌年子爵となった。以後、伊東とともに枢密院の長老として活躍、昭和二年（一九二七）の台湾銀行救済問題、同四年の不戦条約、翌年のロンドン海軍軍縮条約の批准などでは政府批判の立場をとった。また、天皇機関説問題がおこると明治憲法起草者の一人として機関説を批判した。この間、宮中に設けられた臨時帝室編修局の総裁として『明治天皇御紀』を編修、昭和八年完成し、その功で翌九年伯爵となり、一方維新史料編纂会の総裁として『維新史』『維新史料』などの編纂にあたり、同十六年一応その任を終えた。翌十七年五月十六日病没、九十歳。墓は東京青山墓地にある。著書に『憲法制定と欧米人の評論』『伊藤公を語る』などがある。

[参考文献] 藤井新一『帝国憲法と金子伯』　（宇野　俊一）

かねこなおきち　金子直吉　一八六六―一九四四　明治後期から昭和前期にかけて活躍した実業家。慶応二年（一八六六）六月十三日、土佐国吾川郡名野川村（高知県吾川郡吾川村）に商人甚七とタミの子として生まれ、維新後両親とともに高知へ移った。極貧のため小学校へもいけず、十歳のころから同地で屑買いや丁稚奉公をかさねたうえ、明治十九年（一八八六）神戸の砂糖・樟脳商鈴木商店に雇われた。同二十七年五月に店主岩治郎が病没した後、当主よね未亡人のもとで番頭として業務を主宰した。同三十三年夏、台湾樟脳の専売制実施に際し、その販売権を獲得した。同三十五年に鈴木商店を資本金五十万円の合名会社に改組し彼は支配人になった。翌年北九州に大里製糖所を創設、また同三十八年には小林製鋼所を買収して神戸製鋼所と改めた。大里製糖所は同四十年に大日本製糖へ六百五十万円で売却したが、彼は、これを資金源にして、鈴木商店の事業を積極的に拡充する方針をおし進めた。特に第一次世界大戦がおこってからは、第三国間取引もふくめて貿易部門を飛躍的に拡大するとともに、直系・傍系の企業を続々と新・増設した。取扱い商品は砂糖・小麦および小麦粉・米・肥料・油脂類・セメント・鉄・木材・船舶などにわたり、大正七年（一九一八）・八年には年間取扱い高約十六億円に達した。同じころ関係企業は製鋼・造船・金属・化学・繊維・製粉・製糖・製油などの工業関係をはじめとして、五十数社に及んだ。こうして、金子の采配により、鈴木商店は三井・三菱に匹敵する勢力となり、同九年には資本金を一挙五千万円に増加した。しかし、同年三月におこった戦後恐慌による手持商品および所有株式の下落、関係企業の業績悪化などの打撃に対応できず、翌十年以降、特に金融面で苦境に立った。十二年には、おもに融資を得ていた台湾銀行から下坂藤太郎が派遣され、金子はその指示に従って社業の整理・改革にあたったが、成果をみぬうちに、昭和二年（一九二七）三月、金融恐慌の渦中にまきこまれた台湾銀行が鈴木との取引を中止したため、四月初め鈴木商店はついに破綻した。金子は第一線から退いたが、のちに旧直系会社の一つ太陽曹達を持株会社に改組し、旧鈴木商店の再建をはかった。しかし、その実現に至らぬまま、昭和十九年二月二十七日に病没した。七十九歳。墓は高知市北高見町の筆山墓地にある。また、神戸市生田区の追谷墓地に分骨墓がある。彼が全盛時代に登用・養成した人材は、その後財界各方面で活躍し、また旧鈴木傘下の企業のうちには、それぞれの分野で優位を占めるに至ったものが少なくない。

参考文献　白石友治編『金子直吉伝』、『日商四十年の歩み』、藤本光城『松方・金子物語』、城山三郎「金子直吉と大正の企業家精神」（『中央公論』八〇ノ一二）

（服部　一馬）

かねこまごじろう　金子孫二郎　一八〇四―六一　江戸時代末期の勤王家、常陸国水戸藩士。名は教孝、通称孫二郎、錦村と号し、変名して西村東右衛門といった。文化元年（一八〇四）生まれる。川瀬七郎右衛門教徳の次男で、金子孫三郎能久の家督を継ぎ、二十石五人扶持を給せられた。文政十二年（一八二九）藩主徳川斉脩が没した時、その弟斉昭の擁立に奔走した。徒目付・吟味役・奥右筆を経て、天保九年（一八三八）郡奉行に抜擢され、同十二年新知百石を加えられた。弘化元年（一八四四）斉昭が幕譴を蒙って隠居・謹慎を命ぜられた時、孫二郎も禁錮に処せられたが、斉昭が許されるに及んで禁錮を解かれた。嘉永六年（一八五三）郡奉行に復し、治績大いにあがり、功をもって先手同心頭に班せられた。安政五年（一八五八）戊午の密勅が水戸藩に降下すると、朝旨遵奉を唱え、また同志の高橋多一郎らとともに鹿児島藩有志と義挙の計画を進め、激派の領袖として重んぜられた。翌六年八月幕府が安政の大獄を断じて水戸藩を圧迫すると、孫二郎も十月水戸藩から逼塞を命ぜられた。幕府がさらに勅書の返納を迫るに及んで、鹿児島藩有志との義挙は大老井伊直弼襲撃に一転し、万延元年（一八六〇）二月同志と脱藩して江戸に潜入、襲撃の部署を定め、三月三日成功すると、上国に義兵を挙げるため、同志の佐藤鉄三郎および鹿児島藩士有村雄助と西上したが、九日伊勢四日市で鹿児島藩の捕吏に捕えられ、伏見に送られ、伏見奉行所に引き渡された。同年閏三月江戸に檻送されて臼杵藩邸に預けられ、評定所で糾問の後、文久元年（一八六一）七月二十六日斬に処せられ、死体は小塚原に捨てられた。五十八歳。墓は水戸常磐共有墓地にある。贈正四位。

参考文献　宮内省編『（修補）殉難録稿』前篇、『水戸藩史料』上坤

（吉田　常吉）

かねこみつはる　金子光晴　一八九五―一九七五　大正・昭和時代の詩人。本名は森保和。明治二十八年（一八九五）十二月二十五日、大鹿和吉・りゃうの三男として愛知県に生まれ、のち金子荘太郎の養子となる。森は妻三千代の姓。早稲田大学英文科、東京美術学校、慶応義塾大学英文科に入学したがいずれも中退。大正初期の民衆詩派の影響を受けてホイットマンなどに親しみ、大正五年（一九一六）ごろから詩を書き始め、同八年に処女詩集『赤土の家』を自費出版後、渡欧してベルギーその他に二年滞在し、この間にボードレール・ベルハーレンから学んだ新しい詩境をひらいた。滞欧中の作品集『こがね蟲』（大正十二年）で認められたが、思想的な悩みから再び日本を脱出し、作家である夫人森三千代とともに中国・ヨーロッパ・東南アジアの各地を放浪した。昭和十年（一九三五）、日本の現実を象徴的手法によって痛烈に諷刺した「鮫」を発表し、同十二年「鮫」「燈台」などの長編詩六編を収めた日本現代詩の記念碑的な詩集『鮫』を刊行。戦争中もひそかにすぐれた反戦詩を書きつづけ、戦後になってそれらを『落下傘』（昭和二十三年）、『蛾』（同）、『女たちへのエレジー』（同二十四年）、『鬼の児の唄』（同）などの詩集にまとめて発表した。さらに口語を自由自在に駆使しながら、人間的な実存意識を鋭く表現した『人間の悲劇』（同二十七年）、『非情』（同三十年）、『IL』（同四十年）などの詩集をのこした。小説『風流尸解記』（同四十六年）、自伝三部作『どくろ杯』『ねむれ巴里』『西ひがし』（同四十六―四十九年）、社会戯評的なエッセイなどにも反骨の詩人の面目を発揮し、世評が高かった。『金子光晴全集』全十四巻がある。昭和五十年六月三十日東京都武蔵野市吉祥寺本町の自宅で死去。七十九歳。墓は八王子市の上川霊園にある。

参考文献　首藤真澄『金子光晴研究』、佐藤総右『金子光晴・青春の記』、『現代詩手帖』一八ノ九（金子光晴追悼特集）

（小田切　進）

かねまつふさじろう　兼松房治郎　一八四五―一九一三　明治時代の実業家。日豪貿易とくに羊毛貿易の開拓者。弘化二年（一八四五）五月二十一日、大坂の江の子島（大阪市西区）に生まれた。誕生直後、父広間弥兵衛は畳表買占めの嫌疑で出奔し、母八重の手で育てられた。十二歳で丁稚奉公に出、大坂・江戸で味噌屋、醤油小売、乾物問屋、蠟燭屋、米屋などを転々とした。文久二年（一八六二）、十八歳の折、学問修得のため、武家奉公を志し、足軽から歩兵となり、元治元年（一八六四）筑波の役（天狗党の乱）に出陣した。このころ、親戚兼松家の養子となる。維新の折、横浜で金巾・綿糸商売を始め、ついで神戸で石炭の仲次商、新潟で砂糖・綿・鉄などの商売を試み巨利を博した。再び横浜で蚕卵紙商売に着手したが、普仏戦争のため大打撃をうけ、アメリカ人宣教師バラーや伊藤弥次郎（のち初代の農商務省鉱山局長）の下で英語の勉学に努めた。明治六年（一八七三）三月、伊藤の紹介で三井組

に入り、同十四年十一月病のため退職したが、その時三井銀行大阪分店取締八等であった。同十七年四月、有限責任大阪商船会社(資本金百二十万円)を広瀬宰平・河原信可・伊庭貞剛らと創立、同十九年二月まで取締役運輸課主任をつとめた。また同二十一年十一月、一時休刊していた『大阪日報』を『大阪毎日新聞』と改題発行して、再建に努力した。ほぼ同じころ、綿糸紡績業について将来を期待しうると考えた羊毛工業の原料調査のため、豪州シドニーに渡り、日豪貿易の将来を予見した。帰国の途中、香港在住の北村寅之助と相識り、同二十二年八月十五日、神戸市栄町にささやかな日濠貿易兼松房治郎商店の看板をかかげた。兼松四十五歳の時であった。翌年シドニー支店を設置、豪州から羊毛・牛脂・牛皮などを輸入、日本からは陶器・漆器・竹器などを輸出した。明治三十年代に対清貿易を試みたが失敗、経営的危機に見舞われながらも、よくそれを克服し、大正元年(一九一二)には、従業員にも持株を分与する匿名組合にまでその内容を充実させた。この間、羊毛・肥料の輸入関税撤廃運動や神戸港築港運動に率先身を挺して実現に努めた。明治三十年代より薬餌に親しみ勝ちとなり、大正二年二月六日自宅で没した。六十九歳。法名鉄心院堅翁宗固居士。墓は神戸市の春日野墓地にある。

[参考文献] 西川文太郎『兼松濠洲翁』、『兼松回顧六十年』　（加藤幸三郎）

かのうこうきち　狩野亨吉　一八六五—一九四二　明治から昭和時代にかけての異色ある啓蒙的合理主義者。この合理主義を教養とするのでなく、人間として生涯徹底的に生きぬいた人物。慶応元年(一八六五)七月二十八日出羽国秋田郡大館(秋田県大館市)に生まれる。父良知、母千代。大学予備門時代、一木喜徳郎・平沼騏一郎・床次竹二郎・岡田良平たちと机をならべた間柄。明治二十一年(一八八八)帝国大学理科大学数学科を、同二十四年同文科大学哲学科を卒業し、大学院(理科)に学ぶ。第四・第五高等学校教授を経て、同三十一年三十四歳の若さで第一高等学校校長となり、田辺元・野上豊一郎・小宮豊隆・岩波茂雄・明石照男・田島道治たちに影響を与える。同三十九年京都帝国大学文科大学の創立に参画し、初代文科大学長を引きうけ、幸田露伴・内藤湖南といった民間学者をその講壇に招き、自身も独自の倫理学を講義したが、文部省が岡田良平を天降り総長に任命するに及んで、大学自治の原則から、抗議の意味をこめて辞職し、以後、東京大塚の一隅に書画の鑑定売買を業とし、官職につかず、簡素な独身の生涯を送った。昭和天皇の皇太子時代、東宮御学問所の御用掛として、浜尾新・山川健次郎たちによって、杉浦重剛に先だって推薦されたが、唯物論者を理由として受けず、その後、東北帝国大学・法政大学の総長にも推薦されたが、ついに世に出ることがなかった。西洋近代の実証的合理主義の忠実な使徒として、唯物論・自然主義・無神論の立場をとってゆずらなかった。数学的物理学の方法によって、自然・人間・社会の一切の問題の客観的解決を意図し、数学の群論および集合論と生物学の進化論を独自の仕方で組みあわせた立場から、J・B・J・フーリエの『熱の理論』を応用して倫理学を講じ、カントの実践理性の三要請をカントの三大臆断として批判し、三要請を必要としない進化論的倫理学を主張した。他方、博識な書誌学的知識を活用して、日本の自然科学思想史の最初の開拓者の役割を果たし、安藤昌益・本多利明・志筑忠雄のような独創的思想家の存在を発見し、関孝和・中根元圭たちの仕事の意味をも明らかにした。大学時代、夏目漱石と交友し、その後、漱石から敬愛されつづけたが、本人は文学にほとんど関心をもたなかった。多年にわたる書画の鑑定の仕事は、鑑定の方法論への反省をふかめる機会を与え、科学的鑑定法を着想させたが、後年、鑑定の方法がアイデンティフィケーション(同定)の論理そのものにほかならない事情に目ざめ、弁証法の論理に対立し、むしろ弁証法の論理の前提条件となるアイデンティファイの論理の体系化を志すに至った。その意味では、日本における分析論理学派の先駆者と考えられてよいが、完成をみることなく昭和十七年(一九四二)十二月二十二日七十八歳で没した。東京の多磨墓地に葬られる。安倍能成編『狩野亨吉遺文集』(昭和三十三年)がある。その旧蔵書は、古文書関係の一部が京都大学文学部に、古写本をはじめとする和漢書が狩野文庫として東北大学に収蔵されている。

[参考文献] 鈴木正『狩野亨吉の研究』、青江舜二郎『狩野亨吉の生涯』　（久野　収）

かのうさくじろう　加能作次郎　一八八五—一九四一　明治から昭和時代前期にかけての小説家。明治十八年(一八八五)一月十日、能登の西海岸、石川県羽咋郡西海村(富来町)に生まれた。父の浅次郎は漁業を営む。生後間もなく母のはいと死別、継母の手に育った。少年時代京都の伯父のもとで、商家の徒弟など苦難の生活を送る。郷里の小学校教師を経て、明治三十八年上京。苦学の末、同四十四年早稲田大学英文科を卒業した。在学中『ホトトギス』に載せた「恭三の父」「厄年」で認められ、大正八年(一九一九)第一創作集『世の中へ』で文壇的地位を確立した。創作のかたわら博文館の『文章世界』の編集にも従う。自然主義の流れをくむが、善意に生きる庶民の姿を好んで描き、質実ながらも情味あふれる作風を示した。特に地方色豊かな自伝小説に佳作が多い。昭和十六年(一九四一)八月五日、『乳の匂ひ』校正中に東京牛込の自宅で死去。五十七歳。郷里の万福寺に葬る。短編集『霰の音』『寂しき路』『微光』、長編『若き日』『傷ける群』『幸福へ』、その他多数の著作がある。

[参考文献] 坂本政親「加能作次郎の人と文学」、同「加能作次郎評伝」一—三(『福井大学学芸学部紀要』第一部一三—一五)、同「加能作次郎評伝」四—六(『福井大学教育学部紀要』第一部一七—一九)、同「加能作次郎と能登」(同二〇)、同「『乳の匂ひ』考—加能作次郎の

世界―」(同二三)、同「加能作次郎と『ホトトギス』」(『日本文学研究』四)、同「『世の中へ』とその周辺―加能作次郎小考―」(『日本近代文学』二)

(坂本　政親)

かのうじごろう　嘉納治五郎　一八六〇―一九三八　明治から昭和時代にかけての教育家。講道館柔道の創始者。万延元年(一八六〇)十月二十八日摂津国菟原郡御影村(神戸市東灘区御影町御影)に、治郎作希芝・定子の三男として生まれた。明治十四年(一八八一)東京大学文学部政治学科および理財学科を卒業。翌年哲学科選科を卒え、以後学習院講師、同教授、同教頭、第五高等中学校校長、第一高等中学校校長、文部省普通学務局長、東京高等師範学校校長などを歴任した。またその間、同三十二年清国留学生のために東京神田に亦楽書院(のちに弘文学院に発展)を創立し、その教育に尽力した。一方彼は明治十年福田八之助に天神真楊流柔術を学び、ついで同流宗家磯正智につき、さらに起倒流柔術を飯久保恒年に学び、それを基礎として柔術に新しい体育的・精神的・技術的工夫を加え、柔道と称し、同十五年講道館を開いてこれを指導した。以後その研究と普及は終生の事業となった。同二十二年以来十二回の外遊を通して絶えず柔道を海外に紹介した功績も大きい。彼はまた広く体育・スポーツの振興に尽くし、同四十二年国際オリンピック委員となり、四十四年大日本体育協会初代会長となり、翌四十五年ストックホルムで開催されたオリンピック大会には日本選手団長として参加、昭和に入るやオリンピック大会の日本招致に奔走し、昭和十一年(一九三六)ベルリンで開かれた国際オリンピック委員会総会に出席して第十二回大会の東京開催権を獲得、さらに同十三年カイロで行われた同総会に出席し、懸案として残されていた第十二回大会冬期競技場も札幌に招致することに成功、帰途氷川丸船中で発病、五月四日洋上で没した。七十九歳。墓は千葉県松戸市の東京都八柱霊園にある。

参考文献　嘉納先生伝記編纂会編『嘉納治五郎』

(島田　貞一)

かのうじろさく　嘉納治郎作　一八一三―八五　幕末・維新期の廻船業者。洋式船による定期航海の先駆者。文化十年(一八一三)十月二十四日、近江国滋賀郡坂本村(大津市)で誕生。名は希芝、字は玉樹。のち摂津国菟原郡御影村(神戸市東灘区)の廻船問屋嘉納治作の家をついだ。文久二年(一八六二)、勝海舟のもとで和田崎・神戸・西宮の砲台築造工事を請け負った。慶応三年(一八六七)十月、出願によって幕府所有の汽船長鯨・奇捷・順動・太平丸などを託され、江戸―神戸―大坂間の定期航路を開き、これがわが国における洋式船舶による定期航海の端緒となった。維新後は諸官を歴任し、明治十七年(一八八四)には海軍権大書記官に任ぜられたが、翌十八年九月十五日東京深川で病没した。七十三歳。墓は駒込の染井墓地にある。

参考文献　『神戸市史』別録一

(服部　一馬)

かのうなつお　加納夏雄　一八二八―九八　幕末・明治時代の金工家。文政十一年(一八二八)四月十四日伏見屋治助の子として京都に生まれ、のち加納家の養子となる。幼名治三郎。奥村庄八や池田孝寿の門に入って各種の彫金技法を習得、はじめ寿朗と号した。また絵を円山派の中島来章から学んだことは、後年の彼の作風に写実的な独自の特色をもたらすもととなったと思える。号を夏雄と改め、のち安政元年(一八五四)江戸に移って刀装に妙技を示した。明治二年(一八六九)から十年にかけては大阪造幣寮に出仕して明治政府の新貨幣製作に従事し、その後再び東京に戻ったが、刀装具の製作はやめ、もっぱら花瓶や置物・飾額などの自由制作に励み、内国勧業博覧会や工芸共進会などの審査官をつとめる一方、みずからも伝統的彫金技法に新風を吹きこんだ作品を発表してたびたび受賞、同二十三年帝室技芸員、東京美術学校教授に任ぜられた。その作風は、軽妙簡潔な下絵の味を生かして写生風の生動感があり、特に片切彫を得意として「月雁図鉄額」など気品高い作品を制作、明治期彫金界の第一人者といわれた。明治三十一年二月三日東京において死去。七十一歳。墓は台東区の谷中墓地にある。法名芳猷院釈莫雄居士。

参考文献　池田末松・吉田燁三『加納夏雄名品集』

(富山　秀男)

かのうひさよし　加納久宜　一八四八―一九一九　明治時代の農会および産業組合指導者。嘉永元年(一八四八)三月、江戸本所において立花種道の次男として生まれた。慶応三年(一八六七)上総国一宮藩主加納久徴の養子となり、その子久恒の継嗣として襲封し従五位下遠江守に叙任された。維新後一宮藩知事となり大学南校に学ぶ。文部省属、岩手県学務課長兼師範学校長、新潟師範学校長などを勤め、明治十四年(一八八一)判事に転じ、地方裁判所長、大審院検事を歴任、同十七年に子爵、同二十三年貴族院議員となった。同二十七年鹿児島県知事に就任、産業・教育の振興につとめ、農事改良のため農会準則を公布、町村・郡・県各農会を系統的に組織した。同三十三年九月辞任、東京府荏原郡入新井村(東京都大田区)の旧居に帰り、同三十五年十一月全国農事会幹事長に就任、また同年入新井村信用組合を設立した。三十八年大日本産業組合中央会が設立され副会頭となり、さらに同四十三年農会法の改正により帝国農会が新設されるや初代会長となった。晩年には旧藩地一宮町の町長として活躍した。著書に『献芹迂言』がある。大正八年(一九一九)三月二日没した。七十二歳。墓は台東区の谷中墓地にある。また千葉県長生郡一宮町にも分骨墓がある。

参考文献　栗原百寿『人物農業団体史』、西村栄十郎編『全国農事会史』、伊佐秀雄『馬産界の功労者加納久宜』(『近世日本興業偉人伝』八)

(伝田　功)

かのうほうがい　狩野芳崖　一八二八―八八　明治時代前期の日本画家。本名幸太郎、諱は延信、字は貫甫。はじめ皐隣また松隣と号し、のち翠庵とも号す。狩野勝川の門に入り勝海雅道と称し、のち芳崖と改めた。本姓は諸葛。文政十一年(一八二八)正月十二日、長門国長府藩の御用絵師諸葛晴皐の子として生まれ、十九歳の時、江戸に出て木挽町の狩野勝川門に入り、のち塾頭に選ばれた。同門に終生の友、橋本雅邦がいた。芳崖は幕末争乱にあたって、約十年ほど、画筆をすてて国事に奔走したが、明治十年(一八七七)上京して窮乏の生活をおくり、砲兵工廠図案課などに務めた。のち島津家の恩顧をうけたりして、しきりに制作に励んだ。同十七年、第二回内国絵画共進会に「桜下勇駒図」「雪景山水図」を出品し、フェノロサに認められ、岡倉天心と識り、やがて鑑画会に加わり、作品を発表した。十八年、文部省図画取調掛の御用掛に任じられ、技芸教育の調査にあたった。ようやく画名の高くなった芳崖は、狩野派の近代化というフェノロサ・天心らの志向を体して、雅邦とともに日本画の改革に力をつくした。その工夫は、もっぱら西洋画法の狩野画派への摂取というところにあった。同二十一年、東京美術学校の創立に、天心らとともに参画したが、開校をみないで、同年十一月五日病没した。六十一歳。下谷区谷中上三崎北町(台東区谷中)の長安寺に葬られた。法名を東光院臥竜芳崖居士という。代表作には絶筆となった「悲母観音像」(東京芸術大学蔵、重要文化財)がある。そのほか「仁王図」、「不動明王図」(東京芸術大学蔵、重要文化財)、「大鷲図」などがあるが、「悲母観音像」は最も晩期の創意あるものとすることができる。芳崖の画想は、日本美術院にひきつがれ、その後の新日本画運動に投影された。

参考文献 村松梢風『本朝画人伝』四(『中公文庫』)、梅沢和軒『芳崖と雅邦』 (宮川　寅雄)

かのこぎかずのぶ　鹿子木員信　一八八四―一九四九　明治から昭和時代にかけての大アジア主義の思想家。明治十七年(一八八四)十一月、東京にて旧佐賀藩士の家に生まれる。同三十七年海軍機関学校卒業。日露戦争に出征して日本海海戦に従軍。中尉で退役して哲学を専攻し、慶応義塾の教授となり、大正十年(一九二一)文学博士。同十二年欧州各国に留学。この間、アジアの諸民族、ことにインドと中国の西欧諸列強への隷従の状態に関心を持ち、アジアが更生して独立の運動を起すべしとする大アジア主義の思想運動を推進した。大正七年、第一次世界大戦による思想的動揺期を背景に、左右の知識人を広く網羅した懇談会である老壮会が生まれると、その常連となり、この年から同八年にはインドに滞在、英国官憲に拘留されて追放され、みずから目撃したインド独立運動の状態を同十一年、『ガンヂと真理の把持』として公表。また大正八年に、北一輝・大川周明・満川亀太郎を中心として猶存社が成立すると、これに参加した。同十二年の同社の解散は、鹿子木の渡欧をきっかけとしているといわれる。同十五年、九州帝国大学法文学部教授に就任。昭和二年(一九二七)にはベルリン大学に招かれ、三ヵ年在独して日本学の講座を担当。のち同十六年にも再びドイツに招かれ、「皇学」を講じた。昭和七年五月、下中弥三郎を総務委員長とする新日本国民同盟が結成されると顧問として加わり、下中・中谷武世らこの同盟の主脳が同人となっている月刊『国民思想』に筆を執った。同八年三月、「全亜細亜諸民族を打って一丸とする亜細亜連盟の実現」を目的として、陸軍中将松井石根・貴族院副議長近衛文麿・前ソ連駐劄大使広田弘毅などを中心とする大亜細亜協会が各界の名士を広く集めて発足すると、その理事となる。同十二年、日中戦争が勃発すると、雑誌『大亜細亜主義』(『国民思想』の後身)に、「対支思想作戦―三民主義爆破―」を載せて、国民党政府建国の精神たる三民主義を相手として思想戦を用意すべく説いた。同十四年四月、九大を退官。同十七年十二月に大日本言論報国会が結成されると、専務理事兼事務局長。同二十年、A級戦犯に指定される。同二十四年十二月二十三日没。六十六歳。著述に、『皇国学大綱』『すめらあじあ』『日本精神の哲学』など多数がある。

参考文献 下中弥三郎伝刊行会編『下中弥三郎事典』 (竹山　護夫)

かのこぎたけしろう　鹿子木孟郎　一八七四―一九四一　明治から昭和時代前期にかけての洋画家。号不倒。明治七年(一八七四)十一月九日岡山に生まれる。父は宇治長守、母は志奈。のち伯父鹿子木玉班の養子となる。十四歳で松原三五郎の天彩学舎に入ったのち、同二十五年上京して小山正太郎の不同舎に学んだ。その後は中等図画教員の検定試験に合格して各地で教員生活を送ったが、同三十三年満谷国四郎らと同行渡米、翌年イギリスを経てパリに渡り、三年間アカデミー=ジュリアンでジャン=ポール=ローランスに師事した。同三十七年帰国後は京都に住み、画塾を開くかたわら京都高等工芸学校講師となり、また同三十八年より中沢岩太や浅井忠を助けて関西美術院の設立に尽力。しかし翌三十九年再渡仏して再びローランスのもとに戻り、四十一年帰国したときはすでに浅井が没していたため、関西美術院長、京都高等工芸学校講師などとそのあとを継ぎ、にわかに関西洋画壇のかなめとしての重責をになレつつ、一方第二回文展以後毎年審査員として力作を発表した。その作風はフランス官学派の手堅い描写と的確なデッサンに特色があり、「ローランス画伯の肖像」「新夫人」など人物画に佳作をのこしている。大正五年(一九一六)三たび渡仏して二年後に帰国してからは、京都下鴨の自宅に下鴨画塾を設けて後進の指導に尽くしたが、昭和十六年(一九四一)四月三日、六十八歳をもって京都に没した。

参考文献 鹿子木孟郎画伯還暦記念会編『鹿子木孟郎画集』 (富山　秀男)

かのなおき　狩野直喜　一八六八―一九四七　明治から昭和時代前期にかけての中国学者。幼名は百熊、のち直喜と改めた。字は子温。君山、または半農人と号する。

明治元年（一八六八）正月十八日、肥後国熊本（熊本市京町二丁目）に生まれる。父は熊本藩士で源内直恒、直喜はその三男、母は余田喜寿。同十七年、熊本の済済黌を卒業して上京、神田共立学校・大学予備門を経て、同二十五年、帝国大学文科大学漢学科に入学、島田篁村に師事し、同二十八年卒業。三十三年、北京に留学、義和団事件にあう。同三十九年、京都帝国大学文科大学創立とともに教授となり、昭和三年（一九二八）まで、支那哲学史もしくは支那語学・支那文学講座を担当、この間に、文学博士・帝国学士院会員となった。昭和四年から十三年まで東方文化学院京都研究所長。同十年、パリのSociété asiatiqueの名誉会員に推され、同十九年には、文化勲章を授けられた。同二十二年十二月十三日、京都市左京区田中大堰町の自宅にて没。八十歳。黒谷文殊塔畔に葬る。国際的学者として、清朝滅亡後亡命した羅振玉・王国維、敦煌文書を整理したペリオら海外の学者と親交があった。その学問は、経学において清朝考証学を祖述し、文学において従来軽視された戯曲小説や新発見の敦煌文書中の俗文学の研究など、多方面にわたってパイオニアとしての功が大きい。平生、大学の講義に専念して、論著が少なく、『支那学文藪』『読書纂余』の二論文集のほかは、ほとんどみな没後講義をまとめたものである。

[参考文献]『吉川幸次郎全集』一七、藪内清「狩野君山先生略譜」（京都大学人文科学研究所『東方学報』一七）、『東光』五（狩野直喜先生永逝記念号）

（清水　茂）

がのりゆき　何礼之　一八四〇―一九二三　明治時代の官僚、訳者。天保十一年（一八四〇）七月十三日生まれる。長崎出身。明治元年（一八六八）六月開成所御用掛、ついで訳官となる。二年十二月洋学校督務。三年三月大学少博士。四年七月文部少教授。同十一月岩倉特命全権大使に一等書記官として随行、欧米各国に出張、木戸孝允副使に付属し憲法を取り調べた。六年七月帰朝。七年二月内務省出仕翻訳事務。九年二月内務権大丞。十年一月内務権大書記官・図書局長。十三年五月内務大書記官。十七年十二月元老院議官となり、二十三年同院廃止まで在職。二十四年十二月貴族院勅選議員となり、相ついで大和倶楽部、懇話会、庚子会、土曜会、同成会に属し、大正十二年（一九二三）三月二日八十四歳で死去するまで在職した。ヤング『政治略原』、イリー『米国律例』（いずれも明治四年）など明治四年から十二年ごろまでいくつかの啓蒙的訳書を出した。モンテスキュー『万法精理』（同八年、木戸孝允序）の重訳書は当時広く読まれ、政界に大きな影響を与えた。墓は東京都港区の青山墓地にある。

[参考文献]『議会制度七十年史』貴族院・参議院議員名鑑、金井之恭他編『（明治史料）顕要職務補任録』、木戸公伝記編纂所編『松菊木戸公伝』下

（稲田　正次）

かばやまあいすけ　樺山愛輔　一八六五―一九五三　明治から昭和時代にかけての実業家、貴族院議員。慶応元年（一八六五）五月十日、鹿児島に生まれた。父資紀は鹿児島藩士で維新後、海相・海軍大将・台湾総督・内相・文相を歴任した伯爵。母はとも。明治八年（一八七五）上京して同人舎と神田共立学校に学んだのち、十三年渡米。二十二年アーマスト大学卒業後渡独してボン大学に入学。二十四年帰国。二十七年伯爵川村純義長女常子と結婚。その後長く資紀の私設秘書を勤めた。三十九年以後函館船渠・北海道炭礦汽船・千代田火災保険・日本製鋼所などの重役として実業界で活躍。大正十一年（一九二二）襲爵。十四年貴族院議員に当選し研究会に所属した。十五年第十二回万国議院商事会議（ロンドン）に出席。昭和五年（一九三〇）ロンドン海軍軍縮会議に随員として出席。二十一年六月から二十二年五月枢密院廃止まで枢密顧問官を勤めた。二十八年十月二十一日神奈川県大磯の自宅にて死去。八十八歳。墓は東京都豊島区駒込の染井墓地にある。

[参考文献] 国際文化会館編『樺山愛輔翁』

（成沢　光）

かばやますけお　樺山資雄　一八〇一―七八　幕末・明治時代前期の国学者、鹿児島藩士。享和元年（一八〇一）十月十四日鹿児島城下に生まる。父は武左衛門資生、母は樺山氏。通称武左衛門。香川景樹門下の歌人で、家集二巻（未刊）がある。編著として『神代三陵異考』『薩隅日地理纂考』がある。彦火火出見尊の高屋山上陵を内之浦（鹿児島県肝属郡内之浦町）にあらず、溝辺（同姶良郡溝辺町）であると考証して現位置に勅定された。また『薩隅日地理纂考』は藩命により八田知紀・高木秀明ら数人と編集し明治四年（一八七一）正月に彼が序文を書いているが、同七、八年ごろの完成であろう。『三国名勝図会』（天保十四年（一八四三）藩撰）とともに薩摩藩地誌の双璧であり、寺院の記述を欠くの短所もあるが、地誌としては統計があるので数段まさる。晩年は鹿児島の松原神社宮司。明治十一年七月十三日没。年七十八。

（原口　虎雄）

かばやますけのり　樺山資紀　一八三七―一九二二　明治・大正時代の軍人、政治家。天保八年（一八三七）十一月十二日、鹿児島藩士橋口与三次の三男として鹿児島城下二本松馬場に生まる。幼名は覚之進。長兄兼三はのち元老院議官、次兄伝蔵は寺田屋事件で死亡。文久三年（一八六三）同藩士樺山四郎左衛門の養子となる。薩英戦争、鳥羽・伏見の戦、会津戦争などに従軍したのち、明治四年（一八七一）陸軍に出仕し、陸軍少佐に任官。翌年熊本鎮台第二分営長となって鹿児島に赴任。同六年副島種臣外務卿に随行して清国に赴き、台湾原住民による漂流琉球漁民殺害事件をめぐる対清交渉にあたった。ついで華南・台湾を視察し、翌年には台湾出兵に従軍。帰国後、陸軍省第二局次長を経て熊本鎮台参謀長となり、十年西南戦争に際しては、谷干城を補佐して負傷に屈せず熊本城を反乱軍の攻撃から死守した。その後、近衛幕僚参謀長となり、大警視を兼任。十四年警視総監を兼ねて陸軍

少将に進み、自由民権運動に対処した。十六年海軍大輔に転じ、在任中の十七年子爵授与、翌年海軍中将に昇進。十九年から二十三年まで西郷従道・大山巌両海相のもとで海軍次官を勤め、海軍部内の整備にあたった。この間、二十年から二十一年にかけて欧米諸国を視察。二十三年五月、第一次山県内閣に海相として入閣、翌年五月第一次松方内閣にも留任し、閣内武断派の一人といわれた。二十四年十二月第二議会で海軍拡張案が民党に反対されると、これを非難し、薩長政府の功績を誇る「蛮勇演説」を行なって民党の憤激を買い、衆議院解散のきっかけを作った。二十五年八月、松方内閣総辞職とともに枢密顧問官に転じたが、二十七年七月、日清関係が緊迫化すると海軍令部長に就任し、日清戦争における海軍の作戦を指導した。翌年五月、海軍大将に昇進し初代台湾総督に任ぜられ、八月伯爵授与。在任一年余にわたって島内各地の反乱鎮定にあたった。ついで、再び枢密顧問官を経て二十九年九月から三十一年一月まで第二次松方内閣の内相を勤め、進歩党との提携が断絶した後、自由党関東派の切り崩しをはかったが十分には成功しなかった。三十一年十一月第二次山県内閣で文相に起用されたが、三十三年十月、内閣総辞職により下野した。その後、枢密顧問官(明治三十七年―大正十一年(一九二二))、教育調査会総裁(大正二―三年)などを勤めたが、政界の第一線からは引退し、もっぱら、郷土出身の子弟のための教育事業・社会事業に尽力した。大正十一年二月八日神奈川県大磯の別邸で没。八十六歳。墓は東京都豊島区駒込の染井墓地にある。

参考文献 『樺山資紀文書』(国立国会図書館蔵)、樺山愛輔『父樺山資紀』、藤崎済之助『台湾史と樺山大将』 (鳥海 靖)

かばやますけひで 樺山資英 一八六八―一九四一 明治から昭和時代前期にかけての政治家。号は紫海。明治元年(一八六八)十一月十七日、鹿児島藩士樺山資雄の次男として鹿児島西田町に生まる。母直子は大久保利通の従妹。妻球磨子は高島鞆之助の次女。アメリカに留学し、明治二十六年エール大学法学部を卒業。帰朝後、陸軍通訳・台湾総督府参事官を経て、二十九年拓殖務省書記官兼秘書課長、ついで、松方正義首相(第二次内閣)・樺山資紀文相(第二次山県内閣)の秘書官を歴任。三十三年下野以来十余年にわたって浪人生活を送ったが、この間対華・対露問題でしばしば意見書を草した。大正三年(一九一四)から八年まで満鉄理事・鉱業部長を勤め、撫順炭礦の経営、鞍山製鉄所の創業に力を注いだ。辞任後はもっぱら薩派の中心人物として各方面に働きかけて山本権兵衛擁立に奔走し、大正十二年九月第二次山本内閣の発足とともに内閣書記官長に就任。立憲政友会・憲政会・革新倶楽部などの政党勢力や官僚派が相対峙する中で、関東大震災後の帝都復興に努力したが、同年十二月、虎の門事件で内閣総辞職となった。その後、貴族院議員に勅選され、かたわら、露領水産組合組長・国際無電会社社長・東洋文化学会理事などを勤めた。昭和十六年(一九四一)三月十九日死去。七十四歳。東京の青山墓地に葬られた。

参考文献 『樺山資英文書』(国立国会図書館蔵)、樺山資英伝刊行会編『樺山資英伝』 (鳥海 靖)

かぶらぎきよかた 鏑木清方 一八七八―一九七二 明治から昭和時代にかけての日本画家。本名は健一。明治十一年(一八七八)八月三十一日、東京神田佐久間町に生まれた。父は明治前期の小説家、条野採菊である。同二十四年、水野年方に入門し、若くして新聞さし絵を描いた。同三十四年、烏合会(うごうかい)を興し、浮世絵の伝統に沿って清新の画風を示した。たとえば「一葉女史の墓」のごときである。文展時代を経て、帝展には、創始から審査員となった。昭和二年(一九二七)、「築地明石町」を出品し院賞をうけた。「三遊亭円朝」などの肖像画では、対象への思想的肉迫の跡がみられる。自叙伝『こしかたの記』『続こしかたの記』で語るかれの生涯は、明治・大正期の文学的世界と、ふかい交渉をもった新しい風俗画の創造につながっていた。同十二年、芸術院会員となり、二十九年、文化勲章を授与された。四十七年三月二日、老衰のため神奈川県鎌倉市雪ノ下の自宅で死去。九十三歳。東京都台東区の谷中墓地に葬られる。

参考文献 『鏑木清方自選展図録』、竹田道太郎編『鏑木清方』(『日本の名画』一九) (宮川 寅雄)

かまたえいきち 鎌田栄吉 一八五七―一九三四 明治から昭和時代前期にかけての教育家、政治家。安政四年(一八五七)正月二十一日紀伊国和歌山能登丁(和歌山市東長町)に生まれた。父は藩士平井助十郎の用人鍬蔵、母は澄である。藩校学習館で英学を学んだ後、明治七年(一八七四)上京。翌年慶応義塾を卒業。十一年和歌山県自修学校長、十四年鹿児島学校教頭、十七年内務省御用掛、十九年大分県中学校長、二十年大分師範学校長兼学務課長を歴任。さらに慶応義塾教授・評議員を経て三十一年より大正十一年(一九二二)まで塾長を勤めた。この間、明治二十七年和歌山県から無所属で衆議院議員に当選。二十九年から三十年まで欧米視察。三十九年貴族院議員に勅選された。大正八年第一回国際労働会議政府代表としてワシントンに派遣された。十一年加藤友三郎内閣文部大臣に就任、昭和二年(一九二七)枢密顧問官に任ぜられた。なお、臨時教育会議委員、帝国教育会会長などを勤め教育界に大きな足跡を残した。昭和九年二月六日死去。七十八歳。墓は東京都品川区上大崎の常光寺にある。『鎌田栄吉全集』全三巻がある。 (成沢 光)

かみおみつおみ 神尾光臣 一八五五―一九二七 明治・大正時代の陸軍軍人。安政二年(一八五五)正月十一日信濃国高島藩士神尾平三郎の次男として諏訪に生まれた。明治七年(一八七四)陸軍教導団に入団し、卒業後陸軍軍曹になり、曹長で西南戦争に出征し、戦後陸軍少尉に任ぜられた。彼は他日の経綸を中国大陸に画き、中国語を勉強したが、これが彼の一生を支配した。同二十一年大尉のとき参謀本部出仕、少佐のとき清国公使館付となって清国に行ったが、日清戦争には帰って第二軍参謀として軍司令官大山巌大将を輔けた。戦後再び清国公使館付武官補佐官、連隊長や師団参謀長などを歴任し、日露戦争には歩兵第二十二旅団長として、旅順攻囲戦に参加した。戦後三十九年二月清国駐屯軍司令官、同年十一月関東都督府陸軍参謀長、四十一年十二月中将になって第九師団長、第十八師団長を歴任したが、大正三年(一九一四)の青島攻略のとき、この師団を主力とする軍をもって参戦した。戦後同年十一月青島守備軍司令官、四年五月東京衛戍総督となり、五年六月大将に進んで待命となった。同年戦功により男爵を授けられた。昭和二年(一九二七)二月六日没。七十三歳。東京豊島の雑司ヶ谷墓地に葬られる。法名大功院殿義山光臣大居士。

(松下　芳男)

かみかわひこまつ　神川彦松　一八八九―一九八八　大正・昭和時代の国際政治学者。東京大学名誉教授、日本学士院会員。明治二十二年(一八八九)十二月二十三日、三重県度会郡田丸町(玉城町)に出生。奥山辻松の四男、のち神川享吉の養子。大正四年(一九一五)東京帝国大学法科大学卒業、立作太郎に師事。十二年同大学教授。第一次世界大戦後の欧米に留学し国際政治学の樹立を志す。帰国後歴代外務大臣に献策し、外務省の『大日本外交文書』の編纂刊行に尽力。昭和二年(一九二七)『国際聯盟政策論』、二十五年『国際政治学概論』を刊行、二十七年『近代国際政治史』三巻四冊(二十二―二十五年)で日本学士院賞を受賞。三十一年日本国際政治学会を創立し理事長に就任。太平洋戦争後の憲法問題では自主憲法期成運動を主導し、三十二年憲法調査会委員に任命されて活躍。東京大学退官後は明治大学、国士館大学の教授を歴任。著書論文は『神川彦松全集』全十巻に収録。六十三年四月五日没。九十八歳。神奈川県鎌倉市山ノ内の円覚寺墓地に埋葬される。遺著に『近代国際政治史』(平成元年(一九八九)、前出の同名書とは別)がある。

(小林　竜夫)

かみしまじろう　神島二郎　一九一八―九八　昭和時代の政治学者。大正七年(一九一八)四月十八日、東京市四谷区(東京都新宿区)左門町に神島宗右衛門、タマの子として出生。東京国士館中学、第一高等学校を経て昭和十七年(一九四二)、東京帝国大学法学部政治学科入学。同十八年四月「学徒出陣」に先立ち東部第六部隊入営、十九年十二月、フィリピン方面軍特情部警戦隊入隊、ルソン島で死闘し終戦。復員後、柳田国男の民俗学研究所員、二十二年、東京大学大学院特別研究生として丸山眞男につく。二十五年から国立国会図書館嘱託、主事。二十九年、明治大学講師、三十四年、立教大学法学部教授。三十六年、丸山政治学の方法と柳田民俗学の発想法を独自に綜合した『近代日本の精神構造』刊。以後、『日本人の結婚観』『文明の考現学』『国家目標の発見』『常民の政治学』『日本人の発想』『人心の政治学』『政治をみる眼』『磁場の政治学』などを発表。五十五年、日本政治学会理事長。五十九年、立正大学法学部教授。平成十年(一九九八)四月五日、脳梗塞のため死去。八十歳。墓は円成寺(町田市鶴間)にある。

[参考文献]　岡敬三・大森美紀彦編『回想神島二郎』

(飯田　泰三)

かみちかいちこ　神近市子　一八八八―一九八一　大正・昭和時代の婦人運動家。長崎県北松浦郡佐々村の漢方医神近養斎・ハナの三女として明治二十一年(一八八八)六月六日生まれた。三歳のとき父を、つづいて長兄を失い家は没落したが、向学心にあふれた市子は親戚の助力により長崎活水女学校から津田英学塾へ進学した。学費を稼ぎつつ文筆業を志し『万朝報』の懸賞小説に入選し、また女流文芸思想雑誌『青鞜』に参加、作品を送った。大正二年(一九一三)三月、二十四歳で津田英学塾を卒業、青森県弘前の県立女学校教師となったが、「新しい女」として世を騒がしていた青鞜社との関係で追われ、翌年東京日日新聞社に婦人記者として入社した。このころから社会主義思想に接近し、大杉栄と恋愛、伊藤野枝と愛を争って五年十一月葉山日蔭茶屋事件をおこし、大杉傷害の罪で二年の刑を受け世人を驚かした。出所後文筆生活を送り昭和三年(一九二八)『女人芸術』、十年『婦人文芸』創刊に参加した。第二次世界大戦後婦人運動の指導者として社会党選出衆議院議員となり売春防止法などで活動した。昭和五十六年八月一日、東京の自宅で没した。九十三歳。市子の死は「新しい女」の終焉となった。著訳書に『女性思想史』『アメリカ史物語』『社会悪と反撥』その他多数ある。

[参考文献]　『神近市子自伝』、神近市子『私の半生記』、同「国民の言葉」(『現代日本国民文学全集』一八所収)

(井手　文子)

かみづかさしょうけん　上司小剣　一八七四―一九四七　明治から昭和時代にかけての小説家。本名延貴。明治七年(一八七四)十二月十五日奈良にて生育す。父延美は摂津多田神社の宮司、母は幸生。同三十年、堺利彦のすすめで上京、読売新聞社に入社、大正九年(一九二〇)まで勤め、編集局長にまでなる。自然主義文学者や社会主義関係者との交友も多く、明治四十年代より小説を書き始め、『灰燼』『木像』などを上梓、大正三年『ホトトギス』に発表した好短編『鱧の皮』によって作家的位置を確立した。ついで『父の婚礼』『天満宮』などを発表、いずれも生い育った京阪地方の情調と風物をきめこまやかに描いた佳作である。読売新聞社を退社後、社会小説『東京』に着手、昭和に入ってからは、読売新聞社時代の内幕を回想的に小説化した『U新聞年代記』を書き、これが後期の代表作となる。幸徳秋水らを実名で登場させた『平和主義者』も戦時下に書かれたものである。『生存を拒絶する人』『女護島』『ユウモレスク』などの創作集のほか『小ひさき窓より』『余裕』『生々抄』などの小品・

随筆集もある。昭和二十二年(一九四七)九月二日没。七十四歳。東京都府中の多磨墓地に葬られる。

〔参考文献〕 紅野敏郎「上司小剣—『簡易生活』前後—」(『文学史の園一九一〇年代』所収)
（紅野　敏郎）

かみのきんのすけ　神野金之助　一八四九—一九二二　明治・大正時代の実業家。嘉永二年(一八四九)四月十五日、尾張国海西郡江西村(愛知県海部郡八開村江西)に七代目金平とマツ子の五男として誕生。幼名は岸郎、本名重行。父金平は、庄屋を勤めるとともに藩から流木留木裁許役を命ぜられ、帯刀を許された。嘉永四年その長男小吉は名古屋の紅葉屋(洋反物商)富田重助の養子に迎えられた。この時から神野・富田両家の緊密な連繋をもった事業活動が始められることになった。明治九年(一八七六)兄小吉の死去後、その庶子吉太郎(同年重助を襲名)の後見人となり、名古屋に移住した。紅葉屋(明治九年番頭に譲渡)の活動のほか土地担保金融などで巨利を得、名古屋実業界に認められて、同十年名古屋米商会所取締役に選任された。そのころから盛んに土地を購入し、十七年には額田郡南西部の菱池(五十町余)、二十六年には渥美郡牟呂海岸に神野新田(旧毛利新田千百町の再開発で、二十九年竣工、当時岡山県児島郡の藤田新田と並ぶ設備と規模を誇る模範農田)などの開拓にも着手した。さらに四十年代には伊勢各地の山林を買収して植林事業に従事し家産を加えた結果、名古屋では第二位の資産家となった。家業のほか、明治銀行頭取・福寿生命保険社長をはじめとして、明治貯蓄銀行・朝鮮起業・名古屋電気鉄道・東洋紡績などの重役となり、三十七年には貴族院議員に選出された。また宗教心があつく、東本願寺の顧問として財政整理にもあたった。大正十一年(一九二二)二月二十日、七十四歳をもって自宅にて死去。墓は名古屋市千種区東山平和公園聖徳寺墓地にある。法名は念仏院釈西善。

〔参考文献〕 堀田璋左右『神野金之助重行』、松下伝吉『中京財閥の新研究』、杉浦英一編『中京財界史』、名古屋市教育委員会編『明治の名古屋人』
（村上　はつ）

かみむらひこのじょう　上村彦之丞　一八四九—一九一六　明治時代の海軍軍人。嘉永二年(一八四九)五月一日鹿児島藩士上村藤一の長男として生まれた。鳥羽・伏見の戦に従軍。明治四年(一八七一)海軍兵学寮に入校し、在学中に西南戦争に出征し、実地で腕を磨き、十年に海軍兵学校第四期卒業生として海軍少尉補に任ぜられ、爾後累進した。日清戦争には秋津洲艦長として出征し、戦後常備艦隊参謀長、海軍省人事課長、三十二年九月少将に進んで軍務局長、軍令部次長、三十六年九月中将に進んで海軍教育本部長、同十月常備艦隊司令官、十二月新しく編成された第二艦隊司令長官となり日露戦争を迎えた。第二艦隊は第一期戦では浦塩(ウラジオストック)艦隊監視の任務をもったが、濃霧などの影響も受けて捕捉することができず、かれの跳梁にまかせたために不評を買ったが、三十七年八月十四日これを蔚山沖で撃破したのち名誉を挽回した。そのとき溺死に瀕した敵将兵を救助したことは、世界の賞讃を博した。戦後四十三年十二月大将になり、軍事参議官を経て予備役に入り、大正五年(一九一六)八月八日鎌倉材木座の別邸にて没した。六十八歳。妙本寺(神奈川県鎌倉市大町)に葬られる。法名信妙院殿忠純日彦大居士。明治四十年戦功により男爵を授けられた。

〔参考文献〕『類聚伝記大日本史』一三、日蓮宗開教本部編『上村大将追悼集』
（松下　芳男）

かみやましげお　神山茂夫　一九〇五—七四　昭和時代の社会運動家、評論家。元日本共産党中央委員。明治三十八年(一九〇五)二月四日山口県下関市に生まれた。大正十三年(一九二四)東京成城中学を卒業、昭和四年(一九二九)日本共産党に入党した。同五年関東自由労働組合書記長となり、また日本労働組合全国協議会(昭和三年十二月結成)の武装闘争に反対し、全協刷新同盟を組織し、また太平洋戦争勃発前後の時期に共産党再建に奔走した。敗戦後昭和二十年十月、日本共産党第四回大会で同党中央委員に選出された。二十四年東京五区から衆議院議員に当選したが、翌年六月六日朝鮮戦争勃発前夜、米占領軍の命令により中央委員全員とともに公職追放にあった。共産党分裂後、国際派として活動をつづけ、二十九年分派活動のゆえをもって除名された。三十三年に復党が認められたが、部分的核実験禁止条約を支持して同党指導部と対立し、三十九年九月党規律違反で中央委員である中野重治とともに除名された。その後志賀義雄・鈴木市蔵らと分派組織「日本共産党(日本のこえ)」を結成したが、四十二年には志賀らとも別れ、評論など独自の活動をつづけた。また戦前、共産党再建活動のころから天皇制研究をつづけ、戦後昭和二十二年『天皇制に関する理論的諸問題』を発表し、国家論論争に波紋を投じ、いわゆる志賀・神山論争の口火を切った。そのほかに『日本農業における資本主義の発達』『現代日本国家の史的究明』などが代表的著作であり、『神山茂夫著作集』全四巻がある。昭和四十九年七月八日、東京都北区西ヶ原の自宅で没した。六十九歳。

〔参考文献〕神山茂夫『激流に抗して』
（藤井　松一）

かみやまみつのしん　上山満之進　一八六九—一九三八　明治から昭和時代前期にかけての官僚。寒翠と号した。明治二年(一八六九)九月二十七日周防国佐波郡江泊村(山口県防府市江泊)の庄屋役与左衛門の次男として生まれた。母は山口藩士荒瀬与三左衛門の長女いわ。山口高等中学校を経て明治二十八年帝国大学法科大学卒業。同年内務省に入り青森・山口県参事官を経て法制局参事官、行政裁判所評定官を歴任。同四十一年には農商務省山林局長となり、国有林・公有林野の整理を進め、四十三年内閣に臨時治水調査会が設置されると第一期森林治水事業計画の立案と実施にあたった。熊本県知事を経て大正三年(一九一四)大浦兼武農商務大臣の下で次官に就任、第一次世界大戦の影響をうけた蚕糸救済・米価調節問題などの処理に努めた。同七年貴族院議員に勅選されてのちも米穀政策の立案に関与し、米穀調査会・米穀統制調査会委員として米価基準の設定に寄与した。この間大浦系官僚から加藤高明の憲政会に接近、護憲三派内閣の成立に尽力した。大正十五年台湾総督となり、金融恐慌の発端となった台湾銀行問題の処理に忙殺された。昭和三年(一九二八)辞任、十年に枢密顧問官となった。十三年七月三十日東京の自宅で病没。七十歳。故郷江泊の山麓の墓所に葬られた。

[参考文献] 上山君記念事業会編『上山満之進』 (宇野俊一)

かみやよへいじ　神谷与平治　一八三一―一九〇五　幕末・明治時代の農事指導者。天保二年(一八三一)十月十日、遠江国長上郡下石田村(静岡県浜松市下石田町)の農家に生まれた。与平治は世襲の名。名は正信、力伝と称す。祖父森之(五代目与平治)・父森時(六代目与平治)は、安居院(あごいん)庄七に報徳仕法を学び、弘化四年(一八四七)三月、下石田報徳社を設立したが、正信は安居院の著作『報徳作大益細伝記』を読み、正条植や苗代の薄蒔法など、安居院農法の普及につとめ、『広益伝』を著わした。維新後も農事教師として各地を巡回し、明治二十年(一八八七)三遠農学社を設立した。同三十八年十月十七日没した。七十五歳。墓は、浜松市下石田町の権現霊苑にある。

[参考文献] 鷲山恭平『(報徳開拓者)安居院義道』 (伝田功)

かむらいそた　嘉村礒多　一八九七―一九三三　昭和時代初期の小説家。明治三十年(一八九七)十二月十五日、山口県吉敷郡仁保村(山口市仁保上郷)に父若松・母スギの長男として生まれた。県立山口中学校中退後、家にあって農業に従事しながら勉学に励んだが、両親との醜い争いや妻との不和などから暗い生活が続いた。救いを文学や宗教に求め、徳冨蘆花や綱島梁川の著書に親しむ。大正十年(一九二一)ごろから何度か上京し、安倍能成や近角常観を訪れ、その教えを受けた。同十三年私立中村女学校の書記となり、裁縫助手をしていた小川ちとせと知り合い、翌年四月妻子をすてて上京。ちとせの内職と中村武羅夫主宰の雑誌『不同調』の記者などしながら生計をたて創作に励んだ。昭和三年(一九二八)同誌に『業苦』『崖の下』を発表、宇野浩二の激賞を受け文壇に認められた。作品はすべて醜愚に満ちた実生活を羞恥と罪業の意識をもって暴露した私小説であった。代表作に上記のほか『秋立つまで』『途上』などがある。昭和八年十一月三十日、東京本郷の病院で死去。時に三十七歳。法名は天稟院文賢独秀居士。墓は郷里の上郷墓地にある。『嘉村礒多全集』が二種ある。

[参考文献] 太田静一『嘉村礒多―人と作品―』、山本健吉「嘉村礒多」(『私小説作家論』所収) (勝山功)

かめいかついちろう　亀井勝一郎　一九〇七―六六　昭和時代の文芸評論家。明治四十年(一九〇七)二月六日、北海道函館で父喜一郎・母宮子の長男として生まれ、東京帝国大学美学科中退。在学中に新人会に参じ、検挙・投獄された。釈放後プロレタリア作家同盟に加わり、政治運動の大義の陰にひそむ虚偽を凝視するユニークな評論を発表、同盟解散後は保田與重郎らと組んで『日本浪曼派』を創刊、ついで『文学界』同人となり、自己を再生させ現代の危機を救うものとして、もっぱら仏教美術・思想に傾倒した。第二次世界大戦後は歴史の見方や恋愛の機微についてまで幅広く健筆をふるい、読売文学賞・日本芸術院賞・菊池寛賞を受け、死の前年には芸術院会員に推された。政治と文学、美と信仰、さらには信仰自体が懐疑の母胎、といったふうに常に両極を設定し、極間をたゆたう魂の誠実さと哀しさを明快に甘美に描くのがその仕事の特徴で、晩年は人生の求道・指南者として熱い人気を集めた。昭和四十一年(一九六六)十一月十四日東京にて没。五十九歳。府中市の多磨墓地に葬られる。法名超勝院釈浄慧居士。没後評論を対象とした亀井勝一郎賞が設けられた。『亀井勝一郎全集』全二十一巻補巻三巻がある。

[参考文献] 利根川裕「亀井勝一郎―その信仰と美と―」(『現代日本文学大系』六一所収) (塚本康彦)

かめいかんいちろう　亀井貫一郎　一八九二―一九八七　昭和時代の無産政党幹部。明治二十五年(一八九二)十一月十日亀井伯爵家の一族として東京市市ヶ谷区加賀町(新宿区市谷加賀町)に生まれる。大正六年(一九一七)東京帝国大学法科大学卒、外務省に入り、領事官補となり、天津、ニューヨークに在勤、また情報勤務に従事した。昭和二年(一九二七)社会民衆党に入り、国際部長。三年衆議院議員当選、以後当選四回。五年から六年にかけての桜会の謀議に参画、七年社会大衆党の成立とともに国際部長に就任。のち麻生久書記長とともに軍に接近、軍と労働者・農民を結びつけた革命をめざす方向に党を誘導し、また秋山定輔らと結んで近衛内閣樹立を画策した。十二年から十三年、ナチ=ドイツ訪問、帰国後秋山・秋田清・麻生らとともに近衛新党結成に努力した。十五年再び近衛新党結成を企て、それが結局大政翼賛会として発足すると東亜部長に就任したが、十六年四月改組で退任。十七年軍機保護法違反で検挙、十八年聖戦技術協会理事長。二十一年公職追放。その後ＧＨＱと連絡をもったが、二十六年軍服詐欺事件で有罪となり、その後は政界に復帰していない。六十二年四月七日没。九十四歳。『貴族・資本家・労働者』(昭和六年)、『ナチス国防経済論』(同十四年)、『日本民族の形成(一)―ユーラシアの中の日本―』(同四十七年)、その他の著書がある。

[参考文献] 産業経済研究協会事務局編『五十年「ゴム風船」を追って―亀井貫一郎備忘録より―』、伊藤隆・竹山護夫『亀井貫一郎氏談話速記録』(『日本近代史料叢書』B三) (伊藤隆)

かめいこれみ　亀井茲監　一八二五―八五　幕末・維新

期の石見国津和野藩主。筑後国久留米藩主有馬頼徳の子。文政八年(一八二五)十月五日江戸久留米藩邸に生まれる。母は兄頼永と同じく田中氏。幼名は格助、号は勤斎。天保十年(一八三九)四月十五歳にして、亀井茲方の養子となり、同六月津和野藩の封をつぎ、従五位下に叙し隠岐守に任ぜられた。内は藩政を治め、外は海防に務めたが、特に教育に力をそそぎ、漢洋の学に深い理解を示すとともに、岡熊臣・大国隆正を藩校養老館の国学教師に起用して、津和野本学の名を高からしめた。文久三年(一八六三)三月、孝明天皇の賀茂社行幸に扈従し、隣藩長州の毛利氏と交わりを厚くして国事を謀り、久留米水天宮祠官真木和泉らの幽閉釈放を斡旋し、また三条実美ら七卿の西走するや、藩士をして絶えずその間を連絡せしめた。明治元年(一八六八)二月参与、神祇事務局判事となり、ついで議定、神祇事務局輔より神祇官副知事に昇進し、罷めて麝香間祇候を命ぜられるまで、藩士福羽美静らを部下とし神祇行政にあたった。藩内において、新設の社寺を旧社寺に併せて永久整備の法を講じ、神仏の混淆を禁じて別当社僧を還俗せしめ、神葬式・霊祭式を制定するなど社寺の改正を実施したが、すべて明治維新神祇行政の雛形であった。元年三月十四日の国是五箇条の誓祭には、供物点検を奉仕し、誓文・誓書を奉り、大阪行幸には藩兵を率いて供奉し、その前後、神祇官の首脳として長崎浦上村耶蘇教徒の教諭、楠公社・織田・豊公社の造営、石清水・住吉・座摩社の御参拝、新即位式の調査制定、御東幸途上の伊勢神宮親謁の儀など、その画策にいずるものが多い。四年五月上表して他藩に先がけて列藩の廃止を建議し、かつ自藩の解藩を請い、六月津和野藩は廃されて、藩知事の職を辞した。七年六月養子茲明(これあき)(堤哲長三男亀丸)に家督を譲って自適の身となり、十八年三月熱海に静養中、病気あらたまり二十二日に帰京、二十三日小石川丸山の第に没した。年六十一。東京向島の弘福寺に葬られたが、のち島根県鹿足郡津和野町の乙雄山にある亀井家墓所に改葬された。大正四年(一九一五)十一月正二位を追陞された。嗣子茲明は明治二十四年四月子爵より伯爵に昇っている。茲監生前の勲功による。

参考文献 加部厳夫編『於杼呂我中—亀井勤斎伝—』、宮崎幸麿編『勤斎公奉務要書残篇』、阪本健一「明治神道史」(『(神道講座)神道史』所収)、同「明治維新と津和野本学」(『国学院雑誌』四九ノ四)

(阪本 健一)

かめいしいち 亀井至一 一八四三—一九〇五 明治時代の洋画家。幼名松之助。天保十四年(一八四三)江戸に生まれ、早くから明治洋画界の先駆者横山松三郎について西洋画法と石版術とを学んだ。そして明治十年(一八七七)の第一回内国勧業博覧会に「上野巌有院殿御霊屋二天門前図」を出品、同十四年の第二回内国勧業博覧会に「日光陽明門」を、同二十三年の第三回内国勧業博覧会に「深殿弾琴図」をそれぞれ出品して大いに画名を高めた。また明治美術会の結成にも加わり、同展にも作品を発表している。風俗画や、肖像ことに美人画を得意とし、また多くの石版画を制作した。明治三十八年、六十三歳をもって東京で死去。なお弟竹二郎も洋画家として将来を嘱望されたが、夭折した。

(富山 秀男)

かやおきのり 賀屋興宣 一八八九—一九七七 昭和時代の官僚、政治家。明治二十二年(一八八九)一月三十日、広島県広島区鷹匠町(広島市中区本川町)に生まれる。藤井姓であったが、賀屋八十の養子となった。大正六年(一九一七)東京帝国大学法科大学卒業。同年大蔵省に入り、主として主計畑をつとめ、主計局長・理財局長を経て、昭和十二年(一九三七)二月大蔵次官となる。同年六月第一次近衛内閣の大蔵大臣となり、翌年五月まで在任した。同十三年十二月貴族院議員に勅選された。同十四年八月北支那開発株式会社の総裁となり、ついで同十六年十月東条内閣の大蔵大臣となり、同十九年二月まで在任した。第二次世界大戦後、極東国際軍事裁判に付され、戦犯として同三十年まで巣鴨刑務所に収容された。同三十二年自由民主党に入り、翌三十三年以降連続して衆議院議員に当選。この間、同三十八年七月から翌年七月まで、池田内閣の法務大臣をつとめた。同四十七年議員活動から退き、以後「自由日本を守る会」を組織するなど、独自の政治活動を続けた。同五十二年四月二十八日没。八十八歳。東京都府中市の多磨墓地に葬られた。著書に『戦前・戦後八十年』がある。大正九年の主計官以来、予算決算課長・主計局長の期間は、軍縮財政・緊縮財政・赤字財政に対処して軍部との交渉にあたり、理財局長・大蔵次官時代の国際収支の検討から、近衛内閣の財政経済三原則を打ち出して経済政策を方向づけ、日中戦争勃発後は統制経済への基礎固めを図って物の予算を実施し、資金統制を始めた。東条内閣にあっては強硬に開戦に反対した。終戦を前に国務大臣礼を返上し、十二月に貴族院議員を辞した。

参考文献 日本経済新聞社編『私の履歴書』一九

(西村紀三郎)

かやせいじ 茅誠司 一八九八—一九八八 昭和時代の物理学者。明治三十一年(一八九八)十二月二十一日、神奈川県愛甲郡中津村(愛川町)生まれ。大正十二年(一九二三)東北帝国大学理学部物理学科を卒業、本多光太郎の指導をうけ磁性体研究に着手。昭和三年(一九二八)より二年間欧米に留学。帰国後、五年に新設された北海道帝国大学理学部助教授、六年に同教授となり、磁化の機構などの研究を続けた。同十七年「強磁性結晶体の磁気研究」で学士院賞を受賞。十八年東京帝国大学理学部教授に転任、三十二年に同大学総長となり二期六年勤めた後、三十八年に退官、名誉教授の称号を授与された。日本学術会議の発足には力をつくし、二十九年から二期連続、学術会議会長を勤めた。二十七年、副会長のとき伏見康治とともに原子力研究再開の提案を行い原子力開発への口火を切った。三十九年、文化勲章受章。昭和六十三年十

一月九日、慶応義塾大学病院で死去。八十九歳。

参考文献　伴野雄三「茅先生の追想」(『日本物理学会誌』四四ノ二)　(辻　哲夫)

かやのながとも　萱野長知　一八七三―一九四七　明治時代後期から昭和時代前期の大陸浪人。明治六年(一八七三)十月十二日、高知県士族萱野新作の長男として高知永国寺町に生まれる。高知共立学校中退後、二十三年上京。翌年上海に渡り東京日日新聞通信員となった。のち香港に赴き孫文と交遊し、三十八年東京における孫文らの中国革命同盟会結成を支援。また、『革命評論』を刊行し、資金の調達や武器購入にあたるなど中国革命運動を援助した。辛亥革命勃発以後も終始孫文と行動をともにして日中各地を往復し、革命派の顧問・参謀の役割をつとめた。大正十三年(一九二四)帰国したが、その後もしばしば訪中。昭和十二年(一九三七)日中戦争勃発後まもなく中国に赴いて国民政府要人と接触をはかり、また、小川平吉・頭山満らと連絡をとりつつ、東京と上海・香港などの間を往復して日中和平工作を進めたが成功しなかった。敗戦後の二十一年九月貴族院議員に勅選され交友倶楽部に属したが、二十二年四月十四日死去した。七十五歳。著書に『中華民国革命秘笈』(昭和十五年)がある。

参考文献　東亜同文会編『続対支回顧録』下、崎村義郎著・久保田文次編『萱野長知研究』　(鳥海　靖)

かやはらかざん　茅原華山　一八七〇―一九五二　明治後期から昭和時代にかけての評論家。明治三年(一八七〇)八月四日、旧幕臣茅原邦彦・ぬいの長男として東京に生まれる。幼名廉平、のち廉太郎と改める。華山は号。父を早く失ったため小学校を中退し、逓信省の給仕などをしながら苦学して漢学をおさめ、明治二十五年『東北日報』(仙台)の記者となったのを振出しに、仙台の『自由新聞』(同二十六年)、『山形自由新聞』(主筆、同年)、『人民新聞』(同三十一年)、『長野新聞』(主筆、同三十四年)、『電報新聞』(同三十六年)を経て、三十七年二月、主戦論に転じたあとの『万朝報』に、論説記者として招かれた。三十八年末より四十三年末まで海外通信員として欧米を巡遊した。帰国後は大正初年にかけ官僚主義に対し民本主義を、帝国主義に対し小日本主義をとなえ、吉野作造の先行者として活躍した。大正二年(一九一三)十月、石田友治とともに雑誌『第三帝国』を創刊、翌年には万朝報を退社して雑誌経営に専心した。安部磯雄・植原悦二郎・三浦銕太郎ら急進的自由主義者や大杉栄ら社会主義者の寄稿があり、特に華山の奔放・華麗な文章は多くの都市・農村の青年に愛読された。しかし第一次世界大戦の開始とともに華山は小日本主義を捨て、同四年の総選挙に落選したのちは後藤新平に接近し、このため石田友治との対立が生じ、同五年一月、新雑誌『洪水以後』(のち『日本評論』と改題)を創刊した。この年八月より七年六月までアメリカに滞在し、帰国後は再びデモクラシーの時流に投じて、当時労働運動の機関紙的存在であった『東京毎日新聞』の編集監督に就任した。同九年、直接購読の個人雑誌『内観』を発行し、昭和十九年(一九四四)廃刊したが、戦後二十三年『自己批判』と題して復刊し、同二十七年八月四日の死に至るまで、愛読者グループを周辺にもった。八十二歳。東京の多磨墓地に埋葬、法名は霊筆院釈華山居士。著書は『動中静観』など約四十種を数える。

参考文献　茅原健『茅原華山と同時代人』、同『華山追尋―茅原廉太郎とその周辺―』　(松尾　尊兊)

かやはるかた　加屋霽堅　一八三六―七六　神風連の反乱指導者の一人。通称栄太、楯行という。天保七年(一八三六)正月熊本の藩士の家に生まれた。加屋熊助の長男。少年時代父親が自殺して家名断絶、国学者林桜園の門に学んで家名再興、藩内尊王攘夷派の幹部となり、文久二年(一八六二)藩主の弟長岡護美に従って上京、学習院録事となったが、翌年八月十八日の政変で帰藩を命ぜられ、蟄居。明治元年(一八六八)藩外交生として長崎に派遣され、また京都に派遣されたが、帰藩後、大楽源太郎らの攘夷事件に連坐し、投獄。同七年、県社錦山(加藤)神社の祠官兼少講義、神道事務分局副長、廃刀令に憤り辞職。同九年十月二十四日、敬神党を率いて熊本鎮台兵営を襲撃、乱闘中に銃丸にあたって戦死した。四十一歳。大江村是法に葬られた。墓は熊本市黒髪の小峯墓地にある。

参考文献　武藤厳男編『肥後先哲偉蹟』後篇(『肥後文献叢書』別巻二)　(大江志乃夫)

からさわとしき　唐沢俊樹　一八九〇―一九六七　大正・昭和時代の官僚政治家。明治二十三年(一八九〇)十二月二十四日長野県東筑摩郡山形村下竹田に唐沢与十の三男として生まれる。大正四年(一九一五)東京帝国大学法科大学卒業。内務省に入り、内務書記官・同参事官・警察講習所教授・内務大臣秘書官・警保局保安課長・和歌山県知事などを歴任し、昭和七年(一九三二)内務省土木局長、九年から十一年まで同警保局長に就任した。この前後、陸軍省軍務局長永田鉄山と同郷ということもあって密接な関係をもち、いわゆる陸軍の統制派に近い新官僚の中心的な人物の一人と見られた。十四年阿部内閣成立とともに法制局長官に就任、翌十五年退官、貴族院議員に勅選された。その後東条内閣時代内務次官をつとめ、また東亜研究所副総裁・大日本翼賛壮年団総務・大日本興亜同盟常務理事などを歴任した。二十一年公職追放。追放解除後長野県から衆議院議員選挙に立候補し、三十年に当選(自由民主党、以後当選四回)、三十二年第一次岸内閣の法務大臣に就任した。四十二年三月十四日没。七十六歳。墓は東京都世田谷区奥沢の浄真寺にある。また郷里山形村の唐沢家墓所にも分骨墓がある。

参考文献　有竹修二『唐沢俊樹』　(伊藤　隆)

カラハン　Lev Mikhailovich Karakhan　一八八九―一九三七　ソビエトの外交官。一八八九年二月一日チフリス(トビリシ)生まれのアルメニア人。中学時代から革命運動に参加、一九〇四年ロシア社会民主労働党に入り放校され、中学修得試験に合格してペテルブルグ大学法学部を卒業した。第一次世界大戦勃発後反戦運動のためトムスクに流刑されたが、二月革命で釈放され、全露ソビエト中央執行委員、ペトログラードソビエト幹部会員、十月革命時の革命委員会委員、ブレスト＝リトフスク講和会議随員、外務人民委員部参与兼委員代理などを歴任。一九年七月の「カラハン宣言」は旧ロシア時代の秘密条約の廃棄、義和団事件賠償金の放棄、治外法権撤廃、占領領土返還などを宣言して、ソ中両国の恒久平和を確立するための人民間の連帯を訴え、中国民族運動を強く刺戟した。二一―二二年ポーランド駐在公使、二三―二六年中国駐在全権、二七―三四年外務人民委員代理、三四―三七年トルコ駐在大使となり、この間、ソ中協定、日ソ基本条約、日ソ漁業条約などを締結、極東通外交官として名を挙げたが、三七年十二月十六日反革命陰謀の罪で銃殺さる。四十八歳。五六年スターリンの個人崇拝批判とともに名誉回復の処置がとられた。（小林　幸男）

カロザーズ　Christopher Carrothers　一八四〇―？　アメリカ長老派教会の宣教師。一八四〇年に生まれる。カロゾルスとも読む。漢名は嘉魯日耳士。明治二年（一八六九）七月来日、外人居留地築地A六番に住み、私塾を開いた（同六年に拡張して築地大学校と称し、九年に廃校）。日本女性の知識欲に驚き同三年夫人とともに築地A六番女学校（女子学院の前身）を創立。同五年に六ヵ月間慶応義塾で最初の外国人教師として教え、その間、学科を米国のカレッジ風に改めるなど、学制改革に貢献した。性格の強い彼は長老制度を堅守し、無教派主義を主張する日本基督公会への協力を拒み、みずから同七年に東京第一長老教会をつくった。門下として知られているのは、都筑馨六・鈴木舎定・原胤昭・田村直臣らである。同九年宣教師を辞して文部省の御雇教師となった。九年五月から月給二百円で広島の英語学校に赴任、十年大阪の英語学校で教え、十一年アメリカへ帰った。十二年に再び日本へ来て、静岡県中学校、秋田県師範学校、神奈川県師範学校、横浜商業学校などで教え、二十八年仙台の第二高等学校に奉職した。翌二十九年二月十一日紀元節の祝典の際、天皇の御真影に対する敬礼を宗教的礼拝と解釈して、それを良心的な理由で拒絶した。これがいわゆる「カロゾルス不敬事件」として知られている。そのためにおこった紛争の結果、解雇され、同年アメリカへ帰った。著書に『真神教暁』（明治六年）、『天道溯原解』（同八年）、『略解新約聖書』（同）がある。夫人の著書にThe Sunrise Kingdom (1879)がある。（H・チースリク）

参考文献　小沢三郎『日本プロテスタント史研究』、重久篤太郎『お雇い外国人』五、G.F. Verbeck: History of Protestant Missions in Japan, Proceedings of the General Conference of the Protestant Missionaries of Japan (1883).

カロゾルス　Christopher Carrothers　⇨カロザーズ

かわいえいじろう　河合栄治郎　一八九一―一九四四　大正・昭和時代の経済学者、自由主義思想家。明治二十四年（一八九一）二月十三日、東京府北足立郡千住に酒類商善兵衛・曾代（そよ）の次男として生まれた。第一高等学校を経て大正四年（一九一五）東京帝国大学法科大学政治学科を卒業。農商務省に入り工場法の施行に従事し、七年八月工場法研究のためアメリカに出張、翌年五月帰国し第一回ILO会議への日本政府方針草案を起草したが、十一月上司との意見対立により辞職、『朝日新聞』に「官を辞するに際して」を発表した。九年六月東京帝大経済学部助教授に転じ経済学史を担当、十一年十一月より十四年八月までイギリス留学ののち十月より社会政策を担当、翌十五年二月教授に昇任。早くは新渡戸稲造・内村鑑三の影響をうけ、のちイギリスのT・H・グリーンの理想主義哲学に心酔、昭和初年にはマルクシズムを批判して学内でも大内兵衛らマルクス派と対立し、昭和四年（一九二九）―五年には森戸辰男と「大学の顛落」論争を行い、六年には文部省の学生思想問題調査委員をつとめた。七年四月より翌八年三月までマルクス主義研究のためドイツに留学、以後ファシズム勢力の台頭に対して次第にこれと対立し、理想主義的リベラリズムとフェビアン的社会主義にたってマルクシズム・ファシズムの両面批判を行う多くの評論を発表、二・二六事件に対してもただちにこれを公然と批判し、右翼団体から攻撃された。十三年いわゆる河合栄治郎事件により弾圧をうけ、また翌十四年一月いわゆる平賀粛学により休職を命ぜられ、以後法廷の弁論によりファシズムに抵抗した。のちに社会思想研究会に集まる多くの弟子を養成し、また学生生活に関する多くの評論を発表し、『学生叢書』を刊行して教育につとめた。十九年二月十五日没。五十四歳。東京青山墓地に葬られた。主著に『労働問題研究』（大正九年）、『社会思想史研究』（同十二年、増訂版昭和十五年）、『トーマス・ヒル・グリーンの思想体系』（昭和五年）、『社会政策原理』（同六年、改訂版同十年）、『社会思想家評伝』（同十一年）があり、『河合栄治郎全集』全二十三巻別巻一に収録されている。（原　朗）

参考文献　江上照彦『河合栄治郎伝』（『河合栄治郎全集』別巻）

かわいかんじろう　河井寛次郎　一八九〇―一九六六　大正・昭和時代の陶芸家。明治二十三年（一八九〇）八月二十四日島根県能義郡安来町（安来市）で生まれる。父大三郎、母ユキ。大正三年（一九一四）東京高等工業学校窯業科を卒業、同年から三年間京都市立陶磁器試験所に入って研究と制作に励む一方、同所で浜田庄司と知り合い、生涯にわたる親交を結んだ。そして同九年京都の五条坂に窯を築いて鐘渓窯と命名、はじめは盛んに中国・朝鮮の古陶磁の手法を追求したが、同十四年ごろから民芸品の美にめざめて、柳宗悦らの提唱する民芸運動に参画、同時に日本やイギリスの古民芸品の素朴な美を自身の作品のうちに生かし、民族的ないし郷土的香気をもつ実用器物の制作に専念した。その重厚で変化にとむ形態と釉法による作風は、早くから海外にも知られており、昭和十二年（一九三七）パリ万国博覧会出品の「鉄辰砂草花丸文大壺」や、同三十二年ミラノ＝トリエンナーレ展出品の「白地草花絵扁壺」は、ともにグラン＝プリを受賞した。戦後は木彫を制作したり三彩打薬の手法を開発するなど、常に新分野を拓いたが、昭和四十一年十一月十八日老衰のため京都市で死去。七十六歳。なお作陶のほか文筆にも秀で、『化粧陶器』『いのちの窓』『火の誓い』などの随筆集がある。墓は東山区の智積院にある。法名清心院鐘渓寛仲居士。昭和四十八年二月五条坂の自宅に河井寛次郎記念館が開設された。

参考文献　『河井寛次郎作品集』、河井寛次郎記念館編『河井寛次郎と仕事』、水尾比呂志編『河井寛次郎』（『近代の美術』三八）　（富山　秀男）

かわいぎょくどう　川合玉堂　一八七三―一九五七　明治から昭和時代にかけての日本画家。本名芳三郎。明治六年（一八七三）十一月二十四日、愛知県葉栗郡外割田村（木曾川町）に勘七の長男として生まれた。同二十年京都に出て、四条派の幸野楳嶺の門に学び、楳嶺が没したのちは上京して橋本雅邦について学んだ。日本絵画協会に出品し、ようやく画名を識られるようになり、同四十年の東京府勧業博覧会に「二日月」を出品して注目を浴びた。文展には創始以来、審査員として登場し、湿潤な日本的風土の情感を、独得の技法で描きつづけた。大正四年（一九一五）東京美術学校教授に任じ、以後画壇に重要な地位を保持し、昭和十五年（一九四〇）文化勲章を受章した。三十二年六月三十日没。八十三歳。墓は東京都府中市の多磨墓地にある。代表作に「行く春」「彩雨」などがあり、第二次世界大戦後には「春雪」「月天心」などがあり、技巧の円熟を示した。三十六年東京都青梅市御岳に玉堂美術館が開設された。

参考文献　鈴木進編『玉堂』、難波専太郎『川合玉堂』、川合玉堂遺作展委員会編『川合玉堂作品図録』、『三彩』九〇（川合玉堂追悼）　（宮川　寅雄）

かわいきよまる　川合清丸　一八四八―一九一七　明治時代の神道家。嘉永元年（一八四八）十一月二十一日、伯耆国八橋郡太一垣（鳥取県東伯郡赤碕町）の太一垣神社祠官の家に生まる。諱は清丸、字は子徳、号は山陰道士。少時庭訓を受けて家職を継ぎ、大神山神社権宮司を兼ねたが、のちに憂世の慨を発して郷国を出て、京阪地方に研鑽してついに東京に出で、得庵鳥尾小弥太に師事した。その唱道するところは神儒仏の三教一致説であり、すなわち神官は儒仏の根本義を頭に納め、儒者は神仏の根本義を腹に容れ、僧侶は神儒の根本義を心に蔵め、三道鼎立して国教国学としておのおのその美を発揮しつつ、以て国家的大患を対治する衝にあたるべしというにあった。明治二十一年（一八八八）より日本国教大道社を興し、『日本国教大道叢誌』を発行して大いにこれを鼓吹し、唱道した。爾来三十年に及び、社員は三万五千を得たという。さらに同二十五年には大道学館を設けて書生を養い、同三十年に閉校した。大正六年（一九一七）六月二十四日、神奈川県三浦郡秋谷村（横須賀市秋谷）において七十歳で没した。東京谷中墓地に葬る。橋本五雄編『川合清丸全集』全十巻がある。

参考文献　小谷恵造『川合清丸とその周辺』　（藤井　貞文）

かわいすいめい　河井酔茗　一八七四―一九六五　明治・大正時代の詩人。本名又平。明治七年（一八七四）五月七日堺の呉服商の家に生まれ、早く両親を失った。十三歳ころから新体詩に親しみ、『文庫』に寄せた詩作を認められ同誌の記者として同二十八年九月から詩の欄を担当、与謝野鉄幹・伊良子清白らとの交遊が始まり、しばしば上京した。関西文壇の『よしあし草』にも協力して詩歌欄を担当、第一詩集『無弦弓』（明治三十四年）刊行の年上京、ついで『塔影』（同三十八年）を出した。四十年五月詩草社を起し『文庫』を辞し『詩人』を刊行。『霧』（同四十三年）は近代散文詩の先駆である。大正十二年（一九二三）『酔茗詩集』を出版。夫人島本久恵と昭和五年（一九三〇）雑誌『女性時代』を創刊し、十九年まで続刊、戦後『塔影』と改称発行し、長く女性詩人を育成した。著作はほかに『弥生集』（大正十年）、『紫羅欄花』（昭和七年）などの詩集や『明治代表詩人』（同十二年）、『酔茗詩話』（同年）、『酔茗随筆』（同十八年）などがある。同四十年一月十七日東京目黒の自宅にて没。九十歳。小平市の小平霊園に葬る。法名は塔影院釈酔茗。

参考文献　本間久雄『続明治文学史』中、北原白秋『明治大正詩史概観』（『角川文庫』）、日夏耿之介『明治大正詩史』（『日夏耿之介全集』三）、島本久恵『明治詩人伝』、『詩界』六四（詩碑建設記念特集）、『本の手帖』四三（特集 追悼・露風・酔茗・元吉）、『塔影』一五五（河井酔茗追悼）、古川清彦「河井酔茗評伝」（『日本文学研究』二二）　（古川　清彦）

かわいせんろ　河井荃廬　一八七一―一九四五　明治から昭和時代にかけての篆刻家。明治四年（一八七一）四月二十八日、印判師河井仙右衛門の長男として京都に生まれる。名は仙郎、つめて遷・迺とも署す。幼名は徳松、号は木遷、別号を迂仙・蟫巣・九節丈人・知幻道人、堂号は忘荃楼・忘荃廔・六不刻庵・継述堂・宝書楼。はじめ篆刻を篠田芥津に学び、明治二十八年芥津没後上京。このころ清国の印人呉昌碩を敬慕し文通を始め、同三十三年上海に渡り呉昌碩に入門、呉翁が没した昭和二年（一九二七）まで交際がある。また中国各地で篆刻の求めに応じ、その作風は呉風に出て、独特の作風を開いた。上京後は高田竹山らと吉金文会を起し、中村蘭台らと丁未印社を起し、また新聞紙上に刻印を連載し、印学を鼓吹するとともに『書道全集』『南画大成』『墨蹟大成』『増訂寰宇貞石図』『書苑』などの公刊を助成するなど著名な蔵書家。印譜に『荃廬印譜』がある。昭和二十年三月十日東京の九段富士見町の自宅で没。七十五歳。墓は、京都市上京区の清浄華院にある。法名は、宝書龕継述荃廬居士。

参考文献　須羽源一「河井荃廬の生いたちとその学問」（中田勇次郎編『日本の篆刻』所収）　（樋口　秀雄）

かわいそうべえ　河合惣兵衛　一八一六―六四　幕末期の播磨国姫路藩尊攘志士。文化十三年（一八一六）姫路藩士河合宗信の子として生まる。母は出淵氏。家禄二百五十石。名は宗元。はじめ藩校好古堂の肝煎役となり、ついで使番、勘定奉行、宗門奉行となり、さらに物頭、持筒頭となった。文武両道に達し、早く尊攘論に傾倒した。文久二年（一八六二）五月藩命により朝廷守護のため上京、諸藩尊攘志士と交わった。しきりに尊攘論を唱え、志士中の重鎮となった。文久三年八月十八日の政変に際し、京都にとどまって同志とともに尊攘派のために周旋した。翌月京都退去を命ぜられ大坂に退いたが、たまたま藩主老中酒井忠績が同地に至った。惣兵衛はしきりに藩主に尊攘論を説き、一時藩主と共に江戸に赴き、幕閣にこれを入説しようとした。のち帰国を命ぜられ、藩地に閉居した。翌元治元年（一八六四）養子伝十郎の脱藩のことに連坐して家に禁錮せられ、ついで獄に下った。同年十二月二十六日自刃を命ぜられた。年四十九。墓は兵庫県姫路市坂田町の善導寺。法名は勇性院殿唯念有声宗元居士。明治元年（一八六八）五月、藩議によって小林三五平がそのあとをついだ。同二十四年贈従四位。

参考文献　砂川雄健『姫路藩勤王志士列伝』、穂積勝次郎『姫路藩の人物群像』　（小西　四郎）

かわいたけお　河合武雄　一八七七―一九四二　明治から昭和時代にかけての新派俳優。本名内山武次郎。明治十年（一八七七）三月十三日、歌舞伎俳優五代目大谷馬十の子として東京築地に生まれた。幼少から俳優を志し、明治二十六年父の反対を押し切って新派劇の山口定雄一座に入座。明治三十一年には浅草常盤座の水野好美一座「奨励会」の立女方（たておやま）となり、美貌と派手な芸風で人気を博した。のち大阪の「成美団」で『己が罪』の環（たまき）の役で好評を得、三十五年には伊井蓉峰とともに、近松研究劇、ついで大阪の朝日座で高田実・喜多村緑郎らと共演、三十七年からは東京の本郷座にあって新派全盛時代の立女方として活躍した。大正二年（一九一三）十月には当時の新劇運動の隆昌に刺激されて、松居松翁とともに「公衆劇団」を組織し、ホフマンスタールの『エレクトラ』、松居松翁の『茶を作る家』などを主演した。大正から昭和には伊井・河合・喜多村の三頭目時代を作り、喜多村の渋い芸風に対し、派手で妖艶な芸風をもってした。当り芸は『乳姉妹』の君江、『通夜物語』の丁山、『仮名屋小梅』の小梅など。昭和十七年（一九四二）三月二十一日没。六十六歳。墓は東京都港区の青山墓地にある。法名賢明院英誉水仙武雄居士。

参考文献　河合武雄『女形』、秋庭太郎『日本新劇史』、柳永二郎『新派の六十年』、「名家真相録―河合武雄―」（『演芸画報』明治四十三年二月）　（菊池　明）

かわいつぐのすけ　河井継之助　一八二七―六八　江戸時代末期の越後国長岡藩士。北越戊辰戦争に一藩を背負った藩の執政。文政十年（一八二七）正月元日長岡城下（新潟県長岡市）に出生。父は勘定奉行、家禄百二十石の代右衛門秋紀。母は長谷川氏貞子。名は秋義、蒼竜窟と号した。諸国に遊学して斎藤拙堂・古賀謹堂（謹一郎）・佐久間象山・山田方谷（安五郎）らに学ぶ。安政四年（一八五七）家督を相続、同六年願い出て西遊を志し、備中松山藩の山田方谷について、しばらく経世の術を学び、長崎へ赴き世界の事情に通じ、開国論者となった。慶応元年（一八六五）四月、幕府が長州再征を決したとき、長岡藩も立って幕府を援けようとしたが、彼は極力その非を説き中止させた。翌年十一月、御番頭格町奉行・郡奉行兼務に抜擢され、思い切った藩政改革を断行した。多年百姓を苦しめた代官の収賄禁止、水腐地の処分免租、毛見制度の廃止、信濃川通船税取立て廃止などを実施して庶民を豊かにし、村松忠次右衛門を重用して財政立直しを行い、翌年には藩の余剰金九万九千両を残した。長岡城落城当時、十一万両を藩庫に貯えてあり、支払に少しも支障がなかったという。また藩校崇徳館の組織を改め、操練場を広げ、新しく練兵場や射的場を設け、洋式のミニュール銃・速射砲アームストロングなどを購入して、フランス式の訓練を行なって士気を鼓舞した。藩士に対しては、百石以上のものの禄高を減じ、それ以下の藩士の禄高を増して禄制改革にも手を延ばした。慶応三年十月十四日将軍徳川慶喜は大政を奉還した。ここに薩長を主班とする藩閥政府が出現したが、討幕派と佐幕派の対立が烈しく、長岡藩主牧野忠訓はこれを調停するために、十一月二十五日江戸を発し、二十九日大坂に入り動揺する政局を望観していたが、十二月二十三日病気のため、河井は名代として上京し、新政府に政局の不安動揺を鎮めるため、政権を再び徳川氏に委ねんことを建白した。もちろん、これは聞き容れられるはずもなく、長岡藩は佐幕派として睨まれるようになり、空しく江戸藩邸へ帰った。彼の意図は公武いずれにも偏することなく、中立の態度をとり、あくまでも藩の無事をはかることに専心努力し、三河以来の譜代大名として三百年間の恩義ある徳川氏に対し、新政府との間のもつれを、りっぱにおさめたいことにあった。彼は翌明治元年（一八六八）三月二十八日江戸から帰り、藩内をまとめ、四月十七日藩士に総登城を命じ、藩の方向を明らかにした。しかし政府の北陸道鎮撫総督軍は加賀藩兵を先鋒として進撃し、参謀黒田了介（清隆）・山県狂介（有朋）は薩長以下諸藩の兵を率いて高田へ入った。軍監岩村精一郎は名古屋・松代・上田藩兵を率いて高田へ集まり、それぞれ山道軍と海道軍二隊に分かれて、柏崎へ向かった。小千谷付近で政府の山道軍と会津兵が激しく戦っていたころ、閏四月二十六日継之助は家老上席・軍務総督を命ぜられ、この日諸隊士を兵学所に召集し、朝廷の命に従いしかも徳川家への忠誠を尽くすという藩是にそい各人に一層奮励努力するよう激励した。五月一日、彼は山道軍の本営小千谷の慈眼寺へ使者をやり、翌日早朝麻裃をつけ、二見虎三郎を従えて軍監岩村高俊をたずね、長岡藩の立場を次のように弁明これ努めた。「当藩の今日までの挙動に不都合の多かったのは申し訳がない。高田で命令された出兵にも献金にも応じないのは悪かった。主人忠訓は恭順のほかなにも考えていない。ただ藩内の議論が分かれているので、いまにも藩論を一定して無事に済ませたいから、しばらく猶予を願いたい。委細のことはこの嘆願書に記してあるから総督府へお取次願いたい」と。岩村は「いまさらそんな言訳は立つまい。猶予をというのはその間に戦闘準備をしようというのであろう。嘆願書など取り次ぐ必要がない」と拒絶して座を立った。もはや継之助には抗戦の決意を明らかにせざるをえなかった。こうして千八百の長岡勢と四千にあまる山道・海道の薩長軍との間に各地に戦闘が開始された。五月十九日長岡城は猛火に包まれて落城した。落城後、継之助は栃尾に退き政府軍の金穀弾薬の欠乏と薩・長の指導者間の不和に乗じて回復をはかり、一万六千両をもって外人スネルより銃器弾薬を買い入れ、盛んに弾丸を造った。ついで会津・桑名藩の諸隊を集め根拠地を加茂から見附へと転じ各地で交戦し、七月二十四日暮六ッ時三番太鼓を合図に、八町沖の大雨湛水をおかし、夜半敵の不意を急襲して、翌朝長岡城を奪還した。山県は妙見へ、西園寺公望は関原へ退却した。山県の「夏も身にしむ越の山風」の歌はこの時の作という。継之助は長岡城奪還も一時的のものであることは承知していたが、これは長岡藩に有終の美を添えるためであった。しかしこの戦いで継之助は左脚膝下に銃丸を受け、意外の重傷であった。二十九日政府軍の猛攻にあい、長岡城は再び陥落した。河井の指揮を失い落城が早かったと山県はいう。長岡兵の死者六十二人、負傷者五十一人であった。継之助は戸板にかずかれ見附・杉沢・葎谷を経て八十里越で会津へ向かった。しかし会津領塩沢(福島県南会津郡只見町塩沢)で、先に会津へ行った藩公忠訓から幕府の侍医松本良順の差遣診療を受けたが、八月十六日午後八時半死亡。四十二歳。会津の建福寺に葬り、のち長岡の栄涼寺(長岡市東神田)へ改葬した。法名は忠良院殿賢道義了居士。遺稿に『塵壺』と題する旅日記がある。後年、岩村精一郎みずから顧みて、西郷隆盛ほどの年齢に達し彼ほどの度量があれば、長岡戦争は避けられたであろうといった。

参考文献　今泉鐸次郎『河井継之助伝』、『長岡市史』、新潟県史研究会編『新潟県百年史』上、渡辺慶一『新潟の歴史』　(渡辺　慶一)

かわいへいざん　河合屏山　一八〇三―七六　幕末・維新期の播磨国姫路藩家老。享和三年(一八〇三)七月十八日、姫路藩士松下源太左衛門の次男として江戸に生まる。名は良翰。幼名鎧七、のち小太郎と称し、また隼之助と改めた。文化二年(一八〇五)正月藩家老河合道臣(寸翁)の養子となり、同十一年六月年寄役勤を命ぜられ、部屋住知行五百石を給せられた。天保六年(一八三五)三月家督を相続、五千石を受け、同十二年以後一時江戸に在勤した。嘉永六年(一八五三)家を養嗣良臣に譲り、城の東南仁寿山梅ヶ岡(姫路市兼田)の別荘に閑居した。諸方の文人墨客・尊攘志士らの訪れる者多く、文久二年(一八六二)出て再び家老となった。爾後藩主に尊攘の意見を述べ、また酒井家の朝幕間における地位保全に努めた。姫路藩が明治新政府にいち早く版籍奉還を献議したのは屏山の素志に出てたもので、明治二年(一八六九)八月同藩大参事となり、翌年九月免職、同九年八月十四日没す。年七十四。墓は仁寿山梅ヶ岡の河合家墓所にある。明治三十六年贈正四位。

参考文献　砂川雄健『姫路藩勤王志士列伝』、穂積勝次郎『姫路藩の人物群像』　(小西　四郎)

かわいみさお　河合操　一八六四―一九四一　明治から昭和時代前期にかけての陸軍軍人。元治元年(一八六四)九月、豊後杵築藩士河合盛益の次男として生まれ、明治十二年(一八七九)兵卒として陸軍教導団に入り、ついで陸軍士官学校に転じて同十九年卒業、歩兵少尉に任官した。同二十五年陸軍大学校を卒業、ドイツ駐在を経て、日露戦争では満洲軍参謀、第四軍参謀として出征した。同四十三年陸軍少将に進級、陸軍省人事局長・陸大校長・第一師団長・関東軍司令官を歴任して、大正十年(一九二一)大将に進級、同十一年五月軍事参議官、十二年三月上原勇作の後任として参謀総長に就任した。地味で温厚な性格のため、部外にはあまり知られなかったが、陸士同期生の田中義一(陸軍大臣)・大庭二郎(教育総監)とトリオを組み、陸軍長州閥最後の牙城を形成した。大正十五年予備役に編入されたが、昭和二年(一九二七)枢密顧問官に選ばれ、昭和十六年十月十一日七十八歳で死去するまで、その職にあった。　(秦　郁彦)

かわいみち　河井道　一八七七―一九五三　明治から昭和時代にかけての女流教育家。明治十年(一八七七)七月二十九日伊勢国山田(三重県伊勢市)の神官の家に生まれる。父河井範康、母きくえ。札幌のミス＝スミスの女学校(現、北星学園)で学び、キリスト教信仰と教育における愛の精神を体得した。渡米してブリンマー女子大学に学び、同三十七年卒業。帰国後女子英学塾の教授として津田梅子を助け、ついで、日本YWCA(日本キリスト教女子青年会)の創設に尽力し、総幹事となって各種社会事業に奔走した。昭和四年(一九二九)、キリスト教を軸とする女子の人格教育をめざして恵泉女学園を創立し、国際・園芸などの独自の教科をとり入れた創造的な教育を展開して、女子教育界に新生面を開いた。同二十一年以後、教育刷新委員会などの委員となって戦後教育の再建に参画し、女子高等教育や短期大学の実現に貢献した。同二十八年二月十一日、独身の生涯を閉じた。七十五歳。

My Lantern(昭和十四年、邦訳四十三年)、Sliding Doors(同二十五年)の英文自叙伝二著がある。墓は東京都世田谷区船橋の恵泉女学園内の記念館に設けられている。

参考文献 関根文之助『河井道の生涯』、一色義子『愛の人河井道子先生』 (千住 克己)

かわいやはち 河井弥八 一八七七―一九六〇 大正・昭和時代の官僚、政治家。明治十年(一八七七)十月二十四日、静岡県に生まる。三十七年東京帝国大学法科大学政治学科卒業。内務省に入り、佐賀県事務官・同内務部長代理などを歴任、ついで貴族院書記官となり、大正八年(一九一九)同書記官長に就任。のち、内大臣秘書官長・皇后宮大夫兼侍従次長・帝室会計審査局長官などを経て、昭和十三年(一九三八)貴族院議員に勅選された。この間、食料自給と砂防植林の研究にあたり、全国治水砂防協会理事長・大日本報徳社社長などをつとめた。二十二年四月、参議院議員選挙に静岡県より出馬して当選。二十五年四月再選。緑風会の長老として活躍し、二十八年五月、参議院議長に選出された。三十一年四月議員の任期満了とともに政界から引退。三十五年七月二十一日死去した。八十二歳。『河井弥八日記』は、とくに宮中に仕えた時期の天皇周辺の人々の動向を知る貴重な記録である。

参考文献 衆議院・参議院編『議会制度百年史』貴族院・参議院議員名鑑 (鳥海 靖)

かわいよしとら 川合義虎 一九〇二―二三 大正期の社会主義者。河合とも書く。明治三十五年(一九〇二)七月十八日、長野県小県郡西塩田村(上田市)で出生、戸籍名川江善虎。善作・タマの長男。貧農の父が坑夫になり、茨城県の日立銅山時代、日立村本山高等小学校卒業。同級にのちの同志相馬一郎・北島吉蔵がいた。卒業後日立銅山に入ったが、大正八年(一九一九)十二月、友愛会員解雇事件の余波で馘首された。翌年上京、暁民会に入り、日本社会主義同盟結成大会に出席。検挙、起訴されて懲役三ヵ月の刑をうけた。十一年、日本共産党結成後間もなく入党。また渡辺政之輔らと南葛労働協会(のち南葛労働会)を結成、自分の家を事務所に提供した。翌十二年四月日本共産青年同盟結成に尽力、初代委員長に就任した。同年九月の関東大震災には同志と被災者救済・警備に活動中の三日夜検束され、翌日夜、亀戸署の演武場横の広場で他の九名とともに習志野騎兵第十三連隊の手で殺害された。死体は大島町八丁目付近の空地で石油をかけて焼却された。二十二歳であった。青山の無名戦士墓に合祀されている。

参考文献 松本隆志「川合義虎のおいたちと活動」(『青年運動』五八)、二村一夫「亀戸事件小論」(『法政大学大原社会問題研究所資料室報』一三八) (神田 文人)

かわいよしなり 河合良成 一八八六―一九七〇 大正・昭和時代の官僚、実業家。明治十九年(一八八六)五月十日、富山県礪波郡福光新町村(西礪波郡福光町)に河合藤吉の長男として生まれた。第四高等学校、東京帝国大学法科大学を経て同四十四年農商務省に入り取引所行政、蚕糸業救済(帝国蚕糸株式会社設立)、米価調節などに参画したが、米騒動に際し外米課長としての責任を感じ大正八年(一九一九)退官。東京株式取引所常務理事となり、郷誠之助を補佐。同十三年郷とともに東株を退き、川崎生命の常務となり、生保の合同に努力し、日華生命・福徳生命などの重役を兼ねる。また、郷誠之助を中心に若手財界人の会(番町会)をつくる。昭和九年(一九三四)帝人事件に連坐して収監され、一切の公的地位を退く。公判において所信をつらぬき、同十二年無罪となる。以後、同十四年満洲国顧問となり、太平洋戦争開戦後の十七年東京市助役として経済問題を担当、都制施行で辞任、十八年木造船建造本部長、運輸通信省海運総局船舶局長を歴任。敗戦後の二十年十月、農林次官となり食糧対策にとりくみ二十一年一月辞任、五月第一次吉田内閣の厚生大臣となり、労働争議、失業問題、引揚者問題などに対処、二十二年には自党の日本民主党と日本社会党との連立内閣工作を行う。同五月公職追放となり辞任。同年夏小松製作所の争議解決に尽力、翌年社長となり同社の再建に努力。人員整理、工場統合ののち、相模工廠・枚方工廠をひきうけ、ついでブルドーザー生産を中心に同社の業績発展に寄与するところ大であった。昭和四十五年五月十四日没。八十四歳。著書に『取引所講話』『非常時の経済対策』『国家改造の原理及其実行』『帝人心境録』『日本経済をどうするか』『戦時断想』など、および自叙伝三部作『明治の一青年像』『孤軍奮闘の三十年』『帝人事件』がある。 (中村 隆英)

かわかつてつや 川勝鉄弥 一八五〇―一九一五 明治時代の日本バプテスト教会牧師。嘉永三年(一八五〇)十月二十六日大村藩士の子として肥前国大村に生まれた。父は要右衛門、母はとみ子。戊辰戦争に参加、上野の戦いで、弾を受け負傷した。時勢に感ずるところあり、宣教師J・H・バラーについて英語を学ぶうち、キリスト教に入信、N・ブラウンの聖書翻訳を手伝って、日本最初の邦訳『新約聖書』の全訳を完成した(明治十二年(一八七九)八月『志無也久世無志与』と題して出版)。また北は根室から南は沖縄まで、ほとんど日本全国にわたって、キリスト教の伝道に従事した。大正四年(一九一五)六月十一日熊本市内で没。六十六歳。墓は郷里の長崎県大村市玖島郷の六本松墓地にある。

参考文献 高橋楯雄編『日本バプテスト史略』上 (片子沢千代松)

かわかみおとじろう 川上音二郎 一八六四―一九一一 明治時代の俳優。元治元年(一八六四)正月一日筑前国博多中対馬小路(福岡市博多区古門戸町)に生まれる。生家は福岡藩御用商。父専蔵の代に家運衰え、十四歳のとき大阪および東京に出奔、放浪生活の末に政治を志し、帰郷して自由党壮士となり、自由童子と名乗り、政府攻撃の演説からしばしば処罰された。政談演説の取締りが厳しくなってから、大阪で落語家桂文之助の弟子となり、浮世亭○○(まるまる)と名乗り、高座で時事を諷したオッペケペ節で売り出し、ついで書生ニワカの一座をつくり、さらに明治二十四年(一八九一)二月五日を初日として堺卯の日座に川上書生芝居の旗揚をなし、『経国美談』『板垣君遭難実記』などを上演、同年六月東京中村座に進出、『佐賀暴動記』『平野次郎』を熱演好評、東京における新演劇すなわち新派劇の草分けとなった。漸次その演劇は政治臭を脱し、二十七年一月川上は浅草座で華族のお家騒動を劇化した『意外』『又意外』『又々意外』を続演して大好評、続いて日清戦争芝居の大成功で新派劇の基礎をつくり、二十八年五月川上一座は歌舞伎座に出演するほどの発展をみ、さらに二十九年神田三崎町に新劇場川上座を建てたが、代議士に立候補して落選したため、人手に渡り、妻貞奴とともに一座を組織して三十二年欧米に赴き『備後三郎』『紅葉狩』『道成寺』などを巡演した。三十六年には、正劇(せいげき)と称して『オセロ』『ハムレット』『ベニスの商人』、マーテルリンク『モンナ＝バンナ』、サルドゥ『祖国』などの古典近代の翻訳劇を紹介、また西洋風のお伽芝居すなわち童話劇と高安月郊の史劇『江戸城明渡』を上演するなど、新しい演劇の開拓に努め、新派劇界の代表者的地位にあった。四十年前後に俳優を廃業、興行師となり、川上革新劇と銘うって進歩的な興行をなす傍ら、貞奴とともに帝国女優養成所をつくり、大阪北浜に純洋風劇場帝国座を建てるなど、わが国近代演劇の開拓に貢献するところがあったが、明治四十四年十一月十一日同座公演中に年四十八で惜しくも没した。福岡市辻堂町(博多区博多駅前)の承天寺に葬る。

[参考文献] 秋庭太郎『日本新劇史』　(秋庭　太郎)

かわかみきよし　河上清　一八七三―一九四九　明治時代の社会主義者。社会民主党創立発起人の一人。号翠陵。明治六年(一八七三)八月二日、旧米沢藩の下級武士宮下忠義の四男として置賜県(山形県)米沢に生まれる。同二十二年、十七歳にして旧藩校の興譲館を卒業、助教となるも同年藩選抜留学生として上京。法学院・国民英学会・青山学院に学ぶ。その間同二十五年、祖父の家再興のため河上姓を継ぐ。同二十九年、黒岩涙香の知遇を得て万朝報に入社、記者として内村鑑三・幸徳秋水らとともに活躍。クリスチャンであったが田島錦治の感化で社会問題に関心をいだき、次第に社会主義思想に共鳴。労働組合期成会会員となり、また、社会主義研究会に参加。明治三十四年五月に結成された社会民主党の発起人の一人となる。結社が禁止されるや、同年七月十六日、自由の天地を求めて渡米。以後、社会主義思想はすてたが、国際問題の評論家として『時事新報』『東京毎日新聞』特派員として活躍。昭和二十四年(一九四九)十月十二日、七十七歳でワシントンに病死するまで日米友好の橋渡しにつくした。著書に『労働保護論』(明治三十年)、『通俗独逸歴史』(同三十四年)、訳書にイリー『近世社会主義論』(同三十年)があり、その他『六合雑誌』『万朝報』『中央公論』などに多数の論文を発表している。米沢市大町四丁目の海応院に墓がある。　(大原　慧)

かわかみげんさい　河上彦斎　一八三四―七一　幕末・維新期の肥後国熊本藩士、志士。諱は玄明、通称源兵衛。天保五年(一八三四)十一月二十五日、熊本城下新馬借町で小森貞助・和歌子の間に生まれる。幼時に河上源兵衛の養子となり彦斎を称す。のち高田(こうだ)源兵衛(源兵)と改め維新後は高田玄明という。嘉永二年(一八四九)熊本藩掃除坊主となるも文武を励み、のちの神風連大野鉄兵衛(太田黒伴雄)・加屋霽堅らと親交があった。ともに林桜園に師事して国学を修め、尊攘運動に挺身した。文久二年(一八六二)公子長岡護美が上京する際、護衛十七人の中に選ばれ、翌三年の各藩差出しの親兵の選にも入った。京にあって盛んに辻斬りを行い、人斬り彦斎と恐れられた。八月十八日の政変(七卿落ち)の時は、脱藩して長州にいた。元治元年(一八六四)佐久間象山暗殺の刺客の一人であり、慶応元年(一八六五)第二次長州征討では長州軍に加わり奮戦、同二年熊本藩の小倉出兵を慨き藩論を一変しようと帰藩して捕われる。明治元年(一八六八)赦されて熊本藩領豊後鶴崎の兵士隊長となり、有終館を設けて子弟を薫育した。二年の長州藩脱隊騒動には首領大楽源太郎らが逃れて鶴崎に投じたが、彦斎はこれを慰撫して帰した。同三年藩政は実学党の支配下にあり、彦斎は解任されて熊本に帰ったが、日田県の反乱に乗じ抵抗を企図し再び捕われた。外山光輔・愛宕通旭ら反乱公家の与党として、同四年十二月四日東京で斬罪になる。三十八歳。肥後勤王党の中でも、徹底した尊攘思想をもつテロリストであった。東京都大田区の本門寺境内に墓がある。法名応観法性信士。

[参考文献] 武藤厳男編『肥後先哲偉蹟』後篇追加の部(『肥後文献叢書』別巻二)、河上彦斎建碑事務所編『河上彦斎』、後藤是山『肥後勤王党』、荒木誠之『定本河上彦斎』　(森田　誠一)

かわかみさだやっこ　川上貞奴　一八七一―一九四六　明治から昭和時代前期にかけての女優。本名貞。明治四年(一八七一)東京日本橋の質商(一説に袋物屋)の家に生まれ、倒産後、十六歳で奴と名乗って葭町の芸妓となり、美貌と舞踊で売り出し、同二十四年東上した川上音二郎と結婚、新派劇の発展に尽くし、川上座の建設費、川上の洋行費などもみな貞奴の助力によった。川上の欧米巡演の際は、苦難をともにし、その舞台の上でも川上の女房役として活動、三十四年に『川上音二郎貞奴漫遊記』を出版した。帰国後は川上正劇運動の看板女優として活躍、わが国女優の草分けとなった。三十六年十月わが国最初のお伽芝居すなわち童話劇を本郷座に所演、貞奴主演の『うかれ胡弓』が喝采を博し、京阪をはじめほとんど全国的に巡演、爾来貞奴中心のお伽劇が上演された。四十一年九月帝国女優養成所を開設、その長となって新女優の養成に尽くしたが、四十二年七月に未建設の帝国劇場に引き継がれ、帝劇附属技芸学校と改称された。音二郎没後、川上貞奴一座を組織し各地に巡演、その後川上児童劇団、昭和初年には川上楽劇団の主宰者となって、もっぱら児童演劇のために努めた。その晩年は不遇であったが、終戦の翌年の昭和二十一年(一九四六)十二月七日に熱海市上宿仲田の自宅で、まったく世人から忘れられたまま、その変転極まりなき生涯の幕を閉じた。七十六歳。岐阜県稲葉郡鵜沼町(各務原市鵜沼)貞照寺に葬られた。

[参考文献] 秋庭太郎『日本新劇史』、安部豊編「貞奴実話―川上貞奴―」(『演劇界』五ノ二)

(秋庭　太郎)

かわかみじょうたろう 河上丈太郎 一八八九―一九六五 大正・昭和時代の政治家。東京市芝区西久保巴町(港区虎ノ門)で明治二十二年(一八八九)一月三日生まれる。材木商新太郎・かねの長男。芝鞆絵小学校時代から『聖書』を読み、二十歳で受洗した。立教中学時代『万朝報』を愛読、同四十一年第一高等学校入学、弁論部で活躍、大逆事件に際して徳冨蘆花の講演「謀叛論」を依頼した。大正四年(一九一五)東京帝国大学法科大学政治学科卒業、直ちに立教大学、ついで明治学院の講師に就任、七年関西学院教授として赴任した。翌年平岩末子と結婚。十一年大阪労働学校、翌年神戸労働学校設立とともに講師となり、十三年政治研究会結成に参加、神戸支部長となり、翌年の学連事件で家宅捜索をうけた。昭和二年(一九二七)弁護士を開業、日本労農党に入党、以後真摯なクリスチャンで、中間派社会民主主義の道を歩んだ。翌三年の第一回普選に当選、以来、戦後の追放期間を除いて当選十回、終生議員を勤めた。十五年の麻生久の死後、同志の中心的存在となり、同年大政翼賛会総務に就任、翼賛選挙には推薦議員となった。太平洋戦争後の二十年十一月、日本社会党結成に参加、顧問となったが、翌年追放処分をうけた。二十六年解除され、翌年右派社会党委員長に就任、以後両社統一に努力したが、三十年の統一社会党の結成には鈴木茂三郎を委員長に推し、顧問に就任した。三十五年社会党より民主社会党が分裂したときも社会党にとどまり、浅沼稲次郎委員長暗殺のあと、翌三十六年より委員長となり、五選された。四十年一月、蜘蛛膜下出血で倒れ、十二月三日死去した。七十六歳。墓は東京都秋川市の西多摩霊園にある。

[参考文献] 河上前委員長記念出版委員会編『河上丈太郎―十字架委員長の人と生涯―』

(神田　文人)

かわかみぜんべえ 川上善兵衛 一八六八―一九四四 明治から昭和時代にかけての園芸家。明治元年(一八六八)三月十日、越後国頸城郡北方村(新潟県上越市北方)に生まれる。父善兵衛、母コウ。同二十四年零細な水田単作農業からの脱皮が農家経済の発展と考え、ブドウ栽培とブドウ酒醸造を思いたち、山林を開墾して同地にブドウ園を造成して欧米より五百余の品種を輸入試作したが、優良品種は温暖多湿なわが国の気候風土に適さず、品質のよいブドウ酒を造ることができないことを知った。大正十一年(一九二二)醸造用品種の改良を志し、二十年間に四百余組の交配を行い、マスカット＝ベーリーAほか二十五の優良品種を育成して、わが国のブドウ産業ならびにブドウ酒醸造の発展に寄与した。昭和十六年(一九四一)、論文「交配に依る葡萄品種の育成」(『園芸学会雑誌』一一ノ四)に対し日本農学会より農学賞が与えられた。同十九年五月二十一日自宅にて死去。七十七歳。墓は生地の上越市北方にある。著書に『葡萄提要』『葡萄全書』『葡萄栽培提要』がある。

[参考文献] 梶浦実編『果樹農業発達史』、日本農林漁業振興会編『(明治百年記念)農林漁業顕彰業績録』、高士尋常高等小学校編『川上善兵衛氏伝』

(川上　忠夫)

かわかみそうろく 川上操六 一八四八―九九 明治時代の陸軍軍人。嘉永元年(一八四八)十一月十一日鹿児島藩士川上親徳の三男として生まれた。戊辰戦争には鳥羽・伏見に戦い、ついで東北に転戦した。明治四年(一八七一)七月陸軍中尉に任ぜられて御親兵隊付となり、累進して少佐になったときに西南戦争を迎えた。戦争起きるや、征討の詔をもたらして熊本城に入り、歩兵第十三連隊長与倉知実中佐の戦死ののち、同連隊長心得として戦争を終始した。戦後十七年から十八年にかけてヨーロッパ列強の兵制を視察し、帰って十八年五月少将・参謀本部次長、十九年三月近衛歩兵第二旅団長となったが、二十年一月再びドイツに留学し、同国参謀総長モルトケ・次長ワルデーゼーについて用兵作戦の原理を学び、一年有半ののち帰朝した。二十二年三月再度参謀次長(名称変更)に任じたが、彼の活躍はここに始まったのである。彼は日清戦争を予想して、幼稚な軍制をドイツ軍制に範をとって改革し、守勢作戦態勢の鎮台組織を攻勢作戦態勢の師団編制に改組するほか、大陸作戦に適応する諸準備を整えた。こうして日清戦争を迎え、善謀善断、完勝の国威をあげた。戦後新領土台湾に赴き、また南清地方・安南・東京(トンキン)を巡視し、さらに浦塩から東部シベリアを歴巡したが、このとき彼は「日露戦うであろう」と確信したのである。この確信のもとに、陸軍大学校を充実し、作戦部の人事を刷新し、対露戦争にあてる謀将を養成するとともに、参謀本部の全能力をあげて、対露作戦計画の立案に従事させ、みずからその指導に渾身の努力を傾けた。三十一年一月、小松宮彰仁親王に代わって参謀総長に昇格し、同年九月大将に進んだ。参謀本部六十七年の歴史において、空前絶後の名参謀総長であった。しかしこの連年の異常の激務によって健康を害し、その年の摂河泉の特別大演習に病をおして赴いたことが、結局病気を昂進させ、三十二年五月十一日、五十二歳の壮年をもって、幾多の経綸を抱いたまま死去。天下ひとしく国家のために惜しんだ。明治二十八年八月戦功により子爵を授けられた。墓は東京都港区の青山墓地にある。

参考文献　徳富猪一郎『陸軍大将川上操六』
(松下　芳男)

かわかみたすけ　川上多助　一八八四―一九五九　大正・昭和時代の歴史学者。明治十七年(一八八四)八月二十一日、茨城県東茨城郡磯浜村に、父常之助・母いしの次男として生まれる。早稲田中学、第一高等学校を経て東京帝国大学文科大学に入り、同四十年史学科を卒業。卒業論文は「鎌倉時代における関東の風俗」。一高の同級に、阿部次郎・石原謙・岩波茂雄・吹田順助らがいる。同四十五年、名古屋市史編纂員、大正九年(一九二〇)、東京商科大学予科教授、昭和十五年(一九四〇)、同大学教授を兼任、同二十年、退官。昭和十三年より東京女子大学非常勤講師となり、同二十五年、同大学文学部に社会科学科の新設に伴い教授、同三十年、停年のため退任、客員教授となる。この間、主な著作として、『平安朝史』上(『綜合日本史大系』三、昭和五年)があり、それにつぐ『日本歴史概説』上下(同十二、十五年)は版を重ね、洛陽の紙価を高からしめた。また、『日本古代社会史の研究』(同二十二年)は、専門論文として長く生命を保った。学風・人柄とも温厚・柔軟、中正をもって評された。昭和三十四年七月四日没。七十四歳。墓は東京都小平市の小平霊園にある。法名真修院智学道光居士。

参考文献　「川上多助教授論著目録」(『史論』三)、川上多助「一学究の思出」(『思想』三七二)、『読史会の手帳』二
(平野　邦雄)

かわかみてつたろう　河上徹太郎　一九〇二―八〇　昭和時代の文芸評論家。明治三十五年(一九〇二)一月八日、長崎市で生まれた。父は造船工学者河上邦彦、母はワカ。本籍地は山口県岩国市。神戸、東京と移り、第一高等学校を経て、大正十五年(一九二六)、東京帝国大学経済学部卒。スポーツとピアノに親しみ、大学時代は、同人誌『山繭』などに音楽評論を書き、のち、『白痴群』『作品』を舞台に文学評論を発表、第一評論集『自然と純粋』(昭和七年(一九三二))の刊行によって、評論家としての地位を固めた。同九年には、阿部六郎とシェストフ『悲劇の哲学』を訳して、文壇に波紋を生み、十二年からは、『文学界』編集の中心となり、十七年には、「近代の超克」座談会を統括した。戦後は、『私の詩と真実』(二十八年)、『日本のアウトサイダー』(三十三―三十四年)、『吉田松陰―武と儒による人間像―』(四十一―四十三年)などで、各種文学賞を受賞。小林秀雄とならぶ、独自の批評理論の提示者。五十五年九月二十二日没。七十八歳。『河上徹太郎著作集』全七巻がある。

参考文献　高橋英夫『河上徹太郎』、遠山一行『河上徹太郎私論』、小田切秀雄「河上徹太郎について」(『作家論』所収)、寺田透「河上徹太郎」(『現代日本作家研究』所収)
(磯貝　英夫)

かわかみとうがい　川上冬崖　一八二七―八一　幕末・明治初期の文人画家、洋画家。文政十年(一八二七)六月十一日信濃国水内郡松代領内福島新田村(長野市大字屋島)に父瀬左衛門・母しげの次男として生まれた。旧姓山岸、幼名斧松(あるいは尾之松)、のち万之丞・寛と改めた。画屋を無辺春色画屋という。若くして江戸に出て四条派の画家大西椿年に学び、岸太年と称した。嘉永四年(一八五一)幕府の家人川上仙之助のあとを継ぎ、川上姓を名乗った。安政三年(一八五六)ごろ蘭学をもって蕃書調所に用いられ、翌四年画才を認められて絵図調役となり、文久元年(一八六一)画学局の新設に際して画学出役となり、西洋画法の研究と後進の指導にあたった。明治維新後、一時沼津兵学校の教官となり、のち開成学校・大学南校に用いられ、明治四年(一八七一)文部省に、翌五年陸軍省兵学寮に勤め、同九年陸軍省参謀局に転じ、わが国の地図製作にあたった。同十年・十四年の内国勧業博覧会では、美術部の審査主任を勤めた。この間、同三年下谷御徒町に聴香読画楼を設け、後進に西洋画法を教えた。同十四年五月三日熱海で不慮の死を遂げた。五十五歳。墓は東京の谷中墓地にある。近代洋画の先覚者であるが、その洋画の遺作は少なく、むしろ日本画が多い。著書に『西画指南』『写景法範』がある。

参考文献　土方定一『近代日本の画家たち』、隈元謙次郎『近代日本洋画の研究』、同「川上冬崖と洋風画」(『美術研究』七九)
(隈元謙次郎)

かわかみとしつね　川上俊彦　一八六一―一九三五　明治から昭和時代前期にかけての外交官、実業家。文久元年(一八六一)十二月二十九日川上泉太郎の長男として越後国岩船郡村上(新潟県村上市)に生まる。幼名銀太郎。新潟師範学校を中退、明治十七年(一八八四)東京外国語学校ロシア語科を卒業して外務省に勤務、同十九年領事館書記生就任以来主としてロシア関係に専念し、日露戦争中は遼東守備軍司令部外交顧問として旅順開城には通訳の任にあたった。戦後哈爾賓(ハルビン)総領事として北満地方調査に従事したが、同四十二年伊藤博文遭難の際、案内役として被弾し重傷を負った。大正二年(一九一三)南満洲鉄道会社理事を経て同十年から十二年までポーランド公使として駐在し通商航海条約を締結したが、後藤新平の招きで来日したソビエト代表ヨッフェと交渉のため帰国した。同十五年北樺太鉱業株式会社取締役社長、昭和四年(一九二九)日魯漁業株式会社社長を歴任。鉱業・漁業などの対ソ利権交渉に腐心した。同十年九月十二日病没。七十五歳。墓は東京都府中市の多磨墓地にある。

参考文献　西原民平編『川上俊彦君を憶ふ』
(小林　幸男)

かわかみはじめ　河上肇　一八七九―一九四六　明治から昭和時代にかけての経済学者、思想家。日本におけるマルクス主義経済学の先駆者。号は閉戸閑人。青年期には天保狂夫・梅陰・楓月などの号をも用いた。明治十二年(一八七九)十月二十日、父忠(すなお)・母田鶴(たづ)の長男として、山口県玖珂郡錦見村(岩国市錦見)に生まれた。岩国学校、山口県立尋常中学校を経て、山口高等学校文科に入学。

卒業直前に同校法科に転じ、同三十一年、東京帝国大学法科大学政治科に入学。在学中、『聖書』の「山上の垂訓」の一節から強い感銘を受け、以後、利己心の否定、絶対的非利己主義の実現ということを、生涯の実践目標とした。また、足尾銅山鉱毒事件の鉱毒地救済演説会を聞き、即座に着ていた衣類を寄付した。同三十五年大学を卒業し、大塚秀と結婚。同三十六年、東京帝大農科大学実科講師となる。経済学・農政学の研究につとめ、同三十八年に『経済学上之根本概念』、『経済学原論』(上巻)、『日本尊農論』を刊行し、同三十九年の『日本農政学』では農工商併進鼎立論を主張した。この間、同三十八年十月から、千山万水楼主人の名で、『社会主義評論』を『読売新聞』に連載したが、同年十二月に中途で擱筆し、一切の教職を辞して、伊藤証信の無我苑に入った。しかし、まもなく失望して、同三十九年二月に無我苑を退去し、読売新聞記者を経て、同四十年四月に『日本経済新誌』を創刊し、『東京経済雑誌』に拠る田口卯吉の自由貿易論に対抗して、保護貿易論を提唱した。同四十一年、京都帝国大学講師となり、再び経済学研究に専心し、翌四十二年に助教授となり、大正三年(一九一四)に法学博士となり、翌四年に教授となった。この間、大正二年からヨーロッパに留学し、同四年に帰国後『祖国を顧みて』を刊行した。同五年九月から十二月まで、『貧乏物語』を『大阪朝日新聞』に連載し、真摯な人道主義的立場から資本主義社会の生みだす貧困の問題を提起して、世間の注目をひき、ジャーナリズムの寵児となった。当時はまだ唯心論的な人道主義、改良主義の立場にあったが、やがて櫛田民蔵・堺利彦・福本和夫らからの批判を契機として、次第にマルクス主義にむかって進んだ。同八年一月に創刊された月刊個人雑誌『社会問題研究』(昭和五年(一九三〇)十月、第百六冊で廃刊)に載せられた諸論文をはじめ、『社会問題管見』(大正七年)、『近世経済思想史論』(同九年)、『唯物史観研究』(同十年)、『社会組織と社会革命』(同十一年)、『資本主義経済学の史的発展』(同十二年)などの諸著作、マルクス『賃労働と資本』(同十年)、同『労賃・価格及び利潤』(同十年)、同『経済学批判序説』(共訳、昭和二年)などの諸訳書は、かれ自身のマルクス主義者への変容の足跡であると同時に、日本におけるマルクス主義経済学受容の道標でもある。この間、大正十五年一月、京都学連事件のため家宅捜索を受け、同年十二月、三木清(西田幾多郎の推薦)の指導のもとに哲学研究に着手するとともに、次第に政治的な運動にも関係しだした。昭和三年一月、労働農民党大山郁夫のため香川県で応援演説を行い、同年四月、「左傾教授」として総長から辞職勧告を受け、京大教授の職を辞した。同年から刊行され始めた『資本論入門』(昭和四年までに八分冊)および同年刊の『経済学大綱』は、経済学者としてのかれの代表的著作で、明確にマルクス主義の立場から書かれている。同五年、上京して新労農党本部の仕事に従事し、京都から衆議院議員に立候補して落選、まもなく新労農党を解消して大山郁夫らと袂別、『第二貧乏物語』を刊行した。同七年七月、日本共産党から委嘱されて訳した「三二年テーゼ」が『赤旗』に掲載され、八月から地下運動に入り、九月九日に正式に共産党に入党。同八年一月、東京中野の隠れ家で検挙、刑務所に収容された。同年七月、「獄中独語」を発表、八月、治安維持法違反として懲役五年(求刑懲役七年)の判決を受け、九月に控訴を取り下げて下獄した。同九年、皇太子生誕特赦により刑期四分の一を減ぜられる。同十二年三月、「獄中贅語」の稿成り、同年六月、刑期満了して杉並区天沼の仮寓に帰り、出獄の手記を発表。以後、みずから閉居閑人と称して漢詩・和歌・書道・篆刻などに親しんだ。同十六年十二月、京都に移住。同十八年一月、『自叙伝』(死後、同二十七年刊)の執筆に着手、同年十一月『陸放翁鑑賞』(同二十二年刊)の稿成る。同十九年六月詩歌集『雑草集』(のちに『旅人』と題して同二十一年刊)を知友に送る。同二十年一月末ごろから身体衰弱し、病床生活に入る。太平洋戦争の終結以後、「垂死の床にありて」「同志野坂を迎へて」などの詩を『赤旗』に発表していたが、同二十一年一月二十六日、肺炎を併発し、一月三十日、京都市左京区吉田上大路町の自宅において六十八歳で没した。法名は天心院精進日肇居士。左京区鹿ヶ谷の法然院に墓碑・歌碑がある。『河上肇全集』(全二十八巻・続巻七・別巻一、昭和五十七―六十一年、岩波書店)が刊行され、京都府立総合資料館の「河上肇文庫」(昭和四十八年設立)に文献や遺品などの資料が収集されている。

[参考文献] 天野敬太郎編著『河上肇博士文献志』、小林輝次他編『回想の河上肇』、末川博編『河上肇研究』(『河上肇著作集』別巻)、古田光『河上肇』(『UP選書』一六五)、住谷悦治『河上肇』(『人物叢書』八五)、大内兵衛『河上肇』(『筑摩叢書』六一)、住谷一彦『河上肇の思想』、内田義彦「明治末期の河上肇」(『日本資本主義の思想像』所収)、山之内靖「河上肇の唯物史観研究」(『社会科学の方法と人間学』所収) (古田 光)

かわかみびざん 川上眉山 一八六九―一九〇八 明治時代の小説家。本名亮(あきら)。別号烟波散人。明治二年(一八六九)三月五日大阪に生まれる。父は元幕臣の栄三郎。幼時両親に伴われて上京、府立第一中学校・進文学舎を経て、東京大学予備門に入学。尾崎紅葉・山田美妙らを知って、彼らの「硯友社」に参加、同人誌『我楽多文庫』に処女作『雪の玉水』を発表したのち『墨染桜』の好評によって文壇に進出した。はじめ『青嵐』『白藤』『賤機(しずはた)』など浪漫的な傾向をとったが、のち問題意識を深め、日清戦争後の文壇の新潮流に際して『大さかづき』『書記官』『うらおもて』を相ついで発表、泉鏡花の同傾向作とともに観念小説とよばれ、大いに声名をあげた。その後未完の長篇『闇潮』、紀行文『ふところ日記』などに異彩を放ったが次第にゆきづまり、一時復活して『石巻庄右衛門』(のち『観音岩』)その他を発表したが不評。明治四十一年六月十五日東京市牛込区天神町で突如自殺して世を驚かせた。四十歳。墓は東京都文京区本駒込の吉祥寺にある。法名は眉山清亮居士。作品は『眉山全集』七巻付二巻に収められている。

参考文献 伊狩章『硯友社の文学』(『塙選書』一四)、同「明治文学史に於ける眉山の位置」(『文学』一九ノ三) (伊狩 章)

かわかみやいち 河上弥市 一八四三―六三 幕末の長門国萩藩士、志士。天保十四年(一八四三)正月、萩藩毛利氏の世臣河上忠右衛門・母香川氏の嫡子として、城下近郊の椿郷西分金谷(山口県萩市椿)に生まれる。通称は松之助、ついで弥一郎、名は繁義、のちに弥市正義と改めた。文久三年(一八六三)六月、高杉晋作を助けて奇兵隊の編成に尽力し、高杉総管の下に小隊司令をつとめた。同年八月十八日京都に政変が起り、長州兵は禁門警備の任を解かれて退京を命ぜられ、三条実美らの七廷臣は難を避けて毛利氏の三田尻別邸(今の山口県防府市の英雲荘)に下った(八月十八日の政変)。九月十六日、高杉は難局処理のために政務役に転じ、河上と滝弥太郎とが代わって奇兵隊総管となった。同月二十五日、吉敷郡小郡から三田尻に転陣し、七卿の護衛に任じたが、十月二日、福岡藩の浪士平野国臣に誘われ、七卿の一人である沢宣嘉を擁して但馬国生野(兵庫県朝来郡生野町)に奔り、幕府の代官所を襲って山口村(同郡朝来町山口)妙見山に陣した(生野の変)。このとき南八郎と変名したが、まもなく内部の分裂から挙兵は失敗に帰し、十月十四日同志とともに妙見山で自刃した。年二十一。山口村の共同墓地に葬られた。のち下関市の桜山招魂場に合祀された。また萩市北古萩の長寿寺にも墓碑がある。明治二十四年(一八九一)贈従四位。

参考文献 『奇兵隊日記』一(『日本史籍協会叢書』)、末松謙澄『防長回天史』四上、田村哲夫編『防長維新関係者要覧』 (三坂 圭治)

かわきたちょうりん 川北朝鄰 一八四〇―一九一九 江戸時代末から明治時代にかけての和算家。号は立亭。天保十一年(一八四〇)五月十六日江戸市ヶ谷(東京都新宿区)に生まれる。戸籍には嘉永元年(一八四八)生まれとあるも、これはのちに都合があって変えたのだという。御粥安本に和算を学び、のち内田五観に入門した。また、明治三年(一八七〇)静岡藩学校に入って洋算を学んだ。同五年ごろから洋算の書物を著わし、戸山学校・陸軍士官学校などで洋算を教えた。この間、和算の研究もつづけ、従来の各和算書の解義を試みて、『数学起源』を作り、同十三年、百五巻に達して筆を絶った。この年から洋算書出版のことを志し、数理書院を作り、上野清・長澤亀之助らに反訳させた数学書の原稿を整理、校閲して出版した。出版書は全部で十六種、微分方程式の高さにまで及んでいる。同二十四年陸地測量部に奉職、四十一年退官、同四十三年、駿州鈴川に引退した。なお、その著『本朝数学家小伝』は、和算家の伝記の詳しいものとして知られている。 (大矢 真一)

かわきたながまさ 川喜多長政 一九〇三―八一 映画企業経営者、東宝東和株式会社会長。明治三十六年(一九〇三)四月三十日に生まれる。四歳の時、清国の保定軍官学校に高等兵学教官として招聘された父大治郎に伴われて、半年をその地に過ごし、謹厳かつ気宇壮大な父の感化をうけたことが、一映画業者というより国際人として世に知られる基となった。大正十二年(一九二三)北京大学文学部中退後ドイツに遊学し、欧州映画輸入を業とする東和商事合資会社を設立したのは昭和三年(一九二八)で、夫人かしこととともに毎年渡欧し、優秀映画の見聞と選抜購入に努めたので、その輸入作品は常に高雅な世界的第一級の世評を得た。日中戦争にあたっては張善琨・汪精衛らと上海・南京の国民映画工作を推進した。第二次世界大戦終了後の同二十六年には東和商事の業務を復活して東和映画を創立し、同五十年五月東宝東和と改称。ベネチア・カンヌその他の国際映画祭で、各国の知名な文化人と交わり、日本映画の海外輸出と名声の発揚に多くの具体的な活路を拓いた。昭和四十八年十一月勲二等瑞宝章をうけたほか、フランスのレジオン＝ドヌール勲章その他内外の受勲は限りがない。同五十六年五月二十四日没。七十八歳。神奈川県鎌倉市の英勝寺に葬られる。法名霞公院東和映華一夢居士。

参考文献 田中純一郎『日本映画発達史』二(『中公文庫』)、東宝東和株式会社編『東和の半世紀』 (田中純一郎)

かわぐちえかい 河口慧海 一八六六―一九四五 明治から昭和時代にかけての仏教学者。チベット探検家として著名。慶応二年(一八六六)正月十二日、樽桶製造業の善吉と常の長男として堺(大阪府堺市北旅籠町)に生まれた。本名定治郎、僧名慧海仁広。明治二十一年(一八八八)上京、二十三年本所の黄檗宗五百羅漢寺で得度、翌年哲学館を卒学した。漢訳仏典の不備を氷釈するため、梵語原典ならびにその忠実な逐語訳ときくチベット語訳一切経に接しようとしてチベット入りを志し、三十年壮途についた。まずインド・ネパールで梵語・チベット語を学び、三十三年鎖国下のチベットに密入国し、ラサのセラ大学に学んだ。しかし三十五年日本人であることが露われ急遽出国し、翌年帰国した。世界の秘境チベットから帰ったということで探検家としてクローズアップされた。ついで三十七年再渡航、チベットではパンチェン＝ラマの好意により彼我の一切経の交換に成功し、大正四年(一九一五)に帰国した。これによって日本仏教学界は新たにチベット仏教学の新分野の樹立を見るに至った。帰朝以後東洋大学にチベット語の講座を開設し多くの翻訳を行い、またみずから僧籍を返上して在家仏教を唱導し出家主義の実行の矛盾を指摘した。晩年は東洋文庫で『蔵和辞典』の編集に従った。昭和二十年(一九四五)二月二十四日東京世田谷の自宅で病死した。八十歳。谷中天王寺に葬られたが、のち青山墓地に改葬された。著書に『西蔵旅行記』『西蔵文典』などがある。

参考文献 青江舜二郎『河口慧海』、河口正『河口慧海—日本最初のチベット入国者—』 （友松 圓諦）

かわぐちまつたろう 川口松太郎 一八九九—一九八五 昭和時代の小説家、劇作家。明治三十二年（一八九九）十月一日、東京市浅草区浅草今戸町（東京都台東区）に生まれた。父は左官職。小学校卒業後、古本露天商、警察署給仕、電信局勤めなどをしながら、小説や芝居に親しみ、大正四年（一九一五）、久保田万太郎に師事、ついで、講談師悟道軒円玉のもとに住みこんだ。十二年には、大阪に移って、『苦楽』（プラトン社）の編集にたずさわり、十五年に上京して、小説や戯曲を発表、昭和十年（一九三五）、『鶴八鶴次郎』『風流深川唄』『明治一代女』によって、第一回直木賞を受賞した。その後、白衣の天使をヒロインとした『愛染かつら』（十二—十三年）で大ヒットし、『蛇姫様』（十四—十五年）、『芸道一代男』（十五年）などを経て、戦後は、『皇女和（かず）の宮』（二十八年）、現代もの『夜の蝶』（三十二年）、御落胤もの『新吾十番勝負』（三十二—三十四年）などで人気を持続させ、四十四年に、『しぐれ茶屋おりく』で、吉川英治文学賞を受賞した。戦後の二十二年には大映重役となり、映画、演劇方面でも活躍、新派向けの脚本やシナリオも多い。自伝的要素の強い作品もあるが、基本的に、読者を楽しませることに徹するという姿勢を貫いた作家であった。妻は女優三益愛子。六十年六月九日没。八十五歳。『川口松太郎全集』全十六巻がある。

参考文献 川口松太郎『久保田万太郎と私』、高峰秀子『人情話 松太郎』、岩城希伊子『空よりの声—私の川口松太郎』 （磯貝 英夫）

かわさきしざん 川崎紫山 一八六四—一九四三 明治から昭和時代前期にかけてのジャーナリスト。元治元年（一八六四）五月四日、水戸藩士川崎長蔵胤興の三男として水戸に生まれる。名は三郎胤賢（たねよし）、紫山は号。一時期、北村三郎を名乗った。少年時代は、水戸藩弘道館閉鎖のため、旧藩士の子弟のための自強舎で水戸学を学ぶ。十七歳の時上京、大蔵省勤務を経て、東京曙新聞社、大阪の大東日報社で記者生活を送る。西郷隆盛の征韓論に共鳴し、明治二十一年（一八八八）に著わした『東洋策』は、会沢正志斎の『新論』や西郷の征韓論の影響をうけたものである。つづいて『大西郷』『世界百傑伝』『西南記伝』『藤田東湖伝』などを著わす。同二十六年・二十七年の朝鮮東学党の乱には、頭山満らと天佑侠を後援し、日清戦争時には、従軍記者として出かけた。三十四年『中央新聞』主筆、三十八年『信濃毎日新聞』主筆、その間、頭山満・内田良平らと国粋主義の陣営にあり、三十四年、黒竜会の創設に参画し、一進会にも加わり、しばしばアジアの諸問題に画策奔走した。また、徳富蘇峰の『公爵桂太郎伝』『公爵山県有朋伝』などの伝記編纂事業に協力すると同時に、大津淳一郎『大日本憲政史』の執筆にも加わっている。晩年には、『訳註大日本史』を著わした。日中戦争が勃発すると、日満華三国の同志とともに、大東亜協会を設立、雑誌『大東亜』を刊行し、大東亜共栄圏の確立に力を注ぐ。昭和十八年（一九四三）五月十二日没。八十歳。なお、墓地は、戦後本人の希望により、東京青山より、藤田東湖と同じ水戸市内常磐共有墓地に移された。 （川崎 正胤）

かわさきしょうぞう 川崎正蔵 一八三七—一九一二 明治時代の実業家。川崎造船所の創立者。天保八年（一八三七）七月十日鹿児島城下大黒町に木綿行商人利右衛門の長男として生まる。幼名磯治、父の死後利右衛門を襲名、明治以後正蔵を名乗る。鹿児島で呉服商、長崎で貿易商を営んだのち、文久三年（一八六三）大坂へ進出し、藩の物産を輸送・販売した。明治六年（一八七三）大蔵省の命をうけ琉球の砂糖事情調査を行い、駅逓頭前島密に認められ、日本政府郵便蒸汽船会社の副頭取に就任、琉球との郵便航路を開設した。八年同社は解散したが、この間正蔵は大蔵省から全国の貢米回漕、のちに琉球の砂糖・綿布回漕の指定御用命をうけ利益をあげた。十一年四月東京築地海岸の官有地を借用、政府から建設資金三万円を融通され、洋型船を目的とした築地造船所を設立した。十四年兵庫東出町の官有地に造船所を増設したが、遠隔地の二工場経営に行き詰まり欠損を生じた。この窮状を救ったのが、湊川東岸に所在した官営兵庫造船所の払下げであった。井上馨や松方正義の助力を得て、造船企業家としての実績が評価され、十九年五月まず借用を許可された。ここに東出町の造船所を移し川崎造船所と改め、九月築地造船所を移転統合し、従業員六百人を数えた。翌二十年七月六日兵庫造船所は代価十八万八千二十九円、無利息、五十年賦の条件で払い下げられたが、正蔵は年一割利引計算により五万九千円を即納し払い受けた。政府は同所に八十一万余円を投資し造船台三基を備えていたうえ、仕掛船はそのまま政府発注に切り替えられたので、ようやく事業は安定し発展の重要な基盤ができた。以後艦船の造修、汽罐・諸機械の製作・修理を行い、民間造船業の先駆的役割を演じた。二十九年株式会社へ改組の際、社長に松方幸次郎（正義の三男）を迎え、養嗣子芳太郎を副社長とし、みずからは顧問に退いた。第一回帝国議会貴族院多額納税議員、勲三等。大正元年（一九一二）十二月二日神戸にて没す。七十六歳。従五位に叙せれ、神戸市布引山の徳光院に葬る。

参考文献 山本実彦『川崎正蔵』、阿部市助編『川崎造船所四十年史』、小林正彬「兵庫造船所の払下げ—日本造船業の形成四—」（『経済系』七四） （寺谷 武明）

かわさきたくきち 川崎卓吉 一八七一—一九三六 明治から昭和時代前期にかけての内務官僚、政治家。明治四年（一八七一）正月十八日、安芸国賀茂郡広村（広島県呉市広町）の医者修三・おかつの次男として生まれた。二十二年上京。第一高等学校を経て三十六年東京帝国大学法科大学卒業。内務省に入り、大正三年(一九一四)警視庁警務部長、五年福島県知事に就任。八年から十年まで台湾総督府の内務・警務・殖産の各局長を歴任したのち、十一年名古屋市長に選任された。十三年内務省警保局長、十四年内務次官を歴任。この間、普通選挙法案・治安維持法案の立案および社会運動の取締りに尽力した。十五年貴族院議員に勅選。昭和二年(一九二七)憲政会に、ついで民政党に所属し幹部となった。四年浜口雄幸内閣法制局長官に就任。ロンドン海軍軍縮会議に派遣された。六年第二次若槻礼次郎内閣書記官長、十年民政党幹事長を歴任。十一年岡田啓介内閣末期の文部大臣に、ついで広田弘毅内閣商工大臣に親任されたが、同年三月二十七日病のため死去。六十六歳。墓は東京都港区の青山墓地にある。法名清恪院殿卓行協堂大居士。

参考文献 川崎卓吉伝記編纂会編『川崎卓吉』

（成沢 光）

かわさきただす 河崎董 一八二三―七一 幕末・維新期の長門国長府藩士、兵術家。羽仁源右衛門の長子で通称は虎吉、名は頼房。文政六年(一八二三)四月十五日に生まれる。故あって家をつがず、嘉永四年(一八五一)十月、同藩士河崎順之助の養嗣子となり、董と改名した。同六年、江戸藩邸在勤中に幕臣下曾根金三郎の門に入り、また萩藩士来原良蔵と相識り、その教導をうけて藩の兵制改革に尽力した。安政元年(一八五四)九月、はじめて洋式の大砲六門を鋳造して国に送ったが、そのうち最大の二〇珊（サンチ）砲は「自勝砲」と命名され、のち下関市の桜山招魂社に奉納された。同三年帰藩して西洋流砲術指南役となり、海防掛を兼ねて洋式銃陣の編制にも功があった。文久三年(一八六三)馬廻席に抜擢され、翌元治元年(一八六四)には御側横目役兼軍議掛を命ぜられた。明治二年(一八六九)病を得て職を辞し、同四年四月二十七日、長府の自宅で没した。四十九歳。墓は山口県下関市長府の正円寺にある。大正四年(一九一五)贈正五位。

参考文献 徳見光三『長府藩報国隊史』

（三坂 圭治）

かわさきちとら 川崎千虎 一八三六―一九〇二 明治時代の日本画家。天保七年(一八三六)十二月二日、名古屋に生まれる。父は名古屋藩士川崎六之丞。通称源六、のち鞆太郎、号は千虎、別号鞆之舎。はじめ四条派の沼田月斎に画を学び、ついで京都に出て土佐光文(土佐本家、絵所預)門下となり、光文に従って禁裏仙洞御所の御用をつとめた。また京阪地方の古社寺所蔵の宝物を調査して有職故実にも通じた。明治十一年(一八七八)、上京して大蔵省商務局に奉職、のち内務省博物館御用掛として美術部に籍をおいて所蔵品の整理に従事し、同十五年第一回内国絵画共進会に「佐々木高綱被甲図」を出品し歴史故実画家として地位を占め、日本美術協会審査員を経歴した。美術教育者としては佐賀の有田工芸学校長、東京美術学校教授となり、門下に孫の川崎小虎や小堀鞆音がいる。著書に『小学図画入門』『名印部類』などがある。明治三十五年十一月二十七日没。六十七歳。名古屋の本竜寺(名古屋市西区北押切)に葬られ、東京都府中市の多磨墓地に分骨墓がある。法名は至誠院千虎日行居士。

（樋口 秀雄）

かわさきはちえもん 川崎八右衛門 一八三四―一九〇七 明治時代の実業家で川崎財閥の創始者。天保五年(一八三四)十二月常陸国鹿島郡海老沢村(茨城県東茨城郡茨城町海老沢)に生まれる。父は八右衛門、母は伊東氏。家は大庄屋・回漕問屋で、水戸藩の為替御用達をかねた。幕末期の藩財政の窮乏を救うため鋳銭所の建設を献策、のち銭座取締となる。明治維新後、私鋳禁止のため中止。明治元年(一八六八)大和国吉野郡柴烟(薗)山の採掘を試み、また同三年には水戸藩士族数百人を率いて北海道天塩の開墾などにも従事した。同七年十二月東京に川崎組を創立、茨城・千葉両県、警視庁などの為替方となり、大蔵省国税取扱方を命ぜられた。この川崎組を同十三年三月に資本金三十万円の川崎銀行に改組、本店を東京府下日本橋区に、水戸・千葉・佐原に支店をおいた。翌十四年三月には同行内に貯蓄銀行としては比較的初期に設立された東海貯金銀行(のちの川崎貯蓄銀行)を資本金二万円で創立した。同二十五年八月に、八右衛門は私立川崎銀行の頭取を退き、川崎金三郎(二代目八右衛門)の後見人となった。このような過程で金融業者として大成し、川崎財閥の基礎を形成していった。さらに、明治二十年、水戸鉄道会社を起し、水戸・小山間の鉄道敷設を計画し、同二十二年竣工、これを日本鉄道会社に売却した。また日清戦争後の同二十九年には、入山採炭会社を起し、磐城地方の石炭採掘にも進出している。同三十三年以降中風症を病み、四十年一月十三日没した。七十四歳。墓は東京都台東区の谷中墓地にある。

参考文献 『三菱銀行史』、『常陽銀行二十年史』、『茨城県史料』近代産業編二、勝田貞次『(川崎鴻池)コンツェルン読本』(『日本コンツェルン全書』一九)

（加藤幸三郎）

かわじとしあきら 川路聖謨 一八〇一―六八 江戸時代末期の勘定奉行。名は聖謨、通称は弥吉、ついで三左衛門、叙爵して左衛門尉と称し、隠居して敬斎と号し、死の直前に頑民斎と改めた。享和元年(一八〇一)四月二十五日、幕府直轄領の豊後国日田(大分県日田市)に生まれた。父は日田代官所の属吏内藤吉兵衛歳由。文化五年(一八〇八)父が幕府の徒士組に転じたので、伴われて江戸に移り、同九年十二歳で小普請組川路三左衛門光房の養子となった。はじめ小普請組から支配勘定出役・評定所留役を経て、文政十年(一八二七)寺社奉行吟味調役となり、天保六年(一八三五)出石藩主仙石家の内紛の断獄にあたり、奉行脇坂安董を扶けて能吏としての名を挙げ、勘定吟味役に抜擢され、同十一年佐渡奉行、翌十二年小普請奉行、同十四年普請奉行、弘化三年(一八四六)奈良奉行、嘉永四年(一八五一)大坂町奉行を歴任、翌五年九月勘定奉行に昇進し海防掛を兼ねた。同六年六月ペリーの浦賀来航には国書の受理を主張し、また若年寄本多忠徳に従って房総海岸を巡視した。ついでプチャーチンの長崎来航により、同年十月露使応接掛を命ぜられ、十二月以降長崎において、翌安政元年(一八五四)十一月以降下田において談判し、十二月二十一日大目付筒井政憲とともに日露和親条約に調印した。翌二年八月禁裏造営掛を命ぜられ、上京して大任を果たした。同三年十月老中堀田正睦が外国事務取扱を兼ねると、外国貿易取調掛を命ぜられ、翌四年八月にはハリス上府用掛となった。同五年正月正睦が条約勅許奏請のため上京するにあたり、外国事情に通じているところから目付岩瀬忠震とともに随行を命ぜられた。かつて奈良奉行時代に青蓮院宮尊融入道親王(のち朝彦親王)に知遇を得、また禁裏造営掛として公卿間にも知己が多く、大いに運動したが失敗し、四月正睦と帰府した。時に政治問題となっていた将軍継嗣では、一橋慶喜を擁立する一橋派に属していたため、大老に就任した井伊直弼に疎まれ、同年五月西丸留守居の閑職に左遷され、翌六年八月さらに免職・隠居を命ぜられ、差控に処せられ、家督は嫡孫太郎(寛堂)が継いだ。文久三年(一八六三)五月外国奉行に起用されたが、十月老疾をもって辞した。以来官途につかず、慶応二年(一八六六)二月中風を発して身体の自由を失い、読書に親しみ、かつ徳川家の高恩を思い、奉公の念を忘れなかった。明治元年(一八六八)三月十五日の朝、東征軍が迫って江戸開城も目前にあるを察し、表六番町(千代田区六番町)の自宅において「天津神に背くもよかり蕨つみ飢にし人の昔思へは　徳川家譜代之陪臣頑民斎川路聖謨」の辞世を残し、割腹ののち、短銃をもって果てた。六十八歳。法名は誠恪院殿嘉訓明弼大居士。上野池ノ端七軒町(台東区池之端)大正寺に葬った。贈従四位。聖謨は平素文筆に親しんで多くの遺著を残したが、遠国奉行中の日記をはじめ、露使と応接した『長崎日記』『下田日記』、京都に使いした『京都日記』『京日記』および晩年の日記は『川路聖謨文書』全八巻(『日本史籍協会叢書』)に収められる。ちなみに下田奉行・外国奉行などを歴任、外交の第一線で活躍した井上清直は聖謨の実弟である。

参考文献　川路寛堂『川路聖謨之生涯』

(吉田　常吉)

かわじとしよし　川路利良　一八三四―七九　明治時代前期の官吏、近代警察行政の確立者。初名は正之進、竜泉と号した。天保五年(一八三四)五月十一日、鹿児島城下の北、吉野村(鹿児島市吉野町)に生まれ、のち城下薬師町に移り住んだ。家は鹿児島藩与力組。父は利愛、母は悦子。利良はその長子。元治元年(一八六四)の禁門の変にあたって西郷隆盛に知られ、ついで明治元年(一八六八)鳥羽・伏見の戦に功をたて、さらに彰義隊の鎮圧にあたった。翌二年九月鹿児島藩兵具奉行となった。同四年東京府大属となり、翌五年五月邏卒総長に任ぜられた。同年八月司法省に警保寮が設置された際、警保助兼大警視となった。同年九月西郷隆盛の推薦により、ヨーロッパ各国の警察制度調査のため渡欧、翌六年九月帰国した。その見聞に基づいて、司法権と行政権の分離、ならびに警察権の伸長の必要性を力説した。同七年一月東京警視庁が設置されると大警視となり、鋭意警察制度の改革にあたり、また消防制度の整備をも行なった。同十年一月東京警視庁が廃止され、管掌の事務は内務省所管となり、同省警保局を併合して警視局が設けられた。川路は引きつづき大警視として在任、同年西南戦争がおこると三月陸軍少将兼任となり、征討別働第三旅団司令長官に任ぜられ、警視隊を率いて奮戦した。同年七月同司令長官を免ぜられ、ついでさらに警察制度の整備につとめた。同十二年再び海外警察制度および監獄(刑務所)制度視察のため渡欧した。しかし病を得、急遽帰国したが、同年十月十三日死去、年四十六。墓は東京都港区の青山墓地。明治三十三年贈従三位。

参考文献　内閣修史局編『百官履歴』上(『日本史籍協会叢書』)、鈴木高重『大警視川路利良君伝』、中村徳五郎『川路大警視』

(小西　四郎)

かわしまあつし　河島醇　一八四七―一九一一　明治時代の官僚、政治家。弘化四年(一八四七)三月、鹿児島藩士河島新五郎の長男として、鹿児島城下長田町に生まる。幼名は新之丞。明治七年(一八七四)外務省書記官となり独・墺・露の日本公使館に勤務するかたわら、欧州各地の大学で政治学・経済学などを学んだ。帰国後、大蔵・外務両省の権大書記官となり、十五年伊藤博文に随行して渡欧し、主にドイツで財政問題などの調査にあたった。十八年大蔵省参事官となったがまもなく辞職し、二十三年七月、第一回衆議院議員総選挙に鹿児島県第五区から当選。以後連続当選四回。はじめ自由党に属したが、二十五年脱党し、第三議会以後、同盟倶楽部・立憲革新党・議員倶楽部などを転々とした。三十年議員を辞して日本勧業銀行総裁に就任。三十二年滋賀県知事、ついで福岡県知事を歴任し、また、三十六年貴族院議員に勅選された。三十九年北海道庁長官に就任。在任四年五ヵ月に及んだが、現職のまま四十四年四月二十八日死去。六十五歳。

参考文献　河島弘善『河島醇伝』

(鳥海　靖)

かわしましょうじろう　川島正次郎　一八九〇―一九七〇　昭和時代の政党政治家。明治二十三年(一八九〇)七月十日生まる。出生地は千葉県東葛飾郡行徳町(市川市)・東京日本橋・長野県下伊那郡清内路村の三説あって判然としない。乳児の時、東京日本橋の鼈甲商川島才次郎の養子となった。大正三年(一九一四)専修大学卒業。内務省警保局の属官となり、後藤新平内相の知遇を得た。同八年東京日日新聞社に入社、翌年後藤の東京市長就任とともにその秘書となり、ついで東京市商工課長となった。昭和三年(一九二八)千葉県一区より衆議院議員に当選以来、十七年の翼賛選挙で非推薦候補として当選するまで連続六回当選。立憲政友会に所属し、斎藤実内閣のもとで海軍参与官をつとめた。敗戦後、二十一年公職追放となったが、二十七年解除され、同年の総選挙で衆議院議員にカムバックし、以後、四十四年の総選挙まで連続八回当選。この間、はじめ自由党に所属したが、岸信介らと反吉田派の急先鋒となり、二十九年脱党し、鳩山一郎を擁して改進党と合同し日本民主党を結成した。翌年第二次鳩山内閣に国務大臣(自治庁長官兼行政管理庁長官)として入閣。同年、保守合同による自由民主党結成に尽力。三十二年岸総裁のもとで自民党幹事長となり、三十六年第二次池田勇人内閣の国務大臣(行政管理庁長官兼北海道開発庁長官)となった。ついで、三十九年大野伴睦のあとを受けて、自民党副総裁に就任し、派閥対立を調整して党内の取りまとめに大きな役割を果たした。この間、専修大学の名誉総長兼理事長をつとめた。四十五年十一月九日東京大森の私邸で死去。八十歳。

参考文献 林政春『川島正次郎』 （鳥海　靖）

かわしまじんべえ　川島甚兵衛　一八五三―一九一〇　明治時代の織物工芸家。京都の呉服悉皆屋上田屋(川島甚兵衛(初代)の長子として、嘉永六年(一八五三)五月二十二日京都に生まれる。母は愛子。幼名弁次郎。明治十二年(一八七九)三月、父の死去にあい、家業をつぐ。幼時より織物図案・織法に天稟を見せ、十七年には自家に最新式の織物工場を建て、美術織物の製作に精進する。同十八年、五品共進会に出品した美術織物「葵祭」が機縁となって、時の農商務大輔品川弥二郎の知遇を得、翌年三月、駐独大使となった品川とともに渡欧、フランスのリヨンを中心にゴブラン織を研究する。皇居造営御用織物調製のため同年末帰国したが、以後綴錦(つづれにしき)の大作をつぎつぎに発表し、内外人士を驚嘆させる。しかし、彼は縮緬織など普通高級織物の改良にも数々の貢献を行い、また早くから生糸輸出を絹織物輸出に代えるべきことを説き、この方面でも先覚者的働きをした。三十一年には帝室技芸員となった。オランダのヘーグの平和宮殿の壁面を飾るべき綴錦の大作「花鳥の図」の作製に取り組み中、風邪をこじらせて、明治四十三年五月五日京都で死去。五十八歳。墓は東山区西大谷にある。法名真浄院釈清諄。

参考文献 橋本五雄『恩輝軒主人小伝』 （正田健一郎）

かわしまたけよし　川島武宜　一九〇九―九二　昭和時代の民法学者、法社会学者。明治四十二年(一九〇九)十月十七日、岐阜市生まれ。昭和七年(一九三二)東京帝国大学法学部卒業。我妻栄のもとで助手となり民法を専攻、九年助教授、二十年教授、四十五年停年退職、その後弁護士となった。民法の請求権競合に関する研究から出発し、『民法解釈学の諸問題』(昭和二十四年)など法解釈学の理論構成に新たな段階を画した。さらに穂積重遠・末弘厳太郎・イエリング・エールリッヒらの影響により法社会学の研究に着手した。まず農・山・漁村の法社会学的調査の先駆者として村落構造・家族関係・入会権など日本社会の特質を解明するとともに、第二次世界大戦中に執筆された『所有権法の理論』(二十四年刊)をもって近代的所有権の基礎をなす社会関係を解明し、近代市民社会との対比において日本社会を分析し批判するための基礎理論を築いた。以上にもとづく『日本社会の家族的構成』(二十三年)は、戦後の民法改正に大きな影響を与えた。また鵜飼信成・福島正夫・辻清明と共同編集した『講座日本近代法発達史』全十一巻(三十三―四十二年)は、その後の日本近代法史研究に決定的影響を与えた。さらに『科学としての法律学』(三十三年)は法社会学の裏付けを持つ法解釈学の樹立を説いた。全国的法社会学的調査の指導例として『農家相続と農地』(四十年)が名高い。法社会学の体系化のために『法社会学講座』全十巻(四十七―四十八年)を編集し、みずからも「法の社会制御モデル」の理論を展開した。主要著作は『川島武宜著作集』全十一巻(五十七―六十一年)に著者のコメントを付して収録されている。二十二年日本法社会学会を設立、三十六年設立の国際法社会学会と連携、学会の国際化に寄与した。日本私法学会・日本法社会学会の理事長、日本学士院会員を歴任した。平成三年(一九九一)文化功労者になった。四年五月二十一日東京の関東中央病院で没。八十二歳。

参考文献 川島武宜『ある法学者の軌跡』 （利谷　信義）

かわしまなにわ　川島浪速　一八六五―一九四九　明治、大正、昭和時代前期の大陸浪人。慶応元年(一八六五)十二月七日、信濃国松本藩士川島良顕・栄子の長男として、松本北馬場町(長野県松本市)に生まれる。明治八年(一八七五)一家は東京に移住。のち外国語学校に入学し中国語を学ぶ。同十九年同校を退学、同年上海に渡航し、中国各地を見聞する。同二十二年病を得て帰国。二十七年日清戦争勃発、陸軍通訳官として従軍、中国大陸から台湾に転戦。二十九年台湾総督乃木希典の知遇をえて、台湾総督府官吏となる。三十三年義和団事件では再び陸軍通訳官として派遣軍に加わり、のちには軍政事務官を兼任し、警察業務にたずさわる。翌三十四年警務学堂を創設し、警察官の養成に尽力した。このころから清朝の粛親王、蒙古王喀喇沁らと親交を結ぶ。四十五年辛亥革命により清朝が滅亡すると参謀本部と通謀し、粛親王を北京から旅順に脱出させ、同王を擁して第一次満蒙独立運動を計画し、実行に移したが、政府の計画中止の命令により挫折し、同年帰国した。大正三年(一九一四)には粛親王の女金璧輝を養女とし芳子と改名、その他粛親王の子女を日本に呼び養育に尽した。同五年第二次大隈内閣の反袁政策のもとで、参謀本部・関東都督府などの後援を得、第二次満蒙独立運動を画策したが、この時も政府の方針転換と袁世凱の死去などにより失敗に終った。その後も川島は政府要路に対してしばしば満蒙政策について建言し、満蒙独立を主張した。満洲事変の結果昭和八年(一九三三)満洲国が建国されるにあたって川島は共和制を排し、帝制を主張した。同十年満洲国皇帝来日の際、皇帝は特に川島邸に勅使を派遣し、その功をねぎらった。昭和二十四年六月十四日没。八十五歳。墓は松本市蟻ヶ崎の正麟寺にある。

参考文献 会田勉『川島浪速翁』　（由井正臣）

かわしまよしゆき　川島義之　一八七八―一九四五　明治から昭和時代前期にかけての陸軍軍人。明治十一年(一八七八)五月二十五日、元伊予松山藩士川島右一の長男に生まれ、松山中学校を経て陸軍士官学校に進み、同三十一年卒業して歩兵少尉に任官した。日露戦争に青年将校として出征したのち、陸軍大学校を卒業、教育総監部勤務を経て、ドイツに留学、その後、陸大教官・歩兵第七連隊長・参謀本部戦史課長・教育総監部第一課長など、地味な教育畑を歩いたが、大正十五年(一九二六)陸軍省人事局長となり、第十九・第三両師団長、朝鮮軍司令官を経て、昭和九年(一九三四)三月大将に進級、軍事参議官を経て、翌十年九月陸軍大臣に就任した。当時陸軍部内は皇道派と統制派の派閥抗争が激化して爆発寸前の状態にあり、無色透明の中立派として川島が陸相にえらばれたのであるが、就任半年後に二・二六事件が起り、皇道派青年将校に「昭和維新」の実行を迫られると、川島陸相は茫然としてなすところを知らず、事件の終了とともに辞職し直ちに予備役に編入された。同二十年九月八日没。六十八歳。

参考文献 秦郁彦『軍ファシズム運動史』　（秦郁彦）

かわじりほうきん　川尻宝岑　一八四二―一九一〇　明治時代の歌舞伎脚本作者。心学者・禅学者でもあった。本名義祐、一竿斎宝洲・忘路庵と号した。天保十三年(一八四二)十二月十八日、江戸の鼈甲問屋に生まれ、八代目彦兵衛を相続。二十歳で神道禊教に入り、のち権大教正となる。また独学で石門心学を修めた。鎌倉円覚寺に参禅して今北洪川に師事、『(和訓略解)禅林句集』『坐禅之捷径』などの著書がある。代々市川団十郎をひいきにする芝居好きの商家であったため、九代目市川団十郎と親しく、明治十六年(一八八三)ころから歌舞伎脚本を執筆、『新開場梅田神垣』(明治二十一年)、『文覚上人勧進帳』(同二十二年)は団十郎によって初演された。また伊井蓉峰らの改良演劇済美館に『名大滝怨恨短銃』(同二十四年)を書いた。依田学海の活歴劇『吉野拾遺名歌誉』、末松謙澄作『小楠公』、長田秋濤作『菊水』などの新脚本も、実際には宝岑の手になるものだった。作品は五十余編、忠孝仁義を主題としながら、新趣向をとりいれ、義理人情をもりこんだ。宝岑は、局外者を容れなかった歌舞伎界に、素人の書いた脚本を送りこんだ最初の人であった。同四十三年八月十日箱根にて没。六十九歳。深川法禅寺に葬られる(法禅寺は戦災で焼失し、墓は今千代田区外神田の神田寺の管理となっている)。法名は唯仁斎心誉宗静宝岑居士。

参考文献 川尻清潭「亡父川尻宝岑の事ども」(『芸術殿』二ノ一〇)　（藤木宏幸）

かわじりゅうこう　川路柳虹　一八八八―一九五九　明治・大正時代の詩人、美術評論家。明治二十一年(一八八八)七月九日東京芝三田四国町(港区三田)で英学者寛堂とハナの長男に生まれた。本名は誠。幼時を広島県の福山に、少年時代を淡路島の洲本に送り、洲本中学から京都美術工芸学校に入学、のちに東京美術学校に学んだ。京都に在学中詩誌『文庫』や『詩人』に寄稿、同四十年九月に口語自由詩を発表して詩壇の注目をひいた。著作には詩集『路傍の花』(明治四十三年)、『かなたの空』(大正三年(一九一四))、『勝利』(同七年)、『曙の声』(同十年)、『歩む人』(同十一年)、『明るい風』(昭和十年(一九三五))、『無為の設計』(同二十二年)、『波』(同三十二年)のほか、『マチス以後』『コロー』などの美術評論集、詩論集『詩学』などがある。柳虹の詩業は日本近代詩に知性の道をひらいたところにあるが、その主宰した詩誌『現代詩歌』『炬火』や詩話会編の『日本詩人』『日本詩集』などによって次代の新人を育成した功績もまた大きい。昭和三十四年四月十七日没。七十歳。墓は東京都府中市の多磨墓地にある。法名は温容院誠誉智徳柳虹大居士。死後、詩集『石』(同四十年)が刊行された。

参考文献 日夏耿之介『明治大正詩史』(『日夏耿之介全集』三)、服部嘉香『口語詩小史』、日本近代詩論研究会・人見円吉編『日本近代詩論の研究』、人見円吉『口語詩の史的研究』、石丸久「川路柳虹」(『人と作品 現代文学講座』四・五所収)　（古川清彦）

かわせひでじ　河瀬秀治　一八三九―一九二八　明治・大正時代の官僚、美術・仏教界の指導者。天保十年(一八三九)十二月十五日丹後国田辺藩牛窪成弘の三男として舞鶴に生まれ、のち宮津藩河瀬治休の養子となる。藩は譜代であったので明治維新に際し佐幕に傾いたが、彼の勤王の進言で一藩の運命を救った。明治元年(一八六八)新政府成るや公議人に召されて、はじめに武蔵知県事、二年以降小菅、さらに印旛・群馬・熊谷などの各県知事・県令を歴任、三十六歳で内務大丞兼勧業権頭、十年上野公園第一回内国勧業博覧会、十三年には豪州メルボルンにて博覧会開催に際し事務官長として出張を命ぜられ、翌年博覧会事務が新設の農商務省に移管されたので下野した。その前年欧米に貿易の実況を調査している。下野後の彼は中外商業新報社の設置、商法会議所・横浜正金銀行・富士製紙会社など実業方面を振作するとともに、フェノロサ・岡倉天心らと日本美術の振興につとめ、竜池会(日本美術協会)・東京美術学校の設立に助力した。また大内青巒を介して釈雲照・福田行誡らを知るを得て仏教に帰依するに至り、特に聖徳太子を崇敬する上宮教会や中央仏教会館の設立に努力した。昭和三年(一九二八)四月二日没。九十歳。東京目黒の祐天寺に葬られた。法名秀月院殿幻山雲影居士。

参考文献 斎藤一暁『河瀬秀治先生伝』

（友松　圓諦）

かわだいさお　河田烈　一八八三―一九六三　大正・昭和時代の官僚、政治家。明治十六年（一八八三）九月二十四日、東京に生まれる。同四十一年東京帝国大学法科大学卒業。同年大蔵省に入り、主計局長を経て、昭和四年（一九二九）七月から同六年十二月まで浜口雄幸・第二次若槻礼次郎内閣のもとで大蔵次官となる。翌七年五月、永井柳太郎拓相に請われて拓務次官となり、続いて同九年七月に岡田啓介内閣の内閣書記官長となったが、病気のため同十月に辞任。同年十一月二十七日に貴族院議員（勅選）となり、同院廃止の前年、二十一年三月十八日まで在任した。同十五年七月から翌年七月まで第二次近衛文麿内閣の大蔵大臣となった。戦後、同二十七年二月、対中華民国講和全権となり、戦争状態を終結し正常関係を再開するための条約交渉にあたった。華々しい経歴にもかかわらず地味な存在であった。書・漢詩・篆刻をよくした。昭和三十八年九月二十七日没。八十歳。東京都台東区谷中の天王寺墓地に葬られる。法名愛敬院殿文所功甫大居士。

参考文献 河田烈自叙伝刊行会編『河田烈自叙伝』

（西村紀三郎）

かわだおうこう　川田甕江　一八三〇―九六　江戸時代末期から明治時代前期へかけての儒者、文章家。名は剛、字は毅卿、甕江と号した。天保元年（一八三〇）六月十三日に備中国浅口郡阿賀崎（岡山県倉敷市玉島阿賀崎）に生まれた。父資嘉は商人であった。はじめ同国の儒者山田方谷に学んだが、やがて江戸に出て藤森天山の門に入った。のち備中松山藩主板倉氏の督学となったが、維新後は東京に移り、牛込に塾を開いて子弟を教えた。やがて宮内省に出仕し、大学教授を兼ね、文学博士の学位をさずけられ、東京学士会院会員に推された。甕江は朱子学を宗とし、文章に巧みで、明治の漢文壇において重きをなした。最後には諸陵頭（しょりょうのかみ）や東宮侍読となり、また、貴族院議員に勅選されたが、明治二十九年（一八九六）二月二日、六十七歳で没した。東京駒込の吉祥寺（文京区本駒込）に葬られた。法名は文荘院殿和甫甕江大居士。遺著に『随鑾紀程（ずいらんきてい）』『得開瑣録』『楠氏考』『殉難録』などがあり、また『古事類苑』の編修にも関与した。歌人川田順はその子である。

（富士川英郎）

かわだかげとも　河田景与　一八二八―九七　明治維新の功臣。因幡国鳥取藩士。名は景与、通称左久馬、研田と号した。文政十一年（一八二八）十月十八日生まれ。父は介景。伏見留守居役として尊攘を唱え、文久三年（一八六三）八月十八日政変の前夜、同志の太田権右衛門ら二十一人と佐幕説を唱える藩の重臣黒部権之介ら四人をその仮寓京都本圀寺に襲い、三人を斬り一人を自刃させ、政変後は諸藩士と長州藩のために周旋した。元治元年（一八六四）禁門の変に長州藩兵と通じたかどで藩地に送られ幽閉された。慶応二年（一八六六）長州再征に幕軍が敗退し、浜田城が攻略されると、脱藩して長州藩に投じたが、のち許されて帰藩した。明治元年（一八六八）戊辰戦争には東山道先鋒総督府参謀・東征大総督府下参謀として各地に転戦、賞典禄四百五十石を賜わった。同年十月甲斐府判事に任じて以来、軍務官判事・兵部大丞・京都府大参事兼留守判官・弾正大忠・民部大丞兼福岡藩大参事を経て、四年十一月鳥取県権令となった。十一年元老院議官に任じ、二十年子爵を授けられた。三十年十月十二日没。七十歳。法名は養心院殿本覚浩然大居士。東京青山の梅窓院に葬られたが、のち府中市の多磨墓地に改葬された。

参考文献 内閣修史局編『百官履歴』上（『日本史籍協会叢書』）

（吉田　常吉）

かわたけしげとし　河竹繁俊　一八八九―一九六七　大正・昭和時代の演劇学者。明治二十二年（一八八九）六月九日、市村保三郎の三男として長野県下伊那郡山本村（飯田市竹佐）に生まれた。同四十四年、早稲田大学英文科および文芸協会付属演劇研究所を卒業。佐竹東三の芸名で舞台にも立ったが、同年坪内逍遙のすすめで河竹黙阿弥（吉村姓）家の養嗣子となり、のち河竹と改姓。大正二年（一九一三）文芸協会解散後は歌舞伎の研究に専心し、翌年『河竹黙阿弥』を刊行。ついで同八年より『黙阿弥脚本集』の校訂・編集に従事、その後の黙阿弥研究の基礎をきずいた。昭和三年（一九二八）早稲田大学演劇博物館の設立に奔走し、設立後は副館長に就任。翌年より早稲田大学文学部講師として日本演劇史を講じた。同十八年『歌舞伎史の研究』により文学博士号をうけ、三十一年には紫綬褒章、三十五年には『日本演劇全史』によって学士院賞を受賞した。同年早大を定年退職。四十二年十一月十五日、七十八歳で没し、東京都中野区上高田の源通寺に葬られる。戒名は演芸院釈智俊居士。なお著書には前記のほかに、『黙阿弥襍記』『歌舞伎作者の研究』『新劇運動の黎明期』『歌舞伎叢攷』『（ずいひつ）牛歩七十年』など多数がある。

参考文献 河竹繁俊博士喜寿記念出版刊行会編『日本演劇研究書目解題』、『演劇学』九（河竹繁俊博士追悼号）

（今尾　哲也）

かわたけしんしち　河竹新七　歌舞伎狂言作者。

(一)二代目　黙阿弥の現役名。

(二)三代目　一八四二―一九〇一　ふつう新七というと三代目をさす。天保十三年（一八四二）江戸神田に生まれ、幼名を菊川金太郎という。生家の業は不詳だが、猿若町の小間物屋に奉公するうち黙阿弥の作に傾倒、石塚豊芥子の紹介でその弟子となった。安政四年（一八五七）五月竹柴金作と名のり、精進して明治五年（一八七二）正月市村座の立作者となり、さらに十七年四月、先に引退した師匠の名をもらって新富座で三代目河竹新七を襲名。その後市村座・新富座・歌舞伎座・明治座などにも立作者をつとめたが、三十四年一月十日六十歳で没した。浅草の永見寺に葬られる。法名如山是水居士。趣向頓才にすぐれ速筆でも知られたが、小説や講談の脚色や補綴物が多かった。代表作に『籠釣瓶花街酔醒』（明治二十一年）、『塩原多助一代記』（同二十五年）、『怪異談牡丹燈籠』（同年）、『指物師名人長次』（同二十八年）、『江戸育御祭佐七』（同三十一年）などがある。作品の一部は『日本戯曲全集』三二に収められている。

参考文献　河竹繁俊『河竹黙阿弥』（『黙阿弥全集』首巻）、伊原敏郎『明治演劇史』　（河竹登志夫）

かわたけもくあみ　河竹黙阿弥　一八一六―九三　幕末・明治時代前期の歌舞伎狂言作者。本姓吉村、幼名芳三郎。現役名二代目河竹新七、明治十四年（一八八一）番付面から引退後は、古河黙阿弥・河竹黙阿弥・古河黙阿または単に黙阿弥と号した。俳名其水。文化十三年（一八一六）二月三日、江戸日本橋通二丁目通称式部小路（東京都中央区日本橋二丁目）に、湯屋の株の売買を業とする父越前屋勘兵衛と、士分出の後妻まちとの間に長男として生まれた。十四歳のとき柳橋で遊興中みつかって勘当され、遊楽生活に入ったが、十七歳で銀座の貸本屋の手代となり、芳々と号して狂歌・雑俳・茶番・三題噺などに趣向頓才を発揮する一方、乱読多読と芝居出入りの機をつかんだ。天保五年（一八三四）十九歳のとき踊りの師匠沢村お紋の紹介で、鶴屋孫太郎すなわちのちの五代目鶴屋南北に入門、翌年勝諺蔵と名のって市村座へ出勤、作者道に入った。その後何度か病気や家庭事情のため退座休座をくり返したが、同十二年一切を整理して作者道に専念する決意をかため、柴（のちに斯波）晋輔と改名して河原崎座に入り、次席作者となった。十四年二代目河竹新七を襲名、立作者となる。弘化三年（一八四六）三十一歳のとき茶道具屋で茶人の大和屋源兵衛の娘琴と結婚。しばらく補綴や習作時代がつづいたのち、安政元年（一八五四）三月『忍ぶの惣太（都鳥廓白浪）』によって幕末の名優四代目市川小団次と意気投合し、以後慶応二年（一八六六）同優の死まで、彼のために多くの生世話狂言を書き、第一人者となった。明治維新後は得意の世話物のほか、主として九代目市川団十郎のための活歴物や、五代目尾上菊五郎のための散切物など、新時代を反映した作品にも筆をふるった。しかし新政府の干渉により学者論客が演劇改良に介入し始め、伝統的狂言作者への非難圧迫が大きくなったため、明治十四年引退を声明、『島ちどり（島鵆月白浪）』を一世一代の書納めとして黙阿弥と改名した。が、その後もこれに代わる実力者はなく、死の直前までスケ（助）あるいは客分として番付に名をつらね、事実上の立作者として活動した。明治二十六年一月二十二日脳溢血で没。七十八歳。法名は釈黙阿居士。浅草北清島町の源通寺に葬られたが、同寺が同四十一年に豊多摩郡中野町（中野区上高田）に移転したのに伴い、改葬された。五十年の作者生涯に約三百六十篇の作をのこしたが、その本領は江戸市井の庶民をリアルにえがく生世話物と、清元を主とした情緒纏綿たる浄瑠璃所作事にある。趣向の妙にとみ、場面の絵画的なうつくしさを特色とするほか、七五調のせりふの音感や下座音楽や浄瑠璃のたくみな活用など、様式美にすぐれ、取材範囲のひろさや作劇技法などすべての点で、江戸演劇の集大成者とされる。代表作には世話物に『蔦紅葉宇都谷峠』（安政三年）、『十六夜清心（小袖曾我薊色縫）』（同六年）、『三人吉三廓初買』（万延元年（一八六〇））、『弁天小僧（青砥稿花紅彩画）』（文久二年（一八六二））、『村井長庵（勧善懲悪覗機関）』（同年）、『御所の五郎蔵（曾我綉俠御所染）』（元治元年（一八六四））、『髪結新三（梅雨小袖昔八丈）』（明治六年）、『河内山と直侍（天衣紛上野初花）』（同十四年）、活歴物に『重盛諫言（牡丹平家譚）』（明治九年）、『高時（北条九代名家功）』（同十七年）、散切物に『女書生繁（富士額男女繁山）』（明治十年）、『霜夜鐘十字辻筮』（同十三年）、『島ちどり』、『筆幸（水天宮利生深川）』（同十八年）、舞踊劇に『土蜘』（明治十四年）、『茨木』（同十六年）、『紅葉狩』（同二十年）など。ほかにリットンの戯曲による『人間万事金世中』などの翻案劇もある。『黙阿弥全集』全二十七巻・首巻一巻（評伝・日記・年譜・著作解題）がある。

参考文献　河竹繁俊『河竹黙阿弥』、同『黙阿弥襍記』、同『黙阿弥の手紙・日記・報条など』、河竹登志夫『作者の家』、同『黙阿弥』　（河竹登志夫）

かわだこいちろう　川田小一郎　一八三六―九六　明治時代前期の三菱財閥創業期の功労者。日本銀行の第三代総裁。天保七年（一八三六）八月二十四日、高知藩士川田恒之丞の次男として土佐郡杓田村（高知市旭町）に生まれる。若年より経理的才能にひいで、藩庁会計方につとめる。維新の際土佐軍に参加し、別子銅山の接収にあたったが、その際住友の別子稼行の継続に尽力した。明治三年（一八七〇）藩の土佐商会において岩崎弥太郎と相識るに及び、翌四年藩職を辞任して、弥太郎とともに九十九（つくも）商会を創立し、海運業を始める。同商会が五年三川商会となり、さらに六年三菱商会に改組改称され、岩崎の事業として発足するや、これに参画。八年三菱商会の社制採用に伴い、石川七財とともに管事につき、社長弥太郎を補佐した。主として三菱の鉱山事業を総轄し、紀州炭坑・吉岡銅山・高島炭坑の経営をはじめ、全国各地方にわたり鉱山買収をすすめた。石川の没後、弥太郎・弥之助を援けて三菱の共同運輸会社との競争、両社合併による日本郵船の設立に尽力した。しかし同十八年弥太郎の没後、閑職に転じ、岩崎弥之助と協議のうえ、三菱をしりぞき、二十年代の急速な工業化を背景に日本銀行総裁として活躍した。すなわち、同二十二年、黒田清隆内閣の蔵相松方正義の推薦により第三代総裁に就任し、翌二十三年の恐慌に際しては有力会社の株式を担保に手形割引を行い財界救済にあたった。さらに日清戦争勃発するや、戦費調達を円滑化するため臨時貸上金をもってこれを補塡し、日清戦争終了後は賠償金をひきあてに積極策を推進した。また国立銀行の普通銀行転換を促進し、銀行券発行の集中主義を確立するとともに、極度のオーバーローンになやむ普通銀行を対象に手形再割引などを行い、金融界における日銀の地位を大いに高めた。一方日銀に山本達雄・高橋是清ら有為の人材を集め、後継者養成にも努力するなど、日銀の大総裁と称され、財界の大御所的存在として活躍したが、二十九年十一月七日、六十一歳で在職中、病没した。二十三年貴族院議員に勅選され、二十八年男爵を授けられる。墓は東京都豊島区駒込の染井墓地にある。

参考文献 岩崎弥太郎・岩崎弥之助伝記編纂会編『岩崎弥太郎伝』下、吉野俊彦『歴代日本銀行総裁論』 (杉山 和雄)

かわだじゅん 川田順 一八八二―一九六六 明治後期から昭和時代にかけての歌人。日本芸術院会員。明治十五年(一八八二)一月十五日東京浅草に生まれた。甕江川田剛・本田かねの子。東京帝国大学英文科より法科に転じ、同四十年卒業、住友総本社に入社。歌歴は十五歳のとき佐佐木信綱の門に入ったのに始まる。同三十七年には、小山内薫・武林無想庵らと同人雑誌『七人』を創刊。『伎芸天』『陽炎』を経て、大正十一年(一九二二)の第三歌集『山海経』によって歌壇における位置を定め、同門の木下利玄と並び称された。同十三年『日光』の同人となる。昭和十一年(一九三六)、二・二六事件後実業界を去り、文学に専念した。同二十一年皇太子の御作歌指導役に就任、二十三年には歌会始選者となる。同二十四年永く住んだ京都から湘南に移住し、四十一年一月二十二日没。八十四歳。神奈川県鎌倉市山ノ内の東慶寺に葬られた。法名泰順院諦道博文居士。彼の歌風は、初期のロマン的傾向から写実的な作風に移り、ついに独自の明快な近代的風格を帯びるに至った。旅行の歌に見るべきものがある。歌集は、上記のほか、『鵲』『鷲』『寒林集』『国初聖蹟歌』(歌文)など多数があり、『定本川田順全歌集』がある。また、早くから『新古今和歌集』を研究し、『源実朝』『藤原定家』『西行』などの著があり、和歌史研究の新分野を拓いたものとして、『幕末愛国歌』『吉野朝の悲歌』『戦国時代和歌集』の著もある。なお『鷲』『国初聖蹟歌』により第一回帝国芸術院賞(昭和十七年)を、『吉野朝の悲歌』その他により朝日文化賞(同十九年)をそれぞれ受賞した。

参考文献 『短歌』一三ノ四(特集川田順追悼)、『心の花』八一二(川田順追悼号) (広田栄太郎)

かわたしろう 河田嗣郎 一八八三―一九四二 明治から昭和時代初期にかけての経済学者。明治十六年(一八八三)四月二十二日、山口県玖珂郡に生まれる。同四十年、京都帝国大学を卒業後、国民新聞社に入社したが、翌年、京都帝大法科大学講師となる。大正元年(一九一二)から四年間、英米独仏に留学。研究分野は広汎で、家族制度の研究を起点として、婦人問題・社会問題一般・農業経済・食糧問題・経済原論に及んだ。その学風は実証的で、特に七巻にのぼる主著『社会問題体系』は、実証的労働問題研究の領域を拓いた。よく消化された新古典派経済学を軸とし、「個人人格の尊重とその社会生活上及び経済生活上における平等なる独立」を「社会問題の解決」の基礎にすえる方法は、以前の主流的な社会政策学派からの離脱を意味する。社会主義に対しても柔軟で、集権的な集産主義を提唱した評論『何処へ往く』は、反響を呼んだ。晩年の『国防経済概論』では、戦時政策に対する「経済の自己規律性」の制約を強調している。昭和三年(一九二八)京大退官後、同十七年五月二十一日六十歳で死去するまで、大阪市立商科大学学長をつとめた。墓は京都市左京区鹿ヶ谷の法然院にある。 (下田平裕身)

かわづすけゆき 河津祐之 一八四九―九四 明治時代前期の官吏。嘉永二年(一八四九)四月八日生まれる。通称は孫四郎。三河西端藩士黒沢家に生まれ、長じて幕臣河津祐邦(長崎奉行・外国事務総裁などを歴任)の女婿となる。江戸幕府蕃書取調所および箕作麟祥の門に学ぶ。明治三年(一八七〇)三月から七年九月まで文部関係の官吏(文部中教授・学制取調掛などを歴任、フランスに留学)、八年六月から十二年まで元老院書記官(日本国憲按の起草などに参画)、十三年十一月検事となり、大阪・名古屋の控訴院検事長を勤む。同十五年八月退官、自由党に参加、『日本立憲政党新聞』主幹となり十八年六月まで在社、その後再び官界に入り、十九年二月、司法大書記官となり、二十四年大津事件に際しては刑事局長。同年七月二十三日逓信次官となった。二十六年三月病気療養のため辞官、療養に努めたが再起できなかった。翌二十七年七月十二日没。四十六歳。墓は東京都台東区谷中の玉林寺にある。法名は総達院殿英倫祐之大居士。M. Mignet：Histoire la de Révolution française の訳『仏国革命史』(明治九―十一年)などがある。 (西田 長寿)

かわつらぼんじ 川面凡児 一八六二―一九二九 明治末期から昭和初期にかけての神道者。文久二年(一八六二)四月一日豊前国宇佐郡小坂村(大分県宇佐郡院内町)に父仁左衛門吉範・母八津の次男として出生。名は恒次、字は吉光、凡児は号。母は敬神崇仏の篤信者で、この素質をうけたかと思われる。十五歳のときから宇佐神宮の神体山(大元山)に三年こもり修行、神仙から啓導されたという。二十四歳のとき上京、新聞記者をしつつ法律・経済などを学び、仏教を会得した。明治三十九年(一九〇六)四十五歳の折、「全神教趣大日本世界教」を唱え「出世の本懐としての序幕」を開いた。同年稜威会を設け宣言を公布し、「祖神の垂示」としての惟神の大道の宣布に踏み出した。凡児の説くところは万教帰一、万神即一神といえる。およそ信仰とは人生宇宙の根本大本体を求め、これに向上同化を期するもので、根本大本体とは神道では天御中主大神、仏教では仏陀、中国では天または上帝、ユダヤではエホバ、欧米ではゴッドという。諸仏などは天御中主大神の分霊分身分魂で、天照大神と天御中主大神とは同体と説く。昭和四年(一九二九)二月二十三日、六十八歳で没した。墓は東京都の多磨墓地にある。その著述は『川面凡児全集』全十巻（昭和十四―十六年）に収められている。

参考文献 金谷真『川面凡児先生伝』、中西旭「神道世界観の展開―川面・筧・今泉を中心とする群像―」（神道文化会編『（明治維新）神道百年史』五所収）（安津 素彦）

かわてぶんじろう 川手文治郎 一八一四―八三 教派神道の一派、金光教教祖。金光大神（戸籍は大陣）と称す。文化十一年（一八一四）八月十六日、備中国浅口郡占見村（岡山県浅口郡金光町）に農業香取十平の次男として生まれる。母は志も。十二歳の時、同郡大谷村（金光町大谷）の農業川手粂次郎の養子となる。安政二年（一八五五）四十二歳の厄年に、致死を免れぬ喉の重病「喉痺」（江戸時代の医書『処心方』にみえる）にかかり、奇蹟的に九死に一生を得る。大患からの甦りは、彼の神観に大きな転換をもたらした。すなわち、それまで祟り神として俗信の対象であった金神（元来陰陽家が祀った暦神）は、「金乃神」さらには天地の統一神「天地金乃神」に昇華せしめられ、これと照応して己の名もついに明治元年（一八六八）「生神金光大神」となる。安政六年十月二十一日、神授により神前結界の座における神と人との取次ぎをもっぱらとするに至る。公式にはこの時を以て一宗開基とする。明治十六年十月十日没。七十歳。墓は金光町の金光教本部の裏山にある。教祖の没後、直系の男子が教主となり、教祖ののこした取次ぎの道を相続している。

参考文献 金光教本部教庁編『金光大神及び金神大神註釈ほか』、村上重良・安丸良夫校注『民衆宗教の思想』（『日本思想大系』六七）、瀬戸美喜雄「（幕末期より明治初期にいたる）一民衆宗教者の思想の軌跡―赤沢文治の場合―」（笠原一男博士還暦記念会編『日本宗教史論集』下所収）、同「教祖四十二歳の大患の事蹟について」（『金光教学』一一・一二）、小沢浩「幕末における民衆宗教運動の歴史的性格―川手文治郎の思想形成と金光教の成立をめぐって―」（『歴史学研究』三八四）（戸田 義雄）

かわなべぎょうさい 河鍋暁斎 一八三一―八九 幕末・明治時代前期の日本画家。天保二年（一八三一）四月七日下総国（茨城県）古河に生まれ、俗称を周三郎といった。生後間もなく両親とともに江戸に出て、七歳のときから歌川国芳浮世絵を、ついで前村洞和、さらに洞和の師狩野洞白について狩野派の画法を習い、洞郁陳之の名を受ける。安政五年（一八五八）独立して本郷で開業、狂斎と号したが、明治三年（一八六九）酔余の席画がもとで官辺の忌諱にふれ四ヵ月ほど投獄されたのを機に、以後暁斎と改めた。ほかに惺々狂斎・画鬼・畑狂者・酒乱斎・雷酔・猩々庵・如空道人など多数の雅号を用いている。明治十四年第二回内国勧業博覧会に「枯木寒鴉」を出品、妙技二等賞を得たころからその名声は一世に喧伝された。その画風は狩野派をもとに浮世絵風をまじえたものだが、その鋭い写実力をもつ暢達した筆技と機智にとむ着想は抜群であり、人の讃嘆をさそった。また狂画や諷刺画にも秀で、『暁斎画談』『暁斎漫画』などにその筆力がみられる。明治二十二年四月二十六日没。五十九歳。東京谷中の瑞輪寺墓地に葬られた。法名は本有院如空日諦信士。

参考文献 『近代日本美術全集』一（富山 秀男）

かわのべいっちょう 川之辺一朝 一八三〇―一九一〇 幕末・明治時代の漆芸家。天保元年（一八三〇）十二月二十四日江戸浅草に生まれた。通称源次郎。十二歳のときから徳川家蒔絵所幸阿弥因幡の仕手頭武井藤助について伝統的な蒔絵技法を学んだ。そして嘉永三年（一八五〇）独立して一朝と号し、維新まで徳川家御殿の蒔絵方をつとめたが、のち内外の博覧会に出品してたびたび受賞したり、皇居造営に際して学問所や広間鏡板に蒔絵などを制作、明治二十九年（一八九六）帝室技芸員に選ばれ、翌三十年から三十八年まで東京美術学校教授となって後進の指導にあたった。その作風は、堅実な写生にもとづく意匠を金色燦然とした高蒔絵で仕上げる豪華なもので、代表作に「菊花蒔絵書棚」などがある。明治四十三年九月五日に八十一歳で死去。墓は世田谷区北烏山の妙高寺にある。法名良隠院探微一朝日充居士。なお長男一湖・次男文朝も、父を助けながら明治・大正期に蒔絵師として活躍した。（富山 秀男）

かわばたぎょくしょう 川端玉章 一八四二―一九一三 幕末・明治期の日本画家。本名滝之助。天保十三年（一八四二）京都高倉二条に生まれた。父は蒔絵師佐兵衛、母は歌。十一歳で円山派の中島来章の門に入り、慶応二年（一八六六）江戸に出てワーグマンや高橋由一について洋風画を学んだりしたが、やがて円山派の伝統にかえって、のち日本画壇に同派の巨頭として重きをなした。岡倉天心らが東京美術学校を創立したとき以来、同校教授として円山派の画法を教えた。玉章は同派の頭領として、伝統の写生風を伝えたが、これはこの画派の最後の人となった。かれの門から平福百穂・結城素明らが輩出したが、これとは別に、私学校川端画学校を設立した。この学校は、長期にわたって多数の画学生を生み、その影響は少なからぬものがあった。大正二年（一九一三）二月十四日没。七十二歳。東京本所区中ノ郷業平町の真盛寺に葬られたが、のち芝区高輪台町（港区高輪）の正源寺に改葬された。法名は玉林院義章浄応居士。代表的な作品として、「墨堤春暁図」「桜花鶏図」「雨後山水図」がある。

参考文献 岡村吉樹編『川端玉章』（宮川 寅雄）

かわばたぼうしゃ 川端茅舎 一八九七―一九四一 大正・昭和時代前期の俳人。本名信一。明治三十年（一八九七）八月十四日、東京日本橋に生まれる。父信吉、母ゆき。異母兄に画家川端竜子がある。独協中学卒業。洋画家を志し、岸田劉生に師事。草土社・春陽会に出品入選した。大正後期、京都東福寺塔頭の庵に住み、仏教的雰囲気への関心を深めつつ、画・仏教・句作の日を過ごしたが、肺患を得て画を断念、以後俳句に専心した。俳句は、大正四年(一九一五)から始め、高浜虚子に師事。はじめ季題趣味的発想の句から出発し、昭和五年(一九三〇)ころより茅舎のいわゆる「棒の如き感触」を発想の起点に置き、物自体に即した感触、単純化を修練、そこからユーモア・哀感を表出、また仏教への帰依は、法悦境・安堵感・充足感・神秘的傾向の句を宗教的姿勢の中から生み出した。晩年は病の進行とともに次第に静境を見せた。茅舎の俳句は劉生の画論、虚子の花鳥諷詠論と深い照応を見せている。常に病身で、昭和六年、脊椎カリエス、以後、肋骨カリエス・心臓・痔・喘息を病み、同十六年七月十七日、東京大森桐里町(大田区中央)で没した。四十五歳。静岡県田方郡の修禅寺に葬られる。法名は青露院茅舎居士。句集には『川端茅舎句集』『華厳』『白痴』『定本川端茅舎句集』ほかがある。

[参考文献] 『川端茅舎集』(『現代俳句文学全集』四)、山本健吉『現代俳句』(『角川文庫』)、小室善弘『川端茅舎―鑑賞と評伝―』、松井利彦「川端茅舎」(『環礁』五ノ六)

(松井　利彦)

かわばたやすなり　川端康成　一八九九―一九七二　昭和時代の小説家。明治三十二年(一八九九)六月十一日、大阪市北区此花町に生まれた。父は栄吉、母はげん。父は医師であった。一歳のとき父、二歳のとき母を失い、祖父母と原籍地の大阪府三島郡豊川村(茨木市)に移ったが、祖母・姉の死に続いて、中学二年の折に祖父を失い、以後、まったくの孤児となった。中学の時から小説家を志望し、大阪府立茨木中学・一高を経て、大正九年(一九二〇)東京帝国大学英文科に入学、翌年国文科に転じ、十三年に卒業した。十年に、友人らと第六次『新思潮』を創刊、その二号に発表した『招魂祭一景』が好評で、文壇登場の足がかりを得た。菊池寛の知遇を得て、十二年創刊の『文芸春秋』同人に加えられ、創作・評論に活躍した。十三年十月、横光利一・片岡鉄兵・中河与一ら十三人の新進作家たちと『文芸時代』を創刊し、いわゆる新感覚派の文学運動を起こした。この期には、処女創作集『感情装飾』(大正十五年刊)に収められた、斬新鋭利な掌編小説多数を書き、ほかに、『十六歳の日記』(十四年)、『伊豆の踊子』(十五年)の秀作がある。大学卒業後は伊豆に多く滞在したが、昭和四年(一九二九)ころから浅草に親しみ、いわゆる浅草ものを手がけた。その代表作であり、かつ、新感覚派的作風の集大成と見なされる作品が、『浅草紅団』(同四―五年)である。四年には同人雑誌『近代生活』『文学』に参加。やがて、作風の転換をはかり、『水晶幻想』(六年)などの新心理主義の実験を経て、非情な認識をかなり自由なスタイルに託した『禽獣』(八年)に到達し、好評を博した。ついで、十年から十二年にかけてまとめられた『雪国』(完結は二十二年)は、名作として諸方面の絶讃をあび、川端の文名を決定的なものにした。その後の戦時下においては、いたずらに時局に迎合せず、仕事は少ないが、自分のペースを貫いた。戦後は、また、時代の動きとは別に、伝統を継ぐ者としての自覚を深め、『反橋』『しぐれ』『住吉』(二十二―二十四年)の、古典に近づいた三部作を書くとともに、『千羽鶴』(二十四―二十六年)、『山の音』(二十四―二十九年)の名作を発表、二十六年度日本芸術院賞を受賞した。十七年から稿を重ねて、二十九年に完成した『名人』も秀作である。ほかに、『東京の人』(二十九―三十年)などの風俗的小説も多く書いているが、その後は、『みづうみ』(二十九年)、『眠れる美女』(三十五―三十六年)、『片腕』(三十八―三十九年)などの超現実的な作品に進境が見られる。二十三年から四十年まで日本ペンクラブ会長を勤め、国際的交流に尽力し、四十三年には、日本人作家としてはじめてノーベル文学賞を受賞、ジャーナリズムをわきたたせた。四十七年四月十六日、神奈川県逗子市のマンションでガス自殺し、世間に大きな衝撃を与えたが、遺書めいたものはいっさい残されていなかった。七十二歳。同鎌倉市鎌倉霊園に葬られた。戒名は文鏡院殿孤山康成大居士。かれは、東洋ふうの虚無思想を核に持った美の使徒で、日本人の感性と官能を追い極めた伝統的芸術家である。『川端康成全集』全三十五巻・補巻二巻がある。

[参考文献] 川端文学研究会編『川端康成の人間と芸術』、長谷川泉編『川端康成作品研究』(『近代文学研究双書』)、日本文学研究資料刊行会編『川端康成』(『日本文学研究資料叢書』)、古谷綱武『評伝川端康成』、長谷川泉『川端康成論考』、川嶋至『川端康成の世界』、川端文学研究会編『川端文学への視界』一

(磯貝　英夫)

かわばたりゅうし　川端竜子　一八八五―一九六六　大正・昭和時代の日本画家。明治十八年(一八八五)六月六日、現在の和歌山市本町で生まれた。父信吉、母勢以。本名昇太郎。同三十七年東京府立第三中学校を中途退学して白馬会洋画研究所に入り、ついで太平洋画会研究所に通って洋画を専攻、かたわら挿絵画家として活躍したが、大正二年(一九一三)アメリカに遊学後日本画に転じて无声会(むせいかい)に参加、また同四年第二回再興院展に「狐の道」を送って初入選し、翌年は「霊泉由来」を出品して樗牛賞を受賞、六年には日本美術院同人に推された。しかし院展の新古典主義的な作風に満足できず昭和三年(一九二八)同人を辞し、健剛な会場芸術を標榜して翌四年青竜社を創立、以来没するまで同社を主宰しながら、毎年雄壮卓抜な画想と不羈奔放な筆力にあふれる大作を発表、同五年「魚紋」で朝日文化賞を、三十四年文化勲章をうけた。なお二十七年自宅に隣接する東京都大田区中央に竜子記念館を建設し、自作を展示して一般に公開した。昭和四十一年四月十日死去。八十歳。静岡県田方郡の修禅寺に葬られる。法名は青竜院御形竜子居士。自著に『わが画生活』(昭和二十六年)、『竜子画業二十五年　青竜社とともに』(同二十八年)、『画人生涯筆一管』(同四十七年)などがある。

参考文献 横川毅一郎『画家竜子』、木村重夫『川端竜子論』、北川桃雄「川端竜子」(『日本近代絵画全集』二四所収)
(富山 秀男)

かわはらもすけ 川原茂輔 一八五九―一九二九 明治から昭和時代前期にかけての政治家。安政六年(一八五九)九月肥前国松浦郡大川内(佐賀県伊万里市大川内)に川原茂兵衛の子として生まれた。明治二十五年(一八九二)佐賀県から衆議院議員に立候補して当選し、国民協会系議員倶楽部に所属した。二十七年以来落選が続いた間に県会議員となり、参事会員を経て議長に就任し県政界に重きをなした。政友会系の『佐賀日日新聞』の社長をしばらく勤めたことがある。三十五年代議士に返り咲き立憲政友会に所属、大正二年(一九一三)以後党の幹部として活躍した。三年全院委員長に就任。日独戦役には青島出征軍慰問議員団長として派遣された。のち、ワシントン会議視察のため渡米した。十三年政友本党の結成に参画し幹部となったが、昭和二年(一九二七)立憲民政党の創立には参加せず政友会に復党した。衆議院予算委員長を経て四年三月衆議院議長に就任したが五月十九日病のため死去。七十一歳。
(成沢 光)

かわひがしへきごどう 河東碧梧桐 一八七三―一九三七 明治から昭和時代前期にかけての俳人。本名秉五郎。明治六年(一八七三)二月二十六日愛媛県松山の千舟町に父静渓・母せいの五男として生まれる。松山中学から三高に進み二高に転じて中退。中学で高浜虚子と知り、ともに正岡子規に俳句を学ぶ。子規が新聞『日本』を舞台に俳句革新運動を起すやこれに加わってその業を助け、虚子と並んで頭角をあらわす。子規没後新聞『日本』の俳句欄の選者を継承し、ついで『日本及日本人』の「日本俳句」選者となる。明治三十九年から四十四年にかけて二回にわたり全国を歴遊したが、写実と個性発揮と接社会的とを説く新傾向俳句運動は燎原の火のごとく全国を風靡した。大正四年(一九一五)中塚一碧楼らと『海紅』を創刊、やがて季題と定型にとらわれぬ自由な表現へと進んだ。八年大正日日新聞社に社会部長として聘せられ下阪したが、翌年同新聞社解散、一年余の外遊。帰朝後は『海紅』と絶ち、個人誌『碧』を創刊、その作品を短詩と呼んだ。十四年には風間直得らと『三昧』を創刊、感情の律動的表現を志向したが作句に衰えを感じ、還暦を機に俳壇引退を声明、俳壇の第一線から退く。昭和十二年(一九三七)二月一日東京に没。六十五歳。墓は郷里松山の宝塔寺と東京台東区三ノ輪の梅林寺にある。法名は碧梧桐居士。主な著書に『新傾向句集』『八年間』『三千里』『続三千里』『子規を語る』『日本の山水』などがあり、編著に『続春夏秋冬』『日本俳句鈔』一・二がある。

参考文献 阿部喜三男『河東碧梧桐』(『俳句シリーズ人と作品』六)、大野林火「河東碧梧桐」(明治書院『俳句講座』六所収)、瓜生敏一「河東碧梧桐」(同八所収)、滝井孝作「河東碧梧桐」(『新俳句講座』二所収)
(瓜生 鉄二)

かわべていきち 河辺貞吉 一八六四―一九五三 明治から昭和時代にかけての日本自由メソジスト教会牧師。元治元年(一八六四)六月二十六日筑前国粕屋郡山田村(福岡県粕屋郡久山町)に生まれる。父は清三郎。日本での自由メソジスト教会の設立にあたっての中心人物、「日本自由メソジストの父」と呼ばれた。明治二十年(一八八七)米国日本人美以教会でキリスト教に入信。同二十九年自由メソジスト教会に参加して淡路島で伝道、のち大阪に転じて大阪玉水橋伝道所・大阪伝道学館・大阪日本橋教会を開き、日本自由メソジスト教会の基礎をかためた。大正四年(一九一五)に大阪日本橋教会牧師、昭和六年(一九三一)以降名誉牧師となる。同二十八年一月十七日没、八十八歳。墓は大阪の阿倍野墓地にある。説教や論説は『河辺貞吉説教集』全十巻におさめられている。
(波多野和夫)

かわべまさかず 河辺正三 一八八六―一九六五 大正から昭和期にかけての陸軍軍人。明治十九年(一八八六)十二月五日河辺純三の三男として富山県に生まれた。実弟の虎四郎(陸軍中将、終戦時の参謀次長)・俊吾(陸軍軍医少将)もともに陸軍軍人であった。明治四十年陸軍士官学校を卒業、大正四年(一九一五)陸軍大学校卒業後第一次世界大戦中スイスに駐在した。その後教育総監部・参謀本部勤務、ドイツ大使館付武官など軍令系統の要職を経て、昭和十一年(一九三六)陸軍少将に進級、天津に駐屯する支那駐屯歩兵旅団長に補せられ、翌年七月盧溝橋事件を迎える。彼は不拡大方針に従い、事件の処理を進めたが、戦火は拡大し、日中全面戦争に至った。十三年中支那派遣軍参謀長に転じ、教育総監部本部長・第十二師団長・第三軍司令官・支那派遣軍総参謀長を経て、十八年三月ビルマ方面軍司令官に任命され、インパール作戦を指揮したが、部下の牟田口廉也第十五軍司令官に引きずられて、補給の成算に乏しい無暴な作戦を強行し、惨憺たる敗北に終った。十九年八月内地に転じ、二十年三月大将に進級、航空総軍司令官として終戦を迎えた。終戦後は引退したまま昭和四十年三月二日没した。七十八歳。

参考文献 秦郁彦『盧溝橋事件の研究』
(秦 郁彦)

かわむらうそう 川村迂叟 ?―一八八五 幕末・明治時代前期の事業家。名は富之、通称伝右衛門、楓橋と号す。江戸日本橋新右衛門町(東京都中央区)に住す。代々幕府御用達を勤める豪商であった。大橋訥庵・中島撫山ら儒者と親交あり、剣道を千葉周作に学んだ。宇都宮藩の御用達を勤め、維新後明治五年(一八七二)同地に器械製糸場を設立、県下の養蚕・製糸の発展に寄与した。同十一年第三十三国立銀行を設立、同十八年下野紡績所操業に際し協力した。同年六月四日没した。東京浅草神吉町幡随院に葬られたが、のち寺の移転に伴い小金井市前

原町に改葬された。（伝田 功）

かわむらかげあき 川村景明 一八五〇—一九二六 明治・大正時代の陸軍軍人。嘉永三年（一八五〇）二月二十六日鹿児島藩士野崎吉兵衛の三男として鹿児島に生まれた。のち川村新左衛門の養子となる。文久三年（一八六三）の薩英戦争には、十四歳の少年にして参戦した。戊辰戦争に参戦後御親兵隊の軍曹となり、爾後累進して大尉のとき萩の乱、ついで西南戦争に従軍した。日清戦争には近衛歩兵第一旅団長であったが、出征が遅れて遼東では作戦せず、戦後近衛師団長北白川宮能久親王のもとで、台湾鎮定にあたった。日露戦争の初期は、独立第十師団長として大孤山から岫巌に作戦し、ついで第四軍司令官野津道貫大将の隷下に入って、遼陽以後の会戦に参加した。沙河の会戦における三塊石山の大夜襲戦の勝利は、彼の武功に数えられた。明治三十八年（一九〇五）一月大将に昇進。奉天の会戦には鴨緑江軍司令官として参加し、山地行動の苦労をもって偉功を奏した。戦後東京衛戍総督を七年余も勤め、大正四年（一九一五）一月元帥府に列した。十五年四月二十八日没した。七十七歳。墓は東京都港区の青山墓地にある。明治四十年戦功により子爵を授けられた。（松下 芳男）

かわむらきよお 川村清雄 一八五二—一九三四 明治時代の洋画家。号時童。嘉永五年（一八五二）四月二十六日江戸に生まれた。父は帰元、母はたま。のち、大坂に移って幼時から日本画を田能村直入に習い、ついで江戸に戻って十六歳ごろ開成所で川上冬崖から洋画を学んだ。明治四年（一八七一）徳川宗家の給費生一行に従って渡米したが、画学を志して同五年フランスに、ついでイタリアに赴き、ベネツィア美術学校に学んで、同十四年に帰国。その後は一時大蔵省印刷局に勤めたが、間もなくやめて東京麴町に画塾を設け、門人の育成にあたる一方、同二十二年の明治美術会創立に会員として参画した。また同会解散後は同三十五年巴会を結成、その中心となって活躍したが、文展発足後は公私の展覧会に出品せず画壇から遠ざかっていった。画風もこれに応じて初期のベネツィア風の明るい彩調から、次第に日本趣味的な温雅なものになり、晩年は琳派風の油絵を板に描いたりしている。代表作には「画室」「虫干」などがあるが、昭和九年（一九三四）五月十六日奈良県山辺郡丹波市町（天理市）で制作中、八十三歳をもって没した。墓は、東京都新宿区の正受院にある。法名、大洋院殿心華時童清雄大居士。

参考文献 『近代日本美術全集』三、東城鉦太郎他「川村清雄論」（『中央美術』五ノ一）（富山 秀男）

かわむらすみよし 川村純義 一八三六—一九〇四 明治時代の海軍軍人。天保七年（一八三六）十一月十一日鹿児島藩に誕生。父は与十郎。最初、河村。戊辰戦争では陸戦で功を立て、明治二年（一八六九）十一月に兵部大丞、ついで四年兵部少輔に進み、五年二月海軍省が兵部省の分割によって独立したとき、海軍少輔として海軍省に専属した。七年八月に武官の海軍中将に任ぜられ、海軍大輔となった。このときの海軍卿は勝安芳（海舟）であったが、勝が参議専任となって海軍省を去ったのちは、川村が大輔として卿の事を見た。西南戦争には、参軍に任じて出征したが、海戦というものがなかったので、戦功がない。戦後の十一年五月に参議となり、そして第二代の海軍卿となった。十三年二月に、参議に専任するために、職を榎本武揚に譲ったが、榎本が部下の排斥によって辞任したので、十四年四月再び海軍卿となり、その任は十八年十二月の内閣制創始によって、西郷従道が海軍大臣になるまで続いた。川村は海軍省にあること、前後十五年に及び、その間に薩派の勢力を海軍に伸べ、いわゆる「薩の海軍」の礎石を据えた。十七年七月に伯爵を授けられ、十八年海軍卿を去って宮中顧問官、二十一年四月に枢密顧問官となり、三十四年四月には皇孫迪宮（昭和天皇）、および三十五年には淳宮（秩父宮）の養育主任となった。三十七年八月十二日東京麻布の自宅にて没。六十九歳。墓は多磨墓地にある。その没するにあたって海軍大将に任ぜられたが、現役を去って二十年後に大将になった例は、前後にない。

参考文献 『類聚伝記大日本史』一三（松下 芳男）

かわむらたけじ 川村竹治 一八七一—一九五五 明治後期から昭和時代前期にかけての官僚政治家。明治四年（一八七一）七月十七日江刺県鹿角郡花輪村（秋田県鹿角市）に生まれる。同三十年東京帝国大学法科大学卒業、内務省に入り、のち逓信省にかわり、長崎・横浜・大阪各郵便局長を経て、再び内務省の内務書記官・内務参事官・台湾総督府内務局長を歴任。四十四年原敬内相の抜擢をうけて和歌山県知事に任ぜられ、ついで香川・青森各県知事、大正七年（一九一八）内務省警保局長、ついで拓殖局長官・内務次官・南満洲鉄道株式会社社長に就任した。この間十一年に貴族院議員に勅選され、立憲政友会系の交友倶楽部に属した。以後も政友会員として活動し、のち政友会顧問になっている。昭和三年（一九二八）台湾総督、七年には犬養毅内閣の鈴木喜三郎法相のあとをうけて司法大臣に就任した。以後政治の表面ではほとんど活動しなかった。三十年九月八日東京で没。八十四歳。墓は豊島区の雑司ヶ谷墓地にある。法名、瑞法院殿興徳亜洲大居士。

参考文献 新山虎二『肚の人・川村竹治』（伊藤 隆）

かわむらりんや 川村麟也 一八七九—一九四七 明治から昭和時代にかけての病理学者。恙虫病の研究で知られる。明治十二年（一八七九）九月十一日山梨県北巨摩郡志田村（北巨摩郡双葉町）に川村将徳の四男として生まれた。明治三十年上京し、第一高等学校を経て同三十九年東京帝国大学医科大学を卒業、ただちに病理学教室に入った。同四十一年ドイツ・イギリスに留学のため渡欧、同四十四年帰朝し、新潟医学専門学校教授となり、東京帝国大学講師を兼任した。大正五年（一九一六）恙虫の発育環を発表した。大正十一年新潟医科大学教授となり、同年二度目の欧米出張に出発し、同十五年帰朝した。その間、大正十三年に類脂質の研究により帝国学士院賞を受賞し、昭和七年(一九三二)には恙虫病研究の業績に対し浅川博士奨学賞を受賞した。同十二年新潟医科大学を辞し、慶応大学教授となり、北里研究所部長を兼任した。昭和二十二年十月三十一日東京で没した。六十九歳。墓は多磨墓地にある。法名は麟祥院殿恵命救世大居士。

参考文献　小林忠義編『川村麟也先生追慕録』

（大塚　恭男）

かわもとこうみん　川本幸民　一八一〇—七一　江戸時代後期の蘭学者。文化七年(一八一〇)摂津国(兵庫県)三田藩医川本周安と政子(森川氏)の三男として生まれる。諱は裕、幼名は敬蔵のち周民、裕軒と号した。幸民は字。藩校造士館に学び、また村上(宇野)良八から漢方医学を修得。文政十二年(一八二九)、藩命で江戸に遊学。足立長雋に蘭方医学を学び、ついで坪井信道に蘭学を学ぶ。天保五年(一八三四)藩医となる。翌年江戸芝露月町に医を開業。青地林宗の三女秀子と結婚。同七年二月、事に坐して霞ヶ関の藩邸に幽閉。五月赦免されたが、六月相州浦賀に蟄居。同十二年江戸に帰り、桶町に卜居、のち小舟町に住居した。そのころから鹿児島藩島津斉彬の知遇を得る。幸民は理学に精通し、林宗の訳著『気海観瀾』の内容が簡略に過ぎると増訳を行い、『気海観瀾広義』十五巻を著わして天文・力学・熱学・光学・電気・化学など広範なる内容を紹介した。嘉永四年(一八五一)から安政五年(一八五八)にかけての刊行である。また『化学新書』『遠西奇器述』などを訳述し、マッチ・ビールを試作し、銀板光画による写真術に成功するなど、西洋理化学の紹介と実用化に尽くした功績は大きい。安政三年蕃書調所に入り、同六年教授に進む。文久二年(一八六二)洋書調所教授職にかわり、理化学分野を担当した。幕臣に列し、三十人扶持のち百五十俵取りとなる。慶応元年(一八六五)『螺旋機汽説』『暴風説』などを幕府に献上。明治元年(一八六八)辞職し帰郷。蘭英学の塾を開き、藩の子弟の教導にあたった。同三年嗣子清一の太政官出仕とともに再上京し、翌四年六月一日神田の自宅で没。六十二歳。浅草曹源寺に葬られ、のち雑司ヶ谷墓地に改葬された。法名は賢寿院裕軒養徳義勇居士。

参考文献　小沢清躬『蘭学者川本幸民』、川本裕司・中谷一正『川本幸民伝』、三枝博音『気海観瀾広義』解説(『日本科学古典全書』六)

（片桐　一男）

かわらさきちょうじゅうろう　河原崎長十郎　歌舞伎俳優。

(一)初代　九代目市川団十郎の初名。

(二)二代　一九〇二—八一　屋号山崎屋。本名河原崎虎之助。明治三十五年(一九〇二)十二月十三日、江戸時代から存在した河原崎座の家系八世権之助の長男として東京市京橋区新富町(東京都中央区)に生まれ、大正二年(一九一三)東京座で二代目長十郎の芸名を名のる。同八年二代目市川左団次一座に加入、座長の芸風をそのまま体得した。貫禄のそなわった英雄肌の役が得意で、独特の口跡をもっていたのが特色。昭和六年(一九三一)三代中村翫右衛門と下積俳優を集めた新鋭の劇団前進座を創立、やがて吉祥寺(東京都武蔵野市)に集合住宅を持ち、大劇場にも進出、歌舞伎十八番、鶴屋南北の狂言、真山青果の脚本などを演目にして成功した。第二次世界大戦後は学校を巡回してシェークスピアを演じてもいる。劇団こぞって日本共産党員になったが、ソ連と中国の関係が対立した時、中国側について座員から除名され、その後は「屈原」の自主公演、『舞曲扇林』誌の刊行など、独自の活動を続けた。昭和五十六年九月二十二日、自伝を執筆中病を得て没した。七十八歳。著書に『ふりかえって前へ進む』、『勧進帳』(『角川新書』二二〇)がある。

（戸板　康二）

かわらだかきち　河原田稼吉　一八八六—一九五五　大正・昭和時代の官僚政治家。明治十九年(一八八六)一月十三日東京に生まれる。四十二年東京帝国大学法科大学卒業、内務省に入り、内務参事官、熊本・長崎各県警察部長、床次竹二郎内務大臣秘書官、社会局労働部長、台湾総督府総務長官などを経て、昭和六年(一九三一)犬養毅内閣の時内務次官に就任した。その経歴から政友系内務官僚と見られていた。社会政策・労働問題と深い関係をもち、十年から十二年まで協調会の常務理事に就任、この間産業報国運動の推進に尽力した。また、第六回および第十一回の国際労働会議に出席した。他方、養父が近衛家の家臣であったことから、近衛文麿と密接な政治的関係をもつに至り、近衛側近の一人と見なされた。十二年林銑十郎内閣の内務大臣に就任、その後貴族院議員に勅選された。十四年には阿部信行内閣の文部大臣、のち大阪府知事を歴任した。二十一年公職追放。追放解除後自由党から総選挙に立候補し、二十七年以降二回当選した。昭和三十年一月二十二日没。六十九歳。

（伊藤　隆）

かんいんのみやことひとしんのう　閑院宮載仁親王　⇨載仁親王

かんけいせつ　韓圭卨　Han Kyu-sŏl　一八五六—一九三〇　李朝末期における朝鮮の政治家。字は舜佑。一八五六年忠清北道忠州に生まれた。その兄韓圭稷は閔妃(高宗の王妃)の信任を受け、金玉均ら開化派に対立していたが、八四年の甲申の変当時、親軍前営使であったかれは、開化派によって被殺。韓圭卨は七六年に科挙試武科に及第、その後捕盗大将、壮衛使、議政府賛成などを歴任。九四年の甲午の改革当時は、いったん官職から退いたが、国王高宗のロシア公使館への潜幸後、一時法部大臣、中枢院顧問官、宮内府特進官などを歴任した。李朝末期の政治史においてかれが特筆されるのは、一九〇五年(明治三十八)十一月、伊藤博文の「保護条約(第二次日韓協約)」強要に対して、議政府参政大臣(総理大臣)であったかれが断乎反対したことである。つまり伊藤は国王高宗に、条約の裁決を強要した。しかし国王は、「政府臣僚に諮詢し、又一般人民の意向をも察する」ことなしに裁決はできないとして回避した。伊藤は君主専制国で人民の意向を問う必要はないとし、閣僚会議を招集させた。会議は小山三巳憲兵隊長の率いる日本憲兵隊の包囲のなかで開かれ、伊藤は朝鮮駐箚軍司令官長谷川好道・日本公使林権助とともに閣僚会議に参加し、個人審問の形で裁決をとった。最初に反対した韓圭卨は他室に軟禁され、他は無理に賛成させられた。これに賛成した五人の大臣を「乙巳五賊」という。一九一〇年(明治四十三)の「韓国併合」当時男爵の授与を拒否。一九三〇年没。七十五歳。
参考文献　宋相燾『騎驢随筆』(『韓国史料叢書』二)、林権助述、岩井尊人編著『わが七十年を語る』、西四辻公堯『韓末外交秘話』　(姜　在彦)

かんぜかせつ　観世華雪　一八八四—一九五九　明治から昭和時代にかけての能楽のシテ方。観世流分家銕之丞家の六代目。本名は清実。幼名織雄、明治四十三年(一九一〇)銕之丞を襲名、昭和二十二年(一九四七)隠居して華雪と改名。明治十七年十一月十四日東京に生まれる。五代目大夫清永(紅雪)の長男。初代梅若実の次女と結婚。実と義兄の初代梅若万三郎・六郎(二代目実)に師事。大正十年(一九二一)の梅若問題には義兄とともに梅若流を創立したが、昭和四年観世流に復帰。宗家二十四代目大夫清久(左近)没後、その養嗣子元正の後見をつとめ長老として活躍した。温厚で精緻典雅、滋味深い芸風であった。同三十四年一月六日没、七十四歳。東京都港区三田の済海寺に葬られる。法名諦観院妍誉諍邦華雪居士。日本芸術院会員。銕仙会を主宰した。七代目銕之丞は華雪の弟で幼名茂、のちに織雄。華雪に子がないためその養子となった。昭和五十四年隠居し雅雪を名のる。昭和六十三年八月二十二日没。九十歳。済海寺に埋葬。法名清観院徹誉浄繁雅雪居士。八代目銕之丞は雅雪の四男。
参考文献　観世左近『能楽随想』、沼艸雨編『観世華雪芸談』、観世華雪・草深清(対談)「新春謡話」(『銕仙』五六)　(草深　清)

かんぜきよひさ　観世清久　一八九五—一九三九　明治から昭和時代にかけての能楽のシテ方。観世流宗家二十四代目。二十二代目大夫清孝の三男片山寿(観世元義)の長男として明治二十八年(一八九五)十二月二日京都に生まれる。本名清久。同四十年伯父二十三代目大夫清廉の養子となり、ついで四十四年家元を嗣ぎ、大正二年(一九一三)元滋、昭和二年(一九二七)左近を名乗る。能楽・謡曲の普及をはかるとともに流内の統一につとめ、梅若問題ではその政治的手腕を発揮した。多くの直弟子を養成、著書『能楽随想』がある。東京音楽学校教授。同十四年三月二十一日没。四十五歳。東京市芝区(港区)三田の済海寺に葬られる。法名は正観院殿元誉春風光雪清久大居士。
参考文献　『観世』一〇ノ四—六(宗家追悼)　(草深　清)

かんぜもとしげ　観世元滋　⇨観世清久

かんだきいちろう　神田喜一郎　一八九七—一九八四　大正・昭和時代の中国学者。諱は信暢、号は鬯盦。明治三十年(一八九七)十月十六日、喜左衛門・あいの長男として京都市上京区に生まれる。第三高等学校を経て、大正十年(一九二一)京都帝国大学文学部史学科(支那史専攻)を卒業。大谷大学教授、宮内省図書寮嘱託を経て、昭和四年(一九二九)台北帝国大学文政学部助教授となり、同九年教授に昇進、東洋文学すなわち中国文学講座を担任した。第二次世界大戦後は大谷大学教授・大阪市立大学教授を歴任し、同二十七年京都国立博物館の初代館長となり、同三十五年退任。その間、文化財保護委員会専門審議会専門委員、京都大学文学部講師を兼ね、文学博士の学位を取得。同三十四年フランス学士院よりスタニスラス＝ジュリアン賞、同四十二年勲二等瑞宝章を授与され、同四十七年日本学士院会員に選ばれた。幼少のころから、漢詩人で京都帝室博物館学芸委員の祖父香巌の薫陶を受け、大学では内藤虎次郎・狩野直喜に師事し、特に内藤の影響を強く受けた。その学問は中国学の立場に立ち博洽で、厳選された資料による緻密な考証にもとづく研究は、史学・文学・哲学・芸術・金石文字学・書誌学などの分野に及んでいる。『東洋学説林』『日本書紀古訓攷証』『日本における中国文学』『敦煌学五十年』などの多数の著書・論文は『神田喜一郎全集』全十巻に収められているが、別に『中国書道史』があり、『敦煌秘籍留真新編』、『書道全集』(平凡社)などの編書も多い。昭和五十九年四月十日、急性心不全のため京都市左京区の自宅で没す。八十六歳。京都市下京区の東本願寺に葬る。貴重書に富む蔵書は大谷大学図書館に遺贈された。
参考文献　「略歴・著作目録」(『神田喜一郎全集』一〇所収)、日比野丈夫「神田喜一郎」(江上波夫編『東洋学の系譜』二所収)「先学を語る—神田喜一郎博士—」(『東方学』七三)　(神田　信夫)

かんだしげる　神田茂　一八九四—一九七四　昭和時代の天文学者、天文暦学史家。明治二十七年(一八九四)二月二十一日大阪に生まれた。祖父の代まで名古屋藩士。父渾吉は明治十六年東京の工部大学校電気科を卒業した。二歳以後東京に育つ。中学時代より天文学に親しみ、第二高等学校を経て、大正九年(一九二〇)東京帝国大学理学部星学科を卒業、同校助手(大正九年)、東京天文台技師(大正十年—昭和十八年)、横浜国立大学教授を歴任。昭和四十九年(一九七四)七月二十九日肝臓がんのため、神奈川県湯河原にて死去。八十歳。東京都港区の青山墓地に葬られる。彗星・小惑星の軌道研究、流星・変光星の観測と研究、日本隕石の調査、日本天文暦学史の史料蒐集と研究に先駆的業績をあげた。昭和二十年日本天文研究会を創立主宰、研究のかたわら『天文総報』(月刊)、『彗星回報』『変光星回報』『小惑星回報』『人工衛星回報』

『日本天文研究会報文』『和算暦学史ノート』『神奈川地学』(不定期)を刊行して、アマチュア天文家の育成指導に生涯をかけた。主編著書に『彗星』(大正十三年)、『年代対照便覧並陰陽暦対照表』(昭和七年)、『日本天文史料綜覧』(同九年)、『日本天文史料』(同十年)、『主要変光星表・変光星図』六冊(同十九―二十五年)、『日本の天文気象史料』(同二十二年)、『日本天文観測史』(日本学士院編『明治前日本天文学史』所収、同三十五年)などがある。

参考文献 『天文月報』六七ノ一一　(大崎　正次)

かんだたかひら　神田孝平　一八三〇―九八　幕末・明治時代前期の洋学者、啓蒙思想家、官僚。名は孟恪、孝平は通称、唐華陽・淡崖と号す。天保元年(一八三〇)九月十五日、美濃国不破郡岩手村(岐阜県不破郡垂井町)に、旗本竹中氏の臣孟明の子として生まれた。叔父に『蘭学実験』の著者柳渓がいる。はじめ京都に出たが、嘉永二年(一八四九)江戸に移り、塩谷宕陰・安積艮斎につく。松崎慊堂についたとの説は誤り。ペリー来航を機に蘭学に転じ、杉田成卿・伊東玄朴・手塚律蔵に学ぶ。文久二年(一八六二)蕃書調所教授出役となり、開成所寄宿寮頭取・同教授並・同頭取を歴任。主に算術と代数の初歩など数学を教授。その内容は明治初年刊の『数学教授本』からうかがえる。また『経済小学』を訳刊、西洋経済学を紹介した。維新後は新政府に出、徴士・議事体裁取調御用掛・公議所副議長・集議院判官・外務省出仕・権大内史などを経て、明治四年(一八七一)十一月兵庫県令となる。その間、幕末以来関心を深めていた西洋の政治・社会諸制度についての一層の調査と翻訳紹介、日本への具体的適用の検討と提起に努め、制度通として知られた。明治三年の「田租改革建議」は地租改正に大きな影響を与えた。同八年の地方官会議には幹事長に選ばれ、民会問題に対し、現実をふまえた積極論を主張、同六年発足の明六社には通信員として参加、啓蒙的論稿をしばしば『明六雑誌』に投じた。同九年元老院議官にかわり、以後文部少輔・元老院議官(再任)・貴族院議員を歴任したが、終始開明的視点を失わなかった。同十二年東京学士会院会員に選ばれた。なお、同十年東京数学会社社長になったが同十三年辞任。考古学への関心も深く、同二十年から二十八年まで東京人類学会初代会長をつとめた。同三十一年七月五日没す。六十九歳。死去に際し男爵を授けらる。法名神性院淡崖孝平大居士。墓は東京都台東区の谷中墓地にある。前記のほか訳書に、『和蘭王兵学校掟書』『和蘭政典』『性法略』『星学図説』『和蘭司法職制法』『和蘭邑法』『和蘭州法』、著書に『世事要言』『経世余論』『日本大古石器考』『日本石器時代図譜』がある。

参考文献 本庄栄治郎編『神田孝平―研究と史料―』(『経済史研究会叢刊』七)、神田乃武編『淡崖遺稿』、加田哲二解題『福沢諭吉・神田孝平集』(『近世社会経済学説大系』)、大久保利謙編『明治啓蒙思想集』(『明治文学全集』三)、吉野作造「明治文化に対する神田孝平先生の貢献」(本庄栄治郎編『先学遺文』所収)、福島正夫「神田孝平の沽券税法案」(『地租改正の研究』所収)、田崎哲郎「神田孝平の数学観をめぐって」(有坂隆道編『日本洋学史の研究』五所収)、同「神田孝平の民選議院論をめぐって」(『愛知大学文学論叢』四〇・四五)　(田崎　哲郎)

かんだないぶ　神田乃武　一八五七―一九二三　明治・大正時代の英語教育家。男爵。安政四年(一八五七)二月二十七日能楽家松井永世の次男として江戸に生まれ、蘭学者神田孝平の養子となる。開成所・大坂緒方塾・大学南校で英語を学び、明治四年(一八七一)アメリカに留学。在米八年、同十二年アマースト大学を卒業して帰国。十三年大学予備門で英語を教え、以来東京大学・東京高等商業学校・学習院の教授となり、一時東京外国語学校長を兼ねた。四十四年からは東京高等商業学校教授専任となった。この間四十三年には貴族院議員に互選された。編集の中等学校英語教科書はひろく使用され、また中等教員英語科検定委員を長くつとめるなど中等・専門学校英語教育に対する功績は大きい。ほかに東京基督教青年会創立に尽くし、ローマ字普及運動を推進し、さらに国民外交の方面でも、リスボン万国議員会議に出席、ワシントン会議に列席するなど、その活動は多方面に及んだ。大正十二年(一九二三)十二月三十日東京で没。六十七歳。墓は府中市の多磨墓地にある。

参考文献 Kanda Memorial Committee, ed., Memorials of Naibu Kanda (1927). 小沢明子・進藤京子「神田乃武」(『近代文学研究叢書』二三所収)　(重久篤太郎)

かんだはくざん　神田伯山　講釈師。

(一)初代　?―一八七三　武州川崎の生まれ。初代神田伯竜三高弟の一人で、兄弟子松林伯円の名調子に対抗し独特の読み口を工夫し、「大岡政談」のうち特に「天一坊」を得意としたため「伯山は天一坊で蔵を建て」といわれた。明治六年(一八七三)三月三十一日没。川崎大徳寺(神奈川県川崎市川崎区砂子)に葬られる。法名、釈浄実伯山居士。

(二)二代目　一八四三―一九二一　本名玉川金次郎。江戸飯田町の生まれ。初代の門人で伯勇から二代目伯山をつぎ、明治三十七年(一九〇四)小伯山に三代目を譲って神田松鯉となった。得意は「水滸伝」。大正十年(一九二一)四月二十七日没。七十九歳。

(三)三代目　一八七二―一九三二　東京の生まれ。二代目の門人。本名岸田福松。「清水次郎長伝」で売り出した。昭和七年(一九三二)一月三十日没。六十一歳。墓は港区三田の済海寺、法名は雲霄院大誉伯山居士。

(四)四代目　二代目伯山の実子の松鯉。

(五)五代目　一八九八―一九七六　東京の生まれ。本名岡田秀章。桃川若燕、小金井芦洲、三代目伯山門を経て昭和二十四年(一九四九)、三代目桃川如燕となり、同三十二年、五代目伯山を襲名。重厚な読み口で、「大菩薩峠」など文芸ものを得意としている。昭和五十一年十一月四日没。七十八歳。

参考文献　佐野孝『講談五百年』、田辺南鶴編『講談研究』　（比留間　尚）

かんだらいぞう　神田鐳蔵　一八七二―一九三四　明治後期から大正期に活躍した証券業者。明治五年（一八七二）八月二十九日愛知県海東郡須成村（海部郡蟹江町須成）の酒造業者で儒者でもあった清三郎の子に生まれる。一時家業をついだが、明治二十六年名古屋株式取引所の仲買人となり、三十二年上京、翌三十三年現物専門の紅葉屋を開設し、公債取引に力を注ぐとともに、有価証券現物市場の独立を計って、有価証券金庫銀行論を提唱したり、東京有価証券取引組合の結成に尽力した。日露戦争後の株式市場で巨利を博し、これを基礎に四十三年十二月、組織を変更して合資会社紅葉屋商会を設け、従来の業務を継承した。さらに四十四年合名会社紅葉屋銀行を開業、大正七年（一九一八）には株式会社神田銀行を設立、その後、銀行を中心に倉庫・土地会社・生命保険・信託など多角経営を展開。また日本銀行・東京株式取引所・東洋拓殖などの大株主となった。しかし昭和二年（一九二七）の金融恐慌により神田銀行などは破産し、晩年は振るわなかった。同九年十二月八日東京にて没。六十三歳。墓は郷里の善敬寺にある。法名は広開院釈寂了信士。

参考文献　紅葉会編『風雲六十三年神田鐳蔵翁』、『紅葉屋十年誌』　（杉山　和雄）

カンドー　Sauveur Antoine Candau　一八九七―一九五五　パリ外国宣教会所属のカトリック司祭。一八九七年五月二十九日、南フランスのバスク地方に生まれる。父は布地商。幼時より信仰厚く、一九一四年バイヨンヌ大神学校入学。第一次世界大戦には、陸軍少尉としてベルダン戦線に参加。ローマのグレゴリアン大学在学中、一九年パリ外国宣教会入会。二三年司祭に叙階。大正十四年（一九二五）来日。漢学者村越金蔵につき、日本語に熟達する。専門学校令による神学校設立をめざし、昭和四年（一九二九）新設の東京大神学校校長に就任。約十年間、日本人神父の育成に傾倒し、かたわら早稲田大学などでも教える。同十四年応召帰国。情報部日本課勤務を命じられたが拒否し、前線に送られ、重傷を受ける。回復後、バチカン日本公使館顧問を経て、同二十三年再来日。以後日仏学院などで教えるほか、新聞・講演にも活躍し、東西文化交流に努めた。同三十年九月二十八日没。五十八歳。東京都府中市新町のカトリック墓地に葬る。著書は『思想の旅』『バスクの星』ほか。また『カンドウ全集』全五巻別巻三巻（別巻第三巻は伝記）がある。　（半沢　孝麿）

ガントレットつねこ　ガントレット恒子　一八七三―一九五三　明治後期から昭和時代前期の婦人運動家。生まれは明治六年（一八七三）十月二十六日愛知県碧海郡箕輪村（安城市箕輪町）。父山田謙三は士族出で商人、母は久。山田耕筰は弟。父の放蕩のため六歳のときから桜井女塾の寄宿舎に入った。のち一家は上京、はじめ母、つづいて父もキリスト教に帰依した。恒子も熱心な信徒となり、十七歳で女学校教師として宇都宮・前橋に赴任したが、同時にキリスト教の伝道にも加わり、また桜井女塾の校長矢嶋楫子の矯風会運動にも参加した。三十一年英人エドワード＝ガントレット George Edward Luckman Gauntlett と結婚、正式な国際結婚第一号となった。教師の夫を助け、六人の子を育てながらも婦人運動に精力的に参加、特に国際会議での活動はめざましかった。大正九年（一九二〇）ロンドンの矯風会万国大会に出席の帰途、ジュネーブでの万国婦人参政権大会に出、同年帰国後に婦人参政権協会設立に尽力した。昭和九年（一九三四）から十一年までつづいた汎太平洋婦人会議では議長にも選出されている。二十八年十一月二十九日八十歳で没す。墓は東京都府中市の多磨墓地にある。

参考文献　ガントレット恒『七十七年の想ひ出』、島本久恵『明治の女性たち』　（井手　文子）

かんのスガ　管野スガ　一八八一―一九一一　明治時代後期の女性革命家の先駆者。名はスガ、筆名は須賀子、号は幽月。明治十四年（一八八一）六月七日、大阪に生まれる。父義秀・母のぶ（森岡氏）の長女。次男益雄・三男正男・次女ヒデの同胞があった。父の職業は鉱山師で生活の浮沈はげしく、十二歳で実母を失い、冷酷な継母に迫害された。十九歳のとき東京深川の小宮福太郎と結婚、のち離婚。大阪の小説家宇田川文海に指導され婦人記者となり、木下尚江の影響で社会主義者となる。三十九年牟婁新報社入社。荒畑寒村と識り、東京で結婚したが、のち離婚。四十一年六月、赤旗事件に関係、無罪。幸徳秋水と恋愛、平民社内に同棲して『自由思想』を発刊、新聞紙法違反で四十三年五月に入獄。同年、宮下太吉らの明科事件の関係者として起訴され、四十四年一月二十四日幸徳秋水ら十一名の死刑執行の翌日二十五日大逆罪として処刑（いわゆる大逆事件）。三十一歳。東京代々木正春寺に葬る。法名は釈淳然。遺稿に『死出の道艸』がある。

参考文献　関山直太郎編著『初期社会主義資料―牟婁新報抄録―』、絲屋寿雄『管野すが』（『岩波新書』青七四〇）　（絲屋　寿雄）

かんのはちろう　菅野八郎　一八一〇―八八　幕末・明治時代前期の民衆思想家、民衆運動指導者。陸奥国伊達郡金原田村中屋敷（福島県伊達郡保原町）に文化七年（一八一〇）八月五日生まれる。父和蔵、母きえ。持高二十四石余の百姓。父は名主で、郷里の陽明学者熊坂台州の門弟。八郎はその影響をうけて、「信」と「義」を信条とした。代官や名主の悪政を批判、また幕府の海防にあきたらず批判し、安政の大獄に疑われて投獄され、安政六年（一八五九）から元治元年（一八六四）まで八丈島に遠島となる。島で梅辻規清の教示をうけた。帰国後「孝」を中心とする思想に到達し、権力と私曲に抵抗し、村民とともに「誠信講」という自治団体を組織し、思想の普及をはかった。慶応二年（一八六六）の信夫・伊達両郡の世直し一揆の蔭の指導者となる。戊辰戦争中に「一天の下なる一つの世界」という思想に達した。明治二十一年（一八八八）一月二日老衰のため七十九歳で没した。法名は新円寂大宝軒椿山八老居士。墓は自宅の前山にある。著書に『菅野実記』二冊、『八郎遺書之信言』『判段夢之真暗』『八丈島物語』『あめの夜の夢咄し』『八老死後之為心得置条之事』『半夏生不晴不順に備る』『八老十ヵ条』『八老独り年代記』などがある。

（庄司吉之助）

参考文献 庄司吉之助「菅野八郎の思想」（『近世民衆思想の研究』所収）

かんばらありあけ 蒲原有明 一八七五―一九五二 明治時代後期に活躍した詩人。本名隼雄（はやお）。明治八年（一八七五）三月十五日（戸籍上は九年）東京麴町隼町（千代田区隼町）に生まれた。父は忠蔵、肥前国杵島郡須古村（佐賀県杵島郡白石町）の出身で、御家人蒲原家の株を買って武士となり、有明の出生当時、司法省営繕課に勤務、郷里に妻キヨと、ヒデ・ケサの二女があった。有明の生母は石川ツネ、同八年キヨが没し、十二年に入籍されたが、十六年に離別された。この複雑な環境が有明の性格形成に大きく作用していたと思われる。十三年平河小学校入学、府立尋常中学校（現日比谷高校）を経て、二十六年、神田の国民英学会に入学、英語・英文学を学び、二十七年、同窓の林田春潮らと同人雑誌『落穂双紙』（全五号）を創刊、バイロン・キーツ・シェリーらの影響下に新体詩の試作を始めた。また三十一年元旦『読売新聞』の懸賞小説に応募した短編『大慈悲』が一等に入選、同年五月には短編『南蛮鉄』を『文芸倶楽部』に発表した。しかし以後は詩作に専念し、イギリスの画家詩人D・G・ロゼッティに傾倒して詩想・表現・形式のあらゆる面に決定的な影響を受け、三十五年一月、第一詩集『草わかば』を刊行した。彼の瞑想的な資質がここにすでに示されている。続く翌年五月の第二詩集『独絃哀歌』になると、天上と地上、霊と肉、永遠と刹那という二元的対立に苦悶する人間心理の陰影を、晦渋な暗喩をもって歌い出し、新体詩にかつてない深みをもたらした。表現にも独特の工夫が凝らされ、一行を四・七・六とする音律は、世に独絃調と称されたものである。この前後、友人田山花袋より英訳のベルレーヌ詩集を借覧したのがきっかけとなって、以後フランスの世紀末象徴詩の方向をめざし、三十八年七月、第三詩集『春鳥集』を刊行、詩壇に泣菫（薄田）・有明と併称されるようになった。これは日本最初の象徴詩集で、その序は『海潮音』の序に先立つ象徴詩論として注目される。だが厳密には、当時から世評に高かった「朝なり」にしても、眼前の景に心象を託した象徴的印象詩とでも呼ぶべきもので、ロゼッティの影響がより内面化したものといってよい。この詩風は四十一年一月の第四詩集『有明集』に至って大成され、続く北原白秋・木下杢太郎ら「スバル」派の詩人に少なからぬ影響を与えた。しかし彼自身は、生来の人生的煩悶が嵩じて、以後仏教的な思索生活に入り、詩作から遠のいた。昭和二十三年（一九四八）芸術院会員。二十七年二月三日、神奈川県鎌倉の自宅で没。七十六歳。麻布賢崇寺（東京都港区元麻布）に葬る。法名は竜徳院宏文有明居士。散文集『飛雲抄』（昭和十三年十二月）、『野ざらしの夢』（同二十一年六月）、『夢は呼び交す』（同二十二年十一月）などがあり、没後『定本蒲原有明全詩集』（同三十二年一月）が編まれた。

参考文献 矢野峰人『蒲原有明研究増訂版』、松村緑『蒲原有明論考』、日夏耿之介『明治大正詩史』（『日夏耿之介全集』三）、河村政敏「蒲原有明」（『現代詩鑑賞講座』三所収）

（河村 政敏）

かんまさとも 菅政友 一八二四―九七 江戸時代後期・明治時代の歴史学者。政友は名。字は子干、通称は松太郎、ついで理琢、また亮之介と改めた。号は桜廬。文政七年（一八二四）正月十四日生まれた。父政則は常陸国水戸の町医、母は広瀬コム。会沢正志斎・豊田天功・藤田東湖らに従学し、天保十四年（一八四三）水戸藩の郷校多賀郡大久保村（茨城県日立市大久保町）暇脩館の主事となり、四両二人扶持を給せられた。弘化三年（一八四六）国事に坐して職を免ぜられたが、安政元年（一八五四）復職。同二年士分に列せられ、また下間良弼に就いて蘭学の習得を命ぜられた。同五年史館物書に取り立てられて、彰考館に出仕。文久二年（一八六二）文庫役列、慶応元年（一八六五）文庫役に進み、明治二年（一八六九）栗田寛・津田信存と並び国史編修に任ぜられた。この間、主として『大日本史』志表の編修に従事した。同六年石上神社大宮司に任じ、大講義を兼ね、同七年正七位に叙された。同九年本官兼職を辞し、同十年五等掌記に任ぜられ、太政官修史館に勤務、その後累進して同十七年一等掌記に至った。同二十一年官制の改定に伴い帝国大学書記に転じ、臨時編年史編纂掛を命ぜられた。同二十三年辞して水戸に退隠。同三十年十月二十二日に没した。七十四歳。水戸の酒門共同墓地に葬られた。水戸史学の考証的学風を受け、『史学会雑誌』に「古事記年紀考」「高麗好太王碑銘考」「漢籍倭人考」など多くの注目すべき論考を発表した。主要な論著は『菅政友全集』全一巻に収められている。

参考文献 『菅氏家系』（菅家所蔵）、『泮林年表』（彰考館所蔵）、『東茨城郡誌』下、『石上神宮宝物誌』、清水正健『（改訂）水戸文籍考』

（飯田 瑞穂）

き

きうちじゅんじ　木内順二　一八一一—六七　江戸時代後期の勤皇儒家。文化八年(一八一一)十二月五日、讃岐国香川郡円座村(高松市円座町)に生まる。名は倫、字は仲和、竜山・帝竜山人と号す。父は小橋道寧(儒学者で讃岐の名和氏といわれた一族、一門あげて勤皇に勤む)。兄は安蔵、順二は次男。古高松木内直三郎茂邦の養子となる。父に学んだ後、伊藤南岳・三野謙谷・岡内綾川に就いて漢籍を学んだが、弘化四年(一八四七)三十七歳ころより兄安蔵に従って国事に奔走、すでに天保二年(一八三一)には京師に滞在して同志と交わり、江戸と讃岐の連絡に尽力す。ことに篠崎小竹・藤沢東畡・梁川星巌・藤森弘庵・安積艮斎・後藤松陰・佐藤一斎・大槻磐渓らと親交あり、安政元年(一八五四)には越後の志士長谷川世傑の主唱する勤皇運動に兄安蔵とともに参加、一門の太田次郎(順二女婿)、弟小橋橘陰、甥友之輔、村岡箏子(道寧の長女)、その子宗四郎と協り、丸亀の村岡家に加児波尼電機火薬などを製し、臼砲弾丸の鋳造にあたった。慶応三年(一八六七)十一月二十七日没。五十七歳。贈従五位。著書に『竜山漫録』『撃壌録』『尊攘余韻』など二十数書。

(草薙金四郎)

キオソーネ　Edoardo Chiossone　一八三二—九八　イタリアの銅版画家。一八三二年一月二十一日イタリア、アレンツァノに生まれた。ジェノバ市の美術学校を卒業した。六七年のパリ万国博覧会に銅版画を出品して銀牌を受け、六九年ミラノのアカデミイ会員となった。ドイツのドンドルフ会社在勤中、わが国の紙幣を製作したのが機縁となり、明治八年(一八七五)一月招かれて来日した。彼は大蔵省紙幣寮(のちの印刷局)に在って各種の紙幣をはじめ印紙・郵便切手・勲記用紙などの原版を製作した。また、後進に銅版技術を指導した。そのほか明治天皇をはじめ、有栖川宮熾仁親王・西郷隆盛・大久保利通・木戸孝允・岩倉具視・三条実美・大山巌・同夫人などの肖像をコンテや版画で製作した。同十二年印刷局長得能良介に随行して、四ヵ月余にわたり関東・中部・近畿の古社寺を巡歴して古美術を調査した。のちこれらを石版印刷とし、『国華余芳』『朝陽閣鑒賞』などを出版した。二十四年印刷局を退いたが、その後もわが国に留まり、三十一年四月十一日東京麴町区平河町の自邸で没し、青山外人墓地に葬られた。六十六歳。日本美術の蒐集家としても知られ、それらはジェノバのキオソーネ博物館に収蔵されている。

参考文献　隈元謙次郎『近代日本美術の研究』

(隈元謙次郎)

きかわだかずたか　木川田一隆　一八九九—一九七七　昭和時代の実業家、経営者。経済同友会最高顧問。明治三十二年(一八九九)八月二十三日、福島県伊達郡梁川町で生まれる。大正十五年(一九二六)東京帝国大学経済学部を卒業し、東京電燈会社入社。電力業における過当競争のなかで、自由企業体制を守るための「民間の自主調整による協調的競争」を主張。電力国家管理に反対。第二次世界大戦後の電力再編成問題では、民営化を主張する松永安左ヱ門を支持し、日本発送電会社の解体、配電会社を中心とする九社案の実現に尽力。昭和二十六年(一九五一)設立された東京電力会社取締役就任、三十六年から十一年間社長。一方、三十八年から五十年までは経済同友会の代表幹事としても活躍、企業の社会的責任を訴える。円切上げの自主的実施や中国との早期国交回復を主張、常に財界に一歩先の提案をアピールし続けた。昭和五十二年三月四日没。七十七歳。著書に『木川田一隆論文集』『木川田一隆・時代を超えて』などがある。

参考文献　高宮晋編『木川田一隆の経営理念』

(中村隆英)

きくがわえいざん　菊川英山　一七八七—一八六七　江戸時代後期の浮世絵師。菊川派の開祖。天明七年(一七八七)江戸市ヶ谷に生まれる。本名を菊川俊信、俗称を大宮万五郎、別号を重九斎という。彼は、狩野派の東舎の門人であった父英二に画の手ほどきをうけ、のちに鈴木南嶺を師とした。また葛飾北斎の門人北渓とは幼な友達であった。その作品はほとんどが美人画であり、しかも当時隆盛を見せていた豊国を中心とする歌川派の廃頽美に対して、歌麿風の描写にならい、また文化・文政期の艶っぽい風潮と色彩を表現している。しかし、描線の弱々しさに構図のまずさが加わって、秀作はほとんど見られない。代表作には「江都砂子香具屋八景」「風流美人近江八景」「青楼美人合」などがあり、また彼が創始したといわれる掛物絵(大判錦絵竪二枚続)も多い。彼は不遇の晩年を送ったらしく、門人植木屋孫兵衛宅に身を寄せていたが、その間に描いた『江戸大節用海内蔵』(二冊)が絶筆といわれている。慶応三年(一八六七)六月十六日上野国緑野郡藤岡村(群馬県藤岡市)で没。八十一歳。同地の成道寺にその墓碑が発見された。

(楢崎宗重)

きくたかずお　菊田一夫　一九〇八—七三　昭和時代の劇作家、放送作家、演劇制作者。本名数男。明治四十一年(一九〇八)三月一日、横浜に生まれる。肉親との縁はうすく、学歴もない。幼少期から辛酸をなめたが、サトウハチローを頼って大正十四年(一九二五)上京。浅草公園劇場に入り、カジノ＝フォーリー・笑の王国で多くのオペレッタを書き、軽演劇作家として認められた。昭和十一年(一九三六)古川緑波一座にむかえられ、出世作「花咲く港」(十七年)を発表。第二次世界大戦後、二十二年の「堕胎医」「東京哀詞」を経て、三十年から東宝の演劇担当重役となり、「がめつい奴」「がしんたれ」「放浪記」などを発表上演し、庶民の生活感情を謳う大衆演劇に、新しい境地を開いた。さらに「マイ＝フェア＝レディ」「風と共に去りぬ」で、ブロードウェイ＝ミュージカルの制作に成功。ラジオドラマの分野でも「鐘の鳴る丘」「君の名は」で広範な聴取者を獲得。三十八年、NHK放送文化賞を受賞した。四十八年四月四日、東京都新宿区の慶応病院で没。六十五歳。『菊田一夫戯曲選集』全三巻がある。（菅井幸雄）

きくちあきお 菊池秋雄 一八八三―一九五一 大正・昭和時代の農学者。明治十六年（一八八三）二月二十七日、青森県中津軽郡弘前において、本草学者菊池楯衛の長男として生まる。第二高等学校を経て、東京帝国大学農科大学を同四十一年七月卒業、直ちに東京府立園芸学校（都立園芸高校）教諭に赴任。大正五年（一九一六）七月より神奈川県農事試験場長、同九年五月より二ヵ年欧米留学、十年二月より鳥取農業高等学校教授、十五年七月より京都帝国大学教授。昭和四年（一九二九）十月より京都府立植物園長、十三年四月より園芸学会長などを勤め、十八年三月京都帝国大学を退官、京都帝国大学名誉教授となる。十九年三月より一ヵ年あまり京都府立高等農林学校長として、その新設に努力した。二十四年九月には植物園長も退職し、公職からすべて退いた。昭和四年六月には農学博士の学位を得る。この間、ナシの品種改良に努力し、今日なおその品質を高く評価せられている菊水・八雲その他の品種を育成した。特に晩年は、東洋の本草書を園芸的立場から検討し、東洋原産の果樹の来歴を明らかにした功績は大きい。これをまとめた著書『果樹園芸学』は名著の名が高い。他に『北支果樹園芸』『園芸通論』の著書がある。二十六年四月五日、京都市上京区小山中溝町の自宅で没す。六十八歳。墓は京都市上京区の相国寺山内養源院にある。（藤井利重）

きくちかん 菊池寛 一八八八―一九四八 大正・昭和時代の小説家・劇作家。本名は寛（ひろし）。初期の筆名、菊池比呂士・草田杜太郎。明治二十一年（一八八八）十二月二十六日、香川県高松の七番丁に、武脩（たけなが）・カツの四男として生まれた。高松藩の藩儒の家柄だったが、父は当時小学校の庶務係で貧しく、教科書代にもこと欠きながら高等小学校という迂路を経て、同三十六年、高松中学に入った。卒業後、学費免除の東京高等師範学校に推薦で入ったが、校風になじめず、放縦の言動によって一年余で除名処分をうけた。以後、明治大学・早稲田大学に在籍したこともあったが、四十三年、第一高等学校文科に入学、芥川竜之介・久米正雄・成瀬正一・松岡譲らの同級の友を得た。大正二年（一九一三）友人の窃盗の罪を着て退学、同年九月京都帝国大学英文科選科に入り、翌年本科に移った。三年、芥川・久米らの第三次『新思潮』に参加、戯曲数編を発表、ついで五年、芥川ら前記四名と第四次『新思潮』を興し、『屋上の狂人』『父帰る』などの戯曲、『身投げ救助業』などの小説を寄せたが、世評に上らなかった。同年七月京大卒、十月時事新報社入社、六年四月同郷の旧藩士の娘奥村包子と結婚した。卒業論文に英国・アイルランドの近代劇を選び、初志は劇作家にあったが、文壇の大勢をみて短編小説に力を注ぎ、七年七月『無名作家の日記』、九月『忠直卿行状記』、八年一月『恩讐の彼方に』などを『中央公論』に発表するに及んで新進作家の地位を確立した。これらは彼の現実主義的人生観にもとづく明確なテーマを、簡潔な構成によって表現したものだった。八年、時事新報社を退き、芥川とともに大阪毎日新聞の客員となり、翌九年、最初の長編小説『真珠夫人』を『東京日日新聞』『大阪毎日新聞』紙上に連載、通俗小説に新境地を開いた。この種の作品は、以後五十編に及ぶ。同年十月、市川猿之助による『父帰る』の上演が好評を得、作家としての名声も手伝って、戯曲が再評価をうけることとなった。一幕物の構成法を確立したところに、彼のこの分野の功績がある。十二年一月、随筆・評論の小雑誌『文芸春秋』を私費で創刊、周囲に集まる若手に門戸を開いたが、大正末年には文芸色の濃い総合雑誌に成長、文芸春秋社は着実に大出版社に発展した。ここには、時流を見抜くジャーナリストとしての鋭いセンスが働いている。芥川賞・直木賞・菊池寛賞の設定、小説家協会、劇作家協会、両者をあわせた文芸家協会設立への尽力などには、言論人としての見識の一端がうかがわれる。ほかに代議士出馬落選（昭和三年（一九二八））、東京市会議員（同十二年）、大映社長（同十八年）など、文人の枠を出た活動も多く、戦時には文壇の代表的人物として協力的言動を不可避とし、戦後公職追放をうけた。昭和二十三年三月六日、狭心症のため永眠。六十一歳。多磨墓地に葬られた。刻苦に鍛えられたリベラリスト、明治人的な素朴な愛国者の生涯だった。高松市・文藝春秋『菊池寛全集』全二十四巻補巻一ほか数種の全集がある。

［参考文献］正宗白鳥『文壇人物評論』、鈴木氏亨『菊池寛伝』、広津和郎『同時代の作家たち』、江口渙『わが文学半生記』、『文芸春秋三十五年史稿』、永井竜男『菊池寛』（『一業一人伝』）、中西靖忠『菊池寛伝』、片山宏行『菊池寛の航跡』（山田晃）

きくちきょうぞう 菊池恭三 一八五九―一九四二 明治から昭和時代前期にかけての紡績技術者、実業家。安政六年（一八五九）十月十五日、伊予国宇和郡川名津浦（愛媛県八幡浜市）に、代々庄屋を勤めた旧家菊池久右衛門泰成・久子の三男として生まれた。幼名文造。一時、吉田藩郡奉行鈴木勝吉の養嗣子となり、藩校文武館に学んだ。明治九年（一八七六）大阪英学校に入学、十一年上京、十八年工部大学校を卒業し、横須賀造船所、造幣局に勤めた。二十年平野紡績、ついで尼崎紡績・摂津紡績に雇傭され、三社の支配人・工務長を兼任した。三十四年尼崎紡績の、大正四年（一九一五）摂津紡績の社長となり、七年に両社の合併で大日本紡績が成立したのちは昭和十一年（一九三八）まで社長の任にあった。この間、日本レイヨン社長、三十四銀行頭取、大日本紡績連合会委員長などをも勤め、大正四年に工学博士、十五年に貴族院勅選議員となった。昭和十七年十二月二十八日、八十四歳で死亡。京都紫野の大徳寺山内墓地に葬られた。

参考文献 新田直蔵編『菊池恭三翁伝』

（高村 直助）

きくちきょうちゅう 菊池教中 一八二八―六二 幕末の豪商、勤王家。字は介石、通称孝兵衛・介之介、号は澹如・貞軒。宇都宮出身、江戸の豪商佐野屋孝兵衛＝「佐孝」の二代目当主。文政十一年（一八二八）八月十七日に生まれた。父淡雅（知良）・母民子。義兄大橋訥庵の狂熱的な攘夷思想の影響と、異国船渡来後の商況の悪化は、教中をも駆って熱烈な攘夷論者とした。攘夷論者としての彼にとっては、外国と交戦状態に陥り、江戸が焦土と化することは必至と考えられた。これに対応して、まず自己の資本を擁護することが考えられ、さらには国内の変革を想到することとなった。第一は江戸店の抵抗を排し、資本の一部を宇都宮藩領に引き揚げ、鬼怒川沿岸に岡本・桑島両新田を開拓し「良田二百八十町、民家五十四戸、人口三百三十七」を得た。これを基盤に輪王寺宮を日光に擁して挙兵を画策したが結局実現しなかった。そこで下策ともいうべきテロによって閣老を斃すという坂下門外の変の黒幕となった。しかしたちまち発覚し、訥庵らとともに入牢せしめられた。その後、出牢することはできたが、文久二年（一八六二）八月八日死去した。三十五歳。谷中墓地および宇都宮市仲町の生福寺に墓がある。

参考文献 寺田剛『大橋訥庵先生伝』、平泉澄・寺田剛編『大橋訥庵先生全集』、寺田剛編『幽囚日記』、同編『大橋巻子家集』、雨宮義人「菊池教中」（栃木県教育会編『下野勤皇列伝』前篇所収）、遠藤進之助「坂下事件の予備的考察」（『近世農村社会史論』所収）、秋本典夫「幕末期における一町人請負新田地主」（『北関東下野における封建権力と民衆』所収）、同「坂下門事件をめぐる下野の草莽之志士」（同所収）

（秋本 典夫）

きくちくろう 菊池九郎 一八四七―一九二六 明治・大正時代の政治家、教育家。はじめ喜代太郎と称す。弘化四年（一八四七）九月十八日弘前藩士菊池新太郎の子として城下に生まれる。明治元年（一八六八）戊辰戦争に際して藩論が新政府支持に傾くと脱藩して鶴岡藩に走り新政府軍と戦った。のち上京して慶応義塾に学び、ついで、鹿児島に遊学して英学校・兵学校で学んだ。帰郷後、東奥義塾を設立し塾長として後進を育成。この間、キリスト教に入信。同十一年共同会を組織し、十三年国会開設請願運動を進めた。県会議員・郡長などを経て二十二年初代弘前市長に就任。また『東奥日報』を創刊して社長となった。二十三年の第一回総選挙以来、衆議院議員に連続九回当選。はじめ自由党に属したが、二十六年星亨議長除名問題で、星擁護の党幹部と対立し東北派議員とともに脱党、同志倶楽部を結成した。以後、立憲革新党、進歩党、憲政本党に所属。三十年には第二次松方内閣のもとで山形県知事をつとめた。その間、養蚕・養桑・果樹（リンゴ）園などを経営し、殖産・水産事業にも尽力した。大正十五年（一九二六）一月一日死去。八十歳。青森県弘前市藤代の革秀寺に葬られる。法名は正覚院殿泰翁良然居士。

参考文献 長谷川虎次郎編『菊池九郎先生小伝』、弘前市立弘前図書館編『菊池九郎・佐々木五三郎・太宰治（上）』（『郷土の先人を語る』二）

（鳥海 靖）

きくちけいげつ 菊池契月 一八七九―一九五五 明治から昭和時代にかけての日本画家。本名完爾。明治十二年（一八七九）十一月十四日長野県下高井郡中野町（中野市）の細野勝太郎次男として生まれ、十四歳ごろから南画家児玉果亭に師事、同二十九年同郷の画友町田曲江とともに京都にでて、翌年四条派の菊池芳文塾に入った。その後は新古美術品展などで毎回受賞、三十九年師芳文の長女アキと結婚して菊池姓を嗣ぎ、また文展開設後は同四十一年第二回文展に「名士古聖を弔す」を出品して二等賞を得たのを皮切りに、以来大正四年（一九一五）まで七回受賞して、同七年審査員に挙げられた。大正十一年から一年間欧州に留学したが、帰国後南画や円山四条派に大和絵の手法をとり入れた歴史画・人物画などに清澄典雅な画風を築き、同十四年帝国美術院会員、昭和七年（一九三二）京都市立絵画専門学校および同美術工芸学校校長、九年帝室技芸員などに推された。第二次世界大戦後は病のため制作も思うにまかせなかったが、二十九年京都市名誉市民とされたのち、三十年九月九日脳栓塞のため京都市で没した。七十五歳。墓は下京区の興正寺にある。法名は天浄院釈契月。代表作には右のほか、「立女」「南波照間」「涅歯」などがある。

参考文献 菊池一雄編『菊池契月画集』

（富山 秀男）

きくちせいし 菊池正士 一九〇二―七四 昭和時代の実験物理学者。菊池大麓の四男、母はタツ。明治三十五年（一九〇二）八月二十五日東京に生まれる。大正十五年（一九二六）東京帝国大学理学部物理学科卒。大学院学生としてしばらく原子核物理学の研究を行なったのち、理化学研究所に移り、昭和三年（一九二八）に西川正治研究室で行なった有名な陰極線回折の実験により、七年帝国学士院メンデンホール記念賞、二十六年に文化勲章を受ける。これは雲母の単結晶を電子線が通過するときの回折現象を観察する実験で、量子力学の根本にかかわるものである。その際黒白の平行線が見られ、菊池線とよばれている。昭和四年から六年にドイツ留学、帰国後新設の大阪帝国大学に移り、原子核研究のため加速器を作った。戦時中海軍技師としてレーダー研究にあたる。二十六年から一年滞米。三十年東大原子核研究所初代所長、三三―四年日本原子力研究所理事長（三十九年辞任）、四十一年から四ヵ年東京理科大学学長をつとめる。四十九年十一月十二日東京にて没。七十二歳。台東区の谷中墓地に葬られる。

[参考文献] 熊谷寛夫「菊池正士先生のこと」(『日本物理学会誌』三〇ノ二)　(中山　茂)

きくちだいろく　菊池大麓　一八五五―一九一七　明治時代の数学者、政治家。日本の学者貴族と称せられる箕作・呉・菊池の一族。安政二年(一八五五)正月二十九日(陽暦三月十七日)生まれる。美作津山藩の洋学者箕作阮甫の養子秋坪の次男。父の実家菊池家をつぐ。慶応二年(一八六六)幕府に選ばれてイギリスに渡り、明治元年(一八六八)帰朝、同三年再びイギリス留学、八年間ケンブリッジ大学で数学および物理学を学ぶ。十年帰朝、東京大学教授となる。この年発足した東京数学会社に参加、この会は十七年、菊池の首唱により改組されて東京数学物理学会となる。二十一年、理学博士の学位を授けられる。翌年帝国学士院会員、翌々年二十三年貴族院議員に勅選せられた。つづいて文部省専門学務局長、文部次官を経て、三十一年東京帝国大学総長となり、三十四年文部大臣になり、翌年男爵を授けられた。三十六年教科書疑獄事件により引責辞職。四十一年より大正元年(一九一二)まで京都帝国大学総長。明治四十二年以後、帝国学士院長、晩年は枢密顧問官となる。以上は主として彼の官歴であるが、数学教育の点では、明治二十一年、イギリスの幾何学教授改良協会の要目によって『初等幾何学教科書』を著作、これは長い間、わが国中等教育における幾何学教科書の基準となった。また、東京大学時代、帝国学士院時代にわたって、和算書を収集、研究させ、みずからも和算に関する論文を英文でいくつか書いた。現在の東大・日本学士院の和算書はこの菊池時代の収集にかかるものである。また、明治二十四年濃尾大地震の惨害を知り、震災予防の必要を首唱、翌二十五年、文部省に震災予防調査会を創設させ、自己も委員となって、その事業のため尽力した。なお大正六年、財団法人理化学研究所が設立されたときには、その初代所長となっている。同六年八月十九日没。六十三歳。東京の谷中墓地に葬られた。美濃部達吉・鳩山秀夫・末弘厳太郎はその女婿。

[参考文献]『東洋学芸雑誌』三四ノ四三一・四三三　(大矢　真一)

きくちたけお　菊池武夫　一八七五―一九五五　大正・昭和時代の軍人、国家主義者。肥後の菊池氏の米良領主の後裔。男爵。明治八年(一八七五)七月二十三日生まれ。父は武臣、母は富。同二十九年、陸軍士官学校卒。同三十九年、陸軍大学校卒。昭和二年(一九二七)三月、陸軍中将。同年七月、予備役。同六年十一月、貴族院議員。勤労聯盟(大正十五年(一九二六)一月創立)会長、国本社理事、日本学生東亜聯盟(昭和七年十二月創立)会長、国際反共聯盟(同十三年五月創立)主要役員。昭和十年二月十八日、第六十七回通常議会の貴族院本会議の国務大臣演説に対する質疑で、菊池議員が美濃部達吉の著作『憲法撮要』『逐条憲法精義』を挙げ、美濃部学説の天皇機関説は国体に対する謀叛明らかな反逆とし、美濃部を学匪として糾弾した。この発言と二月十五日の衆議院予算委員会での江藤源九郎議員の質問が天皇機関説問題の発端である。いわゆる国体明徴運動の中心人物であった。戦後、戦犯として巣鴨拘置所に収容されたが昭和二十二年釈放。同三十年十二月一日死去。八十歳。墓は熊本県菊池市の正観寺にある。法名泰邦院殿孤芳明倫大居士。　(高橋　正衛)

きくちひろし　菊池寛　⇨きくちかん

きくちゆうほう　菊池幽芳　一八七〇―一九四七　明治・大正時代の家庭小説作家。明治三年(一八七〇)十月二十七日、水戸藩士庸の子として水戸で生まれた。本名清。茨城県尋常中学を卒業。小学校教員を経て大阪毎日新聞社に入り新聞小説を執筆、特に『己が罪』『乳姉妹』は、明治期の代表的家庭小説として話題を呼んだ。大正末年には新聞小説界を退いたが、依然として旺盛な筆力を示し、昭和二十二年(一九四七)七月二十一日没した。七十八歳。『幽芳全集』全十五巻がある。　(尾崎　秀樹)

きくちようさい　菊池容斎　一七八八―一八七八　幕末から明治時代前期にかけての日本画家。旧姓河原、本名武保、通称量平。天明八年(一七八八)十一月一日江戸に生まれ、文化二年(一八〇五)十八歳で狩野派の画家高田円乗に師事、のちさらに大和絵と有職故実を学んだ。また文政十年(一八二七)からは数年間京畿を漫遊して、自然描写とともに名家所蔵の古典作品を研究、一方古社寺の宝物を捜査しながらそれらの成果を利して、わが国古来の忠臣・義士・烈婦など五百余人の像を描き、これを木版によって明治元年(一八六八)全十巻からなる『前賢故実』として上梓。その労作は従来の歴史人物画に新生面を拓いただけでなく、精細な考証を経たものとしてその後の画家の典拠とされるに至った。なおその間嘉永元年(一八四八)には江戸浅草の浅草寺に絵馬大作「堀河夜討図」などを揮毫しているほか、明治二年「藤房天馬の諫」「高徳題桜」「隅田綾瀬之図」を献上。さらに同七年『土佐日記絵巻』一巻を制作して、翌年明治天皇から日本画士の称号を授かったといわれる。また明治十年第一回内国勧業博覧会にあたってはさきの『前賢故実』を出品。最高栄誉である竜紋賞をうけた。十一年六月十六日東京において死去。九十一歳。谷中墓地に葬られた。

[参考文献] 村松梢風『本朝画人伝』四(『中公文庫』)　(富山　秀男)

きこう　熙洽　Xi Qia　一八八四―?　軍人・政治家。「きこう」と読むのが正しいが、当時の邦人は「きは」ということが多かった。満洲正藍旗人で姓は愛新覚羅、一八八四年八月、奉天省瀋陽県に生まれる。字は格民。一九〇九年十二月日本の士官候補生となり、一一年五月陸軍士官学校第八期騎兵科を卒業した。民国初年から黒竜江省・広東省・東三省の軍政両面の要職を歴任し、二四年吉林督辦公署参謀長、二八年東北易幟以後は東北辺防軍駐吉副司令官公署中将参謀長、吉林省政府委員として張作相の留守居役となり、排日官僚として知られた。三一年九月満洲事変に際し、吉林を兵火から守るのに成功したが、関東軍の拳銃の脅威に屈し、二十八日吉林独立を宣言した。三二年満洲建国で財政部総長(のち大臣)兼吉林省長、三四年省長を免ぜられ、三五年宮内府大臣に転じ終戦に至った。四五年八月三十一日長春でソ連軍に逮捕、シベリアに送られ、五〇年夏病気のため中国に引き渡されず、のちソ連で抑留死したといわれる。

参考文献　片倉衷・古海忠之『挫折した理想国』、『満洲国史』、姜年東他『偽満洲国史』、大達二郎「新吉林政権を語る」(『新天地』一一ノ一二)　(小原　正治)

きごしやすつな　木越安綱　一八五四―一九三二　明治・大正時代の陸軍軍人。安政元年(一八五四)三月二十五日、金沢藩士加藤九八郎の次男に生まれ、のち木越家を継ぐ。教導団を経て明治八年(一八七五)に陸軍士官学校に入校、同十年在校中に西南戦争に出征して負傷した。同年七月少尉、戦後陸士卒業、爾後累進し、ドイツ留学、陸軍大学校教授心得、参謀本部員、監軍部参謀。日清戦争には、中佐から大佐において第三師団参謀長として参戦した。第三師団は桂太郎中将を師団長として、第一軍の隷下にあって作戦し、海城において清軍から包囲されて苦戦したが、辛うじて危機を脱したのは、一に木越参謀長の力によるといわれる。戦後諸職を歴任し、日露戦争には歩兵第二十三旅団長として出征したが、中将になって後備第一師団長として参戦した。大正元年(一九一二)十二月第一師団長のとき、第三次桂内閣の陸軍大臣に就任し、次の第一次山本内閣にも留任したが、軍部大臣の現役専任制を廃したことによって、陸軍から追われた形になって大正二年六月二十四日陸軍大臣を辞任、同月休職、五年三月後備役、十年四月退役。日露戦争の功により、男爵を授けられ、また退職後、貴族院議員に勅選された。昭和七年(一九三二)三月二十六日没した。七十九歳。墓は東京都港区の青山墓地にある。戒名樹心院殿釈諦住大居士。　(松下　芳男)

きしこうけい　岸光景　一八三九―一九二二　明治時代の図案家。天保十年(一八三九)九月十五日江戸に生まれ、明治の初年内務省(のち大蔵省)の製図掛となって図案の改良にあたった。また竜池会や日本美術協会の美術復興運動にも尽力、明治十三年(一八八〇)石川県に招聘されて同地の陶業者や漆工家に図案を与え、美術工芸の振興に寄与したのち、京都・香川にも同じ目的で赴任、香川県に工芸学校を設立するなどわが国美術界草創期の先覚者として活躍した。その間帝室技芸員、日本美術協会特別会員、東京彫工会学芸委員などに推されたが、同二十二年家業を息光治に譲って隠退し、大正十一年(一九二二)五月三日東京において死去。八十四歳。小石川の蓮光寺(文京区向丘)に葬られた。法名は清泉院声々無宗居士。　(富山　秀男)

きしざわしきさ　岸沢式佐　常磐津(ときわづ)節の三味線弾きの芸名。五代目が最も有名で、現存の名曲の大半を作曲した。十一代目までつづく。

(一)五代　一八〇六―六六　文化三年(一八〇六)に生まれる。四代目の子。仲助から式佐・四代目古式部と改名、のち竹遊斎。作曲に勝れ、『乗合船』『将門』をはじめ、『三人生酔』『宗清』『新山姥』『角兵衛』『うつぼ猿』などの名曲を作曲。ことに『三世相』の好評は、語り手であり家元である常磐津豊後大掾との功名争いとなり、常磐津から独立する原因となった。慶応二年(一八六六)十二月十九日没。六十一歳。

(二)六代　一八三三―九八　天保四年(一八三三)に生まれる。五代目の子。巳佐吉、のち五代目古式部。父の代から分裂していた常磐津派と和解。明治三十一年(一八九八)二月二十六日没。六十六歳。墓は東京都江戸川区平井の大法寺にある。法名は浄楽院教道日随居士。『松島』『紅葉狩』『釣女』『戻橋』など作曲。

(三)七代・八代　一八五九―一九四四　安政六年(一八五九)十月に生まれる。六代目の養子。巳佐吉から七代目をつぐが、一時返上。あらためて八代目を名乗る。のち六代目古式部。昭和十九年(一九四四)九月十八日没。八十六歳。『墨塗女』『三人片輪』など作曲。

(四)九代　七代目の養子。のち常磐津勘右衛門と改名。岸沢家では代数に数えない。

(五)十代　一九〇九―六二　明治四十二年(一九〇九)四月二十八日に生まれる。七代目の実子。巳佐吉から十代目式佐。昭和三十七年(一九六二)九月四日没。五十三歳。墓は六代目と同じ大法寺にある。法名常修院紘道白和居士。『高野聖』『渋蛇の目』など作曲。

(六)十一代　一九四四―　昭和十九年(一九四四)に生まれる。十代目の実子。同四十七年十一代目をつぐ。

参考文献　中内蝶二・田村西男編『常磐津全集』(『日本音曲全集』八)、石井国之『邦楽の歴史』、町田嘉章『ラジオ邦楽の鑑賞』　(吉川　英史)

きしせいいち　岸清一　一八六七―一九三三　明治・大正時代の弁護士、スポーツ界の功労者。慶応三年(一八六七)七月四日松江藩士岸伴平の次男として生まれ、明治二十二年(一八八九)東大英法科を卒業、同二十六年弁護士となり、法曹界に活躍、同四十三年、法学博士の称号を得、大正四年(一九一五)、日本弁護士会会長に推される。一方東大時代、日本スポーツの黎明期にあたり、ボート選手として、スポーツの先覚者の一人であった。明治四十四年創立された大日本体育協会にあっては、大正五年副会長、同十年第二代会長に選任され、大正六年第三回極東選手権大会の役員をつとめて以来、極東大会(五回)・オリンピック大会(三回)に日本選手団団長、または大会役員として出席し、その間、私財を投じて、日本スポーツの興隆に情熱を傾け、スポーツ界の恩人となった。同十三年パリオリンピック大会の際、国際オリンピック委員に推され、昭和七年(一九三二)には貴族院議員に選ばれている。昭和八年十月二十九日没。六十七歳。東京の青山墓地に葬られた。

参考文献 伊藤和三郎編『岸清一伝』、『日本体育協会五十年史』 (織田 幹雄)

きしだぎんこう 岸田吟香 一八三三—一九〇五 幕末・明治前期の先覚的新聞記者。天保四年(一八三三)四月八日、美作国久米北条郡垪和村(岡山県久米郡旭町)に岸田秀治郎の長男として生まれる。幼名太郎のち銀次。通称銀次郎、号は吟香、諱は国華。津山の儒者昌谷精渓に漢学を学び、十七歳で江戸に出て林図書頭の塾に入る。病気で一旦帰国ののち大坂を経て再び江戸に至り、安政三年(一八五六)藤森弘庵に師事する。しかし弘庵が安政の大獄で捕えられるや危険を感じて潜行流浪生活に入り深川の妓楼に雇われたりする。このころ「銀公」と呼ばれたことが号のもととなっている。元治元年(一八六四)横浜のJ・C・ヘボンに眼の治療をうけたことが機縁で彼の『和英語林集成』の編集に協力、同書を上海の美華書館で印刷するためヘボンと同道して慶応二年(一八六六)九月渡航。翌三年四月横浜に帰り、横浜・江戸間の汽船回漕業に従事するかたわら、米人バン=リードと共同して明治元年(一八六八)閏四月十一日新聞『もしほ草』を発刊した(同三年三月終刊)。吟香の『新聞紙実歴談』によれば、これよりさき元治元年に横浜のヘボン宅でアメリカに漂流帰化して帰国した浜田彦蔵と会い、協力して『新聞誌』を発刊したという。『新聞誌』は日本最初の民間新聞『海外新聞』の別称とみられるが創刊年月については不透明な部分あり。ただし吟香が発行に関与したことは間違いない。『もしほ草』終刊後、新潟の石油採掘業を計画したり氷室商会業を経て、六年招かれて『東京日日新聞』に入社し、洒脱警抜な文筆で一躍東日の声価を高めた。ことに台湾出兵に日本最初の従軍記者として従軍して書いた記事「台湾従軍記」は有名。これより先、記者業のかたわらヘボンから直伝をうけた点眼薬に「精錡水」と命名し銀座に楽善堂薬舗を開いて製造販売していたが、十年東日退社後はこれを主業とした。早くから盲人教育に関心を注ぎ、十三年一月前島密らと協力して訓盲院(のちの東京盲学校、現筑波大学附属盲学校)を開設した。他方、さきの上海渡航以来中国への関心も強く訪中も数度に及び、中国各地に楽善堂支店を開設、二十三年荒尾精の日清貿易研究所設立に協力、また近衛篤麿らの東亜同文会(同三十一年)や東亜同文書院の設立(同三十三年)にもそれぞれ協力した。三十八年六月七日死去。七十三歳。墓は東京の谷中墓地。洋画家岸田劉生はその四男。

参考文献 土師清二『吟香素描』、杉山栄「岸田吟香」(『三代言論人集』一所収) (内川 芳美)

きしだくにお 岸田国士 一八九〇—一九五四 大正末期から昭和時代の劇作家・小説家。明治二十三年(一八九〇)十一月二日、東京に生まれる。陸軍将校だった父庄蔵の意向に従い陸軍士官学校を同四十五年に卒業、軍務についたがフランス文学への転回を意図して退官、東京帝大仏文科選科に入学した。大正八年(一九一九)渡仏して、パリでジャック=コポーに師事。同十二年七月帰国、『古い玩具』『チロルの秋』『ぶらんこ』などを陸続と発表、劇的文体のもつ微妙な心理的韻律の美を強調した。ほかに代表的戯曲として『牛山ホテル』『風俗時評』『速水女塾』などがある。昭和十二年(一九三七)岩田豊雄(獅子文六)・久保田万太郎らとともに文学座を創設した。またジュール=ルナールの『にんじん』その他多くの名翻訳を世に送った。昭和四年長編小説『由利旗江』を『朝日新聞』に連載、その後『暖流』その他二十編の長編小説により知性的な人物像を描いて好評を得た。戦時中に大政翼賛会文化部長に就任した故で、戦後に一時公職追放を受けた。二十五年文壇・劇壇を一丸とする「文学立体化運動」を提唱、小説家の戯曲執筆の気運を促した。二十九年文学座公演『どん底』を演出、三月五日一ッ橋講堂でのその舞台稽古中、脳動脈硬化症のため倒れて死去した。六十三歳。多磨墓地に葬られた。日本近代戯曲および新劇運動の上に残した足跡は大きい。『岸田国士全集』全十巻・『岸田国士長編小説全集』全十二巻がある。

参考文献 岩田豊雄『新劇と私』 (茨木 憲)

きしだとしこ 岸田俊子 一八六三—一九〇一 明治時代の民権運動家、評論家、小説家。本名俊、のち俊子。号は湘烟(湘煙)。文久三年(一八六三)十二月五日、岸田茂兵衛の長女として京都に誕生。母の薫育を得て幼少より秀才の誉れ高く、明治十年(一八七七)、女子師範学校を病気のため退学。十七歳で宮中に出仕、皇后に進講したが、同十四年退官。自由党の士とともに自由民権運動に加わり、十五年より二年間、先覚者として女権伸張を掲げて各地を遊説し、景山英子らの共鳴を得た。十七年、中島信行と結婚。主に『女学雑誌』に女性の地位向上をめざす評論・随筆・漢詩を発表、翻案小説『善悪の岐』(二十年刊)には結婚を前にした壮士が、悪人殺害の罪で自殺するが、善悪の限界を考えるところに、政治的社会的な世界観が示され、当時の世相も写し出されている。二十二年『山間の名花』を『都の花』に連載、女性解放のために新しい意識をもつ進歩的女性として活躍した。この間、二十一年ころフェリス和英女学校の教師となった。二十五年、イタリア公使として赴任する夫に同行したが、夫婦ともに病重くなり帰国。三十四年五月二十五日、肺結核で死去した。三十九歳。神奈川県大磯町の大運寺に葬られた。没後刊行の遺稿集『湘烟日記』(三十六年刊)がある。

参考文献 柳田泉「(随筆)明治文学」、相馬黒光『明治初期の三女性』、本間久雄『明治文学作家論』上、塩田良平『明治女流作家論』 (熊坂 敦子)

きしだりゅうせい 岸田劉生 一八九一—一九二九 大正時代の洋画家。明治二十四年(一八九一)六月二十三日岸田吟香の四男として東京に生まれた。黒田清輝らの経営する白馬会研究所に学び、雑誌『白樺』とその紹介する後期印象派に影響をうける。明治四十五年フュウザン会を結成し、後期印象派風作品を発表、大正三年（一九一四）、草土社を同志とともに創設し、北欧ルネッサンス、特にデューラーの影響のつよい細密で、暗鬱な画風を創作した。関東大震災後、神奈川県鵠沼の住居から京都に移居し、初期肉筆浮世絵に傾倒し、また宋元の院体風の絵画につよい関心をもった。画風も、それぞれの時期に、その関心の影響を示すのであるが、とりわけ、長女麗子像をモチーフとして、きわめて長期にわたって執拗に追求し、独自の画境をひらいた。また晩年、好んで南画風の日本画を描いた。昭和四年（一九二九）中国東北の旅行をくわだて、その帰途、十二月二十日山口県徳山で客死した。三十九歳。東京の多磨墓地に葬られた。『岸田劉生全集』全十巻のほか各種の画集がある。

参考文献 岸田麗子『父岸田劉生』、土方定一「岸田劉生」（『土方定一著作集』七所収） （宮川 寅雄）

きしちくどう 岸竹堂 一八二六―九七 幕末・明治時代前期の日本画家。本名昌禄、旧姓寺居。文政九年（一八二六）四月二十二日近江国彦根に生まれ、天保十三年（一八四二）京都にでて、はじめ狩野永岳に狩野派を、のち岸連山について四条派を学び、連山から才能を認められて二十八歳のときその養嗣子となった。幕末にはたびたび皇室や有栖川宮家の用命をうけて制作。また維新後は友禅染や刺繍の下絵を描いて工芸美術の振興に寄与したほか、明治九年（一八七六）フィラデルフィア万国博覧会に八曲屏風「大津唐崎図」の力作を出品、のち内国勧業博覧会でたびたび受賞したうえ鑑査官に挙げられ、二十九年には帝室技芸員に推された。彼は円山四条派の流れをくむ岸派の伝統を守る一方、洋画の陰影や遠近法をとり入れた鋭い写生的作風で風景画を描いたが、鳥獣の描写、特に虎を得意として岸駒と並び称された。代表作に「猛虎図」「月下猫児図」などがある。三十年七月二十七日京都市で死去。七十二歳。京都市上京区の本禅寺に葬られた。 （富山 秀男）

きしとしお 岸俊男 一九二〇―八七 昭和時代の日本史学者。大正九年（一九二〇）九月十五日、京都市上京区に生まれ、まもなく父の転勤により奈良市押上町に移り、以後没するまで同地に住む。父は熊吉（古建築修理技師）、母はイク。奈良県立奈良中学校から第三高等学校（文科甲類）を経て、昭和十七年（一九四二）京都帝国大学文学部史学科に入学、国史学を専攻して十九年九月卒業。この間学徒出陣により海軍の軍役につき、卒業後は海軍少尉として充員召集をうけた。敗戦とともに復員。まもなく京都帝国大学大学院に入学し学業に復帰した。二十一年九月京都帝国大学文学部助手に採用され、二十六年奈良女子大学文学部講師、二十八年同助教授、三十年母校の京都大学に移り、教養部助教授、三十三年には文学部に変わり、四十四年国史学講座担当の教授となった。五十九年停年により退官し、京都大学名誉教授の称号をうけた。その間四十二年、『日本古代政治史研究』により文学博士の学位を授与されている。退官後は愛知学院大学文学部教授となり、同時に長らく研究員を勤めていた奈良県立橿原考古学研究所の第三代所長に任ぜられた。在職中の六十一年四月体調をくずして奈良県立医科大学附属病院に入院、療養に専念したが翌年一月二十一日同院において閉そく性黄疸のため没した。享年六十六。研究業績の主なものは、学位請求論文にもなった前掲書（昭和四十一年）のほか、『日本古代籍帳の研究』（四十八年）、『日本古代文物の研究』（六十三年）、『日本古代宮都の研究』（同年）の四大論著にまとめられている。前二著にはいわば前半の研究生活の成果が盛られており、古代村落の研究に始まり、個別氏族の基礎的考察から、やがて皇権の所在をめぐる問題に展開する政治史研究が一つの柱であり、いま一つは正倉院所蔵の戸籍・計帳の基礎的研究とそこから生まれる古代史上の課題の研究である。後の二著には藤原宮・平城宮など古代宮都の発掘調査をうけての論文や、数多の遺跡出土の木簡・金石文の調査、埼玉県稲荷山古墳出土の鉄剣銘の解読などをもとにした論考が収められ、これらは後半生の研究成果といってよいであろう。論文はいずれも、所与の史料の限界を認識しつつ、これを厳密かつ最大限に活用しようとする工夫がこらされている。この点に研究方法・研究姿勢の特徴があり、戦後の日本古代史研究に新境地を開いた。ほかにも多数の論文があり、成書としては『藤原仲麻呂』『宮都と木簡』『遺跡・遺物と古代史学』『古代宮都の探求』『古代史からみた万葉歌』『日本の古代宮都』などがある。史学研究会理事長、木簡学会会長のほか多数の学会役員を勤め、また文化財保護審議会専門委員、歴史的風土審議会委員、国立歴史民俗博物館運営協議会委員などを歴任した。

参考文献 岸俊男教授退官記念事業会編『岸俊男教授年譜・著作目録』、岸俊男「学而不思則罔 思而不学則殆―著作摘録―」（岸俊男教授退官記念会編『日本政治社会史研究』下所収） （狩野 久）

きしのうえかまきち 岸上鎌吉 一八六七―一九二九 明治から昭和時代にかけての動物学者、水産学者。慶応三年（一八六七）十一月四日古くから漁業とのり場として知られた尾張国知多郡横須賀村（愛知県東海市）に生まれた。帝国大学理科大学動物学科を明治二十二年（一八八九）卒業、タナゲモ・カブトガニの研究から次第に水産動物の研究に移る。同年に開校された水産伝習所で動物発生学を講義、同二十四年、農商務省技師、二十六年設立の水産調査所主任、二十八年理学博士、四十年東京帝国大学農科大学に水産の四講座新設が決定し翌年第一講座の教授となる。助教授は三宅驥一。四十三年水産学科が開設されて以来、昭和三年（一九二八）十月停年退職まで研究と学生指導に専念した。水産動物の発生・組織・分類・

生態・漁法・餌料にわたり広く研究、なかでもマグロ・カツオ・タイ・サバの研究は著名。退職の翌年、悪条件のもとに中国揚子江の淡水魚類の採集調査研究に従事、四川省成都日本総領事館で昭和四年十一月二十二日、急性脳貧血により没す。六十三歳。著書『水産原論』(明治三十八年)は教科書として広く用いられた。

参考文献　内田昇三「岸上博士と小沢博士」(『(岩波講座)生物学』所収)、木村重「岸上先生を偲ぶ」(『東京大学農学部水産学科の五十年』所収)　(木村陽二郎)

きしのぶすけ　岸信介　一八九六—一九八七　昭和時代の政治家。明治二十九年(一八九六)十一月十三日、山口県熊毛郡田布施村の酒造家佐藤秀助の次男として生まれ、のち父の生家(秀助は養子)岸家を継いだ。佐藤栄作は実弟である。大正九年(一九二〇)東京帝国大学法学部を卒業、農商務省に入り、同十四年同省が農林・商工両省に分離した際には商工省に進んだ。以後、臨時産業合理局などを経て、昭和十年(一九三五)工務局長となり、翌十一年には満洲国政府実業部(十二年七月産業部に改組)次長に就任した。日本の傀儡国家、満洲国では、部長(大臣)には中国人を据えたが、実権は日本人の次長が握っており、したがって実業部次長は実質的には経済政策の最高責任者であった。岸は十二年には満洲国における重要産業統制法制定を指導、第一次五ヵ年計画を発足させ、翌十三年には、鮎川義介の日本産業と満洲国の折半出資による満洲重工業開発株式会社を発足させ、満洲経済の統制強化と軍需工業化の体制をつくりあげた。十四年、阿部信行内閣の伍堂卓雄商工大臣のもとの商工次官に就任して日本に帰り、以後、藤原銀次郎・小林一三両大臣のもとでも次官に留任したが、十六年一月、経済新体制問題をめぐって小林商工大臣と衝突して辞任した。しかし同年十月、岸の在満当時関東軍参謀長だった東条英機が首相の座につくと、抜擢されて商工大臣に就任、十七年四月の総選挙では翼賛政治体制協議会の推薦候補として山口二区より立候補して当選、衆議院議員の地位をも獲得した。十八年十一月には軍需生産増強のための行政機構再編により軍需省がつくられると、東条首相が軍需大臣を兼任し、岸が国務大臣兼軍需次官として実際の指導にあたった。敗戦直後の二十年九月、東条らとともにA級戦争犯罪人容疑者として逮捕されたが起訴されることなく、二十三年十二月釈放された。二十七年四月講和条約発効とともに追放解除となるとすぐさま、三好英之らと日本再建連盟を結成したが、同連盟の勢力は伸びず、結局二十八年三月自由党に入党した。翌四月の総選挙で山口二区より立候補して当選、以後、保守勢力の統一、憲法改正などを主張、十二月に設置された自由党憲法調査会の会長となった。二十九年になると新党工作に奔走し、十一月自由党反吉田派と改進党が合同して日本民主党が結成されると幹事長に就任、さらに保守合同を推進し、三十年十一月最初の統一保守政党として結成された自由民主党でも初代幹事長の座を占めた。三十一年十二月には鳩山一郎引退後の自民党総裁選挙に立候補、第一回投票では一位となったが、決選投票では石橋湛山に七票の小差で敗れた。しかし石橋内閣には外相として入閣、石橋首相が病気のため辞職したあとをうけて、三十二年二月、首相に就任、三十三年六月には第二次岸内閣を組織、以後三十四年一月には自民党総裁に再選され、東南アジア開発、日米安全保障条約の改定などの問題にとりくみ、広汎な反対運動を排して新安保条約を成立させ、同条約批准ののち、三十五年七月内閣総辞職を行なった。以後も衆議院議員の議席を確保、中華民国(台湾)・大韓民国などの反共国家との結びつきを強めることを主張し、日華協力委員会・日韓協力委員会などの積極的メンバーとして活躍。五十四年の総選挙からは不出馬。六十二年八月七日没。九十歳。

参考文献　吉本重義『岸信介伝』、岸信介・矢次一夫・伊藤隆『岸信介の回想』　(古屋　哲夫)

きじままたべえ　来島又兵衛　一八一七—六四　幕末の萩藩士。文化十四年(一八一七)生まれる。喜多村正倫の第二子で幼名は亀之進、天保七年(一八三六)来島政常の養子となり光次郎と改名。柳川藩の大石進、江戸の久保田助四郎らに就いて剣術・馬術を学び、鬼来島と称せられた。嘉永四年(一八五一)家督をつぎ、翌年名を政久、通称を又兵衛と改め、安政二年(一八五五)藩の大検使役となる。同五年江戸方用所役・地方所帯方役を兼ね、文久二年(一八六二)学習院用掛として在京中、広く諸藩の志士と交わった。翌三年五月、馬関総奉行国司信濃の手元役として攘夷戦に活躍し、六月には狙撃隊を率いて上京したが、八月十八日の政変によって帰藩した。十月遊撃軍を編成し、その総督となって三田尻(防府市)に駐屯、元治元年(一八六四)六月森鬼太郎と変名し、遊撃軍を率い長州軍の先鋒として京都に攻め上り、七月十九日の禁門の変に会津・薩摩の兵と蛤門に戦って戦死した。四十八歳。京都霊山に葬られる。明治二十四年(一八九一)四月贈正四位。

参考文献　三原清堯『来島又兵衛伝』、末松謙澄『防長回天史』三・四　(三坂　圭治)

きしもときちえもん　岸本吉右衛門　一八五八—一九二四　明治・大正時代の実業家。大阪最大の鉄鋼問屋岸本商店の四代目店主。安政五年(一八五八)正月七日、村田友次郎の次男に生まれる。明治十六年(一八八三)岸本吉右衛門の長女ひさと結婚、同二十八年岸本商店の家督を相続し、吉右衛門を襲名した。岸本商店は天保二年(一八三一)打刃物商として創立され、明治初年和鉄から洋鉄の販売へ進み、官営八幡製鉄所の創業期にスクラップの蒐集にあたり、それを契機に指定商となった。岸本は、明治四十四年株式会社大阪製鉄所の設立を今泉嘉一郎と計画していたところ、白石元治郎からインド、ベンガル銑鉄を紹介され、製鋼事業のための銑鉄自給を断念し、ベンガル製鉄株式会社(経営代理店マーチン商会)から銑鉄の極東一手販売権を得て日本への銑鉄輸入を開始した。大正七年(一九一八)にはインド鉄鋼会社(経営代理店バーン商会)の設立に資本参加しインド銑鉄の大量輸入に貢献した。日本鋼管の創立の際には、設立発起人となり大阪の株主のとりまとめにあたった。明治四十五年合資会社岸本製釘所設立、大正五年岸本製鉄所設立など生産部門への進出もはかったが、第一次世界大戦後の反動を予想して売却した。同七年岸本商店は資本金三百万円の株式会社に改組された。十三年十月二十八日没。六十七歳。

参考文献 『岸本商店小史』、今泉嘉一郎『日本鋼管株式会社創業二十年回顧録』 （長島 修）

きしもとごへえ 岸本五兵衛 大阪における肥物商・海運業者。近世から明治にかけて大阪靭には肥物商・塩魚干魚鰹節商が集住し、肥物商はニシンカス・羽ニシンを取り扱っていた。それらは靭永代浜で荷揚げしていた。河内・大和・和泉の棉作地帯をひかえ、大阪は早くから金肥の集散地であり、肥料によって致富した商人が多かった。金沢仁兵衛・内海清兵衛・木谷七平・西岡平蔵・志方勢七・岸本庄兵衛・田中市兵衛や岸本五兵衛などがもっとも有名であった。大阪には古くから国問屋・荷受問屋も多く、松前問屋(北海産荷受問屋)もその一つで南北堀江・西道頓堀・幸町・靭などに多く集まっており、いずれも豪商として知られていた。岸本五兵衛家はこの松前問屋であったが、肥物商をも兼営していたのである。大阪では北前船主船頭から近代的な社外船主になったものが多く、広海二三郎・馬場道久・大家七平・右近権左衛門・浜中八三郎などがそれであるが、岸本五兵衛はむしろ大阪居住の松前問屋・肥料商出身の船主の一例としてあげるべきであろう。しかも、菱垣廻船・樽廻船の流れをくむ八馬兼介・辰馬商会・摂津航業会社ともまた系統を異にしていた。

(一)初代 一八三七―一九二七 天保八年(一八三七)二月に播磨国加東郡下東条村(兵庫県小野市)の農業林右衛門の三男として生まれ、二十歳のとき大坂に出て回漕店赤穂屋に奉公し、慶応二年(一八六六)主人のバックで松前問屋を開き河内屋と号した。かたわら肥料をあきない、明治十七年(一八八四)長男に家督をゆずり、佳季と改名した。昭和二年(一九二七)没す。九十一歳。

(二)二代 一八六四―一九一五 佳季の長男で、元治元年(一八六四)十一月三十日に生まれ、明治十七年(一八八四)五兵衛を襲名、十九年に汽船を建造して積極的に回漕海運業に進出し、日清・日露の戦争や第一次世界大戦では大なる利益をあげた。明治二十八年大阪実業銀行監査役にあげられて金融業にも関係し、四十一年には岸本汽船株式会社を創立し、社長となり、大正四年(一九一五)一月十九日五十二歳で没した。

参考文献 宮本又次『大阪商人太平記』上(『宮本又次著作集』九)、佐々木誠治『日本海運業の近代化』 （宮本 又次）

きしもとたつお 岸本辰雄 一八五二―一九一一 明治時代の法律家、教育家。法学博士。明治大学創設者の一人。嘉永五年(一八五二)鳥取藩士岸本尚義の三男に生まれる。藩校で蘭式軍法を修め、明治三年(一八七〇)貢進生。大学南校を経て司法省明法寮に入る。九年卒業、仏国に留学を命じられパリ大学に学ぶ。十三年帰国、判事、参事院議官補、法制局・司法省参事官、大審院判事を歴任、法典編纂にも貢献。二十六年官を辞して弁護士となる。十四年宮城浩蔵・矢代操とともに明治法律学校を創設、二十一年初代校長に就任、同三十六年明治大学と改称後も引き続き没時まで校長に在任して同校の発展に寄与。同四十五年四月四日急逝。六十一歳。谷中墓地に葬られた。 （久原 甫）

きしらけんよう 岸良兼養 一八三七―八三 明治時代前期の司法官。天保八年(一八三七)兼善の長男として出生。鹿児島藩士。明治二年(一八六九)二月監察司知事となり、同年八月弾正大疏、同四年三月刑部少丞となった。同年七月刑部省廃止・司法省設置に伴い、翌五年八月司法少丞となった。同六年十一月には小野組転籍事件裁判における参座を命じられた。同年十二月権大検事となり、その後七年四月には佐賀の乱の裁判に、また八年三月には広沢真臣参議暗殺事件の裁判に関与するなどした。同年五月大検事に昇進し、翌月大審院詰となった。同十年四月、西南戦争の裁判のため九州福岡に設けられた九州臨時裁判所に派遣され、検察の指揮にあたった。同年六月大審院検事長となり、さらに同年十一月司法省検事局長をも兼ねた。同十二年十月玉乃世履大審院長が司法大輔に任命されたのに伴い、その後任として大審院長に任命されたが、十四年七月玉乃が再び大審院長に任命されるや司法少輔に転じた。十六年六月元老院議官を兼任。同年七月司法少輔を免ぜられ元老院議官の専任となったが、同年十一月十五日死去した。四十七歳。墓は東京都港区の青山墓地にある。

参考文献 宮内省編『明治天皇紀』六、『司法沿革誌』、大日本法曹大観編纂会編『大日本法曹大観』 （小田中聰樹）

キダー Anna H. Kidder 一八四〇―一九一三 アメリカのバプテスト教会婦人宣教師、女子教育家。一八四〇年ニューハンプシャー州アーモストに生まれる。カレドニア＝アカデミーで教育をうけ、ロードアイランド州プロビデンスの黒人孤児院で数年間教えた。明治八年(一八七五)バプテスト教会婦人外国伝道会社宣教師として来日。その前年に同派の宣教師アーサー James H. Arthur が、森有礼の庇護のもとに開いた男子の英語塾は、キダーの来任とともに女子教育にきりかえられた。はじめキダーの名にちなみ喜田女学校(のちに駿台英和女学校)とよばれたが、キダーは三十八年間女子教育に専念し、傍ら社会福祉事業に尽くして、その間休養のため一度きわめて短期間帰米しただけであった。大正二年(一九一三)十一月二十三日駿河台で没。七十三歳。墓は東京都染井墓地にある。その教え子から青木周蔵・石井菊次郎・森有礼・高田早苗・平岩愃保らの夫人などが出ている。

[参考文献] 高橋楯雄編『日本バプテスト史略』上 （重久篤太郎）

キダー Mary Eddy Kidder 一八三四―一九一〇 米国改革派教会宣教師、教育家。一八三四年生まれる。明治二年（一八六九）八月二十七日ブラウン夫妻に伴われ来日。ともに新潟に赴いたが翌三年夏横浜に戻り、ヘボン施療所で同夫人を助け女児教育を担当した。五年神奈川県権県令大江卓の好意により野毛山官舎内に教場を移した。六年同派の宣教師（はじめ長老派）ローゼ＝ミラーと結婚。世人は依然「キダーさんの学校」とよび生徒数いよいよ増加し、七年十一月率先山手一七八番に土地を借り、八年六月新校舎落成開校式をあげ、フェリス和英女学校（フェリス女学院）発展の基礎を固めた。十二年十一月休暇を得て帰米し十四年再び来日。その後は東京・盛岡で伝道に専念した。一方十五年来、少年むき冊子『喜の音（おとずれ）』（創刊十年、東京女子大学比較文化研究所佐波文庫所蔵）の発行をひきうけ、三浦徹編集しよく読まれた。四十三年六月二十五日病革まり東京麹町平河町の自宅に逝去。墓は染井墓地にあったが昭和十五年（一九四〇）横浜外人墓地に移された。キダー（ミセス＝ミラー）記「日本に於る初代宣教師生況の記憶」（『福音新報』二四五・二四六・二四八、三浦徹訳）がある。

[参考文献] 『フェリス女学院100年史』、佐波亘編『植村正久と其の時代』 （青山 なを）

きたいっき 北一輝 一八八三―一九三七 国家主義思想家。本名輝次郎。明治十六年（一八八三）四月三日、新潟県加茂郡湊町（両津市湊）の酒造業・海産物問屋の長男として生まれた。父は慶太郎、母はリク。眼病にかかり佐渡中学中退、以後独自な思想形成を行い、三十四年ごろから『佐渡新聞』に寄稿者として登場。日露戦争前夜には、帝国主義を歴史の必然として対露開戦を主張するとともに、国家の強化＝合理化の方策を模索し、一方では社会主義に強い関心を寄せ、他方では、万世一系の皇統を国体の精華とみるのは「迷妄虚偽」の妄想だとする国体論批判の立場を打ち出していた。日露戦争のさなか、三十七年夏に上京。三十九年五月『国体論及び純正社会主義』を自費出版したが、すぐさま発売禁止処分に付され、以後幸徳秋水らの社会主義者とも接触したが、大陸浪人らが結成した革命評論社を経て、中国革命同盟会・黒竜会などに活動の主要な舞台を見出していった。四十四年辛亥革命が勃発するや、黒竜会の一員として中国に渡り宋教仁を支援したが、大正二年（一九一三）三月宋は暗殺され、同四月北も上海総領事の退去命令により、帰国を余儀なくされた。翌年第一次世界大戦がおこり、日本もイギリス側に参戦すると、四年十一月から政府要人に対する意見書として『支那革命党及革命之支那』（のち十年『支那革命外史』と改題刊行）を執筆・頒布し、イギリス・ロシアとの対決が中国革命を支援すると同時に日本を発展させる道であると説いた。五年六月再び中国に渡ったが、もはや中国革命に影響を及ぼし得る手だてはなく、さらに中国における排日運動の高まり、日本での米騒動の勃発などといった情勢の変化に直面して、次第に日本国内の改造を先決と考えるようになり、八年夏より『国家改造案原理大綱』（十二年『日本改造法案大綱』と改題刊行）を執筆、ついで満川亀太郎らと猶存社を結成していた大川周明に促されて同年末帰国した。北の「国家改造案」は早速、猶存社同人により謄写印刷され、重要と目される人物に配布されたが、そこでの、国家改造を対外膨脹の必須の前提とする主張や、「天皇を号令者」とするクーデター論などは、従来の国家主義思想に大きな衝撃を与えるものであった。帰国後の活動は、岩田富美夫・辰川竜之助らの暴力的右翼を輩下とし怪文書の作成配布を軸とするものであり、九年から十年にかけての宮中某重大事件、十二年ヨッフェ来日反対運動などに関与、大川周明と対立して同年猶存社を解散してからは、政友会の小川平吉、国本社の平沼騏一郎らに接近して、朴烈怪写真事件・宮内省怪文書事件などをひきおこし、さらには不戦条約・ロンドン海軍軍縮条約反対運動の一翼をになった。これらの活動は、いずれも天皇側近や天皇大権の問題をめぐるものであり、北がかつての国体論批判の立場を離れ、いかなる形であれ、天皇に関する意識をかきたてることをねらうようになったことを示している。またこの間、西田税らの青年将校と接触、十五年に西田が退役上京して以後は、彼を通じて多くの青年将校をその影響下におくことに成功、満洲事変の起った昭和六年（一九三一）ごろには、右翼の大物、青年将校運動の黒幕と目され、情報を得ようとする三井財閥から巨額の生活費を引き出すまでになった。しかし、陸軍中央部が軍内の統制強化によって軍の政治力を強めようとする統制派の勢力に握られるに至ると、北・西田に連なる青年将校は皇道派と呼ばれ、その運動は次第に抑圧され、北らも軍部の抗争にまきこまれていった。十一年の二・二六事件が失敗すると、事件の黒幕として逮捕され、クーデターの具体的計画・実行になんら関与していなかったにもかかわらず、十二年八月十四日、軍法会議で死刑の判決を受け、同十九日に銃殺された。五十五歳。法名は信行院釈浄輝。郷里佐渡の勝広寺に葬られた。北の著書は第二次世界大戦後、復刻され、初期論文・裁判関係調書・書簡などとともに、『北一輝著作集』全三巻（一・二巻昭和三十四年、三巻同四十七年刊）におさめられている。

[参考文献] 田中惣五郎『北一輝増補版』、松本健一『若き北一輝』、G・M・ウィルソン『北一輝と日本の近代』（岡本幸治訳）、滝村隆一『北一輝』、宮本盛太郎『北一輝研究』、同編『北一輝の人間像』、松本清張『北一輝論』、松沢哲成編『人と思想北一輝』、五十嵐暁郎編『『北一輝』論集』 （古屋 哲夫）

きたうらさだまさ　北浦定政　一八一七―七一　江戸時代後期の陵墓・条里・宮跡研究家。幼名安太郎、通称義助。文化十四年（一八一七）三月三十日大和国添上郡古市村（奈良市）に生まれ、十五歳で津藩古市奉行所に出仕し、文久三年（一八六三）同藩士となった。富田泰州・中村良臣・斎藤拙堂・本居内遠らに国学・漢学を学んだ。大和国内の陵墓研究の成果として『打墨縄』があり、平城京については『平城宮大内裏跡坪割之図』に集約される研究がある。これは西大寺蔵の右京図・三宝料田畠目録などの古図や古記録を書写する一方、平城京内を隈なく踏査して正確な地形図を作成し、現地の村名・字名などを古記録と照合し、平城京条坊を復原したものである。これをさらに条里制の研究に発展させ、『大和国坪割細見図』や『大和国古班田坪割略図解』を著わした。これらの業績は明治以降の平城宮跡や大和条里研究の出発点となった。このほか『大和国古都略記図』『大和国地名抜書』などの地名考証的な著述もある。晩年には光仁天皇田原東陵など荒廃した陵の整備にも尽力した。明治四年（一八七一）正月七日没。五十五歳。

参考文献　奈良県編『大和人物志』、奈良国立文化財研究所編『平城宮跡保存の先覚者たち』（特別展目録）、喜田貞吉「平城京遺址研究者北浦定政」（『歴史地理』一二ノ四）　（横田　拓実）

きたおじろう　北尾次郎　一八五三―一九〇七　明治時代の気象学者、物理学者。嘉永六年（一八五三）七月四日、松江藩に生まれる。藩医松村寛裕の次男。幼名は録次郎。のち北尾漸一郎の養子となる。少年時に藩儒内村友輔の門に入る。明治三年（一八七〇）ドイツに留学し、ベルリン大学・ゲッチンゲン大学で物理学を専攻、同十六年帰朝。十七年文部省御用掛東京大学理学部勤務となり、十八年十一月東京山林学校教授心得、十九年七月東京山林学校が東京農林学校と改称され、同校教授。二十一年九月海軍教授兼任。二十三年六月東京農林学校が帝国大学農科大学となるとともに、同教授。二十四年八月理学博士となり、二十五年九月農林物理学気象学講座担任、帝国大学評議官。三十五年三月より欧州各国に派遣さる。明治四十年九月七日病死。五十五歳。"The Journal of the College of Science, Imperial University" Vol. 1. 2. 7.（帝国大学紀要理科）に載せた彼の論文 'Beiträge zur Theorie der Bewegung der Erdatomosphäre und der Wirbelstürme'（「大気の運動及颶風の理論」）は日本人の手になる最初の気象学研究で、内容は当時としては気象力学の理論的に非常に高度な渦動論で、国内的にはほとんど影響を与えなかったが、アメリカの気象学者クリーブランド＝アッベの『スミソニアン＝インスティテューションの気象力学の最近の進歩に関する報告』（一八九〇年刊）に「ヘルムホルツやオーベルベックのエレガントな解析にも比され、キルヒホッフの仕事を思わせる」と評され、『エンサイクロペディア＝ブリタニカ』の第十一版の気象の項にも紹介されている。そのほか数学や電気測定の論文があるが、農科大学で行なった土壌中の水の運動や木材の収縮膨脹に関する研究などがある。ドイツ留学中ドイツ婦人と結婚して一子あり。また文学に親しみ独文で『森の女神』と題する長編小説も書いた。　（中山　茂）

きたがきくにみち　北垣国道　一八三六―一九一六　明治時代の政府官僚。通称は晋太郎と称し、柴捨蔵と改名したこともある。号は静屋。天保七年（一八三六）八月七日、但馬国養父郡能座村（兵庫県養父郡養父町）で北垣三郎左衛門の長男として出生。その政治活動は二十八歳のとき、尊攘派志士平野国臣らが大和の天誅組の乱に応じて但馬生野で倒幕挙兵を計画した「生野の変」に加わったのが最初である。この蜂起の計画が失敗したため、かれは変名で、一時、長州藩に逃亡していた。その後、戊辰戦争のとき、鳥取藩兵として幕府軍の追討に戦功をおさめ、新政府の弾正台に政府官僚として勤務。明治十四年（一八八一）以後、京都府知事に就任。在任中に琵琶湖疏水工事を完成させた。その後、内務次官ついで北海道庁長官・拓殖務次官などを歴任した後、男爵を受け、錦鶏間祗候として華族に列せられた。晩年は貴族院議員・枢密顧問官などもつとめた。大正五年（一九一六）一月十六日、京都上手町（中京区）にて没。八十一歳。黒谷の金戒光明寺に葬られる。法名は丹心院殿静屋宗珍居士。

参考文献　『鳥取県郷土史』　（石塚　裕道）

きたかぜしょうぞう　北風正造　一八三四―九五　幕末・明治時代前期の兵庫の代表的豪商。山城国紀伊郡竹田村（京都市伏見区）郷士長谷川景則の次男。母は有栖川宮家の老女であった登士子。天保五年（一八三四）二月十一日生まれる。幼名尚之輔。十九歳で諸問屋北風家の婿養子、相続して荘右衛門貞忠と改名。兵庫津の集散機能の発展と北風家の富に着目した幕府は箱館産物会所の用達兼生産捌方取締、開港時は幕府商社肝煎を命じ御用金を課したが、彼は実家の影響でひそかに勤王派を助けた。維新後は積極的に政府に協力し、また私財を投じて民兵の兵庫隊をつくり治安維持をはかり、庶民教育の明親館設立にも尽力し会計官商法司判事となるや正造と改名、県出納掛・通商為替会社頭取など歴任し、明治六年（一八七三）公職を辞しても兵庫新川開鑿事業や米商会社・七十三国立銀行・商法会議所などの創立につくした。しかし家業は衰退し明治十八年破産。彼が同二十八年十二月五日六十二歳で没すると絶家した。墓は神戸市兵庫区北逆瀬川町の能福寺にある。

参考文献　安田荘右衛門『北風遺事・残燈照古抄』、石阪孝二郎編『（兵庫津北風家惣支配役）喜多文七郎日誌』、村田誠治『神戸開港三十年史』、『神戸市史』本編総説、別録一、資料二・三　（中部よし子）

きたさだきち　喜田貞吉　一八七一―一九三九　明治から昭和時代前期にかけての国史学者。斉東野人と号す。明治四年（一八七一）五月二十四日阿波国那賀郡櫛淵村（徳島県小松島市)に生まれる。父は辰吉、母はヌイ。同二十九年帝国大学文科大学国史学科を卒業。卒業後直ちに大学院に入り、同三十二年岡部精一・堀田璋左右らと日本歴史地理研究会(のち日本歴史地理学会と改称)を組織し、月刊雑誌『歴史地理』を創刊。これに毎号古代史・歴史地理に関する清新卓抜な論文を発表し、健筆の名を謳われる。のち文部省にはいり図書審査官に任ぜられ、ついで文部編修として国定教科書国史の編修にあたり、南北両朝並立の趣旨で記述したのが、四十四年議会で問題にされ、正統の所在は明治二十四年勅によって定められていた事実を知らずに編修したものとして、責任をとって文部省を退く。これより先四十一年には京都帝国大学の講師として国史を講じ、同四十二年には平城京の研究、法隆寺再建論で文学博士の学位を受領。大正八年(一九一九)からは個人雑誌『民族と歴史』を刊行。日本の古代史および民族に関する論文をつぎつぎに発表する。同九年内田銀蔵逝去のあとをおそって京都帝国大学教授となって国史学講座を担任。同十三年退官。東北帝国大学の講師に転じ、東北地方の古代史に開拓の歩を進めた。昭和三年(一九二八)には『東北文化研究』を刊行。東北史研究の成果を発表した。同十四年七月三日没。六十九歳。郷里の喜田家墓所に葬られる。法名は梁貞隆法居士。その容貌の示すごとく、性豪放磊落、辺幅を飾らず、文部省または帝国大学に籍をおいたが、その学問は官学風でなく、常に在野の学風を貫いた。その研究の本領は、日本古代史の綜合的な研究にあり、文献を主としながらも、遺物・遺跡の考古学的研究、歴史地理学・民俗学の研究などをも取り入れた幅の広いものであった。つぎつぎに新しい問題を提起して学界を刺激し、誰とでも果敢な論争を展開して、研究の進展に寄与したところは大きい。中には奇矯に過ぎて、のちにみずから前説を訂正するはめにおちいったこともあるが、その先駆者的な勇気は高く評価されてよい。若年の日、平城京の条坊や法隆寺の再建について、関野貞とはげしい論争を行なったことは、学史に不朽の名を残すものである。論文は千篇にも余るが、成書は少なく、『日向国史』『読史百話』『帝都』『斉東史話』『(還暦記念)六十年之回顧』などがある。中にも『帝都』は小冊子であるが、古代からの帝都をまとめて要領よく論述した最初の著書として、その価値は高い。『喜田貞吉著作集』全十四巻がある。

参考文献 『歴史地理』七四ノ二・三(喜田博士追悼録)

(坂本 太郎)

きたさとしばさぶろう　北里柴三郎 一八五二―一九三一 明治・大正時代の細菌学者。嘉永五年(一八五二)十二月二十日肥後国阿蘇郡小国郷北里村に生まれた。父は惟信、母は加藤海助の女貞子、柴三郎はその長男である。明治二年(一八六九)熊本藩の藩校時習館に入ったが、同四年の廃藩置県とともに時習館も閉鎖された。同年熊本の医学所病院に入学し、オランダ医官マンスフェルトの指導を受けた。五年医学所病院は熊本医学校と改称され、その塾監となる。七年マンスフェルトの辞任とともに退校して東京にでた。八年東京医学校に入学したが、十年東京医学校は東京大学医学部と改称され、十六年同学を卒業した。同年卒業に先立ち男爵松尾臣善の次女乕と結婚した。十七年内務省御用掛に任ぜられ判任待遇となった。十八年十一月渡欧の途につき、十九年一月よりロベルト＝コッホに師事した。二十二年はじめて破傷風病原菌の純培養に成功した。翌二十三年には破傷風毒素を発見し、さらにベーリングと協力して破傷風の抗毒素による血清療法を発見した。二十四年医学博士の学位を受け、翌二十五年五月帰国した。同年十一月芝公園内に新設された大日本私立衛生会伝染病研究所の所長となった。二十七年伝染病研究所は芝愛宕町に移転し、さらに三十二年には大日本衛生会より内務省に移管されたが、北里は終始所長として伝染病の研究に従事した。その間同二十七年の香港におけるペスト流行の際、同地に行き、フランス人エルザンと相前後して独立にペスト菌を発見した。大正三年(一九一四)大隈内閣は伝染病研究所を内務省より文部省に移管したが、この際北里の意志が無視されたため、辞任して新たに私立の北里研究所設立に着手し、翌四年発足とともに所長となった。同六年には慶応義塾大学医学部設置に尽力し、開学とともに学部長となり、昭和三年(一九二八)まで勤めた。大正十三年には男爵受位。昭和六年六月十三日東京麻布の自宅にて死去。八十歳。同日勲一等旭日大綬章を授けられた。墓は青山墓地にある。細菌学関係の独文・英文・邦文の多数の論文がある。

参考文献 宮島幹之助編『北里柴三郎伝』

(大塚 恭男)

きたじままさもと　北島正元 一九一二―八三 昭和時代の歴史学者。大正元年(一九一二)八月七日、北島喜助の三男として新潟県柏崎に生まれる。のち父の郷里の長野市に移り、昭和七年(一九三二)松本高等学校卒業後、東京帝国大学文学部国史学科に入学、十年卒業、大学院修了後、愛知県史編纂員となる。二十五年新潟大学助教授、翌年東京都立大学助教授、三十四年教授、三十七年には文学博士の学位を授与される。五十一年東京都立大学名誉教授、また新たに立正大学文学部教授、早稲田大学客員教授となる。五十八年三月、両大学の定年を迎え、同年十一月一日病没。七十一歳。埼玉県所沢市の所沢聖地霊園に葬られる。文部省史料館専門員、文化財保護審議会専門委員(文化庁)、目黒区史編纂主任、栃木県史編纂委員、地方史研究協議会評議員、日本古文書学会理事、関東近世史研究会会長として活躍した。一貫して日本近世史の政治・社会経済の分野の開拓に努め、第二次世界大戦後の幕藩体制の研究をリードし、幕藩制国家の解明にあたっては、常に学界における論点を時代推移のなかで的確に位置づけたことに定評があった。特に『江戸幕府の権力構造』(昭和三十九年)は政治史的視角からの総合的研究で、学界の到達点を示す成果といえるが、ほかにも『近世日本農村社会史』(昭和二十二年)、『徳川家康』(三十八年)、『幕藩制の苦悶』(毎日出版文化賞特別賞受賞、四十一年)、『日本史概説』二・三(四十三年)、『水野忠邦』(『人物叢書』、四十四年)、『江戸幕府』(五十年)、『近世史の群像』(五十二年)、『近世の民衆と都市』(五十九年)があり、編著には『江戸商業と伊勢店』(日本経済新聞社経済図書文化賞受賞、昭和三十七年)、『政治史』二(『体系日本史叢書』二、四十年)、『土地制度史』二(同七、五十年)などがあり、歴史教育にも大いに関心をもち、啓蒙的な歴史書・論文にも健筆を振るった。

参考文献 北島正元先生追悼集刊行会編『北島正元先生追悼集』

(村上 直)

きたしらかわのみやよしひさしんのう 北白川宮能久親王 ⇩能久(よしひさしんのう)親王

きたとらお 城多虎雄 一八五六—八七 明治時代前期の新聞人。安政三年(一八五六)四月に生まる。伊勢国三重郡菰野村の富農小津吉蔵次男。近江の儒者城多董の養嗣となり、明治八年(一八七五)東京開成学校に入り、東京大学に進み、同十一年病のため退学。一時、農商務省に勤務したが同十五年以後『朝野新聞』『京都滋賀新報』『中外電報』主筆として「論欧洲社会党」「文官試験論」「地方制度改良論」などの名社説を残した。宿痾の肺結核のため同二十年二月二十日に没した。三十二歳。遺骸は、京都寺町二条下ル妙満寺に葬られたが、のち同寺の移転に伴い左京区岩倉幡枝町に改葬された。マルクスの『共産党宣言』の梗概を紹介した一人として注目に値する。

参考文献 橋南漁郎『大学学生溯源』、西田長寿「「論欧洲社会党」の筆者について」(『明治文化全集』一五所収)、末広重恭「城多虎雄君の小伝」(『朝野新聞』四〇〇九)

(西田 長寿)

きたばたけはるふさ 北畠治房 一八三三—一九二一 幕末・維新期の尊攘運動家、明治時代の司法官。天保四年(一八三三)正月北畠末重の四男として大和国平群郡法隆寺村(奈良県生駒郡斑鳩町)に生まる。家は代々中宮寺宮仕人(寺侍)。各地に遊学して尊王攘夷派の志士たちと交遊を深め、文久三年(一八六三)八月天誅組の大和挙兵に参加、また翌元治元年(一八六四)には天狗党の乱にも加わった。新政府成立後は司法省に出仕。明治六年(一八七三)政府は目安箱を廃止し上書の類は直接、集議院(のち左院)などに提出すべきことを定めたが、これは北畠の建言によるものだったという。大隈重信系の官僚として、明治十四年の政変で退官し、翌年立憲改進党の結成に参画したが、まもなく司法界に復帰し、東京控訴院検事長・同評定官・大審院部長などを経て二十四年大阪控訴院長に就任、三十一年休職となり司法界を退いた。この間、二十九年には司法官としての長年の功労により男爵を授けられた。晩年は郷里の法隆寺村に隠棲したが、古寺社・古美術などに造詣が深かった。大正十年(一九二一)五月四日京都で死去。八十九歳。

(鳥海 靖)

きたはらいなお 北原稲雄 一八二五—八一 幕末・明治時代前期の伊那の草莽国学者。文政八年(一八二五)二月二日信濃国伊那郡座光寺村(長野県飯田市)に生まれた。父は北原民右衛門因信、母は木曾子。幼名は照吉、のち信質、通称は林右衛門・森右衛門、号は八束穂の稲雄老翁・鏑の舎。弟は今村豊三郎。嘉永二年(一八四九)には二十五歳で父の業をつぎ名主役となり、飯田の歌人福住清風門人となり、筆子を養成、教化指導につとむ。天竜川原開発につとめ父子二代苗字帯刀御免となる。安政六年(一八五九)十二月の南山騒動には百姓の大将として鎮静化につとめ、また同年十一月に平田篤胤の没後門に入門、ただちに『弘仁暦運記考』を出版助成し翌万延元年(一八六〇)完成、ついで文久二年(一八六二)八月には『古史伝』上木助成運動の発起人となり、その後足利氏木像梟首事件の角田忠行をかくまい、弟今村豊三郎とともに元治元年(一八六四)十一月水戸浪士の伊那谷通過支援、資金調達をし、慶応三年(一八六七)片桐春一中心の本学霊社建立を助け、また伊那・東濃の国学者の結集につとむ。高松隊・相楽隊に協力、子の信綱を戊辰戦争に参加させ、みずからは維新後在地協力派となり村政改革し、明治二年(一八六九)四月家督を信綱に譲り、伊那県出仕、贋金騒動鎮圧、筑摩県権少属・同中属を歴任、明治政府に福沢批判の建白書を出し三田の文教政策を批判し、その間地価算定には地価嘆願惣代ともなる。その後前沢万重・倉沢義髄とともに松本開産社をつくり、明治十年四月初代社長となり、荒蕪地開墾、茶・楮・莨・藍・果実その他を育成、養蚕・牧牛・養豚などを行い、そのため民権派の批判を受く。明治十三年十一月二十五日辞職、帰郷。同十四年十月二日五十七歳で死去。郷里座光寺の麻績神社境内に神葬され、また碑もある。遺著に『雪の信濃路』五巻、『鏑迺舎歌集』二巻、『当家年代記』『水内神社考』がある。

参考文献 市村咸人『伊那尊王思想史』、同『松尾多勢子』、同『伊那史叢説』、芳賀登『草莽の精神』、同『夜明け前 実像と虚像』

(芳賀 登)

きたはらたいさく 北原泰作 一九〇六—八一 昭和時代の部落解放運動家。明治三十九年(一九〇六)一月一日、岐阜県稲葉郡黒野村(岐阜市)の貧農の家に生まれた。昭和二年(一九二七)十一月十九日陸軍特別大演習の観兵式の際、天皇に軍隊内の部落差別の撤廃を直訴し、懲役一年に処せられた。六年朝田善之助・野崎清二らと「全国水平社解消の提議」を行なったが、八年には一転して部落委員会活動の新方針を提案し、パンフレット「部落委員会活動に就いて」の作成にあたった。同年日本共産党に入り、その指示で水平社運動の「身分闘争に関するテーゼ草案」を執筆した。九年検挙されて転向し、国家社会主義に傾いて、十五年に朝田・野崎らと部落厚生皇民運動を始めたため、全国水平社から除名された。第二次世界大戦後の二十一年部落解放全国委員会(三十年部落解放同盟と改称)の結成に参加し、三十六年同盟を代表して同和対策審議会の委員となり、四十年「同和対策審議会答申」の起草に加わった。部落解放運動や同対審答申の評価をめぐって共産党と論争し、やがて部落解放同盟と対立して共産党に近づいた。四十九年木村京太郎・成沢英雄らと部落解放運動の統一と刷新をはかる有志連合を組織し、翌年国民融合をめざす部落問題全国会議が結成されると常任幹事となった。五十六年一月三日没。七十五歳。著書は『屈辱と解放の歴史』『部落解放の路線』などがある。

参考文献　北原泰作『賤民の後裔』、北原泰作・榊利夫『対談・部落解放への道』、『北原泰作部落問題著作集』一—三

（川村善二郎）

きたはらはくしゅう　北原白秋　一八八五—一九四二　明治から昭和時代にかけての詩人・歌人。本名隆吉。初期には薄愁・射水とも号した。明治十八年(一八八五)一月二十五日(戸籍上は二月二十五日)福岡県山門郡沖端村(柳川市)に生まれた。父は長太郎、母はシゲ。北原家は油屋、または古問屋と称し、代々柳川藩立花家の御用達を勤めた裕福な海産物問屋で、祖父の代より酒造を兼ね、父の代よりこれを本業とするようになった。母は後妻、白秋には豊太郎・カヨの異母兄姉があったが、豊太郎は夭折していたから白秋は事実上の長男として遇された。弟妹に、鉄雄(アルス社長)、チカ、イヱ(画家山本鼎夫人)、義雄がある。同三十年、県立中学伝習館入学、三十五年、雑誌『文庫』に投稿短歌のうちの一首が掲載され、以来同誌の新進として活躍した。三十七年、中学を中途退学して上京、早稲田大学英文科予科に入学、同級に若山牧水・土岐善麿らがいた。三十九年、与謝野寛(鉄幹)に請われて『明星』に参加、石川啄木・吉井勇・木下杢太郎・長田秀雄らと識り、『海潮音』を通してフランス世紀末思潮の影響を受け、都会の頽廃面を強調した感覚的、官能的な象徴詩体を創始して、四十二年三月、処女詩集『邪宗門』を刊行、詩壇の注目を集めた。南蛮趣味の先駆としても意義ぶかい。これより早く同年一月雑誌『スバル』の創刊に参加、また十月には杢太郎・秀雄の三人で都会趣味・江戸趣味を基調とする同人誌『屋上庭園』(全二号)を創刊、一方、詩人と美術家との芸術懇話会「パンの会」を興し、耽美享楽の時代思潮を導いた。続いて四十四年六月、フランス印象派の手法をとった瀟洒な抒情小曲集『思ひ出』を刊行、同年十一月、高踏的な文芸誌『朱欒』を創刊、また「パンの会」の記念作である歌集『桐の花』(大正二年(一九一三)一月)、詩集『東京景物詩』(同年七月)を編み、詩歌壇に少なからぬ影響を与えた。しかし明治四十五年七月、人妻との恋愛事件によって下獄(のち示談により無罪免訴)、これを契機に人工的な粉飾を棄て、ゴーガン・ゴッホの画境を慕い、短唱集『真珠抄』(大正三年九月)、『白金之独楽』(同年十二月)に光明と法悦を歌い、歌集『雲母集』(同四年八月)に荒々しい自然の生命感を讃え、その感覚的な対象の把握はにわかに存在論的な深みを示した。以後次第に詩境沈潜し、歌集『雀の卵』(同十年八月)、詩集『水墨集』(同十二年六月)では枯寂な中にも艶麗な近代の幽玄ともいうべき世界を拓いた。昭和期に入ると、詩集『海豹と雲』(昭和四年(一九二九)八月)に即物的な現実認識を示し、歌集『白南風』(九年四月)・『渓流唱』(十八年十一月)などに自然観照の冴えを見せ、十年六月、浪漫精神の復興と新しい象徴詩体の創造を唱えて歌誌『多磨』を創刊、復古的な機運に乗ってたちまち『アララギ』と拮抗する新勢力たらしめた。以後眼疾により視力衰え、晩年にはほとんど失明に至るが、なお多方面の活動を続けた。当時の歌集『黒檜』(十五年八月)・『牡丹の木』(十八年四月)には、薄明の境に住む詩人の、異常になまなましい官能が滲み出ている。昭和十六年、芸術院会員。十七年十一月二日、腎臓病・糖尿病を併発し、杉並区阿佐ヶ谷の自宅に没した。五十八歳。多磨墓地に葬られた。童謡・民謡・歌謡などにもそれぞれ第一人者の位置を占めた、まさに国民的な詩人であった。『白秋全集』全四十巻がある。

参考文献　木俣修『白秋研究』、前田夕暮『白秋追憶』、北原鉄雄他『回想の白秋』、『日本近代文学大系』二八、『日本現代詩大系』四、日夏耿之介『明治大正詩史』(『日夏耿之介全集』三)、『多磨』一六ノ六(北原白秋追悼号)、木下杢太郎「詩集「邪宗門」を評す」(『木下杢太郎全集』七所収)、河村政敏『北原白秋の世界』

（河村　政敏）

きたまたぞう　喜多又蔵　一八七七—一九三二　明治・大正時代の実業家。明治十年(一八七七)九月十一日、堺県葛上郡鳥井戸村(奈良県御所市)に、豪農長七郎・政子の三男として生まれた。二十七年大阪市立商業学校を卒業、同年日本綿花会社に入社、ボンベイ派出員などを勤めたのち、三十六年支配人、四十三年取締役、大正六年(一九一七)から死ぬまで社長を勤めた。大正中ごろ以降、鈴政式織機(のち遠州織機)・日華製油・東亜製麻・日華紡織・泰安紡績・全南道是製糸などの社長を勤め、八年には個人で丸喜商店(翌年、喜多合名となる)を設けて雑貨輸出・南洋事業・紡織業・製糸業を営んだ。七年には、パリ講和会議にあたって実業界からの四名の随員に選ばれ、十一年には日本工業倶楽部・日本経済連盟理事となった。晩年には日本綿花会社の経営立て直しに苦闘したが、昭和七年(一九三二)一月三十一日、五十六歳で死亡。和歌山県の高野山地蔵院に葬られた。

参考文献　大岡破挫魔編『喜多又蔵君伝』

（高村　直助）

きたむらかねこ　北村兼子　一九〇三—三一　大正・昭和初めの女流文筆家。明治三十六年(一九〇三)十一月二十六日京都府亀岡に生まれる。北村佳逸の長女。大手前高女、大阪外国語学校英語科を経て関西大学ドイツ法律科に学び、在学中『大阪朝日新聞』への投書で記者に採

用されたが昭和二年(一九二七)七月退社、太平洋婦人会議、万国婦人参政権大会に出席のほか新聞・雑誌に執筆、日本飛行学校に入り訪欧飛行の準備中同六年七月二十六日東京で急死、二十九歳。著書に『ひげ』(大正十五年(一九二六))、『婦人記者廃業記』(昭和三年)、『私の政治観』(同)、絶筆『大空に飛ぶ』(同六年十月)ほかがある。
(清水　三郎)

きたむらせいぼう　北村西望　一八八四―一九八七　大正・昭和時代の彫刻家。明治十七年(一八八四)十二月十六日、長崎県南高来郡南有馬村白木野(南有馬町)に、父陳連・母サイの四男として生まれる。本名西望(にしも)。明治四十年京都市立美術工芸学校彫刻科卒業。同年、東京美術学校彫刻科入学。翌年の第二回文展で「憤闘」が初入選。同四十五年東京美術学校卒業。大正四年(一九一五)第九回文展で「怒濤」が二等賞受賞。また翌年の第十回文展で「晩鐘」が特選受賞。若くして注目される。十年彫刻研究団体「曠原社」を結成。同年から昭和十九年(一九四四)まで東京美術学校教授。大正十四年帝国美術院会員となる。第二次世界大戦後は、日展を中心に活躍。力強く、堂々とした男性像を得意とした。昭和三十年に五年をかけて、長崎の「平和祈念像」を完成。三十三年文化勲章受章。同六十二年三月四日没。百二歳。著書に『百歳のかたつむり』がある。東京都に原型を含む三百五十余点の作品を寄贈し、これらは東京都武蔵野市の都立井の頭自然文化園の彫刻館に陳列されている。(横山　勝彦)

きたむらとうこく　北村透谷　一八六八―九四　明治時代の詩人・評論家。本名門太郎。透谷のほかに桃紅・脱蟬・蟬羽・電影などと号した。明治元年(一八六八)十一月十六日、小田原唐人町に生まれた。父快蔵は小田原藩医玄快の長子で、のち大蔵省・郡役所・裁判所などに勤務。母ユキは小田原藩士大河内氏三女。同六年父母は生後間もない弟垣穂をつれて東京に移住し、透谷は小田原で祖父・継祖母のもとで成長、土地の小学校に学んだ。十四年、東京移住、京橋区の泰明小学校に転入学し、おりからの自由民権運動の高潮に影響を受け、翌年同校を卒業。いくつかの塾を経て十六年九月東京専門学校政治科に入学。この間、三多摩地方の自由民権運動の政客たちと交わり、政治的アンビションを抱きつつ、放浪。十八年、大井憲太郎らが、のち大阪事件とよばれる運動の軍資金獲得のため、強盗決行を企図し、大矢正夫など盟友らが透谷に参加を求めたとき、運動から離脱。東京専門学校英語科に再入学し、父の非職により中退。二十年夏、三多摩自由民権運動の指導者石坂昌孝の長女美那子(戸籍ではミナ)と熱烈な恋愛におちいり、美那子を通してキリスト教に入信、新生の契機をつかんだ。二十一年十一月三日美那子と結婚。翌二十二年二月十一日、大日本帝国憲法が発布され、大阪事件関係者も大赦出獄。同年四月、長詩『楚囚之詩』を自費出版、国事犯とその花嫁らの獄中の苦悩をうたい、大赦出獄で結んだ。この年、宣教師の通訳・翻訳、日本平和会の創立などにかかわり、翌二十三年にかけて、数編の評論を『女学雑誌』に投稿発表。十一月より普連土女学校英語教師。二十四年五月、劇詩『蓬莱曲』を刊行。夜の蓬萊山を舞台に修行者柳田素雄と大魔王との対決というかたちで内面世界をうたった。翌年二月、『女学雑誌』に「厭世詩家と女性」を発表、その恋愛観により衝撃を与えた。この論文を機に『女学雑誌』にかかわり、『伽羅枕』及び『新葉末集』「徳川氏時代の平民的理想」「処女の純潔を論ず」「鬼心非鬼心」「『罪と罰』の殺人罪」などを同誌に発表。同年三月、日本平和会の機関誌『平和』の創刊にあたり主筆となり、「一種の攘夷思想」「各人心宮内の秘宮」などを発表。二十六年一月明治女学校教師、同月『文学界』創刊とともに同誌で活躍。「人生に相渉るとは何の謂ぞ」「内部生命論」などを発表、民友社の山路愛山らの実に対して想の世界を強調、また雑誌『評論』に「明治文学管見」を書き、自己の文学観の確立を目ざして中絶。この年十月「双蝶のわかれ」などの抒情詩を発表、評論「漫罵」で移動にすぎぬ日本近代を指弾、十一月、「一夕観」に晩年の心境を示した。小説に『我牢獄』『星夜』『宿魂鏡』の三作がある。十二月、自殺未遂。翌二十七年五月十六日、芝公園の自宅に縊死した。二十七歳。芝白金の瑞聖寺に土葬。のち、小田原の高長寺に改葬された。『透谷全集』全三巻がある。

参考文献　笹淵友一『「文学界」とその時代』上、色川大吉『明治精神史』(『講談社学術文庫』)、小田切秀雄『北村透谷論』、平岡敏夫『北村透谷研究　評伝』、北川透『内部生命の砦』、桶谷秀昭・平岡敏夫・佐藤泰正編『透谷と近代日本』
(平岡　敏夫)

きたむらとくたろう　北村徳太郎　一八八六―一九六八　昭和時代の政党政治家。明治十九年(一八八六)五月十九日京都府に生まれた。関西大学を卒業、実業界に入り、佐世保商工会議所会頭、親和銀行、八王子醸造、佐世保貯蓄銀行各取締役を経て、戦後、政界に転じ、昭和二十一年(一九四六)衆議院議員に当選した。その後日本民主党の政務調査会長、幹事長、最高委員、総務会長などの要職を歴任するかたわら、二十二年、片山哲内閣に運輸大臣として入閣し、同内閣の総辞職後をついで成立した芦田均内閣の大蔵大臣となった。二十四年総選挙後の日本民主党の分裂の際、犬養健総裁と対立し、国民民主党、さらに改進党の結成に加わった。彼は一貫して修正資本主義の立場をとり、日中国交回復を主張するなど、保守陣営の最左派であった。三十五年の総選挙に落選するまで衆議院議員連続当選七回に及んだ。四十三年十一月十五日死去。八十一歳。(藤井　松一)

きたむらろくろう　喜多村緑郎　一八七一―一九六一　明治から昭和時代にかけての新派俳優。本名六郎。明治四年(一八七一)七月二十三日、東京日本橋に薬種商の子として生まれた。青年時雑俳に凝り、鶯亭金升のもとに通い、都々逸や情歌を作った。同二十五年八月、雑俳仲間と蠣殻町の友楽館で北村みどりの名で素人芝居に出演し、伊井蓉峰の妹役を演じたのが動機となり、青柳捨三郎一座に身を投じた。二十六年浅草の吾妻座の福井茂兵衛・青柳の一座に参加し、二十九年九月には高田実・秋月桂太郎・小織桂一郎らとともに大阪角座を本拠に成美団を組織し、以後関西において新派全盛期を作り、新派のリアリズムの演技を確立した。三十九年帰京し本郷座を本拠に、高田・藤沢浅二郎らと『侠艶録』のほか『婦系図』『白鷺』など泉鏡花の作品を演じて一境地をひらいた。大正期には伊井・河合武雄とともに新派三頭目時代を現出し、特に河合の派手な演技に対し、写実的内面的な演技で対照の妙を発揮した。当り芸は『滝の白糸』の白糸、『二筋道』の喜代次、『婦系図』のお蔦など。昭和二十三年(一九四八)日本芸術院会員となった。三十六年五月十六日没。八十九歳。墓は豊島区の雑司ヶ谷墓地にある。著書に『芸道礼讃』『わが芸談』などがあり、また『喜多村緑郎日記』が刊行されている。

参考文献 秋庭太郎『日本新劇史』、柳永二郎『新派の六十年』、喜多村九寿子編『喜多村緑郎追慕』 (菊池 明)

きたやましげお 北山茂夫 一九〇九―八四 昭和時代の歴史家。明治四十二年(一九〇九)三月三日、和歌山県有田郡鳥屋城村市場(金屋町)に生まれる。父谿太は『源氏物語辞典』で知られる篤学者。第三高等学校を経て、昭和九年(一九三四)東京帝国大学文学部卒業。大学院在籍中の論文「大宝二年筑前国戸籍残簡について」(『歴史学研究』四〇)で注目され、古代民衆の生活実態と徭役への抵抗などの考察を精力的に進めた。十二年から横浜の潤光学園教諭、十八年に帰郷し県立田辺中学校教諭。第二次世界大戦後の二十二年から立命館大学に勤め、法学部教授を経て文学部教授に移った。以後の活躍は目覚ましく、『奈良朝の政治と民衆』『日本古代政治史の研究』『万葉の創造的精神』などを連作し、万葉歌の歴史史料としての活用と万葉歌を史的成立事情から鑑賞あるいは評価する方法を拓いた。傍ら日本史研究会委員、『日本歴史大辞典』(河出書房)編纂委員、部落問題研究所監事・理事などにもあたった。当時学界の主要問題であった社会体制論では、律令体制=封建制論にたっていたが、次第に奴隷制論に転じた。その転化に際しての実証的、理論的苦悩の深かったことの故か、石母田正・藤間生大らによる英雄時代論へはきびしい反撥を示した(『続万葉の世紀』)。北山は、いわゆる大学紛争期の四十四年五月に大学を辞し、もっぱら文筆活動に入った。すでにそれ以前から醸成されつつあったその学風の特色は、同時代的思想諸潮流との緊張関係の中で、論・証を十分にふまえた叙述に重点をおき、歴史を生きる主体的人間像を追究した点にあろう(「日本近代史学の発展」(『(岩波講座)日本歴史』別巻一所収)、『飛鳥朝』『平将門』『万葉群像』など)。なお、多くの著書の中には少年少女向けの一群があることも見すごせない。昭和五十九年一月三十日没。七十四歳。墓は生家の裏山にある。没後、松尾尊兊編『北山茂夫・遺文と書簡』六巻別巻一巻が刊行された。

参考文献 松尾尊兊編『北山茂夫 伝記と追想』(『北山茂夫・遺文と書簡』別巻) (門脇 禎二)

きたれいきち 北昤吉 一八八五―一九六一 昭和時代の政治家、国家主義者、哲学者。禮華と号す。北一輝の弟。明治十八年(一八八五)七月二十一日、新潟県加茂郡湊町(両津市湊)に生まれる。同四十一年早稲田大学哲学科卒。大正三年(一九一四)から同七年まで早稲田大学講師。同七年から同十一年まで欧米に遊学。ハーバード・ベルリン・ハイデルベルヒの各大学に学ぶ。同十四年『日本新聞』創刊に参加。昭和二年(一九二七)哲学雑誌『学苑』発刊。同三年十月、祖国同志会を結成、機関誌『祖国』を創刊し同二十三年三月まで継続。同三年帝国美術学校、帝国音楽学校長。この間、大東文化学院、大正大学教授。同十年多摩美術専門学校(多摩美術大学)を創立。同十一年二月、衆議院議員。戦後の追放期間を除き、同三十三年まで議員。同二十七年一月、雑誌『猶興』創刊、三十一年まで継続。同三十三年十月に北一輝の門下生らの集まりアジア同志会の顧問となる。同三十六年八月五日死去。七十六歳。墓は東京都府中市の多磨墓地にある。戒名威徳院釈政賢居士。著書・翻訳書は十九冊を遺し、政治活動では一貫して鳩山一郎と行動をともにした。

参考文献 北昤吉『思想と生活』、北昤吉先生三週忌法要会編『追想記』 (高橋 正衛)

きたろっぺいた 喜多六平太 一八七四―一九七一 能楽師。シテ方喜多流十四代目家元。能心。幼名千代造。旧幕臣宇都野鶴五郎の次男として明治七年(一八七四)七月七日生まれる。母は十二代目能静三女松千代。五歳で喜多家に入り、十歳で家元継承。二十七年二十歳で六平太を襲名。彼は幼時から分家喜多文十郎、先代の弟子松田亀太郎・紀喜真らの補導で成長し、辛苦の末、独創的なひらめきと変幻自在な技術との結合により当代名人の世評を得た。昭和二十二年(一九四七)日本芸術院会員、同二十八年文化勲章受章。文化功労者。三十年重要無形文化財保持者個人指定。四十六年一月十一日没。九十六歳。東京都世田谷区奥沢の九品仏浄真寺に葬る。法名喜徳院能誉多聞平太善居士。生前の芸談・写真などを集大成した『六平太芸談』(光風社書店)の好著がある。

参考文献 『能楽タイムズ』二二七・二二八、池内信嘉『能楽盛衰記』、野上豊一郎編・三宅襄改修『能楽全書』 (草深 清)

きっかわつねまさ 吉川経幹 一八二九―六七 幕末・維新期の周防国岩国藩主。吉川広家十一代の後裔。文政十二年(一八二九)生まれる。幼名は亀之進、名ははじめ経章、弘化元年(一八四四)家督を相続して経幹と改め、嘉永二年(一八四九)二月以後監物と称した。毛利氏は藩初、輝元を中心に、長子秀就は宗家をついで萩藩主となり、次男就隆は徳山藩、養子秀元は長府藩、秀元の次男元知は清末藩を興したが、輝元の従弟にあたる吉川広家の子孫は江戸時代を通じて毛利氏の家老の地位に差し置かれたため、宗支の間に長く感情の疎隔があった。文久二年(一八六二)七月京都において攘夷の藩議を決定した宗藩主毛利敬親は、今後の難局に対処するため吉川氏の待遇を改めようとし、翌三年二月帰藩の途中を岩国に立ち寄って経幹に将来を約束し、その協力を求めた。経幹もその恩を感じ、五月敬親に代わって上京し、七月清末藩主毛利元純とともに攘夷親征を奏請して大和行幸の議が決定したが、八月十八日の政変によって三条実美らの攘夷派の公卿は失脚し、毛利氏の堺町門警備の任をも解かれたので、経幹は実美以下の七卿を護衛して国に帰った。その後、毛利氏は京都の形勢を挽回しようとし、元治元年(一八六四)六月福原越後・益田弾正・国司(くにし)信濃の三家老が大兵を率いて上京し、ついに七月十九日の禁門の変となった。幕府はこれを口実にして毛利氏を朝敵と断じ、長州征討の軍を起こした。このとき経幹は毛利の家名を存続するため強く恭順を主張し、みずから三家老の首級を携えて広島に赴き幕軍総督徳川慶勝に哀訴した。慶勝はその誠意を認め、いったん兵を解いたが、幕府はこれを寛大に過ぎるとして慶応二年(一八六六)六月再征の軍を起こした。経幹はその不条理を怒り、宗藩に協力して広島口の幕軍を撃破した。翌三年三月二十日三十九歳で病死したがしばらくこれを秘し、王政復古の後、明治元年(一八六八)閏四月毛利敬親の推挙によって諸侯に列し、従五位下駿河守に任じ、六月さらに城主格となり、二年三月二十日はじめて喪を発表した。墓は岩国市横山の洞泉寺にある。法名有恪院殿春山玄静大居士。

参考文献　『吉川氏系譜』、『岩国市史』、末松謙澄『防長回天史』三・四、戸川勿・河野準次・武田中平編『吉川経幹周施記』(『日本史籍協会叢書』)　(三坂　圭治)

きっかわれいか　吉川霊華　一八七五―一九二九　明治・大正時代の日本画家。本名準。明治八年(一八七五)五月四日儒者吉川澹斎の三男として東京の湯島天神町で生まれた。十歳ごろから橋本周延や狩野良信・山名貫義らについて浮世絵・狩野派・土佐派などの筆法を学んだが、同二十四年冷泉為恭の作品に感銘をうけて復古大和絵の行き方に共鳴し、これに漢魏六朝の画風も参酌しながら独自の大和絵研究を推進、同四十四年の第五回文展に「菩提達磨」を出品して褒状をうけた。しかしその後は久しく官展に出品せず、大正五年(一九一六)鏑木清方・結城素明・平福百穂・松岡映丘らと金鈴社をおこし、主としてこれに作品を発表した。その間、出品しないまま帝展審査員に推されることも重なり、同十五年の第七回帝展にはじめて「離騒」を出品、その白描体の線の美しさ、東洋古典に精通する深い学識と気品の高さによって大好評を博した。昭和四年(一九二九)三月二十五日東京において死去。五十五歳。上野桜木町の津梁院に葬られた。

参考文献　関如来編『霊華追悼画集』、前田剛二編『霊華画集』、村松梢風『本朝画人伝』六(『中公文庫』)　(富山　秀男)

きどこういち　木戸幸一　一八八九―一九七七　昭和時代前期の華族政治家。明治二十二年(一八八九)七月十八日侯爵木戸孝正の長男に生まれ、学習院を経て、同四十四年京都帝国大学法科大学政治学科に入学。ここで社会主義に若干の関心をもったという。大正四年(一九一五)卒業し、農商務省に入り、同六年父の死去により襲爵し貴族院議員となった。昭和五年(一九三〇)商工省臨時産業合理局第一部長兼第二部長を辞し、近衛文麿・岡部長景らのすすめで、内大臣秘書官長に就任した。この前後から、近衛・有馬頼寧・岡部らとともに革新的な若手貴族として注目された。同十一年内大臣秘書官長を辞任して、八年以来その職にあった宮内省宗秩寮総裁専任となった。この間元老西園寺公望の秘書である友人原田熊雄らと連絡をとりながら、二・二六事件に至る事件の連続の時代を内大臣を輔佐し、西園寺の信任を得た。十二年第一次近衛内閣に文相として入閣、さらに十三年には厚相を兼任、のち厚相専任となって、近衛を助けた。十四年平沼内閣の成立にあたって、近衛とともに入閣、内相の重任にあたった。十五年近衛らと新党を計画していたが、六月一日病気で辞任した湯浅倉平のあとをうけて内大臣に就任した。これは西園寺の発案であった。木戸は近衛らとともにのちの新体制運動から大政翼賛会の成立に連なる新党結成によって内外時局への対応と軍の独走をチェックしようと努力していた。内大臣就任の時点では、内大臣は元老がその任を辞していた首相候補者の選任の中心となっていたが、木戸は近衛(第二次・第三次)・東条・小磯・鈴木(貫太郎)・東久邇・幣原の各内閣の成立に関与した。太平洋戦争開戦およびその終結において天皇に最も近い側近として輔佐し、二十年内大臣府の廃止に至るまで天皇制の維持に尽力した。同年A級戦犯として巣鴨に拘留され、二十三年極東国際軍事裁判で終身禁錮の判決を受けたが、三十年仮釈放、ついで自由の身となった。以後政治から全く引退した。五十二年四月六日宮内庁病院で死去。八十七歳。青山墓地に葬られる。法名は天真院聖林輔幸大居士。

参考文献　『木戸幸一日記』、『木戸幸一日記・東京裁判期』、『木戸幸一関係文書』　(伊藤　隆)

きどたかよし　木戸孝允　一八三三―七七　明治維新の指導的政治家、萩藩士。通称は小五郎、のち貫治と改め、また準一郎と称す。新堀松輔とも変名。号は松菊・木圭・広寒・猫堂・老梅書屋・竿鈴(干令)。天保四年(一八三三)六月二十六日藩医和田昌景の次男として萩に生まれた。八歳の時、家禄百五十石の桂九郎兵衛孝古の養子となり、その死後家督をついだ(末期養子のため九十石に減禄)。嘉永二年(一八四九)吉田松陰の松下村塾に入門、同五年自費で江戸遊学、剣客斎藤弥九郎の道場に入り塾頭となった。安政五年(一八五八)十一月帰藩、翌年十一月江戸藩邸の学校有備館の用掛となったが(万延元年(一八六〇)四月舎長となる)、この時期海防への関心から他藩士との間の反幕的政治活動に入った。以後文久年間(一八六一―六四)には、藩直目付長井雅楽の航海遠略説にもとづく公武合体策に反対して、周布政之助・久坂玄瑞・高杉晋作らとむすんで、尊王攘夷運動の指導者となった。しかし勝海舟・坂本竜馬・横井小楠らと親交をもち、開明的な外交論・富国強兵論をもっていたことと、江戸・京都で他藩との折衝にあたっていたことのため、彼の企図は主として、薩州・土州・越前など雄藩との協調の維持、自藩の孤立化の防止におかれ、尊攘激派の活動方針に必ずしも全面的には同調していなかった。文久三年八月十八日の政変で、長州藩が京都から退けられてのちも、京にとどまって藩の雪冤につとめ、九月帰藩、ついで翌元治元年(一八六四)四月京都留守居となって、真木和泉・来島又兵衛ら激派の京都進攻策を中止させることに奔走したが成功せず、七月の禁門の変となった。禁門の変後は、広江孝助と変名して但馬出石に潜伏したが、慶応元年(一八六五)四月、倒幕派同志のすすめで帰藩、第一回長州征討後の保守派藩庁の改革につとめ、五月政事堂用掛および国政方用談役心得となって、藩政の中枢に参画した。九月幕府の処罰要求を顧慮する藩命によって木戸貫治と改名した。このころ坂本竜馬の斡旋によって武器購入のため薩州藩との提携策をすすめ、翌二年正月京都薩州藩邸で、薩州藩士小松帯刀・西郷吉之助(隆盛)と会し、両藩提携を協約した(薩長連合密約)。そして第二回長州征討後の十一月長州藩を代表して鹿児島に行き、藩主島津忠義、その父久光と会い、ついで翌年九月・十月相ついで長州を訪問した大久保一蔵(利通)・西郷吉之助と倒幕出兵の協力策を協議した。王政復古後の明治元年(一八六八)正月、出京し太政官の徴士となって総裁局顧問となり、二月には外国事務掛を兼任し、閏四月には参与に任ぜられ、新政府の実権をにぎる一人となった。三月の五箇条の誓文草案の起草に関係したが、「旧来の陋習を破り」との開国和親の方針を明らかにする条項を加え、また天皇が諸侯と誓いあう形式の原案を、天皇が公卿・諸侯・百官を率い神前に誓うことに改めたのは、彼の発意にもとづいていた。木戸の政治活動の最大の貢献は領主制の解体と統一国家建設の必要をいち早く主張し、その実現のため積極的に活動したことにあった。同元年二月以来たびたび版籍奉還の議を三条実美・岩倉具視に建言し、整理さるべき武士層の不満をそらし国論を富強に統一するための征韓の実行を建策した。翌年六月の版籍奉還は、木戸の先導のもとに、大久保と土州藩の板垣退助、肥前藩の大隈重信の参与実力者の御膳だてにもとづくものであり、同四年七月の廃藩置県の断行も、彼と西郷・大久保・井上馨らの密議にもとづき、薩長土三藩から徴した親兵一万の兵力を背景に行なったことであった。この間二年七月官制改正により待詔院学士(のち出仕)となり、三年六月参議に任ぜられ、大隈・井上・伊藤博文をはじめとする大蔵・外務・民部各省の開明派官僚の首領と目され、西郷・大久保らの薩州派とおのずから対立した。廃藩置県ののち、岩倉具視の欧米巡回使節団には、大久保とならんで全権副使として加わり、六年七月帰国するや、内治優先を主張して、岩倉・大久保・伊藤とともに西郷・板垣らの征韓論に反対して、征韓派四参議を辞職せしめ、ついで翌年四月の岩倉・大久保らの台湾出兵(征台の役)策にも反対して参議を辞し、宮内省出仕の閑職についた。彼は民力休養と統一国家強化のための立憲制採用を主張し、八年二月大阪会議で立憲制の漸次的採用の線で大久保と合意し、三月板垣とともに参議に復職、六月第一回地方長官会議の議長となったが、大久保独裁の強化される政府の施政に不満をもち、翌九年三月参議を辞任して内閣顧問となった。六月東北・北海道巡幸に随行し、八月宮内省出仕を拝命、翌年五月二十六日西南戦争の最中、行在所のおかれた京都で病のため死去した。四十五歳。贈正二位。同三十四年さらに従一位追贈。遺言により京都東山霊山に葬られた。木戸は大久保・西郷とともに維新の三傑と称された。終始長州藩および明治政府の主流派として活動したが、廃藩置県以後は、政治の指導力を次第に失い、卓抜な識見も評論家的立場にとどまった観があった。

[参考文献] 木戸公伝記編纂所編『松菊木戸公伝』、大江志乃夫『木戸孝允』(『中公新書』一六九)

（遠山　茂樹）

きぬがさていのすけ　衣笠貞之助　一八九六―一九八二　昭和時代の映画監督。明治二十九年(一八九六)一月一日、小亀定助の四男として三重県鈴鹿郡亀山町(亀山市)に生まれる(生家は煙草元売捌業)。本名小亀貞之助。巡業劇団を経て、大正六年(一九一七)日活向島撮影所に女形俳優として入社。同十一年牧野省三のマキノ映画に移り監督専門となる。十五年衣笠映画連盟を結成、ドイツ表現主義映画やフランスのアバンギャルド映画の影響を受けた実験的作品「狂った一頁」(十五年、脚本は川端康成)、「十字路」(昭和三年(一九二八))を監督、海外でも高い評価をうける。その一方で松竹時代劇を請け負い、林長二郎(長谷川一夫)主演映画を多く手がけ、以後昭和十四年には東宝、第二次世界大戦後になって同二十四年には大映へと移籍、「忠臣蔵」(七年)、「雪之丞変化」三部作(十―十一年)、「或る夜の殿様」(二十一年)、「地獄門」(二十八年)など絢爛豪華な娯楽映画に安定した力量を発揮した。特に菊池寛の『袈裟と盛遠』の映画化「地獄門」では優れた色彩撮影と相まって、カンヌ映画祭グランプリ、アカデミー外国映画賞、同色彩衣装デザイン賞を受賞した。三十三年紫綬褒章を受章。五十七年二月二十六日没。八十六歳。墓は京都市北区等持院北町の等持院にある。著書に『わが映画の青春―日本映画史の一側面―』がある。

参考文献 『フィルムセンター』三五（衣笠貞之助監督特集）
（宮本　高晴）

きねやかつさぶろう 杵屋勝三郎　長唄三味線方。現在は七代目。杵勝派（きねかつは）、長唄界最大の会派）の家元。二代目が最も著名。杵勝派は元来は杵屋勝五郎を祖とし、勝三郎は門弟筋の名だったが、二代目勝三郎の大活躍のゆえに以後勝三郎が家元となった。姓は坂口、紋所は花菱。

㈠二代　一八二〇—九六　初代の実子。初名小三郎。文政三年（一八二〇）江戸に生まれる。天保十一年（一八四〇）二代目勝三郎襲名。弘化二年（一八四五）より明治二年（一八六九）まで市村座の立三味線として活躍し、引退後の約三十年間も作曲と門下育成に大いに努めた。住所に因み「馬場の鬼勝」の異名を取り、長唄界古今を通じての名人といわれる。大薩摩初音太夫東成とも称し、晩年は二代目勝作と称した。作曲面では芝居長唄以外に素唄や舞踊家のための作も多く、能楽の長唄化も試み、「五色の糸」「都鳥」「鞍馬山」「菖蒲浴衣」「喜三の庭」（上記二曲は三代目杵屋正次郎と合作）、「連獅子」「時雨西行」「靭猿」「舟弁慶」「安達ヶ原」など多数の名曲を遺した。明治二十九年（一八九六）二月五日没。七十七歳。法名は花菱院照誉東成居士。

㈡三代　一八六六—一九〇三　二代目の長男。慶応二年（一八六六）に生まれる。初名金次郎から小三郎となり、明治二十五年（一八九二）ごろ三代目勝三郎襲名。東京座の囃子頭も勤めたが、元来病弱で、明治三十六年九月十一日早世。三十八歳。法名は蓮生院薫誉智才居士。四・五・六代目は、三代目の妻・次女・長女の順で遺族女性により暫定的に継承された。歴代の墓は東京都台東区蔵前の真行院にある。

㈢七代　一九二七—　六代目（母）と俳優市村亀蔵の子。昭和二年（一九二七）に生まれる。同十六年七代目勝三郎襲名。

参考文献 町田博三『長唄稽古手引草』、町田佳声・植田隆之助『現代・邦楽名鑑』二
（上参郷祐康）

きねやじょうかん 稀音家浄観　長唄の三味線弾きの芸名。二代目まであり、二代目が有名。

㈠初代　一八三九—一九一七　天保十年（一八三九）五月五日生まれる。初代杵屋六四郎の門弟四郎治が、六代目杵屋二郎助・四代目杵屋勘五郎と改め、最後に明治四十一年（一九〇八）、他に勘五郎と名乗る者が現われたために、浄観と改名。大正六年（一九一七）七月二十八日没。七十九歳。墓は東京都文京区大塚の護国寺にある。

㈡二代　一八七四—一九五六　明治七年（一八七四）三月四日東京に生まれる。初代の子。本名杉本金太郎。明治二十一年三代目杵屋六四郎を名乗る。四代目吉住小三郎（後名慈恭）と結び、歌舞伎界から脱退、長唄研精会を創立。新様式の長唄を両人で作曲し、演奏会形式に先鞭をつけ、長唄の向上と普及に尽くした。昭和四年（一九二九）東京音楽学校に選科長唄科が創設された際、小三郎とともに講師に迎えられ、のち教授に昇進。大正十五年（一九二六）杵屋を稀音家と改め、昭和十四年二代目浄観と改名。二十三年日本芸術院会員。三十年文化勲章。作曲多数。小三郎との合作では、「紀文大尽」「神田祭」「有喜大尽」など、単独の作品では、「熊野（ゆや）」「元寇」などが有名。三十一年五月二十八日没。八十二歳。墓は初代と同じ護国寺にある。法名寿山院韶峰浄観居士。

参考文献 法木徳兵衛編『長唄研精会新曲集』、町田嘉章編『長唄浄観』、町田佳声・植田隆之助『現代・邦楽名鑑』二
（吉川　英史）

きねやしょうじろう 杵屋正次郎　長唄三味線方。現在は五代目。代々の中では三代目が特に著名。二・四代目の姓は本橋。

㈠三代　一八二七—九六　文政十年（一八二七）に生まれる。二代目の門弟正三郎の子。幼名彦之助。先代と、実父の相弟子だった四代目杵屋六三郎の庇護を受けたらしい。天保十四年（一八四三）先代の初名彦次郎を襲ぎ、安政二年（一八五五）三代目正次（治）郎襲名。立三味線として各劇場で活躍し、幕末から明治にかけての名人として二代目杵屋勝三郎と並び称された。作曲面では特に芝居長唄に優れ、「連獅子」「岸の柳」「元禄花見踊」「土蜘」「鏡獅子」など多数の名曲を作ったほか、勝三郎との合作曲「菖蒲浴衣」「喜三の庭」もある。明治二十九年（一八九六）十月三十一日没。七十歳。浅草の松源寺に葬る。法名は鶴林院法簫日寿信士。

㈡四代　一八七〇—一九四〇　三代目の長男。本名新太郎。明治十九年（一八八六）彦次郎、同三十五年四代目正治（ママ）郎襲名。若年で芝居から退いたため世にはあまり知られなかった。昭和十五年（一九四〇）二月十二日没。七十一歳。芝の清岸院に葬る。法名は真絃院梅巌古調信士。なお昭和三十三年、歴代の墓は文京区向丘の大林寺に改葬された。

㈢五代　一九一七—　大正六年（一九一七）に生まれる。三代目杵屋栄蔵の子。昭和三十三年（一九五八）正次郎名跡を復活襲名。

参考文献 町田嘉章他『杵屋正次郎之代々』、町田佳声・植田隆之助『現代・邦楽名鑑』二
（上参郷祐康）

きねやろくざえもん 杵屋六左衛門　長唄三味線方（十四代目は唄方）。長唄界全体の宗家と目され、その芸系（植木店派）は杵屋の正系とされるが、それは九代目以後の代々が大いに活躍したためである。六左衛門の代数の呼称は例外的で、初代杵屋勘五郎以来の家系当主の代数で呼ぶ。八代目以前にも六左衛門を名のった者も数名（諸説あり）存在したらしいが、正確にはわからない。六左衛門が宗家芸名として定着したのも九代目以降である。姓は杵屋。紋所は丸に三ツ杵。

㈠十一代　一八一五—七七　文化十二年（一八一五）に生まれる。十代目の妻の兄の子。幼名栄蔵。弘化元年（一八四四）五代目三郎助となり、立三味線となる。養父十代目

急死後、義弟(十代目の第二養子)との間に襲名上のトラブルがあったらしく、文久元年(一八六一)に至って十一代目六左衛門を襲いだものの、明治元年(一八六八)には義弟に名を譲り、三代目杵屋勘五郎と改名して下谷根岸に隠居し、世に「根岸の勘五郎」と呼ばれた。作曲に優れ「枕慈童」「紀州道成寺」「四季の山姥」「橋弁慶」「綱館」などの名曲を遺したほか、『大薩摩杵屋系譜』など、長唄史研究上にきわめて貴重な記録などを著わしている。大薩摩弦太夫藤原浄空とも称し、また稀音家照海とも号した。明治十年(一八七七)八月七日没。六十三歳。墓は東京都台東区谷中の天王寺墓地にある。

(二)十二代　一八三九―一九一二　天保十年(一八三九)に生まれる。唄方芳村孝三郎の子。十代目の第二養子。初名六松。養父没後喜三郎と名のり、さらに明治元年(一八六八)に義兄に強請して六左衛門名を譲り受け十二代目となる。演奏に優れ、明治二十二年歌舞伎座創立とともにその囃子頭となって活躍し、植木店派全盛の基礎を築いた。同二十七年引退して喜音翁(きねおう)と改め、ついで勘兵衛と改名。大正元年(一九一二)八月三十一日没。七十四歳。法名は観勝院紘巧明徳日翁居士。

(三)十三代　一八七〇―一九四〇　明治三年(一八七〇)五月十三日に生まれる。十二代目の長男。幼名あぐり(阿久里)。吉之丞から喜三郎の名を経て明治二十七年十三代目を襲名。大正五年(一九一六)嗣子に名を譲って猿若山左衛門と称し、さらに同九年に杵屋寒玉と改名。その名で三味線の名手としてよく知られ、「五条橋」「楠公」などの作曲もある。昭和十五年(一九四〇)三月二十三日没。七十一歳。法名は奥玄院絃妙寒玉日勘居士。

(四)十四代　一九〇〇―八一　十三代目の長男。本名安彦。明治三十三年(一九〇〇)十月六日に生まれる。喜三郎の名を経て、大正五年(一九一六)十四代目を襲名。唄方に転向し、芝居から離れたが、新作曲にも活躍。一時期、東京音楽学校教授。昭和四十一年(一九六六)より日本芸術院会員。四十九年人間国宝に指定。五十六年八月二十三日没。八十歳。法名は光明院妙音祥寿日安居士。なお歴代(九・十・十二―十四代)の墓は東京都江東区平野の善応院にある。

参考文献 町田博三『長唄稽古手引草』、町田佳声・植田隆之助『現代・邦楽名鑑』二
(上参郷祐康)

きのしたいつうん　木下逸雲　一八〇〇―六六　江戸時代後期の長崎派の南画家。名は相宰、字は公宰、通称志賀之介、逸雲のほか、物々子・養竹山人・如螺山人などと号す。寛政十二年(一八〇〇)八月一日、長崎八幡町の乙名役の家に生まる。兄を継いで乙名となったが、のち隠居して画業に専心した。はじめ石崎融思に就いたのち、江稼圃に南画を学び、また住吉派の風を取り入れたとも伝えるが、明清の文人画様式をしっかりした画技のうちに再現し、あえて日本化させなかった点に特色をもつ。長崎南画の代表者と見做されて、日高鉄翁、三浦梧門とともに長崎三大文人画家と称される。慶応二年(一八六六)江戸旅行からの帰路、台風に遇って遭難した。八月十日が命日とされる。享年六十七。遺物を寺町禅林寺に葬り、法号を不老仙巌玄寿逸雲居士と称した。

参考文献 恩賜京都博物館編『長崎派写生南宗名画選』、永見徳太郎『長崎の美術史』、「逸雲筆春景山水図解」(『国華』五〇二)、杉原夷山「長崎三大家」三(『書画骨董雑誌』七五)
(河野　元昭)

きのしたけいすけ　木下恵介　一九一二―九八　昭和時代の映画監督。大正元年(一九一二)十二月五日、静岡県浜松市に生まれる。浜松工業、オリエンタル写真学校卒業後、昭和八年(一九三三)松竹蒲田撮影所に入り、撮影助手、編集、助監督、脚本家を経て同十八年「花咲く港」で監督デビュー、その清新な作風で山中貞夫賞を受賞する。昭和二十年代、三十年代にかけて力作、傑作を続々と発表、戦後日本映画を代表する映画監督として黒澤明と並び称される。抒情的作品やメロドラマが最も著名だが、冷徹な目に支えられた社会劇や諷刺喜劇にも優れた手腕を発揮、またさまざまな実験的手法も進んで取り入れた。代表作は「お嬢さん乾杯」(同二十四年)、日本初の長篇色彩映画「カルメン故郷に帰る」(同二十六年)、「日本の悲劇」(同二十八年)、「女の園」(同二十九年)、「二十四の瞳」(同年)、「野菊の如き君なりき」(同三十年)、「楢山節考」(同三十三年)他。同三十九年からは「木下恵介劇場」をはじめとするテレビドラマのシリーズを演出・監修。有能なスタッフを育て上げた。平成十年(一九九八)十二月三十日脳梗塞により死去。八十六歳。勲四等旭日小綬章受章。文化功労者。
(宮本　高晴)

きのしたたけじ　木下竹次　一八七二―一九四六　大正・昭和時代前期の教育者。明治五年(一八七二)三月二十五日、足羽県大野郡勝山町(福井県勝山市)に生まれた。旧勝山藩士川崎喜伝次忠正の次男。のち木下義雄の養嗣子となった。同二十六年福井尋常師範学校を卒業し、翌年東京高等師範学校に入学した。そこで夏目漱石に英語を、谷本富に教育学を学んだ。三十一年に同校卒業後、奈良師範学校教諭兼附属小学校主事となり、その後、富山師範・鹿児島師範学校に移り、四十三年には、新設の鹿児島女子師範学校長に、さらに京都女子師範学校長を歴任した。そして、大正八年(一九一九)には、近代日本教育史上、新教育の理論と実践の上で木下の名声をたかめさせた奈良女子高等師範学校の教授、兼附属高等女学校・小学校主事となった。その代表的著作は、『学習原論』であり、大正十二年に出版され、一九二〇年代の教育界におけるベストセラーとなり、他のいかなる教育学者の著作よりも多くの教師に読まれた。昭和十五年(一九四〇)在職二十年をこえる奈良女高師を退職した。同二十一年二月十四日没。七十五歳。

参考文献 木下亀城・小原国芳編『新教育の探究者木下竹次』
(久保　義三)

きのしたなおえ　木下尚江　一八六九―一九三七　明治

時代の社会運動家、作家。明治二年(一八六九)九月八日、信州松本天白丁(松本市北深志)に生まれた。父秀勝はもと松本藩の下級武士。母はくみ。幼少のころから自由民権運動の影響を受け、またクロムウェルを崇拝し革命を思った。同二十一年東京専門学校邦語法律科を卒業後、松本に帰って新聞記者や弁護士を業とし、またキリスト教徒になって禁酒・廃娼の運動をした。同三十年中村太八郎らと日本最初の普選運動をおこしたが入獄。同三十二年上京して島田三郎の『毎日新聞』に入社、平和主義・民主主義の論陣をはった。鋭い国体論批判が特色だった。かたわら廃娼運動や足尾銅山鉱毒問題などで活躍、また社会主義運動にはいり、同三十四年五人の同志と社会民主党の立党を計画、片山潜とともに幹事として届け出たが禁止された。同三十六年社会主義同志に主唱して非戦運動をおこし、幸徳秋水・堺利彦らの平民社を助け、特に弁論で活躍して「幸徳の筆、木下の舌」と称された。その間同三十七年『毎日新聞』に反戦小説『火の柱』を連載、続いて『良人の自白』を発表して社会主義文学の代表作家になった。同三十八年社会主義同志に推されて衆議院議員補欠選挙に立候補、落選。平民社解散後はキリスト教社会主義の同志とともに月刊誌『新紀元』を出したが、すでに運動に対する疑問が深まり、煩悶を重ね、同三十九年五月の母の死を契機として運動をしりぞき、伊香保山中にこもって『懺悔』を書いた。以後は小説を書いたり雑誌を出したりしながら新しい道を模索したが、同四十三年五月、静坐法の岡田虎二郎の門にはいった。同九月、『火の柱』などほとんどの著作が発禁になり、間もなく筆を折って求道生活に専心するに至った。のち二、三の著書を出し、晩年は運動復帰も考えたが果たさず、昭和十二年(一九三七)十一月五日没。六十九歳。東京青山立山墓地に葬られた。著書は『木下尚江著作集』全十五巻、また『木下尚江全集』全二十巻にまとめられている。

〔参考文献〕木下尚江研究会編『木下尚江研究』、山極圭司『評伝木下尚江』、柳田泉『日本革命の予言者木下尚江』 (山極 圭司)

きのしたもくたろう 木下杢太郎 一八八五―一九四五 明治から昭和時代にかけての詩人・劇作家・小説家。医学博士。別号きしのあかしや・地下一尺生など。本名太田正雄。明治十八年(一八八五)八月一日、静岡県賀茂郡湯川村(伊東市)に太田惣五郎・いとの三男として生まれ、第一高等学校を経て東京帝国大学医科大学卒業。皮膚科専攻。大正五年(一九一六)南満医学堂教授に就任、九年辞職。十年フランスに留学、十三年帰朝後、愛知医大・東北帝大・東京帝大教授を歴任、昭和二十年(一九四五)十月十五日東大在職中胃癌にて死去。六十一歳。東京の多磨墓地に葬られた。法名斐文院指学葱南居士。その間昭和十六年フランス政府よりレジオン＝ドヌウル勲章受章。この太田正雄を文壇人木下杢太郎たらしめたものは、固有の詩的精神であった。明治四十年夏、新詩社の天草旅行に加わって詩的開眼を体験した杢太郎は、四十一年北原白秋・吉井勇・洋画家石井柏亭らと「パンの会」を興して耽美主義の台頭をもたらし、四十二年『スバル』創刊に加わって森鷗外に認められた。創刊号に小説『荒布橋』を、第二号に戯曲『南蛮寺門前』をとつぎつぎに掲載、四十四年三月号の『和泉屋染物店』は特に好評を得た。同時に詩作も深まり、四十二年には白秋・長田秀雄と『屋上庭園』を創刊、固有の異国情調の花やかな展開を示した。大正期にも活動を続け、戯曲集『南蛮寺門前』、小説集『唐草表紙』などが刊行されたが、その生の一転機は大正五年の渡満で、意識的に浪漫的なるものからの脱出を計った杢太郎であった。数々の紀行・随筆の書かれたのが、大正五年から十年の外遊出発までの時期である。第三の、そして最後の時期は、同十三年の帰朝に始まる。日本の現代文明の浅薄さへの批判と、その克服とに精進を続けたフマニストの風貌は、昭和十一年刊の評論集『芸林閒歩』に明白である。上記のほかの主著には、詩集『食後の唄』(大正八年)・『木下杢太郎詩集』(昭和五年)、戯曲集『和泉屋染物店』(明治四十五年)、小説集『厥後集』(大正十五年)、紀行『支那南北記』(大正十五年)。ほかに『木下杢太郎全集』全十二巻・『木下杢太郎日記』全五巻がある。

〔参考文献〕高田瑞穂『木下杢太郎』、野田宇太郎『日本耽美派の誕生』、和辻哲郎「享楽人」(『面とペルソナ』所収)、野田宇太郎「木下杢太郎の詩とその生涯」(『国文学解釈と鑑賞』一七ノ九) (高田 瑞穂)

きのしたりげん 木下利玄 一八八六―一九二五 明治・大正時代の歌人。本名利玄(としはる)。明治十九年(一八八六)一月一日岡山県賀陽郡足守町(岡山市)に生まれた。父は利永、母はやす。二十三年伯父木下利恭の養嗣子となって上京。学習院を経て、四十四年東京帝国大学文科大学卒業。歌を早くから佐佐木信綱に学び、『心の花』誌上に発表、のち川田順と並び称された。四十三年『白樺』同人となったが、歌に専念した。大正三年(一九一四)第一歌集『銀』を出版。北原白秋・窪田空穂らの影響を受け、感覚的、叙情的な作が多い。翌四年箱根での連作「萱山」で「作歌の本道に出た」とみずからいっている。そのころから、四四調の破調の中に、白樺的ヒューマニズムのあたたかみを湛えた特異な歌風を完成していった。『紅玉』『一路』はそれらを集めて、大正短歌史に不滅の光芒を放っている。愛児を失った悲痛な連作のほかに、旅の歌に名品が多い。十三年白秋・前田夕暮・土岐善麿・古泉千樫ら創刊の『日光』の同人となったが、翌十四年二月十五日没。四十歳。岡山市足守町の大光寺に葬られた。死後編まれた歌文集『李青集』があり、『木下利玄全集』全二巻もある。

〔参考文献〕鈴木美枝子・小林明子・横山かほる「木下利玄」(『近代文学研究叢書』二四所収)、五島美代子

「木下利玄」(『和歌文学講座』九所収)　(広田栄太郎)

きはらたておみ　木原楯臣　一八〇五―六八　江戸時代後期の有職故実家で国学者。名は楯臣、楯太と称し、藤園と号した。肥後国熊本藩士、禄百石。御座敷支配や御櫓番をつとめた。文化二年(一八〇五)熊本城下、三軒町に生まれる。父は元福。幼少より学問・武術に秀で国学や和歌を長瀬真幸(田廬)に学び、のちに林有通(桜園)の門人となる。有職故実の研究にすぐれ、群書を探索しみずから実物を製作実験し『古兵器図解』を著わす。また直垂(ひたたれ)を研究し、伊勢貞丈や壺井義知・土肥経平らの著書の誤りを指摘考証し『木原楯臣直垂考』を著わした。その他にも『燧嚢図説』『狩猟図解』『雑玉考』『摺木兎拍木鞍摺韋手書鞍考』など十数種の著書がある。また考古学上の遺跡遺物にも関心があり、弘化元年(一八四四)開墾の際発見された肥後国阿蘇郡平井古墳の発掘調査記録を残しており、日ごろの調査手記『観古雑帖』には重要な記載が少なくない。明治元年(一八六八)七月八日没す。六十三歳。永忠院文道日達居士。熊本市坪井三丁目(旧長柄小路)の長延寺には楯臣夫妻の墓がある。

参考文献　武藤厳男編『続肥後先哲偉蹟』(『肥後文献叢書』別巻一)　(乙益　重隆)

きはらひとし　木原均　一八九三―一九八六　昭和時代の遺伝学者。明治二十六年(一八九三)十月二十一日東京に生まれた。麻布中学、東北帝国大学予科を卒業し、大正四年(一九一五)本科入学、札幌に七年四月新設された北海道帝国大学農科大学に東北帝国大学の農学科が転じたため、同年七月北海道帝国大学農学科を卒業、ついで大学院入学、坂村徹のコムギの細胞学的研究をついで研究。九年十月京都帝国大学理学部助手、十一年講師、十三年同大学に農学部新設され助教授、同年コムギの研究により理学博士、同年九月在外研究員として独英米に留学し、昭和二年(一九二七)帰国すると教授に就任、実験遺伝学を担当、十八年帝国学士院恩賜賞受賞、二十三年文化勲章受章、二十四年日本学術会議の初代会員、同年日本学士院会員、二十六年文化功労者、国立遺伝学研究所では初代小熊捍について三十年から四十四年退官まで所長。コムギの形成の由来を明らかにし、たねなしスイカをつくり、スキー界でも活躍した広く知られた国際人である。昭和六十一年七月二十七日没。九十二歳。

参考文献　木原均『小麦の合成木原均随筆集』　(木村陽二郎)

きひらただよし　紀平正美　一八七四―一九四九　明治から昭和時代にかけての哲学者。明治七年(一八七四)四月三十日に紀平雅次郎の長男として三重県に生まれた。母はよし。明治三十三年に東京帝国大学文科大学哲学科を卒業し、国学院大学・東洋大学の講師を経て、大正八年(一九一九)学習院教授となり、かたわら東京帝大・東京高師・東京商大などで哲学を講じた。明治三十八年に小田切良太郎と共同で、『エンチクロペディ』の一部を「ヘーゲル氏哲学体系」として訳出し、『哲学雑誌』に載せて、日本におけるヘーゲル研究の先駆となった。以後、ヘーゲル弁証法を用いて東洋思想(仏教・神道など)の哲学的再編を試み、次第に国家主義的傾向を深めた。昭和七年(一九三二)から十八年まで国民精神文化研究所の所員となり、日本主義哲学の有力な指導者として活動したが、第二次世界大戦後公職追放となる。同二十四年九月十九日没。七十六歳。墓は三重県安芸郡安濃町の安養寺。法名悟哲院殿正学美行大居士。主著は『最新論理学綱要』(明治四十年)、『認識論』(大正四年)、『哲学概論』(同五年)、『無門関解釈』(同七年)、『行の哲学』(同十二年)、『三願転入の論理』(同十四年)、『日本精神』(昭和五年)、『なるほどの哲学』(同十七年)などである。

参考文献　三枝博音『日本における哲学的観念論の発達史』(『三枝博音著作集』三)、船山信一「国権主義哲学者＝紀平正美」(『日本の観念論者』所収)　(古田　光)

きみややすひこ　木宮泰彦　一八八七―一九六九　大正・昭和時代の歴史学者、教育家。明治二十年(一八八七)十月十五日静岡県浜名郡入野村(浜松市)西湖山竜雲寺に木宮充邦の次男として誕生。第一高等学校を経て大正二年(一九一三)東京帝国大学文科大学史学科卒業。同期に中村孝也がいた。山形高等学校・水戸高等学校・静岡高等学校の教授を歴任し、昭和二十一年(一九四六)静岡高等学校長事務取扱を最後に退官。同年静岡に学校法人常葉(とこは)学園(はじめ静岡女子高等学院)を創立。同四十一年には常葉女子短期大学を設立して学長に就任した。この間中国に出張、勲三等瑞宝章をうけ、従三位に叙せられ、銀杯をうけた。同四十四年十月三十日死去。八十二歳。墓は静岡市臨済寺。著書に『栄西禅師』、『日支交通史』上・下、『日本古印刷文化史』、「日宋関係」(『(岩波講座)日本歴史』所収)、『参考新日本史』、『日本喫茶史』(海野久平と共著)、『日本民族と海洋思想』、『日華文化交流史』などがある。なかでも『日支交通史』(大正十五年・昭和二年)とそれを改訂した『日華文化交流史』(昭和三十年)とは、古代から江戸時代までの日本と中国との史的関係を系統的に叙述した最初の学術書というべきもので、遣隋使・遣唐使・留学生・帰化人の行動などを詳述し、禅僧の語録なども十分に利用していて、戦前における対外関係史研究の水準を示す代表的著述の一つである。

参考文献　木宮泰彦『八十年の生涯』、木宮泰彦先生葬儀委員会『故木宮泰彦先生八十二年の生涯』　(田中　健夫)

きむらあけぼの　木村曙　一八七二―九〇　明治時代の小説家。本名栄子。明治五年(一八七二)三月三日、木村荘平の妾の娘として神戸に誕生。同二十一年、東京高等女学校卒業後、海外留学を果たせず、家業の牛肉店「いろは」の帳場を手伝った。養子を迎えたが離婚、傍ら文筆に親しみ、二十二年、饗庭篁村の推薦で『婦女の鑑』を『読売新聞』に発表、社会的な世相を反映し、進歩的に生きて、社会的地位を確保する女性を描いて注目された。さらに『操くらべ』『わか松』を『読売新聞』に発表したが、二十三年十月十九日、十九歳で没した。

参考文献 宮本百合子『婦人と文学』(『宮本百合子全集』一二)、塩田良平『明治女流作家論』
(熊坂 敦子)

きむらいへえ 木村伊兵衛 一九〇一―七四 昭和時代の写真家。明治三十四年(一九〇一)十二月十二日、東京市下谷区(東京都台東区)に生まれる。大正八年(一九一九)京華商業卒業後、台湾に渡り写真技術を学ぶ。十三年、東京府北豊島郡日暮里(にっぽり)町(東京都荒川区)で写真館を開業。昭和五年(一九三〇)花王石鹼広告部に嘱託として入社。このころから小型カメラ、ライカで東京の下町を撮影し、現実感あふれる作風で頭角をあらわす。八年、名取洋之助・伊奈信男・岡田桑三らと日本工房を創設。本格的に報道写真を志す。十六年、東方社に入社し、海外向け宣伝雑誌『FRONT』の写真部責任者となる。二十二年『週刊サンニュース』の創刊に参加、写真部主任となる。二十五年、日本写真家協会(JPS)の初代会長に推され、日本を代表する写真家として活躍する。第二次世界大戦後の代表作は、変わりゆく農村地帯をドキュメントした『秋田』シリーズ(昭和二十七―四十六年)である。昭和四十九年五月三十一日、東京にて没。七十二歳。没後、五十一年に木村伊兵衛賞が創設された。著書に『木村伊兵衛写真全集 昭和時代』(全四巻)などがある。

参考文献 アサヒカメラ編『木村伊兵衛対談 写真この五十年』、田沼武能編『木村伊兵衛の昭和』、東京都写真美術館編『木村伊兵衛の世界』
(飯沢耕太郎)

きむらかいしゅう 木村芥舟 一八三〇―一九〇一 幕末期の幕臣、軍艦奉行。天保元年(一八三〇)二月五日、浜御殿奉行木村喜彦(よしひさ)の長子として江戸に生まれる。名は喜毅(よしたけ)、幼名勘助、号は楷堂。芥舟は隠退後の号。曾祖父以来世襲の浜御殿奉行所の職歴をたどった後、安政二年(一八五五)西ノ丸目付に抜擢され、翌三年目付となり、同年図書と称した。同四年五月には永井尚志の後任として長崎海軍伝習所に赴任し、同六年二月まで伝習監督として勝海舟・榎本武揚らに接し、温厚な人柄によって人望を得た。同六年九月新設の軍艦奉行の奉行並に転じ、さらに同年末、奉行に昇格して従五位下摂津守に叙任、翌万延元年(一八六〇)正月、遣米使節一行の別行艦として幕府軍艦咸臨丸が派遣されるにあたってその司令官(米側の訳によれば Admiral)となった。艦長に勝海舟、従者には福沢諭吉がいた。サンフランシスコまで日本人最初の太平洋横断の冒険をなしとげ、鷹揚な品位ある外交官として親善を尽くし、同五月無事帰国。興味深い見聞を盛った航海記『奉使米利堅紀行』(『(万延元年)遣米使節史料集成』四)が残されている。姪今泉(桂川)みねには洋傘や花模様の更紗をみやげにくれたという(『名ごりの夢』)。帰国後はもっぱら海軍の拡張に努力したが、建白が容れられず文久三年(一八六三)辞職。翌元治元年(一八六四)四月召命によって開成所頭取に就任ののち、同年十二月目付に再任。ついで軍艦奉行、海軍所頭取などを歴任し、イギリス海軍士官による伝習をも企てたが、幕府瓦解とともに挫折、維新後は隠退して旧幕遺臣として詩や謡や著述に余生を送った。明治三十四年(一九〇一)十二月九日没。七十二歳。法名芥舟院殿穆如清風大居士。墓は東京都港区の青山墓地にある。幕末私史『三十年史』を公刊したほか、三十四冊の遺稿が慶応義塾図書館に収められている。また、安政六年軍艦奉行並に任ぜられてから明治元年七月勘定奉行を辞するまでの日記が『木村摂津守喜毅日記』として刊行された。
(芳賀 徹)

きむらき 木村毅 一八九四―一九七九 大正・昭和時代の文芸評論家、作家、明治文化研究者。明治二十七年(一八九四)二月十二日岡山県勝南郡勝間田村(勝田郡勝央町)生。父彙、母きくの三男。十二歳で『少年世界』に投稿して文士を目ざし、大正六年(一九一七)早稲田大学文学科を卒業。編集者として好企画をつぎつぎと立案し、創作、評論、明治文学研究活動を行う。『小説研究十六講』で小説の理論的研究の基礎を築き、改造社の『現代日本文学全集』などを企画して円本時代を現出させた。明治文化研究会同人となり、『明治文化全集』(戦前版・戦後版)の刊行を推進し、文学の素養とジャーナリストの感覚で、『文芸東西南北』『明治文学展望』『日米文学交流史の研究』などを著わし、幅広い視野から明治文化、比較文学、大衆文学の研究を開拓して、いずれもその第一人者となった。また、日本フェビアン協会、日本労農党、社会大衆党に参加し、無産運動を行なった後、明治・上智・立教・早稲田の各大学講師、松蔭女子学院大学教授、東京都参与を勤め、晩年は『早稲田大学百年史』の編纂に尽力した。著書多数。文学博士。昭和五十四年(一九七九)九月十八日没す。八十五歳。墓は東京府中市の立正院にある。

参考文献 木村毅『私の文学回顧録』、尾崎秀樹「木村毅論」(『大衆文学論』所収)、『早稲田大学史記要』一三(木村毅先生追悼特集)
(佐藤 能丸)

きむらきょうたろう 木村京太郎 一九〇二―八八 大正・昭和時代の部落解放運動家。明治三十五年(一九〇二)六月十九日、奈良県南葛城郡小林村(御所(ごせ)市)で父梅吉・母ユキエの次男に生まれた。大正十一年(一九二二)四月小林水平社創立に参画し、五月大正村高等小学校の差別を糾弾して逮捕され、水平社運動の最初の犠牲者となった(奈良県大正村事件)。十一年高橋貞樹・松田喜一らと全国水平社青年同盟を結成し、機関紙『選民』の編集に携わった。十五年の福岡連隊差別糾弾闘争で懲役三年、昭和三年(一九二八)の三・一五事件で懲役五年の判決をうけ、十年九月まで獄中にあった。出獄後十二年大日本青年党に加盟し、十五年には部落厚生皇民運動にも加わり、国家社会主義の立場から部落解放運動の推進に努力した。第二次世界大戦後の二十一年部落解放全国委員会

（三十年部落解放同盟と改称）に参加し、二十九年から三十八年まで中央本部の会計を担当した。また二十三年京都に部落問題研究所を創設し、その常務理事を五十七年までつとめ（以後は顧問）、二十八年には全国同和教育研究協議会の結成にも尽力するなど、運動・研究・教育の各方面で活躍した。四十年全水活動家の「荊冠友の会」を組織し、翌年から機関誌『荊冠』（のち『荊冠の友』と改題）の編集にあたった。四十九年には北原泰作・成沢英雄らと部落解放運動の統一と刷新をはかる有志連合を結成し、翌年国民融合をめざす部落問題全国会議への改組にも参画した。六十三年六月十一日没。八十五歳。

参考文献　木村京太郎『水平社運動の思い出』（『部落問題新書』一・四）、同『道ひとすじ』、『部落』五〇二（特集部落問題研究所四十年木村さんを偲ぶ）

（川村善二郎）

きむらきんじ　木村謹治　一八八九―一九四八　大正・昭和時代のドイツ文学者。明治二十二年（一八八九）一月二日、秋田県南秋田郡大川村（五城目町）に生まれた。秋田県立秋田中学校に在学中、ストライキの首謀者の一人として退学を命ぜられ、慶応義塾普通部に転学した。のち第二高等学校を経て、東京帝国大学文科大学独逸文学科に入学、大正二年（一九一三）七月に恩賜の銀時計を授与されて卒業した。同年九月、第四高等学校教授となり、同九年十一月から十二年四月までドイツに留学し、ベルリンに滞在した。同十三年十月、東京帝国大学助教授、昭和七年（一九三二）同教授となる。同十八年四月学術研究会議会員となったが、二十三年一月十三日心臓病で没した。六十歳。ドイツ文学者としての木村はゲーテ研究に心血を注ぎ、日本人独自のゲーテ把握を示した。著書には『若きゲーテ研究』『ウル・マイステル研究』『マイステル研究序説』『完成期のゲーテ』『ファウスト研究』『日本精神と独逸文化』があり、編著に『和独大辞典』がある。

参考文献　北通文編『椎の木―木村謹治先生の思い出―』

（富士川英郎）

きむらくすやた　木村久寿弥太　一八六五―一九三五　明治から昭和時代にかけての実業家、財界人。慶応元年（一八六五）十二月二日、土佐藩士田岡亨一の次男として生まれた。田岡嶺雲の実兄。明治十年（一八七七）叔父木村漸の養子となり二十六年家督を嗣いだ。二十三年帝国大学法科大学政治科を卒業、岩崎家の家庭教師であった縁で三菱社に入った。三菱合資会社長崎支店長、神戸支店長、庶務部長、炭礦部長、三菱鉱業管事、三菱製鉄社長、三菱製紙社長などを歴任した。大正九年（一九二〇）江口定条とともに三菱合資専務理事、十一年総理事に就任、三菱財閥の最高幹部となった。昭和七年（一九三二）総理事のまま串田万蔵とともに新設の社長室会員となったが、十年二月病気のため引退した。この間、三菱系諸会社の重役を兼ねるとともに、日本工業俱楽部理事長、日本商工会議所顧問や各種政府委員などを勤めた。心臓病のため十年十一月二十三日に没した。七十一歳。東京の多磨墓地に葬られた。

参考文献　実業之世界社編輯局編『財界物故傑物伝』上、藤原楚水『現代財界人物』

（高村直助）

きむらくぞう　木村九蔵　一八四五―九八　明治時代の蚕業改良家。弘化二年（一八四五）十月、上野国緑野郡高山村（群馬県藤岡市）の高山寅三の五子に生まれた。武蔵国児玉郡新宿村（埼玉県児玉郡神川村）の木村家の養子となる。明治五年（一八七二）、一派温暖育法を発明した。十年に同志と養蚕改良競進組を組織し、十七年には競進社を設立（事務所、児玉町）して、長兄長五郎の設立した高山社と競いつつ技術伝習につとめ、二十七年緑綬褒章を授与されたが、三十一年一月二十九日病没。五十四歳。

参考文献　埼玉県蚕糸業協会編『埼玉県蚕糸業史』

（石井寛治）

きむらくまじ　木村熊二　一八四五―一九二七　明治時代の教育家、宗教家。弘化二年（一八四五）二月二十五日生まれる。但馬国出石藩儒臣桜井石門次男。父没後八歳で江戸表伯父のもとに寄寓。翌年伯父死し石門の高弟木村琶山の養子となる。一年後琶山死去。昌平黌の寄宿舎に入る。師河田迪斎に愛されその配慮により佐藤一斎の曾孫、迪斎の妻縝の姪の娘、田口卯吉の姉鐙と結婚。幕臣として二回の長州征討にも従軍する。明治三年（一八七〇）森有礼に従い米国に留学。たまたまホープコレッジ学長に出あいその保護のもとに学び、九年五月マスター＝オブ＝アーツを得、九月ラトガス大学の神学校に進み、十五年夏改革派教会の宣教師試験を通り按手礼をうけ帰朝した。「めぐみの旅路」（『聖書之研究』四一―一一）はキリスト教への回心記である。新帰朝者をまつ栄誉を退け、伝道に教育に地味な生涯を送ったが、十八年開校の明治女学校、後年南信伝道の傍ら開いた小諸義塾の清新な教育精神は評価された。昭和二年（一九二七）二月二十八日東京で死去。八十三歳。谷中墓地に葬られる。『木村熊二日記』が刊行されている。

参考文献　巌本善治編『木村鐙子小伝』、林勇『私立小諸義塾沿革誌』、青山なを『明治女学校の研究』、小山周次「木村先生の小伝」（同編『小諸義塾と木村熊二先生』所収）、「木村文書分類目録一覧」（『東京女子大学附属比較文化研究所紀要』二三）

（青山なを）

きむらこざえもん　木村小左衛門　一八八八―一九五二　大正・昭和時代の政党政治家。明治二十一年（一八八八）二月、島根県大原郡大東村に生まれる。早稲田大学中退後、郷里で町会議員・郡会議員・同議長をつとめ、また、島根県の実業界で重きをなした。大正十三年（一九二四）以来、衆議院議員当選八回。憲政会を経て立憲民政党に所属し、内相・蔵相・首相の各秘書官を歴任。敗戦後日本進歩党結成に参画して政務会長をつとめ、昭和二十一年（一九四六）衆議院副議長に選ばれた。その後、第一次吉田内閣の農相、片山内閣の内相、第三次吉田内閣の地方自治庁長官などを歴任。また、民主党ついで改進党にあって幹事長・総務会長・最高顧問などをつとめた。二十七年二月二十八日死去。六十四歳。

参考文献 衆議院・参議院編『議会制度百年史』衆議院議員名鑑 （鳥海 靖）

きむらしょうはち 木村荘八 一八九三―一九五八 大正・昭和時代の洋画家、随筆家。明治二十六年(一八九三)八月二十一日木村荘平の第八子として東京日本橋区吉川町(東京都中央区)の第八いろは牛肉店に生まれた。中学を卒業後、同四十五年葵橋洋画研究所に入って油絵を習い、同年当時の革新的青年画家の集りであったフュウザン会展に加わって画壇にデビュー、その後生活社展・巽画会展などへの出品を経て、大正四年(一九一五)岸田劉生らと草土社を興し、独得な写実様式を追求した。また同十一年には春陽会の創立に加わり、没するまでその会員として毎回独自の風格ある作品を発表、その中には震災や戦災その他で刻々と変貌していく大東京の風俗情趣を、江戸ッ子気質から哀惜しつつ的確に写した佳作をまじえて、非凡な風俗画家としての一面を示した。また同時に、『濹東綺譚』や『霧笛』などの新聞連載小説にそえた挿絵は、そのユニークさにおいて断然他の追随を許さなかったうえ、評論・随筆・翻訳などの文筆活動にも縦横無尽の才筆を振るった。昭和三十三年(一九五八)十一月十八日脳腫瘍と肺臓癌のため東京において死去。六十五歳。杉並区和田の長延寺に葬られた。洋画の代表作「パンの会」「牛肉店帳場」「新宿遠望」など。なお数多い編著書中、遺著『東京繁昌記』の絵と文に対しては、昭和三十四年に日本芸術院恩賜賞が贈られている。『木村荘八全集』全八巻がある。 （富山 秀男）

きむらせいしろう 木村清四郎 一八六一―一九三四 明治・大正時代の新聞人、実業家。文久元年(一八六一)六月五日、備中国小田郡横谷村(岡山県小田郡矢掛町)に生まれた。代々の素封家木村勘介の長男。郷里・大阪で漢学・英語を習い始め、上京して一旦三菱商業学校に入り、明治十四年(一八八一)十一月、慶応義塾に転じ、同十六年卒業。直ちに『中外物価新報』に入り、一意その発展に尽力し、同二十二年一月二十七日『中外商業新報』と改題、経済新聞として不動の基礎を築いた(『日本経済新聞』の前身)。明治三十年九月、商況社(同紙の発行元)が合資会社組織となったのを機に退社、日本銀行に入り、累進して大正八年(一九一九)副総裁に昇り、同十五年辞職。昭和二年(一九二七)貴族院議員に勅選された。昭和九年九月二十四日死没した。七十四歳。墓は東京都府中市の多磨墓地にある。

参考文献『日本経済新聞九十年史』 （西田 長寿）

きむらたいけん 木村泰賢 一八八一―一九三〇 大正・昭和時代初期の仏教思想家。明治十四年(一八八一)八月十一日生まれ。岩手県南岩手郡滝沢村一本木(岩手郡滝沢村)の農家、亀治の次男、母リツ。幼名二蔵、のちに泰賢と改む。曹洞宗東慈寺(岩手郡西根町)で禅に励む。その後同三十二年より大正六年(一九一七)まで住職、東慈寺第二十世。明治三十六年七月曹洞宗大学卒業。四十二年七月東京帝国大学文科大学印度哲学科卒業。銀時計を賜わる。特選給費生として印度哲学専攻。大正四年五月『印度六派哲学』刊行、七年帝国学士院より恩賜賞を授けらる。八年七月英独留学。十二年一月『阿毘達磨論の研究』によって文学博士となり、三月教授昇任。解脱への道、意志の自由、理想と道徳、本願思想の展開と意義、悟りと救済など、問題をわかりやすく解明し、社会の信頼も期待も高く、東大・駒沢大・日本女子大において数多くの学徒を集めていた。昭和五年(一九三〇)五月十六日午前三時没す。五十歳。墓は横浜市鶴見区の総持寺にある。学問的には高楠順次郎門下の偉材。学風は大正六年東大に印度哲学講座を創設した村上専精と同じく、問題を概観し達意的に論述する長所があった。生涯、大乗菩薩道の実践を念願していた。著書に『大乗仏教思想論』『印度哲学宗教史』『原始仏教思想論』『小乗仏教思想論』などがあり『木村泰賢全集』全六巻に収められている。

参考文献『宗教研究』新七ノ四(木村泰賢教授追悼号) （宮本 正尊）

きむらたかたろう 木村鷹太郎 一八七〇―一九三一 明治・大正時代の評論家・翻訳家。号は鳴潮。明治三年(一八七〇)九月十八日伊予国宇和郡宇和島町(愛媛県宇和島市)に、父重協・母ウタの長男として生まれた。大阪の天王寺中学校を卒業後上京、明治学院に学んだが院長ヘボンと意見が合わず退学した。同級生に和田英作・戸川秋骨・馬場孤蝶・島崎藤村らがいた。同二十六年帝国大学文科大学哲学選科を修了、陸軍士官学校教官をつとめたこともある。同三十年、井上哲次郎・高山樗牛らと日本主義をとなえ大日本協会を組織して『日本主義』を創刊した。『京華日報』『富士新聞』記者としても活躍した。翻訳にはバイロンの『文界之大魔王』、シェレーの『含羞草』や『プラトーン全集』の完訳がある。『世界的研究に基づける日本太古史』や『日本民族研究叢書』をつぎつぎに出し、正統な史学者からは批判を受けた。昭和六年(一九三一)七月十八日、神奈川県藤沢町で六十二歳の生涯を終えた。墓は東京都の青山墓地にある。

参考文献 佐々木満子・井手龍法・小原和子「木村鷹太郎」(『近代文学研究叢書』三三所収) （長谷川 泉）

きむらとくたろう 木村篤太郎 一八八六―一九八二 昭和時代の政治家、弁護士。明治十九年(一八八六)二月七日大阪府宇智郡五条(奈良県五条市)生。東京帝国大学法科大学英法科を卒業し、弁護士となり、昭和二十一年(一九四六)検事総長に就任した。第一次吉田茂内閣の司法大臣、第三次吉田内閣の法務総裁および法務大臣、第四次吉田内閣の国務相(保安庁長官)、二十八年第五次吉田内閣の保安庁長官(防衛庁長官)に再任された。また二十六年四月からは東京弁護士会長に就任する一方、二十八年四月から参議院議員に当選二回。自由民主党内の右派(タカ派)として活躍。また日本剣道連合会会長をつとめた。五十七年八月八日東京都渋谷区元代々木町の自宅で死去。九十六歳。（藤井 松一）

きむらひさし 木村栄 一八七〇―一九四三 明治から昭和時代前期にかけての天文学者。明治三年(一八七〇)九月十日加賀国石川郡泉野村(金沢市)に篠木庄太郎の子として生まれ、同七年木村民衛の養子となる。そのころ通った金沢の数学塾で西田幾多郎と知る。。同二十五年、帝国大学理科大学星学科を卒業、その後六年間大学院にあって緯度変化観測を始め、三十二年水沢緯度観測所長となり緯度変化観測に生涯をささげる。大正七年(一九一八)国際天文連合の緯度変化委員会の委員長となり、同十一年水沢緯度観測所が国際緯度観測中央局となるとともにその局長に選ばれ、昭和十一年(一九三六)の退職までその地位にあった。昭和十八年九月二十六日東京世田谷にて死す。七十四歳。多磨墓地に葬られた。木村は観測者の位置に無関係で地軸の運動とは独立な緯度変化項(Z項)を発見して、A New Annual Term in the Variation of Latitude, Independent of the Components of the Pole's Motion, Astronomical Journal, Vol. 22 (1902)として発表した。その値の観測が以後国際観測の重要な問題となった。この発見で、明治四十四年第一回帝国学士院恩賜賞、昭和十二年、第一回文化勲章を受けた。

参考文献 池田徹郎「木村栄先生の業績」(『科学』一四ノ二)、須川力「木村栄の生涯」(『思想の科学』第六次一〇七―一〇九) （中山 茂）

きむらへいたろう 木村兵太郎 一八八八―一九四八 昭和時代の陸軍軍人。明治二十一年(一八八八)九月二十八日、陸軍少佐木村伊助(戦死)の長男として東京に生まれ、広島一中、広島地方幼年学校を経て、四十一年五月第二十期生として陸軍士官学校を卒業、砲兵少尉に任官した。大正五年(一九一六)陸軍大学校を卒業後、三年間ドイツに留学した。尉・佐官時代は地味で堅実な性格のため、あまり知られず、砲兵監部、野砲学校、参謀本部、砲兵連隊長などを歴任したが、技術行政・教育分野の経験が長かった。昭和十一年(一九三六)少将に進級して陸軍省兵器局長を三年近く勤め、中将に進級して第三十二師団長として中国に出征、関東軍参謀長を経てその温厚な性格を買われ、個性の強烈な東条英機陸相の女房役として十六年四月陸軍次官に就任した。十八年兵器行政本部長に転出したのち、翌年八月敗色濃いビルマの方面軍司令官に任命されたが、二十年五月陸軍最後の大将に昇進した時は、首都ラングーンを失って、敗走の途上であった。戦後、東条陸相の腹心と見られてA級戦犯に指名され、二十三年十二月二十三日刑死した。六十一歳。墓は東京青山立山墓地にある。（秦 郁彦）

きむらまさこと 木村正辞 一八二七―一九一三 幕末から明治にかけての国学者・文献学者。幼名は荘之助、字は埴満(はにまろ)。欟斎(つきのや)・集古葉堂・三十二艸庵などと号した。文政十年(一八二七)四月六日、下総国埴生郡成田町(千葉県成田市)に出生。父は清宮仁右衛門。京都妙法院宮の家臣木村氏を継いだ。伊能穎則に国学を、また、東条一堂・寺門静軒に漢学を学び、岡本保孝について音韻学をおさめた。文久三年(一八六三)、幕府和学講談所会頭助役。慶応三年(一八六七)、水戸藩駒込文庫出仕。明治二年(一八六九)、史料編輯・大学大助教。さらに、神祇官・太政官・文部省・司法省・宮内省の諸官、帝国大学文科大学教授・高等師範学校教授を歴任。同二十三年、東京学士院会員。同三十四年文学博士。同三十五年文部省国語調査委員会委員。江戸時代の『万葉集』研究の成果に批判的な検討を加え、文献学的な立場から考証を行なって、多くの新見を出した。解釈困難な箇所を、ただちに本文の誤りとせず、そのままの形で訓釈を試みているところに、それ以前の注釈家との大きな相違がある。中国音韻学に造詣が深く、『万葉集』の訓釈にも、それを駆使している。ほかに、古辞書・音義その他に関する研究があるが、未刊のものが多い。大正二年(一九一三)四月十一日、東京市下谷区入谷町に没した。八十七歳。墓は谷中墓地。著書、『万葉集美夫君志』『万葉集略解補正』『音韻雑攷』『金光明最勝王経音義攷証』ほか。

参考文献 帝国学士院編『木村正辞伝』、岡井慎吾『日本漢字学史』 （小松 英雄）

きむらよしお 木村義雄 一九〇五―一九八六 昭和時代の棋士。第十四世名人。明治三十八年(一九〇五)二月二十一日、東京本所に生まれた。父謙吉は下駄屋を営んでいた。大正五年(一九一六)当時麴町平河町に住む関根金次郎八段(のち十三世名人)に通い弟子として入門。同六年初段。この間、外務省の給仕を勤め、慶応義塾大学普通部に学んだ。同十五年三月八段に昇った。昭和十年(一九三五)二月、終生名人制を廃し短期実力名人制がしかれるや、第一位の成績を得て同十二年二月十一日、第一期名人に就位、以来、五期十年間名人を保持した。同十三年から将棋大成会(日本将棋連盟の前身)会長を兼ね、第二次世界大戦後は順位戦の新制を断行した。第六期名人戦に敗れ、第八期名人戦で復位して三期名人を保持。同二十七年八月十一日、引退と同時に「五期以上名人位保持」の内規で第十四世名人を就位。同五十三年十一月、勲三等旭日中綬章をうけた。昭和六十一年十一月十七日没。八十一歳。『将棋大観』はじめ著書が多い。

参考文献 木村義雄『将棋一代』、同『名人木村義雄実戦集』、天狗太郎『名棋士名勝負』 （山本 亨介）

きむらよしたけ 木村喜毅 ⇨木村芥舟(きむらかいしゅう)

キューパー *Sir Augustus Leopold Kuper* ⇨クーパー

ギューリック Orramel Hinckley Gulick 一八三〇―一九二三 アメリカン=ボード所属のキリスト教宣教師。一八三〇年十月七日生まれる。はじめハワイで伝道、明治四年(一八七一)来日、翌年京都で伝道しようとしたが当時まだ許可されず大阪に移り、つづいて神戸に住み、神戸でわが国最初の週刊キリスト教雑誌『七一雑報』を創刊した(明治八年)。その後新潟、岡山、熊本で伝道し、同二十五年日本を去ってハワイで牧界活動に従事し、ここでも新聞を発行した。一九二三年九月十八日ホノルルで死んだ。九十二歳。著書に夫人との共著Pilgrims of Hawaii(1918)がある。

参考文献 Otis Cary: A History of Christianity in Japan(1909) （篠田 一人）

キュルシウス Jan Hendrik Donker Curtius ⇨ドンクル＝キュルシウス

ぎょいんちゅう 魚允中 Ŏ Yun-jung 一八四八—九六 李氏朝鮮末期の親日政治家。字は聖執、号は一斎、諡号は忠粛。一八七一年、文科に及第、八一年(明治十四)、紳士遊覧団の一員として日本の新文物制度を視察、帰路、天津で李鴻章とあい、帰国後、開国政策をとなえた。翌八二年、朝米修好条約・朝清商民水陸貿易章程の締結に関与し、八三年、西北経略使として清・露両国と国境画定を交渉し、九三年、東学教徒が報恩郡で大集会をひらいたとき両湖宣撫使となって鎮撫にあたった。九四年、日清戦争のなかで甲午更張が行われ、金弘集を総理大臣とする開化派内閣が成立すると、度支部大臣になったが、九六年、親露派が国王をロシア公使館にうつし親露派内閣をつくったとき、金弘集は殺され、かれも逃亡の途中、京畿道竜仁で殺された。四十九歳。

参考文献 韓国学文献研究所編『魚允中全集』(『韓国近代思想研究』) （旗田 巍）

きょうしんのうえきぎん 恭親王奕訢 Gong qin-wang Yi-xin 一八三二—九八 清の皇族。道光十二年(一八三二)十一月二十一日生まれる。道光帝の第六子、咸豊帝の異母弟。アロー戦争による天津条約の批准交換問題で咸豊十年(一八六〇)七月、戦争が再開され、咸豊帝が熱河に蒙塵すると、欽差全権大臣として講和にあたり、十月、英仏両国全権とそれぞれ北京条約を締結し天津条約の批准を交換した。ついで、外交を処理するため新設された総理各国事務衙門(略して総理衙門)の首班大臣になった。翌年七月、咸豊帝が熱河で没し、その子同治帝が六歳で即位すると、東太后と帝の生母西太后と図り、粛順らを誅して政権を奪い、議政王・軍機大臣として両太后の摂政政府を輔け、諸列強との協調政策をとった。その後、権力欲の強い西太后との暗闘がくり返されたが、光緒十年(一八八四)、かれの支持した李鴻章の安南問題についての対仏和約が譲歩し過ぎるとして弾劾され、免職された。日清戦争で清軍が敗れると総理衙門大臣に復し、また、臨時に設置された督辦軍務処の首班として戦争を指導し、諸列強の勢力を借りて日本を抑圧しようとした。戦後、康有為らの変法に反対した。光緒二十四年四月十日没した。六十七歳。

参考文献 趙爾巽編『清史稿』列伝八、A. W. Hummel: Eminent Chinese of the Ch'ing Period; M. Banno: China and the West 1858—1861, the origins of the Tsungli Yamen. 坂野正高「アロー戦争における外交交渉の非公式チャネル」(『近代中国外交史研究』所収) （波多野善大）

きようらけいご 清浦奎吾 一八五〇—一九四二 明治・大正時代の官僚、政治家。号は奎堂、幼名は普寂。嘉永三年(一八五〇)二月十四日、肥後国山鹿郡来民村(熊本県鹿本郡鹿本町)にある明照寺の住職大久保了思の五男に生まれる。母は幸。幼い時から熊本城下の浄行寺で養われたが、まもなく養家を去り清浦の姓を名乗った。豊後日田の咸宜園(創設者広瀬淡窓)で漢学を学び、まもなく大舎長をつとめた。のち熊本で私塾を開いたが、明治五年(一八七二)上京、埼玉県に赴き小学校長を経て、同県庁に出仕し学校改革に努力した。同九年司法省に転じ、検事、司法省・太政官・内務省の書記官、参事院議官補などを歴任し、治罪法の起草、新聞紙条例改正などにあたった。この間、山県有朋の信任を受け、十七—二十四年、七年余にわたり主として山県内務大臣(内務卿)のもとで、内務省警保局長をつとめ、保安条例の制定、警察制度・監獄制度の改革、高島炭坑事件の調査などに尽力し、また、第一議会では政府委員として民党の政府攻撃に対処した。二十四—二十五年、ヨーロッパに渡って警察・監獄・地方自治の実情を視察。帰国後二十五年八月司法次官に就任し、山県法相の片腕として弄花事件の事後処理にあたった。二十九年九月—三十一年一月、第二次松方内閣、三十一年十一月—三十三年十月、第二次山県内閣の司法大臣をつとめ、三十四年六月には三たび法相として第一次桂内閣に入閣、三十六年九月農商務大臣に転じ、三十九年一月までその任にあって商工業の振興・農業の改良(土地改良・耕地整理・養蚕業の育成など)に力を注ぎ、日露戦争下の産業発展政策を推進した。清浦は白根専一・平田東助・大浦兼武とともに山県系官僚の四天王と称され、官界・政界に大きな勢力を保持したが、二十四—三十九年、貴族院の勅選議員をつとめ、研究会の領袖として山県系勢力を統率して政党勢力と対抗し、三十四年第四次伊藤内閣の増税案に反対する急先鋒となった。三十五年男爵授与。三十九年四月枢密顧問官となり、大正六年(一九一七)三月同副議長に任ぜられた。この間、明治四十年子爵に陞爵。大正三年三月三十一日、第一次山本内閣の後を継いで組閣の大命を受けたが、建艦予算実現の確約を求める海軍側との折衝がまとまらず、組閣を断念し四月七日大命を拝辞した(清浦内閣流産事件)。同十一年二月、死去した山県有朋の後を継いで枢密院議長となり、松方正義・西園寺公望の両元老に準ずる地位に立った。十二年十二月、第二次山本内閣が虎の門事件で総辞職すると、西園寺公望の推薦によって、翌年一月一日後継首相の大命を受け、一月七日、研究会を基礎に貴族院議員から主たる閣僚を選んで清浦内閣が成立した。しかし、憲政会・立憲政友会・革新倶楽部は護憲三派を作り、清浦内閣を非立憲的な特権階級内閣として倒閣運動(第二次護憲運動)を展開し、清浦は一月三十一日衆議院の解散で応じたが、五月十日の総選挙の結果、与党たる政友本党が第二党に転落したため、六月七日清浦内閣は総辞職した。それを機会に清浦は政治の第一線を退いたが、重臣として折にふれ重要国務の諮問に応じ、昭和三年(一九二八)には伯爵に叙せられた。晩年は日本新聞協会会長など各種の名誉職についたが、特に青年教育会総裁、肥後奨学会会長など青少年教育事業に熱意を示した。同十七年十一月五日熱海で死去。九十三歳。著書に『(清浦伯爵)警察回顧録』『奎堂夜話』がある。

参考文献 『伯爵清浦奎吾伝』、内田寧麿編『清浦伯小伝』、後藤武夫『子爵清浦奎吾伝』 (鳥海 靖)

きよかわはちろう 清川八郎 一八三〇―六三 幕末の志士。清河と書くこともある。幼名元司のち正明、号楽水・蒭堯子・士興、変名を大谷雄蔵・日下部達三という。天保元年(一八三〇)十月十日、出羽国田川郡清川村(山形県東田川郡立川町大字清川)に、名主・郷士斎藤治兵衛豪寿(号雷山)の第三子として生まれる。母は城下鶴岡三井氏の女。はじめ鶴岡の清水塾に学ぶ。弘化三年(一八四六)十七歳、藤本津之助(鉄石)、東奥来遊中清川に来りて会う。翌四年家を脱して江戸に上り、東条文蔵(一堂)の門に入る。この時安積五郎と識る。翌嘉永元年(一八四八)、伯父と京都・中国・大和・紀伊に遊び帰郷。同三年、出でて京都・島原・長崎を廻り再び江戸東条門に入る。同四年千葉周作、五年安積艮斎に学び、六年帰国、松前地方を遊歴。安政元年(一八五四)二月、二十五歳、江戸聖堂に学び、同年十一月三河町に文武塾を開き、十二月清川八郎と改名。翌年母とともに中国・九州に遊んだ。同三年居を駿河台、六年お玉ヶ池に移して子弟の教育にあたる。このころより国事に心を寄せ、志士と交わること多く、万延元年(一八六〇)、同志伊牟田尚平らと米国公使館通弁ヒュースケンを芝赤羽根に斬った嫌疑をうけた。翌文久元年(一八六一)春以来、探索を避けて水戸、江戸、関東、仙台と潜行、東海道から京に出て田中河内介と会い、青蓮院宮令旨を奉ずと称して伊牟田・安積らと九州の同志糾合に向かった。そして、真木和泉・松村大成・河上彦斎・平野国臣や鹿児島藩士と謀り、たまたま島津久光上京の報に接し、同二年尊攘蜂起を計画したが、寺田屋騒動で失敗した。このため八月、江戸に帰り、松平慶永に攘夷断行・大赦令・英才教育のことなどを建白した。同三年春幕府の浪士徴募に応じ、二月には浪士取扱鵜殿鳩翁と浪士を同行して京都壬生に屯した。しかし学習院・関白鷹司輔煕への攘夷建白の行為が幕府の忌諱にふれて近藤勇らとも対立、同三月江戸に還された。同四月十三日、その過激な攘夷蜂起の行動のため、上山藩士金子与三郎宅からの帰途、麻布一ノ橋で幕吏佐々木只三郎らに斬殺された。三十四歳。法名清秀院殿忠正明義居士。江戸小石川伝通院に葬られたが、のち生地の清川村歓喜寺にも移され、二ヵ所に墓がある。贈正四位。主著に『旦起私乗』『耕雲録』『潜中始末』『潜中紀事』などがあり、山路弥吉編『清河八郎遺著』、『大日本文庫』一一に収められている。

参考文献 斎藤治兵衛「清川八郎君国事尽力の来歴」(『史談会速記録』一〇五) (鎌田 永吉)

きょけん 許憲 Hŏ Hŏn 一八八五―一九五一 朝鮮の政治家。咸鏡北道の人。明治大学を卒業して弁護士になり、一九一九年の三・一運動の被逮捕者、その後の共産党事件の被告などの弁護で活躍した。二七年の新幹会の結成に参加し、二九年その委員長になった。同年十一月、光州学生事件がおこり全朝鮮人が奮激したとき、「民衆大会」をひらいて全民族的闘争を展開しようとしたが、その直前に検挙され、三年の刑に処せられた。解放直後、建国準備委員会の副委員長、朝鮮人民共和国の国務総理にえらばれ、四六年南朝鮮労働党の委員長となり、四八年朝鮮民主主義人民共和国が成立すると最高人民会議の初代議長になり、また祖国統一民主主義戦線議長、金日成総合大学総長、朝鮮労働党政治委員を兼ねた。五一年没。六十七歳。 (旗田 巍)

きよさわきよし 清沢洌 一八九〇―一九四五 大正・昭和時代前期のジャーナリスト・評論家・外交史家。明治二十三年(一八九〇)二月八日長野県南安曇郡北穂高村に生まれる。父は市弥、母はたけ。同三十六年小学校卒業後、約二年間研成義塾に入り、その関係で同三十九年十二月渡米、タコマ高校を経てホイットウォース＝カレッジに学ぶ。修学中より文筆で生計をたてるようになり、『北米時事』など邦字紙の記者あるいは寄稿家となる。大正二年(一九一三)いったん帰国したが、その後三たび日米間を往来し、同九年『中外商業新報』の通報部長に迎えられ、以後外交・政治・社会の評論に健筆を振るい、著書多数。昭和二年(一九二七)『朝日新聞』企画部次長に転じたが、同四年その著『自由日本を漁る』中に収めた甘粕正彦大尉と大杉栄との架空対談の一編が右翼の攻撃をうけたため退社。その後、『報知新聞』『東洋経済新報』に関係し、しばしばアメリカ・ヨーロッパを訪れ、国際緊張が次第に高まる情勢の中でも、当初からの均衡のとれた合理主義国際協調と国力相応主義の対外観を一貫して堅持し、偏狭独善的な皇国観や軍国主義に同調しなかった。その著『日本外交史』は、限られた史料にもかかわらず、事実を事実として認識する態度で書かれたため現在なお生命を保ち、没後刊行された昭和十七年から二十年までの戦中日記(『暗黒日記』)は、現代史の史料という意識で書かれている。昭和二十年五月二十一日没。五十六歳。墓は神奈川県鶴見の総持寺にある。

参考文献 橋川文三・樋口哲史郎・竹下晴信編「仮年譜」(橋川文三編集・解説『暗黒日記』付載) (今井 庄次)

きよざわまんし 清沢満之 一八六三―一九〇三 明治時代の宗教家、哲学者。文久三年(一八六三)六月二十六日名古屋黒門町に生まれた。父徳永永則、母タキ。幼名を満之助といい、建峯・骸骨・石水・臘扇・浜風などと号した。渡辺圭一郎の塾に通い、算術を得意としたが、明治五年(一八七二)愛知県第五義校に入学した。十一年二月得度を受け、法名賢了と称し、東本願寺育英教校に入学した。のち、稲葉昌丸・柳祐信とともに、東京留学を命ぜられ、十五年東京大学予備門第二級に編入学した。同期に岡田良平、一年下に沢柳政太郎らがおり、成績は首席であった。在学中フェノロサからヘーゲル哲学をきいた。予備門を卒業し、東京大学文学部哲学科に入学し、褒賞給費生に選ばれた。井上円了らが設立した哲学会にも関係した。卒業後大学院に入り、宗教哲学を専攻した。『哲学会雑誌』が創刊され、編集にあたった。また第一高等学校・哲学館などに出講し、哲学館評議員になった。二十一年七月六日、俗社会での栄達を断念し、宗門に一身を献げんと決意し、京都府立尋常中学校長となり、かたわら高倉大学寮に出講した。この年清沢やす子と結婚し、愛知県三河大浜(碧南市)西方寺に入った。二十三年京都府立尋常中学校長を辞し、禁欲生活に入り、『歎異抄』などに親しんだが、翌年母を失い、ますます修道に励んだ。このころ稲葉昌丸らと教学の独立ならびに資金の募集を計画したが許されなかった。二十五年八月、満之の代表的著作『宗教哲学骸骨』が出版され、翌年のシカゴ万国宗教大会で英訳されて好評を博した。二十七年結核を発病し、兵庫県須磨西垂水に転地療養した。沢柳政太郎らと学事改革につき立案したが、宗務所と意見の一致をみなかった。二十九年京都白川村に籠居し、今川覚神・井上豊忠・稲葉昌丸・月見覚了・清川円誠らと『教界時言』を発刊し、宗門改革を主唱したが、宗門から除名処分をうけ、家族とともに大浜に帰り、四阿含などに親しんだ。三十一年除名処分が解かれ、『エピクテタスの語録』を読み、獲信の原動力となった。翌年新法主補導のため東上し、真宗大学学監心得に就任した。三十三年九月多田鼎・佐々木月樵・暁烏敏らと精神主義運動を始め、十一月浩々洞と名づけた。翌年『精神界』を発刊し、毎日曜浩々洞で精神講話を公開し、明治後期の思想界に大きな影響を与えた。この年真宗大学を東京に移転し、真宗大学学監となったが、翌年学校騒動のために辞任した。この年長男信一、妻やす子が没し、大浜に帰った。三十六年六月六日没した。四十一歳。法名信力院釈現誠。同九日荼毗に付し、十日遺骨を西方寺墓地に収めた。五月三十日脱稿した『我信念』は絶筆となった。清沢満之は仏教における近代的信仰の樹立者で、明治宗教界にあっては、キリスト教の内村鑑三と並んで双璧であった。哲学・思想・宗教の三者に通じ、しかも統一的に把握し、信仰を形成した人はほかに例をみない。暁烏敏・西村見暁編『清沢満之全集』全八巻、『清沢文集』(『岩波文庫』)がある。

参考文献 西村見暁『清沢満之先生』、教化研究所編『清沢満之の研究』、吉田久一『清沢満之』(『人物叢書』七〇)
(吉田 久一)

きよせいちろう 清瀬一郎 一八八四―一九六七 大正・昭和時代の政治家、弁護士。明治十七年(一八八四)七月五日兵庫県飾西郡又坂村置塩(飾磨郡夢前町)に生まれる。京都帝国大学法科大学卒業後、司法官試補を経て弁護士となった。大正九年(一九二〇)以来、衆議院議員当選十四回。立憲国民党、革新倶楽部、革新党などの小会派に所属。この間、普選運動に活躍し、治安維持法制定に反対した。第五十五―五十七議会(昭和三年(一九二八)―五年)には副議長をつとめた。敗戦後、極東国際軍事裁判で東条英機被告の主任弁護人となり、日本弁護団副団長として活躍。昭和二十七年改進党創立に参画、翌年同党幹事長。ついで日本民主党を経て自由民主党に所属。三十年十一月―三十一年十二月、第三次鳩山内閣の文相として新教育委員会法(教育委員の公選制を廃止し任命制としたもの)成立に努力した。第三十四―四十四国会(三十五―三十八年)で衆議院議長をつとめ、自民党による日米新安全保障条約強行承認に一役買った。著書に『秘録東京裁判』がある。昭和四十二年六月二十七日死去。八十二歳。

参考文献 井上縫三郎『現代政治家列伝』
(鳥海 靖)

キヨソネ Edoardo Chiossone ⇨キオソーネ

きよのけんじ 清野謙次 一八八五―一九五五 大正・昭和時代の病理学者、人類学・考古学者。明治十八年(一八八五)八月十四日岡山に生まれる。父勇(岡山県医学校校長)、母連子。同四十二年京都帝国大学医科大学卒業。病理学教室に入り生体染色を研究。同四十五年―大正三年(一九一四)ドイツ、フライブルグ大学アショッフ L. Aschoff 教授のもとで生体染色の研究を続行する。大正五年医学博士、京大助教授、十年京大教授、病理学および微生物学講座兼任(昭和三年(一九二八)病理学講座専任)。大正―年『生体染色の現況』(のち『生体染色の研究』と改題)を著わす。翌十一年その研究に対し帝国学士院賞を受ける。これより少し前より全国にわたる日本人およびその周辺の先史時代人骨の発掘調査を始め、その集めた人骨は約千五百体に及ぶ。同十四年『日本原人の研究』を刊行、これより日本人類学・考古学に関する著述が続出する。昭和十三年京大文学部考古学の授業を担当。同二十二年東京医科大学教授。翌二十三年茨城県厚生科学研究所所長。同三十年十二月二十七日東京品川の自宅で没す。七十歳。墓は静岡県富士宮市の大石寺にある。清野は生体染色研究面では組織球 Histiocyte の発見者として世界の学界に著名となる。人類学の面では、骨格計測値の比較の結果、現代日本人とアイヌとの両者のうち、前者の方が日本石器時代人により近親だとの結論に達した。すなわち従来の日本石器時代人アイヌ人説(小金井良精説)を不穏当とし、むしろこれを単に「日本石器時代人」と呼ぶを可とした。この「日本石器時代人」こそ今日の日本人およびアイヌの祖型であり、両者が今日のごとく分かれたのは、後世の混血要素の差によるものであろうと考えた。著書に Die Lehre von der Vitalfärbung.『古代人骨の研究に基づく日本人種論』『日本考古学・人類学史』『日本貝塚の研究』などがある。

参考文献　清野謙次先生記念論文集刊行会編『随筆・遺稿』(『故清野謙次先生記念論文集』三)

（金関　丈夫）

きよのつとむ　清野勉　一八五三―一九〇四　明治時代の哲学者。嘉永六年(一八五三)、駿河国富士郡上野村(静岡県富士宮市)に生まれた。家は代々医を業とした。幼少のころ、父一学について漢学を修めた。明治元年(一八六八)沼津兵学校に入って洋学を学び、同三年に卒業。さらに東京に出て中村正直(敬宇)の門に学んだ。同五年のころ、海軍兵学校で英語を教えたが、まもなく辞職し、その後は家居して独学で哲学を研究した。同二十年哲学館が創立されるとともに、教授として招かれ、論理学を講じた。同二十七年の秋ごろからカント哲学の研究に専念し、同二十九年六月『(標註)韓図純理批判解説』を刊行した。この書物はわが国最初の原典によるカント研究書として大きな意義をもつ。同年から脳を病み、同三十七年三月に没した。五十二歳。右の『解説』のほかに、『格致哲学緒論』(明治十六年)、『帰納法論理学』(同二十二年)、『帰納論理経世危言』(同二十三年)、『(演繹帰納)論理学』(同二十五年)、『普通論理学』(同二十七年・二十八年)などの著作がある。

参考文献　瀬沼茂樹編『明治哲学思想集』(『明治文学全集』八〇)、三枝博音『近代日本哲学史』(『三枝博音著作集』三)、船山信一『明治論理学史研究』(『哲学全書』一〇)、三枝博音『純粋解性概念卓絶演繹』解説(『日本哲学全書』六)

（古田　光）

きよふじこうしちろう　清藤幸七郎　一八七二―一九三一　明治・大正時代の大アジア主義者。黒竜会の主要メンバー。号は呑宇。明治五年(一八七二)六月二十一日熊本に生まれた。少年時代から宮崎弥蔵・寅蔵(滔天)の影響でアジア問題に関心を抱き、のち孫文の中国革命やフィリピンの独立運動に参加した。一九〇〇年には、宮崎寅蔵・内田良平とともに孫文の代理として広東に赴き、両広総督李鴻章(の代理人)と交渉し、一九一一年の辛亥革命には北一輝などとともに黒竜会から派遣されて、革命派への武器斡旋を担当した。黒竜会発行『時事月刊』の編集主事。昭和六年(一九三一)一月四日に死去。六十歳。東京の源正寺(武蔵野市緑町)に葬る。

参考文献　黒竜会編『東亜先覚志士記伝』下

（平野健一郎）

きよみずろくべえ　清水六兵衛　京都市東山区五条坂の著名な陶家清水氏各代の通称。

㈠二代　一七九〇―一八六〇　静斎と号し、隠居後は六一と改名した。寛政二年(一七九〇)初代の子として生まれた。十歳で父の死にあい休窯、文化八年(一八一一)二十二歳で起業、六兵衛の名をついだ。作品は歴代中、特に秀抜といわれ、白磁器を焼き流行の新風に棹さした。万延元年(一八六〇)三月没。七十一歳。

㈡三代　一八二二―八三　祥雲と号した。文政五年(一八二二)二代目の次男として生まれた。大器を焼くに巧みで、嘉永六年(一八五三)に禁裏よりの命で等身大の大雪見燈籠二基(京都小御所の庭に現存)を焼成した。彦根井伊直弼、将軍徳川慶喜と交渉があり、同家としては中興の祖として敬意を表わしている。明治十六年(一八八三)六月四日没。六十二歳。

㈢四代　一八四八―一九二〇　祥鱗また晩年は六居と号した。嘉永元年(一八四八)三代目の長男として生まれた。作品には二メートルに近い大燈籠(東京国立博物館蔵)などの大作がある。大正九年(一九二〇)没。七十三歳。

㈣五代　一八七五―一九五九　祥嶺また晩年は六和と号した。明治八年(一八七五)三月六日、四代目の長男として生まれた。陶磁器の化学的研究に打ち込み、マジョリカ製法を研究した。昭和三十四年(一九五九)八月一日没。八十四歳。日本芸術院会員。

㈤六代　一九〇一―八〇　明治三十四年(一九〇一)九月十三日、五代目の長男として生まれた。昭和二十年(一九四五)六代目を襲名。同三十年には「玄窯」と名づけた独自の新焼成法を創成した。代表作に「玄窯叢花瓶」がある。日本芸術院会員。五十一年には文化功労者に選ばる。五十五年四月十七日没。七十八歳。なお歴代の墓は京都西大谷墓地にある。

参考文献　下店静一「京焼と六兵衛の歴代」(清水六兵衛『随想清水六兵衛』付載)

（安藤　孝一）

きよもとうめきち　清元梅吉　清元節三味線家元の芸名。

㈠初代　一八四一―一九〇七　本名藤間藤次郎。清元梅次郎の門弟。天保十二年(一八四一)に生まれる。明治十七年(一八八四)梅吉から寿兵衛と改名。同四十年二月一日没。六十七歳。

㈡二代　一八五四―一九一一　本名松原清吉。初代の門弟。安政元年(一八五四)に生まれる。明治十七年(一八八四)梅三郎から二代目梅吉を襲名。五代目延寿太夫の三味線を弾く。『三千歳(みちとせ)』『隅田川』『青海波』など作曲。同四十四年五月十四日没。五十八歳。墓は東京都葛飾区白鳥の浄泉寺にある。法名は清香院釈梅操居士。

㈢三代　一八八九―一九六六　本名松原清一。二代目の子で明治二十二年(一八八九)十二月二十七日生まれる。同四十四年二代目梅三郎から三代目梅吉を襲名。大正十一年(一九二二)五代目延寿太夫と絶縁し、梅吉派(赤坂派)を創立。のち、孫の四代目梅吉襲名に際し、二代目寿兵衛に改名。日本芸術院会員。重要無形文化財保持者。『峠の万歳』などの清元の曲のほか、小曲を作曲。昭和四十一年(一九六六)六月一日没。七十六歳。墓は二代目と同じ浄泉寺にある。法名は清流院釈寿絃居士。

参考文献　町田佳声・植田隆之助『現代・邦楽名鑑』四、同『清元寿兵衛』、中内蝶二・田村西男編『清元

全集』(『日本音曲全集』三)　　(吉川　英史)

きよもとえんじゅだゆう　清元延寿太夫　清元節の家元の芸名。

(一)二代　一八〇二―五五　初代の子。享和二年(一八〇二)に生まれた。本名岡村藤兵衛。初名巳三治郎、文政十年(一八二七)二代目襲名。弘化二年(一八四五)祖父の実名太兵衛を芸名とした。世に「名人太兵衛」という。安政二年(一八五五)九月二十六日没。五十四歳。墓は東京都江東区平野の浄心寺にある。法名は尋声院栄寿日理信士。

(二)三代　一八二二―五八　もと材木商藤田屋繁次郎。二代目の門弟で、妹婿。文政五年(一八二二)に生まれた。弘化二年(一八四五)三代目延寿太夫を襲名。安政五年(一八五八)八月十日没。三十七歳。墓は東京都台東区橋場の保元寺にある。法名は清源院広誉延寿居士。

(三)四代　一八三二―一九〇四　本名斎藤源之助。のち岡村。二代目の娘お葉の婿。天保三年(一八三二)に生まれた。安政四年(一八五七)四代目延寿太夫を襲名。明治二十四年(一八九一)二代目太兵衛、同二十六年二代目延寿翁と改名。美音家。河竹黙阿弥と結んで、劇場音楽としての清元の位置を向上。同三十七年三月十六日没。七十三歳。墓は浄心寺にある。法名は松声院紫雲日晴信士。

(四)五代　一八六二―一九四三　本名斎藤庄吉。のち岡村。四代目の養子。文久二年(一八六二)六月二十五日に生まれた。明治三十年(一八九七)三代目栄寿太夫から五代目延寿太夫を襲名。インテリで美声家。清元の品位を高めた。昭和十八年(一九四三)五月二十二日没。八十二歳。墓は浄心寺にある。法名は蓮乗院延寿清音日庄大居士。

(五)六代　一九二六―八七　五代目の孫。本名清道。慶応義塾出身。昭和二十三年(一九四八)六代目襲名。同六十二年二月五日没。六十歳。

参考文献　井口菊奴『延寿芸談』、町田佳声・植田隆之助『現代・邦楽名鑑』四、忍頂寺務『清元研究』

(吉川　英史)

キリーノ　Elpidio Quirino　一八九〇―一九五六　フィリピン共和国第二代大統領。一八九〇年十一月十六日生まれ。ルソン島南イロコス州ビガン市出身。一九四六年、独立後初の大統領選挙に自由党より党主マヌエル＝ロハスと組んで出馬し、共和国初の副大統領となった。四八年四月ロハスの死に伴って大統領に昇格、さらに四九年末より四年間大統領の職にあった。キリーノ政権の六年間、フィリピン政治は一大危機に直面した。第二次世界大戦後の経済復興のゆきづまりに加えて、日本占領時代に結成された抗日人民軍(フクバラハップ)がひきつづいて、封建的な地主制度の解体とアメリカからの真の独立を求めて、キリーノ政権を転覆するほどの勢いを示したからである。これに対してキリーノは五一年九月アメリカから軍事使節団を受け入れ、巨額の軍事援助をあおいで徹底した武力弾圧を行い、危機を乗り切った。わが国との外交関係では、キリーノ政権の第二期にサンフランシスコ講和条約が締結され、五二年(昭和二十七)初頭より日比賠償交渉が始まった。五六年二月二十九日没。六十五歳。

(池端　雪浦)

きりたけもんじゅうろう　桐竹紋十郎　文楽の人形づかい。

(一)初代　?―一九一〇　本名小林福太郎。俳名明星。淡路の産。生年未詳。十三歳で三代目吉田辰造に入門、東京で修業して明治九年(一八七六)三月帰阪、門十郎の名跡で文楽座に出演、同七月に紋十郎と改めて吉田玉造の抗議にあい、九月に亀松と改名。十年九月に祖父の紋十郎名義に復活。著書『桐竹紋十郎手記』。同書によれば、紋十郎の初代は祖父、二代目は福太郎となるが、今は従わない。明治四十三年八月十五日没。六十四歳、一説には六十六歳。菩提寺は京都仁王門川端の頂妙寺。法名桐竹院明星日福信士。玉造と並ぶ明治の代表的人形づかいで、『伽羅先代萩』の政岡、『妹背山婦女庭訓』のおみわなど、女形づかいとしての派手な芸風は定評がある。

(二)二代　一九〇〇―七〇　本名礒川佐吉。明治三十三年(一九〇〇)十一月二十日堺市出生。同四十二年九月三代目吉田文五郎(難波掾)に入門して吉田小文、大正七年(一九一八)三月二代目吉田簑助、昭和二年(一九二七)一月二代目紋十郎を襲名。昭和二十三年五月組合結成、三和会に所属したが、それ以前、合併以後を通じて終始文楽の中心的存在として活躍。紫綬褒章、重要無形文化財保持者の個人認定、文化功労者など、多くの賞を受けた。昭和四十五年八月二十一日没。六十九歳。菩提寺は東京都台東区谷中の宗善寺。法名浄楽院釈泰紋淳正居士。腹にうれいを秘めながら表面に色気を漂わせる『本朝廿四孝』の八重垣姫、『艶容女舞衣』のおそのなど、花の多い女形を得意とした。鶴沢清二郎との共著『文楽の人形と三味線』がある。

参考文献　義太夫年表編纂会編『義太夫年表』明治篇、安藤鶴夫『文楽・桐竹紋十郎』

(祐田　善雄)

きりのとしあき　桐野利秋　一八三八―七七　明治時代初期の軍人。通称は信作、はじめ中村半次郎と称した。天保九年(一八三八)十二月、薩摩国鹿児島郡吉野村(鹿児島市吉野町)に鹿児島藩士桐野兼秋、スガ子の第三子として出生。貧苦のうちに成人し、伊集院鴨居の門で示現流の剣術を修行し名手となった。文久二年(一八六二)、公武合体・幕政改革の運動に着手した鹿児島藩主父島津久光に従って京に入り、尹宮(朝彦親王)付の守衛となって諸藩志士と交際、「人斬り半次郎」の異名で知られた。元治元年(一八六四)以後は、西郷隆盛のもとで国事に奔走した。明治元年(一八六八)、戊辰戦争に際して、鹿児島藩軍の小頭見習として従軍し、やがて天皇政府軍の東海道先鋒、ついで会津若松攻めの軍監をつとめ、戦功により賞典禄二百石を授けられた。同二年、参政西郷隆盛の鹿児島藩政改革で設けられた鹿児島常備大隊長。政府の御親兵徴集計画に伴い、同四年七月、兵部省に出仕し、陸軍少将に任官、従五位。同五年三月、熊本鎮台司令長官。同六年四月、陸軍裁判所長を兼務、六月正五位。しかし、同年十月、明治六年政変によって参議西郷隆盛らが政府を退くと、それに従って辞官し、鹿児島に帰った。かれは、西郷派士族の中心人物となり、同七年六月、同志篠原国幹・村田新八らと私学校を設立し、西郷派士族の教育と団結をはかった。同十年二月、西郷派士族に対する政府の圧迫と挑発によって西南戦争が勃発すると、西郷軍の四番大隊長として参戦、同時に官位をうばわれた。西郷軍の熊本城攻略失敗後は、西郷軍の総指揮長として政府軍に対する戦争指導にあたり、人吉、宮崎と転戦、九月二十四日、鹿児島城山で西郷らとともに戦死した。享年四十。墓は鹿児島市上竜尾町の南洲墓地。大正五年(一九一六)四月十一日、正五位を追贈。

参考文献 内閣修史局編『百官履歴』上(『日本史籍協会叢書』)、黒竜会編『西南記伝』下二、『鹿児島県史』三 (毛利 敏彦)

きりゅうゆうゆう 桐生悠々 一八七三―一九四一 明治から昭和時代前期にかけての新聞人。明治六年(一八七三)五月二十日、金沢城下高岡町に生まれた。父は金沢藩士桐生廉平篤好、母はきよ。悠々はその三男。政次と名づけられた。幼くして母に死別したが、才能は抜群であって、二十一年四月には、第四高等学校補充科に入った。翌年、父の死に遭い、下宿生活に入った。二十五年、文学者を志して上京したが果たさず、窮乏して帰郷して第四高等中学に再入学し、二十八年夏卒業、帝国大学法科大学に進んだ。学費は『北国新聞』主筆石橋忍月の知遇を得たことや、宮井安吉の紹介で大橋乙羽を訪れ、その配慮で、博文館に原稿を売ることによって支弁できた。三十二年夏卒業、東京府、東京火災保険会社に勤務したが、一年足らずにして三十四年博文館に入社。同年八月、東京帝国大学大学院に入り、穂積陳重に就いて、権利思想の発達過程を専攻しつつあったが、三十五年『下野新聞』主筆に赴任し、幾許もなく退社、帰京、『明義』の編輯に従事かつみずからも執筆した。三十六年、一木喜徳郎の推薦で『大阪毎日新聞』学芸部に入り、在社三年、四十年、『大阪朝日新聞』に転じ、やがてその大阪通信部員となって『東京朝日新聞』に出向した。そして四十三年、『信濃毎日新聞』主筆に迎えられる。かくて明治天皇崩御関係通信や、乃木希典大将殉死の報道で大功を樹てた。彼はここで言論の自由伸張、大信州主義の樹立に功があったが、社長で政友会代議士である小坂順造に累の及ぶを怖れて大正三年(一九一四)三月退社。同年六月『新愛知』主筆に就任した。ここでも大島宇吉社長と合わなかったが約十年在社、社内改革失敗のため退社してみずから『中京朝日新聞』を発行したが失敗に帰し、不遇の極に陥った。昭和三年(一九二八)、再び『信濃毎日新聞』主筆に就任した。けれども、時代は急速にファシズムに傾斜し、軍国主義の狂唱される時代、世界情勢を明らかにして平和を主張する悠々の論は容れられず、昭和八年八月十一日の社説「関東防空大演習を嗤ふ」の一文を残してその地位を去った。そしてその年十二月、名古屋郊外守山町に転居、翌年六月から死に至るまで個人雑誌『他山の石』を発行して世界情勢の明晰な分析と軍の過失への警告を続けた。昭和十六年九月十日没。六十九歳。法名は文双院浩学悠々居士。墓は東京都府中市の多磨墓地にある。

参考文献 太田雅夫編『桐生悠々自伝』、前田雄二『ペンは死なず―桐生悠々の生涯―』、『百年の歩み―信濃毎日新聞―』、井手孫六『抵抗の新聞人桐生悠々』(『岩波新書』黄一二三)、太田雅夫『桐生悠々』(『紀伊国屋新書』B四二) (西田 長寿)

ぎわんちょうほ 宜湾朝保 一八二三―七六 十九世紀の琉球の政治家。向有恒宜湾親方朝保。松風斎と号す。尚灝王二十年(文政六、一八二三)三月五日、首里城下の赤平に生まれる。父は宜野湾親方朝昆。三司官の在任は尚泰王十五年(文久二、一八六二)五月から同二十八年(明治八)六月までの長期にわたる。この期間は琉球の最も激動する時代に相当する。日本本土に六度、中国に二度使し、かつ外国御用係の要職を歴任した。また日清両国に関する外交にも通じ、よく「国政」を担当した。糺明奉行の時、島津斉彬一派を政界から追放する策謀に加担し、親薩摩派の開明的人士を葬り去っている(牧志・恩河事件)。一方、明治五年(一八七二)には維新奉賀の副使として上京、国王尚泰を「藩王」に封ずるという詔勅を新政府よりもらって帰る。朝命の遵奉は、琉球社会を親日・親中国に二分することになり、三司官辞任に追いこまれ、「売国奴」とののしられるなどの迫害を受けた。松田道之の置県処分も着手され、時代は急転していく中で、その衝撃をうけ、尚泰王二十九年八月六日、五十四歳で憂悶のうちに世を去る悲劇の政治家であった。墓は那覇市首里大名にある。政治家としては珍しく、蔡温・向象賢と同様、学者で和漢の書にも通じ、特に和歌に巧みで、八田知紀の門下であった。著作のほとんどは散佚しているが、『上京日記』『沖縄集』『琉球語彙』が残されている。

参考文献 「琉球処分関係史料」(『那覇市史』資料篇二中ノ四所収)、喜舎場朝賢『琉球見聞録』、伊波普猷『琉球の五偉人』(『伊波普猷選集』上)、比嘉春潮『沖縄の歴史』(『比嘉春潮全集』一)、同『蠹魚庵漫章』(同五)、大城立裕・新里金福『沖縄の百年』一、我部政男「〝琉球処分〟の一考察―支配階級の反応の分析を中心に―」(『人文社会科学研究』三) (我部 政男)

きんいんしょく 金允植 Kim Yun-sik 一八三五―一九二〇 李氏朝鮮末期の政治家、学者。字は洵卿、号は雲養、本貫は忠清道清風。一八三五年に生まれる。七四年、文科に及第、弘文館副修選・黄海道暗行御史・順天府使を経て、八一年、領選使として天津に赴き、朝鮮人留学生に近代技術を習得させるかたわら、李鴻章にあい朝鮮の外交政策について協議した。八二年の壬午軍乱のときには閔妃に加担して清の救援を要請し、八四年の甲申の変の際には清の側について革新政権の打倒に協力した。その後兵曹判書、交渉事務督辦となり、巨文島事件やロシアとの交渉にあたり、九四年に日本軍占領下に金弘集内閣が成立すると外務大臣となり、甲午改革を推進した。九六年、国王がロシア公使館に移され親露政権ができると、親日派として追及されたが、かろうじて殺害をまぬかれ、以後しばらく政界から追放された。一九〇七年、政界に復帰し、制度局総裁・中枢院議長となり、一〇年の日韓併合に協力して日本政府から子爵を授けられ、総督府中枢院副議長・経学院大提学になったが、一九年の三・一独立運動に関係したため爵位をうばわれ、二〇年一月二十二日幽門生活の中で死去した。八十六歳。かれは学者として名声が高く、『雲養集』『雲養集続集』『天津談草』『陰晴史』などの著作がある。（旗田　巍）

きんかちん　金嘉鎮　Kim Ka-jin　一八四六―一九二三　李朝末期の開明的政治家。号は東農、書芸および漢詩をよくした。一八四六年礼曹判書金応均の庶子として慶尚北道安東に生まれた。八四年に科挙試文科に及第、その後駐日公使館参賛官、工曹判書、九四―九五年の甲午改革当時は金弘集政府の農商工部大臣などを歴任。かれが駐日公使館参賛官に赴任していた当時は、朝鮮に対して清朝は宗属関係を主張し、従属国視していた。ある公開席上で駐日清国公使汪鳳藻が曰く、「東洋に於ける独立国は唯日本と清国あるのみ」と。かれは「韓国は独立国也。古き歴史と社稷とを存する独立国也。何者の妄誕無稽ぞ、敢て我が家国を辱しめて他国の隷属なるかの如くに呼ぶ」と、きびしく反論した。かれは九〇年代後半期の独立協会運動に参加し、一九〇五年以降は大韓協会の会長として、親日団体一進会に対抗し、国権回復をはかる。「併合」後日本からの男爵の受爵を拒否し、一九年の三・一運動のとき上海に亡命、二三年その地で没す。七十八歳。

参考文献　呉世昌『槿域書画徴』、細井肇『漢城の風雲と名士』
（姜　在　彦）

きんきゅう　金九　Kim Ku　一八七六―一九四九　朝鮮の独立運動家。初名は昌洙、号は白凡。一八七六年八月二十九日生まれた。黄海道海州白雲坊の人。九三年、十八歳で東学に加入、翌九四年、黄海道の東学農民の叛乱に参加、その後各地で武装闘争を行い、九六年黄海道安岳で日本人将校を殺害し逮捕投獄されたが、九八年脱獄し南方各地を放浪したのち僧となった。その後、郷里で学校を設立し教育に従事したが、一九〇九年安重根の伊藤博文暗殺事件で投獄され、さらに併合後の一一年には寺内総督暗殺未遂事件で逮捕され六年間獄中生活を送った。一九年の三・一独立運動ののち上海に亡命、臨時政府の警務局長・国務総理・主席を歴任した。三〇年韓国独立党を組織し、三二年李奉昌を東京に送って天皇を狙撃させ、また尹奉吉に上海の天長節祝賀会場で爆弾を投げさせ、日本軍司令官白川義則・公使重光葵らを死傷させた。その後、蒋介石総統と会い、韓人武官養成所をつくり、四〇年光復軍を組織し、抗日戦争に従事した。四五年重慶で日本の降服をむかえ、同年十一月帰国、韓国独立党党首、非常国民大会長、民主議院総理になり、李承晩とならぶ右派の代表的指導者であった。かれは左右の合作と南北の統一をとなえ、四八年四月には平壌の連席会議に参加し、北との協調をこばみ南だけの単独政権の樹立を主張する李承晩と対立した。両者の対立は深刻化し、ついに四九年六月二十六日陸軍将校安斗熙に暗殺された。七十四歳。六二年大韓民国建国功労勲章重章が授けられた。

参考文献　金九『白凡逸志』(梶村秀樹訳注、『東洋文庫』二三四)
（旗田　巍）

きんぎょくきん　金玉均　Kim Ok-kyun　一八五一―九四　十九世紀後半期朝鮮の開化派の指導者。字は伯温、号は古筠、古愚。一八五一年一月二十三日に金炳台の長男として忠清道天安郡に生まる。六歳にしてソウル在住の府使金炳基の養子となり、七二年三月に科挙試文科に壮元及第、七四年から官途にのぼって弘文館校理となる。当時かれは、右議政朴珪寿・漢医劉鴻基・訳官呉慶錫らの影響をうけて鎖国攘夷に反対し、開国・開化をめざす同志たちを結集し、これが開化派となる。特に朴珪寿はその門下に集まる金玉均・金允植・洪英植・朴泳教・朴泳孝・徐光範・兪吉濬らに、その祖父朴趾源の『燕岩集』、清国人魏源の『海国図志』をはじめ、清国に往来する使臣や訳官たちの見聞、その持来せる新書などによって至大な思想的影響を与えた。七六年日本との間に江華島条約が結ばれ、つづいて欧米列強にも開国するに至った。開国後においても国王高宗はその閔妃一族のとりことなり、対外的には清朝との封建的事大関係、対内的には閔氏とその追随分子による封建的支配関係を固執した。金玉均ら開化派は、対外的には清朝との事大関係を清算して完全独立を実現し、対内的には日本の明治維新をモデルとして国政改革を意図し、閔氏一族を中心とする守旧派と対立した。金玉均は明治十五年（一八八二）二月から七月まで、徐光範とともにはじめて訪日し、福沢諭吉らの協力を得て慶応義塾や陸軍戸山学校に留学生を派遣し、日本の文物制度を視察し、政界人と接触した。かれは留学生たちに、日本がアジアのイギリスなら、朝鮮はアジアのフランスにならなければならぬと強調した。その後金玉均は、一方では政府内部の開明的官僚を結集して部分的改革に着手しながら、他方では日本の井上馨・後藤象二郎・福沢諭吉らと接触して、朝鮮の開化策のための協力を求めた。しかし国内における開化派は、守旧派の圧力によって次第に窮地に追いこまれ、国政改革のため金玉均が政治生命をかけた対日借款交渉も失敗した。八四年四月、留日士官学生を連れて日本から帰国した金玉均は、君側から守旧派を除去し、開化派政府を樹立するための秘密計画に着手した。同年十二月四日金玉均ら開化派は国王高宗を掌握し、守旧派の中心人物を処断し、そして開化派政府を構成して新政綱を発表した。日本公使竹添進一郎に要請して、事前の約束に従って日本軍を出動させ、王宮を護衛させた。しかしソウル駐留の清国軍が、袁世凱の指揮のもとに武力介入を始めると、竹添は一方的に日本軍を撤退させ、孤立無援となった開化派は、金玉均ら九名だけが生存して、日本またはアメリカに亡命した。日本に亡命した金玉均は九四年三月二十八日に、上海の日本旅館東和洋行で洪鐘宇に四十四歳で暗殺されるまで日本で十年間の亡命生活をおくった。墓は東京青山墓地と本国の忠清南道牙山郡霊仁面牙山里にある。著書に『箕和近事』があるが現伝されず、『甲申日録』がある。かれの書画、篆刻などが日本に多く残る。

[参考文献] 古筠記念会編『金玉均伝』上、朝鮮科学院歴史研究所編『金玉均の研究』(日本朝鮮研究所訳)、姜在彦『朝鮮の攘夷と開化　近代朝鮮にとっての日本』(『平凡社選書』五一)　(姜　在　彦)

きんこうしゅう　金弘集　Kim Hong-jip　一八四二―九六　李氏朝鮮末期の政治家。初名は宏集、字は景能、号は道園、諡号は忠献。一八四二年に生まれる。本貫は慶尚道慶州。六七年、文科に及第、明治十三年(一八八〇)、修信使として来日、東京で清国外交官黄遵憲から『朝鮮策略』をもらい、帰国して王に献上したが、これは儒者の反対をよび、辛巳衛正斥邪運動をひきおこした。八二年の壬午軍乱後、李裕元とともに全権となり日本と済物浦条約をむすび、つづいて北京に行って朝清商民水陸貿易章程の締結にあたった。八四年、甲申の変のときに開化派政権の漢城府尹におされたが、その政権が瓦解したのち、保守政府の右議政にむかえられた。九四年、日本軍の制圧の下で領議政となり、開化派を登用して政府を組織し、甲午改革を断行した。その間、官制改革で領議政が総理大臣となると、初代総理大臣となった。九五年、三国干渉で親日派勢力が動揺すると一時辞職したが、やがて閔妃一派と提携して内閣を組織し、つづいて乙未事件で閔妃が殺されてのちは、大院君と日本の力を背景にして第三次金弘集内閣をつくった。しかし閔妃殺害事件および断髪令で民衆が奮激し、方々に義兵が蜂起した。この混乱に乗じて九六年二月十一日、親露派は国王をロシア公使館に移し、別に政府をつくった。かれは急をきいて景福宮にかけつけたが、巡検にとらえられ、警務庁の門外で惨殺された。五十五歳。

[参考文献] 高麗大学校中央図書館編『金弘集遺稿』(『高麗大学校影印叢書』三)　(旗田　巍)

きんこうりく　金鴻陸　Kim Hong-nyuk　?―一八九八　李氏朝鮮末期の通訳官。咸鏡道の人で、ロシア語がよくできたために朝鮮とロシアの外交交渉の通訳に使われ、一八九六年、国王がロシア公使館に移されてからは国王とロシア使臣との通訳をして国王に寵愛され、秘書院丞(宮中の秘書官)に任ぜられ、また尹容善内閣の学部協辦になった。九八年、親露派勢力がおとろえると辞職したが、ロシアとの交渉で私利を計ったとして全羅南道黒山島に流され、さらに国王毒殺の陰謀の主謀者として同年十月十日死刑に処せられ、死屍は鍾路街にさらされた。　(旗田　巍)

きんそうん　金素雲　Kim So-un　一九〇八―八一　韓国の文人で日本語による随筆・児童文学・翻訳などをよくした。一九〇八年一月五日釜山で生まれ、十三歳のとき渡日。東京開成中学を中退して私大の聴講生となり、主に独学。のち北原白秋の門を叩き、日本語を学びながら編書『諺文朝鮮口伝民謡集』(第一書房)を刊行。つづいて『朝鮮民謡選』(『岩波文庫』)、『朝鮮童謡選』(同)、『朝鮮詩集』(興風館)などを翻訳出版したが、日本支配に対する抵抗詩は紹介しなかった。三九年(昭和十四)十月、李光洙らと御用文学団体、朝鮮文人協会設立の発起人となり、四三年六月、山本五十六の死を悼む詩を発表した。第二次世界大戦後、帰国して韓国文学を日本に紹介する傍ら、随筆集『恩讐三十年』(ダヴィッド社)、児童物『ネギをうえた人』(『岩波少年文庫』)などを日本で出版。最近では『現代韓国文学選集』(冬樹社)の日本語訳を担当したが、その第五巻、詩部門では金芝河らの反体制詩人の作品を収録しなかった。時流に逆らわぬ、保身の「親日文学者」だったという評が韓国で行われている。八一年十一月二日没。七十四歳。京畿道南楊州郡和道面磨石隅のモラン公園墓地に葬られる。

[参考文献] 林鍾国『親日文学論』(大村益夫訳)、梶井陟「「金素雲」論」(『朝鮮研究』四四)、同「金素雲・藤間生大の朝鮮詩論争」(『朝鮮文学―紹介と研究―』二)、崔博光「金素雲先生・その生涯の素描」(『比較文学研究』四一)、家坂和之「金素雲氏の日本観」(『東北大学文学部研究年報』三一)、「金素雲追慕特輯」(『文学思想』一一〇)　(朴　春　日)

キンダー　Thomas William Kinder　生没年不詳　明治初年のイギリス人の造幣寮首長。当時の日本ではキンドルと呼ばれた。明治新政府はパークス英公使ら諸外国の強い要請で、均質純良な貨幣の製造発行を約束し、明治二年(一八六九)二月造幣局(同年七月造幣寮となる)を創設した。造幣寮は機械・装置・工場・組織などすべて英国方式を採用し、まず元香港造幣局長であったキンダーほか七名の外人技術者を雇傭した。キンダーは、同三年二月、英国系のオリエンタル＝バンク(東洋銀行)との間に、造幣首長として月酬一〇四五ドルで貨幣鋳造にあたる旨の契約を結び、同年五月来日し翌四年二月の造幣寮開業から八年一月まで首長として在職した。イングランド中部の都市レミントンの出身で元義勇軍の陸軍少佐であったといわれ、傲岸な性格であった。また、日本政府の直接雇傭でなく東洋銀行がその任免権をもっていたから、日本人長官を上司と考えず、工業面の全権を握って仕事を進めたので、造幣寮内の日本人からキンダー追放運動が起り、契約期限切れの八年二月、褒賞を授与されロンドンへ向け帰国した。この時記録によれば五十八歳であった。

参考文献 『造幣局七十年史』、沢田章編『(世外侯事歴)維新財政談』上、ユネスコ東アジア文化研究センター編『資料御雇外国人』 (大森とく子)

きんだいちきょうすけ 金田一京助 一八八二—一九七一 大正・昭和時代の国語・言語学者。明治十五年(一八八二)五月五日、岩手県岩手郡仁王村字四ッ家町(盛岡市本町通二丁目)に生まれた。父旧姓梅里久米之助、母安、伯父金田一勝定。東京帝国大学文科大学言語学科卒業。同四十一年以来国学院大学で、大正二年(一九一三)—昭和十八年(一九四三)東京帝国大学で、昭和元—二十八年早稲田大学で、国語学・アイヌ語学を講ずる。「ユーカラ」をアイヌの偉大な民族叙事詩として世に紹介し、『アイヌ叙事詩ユーカラの研究』(昭和六年)で恩賜賞を受賞。晩年はアイヌ伝承文学の訳注に没頭し『アイヌ叙事詩ユーカラ集』を八巻まで刊行。石川啄木とは高等小学校以来の友人で『石川啄木』などの著書がある。随筆『心の小径』は中学校の国語の教科書に掲載されて有名。多くの辞書の編・監修者としても知られる。昭和二十七—三十三年国語審議会委員として現代かなづかい制定に貢献。同二十九年文化勲章受章、四十二年日本言語学会会長。日本学士院会員。四十六年十一月十四日、東京都文京区本郷の赤門アビタシオンの自宅で永眠。八十九歳。寿徳院殿徹言花明大居士。本郷の喜福寺に葬られたが、のち豊島区の雑司ヶ谷墓地に改葬。『金田一京助選集』全三巻・『金田一京助随筆選集』全三巻がある。

参考文献 金田一京助『私の歩いて来た道』(『講談社現代新書』一六二)、金田一京助博士記念会編『金田一京助先生思い出の記』、金田一春彦『父京助を語る』 (田村すゞ子)

きんとほう 金枓奉 Kim Tu-bong 一八八九— 現代朝鮮の政治家。慶尚南道東萊の人。一九一二年培材大学に入学、翌年廃校となって学生生活をやめ、以後、日本の植民地政策に反対してしばしば検挙された。民族文化をまもるために朝鮮語を研究し、『朝鮮文典』『朝鮮語辞典』をつくって青年を教育した。一九年の三・一運動に参加したのち、上海に亡命し、新聞を発行して独立思想の普及につとめた。日中戦争が始まってからは朝鮮人と中国人の提携に努力し、四〇年延安に移って延安政治学校の校長となり、四二年延安で朝鮮独立同盟が結成されると委員長となり、中国在住の朝鮮人を糾合して朝鮮の独立解放のためにたたかった。解放後帰国し、四六年に朝鮮独立同盟を朝鮮新民党に改編し、その委員長になった。つづいて同年、新民党が共産党と合体して北朝鮮労働党が結成されると、その委員長となった。四八年に朝鮮民主主義人民共和国が成立したのちは最高人民会議の常任委員会議長の要職についたが、五六年金日成の指導方針に反対し、金昌益(副首相)らの延安派および朴昌玉(同)らのソ連派とともに金日成の追放を企てた。しかし失敗に終り、失脚した。 (旗田巍)

キンドル Thomas William Kinder ⇨キンダー

きんにっせい 金日成 Kim Il-sŏng 一九一二—一九四 朝鮮民主主義人民共和国の主席。一九一二年四月十五日、平安南道大同郡古平面南里(平壌市万景台)で誕生。名は成柱。父金亨稷・母康盤石・叔父金亨権は独立運動の先駆者であった。一九年、三・一運動のあとで父母とともに中国東北地区に移り、一時単身帰国し小学校に通ったのち、二五年再び東北地区にいき、二六年樺甸県華成義塾に入学、ここで非合法の打倒帝国主義同盟をつくり、二七年吉林の毓文中学校に入学しマルクス・レーニン主義を研究、共産主義青年同盟・反帝青年同盟を組織し、二八年青年学生を率いて吉会鉄道敷設反対闘争を展開、二九年満洲軍閥に反対する吉林市内中学生の同盟休校を組織、とらえられて吉林監獄にいれられた。三〇年出獄後、長春県卡倫に移り、この地方の朝鮮人農民への啓蒙活動を行い、青少年に軍事訓練を施した。このころから民衆のなかで日成と呼ばれるようになった。三一年満洲事変がおこったのち、抗日武装闘争路線を立て、三二年四月二十五日抗日遊撃隊を創建した。以後、東満各地に遊撃根拠地をつくり諸方に出撃して勢力を拡大した。つづいて三六年祖国光復会をつくり十大綱領を発表した。これにより朝鮮革命は反帝反封建民主主義革命と規定され、反日民族統一戦線の方向が確立された。祖国光復会の組織網は満洲一帯から朝鮮内部に至る広い地域に急速にひろがり、広範な朝鮮民衆を革命の側に結集した。三七年はじめて朝鮮内部の普天堡に進撃し、以後、抗日戦を積極化し、日本の支配をおびやかすと同時に朝鮮人の支持を強めた。四五年朝鮮人民革命軍をひきいて故国にもどり、同年十二月朝鮮共産党北朝鮮分局の責任秘書、四六年二月北朝鮮臨時人民委員会の委員長、同年八月北朝鮮労働党副委員長、四八年九月朝鮮民主主義人民共和国首相、四九年六月朝鮮労働党委員長となった。五〇年六月朝鮮戦争勃発とともに軍事委員会委員長、人民軍最高司令官となり戦争をたたかいぬいた。そののち政治・軍事・外交・経済・文化のあらゆる面で強い指導力をふるい、戦争による廃墟の中から奇蹟的発展をうみだした。七二年十二月の憲法改正で国家主席になった。その革命思想＝チュチェ思想は最高唯一の思想として共和国の全人民が学習している。九四年七月八日没。八十三歳。『金日成著作集』(邦訳、全五巻、平壌外国文出版社)、『金日成著作集』(全六巻、未来社)がある。

参考文献 白峯『金日成伝』(金日成伝翻訳委員会訳) (旗田巍)

きんぱらめいぜん 金原明善 一八三二—一九二三 明治時代の治山・治水・運輸事業などの先覚者。天保三年(一八三二)六月七日遠江国長上郡安間村(静岡県浜松市)に生まれる。幼名弥一郎のちに久右衛門と称した。父九右衛門軌忠は酒造業および質屋を営み、約七十町歩の大地主であった。軌忠および母志賀はともに勤倹力行の人であり、明善は幼少時に深い感化を受けたといわれる。安政四年(一八五七)二十六歳のとき、当時松平家の代官であった父に代わりその家政の整理につとめ、その功により給人格に取り立てられた。維新後浜松県第一大区四小区の区長となったが、同時に治山・治水事業など多くの事業の指導者として活躍した。明善は維新後天竜川治水事業に着手し、明治五年(一八七二)十月浜松県より天竜川普請専務を命ぜられた。同七年天竜川堤防会社設立願を県庁を経て内務省に提出したが、当時会社条例が取調べ中であり、会社名義では許可されない旨の回答があった。このため家産全部を売却し、六万三千五百余円を静岡県に醵出し、これを基金に同八年治河協力社の設立が認可された。彼は同社を監督し治水事業の進展につとめたが、同十四年に至り河川改修費が地方税により支弁されることとなりその事業が縮小せしめられた。その後下流流域各村との間に紛議を生じ、同十八年治河協力社は解散され、明善も治水事業より身を引き、同時に天竜川上流地方を中心とする植林事業に進出している。彼はすでに文久二年(一八六二)ころより周智・磐田の二郡にわたる大規模な植林事業を行なってきたが、明治十八年静岡県に対し官林改良委託願を提出、磐田郡下の官有林七百六十町歩に対し杉・ひのきなどの植林を行なっている。その他の事業として三方原の灌漑を目的とする疎水事業、天竜運輸株式会社・天竜木材株式会社の設立、丸屋銀行の整理と金原銀行の設立などがあげられる。社会事業の面では明治十三年以来出獄人保護事業に関与し、同二十一年静岡県出獄人保護会社を設立している。大正十二年(一九二三)一月十四日没。九十二歳。没前、特旨をもって従四位に叙され、勲三等瑞宝章、紺綬褒章を授けられた。墓は生家の南方一〇〇メートル余りの所に祖先代々の墓とともに建立されている。また浜松市天竜川町妙恩寺にも分骨墓がある。法名天竜院殿明善日勲大居士。昭和三十五年(一九六〇)、金原治山治水財団により生家の南に道を隔てて明善記念館が建設された。

参考文献　金原治山治水財団編『金原明善』、静岡県知事官房編『金原明善と其事業』、土屋喬雄『通運史料金原明善篇』　(伝田　功)

きんへいし　金炳始　*Kim Pyŏng-si*　一八三二—九八　李氏朝鮮末期の政治家。字は聖初、号は蓉庵、諡号は忠文。慶尚道安東の人。一八五五年、文科に及第、八四年、甲申の変ののち右議政となり、九四年、校正庁摠裁官、九五年、宮内府特進官となり、日本の力を背景にもつ開化派の改革、特に断髪令に強く反対したが、それが買われて九六年、国王がロシア公使館に移されると親露派内閣の総理大臣になった。九八年九月十六日没。六十七歳。　(旗田　巍)

く

ぐあん　愚庵　⇩天田愚庵(あまたぐあん)

クアン=アパイウォン　Khuang Aphaiwong　一九〇二—六八　タイの政治家。一九〇二年四月二十七日旧タイ領バッタンバン(現カンボジア領)の土侯の名門に生まれる。二四年フランスのリヨン大学電気工学部を卒業、二八年郵便電信局電信技師となる。三二年六月立憲革命に参加し、同七月官選国会議員となり、革命団文官派の幹部と目された。以来、歴代内閣にしばしば地位を占めたが、四四年八月一日—四五年八月三十一日、第二次プレーク=ピブンソンクラーム内閣と交代した第一次アパイウォン内閣を組織し、総理のほか大蔵・交通・商業の各相を兼任した。終戦後、四六年一月民主党を結成、みずから総裁となり、民選国会議員にも当選した。以来三回にわたって組閣しているが、四九年以後の軍事政権の独裁的傾向の深まりに対し、常に民主的立場からの良識的野党勢力の代表であったし、政府もその存在には敬意をはらっていた政治家であった。五九年通信審議会議長に就任、六一年来日す。六八年八月没。六十六歳。　(河部　利夫)

クーパー　*Sir Augustus Leopold Kuper*　一八〇九—八五　イギリスの提督。宮廷礼拝堂牧師の子、一八〇九年八月十六日に生まれる。二三年海軍に入り、南米・地中海・本国の基地、スペイン・ポルトガルの沿岸、オーストラリア北部の順に勤務し、四〇年インド洋派遣のとき、アヘン戦争により中国の舟山、広東を攻撃した。五

○年太平洋海域、五五年地中海勤務。六一年少将に昇進、東インド＝シナ艦隊司令長官ホープの下に太平天国革命の鎮圧に努めた。文久二年(一八六二)攘夷派の激化への対日具体策立案のため横浜港投錨の八月二十一日、生麦事件勃発。ホープの要職を継承して、本国政府訓令により、同三年五月横浜山手に英仏軍隊駐留権を幕府から獲得し、七月薩英戦争で鹿児島藩を降服させ、下関事件の報復のため英仏米蘭四国連合艦隊総司令官として元治元年(一八六四)八月長州藩を鎮圧し、薩長の政策転換に大きな役割を果たした。一八六五年帰国し、六九年大十字勲章、七二年大将に昇進、八五年十月二十九日逝去。七十六歳。

参考文献 Correspondence respecting affairs in Japan.『続通信全覧』、『横浜市史』二、石井孝『増訂明治維新の国際的環境』、オールコック『大君の都』中・下(山口光朔訳、『岩波文庫』)

(秋本 益利)

クーラン Maurice Courant 一八六五―一九二五 フランスの東洋学者。一八六五年十月十二日パリに生まれる。パリ大学付属東洋現代語学専門学校を卒業、フランス外務省に入り、通訳官として一八九〇年ソウル着任以来、東京・横浜(明治二十七年(一八九四)―二十九年)、天津など極東各地の公使館に勤務し、勤務中、任地の文物の研究に努め、とりわけ朝鮮文献学をよくし、一九〇〇年からリヨン大学教授としてシナ学を講じた。ソウル奎章閣をはじめ世界各地の公私の蔵書三千八百二十部を収めた四巻本の Bibliographie Coréenne(大朝鮮書誌、一八九四―一九〇一年刊)、中国の部八冊のみで未完に終った Cata-logue des Livres Chinois, Coréens, Japonais de la Bibliothèque Nationale(フランス国立図書館所蔵中国・朝鮮・日本語図書目録、一九〇〇―一二年刊)その他中国語・中国古典音楽に関する著述がある。大正八年(一九一九)夏、リヨン大学文学部長のとき、フランス文化親善使節として再び来日、渋沢栄一と会見したことがある。一九二五年リヨンで没した。

(金井 圓)

クーレ Jacques Coullet 生没年不詳 十九世紀のフランスの実業家。第二帝政期のフランス農商公共事業相で帝国郵船社長ベイク Armand Béhic(一八〇九―九一)の甥。帝国郵船は一八六五年横浜まで極東航路を拡大するが、彼はその取締役で、絹織物の中心地リヨンのクレディ＝リヨネ銀行の設立(一八六三年)にも関係。慶応二年(一八六六)、パリのソシエテ＝ジェネラル銀行の企画した極東からの生糸の直輸入とフランス製品の海外市場進出を目的とする「フランス輸出入会社」の設立準備委員会の委任状をもって来日。フランス公使ロッシュの協力を得て会社設立の準備工作をすすめるとともに、江戸幕府に対する借款契約、武器・軍需品の供給などの交渉にあたる。彼の報告にもとづき、一八六七年七月パリで資本金六〇〇〇万フランの新会社の株式募集が行われたが、当時の全ヨーロッパ的経済恐慌の影響をうけて株の払込みが不足し、設立計画は挫折、借款契約も破綻した。この設立役員八名の中にクーレは含まれてはいない。

参考文献 石井孝『増訂明治維新の国際的環境』、柴田三千雄・柴田朝子「幕末におけるフランスの対日政策―「フランス輸出入会社」の設立計画をめぐって―」(『史学雑誌』七六ノ八)

(柴田 朝子)

クオン＝デ Cuong Dê 一八八二―一九五一 ベトナム阮朝の皇族。畿外侯阮福民、ふつう彊柢の号で知られている。阮朝世祖阮福映の皇太子阮福景の直系玄孫として一八八二年順化に生まれた。阮朝の帝位は世祖のあと代々阮福景の弟(聖祖)の子孫によって嗣がれたが、フランス政府が第十代成泰帝を廃するに先立って、彊柢を即位させようとした時、これを拒否し(一九〇三年)、抗仏運動の指導者潘佩珠とあってベトナムの独立運動に参加することを約し、翌〇四年潘らによって維新会が結成されるとその会主になった。〇五年潘佩珠が日本に渡り東京や横浜などで維新東遊と称する独立運動を開始したのち、〇六年祖国を脱出、来日して反仏活動に従事した。しかし〇七年、日仏協約が締結されると、在日ベトナム人の民族運動に対する日本政府の取締りが強化され、彊柢も国外退去の勧告を受けて上海に逃れ、のちヨーロッパに渡った。一一年五月、中国の辛亥革命成功に呼応して、維新会が改めて越南光復会として再出発すると、在欧中の彊柢は会長に推戴され、一四年密入国し、仏官憲の追求をかわしてしばしば広東にも現われた。一六年に再び日本にもどったが、第一次世界大戦後、日本がフランスからその動静の調査を要求されてからは、公然の活動を阻まれるようになり、また潘佩珠が上海で仏官憲に逮捕されたのちは全く孤立し、わずかに犬養毅などの援助によって生活していた。第二次世界大戦後、故国に帰ろうとしてバンコクまで行ったが果たさず日本に帰り、五一年四月六日、東京で波瀾に富んだ六十九年の生涯を終えた。

参考文献 潘佩珠『ヴェトナム亡国史他』(長岡新次郎・川本邦衛編、『東洋文庫』七三)、大岩誠『安南民族運動史概説』(『ぐろりあ文庫』六)

(川本 邦衛)

くがかつなん 陸羯南 一八五七―一九〇七 明治時代の新聞記者、政論家。名は実。羯南は号。安政四年(一八五七)十月十四日に弘前城下に生まれる。父の中田謙斎は弘前藩近侍茶道役、坊主頭で、禄高は三十石ぐらいであったという。明治四年(一八七一)十五歳のとき、古川(工藤)他山の漢学塾に通い始め、同六年、東奥義塾に入学して漢学・英学を学ぶ。七年九月、宮城師範学校に入学するが、九年三月には校長の措置を不満として退学する。ついで上京し、同年九月、司法省法学校本科(フランス法学系、八年制)に入学するが、十二年四月に賄征伐事件に関連して、原敬らと一緒に退学させられる。退学後、帰郷して青森新聞社に勤める。この十二年九月に親戚の平民、陸治五兵衛の絶家を継いで陸姓を名乗ることになるが、これは徴兵逃れの措置とみて間違いない。十三年九月、青森新聞社を辞め、内務省所管の紋鼈製糖所の吏員となるが、翌年五月には辞職して上京し、しばらく翻訳によって生計をたてる。十六年六月太政官文書局の官吏となり、十八年十二月の内閣制施行とともに、内閣官報局編集課長に任命され、官報発行の業務を司る。官吏在任中、井上毅や高橋健三の知遇をうけ、また十八年九月には、フランスの反革命主義者ド＝メストルの『主権原論』を翻訳出版している。二十一年三月退官し、四月九日より『東京電報』を発刊するが、経営が旨くいかず、翌年二月十一日に改組して『日本』新聞とする。その後まもなく漏洩した大隈外相の条約改正案に対する反対運動を通じて、陸の文名は急速に高まり、『日本』は政教社の雑誌『日本人』とともに、国粋主義の言論機関として重きをなすに至る。その後、三十九年六月に病のため新聞を伊藤欽亮に譲るまで、陸は『日本』の社主兼主筆として、言論活動一筋の生涯を送る。この間に関係した団体に、東邦協会・国家経済会・社会問題研究会・東亜同文会・国民同盟会などがある。四十年九月二日、鎌倉の別墅で死去する。年五十一。東京巣鴨の染井墓地に葬られる。法名は文正院介然羯南居士。陸は徳富蘇峰とともに、明治中期を代表する新聞記者であるが、徳富の発言がほとんど社会の全現象にわたったのに反して、陸の言論は政論中心であった。ただ政論中心といっても、政府や政党の動向を具体的に追跡するだけではなくて、国民全体の歴史や社会・経済・思想・風俗・慣習との関連のもとに政治の動向を捉える点に特色があり、そうした見方は国際政治の捉え方にまで貫かれていた。彼が政論記者として他の追随を許さないと評価されたゆえんである。また、徳富が平民的欧化主義を唱えて華々しく登場しながら、日清戦争後に「変節」し「御用記者」化したのに対して、保守的な「国民主義」に立つ陸は、政府に対して終始一定の距離を保ち、日清戦争後にはむしろ自由主義的ないし立憲主義的側面を前面にだし、社会全体の国家主義化の風潮に抵抗した。著書には新聞の社説をまとめた『近時政論考』(明治二十四年)、『原政及国際論』(同二十六年)などがある。また没後に編纂されたものとして梶井盛編『羯南文集』、鈴木虎雄編『羯南文録』、西田長寿・植手通有編『陸羯南全集』全十巻がある。

参考文献 植手通有「陸羯南―ナショナリズムと言論人―」(朝日ジャーナル編『日本の思想家』一所収)

(植手 通有)

くきしゅうぞう 九鬼周造 一八八八―一九四一 大正・昭和時代前期の哲学者。明治二十一年(一八八八)二月十五日、男爵九鬼隆一の四男として東京市芝区芝公園に生まれた。母は波津。一高を経て東京帝国大学文科大学哲学科に進み、明治四十五年に卒業。大正十年(一九二一)十月からヨーロッパに留学し、リッケルト・ハイデッガー・ベルクソンらに学んだ。在欧中、大正十四年から昭和二年(一九二七)にかけて匿名で多くの詩歌を雑誌『明星』に寄せ(詩歌集『巴里心景』(昭和十七年)所収)、また同三年には Propos sur le temps(『時間論』)という小冊子をパリで刊行した。昭和四年一月に帰国し、同年四月に京都帝国大学哲学科講師となった。五年に刊行した『「いき」の構造』は、ハイデッガーの解釈学的手法を日本語の「いき」に適用して、日本人の精神構造の特性を分析しようとした労作として名高い。八年に京都帝大の助教授(哲学史担当)となり、十年に教授となった。『偶然性の問題』(十年)は、実存哲学的な見地から偶然性の問題に新たな照明を当てようとした労作。そのほか『人間と実存』(十四年)、『文芸論』(十六年)などの著作があり、文芸の哲学的解明にも寄与した。Existenz に対して「実存」という訳語を創出したのも彼である。十六年五月六日、京都で没した。五十四歳。法名は文恭院徹誉周達明心居士。左京区鹿ヶ谷の法然院に墓碑があり、蔵書は甲南大学の「九鬼周造文庫」(『九鬼周造文庫目録』昭和五十一年)に収められている。没後、講義ノートが『西洋近世哲学史稿』上下(十九年・二十三年)、『現代フランス哲学講義』(三十二年)として刊行された。『九鬼周造全集』全十二巻(五十五―五十七年)がある。

参考文献 安田武・多田道太郎『『「いき」の構造』を読む』(『朝日選書』一三二)、『思想』六六八(小特集九鬼周造―詩と哲学―)、坂部恵『不在の歌―九鬼周造の世界―』、田中久文『九鬼周造―偶然と自然―』

(古田 光)

くきりゅういち 九鬼隆一 一八五二―一九三一 明治時代の美術行政家。嘉永五年(一八五二)八月七日、摂津国三田に生まる。父は三田藩士星野貞幹、のち綾部藩家老九鬼隆周の養嗣となった。上京後慶応義塾の福沢諭吉に学び、明治五年(一八七二)文部省に奉職、大学南校監事、外国教師掛を歴任、翌六年欧州に留学。帰国後文部少丞、同大丞、同大書記官と累進、十一年のパリ万国博覧会に出張し任務終了後各国の教育事情、美術事情を視察して帰国。同十三年文部少輔となる。のち外務省の特命全権公使として明治十七年から四年間アメリカのワシントンに駐在した。同二十一年、宮内省に転じて図書頭、臨時全国宝物取調局委員長となり、各地の寺社の宝物調査、宝物保存施設として帝国博物館(東京・京都・奈良)の創設に尽力、翌年初代帝国博物館総長となる。また明治三十年の古社寺保存法の制定につとめるなど美術行政に大きく貢献し、また収集家でもあった。この間、同二十九年には男爵を授けられた。昭和六年(一九三一)八月十八日、鎌倉の自邸で没す。年八十。墓は兵庫県三田市の心月院にある。講演をまとめた『九鬼君講説大意』(明治二十六年)・『九鬼男爵日本美術論』(同四十一年)などがある。哲学者九鬼周造はその子。

参考文献 『九鬼隆一履歴書』(東京国立博物館蔵)、丸山信編『福沢諭吉とその門下書誌』

(樋口 秀雄)

くさかげんずい 久坂玄瑞 一八四〇―六四 幕末尊攘派の志士。萩藩士。高杉晋作とともに松下村塾の双璧とうたわれた。幼名は秀三郎、名は誠または通武、文久三年(一八六二)より義助(よしすけ)と改め、時に義質とも書いた。字は玄瑞または実甫(じつぽ)、秋湖・江月斎などと号した。松野三平・河野三平は一時の変名。その居屋は江月流水書屋または長養堂といった。天保十一年(一八四〇)五月(日未詳)、長門国萩平安古(ひやこ)八軒屋に生まれた。父は藩の寺社組医師久坂良廸、長男が玄機、玄瑞は次男。母は中井氏(名は富子、実は長門阿武郡生雲村大谷忠左衛門女)。幼時吉松淳三の私塾に学び、ついで藩校明倫館に入り、のち医学所で蘭学を学んだ。嘉永六年(一八五三)母を、翌安政元年(一八五四)兄および父を失い、家督を継ぎ、家禄二十五石を給せられた。同三年九州遊歴。そのころより吉田松陰との文通が始まり、翌年に入って幽室の松陰との親交がなされた。四年十二月、松陰の妹文(十五歳)と結婚、時に玄瑞十八歳。松陰の実家杉家に同居して松下村塾での教育を助けた。松陰は玄瑞を評してその才は「縦横無礙」といい、「高からざるに非ず、且つ切直人に逼り、度量亦窄(せま)し。然れども自ら人に愛せらるるは、潔烈の操、之れを行(や)るに美才を以てし、且つ頑質なきが故なり」(『己未文稿』)と述べた。五年江戸遊学の許可を得、江戸―京都間を奔走して松門の人びとや梁川星巌・梅田雲浜らと交友、また江戸では蘭学・医術の研究をした。翌年帰藩、藩の西洋学所官費生となり、ついで同所舎長となる。松陰の処刑後はその遺志を継ごうとして万延元年(一八六〇)塾舎で遺著その他を門人らと読み、翌文久元年塾生と「一燈銭申合」を結んだ。そのころ、公武合体運動に反対して和宮の降嫁を阻止しようとしたがならず、翌年に入っては、当時長州藩論をリードしていた長井雅楽(うた)の「航海遠略」策を痛烈に批判、藩主にも弾劾書を提出した。また、坂本竜馬・吉村寅太郎らとも接し、土佐の武市瑞山あてに「諸侯不レ足レ恃、公卿不レ足レ恃、草莽志士糾合義挙の外には迚も策無レ之事と私共同志中申合居候事ニ御座候、乍二失敬一尊藩も弊藩も滅亡しても大義なれば苦しからず」と、草莽の横断的結合を提示したのは同二年正月である。同年十一月には高杉らと攘夷血盟書をつくり、十二月、御殿山英国公使館を焼討ちした。翌三年、同志とともに下関で公卿中山忠光を奉じて光明寺党を結成、これは奇兵隊の基盤となった。ついで京都で天皇の攘夷親征をめぐって奔走したが、八月十八日の政変により情勢は一変し、九月、玄瑞は政務役として京都駐在を命じられた。翌元治元年(一八六四)にかけては京都―山口間を往復して家老国司(くにし)信濃や遊撃軍来島(きじま)又兵衛らの実力による入京を阻止しようとしたが、同年六月、軍議が進発論に決するや、久坂も参加、七月十九日禁門の変となり、玄瑞は流弾にあたり、鷹司邸で寺島忠三郎と自尽した。二十五歳。遺骸は京都霊山に葬られ、のち、遺髪は萩の護国山墓地内の杉家墓所に埋葬、墓碑が立てられている。法名江月斎義天忠誠居士。

参考文献　福本義亮編著『(松下村塾偉人)久坂玄瑞』、妻木忠太編著『久坂玄瑞遺文集』上、武田勘治『久坂玄瑞』、宮地佐一郎編著『坂本竜馬全集』

(田中　彰)

くさかべさんのすけ　日下部三之介　一八五六―一九二五　明治時代に活躍した在野の教育評論家。安政三年(一八五六)十二月会津二本松藩士の家に生まれ、戊辰戦争後の逆境から身を立て明治八年(一八七五)福島県の小学教則講習所に入る。卒業後県下の小学校訓導を経て上京、東京市督学、青山小学校校長を歴任、かたわら『教育月報』『教育旬報』を自費発行して教育の普及を説き、同十七年文部省の表彰をうけ同省出仕にあげられた。ついで教育会の結成を唱えて大日本教育会理事となる。二十年退官して東京府会議員・東京教育社社長として政治や教育評論に従い、『教育報知』『教育及政治』『貴女之友』などの雑誌を発行していったが、帝国議会の開設に伴って出馬し落選した。のち同三十五年の教科書疑獄事件に連座したが、新聞や雑誌を通して終始自説を世に問うた。主著の『国家教育策』(明治二十一年)にみるように、その立場は国家主義教育の鼓吹を堅持したが、大正十四年(一九二五)一月一日不遇の中に死去した。七十歳。

参考文献　森有礼「国家教育策」解題(『森有礼全集』一所収)、「十二教育家の略伝」二(『教育報知』九〇)

(上沼　八郎)

くさかべめいかく　日下部鳴鶴　一八三八―一九二二　明治・大正時代の書家。天保九年(一八三八)八月十八日、彦根藩士田中総右衛門の次男として江戸に生まれる。安政六年(一八五九)、二十二歳で日下部氏を嗣いだ。名は東作、字は子暘、はじめ東嶼・翠雨と号しのち鳴鶴と号す。別号に野鶴・老鶴・鶴叟。巻菱湖に書を学びまた貫名菘翁(海屋)に私淑、明治維新後大久保利通の知遇を得て太政官少書記官、大書記官を歴任、大久保の没後、官を辞し書道界に入った。明治十三年(一八八〇)、清人楊守敬の来朝を機会に巌谷一六らとともに漢魏六朝の書法の研究に専念して新風をもたらし一家を成し、また近藤雪竹・比田井天来・丹羽海鶴ら優れた門人が輩出し、明治以降の書家第一人者として高名。大正十一年(一九二二)一月二十七日病没。年八十五。墓は東京都世田谷区豪徳寺。法名は清閑院殿鳴鶴徳音居士。代表作「大久保公神道碑」。

(樋口　秀雄)

くさなぎえんせき　日柳燕石　一八一七―六八　勤皇博徒として幕末に活動した。文化十四年(一八一七)讃岐国那珂郡榎井村(香川県仲多度郡琴平町榎井)に生まる。名は政章、字は士煥、号は燕石・柳東・三白など多く、俠客名は加島屋長次郎。父は総兵衛。はじめ叔父の石崎近潔に従い、また儒医三井雪航につき経史詩文を学んだが、菅茶山・頼山陽らの学系から山陽の思想・行跡に影響され、四方の文人志士と親交を結び、幕末には同志列士をその呑象楼に潜伏させた。高杉晋作・桂小五郎・品川弥二郎ら数十名に及ぶ。慶応元年(一八六五)五月高松藩獄に投ぜられ幽囚四年にして、明治元年(一八六八)出獄。その入獄直後の「娑婆歌」は「たとえ、鉄鑊の湯を呑むとも、男子の腸を変ぜず、聴け、我が袈裟歌の第一を、尊王、尊王、又尊王。たとえ、剣樹の枝を攀づるとも、婦人の姿をなさず、聴け、我が袈裟歌の第二を、攘夷、攘夷、又攘夷。たとえ、侯家の敵となるとも、皇国の賊とならず、聴け、我が袈裟歌の第三を、報国、報国、又報国」。「皇国千字文」などよりみて攘夷論者であったが、出獄後は木戸らと東西に奔走して開港論に一大転身し、徴士として登用されて軍務局の勘定方・日誌方・史官として征討将軍仁和寺兵部卿宮（のちの小松宮嘉彰親王）に属して北越柏崎に進撃して同年八月二十五日陣没。年五十二。その絶命の詩「錦旗已移新潟東、病夫一枕伏秋風、朝来漱口遥相拝、只禱吾王早立功」。宮からは特に大桜定居彦命の諡号をうけ、従四位を賜わった。『日柳燕石全集』がある。小倉右一郎作の胸像が呑象楼（琴平町榎井小学校敷地）内に建っている。

参考文献　草薙金四郎『勤王奇傑日柳燕石伝』、同『随筆日柳燕石』　（草薙金四郎）

くさのしんぺい　草野心平　一九〇三―八八　昭和時代の詩人。明治三十六年（一九〇三）五月十二日福島県石城郡上小川村大字上小川（いわき市小川町）に馨の次男として生まれた。大正十年（一九二一）広東の嶺南大学に入学、夭折した兄民平の遺稿の詩をよんだ刺激で詩作を始めた。同十四年、広州で同人詩誌『銅鑼』を、昭和三年（一九二八）前橋で伊藤信吉らを含む同人詩誌『学校』を創刊。ついで同十年、岡崎清一郎・尾形亀之助・土方定一・逸見猶吉・菱山修三・高橋新吉・中原中也らとその創刊同人として詩誌『歴程』に参加。新聞記者・焼き鳥屋、その他の職業を転々としながら、『第百階級』（昭和三年）、『母岩』（同十年）、『定本蛙』（同二十三年）、『草野心平詩集』（同二十五年）などの詩集で、アナーキーでエネルギッシュな生活意識と宇宙感覚の詩風を示した。昭和十五年、南京政府（王兆銘政権）宣伝部顧問となり、終戦後帰国、以来多くの作品活動を行う。高村光太郎に私淑し、宮沢賢治の紹介者としても功績がある。同六十二年文化勲章受章。六十三年十一月十二日没。八十五歳。『草野心平全集』全十二巻がある。

参考文献　草野心平『詩と詩人』、村上菊一郎編『三好達治・草野心平』（『近代文学鑑賞講座』二〇）、伊藤信吉他編『歴程派の人びと』（『現代詩鑑賞講座』八）、『日本の詩歌』二二、阪本越郎「草野心平」（『人と作品現代文学講座』八所収）　（古川　清彦）

くさばはいせん　草場佩川　一七八七―一八六七　江戸時代後期の儒者・詩人。名は韡、字は棣芳、通称は磋助、はじめ珮川と号し、のちに佩川と改めた。また、玉女山樵・宜斎とも号した。天明七年（一七八七）正月七日、肥前国小城郡多久（佐賀県多久市）に生まれた。草場家は代代、佐賀藩の支藩多久侯に仕えていたが、佩川は二十三歳のとき江戸に出て、古賀精里に学んだ。文化八年（一八一一）、朝鮮の使節が対馬に来り、その接待役の一人に古賀精里が選ばれたとき、佩川も精里に従って対馬に渡り、韓人と詩賦の応酬をして、その才名をうたわれた。佩川は多久侯に仕えるとともに、のちには本藩の佐賀侯にも仕えて、その儒官となった。詩と絵に長じ、詩は日常の瑣事を平明な言葉で歌って、これを詩暦と称した。慶応三年（一八六七）十月二十九日に没した。八十一歳。法名濯纓軒佩川宜翁居士。郷里多久大古場（多久市多久町）の墓所に葬られ、また髪は佐賀城下称念寺（佐賀市呉服元町）に納められた。著書には『珮川詩鈔』四巻があるほか、『草場珮川日記』が刊行されている。

参考文献　武富定保「佩川艸場先生墓碣銘」（『事実文編』六四所収）、富士川英郎『江戸後期の詩人たち』（『筑摩叢書』二〇八）　（富士川英郎）

くさまときよし　草間時福　一八五三―一九三二　明治時代の教育家・新聞記者・官吏。嘉永六年（一八五三）五月十九日、下田耕助（諱好文）の末男として京都に生まれ、のち草間家を嗣ぐ。安井息軒・中村敬宇に就学、慶応義塾卒。明治八年（一八七五）愛媛県松山英学校（松山中学校の前身）校長、在任四年。西洋式教育法の実践や『愛媛新聞』（九年創刊、十年『海南新聞』と改題）での民権思想鼓吹など、愛媛県における自由主義教育の普及・向上と民権運動の発展に大きな功績を残した。十二年帰京後は『朝野新聞』『北越新聞』『東京横浜毎日新聞』など民権派新聞記者として活躍し、十五年には府会議員に当選、のちには大阪で立憲政党のため力を尽くした。しかし、十七年工部省准奏任御用係となって以後官吏の道を歩み、二十五年逓信省郵便為替貯金管理所長、二十六年東京郵便電信学校長、二十八年大阪郵便電信局長、三十一年航路標識管理所長と累進した。大正二年（一九一三）退官後は民間飛行界の事業に関与、同十五年帝国飛行協会副会長となった。昭和七年（一九三二）一月五日、八十歳で没し、東京青山墓地に葬られた。大正三年錦鶏間祗候。翻訳書にチェル『（評論）仏国革命全史』（明治十七年）、グラッドストーン『英米憲法比較論』（同十九年）がある。

参考文献　永江為政編『四十年前之恩師草間先生』　（安在　邦夫）

クザン　Jules Alphonse Cousin　一八四二―一九一一　フランスのパリ外国宣教会宣教師、長崎司教。一八四二年四月二十一日フランスのルーソンに生まれる。パリ外国宣教会の神学院で学び、六五年十二月司祭に叙品されて、翌六六年（慶応二）五月長崎に来日。慶応三年迫害をさけて神学生十名を連れてピナン島の神学院に託し、再び来日。明治二年（一八六九）以来大阪地区で布教に活躍し、大阪・堺・岸和田などの教会を創立した。その間五年二月から六年九月まで大阪開成所（のちに開明学校）の雇教師となって仏学を教えた。十八年九月大阪においてアクモニアの名義司教として叙階されて日本南緯教区の代牧（司教代理）に任ぜられ、プチジャン司教没後の後継者となり、さらに二十四年六月には長崎司教に任命された。四十四年九月十八日長崎で没。六十九歳。司教在職二十六年に及び、三十五の教会堂を建設し、また日本人司祭の養成のために尽くし、司祭四十名を叙品した。著書に『聖顔敬礼』(明治二十二年)がある。

参考文献 ユネスコ東アジア文化研究センター編『資料御雇外国人』 (重久篤太郎)

くしだたみぞう 櫛田民蔵 一八八五―一九三四 日本におけるマルクス経済学の開拓者。戦前、河上肇とならぶその最高峰の一人。夫人は戦後婦人運動家として著名な櫛田ふき。明治十八年(一八八五)十一月十六日福島県磐城郡上小川村(いわき市小川町)に生まれ、東京外国語学校を経て京都帝国大学に入学し河上肇に学ぶ。同大学卒業後東京帝国大学助手となる。さらに大阪朝日新聞社論説記者・同志社大学教授および法学部長の職を経て東京帝大講師となったが、大正九年(一九二〇)、森戸事件を機に辞任して高野岩三郎の主宰する大原社会問題研究所の研究員となった。この間、マルクス『共産党宣言』の研究に打ちこみ、さらに大正九年より十一年までドイツに留学。帰国後「唯物史観に於ける『生産』および『生産方法』」「社会主義は闇に面するか光に面するか」等一連の論文を発表し、河上肇・高田保馬・小泉信三らに対する批判を通じてマルクス経済学の研究を深めた。彼の研究分野は価値論・貨幣論・地代論・日本農業論に及び、社会問題に関する論説も多い。なかでも論文「わが国小作料の特質について」は日本の地主的土地所有制の性格を規定した画期的労作である。晩年は小作料論を中心に日本資本主義論争に参加没頭し、過労のため昭和九年(一九三四)十一月クモ膜下出血で机上に倒れ、同月五日急死した。五十歳。東京市外多磨墓地(東京都府中市)に葬られる。主要論文・論説は高野岩三郎他編『櫛田民蔵全集』全五巻(昭和十年。新版、全六巻、同五十三年)、『『共産党宣言』の研究』(大内兵衛補修、昭和四十五年)。

参考文献 大内兵衛・大島清編『河上肇より櫛田民蔵への手紙』 (大島 清)

くしだまんぞう 串田万蔵 一八六七―一九三九 明治から昭和時代にかけての銀行家。慶応三年(一八六七)二月十日、海産物商串田孫三郎の長男として江戸日本橋に生まれた。父の関係していた第百十三国立銀行の東京支店で小僧を勤めながら共立学校を卒業、大学予備門に入ったが、明治十八年(一八八五)父の知人高橋是清の渡米に同行し、二十三年ペンシルバニア大学を卒業した。ブラウン=ブラザース会社で銀行実務を身につけたのち二十七年帰国、知人の紹介で第百十九国立銀行に入行した。同行は二十八年三菱合資会社銀行部となったが、大阪支店・神戸支店・東京本店の各副長を勤めたのち、銀行部長(大正三年(一九一四))ついで専務理事(同五年)となった。大正八年銀行部が独立して三菱銀行になると、岩崎小弥太会長の下に筆頭常務となり、十年には会長に就任、以後昭和十年(一九三五)までの長い期間その地位にあって、同行の堅実な発展に努めた。この間、東京銀行集会所長、東京手形交換所理事長、日本銀行参与などの要職につき、銀行界に重きをなした。十年、木村久寿弥太に代わって三菱合資総理事に就任したが、十二年同社が三菱社に改組されると取締役相談役に退いた。ほかに三菱を代表して、各種政府委員や日本工業倶楽部専務理事などを勤めた。十四年九月五日胆嚢炎のため没した。七十三歳。東京の谷中墓地に葬られる。なお串田孫一はその長男である。

参考文献 実業之日本社編『財界巨頭伝』、加藤俊彦『日本の銀行家』(『中公新書』二一六) (高村 直助)

くじょうたけこ 九条武子 一八八七―一九二八 大正時代の歌人。真宗本願寺派門主大谷光尊と藤子の次女として明治二十年(一八八七)十月二十日京都に生まれる。小学校卒業後は家庭で教育を受け、明治四十一年九月九条良致(よしむね)と結婚、十二月夫と渡欧、ロンドンに滞在して翌年十一月帰国。以後十二年間空閨を守って、歌人として佐佐木信綱に師事し、人間解放の格調をもつ短歌を発表する半面、仏教婦人会総裁として宗教事業や社会事業に進出し、東山女子専門学校(現京都女子大学)を創設した。大正九年(一九二〇)夫帰国後は東京に移り、関東大震災に罹災しながら被災者の救済に挺身し、さらに貧民救済(社会福祉)事業に献身した。過労のため敗血症となり昭和三年(一九二八)二月七日東京で没。四十二歳。墓は東京都杉並区永福の築地本願寺別院和田堀廟所にある。短歌のほか随筆・戯曲も発表し、大正デモクラシーとロマンチシズムのにじむ作風の歌人として、また空閨の麗人として注目された。著作に歌集『金鈴』『薫染』『白孔雀』、随想『無憂華』、戯曲『洛北の秋』などがある。

参考文献 佐佐木信綱『麗人九条武子』、山中峯太郎『九条武子夫人』 (森 竜吉)

くじょうひさただ 九条尚忠 一七九八―一八七一 幕末・維新期の公家。前左大臣二条治孝の末男、九条輔嗣の養子。寛政十年(一七九八)七月二十五日誕生。文化五年(一八〇八)三月二十八日従五位上、同四月二日左権少将、同六年十月三日従三位、同八年九月五日権大納言、同年十二月三日正三位、同十二年二月二十六日春宮大夫兼任、正二位に叙し、文政三年(一八二〇)正月十七日左大将、翌四年四月七日内大臣、同七年正月五日右大臣、同年五月六日左大将を辞し、翌七日従一位、弘化四年(一八四七)六月十五日左大臣、安政三年(一八五六)八月八日鷹司政通の後を承けて関白内覧、同四年正月四日左大臣を辞した。尚忠は幕末の難局に処し、朝廷の枢機に参じ、輔弼の任を尽くしたが、五年外交問題が起って紛議し、朝幕の乖離を来たすや、尊攘派の指弾を受け、同年九月四日内覧を辞し、翌十月十九日幕府の後楯で内覧に復し、和宮降嫁問題を推進した。しかし爾後の政局はますます紛糾し、文久二年(一八六二)六月二十三日関白内覧を辞し、閏八月二十五日落飾重慎に処せられ、同九月三日円真と称した。慶応三年(一八六七)正月大喪によって幽閉を解かれ、同年十二月九日王政復古によって還俗を聴さる。明治元年(一八六八)九月十八日准后の宣下、同四年八月二十一日死去。七十四歳。京都東福寺に葬る。尚忠の第六女夙子(あさこ)は孝明天皇の女御となる。英照皇太后である。

参考文献 『華族系譜』、『九条尚忠文書』(『日本史籍協会叢書』)、『九条家国事記録』(同) (藤井 貞文)

くじょうみちたか 九条道孝 一八三九―一九〇六 幕末・明治時代の功臣。尚忠の長子。天保十年(一八三九)五月一日誕生。安政元年(一八五四)十二月九日従五位上、同月十一日左少将、翌二年二月五日左中将、同三年正月二十五日従三位、同四年二月二十七日権中納言、翌五年九月十六日再び左中将、同年十二月十九日正三位、万延元年(一八六〇)十一月十八日従二位、文久二年(一八六二)正月五日権大納言、翌三年十一月二十八日正二位に陞叙。元治元年(一八六四)五月八日国事御用掛を拝命。慶応三年(一八六七)十一月三十日左大臣兼左大将、同年十二月九日王政復古とともに国事御用掛廃職。翌明治元年(一八六八)二月二十六日奥羽鎮撫総督を拝命、同月二十九日錦旗を賜わり、翌三月二日京都を出発、仙台を従えた後、東北各地に転戦し、閏四月二十二日に従一位となった。同十一月十八日戦功を挙げて東京に凱旋した。翌二年六月五日左大臣を辞す。同月二十六日弾正尹に任じ、同四年六月二十五日辞したが、同二十八日麝香間祇候となり、同十四年七月二十二日勲一等に叙し、旭日大綬章を賜う。同十七年七月七日公爵、同十月五日掌典長、同二十三年十一月貴族院議員、同三十三年五月十日大勲位を授かり、同三十九年一月四日没す。六十八歳。特に御沙汰書を賜う。京都東福寺に葬る。その第四女節子は大正天皇の皇后となる。貞明皇后である。

参考文献 『華族系譜』、『九条道孝履歴』 (藤井 貞文)

くずおよしひさ 葛生能久 一八七四―一九五八 明治から昭和時代にかけての国権主義者。黒竜会創立者の一人、のち主幹。別名修亮、修吉。明治七年(一八七四)七月二十五日千葉県に生まれた。大隈重信外相襲撃事件に連座した葛生玄晫は能久の兄。明治二十六年、朝鮮に渡り、やがて、対露策を唱えていた内田良平に接近、同三十四年に内田、兄玄晫らと黒竜会を組織した。黒竜会は対露開戦を主張、種々の裏面工作を行なった。日露戦争後、内田が講和条約反対や朝鮮合邦の運動に奔走する間、黒竜会の会務は葛生が担当した。辛亥革命の勃発とともに、葛生は上海・南京方面に派遣され、内田と連絡をとりつつ革命援助に従事し、革命後、宋教仁と接触して、革命派と臨時大総統袁世凱の間の妥協を阻止しようとした。大正から昭和初期には、満蒙問題をめぐって積極的な大陸進出を唱える団体や運動が黒竜会を母胎に簇出したが、葛生はしばしばその組織者となった。昭和六年(一九三一)、大日本生産党の結成に参加。同十二年の内田の死に際して黒竜会の主幹となった。同三十三年二月三日没。八十三歳。『日韓合邦秘史』二巻(昭和五年)、『東亜先覚志士記伝』三巻(同八―十一年)は葛生の編著。 (平野健一郎)

くすのせきた 楠瀬喜多 一八三三―一九二〇 明治時代の自由民権運動に活躍した女性。天保四年(一八三三)高知城下弘岡町に生まる。車力人夫頭西村屋熊次の長女。幼時から小山漢学塾に学び、安政元年(一八五四)に高知藩の剣道指南役楠瀬正知に嫁し、みずからも剣道を身につけた。自由民権運動が盛んになるにつれて感奮し、立志社の政談演説会には欠かさず傍聴し、高知に来遊した河野広中・頭山満・杉田定一ら錚々たる自由民権家とも交友し、ついに「民権婆さん」の異名をうけるようになった。演説したともいわれているが確たる証拠はない。しかし、明治十一年(一八七八)夏の区会議員選挙には投票をしようとして拒否され、税金滞納戦術をとり、九月十六日には選挙権を与えるなら納税すると県庁に意見書を出したが認められず、内務省にまで意見書を提出した。自由民権運動の退潮後は政治とのかかわりをもたなくなり、晩年には潮江村(高知市)要法寺に身を寄せ念仏三昧を以て余生を送った。大正九年(一九二〇)十月十八日没す。八十八歳。

参考文献 松本三之介他『日本の百年』九、平尾道雄『立志社と民権運動』、関みな子『土佐の婦人たち』 (後藤 靖)

くすのせさちひこ 楠瀬幸彦 一八五八―一九二七 明治・大正時代の陸軍軍人。安政五年(一八五八)三月高知藩士楠瀬正志の長男として生まれる。明治十三年(一八八〇)十二月陸軍士官学校砲兵科士官生徒第三期生として卒業し、直ちにフランスに留学して四年半後に帰国した。日清戦争中、砲兵中佐で臨時京城公使館付となり、同二十八年十月の閔妃殺害事件に連坐して、三ヵ月ばかり入獄した。爾後累進し、日露戦争では、少将で第二軍兵站監、第四軍砲兵部長、戦後は由良要塞司令官、樺太守備隊司令官兼樺太庁長官、中将に進んだ後、四十四年六月に技術審査部長となった。この経歴で見るように中央部の要路にあったことはなかったが、大正二年(一九一三)六月二十四日、第一次山本内閣の陸相木越安綱の辞職の後を承けて、陸相の印綬を帯びた。しかし彼は陸相の器にあらずとして、部内外の不評を買った。山本内閣の総辞職によって台閣を去り、再び軍職に就かずに予備役に入り、昭和二年(一九二七)十月十三日に没した。七十歳。 (松下 芳男)

くすもとせきすい 楠本碩水 一八三二―一九一六 幕末・明治時代の儒学者、平戸藩儒者。名は孚嘉、字は吉甫、謙三郎と称し、碩水または天逸と号した。天保三年(一八三二)正月二十六日、肥前針尾島(長崎県佐世保市)において養斎(名は祇伴)の三男として生まれた。伝えるところによれば、楠本家は楠木氏の後裔であるという。佐々氏の養子となったことがあったが、のち本姓に復した。平戸藩に仕えて教授となり、近侍を歴て小納戸頭に進んだが、明治元年(一八六八)貢士に推挙せられ、やがて物頭班に進んだ。この年京都に赴き、間もなく朝廷より会計官租税司判事を命じられ、漢学講官に転じ、大学少博士に叙せられたが、同三年の秋、大学が廃止となったので平戸に帰った。そのとき家禄若干を賜わったが、顧みずして郷里の針尾島に退居した。そのころ四方より来学するものが多かったが、兄端山が平戸より帰郷するや、鳳鳴書院を建ててともに子弟に教授した。晩年子弟を謝遣して読書尚友を楽しみとした。曰く、「他日国史を修するものあれば、吾が姓名を隠逸伝に列すれば足る」と。大正五年(一九一六)十二月二十三日没した。享年八十五。先塋の側に葬られた。碩水はかつて豊後の広瀬淡窓を訪問し、佐賀の草場佩川、熊本の木下韡村の門に遊んだが得るところがなく、その後肥後の崎門学者、月田蒙斎に従学し、安政五年(一八五八)二十七歳のとき、江戸に出て佐藤一斎の門に遊び、そこで一年有余学を修めた。帰途、尼崎修斎・池田草菴・金子霜山・吉村秋陽など当時の有名な朱子学者や陽明学者を歴訪して学を磨いた。碩水は当時の多くの名儒と交際があったが、春日潜庵と小笠原敬斎とは特に意気投合の間柄であった。碩水は崎門学を篤く信奉したが、平戸藩でこの学を首唱したのは碩水であった。学問は宏博で雑でなく、特に自得を旨とした。宗旨は大体兄端山と同じであるが、名分が厳格であった。碩水が楠本姓に復したのは父の没後で、安政六年の春であったが、平素武門の専横と王室の不振とを慨嘆して、「異姓を冒さざるはこれ孝の第一義、武門に仕へざるはこれ忠の第一義」といったという。著書に『聖学要領』一巻、『朱王合編』四巻・付一巻、『日本道学淵源録』続録増補二巻、『崎門文献録』、『碩水先生余稿』三巻・付二巻、『硯水詩草』二巻、『碩水文草』二巻、『碩水日記』一巻、『碩水先生遺書』十二巻、『過庭余聞』一巻がある。

参考文献 岡田武彦『楠本端山』、同「楠本端山と碩水」(『楠本端山碩水全集』所収)　(岡田 武彦)

くすもとたんざん 楠本端山 一八二八―八三 幕末・維新期の儒学者、平戸藩儒者。名は後覚、字は伯暁、端山または悔堂と号した。文政十一年(一八二八)正月十五日、肥前針尾島(長崎県佐世保市)において養斎(名は祇伴)の長男として生まれた。伝えるところによれば、楠本家は楠木氏の後裔であるという。代々農を業としたが、祖父丈助のとき平戸藩に仕えた。十五歳のとき平戸に出て佐々鵲巣に就いて詩文を学び、嘉永元年(一八四八)旅に出て、肥後の沢村西陂、日田の広瀬淡窓、筑前の吉田平陽、佐賀の草場佩川などを歴訪し、家に帰って『鞋韈日暦』を著わした。しかしこれらの儒者から得るところはなかったという。同四年二月、二十四歳のとき、佐藤一斎の門人で、藩の家老であった葉山鎧軒の推挙により、江戸に出て一斎の門に遊んだが、そこで一斎の門人、吉村秋陽・大橋訥庵の講義を聴いて大いに感激し、それより辞章の学を放棄して宋明心性の学に篤く志を用いるようになった。帰藩後、藩学教員兼侍講となった。このころ浦賀に黒船が来たので海内は海防の論議に湧いたが、端山も『芻蕘巷議』『杞憂臆言』を著わして、治政の要道、国防の緊要および国体の尊厳などについて論じた。時に端山は侍講の革新をはかったが、先輩と意見が合わなかったので、郷里に退居してもっぱら朱子学を修めた。この間、訥庵の依嘱により『闢邪小言』の跋を書いている。文久二年(一八六二)正月、藩主松浦詮の懇請により、再び平戸に出て侍講となり、やがて近侍・大小姓班を歴て助教兼侍講となったが、藩主より篤い信任を得て藩政を改革した。また弟碩水と勤王の大義を首唱し、『藩祖肥州公伝』を書いて肥州公(肥前守松浦定)の勤王の事蹟を述べ、藩主を激励して王事につとめさせた。端山の学徳は京師にまで聞こえ、名古屋藩主徳川義宜など特にこれを敬仰し、その藩士をしてはるばる平戸の桜渓書院に遊ばせて端山に従学させた。明治二年(一八六九)端山は大番頭奉行となり、やがて権少参事を歴て権大参事となったが、廃藩置県に際しては治政宜しきを得、平穏裏に土地人民を朝廷に奉還した。維新の際、周辺の諸藩は政情不安であったが、平戸藩だけが平穏無事であったのは、もっぱら端山の治政の功によるものである。その後端山はしばらく県政に参与したが、上司と合わず、ついに辞任して閑地に屏居した。しかし世を憂えるの情もだしがたく、三条・岩倉・西郷・大久保などの諸公に建白して、大いに明治新政の方途を陳述したが用いられず、明治十四年ついに針尾島に引退した。その前年、旧藩主の依嘱により、旧藩士の子弟教育のために平戸に猶興館を創立し、針尾島に帰るや、弟碩水と鳳鳴書院を建てて子弟に教授したが、明治十六年三月十八日、中風で没した。享年五十六。先塋の側に葬られた。端山は明末の朱子学者、高景逸の学を奉じたことがあったが、王門帰寂派や北宋の主静派の静坐説に心を寄せ、晩年には崎門学を信奉して静坐体認を旨とする朱子学を修め、かつその智蔵説を発展させた。端山の学問の宗旨は、要するに仁体深智の体認にあったが、深潜縝密で、この点では、端山は幕末維新期の諸儒中、第一人者といってよいであろう。端山・碩水兄弟は当時西海の二程と称せられたが、門人には海外に雄飛するものがいた。著書には『鞋韈日暦』『芻蕘巷議』『藩祖肥州公伝』があり、ほかに『匪躬臆議』『読書窮理説』『主敬説』『学習録』一巻、『松島行記』『端山文稿』『端山詩文』『自著年譜』などがあるが、多くは『端山先生遺書』四巻のうちに収められている。

参考文献 岡田武彦『楠本端山』、同「楠本端山と碩水」(『楠本端山碩水全集』所収)　(岡田 武彦)

くすもとまさたか 楠本正隆 一八三八―一九〇二 明治時代の官僚・政治家。幼名平之允・小一郎、号は西洲。天保九年(一八三八)三月、肥前大村藩の上級武士の家に生まれる。藩校の監察をつとめ、幕末の尊攘・倒幕運動が高まると、薩長両藩に接近をはかり、藩の中老として藩論の統一に尽力した。王政復古後、新政府の徴士・長崎府判事・外務大丞などを経て、明治五年(一八七二)新潟県令に就任。三年余にわたる在任期間中、他県に先がけて県会を開き、信濃川の水運事業をおこし、富商にすすめて銀行(第四国立銀行)を設立せしめ、また、いち早く地租改正事業を推進するなど、積極的な県政改革に努力し、名県令の評判が高かった。その後、地方官会議の幹事をつとめ、内務大丞を経て、八年十二月東京府権知事、十年一月同知事となり、道路改良・市区改正などに功績を残した。十二年元老院議官、ついで同副議長。二十三年七月第一回総選挙に東京一区から出馬して衆議院議員に当選。以後、第二(補欠選挙)・三・四回の総選挙にも当選した。同盟倶楽部→立憲革新党→進歩党→憲政本党に所属し、二十六年十一月第五議会で副議長に選ばれ、ついで翌月、星亨議長が除名された後を継いで衆議院議長となり、二十九年三月第九議会閉会まで議長をつとめた。この間、二度東京市会議長に選ばれた。同年六月男爵に叙せられ、代議士を辞任。地方官として名声を博した割合には代議士時代は業績に乏しかった。明治三十五年二月七日死去。六十五歳。墓は東京の谷中墓地にある。

(鳥海 靖)

参考文献 古川増寿『(大礼記念)長崎県人物伝』

くすやままさお　楠山正雄　一八八四―一九五〇　明治から昭和時代にかけての劇作家・翻訳家・演劇評論家・児童文学者。明治十七年(一八八四)十一月四日、鉄三郎・芳の三男として東京に生まれ早稲田大学英文科卒業後、早稲田文学社に入り島村抱月を助け、文芸協会を経て芸術座文芸顧問となり、戯曲や演劇評論も執筆したが、芸術座のための脚色『その前夜』や翻訳『青い鳥』はことに知られた。著書『近代劇十二講』が新劇運動に貢献したほか『世界童話宝玉集』『日本童話宝玉集』は童話界に寄与した。訳業としては『ストリンドベルク戯曲全集』、演劇評論家としては『(楠山正雄)歌舞伎評論』が代表的なものとして挙げられる。晩年は冨山房顧問だった。昭和二十五年(一九五〇)十一月二十六日没。六十六歳。墓は東京都府中市の多磨墓地にある。

(野村 喬)

参考文献 秋葉太郎『日本新劇史』、野村喬・藤木宏幸編『演劇論』(『近代文学評論大系』九)、『冨山房五十年』

くぜひろちか　久世広周　一八一九―六四　下総国関宿藩主、老中。文政二年(一八一九)旗本大草高好の次男に生まる。同十二年七月関宿藩主久世広運の養子となり、天保元年(一八三〇)十月養父の遺領五万八千石を賜わる。同四年十二月従五位下隠岐守に任ず(のち出雲守・大和守)。同六年二月福山藩主阿部正寧の妹を娶る。阿部正弘は正寧の弟で、広周の義兄にあたる。同八年八月奏者番、十四年十月寺社奉行を兼ね、嘉永元年(一八四八)十月西ノ丸老中に転じ、同二年二月侍従に任ず。同四年十二月老中となる。同六年六月、徳川斉昭登用の件に関しては、正弘を強く支持し、反対派を押えた。一般には正弘派と見られ、一橋慶喜擁立を図る松平慶永も入説を試みている。安政五年(一八五八)七月四日、幕議は不時登城を行なった三家らの処分を決定したが、広周は将軍大病時のかかる処分に強く反対、見合せを主張し、これより病と称して登城せず、同年十月老中を辞した。井伊直弼横死直後の万延元年(一八六〇)閏三月再び老中となり、一方では同年七月の普国との国交、同年十二月ヒュースケン殺害事件、文久元年(一八六一)五月東禅寺事件、同年七月露艦対馬占拠事件でのオールコックとの会談など、列強と高まる攘夷論の間に苦慮し、他方和宮降嫁による公武合体に尽力、万延元年十一月御縁組御用掛を命ぜられた。このような老中首座にあった広周にとって長井雅楽の航海遠略論はきわめて魅力的であり、文久元年七月以降、彼の京都入説の成功のため大いに努力した。だが雅楽の入説が失敗、翌二年四月島津久光の国事周旋後は、全く見通しが立たなくなり、朝廷より上京の命を受くるも固辞、松平慶永に同行を要請しもしたが、結局六月二日老中を辞した。同年八月十六日在職中不束の取計いあるを以て、万延元年十二月加恩の一万石上地・謹慎を命じられ、さらに同年十一月二十日朝命に対し因循姑息の手段を講じたなどの理由により再処罰され、広周は永蟄居、当主広文は一万石の上地を命ぜられた。元治元年(一八六四)六月二十五日、四十六歳にて没。江戸本郷丸山本妙寺に葬られたが、のち寺の移転に伴って改葬され、現在墓は東京都豊島区巣鴨の同寺にある。

(宮地 正人)

参考文献 維新史料編纂会編『維新史』、『久世広周記録』、『(下総関宿)久世家譜』

くぜみちふみ　久世通章　一八五九―一九三九　明治から昭和時代前期にかけての有職故実家。ことに蹴鞠の再興保存につとめて知られる。村上源氏の久我家の支流、久世通熙の男。安政六年(一八五九)七月十六日誕生、慶応二年(一八六六)十一月十一日に八歳で加冠昇殿を聴され、従五位上に叙され、明治八年(一八七五)父の死去により家督を相続した。同十六年殿掌となり、翌年七月子爵を授けられ、古儀典礼の調査に専念し、山科言縄から公家の装束の伝授をうけ、さらに危殆に瀕した蹴鞠の復活に努力した。みずから鹿の韋を裁って鞠を縫い、鴨沓を製作し、術技を鍛練して同好の士と図り、明治二十年には明治天皇の天覧に浴して御内帑を下賜され、ついに明治三十九年に蹴鞠保存会を設立して、その会長となり、資料文献の蒐集につとめるとともに、その技を各地の神社に奉納して普及をはかった。昭和八年(一九三三)には衣紋講習会調査事務を嘱託され、宮内省図書寮の臨時有職調査の招致講演に服飾・蹴鞠関係の記録を残している。昭和十三年五月隠居し、翌十四年四月十四日死去した。享年八十一。大徳寺三玄院に葬る。著書に『有職衣紋写真図解』(竜谷大学国文学会)・『蹴鞠』(大日本蹴鞠会)などがある。

(鈴木 敬三)

くつみけっそん　久津見蕨村　一八六〇—一九二五　明治・大正時代のジャーナリスト・思想家。本名息忠。旧幕臣で騎兵指図役をも勤めた久津見又助の子。母は愛子。万延元年（一八六〇）正月十四日江戸に生まれる。幼くして明治維新の変革にあい、英語をブリンクリに学び、漢籍を母に手引きされたほかは全くの独学であったらしい。明治十二年（一八七九）代言人開業試験に合格したが、間もなく『東京曙新聞』の岡本武雄に望まれて同社に入社し、同新聞が水野寅次郎の手に移り『東洋新報』となったのちも在社した。蕨村は哲学・思想問題に関心が高かったようであるが、同二十一年以来、『教育時論』誌上に、カント・フィヒテ・ショウペンハウエルの哲学や、ヘルバートの教育論に関する寄稿が非常に多くなる。三十年には『万朝報』に入り、その後『長野日日新聞』主筆となり、幾許もなく『函館毎日新聞』主筆に転じたが長い期間ではなかった。三十七年、桜井義肇が『中央公論』を去って『新公論』を起すとその同人となっている。また『長崎新報』主筆になっているが、これも長くはなかったらしい。四十二年末『東京毎日新聞』に入ったが、幾許もなく退社。その後はもっぱら読書研究に努める傍ら、諸新聞雑誌へ寄稿するという晩年であった。大正十四年（一九二五）八月七日没。六十六歳。著書は多い。そのうち『教育刷新策』（明治三十年）、『無政府主義』（同三十九年）、『人生の妙味』（同四十四年）は発売禁止となった。没後の大正十五年刊の『久津見蕨村集』はその主なるものを収めている。　（西田　長寿）

くどうきちろべえ　工藤吉郎兵衛　一八六〇—一九四五　庄内地方のすぐれた民間育種家。出羽国田川郡中野京田村（山形県鶴岡市中野京田）の人。万延元年（一八六〇）十二月二十八日に生まれる。父は吉郎兵衛、母は幹。明治十八年（一八八五）湿田の乾田化を試み、さらに乾田適種を求めて二十一年から水稲の比較試験に着手した。生涯に変種選抜法によって三十四種の水稲新品種を育成した。なかでも大正四年（一九一五）選抜の「福坊主」は昭和二十年（一九四五）ごろまで山形・宮城・福島地方に栽培された優良品種である。昭和二十年十一月十八日没。八十六歳。郷里中野京田に神葬されている。

参考文献　佐藤富十郎「山形県に於ける民間育種の業績」（『農業』七〇六）、安田健「工藤吉郎兵衛の交配育種」（『農業技術』九ノ八）　（斎藤　之男）

くどうたざん　工藤他山　一八一八—八九　幕末・明治時代前期の儒学者。幼名富太郎、のち主善、字は温克、他山と号した。古川儒伯の次男で文政元年（一八一八）十月十日弘前古堀町に生まれた。同五年父が工藤家をついだことから工藤に改姓。天保三年（一八三二）十五歳のとき藩校稽古館に入学、二十六歳で同校助教、弘化二年（一八四五）に辞職。三年後、江戸に出て朝川善庵に入門、その没後大坂の篠崎小竹に就いたが病気で帰郷。嘉永五年（一八五二）、津軽郡中里村で寺子屋開設。文久二年（一八六二）青森へ転住して開塾。慶応三年（一八六七）再び稽古館助教、同時に弘前五十石町の私宅で開塾（思斎堂）。明治三年（一八七〇）稽古館学士に昇進、同五年廃校により辞職。まもなく同校の後身東奥義塾の開設により教授に招かれ同十九年まで在職。同二十二年二月二十七日没。七十二歳。墓は弘前観音山普門院。歴史学に長じ著書に『津軽藩史』『旧藩官制・職制』『津軽藩禄制・租税則』『旧弘前藩学制沿革・私塾儒臣略伝』のほか、『他山文鈔』『他山遺稿』などがある。門下に陸羯南・笹森儀助・珍田捨己らの俊才多く、次男外崎覚は歴史家として知られる。

参考文献　鈴木清造「工藤他山伝」（『東奥文化』四三）、同「津軽地方史における史学の先駆者工藤他山」（同四六—四八）　（宮崎　道生）

くどうてつさぶろう　工藤鉄三郎　一八八二—一九六五　満洲国侍衛官長。のちに忠と称す。明治十五年（一八八二）十二月十日、柾次郎を父、ふじを母とし青森県に生まれた。専修学校中退後、陸軍省および外務省の嘱託として中国各地を歩く。一九一二年（大正元）旧陝西・甘粛省総督升允の顧問となり清朝復辟運動に従事。「満洲国」成立後は、執政府侍従武官、警衛官兼侍衛官を経て、侍衛官長となる。「満洲国」執政（のち皇帝）溥儀にはたいへん力を尽くしたので、「忠」という名を貰ったと伝えられている。一九四一年（昭和十六）執政府顧問となった。支那浪人が満洲国官僚となった典型。秋永芳郎の小説『黒い落日』は工藤のことを扱ったものである。昭和四十年十二月十八日、千葉県成田市にて没。八十三歳。青森県北津軽郡板柳町の竜淵寺に葬られる。戒名竜興院殿忠勁開道居士。　（松沢　哲成）

グナイスト　Rudolf von Gneist　一八一六—九五　ドイツ（プロシア）の公法学者、政治家。明治憲法起草についての助言者。一八一六年八月十三日に生まれた。ベルリン大学在学中ザビニーの講義をきいた。ザビニーの歴史法学とヘーゲルの哲学はスタインの社会学とともに彼の学問に影響を与えた。五八年から終生ベルリン大学教授、五八年から九三年までプロシア下院議員をつとめ、はじめ左翼中央党の代表となり、六二年から六六年の憲法争議の際は政府軍部に反対し、七〇年以後は国民自由党に属した。六七年から八四年までドイツ帝国議会議員ともなった。七五年来プロシア上級行政裁判所の裁判官となった。七二年社会政策協会の初代の会長となった。彼は自由主義者ともいわれたが、その反面プロシア的保守主義を持し、君主に対し忠誠を尽くしプロシア王室やビスマルクの信任を得た。フリードリッヒ三世から八八年貴族に列せられた。著書にはDas Englische Verwaltungsrecht（『英国行政法』、一部訳『（廣氏）英国行政法講義』）、Der Rechtsstaat（『法治国』、一部訳『建国説』）、Gesetz und Budget（訳『歳計予算論』）、その他Englische Verfassungsgeschichte（『英国憲法史』）、Verwaltung Justiz Rechtsweg（『行政・司法・訴訟方法』）など多数あった。

彼はフランス・ベルギーの国民主権論に反対し、イギリスの憲法行政法を範とし、地方自治論や予算論を展開した。八二年(明治十五)五月以後渡独の伊藤博文に談話し、八五年(同十八)十月から翌年三月まで伏見宮貞愛親王と土方久元に談話した。後者は『グナイスト氏談話』として政府部内で印刷され、伊藤らの憲法起草の際も参考にされた。これには外交軍事財政については国会が干与できぬよう君権を強くすることや地方自治における名誉職制・等級選挙などが説かれた。これは明治二十年民間で『西哲夢物語』と題し秘密出版され、政府反対の宣伝の材料となった。一八九五年七月二十二日没。七十八歳。彼の説は彼の弟子で日本政府の顧問となったモッセを通じても憲法や地方自治の問題について伊藤や山県有朋らに助言された。

参考文献　稲田正次『明治憲法成立史』　（稲田　正次）

くにきだどっぽ　国木田独歩　一八七一—一九〇八　明治時代後期の詩人・小説家。幼名亀吉、明治二十二年(一八八九)七月十日哲夫と改名。別号に鉄斧・独歩吟客・江声楼主人・三十六灘外史などを用いたこともある。父は旧播州竜野藩士国木田貞臣、通称専八、母まん。専八が藩船で下総銚子沖で遭難し、銚子の旅館吉野屋に静養中手伝いの淡路まんを知り、二人の間に明治四年七月十五日亀吉が生まれた(戸籍面で亀吉はまんの先夫雅治郎の子となっているので、まんの連れ子説もある)。同七年、母と上京し東京下谷仲御徒町旧脇坂侯邸内に住んだが、父が八年司法省十四等出仕、九年山口裁判所勤務を命ぜられたので一家も山口に移住、十年広島、十一年岩国と父の赴任先に移り、同年八月同地の錦見小学校(現岩国小学校)入学、十八年父が山口治安裁判所詰となり、同年七月山口中学校入学。この時代を後年『初恋』『画の悲み』『山の力』『馬上の友』に書いた。二十年、功名心に燃えて退学し上京、神田の法律学校に学んだが、二十一年五月、東京専門学校(早稲田大学の前身)英語普通科入学、二十三年九月英語政治科入学、キリスト教にひかれ二十四年一月受洗。また青年文学会に関係、徳富蘇峰を知る。鳩山和夫の校長就任反対運動に加わり、失敗したため三月退学し、五月両親の居住した山口県熊毛郡麻郷村に帰り、八月かつて松下村塾で教えた富永有隣を隣村田布施に訪う。『富岡先生』のモデルである。その秋、田布施に松下村塾にならい波野(はの)英学塾を設けた。二十五年六月上京、文学への関心募り、ワーズワス詩集を愛読し『青年文学』を編集。二十六年九月、矢野竜渓の紹介で大分県佐伯の鶴谷(つるや)学館教頭として赴任、約一年を送り二十七年上京、日清戦争に際して『国民新聞』の従軍記者として軍艦千代田より送った弟に呼びかける形式の現地報告は清新で「愛弟通信」の名で評判となった。二十八年三月帰還、婦人矯風会幹事佐々城豊寿の娘信子と烈しい恋愛の末十一月結婚したが、半年後信子が失踪、離婚。二十九年九月弟と武蔵野気分の濃い渋谷に住み、新体詩を作り、三十年四月宮崎湖処子・田山花袋・太田玉茗・松岡(柳田)国男らと合著『抒情詩』に「独歩吟」を発表、花袋と日光に滞在し、小説の処女作『源叔父』を書く。三十一年一月・二月『国民之友』に出した「今の武蔵野」は、のちに第一文集『武蔵野』に収め有名となった。生活のため『報知新聞』『民声新報』にも席をおいた。神田駿河台の西園寺公望邸に寄寓したこともあったが、三十五年十二月矢野竜渓の近事画報社に招かれ生活ようやく安定したものの健康を害し三十八年四月静養のため銚子に赴いた。七月『独歩集』を出し清新な作風に反響があった。三十九年三月『運命』出版。八月画報社を引き受け独歩社を起し『新古文林』を発刊したが経営苦しく四十年四月破産。五月『濤声』出版、九月茨城県那珂湊に静養、十一月帰京、四十一年自然主義色彩のある『竹の木戸』『二老人』発表、病勢悪化して神奈川県茅ヶ崎の南湖院に入院、文壇人に愛された彼は知友から作品集『二十八人集』を見舞に贈られた。自然主義時代に先駆したこの短編作家は四十一年六月二十三日、同院で没した。時に三十八歳。戒名天真院独歩日哲居士。墓は東京の青山墓地にある。作品は『国木田独歩全集』全十巻に収められている。

参考文献　小野茂樹『若き日の国木田独歩』、福田清人『国木田独歩』(『写真作家伝叢書』六)、桑原伸一『国木田独歩—山口時代の研究—』　（福田　清人）

くにさわしんくろう　国沢新九郎　一八四七—七七　明治時代前期の洋画家。弘化四年(一八四七)十二月二十二日、高知藩士国沢好古の長男として高知に生まれた。母は辰。名は好良。維新前後軍務に服したが、明治三年(一八七〇)七月藩命によってロンドンに留学し、ジョン=ウィルカム(ウィリアムスか)に師事し西洋画法を学んだ。同七年帰国し、麹町平河町に画塾彰技堂を設け、後進を指導した。ヨーロッパに留学して正式に西洋画を学んだのは彼が最初で、その智識と持ち帰った美術書や石膏像などは他の画塾にまさっていた。同八年京橋竹川町にわが国最初の洋画展覧会を開き、また同町に分校を置くなど西洋画法の普及に努めたが、同十年三月十二日三十一歳で没。青山墓地に葬られた。門弟に本多錦吉郎・浅井忠などが出たが、本多が彰技堂を承け継いだ。遺作は少なく、「西洋婦人像」(東京芸術大学蔵)・「男の肖像」(同)が知られる。

参考文献　本多錦吉郎「国沢新九郎」(『洋風美術家小伝』所収)、三輪英夫「国沢新九郎の画歴と作品」(『美術研究』三二一)　（隈元謙次郎）

くにしなの　国司信濃　一八四二—六四　幕末の萩藩士。天保十三年(一八四二)同藩高洲平七元忠の次男として生まる。幼名丑之助。弘化四年(一八四七)九月国司将監迪徳の家を継ぐ。家禄五千六百石、安政二年(一八五五)五月元服して熊之助朝相と称し、同五年七月通称を信濃と改め、元治元年(一八六四)二月藩主毛利慶親(敬親)の一字を拝領して親相と改名した。これよりさき文久元年(一八六一)七月大組頭役となり、同三年四月攘夷決行のため手兵を率いて馬関(下関市)に出張した。六月十日藩の老中に昇進して馬関防備の総奉行を命ぜられ、七月十一日加判役に転じたが、八月十八日の京都の政変によって三条実美らの攘夷派の公卿は失脚し、長州藩もまた堺町門警備の任を解かれ入京を禁止された。長州藩はその冤をすすぐために哀訴嘆願を重ねたが容れられず、元治元年六月ついに三軍を編成し、藩老益田右衛門介・福原越後および信濃をその将として京都に進発を命じた。信濃の軍は七月一日三田尻港(防府市)を解纜し、十一日嵯峨天竜寺に着陣、十九日中立売門の戦いに薩摩の兵に敗れて帰藩した。八月二日その責をもって家老の職を解かれ、八日支藩徳山毛利氏に身柄を預けられ、同地の澄泉寺に幽閉された。幾ばくもなく幕府は長州征討の軍を起し、徳川慶勝を総督として広島の本営に下したので、長州藩は恭順の意を表するために三家老の処分を決し、十一月十一日信濃は澄泉寺において切腹を命ぜられた。二十三歳。墓は厚狭郡楠町万倉の天竜寺にある。明治二十四年(一八九一)四月八日贈正四位。

参考文献　堀山久夫『国司信濃親相伝』、末松謙澄『防長回天史』三・四　(三坂　圭治)

くにともしげあき　国友重章　一八六一―一九〇九　明治時代の国粋的新聞記者。半太郎、随軒と号した。熊本藩士国友半右衛門昌の長子として文久元年(一八六一)熊本内坪井町に生まれ、母は桜田氏、父は古照軒と号し禄百石の公子近侍で儒者としても知られた。重章は藩校時習館に学び父の塾でも指導をうけ、池辺吉十郎・佐々友房らと交友があった。明治十年(一八七七)西南戦争に池辺の熊本隊に参加、佐々の部下として活躍した。戦後若年の故に免罪され父の家塾を助けた。同十六年上京、宮内省に出仕。のち法制局に転じ同郷の先輩井上毅にその文才を愛されたが、能吏を好まず、同二十年後藤象二郎の大同団結に賛同、官を辞して国粋紙『東京電報』(同二十一年『日本』と改題)の記者となる。同二十二年大隈重信の条約改正には対外硬を主唱し同二十五―二十七年『東北日報』の主筆を務めた。同二十八年朝鮮に渡り『漢城新聞』に入り閔妃殺害事件で安達謙蔵らとともに捕えられ広島に投獄された。同三十一年東亜同文会幹事、同三十三年国民同盟会、三十六年対露同志会でアジア主義を唱え、日露戦争後ポーツマス条約に反対し小川平吉らと日比谷焼打事件を起した。その後朝鮮・中国・満洲など戦後の東亜を視察しますます日本国権論に徹していった。同四十二年七月十六日病没。四十九歳。熊本市内本妙寺に葬られた。友人中西正樹により、本人の遺志に従って分骨は朝鮮長白山中に埋められた。

参考文献　『国友家文書』(国立国会図書館蔵)、宇野東風編『(硝煙弾雨)丁丑感旧録』、荒木精之『熊本県人物誌』　(森田　誠一)

くにのみやあさひこしんのう　久邇宮朝彦親王　⇨朝彦親王

くはらふさのすけ　久原房之助　一八六九―一九六五　明治・大正期の実業家、昭和期においては政治家。日立鉱山の開発者であり、また第一次世界大戦に際して豪富を積み、蹉跌ののち、立憲政友会に入り、田中義一内閣の逓相、さらに昭和十四年(一九三九)政友会分裂ののち、政友会(久原派)総裁となり、政界の惑星といわれた。明治二年(一八六九)六月四日庄三郎の四男として長門国萩城下に生まれ、同十二年藤田伝三郎商社(明治十四年藤田組と改称、藤田伝三郎は庄三郎の実弟)の経営に加わった大阪の父のもとに移り、明治十四年上京、商法講習所に入学、十八年卒業、十九年慶応義塾に入学。二十二年正科卒業。帰阪して二十三年森村組神戸支店に勤務、貿易を志したが、二十四年藤田組に入社、秋田県小坂鉱山に赴任、現場から昇進して三十二年藤田組支配人、三十三年小坂鉱山事務所長となった。明治二十九―三十一年藤田組は窮境におちいり、小坂鉱山も銀鉱が尽き、閉山の危機に当面したが、精錬困難な黒鉱からの銅精錬技術(自熔製錬法)の開発に成功し、小坂を銅山として更生せしめ、藤田組復活の契機を作った。明治三十七年小坂を下山、三十八年十二月藤田組から十年賦で四百七十万円余を受ける契約で独立。直ちに大橋真六から茨城県赤沢鉱山を総額四十二万円余で買山、日立鉱山と改称して創業し、機械化を進めて増産に成功し大正三年(一九一四)、足尾に次ぐ全国第二の生産をあげた。また新規鉱区の買収、鎮南浦(朝鮮)・佐賀関(大分県)・家島(兵庫県)に製錬所を設置して買鉱による製錬を行い、第一次世界大戦とともに石油に進出し、中国南方にも食指を伸ばし、海運・造船・製鉄・生命保険・商事などに進出し、二億六千万円といわれる巨富を積んだ。山口県下松に大製鉄所・造船所建設を計画したのも大正六年であったが、これは実現を見なかった。大戦後の反動恐慌の際、久原系事業は大打撃を受け、久原商事の損失は八千万円以上といわれ、日本銀行の救済をうけて辛うじて危機を脱することができた。大正九年、合名会社久原本店を創立して業務を統轄したが経営は好転せず、昭和三年二月、久原鉱業を義兄鮎川義介にゆだねて実業界を退き、政治家として再出発したのである。久原は政治資金供給などで、かねてから政友会総裁田中義一と親交があり、昭和二年十一―十二月、田中内閣のもとで「帝国政府特派経済調査委員」として欧州・ソ連・中国を訪れ、満蒙シベリアに日中ソの緩衝地帯を作る構想を提案した。三年二月、山口県から衆議院議員に当選、同五月逓信大臣となる。たちまち政友会中に勢を占め、六年三月同党幹事長、同年末第二次若槻内閣末期には民政党の富田幸次郎と協力内閣運動を展開、犬養毅・鈴木喜三郎らと疎遠になり、久原派を形成。政民連携論を唱え、一国一党を主張、軍・右翼と関係深くなった。二・二六事件に際しては亀川哲也に五十円を与え、事件後亀川を隠匿したかどで検挙されたが、十三年五月、無罪。政界復帰後、鈴木総裁引退後の政友会総裁をめぐる、中島知久平らと鳩山一郎らの対立の際、鳩山を支持し、また国民協議会論を提唱。十四年三月の政友会中島派の分裂後、五月政友会総裁となり、同十二月、内閣参議。十五年四月諸政党の解党と強力単一政党樹立を提唱、六月、米内光政首相に「新政治体制の確立」、英米追従方針更改などを進言して参議を辞任、六月近衛文麿の枢密院議長辞任、新体制運動出馬宣言をうけて七月十六日、政友会を解党してこれに参加した。以後第二次近衛内閣の参議となったが、東条内閣の翼賛選挙には立候補せず政治の第一線を引退した。以後は昭和十九年ソ連特派大使に擬せられたり、戦後は日中・日ソ復交につとめたりした。昭和四十年一月二十九日死去。九十五歳。

参考文献　久原房之助翁伝記編纂会編『久原房之助』

（中村　隆英）

くはらみつる　久原躬弦　一八五五—一九一九　明治・大正時代の理論有機化学者。美作国津山藩の藩医久原宗甫の長男として安政二年（一八五五）十一月二十八日に生まれた。明治三年（一八七〇）、藩より貢進生に選ばれ、大学南校（東京大学の前身）に入学、化学をアトキンソンに学ぶ。同十年十二月、東京大学理学部化学科第一回卒業生。翌十一年四月、同理学部準助教授。十三年アメリカに留学し、ジョンズ＝ホプキンス大学で、レムゼンについて有機化学を専攻し、イェール大学より学位を受け、十七年帰国、東京大学教授に任ぜられ、十九年、第一高等学校教諭、ついで教頭。二十四年、ベックマン転位の研究ほかにより、理学博士。二十七年第一高等学校長、三十一年新設の京都帝国大学理工科大学教授、四十五年同総長。四十二年ロンドンにおける第七回万国応用化学会に出席。ベックマン転位についての系統的研究のほか有機物の反応・構造・合成などについて研究。わが国理論有機化学建設者の一人。教育者としてもまた、真島利行ほかに化学を選ぶに至らせるなど、高潔な人柄と学問の深さは、広く感化を及ぼした。大正八年（一九一九）十一月二十一日、京都で没す。六十五歳。墓は岡山県津山市西寺町の長安寺にある。

参考文献　『京都帝国大学史』、山下愛子「久原躬弦」（『MOL』二ノ八）

（山下　愛子）

くぶしろおちみ　久布白落実　一八八二—一九七二　明治後期から昭和時代にかけての婦人運動家。明治十五年（一八八二）十二月十六日熊本県鹿本郡米之岳（めのたけ）村郷原（鹿央町岩原）に生まれる。父大久保真次郎、母音羽、大伯母に矢島楫子、伯父に徳富蘇峰・蘆花がいる。三十六年女子学院を卒業後、牧師の両親とアメリカに渡り、四十三年久布白直勝と結婚、シアトルで伝道した。大正二年（一九一三）帰国、五年日本婦人矯風会に入り廃娼運動に取り組んだ。第一次世界大戦が終り、万国婦人参政権同盟が設立されたとき、いちはやく加盟した矯風会の代表となり、十年日本婦人参政権協会をつくった。関東大震災の直後は焼死した新吉原の娼妓の追悼会をひらいたりしたが、十三年市川房枝らの婦人参政権獲得期成同盟会の結成に参画、総務理事として活動した。第二次世界大戦後は売春禁止法制定促進委員会の委員長となり、法制定に努力、また平和運動にも個人として参加した。昭和四十七年（一九七二）十月二十三日八十九歳で世を去る。墓は雑司ヶ谷墓地。著書に『女は歩く』『父と良人』『日々の食物』『廃娼ひとすじ』などがある。

参考文献　池末美穂子「久布白落実」（五味百合子編『社会事業に生きた女性たち』所収）、『婦人新報』八六七（久布白落実追悼号）・八七七（久布白先生召天一周年を迎えて）

（井手　文子）

くぼさかえ　久保栄　一九〇〇—五八　昭和時代の新劇の劇作家、演出家。明治三十三年（一九〇〇）十二月二十八日札幌に生まれる。父は兵太郎、母は衣。大正十五年（一九二六）東京帝国大学独文科卒業。ドイツ自然主義、表現主義演劇を研究し、小山内薫・土方与志の指導のもとに築地小劇場文芸部で、ハウプトマン・カイザーの戯曲を翻訳した。築地小劇場分裂後は、土方らと新築地劇団を結成したが間もなくやめ、昭和五年（一九三〇）左翼劇場に所属、日本プロレタリア演劇同盟（プロット）に参加した。同年『新説国姓爺合戦』を書き、つづいて七年に『中国湖南省』、八年に『五稜郭血書』を発表。九年の新協劇団の結成にあたっては文芸演出部を指導し、旗挙げ公演『夜明け前』を演出、『ファウスト』（同十一年）の演出とともに、この劇団の位置を高めた。代表作『火山灰地』（同十三年初演）は二部七幕の大作で、第二次世界大戦前のリアリズム戯曲の最高傑作と評価された。十五年八月、警視庁は新協および新築地の両劇団に「自発的解散」を強制し、久保栄ら主要メンバー百名以上を検挙。評伝『小山内薫』などを書いて、厳しい戦中の時代をおくる。戦後直ちに、滝沢修・薄田研二と東京芸術劇場を結成（二十年十二月）。また戯曲『林檎園日記』（同二十二年）、『日本の気象』（同二十八年）のほか、未完の長篇小説『のぼり窯』（同二十六年）を書いたが、同三十三年三月十五日、入院中に自殺した。五十七歳。墓は東京小平市の小平霊園にある。『久保栄全集』全十二巻がある。

参考文献　大江昭三編「久保栄研究文献・資料（戦後メモ）」（『文学』二八ノ三）、『久保栄研究』、劇団民芸編『『火山灰地』批評スクラップ』、同編『『火山灰地』評論・資料』、村上一郎『久保栄論』、菅井幸雄『リアリズム演劇論』

（菅井　幸雄）

くぼたうつぼ　窪田空穂　一八七七—一九六七　明治から昭和時代にかけての歌人、国文学者。本名通治。逃水・白瓶・樹下柏人などの別号がある。明治十年（一八七七）六月八日長野県筑摩郡和田村（松本市）に寛則・ちかの次男として生まれた。松本中学を経て早稲田大学文科卒業。新聞や雑誌の記者となったが、大正九年（一九二〇）母校早稲田大学文学部に創設された国文科に講師として招かれ、ついで教授となり、昭和二十三年（一九四八）停年退職して名誉教授となった。明治三十三年『文庫』に投稿して、与謝野鉄幹に歌の選を受け、『明星』創刊にあたっては客員の待遇を受けたが、約一年にして離れた。同三十五年『山比古』を創刊。同人に水野葉舟・吉江孤雁・太田水穂・中沢臨川らがいた。同三十八年第一詩歌集『まひる野』、翌年葉舟との合著『明暗』を刊行。四十年代には国木田独歩・田山花袋らとも交渉があり、『文章世界』その他に多くの小説を発表したが、大正三年『国民文学』を創刊。再び作歌にもどった。そして、地味ではあるが、人生味に透徹した、写実的な身辺歌に独自の歌境を拓いた。また、長歌にも傑れた作が多い。昭和四十二年四月十二日没。八十九歳。豊島区の雑司ヶ谷墓地に葬る。また郷里松本の無極寺に分骨、葬られる。大正以後の歌集は『濁れる川』『土を眺めて』『鏡葉』以下『清明の節』まで二十冊にのぼる。その他歌論・歌話・随筆なども多い。作歌と並んで、古典研究の業績には、『万葉集評釈』『古今和歌集評釈』『新古今和歌集評釈』『伊勢物語評釈』『現代語訳源氏物語』などがあり、すべてをまとめたものに『窪田空穂全集』全二十八巻別巻一冊がある。

参考文献　村崎凡人『評伝窪田空穂』、窪田章一郎『窪田空穂』
（広田栄太郎）

くぼたすがね　窪田清音　一七九一―一八六六　江戸時代後期の武道家。諱は勝栄、のち清音、通称は助太郎、のち源大夫、修業堂と号した。寛政三年（一七九一）二月二十八日幕臣窪田勝英の長子として生まれた。母は黒野義方の女。文化十年（一八一三）武芸出精の故をもって大番組に召し出され、以後諸役を経、その間嘉永四年（一八五一）父の跡式を継ぎ、安政二年（一八五五）二月五日幕府講武場（翌年講武所として開始）の頭取となった。頭取の期間は同五年十一月二十五日までであったが、その後も万延元年（一八六〇）閏三月以降文久二年（一八六二）四月まで講武所で山鹿流兵学を講じるなど、同所との関係は深かった。清音は十数流の兵学・武術に達し、特に山鹿流兵学を外祖父黒野義方に、田宮流剣術・居合を平野尚勝に、伊勢流武家故実および小笠原弓馬故実を本多忠憲および土井利往に学んで奥秘を極めた。国学院大学佐佐木文庫蔵『窪田清音略伝』によれば、安政五年八月までに清音の兵学門人は諸侯・旗本以下三千人余、剣術門人は旗本以下六百人余、著述は兵書五十部、剣法三十八部、水軍二部、砲書三部、雑書十一部、武家故実類書十三部などとあり、彼の活動の一端を察し得る。慶応二年（一八六六）十二月二十五日没。年七十六。江戸青山玉窓寺に葬る。清音は幕末の有力な武道教育者の一人であったが、特に古伝の研究者、記述者として業績を残した人物といえる。その著述のうち、剣法書の多くは山田次朗吉編『剣道集義』および『続剣道集義』に収められている。

参考文献　勝海舟編『陸軍歴史』一八・一九（『海舟全集』七）、安藤直方『講武所』（『東京市史外篇』三）
（島田　貞一）

くぼたせいたろう　窪田静太郎　一八六五―一九四六　明治から昭和初期にかけて、社会事業の近代化のために活躍した開明的内務官僚。慶応元年（一八六五）九月二十二日、岡山藩士窪田善之の長男に生まれる。明治二十四年（一八九一）帝国大学法科大学卒業。内務省に入り、同三十年衛生局長後藤新平のもとで伝染病予防法の制定を手がけた。翌三十一年ベルギーのブリュッセルで開かれた万国衛生および人口会議に政府代表として出席、同三十二年には「貧民救済制度意見」を発表して、防貧政策の重要性と貧民救済における公益優先の考え方を主張した。その前後に小河滋次郎・桑田熊蔵らの官僚や、原胤昭・留岡幸助らの代表的民間社会事業家とともに貧民問題を研究する目的で貧民研究会を組織した。これが同四十一年、公私社会事業の連絡調整にあたる全国団体としての中央慈善協会の創立につながった。内務省衛生局長、行政裁判所長官、枢密顧問官を歴任した。中央慈善協会の設立とともに渋沢栄一会長のもとで以後二代にわたり副会長をつとめ、社会事業の近代化に貢献した。昭和二十一年（一九四六）十月六日没。八十二歳。墓は東京都府中市の多磨墓地にある。『窪田静太郎論集』（日本社会事業大学、同五十五年）がある。
（仲村　優一）

くぼたべいせん　久保田米僊　一八五二―一九〇六　明治時代の日本画家。本名満寛。嘉永五年（一八五二）二月二十五日、久保田音七の子として京都に生まれ、鈴木松年・鈴木百年に師事、明治十年（一八七七）代の京都博覧会や内国絵画共進会でたびたび受賞して認められた。また幸野楳嶺らと親交を結び、京都府画学校設立のために奔走、同十三年開校と同時に同校出仕となったほか、十九年京都青年絵画研究所を、二十三年京都美術協会を創立、京都日本画壇の体制刷新に尽力したが、同年徳富蘇峰に請われて上京、国民新聞社に入り、以後主として新聞挿絵に筆力鋭い才腕をふるった。特に同二十六年シカゴ万国博覧会や、翌二十七年日清戦争にあたって特派員として現地に取材した報道記録画は、当時の時事風俗画に新風を送るものであった。その後は同三十年石川県工業学校教頭として赴任したが、二年後眼疾を病んで帰京、晩年は全く失明した。代表作に「半偈捨身」「牡丹と猫」などがあるほか、『米僊画談』のような著書ものこされている。三十九年五月十九日死去。五十五歳。京都市河原町二条北の高田別院に葬られた。なおその子米斎・金僊も画家として名をなした。
（富山　秀男）

くぼたまんたろう　久保田万太郎　一八八九―一九六三　大正・昭和時代の小説家・劇作家・演出家・俳人。明治二十二年（一八八九）十一月七日東京市浅草区田原町に生まれた。父勘五郎、母ふさ。生家は袋物製造業である。慶応義塾の文科に在学中『三田文学』に発表した小説『朝顔』で認められ、『太陽』の懸賞脚本に入選、卒業前に『浅草』という作品集を出版、作家として立った。大正八年(一九一九)から母校の作文の講師になり、十五年以後十二年間東京放送局に勤務した。作家としては、東京の下町に住む人々の生活感を主体とした題材が多く、嘆かいの詩人、情緒的写実主義と評された。代表作として、小説に『末枯』『春泥』『樹蔭』『市井人』『三の酉』、戯曲に『雨空』『大寺学校』『釣堀にて』がある。このほか児童劇を書き、新派・新劇・歌舞伎のための脚色も多いが、新派のために樋口一葉の『十三夜』『大つごもり』、永井荷風の『あぢさゐ』、泉鏡花の『歌行燈』『辰巳巷談』、歌舞伎のために水上滝太郎の『銀座復興』を劇化して成功した。一葉は研究対象として生涯敬愛した作家でもあった。演劇には特に力をそそぎ、演出の数もおびただしい。新派の俳優と交友深く、一方文学座の幹事でもあった。俳句は青年時代から作り、晩年になって独特な高く澄んだ作風が完成、昭和二十年(一九四五)から俳句雑誌『春燈』を主宰した。日本演劇協会の会長の地位に死ぬまでついていたが、文壇にも発言力が大きかった。同二十二年日本芸術院会員になり、三十二年には文化勲章を受けた。生前好学社から十八冊の全集を出し、死後第二次の全集が、中央公論社から十五冊のものとして出版されている。三十八年五月六日梅原竜三郎邸に招かれた席上、食物を誤って気管に入れ急死した。七十三歳。本郷喜福寺に葬り、法名を顕功院殿緑窓傘雨大居士という。慶応義塾にその著作権が贈られた。

参考文献 伊藤整『日本文壇史』、戸板康二『久保田万太郎』 (戸板康二)

くぼてんずい 久保天随 一八七五―一九三四 明治から昭和時代前期にかけての漢文学者。名は得二、はじめ春琴、のちに天随と号した。父は信州高遠藩士。明治八年(一八七五)七月二十三日、東京下谷御徒町に生まれ、三十二年、東京帝国大学文科大学漢学科を卒え、漢籍の注釈や評論・随筆・紀行に文名を馳せた。が文章は滝川亀太郎の斧正を乞うたようである。大正九年(一九二〇)九月、宮内省図書寮編修官となり、法政大学講師を経、昭和二年(一九二七)、「西廂記の研究」により学位を受け、昭和天皇御大典編纂委員となり、三年には大東文化学院教授として『唐詩別裁集』を講じたが近眼で細かい字を板書した。四年、台北帝国大学開設とともに教授となり、東洋文学講座担当、九年六月一日彼地に没し、多磨墓地に葬る。年六十。著書に四書・『老子』『荘子』『荀子』『韓非子』『列子』『孫子』『古文真宝』『唐詩選』『文章軌範』などの新釈あり(明治三十五、六年ごろ)、また『(校註)漢文叢書』(論語・孟子・学庸孝経・唐詩選三体詩・七書上下・蒙求・詩経・小学・近思録・古文真宝前集・古文真宝後集、みな室町・江戸時代の代表的著書に解題をつけたもの)を大正二年・三年にいずれも博文館より刊行。ほかに『日本儒学史』『評註名詩新選』『瑣克剌底』(『世界歴史譚』一五)などがある。晩年は詩人としても令名高く、随鷗吟社を主宰し、漢詩の添削をよくし、『秋碧吟廬詩鈔』五帙十四巻あり、また各地に遊歴し、讃州・関西・槿域・遼瀋・澎湖・琉球などの游草がある。

参考文献 久松潜一編『塩井雨江・武島羽衣・大町桂月・久保天随・笹川臨風・樋口竜峡集』(『明治文学全集』四一) (柳町達也)

くまがいたいぞう 熊谷岱蔵 一八八〇―一九六二 明治から昭和時代にかけての医学者で結核病学の権威。明治十三年(一八八〇)七月十九日熊谷陸蔵の長男として長野県東筑摩郡洗馬村(塩尻市)に生まれる。同三十九年東京帝国大学医科大学卒業後、青山内科に入り内科学を修める。大正二年(一九一三)東北帝国大学医学専門部教授、同四年東北大学医科大学開設とともに同教授となる。その間明治四十一年米国に、同四十四年から大正元年にかけてドイツに留学している。昭和十五年(一九四〇)東北帝国大学総長、翌十六年同大学抗酸菌病研究所所長、同十八年帝国学士院会員、同二十七年文化勲章受章。昭和三十七年二月十九日東北大学附属病院で死去。八十一歳。大正十一年バンチング・ベストと同じころ独立にインシュリンを発見したほか、結核の予防・治療に大きな足跡を残した。著書に『肺結核の早期診断と其治療指針』『人工気胸療法』などがある。

参考文献 『抗酸菌病研究雑誌』一六ノ一(熊谷岱蔵先生追悼号)、『日本医事新報』一九七四―一九七六(熊谷岱蔵博士を悼む) (大塚恭男)

くまがいもりかず 熊谷守一 一八八〇―一九七七 明治から昭和時代にかけての画家。明治十三年(一八八〇)四月二日熊谷孫六郎・たいの三男として岐阜県恵那郡付知村に生まれ、同三十年に上京し、翌年、共立美術学館で日本画を学ぶ。同三十三年、東京美術学校西洋画科選科に入学、黒田清輝・藤島武二らに教えを受け、同三十七年卒業。同期生に青木繁・和田三造らがいた。翌年樺太調査団に加わり、二年間北海道の島々を回る。同四十一・四十二年と文展に出品、当時の代表作に「ローソク」(同四十二年)がある。同四十三年に付知村に帰り、五年間滞在、木曾川で材木流しを経験する。大正四年(一九一五)から二科会に出品し、翌年、会員になる。このころ、風変りな小品が多かったので、「天狗の落し札」などと諷された。戦後の昭和二十二年(一九四七)二紀会の創立に加わったが、四年後これも退会、無所属作家として自由な制作に入る。初期の作風はレンブラントに私淑して、暗い色調の具象的作風の人物や風景を展開したが、後期の作風は、次第に形と色を単純化して独自な様式をつくった。同三十九年、パリのダビッド＝エ＝ガルニエ画廊で個展。同四十五年、神奈川県立近代美術館で熊谷守一展が開かれた。同五十二年八月一日東京都豊島区千早町の自宅にて没。九十七歳。墓は府中市の多磨墓地にある。自伝に『へたも絵のうち』がある。 (佐々木静一)

くむらせいた 久村清太 一八八〇―一九五一 大正・昭和時代の人造絹糸技術者。帝国人造絹糸株式会社において、国産人絹技術を開発大成した。明治十三年(一八八〇)十月三日山形県飽海郡酒田今町(酒田市)に生まれる。父は金蔵、母は定。同四十年東京帝国大学応用化学科中退。太陽レザー・東レザー(のち東工業)両社においてビスコースを研究。米沢高等工業学校教授秦逸三と共同して、人造絹糸生産を研究し、鈴木商店の出資により、東工業米沢人造絹糸製造所を設立、工業化に成功。大正七年(一九一八)鈴木系の出資により帝国人造絹糸株式会社(帝人)創立とともに取締役。同十年同社広島工場、十五年岩国工場を建設し、国産技術による量産化を完成。この間大正七―八年・十―十一年・昭和三年(一九二八)―四年の三度にわたり、欧米に旅行して技術を研究。昭和二年の金融恐慌により鈴木商店は破綻したが、帝人の経営は安定し、昭和九年同社社長となり、同十年前後の人絹工業の黄金時代をつくりだした。昭和十年代には、国策パルプ、台湾関係事業などにも関係したが、太平洋戦争後は帝人会長に退き、昭和二十三年、日本化学繊維協会の初代会長。二十六年九月一日没。七十歳。

参考文献 丹羽文雄『久村清太』、『帝人の歩み』一一
(中村 隆英)

くめくにたけ 久米邦武 一八三九―一九三一 明治から昭和時代前期にかけての歴史学者。天保十年(一八三九)七月十一日、肥前国佐賀城下八幡小路に生まれる。佐賀藩士久米邦郷の三男、幼名泰次郎、通称丈一郎、易堂と号す。父は大坂蔵屋敷在勤、長崎聞役などを経て藩侯御側頭となった。長、次兄早世のために家を嗣ぐ。藩校弘道館内寮生となり、大隈重信と知る。文久二年(一八六二)、江戸にでて昌平坂学問所に学ぶ。明治二年(一八六九)九月、政府に出仕、大史兼神社局大弁となり、十月、佐賀藩権大属に転じた。同四年には岩倉具視全権大使米欧派遣に際して、十一月太政官権少外史となって大使付属の枢密記録に任ぜられて渡米し、翌年紀行編輯掛を命ぜられて英・仏・蘭・普・露・伊・墺・瑞など各国を巡回して六年九月帰朝した。『(特命全権大使)米欧回覧実記』五冊(明治十一年刊)がその成果である。ベネチアの文書館で支倉六右衛門(常長)の文書を発見してその考証を右書に掲げたのが在欧日本古文書調査の嚆矢である。十二年三月、修史館に転じて三等編修官となり、これから歴史学界の人となった。修史館は修史局の後身で、十四年から官撰正史『大日本編年史』の編纂が始まり、主としてその執筆にあたった。同書は『大日本史』の継承となったので『大日本史』の南北朝時代の史料的検討を行なった結果、児島高徳非実在説などのいわゆる抹殺論の主張となった。同僚の重野安繹・星野恒などと共同戦線を張り、ために世論から物議をかもした。これが修史館の考証史学である。この時期に歴史学者としての基礎を築き、十九年一月、修史館が内閣の臨時修史局となると同局編修となる。この年九州七県の史料採訪に出張して神籠石を学界に紹介した。二十一年十月、帝国大学に臨時編年史編纂掛の設置により同大学文科大学教授兼編年史編纂掛委員となる。大学では日本歴史、地理、支那歴史などを講じた。二十三年、重野・星野と『(稿本)国史眼』を刊行、主として執筆にあたっている。『史学会雑誌』の創刊とともに第一編から第七編ごろ(明治二十二―三十年)まで精力的に多くの論文を掲げて多くの問題提起を行う。「英雄は公衆の奴隷」(一ノ一〇)では歴史における民衆の存在を強調し、「太平記は史学に益なし」(二ノ一七・一八・二〇―二二)は『太平記』の史料学的批判を行い、「勧懲の旧習を洗ふて歴史を見よ」(二ノ一九)では儒教的道学史観の徹底的な排撃を行なった。その後、史料主義を脱し歴史の構成には想像力を働かす必要があると構成主義を主張した(「史学の活眼」(六ノ八・九)、「史学考証の弊」(一二ノ八))。特筆すべき功績は修史館以来の古文書調査をもとに日本古文書学の基礎をつくったことで、古文書学もその命名にかかる。当時宮崎道三郎・坪井九馬三に週一回講義したのが日本古文書学講義の最初という。二十五年神道祭天古俗論の筆禍事件で官を辞し、二十八年友人大隈重信の引きで東京専門学校の課外講師となる。三十二年から講師(正規教員)となって大正十一年(一九二二)まで講師、教授を歴任し、古文書学、古代、平安時代史などを講じた。傍ら歴史地理学会に協力、また『近江坂田郡志』その他の地方誌編纂を指導した。昭和六年(一九三一)二月二十四日、東京大崎の自邸で病没した。九十三歳。墓は港区元麻布の賢崇寺にある。法名は宏文院天秀易堂居士。著書は上記のほか、『古文書学講義』(明治三十五年)、『上宮太子実録』(同三十八年)、『日本古代史』(同四十年)、『南北朝時代史』(同)、『日本古代史と神道との関係』(同)、『(平安初期)裏面より見たる日本歴史』(同四十四年)、『国史八面観』磐余朝(大正四年)・奈良朝(同六年)、『裏日本』(同四年)、『鍋島直正公伝』(編述、同九年)などがあり、『久米邦武歴史著作集』全五巻・別巻一に収められている。

参考文献 中野礼四郎他編『(久米博士)九十年回顧録』、川副博「久米邦武先生小伝」(『佐賀史談』一ノ一)、大森金五郎「故久米邦武先生を憶ふ」(『歴史地理』五七ノ四)、藤木邦彦「前本会評議員文学博士久米邦武先生の逝去」(『史学雑誌』四二ノ四)
(大久保利謙)

くめけいいちろう 久米桂一郎 一八六六―一九三四 明治から昭和時代にかけての洋画家。慶応二年(一八六六)八月三日久米邦武の長男として佐賀に生まれ、明治七年(一八七四)上京、同十七年藤雅三に西洋画法を学んだ。同十九年フランスに留学してラファエル＝コランの指導を受け、同二十六年帰国した。同二十七年黒田清輝と天真道場を設け、後進を指導した。同二十九年黒田らと白馬会を結成し、同年東京美術学校講師となり、同三十一年教授に任ぜられ、主として考古学と美術解剖学を講じた。同三十三年再び渡仏、翌年帰国した。同四十年文展審査員となり、大正十一年(一九二二)帝国美術院幹事となった。昭和七年(一九三二)東京美術学校を退き、名誉教授となった。彼は黒田とともに外光派の画風をもたら

し、明治美術会、白馬会に出品したが、中期以後はもっぱら美術行政家、教育家として活躍した。昭和九年七月二十九日東京に没した。六十九歳。墓は港区元麻布の賢崇寺にある。法名は泰徳院殿桂林宗峰大居士。

参考文献 久米晴子編『久米桂一郎作品集』

(隈元謙次郎)

くめまさお 久米正雄 一八九一―一九五二 大正・昭和時代の小説家・劇作家・俳人。俳号三汀。明治二十四年(一八九一)十一月二十三日、長野県小県郡上田町(上田市)に、由太郎・幸子の次男として生まれた。小学校長だった父が、校舎・御真影焼失の責めを負って自刃、一家は母の実家、福島県安積郡桑野村(郡山市)に移転、同地で就学した。県立安積中学を経て、四十三年第一高等学校文科に入学、同級生に芥川竜之介・菊池寛らがいた。大正五年(一九一六)、東京帝国大学英文科卒業。中学時代から河東碧梧桐を師と仰いで俳句に傾倒、有望な新人と目されて句集『牧唄』(大正三年)を出したが、第三次、第四次『新思潮』に加わって、作家・劇作家としての歩みを始めた。戯曲には有楽座で上演され好評を得た処女作『牛乳屋の兄弟』(同三年)のほか『地蔵経由来』(同六年)などがあり、小説では短編集『学生時代』(同七年)が広く読まれた。令嬢との恋愛事件で夏目漱石門下を離れた経緯に取材した長編『蛍草』(同七年)・『破船』(同十一年)などは、通俗的恋愛小説として成功を収め、大衆作家としての方向を決定し、菊池寛とともに流行作家のトップに立った。戦争中は日本文学報国会の常任理事をつとめるなど時流に漂ったが、戦後、川端康成・高見順らと鎌倉文庫を創立、雑誌『人間』を創刊して文壇に一石を投じた。軽快な社交家・常識人として、ジャーナリズムと文壇をつないだところにその面目があった。昭和二十七年(一九五二)三月一日没。六十歳。墓は神奈川県鎌倉市の瑞泉寺にある。

参考文献 田中純『続文壇恋愛史』、江口渙「久米正雄論」(『現代日本文学全集』二五所収)、昭和女子大学近代文学研究室編『近代文学研究叢書』七一

(山田 晃)

くもいたつお 雲井竜雄 一八四四―七〇 幕末・維新期の米沢藩出身の志士。弘化元年(一八四四)三月二十五日米沢袋町(山形県米沢市)に生まる。中島総右衛門の次男。幼名は猪吉・権六、通称竜三郎、諱は守善、また雲井竜雄・小島行正・桂香逸・遠山翠とも称す。文久元年(一八六一)小島家の養子となり、藩命により屋代郷の警備にあたる。慶応元年(一八六五)正月江戸警備の任につき、安井息軒の門にも入る。翌年四月帰藩したが、同三年正月探索方として京都藩邸に出府を命じられ、薩長土諸藩の動向を探索して藩に復命した。王政復古後の明治元年(一八六八)二月新政府が貢士の制を定めるや、米沢藩の貢士として薩長の佐幕諸藩に対する措置に反対しつづけた。同年三月政府が奥羽鎮撫の兵力をさしむけたのに憤激し、奥羽越列藩同盟に拠って抗戦するため六月二日米沢に帰る。このとき米沢藩兵はすでに越後で戦っていたため、直ちに越後に赴き討薩の檄文を草し、また七月下旬には会津で挙兵計画をねったが、東北諸藩がつぎつぎに官軍に降り、米沢藩もついに八月二十三日帰順に決したため、計画を放棄して米沢に帰り、謹慎を命じらる。翌二年春謹慎を解かれるや東京に出、九月政府が集議院を設くるやその寄宿生となる。しかし薩長への憎悪心から十月には辞職し、三年二月東京芝二本榎上行寺・円真寺に帰順部曲点検所を設けた。表向きは不平士族を政府に帰順させる説得所としていたが、その実不平士族の屯所となったため、竜雄は同年五月政府から謹慎を命じられ、米沢に護送された。謹慎中も藩庁や参議広沢真臣に所信を訴えつづけたため、政府は七月二十日東京に押送を命じ、十二月二十八日梟首に処した。享年二十七。谷中墓地に葬られ、のち山形県米沢市の常安寺に改葬さる。法名は義雄院傑心常英居士。

参考文献 麻績斐他編『(東北偉人)雲井竜雄全集』、渡辺為蔵『雲井竜雄』

(後藤 靖)

クラーク Edward Warren Clark 一八四九―一九〇七 アメリカの教師。一八四九年一月二十七日米国ニューハンプシァ州ポーツマスに生まれた。七一年ラトガーズ大学を卒業、親友グリフィス W. E. Griffis の推薦を受け、勝海舟の招請により静岡学問所の御雇教師として同年十月に来朝した。学問所では一般英学のほか物理化学を教授した。同所が閉鎖されたので明治六年(一八七三)末に上京し、東京開成学校(現在の東京大学)の化学教師となった。クラークは東京時代に中村敬宇(正直)の同人社でも教えた。クラークは写真に優れた技術を持ち、静岡時代にとった写真をあつめてアルバムにし勝海舟に贈ったものが今も早稲田大学図書館に所蔵されている。クラークは知人の依頼によってその子女に種痘を施している。七年末に任を終り翌八年三月に中国・インド・エジプトへの旅行に出かけた。帰国後はさらに神学校に学び正式に聖職になり晩年は宗教活動に従事した。一九〇七年六月五日に永眠。五十八歳。日本関係の著書 Life and Adventure in Japan(飯田宏訳『日本滞在記』)、Katz Awa "The Bismark of Japan"(高橋邦太郎訳『勝安芳』(『本道楽』九―一二・一四・一五))がある。

参考文献 飯田宏『静岡県英学史』

(飯田 宏)

クラーク William Smith Clark 一八二六―八六 アメリカの教育者、札幌農学校初代教頭。一八二六年七月三十一日、アメリカ、マサチューセッツ州に生まれる。開拓使は新天地北海道の新しい指導者を養成するため明治九年(一八七六)わが国における最初の高等農業専門学校札幌農学校を設立しようと、米国マサチューセッツ州立農工大学学長ウィリアム＝スミス＝クラークを招聘した。クラークは同州アマスト大学を卒業し、ドイツのゲッチンゲン大学で学び、学位を得、南北戦争に従軍して大佐となり、のち郷里に州立大学を招致してその学長となっ

た人で、教育者として名声が高かった。クラークは一ヵ年の休暇を利用し、七月教え子二名を率いて来朝し、教頭として学校の設立にあたり、キリスト教に基づき近代的な全人教育を施し、のちの北海道大学の学風の基礎をすえた。任期が充ちて帰国するに際し、学生に禁酒・禁煙を誓わせた「イエスを信ずる者の契約」に署名せしめ、帰国後も指導を怠らなかった。ためにその徳風は後世に及び、門下に伊藤一隆・大島正健のほか、内村鑑三・新渡戸稲造のような近代日本の指導者を輩出し、札幌独立教会の基を造った。のみならずわが国で最初に兵式体操を正科にとり入れ、体育を奨励した。さらに札幌農学校園を設計し、エアシア種の乳牛、甜菜などを入れて今日の北海道酪農の基地とした。帰国後発表した「日本の農業」はその理解の深さを語っている。十年四月満期帰国に際して残したBoys, be ambitious!の語はあまりにも有名である。帰国後斬新な海上大学の設立を企てたが不幸にして志を得ず、一八八六年三月九日アマストで不遇のうちに没した。年五十九。

参考文献 大島正健『クラーク先生とその弟子達』、逢坂信忢『クラーク先生詳伝』、ジョン・M・マキ『クラーク―その栄光と挫折―』(高久真一訳)、『創基五十年記念北海道帝国大学沿革史』、北海道総務部行政資料室編『北海道開拓功労者関係資料集録』下 (高倉新一郎)

くらいしたけしろう 倉石武四郎 一八九七―一九七五 昭和時代の中国学者。明治三十年(一八九七)九月二十一日新潟県中頸城郡高田町(上越市)に生まれる。高田中学・一高を経て大正十年(一九二一)東京帝大文学部卒業。京都帝大大学院で狩野直喜に学ぶ。京大(大正十五年―昭和二十四年(一九四九))・東大(昭和十五―三十三年)に在職。両大学名誉教授。文学博士。中国留学中(昭和三―五年)、呉承仕・楊鐘羲・黄侃らに親炙、一方、本邦に欠けている分野の中国書籍を将来した(今、上記両大学の所蔵)。読書にあたっては一字を苟くもせず、文字の背後に在る生きた話し言葉にまでさかのぼって読み取ることを旨とした。漢字を機械的に日本語に置き換えるだけの訓読法を排斥したゆえんである。その学問の対象は清から五・四運動、さらに革命以後と遷移し、それぞれの分野を開拓、かつ後継者を養成した。晩年は中国語の研究と教育に専念、昭和二十一年中国語学研究会、同三十九年日中学院を創設してその長となり、同五十年十一月十四日その職に倒れた。七十八歳。著書として、『儀礼疏攷正』(『東洋学文献センター叢刊』三一・三二)・『目録学』(同二〇)・『中国文学史』『岩波中国語辞典』『中国へかける橋』・『倉石武四郎著作集』全二巻などがある。

参考文献 倉石武四郎『中国語五十年』(『岩波新書』青八四六) (頼 惟勤)

くらたちから 倉田主税 一八八九―一九六九 大正・昭和時代の技術者、実業家。明治二十二年(一八八九)三月一日、福岡県宗像郡神興村字津丸(福間町)に倉田主米造・シナの長男として生まれ、同四十五年仙台高工機械工学科卒業後、久原鉱業所日立製作所に入社した。当時、日立製作所は古河鉱業から電線を購入していたが、倉田は小平浪平の命を受け、自社生産を計画、ロールも国産化するなど苦闘の末、ついに企業化に成功した。第二次世界大戦後、日立製作所幹部はGHQの追放命令を受け、倉田が社長に就任、昭和二十五年(一九五〇)には戦後有数の大争議を乗り切った。同四十四年十二月二十五日没。八十歳。郷里の福間町通堂にある倉田家墓所に葬られる。法名は浄萃院釈蒼融意憲大居士。

参考文献 日本経済新聞社編『私の履歴書』三八、河野幸之助『日立と共に五十年倉田主税の半生記』(『現代人物史伝』) (佐藤 真住)

くらたはくよう 倉田白羊 一八八一―一九三八 明治から昭和時代前期にかけての洋画家。本名重吉。明治十四年(一八八一)十二月二十五日埼玉県浦和に生まれ、十四歳のときから浅井忠に師事、引き続き東京美術学校洋画科選科に入って、同三十四年に卒業した。卒業後は沼田中学校や時事新報社に勤務するかたわら、三十五年太平洋画会の創立に加わって会員となり、初期文展に出品。その間四十一年美術雑誌『方寸』の同人となって同誌の編集を担当、また大正四年(一九一五)には再興日本美術院洋画部同人となり、同九年洋画部が解散するまでの間、毎回院展に「葡萄を採る男」「蝦蟇仙人」「冬」などを出品した。しかし同十一年春陽会の結成に加わってのちは、同年山本鼎の薦めで長野県上田に移住、日本農民美術研究所の事業をうけもちながら山村風物をテーマに厳格な客観描写を追求した。昭和十三年(一九三八)十一月二十九日宿痾の糖尿病のため上田において死去。東京多磨墓地に葬られた。享年五十八。

参考文献 小崎軍司『山本鼎と倉田白羊』 (富山 秀男)

くらたひゃくぞう 倉田百三 一八九一―一九四三 大正・昭和時代前期の文学者。明治二十四年(一八九一)二月二十三日、広島県三上郡庄原村(庄原市)に呉服商倉田吾作の長男として生まれた。同町の小学校から三次中学校に進み、第一高等学校に入学した。中学校在学中に校誌に感想文を寄せたりし、高等学校では弁論部・文芸部にあって活躍したが、このころから人生問題について悩むところがあった。たまたま病気にかかり高等学校を退学し、郷里に帰った。高等学校では将来哲学を修めようと考えたが、退学して文学・宗教に志すようになった。その才能は事実その方向に適していたかも知れない。大正五年(一九一六)に千家元麿・犬養健らと同人雑誌『生命の川』を創刊し、処女作『歌はぬ人』について『出家とその弟子』を同誌に発表した。『出家とその弟子』は翌年に単行本として刊行になり、また同八年には京都エラン・ビタル小劇場ではじめて上演され、東京有楽座でも上演された。このころになると作家としての地位は不動のものとなった。しかし病身であったことがこの人の作家活動を常に苦しめた。痔瘻・関節炎、骨盤と肋骨のカリエスと病気続きで転地・入院のためしばしば居を移した。『俊寛』は喀血しながら書いた。『愛と認識との出発』『布施太子の入山』『父の心配』『静思』『希臘主義と基督教主義との調和の道』などいずれも病中の作である。このほか、数多い作品をなお書いているが、その創作への激しい意欲は病苦との闘いであったと思われる。おそらく過労からであろうか、やがて強迫観念症に悩むことになるが、この場合も入院・参籠・参禅によってそれを克服し、『絶対的生活』を著わし、『生活と一枚の宗教』『法然と親鸞の信仰』などを書き、宗教的安心の境地さえを次第に獲得していったかに見える。晩年日本主義運動に精力を注ぎ、進んで雑誌『新日本』の編集長となり、病気を押して中国大陸にまで出かけたりしたが、大陸旅行で病をついに重くし、病院生活が続いて昭和十八年（一九四三）二月十二日、五十三歳で東京大森の自宅で没した。府中の多磨墓地と郷里庄原の倉田家墓所とに葬られる。

参考文献 亀井勝一郎編『倉田百三評伝』（『倉田百三選集』別巻）

（古田 紹欽）

くらちてつきち 倉知鉄吉 一八七〇—一九四四 明治・大正時代の外交官。明治三年（一八七〇）十二月三日、金沢に生まれる。同二十七年七月、帝国大学法科大学を卒業、内務省に入り内務属に任ぜられ、同三十年四月、外務省に移り、参事官として政務局および通商局兼務を命ぜられ、同三十二年より約二年、書記官としてドイツに在勤、同三十四年十月、参事官として通商局勤務を命ぜられ、同三十八年十二月より統監府書記官を兼任、同四十一年六月、政務局長、同四十五年五月より大正二年（一九一三）一月まで、外務次官の職にあった。外務省時代、伊藤博文の信任厚く、日韓併合準備委員として外交関係の原案を起草した。大正二年二月、同省退官後、貴族院勅選議員に任ぜられ、終生その職にあり、大正初期、中国への借款を事業とした中日実業株式会社の創業の際、尽力した。昭和十九年（一九四四）十二月二十二日死去。七十五歳。墓は青山墓地にある。

参考文献 外務省編『日本外交文書』四一ノ一、四二ノ一、四三ノ一、大正二年ノ二、大正三年ノ二、大正四年ノ二、同編『小村外交史』、春畝公追頌会編『伊藤博文伝』下、小松緑『明治外交秘話』、信夫淳平『外交側面史談』

（河村 一夫）

くらとみゆうざぶろう 倉富勇三郎 一八五三—一九四八 大正・昭和前期の官僚、政治家。嘉永六年（一八五三）七月十六日、筑後国竹野郡徳童村（福岡県浮羽郡田主丸町）の農、胤厚・久邇子の第三子として生まれる。父は一時久留米藩に儒学をもって仕えた人で、幼時より漢学を学ぶ。明治十二年（一八七九）司法省法学校を卒業、同年司法省出仕。同省民刑局長、東京控訴院検事長などを歴任、四十年法学博士の学位を受ける。同年統監府に転じ、司法庁長官、四十三年には朝鮮総督府司法部長官となる。大正二年（一九一三）第一次山本内閣において法制局長官となり、翌年貴族院議員に勅選された。同四年錦鶏間祇候となり以後宮内省の要職を歴任。この間九年には枢密顧問官、十四年同院副議長を経て、十五年枢密院議長となり、男爵を授けられた。昭和九年（一九三四）枢密院議長を辞任し、同年郷里福岡県浮羽郡船越村に帰住して老を養う。同二十三年一月二十六日同地において没した。九十六歳。法律家として一家をなし、厳格な性を持し、漢学の造詣深く、漢詩をよくした。

参考文献 古賀益城編『（元枢密院議長）倉富勇三郎博士』

（由井 正臣）

グラバー Thomas Blake Glover 一八三八—一九一一 幕末・明治時代初期に長崎を拠点として活動したイギリス貿易商人。後半生は三菱に雇われた。一八三八年六月六日、スコットランド東海岸のアバディーン郊外に生まれた。二十歳の時、上海に渡り同地のイギリス商社に勤めたが、翌安政六年（一八五九）九月、開港直後の長崎へ来てグラバー商会を開設した。最初は茶・生糸・海産物などの輸出を中心として小規模に営業したが、文久三年（一八六三）八月十八日の政変以後、薩・長をはじめとする西南諸藩に艦船・武器・弾薬類を大量に売り込んで巨利を博し、長崎居留外商中の最有力者となるに至った。また、薩・長藩士の渡欧を斡旋し、あるいは長州の桂小五郎を私邸にかくまうなど、政治的にも維新政権の成立を側面から援助した。明治三年（一八七〇）九月、商会は資金的に行き詰まって破産するに至った。同七年、高島炭坑が官営に移された際、グラバーは鉱山寮書記としてこれに関係し、続いて後藤象二郎が同炭坑の経営にあたった時には、後藤に雇われ石炭販売の衝にあたった。同十四年三月、同炭坑がさらに三菱の経営に移るとともに、かれも三菱に雇われ、引き続き石炭販売の仕事を担当した。十六年一月には、中国へ出張し、上海・天津・香港などに新しい販路を開拓した。十八年初め、かれは三菱の東京本社へ移り、芝公園内に居住した。同年横浜に設立されたジャパン＝ブリュワリー＝カンパニー（麒麟麦酒の前身）に参画し、取締役の一人として活躍した。二十八年にいったん長崎へ戻ったが、晩年は再び上京し、麻布富士見町の新邸に居住した。このころには定まった職務はなく、三菱の顧問格として厚遇されたらしい。四十一年七月、かれは勲二等旭日章を贈られた。四十四年十二月十六日、自邸で病没。七十三歳。遺骸は長崎市坂本町の国際墓地に葬られた。なお、かれは明治二年ごろ大阪松島一丁目の談川安兵衛養女ツルと結ばれ、同三年末に長男トムをもうけた。その後ツルは正妻として迎えられ、三十二年三月二十三日四十九歳で没した。トムはのちに帰化して倉場富三郎と称したが、太平洋戦争中、軍部から異国人視されて心労をかさねた末、終戦直後の昭和二十年（一九四五）八月二十六日に自殺した。

参考文献 岩崎弥太郎・弥之助伝記編纂会編『岩崎弥

之助伝』下、楫西光速『政商』、杉山伸也『明治維新とイギリス商人—トマス・グラバーの生涯』(『岩波新書』)、菱谷武平「雅羅馬考」(『社会科学論叢』七)、同「長崎に於ける冒険商人の性格」(同一一)
(服部 一馬)

くらはらこれひと 蔵原惟人 一九〇二—九一 昭和時代の文芸評論家。明治三十五年(一九〇二)一月二十六日、東京市麻布区三軒家町(港区)に、父惟郭・母終子の次男として生まれる。母は北里柴三郎の妹。大正十二年(一九二三)東京外国語学校露語科卒業。十四年ソビエトに渡り、帰国後、十五年十一月に結成された日本プロレタリア芸術連盟に参加。以後、労農芸術家連盟、前衛芸術家同盟を経て、昭和三年(一九二八)三月結成のナップ(全日本無産者芸術連盟、のち全日本無産者芸術団体協議会)に参加。「前衛の観点」を力説した評論「プロレタリヤ・レアリズムへの道」(三年五月)によって以降のプロレタリア文学理論の基調を定め、七年四月に検挙されるまでプロレタリア文学運動の最も重要な指導者であった。その理論は、芸術に対する政治の優位性が常に強調された。四年日本共産党に入党。非転向のまま第二次世界大戦の敗戦を迎え、戦後は日本共産党の文化面の指導者として活動。夫人は作家の中本たか子。平成三年(一九九一)一月二十五日、腸閉塞で死去。八十八歳。『蔵原惟人評論集』十巻がある。

参考文献 本多秋五「蔵原惟人論」(『転向文学論』所収)、吉本隆明「「戦旗」派の理論的動向」(『芸術的抵抗と挫折』所収)
(林 淑美)

くらはらこれひろ 蔵原惟郭 一八六一—一九四九 明治後期から大正時代にかけての自由主義政治家。文久元年(一八六一)七月六日、肥後国阿蘇郡黒川村(熊本県阿蘇郡阿蘇町)に生まれる。父惟元、母繁子の三男。明治八年(一八七五)熊本洋学校に入学、ジェーンズの深い感化をうけ、翌九年「花岡山奉教趣意書」に署名、洗礼をうける。同年京都の同志社に入学、新島襄の薫陶をうけたが、十五年病を得て帰郷。十七年渡米し、歴史学・倫理学を学び学位を得、さらにイギリスに渡りエジンバラ大学に在学。二十四年帰国後は熊本英学校長、岐阜中学校長などを歴任。三十二年ごろから政界に入り、普選運動などに活躍。四十一年東京市選出の衆議院議員となり、大正四年(一九一五)まで議席を有した。主に立憲国民党から立憲同志会に所属、自由主義政治家として活躍した。八年立憲労働義会を設立、普選運動と労働運動を結びつける努力をする。昭和六年(一九三一)『中央公論』誌上に「我が児を誇る」を書き、マルクス主義者の次男惟人を支持し、思想的にマルクス主義に移行したことを表明した。以後「極東平和友の会」発起人、「学芸自由同盟」理事など、反戦反ファッショのために尽力した。二十四年一月八日死去。行年八十九歳。横浜市鶴見の総持寺に葬られ、無名戦士の墓に分骨。

参考文献 蔵原惟人「父・蔵原惟郭のこと」(『現代と思想』六)
(由井 正臣)

グラント Ulysses Simpson Grant 一八二二—八五 アメリカ合衆国の南北戦争当時の北軍総司令官、第十八代大統領。一八二二年四月二十七日オハイオ州ポイント=プレザントに生まれる。四三年ウェスト=ポイント陸軍士官学校卒業、四五年米墨戦争に従軍。五四年退役し、農業、皮革商など職を替えたが、六一年南北戦争勃発するや大佐で出征した。六二年二月テネシー州ヘンリー要塞、六三年七月ミシシッピ河岸ビックスバーグ、またチヤタヌーガと南軍の要地を陥落させ、六四年三月中将に昇進し北軍総司令官となる。六五年四月南部連合の首都リッチモンドをぬき、南軍リー将軍を降服させた。六六年大将に昇進し、赫々たる戦功により、六八年共和党より大統領候補に選ばれ当選した。六九年より二期八年間執政したが、南北の統一、領土の拡張、産業の発展の時期にあたって、在任中政・官界の醜聞も著しかった。引退後世界漫遊し、七九年(明治十二)日本に立ち寄り、琉球帰属問題につき日清間の調停を試みた。一八八五年七月二十三日没。六十三歳。Personal Memoirs of U. S. Grant 2 vols. (1885—1886) の著がある。

参考文献 外務省編『日本外交文書』一二、チャールズ=ビアード・メアリ=ビアード・ウィリアム=ビアード『新版アメリカ合衆国史』(松本重治・岸村金次郎・本間長世訳)、J・R・ヤング『グラント将軍日本訪問記』(宮永孝訳、『新異国叢書』二輯九)
(秋本 益利)

グリーン Daniel Crosby Greene 一八四三—一九一三 アメリカン=ボード宣教師。一八四三年二月十一日、マサチュセッツ州ロックスベリーに生まれる。六四年ダトマス大学を卒え、シカゴ神学校を経て、六九年アンドバー神学校を卒業。同年(明治二)十一月アメリカン=ボード最初の宣教師として来日。明治三年同派が伝道の拠点とした神戸に赴任して、七年摂津第一神戸基督公会を創立した。聖書翻訳委員となって、同年横浜に移り、ヘボン・ブラウン・フルベッキらと『新約聖書』の日本訳に従事し、十三年に完成した。十四年に同志社英学校余科(神学校)教授となり、『旧約聖書』や英文学を講じた。二十三年東京に転じ、在日期間の大半をこの地の伝道に尽くしたが、その間日本アジア協会会長を勤め、著書・論文によって日本を世界に紹介し、またアメリカ平和協会会長として日米関係の改善に貢献した。大正二年(一九一三)九月十五日葉山で没。七十歳。東京青山一般墓地に葬る。主著に Chinese Testament for Japanese Readers (1879); The Christian Movement in its Relations to the New Life in Japan (1903) がある。

参考文献 Evarts B. Greene: A New-Englander in Japan, Daniel Crosby Greene (1927). 今泉真幸編『天上之友』
(重久篤太郎)

くりしますみこ 栗島すみ子 一九〇二—八七 大正・

昭和時代の映画女優。明治三十五年（一九〇二）三月十五日、東京生まれ。六歳で有楽座のおとぎ芝居に出演、子役から女優の道に進み、大正九年（一九二〇）に松竹に入社して映画女優になり、メロドラマのヒロインなどを演じて大スターとなった。「船頭小唄」（同十二年）、「麗人」（昭和三年（一九二八））などのヒット作がある。晩年の「泣蟲小僧」（同十三年）や「流れる」（三十一年）はすぐれた演技を見せた作品だった。昭和六十二年八月十六日没。八十五歳。（佐藤　忠男）

くりたひろし　栗田寛　一八三五―九九　江戸時代末期・明治時代の史学者。幼名を八十吉、通称を利三郎、字を叔栗といい、栗里・蕉窓・銀巷と号した。天保六年（一八三五）九月十四日、父雅文・母升子の第三子として水戸下町本六丁目の商家に生まれた。幼時より文字に親しみ、石河明善・会沢正志斎・国友善庵らに従い学び、日本の古典に関心を寄せて研究した。安政五年（一八五八）六月、彰考館に出仕し、総裁豊田天功に嘱望重用され、館務のかたわら史籍・古典の研究を深め、『国造本紀考』などを著わした。廃藩後も彰考館編修として『大日本史』志表の編纂に従事した。明治六年（一八七三）上京して大教院編輯課に出仕、ついで教部省九等出仕考証掛に任ぜられ、『特選神名牒』の編纂にあたった。同十年同省の廃止により太政官修史館掌記に転じたが、翌年辞任して水戸に帰った。同十二年彰考館が再開されると、その中心となって『大日本史』志表の編纂・校訂・刊行に尽力した。同十七年から二十二年まで元老院御用掛ついで雇として制度沿革の調査に従い、『氏族考』『上古職官考』などを編修した。同二十五年十月、久米邦武のあとをうけて、帝国大学文科大学教授に任ぜられた。この間、一方では引き続いて『大日本史』の編修にあたり、志表の編刊を着々と進め、他方では『神祇志料』『天朝正学』『新撰姓氏録考証』『稜威男健』（『古語拾遺講義』）、『標注古風土記』『纂訂古風土記逸文』『新編常陸国誌』（補訂）など多くの著作を完成した。同三十二年一月二十五日、東京市牛込区矢来町三番地の自宅で没した。六十五歳。同日文学博士の学位を授けられた。墓は茨城県東茨城郡常澄村六反田の六地蔵寺内に在る。著書は多く、上記のほか、『栗里先生雑著』三冊に収められたものなどがある。

参考文献　栗田勤『水藩修史事略』、照沼好文『栗田寛の研究』、栗田勤「栗里先生年譜略」（『栗里先生雑著』上付載）、三浦周行「栗田寛先生」（『日本史の研究』二所収）、大森金五郎「栗里栗田寛先生の事蹟」（『中央史壇』一三ノ九）、安井良三「栗田寛博士評伝」（『古代学』六ノ四）（飯田　瑞穂）

くりたもとつぐ　栗田元次　一八九〇―一九五五　大正から昭和時代にかけての国史学者。明治二十三年（一八九〇）十一月三日、栗田元左衛門の長男として愛知県愛知郡田代村（名古屋市千種区）に生まれる。大正三年（一九一四）東京帝国大学文科大学国史学科を卒業。同年史料編纂官補に任じ、『大日本史料』の編纂に従事。同六年母校第八高等学校に講師として赴任。同八年教授となる。同十三年広島高等師範学校教授に転じ、昭和四年（一九二九）同校専攻科の昇格で広島文理科大学教授となり、同二十一年まで在職。同年第八高等学校長に就任。学制の改革で名古屋大学教授となり、同三十年十二月一日在官のまま病死。六十五歳。法名顕学院釈元晃。名古屋市千種区桃巌寺の栗田家墓に葬られた。専門は近世史であるが、広範な視野をもって日本史の綜合的な把握を企図し、多くの著作を残した。また古典籍・古地図の収集に努め、蔵書家としても知られる。著書の代表的なものは、『綜合日本史概説』上下、『綜合国史研究』上中下、『綜合日本史大系』江戸時代上、『解説日本文化史』『史的研究日本の特性』『新井白石の文治政治』などであり、『新井白石の文治政治』には中日出版文化賞が贈られた。

参考文献　小島鉦作「栗田元次氏略伝附著作目録」（『歴史地理』八六ノ三）（坂本　太郎）

くりのしんいちろう　栗野慎一郎　一八五一―一九三七　明治時代の外交官。嘉永四年（一八五一）十一月十七日筑前国福岡藩宝蔵院槍術師栗野小右衛門長男に生まれ、幼名を慎、掖山と号した。藩主に抜擢されハーバード大学に留学したのち明治十四年（一八八一）井上馨外務卿の時外務省に出仕、翌年外務権少書記官に任ぜられもっぱら条約改正に関する取調事務に従事、他方朝鮮に壬午の変が起るや下関に、甲申の変には京城に出張して事件処理にあたった。一時逓信省に移ったが再び外務省に戻り取調局長、政務局長を歴したのち明治二十七年駐米公使に転出、経験を生かし対米通商条約改正交渉に尽力した。以後イタリア・フランス・スペイン・ポルトガルを歴任、その折も通商条約改正交渉にあたった。日露提携論者であった栗野は同三十四年十一月駐露公使となり、日露開戦前の満韓をめぐる対露交渉に努力したがその甲斐なく国交断絶のやむなきに至って帰国した。三十九年一月駐仏初代大使に就任し日仏協約を締結しついで通商条約改正交渉に尽力、その功により子爵を授与された。大正二年（一九一三）退官し、昭和七年（一九三二）枢密顧問官に任ぜられた。同十二年十一月十五日没。八十七歳。墓は横浜市鶴見の総持寺にある。法名は大雄院殿機外恒慎大居士。

参考文献　平塚篤『子爵栗野慎一郎伝』（海野　芳郎）

くりはらのぶみつ　栗原信充　一七九四―一八七〇　江戸時代後期の故実家。幼名は陽太郎。通称は孫之丞。字は伯任。号は柳葊。庭前の柳にちなむ命名といい、後年、居を向柳原に移して、柳庵・柳闇とも書く。隠居後は別号して又楽ともいう。甲斐源氏であり、晩年に江戸を退去して武田信充とも称した。歴代、甲州巨摩郡の栗原を住居としたので、その地名を名字とした。栗原和恒の時、江戸に出て御家人となり、奥御右筆を勤め、駿河台下の紅梅坂に居住した。和恒の長男が信充であり、寛政六年

(一七九四)七月二十日の誕生という。父の和恒の関係から右筆所詰支配の屋代弘賢の指導をうけ、幼年よりその才能を見こまれ、莫大な輪池蔵書の閲覧を許され、弘賢に親しい柴野栗山から漢学、平田篤胤から国学を学んだといい、博覧強記をもって知られた。寛政十年九月の屋代弘賢の『古今要覧』の凡例に見るように、このころから弘賢は、幕命を奉じて『古今要覧』の稿本の編輯に没頭していたのであり、若年の信充も成人とともに、その帷幕に参加し、公用として資料の探訪・調査に東奔西走し、各地の学者・文人・工芸技術の諸家に面接して、その深奥を聴聞することを得て、当時の文献中心の研究を脱皮し、実見による即物理解を根拠とする総合研究に主力を注ぎ、特に武具・馬具・古器物の名称と構造の研究に傾倒した。まさに『古今要覧』の編輯は適任を得たのであり、魚が水を得たように潑剌とした考証が堆積したが、天保十二年(一八四一)閏正月に総監の屋代弘賢が病没したため、頓挫のやむなきに至った。信充は、調査の傍ら細筆で筆まめに備忘の覚書・史料の抄出に巧みな略図を加えて盛んに随筆・随想をものしたが、『古今要覧』の頓挫後、堰を切ったように自著を公刊し(『玉石雑誌』『鏨工譜略』『兵家紀聞』『応仁武鑑』『装剣備考』『続武将感状記』『木弓故実撮要』『有文錦考』の類)、ことにその子の信晃による縮図を加えた武具・馬具類の啓蒙用小冊子の横本の図式(『甲冑図式』『刀剣図式』『弓箭図式』『鞍鐙図式』『武器袖鏡』『鎧色図説』の類)は、騒然とした世相に必須の武士の教養書として迎えられた。元治元年(一八六四)二月、薩摩の島津久光に招聘されて鹿児島に滞在し、木脇祐尚らの主唱になる甲冑製作所の設立に干与し、いわゆる柳葬流の鎧の指導にあたった。久光の尽力による『軍防令講義』八巻の刊行は、信充の鹿児島での講筵の成果である。九月に上京して京都に隠棲し、明治三年(一八七〇)十月二十八日一条大宮の西で没した。遺骸は、遺言により栂尾高山寺の明恵の墓側に埋葬したという。なお埋葬地・没年・隠棲中の信充の動静には諸説があり、再考を必要とする。

[参考文献] 上田淑子「文学遺跡巡礼(国学篇五八)」(『学苑』九ノ一)　(鈴木　敬三)

くりはらりょういち　栗原亮一　一八五五—一九一一　明治時代の政党政治家。安政二年(一八五五)三月、鳥羽藩士の家に生まれる。明治初年上京遊学。板垣退助らの民撰議院設立建白を支持し『草莽雑誌』を創刊して自由民権の論陣を張った。のち立志社に入って国会開設運動に活躍し、自由党結成に加わり、『自由新聞』の主筆をつとめた。明治十五年(一八八二)—十六年、板垣総理に随行してヨーロッパを視察。帰国後、清仏戦争に際して清国に渡った。その後、『東雲新聞』に執筆、また大同団結運動に参加し、愛国公党結成に奔走した。二十三年第一回総選挙以来、四十一年の第十回総選挙まで、衆議院議員に当選十回。自由党、憲政党、立憲政友会に所属し、何回か役員となった。この間、板垣内相の秘書官、大蔵省参与官などを歴任。四十二年には大日本製糖疑獄に連坐して一時入獄した。編書に『板垣退助君伝』がある。四十四年三月十三日死去。五十七歳。

[参考文献] 竹井駒郎『栗原亮一君小伝』　(鳥海　靖)

グリフィス　William Elliot Griffis　一八四三—一九二八　アメリカの著述家、教育者、牧師。一八四三年九月十七日、米国フィラデルフィアに生まれた。父ジョン＝フイムバーナー、母アンナ＝マリア。六九年ラトガーズ大学を卒業。フルベッキを通して福井藩に招かれ、明治三年(一八七〇)十二月二十九日に来日、藩校明新館の理化学教師となった。同五年正月、南校の理学および化学教師に転じ約二年間在任。同七年二月より七月まで東京開成学校の化学教授をつとめ、同校化学科の創設に尽力した。同年七月帰国してニューヨーク、ユニオン神学校を卒業し、牧師となった。大正十五年(一九二六)再び来日し、勲三等に叙せられた。一九二八年二月五日、フロリダ州ウィンター＝パークで没した。八十四歳。滞日中の見聞や研究をもとに『The Mikado's Empire 皇国』をはじめ日本に関する著書多数を著わし日本の紹介につとめた。またペリー・ハリス・フルベッキ・ヘボンその他の伝記がある。

[参考文献] 山下英一『グリフィスと福井』、安藤美登里・高橋由美子・岡部礼子「ウィリアム・エリオット・グリフィス」(『近代文学研究叢書』二八所収)　(鵜沼　裕子)

くりもとじょうん　栗本鋤雲　一八二二—九七　幕末の親仏政策を推進した幕臣、明治初期の新聞人。名は鯤(こん)、字は化鵬、号は匏庵(ほうあん)、別号鋤雲。幕末の一時期瀬兵衛と称した。文政五年(一八二二)三月、江戸神田猿楽町に生まれる。幕府医官喜多村槐園の三男。少年時代は病弱で、十七歳で安積艮斎に入門、天保十一年(一八四〇)から十四年まで、昌平黌で古賀侗庵と佐藤一斎に師事し、黌試甲科に合格。嘉永元年(一八四八)幕府奥詰医師栗本家の養子となって六世瑞見を名乗り家業を継いだが、安政五年(一八五八)上司の忌諱に触れて蝦夷地移住を命ぜられた。同年より箱館在住六年、その間に山野の開拓、薬草園経営、鉱物資源調査、牧畜・製塩・養蚕の実験、医学所や病院の建設などに実学者として卓抜な企画力と指導力を揮った。文久二年(一八六二)には医籍を士籍に改めて箱館奉行所組頭となり、樺太・千島の踏査にもあたったが、他方安政六年年末箱館に来住した仏人宣教師メルメ＝ドゥ＝カション Mermet de Cachon と日仏語交換教授を続け、その際の西洋事情問答を『鉛筆紀聞』にまとめた。その因縁もあって、文久三年突如江戸に召喚されて後は幕府の親仏外交の第一線に立つ。元治元年(一八六四)監察となって横浜鎖港談判に連なり、フランス技術の導入による横須賀造船所・製鉄所の建設、フランス陸軍の伝習を推進し、翌慶応元年(一八六五)横浜に仏国語学所Collège francojaponais を創設した。軍艦奉行として兵庫先期開港の取消し談判、外国奉行として下関償金の支払延期談判など困難な交渉を遂行し、同三年六月外国奉行に勘定奉行格と箱館奉行とを兼帯して急遽渡仏、フランスからの対幕借款の促進にあたった。幕府瓦解の報に接し明治元年(一八六八)帰国、小石川に隠棲して在仏見聞記『暁窓追録』を執筆、翌年六月公刊。旧幕遺臣をもって自認したが、同五年横浜毎日新聞に入り、翌六年には郵便報知新聞に主筆として入社、藤田茂吉・犬養毅・尾崎行雄などの後進を養成しつつ、もっぱら幕末回想の随筆類を寄稿した。島崎藤村もその晩年の門人の一人である。明治三十年三月六日、東京本所の自邸借紅園で没。七十六歳。墓は東京都文京区大塚の善心寺にある。法名は顕理院殿鋤雲日達大居士。著書は明治三十三年『匏庵遺稿』としてまとめられ、『明治文学全集』四にも収められている。

[参考文献] 亀井勝一郎「栗本鋤雲」(『日本人の典型』所収)、芳賀徹「幕臣栗本鋤雲の生涯」(日本近代化研究会編『日本近代化とその国際的環境』所収)

(芳賀　徹)

くりやがわはくそん　厨川白村　一八八〇―一九二三　明治・大正時代の英文学者、文明批評家。文学博士。明治十三年(一八八〇)十一月十九日京都生まれ。本名辰夫。第三高等学校を経て東京帝国大学英文科を卒業。英文科在学中ラフカディオ＝ハーンの教えを受く。五高・三高の教授を経て京都帝国大学で上田敏のあとをついで西洋文学担当の教授となる。活動は幅広く、英文学にとどまらず、フランス文学、ベルギー文学などの大陸文学にも眼を向けた。『近代文学十講』『文芸思潮論』はその成果であり、海外文学の紹介につくした功績は大きい。特に前者は洛陽の紙価を高めた。人生問題、社会問題にも深い関心をもち、『近代の恋愛観』は彼の代表的傑作であり、論文集『象牙の塔を出て』『十字街頭を往く』はその題名自身が白村の社会に対する姿勢を示しており、文学を題材として文明批評を試みたもの。関東大震災がもとで大正十二年(一九二三)九月二日に鎌倉で死去。四十四歳。墓は京都洛東の金戒光明寺にある。『厨川白村全集』全七巻、別巻一がある。

[参考文献] 小玉晃一「厨川白村覚え書」(『比較文学の周辺』所収)、『英語青年』五〇ノ二(厨川白村追悼号)

(小玉　晃一)

グルー　Joseph Clark Grew　一八八〇―一九六五　アメリカの外交官。昭和前期の駐日特命全権大使。一八八〇年五月二十七日、アメリカ、ボストンに生まれる。名門校グロトンを経て、一九〇二年ハーバード大学を卒業。妻アリスはペリー提督の兄オリバー＝ハザード＝ペリーの曾孫にあたる。〇四年カイロ勤務をふり出しにメキシコ・ロシア・ドイツなどに駐在、デンマーク・スイス公使を歴任して二四―二七年国務次官。その後トルコ大使を経て昭和七年(一九三二)六月特命全権大使として日本に着任、以後約十年間にわたって日米の平和維持に尽力した。まず当面の急務として、満洲事変後の日米緊張の緩和に専念した。スチムソン国務長官の試みた道義的制裁が、日本軍部を刺激して戦争の危険を招くことを懸念、むしろ友好的態度を示して穏健派に勢力挽回の機会を与えようと期待し、「忍耐と自制」を旨とする慎重な政策を本国政府に具申した。樺山愛輔らを通じて宮中重臣や穏健派の間に多くの知己を得て日米親交に尽くしたが、彼らの政治的実力を過大評価して幣原外交の復活に望みを掛け、日米関係改善の可能性を楽観視することになった。十二年日中戦争勃発の後は、アメリカの在華権益や門戸開放の侵害について強力な対日抗議を重ねる一方、日米対立の激化を防ぐべく外交手腕を発揮した。同年パネー号事件の際は迅速な行動で事態の加熱化を押えるうえで活躍したが、日中和平斡旋のための個人的イニシアチブは不成功に終った。対日戦争以外の手段で日本に中国撤退を強いることは不可能と見たので、日米関係の破局を阻止するためには柔軟な政策が必要であると本国政府に再三具申、特に対日経済制裁は日本軍部を武力南進に駆りたて戦争に導く公算が大きいとして反対した。十四年日米通商航海条約の廃棄通告後も暫定協定の締結を進言、その間に両国の利害を段階的に調整して和解による妥結をはかろうと腐心したが、原則論を固持する国務省はそれを宥和策として退けた。十六年近衛文麿首相・ルーズベルト大統領の会談の成立に開戦回避の最後の希望を託したが、実現に至らず、また日米交渉はすでにワシントンに移されていたので、グルーの果たし得る役割はごく限られていた。太平洋戦争勃発後十七年六月まで抑留され、交換船で帰国した後、国務長官特別補佐官になり、来たるべき和平に備えて米国民の間に冷静な対日世論を啓発すべく努力した。一九四四年極東局長、国務次官、四五年国務長官代理に任命され、「知日派」(ジャパン＝クラウド)の長として日本の降伏条件と戦後処理構想の立案を管轄した。天皇制が戦後日本の安定と占領政策の円滑な実施に必要と主張、戦争終結を早めるために天皇制維持を認めるようトルーマン大統領に進言した。結局ポツダム宣言では、グルーの勧告はそのまま採択されなかったが、その主張は天皇制存続の決定に重要な影響があった。四五年八月十六日、日本の降伏とともに官界を引退。六五年五月二十五日死去。八十四歳。著書に Sport and Travel in the Far East (1910); Report from Tokyo (1942); Ten Years in Japan (1944, 石川欣一訳『滞日十年』); Turbulent Era (1952) がある。

[参考文献] ウォルド・H・ハインリックス『日米外交とグルー』(麻田貞雄訳、『近代日本外交史叢書』一〇)、入江昭「駐日アメリカ大使館の役割」(細谷千博他編『日米関係史―開戦に至る一〇年(一九三一―四一年)―』一所収)

(麻田　貞雄)

くるしまつねき　来島恒喜　一八五九―八九　明治時代

前期の国家主義者。玄洋社員。安政六年(一八五九)十二月三十日に福岡藩士来島又右衛門の次男として生まれた。箱田六輔・平岡浩太郎・頭山満(玄洋社三傑)らの影響を受け、まず、明治十五年(一八八二)の壬午の変に際し平岡が組織した義勇軍に参加して朝鮮に渡ろうとした。そのあと上京、中江兆民や山岡鉄舟の私塾に学び、的野半介・馬場辰猪などとも交友をもった。十七年の甲申の変で再び朝鮮への行動を策し、また、南洋探険を計画、小笠原まで行くなどした。十九年の井上馨外相の条約改正案を強く攻撃、実力を以てその福岡入りを阻止しようとしたあと、二十二年、大隈重信外相を殺害すべく単独行動を起した。金玉均・朴泳孝とも交友のあった来島は、日本が朝鮮問題を解決し、東アジアの盟主となることを主張したが、そのためには自国の条約改正問題を有利に解決しなければならないと考え、急進的な行動主義をとる国権論者の先駆となった。二十二年十月十八日、条約改正案に反対して大隈外相に爆弾を投じたあと自殺。三十一歳。福岡崇福寺の玄洋社墓地に葬られた。法名は浄心院節誉恒喜居士。

参考文献 的野半介『来島恒喜』 (平野健一郎)

くるすさぶろう 来栖三郎 一八八六―一九五四 大正・昭和時代前期の外交官。明治十九年(一八八六)三月六日、横浜に生まれる。東京高等商業学校(一橋大学)を卒業して、同四十三年外務省に入り、漢口在勤をふり出しにアメリカ合衆国・ラテン＝アメリカ・ヨーロッパの各地で領事・総領事・公使を勤め、昭和七年(一九三二)本省通商局長、さらに同十一年五月からベルギー大使、ついで十四年十月から翌十五年十二月までドイツ大使を歴任する。来栖大使が脚光を浴びて登場したのは、日独伊三国軍事同盟の調印式(一九四〇年九月二十七日)の日本側代表者としてであった。しかし三国軍事同盟の交渉はほとんど東京で行われ、構想に元来消極的な大使は関与するところが少なかった。昭和十六年十一月、大詰めを迎えた日米交渉の舞台に野村吉三郎駐米大使の介添役を勤める。文渉打開への一縷の希望を託されて、十一月中旬ワシントンに赴き、国交調整の暫定案(乙案)を提示するなど戦争回避への必死の努力を傾けるが、ハル＝ノートの通告(十一月二十六日)、真珠湾攻撃となり、平和への使命は挫折する。同二十九年四月七日没。六十八歳。墓は東京都港区の青山墓地にある。著書に『泡沫の三十五年』『日米外交秘話』がある。 (細谷千博)

くるすたけお 栗栖赳夫 一八九五―一九六六 昭和時代の銀行家、政治家。山口県士族栗栖祥一の長男として明治二十八年(一八九五)七月二十一日に生まれた。大正十年(一九二一)東京帝国大学法学部卒業後、直ちに日本興業銀行に入り、大同電力会社の外債募集などにあたり、証券部長、総務部長を歴任。その間、中央大学で教鞭をとり、昭和八年(一九三三)法学博士。第二次世界大戦後理事として興銀の再建整備にあたった。また、貴族院議員に勅選され、ついで参議院議員に当選した。昭和二十二年五月興銀総裁に就任、続いて六月民主党から推されて片山内閣の大蔵大臣となり、翌年三月芦田内閣の経済安定本部長官を歴任、戦前の米財界との接触を生かし、アメリカ占領軍(GHQ)との交渉で占領費予算の縮減や金融機関の解体分離、集中排除阻止などに努め、占領軍と日本の政・財界の橋渡し役となった。昭電疑獄事件では、同年九月逮捕され、三十七年十一月懲役八ヵ月執行猶予一年の判決が確定。昭和四十一年五月十日死去。七十歳。墓は岩国市岩国の明覚寺にある。法名は明法院釈赳夫居士。著書に『無尽会社論』(大正十一年)・『日本金融経済史の研究』(昭和二年)・『会社財政及其整理論』(同四年)・『担保附社債信託法の研究』(同九年)・『証券の発行と財団金融』(同十三年)などがある。 (大森とく子)

クルティウス Jan Hendrik Donker Curtius ⇩ドンクル＝キュルシウス

くるはらりょうぞう 来原良蔵 一八二九―六二 幕末の萩藩士。文政十二年(一八二九)生まれる。福原市左衛門の三男、幼名幸四郎、名ははじめ盛吉、のち盛功と改めた。天保十三年(一八四二)十二月同藩士来原良左衛門の養子となり、弘化三年(一八四六)藩校明倫館に入学した。吉田松陰・周布政之助・桂小五郎(木戸孝允)らと親交があり、小五郎の妹ハルを妻とした。嘉永四年(一八五一)江戸勤番中に安積艮斎に師事し、同六年幕府与力森重武兵衛に就いて水軍・砲術を学び、安房の人鳥山新三郎から小林流兵法の秘伝をうけた。安政五年(一八五八)十二月長崎に赴いて和蘭人から西洋銃陣の直伝習をうけ、翌年六月帰藩して軍制改革に尽力し、九月明倫館助教兼兵学科総督となった。文久元年(一八六一)長井雅楽の公武一和・航海遠略策を支持し、その遊説を助けたが、翌二年藩の方針が即時攘夷に決定し、長井が失脚したのでその責任を感じ、八月横浜の外人を襲撃して攘夷の先駆をなそうとしたが果たさず、同月二十九日江戸の藩邸で自刃した。三十四歳。墓は東京都世田谷区若林の毛利家下屋敷跡大夫山にある。明治二十四年(一八九一)十二月十七日贈従四位。

参考文献 妻木忠太『来原良蔵伝』、木戸公伝記編纂所編『松菊木戸公伝』、末松謙澄『防長回天史』三 (三坂圭治)

クレーギー *Sir Robert Leslie Craigie* 一八八三―一九五九 昭和十二年(一九三七)―十六年の駐日イギリス大使。一八八三年十二月六日、香港を基地とするイギリス軍艦の艦長の子として生まれ、幼時には毎年箱根で夏を過ごした。一九〇七年試験に合格して外務省に入る。〇八年三等書記官。一六年二等書記官としてベルヌへ赴任、連合国のドイツ封鎖委員会のイギリス代表を勤めた。このときベルヌ駐在のアメリカ公使の娘と知り合い、一八年に結婚。一九年一等書記官に昇任、二〇年ワシントン駐在のイギリス大使館へ赴任、二一年代理大使となる。二〇年から二三年のワシントン在勤中に日本の外交官幣原喜重郎・松平恒雄・佐分利貞男などと知り合った。二三年本国外務省へもどり、二八年には審議官、三四年には外務次官補となった。昭和十二年駐日大使となり、日中戦争勃発直後の東京に着任した。以来日本軍部の排英方策に抗してイギリスの既得権益の擁護と日英親交の維持に懸命の努力をつくしたが、特に同十四年七月から八月の有田・クレーギー会談(日英東京会談)はかれの業績として著名である。この会談は具体的な成果をおさめなかったが、その交渉を通じてかれの対日宥和的態度がよく示された。同十六年十二月八日の日本の対米英蘭宣戦ののち、大使館員とともに抑留され、同十七年七月三十日交換船で離日した。帰国後クレーギーは一九四三年二月四日付の報告書を書き、対日宥和によって日本との戦争を回避することも可能であったと主張したので、イーデン外相および外務省極東部の反論を呼び、またチャーチル首相の激怒を買った。四五年から四八年国際連合戦犯法廷でのイギリス代表、四九年戦争犠牲者保護のためのジュネーブ会議のイギリス代表をつとめたのち、五九年五月十六日ロンドンで死去した。七十五歳。著書に回想録 Behind the Japanese Mask (1946) がある。

（中山 治一）

くれしゅうぞう 呉秀三 一八六五―一九三二 明治から昭和時代前期にかけての精神病学者。慶応元年(一八六五)二月十七日江戸青山の浅野侯邸に生まれた。父呉黄石は広島藩医、母せきは箕作阮甫の長女であり秀三はその三男である。明治二十三年(一八九〇)帝国大学医科大学を卒業し、翌年医科大学助手となる。同二十七年東京府巣鴨病院医員となり、二十九年医科大学助教授となる。翌三十年精神病学講座担任となり、同年巣鴨病院医長となる。同年八月より同三十四年十月までドイツ・オーストリア・フランスに留学し、クレペリン・ニッスル・メンデル・オーベルシュタイナー・クラフト=エービング・マリー・デジュリーンらに師事した。明治三十四年の帰国後直ちに東京帝国大学医科大学教授となり精神病学講座を担任し、巣鴨病院医長を兼任した。三十七年巣鴨病院長となり、大正八年(一九一九)同院が東京府立松沢病院に改組されたのちも引き続き院長として大正十三年東京帝国大学教授を停年退職するまでその任にあった。同年同大学名誉教授に推薦され、昭和二年(一九二七)にはオランダ国女王より、同七年にはドイツ国大統領よりおのおの勲章を授与された。精神病学に関する多くの業績のほか、若年より医史学に関心をもち、富士川游らとともに日本における医史学を確立した功績は大きい。昭和七年三月二十六日死去。六十八歳。墓は多磨墓地にある。『精神啓微』『精神療法』など十七点の精神医学関係著書のほか、『シーボルト先生其生涯及功業』『東洞全集』など多くの医史学の著書がある。

参考文献 呉博士伝紀編纂会編『呉秀三小伝』

（大塚 恭男）

グロ *Baron Jean Baptiste Louis Gros* 一七九三―一八七〇 フランスの外交官。一七九三年二月八日に生まれる。一八二三年外務省入りしポルトガル・スペイン・エジプト・メキシコ・ニューグラナダ(コロンビア・パナマ)などに在勤、五六年清国にアロー号事件が起るや、英国は市場拡大を背景に遠征を決意したに対し、フランスは主に宗教的理由からグロを特命高等弁務官として派遣、エルギンと協力して清廷をして天津条約を結ばせた(五八年)。赴任に際し外相から対日関係交渉開始の訓令を受けていたグロは、ついで安政五年八月十三日(一八五八年九月十九日)ラプラス号ほか二艦を率いて品川に来航、芝真福寺に宿泊し、これより幕府側全権水野忠徳以下永井尚志・井上清直・岩瀬忠震らと早急に交渉し、九月三日(十月九日)安政五箇国条約の一つ日仏修好通商条約(本文二十二条、貿易章程七則)を調印議定した。内容は条文編成に多少異なるが日英修好通商条約とほとんど同じである。翌一八五九年天津条約の批准の際清国側が発砲した事件から、兵七千を率いて再度清国に渡り、北京条約を結んだ。六二年駐英大使に就任し、翌年退職した。七〇年二月八日没。七十七歳。

参考文献 『ポンペ日本滞在見聞記』(沼田次郎・荒瀬進訳、『新異国叢書』一〇)

（海野 芳郎）

くろいたかつみ 黒板勝美 一八七四―一九四六 明治から昭和時代前期にかけての国史学者。虚心と号す。明治七年(一八七四)九月三日大村藩士族黒板要平の長男として長崎県彼杵郡下波佐見村(東彼杵郡波佐見村)に出生。同二十九年帝国大学文科大学国史科を卒業。直ちに大学院に入って古文書学の研究に従う。一方、田口卯吉の編集出版しつつあった『国史大系』の校訂に従事、その中心となって働く。同三十四年東京帝国大学史料編纂員を命ぜられ、同三十五年には文科大学講師を嘱託せられる。同三十八年東京帝国大学助教授兼史料編纂官に任じ、「日本古文書様式論」の論文により文学博士の学位受領。同四十一年より二ヵ年学術研究のため欧米各国に出張。大正八年(一九一九)史料編纂官兼東京帝国大学教授となり、翌九年からは教授専任となる。昭和十年(一九三五)定年により退官。東京帝国大学名誉教授の称号を授けられる。翌十一年旅行の途次高崎市で倒れ、爾来療養十年、同二十一年十二月二十一日東京都渋谷区の自宅で没。七十三歳。池上本門寺に葬る。法名は文耕院虚心日勝大居士。三十四年の長期間、東京帝大に国史を講じ、多くの後進を育成し、大正・昭和期の国史学の興隆を指導した。専門の業績は日本古文書学の体系の樹立にあり、その応用面で正倉院文書の調査を始め、東寺・金剛峯寺・醍醐寺などの秘庫を開いて、その古文書の整理に努め、史料編纂掛の『大日本古文書』の編纂を主宰した。史籍の研究出版にも努め、田口卯吉の『国史大系』につぎ、昭和四年から『(新訂増補)国史大系』の校訂出版に着手し、昭和の定本としての史籍の普及を成しとげた。このほか学者としての活躍は多方面にわたった。皇室関係では大正十三年臨時御歴代史実考査委員会の委員となって長慶天皇の即位を明らかにし、同年臨時東山御文庫取調掛の嘱託となって御物の整理に尽力した。文部省関係では国宝保存会、史蹟名勝天然紀念物調査会、重要美術品等調査委員会などの委員となって文化財の保存に努め、特に史跡保存の根本方針を定めた功は大きい。農林省の『日本林制史資料』編纂、朝鮮総督府の『朝鮮史』編修の企画指導にあたり、震災で破壊された帝室博物館の復興にもその中心となって活躍した。晩年独力で日本古文化研究所を創設してその所長となり、研究所の最初の事業として藤原宮跡の発掘調査を指導し、藤原宮朝堂院の規模を明らかにしたことは、のちに盛んとなった古代皇居跡研究の先鞭をつけたものである。また社会的事業としては、聖徳太子奉讃会を設立して、太子の事業の宣揚と法隆寺の護持に努め、吉野神宮奉讃会を起して後醍醐天皇の聖徳の顕揚につくした。日光・高野山・醍醐寺などの宝物館もその指導によってできたものである。このような多方面の活躍は人にすぐれた明敏な頭脳と頑健な身体とによって生まれた。性質は一面豪放であるとともに一面細心であり、活動の場は体制側にあることが多かったが、性格としては在野的な傾向が強かった。著書は『国史の研究』『欧米文明記』『義経伝』『福田大将伝』などを主とし、論文を集録した『虚心文集』八冊がある。

[参考文献] 黒板博士記念会編『古文化の保存と研究』、黒板勝美先生生誕百年記念会編『黒板勝美先生遺文』

（坂本　太郎）

くろいわるいこう　黒岩涙香　一八六二―一九二〇　明治・大正時代の新聞人・探偵小説家。文久二年(一八六二)九月二十九日土佐国安芸郡川北村(高知県安芸市)の郷士の家に生まれた。市郎・信子の次男。本名は周六、所適と号し涙香は翻案小説を書くときの筆名。明治十一年(一八七八)大阪英語学校に入り翌十二年上京して慶応義塾に転じ(十四年中退)、十五年輿論社から『雄弁美辞法』を翻訳出版、翌十六年『同盟改進新聞』主筆となり記者生活に入る。十七年『日本たいむす』、十八年『絵入自由新聞』、二十二年『都新聞』の各主筆となり名声を高め、二十五年十一月一日にみずから『万朝報(よろずちょうほう)』を創刊した。同紙は日本における近代的な大衆廉価新聞の鼻祖として新聞史上画期的な新聞とされている。また同紙は社会派的な暴露ジャーナリズムで知られ、相馬事件の報道や蓄妾批判は特に有名で上流特権階級から「蝮の周六」と恐れられた。しかし大衆の人気に投じて経営的には成功し、数年足らずして当時最大の五万部に達した。『万朝報』成功のもう一つの理由は涙香の連載小説で、彼は明治二十年ころから外国探偵活劇小説を日本人向きに翻案した小説を書く作家としても知られていたが、特に『鉄仮面』『巌窟王』『噫無情』など『万朝報』連載の小説は非常な人気を博した。明治三十三年に著名なキリスト教思想家内村鑑三が客員として入社、このころには幸徳秋水・堺利彦(枯川)らの進歩的思想家も記者として在社しており、三十四年七月黒岩は彼らとともに「理想団」を結成し社会改良の啓蒙運動に乗り出した。しかし明治三十六年十月内村らは日露開戦に反対し、やむなしとする黒岩と意見が合わず退社した。黒岩は大正期に入ると実際政治への関心を強く示し、大正二年(一九一三)の憲政擁護運動では第三次桂内閣の倒閣に激しい論陣をはり、翌三年のシーメンス事件批判では新聞記者団の代表として第一次山本内閣弾劾に活躍した。しかし後継の大隈内閣には深く関与し過ぎて『万朝報』もその代弁機関視され不評を招いた。同四年、勲三等に叙され、同八年パリ講和会議に随行記者として渡欧、翌九年十月六日死去した。五十九歳。墓は横浜市鶴見区の総持寺にある。法名は黒岩院周六涙香忠天居士。個性の強い明治型最後の大記者であった。著書に『涙香文選』などがある。

[参考文献] 伊藤秀雄『黒岩涙香伝』、小野秀雄「黒岩涙香」(『三代言論人集』六所収)

（内川　芳美）

クローデル　Paul Louis Charles Claudel　一八六八―一九五五　フランスの詩人・劇作家、外交官。つとにフランス象徴主義詩人ランボーの影響を受け、カトリックに回心した彼は以後古典・神学などから学びとった広い知識と見聞に公的生活での体験を反映させ、厳格なカトリシズムで貫いた作品を発表し今世紀最大の劇詩人といわれる。一八六八年八月六日生まれる。九〇年外交官試験に合格、その間最初の戯曲『黄金の頭』(一八九〇年)、難解な構成をもつ『都会』(一八九二年)を発表、公的生活では九三年米国を皮切りに上海・福州・漢口・天津などで領事活動を行い、ブラジルなどの公使を経て一九二一年(大正十)十一月駐日大使に就任、一度は帰国したが二七年(昭和二)四月駐米大使に転出するまで、外交活動のかたわら日仏文化の交流に尽力し日仏会館の創設に貢献した。その在日中集大成的な戯曲『繻子の靴』(一九二四年)を執筆したが、中国・日本での体験から東洋的な生活・思想を反映させた作品も多い。ベルギー大使を最後に三五年外交官生活を退き以後カトリック的信仰の生活を送った。五五年二月二十三日没。八十六歳。

[参考文献] 『日仏文化』一三(ポール・クローデル生誕百年記念特集号)

（海野　芳郎）

くろかわはるむら　黒川春村　一七九九―一八六六　江戸時代後期の国学者。通称は次郎左衛門、のち主水、号は薄斎、別に本蔭・葵園・芳蘭ともいう。寛政十一年(一七九九)六月九日江戸浅草の田原町に生まれ、家は陶器類などを商っていたが、弟に譲って本所横網町に住み、狂歌を二代目浅草庵に学び三代目浅草庵となったが、のちに和歌に移り国学を修めて、江戸の学界で重きをなした。その学系ははじめ狩谷棭斎らに疑を質したので棭斎門下に入れる説もあるが、師弟関係ではない。江戸の国学者の清水浜臣・岸本由豆流・村田了阿・北静廬・伴信友・塙忠宝・山崎知雄などと交わった。学風は本居宣長の著書から学ぶことが多かったが、復古思想を受け継ぐことはなく、もっぱら考証を重んじ、国語文法から金石文・古美術・古芸能などまで博識を長所とした。すなわち国学諸派のうち、江戸の考証派を代表する一人と見ることができる。その性格は篤実で名利に近寄らなかったが、信濃須坂藩主堀直格と旗本那須家には好学のことで親しく出入りし、堀侯の花廼家文庫の屋代弘賢旧蔵書を整理して『池底叢書要目』を編した。門人には上野桐生など機業地の豪家があり、そのうち金子氏を養子として家学を継がせたものが、明治の国学者黒川真頼である。慶応二年(一八六六)十二月二十六日本所の居宅で病死。六十八歳。法号東風院道秀居士。浅草新堀端永見寺(台東区寿二丁目)に葬る。著書は『碩鼠漫筆』『墨水雑鈔』『音韻考証』『猿楽考証』『金石銘文鈔』などがある。

参考文献　清宮秀堅『古学小伝』、黒川真道「会員談叢」五(『集古会誌』壬子四)　(伊東多三郎)

くろかわまより　黒川真頼　一八二九―一九〇六　江戸・明治時代の国学者。文政十二年(一八二九)十一月十二日、上野国山田郡桐生町(群馬県桐生市)の機業家金子吉右衛門の子として生まる。幼名嘉吉、通称寛長、のちに真頼、号は荻斎。幼時十三歳で江戸の国学者黒川春村に国語・国文・音韻・和歌を学び、十九歳で『三代集拾玉抄』を著述、ついで『新勅撰愚考』『新撰上野国志沿革図説』を著わしもっぱら著述に励んだ。慶応二年(一八六六)三十八歳の時、師の黒川春村の遺言によりその学統の後継者となるに及んで、黒川の家名を継ぎ、家業を捨てて、翌年江戸の日本橋小網町に移住し、門弟に教授し、次第に学名が挙がった。明治維新後は官途につき大学少助教・文部権大助教・元老院権大書記生を累任、文部省・内務省・農商務省を通じて博物局博物館(東京国立博物館の前身)の創設時代に史伝・図書課長として貢献し、また木村正辞・横山由清らと『語彙』編纂をはじめ『工芸志料』『考古画譜』『古事類苑』帝王部の編集を行い、多くの論文を発表し、東京大学講師・東京学士会院会員・御歌所寄人・内国勧業博覧会審査官を勤め、また帝国博物館・御歌所・帝国大学・東京美術学校・東京音楽学校に重要な位置を占めるなど幅広く学界・美術界に活躍した。晩年の明治三十二年(一八九九)以降は起居不自由となり公職を離れて療養に専念し、同三十九年八月二十九日、浅草小島町の自宅で没。七十八歳。彼は学者とともに黒川家累代の蔵書家として有名。著作は『黒川真頼全集』全六巻その他多い。法名文良院学山真頼居士。墓は東京都台東区谷中の天王寺。

参考文献　甲斐知恵子・石田淑子「黒川真頼」(『近代文学研究叢書』八所収)　(樋口　秀雄)

くろかわりょうあん　黒川良安　一八一七―九〇　幕末・明治時代の蘭学者。名は弼、号は静淵、晩年には自然とも号した。良安は字である。文化十四年(一八一七)二月四日越中新川郡黒川(富山県中新川郡上市町)に黒川玄竜の子として生まれた。文政十一年(一八二八)父に従って長崎に行き、吉雄権之助に蘭語を、シーボルトに医学を学んだ。天保十一年(一八四〇)帰国し、一時金沢藩医となったが、翌十二年江戸に出て坪井信道の門に入った。弘化元年(一八四四)佐久間象山を識り、象山に蘭学を教え、みずからは象山より漢学を学んだ。同三年金沢藩侯の侍医となり、藩校壮猶館の設立に尽くし、安政元年(一八五四)同教授となる。同四年幕府の蕃書調所教授手伝となったが、やがて辞し、文久元年(一八六一)金沢藩種痘所頭取となり三年後一時辞したが、慶応元年(一八六五)復職し、同三年養生所詰となる。明治三年(一八七〇)金沢藩医学校創設の任にあたり、のち教頭となったが、同四年老齢を以て辞職した。明治二十三年九月二十八日東京の自宅にて死亡。七十四歳。墓は東京都港区の青山墓地にある。法名は良安院静淵居士。

参考文献　岡崎桂一郎「黒川良安之伝」(『刀圭新報』四ノ八・九)　(大塚　恭男)

くろきためもと　黒木為楨　一八四四―一九二三　明治時代後期の陸軍軍人。弘化元年(一八四四)三月十六日、鹿児島藩士帖佐為右衛門の三男として生まれ、のち黒木家を継ぐ。戊辰戦争に参戦、明治四年(一八七一)四月、上京して御親兵隊に入り大尉となった。爾後累進し、同二十六年十一月、中将に昇って第六師団長となり、この職で日清戦争に出征し、威海衛の攻撃に参加した。その功により男爵を授けられる。日露戦争では、大将として第一軍司令官に任じられ、戦争勃発とともに韓国に上陸し、鴨緑江の緒戦に勝利を得、ついで露将クロパトキン軍の中堅にあたり、善謀善戦、黒木軍の勇名を遠く海外にまで轟かした。戦功により伯爵を賜わったけれども、ついに元帥の栄冠が与えられずに、明治四十二年後備役に入ったことは、部内外の意外とするところであった。彼は典型的の武将ともいうべく、終始一貫戦将としての立場にあって、部下をして仰いで山岳の重きを感ぜしめた。大正六年(一九一七)四月に枢密顧問官に親任され、同十二年二月三日没。八十歳。墓は東京都府中市の多磨墓地にある。　(松下　芳男)

くろさわあきら　黒澤明　一九一〇―九八　昭和時代の映画監督。明治四十三年(一九一〇)三月二十三日、東京に生まれる。京華中学卒業。はじめ画家の道を歩むが昭和十一年(一九三六)にＰＣＬに助監督として入社、同十八年に東宝で「姿三四郎」を第一作として監督になる。二十五年の「羅生門」が翌年ベネチア映画祭でグランプリを受賞。これはそれまで国際的にほとんど知られていなかった日本映画の存在が世界で有数のものとして知られるきっかけとなった。以後黒澤明自身も一作ごとに世界の注目を集め、世界の巨匠の一人として広く影響を与えた。主な作品には「生きる」(二十七年)、「七人の侍」(二十九年)、「蜘蛛巣城」(三十二年)、「用心棒」(三十六年)、「赤ひげ」(四十年)、「影武者」(五十五年)、「乱」(六十年)、などがある。映画的造形の力強さは圧倒的であり、内容はヒューマニズムの精神に富んでいる。平成十年(一

九九八）九月六日没。八十八歳。（佐藤　忠男）

くろさわようじろう　黒沢鷹次郎　一八四九―一九一九　明治・大正時代前期の銀行家。嘉永二年（一八四九）十一月二十三日、信濃国佐久郡穂積村（長野県南佐久郡八千穂村）の商人黒沢利左衛門の長男に生まれた。家業の酒造業・太物仲次業に従事しつつ、明治初年には上田や横浜に出かけて輸出生糸の取引を行なった。明治九年（一八七六）郡内の有力者らと金融機関彰真社を長野町（長野市）に開き、翌十年には上田第十九国立銀行の設立を発起し、取締役に就任した。同行は上田町（長野県上田市）の生糸商人や諏訪郡の器械製糸家に生糸荷為替などの金融を盛んに行なったが、十年代後半不振に陥り、二十年一月黒沢が頭取に就任した。黒沢は大株主茂木惣兵衛の助言をもとに製糸金融の積極化を通じて行運の挽回をはかり、日本銀行ほか京浜の諸行から資金を仰ぎつつ荷為替前貸や問屋引受為手割引などを試み、二十七年上田倉庫、四十二年諏訪倉庫を設けて繭担保金融を盛んに行なった。大正八年（一九一九）一月二十七日、第十九銀行頭取のまま病没。七十一歳。墓は長野県南佐久郡八千穂村穂積の黒沢家の墓地にある。法名は慈光院大観景義居士。

参考文献　江口善次・日高八十七編『信濃蚕糸業史』上、山口和雄編『日本産業金融史研究』製糸金融篇、『八十二銀行史』（石井　寛治）

くろしまでんじ　黒島伝治　一八九八―一九四三　大正から昭和時代にかけての小説家。明治三十一年（一八九八）十二月十二日香川県小豆島の苗羽（のうま）村（小豆郡内海町）の生まれ。父は兼吉、母はキク。上京後早稲田大学に入ったが中退。同郷の壺井繁治と親交、チェホフや志賀直哉の文学に傾倒、同人雑誌『潮流』に拠り処女作『電報』を発表、つづいて『文芸戦線』に掲げた『銅貨二銭』（のち『二銭銅貨』と改題）、『豚群』によって認められた。いずれも農村の実態を手堅いリアリズムの手法で追求した農民小説の佳作である。ついで軍隊生活、シベリア出兵の体験を生かし、『橇』『雪のシベリア』『渦巻ける烏の群』などを発表、特に昭和三年（一九二八）二月、『改造』に掲げた『渦巻ける烏の群』は、荒涼たるシベリアの広野を背景に展開した叙事詩的性格を持った反戦小説の傑作である。プロレタリア文学運動に加わったが、自己のペースをくずさず、地味で着実な作品を書いた。唯一の長編に中国の済南事件を題材とした『武装せる市街』があるが発禁となった。プロレタリア文学運動弾圧後は、故郷で病を養い、戦時下の昭和十八年十月十七日病没した。四十六歳。小豆島芦ノ浦（内海町）の自宅にある墓地に葬られた。なお作品のほぼ全部のものが『黒島伝治全集』全三巻に収められている。（紅野　敏郎）

くろだいちい　黒田一葦　一八一八―八五　福岡藩士。三左衛門一整・播磨・溥整、退隠後暁心・一葦。本姓は加藤、初代又左衛門一成が黒田孝高（如水）の急を救い黒田姓と藩内最高の禄を与えられた。文政元年（一八一八）に九代清定の次男として生まれた。幕末にあたり開明的藩主長溥の老臣として藩政を左右。藩は二条・一橋両家の影響下に公武合体路線を歩んだのに対し元治以来矢野梅庵・加藤司書らを登用、時世に即応して政策を修正しようとしたが藩主と対立、慶応元年（一八六五）の末退隠謹慎を命ぜられかつ勤王派は一掃された。同三年王政復古の令発せられてのち幽閉を解かれて復職し困難な事態の収拾に努め、明治十八年（一八八五）十二月十三日六十八歳で病没。知行地朝倉郡三奈木村（甘木市）清岩寺に神葬。従四位追贈。ただ一葦は藩主の「蘭僻」に対して批判的で、近代的軍備の充実を制約するという保守的一面を有していた。

参考文献　江島茂逸『旧福岡藩大老黒田一葦老』（檜垣　元吉）

くろだきよたか　黒田清隆　一八四〇―一九〇〇　鹿児島藩出身の維新の功臣で明治の政治家、元老。通称は了介、天保十一年（一八四〇）十月十六日鹿児島城下の下級藩士の家に生まれた。父は清行、長男の了介は成年にして家をつぎ、砲隊に入り、武人としての素養を積んだ。幕末動乱の中にあって西郷隆盛らを助け、薩長連合の成立に奔走するところがあった。戊辰戦争には官軍参謀として北越・庄内・蝦夷地に転戦した。特に箱館に根拠をおいた旧幕軍との戦闘を指揮し、明治二年（一八六九）五月主将榎本武揚らを降伏せしめたことは、黒田のもっとも顕著な功績で、その後敗将榎本の助命に黒田が奔走し、榎本もまた放免後開拓使出仕として黒田を助けるという関係も生まれた。黒田は戊辰の軍功により賞典禄七百石をうけた。明治二年七月外務権大丞、十一月兵部大丞に任ぜられるが、そのころようやく烈しくなった樺太をめぐる対露強硬論に反対して北方問題にかかわることになり、翌三年五月には開拓次官に任ぜられ、樺太専務を命ぜられた。この年七月樺太に出張し、十月帰京したが、その見聞にもとづき、樺太よりは北海道の開拓に力を注ぐべきこと、継続的に開拓経費を投入し欧米の開拓方法に学ぶべきことなどの見解を固め、これを建議した。四年正月から六月まで、命ぜられて欧米を訪ね、特にアメリカでは北海道開拓の顧問たるべき指導者を求め、農務長官ホレス＝ケプロンほか三名の招聘を決した。帰国していわゆる開拓使十年計画を策定、十月には開拓長官の欠員に伴い、次官をもって長官代理となった。これ以後十五年に開拓使が廃止されるまでの十年あまり、黒田は北海道開拓の最高責任者であった。この間、明治六年十一月に屯田兵創設を建議してその允可をうけ、その責任者として軍務にもかかわることになり、七年六月に陸軍中将兼開拓次官、八月には陸軍中将兼参議開拓長官に任ぜられた。また、江華島事件に際しては九年一月特命全権弁理大臣として副使井上馨とともに朝鮮に航し、二月日朝修好条規を結んだ。さらに、十年の西南戦争に際しては、征討参軍として兵卒・巡査を率い、総督を輔佐して平定の功を奏し、その軍功によって勲一等旭日大綬章をうけた。北海道開拓の責任者として、多額の国費を投入し、大胆な西洋技術の導入を試み、強引と思われるほどに事業の推進をはかったことが、開拓の基礎づくりや近代化を促進した点も少なくないが、一面では独断専行や薩摩閥に偏向する性格が目立ち、開拓事業としても官営独占事業に傾いた欠陥があった。いわゆる開拓使官有物払下げ事件は、官営事業の非能率性と開拓官僚の閥的性格に対する批判だったと見られる。十五年開拓長官を免ぜられて内閣顧問の閑職に退いたが、薩摩閥の巨頭としてその勢力は無視できないものがあり、十八年内閣制度の創出に先立って、新しい政界の中心に擬せられたこともあった。しかし、性格は直情径行、酒乱の傾向ありとされ、明治十一年その夫人の死は黒田の酔余の斬殺によるものだと噂された。そのため、明治天皇の信任も必ずしも厚からず、内閣制度や憲法体制への主導権を長州閥の伊藤博文らに奪われることになった。この間、十七年七月には伯爵を授けられた。十九年六月から翌年四月にかけて、シベリアから欧米を漫遊し、その見聞を『環游日記』(明治二十年、二巻本と三巻本がある)に残した。二十年農商務大臣となり、二十一年には枢密院議長に転じた伊藤のあとをついで内閣総理大臣となった。二十二年憲法発布の式典を遂行したほか、国会開設にそなえて大隈重信・後藤象二郎らを入閣せしめて広い支持基盤の獲得を期待したが、大隈の条約改正断行を支持して、その失敗とともに下野した。同年枢密顧問官となり元老の待遇を与えられたが、これ以後政治家としての勢力は振るわなかった。二十五年逓信大臣、二十八年枢密院議長などを歴任。明治三十三年八月二十三日脳出血で死亡、同月二十五日死去公表。六十一歳。墓は東京都港区の青山墓地にある。

参考文献 井黒弥太郎『黒田清隆』(『人物叢書』一七六)、『新北海道史』三
（永井 秀夫）

くろだきよつな 黒田清綱 一八三〇—一九一七 幕末・維新期の鹿児島藩の志士。明治時代の官僚政治家。天保元年(一八三〇)三月二十一日、鹿児島藩士清直の子に生まれる。明治維新には国事に奔走。慶応二年(一八六六)三月、三条実美ら五卿を筑前大宰府に警固し、その活躍によって名を挙げる。明治元年(一八六八)には山陰道鎮撫総督参謀として西園寺公望総督に従う。翌二年鹿児島藩藩政改革では参政に就任し、藩制刷新につとめた。翌三年中央政府に出仕し、弾正少弼、翌四年東京府大参事、五年には教部少輔となり、一時文部少輔を兼任した。同八年元老院議官となり、同二十年子爵を授けられた。議会開設後は貴族院議員となり三十年七月まで在任。三十三年枢密顧問官に任ぜられ没年までその地位にあった。早くから歌道を志し、八田知紀について学び、滝園社を興して門弟を指導した。大正六年(一九一七)三月二十三日没。享年八十八。墓は東京都港区西麻布の長谷寺にある。洋画家清輝はその嗣子。

参考文献 内閣修史局編『百官履歴』下(『日本史籍協会叢書』)
（由井 正臣）

くろだせいき 黒田清輝 一八六六—一九二四 明治・大正時代の洋画家。慶応二年(一八六六)六月二十九日鹿児島高見馬場に薩摩藩士清兼の長男として生まれた。明治五年(一八七二)東京に移り、伯父清綱の養嗣子として成長した。はじめ外国語学校に入学してフランス語を学んだが、同十七年法律研究のためパリに留学した。同二十年山本芳翠らに勧められて法律大学を退き、洋画の研究に転じ、外光派の画家ラファエル＝コランに師事した。同二十四年「読書」がソシエテ＝デザルティスト＝フランセのサロンに、同二十六年「朝妝」がソシエテ＝ナショナル＝デ＝ボザールのサロンに入選した。この年アメリカ経由で帰国した。同二十七年久米桂一郎と天真道場を設けフランス風の教育を行なった。はじめ明治美術会に出品したが、同二十九年久米らと白馬会を結成し、その展覧会に毎回出品した。彼のもたらした外光派の明るい画風は、わが美術界に大きな影響を与えた。また、同二十八年第四回内国勧業博覧会の審査官となり、「朝妝」を出品して妙技二等賞を受けたが、裸体画なので囂々たる世論をまき起した。同年東京美術学校に西洋画科が新設されるに際し講師となり、同三十一年教授となり、その逝去に至るまで同校のために尽力した。同三十三年から翌年にわたり再び渡欧した。同四十年文展の創設に参画してその審査員となり、多くの作品を発表した。同四十三年洋画家として最初の帝室技芸員を命じられた。大正二年(一九一三)国民美術協会を創設してその会頭となった。同八年帝国美術院の創立に尽力してその会員となり、同十一年同院長を仰せ付けられた。また同九年には貴族院議員に選ばれ、政治や海外とくにフランスとの文化交流に尽瘁した。その作品は、「昔語り」のような装飾壁画風のものもあるが、多くは率直な自然描写が多く、またこれらがすぐれている。代表作に「読書」(東京国立博物館蔵)、「舞妓」(同、重要文化財)、「湖畔」(東京国立文化財研究所蔵)、「智感情」(同)、「鉄砲百合」(ブリヂストン美術館蔵)などがある。大正十三年七月十五日東京で没した。五十九歳。墓は港区西麻布の長谷寺にある。遺言によって美術研究所(東京国立文化財研究所)が設立された。『黒田清輝作品全集』(大正十四年)、『黒田清輝日記』全四巻(昭和四十一年(一九六六)—四十三年)がある。

参考文献 隈元謙次郎『黒田清輝』、同『黒田清輝』(『日本近代絵画全集』二)、同編『黒田清輝』(『近代の美術』六)
（隈元謙次郎）

くろだとしお 黒田俊雄 一九二六—九三 昭和時代の歴史学者。日本中世史を専攻。大正十五年(一九二六)一月二十一日、富山県東礪波郡庄下村大門(砺波市)に生まれる。県立礪波中学校、第四高等学校文科(甲類)を経て、京都大学文学部に入学、昭和二十三年(一九四八)史学科(国史学専攻)卒業。引き続き大学院に進み、三十年神戸大学教育学部講師となり、三十五年助教授、三十六年大

阪大学に転じ文学部助教授、五十年教授となり、五十八年文学博士。評議員、学部長を勤めて、平成元年（一九八九）停年退官ののち、大谷大学教授となり、現職のまま五年一月二十六日、京都で没。六十七歳。この間、昭和五十六年には日本学術会議第十二期会員となり、以後第十三期・第十四期には、第一部幹事、同部長を勤めた。また歴史科学協議会の代表委員となり、日本科学者会議でも活躍した。『羽曳野市史』『豊中市史』の編纂委員長、『富山県史』『伊丹市史』の編纂委員をも勤めた。著書に『蒙古襲来』（中央公論社『日本の歴史』八、昭和四十年）、『荘園制社会』（『体系・日本歴史』二、四十二年）、『日本中世封建制論』（四十九年）、『日本中世の国家と宗教』（五十年）、『現実のなかの歴史学』（五十二年）、『寺社勢力』（五十五年）、『歴史学の再生―中世史を組み直す―』（五十八年）、『王法と仏法―中世史の構図―』（同年）、『日本中世の社会と宗教』（平成二年）などがあり、『黒田俊雄著作集』全八巻が刊行されている。日本中世の国家権力が公家・寺社・武家など諸権門の相互補完関係によって成り立っているとみる「権門体制論」を提起、さらに顕密仏教を中心とする寺社勢力の研究を進め、学界に大きな影響を与えた。

参考文献 『歴史評論』五二八（特集黒田俊雄と歴史学）、井ヶ田良治「黒田俊雄氏の人と学問」（『日本史研究』三七〇）
（大山　喬平）

くろだながひろ　黒田長溥　一八一一―八七　幕末の福岡藩十一代藩主。島津重豪の第九子として文化八年（一八一一）三月一日江戸高輪の藩邸で生まれた。母は牧野千佐子。幼名は桃次郎。文政五年（一八二二）黒田斉清の養子となり、長溥と改め官兵衛と称す。字は子観、竜厩・霞関と号し、致仕後は撃成と称した。同八年に元服、将軍の偏諱を受け松平斉溥と改め従四位下美濃守に叙任、天保五年（一八三四）襲封した。実父・養父の蘭学好みの感化で開明思想をもち、ペリー来航に際し幕府の諮問に答えて積極的開国論を主張した少数派大名の一人である。安政五年（一八五八）時勢匡救に関する勅諚を賜わり、文久二年（一八六二）内勅に応じ上京し、勅使を護衛して江戸へゆき公武間を周旋した。その後は熊本・鹿児島藩と連合しての国事周旋・公武合体路線の強化をめざした。翌三年八月十八日の政変後の内勅には宿痾のため嗣子長知を上京させ、長州赦免を朝幕に訴え、翌春帰途に長知は毛利世子と会い、長州藩と朝幕間の周旋、五卿の周旋を約束した。帰国後その功で長溥は宰相に昇進した。第一次長州征討には鹿児島藩と結び奔走し、これを不戦・講和に導いた功績は大きい。また講和条件の一つの五卿移転を実現したが、五卿全員の宰府遷居は彼らの希望をそのまま受けいれた同藩勤王激派の策動で、長溥の意向はあくまで佐幕勤王・公武合体にあった。この功で慶応元年（一八六五）春に福岡藩には勤王政権が成立した。長溥はこれと結んで保守派家老を抑え、かねて待機した藩主権力の確立を計ったが、彼らの下剋上的な動きに身の不安を覚え、十月には彼らを徹底的に処刑して潰滅させ、以後佐幕一辺倒となった。ここに彼の政治的生命はほぼ終った。その藩政の一特色は蘭学吸収に積極的であったことである。文政十一年にはじめて養父と長崎に赴いてシーボルトに会い爾後交際を続け、また長崎海軍伝習所付属の医学校設立の資金難に際しては巨額を寄付し、他藩の蘭学者をも経済的に援助した。民政にも注意し、嘉永二年（一八四九）種痘法の伝来に際しては保守派の反対を押し切って採用し、文久のコレラ流行に際しても城内で特効薬を造らせ無料配布させた。また藩士をつぎつぎと長崎に派し医学・軍事科学その他を学ばせ、西洋式軍隊調練を実施した。弘化二年（一八四五）早くも博多中之島に精錬所を設け殖産興業を計ったが、保守派の反対と財政難で永続せず、成功したのは硝子・肝油の製造、写真術くらいであった。長溥は一面豪放で、一面また神経鋭敏であったといわれ、優れた素質をもちながら、それを藩主として充分に発揮し得なかった憾みがある。明治二年（一八六九）二月に致仕し家督を長知に譲った。十年の西南戦争に際しては、長知洋行中につきみずから諭書を旧藩士へ示して軽挙を戒め、また勅使に従って鹿児島に至り久光父子と会って周旋するところがあり、その功で十三年に麝香間祗候となった。同二十年三月七日に七十七歳で没した。墓は東京の青山墓地にある。没前に従二位に叙せられた。

参考文献 香月恕経稿・江島茂逸補訂『従二位黒田長溥公伝』（九州大学中央図書館蔵）、江島茂逸『撃成黒田長溥公伝』、西尾陽太郎「黒田長溥と筑前勤王派」（『史淵』九八）
（井上　忠）

くろだひさお　黒田寿男　一八九九―一九八六　昭和時代の社会運動家、政治家。明治三十二年（一八九九）四月十四日岡山県に生まれる。大正十二年（一九二三）東京帝国大学法学部卒業。無産運動に入り日本農民組合の顧問弁護士となった。同十五年労働農民党の結成に加わったが、同党禁止ののち無産大衆党・労農大衆党を経て、昭和七年（一九三二）社会大衆党の創設に参画。同十一年・十二年岡山一区から衆議院議員に当選。同十二年人民戦線事件で検挙。第二次世界大戦後日本社会党に入党し、同二十一年から四十四年まで三十年の総選挙を除いて毎回衆議院議員に当選（戦前と合せて十二回）。この間、同二十三年芦田内閣の時、与党内にありながら予算案に反対して社会党を除名され、労働者農民党を結成し主席となった。同三十二年両党統一により社会党に復帰し党内左派の論客として安保改定反対運動に活躍。党の統制委員長・日本農民組合中央委員長をつとめた。親中国派として知られ日中友好協会正統本部会長。同四十七年引退。昭和六十一年十月二十一日急性肺炎のため神奈川県川崎市の高津中央病院で死去。八十七歳。

参考文献 寺田晃夫他編『歴代国会議員名鑑』中
（鳥海　靖）

くろだひでお　黒田英雄　一八七九―一九五六　昭和時代の官僚、政治家。明治十二年(一八七九)九月岡山の士族の家に生まれ、三十八年東京帝国大学法科大学を卒業、大蔵省に入り、参事官兼大臣秘書官、銀行・主税各局長を経て、大蔵次官に就任。昭和九年(一九三四)帝人事件に連坐して休職となった。これよりさき昭和七年貴族院議員に勅選された。大東京鉄道株式会社社長、東京開成中学校校長。同二十二年参議院議員に当選。同三十一年十一月一日死去。七十七歳。（伊藤　隆）

クロパトキン　Aleksei Nikolavich Kur-opatkin　一八四八―一九二五　ロシアの将軍。日露戦争での陸軍総司令官。一八四八年三月二十九日生まれ。六四年軍に入り、六八年サマルカンド占領に参加、七五年カシュガルで外交事務に従事、七六年のコーカンド征服で戦場勤務を体験した。七七年から七八年の露土戦争には歩兵師団の参謀として従軍、詳細な戦闘記録二巻を書いた(八五年)。八二年少将に昇任、九〇年から九八年トランスカスピ管区の軍司令官、九八年陸軍大臣となった。陸軍大臣としては有能であったが、日露戦争での陸軍総司令官としては成功せず、奉天陥落後罷免された(一九〇五年四月)。一九〇六年四巻の回想録を刊行。日本では明治四十三年(一九一〇)に参謀本部訳『クロパトキン回想録』として偕行社から発行された。そのほか著書には The Russian Army and the Japanese War, 2 vols. (1909) などがある。第一次世界大戦がおこると北部戦線司令官となり、一九一六年七月にはトルキスタン軍政長官となったが、一七年四月革命軍に捕えられた。しかし臨時政府によって釈放され、故郷のプスコフ県シェムチュリノへ帰って学校教師として生涯を終えた。二五年一月二十三日没。七十六歳。（中山　治一）

くわきげんよく　桑木厳翼　一八七四―一九四六　明治時代後期から昭和時代前期にかけての哲学者。明治七年(一八七四)六月二十五日、東京牛込に旧金沢藩士桑木愛信の長男として生まれた。母は春。同二十六年に第一高等中学校から帝国大学文科大学哲学科に進み、ケーベル・井上哲次郎らに学び、同二十九年に卒業。翌三十年六月にミューアヘッド『倫理学』の翻訳を刊行した。同三十二年に第一高等学校教授ならびに東京帝大講師となる。同三十三年に『哲学概論』を刊行した。これは日本人の手になる最初の信頼しうる哲学概説書として、最も広くまた最も長く読まれた。また同年から翌年にかけてビンデルバント『哲学史要』の抄訳書を刊行。同三十五年に東京帝大助教授となり、同三十六年に文学博士の学位を受け、同三十九年に京都帝大の教授に転じた。翌四十年から同四十二年までヨーロッパ(主にドイツ)に留学し、大正三年(一九一四)に東京帝大教授に戻り、昭和十年(一九三五)まで在職し、東大哲学科の中心として日本におけるアカデミズム哲学の基礎をきずいた。彼は新カント派的な合理主義・主知主義の立場をとり、やがてそのなかでもドイツ西南学派の文化哲学・価値哲学への傾斜を強めた。そして、その立場から多くの啓蒙的著作を刊行して、哲学の普及とその学問的研究の発展に貢献した。大正六年に刊行した『カントと現代の哲学』は、日本で最初の体系的なカント哲学研究書として広く読まれた。また、大正八年に吉野作造・福田徳三らとともに黎明会を結成して、大正デモクラシー運動の一翼を担い、左右田喜一郎らとともに文化主義を提唱して、大正期の思潮形成に影響を与えた。その後、昭和期に入っても、彼はこの文化主義的自由主義の立場を守り、ファシズムに対しても消極的抵抗の姿勢を維持した。戦後、昭和二十一年に貴族院議員となり、自由党顧問にもなったが、同年十二月十五日に没した。七十三歳。墓は東京都文京区の真浄寺。法名恭厳院釈空寛居士。著作は数多いが、主なものとしては、ほかに『デカルト』(明治三十七年)、『文化主義と社会問題』(大正九年)、『哲学及哲学史研究』(昭和十一年)、『明治の哲学界』(同十八年)、『哲学四十年』(同二十二年)などがある。

参考文献　宮川透『近代日本の哲学』、下村寅太郎・古田光編『哲学思想』(『現代日本思想大系』二四)、生松敬三『大正期の思想と文化』(『現代日本思想史』四)、出隆「桑木厳翼先生のあれこれ」(『理想』三三三)

（古田　光）

くわたくまぞう　桑田熊蔵　一八六八―一九三二　明治から昭和時代初期にかけての経済学者。明治元年(一八六八)十一月十七日、伯耆国久米郡倉吉町(鳥取県倉吉市)に大地主桑田藤十郎の長男として生まれる。同二十六年帝国大学卒業、二十九年に独英仏に留学。三十一年帰国後、論文「生糸工場と社会問題」によって法学博士、帝大・中央大などの講師となる。三十七年、多額納税者として、貴族院議員となる。桑田は、金井延につぐドイツ社会政策学派導入の先駆者であり、社会政策学会設立の中心人物の一人であったが、その政治的立場のゆえに、金井よりはるかに現実感覚に富み、実践的であった。単に国家の分配主義的な介入による階級対立の緩和を主張しただけでなく、労働者・貧民の自助、自主的な慈善活動の重要性を強調し、労働者の経済的、政治的運動にもあるていどまで寛容であった。それゆえ、さまざまな方向に分岐しつつあった明治末から大正初めの社会政策学会の実質的な中心の役割を果たし得た。桑田が政府や各種の団体の顧問として関与した政策は数多く、これらについての論文も多く書かれている。内務省地方局(のちに社会局)を中心とする工場法以降の社会政策、特に貧民対策、慈善事業、労働保険構想、簡易保険、共済組合、産業組合などの政策、さらに第一次世界大戦前後の都市政策の形成を通じて、桑田は常に中心人物の一人であった。また創立時の友愛会の顧問も勤めた。昭和七年(一九三二)十二月十日死去。六十五歳。主著は『工場法と労働保険』『社会政策及工業政策』『(欧洲)労働問題之大勢』など。『(法学博士)桑田熊蔵遺稿集』がある。（下田平裕身）

くわたただちか　桑田忠親　一九〇二―八七　昭和時代の歴史家。江戸時代後期の蘭方医で牛痘接種法の実施・普及に貢献した桑田立斎の裔。明治三十五年（一九〇二）十一月二十一日、東京市麴町区三番町（東京都千代田区）の井伊伯爵邸内に軍人桑田五八郎の長男として生まれる。母芳子は井伊伯爵家家老の薬袋十郎の長女。大正十五年（一九二六）国学院大学国文学科卒業。昭和二年（一九二七）東京帝国大学史料編纂掛に奉職。途中一年間の兵役をはさみ、十四年史料編纂官補。二十年に退職するまで史料編纂事業に従事。主として『大日本史料』の第十一編や『豊太閤真蹟集』などの編纂を担当。二十一年国学院大学文学部教授となり、四十八年定年退職。五十四年名誉教授となる。六十二年五月五日肺炎のため没。享年八十四。墓は東京都台東区橋場一丁目の保元寺にある。専門は安土桃山時代史と茶道史。二十七年『茶道の大成』で文学博士。約七十冊に及ぶ著書の主なものに『豊太閤伝記物語の研究』『大名と御伽衆』『豊臣秀吉研究』『日本茶道史』『千利休研究』『定本千利休の書簡』などがあり、『桑田忠親著作集』全十巻が刊行されている。五十八年には歌会始召人をつとめた。

参考文献　桑田忠親博士古稀記念会編『桑田忠親博士略年譜および著作論文目録』
（二木　謙一）

くわたりっさい　桑田立斎　一八一一―六八　江戸時代後期の蘭方医。越後国新発田の人。名は和、字は好爵、本姓村松氏。文化八年（一八一一）七月十日生まれる。江戸の坪井信道の学塾で蘭学とオランダ医学を学ぶ。天保十二年（一八四一）信道の仲介で種痘医桑田玄真の養子となった。はじめ、玄真より人痘接種法を学んで、これを実施したが、のち蘭医モーニケが将来した牛痘苗の伝来品を得てその接種に成功した。その時よりのち熱心に牛痘接種法の実施・普及に貢献した。『牛痘発蒙』『引痘要略解』その他を著わす。明治元年（一八六八）七月二十七日没。五十八歳。法名は慈行院済誉悲願居士。墓は東京都台東区橋場一丁目の保元寺にある。

参考文献　桑田忠親『或る蘭方医の生涯』
（大鳥蘭三郎）

くわばらじつぞう　桑原隲蔵　一八七〇―一九三一　明治から昭和時代初期にかけての日本における東洋史学の創始者の一人。明治三年（一八七〇）十二月七日、越前国敦賀（福井県敦賀市）に桑原久兵衛の次男として生まれ、京都府立中学校、第三高等中学校を経て、東京帝国大学文科大学に学び、漢学科を卒業し、引き続き大学院に入る。当時東亜の歴史は漢学の一分科として取り扱われていたので、発憤して東洋史学の樹立を志し、大学院在学中の三十一年、『中等東洋史』二冊を著わした。これは中国を中心とする諸民族の興亡を総合的に把握し、いわゆる西洋史と相並んで世界史を構成するものであり、東洋史なる名を学界に定着させるに与って力あった。のちにこの書は改訂されて『東洋史教科書』となり、教師用の『東洋史教授資料』と相まって長く教育界に裨益した。第三高等学校教授を経て、三十二年、東京高等師範学校教授となり、二年間の清国留学を命ぜられ、その間に河南・陝西・山東の各省、東部内蒙古などを旅行し、四十二年帰国して京都帝国大学文学部教授となり、六十歳の定年に至るまで東洋史を講じた。その学風は科学的歴史学を標榜し、事実をつきつめることを第一の主眼とし、この点では清朝の考証学を不十分とした。研究分野では論文「張騫の遠征」、著書『宋末の提挙市舶西域人蒲寿庚の事蹟』などにより東西交渉史に一生面を開き、後者により帝国学士院賞を受けた。また実践の問題として法制史・家族制度に興味をもち、その『中国の孝道』は支持者によって何回かの異版が出版された。昭和六年（一九三一）五月二十四日、京都にて病没。六十二歳。墓は京都市左京区黒谷の常光院墓地にある。その蔵書は遺言により、嗣子武夫の名で京都大学に寄贈され、桑原文庫として別置されている。『桑原隲蔵全集』全五巻別巻一がある。
（宮崎　市定）

くわばらたけお　桑原武夫　一九〇四―八八　昭和時代の仏文学者、評論家。明治三十七年（一九〇四）五月十日、東洋史学の権威、桑原隲蔵と母しんの長男として福井県敦賀郡敦賀町（敦賀市）に生まれる。京都第一中学校、第三高等学校を経て、昭和三年（一九二八）に京都帝国大学文学部フランス文学科を卒業。大谷大学、三高、京大、大阪高等学校、東北帝国大学の教職を歴任。昭和二十三年より四十二年まで京大人文科学研究所教授。第二次世界大戦前には、当時日本で知られていなかったスタンダール、アランを紹介し、『赤と黒』（生島遼一共訳）、『芸術論集』などを翻訳した。戦後は「第二芸術」（『世界』、昭和二十一年十一月）において日本の伝統的短詩型文学を批判したのをはじめ、デューイの経験の理論を摂取して、『文学入門』（二十五年）以下、一連の文学理論の構築を行なった。同時に、近代主義に立つ批評活動は文化百般に及び、戦後思想に強いインパクトを与えた。一方、明治維新を後進国におけるブルジョア革命とみなし、明治的ナショナリズムのもつエネルギーに高い評価を与えたこと、柳田国男・富岡鉄斎・新井白石の学芸の、石川啄木・中里介山・伊東静雄の詩文の独創性に深い共感を示したことを忘れてはならない。桑原の合理主義は、古風の美と力をよく知る人の合理主義であった。京大において人文科学における共同研究を組織し、学問研究のあり方そのものに斬新の風を送り、『ルソー研究』（昭和二十六年）以下、『フランス革命の研究』（三十四年）、『文学理論の研究』（四十二年）など多くの成果を収めた。昭和二十六年以後、七期二十一年にわたって、日本学術会議会員（三十一年以後副会長）。日本の学者・文人としては稀有の行動力をもって、幅広い文化活動に携わった。三十三年京大学士山岳会の隊長としてチョゴリザ初登頂。五十年朝日賞受賞。五十二年から日本芸術院会員。五十四年文化功労者。六十二年文化勲章受章。六十三年四月十日没。八十三歳。墓は父、隲蔵と同じく京都市左京区黒谷の常光院墓地にある。主な文業は、年代順に編まれた『桑原武夫集』(全十巻、昭和五十五―五十六年、岩波書店)に収められており、ほかに主題別に編集された『桑原武夫全集』(全七巻、昭和四十二―四十四年、補巻、四十七年、朝日新聞社、各巻に解説を付す)がある。『桑原武夫集』完結後、『昔の人今の状況』(五十八年、岩波書店)、『日本文化の活性化』(六十三年、岩波書店)が刊行されている。

参考文献　多田道太郎「桑原武夫論」(『新選現代日本文学全集』三四所収)　(松本　勤)

ぐんじなりただ　郡司成忠　一八六〇―一九二四　明治時代の千島拓殖の海軍軍人。万延元年(一八六〇)十一月十七日、幕臣幸田成延の次男に生まれる。のち郡司家を継ぐ。明治五年(一八七二)九月海軍兵学寮に入校し、規定の課程を経て、同十二年十二月海軍少尉補に任ぜられ、爾後累進し、諸勤務を経歴、海軍大尉まで昇進したが、同二十五年十月みずから請うて、翌二十六年一月予備役編入、現役を退いた。これよりさき同八年五月、いわゆる千島・樺太交換条約が締結されて、得撫島以北、占守島までの主要の島十七を日本領とした。しかしこの極北酷寒の不毛の小島には移住者もなく、拓殖など思いもよらなかった。これを憂慮した郡司が現役を退いたのであって、報効義会を組織し、同志を得て、独力で最北の占守島への移住を敢行した。同二十六年三月二十日に東京を出発し、百六十五日を費やして占守島に達した。拓殖は非常な苦労の連続で、十数年の年月を重ねたが、結局尊い先駆者の犠牲にとどまった。大正十三年(一九二四)八月十五日に神奈川県小田原で死亡した。六十五歳。東京池上本門寺に葬られた。文豪幸田露伴・史学者幸田成友・音楽家幸田延・同安藤幸の兄である。

参考文献　広瀬彦太『郡司大尉』　(松下　芳男)

け

ケアリ　Otis Cary　⇨ケーリ

けいしんのうえききょう　慶親王奕劻　Qing qin-wang Yi-kuang　一八三六―一九一六　中国、清朝末期の皇族。乾隆帝の第十七子永璘の孫として道光十六年(一八三六)生まれる。光緒十年(一八八四)、恭親王奕訢が対仏問題で退けられると総理衙門大臣の首班となり、その後二十数年間その地位にあった。同二十年親王に昇格。李鴻章とともに義和団事件(北清事変)の講和折衝にあたり、北京議定書(辛丑条約)を締結した。同二十九年栄禄が死ぬと清朝政府の中心になり、新設された練兵処の長官(総理練兵大臣)として、同じく練兵大臣になった袁世凱・鉄良をして軍隊の近代化を推進させた。しかし、無能で賄賂を貪る奕劻は、袁世凱に操られて袁が勢力をきずくために利用された。宣統三年(一九一一)四月の官制改革により内閣総理大臣になり、いわゆる親貴内閣を組織したが、武昌で革命が起ると、先に免職された袁世凱の起用を進言した。内閣総理大臣になった袁が革命派と通謀して清朝皇帝の退位を策謀したとき、袁の意を受けて皇族会議で共和のやむを得ざることを述べ、その不臣を詰られた。革命後の中華民国四年(一九一五)、袁が帝位に即こうとしたときこれに賛成した。翌五年天津に没した。八十一歳。清朝末年の無能と腐敗を代表した人物である。

参考文献　呉相湘『晩清宮庭実紀』、松島宗衛『清朝末路秘史』、A. W. Hummel: Eminent Chinese of the Ch'ing Period.　(波多野善大)

けいばいきゅう　景梅九　Jing Meijiu　一八八三―?　中国、清朝後期の無政府主義者。名は定成、号は梅九。一八八三年山西省安邑県の生まれ。太原の合徳堂書院を経て、一九〇一年北京の太学堂に入る。〇三年(明治三十六)、山西省留学生として官費で日本に留学し、旧制一高に学ぶ。〇五年、中国同盟会に加盟し、山西同盟分会の議長、山西同郷会の会長をかね、山西鉱権収回闘争に参加した。〇七年、社会主義演説会を傍聴し、幸徳秋水・大杉栄らに傾倒する。留日学生が組織した社会主義研究会に加わり、無政府主義を説く。〇八年帰国し、青島に創設の震旦公学の教員となる。ドックの労働者のストライキを支援し、失職して帰郷。〇九年、西安で教職につき、翌年再び渡日。一〇年帰国して北京で活動。一一年『国風日報』の編輯にあたり、武昌蜂起に呼応して山西革命を画策。南北妥協して袁世凱が北京政府を組織するに及び、『国風報』で論難。以後、西安などでジャーナリストとして活動、第二次世界大戦中に没したという。著書に『留日回顧―一中国アナキストの半生―』(大高巌・波多野太郎訳、『東洋文庫』八一)がある。　(野沢　豊)

ケーベル　Raphael Koeber　一八四八―一九二三　ドイツ系のロシア人。哲学者。一八四八年一月十五日、帝政ロシアのニジニ=ノブゴロド(ゴーリキー市)に生まれた。父グスターフは枢密顧問官であったドイツ系ロシア人、母マリヤはロシア人とスウェーデン人の血が少しまじったドイツ人であった。モスクワ高等音楽学院でピアノを学び、優等の成績で卒業したが、公衆の前で演奏することを嫌い、方針を変えて七三年にドイツに赴きイエナ・ハイデルベルク両大学で哲学・文学を学んだ。ヘッケル・フィッシャーらに師事し、ショーペンハウアーの哲学を研究した。このように教養や血統がドイツ的であったため、国籍はロシアにあったが、ケーベル自身はドイツを祖国とみなしていたという。明治二十六年(一八九三)ハルトマンの推薦で来日し、帝国大学の教師となり、それ以後大正三年(一九一四)まで二十二年間、西洋哲学と西洋古典学を講じた。また、東京音楽学校でピアノを教えた。ケーベルは、西洋文化を根本的に理解するためには、西洋の古典を原典で読む必要があることを力説し、熱心に古典語を教え、古典学を講じて、日本における西洋哲学の本格的な研究方法の確立に寄与した。また、他方では、その広い教養、清らかな人格、個性の確立と成長を求めてやまない真摯な生活態度などによって、多くの若い学生たちに深い感化を与え、いわゆる教養主義の形成と展開に大きな役割を果たした。彼の学風や人格から強い影響を受けた人びととしては、波多野精一(宗教哲学)・深田康算(美学)・魚住影雄(文芸評論)・和辻哲郎(倫理学)・久保勉(ギリシャ哲学)・橘糸重(ピアノ)などがあげられる。大正三年にドイツに帰ろうとしたとき、第一次世界大戦にぶつかり、そのまま横浜の友人宅に寄寓し、大正十二年六月十四日に同地で没した。七十五歳。墓は東京雑司ヶ谷の外人墓地にある。深田康算・久保勉訳『ケーベル博士小品集』三巻(大正八―十三年)は、彼の Kleine Schriften 三巻(一九一八―二五)の訳書であり、そのほかに久保勉訳編『ケーベル博士随筆集』(昭和三年(一九二八)、『岩波文庫』)がある。

参考文献 『思想』二三(ケーベル先生追悼号)、同一三三(ケーベル先生記念特輯) (古田 光)

ケーリ Otis Cary 一八五一―一九三二 アメリカン=ボード派遣のキリスト教宣教師、神学博士(Dr. of Divinity, Amherst Col. 1904)。一八五一年四月二十日生まれる。明治十一年(一八七八)来日、岡山で十年間伝道、のち一時帰国。再び来日して大阪で伝道、同志社神学部でキリスト教を社会的関心からとりあげ社会学の講座を設けようとの要望がようやく実を結んで、同二十五年同校教授となり実践社会学・説教学・ギリシャ語・英語、のちには日本キリスト教史を教えた。大正七年(一九一八)帰国、オグデン(ユタ州)・ロスアンゼルスなどで日本人教会をつくり伝道した。晩年はボストン近郊に隠退した。一九三二年七月二十三日死去。八十一歳。子のフランク Frank・アリス Allice はその志をついで日本伝道に従い、孫のオーティスも太平洋にかける橋の役割をつとめている。主著 A History of Christianity in Japan. 2 vols. (1909) のうち第二巻プロテスタント関係の部は特に高く評価されている。本書のための資料となった図書などは、太平洋戦争時は一時神戸女学院に委託されていたが、現在は同志社大学図書館ケーリ文庫に収められている。ほかに Japan and its Regeneration (1904) の著がある。なお、ケーリ記念奨学金(本部は同志社)が設けられている。 (篠田 一人)

げっしょう 月性 一八一七―五八 江戸時代後期の勤王僧。字は知円、号は清狂。文化十四年(一八一七)誕生。周防国大島郡遠崎村(山口県玖珂郡大畠町)真宗西本願寺派妙円寺十世。父は岩国の光福寺住職祇城、母は妙円寺八世の長女尾上。十五歳から遊学、豊後の広瀬淡窓塾(咸宜園)に漢籍を、熊本で仏教を学び、のち諸国を遍歴して詩人や儒者と交わった。特に村田清風・吉田松陰・頼三樹三郎や安芸国同派の勤王僧黙霖などと親交を結んだ。嘉永元年(一八四八)自坊で清狂草堂を開塾した。安政三年(一八五六)十月『仏法護国論』一巻を著わし、尊王攘夷の具体策として海防策を説いたが、それは仏教によってキリスト教を排撃し護国意識を喚起するという、護国・護法・防邪の一体を主張するものであった。本書は程なく刊行され、直ちに数版を重ねて長州藩の志士やひろく護法家の間に読まれた。同年、西本願寺広如に招かれ、『護法意見封事』を提示して勤王海防を説き、得業の学階を得て東山別院に住んだ。ついで梅田雲浜・梁川星巌らと交わったが、紀州海防を論じ安政四年四月単身紀州藩に出かけ、大いに自説を陳べた。同年帰郷、翌五年西本願寺より蝦夷開教使を命ぜられたが病のため果たさず、同年五月十一日郷里で没した。四十二歳。墓は妙円寺にある。明治二十四年(一八九一)贈正四位。著書はほかに『清狂遺稿』二巻、『近世名家文鈔』八巻、『鴉片始末考異』一巻など。生前、海防僧と呼ばれ、二十七歳東遊時に詠んだ「男児立志出郷関、学若無成不復還、埋骨何期墳墓地、人間到処有青山」の詩は人口に膾炙されている。

参考文献 神根悊生『(明治)維新の勤王僧』、三坂圭治監修『(維新の先覚)月性の研究』、圭室諦成監修『日本仏教史』三、妻木直良「周防勤王僧月性に就て」(『竜谷大学論叢』二六五) (柏原 祐泉)

ケプロン Horace Capron 一八〇四―八五 農政家、開拓使教師頭取兼顧問。一八〇四年八月三十一日、アメリカのマサチューセッツ州に生まれる。明治四年(一八七一)正月明治政府は北海道開拓のために開拓次官黒田清隆を派し、米国大統領グラントに人材の派遣を請うた。大統領は当時合衆国農務局長である退役陸軍少将ホーレス=ケプロンを推し、ケプロンは職を辞し、開拓使教師頭取兼顧問として年俸一万ドルを支給され、化学技師アンチッセル、土木技師ワーフィールド、医師エルドリッジとともに七月赴任し、八月二日天皇に拝謁して勅語を賜い、直ちに北海道開拓の大方針を樹立し提出した。以来同八年六月末帰国までこの位置にあり、五年には測量・地質・鉱物・器械・農業などの技師を多く米国より雇い入れ、これを指揮して種々の基礎的な調査、道路の建設、新技術の輸入、技術者の育成などにあたり、毎年その結果を巡視し、報告書を提出して指導的意見を述べ、北海道開拓の基礎確立に貢献した。去るにあたり、自己および部下米人技師の報文中重要なものをまとめて、開拓長官に提出した。開拓使はこれを原文および訳書『開拓使顧問ホラシ・ケプロン報文』として刊行した。これは開拓使の開拓事業の基礎を示す重要なものである。一八八五年二月二十二日ワシントンで病没。年八十。未刊だが自叙伝 Memoirs of Horace Capron がある。

参考文献 逢坂信忢『黒田清隆とホーレス・ケプロン』、北海道総務部行政資料室編『北海道開拓功労者関係資料集録』下 （高倉新一郎）

けむやませんたろう 煙山専太郎 一八七七―一九五四 明治から昭和時代にかけての歴史家。明治十年（一八七七）六月三日岩手県九戸郡久慈（久慈市）に煙山猶奴・登勢の長男として生まれる。同三十五年東京帝国大学文科大学哲学科卒業、同年早稲田大学に迎えられ、政治経済学部および文学部史学科において西洋近世史・最近世史・政治史を講じた。大正十一年（一九二二）ヨーロッパ各国を視察。昭和二十三年（一九四八）早稲田大学を停年退職、同大学名誉教授となる。同二十九年三月二十一日広島で没。七十六歳。墓は盛岡市名須川町の東顕寺にある。世界史、特に最近世史の動向を歴史の該博な知識と透徹した史観をもってとらえた。また大学卒業前後から長年にわたり、有賀長雄をたすけて『外交時報』に海外事情についての論陣をはった。主著に『西洋最近世史』『世界大勢史』『独逸膨脹史論』『英国現代史』『征韓論実相』、『欧米人の日本観』（三巻のうち上巻を煙山が編集）、『泰西英傑伝』五巻などがあり、またセーニョボス『西洋文明史』『欧洲現代文明史』、ドビドゥル『欧洲最近外交史』の翻訳などがある。

参考文献 京口元吉「久米、浮田、吉田、煙山、野々村 早稲田史学先達の業績」（早稲田大学七十五周年記念出版社会科学部門編纂委員会編『近代日本の社会科学と早稲田大学』所収）、増田富寿・小林正之「煙山専太郎先生著作目録」（『史観』三四・三五合併号）、小林正之「煙山専太郎先生の回想」（同四二） （大畑篤四郎）

げんげんどう 玄々堂 ⇨松本儀平（まつもとぎへい）

こ

こいきん 顧維鈞 Gu Weijun 一八八八―一九八五 中華民国の国民政府の外交官、政治家。一八八八年誕生。中国江蘇省嘉定の人。上海セント＝ジョーンズ大学および米国エール大学卒業。コロンビア大学で哲学博士号取得。中華民国初期の「若き中国外交官」グループの代表的人物として、軍閥政府に協力しながらもその豊富な近代的知識を駆使して不平等条約撤廃に活躍。帰国後一九一二年外交部秘書参事、一五年駐墨、一六年駐米公使。一九年のパリ講和会議および二一―二二年のワシントン会議では中国全権として活躍した。その後、直隷派軍閥の政治家となり、二二年外交総長、二六年国務総理に就任したため国民革命軍と対立したが、北伐後は張学良の後援で三一年外交部長に復帰し、三二年リットン調査団の中国側委員、三三年国際連盟中国代表、三五年以後駐仏・駐英・駐米各大使を歴任した。五六年台湾の総統府資政、五七年国際司法裁判所判事に就任したが、六七年引退してアメリカに定住した。なお、欧米ではV. K. Wellington Kooの名で知られる。著書に『中国における外国人の地位』The Status of Aliens in China (1912)がある。

参考文献 植田捷雄編『現代中国を繞る世界の外交』 （宇野重昭）

こいけくにぞう 小池国三 一八六六―一九二五 明治・大正時代の証券業者。慶応二年（一八六六）四月十日、甲斐国甲府柳町に浅川友八・よしの五男として生まれた。梁木小学校卒業後、明治十一年（一八七八）知人の紹介で若尾逸平家に奉公、商家の経験を積み、十九歳で小池新助の養嗣子となった。二十三年若尾が貴族院議員になると、神戸挙一とともに秘書役を勤める傍ら、経済学・英語を学んだ。二十八年同家を辞し、一時小布施商店に身を置いたのち、三十年四月小池国三商店を開いて株式仲買人として独立、間もなく兜町一の鞘取屋として知られるようになった。四十年小池合資会社（資本金百万円）に改組、国有化関係鉄道株で巨利を挙げ、四十二年渡米実業団の一員となり、四十三年国債引受シンジケート団が有力銀行によって結成されると、福島浪蔵・神田鐳蔵らと国債下引受を行なった。ついで江之島電気鉄道を手始めに担保付社債引受に進出、大正三年（一九一四）には東京株式取引所仲買人組合委員長となった。六年には突如小池合資を解散して株式取引から手を引き、関係者には山一合資会社（山一証券）を設立させた。商栄銀行（明治四十四年買収）を小池銀行と改称して（大正六年）頭取を勤める一方、日本化学紙料社長（四年）・東京瓦斯社長（十一年）など多くの会社の重役を勤めた。東京株式取引所理事（九年）・日本工業倶楽部理事（十二年）・帝国経済会議議員（十三年）などを勤めるとともに、小池育英会・小池文庫などの教育・社会事業にも熱心であった。大正十四年三月一日没。六十歳。墓所は東京都文京区本駒込の吉祥寺。法名は大通院殿豊運隆昌大居士。

参考文献 高須芳次郎『小池国三伝』 （高村直助）

こいけちょうぞう 小池張造 一八七三―一九二一 明治・大正時代の外交官。明治六年（一八七三）二月八日福島に生まれる。父は茨城県士族小池友謙、母はツネ。二十九年帝国大学法科大学政治学科卒業、同年外交官試験に合格し外務省に入った。同期合格者に幣原喜重郎がいる。外交官補としてはじめ朝鮮に在勤したが、ほどなく英国在勤に転じ、ここで公使加藤高明に認められ、三十三年加藤が外相に就任するとその秘書官を勤めた。三十四年清国、三十五年英国在勤を経て、三十九年末以降ニユーヨークおよびサンフランシスコに在勤し、総領事として排日的風潮の昂まる中で積極的に日本文化の紹介、対日理解の増進に努めた。四十一年奉天総領事、四十四年三たびロンドンに在勤し、大正二年(一九一三)十月、暗殺された阿部守太郎の後任として外務省政務局長となり、同五年十一月に至る三年間外交機務に参与、加藤外相のもとではその絶大な信任を得ていわゆる対華二十一箇条要求の原案作成にあたり、また中国第三革命に際しては袁世凱帝政阻止・第二次満蒙独立運動の黒幕的主導者の一人であったが、第二次大隈内閣が総辞職したのち官を辞し、実業界に入り大正十年二月二十五日病没した。四十九歳。東京の雑司ヶ谷墓地に葬られる。

[参考文献] 栗原健編著『対満蒙政策史の一面』、小幡酉吉伝記刊行会編『小幡酉吉』、広田弘毅伝記刊行会編『広田弘毅』、黒竜会編『東亜先覚志士記伝』中・下、八角三郎『思い出ずることども』、重光葵『巣鴨日記』 (馬場 明)

こいずみさくたろう 小泉策太郎 一八七二―一九三七 大正・昭和時代前期の政党政治家。号は三申。明治五年(一八七二)十一月三日静岡県賀茂郡三浜村子浦(南伊豆町)に定次郎・みねの長男として生まれる。同十九年上京して鉄物商に徒弟奉公に入ったが翌年帰郷、小学校教員となった。二十四年自由党系の『静岡日報』に入ったが、数ヵ月で退社し、上京放浪し、のち大衆小説家村上浪六方に食客となった。すでに二十年ごろから文章に興味をもち、『新小説』に投稿したりした。二十七年板垣退助が社長の『自由新聞』に入社し、ここで幸徳秋水と、のち秋水の縁で堺利彦と相識り親交を結んだ。のち星亨の『めさまし新聞』に移り、三十年ごろには年少の史論家として頭角をあらわした。三十一年、やはり自由党系の『九州新聞』主筆、三十二年上京して財界に進出し、三十七年創刊の『経済新聞』の成功によって兜町に勢力をきずき、以後多くの会社に関係、相場師・実業家として名を知られるに至った。四十五年五月には静岡県から衆議院選に出て当選、以後当選七回、立憲政友会に所属し、大正十四年(一九二五)顧問、のち総務。高橋是清総裁をかついでの護憲三派運動、田中義一総裁の実現に活躍、政界の策士・黒幕の名を喧伝された。昭和二年(一九二七)田中内閣の行政制度審議会委員(親任待遇)となったが、翌年首相と意見を異にし脱党。以後無所属のまま時に政界策動の震源地として注目されながら、書画・仏像に親しみ、西園寺公望の伝記執筆に努力した。昭和十二年七月二十八日没。六十六歳。子浦の西林寺に埋葬。法名は浄行院殿光誉勲策三申大居士。著書に『懐往時談』『由比正雪』『織田信長』『日本経済変革論』ほか多数があり、その多くが『小泉三申全集』(四巻で中絶)に所収。

[参考文献] 長谷川義記『評伝小泉三申』、木宮栄彦『小泉三申―評論・逸話・年譜―』、小島直記『小泉三申―政友会策士の生涯―』(『中公新書』四五三)、橋川文三「小泉三申」(『思想の科学』七三)、伊藤隆「小泉策太郎関係文書」(『社会科学研究』二六ノ二) (伊藤 隆)

こいずみじゅんいちろう 小泉純一郎 一九四二― 昭和戦後・平成時代の政治家。昭和十七年(一九四二)一月八日小泉純也・芳江の長男として神奈川県横須賀市に生まる。父は防衛庁長官、父方の祖父又次郎は衆議院副議長・逓信相。慶応義塾大学卒業後ロンドン大学留学。同四十七年以来衆議院議員連続十回当選。自由民主党所属。竹下・宇野内閣の厚生相(同六十三―平成元)、宮沢内閣の郵政相(平成四)、第二次橋本内閣の厚生相(同八―十)等を歴任。党総裁選で二度敗れた後、平成十三年(二〇〇一)四月森派を離脱し、派閥政治打破・財政構造改革を唱えて総裁に当選。森内閣退陣後、同月内閣を組織し高い支持率を得た。著書に『郵政省解体論』『官僚王国解体論』『小泉純一郎の暴論・青論』。 (鳥海 靖)

こいずみしんぞう 小泉信三 一八八八―一九六六 大正・昭和時代の経済学者、教育者で、文筆家としても活躍。明治二十一年(一八八八)五月四日東京市芝区(東京都港区)三田に生まれる。父は旧和歌山藩士、信吉(のぶきち)といい、時に慶応義塾塾長の任にあった。母は千賀。同二十七年父に死別し、福沢諭吉の晩年に一時その邸内に住む。福沢死去の翌明治三十五年慶応義塾普通部に編入学、大学部では政治科にすすんで福田徳三に学ぶ。同四十三年卒業とともに教員に採用されて、昭和二十二年(一九四七)一月まで在職。経済学部教授として経済原論・経済史・社会問題などを講ずるほか、体育会庭球部長や図書館監督をつとめ、昭和八年十一月には塾長に選ばれて、十三年余にわたり在任。同九年『リカアドオ研究』で経済学博士、十四年藤原工業大学学長を兼ね、十八年帝国学士院会員、十九年内閣顧問となる。同二十年五月に戦禍により重傷を負ったが、みごと再起、二十四年からは東宮教育のことに参与、母校でもついで評議員・大学名誉教授・学事顧問・評議員会議長などに推された。他方、二十九年にはコロムビア大学から名誉文学博士の学位をうけ、三十四年文化勲章受章。四十年東京都名誉都民の称号をおくられる。四十一年五月十一日没。七十八歳。多磨墓地に葬る。福沢の流れをくむ真に勇気ある自由人であった。死後に『小泉信三全集』全二十六巻別巻一(二十八冊)が刊行。夫人とみ子は水上滝太郎(阿部章蔵)の妹。

[参考文献] 新文明社編『小泉信三先生追悼録』、秋山加代・小泉タエ『父小泉信三』、『小泉信三全集』別巻、『三田評論』六五二(追悼・小泉信三)、同六六〇(特集回想の小泉信三)、同七二一(『小泉信三全集』完成特集)、『三田学会雑誌』五九ノ一一(小泉信三博士追悼特集)、阿部優蔵他「勇気ある自由人・小泉信三」(『文芸春秋』四四ノ七) (会田 倉吉)

こいずみちかし 古泉千樫 一八八六―一九二七 明治・大正時代の歌人。本名幾太郎。別号沽哉・椎南荘主人など。明治十九年(一八八六)九月二十六日、千葉県長狭郡吉尾村細野(鴨川市)の農家に生まれた。父弥市・母きくの長男。千葉県教育会教員講習所修了。小学校教員を勤めたが、四十一年上京、帝国水難救済会に勤務して大正末年に及んだ。早く諸雑誌などに投稿したが、明治三十七年『馬酔木』に載った歌で伊藤左千夫の注目を受け、以後その門下となった。『アララギ』発刊以後は同門斎藤茂吉らとともに実質的な推進力となり、一時自宅にその発行所をおいた。大正十三年(一九二四)、同誌を離れて『日光』に加わったが、翌々年門下と青垣会を結成。昭和二年(一九二七)八月十一日、宿痾のため東京青山の自宅で没した。四十二歳。郷里吉尾村の古泉家墓地に葬る。法名は顕密院千樫道慧居士。のち東京小石川の伝通院に分骨埋葬される。自選歌集『川のほとり』のほか、没後刊行の歌集『屋上の土』『青牛集』、歌論歌話『随縁鈔』、編著『竹里歌話』『竹乃里歌全集』、また『定本古泉千樫全歌集』などがある。

[参考文献] 橋本徳寿『古泉千樫とその歌』、『青垣』一ノ一(古泉千樫追悼号)、藤岡武雄「古泉千樫」(『和歌文学講座』八所収)　(本林勝夫)

こいずみまたじろう　小泉又次郎　一八六五―一九五一　大正・昭和期の政党政治家。慶応元年(一八六五)五月十七日武蔵国久良岐郡金沢(神奈川県横浜市金沢区)に父由兵衛・母徳の次男として生まれる。小学校教員、新聞記者を経て、明治四十年(一九〇七)横須賀市議会議員、のち同議長、四十一年衆議院議員総選挙で当選、以後十二回当選、非政友系に属した。第二次護憲運動で活躍し、大正十三年(一九二四)衆議院副議長、昭和四年(一九二九)以降浜口・第二次若槻内閣の逓信大臣に任ぜられた。また昭和三―四年および十二―十三年立憲民政党幹事長に任ぜられ、同九―十年横須賀市長、同十九年内閣顧問、同二十―二十一年貴族院議員の職にあった。『普選運動秘史』の著書がある。昭和二十六年九月二十四日横浜市にて没。八十六歳。横浜市金沢区の宝樹院に葬られる。法名は民政院殿仁誉普徳大居士。　(伊藤隆)

こいずみやくも　小泉八雲　一八五〇―一九〇四　明治時代の創作家、文学研究者、日本研究家。帰化前の名はラフカディオ＝ハーン Lafcadio Hearn。一八五〇年六月二十七日にギリシャのリューカディア(サンタ＝マウラ島)で、ギリシャ駐在のアイルランド軍医のチャールズ＝ハーンとギリシャ人ローザ＝テッシマの次男として生まれた。父母の離婚後、大叔母に引きとられ、イギリスとフランスで教育を受ける。英国時代に左眼失明。十九歳のとき渡米、新聞記者となる。ニュー＝オーリーンズで『タイムズ＝デモクラット』の文学部主筆となり、ゴーティエ・モーパッサン・ロティ・ツルゲーネフなどの翻訳や創作を公にした。このエキゾチックな町はボヘミアンのハーンを満足させたらしい。彼は出生が示しているように東洋に対する関心が強かったが、八四年から翌年にかけてニュー＝オーリーンズで開かれた万国工業兼綿百年期博覧会に記者として参加、連日日本からの展示物に接するに及んで、その好奇心は頂点に達した。明治二十三年(一八九〇)四月に、ハーパー社の特派員という資格で来日したが、すぐあとで同社と関係をたち、帝国大学教授のB・H・チェンバレンと、さきの博覧会のときの日本代表で、当時文部省の局長をしていた服部一三の世話で、松江中学の英語教師となる。同年小泉節子と結婚し、翌年熊本の第五高等中学校に移り、さらに同二十七年に神戸の英字紙『神戸クロニクル』の記者となった。翌年帰化して小泉八雲を名乗った。二十九年九月帝国大学文科大学の英文学講師となり、三十六年三月辞任。三十七年四月早稲田大学の講師となったが、九月二十六日狭心症のため東京西大久保の自宅で没し、雑司ヶ谷墓地に埋葬された。五十五歳。法名は正覚院浄華八雲大居士。ハーンの仕事は『怪談』のような小説・物語類、『心』『東の国から』『日本雑録』など日本の紹介文や印象記、帝大時代の教え子のノートを基に編集された『詩論』『詩人論』『英文学史』のような英文学に関するものの三方面に大別される。日本がまだほとんど知られていなかったころに、日本を理解し、日本人を世界に紹介した意義は大きい。彼はキリスト教、特にカトリックをきらい、進化論の影響を受けていたが、来日後は仏教に深い関心を寄せていた。同時に彼は欧米の詩歌を愛し、帝大の教室で、文学を味わうことを教えた。文献学的・考証的研究を避け、作品鑑賞第一主義の態度は、学生たちに多大の感化を与え、上田敏・厨川白村・田部隆次などすぐれた英文学者を育てた。特に上田・厨川は日本英文学研究の京都学派とでもいえる学風をうちたてた。今日でも英文学研究の初心にかえれという意味で、「ハーンにかえれ」と唱える英文学者は多い。またハーンは平易で達意の英文を書き、相当な文章家であったことも忘れてはならない。数種の『小泉八雲全集』が刊行されている。

[参考文献] 田部隆次『小泉八雲』、小泉一雄『父小泉八雲』、矢野峰人『日本英文学の学統』　(小玉晃一)

こいそくにあき　小磯国昭　一八八〇―一九五〇　陸軍軍人で第二次世界大戦中の首相。明治十三年(一八八〇)四月一日栃木県宇都宮で生まれた。父は山形県士族小磯進、母は錦子。山形中学校を卒業して、陸軍士官学校に入り、同三十三年十一月同校を卒業(十二期)。三十四年六月歩兵少尉、歩兵第三十連隊付として日露戦争に参加。四十年十二月陸軍大学校に入り、四十三年十一月卒業、陸軍士官学校教官・関東都督府参謀・参謀本部員を経て、大正四年(一九一五)から六年まで、中国に派遣、七年八月から第十二師団参謀としてシベリア出兵に加わり、参謀本部員としてさらに政治工作にたずさわった。十一年ヨーロッパに出張し、十二年八月歩兵第五十一連隊長、十四年五月参謀本部編制動員課長、昭和二年(一九二七)七月航空本部総務部長、同四年八月陸軍省整備局長、五年八月同軍務局長となり、三月事件に関係し満洲事変の当事者となるなど重要な役割を演じ、七年二月荒木貞夫陸相のもとで陸軍次官となった。同年八月関東軍参謀長となり、建国直後の満洲国の指導にあたり、ついで第五師団長・朝鮮軍司令官を歴任し、十二年十一月大将に進んだが、十三年七月予備役に編入、十四年四月平沼内閣の拓務大臣、十五年一月米内内閣の拓務大臣となり、十七年五月から朝鮮総督となった。十九年七月東条内閣総辞職のあと、米内光政海軍大将と協力して組閣すべき旨の大命を受け内閣を組織した。戦局の不振、戦争体制の崩壊の中で、戦争遂行に務めたが成果が上がらないまま、二十年四月沖縄戦の最中に総辞職した。戦後A級戦犯としてとらえられ、二十三年十一月極東国際軍事裁判で終身刑の判決を受けた。二十五年十一月三日東京巣鴨の収容所内で病死した。七十歳。法名は稗山院殿瑩徳日昭居士。墓は東京都港区の青山墓地にある。また山形県新庄市の桂嶽寺にも分骨され墓碑がある。宇垣一成陸相により登用され、宇垣閥の一員と目されていた。また情報謀略関係の経歴が長く、中国通の軍人とされていた。獄中で執筆した自伝に『葛山鴻爪』がある。（藤原　彰）

こいそりょうへい　小磯良平　一九〇三―八八　昭和時代の洋画家。明治三十六年（一九〇三）七月二十五日、岸上文吉・こまつの次男として神戸市に生まれ、のち小磯家の養子となる。大正十一年（一九二二）東京美術学校西洋画科に入学、藤島武二教室で学び、昭和二年（一九二七）首席で卒業した。在学中の第七回帝国美術院展覧会（大正十五年）に「T嬢の像」が特選。昭和三年に渡仏、ドガ・セザンヌ・マティスなどの表現方法を学ぶ。五年に帰国、光風会会員となり、帝展無鑑査となるが、十年の帝展改組には反対の立場に立ち、翌年新制作派協会の結成に加わった。十三年から陸軍報道部の命令で中国・ジャワなどに従軍して戦争画を描き、十七年の「娘子関を征く」で第一回帝国芸術院賞を受賞。二十五年に東京芸術大学講師、二十八年に同教授となり（四十六年退官）、後進の指導にあたるほか、新制作展や新聞社主催の国際美術展などに典麗で明快な作風の作品を発表し続けた。五十八年文化勲章受章。六十三年十二月十六日、神戸市東灘区の甲南病院で肺炎のため没。八十五歳。「斉唱」（十六年）、「家族」（三十三年）や迎賓館（東京都港区元赤坂）壁画「絵画」「音楽」（ともに四十九年）などが著名。（原田　実）

こいづかりゅう　肥塚竜　一八四八―一九二〇　明治・大正時代の新聞記者、政治家、実業家。嘉永元年（一八四八）正月十日、播磨国揖西郡中島村（兵庫県揖保郡御津町）に生まれる。父和助・母キミ。少年時僧籍に入ったが明治五年（一八七二）還俗、中村敬宇（正直）に就き英学を修めた。同八年『横浜毎日新聞』入社、社説欄などを担当。十二年末より連載した「国会論」は、民権運動昂揚の折、大きな反響を呼び起した。また嚶鳴社社員としても活動し、十五年立憲改進党成立とともに入党、以後終始同党系の政治家として活躍した。十五年より神奈川県会議員を二期、二十五年よりは東京市会議員・同参事会員を勤め、二十七年には兵庫県（八区）より代議士に当選、大正四年（一九一五）まで選ばれること八回の多きに及んだ。この間明治三十年農商務省鉱山局長、三十一年東京府知事、四十一―四十五年衆議院副議長を歴任。後年は秀英社監査役、愛国生命保険会社取締役、日本キネトホン株式会社社長を兼ねるなど実業家としても尽力した。大正九年十二月二日没。七十三歳。墓所は東京都中野区上高田一丁目の青原寺にある。法名は巴月院殿霊潭跳竜大居士。正五位勲三等。著書に『横浜開港五十年史』全二巻、翻訳にトクビル著『自由原論』全三巻がある。

［参考文献］肥塚麒一編『肥塚竜自叙伝』、松尾章一「肥塚竜小論」（『自由民権思想の研究』所収）（安在　邦夫）

こいでつばら　小出粲　一八三三―一九〇八　明治時代の歌人。幼名新四郎、のち鎮平・如雲。号梔園。天保四年（一八三三）八月二十八日、父石見国浜田藩士松田三郎兵衛、母山口氏の四男として、江戸南八丁堀（東京都中央区）の同藩別邸で生まれた。長じて小出五郎作に養われ藩に出仕した。明治十年（一八七七）宮内省文学御用掛、同二十五年御歌所寄人に任じ、以降主事心得などをつとめた。同四十一年四月十五日に没した。七十六歳。東京日暮里（荒川区東日暮里）の善性寺に葬られた。法名は光明院連乗日照居士。歌は瀬戸久敬に学び、旧派ながら新風を示し、また梔蔭社を作り後進を指導した。著述に、歌文集『くちなしの花』（四編九巻、明治二十七―四十一年）、『梔園紀行文草』（同三十六年）、また『小出粲翁家集』（中川恭次郎編、同四十二年）などがある。

［参考文献］福島タマ他「小出粲」（『近代文学研究叢書』九所収）（新間　進一）

こいでならしげ　小出楢重　一八八七―一九三一　大正・昭和時代前期の洋画家。明治二十年（一八八七）十月十三日大阪の薬舗小出楢治郎・もんの三男として出生。同四十年東京美術学校日本画科に入学、翌年洋画科に転科、大正三年（一九一四）卒業、同八年「Nの家族」などで二科展に初入選、樗牛賞をうける。同十年フランスに旅行、翌年帰国。同十三年「ラッパを持てる少年」「帽子を冠れる自画像」などを二科展に出品、昭和初年ころから独得の華麗な裸婦や静物がモチーフの作品を描き、日本人には稀な重厚で高雅な油彩を創造する。ガラス絵を描き、また『蓼喰ふ虫』の挿絵などにも筆をそめる。昭和五年（一九三〇）「枯木のある風景」「海」などの心理的風景を描いたが、翌六年二月十三日兵庫県武庫郡精道村（芦屋市）の自宅にて四十五歳で痼疾の心臓病で死去。墓は大阪市天王寺区下寺町の心光寺にある。法名は楢誉重願西入禅定門。生前、数種の文学的な随筆集を出版した。また『小出楢重画集』がある。（宮川　寅雄）

こいでみつのり　小出光教　一八二〇―七六　江戸時代後期の和算家。通称由岐太・由岐左衛門。文政三年（一八二〇）阿波藩に生まる。数藤宜陳の四男。十八歳で小出兼政の門に入り、三十歳のとき藩命によりその養子となる。

数学のほか、砲術・航海術などにも通じた。明治九年（一八七六）十月十八日没。五十七歳。　（大矢　真一）

こいわいきよし　小岩井浄　一八九七―一九五九　大正・昭和時代の弁護士、労農運動家。明治三十年（一八九七）六月九日長野県東筑摩郡島立村（松本市）の農業宗十・てふの長男に生まれ、松本中学・第一高等学校を経て大正八年（一九一九）東京帝国大学法学部に入学、在学中に新人会に参加した。十一年卒業、ただちに大阪で弁護士を開業、日本農民組合顧問弁護士をつとめ、十二年一月の岡山県藤田農場争議を指導して治安警察法違反で起訴され、また同年八月第一次共産党事件で入獄した。十四年農民労働党の結成につとめ、昭和三年（一九二八）第一回普通選挙に愛媛県第二区で労働農民党から立ち落選、翌四年大阪市議選に政治的自由獲得労農同盟から当選した。同年の新労農党結成に参加したが、翌五年解消運動を起して脱党、六年には解放運動犠牲者救援会大阪地方委員会を設立して治安維持法違反容疑で逮捕された。同年九月未決監から大阪府議選に立候補して当選、出獄後は大阪府北河内郡の農民運動を指導した。日本共産党中央再建準備委員会事件で、十二年六月に検挙され、転向して翌年懲役二年半、執行猶予で出獄、十五年に中国の上海に渡り、上海経済研究所副所長・東亜同文書院大学教授をつとめた。第二次世界大戦後は愛知大学の創立に努力し、同大学長在任中の三十四年二月十九日、膵臓癌により愛知県の豊橋市民病院にて死去した。六十一歳。豊橋市の向山霊苑に葬られた。

参考文献　小岩井浄『冬を凌ぐ』、自由法曹団編『自由法曹団物語』、岩村登志夫『日本人民戦線史序説』、『愛知大学法経論集』二一・二二合併号（小岩井浄教授還暦記念）、『愛知大学新聞』一一二（小岩井浄追悼特集号）　（松尾　洋）

こうえいしょく　洪英植　Hong Yŏng-sik　一八五五―一八八四　李氏朝鮮後期の政治家。開化派の指導者。字は仲育、号は琴石、諡号は忠愍。本貫は京畿道南陽。領議政洪淳穆の第二子として一八五五年に生まれる。七九年、文科に及第、玉堂・待教・承旨を歴任し参判になり、八一年（明治十四）、紳士遊覧団の一員として日本に派遣され、八三年には特使としてアメリカに行き、世界の状況を見聞し、朝鮮の近代的改革の急務を痛感した。そこで朴泳孝・金玉均らと独立党を結成し、改革に反対する事大党一派を追放して諸政を革新しようと企てた。八四年、王に献言して郵政局を創設し総弁になると、その開局の祝宴に外国使臣および朝鮮政府高官を招待し、出席した事大党高官を殺すとともに、日本軍の支持のもとに王宮を占領して新政府を樹立し、右議政に就任した。しかし、この甲申の変は清軍の反撃でたちまち失敗に終り、かれは清軍に殺された。三十歳。　（旗田　巍）

こうがげんご　甲賀源吾　一八三九―六九　幕末の幕府軍艦艦長。本名は秀虎。天保十年（一八三九）正月、掛川藩士甲賀秀孝・やすの第四子として江戸駒込同藩下屋敷に生まれる。嘉永四年（一八五一）父に従い掛川へ下る。安政二年（一八五五）出府し、佐倉藩士木村軍太郎に蘭学を学ぶ。一時帰省ののち、同五年軍艦操練所に入り、同年夏、同所頭取矢田堀景蔵に従い長崎に赴く。また矢田堀塾で航海術を、その後荒井郁之助（矢田堀の甥）塾で三年間蘭書について高等数学を学ぶ。この間、荒井とともに艦隊操練書の翻訳を行なってもいる。同六年十二月軍艦操練方手伝出役、文久元年（一八六一）七月軍艦組出役となる。同二年一月、外国奉行水野忠徳らの小笠原島開拓行には、千秋丸に乗りくみ随行、その後数多くの航海の指揮をとった。同三年五月富士見御宝蔵番格軍艦組に召し出され、二十人扶持を賜わる。慶応三年（一八六七）旧師木村の媒酌で佐倉藩士小柴新一郎長女富士を娶る。同年六月小十人格軍艦役勤方に昇進、切米百俵を賜わる。同年十一月海軍生徒取締、明治元年（一八六八）正月軍艦頭並となる。同年八月榎本武揚を統帥とする旧幕府艦並運送船八隻は、開陽（司令官荒井郁之助）を旗艦として品川湾を抜錨、蝦夷地に脱走するが、源吾は回天艦長としてこれに従い、十月鷲ノ木に到着した。その後十一月開陽が江差沖で坐礁して航行不能となったあとは、回天が旗艦となった。明治二年三月、回天は蟠竜・高雄を率い、北上中の政府艦隊中最強の甲鉄艦を急襲捕獲すべく、宮古湾をめざし函館を出港、海上颶風に遭い互いに相失し、二十五日回天一隻にて宮古湾に入り、碇泊中の政府艦八隻の中に甲鉄艦を見いだし、直ちに接舷戦を試み、同艦を奪わんと源吾陣頭に立って指揮していた時、敵弾にあたって戦死した。年三十一。墓は東京都文京区向丘の光源寺にある。法名は彰徳院勇誉義住秀虎居士。

参考文献　石橋絢彦『（回天艦長）甲賀源吾伝』　（宮地　正人）

こうこう　黄興　Huang Xing　一八七四―一九一六　中国辛亥革命の指導者、政治家。原名は軫、字は廑午。一八七四年（同治十三）十月二十五日、湖南省善化県（長沙市）に生まれる。父の筱村は秀才、母は羅氏。黄興も二十歳で秀才となる。二十五歳で両湖書院に入学。成績優秀をもって、一九〇二年（明治三十五）に官費で日本に留学。弘文書院の速成師範科に在籍し、楊篤生らと『湖南游学訳編』を発行。民族主義的な革命思想を鼓吹し、留日学生の革命化に寄与した。〇三年、東北占拠のロシアに抗議して、藍天蔚らと拒俄義勇隊を結成。ひきつづき軍国民教育会を組織し、帰国運動をおこす。同年、帰国して長沙の明徳学堂の教員となり、〇四年華興会を創設して革命的知識人を結集し、別に同仇会をたてて会党十万の糾合をはかる。十一月、長沙蜂起を馬福益とはかって失敗し、華興会メンバーと日本に亡命した。急増した留日学生の結集につとめ、翌年、来日した孫文とはかり、革命諸団体をあわせて中国同盟会を成立させ、執行部庶務の長として諸派の融合に尽力した。年少より拳術をならい、留学中も軍事学習に留意したが、あわせて留日士官生を秘密組織丈夫団に結集し、清国軍隊内部への潜入を画策した。〇六年、旧華興会メンバーの指導で萍瀏醴の役がおこされ、これより辛亥革命にかけて、華中・華南で十回に及ぶ武装蜂起が試みられたが、常に軍事面での指導的立場におかれた。なかでも、一一年三月の黄花崗の役では、同盟会の精鋭多数を失い、絶望の境地にたたされたが、清朝に与えた衝撃も大きかった。十月、新軍内部に潜入した革命派の決起で、武昌蜂起が成功。香港から武昌に急行して、戦時総司令となる。武漢防衛に苦戦し、ついで南京攻防戦を指揮。一二年一月、南京臨時政府の陸軍総長となる。袁世凱への政権移譲後、南京留守として革命派軍隊の解散にあたる。宋教仁の議会政治に共鳴し、その暗殺後も法律的制裁をとなえて、右翼日和見主義の評価をうける。第二革命の失敗で日本に亡命。中華革命党の結成をめぐり孫文と意見があわず渡米。第三革命で帰国して間もなく、胃潰瘍が悪化し、一六年十月三十一日に上海で病没。四十三歳。長沙岳麓山に葬られる。時に、会葬者十余万人にのぼったという。

参考文献 左舜生『黄興評伝』、薛君度『黄興与中国革命』、譚本竜『黄興』 （野沢 豊）

ごうこきよし 郷古潔 一八八二—一九六一 大正・昭和時代の実業家、財界人。明治十五年(一八八二)十一月十三日、岩手県胆沢郡水沢(水沢市)に郷古玉三郎・ゆうの長男として生まれた。四十一年東京帝国大学法科大学英法科を卒業、三菱合資会社に入社した。営業部、三菱商事漢口・若松支店長を経て三菱造船に転じ、総務課長・総務部長・取締役を歴任、三菱航空機常務をも兼ねた。昭和九年(一九三四)両社が合併して三菱重工業が成立すると、筆頭常務となり、十六年には社長に就任した。十八年三月に東条内閣の内閣顧問、二十年三月に軍需省顧問となり、内閣顧問就任とともに会長となったが、以後二十年十月までその任にあって軍事生産を指導し、『弾丸下の経済建設』を著わした。二十年十二月戦犯に指名されたが翌年四月釈放、やがて財界に復帰し、朝鮮戦争勃発とともに兵器生産協力会(二十八年日本兵器工業会)会長として軍事工業の再建を指導した。三十六年四月二十八日没。七十八歳。東京都港区の青山墓地に葬られる。法名は宏徳院殿清巌義潔大居士。 （高村 直助）

こうさかまさあき 高坂正顕 一九〇〇—六九 昭和時代の哲学者。いわゆる京都学派の代表的な一人。明治三十三年(一九〇〇)一月二十三日、鳥取市で生まれた。京都帝国大学哲学科で西田幾多郎に学び、大正十二年(一九二三)に卒業した。その後、第三高等学校・同志社大学・京都帝国大学の講師、東京文理科大学の助教授などを経て、昭和十五年(一九四〇)に京都帝国大学教授、翌十六年に同大学人文科学研究所所長となる。太平洋戦争中、高山岩男らとともに、海軍に協力する立場から、この戦争の積極的意味を論ずる歴史哲学を展開し、敗戦後昭和二十一年に公職追放を受けた。しかし、同二十六年に追放解除後、関西学院大学教授を経て、同三十年に京都大学教授(教育学部)に復帰。同三十六年東京学芸大学学長、同四十二年国立教育会館館長を歴任。この間、中央教育審議会特別委員会の主査として「期待される人間像」(同四十一年)、「当面する大学教育の課題に対応するための方策について」(同四十四年)などの答申をまとめた。同四十四年十二月九日、東京で没。六十九歳。主著に『歴史的世界』(昭和十二年)、『カント』(同十四年)、『民族の哲学』(同十七年)、『世界史的立場と日本』(共著、同十八年)、『西田哲学と田辺哲学』(同二十四年)などがあり、『高坂正顕著作集』全八巻が刊行されている。

参考文献 高山岩男『京都哲学の回想』 （古田 光）

こうじゅんけん 黄遵憲 Huang Zun-xian 一八四八—一九〇五 中国、清末の詩人、外交家。字は公度。一八四八年四月二十七日、広東嘉応州(広東省梅県)に生まれる。父は黄鴻藻(戸部主事等を歴任)、母は呉氏の生まれ。七七年(明治十)初代駐日公使何如璋の書記官として来日。琉球帰属問題については、強く日本に反対したが、清廷は弱腰で、かれの提言を採用しなかった。八〇年『朝鮮策略』を著わし、朝鮮は日本とロシアからねらわれている、それに対抗するためには欧米列強と外交関係を結び、列強の矛盾・牽制を利用して時間をかせいで、自強禦侮をはかるのがよいと論じたが、これまた当局が採用しなかった。かれは多くの日本の友人と交わり、日本の書を読み、その歴史・風俗などを研究して、七九年『日本雑事詩』二巻を完成。八二年サンフランシスコ総領事となるや、アメリカの華僑排斥に強く抗議して、これを改めさせた。八五年帰国、外交官を辞して、『日本国志』四十巻の著述に専念、八七年これを完成した。九〇年イギリス総領事書記官としてロンドンに赴任したが、公務のかたわら『日本雑事詩』の改作や補充をした。九一年シンガポールの初代総領事となり、九四年帰国。日清戦争後、日本は下関条約により、蘇州・杭州に専管租界をつくろうとした。中国側の代表になった黄遵憲は内地に租界をおくことに極力反対し、新条約案をつくって政府に提案したが、政府は日本に屈服した。日清戦争に負けた中国では、康有為・梁啓超らが維新運動をおこし、黄遵憲はこれに賛成、援助した。駐日公使裕庚が任期満了となり、次代公使に黄遵憲が選ばれたが病気で果たさず、その後は郷里の教育に尽力した。かれは清末における詩界革命の先駆者でもあって、『人境廬詩草』十一巻がある。このなかには日本に関する詩が多い。一九〇五年二月二十三日、郷里にて没す。五十八歳。

参考文献 呉天任『黄公度先生伝稿』、鄭子瑜・実藤恵秀編『黄遵憲与日本友人筆談遺稿』 （実藤 恵秀）

こうしょうき 孔祥熙 Kong Xiang-xi 一八八一—一九六七 中国、国民政府の財政・外交・政治家。山西省太谷県の人。アメリカのオベリン大学、エール大学卒業。一九〇七年帰国後、キリスト教徒の運動や教育に従事。

一三年には孫文に従って来日。その後閻錫山の山西模範省建設に協力したり西北辺防督弁公署の高等顧問になったりしたが、国民革命の進展とともにこれに協力。二六年広東省政治委員会委員兼財政庁庁長、二八年南京国民政府工商部長、三三年行政院副院長兼財政部長、中央銀行総裁などを歴任。以後蔣介石の共産軍討伐戦から抗日戦争の時期の国民政府の財政・金融政策を支配して巨利を得、蔣介石、宋子文、陳果夫・陳立夫兄弟と並んで「中国四大家族」(四大官僚資本財閥)と呼ばれている。妻の宋靄齢は、宋慶齢・宋子文・宋美齢の姉。四八年総統府資政に就任したが間もなく渡米。六七年八月十五日、総統府資政の資格のままアメリカで没した。八十七歳。

参考文献 許滌新『官僚資本論』(山下竜三訳)　（宇野　重昭）

ごうせいのすけ　郷誠之助　一八六五―一九四二　明治から昭和時代前期にかけての実業家、財界の指導者。貴族院議員。慶応元年(一八六五)正月八日、郷純造の長男として美濃国方県郡黒野村(岐阜市黒野)に生まれる。父はのち大蔵次官、男爵、貴族院勅選議員となる。少年時代には放蕩を重ねたが、明治十七年(一八八四)ドイツに留学、学位を得て同二十四年帰朝し、二十八年実業界に入る。日本運輸会社の整理に成功したのを手始めに、日本メリヤス、王子製紙の整理を担当、その間同三十三年入山採炭の社長となり、経営の再建に成功して財界にその名を知られるに至った。その後、日本醬油、帝国商業銀行に関係したがいずれも失敗。同四十三年父の死去により男爵を襲爵。翌四十四年貴族院男爵議員に当選、死去まで在任。また同年、岩下清周らの推挽で東京株式取引所理事長となり、大正十三年(一九二四)まで在任。大正五年・九年の株価崩落や、同十二年の関東大震災の善後処理に手腕を発揮した。郷の財界における地位はこの間に確立したといい得る。第一次世界大戦中、渋沢栄一・中野武営らとともに東洋製鉄を設立し、中野の死後社長となったが、戦後の経営不振にあって八幡製鉄所に経営を委託し、昭和九年(一九三四)日本製鉄に合同するまでこの形で存続した。また昭和二年、関東大震災後経営困難に陥った東京電燈に会長として入社、同五年社長を兼ね、小林一三を副社長(同八年社長)として再建にあたり、同十一年まで会長の任にあった。昭和五年から十一年まで東京商工会議所会頭。同七年以後、各種経済団体・主要企業・有力実業家の団体であった日本経済連盟会会長(前任者団琢磨)となり、経済政策上の建議を頻繁に行なった。また日本工業倶楽部専務理事(大正六年)、全国産業団体連合会(全産連)会長(昭和六年―十二年)、日本貿易振興協議会会長(同十三年以降)、経済団体連盟会長(同十五年以降)などを兼ね、財界を代表して、政界との折衝・連絡にあたった。昭和十二年には第一次近衛内閣の参議となり、翌十三年北支那開発株式会社・中支那振興株式会社の設立委員長となる。郷は、渋沢栄一・団琢磨らなきあと、池田成彬らとともに財界を代表した人物といえよう。昭和十七年一月十九日没。七十八歳。東京の青山墓地に葬られる。法名は誠之院殿一道不昧大居士。

参考文献 郷男爵記念会編『男爵郷誠之助君伝』　（中村　隆英）

こうそう　高宗　Kojong　一八五二―一九一九　一八六三―一九〇七在位。李氏朝鮮第二十六代の王。諱は熙、号は珠淵。興宣大院君の次男。一八五二年生まれる。六三年国王哲宗が後嗣のないまま死去すると、わずか十二歳で即位し、実父大院君が執政となった。七三年より親政。李朝末期の内憂外患、多事多難な亡国過程を体験した。とりわけ江華条約(日朝修好条規)締結(七六年)以後、壬午軍人暴動(壬午の変)と大院君の清国への拉致(八二年)、甲申政変(甲申の変、八四年)と日清両国の争い、甲午農民戦争(東学党の乱、九四年)、日清戦争(九四―九五年)、日本公使三浦梧楼による王妃閔氏の殺害(九五年)、日露戦争(一九〇四―〇五年)と乙巳保護条約(第二次日韓協約、〇五年)、そしてヘーグ密使事件と伊藤博文による強制退位(〇七年)等々、つるべおとしの国権の喪失、個人的屈辱を体験した。別に悲劇の国王ともいわれるが、常に自己の権力を外勢に頼って維持しようとする事大主義が亡国を将来した。一九〇五年乙巳保護条約を黙認し、韓国併合後の朝鮮王族としての地位を確保したが、同時に民族の敬愛を失い指弾された。一〇年(明治四十三)八月韓国併合とともに日本より徳寿宮李太王の称号をうけた。三・一運動勃発の気運がみなぎっていた一九年一月二十一日死去した。六十八歳。その死が毒殺であるとの噂をうみ、民族感情を刺戟した。著書に『珠淵集』がある。

参考文献 『高宗太皇帝実録』、朴殷植『韓国痛史』、鄭喬『大韓季年史』、黄玹『梅泉野録』　（姜　徳相）

こうそうぶ　高宗武　Gao Zong-wu　一九〇六―一九四　南京国民政府(汪兆銘派)の政治家。一九〇六年生まれる。浙江省楽清県の人。東京帝国大学卒業。『中央日報』特派員や中央政治学校教授、国防設計委員会視察専員などを経て、国民政府の外交政策に参与。三五年から三六年にかけては亜州司長(アジア局長)として汪兆銘・張群外交部長のもとに対日国交調整に活躍、川越茂駐華大使や須磨弥吉郎南京総領事と折衝を繰り返した。三七年(昭和十二)日中戦争拡大後も日中の和平工作に力を注ぎ、特に三八年十一月には梅思平とともに上海において日本側影佐禎昭大佐・今井武夫中佐らと接触、共同防共・経済合作・日本軍撤退などの基礎の上に日華和平にかんする協議記録・諒解事項案を作成した。しかしこれによって汪兆銘が重慶を脱出して南京国民政府樹立に向かったところ、日本側は、より明確な傀儡政府を要求、憤慨した高宗武は陶希聖とともに四〇年一月香港に脱出した。その後アメリカに渡った。九四年、アメリカで没。

参考文献 今井武夫『支那事変の回想』、西義顕『悲劇の証人―日華和平工作秘史―』、犬養健『揚子江は今も流れている』(『中公文庫』)　（宇野　重昭）

こうたく　光沢　⇨広如（こうにょ）

こうだしげとも　幸田成友　一八七三―一九五四　明治時代後期から昭和時代にかけての歴史家。明治六年（一八七三）三月九日、東京の神田山本町（東京都千代田区外神田四丁目）に幸田成延・猷（ゆう）の五男として生まれた。北辺開発家郡司成忠・文豪幸田露伴・洋琴家幸田延の弟、提琴家安藤幸の兄。父はもと江戸幕府の御坊主衆で、当時、大蔵省の官員であった。同二十九年帝国大学文科大学史学科を卒業後、大学院に入り、西洋史・東洋史・国史の基礎的研究につとめて、『史学雑誌』『史海』などに寄稿し、大学卒業直前刊行したロバート＝マッケンジー著の訳『十九世紀史』をはじめとして、同三十三年『歴山大王』（『世界歴史譚』一七）、翌年『熊沢蕃山』（『少年読本』三五）、翌々年『東洋歴史』（『帝国百科全書』八五）を著わした。『今世少年』『少年世界』などの寄稿には巨浪生の筆名を用いた。同三十五年大阪市史編纂のこと起るに及び、主任として赴任し、以来八年間、全力を傾注してことにあたり、同四十四年から大正四年（一九一五）までに大阪市参事会編纂の名のもとに本文五巻六冊、附図一帖、索引一冊よりなる『大阪市史』を世に送った。わが国の市史中、模範的なものとして今日に至るまで重きをなしている。明治四十二年京都帝国大学文科大学講師を嘱託されたが、翌年帰京して慶応義塾大学教員（講師）に就任し、文学部において日本史その他を講じた。以来同大学に勤務し昭和十九年（一九四四）退職して名誉教授となるまで、史学科の中心教授として、江戸時代史・外国貿易史・日本経済史などの講筵を開いた。その間、大正七年から同十一年まで宮内省臨時帝室編修官となり『明治天皇紀』の編纂に協力した。江戸時代に天下の台所といわれた大阪の市史編纂を手がけたことから日本経済史に関心を持つに至ったことは自然の成り行きであった。大正十一年、聘せられて東京商科大学予科教授兼同大学助教授となり、日本近世史・西洋史・貨幣史・外国貿易史などを講じた。講義案は、毎年稿を新たにし、前日、夜更けるまで新資料を駆使して推敲を重ね、それを歯切れのよい口調をもってする講義は学生を魅了した。レオポールド＝フォン＝ランケの直門であるルードウィッヒ＝リースに帝国大学において教えをうけた実証主義史学はその研究態度の骨髄で、無責任な孫引きを排し、「原典（オリジナル）にかえれ」をモットーとして史料を博捜追求した。日本近世経済史を追求するに従い、それに大なる影響を与えた日欧通交史に興味の中心が移り、昭和三年五月文部省在外研究員としてヨーロッパに赴くや、ヘーグに居を定めて同地の国立中央文書館をはじめ、各地の古文書館・図書館について根本史料を謄写し、あるいは古書店に稀覯書を漁り、帰国後、三越本店においてこれらの史料を展示した「日欧交通史料展覧会」は、その豊富なる点において学者を驚かせた。大阪から帰京後は、江戸の社会経済史の研究に向かい、帝国図書館の旧幕府引継書を綿密に検討して、江戸の市制、株仲間、札差、富籤などの実証的研究を、『日本経済史研究』（昭和三年）、および『江戸と大阪』（同九年）に収めた。昭和五年慶応義塾大学から文学博士を授与された学位論文の題目は「武家金融に関する研究」であった。いかなる歴史も経済史と社会史に足を踏まえていなければいけない、とはその教えである。同大学における講義案を纏めた『日欧通交史』（昭和十七年）は史学徒必読の名著とされている。その他『和蘭夜話』（同六年）、『和蘭雑話』（同九年）、『史話東と西』（同十五年）、『史話南と北』（同二十三年）、『大塩平八郎』（改訂増補、同十八年）、『書誌学』（同二十三年）など主要論著は『幸田成友著作集』全七巻別巻一（同四十七―四十九年）に収められている。昭和二十九年五月十五日没。八十一歳。墓は東京都大田区池上一丁目の本門寺にある。法名は開顕院成友日勤居士。

［参考文献］石田幹之助「幸田成友先生追憶記」（『芸林間歩』一ノ二）、増田四郎「幸田成友博士の歴史学」（『三田評論』七一〇）、吉田小五郎「幸田先生のことども」（同）

（太田臨一郎）

こうだのぶ　幸田延　一八七〇―一九四六　明治から昭和時代にかけてのピアノおよびバイオリン奏者。明治三年（一八七〇）三月十九日幸田成延・猷（ゆう）の子として東京に生まれる。同十八年音楽取調所第一回全科卒業生。同二十二年ディットリッヒの推挙で文部省より海外留学を命ぜられ、アメリカ・オーストリアに留学、同二十八年帰国。三十一年ケーベルの東京音楽学校のピアノレッスンの通訳をつとめ、その後同校ピアノ教授となり、妹の幸田（安藤）幸以下、橘糸重・神戸絢子・杉浦チカ子・頼母木コマ子らの同校出身者による教授陣の代表者として、四十二年退官まで多くの子弟を教育した。楽壇最初の日本芸術院会員で、兄幸田露伴・妹安藤幸とともに芸術三兄妹として知られる。昭和二十一年（一九四六）六月十四日没。七十七歳。法名は妙音院大空日朗大姉。墓は東京都大田区池上一丁目の本門寺にある。

［参考文献］遠藤宏『明治音楽史考』、渡鏡子『近代日本女性史』五、小宮豊隆編『明治文化史』九

（平野　健次）

こうだろはん　幸田露伴　一八六七―一九四七　明治から昭和時代前期にかけての小説家、随筆家、考証家。名は成行（しげゆき）。別号に蝸牛庵・雷音洞主・脱天子など。江戸下谷三枚橋横町（俗称新屋敷、東京都台東区）で、慶応三年（一八六七）七月二十三日あるいは二十六日に、江戸幕府表坊主役成延（奥坊主役今西家より入籍）の第四子として生まれる。母は家付きの娘で猷（ゆう）といい、和歌や和楽をよくした。長兄成常は実業家。次兄成忠は郡司家をつぎ海軍大尉、千島探険で名を馳せた。三兄は夭折。次弟成友は史学を専攻し文学博士。妹延はピアニスト、末妹安藤幸はバイオリニストとして世に聞えた。幼時私塾で『孝経』の素読を受け、東京師範学校附属小学校卒業、東京府第一中学校中退後、東京英学校（青山学院）に学んだ。

そのころ湯島聖堂にあった東京図書館に通い、経書や仏典、江戸時代の雑書を読みあさり、また好事家淡島寒月と知り合った。明治十六年（一八八三）電信修技学校に学び、卒業後北海道後志の余市に電信技手として赴任したが、生活に満足を得ず二十年夏無断で職をすて帰京した。二十二年『露団々』を発表。また友人寒月を介して尾崎紅葉と親交を結び、元禄の井原西鶴の文に傾倒し影響を受けたが、そこには西鶴とは異質の露伴特有の道念が貫かれている。悲恋から生まれる愛の極致を示す『風流仏』、武士の意気地にふれる『奇男児』など、ついで二十三年には悟達の世界に生きる幻の女を写す『縁外縁』（のちに『対髑髏』と改題）、強烈な意志力で名刀を鍛える無名の刀工を描く『一口剣』など。二十四年には江戸時代末期の鋳造家の愛欲に取材し、西鶴の『好色一代男』に挑んだ『辻浄瑠璃』『寝耳鉄砲』を発表、また雄大な構想による一種の海洋文学『いさなとり』や、芸道達成のためには非情をいとわぬ主我的世界を展開する傑作『五重塔』を書いた。二十六年以後は、『風流微塵蔵』で幼なじみの少年少女の苦しい人生行路を軸としてさまざまな人間像を描くという野心的な大作に着手したが中途で挫折した。二十八年山室幾美子と結婚、翌年再刊の『新小説』を主宰し後進の育成につとめた。また『二日物語』（明治三十一年および三十四年）のほか、十数篇の短篇小説が書かれたが、従来の主観性が薄らぎ写実性を増すようになった。ついで三十六年には再び大ロマン小説の構想を立て長篇小説『天うつ浪』を書き出したが日露戦争のため情痴を描く筆を妨げられて中止された。四十一年には京都帝国大学文科大学講師となったが翌年辞任。四十三年妻病死、翌年文学博士に推薦された。四十五年児玉八代子と再婚。その後は『努力論』『修省論』などの修養書を発表、また近世日本文学の校訂編集にあたった。以後大正期には中国や日本の人物史伝に没頭し、『幽情記』『運命』『平将門』『蒲生氏郷』『為朝』などを発表、また大正末期から『芭蕉七部集』の評釈に従事し死の直前完成した。このほか将棋や釣魚など多趣味な彼は、博覧強記による多数の随筆を発表した。昭和二十年（一九四五）妻死去。二十二年七月三十日老衰のため死去。八十歳。前妻との間に小説家幸田文がいる。池上の本門寺（東京都大田区）に葬られる。法名は瑞峯院露伴成行日俊居士。なお幸田家菩提寺は浅草の正覚寺（東京都台東区）である。『露伴全集』全四十一巻別巻一がある。

[参考文献] 柳田泉『幸田露伴』、岡崎義恵『風流の思想』、斎藤茂吉『幸田露伴』、塩谷賛『幸田露伴』

（成瀬 正勝）

こうづせんざぶろう 神津仙三郎 一八五二―九七 明治時代前期の音楽教育の功労者。専三郎とも書く。嘉永五年（一八五二）十二月五日信濃国小県郡芝生田村（長野県小県郡東部町）に生まれ、小諸藩儒中山仙の家塾で学ぶ。維新後上京し明治六年（一八七三）三叉学舎と同人社に英語を学びキリスト教に入信した。八年六月文部省から師範学科取調べのため米国オルバニー師範学校に派遣され、十一年帰国して東京女子師範学校教場総監、音楽取調掛を歴任、二十年東京音楽学校幹事を経て同校教授兼校長心得となり、ついで女子高等師範学校教授を兼務した。この間多くの音楽書を翻訳し、みずからも『音楽利害』などを著わした。二十九年台湾総督府学務部長伊沢修二に請われて編纂課長として渡台し、『日台対訳大辞典』の編集途上、三十年八月十八日マラリヤのため急逝した。年四十六。台北郊外芝山巌神社（現存せず）に合祀された。

[参考文献] 遠藤宏『明治音楽史考』、台湾教育会編『芝山巌誌』、田辺尚雄「神津仙三郎伝」（『教育』三ノ七）、柳沢巽「神津仙三郎先生について」（『信濃教育』九四一）

（上沼 八郎）

こうとくしゅうすい 幸徳秋水 一八七一―一九一一 黎明期の社会主義者、のちに無政府主義者。名は伝次郎、秋水の号はその師中江兆民の命名による。明治四年（一八七一）九月二十三日（陰暦）午前三時、高知県幡多郡中村町百十三番屋敷（中村市京町二丁目）に生まれる。幸徳家は、町老役の家柄で、酒造業と薬種業を兼業した。伝次郎は父篤明と母多治の間に生まれた三男三女の末子である。五年八月、父篤明に死別、以後、母の手で育てられた。九年十二月、満五歳二ヵ月で中村小学校下等八級に入学、十二年木戸明の修明舎に入塾、十四年六月、十一歳で中村小学校第四級卒業、九月中村中学校に入校。十八年八月、台風で中学校の校舎が倒壊し廃校となる。十九年十六歳の二月、中村の自由亭で開かれた板垣退助の歓迎会に臨み祝辞を読む。二月二十二日、海路、高知に遊学、木戸明の遊焉義塾に寄寓し、高知中学校に通う。肋膜炎のため休学、二十年一月より復学したが、休学のため学業がおくれ落第したのを恥じ、同年八月、高知に行くと家には詐って上京、東京において林有造の書生となり小石川丸山町岩村通俊の別荘に起臥し、林包明の英学館に通学したが、十二月二十六日、保安条例により東京を追放され、二十一年一月、郷里中村に帰った。同年九月、退去令が解除され、十一月、再度東上の途につき、大阪で横田金馬の紹介で中江兆民の学僕となる。二十二年中江家の家族とともに上京。二十六年九月、板垣退助の主宰する『自由新聞』に入社、同僚の小泉策太郎（三申）との交友が始まった。その後、『広島新聞』『中央新聞』を経て三十一年、黒岩涙香の主宰する万朝報社に入社。三十年イギリス留学から帰った安岡雄吉からシェッフレの『社会主義真髄』の英訳本を借読してはじめて社会主義の輪廓をつかむ。この年、社会問題研究会に入会、翌年、社会主義研究会に入会、三十二年七月、国学者師岡正胤の娘千代子と結婚した。三十三年、立憲政友会の創立に際し、『万朝報』紙上に「自由党を祭る文」を発表。三十四年四月、『廿世紀之怪物帝国主義』を刊行、五月十八日、安部磯雄・片山潜・河上清・木下尚江らと社会民主党を結成、同月二十日、治安妨害の理由で解散を命じられた。同年十二月九日、足尾銅山鉱毒事件について田中正造のため直訴文を起草する。三十六年、『社会主義神髄』を上梓、同年十月十日、日露開戦論に反対して、堺利彦・内村鑑三とともに『万朝報』社を連袂退社。十一月十五日、麴町有楽町の平民社から週刊『平民新聞』を発刊。三十七年三月十三日の第一八号紙上に「与露国社会党書」を発表。十一月十三日には堺利彦とともにカール＝マルクス『共産党宣言』を訳載し、新聞は発禁、幸徳・堺・西川光二郎(発行人)は、罰金八十円也の刑をうける。三十八年週刊『平民新聞』廃刊。二月二十八日、石川三四郎の社説「小学教師に告ぐ」の筆禍で禁錮五ヵ月の刑をうけ巣鴨監獄に入獄。七月二十八日、出獄。十一月十四日、横浜解纜、渡米の途に上る。十二月五日、サンフランシスコ着。四月十八日、同地の大震火災にあう。六月一日、オークランドにおいて在米の同志とともに社会革命党を結成。六月二十三日、日本に帰り、同月二十八日、日本社会党主催の歓迎演説会で「世界革命運動の潮流」を発表。四十年一月十五日、日刊『平民新聞』を発刊。二月五日、第一六号紙上に「余が思想の変化」を発表。二月十七日、日本社会党第二回大会において直接行動論を主唱して議会政策論者田添鉄二と論争する。同月二十二日、日本社会党は結社禁止。四月、日刊『平民新聞』廃刊。九月、堺・山川らと金曜会を結成。十月、東京を引き払い一家郷里に帰る。四十一年六月二十二日、東京で赤旗事件おこり、その報に接して七月二十一日、中村を出発、七月二十五日より八月八日まで和歌山県新宮の大石誠之助方に滞在、十二日箱根に内山愚童を訪い、十四日、東京着、十五日の赤旗事件公判を傍聴。淀橋町柏木に居を定め、平民社と称する。九月末、平民社を巣鴨に移転。十一月、大石・松尾卯一太らの来訪をうける。四十二年一月三十日、クロポトキンの『麵麭の略取』を翻訳、出版、即日発禁。三月、妻千代子と協議離婚。同月十八日、平民社を千駄ヶ谷に移転、管野スガ・新村忠雄が同居する。五月二十五日、管野らとともに『自由思想』を発行したが直ちに発禁。四十三年六月一日、いわゆる大逆事件に連座。四十四年一月十八日、刑法第七三条により死刑を宣告され、同二十四日午前八時処刑。享年四十一。同二十五日、屍体は落合火葬場において荼毘に付された。墓は中村市山際の正福寺の墓地にあり、碑銘は小泉策太郎の筆になる。没後同年二月に遺著『基督抹殺論』(丙午出版社)が刊行された。なお『幸徳秋水全集』全九巻・別巻二巻・補巻一巻がある。

参考文献　田中惣五郎『幸徳秋水』、絲屋寿雄『幸徳秋水研究』、同『幸徳秋水』(『人と思想シリーズ』五二)、神崎清『実録幸徳秋水』、大原慧『幸徳秋水の思想と大逆事件』

(絲屋　寿雄)

こうにょ　広如　一七九八―一八七一　幕末・維新期の真宗の僧侶。本願寺派(西)本願寺第二十世。幼名祥寿麿、諱光沢、広如は法号。寛政十年(一七九八)六月一日誕生。父は第十八世文如の三男暉宣、母は顕証寺闡教の女。文政七年(一八二四)十月大僧正、同九年十二月継職。同十三年から天保六年(一八三五)にわたり、大坂商人石田敬起を起用して財政逼迫を立て直した。早く北海道開教に留意し、万延元年(一八六〇)箱館に本山掛所を設けた。幕末・維新の間に教団維持に苦慮し、文久三年(一八六三)朝廷に一万両を献じ、以後再三献金に及び、元治元年(一八六四)南禅寺亀山天皇廟所を修覆し、慶応三年(一八六七)朝廷のため京都荒神口橋(勤王橋)を架け、明治元年(一八六八)砦営関門を築くなど勤王に勤めた。また同年太政官発行紙幣三万両に正金を出して補償した。同年執政総督などを置いて教団行政機構の改革に着手した。同四年八月十九日没。七十四歳。信法院という。

参考文献　『本願寺史』二、赤松俊秀・笠原一男編『真宗史概説』、森竜吉『本願寺』(『三一新書』九二)、是山恵覚『広如上人略伝』

(柏原　祐泉)

こうのいちろう　河野一郎　一八九八―一九六五　昭和時代の政治家。神奈川県足柄下郡豊川村(小田原市成田)の豪農の家に明治三十一年(一八九八)六月二日生まれる。父治平は村長・県会議長を歴任。母はタミ。大正十二年(一九二三)早稲田大学卒業後、朝日新聞社に入るがやがて政界進出を志し、昭和六年(一九三一)十二月犬養内閣成立を機に、山本悌二郎農相の秘書官となり翌七年二月の総選挙に神奈川三区より立候補して当選、立憲政友会に所属。鈴木喜三郎の後継をめぐる党内紛争では、鳩山一郎を推して奔走したが、中島知久平が優勢とみるやさらに久原房之助を立てて対抗、政友会分裂に一役買った。なお、十七年四月のいわゆる翼賛選挙では非推薦で当選している。第二次世界大戦後、二十年十一月鳩山を総裁とする日本自由党の創立にあたっては幹事長となり鳩山内閣成立のために画策したが、翌二十一年五月四日鳩山が、ついで六月二十日には河野自身も公職追放となった。二十六年八月六日追放解除となるや自由党に復帰したが、以後鳩山政権樹立のために奔走、反吉田茂派の最強硬分子として二十七年九月二十九日には総選挙の投票前々日に石橋湛山とともに除名された。この除名は鳩山派の反撃で同年十二月に取り消されたが、党内抗争はさらに激化し、翌二十八年三月十四日には鳩山・三木武吉ら二十一名とともに分党届を出して吉田内閣不信任案に賛成投票し、解散、総選挙を余儀なくさせた。同年十一月、鳩山らが自由党に復帰したのちも、三木らとともに八名で日本自由党を結成して自由党反吉田派と改進党の連携を画策し、この三派合同による日本民主党を基礎とした第一次鳩山内閣では農相に就任、総選挙後の第二次・第三次鳩山内閣に留任、三十一年三月ソビエトが平和条約交渉にからめて漁業問題を提起するや、四・五月に訪ソして交渉にあたり、さらに鳩山訪ソを画策、十月には日ソ共同宣言を成立させ、鳩山とともに調印した。同年十二月の自由民主党総裁公選では、岸信介を支持、三十二年七月の岸内閣改造で国務大臣・経済企画庁長官として入閣したが、第二次岸内閣では、党総務会長に転じ、警職法問題では同法案の成立に執着したが成功しなかった。三十四年六月には、幹事長就任を岸首相に反対され、以後反主流の立場をとり、日米安保条約改定をめぐっては、政府のやり方に批判的態度をとり、衆議院での強行採決には欠席した。岸辞退後の総裁争いでは、官僚出身の池田勇人に対抗していわゆる「党人派」の結集を画策したが敗北、一時は第二保守党結成の動きを示して注目されたが結局実行せずに終った。三十六年七月の池田内閣改造にあたって農相として入閣、翌年七月建設相に転じ、その活躍ぶりは光彩を放った。池田辞職時には総裁候補の一人と目されたが、結局佐藤内閣が成立。翌四十年六月八日、同内閣改造で入閣を断った直後の七月八日、突然発病、急死した。六十七歳。小田原市成田の成願寺に葬られる。法名禅岳院殿大光政道一義大居士。参議院議長をつとめた河野謙三は弟、新自由クラブを結成した河野洋平は次男。著書に『今だから話そう』『河野一郎自伝』がある。（古屋　哲夫）

こうのけんぞう　河野謙三　一九〇一―八三　昭和期の政治家、参議院議長。明治三十四年（一九〇一）五月十四日神奈川県足柄下郡豊川村（小田原市成田）に治平（豊川村村長、のち神奈川県会議長）とタミの三男に生まれる。河野一郎は長兄。大正十二年（一九二三）早稲田大学専門部商科を卒業、大日本人造肥料（のちの日産化学工業）に入社。昭和二十二年（一九四七）四月、公職追放の兄一郎の身代りとして衆議院選挙に神奈川三区より出馬し、次点で落選。二十四年衆院選に再出馬し当選。二十七年八月衆議院解散の際追放解除の兄一郎と交代。翌年四月第三回参議院選挙に神奈川地方区で立候補し当選。緑風会に入会。三十三年一月緑風会を脱会して自由民主党に入党。参院副議長を経て、四十六年七月重宗雄三議長による長期独裁体制打破のため参議院改革を訴える「河野書簡」を発表、与党の一部と野党の支持をうけて参院議長に当選、党籍を離脱、以後六年間その職にあって第二院としての参議院を求めて種々の改革を行う。五十二年七月、参議院議長を交代、五十八年の改選では立候補せず政界を引退した。中学時代よりマラソン選手として活躍、五十年には日本体育協会会長に就任、翌年七月のモントリオール＝オリンピックに日本選手団団長として参加した。五十八年十月十六日、神奈川県伊勢原市の東海大学病院にて死去。享年八十二歳。小田原市成田の成願寺に葬られる。法名は照岳院殿謙翁三玄大居士。著書に『マラソン人生』『議長一代』がある。（由井　正臣）

こうのせいぞう　河野省三　一八八二―一九六三　明治から昭和時代にかけての国学者、神道学者。紫雲と号した。明治十五年（一八八二）八月十日、埼玉県北埼玉郡騎西町郷社玉敷神社の祠官河野禄郎の次男に生まれた。同三十八年七月私立国学院師範部国語漢文歴史科を卒業、さらに四十一年七月国学院研究科を卒業、昭和六年（一九三一）十月、学位論文「国学の研究」によって国学院大学から文学博士の学位を授与された。玉敷神社社司・国学院大学講師を経て同大学教授となり、晩年には同大学大学院に教鞭をとり、さらに同大学名誉教授に推された。この間、皇典講究所国学院大学主事、国学院大学学長、国民精神文化研究所嘱託、駒沢大学（当初、曹洞宗大学）・日本大学・東京文理科大学などの講師を歴任、また神社本庁顧問を委嘱されたほか、神社本庁長老の称を贈られた。同三十八年一月八日騎西町の自宅に八十歳で没し、隣接の墓所に葬られた。その著書は『国民道徳史論』『国民道徳要論』『神祇史概要』『神道の研究』『国学の研究』『日本精神発達史』『近世神道教化の研究』など有意義なものに富み、国学・神道学の発達に貢献するところ、きわめて大であった。

［参考文献］河野省三『教育の友』、同『一日本人の生活』、『国学院雑誌』六四ノ五・六合併号（河野省三博士追悼号）、安津素彦「河野省三」（『神道宗教』四一）、石川岩吉「河野名誉教授をたたえる」（『国学院雑誌』六〇ノ七）、岸本芳雄「若き日の河野博士と郷土教育」（『埼玉県神社庁報』五三）、同「河野省三先生と古書の嗜み」（同六三）（岸本　芳雄）

こうのとがま　河野敏鎌　一八四四―九五　明治時代前期の政治家。弘化元年（一八四四）十月土佐高知城下に山内家の家臣河野通好の長男として生まれた。幼名は万寿弥、長じて敏鎌と改めた。安政五年（一八五八）三月江戸に出て安井息軒の門に学び、いること三年、文久元年（一八六一）土佐に帰り、武市瑞山と勤王同盟を約し、坂本竜馬らと交わり、翌年五十人組に参加して京都・江戸の間を往来し国事に奔走した。同三年九月土佐藩論が佐幕に急転したため投獄され、永牢の宣告をうけた。このとき獄中にあること六年、拷問・糺弾に耐え累を同志に及ぼさず、苦節を全うしたといわれる。維新後許されて出獄し、土佐藩出身の後藤象二郎をたよって大阪に出、後藤の紹介で江藤新平にとりたてられ、明治二年（一八六九）四月待詔局へ出仕した。のち広島県大参事に転じ、ついで司法大丞兼大検事となり、同七年の佐賀の乱には内務卿大久保利通に従って鎮定のため九州に出張し、裁判ではかつての上司江藤を裁き、峻厳をきわめる取調べを行なって江藤を憤激させたという。翌年元老院議官、ついで同十一年副議長となり、同十三年には文部卿として教育令改正の推進者となった。翌年四月農商務省の新設に伴い初代の農商務卿となったが、同年十月の政変で大隈重信らとともに下野した。ついで同十五年四月立憲改進党の結成に際し副総理となり党勢拡大につくした。しかし同十七年十月の自由党解党のあと、運営の困難になった改進党の解党提案を行なったが、非解党論に押され、大隈とともに改進党を脱党した。同二十一年枢密顧問官となり憲法審議に参加し、また同二十四年の第一次松方内閣に内務・司法・農商務の各大臣を、また翌年の第二次伊藤内閣で文部大臣をそれぞれ歴任し、同二十六年には子爵を授けられた。同二十八年四月二十四日没。五十二歳。墓は東京都港区の青山墓地にある。

参考文献 瑞山会編『維新土佐勤王史』

（中村　尚美）

こうのばいれい　幸野楳嶺　一八四四―九五　明治時代前期の日本画家。本名安田直豊。弘化元年（一八四四）三月三日京都に生まれる。嘉永五年（一八五二）九歳のときから中島来章について円山派を学び、のち明治四年（一八七一）からは塩川文麟に乞うて山水画法を修めた。その間安政六年（一八五九）父の死によりわずか十六歳で私塾を開設、生計を立てたが、この子弟の教育に天職を感じた彼は、やがて明治十一年田能村直入・望月玉泉・久保田米遷・巨勢小石らと京都府画学校の設立運動にのりだし、同十三年開校後はそこで教えるかたわら、十九年京都青年絵画研究会を興すなど、維新後の混乱期において教育・研究の組織を整備、京都の新日本画発展のための礎石としての役割りを果たした。その門下からは竹内栖鳳・菊池芳文・川合玉堂・谷口香嶠・都路華香ら、次代の俊鋭が多数でている。また自身は、写実的表現に新生面を開き、明治初期の京都博覧会展などで毎回受賞、代表作に「帝釈試三獣図」「田家秋景図」などがある。同二十八年二月二日京都市の自宅において死去。五十二歳。市内妙蓮寺に葬られた。法名は秀香院誠信楳嶺。

参考文献 竹内逸・竹内四朗編『楳嶺遺墨』

（富山　秀男）

こうのひろなか　河野広中　一八四九―一九二三　明治・大正時代の政党政治家。幼名大吉、磐州と号す。嘉永二年（一八四九）七月七日、磐城国三春藩の郷士河野広可の三男に生まれる。母はリヨ子。河野家は藩主秋田氏より百石を新地をもって給せられるとともに、呉服商・酒造業・魚問屋などを手広く営む豪家であった。川前紫渓に儒学を学び、その感化を受けて尊攘論を唱えた。戊辰戦争に際しては、三春藩ははじめ奥羽越列藩同盟に同調したが、広中は兄広胖らとともに同志を糾合し、新政府軍参謀板垣退助に会見するなど新政府への帰順をはかった。藩が帰順したのち、広中は土佐藩兵とともに二本松攻略に参加し、ついで三春藩兵を率いて会津攻撃にも加わった。その後、若松県権少属・戸長・区長などを歴任。この間、ジョン＝スチュアート＝ミルの『自由之理』（中村正直訳）を読んで自由民権思想に目覚め、率先して民会を開き、区内の民政について審議させた。明治八年（一八七五）地方官会議傍聴のため上京し、傍聴人合同会議を設けて国会開設の建白を説いたが容れられず、帰郷後、任地の福島県石川郡石川町に石陽社を設立し東北地方における自由民権運動の先駆となった。同十年西南戦争がおこると高知に赴いて板垣と会見し、全国的な国会開設運動を進めるため愛国社の再興を協議した。ついで帰県して三春に三師社を結成、また福島県庁に奉職して民会規則の起草にあたり、十一年県会の開会に尽力した。まもなく県吏を辞任して東北各県の民権派の結集に力を注ぎ、翌十二年十一月大阪における愛国社第三回大会に出席、さらに十三年四月、第四回愛国社大会の決議にもとづき、片岡健吉とともに全国八万七千余名の有志を代表して太政官・元老院に国会開設の請願書を提出したが、却下された。翌十四年十月自由党の結成に参画、同党幹部として中央で活躍するかたわら、福島県会議員・同議長として地方政界を指導した。十五年福島県令三島通庸の圧政に対抗して福島事件がおこったが、河野は田母野秀顕ら数名の同志と、「専制政府を顚覆」する旨の盟約書を取り交わしたことから、内乱陰謀の疑いで同年十二月検挙され、翌十六年八月高等法院で軽禁獄七年を宣告された。二十二年大日本帝国憲法発布に際して大赦出獄、後藤象二郎の大同団結運動に身を投じ、同年五月大同倶楽部の結成に加わった。二十三年の第一回総選挙以来、大正九年（一九二〇）の第十四回総選挙まで連続して衆議院議員に当選。はじめ自由党に所属し、東北派の指導者として党内に大きな勢力を保ち、第四議会（明治二十五―二十六年）では院内総理として自由党を統率し、予算問題をめぐって第二次伊藤内閣と対抗したが、のち次第にこれと提携するに至った。その後、党内で星亨や土佐派との対立を深め、明治三十年、政党合同を提唱して自由党を脱党、翌三十一年六月自由・進歩両党合同による憲政党組織の仲介役をつとめた。しかし同年十一月同党の分裂に際し、自由党派と訣別して憲政本党結成に参画。その後は普選運動と対外硬の運動に奔走。三十六年衆議院議長に選ばれると、同年十二月の第十九議会開院式で、対外硬の立場から勅語奉答文の中で桂内閣弾劾の文章を朗読し、衆議院解散の原因を作った（奉答文事件）。また、三十八年ポーツマス条約に反対し、九月、日比谷公園における「屈辱的講和条約廃棄」の国民大会の議長をつとめ、日比谷焼打ち事件に連坐して兇徒聚衆罪に問われ十一月検挙されたが、翌三十九年四月無罪の判決を受けた。晩年は反立憲政友会勢力の合同をめざして、無名倶楽部・猶興会・又新会など小会派を転々としたのち、立憲国民党を組織し、ついで桂太郎による立憲同志会の結成に加わり、さらに憲政会に属した。その間、大正四―五年には第二次大隈内閣の農商務大臣をつとめた。十二年十二月二十九日死去。七十五歳。墓は東京都文京区大塚の護国寺にある。なお、広中の日記・書簡をはじめ関係書類などの文書約二千三百点は、『河野広中文書』（国立国会図書館憲政資料室所蔵）として公開されている。

参考文献 河野磐州伝編纂会編『河野磐州伝』、鵜沢義行他『日本政治の実力者たち』（『有斐閣新書』）

（鳥海　靖）

こうのひろみ　河野広躰　一八六五―一九四一　明治時代の自由民権運動家。慶応元年（一八六五）磐城国三春（福島県田村郡三春町）の素封家河野広胖（ひろやす）の次男に生まれる。明治九年（一八七六）父の死により叔父河野広中のもとで育てられ、その感化を受けた。同十二年高知に赴いて立志学舎に学び、十五年帰郷するや、広中らとともに福島県令三島通庸に反抗して自由民権運動を進めた。同年福島事件に連坐して検挙されたが、翌年証拠不十分で釈放。十七年栃木・茨城両県の急進派とともに三島ほか政府要人の暗殺を計画し、資金調達のため各地で質屋などに押し込み強盗を働き、また警官を殺傷した。そのため警察に追われて一行は茨城県の加波山にたてこもったが、まもなく四散し、広躰は九月二十八日栃木県氏家で逮捕された。死刑にあたるべきところ未成年のため、十九年七月二日栃木重罪裁判所で無期徒刑を宣告された。二十七年十月出獄ののち、アメリカ・ヨーロッパに渡り、帰国後は移民会社をおこして、晩年は植民事業に力を尽くした。昭和十六年(一九四一)一月二十四日死去。七十七歳。

参考文献 『河野広体氏談話速記』(国立国会図書館憲政資料室蔵『憲政史編纂会収集文書』) (鳥海 靖)

こうのみつ 河野密 一八九七—一九八一 大正・昭和時代の社会運動家、政治家。明治三十年(一八九七)十二月十八日千葉県夷隅郡に生まれる。東京帝国大学法学部に入学して吉野作造に私淑し、新人会の一員として社会運動に活躍。大正十一年(一九二二)卒業、『朝日新聞』記者・同志社大学講師を経て無産政党運動に加わり、同十五年日本労農党創設に参画した。のち同党が無産大衆党などと合同して日本大衆党を結成するとその幹部となり、昭和四年(一九二九)—五年書記長をつとめた。ついで全国大衆党・全国労農大衆党を経て、同七年社会大衆党の成立とともに常任中央執行委員となった。無産政党運動においては中間派の指導者として重きをなし、十一年衆議院議員に初当選して以来、太平洋戦争後の一時期を除き、四十四年まで当選十二回。十五年新体制運動の一翼を担い、社会大衆党の解党と大政翼賛会の結成に参画、十七年には翼賛政治会に加わった。そのため太平洋戦争後の二十一年には公職追放となったが、二十六年には追放解除により政界に復帰し、翌年の総選挙で日本社会党右派から衆議院議員に返り咲いた。社会党統一後は河上派の長老として国会対策委員長などを経て、四十一—四十三年社会党副委員長をつとめた。党内にあって穏健な社会民主主義に基礎をおく議会制民主主義を唱え、マルクス主義の立場に固執する左派と論争して社会党の脱皮をめざしたが、四十七年の総選挙に落選して政界を引退した。昭和五十六年一月四日病没。八十三歳。東京都小平市の小平霊園に葬られる。

参考文献 中村隆英他編『現代史を創る人びと』一 (鳥海 靖)

こうむちともつね 神鞭知常 一八四八—一九〇五 明治時代の政治家。謝海、また千里と号す。嘉永元年(一八四八)八月四日、丹後国与謝郡石川村(京都府与謝郡野田川町石川)に生まれる。漢学・国学・神道・蘭学・英学を修めた。星亨の知遇をうけ、明治六年(一八七三)大蔵省に出仕、同二十年主税局次長を最後に官界を去る。しばらく実業界にあったが、第一回総選挙以来、第四・第七回を除き没年まで衆議院議員。立憲改進党・進歩党系に属す。同二十九年第二次松方内閣の法制局長官。同三十一年憲政党に入党、第一次大隈内閣に再び法制局長官となる。内閣瓦解後は仕官せず憲政本党に属す。年来「対外硬」を主唱し、大日本協会や東邦協会に参画していた彼は、同三十一年近衛篤麿らにより東亜同文会が組織されると積極的に参加。同三十三年また、近衛らとともに国民同盟会組織にあたり有力幹部として活動。さらに、国民同盟会解散後は、満洲問題について、対露強硬論・主戦論を主張し、同三十六年の対露同志会の結成、運動において中心的役割を果たした。日露開戦後、日韓議定書ができると、彼は朝鮮経営に熱情を注いだ。同三十七年五月、多数の門下生および実業家を伴い朝鮮視察旅行をなし、さらに、同三十八年四月には再び朝鮮に渡り、皇帝およびその組織に力を藉した一進会の領袖らに「東亜の経綸」を説いた。この途上発病して帰国、同年六月二十一日没す。享年五十八歳。東京青山墓地に葬られる。長女賤香は当時の外務省政務局長、のちの駐中国公使山座円次郎の妻であった。

参考文献 東亜同文会編『対支回顧録』下、橋本五雄編『謝海言行録・神鞭知常』 (安井 達弥)

こうめいてんのう 孝明天皇 一八三一—六六 一八四六—六六在位。天保二年(一八三一)六月十四日仁孝天皇の第四皇子として誕生。母は贈左大臣正親町実光の女雅子(新待賢門院)。諱は統仁(おさひと)、幼称は熙宮(ひろ)という。天保六年六月儲君治定、同年九月親王宣下、同十一年三月十四日立太子の儀があり、ついで弘化三年(一八四六)二月十三日、父天皇の崩御のあとをうけて践祚の儀をあげ、翌四年九月二十三日即位礼をあげた。在位二十一年を数え、慶応二年(一八六六)十二月二十五日疱瘡によって崩御。三十六歳。ついで孝明天皇と諡号を定め、京都泉涌寺の後山に葬る。陵は後月輪東山陵と称する。その在位の時代は幕末激動期にあたり、従来政治の圏外にあった朝廷が遽かに政権の中心に進出し、天皇は多難な国事にあたらなければならなかった。践祚後七年目の嘉永六年(一八五三)六月米艦の浦賀来航を見るに及び、鎖国体制は破綻し、江戸幕府は安政五年(一八五八)正月日米修好通商条約調印の勅許を奏請するに至った。天皇は当時の大多数の公家衆と同様に開国は神州を汚すものと憂慮したので勅許を見合わせ、調印の可否は諸大名の衆議をもってすべきことを命じた。ところが幕府では、同年六月勅許を待たずに調印したのみならず、さらに蘭・露・英の諸国とも条約を締結するという事態になったため、天皇は激怒して譲位を決意し、また勅諚を幕府および水戸藩に下して、国事を誤ることのないよう再議を求め、叡旨の貫徹を図った。時に将軍継嗣問題をめぐる紛争もこれにからまって国論が沸騰したが、幕府は、調印は武備充実までの一時便宜の措置であると釈明に努める一方、反対派の抑圧を始めたため、天皇は不満ながらその釈明をいれた。この後万延元年（一八六〇）三月大老井伊直弼が暗殺されると（桜田門外の変）、幕府は低下した勢威を回復するため公武の融和を図ることを策し、公武合体の証として、皇妹和宮の将軍徳川家茂への婚嫁を奏請した。天皇は和宮の不同意を知って、この請をしりぞけたが、再三の懇請を拒否しがたく、公武一和をもって武備の充実を図り、鎖国の旧制に復するとの幕府の誓約をとり、ついにこれを勅許した。この婚嫁を契機として朝廷は幕府に対して優位に立ち、公武合体の施策を進めるため薩長二藩等に国事周旋を命じたが、その間朝廷内外の攘夷派の勢力は長州藩の支援をうけてすこぶる強大となった。そして文久三年（一八六三）に至り、天皇は攘夷の成功を祈願するため、三月賀茂社に、四月石清水社に行幸あり、また幕府は攘夷実行期日を五月十日と定め、同日長州藩によって下関海峡通航の外船の砲撃が決行された。かくて勢いにのった攘夷派の廷臣・志士は攘夷親征を企図して大和行幸の廟議を定めるに至ったが、天皇は攘夷即行を無謀の挙とするとともに、討幕へと突き進む情勢を深く憂い、密かに中川宮尊融親王（朝彦親王）をしてその阻止を謀らしめた。その結果、八月十八日朝廷は大和行幸を中止し、薩摩・会津等の藩兵をもって宮門を固めた上、激派廷臣の参朝停止と長州藩の宮門警固罷免を令した。この政変（八月十八日の政変）を発端として、政局は禁門の変・長州征討と目まぐるしく推移し、天皇は依然公武合体・鎖国攘夷の基本方針を堅持した。しかし内外の情勢は次第に天皇の素志と反対の方向に進み、慶応元年十月には英・米・仏・蘭四国公使共同の要求によって、ついに条約の勅許を見、また翌二年正月には討幕を目的として薩長両藩の盟約が成り、ついで八月第二次長州征討が失敗すると、政局は討幕に向けて一路進展する様相を示し始めたのである。この時にあたって天皇はたまたま痘瘡に罹って癒えず、国事に心労を重ねた一生を終えた。天皇は和歌を能くし、近衛邸の花宴の感興を詠んだ懐紙（「糸桜の宸翰」と称する）や、内裏炎上の際に移徙道中の情景を詠んだ御幸記は、ことに著名である。また雅号に因んで『此花詠集』と題する宸筆御製集十三冊が京都御所東山御文庫に伝存する。なお日記は、弘化二・四、安政五、万延元、文久元年の記事若干が伝えられる。

参考文献　宮内省編『孝明天皇紀』、帝国学士院編『宸翰英華』二、吉田常吉「孝明天皇崩御をめぐっての疑惑」（『日本歴史』一六）　（武部　敏夫）

こうもとだいさく　河本大作　一八八三―一九五三　張作霖爆死事件の主謀者、南満洲鉄道会社理事、満洲炭礦会社理事長。明治十六年（一八八三）一月二十四日兵庫県佐用郡三日月村に生まれる。河本参二・くめの次男。陸軍士官学校卒業（十五期生）。日露戦争に歩兵三十七連隊の小隊長として出征し負傷した。三十九年一月歩兵五十三連隊副官兼安東守備隊副官となる。このころ馬賊に憧れた。四十四年陸軍大学校に入学。大正三年（一九一四）卒業。陸大卒業後、歩兵三十八連隊中隊長。四年十月漢口守備隊司令部付参謀となった。六年十一月参謀本部員、七年六月陸軍歩兵少佐となった。同年七月、ウラジオ派遣軍参謀となりシベリアに出征。八年十一月参謀本部第四部戦史課に入りシベリア戦史の編纂に従った。翌年八月同第一部演習課員となった。十年四月、中佐となり北京公使館付武官、十二年八月参謀本部支那班長兼陸大教官となった。このころ、人事の公平を期すため永田鉄山らによって組織された二葉会に参加。十三年八月の人事異動で小倉の歩兵十四連隊付に左遷されたが、十五年三月大佐として関東軍参謀となった。昭和三年（一九二八）六月四日抗日ナショナリズム運動を鎮圧する謀略的きっかけとするべく張作霖爆殺事件を引き起したが失敗。主謀者として翌年八月停職となり、五年予備役となった。この後、森恪・大川周明らの後援を受け、三月事件・満洲事変・十月事件にそれぞれ一定程度暗躍した。七年十月満鉄理事となり、九年十月満洲炭礦理事長、十七年には山西産業社長となった。第二次世界大戦後は中国の太原監獄に拘禁され、二十八年八月二十五日そこで病死した。七十歳。三十年遺骨は日本に還り、東京都府中市の東郷寺に葬られた。法名は護国院釈大道。

参考文献　平野零児『満州の陰謀者』、相良俊輔『赤い夕陽の満州野が原に』　（松沢　哲成）

こうやまいわお　高山岩男　一九〇五―九三　昭和時代の哲学者。明治三十八年（一九〇五）四月十八日、高山常治の長男として山形市旅籠町に生まれる。山形高等学校理科から京都帝国大学文学部哲学科に進み、西田幾多郎・田辺元らに学び、昭和三年（一九二八）同校を卒業。第三高等学校、京都帝大の講師を経て、十三年京都帝大助教授となる。『西田哲学』（昭和十年）、『ヘーゲル』（十一年）、『哲学的人間学』（十三年）、『文化類型学』（十四年）、『続西田哲学』（十五年）などを刊行。十六年海軍省嘱託。第二次世界大戦中、いわゆる「京都学派」の有力メンバーとして活動。十七年『世界史の哲学』を刊行。同年大日本言論報国会理事。高坂正顕・西谷啓治・鈴木成高らとの座談会（『世界史的立場と日本』（十八年））で、太平洋戦争を世界史を形成する「道義的生命力」の発現として意味づけた。敗戦後、二十年に文学博士、二十一年に京都帝大教授となるが、同年八月に公職追放。二十七年に学習院大学に招かれたが、学内の反対で就任辞退。以後、神奈川大学・日本大学・東海大学・玉川大学などの教授を歴任。その間、文部省教科用図書検定審議会委員（三十一―四十二年）。五十五年秋田経済大学学長となり、六十年以後秋田経済法科大学名誉学長。戦後の著作は『所の論理』（昭和二十二年）、『場所的論理と呼応の原理』（二十六年）、『哲学とは何か』（四十二年）ほか多数。平成五年（一九九三）七月五日没。八十八歳。法名は英哲院智徳日岩居士。墓は東京都秋川市の西多摩霊園にある。

参考文献　武内義範・大島康正編『哲学の世界』、広松渉『「近代の超克」論』（『講談社学術文庫』九〇〇）、古田光「十五年戦争下の思想と哲学」(『近代日本社会思想史』二所収)、辻村公一「高山岩男先生の思い出」(『創文』三四七)　(古田　光)

こうゆうい　康有為　Kang You-wei　一八五八―一九二七　中国、清末の変法運動の指導者。一名祖詒、字は広厦、長素と号す。広東省南海県の人。一八五八年(咸豊八)三月十九日、官僚の家に生まれる。祖父の薫陶をうけ、朱次琦(九江)に学ぶ。道教・仏教や、西学を修め、第一次の上書に失敗してのち、廖平の影響をうけて公羊学にはしり、やがて大同の学説をたつ。万木草堂で梁啓超らに教授し、『新学偽経考』や『孔子改制考』など著述。日清戦争での敗北を機に、科挙の試験で全国から集まっていた挙人千二百余名をかたらい、破天荒な公車上書を行なって拒和・遷都・変法を主張した。ついで学会運動をおこし、強学会を北京などにたて、機関誌を発行した。ドイツによる膠州湾租借を機に、第五上書をもって全面的改革を提唱し、光緒帝らを動かす。九八年四月、立憲君主制などをめざす「百日維新」が断行されたが、西太后ら保守派の反撃で挫折(戊戌政変)。日本に亡命し、保皇会をたてた康有為は、光緒帝の復辟を求めて世界を遊説、孫文ら革命派と対立。辛亥革命期には民主共和に反対し、満漢融和を画策。のち孔教の国教化など提唱、清帝復辟につとめ、時代錯誤的な存在となる。一九二七年三月二十一日、青島で没す。七十歳。

参考文献　湯志鈞『戊戌変法人物伝稿』、小野川秀美『清末政治思想研究』　(野沢　豊)

こうよしみつ　幸祥光　一八九二―一九七七　明治から昭和時代にかけての能楽師。囃子方幸流小鼓の家元。本名五郎。一時悟朗と名のり、のち祥光と改名。明治二十五年(一八九二)十一月十六日神谷直方の五男として東京に生まれる。幼時その天分を先代三須錦吾に見いだされ、その子平司の後嗣となる。十八歳で幸流本家の芸事を継承。昭和五年(一九三〇)本家へ入籍。同二十二年より幸祥光を名のる。恵まれた才能と厳しい修行により、さえた音色と絶妙な間の持ち方で、高い芸位を獲得し名人の世評を得る。同三十年重要無形文化財保持者個人指定、同四十年芸術院会員。同五十二年四月六日没。八十四歳。東京都港区三田の済海寺に葬られる。法名は至心院殿徹誉鼓道祥光大居士。

参考文献　幸祥光『小鼓とともに』　(草深　清)

こうらとみ　高良とみ　一八九六―一九九三　昭和時代の婦人運動・平和運動家。戦後米ソ冷戦時代に婦人の国際的連帯のきっかけをつくる役割を果たしたことで評価される。明治二十九年(一八九六)富山県生まれ。日本女子大学を卒業し渡米、コロンビア大学、ジョンズ・ホプキンス大学大学院で心理学を専攻し、帰国後、昭和二年(一九二七)母校女子大教授となる。同四年医学者高良武久と結婚二児を育てながら、教職とともに社会的運動にもかかわった。戦時中は大政翼賛会中央協力会議の代表となり、敗戦後民主党選出の参議院議員となる。二十四年インドで催された世界平和大会に出席の帰途、二十七年社会主義国に入国し鉄のカーテンを破ってソ連・中国婦人と交流のきっかけをつくった。日本の多くの婦人団体はこの勇気ある行動を歓迎し、十三団体の統一集会で、二十八年「日本婦人団体連合会」が生まれた。会長に平塚らいてう、副会長に高良とみがおされた。その後もアフリカ・アメリカ・アジア諸国を歴訪し、婦人の国際的連帯と平和運動をつづけた。平成五年(一九九三)一月十七日没。九十六歳。　(井手　文子)

コーツ　Harper Havelock Coates　一八六五―一九三四　カナダメソジスト教会宣教師。一八六五年二月十八日、カナダのオンタリオ州に生まれる。ビクトリア大学卒業後、明治二十三年(一八九〇)来日。同志社・北越学館・東洋英和学校・青山学院などで教え、東京・浜松・金沢・名古屋に伝道し、かたわら、月刊『東海福音』を刊行。昭和九年(一九三四)十月二十二日名古屋で死去。六十九歳。大正四年(一九一五)から十五年間伝道した浜松と故郷カナダに分骨埋葬。大正十四年『法然上人行状絵図』The Budhist Saint: his life and teaching を石塚竜学とともに英訳。

参考文献　『日本メソヂスト教会東部年会記録』、『カナダメソヂスト教会日本年会記録』、倉長巍『加奈陀メソヂスト日本伝道概史』　(気賀　健生)

ゴーブル　Jonathan Goble　一八二七―九六　アメリカ人宣教師。一八二七年三月四日ニューヨーク州に生まれる。日本伝道を志し、ペリー艦隊の水兵として嘉永六年(一八五三)来日、同艦乗組の漂流日本人仙太郎を伴って帰国、仙太郎を教育。万延元年(一八六〇)バプテスト自由伝道会社の宣教師として再び来日、神奈川・横浜・長崎に住み、一時土佐侯に仕え、再び横浜にもどった。四福音書・使徒行伝の日本訳に努力し、そのうち『摩太福音書』は明治四年(一八七一)出版(日本最初の聖書出版)。最古の賛美歌訳詩者としても知られる。病身の夫人のため人力車の原型を発明したと伝えられている。同年いったん帰国し同六年来日、横浜第一バプテスト教会創立にあずかり、のち本国伝道会社を離れ自給伝道者・聖書販売人となった。帰国後一八九六年五月一日セントルイスで没。六十九歳。信仰熱烈であったが日本知識人との接触は少なく、そのため伝道で成功したとはいえない。小冊子『(真神)天道案内』(明治六年)の著作がある。

参考文献　昭和女子大学近代文学研究室編『近代文学研究叢書』三　(篠田　一人)

こがきんいちろう　古賀謹一郎　一八一六―八四　幕末・明治時代前期の儒者。幕臣。名は増、字は如川、茶渓また謹堂と号す。文化十三年(一八一六)十一月十一日出生。父は江戸幕府の儒官として有名な古賀侗庵、祖父は古賀精里。謹一郎は家学をついで儒者見習を経て儒者と成り、また洋学にも理解あり、安政元年(一八五四)六月異国応接掛に挙げられて、洋学所(のち蕃書調所)設立のことに参与したが、同二年八月晦日洋学所頭取に任ぜられてもっぱらその設立に努力し、文久二年（一八六二）五月まで頭取を勤めた。またその前、嘉永六年（一八五三）には長崎に来航したロシア使節プチャーチンの日露和親条約締結の要求に対して応接掛の一員として長崎に赴き、ついで下田に折衝して条約を締結した。その後大坂町奉行・製鉄奉行並・目付など歴任、官位も筑後守まで昇進した。幕府瓦解後新政府に徴せられたこともあるが辞して受けなかった。明治十七年（一八八四）十月三十一日没す。六十九歳。墓は東京都文京区の大塚先儒墓所にある。著書として『度日閑言』『卮言日出（しげんにっしゅつ）』などがある。

参考文献 吉田賢輔「茶渓古賀先生行略」（『日本教育史資料』七所収）　（沼田 次郎）

こがねいよしきよ　小金井良精　一八五八―一九四四　明治から昭和時代前期にかけての解剖学者、人類学者。アイヌ研究の第一人者。安政五年（一八五八）越後国長岡（新潟県長岡市）に生まれる。父は小金井良達、母は幸。東京大学医学部卒業後、ドイツに留学し、ストラスブルグ大学で解剖組織学を学ぶ。帰国後、帝国大学医科大学解剖学教室教授となり、ドイツ人教師のあとを受けて、はじめて日本語による講義をした。日本先史時代人骨が、解剖学的に、頭骨や四肢骨の形がアイヌ人と類似することから、石器（縄文）時代人は、アイヌであったとするアイヌ人説を唱えた。また、石器時代人に抜歯の風習が存在したことを最初に指摘したことなど、縄文時代人骨の研究にすぐれた業績を残した。昭和十九年（一九四四）十月十六日死去。八十七歳。東京の泉岳寺（港区高輪二丁目）に葬られる。法名は宏徳院智道良精居士。『人類学研究』などの著書がある。

参考文献 星新一『祖父小金井良精の記』、鈴木尚「小金井良精先生とErwin von Baelz博士」（『人類学雑誌』八二ノ一）　（鈴木 尚）

こがはるえ　古賀春江　一八九五―一九三三　大正・昭和時代前期の洋画家。明治二十八年（一八九五）六月十八日、福岡県久留米市の寺家善福寺に住職古賀正順・イシの長男として生まれ、亀雄（よしお）と命名される。のち僧籍に入り良昌と改名、通称を春江とする。十八歳の時上京して太平洋画会研究所に学び、翌年、日本水彩画会研究所に入って石井柏亭に師事した。大正八年（一九一九）以後、二科展に出品、同十一年表現派風の「埋葬」を完成、「二階より」とともに二科賞をうける。前衛的団体アクションにも参加する。晩年パウル＝クレーに心酔し、幻想的モチーフを求め、超現実主義の途を選んだ。昭和四年（一九二九）の「素朴な月夜」などは、その出発作となった。同五年二科会員に推されたが、痼疾の神経症が進行し、同八年「深海の情景」「そこに在る」「サアカス」などを完成し、同年九月十日死去。三十九歳。郷里の善福寺に葬られた。法名は至誠院心誉清月良昌居士。画詩集『古賀春江』（春鳥会刊）がある。　（宮川 寅雄）

こがまさお　古賀政男　一九〇四―七八　昭和時代を代表する流行歌謡曲の作曲家。明治三十七年（一九〇四）十一月十八日、福岡県三潴郡田口村（大川市）に、父喜太郎・母セツの五男として生まれる。大正元年（一九一二）―同十一年を朝鮮で生活し、昭和四年（一九二九）明治大学商学部卒業。昭和三年在学中に明大マンドリン倶楽部の演奏会に当時の人気歌手佐藤千夜子の特別出演を得て、処女作「影を慕いて」を発表。同六年日本コロムビア入社。五音音階による中山晋平の「晋平節」を受け継いでいるが、旋律にいっそう濃厚に「ユリ」（コブシ）の動きを与えて「古賀メロディー」と呼ばれ、戦前・戦後にわたり時代の流れに対応しながら、常に演歌の主流としてその典型をうち出してきた。代表曲「丘を越えて」「酒は涙か溜息か」「東京ラプソディ」「人生劇場」「湯の町エレジー」「柔」など。同三十四年日本作曲家協会を設立。同五十三年七月二十五日、東京代々木上原の自宅で死去。七十三歳。東京都杉並区和泉町の築地本願寺の和田堀廟所に葬られた。法名は大響院釈正楽。同四十三年紫綬褒章受章。没後国民栄誉賞受賞。

参考文献 古賀政男『歌はわが友わが心』、園部三郎編『日本の詩歌』別巻（『中公文庫』）　（金子 貢）

こがみねいち　古賀峯一　一八八五―一九四四　大正から昭和時代前期にかけての海軍軍人。明治十八年（一八八五）四月二十五日、古賀鉄六の長男として佐賀県に生まれ、佐賀中学を経て同三十九年海軍兵学校を卒業した。海軍大学校卒業後、大正九年（一九二〇）から二年間フランスに駐在、さらに十五年から二年間再び大使館付武官としてフランスで勤務したのち、海軍省副官としてロンドン海軍軍縮に活躍、昭和七年（一九三二）少将に進級した。その後軍令部第二部長、軍令部次長、第二艦隊・支那方面艦隊各司令長官を経て、十七年五月大将に進級したが、十八年四月、青年士官時代からの親友山本五十六大将がソロモン戦線で戦死したので、その後任として連合艦隊司令長官に任命された。当時太平洋の戦況は、日本側の不利に展開しつつあり、古賀大将は敗勢を挽回するため苦心したが、十九年三月三十日、優勢な米機動部隊がパラオ諸島に来襲した時、司令部要員とともに飛行艇でダバオへ向けて脱出する途中、悪天候の中で行方不明となった。四月一日付で殉職と認定され、翌五月元帥の称号をおくられた。六十歳。　（秦 郁彦）

こくしょういわお　黒正巌　一八九五―一九四九　大正・昭和時代の経済史学者。明治二十八年（一八九五）一月二日中山丈五郎の三男として岡山県上道郡可知村字大多羅（岡山市）に生まれ、大正五年（一九一六）黒正家に入る。第六高等学校を経て、同九年七月京都帝国大学経済学部卒業。同学部講師を経て、同十四年六月農学部助教授（農史講座担任）に任じ、翌年五月教授に昇任。昭和十年（一九三五）昭和高等商業学校長を兼務、同十九年第六高等学校長兼京都帝国大学教授となる。同二十四年二月兼職を辞して、四月に大阪経済大学長を兼ね、さらに七月、岡山大学長に就任したが、居ること二ヵ月にして九月三日に病没。五十五歳。生家中山家の大多羅の墓域に、神式により葬られる。法名は経世院済生日巌大居士。黒正は経済地理学者としても知られているが、本命は経済史で、ことに学位論文となった『百姓一揆の研究』によって一躍有名になった。ドイツ留学中に師事したマックス＝ウェーバーの原著の邦訳『社会経済史原論』(昭和二年)は経済史学研究の基本的文献の一つである。黒正は性磊落、博識にして談論風発、交友の範囲広く、またよく後輩の面倒をみた。特筆すべきは、昭和八年に私財を投じて日本経済史研究所を設立(五月開所)し、本庄栄治郎を所長に、みずからは理事に任じ、京都をして名実ともに日本経済史研究のメッカたらしめたことであろう。

[参考文献] 黒正巌先生を偲ぶ会編『黒正巌先生』、本庄栄治郎『日本経済史研究所史』、「黒正博士年譜および著書・論文目録」(黒正巌『百姓一揆の研究』続篇所収)　(堀江　保蔵)

こくぶせいがい　国分青厓　一八五七―一九四四　明治から昭和時代前期にかけての漢詩人。名は高胤、字は子美、青厓と号し、また、松洲・金峡・太白山人とも号した。安政四年(一八五七)五月五日、陸奥国仙台で生まれた。父盛久は仙台藩士。青厓は明治七年(一八七四)に東京に出て、司法省の法学校に学んだ。その後、高知へ赴いて、『高知新聞』の記者となったこともあるが、同二十二年二月陸羯南が新聞『日本』を創刊したとき、招かれて入社し、東京に帰った。青厓はこの新聞およびその後身たる雑誌『日本及日本人』の「評林」欄において、漢詩を以て時事を諷し、その雄大な格調、瑰麗な文字の詩風によって、世の注目をひいた。その後、政教社社長・大東文化学院教授などに歴任したが、傍ら随鷗吟社の客員、雅文会の顧問として後進を指導し、大正・昭和の漢詩壇を支配した。昭和十二年(一九三七)六月、帝国芸術院会員に推され、同十九年三月五日に没した。八十八歳。著書には『詩董狐』がある。なお『青厓詩存』二十巻二冊が刊行されている。

[参考文献] 横矢重道・丸山侃堂・寒川鼠骨「国分青厓翁追憶(座談)」(『日本及日本人』四三二)、川田瑞穂「青厓先生のことゞも」(『東洋文化』二三〇・二三一)　(富士川英郎)

こくぼきしち　小久保喜七　一八六五―一九三九　明治から昭和時代にかけての政治家。城南と号す。慶応元年(一八六五)三月二十三日、下総国葛飾郡中田宿(茨城県古河市)に生まれる。小久保藤吉・かよ子の長男。明治十年(一八七七)八月家督を相続する。幼少より漢学を学び、のち自由民権運動に投じた。同十六年九月自由党に入党し、富松正安・仙波兵庫らとともに茨城自由党の中心的メンバーとなった。同十八年五月、大井憲太郎を中心に自由党左派の小林樟雄・磯山清兵衛らが、金玉均ら朝鮮の独立党を支援して朝鮮の民主革命を成功させようという運動を起すと、小久保は景山(福田)英子らとともにこれに参加し、事が発覚して捕えられたが証拠不十分で無罪放免となった。いわゆる大阪事件である。その後、後藤象二郎らの大同団結運動に加わり、同二十二年十月十八日には大隈重信の条約改正に反対して来島恒喜と大隈を狙撃して投獄されたが証拠不十分で釈放された。その後、茨城県会議員となり、同四十一年以来茨城県選出の衆議院議員に連続六回当選し、貴族院勅選議員となる。この間立憲政友会総務・逓信省参事官をつとめ、昭和十四年(一九三九)十二月十四日没す。享年七十五歳。横浜市鶴見区の総持寺に葬られる。法名は歓喜院釈信楽城南居士。

[参考文献] 本多定喜『小久保城南』　(後藤　靖)

こくりょうごいちろう　国領五一郎　一九〇二―四三　大正・昭和時代前期の労働運動家、日本共産党の指導者。明治三十五年(一九〇二)十二月二十日京都市上京区の西陣織職人五三郎・イチの長男として生まれる。小学校卒業後西陣織工場の徒弟となり、大正九年(一九二〇)友愛会西陣支部に加入、翌八年西陣織物労働組合結成に参加、同年日本労働総同盟京都連合会執行委員となり、同十一年九月、結党直後の日本共産党に入党した。冷静な努力家で、寸暇を惜しんで革命理論を学び、日本労働組合評議会に参加し、同十五年中央常任委員に就任、また同年日本共産党中央委員候補、昭和二年(一九二七)一月の緊急中央委員会で中央委員となり、翌三年モスクワでのプロフィンテルン第四回大会に日本代表として出席、帰国後、渡辺政之輔らと三・一五事件後の党再建に奔走したが十月に逮捕された。獄中では弾圧と闘い、同六年の統一公判では労働組合運動を陳述した。懲役十五年の判決をうけ、網走・釧路・奈良の刑務所を転々としたのち、同十八年三月十九日堺刑務所で獄死した。四十二歳。同二十三年東京青山墓地内の解放運動無名戦士の墓に合葬される。なお公判陳述記録をまとめ、年譜を収録した『国領五一郎・山本懸蔵著作集』がある。

[参考文献] 山辺健太郎編『社会主義運動』三(『現代史資料』一六)、「不屈の生涯―戦前の党幹部のたたかい―」四(『赤旗』一九七二年八月十三日号)　(神田　文人)

ここんていしんしょう　古今亭志ん生　落語家。

㈠二代　一八三二―八九　本名福原常蔵。天保三年(一八三二)九月生まれる。慶応二(一八六六)、三年ごろ襲名。力士を志したことがあり、相撲の咄しを好んで演じ、「お相撲」と仇名される。明治二十二年(一八八九)十一月二十四日没。五十八歳。法名新生院古今日説信士。墓は東京都墨田区東駒形二丁目の本久寺にある。

㈡三代　一八六三―一九一八　本名小瀬(のちに和田)岩松。文久三年(一八六三)九月五日生まれる。明治四十三年(一九一〇)襲名。声色音曲咄しを得意とし、「しゃも」と仇名される。大正七年(一九一八)五月十日没。五十六歳。法名古今亭黙笑雷門居士。墓は東京都新宿区原町の法身寺にある。

㈢四代　一八七七—一九二六　本名鶴本勝太郎。明治十年(一八七七)四月四日生まれる。大正十三年(一九二四)襲名。江戸前の粋な芸であった。同十五年一月二十九日没。五十歳。法名浄誉新生居士。墓は東京都墨田区両国の回向院にある。

㈣五代　一八九〇—一九七三　本名美濃部孝蔵。明治二十三年(一八九〇)六月五日(十日・二十八日説もある)生まれる。昭和十四年(一九三九)襲名。独特の芸で人気を博した。同四十八年九月二十一日没。八十三歳。法名松風院孝誉彩雲居士。墓は東京都文京区小日向の還国寺にある。

参考文献　関根黙庵『講談落語今昔譚』(『東洋文庫』六五二)、諸芸懇話会同人編「志ん生代々・その人と芸」(『落語界』七ノ三)　（延広　真治）

こざいよししげ　古在由重　一九〇一—九〇　昭和時代の哲学者。日本におけるマルクス主義哲学の確立に寄与。明治三十四年(一九〇一)五月十七日、古在由直(農学者、東京帝国大学総長)・豊子(小説家、清水紫琴)の次男として、東京府下駒場(東京都目黒区)に生まれる。第一高等学校理科を経て、大正十四年(一九二五)東京帝国大学文学部哲学科を卒業。拓殖大学・東京女子大学などの講師を勤めるうち、新カント派からマルクスの唯物論的立場に移行。日本共産党に協力して反戦活動を行なったため、昭和八年(一九三三)と同十三年の二度、治安維持法違反で検挙、拘禁された。この間、同十年に戸坂潤らの唯物論研究会に参加し、『現代哲学』(同十二年)などで観念論哲学に鋭い批判的分析を加えた。第二次世界大戦後は民主主義科学者協会の創設にかかわり、その哲学部会を指導。東京工業大学・専修大学を経て、同三十四年名古屋大学教授となり、同四十年停年退職後市邨学園短期大学教授。戦後の主著は、人民的和魂の在り方を探った『和魂論ノート』(同五十九年)。ベトナム反戦運動・家永教科書訴訟支援運動などにかかわり、原水爆禁止運動の統一に尽力していたが、同五十九年日本共産党から除籍された。平成二年(一九九〇)三月六日没。八十八歳。東京都港区の青山墓地に葬られる。『古在由重著作集』全六巻(昭和四十—五十年、勁草書房)がある。

参考文献　同時代社編『古在由重—人・行動・思想—』、小川晴久・佐藤和夫・吉田傑俊編『転形期の思想—古在由重記念論文集—』　（古田　光）

こざいよしなお　古在由直　一八六四—一九三四　明治・大正時代の農学者。農芸化学の先駆的研究者であり、大学教育とくに農学教育の創成期の指導者であり、また社会正義に対する科学精神を実践した人物である。元治元年(一八六四)十二月二十日柳下景由の長男として京都に生まれ、のち母の実家古在家を嗣いだ。駒場農学校を卒業、明治二十三年(一八九〇)帝国大学農科大学助教授。同二十五年清水豊子(紫琴)と結婚。同二十八年から五年余、ドイツその他に留学。帰国の同三十三年東京帝国大学農科大学教授となり、大正九年(一九二〇)には総長に選ばれ、約八年間にわたり今日の東大の基礎の確立に献身した。彼が農芸化学の研究に関心を持つに至ったのはその師ケルネルの影響が多く、稲作の肥料試験や清酒酵母・茶の化学的研究など、広域にわたる優れた業績をあげている。さらに欧米で数年間研究、帰国後農産製造学講座を担当するとともに農事試験場長として現在の農業技術研究所の組織を作った。また明治二十五年には幾多の困難と戦いながら足尾銅山の鉱害に関する調査報告を発表し当時の社会に注目されたが、これは彼の不屈の科学者精神を発揮したものといえよう。昭和九年(一九三四)六月十八日没。七十一歳。東京の青山墓地に葬られる。『古在由重著作集』全六巻が刊行されている。

参考文献　安藤円秀編『古在由直博士』、『日本科学技術史大系』二二　（武藤　聡雄）

こさかじゅんぞう　小坂順造　一八八一—一九六〇　明治から昭和時代にかけての実業家、政治家。明治十四年(一八八一)三月三十日、長野県上水内郡柳原村(長野市)の名望家小坂善之助の長男に生まれた。同三十七年東京高等商業学校を卒業して日本銀行に入行。翌三十八年父が重役であった信濃銀行の整理に尽力、同四十一年同行取締役となり、四十四年長野商業会議所会頭・信濃毎日新聞社長となる。翌四十五年衆議院議員に当選、立憲政友会に所属。以後、昭和五年(一九三〇)の総選挙まで六回当選し、この間、大正七年(一九一八)農商務大臣秘書官、ついで秘書課長となり、同十一年同省勅任参事官。同十三年の政友会分裂後、山本達雄とともに政友本党に入り、のち立憲民政党に属し、昭和六年拓務政務次官。翌七年以後貴族院議員(多額納税者)、同二十一年枢密顧問官の政歴をたどる。実業界においては、信濃銀行は大正十二年安田銀行に合併されたが、同年父の創業した長野電燈株式会社社長。昭和四年信濃電気および信越窒素の両社を買収し、同六年社長となってその整理にあたり、再建に成功したが、電力国家管理によりいったん電力業界を退き、信越窒素(同十五年信越化学と改称)に専念。同二十五年日本発送電総裁としてその解散にあたり、その清算を公正に、同社関係者に有利に進め、記念事業として電力経済研究所を創設した。同二十九年、電源開発株式会社総裁となる。地方名望家系の出身で、政・財界にわたって活躍しつつも、地方とのつながりを失わず中央で大をなした人物の典型的な実例である。昭和三十五年十月十六日没。七十九歳。なお、太平洋戦争後の政治家・実業家の小坂善太郎・徳三郎の父である。

参考文献　小坂順造先生伝記編纂委員会編『小坂順造』　（中村　隆英）

こざきひろみち　小崎弘道　一八五六—一九三八　明治から昭和時代前期にかけてのキリスト教界の指導的地位にあった旧日本組合基督教会所属の牧師。安政三年(一八五六)熊本藩士小崎次郎左衛門・百寿の次男に生まれた。

はじめ藩校時習館に学び、十六歳のとき(明治四年(一八七一))熊本洋学校に入学、ジェーンズの薫陶を受け、まもなく生徒取締に任ぜられた。熊本市に小・中学校が開設されたとき小崎は教師となり、校則や生徒取締細則その他を立案した。同九年一月熊本洋学校生徒が花岡山でキリスト教奉教の結盟をしたときは小崎はまだ入信せず「奉教趣意書」に署名していないが、その後二ヵ月余四月三日にジェーンズにより洗礼を受けた。同年九月他の洋学校同窓生とともに同志社英学校に入学、京都第三公会に属し中国・四国各地の伝道につとめる。卒業(同十二年)後、滋賀県彦根、宮崎県各地に伝道、同年十二月東京の新肴町基督教会(霊南坂教会)の牧師として按手礼を受ける。翌十三年神田乃武・井深梶之助・植村正久らと協力して東京基督教青年会を創立、小崎は会長に就任。また同年十月東京青年会から月刊誌『六合雑誌』を発刊、「発行の趣意」を執筆している。この雑誌は大正十年(一九二一)二月の第四百八十一号に至るまで各時代の宗教・思想・文化に活潑な論陣を張った。明治十四年二十六歳のとき津田仙の媒酌で千代(旧姓岩村)と結婚。この年四月『六合雑誌』第七号に「近世社会党ノ原因ヲ論ス」という論文を載せて社会主義を紹介し、マルクスの名を日本ではじめて語ったことはよく知られている。翌十五年東京第一基督教会牧師となり翌年辞任。辞任後キリスト教書出版販売の目的で警醒社を設立、また『東京毎週新報』(のち『基督教新聞』『東京毎週新誌』『基督教世界』)を刊行するとともに、傍ら伝道につくした。同年番町教会設立、霊南坂教会牧師と兼牧する。同二十二年同志社で開かれた夏期学校で「聖書のインスピレーション」を講演、聖書の逐語霊感説を批判して問題となる。翌二十三年新島襄死去のあとを受けて小崎が二代目同志社社長・同志社英学校校長に就任。その後七年間当時の国粋保存主義、教育宗教衝突問題、宣教師との対立、同志社財政面の困難などの難問の中で同志社社長として折衝した。同三十年同志社を辞任、やがて京橋教会の牧師となる。翌三十一年二月『新世紀』を発刊。その後キリスト教界の指導的地位の人として牧界の世話役となり、あるいは国内各地、ハワイ・アメリカ各地に伝道した。昭和六年(一九三一)七十六歳で牧師を辞任、名誉牧師となる。同九年南洋委任統治領各地を視察し伝道した。同十三年八十三歳で死去した。小崎は少年時代から弟妹・友人の間で世話役であり、キリスト教界・文化知識人間にあっても指導的役割についた。信仰的思想的立場は一言でいえば穏健中正であり、進歩的自由主義に対しても理解を示している。その思想は単にキリスト教牧界の維持育成だけに視点をあてず、広く国家社会・政治問題にもキリスト教の立場からの積極的意図の可能性を探究唱道した。神学については、人間的意識や理性を重んずるが、その意識ないし理性は信仰的聖霊によって潔められた意識・理性でなければならぬというのが小崎の信念である。『政教新論』をはじめ著作の大部分は『小崎全集』全六巻に収められている。

参考文献 小崎弘道『七十年の回顧』、熊野義孝『日本キリスト教神学思想史』、隅谷三喜男『日本社会とキリスト教』(『東大新書』二〇)、土肥昭夫「小崎弘道の思想と行動」(『キリスト教社会問題研究』一六・一七合併号)

(篠田 一人)

こじまいけん 児島惟謙 一八三七―一九〇八 明治時代の司法官。天保八年(一八三七)二月一日伊予国宇和島城下堀端(愛媛県宇和島市)で父金子惟彬・母直子の次男として生まれる。のち姓は緒方・児島と改められた。剣道に秀でて土佐に遊学、さらに長崎に出て坂本竜馬・五代友厚らと知り、のち脱藩し討幕運動に参加、戊辰戦争にも従軍した。明治維新後、新潟県御用掛・品川県少参事を経て明治四年(一八七一)司法省に出仕、司法卿江藤新平に嘱目された。福島上等裁判所在勤中に担当したワッパ騒動の判決で公正さを発揮、九年名古屋裁判所長となった。さらに大審院民事乙局長を経て長崎・大阪各控訴裁判所長を歴任、二十四年大審院長となった。就任直後に大津事件に直面し、政府による裁判干渉をしりぞけて担当裁判官を説得、「皇室ニ対スル罪」(旧刑法一一六条)の適用を排して犯人津田三蔵を謀殺未遂として無期徒刑の判決を下させ、司法権の独立を護った。そのため藩閥政府の忌避するところとなり、二十五年大審院判事らの弄花(花札)事件の責任を問われ辞任した。二十七年貴族院勅選議員、三十一年愛媛県より進歩党代議士に当選、四国増租反対同盟会に参加した。三十八年再び勅選議員となったが、四十一年七月一日病没した。七十二歳。東京品川の海晏寺(品川区南品川五丁目)に葬られる。著書に『大津事件日誌』(『東洋文庫』一八七)がある。

参考文献 沼波瓊音『護法の神児島惟謙』、原田光三郎『護法の巨人児島惟謙と其時代』、田畑忍『児島惟謙』(『人物叢書』一〇七)

(宇野 俊一)

こじまうすい 小島烏水 一八七三―一九四八 日本近代登山の先駆者、日本山岳会創立発起人、浮世絵研究家。本名久太。明治六年(一八七三)十二月二十九日、名東県高松三番町(香川県高松市)に生まれた。横浜税関吏として赴任する父寛信・母サクとともに上京、神田に住し、ついで横浜西戸部に移り、横浜商業学校を同二十五年に卒業。同二十九年横浜正金銀行に入社。翌三十年二月雑誌『文庫』の記者として編集部に加入し雑誌記者として活躍。志賀重昂の『日本風景論』により山への目を開き、同三十五年八月槍ヶ岳に登山、下山後英国宣教師ウォルター＝ウエストンと相知り、同三十八年十月武田久吉ら七人と日本山岳会を創立、日本に近代登山を普及させる。同四十二年白峰、赤石岳縦横断など多くの記録的登山を行い、大正四年(一九一五)から昭和二年(一九二七)まで正銀支店長として渡米し、レーニア山などに登る。同六―八年日本山岳会初代会長。昭和二十三年(一九四八)十二月十三日没。七十六歳。法号照光院寿岳久道居士。墓は東京都文京区春日一丁目の常泉院にある。『小島烏水全集』全十五巻が刊行中である。

参考文献　日本山岳会編『小島烏水追憶』、近藤信行『小島烏水―山の風流使者伝―』　（山崎　安治）

こじまかずお　古島一雄　一八六五―一九五二　明治から昭和時代にかけてのジャーナリスト、政治家。号は古一念。慶応元年（一八六五）八月一日但馬国豊岡藩（兵庫県豊岡市）藩士の家に生まれた。父は玄三、母は八重。明治十二年（一八七九）上京、杉浦重剛に学び、やがて同二十一年雑誌『日本人』に入るが、同年『東京電報』新聞（まもなく『日本』と改題）に移った。以後『九州日報』主筆をも兼ね、ここで玄洋社系の人々と知り合った。『日本』が伊藤欽亮の手に移ったのを機に同三十九年雑誌『日本人』に移り『日本及日本人』と改題した。数年で『万朝報』に移り主筆、同四十四年東京府から衆議院補欠選挙に立候補して当選し代議士となった（以後当選六回）。明治二十年代から心酔していた犬養毅の立憲国民党に所属した。以後犬養と行をともにし革新倶楽部に至った。護憲三派内閣で大正十三年（一九二四）八月から翌年六月まで逓信政務次官に任ぜられた。同十四年五月政革合同でも犬養と行をともにし政界を引退し、翌年『大阪毎日新聞』『東京日日新聞』の客員（のち社友）となった。昭和七年（一九三二）犬養内閣によって貴族院議員に勅選された。第二次世界大戦後、同二十年に幣原内閣の組閣に関与したが入閣しなかった。翌二十一年日本自由党総裁鳩山一郎がＧＨＱによって追放令該当とされた際、後任総裁就任を懇請されたが吉田茂を推薦し、また第一次吉田内閣に入閣を懇請されたが受けず、同内閣の事実上の最高顧問と目せられ、同二十三年の第二次、つづく第三次吉田内閣においても内閣の指南番といわれた。昭和二十七年五月二十七日没。八十六歳。東京谷中の天王寺に葬られた。法名は廉徳院殿節翁一念大居士。著書に『一老政治家の回想』がある。

参考文献　毎日新聞社編『古島一雄清談』、鷲尾義直編著『政界五十年古島一雄回顧録』、同編『古島一雄』　（伊藤　隆）

こじまきくお　児島喜久雄　一八八七―一九五〇　大正・昭和時代の美学・美術史家。明治二十年（一八八七）十月十日児島益謙の五男として東京の四谷に生まれる。大正二年（一九一三）東京帝国大学文科大学哲学科を卒業、引続き同大学院で大塚保治指導のもとに西洋美術史を専攻した。その間在学中の明治四十三年から文芸雑誌『白樺』の同人として同誌に美術論文を頻繁に寄稿したが、大正十年から十五年まで欧州に留学、留学中の同十一年東北帝国大学助教授となり、さらに昭和十年（一九三五）東京帝国大学に転じて、同十六年から定年で退官する二十三年まで教授として美学美術史学第二講座を担当した。西洋美術史家として卓抜な学識をそなえていたうえ、批評家としても活躍したが、特にレオナルド＝ダ＝ビンチ研究の国際的権威として知られた。昭和二十五年七月五日心筋梗塞症のため東京において急逝した。六十二歳。東京青山の梅窓院内威徳寺に葬られる。法名は顕徳院喜心道円居士。生前の著書に『西洋美術館めぐり』（昭和十年）、『美術概論』（同十一年）、『美術批評と美術問題』（同、『希臘の鋏』（同十七年）、『塡空随筆』（同二十四年）などがあるほか、没後まとめられたものに『レオナルド研究』（同二十七年）、『古代彫刻の臍』（同三十一年）、『美術の小窓』（同四十年）、『レオナルド研究寄与』（同四十八年）などがある。　（富山　秀男）

こじまぜんざぶろう　児島善三郎　一八九三―一九六二　大正・昭和時代の洋画家。明治二十六年（一八九三）二月十三日福岡市中島町（博多区中洲中島町）の紙問屋児島善一郎・トヨの長男として生まれる。長崎医学専門学校薬学科を中途退学して、大正二年（一九一三）上京、一時岡田三郎助の指導する本郷洋画研究所に学んだ。同十年第八回二科展に初入選してからは、翌年同展に「裸女」ほかを出品して二科賞を受賞。同十四年から昭和三年（一九二八）までフランスに留学し、マチス・ドランらの作風にひかれながら、油絵としてより根源的な古典作品からも多くのものを学んで帰った。帰国後は昭和三年二科展に滞欧作を特別陳列、四年二科会員に推されたが、翌五年退会して里見勝蔵らと独立美術協会を新設し、以後その中心となって活躍した。特に同十年ごろからは日本人の伝統的感性を油絵のなかに積極的に生かそうとする日本的洋画の主張をかかげ、華麗な装飾的画風を樹立して注目された。代表作には「鏡を持てる女」「箱根」「渓流」「アルプスへの道」「雪柳と海芋に波斯の壺」などがある。昭和三十七年三月二十二日肝臓癌に黄疸を併発して千葉県稲毛市の病院で死去した。六十九歳。東京都小平市の小平霊園に葬られる。法名は即心院玄誉美観善勝居士。

参考文献　『児島善三郎』、『児島善三郎作品集』　（富山　秀男）

こじまぶんじろう　小島文治郎　一八二五―七〇　明治二年（一八六九）十月の上野国高崎藩領五万石騒動の指導者。文次郎あるいは、正治と名乗る。上野国群馬郡上小塙村（群馬県高崎市）の農民。小島政右衛門・トクの三男として文政八年（一八二五）生まれる。明治二年の不作減免と八公二民といわれた年貢軽減の嘆願運動が同年八月に不成功に終ると、九月、新たに佐藤三喜蔵・高井喜三郎とともに小島文治郎も第一大総代に推された。文治郎は四十三歳で、八十余歳の老父母と妻および三人の子があったが親戚に後事を託した。十月十七日高崎城に強訴、さらに二十日新政府の岩鼻県役所（知県事小室信夫）に訴願したが、藩の弾圧で十一月二十六日三喜蔵と喜三郎が潜伏中逮捕され、その釈放と抗議に岩鼻県へ出訴の文治郎ら四人も投獄、ついで藩に引き渡された。藩では総代らを、村高割で集めた闘争資金を酒色に費やし捨てたとの無実の罪で打首に処した。文治郎も同罪名で明治三年九月七日斬首。四十六歳。墓は高崎市上小塙町の大森院放光寺にあり、墓碑裏には「人のため草葉の露と消ゆるとも名を後の世に残すうれしさ」の辞世が刻まれている。法名は賢友院本光霊照居士。史料として、『群馬県史』資料編一〇がある。

参考文献 細野格城『高崎五万石騒動』、田村栄太郎『近代日本農民運動史論』 （山田 忠雄）

こじまりょうたろう 小島竜太郎 一八四九—一九一三 明治時代のフランス学者。小島は「おじま」ともいう。嘉永二年（一八四九）十一月二十七日、源七・松の長男として江戸に生まれる。父源七は高知本町筋二丁目の豪商徳増屋の出身。竜太郎は少年時代長崎に遊学しフランス学を学び、のち大学南校を経て中江兆民の仏学塾に関係した。農商務省書記官・衆議院書記官を歴任。社会主義・社会問題に関心を持ち、明治三十年（一八九七）設立の社会問題研究会の評議員となり、幸徳秋水らの平民社を援助し、共産党宣言の『週刊平民新聞』訳載を企画した。大正二年（一九一三）一月五日東京で死去。六十五歳。墓は東京都港区の青山墓地にある。

参考文献 大野みち代『小島竜太郎おぼえがき』、絲屋寿雄「小島竜太郎のこと」（『図書』二〇一） （松永 昌三）

ごしょへいのすけ 五所平之助 一九〇二—八一 昭和時代の映画監督。明治三十五年（一九〇二）二月一日、東京市神田区（千代田区）に生まれる。本名平右衛門。慶応義塾商工学校卒業。大正十二年（一九二三）に松竹蒲田撮影所に助監督として入り、同十五年に監督になった。抒情的な現代劇を主に作り、昭和三年（一九二八）の「村の花嫁」は日本映画の芸術性の一つの里程標と目された。同六年の「マダムと女房」は日本映画として最初の本格的なトーキーである。主な作品には「伊豆の踊子」（八年）、「人生のお荷物」（十年）、「朧夜の女」（十一年）、「わかれ雲」（二十六年）、「煙突の見える場所」（二十八年）、「大阪の宿」（二十九年）などがある。貧しく弱い立場の女性が健気に生きる姿を適度なユーモアなどをまじえながら繊細なタッチで描くとき、その映画的感覚は冴え、映像には詩情がみなぎった。五所亭の俳号で俳人としても知られていた。昭和五十六年五月一日没。七十九歳。 （佐藤 忠男）

こすぎすぎむら 小杉榲邨 一八三四—一九一〇 明治時代の古典学者。文学博士。初名真瓶、号は杉園。阿波徳島藩士蜂須賀家陪臣の生まれ。漢学を藩校に学び、江戸に出て国史国文を修めたが、尊王論を唱えて藩内を動揺させ、一時幽閉された。明治七年（一八七四）新政府の教部省に出仕、内務省御用掛、修史館掌記、『古事類苑』編纂専務となり、以後、東京大学古典講習科准講師、帝国博物館技手、古社寺保存委員、東京美術学校教授、東京帝国大学文科大学講師、国語伝習所長、東京帝室博物館評議員を歴任した。古典・古美術に造詣が深く、宝物調査・古社寺保存・古典の研究普及に貢献した。『大日本美術史』『徴古雑抄』等多くの編著がある。和歌に堪能で御歌所参候も勤めた。明治四十三年三月二十九日没。七十七歳。墓は東京都港区の青山墓地にある。

参考文献 「小杉博士記念録」（『歴史地理』一五ノ五）、甲斐知恵子・斎藤艶子「小杉榲邨」（『近代文学研究叢書』一一所収） （皆川 完一）

こすぎてんがい 小杉天外 一八六五—一九五二 明治から昭和時代にかけての小説家。本名為蔵。慶応元年（一八六五）九月十九日、豊治・ソノの長男として出羽国仙北郡六郷村（秋田県仙北郡六郷町）に生まれた。明治十六年（一八八三）、政治家を志して上京、英吉利法律学校などに学んだが、一旦帰郷し、同二十二年再上京、国民英学会・東京専門学校などに学び、文学志望に変わった。二十四年、斎藤緑雨の世話を受けるようになり、やがて緑雨にならった風刺的な作風をみせ、二十六年緑雨との合著『反古袋』を刊行した。日清戦争前後には尾崎紅葉に接近、新進作家の一人となったが、三十二年ごろからゾラを愛読して著しくその影響をみせ、『蛇いちご』『はつ姿』『はやり唄』などによって写実小説の代表者となった。ついで三十六年『魔風恋風』を出し新聞小説として成功したが、同時に通俗的傾向をも示し、歴史小説の佳作『伊豆の頼朝』もあるが、明治末から大正・昭和にかけては通俗小説・家庭小説の大家として終った。昭和二十七年（一九五二）九月一日、八十六歳で没。神奈川県鎌倉市の建長寺に葬られた。

参考文献 伊藤整編『小杉天外・小栗風葉・後藤宙外集』（『明治文学全集』六五）、吉田精一『自然主義の研究』上、神崎清「小杉天外研究」（木星社書院編『明治作家研究』上所収） （岡 保生）

こすぎほうあん 小杉放庵 一八八一—一九六四 明治から昭和時代にかけての洋画家、のちに日本画家。本名を国太郎といい、未醒と号した。明治十四年（一八八一）十二月二十九日栃木県上都賀郡日光町山内（日光市）に神官小杉富三郎・たえの六人子弟の末子として生まれる。五百城文哉に洋画を学び、上京して不同舎主小山正太郎に就いた。日露戦争に従軍記者となり、挿画画家として出発した。そのころ初期社会主義新聞にも寄稿したが、しばらくして遠のいた。同四十四年「水郷」などの壁画風の作品を文展に出品した。大正二年（一九一三）から翌年にかけてヨーロッパ遊学、帰国して再興日本美術院に加わり、洋画部を担当したが同九年退院、同年春陽会の創立を主導した。晩年は日本画に専念し、麻紙に淡墨・淡彩の中国古典世界をモチーフにした独特の作品を描いた。昭和三十九年（一九六四）四月十六日没。八十二歳。法名は放菴居士。墓は日光市所野にある。歌集・随筆集などの自著が多数ある。 （宮川 寅雄）

ごせだほうりゅう 五姓田芳柳 一八二七—九二 明治時代の画家。紀州藩士浅田富五郎の子として文政十年（一八二七）二月一日江戸に生まれた。のち四度姓を改め、最後に五姓田を称した。若くして浮世絵・狩野派を学んだが、長崎において西洋画を見てその写実に感動し、暈染法を用いて和洋折衷の画風を生み出した。幕末横浜に移り住み、内外人の求めに応じて風俗画や肖像画を描いた。明治六年（一八七三）東京浅草に移った。この年宮内省の命を受けて明治天皇の肖像を描いた。同十年西南戦争に際し、大阪の臨時陸軍病院で負傷兵を写した。同十五年浅草に光彩舎を設けて依嘱に応じて製作したが、同十八年芳柳の号を養子倉持子之吉に譲り、柳翁と号した。同二十三年次男義松を帯同してアメリカに遊んだ。同二十五年二月一日東京本郷東片町で没した。六十六歳。芝白金の専心寺に葬られる。法名は遊道院哲誉柳翁居士。義松と長女勇子（幽香）は洋画家として知られ、門弟の中に山本芳翠がいる。代表作に「明治天皇御影」（宮内庁蔵）、「西南戦役大阪臨時病院」（東京芸術大学蔵）がある。

参考文献　本多錦吉郎編「五姓田芳柳」（『追悼記念洋風美術家小伝』所収）、二代五姓田芳柳「初代五姓田芳柳翁小伝」（『光風』四ノ一）　（隈元謙次郎）

ごせだよしまつ　五姓田義松　一八五五―一九一五　明治・大正時代の洋画家。安政二年（一八五五）四月二十八日初代五姓田芳柳の次男として江戸に生まれた。母は久留米藩士森田弥左衛門の女。父とともに横浜に移り住み、少年時代チャールズ＝ワーグマンに師事した。若くして一家をなし、明治七年（一八七四）東京向島に移り、画塾を開いた。同九年一時工部美術学校に入学したが、同十三年フランスに留学してレオン＝ボナの門に入った。滞仏中サロンに入選し、同二十二年帰国した。この年同志と明治美術会を結成し、その初期の展覧会に出品した。翌二十三年には父芳柳と一時アメリカに遊んだ。その後は健康を害し、同四十年文展に「水師営会見図」を発表しただけで振るわなかった。大正四年（一九一五）九月四日横浜の自宅で没した。六十一歳。東京都港区白金の専心寺と横浜市港南区の日野公園墓地に墓がある。法名は浄智院法誉義松居士。代表作に「清水の富士」（東京都美術館蔵）、「操人形」（東京芸術大学蔵）などがある。

参考文献　隈元謙次郎「五姓田義松について」（『近代日本美術の研究』所収）　（隈元謙次郎）

ごだいともあつ　五代友厚　一八三五―八五　明治時代初期、わが国ことに大阪を中心とする関西方面の商工業の発展に大きな貢献をした人物。薩摩国鹿児島郡城ヶ谷（鹿児島市長田町）に薩摩藩の儒官である父五代直左衛門秀堯と母本田やすの次男として天保六年（一八三五）十二月二十六日に生まれ、幼名を才助と呼んだ。安政元年（一八五四）、はじめて藩の郡方書役となり、同四年三月には藩より選ばれて長崎へ赴き、オランダ士官について航海術を学ぶ。翌五年十月帰国、六年五月再び長崎に出て技術の研修をしたが、その際江戸幕府より派遣された千歳丸に乗船して上海に渡航し、秘かに藩のために汽船購入の契約をなす。文久二年（一八六二）長崎において御船奉行副役となる。慶応元年（一八六五）三月、藩命により留学生を率いてイギリス・フランス・ドイツ・オランダ・ベルギーなどを巡歴し、彼地の進んだ制度・文物に接し、藩のため小銃・汽船・紡績機械などを購入して翌二年二月帰朝した。明治元年（一八六八）正月、新政府に召されて参与・外国事務掛を命ぜられ、まもなく外国事務局判事に任ぜられてもっぱら外交の事務に参与し、外国貿易の発展につとめた。このころ友厚と改名。同年五月、外国官権判事・大阪府権判事に任ぜられ、二年五月会計官権判事に転じた。会計官の在任期間は二ヵ月余にすぎなかったが、通商会社・為替会社の設立に功労があった。同年七月、富国強兵の実をあげるためには商工業の振興をはかるべきであるとして、野におり、大阪に居を定めて実業に従事した。まず同年十月、金銀分析所を開設して西洋冶金術による金銀分析を試み、六年には弘成館を設立し、天和銅山・蓬谷銀山・半田銀山・鹿籠金山・神崎銅山・面谷銅山・豊石銅山など、各地に鉱山を開いて鉱山経営を行なった。また外国藍の輸入を防止せんとして、九年九月には朝陽館と呼ぶ一大製藍工場を設けて藍の製造販売にあたった。一方、同じころ堂島米商会所の設立を援助し、十一年六月には大阪株式取引所の設立に率先して尽力した。同じく十一年八月、中野梧一・藤田伝三郎・広瀬宰平らとはかり、大阪商法会議所（大阪商工会議所の前身）の設立にあたった。友厚はその創立とともに会頭に選ばれ、十八年九月死去に至るまでその任にあった。その間同会議所は、大阪の代表的経済団体として、大阪ないし日本の重要財政経済問題についての対策を当局に建議または報答した。彼はまた商業教育の発達をはかるの急務であることを思い、十三年十一月大阪商業講習所（大阪商科大学の前身）の設立にも力を尽くした。さらに、十四年一月には大阪製銅会社を設けて銅の加工事業にも着手し、同年六月には対清貿易・北海道貿易を行うために関西貿易社を設立した。そのほか、東京馬車鉄道会社（明治十三年十二月創立）、阪堺鉄道会社（同十七年十二月創立）、神戸桟橋会社（同十七年十一月開業）の設立に尽力して、交通業の発達にもつとめた。以上のような活動をして関西実業界の発達に大いに貢献した友厚も、明治十八年九月二十五日病をもって東京築地で没した。五十一歳であった。大阪の阿倍野墓地（現在南斎場、大阪市阿倍野区阿倍野筋四丁目）に葬られる。

参考文献　五代竜作編『五代友厚伝』、日本経営史研究所編『五代友厚伝記資料』　（山口　和雄）

こだいらくにひこ　小平邦彦　一九一五―九七　昭和時代の数学者。大正四年（一九一五）三月十六日、東京生まれ。父は農林次官を勤めた小平権一。昭和十三年（一九三八）東京帝国大学理学部数学科を卒業した後、同十六年同物理学科も卒業。東京大学、ジョンズホプキンス大学、スタンフォード大学、学習院大学などで教授を歴任。数学上の業績は多方面にわたるが、複素解析多様体の理論を確立したのがもっとも主要な業績である。欧文論文集 Kunihiko Kodaira: Collected Works. vols. I, II, III (岩波書店、プリンストン大学出版局)がある。日本語による主著は『解析入門』、『複素多様体論』(岩波書店)。同二十九年数学界のノーベル賞ともいわれるフィールズ賞を受賞。他に日本学士院賞(同三十二年)、文化勲章(同年)、藤原賞、ウルフ賞(同六十年)などを受賞。平成二年(一九九〇)に京都で開かれた国際数学者会議の組織委員会会長を務めたり、数学教育に関しても鋭い意見を表明したりするなど社会的に影響の大きな活動も行なった。平成九年七月二十六日没。八十二歳。

参考文献 小平邦彦『ボクは算数しか出来なかった』、同『怠け数学者の記』（飯高 茂）

こたけやしろう 古武弥四郎 一八七九―一九六八 明治から昭和時代にかけての生化学者。明治十二年(一八七九)七月十二日、岡山県邑久郡本庄村尾ノ村(邑久町本庄)に弥津治・美喜の次男として生まれる。同三十五年大阪府立高等医学校(大阪大学医学部)卒業後、京都帝国大学の荒木寅三郎教授に師事し、生化学研究の方針を決める。同四十二年ドイツへ留学、ケーニヒスベルク大学でヤッフェ教授の指導をうける。大正二年(一九一三)医学博士。その後、大阪医科大学教授・大阪帝国大学教授・同微生物病研究所長を歴任。昭和七年(一九三二)ドイツのハレー市カイゼル＝レオポルド学士院会員となり、翌八年日本学士院賞受賞。同二十三年和歌山県立医科大学長、二十四年日本学士院会員、三十六年文化功労者となり、三十九年勲二等旭日重光章受章。昭和四十三年五月三十日没。八十八歳。兵庫県宝塚市の中山寺に葬られる。法名は新円寂仁教院殿智徹篤学英道大居士。アミノ酸代謝の研究、なかでも昭和五年生物化学物質キヌレニンを発見し、同八年「トリプトファンの中間代謝について」の研究に対し、東宮御成婚記念賞を受けた。ひきつづきこの領域の研究を展開し、門下らの協力で生理化学的意義の解明をつづけ、トリプトファン学派ともいわれる。また同十年アミノ酸蛋白質栄養の研究から、立体化学という概念を提唱した。

参考文献 古武弥四郎「トリプトファン中間代謝領域ニ於ケル余等ノ研究」(『日新医学』二〇ノ一)、赤堀四郎「故古武弥四郎会員追悼の辞」(『日本学士院紀要』二六ノ三)、「古武先生に関する記録」(『この道』一四)（山下 愛子）

こだまいちぞう 児玉一造 一八八一―一九三〇 明治・大正期の三井物産出身の実業家。棉花取引に長じた。明治十四年(一八八一)三月二十日滋賀県犬上郡彦根町(彦根市)に生まれた。父貞次郎、母美衛。家庭が貧しいため、高等小学校卒業後、名古屋の菓子屋に丁稚奉公、のち近江銀行大阪支店に移る。さらに滋賀県商業学校に編入卒業し、静岡商業学校に奉職したが、明治三十三年八月三井物産合名会社支那修業生に応募、厦門(アモイ)に駐在。翌年三井物産社員となり、台北・ロンドン支店に勤務し、日露戦争時における軍用米の売買や満洲大豆のヨーロッパ輸出をはじめて実現させた。大正元年(一九一二)、三十二歳で三井物産名古屋支店長に転じ、第一次世界大戦勃発直前の同三年二月には大阪支店棉花部長となる。相場変動の激しい棉花・綿糸布取引の安全を期すため同九年四月、三井物産棉花部を独立分離させて東洋棉花株式会社を創設、その専務取締役となった。豊田紡織・三井物産の取締役も兼ねたが、昭和五年(一九三〇)一月三十日、大阪で胃潰瘍のため没した。五十歳。東京の青山墓地に葬られる。法名は卓功院殿雄厳一英大居士。

参考文献 荻野仲三郎編『児玉一造伝』（加藤幸三郎）

こだまかがい 児玉花外 一八七四―一九四三 明治から昭和時代にかけての詩人。本名伝八。明治七年(一八七四)七月七日、山口県大津郡三隅村に生まれる。京都の医師(もと萩藩勘定奉行)児玉精斎の長男。母は絹枝。同志社・札幌農学校に学び、いずれも中退。東京専門学校に転じ(のち中退)、文学活動に入り『早稲田文学』『東京独立雑誌』『労働世界』『明星』などに寄稿。キリスト教社会主義の立場から権力への反抗や貧富の差への憤りを激越な口調で歌い、社会主義詩人グループの一人に数えられる。同三十六年八月『社会主義詩集』を出版、発禁処分を受けた。思想的には未熟で国士風の熱血詩人たる本領は晩年多くの愛国詩をも生むことになる。昭和十八年(一九四三)九月二十日東京養育院にて病没。七十歳。静岡県田方郡上大見村(中伊豆町)の上行院に葬られる。法名は霊山院超脱日靖居士。『新声』選者として三木露風・室生犀星ら後輩を育成した功績も大きい。『風月万象』(共著)、『花外詩集』『ゆく雲』『天風魔帆』『バイロン詩集』『児玉花外愛国詩集』のほか、『紅噴随筆』『日本英雄物語』などがある。

参考文献 河井酔茗『明治代表詩人』、島本久恵『明治詩人伝』、岡野他家夫編『社会主義詩集』（三浦 仁）

こだまげんたろう 児玉源太郎 一八五二―一九〇六 明治時代の陸軍軍人。嘉永五年(一八五二)閏二月二十五日、周防国徳山藩(山口県徳山市)に藩士児玉半九郎・モトの長男として生まれた。十七歳にして戊辰戦争に参加し、戦後は京都の仏式伝習所に学び、ついで大阪の兵学寮にうつり、明治三年(一八七〇)六月、兵学寮を卒業して第六等下士官に任ぜられた。これからの昇進は非常に早く、一年に三回も進級したこともあり、同七年の佐賀の乱には大尉として出征して負傷した。九年の神風連の乱には少佐で熊本鎮台の参謀であったが、奇智をもって善処し、賊をしてただ一夜の妖火のように消えさせた。十年の西南戦争には熊本鎮台参謀副長として、その才能を認めさせた。戦後、東京鎮台歩兵第二連隊長・参謀本部管東局長・参謀本部第一局長を歴任し、二十年十月には陸軍大学校の校長となった。二十四年に外遊、帰って陸軍次官兼陸軍省軍務局長。ここで日清戦争に際会したが、海軍大臣西郷従道が陸軍大臣を臨時兼任したので、児玉は事実上の陸軍大臣であった。この職において戦時の諸職を兼任したが、その抜群の智能は、よく銃後の大任を全うした。功により二十八年八月男爵を授けられる。三十一年一月、第三師団長に転補、在職わずか一ヵ月で、二月下旬に台湾総督に任ぜられた。後藤新平を民政局長に任用して、新領土統治の実をあげた。三十三年十二月、第四次伊藤内閣の陸軍大臣を兼任した。三十五年三月兼任をやめたが、翌年の七月には第一次桂内閣の内務大臣に任ぜられ、台湾総督が兼任になったが、さらに短時日ではあったが文部大臣も兼任となった。その十月十二日、日露の風雲急を告げているとき、参謀本部次長田村怡与造少将の急死のあとを承けて、内務大臣をやめて参謀本部次長となり、参謀総長大山巌を輔けた。日露戦争勃発するや、大山満洲軍総司令官のもとで総参謀長となり、全智全能を傾倒し善謀善断、大勝の因をつくった。三十九年四月、参謀総長に任ぜられるとともに子爵に陞爵したが、戦争の疲労からか、同年七月二十三日に没した。五十五歳。東京の青山墓地に葬られたが、のち多磨墓地（東京都府中市）に改葬された。法名は大観院殿藤園玄機大居士。没後、同四十年十月子の秀雄が伯爵に陞爵した。

参考文献　森山守次・倉辻明義『児玉大将伝』、杉山茂丸『児玉大将伝』、宿利重一『児玉源太郎』

（松下　芳男）

こだまひでお　児玉秀雄　一八七六―一九四七　大正・昭和期の官僚、政治家。陸軍大将・伯爵寺内正毅の女婿。明治九年（一八七六）七月十九日、陸軍大将・子爵児玉源太郎と松子の長男として熊本城下に生まれる。同三十三年東京帝国大学法科大学卒業、大蔵省に入り、日露戦争中、満洲軍総司令部付などとして占領地行政に従事、三十八年朝鮮総督府書記官となり、四十三年同会計局長、四十五年同総務局長に就任。その間、明治三十九年父源太郎の死去により襲爵、翌四十年父の軍功により伯爵に陞爵。大正五年（一九一六）―七年寺内内閣書記官長、七年以降賞勲局総裁をはさんで、十二年関東長官、昭和四年（一九二九）朝鮮総督府政務総監に就任し、植民地行政に長年月たずさわった。明治四十四年―大正七年、および大正八年以降貴族院議員であったが、昭和期に入って研究会領袖として活躍し、岡田内閣拓務大臣、林内閣逓信大臣、米内内閣内務大臣、小磯内閣国務大臣・文部大臣として、政府・貴族院の連絡にあたった。昭和十七年陸軍軍政最高顧問としてジャワに赴任。また永く成城中学校校長をつとめた。第二次世界大戦後公職追放となり、二十二年四月七日没。七十二歳。東京の多磨墓地に葬られた。法名は実相院殿真月秀峰大居士。

（伊藤　隆）

こだまよしお　児玉誉士夫　一九一一―八四　昭和時代の国家主義者。明治四十四年（一九一一）二月十八日児玉酉四郎の次男として、福島県安達郡本宮町に生まれる。家は二本松藩の士族。少年時代、東京の紡績工場の幼年工をし、姉の嫁ぎ先の朝鮮竜山で商業学校に学ぶ。昭和四年（一九二九）建国会に入会、同年十一月三日、明治神宮参拝の天皇の鹵簿に直訴し不敬罪で懲役六ヵ月に、また同六年二月急進愛国党に入会し、国会議場内でビラを撒布し、井上準之助蔵相に短刀を送りつけた事件で懲役五ヵ月に処せられる。同七年二月出所し、満洲に行き笠木良明主宰の大雄峯会に入り、五月帰国し独立青年社を結成。同年十一月、天行会独立青年社事件で懲役三年六ヵ月に処せられる。これは頭山満の三男、秀三主宰の天行会で、児玉ら四名がダイナマイト・ガソリンで発電所爆破、重臣宅への放火、殺害を企図した未遂事件である。同十二年七月出所し、同十四年四月参謀本部の依頼で中国に渡り、上海の工部局長の暗殺をはかるが失敗。支那派遣軍の嘱託となり、汪兆銘の護衛にあたる。同十六年十二月、海軍航空本部の依嘱で戦略物資の買付けを行う児玉機関を設置、占領地・非占領地内の物資買付けに活動する。第二次世界大戦敗戦後、東久邇内閣の参与。同二十年十二月、戦犯となり同二十三年十二月まで服役。出所後は全日本愛国者団体会議（全愛会議）顧問、行動右翼の中心、青年思想研究会（青思会）の総帥として右翼の指導者となる。同時に同二十九年十二月の鳩山内閣実現、保守合同の黒幕として政界の蔭の実力者として君臨。同五十年二月に発覚したロッキード事件の被告として裁判に付され、同五十九年一月十八日に死去。七十二歳。著作選集として『風雲』全三巻がある。

（高橋　正衛）

ごちょうけい　呉長慶　Wu Chang-qing　一八三四―八四　中国清末の軍人。字は筱軒。道光十四年（一八三四）、安徽省盧江県に生まれる。父の廷香は自警団（団練）を組織して太平軍と戦って戦死し、雲騎尉の世職を与えられた。長慶は世職をつぎ、団練を率いて太平軍と戦った。咸豊十一年（一八六一）、李鴻章がその郷里安徽省合肥県の団練をもって淮軍を組織したとき、同府（廬州府）の呉長慶もその団練をもって参加し、翌同治元年（一八六二）、李鴻章統率のもとに上海に上陸して太平軍と江南に戦い、総兵に昇進、ついで捻軍と戦った。長慶の軍隊は最初五百名で慶字営と称せられたが、のちに拡大して慶軍とよばれた。捻軍平定後は防軍として揚州・江浦・江陰などに駐防した。光緒元年（一八七五）直隷正定鎮総兵、同六年浙江提督ついで広東水師提督に任ぜられたが就任しないうちに安南問題が起り、沿海防備のため山東省登州に移駐した。同八年朝鮮に壬午の変が起ると、李鴻章の命により北洋艦隊の軍艦に送られて漢城に進駐し、大院君李昰応を捕えて天津におくった。清仏戦争が起り、フランス艦隊の北上に備えるため、李鴻章の命を受け、その軍を二分し、同十年一半をもって遼東半島金州に移駐したが、まもなくそこで没した。五十一歳。その幕中に張謇・袁世凱がいて、儒将と称せられた。

参考文献　趙爾巽編『清史稿』列伝二〇三、朱孔彰『呉武壮公長慶別伝』（繆荃孫編『続碑伝集』五三）、張謇『嗇翁自訂年譜』（張孝若『南通張季直先生伝記』所収）、馬建忠『適可斎記行』

（波多野善大）

ごとういざえもん　後藤伊左衛門　一八二八―一九一五　江戸時代後期から明治時代にかけての篤農家。文政十一年(一八二八)生まれる。江戸時代末期には「庄内移り」と称する大隅・日向の過疎地帯への薩摩の過密地帯よりの人口移動が流行した。伊左衛門もその一人で薩藩領日向諸県郡高城郷(宮崎県北諸県郡高城町)に移住し、麓の郷士旧家新穂家などをたより資金をかり、天秤棒一本の行商から勤倹力行して蓄財して質屋を営み、米の上方への売買、山林・田畑の買得などを行なって宮崎県第一の富農となった。明治中期以後の家運勃興が事実らしく、薩藩領の先進地域から後進地域への移民の代表的成功者であり、後進米作地帯および林業地帯における資本蓄積の典型。小作米六千俵に及んだという。大正四年(一九一五)一月十日没。八十八歳。(原口　虎雄)

ごとういちじょう　後藤一乗　一七九一―一八七六　江戸時代後期の金工家。寛政三年(一七九一)三月三日後藤七郎右衛門重乗の次男に生まれる。幼名を栄次郎という。九歳の時八郎兵衛謙乗の養子となり、十一歳から半左衛門亀乗に師事し、十五歳で家督を相続し、八郎兵衛家の六代目当主となった。はじめ光貨と名乗り、文化八年(一八一一)二十一歳で光行と改名し、江戸の宗家四郎兵衛家の加役である大判の墨書かき改めや、分銅製作など京都における仕事を代行分担した。光行から光代さらに一乗と銘している。中には光代入道一乗と銘したものもある。文政七年(一八二四)に法橋、さらに文久三年(一八六三)に法眼の位に叙されている。明治九年(一八七六)十月十七日没。八十六歳。京都の常徳寺に葬られる。法名は光代院一乗日敬居士。作風は後藤家本来の赤銅魚子地高彫色絵のものから、赤銅や四分一の磨地に毛彫・平象嵌などを施した俳画的なもの、鉄地に高彫や毛彫のものなど多岐にわたっている。後藤家の伝統的作風以外のものには伯応・凸凹山人などと銘してもいる。(小笠原信夫)

ごとうけいた　五島慶太　一八八二―一九五九　明治から昭和時代にかけての鉄道資本家。明治十五年(一八八二)四月十八日、小林菊右衛門・寿ゑの次男として長野県に生まれる。同四十四年東京帝国大学法科大学を卒業。農商務省・鉄道院の官吏を歴任。大正九年(一九二〇)鉄道省を辞職し、武蔵電気鉄道(のちの東京横浜電鉄)に入社し、常務取締役となった。関東大震災後、東京の西南部近郊は都市開発が急速にすすんだが、これに伴っていくつもの近郊電鉄企業が計画された。五島は東横電鉄のほかにも、目黒蒲田電鉄の役員となって経営に才腕をふるった。すなわち、電鉄沿線の土地を買収して住宅地分譲を行い、同時に電鉄の主要駅の周辺に商店街などを造成した。また沿線に遊園地をつくり、ターミナルにデパートを開店させ、さらにバス路線を経営するなど、大阪における阪急の小林一三とならぶ電鉄企業の多角経営を実現した。昭和十一年(一九三六)には東横・目蒲両社の社長に就任、十四年には両社を合併した。戦時統制の進行に伴い、十七年には小田急電鉄・京浜電気鉄道を合併して、社名を東京急行電鉄と改めた。十九年東条内閣の運輸通信大臣に就任、第二次世界大戦後公職追放を受けた。解除後は再び東急電鉄を拠点に、定山渓鉄道その他各地の鉄道や、白木屋・東洋精糖など鉄道以外の企業をも支配下におさめ、東急車両・東急建設など、東急傘下の企業の多角経営の実現を促進した。こうして東急コンツェルンの形成に成功したが、このほか文化事業にも熱意を示し、大東急記念文庫(三十年開館)、五島美術館(三十五年開館)などが、その成果として知られる。三十四年八月十四日没。七十七歳。東京都世田谷区の浄真寺に葬られる。法名は明徳院殿慶愛天道剛徹毅翁大居士。正三位勲一等に叙せられた。

参考文献　五島慶太伝記並びに追想録編集委員会編『五島慶太の追想』(原田　勝正)

ごとうしゅいち　後藤守一　一八八九―一九六〇　大正・昭和時代に活躍した考古学者。明治二十二年(一八八九)八月十日、神奈川県三浦郡田越村小坪(逗子市小坪)に生まれ、沼津中学校出身。大正六年(一九一七)に東京高等師範学校地理歴史科を卒業、地理学研究に希望を抱きつつ静岡中学校教諭に赴任。まもなく東京帝室博物館へ勤務し、鑑査官として昭和十六年(一九四一)まで在任した。研究者としての初期は関保之助に師事し有職故実研究の道を歩み、やがて高橋健自のもとで日本考古学とくに古墳時代の遺物研究に輝かしい業績をあげた。帝室博物館在任中は『考古学雑誌』の編集を手がけ、退官後は国学院大学・日本大学講師を経て、明治大学教授となり、昭和二十五年には明治大学考古学研究室の初代主任教授となり、同三十五年七月三十日に没した。七十一歳。郷里の静岡県沼津市の塩満寺に葬られた。法名は徳珠院玄守日円居士。静岡県登呂遺跡調査の実行委員長を務め、第二次世界大戦後の日本考古学界の重鎮として活躍し、日本考古学協会創立に力を尽くした一人である。帝室博物館時代から静岡県松林山古墳・三池平古墳・長塚古墳・賤機山古墳をはじめ、群馬県赤堀茶臼山古墳・白石稲荷山古墳群、茨城県三昧塚古墳・丸山古墳など有力古墳の調査を担当し、また静岡県蜆塚遺跡、秋田県大湯環状列石など石器時代遺跡の研究から縄文・弥生・古墳時代にわたって幅広い研究を推進した。特に『漢式鏡』『古鏡聚英』など鏡の研究、埴輪研究、古墳時代の武器・武具研究の第一人者であった。晩年はゴードン＝チャイルドの影響を強くうけ、考古学資料を基礎とした「生活の復原」という命題に取りくんでいた。「古墳の編年的研究」により昭和三十五年、東京教育大学より文学博士の学位をうけている。

参考文献　後藤守一先生古稀祝賀会編『後藤守一先生著作目録』、『考古学ジャーナル』一〇〇(日本考古学一〇〇年―その学史と展望―)、『武蔵野』四〇ノ一・二(会長後藤守一博士追悼号)(大塚　初重)

ごとうしょうじろう　後藤象二郎　一八三八―九七　幕

末・明治時代の政治家。幼名保弥太、号は暘谷。天保九年（一八三八）三月十九日、高知藩士後藤助右衛門の長子として高知城下片町に生まれる。家は代々藩の御馬廻格。藩参政である義叔父吉田東洋の知遇を得てその少林塾に学び、彼の開国進取論に影響を受けた。同門には福岡孝弟・岩崎弥太郎らがいた。幡多郡奉行を経て御近習目付を勤めたが、文久二年（一八六二）、東洋が急進的尊攘派の勤王党に暗殺され後藤も職を辞した。翌年江戸に出て開成所に入り航海術を学び、元治元年（一八六四）四月高知に帰ると、岩崎らと開国策の意見書を前藩主山内容堂（豊信）に提出し、開成館（殖産興業のための機関）の設立、長崎交易、汽船購入などの必要を説いた。同年七月藩の大監察に登用されると勤王党の取締りにあたり、その首領武市瑞山を切腹せしめた。ついで参政として藩政の実権を握り、開成館を経営し、長崎・上海に赴いて外人商人と接触して汽船購入にあたるなど積極的な殖産興業政策を進めた。この間、薩・長両藩を中心とする武力倒幕の動きが次第に高まったが、慶応三年（一八六七）に入ると後藤は坂本竜馬らとともに公議政体論を唱え、薩長に対抗して将軍をして政権を返上せしめるよう画策した。同年十月四日、後藤は老中板倉勝静のもとに、山内容堂の名による大政奉還の建白書と寺村左膳と後藤の連名の大政奉還に伴う九ヵ条の改革意見書を提出し、同月十三日二条城で十五代将軍徳川慶喜に謁見してこれを説いた。同年十二月九日王政復古によって新政権が発足するや参与に任ぜられ、ついで、大坂府知事・工部大輔・左院議長などを歴任して、明治六年（一八七三）四月参議に就任。岩倉具視ら在外中のいわゆる留守政府で重きをなし、同年征韓論問題がおこると、西郷隆盛・板垣退助・江藤新平らとともに征韓論を唱えた。しかし、帰国した岩倉・大久保利通らの激しい反対によって容れられず、同年十月辞任した。翌七年一月、板垣・江藤らとともに、政府の有司専制を攻撃し民撰議院設立の必要を説いた建白書を提出し、国会開設運動の先がけとなった。その後一時政府に復帰し元老院副議長をつとめたが、まもなく辞任。この間蓬萊社の事業にたずさわり、政府から高島炭坑の払下げを受けてその経営にあたったが、赤字続きで成功せず、のち高島炭坑を三菱へ譲渡した。同十四年自由党結成の議に加わり、同年十月自由党発足にあたって総理に推されたが辞退し、その地位を板垣に譲って常議員となった。十五年政府側の働きかけに応じ、党内の反対を押し切って板垣らとともに欧州を視察。翌年帰国後、朝鮮独立党の金玉均らを援助し、フランスにも助力を仰いで朝鮮改革を画策したが実現には至らなかった。二十年伯爵授与。同年、大同団結運動の首領としてかつぎ出され、翌年機関誌『政論』を創刊し、東北地方・東海地方の遊説を進めるなど、国会開設をめざして民党の結成に力を注いだが、二十二年三月、突然黒田内閣の逓信大臣に就任して世を驚かせた。続く第一次山県内閣・第一次松方内閣にも逓相として留任し、もっぱら政府と野党たる自由党とのパイプ役となった。二十五年八月第二次伊藤内閣では農商務相となったが、取引所設置に関し業者から饗応を受けたため第五議会で激しい非難にさらされ、二十七年一月辞任した。その後、朝鮮政府顧問をつとめた。また、進歩党結成に際してはこれに資金援助を与えるなど、晩年はむしろ松方正義・大隈重信に近づいた。後藤は一定の主義・信条を持たず、清濁あわせ呑む「東洋豪傑」風の豪放で開放的な人柄だったので、そのもとに多くの政治家を集めたが、同時に緻密な政策立案は不得手であり、その行動も機会主義的であって、ためにしばしば周囲から不信のまなざしでみられた。なお、長女早苗は岩崎弥之助に、次女小苗は大江卓にそれぞれ嫁している。三十年八月四日死去。六十歳。墓は東京都港区の青山墓地にある。法名は宏徳院殿道誉哲心元暐大居士。

参考文献　大町桂月『伯爵後藤象二郎』

（鳥海　靖）

ごとうじょさく　後藤恕作　一八五八―一九二九　本邦民間羊毛工業の先導者。安政五年（一八五八）播磨国揖東郡網干村（兵庫県姫路市）に生まれる。幼少の折、父母を失い、十二歳のとき大阪に出、神戸の英十六番館につとめたが、森有礼が清国全権公使となるや随行、中国語研究と製絨業の技術習得に努めた。明治十三年（一八八〇）一月、五百円の資金で、東京駒込に毛糸紡績業を創めたが数ヵ月で中止、また四谷左門町に縮布業を始めたが失敗、さらに芝白金台町に後藤毛織製造所を新設し、絨氈・段通の製造を始めた。同十四年第二回内国勧業博覧会で進歩二等賞を得たが事業好転せず、同十九年五月、東京毛布製造会社創設。同二十五年夏、大崎村の工場を大井村（品川区大井）へ移し、職工千二百余名で操業。安田銀行の融資と日清戦争時の軍需で巨利を博したが、同三十六年に三井に買収され品川毛織となった。別に、中島銀行の援助で島田毛織製造所を新設、同四十年には後藤毛織と改称した。関東大震災で東京工場全滅。昭和四年（一九二九）、失敗と受難の中に死去。七十二歳。

参考文献　安田精一『大井町誌』、楫西光速編『繊維』上（『現代日本産業発達史』一一）

（加藤幸三郎）

ごとうしんぺい　後藤新平　一八五七―一九二九　明治から昭和時代前期にかけての官僚、政治家。安政四年（一八五七）六月四日、水沢藩小性役後藤実崇の長男として陸中国胆沢郡塩釜村（岩手県水沢市）吉小路に生まれる。母は同藩の侍医坂野長安の長女利恵。藩主留守家の奥小性、胆沢県大参事の学僕などをつとめたのち、須賀川医学校に学んだ。五等医生・内外舎長などを経て愛知県病院に勤務し、明治十四年（一八八一）同病院長兼愛知医学校長となった。翌年岐阜で刺客に襲われて負傷した板垣退助の治療にあたったことは有名である。同十六年内務省衛生局に入り、局長長与専斎のもとで衛生行政に尽力。のち在官のままドイツに留学してドクトル試験に合格、二十五年帰国して衛生局長に就任したが、翌年相馬事件に連坐して誣告の罪に問われて検挙され、非職を命ぜられた。しかし、無罪の判決を受けて官界に復帰、二十八年臨時陸軍検疫事務官長として日清戦争後の帰還軍隊の検疫業務に功績をあげ、児玉源太郎部長に認められた。同年再び衛生局長となり、監獄衛生制度の改良、労働者疾病保険の新設や台湾における阿片政策などについて首相・内相に意見書を提出した。三十一年児玉台湾総督のもとで民政局長(のち民政長官)に就任、以来、三十九年まで八年半余りにわたってその職にあり、鉄道建設、築港、土地調査、阿片・樟脳・食塩・煙草の専売をはかるなど、台湾の植民地行政に卓抜した手腕をふるった。また、北清事変に際して、児玉とともに台湾の対岸の福建地方進出を計画して厦門(アモイ)出兵をはかったが失敗した。この間、貴族院議員に勅選され、男爵授与。三十九年満鉄総裁に任ぜられ、満鉄の広軌化を進め満洲経営に力を注ぐとともに大アジア主義を唱えて、清国・ロシアを訪問し、東方問題について協議した。桂太郎の知遇を受け、四十一年七月第二次桂内閣成立とともに逓相として入閣、ついで鉄道院総裁を兼任、国鉄の広軌改築計画立案にあたったが、四十四年八月桂内閣が総辞職し、第二次西園寺内閣(内相兼鉄道院総裁原敬)に至って財源難のため、広軌化は取り止めとなった。四十五年、桂とともにロシアに赴いたが、途中明治天皇の不例の報に接して帰国。大正元年(一九一二)十二月再び第三次桂内閣の逓相となり、鉄道院総裁・拓殖局総裁を兼任した。この内閣は憲政擁護運動によって、翌二年二月退陣したが、その間、後藤は桂太郎の立憲同志会結成に参画し、下野後、国内各地を遊説した。しかし、政党内閣主義には反対し、桂の死後総裁を予定された加藤高明ら党幹部と対立して脱党。五年十月寺内内閣の内相兼鉄道院総裁に就任、内務官僚の海外留学制度を拡充し人材育成にあたり、また翌年の衆議院総選挙では選挙干渉によって、野党たる憲政会の第一党を打破し、立憲政友会を勝利に導いた。ついで七年四月外相に転じシベリア出兵政策を推進。下野後、欧米諸国を巡遊し、第一次世界大戦後の新しい空気に触れて帰国したのち、経済・社会改革のための大調査機関設立を原敬首相・高橋是清蔵相に進言した。九年十二月東京市長に迎えられ、市政調査会設立にあたるなど都市問題と取り組むかたわら、ソ連からヨッフェを招いて日ソ国交樹立の予備的交渉にあたった。その間、薩派などと手を組み反政友会・反長閥連合勢力を結集して山本権兵衛擁立をはかり、十二年九月、関東大震災の直後、第二次山本内閣が成立するや内相として入閣、帝都復興院総裁を兼任して大規模な東京復興計画を立案、また、普通選挙の実現にも努力したが、衆貴両院の第一党たる政友会・研究会などの反対にあって苦境に立ち、同年十二月、虎の門事件で内閣総辞職したため下野した。その後は政界の第一線に立つことはなく、普選実施に備えて政治の倫理化運動を進めたり、少年団日本連盟・東京放送局の総裁をつとめるなど、社会事業・文化事業に力を注いだ。この間、大正十一年子爵、昭和三年(一九二八)には伯爵に陞爵。後藤は生涯を通じて数多くの意見書を草し、また科学的調査活動を特に好んだが、時流に先がけた卓抜した着想や、しばしば「大風呂敷」と評された大胆で雄大な構想力は、官僚出身者としては異色であり、その陽気な人柄と相まって、民衆的人気はかなり高いものがあった。しかし反面現実的条件の中でその構想の具体化をはかるという点では不十分なところが多く、また、やや気まぐれで忍耐力に乏しく、強い個性ゆえに対人関係において協調性に欠ける嫌いがあったことも否めない。そのためか、再三首相候補の下馬評にあがりながら、ついにその地位に就くことなく終った。昭和四年四月四日、脳溢血のため東海道線の車中で倒れ、四月十三日京都府立病院で死去した。七十三歳。墓は東京都港区の青山墓地にある。法名は天真院殿祥山棲霞大居士。なお、『後藤新平関係文書』が岩手県の水沢市立後藤新平記念館に所蔵されている。

[参考文献] 鶴見祐輔『後藤新平』、信夫清三郎『後藤新平―科学的政治家の生涯―』、北岡伸一『後藤新平―外交とヴィジョン―』(『中公新書』八八一)

(鳥海 靖)

ごとうせいたろう 五島清太郎 一八六七―一九三五 明治から昭和時代前期にかけての動物学者。慶応三年(一八六七)八月十八日、長門国阿武郡川島村(山口県萩市川島)五島守篤の次男として誕生。明治十二年(一八七九)大阪英語学校、十五年京都同志社英学校、十七年東京大学予備門、二十年東京帝国大学理科大学動物学科に入学。二十七年には私費でジョンズ＝ホプキンス大学およびハーバード大学へ留学、二十九年帰国し第一高等学校教授、四十二年東京帝国大学教授となる。吸虫類・ヒドロ虫類などの分類学を研究。主著『実験動物学』のほか『中等動物学教科書』など多くの著書・論文がある。昭和十年(一九三五)七月二十日没。六十九歳。

[参考文献] 内田亨「五島清太郎先生」(『遺伝』二ノ三)

(鈴木 善次)

ごとうたくお 伍堂卓雄 一八七七―一九五六 明治から昭和時代にかけての海軍軍人、政治家。明治十年(一八七七)九月二十三日石川県(金沢市か、または東京ともいう)に生まれる。父は卓爾、母は房子。同三十四年東京帝国大学工科大学造兵学科卒業、海軍造兵中技士となり、大正六年(一九一七)造兵大監、十一年造兵少将、十三年呉海軍工廠長、十五年造兵中将に昇進した。その間欧米に出張し、造兵技術の導入と発展に貢献、昭和三年(一九二八)予備役に編入された。四年昭和製鋼所社長、五年南満洲鉄道理事、同年工学博士となり、十二年林内閣の商工相兼鉄道相に就任して政界に転じ、同年貴族院議員に勅任され、研究会に所属した(二十一年辞任)。十三年東京商工会議所会頭、十四年阿部内閣の商工相兼農相、十七年日本能率協会会長、十八年商工組合中央会会長、二十年軍需省顧問を歴任、戦時統制経済の運用に尽力した。敗戦後戦犯に指名されたが、二十二年に釈放され、三十一年四月七日死去。七十八歳。東京都文京区小日向の称名寺と同府中市の多磨墓地に分骨。法名は大覚院釈卓雄居士。養子輝雄は永野護・重雄らの弟である。
（木坂順一郎）

ごとうちゅうがい　後藤宙外　一八六六―一九三八　明治から昭和時代前期にかけての小説家、評論家。本名寅之助。慶応二年(一八六六)十二月二十四日出羽国仙北郡払田村(秋田県仙北郡仙北町)に三郎右衛門・サダの次男として生まれた。東京専門学校を卒業。『早稲田文学』の記者時代に『ありのすさび』など小説作家として認められ、明治三十年(一八九七)みずから『新著月刊』を刊行し、また同三十三年『新小説』の編集主任となって活躍、その間硯友社風の小説も多く発表した。自然主義全盛時代には反自然派の評論でならしたが、大正三年(一九一四)『秋田時事新聞』の社長となって郷里に退隠し文学をはなれ、考古学・史学の研究に専念した。昭和十三年(一九三八)六月十二日福島県北会津郡湊村(会津若松市)で死去。七十三歳。墓は郷里仙北町払田の後藤家墓地にある。著書に『明治文壇回顧録』などがある。
参考文献　大塚豊子・増田千代子「後藤宙外」(『近代文学研究叢書』四三所収)
（伊狩　章）

ごとうふみお　後藤文夫　一八八四―一九八〇　明治から昭和時代にかけての官僚政治家。明治十七年(一八八四)三月七日後藤義知の五男として大分県に生まれる。同四十一年東京帝国大学法科大学卒業。内務省に入り、優秀な官僚として早くから注目された。大正九年(一九二〇)内務大臣秘書官、十一年警保局長、十三年台湾総督府総務長官を歴任。当初は政友会系、のち伊沢多喜男と近い憲政会系内務官僚とみられた。同十四年丸山鶴吉・田沢義鋪らの内務官僚、緒方竹虎らの新聞社幹部、近衛文麿らの若手貴族院議員と新日本同盟を結成。またこのグループとともに青年団運動を推進し、昭和五年(一九三〇)日本青年館・大日本連合青年団理事長に就任し、また壮年団運動をも推進した。同年貴族院議員に勅選された。平沼騏一郎の国本社にも関係したが、大正十二年に発足した安岡正篤らの金鶏学院の後援者の一人となり、昭和七年これをとりまく軍人・官僚の「革新」的な団体国維会の結成にあたって発起人・理事として尽力し、新官僚の総帥とみなされるに至った。同年斎藤内閣が成立し、その農相に就任、荒木貞夫陸相と組んで「革新」政策の推進にあたり、産業組合の拡大発展につとめた。同九年岡田内閣の内務大臣。同十一年の二・二六事件の際、内閣総理大臣臨時代理。十一・十二年近衛新党を企図したといわれる荻窪会談に参加しているが、その後も近衛のブレーンの一人として新体制運動を推進。同十五年新体制準備委員・大政翼賛会常任総務・中央協力会議議長・大日本壮年団連盟理事長、同十七年大政翼賛会事務総長・翼賛政治会常任総務、同十八年大政翼賛会副総裁・大日本翼賛壮年団長となり、東条内閣に国務大臣として入閣した。十九年七月辞職。二十年戦犯に指名され公職を追放されたが解除され、同二十八年参議院議員に大分県から当選、緑風会に所属して、同会議員総会議長・総務委員長・座長・政調会長を歴任したが、同三十四年落選。同三十一年日本青年館理事長に再任された。昭和五十五年五月十三日肺炎のため東京品川の病院にて没。九十六歳。
参考文献　内政史研究会編『後藤文夫氏談話第一回速記録』、森有義『青年と歩む後藤文夫』
（伊藤　隆）

ことうぶんじろう　小藤文次郎　一八五六―一九三五　明治から昭和時代前期の地質学者。安政三年(一八五六)三月四日、石見国津和野(島根県鹿足郡津和野町)に生まれ、明治三年(一八七〇)同藩の貢進生として選ばれて上京遊学。同十二年、東京大学理学部地質学科最初の、ただ一人の卒業生として、同学部講師となる。十三年、命によりドイツに留学、地質・岩石鉱物・古生物学などについては、同国ですでに数年前に学んだ原田豊吉につづく二人目の日本人学者である。十七年帰国、十九年帝国大学理科大学教授となり、大正十年(一九二一)まで在職、名誉教授として長く同大学にあって後進の指導育成、研究、その他に尽くした。近年あらためて問題となっている日本島弧についてもナウマン・リヒトホーフェンらの学説を実地に検し「崑崙と日本崑崙」(明治三十一年)などにより論争、また『東洋学芸雑誌』四に「本邦地帯構造と地磁気に関する顕象」(同二十年)を発表、地球物理学関係その他の境界領域との協力に端緒をひらいた。その他、「日本の火山」「日本の火成岩の研究」「秩父結晶片岩系の研究」「阿武隈高原の地質学的研究」などにより、かねて箕作阮甫によってわが国に紹介された地球に関する西欧の科学を、時空そのものと物質の運動および変化を明確に意識しての日本の自然科学領域として育てた。明治二十四年の濃尾大地震の研究における根尾谷断層の記述と解明とは世界的に有名であり、この地震を機に、菊池大麓・田中館愛橘・長岡半太郎らと官制による震災予防調査会を創設、日本における地震研究の進展の基盤をつくった。関東大地震に際しても同調査会の長老の一人として尽力、学術研究会議の地質学・地理学部長ともなり、没年にはその創設と発展に努めた日本地質学会の名誉会長であった。昭和十年(一九三五)三月八日没。八十歳。
参考文献　『日本地質学会史』、『地理学評論』一一ノ五、『地質学雑誌』四二ノ四九九、日本科学史学会編『日本科学技術史大系』一四、J・D・バナール『歴史における科学』(鎮目恭夫訳)
（村越　司）

ごとうりゅうのすけ　後藤隆之助　一八八八―一九八四　大正・昭和時代の政治家。近衛文麿のブレーンの一人。明治二十一年(一八八八)十二月二十日千葉県に生まれる。四十二年第一高等学校文科入学、参禅を通じて近衛の信奉者志賀直方と知り合い、大正四年(一九一五)京都帝国大学に入り、ここで近衛と知り合う。同九年卒業、近衛の紹介で満洲で働いていたが、同十年近衛が日本青年館理事長に就任した際その主事となり、青年団運動で活躍した。昭和七年(一九三二)欧米を旅行、帰国して青年団以来の研究のため翌八年後藤隆之助事務所を設置、つづいて同年昭和研究会を設立した。当初蠟山政道が幹事をつとめ、主として学者・官僚による研究会であった。十一年にはこれを改組、多数の部会を設け、近衛のための調査・政策研究・立案などを行い、いわゆる革新派・新体制派の一翼をなした。後藤自身近衛のブレーンとして近衛内閣の組閣などに尽力し、また、この間選挙粛正運動・壮年団運動にも尽力した。十三年には昭和塾を設立。十五年の大政翼賛会の成立の際の新体制準備会常任幹事、大政翼賛会組織局長に就任したが、この前後から昭和研究会・昭和塾が「赤」として攻撃されるに至り、相ついでこれを解散せざるを得なくなり、十六年の改組で翼賛会組織局長も辞任した。第二次世界大戦後、公職追放。二十六年昭和同人会を組織した。昭和五十九年八月二十一日没。九十五歳。

[参考文献] 内政史研究会編『後藤隆之助氏談話速記録』、昭和同人会編『昭和研究会』　(伊藤　隆)

ことひとしんのう　載仁親王　一八六五—一九四五　明治から昭和期にかけての軍人。慶応元年(一八六五)九月二十二日、伏見宮邦家親王の第十六子として生まれる。幼名易宮。明治五年(一八七二)閑院宮家を継承、十一年親王となり、名を載仁と賜わる。十年陸軍幼年学校に入校したのち、十五年から二十四年までフランスに留学、騎兵将校の教育を受けた。騎兵連隊長・同旅団長を歴任し、この間、日清・日露両戦争に出征、第一・近衛各師団長を経て、大正元年(一九一二)十一月大将に昇進すると同時に軍事参議官の閑職に移り、約二十年間在職、大正八年には元帥の称号を受けた。皇族であるため、昇進は早かったが、政策を左右する要職にはつかなかった。昭和六年(一九三一)十二月荒木貞夫中将が陸軍大臣に就任すると、部内における皇道・統制両派の抗争が激化したので、それを中和するため参謀総長に任命された。しかし荒木の期待を裏切り、親王は皇道派を嫌い、かえって真崎甚三郎教育総監更迭の原動力となった。日中戦争中も留任したが実権はなく、十五年十月老齢のため辞任。二十年五月二十日病死した。八十一歳。国葬。　(秦　郁彦)

こなかむらきよのり　小中村清矩　一八二一—九五　幕末・明治時代前期の学者。国学、特に制度の学に通じた。姓は紀氏、幼名は栄之助・金四郎・金右衛門、将曹と称し、号は陽春廬。文政四年(一八二一)十二月晦日、江戸に生まれる。父は三河の人原田次郎八、母は美代。早く母の妹に養われ、小中村氏を襲ぐ。同氏は山城国石清水八幡宮の祠官に出て、江戸に下って商業を営む。清矩は学を堀越開山・置賜晰斎・西島蘭渓・中村六右衛門・亀田鶯谷・伊能穎則らに受け、天保五年(一八三四)清矩と改名し、養父の没後は家業に従う。嘉永五年(一八五二)家を次子の文次郎に譲って学問に専念す。安政四年(一八五七)和歌山藩の古学館教授となり、明治二年(一八六九)七月太政官に出仕して、大学中助教・神祇権大史・神祇大史・神祇大録・教部大録を歴任し、同十一年九月東京大学講師、同十五年二月同教授・東京学士会院会員となり、同十九年帝国大学法科兼文科大学教授および『古事類苑』編纂委員長となり、同二十一年五月文学博士の学位を受け、帝室制度取調掛を命ぜられる。同二十三年九月貴族院議員に勅選、翌二十四年三月本官を辞す。同二十六年七月法典調査会査定委員となり、同二十八年十月十一日病没す。年七十五。正五位に叙される。東京谷中の天王寺墓地に葬る。『歌舞音楽略史』『田制考』『官田考』『陽春廬雑考』などの著書がある。

[参考文献] 中邨秋香「小中村清矩先生小伝」(小中村清矩『国史学の栞』所収)　(藤井　貞文)

こなかむらよしかた　小中村義象　⇨池辺義象(いけべよしかた)

こにしぎけい　小西義敬　生没年不詳　明治時代の新聞経営者。東京両国矢ノ倉の名主小西喜左衛門の息。明治三年(一八七〇)駅逓司雇。五年六月前島密の援助を受けて『郵便報知新聞』を創刊、のち社主。六年栗本鋤雲を招き同紙の紙声を高からしめた。十四年末銀行事業に失敗し同社を離れ、十七年九月仮名垣魯文の奔走により高梨哲四郎・角田真平らの出資を得て『今日新聞』を創刊し社主となるが、十九年ごろ退社。晩年は恵まれず、失意のうちに没したと推測される。経歴など不詳。

[参考文献] 野崎左文『私の見た明治文壇』　(北根　豊)

こにししげなお　小西重直　一八七五—一九四八　明治から昭和時代前期にかけての教育学者。明治八年(一八七五)一月十五日、山形県米沢の元藩士富所(とんどころ)幸吉の長男(幼名代吉)として生まれ、会津若松の小西家に養子となる。中学時代には岡田五菟の、第二高等学校時代には校長沢柳政太郎の感化をうけ、同三十一年東京帝国大学文科大学哲学科に入学して教育学を専攻した。卒業後、独・英・米各国に留学し、帰国後広島高等師範学校教授・文部省視学官・第七高等学校校長を歴任。大正二年(一九一三)に京都大学教授、昭和八年(一九三三)には総長となったが滝川事件のために辞任。晩年には千葉工業大学長を勤め、昭和二十三年(一九四八)七月二十一日、七十四歳で瞑目した。法名は直指院徳翁重原大居士。なお同二十八年七月、門下生の手により京都の相国寺境内に記念碑が建てられた。留学中からルソーやペスタロッチなどに関心を寄せ、理論的教育学よりも体験的な実践的教育学の形成をめざして独自の領域を開拓した。すなわち、その著『教育の本質観』や『労作教育』において敬愛信の三相に教育精神の本質を求め、その具現者として広瀬淡窓を発見、また「糞尿一体」の生活、「霊肉一致」の境地を教育の本道として捉えようと試みた。この観点はみずから顧問となった成城学園や玉川学園に対しても影響を与えている。著作集に『小西博士全集』全五巻がある。

参考文献　『教育学研究』一七ノ四(小西重直博士追悼特集)、『京都大学教育学部紀要』四(小西重直教授の生涯と業績)　(上沼　八郎)

このえあつまろ　近衛篤麿　一八六三―一九〇四　明治時代後期の政治家。号は霞山。公爵、五摂家筆頭の家門。文麿の父。文久三年(一八六三)六月二十六日、従一位近衛忠房の長子として京都に生まれた。明治十二年(一八七九)大学予備門に入ったが病のため一年で退学、以後和漢英の学を独習。同十七年七月華族令の制定によって公爵に叙せられる。翌十八年から二十三年までオーストリア・ドイツに留学、帰朝とともに貴族院議員となる。二十八年学習院長となり没年までその地位にあった。彼は近代日本において華族がその社会的地位を確立し、政治的社会的に皇室の「藩屏」としての役割を果たすことを念願した。この見地から、彼は学習院の教育組織および財政的基礎の確立に尽力し、特に華族の子弟が外交官・陸海軍人になることを希望した。のみならず華族の経済的自立のために並々ならぬ配慮を払った。このようなアリストクラシイの理想から、貴族院議員また貴族院議長(明治二十五―三十六年)として彼は一貫して藩閥官僚支配に反感を示し、歴代藩閥政府に対し厳しい批判的態度を維持した。第二次伊藤内閣の対議会策に対する攻撃、また第二次松方内閣および第二次山県内閣の入閣要請拒否などその例である。しかし他方彼は、当時の政党についても、「国家」を忘れ「官尊民卑」の風潮に汚染され猟官主義に走る「徒党」として痛難した。近衛はまた対外問題とくに中国をめぐる国際情勢に深い関心を抱き、日清戦争以後ははなはだ積極的な政治活動を展開した。すでに明治二十四年に東邦協会の副会頭に就任していた彼は、日清戦争を契機として西洋帝国主義による中国分割の危機が現実の日程に上って来たことによって、その国家主義に激しい刺戟を受けた。明治三十一年同文会を、ついで犬養毅らの東亜会を合わせて東亜同文会を組織しみずからその会長となった。それは、前記極東情勢との対応から民間の国家主義的諸団体の大同団結を計ったものであり、財政上ほとんど外務省の機密費に依存した半官半民的組織であった。そして同会は爾後アジア主義的立場において「支那保全・朝鮮扶掖」をスローガンとし、外務省および軍と密接に連携しながら中国・朝鮮に対する政治的文化的活動の推進母体となった。三十三年に中国に南京同文書院(のちの東亜同文書院)を設立したのはその顕著な一例である。三十三年の義和団事件を転機として満洲・朝鮮をめぐる日露関係が緊迫するとともに、近衛は中国に関し東亜同文会の組織を通して「南方諸総督との連絡」を密にし、朝鮮に対する日本の政治的影響力を強めるため積極的な活動をなした。さらに国内では対露強硬論をもって政府に圧力を加え、また国民世論を促す目的のもとに東亜同文会系勢力を主軸としたより広い組織として三十三年九月国民同盟会を結成し対露強硬論の先頭に立った。さらに同三十六年には対露主戦論のもとに対露同志会の結成にも尽力した。同年貴族院議長を辞し枢密顧問官となる。同三十七年一月一日死去。四十二歳。墓は京都の大徳寺にある。

参考文献　近衛篤麿日記刊行会編『近衛篤麿日記』、工藤武重『近衛篤麿公』、坂井雄吉「近衛篤麿と明治二十年代の対外硬派」(『国家学会雑誌』八三ノ三・四)　(安井　達弥)

このえただひろ　近衛忠熙　一八〇八―九八　幕末・明治時代の公家、政治家。父は左大臣近衛基前、母は大納言徳川宗睦の女静子。文化五年(一八〇八)七月十四日生誕。同十三年二月二十六日従五位上、同年三月一日左権少将、翌十四年三月七日従三位、文政四年(一八二一)八月十一日正三位、同六年三月十六日従二位、同七年六月四日正二位、同月二十八日内大臣、天保五年(一八三四)六月五日従一位、弘化四年(一八四七)六月十五日右大臣、安政四年(一八五七)正月四日左大臣。翌五年外交問題が紛議し、同年九月四日九条尚忠に代わって内覧となったが、安政の大獄に遭い、翌十月十九日内覧を辞し、翌六年三月二十八日左大臣を辞して落飾謹慎、翠山と号した。文久二年(一八六二)四月三十日参朝を許され、同六月七日復飾、同月二十三日関白内覧となったが、翌三年正月二十三日尊攘派に排斥され、関白を辞した。慶応三年(一八六七)十二月九日再び参朝停止、翌明治元年(一八六八)正月十六日参朝を許される。同二年七月二十一日麝香間祗候となり、翌三年二月二十日願って正二位に鵠退し、同六年六月十二日退隠した。同十一年十二月二十八日従一位に復叙し、同十八年四月二日勲一等に叙し、旭日大綬章を賜わる。同二十九年九月二十六日四代の天皇に仕えて勲功あり、齢九十に達したので、特旨を以て旭日桐花大綬章を授けられる。同三十一年三月十八日没す。年九十一。誄を賜わる。東京上野の津梁院に葬られたが、のち京都の大徳寺に改葬された。法名は後三藐院翠山道隆。同三十七年三月十七日正一位を贈られる。

参考文献　日本史籍協会編『近衛家書類』(『日本史籍協会叢書』)、勢多章之『近衛忠熙公』、外崎覚『近衛忠熙公伝』　(藤井　貞文)

このえひでまろ　近衛秀麿　一八九八―一九七三　大正・昭和時代の指揮者・作曲家。明治三十一年(一八九八)十一月十八日、公爵近衛篤麿の次男として東京に生まれる。幼少時からヴァイオリンを末吉雄二、クローンに学ぶ。学習院高等科を経て東京帝国大学文学部に進み、遠藤宏、辻荘一らと「東京帝大オーケストラ」を創設。その間の大正四年(一九一五)から同五年、山田耕筰に作曲を師事。学業を半ばにして十二年渡欧。作曲をパリでヴァンサン＝ダンディ、ベルリンでマックス＝フォン＝シリング、ゲオルク＝シューマンに、また指揮をエーリヒ＝クライバー、カール＝ムックに学んだ。十四年帰国し、山田耕筰らと日本交響楽協会を設立するが、十五年分裂。独自に同年から昭和十年（一九三五）新交響楽団（N響）を主宰。同十一年欧米楽旅。九十余のオーケストラを指揮した。戦後は二十二年に東宝交響楽団、二十七年に近衛管弦楽団を組織した。雅楽研究家の弟直麿の協力を得てオーケストラ用に編曲した『越天楽』が国際的に知られている。二十三年芸術院会員。昭和四十八年六月二日東京で没。七十四歳。著書には『シィエーネベルグ日記』（昭和五年）、『わが音楽三十年』（二十五年）、『オーケストラをきく人へ』（二十七年）等がある。（石田一志）

このえふみまろ　近衛文麿　一八九一―一九四五　大正・昭和期の政治家。明治二十四年（一八九一）十月十二日公爵近衛篤麿の長男として東京に生まれた。同年実母衍子（前田慶寧三女）を、そして十四歳で父を失った。三十七年一月父の死とともに襲爵し、近衛家の当主となった。四十二年学習院中等科を卒業し第一高等学校英文科に入学し、四十五年卒業して東京帝国大学哲学科に入学したが、河上肇らをしたって京都帝国大学法科に転じ、ここで西田幾多郎・戸田海市らから影響を受けた。大正三年（一九一四）五月および六月の『新思潮』にオスカー＝ワイルドの「社会主義下の人間の魂」を翻訳掲載し、発売禁止となった。五年貴族院議員。六年京大を卒業し、内務省地方局の見習となった。七年「英米本位の平和主義を排す」という論文を『日本及日本人』誌上に発表し、持てる国と持たざる国の対立という図式を公表したが、以後の近衛の行動の大きな枠組となったと思われる。八年パリ講和会議に随員として出席した。十年貴族院改革の必要を感じ、森恪・山口義一らと憲法研究会を設け、また翌年貴族院の研究会に入った（十三年には筆頭常務にえらばれた）。また十年には日本青年館を設立し、その理事長に就任した。十一年東亜同文会副会長に就任。昭和二年（一九二七）研究会を脱会し、不偏不党を標榜して火曜会を公侯爵議員をもって組織し、その幹事となった。六年貴族院副議長に就任。この前後から木戸幸一・原田熊雄らとともに政権問題について元老に意見を述べている。また満洲事変に対し強い賛成の態度を表明した。八年貴族院議長に就任。このころから首相候補として下馬評に上がるようになった。九年日米関係の悪化を憂い訪米、アメリカの政界・財界の巨頭らと会談。十一年二・二六事件の直後、元老西園寺は近衛を次期首相に奏請し、大命降下したが拝辞した。この年東亜同文会会長に就任。翌十二年六月四日林内閣のあとを受けて組閣の大命降下し、第一次内閣を組織した。翌七月日華事変が勃発し、これへの対応がこの内閣の最大の課題となったが、結局事変収拾には成功しなかった。また事変との関連で軍部を中心に推進されたいわゆる「革新」政策をおおむね実行し、国家総動員法などを成立させ、国民精神総動員運動を展開し、またその「革新」的政策を推進すべき「近衛新党」計画に関与した。しかし十三年に入って陸軍が推進した防共協定強化問題をめぐって閣内に対立を生じ、翌十四年一月内閣総辞職を行なった。同月首相となった平沼騏一郎に代わって枢密院議長に就任するとともに平沼内閣の無任所相を兼摂した。十五年に入って欧州戦線でのドイツの動きが活潑になるにつれて、近衛を党首とする新党への待望が高まり、四月には木戸幸一・有馬頼寧とともに新党結成を決意し、新政治体制の必要を主張して六月二十四日枢密院議長を辞任した。七月十七日組閣の大命を受け、陸・海・外相予定者を荻外荘に招いて会談し（荻窪会談）、枢軸強化、対ソ関係の調整、日華事変の遂行、対米英仏蘭方策、新政治組織の結成などを協議の上、同月二十二日第二次内閣を組閣した。九月二十七日日独伊三国同盟締結、十一月三十日汪政権承認、翌十六年四月十三日日ソ中立条約調印と、ほぼ荻窪会談の線で外交を進めたが、十五年末からの非公式の、のち外交ルートにのった日米交渉をめぐり、また十六年六月二十二日の独ソ開戦への対応をめぐって松岡洋右外相との対立が激化した。また新体制は十五年十月十二日大政翼賛会として発足したが、「革新」派と「復古」派の対立がはげしく、この年暮に平沼・柳川平助を入閣させ、大政翼賛会から「政治性」を除去し、政府の外廓団体化するに至った。松岡問題が主因となって十六年七月十六日第二次内閣は総辞職し、翌日大命は再び近衛に下り、十八日直ちに第三次内閣を組閣した。この内閣で近衛は、すでに緊迫した状況の中での日米交渉を成功させることに全力を挙げたが、すでに九月六日の御前会議で十月中旬までに和戦の決定をするという決定をしており、その十月中旬になっても交渉の進展がなく、交渉打切りを主張する東条英機陸相と対立し、十月十六日内閣総辞職を行なった。太平洋戦争開戦後も戦争の将来について憂慮していたが、十七年ごろから次第に早期和平のため陸軍皇道派と海軍を連携させて東条ら陸軍主流に代わらせようと努力し、吉田茂・小畑敏四郎・真崎甚三郎らと連絡をとって活動した。二十年二月早期終戦を天皇に上奏（「近衛上奏文」）、七月天皇に召されてソ連への和平仲介依頼特使を望まれこれを承諾したが、結局実現せず敗戦を迎えた。敗戦後の二十年十月マッカーサーから憲法改正の研究調査を示唆され、内大臣府御用掛として改正案の起草に従事し、十一月改正案を奉答したが、この前後からGHQの態度が変化し、十二月六日戦争犯罪人容疑者として逮捕令が発せられた。十二月十六日早朝「所謂戦争犯罪人として、米国の法廷に於て裁判を受けることは、堪え難いことである」として自決。五十五歳。京都大徳寺に葬られた。法名は荻外院殿象山道賢。近衛は聡明な政治家として人気があったが、決断と断行力に欠けていたと評された。西園寺公望から後継者として期待されていたが、「革新」派として明らかに異なった政治姿勢を示し、しかも「近衛上奏文」ではそれをみずから批判するなど、昭和前期の多難な時代にゆれ動き、その意味でも昭和前期を代表する政治家であったといえよう。なお著書に『欧米見聞録』『清談録』『平和への努力』『失はれし政治』などがある。

参考文献　矢部貞治『近衛文麿』、岡義武『近衛文麿—「運命」の政治家—』(『岩波新書』青八二六)、伊藤隆『近衛新体制』、鶴見俊輔「翼賛運動の設計者」(思想の科学研究会編『共同研究転向』中所収)、栗原彬「近衛文麿のパーソナリティと新体制」(『年報政治学』一九七二年)　(伊藤　隆)

ごはいふ　呉佩孚　Wu Peifu　一八七二—一九三九　中国、北洋軍閥の巨頭の一人。一八七二年生まれる。山東省蓬莱県の出身。二十三歳で郷試に合格するなど最初清朝官僚の道を進もうとしたが、やがて軍人を志して保定武備学堂を卒業、直隷派の曹錕に従って栄進、辛亥革命のときは曹錕麾下として袁世凱に協力した。袁世凱の没後は直隷派内の指導権争いに力を注ぎ、一九一九年には第三師長として新式軍隊を強化、二〇年の安直戦争、二二年の第一次奉直戦争においてはそれぞれ安徽派の段祺瑞、奉天派の張作霖の軍隊を撃破して、直隷派の全盛時代を迎えた。かれは親日派軍閥に対抗して英・米に接近し、民主主義を唱導し、産業振興をはかり、労働組合にも好意を示そうとしたが、その思想は全くの封建軍閥で、二三年には賄賂で曹錕を大総統に当選させ、「二・七事件」では京漢線労働者に大弾圧を加え、そして直魯予巡閲使として自己の地盤強化に狂奔した。二六年国民革命が北上してくると、かれは直魯予連軍総司令として北伐軍に対抗、結局両湖・河南とともに自己の直属軍を失い、四川省にしりぞいた。三二年になると張学良に迎えられて北京に帰ったが、反共反蔣の保守的性格は変わらず、日中戦争が始まると親日派に傾斜、あるときは中華民国臨時政府の王克敏に協力、あるときは重慶を脱出した汪兆銘の反蔣反共・和平救国の声明に同調したが、結局かれらともあわず、三九年十二月四日病死した。六十八歳。

参考文献　岡野増次郎『呉佩孚』　(宇野　重昭)

こばしいちた　小橋一太　一八七〇—一九三九　明治から昭和時代にかけての官僚政治家。号杏城。明治三年(一八七〇)十月一日、熊本の士族で国権党系の小橋元雄の長男として生まれた。同三十一年東京帝国大学法科大学を卒業して内務省に入り、山口・長崎県参事官、内務省参事官を経て、同四十三年衛生局長、大正二年(一九一三)地方局長、同三年土木局長を歴任、同七年内務次官となり、寺内正毅・原敬・高橋是清の三内閣にわたった。この間床次竹二郎の幕下、立憲政友会系と目されていたが、同九年政友会に入党して熊本一区より衆議院議員に当選、以後当選三回、政友会政務調査会長・院内総務。同十三年清浦内閣が成立するやその内閣書記官長となり、同時に政友本党総務、のち幹事長。昭和二年(一九二七)立憲民政党組織とともに総務、のち顧問。同四年浜口内閣の成立に際し旧政友本党系を代表して入閣、文相に就任、教化総動員運動を展開。同年越後鉄道疑獄事件に連坐して辞職。同六年無罪判決。同十二—十四年東京市長に就任。同十四年十月二日死去。七十歳。墓は熊本市の万日山と東京都府中市の多磨墓地にある。なお、『地方改良本義』(大正三年)、『農村自治』(同十五年)、『自治の精神及趨勢』(昭和十二年)などの著書がある。

参考文献　故小橋先生記念事業会編『小橋杏城先生をおもふ』、熊本日日新聞社編『熊本人物鉱脈—この百年をつくる—』　(伊藤　隆)

こばしかつのすけ　小橋勝之助　一八六三—九三　明治時代前期の社会事業家。文久三年(一八六三)播磨国赤穂郡矢野村(兵庫県相生市)にて出生。明治十五年(一八八二)神戸医学校予科を卒業、同年夏上京、神田共立英和学校入学。間もなく結核となり帝大病院に入院。退院後高瀬真卿による感化院私立予備感化院の事業に参加。このころキリスト教に接し、二十年五月受洗、街頭伝道に参加。このころ林歌子と知り合う。のち母の死を機会に帰郷した小橋は伝道事業からすすんで、二十三年一月に播州博愛社を創設し、社会事業を実践することになった。濃尾地震には石井十次とともにゆき、孤児救済事業に献身した。小橋は孤児教育の実践に北海道開拓事業を利用しようとして、北海道を視察したが、その帰路結核を再発。間もなく、後事を弟実之助と林歌子に託して、二十六年三月十二日永眠。三十一歳。故郷の矢野村瓜生に葬られる。博愛社は翌年、大阪に移転し現在に至っている。

参考文献　矢島浩『日本キリスト教社会事業施設史研究序説(明治篇)』　(柴田　善守)

こばやしあたる　小林中　一八九九—一九八一　昭和時代の実業家。第二次世界大戦後財界の重鎮。明治三十二年(一八九九)二月十七日、山梨県中巨摩郡源村(白根町)で生まれる。父は石和銀行頭取の矢崎貢。母方の小林家へ養子に入る。早稲田大学政経学部中退後、石和銀行支配人を経て昭和四年(一九二九)富国徴兵保険(現在の富国生命)に入社。郷誠之助をかこむ「番町会」の一員となり、九年には帝人事件に連坐したが十二年無罪となる。十八年同社社長。戦後は経済団体連合会の石坂泰三らと経済復興に尽力。二十六年に発足した日本開発銀行初代総裁に就任。インドネシア賠償交渉政府代表、海外技術協力事業団会長などのあと、四—三年にアラビア石油社長に就任。吉田茂から佐藤栄作までの自民党政権を経済界から支えた。永野重雄・水野成夫・桜田武とともに「財界四天王」と呼ばれる。四十年から十年間、財政制度審議会会長、四十三年からは外資審議会会長も務めたが、日本航空会長を最後に第一線から退く。昭和五十六年十月二十八日没。八十二歳。静岡県駿東郡小山町の富士霊園に葬られる。

参考文献　小林中追悼録編集委員会編『追悼小林中』、阪口昭『寡黙の巨星』、『日本開発銀行10年史』、『富国生命五十五年史』　(中村　隆英)

こばやしいちぞう　小林一三　一八七三―一九五七　大正・昭和時代の実業家、財界人。明治六年(一八七三)一月三日、小林甚八・いくの長男として山梨県巨摩郡韮崎町(韮崎市)に生まれた。二十五年慶応義塾を卒業、小説家を志したが都新聞入社を果たせず、翌年三井銀行に入ったが不遇のうちに四十年退社した。一時、阪鶴鉄道監査役を勤めたのち、岩下清周・飯田義一らのすすめて、同年箕面有馬電気軌道の専務となった。箕面公園の動物園設置、宝塚新温泉の開場、宝塚少女歌劇の創設、豊中グランドの建設、沿線住宅地の開発、パンフレットによる広告など、斬新なアイディアで乗客を誘致した。昭和二年(一九二七)には阪神急行電鉄(大正七年(一九一八)箕面有馬電気軌道を改称)の社長となり、四年には阪急百貨店を開業した。また三年には三井銀行の池田成彬に乞われて東京電燈副社長(八年社長)となって同社の再興に努める一方、目蒲電鉄・東横電鉄・昭和肥料・三越・日本軽金属の重役を勤めたほか、興行面では東京宝塚劇場・東宝映画を創立し、実業界で「今太閤」と呼ばれた。十五年には第二次近衛内閣の商工相となったが、革新官僚と対立して翌年辞任、貴族院議員に勅選された。二十年幣原内閣の国務相兼復興院総裁に就任したが、間もなく公職追放された。二十六年追放解除後は、東宝社長として同社の再建を図り、日経連常任理事をも勤めた。三十二年一月二十五日死去。八十四歳。法名は大仙院殿真覚逸翁大居士。墓は大阪府池田市綾羽の大広寺にある。『逸翁自叙伝』、『小林一三全集』全七巻などがある。

参考文献　三宅晴輝『小林一三』(『現代伝記全集』八)

(高村　直助)

こばやしきよちか　小林清親　一八四七―一九一五　明治・大正時代の版画家。弘化四年(一八四七)八月一日、江戸幕府御蔵方組頭小林茂兵衛の子として江戸浅草に生まれた。母は松井安之助の女、知加子。幼名勝之助。少年時代父を失って静岡に流浪し、のち上京の途次横浜で写真術を下岡蓮杖に、西洋画法をワーグマンに問うた。ついで東京で河鍋暁斎・柴田是真などに日本画を学んだ。これらを総合して西洋画法にもとづく構図と光線を用いて独自の表現を試み、これらの画稿を版元松木平吉に認められ、ここに清鮮な木版画が生まれた。これらは、明治九年(一八七六)に始まるが、「東京銀座街日報社」の図をはじめ、いくつかの東京名所、箱根の風景、あるいは「画布に猫」「柿に目白」などの静物画が作製された。同十六年ごろからは時事報道画や漫画・挿絵などを描いた。大正四年(一九一五)十一月二十八日、六十九歳をもって東京に没した。浅草の竜福院に葬られる。法名は真生院泰岳清親居士。彼の新しい風景版画の影響は大きく、門人に井上安治・田口米作・武田広親などがある。作品は『小林清親名作集』、『浮世絵大系』一二などに収められている。

参考文献　板橋区立美術館編『小林清親展』(特別展図録)、吉田漱編『最後の浮世絵師小林清親』、近藤市太郎『清親と安治』、木下杢太郎「故小林清親翁のこと」(『中央美術』二ノ二)

(隈元謙次郎)

こばやしくすお　小林樟雄　一八五六―一九二〇　明治時代前期の自由民権家。自由党常議員や党幹事として自由党を指導する立場にいたが、大井憲太郎や景山英子らとともに朝鮮独立の支援を計画して明治十七年(一八八四)の大阪事件に連座した。安政三年(一八五六)九月十六日、備前国岡山藩三人扶持の下級士族小林材夫の男として城下の船頭町(岡山市)に生まれたが、自由民権運動のなかで岡山の指導者になっていった。まず明治十一年に『草莽雑誌』にいた竹内正志らと実行社を設立して民権運動にかかわり、愛国社再興大会にも参加した。しかしながら愛国社へは加入せず、国会開設の請願も独自に十二年十二月に行なった。国会期成同盟へは積極的に参加して自由党結成に参加する。十五年岡山へ帰って自由党山陽部を組織し、克明社を設立して新聞を発行した。主筆に迎えた山本憲は、のちに小林とともに大阪事件に関係する。十五年十月上京して自由党本部に入り、以後大阪事件まで党中央で活躍した。二十三年の第一回総選挙で代議士に当選、以後第四回総選挙で落選するまで帝国議会に籍を置いていた。大正九年(一九二〇)四月九日没。六十五歳。

参考文献　妹尾襄編『備前岡山人名彙海』、大阪事件研究会編『大阪事件の研究』、鈴木安蔵『自由民権』

(内藤　正中)

こばやしこけい　小林古径　一八八三―一九五七　明治から昭和時代にかけての日本画家。本名は茂。明治十六年(一八八三)二月十一日新潟県中頸城郡高田土橋町(上越市大町一丁目)に小林株・ユゥの次男として生まれ、早くから孤児となる。同二十八年青木香葩について日本画を学び、十七歳の時画家を志して上京、梶田半古の塾に入り「村上義光」を日本美術院展に出品する。以後、主として歴史画を描き、同四十年第一回文展に「闘草」を出品、同四十二年岡倉天心より前田家のために「加賀鳶」の揮毫の依頼をうけ、翌年完成。大正三年(一九一四)再興美術院第一回展に「異端」を出品、院の同人となる。同十二年渡欧。旅中、ロンドンで「女史箴図巻」を模写する。昭和五年(一九三〇)日本美術院の経営者となり、かれ自身も大いに日本画の画境をひろげる。同十六年中国東北・北京を旅行。同十九年東京美術学校教授・帝室技芸員を命ぜられる。同二十四年東京芸術大学教授となる。二十五年文化勲章受章。三十二年四月三日東京にて没。七十四歳。法名は善光院茂誉古径居士。遺骨は奈良薬師寺の供養塔に納められた。日本美術院の最高指導者の一人として優雅な新風俗画の創造に功があった。

参考文献　藤森潤三『小林古径』

(宮川　寅雄)

こばやしせいぞう　小林躋造　一八七七―一九六二　明治時代後期から昭和時代前期にかけての海軍軍人。明治十年(一八七七)十月一日、旧広島藩士早川亀太郎の三男に生まれ、のち小林家の養子となる。同三十一年十二月、海軍兵学校を卒業し、爾後累進し、日露戦争には大尉で浪速砲術長および第三艦隊・第四艦隊の参謀として参戦した。戦後諸職を歴任し、少将となり第三戦隊司令官・海軍省軍務局長、中将に昇って、昭和二年(一九二七)ジュネーブ海軍軍縮会議に随員として派遣された。練習艦隊司令官・海軍艦政本部長・海軍次官という顕職を経て、同六年十二月に連合艦隊司令長官と第一艦隊司令長官を兼任。同八年三月に大将、十一月に軍事参議官となった。その当時、小林は同期生の野村吉三郎と併称され、「小林の海相、野村の軍令部長」と未来を期待されたが、ロンドン海軍軍縮会議後の海軍部内の対立の余波はその期待を実現させず、二人とも現役を退いた。同十一年九月、台湾総督に親任されたが、身分は文官であって軍人ではなかった。しかし、大正八年(一九一九)八月の台湾総督官制の改正により武官専任制が廃止されて以来十七年間、九名の文官出身総督を送迎したのち、予備役ながら海軍大将を総督にしたことは時局の反映であった。昭和十九年八月、貴族院議員に勅選され、また翼賛政治会の総裁になったが、それは彼の本領でもなかった。同年十二月、小磯内閣の国務大臣に任ぜられたものの、何のなすところもなく終った。同三十七年七月四日に没した。八十四歳。墓は東京都府中市の多磨墓地にある。

参考文献 伊藤隆・野村実編『(海軍大将)小林躋造覚書』(近代日本史料選書』三)、宗代策『小林躋造伝』　(松下芳男)

こばやしたきじ　小林多喜二　一九〇三―三三　昭和初期のプロレタリア文学の作家。明治三十六年(一九〇三)十月十三日、秋田県北秋田郡下川沿村川口(大館市)に父末松、母セキの次男として生まれ、四歳の年に北海道小樽に移住した。小樽高等商業学校を卒業して北海道拓殖銀行に入り、小樽支店為替係となる。志賀直哉の影響を受け、強い自我による対象把握のリアリズムに傾倒して、短編を各誌に投稿し始めた。大正十五年(一九二六)後半から社会科学に強い関心をいだき、小樽市の労働運動に近づき、翌昭和二年(一九二七)年の磯野農場小作争議にひそかに情報提供者として参加し、また翌三年の第一回普通選挙では労働農民党から立候補した日本共産党員山本懸蔵の選挙闘争に加わり、ついで全日本無産者芸術連盟(ナップ)結成のときはその地方組織の確立につとめた。これらの体験から中編『一九二八年三月十五日』(昭和三年)や『東倶知安行』(同五年)が生まれた。昭和三年のいわゆる三・一五事件における警察権力のすさまじい拷問と、それに屈服しない革命家の像を鮮烈に描いた『一九二八年三月十五日』は、蔵原惟人の手で『戦旗』に発表され、プロレタリア文学の有力な新人として注目された。ついで蔵原が唱えたプロレタリア＝リアリズムの文学理論に立って、北洋漁業の苛酷な搾取の実態をあばいた中編『蟹工船』(同四年)を同誌に発表、ナップを代表する作家と目されるに至った。同四年、『不在地主』の執筆が原因となって銀行を解雇され、翌五年三月、上京。五月、共産党の資金援助事件で逮捕され、一旦釈放後、六月、治安維持法違反と『蟹工船』の一部が不敬罪に問われて再び逮捕されたが、六年一月、保釈出獄した。同年七月、作家同盟の書記長に選出され、間もなく共産党に入党した。しかし翌七年三月から始まったプロレタリア文化運動への弾圧のため地下への潜行を余儀なくされ、組織の再建をめざす困難な活動のかたわら、林房雄・徳永直らを痛烈に批判する『日和見主義に対する闘争』などを精力的に書きつづけた。が、八年二月二十日、街頭連絡に出て警視庁スパイの手で逮捕され、その日のうちに築地警察署で拷問のため殺された。三十一歳。没後、遺稿の『党生活者』が『転換時代』の題で発表された。ほかに代表作として『防雪林』『工場細胞』『転形期の人々』などがある。なお、『小林多喜二全集』全七巻がある。

参考文献 蔵原惟人・中野重治編『小林多喜二研究』、手塚英孝『小林多喜二』(『新日本新書』一〇六)、小田切秀雄『小林多喜二』　(小田切進)

こばやしとらさぶろう　小林虎三郎　一八二八―七七　幕末・維新期の越後長岡藩の開港論者。文政十一年(一八二八)、藩士又兵衛(号誠斎)の三男に生まれる。名を虎、通称を虎三郎といい、号を炳文・双松・寒翠、晩年は病翁と称す。少時より俊才の名が高く、十七歳で藩校崇徳館助教となる。嘉永三年(一八五〇)、藩命により江戸に遊学、佐久間象山の門に入り経世の学とともにオランダの書も究めた。象山門下では吉田松陰と才を競い、両虎と併び称されたという。安政元年(一八五四)ペリー再来のとき、師象山の横浜開港説に賛同して幕閣に献言したため、罪を得て同年三月帰国を命ぜられ、爾来病を得てもっぱら文事に従うことが多かった。戊辰戦争に際しては、河井継之助らを批判して非戦論を主張した。明治二年(一八六九)長岡藩大参事となり、子弟教育に功績を残す。のち文部博士となるも病のため辞し向島に卜居。同十年八月二十四日没。五十歳。法名は双松院文道炳居士。東京の谷中墓地に葬られた。著書に『小学国史』『興学私議』『四書章句集註題疏』、訳書に『泰西兵餉一斑』『察地小言』などがある。

参考文献 今泉鐸次郎『河井継之助伝』、小村弌「小林虎三郎伝」(『高志路』一二五―一二八)、山崎有信「越後小林虎三郎事歴」(『史談会速記録』二八七・二八九)　(鎌田永吉)

こばやしひでお　小林秀雄　一九〇二―八三　昭和時代の文芸評論家。明治三十五年(一九〇二)四月十一日、東京市神田区猿楽町に、東京高等工業学校助教授(のち会社役員)小林豊造の長男として出生。母は精子。東京府立第一中学校、第一高等学校文科丙類を経て、昭和三年(一九二八)、東京帝国大学文学部仏文科卒業。大正十三年(一九二四)に、同人誌『青銅時代』『山繭』に加わり、小説・評論に手をそめた。そのころより、富永太郎・中原中也らと交遊して、大きく影響された。志賀直哉に親しむ一方で、ボードレールを経て、ランボーに傾倒。昭和四年に、『様々なる意匠』が、『改造』懸賞評論の第二席を獲得して、文壇に登場した。独特の言語論・自意識論を軸とするこの評論は、文芸評論史上画期的なものであった。翌五年には、『文芸春秋』の文芸時評に登用され、時流に乗ったマルクス主義文学への最も鋭い批判者となり、以後、好んで、時流にかかわらぬすぐれた諸作家にあざやかな照明を与えた。左翼文学崩壊後の八年十月には、友人らと『文学界』を創刊して、文壇の指導的位置に立ち、十年の『私小説論』では、新しい「個人主義文学」を説き、みずからは、ドストエフスキーにうちこんで、作品論を手がけるとともに、十四年には、『ドストエフスキイの生活』を刊行した。戦時下には、「国民」を説いて、戦争に積極的にコミットしたが、やがて離脱し、十七年以後は、『無常といふ事』一連の日本古典論にとじこもった。第二次世界大戦後は、反時代的姿勢を通すとともに、おのれの好むところに従って、『モオツァルト』(二十一年)、『ゴッホの手紙』(二十七年)、『近代絵画』(三十三年)、『本居宣長』(五十二年)などを相ついで刊行、その一貫する剛直な思念によって、次第にまた、論壇で重きをなすに至った。三十四年芸術院会員に選任され、四十二年文化勲章受章。「正宗白鳥」連載の途次、五十八年三月一日、東京都新宿区の慶応病院で死去。八十歳。神奈川県鎌倉市山ノ内の東慶寺に葬られる。『新訂小林秀雄全集』全十三巻別巻二がある。

[参考文献] 大岡昇平他編『論集・小林秀雄』、日本文学研究資料刊行会編『小林秀雄』(『日本文学研究資料叢書』第二次)、清水孝純編『小林秀雄』(『鑑賞日本現代文学』一六)、本多秋五『小林秀雄論』、江藤淳『小林秀雄』、亀井秀雄『小林秀雄論』、河上徹太郎『わが小林秀雄』、饗庭孝雄『小林秀雄とその時代』

(磯貝　英夫)

こばやしひでお　小林英夫　一九〇三―七八　昭和時代の言語学者。明治三十六年(一九〇三)一月五日、東京市小石川区小日向水道町(東京都文京区小日向二丁目)に生まれた。父は直太郎・母は松枝(戸籍面はマツイ)。父母のメキシコ移住に伴い、幼少時より両親と暮らすことが少なかった。昭和二年(一九二七)東京帝国大学文学部言語学選科卒業。同四年―二十一年(実質は第二次世界大戦終戦まで)京城帝国大学で、以後、早稲田大学・東京工業大学、再び早稲田大学で言語学およびフランス語を講じる。東京工業大学名誉教授。若くしてヨーロッパの諸言語に通じ、大学卒業後、F・ソシュール『言語学講義』を『言語学原論』として訳出、注目を浴びる。C・バイイ『生活表現の言語学』(のちに『言語活動と生活』と改題・改訳)、H・フレエ『誤用の文法』、K・フォスレル『言語美学』など多くの訳書を刊行して西欧言語学の紹介、言語美学のわが国への導入に力を尽くし、また『文体論の建設』『文体論の美学的基礎づけ』『文体論の理論と実践』等、文体論の新分野を開拓した功績は大きい。昭和二十一年「文体論」によって京都帝国大学より文学博士の学位を受ける。同五十三年十月五日、東京都清瀬市元町の武谷病院で腸癌のため没。七十五歳。世田谷区奥沢七丁目の浄真寺に葬られる。法名は教学院英誉善導居士。『小林英夫著作集』全十巻(みすず書房)がある。

[参考文献] 小林英夫編「年譜」(小林英夫博士の還暦を祝う会編『小林英夫著作目録』所収)、小林英夫「生い立ちから老いそめへ」(『小林英夫著作集月報』一―一〇)

(森田　良行)

こばやしゆきお　小林行雄　一九一一―八九　昭和時代の考古学者。明治四十四年(一九一一)八月十八日、神戸に生まれる(本籍地大阪府豊能郡)。昭和七年(一九三二)神戸高等工業学校建築科卒業。しばらく建築事務所に勤務。昭和九年『本山考古室図録』編集に従事、この仕事が浜田耕作に認められ、同十年八月京都帝国大学考古学研究室助手に就任。同二十八年文学部講師、同四十九年十一月教授、同五十年三月退官、京都大学名誉教授。中学生時代から神戸市周辺の遺跡で土器を採集、独自で考案した「櫛」(マーコ)で精密な土器実測図を作成、直良信夫の紹介で森本六爾の東京考古学会同人となり、森本の死後雑誌『考古学』の編集を担当。その間『弥生式土器聚成図録』正編を完成。『大和唐古弥生式遺跡の研究』(昭和十九年)とともに弥生時代研究の基礎を築いた。同十四年内モンゴル遼代帝王陵の調査に従事し、同二十九年『慶陵』を田村実造とともに刊行した。京大助手就任以来古墳の調査を数多く手掛けたが、同二十五年福岡県一貴山銚子塚古墳で多数の三角縁神獣鏡を発掘、以来鏡の研究にうちこみ、その「同笵鏡分有関係」論は邪馬台国大和説の根拠とみなされている。平成元年(一九八九)二月二日没。七十七歳。墓は大阪府豊中市浜二丁目の松林寺にある。著書に『古墳時代の研究』『考古学論考』などがある。

[参考文献] 小林行雄博士古稀記念論文集刊行委員会編『考古学一路―小林行雄博士著作目録―』

(坪井　清足)

こぼりともと　小堀鞆音　一八六四―一九三一　明治・大正時代の日本画家。旧姓須藤、本名桂三郎。元治元年(一八六四)二月十九日、下野国安蘇郡旗川村(栃木県佐野市)に須藤晏斎の第三子として生まれた。明治十七年(一八八四)上京して川崎千虎に師事、大和絵のほか有職故実をも学んだ。同二十三年第三回内国勧業博覧会に「大阪後役図」を出品受賞したのをはじめ、日本美術協会・日本絵画協会展などで活躍。三十一年日本美術院設立とともにその正員として参加したほか、文部省美術展覧会開設後は毎回審査員をつとめ、同四十一年東京美術学校教授、大正六年(一九一七)帝室技芸員、同八年帝国美術院会員などに推された。大和絵の復興に力を尽くし、その作品は新意匠を凝らしながら近代の歴史画様式に一典型を築いた。代表作に「武者図」「常世」「楠公袂別」などがある。昭和六年（一九三一）十月一日瘍腫のため東京において死去。六十八歳。東京多磨墓地に葬られた。なおその門下から安田靫彦・川崎小虎・磯田長秋らがでている。

参考文献　小堀鞆音『鞆音遺響』、川崎小虎「小堀先生を憶う」（『アトリエ』八ノ一一）、小山栄達「武者絵と小堀先生」（『塔影』一二ノ五）、山口蓬春他「歴史画家小堀鞆音の回顧」（『中央美術』九）（富山　秀男）

こまいかずちか　駒井和愛　一九〇五―七一　昭和時代の東亜考古学者。明治三十八年（一九〇五）一月十一日富山市に生まれる。昭和二年（一九二七）、早稲田大学文学部を卒業。昭和十三年に東京帝国大学文学部講師、二十年に助教授、二十一年に文学博士（同大）、二十六年に東京大学文学部教授となり、考古学講座を担当。四十年に定年退官し、東京大学名誉教授の称号を授けられた。四十二年に早稲田大学客員教授となり、没年に及ぶ。昭和の初期から終戦時まで、わが国が中国・モンゴル・朝鮮で行なった発掘調査の多くに参加し、東亜考古学の発展に貢献した。さらに昭和二十二―二十五年、静岡市登呂遺跡の発掘に加わり、その後は北海道の各地に調査の歩を進め、東京大学文学部常呂実習施設が設立される基礎を築いた。主著に『中国古鏡の研究』『楽浪郡治址』『中国考古学論叢』（以上専著）、『牧羊城』『東京城』『上都』『邯鄲』（以上共著）、『オホーツク海沿岸・知床半島の遺蹟』（編著）など。昭和四十六年十一月二十二日、東京世田谷の自宅で死去。六十六歳。墓は富山市乗光寺にある。

参考文献　駒井和愛『随筆集琅玕』、三上次男・関野雄・森豊・桜井清彦「駒井和愛先生をしのぶ」（『考古学ジャーナル』六三）（関野　雄）

こまいとくぞう　駒井徳三　一八八五―一九六一　満洲国初代総務長官。麦秋と号す。明治十八年（一八八五）六月十日滋賀県栗太郡常盤村字穴（草津市穴村町）に生まれた。父徳恒、母き野の次男。京都に隠棲中の荒尾精に会い大陸へ関心を持ち始め、明治三十三年杉浦重剛の塾に学んだこと、宮崎滔天著『三十三年の夢』を読んだことなどで、それは一層深まった。同四十四年東北帝国大学農科大学（旧札幌農学校）を卒業。翌年卒業論文『満洲大豆論』を出版し評判になった。同年八月、満鉄に入社した。大正五年（一九一六）パプチャップ（巴布扎布）事件に関係する。この前後盛んに大陸を歩く。同九年外務省嘱託となる。十四年郭松齢の満洲独立運動に参加、挫折後は熱海に隠棲。昭和六年（一九三一）満洲事変勃発とともに陸軍省嘱託となる。同年関東軍統治部長、翌七年三月満洲国建国とともに国務院総務長官に就任した。同年十月、総務長官を辞任し参議府参議となった。十年私塾康徳学院を宝塚に建設、開校した。二十一年ＧＨＱから出頭命令を受けたが戦犯を免れた。昭和三十六年五月十三日東京都武蔵野市吉祥寺の自宅にて没す。七十五歳。墓は府中市の多磨墓地にある。著者に『大満洲国建設録』『大陸小志』『大陸への悲願』がある。

参考文献　蘭交会編『麦秋駒井徳三』（松沢　哲成）

こまだこうよう　駒田好洋　一八七七―一九三五　明治から昭和時代前期にかけての映画説明者。本名万次郎。明治十年（一八七七）七月一日、大阪の呉服商の家に生まれたが、少年の大志に駆られてアメリカに密航し、放浪二ヵ月余ののち持金に窮して帰国、上京して京橋際の広告代理業者広目屋の店員となり、同三十年二月、エジソン発明のバイタスコープ（活動写真）が輸入されてその披露興行一切を受け持ったのを縁に、同年五月映画の解説者（活弁）となり、洋行帰りということで好洋と改名、エジソンの直弟子と名乗り、片言の英語などを交えて得意の弁舌を振るった。口ぐせの形容詞「頗る非常」が時の流行語となったので、宣伝に「頗る非常大博士」の文字を刷り込み、日本全国を巡業して人気者となった。巡業が衰微してからは、上野動物園裏の自宅でセカイフィルム社を経営し、所蔵の日露戦争実写や「ジゴマ」などのフィルムを賃貸した。昭和十年（一九三五）八月十一日、喉頭癌で死去。五十九歳。墓所は東京都府中市の多磨墓地。

参考文献　田中純一郎『日本映画発達史』一（『中公文庫』）（田中純一郎）

こまつさんせい　小松三省　一八五八―一九〇〇　明治時代の政治家。自由民権運動の指導者。旧姓江口。安政五年（一八五八）十月土佐国安芸郡西分村（高知県安芸郡芸西町）に生まる。東京に出て英語・仏語・ラテン語を学び、政治学・経済学の勉強に励んだ。自由民権運動が高揚するにつれて運動に身を投じ、特に民権派の新聞記者として活躍するようになった。明治二十年（一八八七）からの大同団結運動に際しては、植木枝盛・中江兆民らとともに高知県人の間にあって指導的役割を担うようになり、二十一年十月の全国有志大会には高知県代表三十八名の一人として出席している。同二十五年の第二回総選挙に高知県から衆議院議員に選ばれ、第三回と第四回の総選挙でも選出された。三省は江口姓を小松姓に改めたが、これは選挙資格を得るためであった。ところが、自由党の妥協性にあきたらず脱党するとともに政界を退き、明治三十三年札幌に渡り、この年十二月二十七日貧窮のうちに没した。四十三歳。（後藤　靖）

こまつたてわき　小松帯刀　一八三五―七〇　倒幕運動に活躍した薩摩藩士。天保六年（一八三五）十月十四日、薩摩国喜入の私領主肝付兼善の三男に生まれた。母は島津久貫の娘。幼名尚五郎、のち同国吉利の私領主小松清猷の養子となり、小松帯刀清廉と称した。藩主島津斉彬の小性、ついで当番頭となった。文久元年（一八六一）五月、側役に昇進、藩主父島津久光の側近となり、大久保利通とともに久光の公武合体・幕政改革の運動を推進し、同二年三月、久光の率兵上京に同行、五月、側詰、側役兼務江戸家老座出席に、さらに十二月、家老、側詰兼務に進んだ。元治元年(一八六四)七月十九日、禁門の変に際して、名代として軍賦役西郷隆盛とともに薩藩軍の指揮にあたり、長州軍の撃退に成功した。その後、京都にあって薩藩を代表して国事に従事し、慶応二年(一八六六)正月二十一日、土佐の坂本竜馬の立合いのもとに、西郷とともに長州藩士木戸孝允とのあいだに薩長盟約をむすび倒幕への気運をすすめた。同三年六月、西郷らと土佐藩士後藤象二郎とのあいだに薩土盟約をむすび、他面、十月十三日、土藩の後藤、芸州藩の辻将曹らと将軍徳川慶喜に大政奉還を進言し翌十四日その実現をみた。明治元年(一八六八)二月、徴士参与、総裁局顧問。三月、外国事務局判事、九月、外国官副知事。十月、従四位下。維新政府内に重きをなしたが、同二年五月、病気のため辞官、ついで玄蕃頭。九月、賞典禄千石を授けられた。同三年七月二十日、大阪にて病死した。三十六歳。天王寺夕日ヶ丘に葬られたが、同九年改葬されて、現在墓は鹿児島県日置郡日吉町吉利の小松家墓地にある。

参考文献 内閣修史局編『百官履歴』上(『日本史籍協会叢書』)、『鹿児島県史』三、鹿児島県史料刊行会編『小松帯刀伝・薩摩小松帯刀履歴・小松公之記事』(『鹿児島県史料集』二一)、『日吉町郷土史』

(毛利 敏彦)

こまつのみやあきひとしんのう 小松宮彰仁親王 ⇨彰仁親王

こまつばらえいたろう 小松原英太郎 一八五二―一九一九 過激民権派として登場し、山県系官僚の代表的な一員として終った明治・大正時代の政治家、官僚。嘉永五年(一八五二)二月十六日備前国御野郡青江村(岡山市)の農業・鰻問屋荘二の長男として生まる。母は広直氏。慶応二年(一八六六)叔父豊次の養子で藩黌の句読教師をしていた清蔵の周旋で藩黌に出仕。明治四年(一八七一)廃藩置県に伴う藩黌の改革で英仏語科ができ、英語を修める。同七年九月友人数人と上京し慶応義塾に入塾したが一年未満で退塾。この間『曙新聞』への投書などで末広重恭(鉄腸)に認められ、その推薦で過激民権派の『評論新聞』に入り編輯長となる。九年一月同紙上に「圧制政府顚覆すべきの論」を発表し新聞紙条例により禁獄二年に処せられ、十一年六月出獄。出獄後再び末広の周旋で『朝野新聞』に入るが十二年一月郷里に帰り、『山陽新報』の編輯長となる。十三年三月同郷の先輩花房義質の推薦で外務省御用掛となり官界に入る。十七年六月外務書記官としてドイツ公使館在勤を命ぜられ在任中に地方自治制を研究し、帰国後山県有朋のもとで地方自治制制定に参画する。以後埼玉県知事、内務省警保局長、静岡・長崎県知事と内務畑を歴任し、三十一年第二次山県内閣の司法次官・内務次官(内務総務長官)となる。三十三年貴族院議員に勅選される。四十一年七月第二次桂太郎内閣の文部大臣に就任し、高等教育機関、特に高等学校・実業専門学校の拡充に務めた。第二次桂内閣退陣後は貴族院の山県閥の中心として平田東助とともに側面から政治に干与した。大正五年(一九一六)一月枢密顧問官となり、同八年十二月二十六日病没。六十八歳。東京池上の本門寺に葬られた。法名は慈雲院殿半山日潤大居士。

参考文献 有松英義編『小松原英太郎君事略』

(坂野 潤治)

こみやとよたか 小宮豊隆 一八八四―一九六六 明治から昭和時代にかけての評論家、独文学者。明治十七年(一八八四)三月七日福岡県仲津郡久富村(京都郡犀川町)において、父弥三郎・母みつの長男として生まれた。第一高等学校を経て東京帝国大学文科大学独文学科に入り、在学中夏目漱石に親炙し、明治四十一年七月卒業した。慶応義塾大学講師・法政大学教授などを経て、大正十三年(一九二四)東北大学法文学部教授となり、ドイツ文学講座を担任した。昭和二十一年(一九四六)以後は東京音楽学校長・学習院大学文学部長などを勤め、同二十六年日本学士院会員となった。漱石門下の逸材として文芸・演劇の評論によって活躍し、専門のドイツ文学のほか、俳諧・能・歌舞伎などについて精緻な研究を進め、『漱石全集』の編集に努力した。昭和四十一年五月三日、東京杉並区清水において八十二歳で死去した。法号、誠信院殿聖誉善学賢道居士。墓は東京都八王子市の南多摩霊園と郷里の福岡県京都郡豊津町の峯高寺にある。『影と声』(阿部次郎らと合著)、『演劇評論』『芭蕉の研究』『能と歌舞伎』『夏目漱石』『漱石の芸術』などの著書、ストリンドベリ・ゲーテなどの翻訳がある。

参考文献 平田次三郎『昭和文学全集』二五解説、長谷川泉「小宮豊隆」(『人と作品現代文学講座』六所収)、谷沢永一「小宮豊隆」(『鑑賞と研究現代日本文学講座』評論・随筆二所収)

(北住 敏夫)

こみやまやすすけ 小宮山綏介 一八二九―九六 幕末・明治時代前期の漢学者。文政十二年(一八二九)に生まれる。水戸の人。名は昌玄、字は伯亀、通称は綏介、南梁と号した。家は代々水戸藩の学者で、小宮山楓軒の孫にあたる。父は昌堅、母は同藩士原昌大の女。安政五年(一八五八)正月家督を継ぎ二百石を受けて小普請組、文久三年(一八六三)十二月病により一旦致仕したが、元治元年(一八六四)十二月馬廻組で郡奉行見習。慶応元年(一八六五)二月大番格で弘道館助教、翌三月郡奉行に進んだが、明治元年(一八六八)水戸藩の党争に坐して幽閉された。のち東京府の地理志編纂の総修となり、同二十一年退職。同二十三年皇典講究所の『古事類苑』編纂の検閲委員、のち副編修。また帝国大学の史料編纂にも与り、かたわら門生を教授した。同二十九年十二月二十四日没。六十八歳。東京青山墓地に葬る。著書に『徳川太平記』『東京城建置考』『幕朝典故叢鈔』『二苑紀略』『南梁年録』などがある。

(鈴木 暎一)

こむらじゅたろう 小村寿太郎 一八五五―一九一一 明治時代の外交官、外相。侯爵。安政二年(一八五五)九月十六日、日向国飫肥(宮崎県日南市)に生まれる。父は飫肥藩の徒士小村寛平、母は梅子。文久元年(一八六一)藩校振徳堂にはいり頭角をあらわして、小倉処平の注目するところとなり、明治二年(一八六九)長崎に遊学、ついで上京、明治義塾を経て貢進生として大学南校に入学、開成学校に改組されたのちは法学部をえらび、明治八年えらばれて文部省第一回留学生となり渡米、ハーバード大学に入学、法律学を専攻した。同十三年帰国して司法省雇となり刑事局出仕から大阪控訴裁判所判事、大審院判事を経て、明治十七年六月外務省に転じ権少書記官として公信局詰となった。その間朝比奈孝一の女町子と結婚したが、父寛平の経営した私立飫肥会社の倒産により巨大な負債を抱え困窮したうえ、閥外のため官歴も不遇で自暴自棄的となり家庭的には幸福でなかった。小村の前途を危ぶんだ友人杉浦重剛・菊池武夫らは、奔走して小村の負債を整理したが、杉浦らの友情は小村に影響を与え、かれを国粋主義に傾斜させ、小村は対外硬の立場から条約改正反対運動にむかった。明治二十一年翻訳局長となり、同二十六年公使館参事官に転じ清国駐在を命ぜられた。公使大鳥圭介が朝鮮国ソウル在勤のため、十一月臨時代理公使となり、翌年六月日清両国が朝鮮に出兵すると一貫して強硬論を主張し開戦を促進した。開戦後山県有朋の率いる第一軍に従い、安東民政長官となり桂太郎の知遇をうける。ついで政務局長にすすみ、閔妃殺害事件の善後処置のため朝鮮に急行、弁理公使となりロシアと折衝して小村・ウェーバー協定を締結、任を原敬に譲って帰国、西園寺公望・大隈重信・西徳二郎各外相のもとで次官をつとめ、京仁鉄道敷設権獲得に努力、駐米・駐露公使を経て明治三十四年駐清公使。義和団事件の善後国際会議に日本全権となり痩軀短身で活躍し、他国代表から「ねずみ」公使とあだなされた。最終議定書に調印したのち直ちに帰国して第一次桂内閣の外相に就任、日露協商論をおさえて日英同盟協約を推進、同三十五年一月調印に成功、功により男爵となった。その後、日露開戦外交を推進していわゆる小村外交を展開した。開戦後は早期講和の必要性を認め、ポーツマスで講和会議が開かれると全権として奮闘、明治三十八年九月、日露講和条約を締結した。帰国後直ちに不在中締結された南満洲鉄道に関する桂・ハリマン協定に反対して解消させ、また第二次日英同盟を締結、韓国併合の布石とした。同三十九年一月枢密顧問官に転じ、ついで六月駐英大使となり伯爵に陞り、同四十一年八月第二次桂内閣の外相に再任、第二次条約改正に成功して税権を回復した。韓国に対しては日露開戦とともに日韓議定書を、ついで保護条約を強要し、明治四十三年併合、その功により侯爵となった。翌年八月外相を隠退、十一月二十六日死去。五十七歳。東京市赤坂区(東京都港区)の青山墓地に葬られる。

[参考文献] 外務省編『小村外交史』、桝本卯平『自然の人小村寿太郎』 （藤村 道生）

こむろしげひろ 小室重弘 一八五八―一九〇八 明治時代のジャーナリスト、政治家。号は屈山。安政五年(一八五八)九月宇都宮藩の儒臣平松梧山の息として生まれる。年少にして海外に航し辛苦を嘗めたという。明治十二年(一八七九)『栃木新聞』の幹事、翌年十月筆禍のため入獄、自由民権運動に尽力して各地を遊説し、十四年自由党結成に参画、『自由新聞』記者、南信の『深山自由新聞』『信府日日新聞』主筆として活躍した。十六年・十七年の自由党激化事件の当時においては、言論を以て権力と対抗すべきであると力説した。二十年大同団結運動に参加し各地を遊説。二十二年『新愛知』主筆に迎えられ同地に居を移した。翌二十三年九月立憲自由党結成にも尽力、二十七年第三回総選挙に愛知二区から推され、第五回選挙まで連続当選した。この間『岡山日報』、三十五年『やまと新聞』、三十八年一月から三月まで『函館日日新聞』の主筆を勤め、四月『やまと新聞』に復社した。文筆・演説・書・篆刻に長じ、著書に『選挙之腐敗』『日本美術評論』『屈山詩歴』『実験雄弁学』など多数がある。四十一年六月十三日没。五十一歳。

[参考文献] 「小室重弘履歴」(『やまと新聞』明治四十一年六月十四日) （北根 豊）

こむろしのぶ 小室信夫 一八三九―九八 明治時代の政治家・実業家。利喜蔵・信太夫とも称した。天保十年(一八三九)九月三十日丹後国与謝郡岩滝村の豪商の家系に出生。父は佐喜蔵、母は小室氏。その生家は生糸問屋商人で回漕業者を兼ね、日本海側の生糸の流通・販売にあたっていた。最初、かれは生家の京都支店につとめていたが、文久三年(一八六三)、尊王意識から、京都等持院にある足利尊氏らの木像梟首事件をおこした。そのときは逮捕を免れたが、のちに自首して徳島藩に預けられた。五年後に釈放。倒幕に功績あり、新政府のもとで明治二年(一八六九)に岩鼻県権知事、ついで翌三年徳島藩大参事をつとめた。同五年、外遊してイギリスの立憲制度を視察、翌年帰国後、左院三等議官に就任したが、すぐ辞任。明治七年、板垣退助・副島種臣・後藤象二郎・江藤新平らの旧参議とともに「豪農商」の立場から、政府に「民撰議院設立建白書」を提出したが、容れられなかった。自由民権家として活動したこのころから、その行動は政界を離れて実業界に急速に移り、製糸・製麻・鉄道・銀行その他の部門に及んだ。特に明治十五年、政府から船舶払下げを受けて北海道運輸会社を設立し、また共同運輸会社の創立委員として日本郵船会社の基礎を築いた。二十四年貴族院議員に任ぜられる。明治三十一年六月五日没。六十歳。東京谷中天王寺墓地に葬る。大正八年(一九一九)贈従四位。なお、信介はその女婿である。

[参考文献] 田尻佐編『贈位諸賢伝』一、板垣退助監修『自由党史』(『岩波文庫』)、山田立夫編『小室訒葊翁父子小伝』 （石塚 裕道）

こむろしんすけ 小室信介 一八五二―八五 明治時代

前期のジャーナリスト、自由民権家。筆名は大江山人・案外堂主人など。嘉永五年(一八五二)七月二十一日、宮津藩の砲術家小笠原忠四郎長縄(禄高八十石)の次男として生まれる。幼名締吉・少(わかし)、のち長道と称す。明治五年(一八七二)京都府綴喜郡井手校の教員となり、同八年帰郷、天橋義塾を設立し結社人となる。翌九年、小室信夫(しのぶ)の婿養子となり信介と改名、慶応義塾の変則科に学ぶ。同十二年一月、大阪日報社の社員となり、印刷長代理・社長・監事などを歴任、朝日新聞社・京都日報社の客員を兼ね、同十五年立憲政党幹事・常議員となる。同十六年春自由新聞社に入社し、翌年『自由燈(じゆうのともしび)』の創刊にも参画。その間各地を遊説し、言論・組織活動に従事、また義民伝や政治小説を書いて自由民権思想の普及宣伝に努めた。著書『東洋民権百家伝』『(興亜綺談)夢恋々』『自由艶舌女文章』などのほか、長編論説「平仮名国会論」がある。同十五年朝鮮、十七年中国へ特派員として渡ったが、十七年末、外務省准奏任御用掛として井上馨に随行、ソウルの公使館建設主任となる。翌十八年六月一時帰国、八月二十五日東京で死去した。三十四歳。東京谷中天王寺墓地に葬る。法名清操院文華明敏居士。

参考文献 林基『東洋民権百家伝』解説(『岩波文庫』)、柳田泉『政治小説研究』上、朝日新聞社史編修室編『朝日新聞と小室信介』、和田繁二郎『案外堂 小室信介の文学』(『和泉選書』一二)、戸祭武「小室信介の政治思想」(『舞鶴工業高等専門学校紀要』四)

(原田久美子)

こむろすいうん 小室翠雲 一八七四―一九四五 明治から昭和時代にかけての日本画家。本名貞次郎。明治七年(一八七四)八月三十一日栃木県邑楽郡館林町(群馬県館林市)に生まれ、十六歳のときから足利の田崎草雲について南画を学んだ。師の没後は明治三十二年上京して日本美術協会展に出品、しばしば受賞し、やがて同協会委員、日本画会および南画会の幹事として名声を挙げた。また同四十年には荒木十畝・高島北海・山岡米華らと正派同志会を組織して文展新派に対抗したが、翌年から文展に出品して連続六回受賞、特に大正二年(一九一三)第七回文展で二等賞をうけた「寒林幽居」は力作として好評を博し、翌三年から審査員をつとめた。以後近代南画壇の重鎮として同十三年帝国美術院会員、昭和十九年(一九四四)帝室技芸員に推される一方、その間大正十年関西の南画家たちと大同団結して日本南画院を興したり、昭和十六年には大東南宗院を設立、その指導的位置にあって雑誌『南画鑑賞』を刊行しつづけたりするなど、新しい南画の振興と普及に尽力した。昭和二十年三月三十日東京において死去。七十二歳。多磨墓地に葬られた。著書に『翠雲炉辺画談』(昭和十年)などがある。代表作には前記のほか、「海寧観潮」「白乾坤」などがある。

(富山 秀男)

こやすたかし 子安峻 一八三六―九八 明治時代の新聞経営者、実業家。天保七年(一八三六)正月二日美濃国大垣に生まれる。子安宗茂・まきの長男。幼名鉄五郎、号は悟風。幕末大垣藩の俊英として佐久間象山・大村益次郎について英・蘭学を修め、文久二年(一八六二)洋書調所教授手伝いとなる。のち横浜運上所の翻訳通訳係となり、一時帰藩後再び前職に復し、明治新政府でも引き続き神奈川裁判所の翻訳官を勤めた。明治二年(一八六九)七月外務省翻訳官、五年マリア＝ルス号事件の功労によりロシア皇帝から神聖アンナ第三等勲章を贈られた。一方、三年四月本野盛亨・柴田昌吉と活版印刷所日就社を横浜に設立、六年一月『附音・挿図英和字彙』を出版。六年四月同社を東京に移して新聞発行を準備し、七年十一月二日『読売新聞』を創刊、初代社長に就任。十年外務省退官後は実業界にも重きをなし、日本銀行初代監事に推された。二十二年末社長を本野に譲ったが二十四年まで社主として在社。二十六年三月『いさみ新聞』を創刊したが振るわず、三十一年一月十五日失意のうちに病没した。六十三歳。墓は東京都調布市若葉町の明西寺にある。

参考文献 津田権平編『明治立志編』五、西田長寿「内外新聞人列伝子安峻」(『新聞研究』一二〇)

(北根 豊)

こやまけんぞう 小山健三 一八五八―一九二三 明治・大正時代の銀行家。安政五年(一八五八)六月十一日武州忍(埼玉県行田市)に忍藩士小山宇三郎の長男として生まれた。母は鈴木氏。藩校・攻玉社などで学んだのち、長野県師範学校などの教員を経て明治十四年(一八八一)文部省に奉職した。高等商業学校長などを経て三十一年文部次官となったが、政変により同年退官した。翌年、片岡直輝の斡旋で三十四銀行の頭取に就任、「一人一業主義」を唱えて同行を有力銀行に育て上げ、大阪財界の有力者となった。大正九年(一九二〇)貴族院議員に勅選されたが、十二年十二月十九日没した。六十六歳。墓は大阪阿倍野墓地にある。

参考文献 三十四銀行編『小山健三伝』

(高村 直助)

こやましょうじゅ 小山松寿 一八七六―一九五九 大正・昭和時代の政治家。明治九年(一八七六)一月二十六日、長野県佐久郡小諸町(小諸市)に生まれる。二十八年東京専門学校法律科卒。大阪朝日新聞に入り、名古屋支局長となる。三十九年『名古屋新聞』を創刊、社長に就任。名古屋市議会議員を経て、大正四年(一九一五)名古屋市から衆議院議員に初当選。以来連続十回当選。はじめ無所属、のち公友倶楽部、憲政会、立憲民政党、日本進歩党に所属。十二年憲政会幹事長となる。加藤高明・第一次若槻両内閣農林政務次官。昭和四年(一九二九)立憲民政党政調会長を経て、七年同党幹事長となる。五年から六年まで衆議院副議長、十二年から十六年まで同議長をつとめる。なお、南洋比律賓派遣議員団長、満蘇国境方面視察議員団長、中華民国国民政府還都改組慶祝国民使節衆議院代表などになり、アジア各地に派遣される。昭和三十四年十一月二十五日死去。八十三歳。墓は名古屋市の八事霊園にある。

参考文献　『名古屋新聞三十年史』　（成沢　光）

こやましょうたろう　小山正太郎　一八五七—一九一六　明治・大正時代の洋画家。安政四年（一八五七）正月二十一日、越後長岡に藩医小山良運の長男として生まれた。明治四年（一八七一）上京し、翌年川上冬崖の門に入った。同九年工部美術学校に入学し、フォンタネージの薫陶を受けた。同十一年浅井忠らと十一字会を結成して研究をつづけ、東京師範学校で教鞭をとり、同十七年文部省図画取調掛委員となった。二十二年明治美術会の創立に参画し、その展覧会に発表すると同時に同会の運営に尽力した。三十一年高等師範学校の講師となり、三十三年フランスに留学し、翌年帰国した。四十年から大正二年（一九一三）まで文展の審査員を勤めた。画塾不同舎を設け、青木繁・満谷国四郎・鹿子木孟郎・中村不折・吉田博・坂本繁二郎ら多くの門弟を指導した。大正五年一月七日東京に没した。六十歳。駒込の真浄寺（文京区向丘二丁目）に葬られる。法名は万壑院釈光楽不同居士。代表作には「川上冬崖像」（東京芸術大学蔵）がある。

参考文献　不同舎旧友会編『小山正太郎先生』　（隈元謙次郎）

こやまますた　小山益太　一八六一—一九二四　明治・大正時代の果樹栽培家。文久元年（一八六一）九月十二日備前国磐梨郡稗田村（岡山県赤磐郡熊山町）に小山義作の長男として生まれる。一時郡役所書記を勤めたが、明治二十二年（一八八九）より桃・梨などの果樹栽培に専念した。各地より果樹の優良品種を取り寄せて試作、普及せしめるとともに、果梗の綿巻、病害虫駆除剤の創案、梨の赤星病の研究などに大きな貢献をなし、また県下の果実の販路拡張などに寄与している。大正十三年（一九二四）七月一日没。六十四歳。法名は自身院玄証日就学位。

参考文献　近藤万太郎編『小山楽山翁遺稿』、三宅忠一編『続岡山の果樹園芸史』、守屋松之助『楽山翁を語る』　（伝田　功）

こやままつきち　小山松吉　一八六九—一九四八　明治から昭和時代にかけての司法官。明治二年（一八六九）九月二十八日高瀬儀平次の九男として水戸に生まれた。のちに小山高光の養嗣子となった。同二十五年独逸協会学校専修科を卒業。翌年第一回判検事登用試験に合格し司法官試補となり、二十九年検事となった。三十四年判事に転じ、長崎地方裁判所判事・同控訴院判事・同地方裁判所部長などを歴任の後、三十九年再び検事となり、東京控訴院検事・神戸地方裁判所検事正・長崎控訴院検事長などを歴任した。大正七年（一九一八）に大審院検事となり、同十三年一月検事総長に就任し昭和七年（一九三二）五月まで在任した。同月二十六日斎藤内閣の司法大臣に就任。八年四月司法官赤化事件の責任をとり一旦は辞表を提出したが天皇に慰留されて撤回し、翌年七月まで在任した。その後、貴族院議員・法政大学総長などを勤めた。司法官在任中は大逆事件・朴烈事件・虎ノ門事件などに関与し、また三・一五事件検挙の際も検事総長として指揮するなど、思想検察の面で活躍した。著書に『刑事訴訟法提要』（昭和十五年）があり、これにより法学博士の学位を受けた。二十三年三月二十七日没。八十歳。墓は東京都渋谷区の吸江寺にある。　（小田中聰樹）

ごらいしげる　五来重　一九〇八—九三　昭和時代の歴史学者、宗教民俗学者。仏教民俗学の創唱者。明治四十一年（一九〇八）三月七日、寅吉・あさ御の長男として茨城県久慈郡久慈町（日立市）に生まれる。昭和七年（一九三二）三月東京帝国大学文学部印度哲学科卒業。卒業論文は「竜樹の『中論』における否定の論理」。高野山大学助手、東京帝国大学大学院を経て、十一年四月京都帝国大学文学部史学科国史学専攻に学士入学。卒業論文は「元寇の神仏習合に及ぼす影響」。十五年四月高野山大学助教授、十七年四月教授。三十年四月、三品彰英のあとを受けて大谷大学文学部史学科国史学の主任教授に迎えられた。三十七年三月文学博士（学位論文「日本仏教民俗学論攷」）。五十三年六月大谷大学名誉教授。五十五年十一月勲三等瑞宝章を受章。平成五年（一九九三）十二月十一日没。八十五歳。戒名は大勲院殿智哲諦道大居士。墓は日立市久慈町の千福寺にある。民俗学に心を寄せた契機は、昭和十二年六月、偶然に聴講した柳田国男の「盆と行器（ほかい）」という講演に感動したことにあった。日本中世史研究を基盤に、柳田民俗学や日本仏教史研究で看過されてきた仏教が庶民の中でどのように融け込み、変容したかを仏教民俗学として体系化した。「民俗信仰としての大般若経」（『印度学仏教学研究』三ノ一）などにみられるように、仏教民俗学の基礎に仏教哲学への理解が潜められており、日本仏教の原理討究と歴史的展開を膨大な資料によって実証的に跡づけ、日本の仏教史学に新機軸を開いた。著書は、『（元興寺極楽坊）中世庶民信仰資料の研究』（昭和三十九年）、『増補高野聖』（『角川選書』七九、五十年）、『修験道入門』（五十五年）、『葬と供養』（平成四年）ほか多数。

参考文献　五来重「仏教民俗学のあゆみ」（『大法輪』四二ノ二）、柏原祐泉「五来重先生御退任送別の辞」（『尋源』三〇）、五来重「仏教民俗学の二十五年」（同三一）　（佐々木令信）

こんこうだいじん　金光大神　⇨川手文治郎（かわてぶんじろう）

ごんだなおすけ　権田直助　一八〇九—八七　幕末・明治時代前期の国学者、神道家、医者。字は玄常、名越廼舎と号す。文化六年（一八〇九）正月十三日武蔵国入間郡毛呂本郷（埼玉県入間郡毛呂山町）の医者権田直教・久良子の子として生まれた。十九歳の時江戸に出て幕府の医官野間広春院に漢方医術を学び、また安積良斎に就き儒学を学んだ。郷里で開業したが、のち天保八年（一八三七）九月平田篤胤に入門して国学を学び、国学思想を基礎とした『神遺方経験抄』を著わし、いわゆる「皇朝医学」を唱えたが、内容は古医方に同じといわれる。文久二年(一八六二)京都に上って尊攘運動に加わり、平田派の一員として公卿らの間に活動した。慶応三年(一八六七)秋西郷隆盛による関東攪乱工作(江戸薩邸に拠る相楽総三らの活動)に関与した。明治二年(一八六九)平田鉄胤らと神祇伯白川家の教授となり、また刑法官監察司知事に任ぜられ、六月建言を採用され大学中博士、医道御用掛となった。しかし当時早くも国学者・漢学者と洋学者との間の対立・論争が起り、彼は平田鉄胤・矢野玄道らとともに大学を追われた。同四年、愛宕通旭らの公卿および攘夷派士族を中心とした反政府陰謀が発覚(愛宕通旭事件)、彼もその嫌疑を受け、矢野玄道・丸山作楽らとともに捕えられ金沢藩邸に幽閉された。その間、国語古典の研究に専心し、赦免後は、六年七月より相模国大山阿夫利神社祠官となり、同時に大講義に任ぜられた。以後彼は没するまで大山に住むことになる。十二年権大教正に進み、同時に十四年まで伊豆三島神社宮司を兼ねた。十五年皇典講究所教授、十七年神道事務局顧問・大教正となり、あるいは神道本局編輯掛を担任するなど、明治前期の神道界・国学界に重んぜられた。同二十年一月病となり六月八日没した。七十九歳。墓は大山山麓赤松山墓地にある。なお彼には『名越廼舎門人帳』により、武蔵・相模を中心とした百五十余名の門人がいたことを知り得る。彼の著書は多数あるが、『古医道沿革考』『古医道治則略註』『古医方薬能略』『医道百首』などの医書、『詞の経緯図』『詞の真澄鏡』『文典辨疑』『形状言八衢』などの語学書、『みたまのふゆ』などの神道書がある。

参考文献 金子元臣『権田直助翁詳伝』(『徳育資料』二)、神崎四郎『惟神道の躬行者権田直助翁』

(沼田 哲)

ゴンチャローフ Ivan Aleksandrovich Goncharov 一八一二―九一 ロシアの作家。一八一二年六月十八日(ロシア暦六月六日)シンビルスク市(ウリヤノフスク)の商人の家に生まれ、三四年モスクワ大学文学部卒業。大蔵省外国貿易局に勤め、詩人マイコフ A. N. Majkov の文芸サークルに参加して文学活動を始めた。批評家ベリンスキー V. G. Belinskij の文芸誌『同時代人』Sovremennik に出世作「平凡な物語」(四七年)を発表。五二―五四年、第三回遣日使節プチャーチン提督 E. V. Putyatin の秘書官として世界周航に加わり、旗艦パルラダ号で嘉永六年(一八五三)長崎に来航、幕府全権川路聖謨らとの樺太国境制定、日露通商条約締結の交渉にロシア使節団の一員として出席した。当時の記録は、一八五五年に『日本におけるロシア人』Russkie v Japonii v nachale 1853 i v kontse 1854 godov. S.-Peterburg, 1855. と題して出版されたが、五七年に、改訂版『フレガート=パルラダ』Fregat "Pallada" S.-Peterburg, 1857. として世界周航記録中に収録された。幕末日本の姿を的確に描写したこの書は、外国人の見た日本の記録として貴重な作品である(邦訳『日本渡航記』)。代表作『オブローモフ』Obromov (1859)は、農奴制廃止をテーマにした長篇小説で、十九世紀ロシア文学史上特色あるリアリズム作家の地位を確立した。九一年九月二十七日(ロシア暦九月十五日)没。七十九歳。

参考文献 『ゴンチャローフ日本渡航記』(高野明・島田陽訳、『新異国叢書』一一)、沢田和彦編「『日本におけるゴンチャローフ』書誌」(『早稲田大学図書館紀要』二二・二三合併号)

(高野 明)

こんどういさみ 近藤勇 一八三四―六八 幕末の幕臣。諱は昌宜、通称勝太・勇、変名大久保大和。天保五年(一八三四)十月五日生。武蔵国多摩郡石原村辻(東京都調布市)の農業宮川久次(郎)の三男。母はおえい。四人兄姉の末っ子。嘉永二年(一八四九)十月十九日に天然理心流の近藤周助(試衛館主)の養子になり、江戸の牛込市ヶ谷甲良屋敷にすむ。はじめ島崎勝太と称し多摩郡に出稽古し、島崎勇、ついで万延元年(一八六〇)に近藤勇となる。その間、万延元年三月にソネと結婚し、八月天然理心流の宗家の四代目をつぐ。文久三年(一八六三)将軍徳川家茂の上洛にあたり、幕府が京都の尊攘派志士、浪人を牽制するため両毛・武甲その他の剣に熟達した浪士を将軍の列外警衛として先発西上させた。その中に、勇は養父の門下であった一門の有志十余人、すなわち土方歳三・沖田総司・永倉新八らとともに平隊員として参加した。浪士隊は清川八郎および講武所剣術世話心得山岡鉄太郎の指導をうけていたが、意見を異にしたため、佐々木只三郎らのすすめもあって芹沢鴨・新見錦・沖田・永倉ら十七名(十三名・二十名・二十五名説もある)が分かれ、京に残留し、葛野郡壬生村に屯営して、壬生浪人といわれた。彼らは京都守護職の会津藩主松平容保の支配下に入り、新撰組を組織した。そして会津藩別動隊となった。芹沢が局長となり、近藤と新見が副長となった。芹沢や新見は粗暴であり、それを責める中で近藤は頭角をあらわし、局長に推された。のち新見や芹沢を粛清している。爾来京都市内警備にあたり、尊攘派志士の取締りにつとむ。元治元年(一八六四)六月池田屋へ屯集した志士たちを襲撃して功をたてたが、七月の禁門の変で洛中・洛外の治安維持につとめ、志士の藩邸出入りや、旅館出入りを取り締まる中で新撰組からも多数の人材を失っている。その間に西国九州人はたよりにならぬので関東者で補充を考える。伊東甲子太郎らがそのころより参加している。その後油小路事件で両者は対決し、伊東らを斬る。その残党の中から偽官軍の相楽隊へ参加するものが生まれたが、近藤は慶応三年(一八六七)六月には見廻組頭取となり、麾下の士となり、ついに幕臣となった。同年十二月、王政復古の大号令が出ると、伏見街道藤森で伊東らの残党に狙撃されて負傷したが、大坂へ下って療養した。翌明治元年(一八六八)正月、鳥羽・伏見の戦ののち東下し、名を大久保大和と改め、新撰組の残党を指揮し、甲陽鎮撫隊を組織して、三月、政府軍(官軍)と甲斐の勝沼で戦ったが敗北した。ついで下総流山の長岡に陣営をかまえたが、官軍の誘いをうけて出て捕えられ、同年四月二十五日板橋庚申塚で斬首処刑され、首は京都の三条河原に梟される。三十五歳。板橋刑場に葬られるが、のち多摩郡大沢村(東京都三鷹市)の竜源寺に改葬された。法名は心勝院大勇儀居士。

参考文献 平尾道雄『新撰組史録』 (芳賀 登)

こんどうえいぞう 近藤栄蔵 一八八三―一九六五 大正・昭和時代の社会主義者。明治十六年(一八八三)二月五日東京小石川に生まれる。父広栄・母りきの次男。高等小学校卒。同三十五年以後二回渡米、滞米中片山潜と知り、社会主義を信奉。大正十年(一九二一)、大杉栄らと『労働運動』(第二次)を発行、同年堺利彦らとコミンテルン日本支部準備会を、また高津正道と暁民共産党を結成。翌年日本共産党結成に加わり、中央委員に就任。十二年の第一次共産党事件ではソ連に亡命、コミンテルン第五回大会に出席した。帰国後日本共産党から離れ、昭和三年(一九二八)日本労農党に入党、以後中間派社会民主主義の立場をとったが、六年以降国家社会主義から日本主義に転向、第二次世界大戦後社会福祉事業に転進した。同四十年七月三日死去。八十二歳。著書に『コムミンテルンの密使』がある。

参考文献 同志社大学人文科学研究所編『近藤栄蔵自伝』 (神田 文人)

こんどうけんじ 近藤憲二 一八九五―一九六九 明治から昭和時代にかけての無政府主義者。明治二十八年(一八九五)二月二十二日兵庫県氷上郡前山村(市島町)に生まれる。近藤秀四郎の長男。母はかな。四十五年県立柏原中学卒業、早稲田大学専門部政経科にすすんだ。大正三年(一九一四)のシーメンス事件以後演説会やデモに参加、六年売文社に入り、山川均・荒畑寒村の『青服』発行を助けた。この間大杉栄の思想的影響をうけ、八―十二年の間、新聞『労働運動』(第一―三次)発行に加わり、また十年の日本社会主義同盟の発起人の一人となる。関東大震災における大杉の虐殺以後、第四・五次の『労働運動』を同志と発行、アナーキズム運動の中心にたつ。昭和三年(一九二八)平凡社に入社、同年アナーキズム運動の中心組織全国労働組合自由連合会が純正アナーキズム系とアナルコ＝サンディカリズム系に分裂するや後者に属し、十年無政府共産党事件で捕えられたが間もなく釈放された。第二次世界大戦後の二十一年日本アナーキスト連盟の結成に参加、三十二年病床につくまで運動をつづけた。四十四年八月六日死去。七十四歳。墓は静岡県駿東郡小山町の富士霊園にある。著書に『一無政府主義者の回想』『私の見た日本アナキズム運動史』などがある。妻は堺利彦の長女真柄。 (神田 文人)

こんとうこう 今東光 一八九八―一九七七 大正・昭和時代の小説家。明治三十一年(一八九八)三月二十六日横浜に生まれる。父は武平、母はあや。法名は春聴。今日出海の兄。日本郵船会社勤務の父に従って各地を転々。中学中退。文学青年として川端康成と識り、第六次『新思潮』『文芸春秋』『文芸時代』の同人となり、『痩せた花嫁』(大正十四年(一九二五))などによって新感覚派作家としてデビュー。間もなく反逆して、『不同調』『文党』、プロレタリア作家同盟などを転々とし、昭和五年(一九三〇)、天台宗の僧侶となって、文壇を離れた。以後も大衆小説は書いていたが、同三十一年発表の歴史小説『お吟さま』が直木賞を受賞して、文壇に復帰、旺盛な筆力を発揮して、流行作家となった。『闘鶏』(三十二年)・『春泥尼抄』(三十二―三十三年)・『河内風土記』(二十四年)などが代表作。河内をはじめ、各地の天台院の復興に力を尽くし、平泉中尊寺貫主・参議院議員などもつとめた。豪放の反面、人情の機微に通じる特色を持っている。五十二年九月十九日、入院先の千葉県印旛郡四街道町の病院にて没。七十九歳。墓は東京都台東区上野桜木の寛永寺第三霊園にある。『今東光代表作選集』全六巻(読売新聞社)がある。

参考文献 高見順『昭和文学盛衰史』(『高見順全集』一五)、今日出海「偽悪の人―東光―」(『迷う人迷えぬ人』所収) (磯貝 英夫)

ごんどうしんじ 権藤震二 一八七一―一九二〇 明治・大正時代のジャーナリスト。明治四年(一八七一)十二月三潴県御井郡阿志岐村(福岡県久留米市)に生まれた。権藤直の次男。号は雷軒・高良山人。兄は成卿。二十七年七月専修学校理財科を卒業、島田三郎に認められ『毎日新聞』に入社、日清戦争に従軍記者として転戦。台湾経営に関心を寄せ一時台湾総督府に奉職したが間もなく逐われ、復社後は鋭い筆鋒をもって総督府の施政を批判した。のち『北国新聞』『富山日報』の主筆を勤め、三十四年、再刊後の『二六新報』に入社、同年七月光永星郎(号八火)の日本広告株式会社設立に参画するため退社、同社の取締役として通信部門を担当した。三十九年十月同社の併設機関電報通信社の編集長兼務、四十年八月両社が合併して発足した日本電報通信社(電通の前身)の重役。詩文をよくし達意の通信文によって同社の発展に寄与した。大正三年(一九一四)七月シーメンス事件に連座して辞任。晩年は恵まれず同九年一月二十一日に死去した。五十歳。著書に『従征日録』『台湾幣政論』『雷軒唾屑』などがある。

参考文献 八火翁伝記編集委員会編『八火伝』 (北根 豊)

ごんどうせいきょう 権藤成卿 一八六八―一九三七 明治から昭和時代前期にかけてのファシズム思想家の代表的一人。本名は善太郎、成卿は字。明治元年(一八六八)二月二十一日筑後国御井郡府中町(福岡県久留米市)に権藤直の長男として生まれた。小学校卒業後、明四事件の関係者である本荘一行のもとに実業見習に出されたが挫折し、二松学舎に入学、中退した。明治十九年宮崎駿児に随行し中国を旅行した。同二十五年ごろ武田範之・

宮崎来城らと久留米青年義会を組織し、大陸問題にかかわり始めた。このころから五歳年長の武田範之とことに親しく、玄洋社の結城虎五郎とともに武田が企てた朝鮮の金鰲島での漁業事業に大きな資本を投ずるが失敗。二十八年夏、長崎の春徳寺に寄寓し読書三昧の生活をおくる。三十四年内田良平らによって黒竜会が結成されたので、翌年これに参加するため上京。三十九年ごろ、章炳麟・黄興・宋教仁らと親しむ。また、このころ日・朝・満洲・シベリアを連ねる一つの国をつくるという構想をもち、その端緒とすべく一進会財団計画に深く関係する。四十一年中国向けの総合雑誌『東亜月報』を内田良平らと発行しその編集に従事した。四十四年の武田の死後は、内田から遠ざかり、関東大震災(大正十二年(一九二三))を機に訣別した。一方、大正七年左右未分離の社会改革団体、老壮会に加わる。同九年には自治学会を創設、独自行動に進んだ。昭和二年(一九二七)には主著『自治民範』を出版し金鶏学院の講師となった。その主張を要約すれば、人間というものは放っておいても衣食住の安定、性のバランスを目指してひとりでに「衆団」をつくり規律をもった「社稷」をつくる、げんに大昔はそうであった、だから行詰まった現状を打破するためそういった原始の基点にかえろう、というものである。現状破壊力はつよいが、未来建設にかんしてはきわめて楽天的、手放し的で歯止めがない。昭和に入ったころから少壮軍人(特に海軍)や民間人(井上日召・橘孝三郎)との関係が生じ、五・一五事件の指導者に理論的影響を与えたとされている。昭和六年日本村治派同盟に参加した。権藤の思想の特色は古来の原始自治を前提した「社稷」が外来制度体系に対立するという視点を提出した点にある。昭和十二年七月九日没。七十歳。久留米市御井町隈山の権藤家墓地に葬られた。『権藤成卿著作集』全五巻(昭和四十七—五十四年)がある。

参考文献 滝沢誠『権藤成卿覚え書』、同『権藤成卿』(『紀伊国屋新書』B四八)

(松沢 哲成)

こんどうとらごろう 近藤虎五郎 一八六五—一九二二 明治・大正時代の土木技術者。慶応元年(一八六五)六月一日越後国岩船郡村上本町(新潟県村上市)に村上藩士近藤金弥の長男として生まれる。明治二十年(一八八七)帝国大学工科大学土木工学科を卒業、アメリカ留学後同二十三年内務省土木局に勤務し、二十九年の河川法制定後国費による主要河川の改修工事や、港湾・上下水道の新設工事の監督指導にあたった。かたわら母校において土木工学を教え、鉄道省技師を兼任した。大正十一年(一九二二)七月十七日没。五十八歳。東京の雑司ヶ谷墓地に葬られた。なお妻幸子は加藤弘之の女である。

参考文献 筱崎亮「土木統計の恩人たる故近藤工学博士」(『統計学雑誌』四四〇)

(伝田 功)

こんどうまがら 近藤真柄 一九〇三—八三 大正・昭和時代の女性運動家。明治三十六年(一九〇三)一月三十日、東京府下角筈(東京都新宿区)に出生。父は著名な社会主義者堺利彦、母は美知。満一歳にして生母と死別。大正九年(一九二〇)三月成女高等女学校卒業、十一月社会主義ブックデーで初検束。十年四月日本最初の社会主義婦人団体赤瀾会の設立世話人となり、綱領を起草。この年日本の女性がはじめて参加した第二回メーデーで検束、ついで秋の軍隊赤化事件で仲宗根貞代とともに検挙され、禁錮四ヵ月の刑。このため赤瀾会は事実上、壊滅した。十一年八日会・日本共産党に参加。十二年高瀬清と結婚(のち離婚)。昭和二年(一九二七)奥むめおらと婦人政治運動促進会を提唱、婦人戦線の統一をめざした。四年無産婦人同盟、七年社会大衆婦人同盟に参加。市川房枝らとも協力し、婦人参政権運動も推進。十年近藤憲二と結婚。第二次世界大戦後は日本婦人有権者同盟に加わり、四十五年四月から四年間(一期)会長。五十八年三月十八日東京の次女宅で死去。八十歳。静岡県駿東郡小山町の富士霊園に葬られた。

参考文献 近藤真柄『わたしの回想』

(鈴木 裕子)

こんどうまこと 近藤真琴 一八三一—八六 明治時代前期の洋学者。攻玉社の創立者。幼名鉚之助、のち、真琴と称した。字は徽音、芳隣と号し、誠一郎と通称した。天保二年(一八三一)九月二十四日、志摩国鳥羽藩士近藤儀智の次男として、江戸麴町鳥羽藩邸に生まれた。満三歳のとき父を亡くしたが、母誠子が賢母の誉高く、和漢書ことに『論語』『大学』の素読をさせた。その後同藩士について国漢学を学び、二十三歳で蘭学に志し、翌年藩の蘭学方となる。文久三年(一八六三)矢田堀景蔵・荒井郁之助について航海術を学び、幕府の軍艦操練所に通学した。この年四谷坂町鳥羽藩邸内の自宅において蘭学塾を開いた。これが攻玉社の起源である。明治二年(一八六九)十月海軍操練所に出仕、築地海軍操練所管内元一橋邸跡に攻玉塾を開いた。その後海軍軍人として、また海軍兵学校教官として累進し、海軍兵学校教務副総理・海軍一等教官まで進んだ。その間彼の主宰する攻玉社は洋学ことに測量術・航海術を教授する異色の学校として発展し、商船黌・陸地測量習練所・女子教場なども併設するに至った。明治六年には博覧会一級事務官としてウィーン万国博覧会に派遣され、帰国後『澳行日記』『博覧会見聞録』などを出版した。内国勧業博覧会の審査官としても活躍した。明治十九年九月四日没。五十六歳。墓は東京の青山墓地にある。

参考文献 林季樹編『近藤真琴先生伝』

(内田 糺)

こんどうまんたろう 近藤万太郎 一八八三—一九四六 大正・昭和前期の農学者。号は扇村。明治十六年(一八八三)九月二十一日、現在の岡山市西大寺五明に近藤甚蔵・与志の三男として生まれる。同四十一年東京帝国大学農科大学卒業、大学院で二ヵ年間種子学を専攻、同四十四年から三ヵ年間ベルリン大学などに留学。大正三年(一九一四)帰朝と同時に、大原孫三郎の要請により財団法人大原奨農会農業研究所（のち大原農業研究所）の創設に参画、初代所長に就任する。爾来三十余年間着実な運営を行い同研究所を世界的な民間研究所とした。一方無類の根気と努力をもって、特に作物学・種子学の研究を行い、五百余篇の報告論文のほか大著『日本農林種子学』などを著わし、農学界に大きく貢献した。その間、農学博士号・日本農学賞を受け、学術研究会議員・帝国学士院会員となる。昭和二十一年（一九四六）十一月七日、六十四歳で岡山県倉敷市の自宅で死去、昌光徳院叡覚諦潤大居士、墓は岡山市西大寺長沼にある。

参考文献　近藤洋逸編『近藤万太郎追憶集』、『（財団法人）大原農業研究所史』、笠原安夫「近藤万太郎先生の回顧」（『雑草研究』一）
（笠原　安夫）

こんどうもとき　近藤基樹　一八六四―一九三〇　明治・大正時代の軍艦設計技師。海軍造船中将・工学博士。元治元年（一八六四）三月十一日近藤真琴の長男として江戸に生まれ、明治十六年（一八八三）工部大学校機械学科を、翌十七年同校造船学科を卒業。海軍省主船局に同省御用掛を拝命。二等工長より七等技手に任じられ同十九年より三年間イギリス海軍大学校（在グリーニッチ）で軍艦設計を学ぶ。父の死により、留学中に現役のまま攻玉社二代社長となる。帰国後、大技士（造船大尉相当）として横須賀造船部の計画科主幹。日清戦争まで軍艦設計を担当、同二十九年、海軍拡張によりイギリスで建造中の軍艦の監督官。翌年海軍造船少監（少佐相当）となり、以来戦艦・巡洋艦などの設計を横須賀工廠と艦政本部にて行なった。日露戦争時にはじめて国内で建造された筑波（一代）以後のすべての主力艦は彼の手になる。同四十年にさらに渡英、大正三年（一九一四）造船総監（中将）、同十二年予備役まで艦型試験所長（初代所長）と艦政本部出仕を兼ねた。超弩級主力艦から八・八艦隊の主力艦より巡洋艦など全艦艇の設計先任者であり、平賀譲などの後進を育成した。昭和五年（一九三〇）三月八日没。六十七歳。墓は東京都府中市の多磨墓地にある。病重きに際し男爵を賜い、最後まで攻玉社社長を勤めた。佐双左仲に次ぎ日本の軍艦設計技術を大成した。

参考文献　『攻玉社八十年史』、『攻玉社百年史』
（福井　静夫）

こんどうよしき　近藤芳樹　一八〇一―八〇　幕末・明治時代前期の国学者。初名田中源次、通称は晋一郎、号は寄居子庵・風月史生など。享和元年（一八〇一）五月二十五日周防国吉敷郡岩淵村（山口県防府市大字台道）に田中源吉の長子として生まれた。文政年間（一八一八―三〇）、上方に遊学し、同六年村田春門に入門、また本居大平にも入門し国学を学び、山田以文に律令・有職などを学んだ。天保十一年（一八四〇）近藤氏を嗣ぎ、以来長門国萩に家塾をひらいた。元治元年（一八六四）藩校明倫館の助教に挙げられ国学講師を兼ねた。維新後、明治八年（一八七五）、宮内省に出仕し歌道御用掛（翌年文学御用掛）に任ぜられる。明治天皇の東国巡幸（同九年）や北陸巡幸（同十一年）に随行し、『十符の菅薦』『陸路廼記』をそれぞれ著わし、また皇后の意向をうけ『明治孝節録』を著わしている。十二年十月病により致仕し従六位に叙せられた。翌十三年二月二十九日没した。八十歳。青山墓地（東京都港区）に葬る。著書は前述のほか『標註令義解校本』『標註職原抄校本』『大祓執中抄』『源語奥旨』『寄居随筆』などがある。

参考文献　佐佐木信綱編『続日本歌学全書』一一、山口県立図書館編『近藤清石著作目録付近藤芳樹著作目録』、森敬三「近藤芳樹に就いて」（『国学院雑誌』三九ノ三・四）
（沼田　哲）

こんどうれんぺい　近藤廉平　一八四八―一九二一　明治時代から大正時代にかけて海運業界で活躍した実業家。嘉永元年（一八四八）十一月二十五日、阿波国麻植郡西尾村（徳島県麻植郡鴨島町）の医家近藤玄泉の次男として生まれた。母は脇子。幼名省三郎、文久二年（一八六二）廉平と改めた。同年父とともに徳島へ出て、新居水竹・柴秋邨に儒学を学んだ。維新直後秋邨に随って上京、徳島藩邸の藩学教授をつとめるかたわら、大学南校にはいり英語を学んだ。明治三年（一八七〇）帰省、同五年父を喪った。同年大蔵省出仕星合常恕に随行して高知へ出張した際に岩崎弥太郎と知りあったのが機縁で、十月三菱商会（当時は三川商会）にはいった。六年末に同商会が買収した備中吉岡銅山の庶務係となり、ついで事務長に登用された。同十一年に上京、以後は三菱の主業であった海運事業の合理化に力を注いだ。特に、明治十六年一月、共同運輸会社との競争開始に際しては、郵船汽船三菱会社横浜支社の支配人として奮闘した。十八年十月、郵船汽船三菱・共同運輸両社が合併して日本郵船会社が設立されるとともに、同社にはいった。二十二年四月に理事、二十六年十二月に専務取締役となり、二十七年三月には副社長、さらに翌二十八年一月、同じく三菱出身の吉川泰二郎社長が病没したあとを継いで社長に就任した。以後約二十六年間にわたり社長として活躍したが、その間、とりわけ日清戦争後は、欧・米・濠三大航路をはじめとするいくたの重要航路の開設と、これらに対する政府の特別助成の獲得に中心的な役割を果たした。また、明治三十二年にはウラジオストックおよび中国各地を、翌年には欧米を巡察し、産業・軍事などに関する識見を固め、北清事変勃発後には再度ウラジオストック方面の視察をとげたうえで、強硬な日露開戦論を主張して朝野の注目を惹いた。明治四十四年に男爵を授与され、大正七年（一九一八）には貴族院議員に選ばれた。第一次世界大戦後のパリ講和会議には全権随員として参加、大正九年には勲一等に叙せられた。なお、日本郵船のほかに東京電気鉄道・麒麟麦酒・日本セルロイド人造絹糸・日清汽船・横浜船渠などの諸会社にも参画した。大正十年二月九日急性肺炎で没した。七十四歳。墓は豊島区の染井墓地にある。

参考文献　末広一雄『近藤廉平伝並遺稿』　（服部　一馬）

コンドル　Josiah Conder　一八五二―一九二〇　イギリスの建築家。一八五二年九月ロンドンに生まれる。南ケンシントン美術学校およびロンドン大学ユニバーシティ＝カレッジに学び、六八年からロジャー＝スミスとウィリアム＝バージェスのもとで建築を学んだ。七八年に英国王立建築家協会（ＲＩＢＡ）のアソシエイトになり、八四年にはフェローに推挙された。七六年、同協会主催によるソーン賞設計競技で栄冠を獲得、同年日本政府の招請を受けて、翌明治十年（一八七七）一月来日した。来日後ただちに工部省技術官ならびに工学寮教師として工部大学校造家学科で教鞭を取り、兼ねて内匠寮にも出仕した。その間、多くの官庁・公共建築の設計・監督にあたると同時に、日本最初の建築学教師としてヨーロッパ十九世紀の建築についてその造形・技術を教えた。明治十七年太政官との契約によりさらに雇傭期間を延長して日比谷諸官庁計画に携わり、同十九年臨時建築局設置後、同局に転じて海軍省庁舎を設計した。また同十九年から帝国大学工科大学建築学科講師を兼任したが、同二十一年退いて、以後は東京三河台町に設計事務所を開設して公私の建築設計に従事した。明治十七年勲四等旭日小綬章、同二十七年勲三等瑞宝章を授けられ、同二十五年帝国大学名誉教授となった。コンドルは大学において日本人建築家を育成したばかりでなく、多くの建築の設計を通じて同時代のヨーロッパ建築を日本に再現する仕事に指導的役割を果たした。彼の作品は七十を越え、上野博物館（明治十五年）・鹿鳴館（同十六年）・ニコライ聖堂（同二十四年）などの大作を含むが、邸宅・別荘・倶楽部の設計は他の追随を許さずその数も多い。また The Flowers of Japan and the Art of Floral Arrangement (1891)；Landscape Gardening in Japan (1893)；Paintings and Studies by Kawanabe Kyosai (1911) などの著作もある。大正四年（一九一五）工学博士となる。同九年六月二十一日、三河台町の私邸で没した。六十七歳。芝アンドレー教会において告別式が行われ、小石川護国寺に葬られた。

参考文献　河東義之編『ジョサイア・コンドル建築図面集』、「ジョサイア・コンドル博士表彰」（『建築雑誌』四〇二）、「名誉会員ジョサイア・コンドル博士を弔ふ」（同四〇三）、小野木重勝「近代建築を育てたコンドル」（『月刊文化財』一七九）　（稲垣　栄三）

ごんにょ　厳如　一八一七―九四　幕末・明治時代前期の真宗の僧侶。大谷派（東）本願寺第二十一世。童名予丸、諱光勝、号愚皐。文化十四年（一八一七）三月七日誕生。父は第二十世達如、母は家女房玉浦（のち梅の井と改）。弘化三年（一八四六）五月継職。明治維新に際会し、幕末には幕府側と朝廷側との去就に意を用い、文久三年（一八六三）には本堂側に徳川家康廟を建立、幕府の長州征伐に全門徒に軍用金を上納させたが、また同年朝廷にも献金、元治元年（一八六四）天竜寺の亀山・後嵯峨両天皇廟の修理をするなど苦心した。明治元年（一八六八）法嗣現如（光瑩）とともに東海・北陸などを行脚、朝廷の軍費調達につとめ、同三年政府の意で北海道開拓に着手、同五年五月寺務所を開設して宗政改革に踏み出し、十三年十月には元治元年の兵火で焼失した堂宇の再建を起工し（二十八年四月現存堂宇落成）、十四年大谷派を称した。二十二年十月退職、二十七年一月十五日没。七十八歳。真無量院という。墓は東大谷廟所にある。

参考文献　『厳如上人御履歴』（『真宗史料集成』七）、『厳如上人逸事録』（同）、『本願寺誌要』、赤松俊秀・笠原一男編『真宗史概説』、徳重浅吉「厳如上人の勤皇事蹟」（『東本願寺パンフレット』五一）　（柏原　祐泉）

こんひでみ　今日出海　一九〇三―八四　昭和時代の小説家・評論家。明治三十六年（一九〇三）十一月六日函館に生まれる。父武平は日本郵船船長。母はあや。長兄は今東光。暁星中を経て、昭和三年（一九二八）東大仏文科卒。大正十四年（一九二五）以来、劇団心座などに属して、演劇・映画活動をするとともに、『文芸都市』『作品』などの同人として、評論・随筆の筆をとり、ジッドの翻訳なども出版した。昭和八年から敗戦まで明治大学教授。戦時期は二回フィリピンに従軍、二度目の悲惨な従軍記録『山中放浪』（同二十四年）は戦争文学の秀作である。戦後は、『三木清における人間の研究』（二十五年）、直木賞を受賞した『天皇の帽子』（二十五年）が世評にのぼり、以後、痛快な人物評と、軽妙な中間的小説を多く書いた。政界にも顔の広い、社交的な教養人で、文部省芸術課長を経て、初代文化庁長官（四十三―四十七年）、国際交流基金理事長（四十七―五十四年）などを勤め、病没の時まで、国立劇場会長の任にあった。五十九年七月三十日、入院先の神奈川県鎌倉市の病院にて没。八十歳。

参考文献　今日出海『今日出海対話集』　（磯貝　英夫）

さ

さいえきげん　崔益鉉　Ch'oe Ik-hyŏn　一八三三—一九〇六　朝鮮王朝末期の儒者、抗日義兵指導者。号は勉庵。一八三三年父岱(号芝軒)、母李氏(晋懋女)の次男として生まれる。十四歳で李恒老(華西)に師事。一八五五年に科挙に合格、王朝に出仕して以来、一貫して守旧的ナショナリストの理論家として活躍する。その経歴を摘記すると、六八年大院君政権の財政弥縫策当百銭発行に反対の上疏、七三年大院君政権の書院撤廃策を批判し、同政権崩壊の原因をつくる。一方君父を批判した罪で済州島に流配される。七五年江華条約に激烈な反対論を上疏し、翌七六年黒山島に流配される。このころから衛正斥邪派のリーダー、反日思想家として著名となる。九四年甲午改革に反対、断髪令を峻拒して官命に抗議する。以後すべての官位を辞し、朝鮮王朝の存続のため売国逆臣を痛罵し、併せて日本の侵略策を糾弾し続けた。一九〇五年韓国保護条約に反対し、翌年反日義兵を募って指導者となる。抗戦して捕虜となり対馬に送られたが、抗日の筋を通すため日本の供与する食事を拒否し、〇六年十一月十七日(陰暦)餓死する。七十四歳。墓は忠清南道礼山郡光時面観音里鳳首山にある。著書に『勉庵集』などがある。

[参考文献]　旗田巍『日本人の朝鮮観』、槽谷憲一「初期義兵運動について」(『朝鮮史研究会論文集』一四)

(姜　徳　相)

さいおんじきんかず　西園寺公一　一九〇六—九三　昭和時代の政治家。日中文化交流協会常任理事、参議院議員。明治三十九年(一九〇六)十一月一日、旧長州藩主毛利家より養子入りした父八郎と母新子の長男として東京に生まれる。公望の孫。昭和五年(一九三〇)オックスフォード大学卒業。九年外務省嘱託。十一年七月太平洋問題調査会ヨセミテ会議に出席し、尾崎秀実と親交。八月雑誌『グラフィック』創刊。十一月外務省辞職。十二年七月近衛密使として中国に行き和平工作にあたる。十五年松岡洋右外相の世話で再度外務省嘱託。十六年八月近衛内閣嘱託、日米和平交渉の首相提案を起草するが採択されず、十七年三月ゾルゲ事件で逮捕される。二十一年写真雑誌『世界画報』創刊。二十二年参議院議員に当選。二十五年十月日中友好協会設立に参加。二十八年四月第二回参議院議員選挙で落選。二十九年一月京都市長選挙に立候補し、落選。三十一年三月日中文化交流協会設立に参加。三十三年一月より四十五年八月まで中国に滞在し、国交回復前の「民間大使」役を努め、周恩来首相らと親交を深めた。中国滞在中に日本共産党に入党したが、日共と中共の対立により四十一年除名となった。帰国後も中国の要人との交流を続け、平成五年(一九九三)四月二十二日没。八十六歳。墓は東京都港区元麻布一丁目の善福寺にある。著書に『過ぎ去りし、昭和』『貴族の退場』『北京十二年』などがある。

(浜口　裕子)

さいおんじきんもち　西園寺公望　一八四九—一九四〇　明治から昭和時代前期にかけての政治家。最後の元老。嘉永二年(一八四九)十月二十三日公家の清華の家柄である右大臣徳大寺公純(きんいと)の次男として京都に生まれる。母は宇佐八幡宮神主正親盛澄の娘斐子。徳大寺実則の実弟。幼名は美丸、また望一郎と号す。号は陶庵・不読・竹軒など。嘉永五年同じ清華家の西園寺師季の養子となった。安政四年(一八五七)十月元服して昇殿を許され右少将に任ぜられた。文久元年(一八六一)右近衛権中将となり近習として宮中に出仕。少年時代から進取の気性で知られた。慶応三年(一八六七)十二月王政復古後まもなく新政府の参与に任官。明治元年(一八六八)山陰道鎮撫総督・東山道第二軍総督・北国鎮撫使・越後口大参謀などとして戊辰戦争に従軍、同年十月新潟府知事。同二年戊辰の戦功により三百石を永世下賜された。三年十二月フランス留学を命ぜられ、アメリカ・イギリス経由で渡仏。四年二月—十三年九月フランスに滞在し、パリでエミール＝アコラスの私塾やソルボンヌ大学に学び、また若き日のクレマンソーやフランス文人たちと交際を持ち、自由主義思想に触れた。その間、パリ＝コンミューンの騒乱を実地に見聞した。明治十三年十月帰国。翌年三月フランス滞在中に知り合った中江兆民らとともに『東洋自由新聞』の創刊に参画し、同社長となったが、内勅により退社。十四年十一月参事院議官補となり、十五年三月伊藤博文に随行してヨーロッパに渡り、憲法調査にあたった。翌年八月帰国。十七年七月華族令の制定とともに侯爵を授けられた。参事院議官を経て、オーストリア駐在日本公使(十八—十九年)、ドイツ駐在日本公使兼ベルギー公使(二十一—二十四年)を歴任の後、二十四年帰朝して賞勲局総裁となり、そのかたわら、民法商法施行取調委員長・法典調査会副総裁として法典取調べにあたった。また、二十三年帝国議会開設当初から貴族院議員であったが、二十六年第五議会には副議長を勤めた。伊藤博文の知遇を得、二十七年枢密顧問官を経て、同年十月第二次伊藤内閣の文部大臣として入閣し、科学教育の充実、英語教育の普及、女子教育の奨励などを唱えた。また同内閣で病気の陸奥宗光に代わって一時外務大臣臨時代理をつとめ、陸奥辞任後は外相を兼任した。二十九年九月第二次伊藤内閣総辞職により辞任。三十一年一月第三次伊藤内閣成立とともに再び文部大臣に返り咲いたが、四月病気のため辞任した。三十三年八月—九月、伊藤を助けて立憲政友会の創立に参画し、創立委員の一人となり、同会発足後は総務委員となった。同年十月枢密院議長に就任。同年から翌年にかけて議長在職のまま、第四次伊藤内閣(立憲政友会内閣)の内閣総理大臣臨時代理、または同臨時兼任を勤めた。三十六年七月枢密院議長を辞任し、伊藤の推薦と党協議員会の決定により、伊藤に次いで第二代の立憲政友会総裁に就任。原敬・松田正久らの補佐によって党内を統率し、桂太郎との間でいわゆる「情意投合」を進め、日露戦争中から戦後にかけて、桂と交代で政権を担当して「桂園時代」をきずいた。すなわち、まず三十九年一月、桂内閣退陣の後を継いで組閣の大命を受け、第一次西園寺内閣を組織した。そして、日露戦争後の諸懸案の処理にあたったが、財政難や社会主義運動の取締りが不十分だったことなどから元老山県有朋の不評を買い、四十一年七月退陣した。ついで四十四年八月、第二次桂内閣の後を受けて再び首相となり第二次内閣を組織したが、財政整理の必要から大正二年(一九一三)度の予算案作成にあたって陸軍の要求する二個師団増設案を認めなかったため、陸軍の反対にあって大正元年十二月退陣した。翌年二月憲政擁護運動が高まり、立憲政友会による第三次桂内閣打倒の動きが激化すると、大正天皇の御沙汰の意を体して事態の鎮静化をはかったが、党内を抑え切れず総裁を辞任し、三年六月原敬にその地位を譲った。再度の首相退陣後は元老の一人として政治的影響力を保持した。七年九月寺内内閣退陣後、三たび組閣の大命を受けたが拝辞し、原を推薦、原内閣成立に一役買った。八年一月パリ平和会議の全権委員として渡仏、同年六月ベルサイユ条約に調印し、翌年九月その功により公爵を授けられた。その後、山県有朋(十一年二月)・松方正義(十三年七月)の死去によりただ一人の元老となり、キャビネット=メーカーとして政界に重きをなした。彼は昭和三年(一九二八)の張作霖爆死事件に際して、軍法会議による犯人処罰と軍紀維持を田中義一首相に進言したり、同五年ロンドン海軍軍縮条約締結に際して浜口内閣を後援したりするなど、終始、英米協調外交を支持した。また内政面にあっては、イギリス流の立憲君主主義と穏健な自由主義的議会政治を理想とし、衆議院に勢力ある政党指導者を首相に奏請することにより、大正末期から昭和初期にかけて政党政治を「憲政の常道」として定着させることに貢献した。しかし、六年九月の満洲事変勃発のころになると、協調外交と政党政治の打破をめざす軍部など革新派から「現状維持派」の中心人物とみなされて排撃された。七年五月、五・一五事件で犬養内閣が崩壊すると、陸軍の強い反対にあって政党内閣存続を断念し、穏健派の海軍大将斎藤実を後継首相に奏請した。軍部の台頭により西園寺の政治的影響力は後退し、日本は彼の意図と逆行する方向に進んだ。十一年三月、二・二六事件後の首相奏請を最後に、実質上その発言力はほとんど失われた。彼は聡明で広い国際的視野を持った穏健な自由主義者であり、和漢洋の学問や詩文にも造詣が深く、多趣味で洗練された文化人であった。またいわゆる貴族的気質に富み、過度に物事に熱中することに乏しく、権力・富・名誉などにも恬淡たる性格で、その点、政治家としては気力・意欲に欠ける嫌があったことは否定できない。昭和十五年十一月二十四日静岡県の別邸坐漁荘(清水市興津清見寺町)で死去。九十二歳。同年十二月五日東京日比谷公園において国葬が行われた。墓は東京世田谷の西園寺家墓地にある。

参考文献 立命館大学西園寺公望伝編纂委員会編『西園寺公望伝』、原田熊雄『西園寺公と政局』、竹越与三郎『西園寺公』、小泉策太郎『随筆西園寺公』(『小泉三中全集』三)、木村毅『西園寺公望』、同編『西園寺公望自伝』、岡義武『近代日本の政治家』 (鳥海　靖)

さいぐさひろと　三枝博音　一八九二—一九六三　昭和時代の哲学者、日本科学史家。明治二十五年(一八九二)五月二十日広島県山県郡本地村(千代田町本地)の僧職の家に生まる。五高を経て大正十一年(一九二二)東京帝国大学哲学科卒。カント哲学の一学究から出発して、ヘーゲル・マルクスの哲学研究を経て、唯物論に接近し、昭和七年(一九三二)十月に岡邦雄・戸坂潤とともに唯物論研究会をつくった。同八年八月の検挙・釈放後脱会。近衛文麿のブレーン=トラストであった昭和研究会(昭和十一年十一月発足、同十五年十月解散)に三木清らとともに参加。そのころより日本の科学史・技術史の研究と古典編纂に没頭する。戦後の昭和二十一年に明治大学教授となり、並行して鎌倉大学校(のちに鎌倉アカデミアと改称)をつくり、教授・校長となる。二十七年横浜市立大学教授、三十六年同大学学長となり、日本科学史学会長を兼ねる。昭和三十八年十一月九日夜横須賀線鶴見列車事故の犠牲となって死去。七十一歳。北鎌倉の東慶寺に葬る。法名勧学院天開博音居士。著書に『三浦梅園の哲学』『技術の哲学』などがあり、また『日本哲学全書』『日本科学古典全書』を編纂した。『三枝博音著作集』全十二巻別巻一が刊行されている。

参考文献 横浜市立大学図書館編『三枝博音文庫目録』
(中山　茂)

さいごうこげつ　西郷孤月　一八七三—一九一二　明治時代後期の日本画家。本名は規。明治六年(一八七三)九月二十三日、長野県松本に旧松本藩士西郷績の長男として生まれる。母は喜代。はじめ狩野友信について学び、明治二十二年東京美術学校に入学して橋本雅邦の教えを受け、二十九年研究科を修了すると助教授に挙げられた。三十年「春暖」が日本絵画協会第三回共進会で銅牌を受賞。三十一年東京美術学校に校長岡倉天心をめぐって騒動が起ると天心に殉じて辞職し、日本美術院の創立に参画した。この年雅邦の娘と結婚、美術院の中心作家として注目されたが、やがて家族と不和になり家を捨てて各地を放浪、明治四十五年台湾で発病して帰国、八月三十一日東京で没した。四十歳。法名は清涼院孤月良照居士。墓は東京都文京区本駒込の吉祥寺にある。「春暖」のほかに「四季花鳥図」などが知られている。(原田　実)

さいごうたかもり　西郷隆盛　一八二七―七七　明治維新の指導的政治家。文政十年（一八二七）十二月七日鹿児島城下加治屋町で、父吉兵衛隆盛・母マサの長男として生まれた。諱は隆永。維新後は隆盛と改めた。幼名小吉、のち吉之介・善兵衛・吉兵衛・吉之助と称し、号は止水、のち南洲とした。家格は城下士の下級の御小性組。安政元年（一八五四）正月中御小性となり、薩摩藩主島津斉彬の参勤に従って江戸に行き、庭方役として政界の裏面工作に従った。同四年徒目付となり、斉彬の意をうけて将軍徳川家定の継嗣に一橋慶喜を擁立する運動をし、越前藩士橋本左内とともに内勅降下を実現すべく京都で暗躍した。同五年、安政の大獄が始まると、同志僧月照を捕吏の手から保護するため鹿児島に帰ったが、斉彬死後の藩地の情況はこれを許さず、処置に窮して十一月月照と相抱いて鹿児島湾海中に投身したが、西郷だけは蘇生した。藩庁は菊池源吾と改名させて大島に潜居させた。幽囚生活三年。文久二年（一八六二）正月召還され、大島三右衛門と改名、徒目付、庭方兼務に復した。時に藩地でも京都でも尊攘派が進出したが、藩政の実権をにぎっていた藩主の父、島津久光は、藩内尊攘派をおさえながら、他面でその活動を利用して、朝廷・幕府に対する自藩の勢力を張ろうと企図し、このため対外折衝の経験をもつ西郷を必要とした。西郷は、久光が意図する上京は尊攘激派に乗ぜられるとして、その延期を建言したが、久光は拒否した。西郷は、下関で待てとの久光の命令を無視して上京し、諸藩の志士と交わった。彼の意図は激派の蜂起を慰撫するにあったが、久光は浪士を煽動していると見、主命に従わぬ罪をもって、六月徳之島、ついで沖永良部島へ流罪に処し、知行・家財を没収した。元治元年（一八六四）二月召還の命を受けた。三月上京して軍賦役・小納戸頭取となり、七月の禁門の変では、藩兵参謀として長州軍と戦った。この直後には、長州征討に積極的であったが、十月には長州処分を寛大にすべしとの論に変わった。大坂で幕府軍艦奉行勝海舟（義邦）と会い、雄藩連合論を説得されたためといわれている。このころ大島姓から西郷姓にもどった。彼は征長総督徳川慶勝の軍議に加わり、長州処分を委ねられ、みずから岩国にのりこみ、禁門の変の責任者として長州藩家老三人を切腹させ、戦闘なしに事態を収拾した。これ以後、急速に反幕の態度を明確にし、慶応元年（一八六五）、幕府の企てる長州再征に反対の藩論をまとめ、翌年正月、土佐藩脱藩士坂本竜馬の仲介によって、長州藩の木戸孝允との間で、倒幕の薩長盟約を結んだ。七月薩摩藩は、藩主父子の名で朝廷に長州再征反対と政体変革を建白し、藩主名で幕府に出兵拒否を通告したが、これは西郷と大久保利通の策謀にもとづいていた。慶応三年に入ると、西郷の活動は、公武合体策を持し西郷に好意をもたぬ久光をかかえて、策謀・かけひきをきわめる。六月には、大政奉還をもくろむ土佐藩の後藤象二郎らと盟約（薩土盟約）をむすぶ一方、十月には長州藩・芸州藩の倒幕派との間に討幕挙兵の盟約を交わし、大久保とともに岩倉具視とむすんで討幕の詔勅降下を工作した。この結果十月十四日前土佐藩主山内豊信の建白にもとづき将軍徳川慶喜の大政奉還の上表が朝廷に出された前日、薩摩藩主父子あての討幕の密勅が出た。十二月九日の王政復古の大号令が出た時は、このクーデター計画の主謀者西郷は諸藩兵を指揮して宮門警備にあたり、大久保は宮中にあって小御所会議での公卿・大名を監視威圧した。幕府への武力行使をもくろむ西郷と大久保は、幕府側を挑発して、明治元年（一八六八）正月鳥羽・伏見の戦を惹起し、西郷は二月東征大総督府下参謀に任命されて東征軍を指揮し、三月旧幕府陸軍総裁勝海舟との腹芸的会談で江戸開城を無血のうちに実現した。十一月藩地に帰った彼は、王政復古の功臣第一として、翌明治二年六月賞典禄永世二千石を賜わり、九月正三位に叙せられた。明治三年二月参議大久保は西郷に朝廷出仕を促したが、西郷は断わり、執務役（大参事）として、凱旋藩兵の強く要求する門閥打破の藩政改革を久光派の反対を抑えて実施した。版籍奉還後の維新政府は、薩長協力の強化を企て、三年十二月勅使岩倉具視と大久保・山県有朋が鹿児島を訪れ、久光と西郷に上京の詔勅を伝えた。西郷は四年二月上京し、薩長土三藩からの親兵編成を提議して実現、六月参議に任ぜられ、七月の廃藩置県の断行に協力した。十月岩倉を全権とする遣外使節団が出発すると、留守政府の筆頭参議として、学制・徴兵制・地租改正の改革着手の最高責任者となった。この間五年七月参議兼陸軍元帥となり近衛都督に任ぜられ（六年五月元帥が廃止され陸軍大将となる）、徴兵制に不満をもつ士族出身軍人を慰撫統制する役割をもたされた。廃藩置県後の統一国家建設について主体的意見をもちえなかった彼は、政府の改革政策に不満をもつ藩地および全国の不平士族の動きに引きずられるようになった。六年六月、かねて政府が試みてきた朝鮮との国交樹立の交渉が暗礁にのりあげ征韓の議が閣議にのぼった時、非常な熱心さで自分を遣韓大使に任命してほしいと説いた。彼の真意は、あくまで交渉をつくして戦争を避けるにあったか、士族の不平を外にそらすための外征の名義を整えるにあったか、研究者の間に解釈の相違がある。八月十七日の閣議は、西郷の朝鮮派遣を決定、岩倉が帰朝したのち十月十五日あらためてこれを決めたが、これに反対する木戸・大久保・大隈重信・大木喬任の諸参議は辞表を提出した。同月十八日策に窮した太政大臣三条実美は急病となり、岩倉がその代理となるや、二十三日天皇に上奏して遣使を無期延期とした。西郷は即日病を理由に辞職と位記返上を申し出た（参議・近衛都督の辞表は受理されたが、陸軍大将と正三位の位記はそのままとなる）。ついで副島種臣・後藤象二郎・板垣退助・江藤新平の征韓派も参議を辞し野に下った。西郷は鹿児島に帰り、七年六月私学校をつくり士族子弟の教育にあたり、また農耕と狩猟に悠々自適の生活を送っているが、内外政局にどう対処しようとしていたかを説明する史料は欠けている。十年一月西郷が薫陶した私学校生徒が鹿児島の陸軍省火薬庫を襲うや、西郷は二月県令大山綱良に、政府へ尋問のため上京するとの届け出をし、士族子弟一万五千の兵を率いて熊本城攻撃に出発した。しかし戦いに敗れ、九月鹿児島にのがれ帰り、同月二十四日城山で負傷し自刃した。五十一歳。鹿児島の浄光明寺跡(鹿児島市上竜尾町、南洲墓地)に葬られた。彼は朝敵の汚名をうけたが、その死の直後、福沢諭吉は、専制権力に対する西郷の抵抗精神をたたえる「明治十年丁丑公論」を書き、内村鑑三も、日清戦争の最中の著書『代表的日本人』で、武士の最大なものと賞揚した。明治二十二年二月憲法発布の大赦で正三位を追贈され、三十一年高村光雲作の銅像が東京上野に建てられ、三十五年六月嗣子寅太郎は侯爵を授けられた。大陸政策の先駆者として、あるいは名利を求めぬ悲劇の英雄として、国民の中に信奉者を集めた。死後も再三にわたって、その生存説が世に流布され、いわゆる「西郷伝説」を生んだが、とりわけ明治二十四年ロシア皇太子の来日に際して、ロシアに逃れた西郷がロシア皇太子の一行とともに日本に帰ってくるという噂話がささやかれたことは有名である。書簡・漢詩・遺訓・関係文書・年譜などを収める『西郷隆盛全集』全六巻がある。

[参考文献] 勝田孫弥『西郷隆盛伝』、井上清『西郷隆盛』(『中公新書』一二三・一二八)、毛利敏彦『明治六年政変の研究』　(遠山　茂樹)

さいごうつぐみち　西郷従道　一八四三―一九〇二　明治時代の政治家、軍人。天保十四年(一八四三)五月十四日薩摩藩の下級藩士(御小性与)西郷吉兵衛の第六子(三男)として鹿児島城下加治屋町に生まれる。母は同藩士椎原権右衛門の娘マサ。西郷隆盛は従道の長兄にあたる。幼名は竜助。幼くして両親を失い島津家の茶坊主として出仕し竜庵と号したが、のち還俗して信吾(慎吾)と名乗り、ついで隆興・従道と改めた。兄隆盛の影響のもとで若くから国事に奔走、同志とともに大老井伊直弼を襲撃する計画(突出事件)に加わるなど、急進的な尊王攘夷運動に投じた。文久二年(一八六二)寺田屋事件に連坐して藩庁より謹慎を命ぜられたが、まもなく赦されて薩英戦争・禁門の変にも薩軍の一員として参加した。明治元年(一八六八)鳥羽・伏見の戦にも従軍して重傷を負った。明治維新に際して新政府に出仕。明治二―三年山県有朋らとともにヨーロッパを視察、帰国後警察制度の確立に尽力した。兵部大丞・兵部少輔・陸軍大輔などを歴任、六年征韓論が容れられずに西郷隆盛はじめ多くの薩摩出身者が下野して郷里に引き揚げたが、従道は兄と袂を分かって政府に残留した。翌年陸軍中将となり台湾蕃地事務都督に任ぜられ強硬な出兵論を唱え大久保利通らの説得を振り切って台湾に出兵。八年米国費拉特費(フィラデルフィア)府万国博覧会事務副総裁となり翌年アメリカに渡った。帰国後まもなく明治十年西南戦争が勃発すると、政府軍の参軍となって反乱鎮圧の指揮を取った山県有朋に代わり、陸軍卿代理をつとめた。翌年参議となって台閣に列し、以後文部卿・陸軍卿・農商務卿などを兼任、十七年華族令制定とともに伯爵に叙せられた。翌年甲申の変の事後処理のため全権大使の伊藤博文に同行して清国に赴き、李鴻章らと会談。十八年十二月第一次伊藤内閣成立に際して陸軍中将のまま海軍大臣として入閣。以後、黒田・第一次山県両内閣に留任、二十三年五月内務大臣に転じたが、翌年五月大津事件に遭遇して引責辞職した。二十五年枢密顧問官に親任されたがまもなく辞し、同年六月品川弥二郎とともに国民協会を組織しその会頭に推された。しかし、二十六年三月第二次伊藤内閣の海相として再び入閣、以来、三十一年十一月まで第二次松方・第三次伊藤・第一次大隈の各内閣の海相をつとめた。薩派の重鎮として海相在任は通算十年に及んだが、その間山本権兵衛を登用して海軍の整備・改革にあたり、特に、部内の老朽化した人員を整理し、有為の人材の登用を進めたことはよく知られている。二十七年には海軍大将に昇進し、翌年日清戦争の功により侯爵に叙せられ、さらに三十一年には元帥府に列せられた。三十一年十一月―三十三年十月、第二次山県内閣の内相をつとめた。晩年は元老として遇せられた。従道は小西郷と呼ばれ、兄隆盛(大西郷)ゆずりの包容力に富んだ性格の持ち主で、実務には疎かったといわれるが、その細事に拘泥しない茫洋たる人柄により終始政府の要柱として広い徳望を集め、もっぱら藩閥勢力内部における調停役として貴重な存在であった。明治三十五年七月十八日胃癌のため死去。六十歳。墓は東京府中市の多磨墓地にある。

[参考文献] 安田直『西郷従道』、横山健堂『大西郷兄弟』、安田栄治『西郷従道』、西郷従宏『元帥西郷従道伝』　(鳥海　靖)

さいこうまんきち　西光万吉　一八九五―一九七〇　大正・昭和時代の社会運動家、全国水平社(全水)の創立者の一人。明治二十八年(一八九五)四月十七日、奈良県南葛城郡掖上(わきがみ)村(御所(ごせ)市)の西光寺住職清原道隆・コノエの長男に生まれた。本名は清原一隆。部落差別のために僧侶・画家への道を阻まれた。大正十一年(一九二二)三月三日、同郷の阪本清一郎・駒井喜作らとともに全水の創立にあたり、水平社宣言を起草して部落解放運動の基本的な精神と原則を明らかにした。昭和三年(一九二八)二月、普通選挙による初の衆議院議員総選挙に奈良県から労働農民党公認で立候補して次点となった。続く三月の三・一五事件で検挙され懲役五年の刑に服した。獄中で「『マツリゴト』についての粗雑なる考察」を書き、八年二月に仮釈放となった。出獄後は無階級の理想社会の追求を唱えつつ国家社会主義に傾き、九年阪本とともに大日本国家社会党に入党し、十一年には米田富と皇国農民同盟に参加した。また穂積五一・毛呂清輝らの昭和維新運動にも深くかかわった。このため第二次世界大戦敗戦後の二十年九月、戦争責任を感じて自殺をはかった。再起後は執筆活動をするかたわら、「不戦日本の自衛」や「国際和栄政策」などを提唱し、国際連合にも訴えるなど、平和の道を追求しつづけた。四十五年三月二十日没。七十四歳。『西光万吉著作集』、北川鉄夫編『西光万吉選集』がある。

参考文献 北川鉄夫『西光万吉と部落問題』、藤野豊『水平運動の社会思想史的研究』、西光万吉集編集委員会編『西光万吉集』 （川村善二郎）

さいじこう 崔時亨 Ch'oe Si-hyŏng 一八二七―九八 朝鮮の宗教団体である東学（天道教）の第二代教主。慶尚道慶州の人。号は海月。幼少のときに父母と死別したので、孤児として苦労する。一八六一年に東学へ入信し、六三年に崔済愚の後任として教主となる。六四年から東学は異端として政府から厳しく弾圧されるが、崔は太白山脈地方を潜伏しながら、東学の教典である『東経大全』『竜潭遺詞』を刊行するとともに、六任制を確立するなど、東学組織の体系化をはかる。東学は南朝鮮一帯へ急速に広まっていったが、その拡大を基盤にして九二年から参礼・ソウル・報恩で教祖伸寃（布教公認）の大衆運動がおこる。崔は信徒の集団力による抗議運動に対して、時期尚早として消極的であった。九四年の甲午農民戦争に際しても、崔は信徒の参加に極力反対であったが、信徒のつきあげでついに立たざるをえなかった。政府と日本の連合軍に敗れて潜伏したが、九八年江原道の原州で逮捕され、同年七月二十日ソウルで処刑される。七十二歳。

参考文献 田保橋潔『近代日鮮関係の研究』下、李敦化『天道教創建史』、呉知泳『東学史』（梶村秀樹訳注、『東洋文庫』一七四）、姜在彦『朝鮮近代史研究』 （朴 宗根）

さいしょあつこ 税所敦子 一八二五―一九〇〇 明治時代の歌人。文政八年（一八二五）三月六日、京都錦織（左京区岡崎付近）に宮家付の武士林篤国・栄子の長女として出生。はやく千種有功に歌を学び、二十歳で同門の薩摩藩士で京都出向の税所篤之の後妻となった。八年後の嘉永五年（一八五二）夫と死別、翌六年鹿児島に下り姑に仕えた。西下の紀行『心つくし』がある。藩主島津斉彬の嗣子哲丸の守役を経て、文久三年（一八六三）久光（斉彬の弟）養女貞姫の近衛忠房への輿入れに侍し上洛、以降十二年間近衛家に奉仕した。明治八年（一八七五）高崎正風の推薦で宮内省に出仕、権掌侍に任じ、楓の内侍と呼ばれ、皇后の歌の相手など文学の諸務に二十数年精励し、歌人としても広く世に知られた。三十三年二月四日、東京市牛込区市谷砂土原町の自宅で没した。特に掌侍・正五位を受ける。享年七十六。青山墓地に葬られた。著書に歌集『御垣の下草』（明治二十一年刊）・『御垣の下草後編』（明治三十六年刊）、編著『内外詠史歌集』（明治二十八年刊）がある。

参考文献 屋代熊太郎編『税所敦子伝』、福島タマ「税所敦子」（『近代文学研究叢書』四所収） （新間 進一）

さいしょあつし 税所篤 一八二七―一九一〇 幕末の鹿児島藩士、明治政府の地方官。文政十年（一八二七）十一月五日鹿児島藩士税所篤倫の次男として鹿児島に生まる。通称喜三左衛門、篤満・長蔵・容八ともいい、巌舎・鵬北と号す。藩庁の勘定所郡方や三島方蔵役に任じ、安政五年（一八五八）入水した西郷隆盛を介抱、文久二年（一八六二）西郷の大島よりの召還を大久保利通らと工作す。なお、実兄は大久保利通と島津久光の間をとりもった鹿児島城下吉祥院住職真海である。元治元年（一八六四）禁門の変で負傷、第一次長州征討や七卿の筑前移転問題を京都・摂津・長州間を往来して周旋す。王政復古から鳥羽・伏見の戦には、御蔵役として大坂に在り軍資の調達と後備にあたる。明治元年（一八六八）四月徴士内国事務局権判事大坂裁判所勤務となって新政府に出仕、以後河内県知事・兵庫県権知事・堺県知事など各地方長官となり、また元老院議官・宮中顧問官・枢密顧問官を歴任し、正倉院御物整理掛にもなっている。大久保利通や五代友厚と親密であった。明治二十年子爵。同四十三年六月二十一日郷里にて没す。八十四歳。墓は鹿児島市郡元町にある。

参考文献 立教大学日本史研究室編『大久保利通関係文書』四 （佐々木 克）

さいじょうやそ 西条八十 一八九二―一九七〇 大正・昭和時代の詩人。明治二十五年（一八九二）一月十五日東京牛込に生まれる。父は重兵衛、母は徳子。四十二年早大英文科に入学（約二ヵ月で中退）、四十四年再入学、大正四年（一九一五）卒業。在学中日夏耿之介らの詩誌『仮面』や三木露風の『未来』に参加し詩的活動に入る。処女詩集『砂金』（大正八年）は華麗な幻想性と洗練された表現を持つ知的象徴詩集で大正期の名詩集の一つ。一方鈴木三重吉の『赤い鳥』（大正七年創刊）にも加わり著名な「かなりあ」以下の童謡を寄せ北原白秋・野口雨情と並んでこの分野でも功績が大きい。大正十年早大英文科講師、十三年から二年間ソルボンヌ大学に学び帰国後仏文科に教え終戦まで同科教授の職にあった。詩集『蠟人形』（大正十一年）・『美しき喪失』（昭和四年（一九二九））・『一握の玻璃』（同二十二年）、訳詩集『白孔雀』（大正九年）、童謡集『鸚鵡と時計』（同十年）のほか、「東京音頭」などの民謡・歌謡の作も多い。昭和四十五年八月十二日病没。七十八歳。千葉県松戸市の八柱霊園に葬られる。戒名は詩泉院釈西条八十。

参考文献 西条八十著作目録刊行委員会編『西条八十著作目録・年譜』、横山青娥『西条八十半生記』、西条嫩子『父西条八十』（『中公文庫』） （三浦 仁）

さいとうういちろう 斎藤宇一郎 一八六六―一九二六 明治・大正時代の政治家、農政家。慶応二年（一八六六）五月十八日旗本仁賀保家の用人斎藤茂介の長男として出羽国由利郡平沢村(秋田県由利郡仁賀保町平沢)に生まる。母時尾は庄内藩士佐藤家の娘。明治二十三年(一八九〇)帝国大学農科大学林学科卒業。キリスト教に入信、明治学院教授となり動植物学を講じた。一時農商務省に勤務したが、三十二年郷里に帰り、平沢町郵便局長・同町会議員・同在郷軍人会会長などをつとめ郷党に名望を博した。三十五年衆議院議員に当選して以来大正九年(一九二〇)まで連続当選八回。憲政本党→立憲国民党に属したが、大正二年桂太郎の立憲同志会(のち憲政会)結成に参画、さらに十一年国民党との合同を唱えて主流派と対立し憲政会を脱党して革新倶楽部に加わった。その間、地元において、秋田県農会副会長・由利郡農会長・帝国農会評議員・横荘鉄道社長などを長期にわたってつとめ、乾田馬耕・耕地整理の推進、畜産の奨励、農事試験場の拡張など、農事改良と地方産業の発展に貢献した。大正十五年五月十日東京で死去。六十一歳。墓は郷里の竜雲寺にある。法名敬天院改悔一信居士。

参考文献 鷲尾義直編『斎藤宇一郎君伝』
(鳥海 靖)

さいとうげっしん 斎藤月岑 一八〇四―七八 江戸時代後期、江戸神田雉子町(東京都千代田区)に住んでいた草創名主。名主としては市左衛門の名で行動したが、文化活動は月岑の号で行なったので月岑が有名になった。文化元年(一八〇四)に生まれた。父は市左衛門幸孝、母はひさ。幼名鉞三郎、文政元年(一八一八)父が没したので直ちに町名主職を世襲して市左衛門となり、元服して幸成と名のった。銀町の日尾荊山の私塾至誠堂に入門して漢学を修め、上田八蔵(兼憲)に国学を、谷口月窓に絵を学んだ。彼は日常の公務を遂行したほかに、祖父幸雄以来の事業であった『江戸名所図会』二十巻を天保五年(一八三四)と同七年に刊行した。この書に関連した『東都歳事記』を天保九年に刊行。このほか『声曲類纂』『百戯述略』『武江年表』など、今日もなお有益な名著を残した。さらに月岑は『見聞私記』『恐惶記事』『翟巣漫筆』『睡余操觚』『松濤軒雑纂』『慴怕操筆』『類纂撰要』『扶桑探勝図』『東都地震記』『江戸絵馬鑑』『東都扁額略目』『江戸開帳披索記』『人雨草紙』『探索日誌』などの著書や筆録ならびに文政十三年から明治八年(一八七五)までの詳細な日記(『斎藤月岑日記』)を残している。同十一年三月六日、七十五歳で没した。法名栖心院釈月岑幸成居士。浅草北清島町(台東区東上野六丁目)の法善寺に葬られた。

参考文献 森銑三『斎藤月岑日記鈔』、西山松之助「斎藤月岑日記抄録」(『東京教育大学文学部紀要』七一)、同「斎藤月岑日記の明治」(『史潮』一〇六)、同「江戸の町名主斎藤月岑」(『西山松之助著作集』三所収)、斎藤武雄「江戸市井人―月岑伝―」(『青芝』一〇七―一一五)
(西山松之助)

さいとうさんき 西東三鬼 一九〇〇―六二 昭和時代の俳人。本名斎藤敬直。明治三十三年(一九〇〇)五月十五日、岡山県苫田郡津山町大字南新座(津山市南新座)に生まれた。父敬止、母登勢の四男。父は郡視学。青山学院を経て、大正十四年(一九二五)日本歯科医専卒。同年シンガポールに渡航、歯科医院を開業。昭和三年(一九二八)帰国、東京で開業、のち各所の病院に勤務した。俳句は昭和八年、勤務先の共立和泉橋病院の医師・患者のすすめで始め、九年『走馬燈』に加入。翌十年『扉』を創刊、編集にあたり、さらに、新興俳句系の『旗艦』『京大俳句』『傘火』などに参加。十五年『天香』創刊同人。同年、京大俳句事件に連坐。第二次世界大戦後、句作を再開。二十二年、石田波郷・神田秀夫らと現代俳句協会を創設。二十三年、新興俳句関係の俳人を中心に山口誓子を主宰とする『天狼』創刊に参画。二十七年『断崖』を創刊主宰。俳風は、新興俳句のもつ革新性を承けて、観念的発想や伝統的季節情緒とは異質な世界に立ち、都会的雰囲気を即物具象によって表現、実存的な不安・厭世・孤独感を十七字で表わした。昭和三十七年四月一日、神奈川県三浦郡葉山町で胃癌のため死去。六十二歳。墓は津山市西寺町の成道寺にある。句集に『旗』(昭和十五年)・『夜の桃』(二十三年)・『今日』(二十六年)・『変身』(三十七年)ほか、著述に『神戸』・『続神戸』・『俳愚伝』・『俳壇近事』(『俳句研究』四ノ一〇)・「俳句に於ける態度と方法」(『天狼』四ノ一〇)などがあり、また『西東三鬼全句集』が刊行されている。

参考文献 沢木欣一・鈴木六林男『西東三鬼』(『新訂俳句シリーズ・人と作品』一三)、『俳句』一一ノ五(追悼特集西東三鬼)、山口誓子「戦争と俳句」(『俳句研究』四ノ一〇)
(松井 利彦)

さいとうせつどう 斎藤拙堂 一七九七―一八六五 江戸時代後期の儒学者。名は正謙。字は有終。拙堂・鉄研道人と号した。通称徳蔵。寛政九年(一七九七)江戸の津藩邸で誕生。昌平黌で古賀精里に学び、古文に通じた。文政三年(一八二〇)津藩校有造館創建とともに招かれ、講官、侍読と進んだ。天保十二年(一八四一)郡宰として治績を挙げ、弘化元年(一八四四)よりは有造館督学として文武学政を監した。才識明達、詩文に長じ交遊ひろく、育英の傍ら、文庫の充実や『資治通鑑』校刊など藩版事業への協力、また洋学や種痘など新知識の採用実施に努めた。慶応元年(一八六五)七月十五日没した。六十九歳。津の四天王寺(栄町)に葬った。『拙堂文集』など著書多数。

参考文献 中内惇「拙堂先生小伝」(『事実文編』六八所収)、富士川英郎『江戸後期の詩人たち』(『筑摩叢書』二〇八)、松下忠『江戸時代の詩風詩論』、笠井助治『近世藩校に於ける学統学派の研究』上、中村真一郎『頼山陽とその時代』(『中公文庫』)、斎藤正和『斎藤拙堂伝』
(水田 紀久)

さいとうそういち 斎藤惣一 一八八六―一九六〇 大正・昭和時代のキリスト教徒、日本キリスト教青年会(YMCA)の指導者。明治十九年(一八八六)七月九日、福岡県小倉に生まれる。父勇熊、母ハルの長男。熊本の第五高等学校を経て明治四十四年東京帝国大学英文学科を卒業、直ちに母校の五高に就職、翌年教授に任じられ英語および英文学を教えた。学生時代より関係していたＹＭＣＡの要請により大正六年(一九一七)上京して日本ＹＭＣＡ同盟主事となり、十年にはその総主事として晩年まで日本におけるＹＭＣＡの組織と事業の拡充に貢献した。その間たびたび国際会議に出席、世界ＹＭＣＡ同盟・世界学生キリスト教連盟などの役員となり、世界的な青少年指導者として名を成した。その他大正十四年には太平洋問題調査会に参加し一般的な国際文化交流、国際理解のため大きな貢献をした。昭和二十一年(一九四六)、時の政府に乞われて引揚援護庁長官に任じられ、国連総会やその捕虜引揚特別委員会にも日本政府代表として出席した。昭和三十五年七月五日、東京において死去。七十三歳。墓は雑司ヶ谷墓地にある。勲二等旭日重光章授与。著書に『世界青少年の指導者Ｊ・Ｒ・モット』『ジョージ・ウィリアムズと基督教青年会』などがある。

参考文献 海老沢義道『斎藤惣一とＹＭＣＡ』 （奈良常五郎）

さいとうたかお　斎藤隆夫 一八七〇―一九四九 大正・昭和時代の政党政治家。明治三年(一八七〇)八月十八日兵庫県出石郡に生まれる。斎藤八郎右衛門の次男。同二十七年東京専門学校を卒業、翌年弁護士試験に合格し、三十一年弁護士を開業した。三十四年アメリカのイェール大学に入学し、三十六年帰国。四十五年衆議院議員に当選、以後十三回当選(大正九年(一九二〇)の選挙で一回だけ落選)。立憲国民党に属し、以後立憲同志会・憲政会・立憲民政党に所属。昭和四年(一九二九)浜口民政党内閣で内務政務次官に就任、さらに六年短期間法制局長官に就任した。七年斎藤内閣下で再び内務政務次官に就任。十一年二・二六事件後、第六十九議会で軍の政治関与を激しく批判する、いわゆる「粛軍に関する質問演説」を行なった。さらに十五年二月第七十五議会で民政党を代表して陸軍の汪兆銘政権樹立を中心とする日中戦争収拾方針を激しく批判する「支那事変処理を中心とした質問演説」を行い、陸軍の強い圧力の下で、民政党を離脱し、さらに三月議員を除名されるに至った(斎藤隆夫除名問題)。十七年いわゆる翼賛選挙に非推薦で当選して議会に再登場し、鳩山一郎・尾崎行雄らの思斉会に属して依然自由主義的立場をとったが(院内会派としては翼賛政治会・大日本政治会)、戦時議会ではほとんど活躍できなかった。第二次世界大戦後当初日本自由党結成に参加したが、結局宇垣一成をかついで日本進歩党の結成に加わり(のち民主党)、第一次吉田内閣・片山内閣の国務大臣(行政調査部総裁)に就任した。二十四年十月七日没。八十歳。従三位に叙し勲一等を授けられ、郷里の出石町斎藤家墓地に埋葬された。著書に『帝国憲法』『比較国会論』『憲法及政治論集』があり、没後顕彰会の手で『斎藤隆夫政治論集』が編纂刊行された。 （伊藤　隆）

さいとうたかゆき　斎藤高行 一八一九―九四 幕末・維新期の農村指導者。通称粂之助。文政二年(一八一九)十月二十二日、相馬藩士斎藤完高の長男として生まる。年少より文才に長じ書をよくした。弘化二年(一八四五)九月二宮尊徳の門に入り、報徳仕法書の浄書や仕法実践の助手をつとめた。相馬藩においては弘化二年より難村旧復のため仕法が実施されることとなり、廃藩置県に至るまで、領内二百二十六ヵ村のうち百一ヵ村について開墾、助貸などの事業が行われた。彼は嘉永四年(一八五一)相馬藩御仕法掛代官席を命ぜられ、叔父富田高慶の指導のもとに仕法実践に従い、安政三年(一八五六)からは高慶に代わり事業の推進にあたった。明治六年(一八七三)中村に草庵を結び、報徳の教えの体系化や、民間結社興復社、相馬報徳社の設立につとめた。彼は仕法雛形にみられる理論的、体系的側面に心酔し、興国安民の実施要領として、『報徳外記』『二宮先生語録』を著わした。明治二十七年六月十二日没。七十六歳。墓は福島県相馬市中野の蒼竜寺にある。法名無能院冀直了愚居士。

参考文献 佐藤弘毅編『斎藤高行先生事歴』、大西伍一『日本老農伝』 （伝田　功）

さいとうつねぞう　斎藤恒三 一八五八―一九三七 明治・大正時代の紡績技術者。安政五年(一八五八)十月十七日長州藩士藤井一学・ミツの三男として生まれたが、明治四年(一八七一)斎藤楨三の養子となった。工部大学校機械工学科を十五年に卒業し、大阪の造幣局に勤務した。大阪紡績会社の汽罐・汽機据付けを指導したことが機縁となって、三重紡績会社の設立と同時に、十九年十月同社の技術長となった。工場設計ののち約一年間渡英し、機械の注文や調査にあたった。リング紡績機の導入、インド綿使用による二十番手綿糸紡出、漁網製造などで業界に先鞭をつけ、三重紡績の発展を技術面から推進した。二十六年取締役、四十一年常務、四十五年専務となった。三重・大阪の合併で東洋紡績会社が大正三年(一九一四)に発足すると専務となり、九年から十五年まで社長を務め、この間大日本紡績連合会委員長にもなった。また四日市・名古屋・大阪の各商業会議所特別議員をも務めた。昭和十二年(一九三七)二月五日没した。八十歳。墓は横浜市鶴見総持寺。

参考文献 『東洋紡績七十年史』、絹川太一『本邦綿糸紡績史』二 （高村　直助）

さいとうとしゆき　斎藤利行 一八二二―八一 明治時代初期の官僚。文政五年(一八二二)正月十一日土佐藩士の家に生まる。父利成、母久徳氏。初名渡辺弥久馬、維新政府に仕え、斎藤利行と改名。おこぜ組・新おこぜ組の一員として藩政の改革をとなえ、慶応三年(一八六七)の英国水兵殺害事件に際しては、談判委員として藩のために活躍した。藩主山内容堂に重用され、側物頭、大目付側用役、中老そして家老となる。明治維新後は貢士、中弁をつとめたのち明治三年(一八七〇)に刑部大輔となり、同年五月十五日には参議に任ぜられたが、翌六年六月には参議をやめて麝香間祗候となる。七年には宮内省に出仕し、八年から十四年五月二十六日に死去するまで元老院議官に任ぜられ、海上裁判所の訴訟聴訟規則および海令にかんする審査要員として活躍した。十四年五月には勲二等旭日重光章を授与されたが、肺患のため死去。享年六十。墓は東京都港区の青山墓地にある。
（後藤　靖）

さいとうひさし　斎藤恒　一八七七―一九五三　大正・昭和時代の陸軍軍人。明治十年（一八七七）十一月十六日石川県に生まれ、三十一年陸軍士官学校（第十期）を卒業して、翌年少尉に任官した。四十年陸軍大学校を卒業したのち参謀本部に勤務。四十四年北京に駐在して以後、中国情報の専門家として育てられ、上海駐在、吉林督軍顧問、参謀本部課長を経て、大正十二年（一九二三）陸軍少将に進級、十四年末関東軍参謀長に補せられた。昭和三年（一九二八）六月四日北京から奉天へ帰る途中の張作霖が列車もろとも爆破された。実行者は関東軍高級参謀河本大作大佐と数名の協力者であった。張を除去して親日派の中国人を立て、できうれば満洲占領にまで持ちこもうとした陰謀で、村岡長太郎関東軍司令官も暗黙の承認を与えていたといわれる。斎藤も対満政策については河本と大差はなかったが、張作霖爆殺事件自体には無関係であった。しかし、その責任を負って東京湾要塞司令官に左遷され、翌年中将で予備役に入った。昭和二十八年三月八日没。七十五歳。

〔参考文献〕臼井勝美『日中外交史』（『塙新書』三九）
（秦　郁彦）

さいとうひでさぶろう　斎藤秀三郎　一八六六―一九二九　明治から昭和時代前期にかけての英語学者。慶応二年（一八六六）正月二日斎藤永頼の長男として仙台に生まれる。宮城英語学校ではじめて英語を学ぶ。東京の工部大学校に進むも退学、ここでディクソンに出会いその英文法から影響を受ける。第二高等中学校を経て明治二十六年（一八九三）から第一高等中学校教授。同年処女著作『英会話文法』English Conversation Grammar を出版。同二十九年東京神田に正則英語学校を創設、校長となる。三十二年同校の生徒数三千を超え隆盛を極めるに及び一高教授を辞任。この間『実用英文典』Practical English Grammar（全四巻、明治三十一―三十二年）を出し英文法家の地位を確立。ついで『前置詞大完』Monographs on Prepositions（全十三巻、三十七―三十九年）、『基本動詞大典』Studies in Radical English Verbs（全八巻、四十二―四十四年）など大著を世に送る。『（熟語本位）英和中辞典』（大正四年（一九一五））は「斎藤の中辞典」として広く親しまれた傑作。豪傑肌で、酔って帝劇の西洋人の芝居を見に行き英語がなっていないとどなったというエピソードもある。昭和四年（一九二九）十一月九日、東京で没。六十四歳。墓は東京都府中市の多磨墓地にある。

〔参考文献〕大村喜吉『斎藤秀三郎伝』
（外山滋比古）

さいとうひろし　斎藤博　一八八六―一九三九　明治後期から昭和前期にかけての外交官。明治十九年（一八八六）十二月二十四日外務省主任翻訳官斎藤祥三郎の長男として新潟に生まれる。四十三年外交官領事官試験に合格し、外交官補として翌年より米国に勤務、大正七年（一九一八）書記官として英国に在勤し、十年にシアトル領事、十二年にニューヨーク総領事となり、昭和四年（一九二九）情報部長に就任し本省の枢機に参画した。省内屈指の秀才ぶりを随処に発揮し、第一次世界大戦後のパリ平和会議（新聞啓発係）をはじめ、ワシントン会議（全権秘書）、第一次ロンドン海軍縮会議（外交部長）、および国際連盟各機関での活躍にも多くの挿話を残した。昭和七年大使館参事官として米国在勤を発令され、翌八年在蘭公使に昇任、年末には駐米特命全権大使に就任した。日中戦争開始後ようやく多難となった日米関係の調整に努め、パネー号事件では訓令をまたず全米中継放送で米国民に訴える英断を示した。生来の蒲柳の質に辛労が重なり、昭和十四年二月二十六日不帰の客となる。五十四歳。米側はその遺骨を軍艦アストリア号で護送し、本国外務省は築地本願寺で省葬をとり行なった。墓所は多磨墓地。新潟県長岡市神田町一丁目の安善寺に分骨埋葬。著書に Japan's Policies and Purposes（1935）がある。

〔参考文献〕海野芳郎「アストリア号の斎藤大使遺骨の護送」（『国際政治』三四）
（海野　芳郎）

さいとうまこと　斎藤実　一八五八―一九三六　明治・大正・昭和の三代にわたって活躍した海軍軍人、政治家。安政五年（一八五八）十月二十七日、斎藤耕平の長子として陸奥（岩手県）の水沢に生まれた。幼名は富五郎。同地の立生館に学び、明治五年（一八七二）に上京。翌六年十月、海軍兵学寮に入り、十二年七月に海軍兵学校（九年九月に兵学寮を兵学校と改称）卒業。同八月少尉補。十五年九月少尉。十七年二月に中尉に任ぜられ、四月にアメリカ留学。同年九月より二十一年二月まで公使館付となったが、これは、初代の米国駐在公使館付武官である。この間十九年七月に大尉。二十一年十月帰国、海軍参謀本部出仕。二十二年三月海軍参謀部第一課員、四月高雄砲術長、同七月常備艦隊参謀、二十四年七月海軍参謀部出仕、二十五年六月高雄副長心得。二十六年十二月に少佐となり、大臣官房人事課課僚兼軍務局第一課課僚。日清戦争中は、二十七年九月に侍従武官、二十八年二月に和泉副長に就任。戦後の同五月常備艦隊参謀、続いて二十九年十一月に富士の副長となり、同艦の日本回航の任にあたった。三十年十二月中佐。さらに同月中に大佐となり、秋津洲艦長。三十一年十月厳島艦長。同十一月、大佐の身で海軍次官に就任、以後七年間にわたって山本権兵衛海軍大臣を輔佐して、日露戦争に備えての海軍大拡張の事業と、この戦争中の海軍経営の仕事とにあたった。この間、三十三年五月から同十月にかけてと三十七年二月から翌三十八年十二月にかけてと両度にわたって軍務局長を兼任し、三十六年十月から三十九年一月まで艦政本部長を、三十八年二月から同十一月まで教育本部長を兼任した。また、三十三年五月に少将、三十七年六月に中将に昇任。なお、三十三年五月から三十六年十二月までの間は、「次官」の名称が「総務長官」と変更されていたので、この時期の肩書は正式には海軍総務長官である。三十九年一月に第一次西園寺内閣の海軍大臣に就任し、以後大正三年(一九一四)四月まで五代の内閣を通じて在職し、日露戦争後の海軍拡張計画の推進役となった。この間、明治四十年九月に男爵を授けられ、大正元年十月に大将。大正三年四月、第一次山本内閣がシーメンス事件の余波で倒れると、同事件の責任を取って辞任、待命となり、五月には山本とともに予備役に編入された。八年八月、原内閣によって起用され、朝鮮総督として赴任し、朝鮮統治を「文明の政治」たらしめるべく努力、従来のいわゆる武断政治の方針を転換して同化政策を実施した。昭和二年(一九二七)四月から同九月まで、ジュネーブで開催された海軍軍縮会議に全権委員として出席、同十二月に朝鮮総督を辞任して枢密顧問官となった。朝鮮総督在任中は現役に復帰、大正十四年四月には子爵を授けられる。昭和四年八月から六年六月まで、立憲民政党内閣の下で再び朝鮮総督を務めたが、七年に五・一五事件が生じるに及んで、元老西園寺公望の意向により、時局を鎮静させることを目的とした中間内閣を組閣し、政局を担当した。この「挙国一致内閣」は、いわゆる「現状維持派」の路線にそって、民間右翼、陸軍部内、政党の一部、平沼系勢力などにある非常時意識をやわらげ、ロンドン海軍軍縮条約の締結問題以来擡頭していた革新右翼の勢力を抑制することに努力したが、帝人事件によって九年七月に倒れた。斎藤は七年七月まで外務大臣を、九年三月から辞任まで文部大臣を兼任した。首相辞職後は、前官礼遇。十年十二月、内大臣に就任したが、「現状維持派」の総本山と目されて、翌十一年二月二十六日、陸軍の青年将校たちの手によって、東京市四谷区仲町の自邸で殺害された。七十九歳。法名は実相院殿仁忠皐水居士。墓は東京都府中市の多磨墓地にある。死後、大勲位に叙され、従一位に追陞。夫人のハル子は、海軍中将仁礼景範の長女である。

参考文献 斎藤子爵記念会編『子爵斎藤実伝』、斎藤実伝刊行会編『斎藤実伝』
（竹山 護夫）

さいとうまんきち 斎藤万吉 一八六二―一九一四 明治後期・大正時代初期の農商務省技師。農家経済調査の創始者。文久二年(一八六二)三月六日陸奥国二本松北条谷(福島県二本松市)に生まれた。父は二本松藩士斎藤直温(家禄二百五十石)。東京帝国大学農科大学乙科助教授を経て明治三十二年(一八九九)四月農商務省農事試験場技師となり、種芸部長、報告課長を歴任、大正三年(一九一四)九月二日死去。五十三歳。東京駒込の吉祥寺に葬られる。その間「農地市価調査」をはじめ広範な調査項目からなる農務局「農事調査」を実施、特に農家経済と農家負債の実地調査に傾注した。著書に『実地経済農業指針』(『明治・大正農政経済名著集』九)、『日本農業の経済的変遷』(同)、『農業経営指鍼』『農村の開発』などがある。

参考文献 農林省統計情報部編『農家経済調査史』(『農業経済累年統計』三)、「斎藤農学士逝去」(『大日本農会報』四〇〇)
（牛山 敬二）

さいとうもきち 斎藤茂吉 一八八二―一九五三 明治から昭和時代にかけての歌人。号、童馬山房主人など。明治十五年(一八八二)五月十四日山形県南村山郡金瓶村(上山市)の農業守谷家に生まれた。父熊次郎(のちに襲名して伝右衛門)・母いくの三男。二十九年、上山小学校高等科を卒業、上京して親戚の医師斎藤紀一方に寄寓し、のち三十八年に同家の人となった。東京府開成中学(現私立開成高校)、第一高等学校を経て三十八年東京帝国大学医科大学に入学。中学時代幸田露伴の文章に心酔し、また若干の歌作を試みたが、一高在学中の三十七年末ごろ正岡子規の遺歌集『竹の里歌』を読み、これを機に本格的に作歌を志した。三十九年伊藤左千夫に入門、以後『馬酔木』から『アララギ』にかけて子規系歌人として次第に頭角をあらわした。この間、左千夫らと森鷗外の歌会(観潮楼歌会)にも参加、詩歌壇の動向に目をくばるとともに鷗外の文学からも大きな啓発をうけた。四十三年東大医科を卒業、ひきつづき副手、助手として付属病院(東京府巣鴨病院)勤務のかたわら呉秀三のもとで精神病学を専攻。大正二年(一九一三)、第一歌集『赤光』を出して一躍歌人的声価を得、「アララギ派」歌壇進出の基礎を定めた。翌三年、紀一次女輝子と結婚。六年、長崎医学専門学校教授となり、十年には文部省在外研究員としてオーストリアおよびドイツに留学、十三年末に及んだ。この間作歌の発表は中絶したが、のちに『短歌写生の説』(昭和四年(一九二九))にまとめられた諸論を発表し、また歌論集『童馬漫語』(大正八年)、第二歌集『あらたま』(大正十年)を刊行。十四年帰国後は焼失した養父経営の青山脳病院の再建に力を傾ける一方、翌年から島木赤彦没後の『アララギ』発行人となり、作歌のほか随筆・評論などでも旺盛な活動をつづけた。昭和二年、青山脳病院長に就任。以後歌壇の中心にあって重きを占め、『白桃』(昭和十七年)、『暁紅』(同十五年)、『寒雲』(同)の諸歌集で円熟の境を示した。十二年、帝国芸術院会員、また十五年には、九年以降刊行の『柿本人麿』の業績によって帝国学士院賞を授与された。二十年戦禍をさけて山形県の郷里に疎開し、ここで敗戦を迎えたが、翌年同県北村山郡大石田町に移居、二十二年秋に及んだ。歌集『白き山』(昭和二十四年)は大石田時代の作を収め、その歌風の究極を示したもの。帰京後もなお作歌をつづけたが、次第に体力の衰えを反映するに至った。二十六年、文化勲章を授与され、二十八年二月二十五日、心臓性喘息で新宿区大京町の自宅で没。七十歳。墓所は東京青山墓地。ほかに郷里金瓶の宝泉寺にも分骨埋葬されており、戒名「赤光院仁誉遊阿暁寂清居士」は生前の自撰である。歌集は上記のほか『ともしび』(昭和二十五年)、『小園』(同二十四年)など、あわせて十七冊、さらに随筆『念珠集』(同五年)、『童馬山房夜話』四巻(同十九―二十一年)、歌論『短歌私鈔』(大正五年)、『童牛漫語』(昭和二十二年)、その他万葉関係など、その著書はおびただしい量にのぼる。新旧二種の『斎藤茂吉全集』があり、前者(昭和四十八―五十一年)は三十六巻、後者(同二十七―三十二年)は五十六巻。

参考文献 柴生田稔『斎藤茂吉伝』、同『続斎藤茂吉伝』、藤岡武雄『年譜斎藤茂吉伝』、本林勝夫『斎藤茂吉』
（本林 勝夫）

さいとうやくろう 斎藤弥九郎 (一)初代 一七九八―一八七一 江戸時代後期の剣客。諱は善道、字は忠卿、晩年篤信斎と号した。寛政十年(一七九八)正月十三日、越中国射水郡仏生寺村(富山県氷見市仏生寺)斎藤新助信道の長子として生まれた。十五歳の時単身江戸に出、幕臣能勢祐之丞に仕え、岡田十松吉利につき神道無念流剣術を学び、その奥を極めた。吉利の門には江川英竜・藤田東湖など優れた人物が多く、弥九郎はそれらと交わり、厚い信用を得た。吉利の没後文政九年(一八二六)江川英竜の援助により飯田町に剣術道場練兵館を開いた。ついで天保六年(一八三五)英竜が伊豆韮山の代官職を継ぐと、乞われてその手代を務め、また英竜の意を受け高島秋帆につき西洋砲術を学び、十二年五月には秋帆の徳丸原演練に参加している。その後嘉永六年(一八五三)から翌安政元年(一八五四)にかけては英竜を援けて品川台場の建設に尽力した。一方練兵館は天保九年三月火災にあい、九段坂上の三番町に移転した(明治二年(一八六九)この地は招魂社の境内に入り、牛込見付内に移る)。またこの年には水戸藩主徳川斉昭に認められ、合力扶持を受けるに至った。藤田東湖らの斡旋によることが大きかったのであろう。さらに嘉永年間長子新太郎(後に弥九郎と称する)が萩藩の要請により藩士の剣術指導にあたったことから、以後萩藩士の練兵館に入門する者が相つぎ、その中から桂小五郎(木戸孝允)・品川弥二郎など、のちに維新の功労者となる人々が多く出た。弥九郎は安政五年代々木八幡宮付近の荒地を購入し、将来の銃砲戦に必要となるべき台場築造の稽古と称して門人らに開拓させ、その一部に山荘を置いた。文久二年(一八六二)にはここに萩藩世子毛利定広(元徳)の来訪を迎え、速かに藩論を統一し尊王攘夷の実を挙ぐべきを進言している。明治元年戊辰戦争の際はこの山荘に在って動かなかった。同年七月徴命あり、八月徴士会計官判事試補として大阪に行き、ついで会計官権判事に進み、二年七月造幣局権判事となり、九月造幣寮に出勤、三年五月東京在勤を命ぜられ、その後病を得て明治四年十月二十四日牛込見付の自宅で没した。年七十四。遺言により代々木山荘地内に葬り、のち小石川昌林院に移葬、明治三十八年代々木の福泉寺に移された。明治四十年五月贈従四位。

(二)二代 一八二八―八八 幕末の剣客。弥九郎善道の長子。諱は竜善、初め新太郎と称した。文政十一年(一八二八)七月江戸飯田町に生まれた。父に剣術を学び、弘化三年(一八四六)十九歳で諸国剣術修行に出、以後数年間に北は蝦夷松前から南は薩摩に至る各地を巡って実力を磨いた。特に嘉永二年(一八四九)萩の明倫館では最も賞讃を得、藩士の指導を依頼され、約一年間萩にとどまり、その後さらに招かれて数年間その任にあたり、萩藩との密接な関係を作った。文久三年(一八六三)幕府に召出され講武所の剣術教授方となり、慶応二年(一八六六)講武所の廃止とともに遊撃隊肝煎役となり、三年歩兵差図役並、翌明治元年(一八六八)歩兵差図役と撤兵差図役とを兼ねた。維新後は製茶業を営んだが成功しなかった。明治二十一年八月五日本郷元町の自宅で没した。年六十一。墓所は父と同じ。彼は剣の達人であるとともに学芸にも優れ、儒学を赤井東海に、書を巻菱湖に、画を渡辺崋山および椿椿山に学び、そのいずれにも通達した博雅寛厚の人であったという。

参考文献 大坪武門『(幕末偉人)斎藤弥九郎伝』
（島田 貞一）

さいとうりゅう 斎藤瀏 一八七九―一九五三 明治時代後期から昭和期にかけての陸軍軍人、歌人。二・二六事件関係者。明治十二年(一八七九)四月十六日、長野県北安曇郡七貴村(東筑摩郡明科町)に旧松本藩士三宅政明の四男として生まれる。のちに漢学者斎藤順の養子となる。明治三十三年十一月陸軍士官学校卒業。第十二期生。翌三十四年六月少尉、近衛歩兵第一連隊付。三十七年三月より翌年三月まで日露戦争に出征。四十二年十二月に陸軍大学校を卒業し、四十三年十二月に教育総監部課員。大正三年(一九一四)二月少佐、四年四月歩兵第二十七連隊大隊長。七年七月に中佐、十一年二月小倉連隊区司令官。同年四月大佐、十二年八月歩兵第四十七連隊長、十三年十二月第七師団参謀長。昭和二年(一九二七)、少将に昇任、歩兵第十一旅団長となるが、田中義一内閣の第二次山東出兵に出征し、浜口内閣による済南事件関係者処分の対象となって五年三月に待命、予備役に編入された。七年四月に始まった明倫会の結成準備に参加、翌八年五月、同会が発足すると、その理事に就任。第二十七連隊大隊長当時、同じ第七師団の同僚であり、陸士の同期生であった栗原勇の長男であることから栗原安秀と知り合い、昭和八年ごろより明倫会の理事仲間である石原広一郎に依頼してこれに数回にわたって資金上の援助を行わせた。二・二六事件に際しては、十一年二月二十日に栗原らの行動資金として石原から千円を出金させ、二十六日には陸相官邸、二十七日には首相官邸、戒厳司令部などに赴き、反乱軍将校のために斡旋するところあったため、事件後に免官、禁錮五年の刑に処せられた。昭和二十八年七月五日長野市の自宅にて没。七十四歳。墓は松本市の正麟寺にある。アララギ派の歌人で、栗原の幼な友達でもある長女史(ふみ)も歌人として有名である。著書に、『獄中の記』(昭和十五年)、『二・二六』(同二十六年)がある。

(竹山 護夫)

さいとうりょうえい　斎藤良衛　一八八〇—一九五六　大正・昭和時代の外交官、教育家。法学博士。明治十三年(一八八〇)十一月十五日、福島県士族医師斎藤良淳の嗣子として生まれる。東京帝国大学法科大学政治学科卒業。同四十三年九月、外交官及領事官試験合格。天津・漢口・オタワ・福州の在外公館に勤務後、外務省通商局に移り、大正七年(一九一八)十二月、通商局第一課長。同九年九月四日、同課長室において兇漢により短銃狙撃される事件に遭う。その後米国在勤、欧米局、情報部第一課長、通商局第一課長を経て、十五年八月、外務省通商局長。昭和二年(一九二七)七月二十七日、いわゆる東方会議後、田中義一首相兼外相の要請により南満洲鉄道株式会社理事に就任。これより先、同社社長に山本条太郎、副社長に松岡洋右就任。昭和五年八月、満鉄理事は木村鋭市に交替。満洲事変後、外務省嘱託となり、いわゆるリットン委員会に提出する調書の作成にあたる。支那事変中、支那派遣軍の国際法顧問として従軍。十五年七月二十二日より翌年七月十八日、第二次近衛文麿内閣、松岡洋右外務大臣時代の外務省外交顧問に就任。日独伊三国同盟締結交渉その他松岡外交に協力する。この時、「日独伊同盟条約締結要録」を書く。十六年七月二十二日、外務省外交顧問を辞任。戦後二十六年十月より郷里へ帰り、県立会津短期大学学長として子弟の教育にあたる。昭和三十一年十一月四日死去。七十五歳。墓は東京都の染井墓地にある。『支那経済条約論』『支那国際関係概論』『近世東洋外交史序説』『欺かれた歴史—松岡と三国同盟の裏面—』その他の著書がある。

参考文献　外務省編『日本外交文書』満州事変別巻、日本国際政治学会太平洋戦争原因研究部編『太平洋戦争への道』五、三宅正樹『日独伊三国同盟の研究』

(栗原 健)

さいとうりょくう　斎藤緑雨　一八六七—一九〇四　明治時代の小説家・評論家・随筆家。本名賢(まさる)。別号に江東みどり・正直正太夫・緑雨醒客などがある。慶応三年(一八六七)、伊勢国神戸(かんべ)(三重県鈴鹿市)に斎藤利光・のぶの長男として生まれる。のち一家で上京。明治法律学校中退。仮名垣魯文に師事して明治十七年(一八八四)ころから小説・雑文を書き始めるが、やがて坪内逍遙の知遇を得、『小説八宗』『初学小説心得』などの戯文体の批評で文壇に登場した。その後、花柳界の裏表を描いた通の文学『かくれんぼ』(明治二十四年)、『油地獄』(同)、樋口一葉の『たけくらべ』に拮抗して少年少女の世界をとりあげた『門三味線』(同二十八年)などの佳作を相ついで発表、小説家としての地位を確立した。一方、同二十九年に創刊された雑誌『めさまし草』の文芸時評「三人冗語」にも、森鷗外・幸田露伴らとともに参加している。緑雨の批評・随筆は、江戸文学の流れをくむ精緻な文章技巧と、辛辣な皮肉に特色があり、「筆は一本也、箸は二本也。衆寡敵せずと知るべし」の警句が有名である。明治三十七年四月十三日没。三十八歳。法名春暁院緑雨醒客居士。墓は東京都文京区向丘一丁目の大円寺にある。

(前田 愛)

さいばいか　蔡培火　Cai Peihuo　一八八九—一九八三　日本統治下台湾の民族運動家、中華民国政府の要人、キリスト教徒。台南州北港街(雲林県北港鎮)出身、号は、峯山である。一八八九年五月二十二日生まれる。台湾総督府国語学校師範部を卒業して公学校訓導奉職中に民族主義的言動で解職されて東京に遊学、大正九年(一九二〇)に東京高等師範学校理科第二部を卒業した。卒業前後に台湾の民族主義者・学生とともに東京で新民会と台湾青年会、台湾で台湾文化協会を設立し、台湾青年会の機関誌『台湾青年』の編集長、台湾文化協会の専務理事に就任した。同協会の左翼化後は台湾民衆党、同党の左翼化後は台湾地方自治聯盟を結成し、台湾議会の設置請願など右翼民族運動を指導した。第二次世界大戦終戦直後に重慶を経て台湾に帰り、中国国民党員になって中華民国政府の立法委員、政務委員、設計委員、紅十字会副会長、国策顧問、党中央評議員などを歴任し、一九八三年一月四日没。九十五歳。なお、日本統治下で台湾語のローマ字化と白話字化を試みた。著書に『十項管見』『日本々国民に与ふ』『台湾白話字普及の趣旨及び台湾島内賛成者氏名』『東亜の子かく思ふ』がある。

参考文献　台湾総督府警務局編『台湾社会運動史』、蔡培火「台湾の民族運動」(『教育』二)、同「日拠時期之台湾民族運動」、王育徳「蔡培火は長生きしすぎた」(『台湾青年』二六九)

(向山 寛夫)

サイル　Edward W. Syle　一八一七—九〇　米国聖公会宣教師。中国名、帥利。一八一七年英国デボンシャーに生まれ米国へ移住、ケニヨンカレッジに学び、卒業後、米国聖公会から中国に派遣され、四五年以来上海に定住して宣教と育英に献身した。この間中国に在勤のサミュエル・W・ウイリアムズ、ヘンリー＝ウッドと長崎に向かうミネソタ号上で会見、米国の三つのミッションボードあてに書簡を送り日本宣教の急務であることを伝えた。明治初年に来日したときは在横浜英国領事館付仮牧師としてであったが日本人伝道にもつとめた。明治七年(一八七四)から十二年まで東京開成学校(のちの東京大学)で修身学と歴史学を担当した。教え子のひとり高田早苗は、長らく中国にいた宣教師だけに中国事情に詳しく、黒板に漢字を書いて説明してくれた、とその思い出を『半峰昔ばなし』で述べ、善良で大まかな親しみやすい人物だったと評し、敬意をいだいている。晩年は英国聖公会の聖職者として奉仕を続け、一八九〇年十月五日チェルシーで一生を終えた。

参考文献　小沢三郎「開成学校御傭教師E・W・サイ

ル」(『日本プロテスタント史研究』所収)

(手塚　竜麿)

さえきゆうぞう　佐伯祐三　一八九八―一九二八　大正・昭和初期の洋画家。明治三十一年(一八九八)四月二十八日、大阪府西成郡中津村(大阪市大淀区)の光徳寺住職佐伯祐哲の次男として生まれる。母タキ。赤松麟作の研究所、川端画学校を経て大正七年(一九一八)東京美術学校に入学、十二年に卒業した。卒業の年の秋、フランスに渡り、ブラマンクに会って刺激を受け、表現主義的傾向を深めた。一九二五年サロン＝ドートンヌに「靴屋の店」が入選。大正十五年に帰国し、一九三〇年協会創立に加わり、二科展でも注目された。しかし制作にゆきづまりを感じて昭和二年(一九二七)に再び渡仏、パリの街頭や酒場などを題材に憂愁のにじむ作品を盛んに描いた。しかし間もなく健康を害ね、一九二八年八月十六日パリに客死。三十一歳。ペール＝ラシェーズに埋葬。のち生家の光徳寺で本葬。法名巌精院釈祐三。東京麴町の心法寺に分骨墓がある。「テラスの広告」「ガス燈と広告」などが代表作。『佐伯祐三全画集』(昭和四十三年)がある。

(原田　実)

さかいくらき　阪井久良伎　一八六九―一九四五　明治から昭和にかけての川柳作家。初号久良岐。本名坂井弁(わかち)。明治二年(一八六九)正月二十四日武蔵国久良岐郡戸部町(横浜市中区野毛町)に生まれる。父は保佑。十年神奈川中学入学、十一年父とともに東京に移住した。若くして国学・漢学を渡辺重石丸(いかりまろ)に学び、十六年神田の共立英語学校に入る。同年正岡子規も同校に入っている。三十年ごろ『日本』新聞に入社、副社長福本日南の知遇を得る。三十六年金港堂より『文芸叢書』の一冊『川柳梗概』を刊行、宝暦・明和の初期柳多留の作風を範とし、古川柳に帰れを叫んで狂句を排撃する。三十七年『毎日新聞』の前身『電報新聞』に柳壇を起し狂句打倒に邁進、三十八年五月その主宰する久良岐社よりわが国柳誌の嚆矢『五月鯉』を創刊、続く井上剣花坊の『川柳』とともに狂句一派を痛撃し、今日両人は川柳中興の祖と呼ばれる。のち大阪に花岡百樹・渡辺虹衣らをして関西へ川柳を扶植させる。これが今日の大阪その他の番傘川柳社の前身。久良伎は東京九段上富士見町の川柳久良伎社に住み、九段老人と号し各誌に執筆、台東区蔵前天台宗竜宝寺の初代柄井川柳墓の史蹟指定に奔走したりした。昭和二十年(一九四五)四月三日没。七十七歳。墓は青山墓地にある。『川柳久良伎全集』全六巻がある。

参考文献　前田雀郎『川柳探求』、今井卯木『川柳江戸砂子』

(大村　沙華)

さかいだかきえもん　酒井田柿右衛門　佐賀県有田で、近世前期以来の色絵磁器の技法と様式を現代に継承する陶家酒井田氏の世襲名。

(一)十二代　一八七八―一九六三　明治十一年(一八七八)九月九日、十一代柿右衛門の長男として生まれる。幼名正次。大正六年(一九一七)二月、十二代柿右衛門を襲名(酒井田家の場合襲名前の名は戸籍から消去される。以下同)。昭和二十八年(一九五三)十一月、初代の三百年祭を記念して、十二代および長男渋雄父子により、『元禄三年土合帳』および『赤絵具覚』(酒井田家伝来)に基づき、濁手(にごしで)を復興する。同三十年三月、柿右衛門の製陶技術が、国の「記録作成等の措置を講ずべき無形文化財」に選択された。三十八年三月七日没。八十四歳。

(二)十三代　一九〇六―八二　明治三十九年(一九〇六)九月二十日、十二代の長男として生まれる。幼名渋雄。昭和三十八年(一九六三)三月、十三代を襲名。同四十六年四月、柿右衛門製陶技術保存会(会長十三代酒井田柿右衛門)による「柿右衛門・濁手」の技法が国の重要無形文化財に総合指定される。同五十七年七月三日没。七十五歳。有田町南川原に酒井田家各代の墓がある。

(三)十四代　一九三四―　昭和九年(一九三四)八月二十六日、十三代の長男として生まれる。幼名正。同五十七年十四代を襲名。一九八三年アメリカ＝サンフランシスコ、アジア美術館で「柿右衛門(十四代)作品展」、以後ヨーロッパ・東南アジアの主要都市で同様展を開催、陶芸の国際交流を推進している。平成五年(一九九三)十月国際陶芸アカデミー(ＩＡＣ)名誉会員。

参考文献　日本経済新聞社編『私の履歴書』文化人九、林屋晴三「十二代十三代酒井田柿右衛門論」(『現代の陶芸』九所収)、南邦男「柿右衛門濁手の復興とその技法」(『人間国宝シリーズ』三九所収)

(南　邦男)

さかいたかし　酒井隆　一八八七―一九四六　大正・昭和期の陸軍軍人。明治二十年(一八八七)十月十八日生まれる。広島県出身。神戸一中、大阪地方幼年学校を経て四十一年陸軍士官学校を第二十期生として卒業し、同年歩兵少尉に任官した。大正五年(一九一六)陸軍大学校を卒業、参謀本部支那課に勤務、以後、中国情報の専門家として育てられた。謀略好みの強硬派として知られ、昭和三年(一九二八)の第二次山東出兵では、現地で日中両軍が衝突するよう策動し、済南事件の発端を作ったとされている。昭和九年参謀本部支那課長から支那駐屯軍参謀長に転じた酒井大佐は、翌年五月、謀略による排日事件を口実として国民党機関の河北省撤退を要求した。何応欽(党代表)は涙を呑んで酒井の威圧に屈し、六月梅津・何応欽協定が結ばれた。その後酒井は連隊長、旅団長、興亜院蒙古連絡部長官などを歴任、十四年中将に昇進、第二十三軍司令官として香港攻略戦を指揮したが十八年予備役となった。戦後中国の軍事裁判に付され、二十一年九月十三日南京雨花台の刑場で処刑された。六十歳。著書に『裏から見た支那人』(ペンネーム笠井孝)がある。

参考文献　秦郁彦『日中戦争史』、臼井勝美『日中外交史』(『塙新書』三九)

(秦　郁彦)

さかいただあき　酒井忠義　一八一三―七三　江戸時代後期の京都所司代。若狭国小浜藩主。通称は悠之丞・与七郎、叙爵して靫負佐・修理大夫・若狭守、隠居して右京大夫と称し、諱を忠禄(ただとみ)と改めた。文化十年(一八一三)七月九日、京都二条の所司代邸で忠進の六男として生まれ、十一代藩主忠順の養子となり、天保五年(一八三四)二月十万三千余石を継いで十二代藩主となった。同十三年五月寺社奉行となり、十四年十一月より嘉永三年(一八五〇)七月まで所司代に任じ、功により帝鑑間詰から溜間詰格に進められ、ついで安政五年(一八五八)六月所司代に再任、文久二年(一八六二)六月免ぜられるまで、前後十二ヵ年この要職にあった。安政二、三年にかけて、小浜藩用達らの京都町人が敦賀―湖北間の運河(川幅を拡げ、一部は陸運による)の開削を申請したことに対し、幕府は彦根藩に極秘裡にこれを許可した。しかし同藩はこれを偵知し、領内宿駅の衰微を理由に反対したが、四年に開通の運びとなった。彦根藩は運河の企画の背後に忠義のあることを知り、藩主井伊直弼は忠義を快しとせず、両者の融和を欠く原因となった。安政五年九月忠義は所司代として着任し、無断条約調印の弁疏に上京した老中間部詮勝とともに井伊大老の命を受け、志士を弾圧して安政の大獄を起したが、忠義は志士の検挙には穏便論を、四公の処分には寛典論を唱えた。ついで和宮の将軍徳川家茂への降嫁実現に奔走し、功により万延元年(一八六〇)十二月役知二万石に増され、従四位上左近衛権少将に叙任され、さらに文久二年三月役知二万石のうち一万石を加増されたが、いくばくもなく浪士の伏見屯集には為す術もなく、島津久光に名を成さしめた。同年六月所司代罷免により帝鑑間詰に復した。ついで朝権の伸張により、同年閏八月所司代在職中の罪を問われ、加増の一万石を削られ、隠居を命ぜられて家督を同族忠欽の三男忠氏に譲ったが、十一月に追罰されて蟄居に処せられた。明治元年(一八六八)正月忠氏が朝召を辞して罪に問われたので入京して謝罪し、北陸道鎮撫の先鋒を命ぜられ、疾のため代わって一門に藩兵を率いて参加させたが、六月家臣が彰義隊に党与して忠禄・忠氏は屏居に処せられ、九月に赦された。同年十二月忠氏の隠居により再襲封し、同二年六月版籍奉還により小浜藩知事となったが、翌三年九月罷め、支藩鞠山藩(もと敦賀藩)を小浜藩に併合し、同藩知事酒井忠経が小浜藩権知事となって継承した。廃藩後東京に移り、同六年十二月五日、六十一歳で没した。墓所は福井県小浜市男山の空印寺。大正四年(一九一五)贈従三位。

参考文献　『小浜酒井家譜』、太政官編・東大史料編纂所編『復古記』、『所司代日記』(『日本史籍協会叢書』)

(吉田　常吉)

さかいただくに　酒井忠邦　一八五四―七九　明治前期の播磨国姫路藩主。姫路藩知事。初め直之助、叙爵して雅楽頭と称した。安政元年(一八五四)正月十五日、伊勢崎藩主酒井忠恒の八男に生まれた。明治元年(一八六八)正月本家の姫路藩主忠惇が順逆を誤ったため、二月在府中の前藩主忠績が忠邦を忠惇の養子とし、忠邦は忠績に代わって西上したが、入京を許されず、姫路に帰った。同年五月忠惇は蟄居となり、忠邦が家督を承けて十五万石を相続し、軍資金十五万両を献金することで帰順を認められ、六月入京、八月藩政改革のため帰藩を許された。家老河合屏山の意見を用い、同年十一月と十二月他藩に率先して版籍返上を建白し、翌二年二月前後四回の建白で聴許された。同年二月大宮御所・桂宮を警守し、ついで東京市中の取締を命ぜられた。同年六月姫路藩知事となり、四年七月廃藩によりこれを免ぜられ、東京に出て慶応義塾に入学した。同年十二月米国に留学し、滞在四年、帰朝後病にかかり、同十二年三月二十五日、二十六歳で没した。墓所は東京都台東区谷中墓地。大正四年(一九一五)贈従三位。

参考文献　太政官編・東大史料編纂所編『復古記』

(吉田　常吉)

さかいためこ　堺為子　一八七二―一九五九　社会主義運動家堺利彦の妻。旧姓延岡。明治五年(一八七二)正月十九日大阪に生まれる。父はもと加賀藩出入の米仲買兼両替商。夫と離別後金沢の実家にいた時、弟の読んでいた『万朝報』『家庭雑誌』『週刊平民新聞』を愛読。平民社の炊事手伝いを求める広告にひかれて上京、住み込みで働いた。同三十八年堺利彦と結婚。夫や同志の活動に参加。広告取り・髪結いなどをして家計を支え、先妻の遺児真柄(まがら)(近藤憲二と結婚)を育てた。昭和三十四年(一九五九)一月二日没。八十六歳。神奈川県鶴見総持寺の堺利彦の墓に合葬されている。法名は枯木庵利室為益大姉。著作に「台所方三十年」(『中央公論』四八ノ三)、「妻の見た堺利彦」(同四八ノ四)がある。

(村田　静子)

さかいとしひこ　堺利彦　一八七〇―一九三三　明治から昭和時代初期にかけての社会主義運動家。枯川・由分子・貝塚渋六などと号す。明治三年(一八七〇)十一月二十五日豊前国仲津郡豊津(福岡県京都郡豊津町)に香春(かわら)(旧小倉)藩士堺得司・琴の三男に生まれる。同十九年豊津中学校を首席で卒業。二十年第一高等中学校(一高)に入学したが、遊興と文学におぼれて翌年末除籍処分。二十二年長兄急死のため帰郷、老父母とともに同年大阪に出て、小学校教員・小新聞記者を転々としながら生活苦とたたかう。その間実兄本吉欠伸とともに西村天囚らの浪花文学会に加わり、つぎつぎと小説・随筆を発表し、森鷗外や尾崎紅葉に認められた。両親の死後東京で明治二十九年堀美知子(妹保子は大杉栄の妻)と結婚。同年福岡日日新聞社に入ったが一年で辞職、再び上京して同郷の先輩末松謙澄の主宰する『防長回天史』の編集事業に加わる。その終結とともに念願の『万朝報』記者となり、三十三年特派されて北清事変に従軍。翌年社会改良を旗印とする理想団創設に参画。文章改良・家庭改良に熱意を示し、『言文一致普通文』は言文一致運動に貢献するところが大きく、また三十六年には出版社由分社をおこし『家庭雑誌』を発行した。社会主義運動参加は同僚の幸徳秋水よりもおくれ、三十五年に至り社会主義協会の活動に参加した。三十六年十月『万朝報』が日露開戦論に転ずると幸徳とともに退社、平民社をおこし、翌月週刊『平民新聞』を発行、平民主義・社会主義・平和主義を鼓吹した。理論面は幸徳が、経営面では堺が中軸であった。三十七年三月の社説が新聞紙条例違反に問われ、編集兼発行人として二ヵ月の禁錮刑を受けた。社会主義者入獄の初例である。同年妻と死別、翌年延岡為子と再婚。終戦直後の三十八年十月平民社の解散に伴い再び由分社に拠り、『社会主義研究』を創刊してマルクス主義の研究と普及につとめた。三十九年二月、日本社会党の結成に参画。直接行動論・議会政策論両派の調停につくしたが、翌年の社会党禁止後は幸徳系の金曜会に属す。四十一年一月金曜会屋上演説事件で一月半、同年六月の赤旗事件で二年の入獄を余儀なくされたが、このため幸徳事件連坐を免れた。以後同志の中心として、大正三年（一九一四）一月『へちまの花』を創刊、翌年九月これを『新社会』と改題、六年の総選挙に立候補するなど、いわゆる社会主義運動の「冬の時代」において孤塁を死守した。この間明治四十三年十二月売文社をおこし、同志の生計を立てるとともに、みずから多くのユーモア文学・随筆・戯文を執筆し、ルソー・ゾラ・ショウなどの翻訳を行なった。第一次世界大戦後普選運動の再興に尽力し、吉野作造らを動かして黎明会を組織させるなど大正デモクラシーの展開を策し、その潮流の中で社会主義運動の公然化をはかった。九年二月『新社会』を『新社会評論』、さらに同年九月には『社会主義』と改題、この年社会主義者の大同団結のために同志と発起した日本社会主義同盟の機関誌にこれを提供した。このころ執筆や演説でマルクス主義の宣伝につとめる一方、「社会講談」を創唱、「一休と自来也」などの作品を発表した。十年三月ころ、日本共産党を山川均らと結成、翌年夏のコミンテルン日本支部化とともに総務幹事長（委員長）に就任。十二年三月の石神井会議における二二年テーゼ草案審議では、君主制廃止を行動綱領に掲げることに反対した。共産党は秘密結社であったが、堺は運動の首脳と目され、十一年には再度暴漢に襲われ負傷した。十二年六月第一次共産党事件にあい、十二月末保釈出獄。翌十三年二月末三月初めの森ヶ崎会談で共産党解党に賛成した。その後も共産党再建ビューローに関係し、機関誌『マルクス主義』にも寄稿したが、山川とともに共産党の合法大衆政党化を主張して福本和夫らと対立。昭和二年（一九二七）の二七年テーゼによるコミンテルンの山川批判と、これにつづく『労農』創刊を機に、共産党と訣別した。この間大正十五年六月、第一次共産党事件で十ヵ月の禁錮刑が確定し、年末まで服役。共産党解党以後、昭和二年十一月の脳出血も手伝って、運動の第一線から退き、執筆も『堺利彦伝』『自伝的に見た日本社会主義運動史』など回想ものが多くなった。しかし、昭和三年の無産大衆党・日本大衆党、四年の東京無産党、五年の全国大衆党に労農派の一員としてつぎつぎと関係し、特に昭和四年二月の東京市会議員選挙には牛込区より最高点で当選、ガス値下げ運動などに奮闘。昭和六年満洲事変勃発に際しては、七月に成立したばかりの全国労農大衆党の反戦特別委員会委員長に就任したが、十二月に再び脳出血に倒れ、病床より党大会に向け「僕ハ諸君ノ帝国主義戦争反対ノ叫ビノ中ニ死スルコトヲ光栄トス」のメッセージを送ったあと再起しえず、昭和八年一月二十三日死去。六十四歳。神奈川県鶴見総持寺に葬られる。法名は枯川庵利彦帰道居士。この年『堺利彦全集』全六巻が中央公論社より刊行され、戦後若干の改訂を加えて法律文化社より再刊されたが、実際の執筆量はこれに数倍する。婦人運動家近藤真柄は先妻との間に生まれたただ一人の遺子。

[参考文献] 鈴木裕子編『堺利彦女性論集』、野依秀市編『堺利彦を語る』、林尚男『評伝　堺利彦―その人と思想―』、川口武彦『堺利彦の生涯』、荻野富士夫『初期社会主義思想論』、山本正秀「堺枯川の言文一致活動」（『茨城大学文理学部紀要』人文科学一五）

（松尾　尊兊）

さかいのこうよう　境野黄洋　一八七一―一九三三　明治から昭和時代にかけての浄土真宗大谷派の僧、仏教学者。本名哲（さとし）、黄洋は号、僧名を哲海と称したことがある。明治四年（一八七一）八月十二日、仙台県名取郡境野村（宮城県名取郡秋保村）に境野功敏の長男として生まる。井上円了創立の哲学館に学び、卒業して同三十二年同館の講師に就任、同館は三十七年哲学館大学ついで三十九年東洋大学と改称するが、引き続いて講師となり、四十五年教授、大正七年（一九一八）六月、同大学学長となった。この間、豊山大学・日蓮宗大学・曹洞宗大学に出講し、『東京朝日新聞』記者ともなった。同十二年六月、東洋大学の学生の騒擾があり、同大学学長を辞す。十五年駒沢大学教授となる。青年時代に村上専精が主宰した雑誌『仏教史林』の主筆となり、また雑誌『新仏教』の編集者となり、ジャーナリストとしても早くからその才気を示したが、学究者としても多くの労作を遺した。ことに中国仏教史の研究にすぐれ、その研究によって文学博士となった。また大谷派嗣講ともなった。昭和八年（一九三三）十一月十一日没。六十三歳。墓所は東京都文京区の真浄寺。法名境野院釈黄洋。著書に『支那仏教史綱』『支那仏教精史』などがある。

[参考文献] 『東洋大学創立五十年史』

（古田　紹欽）

さかいゆうざぶろう　酒井雄三郎　一八六〇―一九〇〇　明治時代の学者。万延元年（一八六〇）九月九日肥前国小城に生まれる。小城藩士酒井忠六の四男。佐賀中学を卒業し、明治十二年（一八七九）中江兆民の主宰する仏学塾に入り、同十四年以降、同塾の幹事、講師、塾長代理をつとめる。同二十二年、パリの万国博覧会に農商務省から派遣されるが、社会問題に関心を持ち、社会主義運動やメーデーを、『国民之友』などを通じて日本に紹介し、同二十四年の第二インターナショナル第二回大会（ブリュッセル)に日本人としてはじめて参加した。同二十五年帰国し、小島竜太郎らと、労働者の窮乏の救済と権利を確立する方法を求めて社会問題研究会を組織した。同三十三年のパリの万国博覧会に農商務省の嘱託として再び赴いたが、パリのリュクサンブルの下宿の窓から転落して同年十二月九日死亡した。四十一歳。著訳書として、アコラス『政理新論』、『排曲学論』『十九世紀欧洲政治史論』がある。

参考文献 酒井雄三郎『社会論策』(『明治文化全集』六)、酒井雄三郎著・木村毅解題『列国社会党大会議他』(『朝日文庫』二四)、佐々木敏二「酒井雄三郎の生涯と思想」(『立命館大学人文科学研究所紀要』一七)

(松永　昌三)

さかきばらけんきち　榊原鍵吉　一八三〇―九四　幕末から明治時代にかけての剣客。諱は友善。天保元年(一八三〇)十一月五日幕臣榊原友直の嫡子として江戸の麻布広尾(港区南麻布五丁目)の家に生まれた。十三歳の時男谷信友(精一郎)の門に入って直心影流剣術を学び、のちその奥を極めた。安政三年(一八五六)幕府の講武所が開かれると、同年剣術教授方に任ぜられ、慶応二年(一八六六)講武所の廃止とともに遊撃隊頭取となった。明治元年(一八六八)静岡に移ったが、同三年東京に戻り下谷車坂(台東区東上野)に剣術道場を営んだ。また時勢の激変による剣術の衰微に直面し、明治六年撃剣会を起し、同志を集め官許を得て撃剣興行を始め、以後続出するこの種興行の先駆となった。鍵吉の名が挙がるにつれ、入門者は次第に増加し、外国人の中からも、イギリス人トーマス＝マクラチー(英国領事館書記官)、フランス人ウイラレー(陸軍戸山学校剣術御雇教師)、ドイツ人ベルツ(帝国大学医科御雇教師)その他、鍵吉につき日本剣術を研究する人人が現われた。かくて鍵吉は剣術の衰頽期にあたり、極力その存続に力を注いだのである。この間、明治十二年八月二十五日、東京上野公園における前アメリカ大統領グラント来日招待の折と、同十九年十一月十日、明治天皇の伏見宮邸行幸の際とには、剣技を以て天覧の栄に浴している。明治二十七年九月十一日没。年六十五。四谷南寺町(新宿区須賀町)西応寺に葬られた。法名は義光院杖山倭翁居士。

参考文献 山田次朗吉『日本剣道史』、同『剣道極意義解』

(島田　貞一)

さかきばらよしの　榊原芳野　一八三二―八一　江戸時代後期・明治時代前期の国学者。字は作良。琴洲・豊洲・佳園・鬲斎・桜舎などと号した。江戸日本橋の町家出身。天保三年(一八三二)生まれる。父正之助は絵画俳諧をたしなみ、母みすは和歌を善くした。和学を伊能穎則・深川潜蔵に、仏教学を行阿に学び、本所石原町に塾を開いた。維新後、昌平学校に出仕し、大学中助教を経て、明治四年(一八七一)文部権大助教となる。同十二年から『古事類苑』の編集に従事した。晩年健康を害し、発狂して同一四年十二月二日没した。五十歳。法名大観作良居士。今戸の安昌寺に葬る。博学多識、考証に長じ、蔵書七千余巻に及び、死後、書籍館に寄贈された。文部省在任中は『語彙』『小学読本』『日本教育史略』などの編集にあたり、著書に『太古史略』『文芸類纂』などがあり、『明治歌集』『新選名家歌集』『明治響洋歌集』に作品が収められている。

参考文献 大槻修二「榊原芳野君墓銘」、依田百川「那珂通高榊原芳野合伝」(『譚海』四)

(山本　武夫)

さかぐちあんご　坂口安吾　一九〇六―五五　昭和時代の小説家。明治三十九年(一九〇六)十月二十日、新潟市西大畑町に父仁一郎・母アサの五男として生まれた。本名、炳五。父は衆議院議員・新潟新聞社長としても知られ、五峯と号して漢詩を作った。炳五は中学生のころから特異な存在であったが、昭和五年(一九三〇)、東洋大学印度哲学科卒業の前後にもデカダンな生活に魅かれ、「暗い青春」を送った。安吾文学の素地である。『風博士』『竹藪の家』(昭和六―七年)などにより文壇に認められ、昭和十年代には『吹雪物語』『真珠』『日本文化私観』などを刊行。戦後は『堕落論』『白痴』(二十一年)などにより、太宰治・石川淳・織田作之助と並んで無頼派の代表と目されたが、睡眠薬中毒による奇矯な言動も目だった。『不連続殺人事件』『安吾巷談』『夜長姫と耳男』『狂人遺書』(二十三―三十年)などの著があり、『安吾史譚』(二十七年)ほかの日本史への関心も評価される。昭和三十年二月十七日、群馬県桐生市の白宅で急死。四十八歳。新潟県新津市大安寺に葬る。『定本坂口安吾全集』全十三巻(四十三―四十六年、冬樹社)がある。

参考文献 関井光男編『坂口安吾研究』、関井光男他『坂口安吾の世界』

(保昌　正夫)

さかぐちたかし　坂口昂　一八七二―一九二八　明治後期から昭和前期にかけての西洋史学者、文学博士。明治五年(一八七二)正月十五日兵庫県有馬郡日西原村(神戸市北区大沢町日西原)に生まれる。第三高等中学校を経て(浜口雄幸・幣原喜重郎らと同級)明治三十年東京帝国大学文科大学史学科を卒業。母校の三高に教鞭をとり、明治四十年京都帝国大学に文科大学が設立せられるとともに助教授に任ぜられついで教授となる。東京大学ではランケの晩年の門弟ルドウィッヒ＝リースの教えをうけ、その影響のもとにランケ史学の伝統を継承、その学風の日本における定着に貢献するところ大であった。著書『概観世界史潮』はその体系を示す。また『(世界に於ける)希臘文明の潮流』は大正期に流入してきた新しい文化史的傾向を世界史的視点と結びつけた傑作とされている。晩年の数年はドイツ史学史の講述に没頭、没後『独逸史学史』として公刊されている。その他著書に『伊太利文芸復興史』『世界史論講』『歴史家の旅から』、訳書にベルンハイム『歴史とは何ぞや』(小野鉄二と共訳、『岩波文庫』)、リース『世界史の使命』(安藤俊雄と共訳)がある。昭和三年(一九二八)一月二十八日、京都大学教授在職中に没した。五十七歳。

参考文献 『芸文』一九ノ五(坂口博士追悼号)

(鈴木 成高)

さかざきしらん 坂崎紫瀾 一八五三―一九一三 明治時代の文筆家。名は謙次のち斌。号は紫瀾、別号鳴々道人・咄々道人。嘉永六年(一八五三)十一月十八日江戸鍛冶橋の土佐藩邸に生まれる。父耕雲(医を業とす)・母きさの次男。安政三年(一八五六)高知に帰り城下の廿代町に居住。致道館に学び十六歳で同館の素読席句読師補助となる。明治三年(一八七〇)広島に遊学、ついで彦根の学校教官となったが、六年上京してニコライ塾に学び、七年愛国公党に加わる。同八年司法省に入り松本裁判所に赴任したが辞職後『松本新聞』主筆となる。同十三年『高知新聞』編集長となり自由民権派の論客として活躍す。政談演説禁止で東洋一派民権講釈一座を組織し鹿林鈍翁と名乗り民権運動を展開し『土陽新聞』『自由燈』のほか諸新聞に筆陣をはった。大正元年(一九一二)維新史料編纂事務局に入ったが同二年二月十七日東京市牛込区新小川町の自宅で没す。六十一歳。墓は青山墓地。著書に『汗血千里駒』『維新土佐勤王史』『鯨海酔侯』などがある。

参考文献 滝石登鯉「紫瀾雑録」(『土佐史談』一一五)、野崎左文「坂崎紫瀾翁の伝」(『明治文化研究』三ノ九)

(山本 大)

さがさねなる 嵯峨実愛 ⇩正親町三条実愛

さかさぶろう 坂三郎 一八四四―一九二一 明治時代の茶業家。弘化元年(一八四四)十二月二日駿河国駿東郡沼津町(静岡県沼津市)に生まれ、同町の茶商坂家を継いだ。文久元年(一八六一)以降、養父随平の志をついで茶園を増殖し、山城・近江から茶師を招いて宇治製茶法の普及をはかった。明治九年(一八七六)江原素六・依田治作らとともに叢流社(翌年積信社と改称)を設立し、沼津付近の荒茶を購入して再製、米国へ直輸出を行なった。積信社の年間輸出高は数万斤に上ったが、欠損を生じ明治十六年解散。同年全国製茶共進会(神戸)の審査掛。十七年静岡県茶業取締所集会員となり横浜出張、十九年には茶業組合中央本部が設立した横浜製茶検査所長となった。二十一年以降、静岡県茶業組合聯合会議所議員、茶業組合中央会議所議員として晩年まで茶業改良に活躍した。その間沼津町会議員、静岡県会議員(明治三十―三十二年)を歴任。大正十年(一九二一)十二月二十二日沼津で没。七十八歳。

参考文献 『横浜市史』三上、静岡県茶業組合聯合会議所編『静岡県茶業史』一、静岡県駿東郡茶業組合編『静岡県駿東郡茶業史』、山田万作編『岳陽名士伝』

(海野 福寿)

さかたさんきち 坂田三吉 一八七〇―一九四六 明治・大正期に活躍した将棋棋士。明治三年(一八七〇)六月三日和泉国大鳥郡舳松村(大阪府堺市)に生まれる。阪田とも書くが、戸籍には「卯之吉長男坂田三吉」とある。家業は草履作りと伝える。大阪に出て奉公をしたといわれるが、青年期までの消息は不詳。明治三十六年四段格で指した棋譜が初見。大正四年(一九一五)八段。坂田流向い飛車戦法を世に問うて注目を集める。大正十四年名人を僭称したが認められなかった。昭和三年(一九二八)『大阪朝日新聞』の嘱託。同十三年第二期名人戦に参加したが成績ふるわず現役を退いた。昭和二十一年七月二十三日大阪市東住吉区北田辺町の自宅で没した。七十七歳。同三十年日本将棋連盟は名人と王将位を追贈。同年三月二十三日豊中市の服部霊園に墓碑を建立。数奇な生涯は北条秀司が『王将』として劇化、新国劇で上演した。

参考文献 山本亨介『将棋文化史』、加藤一二三『坂田三吉・神田辰之助』(『日本将棋大系』一四)、天狗太郎『名棋士名勝負』

(山本 亨介)

さかたしょういち 坂田昌一 一九一一―一九七〇 昭和時代の物理学者、平和運動家。明治四十四年(一九一一)一月十八日、実業家坂田幹太の長男として東京に生まれる。昭和八年(一九三三)京都帝国大学理学部物理学科卒。同年理化学研究所仁科(芳雄)研究室に入る。翌年大阪帝国大学理学部助手となり、湯川秀樹の協力者となる。昭和十三年講師となったが、湯川とともに京都帝国大学に移り、十七年名古屋帝国大学教授に任ぜられ、終生その職にあった。戦後間もなく同大学物理学教室で教室会議による民主的運営を試み、全国の研究室運営の範となった。大阪大学、京都大学時代には湯川・武谷三男らと二中間子理論を展開、名古屋大学で凝集力中間子論、混合場理論を進め、二十五年日本学士院恩賜賞を受賞した。さらに昭和三十年新粒子の複合模型(坂田模型)を、三十四年には名古屋模型を提唱して世界の注目をあびた。平和運動にも積極的にとり組み、三十七年に湯川・朝永振一郎らと科学者京都会議を提唱し、三十九年には北京シンポジウム日本代表となった。四十五年十月十六日病没。五十九歳。唯物論者で、葬儀は無宗教で行われたが、山口県柳井市阿月面影山の岩休寺にある坂田家の墓地に葬られた。著書に『物理学と方法』『科学と平和の創造』『科学者と社会』がある。

参考文献 『自然』三〇〇(総集録仁科芳雄・湯川秀樹・朝永振一郎・坂田昌一)

(中山 茂)

さかたによしろう 阪谷芳郎 一八六三―一九四一 明治―昭和期の財政家・政治家。文久三年(一八六三)正月十六日、備中国後月郡西江原村寺戸興譲館(岡山県井原市)に父阪谷素(朗廬)と母恭の四男に生まれる。明治十三年(一八八〇)東京大学予備門を卒業、七月東京大学文学部に入学、同十七年同学部政治学理財学科を卒業、七月大蔵省に入る。大蔵省主計官、主計局調査課長、同予算決算課長などを経て、三十年四月主計局長、三十四年六月大蔵総務長官、三十六年十二月大蔵次官となる。三十九年一月から四十一年一月まで西園寺内閣の大蔵大臣をつとめる。四十年九月男爵になり、四十五年七月から大正四年(一九一五)六月まで東京市長、同六年一月から昭和十六年(一九四一)十一月まで男爵議員として貴族院議員であった。なお大正五年連合国政府経済会議特派委員長となりパリ会議に出席、同七年中国政府から幣制改革について招聘を受け、中国各地を巡察した。大蔵省在職中は長く財政運営の中枢にあって予算編成にあたり、日清戦争・日露戦争の戦費調達と戦後経営に尽力した。ことに大蔵大臣として日露戦後処理にあたり、国債整理基金の設置、戦時の臨時増税の経常税への切替などによる財政の基礎固めを図った。計画的健全財政論は東京市長時代にも示された。明治三十二年法学博士となる。妻琴子は渋沢栄一の次女。昭和十六年十一月十四日、東京市小石川区原町(東京都文京区白山)で死去。七十九歳。墓は谷中墓地にある。死去直前の十一日に子爵に昇爵。なお国立国会図書館憲政資料室に『阪谷芳郎関係文書』を蔵する。

参考文献 故阪谷子爵記念事業会編『阪谷芳郎伝』

(西村紀三郎)

さかたにろうろ　阪谷朗盧　一八二二―八一　江戸時代後期から明治前期にかけての儒学者。名は素、字は子絢、通称は希八郎、朗盧と号した。文政五年(一八二二)備中国川上郡九名村(岡山県小田郡美星町)に坂田良哉の三男として生まる。母は山成氏、政。大塩中斎(平八郎)、昌谷精渓を経て古賀侗庵の門に入り学ぶこと十余年、帰郷してさらに洋学を志すも果たさず、後月郡簗瀬村(芳井町)に桜渓塾を開いた。嘉永六年(一八五三)秋、一橋領代官が同郡西江原村(岡山県井原市)に設立した郷校興譲館の督学に迎えられ子弟の教化にあたったが、同校は、尊王開国論の儒者朗盧の名声とともに、天下三館の一に数えられるに至った。明治元年(一八六八)芸州藩主より藩政顧問に招聘されたが、廃藩置県に会い禄を辞した。生活のため東京で新政府の卑官を転々としつつも、明六社に参加し同人中唯一の儒者ながら進歩的論陣をはり、また東京学士院創立と同時に会員に推された。明治十四年一月十五日、六十歳で没し、東京谷中墓地に葬られた。著作に、『朗盧文鈔』『朗盧全集』『田舎話』のほか、『明六雑誌』所載の十六篇の論策などがある。なお国立国会図書館憲政資料室に『阪谷朗盧関係文書』を蔵する。

参考文献 阪谷芳郎編『阪谷朗盧先生五十回忌記念』、『興譲館沿革概要』、岡山県編『岡山県人物伝』、故阪谷子爵記念事業会編『阪谷芳郎伝』、阪谷芳郎『余か母』、阪谷芳直『三代の系譜』、武岡豊太講述『森田節斎と姫路』、高橋昌郎「明六社員阪谷素について」(国学院大学文学部史学科編『(坂本太郎博士頌寿記念)日本史学論集』下所収)、大月明「変革期における思想の形成―阪谷素の場合―」(大阪市立大学『人文研究』一二ノ八、一三ノ七)、同「明治期における阪谷素の思想について」(同一四ノ六)、同「阪谷素とその交友関係について」(同一八ノ三)、稲葉格造「阪谷朗盧先生の教育思想」(岩波書店『教育』五ノ四・五)

(阪谷　芳直)

さかもとかじま　坂本嘉治馬　一八六六―一九三八　明治から昭和時代にかけての出版実業家。冨山房の創業者。慶応二年(一八六六)三月二十一日、土佐国幡多郡宿毛(高知県宿毛市)の足軽・小農の家に生まる。父は喜八、母はまつ。明治十六年(一八八三)暮、上京し、同郷の立憲改進党領袖小野梓が良書普及を目指して経営する東洋館書店の店員となった。小野の没後、直ちに小野の義兄日本鉄道会社社長小野義真の援助を得て、十九年三月、冨山房を創設。以後、「益世報効」を社是に掲げ、数度の火災や恐慌を切り抜けながら、「一人一業主義」を信条として良書の出版普及に努めた。特に小学校・中等学校教科書の出版に新機軸を示すとともに、『大日本地名辞書』『大日本国語辞典』『国民百科大辞典』などの辞典編纂刊行で出版文化の推進に貢献した。また、国定教科書共同販売所・日本書籍株式会社の各取締役、中等教科書協会会長、日清印刷株式会社監査役をも歴任した。昭和十三年(一九三八)八月二十三日没。七十三歳。戒名、興隆院殿冨山嘉生居士。墓は東京都文京区吉祥寺にある。

参考文献 『冨山房』、『冨山房五十年』、坂本守正編『坂本嘉治馬自伝』

(佐藤　能丸)

さかもときんや　坂本金弥　一八六五―一九二三　明治・大正時代の政治家、鉱業家。慶応元年(一八六五)二月十六日岡山藩士坂本弥七郎の長男として生まる。法律学を学び政治運動に投じ政論雑誌『進歩』、日刊新聞『中国民報』などの編集にあたる。鉱山の経営で成功をおさめ、荒手鉱業・久原炭鉱の社長をつとめるなど中国地方屈指の鉱業家となった。政界にあっては、岡山県会議員を経て、明治三十一年(一八九八)第五回総選挙で衆議院議員に当選以来、大正六年(一九一七)まで当選八回。進歩党・憲政本党・無名倶楽部・又新会を経て、明治四十三年立憲国民党の結成に参画したが、大正二年桂太郎が立憲同志会の創立に着手するとこれに加わった。しかし、翌年脱党し、その後は維新会・新政会など小会派を転々とした。また中国革命運動にもかかわりを持ち、明治三十八年孫文らの中国革命同盟会の結成大会が、東京霊南坂の坂本邸で行われたことは有名である。大正十二年十月二十二日死去。五十九歳。

参考文献 衆議院事務局編『衆議院議員略歴』

(鳥海　靖)

さかもとこうざぶろう　坂本孝三郎　一八九四―一九三五　大正・昭和前期の労働組合指導者。明治二十七年(一八九四)一月十七日に生まれた。京都市出身。小学校卒業後、鉄工場を転々、大正五年(一九一六)西尾末広・堂前孫三郎らと職工組合期成同志会を結成したのを最初に、八年堂前と大阪鉄工組合を結成、これを母体に十二年反総同盟系の日本労働組合連合会、十五年日本労働組合総連合を組織して執行委員長になった。昭和六年(一九三一)日本労働倶楽部、七年日本労働組合会議など大右翼結成に参加、さらに同年国防献金労働協会を結成した。八年

ＩＬＯ第十七回総会に労働代表として出席。無産政党運動に参加、中間派に属し、昭和四年大阪市会議員選挙に日本大衆党から当選、六年当時の全国労農大衆党を脱党、翌年日本主義の新日本国民同盟を結成、常任中央委員をつとめたが、十年三月四日腸チフスにより没した。四十二歳。京都市の法性寺に葬られた。

参考文献　日本労働組合総連合『労働運動』一一ノ三・四合併号（故坂本委員長追悼号）　（松尾　洋）

さかもとせいいちろう　阪本清一郎　一八九二―一九八七　大正・昭和時代の社会運動家。全国水平社（全水）の創立者の一人。「水平社」の命名者。明治二十五年（一八九二）一月一日、奈良県南葛城郡掖上村（御所市）の地主で膠製造業の父清三郎の次男に生まれた。大正八年（一九一九）西光万吉・駒井喜作ら同郷の青年たちと燕会を組織し、消費組合運動による部落の生活改善をはかった。また社会問題研究部を設けて部落問題の研究を進め、大和同志会の部落改善運動に批判を加えた。九年西光と日本社会主義同盟に参加し、十一年三月三日の全水の創立大会では経過報告を行い、本部理事（のち常任中央委員）として地方水平社の結成と差別糾弾闘争の指導に奔走した。昭和二年（一九二七）労働農民党の中央委員に選ばれ、四年大和無産統一党結成の中心となり、掖上村村会議員に最高位で当選した。六年には奈良県の舟木医師差別事件を大衆的闘争によって解決し、これを『扉を開く』にまとめた。全水奈良県連合会委員長をつとめる一方で、九年西光・米田富らと大日本国家社会党に入党し、国家社会主義の『街頭新聞』を創刊（十三年末まで四十五号刊行）して、親軍と戦争協力の道を進んだ。第二次世界大戦後は二十一年二月結成の部落解放全国委員会の顧問、三十年八月から部落解放同盟の中央委員を長くつとめた。四十年全水活動家の「荊冠友の会」の代表委員、五十年には国民融合をめざす部落問題全国会議の代表幹事をつとめ、部落解放運動の大先輩として重きをなした。昭和六十二年二月十九日没。九十五歳。

参考文献　奈良県同和事業史編纂委員会編『奈良県同和事業史』、奈良県水平運動史研究会編『奈良県水平運動史』、藤野豊『水平運動の社会思想史的研究』　（川村善二郎）

さかもとせっちょう　坂元雪鳥　一八七九―一九三八　明治末から昭和前期にかけての能楽評論家。明治十二年（一八七九）四月二十五日福岡県山門郡柳河町（柳川市）に白仁成功の三男として生まれる。本名、三郎。東京帝国大学文科大学を卒業するや東京朝日新聞社へ入社、明治四十年より「天邪鬼」の筆名で能評を担当する。また夏目漱石の同社への入社に奔走する。四十一年坂元常彦の養子となる。以来三十余年、技術評を主とした健筆を振るった。また、俳句もよくし、日本大学国文科教授でもあった。昭和十三年（一九三八）二月五日没。六十歳。『坂元雪鳥能評全集』二冊、『能楽論叢』『能楽筆陣』などがある。

参考文献　『謡曲界』四六ノ三・四　（草深　清）

さかもとたろう　坂本太郎　一九〇一―八七　昭和時代の日本史学者。明治三十四年（一九〇一）十月七日、静岡県浜名郡浜松町常盤（浜松市）に父宗十郎・母ちかの長男として出生。静岡県立浜松中学校、第八高等学校を経て大正十五年（一九二六）東京帝国大学文学部国史学科を卒業。大学院などで研鑽を重ね、昭和十年（一九三五）同文学部助教授に就任、十二年には「大化改新の研究」により文学博士の学位を受けた。二十年教授となり、第二次世界大戦の敗戦によって大きな打撃を受けた国史学研究室の再建に尽瘁し、多くの人材を育成した。一方、昭和十三年から同大学の史料編纂官を兼ね、二十六年からは史料編纂所長として、戦後の同所の史料編纂事業の復活と業務の発展とに貢献した。三十三年日本学士院会員に選任され、三十七年東京大学を停年退官、名誉教授の称号を授与され、その後は五十八年まで国学院大学教授を勤め、同じく名誉教授の称号を授与された。昭和十三年に刊行された『大化改新の研究』は、津田左右吉の研究を批判し、『日本書紀』の史料批判の上に立って大化改新から『大宝律令』の制定に至る間の諸制度の発達を考察したものであり、その後も『日本書紀』をはじめとする日本古代の諸文献について史料としての性格を明らかにし、その上に立って律令制度をはじめとする古代史の諸問題について多方面にわたる考察を加え、厳密な史料批判の上に立つ古代史研究の基礎を確立した。『日本古代史の基礎的研究』（上・下）はその中心をなす業績である。他方、史学会理事長・日本歴史学会会長のほか、文化財保護審議会会長など各種の委員を勤め、ことに文化財の保護や国立歴史民俗博物館の設立に大きな役割を果たした。また黒板勝美のもとで『（新訂増補）国史大系』の校訂出版に従事し、戦後は国史大系編修会の一員としてその完成に貢献し、国史大辞典編集委員会の代表をも勤めた。これらの学術文化への貢献により、四十七年には文化功労者に選ばれ、五十七年には文化勲章を受章した。六十二年二月十六日没。八十五歳。法名は高学院慈照日澍居士。墓は浜松市旭町の法雲寺にある。『坂本太郎著作集』全十二巻があり、主要著述のほか、自伝『古代史の道』『わが青春』および年譜・著作目録をも収める。

参考文献　関晃「坂本太郎先生を偲ぶ」（『史学雑誌』九六ノ四）　（笹山　晴生）

さかもとなおひろ　坂本直寛　一八五三―一九一一　明治時代の自由民権家、日本基督教会牧師。嘉永六年（一八五三）十月五日土佐国安芸郡安田村に出生。父土佐藩郷士高松清素（順蔵のちに鶴吉）、母千鶴（坂本竜馬の長姉）の次男。幼名習吉。十七歳のとき竜馬の兄坂本権平直方の養子となる。南海男と改名。英学を志し県立学校に入る。のち東京に遊学したが帰郷して立志学舎に学ぶ。明治十年（一八七七）立志社が民権運動の方針を確立、建白書の提出をはかり、演説会を開始、『土陽雑誌』『海南新誌』

を創刊するや立志社の論客として活動。才谷梅次郎・無外などの筆名も使う。十四年立志社の憲法草案起草委員。十八年一月直寛と改名、五月十五日受洗。二十年十二月保安条例による東京からの退去を拒否したため、大日本帝国憲法発布大赦まで入獄。明治十七年から二十六年まで断続的に高知県会議員。二十九年北海道クンネップ原野開拓の合資会社北光社を組織し渡道。三十五年以降日本基督教会伝道師、牧師。明治四十四年九月六日病死。享年五十九。墓は札幌市円山公園内墓地。土居晴夫編『坂本直寛著作集』(『土佐群書集成』二三―二五)がある。

[参考文献] 坂本直寛『予が信仰之経歴』、土居晴夫『坂本家系考』、自由民権百年北見実行委員会編『坂本直寛と北光社』、森田敏彦「坂本南海男(直寛)の思想と生涯」(山本大編『高知の研究』五所収)、土居晴夫「北光社移住史新考」(『土佐史談』一一八)、吉田曠二「坂本南海男の革命思想」(同一三八)、山下重一「坂本南海男と西洋政治思想」(『国学院法学』八ノ三)、松岡僖一「「坂本直寛」研究の一視角」(『現代と思想』二四)

(外崎　光広)

さかもとはんじろう　坂本繁二郎　一八八二―一九六九　明治から昭和時代にかけての洋画家。明治十五年(一八八二)三月二日福岡県久留米に生まれる。旧久留米藩士坂本金三郎の次男。母歌子。高等小学校の同級に青木繁がおり、ともに森三美に洋画を学ぶ。三十五年に上京、不同舎に通い、翌年太平洋画会研究所に入った。四十年に始まった文展に「張り物」「海岸」「うすれ日」などを出品、たびたび受賞したが、大正三年(一九一四)二科会の結成に加わった。十年から十三年までフランスに留学。帰国後久留米近郊の八女郡福島町(八女市)にアトリエを建て制作三昧の生活に入った。大正末から昭和十年(一九三五)代にかけて盛んに馬を描き、戦争中は馬鈴薯・瓦・砥石など身辺のものをとりあげて思惟性の強い作品を描いたが、戦後の能面の連作では画面に幽幻味が加わって鑑賞者に感銘を与えた。三十一年に文化勲章を受章。四十四年七月十四日八女市の自宅で没した。八十七歳。法名鳳進院殿繁誉真道居士。無量寿院に納骨。代表作は「放牧三馬」「水より上る馬」「壁」「能面と鼓の胴」「月」など。画集に『坂本繁二郎作品全集』、画論では『坂本繁二郎文集』などがある。

(原田　実)

さかもとまさる　阪本勝　一八九九―一九七五　昭和時代の革新的政治家、作家。明治三十二年(一八九九)十月十五日兵庫県川辺郡尼崎町(尼崎市)の眼科医阪本準平の長男に生まれた。母はたみ。第二高等学校を経て、大正十二年(一九二三)東京帝国大学経済学部を卒業した。福島県立福島中学校に一年勤務、大阪毎日新聞社記者になったが間もなく退社、昭和二年(一九二七)関西学院講師になった。同年の兵庫県会議員選挙に日本労農党から立って当選、三期つとめた。昭和二年『洛陽餓ゆ』、六年『戯曲資本論』を発表して文名を馳せた。十七年総選挙に翼賛会推薦で当選、二十一年公職を追放された。二十六年日本社会党の推薦で尼崎市長に当選、二期つとめた。無所属で兵庫県知事に当選、二期つとめた。三十八年革新無所属で東京都知事選挙に出馬したが、現職の東竜太郎に敗れた。四十五年兵庫県立近代美術館の初代館長に就任、神戸日豪協会会長などをつとめた。五十年三月二十一日病没。七十五歳。尼崎市寺町の如来院に葬られた。『市長の手帳』『知事の手帳』『佐伯祐三』『近代資本主義発達史論』(ホブソン著)、『生活の発見』(林語堂著)など著書・翻訳多数がある。

[参考文献] 日本社会党本部機関紙局編『人間・阪本勝』、神戸日豪協会編『人間阪本勝』

(松尾　洋)

さかもとりょうま　坂本竜馬　一八三五―六七　幕末期の討幕運動指導者、海援隊長。竜馬は通称。直陰のちに直柔と名乗り、脱藩後は才谷梅太郎などの変名を使う。天保六年(一八三五)十一月十五日(十月十五日説・十一月十日説あり)、土佐藩の町人郷士坂本八平直足・幸の次男として、高知城下本町(高知市本丁筋一丁目)に生まれる。町人郷士坂本家は城下の豪商才谷屋の分家で、八平は三代目。城下の日根野弁治道場で剣を学んだが、嘉永六年(一八五三)江戸へ出て、北辰一刀流千葉定吉の門に入る。江戸滞在中ペリー来航に直面して攘夷思想の影響をうけたが、翌安政元年(一八五四)帰国後、薩摩藩反射炉を藩命で視察した絵師河田小竜から海運の必要などについて教示される。その後武市瑞山との交流を深め、文久元年(一八六一)武市が土佐勤王党を結成するや、竜馬も早速加盟し、その活動に参加した。翌年二月、「草莽志士」の糾合を求める久坂玄瑞の武市宛の書状を持ち帰ったことは有名。そのころ薩摩藩の率兵上京に呼応する西国志士の挙兵計画が伝わり、同志の脱藩が相ついだ。竜馬も呼応するかのように三月二十四日に脱藩したが、挙兵計画には参加せず、各地遊歴後、夏すぎに江戸に赴く。その後、松平春嶽に接し、さらに勝海舟の門に入る。その下で幕府の近代海軍創設計画に参加し、そのなかで脱藩の罪も許された。文久三年四月二十四日幕府が神戸海軍操練所建設を決定するや、勝の右腕として東奔西走する。このように竜馬は、開化的傾向を示し始めたのであるが、このことは尊攘運動からの絶縁を意味するものではなかった。それは、同年六月二十九日付書状で、攘夷を決行した長州藩を弁護しながら「日本を今一度せんたくいたし」たいと書いていたことに伺える。したがって土佐藩が勤王党弾圧を強め始めるや、同年十二月、再度脱藩の身となった。また勝が翌元治元年(一八六四)十月江戸に召喚されることになったので、操練所に集まった竜馬以下は薩摩藩に預けられた。この結果、慶応元年(一八六五)四月鹿児島に赴くこととなったが、一方では薩摩藩に支援されて長崎の亀山に社中を開き、他方では三条実美らを太宰府に訪ね、閏五月六日には下関で木戸孝允と会談する。中岡慎太郎・土方久元らの動きに協力し、薩長同盟のために努力することとなった。この結果社中が、長崎で外国の艦船銃砲を購入することを幕府に禁ぜられていた長州藩のために、薩摩藩の名義で購入するなどの周旋を通じて薩長の関係を深め、ついで慶応二年正月二十二日（二十一日説もある）、京都薩摩藩邸で竜馬の仲介による薩長同盟を成立させた。その翌日、伏見の船宿寺田屋で幕吏に襲撃されたが、妻お竜（元治元年五月ごろ結婚、医師楢崎将作女）の活躍もあって助かる。その後お竜を鹿児島に伴い、傷を癒して長崎を中心に活動を再開した。社中で航海術の稽古をしながら運輸業などに従い、さらに商社経営を企画する。他方薩長土三藩連合を画策し、慶応三年正月中旬、長崎で土佐藩参政後藤象二郎と会談した。こうして土佐藩は、竜馬と中岡慎太郎の罪を許し、四月初旬に竜馬を海援隊長、中岡を陸援隊長に任命したのである。これは、藩主流が佐幕的立場を脱却したことの反映であった。その後竜馬は、藩の支援をうけて社中以来の海援隊の業務を拡大するとともに、割拠論と公議政体論とをむすびつけた竜馬の独自の国家構想である「船中八策」（筆記は長岡謙吉）を、六月後藤に提示した。後藤がこの構想にもとづいて大政奉還を実現させるが、竜馬は、それを支持しながらもライフル銃千挺を土佐藩に購入させるなど、割拠論的「藩」強化策を重視した。このように新しい政権構築には積極的に参画したが、新政府への参加は辞退している。だが海援隊員三百人を率いて上京してきたとの噂がたち、しかも前年の伏見の事件で幕吏を傷つけていたこともあって幕府に狙われ、十一月十五日京都の近江屋で見廻組に襲撃され闘死した。三十三歳。三日後、ともに遭難した中岡・下男山田藤吉と東山の霊山（現京都市東山区京都霊山護国神社域内）に埋葬される。『坂本竜馬関係文書』（『日本史籍協会叢書』）、書翰・関係史料・詠草などを収めた宮地佐一郎編『坂本竜馬全集』全一巻がある。

参考文献　平尾道雄編『坂本竜馬のすべて』、池田敬正『坂本竜馬』（『中公新書』六九）
（池田　敬正）

さがらそうぞう　相楽総三　一八三九―六八　幕末・維新期の尊攘派志士。名は小島四郎左衛門将満、通称四郎。変名が相楽総三ほか村上四郎・内田四郎・二荒二郎。天保十年（一八三九）江戸赤坂に生まれる。父小島兵馬は下総国相馬郡椚木新田（茨城県北相馬郡藤代町）の郷士出身。四郎は兵学と国学を修め、二十歳になると門人をとるようになり、文久元年（一八六一）、二十三歳のとき尊王攘夷の志士となって旅立つ。上野・下野・信濃・越後・出羽秋田など東国を歴遊してひろく同志を募った。三年には慷慨組の上野国赤城山挙兵を援助するが失敗し、一時江戸に帰る。翌元治元年（一八六四）には水戸藩尊攘激派＝天狗党の筑波山挙兵に加わるが、藤田小四郎らと意見が合わず下山。慶応二年（一八六六）京都に出、翌年秋に西郷隆盛の命令を受けて江戸に戻り、芝三田の薩摩藩邸に浪士を糾合して、江戸とその周辺地で騒動を起した。このため幕府側に焼打ちされた薩摩藩邸をのがれ、明治元年（一八六八）再び西郷の指令を受けて官軍先鋒隊である赤報隊の結成に参加。これ以後、自分が建白して太政官＝維新政府に採用された年貢半減令を隊の旗印として進軍した。しかし、軍資金不足に苦しみ都市大商人と結び年貢半減令の実質的取消しをはかった維新政府により、東山道進軍途上「偽官軍」の名のもとに捕えられ、同年三月三日に信濃国下諏訪にて斬殺された。三十歳。下諏訪の刑場あとに魁塚が建つ。昭和三年（一九二八）に正五位を贈られた。

参考文献　信濃教育会諏訪部会編『相楽総三関係史料集』、長谷川伸『相楽総三とその同志』、高木俊輔『維新史の再発掘―相楽総三と埋もれた草莽たち―』（『NHKブックス』一一〇）、同『明治維新草莽運動史』
（高木　俊輔）

さがらともやす　相良知安　一八三六―一九〇六　明治時代前期の医学者、医学行政官。維新に際し政府は西洋医学の採用を決めたが、いずれの国を範とするかの問題がおきた。このとき相良はドイツ医学の採用をつよく主張し、それを決定せしめるのに大きな貢献をなした。初め弘庵と称す。天保七年（一八三六）二月十六日、佐賀にて同藩医柳庵の子として生まる。同地で蘭学の習得などを行なったのち文久元年（一八六一）佐倉にある佐藤尚中の順天堂に留学、二年後には長崎に転じ精得館で蘭医ボードインについて学んだ。帰藩して鍋島閑叟（直正）の侍医となり、明治維新になって閑叟に従い上京。明治二年（一八六九）、岩佐純とともに医学校取調御用掛を命ぜられる。当時わが国は英米語系の医学がすでに入っており、ことにウィリスは功があり、英国医学を取ろうとする勢力はあなどれなかった。相良と岩佐はドイツ医学採用を進言、政府内の政治的結着によりそれが容れられた。普仏戦争の関係でドイツ人教師の来着が当初より遅れることなどがあったが、同四年になってミュルレル・ホフマンの来着をみて、これよりドイツ語系医学がわが国に定着することとなった。また彼は上野の寛永寺の焼け跡を医学校の敷地にすることを主張したが、これはボードインの反対により実現せず、現在は上野公園となっている。同三年、冤罪で入獄させられたが五年無罪となり、同年第一大学区医学校長、翌年には文部省初代医務局長を兼ねた。しかしまもなくこれを辞し、同十八年文部省編輯局に勤めるがこれも長くはなく、官についた期間は前後を通じてもわずかである。晩年は窮乏の生活を送り、売卜の身となって不遇のうちに死亡した。「医制」の起案にも関与した。勲五等双光旭日章を受く。同三十九年六月十日病没。七十一歳。墓は佐賀市唐人の城雲院にある。昭和十年（一九三五）、東大構内に顕彰碑が建てられた。

参考文献　鍵山栄『相良知安』、神谷昭典『日本近代医学のあけぼの』、富士川游「相良知安先生」（『富士川游著作集』八所収）
（長門谷洋治）

さきさかいつろう　向坂逸郎　一八九七―一九八五　マルクス主義理論家。明治三十年（一八九七）二月六日福岡県三池郡大牟田町(大牟田市)に三井物産の下級社員向坂賀禄の長男として生まれる。母こはる。経済学者正男は弟。八女中学を経て五高在学中、河上肇『貧乏物語』を読んで経済学に志し、東京帝国大学経済学部に進む。宇野弘蔵・土屋喬雄と同学年。在学中堺利彦や山川均の著作に親しみ、森戸事件処分反対運動に活躍。大正十年(一九二一)卒業後直ちに経済学部助手となる。翌年から九州帝国大学法文学部の経済学概論担当教授要員としてドイツに二年半留学。その間厖大なマルクス主義文献を集めた。大正十四年帰国とともに九大助教授。翌年教授に昇任。昭和三年(一九二八)四月、三・一五事件の余波で九大を辞職させられた。上京して、自分の集めた文献を基幹とする『マルクス=エンゲルス全集』全二十一巻(改造社)編集にたずさわる一方、『労農』の同人となり、以後「労農派」の論客として「地代論争」「日本資本主義論争」に活躍。十二年十二月人民戦線事件で検挙され、二年半後出獄したのちは翻訳と百姓生活で終戦を待った。戦後直ちに九大教授に復帰し、三十五年停年退官。戦後の生活は本来のマルクス経済学研究よりも、日本社会党の強化に捧げられた。昭和二十一年「平和革命論」を提唱して、山川均の理論的後継者としての地位を確立し、翌年山川ら労農派の同志とともに『前進』を創刊、社会党左派を支援した。二十五年労働者階級の戦線統一と社会主義勢力の結集をめざす理論研究集団としての社会主義協会結成に参画。三十三年大内兵衛とともにその代表となり、終生その任にあった。マルクス・レーニン主義の旗印を堅持した社会党左派の理論的支柱であり、同時に、三池炭鉱争議(三十五年)のエネルギー源となった学習会活動に代表される熱心な労働者教育と、清潔で暖かい人柄により、第一線の活動家に大きな影響力を保った。すぐれた文章家であり、『地代論研究』『日本資本主義の諸問題』などの専門書のほか、『学ぶということ』『読書は喜び』『流れに抗して』(『講談社現代新書』二一五)など啓蒙的文章も多く、著書は五十冊を越えた。翻訳の代表作としては岩波文庫版『資本論』がある。昭和六十年一月二十二日没。八十七歳。堺利彦の旧蔵書を含む全蔵書は、夫人によって法政大学大原社会問題研究所に寄贈された。

参考文献　坂本守『向坂逸郎・向坂ゆき―叛骨の昭和史―』　（松尾 尊兊）

さきむらつねお　崎村常雄　一八四六―七八　明治前期の自由民権家。弘化三年(一八四六)肥後国に生まれる。熊本藩士崎村甚之丞の子。藩校時習館に学び、藩主の側役となり禄百石をうけ、維新に際しては京坂間にあって国事に奔走した。維新後征韓論にくみし、明治八年(一八七五)、宮崎八郎・平川惟一らと植木学校を創立、民権論を唱えて民権党を組織して顧問となった。同十年西南戦争開始後、民権党が熊本協同隊を組織して西郷軍に投じたときには病のため参加しなかったが、隊長平川が戦死したのち、同志に説かれ、薩軍の敗亡を予測しつつも病をおして幹事に就任した。薩軍の驕慢無謀に怒り、かつ敗軍必至を説いて帰郷を望む隊員を帰郷させ、隊を再編して勇戦したが、八月に残存協同隊員を率い、戦時捕虜としての待遇を要求して降伏した。懲役五年の判決をうけ服役中の同十一年五月七日に病死した。三十三歳。墓は熊本県玉名市富尾にある。

参考文献　黒竜会編『西南記伝』、高浜幸敏「崎村常雄と協同隊」(『暗河』七)　（大江志乃夫）

さくまさまた　佐久間左馬太　一八四四―一九一五　明治・大正期の軍人。陸軍大将。長州藩士岡村孫七の次男として弘化元年(一八四四)十月十日生まれ、のち佐久間家に入る。大村益次郎に西洋兵学を学び戊辰戦争に従軍、明治五年(一八七二)陸軍に入って大尉、少佐で熊本鎮台参謀として佐賀の乱、中佐で台湾蕃地事務局都督参謀として台湾出兵、歩兵第六連隊長として西南戦争に従軍した。十一年十一月大佐、十四年二月に少将・仙台鎮台司令官、歩兵第十旅団長を経て仙台鎮台司令官に再任、十九年十二月中将、二十年五月男爵、二十一年五月第二師団長、二十八年一月日清戦争に出征、威海衛攻略後占領地総督に転じ、同八月子爵、近衛師団長を経て中部都督、三十一年九月大将、三十五年十月休職、三十七年五月現役に復して東京衛戍総督、三十九年四月から大正四年(一九一五)四月まで台湾総督、この間四十年九月に伯爵。大正四年五月に退役、八月五日に病没した。七十二歳。法名義光院殿雄誉顕道大居士。仙台市新寺小路(新寺二丁目)善導寺に葬られたが、のち宮城郡宮城町葛岡霊園内同寺管理墓地へ改葬。

参考文献　台湾救済団編『佐久間左馬太』　（大江志乃夫）

さくましょうざん　佐久間象山　一八一一―六四　江戸時代後期の思想家。松代藩士。実名は初め国忠、のちに啓、またの名を大星という。幼名は啓之助、通称は修理、字は初め子迪、のちに子明、象山はその号である。文化八年(一八一一)二月二十八日に信州松代城下に生まれる。父の国善(通称一学)は五両五人扶持で側右筆、表右筆組頭を勤めたが、卜伝流の剣術の達人で道場を開いており、和漢の学にも通じていた。象山は、幼時、腕白なきかん坊であったが、きわめて利発で、やがて家老鎌原桐山などから経学文章を、町田源左衛門から和算を学ぶ。十八歳で家督を継ぎ、天保四年(一八三三)江戸に出て佐藤一斎に師事するが、朱子学を信ずる彼は、一斎が陽明学を奉ずるのに不満で、文章詩賦しか学ばぬと称していたという。七年初め帰藩したが、十年江戸に再遊、神田阿玉池に塾を開く。同十二年江戸藩邸学問所頭取となるが、この当時までは伝統的な漢学の修得に没頭していた。アヘン戦争の情報に衝撃を受けた象山は、老中で海防掛となった藩主真田幸貫より海外事情の研究を命じられたことも加わって、俄かに対外的危機に目覚め、以後海防の問題に専心する。天保十三年十一月の藩主宛上書は、西洋列強と戦争になった場合勝目がないとして、オランダより船を購入すると同時に教師を招き、大船・大砲を充実すべきことなどを説いたもので、「海防八策」とよばれる。その九月に西洋砲術を学ぶため江川坦庵(太郎左衛門)に入門していたが、みずから原書を読む必要を痛感して、三十四歳の弘化元年(一八四四)黒川良安に就いてオランダ語を学び始めた。嘉永二年(一八四九)『ドゥーフ＝ハルマ』の改訂・出版を企てるが、幕府の許可が下りず中絶した。同四年江戸木挽町に塾を開き、西洋真伝を標榜して砲術を教えたが、弟子には必ず砲術と儒学を兼修させた。門下に勝海舟・吉田松陰・加藤弘之らがいる。この前後に各藩の依頼でたびたび大砲を鋳造し、嘉永五年には易の原理で砲術の理論を説明した『礮卦』を著わす。この間、天保十四年に郡中横目役(弘化四年まで)、翌弘化元年に佐野・湯田中・沓野三ヶ村利用係を命ぜられ、嘉永四年までたびたび藩地に戻り、その地の開発に尽力する。また、天保十四年に佐久間氏の旧禄百石に加増され、嘉永五年四十二歳の折に勝海舟の妹順子を娶っている。嘉永六年のペリー来航とともに、西洋事情探索と国力充実の必要を一層強調したが、翌安政元年(一八五四)四月吉田松陰に密航を慫慂した廉で幕府に捕えられ、九月に松代で蟄居するよう命じられた。『省諐録』はこの獄中の感懐を記したものである。蟄居中、閑寂を楽しみ蘭書の学習に精進するが、知己との情報交換を怠らず、安政五年の日米修好通商条約締結の際には、藩の家老を通して米国との折衝案を幕府要路へ送る一方、京都の梁川星巌へ密使を出し公武融和を働きかけた。文久二年(一八六二)九月には時事を痛論した幕府への上書稿を書き、十二月には攘夷の不可と積極的な貿易・海外進出を説いた意見書を藩主へ提出する。同月末九年ぶりで赦免されるが、この前後になされた高知藩と萩藩、さらに翌三年の朝廷からの招聘は、藩内の反対派からは象山追出しの具とされようとした。元治元年(一八六四)三月幕府の徴命を受けて上洛、海陸御備向手付御雇(四十人扶持十五両)となる。京都では公武合体論と開国進取説に立脚して、一橋慶喜や皇族・公卿の間を奔走したが、七月十一日に三条木屋町筋で尊攘派に斬殺された。禁門の変の七日前であり、変に備え天皇を彦根へ遷すよう画策していたことが、直接の原因であった。時に五十四歳。遺骸は花園妙心寺大法院に葬られる。法名は清光院仁啓守心居士。象山が自己の使命としたのは、対外的危機を克服するため、優越した西洋の科学技術を摂取して国力を充実することであった。その場合、西洋の国力の基礎を自然科学ないし実験的思考にまでさかのぼって捉えた点に、彼の特徴がある。この背後には、格物窮理を重視する彼の朱子学があった。彼は格物窮理の観念を媒介として西洋の科学技術を理解、導入したが、その過程は儒教の格物窮理を自然科学的、実験的方法に読み直していくことであった。大砲の鋳造から硝石や写真器の製作、豚飼育や馬鈴薯栽培の奨励といった行動には、実験的精神の萌芽が認められよう。その反面、社会政治制度の面については、彼の眼は比較的に狭く、幕藩体制の身分秩序を天地自然の秩序とみる朱子学的見方を最後まで保持した。これがその自然科学的思考の一層の展開を妨げると同時に、その西洋理解を科学技術面に限定した。「東洋道徳、西洋芸術」の観念がここから出てくる。たしかに蘭学の習得につれてその視野は世界に拡大したが、彼の夷狄観批判は、それが西洋科学技術の摂取と西洋諸国に対する現実的対応とを妨げるという点に根拠があった。彼の対外論は、初期の避戦論から積極的な貿易・海外進出論に発展したが、これは押しつけられた「開国」を、日本が世界を席捲する第一歩へ転じようとするものにほかならなかった。『(増訂)象山全集』全五巻がある。

参考文献　佐藤昌介・植手通有・山口宗之校注『渡辺崋山高野長英佐久間象山横井小楠橋本左内』(『日本思想大系』五五)、宮本仲『佐久間象山』、大平喜間多『佐久間象山』(『人物叢書』一三)、植手通有『日本近代思想の形成』、信夫清三郎『象山と松陰』、丸山真男「幕末における視座の変革—佐久間象山の場合—」(『展望』一九六五年五月号)

（植手　通有）

さくまつとむ　佐久間勉　一八七九—一九一〇　明治時代後期の海軍軍人。明治十二年(一八七九)九月十三日滋賀県三方郡北前川村(福井県三方郡三方町)の前川神社神職佐久間可盛・まつの次男として生まれた。明治三十四年海軍兵学校卒業(二十九期)。日露戦争には軍艦吾妻乗組、第十五艇隊付、笠置分隊長心得を歴任しながら従軍し、戦後水雷術練習所学生を経て潜水艇の研究に従事、三十九年八月第一潜水艇隊艇長心得(九月艇長)、九月大尉。第一艦隊参謀、駆逐艦春風艦長、対馬分隊長を経て、四十一年十一月第一潜水艇隊艇長。第四、第二、第三潜水艇乗艇を経て、翌年十二月第六潜水艇に転乗。四十三年四月十五日、山口県新港沖の広島湾内で母艦歴山丸を離れて潜水訓練中に沈没、次第に呼吸困難となるなかで沈着に部下十三名を指揮して任務遂行にあたり、かつ事故の顚末を詳細に記録して潜水艇研究の発展に資するための遺書を書き残して絶命した。のちに引き揚げられた艇中で乗員全員が持場を離れることなく絶命している姿が発見され、壮烈な遺書と相まって海軍軍人の鑑とされた。三十二歳。郷里の佐久間家墓地に葬られた。

参考文献　法本義弘編『(正伝)佐久間艇長』

（大江志乃夫）

さくまていいち　佐久間貞一　一八四八—九八　明治時代の実業家。嘉永元年(一八四八)五月十五日、幕臣佐久間甚右衛門・妻ます子の長男として生誕。幼名千三郎。戊辰戦争に太鼓隊として政府軍と戦う。明治二年(一八六九)旧主に従って静岡に移り、保田久成の門に入る。四年藩命を受け九州を歴訪。天草の住民たちを北海道浦川に移住させ椎茸の栽培を教える。のち函館で物産業を開き成功す。また、フランス船ニール号の引揚げに成功、一躍名声を博す。九年保田・大内青巒らとともに活版印刷所秀英舎を創立す。二十三年大日本図書株式会社を創立するとともに西洋木版彫刻を主とする生巧館を設立。さらに東洋移民会社を創立してわが国の移民事業に尽くす。その他、東京精米会社・国民貯蓄銀行・東京貸資協会・東京工業協会など多数の事業に関与す。その間、東京市会議員・牛込区会議員・商業会議所議員・農商工高等会議員などの公職にも従事。他方、労働問題解決のために一貫して努力す。明治十一年秀英舎内に八時間労働制を実施し、資本家を警醒するとともに労働者の保護・教育・衛生の必要性を鼓吹した。三十年以降結成された労働組合の育成に協力し、また、共済組合活動を援助した。三十一年農商工高等会議に工場法案が諮問せられるや、病をおして発言せんとするも果たさず、十一月六日没。五十一歳。日本のロバート＝オーエンと称えられた。墓は東京都台東区の谷中墓地にある。法名は峻徳院天授貞一居士。

参考文献 豊原又男『佐久間貞一小伝』、『七十五年の歩み―大日本印刷株式会社史―』、大河内一男『黎明期の日本労働運動』(『岩波新書』青一一五)

(大原　慧)

さくらあずまお　佐久良東雄　一八一一―六〇　幕末の志士、歌人。幼名吉兵衛、通称靱負、のちに静馬と改め、健雄ともいう。薑園と号した。文化八年(一八一一)三月二十一日常陸国新治郡浦須村(茨城県新治郡八郷町)に土浦藩郷士飯島平蔵の長男として生まれる。九歳の時、下林村(同)観音寺の康哉の弟子となり、名を良哉、字を高俊と改めた。康哉から『万葉集』を学び、歌学・国典に興味を持つようになる。のちに大和長谷寺の新義真言宗豊山学林に学び、天保三年(一八三二)観音寺の住職、同六年真鍋村(茨城県土浦市)善応寺の住職となり、折からの飢饉に貧民救済に努力した。同十四年、鹿島神宮で潔斎ののち還俗し、桜樹千本を植え、佐久良(桜)東雄と改名、江戸に出て平田篤胤の門に入り国学を学ぶ。この間、水戸の藤田東湖、土浦の色川三中、真壁の桜任蔵、笠間の加藤桜老・島男也らと交わる。その後、上洛して妙法院宮家の家人、大坂坐摩(いかすり)神社の神官などを勤めた。坐摩神社では、篤胤の『出定笑語』、本居宣長の『秘本玉くしげ』などを出版し、国学の普及に努めた。坐摩神社での一連の出版書を坐摩版という。万延元年(一八六〇)、桜田門外の変に呼応して京坂地方でも事を起そうとした高橋多一郎をかくまった罪で捕えられ、島男也とともに江戸に送られる。伝馬町の獄では、徳川の粟を食まずと絶食し、同年六月二十七日に絶命した。年五十。墓は真鍋の善応寺にある。歌集『薑園集』には万葉調の詠歌が多い。また、佐久良東雄顕彰会編『佐久良東雄歌集』がある。明治三十一年(一八九八)贈従四位。生家飯島家は国指定史跡である。

参考文献 市村其三郎編『勤皇家佐久良東雄』、望月茂『佐久良東雄』、高橋梵仙『佐久良東雄』、佐久良巌編『佐久良東雄伝』、石井寿夫『佐久良東雄先生のこころ』、武石信徴『桜東雄伝』(『維新史料』一一七)

(久野　勝弥)

さくらいじょうじ　桜井錠二　一八五八―一九三九　明治から昭和前期にかけての化学者。日本に理論化学を紹介し、化学教育・科学研究の組織などの基礎を築いた一人。安政五年(一八五八)八月十八日、金沢藩士桜井甚太郎の六男に生まれたが、五歳の時父死去。明治三年(一八七〇)十三歳で英語学校(致遠館)に学び、まもなく七尾語学所でイギリス人オスボンに学ぶ。のち英学派といわれる基は、すでにここに淵源する。明治四年大学南校に入り、イギリス人御雇教師アトキンソンに化学を学ぶ。同九年文部省派遣の東京開成学校(大学南校の後身)第二回留学生として杉浦重剛らとアメリカ経由でロンドンに着き、十月よりユニバーシティー＝カレッジでウィリアムソンに学び、優秀な成績で卒業、一八七九年にはロンドン化学会の終身会員にえらばれる。明治十四年帰国、東京大学講師、翌年教授となる。日本人教師が外国人教師に代わる時代となった。一方、ドイツに留学してリービッヒ・ホフマンらの実験有機化学の学統を学んだ長井長義とはちがって、研究中心から教育中心に物理化学・構造有機化学の理論を述べ、英国流の一つの科学としての化学を歴史的に講述した。電池の理論では、新興の溶液論を述べ、後任となる池田菊苗とともに分子量測定装置をつくり、分子・原子論を展開した。したがって化学教育の指導原理も伝統的英国流であった。つまりファラデーの『ロウソクの科学』で採られた方法のように、生徒に教えるのではなく、わからせる方針であった。これについては明治二十三年「化学教育上ノ意見」を発表して中沢岩太らと論じているが、今日もなお化学教育論の分かれるところである。大正八年(一九一九)定年退職。これより先、明治三十一年帝国学士院会員に推され、のち同院長。大正六年渋沢栄一らと理化学研究所創立に協力した。翌七年イギリスおよびフランスで開催された万国学術研究会議に出席して帰国後、日本学術研究会議の設立に尽力し、同九年創立。さらに昭和七年(一九三二)には日本学術振興会の設立に尽力。その他国際社会に生きる日本の学術体制整備など科学行政の中心にあった。また貴族院議員・枢密顧問官に推挙される。昭和十四年一月二十八日没。八十二歳。死去に際し男爵を授けられた。

参考文献 桜井錠二『思出の数々』、柴田雄次「桜井錠二先生」(『化学』一六ノ四)、山下愛子「黎明期日本に化学の基礎を築いた桜井錠二」(『MOL』四ノ六)

(山下　愛子)

さくらいただよし　桜井忠温　一八七九―一九六五　明治時代後期から昭和時代にかけての陸軍軍人、作家。明治十二年(一八七九)六月十一日、旧伊予松山藩士桜井信之の三男として松山に生まれ、明治三十四年陸軍士官学校卒(十三期)。松山の歩兵二十二連隊付、日露戦争に出征、中尉となり旅順第一回総攻撃で瀕死の重傷を負い、内地に送還、三十九年にその体験を書いた戦記『肉弾』を刊行、好評を得て明治天皇に拝謁、下問を受けた。四十一年大尉、大正五年(一九一六)少佐、十年中佐と進級したが右手不自由のため職歴のほとんどを学校付・司令部付で過ごし、十三年三月陸軍省新聞班長、十二月大佐、昭和五年(一九三〇)八月少将に進級待命、以後作家として活動、絵画にも長じ、十五年文化奉公会結成とともに副会長となった。大正二年『銃後』、十四年『黒煉瓦の家』、昭和三年『将軍乃木』、六年『戦はこれからだ』、七年『国防大事典』、二十九年『兵隊過去帳』などの著作があり、『桜井忠温全集』全六巻には昭和五年までの作品が収められている。昭和四十年九月十七日没。八十六歳。

参考文献 木村毅編『明治戦争文学集』(『明治文学全集』九七)

(大江志乃夫)

さくらいちか 桜井ちか 一八五五—一九二八 明治・大正時代の先覚的女子教育家。安政二年(一八五五)四月四日生まれ、江戸商人平野与重郎の長女。キリスト教教師桜井昭悳の妻(明治五年(一八七二)結婚)。明治九年桜井女学校創立(現女子学院の一前身)。のち三たび渡米して学び、三十一年以降、英語・料理・キリスト教を主内容とする桜井女塾に拠り、自律的家庭婦人の育成に専念した。昭和三年(一九二八)十二月十九日没。七十四歳。墓は東京都豊島区の染井墓地にある。

参考文献 桜井淳司編『桜井ちか小伝』

(千住 克己)

さくらうちゆきお 桜内幸雄 一八八〇—一九四七 大正・昭和前期の政党政治家、実業家。号は蒼天。明治十三年(一八八〇)八月十四日旧広瀬藩の没落士族桜内和一郎・綾の長男として島根県能義郡広瀬町に生まれる。印刷工・新聞記者などを転々としたが、雨宮敬次郎の知遇を得て鉄道事業、ついで電力事業に投じ関東各地の電燈会社の設立に尽力。明治四十五年日本電燈会社の設立に参画、取締役となった。また鉱山業・製鉄業にも関与した。大正九年(一九二〇)以来衆議院議員当選八回。はじめ立憲政友会に属したが、十三年同会分裂に際し政友本党に走り、ついで昭和二年(一九二七)立憲民政党の結成に参画して幹事長となった。六年第二次若槻内閣の商工大臣として入閣したが同年十二月同内閣の退陣により辞任。十三年電力事業の国家管理案に強く反対。十四—十五年平沼内閣の農林大臣、米内内閣の大蔵大臣をつとめるとともに党長老として町田忠治民政党総裁を補佐した。二十年五月—二十一年四月枢密顧問官。敗戦後の二十一年四月公職追放となった。著書に『桜内幸雄自伝—蒼天一夕談—』がある。なお、弟桜内辰郎は衆議院議員、次男の桜内義雄も衆議院議員・国務大臣をつとめた。昭和二十二年十月九日病没。六十八歳。東京都杉並区堀ノ内の修行寺に葬られた。

参考文献 河野幸之助『桜内家の人びと』

(鳥海 靖)

さくらだいちろう 桜田一郎 一九〇四—八六 昭和時代の高分子化学者。明治三十七年(一九〇四)一月一日、京都市に父文吾の長男として生まれる。大正十二年(一九二三)京都帝国大学工学部工業化学科に入学。喜多源逸の指導のもとにセルロース化学へ進む。大正十五年同大学卒業後、理化学研究所の研究員、三年間ドイツに留学。ときあたかも高分子化学誕生のときにあたり、ライプチッヒ大学のW・オストワルトにコロイド化学を学び、次にベルリンのカイザー＝ウィルヘルム研究所のK・ヘスに学んだ。昭和六年(一九三一)四月帰国、同年工学博士。十年京都帝大教授。十六年工学部に繊維工学科を創設。四十年から二年間工学部長、四十二年退官後、京都大学名誉教授、同志社大学工学部教授、日本原子力研究所大阪研究所所長。主な業績に、昭和十三年十月にアメリカのデュポン社よりカロザースのナイロンが発表された翌年十月、日本最初の合成繊維、耐水性ポリビニルアルコール繊維「合成一号」を李升基・川上博らと発表した。二十四年に倉敷レイヨン(現クラレ)から「ビニロン」の名で製造を開始、合成繊維の時代を拓き、二十六年第一回日本化学会化学技術賞を受賞した。研究報告は昭和六年醋酸繊維素の研究をはじめとして約八百編余に及び、いずれも独創的研究を展開。物性研究面で高分子溶液の粘度と分子量の関係式(マーク-ハウインク-桜田の式)を誘導、現在も使われている。高分子化合物のX線研究、放射性高分子化学の領域を開拓、三十一年日本放射線高分子研究協会(のち日本原子力研究所)の設立に参画。また「高分子」の邦語を提案し、昭和二十六年高分子学会を創立した。著書に『第三の繊維』『繊維・放射線・高分子』『高分子化学とともに』『繊維の科学』などがあり、Polyvinyl Alcohol Fibers(1985)を編集。三十年学士院賞、五十二年工業化学分野では初の文化勲章を受章した。昭和六十一年六月二十三日没。八十二歳。墓は京都市左京区浄土寺真如町の真如堂の墓所にある。法名玉雲院殿学峯一如大居士。

参考文献 日本科学史会編『日本科学技術史大系』二一、岡村誠三・井本稔「桜田一郎先生のご逝去を悼む」(『化学』四一ノ九)、中島章夫・岡田紀夫・中保治郎「桜田一郎先生のおもいで」(『化学と工業』三九ノ九)、筏義人「本を捧ぐ」(『高分子加工』四一ノ七)

(山下 愛子)

さくらだじすけ 桜田治助 一八〇二—七七 歌舞伎狂言作者。三代。享和二年(一八〇二)生まれる。文政七年(一八二四)十一月より二代桜田治助の門弟となり、天保四年(一八三三)十一月中村座で三代目を襲名し、同六年春同座で立作者となって活躍したが、文久二年(一八六二)春、守田座で狂言堂佐交または桜田左交と改名してからは、故老として重んじられたにすぎなかった。脚本では独創性に乏しかったが、舞踊劇には常磐津の『乗合船恵方万歳』、清元の『明烏夢泡雪』、ほかの佳作が多い。明治十年(一八七七)八月七日没。七十六歳。浅草東本願寺中法融寺に葬られ、のち寺の移転により練馬区関町の同寺に改葬された。

参考文献 三升屋二三治『作者店おろし』、西沢一鳳『(西沢文庫)伝奇作書』、河竹繁俊『歌舞伎作者の研究』、伊原敏郎『近世日本演劇史』、守随憲治『歌舞伎序説』 (戸部銀作)

さくらだたけし 桜田武 一九〇四―八五 昭和時代の財界人。日本経営者団体連盟会長、名誉会長。明治三十七年(一九〇四)三月十七日、広島県沼隈郡赤坂村(福山市)に生まれる。大正十五年(一九二六)東京帝国大学法学部卒業、日清紡績会社に入社。財界の重鎮であった宮島清次郎同社社長に見込まれて昇進を続け、昭和二十年(一九四五)四十一歳で同社社長に就任。堅実経営を貫いて、同社の経営内容を業界第一にまで改善した。また、アラビア石油会社の創設に参加する一方、東邦レーヨン会社会長も務め、同社の再建に成功。二十三年、日経連の創設に参画。代表常任理事を経て三十五年に会長に就任。五十四年に会長から退き名誉会長となる。同郷の池田勇人を宮島や宮島の学友の吉田茂に紹介したことがきっかけとなり、池田・大平正芳らの宏池会の指南役といわれ、池田首相時代に小林中・永野重雄・水野成夫と並んで「財界四天王」と呼ばれた。第二次世界大戦後、労働運動が盛り上がるなかで経営者の復権を訴え、やがて欧米とは異なる日本的企業別組合を主唱。その後、池田内閣の時に三井三池争議の解決に協力。石油危機によるインフレのために昭和四十九年に大幅賃上げが行われると、賃上げと物価上昇の悪循環を断ち切る必要性を強調。労働組合を説得し、賃上げ幅の抑制に貢献する。五十年からは財政制度審議会会長を務め、土光敏夫経済団体連合会名誉会長とともに行財政改革に尽力。六十年四月二十九日没。八十一歳。

参考文献 日本経営者団体連盟編『桜田武追悼集』、大谷健『桜田武の人と哲学』、桜田武・鹿内信隆『いま明かす戦後秘史』 (中村隆英)

さくらまきゅうせん 桜間弓川 一八八九―一九五七 昭和時代の能楽師、金春流シテ方。明治二十二年(一八八九)五月十八日、東京に生まれる。旧名金太郎、昭和二十五年(一九五〇)弓川と改名。七歳で初舞台。父左陣(伴馬)の芸統を継承する華麗巧緻な舞台は鮮烈な印象を観客に与えた。昭和二十六年芸術選奨・文部大臣賞、二十七年日本芸術院賞、二十八年芸術祭賞を受賞。三十二年日本芸術院会員。三十二年三月一日没。六十七歳。東京都大田区池上の本門寺に葬る。法名常楽院弓川名伎日達居士。著書に『桜間芸話』がある。 (草深清)

さくらまさじん 桜間左陣 ⇨桜間伴馬(さくらまばんば)

さくらまばんば 桜間伴馬 一八三五―一九一七 明治時代の能楽師、金春流シテ方。天保六年(一八三五)七月十二日熊本に生まれる。初め伴馬、のちに左陣と改名した。熊本藩主細川家の能役者で、本座の友枝家(喜多流)とともに新座として活躍した。幕末、江戸で当時世評の高い中村平蔵に師事し帰国。明治十二年(一八七九)再度上京し、明治の能楽復興期に宝生九郎知栄(ともはる)・初代梅若実とともに三名人と呼ばれた。豪華絢爛とした技の達者は、『邯鄲』『道成寺』などに発揮された。伴馬はまた健康に恵まれ晩年に至るまで舞台にも衰えを見せなかった。数数の天覧能のうち、明治四十三年七月八日の『俊寛』は、特に明治天皇のご沙汰によるものとして、一代の名誉であった。また、金春広成以下四代の宗家に仕え、よく補導にあたった。大正六年(一九一七)六月二十四日没。八十三歳。熊本の妙永寺と、東京大田区池上の本門寺とに葬る。法名慶寿院伎楽日山居士。

参考文献 古川久『明治能楽史序説』、野上豊一郎編『能楽全書』総合新訂版一 (草深清)

さこみずひさつね 迫水久常 一九〇二―七七 昭和時代の政治家、大蔵官僚。夫人万亀は総理大臣をつとめた岡田啓介海軍大将の長女。明治三十五年(一九〇二)八月五日鹿児島市に生まれる。大正十五年(一九二六)東京帝国大学法学部を卒業して大蔵省に入省。各地の税務署長などをつとめたのち本省に帰り、昭和九年(一九三四)岡田啓介首相の秘書官となり、十一年二・二六事件に際して反乱軍の占拠する首相官邸から岡田を救出するのに貢献した。大蔵省理財局金融課長・企画院第一部第一課長・大蔵省総務局長・同銀行保険局長などを歴任し、革新官僚としてしられた。昭和二十年四月鈴木貫太郎内閣の書記官長に就任して終戦工作に奔走し、同年八月終戦詔書の起草にも参画した。翌年公職追放となり、一時実業界に身をおき、昭電疑獄に連坐したが無罪。追放解除とともに政界に入り二十七年鹿児島一区から衆議院議員に当選。三十年に落選したのを契機に、翌年参議院全国区に転じて当選、以来現職のまま没するまで、参議院議員当選四回。自由党から自由民主党に所属し、三十五年七月第一次池田内閣に国務大臣・経済企画庁長官として入閣、翌年七月第二次池田内閣のとき郵政大臣となった。また党内にあっては副幹事長・政務調査会副会長・参議院自民党幹事長などを歴任し、参議院における自由民主党の中心的存在であった。著書に『機関銃下の首相官邸』『大日本帝国最後の四か月』がある。昭和五十二年七月二十五日死去。七十四歳。東京府中市の多磨墓地に葬られた。 (鳥海靖)

さこんじせいぞう 左近司政三 一八七九―一九六九 大正・昭和前期の海軍軍人で政治家。明治十二年(一八七九)六月二十七日、政記の二男として山形県米沢に生まれる。のち大阪に移り、叔父六蔵の養子となる。東京の海城中学を経て、明治三十三年十二月、海軍兵学校卒業。第二十八期生で永野修身元帥と同期生。日露戦争には測量艦磐城の航海長として参加。明治四十五年海軍大学校卒業。第一艦隊参謀、海軍省軍務局第一課員、イギリス駐在、人事局第一課長、軍務局第一課長、戦艦長門艦長などを経て、大正十三年(一九二四)少将にすすみ、人事局長、昭和二年(一九二七)軍務局長ともっぱら軍政畑を歩いた。昭和三年中将、四年九月ロンドン軍縮会議の首席専門委員となり、全権の財部彪海相を補佐し、条約の調印にこぎつけた。帰国後五年十月練習艦隊司令官、六年十二月犬養内閣の大角岑生海相の下で海軍次官、七年第三艦隊司令長官を経て佐世保鎮守府司令長官となったが、ロンドン条約反対の声のたかまる中で九年三月予備役となった。十年北樺太石油会社社長に就任。十六年七月第三次近衛内閣の商工大臣、十八年貴族院議員に勅選され、二十年四月敗戦を前にした鈴木(貫太郎)内閣の無任所国務大臣となり、ポツダム宣言受諾をめぐる閣議では米内光政海相の即時受諾論を支持した。戦後は公職追放となり、解除後も政治の表面には出なかった。昭和四十四年八月三十日死去。九十歳。墓は東京都世田谷区奥沢七丁目の浄真寺にある。常識に富んだ軍政家であったが、満洲事変後艦隊派の強硬論が力をもつと条約派としてうとんぜられた。　(藤原　彰)

ささきげっしょう　佐々木月樵　一八七五―一九二六　明治・大正時代の真宗大谷派の学僧。明治八年(一八七五)愛知県碧海郡古井村(安城市)願力寺山田才相の次男に生まれた。二十五年十月得度、三十一年京都第一中学寮卒業。この年碧海郡矢作町(岡崎市)上宮寺に入り姓を佐々木と改める。三十三年七月東京巣鴨の真宗大学(大谷大学)を卒業。この年清沢満之の門下に参じて多田鼎・暁烏敏らとともに精神主義運動を始め、三十四年結社浩々洞の機関紙『精神界』を発行する。三十九年真宗大学研究院卒業後、同大学の教授に就任し、仏教教理史・浄土教史を講じた。大正六年(一九一七)上宮寺副住職となる。翌年七月嗣講の学階を受け、十年八月から十一年六月まで沢柳政太郎・小西重直らとともに宗教・教育制度視察のため欧州諸国を歴遊した。十二年十月大谷大学学長事務取扱となり、翌年一月学長に就任して大学の機構の整備充実に努力する。十五年三月五日講師の学階を受け、権僧正に補され、翌六日病没。五十二歳。法名真教院と諡された。一乗教の研究に志し、大乗仏教教理史・浄土教史の研究に造詣が深かった。主要な著作は『親鸞聖人伝』『支那浄土教史』『唯識二十論対訳研究』『漢訳四本対照摂大乗論』など二十八点に及んでいる。これらの論著は昭和二年(一九二七)に刊行された『佐々木月樵全集』全六冊に収められている。

参考文献　「佐々木月樵略歴」(『佐々木月樵全集』六所収)、安藤州一「佐々木月樵君の伝」(同所収)、『観照』六(佐々木月樵先生追悼号)、『大谷大学歴代学長著作展観目録』(大谷大学図書館)　(池田　英俊)

ささきこうぞう　佐々木更三　一九〇〇―八五　昭和時代の政治家。明治三十三年(一九〇〇)五月二十五日、宮城県本吉郡麻崎村(津山町)に父与平治・母やすの三男として生まれる(これは戸籍上の生年月日。本人の談では明治三十四年旧暦五月二十五日、本吉郡入谷村(志津川町)生まれ)。日本大学専門部卒。農民運動を地盤に、昭和十二年(一九三七)仙台市会議員。同年、人民戦線事件で逮捕される。第二次世界大戦後、日本社会党の結党に参加。同二十二年の総選挙で宮城一区から当選、以後昭和五十一年に落選、政界を引退するまで衆議院議員に連続当選十一回。五月会・社会主義研究会などを組織、社会党左派の中心人物となる。社会主義協会の一員でもあった。日本の大衆はマルクス主義を認めているという前提で左派の立場を貫いたが、政治家としての体質は右派的で、「寝業師」を自認するところがあった。江田三郎による構造改革論に強く反発。書記長選挙、委員長選挙で江田と争った。昭和四十年委員長に就任、三選ののち、同四十二年に辞任。その後も人脈と資金力で左派の中心人物としての役割を果たし続けた。日中国交正常化に尽力。昭和六十年十二月二十四日、仙台市立病院で没した。八十五歳。著書に『社会主義的・的政権』がある。

参考文献　編集委員会他編『大衆政治家佐々木更三の歩み』　(高橋　彦博)

ささきそういち　佐々木惣一　一八七八―一九六五　大正・昭和期の法学者。明治十一年(一八七八)三月二十八日鳥取に生まれる。鳥取一中・四高を経て明治三十六年京都帝大法科大学卒。ただちに講師となり、三十九年助教授。四十二年より三年間の欧州留学を経て、大正二年(一九一三)行政学担当教授。昭和二年(一九二七)憲法学を兼担。憲法学者としては国家法人説を唱え、東の美濃部達吉と併称されたが、法実証主義・客観的論理主義に徹し、立憲主義と国体観との調整につとめた。戦前の主著として『日本憲法要論』(昭和八年)、『我が国憲法の独自性』(同十八年)、『日本行政法論』(総論および各論、大正十一年)がある。大正デモクラシーの有力な論客であり、『立憲非立憲』(同七年)、『普通選挙』(同九年)ほか、『大阪朝日新聞』『中央公論』『改造』などにおいて立憲主義擁護の論陣を張った。吉野作造とは欧州留学以来の親友で、ともに黎明会に参加し、森戸事件の特別弁護人となった。彼の名は「大学自治」とともに不朽である。大正二年京大総長沢柳政太郎が七名の教授を退職させた「沢柳事件」に際しては、総長糾弾の先頭に立ち、教官人事に関する教授会自治の慣行を文部大臣奥田義人に公認させた。昭和八年この慣行を文部大臣鳩山一郎が破って滝川幸辰を休職処分に付した「滝川事件」では、法学部教授団の抗議運動の主柱となり、他の五教授とともに辞職した。翌九年、立命館大学学長に迎えられたが、二年で辞任。その後は公法研究会(昭和四年創立)の主宰者として『公法雑誌』(昭和十年創刊)の編集に専念した。昭和十四年には帝国学士院会員に選ばれた。敗戦直後昭和二十年十月、内大臣府御用掛となり、近衛文麿とともに憲法改正案起草にあたったが、翌月、GHQの意向で内大臣府は廃止され、天皇に奉答された佐々木草案は公表されなかった。翌二十一年貴族院議員に勅選され、憲法審議に参加。改正案に反対。しかし新憲法の正統性は認めて『日本国憲法論』(昭和二十四年)を執筆。昭和二十七年文化勲章を受け、翌年最初の京都市名誉市民に推された。昭和四十年八月四日京都市下鴨泉川町の自宅で没し、南禅寺山内真乗院に葬られた。八十七歳。

参考文献　田畑忍編『佐々木憲法学の研究』、松尾尊兊『大正デモクラシーの群像』、出原正雄「佐々木惣一における自由主義と憲法学」(『立命館大学人文科学研究所紀要』六五)　(松尾　尊兊)

ささきたかおき　佐々木隆興　一八七八―一九六六　大正・昭和時代の生化学者・内科医。医学博士。明治十一年(一八七八)五月五日東京生まれ。父は佐々木東溟、母はたけ。のち佐々木政吉の嗣子となる。同三十五年東京帝国大学医科大学卒業、医化学教室に入り、同三十八年よりドイツに留学、シュトラスブルク大学・ベルリン大学で学ぶ。大正二年(一九一三)京都帝国大学教授(内科学第一講座)に就くが、同五年これを辞し、養祖父東洋の創立した杏雲堂医院(神田駿河台)の第三代院長となる。その後佐々木研究所を創始し、昭和十四年(一九三九)にはこれを財団法人として理事長兼研究所長になり、わが国民間有数の医学研究所とした。昭和十年に癌研究所所長、同十六年結核研究所所長を歴任。大正十三年「蛋白質及之を構成するアミノ酸の細菌に因る分解とアミノ酸の合成に関する研究」、昭和十一年「o-Amidoazotoluol の経口的投与による肝臓癌成生の実験的研究」(吉田富三と共同)により二度にわたり帝国学士院恩賜賞を受く。昭和十五年文化勲章受章。伝染病研究所浅川賞・日本化学会桜井賞・服部報公賞受賞。結核・癌の研究に大きく寄与したが、ことに実験癌は吉田に受け継がれ、吉田肉腫に発展した。一方、血圧測定の重要性を述べ、昭和初期わが国民間最初のエックス線断層装置を導入、また冷水摩擦を世に広めた。剣道にも通じた。昭和四十一年十月三十一日死亡。八十八歳。東京の谷中墓地に葬る。法名夾幽院殿静誉白雲隆興大居士。佐々木研究所編『佐々木隆興先生論文集』がある。

参考文献　『杏雲堂病院百年史』　(長門谷洋治)

ささきたかゆき　佐佐木高行　一八三〇―一九一〇　幕末から明治時代の土佐藩士、政治家。幼名弥太郎・松之助・力之助。通称は三四郎。はじめ高富と称し、高春・高行と改め、明治二十九年(一八九六)より高行と改称した。天保元年(一八三〇)十月十二日、土佐藩士佐佐木高順の長男として土佐国吾川郡瀬戸村(高知市長浜)に生まれる。母は同藩士斎藤氏の娘寛子。家は代々家禄百石であったが、高行出生前に父が病没したため大幅に減封され、姉千代子の夫谷潤三郎が佐佐木家を継いで高下を名乗り、高行はその養子となった。貧苦のうちに成長して儒学・国学・兵学を学び、藩の文武調役・作事奉行・郡奉行・普請奉行・大目付などを勤めて藩政に参画し、また、尊攘派の指導者武市半平太(瑞山)とも接触した。その間、江戸・太宰府に赴き国事に奔走、慶応三年(一八六七)には上洛して後藤象二郎・坂本竜馬と大政奉還の建白について協議した。ついで長崎に出張し、翌明治元年戊辰戦争に際して海援隊を率いて長崎奉行所の接収にあたった。同年、新政府に入り、長崎裁判所助役・天草富岡知県事・刑法官副知事・刑部大輔・参議などを歴任し、浦上教徒事件を処理した。同四年司法大輔に任ぜられ、同四―六年岩倉遣外使節団の一員としてアメリカ・ヨーロッパ諸国を視察し司法制度の調査にあたった。六年征韓論をめぐる政府の分裂により板垣退助ら土佐派の多くが下野したのちも政府側にとどまり、左院副議長・元老院議官を歴任、九―十年士族反乱の頻発に際しては再度高知に派遣され反政府気運の鎮撫につとめた。十一―十一年一等侍補を兼任、天皇の側近に侍し元田永孚とともに侍補の勢力を結集して君徳培養運動を進め、内閣(参議)と対抗した。十三年元老院副議長、十四年漸進的な立憲政治樹立を唱え、谷干城らと中正党を名乗って大隈重信らの急進論と対立、明治十四年政変後の人事異動で、参議兼工部卿に就任した。十七年維新以来の勲功により伯爵を授爵。十八年内閣制制定とともに閣外に去って宮中顧問官となり、ついで二十一―四十三年枢密顧問官をつとめた。この間常宮昌子(明治天皇第六皇女)・周宮房子(同第七皇女)の御養育主任として奉任するかたわら、二十三年宮中・内閣に神祇崇敬を進言し、吉井友実・千家尊福らと神祇院設立の運動を進めたが採用されなかった。また西村茂樹らと明治会を設立し敬神・尊王・愛国思想の普及に尽力し、二十九年には皇典講究所長兼国学院長となり子弟の教育にあたった。四十二年侯爵に陞叙。四十三年三月二日東京麻布において病没。八十一歳。墓は東京の青山墓地にある。東大史料編纂所編『保古飛呂比―佐佐木高行日記―』全十二巻が刊行されている。

参考文献　津田茂麿『明治聖上と臣高行』、同編『勤王秘史)佐佐木老侯昔日談』　(鳥海　靖)

ささきたろう　佐々木太郎　一八一八―八八　江戸時代後期から明治前期の富商、国学者。文政元年(一八一八)十月十三日大坂玉造の富商万屋に生まれる。名は義綱のち義典、幼名松太郎、通称万屋小兵衛あるいは源三、のちに太郎。学問上では春夫と称したが、別に霍堂・萱舎・槐園・梅垣内・三魚・東江・織山・浜木綿園などの号があった。わずか二歳で家督をつぐ。はじめ漢学、のち紀州藩の加納諸平に師事して国学を修めたが、三十一歳のとき家督を嗣子に譲り隠棲してもっぱら国学に耽った。のち紀州藩に国学所が創設されるや、招かれて助教となり、ついで総裁にあげられたが、幾ばくもなく辞して大坂に帰り、閑居しながら国学に没頭した。広い交友をもったが、なかでも伴林光平とは肝胆相照らした。伴林らが天誅組の挙をおこしたときは、大坂にあって財政的に大いにこれを支援した。明治二十一年(一八八八)十一月二―七日七十一歳で没し、全慶院(大阪府天王寺区城南寺町)に葬られた。著書に『菅舎歌集』上下二巻その他がある。

参考文献 『大阪市史』、『東区史』五、石田誠太郎『大阪人物誌』五　（岡本　良一）

ささきとういち　佐々木到一　一八八六―一九五五　昭和前期の陸軍軍人。福井県出身。明治十九年(一八八六)一月二十七日陸軍少佐佐々木透の長男として松山に生まれた。広島一中を経て明治三十八年陸軍士官学校を第十八期生として卒業。翌年歩兵少尉に任官した。大正六年(一九一七)陸軍大学校を卒業。シベリア出兵に参加したのち、参謀本部支那課に入り、中国情報の専門家となった。同十一年広東駐在武官に派遣されて以来中国国民党に接近、北方軍閥への親近感が根強い陸軍のなかで、早くから国民党支持を唱えた。その後、北京・南京駐在武官を歴任し、昭和三年(一九二八)春蒋介石の第二次北伐が実施された時は、北伐軍に随行して北上、済南で日中両軍が衝突(済南事件)した時は、両軍の連絡役として活動した。昭和五年大佐に昇進して豊橋連隊長に転出、桜会など国家革新運動にも関係したが、同七年二月、第一次上海事変が起ると参謀として出征した。同年末編成されたばかりの満洲国軍顧問に就任。五年近くその育成にあたり、高く評価されたが、十二年夏日中戦争が起ると、旅団長で華中戦線に出動、首都南京の攻略戦に参加した。翌年中将に進級、北支那憲兵隊司令官、在満第十師団長を経て、十六年四月予備役に入った。大連に住み、満洲国軍史を執筆していたが、終戦直前に召集されて第百四十九師団長に補せられた。終戦によってシベリアへ連行されたが、のち撫順収容所に移され、昭和三十年五月三十日病死した。六十九歳。

参考文献 佐々木到一『ある軍人の自伝増補版』(『中国新書』六)、同『支那陸軍改造論』　（秦　郁彦）

ささきとうよう　佐々木東洋　一八三九―一九一八　幕末・明治時代の内科医、杏雲堂医院創立者。天保十年(一八三九)六月二十二日、江戸本所生まれ。代々医を業とし、父は震沢。安政三年(一八五六)佐倉の順天堂で佐藤泰然・尚中に西洋医学を、さらに同六年長崎に至ってポンペに就く。帰国後、チフス患者を治療して名をあげ、文久二年(一八六二)西洋医学所教授。慶応二年(一八六六)軍艦蟠竜の医官、明治二年(一八六九)大学大得業生、さらに大学東校の少助教・中助教・権大助教を歴任、内科部長となり、御雇医師ホフマンに師事、七年東京府病院副院長を経て、再び大学に戻り病院長となる。西南戦争には一等軍医正として従軍、大阪鎮台病院勤務。十一年、脚気病院設立に際し、その主任となり洋方を担当、脚気研究に努めた。十四年神田駿河台に杏雲堂医院を創始し、順天堂とともにその名が知られた。二十三年東京医会を創めてその会長となり、開業医の学術進歩に尽くすところがあった。十五年東京地方衛生会員、十九年内務省中央衛生委員。仏教についての関心が深かった。晩年を熱海と大森町山王の別邸で過ごす。嗣子は政吉。著書に『診法要略』、訳書に『内科提綱』などあり。大正七年(一九一八)十月九日死亡。八十歳。東京の谷中墓地に葬る。法名彰徳院殿達誉諦観至導居士。

参考文献 『佐々木東洋先生略伝』、小池重『杏雲堂三代記』、『杏雲堂病院百年史』、藤田宗一「杏雲堂・佐々木東洋」(『日本医事新報』一五五六)　（長門谷洋治）

ささきのぶつな　佐佐木信綱　一八七二―一九六三　明治から昭和時代にかけての歌人・国文学者。号小鈴・竹柏園(父より継承)など。明治五年(一八七二)六月三日、三重県鈴鹿郡石薬師村(鈴鹿市)に、国学者弘綱・光子の長男として出生。十五年上京、高崎正風に歌を学ぶ。十七年東京大学古典講習科に入学、二十一年卒業。二十四年父を失ったが、遺志を継ぎ歌道の宣布に努めた。三十一年二月、石榑千亦らと歌誌『こゝろの華』(のち『心の花』)を創刊、永く主宰し、多数の歌人を育成した。『思草』(明治三十六年刊)・『新月』(大正元年(一九一二)刊)に、明治期の主情的な歌風を示したが、なお八冊の歌集がある。三十七年、佐々木の姓を佐佐木と改めた。翌三十八年から昭和六年(一九三一)まで東大講師として、『万葉集』や和歌史などを講じ、その間共同研究『校本万葉集』編纂を推進し、完成させた。『日本歌学史』(明治四十三年刊)・『和歌史の研究』(大正四年刊)で大正六年帝国学士院恩賜賞を受け、また昭和十二年第一回文化勲章受章者の一人となった。学士院・芸術院会員としての活動も永く、また万葉のほか古典籍の紹介、複製刊行を通して学界に貢献した。昭和十九年末、熱海市西山に移り、三十八年十二月二日、同地で急性肺炎のため没した。九十一歳。東京の谷中墓地に葬られた。郷里に記念館がある。なお、草稿などの遺品が日本近代文学館に入り、蔵書の一部はお茶の水図書館・天理図書館などに入った。著作はおびただしく、前記以外の主なものに、歌集『常盤木』(大正十一年刊)・『山と水と』(昭和二十六年刊)、研究書『近世和歌史』(大正十二年刊)・『国文学の文献学的研究』(昭和十年刊)・『万葉集の研究』三巻(同十七―二十三年刊)、自伝『作歌八十二年』(同三十四年刊)、辞典『万葉集事典』(同三十一年刊)などがあり、別に『佐佐木信綱全集』十巻もまとめられている。

参考文献 佐佐木信綱『ある老歌人の思ひ出』、佐佐木幸綱『佐佐木信綱』、『心の花』六八ノ四(佐佐木信綱追悼号)、『短歌』一一ノ二(佐佐木信綱追悼　（新間　進一）

ささきひろつな　佐々木弘綱　一八二八―九一　明治時代前期の歌人・国文学者。幼名は習之助(のち重蔵)、時綱。号鈴山・竹柏園。文政十一年(一八二八)七月十六日、伊勢国鈴鹿郡石薬師村(三重県鈴鹿市)に、医師徳綱・鳰子の三男として出生。弘化四年(一八四七)山田(伊勢市)の足代弘訓の塾に入り数年学び、師の「弘」字を得て改名した。師没後しばらく井上文雄に歌を学ぶ。幕末・維新期、郷里で活躍したが、明治十五年（一八八二）長男信綱の教育のため東京に移り、同年東京大学古典講習科講師、十七年東京高等師範学校御用係に任じ、翌年辞職して著述に専念した。古典研究と歌道の弘布を生涯の使命とし、家学を信綱に伝えた。「長歌改良論」（『筆の花』明治二十一年九月）は論争を引き起し、編著『日本歌学全書』全十二巻（明治二十三年・二十四年刊）は広く世に迎えられた。二十四年六月二十五日、胃癌のため神田小川町の自宅で没した。六十四歳。谷中墓地に葬られた。おもな著作に、注釈『竹取物語俚言解』（安政四年（一八五七）刊）・『土佐日記俚言解』（明治十七年刊）、歌論『増補詠歌自在』（明治三十年刊）、辞典『歌詞遠鏡』（明治二十五年刊）・『詠歌辞典』（明治三十年刊）、撰集『千代田歌集』三巻（明治二十三—二十六年刊、第三編は信綱撰）などがある。

参考文献 佐佐木信綱『ある老歌人の思ひ出』、松本幸「佐々木弘綱」（『近代文学研究叢書』一所収）

（新間 進一）

ささきやすごろう 佐々木安五郎 一八七二—一九三四 明治・大正時代の政治家。明治五年（一八七二）正月十七日山口県豊浦郡阿川村（豊北町）に佐々木源十郎の四男として生まる。照山と号す。熊本の九州学院に学ぶ。一時鉱山業に従事した。明治三十年渡台、台湾総督府新竹支庁の官吏となった。明治三十二年雑誌『高山国』を創刊、また『台湾民報』の主筆となった。その後中国・蒙古へしばしば旅行、蒙古諸王族と親近し、蒙古通、「蒙古王」と呼ばれるに至った。また佃信夫・中村弼らとともに政治結社「日東倶楽部」を組織し、対外進取を唱え、官僚外交を批判した。明治三十八年媾和問題同志聯合会運動に参加したのを契機に国内政治運動に投じ、明治四十一年第十回総選挙では山口県より立候補、当選した。衆議院議員としては、又新会、立憲国民党、革新倶楽部に属した。この間院外においては、浪人会、有隣会、普通選挙同盟会、国民外交同盟会などの組織活動に参加した。官僚政治、藩閥官僚と政党の提携を批判し、また政治への国民参加と対外強硬・対外積極進出論を唱えた。昭和九年（一九三四）一月一日没。六十三歳。墓所は郷里豊北町阿川の阿川浦墓地。

参考文献 真継義太郎『蒙古王照山敗戦録』

（酒田 正敏）

ささきゆきただ 佐佐木行忠 一八九三—一九七五 大正・昭和時代の華族政治家。明治二十六年（一八九三）七月二十六日佐佐木高美・行子の長男として東京高輪（東京都港区）に生まれる。枢密顧問官・侯爵佐佐木高行の嫡孫。同四十三年襲爵。学習院高等科、京都帝大法科大学卒業、東京帝大文科大学中退。大正七年（一九一八）—昭和二十一年（一九四六）貴族院議員、昭和十二—十九年同副議長をつとめた。公侯爵議員からなる火曜会に所属。反研究会の立場に立ち、貴族院議員は一人一党的存在であるべきことを説き会派の拘束に反対し、華族議員の定数削減を唱えるなど、大正末期以降、貴族院改革に熱意を示した。昭和八年から定期的に『青票白票』を発行し改革論の論稿を掲載。この間、国学院大学学長・理事長。第二次世界大戦後、一時、公職追放となったが、解除後国学院大学学長・理事長に復帰（同三十四—四十五年）。また東京大神宮宮司・神宮大宮司・神社本庁統理をつとめた。著書に『佐佐木行忠手記』がある。五十年八月十日死去。八十二歳。

参考文献 尚友倶楽部編『佐々木行忠と貴族院改革』（『尚友会叢書』五）

（鳥海 靖）

さしはらやすぞう 指原安三 一八五〇—一九〇三 明治時代の漢学者、ジャーナリスト。嘉永三年（一八五〇）三月豊後国臼杵藩士指原卯兵衛の三兄一姉の末子として生まれる。幼名千賀蔵、号は左腕居士、豊洲。十三歳のとき父を喪い、土工左官の職を求めながら独学自習を続けた。明治六年（一八七三）大阪府巡査を拝命して学資を貯め、藤沢南岳について専心漢学を修め、十一年上京して二松学舎に学び、のち中村敬宇の同人社塾頭に上げられた。十六年共立学舎の幹事となり漢文科を教授。二十年東洋哲学会会員、二十二年佐佐木高行を扶けて明治会を組織し、敬神尊皇愛国主義の鼓吹に努めた。同年鳥尾小弥太の帷幄に参じて保守党中正派の立党に尽瘁し、機関誌『保守新論』の編集にあたった。翌二十三年鳥尾と訣別後日本弘道会に入会、二十四年から二十六年にかけて独力『明治政史』の編纂に着手し冨山房から刊行した。二十九年陸軍幼年学校漢文科教授を経て陸軍学校の教官を勤めたが、三十五年十二月脳溢血で倒れ、三十六年三月九日気骨稜々、気宇軒昂、真の国士の生涯を終えた。享年五十四。染井墓地に葬られた。著作として『明治政史』のほか『保守新論』掲載の論文十一篇がある。なお『内地雑居の利害』『小学修身経』『女子修身書』『新編女大学』などの書籍は指原の著述したものであるという。

参考文献 小林富三編『指原安三氏伝』

（北根 豊）

さそうさちゅう 佐双左仲 一八五二—一九〇五 明治時代の造船技術者、海軍造船総監。嘉永五年（一八五二）四月十五日、加賀国金沢に生まれた。父は金沢藩士堀尾治郎兵衛。のち佐双久右衛門の嗣となる。海軍兵学寮入学、明治四年（一八七一）二月、成績優秀として英国留学となる。東郷平八郎と同行した技術官予定者四人中の一人。イギリスでは元海軍造船局長兼軍艦設計主任であった近世軍艦設計の逸才エドワード＝リード Sir Edward Reed の門弟となり造船学、特に設計法を学び、明治政府が外国に発注した扶桑・金剛・比叡（いずれも初代）三艦の建造をリード教育下に学び、三艦完成により同十一年東郷とともに比叡に乗艦して帰国した。佐双は、海軍省主船局造船課長の要職に少匠司として就き、同十九年艦政局造船課長（大技監）となった。これより先、イギリスへ発注した巡洋艦浪速・高千穂の監督官として再渡英、僅々数年間に見習徒弟の佐双が全く一人前の造船官となっていることに師リードは驚嘆した。フランスに発注した巡洋艦畝傍が同十九年回航中消息を断ち、翌年亡失と判定されたのを機として、佐双は横須賀でフランス造船官ベルタン Louis Emile Bertin の設計に一任していた日本軍艦の性能に強い懸念を抱き、海軍大臣西郷従道に強硬意見を出し、フランス式設計の巡洋艦秋津洲(あきつしま)(初代)をイギリス式に根本変更し、みずからその設計にあたった。佐双は引き続き同二十五年まで横須賀鎮守府造船部長として、近藤基樹を部下とし、日清戦争までの艦艇建造の任にあたった。日清戦争後は艦政本部第三部長(造船総監)として、第一期・第二期海軍拡張計画による戦艦より水雷艇の建造(一部分は国内)の在外監督と国内建造の造船最高責任者となったが、日露戦争中、世界最大戦艦の建造準備を含め装甲巡洋艦の国内建造の任にあたり、同三十八年健康を害し病臥、造船総監(中将相当)在任中の同年十月九日、五十四歳で没した。青山墓地に葬られる。床中で日本海海戦の捷報を聞き、安心した上、間もなく死去。佐双は日本造船官の第一号ともいうべく、赤松則良の指導下に帆走木造時代より汽走鋼製時代に至る日本の造船技術を無より欧米に比肩するまでに高めた。没後の同四十年、特旨をもって嗣子定雄に男爵が授与された。（福井　静夫）

さたいねこ　佐多稲子　一九〇四―九八　昭和時代の小説家。明治三十七年(一九〇四)六月一日、長崎市で生まれる。本名佐田イネ。父田島正文、母ユキ、ともに十代の若い父母であったため父方の大叔父のもとに入籍。五歳の時父母の戸籍に入る。のちに早逝した叔父の養家が廃家となっていたのを興しその姓を名のる。父は三菱造船所に勤務、母はイネが六歳の時死去、父の退職後大正四年(一九一五年)上京、小学校を転校するも生活のためキャラメル工場などに勤める。十三年の最初の結婚で長女を出産。破局後本郷動坂のカフェで女給をしていたとき、生涯を決定した、『驢馬』の同人たち中野重治、窪川鶴次郎らと出会い、文学的出発の契機となった。窪川と結婚後、昭和二年(一九二七)『キャラメル工場』を発表し、プロレタリア作家として歩む。同七年日本共産党に入党、左翼運動が弾圧された昭和十年代の暗い時代における夫婦の問題を描いた『くれなゐ』(十三年)は代表作。窪川との間に二児をもうけたが二十年離婚、以後晩年に至るまで多くの著作を書き、日本の女性作家を代表する一人となった。平成十年(一九九八)十月十二日敗血症で死去。九十四歳。

参考文献　佐多稲子『年譜の行間』、小林裕子編『人物書誌大系28佐多稲子』（林　淑美）

さだかいせき　佐田介石　一八一八―八二　明治時代前期の保守主義思想家、僧侶。幼名観霊、字は断識、等象斎と号す。文政元年(一八一八)四月八日、肥後国八代郡種山村(熊本県八代郡東陽町)に、浄立寺住職広瀬慈博の子として生まれ、のち正泉寺佐田氏の養子となった。天保六年(一八三五)入京し、本願寺の学林で修業。洋学の流行に抗して仏説による天動地静説を唱え、文明開化の風潮に反対し、舶来品を退け国産品愛用運動を各地に行なったが、明治十五年(一八八二)十二月九日、越後高田に没した。六十五歳。東京浅草公園西北に葬らる。多くの建白を行い、また主著に『天地論往復集』『栽培経済論』『点取交通論』などがある。当時の日本経済の窮状を外国交通の結果と考え、むしろ鎖国経済を良しとした。キリスト教に反対し、ランプ亡国論、鉄道亡国論を唱え、牛乳は大害ありとし、太陽暦を非難、簿記印記無用論、蒸汽船の大害などの奇説を述べ、外国品排斥の実際運動も行なった。谷干城・鳥尾小弥太らの欧化反対思想の先駆とされる。

参考文献　本庄栄治郎『日本経済思想史研究』続篇、浅野研真『明治初年の愛国僧佐田介石』（塚谷　晃弘）

さだかたりょうすけ　貞方良助　⇨阿部真造(あべしんぞう)

さたけよしたか　佐竹義堯　一八二五―八四　江戸時代後期の出羽国秋田藩主。文政八年(一八二五)七月二十七日相馬藩主相馬益胤の三子として相馬中村に生まれる。幼名亀三郎、のち清三郎、左近と改める。嘉永二年(一八四九)秋田藩分家佐竹義純の養子となり、宗胤と称し、のち義核と改める。安政四年(一八五七)秋田藩十一代藩主義睦没し、遺命によって宗家を継ぎ十二代藩主となる。さらに義就、のち義堯と改める。字は君岳。はじめ従五位下左近将監。安政五年従四位下侍従となり、右京大夫を襲称する。当時藩財政の窮乏その極に達し、さらに蝦夷地北見地方の守衛、出羽沿海の防備などもあり、すこぶる多難な時期であったが、義堯は大四六(百石につき六十石)の知行借上げと倹政、武芸の奨励などによって財政整理、政務の刷新を図り、藩論統一のかなめとなって幕末維新の政局に処した。文久三年(一八六三)内勅による上洛参内以後、比較的朝廷に近接した行動をとるに至った。明治元年(一八六八)鳥羽伏見の戦後の新政府軍の東征にあたっては、内勅によって出羽の触頭に擬せられ、庄内征討軍を出したが、一方では、仙台・米沢両藩の要請によって白石会議に重臣戸村十大夫を派遣し、さらに奥羽越列藩同盟に加わるなど、変動する時局の対応に苦慮した。七月に至り鎮撫総督一行の秋田入りを契機として藩論を統一して新政府側となり、列藩同盟軍と交戦状態となった。領内の過半を南北両面から占領されながら、ついに新政府軍による奥羽平定まで耐えた。その後盛岡・庄内などの監撫を命ぜられ、翌二年久保田藩知事となる。同十七年華族に列し侯爵となる。同年十月二十三日東京において没。六十歳。浅草橋場の総泉寺に葬られたが、その後、同寺の板橋区小豆沢移転により同地へ改葬された。法名顕徳院殿忠勲鳳瑞大居士。

参考文献　『秋田県史』四（半田市太郎）

さだなるしんのう　貞愛親王　一八五八―一九二三　伏見宮邦家親王の第十四子、母は鷹司政熙女景子。安政五年(一八五八)四月二十八日誕生、幼名敦宮。万延元年(一八六〇)妙法院門跡を相続したが、文久二年(一八六二)伏見宮継嗣となり、明治四年(一八七一)親王宣下を受け、貞愛と賜名、翌五年家督を相続した。六年軍人を志望して陸軍幼年学校に入り、八年陸軍中尉に任官、三十七年陸軍大将となり、大正四年(一九一五)元帥府に列したが、その間西南戦争従軍をはじめとし、日清戦争には歩兵第四旅団長、日露戦争には第一師団長として出征し戦功をたてた。また皇族の長老として推重せられ、大正元年十二月内大臣府出仕を仰せ付けられ、欠員中の内大臣に代わって常侍輔弼の重任を負った。なお天皇の名代その他の使命を奉じてしばしば外遊し、また大日本山林会をはじめ各種団体の総裁に推戴されている。同十二年二月四日死去。六十六歳。国葬をもって東京豊島岡墓地(文京区大塚)に葬った。

参考文献　伏見宮家編『貞愛親王事蹟』　(武部　敏夫)

さだはくぼう　佐田白茅　一八三二―一九〇七　幕末・維新期の久留米藩尊攘派の志士、明治初年の外務大録。天保三年(一八三二)十二月十日久留米藩士佐田修平の長男として誕生。通称素二郎、名は直寛、のちに白茅と号す。嘉永五年(一八五二)江戸に遊学、昌平黌に学ぶ。翌年ペリー来航、爾来国事に奔走し、月照ら多くの勤王の士と交友を結び、安政六年(一八五九)二月久留米藩校明善堂の寮長となる。文久三年(一八六三)親兵を率い上京の間際、藩内佐幕派のために同志二十八人とともに幽囚されたが、中山忠光らの周旋で罪を許され、同年六月家老有馬監物に随行上京。下関応援のため砲台建造の朝命を受け、豊前小倉藩領大里に下り防備を固め、八月十八日の政変後、長州湯田にて西下の三条実美に会い天草募兵を依頼されたが志を得ず、十一月帰藩して禁錮され、のちに家禄没収の上、士籍を剝奪された。明治元年(一八六八)二月復籍、藩主有馬慶頼(頼咸)に供奉して上京、八月軍務官判事試補、翌九月徴士に抜擢、摂泉防禦参謀を命ぜられた。翌二年五月被免帰藩したが、間もなく上京、朝鮮交際私議を太政官に建白、十一月外務省判任出仕を命ぜられた。折しも明治新政府は懸案たる朝鮮国との修好問題を解決すべく、対馬藩主宗義達に命じ交渉中であったが遅々として進捗せず、外務省は対馬藩管掌の日朝外交を接収する方針で臨み、対馬と朝鮮との関係につき、現地での実情調査を白茅に命じた。十二月、白茅は森山茂・斎藤栄を伴い対馬に赴いて調査、翌三年二月釜山の草梁倭館に到着、滞在二十余日に及んだが、特に局面打開の事実は得られなかった。三月帰国し、対朝鮮出兵経略の強硬な意見書を提出した。同月任外務大録、閏十月奏任出仕を命ぜられたが翌年八月辞官帰郷。明治七年九月上京、閑居して文筆に親しみ、晩年は史談会の幹事として活躍。明治四十年十月四日東京浅草の寓居で病没。年七十六。同地の総泉寺に葬られたが、のち寺の移転に伴って改葬され、現在墓は板橋区の同寺にある。贈正五位。白茅が朝鮮に赴いた当時の事情を自叙伝として述べた『征韓論の旧夢談』(『明治文化全集』二五)、また『征韓評論』(同)、「久留米藩士勤王主唱に関する事実」(『史談会速記録』九)、「佐田白茅君朝鮮国交際事件実歴」(『史談速記録』一六四―一六六)などの著作がある。

参考文献　外務省編『大日本外交文書』三、田保橋潔『近代日鮮関係の研究』上、「贈正五位佐田白茅君略伝」(『史談会速記録』二八四)　(田中　正弘)

さっさともふさ　佐々友房　一八五四―一九〇六　明治時代の政治家。安政元年(一八五四)正月二十三日肥後国飽田郡坪井(熊本市坪井)に生まる。熊本藩士佐々陸助・綾子の次男。幼名寅雄、坤次。号は克堂。藩校時習館に学び尊王攘夷を唱う。明治七年(一八七四)白川県等外二等出仕、一ヵ月にして辞す。同十年西郷隆盛を首領とする私学校党の挙に呼応した熊本隊に参加、負傷降伏して懲役十年に処せられる。十三年特別放免の後、紫溟会を設立して、勤王・国権拡張を主張し、「詭激なる政論」派すなわち自由民権派に対抗して活動した。二十二年一月紫溟学会(紫溟会の後身、明治十七年組織改正)の下部組織として設立された熊本国権党の副総理となり、同年の大隈条約案反対運動では、谷干城・浅野長勲らの日本倶楽部派として活動した。二十三年七月第一回総選挙で衆議院議員となり、以後連続当選、没時までその地位にあった。中央政界における佐々は熊本県出身の井上毅や安場保和・山田信道らの内務官僚を通じて、超然主義派との提携を深め、自由党・改進党に対抗して実業振興と対外進出(国権拡張)を第一とすべきであると主張し、親政府勢力の糾合に努力した。二十五年六月設立の国民協会、三十二年七月設立の帝国党、三十八年十二月設立の大同倶楽部の中心メンバーであった。この間、大日本協会・硬六派・国民同盟会・対露同志会などの対外硬運動においても重要な役割を果たした。三十九年九月二十八日没。五十三歳。東京青山墓地に葬られたが、のち熊本市黒髪の小峯墓地に改葬された。

参考文献　佐々克堂先生遺稿刊行会編『克堂佐々先生遺稿』、国立国会図書館編『佐佐友房関係文書目録』(『憲政資料目録』六)　(酒田　正敏)

さったまさくに　薩埵正邦　一八五六―九七　明治時代の法学者。安政三年(一八五六)五月十九日京都上京今出川千本東入般舟院前町に生まれる。家は代々石門心学の流れをひく儒者。明治四年(一八七一)京都仏学校に入学、フランス人御雇教師レオン=ジュリーに仏語を学ぶ。八年東京開成学校教師に転任したジュリーに従って上京。斎藤利行の学僕として苦学。十一年桜井能監の推薦で内務省雇。十二年政府御雇法律顧問ギュスターブ=エミィル=ボアソナードの知遇を得て司法省雇に転じ、翌十三年民法編纂局御用掛を兼務。同年四月金丸鉄・伊藤修らと東京法学社(法政大学の前身)を創立。十四年一月辞官後同社の講法局を分離独立した東京法学校の主幹となり学校の経営と仏法学の教育に専念する。翌年立憲改進党の創立に参加。明治二十三年京都の第三高等中学校の法学部教授に転任したが、三十年六月十四日病死す。四十二歳。夫人政子は富井政章の妹。墓所は京都大徳寺塔頭芳春院。

参考文献 『法政大学百年史』、松尾章一「薩埵正邦小伝」(『社会労働研究』一四ノ一・二)　(松尾　章一)

さつまじろはち　薩摩治郎八　一九〇一―七六　昭和時代の随筆家。明治三十四年(一九〇一)四月十三日、東京駿河台(東京都千代田区)に生まれる。祖父の薩摩治兵衛は和洋木綿商として一代で巨富を築いた近江商人。大正七年(一九一八)オックスフォード大学に留学、十年フランスに移り、「バロン＝サツマ(薩摩男爵)」とよばれ、パリ社交界の花形になる。昭和二年(一九二七)パリ大学国際都市に私財を投じて日本人留学生のための会館を建設(四年開館)、フランス政府からレジオン＝ドヌール勲章を受ける。藤原義江・原智恵子らのデビューを援助し、また在パリ日本人画家のパトロンとして、福島繁太郎と勢力を二分し、画家たちは薩摩派、福島派と色わけされたという。十四年再渡仏、第二次世界大戦中、パリに在ってアンドレ＝マルローなど旧知の文化人をナチスの手から守る。二十六年帰国、浅草に住み随筆家として身をたて、浅草座の踊り子利子と結婚。三十四年利子の郷里徳島に旅行中、脳卒中で倒れ、以来十七年間徳島で病床にあり、五十一年二月二十二日、同地に没。七十四歳。著書に自伝『せ・し・ぼん』(昭和三十年)、『巴里・女・戦争』(同二十九年)などがある。　(匠　秀夫)

サトウ　Sir Ernest Mason Satow　一八四三―一九二九　イギリスの外交官。一八四三年六月三十日、ロンドンのクラプトンに生まれ、ユニバーシティー＝カレッジに学び、六一年八月、日本の領事部門に勤務する通訳生としてイギリス外務省に入省。同年十一月、イギリスを出発、約四ヵ月の北京滞在などを経て、文久二年八月十五日(一八六二年九月八日)、横浜着、生麦事件の勃発はその六日後であった。その後第一回の賜暇で帰国する明治二年正月十四日(一八六九年二月二十四日)までの経歴は、サトウ自身の回想録『一外交官の見た明治維新』A Diplomat in Japan(坂田精一訳、『岩波文庫』)にくわしい。この時期のサトウについて特筆すべきことは、第一に日本語を自在に駆使する日本駐在の外交官の先駆者となったこと、第二に倒幕勢力との幅ひろい接触を通して、豊富な情報を入手し、イギリスの駐日公使、特にパークスの対日政策の樹立を助けたこと、第三に『英国策論』(元来無署名で横浜の英字週刊紙 The Japan Times, 1866に三回に分けて掲載されたもので、目下原文は三月十六日号の第一回分と五月十九日号の第三回分しか見つかっていない)を通して、日本の政治体制は天皇を元首とする諸侯連合であり、将軍は諸侯連合の首席にすぎないことを主張し、幕府の権威失墜に手を貸したことであろう。この間サトウの地位は通訳生から通訳官を経て、日本語書記官に昇進していた。明治三年に賜暇を終えて日本にかえったサトウは、その後ひきつづき日本語書記官として、明治十五年まで日本に勤務した。やがて一八八四年バンコク駐在の総領事に任命され、まもなく公使に昇格し、つづいてモンテビデオ(ウルグアイ)とタンジール(モロッコ)にそれぞれ公使として赴任した。そして、明治二十八年七月、日清戦争と三国干渉を経た直後の日本に公使として帰任し、つづいて一九〇〇年に駐清公使に転じ、義和団事件の事後処理にあたった。〇六年、この駐清公使を最後にサトウは外交官生活から隠退し、帰国後はデボンシャーの小村オタリー＝セント＝メリーに住み、二九年八月二十六日、八十六歳の高齢で世を去った。学者＝外交官のサトウに著述は多いが、日本研究の開拓者の側面は、『日本耶蘇会刊行書志』The Jesuit Mission Press in Japan, 1591―1610(1888)によって、外交史家の側面は、一九一七年に初版が刊行されて以後、現在改訂第五版に至っている『外交実務案内』Satow's Guide to Diplomatic Practice, edited by Lord GoreBooth (1979)によって代表されよう。

参考文献 萩原延壽『遠い崖―アーネスト・サトウ日記抄―』、B. M. Allen ; The Rt. Hon. Sir Ernest Satow, A Memoir (1933)　(萩原　延壽)

さとうえいさく　佐藤栄作　一九〇一―七五　昭和時代の政治家。明治三十四年(一九〇一)三月二十七日、山口県熊毛郡田布施村の酒造家佐藤秀助の家に生まれた。長兄は海軍中将佐藤市郎、次兄は政治家岸信介。熊本の五高より東京帝国大学法学部に進み大正十三年(一九二四)卒業。鉄道省に入り門司鉄道局勤務、松岡洋右の姪寛子と結婚。昭和九年(一九三四)―十一年在外研究員として欧米に出張。十六年鉄道省監督局長、十九年大阪鉄道局長に転じて敗戦をむかえた。二十一年本省にもどり運輸省鉄道総局長官となり、翌二十二年運輸次官に就任、さらに二十三年十月の第二次吉田内閣の発足にあたっては官房長官に抜擢された。二十四年一月衆議院議員総選挙に立候補して初当選、二十五年四月には自由党幹事長となり、次第に吉田茂首相側近の一人に数えられるようになった。第三・四次吉田内閣に郵政大臣・建設大臣として入閣、二十八年一月には再度自由党幹事長となったが、翌年の造船疑獄に連座、検察当局は二十九年四月二十日、収賄容疑で佐藤を逮捕するとの方針を決めたが、翌日犬養健法務大臣は重要法案審議のための必要を理由に指揮権を発動して逮捕を阻止した。結局佐藤は政治資金規正法違反で起訴されるにとどまったが、これも三十一年十二月の国連加盟に際しての恩赦で免訴となった。この間一貫して吉田側近にあり、三十年十一月の保守合同＝自由民主党結成にも参加せず、鳩山内閣時代には無所属を通し、石橋内閣になってから自民党に入党した。岸内閣のもと党総務会長、大蔵大臣に就任して主流派に復帰、池田内閣では通産大臣、国務大臣(北海道開発庁・科学技術庁長官)を歴任。三十九年七月の自民党総裁選挙では池田勇人首相に敗れたが、十一月には病気のため退陣を決意した同首相から後継者に指名され、内閣総理大臣となり、以後三次の内閣を組織し七年八ヵ月という連続政権担当の最長記録をつくった。この間、三十九年十二月の党大会で自民党総裁に推挙されて以来、四十一年十二月、四十三年十一月、四十五年十月の総裁選挙で藤山愛一郎・三木武夫・前尾繁三郎らの対立候補を破り、総裁四選を果たしている。第六十八国会閉会の翌日、四十七年六月十七日引退を表明、七月の自民党総裁選挙で当選した田中角栄に総理・総裁の地位を委譲し政界の第一線をしりぞいた。四十九年十二月には、佐藤内閣の核拡散防止条約調印などの和解的政策が太平洋地域の平和確立に貢献したとしてノーベル平和賞を授与された。五十年五月十九日、政財界人との懇親会で倒れ、昏睡状態をつづけたまま、六月三日死去。七十四歳。著書に『繁栄への道』『今日は明日の前日』がある。

参考文献　「鉄道人佐藤栄作」刊行会編『鉄道人佐藤栄作』、宮崎吉政『宰相佐藤栄作』、戸川猪佐武『佐藤栄作と高度成長』(『昭和の宰相』六)　(古屋　哲夫)

さとうきよおみ　佐藤清臣　一八三三―一九一〇　幕末・明治時代の志士、国学者、教育家。幼名泰蔵・保造、諱は昌信・政信、通称恵五郎・雲霍磨・倭文雄・靫負・泰蔵、号は神琴・真澄洒舎、姓は高橋・大関・三浦・藤原・岩井とも称す。変名三浦秀(穂)波・岩井清臣・神道三郎。出身は美濃大垣新田藩士。天保四年(一八三三)四月十六日江戸大垣新田藩邸に生まれる。父は佐藤彦助憲澄、禄高は二十五俵二人扶持である。大垣新田藩小性役・馬廻役を経て牢人となり、嘉永年間(一八四八―五四)より皇朝学に志し門人育成につとめ、文久三年(一八六三)に岩崎長世の紹介で平田篤胤没後門人となる。その間水戸学・佐藤信淵学を学ぶ。のち三浦秀波と変名して志士活動を行い、美濃・信濃・甲斐・遠江・三河各地をオルグし、慶応二年(一八六六)越後弥彦神社学師をつとめ、伊那谷を潜行し、上野赤城神社学師となる。ついで江戸薩邸屯集事件に参加して以来偽官軍に連坐する。その後明治元年(一八六八)氷川神社祝詞師兼古道学師。五年八月三河稲橋在住。郷学明月清風校教師、のち神官として二十三年神道権中教正まですすむ。郷土教育につとむ。四十三年三月十七日没。七十八歳。墓は愛知県北設楽郡稲武町稲橋にある。著書には『毎朝神拝詞記』『大嘗会私考』『伊那の松風』『真澄舎歌文稿』『古橋翁伝』がある。

参考文献　芳賀登『明治維新の精神構造』、同『草莽の精神』(『塙新書』三四)、同『維新の精神豪農古橋暉児の生涯』、『稲武町史』、同編『豪農古橋家の研究』、芳賀登「慶応二年の佐藤清臣―「伊那の松風」の紹介をかねて―」(小葉田淳教授退官記念事業会編『小葉田淳教授退官記念国史論集』所収)、同「明治国家と佐藤清臣」(『大阪教育大学紀要』II一七)　(芳賀　登)

さとうぎりょう　佐藤義亮　一八七八―一九五一　明治から昭和時代にかけての書籍出版業者。みずからも橘香(きっこう)・妖堂(ようどう)・浩堂の筆名で諸文を発表している。明治十一年(一八七八)二月十八日秋田県仙北郡角館町の荒物屋の子として生まれた。同二十八年三月上京して秀英舎(現在の大日本印刷株式会社)の校正係となり、同二十九年七月には新声社を創立して雑誌『新声』を創刊したが同三十六年九月これを人手に渡すこととなった。同三十七年五月新潮社を興し、『新潮』を創刊。高須梅渓・田口掬汀・金子薫園・奥村梅皐らの執筆協力を得、また妻竜子の弟中根駒十郎の経営手腕によって、隆盛を見た。その間、『大日本文章学会講義録』を明治三十二年三月から、また『最新文章講義論』を同三十五年四月から出版し、文庫派・明星派と鼎立する観を呈した時期もあり、『(文壇照魔鏡)与謝野鉄幹』の出版をめぐってのトラブルをひきおこすに至った。その他多くの雑誌・講義録などの類を発行したが、主なるものとしては、『新文壇』『近代文学講義録』『文章倶楽部』『トルストイ研究』『日本詩人』『演劇新潮』『婦人の国』『文学時代』『日の出』『銀河』『小説新潮』『芸術新潮』などがあり、晩年には宗教団体の「ひとのみち」に入り、みずから『生きる力』(昭和十一年(一九三六))とか『向上の道』(同十二年)など人生修養の書を著述し出版した。昭和二十六年八月十八日病没。七十三歳。真澄院釈義照居士というのがその戒名である。東京都港区の青山墓地に葬られた。郷里角館の本明寺にも分骨埋葬。

参考文献　『新潮社四十年』、天野雅司『佐藤義亮伝』　(石丸　久)

さとうけんりょう　佐藤賢了　一八九五―一九七五　昭和期の陸軍軍人。明治二十八年(一八九五)六月一日、石川県に生まれる。佐藤教信の次男。金沢一中を経て大正六年(一九一七)陸軍士官学校を二十九期生として卒業、同年末砲兵少尉に任官した。陸軍大学校卒業後、約三年アメリカに駐在、陸軍省整備局員、軍務局国内班長・新聞班長を歴任した。一中佐の佐藤が一躍名を知られ、のちに東京裁判でA級戦犯に指名される遠因を作ったのは、いわゆる「黙れ事件」であった。昭和十三年(一九三八)三月三日国家総動員法案を審議中の議会で、質問をくり返す議員に説明員の佐藤が「黙れ」と大喝したのである。議会が軍の威圧にひれ伏していた当時の情勢を象徴する事件であったが、佐藤は処罰もされず、順調に昇進して同十七年に陸軍省軍務局長の要職に至り、東条英機首相兼陸相の腹心として勢威をふるった。二十年三月中将、翌四月第三十七師団長となり、敗戦をタイで迎えた。二十三年東京裁判で終身禁錮刑を宣告されたが、三十一年に仮出所した。五十年二月六日没。七十九歳。

参考文献　佐藤賢了『大東亜戦争回顧録』　(秦　郁彦)

さとうこうろく　佐藤紅緑　一八七四―一九四九　明治期の俳人・劇作家、大正以降の小説家・児童文学者。本名、洽六。明治七年(一八七四)七月六日、青森県中津軽郡弘前親方町(弘前市)で、佐藤弥六の次男として生まれた。東奥義塾・弘前中学中退。明治二十六年上京、陸羯南(くがかつなん)の玄関番に入り、翌年新聞『日本』記者となる。そこで正岡子規を知り、俳句を学んだ。二十八年、病気帰郷、『東奥日報』『河北新報』記者などを経て三十三年再上京、東京・関西の新聞数社を転々としながら俳句評釈などの著書数冊を刊行。三十九年、戯曲『侠艶録』、小説『行火』を発表、以後劇壇・文壇の注目を浴びて活躍、短編集『梋』(明治四十一年)などで作家の地位を確立した。大正期には新聞で通俗家庭小説作家として活躍、昭和期に入って『あゝ玉杯に花うけて』(昭和二年(一九二七)―三年)ほか数作で長編少年少女小説の新分野を確立した。『佐藤紅緑全集』全十六巻(十七冊、昭和十一―十二年)がある。詩人サトウハチローはその長男、作家佐藤愛子は後妻に生まれた次女。昭和二十四年六月三日没。七十六歳。墓は東京都文京区本郷の喜福寺にある。

参考文献　佐藤愛子『花はくれない―小説佐藤紅緑―』、砂田弘「佐藤紅緑試論」(加太こうじ・上笙一郎編『児童文学への招待』所収)　(和田　謹吾)

さとうしげひこ　佐藤繁彦　一八八七―一九三五　大正・昭和前期のキリスト教神学者、ルッター研究家。佐藤保造の次男として明治二十年(一八八七)九月二十四日福島県若松新横町(会津若松市)に出生。初等中等教育を経て四十年第一高等学校入学、同十二月八日海老名弾正牧師より洗礼を受く。四十三年東京帝国大学文科大学入学、同九月京都帝国大学に転じ大正二年(一九一三)三月卒業、九月より七年三月まで東京帝国大学大学院。ルッター専攻。植村正久牧師に導かれ、牧師となる。七年浜松枝と結婚。日本基督教会牧師として朝鮮新義州、熊本に伝道。九年九州学院神学部講師。十一年九月より十三年五月までドイツに留学し、ホル Karl Holl に師事してルッター研究に専念。帰国後東京において日本ルーテル神学専門学校教授となり、十四年四月ルッター研究会を創設、月刊『ルッター研究』誌を発刊、昭和九年(一九三四)五月『新約と新教』と改題。同八年論文『(羅馬書講解に現れし)ルッターの根本思想』により文学博士の学位を得る。九年九月胃癌を病み十年四月十六日没。四十八歳。墓は多磨墓地にある。著書に『若きルーテル』『宗教巡礼』『信仰文集』、自叙伝『回心の回顧』がある。

参考文献　『新約と新教』第一〇巻・第一一巻合本　(岸　千年)

さとうしょうすけ　佐藤昌介　一八五六―一九三九　明治から昭和前期にかけての農業経済学者。安政三年(一八五六)十一月十四日南部藩士昌蔵の長男として生まれる。明治四年(一八七一)上京して大学南校にはいり、のち東京英語学校に学んだ。同九年札幌農学校に入学、十三年同校を卒業した。卒業後間もなく渡米してジョンス＝ホプキンス大学で農政学を研究、同十九年帰国して母校の教授に任ぜられ、以後約五十年間札幌農学校および東北帝大農科大学・北海道帝大の教授、校長、学長、総長として教育に専念した。昭和五年(一九三〇)七十五歳で後進に途を譲るまで十三年の長きにわたって北大の初代総長をつとめ大学の発展につくした。退官後は北海道農会長をつとめた。これより先、同三年には男爵を受けた。昌介の生涯は、彼が北海道大学の父といわれたように、札幌農学校および北大の歴史そのものであったということができる。学者としての昌介は、とかく教育者としての昌介の背後に押しやられがちであるが、農業経済学者として「大農論」を主張し、明治農学史上にその名をとどめている。昭和十四年六月五日札幌の自宅で没。八十四歳。墓は札幌市豊平墓地にある。

参考文献　北海道総務部行政資料室編『北海道開拓功労者関係資料集録』上、佐藤昌彦『佐藤昌介とその時代』、中島九郎『佐藤昌介』、蝦名賢造『札幌農学校』　(川俣　茂)

さとうしょうちゅう　佐藤尚中　一八二七―八二　幕末・明治時代前期の医家。「尚中」は正しくは「たかなか」と訓むことが大学東校の書類でみられる。下総の小見川で藩医山口甫僊の次男として文政十年(一八二七)四月八日に生まれた。幼名は竜太郎、また鏐(りゅう)と称した。長じて城(じょう)姓を名乗り、舜海を通称とした。明治になって笠翁(りゅうおう)・笠翁の号をよく用いた。少年のとき江戸にあって寺門静軒、ついで安藤文沢に教えをうけた。文沢の勧めで天保十三年(一八四二)に佐藤泰然の和田塾に入り、蘭方外科の修得に勉めた。泰然の佐倉移住に伴い、彼もその地に移り、順天堂で頭角を現わして、ついに泰然の養子となり、安政六年(一八五九)に家督を継いで順天堂第二代の主となり、佐倉藩医の地位も向上した。しかしその後に尚中はオランダ海軍軍医ポンペに学ぶため一年あまり長崎に留学したので、養父の泰然がその間は心ならずも一時現役に復帰した。ポンペは幕府の計画した第二次海軍伝習の教官の一人として長崎に来ていたのであり、授業をうける日本人側の代表は泰然の実子松本順(良順)であった。尚中は順の義兄であり、ポンペの殊遇をうけ、また例外的にすぐれた日本の外科医として尚中の実力が認められた。尚中は佐倉に帰ると藩の医政を大改革し、藩医はすべて洋方とし、漢方を廃した。順天堂の医学教育もポンペのやり方にならって一新した。慶応元年(一八六五)の順天堂門人録によると、北は松前から南は四国・九州にまで及ぶ門人の数は百十名にのぼっている。彼はまた佐倉養生所を設けて、みずからその一等医師となり、藩の医事を総括した。その間に高弟の一人であり、義理の甥である高和介石を養子とした。それが佐藤進である。明治元年(一八六八)戊辰戦争に官軍から呼び出しがきたが、尚中に代わって進が出征、白河の病院頭取として功績をあげた。翌二年に進はドイツ留学に旅だつが、その直後に尚中は明治政府の強い要請があって東京に新設された大学東校の大博士となり、大典医を兼ね、さらに大学大丞となり、日本医界の最高の地位に就いた。しかし明治四年にドイツ人教師二名が来朝して、医学教育の大改革を始めると、尚中は能事終るとみて、官界から身をひき、明治六年に下谷練塀町に私立病院を開き、ついで同八年には湯島お茶の水に日本ではじめての大病院を建てた。今日の順天堂医院の始まりである。四月初めに開院した直後に尚中は喀血して重症となったが、幸いにかなり回復して、下谷の根岸に居を構え、ニーマイヤー内科書の翻訳をなし、また順天堂にも出勤した。熱海の旅館にしばしば滞在して保養したが、『済衆録』という内科書はこのときに作られた。なお尚中の訳書には長崎留学の前に完成した『瘍学全書』(刊行せず)、留学後にストロマイヤーの外科書を訳した『砲痍論』『外科医法』などがあり、この二つは慶応年間に出版された。非常な勉強家であり、また能筆の人であった。明治十五年七月二十三日没。五十六歳。墓と頌徳碑が谷中墓地にある。

参考文献 『順天堂史』上、小川鼎三「佐藤尚中と大学東校」(『順天堂医学』九ノ二) (小川 鼎三)

さとうすすむ　佐藤進 一八四五―一九二一 明治・大正時代の医家。外科を専門とし、順天堂第三代の主であった。弘化二年(一八四五)十一月二十五日常陸太田の高和清兵衛の長男に生まれた。幼名は東之助。早くから俊才を謳われ、安政六年(一八五九)、下総佐倉の順天堂に入門、ここではじめ高和介石と称して蘭方医学を修めたが、塾主の佐藤尚中の親戚(尚中の妻が進の母の妹)であり、慶応年間(一八六五―六八)に尚中の養子となり、佐藤進と改名した。彼がのちに茶崖と号したのは進が院長として隆盛に導いた東京の順天堂がお茶の水の崖上にあるためであろう。明治元年(一八六八)の戊辰戦争では官軍の呼び出しに進が父尚中の代理として白河に出征し、奥羽追討陸軍病院の長として大いに働いた。しかし力不足を痛感したのであろう、翌二年にドイツ留学を決めて、明治政府の海外渡航免状第一号を得て横浜をでて、七十余日をかけてベルリンに着いた。カイザー＝ウイルヘルム大学で正規の課程を経て明治七年にドクトルの学位を得たのは日本人として最初の栄誉であった。ついでウィーンにゆき、ビルロートのもとで外科を学んでいたとき、同八年四月に尚中病気の電報を受けたので急ぎ帰国の途についた。順天堂医院(尚中の主義により正式には病院と称さない)はその後は進を中心として発展したが、彼の活動はこの病院に限局せず、十年西南戦争には大阪陸軍臨時病院の長を勤め、また十九年三月から約一年間、帝国大学医科大学の第一および第二病院の長を勤めた。特に明治二十七、八年の日清戦争では下関での講和談判のとき、清国の全権大使李鴻章が日本人暴漢に狙撃される大事件がおきたが、進が大本営のある広島から直ちに下関にゆき、幸いに回復することを得た。日露戦争のときも進は陸軍軍医総監として広島をはじめ、諸地の傷病兵を診て回り、大きい功績を樹てた。戦後は伊藤博文の要請で朝鮮の衛生状態を改善し、ソウルに大韓医院を創設した。数多くの功績により進は明治四十年に男爵となった。晩年は茨城県の麻生の広大な別荘で読書や執筆に日々を送った。順天堂の業務は養子の佐藤達次郎に委ねたのである。医学以外の主な著書として『水戸義公伝』(明治四十四年)、『餐霞録』(大正三年(一九一四))などがある。大正十年七月二十五日没。七十七歳。墓は東京都文京区駒込の吉祥寺にある。

参考文献 『順天堂史』上 (小川 鼎三)

さとうそうのすけ　佐藤惣之助 一八九〇―一九四二 大正・昭和時代前期の詩人。明治二十三年(一八九〇)十二月三日神奈川県橘樹郡川崎町砂子(川崎市)に父慶治郎の次男として生まれる。母はむめ。小学校高等科一年修了後麻布の商家に住込み奉公、その後暁星中学仏語専修科に学んだ。早く佐藤紅緑について俳句を作り、続いて千家元麿らの『テラコッタ』『エゴ』などに参加して詩作に入る。処女詩集『正義の兜』(大正五年(一九一六))には出発当時の白樺人道主義の傾向が伺われる。多作の詩人で詩集は二十数冊を数え、詩風も一冊ごとに変貌したが、生来の自由闊達で楽天的な性向は、豊かな感覚に満ちた快活饒舌な『華やかな散歩』(同十一年)・『季節の馬車』(同)、および琉球旅行の所産である『琉球諸嶋風物詩集』(同)に最もよく表われていよう。詩集『深紅の人』(同十年)・『荒野の娘』(同十一年)・『情艶詩集』(同十五年)・『西蔵美人』(昭和六年(一九三一))などのほか随筆・釣書・句集も多い。「赤城の子守唄」「湖畔の宿」などの作詞家としても著名。詩集・随筆を集めた『佐藤惣之助全集』全三巻がある。昭和十七年五月十五日没。五十三歳。墓は神奈川県川崎市幸区の正教寺にある。戒名は芳光院慈潤日惣居士。

参考文献 藤田三郎『佐藤惣之助案内―佐藤惣之助掌事典―』、潮田武雄編『佐藤惣之助覚え帖』、『詩の家』一四(佐藤惣之助作品研究)、『無限』一四(佐藤惣之助特集) (三浦 仁)

さとうたいぜん　佐藤泰然 一八〇四―七二 幕末維新期の蘭方医。名は信圭(のぶかど)、号は紅園。泰然は通称である。父佐藤藤佐(とうすけ)は庄内藩鳥海山麓の升川村の生まれで、若くして江戸に出て旗本など数家の会計を掌る公事師となった。泰然はその長男として文化元年(一八〇四)武蔵国川崎(神奈川県川崎市)に生まれたが少年時代を江戸で父母とともに送り、旗本伊奈氏に仕えていた。その内に洋方医を志して足立長雋、ついで高野長英を師としたが満足できず、天保六年(一八三五)より三年半ほど長崎に留学して大いに努め、同九年の秋江戸に帰って、薬研堀に塾を開いた。当時は生母の姓をとり和田泰然と称していた。和田塾の名は高くなった。しかし何か理由があって、彼はその塾を親友で女婿の林洞海に譲り、みずからは下総佐倉藩主堀田正睦の招きで佐倉に移り、その城下町の一隅に蘭方塾を開き順天堂と称した。姓も父祖のものを採り佐藤泰然と改めた。順天堂はオランダ語を教え、西洋外科を実行して新しい医術を学ぶのに適した所として日本中にその名が知られた。上総出身の高弟関寛斎が書いた『順天堂外科実験』一冊は嘉永年間(一八四八―五四)にこの塾でどんな手術が行われたかをよく示している。また安政元年(一八五四)の日付で順天堂執事の名をもって書かれた『療治定(さだめ)』と題する四十種に及ぶいろいろな手術の料金表が残っているが、当時としては驚くべき内容である。安政六年に泰然は家督を養子の佐藤舜海(のちの尚中)に譲り、みずからは新しく開港した横浜に住み、外国人との交際を多くした。彼のやや早すぎる隠居は藩主堀田正睦が安政年間に老中として開国の衝にあたったとき、彼がブレイン＝トラストの一人として何かを進言したことに関係があるとおもわれる。明治五年(一八七二)四月十日、東京の下谷茅町(台東区池之端)にて肺炎のため没した。享年六十九。墓は台東区谷中の天王寺にある。また顕彰碑は佐倉順天堂跡に建っている。大正四年(一九一五)に従四位を追贈された。松本順(良順)はその実子である。

参考文献　村上一郎『蘭医佐藤泰然―その生涯とその一族門流―』、『順天堂史』上、小川鼎三『佐藤泰然伝』

（小川　鼎三）

さとうたつお　佐藤達夫　一九〇四―七四　昭和時代戦後期の官僚。日本国憲法の日本側起草者の一人。福岡県久留米市出身。明治三十七年(一九〇四)五月一日生まれる。父孝三郎は内務官僚で名古屋市長などを歴任。昭和三年(一九二八)東京帝国大学法学部政治学科卒。内務省に入り同七年に法制局に転じ参事官・書記官を経て同十九年九月第二部長、同二十年十一月第一部長、同二十一年三月法制局次長を経て、同二十二年六月片山内閣の法制局長官となる。部長・次長時代に日本国憲法の政府原案の起草やＧＨＱとの交渉に当るなど、日本国憲法制定に深くかかわった。その後、法務庁法制長官・法務府法制意見長官を経て、同二十七―二十九年第三次―五次吉田内閣で再度、法制局長官をつとめた。ついで国立国会図書館専門調査員を経て同三十七―四十九年人事院総裁。日本国憲法制定の全過程を詳細に叙述した『日本国憲法成立史』(全四巻、三・四巻は佐藤功補訂)をはじめ、『国会のはなし』『憲法講話』『日本国憲法誕生記』『国家公務員制度』など多数の著書がある。また随筆家としても有名で、著書に『植物誌・絵と文』『花の画集』など。『佐藤達夫関係文書』が国立国会図書館憲政資料室に所蔵。昭和四十九年九月十二日病没。七十歳。

参考文献　憲政資料室編『佐藤達夫関係文書目録』

（鳥海　靖）

さとうてつたろう　佐藤鉄太郎　一八六六―一九四二　明治から昭和時代前期にかけての海軍軍人、戦史・国防理論家。海軍中将。慶応二年(一八六六)七月十三日、出羽国田川郡鶴岡高町(山形県鶴岡市)に生まれる。父鶴岡藩士平向勇次郎・母四方恵(よもえ)、佐藤安之の養子となる。明治二十年(一八八七)海軍兵学校卒業(十四期)。二十二年少尉、このとき朝鮮方面の海上警備に任じ、その見聞と研究から「国防私説」を草す。二十五年大尉、日清戦争に軍艦赤城航海長として参加、黄海海戦で戦傷。三十一年少佐。また日清戦争後、国防問題には戦史の研究が重要なのをさとり、英国のコロム中将と米国のマハン大佐の著述を愛読、英米両国に派遣されて帰朝後、海軍大学校教官のとき明治三十五年に『帝国国防論』を完成した。同書は、大陸政策に否定的で海上の国防を重視し、山本権兵衛海相から同年十月二十八日、天皇に奉呈された。三十五年中佐、日露戦争には第二艦隊参謀として参加し、そのあと研究を発展させて海軍大学校で「海防史論」稿を講じ、その草稿は明治四十一年『帝国国防史論』として刊行された。これより先、四十年大佐。戦艦艦長・海軍大学校教頭を経て四十五年少将にのぼり、第一艦隊参謀長・軍令部次長・海軍大学校長となり、大正五年(一九一六)中将。舞鶴要港部司令官を経て十二年予備役。その後も国防論の研究を続け、昭和四年(一九二九)に『国防新論』を著わし、九年には貴族院議員となる。十七年三月四日、東京吉祥寺で死去。七十七歳。墓は多磨墓地にある。

参考文献　防衛庁防衛研修所戦史室編『大本営海軍部・聯合艦隊』一(『戦史叢書』九一)

（野村　実）

さとうなおたけ　佐藤尚武　一八八二―一九七一　明治後期より昭和期における外交官、外務大臣、政治家。明治十五年(一八八二)十月三十日、旧津軽藩士田中坤六の次男として大阪に生まれ、長じて外交官佐藤愛麿の養子となり、佐藤家を継ぐ。同三十八年十月、東京高等商業学校専攻部領事科在学中、外交官及領事官試験合格。同期合格者中に佐分利貞男、一期前に松岡洋右、一期後に広田弘毅・吉田茂らがいる。佐藤は、外交官補となり、翌年露国に赴任。露国在勤七年。大正三年(一九一四)、ハルビン領事、六年、総領事。シベリア出兵問題にあたり、居留民の保護・安全のため連合国軍隊のハルビンへの出動を要請する。その後スイス国在勤、仏国在勤、大正十二年、特命全権公使、ポーランド国駐劄。翌々年日ソ国交回復に伴い、モスクワへ出張、臨時代理大使として大使館開設。昭和二年(一九二七)、国際連盟帝国事務局長。ジュネーブ海軍軍縮会議の全権委員随員、事務総長。同五年開催のロンドン海軍軍縮会議の全権委員随員、事務総長。同年十二月、特命全権大使、ベルギー国駐劄。その間、国際連盟諸会議に出席。昭和六年九月十八日、満洲事変勃発。同事変をめぐる国際連盟諸会議に、日本代表の一人として関与し、ついに八年二月二十四日、松岡洋右・長岡春一代表とともに、国際連盟臨時総会において、十九国委員会の報告および勧告案が賛成四十二・反対一(棄権一)で可決されたのをみて、退席。なおその間、ジュネーブ一般軍縮会議全権委員。昭和八年十一月、特命全権大使、仏国駐劄。十二年三月三日、林銑十郎内閣の外務大臣就任。三月十一日の議会答弁において、危機を招くも招かざるも皆日本自体の意図によって決せられる旨を強調する。六月四日、近衛文麿(第一次)内閣成立、外務大臣を広田弘毅と交替。七月七日、蘆溝橋事変勃発、日中戦争に拡大する。その間、外務省外交顧問に再度就任。昭和十六年十二月八日、太平洋戦争勃発。翌年二月、東郷茂徳外務大臣の懇請により在ソ連邦大使に就任。戦時下、日ソ国交調整にあたるが、昭和二十年四月五日、日ソ中立条約不延長の通知を受ける。七日、鈴木貫太郎内閣成立。九日、東郷茂徳外務大臣就任。東郷外相は、ソ連と和平交渉に入ろうとし、佐藤大使をしてソ連側と折衝させるが、ソ連は態度を明らかにしない。一方、戦局の不利を観察、佐藤大使は東郷外務大臣宛に、数通の終戦意見電報を出す。七月二十日発の電報は、長文四千字を越え、国体護持以外の連合国側条件は容認して戦争終結を図れと、意を尽くし切々と訴える。けだし外務省記録中の白眉である。八月八日夕刻、ソ連対日宣戦布告、九日参戦。八月十四日、日本は連合国に降伏終戦。佐藤は抑留生活を了えて、翌年五月帰国。十一月、枢密顧問官。昭和二十二年四月、参議院議員に当選。二十四年十一月より二十八年五月まで、参議院議長。三十一年十二月、国際連合第十一回総会に日本政府代表として重光葵(まもる)外務大臣らと出席。日本の国際連合加盟成る。四十年六月、政界を引退。四十六年十二月十八日、死去。八十九歳。墓は東京都台東区の谷中墓地。著書に『回顧八十年』がある。

参考文献 栗原健編『佐藤尚武の面目』、外務省編『日本外交年表並主要文書』、同編『終戦史録』、『外務省の百年』、海野芳郎「国際連盟および軍縮会議と佐藤尚武」(『政治経済史学』一七四)
(栗原 健)

さとうのぶざね 佐藤誠実 一八三九―一九〇八 明治時代の考証学者。初名造酒、黙斎と号す。父は浄土真宗大谷派正行寺住職祐誠。天保十年(一八三九)十一月二十三日江戸浅草正行寺に生まる。九歳で得度。幼時より詩文を好み、書数を樋口圭斎・佐々原宣明に学ぶ。嘉永・安政の交、儒学を安積艮斎に、国学を黒川春村に就いて修めた。ことに春村からの影響は狩谷棭斎・本居宣長の称揚、悉曇(しったん)・文法の精達に見え、後の職歴もほとんど同門黒川真頼の推輓による。明治五年(一八七二)八―九月編輯寮出仕。同八年六月元老院少書記生となり、翌年真頼の序を得て『語学指南』を公刊。十一年三月刑法草案審査局兼務。十三年十二月文部省の属に転じて編輯局古事類苑編纂掛となり、法律部などを執筆。十六年九月東京大学古典講習科講師を兼ね、『類聚三代格』を講ずる。二十三年三月『古事類苑』の事業が皇典講究所に委託されるに伴い、図書課に転じて『日本教育史』の編纂に従事、翌年から東京音楽学校教授を兼ねた。二十八年四月『古事類苑』の事業が神宮司庁に移るや招かれて編修となり、皇典講究所が多くの検閲委員を擁して統一を欠いた弊に鑑み、副編修と二人で全篇を校閲、すべての原稿に厳切なる加筆刊削を施した。三十二年文学博士の学位を授けられ、以後数年最も文筆に精励、「律令考」などを発表した。三十三年職制革まって編修長となり、三十五年帝国教育会名誉会員、同年から三十八年まで国語調査会臨時委員、三十九年帝国学士院会員となる。このころ老齢から健康を損ねたが、四十年十月三十一日をもって『古事類苑』編纂の業を畢え、十一月その功により勲五等・双光旭日章を賜わる。四十一年三月十一日東京市浅草区北清島(台東区東上野六丁目)正行寺に没す。年七十。墓は正行寺にある。

参考文献 山本信哉「文学博士佐藤誠実先生小伝」(『国学院雑誌』一四ノ四)、滝川政次郎「佐藤誠実の律令学」(『国学院法学』五ノ三)
(滝川政次郎)

さとうのぶひろ 佐藤信淵 一七六九―一八五〇 江戸時代後期の経済学者。字は元海、通称を百祐、椿園・松庵・融斎・祐斎・万松斎などと号した。明和六年(一七六九)出羽国雄勝郡西馬音内(秋田県雄勝郡羽後町)に、父信季(玄明窩)の長子として生まれた。佐藤家は秋田の住で、歓庵・元庵・信景(不昧軒)・信季・信淵と五代にかけて家学を継承したと称するが、これには疑問が多く、彼の作為によるものとされている。天明元年(一七八一)十三歳の少時より父に随い、奥羽・関東を遍歴したが、そのころ天明の大飢饉に際会し、窮民の惨状を見、これがその後の彼の学説に大きく影響を及ぼした。父が足尾に死去するに及び、天明四年、十六歳の時江戸に出て、槐園宇田川玄随に本草学をふくむ蘭学を、木村泰蔵より天文・地理・暦数・測量の術を、儒学を井上仲竜に学び、みずからも諸方に遊歴して学を深めた。天明・寛政・享和の時期はいわば彼の修学時代で、活躍期は文化に入ったころからである。この間に兵学や対外策に関する著述がある。文化五年(一八〇八)四十歳の時、阿波藩家老集堂氏の顧問として徳島に行き、戦術・砲術を講じ、『海防策』『鉄炮窮理論』『西洋列国史略』などを著わした。三年間滞留ののち、上総国山辺郡大豆谷村(千葉県東金市)に退隠したが、この時、彼の思想に決定的影響を与えた平田篤胤に師事した。時に四十七歳。また同時に神道方吉川源十郎の門にも入ったが、神道をめぐる事件に連坐して江戸払いとなった。文政期(五十歳代)は著作活動の最も旺盛な時期で、『経済要略』『混同秘策』『天柱記』『鎔造化育論』『経済要録』『山相秘録』『農政本論』『草木六部耕種法』などの主著を完成した。天保四年(一八三三)六十五歳の時、禁を冒して江戸に入ったため、さらに江戸十里四方追放に処せられ、武州足立郡鹿手袋村(浦和市)に蟄居した。生活苦はあったが、経世家としての名声はようやく高く、諸侯・諸藩士などで彼の教えを乞うものが多かった。建策・著述に老を忘れて専念し、『物価余論』『子虚に答へたる復古法』『経済問答』『復古法概言』『復古法問答書』などを著わした。弘化三年(一八四六)、七十八歳の老齢の故を以て赦されて江戸に帰り、子信昭の宅に同居した。その後も『復古法』『防海余論』『権貨法』『存華挫狄論』『垂統秘録』などを著わした。いずれも天保の改革を意識した書であった。嘉永三年(一八五〇)正月六日、八十二歳で死去し浅草松応寺に葬られた。のち寺の移転に伴い改葬されて現在墓は杉並区高円寺南の同寺にある。法名は真武院賢剛徳裕居士。なお彼の生涯・著述には、今日の学界で疑問を呈せられている点も多い。彼の思想に影響を及ぼした先学には熊沢蕃山・荻生徂徠・太宰春台・林子平・本多利明らがいる。儒学は「古学」派に属し、国学・神道は篤胤の復古神道、さらに本居宣長の影響も強い。彼の中にある日本の優越性の認識は、多分に国学の中の偏向された部分から発し、「皇大御国ハ、大地ノ最初ニナレル国ニシテ世界万国ノ根本ナリ」(『混同秘策』)の言にも象徴せられる。けれども彼の経世策の地盤をなした体験は、幕末の社会経済的不安・飢饉・生児陰殺にあった。日本の悲惨な現実は、彼によると「開物」の業が不充分であることと、富家の兼併がはなはだしいことに基づく(別本『物価余論』)。その対策として、前者に対しては「開物の法」＝上からの殖産興業の策を以てし、後者に対しては分配の公平を行う「復古法」を充当する。「開物の法」では、地力を尽くすことと並んで航海通商の必要を唱える。鎖国下にあってこれははなはだ大胆な見解である。だがこの路線は『混同秘策』にもあるような海外侵略主義に行きつく。のちに明治政権下にあって彼の著述が重視された原因もここにある。だが彼の後半期、天保九年の『物価余論』の辺から進歩的面が顕著になる。これは天保の改革の破綻に対応するものとみてよい。彼の「復古法」は単なる「神典」への復帰ではなく、分配の公平を目的とする一種の社会政策に近づいていること、またその『垂統秘録』において、幕府がとっているような社会階級(士農工商)の別を廃し、国民全体を、本事・開物・製造・融通・陸軍・水軍の六府下における草・樹・礦・匠・賈・傭・舟・漁の八民として、すべてを国家の官吏か、または国家の労働民とし、一民に一業を授けてその兼業を許さず、一切の売買・貸借・雇傭の私営を禁じてこれを公営とし、租税を廃し、国家費用は事業公営の利潤の一部によってまかない、生産資本・土地の国有を主張して、早熟的な「国家資本主義」ないし「社会主義」の構想を展開していることにも注目しなければならない。けれども彼の思想のこのような「進歩的」転回も、彼がどこまでも支配者の立場に立ち、幕府の力に依存して現実の矛盾を解決しようとし、農民や商工業者らの下からの力を認めようとしなかった点や、古今の理念が混在している点では、限界があるとみなければならない。『佐藤信淵家学全集』全三巻がある。

参考文献　尾藤正英・島崎隆夫校注『安藤昌益佐藤信淵』(『日本思想大系』四五)、羽仁五郎『佐藤信淵に関する基礎的研究』、河上肇「幕末の社会主義者佐藤信淵」(『京都法学会雑誌』四ノ一〇)、前田一良「佐藤信淵思想小論」(『立命館文学』一〇六・一一一)、塚谷晃弘「佐藤信淵の経済思想と管子―「復古法」を中心に―」(『国学院大学紀要』一二)　(塚谷　晃弘)

サトウハチロー　一九〇三―七三　大正・昭和時代の詩人、小説家。陸奥速男・並木せんざ・熱田房夫・倉中住人・倉中房男・清水七郎・清水操六・清水操夫・玉川映二・星野貞志・山野三郎などの別名を使った。明治三十六年(一九〇三)五月二十三日、東京生まれ。父は小説家の佐藤紅緑。本名八郎。小説家佐藤愛子は妹。早稲田中学をはじめ方々の中学を転々。立教大学神学部にも籍を置いた。福士幸次郎に育てられ、十六歳の時西条八十の門を叩く。活字になった最初の童謡は『金の船』大正十年(一九二一)三月号に載った「笹の舟」である。同十五年五月詩集『爪色の雨』で詩壇に地位を得たが、その後は、レビュー台本・ユーモア小説・少年少女小説・少年少女詩・雑文を書き、昭和五年(一九三〇)以来歌謡曲詩人としても知られ、終戦直後の「りんごの歌」など愛唱歌も多い。戦後は童謡に集中、木曜会を作り、日本音楽著作権協会・日本童謡協会会長として活躍。紫綬褒章や勲三等の栄をうけた。昭和四十八年十一月十三日死去。七十歳。墓所は雑司ヶ谷墓地。同五十二年東京都文京区弥生二丁目の旧宅にサトウハチロー記念館が開館。

参考文献　藤田圭雄「童謡詩人・サトウハチロー」(『詩と童謡』五)　(藤田　圭雄)

さとうはるお　佐藤春夫　一八九二―一九六四　大正・昭和時代の小説家、詩人。明治二十五年(一八九二)四月九日、和歌山県東牟婁郡新宮町に生まれた。開業医の父豊太郎、母政代の長男。慶応義塾大学予科中退。新宮中学時代から短歌を作ったが、明治四十三年の上京後に生田長江、与謝野寛(鉄幹)に師事、寛の勧めもあって詩作に転じ、『スバル』『三田文学』などに作品を掲げるとともに、長江の教えに従い、評論にも意を用いるに至った。哀切の情を古風な調べに盛った「ためいき」(大正二年(一九一三))は初期の詩群の代表作である。大正二年慶応中退後、絵を始めて二科展に入選したりしたが、五年神奈川県都筑郡中里村(横浜市港北区)に移り住む。その間詩的感興にふけるおのれに虚しさを意識し、散文による自己表現の欲求が熟して、田園生活の体験から『西班牙犬(スペインけん)の家』(大正六年)、『お絹とその兄弟』(同七年)、そして『病める薔薇』(大正六年)が生まれた。後者は補訂されて『田園の憂鬱』(同七年)となり、さらに手を加え定本『田園の憂鬱』(同八年)として完成、近代的な倦怠と憂愁の散文による定着と評され、文壇に注目された。並行して『李太白』(大正七年)、『指紋』(同)、『青白い熱情』(同八年)、『美しい町』(同)、『星』(同十年)を書き継いで新進作家となった春夫は、しかしなお詩を離れず、谷崎潤一郎夫人千代子への慕情のうたを中心に、『殉情詩集』(大正十年刊)をまとめ、これを最初の詩集として、以後の生涯に『佐藤春夫詩集』(同十五年)、『魔女』(昭和六年(一九三一))、『佐久の草笛』(同二十一年)その他を編んでいる。中国女流詩人の訳詩集『車塵集』(昭和四年)も忘れがたい。他方、小説では『田園の憂鬱』と対をなす長編『都会の憂鬱』(大正十一年)に人間観照の深まりをみせ、千代子をめぐる谷崎潤一郎との絶交からくる傷心をいたわるごとき『剪られた花』(大正十一年)、『佗しすぎる』(同十二年)などを書き、さらに『厭世家の誕生日』(大正十二年)、『窓展く』(同十三年)、『女誡扇綺譚』(同十四年)、『FOU』(同十五年)の諸編を発表、谷崎潤一郎とのいきさつを記録する『この三つのもの』(同十四—十五年、未完)を『改造』に連載した。大正十五年には谷崎との和解が成り、昭和五年千代子と結婚、一身上の安定を得たが、作家活動は、十七世紀の尼僧マリアンナ＝アルコフォラアドの恋文を訳した『ほるとがる文』(昭和四年)、精神分析の手法を採用した長編『更生記』(同)以後、ややたるみを生じた。十年代には『掬水譚』(同十年)などの歴史小説のほか、愛国心をうたう詩集があり、中国および南方戦線に報道班員として従軍、二十年長野県北佐久郡平根村(佐久市)に疎開し、二十六年まで滞在。戦後の作には『女人焚死』(同二十六年)、『晶子曼陀羅』(同二十九年)、『小説智恵子抄』(同三十三年)、『極楽から来た』(同三十六年)などがある。ほかに『芸術家の喜び』(大正十一年)、『退屈読本』(同十五年)をはじめ評論・随筆集の数も多い。昭和二十三年日本芸術院会員、同三十五年文化勲章受章。同三十九年五月六日、心筋梗塞のため急逝。七十二歳。京都知恩院に葬る。『佐藤春夫全集』全十二巻がある。

参考文献　中村光夫『佐藤春夫論』、高田瑞穂『近代耽美派』(『塙選書』六一)　(遠藤　祐)

さとうほっこう　佐藤北江　一八六八—一九一四　明治時代の新聞記者。名は真一。明治元年(一八六八)十二月二十二日南部藩士佐藤貞吉の長男として生まれる。五歳のとき父を喪い、母さめ子の愛育薫陶を受け、幼にして穎悟、仁王小学校時代は神童と称された。岩手中学に進み俊才としてきこえたが体質虚弱のため退学、家事を扶けるかたわら旧藩の儒者川上東巌の門に入って漢学を修め、文章に長じた。当時自由民権運動の勃興に際して、鈴木舎定の組織した求我社に加盟し熱心に活動する一方、『岩手新聞』に北江または北江狂士の筆名をもって投稿を続けた。同十八年秋、同社記者西岡雄説の懇望により入社し論説を担当した。同年十月二十五日に発表した「日本鉄道会社ト鉄道線路」と題した論説は、東北本線の岩手通過を実現する輿論喚起に大いにあずかるところとなった。二十年上京して『燈新聞』の記者となり、同紙が同年四月『めさまし新聞』と改題、二十一年五月村山竜平に買収され七月『東京朝日新聞』と改題後も引き続いて在社、爾来編集を担当した。のち編集長に上げられ、大正元年(一九一二)には社会部長を兼務した。恬淡無欲、豪放細心、寡言沈黙の為人と、精励恪勤、非凡の編集手腕とが相まって社内の人望を集め「一代の名編集長」と謳われ、同社の確固たる地歩を占めるうえに大きな貢献を果たした。大正三年春先より喉頭癌に冒され、同年十月三十日死去した。享年四十七。東京の青山墓地佐藤家墓に葬られた。

参考文献　木川修編『佐藤北江』　(北根　豊)

さとうみきぞう　佐藤三喜蔵　一八一九—七〇　明治二年(一八六九)十月の高崎五万石騒動の首謀者。造酒之助ともいう。文政二年(一八一九)上野国群馬郡上中居村(群馬県高崎市)の生まれ。自家は紺屋を兼営する富裕な百姓であった。明治二年、高崎藩領では暴風雨・霖雨によって麦・米ともに不作のために、同年八月末に、東・西・中郷八ヵ村が年貢減免と税制改正を、岩鼻県知事小室信夫に嘆訴したが失敗した。九月初旬、上・下郷四十五ヵ村は佐藤三喜蔵・柴崎村高井喜三郎・上小塙村小島文治郎を大総代に選び、十月十七日に約四千三百八十人が高崎城下へ強訴したが、三喜蔵は一揆の先頭に立って闘争を指導し、藩の郡奉行らに願書を差し出して交渉した。強訴後、岩鼻県へも訴願して、小室の取次で太政官より高崎藩に対して一ヵ年の減免を達せしめたが、それでは不満だとする農民側は闘争をつづけ、十一月二十日、三喜蔵は再度岩鼻県に願書を出して受理された。その後、岩鼻県内に潜伏中の三喜蔵と喜三郎は、十一月二十六日倉賀野宿の手先に逮捕されて高崎藩庁に引き渡されたが、翌三年二月四日に両人ともに斬首された。三喜蔵五十二歳。戒名は億非院減納好明居士。墓は高崎市下中居の普門寺にある。同年九月七日には文治郎も刑死。しかし翌五年十一月に願意は一応聞き届けられた。『群馬県史』資料編一〇、群馬県立高崎女子高等学校歴史研究部編『五万石騒動』には関係史資料を収める。

参考文献　細野格城『高崎五万石騒動』、田村栄太郎『近代日本農民運動史論』、同「高崎五万石騒動の佐藤三喜蔵」(『歴史評論』三七)　(山田　忠雄)

さとみとん　里見弴　一八八八—一九八三　大正・昭和時代の小説家。本名山内英夫。明治二十一年(一八八八)七月十四日、横浜に生まれた。父有島武・母信子の四男、武郎・生馬の弟。出生とともに母の実家山内家を継ぐ。学習院を経て東京帝国大学文科大学英文科を中退、作家生活に入る。早く泉鏡花に傾倒、また生馬の友人志賀直哉に親しむ。『白樺』同人として同誌に『お民さん』(明治四十三年)以下の諸作を発表、直哉との交友を軸とする長編『君と私と』(大正二年(一九一三))を連載したが中絶。大正二年秋家を離れて大阪に行き、山中方に寄寓し、同家の娘まさと同棲。四年末上京して結婚、一家をなした。その間の経過をもとに『晩い初恋』(大正四年)、『夏絵』(同)、『妻を買ふ経験』(同六年)を書くとともに、『善心悪心』(同五年)に、『君と私と』の中絶を受ける形で青春の動揺を見据え、「素人間」、他に煩わされぬ「自由な心の所有者」として立つ自己の姿を改めて確認し、次第に文壇に認められた。以後男女の心理の機微をうがつ精妙な短編を、『慾』(大正八年)、『毒蕈』(同九年)、『父親』(同十二年)、『その人』(昭和五年(一九三〇))などの創作集にまとめる一方、すぐれた人情話ともいうべき『今年竹』(大正八年、および十三―十五年)、「素人間」の心境の展開といえる「まごころ哲学」を具現する『多情仏心』(同十一―十二年)、自家一族の物語『安城家の兄弟』(昭和二―五年)などの長編に、作家としての力量を示した。昭和四年末から翌年にかけて直哉と満洲・中国を旅行。戦争下の困難な時期にも自由人としての姿勢を崩さず、執筆を続け、『かね』(昭和十二年)、『鶴亀』(同十四年)、『風炎』(同十七―十八年)などを発表。戦後ただちに川端康成・高見順らと鎌倉文庫をおこし、『姥捨』(昭和二十一年)、『見事な醜聞』(同二十二年)に変わらぬ腕の冴えをみせた。二十五年文化勲章受章。その後の諸作に『羽左衛門伝説』(昭和三十年)、『恋ごころ』(同)、『極楽とんぼ』(同三十六年)のほか、随筆集『五代の民』(同四十五年)、回想録『怡吾庵酔語』(同四十七年)などがある。昭和五十八年一月二十一日没。九十四歳。

参考文献　本多秋五『「白樺」派の作家と作品』、三好行雄「里見弴論」(『現代作家論叢書』三所収)
(遠藤　祐)

さのつねたみ　佐野常民　一八二二―一九〇二　明治時代の政治家。日本赤十字社の創立者。文政五年(一八二二)十二月二十八日肥前国佐賀郡早津江村(佐賀県佐賀郡川副町)に佐賀藩士下村充贇の五男として生まれ、天保三年(一八三二)藩医佐野常徴の養子となり栄寿と称した。藩校弘道館で学び、のち江戸で古賀侗庵に師事、さらに医学に志し京都の広瀬元恭、大坂の緒方洪庵に学ぶ。その間、天保十三年佐野家の養女、佐賀藩士山領丹左衛門の娘駒子と結婚。嘉永六年(一八五三)佐賀藩の精錬方(理化学研究所)主任となり、名を栄寿左衛門と改め、長崎海軍伝習所で学び、蒸気機関車模型や電信機などを試作し、文久元年(一八六一)海軍取調方付役として蒸気船製造にあたった。慶応三年(一八六七)パリ万国博覧会に藩代表として派遣された。明治三年(一八七〇)、諱の常民を本名とし、兵部少丞・工部省七等出仕・工部大丞兼燈台頭を歴任、五年にはウィーン万国博覧会副総裁、八年元老院議官となる。十年、西南戦争を機に、大給恒らと博愛社を創立、のち副総長となり、日本赤十字社の基礎をつくった。十三年大蔵卿・内国勧業博覧会副総裁、十四年元老院副議長、翌年同議長、内国絵画共進会審査長。十八年宮中顧問官となり、二十年、博愛社を日本赤十字社と改称、初代社長となって子爵を受け、二十五年日赤中央病院を建設。一ヵ月間、農商務大臣を務め、二十八年伯爵。三十五年日赤創立二十五周年記念式典で名誉社員となり、同年十二月七日、静岡県沼津で死去。八十一歳であった。墓は東京港区の青山墓地にある。

参考文献　本間楽寛『佐野常民伝―海軍の先覚日本赤十字社の父―』、北島磯次『佐野常民伝』、吉川龍子『日赤の創始者佐野常民』(『歴史文化ライブラリー』一一八)
(杉谷　昭)

さのつねひこ　佐野経彦　一八三四―一九〇六　明治時代の宗教家。教派神道の一派である神理教教祖。天保五年(一八三四)二月十六日、豊前国企救郡徳力(福岡県北九州市小倉南区)に、父経勝、母佐陀の長男として生まれた。幼名は佐吉麿、のちに右吉麿と改め、長じて右橘、さらに経彦と称した。号は桃舎。十七歳の時、西田直養に師事して国学・歌道を学ぶ。そのころ医術を修め、医療に従事し、一方、師の直養と国事に奔走、高杉晋作・真木保臣らの志士と交わる。安政二年(一八五五)七月、父経勝は経彦が饒速日命の七十七代の裔として生まれ、惟神の大道を世の中に宣揚すべきであると遺言して死去。慶応年間(一八六五―六八)、軍医となり、明治維新後も医療に従事し、かたわら父の遺言を守り惟神の大道を説いた。明治九年(一八七六)十月十六日、天在諸神が出現し「汝は明誠代神たるべし」と神託、この時神理教をおこす決意をしたという。同十三年七月、神理教会(はじめ神道本局に属し、のち御岳教の管轄に入る)を設立し、二十七年十月、神理教として別派独立し管長となる。三十九年十月十六日没。七十三歳。大教正。諡は天津神理誠乃道知部経彦命。著書は『天津皇産巣日考』をはじめ三百余冊にのぼるという。

参考文献　藤田香陽『神道各教派の表裏』、田中義能『神道神理教の研究』、井上順孝『教派神道の形成』
(三橋　健)

さのとしかた　佐野利器　一八八〇―一九五六　明治から昭和時代にかけての建築構造学者。明治十三年(一八八〇)四月十一日山形県西置賜郡荒砥に生まれた。山口三郎兵衛の四男、母はゑん。十六歳のとき佐野誠一郎の養子となる。三十六年東京帝国大学工科大学建築学科を卒業、三十九年同大学助教授、大正七年(一九一八)教授となり、昭和四年(一九二九)まで建築学第三講座(建築構造学)を担当した。耐震構造の導入と発展に貢献し、日本における初期の鉄骨造・鉄筋コンクリート造建築の理論ならびに設計を先導する役割を果たした。主論文として「家屋耐震構造論」(『震災予防調査会報告』八三号甲、大正六年)がある。関東大震災後、帝都復興院理事・東京市建築局長を兼務し、東京帝国大学退官後は日本大学教授・合資会社清水組副社長などを勤めた。昭和三十一年十二月五日没。七十六歳。東京の雑司ヶ谷墓地に葬られた。

参考文献　佐野博士追想録編集委員会編『佐野利器』
(稲垣　栄三)

さのますぞう　佐野増蔵　一八一〇―八二　江戸時代後期の因幡国鳥取藩在方役人。諱は盛郷。文化七年(一八一〇)芦川鹿介の第二子に生まれ、天保七年(一八三六)徒士佐野藤左衛門の養子となる。日ごろの研究による地方政治の識見・手腕により次第に昇進、嘉永元年(一八四八)郡奉行、同四年在吟味役となる。御勝手懸兼郡代田村貞彦のもとで、安政期藩政改革に参画、土地・貢租などの分野で貢献し、同五年侍士に昇格、翌年在方長役となる。このころ、伯耆国会見郡長者原開墾の難工事に責任者となって成功、禄五十石の加増を受け、新掘削の用水路を佐野川と命名された。文久三年(一八六三)郡代となり、海岸への台場建設などに尽力した。明治元年(一八六八)退職、同十五年三月十三日死去。七十三歳。墓は鳥取市馬場町の寛竜院(日蓮宗)にある。

参考文献『佐野増蔵家譜』(鳥取県立博物館蔵)、鳥取県編『鳥取藩史』一、藩士列伝四
（山中　寿夫）

さのまなぶ　佐野学　一八九二―一九五三　大正・昭和時代の社会運動家、一時期の日本共産党指導者。明治二十五年(一八九二)二月二十二日、大分県速見郡杵築町(杵築市)の旧藩医の家に生まれる。麻布中学校、第七高等学校(鹿児島)を経て東京帝国大学法科大学政治学科を大正六年(一九一七)卒業。翌年新人会に入り、また満鉄東亜経済調査局嘱託となる。九年早稲田大学商学部講師に就任、経済学・経済史を担当。『解放』三ノ七(大正十年七月)の「特殊部落民解放論」は全国水平社結成の契機となる。大正十一年結党直後の日本共産党に入党したが、第一次共産党事件の直前、党議でソ連に逃れ、コミンテルン第五回大会代議員となり、上海会議にも出席。十四年七月帰国、翌年下獄した。二七年テーゼ確定後中央委員長に指名され、三・一五事件直前党議で亡命、コミンテルン第六回大会に出席。翌昭和四年(一九二九)上海で日本共産党再建活動指導中捕えられ、三・一五、四・一六事件の被告となる。獄内委員会の一員として統一公判で代表陳述を行い、七年の第一審判決で共同被告中最高の無期懲役を科される。翌年六月鍋山貞親とともに一国社会主義の立場から転向を声明、内外の被告に深刻なショックを与えた。控訴審で懲役十五年に減刑され、十八年十月出獄した。二十一年八月、天皇制下の一国社会主義を唱えて労農前衛党を結成したが翌年解党、政治運動を止める。同年日本政治経済研究所を設立、また二十一年には早大商学部に復帰、二十四年教授となった。二十八年三月九日没。六十一歳。戒名は顕修院諦誉視海学道居士。墓は東京都小平市の小平霊園にある。『佐野学著作集』全五巻(昭和三十一―三十三年)などがある。

参考文献　山辺健太郎編『社会主義運動』七(『現代史資料』二〇)、鍋山貞親・佐野学『転向十五年』、思想の科学研究会編『共同研究転向』上、『国民評論』一九五三年六月号
（神田　文人）

さばきちえもん　佐羽吉右衛門　一八〇六―六八　江戸時代後期の桐生の代表的な絹買次商。諱は澄、字は秋江、竹香と号す。文化三年(一八〇六)三月十七日、佐羽吉右衛門(二代目)の長男として桐生に生まれる。幼名慶次郎。文政八年(一八二五)家督を継ぎ吉右衛門(三代目)と改名、新興の足利絹市への出市を試み、江戸店を設けるなど、家業の拡大に努めた。開港後横浜へも店を出すが、明治元年(一八六八)十月二十日没。六十三歳。佐羽商店は六代目吉右衛門の時、明治二十九年に破産。

参考文献　桐生織物史編纂会編『桐生織物史人物伝』
（石井　寛治）

さぶりさだお　佐分利貞男　一八七九―一九二九　明治後期より昭和前期にかけての外交官。明治十二年(一八七九)一月二十日、東京府士族佐分利好直の男として生まれ、資性機敏。明治三十八年七月、東京帝国大学法科大学卒業。同年十月、外交官及領事官試験合格。同期合格者中に佐藤尚武、一期前に松岡洋右、一期後に広田弘毅・吉田茂らがいる。翌年六月、外交官補として仏国に赴任。四十一年十月、任外務省参事官。四十三年一月、条約改正係を命ぜられる。四十五年四月、任大使館三等書記官、仏国在勤。大正元年(一九一二)十二月、任大使館二等書記官。同五年十二月、任一等書記官。同七年一月、帰朝。五月、東宮御学問所御用掛を仰付けられる。同月、任外務書記官、人事課長就任。七年十一月、人事課長を免ぜられ、政務局勤務、十二月、欧州へ出張、八年二月、パリ平和会議全権委員随員を仰付けられ、西園寺公望・牧野伸顕全権委員らのもとにおいて活躍する。八年七月、任外務省参事官。同年十月、東宮御学問所御用掛を免ぜらる。同月、任大使館一等書記官、米国在勤。十年九月、任大使館参事官、高等官二等。幣原喜重郎大使ついで埴原正直大使の信頼を得、ワシントン会議および日米移民問題などの重要外交案件にあたった。十三年五月、帰朝。九月、任外務省通商局長。十四年一月、山県伊三郎特派使節に随行し、インドシナに出張。同年九月、高等官一等。十月、北京における中国関税特別会議(北京関税会議)の代表随員を命ぜられ、ついで十二月、中国治外法権に関する委員を命ぜらる。関税特別会議において、日置益・芳沢謙吉両全権を助けて、中国側王正廷・顧維鈞らと折衝する。関税特別会議に出席中、十五年五月、北京で夫人文子(小村寿太郎の長女)猩紅熱で死去。同年八月、任外務省条約局長。昭和二年(一九二七)四月、ジュネーブ海軍軍縮会議に参列の全権委員随員を仰付けらる。同年八月、任大使館参事官、英国在勤。四年八月、幣原喜重郎外務大臣の強い信頼のもと、任特命全権公使、中華民国駐箚仰付けらる。十月八日、南京において国民政府に対する信任状捧呈。日中通商条約改訂その他両国国交調整交渉を開始する。十一月、打合せのため一時帰朝中、二十九日朝、箱根富士屋ホテルにおいて死体で発見される。ピストル自殺といわれるが、他殺説もある。五十一歳。墓は東京都文京区の吉祥寺にある。

参考文献『外務省の百年』上、幣原喜重郎『外交五十年』、石射猪太郎『外交官の一生』、松本清張『昭和史発掘』三
（栗原　健）

サボリ　Nathaniel Savory　一七九四―一八七四　アメリカ人、最初の小笠原島入植者の一人。正しくはセーボリと発音する。一七九四年七月三十一日マサチューセッツ州に生まれる。船員となってホノルルにいた一八三〇年(天保元)、他の白人四名とカナカ人二十余名とで、当時無人島だった小笠原諸島の父島へ移住。開墾し、時折寄航する捕鯨船などに食料を供給。五三年六月(嘉永六年

五月)対日遠征の途次琉球から訪れたペリーに、アメリカ海軍貯炭所用地としてポートロイド(二見港)前面の一六五エーカーを五〇ドルで売り、該地所の管理を委託される。ペリーの勧告と指導により同年八月ピール島(父島)植民自治体が組織されるやその首長に就任(該自治体は存続期間を二年とし満了時さらに三年間延長)。文久元年十二月(一八六二年一月)幕府の小笠原島開拓御用で外国奉行水野筑後守忠徳一行が来航、島民は服従の誓書を徴され、代りに地券を交付されるものの、同三年五月開拓中止、駐在幕吏および日本人移民引揚とともに再びサボリが同島を事実上主宰。グアム出身女性との間に四男四女(内二名早世)を儲け、明治八年(一八七五)の明治政府による初の官吏派遣(外務省出仕田辺太一ら)をみる前年四月十日に同島で没。七十九歳。遺族は他の外国人系島民共々明治十五年末までに日本に帰化した。　(廣瀬　靖子)

サマーズ　James Summers　一八二八—九一　イギリスの語学者。一八二八年七月五日、英国リッチフィールドに生まれた。青年時代に中国へ渡り、香港・上海などを転々として各地の方言を学び、香港の聖パウロ学校の英語教師となったが故あって辞し、帰国してキングス＝カレッジの中国語教授となった。みずからロンドンで創刊した月刊誌『フィニクス』(一八七〇—七三)が終刊を告げようとしていたころ、在英中の旧長州藩士南貞助の協力を得て邦字の『大西新聞』を出したが一号で廃刊。だが、南の助言と帰国間近の岩倉具視大使の斡旋もあり日本へ向かうことになる。明治六年(一八七三)十月着京、開成学校で英文学と論理学を担当した。日本におけるシェイクスピア講義の事始めである。その後新潟・大阪の英語学校と札幌農学校で教え、同十五年六月満期となり東京に出て築地で晩年を送った。同二十四年十月二十六日、その命名になる私塾欧文正鵠学館内で没し横浜の外人墓地に埋葬された。六十三歳。この土地で刊行した『クリサンシマム』(明治十四—十六年)は『フィニクス』とともに日本の風俗資料として注目される。

参考文献　吉田光邦『両洋の眼』(『朝日選書』一一七)、重久篤太郎「日本英文学研究の先駆ヂェイムズ・サマーズ」(『日本近世英学史』所収)、佐々木満子「J・サマーズ」(『英学の黎明』所収)　(手塚　竜麿)

さめしまなおのぶ　鮫島尚信　一八四五—八〇　明治時代前期の外交官。弘化二年(一八四五)三月十日鹿児島藩士鮫島尚行(淳愿)の子として生まれる。通称誠蔵。慶応元年(一八六五)寺島宗則・五代友厚らの率いる鹿児島藩第一次留学生として英国に留学。明治元年(一八六八)帰国後徴士・外国官権判事。三年八月外務大丞に任ぜられ、同年閏十月少弁務使としてフランス在勤を命ぜられた。五年十月弁理公使、六年十一月特命全権公使となる。七年四月一時帰国し、八年十一月外務大輔。九年十二月から議定官を兼任。十一年一月再び特命全権公使としてフランス在勤、ベルギー公使も兼任。十三年三月からポルトガル・スペイン両国公使兼任。同年十二月四日パリで執務中に死去。三十六歳。パリのモンパルナス墓地に葬られた。また東京の青山墓地に分骨埋葬。贈正三位。

参考文献　内閣修史局編『百官履歴』下(『日本史籍協会叢書』)、国立国会図書館編『国立国会図書館所蔵個人文庫展—西欧学術の追求—』(展示会目録)　(吉村　道男)

さわだごいち　沢田吾一　一八六一—一九三一　明治から昭和初期にかけての数学者、晩年さらに歴史学者として活躍。文久元年(一八六一)九月二十三日美濃国厚見郡野一色村(岐阜市長森野一色)の庄屋沢田久平・美津の長男として生まれる。中学校卒業後、明治十五年(一八八二)三月陸軍省御用掛となり、陸地測量に従事、十九年七月菊池大麓の推薦により第一高等中学校に転じ、二十三年九月帝国大学理科大学物理学科の第三年級に入学、翌二十四年七月卒業。同時に母校理科大学簡易講習所・駒場農科大学の嘱託、翌二十五年金沢の第四高等学校教授に就任、二十八年再び母校大学院に入学、翌二十九年中退、中央幼年学校付陸軍教授となり、母校理科大学講師を兼任。三十年東京高等商業学校(現一橋大学)教授に転じ、商品学・経済数学とくに高等利息算・生命保険数学などを担当、各種の数学書の著作に専念、二十年間に及んだが、大正六年(一九一七)九月に退職。大正九年、六十歳の時、古文書の魅力に引かれ、東京帝国大学文学部国史学科に入学、主として上代史を専攻、同十二年に卒業。その驚くべき学問研究への情熱は、昭和二年(一九二七)九月冨山房刊の『奈良朝時代民政経済の数的研究』の大著として結実、学界に大きな影響を与えた。同書は、専門の数学的方法をもって、奈良朝期の人口と斗量を算定、遺存正税帳の復原と計算法を解明するとともに、国民実生活に関わる民政経済上の実態を数字をもって明らかにしたもので、当時代の社会経済史研究の基礎を築いたものとして、研究者にとって不可欠の基本文献である。なお数学関係の著書には『日本数学史講話』(昭和三年刊)のほか十数冊がある。昭和六年三月十二日、七十一歳をもって死去。郷里の岐阜県稲葉郡北長森村野一色(岐阜市長森野一色)天衣寺の沢田家墓に葬られた。

参考文献　田名網宏『奈良朝時代民政経済の数的研究』解題(復刻版付載)、桑原秀夫「沢田吾一先生の生涯」(『古代文化』一四ノ四)　(宮本　救)

さわだしげる　沢田茂　一八八七—一九八〇　昭和期の陸軍軍人。明治二十年(一八八七)三月二十九日高知県の農家に生まれる。栄之助の三男。広島地方幼年学校を経て明治三十八年陸軍士官学校を第十八期生として卒業した。大正三年(一九一四)陸軍大学校を出て参謀本部ロシア班に勤務し、シベリア出兵では特務機関員、参謀として参加。その後もロシア関係の情報勤務が長く、ハルビン特務機関長、ポーランド公使館付武官を歴任した。昭和十三年(一九三八)陸軍中将に昇進、在満第四師団長に出たが、ノモンハン事件の後始末に、その清潔、剛直な性格を買われて十四年十月参謀次長の要職に起用された。総長が老齢の閑院宮載仁(ことひと)親王だったため、実質的には参謀本部の最高責任者であった。沢田は陸軍部内の悪弊である下克上の風潮を改め、参謀本部の建て直しに努めたが、十五年秋、北部仏印進駐問題で部下の強硬派を押え切れず、不本意な武力進駐をひき起し、その責任を負って上海の第十三軍司令官に転出、二年後の同十七年十一月予備役に編入されて陸軍を去った。五十五年十二月一日没。九十三歳。墓所は東京都府中市の多磨墓地。

〔参考文献〕森松俊夫編『参謀次長沢田茂回想録』

（秦　郁彦）

さわだしょうじろう　沢田正二郎　一八九二―一九二九　大正・昭和時代前期の俳優。明治二十五年(一八九二)五月二十七日、滋賀県大津に生まれる。父正弘は旧土佐藩士の収税長。開成中学を経て早稲田大学英文科卒業。在学中の明治四十三年、坪内逍遥主宰の文芸協会演劇研究所の二期生として入所。同四十四年十一月、帝国劇場における文芸協会第二回公演『ベニスの商人』に槍持で初舞台を踏んだ。協会解散後は島村抱月・松井須磨子の芸術座の設立に参加し、『モンナ＝バンナ』のプリンチバルレ、『サロメ』のヨカナンなどを演じたが、須磨子と対立して脱退。大正三年(一九一四)四月美術劇場に出演、同九月には第二次新時代劇協会、四年七月に近代劇協会、五年一月に芸術座復帰など新劇団を転々とした。大正六年四月、倉橋仙太郎・金井謹之助・野村清一郎らと、大衆を基盤とした新しい国民劇の樹立を目指して新国劇を結成、新富座で『新朝顔日記』ほかを公演した。しかしこれは興行的に失敗に終り、同志とともに西下して再起をはかり、『月形半平太』『国定忠治』などによる剣劇を創始して大衆の絶大な人気を集め、大正十年六月には東京進出を果たした。以後演劇半歩主義の信念のもと、大衆的な剣劇とともに純創作戯曲をも演じて成功し、劇界の風雲児として劇壇に大きな地歩を占めたが、昭和四年(一九二九)三月四日、中耳炎のため三十八歳で没した。墓は東京都台東区の谷中墓地にある。当り芸は前記のほか、白野弁十郎・富岡先生・桃中軒雲右衛門・星亨・机竜之助などがある。

〔参考文献〕沢田正二郎『苦闘の跡』、同『蛙の放送』、竹田敏彦編『沢田正二郎舞台の面影』、樋口十一『沢田正二郎』

（菊池　明）

さわだみき　沢田美喜　一九〇一―八〇　昭和時代の慈善事業家、混血孤児の収容施設「エリザベス＝サンダース＝ホーム」の創設者。明治三十四年(一九〇一)九月十九日三菱の岩崎久弥の長女として東京に生まれる。元国連大使沢田廉三と結婚、外交官夫人として海外生活を送った。敗戦後占領軍が日本婦人との間に残した混血児の養育を決意、昭和二十三年(一九四八)神奈川県大磯の岩崎別邸を開放して事業を開設した。資金難にあたって宝石・絵画・庭石など私財をなげうち、また十八回にわたってアメリカに募金活動を行う。パール＝バック、ジョセフィン＝ベーカーらも事業に協力、育てた混血児の数は一千をこえた。その後ブラジルに農園をつくり成長した園児を入植させ、このほか養子縁組をすすめるなど偏見の多い混血児の未来につくし、同三十五年にはエリザベス＝ブラックウェル賞を受けた。政府の公的機関がなし得なかった戦争混血孤児の育英を、民間の一女性の手でなしとげた業績は高く評価されてよい。同五十五年五月十二日旅先のスペイン、マジョルカ島パルマ市で没す。七十八歳。墓は鳥取県岩美郡岩美町浦富にある。

〔参考文献〕沢田美喜『黒い肌と白い心』、三井礼子編『現代婦人運動史年表』

（井手　文子）

さわのぶよし　沢宣嘉　一八三五―七三　幕末・維新期の尊攘派公家。天保六年(一八三五)十二月二十三日権中納言姉小路公遂の三男として京都に生まれた。幼名熊(隈)麿、五郎麿、変名姉小路五郎丸、雅号春川・小春。嘉永五年(一八五二)沢為量の養子となり、従五位下に叙せられ、翌六年主水正に任ぜられた。安政三年(一八五六)従五位上に昇った。同五年江戸幕府が日米修好通商条約締結の許可を奏請するにあたり、三月同志廷臣権大納言中山忠能ら八十八人の列参に加わり、勅裁案の修正をはかった。ついで三条実美らの尊攘派公家や諸藩尊攘志士と交遊し、攘夷論を高唱した。文久三年(一八六三)二月八日権大納言正親町実徳ら十二名とともに書を中川宮・関白鷹司輔熙らに呈し、庶政を刷新し、速かに攘夷の国策を決せられんことを建言した。同月十三日国事寄人に任ぜられ、七月六日同じ国事寄人五人と連署して、攘夷親征を天下に布告すべしと建言した。同年八月十八日の政変によって参内・他行・他人面会を禁ぜられ、三条実美をはじめ宣嘉らの七卿は海路周防国三田尻に至り招賢閣に入った。このため官位を奪われ、宣と改名した。この時宣嘉は、大和の天誅組に呼応して但馬国生野代官所を襲撃するという筑前藩士平野国臣らの計画に賛成し、海路播磨国から北上、十月代官所を占拠した(生野の変)。しかし傍近諸藩兵によって鎮圧され、一党は離散した。宣嘉は重囲を脱して美作・備前を経、讃岐に至り、さらに伊予を経て翌元治元年(一八六四)長州に帰り、はじめ下関の白石正一郎邸に入り、ついで長州藩内各地を転々として潜伏した。同年一族から義絶された。三条実美らが九州太宰府に移っても、宣嘉は一人潜伏を続け、慶応三年(一八六七)十二月王政復古とともに位階を復せられ、義絶をとかれた。明治元年(一八六八)正月長州より帰京し、直ちに参与、九州鎮撫総督兼外国事務総督となり、二月長崎に至り、ついで長崎裁判所総督となった。閏四月参与を免ぜられ、五月長崎府知事、翌二年三月再び参与、五月外国官知事、七月官制改革によって外務卿となり従三位に叙せられた。九月賞典禄八百石を受けた。四年七月免官、八月十二日盛岡県知事を命ぜられたが同月二十八日免官、六年二月露国駐在特命全権公使に任命されたが、病のため赴任するに至らずして九月二十七日死去した。三十九歳。贈正三位。墓は東京都文京区小石川の伝通院にある。

参考文献 佐田白茅『沢宣嘉公履歴』、沢宣一・望月茂『生野義挙と其同志』 （小西　四郎）

さわべせいしゅう　沢辺正修　一八五六―八六　明治前期の自由民権運動家。安政三年（一八五六）正月十日、丹後国与謝郡宮津柳縄手（京都府宮津市）で、宮津藩儒沢辺淡蔵の長男に生まれた。名は戸籍簿では「正脩」となっているが、自筆の文書の署名にはほぼ「正修」とみえる。明治八年（一八七五）宮津に自由民権政社天橋義塾が設立されるとこれに参加、社長となり、国会開設運動では京都府代表として活躍し、国会期成同盟会幹事となる。十四年十一月、大阪に立憲政党を結成して幹事兼常議員、日本立憲政党新聞社の会計監督として指導的役割を果たした。十七年からは京都府会議員に就任。肺患をわずらって熱海で療養中、十九年六月十九日死去。三十一歳。墓は大阪市阿倍野区の市立阿倍野霊園にある。

参考文献 京都府議会事務局編『京都府議会歴代議員録』、原田久美子「沢辺正修評伝」（京都府立総合資料館『資料館紀要』三） （内藤　正中）

さわべたくま　沢辺琢磨　一八三四―一九一三　明治時代の日本正教会長司祭、日本正教会創業の中心人物の一人。幼名数馬、教名はパウェル（保羅）。天保五年（一八三四）正月五日土佐国土佐郡潮江村（高知市）で誕生、父は高知藩家臣山本代七。武市半平太の塾に学ぶ。江戸に出て桃井春蔵の道場で修業。文久元年（一八六一）箱館に渡り神明社宮司沢辺幸司の女婿となり沢辺姓と神職をつぐ。耶蘇教を邪教とし露国領事館付修道司祭ニコライを詰問、逆に反問され教義を研究、明治元年（一八六八）酒井篤礼・浦野大蔵とニコライより受洗、日本正教会最初の信徒となる。禁教下のため迫害をうけ、同五年仙台で三月余入獄した。七年布教会議で全国巡廻伝教者となる。八年司祭に叙聖、二十五年までは白河教会、以後は東京の麴町教会を中心に管轄諸教会の牧会と巡廻にあたった。大正二年（一九一三）六月二十五日没。八十歳。

（波多野和夫）

さわむらえいじ　沢村栄治　一九一七―四四　昭和時代前期の野球選手。日本プロ野球初期の大投手。大正六年（一九一七）二月一日、三重県宇治山田（伊勢市）生まれ。宇治山田の明倫小学校高等科の時、全国少年野球大会で優勝。その後、京都商業（現京都学園高）に進学。典型的に上手投げから投げおろすホップする快速球と、大きくまがりおちるカーブを武器に、甲子園に三回出場した。昭和九年、ベーブ・ルース来日のため結成された全日本軍に参加するため、京都商業を中退。静岡草薙球場で行われた全米オールスターとの一戦で、ゲーリッグのホームランによる一点だけに押え、〝スクール・ボーイ・サワムラ〟として大リーガーからも賞讃された。全日本軍を母体とする巨人軍の前身、大日本東京野球倶楽部に入団。昭和十一年（一九三六）九月には、大阪タイガース戦で、プロ野球初のノーヒット・ノーランを達成。同十二年春には二十四勝四敗の好成績で最高殊勲選手に選ばれた。しかし、十三年、兵役に服し、再度の応召から復帰した十八年には肩の衰えにより一勝もあげられなかった。十九年再び応召され、十二月二日台湾沖で戦死。二十七歳。彼の功績にちなんで、セ・パ両リーグ最高の投手に与えられる〝沢村賞〟が設定されている。三十四年、日本で野球殿堂の制度ができた第一回目に映えある殿堂入りを果たした。

参考文献 鈴木惣太郎『不滅の大投手沢村栄治』 （池井　優）

さわむらそうじゅうろう　沢村宗十郎　歌舞伎俳優。屋号紀伊国屋。

㈠七代　一八七五―一九四九　本名沢村福蔵。初名四代目源平。前名三代目訥升。俳名高賀。明治八年（一八七五）生。四代目高助の養子。同四十一年襲名。昭和二十四年（一九四九）三月二日七十五歳で没。法名浄明院芳誉福導居士。最後の和事師と呼ばれ、得意芸を集めて高賀十種を制定。墓は東京都練馬区の受用院にある。

㈡八代　一九〇八―七五　本名沢村寿雄。初名五代目源平。前名四代目訥升。別名市川松莚。明治四十一年（一九〇八）生。七代目の三男。昭和二十八年（一九五三）襲名。同五十年十二月二十五日六十七歳で没。墓は多磨墓地。法名真興院宗誉芸法居士。

㈢九代　一九三三―　本名沢村寿一。初名六代目源平。前名五代目訥升。昭和八年（一九三三）生。八代目の長男。同五十一年襲名。

参考文献 近仁斎薪翁『古今役者論語魁』（『日本思想大系』六一）、『歌舞伎評判記集成』六―一〇・別巻、伊原敏郎『日本演劇史』、同『近世日本演劇史』、同『歌舞伎年表』、守随憲治『歌舞伎序説』、永下堂波静『沢村家賀見』（『演劇文庫』二）、関根只誠「さはむら千鳥」（『演劇叢話』所収）、『幕間』別冊（沢村宗十郎追悼―和事師・宗十郎の死―）、『演劇界』一七ノ一三（歌舞伎俳優百科）、同三四ノ一一（最新歌舞伎俳優名鑑） （今尾　哲也）

さわむらたのすけ　沢村田之助　歌舞伎俳優。屋号は代代紀伊国屋。

㈠三代　一八四五―七八　幕末・明治初期の名女方。前名初代沢村由次郎。弘化二年（一八四五）二月八日生。五代目宗十郎の次男。安政六年（一八五九）襲名。脱疽のため両脚を切断、発狂し、悲惨な生涯を送った。明治十一年（一八七八）七月七日三十四歳で没。法名は深広院照誉盛務居士。

㈡四代　一八五七―九九　前名沢村百之助。安政四年（一八五七）生。三代目の養子。明治十四年（一八八一）襲名。同三十二年四月三日四十三歳で没。法名は慈田院沢盛枝芸居士。

㈢五代　一九〇二―六八　前名三代目由次郎。明治三十

五年(一九〇二)十月十一日生。七代目宗十郎の次男。大正九年(一九二〇)襲名。昭和四十三年(一九六八)十二月三日六十六歳で没。法名は霜月院澄誉曙山居士。歴代の墓は東京都練馬区の受用院にある。

㈣六代　一九三二—　前名四代目由次郎。昭和七年(一九三二)生。五代目の長男。同三十九年襲名。

参考文献　伊原敏郎『近世日本演劇史』、同『明治演劇史』、同『歌舞伎年表』五—八、田村成義編『続々歌舞伎年代記』、『演劇界』一七ノ一三(歌舞伎俳優百科)、同三四ノ一一(最新歌舞伎俳優名鑑)

（今尾　哲也）

さわやなぎまさたろう　沢柳政太郎　一八六五—一九二七　明治後半から大正初期にかけて文部行政の中枢的位置を占めた官僚でありながら、大正中期以降は成城小学校を中心に新教育運動の展開を指導した異色の教育学者。慶応元年(一八六五)四月二十三日信濃国松本城下に同藩士沢柳信任の長男として生まれる。父の転勤に伴い明治八年(一八七五)に上京、東京師範学校附属小学校を経て十一年東京府中学校に入学、十三年に東京大学予備門、十七年に東京大学文学部哲学科に各入学し、二十一年同学科を卒業した。同級生に上田万年、上級生に日高真実・清沢満之・岡田良平・狩野亨吉らがいた。卒業とほぼ同時に文部省に入り(総務局雇)、二十三年文部書記官(総務局報告課長)となる。二十五年文部大臣秘書官兼官房図書課員の時、文部大臣大木喬任に手渡した修身教科書検定関係書類が外部に流れるという修身教科書検定機密漏洩事件が発覚したため、責任をとって文部省を依願免官となる。二十六年清沢満之の懇請により京都の私立大谷尋常中学校長、真宗大谷派教学部顧問となったが、翌年同校の廃止により解職され、二十八年群馬県尋常中学校長に転じた。三十年に文部省へ帰り第二高等学校長に就任、翌年には第一高等学校長を経て普通学務局長へと異例の昇進を果たした。以後三十九年文部次官に昇格するまで八年間にわたって初等・中等教育を統轄する普通学務局長の職にあって、中学校・高等女学校・実業学校の三本立てからなる中等学校法制の整備、第三次小学校令による初等教育法制の確立、小学校教科書国定制の実施、および義務教育六年制の施行準備など、第二次世界大戦中の改革をみるまで存続するわが国普通教育制度の原型を形づくった。四十一年文部次官を依願免官されたのち、貴族院議員(勅選)・高等教育会議員のかたわら、四十四年東北帝国大学初代総長となって同大学の創設にあたり、帝国大学としてはじめて女子学生の入学を認めた。大正二年(一九一三)京都帝国大学総長に転じたが、ここで研究業績に乏しくとも教授の地位を保障していては大学の権威が失われるとして七人の教授の罷免を強行したが、それが教員任免に関する慣行を無視したとして教授団の反対に会い、「沢柳事件」となった。同事件の責任を負って三年総長職を辞し、下野した。大正五年全国規模の教員団体である帝国教育会の会長に就任、以後没するまでその任にあって教員の地位向上や自己研修の振興などに努めた。一方、大正六年私立成城小学校を創設、子どもの自発活動を重んじた教育の研究と実践とを展開し、同校を大正新教育運動の中心に育て上げた。その代表的著作は『実際的教育学』(明治四十二年)で、従前の教育学が教育実践から遊離した観念論的性格に甘んじていることをきびしく批判し、教育の事実を対象とした科学的研究の建設を提唱した。臨時教育会議・文政審議会など内閣の教育審議機関の委員をもつとめ、また芸術教育会長・実業教育会長など数多くの教育団体の長を兼任し、太平洋問題調査会・世界教育会議など国際会議にも日本代表として参加した。昭和二年(一九二七)海外旅行中に得た病気のため、十二月二十四日死去。行年六十三。東京都台東区谷中の天王寺に葬られた。『沢柳政太郎全集』全十巻・別巻一がある。

参考文献　成城学園沢柳政太郎全集刊行会編『沢柳政太郎研究』(『沢柳政太郎全集』別巻)、『沢柳研究』一—一九、『沢柳政太郎研究』二〇—二八

（佐藤　秀夫）

さわやまぽうろ　沢山保羅　一八五二—八七　明治の初代キリスト教牧師。教育者。嘉永五年(一八五二)三月二十二日周防国吉敷郡吉敷村(山口市)に父長州藩士源之丞の長男として生まれる。名を馬之進といった。幼少時より好学心旺んだったが、明治政府に重きをなす藩の流れとは別に、神戸に赴き、志を洋学に改め米国伝道会社宣教師グリーン D. C. Greene に身を寄せ、才能を認められて明治五年(一八七二)米国イリノイ州エバァンストンに学んだ。同地で故国にキリスト教伝道で尽くすことを勧められ名も保羅(使徒ポーロ)と改め、神学校にこそ学ばなかったが、斯方面の基礎を学んで明治九年帰国した。翌年新島襄より按手礼を受け大阪に浪花教会を設立、伝道を始めた。その信仰に鍛えられた個性は外国ミッションの援助を拒み、日本の教会の自給独立の精神を支柱に燃えて独自の強烈な伝道は注目されたが、明治二十年三月二十七日、中途に病死した。三十六歳。大阪の岩崎新田墓地に葬られたが、のち改葬され、現在、墓は大阪市阿倍野区の大阪市南霊園にある。梅花女学校(現梅花学園)を設立した。梅花学園沢山保羅研究会会誌『沢山保羅研究』(昭和四十三年(一九六八)創刊)がある。

参考文献　武本喜代蔵・古木虎三郎『沢山保羅伝』、「沢山保羅年譜一八一七年(文化一四)—一九三六年(昭和一一)」(『沢山保羅研究』五)

（大内　三郎）

さんじょうさねつむ　三条実万　一八〇二—五九　江戸時代後期の公家。享和二年(一八〇二)二月十五日、内大臣公修の第二子として生まれた。母は関白一条輝良の女。文化十一年(一八一四)従三位に叙し、文政三年(一八二〇)権中納言、同七年権大納言に進み、天保二年(一八三一)議奏に補された。弘化三年(一八四六)二月孝明天皇の践祚したころから外警が多事となり、嘉永元年(一八四八)

二月武家伝奏に転じ、安政四年(一八五七)四月までこの職にあり、この間に年頭勅使として七回江戸城に臨み、時には小禄廷臣の救済を折衝した。特に嘉永六年十一月勅使として徳川家定に将軍の宣旨を伝えた時、ペリー来航の外患と京都警衛の強化を老中阿部正弘と談じた。この結果、翌安政元年四月京都守護を家格相当と主張する彦根藩主井伊直弼の江戸内海警備が解かれ、宿願を果たしたことを実万は喜び、直弼もその労を多とし、両者の関係は円満であった。安政四年五月内大臣に進み、翌五年二月老中堀田正睦が上京して日米修好通商条約の勅許問題、ついで将軍継嗣問題が起ると、条約勅許に反対し、また薩摩藩主島津斉彬の入説によって、内勅で一橋慶喜を継嗣とすることに奔走し、幕府支持の関白九条尚忠と対立した。同年三月内大臣を罷めたが、なお朝議に参与し、直弼が大老となり、無断で条約に調印し、紀伊藩主徳川慶福を継嗣に決定すると、両者は全く疎隔した。天皇は幕府の態度に激怒して譲位を表明し、これを翻意させるために左大臣近衛忠煕・前関白鷹司政通・右大臣輔煕父子らと尽力して、八月に戊午の密勅を水戸藩に下し、ついで九条関白を辞職に追い込んだ。このため幕府が安政の大獄を起して反対派の一掃に着手すると、十月外交事件の廷議に参与するのを辞し、十二月逮捕の手が家臣に及ぶと、ついに領邑の洛南上津屋村に籠居した。しかし幕府が忠煕ら四公の処分を迫ると、翌六年正月落飾を請い、三月さらに洛北一乗寺村に移り、天皇の庇護の力も及ばず、四月落飾勅許、慎を命ぜられ、五月落飾して澹空と称した。同年十月病気危篤に際し、四日慎を解き、従一位に推叙され、六日五十八歳で没した。墓は京都市二尊院にある。文久二年(一八六二)贈右大臣、明治二年(一八六九)諡を忠成と賜わり、同三十二年正一位を贈られた。なお明治十八年京都にその祠を建て梨木神社と称し、別格官幣社に列せられた。

[参考文献]『三条実万公事略』(『野史台維新史料叢書』一二)、『三条実万手録』(『日本史籍協会叢書』)、『三条家文書』(同)
(吉田常吉)

さんじょうさねとみ　三条実美　一八三七—九一　幕末・明治時代前期の政治家。諱は実美、字遜叔、幼名福麿、梨堂と号す。天保八年(一八三七)二月八日、贈右大臣三条実万の第四子として京都梨木町の邸で生まる。母は土佐藩主山内豊策の女紀子。生後洛東の農家楠六左衛門に保育され、帰邸後、家臣で尊攘志士の富田織部の訓育をうけた。また国学者谷森種松(善臣)、漢学者で志士池内大学(陶所)らに学ぶ。安政元年(一八五四)兄公睦の死で三条家をつぐ。はじめ花園家をつぐはずであったが、織部の推しで本家継承となった。この年十八歳で従五位上に叙され侍従となり、元服して加茂社臨時祭の舞人の役を勤仕した。同三年右近衛権少将、五年対米通商条約勅許問題で朝幕の衝突があり、大老井伊直弼の朝廷内反井伊派の弾圧で、父実万が辞官落飾となると、実美も政争の渦中にまきこまれ、父の立場をうけて尊攘派公家へと成長していった。文久二年(一八六二)、左近衛権中将、従三位、議奏加勢、ついで権中納言、議奏となる。この年は朝廷政権がようやく幕権を圧するようになり、公武合体をとる薩摩藩に対抗して長州藩が反幕尊攘へと急転し、京都政局の主導権をにぎると、実美は公家尊攘派の中心的地位に立つようになった。八月、尊攘派公家と連署して、公武合体派公家の頭目岩倉具視ら弾劾の意見書を関白近衛忠煕に提出、さらに幕府に対し攘夷督促の勅使派遣の建言を呈出し、九月勅使の役を命ぜられ、同志の姉小路公知が副使となり、土佐藩の山内豊信が守護にあたった。山内家とは姻戚関係があり、このあと土佐藩は三条家を通して朝廷へ運動をした。十一月江戸城にいって勅書を交付、このとき勅使待遇の慣例を改めて朝廷優位の体制とした。国事御用掛の設置でその一員となる。翌三年は将軍徳川家茂が上洛、三月加茂社・石清水社攘夷祈願の行幸で御用掛を勤める。五月幕府の攘夷決行の発令で攘夷熱は最高潮に達したが、薩摩藩ら公武合体派の策謀で、八月十八日尊攘派追放の政変がおこり、実美ら同派公卿七名(三条実美・三条西季知・東久世通禧・壬生基修・四条隆謌・錦小路頼徳・沢宣嘉)が長州藩とともに追われ、長州へ下る七卿落ちとなった。七卿は三田尻の招賢閣にいり、さらに山口に近い湯田に滞留した。八月七卿は官位を褫奪されたので実美は実(まこと)、または梨木誠斎の仮名を用いた。七卿が上京して君側を清掃することをはかっていたところに尊攘派志士の但馬生野挙兵の議が伝わり、沢宣嘉が単独で生野に脱走した。元治元年(一八六四)長州の京都反撃の挙兵上京が禁門の変で敗北に終ると長州藩は朝敵となり、五卿(錦小路病死)の立場も変わり、第一次長州征討に長州藩が降服すると幕府側の長州処分に五卿引渡し問題がからんで微妙なものとなった。長州藩は激派の五卿擁立の危険もあるので、筑前藩に引受けの意向のあるのを好機にその五卿移転を決し、翌慶応元年(一八六五)二月、実美らを大宰府に移した。かくて五卿は延寿王院を仮寓として同三年十二月の王政復古を迎えた。二十七日帰京すると即日議定となり、翌明治元年(一八六八)正月九日岩倉具視と並んで副総裁となって新政府の要職についた。これは尊攘派公家としての閲歴と高い門地がしからしめたものであった。閏四月輔相となり、また関東監察使となって江戸に赴き鎮将として関東一円の政務にあたる。十月天皇を江戸改め東京に迎え年末帰京した。復古の功績で永世禄五千石を賜わる。二年七月右大臣、さらに四年七月太政大臣となる。六年秋征韓論政争で征韓派・非征韓派の間で窮地に陥り急病で岩倉右大臣に本職を摂行せしめたが、十八年太政官制廃止まで政府最高の地位にいた。太政官廃止で内大臣となる。二十二年黒田内閣退陣後一時首相を兼任。二十四年二月十八日病死。五十五歳。墓は東京都文京区の護国寺にある。公爵正一位。夫人は鷹司輔熙女治子。至誠の人柄で尊敬され、門地で維新政府の首相の地位についたが政治家としては決断に乏しく、実力者の岩倉に押されて名目的存在となった。歌集『梨のかた枝』(『続日本歌学全書』一二)がある。また、国立国会図書館憲政資料室には『三条実美文書』が所蔵されている。

参考文献 土方久元『回天実記』、宮内省編『三条実美公年譜』、馬場文英編『三条実美公之記』(『七卿西竄始末』初編)、遠藤速太『三条実美公伝』、徳富猪一郎『三条実万公・三条実美公』
(大久保利謙)

さんしょうていからく 三笑亭可楽 落語家。

(一)四代 ?—一八六九 本名榊原謙三郎。旗本に生まれたが、二代目可楽の養子となり、三代目朝寝坊むらくなどを経て、四代目を相続。江戸幕府の倒れるのを座視し得ず、陰謀を企てたが発覚。吟味中の明治二年(一八六九)九月十日獄死した。本所の本久寺にある。

(二)五代 生没年不詳 四代目可楽門人。

(三)六代 一八四六—一九二四 本名中村勘三郎。弘化三年(一八四六)に生まれる。人情咄をよくした。大正十三年(一九二四)八月十八日没。七十九歳。染井の善養寺に葬る。

(四)七代 一八八六—一九四四 本名玉井長之助。明治十九年(一八八六)に生まれる。五代目柳亭左楽門人柳亭小左楽を経て、大正十五年(一九二六)十一月七代目を相続。小人(こびと)向きの地味な芸風で不遇であったが、ごく少数の熱狂的贔屓に高く評価された。昭和十九年(一九四四)四月十二日没。五十九歳。東上野の明順寺に葬る。

(五)八代 一八九七—一九六四 本名麹地元吉。明治三十年(一八九七)一月三日に生まれる。五代目柳亭左楽門人春風亭小柳枝を経て、昭和二十一年(一九四六)五月八代目相続。すぐれた芸風だが長く不遇であったが、先代と同様、一部の熱烈な贔屓に支えられて、芸人として幸せな晩年を過ごした。昭和三十九年八月二十三日没。六十七歳。谷中の興禅寺に葬る。

参考文献 暉峻康隆『落語の年輪』、延広真治『落語はいかにして形成されたか』(『叢書演劇と見世物の文化史』)、伊藤信一他「近代落語史をつくった落語家100人」(『落語界』七ノ五)、大門寺誠「三笑亭可楽代々」(同四ノ四)
(延広 真治)

さんじょうにしすえとも 三条西季知 一八一一—八〇 幕末・明治時代前期の公家。いわゆる七卿の一人で尊攘派の公家。父は中納言三条西実勲、母は三条実起女で文化八年(一八一一)二月二十六日に生まる。家格は三大臣家で家領五百二石余。安政五年(一八五八)正月権中納言となり、ついで条約勅許問題をめぐって中山忠能らと勅裁案の修正を請う上書を呈し、また京都警衛の強化、東坊城聡長を糺問すべしとする建言を行なった。文久二年(一八六二)十二月国事御用掛となり、翌三年二月に正親町実徳らと庶政を刷新し速やかに攘夷の国策を決すべしとの建言を関白鷹司輔熙に呈した。同年八月十八日の政変で参内他行禁止の処分を受け、同夜三条実美ら六卿とひそかに長州へ向かい、三田尻・湯田などに流寓、第一次長州征討後の慶応元年(一八六五)正月太宰府に移されたが、同三年十二月の王政復古で復位入京を許され帰京。新政府の参与となり権大納言、麝香間祗候となる。また明治天皇の近習・侍従となって歌道の指導にあたった。明治十三年(一八八〇)八月二十四日没。七十歳。墓は東京都台東区の谷中墓地にある。文久三年八月から慶応三年十二月までの日記が『維新日乗纂輯』一(『日本史籍協会叢書』)に収められている。

参考文献 維新史料編纂会編『維新史』
(佐々木 克)

サンソム *Sir George Bailey Sansom* 一八八三—一九六五 イギリスの外交官、日本史研究者。一八八三年十一月二十八日にイギリスのケントに生まれ、明治三十七年(一九〇四)、英公使館の日本語研修生として来日、以後昭和十五年(一九四〇)夏まで青壮年期のほとんどを日本で過ごす。大正十二年(一九二三)からは大使館の商務参事官となり、昭和八年の日印綿業会談(シムラ)にはイギリス代表として参加。三十五年に及ぶ滞日経験に培われた卓抜した日本語の読解力を使って、日本の歴史・文化の研究を進め、一九三一年(邦訳昭和二十六年)『日本文化小史』Japan, A Short Cultural History を出版し、西欧におけるすぐれた日本研究者としての存在を築く。昭和九年、帝国学士院の名誉会員に推薦される。第二次世界大戦後の一九五〇年(邦訳昭和四十一年)『西欧世界と日本』The Western World and Japan を出版するが、それは西洋世界の衝撃をうけて、自己変容をとげてゆく日本の「近代化」の過程を、西欧史家の目によって明らかにしようとしたものであり、最後の著作となった三巻の『日本史』A History of Japan, 1615—1867(一九五八年)は、西欧の日本史研究を代表する名著として定評がある。また米国コロンビア大学の初代の東亜研究所所長として、一九四八年から七年間、日本研究の発展と後進の育成に力をつくした。外交官としてのサンソムは、日中戦争期、対日宥和政策に傾くクレーギー *Sir Robert Leslie Craigie* 大使と対立し、戦争中はワシントンで公使を務める。終戦時には「サンソム覚書」(一九四五年六月二十日)などで政府の対日政策形成に影響を与え、敗戦日本への連合国の統治方式を「間接統治」とする上で一役買った。その後、極東委員会のイギリス代表を務める。一九六五年三月八日、米国アリゾナ州のツーソンで没。八十一歳。

参考文献 G・B・サンソム『日本文化史』(福井利吉郎訳)、細谷千博「ジョージ・サンソムと敗戦日本—一《知日家》外交官の軌跡—」(『日本外交の座標』所収)、Katharine Sansom: *Sir George Sansom and Japan, A Memoir* (1972).
(細谷 千博)

さんゆうていえんしょう 三遊亭円生 落語家。

(一)二代 一八三九—八一 通称野本(のち嶋岡)新兵衛。天保十年(一八三九)に生まれる。初代三遊亭円朝の門に入り、円朝より芝居咄の道具一式を譲られて、明治二(一八六九)、三年ごろ三代目円生を襲う。仇名「のしん」。明治十四年八月十六日没。四十三歳。本所大雲寺に葬られたが、のち寺の移転により、現在は江戸川区西瑞江二丁目の同寺納骨堂に合祀。法名清蓮院円誉生全居士。

㈡四代　一八四六―一九〇四　通称立岩勝次郎。弘化三年(一八四六)八月に生まれる。初代三遊亭円朝門に入るが一時廃業、三代目三遊亭円喬などを経て三代目没後四代目を襲う。落し咄の名人といわれる。明治三十七年(一九〇四)一月二十七日没。五十九歳。谷中正運寺より池之端大正寺に改葬。法名法心院得脱日勝信士。

㈢五代　一八八四―一九四〇　本名村田源治。明治十七年(一八八四)十月に生まれる。四代目橘家円蔵に入門、師名を襲い、ついで大正十四年(一九二五)一月、五代目を相続。堂々たる体格にふさわしい豪放な芸の持主で『三十石』などを得意とした。昭和十五年(一九四〇)一月二十三日没。五十七歳。世田谷北烏山の永隆寺に葬る。法名円寿院浄生日遊居士。

㈣六代　一九〇〇―七九　本名山崎松尾。明治三十三年(一九〇〇)九月三日(戸籍上は三十四年五月十三日)に生まれる。母の再婚により五代目円生を義父とする。四代目橘家円蔵に入門、六代目円蔵などを経て、昭和十六年(一九四一)五月、六代目円生を襲う。人情咄・音曲咄を得意とし、持ちネタの豊富さは他の追随を許さなかった。昭和四十八年三月の御前口演をはじめ、数々の栄誉に輝いたが、同五十三年六月、一門を率いて落語協会を脱退、落語三遊協会を結成した。強記で『寄席育ち』などの著書もある。昭和五十四年九月三日、満七十九歳の誕生日に没。五代目と同じ世田谷の永隆寺に葬る。法名松寿院円生日栄居士。『円生全集』全十巻・別巻三・追悼編一がある。

[参考文献]　諸芸懇話会同人編「円生代々・その人と芸」(『落語界』七ノ一)、山本進『えぴたふ六代目円生』

(延広　真治)

さんゆうていえんちょう　三遊亭円朝　落語家。

㈠初代　一八三九―一九〇〇　通称出淵(いずぶち)次郎吉。天保十年(一八三九)四月一日、江戸湯島切通町に生まれる。父出淵長蔵(音曲師橘屋円太郎)、母すみ。弘化二年(一八四五)七歳で小円太を名乗り初高座を勤めた後、二代目三遊亭円生の門に入る。一時廃業したものの、安政二年(一八五五)円朝と改め場末の真打となる。同五年歌川国芳仕込みの画技を生かしての鳴物入りの道具咄で人気を得、同六年都心でも真打の看板を掲げる。しかしスケの円生が円朝のネタを先に演じたのが契機となり、『累ヶ淵後日の怪談』を創作。以後自作を高座にかけた。文久ごろには三題咄の連、粋狂連に加わり、通人・作者連中との交流を深めるとともに、派手なりで人気をあおった。しかし明治に入って再び素咄に戻り、高い芸境を目指した。明治十一年(一八七八)、明治にふさわしい『塩原多助一代記』を完成。同十七年七月より、速記術普及のため刊行した『怪談牡丹燈籠』が言文一致体小説の文体に影響を与えた。また『黄薔薇』(明治二十年)などの翻案物をも手懸けるとともに、作品の多くは劇化され、好評を博した。明治二十四年六月、席亭の横暴を憤って寄席を退隠し寂しい晩年となったが特別の催しには出演した。一子朝太郎の素行には生涯悩まされたものの、弟子の育成に力をそそぎ、三遊派は全盛を迎えた。若い時分はキザであったが、明治十年ごろより参禅し、渋好みとなり風格をました。ネンバリネトつく咄し口での心理描写にその真骨頂がある。明治三十三年八月十一日、下谷車坂町の自宅で没す。六十二歳。谷中全生庵に葬る。『円朝全集』全十三巻(大正十五年(一九二六)―昭和三年(一九二八))、『三遊亭円朝全集』全七巻・別巻一(昭和五十年―五十一年)がある。また研究誌に窪田孝司編『円朝考文集』(昭和四十四年創刊)がある。

㈡二代　一八六〇―一九二四　本名沢木勘次郎。万延元年(一八六〇)六月に生まれる。二代目三遊亭円橋の門に入り、明治十五年(一八八二)初代三遊亭円右を名乗る。人情咄・芝居咄を得意とし、名人と称された。大正十三年(一九二四)十一月二日没。六十五歳。谷中竜谷寺に葬る。死の直前、十月二十四日、病床で円朝の名を襲ったが、高座での披露はなし得なかった。

[参考文献]　永井啓夫『三遊亭円朝』、三遊亭円生『明治の寄席芸人』、延広真治「円朝・その芸と文学」(三好行雄・竹盛天雄編『近代文学』一所収)、斎藤忠市郎「落語史外伝」(『落語界』六ノ一―八ノ三)

(延広　真治)

し

しいなえつさぶろう　椎名悦三郎　一八九八―一九七九　昭和時代の官僚、政治家。明治三十一年（一八九八）一月十六日、後藤広・キョの三男として岩手県胆沢郡水沢町吉小路（水沢市）に生まれる。後藤新平の甥。新平の姉の嫁ぎ先椎名家の養子となる。大正十二年（一九二三）東大法学部を卒業して農商務省に入り、昭和八年（一九三三）、役所の先輩岸信介の推めで、満洲国に渡り、同十四年帰国するまで、満洲国政府の役人として、資源の調査、開発にあたる。その後商工省で順調に栄進を続け、同十六年、岸商工相の下で次官となる。第二次世界大戦後退官、公職追放となったが、三十年民主党から衆議院議員に初当選、以来連続八回当選を果たす。岸内閣の官房長官として、日米安全保障条約の国会通過の舞台回し役をつとめた。以来、歴代内閣で通産相、外相、党総務会長など要職を歴任、四十七年から自由民主党副総裁としてニラミを利かせた。外相時代には日韓正常化交渉をまとめ、党副総裁時代には「椎名裁定」で三木内閣の誕生に手を貸した。五十四年九月三十日、八十一歳で死去。墓は神奈川県川崎市生田の春秋苑と水沢市寺小路の増長寺にある。法名は明徳院殿大寛道悦大居士。国立国会図書館憲政資料室に『椎名悦三郎文書』が寄託されている。

参考文献　日本経済新聞社編『私の履歴書』四一、大村立三『日本の外交家三百人の人脈』、毎日新聞社編『政変』、藤田義郎『椎名裁定』　（富森　叡児）

しいなりんぞう　椎名麟三　一九一一―七三　昭和時代の小説家・戯曲家。明治四十四年（一九一一）十月一日、兵庫県飾磨郡曾左村（姫路市）に生まれた。大坪熊次・みすの長男。本名大坪昇。両親の不和により不幸な幼少年期を送った。私鉄関係の労働運動に入って共産党の細胞活動をしたため検挙され、刑務所体験をもつ。その間、『バイブル』やニーチェを読み、昭和二十二年（一九四七）二月、かねて書いた短編『深夜の酒宴』が臼井吉見によって『展望』に載り、折から伝えられた戦後の実存主義の傾向が認められ、さらに同誌に『重き流れの中に』を書いて注目され、戦後派の中でもドストイェフスキイ的自由の追求を特色とするユニークな存在となった。思想的懐疑から受洗しプロテスタント作家となる。昭和三十年『美しい女』で芸術選奨文部大臣賞を得た。他に小説『深尾正治の手記』『永遠なる序章』『その日まで』『赤い孤独者』『邂逅』『自由の彼方で』『神の道化師』『運河』『媒妁人』、戯曲『蠍を飼う女』『夜の祭典』『不安な結婚』、自伝『私の聖書物語』がある。昭和四十八年三月二十八日没。六十一歳。静岡県駿東郡小山町の富士霊園に葬られる。『椎名麟三全集』全二十三巻・別巻一、『椎名麟三信仰著作集』全十三巻がある。

参考文献　花田清輝「椎名麟三論」（『二つの世界』所収）、臼井吉見「生への激情―椎名麟三「永遠なる序章」について―」（『作家論控え帳』所収）、奥野健男「「戦後派」文学の方法」（『奥野健男文学論集』二所収）、佐古純一郎「椎名麟三論」（『文学界』八ノ七）　（石丸　久）

シーボルト　Alexander Georg Gustav von Siebold　一八四六―一九一一　ドイツ人の日本外交官。フィリップの長男。一八四六年八月十六日ライデンに生まれた。安政六年（一八五九）七月再度訪日の父とともに長崎に着き、日本語を習い、文久二年（一八六二）三月から明治三年（一八七〇）七月まで、明治維新前後の駐日イギリス公使館に勤務、この間遣欧使節徳川昭武一行に随行、またオーストリア＝ハンガリー使節来日の際通訳を勤め同国男爵となる。明治三年七月わが民部省雇となり、間もなく上野景範に従いロンドンに出張、六年一月太政官正院雇となり、佐野常民に従いウィーン万国博覧会に参加、八年大蔵省雇、十一年外務省雇に転じ、松方正義に従いパリ万国博覧会に参加したのちベルリン駐在日本公使官書記官となり、のち条約改正のため東京出張、二十年以後居所自由の在外勤務に改められた。二十七年青木周蔵に従いロンドンに赴き、条約改正に成功した。一八九八年ベルリンに定住し、九九年には下井喜作の雑誌“Ost-Asiens”創刊に協力して日本政府への国際政情報告と現地での対日世論形成につとめ、一九一一年一月二十三日療養先のイタリアのペリで死去した。六十四歳。主著に『ジーボルト最後の日本旅行』Philip Franz von Siebold's Letzte Reise nach Japan, 1859―62（1903）があり（斎藤信訳、『東洋文庫』三九八）、日記原本か東京大学総合図書館、書翰集が外務省外交史料館に保存されている。

参考文献　今井庄次『お雇い国人』一二、ハンス＝ケルナー『シーボルト父子伝』（竹内精一訳）　（金井　圓）

シーボルト　Heinrich Philipp von Siebold　一八五二―一九〇八　ドイツ人の駐日オーストリア＝ハンガリー（澳洪）帝国通訳官。ハインリヒはヘンリーともいう。フィリップの次男。一八五二年七月二十一日ライン河畔ボッパルト（プロシア）に生まれた。一八七〇年帰欧した兄アレキサンダーと明治五年（一八七二）来日、澳洪帝国代表部設立に参加、同五年その臨時通訳練習生となり、同六年のウィーン万国博覧会のため日本側事務局に協力、陳列品とともにウィーンに赴く。翌七年六月名誉通訳官として再来日、以後二十年四月より二十二年一月まで代理公使、二十六年澳洪皇太子来日の際の案内役、同年十二月より翌年六月まで横浜領事代理をも勤め、一八九五年五月上海総領事代理となったが病のため翌年引退、ビュルツブルクで兄と父の著作集を刊行。九八年結婚してフロイデンシュタイン城に住み、一九〇八年八月十一日ここで死去。五十六歳。日本石器時代やアイヌに関する論文がある。

[参考文献] ハンス＝ケルナー『シーボルト父子伝』(竹内精一訳)、Peter Pantzer: Japan und Österreich-Ungarn (1973).
（金井　圓）

シーボルト Philipp Franz von Siebold 一七九六―一八六六 ドイツの医学者。一七九六年二月十七日、バイエルンのウュルツブルグに生まれる。父はウュルツブルグ大学教授のヨハン＝ゲオルグ＝クリストーフ＝フォン＝シーボルト。ウュルツブルグ大学で医学を学び、一八二〇年同大学を卒業。二二年七月オランダ東インド陸軍病院外科少佐に任命され、同年九月ジャワに向けオランダを出発し、翌二三年四月バタビアに到着。ついで長崎出島のオランダ商館医員に任ぜられ、同年六月バタビアを出港、文政六年(一八二三)七月六日長崎に着く。翌七年、長崎町内の吉雄塾・楢林塾に出張して診療を行い、門人を集め、臨床講義をなす。また長崎郊外の鳴滝に塾を開き、湊長安・美馬順三・平井海蔵・高良斎・二宮敬作・石井宗謙・伊東玄朴らに対し、医学・万有学の講義を行う。同九年正月長崎を出発、新任商館長とともに江戸参府の途に上る。高良斎・二宮敬作・石井宗謙・川原慶賀従行。三月四日江戸に着き、同月二十五日将軍徳川家斉に謁見す。四月十二日江戸を出発するまでの間に、桂川甫賢・宇田川榕庵・大槻玄沢・石坂宗哲・高橋作左衛門(景保)・最上徳内・土生玄碩らと面会す。同十年娘いね生まれる。十一年いわゆるシーボルト事件発生し、翌十二年日本御構を申し渡され、同年十二月日本より追放さる。一八三〇年七月オランダに帰り、ライデンに在って日本で蒐集した多くの資料の整理にあたり、著作に専心す。四二年オランダ国王よりヨンクヘールの称号を受ける。安政五年(一八五八)シーボルト逐放令撤去され、翌六年夏、日本へ再渡来し、幕府顧問として文久元年(一八六一)五月江戸へ至る。しかし、同年九月顧問を解かれ長崎へ帰り、翌一八六二年オランダへ帰着す。一八六三年オランダ政府の官職を免ぜられ、ドイツへ帰る。六六年十月十八日、ミュンヘンで病没し、ミュンヘン南墓地に葬る。七十歳。日本に関する著作を多く発表し、主著として、Nippon(シーボルト『日本』); Fauna Japonica(『日本動物誌』); Flora Japonica(『日本植物誌』)の三大著書を出版す。

[参考文献] 呉秀三『シーボルト先生其生涯及功業』、同『シーボルト先生』(『東洋文庫』一〇三・一一五・一一七)、板沢武雄『シーボルト』(『人物叢書』四五)、日独文化協会編『シーボルト研究』
（大鳥蘭三郎）

ジェーンズ Leroy Lansing Janes 一八三八―一九〇九 御雇アメリカ人教師。善斯とも書く。その熊本洋学校における教育は日本プロテスタンティズムの一つの源流となる人々を生む。一八三八年三月二十七日オハイオ州ニューフィラデルフィアに生まれ、五六―六一年陸軍士官学校、六一―六五年同校助教、砲兵大尉、六七年に退役となる。明治四年七月(一八七一年八月)肥後熊本藩実学党の洋学校開設計画に基づき、フルベッキの周旋で妻子を伴い来日、熊本(白川)洋学校で英語・数学・歴史・地理・窮理・天文学などの各科をアメリカの教科用図書を採用し、通訳もなく一人で担当し、自由開発主義の教育を行なった。その教育をうけた生徒には伊勢(横井)時雄・山崎為徳・浮田和民・海老名喜三郎(弾正)・宮川経輝・小崎弘道・市原盛宏・徳富猪一郎(蘇峰)ら二百余名に及んだ。明治九年一月三十日洋学校の生徒の一団が「奉教趣意書」に署名して奉教の結盟(花岡山の結盟、熊本バンドともいう)を行い、そのため同年十月ジェーンズは解任され、洋学校も廃校となった。熊本バンドの人々は多く同志社英学校に転入学し、同校もジェーンズを教師として招聘する計画もあったが、同年十一月から十一年まで大阪英語学校教員主任をつとめ帰米した。二十六年再び来日して第三高等中学校(三高)、鹿児島高等中学造士館(七高)の英語教師をつとめ、三十二年帰国した。一九〇九年三月二十七日カリフォルニア州サンノゼで没した。七十一歳。熊本洋学校時代、同校よりその著『生産初歩』が刊行されている。

[参考文献] 『ジェーンス熊本回想』(田中啓介・上田穣一・牛島盛光訳、『熊日選書』四)、九州文学記者編『(日本ニ於ケル)大尉ヂエンス氏』、同志社大学人文科学研究所編『熊本バンド研究』、杉井六郎『徳富蘇峰の研究』、同「エル・エル・ゼーンスについて」(小葉田淳教授退官記念事業会編『(小葉田淳教授退官記念)国史論集』所収)、F. G. Notehelfer: Leroy Lansing Janes and the American Board (同志社大学人文科学研究所・キリスト教社会問題研究会編『日本の近代化とキリスト教』所収)、フレッド・G・ノートヘルファー『アメリカのサムライ　L・L・ジェーンズ大尉と日本』
（杉井　六郎）

しおいりまつさぶろう 塩入松三郎 一八八九―一九六二 昭和時代の土壌学者。明治二十二年(一八八九)十一月十二日、長野県上水内郡水内村に生まれ、大正三年(一九一四)東京帝国大学農科大学卒業、直ちに農商務省農事試験場に入り、昭和十七年(一九四二)東京帝国大学教授、同二十五年定年退官後は滋賀県立農業短期大学学長、玉川大学教授を歴任した。その間土壌学の研究に専念し、多数の独創的研究成果をあげつつ後継者を養成して日本の土壌学に一時期を劃した。特に水田の土壌化学を体系化するとともに窒素肥料の肥効増進法および老朽化水田の改良法などを確立して農業生産増強に貢献した。これらの業績に対し昭和十九年技術院賞、同二十年帝国学士院賞が授与され、同三十二年日本学士院会員、さらに同年文化功労者となったが、同三十七年十月一日東京都武蔵野市において死去。七十二歳。墓は東京の小平霊園に

ある。論文集『土壌学研究』『土壌肥料講話』、講演集『土壌の分類について』がある。　（大羽　裕）

しおざわまささだ　塩沢昌貞　一八七〇―一九四五　明治から昭和時代にかけての経済学者。明治三年（一八七〇）十月二十日水戸に生まる。関恒昌の次男。のち塩沢元孝の養子となる。同二十四年東京専門学校卒。同二十九年より三十五年までアメリカ・ドイツに留学、イリー・コンラード・ワグナーらに師事。帰国後早稲田大学で経済学を講ず。大正十二年（一九二三）五月同大学総長就任。翌十三年国際連盟協会国際会議などに日本代表となる。昭和二十年（一九四五）七月七日没。七十六歳。墓所は東京都豊島区の染井墓地。著書『労働組合及労働争議』。

参考文献　早稲田大学大学史編集所編『塩沢昌貞先生略歴・著作年譜』、久保田明光「塩沢昌貞」（早稲田大学七十五周年記念出版社会科学部門編纂委員会編『近代日本の社会科学と早稲田大学』所収）、北沢新次郎「社会経済学者としての塩沢昌貞先生」（『書斎の窓』二四）　（間宮　国夫）

しおのぎさぶろう　塩野義三郎　明治から昭和時代にかけての薬品業者。

㈠初代　一八五四―一九三一　文化五年（一八〇八）大坂道修（どしょう）町で薬種問屋を開業した塩野屋の二代目吉兵衛とカヤの三男として、安政元年（一八五四）三月十七日に生まれ、明治十一年（一八七八）三月道修町に薬種問屋塩野義三郎商店を創立。十九年にはアーレンス商会・日支貿易商会から洋薬を仕入れ、二十五年からは北区相生町の工場で製薬を試みた。三十一年には大日本製薬会社取締役・大阪薬種卸仲買商組合総取締となる。長男正太郎を営業にあたらせる一方、次男長次郎が東京帝国大学薬学科を卒業すると、四十三年には大阪府西成郡鷺洲村海老江（大阪市福島区）に塩野製薬所を設けて研究に従事させ、四十二年の制酸剤アンタチヂンをはじめ新薬を市場に出した。大正八年（一九一九）六月には株式会社塩野義商店（資本金百五十万円）を設立し社長となったが、九年二月引退して義一と改名、昭和六年（一九三一）十二月二十八日に没した。七十八歳。法名本寿院寂然日義信士。

㈡二代　一八八一―一九五三　初代義三郎とトラの長男として、明治十四年（一八八一）十一月十五日に生まれた。三十五年市立大阪高等商業学校を卒業すると父の店に入り、洋薬の直輸入など営業面で父を助け、大正四年（一九一五）には近藤平三郎を所長に迎えて乙卯研究所を設立した。九年二月家督を相続して正太郎を義三郎と改名、塩野義商店社長となった。甲種商業学校卒を積極的に採用して社員制度を改革し、十三年には同業者に先駆けて三階建てビルの社屋を建設するなど、経営の近代化に努めた。昭和三年（一九二八）大阪薬種卸仲買商組合長、十四年日本薬品輸出会社取締役、十六年日本医薬品配給統制会社社長、二十三年医薬品販売業協会会長となる。十八年社名を塩野義製薬と変更したが、二十八年十月三日社長在職のまま没した。七十一歳。法名本恭院義達日正信士。初代・二代目とも大阪府豊中市服部霊園の塩野家墓所に葬られた。

参考文献　二代塩野義三郎伝編纂委員会編『二代塩野義三郎伝』、『シオノギ百年』　（高村　直助）

しおのすえひこ　塩野季彦　一八八〇―一九四九　大正・昭和時代前期の司法官。明治十三年（一八八〇）一月一日司法省の中堅官吏（旧松代藩士）山寺信炳、同とめの三男（第六子）として東京神田駿河台に生まれる。父方の祖父は幕末・維新期の松代藩の漢学者で権大参事をつとめた山寺常山。同十八年父が病死したため千葉始審裁判所上席検事である叔父塩野宣健の養子となる。同三十九年東京帝国大学法科大学独法科を卒業後、司法界に入り、検事として各地に転勤。大正三年（一九一四）東京地方検事局検事の時、小原直次席検事のもとでシーメンス事件の取調べにあたった。その後東京区検上席検事・東京地検次席検事・司法省参事官・東京控訴院次席検事・東京地検検事正・司法省行刑局長・名古屋控訴院検事長・大審院次長検事などを歴任。その間監獄制度の改革や少年院（矯正院）の設置に尽力し、また第一次共産党事件、朴烈事件、三・一五事件、五私鉄疑獄事件などの取調べに従事した。司法界の長老平沼騏一郎の知遇を受け、その主宰する国本社・修養団にも加わり平沼派の中心人物と目された。昭和十二年（一九三七）林内閣の司法大臣として入閣、第一次近衛内閣にも留任し、ついで十四年平沼内閣成立に際してはその組閣参謀をつとめ、法相に留任するとともに一時逓信大臣も兼任した。司法界の実力者としていわゆる塩野閥を形成し、政界にも大きな勢力を保持した。十四年八月平沼内閣の退陣により辞任、晩年は国粋主義的立場から日本固有法調査会・日本法理研究会を主宰した。敗戦後の二十年十二月ＧＨＱより戦争犯罪人の容疑者に指名されたが、翌年九月容疑を解かれた。著書に『塩野季彦回顧録』がある。昭和二十四年一月七日病没。七十歳。墓所は東京都台東区蔵前四丁目松平西福寺にある。

参考文献　小川太郎・中尾文策『行刑改革者たちの履歴書』、日本刑事政策研究会編『日本刑事政策史上の人々』　（鳥海　靖）

しおのやおん　塩谷温　一八七八―一九六二　大正・昭和時代の漢学者。諱は温、字は士健、号は節山。明治十一年（一八七八）七月六日、東京府下谷仲徒士町（台東区上野）に出生。父時敏（じびん）（号は青山）・母のぶの長男。幕末の儒者塩谷宕陰は大伯父である。明治三十五年七月、東京帝国大学文科大学漢学科卒業、恩賜銀時計拝受。大学院、学習院教授を経て同三十九年東京帝大文科大学助教授、中国文学研究のため清・独二ヵ国に四年間留学、大正九年（一九二〇）三月文学博士、同年八月東京帝大教授に進み昭和十四年（一九三九）三月定年申合せにより退官、名誉教授となる。昭和十年勲二等瑞宝章、十四年正三位。十六年より二十三年まで東方文化学院理事。三十七年六月三日文京区小石川の自宅で死去。八十三歳。勲一等瑞宝章下賜。墓は台東区上野谷中墓地。中国文学とくに元曲の研究に新生面を開いたほか、漢詩漢文を作り朗吟を好み、財団法人斯文会の理事として漢学振興と教化活動につとめた。著書は『支那文学概論講話』、『国訳漢文大成』中の諸戯曲小説、その他著書・論文多数。

参考文献 塩谷先生記念会編『塩谷先生記念会誌』、『斯文』三六(節山塩谷先生追悼号)、「塩谷節山先生年譜」他(『東京支那学報』九)

(宇野　精一)

しおのやとういん　塩谷宕陰　一八〇九―六七　江戸時代後期の儒者。諱は世弘、字は毅侯、宕陰は号。文化六年(一八〇九)四月十七日江戸愛宕山下に生まれた。祖父は南江、伊豆の人で医を業とし江戸に住む。父は桃渓。羽州大館の人。本姓は林野氏、南江の女を娶り塩谷氏を嗣ぎ、浜松藩主水野忠邦に仕えた。宕陰は幼時戯れるに戦さの真似をし、采配を握り床几に踞り、群童を俯伏せしめた。桃渓は奇特な児だと書物の句読を授けた。長じて四書五経を暗誦し、外師につき嶄然頭角を現わした。文政七年(一八二四)十六歳で昌平黌に入り刻苦勉励した。同十二年二十一歳、関西に遊び、文章嚢に満ちて帰り、桃渓は「児能く吾が志を成す、吾れ憾なし」と悦んだ。天保二年(一八三一)桃渓が没したとき、宕陰の悲しみは「哀毀、礼に過ぐ」といわれた。その後、母に孝養を尽くしたが家計窮迫、ために藩公が窮状を憫み、文学に補し十五口俸を給した。同五年藩公は老中となり、弊政を改革し(天保の改革)宕陰を顧問とした。弘化二年(一八四五)藩公が老中を退くに及び世嗣ぎが幼少のため、宕陰は輔導の任にあたり、功労を以て藩政に参与した。これより先、清国にアヘン戦争が起り、宕陰は災を憂え世を警め、また海防の策を論じた。宕陰は文章を以て名があり、天下の士は、わが欧陽子(宋の文豪欧陽脩)なり、といった。文久元年(一八六一)四月幕府の徴命を受け将軍徳川家茂に拝謁、翌二年昌平黌の儒官となった。ここにおいて徳川氏の治績を記して国恩に報いようとし、史実の編集中疾に罹り、慶応三年(一八六七)八月二十八日五十九歳を以て没し、谷中天王寺に葬られた。著書に『宕陰存稿』『丙丁炯戒録』『丕揚録』『阿芙蓉彙聞』『籌海私議』『隔韡論』『大統歌』『視志緒言』などがある。

参考文献 塩谷時敏編『宕陰先生年譜』

(塩谷　桓)

しおばらまたさく　塩原又策　一八七七―一九五五　明治から昭和時代にかけての薬品業者。横浜で出入船への飲料水供給業を営む塩原又市とキヨの長男として明治十年(一八七七)一月十日に生まれた。横浜の英和学校を出て父の共同出資する横浜刺繍会社に入ったが、友人西村庄太郎の仲介で高峰譲吉のタカジアスターゼの日本一手販売権を得、三十二年三共商店を設立した。三十五年には東京南茅場町に店舗を開設移転、高峰発見のアドレナリンの輸入販売を始めた。四十年には三共薬品合資会社に改組、翌年には北品川に製薬工場を開設、鈴木梅太郎発見のオリザニンなどを製造した。大正二年(一九一三)高峰を社長に迎えて三共株式会社を設立、みずからは専務となった。第一次世界大戦中にはサリチル酸製造に着手して内国製薬を設立、またサトウライト・東京石鹼などの姉妹会社を設立した。昭和四年(一九二九)三共の社長に就任、十五年会長となったが、二十一年引退し、三十年一月七日没した。七十七歳。著書に『高峰譲吉』がある。墓所は東京都府中市の多磨墓地。

参考文献 高瀬誠三郎編『三共思ひ出の四十年』、『三共六十年史』

(高村　直助)

しがきよし　志賀潔　一八七〇―一九五七　明治から昭和期にかけての細菌学者。志賀赤痢菌の発見者。医学博士。貴洋史と号す。明治三年(一八七〇)十二月十八日仙台に生まれる。父は旧仙台藩士佐藤信。母の生家志賀家を嗣いだ。明治十九年東京に出、同二十九年帝国大学医科大学卒。伝染病研究所に入り北里柴三郎に師事し細菌学を専攻する。同三十年赤痢流行に際し、同症患者の糞便中より一種の新桿菌を分離することに成功、同年末「赤痢菌病原研究報告(第一)」(『細菌学雑誌』二五)を発表し、翌年にはドイツの雑誌にも発表したが当時国外でも国内でもただちにこれが認められるところとはならず、二年後にクルーゼが別に赤痢菌を発見したとした。しかしこれは志賀の菌と同様であることが判明し、志賀の名を入れた Shigella dysenteriae が学名として用いられ、その後発見の他の赤痢菌族にも Shigella が冠せられるところとなった。この赤痢菌の発見により彼の名は世界に知られた。同三十四年、ドイツに行きエールリッヒのもとで免疫学・化学療法の研究に従事、彼とともに、化学療法剤の最初に位置づけられるトリパンロートの発見に成功した。同三十八年帰朝するが、大正三年(一九一四)伝染病研究所の移管問題がおこるや、彼は率先北里と行動をともにし、翌四年成った北里研究所に移り、その部長(血清・ワクチン製造)となり、赤痢ワクチンのほか結核やライ(ハンセン病)の研究に努めた。同九年慶応義塾大学医学部教授となるが、同年中にこれを辞し、朝鮮総督府医院長を経て、昭和四年(一九二九)京城帝国大学総長に就き教育面で尽くすところが多かった。同六年退職し、北里研究所顧問となる。昭和十九年文化勲章受章。日本学士院会員、仙台市名誉市民、文化功労者、勲一等瑞宝章受章。東南アジアや欧州の国際学会にしばしば出席し、諸国から数多くの栄誉を受けた。専門書・教科書があるほか随筆にも秀でた。晩年は郷里の仙台で過ごし、昭和三十二年一月二十五日没。八十六歳。仙台市北山の輪王寺に墓がある。

参考文献 志賀潔『或る細菌学者の回想』、高橋功『志賀潔』

(長門谷洋治)

しがしげたか　志賀重昂　一八六三―一九二七　明治・大正時代の思想家、地理学者。号は矧川。文久三年(一八六三)十一月十五日三河国岡崎(愛知県岡崎市)で藩士志賀重職の長男として出生。明治七年(一八七四)に上京して攻玉社に学び、同十一年東京大学予備門に入ったが、同十三年札幌農学校に転じ、同十七年に卒業。同校のキリスト教的傾向に同じなかった。長野県立長野中学校教諭などを経て、同十八年軍艦筑波に便乗し、巨文島をめぐる英露の緊張の中で対馬を視察し、翌年にも同艦に便乗してカロリン諸島、オーストラリア、ニュージーランド、フィジー、サモア、ハワイを巡航。その見聞をもとに翌二十年『南洋時事』を刊行、文名が広まった。同二十一年に三宅雪嶺・杉浦重剛らと政教社を創立、雑誌『日本人』を発行、その主筆となり、「国粋保存旨義」を提唱、欧化政策と藩閥政府への反対、大同団結運動と初期帝国議会の在野党支持を主張した。同二十六年条約改正問題で硬六派連合幹事・全国同志新聞記者の代表として活躍し、中央政社・同志会を経て同二十九年に結成された進歩党に参加。松方・大隈連立内閣の農商務省山林局長に就任。憲政党の成立に加わり、同党を基礎にした大隈・板垣連立内閣の外務省勅任参事官・参与官となったが、内閣瓦解で下野し、憲政党の分裂で憲政本党に所属。同三十三年には伊藤博文のすすめで立憲政友会に加入。同三十五年・三十六年に衆議院議員に当選。同三十七年の落選後は政治活動から遠ざかった。同三十年ごろから政教社ともはなれている。札幌農学校在学中から登山と旅行を愛好し、地学に関心をいだいた志賀は著書『日本風景論』(明治二十七年)によって日本の景観に対する新しい見方をひろめ、以後、地理学者として認められるようになり、地理学に関する多数の著述を公にした。同書は日本山岳文学史上の重要文献ともされている。その地理学は科学的な厳密さよりも「地人相関論」にもとづく啓蒙的な傾向を特徴としており、特に各地への旅行・実地踏査の記述が精彩ある叙述と相まって多くの読者をひきつけた。また地理学的研究のなかにしばしば政治・経済的主張をふくんでいたことも啓蒙的著述の成功の一要素をなしていた。日露戦争に際して旅順攻囲軍に従軍し、また樺太上陸軍に参加し、戦後の樺太境界画定事業にも関係した。これらの経験をもとにして著述された『大役小志』(明治四十二年)も読書界にむかえられた。明治四十三年の第一回世界周遊ののち、しばしば海外旅行をこころみ、その足跡はヨーロッパ、アジア、南北アメリカ、アフリカに及び、世界周遊も大正十一年(一九二二)と同十二年の二回を加えた。『知られざる国々』(同十五年)はその周遊旅行の所産である。昭和二年(一九二七)四月六日死去。六十五歳。墓は東京都杉並区下高井戸四丁目宗源寺と岡崎市東天竺山世尊寺にある。『志賀重昂全集』全八巻(昭和二―四年)がある。

参考文献 後藤狂夫『我郷土の生める世界的先覚者志賀重昂先生』、岩井忠熊『明治国家主義思想史研究』、中野目徹『政教社の研究』、佐藤能丸『明治ナショナリズムの研究』 (岩井 忠熊)

しがたいざん　志賀泰山　一八五四―一九三四　明治から昭和時代前期にかけての林学者。宇和島藩の侍医天民の次男として安政元年(一八五四)八月二十一日伊予国宇和郡近永村(愛媛県北宇和郡広見町)に生まる。明治四年(一八七一)大学南校に入学礦山学を履修、十年大阪師範学校教師、十六年東京山林学校助教授に招かれ物理学を講ず。十八年森林学研究のためドイツに留学、二十一年帰国し農商務省山林局に勤務、翌年初代の東京大林区署長となり、官林の管理経営に関する規定草案をつくる。二十三年東京帝国大学農科大学教授を兼任し森林設制学(のちの経理学)を講義。二十七年には水戸笠原官林に最初の施業案を編成、翌年画期的林学書とされる『森林経理学』前編を出版し三十二年林学博士。三十六年一切の官職を退き木材防腐の研究と事業化に傾倒し、四十年東洋木材防腐株式会社の設立・工場建設にあたって技師長となり発明研究に精進し、得た特許権は三十一種を数えた。昭和九年(一九三四)二月五日本郷区駒込林町(文京区千駄木)の自宅で永眠。八十一歳。豊島区雑司ヶ谷墓地に葬られた。

参考文献 日本林業技術協会編『林業先人伝』、佐藤鉦五郎「志賀泰山先生を偲ぶ」(『山林』六一六) (鈴木 尚夫)

しがなおや　志賀直哉　一八八三―一九七一　大正・昭和時代の小説家。明治十六年(一八八三)二月二十日、宮城県牡鹿郡石巻村(石巻市住吉町一丁目)に生まれた。父直温・母銀の次男だが、兄が前年早世したため、実質上の長子。二歳のとき父母と上京、祖父直道のもとに同居し、祖母留女にひきとられ、また祖父の感化を受けて育つ。十二歳で母を失い、義母浩を迎えた。学習院から東大英文科に進み、のち国文科に転じたが、明治四十三年に退学。その間に、内村鑑三の教えに接し、武者小路実篤・里見弴(山内英夫)らを知り、創作に心を傾け、大学中退の年に実篤らと『白樺』を創刊、第一号に『網走まで』を掲げて、作家の道を踏みだす。以後、自己防衛の本能にもとづくエゴティズムと、事象の底をみとおす鋭いリアリズムに裏うちされた短編を発表、やがて自伝的長編をもくろんで、その一端を、祖母との関係に照準をあてた『大津順吉』(大正元年(一九一二))に具現し、これを『中央公論』に寄せて、注目された。その直後に父との不和が昂じて家を離れ、尾道に赴き、さらに城崎、松江、伯耆大山と居を移しつつ、長編の稿を進めたが、意にまかせず放棄するとともに、創作からも遠ざかった。大正三年秋大山から京都に出て、康子と結婚。初期の作にはほかに『濁った頭』(明治四十三年)・『祖母の為に』(同四十五年)・『クローディアスの日記』(大正元年)・『范の犯罪』(同二年)などがある。結婚後は赤城山・上高地・京都・奈良などを旅し、四年千葉県我孫子におちつく。六年『城の崎にて』ほかで創作を再開。自然との交感、年齢的成長に、父との和解成立という事情も加わって、おのずから調和的な心境を培い、『焚火』(大正九年)・

『雨蛙』(同十三年)・『矢島柳堂』(同十四—十五年)などを書く一方、中絶した長編の旧稿を「利用」した『暗夜行路』の構想が次第に熟し、大正十年から昭和三年(一九二八)にかけて、前篇および後篇第四の十五章までを『改造』に掲げた。その間京都へ、ついで奈良へ移住、古美術への関心を深める。プロレタリヤ文学擡頭と戦争末期との二つの創作休止期にはさまれた昭和前期には、十二年の『暗夜行路』完成のほか、身辺の出来事を観照し、あるいは小動物への愛着を語った作が多く、後者は戦後にもひき継がれて、『蜻蛉』(昭和二十三年)・『動物小品』(同四十一年)の刊行をみる。『暗夜行路』完成の翌年、奈良から東京にひきあげ、十八年には梅原竜三郎・小林古径・安田靫彦らの挿画をいれた豪華本『暗夜行路』を出版した。戦後は『世界』創刊号に『灰色の月』(昭和二十一年)を発表、十八年以来の沈黙を破り、日本ペンクラブの会長をつとめ(同二十二—二十三年)、昭和二十七年ヨーロッパを歴遊、各地に美術館を訪れ、マンテーニャ作「キリスト」に感動した。創作としては『蝕まれた友情』(昭和二十二年)・『実母の手紙』(同二十四年)・『自転車』(同二十六年)・『祖父』『白い線』(同三十一年)など生涯の想い出を多く描いている。昭和四十六年十月二十一日死去。八十八歳。青山墓地に葬られる。『志賀直哉全集』がある。

参考文献 須藤松雄『志賀直哉の文学』、安岡章太郎『志賀直哉私論』、進藤純孝『志賀直哉論』、高橋英夫『志賀直哉—近代と神話—』 (遠藤　祐)

しがよしお　志賀義雄　一九〇一—八九　大正・昭和時代の社会主義運動家。福岡県門司市(北九州市)で明治三十四年(一九〇一)一月八日(戸籍上は十二日)に生まれる。旧姓川本。四十年、萩の母方の祖父志賀氏伸の養子となり、萩中学に進み、五年生の夏門司の米騒動を見る。大正八年(一九一九)第一高等学校入学、在学中新人会に入る。十一年東京帝大文学部社会学科に進み、学生連合会結成に参加、翌年十一月共産党に入党した。『国家と革命』はじめレーニンの文献を学ぶ。十四年卒業、産業労働調査所に入り、渡辺多恵子と結婚、同年赤松克麿批判の処女論文「『科学的日本主義』の理論」を『マルクス主義』誌に発表。翌年にかけて軍籍に身をおく。昭和二年(一九二七)一月、多数の中央委員がコミンテルンへ出発したあと、留守中央常任委員政治部長となり、「政治テーゼ」を作成、傍ら『マルクス主義』の編集にあたる。同年十二月、二七年テーゼにもとづく日光会議に参加、翌年三・一五事件で検挙される。獄中で佐野学・市川正一・鍋山貞親・徳田球一ら十二名の法廷委員の一員となり、七年十月、懲役十年の判決をうける。佐野・鍋山の転向後も非転向を貫き、控訴、上告したが、九年棄却された。十六年十二月刑期満了とともに予防拘禁所に移され、第二次世界大戦終結後の昭和二十年十月十日、占領軍により釈放された。徳田らとともに直ちに「人民に訴ふ」を発表、「天皇制打倒、人民共和政府樹立」を掲げ、党のスポークスマンとして活躍、第四回大会で中央委員・政治局員となる。二十一年四月、衆議院議員に当選、以後六回選出される。二十五年一月のコミンフォルム批判にはその受容を主張して徳田ら主流派と対立、広く国際派に属したが、その立場はソ連寄りで、宮本顕治らとは異なっていた。同六月のマッカーサーの共産党幹部追放指令で議席を剝奪された。翌年三月、自己批判して主流派に戻り、地下に潜ったが、三十年一月出現、二月の総選挙で議席を回復した。三十三年、第七回大会で中央委員・幹部会員となったが、三十九年五月、衆議院本会議において党議に反して部分的核実験禁止条約批准に賛成、鈴木市蔵とともに党から除名された。同七月ソ連共産党支持の立場から「日本のこえ同志会」を結成、五十二年「平和と社会主義」に改組、全国委員会幹事会議長となる。著書に『日本共産主義運動の問題点』『日本共産党史覚え書』など。平成元年(一九八九)三月六日没。八十八歳。

参考文献 中村隆英・伊藤隆・原朗編『現代史を創る人びと』二 (神田　文人)

しきだとしはる　敷田年治　一八一七—一九〇二　幕末・明治時代の国学者。初名は主計之介、上総、仲治。通称は大次郎。百園と号した。豊前国宇佐郡敷田村(大分県宇佐市)二葉山神社の祠官宮本兼継の次男。文化十四年(一八一七)七月二十日生まれる。帆足万里・渡辺綱章に学び、天保十年(一八三九)同郡四日市蛭子神社祠官の吉松家の養子となり、吉松伊勢守と称し同神社に奉仕した。弘化三年(一八四六)従五位下に叙せられ改名した。嘉永六年(一八五三)江戸に遊学し、文久三年(一八六三)和学講談所に勤務した。明治二年(一八六九)大阪に在る佐土原藩の国学講習所の教師となったが、同四年河内国茨田郡門真村に隠退した。同十四年伊勢の神宮教院の学頭に迎えられ、神宮皇学館の創設に尽力し、同校の学頭となった。同二十一年に大阪堀江に私塾を開設した。古典に詳しく考証に長じ、著述は、『古事記標註』『日本紀標註』『喪明録』『仮名沿革』『音韻啓蒙』『祝詞弁蒙』など多数。明治三十五年一月三十日没。八十六歳。大阪阿倍野墓地に葬る。

参考文献 日本文学資料研究会編『国学者伝記集成』続篇、高梨光司『敷田年治翁』、梅田義彦「敷田年治大人の業績と人物」(『明治聖徳記念学会紀要』三四) (山本　武夫)

しげのけんじろう　重野謙次郎　一八五四—一九三〇　明治時代から昭和時代前期にかけての政治家、代言人(弁護士)。安政元年(一八五四)十一月十日出羽国天童藩士重野謙次郎の長男として生まる。明治初年山形に移り、ついで上京して法律学を学び、代言人の免許を得た。在京中自由民権思想にふれ、帰郷後の明治十四年(一八八一)山形に東英社(のち山形義会)を創設し自由民権運動を進めた。自由党系に属し、立憲改進党系の特振社(のち羽陽正義会、佐藤里治)と対抗。明治十四—二十四年山形県会議員・同副議長・同議長をつとめ、また山形市会議員・同議長にもなった。二十三年・二十五年の衆議院議員総選挙に落選したが、二十六年補欠選挙で当選して以来、当選四回。自由党→憲政党に所属し党の役員をつとめ、三十三年立憲政友会の結成に参画したが、三十五年予算案審議の際の政府(第一次桂内閣)との交渉にあたって、党の主流派と対立し、除名処分に付された。晩年は政界を引退し弁護士に専心した。昭和五年(一九三〇)十一月五日死去。七十七歳。戒名温厚院重法謙徳居士。横浜市鶴見の総持寺に葬られた。

参考文献 後藤嘉一『やまがた史上の人物』、衆議院事務局編『衆議院議員略歴』 (鳥海　靖)

しげのしちろう　滋野七郎　一八三五—八六　幕末・維新期の草莽志士、神職。天保六年(一八三五)十二月十九日生まれる。はじめ恵白、のち七郎と称す。越後国糸魚川の人。桑門に入り僧侶、嘉永六年(一八五三)糸魚川藩主松平家の祈願所持命院の院主。権大僧都となり、ついで越後・佐渡真宗の袈裟頭。この間、勤王を唱えて志士と交流をもった。戊辰戦争では草莽諸隊の方義隊・居之隊に加わり、維新政府軍に従軍。その後、大村益次郎暗殺事件の被疑者藤本瓮樹を隠匿したとの廉で投獄さる。出獄後、明治五年(一八七二)青海神社祠官、同八年弥彦神社禰宜、同十年宮司。同十五年大橋一蔵・関矢孫左衛門らとともに明訓校を設立して子弟の教育にあたった。同十九年三月十六日没。五十二歳。

参考文献 越佐徴古館編『越佐維新志士事略』、『西頸城郡誌』 (井上　勲)

しげのやすつぐ　重野安繹　一八二七—一九一〇　明治時代の指導的歴史家。諱は安繹、字は子徳、通称厚之丞、成斎と号す。文政十年(一八二七)十月六日、薩摩国鹿児島郡阪元村上町(鹿児島市坂元町)に生まる。父は太兵衛、郷士で藩の御能方となり禄四石を得た。藩校造士館にいり、嘉永元年(一八四八)江戸にでて昌平黌にいり安積艮斎らに学び岡鹿門らと交わる。事に坐し大島に願遠島となり帰藩後、薩英戦争の講和談判委員となり横浜に出張した。元治元年(一八六四)造士館助教となり、『皇朝世鑑』の編纂にあたる。明治元年(一八六八)、造士館の廃止に反対。翌年、治政所書記となり藩政にあたる。同四年九月上京、十二月、文部省八等出仕、翌五年五月、太政官中議生編集局掛となる。その後左院に転じ、八年四月、修史局設置、副長に任ぜられ史官となる。翌々十年一月、修史局が修史館に改まり、一等編修官となる。十二年東京学士会院会員に当選し、同院で「国史編纂の方法を論ず」を講演、史体の改革、西洋の歴史叙述法の採用を主張した。十四年の館職制改正で編修副長官となり、翌十五年から正史として『大日本編年史』編纂が始まる。重野の主張で編年体とし、『大日本史』を継承し漢文で書くこととなった。この『大日本史』継承のため南北朝時代から起筆するについて『太平記』の史料的検討の結果、児島高徳らの実在否認のいわゆる抹殺論の提唱となった。これが史料による実証の考証史学となり、また近世の儒教的勧善懲悪史論の否認となり近代史学導入の契機となった。このころ東京学士会院ついで史学会で『大日本史』の南朝正統史論を批判、一部世論の反感をよんだ。十九年一月、修史館廃止、内閣に臨時修史局設置で編修長となる。翌々二十一年、文学博士、元老院議官、十月修史事業の帝国大学移管で臨時編年史編纂掛委員長、同文科大学教授を兼任。翌二十二年、史学会創設で初代会長に推される。二十三年貴族院勅選議員、二十五年東京専門学校講師となる。翌二十六年臨時編年史編纂掛改称の史誌編纂掛廃止で委員長をやめる。その後一時文科大学教授となったが、晩年は史学界の長老として重きをなした。私塾成達書院を開設、また野史亭を設けて『国史綜覧稿』を編し、門人岩崎弥之助のために静嘉堂文庫創設をなす。三十八年講書始に漢籍進講、四十年帝国学士院を代表してウィーン開催の万国学士院総会に出席、四十三年十二月六日、東京の自邸で死去。八十四歳。墓は東京都台東区の谷中墓地にある。著書に『赤穂義士実話』、星野恒・久米邦武との共著『(稿本)国史眼』があり、また『重野博士史学論文集』上中下がある。なお重野は幕末の江戸昌平黌系の漢詩文家として、明治初年には旧雨社・麗沢社などをおこし漢文界でも重きをなした。この方面の著書には『成斎文初集』『成斎文二集』『成斎先生遺稿』がある。

参考文献 西村時彦「成斎先生行状資料」(薩藩史研究会編『重野博士史学論文集』上所収)、三州倶楽部・薩藩史研究会編『重野先生追頌記念展覧会出品目録』、薩藩史研究会編『南国史叢』三(島津久光公・重野安繹先生特輯号)、久米邦武「余が見たる重野博士」(『歴史地理』一七ノ三)、大久保利謙『日本近代史学史』、辻善之助「思ひ出づるまゝ」(辻善之助先生生誕百年記念会編『辻善之助博士自歴年譜稿』所収)、坂口筑母『旧雨社小伝』 (大久保利謙)

しげみつまもる　重光葵　一八八七—一九五七　大正・昭和期の外交官。明治二十年(一八八七)七月二十九日、重光直愿・松子の次男として大分県速見郡八坂村(杵築市)に生まれる。三十一年七月、伯父重光彦三郎の養嗣子となる。四十四年、東京帝国大学法科大学独法科卒、外交官領事官試験に合格、外務省に入る。ベルリン・ロンドン大使館勤務、米国ポートランド領事、講和全権委員随員、平和条約実施委員、条約局第一課長、同局第二課長兼勤を経て、大正十四年(一九二五)、公使館一等書記官として中国在勤を命ぜられ、北京関税特別会議・治外法権委員会には随員として参与する。昭和二年(一九二七)、大使館参事官としてベルリンに転ずるが、在独わずか半年にして上海総領事として中国に戻る。五年、大使館参事官・臨時代理公使に任ぜられ、日華通商条約の改訂交渉にあたり、関税協定の締結に導く。六年八月、特命全権公使に昇進、日華間の緊張緩和をはかるが成らず、やがて柳条湖事件、ついで七年一月上海事変の発生をみる。また同年四月上海の天長節祝賀会場に朝鮮人の投じた爆弾により重傷を負い、隻脚を失う。八年五月より十一年四月に至るほぼ三年間、内田康哉・広田弘毅外相の下で次官として枢機に参画、いわゆる天羽声明の「陰の立役者」であった。十一年八月駐ソ大使となるが、日ソ関係はすこぶる機微であり、漁業条約の改訂問題は難航の末ようやく暫定取極を結ぶことができた。張鼓峰事件(十三年七―八月)も在任中のことであった。十三年九月より戦前最後の駐英大使。開戦後の十七年一月、駐華大使に任ぜられ、南京に赴き、対華政策転換の要を認め、要路に進言、翌十八年一月、対華新政策の決定をみるが、現実はほど遠いものがあった。ついで同年四月、東条内閣の外相に就任、小磯内閣にも留任して、和平招来策に腐心する。二十年八月、東久邇宮内閣に三度外相として入閣。九月三日、首席全権として降伏文書に調印。戦後、極東国際軍事裁判で禁錮七年の判決を受け、巣鴨の東京拘置所に拘留されるが、二十五年仮出所、二十六年刑期を了える。二十七年、改進党総裁に就任、衆議院議員となる。二十九年、日本民主党結党に加わり副総裁に推され、同年十二月成立の鳩山内閣に副総理・外相として入閣、同第二・第三次内閣にも留任。三十一年に日ソ国交調整と日本の国連加盟が実現した。著書に『昭和の動乱』『外交回想録』『巣鴨日記』がある。三十二年一月二十六日没。六十九歳。大分県東国東郡安岐町の墓地に葬る。

参考文献 『外務省の百年』、栗原健編『佐藤尚武の面目』、西春彦『回想の日本外交』(『岩波新書』青五〇)、豊田国男・西香山編『重光向陽小伝』
（馬場　明）

しげむねほうすい　重宗芳水　一八七三―一九一七　明治時代後期・大正時代の電気機械の技術者、実業家。明治六年(一八七三)七月十一日山口県玖珂郡岩国町(岩国市)に江木清高・千代の長男として生まれ、同十五年重宗信之・マスの養子となる。二十年八月単身上京して三吉電機工場に入社。二十一年から二十四年まで勤務の傍ら苦学して東京工手学校機械科に学び、電気機械技術を修得する。三十年十二月独立して京橋区船松町に工場を設立。これが明電舎の創始である。その後三十八年に明石町、四十五年には大崎駅に隣接して工場を移転・新築した。この間、中小工場向の回転界磁型三相交流発電機(明電舎モートル)・柱上変圧機・攻城用爆破信管発火機などの製作に成功。無線電信用高周波交流発電機も四十一年に同工場技師長により完成した。明治末には船舶使用無線通信機の九割が明電舎製であった。大正元年(一九一二)には棚倉電気会社を創立し、同六年明電舎を株式組織とし、初代社長に就任したが、同年十二月三十日に没した。四十五歳。法名真敬院芳水日明居士。東京谷中の徳川墓地に葬られた。

参考文献 重宗雄三編『重宗芳水伝』
（春日　豊）

ししどさまのすけ　宍戸左馬之介　一八〇四―六四　幕末の長門国萩藩士。名は真澂、通称は初め九郎兵衛、のちに左馬之助と改め、橘廂と号した。文化元年(一八〇四)に生まれる。伴信友に就いて国学を修め、鳰浮巣翁の名で歌をよくし、また藩の故典にくわしく、その校訂に成る前大津・先大津両宰判の『風土注進案』は、上田鳳陽校訂の山口宰判『風土注進案』と並んで同叢書『防長風土注進案』の双璧と称せられている。嘉永三年(一八五〇)前大津代官、安政三年(一八五六)京都藩邸の都合人役、同五年藩の所帯方を歴任し、文久三年(一八六三)八月の京都の政変後はその老練の手腕に嘱目され、翌元治元年(一八六四)四月に大坂藩邸の留守居役を命ぜられて、京坂方面の形勢探索や脱走藩士の鎮撫につとめた。同年七月十九日の禁門の変には天王山に陣して事後処理に奔走し、ついで二十三日、大坂藩邸を幕吏に引き渡して帰藩したが、まもなく藩の首脳部は保守恭順派によって占められ、革新派の左馬之介は捕えられて萩の野山獄に投ぜられ、十一月十二日同所において斬刑に処せられた。享年六十一。墓は山口県萩市椿東の東光寺にある。明治二十四年(一八九一)四月、正四位を追贈された。

参考文献 末松謙澄『防長回天史』四
（三坂　圭治）

ししどたまき　宍戸璣　一八二九―一九〇一　幕末・明治時代の政治家。文政十二年(一八二九)三月十五日、萩藩士安田直温の三男に生まれ、嘉永元年(一八四八)、藩の儒家山県太華の養子となる。安政元年(一八五四)、幕吏に従って蝦夷地を巡視した。慶応元年(一八六五)十月、萩藩一門の家老宍戸氏の養子として名を宍戸備後助と賜い、前年の四国連合艦隊下関砲撃に関連し幕府の派遣した問責使と、翌十一月、広島国泰寺で応接した。明治二年(一八六九)十月に山口藩権大参事、三年十月に刑部少輔、四年十一月に司法大輔、五年十月に文部大輔、十年一月に元老院議官となった後、十二年三月、清国駐劄特命全権公使に任ぜられ、当時両国間の最大懸案の琉球の帰属問題につき、日本の琉球に対する領土権の法理的根拠を詳記した寺島宗則・井上馨両外務卿による覚書を清国総理衙門に提出した。十三年十月、交渉は一旦妥結したが、重臣李鴻章らの反対に基づく清国の調印拒否により、十四年一月、交渉打切りを宣し、三月帰朝した。その後、十五年八月に宮内省出仕、十七年四月に参事院議官、十八年十二月に元老院議官となり、二十年五月、維新の功により子爵を授けられた。二十三年七月、貴族院議員となった。三十四年十月一日没。七十三歳。墓は東京都豊島区駒込の染井墓地にある。なお、国立国会図書館憲政資料室には『宍戸璣文書』が所蔵されている。

参考文献 外務省編『日本外交文書』一二―一四、我部政男『明治国家と沖縄』、植田捷雄「琉球の帰属を繞る日清交渉」(『東洋文化研究所紀要』二)
（河村　一夫）

ししのなかば　宍野半　一八四四―八四　明治時代前期

の神道家。扶桑教の教祖。弘化元年(一八四四)九月九日生まれ。薩摩国薩摩郡隈之城村(鹿児島県川内市)の郷士休左衛門・加女の次男。幼にして日蓮宗某寺に預けられ、のち平田鉄胤の門に入り、国学・神道を学ぶ。明治六年(一八七三)学友田中頼庸・六村中彦らと教部省に出仕。同年官を辞し、富士浅間神社の宮司となり、村山・須山・須走・吉田などの浅間神社の祠官を兼ね、はじめて富士一山講社を組織した。吉田の旧御師、村山の旧修験、丸山講の幹部などと気脈を通じ、明治八年の春、扶桑教会を設立、本宮の宮司を辞任し教会長となる。同十四年神道事務局幹事として皇典講究所の創設に尽力、同十五年五月他の宗派神道とともに独立、神道扶桑教と改め、第一世管長に就任し、東京市神明町に教庁を営んだが、同十七年五月十三日四十一歳で急逝した。墓は東京都港区の青山墓地にある。

参考文献 『一品宮御隠邸雑記』、『幟仁親王日記』(『続日本史籍協会叢書』)、『皇典講究所五十年史』、『国学院大学八十五年史』、田中義能『神道扶桑教の研究』、石原荘之助『宍野半小伝』(浅間神社編『富士の研究』三所収)、有光次郎『神道扶桑教』(『自治行政叢書』一所収)、岡田包義『扶桑教』(『神祇制度大要』所収)

(阪本 健一)

ししぶんろく 獅子文六 一八九三―一九六九 昭和時代の劇作家・小説家。本名岩田豊雄。明治二十六年(一八九三)七月一日に横浜市弁天通で生まる。父茂穂は中津藩出身、福沢諭吉の感化を受け、横浜で貿易商を営む。母は麻二。慶応義塾大学文科中退。大正十一年(一九二二)、父の遺産で渡仏し三年間演劇を研究、帰国後は評論・翻訳などの筆を執り新劇活動に従い、戯曲『東は東』(昭和八年(一九三三))、『朝日屋絹物店』(同九年)を発表。生活のためもあって獅子文六の筆名で『金色青春譜』(同九年)を『新青年』に連載、エスプリに富んだ明朗家庭小説の書き手として新聞や婦人雑誌で活躍、太平洋戦争中は本名で『海軍』(同十七年)を執筆した。戦後再び風俗小説にもどり、『てんやわんや』(同二十三―二十四年)を皮切りに文明批評にささえられた諷刺的長篇をつぎつぎに発表した。自伝的作品に『娘と私』(同二十八―三十一年)がある。劇団文学座の創立者の一人である。昭和三十八年日本芸術院賞受賞、同会員。同四十四年文化勲章受章、この年十二月十三日没。七十六歳。東京都台東区谷中墓地に葬られた。『獅子文六全集』全十六巻・別巻一巻(昭和四十三―四十五年)がある。

(尾崎 秀樹)

しじょうたかうた 四条隆謌 一八二八―九八 幕末・明治時代の公家。尊攘派公家でいわゆる七卿の一人。文政十一年(一八二八)九月九日生まれる。父は権大納言隆生。四条家は家領百八十石で代々庖丁道を家業とした。安政五年(一八五八)三月隆謌や岩倉具視ら八十八人の公卿が列参し外交は幕府に委任との勅諚案の改訂を要求する建言をする。文久三年(一八六三)二月八日正親町実徳ら一一名と庶政を刷新し速やかに攘夷の国策を決すべしと建言し、同十三日国事寄人に補される。また同年三月および四月の賀茂・石清水両社行幸に供奉し、七月には滋野井実在らと攘夷親征を布告せよと建言、さらに明石藩に攘夷監察使として派遣されるなど、尊攘派としての活躍がめだった。八月十八日の政変で、ほかの六卿とともに長州に下り官位を奪われ、慶応元年(一八六五)正月に太宰府に移されたが王政復古で復位入京す。戊辰戦争に錦旗奉行・中国四国追討総督・仙台追討総督を勤める。明治二年(一八六九)陸軍少将、ついで五年大阪鎮台司令長官さらに名古屋・仙台各鎮台司令長官を歴任す。明治十四年中将に進むと同時に退役。同十七年伯爵、二十四年侯爵。三十一年十一月二十三日没。七十一歳。京都市東大路二条角の妙伝寺に葬られる。

参考文献 維新史料編纂会編『維新史』、内閣修史局編『百官履歴』下(『日本史籍協会叢書』)、阪谷芳直『三代の系譜』

(佐々木 克)

しだとし 志田順 一八七六―一九三六 明治から昭和前期にかけての地震学・地球物理学者。明治九年(一八七六)五月二十八日千葉県印旛郡佐倉の士族の家に生まれる。明治三十四年東京帝国大学理科大学物理学科を卒業後、広島高等師範学校、第一高等学校の教授を経て、明治四十二年京都帝国大学理工科大学の物理学教室に迎えられ、菊池大麓の勧めによって地震学の研究を始めた。京都市上賀茂に観測所を作り、レボイル・パシュビッツの水平振子を据えて地球潮汐を観測、その研究成果によって昭和四年(一九二九)に帝国学士院恩賜賞を受賞。また、地震初動の象限型分布の発見、深発地震存在の提言など大きな学問的業績を残した。大正七年(一九一八)京都大学に地球物理学講座を新設し、民間の有力者を説いて阿武山・別府・阿蘇などに地震観測所を建て、多くの弟子を養成し、今日の同大学の地球物理学とくに地震学の確固たる基礎を築きあげた。代表的論文に「地球及地殻の弾性に就いて」(『京都帝国大学理工科大学紀要』四ノ一、明治四十五年)がある。昭和十一年七月十九日六十一歳で没した。墓所は京都市の相国寺。

参考文献 萩原尊礼『地震学百年』

(萩原 尊礼)

しだもとのぶ 信太意舒 一八三九―九二 江戸時代末期の秋田藩士。通称房之助。天保十年(一八三九)二月二十九日、出羽国秋田郡久保田中谷地町(秋田市中通)に生まれる。父は意正(数馬)、母は真宮定基(源吾)の女。大友直枝の影響を受け秋田藩国学の発展に寄与した吉川忠行に師事する。同時に秋田藩砲術館で西洋砲術を学んだ。戊辰戦争では二分された藩論の統一に功を奏し、奥羽鎮撫使副総督沢為量にも協力した。明治にはいって秋田県権少参事・権大参事を歴任し、県政につくす。辞官後旧藩主佐竹家の家令職を扶け東京に住んだ。明治二十五年(一八九二)四月十八日没(信田家過去帳による。意舒勤功書には七月十八日とある)。年五十四。東京市本郷区の昌清寺に葬る。法名道意信士。大正十三年(一九二四)贈従五位。

参考文献 『秋田県史』三、宮野吉松『(勤王家贈従五位)信太意舒伝』、三浦匝三『古今秋田英名録』下、『秋田市に於ける勤王家功労者遺蹟』、渋谷鉄五郎『秋田の先人と子孫』 （塩谷 順耳）

じつかわえんじゃく 実川延若 歌舞伎俳優。初代実川額十郎の俳名に始まり、現在まで五代を数えるが、実川家では三代をもって初代としている（二代目は二代目実川額十郎の俳名）。屋号は代々河内屋。

(一)初代 一八三一—八五 本名天星庄八。幼名庄吉。初名実川延次。前名実川延次郎・中村延雀・尾上梅幸。俳名正鴈。天保二年（一八三一）大坂本町の大工の子に生まれ、のち芝居茶屋河内屋庄兵衛の養子となる。二代目額十郎門。文久三年（一八六三）襲名。世話がかった和事を得意とした。明治十八年（一八八五）九月十八日、五十五歳で没。法名天遊院延若日輝居士。墓所は大阪市南区中寺二丁目の円妙寺。

(二)二代 一八七七—一九五一 本名天星庄右衛門。前名初代実川延二郎。俳名正鴈。明治十年（一八七七）十二月十一日、初代の長男に生まれる。明治—昭和期の名優。大正四年（一九一五）襲名。昭和二十六年（一九五一）二月二十二日、七十三歳で没した。法名天楽院延若日耀居士。墓所は初代に同じ。

(三)三代 一九二一—九一 本名天星昌三。前名二代目延二郎。俳名昌鴈。大正十年（一九二一）一月三日、二代目の長男に生まれる。昭和三十八年（一九六三）襲名。同五十七年上方歌舞伎の伝承に尽くした業績により日本芸術院賞受賞。平成三年（一九九一）五月没。七十歳。

参考文献 俳優堂夢遊『俳優世々の接木』（『歌舞伎の文献』八）、伊原敏郎『歌舞伎年表』五—八、同『明治演劇史』、高谷伸『明治演劇史伝』上、堂本寒星『上方演劇史』上、山口広一『延若芸談』、『幕間』別冊（大阪の延若）、『演劇界』三四ノ一一（最新歌舞伎俳優名鑑）、同五六ノ一二（最新歌舞伎俳優名鑑） （今尾 哲也）

しっかわぶんぞう 後川文蔵 一八六八—一九三一 明治時代の広告業の先駆者。明治元年（一八六八）七月三日、摂津国豊能郡秦野村（大阪府池田市）に井手用平の次男として生まれ、のち分家して後川を称した。慶応義塾、逓信省を経て、明治二十八年京都に京華社を創立、新聞通信・広告取扱いを営んだ。大正九年（一九二〇）京都日出新聞社長となったほか、京都自動車社長も務めた。昭和六年（一九三一）十二月二十二日没した。六十四歳。奈良市五条西山町の竜蔵院（薬師寺塔頭）後川家墓に葬られた。

参考文献 『京都新聞百年史』 （高村 直助）

しではらきじゅうろう 幣原喜重郎 一八七二—一九五一 大正・昭和期の外交官、政治家。明治五年（一八七二）八月十一日堺県茨田郡門真村（大阪府門真市）に新治郎次男として生まれる。長兄坦は台北帝国大学総長、枢密顧問官。第三高等中学校を経て明治二十五年帝国大学法科大学法律学科入学、二十八年卒業、農商務省属となる。二十九年第四回外交官及領事官試験に合格、外務省に転じ、仁川領事館在勤（三十年一月着任）をはじめに外交界に入る。同期に小池張造がいる。以後ロンドン・アントワープなどの領事、電信課長・取調局長・米大使館参事官などを歴任し、大正三年（一九一四）オランダ公使となった。同四年十月、第二次大隈内閣石井菊次郎外相のもとで外務次官に就任、以後本野一郎・後藤新平両外相（寺内内閣）、内田康哉外相（原内閣）のもとで次官在任四年に及んだ。幣原は臨時外交調査委員会幹事でもあり、複雑な第一次世界大戦の戦時外交、シベリア出兵、パリ講和会議の処理にあたった。大正八年九月、駐米大使となり、カリフォルニア州排日土地法問題に対処する一方、十年十一月ワシントン会議が開催されると、全権委員として加藤友三郎首席全権をたすけて海軍軍縮・アジア太平洋問題の折衝にあたり、その活躍が注目された。大正九年九月男爵を授けられ華族に列した。大正十一年四月帰朝、十二月駐米大使辞任、病気療養をかねて静養し、十三年四月待命となった。同年六月憲政会総裁加藤高明が護憲三派内閣を組織すると幣原は外務大臣として入閣、以後第一次若槻内閣にも留任し、昭和二年（一九二七）四月に至った。第一次外相時代である。この間幣原の外交政策の基本はワシントン会議に象徴される列国協調による平和の維持であり、ソ連との国交開始（大正十四年）も極東の安定を図るものであった。五・三十事件にみられるような中国ナショナリズムの昂揚に対してはイギリスと密接な連絡をとって対処した。幣原は中国内政不干渉の原則を確立したが、日本の権益擁護には細心の注意を払った。しかし中国の国民革命は激化して南京事件などがおこり、一方国内では立憲政友会・軍部の強硬政策支持が強くなり、幣原外交批判が大きな原因となって若槻内閣は昭和二年四月田中義一内閣に代わった。その間大正十五年一月幣原は貴族院議員となった。田中内閣が張作霖爆殺事件によって退陣し、浜口雄幸立憲民政党内閣が昭和四年七月成立すると幣原は再び外相に就任した（第二次外相時代）。昭和五年四月、海軍軍令部の強い反対にもかかわらずロンドン海軍軍縮条約に調印したのは、中国政策のためにも英米との協調を重んじる幣原の姿勢のあらわれであった。しかし統帥権干犯問題がおこり、浜口首相が狙撃（十一月）されると、幣原は臨時首相代理となった（六年三月まで）。昭和六年四月成立した第二次若槻内閣にも留任。同年九月満洲事変が勃発すると、幣原は不拡大方針をとり国際連盟理事会にも出動日本軍の撤退を約した。しかし陸軍は全満洲の占領を意図して事件は拡大し、輿論も軍事行動を支持したので幣原は苦境にたった。結局同年十二月若槻内閣の退陣とともにいわゆる「幣原外交」は終った。以後幣原は軟弱外交の首唱者と目され戦時色を強める政界より退き、一介の貴族院議員として日中戦争・太平洋戦争期を過ごした。昭和二十年日本の降伏後、東久邇宮皇族内閣のあとをうけて、幣原に内閣組織の大命が降り、十月四日幣原内閣が成立した。幣原内閣はマッカーサー連合国最高司令官の指示のもとに一連の民主的改革・公職追放を実施し、憲法改正の準備を推進した。幣原は天皇制の維持に努め、昭和二十一年元日天皇神格化否定の詔書が発布されたのはそのあらわれであった。四月新選挙法による総選挙が実施されたが、政局が安定しないまま同月二十二日幣原内閣は総辞職した。幣原は辞職直後進歩党総裁に就任、政党政治家として第一歩を踏みだした。五月成立した第一次吉田内閣に幣原は国務大臣として入閣した。翌昭和二十二年三月進歩党は解党し新たに民主党が結成された。四月の総選挙に幣原は郷里大阪府第三区から立候補、当選した。幣原は民主党の名誉総裁となったが十一月同党を脱退して同志クラブを結成、ついで翌二十三年三月自由党と合同して民主自由党を結成、最高顧問となった。二十四年二月の第五臨時国会で衆議院議長に就任。二十六年三月十日死去。七十八歳。衆議院葬となった。染井墓地に葬られる。法名は聚徳院釈重誓大居士。著書に『外交五十年』がある。なお妻雅子は岩崎弥太郎の娘である。

参考文献　幣原平和財団編『幣原喜重郎』

（臼井　勝美）

しではらたいら　幣原坦　一八七〇―一九五三　明治から昭和時代にかけての学者、教育行政官。明治三年（一八七〇）九月十八日、堺県茨田郡門真村（大阪府門真市）の旧家幣原新治郎の長男として生まれる。同二十六年帝国大学文科大学国史科を卒業するとともに沖縄の歴史研究に志し、三十二年沖縄での史料採訪の成果を『南島沿革史論』として公刊した。この間鹿児島造士館教授を経て山梨県立中学校長・東京高等師範学校教授など歴任、ついで韓国政府学部学政参与官、文部省視学官兼東京帝国大学教授、広島高等師範学校長および文部省図書局長など、官学中心に歴任した。昭和三年（一九二八）、いわゆる「最初の南方大学」として台北帝国大学が創立されるとその初代総長に任命され、南洋史学・土俗人種学など特色ある講座を含む文政学部や理農学部の経営にあたったが、同十年に退官、名誉教授となった。のち太平洋戦争の展開に伴って、十七年十一月、南方占領地域に対する派遣官吏の養成機関として設けられた興南錬成院（翌年大東亜錬成院と改称）の初代院長に就任したが、十九年に辞任、終戦後の二十一年三月には枢密院顧問官に親任された。二十八年六月二十九日、大阪において病没。年八十二。墓は門真市御堂町の願得寺。法名従容院釈信誓。終戦処理にあたった幣原喜重郎首相はその次弟にあたる。著書に前記『南島沿革史論』のほか、植民地教育の展望を示した『朝鮮教育論』『殖民地教育』および『南方文化の建設へ』などがある。

参考文献　幣原坦『文化の建設―幣原坦六十年回想記―』、伊沢多喜男伝記編纂委員会編『伊沢多喜男』

（上沼　八郎）

しながわやじろう　品川弥二郎　一八四三―一九〇〇　明治時代の政治家。天保十四年（一八四三）閏九月二十九日、長州藩士品川弥市右衛門の長男（一人息子）として、萩の郊外松本村川端（山口県萩市椿東）に生まれる。安政四年（一八五七）松下村塾に入り吉田松陰に学ぶ。その思想的影響を受けて尊王攘夷運動に参加、文久二年（一八六二）長州藩の高杉晋作・久坂玄瑞・志道聞多（井上馨）らと血盟して尊攘の志を誓い合い、イギリス公使館焼討ち事件にも参画した。元治元年（一八六四）蛤御門の戦（禁門の変）に従軍、ついで四国連合艦隊との戦いに際しては、和議反対の意見を藩主に上申した。慶応年間（一八六五―六八）、桂小五郎（木戸孝允）・山県狂介（有朋）・伊藤俊輔（博文）らとともに、しばしば藩地と京都の間を往復して国事に奔走し、倒幕を議した。この間、西郷吉之助（隆盛）・大久保一蔵（利通）・黒田了介（清隆）・村田新八ら薩摩藩の志士たちとも交遊を深めた。明治元年（一八六八）鳥羽・伏見の戦の後、徳川慶喜追討の新政府軍進発にあたって「宮さん宮さん」の俚謡を作ったといわれる。翌二年長州藩整武隊参謀として蝦夷地に向かい、榎本武揚ら旧幕府軍の鎮圧にあたった。同三年ヨーロッパに留学、ドイツ駐在日本公使館の書記官、同代理公使を歴任。九年帰朝し、内務大丞ついで内務大書記官となり、士族反乱の鎮定に功績をあげた。その後、内務省地理局長・内務少輔・同省勧農局長・農商務少輔などを経て、十五年農商務大輔に就任し殖産興業政策の推進にあたった。この間、特に農政や山林（植林）事業に力を注ぎ、十四年大日本農会を設立してその幹事長となり、翌年大日本山林会創立にあたった。また、郵便汽船三菱会社に対抗して共同運輸会社を作らせ、ついで両社の合併による日本郵船会社の設立を周旋した。十七年華族令の制定とともに、明治維新以来の国家への勲功が認められ子爵に叙せられた。十八―二十年ドイツ駐在日本公使となってベルリンに在勤。帰朝後の二十一年宮中顧問官兼枢密顧問官となって憲法草案などの審議にあたった。翌年宮内省御料局長を兼任。二十四年六月、大津事件に伴う内閣改造により、第一次松方内閣の内務大臣となり、民党に対する強硬姿勢を打ち出し、いわゆる武断派の一員を形成した。しかし民党への宥和策を唱える陸奥宗光農商務大臣と対立、二十五年二月の第二回総選挙で、民党候補者の再選を防ぐべく、大がかりな選挙干渉を行なって非難を浴び、同年三月陸奥とともに辞職。枢密顧問官に転じたが、まもなく辞任し、同年六月西郷従道と国民協会を結成、その副会頭となって各地を遊説した。同年八月成立した第二次伊藤内閣が衆議院の第一党自由党と接近すると、国民協会は国家主義の立場からこれと対抗した。またドイツ在留時代から、小農・小商工業者保護の立場から産業組合に強い関心を抱き、内務大臣在任中、信用組合法案を起草せしめ、第二議会に提出したが、衆議院の解散（二十四年十二月）で流産に終った。しかし、その後もそうした関心を持ち続け、在野時代も産業組合の奨励に努めた。三十二年七月、国民協会が改組され佐々友房らを中心に帝国党が結成されたのを機に、三たび枢密顧問官に返り咲いた。晩年には京都の別邸に尊攘堂を設立し、明治維新の志士の遺墨をはじめ、貴重な関係史料の蒐集に尽力した。明治三十三年二月二十六日肺炎のため東京市麴町区富士見町（千代田区九段南二丁目）の自宅で死去。五十八歳。遺骨は京都霊山の正法寺墓地に葬られた。法名は至誠院釈一貫日孜居士。なお、著書として『信用組合提要』（平田東助と共著）、『品川弥二郎日記』（『維新日乗纂輯』二所収）があるほか、国立国会図書館憲政資料室所蔵の『品川弥二郎関係文書』には、関係書類や品川への来簡など多くの史料が収められている。また、尊攘堂で蒐集した史料は、『尊攘堂書類雑記』（『日本史籍協会叢書』）に収められている。

参考文献　村田峯次郎『品川子爵伝』、奥谷松治『品川弥二郎伝』　（鳥海　靖）

しのはらくにもと　篠原国幹　一八三六—七七　明治時代初期の軍人。戊辰戦争・西南戦争に活躍。諱は国幹、通称冬二郎。天保七年（一八三六）十二月五日、薩摩国鹿児島城下平之町中小路に出生。父は薩摩藩士篠原善兵衛。藩校造士館に学び句読師にすすむ。文久二年（一八六二）の寺田屋騒動に連坐。翌三年の薩英戦争に参加し、沖の小島砲台で奮戦した。明治元年（一八六八）戊辰戦争に薩軍小銃三番隊長として従軍し、鳥羽伏見・上野黒門口・白河と転戦、会津若松城攻囲戦に参加して賞典禄八石を賜わった。翌二年、鹿児島藩政改革で設けられた鹿児島常備隊大隊長。四年、御親兵の設置に伴い大隊長として東上、政府にはいり、同七月兵部省出仕、陸軍大佐、正六位。同十一月、鎮西鎮台第二分営出張。五年九月、陸軍少将、近衛局出仕。同十月、従五位。六年六月、正五位。同十月、明治六年政変で西郷隆盛が下野すると、後を追って鹿児島に帰り、七年、桐野利秋・村田新八らと私学校を設立して監督にあたった。十年、西南戦争に際して西郷軍一番大隊長として出陣、同二月二十五日、西郷・桐野とともに官位を褫奪された。熊本城攻囲戦に参加し、郊外の高瀬で戦闘、南下する政府軍主力を阻止するため吉次越の嶮の激戦に陣頭指揮をとっていたが、同三月四日、銃弾に当たって戦死した。四十二歳。墓は鹿児島市上竜尾町の南洲墓地にある。贈正五位。

参考文献　黒竜会編『西南記伝』下二、内閣修史局編『百官履歴』下（『日本史籍協会叢書』）、田尻佐編『贈位諸賢伝』一　（毛利　敏彦）

しのぶじゅんぺい　信夫淳平　一八七一—一九六二　明治から昭和にかけての国際法・外交史・国際政治の学者。漢学者信夫恕軒の長男として明治四年（一八七一）九月十三日、鳥取で生まれる。東京専門学校を経て東京高等商業学校を同二十七年に卒業。北海道庁・新潟商業学校に勤務ののち、久留米簡易商業学校校長となり、同三十年外交官及領事官試験に合格。領事官補として朝鮮のソウルに勤務、日露戦争に際しては遼東守備軍司令部付として占領地行政に関与、同三十九年仁川理事庁理事官、四十三年オーストリア大使館一等書記官、大正元年（一九一二）オランダ臨時代理公使、同三年カルカッタ総領事などを歴任ののち、同六年十一月退官。その後昭和十八年（一九四三）三月まで早稲田大学講師として国際法・外交史を講ずるかたわら、新聞『新愛知』主筆・同顧問として論説を書いた。大正十四年法学博士。昭和二十六年より三十一年まで早稲田大学教授に再任。昭和三十七年十一月一日、東京で死去。九十一歳。朝日新聞編集局長信夫韓一郎・国際政治学者同清三郎の父。著書に『戦時国際法講義』『戦時国際法提要』『上海戦と国際法』『海上国際法論』があり、前二者の業績で昭和十八年帝国学士院恩賜賞をうけた。外交史については『巴爾幹外交史論』『大正外交十五年史』『（明治秘話）二大外交の真相』がある。また、外務省編『小村外交史』は淳平の旧稿を補訂したもの。ほかに『国際政治論叢』『満蒙特殊権益論』が重要である。　（藤村　道生）

しのぶじょけん　信夫恕軒　一八三五—一九一〇　幕末・明治時代の漢学者。鳥取藩士。名は粲、字は文則、晩年には天倪と号した。天保六年（一八三五）五月江戸の藩邸で誕生。二歳で藩医の父正淳を失い、海保漁村・芳野金陵・大槻磐渓に師事。東京本所に奇文欣賞塾を開き子弟を教授。『易経』『詩経』『左氏伝』『史記』に精通し、才気横溢の名文をものした。明治三年（一八七〇）内国勧業博覧会事務局に出仕。一時群馬県で養蚕を指導し、茨城県では医を開業した。八年東京師範学校、十年東京大学に出講。十九年東大を辞し攻玉社・東京専門学校・日蓮曹洞各宗大学林に教え、三重県中学教諭に赴任。三十年和歌山県徳義藩校に招かれ、三年後帰京、小石川武島町に住んだ。四十三年十二月十一日、中風で没した。享年七十六。東京の谷中墓地に葬られた。性磊落、痛飲し平生赤穂義士を景仰、雄弁講説した。『恕軒文鈔』『恕軒漫筆』『恕軒詩鈔』『恕軒遺稿』『赤穂誠忠録』『漢訳文則』などの著がある。信夫淳平はその子、同清三郎はその孫にあたる。

参考文献　平井参「魯堂茶話」（『東洋文化』一四七）、佐藤仁之助「信夫恕軒先生逸話」（同一四八）、富村登「儒医信夫恕軒」（『日本医史学雑誌』一二九九）　（水田　紀久）

しのぶせいざぶろう　信夫清三郎　一九〇九—九二　昭和時代の歴史家。明治四十二年（一九〇九）四月八日、外交官信夫淳平・貞の三男として韓国の仁川で生まれ、東京で育つ。学習院から九州帝国大学法文学部へ進み、卒業の年の昭和九年（一九三四）『日清戦争』（増補版昭和四十五年）を刊行したが発禁となり、翌年改訂版『陸奥外交』として再刊した。以後、講座派系マルクス主義の歴史家として著述をつづけ、第二次世界大戦後は進歩的知識人として活躍した。二十五—四十八年名古屋大学教授となり、法学部長と図書館長を歴任し、三十一年日本国際政治学会常任理事、四十―四十一年度日本政治学会理事長を務めた。名大退官後は著述に専念、旺盛な筆力は死の直前に出版した『聖断の歴史学』に至るまで衰えなかった。実証的手法と批判的精神を堅持し、常に世界史との関連で日本の動向を分析した。主な研究業績は、㈠マニュファクチュア論争に参加し、㈡日清戦争研究の礎石を築き、近代日本外交の特徴をブルジョア外交と軍部外交の「二重外交」と把え、㈢大正政治史をデモクラシー運動を中心に解明して「大正デモクラシー」の名称を定着させる上で画期的役割を果たし、㈣近代天皇制国家の変化を絶対君主制から立憲君主制への接近、さらに軍部独裁への移行として把え、天皇の「聖断」の重要性を指摘し、㈤アジア史との関連の中で新たな日本史像の構築をめざしたことなどであった。主な著作は『近代日本外交史』と『近代日本産業史序説』(昭和十七年)、『ラッフルズ』(十八年、四十三年『ラッフルズ伝』として再刊)、『大正政治史』四巻(二十六―二十七年、毎日出版文化賞受賞)、『大正デモクラシー史』三巻(二十九―三十四年)、『安保闘争史』(三十六年)、『戦後日本政治史』四巻(四十―四十二年)、『朝鮮戦争の勃発』(四十四年)、『象山と松陰』(五十年)、『日本政治史』四巻(五十一―五十七年)、『江戸時代』(六十二年)、『「太平洋戦争」と「もう一つの太平洋戦争」』(六十三年)など。平成四年(一九九二)十月十日没。八十三歳。長兄韓一郎は朝日新聞社代表取締役、夫人は歌人の信夫澄子。墓は神奈川県藤沢市の大庭台墓園にある。

参考文献 信夫清三郎先生追悼文集編集委員会編『歴史家信夫清三郎』、藤村道生編「信夫清三郎教授略年譜・主要著作・論文目録」(『増補日清戦争』所収)

(木坂順一郎)

しばこうしろう 斯波孝四郎 一八七五―一九七一 第二次世界大戦前、三菱財閥の造船技術者、同重工業部門のトップ経営者として名高い。工学博士。明治八年(一八七五)一月二十四日、父蕃・母敏子の次男として石川県金沢に生まれた。生家は代々加賀藩の家老職にあり、明治維新の際の功績により、明治三十三年蕃は男爵を授けられた。兄忠三郎は、同二十七年に帝国大学工科大学機械工学科を卒業し、長く同科教授であった。孝四郎は、三十二年東京帝国大学工科大学造船学科を卒業し、三菱合資会社に就職して長崎造船所に勤務した。大正九年(一九二〇)同造船所長、十一年三菱造船株式会社取締役、十四年常務、昭和九年(一九三四)会長と昇進した。会長就任直後、三菱造船は三菱航空機株式会社と合併し、三菱重工業株式会社と改称したので、三菱重工業の初代会長でもある。広く三菱系重工業会社の育成にあたり、日本光学工業株式会社会長・三菱電機株式会社取締役などをも兼任した。同十七年二月三菱重工業会長を、十九年四月日本光学工業会長を辞任した。昭和四十六年六月十三日、東京の自宅にて没す。九十六歳。墓は東京都豊島区の雑司ヶ谷墓地にある。法名、巧耀院殿幽玄智光大居士。

参考文献 『三菱重工業株式会社史』、『日本光学工業株式会社四十年史』

(森川英正)

しばごろう 柴五郎 一八五九―一九四五 明治・大正時代の陸軍軍人。安政六年(一八五九)七月二十五日(墓碑銘による)、会津藩士柴佐多蔵の五男として生まれる。戊辰戦争敗戦後、斗南の地で悲惨な生活を送った。明治十三年(一八八〇)十二月陸軍士官学校卒業(士官生徒第三期生)。砲兵小隊長を勤め、十七年十月から清国差遣(福州、北京駐在)され、三年半の間、清国事情を研究。帰朝後は砲兵将校として各種職務に卓抜した能力を発揮し、日清戦争時は大本営陸軍参謀。戦後在英公使館付武官、在清国公使館付武官。北清事変では北京公使館に籠城し事変の解決にあたった。三十四年野砲兵第十五連隊長となり、日露戦争で戦功を樹てた。戦後、在英公使館付武官、要塞司令官、重砲兵旅団長、第十二師団長、東京衛戍総督などの要職を歴任し、大正八年(一九一九)八月、戊辰戦争では反政府側であった会津出身者の初の陸軍大将となった。同年十一月から台湾軍司令官、軍事参議官を経て十二年三月現役を退いた。昭和二十年(一九四五)十二月十三日没。八十七歳。自決未遂との説がある。墓は福島県会津若松市花見ヶ丘三丁目の恵倫寺にある。法名は中正院忍月幽光居士。小説家・政治家の四朗(東海散士)は実兄。

参考文献 額田坦『陸軍省人事局長の回想』(『昭和軍事史叢書』)、石光真人編『ある明治人の記録』(『中公新書』二五二)

(森松俊夫)

しばしろう 柴四朗 一八五二―一九二二 明治・大正時代の小説家・政治家。はじめ茂四郎という。東海散士と号す。嘉永五年(一八五二)十二月二日、安房国周准郡富津の会津陣屋に生まれる。会津藩士柴佐多蔵由道の子で、母ふじは日向氏の出。弟にのちに陸軍大将となった五郎がいる。明治元年(一八六八)、官軍の会津城攻撃の際に捕虜となるが、釈放後は東京の私塾、弘前の東奥義塾、会津の日新館などで学び、明治十二年から十八年にかけてアメリカに留学、経済学を専攻した。滞米中に政治小説『佳人之奇遇』を構想。十八年から三十年にかけて全八篇を刊行した。この作品は、主人公の東海散士にスペインの佳人幽蘭、アイルランドの女志士紅蓮を配し、帝国主義の犠牲に供された弱小民族の独立の悲願をうたいあげたもので、明治ナショナリズムを代表する文学作品として、同時代の青年にすくなからぬ影響を与えた。明治二十五年衆議院議員に当選、その後は、進歩党、憲政党、憲政本党、大同倶楽部の幹部として政界に活躍した。なお、明治三十六年には、日露戦争の未来記『日露戦争羽川六郎』を出している。大正十一年(一九二二)九月二十五日、静岡県田方郡熱海町の別荘で没。七十一歳。法名、智性院禅岳東海居士。墓は福島県会津若松市花見ヶ丘の恵倫寺と静岡県熱海市水口町の海蔵寺にある。

参考文献 滝沢典子・二本松寛子・松葉晨子「東海散士」(『近代文学研究叢書』二二所収)　(前田　愛)

しばすけひろ　芝祐泰　一八九八―一九八二　大正・昭和時代の雅楽家。明治三十一年(一八九八)三月十九日東京に生まれる。父祐夏の第四子。雅楽の流派の一つ、南都方に属する芝家の出身。明治四十五年四月東京音楽学校バイオリン科に入学。大正三年(一九一四)六月宮内省雅楽練習所に入学。同十年六月同所卒業、楽師に任官される。昭和二十五年(一九五〇)四月宮内庁式部職楽部の楽長に任ぜられ、同年十二月日本芸術院会員となった。同三十年二月宮内庁楽部を退官、翌三十一年四月国立音楽大学教授となり、同四十年より日本芸術院第三部長をつとめた。横笛・琵琶・左舞を専門とするが、演奏のみならず雅楽研究にも傾注し、同二十三年からは林謙三らとともに正倉院楽器の調査研究に参加、その調査結果は「正倉院楽器調査概報」(『書陵部紀要』一―三)、『正倉院の楽器』の中に報告した。またレコードアルバム『雅楽大系』『神楽』の監修・解説を担当し、現行雅楽の五線譜化にも努力した。著書には『雅楽』(第一集管絃総譜・第二集催馬楽総譜)、『五線譜による雅楽歌曲集』、『五線譜による雅楽総譜』(四巻)、『雅楽通解』(楽史篇・楽理篇)がある。昭和五十七年十月十日没。八十四歳。東京都八王寺市高尾霊園に葬られる。　(蒲生美津子)

しばたけいた　柴田桂太　一八七七―一九四九　明治から昭和時代にかけての植物学者。わが国の植物生理学・生化学を樹立、多くの研究者を養成した。明治十年(一八七七)九月二十日、薬学者の柴田承桂の長男として東京府下駿河台(千代田区神田駿河台)に生まれた。弟の雄次は化学者。同三十二年東京帝国大学理科大学を卒業、三十七年理学博士。生化学の基礎にたつ植物生理学を志し、四十三年ドイツに私費留学、ライプチッヒ大学のプェッファー教授に植物生理学を、一年後フランクフルト大学のフロイント教授に有機化学を学び、四十五年帰国し東京帝国大学理科大学助教授、大正七年(一九一八)教授となる。昭和十年(一九三五)岩田五郎左衛門の出資で設立された岩田植物生理化学研究所所長を兼ねた。岩田の財政援助で大正十一年以来欧文誌『アクタ＝フィトキミカ』Acta Phytochimica を刊行。昭和十三年東京帝国大学を退職し名誉教授。十四年帝国学士院会員、十六年文部省資源科学研究所所長。昭和二十四年十一月十九日没。七十三歳。墓所は東京都新宿区原町一丁目の幸国寺。著書に『薬用植物学』(共著)、『資源辞典』(編)などがある。

参考文献 柴田同門会編『柴田桂太生誕百年記念文集』　(木村陽二郎)

しばたしゅうぞう　柴田収蔵　一八二〇―五九　幕末の地理学者。先祖が越後国新発田の出自と称し、苗字を新発田と書く。名は転、字は士登、号を半島漁人という。文政三年(一八二〇)六月二十六日佐渡国宿根木(新潟県佐渡郡小木町)に名主柴田長五郎の長男として生まれ、相川金山絵図師に画法を学び、地図作成に興味を持つ。天保十年(一八三九)、同十四年の両度江戸に遊学、中根半仙に漢方、伊東玄朴に蘭方を学び、弘化二年(一八四五)帰郷して医師を開業したが、嘉永三年(一八五〇)三度江戸に出て玄朴塾から天文方山路諧孝門下に移り、同手伝になり、かねて出入りし指導を受けていた古賀謹一郎の推挙もあって、蕃書調所創設とともに絵図調出役(手当十五人扶持ならびに金十両)に選任された。『重訂万国全図』は、諧孝長男彰常と収蔵が実の作者であると諧孝が序で述べている。マテオ＝リッチの卵形万国図を改訂した『新訂坤輿略全図』(嘉永五年刊)、同図の地名の大陸別一覧『(各国所領)万国地名捷覧』(同六年刊)、『蝦夷接壌全図』(同七年刊)、『大清一統図』(没後刊、刊年未詳)などがある。玄朴訳(実は箕作阮甫訳)『坤輿初問』の校閲・刊行にも尽力した。安政六年(一八五九)四月十日没。四十歳。郷里の称光寺に葬られた。

参考文献 田中圭一編『柴田収蔵日記』、鮎沢信太郎・大久保利謙『(鎖国時代)日本人の海外知識』　(石山　洋)

しばたしょうけい　柴田承桂　一八四九―一九一〇　明治時代の有機化学者、薬化学者。明治の近代国家建設期に西洋の衛生行政を実施した先覚者の一人。嘉永二年(一八四九)五月十二日、尾張国名古屋の医家・本草家永坂周二の子として生まれ、のち柴田竜蹊の養嗣子となる。植物生理学者の桂太、錯塩化学者の雄次兄弟の父。明治三年(一八七〇)―六年ドイツに留学、有機化学・薬学を専攻、帰国後東京医学校製薬学科(のちの東京大学医学部製薬学科)教授。内務省衛生局御用掛・東京司薬場長・大阪司薬場長などを歴任。同三十六年薬学博士。『日本薬局方』の編纂に尽力。ドイツのフーセマン著『薬剤学』を訳した『扶氏薬剤学』全四巻(明治十四―十八年)では、アポテーケを薬局とし、薬師を製薬士または薬剤師と称して医士と分業すべき旨を述べたほか、薬学全般の訳語を定めた。その他著訳書に『有機化学』『普通鉱物学』(ともに共著)、『古物学』(訳)などがあり、それらは大阪市の武田科学振興財団杏雨書屋に所蔵されている。明治四十三年八月二日没。六十二歳。東京府牛込区牛込原町(新宿区原町)の幸国寺と名古屋市中区小川町の大法寺(のち同寺は同市南区に、墓地は千種区の平和公園内に移転)に分骨埋葬された。法名、等澍院蕘蹊日治居士。

参考文献 角田文衛「柴田承桂博士と古物学」(『古代学』一〇ノ一)　(山下　愛子)

しばたぜしん　柴田是真　一八〇七―九一　幕末・明治時代前期の蒔絵師、画師。名順蔵、幼名亀太郎、字儃然、令哉のち是真を号し、対柳居を称し、時に古満を名のる。文化四年(一八〇七)二月七日江戸両国橋町に生まれる。父市五郎、母ます。文化十四年蒔絵師古満寛哉(坂内重兵衛)の門に入る。文政五年(一八二二)円山派の画師鈴木南嶺に師事し、天保元年(一八三〇)春京都へ遊学、南嶺の紹介で四条派の画師岡本豊彦の門に入る。天保十一年王子稲荷神社に江戸住吉明徳講の依頼により「鬼女図額面」の大絵馬を制作するが、その筆勢と怪異な表現により大きな評判をよび名声を得る。また漆塗の諸手法、特に青海波塗、青銅塗の変塗を工夫改良して江戸町人の好尚にあった漆工品を制作する。明治六年(一八七三)のウィーン万国博覧会に「富士田子浦蒔絵額面」を出品、進歩賞牌を受け、それ以来、内外の博覧会に蒔絵・絵画を出品して賞牌を受けるが、特に和紙に色漆(いろうるし)で描く漆絵は、是真独得の世界をつくった。明治二十三年十月帝室技芸員を命ぜらる。翌二十四年七月十三日病没。八十五歳。浅草今戸町称福寺に葬られた。法名、弘道院釈是真居士。漆器は器形の妙味と蒔絵や漆塗の加飾技術がよく調和し、粋な江戸趣味を表わした作品を制作し、絵画は俳味のある略画に面白い作品がある。

参考文献　郷家忠臣編『柴田是真名品集』、同編『柴田是真絵様手控』　（郷家　忠臣）

しばたたまき　柴田環　⇨三浦環(みうらたまき)

しばたはなもり　柴田花守　一八〇九―九〇　江戸・明治時代前期の宗教家。文化六年(一八〇九)正月八日肥前国小城郡桜岡(佐賀県小城郡小城町)の鍋島大学邸に生まれる。祖父は小城藩士で、父の三枝礼助は鍋島大学に仕え柴田家を相続してその邸内に住んだ。父の姓を受け、幼名は権次郎、長じて花守、富士行者としては咲行と称した。幼年より英知、師の禄行に随って諸国を周遊し苦学力行、学は神儒仏を究め、禅にも通じ、和歌や絵画も能くした。最も崇拝したのは富士信仰の開祖長谷川角行である。花守が角行の顕彰に尽くした功績は大きい。不二教中興の祖伊藤食行の門下は、のちに宍野半の扶桑教会と、花守の実行教会の二つに分かれた。花守は禄行の遺教を守り、不二道を純粋の神道とし、明治十五年(一八八二)六月二日神道実行派として同派の管長となり、同十七年十一月一日実行教の初代管長となった。不二道の行者としては第十世咲行である。明治二十三年七月十一日没。歳八十二。著書は『本教大基』ほか二十教種に上り、幼童向きにまで心を配った。

参考文献　田中義能『神道実行教の研究』、千葉幸吉『神道実行教』、柴田孫太郎『実行教概説』(『日本宗教大講座』二)、神崎一作「教派神道」(『神道講座』二所収)、平野孝国「柴田花守―その時代と信仰的系譜―」(『神道宗教』一五)　（阪本　健一）

しばたゆうじ　柴田雄次　一八八二―一九八〇　明治から昭和時代にかけての分光化学者・錯塩化学者・地球化学者。明治十五年(一八八二)一月二十八日東京府神田区駿河台(千代田区神田駿河台)で、薬学者柴田承桂の次男として生まれる。兄桂太は植物生理学者。明治四十年東京帝国大学理学部化学科卒、四十三年同大講師。同年渡欧、ドイツのライプチヒ大学でA・ハンチに、スイスのチューリヒ大学でA・ウェルナーに、フランスのパリ大学でG・ユルバンに学び、大正二年(一九一三)帰国して東大助教授、同八年教授。金属錯塩の吸収スペクトルから構造と発色を研究し、天然物の化学、特にフラボン族色素の役割を実証し、アントシアンの花色変異の原因を配位化合物をつくるためとした。その他金属錯塩化合物の酵素的研究を昭和十一年(一九三六)にKatalytische Wirkungen der Metall komplexverbindungenとして一書にまとめた(兄桂太と共著)。大正七年ころから東洋産希土類鉱物の研究、地球化学の分野を開拓。文化財の化学的研究では、昭和十四―二十四年法隆寺壁画保存調査委員としても指導的役割を果たした。昭和二年帝国学士院恩賜賞受賞。同十七年東大停年後、名古屋大学初代理学部長、同十九年帝国学士院会員、同二十四年東京都立大学初代学長歴任ののち、同三十七年日本学士院長となった(同四十五年まで)。昭和五十五年一月二十八日没。九十八歳。墓所は埼玉県所沢市の聖地霊園。

参考文献　日本科学史学会編『日本科学技術史大系』三・一三・一四、田中実『日本の化学と柴田雄次』、日本学士院編『学問の山なみ』　（山下　愛子）

しばていきち　斯波貞吉　一八六九―一九三九　明治から昭和時代前期にかけての新聞人、政治家。明治二年(一八六九)八月十七日、福井藩士斯波有造の長子として誕生。同二十二年三月渡英してオックスフォード大学に学び、二十四年十月帰国。二十六年帝国大学文科大学英文科選科に入学し二十八年修了。同年八月県立盛岡中学校に英語教師として奉職、のち高輪仏教高等中学校・仏教大学に教鞭をとった。三十一年二月黒岩涙香主宰の『万朝報』に外報担当記者として入社、のち論説も担当した。四十一年山県五十雄退社のあとを受けて編集長に就任、大正九年(一九二〇)には主筆兼編集局長として社の中枢にあった。これより先、大正二年一月の憲政擁護・閥族掃蕩のスローガンを掲げて蹶起した全国記者大会に奔走し、憲政擁護記者会を組織、社を挙げて政府攻撃の論陣を張った。また十二年二月普選獲得全国記者大会では『万朝報』を代表して発言し、その実現のために尽瘁した。十四年二月退社。同年七月『人勢新聞』社長に就任、十二月辞任。昭和十一年(一九三六)四月万朝報社の内紛にあたって五月十七日反長谷川社長派が発行した『東京万朝報』の社長に推され、十四年七月和議合併に至るまでその任にあった。なお、明治二十八年山路愛山と国家社会党を組織したこともある。大正十三年第十五回補欠選挙から第二十回選挙まで連続当選、立憲民政党に所属し、昭和十四年十月十四日現職中に没した。七十一歳。著書に『国家的社会論』などがある。　（北根　豊）

しばやまかねしろう　柴山兼四郎　一八八九―一九五六　昭和時代の軍人。明治二十二年(一八八九)五月一日、茨城県に生まれる。下妻中学を経て、陸軍士官学校に入り、同四十五年第二十四期生として卒業、輜重(しちょう)兵少尉に任官した。大正十一年(一九二二)陸軍大学校を卒業、参謀本部支那課に配属され、以後、中国専門家として育つ。張学良顧問補佐官・中華民国在勤帝国公使館付武官輔佐官を経て、昭和十二年(一九三七)陸軍省軍務課長に在職中日中戦争を迎え、不拡大派の一人として活躍した。その後、天津・漢口特務機関長を経て、同十六年陸軍中将に昇進、輜重兵監、第二十六師団長、汪政権軍事顧問を歴任したが、太平洋戦争末期の十九年八月陸軍次官の要職に迎えられ、翌二十年七月病気で辞職するまで軍政の中枢に坐った。各兵科のうち、もっとも軽視されていた輜重兵科出身者では稀に見る人材とされ、すぐれた軍政手腕を発揮した。特に中国政策では、進歩的で柔軟な見解の持主として評価された。昭和三十一年一月二十三日没。六十六歳。（秦　郁彦）

しばやまりょうすけ　柴山良助　一八三四―六八　幕末の志士。天保五年(一八三四)薩摩藩士柴山良庵の長子として生まれる。名は道懿。天性謹直、尊王報国の志深く、文久二年(一八六二)四月有馬新七らに与して寺田屋騒動に連座、弟愛次郎は闘死、彼は帰国謹慎を命ぜられたが、薩英戦争に志願出陣して罪を赦された。のち江戸藩邸留守居添役に任ぜられ大久保利通・西郷隆盛の内意をうけて活躍し、慶応三年(一八六七)江戸幕府と仏国との結託を妨害するために横浜に行き、英国側と交渉した。また益満休之助・伊牟田尚平らと関東攪乱策を指揮したが、同年十二月二十五日庄内藩兵らの藩邸焼討により捕えられて伝馬町の獄につながれ、明治元年(一八六八)正月九日あらかじめ懐中した短銃で自殺した。三十五歳。贈正五位。海軍大将柴山矢八はその弟。

参考文献　田尻佐編『贈位諸賢伝』一、市来四郎編『忠義公史料』四(『鹿児島県史料』)（原口　虎雄）

しばりょうかい　司馬凌海　一八三九―七九　幕末・明治初期の洋学者、医家。諱は盈之、名は津、字は士齶・大伝、号は揖軒・無影樹下船楼・五洋学人・挹堂、通称は凌海。天保十年(一八三九)二月二十八日に佐渡国新町(新潟県佐渡郡真野町)に生まれる。父は島倉栄助。家業は半商半農。家督を弟に譲って司馬と改姓。漢学を江戸で山田寛に、蘭学と医学を松本良甫と佐倉の佐藤泰然に学ぶ。安政四年(一八五七)良甫の養子松本良順がポンペに医学を学ぶために長崎に行くのに従う。ここに四年学んだあと、九州各地を漫遊して、文久元年(一八六一)に平戸の岡口某の婿となる。二年にして祖父伊右衛門がこれを知って驚き、迎えに来て帰郷。郷里で医官兼洋学師範となる。この間、平戸で『七新薬』を出版。凌海の名声が一挙に広まる。明治元年(一八六八)医学校三等教授となり、同三年大学東校の少博士となる。この年フランス語原典から『解馬新書』を訳す。同五年大助教となり、六年宮内省出仕。七年文部・宮内省を辞し、八年元老院少書記官となるが、同年末に辞職。九年五月愛知県病院兼医学校の教師となったが、一年で辞職。名古屋で開業。そのうちに肺結核となり、熱海に転地。明治十二年三月十一日、帰京の途中、戸塚で没す。享年四十一。明治初年、下谷練塀町に春風社を開き、洋学の教授をしたが、同五年ここから日本最初の独和辞典『和訳独逸辞典』を出版。日本でのドイツ語の草分け的存在となった。凌海はまた蘭・英・仏語にも通じ、語学の天才といわれた。

参考文献　松尾耕三『近世名医伝』、入沢達吉「司馬凌海伝」(『中外医事新報』一一五五)（酒井　シヅ）

しばりょうたろう　司馬遼太郎　一九二三―九六　昭和時代の小説家。大正十二年(一九二三)八月七日、大阪市南区難波西神田町(浪波区)に生まれた。本名福田定一。父は薬剤師福田是定、母は直枝。私立上宮中学を経て、昭和十八年(一九四三)、大阪外国語学校蒙古語部卒。ただちに入隊、満洲で戦車隊士官に任官、敗戦は内地で迎えた。戦後は、京都の新日本新聞社を経て、同二十三年に、大阪の産経新聞社に入社、文化部等の記者として活躍して、三十六年に、出版局次長を最後に退社した。これらの戦地体験とジャーナリスト体験は、司馬文学の基底として、重要な意味を持っている。初めて書いた小説『ペルシャの幻術師』(三十一年)が講談倶楽部賞を受け、翌年、仲間と同人誌『近代説話』を創刊、三十五年には、忍者もの『梟の城』で直木賞を受賞した。大作『龍馬がゆく』(三十七―四十一年)、土方歳三を扱った『燃えよ剣』(三十七―三十九年)あたりから、独自の史観に立つ歴史小説のスタイルを確立、続いて、『国盗り物語』(三十八―四十一年)、『関ヶ原』(三十九―四十一年)などの戦国時代もので、壮大な歴史的パノラマを展開して、ファンを喜ばせた。かれの関心は、おもに、大きな歴史の転換期におけるリーダーの生きかたに向かっており、戦国時代につぐ転換期の幕末ものとしては、さらに、長岡藩の河井継之助を扱った『峠』(四十一―四十三年)、『最後の将軍―徳川慶喜』(四十一年)、大村益次郎をとりあげた『花神』(四十四―四十六年)と追求をつづけ、明治にまたがっては、乃木将軍を扱った『殉死』(四十二年)、子規と軍人秋山兄弟をとりあわせた『坂の上の雲』(四十三―四十八年)、西郷隆盛を主人公とする『翔ぶが如く』(四十七―五十一年)というふうに展開していく。その後は、視野をアジア地域までひろげて、『空海の風景』(四十八―五十年)、『韃靼疾風録』(五十九―六十二年)等にまで進み出るが、以後、小説から遠ざかり、『街道を行く』四十三巻(昭和四十六年―平成八年(一九九六))、『この国のかたち』六巻(昭和六十一年―平成八年)などの歴史紀行や文明批評に専念するようになる。各種文学賞受賞に加え、平成五年には、文化勲章を受章。日本史を鳥瞰する、スケールの大きい国民文学作家、常に指導者の資格を問い、日本の現代に警鐘を発する時代批評家として、実業の世界にも多くの愛読者を持っている。同八年二月十二日没。七十二歳。『司馬遼太郎全集』全六十八巻がある。

参考文献　文芸春秋編『司馬遼太郎の世界』、松本健一『司馬遼太郎―歴史は文学の華なり、と。』、中島誠『司馬遼太郎と丸山真男』、桂英史『司馬遼太郎をなぜ読むか』、産経新聞社編『新聞記者司馬遼太郎』（磯貝　英夫）

しぶさわえいいち　渋沢栄一　一八四〇―一九三一　近代日本の指導的大実業家。その生涯は、㈠天保十一年（一八四〇）二月から明治六年（一八七三）五月までの在郷および仕官時代、㈡明治六年六月から同四十二年五月までの主として実業界の指導に力を注いだ時代、㈢明治四十二年六月から昭和六年（一九三一）十一月までの主に社会公共事業に尽力した時代の三期に大別できよう。㈠在郷および仕官時代　栄一は天保十一年二月十三日、武蔵国榛沢郡血洗島村（埼玉県深谷市）に市郎右衛門・エイの長男として生まれた。家業は農業で、養蚕と製藍を兼営。栄一は家業を手伝うかたわら尾高惇忠について漢学を習い、文久年間（一八六一―六四）には江戸に出て儒者海保漁村および剣客千葉栄次郎に文武を学んだ。文久三年同志と攘夷を決行し高崎城を攻略せんと計画したが、従兄尾高長七郎の説得により中止した。元治元年（一八六四）二月、平岡円四郎の推薦により一橋家の家臣となり、慶応二年（一八六六）同家の財政充実につとめた功によってその勘定組頭に抜擢された。翌三年正月、将軍徳川慶喜の弟昭武がパリ万国博覧会に列席するのに扈従して外遊。フランスをはじめヨーロッパ諸国を歴訪し、彼地の進んだ文物と近代的技術・経済制度を親しく見学した。この見学は、その後の栄一の開明的な考え方を形成する上で、大きな意味をもつこととなった。明治元年十一月、幕府倒壊のため帰国。一時静岡藩に仕えたが、同二年十一月明治新政府に仕官し、民部省に入って租税正となり、租税事務の処理にあたった。翌三年民部・大蔵両省の分離に伴い大蔵省に属し、四年五月大蔵権大丞となり、新貨条例・造幣規則ならびに国立銀行条例の起草立案にあたった。また地租改正事務局の設置や第一国立銀行および抄紙会社の設立などにも尽力したが、六年五月、大蔵大輔井上馨とともに健全財政を主張して容れられず、大蔵省を辞任した。時に三十四歳であった。㈡実業界指導時代　大蔵省を退官後、栄一は民間にあって多くの近代的企業の創立と発達に尽力し、この方面で指導的役割を果たした。彼はまず第一国立銀行の総監役、つづいて頭取として同行の発達につとめた。これが彼の本業であった。その他第十六・第二十・第七十七国立銀行など、いくつかの国立銀行の設立を指導し、特殊銀行・普通銀行の創立にも力を貸すこと少なくなかった。さらに率先して択善会とその後身である銀行集会所および手形交換所の設立にあたり、それらの活動にも力を尽くした。銀行以外では、明治六年にわが国最初の洋紙製造会社である抄紙会社（王子製紙会社）の創立を指導し、野に下ってからは事実上の社長として同社の発達に尽力した。十二年からはわが国最初の本格的紡績会社である大阪紡績会社の設立を指導し、十九年からは三重紡績会社の創立にも尽力した。その他鐘淵紡績会社・大日本紡績連合会の運営に力を与えた。また十二年には、わが国最初の海上保険会社である東京海上保険会社が創立されたが、その創立も栄一の力によるところが大きかった。海運においては、十五年に益田孝らとともに郵便汽船三菱会社に対抗して共同運輸会社の設立を助け、十八年両社が合併して日本郵船会社が設立されるとその取締役として同社の発展を援助した。また二十九年には浅野総一郎の東洋汽船会社の創立を助け、四十年には日清汽船会社の創立委員長をつとめている。鉄道では、わが国最初の民営鉄道会社で、東北線を開いた日本鉄道会社の創立・発展に多くの貢献をしたほか、両毛鉄道会社・北海道炭礦鉄道会社などの設立にも尽力した。以上のほか、京都織物会社・北海道製麻会社・東京帽子会社・日本精糖会社・明治製糖会社・札幌麦酒会社・東洋硝子会社・浅野セメント会社・石川島造船所・東京人造肥料会社・東京瓦斯会社・東京電燈会社・東京株式取引所・帝国ホテルなど、栄一が創立を指導したり経営を援助したりした会社は非常に多かった。そして彼は、これらの企業の創立にあたって、多くの人から資本を調達できる合本組織、すなわち会社組織によるべきであることを強く主張し、その実現に努力した。ところで、栄一がこのように多くの企業の創立・経営に関与したのは必ずしも財を築くためではなかった。それは、彼が三井・三菱・住友・安田のような大財閥にならなかったことからも知られる。また、企業をおこすこと自体に強い関心をもっていたためでもなかった。それよりも彼は、先進諸外国の圧迫のもとにあった後進国日本にとって、自国の近代産業を育て発達させることこそが最大の急務と考え、その実現に全力を傾けたのである。彼はまた、商工業の発達には、官尊民卑の風を打破し自主独立の発展をはかることと、実業教育をひろめ実業道徳を向上させることとの二つが必要であると考え、その実現に努力した。すなわち彼は、明治十一年から同三十八年まで当時の重要経済団体である東京商法会議所・東京商工会・東京商業会議所の会頭として、また時には商業会議所連合会の代表者として、政府にしばしば実業家の主張を建議応答してその実現につとめたほか、東京高等商業学校・大倉高等商業学校・高千穂学校・東京高等蚕糸学校・岩倉鉄道学校などの実業学校の創設・発展に尽くした。さらに『論語』を徳育の規範として「論語算盤説」または「道徳経済合一説」を唱え、それを実践することによって実業界の道徳水準をたかめ、その社会的地位を向上させることにつとめた。㈢社会公共事業尽力時代　栄一は七十歳になったのを機に、明治四十二年六月金融関係以外の事業会社の役職を退任した。その会社数は約六十社に及んだ。さらに大正五年（一九一六）十月には金融界からも引退し、もっぱら社会公共事業に尽力することとなった。彼は前時代からひきつづいて東京市養育院の院長として活動したのをはじめ、多くの社会公共事業に関与し、それを育成発達させることに努力したが、この期において特に力を尽くしたのは国際親善についてであった。彼はすでに明治三十五年にアメリカおよびヨーロッパ諸国を訪問し、これら諸外国との親善をはかっているが、四十二年八月には東京・大阪・京都・横浜・神戸の五商業会議所の代表によって結成された渡米実業団の団長として渡米し、主要都市を歴訪して彼地の実業家との交流を深めた。さらに大正四年十月にもパナマ太平洋万国博覧会の開催を機に渡米し、十年十月ワシントン軍縮会議開催の際にも渡米して側面から平和外交を展開した。また、大正三年五月には中日実業株式会社の設立を機に中国に出かけ、同国実業家との親善をはかっている。彼はまた各種国際親善事業に進んで協力するとともに、来日した各国の賓客を歓迎招待して国民外交を展開した。王子飛鳥山の栄一の邸宅を訪れた外国人の数は、記録に残っているだけで千名を下らなかったという。こうして近代日本の発達に大きな役割を演じた栄一も、昭和六年十一月十一日死去した。享年九十二。墓は東京都台東区の谷中墓地にある。法名、泰徳院殿仁智義譲青淵大居士。なお明治三十三年に男爵、大正九年に子爵を授けられている。穂積陳重・阪谷芳郎・明石照男はその女婿。

参考文献 竜門社編『渋沢栄一伝記資料』、渋沢秀雄『父渋沢栄一』、白石喜太郎『渋沢栄一翁』、幸田露伴『渋沢栄一伝』、渋沢雅英『太平洋にかける橋』
（山口 和雄）

しぶさわきさく 渋沢喜作 一八三八―一九一二 明治時代の実業家。渋沢栄一の従兄で、栄一より二歳年長。天保九年（一八三八）六月十日、武蔵国榛沢郡血洗島村（埼玉県深谷市）に渋沢文平の子として生まれる。文久三年（一八六三）栄一らとともに攘夷を決行しようとしたが中止した。翌元治元年（一八六四）栄一とともに一橋家に仕官し、慶応二年（一八六六）幕臣となる。明治元年（一八六八）二月同志とともに彰義隊を組織したが、脱隊して振武軍をつくり、五月武蔵国飯能で官軍に抗戦。破れて函館に赴き五稜郭に立て籠ったが、ついに降伏し陸軍の檻倉に入牢となる。四年赦免され、栄一の推薦により大蔵省に入り、翌五年欧州に留学。帰国後野に下り一時小野組に入ったが、七年独立して渋沢商店を開き、東京深川で廻米問屋を、横浜で生糸売込問屋を営んだ。だが、十四年ごろに米相場、二十年には銀相場に手を出して大損失を招き、主に栄一が後始末をした。その責めを負い、隠居して店を長男作太郎に譲った。その後渋沢商店は発展したが、彼は大正元年（一九一二）八月三十日死去した。享年七十五。墓は東京都目黒区の祐天寺墓地にある。法名、秀徳院節誉崇義大居士。

参考文献 竜門社編『渋沢栄一伝記資料』一・一五
（山口 和雄）

しぶさわけいぞう 渋沢敬三 一八九六―一九六三 大正・昭和時代の実業家、文化功労者。渋沢栄一の嫡孫で、その後継者。明治二十九年（一八九六）八月二十五日、篤二・敦子の長男として東京深川邸に生まれる。大正十年（一九二一）東京帝国大学経済学部を卒業後、横浜正金銀行に入行。十四年第一銀行に入り取締役・副頭取を歴任。昭和十七年（一九四二）日本銀行副総裁に転出し、十九年総裁に昇任。第二次世界大戦後、二十年十月幣原内閣の大蔵大臣となり、戦後財政の処理にあたる。二十八年国際電信電話株式会社の初代社長に就任、その後も国際商業会議所国内委員会会長・金融制度調査会会長などの要職をつとめ、わが国経済界のために尽くすこと少なくなかった。彼はまた学問・文化の発展にも大きな貢献をした。戦前アチック＝ミューゼアム（のち日本常民文化研究所と改称）を主宰し、若い研究者とともに民具の蒐集、民俗学および日本水産史の研究を行い、その成果を数十冊の報告書として刊行した。それ以外でも彼が援助を与えた研究や文化事業は数多かった。昭和三十八年十月二十五日、六十七歳をもって死去した。墓は東京都台東区の谷中墓地にある。

参考文献 渋沢敬三伝記編纂刊行会編『渋沢敬三』
（山口 和雄）

しぶたにかねはち 渋谷兼八 一八八八―一九六八 以西底曳網漁業の先駆者。明治二十一年（一八八八）九月十九日、島根県島根郡片江浦（八束郡美保関町大字片江）の漁民の子として誕生。父兼次郎、母トヨの次男。アメリカ移住を夢み二十一歳の時密航の機会をねらって日本郵船欧州航路のセイロン丸の水主となったが、航海中イギリスのトロール漁船の操業をみて深く心をひかれ下船。明治四十四年静岡県清水の大日本水産会漁船員養成所に入所、修了後島根県水産試験場に勤め、機船による手繰網の試験操業を行なった。大正二年（一九一三）仲間六人と共同で方結丸（一〇トン、一二馬力）を建造し、わが国最初の機船底曳網漁業を始めた。ちなみに、同年茨城県の漁業者も発動機船による底曳網の操業に成功している。ついで、同九年資本金十万円の合名会社島根組を創立し、二艘引底曳網漁業を開発したが、同十一年にコレラの流行に出会い、漁獲物の販路を失い解散となった。その後は林兼商店（大洋漁業会社の前身）などの大資本の進出のため、積極的に漁業を行うことなく終った。昭和四十三年（一九六八）十二月十六日没。八十歳。墓は美保関町大字片江の長寿寺にある。法名、顕光院桟法転船居士。

参考文献 山口和雄編『水産』（『現代日本産業発達史』一九）
（山口 和雄）

しぶやてんがい 渋谷天外 ㈠初代 一八七八―一九一六 明治・大正時代の喜劇俳優。明治十一年（一八七八）に生まれる。本名渋谷博喜智。俄師鶴屋団十郎の門から出て、中島楽翁とともに楽天会を結成。大正五年（一九一六）十二月十八日没。三十九歳。

㈡二代 一九〇六―八三 大正・昭和時代の喜劇俳優、劇作家。本名渋谷一雄。筆名、舘直志・詩賀里人・川竹五十郎。明治三十九年（一九〇六）六月七日、初代天外の長男として、京都祇園に生まれる。大正三年（一九一四）東京明治座で初舞台。同五年父が没し、中島楽翁のもとで修業。十一年楽翁の死により楽天会は解散となりしばらく流浪したが、曾我廼家十郎のすすめで脚本を執筆、同年十二月、処女作『私は時計であります』が十郎一座により上演された。のち志賀廼家淡海一座に加わり、昭和三年(一九二八)曾我廼家十吾らと「松竹家庭劇」を結成、翌四年一月、自作の『親の味』で二代目天外を襲名した。同二十一年「家庭劇」を脱退、二十三年十二月には曾我廼家五郎劇・家庭劇を合併して「松竹新喜劇」を結成した。二十七年『桂春団治』で大当りをとり、また藤山寛美を育成し、多くの喜劇作品を執筆かつ主演した。代表作『親バカ子バカ』『花ざくろ』『銀の簪』『わてらの年輪』など。昭和五十八年三月十八日没。七十六歳。著書に『笑うとくなはれ』『わが喜劇』がある。　　（菊池　明）

しまおとしお　島尾敏雄　一九一七―八六　昭和時代後期の小説家。大正六年(一九一七)四月十八日、横浜市戸部町(西区)に父四郎・母トシの子として生まれる。四郎は輸出絹織物商で、福島県相馬郡小高町の出身。八歳で兵庫県武庫郡西灘村(神戸市灘区)に移り、県立第一神戸商業学校、長崎高等商業学校を経て、昭和十八年(一九四三)九州帝国大学東洋史専攻卒業。神戸商時代から詩をつくり、創作・紀行などをも多く書いて、十八年には私家版『幼年記』を刊行。同年海軍予備学生となり、やがて任官。第二次世界大戦の敗戦は、特攻隊指揮官として、奄美諸島加計呂麻島で迎えた。翌二十一年、島の娘大平ミホと結婚。神戸市立外事専門学校(のち神戸市立外国語大学)勤務のかたわら、『夢の中での日常』(二十三年)などの超現実的作品を多く発表して、戦後派作家として認められ、二十七年に上京。三十年には、神経を病んだ妻の療養のため、奄美大島名瀬市に移住。以後県立図書館奄美分館長を勤めながら、文学活動を続行し、五十年までこの地にあった。以後、鹿児島県指宿市、神奈川県茅ヶ崎市、鹿児島市と移り住んだ。カトリックの洗礼を受け、最後は、純心女子短期大学教授をつとめた。代表作は、戦争小説集『出孤島記』(昭和二十四年)と、病妻ものを集成した長編『死の棘』(三十五年)である。純潔な内面的作家として評価が高い。六十一年十一月十二日、鹿児島市内の病院で没。六十九歳。墓は父の郷里、小高町大井の島尾家墓地にある。『島尾敏雄全集』十七巻(晶文社)がある。

参考文献　森川達也『島尾敏雄論』、岡田啓『島尾敏雄』、饗庭孝男『島尾敏雄研究』、松岡俊吉『島尾敏雄論』、堀部茂樹『島尾敏雄論』、青山毅『島尾敏雄の本』、島尾伸三『月の家族』　　（磯貝　英夫）

しまきあかひこ　島木赤彦　一八七六―一九二六　明治・大正時代の歌人。本名久保田俊彦、別号柹の村人・柹蔭山房主人など。明治九年(一八七六)十二月十七日長野県諏訪郡上諏訪村(諏訪市)に塚原浅茅・さいの四男として生まれた。三十一年長野師範学校卒。小学校長、諏訪郡視学などを歴任し、退職後の大正六年(一九一七)から九年にかけて『信濃教育』の編集主任をつとめた。師範在学中久保田政信家に入り、長女うたと結婚したが、死別後はうたの妹ふじのと再婚。はやくから『文庫』などの諸雑誌・新聞に新体詩・短歌を投稿し、三十三年には新聞『日本』の正岡子規選歌に一首入選した。三十六年信濃の同志と『比牟呂』を創刊したが、子規の門下伊藤左千夫らの『馬酔木』にも加わり、四十二年にはその後身『アララギ』と合併した。大正三年教職を辞して上京し、『アララギ』の編集に専念、斎藤茂吉とともに同誌を歌壇主流の位置に発展させた。『万葉集』を尊重し、子規以来の「写生」を拡大発展させたが、作歌の基本的態度としては「鍛錬道」を主唱、ストイックな立場で一貫した。大正十五年三月二十七日諏訪郡下諏訪町高木の自宅で没。五十一歳。同地の久保田家墓所に葬られる。法名、俊明院道誉浄行赤彦居士。歌集『馬鈴薯の花』(共著)、『切火』、『氷魚』、『太虚集』、『柹蔭集』、歌論『歌道小見』のほか、『万葉集の鑑賞及び其批評』、『赤彦童謡集』三巻などがある。また『赤彦全集』九巻・別巻一巻がある。

参考文献　金原省吾・伊東一夫『赤彦の人と芸術』、神戸利郎『信濃の赤彦』、丸山静・上田三四二『島木赤彦』(『短歌シリーズ人と作品』一二)、北住敏夫『写生派歌人の研究』　　（本林　勝夫）

しまきけんさく　島木健作　一九〇三―四五　昭和時代前期の小説家。本名朝倉菊雄。明治三十六年(一九〇三)九月七日、札幌に生まれた。父浩・母マツ。幼くして父を失い、苦学の末東北帝国大学法学部選科に入学。東北学連に加わって労働運動などに参加する。大正十五年(一九二六)夏、大学を捨て四国に渡り、日本農民組合香川県連合会書記となり農民運動に挺身。昭和二年(一九二七)、日本共産党に入党し、結核の体で、第一回普通選挙を戦い検束される。同七年三月転向して出獄。農民の中で生活して自分を建て直すことを願うが、病気のため断念する。獄中体験をもとにした短編小説『癩』『盲目』(昭和九年)によって新進作家と認められる。『文学界』同人となり鎌倉に住んで文学活動を続けるが、同二十年八月十七日鎌倉養生院で死去。四十三歳。墓は鎌倉市山ノ内の浄智寺にある。法名、克文院純道義建居士。『再建』は農民運動を描く。『生活の探求』は帰農して真摯に生きる青年を描いていわゆる転向文学の代表作となった。遺稿『赤蛙』は好短編として知られる。『島木健作全集』全十五巻(国書刊行会)がある。

参考文献　小笠原克『島木健作』、橋川文三「島木健作論」(『政治と文学の辺境』所収)　　（鳥居　邦朗）

しまざきとうそん　島崎藤村　一八七二―一九四三　明治から昭和時代前期にかけての詩人・小説家。本名春樹。明治五年(一八七二)二月十七日、筑摩県筑摩郡馬籠村(長野県木曾郡山口村)に生まれた。生家は木曾街道馬籠宿の本陣・問屋・庄屋を兼ねる旧家で、父正樹は十七代目の当主にあたる。母ぬいとの四男三女の末子であった。明治十四年長兄に伴われて上京し、泰明小学校・共立学校などを経て明治学院に学び、キリスト教思想に触れた。同二十四年に卒業後、巌本善治主宰の『女学雑誌』に寄稿、前後して北村透谷を知り、その影響下に二十六年創刊の『文学界』同人に参加、浪漫主義文学運動の渦中に身をおいた。かたわら自由な校風で知られた明治女学校の教壇にたったが、教え子との恋愛に苦悩して辞職し、関西から東北にかけて放浪の旅を続けたこともある。生家の没落による経済的な窮迫にも苦しめられた。二十九年夏、東北学院の教師として仙台に赴任、この地で『若菜集』(三十年)所収の抒情詩を制作し、新体詩人としての名声を得た。典雅な文語と流麗な七五調で、情熱を内に沈潜した青春の哀歓をうたい、日本の近代詩の出発を告げる歴史的な記念碑となったのである。以後『一葉舟』(三十一年)・『夏草』(同)を経て『落梅集』(三十四年)に至る四つの詩集は一つの青春がどのようにして悩み、どのようにして燃え、そして過ぎていったかをうたっている。『落梅集』所収の詩篇は明治三十二年に小諸義塾の教師として赴任した小諸で制作されたが、前後して、藤村は抒情詩の限界を自覚し、散文による新しい自己表現の方法を求めて、いわゆる「習作(スタディ)」がはじめられた。藤村の散文は信州の自然と人情の写生を試みたスケッチ(のちに補筆して『千曲川のスケッチ』、明治四十四年―大正元年(一九一二))に始まり、『藁草履』(三十五年)や『水彩画家』(三十七年)などの短篇を経て『破戒』(三十九年)に発展する。明治三十八年に小諸義塾を辞職して上京したとき、藤村はすでに散文の方法に習熟した小説家であった。『破戒』は未解放部落出身の教師瀬川丑松の苦悩を軸に、地方都市によどむ前近代性を直視した客観小説で、一抹の抒情性をとどめた文体の新鮮な感動と相まって多くの反響を呼んだ。特に島村抱月によって自然主義の先駆として評価され、小説家としての地歩を定めた。次作の『春』(明治四十一年)は『文学界』時代に題材を求めた自伝小説で、透谷をめぐる交友圏を回想しながら近代の黎明期を傷つきながら生きた青春群像を描いている。のちの『桜の実の熟する時』(大正三―七年)とあわせて、「涙の多い青春」の自画像となった。『春』の自伝性は長篇第三作の『家』(明治四十三―四十四年)に継承され、長い歴史をもつ木曾の旧家が近代化の波に洗われて、次第に衰退・没落してゆく過程をつぶさに描きながら、家父長制家族制度の桎梏に呻吟した若い世代の苦悩を再現している。「家」の構造と倫理を人間関係の内部から、緻密な描写と文体で写したリアリティは比類がなく、日本自然主義文学の代表作と目されている。大正二年、藤村はフランスへ旅立った。『家』執筆中の明治四十三年に妻フユ(三十二年結婚)を失ったあと、四人の幼子をかかえた独身生活に待ち受けていた性の陥穽―実姪こま子との危険な恋愛関係からの逃避であった。しかし、第一次世界大戦のために帰国を余儀なくされ、懺悔による罪の浄化を求めて告白を決意する。『新生』(大正七―八年)はその間のすさまじい人間記録で、差し迫った罪の告白であると同時に、作者がその告白によって、いかにして救われたかを語る「死からの再生」の記録ともなった。その後、『新生』の発表がまきおこした大きな波紋を避けて、母のない四人の子どもと過ごした退隠の生活は、『嵐』(大正十五年)その他の短篇に感慨をこめて回想されている。老いた孤独の日々を過ごしながら、ようやく安定した心境に到達するまでの推移が語られ、再起をめざす意欲を控え目ながら述べて終る。藤村はまもなく、昭和三年(一九二八)に加藤静子と再婚し、『夜明け前』の準備にとりかかった。『夜明け前』(昭和四―十年)は日本の近代歴史文学を代表する傑作である。フランスへの旅を通じて自覚した「十九世紀日本の再検討」という課題を実現した意欲作で、明治維新前後の激動に呑まれた個人の運命と、あわただしい歴史の動向とを重層させた構想は壮大で、重量感に富む。主人公の青山半蔵は作者の父がモデルだが、同時に、藤村自身の理想と憧憬と痛恨をこめた人間像として、この巨大な文学的世界に聳立している。十一年ヨーロッパに再遊して紀行『巡礼』(同十二―十五年)を残し、十五年には芸術院会員に推された。昭和十八年八月二十二日、『東方の門』の執筆なかばで、脳溢血のため神奈川県中郡大磯町東小磯の自宅で没した。七十二歳。大磯町大磯の地福寺に葬られる。法名、文樹院静屋藤村居士。のち遺髪と遺爪を長野県西筑摩郡神坂村(木曾郡山口村)の永昌寺に分葬。作品には他に、『眼鏡』(大正二年)・『幼きものに』(同六年)などの童話集、『海へ』(同七年)・『エトランゼエ』(同十一年)などのフランス紀行、『新片町より』(明治四十二年)・『飯倉だより』(大正十一年)・『市井にありて』(昭和五年)などの随筆・感想集がある。全集には『藤村全集』(筑摩書房)などがある。

〔参考文献〕平野謙『島崎藤村』、亀井勝一郎『島崎藤村論』、瀬沼茂樹『評伝島崎藤村』、三好行雄『島崎藤村論』
（三好 行雄）

しまざきまさき　島崎正樹　一八三一―八六　島崎藤村の父。小説『夜明け前』の主人公青山半蔵のモデル。本名重寛、のちに正樹と改名。璞堂・静舎・松翠園などと号した。祖先は相州三浦の人、永禄元年(一五五八)移住し、江戸時代には中山道馬籠宿(長野県木曾郡山口村)の本陣・庄屋・問屋を兼ねた。天保二年(一八三一)五月四日生まれる。幼少より学を好み、祖父や父重韶(『夜明け前』の吉左衛門、以下括弧内は作中の人物名)らから読み書き・算術・漢籍を学んだ。十六歳で中津川宿の医師馬島靖庵(宮川寛斎)に国学を学び、同門の学友間秀矩(蜂谷香蔵)・市岡正蔵(浅見景蔵)と親交をもち、文久三年(一八六三)三十三歳にして平田篤胤没後の門人となって、篤胤の著『古史伝』上木に対しては一部出資した。王政復古に欣喜し祭政一致に期待したが、維新とともに木曾山林が官有となるに及んで、木曾の民のために明治二年(一八六九)から山林解放運動に奔走し、五年戸長免職。家計は極度に傾いた。七年上京して教部省考証課の御雇となったが、欧化万能の風潮に憤りを発し、明治天皇の行幸を拝して憂国の歌を書いた扇子を投進して逮捕された。翌年飛騨国水無神社宮司として赴任、十年末辞任して帰郷したが、彼の理想は激変する世相に蹂躙され、憂悶の月日のうちに突然発狂、明治十九年十一月二十九日、座敷牢内で没した。五十六歳。墓は山口村の永昌寺にある。『松か枝』は遺稿集。『夜明け前』にはかなりの虚構があり、青山半蔵はそのまま島崎正樹ではない。

参考文献　瀬沼茂樹『評伝島崎藤村』、北小路健『続木曾路文献の旅―『夜明け前』探求―』、同『夜明け前』探求―伊那路の文献―』
（北小路　健）

しまじもくらい　島地黙雷　一八三八―一九一一　明治時代の真宗僧侶。天保九年（一八三八）二月十五日周防国佐波郡徳地宰判升谷村（山口県新南陽市垰）の本願寺派末専照寺円随・カメの四男として生まれる。幼名を繁丸・謙致といい、益渓・縮堂・雨田・無声・晩暢などと号した。乗円寺法瑞の錦園塾に学び、嘉永二年（一八四九）妙蓮寺の養子となってのちも神竜に随従するなどして修学。安政四年（一八五七）には養家を出奔、肥後の原口針水に師事して累世黌に入り、帰郷後安芸に遊学。慶応二年（一八六六）には火葬禁止の藩令（元治元年（一八六四））を不当として『送葬論』をつくり、また大洲鉄然らの藩内宗風改正運動に加わった。同年佐波郡島地村妙誓寺住職となり、島地姓を名のる。明治元年（一八六八）長防二州門末総代の一人として上洛、本山改革に参画して宗政・教学の再編をすすめ、廃仏毀釈対策に奔走、三年には上京して寺院寮設立、ついで教部省開設などの運動にあたった。五年正月梅上沢融に従って赤松連城ら留学僧とともに渡欧、十二月にはパリから教部省下の宗教行政を批判した三条教則批判建白書を提出した。ギリシャ・トルコなどを経、インドで仏跡を巡歴して六年七月帰国、直ちに神道国教化政策に抗して政教分離・信教自由を主張、大教院分離運動の先頭に立った。神道・仏教諸宗の反対にあったが、活発な論戦を展開し、木戸孝允・伊藤博文らの支援を取りつけ、八年一月神仏合併の大教院から真宗を脱退せしめ、五月には大教院は解散、十一月信教の自由保障の教部省口達が出された。同年八月には教導職権中教正に補せられたが、教導職の政教混淆を問題としてこれを返上、翌九年四月には中教正を受けた。十年三月本山参政主議に就き、宗門運営の中枢部に入ったが、教学上異端の疑いをかけられ、一時役職から離れた。十二年法主明如（大谷光尊）によって強行されようとした寺務所東京移転計画に反対、事件落着後は主に東京を拠点に活動しながら、執行長をはじめ宗門の要職を歴任した。共存同衆・白蓮社・女子文芸学舎・令知会・政教社などの結成・創立に加わり、『新聞雑誌』『報四叢談』『令知会雑誌』などの発刊にもかかわった。国内布教はもとより、海外伝道にも積極的で、監獄教誨・軍隊布教にも尽力した。仏教各宗代表で結成された仏教各宗協会の『仏教各宗綱要』編纂事業では編輯委員長としてこれを完成、また足尾銅山鉱毒事件の被害者救済に奔走するなど、幅広い活動を行なった。この間、明治九年には妙誓寺住職を辞し、二十五年請われて盛岡の願教寺住職となり、二十七年には宗門学階の最高位勧学にのぼった。三十八年奥羽布教総監に任命され、これを機に居を盛岡に移したが、その後も台湾・満洲の教状視察に従い、最晩年に至るまで各地への布教をやめなかった。明治四十四年一月東京帝国大学附属病院に入院、二月三日没した。七十四歳。法号は離言院。墓は盛岡市願教寺および京都西大谷本廟にある。著作・建白書などは二葉憲香・福島寛隆編『島地黙雷全集』全五巻に収められている。

参考文献　明如上人伝記編纂所編『明如上人伝』、『本願寺史』三、吉田久一『日本近代仏教史研究』、二葉憲香「島地黙雷―日本仏教思想史における位置―」（『島地黙雷全集』一所収）、花山信勝「島地黙雷」（『現代仏教』一〇五）、福島寛隆「海外教状視察」（『竜谷大学論集』四一二）
（福島　寛隆）

しまだいちろう　島田一良　一八四八―七八　参議内務卿大久保利通の暗殺者。通称助太郎、一郎とも書く。嘉永元年（一八四八）加賀国金沢に出生。父は加賀藩大組頭島田金助、母はマス子。明治元年（一八六八）戊辰戦争に藩兵隊に属して出陣、北越戦争で負傷。のち陸軍少尉、准中尉、大尉に進む。同七年、帰郷して忠告社に入り、別れて三光寺派を組織。同十一年五月十四日、東京紀尾井坂で同志とともに大久保利通を刺殺、同年七月二十七日斬罪。三十一歳。墓は東京都台東区の谷中墓地と金沢市野田町の野田山墓地にある。

参考文献　黒竜会編『西南記伝』下二、小田中聡樹「大久保利通暗殺事件」（我妻栄他編『日本政治裁判史録』明治前所収）
（毛利　敏彦）

しまだかん　島田翰　一八七九―一九一五　明治時代の漢学者。東京の人。名は翰、字は彦楨。居を山水緑処邨荘と称した。明治十二年（一八七九）島田篁村の三男として誕生。母は塩谷宕陰の外孫。島田鈞一の弟。幼より穎異、二十歳で父を亡くしたが、その遺命により竹添井々（進一郎）に従学。翌明治三十二年より師井々畢生の著作『左氏会箋』の校勘作業に鋭意協力した。その書名も翰の選定にかかる。明治三十四年足利学校の蔵書を私し物議を醸したが、考証に天稟の才あり、明治三十六年二十五歳で名著『古文旧書考』を著わし、同三十八年東京民友社から、のち民国十六年（昭和二、一九二七）中国北京でも刊行された。ほかに『訪余録』の著がある。明治三十八年中国の江南、河北地方に遊び、兪曲園に会い翌年帰国。大正元年（一九一二）再び江南地方を訪れた。大正四年七月二十八日没。享年三十六。富岡鉄斎の一子謙蔵が墓誌を撰んだ（未定稿）。徳富蘇峰や書肆文求堂田中慶太郎らは書物の鑑識を翰より学んでいる。

参考文献　長澤規矩也「鎌倉室町期に於ける外典の翻

刻」(『長澤規矩也著作集』一所収)、上野賢知「左氏会箋と島田翰」(『東洋文化研究所紀要』二)、高野静子「蘇峰への書簡　島田翰㈠―㈨」(『国民新聞』平成元・七―一二・四)、長澤孝三「島田翰と文選集註」(『日本歴史』六〇八)

(水田　紀久)

しまだきんじ　島田謹二　一九〇一―九三　昭和時代の比較文学者。明治三十四年(一九〇一)三月二十日、東京市日本橋区本銀町(東京都中央区)に生まれる。昭和三年(一九二八)東北帝国大学法文学部英文学科卒業。四年台北帝国大学文政学部講師となって文学概論・英米文学を担当する一方で、フランスにおける英文学研究や比較文学研究の方法に着目、それを近代日本文学の研究に応用する仕事を始めた。十五年台北高等学校教授。敗戦後内地に引き揚げて、二十一年第一高等学校教授、二十四年より新制の東京大学教養学部教授。二十八年同大学院に比較文学比較文化専門課程が創設されると、その初代主任としてこの新分野の確立と後進の育成に献身した。三十六年停年退官後は、実践女子大学・東洋大学・山梨英和女子短期大学などで教鞭をとりつつ、長年の研究成果をつぎつぎと公刊していった。『ロシヤにおける広瀬武夫』(昭和三十六年刊)、『アメリカにおける秋山真之』(四十四年刊、四十五年度日本エッセイスト＝クラブ賞受賞)は晩年の大著『ロシヤ戦争前夜の秋山真之』(平成二年(一九九〇)刊、同年度菊池寛賞受賞)とともに、日露戦争前夜の海軍士官の海外体験と彼らの国際関係への把握の仕方を精細に跡づけ、それを通じて明治ナショナリズムの実像を浮かび上らせた画期的な研究である。他方、森鷗外・上田敏から北原白秋・佐藤春夫に至る明治・大正・昭和の詩人・作家に及んだ西洋文学の影響の分析は『日本における外国文学―比較文学研究―』上・下(昭和五十年・五十一年刊、五十二年度学士院賞受賞)に集大成された。平成四年度文化功労者となり、五年四月二十日、東京都中野区の病院で没。九十二歳。

参考文献　『英語青年』一三九ノ六(島田謹二氏追悼)

(芳賀　徹)

しまだこうそん　島田篁村　一八三八―九八　幕末・明治時代の漢学者。名は重礼、字は敬甫、初字源六郎。篁村と号した。天保九年(一八三八)八月十八日、武蔵国荏原郡大崎村(東京都品川区)に生まれる。父は重規。天資好学、大沢赤城・海保漁村に従学、また昌平黌に入り安積艮斎・塩谷宕陰に受業、宕陰の推薦で助教となり、その外孫大野氏を娶った。明治初年、越後村上侯の藩学を督した。因幡支藩よりも高禄で招かれたが辞退し、下谷長者町のち練塀町の双桂精舎で子弟を教えた。明治十四年(一八八一)東京大学文学部漢文学科(古典講習科)教授、十九年帝国大学文科大学教授、二十一年文学博士、二十五年東京学士会院の会員となり、三十一年高等官一等、同年八月二十七日小石川の邸に没した。享年六十一。谷中天王寺墓地に葬られた。墓碑銘は塩谷時敏撰。『篁村遺稿』『歴代学案』などの著がある。考証に長じ文を善くし、簡重寡黙、姉に仕えること母のごとく、百費を節し善本書籍を購った。三男三女あり、長男鈞一が家学を継ぎ、三男翰は早熟の校勘家で知られる。

参考文献　塩谷時敏「篁村島田先生墓碑銘」(島田鈞一編『篁村遺稿』所収)、安井朝康「篁村遺文跋」(同所収)

(水田　紀久)

しまださぶろう　島田三郎　一八五二―一九二三　明治・大正時代の改進党系の政治家で、演説家として著名。嘉永五年(一八五二)十一月七日、江戸幕府の御家人鈴木智英の三男として江戸で出生。幼名は鐘三郎。少年時、昌平坂学問所に学び、明治二年(一八六九)静岡藩の沼津兵学校第四期資業生となり、はじめて英書を学ぶ。四年、廃藩置県後上京し、大学南校応用化学科、ついで大蔵省附属英学校に学ぶ。英学校在学中に洋行を計画。資金を得るために『横浜毎日新聞』の翻訳記者になり、また、米人宣教師S・R・ブラウンに英語を学んだ。七年、二十三歳のとき『横浜毎日新聞』の社員総代島田豊寛の養子になる。八年四月、元老院の法律調査局に入り法律を専攻。十三年、文部卿河野敏鎌により文部権大書記官に抜擢されたが、十四年十月の政変により下野。同年十一月、『東京横浜毎日新聞』に入社。十五年、嚶鳴社の幹部として立憲改進党の創立に参加。また、神奈川県会議員の補欠選挙に横浜から立候補して当選、さらに議長に選出された。十九年一月三日、植村正久牧師より受洗。二十一年三月、『開国始末』(合本)を刊行し、井伊直弼のために弁明した。ついで帝国議会開設にそなえて米欧視察の途に上る。この外遊中、キリスト教との関係が濃厚に示された。二十二年八月、帰国。二十三年七月、第一回総選挙に神奈川県第一区より当選、衆議院全院委員長に選ばれた。第三回議会における民法典論争においては、断行論(一部延期)を主張。二十七年夏、肥塚竜が日清戦争に従軍するにあたり『毎日新聞』の社長に就任した。二十九年三月、進歩党の結成に参加したが、同年十一月、同党の松隈内閣との提携に反対した。三十一年、憲政党の結成、ついで憲政本党の創立に参加したが、同年十二月、脱退して無所属になった。このころから新しい動きを示し始め、足尾鉱毒問題演説会に参加、また、労働組合期成会の評議員、活版工組合懇話会の会頭、ついで活版工組合会頭に就任。これらは、ユニテリアン系社会主義者との協調であり、三十三年二月、ユニテリアン協会に参加したとの理由で、植村正久の一番町教会から除名された。同年廃娼同盟会を組織、ついで廓清会を結成してその会長となる。三十八年三月以後、選挙権の拡大を主張した。四十一年十二月三十一日『東京毎日新聞』からの引退を声明。この後、立憲国民党の結成に参加したが、大正二年(一九一三)、桂太郎の新党(立憲同志会)創立に参加した。三年、第三十一回議会において、シーメンス事件を追及し山本内閣を震撼させた。四年の第三十六回議会から六年の第三十八回議会まで衆議院議長をつとめた。十年、第四十四回議会で、憲政会の党議に反して軍備制限決議案に賛成した。大正十二年十一月十四日没。七十二歳。葬儀はキリスト教式で、東京の青山墓地に埋葬された。『島田三郎全集』全五巻、『島田三郎全集』全七巻がある。

参考文献 高橋昌郎『島田三郎伝』 （高橋 昌郎）

しまだしげたろう　嶋田繁太郎　一八八三—一九七六　明治から昭和時代にかけての海軍軍人。太平洋戦争開戦時の海軍大臣。明治十六年（一八八三）九月二十四日、旧幕臣嶋田命周の長男として東京に生まれる。三十七年十一月、海軍兵学校卒業、同期に山本五十六がいる。日本海海戦には巡洋艦和泉乗組としてバルチック艦隊の偵察に従事。イタリア大使館付武官を務め、巡洋艦・戦艦の艦長を経て、昭和四年（一九二九）将官（海軍少将）に昇進。連合艦隊参謀長・潜水学校長のほか、ながく軍令部の班長・部長・次長を務め、海軍の長老であった軍令部総長伏見宮博恭王の信任を得た。第二艦隊・呉鎮守府・支那方面艦隊・横須賀鎮守府の各司令長官を歴任、この間十五年海軍大将となり、翌十六年十月東条内閣の海相となる。就任時は非戦主義であったが、大勢に押されて開戦に賛成。戦局が不利になると、陸軍の東条英機に従属しすぎるとの声が海軍部内に広がり、マリアナ沖海戦後、十九年七月海相を辞し、内閣崩壊の引き金となる。戦後A級戦犯として終身刑となったが、仮出所のあと、三十三年赦免された。昭和五十一年六月七日東京で死去。九十二歳。墓は東京都豊島区西巣鴨四丁目の盛雲寺にある。

参考文献 防衛庁防衛研修所戦史室編『大本営海軍部・聯合艦隊』一・六（『戦史叢書』九一・四五） （野村 実）

しまだとしお　島田俊雄　一八七七—一九四七　大正・昭和前期の政治家。明治十年（一八七七）六月十八日、島根県那賀郡浅利村（江津市）に大工島田斗吉の長男として生まれる。山口高等学校を経て、明治三十三年東京帝国大学法科大学政治学科卒業。はじめ政治雑誌『明義』『王道』、実業雑誌『実業時論』の発行にあたる。同三十六年、東京市教育課長となり、ついで清国雲南省法政学堂講師・東京市勧業課長などをつとめた。同四十五年第十一回衆議院議員総選挙で島根県から出馬して当選。以後、昭和十七年（一九四二）の第二十一回総選挙まで当選九回（第十二・十五回を除く）。この間、落選中の大正四年（一九一五）・五年には、東京帝大法科（英法）に再入学して弁護士の資格を取得した。大正二年立憲政友会に入党以来、同党の院内幹事・院内総務・党務委員長・政務調査会長など常に党務の要職を歴任、昭和三年・四年には幹事長、同十二年二月—十四年四月には鈴木喜三郎総裁引退のあとを受けて、四人の代行委員の一人に選ばれた。また、衆議院では予算委員長をはじめ各種の委員長をつとめるなど、政党政治家として大きな影響力を保持した。犬養内閣（昭和六年十二月—七年五月）の法制局長官、広田内閣（同十一年三月—十二年二月）・米内内閣（同十五年一—七月）の農林大臣、小磯内閣（同十九年七月—二十年四月）の農商大臣、平沼・阿部両内閣時代には内閣参議をつとめた。その雄弁ぶりは政党政治家中でも屈指の存在といわれ、円滑・洒脱な人柄と相まって、議会人として重きをなしたが、晩年は軍部にも接近し、昭和十五年の政党解消後は、翼賛議員同盟・翼賛政治会の顧問となった。第二次世界大戦敗北後の昭和二十一年、公職追放によって政界の第一線から引退した。昭和二十二年十二月二十一日死去。七十一歳。

参考文献 沖島鎌三『（勤続表彰記念）島田俊雄先生』、衆議院・参議院編『議会制度百年史』衆議院議員名鑑 （鳥海 靖）

しまづげんぞう　島津源蔵　㈠初代　一八三九—九四　島津製作所の創業者。天保十年（一八三九）五月十五日、仏具職人清兵衛の次男として京都に生まれ、家業に従事。明治八年（一八七五）独立し、島津製作所を設立。京都舎密局のワーグナーら外人技師に指導され、理化学器械の修理に習熟、その知識と技術を以て教育用理化学機器の製造販売を業とした。十一年水素ガスの軽気球に人を乗せた飛揚に成功した後、事業も次第に発展。十九年『理化学的工芸雑誌』を創刊し、科学知識の普及に努めた。二十七年十二月八日没。五十六歳。

㈡二代　一八六九—一九五一　明治二年（一八六九）六月十七日京都に生まれる。初代源蔵の長男。幼名梅治郎。貧窮のなか小学校中退、家業を手伝いつつ独学。十七年わが国で最初にウィムズハースト式感応起電機を完成。父に代わり京都師範学校教員となった後、家業に専念。二十七年父のあとを継ぎ源蔵を襲名、島津製作所所主となった。二十九年弟源吉と協力しわが国初のX線写真撮影に成功。翌年京都帝国大学の指導をうけ蓄電池を製作、その工業化の端緒をつくる。三十六年大容量の据置用蓄電池の国産化に成功。大正六年（一九一七）日本電池株式会社を創立。同年島津製作所を株式会社に改組して初代社長となり、産業用機器部門にも進出。九年十一月には世界的発明である易反応性鉛粉製造法の特許を出願、蓄電池の理想的原料の量産を可能とした。昭和五年（一九三〇）日本の十大発明家の一人として表彰された。のち事業の発展につれ、大日本塗料株式会社や日本輸送機株式会社を創立。十四年島津製作所会長となり、二十年末退任した。二十六年十月三日没。八十二歳。

参考文献 田村栄太郎『日本電気技術者伝』、『島津製作所史』、『科学とともに一〇〇年—島津製作所のあゆみ—』 （松島 春海）

しまづしげひさ　島津茂久　⇩島津忠義

しまづただひろ　島津忠寛　一八二八—九六　幕末・維新期の日向佐土原藩主。文政十一年（一八二八）二月生まれる。父は忠徹、母は宗家斉宣の女随子。又之進と称し蠖堂と号す。窮乏の藩財政を改革し、文武を振興した。進歩的で兵制に英式をとりいれ、その兵は常に勇猛で、薩英戦争、鳥羽・伏見の戦、関東・奥羽の戦に軍功をあらわした。明治二年(一八六九)賞典禄三万石を賜わる。藩知事・宮中祇候・麝香間祇候に列す。同二十九年六月二十日病没。六十九歳。墓は東京都渋谷区広尾二丁目の東北寺にある。法名、忠愛院殿正寛良道大居士。同四十年贈正二位。

参考文献 田尻佐編『贈位諸賢伝』一、喜田貞吉『日向国史』下、『佐土原町史』 (原口 虎雄)

しまづただよし 島津忠義 一八四〇―九七 幕末・維新期の薩摩藩主。天保十一年(一八四〇)四月二十一日薩摩藩重富領主島津久光の長男として鹿児島城下に生まれる。初名壮之助、次に又次郎・左衛門・修理大夫。諱ははじめ忠徳、安政六年(一八五九)斉彬の遺言により襲封、茂久と改め、明治元年(一八六八)忠義と改名。はじめ祖父斉興の政務介助を受けたが、斉興没後は実父久光が輔佐し国父の尊称を受く。斉興の政務介助中は島津久宝・新納久仰を家老として財政整理を主とし、斉彬着手の集成館をほとんど閉鎖していたが、両家老をやめ、万延元年(一八六〇)以降は造兵工場として逐次充実していった。国事多端、国力疲弊するを以て再び鋳銭所をおこし、天保通宝と同形の琉球通宝を文久二年(一八六二)より三ヵ年の間に百万両鋳造する計画を立て、薩英戦争までの半年間に三十万両も鋳造したというが、密かに天保通宝も造っていたという。同三年七月薩英戦争で攘夷の実をあげ、翌元治元年(一八六四)六月には開成所を鹿児島に設けて海陸軍事を攻究させ、さらに慶応元年(一八六五)三月には留学生を渡英させて西洋文明の長を学ばしめ、六月には英公使パークス夫妻を鹿児島に招待して薩英交驩を行なっている。またパリ万国博覧会には薩州政府の大看板をたて江戸幕府と同格の展示を行い、日本の首長は天皇であることを外国に知らしめた。この時英国より紡績機械や白糖製造機械を購入、英国人技師を招聘して操業を始めたが、これがわが国洋式紡績・洋式白糖製造の嚆矢である。元治元年禁門の変に奮戦し、第一次長州征討には太宰府の五卿の護衛に力をつくし、第二次長州征討には反対し陰に薩長同盟を結び、討幕の密勅をうけ大兵を率いて上京し、慶応三年十二月九日の小御所会議に出席して長州藩の朝譴の赦免に努めた。明治元年鳥羽・伏見の戦には寡兵よく数倍の敵を破り、関東・北越・奥羽の戦には常に官軍主力として軍功第一に居り、翌二年には長・土・肥藩とともに版籍奉還を率先奏請して永世禄十万石を賜い、鹿児島藩知事となった。西南戦争には中立を守った。同十七年公爵、二十二年勲一等、二十三年貴族院議員、二十八年従一位。同三十年十二月二十六日没。五十八歳。国葬の礼を賜わり、鹿児島市上竜尾町常安峯に葬られる。

参考文献 市来四郎編『忠義公史料』(『鹿児島県史料』)、『鹿児島県史』三、島津公爵家編輯所編『島津久光公実紀』、高島弥之助編『島津久光公』、原口虎雄『鹿児島県の歴史』(『県史シリーズ』四六)、鹿児島市編『薩藩の文化』 (原口 虎雄)

しまづなりあきら 島津斉彬 一八〇九―五八 幕末の薩摩藩主。文化六年(一八〇九)九月二十八日生まれる。幼名邦丸、文政四年(一八二一)三月元服して又三郎忠方。父は大隅守斉興、母は因幡国主池田治道の女弥姫(賢章院)。同七年十一月斉彬と改め、天保三年(一八三二)五月豊後守、同十四年修理大夫、嘉永四年(一八五一)二月襲封、薩摩守を称す。号は惟敬・麟洲。母賢章院は教養深い人であったが、将来島津家の家督となるべき斉彬に対する薫陶には大変心を用いた。斉彬のすぐれた資質はこの母によって啓培されたというべきで、また曾祖父重豪の開化的教育は斉彬二十五歳、天保四年正月の重豪の死去まで強烈な影響を与えた。斉彬は洋学者川本幸民・箕作阮甫・高野長英・杉田成卿・伊東玄朴・坪井信道・戸塚静海・松木弘安・八木称平・石河確太郎らを招き洋書を翻訳させて科学の実験を行い、また彼自身も洋文字を自在に綴りその日記が残っている。世子時代より老中阿部正弘や水戸の徳川斉昭、越前の松平春岳(慶永)、尾張の徳川慶恕、土佐の山内容堂(豊信)、宇和島の伊達宗城などと親交を結び、春岳などは「英明近世の第一人者」と称揚したほどで、その人格と世界的識見に服する人が多かった。弘化三年(一八四六)世子の身でありながら江戸幕府の内意をうけて藩地に下り、琉球の英・仏・米軍艦来航問題の処理にあたり、安政元年(一八五四)六月米国と、同二年十月仏国と通商条約を締結して外交的手腕を発揮した。彼の襲封は時局の待望するところであったが、斉興や家老調所広郷らは、斉彬が家督になれば曾祖父重豪に似た蘭癖で国庫の金が空乏に帰するであろうと危惧して、斉彬の襲封を渋った。彼ら財政復興に血のにじむ努力をした側としては当然の危惧だが、斉興の側室お由羅がその生子久光を斉彬に代えようとの陰謀があるという風聞が流れたので、激昂した斉彬擁立派の高崎五郎右衛門温恭らが、お由羅や久光などの暗殺を企てた。しかし事は露見し、一味の者には前代未聞の鋸引・磔刑・切腹・遠島・慎などの断罪が下されたが、老中阿部や黒田斉溥ら斉彬に好意をもつ諸侯の働きにより斉興は隠居させられ、斉彬の襲封が実現した。彼は「近思録崩」や「高崎崩(お由羅騒動)」の轍をふまず、反対派の人々をも罰せずに用いて藩力の分裂を避けた。彼は養女篤姫を将軍徳川家定の御台所として幕府への発言力を強めたが、ペリー来航により外交問題が重要問題となり、かつ将軍継嗣問題が起ると、春岳らと一橋慶喜の擁立運動を展開したが、井伊直弼が大老となるや紀州の徳川慶福(家茂)を将軍世子に決定し、なお一橋派の人々への弾圧や鳳輦彦根動座の風聞があった。彼はシャーフル＝ライフル三千挺を集成館で作り、精兵三千を率いて上京し、禁闕の守護にあたり天下の嚮背を決しようと非常の覚悟をして、安政五年七月八日から天保山で城下諸隊の連合大演習をみずから指揮したが、俄かに病を発して同月十六日没した。

五十歳。法名、順聖院殿英徳良雄大居士。墓は鹿児島市池之上町の福昌寺跡墓地にある。彼の在職はわずか七年五ヵ月の短期であったがその影響は大きく、内治・外交に関する卓抜した識見は、「順聖院様御深意」として薩摩藩上下すべての勤皇運動の原点となった。彼が安政四年藩校造士館・演武館に関して下した十ヵ条の訓諭は教育の理念を示したもので、教育者としての偉大な側面を示している。彼は常平倉を諸所に設けて米価の調節を図るなどの善政もしたが、調所の行なった専売制度を踏襲し、その上に沖永良部島・与論島までも黒糖専売の網の目に組み入れて搾取し、民政においては見るべきものがない。しかし対外策における抱負は壮大で、まず殖産興業・富国強兵の実をあげて外国と対等の交わりをすべきであるとし、長崎に代わる貿易港として下関を開き、対露政策として北海道開拓事業に着手し、台湾を占領し、琉球貿易を盛んにして中国や仏国との貿易を開こうとした。彼はわが国最初の洋式軍艦昇平丸や蒸汽船雲行丸などの造船事業、大反射炉・鑽開台・熔鉱炉などの造兵事業に力を入れ、領内諸所の砲台築造、西洋砲術の練習、洋式軍隊調練、水軍の創設を実施した。安政四年八月これらを含め、その他の諸製作工場を総称して「集成館」と称することになったが、鋼鉄鋳造、大小砲鋳造、弾丸・砲具・火薬および綿火薬・硫酸・塩酸・アルコール・洋式朱粉・板ガラス・薩摩切子・陶磁器などの製造から製紙、搾油、水車動力による洋式紡織など事業は広汎にわたり、毎日千二百人もの職工・人夫が働いていた。彼はまたガス燈・写真術・電信機・和欧文活字の研究までしており、「本館における種々の製造について多額の費用を要するのを私の蘭癖か物好きのようにいう者もいるが、決してそうではない。今や日本の形勢は累卵の危うきものがあって軍備が第一の急務であるが、そのために国中疲弊しては必勝の見込みがたたぬから、一方には軍備を充実し、一方には理財の道を講ずるために集成館をおこしたのだ」と訓諭している。安政五年汽船ジャパン号で鹿児島を訪れたオランダ人技術将校ポンペは、この開化事業の中から新生日本が出現するだろうと予言したが、斉彬ののこした精神的、物質的遺産は西郷隆盛・大久保利通・五代友厚らによって継承され、明治維新として輝かしい結実を見た。しかしその壮大なエネルギー源は、調所らの天保の改革によって蓄積されたものだということも忘れられない事実である。明治三十四年(一九〇一)五月正一位追贈。鹿児島市城山山麓の照国神社(もと別格官幣社)に祀られている。

[参考文献]『島津斉彬文書』、市来四郎編『斉彬公史料』(『鹿児島県史料』)、市来四郎・寺師宗徳編『島津家国事鞅掌史料』、『鹿児島県史』三・四、池田俊彦『島津斉彬公伝』、中村徳五郎『島津斉彬公』、小牧昌業『順聖公事蹟』、寺師宗徳『照国公感旧録』、公爵島津家編輯所編『薩藩海軍史』、原口虎雄『鹿児島県の歴史』(『県史シリーズ』四六)、鹿児島市編『薩藩の文化』

(原口 虎雄)

しまづなりおき　島津斉興　一七九一―一八五九　幕末の薩摩藩主。寛政三年(一七九一)十一月六日生まれる。父は斉宣。幼名憲之助、虎寿丸、のち又三郎忠温。文化元年(一八〇四)斉興と改名。同六年「近思録崩」のあと十九歳の弱年で家督。参議従三位まで昇進。豊後守、のち大隅守。文政三年(一八二〇)八月まで隠居重豪が政務を介助し、以後は主立ったことのみに心添えするということにした。倹約につぐ倹約、懸命の努力にもかかわらず同十三年には藩債五百万両(銀三十二万貫)の巨額に達した。収入は年間産物料十三～十四万両で、三都続料経常不足八万両、半ば経常化した臨時出費まで合わせても十四～十五万両の不足であったから、利払いを年利七分として三十五万両の額は支払えなかった。こうなれば三都銀主も貸し出しに応ぜず、当借の手段にも窮したから、家中扶持米・人足夫飯米も渡方渋滞を常とし、江戸諸人数賄方など十～十三ヵ月も滞り、諸買物代金の支払いも数年にわたり滞った。また藩邸中は手入れ不行き届きのため草が長じて馬糧にするという荒れ様、大名として大切な参勤交代の費用にも事欠く窮状に陥った。そこで重豪・斉興相談の上、調所広郷を抜擢して文政十年から財政改革にあたらしめた。改革の目標は、天保二年(一八三一)より十ヵ年の間に、㈠五十万両を貯蓄すること、㈡ほかに江戸幕府への納付金ならびに非常手当金を用意すること、㈢古借証文を回収することの三つであった。天保四年正月重豪が死んでからも斉興は不動の信任を調所に与えて、その手腕を発揮させた。嘉永元年(一八四八)十二月調所の死まで二十数年にわたる君臣の信頼関係、血のにじむような努力が功を奏して、一変して薩摩藩は富強の藩となった。これを「天保の改革」といい、日本史上の奇跡であった。しかし天保八年のモリソン号事件、同十一―十三年のアヘン戦争、つづいて弘化元年(一八四四)―嘉永六年の英・仏・米軍艦の琉球来航、通商・キリスト教布教の要求などの外警が重大化してきたので、この国家的危機克服のためにはまず藩内部における新旧政権の一大転換を時勢は要求した。斉興・調所らも洋式兵制などを採用してそれなりの努力をしたが、姑息な手段ではもはや役に立たなくなり、世子斉彬の登場が幕府・諸藩・群臣の間に待望された。斉興は隠居を肯んぜず、斉彬襲封のため過激手段をとろうとした近藤隆左衛門・高崎五郎右衛門温恭らの朋党四十数名を鋸引・磔刑・切腹・遠島その他の刑に処して鎮圧をはかったが、これを「高崎崩(お由羅騒動)」といい、この大獄を機として幕府から隠居を強いられることになった。斉興をお由羅騒動との関係でそしる風潮があったが、事実はすぐれた名君で、薩摩藩を起死回生せしめた功績は大きい。隠居後は玉里御殿で老を養った。安政六年(一八五九)九月十二日没。六十九歳。法名、金剛定院殿明覚亮忍大居士。墓は鹿児島市池之上町の福昌寺跡墓地にある。

参考文献　『続編島津氏世録正統系図』、『島津斉彬文書』、伊地知季安・季通編『旧記雑録』追録一四六―一六五（『鹿児島県史料』）、『鹿児島県史』二、原口虎雄『幕末の薩摩』（『中公新書』一〇一）、同『鹿児島県の歴史』（『県史シリーズ』四六）　（原口　虎雄）

しまづひさはる　島津久治　一八四一―七二　幕末の薩摩藩家老。篤次郎・右近・久中・図書と称す。天保十二年（一八四一）四月二十五日大隅国姶良郡重富郷（鹿児島県姶良郡姶良町）に生まれる。父島津久光・母島津山城忠公女の次男。藩主忠義の弟。嘉永五年（一八五二）閏二月薩摩国伊佐郡宮之城領主島津久宝の養嗣子となり、同年三月家督を継ぐ（十五代）。家格は一所持の大身分。安政二年（一八五五）六月海防総頭取に任ぜられ、西目海岸の警備にあたる。同五年宮之城に盈進館（文事）・厳翼館（武事）を建て文武を奨励。文久三年（一八六三）薩英戦争のとき兄忠義に代わり薩軍を指揮。元治元年（一八六四）七月禁門の変でも兄に代わり皇居警衛総督として活躍。同年十二月薩英戦争の講和修交使として長崎に英艦を訪問。慶応二年（一八六六）首席家老となり藩政に重きを占める。翌三年小松帯刀・桂久武らの挙兵討幕論に対しては自重論を唱えて反対した。明治元年（一八六八）の戊辰戦争には私領四番隊を編成し、越後から会津城攻撃に向かわせた。しかし戊辰戦争に従軍しなかった久治は、藩政改革派の攻撃の的となり、川村純義らの討幕派隊長に藩主面前で詰問されたため、明治二年二月家老を辞した。凱旋兵士が中心となった藩政改革により久治らの門閥守旧派が退けられていった。久治は同年八月私領一万五千七百五十五石を返上、代りに家禄千五百石を賜わった。以後は教育に力を注ぎ、明治三年鹿児島城下の邸宅一町歩余を藩に献納し、練兵場の一部にあてた。明治四年第十二郷校が吉野村にたてられたとき同村にある所有林の杉材を建築用材として寄付した。明治五年正月四日急病により死す。三十二歳。墓は鹿児島市吉野町天神山墓地から、大人の墓とともに宮之城町旧宗功寺墓地に改葬された。霊文新治彦命。急死については、三年前の藩主面前での詰問に憤慨しての自決とも伝えられるが、真相は不明。明治五年正月長子長丸が家督を継ぐ。大正五年（一九一六）十二月従四位追贈される。

参考文献　島津男爵家編輯所編『島津図書久治及先世事歴』、尚古集成館編『島津氏正統系図』、『宮之城町史』　（原口　泉）

しまづひさみつ　島津久光　一八一七―八七　幕末・維新期の薩摩藩重富領主、同藩主忠義の実父。文化十四年（一八一七）十月二十四日生まれる。薩摩藩主島津斉興の第五子。生母はその側室お由羅。幼名普之進（かねのしん）、次に又次郎・山城・周防・和泉・三郎と改む。諱は忠教（ただゆき）・邦行。双松・大簡・玩古道人・無志翁と号す。文政元年（一八一八）種子島領主久輔の養子となり、のち本家に帰り、また一門重富島津家出雲守忠公の養子となり天保十年（一八三九）家督。安政六年（一八五九）異母兄斉彬の遺命により久光の長子忠徳（忠義）が襲封したので本家に帰り、国父の尊称を受け藩政の実権を掌握した。大久保利通らのいわゆる誠忠組が脱藩上京して過激な倒幕運動に走ろうとするのを慰留して、他日の挙藩勤王を公約して藩力の分裂を防ぐ。かくて文久二年（一八六二）三月千余の精兵を率いて上京し、四月二十三日には寺田屋騒動も突発したがこれを鎮撫して過激派の暴動を抑えた。五月勅使大原重徳を奉じて江戸に下り、一橋慶喜の将軍後見職、松平慶永の政事総裁職任命の勅諚を迫って実現したが、閏八月には久光献言の国是二十ヵ条中の最重要事たる参勤交代制度を三年一勤・滞府百日以内に緩和することが実現。彼は帰国に臨み米一万石を供御料に献上した。翌三年七月鹿児島湾に来襲した英艦七隻を撃退して武威を輝かした。久光の公武合体運動は斉彬の遺志をつぐものであったが、斉彬の死後四ヵ年の間に時世は急変し、もはや時代遅れになっていた。久光の公武周旋を無視して、長州藩激派と三条実美・姉小路公知らが政局を主導し、四月十一日石清水行幸、五月十日攘夷期日の確定に至り、五月二十九日には薩藩の京都御所乾御門の警衛を解き、八月十三日の大和行幸が実行されようとしたが、これは攘夷に名をかりた討幕挙兵の謀略であった。事態を憂慮した孝明天皇の内意を奉じて久光が入京し、会津藩と連合して長州藩の堺町御門の警衛を解き、三条ら過激派公卿の出仕を停止した。久光は朝議参予に任ぜられ、雄藩連合による時局収拾を図ったが失敗に終り帰国。このころは「薩賊会奸」の非難が渦巻き、一方また江戸幕府からも幕政容喙をうとまれた。かくてやむなく沖永良部遠島中の西郷隆盛を呼び戻し、以後は大久保・西郷らが時局の行き詰まりの打開を担当した。元治元年（一八六四）の禁門の変・第一次長州征討、慶応二年（一八六六）の第二次長州征討・薩長同盟、討幕戦争と時局は急転回した。王政復古後は政府の開明政策に不満で、藩地にとどまっていたが、征韓論分裂による政府の弱体化に備えて明治六年（一八七三）勅使が差遣されて久光は上京し、内閣顧問・左大臣に任ぜられた。しかし政府の欧化政策に反対し、同九年四月帰国し玉里に隠棲した。西南戦争には中立を守る。彼は学問を好み和漢の学に通じ、みずからも『通俗国史』八十六冊を草し、重野安繹・小牧昌業に命じて『皇朝世鑑』四十一冊を編し、市来四郎に『旧邦秘録』『島津家国事鞅掌史料』などを蒐録させた。公爵（明治十七年）・大勲位（同二十年）を授けられる。明治二十年十二月六日没。七十一歳。国葬の礼を賜わる。墓は鹿児島市池之上町の福昌寺跡墓地にある。

参考文献　市来四郎編『忠義公史料』（『鹿児島県史料』）、『鹿児島県史』三、島津公爵家編輯所編『島津久光公実紀』、高島弥之助編『島津久光公』、原口虎雄『鹿児島県の歴史』（『県史シリーズ』四六）　（原口　虎雄）

しまづひさよし　島津久芳　一八二二―八五　薩摩国伊佐郡黒木郷豊州家島津氏千三百九十八石の領主、薩摩藩士。文政五年(一八二二)五月生まれる。通称隼人。番頭より小性与番頭に進み、軍役方に与る。ペリー来航時には江戸田町海岸警備、薩英戦争時には英艦砲撃に任じ、長州征討には筑前に出陣、明治元年(一八六八)若年寄となり、一藩出師を担当、また軍艦購入などにあたる。同年八月藩主に代わり越後方面総督となり長岡城攻落、西南戦争には自邸を征討本営となし有栖川宮熾仁親王の宿舎にあてた。十八年十二月八日没。六十四歳。

参考文献 田尻佐編『贈位諸賢伝』一、『鹿児島県史』三　(原口　虎雄)

しまづやすじろう　島津保次郎　一八九七―一九四五　大正・昭和時代前期の映画監督。明治三十年(一八九七)六月三日、東京市神田区駿河台に生まれる。正則英語学校を卒業し、大正九年(一九二〇)に小山内薫主宰の松竹キネマ研究所に入る。翌年、監督第一作「寂しき人々」を発表。以後、松竹で下町ものや落語種の庶民生活を扱った作品を多く発表し、同十二年に「お父さん」、翌年に「日曜日」で松竹伝統の小市民喜劇の先駆をなし、同十四年の「村の先生」で批評家に注目された。しかし、小市民生活を写実的に描く作家として、また文芸映画やメロドラマをこなす職人作家として名声を確立したのはトーキー期に入ってからで、「隣の八重ちゃん」(昭和九年(一九三四))、「お琴と佐助」(同十年)、「浅草の灯」「婚約三羽烏」(同十二年)、「兄とその妹」(同十四年)などの佳作が多く、吉村公三郎や木下恵介などの大監督も育てた。同二十年九月十八日東京で没。四十九歳。『島津保次郎映画脚本集』がある。

参考文献 島津保次郎「監督二十年」(『改造』二一ノ八)　(山本喜久男)

しまなかゆうさく　嶋中雄作　一八八七―一九四九　大正・昭和時代の出版人。中央公論社社長。本姓島中。第二次世界大戦後嶋中と改姓。明治二十年(一八八七)二月二日奈良県に生まれる。医師雄碩(ゆうせき)の四男。島中雄三の弟。奈良県立畝傍中学校を経て、大正元年(一九一二)早稲田大学哲学科を卒業、中央公論社に入社。名編集者滝田樗陰(ちょいん)の下で編集に従事。同五年『婦人公論』を創刊、編集長となり、婦人の自覚、地位の向上、参政権獲得の運動を積極的に指導・援助するとともに、女流文学者の発掘と育成に努めた。昭和二年(一九二七)滝田の後を受けて雑誌『中央公論』主幹を兼ね、左翼全盛の時代にあって、穏健中正な論調を守った。翌三年中央公論社社長に就任、新しく出版部を設けてレマルクの『西部戦線異状なし』を発売、記録的な成績を挙げた。以後、言論界に指導的役割を果たしたが、日本の軍国化に抵抗する姿勢が軍部の憎むところとなり、十九年中央公論社の解散を命ぜられた。翌年、終戦とともに再建して隆盛の時代を迎えた。昭和二十四年一月十七日死去。六十三歳。墓は東京都杉並区永福一丁目の築地本願寺別院和田堀廟所内にある。

参考文献 嶋中雄作『回顧五十年』、中央公論社編『中央公論社の八十年』、同編『婦人公論の五十年』、栗田確也編『出版人の遺文中央公論社嶋中雄作』　(杉森　久英)

しまなかゆうぞう　島中雄三　一八八〇―一九四〇　大正・昭和時代の社会運動家。明治十三年(一八八〇)二月十八日、奈良県に生まれる。父雄碩(ゆうせき)は医師。弟に嶋中雄作がいる。東京法学院(中央大学)在学中から平民社に出入りして社会主義者と交わり、『婦女新聞』の編集に携わっていたが、法学院中途退学、のち同紙編集長となる。大正八年(一九一九)友人下中弥三郎を中心として創立した啓明会の世話人となり、またみずから中心となって文化学会を結成し、啓蒙運動に従った。大正十三年普通選挙法実施に備えて、無産政党組織を研究するため政治研究会を起したが、島中は事実上の会長として、その運営にあたった。翌年政治研究会は左右に分裂し、右派の島中は脱会して、安部磯雄らとともに独立労働協会を設立した。十五年社会民衆党結成にあたり、安部委員長の下に中央執行委員に選ばれ、以後昭和七年(一九三二)まで、毎年の改選に重任し、事実上の副党首の役割を演じた。昭和四年東京市会議員に小石川区から立候補して当選。同六年満洲事変勃発とともに、社会運動の混乱に直面し、国家社会主義へ転じ、七年社会民衆党を脱党、新日本国民同盟結成に参加して相談役となった。また、同年社会大衆党の創立に協力して執行委員に就任した。この間、東京市参事会員に選ばれて、東京市政革新同盟を設立し、常任幹事となって疑獄に汚れた市政を浄化することに努力を傾けた。昭和十五年九月十六日病死。六十一歳。著書に『革新原理としての新国民主義』『煙草御遠慮』などがある。墓は東京都府中市の多磨墓地にある。

参考文献 森長次郎編『ああ島中雄三君』　(杉森　久英)

しまひでお　島秀雄　一九〇一―九八　昭和時代の技術者。明治三十四年(一九〇一)五月二十日、鉄道の先覚者島安次郎元鉄道技監の長男として大阪府に生まれた。大正十四年(一九二五)東京帝国大学工学部機械科を卒業し鉄道省入省。蒸気機関車の傑作といわれるC53、D51を生む中心になった。桜木町事故後一時辞職したが、昭和三十年(一九五五)国鉄技師長として復帰、東京―大阪を日帰りできる高速電車の旧「こだま」を実現させた。東海道新幹線開発の最高責任者で、すべての車輛にモーターを付けて高速化する「動力分散方式」は、「シンカンセン」の名で世界に知られ、「新幹線の父」といわれた。同四十年朝日賞、四十二年米スペリー賞、四十四年英ジェームス・ワット賞受賞。四十四年宇宙開発事業団初代理事長となり、H1に始まる水素エンジンによる国産ロケット開発体制を整えた。四十六年勲一等、平成六年(一九九四)文化勲章受賞。平成十年三月十八日死亡。九十六歳。著書『新幹線そして宇宙開発』。　(高村　直助)

しまむらていほ　島村鼎甫　一八三〇―八一　幕末・明

治初期の医学者、洋学者。字は鉉仲、号は紫軒、通称ははじめ貞蔵、のちに鼎甫(鼎)と改む。天保元年(一八三〇)備前国上道郡沼村(岡山市上道北方)の某の次男に生まれる。のちに島村家を継ぐ。姫路の仁寿山校、大坂の後藤松陰・緒方洪庵、京都の赤沢寛甫、江戸の伊東玄朴に学ぶ。のちに阿波藩医を経て文久二年(一八六二)より幕府の医学所教官となる。明治二年(一八六九)大学東校少博士、同五年に中教授となったが、翌年病のために辞職。その後は訳著に専念して明治十四年二月二十五日に没す。享年五十二。

参考文献 松尾耕三『近世名医伝』下、緒方富雄編『緒方洪庵適々斎塾姓名録』、『東京帝国大学五十年史』上　(酒井シヅ)

しまむらはやお　島村速雄　一八五八―一九二三　明治・大正時代の海軍軍人。安政五年(一八五八)九月二十日、土佐国高知城下本町四丁目に出生。父は土佐藩士島村左五平、母は鹿子。明治十三年(一八八〇)十二月、海軍兵学校卒業。中尉のときイギリスに留学した経験を持ち、日清戦争には常備艦隊参謀として参加、黄海海戦では旗艦松島艦上で戦傷を負う。戦後にイタリア公使館付武官を務め、同三十二年大佐に進んだあと、海軍軍令部第二局長・巡洋艦須磨艦長・常備艦隊参謀長・海軍教育本部第一部長・戦艦初瀬艦長を歴任する。日露戦争開戦のときには選ばれて第一艦隊参謀長兼連合艦隊参謀長となり、司令長官東郷平八郎を補佐した。同三十七年六月少将に進み、翌年一月参謀長の職を加藤友三郎に譲って第二艦隊司令官となったが、東郷に深く信任されていた。日本海海戦の前にロシアのバルチック艦隊の行動が不明となったとき、連合艦隊司令部では敵が津軽海峡方面に廻ったものと判断し、まさに出航して北行しようとしたが、島村が鎮海湾での待機を強く進言し、東郷が島村の意見具申を採用した結果、連合艦隊は対馬海峡で大勝することができた。同四十一年中将に進み、海軍大学校長・第二艦隊司令長官・佐世保鎮守府司令長官・海軍教育本部長のあと海軍軍令部長。同部長在職中の大正四年(一九一五)大将に進み、翌年男爵を授けられた。同九年軍事参議官となり、同十二年一月八日東京上目黒の自宅で死去、同日元帥府に列した。六十六歳。青山墓地に葬られる。

参考文献 中川繁丑『元帥島村速雄伝』　(野村実)

しまむらほうげつ　島村抱月　一八七一―一九一八　明治・大正時代の文芸評論家、劇作家、演出家。本名滝太郎。明治四年(一八七一)正月十日、砂鉄業佐々山一平の長男として石見国那賀郡久佐村(島根県那賀郡金城町久佐)に生まれた。母はちせ。家が没落したため、少年時、裁判所で働き、検事島村文耕に認められその養子となった。同二十七年東京専門学校卒業。直ちに『早稲田文学』の記者となり、また母校の講義録講師となり、『早稲田文学』誌上に「西鶴の理想」「悲劇の種類を論ず」などを発表し、文芸評論家としての地位を固めた。三十年四月、後藤宙外らと文芸雑誌『新著月刊』を創刊、小説「志ろあらし」『月暈日暈』『白蓮華』『待間あはれ』など、浪漫的情調豊かな小説を発表して作家としても注目された。三十一年東京専門学校講師として、美辞学・支那文学・西洋美学史を講じ、また『読売新聞』記者となり、「月曜付録」を主宰した。三十二年読売新聞を辞し、三省堂を経て早稲田中学教員となった。三十五年三月東京専門学校海外留学生として英独に留学、出発に先立ち『新美辞学』を公刊した。三十八年帰国し、早稲田大学(東京専門学校改称)文学部教授として美学・英文学史・欧州近世文芸史などを講じた。三十九年文芸協会の創立に参画。また『早稲田文学』を再興し、その第一号に長篇の評論「囚はれたる文芸」を発表して、文壇に大きな反響をもたらし、以後「文芸上の自然主義」「自然主義の価値」などの評論を同誌に掲載して、自然主義文学の理論家として活躍した。四十二年文芸協会が改組して、坪内逍遙を中心に新たなる新劇運動を展開するにあたり、逍遙を助けて、演劇研究所の指導講師となり、滞欧時代の研究を生かして、海外戯曲の翻訳、演出につとめた。四十五年九月イプセンの『人形の家』を翻訳演出し、同時にノラを演じた松井須磨子を近代的女優として育成し、世の注目をあつめた。大正二年(一九一三)須磨子との恋愛問題から文芸協会の内紛をひきおこし、協会を退き、また母校の教授の職をも辞して新たに芸術座を組織し、新劇運動に専念した。そして高度な芸術運動と同時に大衆的な演目を上演するという二元の道をゆき、一方でトルストイの『闇の力』、有島武郎の『死と其前後』などの高度の研究劇を上演しながら、他方では『復活』『生ける屍』など、劇中に中山晋平作曲の歌を挿入した通俗劇を上演し、新劇を一般大衆になじませた。またイプセン・トルストイ・チェホフ・ツルゲーネフ・メーテルリンク・オスカー＝ワイルドらの作品を紹介した功績も大きい。大正七年十一月五日、流行性感冒により、牛込芸術倶楽部で没した。四十八歳。墓は雑司ヶ谷墓地にあり、その碑面には抱月の著書『近代文芸之研究』(明治四十二年)の表紙に掲げられた「在るがまゝの現実に即して全的存在の意義を髣髴す観照の世界なり味に徹したる人生也此の心境を芸術と云ふ」の文章が刻まれている。著書には前記のほか戯曲に『運命の丘』(明治四十四年)、『清盛と仏御前』(同年)、『競争』(同四十五年)、翻訳にはイプセン『人形の家』(明治四十三年)、ズーダーマン『故郷』(同四十五年)、メーテルリンク『モンナ・ヴンナ』(大正二年)などがある。また『抱月全集』全八巻(大正八―九年)が刊行されている。

参考文献 『早稲田文学』大正七年十二月号(島村抱月追悼号)、川副国基『島村抱月』、松本克平『日本新劇史』、秋庭太郎『日本新劇史』、角田寿子他「島村抱月」(『近代文学研究叢書』一八所収)　(菊池明)

しまむらみつ　島村光津　一八三一―一九〇四　蓮門教

教祖。天保二年(一八三一)三月十八日長門国豊浦郡田部村(山口県豊浦郡菊川町)の農業梅本家に生まれ、小倉に移って、弘化四年(一八四七)同地の豆腐商島村音吉と結婚した。明治初年、小倉藩士で法華信仰を広めていた柳田市兵衛の弟子となり、「事の妙法」の法華経論を学び、病気なおしの霊能を身につけた。柳田の死後、小倉でその門人とともに事の妙法敬神所を開き、現世利益で信者を集めたが、警察により解散させられた。明治十一年(一八七八)政談講学所の名称で布教を再開したが、神水による病気なおしで信者の子が死亡したため、勾留された。釈放後、人道教授所を開き、同十五年幹部四名とともに東京に移って布教所を開いた。同年夏、コレラが流行し、神水の霊験を求める者が急増したが、警察に禁止され、光津らは勾留された。禁圧を免れ活動を合法化するために、同年、大成教に所属して蓮門講社と称し、光津は教導職試補の資格を得て、教長となった。蓮門教はこののち明治二十年代にかけて、法華神道系の教義を整え、現世利益をつうじて、全国的にめざましく教勢を拡大した。しかし、蓮門教は病気なおしを理由に当局のきびしい干渉圧迫を受け、『万朝報』をはじめ雑誌・出版物などで「邪教」として集中攻撃を浴びたため信者が激減した。明治三十年、子の副教長島村信修に先立たれ、光津は教勢の再建を図ったが、同三十七年没した。七十四歳。美津の死後、教団は分裂し、昭和初年までに同教系の教会は消滅した。

〔参考文献〕武田道生「蓮門教の崩壊過程の研究」(『日本仏教』五九) (村上 重良)

しまもとなかみち 島本仲道 一八三三—九三 自由民権運動の指導者。天保四年(一八三三)四月十八日、土佐国土佐郡潮江村(高知市)に土佐藩士島本卓次の次男として生まれる。幼名審次郎、北洲と号す。陽明学を学び、東遊して安井息軒の門に入る。土佐勤王党の一員となり、文久三年(一八六三)勤王党の獄で終身禁固に処されたが、慶応三年(一八六七)九月許され、土佐藩の松山藩征討に出陣。明治三年(一八七〇)兵部権少丞、五条県大参事を歴任し、同五年には司法大丞・大検事・警保頭をつとめ、新律綱領の制定に尽力したが、翌六年西郷隆盛・板垣退助らが征韓論に敗れて下野するや、島本も京都府参事植村正直の拘留処分をめぐって政府と対立し辞任した。その後立志社の創立に参画し、その法律研究所所長をつとめ、また、代言所北洲社を設立して弁護活動もつづけた。自由党の結成とともにその顧問に就任し、遊説活動にも従事したが、同二十年十二月二十五日公布・施行の保安条例により三年間帝都外に退去を命じられる。二十二年二月十一日の大赦により帰京。明治二十六年一月二日心臓病のため死去。享年六十一。東京の青山墓地に葬られる。著書に『青天霹靂史』『大塩平八郎伝』『夢路の記』などがある。

〔参考文献〕奥平昌洪『日本弁護士史』 (後藤 靖)

しまよしたけ 島義勇 一八二二—七四 幕末・維新期の肥前佐賀藩士。字は国華、通称団右衛門、号を楽斎、別号は桜陰・超然窩・従吾道人といった。文政五年(一八二二)九月十二日、佐賀藩士島市郎右衛門有師の第一子として佐賀城下精小路(佐賀市与賀町)に生まれた。九歳で藩校弘道館に学び、従兄の枝吉神陽(弘道館国学教諭で枝吉南濠の長子)とともに古典・史学を学び南濠の「日本一君論」の影響をうけた。二十三歳から諸方に遊学、特に水戸の藤田東湖と親交があった。二十六歳で弘道館目付となり、のち藩主鍋島閑叟(直正)の外小性となる。嘉永三年(一八五〇)神陽を中心とする尊皇論者の義祭同盟に参加、安政元年(一八五四)藩命により江戸の佐藤一斎に学んだ。同三年藩命により蝦夷地探査に向かい、『入北記』『安政三年日記』『奥州并函館松前行日記志』『函嶴日記并東洋記』『戊辰日記』(いずれも未刊)など多くの日記(報告書)を残している。戊辰戦争では佐賀藩の軍艦奉行から大総督府の海軍先鋒参謀補、江戸鎮将府権判事、徳川家領地取調掛、会計官判事などを歴任した。明治二年(一八六九)、開拓使判官・従四位となり札幌市街地の建設計画に尽力、同三年大学少監、東京滞在となり官禄五百石の三分の一の終身下賜を受け東京府貫属。同四年七月次侍従、九月侍従、十二月秋田県権令となる。民政に意を用いたが政府と対立して免官。同七年二月、佐賀憂国党におされて首領となり、政府軍と交戦、敗れて四月十三日除族、梟首の刑に処せられた。五十三歳。大正五年(一九一六)従四位復位。墓は佐賀市金立町金立の来迎寺にある。

〔参考文献〕杉谷昭『幕末維新史料拾遺』、同「維新史料・島義勇『戊辰日記』について」(森克己博士古稀記念会編『史学論集』対外関係と政治文化』三所収)、同「島義勇」(『日本歴史』二五三)、同「幕末蝦夷地調査史料『入北記』について」(同二九四)、同「安政四年における箱館事情—函嶴日記・東洋記—」(同三二〇)、同「安政四年蝦夷地調査記録「入北記」の史料的研究」(『佐賀大学教育学部研究論文集』二一—二五) (杉谷 昭)

しまりえもん 志摩利右衛門 一八〇九—八四 江戸時代・明治時代前期の代表的な阿波藍商人。幼名万蔵、後年豊円。文化六年(一八〇九)阿波国名西郡東覚円村(徳島県名西郡石井町)郷士格組頭庄屋の家に生まれた。親の代からの阿波藍の製造販売業に従事、京都・奥羽・佐渡・加能・両越・防長等三十一ヵ国に売場をもった。また阿波煙草の販売にも尽力した。天保十二年(一八四一)徳島藩主蜂須賀斉昌に重用され、藩債整理を上申、有力藍商人から資金を調達し、財政改革を成功させた。その後国産物調役・国産方に任用され、士分となり小高取まで進んだ。尊王の志があり頼山陽と親交、京都支店を志士の連絡場所とし、小室信夫・中島錫胤らを援助した。また、俳諧をよくし堯年と号した。明治十七年(一八八四)一月十四日没。七十六歳。墓は石井町藍畑字東覚円にある。

参考文献 『名西郡志』、藤井喬『阿波人物志』
（石躍 胤央）

しみずいくたろう 清水幾太郎 一九〇七―八八 昭和時代の社会学者、ジャーナリスト、思想家。明治四十年（一九〇七）七月九日、東京市日本橋区薬研堀町（東京都中央区）に生まれる。昭和六年（一九三一）東京帝国大学文学部社会学科卒業。東大副手を経て、十四年東京朝日新聞社学芸部嘱託（コラム「槍騎兵」で時評を担当）、十六年読売新聞社論説委員。第二次世界大戦後の二十一年、二十世紀研究所を設立してその所長となり、戦後日本の民主化に対処する知識人集団を組織した。二十四―四十四年学習院大学教授。昭和八年の『社会学批判序説』から六十一年の『私の社会学者たち』に至るまで、常に日本の社会学者として学界のトップランナーであり、実証研究の分野での有賀喜左衛門、経済社会学の視点から独自の社会学理論を構築した高田保馬とともに、きわめて大きな影響力を発揮した。前期の清水社会学は敗戦前のそれであり、自然法と有機体説の対立のうちに社会学の成立を見るものだった。中期は、敗戦から六〇年安保闘争の直後までの戦後日本の民主化・産業化に即応し、アメリカ社会学・社会心理学の成果を積極的に吸収した時期で、代表作『社会学講義』（昭和二十五年）と『社会心理学』（二十六年）によって特徴づけられる。後期の清水社会学は、産業化から情報化・管理化へと推転していく日本社会のなかで、マス（大衆）としての近代的個人という逆説への深いペシミズムとその反動としての民族・国家・伝統への回帰を基調とする。清水の社会学は人間的自然の社会学であり、これら三期の展開は、日本人であるわれわれ自身の人間的自然の諸力と諸可能性の実践的検証とのつきあわせを要請している。昭和六十三年八月十日没。八十一歳。墓は東京都八王子市の高尾霊園にある。『清水幾太郎著作集』全十九巻（講談社）が刊行されている。
（田中 義久）

しみずうさぶろう 清水卯三郎 一八二九―一九一〇 明治時代の出版・輸入業者、町人学者。晩年は卯三郎を「うさを」と読ませている。文政十二年（一八二九）三月四日生まれる。武蔵国埼玉郡羽生町（埼玉県羽生市）の酒造家弥右衛門三男、母は根岸友山妹。少年時友山に預けられる。箕作阮甫の蘭学塾に学び、安政六年（一八五九）横浜に店を持つ。英艦に乗船して薩英戦争を実見、慶応三年（一八六七）のパリ万国博覧会に織物・漆器・錦絵・紙など多数出品、銀牌を得た。陶器の着色法を学び、活版・石版印刷器械を求めて明治元年（一八六八）五月帰国、浅草森田町に瑞穂屋を開き、洋書・器械・薬種を輸入販売し、同二年『六合新聞』を出した。同年日本橋本町に移転、出版に努めたが、のちには歯科関係の本が主となり、歯科器械の輸入・考案にもあたった。明六社に加わり会計を担当、『明六雑誌』に「平仮名ノ説」を発表、仮名文字論者としても知られた。明治四十三年一月二十日死去。八十二歳。墓は東京都世田谷区北烏山五丁目乗満寺にある。法名、瑞穂院先進頴寿居士。著訳書に『日本大黄考』『えんぎりしことば』『ものわりのはしご』『西洋烟火之法』『（当世）言逆論政体篇』などがある。
参考文献 長井五郎編著『しみづうさぶろう略伝』、井上和雄「みづほ屋卯三郎」（『書物三見』所収）、清水連郎「清水卯三郎を語る」（『歯科時報』一四ノ一一）、同「瑞穂屋卯三郎のこと」（『新旧時代』一ノ一〇）、沢護「清水卯三郎」（『千葉敬愛経済大学研究論集』一九）
（田崎 哲郎）

しみずかめぞう 清水亀蔵 一八七五―一九四八 明治から昭和前期にかけての彫金工。明治八年（一八七五）三月三十日広島県豊田郡能地村（三原市幸崎町能地）に生まれる。号南山。明治二十九年東京美術学校彫金科卒業。同年十一月研究科に入り加納夏雄・海野勝珉に師事。三十二年九月塑造科に入学、藤田文蔵に学ぶ。三十五年研究科終了後彫金を自営。四十二年六月から香川県立高松工芸学校に勤めたが大正四年（一九一五）病のため退職。法隆寺に滞在、古美術研究にあたる。大正八年東京美術学校教授、以来昭和二十年（一九四五）まで在職。昭和九年帝室技芸員、十年帝国美術院会員。昭和二十三年十二月七日腹膜炎のため東京練馬区中村町の自宅で死去。七十四歳。墓所は郷里三原市幸崎町能地の順覚寺。作風は伝統の技法を重んじた格調の高い作品が多い。代表作「梅花図鍍金印櫃」（東京国立博物館）。
（香取 忠彦）

しみずきすけ 清水喜助 一八一五―八一 明治維新前後の大工・建築業者。本姓藤沢清七。文化十二年（一八一五）、越中国礪波郡井波町に大工清八の次男として生まれる。のち初代清水喜助の養子となり、二代目を継いだ。築地ホテル館・第一国立銀行・為替バンク三井組など、横浜・東京の初期擬洋風木造建築の設計と施工に活躍し、現在の清水建設株式会社の基礎をととのえた。明治十四年（一八八一）八月九日没。六十七歳。
参考文献 『清水建設百八十年』
（古川 修）

しみずとおる 清水澄 一八六八―一九四七 明治から昭和時代の憲法学者、官僚。明治元年（一八六八）八月十二日、金沢に生まれる。同二十七年帝国大学法科大学を卒業、内務省に入る。同三十一年学習院教授となり、同年ドイツに留学し三十四年帰国した。四十一年行政裁判所評定官となり、昭和七年（一九三二）行政裁判所長官となった。この間宮内省御用掛として大正天皇に進講、大正十四年（一九二五）には帝国学士院会員となった。昭和九年枢密顧問官となり、同十年帝国美術院長（のち改組により帝国芸術院長）となる。第二次世界大戦後の二十一年最後の枢密院議長となった。枢密院廃止後の二十二年九月二十五日、明治憲法に殉じて熱海で入水自殺した。年八十。憲法関係の著書が多数ある。
参考文献 清水澄博士論文・資料集刊行会編『清水澄博士論文・資料集』
（由井 正臣）

しみずのじろちょう 清水次郎長 一八二〇―九三 幕

末・明治初期の俠客。本名山本長五郎、通称清水次郎長という。父は駿河国清水湊(静岡県清水市)船持船頭雲不見(くもみず)三右衛門で、その三男。文政三年(一八二〇)正月一日に生まれ、元日生まれは賢才か極悪かといわれたため、母の弟である米問屋甲田屋山本次郎八の家へ養子にやられた。七、八歳のころから悪童として名をなし、寺子屋より追放され、禅叢寺に託されたが、なかなかおりきらず、十五歳のとき改心する。次郎長の通称は「次郎八の長五郎」にちなんだものである。天保六年(一八三五)養父は実子でないことをつげ凶暴をいましめたが、養母は淫奔に消費し、情夫とにげてしまった。次郎長は養父の死後、甲田屋の生業に精励し、資産四、五千両をつくる。天保八年には妻を迎え、米商につとめ、のち清水湊の無宿となり、博徒の親分として勇名をはせた。その性格は俠気にとみ、再びその凶暴性を発揮し、甲州の黒駒の勝蔵(池田勝馬)、尾州穂北の久六、桑名の穴生(安濃徳)とあらそい、富士川や海上交通の縄張りあらそいをする。そして次第にそれを拡大し、慶応二年(一八六六)には伊勢荒神山(三重県鈴鹿市高塚町)大祭の日に、三州吉良の仁吉が勝蔵党と闘い敗死すると、その復讐の鬼と化し、これと闘った。その後、維新のとき東征総督府より道中探索方を命じられている。明治元年(一八六八)九月十八日には幕府方より脱走した咸臨丸が清水湊へ漂着すると、新政府軍の総攻撃を受けて死者多数を出していたので、これを義俠心で収容し、清水の向島に弔慰した。この事実を知った山岡鉄舟と榎本武揚らは感激して、その知己となる。明治七年山岡や静岡県権令大迫貞清は次郎長を後援して、正業につくようすすめた。ここにおいて模範囚を連れて県下万野ヶ原や有度山開墾につとめ、富士裾野に数十町の開墾をした。その後、清水湊を整備し、清水—横浜間の蒸気船定期航路を開き、船会社静隆社を設立した。一方、英語の教師を招聘して外国語修得の必要を説いているが、これは清水湊の発展のために外国人との接触にそなえたものである。彼の経済的後援者には清水湊の船問屋松本屋平右衛門がおり、松本屋の没後は回漕屋播磨屋こと鈴木与平と魚問屋の芝野金七らがいた。ところが明治十七年二月二十四日、松方デフレの不景気の中で、次郎長は江尻警察署に逮捕されている。その罪状は、表の商売が農間薪炭商でありながら、家宅捜索の結果武器と賭博用具が発見されたことである。かくして懲役七年・過料四百円に処せられ、静岡井之宮監獄に収監されたが、翌年山岡らの奔走で仮出獄している。明治二十六年六月十二日、七十四歳で死去。清水の梅蔭寺に葬られた。法名碩量軒雄山義海居士。

参考文献 村松梢風『正伝清水の次郎長』、戸羽山瀚『清水次郎長正伝』、天田愚庵『東海遊俠伝』(『愚庵全集』)、田村栄太郎『一揆・雲助・博徒』、小笠原長生『大豪清水次郎長』、望月茂「次郎長遺聞」(『伝記』六ノ九) (芳賀 登)

しみずまこと 清水誠 一八四五—九九 明治時代の燐寸製造家。加賀藩士嶺新兵衛の第六子として弘化二年(一八四五)十二月二十五日に生まれる。幼名金之助。幼時に同藩清水氏を継ぐ。明治三年(一八七〇)藩留学生としてフランスに赴き、パリ工芸大学に学び七年帰国。翌年、海軍造船官を勤める傍ら、吉井友実の勧めで東京の三田四国町の同人別邸で燐寸を試作し、九年本所柳原町に新燧社を設立して製造、翌年上海への輸出に成功した。スウェーデンに赴き安全燐寸製法を学び、開興商社を通じて販売し、十三年には輸入燐寸をほぼ駆逐した。のち大阪市で発明に専念し軸配列機の特許を得たが、三十二年二月八日肺炎で死亡した。五十五歳。墓は金沢市野町三丁目の玉泉寺にある。

参考文献 松本三都正編『清水誠先生伝』 (高村 直助)

しみずみつお 清水三男 一九〇九—四七 昭和時代前期の日本中世史の研究者。第二次世界大戦中に荘園・名田・村落などに関する新研究を公にし、戦後中世史学に大きな影響を与えた。明治四十二年(一九〇九)十二月、京都市下京区の旧家の三男に生まれる。父吉太郎、母ハル。昭和三年(一九二八)、第三高等学校文科乙類から京都帝国大学文学部史学科に入学、国史学を専攻し、同六年に卒業、さらに大学院で荘園の研究を続け、学界で活躍した。同十年、和歌山商業学校に赴任、同十三年、治安維持法違反の容疑で弾圧をうけた。翌年釈放後、日本古法制書目調査に従事しつつ中世村落史の研究を進め、同十七年十月、日本評論社から『日本中世の村落』、翌年五月、伊藤書店から『上代の土地関係』を刊行、学界の注目を浴びた。同年陸軍二等兵として召集をうけ、千島列島幌筵(ほろむしろ)島に赴く。敗戦後シベリアに抑留され、同二十二年一月二十七日、スーチャン捕虜収容所で急性肺炎のため三十九歳で没。『清水三男著作集』全三巻(校倉書房)がある。なお中村直勝はその義兄。 (戸田 芳実)

しもおかちゅうじ 下岡忠治 一八七〇—一九二五 明治・大正時代の官僚、政治家。号は三峯。明治三年(一八七〇)十月二日下岡直一・寿子の次男として摂津国川辺郡広根村(兵庫県川辺郡猪名川町)に生まれる。家は酒造業を営み代々庄屋をつとめていた。第三高等中学校を経て明治二十八年帝国大学法科大学政治学科卒業。内務省に入り地方官を経て法制局参事官・秋田県知事・農商務省農務局長・農商務次官・枢密院書記官長などを歴任。この間、元老山県有朋の知遇を得た。大正三年(一九一四)四月内務次官となったが、翌年の衆議院議員総選挙で兵庫県より出馬して当選。以来連続当選四回。初当選後公友倶楽部を組織して第二次大隈内閣を援助した。非政友合同問題には消極的で、五年十月立憲同志会・中正会・公友倶楽部の合同による憲政会の結成に際してはこれに加わらず、中正会残留組と公正会を組織したが、六年四月の総選挙後、憲政会に合流し、寺内内閣攻撃にあたった。以後、憲政会の幹部として原・高橋・加藤(友三郎)

の各内閣に野党の立場に立ち、兵役年限短縮・義務教育延長・普通選挙実施などを唱えた。十三年清浦内閣打倒をめざし憲政会・立憲政友会・革新倶楽部による第二次護憲運動に活躍し、同年六月護憲三派の加藤高明内閣実現に功績をあげたが、入閣を果たせず、同年七月朝鮮総督府政務総監に就任。大正十五年度の予算折衝のため上京中に胃癌で倒れ、十四年十一月二十二日東京で死去した。五十六歳。遺骨は郷里に葬られた。法名、真月院釈正行三峯大居士。

参考文献　三峯会編『三峯下岡忠治伝』

（鳥海　靖）

しもおかれんじょう　下岡蓮杖　一八二三—一九一四　日本の職業写真家の祖。本名桜田久之助。文政六年（一八二三）二月十二日伊豆国下田に桜田与惣右衛門の子として生まれる。はじめ画を学んだが、江戸の島津邸で銀板写真をみて写真師を志した。安政年間（一八五四—六〇）下田でヒュースケンから写真の大略を知り、ついで横浜で来日中の米人ウンシンから湿板写真術を学び、後年劇化上演されるほどの辛苦の末習得した。文久二年（一八六二）横浜野毛に野外の写場を開業、はじめて写真師という新職業を創業した。長崎の上野彦馬も同年開業、東西の開祖と呼ばれた。明治初期の文明開化の花形職業として、横浜本町の蓮杖写真館全楽堂の名は欧米にまで知られた。外国人の土産用の名所風景・社寺・風俗などの写真帖が有名であった。明治の写真師横山松三郎・江崎礼二ら多くの門下を育成した。また東京—横浜間の乗合馬車や牛乳業・ガス燈など新事業を試みたがすべて失敗した。明治八年（一八七五）東京浅草公園地に移り写真背景画などを画いた。大正三年（一九一四）三月三日没。九十二歳。墓は東京都豊島区の染井墓地にある。

参考文献　山口才一郎「写真事歴」（『旧幕府』三ノ七）

（小沢　健志）

しもぐにあき　下国安芸　一八〇九—八一　幕末の松前藩家老。文化六年（一八〇九）季鄰の子として生まれる。初名は季森、小字は運吉、のち宮内・貞太郎・豊前・安芸と改め、晩年には真澄と称した。天保七年（一八三六）家督を嗣ぎ、翌八年家老格となり、十年家老に進んだ。安政元年（一八五四）福山築城総奉行を命ぜられ、三年悉く竣成、藩主松前崇広から名の一字を賜わって崇教と改め加増を受けた。明治元年（一八六八）二月病弱の藩主徳広に代わって参朝、無事大任を果たした。その秋、藩内の内訌でクーデターを起した正議派に擁されて事にあたり、その数十日間の処置の顚末を記して藩主に奉った。『奉命日誌』という。間もなく徳川の脱走兵に襲われて破れ、藩主に従って津軽に脱れ、二年春恢復した。その功により永世百五十石を下賜された。翌三年病を以て退職。明治十四年六月四日没。七十三歳。性温厚にして人望あり、和歌をよくした。大正四年（一九一五）贈従五位。

参考文献　河野常吉編『北海道史人名字彙』上

（高倉新一郎）

しもざわかん　子母沢寛　一八九二—一九六八　昭和時代の小説家。明治二十五年（一八九二）二月一日、北海道石狩管区厚田村（厚田郡厚田村）に生まれた。本名梅谷松太郎。父は伊平、母は三岸イシ。事情があって、祖父母の実子として育った。祖父梅谷十次郎は、昔御家人の網元。札幌の北海中学を経て、大正三年（一九一四）、明治大学法学部卒。地方新聞記者などを経て、七年に読売新聞記者、十五年に東京日日新聞記者となり、昭和八年（一九三三）まで記者生活を送った。昭和三年に、子母沢寛名で『新選組始末記』を出版したのを手はじめとして、以後、笹川繁蔵や国定忠治らをとりあげて、股旅（またたび）もの作家として、その地位を確立した。特に評判となったのは、『弥太郎笠』（六年）である。やがて、幕末ものに領域を拡げ、特に、戦時下の十六年から書き始め、四十年までに六巻本とした『勝海舟』、海舟の父小吉もとりいれた『父（おや）子鷹（こだか）』（三十—三十一年）、『おとこ鷹』（三十五—三十六年）は、そのライフ・ワークというべきものである。それらには、祖父の面影が投影されているようで、実感のこもった佳作となっている。三十七年、菊池寛賞受賞。何冊かの随筆集も、滋味ゆたかな好読物である。四十三年七月十九日没。七十六歳。『子母沢寛全集』全二十五巻がある。

参考文献　尾崎秀樹『子母沢寛　人と文学』、『子母沢寛全集』解説と年譜

（磯貝　英夫）

しもせまさちか　下瀬雅允　一八五九—一九一一　下瀬火薬の発明者。安政六年（一八五九）十二月十六日安芸藩士下瀬徳之助の長男として生まれる。広島英学校を経て、明治十七年（一八八四）工部大学校化学科を首席で卒業。大蔵省印刷局に勤務ののち、同二十年海軍兵器製造所に転じ火薬の研究に従事、二十六年下瀬火薬が海軍に採用される。三十二年海軍下瀬火薬製造所長となるが、四十二年病のため辞仕、四十四年九月六日没。五十三歳。墓は東京都豊島区の染井墓地にある。

参考文献　松原宏遠編『下瀬火薬考』

（所　荘吉）

しもそねきんざぶろう　下曾根金三郎　一八〇六—七四　幕末の西洋砲術家、幕臣。名信敦、桂園と号し、武裸雄とも称した。『寛政重修諸家譜』一四九には下曾禰とあり、それが本姓。文化三年（一八〇六）生まれる。父は長崎奉行・江戸町奉行として令名高く、また露国使節プチャーチンに応接した筒井伊賀守政憲で、その第二子。文政十二年（一八二九）下曾根小十郎信親のあとを継ぎ、采地は九百石、天保二年（一八三一）西丸小性組に取り立てられた。渡辺崋山の門人となったが、同十年の蛮社の獄では危うく連累を免れた。同十二年、長崎から上府中の高島秋帆について、西洋砲術を学び、韮山代官江川太郎左衛門について高島流砲術指南を許された。嘉永五年（一八五二）二ノ丸留守居となったが、安政二年（一八五五）先手鉄炮頭に転じ、翌三年講武所が開設されると砲術師範を兼ねた。文久元年（一八六一）西丸留守居格となり諸大

夫に列して甲斐守を称した。同三年歩兵奉行に転じ砲術師範を兼帯、ついで慶応三年(一八六七)陸軍所の修行人教授方頭取となり、幕府の軍事改革に参画した。著書に『経済弁』『下曾根上書』『高嶋流砲皆伝書』および『鈐林必携』(上田亮章著、下曾根閲)がある。下曾根の預調練所(二千八百坪)は芝赤羽にあったが、のちにこれは外国人旅宿の場所となった(赤羽応接所)。金三郎の性向については、当時「韮山様(江川太郎左衛門)とは大違、実用嫌の花麗好き」という評もあった。菓子をつくることを好み、甘納豆はその創製という。明治七年(一八七四)六月五日没。六十九歳。墓は東京都渋谷区広尾の東北寺にある。

参考文献 佐藤昌介『洋学史研究序説』、安藤直方『講武所』(『東京市史外篇』三)、森銑三「筒井政憲遺聞」(『森銑三著作集』九所収)、笹原一晃「嘉永年間の西洋砲術―下曾根金三郎の周辺―」(『蘭学資料研究会研究報告』一七六)
(洞　富雄)

しもだうたこ　下田歌子　一八五四―一九三六　明治から昭和時代にかけてのわが国女子教育界の先達。安政元年(一八五四)八月八日、美濃国恵那郡岩村に生まれる。幼名鉐(せき)。父は岩村藩松平家の臣平尾鍒蔵、母は房、祖父は幕末の儒者東条琴台で、好学と勤皇の家風のもとで幼時から漢学と和歌を学び、才女の名が高かった。明治四年(一八七一)四月父の宣教使史生任命とともに一家をあげて上京、翌五年十月十九歳で宮中に出仕、その歌才によって皇后(昭憲皇太后)から歌子の名を賜わった。十二年十一月宮中奉侍を辞し、翌十二月剣客下田猛雄と結婚、十四年三月下田学校(桃夭女塾)を開いて新政府高官の子女を教えた。十七年七月夫の死後再び宮内省御用掛となり、翌十八年十一月華族女学校の開校とともに幹事兼教授を拝命、ついで学監として上流女子教育の任にあたった。二十六年九月皇女教育の準備のため渡欧、二十八年八月に帰国して内親王の教育に従う一方、三十一年十一月には、婦人の能力の向上をはかって帝国婦人協会を結成、翌年四月協会付属の実践女学校および女子工芸学校を開設した。さらに三十九年四月、華族女学校を学習院女学部に改組するにあたって女学部長に就任するが、新院長乃木希典と意見が合わず、翌年十一月に辞任した。四十一年三月実践女学校を法人組織に改めて充実をはかるが、その教育理念を「本邦固有ノ女徳」と「日進ノ学理」の統一、すなわち良妻賢母を基調とした実学実践においていた(学則第一条)。この間、明治三十五年から大正四年(一九一五)にかけて清国女子留学生を受け入れ、両国友好のかけ橋として前後百数十名を指導した。また明治三十四年二月の愛国婦人会の結成にも協力、大正九年には同会の第五代会長に推され、家庭婦人の国民的自覚と実生活上の教養を高めるため全国各地の講演に赴いた。大正十一年女子大学創設の構想を示し、同十四年一月実践女学校に専門部を設けて後年の実践女子大学の基礎を据えるが、一方で活発な著作活動を展開、四十点近い教科書・著書・雑誌などを刊行した。教科書としては『和文教科書』(三巻、明治十八年)、『小学読本』(八巻、同十九年)などが、修養書としては『家庭文庫』(十九冊、同二十一―三十四年)、『女子自修文庫』(六冊、同三十七―四十五年)などがあり、主なものは『香雪叢書』(五巻、昭和七年(一九三二)―九年)に収められている。なお『家政学』(二巻、明治二十六年)は、日本婦人の独自の体験に基づいた最初の家政学論であった。昭和十一年十月八日没。八十三歳。墓は東京都文京区大塚五丁目の護国寺にある。法名は蓮月院殿松操香雪大姉。死の直前刊行された『源氏物語講義』第一巻も、その代表的著述に数えられよう。

参考文献 故下田校長先生伝記編纂所編『下田歌子先生伝』、西尾豊作『下田歌子伝』、『実践女子学園八十年史』
(上沼　八郎)

しもなかやさぶろう　下中弥三郎　一八七八―一九六一　教員組合の創始者、平凡社の創業者。明治十一年(一八七八)六月十二日、兵庫県多紀郡今田村に生まれる。父久喜蔵、母つち。小学校三年修了で家業の陶器製造に従事、三十一年小学校准教員検定試験に合格、教職に就く。三十五年上京、『婦女新聞』『児童新聞』編集に従事。四十四年から大正七年(一九一八)まで埼玉県師範学校の教師。八年啓明会結成、翌年これを日本教員組合啓明会と改称、学習権の確立、教育委員会制度、教員組合結成の促進などをふくむ「教育改造の四綱領」を発表。日本最初の教員組合によるこの提言は日本教育史上重要な意義をもつ。九年日本最初のメーデーで代表演説を行う。十二年『万人労働の教育』刊行、野口援太郎らと教育の世紀社を結成、これを母体に翌年、徹底した児童中心主義の児童の村小学校を開校(昭和十一年(一九三六)閉鎖)。大正三年平凡社創業、『現代大衆文学全集』六十巻、『世界美術全集』三十六巻を刊行したが、出版社としての最大目的は『大百科事典』二十六巻・補遺一巻・索引一巻(昭和六―十年)の刊行であり、これは下中の「出版は教育」という信念にもとづく大事業であった。第二次世界大戦中、大政翼賛会・大日本興亜同盟の役員を勤め、戦後公職追放となった。昭和二十六年追放解除の後、世界連邦運動に力を入れ、三十年湯川秀樹らと世界平和アピール七人委員会を結成、第一回アピールを発表、同委員会は三十二年には国連に水爆実験禁止協定を成立させるよう要望し、三十四年には世界平和日本宣言を出すよう政府に要請するなど、世界平和の実現に向けて運動をすすめた。出版人としては教育立国の理想から、『社会科事典』十巻(二十三・二十四年)、『家庭科事典』六巻(二十四・二十五年)、『職業科事典』五巻(二十五・二十六年)、『児童百科事典』二十四巻(二十六―三十一年)など教育関係の基本図書をつぎつぎに刊行、さらに林達夫を編集長に迎え、欧米偏重を排し第三世界の諸民族の文化をも重視した『世界大百科事典』三十二巻(三十一―三十四年)を刊行、多くの家庭に百科事典を備えさせるきっかけとなった。晩年の活動は諸外国との交流、国内では文部省と日教組の調停への努力など多方面に及んだ。三十六年二月二十一日没。八十二歳。墓所は東京都府中市の多磨墓地。諡は下中弥三郎之命。勲一等瑞宝章を追贈される。

参考文献 下中弥三郎伝刊行会編『下中弥三郎事典』 (山住 正己)

しもはしゆきおさ 下橋敬長 一八四五―一九二四 幕末・明治時代の学者。江戸時代末期の公家の家格先例に精通していた。弘化二年(一八四五)五月十六日京都に生まれる。一条家の侍の家柄として十二歳より御側出仕。のち装束召具方を勤め高倉流を修める。父敬亮は病弱のため安政元年(一八五四)三十七歳で隠居。祖父陸奥守敬義が慶応三年(一八六七)八十四歳で没し、嫡孫承祖で遺跡を相続した。明治維新後は京都に留まり、皇学所監察助勤・御陵衛士・京都裁判所勤務を経て、京都御所殿丁・仕人・殿部などを歴任。この間、英照皇太后・明治天皇・照憲皇太后の大喪儀に供奉。賀茂・石清水・春日の三祭に奉仕し、傍ら、京都桜橘財団・平安義会の評議員を務めた。書を岡本保誠、和歌を佐々木允明に学び、青蓮院の坊官進藤千尋に従い皇陵の調査に従事し、宮廷の公事・書・和歌・国学に長じた。大正十年(一九二一)藤波言忠・猪熊信男の推挙を受け、臨時帝室編修局・図書寮・国学院大学・慶応義塾大学・史料編纂掛・維新史料編纂会・温故会・明治神宮奉賛会などで、維新前後の宮廷生活を講演した。大正十三年七月四日、八十歳で没した。戒名天英院恭誉敬長有山大居士。京都市下京区浄土宗大雲院に葬られる。編著『地下官人家伝』(未刊)、講演筆記『幕末の宮廷』『京都の故事に就て』『維新前の宮廷生活』、歌集『涼月集』がある。

参考文献 下橋敬長『幕末の宮廷』(『東洋文庫』三五三)、下橋孝敬『書道大師流草考』 (鈴木 真弓)

しもむらおさむ 下村治 一九一〇―八九 昭和時代の経済評論家。池田内閣のブレーン。明治四十三年(一九一〇)十一月二十七日、佐賀県佐賀郡北川副村大字木原(佐賀市)に父利繭・母ヒサの次男として生まれる。昭和九年(一九三四)東京帝国大学経済学部卒業後、大蔵省入省。経済安定本部物価政策課長、日本銀行政策委員、大臣官房財務調査官などを歴任。三十四年退官。昭和二十六年ごろから執筆活動を開始し、ケインズ学説を適用した「経済変動の乗数分析」で経済学博士となる。以後、この理論とすぐれた直観力を駆使し、三十二年不況にあたっては在庫論争を展開し、ついで経済計画を批判して成長率論争の立役者となった。その発想の要点は、日本経済は歴史的勃興期にあり、高率の設備投資によって一〇%成長が可能というものであって、池田内閣の所得倍増計画の支柱となった。石油ショック以降は一転して「ゼロ成長論」を展開。平成元年(一九八九)六月二十九日没。七十八歳。法名は慧光院殿済世治山大居士。墓は佐賀市兵庫町渕の長興寺にある。著書に『経済成長実現のために』『日本経済成長論』『ゼロ成長脱出の条件』などがある。

参考文献 下村治博士追悼集編纂委員会編『下村治』、水木楊『思い邪なし』 (中村 隆英)

しもむらかいなん 下村海南 一八七五―一九五七 大正・昭和前期の官僚、新聞人。海南は号、本名宏。明治八年(一八七五)五月十一日和歌山県生まれ。旧和歌山藩士で対露貿易の先覚者としても知られる下村房次郎の長男。同三十一年東京帝国大学法科大学卒業後官界に入り逓信省で活躍、累進して郵便貯金局長、為替貯金局長などを歴任。大正四年(一九一五)明石元二郎台湾総督に招かれて台湾総督府民政長官(のち機構改革で総務長官)となる。大正八年法学博士。同十年九月大阪朝日新聞社長村山竜平の懇請を受けて取締役として同社入社、十一年五月専務取締役を経て、昭和五年(一九三〇)副社長に就任、朝日新聞社の対外的な顔として経営の一翼を担う。同十一年三月退社。翌十二年貴族院議員となり、十三年十一月に日本体育協会会長、十八年五月には日本放送協会会長に就任。さらに二十年四月鈴木貫太郎内閣に入閣、国務大臣兼情報局総裁として戦争終結に尽力した。佐佐木信綱門下の歌人、随筆家としても知られる。『新聞に入りて』『終戦秘史』をはじめ多数の著書がある。昭和三十二年十二月九日没。八十二歳。 (内川 芳美)

しもむらかんざん 下村観山 一八七三―一九三〇 明治から昭和時代前期にかけての日本画家。本名晴三郎。明治六年(一八七三)和歌山に生まれる。紀州徳川家に幸流小鼓をもって仕える家の出。下村豊次郎の三男。狩野芳崖、ついで橋本雅邦に師事。明治二十七年東京美術学校第一回卒業生となり同校助教授に就任。三十一年岡倉天心に連袂し辞任、日本美術院創立に参加する。その後教授に復職し欧州留学するが四十一年辞職。三十九年から四十五年まで茨城県五浦で同志と制作。四十年第一回文展に代表作「木の間の秋」を発表、以後「大原御幸」「魔障」へと作風を展開。大正三年横山大観らと日本美術院を再興し第一回展に「白狐」、翌年「弱法師」を出品し古典に学んだ観山芸術の頂点を示す。六年帝室技芸員。八年帝国美術院会員に推挙されたが大観とともに辞退した。昭和五年(一九三〇)五月十日、横浜で没。五十八歳。東京市下谷区谷中上三崎北町(東京都台東区谷中五丁目)の安立寺に葬られる。法名、大雄院観山日晴居士。また東京都府中市の多磨墓地にも分骨した墓がある。

参考文献 細野正信編『下村観山』(『近代の美術』九) (三輪 英夫)

しもむらこじん 下村湖人 一八八四―一九五五 大正・昭和時代の教員、社会教育活動に従事。小説『次郎物語』の作者。本名虎六郎。明治十七年(一八八四)十月三日、佐賀県神崎郡崎村(千代田町)の旧家に、父内田郁二・母つぎの次男として生まれる。佐賀中学・第五高等学校を経て東京帝国大学文科大学に入学、英文学を専攻し同四十二年卒業。大正二年(一九一三)郷里の下村家の養子となり長女菊千代と結婚。明治四十四年佐賀中学の英語教師となり、その後、中学の教頭・校長を歴任し、昭和四年(一九二九)台湾の台北高等学校長に就任するが、同六年辞職。同年、五高時代の上級生で青年団運動の指導者田沢義鋪の手引により、大日本連合青年団嘱託となる。同八年からは同青年団講習所長として講習生の指導にあたった。同十二年所長辞任を余儀なくされ、翌十三年田沢が中心になっていた壮年団中央協会の理事に就任し、機関誌『壮年団』誌上で「壮年団精神」の鼓吹につとめた。また、同十一年から雑誌『青年』に自伝的小説『次郎物語』を連載し、同十六年に『次郎物語』第一部、同二十九年に第五部を刊行した。翌三十年四月二十日死去。七十歳。墓は東京都板橋区の松月院にある。法名は覚性院文園徳潤居士。なお、『下村湖人全集』全十巻がある。

参考文献 永杉喜輔『下村湖人伝』(『永杉喜輔著作集』四)　(北河賢三)

しもむらさだむ　下村定　一八八七―一九六八　明治から昭和時代にかけての陸軍軍人、最後の陸軍大臣。高知県出身。明治二十年(一八八七)九月二十三日、陸軍中佐下村定辞の長男として金沢で生まれた。金沢一中・名古屋幼年学校を経て、四十一年第二十期生として陸軍士官学校を卒業、砲兵少尉に任官した。大正五年(一九一六)陸軍大学校を卒業、フランス陸大に学び、長く参謀本部作戦課に勤務した。部内では良識ある知性派として定評があったが、病弱のせいもあって軍歴の前半はほとんどを地味な参謀と教官生活ですごした。昭和十二年(一九三七)九月参謀本部作戦部長に任じられたが、在任四ヵ月で交代、陸大校長・第十二軍司令官(華中)・西部軍司令官・北支那方面軍司令官を歴任して、二十年五月大将に昇任した。終戦直後の同年八月二十三日東久邇宮内閣の陸軍大臣に就任、十一月三十日の陸軍省解体まで、困難な終戦処理業務にあたったが、議会で率直に陸軍の過誤を謝罪した態度は好感を与えた。戦後も長老として旧陸軍軍人の人望を集め、三十四年から六年間参議院議員をつとめた。昭和四十三年三月二十五日交通事故により没。八十歳。　(秦郁彦)

しもむらしょうたろう　下村正太郎　大丸屋下村家宗家第五代から第十一代の世襲名。安永四年(一七七五)大丸屋は第四代下村彦右衛門素休の死没により一時休業。翌五年下村一族の烏丸家兼愛は、正太郎を称し第五代を継ぐ。以後代々正太郎を襲名する。兼愛は安永四年に生まれ、当年二歳、同六年四月十八日三歳で没し、伏見家正立が第六代を継ぐ。正立は安永四年に生まれ、文化九年(一八一二)十一月九日三十八歳で没。柳馬場家正篤が第七代を継ぐ。化政期、正篤は京・大坂に両替店、また兵庫店を開設する。文化三年の江戸大火で御用金五千両、同五年名古屋調達金五百五十両を引き受け、たびたびの類焼により焼けぶとり、五百余人の手代を使う大家となる。天保八年(一八三七)大塩平八郎の乱では義商として兵火を免れる。同十三年名古屋正金融通方世話人となる。嘉永五年(一八五二)正篤は隠居し(文久元年(一八六一)十二月二十八日六十歳で没)、次子正濤が第八代を継ぐ。正濤は文政四年(一八二一)に生まれ、慶応元年(一八六五)隠居、明治四年(一八七一)九月二十一日五十一歳で没。第九代正弘は弘化元年(一八四四)に先代の長子に生まれ、明治元年隠居、同三十一年一月十一日五十五歳で没。第十代伏見家正堂は嘉永六年に生まれ、明治元年宗家を継ぐ。明治元年新政府の金穀出納所へ金千両を献金。同三年名古屋の作良商船会社頭取、翌四年京都府御用達、米会所頭取、名古屋藩通商会社総頭取脇為替懸りを分担、同六年京油商社・米商社頭取となる。同十三年京都東店閉鎖、同十四年大阪両替店を閉鎖した。同二十二年六月二十三日正堂は三十七歳で没し、長子正剛が第十一代を継ぐ。正剛は明治十七年に生まれる。同四十一年一月正剛は旧来の個人経営を改め、負債勘定金九十三万円・整理残金五十万円を繰り込んで大丸屋を株式合資組織に変更、東京に本店を置き、東京・京都・大阪店を修改築し、神戸元町店を開業する。欧米留学後再改革に着手、同四十三年十月東京・名古屋両店を閉じて関西に営業を集中し、商標を手直しし、京都にサラセン風の本店店舗を新築して陳列式の営業を開始。大正三年(一九一四)本店を大阪に移し京都店を合資会社に変更、同九年大阪本店を大建築にして資本金千二百万円の株式会社に変更。同十二年十月京都大丸は金沢に出張店を開業、昭和二年(一九二七)十月京都寺町に大丸マートを建て、同三年十月京都店鉄筋建築が竣工。同六年七月京阪両店を合併、大阪本店として資本金千五百万円の株式会社大丸となる。正剛は昭和十九年一月六日没。六十一歳。代々の墓所は京都市伏見区深草宝塔寺山町の宝塔寺。

参考文献 宮本又次『大阪商人』(『アテネ新書』八八)、『大丸二百五拾年史』、安岡重明『財閥形成史の研究』　(川上雅)

しもむらぜんたろう　下村善太郎　一八二七―九三　明治初期の上野国前橋の有力生糸商。文政十年(一八二七)四月二十八日、前橋の小間物商重右衛門の長男に生まれる。のち米相場に失敗して嘉永三年(一八五〇)武蔵国八王子へ転居、繭糸商三好屋となる。輸出生糸取引で産をなし、文久三年(一八六三)家族を伴い前橋へ戻り、明治十二年(一八七九)揚返所昇立社を設けるが、十九年に大損失を蒙る。明治九年高崎から前橋への群馬県仮県庁移転に尽力し、二十五年初代前橋市長に選ばれる。二十六年六月四日病没。六十七歳。法名、譲賢院義荘広済清居士。墓は前橋市竜海院にある。

参考文献 豊国義孝「故下村善太郎翁と未亡人」(『上毛及上毛人』八ノ一二)　(石井寛治)

しもやまじゅんいちろう　下山順一郎　一八五三―一九一二　明治時代の薬化学・生薬学者。嘉永六年(一八五三)二月十八日、尾張犬山藩士下山健治の長男に生まれる。藩校敬道館に学び、藩の貢進生として明治三年(一八七〇)

十月大学南校独逸語科で修学。六年九月第一大学区医学校(東京大学医学部)製薬学科へ進学、十一年三月首席卒業、同校に職を奉じた。十四年陸軍薬剤官兼任大学助教授、十六年日本薬局方編纂御用掛。同年九月ドイツ留学、ストラスブルク大学で研修、二十年六月帰朝。帝国大学医科大学教授に任じ薬学科生薬学講座を担当、以後教職を奉ずること三十余年、その間、第一高等中学校教授・私立薬学校初代校長を兼ね、官学・私学にわたって育英に従事するとともに、日本薬学会副会頭・日本薬剤師会初代会長・中央衛生会臨時委員・日本薬局方調査委員を歴任し学界・剤界の発展に尽くした。四十五年二月十二日没。六十歳。墓は東京都墨田区向島三丁目の常泉寺にある。法名は叢林院殿一雨日潤居士。著訳書に『日本薬局方註解』『生薬学』『薬用植物学』『製薬化学』『有機化学』『無機化学』『検尿法』など多数あり、版を重ねた。

参考文献 唐沢富太郎『貢進生』 (宗田　一)

シモンズ Duane B. Simmons 一八三四―八九 幕末に来日したアメリカの医師、宣教師。一八三四年に生まれる。安政六年(一八五九)来日、はじめ横浜において宣教師として活躍。翌年居留地八二番で医院をひらいた。一旦帰米してヨーロッパに赴き、主としてベルリンで最新の医学を学んで、明治二年(一八六九)再び来日、大学東校の医学教師となる。横浜病院、十全病院(ともに横浜市立大学病院の前身)に勤務、当時の名医ヘボンと並び称された。内科・外科に精通し、病院を開放して外科手術などを開業医にも見学させた。またコレラ流行や種痘規則の改正に際して、活潑に意見書を発表するなど、公衆衛生面の活躍も目ざましいものがあった。明治十三年十全病院を退職、その功によって勲五等旭日章を贈られた。帰国後、老母を伴って同十九年三たび来日、かつてその病を治療した縁で親交をむすんだ福沢諭吉の世話で、三田の慶応義塾内に居を定め、同二十二年二月十九日にここで死亡した。墓は東京都港区の青山墓地にあり、福沢の撰した碑文がある。

参考文献 大滝紀雄『かながわの医療史探訪』 (深瀬　泰旦)

しゃくそうえん 釈宗演 一八五九―一九一九 明治・大正時代の臨済宗の僧侶。安政六年(一八五九)十二月十八日、若狭国大飯郡高浜村に一ノ瀬信典の次男として生まれる。十三歳越渓守謙について出家得度、名を祖光、のち宗演と改め、釈を氏とする。儀山善来・今北洪川に参禅し、洪川の法を嗣いで洪岳の道号を受ける。楞伽窟と称した。慶応義塾に学び、明治二十年(一八八七)卒業、セイロンに留学。帰国してのち円覚寺・建長寺の管長となる。その間、明治二十六年シカゴにおける万国宗教大会に出席し、あるいは満洲・欧米・インドに赴く。その門下に帰依するもの少なくなかった。大正三年(一九一四)臨済宗大学の学長となる。同八年(一九一九)十一月一日寂。六十一歳。中興開山となった東慶寺に葬る。『釈宗演全集』全十巻(昭和四年(一九二九)―五年)がある。

参考文献 釈敬俊編『楞伽窟年次伝』 (古田　紹欽)

しゃくちょうくう 釈迢空 ⇨折口信夫(おりくちしのぶ)

シャノアーヌ Charles Sulpice Jules Chanoine 一八三五―一九一五 フランスの陸軍軍人。一八三五年十二月十八日コートドール県ディジョンに生まれる。サンシールの陸軍士官学校を出てアフリカ・中国に勤務、一八六六年十一月(慶応二年十月)江戸幕府が公使レオン＝ロッシュ Léon Roches を通じてフランスから陸軍教官を招く契約をパリで結ぶと、大尉で第一次軍事顧問団長となり、慶応二年十二月八日一行十六人(一説十七人)で横浜に到着(のち一人追加)、当初横浜で、四ヵ月後江戸に移って、幕府陸軍三兵の編制・教育にあたった。間もなく戊辰戦争となり、シャノアーヌは主戦論を唱えたが、将軍徳川慶喜・陸軍総裁勝海舟に制せられて横浜で待機、その間イギリス軍艦で中国沿海州の視察をし、一行中ブリュネ砲兵大尉のように榎本武揚の軍に投ずるものもいたが、明治元年(一八六八)十月四日日本を去った。一八七〇年結婚、三男一女あり。のち昇進して陸軍中将となり、一八九八年陸軍大臣となったが、ドレフュス機密売却事件に連坐して辞職。一九〇七年日仏関係文書集 Documents pour servir à l'histoire des relations entre la France et le Japon を刊行。一九一五年一月二十九日マルヌ県ボードマン村で死去した。七十九歳。

参考文献 高橋邦太郎『お雇い外国人』六、西堀昭『日仏文化交流史の研究』 (金井　圓)

じゃはなのぼる 謝花昇 一八六五―一九〇八 沖縄における自由民権運動の指導者。慶応元年(一八六五)九月二十八日に沖縄本島南部の東風平間切(こちんだまぎり)(沖縄県島尻郡東風平町)の農家に生まれた。師範学校在学中の明治十五年(一八八二)第一回県費留学生に選抜されて上京、学習院から東京山林学校、東京農林学校を経て帝国大学農科大学を明治二十四年卒業、帰県して県技師に任命されて高等官になる。平民出身で沖縄最初の学士であり高等官になった謝花の名声は一世を風靡、「階級打破の象徴」として民衆の尊敬を集めた。県技師としての謝花は、科学的農学に基づいた農業技術の指導や砂糖生産拡大の障害となっている貢糖制度の廃止に力をつくし、新しく日本の版図となった台湾の糖業との対抗を予測して明治二十九年には『沖縄糖業論』を著わし無料で配布して糖業者の自覚を促すなど、業績をのこしている。しかし、明治政府の政策をうけてあたかも専制王のごとく沖縄の近代化を遂行する知事奈良原繁としばしば衝突した。その奈良原を頂点に薩摩閥が主流を占める県庁内で差別冷遇される中で次第に思想的に目覚め、明治三十一年憲政党内閣の内相板垣退助に奈良原の更迭を直訴するが、まもなく内閣は瓦解して失敗。同年十一月沖縄にも設置が決まった農工銀行の常務取締役に就任すると、十二月官職を辞して上京し、沖縄県に衆議院議員選挙法の施行を要求する参政権運動に取り組む。翌三十二年一月在京の同志らと沖縄倶楽部を結成、機関誌『沖縄時論』を発行して奈良原県政批判、参政権要求の論陣を張った。また星亨・高木正年・田中正造らに働きかけたことから、帝国議会において奈良原の暴政が暴露され沖縄への衆議院議員選挙法の実施が論議されるなど、活発な運動を展開した。しかし、三十三年三月の農工銀行重役改選で、奈良原県政に癒着して勢力の確立をもくろむ旧支配層側に完敗し、同志は四散し組織は壊滅。三十四年家産を使い果たした謝花は、山口県に職を得て赴任する途中、神戸駅で発狂し帰郷、以後七年間ついに正気を取り戻すこともなく明治四十一年十月二十九日郷里の東風平で没。四十四歳。

[参考文献] 親泊康永『義人謝花昇伝』、新川明『異族と天皇の国家』

（田港 朝和）

シャンド Alexander Allan Shand 一八四四―一九三〇 明治五年（一八七二）十月一日から政府の招聘で近代的金融業務の啓発・指導にあたった英国の銀行家。一八四四年に生まれる。シャンドはパース＝バンクのロンドン支店副支配人の地位から、バンキング＝コーポレーション＝オブ＝ロンドン＝インディア＝アンド＝チャイナの横浜支店支配人格として幕末に来日した。国立銀行条例制定に伴い国立銀行の経営指導の外国人教師として雇い入れられた。当時、銀行経営の監督者たる大蔵官僚も金融業務取扱を明確に認識していなかったから、これに習熟した外国人を招かざるをえなかった。彼は明治六年十二月『銀行簿記精法』、同十年五月『銀行大意』を上梓、前者はわが国の銀行で統一簿記制度を生成させる要因となり、後者は近代的銀行業務普及に役立った。彼はまた大蔵官僚・第一国立銀行員らに直接銀行簿記・金融業務を教授し、近代的金融業務に全く未習熟の銀行員らの訓育に多大の貢献をしただけでなく、前記の著書はながく金融界で教科書として使用され、わが国金融界に商業銀行主義を深く根づかせるに至った。同十一年三月帰国。一九三〇年四月十二日、ドーセット州パークストーンの自宅で没。

[参考文献] 土屋喬雄『シャンド』

（岡田 和喜）

シャンボン Jean Alexis Chambon 一八七五―一九四八 在日カトリック教会大司教。一八七五年三月十七日フランスに生まれ、九九年パリ外国宣教会に入り、司祭となった。明治三十三年（一九〇〇）日本に来り、函館教会に着任。翌年仙台神学校教授となり、三十八年函館教会主任司祭となる。大正三年（一九一四）応召、フランス軍看護兵として従軍、八年再び来日、十年パリ外国宣教会総長の顧問会に在日会士の代表として派遣され、顧問兼総長秘書を勤めた。昭和二年（一九二七）東京大司教に任ぜられ、邦人司祭の養成を心掛け、大神学校の設置に尽力した。十二年東京大司教区が邦人に委ねられるや、新設の横浜司教区初代司教となった。十五年隠退後は横浜戸塚の光の園において霊的指導にあたった。二十三年九月八日没。七十三歳。墓は横浜山手の外人墓地にある。

[参考文献] カトリック山手教会編『聖心聖堂百二十年史』、助野健太郎「山手教会百年史」（『やまて』一四）

（助野健太郎）

じゅういちやぎさぶろう 十一谷義三郎 一八九七―一九三七 大正・昭和時代の小説家。神戸市元町三丁目に明治三十年（一八九七）十月十四日生まれる。父春吉の三男。幼少より虚弱で好学。京都三高を経て大正十一年（一九二二）東京帝国大学英文学科卒。十三年文化学院教授、同年創刊の『文芸時代』同人となり、新感覚派風を加味した暗澹とした生立ちの原体験に基づく形而上的思念幻想、英文学的な学究性、虐げられた者への共感など多趣な文芸性をもって小説壇で活躍、昭和三年（一九二八）―六年『唐人お吉』（正続終編）で声名を得た。昭和十二年四月二日三浦半島大楠町の自宅で没。四十一歳。墓は郷里神戸市鵯越の十一谷家墓地にある。

[参考文献] 川端康成「十一谷義三郎」（『中央公論』五二ノ五）、神谷忠孝「十一谷義三郎論」（『中央大学文学部紀要』十一）

（酒井森之介）

しゅうおんらい 周恩来 Zhou En-lai 一八九八―一九七六 中国の政治家。原籍は浙江省紹興で、祖父の代から江蘇省淮安に移り、この県の下級官僚周劭綱を父として一八九八年三月五日に生まれた。しばしば失業する職（幕僚・秘書）の家だったようで、かれは「破産的封建官僚」の家と称している。もっとも母方はやや豊かで、母方の祖父の家で多くの書籍を学び中国古典の教養を身につけた。号は翔宇、筆名は伍豪、秘密工作の時代は少山、中華人民共和国成立直前には胡必成の名を用いた。幼年にして両親を失い、同じく地方の下級官僚であった伯父貽賡と東北の瀋陽で暮らしたこともある。一九一三年八月奨学金を得て南開中学に学び、一七年六月同校卒業後日本に渡り、松本亀次郎を校長とする東亜高等予備校で日本語・基礎教育を受けた後、早稲田大学・京都帝国大学などで講義を聴講した。一九年四月帰国後五・四運動に参加し、九月、覚悟社結成の主要メンバーとなり民族主義・人道主義を鼓吹した。二〇年十一月苦学生としてフランスに渡ってからのちマルクス主義に傾斜し、二一年六月旅欧中国少年共産党を結成、同年冬これが中国共産党中央に中国共産主義青年団旅欧支部として認められることによって中国共産党に入党した。二四年六月帰国後新設の黄埔軍官学校政治部主任に迎えられ、翌年鄧穎超と結婚、二六年冬の北伐時には江蘇・浙江地区軍事委員会書記として上海労働者の武装蜂起を指導し、翌年これを成功させ、「四・一二政変」後も南昌の武装暴動を指導、二八年の六全大会で党中央政治局員に選出され中央の最高指導者の一人となった。三〇―三四年の陳紹禹・秦邦憲らの指導の時代には組織部長・軍事委員会書記などを歴任。三五年一月の遵義会議で毛沢東支持に転換し、以後毛沢東の忠実な補佐役を指向し、中華人民共和国成立後は国務院総理兼外交部長、七六年一月八日癌で死去したときも総理の現役で苦闘していた。七十九歳。

参考文献　梨本祐平『周恩来』、許芥昱『周恩来』(高山林太郎訳)、謝冰心他『周総理的故事』、金沖及主編『周恩来伝』(狭間直樹監訳)　(宇野　重昭)

しゅうさくじん　周作人　*Zhou Zuo-ren*　一八八五―一九六七　中国の文学者。字は啓明。筆名には仲密、豈明、知堂、遐寿などがある。一八八五年生まれる。魯迅の弟。浙江省紹興出身。南京の水師学堂を卒業後日本に留学し、立教大学で英文学やギリシャ語を学び、章炳麟に師事した。一九〇九年(明治四十二)兄魯迅とともに『域外小説集』を訳刊し、東欧弱小民族の文学の紹介に努めた。帰国後、浙江省で教育に従い、一七年招かれて北京大学へ移った。文学革命運動に際しては人本主義的立場から伝統を批判し新文学の思想的意義づけを試み、英・希(ギリシャ)・日三ヵ国語の実力を生かして古今の作品を紹介した。随筆集は『雨天の書』など十数種にのぼる。しかし次第に反時代的姿勢を強め、文人的な隠逸の色を濃くした。日中戦争中は北京にとどまったため、戦後対日協力の罪に問われ下獄した。解放後は北京の自宅へ戻って不遇のうちに翻訳などに従い『魯迅の故家』や『知堂回想録』を遺した。一九六七年没。八十三歳。

参考文献　木山英雄『北京苦住庵記―日中戦争時代の周作人―』、劉傑『漢奸裁判』(『中公新書』一五五四)　(尾崎　秀樹)

しゅうふつかい　周仏海　*Zhou Fo-hai*　一八九七―一九四八　中国近代の政治家。湖南省の富農の子。一八九七年生まれる。中学校まで教育をうけたのち推薦されて日本留学。一九一八年日華軍事協定に抗議して一時帰国したが借金して再来日、一高合格により国費生となり、京都大学在学中には河上肇の講義に出席したこともある。二一年京大在学中、留日代表として中国共産党創立大会に参加、副委員長に推された。二四年帰国後、戴季陶の招きで広州に行き、国民党の宣伝活動に協力、二五年には『中山先生思想概観』を著わして蒋介石からも注目された。二六年北伐参加、二七年には武漢の中央軍事政治学校秘書となったがやがて共産党の惲代英と対立、漢口を脱出して蒋介石が南京に新設した中央軍事政治学校の政治主任となった。以後国民党の民衆訓練部・宣伝部の要職を歴任したが思想的には汪兆銘の左派に属し、三八年末重慶政府を脱出、日本支配下の南京国民政府の財政部長・行政院副院長を歴任したため第二次世界大戦後戦犯として逮捕され、四八年四月南京の獄中にて病死した。五十二歳。

参考文献　『周仏海日記』、周仏海『三民主義解説』(犬養健訳編、『岩波新書』赤四一・四二)、劉傑『漢奸裁判』(『中公新書』一五五四)　(宇野　重昭)

じゅがくぶんしょう　寿岳文章　一九〇〇―九二　昭和時代の英文学者。和紙の地理的歴史的研究、書物論や私版発行にもかかわる。明治三十三年(一九〇〇)三月二十一日(戸籍では二十八日)、兵庫県明石郡押部谷村高和(神戸市西区)に父竜華院住職鈴木快音・母はるの次男として生まれる。幼名規矩王麿、文章は得度名。十歳の折、長姉の婚家兵庫県美嚢郡上淡河村神影(神戸市北区)石峰寺竹林院の養子となり、寿岳姓となる。京都の真言宗立京都中学(現在の洛南高等学校)、関西学院高等部英文学科を経て、大正十三年(一九二四)京都帝国大学文学部選科入学、英文学専攻、昭和二年(一九二七)修了。京都専門学校、竜谷大学、関西学院大学、甲南大学などの教員。ウィリアム＝ブレイク、書物論、和紙などに関する多岐にわたる研究を行う。晩年ダンテの『神曲』を訳す。各方面の業績を通じて共通の一定の美意識が見られる。平成四年(一九九二)一月十六日肺浮腫にて没す。九十一歳。妻しづとの一基の墓は京都南禅寺慈氏院にある。著書『キルヤム・ブレイク書誌』『日本の紙』『書物の世界』ほか多数。

参考文献　大久保久雄・笠原勝郎編『寿岳文章書誌』　(寿岳　章子)

しゅくしんのうぜんき　粛親王善耆　*Su qin-wang Shang-qi*　一八六六―一九二二　清朝の皇族。同治五年(一八六六)生まれる。太宗の長子武粛親王豪格(第一世)の第十世にあたり、建国の際の元勲の八家の随一として、家格はきわめて高かった。光緒十九年(一八九三)、はじめて鑲白旗副都統の官職につき、翌年、護軍統領となった。同二十六年、義和団事件の際、列国公使館に隣接する親王邸は激戦地となり、殿堂と珍宝が灰燼に帰した。この事件の際、西太后・光緒帝の西安への巡幸に扈従し、御前大臣となった。事件平定後、崇文門税務衙門監督となり、収賄を厳禁し公平な課税を行なった。同二十八年、工巡局管理事務大臣となり、川島浪速と親交を結び、警察制度の刷新を期した。同三十二年、理藩院管理事務大臣となり、蒙古を巡視した後、蒙古開発に関する経世的意見を上奏した。翌三十三年より五年間、民政部尚書として各方面に目覚ましい治績を挙げた。宣統二年(一九一〇)の汪兆銘の摂政醇親王載灃暗殺未遂事件に際し、その才能を惜しみ、摂政王に寛大な処置を請うた。翌年、辛亥革命が勃発し、清朝の危機が迫った際、御前会議において恭親王らとともに、皇帝退位に反対したが、民国元年(一九一二)二月二日、川島浪速の満蒙独立の計画に応じ、北京を脱して旅順に赴いた。同五年、川島は親王の第七子憲奎王を擁して再び満蒙独立を策したが、袁世凱の急死で頓挫した。「東洋のマタ＝ハリ」と呼ばれた川島芳子は、親王の第十四王女で、のちに川島の養女となった。粛親王は第二次満蒙独立運動の挫折後、失意のうちに民国十一年二月十七日、死去した。五十七歳。

参考文献　石川半山『粛親王』、会田勉『川島浪速翁』、黒竜会編『東亜先覚志士記伝』中、栗原健編『対満蒙政策史の一面』、中見立夫「グンサンノルブと内モンゴルの命運」(護雅夫編『内陸アジア・西アジアの社会と文化』所収)、上坂冬子『男装の麗人・川島芳子伝』　(河村　一夫)

シュタイシェン Michael A. Steichen 一八五七―一九二九 ルクセンブルグ出身のパリー外国宣教会員で、『切支丹大名記』の著者。一八五七年生まれる。二十二歳ころ宣教師となることを志してパリーの外国宣教会神学校に学び、一八八六年司祭に叙階、翌明治二十年(一八八七)一月日本に到着。盛岡・東京・静岡・横浜などの教会を転任し、この間、公教雑誌『声』の編集に関与した。山口の大道寺文書について言及し、『キリシタン大名』を著わした。昭和四年(一九二九)七月二十六日死去、日本在留四十三年であった。青山外人墓地に葬られた。

参考文献 シュタイシェン『切支丹大名記』(吉田小五郎訳)

(五野井隆史)

シュタイン Lorenz von Stein 一八一五―九〇 ドイツの公法・経済・行政学者。一八一五年十一月十五日シュレスビッヒに生まれた。キール大学で哲学・法学を学び、のちパリに赴いて勉学し、一八四二年には『フランス現今の社会主義と共産主義』を著わし、一躍著名になった。彼の業績は行政学・財政学・国民経済学・国家学など社会科学の各方面にわたった。明治十五年(一八八二)明治憲法制定準備のため渡欧した伊藤博文は、八月ウィーンに赴いて当時ウィーン大学政治経済学教授であった彼の講義を聴いた。講義は英語で語られ、かつその内容は多岐にわたり、国王特権論に始まり、政体・立法・軍隊・司法・行政・自治・法人・財政などの憲法理論に関する諸問題のほか、政治・外交・経済・教育・社会政策などの実際的問題やプラトン・アリストテレスの哲学にまで及んだ。彼の講義は全体に社会学的性格が濃く、憲法の講義に際しては国家の制度を詳説する必要があり、それには社会としての国家、すなわち「邦国国家」(国家社会)を理解しなければならないという見解が前面に出たものであった。このような基調のもとに、彼は英・独・仏など各国の憲政の異同を論じ、また「日本ハ天然ノ帝国ニシテ、天然ノ帝王、天地ト共ニ動カサルナリ。日本国体ノ尊重ナル者則是レナリ」と述べ、日本はその歴史的国体を尊重した独自の立憲君主国憲法を作るべきであるという所見を吐露した。この講義から受けた伊藤の感銘は大きく、君権を中心とする憲法制定に確信を得たと、その感激を岩倉具視に報じた。伊藤は彼を政府顧問として日本に招聘しようと試みたが、老年を理由に辞退されてそのことは実現しなかった。伊藤の帰国後、山県有朋・黒田清隆・海江田信義・谷干城・藤波言忠らの政府要人も渡欧して彼の教えを受けた。シュタインは、明治憲法制定上、政府上層部の思想的統一を形成するうえで大きな寄与をしたといえる。九〇年九月二十三日没。七十四歳。伊藤の聴いた講義内容は、伊東巳代治筆記『斯丁氏講義筆記』(三巻)にうかがうことができる。

参考文献 清水伸『独墺に於ける伊藤博文の憲法取調と日本憲法』、H・U・ヴェーラー編『ドイツの歴史家』一(ドイツ現代史研究会訳)、早島瑛「ローレンツ・フォン・シュタインと明治憲法の制定」(『商学論究』二七ノ一―四合併号)、星健一「Lorenz von Stein 関係文献」(『参考書誌研究』一五)

(梅溪　昇)

しゅだつ 守脱 一八〇四―八四 江戸時代後期から明治時代前期にかけての天台宗の僧。字は大宝、清浄金剛と号する。文化元年(一八〇四)伊勢国三重郡水沢(すいざわ)村(三重県四日市市)真宗大谷派常願寺に生まれた。俗姓は中川氏。十六歳で叡山横川安楽律院に入り、天保元年(一八三〇)痴空に随い、講席に列し、顕密の学を学んだ。嘉永二年(一八四九)安楽律院に戻り、以後各地に講筵を開いたが、その説くところ、痴空の説に合わなかったため、安政六年(一八五九)安楽律一派に追われた。その後も日光山の学頭に招かれ、また山門の大衆にも招かれたが、再び安楽律一派の排斥に遇い、ついに明治二年(一八六九)籍を寺門派に転じた。同十七年二月十日、園城寺宝寿院で寂した。八十一歳。学は広く漢籍にも及び、著書も多く、天台学以外にも及んでいる。

(石田　瑞麿)

しゅとく 朱徳 Zhu De 一八八六―一九七六 現代中国の軍人。字玉階。一八八六年十二月十八日四川省北部の儀隴県の小作人の家に十三人兄弟の三男として生まれた。家は十九世紀初頭に広東から移住してきた客家(ハッカ)で、四川語と広東語を話した。成都高等師範学校体育科を経て一九〇九年雲南講武堂に入学、一一年卒業後蔡鍔のもとで中隊長として辛亥革命に参加。二二年アヘンの悪習と絶縁してヨーロッパに留学、十月末ベルリンで周恩来と会い、共産党に入党した。帰国後朱培徳のもとで師団長として北伐に参加、二七年の南昌暴動では新編第九軍副軍長、二八年五月井崗山で毛沢東と合流して労農赤軍第四軍軍長となった。三四年からの長征に参加。日中戦争のときには八路軍総司令、戦後内戦期には人民解放軍総司令として中共軍を代表し、中華人民共和国成立後は中央人民政府軍事委員会副主席に就任、五九年には軍の第一線をしりぞいて全国人民代表大会常務委員会委員長となり、七六年七月六日病死した。九十一歳。

参考文献 中共中央文献編集委員会編『朱徳選集』、アグネス=スメドレー『偉大なる道―朱徳の生涯とその時代―』(阿部知二訳、『岩波文庫』)

(宇野　重昭)

シュトライト Robert Streit 一八七五―一九三〇 ドイツのカトリック司祭、布教史学者。一八七五年十月二十七日、ポーランドに生まれ、九五年無原罪聖母会修道士となり、一九〇一年司祭。〇九年以来、ドイツにおける布教史学研究所設立に参与した開拓者の一人。その基礎作業として営々としてカトリック布教文献目録 Bibliotheca Missionum の編集にあたり、一六年ミュンスターから第一巻を刊行。各巻数百から千頁を超える大目録で、日本関係は「アジア布教文献」として第四巻に一二四五年から一五九九年まで、第五巻に一六九九年まで、第六巻にフィリピン・日本・インドシナ関係一七九九年までが含まれている。一九三〇年七月三十一日、彼はフランクフルト=アム=マインにおいて五十四歳で没したが、同会司祭ディンディンゲル Johannes Dindinger が遺稿と遺志を継承。第十巻には「日本朝鮮布教文献、一八〇〇―一九〇九」が、第十一巻には「インド＝シナ布教文献、一八〇〇―一九〇九」が扱われている。なお、第十二―十四巻分は戦火のため原稿焼失。ディンディンゲルらは第十五―二十巻アフリカ編、第二十一巻オーストラリア編を出版している。

参考文献 J. Dindinger, ed., Bibliografia Missionaria, vol. 7—17 (1936). （海老沢有道）

シュピース Gustav Spiess 生没年不詳 西ドイツのウィスバーデン Wiesbaden 出身の商人。日本プロシア通商条約締結のため来日したプロシア使節オイレンブルク伯の随員の一人としてその東アジア遠征艦隊に加わり、万延元年(一八六〇)来日した。同隊には本来の外交官・軍人のほかにプロシア政府の派遣した多数の各分野の専門家が参加したが、シュピースもいわば経済専門家として参加したものである。彼はプロシア政府のこの遣使の企図を知るやみずから運動して参加を希望し、結局ザクセン商工業団体の代表として推薦され参加、来日したものである。帰国後、一八六四年『プロシア東亜遠征記』(『シュピース日本遠征記』)を著わした。

参考文献 オイレンブルク『オイレンブルク日本遠征記』(中井晶夫訳、『新異国叢書』一二・一三) （沼田 次郎）

シュピンナー Wilfrid Spinner 一八五四―一九一八 普及福音新教伝道会の宣教師。スイスのチューリッヒ生まれのドイツ人。一八五四年十月生まれる。スイスの改革派に所属。一八八四年、スイスの牧師ブース Ernst Buss ら、ドイツおよびスイスの先覚とともに、ワイマールにおいて、伝道会 Der Allgemeine evangelisch-protestantische Missionverein を設立。翌明治十八年(一八八五)、その第一伝道区と定められた日本に、青木周蔵公使らの希望もあって派遣され、九月より伝道を開始。この伝道会は多くの教派の協力により成立したもので、日本に特別の教会を組織する意図をもたず、排他的宗教観をしりぞけたので、ドイツ学協会学校関係者らから歓迎された。はじめ、小崎弘道・植村正久らと行動をともにしたが、明治二十年二月、受洗者の希望により普及福音教会を創立。また同年四月、新教神学校を開校、三並良・向軍治が入学した。同年十月三十一日、東京本郷に壱岐坂教会を新築。明治二十二年十月二十五日、機関雑誌『真理』を創刊(明治三十三年十二月廃刊)。明治二十四年四月一日帰国。ザクセンのワイマールの宮中主席牧師兼総監督に任ぜられ、ゲハイメル＝キルヘンラートの称号をうけた。一九一八年八月三十一日没。六十三歳。

参考文献 三並良『日本に於ける自由基督教と其先駆者』、E・H・ハーマー「明治キリスト教の一断面―宣教師シュピンナーの『滞在日記』―」、堀光男「独逸普及福音新教伝道会の成立からその日本伝道開始までの事情について」(『東洋大学紀要』教養課程篇一七) （高橋 昌郎）

ジュ＝ブスケ Albert charles Du Bousquet ⇨デュ＝ブスケ

シュミーデル Otto Schmiedel 一八五八―一九二四 普及福音新教伝道会の宣教師。ドイツ人。一八五八年生まれる。ライプチッヒ大学で神学を修め、のち、イェーナ、ハイデルベルクに学ぶ。明治二十年(一八八七)十月来日、シュピンナーを助け、さらにその帰国のあとをついで、伝道会のために尽力した。歴史的聖書批評学を専門とする唯一の来日宣教師といわれ、聖書批評と聖書の歴史的考究の必要を説いた。明治二十四年九月、新教神学校を小石川区上富坂町三十九番地に新築。翌二十五年十一月帰国。その後、ゲッテルの牧師、アイゼナハのギムナジュウム教授を勤めた。一九二四年没。日本での代表的著書に『インスピレーション詳論』(深井英五訳、三並良刊、明治二十五年)がある。

参考文献 三並良『日本に於ける自由基督教と其先駆者』、丸山通一「パルレル、オットー、シュミーデル先生」(『真理』三九) （高橋 昌郎）

シュルツェ Wilhelm Schultze 一八四〇―一九二五 ドイツの外科学者。一八四〇年三月ドイツのベルリンで生まれる。ベルリン大学で医学を学び、六三年に卒業。王立病院の助手を勤めたあと、ウィルヘルム医学校の医師となった。七四年(明治七)プロシャ陸軍の軍医生となり、同年ミュルレルのあとをうけ東京医学校の教師となって来日。外科学一般・外科臨床講義などを担当。明治十年一度ドイツへ帰ったが、翌年再び来日して前職を継ぎ、同十四年四月まで在任した。同八年にリスターの防腐療法をはじめて日本へ伝えた。再任解職に際し勲四等に叙せられた。ドイツへ帰ってのちはステッティン市の病院長となり、ついでフライブルクに隠退し、一九二五年に死去。

参考文献 ユネスコ東アジア文化研究センター編『資料御雇外国人』 （大鳥蘭三郎）

ショイベ Heinrich Botho Scheube 一八五三―一九二三 京都療病院・京都府医学校(京都府立医科大学)の御雇外国人教師。ドイツ人。一八五三年八月十八日南ドイツ、メルゼブルリ州のザイウに生まれる。七六年ライプチヒ大学を卒業。ベルツの後輩で、彼のすすめで明治十年(一八七七)十月に来日。四年間京都療病院・京都府医学校に勤務。同十五年六月、契約満期により帰国。途中、中国・東南アジアで熱帯病を研究。翌年、ライプチヒ大学に復職。二年後にグライツの医官となり、ここで一九二三年三月死亡。享年六十九。在日中、日本人妻谷赫也との間に儲けた遺児節は松本喜三郎に嫁した。ショイベは京都療病院に在職中、多忙な診療のかたわら脚気・十二指腸虫・マンソン虫・フィラリア・肺吸虫・マラリア・急性伝染病・性病・フグ中毒などを病理解剖と合わせて研究し、また日本人の栄養調査などを精力的に行い、日本人に大きな影響を与えた。日本および帰路で得た成果は大著 Die Krank heiten der warmen Länder(一八九六年刊)にまとめられた。

参考文献 石橋長英・小川鼎三『お雇い外国人』九、「ショイベ博の遺児節さん京に健在」(『朝日新聞』(大阪版)昭和三十四年七月十三日号)
(酒井 シヅ)

しょうかいせき　蔣介石 Jiang Jie-shi 一八八七―一九七五 中国現代の軍人、政治家。名は中正、字が介石、原名は瑞元。一八八七年十月三十一日浙江省奉化県渓口鎮の塩商人粛庵の子として出生。六歳のときから私塾で中国古典を学ぶ環境にあったが、九歳のとき父が死去したため、その三番目の妻(采玉)の長男として経済問題、租税問題などで苦労した。十五歳のとき毛氏と結婚。十九歳のとき寧波(ニンポー)の箭金学堂に学び、革命家孫文の名を知った。二十歳で渡日、半年間余り東京の清華学校に学び、日露戦争勝利後の日本の空気にふれた。二十一歳のとき軍人となる志を立て、保定の「通国陸軍速成学堂」に入学、選ばれて翌年再び日本に赴き「振武学校」に入学、二年後(一九一〇年(明治四十三))卒業して新潟県高田の陸軍第十三師団野砲兵第十九連隊の士官候補生となった。なおこの間中国同盟会に加入し、一九一〇年東京で孫文に会ったといわれる。また長男の経国もこの年に生まれた。翌年辛亥革命が起ったため帰国、先鋒隊の指揮官の一人として杭州を占領、のちに上海軍第五大隊隊長となった。辛亥革命挫折後の行動には不明なことが多く、陳其美や孫文と関係を保ちながらも投機事業や雑誌の発行に関係し、しばしば日本にも渡っている。一九一八年には広東軍総司令部の作戦課主任となったが、実権はなかったといわれる。かれが孫文の信任を得たのは二二年の陳炯明の反乱のときで、母の葬儀から広州にとってかえし、永豊艦に避難した孫文を護衛した。翌年孫文は蔣介石を大本営参謀長に抜擢したが浙江人であったため広東では実力なく、同年八月本人の希望もあって「孫文博士ソ連訪問団」の団長として訪ソ、ソ連軍の武器・規律・組織を学ぶとともにブリュヘル将軍らと知りあった。一四年新設の黄埔軍官学校校長となり、翌年から卒業生を中心に広東軍の中核を形成、二五年孫文の死後両広を統一、二六年の中山艦事件後はソ連人顧問、中国共産党の幹部をも抑えて、国民革命軍の指導権を握った。二六年七月国民革命軍総司令となり北伐開始、急速に軍事力を強化するとともにソ連人顧問・中国共産党との矛盾も深めて二七年四月「反共政変」を起し、四年間にわたる国共合作を終了させた。しかし蔣介石の急激な台頭は国民党指導者たちの反発も買って一時下野、日本との連携を求めて田中義一首相と会見したがその目的を達し得ず、米・英との接近に傾斜した。なおこの年の十二月一日宋美齢(孫文夫人宋慶齢および宋子文の妹)と結婚した。軍事と経済に実力を持つ蔣介石は早くもこの年の末に復職、翌二八年一月再び国民革命軍総司令となり、四月北伐を再開、五月には済南に進んだが日本軍と衝突したためこれを回避し、七月北平(北京)を占領して北伐を完成させた。十月国民政府主席となり、統一を強化するため「訓政」を実行しようとしたが各地の実力者たちの抵抗と中国共産党の省境地区における遊撃戦のため苦戦、加えて三一年九月には日本軍の満洲(東北)侵攻が進展したため、再び下野した。翌三二年、汪兆銘と協力するという形で政権に復帰し、軍事委員会委員長として「安内攘外」政策を推進、「満洲国」建設をよそに対日善隣外交を展開しながら共産党地区包囲討伐戦に専念、あわせて各地の実力者たちをその統制下に組みいれた。また戦費調達のため金融機関を独占し、北伐以来の協力者であった民族ブルジョアジーに対する支配を強化した。CC団・藍衣社などの特務機関が発達したのも、この時期のことである。しかし蔣介石の対日融和政策、そして親英米政策の推進は日本の現地軍の「華北分離工作」を促進し、三六年に入ると蔣の「安内攘外」政策は抗日気運の高まりのなかに孤立した。同年十二月西安で張学良らに監禁されて「一致抗日」を強要されたのは、その象徴である(西安事件)。こうして蔣介石は三七年の盧溝橋事件を契機に抗日実行に転じ、九月の第二次国共合作の成立、翌三八年の国民党臨時大会を経て中国統一の象徴的人物となり、四二年には国民党総裁、軍事委員会主席、国民政府主席を兼任するに至った。しかしこのころから抗日より戦後の共産党制圧に主力を注ぎ、四五年の日本降伏後は在華米軍を利用して国民党軍を有利な地点に展開させた。四六年、強引に成立させた国民大会で中華民国憲法を制定させ、四八年には初代総統となって政治的指導権を握ろうとしたが、軍事的には大軍を東北に展開して敗北し、農民・都市知識人も中国共産党の革命政策支持に傾き、四九年には総統を辞任し、李宗仁を総統代行にたてて共産党との妥協をはかろうとしたが失敗、同年十二月には中華民国中央政府を台北に遷都するという形で台湾に逃れた。以後、大陸光復(回復)を呼びかけて国民政府軍を再強化し、五〇年三月総統復帰、五四年再選、六〇年三選、六六年四選、七二年五選と国民政府・国民党の第一人者の地位を保持したが、七二年のアメリカの中華人民共和国接近政策には衝撃を受け、七五年四月五日、心臓病で失意のなかに死去した。享年は八十九歳であった。

参考文献 董顕光『蔣介石』(寺島正・奥野正己訳)、毛思誠編『民国十五年以前之蔣介石先生』、陳伯達『人民公敵蔣介石』、張載宇『蔣中正先生思想研究』、中国第二歴史档案館編『蔣介石年譜初稿』
(宇野 重昭)

しょうきょくさいてんいち　松旭斎天一 一八五三―一九一二 明治時代の奇術師。嘉永六年(一八五三)父牧野海平・母音羽の長男として福井に生まれた。幼名八之助。父海平は福井藩家老狛帯刀の家臣。父が主家を追われたため、万延元年(一八六〇)両親らと阿波国西光寺(徳島県鳴門市、任職唯阿は海平の弟)に身を寄せる。両親の没後、西光寺近くの昌住寺観空覚叡のもとで出家。のち同国安楽寺に預けられ、剣渡り、火渡りなど真言秘密の術を習得した。その後、旅芸人の群れに入り、水芸を覚え、明治九年(一八七六)―十年ころ服部松旭を称し、十年ころ松旭斎天一を名乗る。明治十一年、長崎でアメリカ人奇術師ジョネスから西洋奇術を学び、ジョネスとともに上海へ渡った。帰国後、地方巡業を経て、明治二十一年十一月、浅草で人気を呼ぶ。翌年、目黒の西郷従道邸で天覧に供したのち、欧米に渡って興行。帰国後、東京の歌舞伎座、名古屋の御園座、京都の南座、大阪の角座など大劇場にも出演した。日本的奇術に水芸や西洋奇術などを加えて演目を豊富にし、二代目天一、初代天勝、天洋などを育てた日本奇術界の推進者。明治四十五年六月十四日没。六十歳。墓所は東京都江東区白河一丁目の霊巌寺。福井市西木田四丁目の通安寺に分骨。

参考文献 青園謙三郎『松旭斎天一の生涯』 (興津 要)

しょうきょくさいてんかつ 松旭斎天勝 一八八六―一九四四 明治時代後期から昭和時代前期にかけての奇術師。本名野呂かつ子。明治十九年(一八八六)五月二十一日、中井栄次郎・静子の長女として東京に生まれた。十二歳で松旭斎天一に入門し、師とともに欧米を巡業、各国の奇術や魔術を修得して、その美貌も手つだって一座の花形となる。明治四十五年、師天一の死後に一座を結成し、海外にも巡業をして技を磨き、名声大いにあがる。その全盛期は大正中期から昭和初期で、百二十名を超す大一座を率い、千数十種の奇術を考案して観客を魅了した。その舞台は、レビュー、寸劇、舞踊などを奇術にとり入れるバラエティに富む演目の連続だった。昭和十年(一九三五)、五十歳で引退したが、翌年、PCL映画(東宝の前身)『魔術の女王』(木村荘十二作品)に主演した。昭和十九年十一月十一日に没した。五十九歳。墓所は東京都台東区竜泉一丁目の西徳寺。大田区南馬込一丁目の万福寺に分骨。二代目は、姪が昭和十三年に襲名している。

参考文献 石川雅章『松旭斎天勝』、青園謙三郎『松旭斎天一の生涯』 (興津 要)

しょうけんこうたいごう 昭憲皇太后 一八五〇―一九一四 明治天皇の皇后。父は左大臣一条忠香、生母は新畑大膳種成の女民子である。嘉永三年(一八五〇)四月十七日誕生。はじめ勝子と命名。富貴君と称したが、安政五年(一八五八)六月寿栄君と改称した。慶応三年(一八六七)六月二十八日女御に治定され、明治元年(一八六八)十二月二十六日美子と改名、同月二十八日入内の儀あり、即日女御宣下を蒙り、ついで皇后に冊立された。皇后は新しい時代にふさわしく、女性の立場から女子教育の振興、社会事業の発展、国産の奨励などに心を注いだが、一方すこぶる文藻に富み、その和歌の題材も自転車・写真・軽気球その他西洋文明のもたらした新しい事物にまで及び、またフランクリンの十二徳をそれぞれ巧みに和歌に詠んでいる。明治二十年華族女学校に賜わった「金剛石」の歌は特に著名である。同四十五年七月明治天皇の崩御により皇太后となり、青山御所に移ったが、大正三年(一九一四)四月十一日同御所において崩御。年六十五。五月五日昭憲皇太后と追号あり、御陵は伏見桃山東陵という。

参考文献 宮内省編『明治天皇紀』、佐佐木信綱『昭憲皇太后御集謹解』、平川祐弘「フランクリンと明治皇后」(『東の橘西のオレンジ』所収)、筧克彦「昭憲皇太后の御高徳」(『神ながら』七ノ四) (後藤 四郎)

しょうじおときち 庄司乙吉 一八七三―一九四四 大正・昭和時代前期の実業家、財界人。明治六年(一八七三)五月十八日、庄司友五郎の次男として秋田県秋田郡水無村(北秋田郡阿仁町)に生まれた。東奥義塾で約一年英語を学んで上京、二十五年東京高等商業予科に入学した。三十年同専攻部領事科を中退して、大日本綿糸紡績同業連合会に就職、孟買出張所に赴任し、三十三年帰国して書記長となった。四十五年退職し大阪紡績支配人となり、大正六年(一九一七)東洋紡績(大阪紡績の後身)取締役、昭和十年(一九三五)から十五年まで同社長を勤めた。この間、韓国棉花常務、昭和レーヨン副社長、裕豊紡績社長などを勤めるとともに、十二年には日米綿業会談・日蘭民間会商の日本側代表、十一―十四年には大日本紡績連合会委員長・会長を勤めた。十二年に記した「杜峯丁丑随筆」を収めた庄司隆治編『庄司乙吉全集』がある。十九年十一月三十日没。七十二歳。

参考文献 庄司乙吉伝刊行会編『庄司乙吉伝』、庄司隆治『庄司乙吉』 (高村 直助)

しょうせいじろう 荘清次郎 一八六二―一九二六 明治・大正前期の三菱財閥トップ経営者。文久二年(一八六二)正月二十日肥前大村藩士の荘家に生まれた。父荘新右衛門は、幕末の藩内政争の渦中で尊王攘夷派から敵視され、明治元年(一八六八)正月、死を強要されて江戸藩邸より水戸に逃がれた後、自害した。その結果、維新後の荘家の生活は困窮し、清次郎は、岩崎弥太郎の長男久弥の家庭教師を勤めるなど苦学を余儀なくされた。明治十八年東京大学法学部を卒業、翌年岩崎久弥の海外留学に同行して渡米し、岩崎家の援助によりエール大学大学院に学んだ。二十二年、マスター＝オブ＝ローの学位を得て帰国し、三菱社に就職した。二十六年三菱社が三菱合資会社に改組された後は、同社大阪支店副支配人、神戸支店支配人を歴任し、さらに岩崎久弥同社社長の厚い信任を背景に、三十四年庶務部長、四十三年内事部長、大正五年(一九一六)総務部専務理事兼管事に就任、ほぼ一貫して本社総務部門を管掌した。また、かたわら合資会社三菱製紙所(三菱製紙会社の前身)、東京倉庫会社(三菱倉庫の前身)の経営にも参画し、役員を兼任した。病を得て、大正六年七月総務部専務理事を、七年四月管事をそれぞれ辞任し、三菱を去った。昭和元年(一九二六)十二月二十五日没。六十五歳。次男清彦は長く三菱商事会社に勤務し、第二次世界大戦後社長に就任した。次女慶子は美術評論家福島繁太郎に嫁し、随筆『うちの宿六』などがある。

参考文献　『三菱社誌』、岩崎久弥伝編纂委員会編『岩崎久弥伝』、志田一夫「史料紹介「史料綱目」」(『大村史談』六)　（森川　英正）

じょうせんたろう　城泉太郎　一八五六―一九三六　明治時代前期の英学者。安政三年(一八五六)越後長岡藩の家臣の長男として生まれ、戊辰戦争の時、藩主の嗣子とともに仙台に脱出した。明治三年(一八七〇)慶応義塾に入学、五年同教員となり、明治九年から二十年まで、慶応義塾徳島分校、高知立志学舎、和歌山自修学校、長岡英学校、高知共立学校で英語教員を勤め、高知の自由民権運動にも関係した。二十年『通俗進化論』(ハクスリ原書の訳にスペンサー小伝を付す)、二十四年『済世危言』(ヘンリー＝ジョージの抄訳)を刊行し、二十五年ころジョージの土地単税論に基づく『支那の大統領』を著述したが、刊行に至らなかった。土地単税論の普及に尽力したのち、代議士根本正の手伝いをしながら長く引退生活を送った。晩年に原稿類をみずから焼いたため、その業績に関する史料は乏しいが、明治前半期の英学者・自由民権家としての活動は、その自叙伝(写本、国立国会図書館憲政資料室所蔵)で知ることができる。昭和十一年(一九三六)没。八十一歳。墓所は東京都三鷹市下連雀四丁目の禅林寺。山下重一・小林宏編『城泉太郎著作集』(『長岡市双書』三七)がある。

参考文献　城泉太郎『済世危言』(『明治文化全集』一二)、城泉太郎著・山根対助編『支那の大統領』(『北海学園大学学園論集』一三)、昆野和七「土地単税論者城泉太郎の生涯」(『歴史と生活』一ノ三・四)　（山下　重一）

しょうそうしょう　章宗祥　*Zhang Zong-xiang*　一八七九―一九六二　近代中国の政治家。字は仲和。一八七九年浙江省呉興県の人。父の菊生は、清の抜貢生。九九年(明治三十二)日本に留学し、東京帝国大学法科大学を卒業。一九〇三年帰国し、進士となり、内閣法制院副使などを歴任。辛亥革命で、北方代表唐紹儀の随員として南北和議に参加。袁世凱政権下で、大理院院長、司法総長などを歴任し、袁の帝制運動に加担。その後、段祺瑞内閣の司法総長に留任。袁の死後、段内閣の駐日特命全権公使となり、寺内正毅内閣の援段政策を仲介し、曹汝霖らと西原借款の導入に尽力。日華共同防敵協定の締結などにも一役かったが、山東問題処理の交換公文に「欣然同意」の語があり、パリ講和会議で問題となって、五・四運動を激発。曹汝霖宅に居合わせて、デモの学生に殴打され、間もなく免職。その後、中華滙業銀行総理などを歴任。南京政府時代は青島に隠栖。日本占領下に、冀察政務委員会に関係し、日本敗戦後に上海に移り、六二年一月一日病死。八十四歳。

参考文献　鄭則民「章宗祥」(中国社会科学院近代史研究所編『民国人物伝』三所収)　（野沢　豊）

しょうたい　尚泰　一八四三―一九〇一　琉球第二尚氏王統十九代で、琉球王国最後の国王。琉球藩王。一八四三年(天保十四)七月八日(月日は清暦)尚育王の第二子として首里城下に生まれる。四八年(嘉永元)六歳で琉球国中山王を継承。六六年(清同治五、慶応二)清国より冊封を受ける。明治維新の社会的変革により、明治五年(一八七二)琉球藩王に封ぜられ、同時に華族となる。明治十二年四月の廃藩置県(置県処分)に至る八年間琉球藩王。同年、明治政府の命により上京するが、六月に従三位に叙せられ、麝香間祇候となり、金禄公債証書二十万円が下賜された。十七年に一時帰郷するが、それ以外は東京で過ごす。十八年侯爵となる。三十四年八月十九日、東京九段の尚家屋敷にて急性胃腸カタルのため死去。五十九歳。遺体は首里の玉陵に葬られる。激動の時代に翻弄された非運の国王であった。尚泰に関する唯一の史料に東恩納寛惇編『尚泰侯実録』がある。しかし琉球処分期の重要人物の史料としては不十分である。尚泰についての原史料は、東京尚家の文書中に厖大な量が残っている。　（我部　政男）

じょうだいたの　上代たの　一八八六―一九八二　大正・昭和時代の女子教育家、平和運動家。明治十九年(一八八六)七月三日島根県大原郡大東下分村(大東町)に生まれる。父豊三郎、母わきの次女。名は戸籍上は「タノ」であるが、本人は好んで「たの」と署名した。明治四十三年日本女子大学校英文学部卒業。ついで成瀬仁蔵校長の計らいで大正二年(一九一三)より米国ウェルズ女子大学に四年間留学。同六年帰国し日本女子大学校英文学部教授となり、英米文学を担当。その後も再三英米両国に留学して研究を深めた。外国語学習を通しての視野の拡大を、以後の女子教育活動の重要な柱とする。新渡戸稲造に影響されて国際平和活動にも関心をもち、大正十五年ダブリンで開かれた婦人国際平和自由連盟の会議に日本支部としての報告を行なった。第二次世界大戦後も、昭和三十年(一九五五)世界平和アピール七人委員会の創設委員となるなど、政治的でなく、女性文化活動の一環として幅の広い平和運動に参画した。同三十一年より四十年まで日本女子大学学長に就任。自立心と国際的知見をもつ女性の育成に尽力した。生涯独身を通し、五十七年四月八日没。九十五歳。墓は大東町大東の宗専寺にある。著書に評伝『リー・ハント』などがあり、没後『上代たの文集』が編まれている。

参考文献　「上代たの略年譜」(上代たの文集編集委員会編『上代たの文集』付載)　（千住　克己）

しょうだかずえ　勝田主計　一八六九―一九四八　明治から昭和にかけての官僚、政治家。明治二年(一八六九)九月十五日、松山御宝町(旧百姓町)に松山藩士勝田久廉の五男に生まれた。二十八年七月大蔵省属となり、主税畑を歩いたが、欧州派遣から帰国して三十六年十月に国債課長となってから理財畑に転じ、三十八年十一月臨時国債整理局の設置によって同第一課長、ついで三十九年一月同局長心得、四十年五月理財局長、大正元年(一九一二)十二月から三年四月まで大蔵次官。大正三年三月から昭和二十一年(一九四六)八月(公職追放)まで貴族院議員であったが、この間、大正四年十二月から五年十月まで朝鮮銀行総裁をつとめ、辞任とともに再度大蔵次官となり、十二月から七年九月まで寺内内閣の大蔵大臣となった。さらに十三年一月から六月まで清浦内閣の大蔵大臣となり、昭和三年五月から四年七月まで田中義一内閣の文部大臣となった。勝田は大蔵官僚出身者として再度大蔵次官となり、三度大臣となるという特異な経歴をもったが、朝鮮銀行総裁も含め、いずれも時の責任者の強い要請でその職についており、再度の大蔵次官は大蔵大臣への就任が予定された人事であった。それゆえに在任中に手掛けた仕事は多く、中でも西原借款と震災外債発行は歴史的事件である。西原亀三を介した清国の段祺瑞政権への借款が、政権失墜により回収困難となった。また関東大震災の善後対策にあたり、財源としての外債募集が日露戦時の外債の借換えと重なって、発行条件が不利となり、国辱公債との非難もあった。鈴木貫太郎内閣の組閣にあたり協力を求められたのに対して老齢の故と女婿の広瀬豊作を大蔵大臣に推した。昭和二十三年十月十日没。八十歳。俳歴は長く、同郷先輩正岡子規と親交があった。

参考文献　鈴木武雄監修『西原借款資料研究』、大蔵省百年史編集室編『大蔵省人名録』、勝田竜夫『中国借款と勝田主計』、大森とく子「(歴代大蔵大臣ものがたり)勝田主計」(『ファイナンス』二ノ一二)

(西村紀三郎)

しょうだていいちろう　正田貞一郎　一八七〇―一九六一　明治から昭和にかけての実業家。日本における近代的製粉業の創業者。明治三年(一八七〇)二月二十八日、館林の米穀商正田作次郎の長男として横浜に生まれる。幼くして父を失い、祖父の醤油醸造業者文右衛門に育てられる。同二十四年東京高等商業学校を卒業、外交官を志したが、祖父に説得されて家業に従事し、「亀甲正」の販売でビジネス生活を始めた。たまたま機械製粉の勃興期に際会し、郷里が麦の産地であった関係で、三十三年に館林製粉会社を創立、ついで四十年に前年設立の日清製粉会社と合併し(社名は日清製粉会社と改称)、同社の専務取締役となる。その後一人一業主義で同社の経営に専念し、社長・会長を歴任、昭和年代には日清製粉を日本一の製粉会社に発展させた。第二次世界大戦後、昭和二十一年(一九四六)貴族院議員に勅選される。同三十六年十一月九日九十一歳で没。墓は東京都府中市の多磨墓地にある。

参考文献　正田貞一郎小伝刊行委員会編『正田貞一郎小伝』

(由井　常彦)

しょうだへいごろう　荘田平五郎　一八四七―一九二二　明治時代の実業家。三菱財閥のトップ経営者。弘化四年(一八四七)十月一日に生まれる。父は豊後国臼杵藩儒の荘田雅太郎允命、母は宮川眉山の長女セツ。少年時より洋学を学び、慶応三年(一八六七)藩命により英学修業のため江戸に出、青地信敬塾に入門した。維新の変動に際し退塾しいったん帰国、藩命で薩摩藩開成所に洋学を学んだ。明治二年(一八六九)東京遊学を許され、慶応義塾に学んだ。福沢諭吉から学才を愛され、同五年から教師を兼ね、分校設立に奔走するようになった。八年二月、当時三菱商会を設立し人材を求めていた岩崎弥太郎の懇請と弥太郎の盟友たる福沢の推薦により、三菱に入社した。郵便汽船三菱会社(入社の年に改称)の会社規則の制定、洋式複式簿記の導入などで岩崎弥太郎社長を補佐した。十一年弥太郎の姪と結婚、十三年には最高経営陣の役職管事に任じられた。他方、岩崎弥太郎の出資事業たる東京海上保険会社・明治生命保険会社などの創立事務にあたり、役員に就任した。元臼杵藩士が設立した第百十九国立銀行が経営的に破綻したのを、第百四十九国立銀行と合併の上岩崎家の買収を受けるよう斡旋することもした。これが三菱銀行の前身である。十八年弥太郎が死に、岩崎家が海運業を手放し日本郵船に譲渡することになると、いったん日本郵船に移り理事に就任するが、ただちに辞職、十九年弥太郎の弟弥之助が三菱社を創立して社長となり、海運業の付帯事業による三菱の再建に着手するのに、本社支配人として協力した。二十一年には管事を兼任し、二十二年先輩管事の川田小一郎が日本銀行総裁に就任するや、事実上唯一の管事となった。また、二十二年海外視察に赴き、三菱の多角的事業経営の方向について種々構想するところがあった。製鉄・造船・不動産などの諸事業を献策したうち、製鉄業は弥之助社長の容れるところとならなかったが、造船業は長崎造船所拡充と日本郵船からの六〇〇〇トン級汽船受注、不動産業は丸ノ内官有地約八万坪払下げとビジネス街建設という形で具体化した。二十六年三菱社は三菱合資会社に改組され、社長には岩崎弥太郎の長男久弥が就任し、監務弥之助と管事荘田がこれを補佐して事実上の首脳部を構成するという体制が成立した。長崎造船所の工事を推進するため、三十年管事の荘田がみずから造船所支配人を兼ね、本社の業務を弥之助に托して長崎に赴き、五年間同地で指揮にあたったのは、この体制の成果である。この体制は明治期における三菱財閥の巨大化に大きく貢献した。三十九年に弥之助の長男小弥太が三菱合資会社副社長に就任し、四十一年弥之助が死んで、三菱の首脳部が一変した後、四十三年、荘田は退職し、三菱を離れた。以後東京海上・明治生命の役員などであったが、大正十一年(一九二二)四月三十日没した。七十六歳。

参考文献　宿利重一『荘田平五郎』、『三菱社誌』、森川英正「岩崎弥之助時代の三菱のトップ・マネジメン

ト」(土屋守章・森川英正編『企業者活動の史的研究』所収)　(森川　英正)

じょうつねたろう　城常太郎　一八六三―一九〇五　明治時代の労働運動家。文久三年(一八六三)熊本竹屋町に生まれる。西南戦争の戦火を経たのち、神戸で靴工としての腕を磨いた。明治二十一年(一八八八)十月、日本人靴工の新たな職場を開拓するために単身アメリカに渡り、高野房太郎と知り合う。二十四年にサンフランシスコ在住の高野・沢田半之助・平野永太郎らと、欧米の労働問題を研究し日本の労働問題の解決に備えることを目的として職工義友会を結成。二十六年には加州日本人靴工同盟会を組織し、帰国後の三十年三月に高野・沢田と東京で職工義友会を再組織、同年七月五日に結成された労働組合期成会の仮幹事となり日本初の労働問題演説会の弁士をつとめた。のちに神戸に移り労働組合研究会を設立、三十二年には清国労働者非雑居期成同盟に参加、その後高野と中国に渡り、三十四年に天津製靴会社を設立した。三十八年七月二十六日神戸で死去。四十三歳。

参考文献　西村翁伝記編纂会編『西村勝三の生涯』、加州日本人靴工同盟会編『加州日本人靴工同盟会沿革之概要』、佐和慶太郎「日本労働運動の創始者靴工・城常太郎の生涯」(『労働運動研究』一五一・一五三・一五五・一五七・一五九・一六一・一六三・一六五)　(塩田庄兵衛)

しょうとくいんどの　昭徳院殿　⇨徳川家茂

しょうりきまつたろう　正力松太郎　一八八五―一九六九　大正・昭和時代のマスコミ経営者、政治家。明治十八年(一八八五)四月十一日、富山県射水郡枇杷首村に庄次郎・きよの次男として生まれる。高岡中学、第四高等学校、東京帝国大学法科大学卒業。官界に入り累進して警視庁警務部長となったが、大正十二年(一九二三)末のいわゆる虎ノ門事件(摂政宮狙撃事件)で引責辞職。同十三年二月読売新聞社を買取り社長となり、以後新聞界で活躍。機をみるに敏でかつ着想力にすぐれ、ラジオ版の開始(大正十四年)、アメリカ職業野球団の招聘(昭和六年(一九三一)・同九年)、江東版の創設(同七年)、三原山火口探険(同八年)などつぎつぎに意表をつく新企画を打ち出して社勢拡大に成功、買取り時の発行部数約五万五千部の『読売新聞』を、昭和十六年新聞用紙割当てのための部数調査時には約百五十六万部、『朝日新聞』『毎日新聞』をしのぐ東日本第一位の大新聞に引き上げた。昭和十九年貴族院議員となる。第二次世界大戦後、昭和二十年秋のいわゆる第一次読売新聞社争議の渦中、十二月三日連合国総司令部より戦犯容疑者に指名されて収監され、翌年一月公職を追放された。しかし二十六年八月公職追放解除により一線に復帰。まず二十七年十月日本テレビ放送網を設立して社長に就任し民放テレビの実現を推進、二十八年八月同社は民放テレビ最初の電波を発射した。二十九年七月読売新聞社社主ならびに大阪読売新聞社(二十七年十一月創刊)社主となったが実質的には社長同然であった。三十年総選挙で富山県二区より無所属で立候補して当選(以後五期連続当選)。同年十一月第三次鳩山内閣に国務大臣として入閣、翌三十一年一月初代の原子力委員会委員長に就任、原子力の平和利用を提唱。のち科学技術庁長官(同年五月)、三十二年七月第一次岸内閣国務大臣などを歴任した。昭和四十四年十月九日、国立熱海病院(静岡県熱海市)にて没。八十四歳。

参考文献　正力松太郎『悪戦苦闘』、読売新聞社編『正力松太郎』　(内川　芳美)

しょうりんはくえん　松林伯円　一八三四―一九〇五　講釈師。「まつばやし」とも。二代目。本名若林義行。天保五年(一八三四)六月二日、常陸国下館藩郡奉行手島助之進四男として下館に生まれる。達弥。彦根藩画師向谷源治の養子となるが、講釈に熱中のあまり離縁。伯母の夫幕府作事奉行若林市左衛門義篤に引取られ、町奉行筒井伊賀守政憲邸などの武家屋敷に出入りし講釈を行う。伊東潮花に入門して花郷、東秀斎琴調門に転じ調林と名乗り、初代伯円の前講を勤める。病いに倒れた初代を養うべく養子となり、二十一歳で襲名。「鼠小僧」などの白浪物を創作し、泥棒伯円と異名をとる。明治五年(一八七二)教導職が教部省に置かれ大講義を拝命、浅草寺境内で新聞講談を始める。同十年に翻案物を読み、同十八年講談速記本の魁として『安政三組盃』を上梓。同二十五年明治天皇御前講演。断髪・洋服・テーブル使用など時代の寵児の趣があったが、晩年は不如意で鶴見に隠棲。同三十四年十二月門弟右円を三代目とし、みずからは二代目松林東玉となる。中風のため同三十八年二月八日、鶴見の自宅で没。七十二歳。覚音寺に葬ったが、現在は東京都荒川区西日暮里臨済宗南泉寺に改葬。毎年伯円忌が催されている。なお本項では生年は戸籍によったが、当時の新聞の死亡記事(『都新聞』二月九日)はじめ通常七十四歳没とし、これによれば天保三年の生まれとなる。

参考文献　延広真治「松林伯円と三遊亭円朝」(『名古屋大学国語国文学』三四)、同「松林伯円の基礎調査」(『名古屋大学教養部紀要』人文科学・社会科学一七)　(延広　真治)

しょうわてんのう　昭和天皇　一九〇一―八九　一九二六―八九在位。明治三十四年(一九〇一)四月二十九日午後十時十分、東宮御所に生誕。皇太子明宮嘉仁親王(のちの大正天皇)と皇太子妃節子(のちの貞明皇后)の第一皇子。五月五日明治天皇より裕仁と命名され、迪宮の称号を賜わった。七月七日川村純義(枢密顧問官・伯爵)が養育を命ぜられ、三十七年八月川村の没したのち十一月に至って東宮御所に戻るまで、川村邸で過ごした。四十一年学習院初等科に入学、乃木希典院長の薫陶を受ける。大正三年(一九一四)学習院初等科を卒業。高輪の東宮御所内に東宮御学問所が設立され(総裁東郷平八郎、評議員東京帝国大学総長山川健次郎ら)、そこで選ばれた学友五名とともに歴史を東京帝国大学教授白鳥庫吉、博物学を服部広太郎、倫理学を杉浦重剛ら当代の一流の学者を教師として、以後十年までここで教育を受けた。この間大正五年十一月三日に立太子の礼が行われ、六年一月皇太子妃に久邇宮良子女王(のちの香淳皇后。明治三十六年三月六日誕生、平成十二年(二〇〇〇)六月十六日崩御。九十七歳)が内定された(八年六月公表)。さらに八年には成年に達し、五月七日成年式が行われた。この前後から欧米歴訪や、また大正天皇の病状の憂慮すべき状態による摂政設置が宮中周辺で問題になり始めた。十年三月に軍艦香取で出発し、イギリスを訪問、英国皇室との親しい関係を作り、七月ナポリを出航するまでヨーロッパ諸国を巡遊、見聞を広めた。これは日本の皇太子の最初の外遊であった。この間、結婚に関して問題が生じていた。良子女王に色盲の系統があるというので、変更を求める動きが元老山県有朋らから出てきて、それに対してまた反対する運動が生じたからである(宮中某重大事件)。しかし結局、洋行出発直前の十年二月に決定通りという発表がなされて問題は決着した。帰国と同時に摂政就任問題の具体化が進み、同年十一月、皇族会議の議を経て裕仁親王は摂政に任ぜられた。十二年台湾を訪問。年末にアナキスト難波大助による狙撃事件(虎ノ門事件)などもあったが、十三年一月婚儀が挙行された。この前後摂政の周辺は元老西園寺公望、宮内大臣牧野伸顕(のち内大臣、後任は一木喜徳郎)などリベラルなグループによって固められていた。十五年十二月二十五日大正天皇が崩御し、直ちに裕仁親王の践祚の儀式が行われ元号が昭和と改められた。なおこの時に天皇は一夫一婦制を守ることを表明した。翌昭和二年(一九二七)大正天皇の大葬、三年には京都で即位の御大典が挙行された。即位前後に天皇が心痛していたのは、軍部の行動であり、張作霖爆殺事件をめぐっての四年の田中義一首相への厳しい叱責もそうしたことの現れであった。以後も陸軍に対する天皇の疑念は大きく、翌年のロンドン海軍軍縮条約問題(統帥権干犯問題)、さらに六年の満洲事変の際の天皇の行動も、その延長線上にあった。そのため「現状打破」を叫ぶ「革新」派は天皇の側近を「君側の奸」として以後攻撃の対象とした。十一年の二・二六事件はそうした動きの最大のものであり、激怒した天皇はその鎮圧を強く希望した。しかしその前後から天皇の側近は少しずつ交替した。十二年七月に始まる日中戦争について天皇は拡大方針に躊躇を示し、その後もそのような意見を表明したが、最終的には内閣の決定に従った。十六年の日米開戦にも強い躊躇の態度を示したが、この場合も結局同様であった。二十年八月ポツダム宣言受諾か否かという内閣や軍部内の対立の中で天皇は御前会議で、受諾の意思を表明し、それが最終決定に決定的な役割を果たした。八月十五日の玉音放送は天皇の声を国民が聞いた最初となった。占領下で天皇大権は連合国軍総司令官のもとに置かれ、同年九月二十七日天皇はマッカーサー司令官を訪問した。その際撮影された、大柄で胸を張ったマッカーサーの脇に並んだ小柄な天皇の写真は国民に大きなショックを与えたが、この時にマッカーサーは天皇の態度に感銘を受けたといわれる。翌二十一年一月一日天皇はいわゆる「人間宣言」を発し(天皇人間宣言)、天皇制廃止を主張する運動勢力の台頭する中、背広・ソフト帽姿で全国各地を巡幸して祖国再建のために働く国民を激励し、また各地で熱烈な歓迎を受けた。翌二十二年施行された日本国憲法で「国民統合の象徴」と位置付けられた。天皇自身退位の意思を表明したこともあったが、周囲の意見で思いとどまった。その後は象徴としての役割を忠実に果たし、多くの国賓を迎え、昭和四十六年にはヨーロッパ、五十年にはアメリカを、天皇としてははじめて皇后とともに外国を訪問、皇室外交を展開した。六十二年に慢性すい炎で入院、一時退院したが、翌年倒れて再度入院、六十四年一月七日十二指腸乳頭周囲腫瘍(腺がん)で崩御。八十七歳。同月三十一日諡号を昭和天皇と定められ、二月二十四日大喪の礼が挙行された。相撲を好み、しばしば観戦に国技館に行幸し、また若い時代から生物学を学び、『相模湾産ヒドロ虫類』など八冊の著書がある。

参考文献　宮内省編『明治天皇紀』、大竹秀一『天皇の学校』、『原敬日記』、『牧野伸顕日記』、原田熊雄『西園寺公と政局』、本庄繁『本庄日記』、『入江相政日記』、寺崎英成・マリコ=テラサキ=ミラー編『昭和天皇独白録―寺崎英成・御用掛日記―』、木下道雄『側近日誌』、坂本孝治郎『象徴天皇がやって来る』、同『象徴天皇制へのパフォーマンス』、児島襄『天皇』、同『天皇と戦争責任』、高橋紘『陛下、お尋ね申し上げます』、藤田尚徳『侍従長の回想』、秦郁彦『裕仁天皇五つの決断』、加瀬英明『天皇家の戦い』、モズレー『天皇ヒロヒト』、栗原健『天皇・昭和史覚書』、野村実『天皇・伏見宮と日本海軍』、岸田英夫『天皇と侍従長』、徳川義寛・岩井克己『侍従長の遺言―昭和天皇との50年―』、升味準之輔『昭和天皇とその時代』、入江相政『入江相政日記』、徳川義寛『徳川義寛終戦日記』、渡辺克夫「宮中某重大事件」(『日本学園研究紀要』六)、松尾尊兊「考証昭和天皇・マッカーサー元帥第一回会見」(『京都大学文学部紀要』二九)
(伊藤　隆)

じょじゅそう　徐樹錚　Xu Shuzheng　一八八〇―一九二五　中国、北洋軍閥安徽派の軍人。字は又錚。江蘇省蕭県(安徽省)の人。一八八〇年十一月四日生まれる。科挙の秀才。義和団事件後、段祺瑞の書記兼家庭教師。一九〇九年日本の陸軍士官学校を卒業。辛亥革命後、陸軍総長段の下で次長。袁世凱の死後、国務院秘書長として国務総理段と大総統黎元洪の争い(府院の争い)に関係。一八年参戦督弁に転じた段の下で参謀長になり参戦軍を組織。翌年には西北籌辺使として、参戦軍が改名した辺防軍を統率。二〇年直隷派との安直戦争に敗れ、日本の援助で上海に逃亡。ついで、張作霖の奉天派、広州に拠る孫文派と連携して呉佩孚の直隷派と戦ったが敗れた。

二年後にはさらに馮玉祥も引き入れた第二奉直戦争の緒戦、直隷派の江蘇督軍斉燮元と安徽派の浙江督軍盧永祥の江浙戦で盧軍が敗れた後、浙滬聯軍総司令になったが、上海租界当局の干渉で外遊、一九二五年帰国上京、臨時執政の段と会い、退京の途上十二月三十日馮玉祥に捕殺された。四十六歳。

参考文献 徐道鄰『徐樹錚先生文集年譜合刊』 （波多野善大）

じょせいしょう　徐世昌 Xu Shichang 一八五五―一九三九 北洋軍閥の文人政客、中華民国の第四代大総統。字は菊人。直隷省天津県人。咸豊五年九月十三日（一八五五年十月二十三日）生まれる。河南省各地知県の書記時代に省の名族出身の袁世凱と締交、その援助で光緒十二年（一八八六）進士に及第、翰林院庶吉士、編集。日清戦争後、新建陸軍を統率した袁に招かれて営務処（司令部）参謀。義和団事件後直隷総督になった袁が新設の練兵処の会辦練兵大臣（副大臣）になると、練兵処の提調（総務部長）となり、練兵処が旧軍隊の一部を巡警にして巡警部（警察庁）が新設されるとその尚書（長官）、巡警部が民政部になるとその尚書となる。日露戦争後満洲（東北）に三つの省が新設されると東三省総督となる。ついで郵伝部尚書、親貴内閣の内閣協理大臣を歴任し、辛亥革命後は袁独裁政府の国務卿。袁帝制の「嵩山四友」の一人。袁の死後、段祺瑞派の支配する国会（安福国会）で大総統に選挙されたが、第一次奉直戦争に勝った直隷派に逼られて辞任し、天津に閑居、一九三九年六月六日死去。八十五歳。

参考文献 沈雲竜『徐世昌評伝』 （波多野善大）

ジョンまんじろう　ジョン万次郎 ⇨中浜万次郎（なかはままんじろう）

ジラール Prudence Seraphin Barthelemy Girard 一八二一―六七 幕末のカトリック教会日本再宣教最初の日本教区長。一八二一年フランスに生まれ、パリ外国宣教会に入り、司祭となった。日本布教を志し、安政二年（一八五五）琉球に渡来し、日本語を学習後、同六年開国間もなき禁教下の日本に上陸、翌万延元年（一八六〇）フランス公使館付司祭兼通訳として神奈川の慶運寺に執務の傍ら在留外国人信徒のための聖堂建設を志し、募金に奔走。文久元年（一八六一）十二月居留地八十番（横浜市中区山下町）に復活最初の聖堂を完成、横浜天主堂と称した。横浜における外国人信徒の司牧はもとより、横須賀につくられた製鉄所のフランス人への布教にも人を派し、また、横浜の洲干町（同市中区北仲通）に仏和学校を開き、フランス語を教授するなどしたが、慶応三年（一八六七）十一月十四日、四十六歳で没した。遺骸は聖堂内に埋葬されたが、明治三十九年（一九〇六）聖堂の山手の現在地への移転とともに移され、今も聖母祭壇側の壁に埋めこまれ、その上に大理石の銘文が掲げられている。

参考文献 浦川和三郎『切支丹の復活』前篇、カトリック山手教会編『聖心聖堂百二十年史』、助野健太郎「山手教会百年史」（『やまて』一―五） （助野健太郎）

しらいししょういちろう　白石正一郎 一八一二―八〇 幕末・維新期の清末藩御用商人。文化九年（一八一二）三月七日、長門国下関竹崎浦（山口県下関市竹崎町、現在のＪＲ下関駅近傍）の豪商白石卯兵衛資陽、艶子の長男として生まれる。幼名熊之助、のち正一郎資興といったが、さらに資風と改む。小倉屋という屋号は祖先が豊前国小倉から来住したからかと思われるが未詳。弟は但馬国生野の挙兵（生野の変）で敗れ自刃した廉作。下関の廻船問屋として活躍したが、特に薩摩藩との交易を行い、薩摩問屋といわれた。廉作は兄の名代として安政五年（一八五八）正―二月、万延元年（一八六〇）二―三月、文久元年（一八六一）八―十二月と三度訪薩、藩から好遇をうけた。その正一郎もまた交易を通じて薩摩藩士と親交があった。その屋敷地が清末領竹崎浦にあり、下関を通る尊攘志士のほとんどは立ち寄ったが、かれはよく遇した。みずから儒学・国学をたしなんだ。僧月照・真木和泉・平野国臣ら、藩内では高杉晋作とは特に親しかった。晋作が文久三年奇兵隊を結隊したのは白石邸で、兄弟は即日入隊し、士分格となる。以後、長州藩尊攘運動を資財を投げうって後援した。このため、慶応元年（一八六五）ごろは倒産の状態にあった。維新後も下関の地を動かず、藩のために尽力した。明治十三年（一八八〇）八月三十一日自宅にて没。六十九歳。墓は下関市松小田の福昌寺にある。『白石正一郎日記』が『維新日乗纂輯』一（『日本史籍協会叢書』）に収められている。

参考文献 下関市教育委員会編『白石家文書』、中原雅夫『白石正一郎―幕末の豪商志士―』 （小林　茂）

しらいしなおじ　白石直治 一八五七―一九一九 明治・大正時代の土木技術者。工学博士。土佐の人。安政四年（一八五七）十月二十九日漢学者久家忘斎（種平）の長男として生まれ、十八歳のとき白石栄の養子となる。明治十四年（一八八一）東京大学理学部土木工学科卒業。アメリカ・ドイツなどに留学の後、同二十年帝国大学工科大学教授となる。同二十三年関西鉄道会社に転じ、同社長。現在の東海道・関西線などの建設に従う。九州鉄道・若松築港・猪苗代水力電気など各社の経営に関係した。同三十五年着工の神戸和田岬東京倉庫は、その設計になり、本格的鉄筋コンクリート建築としてわが国最初のものとされる。のち高知県選出衆議院議員となる。立憲政友会。大正八年（一九一九）土木学会会長。同年二月十七日没。六十三歳。東京の青山墓地に葬られた。

参考文献 南海洋八郎『工学博士白石直治伝』 （古川　修）

しらいしもとじろう　白石元治郎 一八六七―一九四五 明治から昭和時代にかけての実業家。日本鋼管株式会社の経営者。慶応三年（一八六七）七月二十一日陸奥国白河郡釜子村（福島県西白河郡東村釜子）に前山孫九郎の次男として生まれ、のちに白石武兵衛の養子となる。明治二十五年(一八九二)帝国大学英法科卒業。同年浅野総一郎の経営する浅野商店入社、石油部支配人となる。浅野総一郎の次女万子と結婚する。二十九年東洋汽船会社の創立とともに同社支配人となり、三十六年同社取締役に就任した。その後も浅野昼夜銀行の頭取など浅野系企業の各種に関係したが、白石の名が最も極立ったのは日本鋼管の経営を行なった点である。白石は四十五年岸本吉右衛門・今泉嘉一郎・大川平三郎らとともに日本鋼管の創立に参加した。同社は、日本で最初の熱間仕上継目無し鋼管を製造するとともに市場向けの普通圧延鋼材の本格的な生産を開始した鉄鋼企業である。創立時から大正十年(一九二一)まで白石が同社社長、十年から昭和十二年(一九三七)まで大川平三郎社長、白石副社長という体制をとったが、大川の死亡により十二年再び社長となる。白石は地位に若干の変動はあるものの第二次世界大戦以前一貫して日本鋼管の実質的経営者であった。白石は、第一次世界大戦後の不況下で製鋼懇話会などで活躍し、カルテルの熱心な推進者であった。日本鋼管は、昭和九年製鉄合同によって成立した半官半民の日本製鉄株式会社(日鉄)に参加せず、日鉄に対する民間鉄鋼企業の一方のリーダーであり、白石はその中心的人物であった。日本鋼管は十一年銑鋼一貫体制を築き、十三年トーマス転炉を導入した。日本鋼管の発展とともに、系列下の南洋鉄鉱・川崎窯業・鉄鋼証券・鶴見臨港鉄道などの社長となり、その他に東京湾埋立・華中鉄鉱・日満鋼管・浅野セメント・開灤炭販売などの取締役となった。昭和十五年浅野良三の経営する鶴見製鉄造船と日本鋼管は合併した。白石は同十七年日本鋼管の会長に就任、二十年十二月二十四日に没した。七十九歳。

参考文献 鉄鋼新聞社編『鉄鋼巨人伝白石元治郎』 (長島 修)

しらいまつじろう 白井松次郎 一八七七―一九五一 明治から昭和時代にかけての興行師。明治十年(一八七七)十二月十三日、京都に生まれる。父は京都相撲興行の売店経営の大谷栄吉。大谷竹次郎とは双生児で、その兄。のち京都夷谷(えびすや)座の売店白井亀吉の養子となる。明治二十八年実川正若一座の近江伊勢の巡業を最初に興行界に入り、以来大谷竹次郎と協力して京都の劇場を経営、明治三十五年一月新京極に明治座を新築して、松竹合名会社(のち松竹合名社と改称)を設立した。同三十八年初世中村鴈治郎と提携して東京歌舞伎座に進出。翌三十九年には大阪中座に進出、また京都南座を買収し、この後、朝日座・文楽座・堂島座・角座・浪花座・中座・弁天座などを買収、あるいは経営にあたった。同四十二年十一月東京歌舞伎座へ再度の進出を機に東京方面の興行は大谷竹次郎に任せ、みずからは関西に主力を注ぎ、大正期に岡山・博多・名古屋方面の劇場経営にあたった。大正九年(一九二〇)二月、松竹キネマ合名社を創立、同十二年千日土地建物株式会社社長に就任、昭和五年(一九三〇)一月四ツ橋文楽座、同七年大阪歌舞伎座を新築した。昭和六年七月松竹興行株式会社社長、同十二年松竹株式会社会長に就任。昭和二十年戦災により多くの劇場を失ったが、よく精力的にその復興に努力した。昭和二十六年一月二十三日没。七十三歳。

参考文献 日比繁治郎編『白井松次郎伝』、『松竹八十年史』 (菊池 明)

しらいみつたろう 白井光太郎 一八六三―一九三二 明治から昭和にかけての植物学者。わが国の菌学を樹立し、また本草学史研究の道を開いた。文久三年(一八六三)六月二日福井藩士の子として江戸霊岸島に生まれた。明治十九年(一八八六)帝国大学理科大学植物学科を卒業、理科大学となってからの最初の卒業生。卒業論文は「蘚類」の日本最初の研究。卒業の年、東京農林学校助教、翌年教授となる。三十二年から約二年間ドイツに留学、明治四十年五月東京帝国大学農科大学教授、同四十三年理学博士、大正十四年(一九二五)退職し名誉教授。この間植物学や植物病理学の講座を担当、農作物の病菌の調査のため各地に出張し、また史蹟名勝天然紀念物保存協会評議員・天然紀念物調査会委員として活躍。植物学の一般書として『中等植物学教科書』および同続編、専門書として『最近植物病理学』『最新植物病理学提要』、菌類に関する一般書として『日本菌類目録』がある。岡不崩らが大正十三年創立した本草学会の会頭として活躍、その研究発表誌『本草』の主筆として編集にあたったが、創刊号をみずに昭和七年(一九三二)五月三十日、東京で急死。七十歳。墓所は東京都荒川区西日暮里三丁目の南泉寺。明治初期から本草書の調査と収集を企て、その成果は『日本博物学年表』の著書となり、研究者の指針となった。本草学の古典である李時珍『本草綱目』の和訳本『(頭註)国訳本草綱目』、貝原益軒『大和本草』の校注があるほか、著書には前記以外に『植物妖異考』『植物渡来考』『樹木和名考』があり、本草関係論文および随筆は『本草学論攷』四巻、未刊の第五巻の内容を加えて『白井光太郎著作集』全五巻にまとめられている。なお、その旧蔵にかかる本草学関係文献が白井文庫として国立国会図書館に収められている。

参考文献 『(改訂増補国立国会図書館支部上野図書館所蔵)本草関係図書目録』、「白井博士逝いて一年」(『本草』一〇) (木村陽二郎)

しらかわよしのり 白川義則 一八六八―一九三二 明治から昭和期にかけての軍人。明治元年(一八六八)十二月十二日、白川親応、なかの三男として、伊予国松山に生まれる。代用教員から陸軍に入り、下士官養成の教導団を出たのち、陸軍士官学校に入り直し、明治二十三年第一期生として卒業、歩兵少尉に任官した。このころは、一兵卒から陸士に入り直し大将まで進む例は稀でなく、同期の鈴木荘六、三期の武藤信義(元帥)も同様である。日清戦争に従軍したのち白川は三十一年陸軍大学校を卒業、日露戦争にも大隊長と師団参謀で出征した。その後連隊長・旅団長・陸軍省人事局長・第一師団長などを歴任、陸軍次官・関東軍司令官を経て、大正十四年(一九二五)大将に進級、昭和二年(一九二七)四月田中義一内閣の陸軍大臣として入閣した。巨星宇垣一成の後任だったが、純武人肌の白川は部内の統制力が足らず、張作霖爆殺問題では下手人の河本大作大佐を処罰できず、田中首相を窮地に追い込み内閣総辞職の原因を作った。四年七月退任したのち軍事参議官の閑職にいた白川は、七年二月上海派遣軍司令官に起用され、第一次上海事変に出征した。このとき陸軍の強硬派は戦火を広げ、首都南京への追撃を主張したが、白川は天皇の意を体して、上海の占領を終ると直ちに停戦を実現させた。しかし停戦後の同年四月二十九日、上海虹口公園で開かれた天長節の祝賀会で、潜入した朝鮮人尹奉吉の投じた爆弾で重傷を負い、五月二十六日死去した。六十五歳。墓は東京都港区の青山墓地にある。男爵が贈られ、天皇から停戦の功を賞めた御製が遺族に伝達された。

[参考文献] 桜井忠温『大将白川』 (秦　郁彦)

しらかわりよう　白河鯉洋　一八七四―一九一九　明治・大正時代の中国文学者、政治家。本名次郎。明治七年(一八七四)三月二日福岡県に生まれる。帝国大学文科大学漢学科卒。学生時代から文筆活動をはじめ、明治三十一年二月以降『神戸新聞』、ついで『九州日報』などの主幹として活躍、途中、中国に渡り、大正六年(一九一七)四月、大阪市から立憲国民党の代議士として最高点で選ばれ、同党の幹部として憲政擁護のために働いた。著書に『支那文明史』(国府犀東との共著、明治三十三年)、『孔子』(同四十三年)、『諸葛孔明』(同四十四年)などがある。大正八年十二月二十五日没。四十六歳。 (西田　勝)

しらすじろう　白洲次郎　一九〇二―八五　昭和時代の実業家、外交顧問。夫人の正子は樺山愛輔(樺山資紀の長男)の次女で随筆家・評論家。明治三十五年(一九〇二)二月十七日兵庫県の資産家の家に生まれる。大正十五年(一九二六)ケンブリッジ大学卒業後、日本食品工業・日本水産取締役。ロンドンに駐在しジャパンソサイティ幹事として吉田茂駐英大使と親交を深める。敗戦後、終戦連絡中央事務局次長・経済安定本部次長・貿易庁長官などを歴任。その間、吉田首相の側近としてGHQとの折衝に活躍、昭和二十五年(一九五〇)首相特使として渡米し、アメリカ政府と講和問題で交渉に当り、同二十六年には吉田全権の顧問としてサンフランシスコ講和会議に出席するなど、占領下の日本で政財界に大きな影響力を保持した。その後、東北電力会長・大沢商会会長・日本太平洋問題調査会理事などをつとめた。昭和六十年十一月二十八日急性肺炎のため東京元赤坂の病院で没。八十三歳。

[参考文献] 鶴見紘『白洲次郎の日本国憲法―隠された昭和史の巨人―』、青柳恵介『風の男 白洲次郎』、白洲正子『遊鬼―わが師 わが友―』 (鳥海　靖)

しらせのぶ　白瀬矗　一八六一―一九四六　明治時代後期の探検家。文久元年(一八六一)六月十三日出羽国由利郡金浦村の浄土真宗浄蓮寺住職知道と妻槙枝の長男として生まれる。幼名知教。陸軍軍人となり、輜重兵少尉の時予備役に入り予備役海軍大尉郡司成忠の報効義会に参加して、明治二十六年(一八九三)北極探検の第一歩として千島探検を行い、最北端占守島で三年余を過ごした。のち独自に南極探検を志し、南極探検後援会長大隈重信や新聞・雑誌の協力を得て、郡司大尉の手にあった第二報効丸を開南丸と改称して、四十三年十一月二十九日東京品川沖を出帆。四十四年三月南緯七四度一六分まで至ったが上陸できずシドニーに後退。態勢を整えて、ついに日本人としてはじめて南極に上陸し、四十五年一月二十八日南緯八〇度五分、西経一五四度の地点(自著『南極探検』。ただし、『南極記』は西経一五六度三七分)にまで達する壮挙を成し遂げた。昭和九年(一九三四)九月郷里の金浦町沖の島公園に「日本南極探検隊長白瀬矗君偉功碑」、十一年十二月東京芝浦の埠頭公園に『南極探検記念碑」が建立された。昭和二十一年九月四日愛知県西加茂郡挙母町で寂しく没す。八十六歳。墓は愛知県幡豆郡吉良町の西林寺と秋田県由利郡金浦町の浄蓮寺にある。法名、南極院釈矗往。

[参考文献] 南極探検後援会編『南極記』、木村義昌・谷口善也『白瀬中尉探検記』、綱淵謙錠『極―白瀬中尉南極探検記―』 (佐藤　能丸)

しらとりくらきち　白鳥庫吉　一八六五―一九四二　明治から昭和時代前期にかけての東洋史学者。慶応元年(一八六五)二月四日、上総国長柄郡長谷村(千葉県茂原市)に生まれる。本名は倉吉。父は嘉一郎。千葉中学校に学び、那珂通世・三宅米吉の教えを受け、東京大学予備門(のちの第一高等中学校、第一高等学校)を経て、明治二十三年(一八九〇)東京大学文科大学(のちの東京帝国大学文学部すなわち今の東京大学文学部)史学科を卒業。在学中にはリースの教えを受けた。学習院教授(明治二十三年―大正十年(一九二一))、文科大学教授(明治三十七年―大正十四年)、東宮御学問所御用掛(大正三―九年)を歴任。文学博士(明治三十三年)、帝国学士院会員(大正八年―昭和十七年(一九四二))。この間、ヨーロッパに二回出張し(明治三十四―三十六年、大正十一―十二年)、研究機関の調査、研究者との交流、研究発表、図書蒐集にあたった。その研究は朝鮮から始まって、次第に西に及び、ほとんどアジアの全域にわたり、取り扱った問題はひとり歴史にとどまらず、地理・民族・民俗・神話・伝説・言語・宗教・考古など、きわめて広い範囲に及んでいる。特にこうした広い視野に立って、日本の古代史や言語・民族の特質を解明し、北アジア・中央アジアに活躍した諸民族の種類の考定、西南アジア、地中海沿岸に関する中国人の知識の変遷を論じ、尭・舜・禹の事蹟として『尚書』(『書経』)などの古記録に伝えられるところが史実ではなく、天・人・地三才の徳を物語ったものであること、日本語は周辺に親縁を求め難い独得のもので、日本民族がきわめて古くからこの島嶼に拠っていたことを示しているものであること、邪馬台国は北九州に求めるべきで、卑弥呼はその地方の女酋とみなすべきことなどを論じたのは、その業績の一部である。さらに東洋協会学術調査部を設立(明治四十年)し、『東洋協会調査部学術報告』(同四十二年)とそれに続く『東洋学報』(同四十四年)を刊行した。また、日露戦争の結果、満洲の地に日本の権益が加わり、南満洲鉄道会社が設立されると、ここにも学術調査部を設けさせて(同四十一年)、朝鮮と満洲との歴史および地理の調査にあたり、『満洲歴史地理』『朝鮮歴史地理』各二冊、それに続けて『満鮮地理歴史研究報告』を刊行、明治四十一年にはみずから満洲の南北を跋渉して遺蹟の調査にあたり、大正十三年には東洋文庫を設立してその運営を指導するなど、近代の東洋学研究事業の創唱と推進との先頭に立って活躍した。明治・大正・昭和に活動した日本の代表的東洋学者の多くは、その指導によって育成された人々である。彼は開創の時期にあった日本の東洋学を欧州の東洋学に比肩し得るものにまで上昇させることを目標に奮闘したが、揮毫を求められると、常に「精神一到、何事不成」の八字を書いて与え、正しいことは力を尽くして実行すべしとし、正しからざることは断乎排撃して、一歩も退くことがなかった。昭和十七年三月三十日、神奈川県高座郡茅ヶ崎町にて没す。七十八歳。墓は東京都豊島区雑司ヶ谷墓地にある。その著作は『白鳥庫吉全集』全十巻(昭和四十四―四十六年、岩波書店)として世に行われている。第一―二巻日本上代史研究、第三巻朝鮮史研究、第四―五巻塞外民族史研究、第六―七巻西域史研究、第八―九巻アジア史論、第十巻雑纂(付総索引)から成り、よくその研究の範囲の広大さを示している。

[参考文献] 榎一雄『東洋文庫の六十年』、津田左右吉「白鳥博士小伝」(『津田左右吉全集』二四所収) (榎　一雄)

しらとりとしお　白鳥敏夫　一八八七―一九四九　昭和時代前期の外交官、外務省革新派・枢軸派のリーダー。明治二十年(一八八七)六月八日千葉県に生まれる。父斧蔵。石井菊次郎および白鳥庫吉の甥。大正三年(一九一四)外務省に入り、香港・アメリカ・中国・ドイツおよび本省に在勤したのち、昭和五年(一九三〇)外務省情報部長に就任。満洲事変では書記官長の森恪や陸軍の鈴木貞一中佐と協力して国際連盟脱退を主唱した。その後スウェーデン公使となり、少壮外交官の間からは彼の次官擁立運動が生まれた。十三年イタリア大使に起用され、ドイツ・イタリアと即時同盟を締結するよう本国政府に圧力をかけた。のちに松岡洋右外相の下で外務省顧問に就任、大政翼賛会総務ともなる。十七年には千葉県より衆議院議員に当選。二十三年、極東国際軍事裁判でA級戦犯として終身刑の判決を受け、服役中の翌二十四年六月三日病死。六十三歳。著書に『国際日本の地位』『戦ひの時代』などがある。

[参考文献] 臼井勝美「外務省―人と機構―」(『日米関係史』一所収)、戸部良一「外務省「革新派」と軍部」(『昭和史の軍部と政治』二所収)、同「外交における「思想的理拠」の探求―白鳥敏夫の皇道外交論―」(『国際政治』七一)、塩崎弘明「外務省革新派の現状打破認識と政策」(『近代日本研究』七) (戸部　良一)

しらねせんいち　白根専一　一八四九―九八　明治時代の官僚、政治家。はじめ専八と称す。嘉永二年(一八四九)十二月二十二日長州藩士白根多助(のち埼玉県令)の子として萩の城下に生まれる。幼くして萩原家の養子となったが、まもなく白根家に復籍。明倫館に学ぶ。明治初年上京して慶応義塾に入る。明治五年(一八七二)官界に投じ司法省を経て内務省に出仕。秋田県権参事・同大書記官・内務省大書記官・同総務局次長・愛媛県知事・愛知県知事などを歴任した後、二十三年五月、第一次山県内閣の西郷従道内務大臣のもとで内務次官に就任。第一次松方内閣のとき品川弥二郎内務大臣を補佐し、二十五年の第二回衆議院議員総選挙で激しい選挙干渉を実行して吏党候補者の当選をはかった。品川内相が選挙干渉を非難されて辞任し、副島種臣が内相となると、白根は属僚とともにその排撃をはかり、まもなく副島を辞任に追い込んだが、白根も二十五年七月に辞職して宮中顧問官に転じた。のち内蔵頭を兼任。二十八年十月第二次伊藤内閣の逓信大臣として入閣したが、二十九年九月第二次松方内閣の成立後まもなく辞任した。三十年男爵を授けられ互選により貴族院議員となった。山県系官僚派の有力者として将来を有望視されていたが、病を得て明治三十一年六月十四日東京湯島の自宅で死去した。五十歳。墓は東京都台東区谷中の天王寺の墓地にある。なお嗣子白根竹介は昭和十年(一九三五)―十一年岡田内閣の書記官長を勤めた。

[参考文献] 衆議院・参議院編『議会制度百年史』貴族院議員名鑑 (鳥海　靖)

しらやなぎしゅうこ　白柳秀湖　一八八四―一九五〇　明治から昭和時代にかけての小説家・史論家。本名武司。明治十七年(一八八四)一月七日静岡県引佐郡気賀町(細江町)に菓子商健次・てるの長男として生まれる。実業家を志して上京するが、中学時代島崎藤村に傾倒し文学に転じる。早稲田大学在学中、堺利彦・幸徳秋水らの社会主義運動に共鳴し、加藤時次郎主宰の直行団の機関誌『直言』の編集に従う。明治三十八年、山口孤剣・中里介山らと火鞭会を創立、機関誌『火鞭』を発刊し、平民社の別働隊としてトルストイ、サン＝シモンらの思想を精力的に紹介する。四十年の中編小説「駅夫日記」は労働者が主人公で、大正労働文学の先駆となる作品である。四十一年の評論集『鉄火石火』刊行後は文学から離れ、社会評論の分野で活躍するほか、「町の歴史家」として通俗的ながら唯物史観の立場にたった独特の史観により、主に幕末以降の政治経済史に健筆を振るった。昭和二十五年(一九五〇)十一月九日没。六十六歳。墓は東京都府中市の多磨墓地にある。著書に『財界太平記』『明治大正国民史』などがある。

[参考文献] 白柳夏男『戦争と父と子―白柳秀湖伝―』、上笙一郎「白柳秀湖についての一考察」(『日本文学』一一ノ六)　(荻野富士夫)

じりゅう　慈隆　一八一五―七二　幕末・維新期の天台宗の僧、相馬中村藩の最高政治顧問。字は洛山、静慮庵と号した。父は亀掛川東作、のち鶴翁と称し下野国日光に居住し医を業としていた。文化十二年(一八一五)生まれる。もとは日光浄土院の院主。安政三年(一八五六)相馬中村藩主相馬充胤の招きに応じて来藩。城西の愛宕(あたご)山の金蔵院に住んだ。慈隆は識見高邁、神仏崇敬の念厚く、また、もっとも教育を重んじ「学校最先」を標榜して金蔵院に学問所をおこし、藩の子弟を教育した。彼は藩政の顧問を委嘱され、充胤および誠胤父子を助けたばかりでなく、つとに二宮仕法を理解し、筆頭家老の熊川兵庫・富田高慶らと肝胆相照らしその推進に力を尽くした。また戊辰の動乱にはよく天下の趨勢を見きわめ、官軍帰順を指導し、藩領を安堵せしめた功績も大きい。明治五年(一八七二)十一月二十四日東京の相馬邸で没す。五十八歳。愛宕山(福島県相馬市)に二宮尊徳の墓と並べて葬られる。没後、同二十七年大僧正を贈られる。

[参考文献] 飯塚清通起稿・二宮尊親修正『相馬偉人伝』九(『相馬市史』三)　(松本敬信)

しろとりせいご　白鳥省吾　一八九〇―一九七三　明治から昭和時代にかけての詩人。明治二十三年(一八九〇)二月二十七日、宮城県栗原郡築館村に生まれる。早稲田大学英文科卒業。在学中から『劇と詩』『早稲田文学』などに詩を発表し、はじめは象徴的な気分詩の傾向が強かったが、第一詩集『世界の一人』(大正三年(一九一四)六月、二舎書房)を刊行し、口語自由詩創成期に先駆する詩風を示した。このころからホイットマンに傾倒し、民主的傾向の詩を書くようになり、民衆詩派の代表的詩人として活躍し、詩集『大地の愛』(大正八年六月、抒情詩社)、訳詩集『ホイットマン詩集』(同年六月、新潮社)、評論集『民主的文芸の先駆』(同年七月、新潮社)などを刊行した。平明な口語自由詩でデモクラシーとヒューマニズムの精神を歌い、農民詩や反戦詩などに注目すべきものがある。ほかに詩集『楽園の途上』(大正十年)、『共生の旗』(同十一年)、民謡集『国ざかひ』(昭和三年(一九二八))や評論集『現代詩の研究』(大正十三年)、『詩の鑑賞と教育』(昭和十年)、随筆集『新満洲の風土と文化』(同十四年)などがある。第二次世界大戦後も詩・民謡・歌謡などの分野で幅広い活動を続けた。昭和四十八年八月二十七日没。八十三歳。墓は東京都府中市の多磨墓地にある。法名、詩星院松風暁悟居士。

[参考文献] 壺井繁治「白鳥省吾論」(『詩人の感想』所収)、伊藤信吉「白鳥省吾」(『現代詩鑑賞講座』六所収)、乙骨明夫「白鳥省吾論」(『国語と国文学』四六ノ一、四七ノ八)　(分銅惇作)

しんかいたけたろう　新海竹太郎　一八六八―一九二七　明治・大正時代の彫刻家。明治元年(一八六八)二月五日、山形城下十日町に仏師宗松・サダの長男として生まれる。はじめ軍人を志して上京したが、軍務に服すうち木彫に興味を抱き、除隊後彫刻家後藤貞行に師事、ついで小倉惣次郎から新しい塑造法を習った。明治三十一年日本美術院の創立に際しては、その正員となり、彫刻部を担当したが、同三十三年から二年間ヨーロッパに留学、パリからベルリンに移り、主としてベルリン美術学校で官学派のヘルテルに学んだ。帰国後は太平洋画会彫刻部を主宰し、同研究所で多くの後進を指導する一方、みずから格調高い新古典派風の優作を発表、文展審査員、帝室技芸員、帝国美術院会員に挙げられるなど、近代の日本彫刻界に重きをなした。昭和二年(一九二七)三月十二日、東京にて死去。六十歳。東京の多磨墓地に葬られた。法名、精芸院又新古竹居士。代表作には「ゆあみ」「斥候」「北白川宮能久親王殿下騎馬像」「コンドル博士像」などがある。

[参考文献] 新海竹蔵『新海竹太郎伝』　(富山秀男)

しんじょうしんぞう　新城新蔵　一八七三―一九三八　明治から昭和時代にかけての天文学者。京都帝国大学総長。明治六年(一八七三)八月二十日福島県若松の酒造家新城平右衛門の六男に生まれる。会津中学、二高を経て同二十八年七月帝国大学理科大学物理学科を卒業。同三十年陸軍砲工学校教授、同三十三年京都帝大理工科大学助教授、同二十八年より四十年までドイツのゲッチンゲン大学に留学、帰国後京都帝大教授、同四十二年理学博士となる。大正七年(一九一八)京都帝大に宇宙物理学講座を新設してこれを担任する。同十二年理学部長、同十四年退職。昭和四年(一九二九)京都帝大総長となり同八年退職。同十年中華民国上海自然科学研究所長に就任、同十三年八月一日南京の病舎で没す。六十六歳。研究は初期は田中舘愛橘・長岡半太郎の影響をうけ日本・朝鮮の重力および地磁気の測定にあたり、宇宙物理学講座開設後は流星圏・廻転天体・連星系・太陽・変光星進化論など天文学各分野にわたる。また大正期以降、狩野君山(直喜)・内藤湖南(虎次郎)らの協力を得て、中国古代天文学史・天文年代学の研究に取り組み、その伝統を京都にきずいた。著書は『東洋天文学史研究』『宇宙大観』『宇宙進化論』『こよみと天文』『天文学概観』『迷信』など。

[参考文献] 国立国会図書館編『新城新蔵旧蔵書目録』、荒木俊馬「故新城新蔵博士」(『科学』八ノ一二)　(中山茂)

しんとくいんどの　慎徳院殿　⇨徳川家慶(とくがわいえよし)

しんとくじゅん　秦徳純　Qin De-chun　一八九三―一九六三　中華民国の軍人。字は紹文。山東省沂(ぎ)水(すい)県人。一九一二年北京の陸軍大学卒業。直隷派呉佩孚の麾下に隷し、呉が張作霖に敗れる(第二次奉直戦争)と、一時馮玉祥の麾下にはいり、呉が再起するとその麾下に復し師団長に昇進。国民革命には、馮玉祥麾下の軍長・副総参謀長として参加。三〇年閻錫山・馮玉祥の反蔣戦失敗後、馮軍の残存部隊宋哲元の第二十九軍の参謀長、総参議、副軍長。満洲事変後、軍事委員会北平分会委員。第二十九軍とともに察哈爾省に移駐。第三軍団総指揮宋哲元の副総指揮として熱河省から侵入する日本軍と長城線で激戦。三五年の張北事件(察哈爾事件)後、土肥原・秦徳純協定を結び二十九軍は察哈爾省を撤退、同省主席、冀察政務委員会委員、北平市長、上記委員会常務委員を歴任。日本敗戦後の極東国際軍事裁判に証人として出席。国民党とともに台湾に移り、五二年に退役。六三年九月七日台北で没。七十一歳。

参考文献 『秦徳純回憶録』

(波多野善大)

じんぼことら 神保小虎 一八六七―一九二四 明治・大正時代の地質・鉱物学者。慶応三年(一八六七)五月十七日、幕臣神保長繁の長男として、江戸駿河台観音坂丁に生まれた。明治八年(一八七五)神田淡路町私立共立学校に入学、東京大学予備門を経て、十六年九月東京大学理学部に入り、地質学を修め、二十年七月卒業。明治二十一年八月北海道技師試補、同二十二年八月北海道庁四等技師に任ぜられ、もっぱら北海道の地質調査に従事した。これは、開拓使御雇米人ベンジャミン＝ライマンによる北海道地質調査(明治六―九年)を再調査したもので、その報告書が『北海道地質報文』上下・附録(明治二十五年)、Notes on the General Geology of Hokkaido (1892)である。二十五年七月渡独、ベルリン大学で鉱物学・岩石学をクライン教授、地理学をリヒトホーフェン教授に学び、古生物学はマルテンスの補助のもとにダーメスの指導をうけた。その成果が Beiträge zur Kenntnis der Fauna der Kreideformation von Hokkaido (1894)である。明治二十七年急死した菊池安のあとをうけて帝国大学理科大学鉱物学講座を担任することとなり、同年十月単身シベリア大陸を横断して帰国、助教授に任ぜられた。シベリア横断の際、黒竜江沿岸の地質を調査研究している。同二十九年教授(鉱物学)。四十年鉱物学科独立。これより先、三十九年樺太島北緯五〇度線地域の地質および地理を調査。四十五年五月欧米各国出張を命ぜられ、欧米各国の鉱物学の大学を訪れた。大正四年(一九一五)十一月露領ウラジオストック地方の地質鉱物を調査。神保は鉱物学教授として学生を指導したほか、東京地質学会会長、東京地学協会主幹、教員検定委員会臨時委員、鉱毒調査委員、勧業博覧会審査員、史蹟名勝天然紀念物調査委員などをつとめた。また北海道在住当時から巧みにアイヌ語を話し、文科大学でアイヌ語を講義したことがあった。大正十二年八月病を得、翌十三年一月十八日没した。五十八歳。東京の染井墓地に葬られた。

参考文献 『日本地質学会史』

(原田 準平)

しんみきちじ 新見吉治 一八七四―一九七四 明治から昭和時代にかけての歴史学者。明治七年(一八七四)十月九日現名古屋市中区新栄二丁目の尾張藩御手筒組同心の家に生まれた。父は嘉治、母はたけ。愛知県尋常中学校・第一高等学校を経て明治三十三年七月東京帝国大学文科大学史学科を卒業。在学中はもっぱら西洋史のルードウィヒ＝リースの指導を受けた。翌三十四年十一月より三十六年三月まで東京帝国大学史料編纂委員嘱託、同年四月新設の広島高等師範学校教授となって赴任、四十一年九月より四十五年六月までドイツに留学(ランプレヒトに師事)、大正五年(一九一六)八月独文の『日本における武家政治の研究』で学位受領。昭和四年(一九二九)四月開設の広島文理大学教授を兼任、同十三年三月退官、同五月同校名誉教授となる(広島在任中の三十五年間に発表した歴史教育と西洋史に関する研究論文二百二十余篇)。退官後の十五年四月より十八年九月まで東洋大学教授、また十五年一月より二十年八月まで横浜大倉精神文化研究所委員・同所大日本精神史編集委員を兼任し、二十一年八月公職追放・教職不適格の指定を受けた(二十六年八月両指定解除)。二十六年十二月より四十八年三月まで徳川林政史研究所研究員(非常勤)。その間二十七年より四十年まで大倉精神文化研究所研究員、四十六年同研究所顧問を兼ね、三十六年より四十四年まで愛知工業大学教授を兼任、四十八年十二月勲二等旭日重光章を授与され、翌四十九年十一月四日満百歳の長寿を全うして死去。墓は名古屋市天白区八事霊園にある。第二次世界大戦後は日本近世史の研究に専念し、前後七十余篇の研究業績のうち、『下級士族の研究』『旗本』『壬申戸籍成立に関する研究』はその代表的著作であるが、別に歴史研究に関する独自の史観を述べた二、三の著書がある。

参考文献 新見吉治『分け登る歴史学の山路』

(所 三男)

しんみまさおき 新見正興 一八二二―六九 江戸時代後期の幕臣。遣米使節正使。通称は房次郎、叙爵して豊前守・伊勢守と称す。文政五年(一八二二)五月西丸小納戸三浦義韶の次男に生まれ、同十二年六月大坂町奉行新見正路の養子となる。天保十年(一八三九)正月小性としてはじめて出仕し、同十四年十月中奥小性に転じ、嘉永元年(一八四八)十月家督を受けて二千石を継ぎ、安政元年(一八五四)八月小普請組支配、同三年三月小性組番頭を経て、同六年七月外国奉行に進み、八月神奈川奉行を兼ねた。同年九月日米修好通商条約本書批准交換のための遣米使節正使を仰せ付けられ、幕府最初の遣外使節の重責を担った。万延元年(一八六〇)正月副使村垣範正・監察小栗忠順以下属吏・従臣七十余人を従え、米艦ポーハタン号で神奈川を出帆、太平洋を横断して米国に渡り、閏三月二十八日(米国五月十七日)ワシントンでブカナン大統領に謁見、ついで四月三日(五月二十二日)カス国務長官と批准書を交換し、ついで国会議事堂・海軍造船所などを見学し、五月米艦ナイアガラ号でニューヨークを出帆、大西洋・インド洋を航し、九月品川に帰着し、十二月功により三百石加増された。大老井伊直弼亡きあとの久世広周・安藤信正幕閣の下では、海外で得た新知識を生かすことはできなかった。帰国後外国奉行専任となり、文久二年(一八六二)六月側衆に転じ、三年十二月将軍徳川家茂の再上洛に供奉、元治元年(一八六四)九月免ぜられた。慶応二年(一八六六)十二月病により家督を正典に譲り、隠居料五百俵を下され、閑水と号した。明治元年(一八六八)三月上総国周准郡人見村に帰農したが、翌二年四月病気療養のため東京に出て、十月十八日病没した。年四十八。墓は東京都中野区上高田四丁目の願正寺にある。法名、正興院殿釈閑水遊翁大居士。著書に米国に航した歌文紀行『亜行詠』一冊(静嘉堂文庫蔵)がある。

参考文献 吉田常吉『亜行詠』解題(日米修好通商百年記念行事運営会編『(万延元年)遣米使節史料集成』二)、杉本寛一「遣米正使新見豊前守雑考」(『伝記』三ノ四)

(吉田 常吉)

しんむらいずる 新村出 一八七六—一九六七 明治から昭和にかけての言語学者、国語学者。明治九年(一八七六)十月四日山口県山口町道場門前町で父関口隆吉(当時山口県令)・母静子の次男として生まれ、同二十二年新村家に養子となった。第一高等学校を経て三十二年東京帝国大学文科大学博言学科を卒業、東京高等師範学校教授・東京帝国大学文科大学助教授(兼任)などを経て四十年京都帝国大学文科大学助教授に転じ、外遊後四十二年同教授となって、退官まで言語学講座を担当した。四十三年文学博士。四十四年以来久しく同大学附属図書館長を兼ね、昭和十一年(一九三六)同大学を退官、名誉教授の称号を受けた。帝国学士院会員となり、日本言語学会会長・日本方言学会会長等々としても貢献するところ多かった。昭和三十一年文化勲章受章。四十二年八月十七日、九十歳で没。墓は京都市本能寺にある。西洋の言語理論を移入し、日本言語学の樹立に努め、特に日本語の歴史的研究において、キリシタン文献・抄物などの資料を紹介するとともに、南蛮研究や語源・語誌の研究に新生面を開くなど顕著な業績を残した。著作は『新村出全集』全十五巻、同索引一巻として大成されているが、また『広辞苑』の編者としても広く知られている。

参考文献 新村猛編『美意延年—新村出追悼文集—』

(阪倉 篤義)

しんむらたけし 新村猛 一九〇五—九二 昭和時代の仏文学者。明治三十八年(一九〇五)八月二日、言語学者新村出の次男として東京に生まれる。京都第一中学校、第三高等学校(文科丙類)を経て京都帝国大学文学部文学科(フランス文学専攻)を昭和五年(一九三〇)三月卒業。同志社大学予科教授時代に『世界文化』の運動に参加、ヨーロッパの反ファシズム文化運動を紹介、十二年十一月治安維持法違反容疑で検挙された。第二次世界大戦後、京都人文学園長を経て名古屋大学教授、四十四年三月停年退官(六月名誉教授)、京都橘女子大学学長(四十九年—五十三年)、日本学術会議会員(三十五年まで四期連続)。中世フランス文学研究のかたわら、民主運動・平和運動にも指導的役割を果たした。父の死後は『広辞苑』の改訂作業を第四版まで引きついだ。平成四年(一九九二)十月三十一日呼吸不全のため没。八十七歳。主著は『国際反ファシズム文化運動』フランス篇、『フランス文学研究序説』、『ロマン・ロラン』など。『新村猛著作集』がある。

参考文献 「解説・同人座談会」(『世界文化』複製版三付載)

(平林 一)

しんもんたつごろう 新門辰五郎 一八〇〇—七五 幕末・維新期の江戸の侠客。寛政十二年(一八〇〇)生まれる。下谷山崎町(東京都台東区)の金銀工中村金八の長男、上野輪王寺別当町田仁右衛門の女婿。輪王寺の法統を継承した門跡舜仁准后が、浅草寺の伝法院に隠居し、上野へ通行するため浅草に新門を建てた。辰五郎はこれを守り防火の任にあたったので、新門辰五郎と呼ばれた。辰五郎は火消人足から町火消十番組の頭となり、浅草・上野一帯をその縄張りとした。辰五郎の名が広まったのは筑後藩の大名火消(有馬火消)と、辰五郎配下の町火消の大喧嘩で、大名火消人足十数人が死傷した事件によってである。辰五郎は責任者として自首、佃島の人足寄場に送られた。弘化三年(一八四六)正月本郷円山の火事で佃島に火が入ったが、辰五郎は囚人を指揮、防火につとめたので赦免された。その後、徳川慶喜上洛には、辰五郎は世にいわれた子分三千人のうち二百人をひきつれ警護にあたった。さらに慶喜が水戸に退き、あるいは駿府に移されるに際しても身辺護衛の任を果たした。世に江戸の新門辰五郎、東海の清水次郎長、関西の会津小鉄を三侠客と呼んでいる。明治八年(一八七五)九月十九日、浅草の自宅で病没した。七十六歳。墓は豊島区西巣鴨四丁目の盛雲寺にある。

参考文献 田村栄太郎『やくざの生活』、今川徳三『日本侠客一〇〇選』(『一〇〇選シリーズ』九)、尾形鶴吉『本邦侠客の研究』、尾形裕康「現代諸家の侠的人物観」(『日本及日本人』五四九)、同「幕末任侠伝」(『歴史読本』一八一)

(尾形 裕康)

す

すえおかせいいち　末岡精一　一八五五―九四　明治時代の法学博士、アカデミズム憲法学の創始者の一人。安政二年(一八五五)六月二十日、周防国熊毛郡宿井村(山口県熊毛郡田布施町)に生まれる。明治七年(一八七四)東京英語学校に入り開成学校を経て、十四年七月東京大学文学部経済学科哲学科を卒業。十五年三月、政府が憲法制定準備のため伊藤博文らを欧州各国に制度査察に派遣すると同時に渉外留学生を増派した際、その一人に選抜されて渡欧。ベルリン・ウィーン両大学で国法学を修め、諸国の憲法・行政法を比較研究して、十九年十二月帰国、同月帝国大学法科大学教授に任ぜられた。伊藤博文・井上毅らの『憲法義解』の討議決定に参加した。アカデミズム憲法学の一方の権威となる穂積八束よりも先任であった末岡は、一木喜徳郎・美濃部達吉へと展開する立憲派の流れの源に位置する。二十七年一月二十一日、医科大学病院にて死去。四十歳。死後講義ノートなどを編集して出版された『比較国法学』をのぞいてまとまった業績がなく、学界のために顕著な影響を与えたとはいえない。東京青山共同墓地に葬られる。法名至誠院謙誉精一居士。

参考文献　鈴木安蔵『日本憲法学の生誕と発展』、家永三郎『日本近代憲法思想史研究』　(奥平　康弘)

すえかわひろし　末川博　一八九二―一九七七　大正・昭和時代の民法学者。明治二十五年(一八九二)十一月二十日山口県玖珂郡玖珂村四八二二番地に末川庄橘・ミキヨの次男として生まれる。大正六年(一九一七)京都帝国大学法科大学卒業。同八年同大学講師、九年同助教授、十四年同教授となり、昭和六年(一九三一)『権利侵害論』により法学博士となる。同八年四月、文部省が同僚の滝川幸辰教授の追放を通告してきたため、末川教授が中心となって同大学法学部教授会で学問の自由と大学の自治を守るためたたかうことに決め、京大事件(いわゆる滝川事件)に発展。七月、佐々木惣一・恒藤恭教授らとともに辞職。九月大阪商科大学講師、十五年同教授となる。二十年十一月立命館大学学長、二十三年立命館総長兼学長となり、四十四年退任し、名誉総長となる。なお、二十五年日本学士院会員に選ばれる。昭和五年以来毎年『岩波六法全書』を編集し、十年からは『民商法雑誌』の責任編集者として民事法研究の最高峰となり、特に権利侵害論や権利濫用論の研究は今日法学界の定説となっている。立命館大学学長に就任するや、平和と民主主義の教学理念をかかげ、また市民に開かれた大学をめざして立命館土曜講座を開設。二十三年日本学術会議第一回会員(以後三十七年第五回まで)となり「日本学術会議発足に際し科学者としての決意表明」を起草し、科学は平和と人類の福祉のために貢献すべきであると述べ、二十八年には「わだつみの像」を立命館大学校庭に建立し、また平和問題談話会や憲法問題懇談会を主宰するなど、平和と民主主義の実践に取り組んだ。五十二年二月十六日脳血栓のため死去。八十四歳。法名照真院釈浄博。墓所は京都市東山区東大谷。著書に『権利侵害論』ほか多数の専門書と自叙伝『彼の歩んだ道』および『末川博随想全集』全九巻別冊一巻がある。

参考文献　末川博先生追悼文集編集委員会編『追想末川博』　(後藤　靖)

すえつぐのぶまさ　末次信正　一八八〇―一九四四　明治から昭和時代前期にかけての海軍軍人。海軍大将、いわゆる艦隊派(軍令派ともいう)の代表的人物。末次操九郎の次男として明治十三年(一八八〇)六月三十日、山口に出生。同三十二年十二月、海軍兵学校卒業。イギリス駐在の経験があり、海軍砲術学校・海軍大学校・第一艦隊司令部・軍令部の勤務が長く、日本海軍における戦術の理論家として知られる。ワシントン海軍軍縮会議には全権随員として参加し、条約成立には反対の見解を持っていた。帰朝後、軍令部第一班長(作戦担当)心得のあと大正十二年(一九二三)将官に進む。第一潜水戦隊司令官・海軍大学校教官・海軍省教育局長を経て、昭和五年(一九三〇)ロンドン海軍軍縮条約調印のときには軍令部次長。この条約に反対し、いわゆる「統帥権干犯」問題で軍令部側の中心的人物となる。問題紛糾のため軍令部出仕のあと舞鶴要港部司令官に転出したが、海軍部内で艦隊派の勢力が大きくなるとともに、第二艦隊・連合艦隊・横須賀鎮守府の各司令長官と昇進を続けた。軍事参議官のとき近衛文麿の希望により内閣参議(第一次近衛内閣)に就任。同人の政治的活動を好まなかった米内海相により予備役に編入されたが、昭和十二年十二月からは同内閣の内務大臣をも務めた。太平洋戦争中に戦局が不利になったとき、海軍部内に米内海軍大臣・末次軍令部総長の構想が生じたが、前者のみ実現し、末次の方は宮中そのほかに反対があり実現しなかった。昭和十九年十二月二十九日東京で死去。六十五歳。

参考文献　防衛庁防衛研修所戦史室編『大本営海軍部・聯合艦隊』一・六(『戦史叢書』九一・四五)　(野村　実)

すえながじゅんいちろう　末永純一郎　一八六七―一九一三　明治時代後半期から大正初期の新聞人。号は鉄巌、俳号は戯道人。慶応三年(一八六七)三月二日筑前国筑紫郡住吉町(福岡市博多区)の住吉神社の神官茂世の長子として生まれる。幼少より国学・漢学を学び、明治十六年(一八八三)東京に遊学、杉浦重剛の称好塾に寄寓して研鑽に努め、二十年九月帝国大学法科大学法律学科選科に学ぶ。二十一年同科修了後一時『芸備日日新聞』の記者として在社、二十二年二月十一日陸羯南・三宅雪嶺・福本日南らが創刊した『日本』新聞に入社、日清戦争には従軍記者として戦況報道に活躍した。三十三年東邦協会幹事に推され、康有為・梁啓超・孫文・黄興らと親交を結びその志を助けた。三十八年四月大連に渡り、関東州民政長官石塚英蔵らの援助を得て十月二十五日『遼東新報』を創刊、日中両文の紙面をもって両国の親善提携に努めたが、大正二年(一九一三)十二月三十一日志半ばにして病のため同地に没した。四十七歳。墓は東京都府中市の多磨墓地にある。

参考文献　黒竜会編『東亜先覚志士記伝』下

(北根　豊)

すえながまさお　末永雅雄　一八九七―一九九一　昭和時代の考古学者。明治三十年(一八九七)六月二十三日、大阪府南河内郡狭山町(大阪狭山市)に生まれる。明治四十二年以降、水戸学の学統をひく高瀬真卿、大正九年(一九二〇)以降、考古学と有識故実の関保之助にそれぞれ師事して二十九歳まで独学。同十五年から浜田耕作に師事して京都帝国大学文学部考古学教室で学ぶ。主に甲冑鏽塊の復原に従事。当時、ほとんど研究対象になっていなかった古墳出土甲冑を求めて調査旅行を続け、昭和九年(一九三四)に『日本上代の甲冑』を刊行し、二年後に帝国学士院賞を受賞。ついで、『日本上代の武器』を上梓。昭和八年、浜田の指示によって奈良県石舞台古墳の調査を担当、古墳調査への航空写真の利用、石室の遣方測量、一六ミリ記録映画の撮影など画期的な調査方法を実施。昭和十二年には奈良県唐古(池)遺跡の調査を担当し、かねて森本六爾が主張していた弥生農耕を実証するとともに、唐古池の四周の堤防に測点を設けて遺構の実測を行い、現代のグリッド調査に先行する方法を実施。昭和十三年、奈良県橿原遺跡の調査を契機として橿原考古学研究所を創設し、昭和五十五年に退任するまでの四十二年間、所長として遺跡の調査研究を指揮し、多くの研究者を育成した。教育者としては、竜谷大学・大谷大学・関西大学などで教鞭をとり、特に関西大学では考古学教室を創設して二十年間指導にあたる。同大学名誉教授。昭和二十三年、「近畿古文化の研究」によって文学博士。昭和二十九年、空からの古墳観察のため、はじめて航空機に乗る。その後、飛行回数を重ね地域を広げ、条里と古墳、古墳の周庭帯など新たな研究テーマを開拓した。その成果は、『日本の古墳』(朝日新聞社)、『古墳の航空大観』(学生社)として刊行された。昭和三十五年以降の飛鳥京跡調査を通じて飛鳥保存の緊急性を実感し、県・村とともに内閣に働きかけて「明日香保存特別立法」の成立に大きな役割を果たした。平成三年(一九九一)五月七日没。九十三歳。墓は大阪狭山市公園墓地にある。昭和六十三年文化勲章受章。著書八十八冊、論文・報告・エッセイ四百三編、うち古墳と武器関係百二十五編。特に古墳と武器研究者として著名だが、飛鳥・奈良時代の宮跡研究や有識故実関係も六十八編あり、『末永雅雄著作集』全五巻がある。

参考文献　石野博信「末永考古学の軌跡」(『末永雅雄著作集』三所収)

(石野　博信)

すえひろいずたろう　末弘厳太郎　一八八八―一九五一　明治から昭和時代にかけての法学者。民法学に画期的な業績を挙げるとともに、法社会学のパイオニアかつ労働法学の草分け的存在。末弘厳石の長男として明治二十一年(一八八八)十一月三十日山口県に生まれる。同四十五年東京帝国大学卒業、同大学助教授、教授と昇進。川名兼四郎の影響をうけ精緻なドイツ法学理論を展開したのが大正七年(一九一八)刊行の『債権各論』で、学位請求論文となる。同年から三年間の欧米留学は彼の法学方法論の転回点となった。同十年の『物権法』は従来のパターンを破る民法教科書として一期を画す。同年民法判例研究会を設立し判例研究の重要性を提唱した。『民法講話』『債権総論』『嘘の効用』『法窓閑話』『民法雑考』『民法雑記帳』などを発表、鋭利な問題提起を試みた。法社会学上の注目すべき業績は昭和十五年(一九四〇)以降のいわゆる華北農村慣行調査であるが、その理論的基礎づけとして「不連続線の理論」をうちだした。最初の労働法講義の担当者である彼は未知の領域としての労働法の理論的創始者でもある。『労働法研究』『日本労働組合運動史』はこの分野の代表作といえる。加えて彼の活動は、労働三法の立案への参画、自己の関与した新法令の解説、「中労委の末弘か、末弘の中労委か」といわしめた中央労働委員会会長としての活躍など、実践的な面に幅広く及んだ。昭和二十六年九月十一日東京にて病没。六十二歳。墓は東京都豊島区の染井墓地にある。『末弘著作集』全五巻がある。なお妻の冬は菊池大麓の娘である。

参考文献　潮見俊隆「末弘厳太郎」(潮見俊隆・利谷信義編『日本の法学者』所収)、川島武宜「末弘厳太郎先生の法学理論」(『法学セミナー』七一)、平野義太郎「末弘厳太郎先生の人と学問」(同一五七)、福島正夫「岡松参太郎博士の台湾旧慣調査と、華北農村慣行調査における末弘厳太郎博士」(『東洋文化』二五)、和仁陽「末弘厳太郎」(『法学教室』一七八)、「末広法学と二一世紀法学への展望」(『法律時報』七〇ノ一二)

(向井　健)

すえひろてっちょう　末広鉄腸　一八四九―九六　明治時代の政治家、新聞記者、小説家。嘉永二年(一八四九)二月二十一日伊予国宇和島笹町(愛媛県宇和島市)に生まれた。本名重恭。字は子倹、号は浩斎、鉄腸は別号。父禎介は藩の勘定役で詩文に秀でていた。藩校明倫館に学び、明治二年(一八六九)、二十一歳のときにその教授に登用された。翌三年、京都の陽明学者春日潜庵の門に入り、二年間の研鑽を積んだのち帰藩、明倫館教授に復帰する。ついで廃藩置県により県の聴訴課長に任じたが、上司と意見が合わず、職を辞して上京、明治七年に大蔵省十三等出仕となった。翌八年、官界に不満を抱いて『曙新聞』に入社、この年に公布された新聞紙条例を批判したかどで、禁獄二ヵ月、罰金二十円の罪を得た。同条例最初の犠牲者である。出獄後、成島柳北が主宰する『朝野新聞』の編集長に迎えられるが、法制官井上毅・尾崎三良を諷した記事によって、成島柳北とともに再び下獄、鉄腸の刑は禁獄八ヵ月、罰金百五十円であった。その後、民権運動の昂揚期に際して、明治十四年に馬場辰猪らとともに国友会を結成、ついで自由党の創設にも参画したが、間もなく脱退、十六年には馬場らと独立党を結成する。このころから糖尿病をわずらい、転地療養をつづけるかたわら、政治小説の執筆を始めた。代表作は、『(政治小説)雪中梅』(明治十九年)とその続編『(政事小説)花間鶯』(同二十年)で、明治二十三年の国会開設に向けて民権運動に身を投じて行く国野基と彼を支援する富永春との恋愛・結婚を中心に、明治十年代後半の政治状況が写実的に描かれている。この二つの作品から得た印税により、明治二十一年から翌年にかけて外遊、帰朝後、『啞の旅行』(明治二十二年)を発表した。明治二十三年の第一回総選挙には大同倶楽部の幹部として出馬、当選後は立憲自由党を組織するが翌二十四年脱党。この去就が災(わざわい)して二十五・二十七年の総選挙では落選した。この間、明治二十五年にシベリアを視察、その後、政界に復帰したが、癌を病んで二十九年二月五日没した。四十八歳。法名は秀岳院勇誉鉄腸居士。墓は愛媛県宇和島市大超寺奥の大超寺にある。なお魚類学者末広恭雄はその孫。

〔参考文献〕 末広鉄腸『新聞経歴談』(『明治文化全集』四)、柳田泉編『明治政治小説集』二(『明治文学全集』六)
(前田　愛)

すえまつけんちょう　末松謙澄　一八五五—一九二〇　明治・大正時代の官僚・政治家、文学者・法学者。青萍と号す。安政二年(一八五五)八月二十日末松七右衛門(臥雲)・伸子の四男(第七子)として豊前国京都(みやこ)郡前田村(福岡県行橋市)に生まれる。幼名は線松(千松)。村上仏山の私塾水哉園で漢学を学ぶ。明治四年(一八七一)上京して大槻磐渓・近藤真琴に入門。また佐佐木高行の書生を勤めるかたわら高橋是清に英語を学んだ。若くして英語と和漢の文章の才能を認められ、『東京日日新聞』に笹波萍二のペンネームで論説文や外字紙の翻訳記事を執筆した。同八年伊藤博文の知遇を得て官界に入り、同年十二月特命全権弁理大臣黒田清隆に随行して朝鮮に派遣された。その後工部省権少丞・太政官権少書記官を経て陸軍省に転じ、十年西南戦争に陸軍卿山県有朋の秘書官として従軍。十一年イギリス駐在日本公使館の一等書記生見習となって渡欧、翌年ケンブリッジ大学に入学し文学・法学を学び、文学士・法学士号を得た。イギリス滞在中、世界ではじめて『源氏物語』を英訳・出版した(十五年)。十九年に帰国すると、外山正一・福地源一郎らと演劇改良運動にあたった。またイギリスの女流作家バーサ＝クレイの小説「ドラ＝ソーン」を翻訳し、『谷間の姫百合』(二十一—二十三年)と題して出版、好評を得た。二十一年中村正直らとともに文学博士の学位を授与。この間、文部省参事官・内務省参事官・内務省県治局長などを歴任。また二十二年伊藤博文の長女生子と結婚。二十三年第一回衆議院議員総選挙には在官のまま福岡県第八区から当選、以来、連続当選三回。はじめ大成会、ついで中央交渉部に属し、のち無所属となったが、いわゆる「お味方(吏党)議員」の一人として政府を援助した。二十六年第二次伊藤内閣の法制局長官兼恩給局長。二十八年男爵授与。翌年互選により貴族院議員となった。三十一年第三次伊藤内閣に逓信大臣として入閣。伊藤系官僚政治家として三十三年立憲政友会の創立に参画し、同年第四次伊藤内閣が成立すると内務大臣に就任した。三十七年日露戦争が始まると渡英し、イギリスの対日世論を有利に導くことに努めた。三十九年帰国して枢密顧問官となり、翌年日露戦争の勲功により子爵に叙せられた。その間、文筆活動も活発で、『小学修身訓』『孝子伊藤公』『防長回天史』『明治両陛下聖徳記』の著述・編纂にあたるなど多くの著作を発表した。また文学・漢詩・和歌・美術などにも造詣が深く、『日本文章論』『青萍詩存』「歌楽論」『国歌新論』『日本美術全書』(翻訳)などを著わしている。晩年はローマ法研究に力を注ぎ、『欽定羅馬法学提要』など多くの学術文献を翻訳・刊行した。明治四十年以来帝国学士院会員。大正五年(一九一六)法学博士の学位を得た。同九年十月二日枢密院会議の席上で高熱を発し、肺炎に腎臓炎・糖尿病を併発して、同十月五日東京市芝区西久保城山町(東京都港区虎ノ門四丁目)の自宅で死去した。六十六歳。墓は品川区北品川四丁目の清光院にある。法名は蓮性院殿古香青萍大居士。

〔参考文献〕 玉江彦太郎『青萍末松謙澄の生涯』、末松春彦編『連葉集』、佐々木満子・福山トシ「末松謙澄」(『近代文学研究叢書』二〇所収)、玉江彦太郎「末松謙澄の在英時代」(『西日本文化』一八三—二四三)
(鳥海　靖)

すえまつやすかず　末松保和　一九〇四—九二　昭和時代の朝鮮史家。明治三十七年(一九〇四)八月十日、清治の長男として福岡県田川郡弓削田村大字奈良(田川市)に生まれる。小倉中学校・佐賀高等学校を経て、昭和二年(一九二七)東京帝国大学文学部国史学科卒業。同年朝鮮総督府朝鮮史編修会の嘱託、翌年修史官補となり、十年修史官。同年京城帝国大学法文学部助教授、十四年教授に任じられた。二十年、終戦で帰国、自然退官。二十二年学習院教授、二十四年学習院大学設立に伴い文政学部教授、三十六年文学部史学科開設とともにその所属となり、五十年定年退職。平成四年(一九九二)四月十日東京で病没。八十七歳。墓は田川市丸山町の丸山墓地にある。『任那興亡史』(昭和二十四年)、『新羅史の諸問題』(二十九年)は朝鮮前近代史の実証的研究に独自の境地をひらいた。また『李朝実録』(五十六冊、昭和二十八―四十二年)をはじめ、朝鮮史研究の根本史料多数を公刊し、研究基盤の整備に尽力した。

参考文献 末松保和編「末松保和博士略年譜・著作目録」(末松保和博士古稀記念会編『古代東アジア史論集』下付載)、同編「末松保和先生略年譜」(『学習院史学』一一)　（武田　幸男）

すがいかいてん　須貝快天　一八六一―一九二九　明治末から昭和初年にかけて有数の大地主地帯である新潟県を中心に初期農民運動の昂揚に貢献した指導者。文久元年(一八六一)十一月三日、越後国蒲原郡中条村に須貝長吉の長男として生まれる。幼名は留吉、大正五年(一九一六)快天と改名。青壮年期までは主に北海道で暮らし、のち帰郷して明治四十一年(一九〇八)中条郷小作人協会を結成したのを皮切りに以後、尚農会・農村革新会・下越農民協会・北日本農民組合と勢力を拡大した。特に大正十一年から産米検査にかかわる補償米を要求した「三升米騒動」は新潟県下はもちろん全国的に有名になり、十二年須貝は農民運動を代表する者としてはじめて県会議員に当選した。ただし須貝の思想は「尊皇愛国の大義を奉ず」というものであって、多少とも社会主義の影響を受けた日本農民組合などとは相容れず、中央の舞台では日農から分裂した平野力三らの全日本農民組合同盟の副会長、同じく平野らと結成した日本農民党の総務をつとめたにとどまる。昭和四年(一九二九)七月十一日没。六十九歳。

参考文献 「中条郷小作争議ノ概況」(『新潟県史』資料編一九)、田中惣五郎「須貝快天」(農民運動史研究会編『日本農民運動史』所収)　（田中　学）

すがうんきち　菅運吉　一八一七―七七　江戸時代末期から明治時代初期にかけての実業家。文化十四年(一八一七)三月出羽国雄勝郡川井村(秋田県雄勝郡雄勝町)に生まれた。父菅太右衛門。十九歳のとき、近在の山守で藩用材の杣出しに功績があり、居村の肝煎でもあった父のあとを承けて川井村の肝煎となり、林政にもかかわるようになったが、のち藩の木材移出について建言してその衝にもあたることとなった。三十三歳のとき、秋田藩の用達として江戸に出、秋田屋仁左衛門と称して材木業を営み、さらに幕府および御三家の木材用達をも兼ねるなど大きな成功を収め、その財力と豪放さから幕末の紀文と称され、江戸豪商間に重きをなすに至った。明治四年(一八七一)維新変革による廃藩を機に秋田に帰り、秋田杉の集散地能代で木材業を開き、秋田藩の久保田材木場・土崎湊出入役所・能代木山方などの土地・建物の払下げを受けるとともに、秋田県内官山の杣出事業の委任を受けるなど、当時の県木材業界の中心として活躍、さらに土崎湊で回漕業を営むなど、秋田の経済界に重きをなした。その実業家としての抱負は、その子礼治、孫礼之助によってさらに継承発展され、国際的なものとなる。明治十年八月十日死去。六十一歳。

参考文献 鷲尾温軒『菅運吉伝』、秋田県編『秋田の先覚』一、能代木材産業史編集委員会編『能代木材産業史』　（半田市太郎）

すがぬまただかぜ　菅沼貞風　一八六五―八九　明治時代中期の日本商業史研究と南進論の先駆者。「さだかぜ」「ていふう」とも読む。初め貞一郎、のち貞風と改める。号、桃水学人。慶応元年(一八六五)三月十日肥前国平戸に平戸藩士の家に生まれる。明治十三年(一八八〇)旧藩主松浦家の猶興書院に学び、そのかたわら翌年より長崎県北松浦郡雇出仕となり、大蔵省関税局貿易沿革史の材料として平戸貿易の沿革を調査し、これを同十六年『平戸貿易志』として編纂した。十七年松浦家の援助により東京大学文学部付属古典講習科漢書課に入学し、中村正直(敬宇)・三島毅(中洲)らに学ぶ。かたわら専修学校(専修大学の前身)で経済学を聴講し、東大所蔵の古今の書籍を渉猟して、二十一年卒業論文「大日本商業史」を提出して帝国大学を卒業した。その直後、高等商業学校(一橋大学の前身)に勤務。この年夏、福本日南と国威伸張のための外交・貿易の併進策で意気投合し、南洋発展策の一環として二十二年日南とフィリピンに赴き実況視察したが、同年七月六日コレラのためマニラで急死した。二十五歳。遺著『大日本商業史』(付『平戸貿易志』、明治二十五年、東邦協会)は、菅沼の実践的志向を秘めた貿易史的、経済史的な本格的学術書で、田口卯吉は本書に示された菅沼の力量を「実に絶倫と称して可なり」と激賞した。

参考文献 江口礼四郎『(南進の先駆者)菅沼貞風伝』、木村毅『(マニラ紀行)南の真珠』　（佐藤　能丸）

すがのじょゆう　菅野序遊　一中節浄瑠璃菅野派の家元名、五代ある。(一)四代　一八四一―一九一九　天保十二年(一八四一)九月十一日吉原の茶屋の生まれで嘉永四年(一八五一)に襲名。初代序遊や五代目一中に習ったという菅野序国(品川の芸妓)に師事し名人といわれた。大正八年(一九一九)九月二十三日没。七十九歳。法名声阿弥居士。(二)五代　一八八六―一九六一　四代の養子。明治十九年(一八八六)三月二十六日生まれる。昭和三十六年(一九六一)八月二十日没。七十五歳。法名桐車院釈序遊居士。四・五代の墓は東京都台東区清川の浄雲寺にある。菅野派は他派に比し渋い芸風をもつ。

参考文献 英十三『一中節』　（林　京平）

スカルノ　Sukarno　一九〇一―七〇　インドネシアの、民族運動期以降一九六〇年代まで民族を代表し民衆とともに歩みつづけた大衆政治家。一九〇一年六月六日東部ジャワに生まれ、二五年バンドゥン工科大学を卒業、在学中から民族運動に加わり、二七年創立されたインドネシア国民同盟および二八年それが改称された国民党の委員長として、指導者の道を踏み出した。その尖鋭な言論活動のためオランダ植民地政府の呪詛の的となり、フロレス島やスマトラ島ベンクルなどに流されたが、四二年の日本による占領によって解放された。日本軍政には協調的態度をみせながらも、独立準備委員会の長などの役割をつとめて民族独立を求める民衆の先頭に立ち、圧倒的な人気を得た。四五年八月日本降伏の直後、ハッタ(初代副大統領となる)とともに独立宣言を発し、初代大統領に就任した。四五―四九年の独立戦争期には再侵略を図るオランダ軍の急追を脱し、五〇年の実質的独立獲得以後は、新しい共和国の建設を、多様なスローガンを掲げて、進めようとした。西欧直輸入型政治を退けようとする「指導された民主主義」の提唱と、民族主義・宗教・共産主義の結合をあらわす「ナサコム」の提起とが有名である。政治的独立に経済建設が伴わぬ弱点の克服のために、六〇年代に入って推進しようとした政策が、農地改革と、石油関係や農園を中心とする外国資産の国有化であった。農民の支持を得たこれら急進的政策は、この国にいまや形成された、軍人・宗教指導者を含む富裕階層の排斥するところとなり、「自分の足で立とう」と叫んだ彼は六五年「九月三十日事件」をきっかけに政権の座から引きずり下ろされた。七〇年六月二十一日失意の中にその華麗な生涯を閉じた。六十九歳。五〇年代以降の彼の独裁的性格をいささか強調する向きもあるが、エリートでありながら二〇年代から一貫して民衆の希求するところを了解して諸勢力の融合によってその実現に向かい努力せんとした姿勢を顧みれば、そのような強調は公平さを欠くという謗りを免れないのではなかろうか。
(森　弘之)

すぎいさむ　杉勇　一九〇四―八九　昭和時代の古代オリエント史家。明治三十七年(一九〇四)八月一日、大阪市西区本田参当町屋敷に父四郎・母ふみの長男として生まれる。昭和二年(一九二七)東京帝国大学文学部西洋史学科を卒業、大学院に入りアッシリア学を専攻した。十二年東京高等師範学校教授、二十四年東京教育大学の発足に伴い文学部教授となる。四十三年停年退官、以後、二十二年以来兼任教授であった明治大学文学部の専任教授、跡見学園女子大学教授を歴任する。アッシリア学に加えエジプト学も専攻、日本における古代オリエント研究の開拓者の一人として、研究・啓蒙活動に貢献し、二十九年には日本オリエント学会の設立に参画した。平成元年(一九八九)十一月二十五日、東京都武蔵野市桜堤の自宅で没。八十五歳。東京都文京区向丘二丁目の浩妙寺に葬られる。主著『古代オリエント』『楔形文字入門』、遺著に『中洋の歴史と文化』がある。

[参考文献]　杉勇教授追悼文集刊行会編『風に響む回想杉勇教授』
(屋形　禎亮)

すぎうらじゅうごう　杉浦重剛　一八五五―一九二四　明治・大正時代の教育家・思想家。号は梅窓・天台道士。安政二年(一八五五)三月三日、膳所藩の藩儒杉浦重文(蕉亭)と八重の次男として近江国膳所(大津市)で出生。幼名譲次郎。藩校遵義堂などに学んだが、維新後に貢進生として大学南校に入り、制度変更により東京開成学校に学ぶ。明治九年(一八七六)政府留学生としてイギリスに渡り、化学を学んで同十三年帰国。東京大学理学部博物場掛取締を経て十五年に東京大学予備門長となる。十八年に退いて読売新聞論説に従事。二十年には小村寿太郎らと乾坤社を創設し、井上外相の条約改正案反対運動に参加。翌年政教社に加わり雑誌『日本人』発刊につくし、国粋主義を唱道。同年文部省参事官兼専門学務局次長となったが、二十三年退官して衆議院議員に当選、大成会に所属したが間もなく脱会し、翌年議員を辞職。この間、新聞『日本』を後援、日本倶楽部に参加、大隈外相の条約改正案反対運動に尽力。二十五年から三十七年まで東京朝日新聞論説員。二十三年東京英語学校長となり、二十五年に校名を日本中学校と改め、死に至るまで校長をつとめた。また称好塾を主宰して青少年の教育に力をつくした。また高等教育会議議員・国学院学監・東亜同文書院長・教育調査会会員を歴任したが、大正三年(一九一四)に東宮御学問所御用掛となって倫理を担当し、同十年に退任。著書『鬼哭子』(明治十七年)で「理学宗」を提唱し、人事の解釈に理学の応用を説いて、国粋主義運動でも異彩をはなった。儒教道徳と近代自然科学の折衷を目ざした教育についての論著が多い。未解放部落民の南洋移住論を提示した『樊噲夢物語』(明治十九年)は国権論的部落解放論の先駆として注目される。『倫理御進講草案』も刊行された。『杉浦重剛全集』全六巻がある。大正十三年二月十三日没。七十歳。墓は東京都文京区小石川の伝通院および大津市膳所の杉浦家墓地にある。

[参考文献]　大町桂月・猪狩史山『杉浦重剛先生』、海後宗臣『西村茂樹・杉浦重剛』(『海後宗臣著作集』三)
(岩井　忠熊)

すぎがんあみ　杉贋阿弥　一八七〇―一九一七　明治・大正時代の劇評家。本名杉諦一郎。明治三年(一八七〇)岡山県に生まれ、十七歳で上京、郷里の大先輩で親類でもある犬養毅の紹介で、郵便報知新聞社にはいり、やがてその紙上に劇評を書いた。同二十七年毎日新聞社に入社、社長島田三郎に愛され、社会部長の要職にあるかたわら、劇評も書き続けたが、古典歌舞伎ことに浄瑠璃(じょうるり)系の演目についての深い観察力が卓抜していた。他社の劇評家たちと「若葉会」という文士劇の公演を持つに至り、和藤内・松王丸・横蔵・熊谷などの役々を、自己の考えた演出で演じ、実践してみせながら、批評の論拠を示した点で、珍しい人であった。最後に東京毎夕新聞社にいて、大正六年(一九一七)五月十三日四十八歳で急逝したが、舞台での経験をもとに執筆した『舞台観察手引草』は、前にもあとにも類のない、不滅の名著といわれている。多くの劇評家がこの本で開眼された。墓は東京都港区西麻布の永平寺別院長谷寺にある。法名無関院禅透真諦居士。
(戸板　康二)

すぎこうじ　杉亨二　一八二八―一九一七　明治時代日

本統計学の開祖。文政十一年(一八二八)十月十日(一説に八月)長崎に生まれる。父は泰輔、祖父敬輔は医者。十歳のころ孤児となり、時計師上野俊之丞の家僕となる。弘化元年(一八四四)大村藩医村田徹斎方へ移り、嘉永元年(一八四八)大坂の緒方洪庵の蘭学塾適々斎塾に入る。同三年江戸の杉田成卿の門に入り、同六年勝海舟宅に移り塾頭を勤める。安政二年(一八五五)蘭学的知識によって老中阿部正弘に仕える。万延元年(一八六〇)蕃書調所教授手伝、元治元年(一八六四)開成所教授職、この間西洋の「スタチスチック」(統計学)に関心を持つ。明治元年(一八六八)徳川家に従って静岡に移住。同二年沼津・原の人別調を行い統計(政表)をつくる。三年民部省に一時出仕、四年太政官正院政表大書記となり、翌年『辛未政表』(明治四年統計のこと)を作製、以後毎年公刊されるようになった。七年正院政表課長となり統計事務を統轄、統計実務担当者の育成にも努めた。十二年十二月三十一日現在の甲斐国の人口調査を実施、十五年『甲斐国現在人別調』として刊行した。杉の建言により十四年統計院が設置され、その大書記官となるが、十八年官制改革により廃止されるとともに官を辞した。この間明六社に参加、『明六雑誌』にしばしば寄稿、また十年ブルンチュリを訳述した『国勢党派論』を刊行した。十六年設立の共立統計学校は、杉の退官で廃校となった。大正六年(一九一七)十二月四日没、九十歳。墓は東京都豊島区の染井墓地。『杉先生講演集』『杉亨二自叙伝』があるほか、『明六雑誌』所載の論稿が『明治文学全集』三に収められている。

参考文献 加地成雄『杉亨二伝』、河合利安「杉先生略伝」(『杉亨二自叙伝』所収)、高野岩三郎「故杉亨二氏と本邦統計学」(『国家学会雑誌』三二ノ一)

(田崎 哲郎)

すぎたげんたん 杉田玄端 一八一八―八九 幕末・明治時代初期の蘭方医・蘭学者。本姓吉野。幼名徳太郎、諱は拡。文政元年(一八一八)九月二十日、元尾州藩医幡頭信珉の子として江戸に生まれる。天保五年(一八三四)杉田立卿に入門、同九年立卿の養子となり、玄端と称す。弘化二年(一八四五)四谷塩町に開業、翌年杉田伯元の子白元の請いにより杉田本家の嗣となる。嘉永六年(一八五三)小浜藩医に、安政五年(一八五八)蕃書調所出役教授手伝、翌年同教授職並、万延元年(一八六〇)洋書調所教授職となる。文久二年(一八六二)家督をつぐ。慶応元年(一八六五)外国奉行支配翻訳御用頭取に転ず。明治元年(一八六八)駿河に移住、沼津兵学校創設で陸軍付医師頭取、ついで沼津陸軍医学所頭取となる。同五年沼津兵学校の東京移転で沼津病院廃止後も沼津で私立病院を開いた。八年東京神田に移り、九年同志と共立病院を創立、十三年学士会院会員に推された。二十二年七月十九日、麻布で病没。七十二歳。東京の青山墓地に葬られる。法名宝山院拡誉桜所玄端居士。ほか静岡県沼津市の長谷寺に墓碑がある。訳著に『地学正宗』『解剖生理略論』などがある。

(片桐 一男)

すぎたせいけい 杉田成卿 一八一七―五九 江戸時代後期の蘭学者。諱は信、号は梅里、成卿は通称。父は杉田立卿。文化十四年(一八一七)十一月十一日江戸に生まれる。天保七年(一八三六)蘭方医坪井信道に従学。同十一年、天文台訳員に任ぜられ、カルテンの『海上砲術全書』翻訳に従事。弘化二年(一八四五)家督をつぎ、小浜藩酒井侯侍医となる。安政元年(一八五四)天文台訳員を辞職、西洋砲術書の訳述に専従。同三年、蕃書調所教授職となる。嘉永六年(一八五三)、米・露両国船の来航時、箕作阮甫とともに応接、文書取調にあたる。『済生三方』三巻(嘉永二年刊)、『医戒』(同)、『砲術訓蒙』十二巻(安政三年刊)など訳著多数。安政六年二月十九日病没。四十二歳。

(片桐 一男)

すぎたせんじゅうろう 杉田仙十郎 一八二〇―九三 幕末・明治時代の篤農家。文政三年(一八二〇)十一月六日越前国坂井郡波寄村(福井市)に生まれる。杉田定一の父。坂井郡藤鷲塚村(春江町)久保庄右衛門の五女隆(りゅう)との間に長男杉田定一をもうけた。杉田家は代々次郎兵衛を名乗る川西郷の豪農で大庄屋を務める家柄であり、彼もまた家祖の役を継ぎ幕末維新期を通じて地域のため尽くすところがあった。たとえば明治元年(一八六八)山岸水門四郷堤並用悪水共取締方、同年惣代並商法元締助役、川西郷中農事水理堤防並用悪水路修理諸職業引立惣締、同三年郷長をそれぞれ短期間ではあるが務め、当時の豪農層の地域における役割を果たした。その上に彼は若くして向学の心に燃え済世救民の志を抱き、明治維新という変革期に大いになす所あらんと期するものがあった。そしてその志は長男定一に託されることになった。青年期における定一の政治活動は一面その父の志を受け継いだものであったといえる。定一が民権政社を越前に起し、国会開設請願運動に尽くした背後に、また越前の地租軽減闘争の指導者として奮闘した背後に父仙十郎があったことはいうまでもない。現在国会開設請願の過程において仙十郎が旧福井藩士に協力を求め、それを断わった藩士たちの返書が残っている。なお彼は明治十二年五月石川県の最初の県会議員に選ばれ、第一回目の通常県会に出席したが翌十三年早々に辞任した。以後彼は息定一の政治活動における物心両面の後ろだてとなり、定一の活躍に満足しつつ明治二十六年一月十日この世を去った。七十四歳。墓は福井市波寄町の成福寺にある。法名釈仙空。

(池内 啓)

すぎたていいち 杉田定一 一八五一―一九二九 明治・大正時代の政治家。号は鶉山(じゅんざん)。嘉永四年(一八五一)六月二日、越前坂井郡波寄村(福井市)の豪農杉田家に父杉田仙十郎、母隆(りゅう)の長男として生まれた。明治八年(一八七五)政治家を志して上京、まず『采風新聞』の記者として活動を始め、続いて『中外評論』『草莽事情』など当時の反政府的言論機関に関係し、筆禍を受け入獄することもあった。西南戦争後は土佐の板垣退助を中心とした自由民権運動に挺身、越前に自郷社（民権政社）を起し、国会開設請願運動に尽力するとともに、一方当時越前七郡に展開された地租改正反対闘争の指導者として奮闘し減租を獲得するに至った。なおこの時期に彼の政論を一冊の『経世新論』にまとめ出版し、そのために三度筆禍を受け六ヵ月の禁獄に処せられることになった。出獄後、同十五年に南越自由党を結成、党の機関紙『北陸自由新聞』を刊行した。そして同党はいったんは越前における政治活動の拠点となったが、結局翌十六年活動を停止、彼もまた上京、自由党の党務にかかわることになり、さらにアジアにおける国際的緊張強化の状況下に渡清、また末広重恭（鉄腸）に協力して上海の東洋学館の創設に尽くしたりした。かくて時代は、明治憲法制定、議会開設と進んで行くのであるが、彼は二十三年の第一回総選挙に当選し、以来明治の終りまで第四回を除き、すべての総選挙に当選、有数の議会政治家の一人としてその名を残した。すなわち三十一年の憲政党内閣の成立に際しては北海道長官に任ぜられ、さらに三十九年の第一次西園寺内閣の成立にあたっては衆議院議長に選ばれた。また四十一年には立憲政友会の幹事長につくなど、四十五年貴族院議員に勅選されるまで、政党の第一線の重鎮として活躍した。また彼は福井における絹織物業の発展や、九頭竜川改修工事、三国鉄道の敷設などに尽力し、県民のために尽くすところがあった。このようにして大正から昭和の初めにかけ政界の長老としてわが国の政治に貢献し、昭和四年（一九二九）三月二十三日七十九歳で没した。墓は福井市波寄町の杉田家墓地および東京都港区西麻布の長谷寺にある。法名擁憲院鶉山定一大居士。なお、その旧蔵書は「杉田文庫」として大阪経済大学図書館に所蔵。

【参考文献】雑賀博愛『杉田鶉山翁』、池内啓『杉田定一翁』、大槻弘『越前自由民権運動の研究』

（池内　啓）

すぎたひさじょ　杉田久女　一八九〇—一九四六　大正・昭和時代前期の俳人。女流俳句を現代化した先駆者。明治二十三年（一八九〇）五月三十日、鹿児島市で赤堀廉蔵の三女として出生。母さよ。本名久子。大蔵省事務官の父に従い、琉球・台湾で小学校までを送り、明治四十一年に上京。お茶の水高女を卒業。芸術への関心から画家の杉田宇内と結婚。小倉の中学へ図画教師として赴任した夫に従って移住。大正五年（一九一六）、兄のすすめで俳句を始め、高浜虚子が同二年から始めていた婦人俳句会に参加。『ホトトギス』雑詠欄にも投句、次第に頭角をあらわした。一時、俳句を離れたが昭和二年（一九二七）に復活。家庭人として、女性としての悩みを俳句で表現する方向をとった。当時、虚子は描写を旨とした客観写生の作風を推進していたが、それになじまず、情熱的な句を示した。同七年『花衣』を創刊し五号で廃刊している。同じ年に『ホトトギス』同人となったが十一年に除名されて俳句と絶縁。昭和二十一年一月二十一日没。五十七歳。

（松井　利彦）

すぎはらそうすけ　杉原荘介　一九一三—八三　昭和時代の考古学者。静岡市登呂遺跡発掘の推進者、日本旧石器文化の存在を考古学的に確認した最初の研究者。大正二年（一九一三）十二月六日、東京府日本橋区日本橋小舟町（中央区）の和紙問屋に生まれ、府立第三中学校、東京外国語学校仏語科・上智大学外国語学校独語科を卒業、昭和十二年（一九三七）父死亡のため家業を継ぐ。中学時代から考古学研究に興味をもち、武蔵野会を主宰していた鳥居龍蔵の指導を受ける。同十五年に明治大学専門部文科地歴科に入学、後藤守一のもとで考古学の基礎的勉学。同十八年同大学卒業と同時に軍務に服し、同二十一年春、中国上海から復員した。同年四月から文部省教科書局に勤務し、歴史教科書『くにのあゆみ』編纂に従事する。同二十三年明治大学専門部助教授、同二十四年同大学文学部助教授、同二十八年文学部教授となり、同三十四年以降には明治大学考古学陳列館長・人文科学研究所長・史学地理学科長となり、日本考古学協会委員・文化庁文化財保護審議会専門委員として活躍し、同五十八年九月一日に千葉県市川市の自宅で没した。六十九歳。墓は東京都府中市の多磨墓地にある。弥生時代研究のため全国各地の重要遺跡を発掘。『日本農耕社会の形成』で文学博士の学位を受ける。群馬県岩宿遺跡を発掘し日本旧石器文化の存在を確認したことは最大の功績とされる。著書に『原史学序論』（昭和二十一年）、『土師式土器集成』（同四十六年）、『日本先土器時代の研究』（同四十九年）、『弥生式土器集成』（同年）、『群馬県岩宿発見の石器文化』（『明治大学文学部研究報告』考古学一（同三十一年））、『日本青銅器の研究』（同四十七年）などがあり、論文に「武蔵久ヶ原出土の弥生式土器に就いて」（『考古学』一一ノ三）、「考古学的方法に於ける型式に就いて」（『古代文化』一三ノ三）、「日本における石器文化の階梯について」（『考古学雑誌』三九ノ三）などがある。

【参考文献】大塚初重編『考古学者・杉原荘介』、大塚初重「杉原荘介博士のご逝去を悼む」（『考古学雑誌』六九ノ二）

（大塚　初重）

すぎはらちうね　杉原千畝　一九〇〇—八六　昭和時代の外交官。明治三十三年（一九〇〇）一月一日、岐阜県の税務署員杉原好水とその妻やつ子の次男として生まれる。大正六年（一九一七）愛知県立第五中学校卒業。同七年早稲田大学高等師範部入学。八年外務省留学生試験合格、外務省留学生に任ぜられる。十三年外務書記生に任ぜられ在ハルビン総領事館勤務。昭和七年（一九三二）「満洲国」外交部に移り外交部特派員公署事務官を経て、同九年外交部理事官に任ぜられ、政務司俄国課長兼計画課長に就任。十年「満洲国」外交部を依願免本官、日本外務省に復帰し、大臣官房人事課、情報部第一課勤務を経て、十二年公使館二等通訳官としてフィンランド在勤。同十四年副領事に任ぜられ、領事代理としてリトアニアのカウナス在勤。十五年七～八月、ソ連のバルト三国併合に伴い、リトアニアからの脱出希望者(その大部分がポーランド系ユダヤ人避難民)二千人以上に日本の通過ヴィザを与えた。当時一枚の通過ヴィザで家族全員の渡航が可能であったので、約六千人の人命を救ったといわれる。在プラハ総領事館勤務、在ケーニヒスブルグ総領事代理、在ルーマニア公使館通訳官、同三等書記官を経て終戦を迎える。抑留生活の後、二十二年帰国、依願免本官。六十年イスラエル政府より日本人では初めての「諸国民の中の正義の人賞(ヤド・ヴァシエム賞)」を贈られた。昭和六十一年七月三十一日没。八十六歳。墓は神奈川県鎌倉市鎌倉霊園。

参考文献 杉原幸子『(新版)六千人の命のビザ』、中日新聞社社会部編『自由への逃走―杉原ビザとユダヤ人』

(白石 仁章)

すぎまごしちろう 杉孫七郎 一八三五―一九二〇 幕末・維新期に活躍した萩藩藩士で、のちに明治政府の宮中官僚・政治家。諱は重華、字を子華といい、忠次郎・少輔九郎などとも称した。号は、松城・聴雨・三泉生その他数多い。天保六年(一八三五)正月十六日植木五郎右衛門の次男として周防国吉敷郡御堀村(山口市)に出生、杉家の養嗣子となる。藩校明倫館に学び、万延元年(一八六〇)藩主の小姓役として江戸詰の役職をつとめたのち、帰藩。文久元年(一八六一)藩命により、幕府の遣欧使節竹内保徳・松平康直らに従って、イギリス・フランスをはじめ、欧米諸国を視察した。帰朝後、同藩の重職を経て、明治維新後、明治三年(一八七〇)山口藩権大参事に就任。廃藩後、宮内大丞となり、一時、秋田県令に転任したが、同六年、宮内大丞に再任。その後、宮内少輔から、同十年には宮内大輔となり、翌年には侍補も兼ねた。また特命全権公使・皇太后宮大夫を歴任。功により従一位子爵を授けられ、三十九年に枢密顧問官に任ぜられ、また四十一年から議定官もつとめた。大正九年(一九二〇)五月三日没。八十六歳。墓は東京都港区の青山墓地にある。

(石塚 裕道)

すぎみちすけ 杉道助 一八八四―一九六四 大正・昭和時代に大阪財界で活躍した実業家。明治十七年(一八八四)二月二十日元長州藩士で内務省官吏杉相次郎の長男として山口県萩に生まれた。祖父民治は吉田松陰の実兄。四十二年慶応義塾理財科卒業、久原鉱業所に勤めたが、翌年大阪船場の綿糸布問屋八木兵三郎の長女義と結婚したのを機縁に、鐘紡の武藤山治の勧めで八木商店に入り、大正七年(一九一八)専務取締役となった。十二年実業同志会を結成した武藤を後援し、選挙運動にも協力した。昭和四年(一九二九)三月以降大阪商工会議所議員として活動し、十六年三月副会頭に選ばれ、十八年九月会議所が大阪府商工経済会に統合改組された後も副会長をつとめた。二十一年九月大阪商工会議所の再発足とともに顧問となり、ついで十二月会頭に推された。以後三十五年十一月に引退するまで、府・市政との協力関係を保ちつつ、大阪ないし関西経済の振興をはかるため主導的役割を果たした。二十六年杉を中心として大阪に創設された海外市場調査会は、三十三年七月政府全額出資で設立された特殊法人日本貿易振興会(ジェトロ)の発端になった。引退後の三十六年十月池田首相の要請で日韓会談の首席代表となったが、交渉妥結に先立ち三十九年十二月十四日病没した。享年八十。

参考文献 日本経済新聞社編『私の履歴書』一、『杉道助追悼録』

(服部 一馬)

すぎむらそじんかん 杉村楚人冠 一八七二―一九四五 明治から昭和にかけての新聞人。明治五年(一八七二)七月二十五日和歌山県に生まれる。本名広太郎。自由神学校卒業。駐日アメリカ公使館に通訳として勤務。すぐれた英語力を買われて明治三十六年十二月東京朝日新聞社入社。編集局外電係。同四十年三月ロンドンに特派され、その記事「大英游記」で筆名を高めた。四十四年六月、彼の発案で編集資料として内外の新聞雑誌の切抜きを整備する調査部が新設され、その初代部長に就任。『東京朝日新聞』の縮刷版発行(大正八年(一九一九))や、記事に対する読者の苦情受付け処理のための最初の組織である記事審査部の設置(同十一年)なども彼の提案によるものとされている。しばしば海外に派遣されて、大正三年ベルギーに特派、同四年(サンフランシスコ)および十一年(ハワイ)の世界新聞大会にも日本代表として参加。八年朝日新聞社の株式会社への改組に伴い監査役に就任。十一年『東京朝日新聞』の『アサヒグラフ』局長、十二年同編集局顧問。昭和二十年(一九四五)十月三日没。七十四歳。墓は千葉県松戸市の八柱霊園にある。法名天智院楚冠秀文日広居士。『楚人冠全集』十八巻(昭和十二―十八年)がある。

参考文献 美土路昌一「杉村楚人冠」(『三代言論人集』八所収)

(内川 芳美)

すぎむらはるこ 杉村春子 一九〇六―九七 昭和・平成時代を代表する舞台女優。明治三十九年(一九〇六)一月六日生まれ。広島県出身。昭和二年(一九二七)小山内薫、土方与志らの築地小劇場で初舞台、劇団築地座を経て同十二年、岩田豊雄・岸田国士・久保田万太郎らの文学座創立に参加。写実演技と巧みなセリフ術で文学座を拠点に映画・テレビにも出演。森本薫の『女の一生』をはじめ、三島由紀夫作『鹿鳴館』、有吉佐和子作『ふるあめりかに袖はぬらさじ』など、作家は挙って杉村春子に当てて脚本を書き杉村は好演した。有吉作の『華岡青洲の妻』では文学座公演のほか、新派の初代水谷八重子、歌舞伎の中村勘三郎・富十郎・吉右衛門・市川団十郎・坂東玉三郎らと共演した。外国作品ではテネシー＝ウィリアムズの『欲望という名の電車』のブランチが当り役。四十九年秋文化功労者に選ばれたが、平成七年度の文化勲章は辞退し生涯を現役で全うした。平成九年(一九九七)四月四日没。九十一歳。墓は静岡県御殿場富士霊園にある。最後の舞台は前年十二月の森本作『華々しき一族』。

参考文献　戌井市郎『芝居の道―文学座とともに六十年―』、大笹吉雄『女優　杉村春子』　（戌井　市郎）

すぎむらふかし　杉村濬　一八四八―一九〇六　明治時代の外交官。嘉永元年（一八四八）二月十六日、杉村秀三を父として陸奥国岩手郡盛岡に生まれる。台湾出兵に参加、明治十一年（一八七八）横浜毎日新聞社に勤務して朝鮮論を説く。同十三年渡韓、外務省御用掛・釜山領事館在勤、十五年副領事、十八年公信局勤務、十九年京城公使館書記官、二十年外務省参事官兼通商局勤務、二十二年バンクーバー領事を歴任。二十四年京城公使館書記官兼領事として日清戦争前夜の対朝鮮外交の中心となり、東学党の乱には清軍赴援を急報、日本出兵の端をひらき、戦後は閔妃殺害事件に三浦梧楼公使とともに参画し、謀殺及兇徒聚衆の罪名で広島監獄に収監されたが、二十九年一月広島地裁は予審で免訴、四月依願免官、台湾総督府事務官となるが、三十二年六月外務省通商局長となる。同三十七年弁理公使、翌三十八年ブラジルに駐箚、移民事業に尽力し、三十九年五月二十一日任地で病死。五十九歳。長男は国際連盟事務局事務次長を務めた杉村陽太郎。著書に『（明治廿七八年）在韓苦心録』がある。

参考文献　田保橋潔『日清戦役外交史の研究』　（藤村　道生）

すぎむらようたろう　杉村陽太郎　一八八四―一九三九　明治から昭和時代前期にかけての外交官。明治十七年（一八八四）九月二十八日杉村濬の長男として東京に生まれる。同四十一年七月外務省入りし同年秋よりリヨンを皮切りにフランス・中国と本省に勤務、昭和二年（一九二七）一月新渡戸稲造の後任として国際連盟事務局事務次長に就任、政務部長職も兼任して少数民族問題など主として欧州の諸問題処理にあたる。日本の連盟脱退とともに事務局から離れ、同九年五月駐伊大使に就任、時にエチオピア戦争が勃発し、微妙な立場におかれた本国を代弁して、よく任国政府との折衝にあたった。同十二年四月駐仏大使に転じたが、やがて病を得て帰国、十四年三月二十四日没。五十六歳。その功績により外務省は省葬を実施した。著書に『国際外交録』がある。

参考文献　杉村陽一『杉村陽太郎の追憶』　（海野　芳郎）

すぎやましげまる　杉山茂丸　一八六四―一九三五　明治から昭和時代初期にかけての政治家。号は其日庵。推理小説家夢野久作の父。元治元年（一八六四）八月十五日、福岡藩士杉山三郎平の長男に生まれた。三郎平は慶応三年（一八六七）、藩校の修猷館助教となったが、明治元年（一八六八）、藩主に版籍奉還を直言した廉で、謹慎を命ぜられ、のちに帰農在住を願い出て遠賀郡芦屋村に移り、同地で家塾を開いた。茂丸はこの家塾で学び、明治十三年九月、政府の実状視察の目的ではじめて上京したが、滞京約一年半で、ひとまず帰郷した。同十七年、彼は郷里を見限って熊本に赴き、済々黌を創立し子弟の教育にあたっていた佐々友房と会見、共鳴するところあり、この年再び上京した。同年十二月、朝鮮に甲申の変が起ったが、たまたま来日した宋秉畯から清国の現状などを聞き、やがて大陸志向の決心を固めた。同十八年、佐々友房などの紹介で、玄洋社の創立者の頭山満とはじめて会見、以後五十年、水魚の交わりが続いた。同十九年、最初の事業として、後藤新平の岳父の安場保和に福岡県令就任方を懇請し、同県令により、門司築港、九州鉄道敷設、海軍封鎖炭山の開放など、北九州産業開発が実現した。同二十一年以降、しばしば香港に赴き、同二十三年には、頭山の紹介で荒尾精と親交を結び、清国の知識を深めた。同二十八年の日清講和の際、全権伊藤博文に対し、下関春帆楼で、戦捷の代償に遼東半島を領有するのは日本亡滅の基となると説いた。かくて彼は松方正義・井上馨・山県有朋にも接近し、政界の黒幕として縦横に活躍した。同三十一年には、日本興業銀行創立に尽力し、同三十二年には、台湾銀行設立につき総督府民政長官後藤新平に献策し、日露戦後、後藤の南満洲鉄道会社総裁就任につき働いた。韓国併合に際し、李容九・宋秉畯の顧問として、首相桂太郎・陸相寺内正毅らとの間を斡旋した。大正四年（一九一五）、印度独立運動の志士ビハリ＝ボース Behari Bose, R. 来日の際は、その庇護に尽力した。大正七年一月、関門海底トンネルの必要性につき、政府各方面に請願した。昭和十年（一九三五）七月十九日、脳溢血で死去した。七十二歳。墓は福岡市の一行寺にある。法名は其日庵隠忠大観居士。著書に『百魔』『百魔続篇』などがある。

参考文献　一又正雄『杉山茂丸』、黒竜会編『東亜先覚志士記伝』、杉山竜丸『飢餓を生きる人々』（『潮新書』一〇〇）、夢野久作「父杉山茂丸を語る」（『夢野久作全集』七所収）、同「父・杉山茂丸」（『中央公論』五〇ノ九）　（河村　一夫）

すぎやまはじめ　杉山元　一八八〇―一九四五　明治から昭和期にかけての陸軍軍人。明治十三年（一八八〇）一月二日小倉女学校長杉山直の長男として福岡県に生まれる。豊津中学を経て明治三十三年、第十二期生として陸軍士官学校を卒業、翌年歩兵少尉に任官した。この期は杉山・畑俊六・小磯国昭の三大将（うち二人は元帥）のほか、二宮治重・香椎浩平・柳川平助など昭和の陸軍を動かした人材を輩出させている。そのなかで杉山は陸士・陸軍大学校（明治四十三年卒）ともに中位の成績で若いころは目立つ存在ではなかった。日露戦争に出征したのち、参謀本部勤務、インド駐在武官、陸軍省航空課長など二流の配置を歩いたが、大正十二年（一九二三）軍事課長に登用されたころから出世コースに乗り、軍務局長・陸軍次官・航空本部長・参謀次長・教育総監（二回）・陸軍大臣（二回）・参謀総長と陸軍中央部の要職をすべて歴任した。建軍以来前後に例を見ない厚遇であった。軍隊指揮官としても、第十二師団長・北支那方面軍司令官・第一総軍司令官をまわり、この間の昭和十一年(一九三六)大将に昇任、十八年には畑とともに元帥の称号を受けた。杉山は満州事変を陸軍次官、二・二六事件を参謀次長、日中戦争を陸相、太平洋戦争を参謀総長でそれぞれ迎えているが、主導力を発揮した場面は少なく、下僚のお膳立て、部内の大勢に乗って対応したので、典型的なロボット型将軍と評価されている。押した方向に動くので「便所のドア」と陰口され、要領を得ない発言のため天皇から叱責を受けたこともたびたびだった。本土決戦で東日本を担当する第一総軍司令官として終戦を迎え、戦犯指名が確実と見られていた杉山は、復員処理が一段落した昭和二十年九月十二日、ピストルで自決し、夫人啓子もあとを追った。六十六歳。参謀総長時代(十五年十月—十九年二月)のメモを集成した『杉山メモ』は、太平洋戦争期の研究に欠かせない第一級の史料で、緻密な事務家でもあった杉山の一面をしのばせる。

参考文献　杉山元帥伝記刊行会編『杉山元帥伝』
（秦　郁彦）

すぎやまへいすけ　杉山平助　一八九五—一九四六　昭和時代前期の評論家。筆名氷川烈その他。明治二十八年(一八九五)六月一日大阪市に生まれる。大正二年(一九一三)慶応義塾大学理財科を中退。肺結核の療養や横浜税関監吏の生活のかたわら小説家を志し、長篇自伝小説『一日本人』を同十四年十二月に自費出版した。昭和初年代から『文芸春秋』や『東京朝日新聞』に辛辣な短評を連載、また常識的、実感的、自由主義的立場で時事・文芸・人物批評などに健筆をふるい、盛名をはせた。昭和十年(一九三五)より二十年末まで朝日新聞社学芸部嘱託。この間、日中戦争勃発直後に戦地を訪れ、『支那と支那人と日本』(同十三年五月)を著わし、戦争肯定の立場を表明、以後戦争の進行とともに国家主義的傾向を強め、戦後、批判を浴びた。同二十一年十二月一日没。五十二歳。主な評論集に『氷河のあくび』(昭和九年十二月)、『人物論』(同九年十二月)、『絶望と享楽』(同十一年九月)、『新らしい日本人の道』(同十三年十月)のほか、田中西二郎著といわれる『文芸五十年史』(同十七年十一月)がある。

参考文献　高見順『昭和文学盛衰史』、丸山信「杉山平助のデビュー」(『三田評論』六三二)
（池内　輝雄）

すぎやまもとじろう　杉山元治郎　一八八五—一九六四　日本農民組合の創立者で、戦前の農民運動および無産運動の代表的指導者の一人。戦後は社会党の国会議員として活躍し、衆議院副議長をつとめた。明治十八年(一八八五)一月十八日大阪府日根郡下瓦屋村(泉佐野市)で生まれる。父政七・母くま。十六歳の時洗礼を受けてクリスチャンになる。同三十六年大阪府立農学校を卒業したが、まもなくキリスト教伝道の道に進む決心をして東北学院神学部別科に入学、四十二年に卒業。四十三年七月、福島県相馬郡小高教会に牧師として赴任、伝道のかたわら農業を営む。多くの農民と接するうちに地主・小作問題への関心を強め、農民運動の推進を決意した。そこで大正十年(一九二一)大阪に移り、賀川豊彦と農民組合の設立について相談し、翌年四月日本農民組合を創立、委員長に就任した。日農は当時急増しつつあった小作争議の指導を通じて勢力を拡大し、はじめて組織的な農民運動を確立した。他方、普通選挙法の成立を契機として大正十五年には労働農民党が結成され杉山が初代委員長となった。以後、農民運動や無産運動はたびたび分裂と合同を繰り返すが、杉山はおおむね中道派の道を歩んだ。昭和三年(一九二八)の第一回普通選挙には大阪より立候補して落選したが、同七年以後は連続当選を続けた。第二次世界大戦後は二十三年五月—二十五年十月まで公職追放を受けたが、二十六年の総選挙で国会に復帰し、三十年には衆議院副議長に就任、三十八年には衆議院永年勤続議員(二十五年)として表彰された。三十九年十月十一日神奈川県中郡二宮町で没。七十八歳。

参考文献　杉山元治郎伝刊行会編『土地と自由のために　杉山元治郎伝』
（西田　美昭）

すぎやまやすし　杉山寧　一九〇九—九三　昭和時代の日本画家。明治四十二年(一九〇九)十月二十日、東京市浅草区西三筋町(東京都台東区)に卯吉・みちの長男として生まれる。昭和三年(一九二八)東京美術学校日本画科に入学、新興やまと絵教授松岡映丘教室に学ぶ。六年帝国美術院第十二回美術展覧会で「水辺」が初入選、翌年第十三回帝展で「磯」が特選、九年第十五回帝展で「海女」が再特選となり一躍画壇から注目される。同年映丘門下有志で瑠爽画社を結成し、新進気鋭の日本画家が参集し、名声高まる。そのころから肺結核に犯され療養生活に入り、永らく制作は中断し、本格的な再出発は戦後の二十六年第七回文部省主催日本美術展覧会出品の「エウロペ」で、その構築的絵画空間の密度と構想の壮大さは当時の画壇に衝撃を与え、戦後日本画の幕あけを告げた。以来日展に所属、つぎつぎと大作を発表、審査員をつとめ、三十一年四月から始まった雑誌『文芸春秋』の表紙絵制作は六十一年まで二十余年に及び、小品ながら充実した画境を発展させ近代画の本領をつく観があった。その間、昭和三十一年第十二回日展出品の「孔雀」は日本芸術院賞受賞。また三十四年第二回新日展出品の「仮像」は抽象描法の面からも傑出した主知的絵画空間に挑んだ杉山独自の境地を開く。また三十七年エジプトに取材した「穹」(三十九年作)、「水」(四十年作)、および裸婦像などに特有の杉山様式を確立した。さらに海外取材としてトルコ・カッパドキア・エトルスク・シシリー・インド北部ラジキスタン地方へと精力的に画幅を広めた。これは単にエキゾチズムに発したものでなく、時間を超越した存在を通し、東洋画の永遠性のある絵画世界を新たに求めた。日展における近代的指針を打ち出し、日本芸術院会員となり(四十五年推挙)、文化勲章を受章し、また文化功労者となった(四十九年)。六十二年に東京国立近代美術館で開催の「杉山寧展」は代表作を網羅した回顧展であった。平成五年(一九九三)十月二十日、心不全のため病没。八十四歳。墓は台東区の谷中墓地にある。著書には『画作の余白に』『杉山寧素描聚成』などがあり、長女瑤子は作家三島由紀夫の妻。

参考文献　土屋悦郎編「杉山寧年譜」(『杉山寧自選画集』所収)　(中村　溪男)

スクリーバ　Jurius Scriba　一八四八―一九〇五　ドイツの医学者。一八四八年六月五日、ドイツのワインハイム Weinheim で生まれる。六八年、ダルムシュタット Darmstadt のギムナジウムを卒業、翌年四月ハイデルベルグ Heidelberg 大学に入学、医学を専攻する。在学中、普仏戦争に従軍し、七四年同大学を卒業、のちさらにベルリン Berlin 大学に入り、外科学の研究を続けた。明治十四年(一八八一)六月五日、東京大学の外科教師として来日、前任者シュルツェの後を継いで同三十四年の九月まで在任する。外科のほか、皮膚科、梅毒科、眼科、裁判医学をも教えた。植物学にも造詣が深く、日本滞在期間中も植物採集を熱心に試み、日本近隣の各地から多くの標本を集めた。趣味が広く、特に狩猟を好み、シェパード犬を日本で飼った最初の人であるといわれている。大学構内の外国人用官舎の一軒に住み、日本の女性と結婚して三人の男子をもうけた。酒・タバコを大いに好み、その家庭はきわめて開放的であった。明治三十四年東京帝国大学の教職を退き、その後は築地の聖路加病院の外科主任となった。明治三十八年一月三日没し、同六日に青山墓地に葬られた。五十六歳。勲一等瑞宝章を授けられた。　(大鳥蘭三郎)

スコット　Marian M. Scott　一八四三―一九二二　アメリカの教育家。一八四三年ケンタッキー州に生まれる。師範学校を出てサンフランシスコの小学校長在職中、招請されて七一年(明治四年八月)、三年間の契約で大学南校(現在の東京大学)英語教師および普通科教師として来日する。翌年八月、その年東京に創立された「師範学校」に転傭される。同じく南校から転任した坪井玄道を通訳として、「学制」による小学校教員の養成にあたり、寺子屋での個々の暗誦方式を改めて学級一斉の教授法を伝え、わが国師範教育制度の制定に尽くした。契約は更新され、明治八年東京英語学校(同十年東京大学予備門と改称、第一高等学校の前身)の英語教師となり、明治十四年まで在職、内村鑑三・新渡戸稲造らを教えて、帰国した。一九二二年死去。

参考文献　重久篤太郎『お雇い外国人』五、志賀重昂「日本師範教育の元祖スコット先生の来日について」(『志賀重昂全集』二所収)　(金井　圓)

すざきよしさぶろう　須崎芳三郎　一八六三―一九四九　明治時代中期から昭和時代にかけての新聞人。号は蹇堂、黙堂。文久三年(一八六三)十一月九日武蔵国多摩郡砂川村(東京都立川市)に生まれる。明治二十二年(一八八九)七月帝国大学法科大学政治学科卒業。同年十月渡辺洪基主宰の国家主義雑誌『利囿新誌』の編集に従事、二十三年『近江新報』の主筆となり、二十七年から三十一年春まで岡山県立中学校長。八月『大阪朝日新聞』に入社、翌年退社して欧米旅行に出発。三十四年『日本』新聞に入社、四十一年七月『報知新聞』に転じて論説を担当、四十二年言論擁護の記者組織春秋会の役員として尽力。大正五年(一九一六)十二月発売禁止処分の社説「宮中闖入事件」は有名であり、常に時流に迎合することなく筆硯の権威を高めた。八年編集顧問となり社の重鎮として活躍、昭和二年(一九二七)から十一年末まで取締役。二十四年四月二十八日死去。八十七歳。著書に『露西亜侵略史』『教育革新論』などがある。　(北根　豊)

すずえげんいち　鈴江言一　一八九四―一九四五　中国革命史の研究家。明治二十七年(一八九四)十二月三十一日島根県飯石郡飯石村(三刀屋町)に父泰蔵・母タルの八男として生まれる。幼少のころ、父の実業失敗、破産で苦労を重ねる。明治大学に入り、一年ほどで除籍。米騒動に加わり、大正八年(一九一九)中国に渡航し、北京の『新支那』社に入る。中国の革新グループと交わり、マルクス主義にふれる。同十四年の五・三〇事件のころ、中国の労働運動に関係し、蘇兆徴らと相知る。翌年、満鉄調査部の研究生となり、北伐下の武漢政府に協力して馘首となる。北京にもどり、中江丑吉のもとで勉学。昭和三年(一九二八)―七年、コミンテルンの密使として、日中間を往来。尾崎秀実(ほつみ)・アグネス＝スメドレーらと相知る。この間、『中国無産階級運動史』(昭和四年)、その普及版としての『支那革命の階級対立』(同五年)、『孫文伝』(同六年、筆名王枢之)の三部作を出版。体験をふまえ、原資料を用い、労働運動や中国共産党の動きを重視し、国民党政権などを批判した。同九年外務省、同十二年満鉄に職を得て、古代史など研究。翌年以降、日中戦争下の和平工作に関係。同十七年、満鉄調査部の事件に連坐し、結核を悪化させ、同十九年帰国。翌二十年三月十五日、病没した。五十二歳。

参考文献　衛藤瀋吉・許淑真『鈴江言一伝』　(野沢　豊)

すずきうめしろう　鈴木梅四郎　一八六二―一九四〇　明治から昭和時代前期にかけての実業家・政治家。号呑天。文久二年(一八六二)四月二十六日鈴木竜蔵の次男として長野県水内郡安茂里村(長野市)に生まれる。明治二十年(一八八七)慶応義塾を卒業し、時事新報・横浜貿易新聞・三井銀行・王子製紙(役員)に勤務ののち衆議院議員となり、昭和十五年(一九四〇)四月十五日七十九歳で死去。この経歴によるかぎり三田系の実業家とみることに異論はない。だが、彼がわが国における医療の社会化の先駆的実践者であり、医業国営論の提唱者であったことは知られていない。日本資本主義の発展のなかでの政財界の指導者と彼が位置づけられ、その信条は自由主義であったのに、かかる実践と提唱へ彼をみちびいたのは、医業こそは公共的使命にあるべきだとの信念にほかならなかった。それを支えたのは彼の王子製紙時代の労務管理と後日の彼自身の結核療養とによると考えられる。彼は明治四十四年の明治天皇による「施薬救療の大詔」に触発され、貧困者への救療でなく無産者への防貧に主眼をおき、実費というように庶民が低廉な医療費負担で受診・受療できることを目的として、同年に五年後には訣別するに至った医師加藤時次郎が計画した実費診療所の設立に参加し理事長に就任した。この診療所の開設によって庶民の経済的理由からの受診の困難を解決することとなった。実費診療所の特徴は、第一に医師でない者の診療所の開設と経営であり、第二に診療料金を薄利多売によって低廉にしたことであった。この実践こそは大正末期から昭和初期に至る産業組合の医療利用組合を中心とする一連の医療の社会化運動の先駆となったのである。わが国の第二次世界大戦前の医療の社会化運動において鈴木の名を逸することはできない。彼のこの点での著書に『医療の社会化運動』『医業国営論』『社団法人実費診療所の歴史及事業』がある。

参考文献　佐口卓『医療の社会化』、成田竜一『加藤時次郎』、清水伸「鈴木梅四郎と医業国営論」(鈴木梅四郎『医業国営論』復刻版所収)、小松隆二「鈴木梅四郎」(生活研究同人会編『近代日本の生活研究』所収)

(佐口　卓)

すずきうめたろう　鈴木梅太郎　一八七四―一九四三　明治から昭和時代前期にかけての農芸化学者・栄養学者。明治七年(一八七四)四月七日、静岡県榛原郡地頭方村(相良町)に生まれる。同二十二年東京農林学校(帝国大学農科大学、東京大学農学部の前身)に入学、お雇外国人教師レーブに学び、同二十九年卒業後、大学院で植物生理化学を専攻、桑の萎縮病が代謝異常であることを解明。三十三年東京帝国大学助教授、翌三十四年学位を授与され、文部省留学生としてヨーロッパに渡り、スイス・ドイツに遊学。特にベルリンでエミル＝フィッシャーについてタンパク質・アミノ酸の化学を研究、三十九年帰国。盛岡高等農林学校教授、翌四十年母校の教授に任ぜられ、昭和九年(一九三四)退官。留学中から日・欧の体格の差を考え、栄養の化学的研究を行う。明治四十三年、論争の渦中にあった脚気の治療に有効な栄養成分を米糠から抽出することに成功し、オリザニンと名づけ、治療原理を確立、フンクの研究から翌四十四年ビタミンと命名された。大正十三年(一九二四)「副栄養素の研究」により帝国学士院賞を受け、同会員にえらばれる。また高峰譲吉らと理化学研究所(大正六年創立)創立委員となり、研究室を指導して、ビタミン研究および米を用いない酒、いわゆる理研酒を合成、生家には甘藷を原料にした合成酒工場をつくる。ほかにアミノ酸チトルリン、種皮の成分フィチン分解酵素フィターゼ、植物発芽のメカニズムの中でアルギニン・グルタミンの蓄積の研究、さらに茶の成分カテキンの研究、小麦タンパク質からグルタミンの製造、サリチル酸の製造、防虫剤クロロピクリンの研究、満洲大豆の餌料化をはじめとする大陸での産物の資源化など、基礎研究から新分野の開拓と応用製造に至る先駆的研究を確立し、第一次・第二次世界大戦時下、国民生活に益し、国策に沿う研究も多い。昭和七年、ドイツ自然科学学士院会員、同十八年、文化勲章受章。同年九月二十日没。七十歳。東京都府中市の多磨墓地に葬られた。また郷里静岡県榛原郡相良町の了見寺にも分骨埋葬された。法名理綱院釈梅軒。論文に「ヴィタミン説の発達と栄養学説の変遷」ほか多数の論説があり、著書に『改訂ビタミン』などがある。

参考文献　島薗順雄『ビタミン』、高田亮平・桂英輔編『ビタミン研究五十年』

(山下　愛子)

すずきうらはち　鈴木浦八　一八五二―一九一八　明治時代の農事指導者。嘉永五年(一八五二)十二月一日遠江国豊田郡加茂西村(静岡県磐田郡豊田町)に生まれる。生家は農家で、旗本加々爪領の大庄屋を勤めた。明治六年(一八七三)加茂西村戸長となり、天竜川治水に尽力、同十六年静岡県会議員に当選した。同二十年から県内の水田区画整理事業に挺身、静岡式と呼ばれる方法を確立、十九世紀末までに県下で施行された千五百七十六町歩の大部分がこの方法で実施された。大正七年(一九一八)十月三十日没。六十七歳。

参考文献　農業発達史調査会編『日本農業発達史』一、栢野晴夫「鈴木浦八評伝」(『社会労働研究』一二)

(伝田　功)

すずきかんたろう　鈴木貫太郎　一八六七―一九四八　明治から昭和時代にかけての海軍軍人、政治家。慶応三年(一八六七)十二月二十四日、鈴木由哲の長男として和泉国に生まれ、地方官吏であった父に従って千葉・群馬にうつる。明治二十年(一八八七)海軍兵学校卒業、二十二年海軍少尉、水雷艇の艇長として日清戦争に参加。三十一年海軍大学校を卒業、駆逐隊の司令として日露戦争に参加。戦後、明石・宗谷・敷島・筑波などの艦長を歴任、海軍省人事局長を経て、大正十二年(一九二三)海軍大将にすすみ、十三年連合艦隊司令長官、十四年海軍軍令部長となった。昭和四年(一九二九)一月予備役となって侍従長兼枢密顧問官に就任、八年間侍従長として天皇の側近に仕えたが、十一年の二・二六事件では重臣の一人として反乱軍に襲われ、重傷を負った。同年十一月侍従長を辞して男爵を授けられた。十五年六月枢密院副議長、十九年八月枢密院議長となったが、太平洋戦争末期の二十年、七十九歳の高齢で小磯内閣のあとをうけて内閣総理大臣となった。鈴木は老齢であるのと、軍人は政治にかかわるべきではないことを理由にして固辞したが、木戸幸一内大臣や近衛文麿らの重臣の多くは、天皇の信頼の厚い鈴木に戦争終結の任務にあたることを暗に期待して、鈴木を推薦したといわれている。首相としての鈴木は、表向きは、「戦争完遂」を主張し、強硬な主戦論者をなだめながら、原爆投下・ソ連参戦をむかえて、天皇の裁断によるポツダム宣言受諾を選んだ。降伏決定後の二十年八月十五日内閣総辞職を行なった。その後同年十二月再び枢密院議長に就任し、新憲法草案を可決した二十一年六月まで在任した。政治的野心も手腕ももたない誠実な海軍軍人であると広く認められていたが、それだけにかえって宮中の経歴が長く、敗戦という天皇制にとって最も重大な危局に、首相の任につくことになったのである。昭和二十三年四月十七日死去。八十二歳。

参考文献　鈴木一編『鈴木貫太郎自伝』、鈴木貫太郎伝記編纂委員会編『鈴木貫太郎伝』　（藤原　彰）

すずききさぶろう　鈴木喜三郎　一八六七―一九四〇　明治時代後期から昭和時代初期の司法官、政治家。慶応三年（一八六七）十月十一日、武蔵国橘樹郡大師河原村（神奈川県川崎市）の農家川島市太郎（富右衛門）・ゆきの次男に生まれる。家は農業のかたわら製塩業を営んでいた。明治十五年（一八八二）六月大師河原の天台宗明長寺住職鈴木慈孝の養子となり家督を相続。同年上京して東京外国語学校仏語学科、第一高等中学校を経て、同二十一年帝国大学法科大学に入学、二十四年仏法科を首席で卒業した。ただちに司法界に入り司法官試補、ついで判事に任ぜられた。麴町区裁判所・東京地方裁判所・東京控訴院の各判事などを歴任。この間、鳩山和夫の長女（一郎の姉）カヅと結婚。四十―四十一年司法制度・裁判事務取扱の方法などの調査のためヨーロッパ各国を視察した。帰国後、東京地裁所長・司法省刑事局長・同法務局長を経て、大正三年（一九一四）四月司法次官に就任。以後七年六ヵ月にわたってその地位にあり、平沼騏一郎の系統に属し、司法界に大きな勢力を保持した（平沼・鈴木閥）。その間、選挙粛正（大正四年の総選挙）、大浦兼武内相の議員買収事件の摘発、監獄制度の改善、少年法の制定、判検事停年制の実施、司法官増俸などに力を注ぐとともに、財団法人保輔会の会長として出獄者保護事業に努力した。同十二年十月―十三年一月検事総長を勤め、第一次世界大戦後の社会運動の高まりと「思想の悪化」に厳しい態度を取った。十三年一月清浦内閣の司法大臣として入閣したが、総選挙で護憲三派に敗れて同年六月内閣総辞職となり、辞任した。司法相在任中の同年五月、平沼の主宰する日本主義思想団体国本社の発足に際して、理事として名を連ねた。十四年四月立憲政友会に入党し、昭和二年（一九二七）四月立憲政友会の田中義一内閣の成立とともに内務大臣として入閣。三年二月、最初の普通選挙による衆議院議員総選挙にあたって、立憲民政党の説く「議会中心政治」を「日本の国体と相容れない」として排撃する声明を発表して政界に大きな衝撃を与え、その時の選挙干渉と相まって、野党側から、立憲政治を破壊する言動であると非難を浴びた。また総選挙後の同年三月には司法当局と協力して共産主義活動家のいっせい検挙を行う（三・一五事件）など社会運動を厳しく取り締まった。第五十五議会で鈴木内相弾劾の野党攻勢が高まると、同年五月内相を辞任したが、六月には、審議未了となった治安維持法の改正（最高刑の死刑への引上げなど）を緊急勅令によって実現をはかる推進役を、与党内で演じている。こうして立憲政友会内の復古主義的傾向を代表する勢力として鈴木派は大きな勢力を占め、田中義一総裁死後昭和四年九―十月には、鈴木は床次（とこなみ）竹二郎と総裁の地位を争ったが、党の分裂回避のため、政界の長老犬養毅が総裁となった。同六年十二月、犬養内閣の成立とともに司法相に返り咲き、翌年三月内相に転じた。この間十二年近く勤めた貴族院議員（勅選議員）を辞し、七年二月神奈川県第一区から衆議院議員に当選。同年五月、五・一五事件で犬養が暗殺されると、立憲政友会総裁となったが、陸軍の政党内閣反対論のため首相への途を阻まれた。その後、農村救済問題、リットン報告書反対などに活躍し、十年天皇機関説問題がおこると、衆議院各派の提出になる国体明徴決議の提案理由の説明にあたり、岡田内閣に天皇機関説排撃を迫った。このころから健康を損ね、十一年二月の総選挙に落選し、再び貴族院勅選議員となった。十二年二月立憲政友会総裁の辞意を表明し、四名の代行委員を指名して党務を委ねた。十四年五月任期満了により総裁辞任。昭和十五年六月二十四日死去。七十四歳。東京都台東区の谷中墓地に葬られた。法号は清光院殿法喜蓉山大居士。

参考文献　鈴木喜三郎先生伝記編纂会編『鈴木喜三郎』　（鳥海　靖）

すずききゅうごろう　鈴木久五郎　一八七七―一九四三　明治時代後期の相場師。明治十年（一八七七）五月、埼玉県粕壁（春日部市）に生まれた。日露戦争後の好況期に株式投機で巨額な利益をあげ、相場師「鈴久」の名を天下に轟かせた。かれの名を有名にしたのは当時代表的な花形投機株の東株・鐘紡などの仕手戦で、買い方にまわった「鈴久」は瞬時にして一千万円の巨富を得た。一夜にして大富豪となったかれのことを人々は「成金」とよんだ。だが、そのかれも「売り」を知らないばかりに数年を待たずして株式暴落によって没落する。昭和十八年（一九四三）八月十六日没。六十七歳。

参考文献　生形要『相場師』（『日経新書』一〇二）　（志村　嘉一）

すずききゅうだゆう　鈴木久太夫　一八二九―九一　幕末・明治前期の篤農家。文政十二年（一八二九）五月二十五日武蔵国荏原郡上北沢村（東京都世田谷区）に鈴木正助の長男として生まれる。同村菅沼勝右衛門に農事を学び、選種・接木・さし木などに習熟、弘化元年（一八四四）より穀菜の試作につとめ、優良種苗の普及をはかり、安政三年（一八五六）種子土囲法を案出した。維新後米国産小麦の試作に従い、砂糖の手搾器械・軽便測量器・改良鍬など多くの農業用器械を発明、勧業博覧会などに出品した。明治十四年（一八八一）荏原郡農談会会頭となる。同二十四年四月九日没。六十三歳。

参考文献　「鈴木久太夫氏小伝」（『大日本農会報告』一一九）

（伝田　功）

すずきけいぞう　鈴木敬三　一九一三―九二　昭和時代の風俗史・有識故実学者。大正二年（一九一三）十一月十九日、加賀亀吉・乃衛の三男として東京市浅草区神吉町（東京都台東区東上野四丁目）に生まれる。誕生と同時に父の生家、鈴木家の養子となる。幼少から軍記や武者絵に親しみ、武装故実の研究を志して中学時代以来関保之助のもとで薫陶をうける。昭和十三年（一九三八）国学院大学国史学科卒業、同研究科を経て十七年宮内省図書寮編修官補となる。二十六年から国学院大学講師、助教授を経て四十年教授となり、風俗史・有識故実を担当、五十九年定年退職、名誉教授となる。この間、文化財保護審議会専門委員となり、東京国立博物館学芸部客員研究員を兼ねるなど文化財保護全般にも貢献した。若くして『日本甲冑史』を完成するが、東京大空襲のため原稿図版が出版社で全焼し、燼余の一部が『（中世日本）武装図説』（『（新訂増補）故実叢書』、昭和二十九年）の本文に収められた。一方、武装と並んで公家故実の研鑽にも努め、昭和十九年美術史家福井利吉郎を中心とする絵巻物綜合研究委員会（日本学術振興会）において風俗部門を担当、戦後は秋山光和など美術史家による絵巻物の研究調査に参加協力し、斬新な見解を発表して注目を惹いた。その成果を集大成した論文「風俗から見た初期絵巻物の研究」によって三十三年文学博士の学位を授与され、三十五年『初期絵巻物の風俗史的研究』として出版された。また、戦後間もなく歴世服装美術研究会を組織、厳密な考証に基づいて古代・中世の男女の着衣や甲冑を復原模造し、実際に着装させて撮影、解説することで画家や歴史家を益し、その一端は『日本の服装』上（三十九年）に図示詳述された。さらに服飾・器物調度の縮小復原模型を製作させて国学院高等学校資料展示室に収蔵し、これに解説を付した『古典参考図録』を五十三年以降、数回増補・刊行し、六十三年には『古典参考資料図集』を加えて二書一帙の体裁とした。なお学術論文数十篇のほか、編・著書に『服装と故実―有識故実図解―』（昭和二十五年）、『甲組類鑑』（『（新訂増補）故実叢書』、二十八年）、『（住吉模本）年中行事絵巻』の複製本解説（三十四年）、秋山光和・柳沢孝と共著の『扇面法華経』（四十七年）、『久能山東照宮伝世の文化財』（五十六年）、『高倉家調進控装束織文集成』（五十八年）などがある。平成四年（一九九二）七月二十八日没。享年七十八。台東区の谷中墓地に埋葬。

（秋山　光和）

すずきけんたろう　鈴木券太郎　一八六二―一九三九　明治時代中期から昭和時代初期にかけての新聞人・教育家。文久二年（一八六二）十二月生まれる。神奈川県人。号は醇庵・乳水陳人・毛山狂生。『嚶鳴雑誌』『東京横浜毎日新聞』『日本立憲政党新聞』『日本』の記者として活躍し、明治十八年（一八八五）・二十六年と二度『山陽新報』の主筆となった。このあと教育界に転じ群馬・函館・天王寺中学校長を歴任。昭和十四年（一九三九）三月十四日没。七十八歳。著書に『亜細亜人』『貨幣論』などがある。

（北根　豊）

すずきこそん　鈴木鼓村　一八七五―一九三一　明治から昭和時代にかけての箏曲家・画家。初名卯作、のちに映雄（てるお）と改名。晩年那智俊宣（なちとしのぶ）、穂積朝臣（ほづみあそん）などとも号す。明治八年（一八七五）九月九日宮城県亘理郡小堤村（亘理町）に鈴木重三郎・孝の五男として生まれる。同二十年、東京の叔父鈴木周三の養子となる。同二十三年、成城中学校を中退、陸軍教導団（下士官養成所）に入隊。同二十四年、仙台歩兵第四連隊に配属。この時、山下国義（松琴）に箏曲を学ぶ。同二十五年、陸軍戸山学校の剣道教官となり、同校軍楽隊にて永井建子に洋楽を学ぶ。高野茂から箏曲も学ぶ。同二十七年、日清戦役に従軍、軍歌「道は六百八十里」を現行のように改曲。除隊後、鼓村と号す。文部省中等教員検定試験に合格、同三十一年福井中学校に、国史・国語・体操の教員として赴任、同三十三年には京都府立第二中学校に奉職したが、同年中に辞職。この後、高安月郊などと親交、近代詩による新箏曲を提唱、同三十七年には、薄田泣菫の詩による「紅梅」を作曲。師の山下国義の国風音楽会の名称をそのまま用いて、箏曲教授を行なったが、同四十年には京極流と称した。なお、同三十五年から、野田聴松に師事、筑紫箏の伝授も受けている。吉田恒三らの京都音楽会にも参加したが、他の箏曲家と反目、同四十年に東京に出て、鼓村楽堂を開き、与謝野寛（鉄幹）夫妻、蒲原有明などと親交。さまざまな芸術活動を行う。大正二年（一九一三）『美術週報』の編集にあたり、同年『日本音楽の話』（同十三年『日本音楽の聴き方』として再版）、『耳の趣味』を著わす。同六年京都に隠棲、大和絵古土佐に専念。昭和六年（一九三一）三月十二日没。五十七歳。墓は京都市左京区の吉田山神楽岡にある。その巨軀と奇行により異端視されたが、京極流箏曲の創始者としてのみならず、日本音楽の有識故実に詳しく、日本音楽史の歴史的記述の先駆者でもあった。

参考文献　雨田光平編『日本音楽史』、同編『鼓村襍記』、吉見庄助編『（箏曲京極流）鈴木鼓村』

（平野　健次）

すずきさぶろうすけ　鈴木三郎助　一八六七―一九三一　明治から昭和時代にかけての実業家。「味の素」の創業者。慶応三年（一八六七）十二月二十七日相模国三浦郡堀内村（神奈川県三浦郡葉山町）に父初代鈴木三郎助と母ナカの長男として生まれた。幼名泰助。父初代三郎助は米・酒・日用品の小売商を営んでいたが、明治八年（一八七五）死去、泰助があとを継いだ。同二十年夏、逗留中の避暑客の大日本製薬株式会社技師村田春齢から海岸のかじめを原料にヨードを採取する事業を示唆され、まず母が試験的生産に着手、ついで三郎助が、弟忠治の協力を得て、本格的に家業として経営した。経営は順調で、製品分野も拡大したが、日露戦争後の不況期におけるヨード・カリ化学工業の過剰生産は著しく、その対策として、同四十年、同業者の棚橋寅五郎・加瀬忠次郎と共同出資で日本化学工業株式会社を設立、粗製ヨード以外の事業をこれに譲渡せざるを得なくなった。家業が新展開を迫られた折しも、東京帝大理科大学化学科教授池田菊苗が発明品グルタミン酸ソーダの工業化を企図し、提携相手を求めていた。これに応じた三郎助は、四十一年十月、池田の特許権共有者となり、新調味料の開発につとめた。四十二年四月逗子に工場を建設、六月新調味料を味の素と名づけて新聞広告を開始した。当分の間はリスクを考慮して三郎助個人の事業としていたが、見通しのついた四十五年四月、粗製ヨード事業のための合資会社鈴木製薬所を合資会社鈴木商店と改称し、味の素をはじめて鈴木家の家業とした。大正六年(一九一七)七月には株式会社鈴木商店を設立、味の素事業に専念させ、みずから初代社長に就任した。また味の素などによる資本蓄積を活用、水力発電・電気化学工業への進出を図り、森矗昶(昭和電工創業者)らとの共同出資により諸会社を設立した。昭和六年(一九三一)三月二十九日没。六十五歳。葉山町の光徳寺に葬られた。法名は慈徳院殿隆誉興仁泰道居士。

参考文献 故鈴木三郎助君伝記編纂会編『鈴木三郎助伝』、『味の素株式会社社史』一・二（森川 英正）

すずきさんぞう　鈴木三蔵　一八三二―一九一五　明治時代前期の農事指導者。天保三年(一八三二)五月十八日美濃国恵那郡苗木村(岐阜県中津川市)に生まれる。家は苗木藩足軽。幕末江戸において平田学を学び、藩政改革により同藩勧農係となった。明治七年(一八七四)―八年近江に赴き同地の牛耕技術を苗木に導入、同十四年第二回内国勧業博覧会が東京で開かれた際、持立犂を見て購入帰郷、馬耕の普及につとめた。明治十年より恵那郡の農談会の組織化につとめ、のち恵那郡南北農区連合農談会会頭となった。大正四年(一九一五)六月二十五日没。八十四歳。

参考文献 矢崎亥八『東濃の奇傑』、吉岡勲『岐阜県の歴史』近代（伝田 功）

すずきしげたか　鈴木成高　一九〇七―八八　昭和時代の西欧文化史研究者。明治四十年(一九〇七)三月十一日、高知市永国寺町で生まれる。高知県立中学海南校(旧藩校)四年を修了後、高知高等学校文科甲類に入学。大正十五年(一九二六)京都帝国大学文学部に進み、坂口昂および植村清之助のもとで西洋史を専攻。昭和四年(一九二九)二人のすぐれた恩師の相つぐ死に遭いつつも、七年京都帝大文学部講師、十一年三月に第三高等学校教授、十七年九月には京都帝大助教授に転任(病のため退職したのは二十二年九月)。この間、『ランケと世界史学』(十四年)を著わし、時局的な世界史論議を超越してランケ史学の真髄を説いた。戦後二十三年公にされた大著『封建社会の研究』は、英独仏の文献を縦横に駆使した、画期的なもの。二十九年、早稲田大学文学部教授に迎えられてからも、『中世の町―風景―』(五十七年)に教養の一端を示す。六十三年三月七日、心不全のため東海大学医学部附属病院で没す。八十歳。

参考文献 『創文』二八八(追悼・鈴木成高先生)（成瀬 治）

すずきしげたね　鈴木重胤　一八一二―六三　幕末の国学者。幼名雄三郎、通称勝左衛門、橿廼舎・厳橿本と号し、府生・桂州ともいう。文化九年(一八一二)五月五日淡路国津名郡仁井村(兵庫県津名郡北淡町)の庄屋の家に父穂積重威・母麗子(岡本氏)の五男として生まれ、父の薫陶により国学に志した。文政八年(一八二五)父が没すると傾きつつあった家産の恢復をはかるため大坂の商家鴻池善右衛門のもとに見習いとして住み込んだが三年ほどでいったん帰郷、再び家郷を出て次には神戸の商家橋本藤左衛門の保護を受けた。この間商売よりも国学の道に励み、天保三年(一八三二)平田篤胤に入門名簿を送り、書信をもって教えを受け、同五年ころには大国隆正に入門した。同八年橋本家を去り帰郷したが同十年再び大坂に出、門戸を構えて和歌を教授した。同十四年篤胤と面会したいという宿望を果たすため秋田行を決意、母への暇乞いのため帰郷したあと出立、神戸・大坂・京都・金沢・新津・酒田を経て目的地に着いたが、この時篤胤はすでに病没していたので、その霊前で門人となった。その後江戸日本橋村松町に居を定め著作活動に努める一方、越後・出羽・九州など各地を旅行して学説を弘め、特に出羽庄内の酒造家大滝光憲、越後新津の豪農桂誉重をはじめこの地方の民間有力者の信奉を受けた。庄内には一年あるいは二年を隔てて講説に赴き、弘化二年(一八四五)光憲の次子光俊を養子に迎えている。嘉永元年(一八四八)『延喜式祝詞講義』を起稿、同六年に完成すると庄内に出向き光憲の学舎賢木舎に門人を集めて完稿奉告の祭事を執行した。帰宅後まもなく『日本書紀伝』を起稿、これは前著とともに代表的著作と称すべきものであるが未完に終わった。「日本書紀辱くも朝廷の正史也、祝詞は朝廷の式文也」(『答問書』)として『日本書紀』と祝詞を特に重視した。『延喜式祝詞講義』執筆のころから次第に篤胤学批判を前面に押し出したことから、安政四年(一八五七)平田鉄胤との不和を生じ、数回の応酬ののち翌五年鉄胤から絶交を通告された。元来敬神の念すこぶる厚かったが、秋田への出立に際し花山院家邸内の宗像神社に参拝したのを契機に宗像信仰を強め、その本社たる筑前の宗像神社へ四度参詣、その途次、長州の白石正一郎・林勇蔵らにも影響を与えている。文久三年(一八六三)八月十五日、安政二年から住んだ江戸本所小梅(東京都墨田区向島)の自宅で暗殺された。五十二歳。市ヶ谷の長延寺(のち杉並区和田一丁目に移転)に葬る。当時、幕府の内命を受けて廃帝の故事を調査したため尊攘派志士に狙われたとの説が流布したが、現在ではこれは根拠のない巷間の流言とされ、暗殺事情は不明である。著書には上記二著のほか『詞捷径』『古始太元図説』『神代真言』『世継草』『経緯談』『中臣寿詞講義』『祝詞正訓』などがある。なお、紀行文として現存するものに『神習紀行』『皇京日記』『辛亥紀行』『伊勢詣紀行』『宗像詣記』などがあり、これらには旅行中に面接した人名、参拝した神社、史蹟、土地の地理・風俗などを詳らかに記している。著書は『鈴木重胤集』(『国学大系』一二)に収められているほか、『鈴木重胤全集』全十三巻がある。

参考文献 樹下快淳『鈴木重胤真人物』、谷省吾『鈴木重胤の研究』(『神道史研究叢書』四)

(鈴木 暎一)

すずきしげよし 鈴木重義 一八三八―一九〇三 幕末・維新期の常陸国水戸藩士。諱ははじめ重睦、重義。通称ははじめ内蔵次郎、靫負、縫殿。父は鈴木重照、母は大場景命の女。天保九年(一八三八)生まれる。嘉永三年(一八五〇)家督を継ぎ禄五百石を受ける。安政二年(一八五五)使番、同四年寄合指引となり、同六年書院大番頭に進む。文久三年(一八六三)執政に任じられ、藩主徳川慶篤の上京に随従、京都に留まり徳川昭訓、ついで昭武を補佐。元治元年(一八六四)鎖港促進の一橋慶喜の内命を帯びて東下。ついで禁門の変に際し天機伺いとして上京、慶応二年(一八六六)在京藩士を従えて京都守衛に任ず。明治元年(一八六八)正月藩政改正の勅を奉じて東下、三月水戸城に入り、十月弘道館に拠る市川三左衛門らを破る。同四年水戸藩大参事となり、廃藩に至って辞職。晩年は瑞竜山(茨城県常陸太田市)旧藩主の墓守となり、同三十六年一月三十一日没した。六十六歳。墓は常陸太田市の瑞竜山下にある。

参考文献 『水府系纂』一二三、『水戸藩史料』、田尻佐編『贈位諸賢伝』一

(小松 徳年)

すずきしゃてい 鈴木舎定 一八五六―八四 明治時代前期の自由民権運動の指導者。幼名は弘太、号は公愛。安政三年(一八五六)二月盛岡で生まれる。父は南部藩士鈴木舎従、母は米内氏。藩校作人館に学び、明治四年(一八七一)上京。中村敬宇、アメリカ人宣教師カラザースに師事して英学とキリスト教を学び、かたわら『東京新報』の編集に従事。同十年盛岡に帰り、求我社および東北の自由民権運動の中で指導的な役割を果たした。『盛岡新誌』には、公愛の筆名および無署名論文など、彼の論文が多く掲載されている。愛国社および国会期成同盟に参加し、東北有志会・東北七州自由党の結成にも尽力した。自由党幹事および常議員として、自由党の指導的立場にあったが、同十六年十一月品川海上における三島通庸暗殺の謀議に参加、その直後の十七年一月一日盛岡で病死。二十九歳。墓は盛岡市願教寺にある。法名は実相院釈定真。著書『国会手引草』(明治十四年)がある。

参考文献 太田孝太郎編『盛岡碑文集』、東京朝日新聞社通信部編『岩手県政物語』、鈴木彦次郎『岩手民党夜話・自由の征矢』、森田敏彦「求我社と鈴木舎定(一)」(『宮城学院女子大学研究論文集』四九)

(森田 敏彦)

すずきしょうじ 鈴木昌司 一八四一―九五 明治時代前期の新潟県の代表的な自由民権家、政治家。天保十二年(一八四一)、越後国頸城郡北代石村(新潟県中頸城郡吉川町代石)に生まれる。幼名保一郎。家は代々里正を勤め、田畑合計十六町余の手作り地主で酒造業も営む。明治五年(一八七二)旧高田藩の学校予備金を活用する学習結社を計画(実現は不明)。同九年、地租改正に反対、二十七ヵ村の代表の一人に選ばれ農民代表者会議開催や収穫の実地調査を要求してたたかうが敗北、これをきっかけに自由民権運動の活動家となる。同十年、新潟県最初の政治結社明十社(のちに鳴鶴社)を結成、同十四年、頸城自由党の結成に参画する。同十六年、検察のでっちあげ高田事件で逮捕されるが無罪釈放となる。県会議員には明治十二年よりほとんど連続当選。衆議院議員選挙第一回(同二十三年)・第二回(同二十五年)当選、立憲自由党(のち自由党)に所属。同二十八年四月三十日東京において五十五歳で病死する。

参考文献 江村栄一『自由民権革命の研究』

(江村 栄一)

すずきぜんこう 鈴木善幸 一九一一― 昭和時代の政治家、首相。明治四十四年(一九一一)一月十一日岩手県下閉伊郡山田町に生まれる。農林省水産講習所を卒業、昭和十年(一九三五)大日本水産会に勤務。第二次世界大戦の終戦直後結成の全国漁業組合連合会職員組合の初代委員長となる。昭和二十二年社会党から衆議院議員初当選(岩手一区)、同二十四年総選挙では、民主自由党に転じ当選。連続当選十五回を数える。自民党では池田派に属し、同三十五年、池田内閣の郵政相。その後官房長官・厚相・農相を歴任、また同四十三年末以来通算十期党総務会長を勤め、その党内調整能力は定評があった。同五十五年七月、大平首相急死のあと、その実績を買われ、党内融和の適役として後継総裁に推され、第七十代の首相となった。在任二年四ヵ月、同五十七年十一月に退陣した。平成二年(一九九〇)政界から引退。

(内田 健三)

すずきせんざぶろう 鈴木泉三郎 一八九三―一九二四 大正時代の劇作家。明治二十六年(一八九三)五月十日、東京青山に生まれた。銀行につとめながら大倉商業学校を卒業。十七歳のとき文学を志し水野葉舟の門に入る。大正二年(一九一三)三越呉服店の懸賞脚本に当選。のち岡村柿紅に師事して玄文社に入社、『新演芸』の編集に従事し、劇評・戯曲の執筆にあたった。大正八年、帝劇で沢村宗之助らにより『八幡屋の娘』が上演され劇壇にデビュー、翌九年戯曲集『ラシャメンの父』を刊行した。病に倒れたが、十二年『次郎吉懺悔』が六代目尾上菊五郎らにより上演され声価を高めた。十三年十月六日、神奈川県大磯で病没。三十二歳。絶筆となった代表作『生きてゐる小平次』(十三年)が翌年尾上菊五郎らにより上演、

絶賛を博した。劇的状況をきわだたせ、そこに人間生存の不安と恐怖を描出した特異な劇作家であった。没後、『鈴木泉三郎戯曲全集』(大正十四年)が刊行された。

参考文献 大笹吉雄「鈴木泉三郎の「生」」(『ドラマの精神史』所収) (藤木 宏幸)

すずきそうろく 鈴木荘六 一八六五―一九四〇 明治から昭和時代にかけての陸軍軍人。慶応元年(一八六五)二月十九日、越後国三条に鈴木高治の三男として生まれる。新潟師範学校を出て小学校教員になったが、一兵卒で陸軍に入り教導団を経て、明治二十三年(一八九〇)陸軍士官学校を第一期生として卒業、騎兵少尉に任官した。同二十六年陸軍大学校に入学、日清戦争に従軍したのち、同校に復帰、三十一年卒業後、日露戦争では第二軍参謀として出征した。その後、陸大教官・参謀本部作戦課長・陸大幹事など軍令系の要職を歩き、騎兵監・第四師団長・朝鮮軍司令官などを経て、大正十三年(一九二四)陸軍大将に進級、十五年参謀総長に起用され、昭和五年(一九三〇)まで四年間在職した。陸軍騎兵閥の出世頭で、頭脳明敏な作戦家として聞こえた。現役を退いてのち、帝国在郷軍人会会長や枢密顧問官を歴任、陸軍長老の一人として重んじられたが、政治的には無色透明の中立派とされていた。昭和十五年二月二十日没。七十六歳。墓は新潟県三条市の実盛寺にある。

参考文献 『陸軍大将鈴木荘六伝』 (秦 郁彦)

すずきだいせつ 鈴木大拙 一八七〇―一九六六 明治から昭和時代にかけての国際的な宗教学・仏教学者。本名貞太郎。明治三年(一八七〇)十月十八日、金沢市下本多町三番丁七番に生まれる。父は医師良準、母は増。四男一女の末子。第四高等中学校予科から本科に進学、中退して小学校の訓導英語教師となり、同二十四年一月訓導を辞して上京。東京専門学校に学び、ついで同二十五年九月東京帝国大学文科大学哲学科選科に入学する。上京して直ちに鎌倉円覚寺に参禅し、今北洪川・釈宗演に師事を重ねる。大拙の道号を宗演より受ける。同二十八年七月選科を終了、同三十年三月、宗演の推薦により渡米、イリノイ州ラサルに住む。オープン＝コート出版社の編集員となる。在米十二年、明治四十二年四月ヨーロッパを経由して帰国する。その間独学にて仏教の思想的研究をすすめ、同三十三年、三十歳の時に『大乗起信論』の英訳を出版、同四十年には英文による『大乗仏教概論』を刊行し、海外にその名が知られる。同四十四年十二月ピアトリス＝レーンと結婚。帰国の前年の九月、オックスフォードで開かれた万国宗教史学会に選ばれて東洋部副会長となる。爾来、国際的な学術会議に日本を代表して欧米に赴くことしばしばとなる。帰国して東京帝国大学文科大学講師、学習院教授となり、大正十年(一九二一)三月、真宗大谷大学教授となる。同大学内にイースタン＝ブディスト＝ソサエティ(東方仏教徒協会)を設立し、英文雑誌『イースタン・ブディスト』を創刊。昭和二十年(一九四五)十二月、財団法人松ヶ岡文庫設立。同文庫においても同二十一年英文雑誌『カルチュラル・イースト』を創刊。同二十五年二月より同三十三年十一月まで在米、ハワイ・クレアモント・イエール・ハーバード・コーネル・プリンストン・コロンビア・シカゴなどの各大学にあって仏教哲学を講ずる。同二十四年一月日本学士院会員となり、十一月文化勲章を、同三十年一月朝日文化賞を受ける。同三十四年八月、ハワイ大学より名誉学位(法学博士)を受け、同三十九年四月、インドアジア協会より第一回タゴール生誕百年賞を受ける。主著として英文著作三十余冊、和文著作『鈴木大拙全集』(全三十二巻、岩波書店刊)がある。昭和四十一年七月十二日没。九十五歳。法名は也風流庵大拙居士。遺骨は神奈川県鎌倉市の東慶寺墓地、金沢市野田山の鈴木家墓地、高野山奥ノ院墓地に三分して埋葬された。

参考文献 古田紹欽編『鈴木大拙の人と学問』(『鈴木大拙禅選集』別巻)、久松真一・山口益・古田紹欽『鈴木大拙―人と思想―』 (古田 紹欽)

すすきだきゅうきん 薄田泣菫 一八七七―一九四五 明治時代後期の詩人。本名淳介。明治十年(一八七七)五月十九日、岡山県浅口郡連島村(倉敷市)に篤太郎・里津の長男として生まれた。岡山尋常中学を二年で中退、以後独学。イギリスの浪漫主義詩人キーツ・ワーズワース、日本では島崎藤村の詩に親しみ、明治三十二年、第一詩集『暮笛集』を刊行、温雅な瞑想詩風によって一躍詩名を馳せた。翌年大阪毎日新聞社に入社、また関西の文芸誌『小天地』の編集主任となり、『ゆく春』(明治三十四年)、『二十五絃』(同三十八年)、『白玉姫』(同)などの詩集を刊行、藤村引退後、詩壇の第一人者と仰がれ、明治三十九年には最後の詩集『白羊宮』を刊行、近代定型詩の最高の完成を示した。元来が芸術至上主義的な形式感の詩人で、その詩は端正典雅、古語・雅語を自在に駆使して彫琢の粋がこらされ、王朝的な気品をたたえている。特にブラウニングの“Oh, to be in England”に始まる詩にならい奈良の都の幻想にひたった「ああ大和にしあらましかば」や、ゲーテの南欧憧憬が託されている「ミニヨンの歌」を思い合わせて京都の四季をうたった「望郷の歌」は、主題そのものが王朝の美への憧れであり、古典的な風格を示している。なお『白羊宮』には時代思潮である世紀末象徴主義の方向が模索され、相当の成果を収めてはいるが、資質的に同じ得ず、以後次第に詩壇を離れた。明治の浪漫主義を代表する詩人で、石川啄木・北原白秋など、同時代以後の詩人に与えた影響は少なくない。大正期以降は軽妙でヒューマンな随筆を『大阪毎日新聞』に連載して好評を得、のち『茶話』(大正五年(一九一六))、『艸木虫魚』(昭和四年(一九二九))などに収めた。昭和二十年十月九日没。六十九歳。郷里の生家裏山の薄田家墓地に葬られた。法名至誠泣菫居士。『薄田泣菫全集』全八巻がある。

参考文献 松村緑『薄田泣菫考』 (河村 政敏)

すずきちゅうじ　鈴木忠治　一八七五―一九五〇　明治から昭和時代にかけての実業家。「味の素」創業者二代鈴木三郎助の弟で最大の協力者。明治八年（一八七五）二月二日、神奈川県三浦郡堀内村（葉山町）に初代三郎助・ナカの次男として生まれる。横浜商業学校を卒業、独学で化学書を学び、経験と合わせて技術力を養い、ヨード・カリ工業でも味の素でも兄の事業の技術面の最高責任者として働いた。兄没後の昭和六年（一九三一）四月から十五年八月まで株式会社鈴木商店、十五年八月から二十年五月まで昭和電工株式会社それぞれの社長であった。二十五年十二月二十九日没。七十五歳。葉山町の光徳寺に葬られた。法名浄業院殿清誉広道忠治居士。

参考文献　故鈴木三郎助君伝記編纂会編『鈴木三郎助伝』、『味の素株式会社社史』一・二　（森川　英正）

すずきていいち　鈴木貞一　一八八八―一九八九　大正・昭和時代の陸軍軍人。明治二十一年（一八八八）十二月十六日千葉県武射郡柴山村（山武郡芝山町）に生まれる。四十三年陸軍士官学校（二十二期）、大正六年（一九一七）陸軍大学校を卒業、以後、参謀本部で中国問題に従事、「大陸通」として知られる。昭和二年（一九二七）秋には「革新」的将校による木曜会の結成にあたり中核的役割を演じ、四年五月結成の一夕会にも参加した。この時期、友人井上三郎の縁で近衛文麿・木戸幸一・原田熊雄ら「革新」的華族に親近し、後年の政治活動の基礎を築いた。英国・中国への派遣を経て六年には軍務局に転じ、同年十二月に一夕会の支持する荒木貞夫が陸相に就任した後は側近として活動した。鈴木が陸軍あるいは皇道派の元老・内閣方面へのスポークスマンとして活動した様子は『西園寺公と政局』『木戸幸一日記』に詳しい（なお、八年八月から九年三月まで新聞班長として弘報・輿論対策に従事している）。皇道派分裂後は次第に荒木らと疎隔し、統制派寄りとなる。内閣調査官（十二年十月）、興亜院政務部長（十三年十二月）を経て十六年四月国務大臣企画院総裁に就任、予備役に入る（最終階級は中将）。同年十一月の開戦の可否を再検討する政府統帥部連絡会議では物的国力の面から臥薪嘗胆論を退け、開戦に肯定的とも見える態度をとった。十八年十月退任して貴族院議員に勅選。戦後「A級戦犯」として終身刑を宣告されたが、三十一年に釈放された。平成元年（一九八九）七月十五日没。百歳。

参考文献　木戸日記研究会・日本近代史料研究会編『鈴木貞一氏談話速記録』（『日本近代史料叢書』Bノ四）、伊藤隆・佐々木隆編「鈴木貞一日記―昭和八・九年―」（『史学雑誌』八七ノ一・四）、伊藤隆・佐々木隆「昭和八～九年の軍部と「鈴木貞一日記」」（同八六ノ一〇）　（佐々木　隆）

すずきてんがん　鈴木天眼　一八六七―一九二六　明治・大正時代の新聞人、政治家。名は力。慶応三年（一八六七）七月八日福島二本松に習の長男として生まれる。明治二十三年（一八九〇）雑誌『活世界』を主宰、二十六年『二六新報』記者。三十一年坂井伊之吉らと『九州日の出新聞』を創刊、三十五年一月みずから『東洋日之出新聞』を創刊し崎陽言論界に重きをなした。四十一年代議士当選。大正十五年（一九二六）十二月十日死去。六十歳。終生中国革命に同情を示した。著書に『小日本歟大日本歟』『丈夫の本領』などがある。

参考文献　黒竜会編『東亜先覚士記伝』下　（北根　豊）

すずきとうざぶろう　鈴木藤三郎　一八五五―一九一三　明治時代の製糖事業家。安政二年（一八五五）十一月十八日遠江国周智郡森町の古着商太田文四郎の次男として生まれた。幼名才助。五歳の時菓子商鈴木伊三郎の養嗣子となり、明治七年（一八七四）家督をつぎ藤三郎と改名。九年ごろから二宮尊徳の報徳主義に傾倒。十六年五月氷砂糖の試製に成功、翌年七月製造を開始した。二十二年六月東京府南葛飾郡砂村新田（東京都江東区北砂五丁目）の新工場へ本拠を移し、鈴木製糖部を創立。その後砂糖精製技術の習得に努め、二十二年六月精製糖工場を増設し試製に着手、二十五年から精製糖の本格的操業に入った。二十八年十二月鈴木製糖部を母体に日本精製糖株式会社を設立、専任取締役兼技師長となった。二十九年七月から翌年五月まで欧米へ出張し、各国の精糖工場・製糖機械工場を視察するとともに、機械類の購入にあたった。帰国の途次ジャワ・香港の製糖工場も視察。欧米で購入した機械を加えて工場は著しく拡充され、資本金は彼の洋行直前の倍額増資で六十万円になったが、三十二年三月一挙に二百万円に増資した。同月小冊子『日本糖業論』を刊行した。三十三年春以来台湾製糖会社の設立準備に参画、十二月社長に選任され、翌年十一月台南県橋仔頭庄に粗糖工場が完成した。三十五年春日本精製糖の社長となった。三十四年十月に砂糖消費税が実施されたのを契機に政界進出、三十六年三月と翌年同月の総選挙に静岡県から出馬して当選、四十一年三月まで衆議院議員をつとめた。その間三十九年七月には、大阪の日本精糖会社との合併問題で日本精製糖を退社した。一方、三十五年には静岡県駿東郡富岡村（裾野市）に鈴木農場（約百町歩）を開設、またそのころから製糖のほかに製塩・醬油醸造・製茶・水産物加工などに関連する諸機械・装置の発明とその事業化に力を注いだ。特に四十年六月設立の日本醬油が、四十二年に至りサッカリンの使用が問題化したために破綻し、彼はその整理のために全財産を提供せねばならなかった。大正二年（一九一三）九月四日胃ガンで死去。五十九歳。故郷森町の随松寺に葬られた。法名は報国院偉徳道勲居士。生前獲得した特許は百五十九件に達したという。

参考文献　鈴木五郎『鈴木藤三郎伝』　（服部　一馬）

すずきとくじろう　鈴木徳次郎　一八二七―八一　人力車営業創始者の一人。文政十年（一八二七）武蔵国多摩郡上高田村（東京都中野区）に生まれた。維新前に江戸へ出て、明治元年(一八六八)呉服町に割烹店を開いたが、翌二年和泉要助・高山幸助とともに人力車を発明。三年三月三者共同で東京府の許可を得て日本橋のほとりで人力車営業を開始、同年八月総行事を命ぜられ、続出する同業者の統括にあたった。六年総行事制廃止に際し慰労金と発明に関する失費を支給された。十四年三月二十六日没。五十五歳。墓は東京都台東区東上野の西照寺にある。三十三年三月賞勲局より三名の遺族に追賞金が下賜された。

参考文献 『日本橋区史』四、藤沢衛彦『明治風俗史』上
(服部一馬)

すずきとらお 鈴木虎雄 一八七八―一九六三 大正・昭和時代の中国文学研究者、詩人。諱は虎雄、字は子文。豹軒、または葯房と号する。明治十一年(一八七八)一月十八日、新潟県蒲原郡粟生津村大字粟生津(同西蒲原郡吉田町)に生まれる。父は、医師で漢学者の健蔵(号惕軒、もと小川氏)、母は鈴木幾久子。幼少より家塾長善館で漢学を修め、三十三年東京帝国大学文科大学漢学科を卒業、四十一年陸羯南次女鶴代と結婚、同年京都帝国大学文科大学助教授に任ぜられ、大正八年(一九一九)教授・文学博士、昭和十三年(一九三八)定年退官、十四年帝国学士院会員となり、三十三年文化功労者、三十六年文化勲章を授けられ、三十八年一月二十日兵庫県芦屋市民病院で死去。八十五歳。生地粟生津の鈴木家墓所に葬る。漢学から中国文学を独立させるのに努め、その『支那詩論史』は、日中を通じて、最初の文学評論史として有名。生涯に作った漢詩は一万首に近く、また、かつて根岸短歌会に参加し、歌集『葯房主人歌草』がある。

参考文献 吉田町教育委員会編『豹軒鈴木虎雄先生』、吉川幸次郎他(座談会)「先学を語る―鈴木虎雄博士―」(『東方学』五二)
(清水茂)

すずきぶんじ 鈴木文治 一八八五―一九四六 大正・昭和期の労働運動指導者。明治十八年(一八八五)九月四日、宮城県栗原郡金成村の麴業者益治とその妻りやうの長男として生まれる。古川中学・山口高校を経て、同四十二年東京帝国大学法科大学を卒業。中学生時代から同郷の先輩吉野作造と親しく、東大入学後吉野と同じ日本組合基督教会の本郷教会に属し、海老名弾正に師事。社会問題に関心を抱き、社会政策学会の主柱桑田熊蔵の影響を受ける。大学卒業後秀英舎、翌年東京朝日新聞社に入り、社会部に属し、浮浪人研究会を組織し貧民問題に没頭、四十四年退社してユニテリアン派の伝道団体たる統一基督教弘道会の社会事業部長に就任。翌四十五年二月労働者講話会を始め、これを母胎に浮浪人研究会・社会政策学会の会員の助力を得て八月一日友愛会を結成、会長となる。大逆事件直後の官憲の社会運動圧迫のもと、労働組合としての発展に細心の注意を払い、労資協調と修養のための団結を説き、共済的研究活動を行うにとどめたが、大正四年(一九一五)と翌年、渡米してAFL(アメリカ労働総同盟)と接触したことを契機として、団結権・ストライキ権を主張し始め、労働争議にも関係し、労働組合としての姿勢を強め、会員数も当初の十五人から大正七年四月には二万二千に達した。第一次世界大戦後の労働運動の飛躍的発展と戦闘化の中で、会は同八年八月、大日本労働総同盟友愛会(翌々年日本労働総同盟)と改称し、従来の会長独裁を、大会選出の理事の合議制に改めた。このころ鈴木は社会主義支持を公言し、大正四年以来の支持者渋沢栄一と絶縁するなど急進的姿勢を示したが、サンジカリズムに対しては、松岡駒吉らとともに組織の拡大と労働者教育の必要を説いて抵抗した。十四年の総同盟分裂後も依然会長に留まり、昭和五年(一九三〇)十一月辞任するまで、労働運動右派の大御所として君臨した。第一次世界大戦後、鈴木は総同盟以外の場所にも活動分野をひろげた。国際的活動の面では、大正八年パリ平和会議に、国際労働法制委員会代表顧問として出席し、ILO(国際労働機構)創設に参画し、大正十三年の第六回総会を皮切りに第七・十・十四回と四度労働者代表として出席、第十四回総会では副議長をつとめた。農民運動にも関係し、大正十一年の日本農民組合創立以来その運動を助け、十二年には理事、十三年には日農関東同盟会初代会長に就任した。日農分裂後昭和三年、日本農民組合総同盟会長となったが翌年には引退した。政治面では大正十五年社会民衆党創立に参画、中央執行委員に選ばれ、昭和三年の普通選挙によるはじめての総選挙(第十六回)に総同盟の最大拠点大阪より当選。昭和十一年の第十九回、翌年の第二十回総選挙にも社会大衆党公認として東京より当選。昭和十五年、斎藤隆夫代議士除名に反対して安部磯雄らとともに社大党を追われ、翌十六年には鳩山一郎らの同交会に加わり、翼賛運動に抵抗を示した。第二次世界大戦後日本社会党結成とともに顧問に就任、総選挙出馬準備中、昭和二十一年三月十二日病死した。ときに六十二歳。著書に『労働運動二十年』がある。

参考文献 松尾尊兊『大正デモクラシーの研究』、吉田千代『評伝鈴木文治―民主的労使関係をめざして―』
(松尾尊兊)

すずきぶんたろう 鈴木文太郎 一八六四―一九二一 明治・大正時代の解剖学者、京都大学医学部解剖学の初代教授。医学博士。加賀国金沢に壮猶館教師で蘭医の鈴木儀六の長男として元治元年(一八六四)十二月三日生まれる。明治二十一年(一八八八)帝国大学医科大学卒業、大学院に入り解剖学を専攻、助手を経て同二十六年九月、第四高等中学校(金沢)の初代解剖学教授として着任。同二十九年七月まで三年足らずの間に手製の解剖標本二百三十個を作り、当時教えを受けた学生の中からのちに四名の解剖学教授が生まれた。京都帝国大学開設時の教授としてドイツに留学し、同三十二年帰朝、同学開設と同時に就任し解剖学を講じた。のち同学の解剖学教授、足立文太郎・加門桂太郎とともに解剖の三太郎と称せられ

た。著書に『局所解剖学』『組織学汎論』『人体系統解剖学』など多数があるが、ことに『解剖学名彙』はわが国解剖学用語の基礎をなすものである。一時、京都市立絵画専門学校講師を兼ね『美術解剖学』の著もある。大正十年(一九二一)一月九日、京都の邸で病没。五十八歳。郷里金沢に葬られたが、のちに京都市東山区地蔵山墓地に移された。

参考文献 『金沢大学医学部百年史』、京都府医師会編『京都の医学史』 (長門谷洋治)

すずきまさや 鈴木馬左也 一八六一—一九二二 明治・大正時代の住友財閥の最高経営者。文久元年(一八六一)二月二十四日日向国児湯郡高鍋城下横筏に水筑種節・久子の四男として生まれる。生家は高鍋藩主秋月家の一族で同藩家老水筑家であったが、九歳で同藩士鈴木家の養子となった。藩校、鹿児島・宮崎・石川各県の学校に学んだのち、東京大学予備門に入学、明治二十年(一八八七)帝国大学法科大学を卒業した。内務省官吏となり、愛媛県・大阪府に勤務、この間住友家の知遇を得た。二十七年農商務省に転じ参事官となるが、二十九年住友家の要請により退官、住友本店に就職した。条件は三年間の欧米視察であったが、約一年九ヵ月で帰国、住友本店理事に就任した。三十二年一月から別子鉱業所支配人を兼ね、約三年間風水害・鉱害問題の処理にあたったのち、本店支配人に移った。当時、住友家の事業は伊庭貞剛(いばさだたけ)総理事の統轄下にあり、鈴木と並ぶ理事の地位には河上謹一元日本銀行理事と田辺貞吉がいた。三十七年、かねて少壮者の抜擢を主張していた伊庭は河上・田辺とともに勇退し、鈴木にあとを託した。鈴木は以後十八年間総理事の重責を担い、住友財閥の巨大化と事業の多角的発展に貢献した。従来の産銅、炭礦、銀行、鋳鋼、倉庫に加え、伸銅、電線・鋼管・車輪・肥料・板硝子の製造、損害保険、水力電気などの諸分野への拡大を指揮する反面、第一次世界大戦中の好況に乗じた海外貿易事業進出の提案を経験不足を理由に拒否した。この間、伊庭の方針を踏襲して外部の人材(大部分は官僚)を大量に中途採用させたほか、社員の精神教育に力を入れ、剣道・参禅を奨励した。また、住友家家長吉左衛門友純(ともいと)に対する儀礼を重視し、内部の統一を図った。住友家事業の多角化に対応し、明治四十二年住友本店は総本店と改称したが、さらに大正十年(一九二一)総本店を住友合資会社に改組、その傘下に株式会社化した諸事業が組織されるコンツェルン体制を布いた。その翌年十二月五日総理事を退き、同月二十五日死去した。六十二歳。法名琢心院殿廓然真清大居士。郷里高鍋町の鈴木家累代の墓地に葬られた。

参考文献 鈴木馬左也翁伝記編纂会編『鈴木馬左也』 (森川英正)

すずきまさゆき 鈴木雅之 一八三七—七一 幕末から明治時代初期の国学者。幼名一平。通称昌之のち雅之。号霞山・霞岳・霞堂。父は清兵衛。天保八年(一八三七)下総国埴生郡羽鳥村畑中(千葉県成田市南羽鳥)に生まれる。安政三年(一八五六)二十歳のとき、飯岡村の田園歌人神山魚貫に入門、また妻をめとる。家を妹に譲り、香取郡三倉村越川平右衛門より高萩村石橋伝右衛門宅へ移る。雅之はこの時代から鏑木時代にかけて原稿をまとめている。その彼を推挽・支援したのは香取郡佐原村の国学者伊能穎則であった。権田直助の指導をうけた。妻と離別して下総農村各地遍歴研究につとめ、農民困窮をなくすため土地均分、学校の設立をといている。慶応三年(一八六七)雅之は鏑木村の平山昌斎のもとに移る。明治二年(一八六九)伊能穎則に招かれて上京、十月大学少助教となる。大学出仕後穂積正之と称す。翌三年三月神祇官宣教使中講義生となり、同四年江戸湯島花町に仕居、少博士の内意をうけたが任官をまたず四月二十一日急死。三十五歳。浅草西福寺に葬る。同十四年九月故郷羽鳥村に改葬。その著書には慶応末年にまとめたものに『治安策』『民政要論略篇』がある。あとはその後のものであり、また『撞賢木』(一名『四大恩書』)、『天津祝詞考』、『治安策』、『清風集』が刊行されているが、その他は刊行されていない。『大学弁』『中庸弁』『弁孟』『客居偶録』『理学新論』『答難』『与林氏学論』のごとき諸批判書もある。その他にも『民政要論』『捕盗安民策』『示蒙彝訓』のごとき政治経済書、『歌学正言』『歌学新語』『花の蘂』『霞堂遺草』『八代選』のごとき歌学書、『藻屑』『客居雑録』のごとき随筆、『壬申乱』『史論』『古事記訳解』『天津祝詞考説略』『宮売の神の攷』『霊魂説略』『日本書紀名物正訓』などがある。

参考文献 伊藤至郎『鈴木雅之研究』、同『伊能忠敬・鈴木雅之』、伊東多三郎『近世国体思想史論』、同『草莽の国学』、村岡典嗣「農村の生んだ一国学者鈴木雅之」(『(増訂)日本思想史研究』所収) (芳賀登)

すずきみえきち 鈴木三重吉 一八八二—一九三六 明治から昭和時代にかけての小説・童話作家。広島県広島区猿楽町(広島市中区紙屋町一丁目)に明治十五年(一八八二)九月二十九日父悦二・母ふさの三男として生まれる。広島一中・京都三高を経て東京帝国大学の英文科を卒業(同四十一年七月)。在学中に処女作『千鳥』(三十九年五月『ホトトギス』掲載)を師夏目漱石に賞揚され、以降『山彦』(四十年一月)、『お三津さん』(同五月)などを発表、唯美的浪漫的作風をもって文壇に登場した。卒業後千葉県成田中学校教頭を勤めながら『小鳥の巣』(四十三年三—十月『国民新聞』連載)ほかを発表、退職後創作に専念、人間性の内面観照を伴う抒情的作品を書き続けた。長編『桑の実』(大正二年(一九一三)七—十月同連載)以降目ぼしい創作はなく、筆を童話文学に持ち換える。処女童話集『湖水の女』(同五年十二月春陽堂刊)以降童話文学に関心を深め、画期的な児童芸術誌『赤い鳥』(同七年七月)を創刊、創作童話・童謡、綴方・児童自由詩・児童自由画を掲載し、児童文学・児童文化運動を開発推進した。執筆者・投稿者のなかから多くの児童文学者が輩出し、わが国児童文化の興隆に不滅の業績を残した。昭和十一年(一九三六)六月二十六日没。五十五歳。墓は広島市中区大手町の長遠寺にある。『赤い鳥』は三重吉の死によって終刊した。『鈴木三重吉全集』全六巻別巻一がある。

参考文献 日本児童文学会編『赤い鳥研究』、鈴木三重吉赤い鳥の会編『鈴木三重吉への招待』、『赤い鳥』一二ノ三(鈴木三重吉追悼号)

(滑川　道夫)

すずきもさぶろう　鈴木茂三郎　一八九三―一九七〇　大正・昭和時代の社会主義者。愛知県宝飯郡蒲郡町(蒲郡市)に没落士族で人力車夫の父弥右衛門と母志げの四男として明治二十六年(一八九三)二月七日生まれる。高等小学校卒業後、郷里の小学校代用教員、東京での新聞配達など、生活に追われながら大正二年(一九一三)幼馴染のゑんと駆落結婚した。同年早大専門部政治経済科二年に編入、四年卒業。報知新聞・大正日日新聞記者を経て九年に渡米、翌年猪俣津南雄と会い、在米日本社会主義者集団(準党員)に参加、ついで読売新聞記者として入ソ、極東民族大会に出席した。十一年に帰国、「労農露西亜の国賓として」を読売に連載、十二月東京日日新聞(のちの毎日新聞)記者となる。傍ら結党直後の日本共産党に入党、翌年防援会を設立、十二月政治問題研究会に加わり、普選実施に備え、農民労働党結成に参加した。当時一世を風靡した福本イズムに反対、十五年『大衆』発刊の中心となり、次第に共産党と対立、昭和二年(一九二七)十二月『労農』創刊の同人となり、以後合法左翼のイデオローグ、実践家として活躍する。翌年東京日日新聞社を退社、著述業に入り、妻に鈴木書店を任せ、実践活動に専念した。同年の無産大衆党書記長を経て、日本大衆党常任中央執行委員となったが、翌年の清党問題で辞任、ついで除名されるや東京無産党を結成、五年全国大衆党、翌年全国労農党の各常任中央執行委員となる。満洲事変には「対支出兵反対闘争委員会」を設置、方針書を作成したが運動は展開し得なかった。翌年の社会大衆党結成には役員にならず、八年日本経済研究所所長となり、『日本財閥論』(九年)、『日本独占資本の解剖』(十年)などを刊行した。十一年の総選挙には加藤勘十の選挙事務長となり、社会大衆党を除名される。以後加藤と労農無産協議会を結成、人民戦線運動への期待高まる中で社会大衆党との合同を図ったが拒否され、十二年、日本無産党に改組、書記長に就任した。同年末人民戦線事件で検挙され、十五年七月保釈出所、一・二審とも有罪となり、上告審の最中敗戦を迎え、二十年十一月免訴された。戦後、日本社会党結成に参加、左派の中央執行委員となり、翌年四月以来四十九年まで総選挙に九回連続当選した。この間二十二年五月、加藤とともにAP記者に共産党との絶縁声明を発表、話題となる。その直後党政調会長となり、同年十二月、左派のリーダーとして片山内閣に対し「党内野党」宣言を発し、翌年二月、予算委員長として予算案を否決し、内閣を辞任に追いこんだ。二十四年書記長、二十六年委員長となったが、講和・安保条約問題で党は分裂した。鈴木は左派社会党委員長として躍進につとめ、左派社会党優位のもとで三十年両社会党統一するや引きつづき委員長に就任、警職法反対闘争で岸信介首相に審議未了を承認させた。三十五年委員長を辞任し顧問となる。この間社会運動の史料収集につとめ、三十七年二月、社会文庫を設立した。四十五年五月七日肝硬変で死去、七十七歳。墓所は東京小石川伝通院横の真珠院境内にある。『鈴木茂三郎選集』全四巻がある。

参考文献 鈴木徹三『鈴木茂三郎(戦前編)』

(神田　文人)

すずきやすぞう　鈴木安蔵　一九〇四―八三　昭和時代の憲法学者。明治三十七年(一九〇四)三月三日、福島県相馬郡小高町に出生。クリスチャンで子規門下の俳人でもあった父は、安蔵生誕の前月に死去。第二高等学校を経て、大正十三年(一九二四)京都帝国大学文学部哲学科に入学するが、社会矛盾の究明を志して経済学部に転部。同十五年、学生社会科学連合会の組織活動が治安維持法違反とされ検挙(学連事件)、禁錮十月の有罪判決をうけて同大学を自主退学。政治学研究に傾斜し多数の論文を発表。昭和四年(一九二九)再び治安維持法違反として検挙され入獄。憲法学研究に転じ、同七年出獄するや、憲法史・憲法学史の領域で活躍。戦後、憲法研究会を組織して憲法草案要綱を公表するなど新憲法制定に影響を与えた。二十五年、京都大学より法学博士の学位を取得。静岡大学教授・愛知大学教授・立正大学教授を歴任。五十八年八月七日、東京都世田谷区で没。七十九歳。東京都港区南青山の解放運動無名戦士の墓と郷里に眠る。主著『憲法の歴史的研究』『憲法制定とロエスレル』『日本憲法学史研究』。

参考文献 小林孝輔「鈴木安蔵」(『法学教室』一六六)、「鈴木安蔵教授略歴・著作目録」(静岡大学『法経研究』一五ノ三)

(向井　健)

スターマー　Heinrich Georg Stahmer　一八九二―一九七八　ドイツの外交官。一八九二年五月三日ハンブルグに生まれる。第一次世界大戦に騎兵将校として参加する。一九二〇年から三四年にかけて種々の貿易活動に従事し、これを通じてのちのドイツ外相リッベントロップ Joachim von Ribbentrop と知り合う。三五年ナチ党がドイツ外務省に対抗する目的で設立したリッベントロップ機関に入り、復員軍人関係を担当した。三八年リッベントロップが外相に就任すると同時に外務省に入る。同年三月の独墺合併ののちには、ナチ党突撃隊(SA)の陰謀を退けてリヒテンシュタインの独立を守ることに尽力し、この功績により三九年同侯国政府から伯爵位を与えられる(Graf von Stahmer-Silum)。その後外相の下で極東関係、特に大島浩大使との連絡に携わる。四〇年(昭和十五)春にドイツ赤十字総裁ゴータ公に同行して来日した際には、日本の親独政治家、軍関係者と会見し、前年の独ソ不可侵条約により悪化した日独関係の改善に努力した。

同年九月、政府特使として再来日し、松岡洋右外相との交渉の結果、日独伊三国同盟を成立させた。四二年駐華(南京)大使、のち四三—四五年駐日大使。在任中の努力にもかかわらず日独の政治・軍事、経済上の協力関係は進展することがなかった。最大の対立点は対ソ姿勢にあった。戦後は主としてスイスで再び貿易業に専念した。リヒテンシュタインに居住し、七八年六月十三日没。八十六歳。

参考文献 テオ＝ゾンマー『ナチスドイツと軍国日本—防共協定から三国同盟まで—』(金森誠也訳)、三宅正樹『日独伊三国同盟の研究』、細谷千博「三国同盟と日ソ中立条約」(日本国際政治学会太平洋戦争原因研究部編『太平洋戦争への道』五所収)、Akten zur Deutschen Auswärtigen Politik 1918—1945. Serie D, E; Bernd Martin: Deutschland und Japan im Zweiten Weltkrieg; Gerhard Krebs: Japans Deutschlandpolitik 1935—1941.
(G・クレープス)

スターリング *Sir* **James Stirling** 一七九一—一八六五 英国海軍提督、日英約定を締結した人物。一七九一年父アンドリュー＝スターリングと母アンの五男として生まれる。一八〇三年海軍に入り、メキシコ湾・ハドソン湾・西インド諸島海域で任務につき、この間海軍大佐に昇進。二六年トレス島に植民地建設、二九年フリマントルとパース植民地建設、西オーストラリア総督となる。三九年現役に復し、四〇—四四年、四七—五〇年地中海域で指揮をとる。五一年少将。クリミア戦争勃発し、五四年一月東インド・シナ海艦隊司令長官に任じ、極東のロシア艦隊を追撃しつつ、安政元年八月二十三日(一八五四年十月十四日)長崎で日英約定七条締結。第一条にペリー条約に準じ長崎・箱館の開港、第三条に暴風雨のとき前条以外の入港許可、第四条に入港英船は日本法律に従う、高官・指揮官が法を犯すときは鎖港、それ以下の人のときは指揮官が処罰し、第五条に片務的最恵国待遇など。六二年海軍大将、バス勲位、六五年四月二十二日没。

参考文献 『幕末外国関係文書』七、外務省記録局編『締盟各国条約彙纂』、The Dictionary of National Biography, Vol. 18; W. G. Beasley: Great Great Britain and the Opening of Japan, 1834—1858.
(秋本 益利)

スタウト **Henry Stout** 一八三八—一九一二 アメリカのオランダ改革派宣教師。一八三八年一月十六日ニュージャージー州リマセット郡ラリタン村に生まれる。ラトガース大学、ついでニューブランスウィック神学校に学び、六八年牧師となり、結婚。六九年(明治二)二月長崎に来て、フルベッキ Guido Herman Fridolin Verveck の後任として、済美館の後身たる広運館で英語を教授し、日本語を研究した。三年間勤務ののち大徳寺から大浦東山手梅香崎に移り、自宅でエリザベス夫人とともに伝道にあたる。明治五年桜町(のち本大工町)に私立英学校を開いて男女学生を教え、同八年梅香崎居留地内に教会堂を建て、翌年酒屋町に説教所を開いたが同十一年これを梅香崎教会に合併、その間自宅で神学教授に努め、二十年には米国人スチール博士、スタージス夫人の寄付によりスチール記念学校(のちの東山(とうざん)学院)とスタージ女学校(のちの梅香崎女学校で、今の下関市梅光女学院の前身)を新築開校した。三十二年七月から三十七年十二月まで東山学院長を勤めたが、三十八年夏、故国に帰って二つの教会に勤め、四十四年日本を旅行した。翌年の一九一二年二月十六日ニュージャージー州ラケハルンで死去した。七十四歳。

参考文献 黒木五郎編『梅光女学院史』
(金井 圓)

すだくにたろう 須田国太郎 一八九一—一九六一 昭和時代の洋画家。明治二十四年(一八九一)六月六日京都市に生まれる。大正五年(一九一六)京都帝国大学哲学科美学美術史専攻を卒業して大学院に進み、七年に退学。在学中に関西美術院でデッサンを学び、八年から十二年までスペインを中心にヨーロッパ各地を旅行した。昭和七年(一九三二)京都帝国大学講師。この年個展を東京で開催する。西洋美術の伝統の深い理解のうえに独自の洋画表現を築くという努力のはじめての成果で、「法観寺塔婆」などが注目された。九年京都大学講師を辞し、独立美術協会会員となり、以後主として同会展に作品を発表する。また第二次世界大戦後、京都市立美術大学をはじめ教壇に立つことも多かった。昭和二十二年日本芸術院会員。三十六年十二月十六日没。七十歳。京都市の東山区の西大谷に葬られる。法名芳香院釈宣美。「校倉」「犬」などが代表作。

参考文献 『須田国太郎画集』、須田国太郎『近代絵画とレアリスム』
(原田 実)

すどうさだのり 角藤定憲 一八六七—一九〇七 明治時代の新派俳優。慶応三年(一八六七)、岡山に生まれる。京都府の巡査から大阪へ出て自由党の機関紙『東雲新聞』の記者となる。生来の芝居好きで、当時の演劇改良運動に刺戟され、写実を基本とする新演劇を目指し、かつ壮士の救済、政治思想の普及を計って、中江兆民らの支援を得て日本改良演劇を組織。明治二十一年(一八八八)十二月三日より大阪新町座で、自作の小説『剛胆の書生』の脚色『耐忍之書生貞操佳人(がまんのしょせいていそうかじん)』『勤王美談上野曙』を上演した。素人の集団の上に演技演出は歌舞伎の模倣だったが、幸い好評を得、それが新演劇のちの新派の嚆矢となった。翌二十二年春京都へ進出。以後、二十四年八月・二十六年六月大阪浪花座に出演はしたが、もっぱら中国九州方面の巡業に終始した。二十七年六月東京吾妻座に進出、『怪男児』の仁礼半九郎を演じ豪快な演技は認められはしたが、このころは川上音二郎・山口定雄・伊井蓉峰らの活躍があり、これらに押されて注目されずに終った。二十八年十月市村座で壮士演劇鼻祖と名乗って『紳士の賊』、翌月『二人狂』を演じたが、以後中央劇壇を離れ、地方巡業におち、四十年一月二十日神戸大黒座の楽屋で没した。四十一歳。芸風は嫌味なく粗雑ながら持味があったという。昭和十二年（一九三七）二月大阪四天王寺に「新演劇肇祖角藤定憲碑」が建立されたが、その碑文には伊原青々園が「旧演劇の陳套なるに慊み自ら俳優となりて現代を実写し（中略）容貌魁偉にして音吐朗らかに剛直」と記している。

参考文献 柳永二郎『新派の六十年』、秋庭太郎『日本新劇史』
（菊池　明）

ストレイト Willard Dickerman Straight 一八八〇―一九一八 アメリカ合衆国の外交官。一八八〇年一月三十一日ニューヨーク州オスウィゴーに生まれる。六歳のとき父に死別、以後母に養育され、母が八七年（明治二十）に東京の女学校の英語教師となったので、かれも母につれられて来日し、八九年の春まで日本で生活した。この二年弱の日本での生活は少年の心に深い印象を残し、これによって後年かれは極東に活動の舞台を求めるようになったといわれている。十歳のとき母にも死別。ニュージャージー州の陸軍幼年学校を経てコーネル大学へ進学し、一九〇一年卒業と同時に中国へ渡り、中国税関に官職を得た。〇四年日露戦争がおこると、通信員として活動するため辞職。日露戦争後ソウル駐在の副領事として米政府職員となり、ついで朝鮮・ワシントン・キューバの各地で勤務、〇六年には瀋陽（奉天）の総領事となった。〇八年末からおよそ半年間国務省極東部長を勤めたのち、米諸銀行の中国投資のための借款団の代表として再び中国へ渡り、タフトとノックスの「ドル外交」のために働いた。しかし辛亥革命がおこると中国を去り、米銀行業界で活動した。ついで第一次世界大戦中は軍務局長の顧問などを勤めたが、大戦終結とともにパリへ渡り、講和会議のためのアメリカ合衆国代表団を組織する計画に協力していたとき病気で倒れ、一九一八年十二月一日パリで客死した。三十八歳。

参考文献 H. Croby: Willard Straight. 中山治一編『日露戦争以後』
（中山　治一）

すなだしげまさ　砂田重政 一八八四―一九五七 大正・昭和時代の政治家。明治十七年（一八八四）九月十五日、重治の長男として愛媛県越智郡蔵敷村（今治市）で生まれる。中央大学法学部卒業後、神戸市などで弁護士を開業。大正八年（一九一九）十月の補欠選挙で国民党から衆議院議員に初当選。革新倶楽部を経て、犬養毅とともに立憲政友会に入る。財政通であるうえ、弁も立ち、調整能力も抜群とあって、頭角を現わし、昭和十三年（一九三八）幹事長に就任した。同十七年、二十三年間勤めた代議士を辞任、南方総軍軍政顧問となり、シンガポールに従軍した。第二次世界大戦後は一時公職を追放されたが、同二十七年十月の総選挙で自由党から立候補して政界に復帰。党内では民同派に属し、翌年の総選挙で落選。その後、民主党に移って同三十年の総選挙で返り咲き、鳩山内閣の防衛庁長官に就任した。早くから保守合同の熱心な推進者だった。自民党では全国組織委員長（鳩山内閣）、総務会長（石橋内閣）を歴任。三十二年十二月二十七日、東京都大田区の長男宅で心臓麻痺のため死亡。七十三歳。

参考文献 日本経済新聞社編『私の履歴書』三
（富森　叡児）

スネル Schnell 幕末・維新期の外国商人の兄弟。兄はヘンリー Henry、弟はエドワルト Edward で、生地についてはオランダ、バイエルンなどの諸説もあるがブレーメルハーフェンと推定される。ともに生没年不詳。(一)兄ヘンリーは文久三年（一八六三）ごろよりプロシャ領事館に勤め、慶応三年（一八六七）同国公使館書記官に任ず。同年兄弟馬車で芝田町を通行中、銃撃事件を惹起、十二月大坂で書記官を辞職し横浜へ帰還。戊辰戦争中、和装帯刀して日本名平松武兵衛と称し、奥羽越列藩同盟の要路に密着してしばしば軍議にも参画、新潟港の防備構築などの指導にあたり実戦にも参加した。彼は新潟在留の諸外国商人と同盟軍の武器購入の周旋方として特異な役割を演じた。明治二年（一八六九）日本人を伴って渡米、カリフォルニアにワカマツ＝コロニーを建設したが失敗に終った。(二)弟エドワルトは開港直後から横浜で種々の商売を営み、元治元年（一八六四）駐日スイス領事館にも務め、慶応三年スイス総領事館の書記官に任じた。戊辰戦争時オランダ領事と自称、新潟港の勝楽寺を根拠地に兄と表裏一体となって軍艦購入、外人部隊の招聘を同盟軍要路に説き、武器弾薬の売却に奔走しその総額は十四万ドルを越えた。明治五年（一八七二）、新政府を相手に米沢・会津など旧藩の負債および新潟港陥落の際掠奪された物品の損害賠償請求の訴訟を起し、翌年四万ドルを受取り帰国、明治七年再び来日、東京居留地四番に居を構え商業に従事したが、同九年以降の事蹟は詳かでない。

参考文献 「和蘭人「スネル」ヨリ会、米両藩ヘノ銃器売渡代価並ニ新潟戦争ノ際蒙レル損害物品代価要償ノ件」（外務省編『大日本外交文書』五・六）、「土岐隼人正家臣孛国スネルと紛争の際鼻緒屋召使砲傷を受し一件」（外務省編『続通信全覧』類輯）、開国百年記念文化事業会編『日米文化交渉史』五、田中正弘「米沢藩と平松武兵衛」（『軍事史学』一二ノ二）、丸山国雄「維新前後に於ける東北諸藩の武器購入問題」（『歴史地理』七一ノ二）、鮎沢信太郎「幕末維新史上に暗躍した怪外人スネル」（『日本歴史』一六六）、高嶋米吉「ゴールドヒルの「松平スネール」」（『郷土よこはま』六二）、田中正弘「維新前後におけるフォン・ブラント」（『国史学』一一二）
（田中　正弘）

すふまさのすけ　周布政之助 一八二三―六四 幕末の長州藩士、藩政指導者。諱は兼翼。字は公輔。号は観山。文久三年（一八六三）に麻田公輔と改名。父兼正が文政六年（一八二三）六月二十五日に、兄兼親が七月九日に没したため、三月二十三日生まれの政之助は生後六ヵ月にして六十八石余の家督を継いだ。母が村田氏の女でもあり、周布は村田清風の影響を受けた。弘化四年（一八四七）九月、二十五歳で蔵元検使暫役に登用された周布は、嘉永六年（一八五三）、椋梨藤太罷免後、右筆本役に就任し藩政中枢にはじめて位置した。ペリー来航に伴う相州警衛を契機に、周布は幕府に対して武器の自由輸送や大砲鋳造用の錫の自由購入を要求する一方、長州藩内の軍備増強・兵制改革と、その前提になる財政整理を推進した。しかし奥向きまで及んだ人員整理や馳走米半知令・負債返還延期令は反感を招くことになり、藩政改革は挫折した。安政二年（一八五五）八月、椋梨派の擡頭とともに周布は謹慎を命じられた。同四年二月、謹慎を解かれた周布は、先大津代官に任じられてから第二の活動時期に入る。先大津宰判での堤防修築や恵米方設置などの民政を経験的基礎として、同五年七月藩中枢に復した周布は再度藩政改革に参画した。軍政・民政のほか、学制改革を行なって洋学を重視し村田蔵六（大村益次郎）を登用した。また、吉田松陰や門弟の軽挙を押え安政の大獄に巻き込まれないように配慮した。周布の基本理念は、直面する外圧に対するために、尊王であろうと公武合体であろうと、民族統一・挙国一致がまず必要であり、そこで攘夷を行いしかるのち進んで海外の英知を入れて国家を強大にするという攘夷後開国論にあった。一時期、長井雅楽の「航海遠略策」を藩是として公武周旋したのも、安藤信正政権の公武合体策が挙国一致を可能にするだろうとの見通しからであったが、やがて安藤政権が指導性のないものと見極めるに至った周布は、逆に文久元年藩主の朝廷建白を阻止しようとして、かえって十二月、二度目の謹慎処分を受けた。翌文久二年二月十二日に謹慎は解かれ四月には江戸に任官して破約攘夷を藩是とし、尊王による挙国一致を目指して朝廷や幕府・諸藩への周旋活動を進めた。久坂玄瑞や高杉晋作らの激しい行動を押えつつ、十一月十四日には前土佐藩主山内容堂に暴言を浴びせたことで処分を受けたが、麻田公輔と名乗ってなお将軍上洛・破約攘夷の実現に向けて活動した。文久三年三月四日の将軍徳川家茂の上洛と五月十日を期限とした攘夷実行の幕府上奏が得られたことで周布は得心して帰藩、前年の暴言を理由に三回目の謹慎に入る。文久三年六月正式に麻田公輔と改名し、以降藩政にあたる。しかるに中央政局では、公武合体派の八月十八日の政変が起り、尊攘派は大きく後退して長州藩は京都を追われた。剰え朝廷からも非難される状況を打開しようと、元治元年（一八六四）武力決起派は反対する周布を五十日の逼塞に処した上で京都行きを決行した。すなわち七月十九日の禁門の変である。その敗退は長州藩討伐の朝命を幕府に与える結果となった。さらに前年の攘夷決行（下関砲撃）の報復が四国艦隊によってなされ、八月五日下関は撃破された。かかる状況下に、しかも反尊攘派の復活によって藩内は争いが絶えず、もはや国難打開の方途なく、心身ともに力つきた周布は、元治元年九月二十五日、ついに自刃した。時に四十二歳。贈正四位。墓は萩市東光寺。のち東京の青山墓地に改葬された。

参考文献　周布公平監修『周布政之助伝』、妻木忠太『偉人周布政之助翁伝』　（高埜　利彦）

すまやきちろう　須磨弥吉郎　一八九二―一九七〇　昭和時代前期の外交官。主として中国および情報畑を歩む。明治二十五年（一八九二）九月九日、秋田県南秋田郡土崎新城町（秋田市）に父八十八・母カネの長男として出生。大正八年（一九一九）二月東京帝国大学英文学科選科を退学、外務省に入る。同年七月中央大学法律学科卒業、十月高等試験外交科試験合格。英国・ドイツ、本省欧亜局勤務を経て、昭和二年（一九二七）公使館二等書記官として中国（北平）在勤、以後五年一月広東領事（総領事代理）、七年七月上海公使館一等書記官（公使館情報部長）、八年十二月南京総領事（九年一月中華民国公使館一等書記官兼任）を歴任、十二年四月米国大使館参事官に転ずるまで中国在勤十一年に及んだ。この間、満洲事変から日中戦争へと激変する中で、中国要路との複雑な折衝に携わる一方、厖大な情報収集活動は「情報の須磨」の異名を馳せた。十四年十月外務省情報部長、内閣情報部委員任命。十五年十二月特命全権公使スペイン駐劄、英・米の動向把握に努め、特に日米開戦後はスペイン政府の協力を得て情報収集「東工作」を進めた。二十一年四月免本官。二十二年十二月公職追放。二十八―三十三年秋田県選出衆議院議員。四十五年四月三十日没。七十七歳。法名は美楽院釈昇龍居士。墓は東京都豊島区駒込の染井墓地にある。絵画・演劇への造詣深く、中国・スペインで収集した絵画は「須磨コレクション」として知られる。著書は『戦後十年の国際政局』（大正十五年）『世界動乱の三十年』（昭和二十五年）他多数。

参考文献　須磨未千秋編『須磨弥吉郎外交秘録』、秦郁彦『昭和史の謎を追う』、波多野澄雄「情報外交須磨弥吉郎」（『外交フォーラム』一九八八ノ一〇）　（原口　邦紘）

すみいすえ　住井すゑ　一九〇二―一九七　昭和時代の小説家。明治三十五年（一九〇二）一月七日、奈良県磯城郡田原本町に生まれる。父岩次郎・母さと。生地は大和の被差別部落に近く、生家は富裕な農家で機屋も営んだ。田原本の技芸女学校に入学。大正八年（一九一九）上京、講談社に記者として入社、間もなく農民文学者犬田卯と結婚。十年、男性原理社会と戦う女性を主人公にした長編小説『相剋』を刊行。農民文芸研究会を結成した夫を助け童話などを売る。昭和五年（一九三〇）、無産婦人芸術聯盟に参加し『婦人戦線』に小説評論を発表。軍国主義へ激しく傾く十年、夫の郷里茨城県牛久に移り生涯の居とする。戦後病気の夫を看取り、二十九年『夜あけ朝あけ』で毎日出版文化賞を受賞、被差別部落と水平社運動に生きる人々を描いた全七部の大作『橋のない川』は夫の死後三十六年に第一部を、平成四年（一九九二）に七部を刊行、八部執筆の途中、平成九年六月十六日に老衰のため自宅で死去。九十五歳。

参考文献 住井すゑ談・増田れい子編『わが生涯 生きて 愛して 闘って』 （林 淑美）

スミス Erasmus Peshine Smith 一八一四―八二 米国の法律家。外務省法律顧問となった最初の人。一八一四年三月二日、ニューヨーク市に生まれる。米国務省の法律顧問であったが、日本政府の依頼に応じた国務省の推薦により、駐米の少弁務使森有礼との間で契約を結び、当時の駐日公使と同額の年俸一万ドルの条件で、明治四年（一八七一）十月に来日した。来日後の翌年正月起草の勤務条件を記した文書には、外国交際・外国法律のことなどに関する外務卿輔あるいは属僚の質問に対し、その所識を尽くして答えることが定められた。来日早々、日清修好条規第二条が攻守同盟の疑いありとの外国側の照会に関連した、外務大丞柳原前光らの質問に対し、同条が準拠した一八五八年の米清間の天津条約第一条と、居中調停の意義を詳説した。また岩倉遣外使節の米国訪問にあたり、フィッシュ国務卿が提出した十一ヵ条の条約改正希望条項に対し、彼は、一つも日本のために利益なしと批判した。明治五年六月、マリア＝ルス号事件が発生した。これは、日本がはじめて経験した国際裁判であったが、彼は終始外務省を指導し、みずから事件の処理にあたった。彼の契約期間は三年で、同七年十月に期限満了となったが、同事件残務整理のため、なお二年在日した。明治天皇は、同八年九月十五日、彼を謁見して同事件に関する功労を嘉し、また同九年八月二十一日、帰国に際し勅語を賜わった。一八八二年十月二十一日、ニューヨーク州ローチェスターで没。六十八歳。

参考文献 外務省編『日本外交文書』四―八、宮内省編『明治天皇紀』二・三、今井庄次『お雇い外国人』一二、ユネスコ東アジア文化研究センター編『資料御雇外国人』、下村富士男『明治初期条約改正史の研究』、重久篤太郎「外務省顧問エラスマス・スミス」（『開化』二ノ四） （河村 一夫）

すみやとらのすけ 住谷寅之介 一八一八―六七 幕末水戸藩の尊攘志士。名は信順。文政元年（一八一八）勘定奉行住谷信成の長男に生まれる。母は坂場意時の女。天保九年（一八三八）床机廻に選任され、同十二・十三年学問出精により賞を受け、同十三年に弘道館舎長。弘化三年（一八四六）藩主徳川斉昭の雪冤運動に加わって処罰された。嘉永二年（一八四九）処罰を解かれ、安政元年（一八五四）再び弘道館舎長、床机廻となり、同二年小十人組、歩行目付、同四年格式馬廻組列・軍用掛見習となった。同五年、藩士高橋多一郎・金子孫二郎の議により、いわゆる戊午の密勅の諸藩への回達の実現と諸藩の尊攘派との連携工作を推進するため四人の志士の廻国派遣が行われたが、その一人として大胡聿蔵とともに四国に至り、土佐・宇和島・徳島の各藩を遊説し、翌年帰藩。同六年、再び罪を得、免職。同六年父が死去すると、翌万延元年（一八六〇）家督を継ぎ、百石を給せられ小普請組となったが、同年評定所召喚となり、禄を召放たれて蟄居を命ぜられた。同年蟄居を免ぜられて小普請組、同年小十人組に転じた。その後、老中安藤信行（信正）要撃の計画に加わり、文久元年（一八六一）長州藩士周布政之助・桂小五郎（木戸孝允）に、丙辰丸の盟約に基づく要撃への援助を求めた。同三年には藩主徳川慶篤に扈従して上京、京師警衛指揮役となって本圀寺に駐在、この間公卿や志士たちと交わったが、慶応三年（一八六七）六月十三日土佐の山本旗郎のために暗殺された。五十歳。

参考文献 田尻佐編『贈位諸賢伝』一、『水府系纂』四六下、『水戸藩史料』上坤、『水戸市史』中四、河内八郎「住谷寅之介と土佐藩・宇和島藩」（『茨城県史研究』三八） （鈴木 暎一）

せ

せいかんいんのみや 静寛院宮 ⇩親子内親王（ちかこないしんのう）

せいせんかい 盛宣懐 Sheng Xuan-huai 一八四四―一九一六 中国清末の洋務派官僚、実業家。道光二十四年（一八四四）九月二十四日生まる。字は杏蓀、号は愚斎。江蘇省武進県人。秀才。同治九年（一八七〇）李鴻章の幕僚となり、李が直隷総督に就任後、官階を昇進、光緒十八年（一八九二）天津海関監督。この間李が設立させた官営の招商局（海運局）・電報局を官督民営の会社に改組して経営に参加、同十九年官督民営の上海織布局（綿紡織工場）を民営会社にして経営。日清戦争後、官営の漢陽製鉄所を民営にして経営を担当（のち大冶の鉄山、萍郷の炭鉱を合して漢冶萍公司を組織し初代総理）。上海に新設の鉄路総公司の督弁大臣に転任し、外国借款による全国の鉄道建設にあたる。他方中国通商銀行を設立。義和団事件中、張之洞らの督撫と上海各国領事の間の東南互保条約締結を斡旋。日露戦争後の利権回収運動で辞任。中央政府の侍郎、郵伝部尚書を経て親貴内閣の郵伝大臣となる。粤漢・川漢両鉄道を国有にして四国借款によって建設する政策を決定。四川で反対の暴動、ついで武昌で革命兵変が起って辛亥革命になり免職。大連・神戸に亡命、一九一二年上海に帰り、一九一六年四月二十七日にここで死去。七十三歳。奏稿・電稿を集めた『愚斎存稿』がある。

参考文献 波多野善大「漢陽製鉄所の設立発展と鉄道問題―清末における鉄道国有問題の背景―」（『中国近

代工業史の研究』所収)　(波多野善大)

せいたいごう　西太后　Xi tai-hou　一八三五―一九〇八　清朝咸豊帝の貴妃。その子同治帝の即位により孝欽皇后、慈禧太后と尊称され、住所(紫禁城西六宮の儲秀宮)に因み西太后と称す。満洲族葉赫那拉(えほなら)氏、満洲正黄旗人恵徴の娘。道光十五年(一八三五)生まれる。咸豊二年(一八五二)入内、同六年同治帝を生む。同十一年、アロー戦争による逃亡先の熱河で咸豊帝が死亡、同治幼帝を立て、先帝の異母弟恭親王奕訢と図り、権臣を粛清、東太后(先帝の孝貞皇后、慈安皇太后)とともに摂政となる。太平天国・捻軍・回教徒の乱を鎮定。同治十三年(一八七四)末同治帝の死後、五歳の甥光緒帝を立てて摂政。光緒七年(一八八一)東太后の死後政務を独裁、李鴻章を信任して伊犂・琉球・越南(ベトナム)・朝鮮の諸問題を処理。日清戦争に敗れた後、光緒帝の変法を弾圧、義和団事件を起して失敗、西安に逃亡。事件後は諸政を革新、日露戦争後立憲制を準備したが権力喪失を恐れて躊躇したため、立憲派漢人が失望。光緒三十四年光緒帝の死の翌日十月二十二日(一九〇八年十一月十五日)帝の異母弟の子、三歳の宣統帝(溥儀)を立てることを決めて死去。七十四歳。

[参考文献] 徳齢『西太后に侍して』(太田七郎・田中克己訳)、呉相湘『晩清宮庭実紀』、浜久雄『西太后』　(波多野善大)

せいみやひでかた　清宮秀堅　一八〇九―七九　幕末から明治時代初期にかけての国学者。字は穎栗、通称は秀太郎・総三郎、のち家を襲いで利右衛門を名乗った。号は棠陰また縑浦漁者。文化六年(一八〇九)十月一日下総国香取郡佐原村(千葉県佐原市)の農家に生まれた。父は清宮尚之、母は田口氏。四歳で母、九歳で父を亡くし祖母の手で養育された。すこぶる不振であった家産を再興、二十七歳で里正となって二年間在職。天保十三年(一八四二)以来二十数年間領主津田氏の家政を管理し、士分に列し物頭席に進んだ。明治五年(一八七二)印旛県に招聘されて地理を講じ、翌年新治県の地理編集雇となって香取・海上・匝瑳三郡を歴訪、『三郡小誌』を著わした。また私財を投じて道路の改修を行うこと佐原村など十七ヵ村に及んだ。同八年村政に与って冗費の削減に努めるとともに地租改正や佐原新田開拓にも活躍した。久保木竹窓・宮本茶村に学び、藤森天山・色川三中・伊能穎則らと交わり、暇を見出しては著述に励んだ。中でも『下総国旧事考』は完成まで三十余年を費やした労作である。明治十二年十月二十日没。七十一歳。墓は千葉県佐原市の浄国寺にある。

[参考文献] 大川茂雄・南茂樹編『国学者伝記集成』二、『千葉県教育史』一、『佐原市史』　(鈴木暎一)

セーボリ　Nathaniel Savory　⇨サボリ

せがわきくのじょう　瀬川菊之丞　一九〇七―七六　六代　歌舞伎俳優。屋号浜村屋。代々、若女方を勤めたが、六代目は、立役や老け役を兼ねた。本名瀬川豊太郎。初名二代目瀬川仙魚。前名二代目瀬川菊次郎。明治四十年(一九〇七)三月二十五日生まれる。五代岩井粂三郎の養子。昭和八年(一九三三)六代目襲名。同五十一年十一月三日没。六十九歳。墓は東京都江戸川区西瑞江二丁目の大雲寺にある。

[参考文献] 関根只誠編『戯場年表』(『日本庶民文化史料集成』別巻)、歌舞伎評判記研究会編『歌舞伎評判記集成』四―一〇・別巻、近仁斎薪翁『古今役者論語魁』(『日本思想大系』六一)、『演劇界』三四ノ一一(最新歌舞伎俳優名鑑)、伊原敏郎『日本演劇史』、同『近世日本演劇史』、同『歌舞伎年表』、小寺融吉『日本近世舞踊史』、今尾哲也「〝女方秘伝〟と菊之丞の意識」(『演劇学』一一)　(今尾哲也)

せがわじょこう　瀬川如皐　一八〇六―八一　歌舞伎狂言作者。三代目。昭和三十年(一九五五)代まで五代を数えるが、三代目が最も有名。俳名吐蚊、別名二五壮。文化三年(一八〇六)江戸日本橋本町四丁目に生まれる。せり呉服商から五代目鶴屋南北の門弟になり、絞吉平と名乗り作者に転じ、天保十一年(一八四〇)に三代目姥尉輔(うばじょうすけ)、弘化元年(一八四四)十一月藤本吉兵衛と改名し、嘉永元年(一八四八)立作者となり、同三年十一月三代目如皐を襲名。嘉永年間が全盛期で、『与話情浮名横櫛(よわなさけうきなのよこぐし)』『東山桜荘子』の二名作を残したが、二代目河竹新七(黙阿弥)の台頭に押され、明治にはいってからは不遇のうちに、明治十四年(一八八一)六月二十八日東京浅草馬道の居宅にて没。七十六歳。須崎(墨田区向島五丁目)弘福寺に葬られた。法名は徹寿浄肝信士。

[参考文献] 西沢一鳳『(西沢文庫)伝奇作書』、仮名書魯文・山々亭有人編『粋興奇人伝』、関根只誠編『名人忌辰録』、河竹繁俊『歌舞伎作者の研究』、守随憲治『歌舞伎序説』、伊原敏郎『近世日本演劇史』　(戸部銀作)

せきあきこ　関鑑子　一八九九―一九七三　大正・昭和時代の声楽家。本名小野鑑子。明治三十二年(一八九九)九月八日東京市に父関如来(岩二郎)・母トヨの長女として生まれる。東京音楽学校を卒業後プロレタリア芸術運動に参加。プロレタリア演劇の小野宮吉と結婚。昭和四年(一九二九)プロレタリア音楽家同盟の委員長として音楽を革命のための武器とし労働者大衆に拡めることを力説した。第二次世界大戦後は民主主義文化連盟に参加。昭和二十三年中央合唱団を組織しうたごえ運動をすすめる。同三十年スターリン平和賞をうけたが、同四十八年五月一日メーデー会場で倒れ死去した。七十三歳。　(井手文子)

せきぐちたかよし　関口隆吉　一八三六―八九　明治時代前期の官吏。字は艮輔、号は黙斎。天保七年(一八三六)九月十七日江戸本所相生町(東京都墨田区)に生まれる。父隆船は幕府の御持弓与力。斎藤弥九郎塾に剣道を学んで水戸学の影響をうけ、ついで大橋訥庵に朱子学を学んで攘夷派志士と交わる。勝海舟を襲ったこともあった。

戊辰戦争の際には徳川慶喜の恭順を主張。明治五年(一八七二)正月三潴県権参事となり、同年十一月置賜県参事、ついで山形県参事に転じ、同六年十二月山形県権令となった。同八年十二月山口県令に任ぜられ、翌年秋の乱鎮圧に尽力。同十四年二月元老院議官となり、十六年四―八月地方巡察使として千葉・茨城・栃木・神奈川・静岡・愛知・三重・岐阜・東京の一府八県を巡回視察。復命書の一部は昭和十四年(一九三九)―十五年翻刻され、全文は我部政男編『地方巡察使復命書』下巻に収録されている。明治十七年静岡県令、ついで十九年初代静岡県知事となり、治水・治山事業などに力を尽し、また図書館の設立を企図したが、同二十二年四月愛知県の招魂祭出席の途中、列車事故により負傷。これが因となって五月十七日死去した。年五十四。墓は静岡市大岩の臨済寺。法名は大淵院殿黙斎恭道大居士。蔵書は静岡県立中央図書館に「久能文庫」として所蔵されている。

参考文献　関口隆正『関口隆吉伝』、八木繁樹『関口隆吉の生涯』、下村一夫「久能文庫と関口隆吉」(『地方史静岡』九)　(大日方純夫)

せきぐちひらき　関口開　一八四二―八四　明治前期の数学者。幼名安次郎。長じて甚之丞、明治になって開と改めた。天保十三年(一八四二)七月金沢藩士茨木氏の臣松原信吾の四男として金沢に生まれる。定番御歩関口甚兵衛の養子となり、文久二年(一八六二)家を継いで算用場に勤めた。幼時から実兄匠作に和算を学び、滝川秀蔵門下に入って皆伝、指南目録を受けた。明治二年(一八六九)金沢藩の雇教師長州人戸倉伊八郎から西洋数学の一端を学び、破門後、英語も独習して微積分までを究めた。四年刊『数学問題集』をはじめ、著作が多くあり、六年刊『新撰数学』は改版六回、計二十二万部を数えた。また、二年藩学校洋学教師に就いて以後高等教育の教壇に立ち、十年衍象舎を開き、俊才を多く輩出した。十七年四月十二日没す。四十三歳。金沢の野田山墓地に葬られたが、のち同市野町の妙慶寺に改葬された。法名は開校院勧学指道居士。

参考文献　田中鉄吉『(改訂増補)郷土数学』　(高沢裕一)

せきざわあききよ　関沢明清　一八四三―九七　わが国近代漁業創始期の水産人。水産伝習所(東京水産大学の前身)初代所長。天保十四年(一八四三)二月十七日加賀藩に生まれ、江戸・長崎に遊学し、江川太郎左衛門・大村益次郎に師事して蘭学を修む。藩から留学の密許を得てロンドンに学び、三年余を送る。明治元年(一八六八)帰国し、同五年正院六等出仕となり、翌六年オーストリアの万国博覧会に使し、この機に欧州水産事情を実地に観て以来、水産人として創始期の苦難の道を歩むことになる。このとき漁網の編網機械とサケ人工孵化の知識をもたらしたことは特筆される。同九年には、アメリカ合衆国建国百年記念万国博にも使し、カナダでサケ人工孵化法を調べ、コロンビア州で罐詰製造法を習得、その機械を携え帰国した。同十年北海道に官営石狩罐詰所をつくらせた。また、内務卿大久保利通に人工孵化事業の重要性を建議、みずから勧農局水産係長として人工孵化事業の振興に務めた。大日本水産会の創設(同十五年)、水産伝習所の創設(同二十一年)に尽力し、初代所長となり水産技術者養成の道を開いた。在官中、米式巾着網を使用する洋上操業の必要を説き、改良あぐり網の発展に寄与した。同二十五年退官後房州館山に移り、房南捕鯨組を興し伊豆近海で米式槌鯨漁を始め、同二十七年金華山沖に航し、マッコウ鯨を二頭捕獲してわが国洋上捕鯨の先鞭をつくった。同二十九年には、洋式帆船を新造しマグロ漁を行うなど、漁業の先進的な実践者でもあった。同三十年一月九日没。五十五歳。

参考文献　東京水産大学創立七十周年記念会編『東京水産大学七十年史』、下啓助『明治・大正水産回顧録』、片山房吉『大日本水産史』　(宇佐美修造)

せきざわふさきよ　関沢房清　一八〇八―七八　幕末の加賀藩藩士。通称為次郎・六左衛門、のち安左衛門。文化五年(一八〇八)生まれる。天保二年(一八三一)父仙左衛門の遺禄二百五十石を受け、馬廻組に属した。上田作之丞の門下として英才の誉れ高く、幕末藩政改革派黒羽織党の領袖として活躍した。年寄長連弘の抜擢により弘化四年(一八四七)割場奉行に補せられ、嘉永六年(一八五三)には小松馬廻番頭に転じ、同町奉行を兼ねたが、安政元年(一八五四)黒羽織党の失脚に殉じて免職となる。同五年逼塞を命ぜられたが、翌六年許されて能登在番となり、元治元年(一八六四)京都出兵に従軍したとき、蛤御門の変に際会し、御所警備の功をあげて頭並に進み、割場奉行を兼ねた。明治元年(一八六八)鳥羽・伏見の戦にあたっては、京都詰家老前田孝錫(たかてる)の命をうけ急ぎ帰国、徳川慶喜支援の出兵を止めさせた。その功により、組頭並に進められたが、同年三月には戊辰戦争に参戦、藩派遣兵の監軍となった。同年七月には徴士にあげられ、越後府民政局に出仕、権判事に任ぜられたが病のため致仕した。晩年は東京に住したが、明治十一年七月八日七十一歳をもって没した。

参考文献　若林喜三郎『加賀藩農政史の研究』下　(若林喜三郎)

せきしんぞう　関信三　一八四三―八〇　わが国幼稚園教育の先駆者。天保十四年(一八四三)三河国幡豆郡一色村の安休寺に生まれる。猶竜と号した。別名安藤劉太郎・関一郎・関信太郎。明治元年(一八六八)東本願寺護法掛として破邪顕正運動に従い、長崎に出向。同二年秋に横浜に移り弾正台のキリスト教探索にあたった。同五年三月、宣教師バラから受洗、日本キリスト公会創立者の一人として教会事業に従った。抜群の語学力をもち、同年九月関信三と称し、東本願寺の光瑩上人に随って渡英、同七年に帰国したのちは幼稚園教育の開拓に生涯を捧げた。同九年十一月十六日、東京女子師範学校附属幼稚園の監事となり、保姆の松野クララ・豊田芙雄らと日本最初の幼稚園の経営にあたるが、傍ら著述に従い、『幼稚園記』四冊(明治九年)や『幼稚園法二十遊嬉』(同十二年)の訳書、『幼稚園創立之法』(同)の著書を通してフレーベル流保育理論と実践の統一に貢献した。明治十三年四月、在職中に死去した。三十八歳。

参考文献 『東京女子高等師範学校六十年史』、日本保育学会編『日本幼児保育史』一、倉橋惣三・新庄よしこ『日本幼稚園史』、津守真・久保いと・本田和子『幼稚園の歴史』 (上沼 八郎)

せきしんぱち 尺振八 一八三九―八六 幕末・明治初期の英学者。天保十年(一八三九)下総高岡藩医鈴木伯寿の子に生まれ、のち尺家を継ぐ。昌平坂学問所に学んだが、幕末の状況下で洋学修得を志し、万延元年(一八六〇)中浜万次郎に師事して英語を学び、横浜で蘭人宅に雇われたのち文久元年(一八六一)幕府に出仕、外国方通弁官となり、同年および同三年と二度にわたり幕府の遣欧使節団に随行して渡欧した。明治元年(一八六八)神戸の米国領事官の通弁になったのち、同三年東京本所に共立学舎を開いて英学を教授した。同五年から八年にかけて大蔵省翻訳局長に就任したが、それを辞したのちは私塾の経営と教育とに専念した。十三年四月H・スペンサーの"Education: Intellectual, Moral, and Physical"(1861)の最初の全文邦訳『斯氏教育論』を文部省から刊行した。同書は、折からの自由民権の動向の下で自由教育論の体系的理論書として歓迎され多くの版を重ねた。十九年十一月二十八日肺疾患のため静養先の熱海において死去。四十八歳。尺秀三郎はその養子。 (佐藤 秀夫)

せきてつのすけ 関鉄之介 一八二四―六二 幕末の水戸藩士。名は遠、字は士任・蘭室・桜園、のちに錦堆・丹楓・楓巷と号す。文政七年(一八二四)十月十七日新兵衛昌克の長男として生まれる。弘化元年(一八四四)、水戸藩主徳川斉昭が謹慎させられると、保守派の鈴木重棟・興津蔵人らを批難して処罰される。嘉永六年(一八五三)、米使節ペリー来航の際には、鮎沢伊太夫とともにその動静をさぐり斉昭に報告した。安政二年(一八五五)家督を継ぎ、翌年北郡奉行所の郡方勤となり、大子郷校の開設や農兵の組織作りに取り組んだ。同五年、蝦夷地開拓の準備を命ぜられ、越後新潟から出航しようとしていたが、斉昭の謹慎と攘夷の密勅降下の報を受け帰藩、高橋多一郎らの内意をうけ、矢野長九郎と勅書回達の応援を求めて、北陸・山陰・山陽方面に遊説した。安政の大獄が起ると、薩摩藩の高崎五六らと挙兵、除奸を計ったが失敗。同年十一月、勅書回達の罪により閉居を命ぜられたが、翌万延元年(一八六〇)二月、脱藩して江戸に赴き、三月三日、桜田門外に大老井伊直弼を襲撃した。事件後は三好貫之助と変名し、諸方に潜居し、薩摩入国失敗後は水戸に戻り、田尻新介や桜岡源次衛門の家に隠れ、同志と老中安藤信正要撃を謀ったが成功せず、藩外に逃れ、越後雲母温泉に潜伏中捕縛され、江戸伝馬町の獄に送られ、文久二年(一八六二)五月十一日斬罪に処せられた。年三十九。『転蓬日録』『丁難日録』、詠歌集『遺悶集』がある。明治二十四年(一八九一)、贈従四位。墓は水戸市松本町常磐墓地にある。

参考文献 『関鉄之介伝』(『維新史料』七八)、岩崎英重『(維新前史)桜田義挙録』、衣笠健雄「関鉄之介と鳥取藩」(『史談会速記録』三九八)、大滝新蔵「桜田事件の関鉄之介と高瀬温泉」(『高志路』四ノ九)、大川茂雄「桜田変の志士関鉄之介」(『日本及日本人』五三〇)、肥後和男「関鉄之介の詩歌」(『郷土文化』二二) (久野 勝弥)

せきなおひこ 関直彦 一八五七―一九三四 明治から昭和時代初期にかけての言論人、弁護士、政党政治家。号は黙子生。安政四年(一八五七)七月紀州藩の関平兵衛の三男として生まれる。大阪英語学校を経て、明治十六年(一八八三)東京大学法学部卒業。在学中の十五年より『東京日日新聞』(日報社)に寄稿し、卒業後入社して社説や「橋村」の署名で論説などを担当し、社長の福地源一郎を補佐。十七年『法理学』(オースチン著)を訳刊して主権論に一石を投じ、政治小説『春鶯囀』(ビーコンスフィールド伯ディズレリー著)を翻訳して、立憲帝政党系の論客となる。二十年社命で欧州に遊学したが、翌年七月呼び返されて日報社社長となり、「不羈独立」を宣言して福地色のきわめて強い『東京日日新聞』のイメージ転換をはかった。二十四年社長を辞任し、翌年より弁護士となった。この間、十九年より二十三年まで東京専門学校(のちの早稲田大学)講師として法理学・羅馬法・訴訟法・刑法・帝国憲法を担当。二十三年の第一回総選挙で衆議院議員に当選して以来、昭和二年(一九二七)に貴族院議員に勅選されるまで十回当選し、憲政党・憲政本党・立憲国民党・革新倶楽部・革新党に所属し、非政友会系の政党政治家として活躍し、大正元年(一九一二)には衆議院副議長をもつとめた。なお、同十二年以後三回東京弁護士会会長に選ばれ、また、書を能くしたので書道会の会長ともなった。昭和九年四月二十一日死去。七十八歳。

参考文献 関直彦『七十七年の回顧』、佐藤又造『関直彦翁追慕』 (佐藤 能丸)

せきねきんじろう 関根金次郎 一八六八―一九四六 明治から昭和時代前期にかけて活躍し、将棋界再建に尽くした将棋指し。世襲十三世名人。明治元年(一八六八)四月一日下総国葛飾郡東宝珠花村(千葉県東葛飾郡関宿町)に生まれる。父積次郎・母たみ子。十一歳のころ東京に出て旧将棋家の八代伊藤宗印の門をたたき、同三十八年十月旧将棋家の十二代大橋宗金より八段の許しをうける。同四十二年八月八日「将棋同盟会」(のち同盟社と改名)を結んで『万朝報』で新聞棋戦を催す。大正七年(一九一八)「東京将棋倶楽部」を結成。同十年五月八日十三世名人を襲位する。最後の世襲名人。同十三年十月、将棋界を統一し、昭和十年(一九三五)に江戸時代から続く名人の襲位制を廃して実力名人制を採用して現行の将棋名人戦を発足させる。同二十一年三月二十二日郷里の生家で死去。七十九歳。門下に十四世名人木村義雄、名誉名人土居市太郎、名誉九段金易二郎、名誉九段渡辺東一がいる。著書に『棋道半世紀』がある。

参考文献　山本亨介『将棋文化史』、五十嵐豊一『関根金次郎・土居市太郎』(『日本将棋大系』一三)

（山本　亨介）

せきねしょうじ　関根正二　一八九九—一九一九　大正時代の洋画家。明治三十二年(一八九九)四月三日福島県西白河郡大沼村(白河市)に政吉・スイの次男として生まれる。同四十一年に上京、深川に住んだ。四十五年に小学校を卒業すると友人伊東深水の紹介で印刷会社の図案部に勤め、日本画を始めたが間もなく洋画に転じた。大正四年(一九一五)、同僚と山梨・長野・新潟などを放浪、奔放多感な時期を迎える。同年の第二回二科展に「死を思ふ日」が入選。このとき同展に特別陳列された安井曾太郎の滞欧作に感銘を受けて色彩に目覚めた。七年の第五回二科展に「信仰の悲しみ」「姉弟」などが入選、樗牛賞を受賞。これらは失恋や鼻の持病による神経衰弱に悩みながら描かれたもので、独特の表現主義的な作風が注目されたが、翌八年六月十六日深川の自宅で肺結核のため死去。二十一歳。法名は覚誉道順信士。墓は東京都江東区猿江一丁目の重願寺にある。

（原田　実）

せきねまさなお　関根正直　一八六〇—一九三二　明治から昭和時代前期にかけての国文学者、教育者。幼名又三郎・直三郎。中村敬宇(正直)に私淑し、正直を名乗った。号は吟風・東野生・三樹園主人。万延元年(一八六〇)三月三日、江戸日本橋茅場町に只誠の長男として生まれる。黙庵の兄。五、六歳のころ、寺子屋瑞松堂に入り、八歳で御家人野崎氏の塾に起臥して学ぶ。のちに英学塾に通ったが健康を害し帰宅し父の蔵書中随筆類を耽読し、また島田重礼・塩谷時敏らに修学。明治十五年(一八八二)東京大学の古典科が設置されるとその国書科に入学、小中村清矩・黒川真頼に就いて広く国学を修めた。同十九年卒業後『古事類苑』の編集に従事、華族女学校・学習院・東京女子高等師範学校教授を歴任し、明治三十四年九月から大正二年(一九一三)七月まで東京帝国大学文学部国文学科の講師を兼任。明治四十二年に文学博士となり昭和三年(一九二八)帝国学士院会員となった。大正六年九月から宮内省御用掛として出仕、同十三年退官した。昭和七年五月二十六日、小石川駕籠町で没す。七十三歳。墓所は東京都豊島区の染井墓地。著書に『装束甲冑図解』『宮殿調度図解』『更科日記略解』『公事根源釈義』『今鏡新註』『大鏡新註』のほか『大典講話』『服制の研究』など考証故実に関する著書が多い。

参考文献　東京帝国大学編『東京帝国大学学術大観』総説・文学部

（樋口　秀雄）

せきねやさく　関根矢作　一八〇三—九六　幕末・維新期の農村指導者。享和三年(一八〇三)四月十七日下野国河内郡大室村(栃木県今市市)に生まれる。父は五右衛門。文政五年(一八二二)名主となり、今市から大室に至る七十五町の用水を開削、天保七年(一八三六)の凶作には近隣二十三ヵ村に米穀を貸与、窮民救済に尽くした。嘉永六年(一八五三)二宮尊徳の日光御神領仕法着手にあたり協力、安政元年(一八五四)今市ほか七ヵ村に義倉を設けた。維新後戸長・村長を勤め、学校設立、植林事業の指導につとめた。明治二十九年(一八九六)七月三十日没。九十四歳。

参考文献　杉山益一郎・栃木弥三郎『老農関根矢作』、大西伍一『日本老農伝』

（伝田　功）

せきのただし　関野貞　一八六七—一九三五　明治から昭和時代にかけての建築史家。慶応三年(一八六七)十二月十五日越後高田藩士族関野峻節(たかとき)の次男として生まれる。明治二十八年(一八九五)帝国大学工科大学造家学科を卒業。同二十九年古社寺保存のため奈良県に赴任。翌三十年奈良県技師となり、古社寺保存法による奈良県下の古建築修理を監督。同三十四年東京帝国大学工科大学助教授となり、内務技師、のちに文部技師を兼ね、終生日本建築の保存事業に尽瘁し、「法隆寺非再建論」「平城京及大内裏考」はじめ多くの論文を発表、日本建築様式史を確立した。また明治三十五年には韓国に出張、朝鮮の建築および古美術を調査研究し、『朝鮮古蹟図譜』十五巻を著わし、さらに大正七年(一九一八)には中国建築の調査に携わり、昭和三年(一九二八)定年後は東方文化学院研究員として中国建築史の研究を進めた。同十年七月二十九日没。六十九歳。墓は東京の多磨墓地にある。著書に『日本の建築と芸術』『支那の建築と芸術』『朝鮮の建築と芸術』などがある。関野克(建築史)・雄(考古学)はその子息。

参考文献　関野克『建築の歴史学者関野貞』、「関野博士を弔ふ」(『建築雑誌』四九ノ六〇五)

（太田博太郎）

せきはじめ　関一　一八七三—一九三五　明治から昭和時代前期にかけての経済学者。大阪市助役・市長。明治六年(一八七三)九月二十六日幕臣関近義(ちかのり)とヨシを父母に、その長男として、伊豆国那珂郡仁科村(静岡県賀茂郡西伊豆町)で出生。その三年後に一家東京へ転居。同二十六年に東京高等商業学校全科卒業後、大蔵省監査局銀行課に任官。その後、県立神戸商業・市立新潟商業各校の教諭に転じ、同三十年、母校の東京高等商業学校教授に就任した。翌年から三ヵ年間、ベルギーへ留学し、経済政策・社会政策・交通政策を研究、帰国後、教壇に立つ。大正三年(一九一四)、母校の商科大学昇格問題の紛糾を契機に辞任し、大阪市助役に転出、その後、助役として約九ヵ年半、その後は第七代市長として十一年二ヵ月(三期選出)、大阪市政に献身した。その間、「大大阪」の基礎を築き、都市計画、築港事業、高速鉄道建設、中央市場の完成、大阪商科大学の設立など、都市政策専門家としての業績は多方面に及ぶ。その都市理論は遺稿集『都市政策の理論と実際』(昭和十一年(一九三六))にまとめられた。法学博士。貴族院議員。昭和十年一月二十六日没。六十三歳。

[参考文献] 関一研究会編『関一日記』、関秀雄「関一小伝」(関博士論文集編集委員会編『都市政策の理論と実際』所収)、芝村篤樹「関一における都市政策の歴史的意義」(大阪歴史学会編『近代大阪の歴史的展開』所収)

(石塚　裕道)

せきひろひさ　瀬木博尚　一八五二―一九三九　広告取次業博報堂の創業者。嘉永五年(一八五二)十月六日、富山藩士瀬木博望の長男として生まれた。維新戦争に官軍方として参加、のち富山桜木町役場の書記・区長を勤め、明治二十二年(一八八九)ごろ上京したとされているが、諸説があって、二十七年までの経歴は不詳である。二十八年十月六日、日本橋本銀町に雑誌広告取次業博報堂を創立、翌年には博文館の広告扱いに成功して信用を高めた。さらに三十八年一月には『東京朝日新聞』の第一面全面出版広告の出稿を契機に、急速に業績を伸ばし、以後も確固たる経営方針を持して、業務を拡張した。一方広告取次業界の重鎮として斯界の発展のために寄与し、晩年は日本新聞協会の相談役に推された。瀬木は社業に専念するかたわら、出版・文化事業にも大きな貢献を果たしたが、なかでも大正十五年(一九二六)十二月、私財をもって「明治新聞雑誌文庫」を設立して東京帝国大学に寄付、のち同文庫所蔵目録『東天紅』を発行するなど、その死に至るまで文庫の充実のために尽力した。昭和十四年(一九三九)一月二十二日死去。八十八歳。法名念報院釈博証。墓は東京都台東区の谷中墓地にある。

[参考文献] 内外通信社博報堂編『瀬木博尚追憶記』、瀬木博信編『広告六十年』、宮崎博史「瀬木博尚伝」(『電通報』一八七一・一八七二・一八七四―一八八二)

(北根　豊)

せきやきよかげ　関谷清景　一八五五―九六　明治時代の科学者、地震学者。安政二年(一八五五)美濃大垣藩士甚助の子として生まれ、幼名鉉太郎と称す。明治三年(一八七〇)藩の貢進生として大学南校に入り、六年英国ロンドン大学へ留学。肺患にかかり十年帰国。十三年東京大学の雇教師となり、助教に進み、十九年帝国大学設立とともにその理科大学教授に任ずる。外人教師ユーイングやミルンに従って地震の研究にあたり、地震計を改良し地震学の創設に功があった。二十一年磐梯山噴火にあたり病をおして急行、調査し報告書を作成した。二十二年七月熊本大地震の際は病篤く、官はじめ出張を許さなかったが、固く請うて出発し任務を果たした。翌二十三年四月病のため非職、二十四年八月理学博士の学位を得、二十六年復職したが、二十九年一月九日神戸の療養先で没。四十二歳。神戸市外の禅昌寺に葬られた。地震に関する論説は多く『東洋学芸雑誌』に掲載された。

[参考文献] 松井直吉「関谷清景君伝」(『東洋学芸雑誌』一七二)、菊池大麓「地震学者関谷清景君の業績」(同)

(中山　茂)

せきやすのすけ　関保之助　一八六八―一九四五　明治から昭和時代にかけての有識故実学者。一橋徳川家に仕えた関守真の次男。江戸開城の前日、明治元年(一八六八)四月十日誕生。幼年より古武器を愛好し、歴史画家を志望して、東京美術学校絵画科開設とともに入学。明治二十六年七月十一日卒業。同期に横山大観・下村観山がいたが、乱視のために画業を廃し、歴史画の基礎とする有識故実の研究に従事して後進の指導にあたり、古儀の復活に努力した。画号、花郷(かきょう)。古武器を蒐集して加和羅廼舎(かわらのや)といい、雑誌類寄稿の筆名は波爾和(はにわ)。川崎千虎の鞆廼舎(とものや)、小堀鞆音の弦廼舎(つるのや)に対して、箙廼舎(えびらのや)ともいう。また古鎧狂人ともいい、きびしい性格を自嘲して罌甂窟(おうへんくつ)とも称した。卒業の翌月、石川県工業学校教諭として赴任、校長欠員中事務代理を任命され、明治二十八年七月まで在職して東京に戻り、九月十九日から帝室博物館美術部勤務となり、十二月二十三日からは母校の美術学校で絵画と考古学の授業を担当した。爾来、宮内官として帝室博物館勤務に終始し、資料の調査・蒐集・整理・陳列に努め、収蔵品調査掛・列品鑑査掛・歴史部古物古実調査事務・帝国美術史編纂掛・学芸委員・正倉院掛・鑑査官・列品課長・御物管理委員会臨時委員を歴任した。大正八年(一九一九)から昭和八年(一九三三)まで京都や奈良の帝室博物館勤務(大正十三年五月からは京都市恩賜京都博物館顧問)に転じたが、京洛の地で故実の研鑽は一層精磨され、帰京後も没年まで学芸委員の職に在って後進の指導に尽力した。帝室博物館以外は、期間に長短はあるが、臨時全国宝物取調局鑑査掛・古社寺保存計画調査(内務省)・史料編纂掛(帝国大学)・靖国神社付属遊就館整理委員(陸軍省)・臨時博覧会鑑査官(内閣)・日英博覧会美術及び歴史に関する出品計画委員・徴古館農業館評議員(神宮司庁)・神宝装束に関する事務取扱(明治神宮造営局)・御大礼に関する物品調査・神宮御装束神宝調査(造神宮司庁)などの役職を委嘱され、この間、東京美術学校・京都帝国大学・国学院大学・東洋大学・女子美術学校で有識故実の講座を担当した。兄の海軍軍医中監関文之助が軍艦初瀬の軍医長として明治三十七年五月十五日に旅順港で戦死したのを記念して小石川原町の自宅の一隅に有識故実資料を陳列して記念稽古室と名付け、明治三十九年一月十五日から毎月同日を期して装束着用写生研究会を開催し、周辺の画家・研究家が参集したので、当時各地に簇出した歴史考古の同好者たちからは原町派とよばれた。蒐集の有識故実資料となる遺品・絵画・文献は莫大であり、質実ともに勝れて、東都の収蔵家では小堀鞆音と双璧といわれた。京都移住後は、平安神宮の時代祭・染織講社の染織祭に関与し、神戸の湊川神社の楠公祭の神幸次第の整備、九州の宮崎神宮の古式流鏑馬の再興などの古儀の正確な復活に尽瘁して多大の影響を与えた。資料の大部分は昭和二年と昭和八年の売立で散逸したが、学風は堅実であり、博覧強記をもって知られ、襤褸残欠による復原研究は他の追随を許さず、伝統工芸作家を指導して斯界の規範とされた。ただ研究に没頭するの余り、発表の著書が僅少であり、講演や談話筆記による片言隻語が重視された。初期の小論の多くは『考古学雑誌』寄稿であり、『恩賜京都博物館講演集』には『武家建築に就て』(第一号)、『徳川御殿女中』(第六号)、『刀剣と其装具』(第八号)、『書院装飾に就て』(第十一号)がある。また宮内省図書寮臨時有職調査の招致講演記録には『儀仗兵仗ノ別ナカリシ時代ニ於ケル武器』『馬具ニ就テ』があり、晩年の著作には『奈良時代刀剣の外装』(『日本刀講座』外装篇)、『中世弓矢の付属具』(『弓道講座』)がある。昭和八年、東京帝室博物館学芸委員として帰京後、中野区桃園町に新居を構えたが、出火のために本郷区西片町に転居し、昭和十九年、太平洋戦争激化によって、さらに渋谷区千駄ヶ谷に移転したが、翌二十年五月二十五日夜半から二十六日払暁にかけての空襲のために戦災死。遺骨は東京都文京区千石の浄土宗一行院に埋葬、法名は浄華院真性保善居士。享年七十八。

参考文献　斎藤忠・末永雅雄編『沼田頼輔・関保之助集』(『日本考古学選書』五)　(鈴木　敬三)

せきやていざぶろう　関屋貞三郎　一八七五—一九五〇　明治から昭和時代前期にかけての官僚。明治八年(一八七五)五月四日栃木県に医師関屋良純の長男として生まれる。同三十二年東京帝国大学法科大学卒業後内務省に入り、翌三十三年台湾総督府参事官、三十九年関東州民政部庶務課長を経て、四十年国内に戻り佐賀県内務部長・鹿児島県内務部長を歴任した。その後四十三年朝鮮総督府に転じ内務部学務局長・中枢院書記官長となり、大正八年(一九一九)静岡県知事に就任する。ところが十年三月突然宮内次官に転じ、以後昭和八年(一九三三)まで十年余り、牧野伸顕・一木喜徳郎と二代の宮内大臣を補佐して活躍した。宮内次官を最後に官界より去り、八年十二月から二十一年四月にわたり貴族院議員となり、日本銀行監事を勤め、同二十一年最後の枢密顧問官となったが、昭和二十五年六月十日、七十五歳で没した。

(広瀬　順晧)

せきやまござえもん　関矢孫左衛門　一八四四—一九一七　幕末維新期の勤王志士、のちに政治家・実業家として活躍。諱は忠靖、字を恭卿といい、孫左衛門と称す。弘化元年(一八四四)正月二十四日越後国刈羽郡高田村の飯塚七重郎家の四男に生まれ、その後、越後国北魚沼郡広瀬村の関矢家の養子となる。幕末に志士と交際があり、戊辰戦争では、農兵より成る居士隊を組織して戦功があった。明治初年、大区長より第六十九銀行(長岡)の頭取となり、西南戦争にも参加、その後、北魚沼郡長も勤めた。明治十五年(一八八二)、魚沼立憲改進党の結成当時、その主要党員となる。同十八年、北海道開拓のため、北越殖民社を組織し、社長として石狩国野幌牧場その他を開発し、それらの事業を成功させた。また第一回総選挙では、新潟県第七区(北・南・中魚沼、東頸城の各郡)より改進党候補者として、当選、大正元年(一九一二)、北海道開拓の功績が認められ、藍綬褒章を授与された。同六年六月二十一日没。七十四歳。

参考文献　新潟県史研究会編『新潟県百年史』上、北海道総務部行政資料室編『北海道開拓功労者関係資料集録』上　(石塚　裕道)

せごえけんさく　瀬越憲作　一八八九—一九七二　昭和時代の囲碁棋士。明治二十二年(一八八九)五月二十二日広島県佐伯郡能美島に生まれ、五歳で碁を覚える。広島一中に学び、同四十一年望月圭介に伴われて上京、方円社に入って飛付三段。大正十三年(一九二四)本因坊秀哉らと日本棋院創立に参加、昭和十七年(一九四二)鈴木為次郎・加藤信とともに八段昇段。同三十五年戦後第一回の訪中団の団長をつとめ、翌年欧州を歴訪するなど囲碁の海外普及に尽くす。三十年引退、名誉九段。紫綬褒章・勲二等瑞宝章を受ける。四十七年七月二十七日自決。八十三歳。追贈正四位。墓は郷里の能美町高田の光源寺にある。主著『御城碁譜』『明治碁譜』。門下に橋本宇太郎・呉清源・曹勲鉉らがあり、囲碁普及の功績が大きい。

参考文献　『棋道』昭和四十七年十月号、『囲碁年鑑』一九八三年度版　(堀田　護)

せこかくたろう　世古恪太郎　一八二四—七六　江戸時代後期の勤王家。諱は延世、字は子直。維新後は諱を名乗る。文政七年(一八二四)正月伊勢国松坂(三重県)に生まれた。家は酒造を業とし、紀州藩御用達を勤め、富豪をもって知られた。儒学を斎藤拙堂に、国学を本居内遠・足代弘訓に学んだ。弘化二年(一八四五)五月弘訓に伴われはじめて三条実万に謁して知遇を得、以来しばしば入京して参殿、また堂上家臣・儒者・諸藩の志士と交わった。国事が紛糾すると、安政五年(一八五八)正月と八月に入京、水戸藩への降勅事件に関与し、九月安政の大獄が始まると直ちに松坂に帰り、たまたま京都を逃れて来た池内大学を別荘翠屏山房に隠匿した。池内の自訴後、翌六年四月紀州藩に対して恪太郎檻送の幕命が下り、江戸に送られて評定所で両度の訊問を受け、十月江戸構紀州領所払に処せられ、伊勢国一志郡久米村(三雲村)に蟄居した。文久二年(一八六二)十一月朝旨による大赦で釈放され、攘夷の勅諚をもって江戸を上下した。維新後は伊勢国度会郡山田(伊勢市)の市井曹長に任じ、明治二年(一八六九)徴士となり、ついで行政官権弁事・太政官少弁・留守権判官を歴任、同四年宮内省の刷新に際して宮内権大丞に抜擢された。また伊勢神宮正遷宮式の弊習を改革し、あるいは古社寺の綸旨・古文書・宝物の保存の任にあたり、大隈重信に建言して古社寺保存会をつくった。同九年九月二十二日五十三歳で没した。著書に『唱義聞見録』(野史台『維新史料叢書』三五)、『銘肝録』(同三六)などがあるが、両著は安政の大獄関係の貴重文献である。

参考文献　金井之恭他編『(明治史料)顕要職務補任録』下、浅野松洞『三重先賢伝』、三重県編『先賢遺芳』、松本秀業「世古恪太郎延世略伝」(『三重県史談会会志』三ノ四)　(吉田　常吉)

セシーユ　Jean-Baptiste-Thomas-Médée Cécille　一七八七―一八七三　フランスの東インド派遣海軍司令官。一七八七年十月十六日下セーヌ県ルーワン Rouen に生まれ、一八〇四年五月海軍に入隊、海上勤務ののち〇七年から二年間陸上勤務、〇九年再び海上に戻り、一〇年海軍中尉、一六年海軍大尉、二九年海軍中佐となり、三五年太平洋巡航、三八年海軍大佐に昇進、四〇年極東巡航、四三年シナ海巡航に出て、翌年六月海軍少将に進み、同年十月の特命全権公使ラグルネの清仏黄浦条約締結を支援、四六年春みずから琉仏通商条約交渉を試みて失敗したのち、旗艦クレオパートル Cléopâtre 号ほか二隻を率いて同年七月二十八日(弘化三年六月六日)長崎港外に達し、長崎奉行との間で遭難海員好遇の要求をめぐる交渉に着手したが、奉行側の対応が迅速でないため七月三十日(六月九日)返答を待たずに退去した。四七年十二月海軍中将に昇進、インド派遣使節を勤め、四八年の二月革命後、下セーヌ県議会議員に当選し、翌四九年には国の立法議会議員に選ばれ、駐英大使の任命を受けず、ルイ＝ナポレオンを補佐し続け、五二年海軍諮問委員、ついで元老院議官(一八七〇年まで)をつとめ、六八年海軍廃兵問題特別委員会議長となり、七三年十月九日サン＝セルバンで死去。八十五歳。『一八四一年から四四年にかけてのエリゴン号インドおよびシナ航海記』(パリ、一八四七―五〇年)四冊の共著者としても知られる。

参考文献　箭内健次編『通航一覧続輯』四　(金井　圓)

せのおぎろう　妹尾義郎　一八八九―一九六一　大正・昭和時代の社会運動家。明治二十二年(一八八九)十二月十六日(戸籍上は翌年一月二十六日生として届出)、広島県奴可郡東城村に生まれた。父は為次郎、母はハル。岡山県立高梁中学から第一高等学校の英法科に進む。同級には、河合栄治郎・賀屋興宣などがいた。ここで当時校長であった新渡戸稲造の感化をうける。同四十二年一高二年のころから病気となり休学。これより日蓮信仰に入り、大正八年(一九一九)本多日生のもとで、大日本日蓮主義青年団を結成して布教活動に専念する。その機関誌が『若人』である。その後、社会不安が増大するなかで、昭和六年(一九三一)新興仏教青年同盟を組織し、仏教思想にもとづく社会運動を展開。同十一年に検挙され、新興仏青は弾圧で解散。第二次世界大戦敗戦後も平和推進国民会議の事務局長など平和運動に活躍。同三十六年八月四日、長野県で死去。七十一歳。墓所は長野県松本市蟻ヶ崎霊園。『光を慕ひて』『本尊論批判』『社会変革途上の新興仏教』などの著書のほか、『妹尾義郎宗教論集』および『妹尾義郎日記』全七巻がある。

参考文献　稲垣真美『仏陀を背負いて街頭へ』(『岩波新書』青八九二)　(中濃　教篤)

せのおさぶろべい　妹尾三郎平　一八三七―七二　幕末、維新期の庄屋、尊王家。諱は兼敎、通称は三郎平。天保八年(一八三七)美作国英田郡土居村(岡山県英田郡作東町)の庄屋妹尾柳平の三男として生まれる。若くして播磨国揖東郡林田村(兵庫県姫路市)の儒者、林田藩校教授河野鉄兜に学ぶ。のちに帰郷し同志約十人とともに金二十両を積み立て、安政六年(一八五九)村塾行余学堂を創設。文久元年(一八六一)近江国甲賀郡水口在池田村(滋賀県甲賀郡水口町)の郷士・儒者豊田謙次を招聘、剣術・尊王攘夷思想を学ぶ。同三年ごろ庄屋役を嗣いだが、慶応元年(一八六五)京都に赴き有栖川宮の門に出入し志士桂小五郎らと交わる。戊辰戦争の時征東大総督有栖川宮の軍に属し探索方を勤む。維新後も攘夷論を捨てず、明治三年(一八七〇)三月六日愛宕通旭・外山光輔や諸藩有志とともに攘夷を企て、翌日露見捕えらる。同五年三月八日鹿児島獄中で病死。年三十六。同地の南禅寺に葬る。

参考文献　柴田一「草莽の教育者たち―岡山の私塾・寺子屋―」(林英夫編『(地方史物語)ものいわぬ群れ』西国篇所収)　(柴田　一)

セミョーノフ　Grigorii Mikhailovich Semenov　一八九〇―一九四六　ロシアの反革命派のコサックの首長。一八九〇年、東シベリアのザバイカル南部で、コサックの父とブリヤート＝モンゴルの母との間に生まれる。第一次世界大戦にロシア軍の陸軍大尉として従軍、武勲をあげる。当代のジンギス＝カンを夢みる野心家で、ボリシェビキ革命を機に、シベリアに戻り、満洲里を根拠地としてコサック部隊を率い、独立運動を開始する。その勇猛果敢ぶりに着目した日本陸軍の参謀本部は、彼の運動を支持し、バイカル湖以東の地域で樹立を画策していた、反ボリシェビキ派の緩衝政権のリーダーの一人として擁立をはかることとなる。日本陸軍から武器・資金の提供をうけ、一九一八年(大正七)三月、ザバイカルのチタを目ざし武力進撃を行うが失敗する。やがて日本がシベリア出兵を本格的に開始すると、その武力を背景に、チタに拠点を確立、一八年九月から二〇年十月まで、ザバイカル州で政権を樹立する。オムスクのコルチャク政権(オムスク政府)とことごとに反目する一方、その軍隊の所業は悪名高く、一般住民の怨嗟の的となる。日米両国のシベリア出兵政策をめぐる対立の一因でもあった。アメリカ軍のシベリアからの撤兵、つづく日本軍のザバイカルからの撤退によって、その政権は崩壊、セミョーノフは大連に亡命する。一九二一年春、ウラジオストックで再挙をはかるが、日本軍の支持は得られず、挫折、その後は亡命生活を送る。一九四五年(昭和二十)、満洲に進攻したソビエト軍によって逮捕され、翌年銃殺された。

参考文献　高橋治『派兵』　(細谷　千博)

せりざわかも　芹沢鴨　?―一八六三　幕末の水戸藩浪士、新撰組局長。常陸国行方郡芹沢村(茨城県行方郡玉造町)に郷士格豪農芹沢貞幹の三男として生まれる。本名木村継次、変名を下村継次という。戸ヶ崎熊太郎より剣をならい、神道無念流を修める。武田耕雲斎に師事、水戸の天狗党に入ったこともある。のち幕府が文久二年(一八六二)浪士取締りの目的をもって浪士組を編成するとそれに参加。芹沢は清川八郎とのち行動を別にし、近藤勇・土方歳三とともに新撰組に加わり、松平容保の京都守護職と結び志士弾圧取締りにつとめる。その行動は粗暴で豪商をおそい、かつ性的にも奔放で瘡毒になやむ。近藤勇らの試衛館派と反目、休息所をつくらせようと角屋その他を脅迫するなど、その乱行のために、ついに文久三年九月十六日近藤派の沖田総司・土方歳三により妾梅とともに暗殺された。

参考文献　平尾道雄『新撰組史録』、子母澤寛『新撰組始末記』　(芳賀　登)

せりざわこうじろう　芹沢光治良　一八九七―一九九三　昭和時代の小説家。明治三十年(一八九七)五月四日、静岡県駿東郡楊原(やなぎはら)村我入道(がにゅうどう)(沼津市)で父常晴・母はるの子として誕生。家は網元。三歳の時、父が天理教の伝道師となり、祖父母と漁師の叔父の家に預けられ、以後、貧困の中で育った。援助する人があって、県立沼津中学校、第一高等学校を経て、大正十一年(一九二二)東京帝国大学経済学部卒業。三年間の農商務省官吏生活を経て、名古屋鉄道株式会社社長藍川清成の長女金江と結婚して渡仏、胸を病んで、四年後帰国。翌昭和五年(一九三〇)『改造』に投じた小説『ブルジョア』が一等に当選し、以後、中央大学で講師として勤務するかたわら、作家生活に入った。戦前・戦後を通じて良心的ヒューマニズムを貫徹させ、豊富な生活体験をもとに多彩な作品を量産した。昭和四十年から九年間、日本ペンクラブ会長。代表作は、女性の知的成長を扱った『巴里に死す』、自伝的大河小説『人間の運命』全十四巻など。死の前年も連作第七部『大自然の夢』を出版、筆を休めなかった。平成五年(一九九三)三月二十三日、東京都中野区の自宅で没。九十五歳。『芹沢光治良作品集』全十六巻(新潮社)、『芹沢光治良自選作品集』全六巻、『芹沢光治良文学館』全十二巻(新潮社)がある。

参考文献　瀬沼茂樹「作家と作品」(集英社『日本文学全集』六一所収)、武田友寿「芹沢光治良」(『近代日本キリスト教全集』九所収)、荒木巍「芹沢光治良氏とその作品」(『新潮』三三ノ八)　(磯貝　英夫)

セルギー　Tihomieroff Sergie　一八七一―一九四五　日本ハリストス正教会府主教。一八七一年六月十六日、ロシア帝国ノブゴロド県ノブゴロド郡グージ村で誕生。父は長司祭アレキセイ＝チホミロフ、母はアレキサンドラ。九五年修道司祭に叙聖、翌年ペテルブルグ神学大学卒業。ペテルブルグ神学中学校長、ヤンブルグ市の主教となる。一九〇五年ペテルブルグ神学大学総長、ヤンブルグ市の主教を経て、明治四十一年(一九〇八)来日、大主教ニコライを補佐、同四十五年ニコライの没後は日本正教会の責任者として伝教にあたり、大正九年(一九二〇)大主教、昭和五年(一九三〇)府主教に昇叙。この間、大正六年ロシア革命によるロシア正教会からの財政援助の杜絶と孤立化、同十二年関東大震災による復活大聖堂(ニコライ堂)の破損とその復興などの難局に対処した。昭和十四年戦時体制が強化されるなかで宗教団体法が成立し邦人主教が要請されるのに伴い、同十五年引退。同二十年四月十二日から四十日間、憲兵隊に拘留された。敗戦直前の八月十日、永眠。七十四歳。　(波多野和夫)

せんがいえきどう　旃崖奕堂　一八〇五―七九　江戸・明治時代前期の僧。総持寺の独住第一世。別に無似子・三界無頼と号した。文化二年(一八〇五)尾張国名古屋に生まれ、同国沓掛の聖応寺の雪堂暁林についてその法をついだ。足助の香積寺の風外本高はじめ、臨済・曹洞の諸師に歴参し、金沢天徳院、ついで総持寺に住し、曹洞宗の管長となった。明治十二年(一八七九)八月二十四日寂。七十五歳。弘済慈徳禅師と諡された。著作に『懶眠余稿』がある。宗風端厳、永平寺の環渓密雲とならび、一代の宗匠と称され、永平寺との輪住制を廃止して総持寺独住の第一世となった。　(今枝　愛真)

ぜんけいいのすけ　膳桂之助　一八八七―一九五一　大正・昭和時代前期の官僚出身の経済団体世話役。明治二十年(一八八七)七月二十一日、薬舗膳浅次郎の四男として群馬県に生まれる。大正三年(一九一四)、東京帝国大学法科大学(独法)を卒業、農商務省に入り、製鉄所参事などを経て工務局労働課長となり、健康保険法(同十一年四月公布)の制定を手がけた。工務局能率部長・商務局市場課長・農務局繭糸課長をつとめ、同十五年十二月に退官、日本工業倶楽部主事に就任した。労働組合法案反対運動のなかで昭和六年(一九三一)に結成された全国産業団体連合会の常任理事を兼務、翌七年日本工業倶楽部常任理事に就任し、九年には日本団体生命保険会社創立に参加して専務取締役となった。昭和二十一年六月に貴族院議員となり、同年八月には第一次吉田内閣に国務大臣(経済安定本部総務長官兼物価庁長官)として入閣したが、二十二年一月辞任、同年四月に参議院議員に当選(辞退)後、公職追放となった。公職追放解除直後、二十六年十一月二十五日死去した。六十四歳。

参考文献　吉野孝一『膳桂之助追想録』　(三和　良一)

せんげたかとみ　千家尊福　一八四五―一九一八　明治・大正時代の宗教家、政治家。弘化二年(一八四五)八月六日、出雲国造千家尊澄の嫡男として生まれた。母は広橋光成の女、婦美子。明治五年(一八七二)正月、二十八歳で出雲大社大宮司に任ぜられ、同十一月第八十代出雲国造、同十年十二月神社制度の改正により改めて同社宮司となった。この間、同五年六月、政府の大教宣布運動に伊勢の神宮祭主近衛忠房とともに大教正となり、尊福は神道西部管長、忠房は東部管長を命ぜられて、庶民教化を統括した。尊福はまたみずから各地を巡教し、在来の出雲講・甲子講を拡充して六年一月出雲大社敬神講社を組織、同年九月これを改編して出雲大社教会設立の認可を得た。明治十二年十一月、千家国造邸内に教会本部を移転し、教信徒に開諭文を発表した。後年の神道大社教の立教宣言ともいうべきものがこれである。大教宣布運動は種々の曲折を経て十五年一月、神官・教導職を分離した。尊福は同年三月宮司を辞し、同五月大国主神の信仰を自由に布教するため教派を特立して神道大社派と称し、初代管長に就任、同年十一月神道大社教と改称した。同十七年男爵・従三位を授けられ、没年には正二位に叙せられた。この間、同二十一年元老院議官となり、衆望を担って政界に進出したので管長職を辞した。二十三年以後、貴族院議員を没年まで勤め、文部省普通学務局長、埼玉県・静岡県・東京府知事を歴任、四十一年には司法大臣に任ぜられたほか、種々の要職についた。大正七年（一九一八）一月三日没。七十四歳。著書に『大道要義』『国廼真柱』『日拝式』『教旨大要』『出雲大神』などがある。

［参考文献］ 出雲大社教編『千家尊福公』

（平井　直房）

せんげもとまろ　千家元麿　一八八八―一九四八　大正・昭和時代の詩人。明治二十一年（一八八八）六月八日東京に生まれる。父尊福は出雲大社の宮司から官界に転じて各府県知事・司法大臣となった政治家で男爵、母小川豊は梅崖と号した閨秀画家。少年期は、複雑な家庭環境に悩み、慶応幼稚舎普通部や府立四中などを転退学して学業定まらず、南洋無人島行きを計画して家出事件をおこしたりした。十七歳ごろより文学に関心を強め、詩は河井酔茗、短歌は窪田空穂に、俳句は佐藤紅緑に師事し、暮郎・銀箭峰などと号した。大正元年（一九一二）末、福士幸次郎・佐藤惣之助らと同人誌『テラコッタ』を創刊し、同誌で武者小路実篤の『世間知らず』を激賞したことから武者小路と親しくなり、岸田劉生・木村荘八・長与善郎・高村光太郎ら『白樺』系の人々と交わり、詩作に励んで、第一詩集『自分は見た』（大正七年五月、玄文社）を刊行した。庶民的な生活感情を善意と愛情に満ちたヒューマニズムの精神で歌い、平明自由な口語詩風を確立した。第二詩集『虹』（同八年九月、新潮社）以下、『麦』（同九年）、『野天の光』（同十年）、『新生の悦び』（同）、『夜の河』（同十一年）、『炎天』（同）、『真夏の星』（同十三年）、『夏草』（同十五年）、『昔の家』（昭和四年（一九二九））、『霰』（同六年）、『蒼海詩集』（同十一年）など多くの詩集を刊行した。第二次世界大戦後は長男宏の戦死、妻千代子の病死で孤独な晩年を迎えたが、清貧に甘んじ、みずから「楽園の詩人」と称して、円熟した詩境を示した。昭和二十三年三月十四日没。六十一歳。『千家元麿全集』全二巻（昭和三十九―四十年）がある。

（分銅　惇作）

せんごくこうたろう　千石興太郎　一八七四―一九五〇　大正・昭和時代の農業団体指導者。明治七年（一八七四）二月七日越後出身の軍属千石徹の長男として東京日比谷に生まれる。同二十八年札幌農学校農学科卒業。その生涯はほぼ四期に分けられる。第一期は明治三十九年までの約十年間で、農事試験場熊本支場技手・岩手県農事巡回教師・愛媛県農会技師・宮崎県児湯郡立高鍋農学校教諭などの職を転々した。第二期は大正八年（一九一九）までの約十四年間の島根時代である。島根県農会技師兼幹事・島根県技師・大日本産業組合中央会島根支会理事（のち理事長）などを兼任し、部落農会の設置、町村技術員の設置などを推進して、「島根に千石あり」と中央に認められるに至った。第三期は約二十三年間に及ぶ産業組合中央会時代で、大正九年に主事に就任し、その後理事（昭和九年（一九三四））・副会頭（同十二年）・会頭（同十四・十六年）を歴任したあと、昭和十八年の農業団体統合で中央農業会の顧問に退いた。この間、産業組合振興刷新運動の発案（大正十四年）、産業組合全国大会の新機軸（昭和三年）、産業組合拡充五ヵ年計画の実施（同八年）など、産業組合の発展に尽力した。また事業活動にも積極的に関与し、産業組合中央金庫評議員（大正十二年）・全国購買組合連合会会長（昭和七年）・全国米穀販売購買組合連合会会長（同十一年）・大日本生糸販売組合連合会会長（同十四年）などに就任して、「産業組合の独裁王」と称せられるに至った。第四期は第二次世界大戦後の東久邇宮内閣のもとで農商務大臣（のち農林大臣）となった二ヵ月（昭和二十年八月―十月）ほどである。わずか五十日余の任期であったので、供出事業に尽力しながらもなにもなし得ずに終った。昭和二十五年八月二十二日東京雑司ヶ谷の自宅で没す。享年七十六。著書に『産業組合の陣営より』『我が農村建設』などがある。

［参考文献］ 協同組合懇話会千石興太郎編纂委員会編『千石興太郎』

（清水　洋二）

せんごくみつぐ　仙石貢　一八五七―一九三一　明治・大正時代の鉄道官僚、鉄道事業家。安政四年（一八五七）六月二日高知藩士仙石弥次馬の次男に生まれ、明治十一年（一八七八）七月工部大学校土木工学科卒業。同年九月東京府庁土木掛傭となったが、同十四年八月東北鉄道会社創立事務に従事、十六年十二月辞任、十七年二月工部省御用掛を命ぜられ准奏任として鉄道局に勤務、十八年十二月鉄道局権少技長、十九年五月鉄道四等技師となった。この間、日本鉄道会社の宇都宮周辺、福島周辺の線路建設工事を担当、二十一年には甲武鉄道の線路建設工事を担当した。同年六月から欧米各国の鉄道工事調査のため、年半出張を命ぜられ、帰国後二十三年五月鉄道三等技師、翌年八月工学博士の学位授与、二十六年三月鉄道庁第二部長心得、同年十一月逓信技師兼逓信省鉄道技師・鉄道局監理課長となった。二十七年六月鉄道局運輸課長、この年日清戦争に際し、陸軍省御用掛として朝鮮

に派遣された。二十八年三月専任逓信省鉄道技師、翌年九月鉄道技監となったが、十月退官、十一月筑豊鉄道社長、三十年十一月九州鉄道副社長、翌年四月同社社長、四十一年五月衆議院議員に当選、四十四年猪苗代水力電気社長、大正三年(一九一四)四月鉄道院総裁(翌年九月まで)、十三年六月鉄道大臣(十五年六月まで)を歴任、十五年一月貴族院議員に勅選(同年六月辞任)、昭和四年(一九二九)八月南満洲鉄道総裁に就任。六年十月三十日死去した。七十五歳。 (原田　勝正)

せんだこれや　千田是也　一九〇四－九四　昭和時代を代表する俳優・演出家、ベルトルト＝ブレヒト作品上演、理論紹介の第一人者。本名伊藤圀夫。明治三十七年(一九〇四)七月十五日東京生まれ。父伊藤為吉、母喜美栄。大正十一年(一九二二)東京府立一中卒、早稲田大学独文科聴講生。同十三年、築地小劇場創立に参加、主役ないし準主役で活躍中にマルクス主義に関心を持ち、築地小劇場に不満を感じて退座後、昭和二年(一九二七)ドイツ留学。得意の美術的才能を活かしてアジ・プロ演劇を体験。同六年帰国後、何回も入出獄を繰り返し、その間ドイツでの経験を基に左翼劇場、新協劇団、新築地劇団などで俳優、演出家として活動。十九年、戦後に備えて青山杉作らと劇団俳優座を結成。俳優兼演出家として指導的役割を果たし、基本理念にヒューマニズムを標榜し、作品として古典、近代古典、創作劇を、演劇活動の在り方として劇団、研究所、劇場の三本柱を構想。特に創作劇の振興と写実的演技の充実につとめ、真船豊、田中千禾夫など戦前からの劇作家のみならず、安部公房はじめ多くの新鋭劇作家に活動の場を提供。その一方で科学的演技表現の充実のために『近代俳優術』を上梓し、新人俳優の育成に力を注ぎ、俳優座演劇研究所付属俳優養成所を設立、後に桐朋学園短大に運営移管後は初代主任になり、演劇界や映像界に多くの逸材を輩出させた。二十九年に世界でも珍しいとされる単一劇団の主導による俳優座劇場を開場。俳優としてはドイツ表現主義の影響を受けたとされ、タルチュフ・イヤゴー・メフィストフェレスに代表される西欧作品で強烈な個性を発揮し、他の追随を許さない。演出家としては写実主義を基本にした緻密で大胆な舞台表現に定評があり、生涯の演出作品が内外の作品二百本を越え、シェイクスピア・チェーホフと並び、ブレヒト作品上演と翻訳による叙事詩的演劇の紹介と方法論の日本への援用に大きな足跡を残し、晩年は俳優座という枠を越えて多くの劇団で演出。公には劇団協議会会長、演出家協会会長などの役職を兼務、常に演劇界の発展に寄与。演劇活動で朝日賞など多くの賞を受けたが、官製の褒賞は受けていない。著作には自伝『もうひとつの新劇史』『ブレヒト戯曲選集』『千田是也演劇論集』ほか多数。平成六年(一九九四)十二月二十一日没。九十歳。墓は東京都豊島区の染井墓地にある。 (内田　透)

せんとうてい　宣統帝　⇩溥儀(ふぎ)

ぜんほうじゅん　全琫準　Chŏn Pong-jun　一八五五－九五　李朝末期の農民軍の指導者。字は明淑。渾名は緑豆。一八五五年生まれる。全羅道古阜の書堂教師であり、識見がすぐれていたので、人望を得ていた。九二年に東学に入信し、古阜の接主となる。九四年四月、同志と謀って「輔国安民」を掲げて本格的な甲午農民戦争を古阜で起し、全羅道一帯を支配して、さらに北上して漢城進撃の気配を示した。鎮圧に失敗した朝鮮政府は清国に支援を要請する。これを契機にして日本軍も朝鮮に侵入し、朝鮮は植民地化の危機に直面したので、六月農民軍は政府と「全州和約」を結んで平和状態を回復させて、日清両軍の撤退をはかった。しかし日本軍は撤退しないばかりでなく、朝鮮王宮を占領して日清戦争を開始して、朝鮮の「保護国」化をめざした。全琫準らの農民軍は十月、これに反対して第二次農民戦争に立ちあがり、忠清道の公州などで、政府・日本連合軍と交戦したが敗れ、九四年十二月二十八日、全は全羅道淳昌郡避老里で逮捕されて、九五年四月二十四日、彼の志を継いで日本の朝鮮「併呑」政策に反対するようにとの辞世のことばを残して、漢城で処刑される。四十一歳。

参考文献　国史編纂委員会編『東学乱記録』(『韓国史料叢書』一〇)、홍이 섭編『나 라사랑』一五、田保橋潔『近代日鮮関係の研究』下、姜在彦『朝鮮近代史研究』、金義煥『全琫準伝記』(『正音文庫』一一)、申福竜『全琫準의生涯와思想』、横川正夫「全琫準についての一考察」(『朝鮮史研究会論文集』一三)、金容燮「全琫準供草의分析」(『韓国史学会『史学研究』二)、趙景達「甲午農民戦争指導者＝全琫準の研究」(『朝鮮史叢』七) (朴　宗　根)

そ

そうきょうじん　宋教仁　Song Jiao-ren　一八八二―一九一三　中国の革命家。字は遯初または鈍初、号は漁父。湖南省桃源県の人。一八八二年地主の家に生まれ、父と死別して苦学。郷里の学院から、武昌の文普通学堂に入る。一九〇三年、黄興らと長沙に華興会を組織。翌年、蜂起をはかって失敗し、日本に亡命。『二十世紀之支那』を刊行し、〇五年(明治三十八)に中国同盟会の結成に参加、同誌を『民報』と改名して、同会の機関誌とする。早稲田大学に学び、政治制度などの各国文献を翻訳、紹介する。〇七年東三省(満洲)で蜂起をはかって失敗し、日本に戻って『間島問題』を著述。孫文と対立し、中部同盟会を組織。一〇年帰国して上海で『民立報』を刊行し、宣伝のかたわら、華中地区で組織活動にあたる。辛亥革命後、南京臨時政府の法制局長として「臨時約法」の制定に尽力。北京政府の農林総長となり、満蒙開拓を計画。同盟会を国民党に改組し、国会選挙に勝利したが、袁世凱の刺客に狙撃され、一三年三月二十二日死去。三十二歳。

[参考文献]　呉相湘『宋教仁伝』、同『宋教仁―中国民主憲政的先駆―』、K. S. Liew : Struggle for Democracy―Sung Chiaojen and the 1911 Chinese Revolution (1971)　(野沢　豊)

そうけいれい　宋慶齢　Song Qing-ling　一八九三―一九八一　近現代中国の革命家、政治家。中華人民共和国名誉主席。孫文の夫人。英語名 Rosamonde Soong　一八九三年一月二十七日上海に生まれる。本籍は広東省海南島文昌県。父は宋嘉樹、母は倪桂珍。姉宋靄齢(孔祥熙夫人)・妹宋美齢(蔣介石夫人)とともに宋家三姉妹として知られる。一九〇八年アメリカ留学、一三年 Wesleyan College 卒業。一五年(大正四)東京に亡命中の孫文と結婚し、革命運動に献身的に協力。孫文死後、二六年国民党二全大会で中央執行委員、婦人部長に選ばれたが、二七年国共分裂後三一年までモスクワ・ベルリンなどに滞在。国民党の反共化を厳しく非難、三二年魯迅・蔡元培らと中国民権保障同盟を組織し人権擁護に奔走。三八年保衛中国同盟を組織し抗日民族統一戦線保持に努力。人民共和国成立後、政府副主席、国家副主席、全人代常務委員会副委員長、国家名誉主席。八一年五月二十九日北京で病死。八十九歳。

[参考文献]　宋慶齢『為新中国奮闘』、『宋慶齢選集』(中国研究所訳)、『宋慶齢選集』(仁木ふみ子訳)、中華人民共和国名誉主席宋慶齢同志故居編『紀念宋慶齢同志』、久保田博子「宋慶齢と孫文の出会いについて」(中嶋敏先生古稀記念事業会記念論集編集委員会編『中嶋敏先生古稀記念論集』下所収)、久保田文次・久保田博子「孫文と宋慶齢の結婚の時期について」(『辛亥革命研究』一)、久保田博子「若き日の宋慶齢女史と日本」(『中国研究月報』四〇〇)、同「宋慶齢関係略年譜稿」(『辛亥革命研究』三)、Emily Hahn : The Soong Sisters.　(藤井　昇三)

そうしあん　草紙庵　一八七五―一九四六　大正・昭和時代の小唄の作曲家。小唄の発展に尽力した。本名吉田金太郎。明治八年(一八七五)八月八日吉田岩次郎の次男として東京に生まれた。幼少のころより長唄を学び、十六歳で清元に転じ、のち一時芸界を退いたが、大正中期から昭和にかけて小唄の作曲を行い、三百曲近くを作曲。その題材の範囲は広く、特に歌舞伎に取材したものが多く、「草紙庵の歌舞伎小唄」と呼ばれた。昭和二十一年(一九四六)十二月五日東京にて没。七十二歳。　(星　旭)

そうしげまさ　宗重正　一八四七―一九〇二　幕末の対馬府中藩主。弘化四年(一八四七)十一月六日宗義和(よしより)の三男として生まれ、幼名善之允、義達(よしあき)と称す。文久二年(一八六二)襲封、翌年従四位下侍従、対馬守に任ぜられた。明治元年(一八六八)日鮮通好事務取扱を命じられ王政復古を朝鮮に通告、同二年対馬厳原藩知事、同四年外務大丞となり江華島事件のころまで朝鮮との外交を管掌した。同十七年伯爵を授けられたが、同三十五年五月二十五日死去。五十六歳。法名は摂受院殿正二位普薫明徹大居士。墓は長崎県下県郡厳原町の万松院にある。　(藤村　道生)

そうしぶん　宋子文　Song Zi-wen　一八九一―一九七一　中華民国の財政担当の政治家、親英米派で財閥。生まれは上海であるが、広東省海南島文昌県の人。一八九一年出生。アメリカのハーバード大学で経済学を学び、帰国後、漢冶萍煤鉄公司書記・神州信託公司副経理などを歴任。一九二四年、孫文治下の広東軍政府に登用され、中央銀行を創設、財政部長を兼任。二七年から蔣介石の共産党討伐戦に協力、財政部長として公債発行の実権を掌握。三五年には中国銀行理事会主席。三六年の西安事件の際には、妹の宋美齢とともに蔣介石救出に活躍。太平洋戦争中は、四二年から外交部長、四五年に行政院長、サンフランシスコ会議には中国代表団団長として出席した。金融・商業・鉱工業・運輸などのあらゆる方面に活躍し、「四大家族」の一人と呼ばれている。四九年国民党敗北の際にはフランスに脱出、その後アメリカに渡った。六二年にはアメリカより帰台している。七一年四月二十五日サンフランシスコにて死去。八十一歳。　(宇野　重昭)

そうじょりん　曹汝霖　Cao Ru-lin　一八七七―一九六六　清末・中華民国初めの官僚。字は潤田。江蘇省上海県(上海市)の人。一八七七年生まれ。科挙の秀才。義和団事件後日本に私費留学して早稲田専門学校(早稲田大学)・東京法学院(中央大学)に学ぶ。中江兆民未亡人宅に下宿し、中江丑吉を識る。帰国後、商部主事、ついで外務部主事に転じ、累進して外務部右侍郎、官制改革後に外務部副大臣代理。辛亥革命後、弁護士、袁世凱指名の参議院議員・総統府顧問、ついで外交部次長になり、総長陸徴祥・駐日公使陸宗輿とともに日本の二十一箇条要求に関する折衝にあたる。その後交通部総長。袁の死後、交通銀行総理、段祺瑞内閣・銭能訓内閣の交通部総長として一時財政部総長代理を兼ね、駐日公使章宗祥とともに西原借款の交渉にあたる。一九一九年五月四日、ベルサイユ講和会議における中国代表の要求(二十一箇条条約の廃棄、山東省における旧ドイツ利権の返還)否決に抗議する北京の学生デモ(五・四運動の発端)に際し、対日屈辱喪権外交の責任者として曹・陸・章、特に曹が攻撃の的になり、その邸宅が襲撃放火され、危機一髪難を免れたが、居合わせた章は逃れるところを学生に捕捉殴打され、駆けつけた中江丑吉に救出された。曹は免職されて天津日本租界に隠棲。日中開戦後、華北臨時政府主席就任を堅辞して最高顧問となる。人民中国成立後、日・米に逃避して、一九六六年アメリカのデトロイトで死去。九十歳。自伝『一生之回憶』(鹿島研究所出版会刊行の日本訳あり)がある。

参考文献 百瀬弘「五四事件関係坂西利八郎書翰おぼえ書」(鈴木俊教授還暦記念会編『鈴木俊教授還暦記念東洋史論叢』所収)

(波多野善大)

そうだきいちろう　左右田喜一郎　一八八一―一九二七　明治末から大正時代にかけ経済学・哲学の両分野にわたり活躍した学者。銀行家を兼ねた。明治十四年(一八八一)二月二十八日横浜の両替商左右田金作の長男として生まれた。金作は明治二十八年九月左右田銀行を設立した。喜一郎は三十一年三月横浜商業学校を卒業、同年七月東京高等商業学校に入学。同校本科を経て専攻部へ進み、福田徳三の指導下に経済学を学んだ。明治三十七年七月専攻部卒業後ただちに渡英しケンブリッジ大学に入学したが、翌三十八年五月ドイツへ移りフライブルグ大学に入学。経済学と併せて哲学の研究に取り組んだ。特に哲学に関しては新カント派のH・リッケルトに師事して多大の影響を受け、それを契機に、価値哲学の立場から経済学の認識論的基礎を究明することに研究の焦点を据えることとなった。四十一年五月経済学の指導教授K・J・フックスに随ってチュービンゲン大学へ転学、翌年一月同大学で国家学博士号を取得するとともに学位論文『貨幣と価値』を公刊した。ついで四十四年五月『経済法則の論理的性質』を出版、経済的文化価値の概念に基づいて経済生活の意義と目的に関する創見を示した。両著書(ともに独文)は大正十三年(一九二四)六月に至り帝国学士院賞を受けた。ドイツではほかにベルリン・ハイデルベルグ両大学でも修学、四十五年五月にはフランスへ渡り、パリ大学およびコレージュ=ド=フランスで学んだのち、大正二年七月帰国した。帰国後は母校東京高商(大正九年東京商科大学に昇格)の講師となり、経済哲学のゼミナールを担当するとともに、滞欧中の著作によって提起した問題に関する論文を随時発表し、大正六年末にそれらを集録した『経済哲学の諸問題』を公刊、学界に大きな反響を喚びおこした。その間五年四月には法学博士の学位を受けた。一方、大正四年三月父金作の死去に伴い左右田銀行の頭取に就任、同行関係の商品倉庫・信託・保険などの諸会社の重役を兼ね、また横浜商業会議所評議員に推された。上記の『諸問題』公刊以降、彼はカントの批判哲学への傾倒を深めることによって、みずからの価値哲学の体系をつらぬく論理を追究した。その思索は第一次世界大戦後における社会・文化の動向に対する関心とも結びついていた。そうした思索の成果は十一年五月刊行の『文化価値と極限概念』所収の諸論文に示され、哲学界の注目を集めた。なお、九年十一月には京都帝国大学文学部の講師を委嘱された。他方、同年六月神奈川県匡済会が建設した労働者の厚生施設横浜社会館の館長に就任、さらに十一年六月彼の首唱により同会に付設された横浜社会問題研究所の所長となり、門下生数名に協力を求めて社会問題の実証研究と社会思想の理論的研究に着手した。関東大震災後の十四年二月同研究所発行の『新カント派の社会主義観』に彼が執筆した「文化哲学より観たる社会主義の協同体倫理」は、協同体の「文化目的」たる「文化価値」と個人の「人間目的」たる「創造者価値」との関係の論理を展開した労作で、彼の学問的関心の方向を示していた。同年九月彼は貴族院の多額納税議員に選ばれた。大正十五年十月彼は西田幾多郎の哲学体系に鋭い批判を加えた論文「西田哲学の方法に就て」を発表した。しかし、そのころから痼疾の胃病が悪化し、十二月に手術を受けたが病状好転の見込みはつかなかった。そのうえ昭和二年(一九二七)三月に発生した金融恐慌によって左右田銀行が破綻するという事態となり、精神的苦悩が加わった。それを契機に彼は一切の公職を辞した。同年八月十一日死去。享年四十七。法名は法相院釈輝祥居士、横浜市中区石川町の蓮光寺墓地内に在る左右田家墓所に葬られたが、五年五月知友門下生らによって東京府下の多磨墓地内に彼の墓碑が建てられた。『左右田喜一郎全集』全五巻がある。

参考文献 左右田博士五十年忌記念会編『左右田哲学への回想』、「左右田喜一郎博士追悼録」(『思想』七二)

(服部　一馬)

そうてつげん　宋哲元　*Song Zhe-yuang*　一八八五―一九四〇　中華民国の軍人。字は明軒。山東省楽陵県人。一八八五年十月三十日生まれる。辛亥革命後、備補軍左路の随営学校卒業、馮玉祥統率の第二大隊の小隊長。以後馮に従って軍界を昇進。蒋介石の北伐には第二集団軍総司令馮の麾下で北路軍総指揮、陝西省主席。北伐後の蔣馮抗争では馮軍の中心として戦い、敗戦。馮の下野後、その軍隊が縮編された第二十九軍軍長。満洲事変後、北平政務委員会委員、軍事委員会北平分会委員。ついで察哈爾省主席となり、第二十九軍を率いて就職。一九三三年、第二十九軍で組織した第三軍団総指揮として、熱河より長城線に侵入した日本軍と激戦。塘沽協定後原職に復帰。三五年張北事件で察哈爾省主席を退き、北平綏靖署主任、冀察政務委員会委員長。日中戦争初期、第一集団軍総司令として日本軍と戦い、三八年八月、病により退き軍事委員会委員に専任。政府とともに四川省に入り、四〇年四月四日綿陽に病逝した。五十六歳。

[参考文献]『秦徳純回憶録』、『劉汝明回憶録』、波多野善大「馮玉祥軍閥の形成とその特色」(『中国近代軍閥の研究』所収)

(波多野善大)

ソウパー Julius Soper ⇨ソーパー

そうへいしゅん 宋秉畯 Song Pyŏng-jun 一八五八—一九二五 李朝末期の親日政治家。咸鏡道長津の人。一八五八年生まれる。七一年に武科に及第、七六年の日朝修好条規締結に随員として参加する。八五年、亡命していた金玉均暗殺の任をうけて日本に渡ったが、かえって金の開化思想に感化されるようになる。そのせいで帰国後一時投獄されたが、その後陽知県監などとなる。九五年の閔妃殺害事件後、日本に亡命し、野田平次郎の名で山口県萩で養蚕業に従事。一九〇四年日露開戦で日本軍の通訳として帰国し、同年九月李容九らと一進会を組織して、日露戦争の軍需輸送のために急がれていた京義線の鉄道敷設に、朝鮮人夫を動員して積極的に日本に協力するとともに、〇五年十一月一進会の名をもって日本の朝鮮保護政治を要望する宣言書(佐瀬熊鉄の起草)をだす。〇七年五月に成立した李完用内閣の農工部大臣・内部大臣を歴任。〇九年十二月には李容九と「日韓合邦」の声明書(武田範之の起草)をだすなどして、黒竜会と結託して日本の朝鮮併合の推進役となっていた。併合後の一〇年十月子爵、朝鮮総督府中枢院顧問官となり、三・一運動後の二〇年には伯爵となる。二五年一月三十日没。六十八歳。

[参考文献] 大村友之丞『朝鮮貴族列伝』、釈尾東邦『朝鮮併合史』、黒竜会編『日韓合邦秘史』、西尾陽太郎『李容九小伝』、姜在彦『朝鮮近代史研究』、趙恒来「韓末社会団体史論攷」、楠原利治他「「アジア主義」と朝鮮」(『歴史学研究』二八九)

(朴 宗根)

そうまあいぞう 相馬愛蔵 一八七〇—一九五四 明治から昭和時代にかけての製菓業者。東京新宿中村屋の初代店主。明治三年(一八七〇)十月十五日信濃国安曇郡白金村(長野県南安曇郡穂高町)に生まれ、二十三年東京専門学校卒業。三十年星りょう(のち号黒光)と結婚し、本郷にパンを製造小売する中村屋を創業した。夫婦ともに時代をさきがけ、単に商人としてでなく「己れの生業を通じて文化国家に貢献したい」という事業観と文化観をもってパンや菓子の普及につとめた。四十年新宿に支店を開き、四十二年店舗を本郷から新宿の現在地に移し、経営の多角化をはかり、カレー=ライス、ボルシチ、中華饅頭、月餅など国際的な食品を日本人生活にとりいれた。妻黒光を中心とする中村屋文化人サロンを側面から援助したことは、当時の夫婦関係の常識からすれば非常な寛容さであって、愛蔵の人柄の大きさを示したといえる。店員の扱いは公平平等であり、昭和十四年(一九三九)株式を公開するなど明治人の理想主義と気骨をみせた。同二十九年二月十四日没。八十三歳。法名大光院明誉清節万水居士。東京都府中市多磨町の多磨墓地に葬る。著書に『一商人として』などがある。

(井手 文子)

そうまぎょふう 相馬御風 一八八三—一九五〇 明治から昭和時代にかけての歌人、詩人、文芸評論家、随筆家。本名は昌治。明治十六年(一八八三)七月十日新潟県西頸城郡糸魚川町に、徳治郎・ちよの子として生誕。父は父祖の寺社建築の業を継ぎ、のち町長を勤めた。高田中学時代竹柏会に入ったが卒業して新詩社に加わり、のち前田林外・岩野泡鳴らと東京純文社を興し『白百合』を創刊。その間、上京して早大英文科に学び、三木露風・野口雨情・人見東明らと早稲田詩社を創め、口語自由詩を推進。師島村抱月・長谷川天渓らの自然主義論を継承展開。一時早大講師として欧州近代文学を講じたが、程なく帰省、良寛に傾倒しつつ個人雑誌『野を歩む者』を刊行した。著作には処女歌集『睡蓮』(明治三十八年十月、純文社)、第一評論集『黎明期の文学』(大正元年(一九一二)九月、新潮社)以下、『還元録』(同五年二月、春陽堂)、『良寛和尚遺墨集』(同八年八月、春陽堂)、『評釈良寛和尚歌集』(同十四年一月、紅玉堂)その他。昭和二十五年(一九五〇)五月八日没。六十六歳。糸魚川市清崎の相馬家墓地に葬られた。

[参考文献] 川副国基編『島村抱月・長谷川天渓・片上天弦・相馬御風集』(『明治文学全集』四三)、「野を歩む者」昭和二十五年九月号(相馬御風追悼号)

(石丸 久)

そうまこっこう 相馬黒光 一八七六—一九五五 中村屋初代店主相馬愛蔵の夫人。随筆家。本名はりょう、黒光は号である。明治九年(一八七六)九月十二日仙台に生まれる。旧仙台藩士星喜四郎の三女。少女時代に父を失い、姉が精神に異状を来たし家産が傾くなかで母とともに健気に未来を開こうとし、キリスト教に帰依した。宮城女学校に入学したが退校、横浜のフェリス女学校に入学、二十八年巌本善治の明治女学校に転校、ここで巌本をはじめ島崎藤村・星野天知らの『文学界』の作家らに接して芸術への視野を広め、星と菫の女学生時代を過ごす。卒業後教会の島貫兵太夫の紹介で相馬愛蔵と結婚。やがて上京して本郷で夫とともにパン店を始めた。のち中村屋として発展した経済基盤のうえで、絵画・文学・演劇のサロンをつくり、多くの作家ばかりでなく国際的な人間交流を支えた。彫刻家の荻原守衛、画家中村彝・戸張孤雁・柳敬助、文学者の秋田雨雀・神近市子、静座法の岡田虎二郎、ロシアの詩人エロシェンコ、インド独立運動のビハリ＝ボース、朝鮮独立運動の志士ら多くがこの家をよりどころにしたのは黒光の魅力と力量による。昭和三十年（一九五五）三月二日没。七十八歳。法名玄祐院良誉黒光大姉。東京都府中市多磨町の多磨墓地に葬る。著書に『黙移』『広瀬川の畔』など。（井手 文子）

そうまはんじ　相馬半治　一八六九―一九四六　明治後期から昭和時代へかけての製糖企業家。明治二年（一八六九）七月八日尾張国丹羽郡犬山町で旧犬山藩士田中庵の三男として生誕。一家は五年に名古屋へ移住、父の手がけた商売が成功せず困窮の中に育った。十七年三月小学校教員検定試験に合格し訓導職に就いたが、翌年上京して陸軍教導団（下士官養成機関）に入り十九年六月卒業、以後五年間現役服務。その後東京工業学校応用化学科で学び、二十九年七月卒業とともに同校助教授に就任。三十一年旧南部藩士下斗米精三の聟養子に入り家督を相続、三十八年に至り同家の旧姓相馬に復した。三十三年一月から三十六年六月まで文部省の命により独・英・米三ヵ国へ留学、製糖および石油化学の研究に従い、帰国後東京高等工業学校（三十四年五月昇格）教授に昇任。三十七年二月台湾総督府の依嘱により同島の糖業を視察したのを機縁に、同年七月台湾総督府糖務局技師兼東京高工教授となり、製糖期には渡台して、四―十一月は内地で教務に従うことになった。三十九年春以来同郷の先輩で大阪の日本精糖会社の設立発起人の一人であった小川鋿吉、三菱の浅田正文とはかり、台湾に大規模な製糖企業を新設する準備を進めた。相馬は在官のままで、おもに工場建設敷地の調査・選定にあたったが、十一月に至り退官、十二月二十九日東京で開かれた明治製糖株式会社（資本金五百万円）の創立総会で専務取締役に選ばれた。四十年二月機械発注と産業視察のため欧米へ出張し七月帰国。四十一年末に至り塩水港庁蕭壠の第一工場が完成し粗糖生産を開始した。会社は引き続き台湾における事業を拡充するとともに、四十四年六月横浜精糖会社を合併して内地における精製糖業へも進出した。相馬は大正四年（一九一五）七月社長に就任、昭和七年（一九三二）原料糖輸入税の脱税容疑に絡んで起った「明糖事件（明治製糖脱税事件）」の結着をまって辞任したが、十一年復任、十六年取締役会長となるまで第一線で活躍。その間に明治製糖を糖業界屈指の大企業に育てあげ、同時に製菓・煉乳製造をはじめとする多数の傍系会社を設立した。また、各種経済団体・文化団体の理事・評議員などにも選ばれた。昭和二十一年一月七日病没。七十八歳。法名興明院殿大鑑照徹大居士。墓所は横浜市鶴見区内の総持寺。

参考文献　相馬半治『還暦小記』、同『古稀小記』、相馬翁銅像建立委員会編『半畝清薫』（服部 一馬）

そうよしあき　宗義達　⇨宗重正

そえじまたねおみ　副島種臣　一八二八―一九〇五　幕末・明治時代の官僚、政治家。肥前国佐賀藩士。幼名を次郎（二郎）、元服して竜種、のち種臣、号を蒼海・一々学人と称した。枝吉忠左衛門種彰（南濠）の次男として文政十一年（一八二八）九月九日、佐賀城下南堀端に生まれ、兄の神陽が首唱する楠公「義祭同盟」に大隈重信・大木喬任・江藤新平らとともに参加。嘉永五年（一八五二）京都に遊学、矢野玄道ら尊攘派の志士たちと交友をもち、神陽の命で大原重徳に朝廷からの将軍宣下の廃止を説き、意見書を提出し天皇政権による統一を進言した。また青蓮院宮朝彦親王から佐賀藩兵百名の上京を促され、帰藩したが、藩主鍋島直正に受け入れられず、藩校の国学教諭となった。安政六年（一八五九）三十二歳のとき父の死後佐賀藩士副島利忠の養子となった。元治元年（一八六四）佐賀藩が設けた長崎の致遠館にあって、大隈らとともにフルベッキに英語・米国憲法などを学んだ。慶応三年（一八六七）、大隈重信と脱藩、上京し幕臣原市之進を介して大政奉還を唱えようとしたが、捕えられ藩命で謹慎させられる。明治元年（一八六八）鳥羽伏見の戦のあと、奉行退去後に混乱した長崎において対外折衝にあたり、上京して西郷隆盛や岩倉具視に報告した。同年三月新政府の参与、制度事務局判事となり、福岡孝弟とともに「政体書」を起草、二年七月参議、四年十一月岩倉具視の後任として外務卿となり樺太国境問題をめぐって対露交渉にあたった。五年には琉球藩の帰属問題、マリア＝ルス号事件を担当、六年二月には、特命全権大使として清国と交渉し、日清修好条規批准交換および琉球民殺害台湾事件の処理にあたった。六年十月十三日には大久保利通につづいて参議兼任を命じられ、十四日の廟議において西郷隆盛・板垣退助・江藤新平・後藤象二郎らとともに「朝鮮国遣使」を主張、去る八月十七日すでに西郷派遣を決定していたにもかかわらず、結局右大臣岩倉具視によってくつがえされてしまった。そこで十月二十四日、前日の西郷辞任につづいて、副島は板垣・江藤・後藤らとともに辞職してしまった。しかし御用滞在を命じられ在京せざるをえなかった。七年一月、愛国公党を副島宅で設立し、同月十七日「民撰議院設立建白書」を政府に提出、帰郷する江藤を説得して引き止めようとしたが江藤は去ってしまった。八年五月元老院議官に任命されたが辞退した。同年十月参議兼外務省事務総裁に推されたが受けなかった。九年九月、霞ヶ関の自宅を手放して旅費をつくり、清国への旅に出て、十一年帰国した。十二年四月、宮内庁御用掛一等侍講に任命されたが、翌年辞意をもらしたところ、天皇に宸翰をもって慰留された。この年七月妻律子を失った。十九年宮中顧問官、二十一年枢密顧問官、二十四年枢密院副議長、二十五年内務大臣などを歴任。副島は漢詩と書をよくし、『蒼海全集』全六巻中には二千をこえる詩がおさめられている。清国歴訪後に書風が変化し、蒼海独自の風格をもってきたといわれる。明治三十八年一月三十一日病没。七十八歳。墓は東京都港区の青山墓地と佐賀市本庄町高伝寺にある。

参考文献 丸山幹治『副島種臣伯』、「副島大使適清概略」(『明治文化全集』一一)、「副島伯経歴偶談」(『東邦協会会報』四一・四三・四四)　（杉谷　昭）

そえだあぜんぼう　添田啞蟬坊　一八七二―一九四四　明治・大正時代の詩人、演歌師。本名平吉。明治五年(一八七二)十一月二十五日、農業添田利兵衛の次男として神奈川県大磯に生まれる。少年期上京し、叔父の家に寄寓して浅草に親しむ。はじめ船員、ついで横須賀で土方や人足などをしたが、街頭で聞いた自由民権思想普及の壮士節に魅せられて演歌師となり、その集団青年倶楽部に入って「愉快節」や「欣舞節」を歌った。やがて粗野生硬な演歌を改良し、みずから不知山人の号で作詞したものに面白い節付をして歌い、人気を集めた。なかでも横江鉄石との合作「ストライキ節」は空前のヒット作となった。以後演歌師の中心的存在として、浮世三郎・のむき山人・おぼろ山人・臥竜窟主人などの筆名で、「ラッパ節」「あゝ金の世」「あゝわからない」「ノンキ節」「むらさき節」などを作詞し、歌った。また堺利彦ら社会主義者と交わり、「うしほ会」の集会をもち、俳句にも親しんで俳誌『うしほ』を発刊。そのほか大正期には演歌誌『演歌』をも発行した。昭和十九年(一九四四)二月八日没。七十三歳。添田知道はその長男である。著書に『添田啞蟬坊新流行歌集』(大正五年(一九一六))、『啞蟬坊流生記』(昭和十六年)があり、また『添田啞蟬坊・知道著作集』全五巻別巻一巻(同五十七年)がある。　（菊池　明）

そえだじゅいち　添田寿一　一八六四―一九二九　明治時代後期・大正時代の経済官僚、銀行家。元治元年(一八六四)八月十五日、筑前国遠賀郡島門村(福岡県遠賀郡遠賀町)に新三郎の三男として生まれた。明治十七年(一八八四)六月東京大学を卒業、七月大蔵省に入り、英国留学三年(自費)ののち主として主税畑を歩いたが、二十六年五月監査局長心得、三十年四月監督局長と銀行行政にたずさわり、三十一年七月から同十一月まで大蔵次官をつとめた。台湾銀行設立に参画して三十二年六月初代頭取となり、三十四年十一月日本興業銀行設立に参画するまでその職にあった。三十五年三月から大正二年(一九一三)二月まで日本興業銀行の初代総裁となり、この間明治四十五年に開設された日仏銀行の設立に参画した。大正四年九月から五年十月まで鉄道院総裁、十四年一月以降勅選の貴族院議員となり、十四年九月から昭和四年(一九二九)七月まで台湾銀行監査役をつとめた。銀行行政の責任の立場で台湾銀行設立委員となり、のちにその委員長となって設立推進役を果たした。続いて日本興業銀行設立にあたっても、台湾銀行頭取を辞して設立委員に加わり、その委員長となって委員の意見をまとめ、同行の初代総裁となった。両行とも設立までには議が多く関係法律が再度改正される状況であった。また日仏銀行の設立では、先方から日本の協力機関として興銀を求めたこともあり、総裁自身が渡仏して意見調整にあたった。明治後期の両行の活動に徴して、日本経済興隆の功労者とすべきであろう。昭和四年七月四日没。六十六歳。

参考文献『大蔵省人名録』、『台湾銀行史』、『日本興業銀行五十年史』　（西村紀三郎）

ソーパー　Julius Soper　一八四五―一九三七　アメリカ＝メソジスト監督教会宣教師。一八四五年二月十五日米国メリーランド州プールスビルに生まれる。ジョージタウン大学およびドゥルー神学校に学び、神学校卒業後直ちに宣教師として来日。明治六年(一八七三)八月八日横浜に上陸。東京を中心に関東一円に伝道。津田仙夫妻に授洗。青山学院の前身の一つ、耕教学舎の設立(明治十一年)に関わる。明治十九年以降、東京に六年間、北海道に三年間、それぞれ地区責任者(連回区長老司)として伝道に従事。明治二十九―四十年、青山学院神学部長として宗教教育にあたり、組織神学を教授。安藤太郎をたすけて禁酒事業に尽瘁。明治四十四年まで青山学院で神学を教え、同年夫人の病により帰米。カリフォルニアにおいて日本人間に伝道。一九三七年二月五日同州グレンデールに没。九十一歳。明治期キリスト教界に人格者として知られた。娘モード Maud も一時期宣教師として日本に伝道した。

参考文献 関根要八編『恩師ソーパル博士』、『青山学院九十年史』　（気賀　健生）

そがすけのり　曾我祐準　一八四三―一九三五　明治・大正時代の軍人、政治家。天保十四年(一八四三)十二月二十五日筑後国柳川藩士曾我祐興の次男として柳川城下坂本小路に生まれる。母は同藩の国学者西原晁樹の娘民子。幼名は廉之助・亀之助・亀二郎、成長して一時準造と名乗った。家は代々藩の物頭を勤め、家禄は百二十石であった。元治元年(一八六四)征長の役に従軍。翌年洋式兵学修業を志して長崎に赴き、慶応二年(一八六六)―三年には、上海・香港・シンガポールに航海して航海術を学んだ。明治元年(一八六八)新政府に出仕して海軍御用掛に任ぜられ、同二年海軍参謀として箱館戦争に参加した。ついで陸軍に転じ、兵部権大丞・兵学寮頭・陸軍士官学校長などを歴任。同十年西南戦争には第四旅団司令長官として西郷軍の鎮定にあたった。その後、熊本鎮台・大阪鎮台の司令長官となり、十三年にはイリ問題をめぐる露清紛争に関して清国援助を説く「時論三策」、国家財政窮乏対策たる「費用節省芻言」を建言した。また十四年九月には谷干城・鳥尾小弥太・三浦梧楼とともに、国憲創立議会を元老院中に設置し、府県会議員の一部をここに列せしめて、国憲(憲法)制定にあたるべきことを上奏した。明治十五年二月―十八年五月参謀本部次長を勤め、陸軍拡張・改革計画を推進、この間、累進して十六年陸軍中将に任ぜられ、十七年子爵を授けられた。その後、仙台鎮台司令長官を経て参謀本部次長に返り咲いたが、陸軍部内にあって薩長閥の主流派と相容れず、十九年陸軍省と参謀本部の権限問題で対立して陸軍士官学校長に転じ、まもなく軍職を去った。その後は東宮大夫・宮中顧問官などを経て、三十一―三十九年日本鉄道会社社長。また、二十四年―大正四年(一九一五)子爵の互選による貴族院議員を勤め、谷干城らとともに土曜会の中心として活躍した。大正三年の第三十一議会では、シーメンス事件に直面し、予算委員長として海軍廓清の立場から製艦費削減による第一次山本内閣倒閣に一役買った。大正四―十二年枢密顧問官。昭和十年(一九三五)十一月三十日熱海小嵐の別荘で死去。九十三歳。

参考文献 坂口二郎編『曾我祐準翁自叙伝』 (鳥海 靖)

そがのやごろう 曾我廼家五郎 一八七七―一九四八 明治時代後期から昭和時代にかけての喜劇俳優。本名和田久一。筆名一堺漁人。明治十年(一八七七)九月六日、堺県堺(大阪府堺市)に生まれる。同二十五年歌舞伎俳優中村珊瑚郎の門に入って珊之助と名乗り、翌年大阪浪花座で初舞台を踏んだ。同三十六年大阪改良座の鶴屋団十郎の仁輪加を見て、喜劇を志し、福井座の嵐佳笑一座で知りあった中村時代と手を結び、曾我廼家十郎・五郎一座として翌三十七年二月浪花座で旗上げをした。折から日露戦争の勃発を伝える号外にヒントを得た自作の『無筆の号外』が大当りをとり、曾我廼家劇の地歩を固めた。同三十九年四月には東京新富座に進出。大正二年(一九一三)十月、十郎と別れて外遊し、西欧の喜劇を見ての反省から、帰国後、一時「平民劇団」と名乗り自身も本名の和田久一で出演したが、まもなく旧名に復し、「五郎劇」と改めた。以後一堺漁人の筆名による自作の脚本により、演出・主演を兼ね、低俗な教訓を内容としながら、笑いの中に涙を盛った独特の喜劇を上演した。芸風は歌舞伎を基礎とした大阪らしい油っこい演技で、独自の濁声と奇妙な歩きを特色とし、立役や老婆役を得意とした。晩年喉頭癌のため音声を失い、影の声を用いて舞台に立った。昭和二十三年(一九四八)十一月一日没。七十二歳。日本に喜劇という新しいジャンルを確立した功績は大きく、劇作家としても作品は千種をこえる。なお死後甥の蝶太郎が十歳で二代目を襲名したが、昭和二十六年十二月二日没し、その名跡は絶えた。

参考文献 上田芝有編『喜劇一代男曾我廼家五郎自伝』、尾崎倉三『喜劇王の明暗』 (菊池 明)

そごうしんじ 十河信二 一八八四―一九八一 大正・昭和時代の鉄道官僚・国鉄総裁。明治十七年(一八八四)四月十四日愛媛県新居郡中村(新居浜市)生。鍋作次男。西条中学校・第一高等学校を経て、四十二年七月東京帝国大学法科大学政治学科を卒業、文官高等試験合格、鉄道院に入り、経理畑を進む。大正十三年(一九二四)八月鉄道省経理局長に就任、十五年一月復興局事件で依願免官(昭和四年(一九二九)無罪)。昭和五年七月から九年七月まで南満洲鉄道株式会社理事、十年から十三年まで興中公司社長、二十年六月から二十一年九月まで西条市長、二十一年から二十三年まで鉄道弘済会会長を歴任した。三十年五月日本国有鉄道総裁に就任、同年十二月島秀雄を技師長に迎え、東海道新幹線の構想を立て、その実現に尽力した。三十八年五月十九日、新幹線の開通を待たず国鉄総裁を辞任し、その後日本交通協会会長に就任した。新幹線実現の中心人物であった。五十六年十月三日死去した。九十七歳。

参考文献 十河信二伝刊行会編『十河信二』 (原田 勝正)

そねあらすけ 曾禰荒助 一八四九―一九一〇 明治時代の官僚・政治家。西湖と号す。嘉永二年(一八四九)正月二十八日長州藩の家老職宍戸潤平の三男に生まれる。幼名は寛三郎。のちに長州藩士曾禰高尚(祥蔵)の養子となった。明倫館に学ぶ。戊辰戦争に従軍した後、明治三年(一八七〇)大阪の陸軍兵学寮に入り、同五年フランスに留学。十年帰国して陸軍省に出仕し軍務に携わった。十四年太政官に転じ、同少書記官・参事院議官補・法制局参事官・内閣記録局長・同官報局長などを歴任した後、明治二十三年帝国議会開設とともに初代の衆議院書記官長に任ぜられた。二十五年第二回衆議院議員総選挙で山口県第四区から当選し、第三・四議会で副議長を勤めた。中央交渉部・議員倶楽部に所属して政府を援助し、国民協会にも参画した。二十六―三十年フランス駐劄特命全権公使としてパリに在勤。三十一年一月第三次伊藤内閣の成立に際して司法大臣として入閣、ついで同年十一月第二次山県内閣の農商務大臣、三十四年六月第一次桂内閣の大蔵大臣に就任した。この間、三十三年以来貴族院の勅選議員を勤め、また、桂内閣では一時外務大臣・逓信大臣を兼任した。明治三十七・三十八年の日露戦争に際しては、松方正義・井上馨の両元老のうしろだてを得て、困難な財政事情の中で大蔵大臣として国内債・外債の募集、増税などにより戦費の調達にあたった。三十九年一月桂内閣の退陣により辞任、枢密顧問官に転じた。その後、在官のまま馬政局長官を経て四十年九月伊藤博文統監のもとで韓国副統監に就任、四十二年六月伊藤の辞任とともに韓国統監となった。日韓併合速行の路線には消極的だったが、病気のため四十三年五月辞任した。この間、三十五年日英同盟成立に伴う論功行賞で男爵に、四十年には日露戦争の勲功により子爵に叙せられた。四十三年九月十三日胃癌により死去した。六十二歳。

参考文献 美濃部俊吉編『西湖曾禰子爵遺稿並伝記資料』、西野喜与作『歴代蔵相伝』、芳川寛治『為政者の大道』 (鳥海 靖)

そのだこうきち 園田孝吉 一八四八―一九二三 明治時代の実業家。横浜正金銀行頭取、ついで十五銀行頭取として明治後半期の国際金融ならびに国内金融の発達に貢献した。嘉永元年(一八四八)正月十九日宮内健吉・春の長男として大隅国菱刈郡太良村(鹿児島県大口市)で誕生。十四歳の時園田沢右衛門の養子となる。東京に遊学し、大学南校を卒業後外務省に勤務。明治七年(一八七四)

ロンドンの万国博覧会にわが出品事務取扱として派遣され、十二年まで滞英。十四年領事として再びロンドンに在勤し、二十一年正月帰朝。同年五月三度渡英し、英蘭銀行で業務を研修。二十二年帰国し、翌二十三年三月原六郎のあとを継ぎ横浜正金銀行頭取に就任。正金には当時一部の株主の策動による内紛があったが、彼は日本銀行から小泉信吉を迎えて本店支配人に、ロンドン支店支配人山川勇木を召還して本店副支配人にし、反対行員を解職して行紀の粛正をはかった。また当時は御用外国荷為替制が廃止されて日銀との間に外国為替手形再割引契約が結ばれた時であったが、彼は正金みずからが為替の売買・出合に責任をもつ自主的機構の確立に尽力した。日清戦争後ロンドンに出張し償金の受取事務にあたったが、帰国後健康を害し、三十年頭取を辞任。三十一年十月、松方正義の懇請により十五銀行頭取として再登場。以後積極的営業方針をとり同行の発展につとめたので、大正二年(一九一三)同行は資本金四千万円の大商業銀行となった。同四年持病悪化して頭取を辞任。七年華族に列し男爵となった。十二年九月一日死去。七十六歳。墓は東京都港区の青山墓地にある。

参考文献 荻野仲三郎『園田孝吉伝』、『横浜正金銀行全史』二、『三井銀行八十年史』、実業之世界社編『財界物故傑物伝』上
（山口 和雄）

そのべひでお 園部秀雄 一八七〇―一九六三 明治から昭和時代にかけての薙刀術師範。明治三年(一八七〇)三月十八日仙台藩士日下陽三郎の六女として陸前玉造郡上ノ目村に生まれた。幼名たりた。同十九年仙台へ来た直心影流剣客佐竹鑑柳斎一行の撃剣興行を見、鑑柳斎夫人佐竹茂雄の薙刀術に感じて入門。二十一年茂雄から薙刀術の免許を受け、その後鑑柳斎から印可を得、秀雄と改名した。二十九年神戸市の光武館道場主園部正利に嫁し、夫を扶けて武道教育にあたるとともに、姫路師範学校などで薙刀を教えた。その間秀雄は薙刀術を新時代の学校教育に適するように工夫するところが多かったと思われる。大正七年(一九一八)上京、成蹊高女・実践高女・女子学習院常盤会などに直心影流薙刀を教授した。大正十五年大日本武徳会から薙刀術範士の称号を受領。昭和十一年(一九三六)世田谷に直心影流薙刀術道場修徳館を開き、薙刀教員養成所を併設し、斯道の発展に尽くした。昭和二十八年九月二十九日没。年九十三。東京都杉並区下高井戸の宗源寺墓地に葬る。秀雄が薙刀を以て近代女子教育に尽くした功績は大きい。

参考文献 園部繁八編『噫園部ひでを先生』
（島田 貞一）

ゾルゲ **Richard Sorge** 一八九五―一九四四 政治的情報員。一八九五年十月四日、カフカズのアプシェロン半島(現在のアゼルバイジャン共和国サブンチ村)に生まれる。筆名ゾンター。組織名ラムゼー。ドイツ人アドルフとロシア人ニーナの第五子。三歳で家族とともにベルリンへ移り、そこで幼少年期をすごす。実科学校高等部在校中に志願兵として第一次世界大戦に従軍、二十三歳で除隊するまでに三度負傷、戦争に懐疑的になり、キール大学に進んで独立社会民主党へ入党、さらにハンブルク大学卒業後ドイツ共産党へ入党、アーヘンやフランクフルトで党活動に専念、党の指示でモスクワへ移り、一九二五年ソ連共産党に入党、コミンテルン要員として北欧諸国やイギリスで情報活動に従った。その後極東情勢の緊迫に伴い中国行きをすすめられ、赤軍第四本部に所属を移して一九三〇年上海へ到来、A・スメドレーや尾崎秀実(ほつみ)を知り、九・一八事件前後の情勢を探査する。一九三三年にモスクワへ戻り日本派遣が決定、新聞・雑誌の通信員の資格を取得して昭和九年(一九三四)来日、『フランクフルター=ツァイツング』紙特派員・ナチス党員を偽装してオット大使の信任を得、ドイツ人社会に重きをなし、大使の私設情報官として活躍しながら、尾崎らの協力を得て対日情報グループを組織し、政治情報を入手、みずからの判断を加えて通報した。昭和十六年十月十八日、東京市麻布区永坂町で逮捕され、治安維持法・国防保安法・軍機保護法各違反で尾崎とともに死刑の判決をうけ、上告審も棄却となり、十九年十一月七日、巣鴨の東京拘置所で刑を執行された。四十九歳。著作には『新ドイツ帝国主義』(一九二八年)ほかがあり、学者・評論家としても卓越しており、日本研究にも優れている。一九六四年十一月、ソ連最高会議幹部会から「ソ連邦英雄」の称号を贈られた。東京都府中市の多磨墓地の墓には「戦争に反対し世界平和のために生命を捧げた勇士ここに眠る」と刻まれている。

参考文献 F・W・ディーキン、G・R・ストーリィ『ゾルゲ追跡』(河合秀和訳、『筑摩叢書』二六八)、マリヤ=コレスニコワ・ミハイル=コレスニコフ『リヒアルト・ゾルゲ』(中山一郎訳)
（尾崎 秀樹）

そんぶん 孫文 **Sun Wen** 一八六六―一九二五 中国の革命家、政治家。中国国民党総理。台湾では共和制中華民国の創始者として国父とも称される。幼名は帝象、字は徳明、号は日新・中山・逸仙(欧米ではしばしばSun Yat-senと呼ぶ)。一八六六年十一月十二日広東省香山県(現在の中山市)翠亨村の貧農の父孫達成・母楊氏の三男として生まれる。十三歳のとき、出稼ぎで成功したハワイの長兄孫眉のもとに行き、教会学校で学び、十八歳で帰国。香港で洗礼を受け、広州の博済医院の付属医学校で医学を学び、反満秘密結社三合会の首領鄭士良と知り合い、一八八七年香港の西医書院(香港大学医学部の前身)に転じ、九二年首席で卒業したあと、澳門(マカオ)・広州で開業。この間、反満の民族意識を強め、革命を決意するに至る。やがて医業を離れて革命運動に専念し、九四年最初の革命組織として秘密結社興中会をハワイで組織し、九五年(明治二十八)香港に興中会本部を設け、広州で最初の武装蜂起を企てたが失敗して日本に亡命、横浜に興中会分会を組織した。九六年アメリカを経てイギリスに行き、

ロンドンで清国公使館に監禁されたが香港時代の恩師カントリーの奔走で奇跡的に救出され、革命家として一躍有名になった。ヨーロッパ社会を実際に見て、民生問題の重要性に気づき三民主義の構想を練った。九七年(明治三十)日本にもどり宮崎滔天・平山周・犬養毅らを知り、東京・横浜に居住し、九九年(明治三十二)犬養・宮崎・平山・内田良平らとフィリピン独立運動を援助したが失敗した。一九〇〇年(明治三十三)義和団事件に乗じて鄭士良らに広東省恵州で挙兵させ、厦門出兵をねらう日本軍部からの武器援助の密約に期待したが再び失敗。この「恵州起義」は、外国の膨張主義的勢力の援助に依存しつつ武装蜂起を強行することによって清朝を打倒しようとする当時の孫文のいわば武装蜂起中心の革命路線の典型的な例であった。〇五年(明治三十八)東京で革命三派(興中会・華興会・光復会)の合同による中国同盟会を結成し、孫文は総理に選ばれ、機関誌『民報』を発刊して三民主義を政治綱領として掲げた。〇六年「革命方略」を発表し、共和国建設の順序として軍法の治・約法の治・憲法の治の三期に分けた。一一年十月辛亥革命が勃発するとアメリカから帰国し、臨時大総統に選ばれ、一二年一月一日中華民国が発足したが、南北妥協の結果、袁世凱が大総統に就任。袁世凱は独裁支配を強化し一三年宋教仁を暗殺したので、孫文は第二革命を起したが敗れ日本に亡命。一四年国民党を改組して中華革命党を組織し、日本から援助を得ようとしたが成功せず、一五年末第三革命を起し袁世凱の帝政運動を挫折させた。一七年から護法運動を展開する中で広東政府を樹立して反動軍閥との戦いを続けた。一九年の五・四運動で民衆を革命の担い手とする必要性を痛感し、十月中華革命党を改組して公開の政党中国国民党を組織。ロシア十月革命後のソビエトへの思想的共鳴を深める一方、二一年創立された中国共産党との提携を積極的に進め、共産党もコミンテルンの方針に従い国共合作に踏み切った。二三年コミンテルンが派遣したボロジンを国民党の最高顧問に任命し、国民党改組宣言を発表して反軍閥・反帝国主義を国民党としてはじめて公然と掲げた。二四年(大正十三)一月中国国民党第一回全国代表大会は連ソ・容共・扶助農工の三大政策を決定し、軍閥の背後に帝国主義列強が存在して中国の内乱を作り出しているとして、反帝・反軍閥を明確に表明した。一月から八月まで三民主義講演を行い、三民主義の目標は中国を滅亡から救うための「救国主義」であると強調。四月「国民政府建国大綱」を発表して三民主義と五権憲法(立法・司法・行政・考試・監察または弾劾)に基づいて中華民国を建設すること、建設の順序は軍政時期・訓政時期・憲政時期の三段階とすることを定めた。十一月日本を訪問し、神戸で「大アジア主義」について講演し、欧米の覇道と東洋の王道を対置し、ソビエトを王道国家とし、アジアの被圧迫民族を解放するため日本は覇道を捨て王道に帰り不平等条約を廃棄するよう求めた。二五年三月十二日北京で肝臓癌のため死去。六十歳。国民党への遺書で、「世界でわれわれを平等に待遇する民族と連合し、共同して奮闘す」べきこと、「革命はまだ成功していない」ので努力を続け、国民会議開催と不平等条約廃棄を最短期間に実現すべきことを訴えた。またソビエトへの遺書で、国民党に対し中国を帝国主義の半植民地的状況から解放するためにソビエトと永久に提携するよう命じたことを明らかにするとともに、中ソ両国が世界の被圧迫民族の自由をかちとるため提携して進むよう希望した。遺体は北京西郊の西山の碧雲寺に葬られたが、二九年南京郊外の紫金山の中山陵に移葬された。孫文とその学説(特に三民主義)は、その後、国民党の象徴とされるに至った。三七年日中戦争勃発とともに第二次国共合作が形成されたとき、その理論的根拠となったのは孫文思想であった。夫人は宋慶齢。

参考文献 広東省社会科学院歴史研究所他編『孫中山全集』、中国国民党中央委員会党史委員会編『国父全集』、胡漢民編『総理全集』、陳錫祺主編『孫中山年譜』、中国国民党中央委員会党史史料編纂委員会編『国父年譜(増訂本)』、高橋勇治『孫文』(『東洋思想叢書』一七)、鈴江言一『孫文伝』、野沢豊『孫文と中国革命』(『岩波新書』青六一一)、藤井昇三『孫文の研究』、尚明軒『孫中山伝』、張磊『孫中山思想研究』、Lyon Sharman: Sun Yat-sen, His Life and Its Meaning; Karl A. Wittfogel: Sun Yat Sen, Aufzeichnungeneines Chinesischen Revlutionärs; Marius B. Jansen: The Japanese and Sun Yat-sen; Harold Z. Schiffrn: Sun Yat-sen and the Origins of the Chinese Revolution; C. Martin Wilbur: Sun Yat-sen, Frustrated Patriot.

(藤井 昇三)

た

ダールマン　Joseph Dahlmann　一八六一―一九三〇　ドイツのインド学者、イエズス会司祭。一八六一年十月十四日コーブレンツに生まれ、ベルリンとウィーンの大学でサンスクリットおよびインド哲学を研究、インドおよび中国に研修旅行、その著『インド紀行』Indische Fahrten(一九〇三年)はインドの芸術と文化に関する名著。明治三十六年(一九〇三)来日して短期間滞在、同四十一年再来しホフマンを助けて上智大学の創立に尽力、同大学および東京帝国大学で十年間ドイツ文学・インド哲学・ギリシャ語を講じた。傍ら日本切支丹史の研究にくわしく帝室御物「南蛮船渡来屏風」その他の切支丹屏風の調査をし、『切支丹時代の日本美術に現われた日本と西洋の最も古い関係』Japans älteste Beziehungen zum Westen, 1542–1614, in zeitgenössischen Denkmälern seiner Kunst(一九二三年)はその成果である。またカトリックの聖職者としてはじめて日本アジア協会 The Asiatic Society of Japae の役員に選ばれ活躍した。日本在住二十二年、昭和五年(一九三〇)六月二十二日東京にて没。六十八歳。墓は東京都府中市天神町四丁目の府中カトリック墓地にある。有数な東洋通で、名文家であり、言語学・美術・哲学・宗教学関係の著書が多い。

参考文献　『上智大学史資料集』二、Die katholischen Missionen (1935).

(佐藤　直助)

ダイアー　Henry Dyer　一八四八―一九一八　イギリスの工学者、工部省工学寮(のち工部大学校)のお雇教師。ダイアーは一八四八年八月十六日、スコットランドのホスウェルに生まれ、アンダーソンズ＝カレッジを経てグラスゴー大学で土木・機械学を学び、優等の成績で卒業した。明治六年(一八七三)六月、二十四歳のとき、同大学ランキン教授の推薦により、工部省のお雇教師として来日した。同省工学寮の都検(プリンシパル)兼工学博士に就任し、日本の工業化を推進する第一線の工業指導者の養成に着手した。明治十年一月、工学寮は工部大学校と改称された。彼は理論と実習を巧みに結合して学識ある専門職としてのエンジニア教育の方式を考案し、英専門誌『ネイチャー』などで高く評価された。明治十五年六月、その職を辞して帰国し、英国の工業教育の改革に尽力した。一九一八年九月二十五日没。七十歳。著書に Dai Nippon, the Britain of the East, a Study in National Evolution (1904) などがある。

参考文献　旧工部大学校史料編纂会編『旧工部大学校史料』、三好信浩「工部大学校都検ヘンリー・ダイアー考」(日本教育学会『教育学研究』四三ノ一)

(内田　糺)

たいいんくん　大院君　Taewŏn-gum　一八二〇―九八　李朝末期の政治家。姓名は李昰応。号は石坡。英祖の玄孫。南延君李球の子。一八四三年、宣君に封じられたが、安東金氏(慶尚道安東を本貫とする金氏)の勢道政治のもとで宗親府有司堂上・五衛都摠府都摠官の閑職につかされて不遇な時代をおくっていた。六三年に哲宗が没したが、跡継ぎがなかったので、昰応の第二子命福が第二十六代の王位(高宗)につき、昰応は興宣大院君に封じられて、十二歳の国王をたすける摂政に相当する権限を握る。大院君は高宗が二十二歳に達するまでの十年間(六四―七三年)、内外の封建的、民族的危機に対処して大胆な政策を断行した。内政面では、勢道派を抑えて党派的な人材登用の弊害打破、党論の拠点であり、また特権の肥大化で社会問題となっていた書院に対する統制策の強化、土地調査と軍布税の改正などによる支配層の脱税防止などがそれである。さらに、備辺司が国政の最高機関となっていたアブノーマルな状態を是正して、議政府と三軍府を復活し行政と軍事を分離して国政の能率化をはかった。こうした中央集権体制の強化の一環として大規模な景福宮の再建工事を強行した。対外的にも欧米の侵略に対しては徹底抗戦政策で臨み、六六年のフランス艦隊と、七一年のアメリカ艦隊の江華島侵攻に対しては、軍民を動員して撃退した。この対外政策については、広範な層の支持を得ていたが、内政の点では勢道派と衛正斥邪派から反対されて、七三年に国王親政を名分にして隠退させられた。八二年の壬午軍乱で再び摂政に相当する地位についたが、清の保定に三年間抑留される。九四年の日清戦争の際に、日本軍によって反閔氏派の巨頭として強引に担ぎだされて親日政権の摂政に相当する地位につかされたが、十一月には隠退させられた。翌九五年十月、三浦梧楼日本公使の首謀による閔妃殺害事件でもやはり強引に担ぎだされるが、このときも実権は与えられなかった。大院君は従来いわれているような、単なる守旧的でしかも排外主義者ではなく、外国の圧力に屈した他律的な改革などに対して反対していた。また閔妃との対立も誇張されて伝わっている。九八年二月二十二日没す。七十九歳。遺言によりソウル孔徳里に葬られたが、一九〇八年京畿道坡州郡雲川面大徳洞の興園に移葬され、六六年、さらに京畿道楊州郡(南楊州郡)和道面鹿村里に移葬された。

参考文献　田保橋潔『近代日鮮関係の研究』、菊池謙譲『(朝鮮最近外交史)大院君伝附王妃の一生』、朴宗根『日清戦争と朝鮮』、李光麟『韓国史講座』五、社会科学院歴史研究所編『朝鮮全史』一三、藤間生大『近代東アジア世界の形成』

(朴　宗　根)

だいくはらぎんたろう　大工原銀太郎　一八六八―一九三四　明治から昭和時代にかけての土壌学者。明治元年

(一八六八)正月三日、長野県伊那郡南向村(上伊那郡中川村)に生まれ、同二十七年東京帝国大学農科大学卒業、翌二十八年農商務省農事試験場技師となり二十七年間在職した。その間土壌学・肥料学を主とした農芸化学分野の研究に専念したが、中でも酸性土壌に関する研究は、有機物の少ない土壌の酸性化の実態をはじめて明らかにしたもので、その土壌酸度測定法は「大工原法」として世界各地で応用されるとともに、その成果は日本の土地利用および農作物の増産に大きく貢献した。大正十年(一九二一)九州帝国大学教授、同十五年から九州帝国大学総長となり、さらに昭和四年(一九二九)以降は同志社大学総長として教育に尽力したが、同九年三月九日総長在職中に死去。六十七歳。墓は東京都台東区の谷中墓地にある。正三位勲二等。主著である『土壌学講義』は古典的名著とされている。

参考文献 大工原先生論文集編纂委員編『(農学博士)大工原先生論文集』 (大羽　裕)

たいしょうてんのう　大正天皇　一八七九―一九二六　一九一二―二六在位。明治十二年(一八七九)八月三十一日午前八時十二分、東京青山御所内御産所にて生誕。明治天皇第三皇子、生母権典侍柳原愛子。九月六日、嘉仁(よしひと)と命名、明宮(はるのみや)と称した。同月、正親町実徳が御養育御用掛となる。七歳まで中山忠能邸ですごし、その後は青山御所に移る。二十年八月三十一日、九歳に達したので儲君に治定し皇后(昭憲皇太后)の実子と定め、二十二年十一月三日、立太子の儀を行なって皇太子となる。この日また陸軍歩兵少尉に任官。幼少のころは脳膜炎などを病んで病弱であった。佐佐木高行・曾我祐準らが教養主任となる。九歳で学習院に入学、二十二年、赤坂離宮花御殿を東宮御所としここに移る。二十七年、学習院が震災で破損したので離宮内に御学問所を設け川田剛・三島毅・本居豊穎・仏国人サラザンらから漢書・国書・フランス語を学ぶ。三十年、満十八歳で貴族院に議席を持つ。三十三年五月十日、二十二歳で旧摂家九条道孝の四女節子(さだこ)をいれて妃とした(貞明皇后)。翌年四月、第一皇孫迪宮(みちのみや)裕仁親王誕生。日露戦争が勃発すると陸海軍大佐で大本営付となり、その功で功三級をうけ陸海軍少将に昇進した。四十年十月、韓国統監伊藤博文の要請により有栖川宮威仁親王・伊藤統監・桂太郎らを従えて渡韓し、同国皇帝以下の顕官と会見して数日滞在した。その後、四十三年八月、韓国併合が行われた。四十五年七月三十日、明治天皇崩御、直ちに践祚して皇位につく。同日、大正と改元。大正四年(一九一五)十一月十日、京都御所紫宸殿において即位の典を行う。三年には第一次世界大戦が勃発し世界情勢が激変、政界では政党政治が確立し時勢が変わった。即位後は健康がすぐれず、九年三月、病状が容易でないことが宮内省から発表され、十年十一月、皇族会議で摂政設置が決定され、同二十五日皇太子裕仁親王が摂政に任命され、以後、天皇はもっぱら療養生活に入った。十五年十二月二十五日午前一時過ぎ、葉山御用邸において崩御。年四十八。翌昭和二年(一九二七)一月謚号を大正天皇と定め、二月七日、大葬挙行。著作、『大正天皇御記』(明治三十三年十月四日―三十日、西巡日記抜萃、『中央史壇』一三ノ二)、『大正天皇御製歌集』(一冊、昭和二十年、宮内省)。

参考文献 宮内省編『明治天皇紀』、高木八太郎・小島徳弥『大正天皇御治世史』、『太陽』大正二年二月号、「大正天皇御年譜」(『中央史壇』一三ノ二)、中島利一郎「漢詩人としての大正天皇」(同)、布施秀治「日光御用邸に於ける先帝陛下の御生活」(同)、「大正天皇御大葬儀」(同一三ノ三)、徳川義親「大正天皇の成績表」(『文芸春秋』三九ノ八)、入沢達吉「大正天皇御臨終記」(同三一ノ一) (大久保利謙)

だいどうちょうあん　大道長安　一八四三―一九〇八　明治時代の曹洞宗僧侶・救世教の教祖。はじめ機外禅透、のちに長安と改称。救世教開宗と同時に救世仁者の号を用いた。天保十四年(一八四三)四月一日越後国蒲原郡新発田(新潟県新発田市)の本田文八の次男に生まれた。嘉永元年(一八四八)長興寺泉明に就いて得度。同四年若狭国海源寺の法兄柏庭大樹のもとで養育され、のちにその法を嗣ぐ。安政四年(一八五七)江戸駒込吉祥寺栴檀林で修学。明治六年(一八七三)大道山長安寺に入る。姓を大道長安と改む。同九年三十四歳の若さで新潟県曹洞宗教導職取締に就任し権中講義に補される。ついで同十六年四十一歳で権大講義に推される。その間戒師二百九十四回、説教三千百七十五講に及ぶ。この年長興寺住職を禅瑞に譲り、長岡に宿願の救世院を建立し、布教活動と貧児救育を行う。同十九年救世教開立五箇条を決定するが、宗務局より異安心として擯斥の極刑に処せられる。同四十一年六月十五日没す。行年六十六。

参考文献 堀野宝竜編『大道長安仁者全集稿本』、桜井秀雄『開けゆく法城』(『昭和仏教全集』第二部一二)、池田英俊『明治の新仏教運動』 (池田　英俊)

ダイバース　Edward Divers　一八三七―一九一二　イギリスの化学者。一八三七年十一月二十七日ロンドンに生まれる。クィーンス＝カレッジに学んだ後、同大学助教授。一八七〇年ミドルセクス州医学校法医学講師、明治六年(一八七三)、御雇外国人教師として来日、工学寮(工部大学校、東京大学工学部の前身)、帝国大学理科大学(明治十九年帝国大学令により東京大学と工部大学校が合併、東京大学理学部の前身)で無機化学を教える。滞日二十六年間にわが国に無機工業化学の基礎を築いた。弟子たちには高峰譲吉・河喜多能達・下瀬雅允・垪和(はが)為昌他三十六名に及ぶ。垪和の四十篇ほどの論文のほとんどはダイバースと共著であるように、明治初期にイギリスおよびドイツの化学会誌に弟子と共著の論文を発表し、やがて彼らを留学させる道を開拓していた。大別すると、硝酸塩類の反応機構の研究、含窒素有機化合物に関する研究に分けられる。明治三十二年帰国後、イギリス化学会会長、化学工学会会長となる。一九一二年四月八日、ロンドンにて没。七十四歳。

参考文献 柴田雄次「E. Divers 先生と垪和為昌先生」(『化学』一六ノ九)、山下愛子「垪和為昌」(『MOL』四ノ四) (山下 愛子)

だいほう 大宝 ⇩守脱

タウト Bruno Taut 一八八〇―一九三八 ドイツ人建築家。一八八〇年五月四日、東プロシア、プロイセン州の首都ケーニヒスベルクで、ユーリウス＝タウトを父、アウグステを母として生まれた。同市の建築工業学校を卒業後、一九〇三年シュトゥットガルトの建築家テオドール＝フィッシャーの事務所に入り、〇八年ベルリンに移って独立して建築事務所を設立した。二一年から二四年までマクデブルグ市の建築課長に就任し、のち再びベルリンに戻った。建築家としてのタウトの活動期はちょうど近代建築運動の隆盛と併行しているが、彼は近代建築を標榜しつつ同時に近代主義が形式主義に転落することを警告する立場を保持し続けた。各国の民族的伝統を理解しつつ、幻想性豊かな『都市の冠』(一六年)、『アルプス建築』(一七年)などを著わし、一八年のドイツ敗戦後には表現主義運動に加わるなど、行動と作品の軌跡は多様である。三二年ソ連政府に招かれてモスクワ市都市計画に参加したのち、ナチスから逃れて昭和八年(一九三三)スイス・フランスを経て来日、五月四日敦賀に上陸した。日本では商工省工芸指導所嘱託・高崎工芸指導所嘱託などを歴任したが概して仕事には恵まれなかった。むしろ彼が日本に残した足跡は、桂離宮と伊勢神宮に永遠の理想像を見、日光東照宮を「いかもの」と断じて、近代ヨーロッパの美意識をもって日本人に訴えかけたことの方が大きい。昭和十四年に発行された『日本美の再発見』(篠田英雄訳、『岩波新書』)は当時の日本の知識人に大きな衝撃を与えた。一九三六年十月、イスタンブール工科大学教授としてトルコに赴き、トルコ政府建築最高顧問としても活躍した。一九三八年十二月二十四日、イスタンブールで死去。五十八歳。墓は同市城壁外の市営共同墓地にある。日本語に翻訳された著書として『タウト全集』(昭和十七―十九年)、『タウト著作集』(同二十一―二十三年)などがある。

参考文献 『SD』一七一(特集ブルーノ・タウト再考) (稲垣 栄三)

たおかれいうん 田岡嶺雲 一八七〇―一九一二 明治時代の文芸評論家、中国文学者。本名佐代治。明治三年(一八七〇)十一月二十一日土佐国土佐郡石立村(高知市)に生まれる。亨一・蝶の三男。帝国大学文科大学漢文科選科卒。学生時代から文筆活動を始め、藤田剣峰らと雑誌『東亜説林』を出して東洋文化の近代的再生をめざすとともに、他方、投書雑誌『青年文』の主筆として樋口一葉や泉鏡花の才能を、いち早く認め、また彼らをふくめて作家の筆が社会腐敗の根源や下層民衆の生活に及ぶことを求めた。明治二十九年春以降、彼の関心はむしろ政治や社会に移り、対内的には藩閥と富閥を倒す第二の「維新」を、対外的には列強からのアジアの解放を唱える。中学教師、『万朝報』記者、『中国民報』(岡山)主筆などを経て、日露戦争後、雑誌『天鼓』その他によって反資本主義文明論と女性解放論を展開するが、『壺中観』(明治三十八年)以降、ほとんどの論文集が発禁となる。著書としてはほかに『嶺雲揺曳』(同三十二年)、『蘇東坡』(同三十年)、『明治叛臣伝』(同四十二年)、自叙伝『数奇伝』(同四十五年)などがある。大正元年(一九一二)九月七日没。四十三歳。墓は高知市旭日天神町の通称田岡山と栃木県日光市大谷川畔の浄光寺とにある。ともに分骨。『田岡嶺雲全集』全八巻(昭和四十四年(一九六九)―)がある。

参考文献 家永三郎『数奇なる思想家の生涯―田岡嶺雲の人と思想―』(『岩波新書』青一九〇)、西田勝『近代文学の潜勢力』 (西田 勝)

たかいこうざん 高井鴻山 一八〇六―八三 幕末・維新期の信濃国の豪農で文人。本姓は市村、通称三九郎、諱健、字士順、鴻山は号。祖父作左衛門は松代・飯山・須坂・上田・高田諸藩や京都九条家の用達を勤めた資産家で、天明の飢饉に際して窮民救済のため献金した功績により、幕府から高井姓を与えられ、鴻山はこれを用いた。鴻山は文化三年(一八〇六)信濃国高井郡小布施村(長野県上高井郡小布施町)農民市村熊太郎・ことの四男として生まれ、幼時は多病であったが、長じて才気を示し、祖父のすすめで文政三年(一八二〇)京都に出て、儒学・書画を学んだ。同九年結婚、翌年新妻数子を伴って再び上京し、梁川星巌に師事、大塩平八郎とも交遊した。天保三年(一八三二)星巌に従って江戸に出、その紹介を得て陽明学者佐藤一斎の門に入り、また国学・蘭学も学んだ。同七年帰国、凶作に苦しむ窮民に自家の蔵を開放し、救済した。このころ信濃国上田で禅学などに高名の僧活文を訪れて教えを乞い、佐久間象山・山寺常山らと交わった。その知識・教養は多方面にわたりみずから書画・詩文を能くしたが、晩年の葛飾北斎を天保十三年から四回にわたり小布施に招き、この地にその作品を残すこととなった。尊王論や公武合体論を主張し、幕府に二回建白し、明治元年(一八六八)の飯山戦争では官軍に協力した。維新後東京府に出仕、同八年東京で高矣義塾を、同十二年長野で同名の塾を開設した。資産の大半を献金・救済などで失い同十六年二月六日中風で没した。七十八歳。法名は耕文院泰賢鴻山居士。墓は長野県上高井郡小布施町上町の祥雲寺にある。

参考文献 岩崎長思『高井鴻山小伝』、大日方美代里編『高井鴻山先生遺墨集』 (尾崎 行也)

たかおへいべえ 高尾平兵衛 一八九五―一九二三 大正時代の社会運動家。長崎県北高来郡諫早村(諫早市永昌町)で明治二十八年(一八九五)十二月一日に生まれる。大正三年(一九一四)大阪に出て商業に従事したが失敗、上京して焼絵を始める。八年七月、北風会の演説会で捕えられ、留置場で大杉栄らと知り合い、社会主義者となる。十年三月出所後、和田軌一郎らのアナキストと黒瓢会・労働社を結成、『労働者』を発行、またロシア飢饉救済運動も展開した。十一年三月、コミンテルンに潜行、レーニンにも面会し、十月に帰国、日本共産党員としてヨッフェ招致運動などに参加したが、翌年二月脱党した。五月、『革命評論』を発行したが発禁にあい、以後直接行動をめざす。同年六月二十六日、赤化防止団長の弁護士米村嘉一郎を自宅に襲ったが、逆にピストルで撃たれて死亡した。二十九歳。

参考文献 戦線同盟編『高尾平兵衛と其の追憶』、萩原晋太郎『永久革命への騎士高尾平兵衛』、松尾尊兊「忘れられた革命家高尾平兵衛」(『思想』五七七)　（神田　文人）

たかぎいちのすけ　高木市之助　一八八八—一九七四　大正・昭和時代の国文学者。明治二十一年(一八八八)二月五日高木六郎の長男として名古屋に生まれ、京都府立一中・第三高等学校・東京帝国大学を卒業。第五高等学校・浦和高等学校・京城帝国大学・九州帝国大学・日本大学・愛知県立女子大学・フェリス女学院大学などの教授を歴任。日本学術会議会員に選出され、国語審議会委員にもなった。文学博士。はじめは西行の歌や『平家物語』など中世文学の研究を主としていたが、大正十三年(一九二四)に欧米に留学後、古代歌謡および和歌に関する独創的な研究を発表。詩人的感性を生かした文芸学的研究を志向しつつ風土・歴史・社会との関連にも深い洞察を含んだ新鮮な論が学界の注目を集めた。著書に『日本文学の環境』(昭和十三年(一九三八))、『吉野の鮎』(同十六年)、『古文芸の論』(同二十七年)、『雑草万葉』(同四十三年)などがあるが、特にその風土文芸論、叙事詩論、英雄時代論、憶良と旅人との反撥に関する論などの与えた影響は大きい。『高木市之助全集』全十巻がある。昭和四十九年十二月二十三日没。八十六歳。　（稲岡　耕二）

たかきかねひろ　高木兼寛　一八四九—一九二〇　明治・大正時代の医者。海軍軍医総監、東京慈恵会医科大学開祖。幼名藤四郎、号穆園(ぼくえん)。嘉永二年(一八四九)九月十五日、日向国で生まれる。父は喜助(兼次)といい鹿児島藩の武臣、母は園。石神良策に医を学び、さらにウィリス W. Willis に師事する。明治五年(一八七二)兵部省に召されて東京に出、八年英国に留学、セント＝トーマス病院医学校を卒業、十三年帰国。東京海軍病院長などを経て、十七年軍医本部長、十八年海軍軍医総監に任ぜられる。十四年成医会を結成し、成医会講習所(東京慈恵会医科大学はこれを原点とする)の所長となる。翌年には有志共立東京病院(同大付属病院の前身)を設立し、十八年同院に看護婦養成所を創ったが、これはわが国における最初のナイチンゲール式看護教育機関であった。ドイツ医学主流・官学主導の中にあってイギリス医学を導入し、私立医学校の基盤を確立した功績は大きい。明治二十一年わが国最初の医学博士となる。海軍兵食改良で脚気予防に成功したほか、開化期の先端文化人として活躍した。大正九年(一九二〇)四月十三日死去。七十二歳。東京都港区の青山墓地に葬られる。

参考文献 東京慈恵会医科大学創立八十五年記念事業委員会編『高木兼寛伝』、東京慈恵会医科大学百年史編纂委員会編『東京慈恵会医科大学百年史』　（長門谷洋治）

たかぎせいねん　高木正年　一八五六—一九三四　明治から昭和時代にかけての政党政治家。安政三年(一八五六)十二月九日、江戸品川宿に生まれる。父は細井半兵衛。のち本家で酒造業など営む高木家の養嗣子となる。幼名又三郎。喬木と号す。幼少期木村芥舟らに和漢の学問を学ぶ。自由民権期には江木高遠の塾で法律・政治学を学ぶ。明治十六年(一八八三)東京府会議員に選出され、政治家の道を歩み始める。明治憲法発布前後には講法会を設立、『東海政法雑誌』を刊行、政治思想の普及をはかる。同二十三年第一回総選挙に東京府で当選、以後昭和七年(一九三二)の第十八回総選挙までに十三回当選を果たし、衆議院議員として活躍した。党派は改進党から進歩党・憲政本党に属し、日露戦後、反政友の結集をはかって猶興会から又新会を組織したが、その後国民党から憲政会・民政党とその政党政治家の生涯を貫いた。明治三十年眼疾で失明、盲目の政治家として有名であった。早くから普選を唱え、また婦人公民権の実現にも積極的にとり組み、また盲人の生活・職業などの保護について政治上努力をした。昭和九年十二月三十一日没。七十九歳。

参考文献 横山健堂編『高木正年自叙伝』　（由井　正臣）

たかぎせんえもん　高木仙右衛門　一八二四—九九　明治時代、浦上キリシタンの中心人物。天正年間(一五七三—九二)に浦上に住みつき、徳川時代を通じて代々潜伏キリシタンの慈悲役を務めた高木家の末裔。文政七年(一八二四)生まれ。慶応元年(一八六五)の信徒発見以来、彼は伝道士として自分の家に秘密聖堂(聖ヨゼフ堂)を設けた。同三年の自葬事件で弾圧が再発した時、彼は信徒の支えとなった。明治元年(一八六八)—二年に浦上・外海(そとめ)など四千百人の信徒が検挙され各地に配流された(浦上四番崩)際、彼は津和野へ流された。同六年に帰郷を許されてのち彼は伝道士として働き、孤児救済やその他の福祉事業のために尽くし、同三十二年四月十三日、七十六歳で死去した。彼が綴った『仙右衛門覚書』は、浦上四番崩に関する体験談として貴重な資料である。

参考文献 『浦上異宗徒一件』(『日本庶民生活史料集成』一八)　（H・チースリク）

たかぎそうきち　高木惣吉　一八九三—一九七九　大正・昭和時代の海軍軍人で太平洋戦争の終戦に尽力した。熊本県球磨郡西瀬村（人吉市矢黒町）に明治二十六年（一八九三）十一月十日出生。農業の父鶴吉と母サヨの長男。小学校だけの学歴で上京し苦学して海軍兵学校に合格、大正四年（一九一五）十二月に卒業。海軍大学校を首席で卒業したあと昭和二年（一九二七）十二月から約二年間フランスに駐在した。同十二年から十七年にかけて海軍省官房調査課長または海軍大学校教官として民間の知識人を集めてブレイン＝トラストを設け、思想・外交・政治を研究した。舞鶴鎮守府参謀長に転出して少将に進んだあと昭和十八年九月、東京にもどり翌年三月から海軍省教育局長。戦局の悪化に伴い十九年九月から海軍次官井上成美の密命により病気と称して終戦工作に従事し、海相米内光政を補佐した。自身の見聞・活動を記録した著書として『高木惣吉日記』『山本五十六と米内光政』『太平洋海戦史』『私観太平洋戦争』『高木海軍少将覚書』など多数ある。昭和五十四年七月二十七日神奈川県茅ヶ崎市で死去。八十五歳。墓は鎌倉市の東慶寺にある。
（野村　実）

たかぎていじ　高木貞治　一八七五―一九六〇　類体論の研究により世界的に著名な明治から昭和時代にかけての数学者。明治八年（一八七五）四月二十一日に生まれる。母つねは岐阜県本巣郡の木野村光蔵の後妻で、貞治は母の兄高木勘助の実子として届けられた。明治二十四年京都の第三高等中学校に入学、同期に吉江琢児、一年上に林鶴一がいたが、やがてこの三人がともに帝国大学で学び、のち日本の数学を育てた。高木は大学で藤沢利喜太郎の指導を得、大学院に進む。同三十一年ドイツ留学に出発し、ベルリン・ゲッチンゲンで学ぶ。留学中に東京帝国大学助教授、三十六年理学博士となる。大正九年（一九二〇）ストラスブールでの国際数学者会議（コングレス）で「相対アーベル体の理論について」を発表。同十一年に第二論文「巾剰余の相互律」を発表。高木の論文はヘルムート＝ハッセらにより広く世界に紹介された。昭和四年（一九二九）オスロー大学から名誉博士。同七年チューリッヒでのコングレスで副議長となり、この会議で決められたフィールズ賞の選考委員となる。同十五年文化勲章受章。同三十五年二月二十八日没。八十四歳。著書に『解析概論』（昭和十三年）、『代数学講義』（同五年）、『初等整数論講義』（同六年）などがある。

参考文献　「日本の数学一〇〇年史」編集委員会編『日本の数学一〇〇年史』上、本田欣哉「高木貞治の生涯」（『数学セミナー』一四ノ一―六）
（下平　和夫）

たかぎみずたろう　高木壬太郎　一八六四―一九二一　明治・大正時代の神学者、教育家。元治元年（一八六四）五月二十日遠江国榛原郡上長尾村（静岡県榛原郡中川根町）に、父高木源左衛門、母そのの長子として生まれた。明治十四年（一八八一）静岡県師範学校を卒業し地方教育に尽力。同十八年カナダ＝メソジスト教会宣教師カシディからキリスト教を聞いた。前年最愛の母を失い、煩悶の末、人生問題を考えるようになり、カシディに会い、キリスト教の信仰を求めるようになった。ついに十九年十月静岡メソジスト教会牧師平岩愃保から、同教会で洗礼を受けた。カシディに就いて、さらに伝道者たらんことを志して、二十二年五月、日本メソジスト教会教職試補に任ぜられ、同年東京に出て東洋英和学校神学部に入学、二十六年卒業した。二十七年按手礼を受け、翌二十八年カナダに留学、トロント市のビクトリア大学神学部に入学。三十一年四月卒業した。十月帰国し、東洋英和学校神学部の教授となり、築地教会牧師を兼任した。のち中央会堂牧師に転じた。東洋英和学校が閉校になったので駒込メソジスト教会牧師を兼ね、またメソジスト派の機関誌『護教』の主筆となった。三十七年六月麻布教会牧師となり、青山学院神学部教授を兼ね、在職のまま、三十九年七月カナダに開かれたメソジスト教会総会に日本年会を代表して出席、十月ビクトリア大学から神学博士の学位を受けた。四十一年帰国、青山学院神学部専任教授となった。大正二年（一九一三）三月青山学院長に就任した。『護教』主筆を辞して専心学院の発展に尽くした。傍ら『基督教大辞典』を起稿し、五年を費やして明治四十四年十一月完了し出版された。本書はわが国キリスト教界の一大力作である。その他の主なる著書は、『基督教安心論』『生活と宗教』『ジョン・ウェスレー伝』。激務のため健康を害し、大正十年一月二十七日、霊岸島病院で永眠。五十八歳。

参考文献　警醒社編『信仰三十年基督者列伝』、『青山学院九十年史』
（片子沢千代松）

たかぎやさか　高木八尺　一八八九―一九八四　大正・昭和時代の政治学者。学術的アメリカ研究の先駆者。明治二十二年（一八八九）十二月二十五日英語学者神田乃武の次男として東京に生まれ、母方高木家を継いだ。学習院・第一高等学校を経て、東京帝国大学法科大学政治学科を卒業、大蔵省官吏となったが、大正七年（一九一八）東京帝大に米国講座が開設されるとともに大学に戻り、翌年に法学部助教授、アメリカ留学後、同十三年には米国憲法・歴史および外交講座担当教授となった。昭和六年（一九三一）に日本における最初の本格的アメリカ政治史の研究書『米国政治史序説』を著わしたのをはじめとして、アメリカの政治・歴史に関する業績が多い。第二次世界大戦前より一貫してアメリカ民主主義の経験から学ぶことを研究の基本とした。戦後はアメリカ学会の初代会長として『原典アメリカ史』の編纂などを通じて後進の指導と研究の振興に尽力した。昭和二十一年から二十二年にかけて学識者として貴族院議員をつとめ、二十三年に学士院会員となり、四十二年には文化功労者に選ばれた。五十九年四月二十八日東京都世田谷区成城の自宅で没。九十四歳。『高木八尺著作集』全五巻がある。

参考文献　斎藤真他編『アメリカ精神を求めて』
（有賀　貞）

たかくすじゅんじろう　高楠順次郎　一八六六―一九四

五　明治から昭和時代前期にかけての仏教学者。八葉峰雪頂などと号す。慶応二年(一八六六)五月十七日備後国御調郡篝村(広島県三原市)に沢井観三の長男として生まれる。のち高楠家に入籍。明治二十二年(一八八九)西本願寺立普通教校卒業、在学中有志とはかり反省会を結成、『反省会雑誌』(のちの『中央公論』)を刊行。同二十三年英・独・仏に留学し、インド学・梵語学を研究、特にオックスフォード大学でマックス=ミュラーに師事。同三十年帰国し、南条文雄のあとをうけて東京帝国大学講師となり、教授に就任、東京外国語学校長兼任。昭和二年(一九二七)東大退官後武蔵野女子学院長、東洋大学長を歴任。同七年渡辺海旭らとともに『(大正新脩)大蔵経』百巻を完成。同十九年文化勲章を受章、同二十年六月二十八日没。八十歳。東京都杉並区の本願寺和田堀廟所に葬られる。法名宏学院釈順成。著作には『国訳南伝大蔵経』七十巻、『大日本仏教全書』の監修、『無量寿経』の英訳、『高楠順次郎全集』全十二巻などがある。

(池田　英俊)

たかくらしんいちろう　高倉新一郎　一九〇二―九〇　昭和時代の農業経済学者、北海道史・アイヌ文化研究者。農学博士。明治三十五年(一九〇二)十一月二十三日、北海道河西郡帯広町の米穀商高倉安次郎(滋賀県生まれ。明治三十二年同地に移住)の長男として生まれる。大正十五年(一九二六)北海道帝国大学農学部農業経済学科を卒業後、同大学助手・助教授を経て、昭和二十一年(一九四六)教授となる(植民学講座担当)。この間、昭和六―十二年『(新撰)北海道史』の編纂に従事し、同十七年『アイヌ政策史』(日本評論社)を著わし、同書により昭和二十年北海道帝国大学より農学博士の学位を授与された。昭和二十八年北海道大学経済学部に移り、同大学附属図書館長・経済学部長をつとめたのち、昭和三十七年農学部に復帰し、四十一年停年退官、北海道大学名誉教授の称号を授けられた。その後四十一年から北星学園大学教授、四十三年から北海学園大学学長(五十二年から北海学園北見大学学長を兼任)、五十五年から北海道開拓記念館長をつとめたが、この間、札幌市民生活協同組合理事長、新北海道史総編集長、北海道史研究協議会会長、北海道対外文化協会代表幹事、北海道文化財保護審議会会長、社団法人北海道未来研究所理事長、新札幌市史編集長など多くの公職に就き、昭和二十四年に北海道新聞文化賞、四十四年に北海道文化賞、五十年に勲二等瑞宝章、五十一年に北海道開発功労賞、五十九年に文部大臣から地域文化功労者表彰を受けた。主要著書に『アイヌ政策史』のほか、『北海道拓殖史』(柏葉書院)、『蝦夷地』(至文堂)、『千島概史』(南方同胞援護会)、『アイヌ研究』(北海道大学生活協同組合)、『日本の民俗』一(北海道、第一法規出版)などがある。平成二年(一九九〇)六月七日没。享年八十七。同日従三位に叙す。墓は札幌市中央区南六条西二丁目の中央寺にある。

参考文献　高倉新一郎著作集刊行会編『青嵐に昇華す―高倉新一郎追悼集―』

(榎森　進)

たかくらてる　高倉輝　一八九一―一九八六　大正・昭和時代の作家、社会運動家。本名輝豊。明治二十四年(一八九一)四月十四日、父輝房、母美弥の長男として高知県高岡郡口神ノ川村(窪川町)に生まれる。第三高等学校から京都帝国大学文科に進学、大正五年(一九一六)京大卒業後嘱託となる。十年土田杏村とともに長野県で自由大学運動を起し、十一年以降『女人焚殺』『蒼空』などを出版し、小説『高瀬川』『百姓の唄』『狼』を『都新聞』に連載するなど作家としても活躍した。次第に農民運動に参加するようになり、昭和八年(一九三三)二・四事件(教員赤化事件)で検挙された。翌年保釈され、その後は国語・国字問題、農業問題について独自の見解を発表、十五年には小説『大原幽学』、十九年には『ニッポン語』を出版した。第二次世界大戦後は日本共産党から衆議院議員に当選、二十五年には参議院議員となったが、マッカーサーによって追放され、中国に亡命した。二十六年『ハコネ用水』を発表、三十四年帰国、四十八年共産党中央委員会顧問となった。六十一年四月二日、東京都昭島市で没。九十四歳。『タカクラ・テル名作選』(全六巻)が刊行されている。

参考文献　山野晴雄「教育県・長野」(児玉幸多・和歌森太郎・金原左門編『地方デモクラシーと戦争』所収)、米山光儀「タカクラ・テルの半生」(『山手英学院紀要』一二)

(山野　晴雄)

たかくらとくたろう　高倉徳太郎　一八八五―一九三四　大正から昭和初期に活躍した伝道者、牧師、神学者。明治十八年(一八八五)四月二十三日京都府何鹿郡綾部町字南西町に平兵衛・さよの長男として生まれる。郷里の高等小学校卒業後、東京の正則中学校、金沢の第四高等学校を経て、三十九年九月東京帝国大学法科大学に入学。上京して植村正久の日本基督富士見町教会に求道し早くも十二月二十三日植村より受洗する。彼の言葉「最も愛すべきものは自己なり」は、自我問題を解決せんとしたものと思うが、四十一年伝道者たるべく父に抗して大学を中退して東京神学社(植村校長)に転じ、四十三年六月これを卒業。富士見町教会伝道師、京都吉田教会・札幌北辰教会牧師を経て、大正七年(一九一八)十月東京神学社神学専門学校教授に就任。十年八月英国エディンバラ大学ニュー=カレジに留学。十三年三月帰国、神学社に復帰、翌年一月その師植村没して校長となる。六月東京大久保百人町に集会を起す(のちの戸山教会・信濃町教会)。その後『福音的基督教』(昭和二年(一九二七))、『基督的世界観』(同六年)ほかを刊行。その師植村を超えた鮮烈な福音の真理性と文化(内容からいうと歴史的現実)を問うて、キリスト教に新しい展望を与えて注目され、全国各地の伝道に活躍するとともに、『福音と現代』(同六年四月―八年十月)を発刊して、これからという時、次第に健康を害し、昭和九年四月三日みずから生命を断った。五十歳。『高倉徳太郎全集』全十巻、『高倉徳太郎著作集』全五巻がある。

参考文献　小塩力『高倉徳太郎伝』、佐藤敏夫『高倉徳太郎とその時代』、福田正俊「高倉先生の内的発展に就いて」(『神学と教会』一ノ一)、大内三郎「高倉徳太郎における「文化の問題」」(『福音と世界』四〇ノ四)、高倉徹「植村正久から高倉徳太郎」(同)

(大内　三郎)

たかさきたつのすけ　高碕達之助　一八八五―一九六四　大正・昭和時代の実業家、政治家。明治十八年(一八八五)二月七日、大阪府に生まれる。同三十九年農商務省水産講習所製造科を卒業、東洋水産に入るが、四十五年メキシコに渡り、罐詰生産に従事、帰国後大正六年(一九一七)東洋製罐を創立して支配人となり、以後全国各地に製罐工場を建設、さらに昭和九年(一九三四)には東洋鋼鈑を設立してブリキ生産にも進出した。同十六年三月、満洲重工業総裁鮎川義介に求められて同社副総裁に就任。十七年十二月鮎川の引退に伴って総裁となる。第二次世界大戦の敗戦後、在満日本人のとりまとめとその引揚げに尽力、また中国国民政府東北行営顧問となり日本企業の接収に協力し二十二年十一月帰国したが公職追放となる。講和後、二十七年九月より二十九年八月まで、電源開発会社初代総裁として、佐久間ダム建設にあたる。二十九年十二月、国務大臣兼経済審議庁(のち経済企画庁)長官として第一次鳩山内閣に入閣し、以後第二次・第三次内閣に留任、この間三十年二月総選挙に立候補して当選して以来、当選連続四回、三十三年六月には第二次岸内閣に通産大臣として入閣している。三十年四月の第一回アジア・アフリカ会議(バンドン)日本政府首席代表をはじめ、三十三・三十五・三十七年の日ソ漁業交渉日本政府代表をつとめ、さらに、三十七年十一月には訪中して廖承志との間に「日中総合貿易に関する覚書」に調印、これによる貿易はL(廖)T(高碕)貿易と呼ばれた。三十九年二月二十四日死去。七十九歳。著書『満州の終焉』、『高碕達之助集』二巻がある。

(古屋　哲夫)

たかさきまさかぜ　高崎正風　一八三六―一九一二　明治時代の歌人、枢密顧問官。天保七年(一八三六)七月二十八日、薩摩国鹿児島郡川上村(鹿児島市)に生まれる。薩摩藩士の父温恭・母登米子の長男。左太郎・伊勢・左京などと称し、葎の舎・宝義堂主人と号す。父は藩主の相続をめぐるお家騒動、嘉永朋党事件(お由羅騒動)に連座して切腹。翌年十五歳になると、正風は奄美大島に流されたが、まもなく許され、以後、幕末の国事に奔走し、明治元年(一八六八)の戊辰戦争の際には征討軍参謀となった。明治四年左院少議官、五年一月西欧視察、八年侍従番長、九年御歌掛、十九年御歌掛長、二十年男爵、二十一年御歌所設置によって御歌所長となり、明治四十五年まで長期に及んで所長だった。二十二年宮中顧問官を兼任、二十八年枢密顧問官に任ぜられた。和歌は若松則文・八田知紀に学び、歌風は桂園派の流れを汲み、典雅・平淡で多くは題詠により、いわゆる旧派の代表的歌人として重きをなした。明治天皇の厖大な作のほとんどは正風が点したものである。歌集『たづがね集』三巻(大正十五年(一九二六))、遠山稲子筆記の『歌ものがたり』(明治四十五年)などがある。明治四十五年二月二十八日没。七十七歳。墓は東京都港区の青山墓地にある。

(武川　忠一)

たかさごうらごろう　高砂浦五郎　(一)初代　一八三八―一九〇〇　明治時代相撲界の風雲児といわれた大立物。本名山崎伊之助。天保九年(一八三八)上総国山辺郡大豆谷村(千葉県東金市)に生まれる。阿武松部屋から高見山の名で明治二年(一八六九)に入幕、のち高砂と改める。六年秋岐阜県下を巡業中、かねて熟慮中だった角道改革を叫び、同志と行動を起したため、会所(日本相撲協会の前身)より除名処分に遭い、やむなく名古屋で「高砂改正組」を創す。世にいう高砂事件である。最高位前頭筆頭。十一年に至ってようやく東京と合同、年寄として復帰、のち取締となり、相撲界の近代化に大きく貢献する。明治三十三年四月八日没。六十三歳。

(二)二代　一八五一―一九一四　明治時代の力士。本名今関宗次郎。同郷(山辺郡片貝村)のゆかりで初代高砂に入門、響矢から高見山、さらに阿武松となり、最高位関脇。現役中から師匠のふところ刀といわれ、初代没後二代目を襲ぎ、取締をつとめる。大正三年(一九一四)七月四日没。六十四歳。墓はともに東京都江東区三好の円隆院にある。

参考文献　酒井忠正『日本相撲史』中

(小島　貞二)

たかしまかえもん　高島嘉右衛門　一八三二―一九一四　幕末・明治時代の実業家。幕末開港時から横浜に居住して同地経済の発達と公共事業に尽瘁した。天保三年(一八三二)十一月一日高島嘉兵衛・くにの六男として江戸三十間堀町(東京都中央区銀座)に生まれる。幼名清三郎。同地で家業の材木商兼普請請負業に従事したが、安政六年(一八五九)六月横浜開港の際同地に外人相手の物産店を開く。万延元年(一八六〇)、幕府禁止の金銀貨の売買を行なった廉で捕われ、慶応元年(一八六五)まで監獄生活を送る。獄中『易経』について勉学。出獄後横浜に居を移し、土木建築請負・材木商を営み、英国公使館をはじめ外国人依頼の建築をも行う。明治二年(一八六九)内外要人のための大旅館を経営し、翌三年には横浜伊勢山下(横浜市西区宮崎町)に高島学校を設立して洋式教育の普及につとめた。同三年京浜間の鉄道敷設が決定するや、神奈川―横浜間の海面を埋め立て、うち鉄道敷設地と国道とを政府に献納し、残余を自己の所有地とした(現在の西区高島町一帯)。また東北線敷設の必要を力説し、その実現のため政府が向こう十ヵ年間年八朱の利子補給を保証すべしと説いた。当時は彼の意見に賛成するものはほとんどなかったが、同十四年日本鉄道会社が設立され、彼の意見を骨子として東北線の建設が開始された。また横浜のガス燈建設にあたっても田中平八らとともに日本社中を結成してその代表となり、ドイツ商社に対抗して同七年ついにそれを実現した。同九年、彼は実業界から隠退の意をかため、神奈川の大綱山に隠棲し、かつて獄中で着手した易の研究に打ちこみ、呑象と号し『高島易断』の編述に従った。だが、この隠退生活も十余年で終り、同二十五年、北海道炭礦鉄道会社社長の堀基が退職した際、勧説を受けて同社社長に赴任し、二十七年までその経営にあたった。またその間、愛知セメント会社や高島農場を興し、同三十六年には東京市街鉄道会社の社長としてその経営に従事した。大正三年(一九一四)十一月十四日死去。享年八十三。

参考文献 福原律太郎『(商略奇才)高島嘉右衛門』、本多良恭編『呑象高島嘉右衛門翁伝』、石渡道助編『高島嘉右衛門自叙伝』、『横浜市史』三　(山口　和雄)

たかしましゅうはん　高島秋帆　一七九八―一八六六　江戸時代後期の砲術家。諱は茂敦、字は舜臣、通称は四郎太夫、秋帆はその号である。寛政十年(一七九八)長崎町年寄高島四郎兵衛の三男として長崎に生まれる。父のあとをつぎ、のち長崎会所調役頭取となった。長崎港の防備を担当した関係で、はじめ荻野流砲術を学んだが、のち出島の蘭人から西洋砲術を学び、これを高島流砲術とよんだ。西洋近代砲術を最初に紹介したものといえる。伝存する『高島流砲術秘伝書』は、オランダの砲術入門書の翻訳である。天保十一年(一八四〇)九月、秋帆は幕府に上書して、アヘン戦争の戦況を伝え、清国側の敗北を砲術の未熟に帰して、西洋砲術の採用による武備の強化を進言した。翌年幕命により出府し、徳丸ヶ原で秋帆所持の輸入砲四挺の実射と歩騎兵の演練を行なった。そのため名声がおおいに挙がり、幕府は高島流砲術を採用することとして、前記の輸入砲をすべて買い上げ、あわせて代官江川英竜(太郎左衛門)に砲術の伝授を命じた。すでにこれ以前に佐賀藩および薩摩藩が高島流砲術を採用しているが、幕府についで諸藩がひろく高島流砲術を採用するのは、これ以来である。秋帆の在府中にかなりの門人があり、ほぼ確認できる数をあげると、幕臣(陪臣を含む)は十一人、諸藩士は十三藩にわたり、三十人である。さらに長州藩では、秋帆の帰国後、藩士を派遣して入門させているが、他藩でも同様の例がみられる。しかし、他方、高島流砲術の隆盛は、幕府内部の守旧派の忌むところとなり、当時町奉行の鳥居耀蔵(甲斐守忠耀)が長崎奉行伊沢政義と組んで秋帆を罪におとしいれようとした。そのため天保十三年十月に秋帆は逮捕されて江戸に送られ、町奉行鳥居の手で取調べをうけ、のち評定所で再吟味が行われ、弘化三年(一八四六)七月に中追放の判決をうけて、武州岡部藩に預けられた。嘉永六年(一八五三)ペリー艦隊の来航に伴い、江川英竜の進言により赦免されて、通称を喜平と改め、江川のもとで鋳砲に従事し、のち講武所砲術師範にあげられて、幕府の軍事の近代化に寄与した。慶応二年(一八六六)正月十四日没。六十九歳。墓は東京都文京区向丘一丁目の大円寺にある。法名皎月院殿碧水秋帆居士。

参考文献 有馬成甫『高島秋帆』(『人物叢書』八)、佐藤昌介『洋学史の研究』　(佐藤　昌介)

たかしまとものすけ　高島鞆之助　一八四四―一九一六　明治・大正時代の軍人、政治家。諱は昭光、号は丙革。弘化元年(一八四四)十一月九日、薩摩藩士高島嘉兵衛・貞子の四男として鹿児島城下高麗町に生まる。藩校造士館に学ぶ。文久二年(一八六二)島津久光に随行して京都に上り、皇居の守護にあたった。明治元年(一八六八)戊辰戦争に従軍して鳥羽・伏見から北陸・東北に転戦した。明治四年侍従、ついで翌年侍従番長に任ぜられた。七年陸軍大佐に任官。陸軍省第一局副長・同局長代理を経て、八―十三年教導団長をつとめた。この間、九年萩の乱鎮圧に派遣。十年西南戦争が勃発すると、陸軍少将に昇進して、別動第一旅団司令長官となり反乱の鎮定に功績をあげた。十二―十三年フランス・ドイツに留学して軍制研究に従事。帰国後、熊本鎮台司令官・大阪鎮台司令官・西部監軍部長・第四師団長などを歴任。その間十六年陸軍中将、十七年には子爵を授けられた。また、十七―十八年甲申事変の事後収拾のため井上馨に随行して朝鮮に渡った。二十四年五月第一次松方内閣の成立に際して陸軍大臣として入閣、樺山資紀海相らとともに閣内の薩派の一翼を担い、武断派と評された。二十五年八月松方内閣退陣に伴い、辞職して枢密顧問官に転じた。二十八年八月―二十九年四月台湾副総督、二十九年四月―三十年九月第二次伊藤内閣および第二次松方内閣の拓殖務大臣、二十九年九月以降陸軍大臣を兼任し、ついで三十年九月―三十一年一月陸軍大臣専任となった(拓殖務相は廃官)。三十一年一月予備役編入、三十二年二月再び枢密顧問官となり終身その職にあった。反長閥勢力の中心として、大正元年(一九一二)―二年には犬養毅ら憲政擁護派と連携し桂内閣打倒に一役買った。性格は豪放磊落で胆力・勇気に富み、一時は政治家として飛躍を期待されたが、緻密さや思慮・分別に欠けるとされ、晩年は不遇に終った。京都の伏見桃山にある女婿高島友武少将(第十九旅団長)邸に滞在中、大正五年一月十一日脳溢血のため死去。七十三歳。墓は東京都港区の青山墓地にある。

参考文献『枢密院高等官履歴』三　(鳥海　靖)

たかしまべいほう　高島米峰　一八七五―一九四九　明治から昭和時代前期にかけての革新仏教思想家。明治八年(一八七五)一月十五日新潟県頸城郡竹直村(中頸城郡吉川町)真宗本願寺派真照寺高島宗明の長男に生まれ、大円と称した。のち米峰と改名。同県高田町(上越市)の宗立興仁教校、京都の宗立文学寮(竜谷大学)に学び、同二十九年東京の哲学館(東洋大学)を卒業、哲学館の機関誌『東洋哲学』の編集に従事し、一時金沢の『北国新聞』の記者となり、また『中央公論』の評論を担当する。同三十二年境野哲(黄洋)・安藤弘らと新仏教徒同志会を結成し、機関誌『新仏教』の創刊号に、健全なる信仰、社会の改善、教理への自由討究、迷信の勦絶、教団否定(無僧論)、政治権力から宗教の独立などの六綱領を掲げ、二十世紀初頭の社会的、思想的契機に応ずる方向で新仏教運動を展開した。同三十九年には丙午出版社をおこして仏教・哲学書を出版。昭和十八年(一九四三)東洋大学学長。同二十四年十月二十五日没。七十五歳。著書は『四十二章経講話』『遺教経講話』『般若心経講話』などがあり、また『高島米峰選集』および『高島米峰自叙伝』がある。
(池田　英俊)

たかすぎしんさく　高杉晋作　一八三九―六七　幕末の長州藩士。尊攘倒幕運動における討幕派の中心人物。奇兵隊の結成で知られる。長門国萩菊屋横丁で萩藩大組(八組)士高杉小忠太春樹(高二百石)の嫡子として天保十年(一八三九)八月二十日に生まれ、母は同藩士大西将曹(大組、三百石)の次女道子。諱は春風、字は暢夫、のちに東一、和介と改称、谷梅之助・谷潜蔵とも変名し、東行と号した。西海一狂生・東洋一狂生・楠樹小史・些々生・黙生など多くの称を用いた。嘉永元年(一八四八)、数え年十歳で疱瘡にかかり、安政四年(一八五七)、藩校明倫館の入舎生となる。この年、松下村塾に入門、吉田松陰の影響を受け、松陰も晋作の見識を評価し、久坂玄瑞とともに松門の双璧と称せられた。翌五年、昌平黌に入学、六年江戸から萩野山獄中の松陰へ久坂らと書翰を送り、松陰の義挙計画を暴挙と戒しめた。松陰はこれに反論を加え、「僕は忠義をする積り、諸友は功業をなす積り」と述べた。同年、佐久間象山と相識るが、藩命で帰国。この晋作の江戸出立直後に松陰は斬刑に処せられた。万延元年(一八六〇)、山口町奉行井上平右衛門(大組、二百五十石)の次女方(雅子ともいう。当時十五歳)と結婚、軍艦教授所に入学、また、明倫館舎長となり、四月、丙辰丸で江戸に向かう。八月、東北遊歴の途につき、笠間の加藤有隣、信州松代の佐久間象山、越前福井滞留中の横井小楠らに会う。十二月、明倫館都講。文久元年(一八六一)、藩世子毛利定広の小性役となるが、藩主より海外視察の許可を得、翌二年、長崎から幕府の千歳丸に乗船、五月から七月にかけて上海に滞在、太平天国軍の攻撃を体験、また中国の半植民地化の実情を目撃して日本の危機を実感した。この上海で五代才助(友厚、薩摩)・中牟田倉之助(肥前)らと交友し、『遊清五録』にまとめ、帰国後、藩主に報告した。十二月、久坂らと品川御殿山に新築中の英国公使館を襲った。文久三年正月、久坂・伊藤俊輔(博文)らと松陰の遺骨を小塚原から武蔵国荏原郡若林村大夫山(東京都世田谷区若林四丁目、松陰神社)に改葬するが、三月、十年間の暇を藩に願い出、剃髪して東行と称した。風雅の道に生きた西行とは逆の方向を選ぼうとする彼の意志を込めたものである。帰藩して萩松本村に潜居していた際、五月十日の攘夷期限の日の長州藩の外船攻撃を契機に、米・仏艦の反撃で情勢は緊迫、六月六日、藩主より急遽下関(馬関)防禦を委任された晋作は、翌七日、身分にかかわらない「有志」による奇兵隊を下関の豪商白石家で結成、この新軍事力は、以後長州討幕派の軍事的基盤としての諸隊の中心的存在となった。下関総奉行手元役、政務座役、奇兵隊総督を経て晋作は、十月、新たに知行百六十石を給せられて奥番頭役になるが、翌元治元年(一八六四)、京都進発をめぐって来島又兵衛と激論して脱藩、その罪で野山獄に投ぜられた。許されて藩命で四国連合艦隊との講和にあたるが、時あたかも藩内の反対派(俗論派)との対立は尖鋭化し、反対派の台頭で北九州へ脱走、野村望東尼を山荘に訪い、再び下関に帰るや、その年十二月から翌慶応元年(一八六五)初頭にかけて伊藤らと馬関に挙兵(功山寺決起)、反対派から藩政を奪取していわゆる正義派(討幕派)に主導権を握らしめ、挙藩軍事態勢をとって第二次征長軍と長州藩を対決せしめた。これは倒幕運動に一時期を画した。四月、晋作は脱藩して伊予へ、さらに讃岐の日柳燕石方に一時潜伏したが、九月、桂小五郎(木戸孝允)とともに海軍興隆用掛となり、十月には坂本竜馬らと馬関で第二次征長軍へ対策を協議した。翌二年、海軍総督となって幕艦を周防灘で襲い、また長州海軍を率いて小倉領を攻撃・占領し、馬関海陸軍参謀として活躍したが、十月、病気のため辞任、同三年四月十四日、馬関で死去。二十九歳。遺骸は厚狭郡吉田村(山口県下関市吉田町)清水山に葬られた。現在ここには多くの奇兵隊士の墓とともに東行庵があり、晋作の遺物や関係文書などが収蔵されている。ちなみに東行庵(明治十七年(一八八四)竣工)は晋作の妾おうの(梅処尼)が晋作没後の菩提をとむらったところである。刊行史料としては『東行先生遺文』がある。『高杉晋作全集』上・下は校訂に厳密さを欠き、使用には注意を要する。

[参考文献]　高杉東行先生百年祭奉賛会編『東行高杉晋作』、村田峰次郎『高杉晋作』、奈良本辰也『高杉晋作』(『中公新書』六〇)、田中彰『高杉晋作と奇兵隊』(『岩波新書』黄三一七)、中原雅夫『高杉晋作と梅処尼』
(田中　彰)

たかせきよし　高瀬清　一九〇一―七三　大正・昭和時代の社会運動家。岐阜県大野郡高山町(高山市)出身。明治三十四年(一九〇一)十月十二日誕生。斐太中学中退、東京の中央商業学校中退といわれる。早稲田大学中退と自称するが、入学の形跡はない。大正九年(一九二〇)五月、高津正道らと暁民会結成。翌年四月、共産党準備委員会に参加、極東民族大会に出席、十一年七月、高瀬の下宿で非合法に結成された日本共産党に参加した。その報告のためコミンテルン第四回大会に出席、同党綱領草案を持ち帰り、翌年三月、その審議の臨時大会で書記を勤めた。暁民共産党・第一次共産党事件で各八ヵ月の禁錮刑に処せられ、出獄後の十五年、『大衆』同人となり、以後中間派社会民主主義の道を歩み、昭和四年(一九二九)

東京市麴町区議会議員となり、三期勤める。この間、堺真柄(堺利彦長女)と別れ、十四年戸塚きよと結婚、戦争中は理容健康保険組合顧問となった。戦後、全国戦災者事業団役員となり、のち左派社会党から衆・参両院の選挙に出馬したが落選。『岐阜県社会運動史』編纂などに従事した。四十八年八月七日、心筋梗塞で死去。七十一歳。墓は東京都府中市の多磨墓地にある。著書『日本共産党創立史話』がある。

[参考文献] 太田雅夫・高津正道・浦田武雄・高瀬清「〝暁民共産党〟と第一次日本共産党」(同志社大学人文科学研究所編『近藤栄蔵自伝』所収)　(神田　文人)

たかせしんけい　高瀬真卿　一八五五―一九二四　明治時代のジャーナリスト、社会事業家。名は真卿、号は鉄窓・往生庵・春雨・羽皐。菊亭静とも名乗る。安政二年(一八五五)常陸国水戸城下本六町目の米穀商高瀬儀平次の子として生まれ、城下の川崎巌雄・庄司春村の塾で漢籍を学んだ。明治九年(一八七六)甲府日々新聞社に入り、編集長。翌年甲府で『観風新聞』を発刊。間もなく水戸に帰り茨城新聞社に勤めたがすぐ辞めて上京。同十一年仙台で『仙台新聞』の編集に携わり、新聞名を『仙台日々新聞』と改称。同十二年若生精一郎とともに『宮城日報』を発刊。同十三年独力で『東北新報』を発刊。同十四年『東北毎日新聞』を発刊して自由民権論を唱えたが翌年休刊。再び上京。同十七年『感化修身談』を著わしたのが機縁となって監獄教誨師のように巡回講演をはじめ、同年感化協会を結成。同十八年東京の池の端両門町称仰院に予備感化院を設立。これはわが国に感化院ができた最初である。同二十一年本郷区駒込曙町に感化院を新築。同二十六年渋谷の御料地九千余坪の無料拝借を許され、同年から翌年にかけて東京感化院を建築。同四十五年まで感化院に尽力して社会事業に貢献。その後は悠悠自適の生活を送るかたわら雑誌『刀剣と歴史』を発刊、刀剣保存会を設立した。『刀剣談』『勤王実伝桜田血染雪』など多くの著作があるが、『(故老実歴)水戸史談』は水戸藩末党争の裏面を明らかにして有益である。大正十三年(一九二四)十一月十七日没。七十歳。

[参考文献] 柳田泉『(明治文学叢刊)政治小説研究』上、久木東海男『新聞先覚評論』、金子竹酔『下市回顧録』　(鈴木　暎一)

たかだかいせい　高田快清　一八〇八―七五　幕末・維新期の尾張国犬山藩士。通称は治右衛門、のち務といい、耕斎と号した。文化五年(一八〇八)十二月二日犬山に生まれる。父は高田直明、母は神尾氏。世々尾張藩付家老の犬山城主成瀬氏に仕え、天保十一年(一八四〇)参政となる。ペリー来航以来外交問題緊迫するや、文武の奨励、士気の振興を図った。尾張藩参政田宮如雲と深く交わり、安政五年(一八五八)安政の大獄で尾張藩主徳川慶勝に連坐して退隠した。文久二年(一八六二)慶勝再び藩政をとるや、如雲も再び用いられ、快清も旧職に復し、成瀬正肥を扶けて国事に奔走した。元治元年(一八六四)の長州征討、つづく長州再征、ともに広島へ赴いて軍務をとり、還って執政に進んだ。明治元年(一八六八)鳥羽・伏見の戦には皇居を守衛し、翌年犬山藩大参事に抜擢され、同四年官を辞した。親藩として進退きわめて困難な時、勤王の方向に統一するのに貢献し、宗藩の如雲、支藩の快清と並び称せられた。同八年三月十二日没。六十八歳。墓は名古屋市東区筒井町の情妙寺にある。法名は成功院耕斎日楽。

[参考文献] 萩原正太郎編『勤王烈士伝』　(日置弥三郎)

たかたさなえ　高田早苗　一八六〇―一九三八　明治時代から昭和時代前期にかけての政治学者、政治家、教育家。早稲田大学創設の功労者。号は半峰。法学博士。万延元年(一八六〇)三月十四日、江戸深川に通船問屋高田小太郎・文の三男として生まれる。江戸時代後期の国学者小山田与清(ともきよ)の子孫。東京大学文学部在学中の明治十四年(一八八一)小野梓を知り、小野を盟主にして天野為之・市島謙吉ら同級生と鷗渡会を結成し、十五年小野に大隈重信を紹介され、同志とともに立憲改進党の結成に参加。同年東大卒業後、十月大隈の東京専門学校(三十五年早稲田大学と改称)創立に参画し、講師となる。講義の傍ら、近代的文芸批評の先鞭をつけ、二十年『読売新聞』主筆となり、同紙を全国唯一の文学新聞とし、大新聞への転換に尽力。二十三年第一回総選挙で代議士となり、終始大隈の腹心として改進党系早稲田派のキレ者政治家として行動した。三十年松隈内閣の外務省通商局長、翌年隈板内閣の文部省参事官、専門学務局長などを歴任。四十年早稲田大学学長となり(総長は大隈重信)、大正四年(一九一五)貴族院議員に勅選され、早大学長を辞任して第二次大隈内閣の文部大臣に就任。六年「早稲田大学騒動」の渦中の人となり、十二年より昭和六年(一九三一)まで早稲田大学総長をつとめた。その生涯は早大とともにあり、早大を日本有数の私学に築き上げた。帝国学士院会員。『美辞学』『(通信教授)政治学』『政治汎論』などの著訳書多数がある。昭和十三年十二月三日没。七十九歳。法名明教院顕誉半峰居士。墓は東京都豊島区の染井墓地にある。

[参考文献] 京口元吉『高田早苗伝』、早稲田大学大学史編集所編『早稲田大学百年史』一―三、佐藤能丸『近代日本と早稲田大学』、同『異彩の学者山脈―大学文化史学試論―』　(佐藤　能丸)

たかだしんご　高田慎吾　一八八〇―一九二七　大正期の児童問題研究家。明治十三年(一八八〇)五月一日、熊本県にて出生。青山学院中等部、熊本第五高等学校を経て、同三十六年東京帝国大学ドイツ法科入学。社会事業に関する法規を専攻する。四十二年東京市養育院巣鴨分院に児童係として就任。児童養育に三年間従事したのち、公私の救済事業の長短得失の研究およびみずからの将来を見定めることを目的として、渡米を決意。四十五年から三年間、アメリカで社会事業を視察研究する。このころから、海外の児童保護事業の紹介などに関する論文執筆を手がけるようになる。帰国後の大正三年(一九一四)には内務省に入り国立教護院の設立に尽力。中央慈善協会の委員も兼任する。同七年内務省を辞職し、大阪市の石井記念愛染園社会事業職員養成所の主任として招かれる。さらに翌八年には、大原社会問題研究所・大原社会事業研究所の創立にあたり、研究所幹事に就任。その後同九年、わが国最初に、『日本社会事業年鑑』の企画・編纂・執筆のほか、児童保護事業について論文を執筆。大正十二年大原社会問題研究所より一年間欧米に派遣される。しかし、最初の渡米後から腎臓結核をわずらい、二度の再発ののち昭和二年(一九二七)七月五日病没。四十八歳。没後、萩原久興・大林宗嗣・森戸辰男らが中心となり、高田の遺稿『児童問題研究』を刊行(同三年)。その著には、大正デモクラシーをふまえての、児童保護事業に関する展開がみられる。

参考文献　吉田久一他『人物でつづる近代社会事業の歩み』、寺脇隆夫『児童問題研究』解説(『日本児童問題文献選集』五)　(一番ヶ瀬康子)

たかたみのる　高田実　一八七一―一九一六　明治・大正時代の新派俳優。明治四年(一八七一)三月東京千住に生まれる。二十四年十一月川上音二郎一座で初舞台を踏み、二十七年八月浅草座の『日清戦争』の李鴻章役に好評を博しこれが出世役となった。二十九年大阪で喜多村緑郎らと成美団を組織し、関西新派の頭目となり、三十七年東京へ帰り、本郷座の座長として新派劇全盛の本郷座時代を現出した。写実的、重厚な演技で新派の団十郎と称せられた。当り役は『金色夜叉』の荒尾譲介、『不如帰(ほととぎす)』の片岡中将、『己が罪』の作兵衛など。大正五年(一九一六)九月二十四日没。四十六歳。墓は東京都台東区谷中一丁目の金嶺寺にある。

参考文献　柳永二郎『新派の六十年』、秋庭太郎『日本新劇史』　(菊池　明)

たかだやすま　高田保馬　一八八三―一九七二　大正・昭和時代の社会学者、経済学者。明治十六年(一八八三)十二月二十七日佐賀県に生まれる。同四十三年京都帝国大学文科大学哲学科卒業。広島高等師範学校・東京商科大学・九州帝国大学教授を歴任、昭和四年(一九二九)京都帝大経済学部教授。戦時中、民族研究所長をつとめる。京都大学名誉教授、大阪大学名誉教授。昭和四十七年二月二日没。八十八歳。社会現象のすべてを包括的に考察しようとした総合社会学に反対し、人間の結合のありかたを対象とする特殊個別科学としての社会学を主張した。人口の量質の構造をもって社会関係の規定力とみなし、「基礎社会の拡大・縮小」や「内部/外部の結合の逆行」を論じ、「社会関係の極小化」としての利益社会化を説いた。一定の社会内での結合の総量はほぼ一定していると見る「社会的結合定量の法則」や、自己の力の優越を欲する「力の欲望」によって分業や階級分化を理解する「勢力」説を展開した。一般均衡理論を取り入れた理論化の点で、経済学としても評価されている。主著に『社会学的研究』(大正七年)、『社会学原理』(同八年)、『社会学概論』(同十一年)、『社会関係の研究』(同十五年)、『貧者必勝』(昭和九年)、『勢力論』(同十五年)がある。　(佐藤　健二)

たかつかさすけひろ　鷹司輔熙　一八〇七―七八　幕末・維新期の公家。関白鷹司政通の男。嫡母は水戸藩主徳川治紀の女清子。文化四年(一八〇七)十一月七日誕生。文政元年(一八一八)五月従三位に叙せられ、安政四年(一八五七)一月右大臣となる。翌五年八月、日米通商条約の違勅調印によって朝幕間に対立を見た時、左大臣近衛忠熙らとともに献策して幕府・水戸藩に勅諚を下し、朝旨の貫徹と時局の打開を図った。また将軍継嗣問題についても一橋派に左袒して周旋したが、このため安政の大獄が起きると、同六年三月幕府の内請によって辞官し、四月落飾(法名随楽)・慎に処せられた。この後文久二年(一八六二)四月宥免、十二月国事御用掛を命ぜられて再び国事に参与することとなり、翌三年正月関白に補せられた。時に攘夷運動は激化して、朝議も急進派の廷臣に左右されるところが多く、八月には大和行幸・攘夷親征の朝議決定を見るに至った。しかし八月十八日の政変によって急進派の廷臣および長州藩は失脚し、朝廷は公武合体派の占めるところとなり、輔熙もまた十二月に至り関白を免ぜられた。なお翌元治元年(一八六四)禁門の変後、長州藩と策動の嫌疑により一時参朝を停められた。ついで慶応三年(一八六七)王政復古に際しては、しばらく参朝を停止されたが、翌明治元年(一八六八)二月より翌二年七月までの間に議定、制度事務局督、神祇官知事、留守長官などを歴任した。同十一年七月九日没。七十二歳。京都嵯峨の二尊院に葬った。

参考文献　『鷹司家系譜』、宮内省編『孝明天皇紀』、同編『明治天皇紀』　(武部　敏夫)

たかつかさまさみち　鷹司政通　一七八九―一八六八　幕末の公家。父は関白鷹司政熙、母は徳島藩主蜂須賀重喜の女儀子。寛政元年(一七八九)七月二日誕生。同九年十二月従三位に叙せられ、以後累進して文政六年(一八二三)三月関白となり、天保十三年(一八四二)八月太政大臣に任ぜられ、また弘化三年(一八四六)正月仁孝天皇の崩御に際して准摂政となった。この後嘉永元年(一八四八)九月太政大臣を辞し、安政三年(一八五六)八月関白を辞して准三宮宣下を受け、十二月とくに太閤と称せしめられた。なお関白辞任後も安政五年七月まで引き続き内覧の職にあった。資性闊達雄渾、変通の才を称され、関白在職中、公家の学習所(学習院)の設立や薄禄廷臣の救済に尽力して公家社会の向上を図り、また弘化三年八月海防督励の御沙汰を幕府に下して、朝廷の国政介入の端緒をなすに至った。またはじめ外国との和親交易を上策として、安政五年幕府が日米通商条約調印の勅許を奏請した際にも、鎖国説の優勢な廟堂にあって一人調印勅許を主張した。しかし途中から鎖国説に豹変して勅許に反対し、なお将軍継嗣問題についても一橋派を支持し、水戸賜勅一件にも関与した。このため翌六年四月幕府の強請によって落飾(法名拙山)・慎に処せられたが、同年十二月慎を解き、文久二年(一八六二)四月に至り、参朝を許された。明治元年(一八六八)十月十六日没。享年八十。法諡真誠院。京都嵯峨の二尊院に葬る。なお政通は朝廷の制度・故実に深い関心をもち、政務のかたわら関係資料を収集書写し、あるいは家蔵の典籍・記録などの整理につとめた。いま文化五年(一八〇八)より弘化三年に至る間の自筆日記(『鷹司政通記』『鷹司政通記草』)四十冊および『万機井蛙』その他の撰著が宮内庁書陵部に伝存する。

参考文献 『鷹司家系譜』、宮内省編『孝明天皇紀』

(武部 敏夫)

たかのいわさぶろう 高野岩三郎 一八七一―一九四九 大正・昭和時代の統計学者、社会問題研究者。法学博士。明治四年(一八七一)九月二日、長崎県長崎区銀屋町に、和服裁縫業を営む高野仙吉・ますの次男として生まれる。兄に高野房太郎。同二十八年東京帝国大学を卒業し、大学院に籍をおき社会政策学会の創設に携わる。ミュンヘン大学に留学、帰国した同三十六年に東京帝国大学法科大学教授となり、統計学の講座を担当する。『統計学研究』、『社会統計学史研究』第一巻などの著作を発表し、日本における統計学の創始者としての役割を果たした。また「二十職工家計調査」や月島調査など、日本最初の組織的な家計調査・社会調査を実施する。この間、大正元年(一九一二)から友愛会の評議員に就任、同七年には内務省救済事業調査会委員として治安警察法第一七条・第三〇条の廃止を主張した。大正八年第一回国際労働会議への労働者代表に推されるが、この選出方法に反対した友愛会など労働組合の同意を得られなかったため代表受諾を撤回、同時に東大教授も辞職した。翌九年から創設された大原社会問題研究所の所長に就任し、多くの研究者を育成した。また労働組合問題・無産政党問題についての運動指導者の相談役となり、組合・無産政党の合同に際しては斡旋役を引きうけた。昭和五年(一九三〇)には全国大衆党、翌六年には社会大衆党の、十一年には全日本労働総同盟の顧問に就任。敗戦後の二十年には、全国の無産運動活動家に対する社会主義政党結成の呼びかけ人の一人となり、結成された日本社会党の顧問に就任する。文化人連盟の結成にも働き、憲法研究会の「憲法草案」作成に助力したほか、個人で「日本共和国憲法私案要綱」を発表、天皇制廃止・共和制採用を主張した。翌二十一年、日本放送協会会長となり放送民主化に努力する一方、放送ゼネストに対処した。二十四年四月五日没。七十九歳。

参考文献 大島清『高野岩三郎伝』、高野岩三郎『かっぱの屁』、大内兵衛「オールド・リベラリストの形成―高野岩三郎の一生―」(『中央公論』六四ノ七)

(安田 浩)

たかのさざぶろう 高野佐三郎 一八六二―一九五〇 明治から昭和時代にかけての剣道家、剣道教育家。文久二年(一八六二)六月二日、高野芳三郎・けいの長男として武蔵国秩父郡大宮郷(埼玉県秩父市)に生まれた。幼時から祖父高野苗正に小野派一刀流を学び、五歳の時、祖父の打太刀によって組太刀を遣い、忍藩主松平忠誠の褒賞を得た。明治十二年(一八七九)上京し、山岡鉄舟につき剣を学ぶ。同十七年郷里に帰り剣を教えたが、十九年警視庁の剣術世話係となり、二十一年退職、その後浦和に住して剣道場を開き、また県警察の武術教授にもあたり、さらに三十二年東京九段下に移って明信館を建て、門下を養成した。その後道場は神田今川小路に移り、修道学院と称せられた。一方、四十一年には東京高等師範学校講師、大正五年(一九一六)同校教授に任ぜられ、昭和十一年(一九三六)退官、その後も十八年まで講師を務め、剣道の指導者養成に大きな足跡を残した。また武徳会による大日本帝国剣道形制定の主査委員を務め、以後同剣道形の普及と近代剣道の完成に力を注いだ。自著『剣道』は名著として知られる。近代剣道界に多大な貢献をなし、昭和の剣聖ともいわれたが、晩年は終戦後の剣道衰頽期に遭遇し、昭和二十五年十二月三十日、神奈川県鎌倉市の自宅で没した。年八十八。墓は埼玉県秩父市下宮地町の広見寺にある。法名は智剣院道光豊正居士。

参考文献 飯島唯一編『日本武術名家伝』、村上晋編『(大正)武道家名鑑』、原田隣造編『高野佐三郎』

(島田 貞一)

たかのちょうえい 高野長英 一八〇四―五〇 江戸時代後期の蘭学者。名は譲、はじめ卿斎と称し、のち長英と改めた。号は瑞皐という。文化元年(一八〇四)五月五日、奥州胆沢郡水沢(岩手県水沢市)の生まれ。父後藤実慶、母美代の三男。幼いころ父に死別し、母方の伯父高野玄斎の養子となる。後藤・高野両家はともに仙台藩領水沢の領主伊達将監の家臣で、高野家は医をもって仕え、養父玄斎は杉田玄白の門人であった。文政三年(一八二〇)十七歳のおり、養父の反対をおしきって医学修業のため江戸に出、苦学しながら蘭医杉田伯元に学び、ついで吉田長淑の内弟子となった。文政七年師の長淑の死にあい、翌八年長崎に赴きシーボルトの鳴滝塾に入塾、その翌年「ドクトル」の称号を授けられたが、ひきつづき長崎にとどまり研究に従事した。文政十一年十一月にシーボルト事件がおこったため、連坐をおそれていちはやく姿をくらまし、事件のほとぼりがさめるのをまって九州を去り、途中、診療と講義を行いながら、天保元年(一八三〇)十月に江戸に戻った。かれは高野家の相続権を放棄し、町医師となって、診療のかたわら生理学の研究に従事し、天保三年わが国最初の生理学書である『医原枢要』内編五冊を著わし、そのうち第一巻を刊行した。渡辺崋山を知ったのは、この年である。これ以来崋山の蘭学研究を助け、天保飢饉の際には飢饉対策のために『二物考』や『避疫要法』を著わし、あるいはまた『夢物語』を著わして、幕府の対外政策を批判した。天保十年五月、蛮社の獄がおこると、これに連坐して幕政批判の罪で永牢(無期禁錮)の判決をうけた。かれは獄中で郷党にあてて『蛮社遭厄小記』を著わし、自己の無実を訴えるとともに、かれをおとしいれた敵側を糾弾し、弘化元年(一八四四)六月末日に牢内雑役夫の非人栄蔵に金を与えて放火させ、切放しを利用して脱獄逃亡した。そのため放火脱獄犯として全国に指名手配されるが、いったん江戸から脱出したのち、まもなく再潜入し、同志の田原藩医鈴木春山の庇護のもとに江戸市中に潜伏し、『兵制全書』や『三兵答古知幾』を翻訳した。宇和島藩主伊達宗城の知遇を得、嘉永元年(一八四八)二月末に宇和島に至り、同地で『礮家必読』などの蘭書の翻訳に従事したが、かれの所在が幕府に探知されたため、翌二年正月に当地を去り、八月に再び江戸に潜入した。翌三年七月、沢三伯の名で医業を営んだが、同年十月三十日の夜、隠れ家を捕吏におそわれて自殺した。四十七歳。墓は岩手県水沢市東町の大安寺にある。法名拡充軒俊翁長英庵主。『高野長英全集』全六巻、『崋山・長英論集』(『岩波文庫』)などがある。

［参考文献］藤田茂吉『文明東漸史』、高野長運『高野長英伝』、佐藤昌介『洋学史の研究』　（佐藤　昌介）

たかのふさたろう　高野房太郎　一八六九―一九〇四　明治時代日本労働組合運動の先駆的組織者。明治元年十一月二十四日(一八六九年一月六日)肥前国長崎に高野仙吉の長男として生まれる。同十九年商業見習いのため渡米し、さまざまな労働に従事しながら経済学に興味をもって独学したが、居住していたカリフォルニアで当時盛んであった労働運動に特に関心を抱き、在住の日本人によって組織された職工義友会の会員ともなった。その関係でアメリカ労働総同盟(AFL)会長ゴンパースと文通し、二十七年には東部に赴いて彼に面接し、AFLの日本オルグに任命された。二十九年帰国後横浜で英字新聞の記者をしていたが、三十年春、義友会の仲間であった沢田半之助・城常太郎らとはかって労働問題演説会を開き、集まってきた労働者に訴えて同年七月、労働組合期成会を結成し、さらにその中心をなしていた鉄工＝機械工を組織し、同年十二月アメリカ型をモデルとした鉄工組合を結成した。日本における最初の近代的労働組合で、高野は常任幹事としてその指導にあたった。労働組合運動はその後一年余りは順調に発展したが、官憲や使用者の圧迫もあり、組合活動の中心をなした共済制度の運用も思うに任せず、運動は行詰り、三十三年には共済手当の支給は大幅に圧縮された。高野は失意の内に組合運動を離れ、中国に渡り、三十七年三月十二日青島で死去した。三十六歳。大正期に労働運動を側面から助けた東京帝国大学教授高野岩三郎は弟で、兄房太郎から深い影響を受けていた。

［参考文献］大島清『人に志あり』、隅谷三喜男『高野房太郎と労働運動』(『経済学論集』二ノ一)　（隅谷三喜男）

たかのみのる　高野実　一九〇一―七四　昭和時代の労働組合運動指導者。明治三十四年(一九〇一)一月二十七日、石附家に生まれる。父は旧水戸藩士で、明治維新後米国で石版印刷の技術を学び東京市麴町区内幸町(東京都千代田区)で印刷業を営んでいた。麻布中学校を経て大正七年(一九一八)早稲田大学高等部に入学(のち理工学部に進学)したが、その前後に家業が倒産、高野家に養子に出され、苦学した。翌八年早大建設者同盟に加入。早大文化会事務局長、学生連合会書記長を務めた。同十一年日本共産党に入党、政治研究会の書記を経て労働農民党の結成に参加、また日本労働組合評議会(評議会)関東地方評議会東京北部地区委員などの活動をした。昭和三年(一九二八)の評議会・労農党解散後労農派に移行、一時全国労働組合同盟(全労)東京地連を経て全国労働倶楽部排撃闘争同盟(排同)、全労統一全国会議などを組織、昭和九年日本労働組合全国評議会(全評)、同十二年日本無産党の結成に参加するなど合法左翼の道を歩み、同年人民戦線事件で検挙された。戦後の二十一年全国金属産業労働組合同盟(全国金属)副主事、主事を務める一方、日本労働組合総同盟(総同盟)の結成に参加して副主事ついで総主事になった。日本産業別労働組合会議(産別会議)民主化運動を支援、その後身の全国産業別労働組合連合(新産別)と合同し、二十五年日本労働組合総評議会(総評)結成、翌年から三十年まで事務局長を務め、社会党左派として「平和四原則」「家族ぐるみ・地域ぐるみ闘争」を指導し、高野時代を現出した。退任から四十五年まで全国金属副委員長、のち顧問を務めたが、昭和四十九年九月十三日、肺結核で没。七十三歳。横浜市港南区日野町の日野公園墓地に葬られた。『労働組合幹部必携』など著書多数があり『高野実著作集』全五巻に収められている。

［参考文献］建設者同盟史刊行委員会編『早稲田大学建設者同盟の歴史』、『全国金属三十年史』、『総評二十年史』、猪俣津南雄著作・遺稿刊行会編『一階級戦士の墓標―高野実追悼録―』　（松尾　洋）

たかはしかめきち　高橋亀吉　一八九一―一九七七　昭和時代の経済評論家。明治二十四年(一八九一)一月二十七日、源蔵の長男として山口県都濃郡徳山村(徳山市)に生まれる。戸籍上は二十七年九月二十三日生まれ。大阪・朝鮮で働きながら通信教育で大学入学資格を取得し、四十五年に早稲田大学予科に入学、大正五年(一九一六)早稲田大学商学部を卒業、久原鉱業に入社。七年に東洋経済新報に転じ、十三年編集長となったが、十五年に退社、経済評論家として独立し、日本資本主義論・日本経済史の研究を開始し、『日本資本主義発達史』『明治大正産業発達史』を刊行した。この間、昭和三年(一九二八)には、日本農民党の会長として山梨県から立候補(落選)するなど、政治・社会運動にも関係した。金解禁が問題となると、石橋湛山らとともに新平価解禁の論陣をはった。七年には武藤山治を介して財界から基金を集め、高橋経済研究所を設立し、『高橋財界月報』を十一年一月から刊行した。また、八年八月の第五回太平洋調査会会議に委員として出席、日貨排斥への反論を展開した。企画院参与、物価中央委員会主査など政府関係委員、国策研究会常任理事などにも就任した。敗戦後、二十一年に日本経済研究所を設立し理事長兼所長となったが、二十三年に追放指定をうけ、経済史研究に専心し、『大正昭和財界変動史』全三巻（経済学博士論文）を執筆した。二十六年追放解除後、経済評論に健筆をふるい、さらに、『日本近代経済形成史』全三巻、『日本近代経済発達史』全三巻を刊行した。五十二年二月十日死去。八十六歳。墓は東京都府中市の多磨墓地にある。

参考文献　日本経済新聞社編『私の履歴書』一三

（三和　良一）

たかはしけんじ　高橋健自　一八七一—一九二九　明治から昭和時代前期にかけて活躍した考古学者。明治四年（一八七一）八月十七日仙台で仙台藩士高橋章俊の長男として生まれる。東京高等師範学校文学科卒業。東京帝室博物館鑑査官・同歴史課長を勤めた。古墳時代より歴史時代にかけての研究を主とした。銅鉾・銅剣の研究によって京都帝国大学より文学博士の学位を得たが、特に、遺物の研究の方法を樹立し、『鏡と剣と玉』（明治四十四年）、『古墳発見石製模造器具の研究』（大正八年（一九一九））、『日本埴輪図集』（編、同年）などの著作は、学位論文となった『銅鉾銅剣の研究』（同十四年）とともに日本考古学の基本的業績として有名である。また『考古学』（同二年）、『古墳と上代文化』（同十一年）などの概説書を公にし、わが国最初の『考古学講座』（同十五年—昭和三年（一九二八））を企画するなど考古学の普及にも力を尽くしたが、一方、考古学会を主宰して『考古学雑誌』の刊行に力を注ぎ、その事務所を東京市下谷区根岸の自宅に置いた。さらに、埴輪を資料として服飾史研究の方向を確立し、それを発展させて『日本服飾史論』（昭和二年）、『歴世服飾図説』（同四年）を刊行した。また、『日本原始絵画』（同二年）は、考古学的資料を用いた原始絵画論として先駆的な業績であった。昭和四年十月十九日没。五十九歳。仙台市の孝勝寺に葬られる。法名温故院知新律自日学居士。『高橋健自集』（『日本考古学選集』九・一〇）がある。

（坂詰　秀二）

たかはしけんぞう　高橋健三　（一）一八二八—一九〇五　信濃川大河津分水工事の功労者。文政十一年（一八二八）十二月十五日、信濃川と加茂川の合流地点にあたる越後国蒲原郡保明新田（新潟県南蒲原郡田上町）の庄屋の家に生まれた。信濃川流域の村々は洪水頻発地帯で、享保十九年（一七三四）から明治元年（一八六八）までの百三十余年間に百回をこす大水害に苦しめられた。信濃川治水の必要性を確信した健三は、田沢与一郎・佐藤又市らと謀って、三島郡大川津村（西蒲原郡分水町）から須走村（三島郡寺泊町）に至る約十キロの間を開削して日本海に信濃川の害水を放流する計画の実現のため奔走した。明治三年大河津分水工事が始まると用弁掛として用材調査や工事監督などに従事し、同八年分水工事廃業後も信濃川治水に尽力した。同十八年に起工された信濃川堤防改修工事の実現にも貢献し、のちの大河津分水完成の礎をつくった。晩年は東京で自適の生活を送り同三十八年四月五日、七十八歳で没した。

参考文献　武藤喜一編『信濃川改良工事沿革誌』、武石貞松編『南蒲原郡先賢伝』

（本間　恂一）

（二）一八五五—九八　明治時代の官僚、新聞人。号は自恃居士。安政二年（一八五五）九月、元尾張藩士（のちに下総国曾我野藩士）高橋大蔵（石斎と号す）の四男として江戸に生まれる。明治三年（一八七〇）曾我野藩の貢進生となり大学南校に学ぶ。十一年に東京大学を中退、翌年官途に就き、駅逓局などを経て十五年十二月文部権少書記官となり、十六年五月太政官の官報報告掛に任ぜられる。十八年十二月官報局次長となり、二十二年三月官報局長に就任した。この間、『東京電報』の創刊、同紙の『日本』への改組に関与し、杉浦重剛・陸羯南（くがかつなん）らと親しく交わった。二十三年二月フランスに出張、このとき朝日新聞社のマリノニ式印刷機購入に助力した。二十五年十一月官報局長を辞任、翌年一月『大阪朝日新聞』客員となる。論説を担当し、事実上の主筆であった。高橋は元来国粋的傾向が強く、同年秋に『大阪朝日新聞』に連載し世人の注目を惹いた「内地雑居論」でも現行条約励行論に近い立場を示した。『国華』など多くの雑誌の刊行にも関わり、二十七年二月朝日新聞社の系列誌として発足した『二十六世紀』を主宰した。二十九年九月第二次松方内閣の内閣書記官長に起用され朝日客員を辞した。同年十一月、『二十六世紀』の土方久元宮内大臣批判記事が『日本』に再録されたことを契機に筆禍が生じたが、黒田清隆らの努力で収拾された。三十年十月書記官長を辞任、三十一年七月二十二日神奈川県小田原の別荘で肺患のため死去した。四十四歳。

参考文献　『朝日新聞の九十年』

（佐々木　隆）

たかはしこうはちろう　高橋幸八郎　一九一二—八二　昭和時代の経済史学者。戸籍名は八郎右衛門（昭和十八年（一九四三）十二月幼名幸八郎を改め、家名八郎右衛門を襲名）。明治四十五年（一九一二）六月一日、福井県今立郡河和田村小坂（鯖江市）に生まれる。昭和十年東京帝国大学文学部西洋史学科卒業。京城帝国大学助教授などを経て、昭和二十七年東京大学社会科学研究所教授。四十八年停年退官後、早稲田大学、創価大学教授を歴任。五十七年七月二日、東京都練馬区に没。七十歳。昭和二十七年にフランス政府客員教授として渡仏、三十五年から国際歴史学会本部事務局理事として活躍、国内では土地制度史学会代表理事を務めた。フランス革命の経済史研究で独自の領域を開拓し、その成果を集大成した『近代社会成立史論』『市民革命の構造』は、第二次世界大戦後日本における近代社会分析の古典的著作。その基本論旨は封建社会から資本主義への移行を独立自営農民の成立と分解によって解明することであり、昭和二十七年にドッブ・スウィージーと国際的な論争を惹き起したことで著名。

参考文献 「高橋幸八郎教授業績目録」(東京大学『社会科学研究』二四ノ二)、「高橋幸八郎先生年譜・著作目録」(『経済史学』一四)　(遠藤　輝明)

たかはしこれきよ　高橋是清　一八五四―一九三六　明治から昭和時代前期にかけての財政家、政治家。幼名和喜次。安政元年(一八五四)閏七月二十七日、幕府御用絵師川村庄右衛門の庶子として生まれ、生後間もなく仙台藩足軽の高橋覚治是忠にひきとられ、その実子として江戸愛宕下の仙台屋敷内で育った。十一歳のとき開明的な仙台藩留守居役に見出されて横浜で働きながら英語を修業、十四歳で藩費留学生として渡米したが、下僕として売られるなど苦労を重ね一年余りで帰国。翌明治二年(一八六九)正月、新設の開成学校(のち大学南校)に入学、三月には十六歳で同校の英語教官になった。当時、森有礼・フルベッキから人格的薫陶を受けたが、悪友に誘われ遊興にふけり、放蕩の責任を負って同四年に大学少教授の職を辞し、一時芸妓屋の手伝いとなった。その後、唐津藩英学教師、東京英語学校・大学予備門教員、文部省御用掛などを経て、同十四年五月農商務省に入省、商標特許制度の創設にあたり特許局長兼東京農林学校長となる。同二十二年十月、海外発展の端緒を開く意気ごみで職を辞し、ペルーの銀鉱開発事業の出資者代表として現地に赴いたが、廃坑を買わされたことがわかり事業は失敗、家産と名誉を失った。同二十五年六月、川田小一郎日本銀行総裁に見出され、日銀建築所主任となり翌年西部支店長にとりたてられた。同二十八年横浜正金銀行に出向、本店支配人・取締役から副頭取にすすみ、同三十二年二月から日本銀行副総裁(三十九年三月以降正金銀行頭取兼任)、同四十四年六月に日本銀行総裁となる。この間、銀行家として手腕を発揮、松方正義蔵相を援け金本位制確立を推進し、日露戦争戦費調達のため欧米に出張し、戦中戦後六回にわたり外債募集を成功させ官界・実業界の信望を集め、貴族院議員に勅選され(三十八年　月)、男爵を授与された(四十年九月)。大正二年(一九一三)二月、第一次山本内閣大蔵大臣に就任、立憲政友会に入党、大臣辞任(同三年四月)後政友会選挙委員長をつとめ、同七年九月原内閣成立により再度大蔵大臣となり、積極財政を展開した。同十年十一月、原敬首相暗殺後その後を継ぎ首相兼蔵相、政友会総裁となったが、政党首領としての政治力不足から閣内不統一となり翌十一年六月総辞職した。その後超然内閣が続き護憲運動が高まると、同十三年、政友・憲政・革新三党首会談に加わり、みずから爵位(九年九月子爵授与)をなげうって衆議院議員に立候補当選して同年六月護憲三派内閣の農商務大臣として入閣、翌十四年四月、農商務省の商工・農林両省への分離を果たし、政友会総裁を田中義一に譲り、大臣を辞し政界から退いた。しかし昭和二年(一九二七)四月、金融恐慌の最中に若槻内閣が倒れると、乞われて田中内閣の蔵相に就任、支払猶予令を発し金融機関の救済立法を成立させて、急速に恐慌を鎮静させ六月に大臣を辞し引退した。その後立憲民政党浜口内閣井上準之助蔵相は、緊縮財政と金解禁(五年一月実施)により日本経済の健全化を図ったが、世界恐慌にまきこまれ深刻な不況に陥り、満洲事変勃発、イギリスの金本位制離脱などにより金流出が続く中で、同六年十二月政友会の犬養内閣が成立した。高橋はまた引き出されて蔵相に就任、組閣と同時に金輸出再禁止を断行、低為替による輸出増進策を採り、また日銀券の発行限度を拡張して、軍事費・時局匡救費(公共事業など)で増大した財政需要を日本銀行の公債引受発行で賄い、散布された財政資金を金融機関が吸収するのをまって公債を消化するという方法によって景気の回復を図り、列国にさきがけて恐慌からの脱出に成功した。同九年七月、高橋はいったん蔵相を辞したが、後任の藤井真信蔵相の病気退任により、同年九月、また蔵相となり、増大する軍部の軍事費増額要求を抑え、悪性インフレを防ぐため公債漸減方針を採り、昭和十一年度予算編成で軍部と対決、自説を貫いた。同十一年二月二十六日、二・二六事件に決起した反乱軍により、高橋は赤坂表町の私邸寝室で銃弾を撃ちこまれたうえ刀できりつけられ、八十三歳の波瀾の一生を終えた。墓は東京都府中市の多磨墓地にある。著書に『随想録』『経済論』があるほか、『高橋是清自伝』がある。

参考文献 上塚司編『是清翁一代記』、立憲政友会本部編『高橋是清翁八十年史』、高橋是清伝刊行会編『高橋是清伝』、津島寿一『高橋是清翁のこと』(『芳塘随想』九)、今村武雄『高橋是清』(『三代宰相列伝』)、同『評伝高橋是清』、大島清『高橋是清』(『中公新書』一八一)、後藤新一『高橋是清―日本のケインズ―』(『日経新書』二七三)　(大森とく子)

たかはしごろう　高橋五郎　一八五六―一九三五　明治から昭和時代初期にかけての語学者、評論家。本名吾良。安政三年(一八五六)三月二十日越後柏崎の庄屋の家に生まれる。明治元年(一八六八)上州に出て漢学・国学・仏教をおのおの学び後年の素養をつける。さらに英語を学ぶべく横浜に出て植村正久と交わり八年S・R・ブラウンに師事し、九年十二月横浜海岸教会J・H・バラより受洗したが教会関係者はその後も高橋を語ること少ない。ブラウンが『新約聖書』翻訳委員長になると、私的補助として彼を助けた。キリスト教系『六合雑誌』(明治十三年刊)に語学関係のみならずキリスト教弁証のほかさまざまな論文を寄せ、また『仏教新論』『神道新論』(以上同十三年)刊行。キリスト教に近い『国民之友』(同二十年刊)

では多彩な書評を寄稿し、特に「教育と宗教の衝突」事件の際は「偽哲学者の大僻論」ほかで井上哲次郎に詰め寄ったことは有名。東洋英和学校・立教学校・国民英語会で教える。翻訳書著書多く、昭和十年(一九三五)九月七日死去。八十歳。

参考文献 鈴木範久『明治宗教思潮の研究』　(大内　三郎)

たかはしさんきち　高橋三吉　一八八二—一九六六　明治から昭和時代にかけての海軍軍人。明治十五年(一八八二)八月二十四日、旧岡山藩士高橋信孝の三男として東京に生まれる。父は宮内省の役人。攻玉社中学を経て海軍兵学校に進み明治三十四年十二月卒業。日露戦争の黄海海戦・日本海海戦には戦艦敷島分隊長として参加した。海軍大学校を終えて第一次世界大戦が勃発すると、まず大正四年(一九一五)二月から欧米に出張して視察し、翌年四月帰朝したあと第四戦隊参謀・戦艦肥前副長・第一特務艦隊参謀として太平洋からインド洋にわたりドイツ軍艦・武装商船に対する多くの作戦に従事した。軍令部第一班の課長として作戦計画の立案を担当したあと、巡洋艦阿蘇と戦艦扶桑の艦長を経て大正十四年十二月、将官に進む。ついで軍令部第二班長・第一艦隊兼連合艦隊参謀長・第一航空戦隊司令官・海軍大学校長を歴任して昭和七年(一九三二)二月、軍令部次長に就任。同時に元帥東郷平八郎の進言により海軍軍令部長は伏見宮博恭王となった。もともと日本海軍はイギリス海軍方式を採用して発展したので、海軍省の権限が軍令部に比してはるかに強大であったが、高橋は約二年の在任中、皇族部長の権威をも利用して、平時・戦時の軍令部の権限を大幅に拡大することに成功した。あと第二艦隊司令長官・連合艦隊司令長官となり昭和十一年四月大将。同十四年四月予備役となり、四十一年六月十五日東京の自宅で死去。八十三歳。墓は横浜市鶴見区の総持寺にある。

参考文献 防衛庁防衛研修所戦史室編『大本営海軍部・聯合艦隊』一(『戦史叢書』九一)、野村実『歴史のなかの日本海軍』　(野村　実)

たかはししょうさく　高橋正作　一八〇三—九四　江戸時代後期から明治時代前期の秋田の農業技術の指導者。享和三年(一八〇三)十月二十八日、出羽国雄勝郡松岡村(秋田県湯沢市)の農家の三男として生まれる。父千葉治兵衛、母はる(平鹿郡縫殿村伝吉長女)。幼名新蔵、のち常作、さらにそののち正作。文政六年(一八二三)、同郡桑ヶ崎村(雄勝郡雄勝町)の高橋利右衛門の養子となり、同家長女なみを妻とす。文政八年桑ヶ崎村の肝煎となり、弘化二年(一八四五)雄勝郡横堀村(雄勝町)親郷肝煎も兼任する。明治四年(一八七一)秋田県より四木取立の生産係世話方、同十三年雄勝・平鹿両郡柳指米予防試験兼鑑定人、翌十四年県勧業課農業掛、十五年農区委員などにそれぞれ任命され地区の農業指導にあたった。文政年間以降秋田藩が推進した養蚕業の振興策や、荒廃田の再興に協力し、みずからも領外先進地にたびたび視察にでかけ、特に弘化元年にはそれまで秋田藩の招きでしばしば訪れ領内を巡回し桑木取立を指導し、親交のあった米沢の植木四郎兵衛宅に半年余寄留して技術を学んだりした。明治期には石川理紀之助らとともに県内屈指の農業指導者として活躍し、この間農業技術書も多く著わした。明治二十七年十月二十八日没。九十二歳。法名徳法院正学実農居士。墓は雄勝町桑ヶ崎桐善寺にある。著書『除稲虫之法』『農業随録』『飢歳問答』など多数。　(高橋　秀夫)

たかはししんいち　高橋磌一　一九一三—八五　昭和時代の歴史学者。大正二年(一九一三)一月十五日、東京市芝区浜松町(東京都港区)に父磊・母ユキの長男として誕生(戸籍上は三月二十八日生まれ)。父と死別後、母方の祖父、三多摩壮士の小島力次郎にひきとられ、その影響を受けた。慶応義塾大学卒業、同大学院に進む。在学中から歴史学研究会に参加、昭和十四年(一九三九)『洋学論』を発表。錦秋高等女学校、ついで暁星中学校教諭となるが、応召し華北で九死に一生を得、また空襲で再度罹災した。二十三年、退職後は在野の歴史家として活動し、特に歴史教育者協議会の指導者として科学的な歴史教育の確立につとめ、四十四年以降、委員長となる。四十年、日本学術会議会員に選出され、四期十二年、学問・思想の自由委員会幹事をつとめた。また平和運動にも参加、四十三年以降、東京平和委員会会長となる。巧みな講演は「高橋節」と親しまれた。六十年八月六日没。七十二歳。港区白金二丁目の立行寺に葬られた。著書論文の多くは『高橋磌一著作集』全十五巻(うち別巻三巻)にまとめられた。

参考文献 歴史教育者協議会編『高野長英の魅力・高橋磌一先生を追想する』、高橋磌一『歴史に生きる』、同『歴史教育とわが人生』　(佐藤　伸雄)

たかはししんごろう　高橋新五郎　一八一六—六七　武蔵国足立郡塚越村(埼玉県蕨市)の人。代々機業家で、二代新五郎の次子として文化十三年(一八一六)六月六日生まれる。一種の縞織を発明、加工して塚越結城と称し、また古唐桟に模して絹織交織を製し、東屋唐桟(東唐桟)と称された。しかし、天保十四年(一八四三)七月には幕政改革により自家の織立てを停止して下拵のみをし、機台を近郷の細民に貸与して賃織させた。その時、染物場二棟を増築して藍甕四百本を備え、その産額は一日に二百六十反、年産八万反にのぼり、江戸・大坂市場や東海道筋の諸国を販路にしたという。嘉永三年(一八五〇)父の二代新五郎(隠居して数馬)は「我六拾歳、孫四人、機屋門弟其外とも軒数凡弐百軒よ(余)に相成、(中略)家内睦敷、下男下女共四十余人」と述べている。幕末開港により機業は大打撃をうけたが、これを克服し、万延元年(一八六〇)横浜入港のイギリス製綿糸二箇を、文久元年(一八六一)四月には輸入洋糸二十五箇すべてを購入し、もって木綿双子織を製造、塚越双子と称された。しかし晩年、瞽者となり家運も傾いたが、四代新五郎がみずから織物を江戸の大丸・三井・白木屋などに直接販売し、また洋糸の使用法に改良を加えて、ようやく家業を挽回するに至った。慶応三年(一八六七)五月十五日没。五十二歳。墓は蕨市塚越三丁目にある。

参考文献 土屋喬雄『日本資本主義論集』、『蕨市の歴史』二、金子吉衛『幕末マニュファクチュア論争と蕨の織物業』(蕨綿織物業史中間報告) (丸山 雍成)

たかはしせいいちろう 高橋誠一郎 一八八四―一九八二 明治から昭和時代にかけての経済学者。明治十七年(一八八四)五月九日新潟で生まれた。父高橋次太郎・母筆の一人息子。四歳のとき、先に新生活を求めて横浜に居た父次太郎のもとに一家をあげて移り住み、この地で成人した。同三十一年、慶応義塾普通科に入学、大学部に進み、政治科を卒業して慶応義塾の教員となった(四十一年)。四十四年経済理論・経済学史研究のため欧州に留学を命ぜられ、帰朝後は大学部理財科教授となった(大正三年(一九一四))。大正九年、大学令により慶応義塾大学が発足したとき、経済学部と法学部の教授となった。教授時代の高橋の研究業績はすこぶる大きく、著書・論文は多数にのぼる。昭和十九年(一九四四)慶応義塾を退職、大学名誉教授となったが、第二次世界大戦後、種々の公職に就いて大きな足跡をのこしている。まず二十一年には、戦災で負傷した慶応義塾長小泉信三の残りの任期を、塾長代理・大学総長となり、翌年第一次吉田内閣の文部大臣となって教育基本法の制定にあたった。そして日本学士院会員となり、日本芸術院長・交詢社理事長に就任。この二つの在任期間は三十余年に及ぶという異例なものである。学殖が深く、博覧強記、話術に巧みな人柄は、多くの団体・委員会の長にはふさわしいものであった。代表著作は『重商主義経済学説研究』(昭和七年)、『浮世絵二百五十年史』(同十三年)、『高橋誠一郎コレクション・浮世絵』全七巻(同五十二年)。五十四年文化勲章受章。五十七年二月九日没。九十七歳。墓は横浜市神奈川区高島台一丁目の本覚寺にある。法名諦鑑院碩徳誠峰大居士。 (昆野 和七)

たかはしそうあん 高橋箒庵 一八六一―一九三七 近代の数寄者。水戸藩士常彦の四男として文久元年(一八六一)出生。名は義雄。藩校自彊舎に学ぶが、廃藩後、商家に奉公に出るなどしたのち、実家に戻り中学を卒えた。福沢諭吉が時事新報記者を養成するため、特待の塾生を募集したのに応じ、慶応義塾を経て、福沢の論説口授に従うなど、新聞人となった。明治十九年(一八八六)『拝金宗』、二十年に翻訳『梨園の曙』などを出版した。アメリカ留学の機会を得て渡米、またイギリスにも見聞を広め、二年ののち帰国し、井上馨の知己を得て、三井銀行、三井呉服店に勤務し、特に近代的な百貨店としての「三越」の誕生に貢献した。三井合名の理事となって、財界での地歩を得たが、五十一歳で引退して、文筆家としての本来に戻ったが、執筆の対象は主に、茶の湯に絞られた。『時事新報』での茶会記の連載(『東都茶会記』『大正茶道記』)、また、華族、名家の秘蔵する茶道名器の集成『大正名器鑑』の完成に全力を傾注した。昭和に入り、ラジオ放送や、高谷宗範との論争など自己の茶の湯観を広宣して、啓蒙的な活動もした。護国寺茶寮の建設も、大衆的な茶会の催行に寄与したし、益田鈍翁(孝)を盟友として、近代茶道史に特筆される存在となった。茶の湯は、はじめ川部宗無に、のち藤谷宗仁に親交した。三畳台目の好の席(森谷家内)を箒庵と称する。昭和十二年(一九三七)十二月十二日に没す。七十七歳。墓塔は東京都文京区大塚五丁目の護国寺にある。法名種徳院浄楽箒庵居士。同所で箒庵忌が十二月一日に営まれている。著書に『近世道具移動史』、『箒のあと』、『趣味ぶくろ』、『おらが茶の湯』(『日本の茶書』二)など多数がある。

参考文献 熊倉功夫『近代茶道史の研究』、原田伴彦『近代数寄者太平記』(『淡交選書』二)、戸田勝久『近代の芸文と茶の湯』(『茶道文化選書』) (戸田 勝久)

たかはしたけのすけ 高橋竹之介 一八四二―一九〇九 幕末・維新期の勤皇家。竹之助とも書く。天保十三年(一八四二)、庄屋の次男として越後国蒲原郡杉之森村(新潟県南蒲原郡中之島町)に生まれる。長善館の鈴木文台、青槐書院の斎藤赤城に学んだのち、文久三年(一八六三)播州の河野鉄兜の門に入り日柳燕石・森田節斎と交遊、さらに慶応二年(一八六六)江戸で塩谷宕陰・古賀茶渓に学び、勤皇思想に心酔。帰郷後の同三年九月に長州藩を説いて佐幕の中心の会津藩討伐を図るため松田秀次郎と長州へ向かったが果たさず、京都で公卿沢宣嘉に仕えた。戊辰戦争が始まると帰郷し松田秀次郎・室孝次郎らと勤皇の志を実践するため方義隊(のち居之隊と改称)を結成、新政府軍の「北越先鋒嚮導官」として県内各地を転戦した。明治二年(一八六九)東京遷都反対運動に連座し十年の禁錮に処せられたが同十二年に出獄、以後三条・長岡町で誠意塾を開き子弟の教育にあたり、同四十二年十一月七日六十八歳で没した。大正七年(一九一八)十一月特旨をもって正五位を追贈された。著書に『北征日史』がある。

参考文献 武石貞松編『南蒲原郡先賢伝』、同編『拝恩餘光―高橋竹之助伝―』、田中惣五郎『北越草莽維新史』、太政官・東大史料編纂所編『復古記』一一、越佐徴古館編『越佐維新志士事略』 (本間 恂一)

たかはしでいしゅう 高橋泥舟 一八三五―一九〇三 幕末・明治時代の幕臣、槍術家。天保六年(一八三五)二月十七日山岡正業の次男に生まれ高橋包承の養子となった。名は政晃で泥舟は号。精一・謙三郎、のちに伊勢守を称した。実兄の山岡静山(信吉)に就いて槍を修業し神技に達したとの評を得、安政三年(一八五六)二十二歳で講武所槍術教授、万延元年(一八六〇)同槍術師範。文久三年(一八六三)上京中の将軍徳川家茂から浪士取扱を親諭され、特に勅許を奉じて従五位下に叙せられたという。

称伊勢守。しかし同年江戸に戻ると疑われて一時は小普請入・差控となった。講武所槍術師範に復したのち、慶応二年(一八六六)新設の遊撃隊の頭取。戊辰の年、鳥羽・伏見の戦に敗れた将軍慶喜が帰東・謹慎すると遊撃隊を率いて警護にあたったが、かたわら義弟山岡鉄舟の駿府派遣を提案するなど局面打開に心を砕いたという。徳川家静岡移住に従って地方奉行などに任じ、廃藩置県後は東京に隠棲して槍を筆に替え、書を楽しんで世を送った。明治三十六年(一九〇三)二月十三日没。六十九歳。墓は東京都台東区谷中六丁目の大雄寺にある。

[参考文献] 「高橋泥舟翁事歴」(『史談会速記録』二四八)

(松浦 玲)

たかはしみつたけ 高橋光威 一八六七―一九三二 明治から昭和時代前期にかけてのジャーナリスト、政治家。慶応三年(一八六七)十二月越後国蒲原郡菅谷村(新潟県新発田市)に高橋幾左衛門の四男として生まれる。慶応義塾法科卒業後、『福岡日日新聞』に入社。まもなくアメリカ・イギリスに渡り、コロンビア大学・ケンブリッジ大学で経済学を学んだ。帰国後『福岡日日新聞』の主筆を経て、明治三十六年(一九〇三)原敬の経営する『大阪新報』の主筆。三十九年原が第一次西園寺内閣の内務大臣に就任するとその秘書官となった。同四十一年の第十回総選挙から昭和五年(一九三〇)の第十七回総選挙まで連続八回衆議院議員に当選。立憲政友会に所属し原敬の側近として活躍した。内務省勅任参事官を経て、大正七年(一九一八)九月―十年十一月原内閣の内閣書記官長を勤めた。原の没後、政友会の内紛が激化すると、反高橋是清総裁派となり、十三年一月脱党して政友本党創立に加わったが、十五年二月鳩山一郎らとともに復党した。その後、田中義一・犬養毅総裁のもとで政友会の総務委員を勤めた。昭和七年四月九日死去。六十六歳。政界に入る前、アメリカの製鉄王カーネギーの著書を翻訳し『米国繁昌記』として出版したことがある。

[参考文献] 衆議院・参議院編『議会制度百年史』衆議院議員名鑑

(鳥海 靖)

たかはしゆいち 高橋由一 一八二八―九四 幕末・明治時代の油彩画家。名は浩、幼名猪之助(のち佁之助)、由一は明治以降に名のる。字は剛、号は藍川・華陰逸人。文政十一年(一八二八)二月五日下野国佐野藩の江戸藩邸内に生まれる。父佐野藩士源十郎、母タミ。幼いころより狩野派の絵師狩野洞庭・狩野探玉斎に学ぶ。文久二年(一八六二)幕府蕃書調所画学局に入り、川上冬崖に油彩画の指導を受けるが、慶応二年(一八六六)横浜居留地のチャールズ=ワーグマンや貿易商ショイヤー夫人に実技指導を受ける。明治四年(一八七一)大学南校画学係教官に任ぜられるが翌年退官。同六年画塾天絵楼を創設(十二年東京府認可となり天絵画舎と改称するが十七年廃校)。この画塾の学生は約百五十名にのぼり、原田直次郎・川端玉章らが学ぶ。由一は画塾の月例会に「花魁図」や「鮭図」を発表。十一年パリ万国博覧会に油彩画を出品。十二年琴平山博覧会に「なまり節」「鱈梅花」など三十七点を出品。十四年山形県令三島通庸の依頼により山形県下の新道を油彩画に描いたほか、十八年栃木・福島・山形三県の新道を石版画集『三県道路完成記念帖』にまとめる。その作風は対象の実在に迫ろうとする意欲を示したが、風景画にもみられるように空間把握の方法に江戸名所図会的構図を引きついでいることや、静物図において質感の処理のみに終始していることで江戸時代中期からの江戸洋風画の性格を色濃く残している。二十六年「洋画沿革展覧会」を開催し、司馬江漢・川上冬崖・アントニオ=フォンタネージを顕彰。翌二十七年七月六日死去。六十七歳。東京府渋谷祥雲寺内香林院に葬られる。法名は実際院真翁由一居士。美術館設立運動や美術雑誌『臥遊席珍』の刊行など、油彩画啓蒙運動の先駆者である。自叙伝に口述『高橋由一履歴』(明治二十五年)がある。

[参考文献] 青木茂編『高橋由一油画史料』、隈元謙次郎『近代日本美術の研究』、土方定一編『高橋由一画集』

(佐々木静一)

たかはしりゅうたろう 高橋竜太郎 一九〇四―九三 昭和時代の地震学者。明治三十七年(一九〇四)十二月三日、秋田士族高橋毅の長男として東京に生まれる。昭和二年(一九二七)三月東京帝国大学理学部物理学科卒業と同時に同大学地震研究所助手となる。同五年二月同助教授、同十六年八月同教授、同三十五―三十八年同地震研究所長、この間十二年に理学博士となる。四十年停年退官。同年五月東京大学名誉教授。昭和初期から水管傾斜計・新型伸縮計の製作とそれによる観測、北伊豆地震(昭和五年)のとき丹那トンネル内での断層の観測、海底変動による津波発生の理論と実験および太平洋沿岸の津波危険度の推定、地盤内の地震動の増幅理論の研究のほか、標準強震計試作試験委員会の一員として強震計の開発に努力するなど、現代地震学の幅広い分野で先駆的業績を挙げるとともに、各種委員会を通じて学術行政に活躍している。昭和二十三年の福井地震に際しては現地調査団長を務めた。平成五年七月十日没。八十八歳。

(宇佐美竜夫)

たかばたけしきぶ 高畠式部 一七八五―一八八一 幕末・明治時代初期の歌人。名は刀美、号を式部、家の号を麦の舎という。天明五年(一七八五)伊勢松坂の石井道元の子として生まれ、矢辺平八郎と結婚、夫の没後、京都千種家出入りの盲針医高畠清音と再婚した。天保二年(一八三一)香川景樹に入門して桂園の歌風を学んだ。同十四年景樹の没後は、千種有功に師事した。歌の集に『麦の舎集』『式部蓮月二女和歌集』などがある。書画・彫刻にも巧みであった。明治十四年(一八八一)五月二十八日没。九十七歳。墓は京都市東山区の長楽寺にある。

[参考文献] 簗瀬一雄編『高畠式部全歌集』、簗瀬一雄『近世和歌研究』(『簗瀬一雄著作集』五)

(簗瀬 一雄)

たかばたけもとゆき　高畠素之　一八八六―一九二八　大正時代の社会思想家。明治十九年(一八八六)一月四日旧前橋藩士高畠武増・しげ子の五男として前橋に生まれる。同三十二年前橋中学に入学、在学中に前橋教会に通い堀貞一牧師より受洗するとともに週刊『平民新聞』を購読し社会主義思想への関心を深めた。同三十七年同志社神学校に入学、京都社会主義談話会を組織。キリスト教に疑問を感じ同四十年に退学、翌四十一年、郷里前橋で幸徳秋水らの直接行動論の影響の強い社会主義新聞『東北評論』を刊行、同紙の赤旗事件の報道をめぐり新聞紙条例違反で禁錮二ヵ月の刑を受ける。獄中で英訳『資本論』をひもとく。四十四年堺利彦の売文社に入社し機関誌『新社会』の中心的論客として大正期社会主義運動のリーダーとなる。とりわけ第一次世界大戦前後のヨーロッパの社会主義運動の紹介につとめ、ロシア革命の実態を最も早く日本に伝えた。ロシア革命とプロレタリア国家の成立を、政治運動否定のサンディカリズムや国家死滅説を唱えるマルクス主義に対する反証ととらえた高畠は、大正七年(一九一八)の山川均との「政治運動と経済運動」をめぐる論争を経て、翌八年に遠藤友四郎らとともに堺利彦らとたもとを分かち国家社会主義運動を開始した。すでにカウツキー『資本論解説』の邦訳をてがけていた高畠は、同じ大正八年より『資本論』の翻訳に着手し、同十三年、初の全三巻完訳を完成、以後二回にわたる改訳版は、戦前における唯一の全訳『資本論』として多くの読者を得た。この間、『国家社会主義』『大衆運動』『急進』などの機関紙誌に拠り小思想集団としての国家社会主義グループを率いるとともに、多くの評論活動を行なった。普通選挙実施とともに社会民主主義者や国家主義者、軍部指導者を糾合した新国家社会主義政党の組織を開始せんとしたが、昭和三年(一九二八)十二月二十三日、胃ガンのため急死、享年四十三。墓は東京都府中市の多磨墓地にある。昭和期の国家主義運動にも少なからぬ影響を与えた。主著『批判マルクス主義』『幻滅者の社会観』『自己を語る』。

参考文献　田中真人『高畠素之―日本の国家社会主義―』

（田中　真人）

たかはまきょし　高浜虚子　一八七四―一九五九　明治から昭和時代にかけての俳人、小説家。明治七年(一八七四)一月十日(戸籍では二月二十二日)に、松山市長町新丁(湊町四丁目)で生まれた。池内姓、本名清。父庄四郎は松山藩士、柳生流の剣を使い、剣術師範。母は柳。祖母の家を継ぎ高浜姓となった。松山第一中学に入学、廃校で伊予尋常中学に学んだ。ここで同級となった河東碧梧桐(かわひがしへきごとう)を介して、正岡子規を知った。子規は東京帝国大学文科大学に在学中である。子規の志望は、哲学から小説家に転じており、文壇へ出ることを目指していた。小説『月の都』を書き幸田露伴に推挙を依頼するが、うまくゆかず、俳人として生きる決意を固めるに至った。虚子も自然な形で俳人としての道を進むことになった。虚子の俳号は、本名きよしのもじりである。子規の命名で生涯用いた。第三高等中学に進んだが、のち、学校が解散となり第二高等学校に転じ退学。碧梧桐とともに子規の周辺にあって、俳句革新の仕事を援けた。明治三十一年に、それまで松山で刊行されていた『ホトトギス』を引き継いで経営、子規が新聞『日本』で拡げてきた俳句を純化し、写生文の育成に力を注いだ。子規没後、碧梧桐との対立もあり、また、夏目漱石が写生文の方法を活かし、『ホトトギス』を舞台として小説家として成功するのを見て小説に転じた。余裕のある、俳句的小説『風流懺法』『大内旅宿』などの作品は、明治四十年代の自然主義文学と対峙する位置に立った小説である。大正初年に至り、碧梧桐を中心とした新傾向俳句が、著しく散文化し、俳句から逸脱し始めたのに対し、俳壇復帰を決意。「守旧派」を号して、十七音・季題を守った写生句を説いた。この主張の下で育ったのが飯田蛇笏・村上鬼城・原石鼎・前田普羅などで、俳句性の再発見と、そこで抒情と個性を発揮した作品を見せている。大正中期に至り、季物の抒情による偏りを感じたため、新しく客観写生を説き、一事一物の、細部の描写句を推すようになった。そしてこの線上で「花鳥諷詠」論を説き、昭和二年(一九二七)から数年をかけて組織づけた。当時文壇で隆盛であった、プロレタリア文学を意識したこともあって、日本への回帰を含めた特色をもっている。整理すると、(一)素材として、花鳥風月を中心素材とする、(二)俳句に盛る情は、軽く、愉快に、楽しいものとする、(三)写生句を続けて作ることで、現実をあるがままに観ずるという人生観を養う、ということになる。この理論を踏まえて、文学としての俳句を作り出した俳人に、水原秋桜子・山口誓子・中村草田男らがあり、遊芸として俳句を深めた俳人に、山口青邨・富安風生・星野立子・中村汀女ら、中間に阿波野青畝がいる。後者の俳風に対し批判的な新興俳句運動もあったが、虚子は一貫してこの理論を守り通した。第一次世界大戦後の「第二芸術論」に対しても同じ態度をとり、悟りの文学、極楽の文学としての俳句を作ることを説いた。晩年の小説『虹』に対し、川端康成は、日本的熟成と賞賛した。昭和二十九年文化勲章受章。同三十四年四月八日神奈川県鎌倉虚子庵にて脳溢血で没。八十五歳。法名虚子庵高吟椿寿居士。鎌倉市扇ガ谷の寿福寺に葬られる。全集に『(定本)高浜虚子全集』などがある。

参考文献　大野林火『高浜虚子』、水原秋桜子『高浜虚子』、山口誓子・今井文男・松井利彦編『高浜虚子研究』

（松井　利彦）

たかひとしんのう　幟仁親王　一八一二―八六　幕末・明治時代前期の皇族。有栖川宮韶仁親王の第一王子。同宮第八代。文化九年(一八一二)正月五日誕生。幼称八穂(やお)宮。文政五年(一八二二)十一月光格上皇の猶子となり、翌六年九月親王宣下あり、同年十一月元服して上総太守に任じ、弘化四年(一八四七)八月中務卿に転じた。元治元年(一八六四)国事御用掛に任ぜられたが、七月禁門の変後長州藩との策動の嫌疑によってこれを免じ、慎を命ぜられた。慶応三年(一八六七)正月その処分を解き、十二月多年の筆道御師範奉仕並びに王子熾仁親王の重要公務勤仕の賞として一品に推叙せられ、翌明治元年(一八六八)には議定・神祇事務総督・神祇事務局督に任ぜられた。その後同十四年二月神道教導職総裁に任ぜられて布教事務の総括にあたり、翌年三月辞任、ついで新設の皇典講究所の総裁に就任して、斯道の振興と人材の養成に尽力した。同十九年一月二十四日没。享年七十五。東京豊島岡の皇族墓所に葬った。なお親王は家学を受けて歌道・書道に令名があり、その関係事蹟も少なくない。

参考文献　高松宮家編『熾仁親王行実』　(武部　敏夫)

たかひらこごろう　高平小五郎　一八五四—一九二六　明治時代の外交官。安政元年(一八五四)正月十四日、陸奥国一関に田崎三徹の三男として生まれ、高平真藤の養子となった。明治六年(一八七三)七月より八年三月まで工部省の燈台寮に勤務の後、九年四月外務省に入り、十二年十月外務二等書記生として在米国公使館に在勤、十六年十二月外務権少書記官として公信局に勤務、十八年三月外務書記官としてソウルに在勤、二十年八月在上海領事、二十三年四月総務局政務課長、二十四年八月在ニューヨーク総領事を経て、二十五年九月オランダ駐劄弁理公使、二十七年八月イタリア、二十八年十二月オーストリア各駐劄公使を歴任した。三十二年六月青木周蔵外相のもとで外務次官に任命され、三十三年六月米国駐劄公使となったが、その在任中、三十八年七月小村寿太郎外相とともに日露講和会議の全権委員に任命され、交渉にあたった。帰国後、三十九年一月貴族院議員となったが、四十年二月イタリア、四十一年一月米国各駐劄大使に任命され、四十一年十一月国務長官ルート E. Root との間に高平・ルート協定を締結した。大正元年(一九一二)十一月退官後、同六年十二月より十五年十一月まで、再度貴族院議員に在任した。同十五年十一月二十八日没。七十三歳。

参考文献　外務省編『小村外交史』、同編『日本外交文書』三七・三八別冊ノ五、四一ノ一　(河村　一夫)

たかまつとよきち　高松豊吉　一八五二—一九三七　明治から昭和時代前期にかけての工業化学者。嘉永五年(一八五二)九月十一日、江戸浅草阿部川町に名主役高松喜兵衛の次男として生まれる。御雇外国人教師アートキンソンに化学を学び、明治十一年(一八七八)東京大学理学部化学科を卒業。翌年イギリスおよびドイツに留学。同十五年帰国後文部省御用掛、東京大学講師・教授となる。同十八年彼の建議により工芸学部が新設され、十九年帝国大学創立とともに同大工科大学に編入される。二十六年日本最初の応用化学講座を日本人としてはじめて担当。三十六年渋沢栄一に請われて東京瓦斯株式会社常務・専務を経て、四十二年から大正三年(一九一四)まで同社長。大正三年農商務省に新設された化学工業調査会委員としてその育成政策に尽力。同四—十三年農商務省東京工業試験所第二代所長。東京職工学校(現在の東京工業大学)で応用化学・染色学を教える。理化学研究所・学術研究会議などの創設に貢献し、化学工業諸分野の研究開発と技術指導にあたる。東京化学会・工業化学会会長、日本薬学会・帝国学士院会員となる。昭和六年(一九三一)イギリス工業化学会名誉会員。同十二年九月二十七日没。八十六歳。著書に『化学教科書』、『化学語彙』(共編)がある。

参考文献　鴨居武編『工学博士高松豊吉伝』、日本学士院編『学問の山なみ』　(山下　愛子)

たかまつのみやのぶひとしんのう　高松宮宣仁親王　⇨宣仁親王

たかまつりょううん　高松凌雲　一八三六—一九一六　幕末・明治時代の医師、社会事業家。幼名権平、のち荘三郎。天保七年(一八三六)十二月二十五日、筑後国御原郡古飯村(福岡県小郡市古飯)に庄屋高松虎之助直道の三男として生まれる。母は中村氏の出。安政六年(一八五九)江戸の石川桜所の食客生、文久元年(一八六一)大坂で適塾に入門するが、翌年緒方洪庵が東上したため、その後横浜でヘボンに学ぶ。慶応元年(一八六五)一橋家軍制所付表医師となり、同三年徳川昭武のお付医師としてパリの万国博覧会に随行し、公務を解かれたあと、同地で医学を学ぶ。明治元年(一八六八)鳥羽・伏見の戦の報により帰国、榎本武揚の嘱により箱(函)館の病院で医務を統轄した。五稜郭攻防戦の負傷者を敵味方の区別なく手当をしたが、これはわが国における赤十字思想の初期の実践とされる。敗戦後の明治二年阿波(徳島)藩預けとなるも翌年それを解かれ、東京浅草に医院を開く。西南戦争でも負傷者の治療にあたった。同十二年同愛社を創立、貧民の救療事業にあたったが、これはわが国での初期の民間社会事業である。内務省地方衛生会委員、東京医会の役員などを歴任。大正五年(一九一六)十月十二日死亡。八十一歳。墓は東京都台東区の谷中墓地にある。著訳書に『保嬰新書』『虎列剌病論』『内科枢要』などがある。

参考文献　磐瀬玄策編『高松凌雲翁経歴談』、伴忠康『高松凌雲と適塾』、吉村昭『夜明けの雷鳴』　(長門谷洋治)

たかみじゅん　高見順　一九〇七—六五　昭和時代の小説家。本名高間義雄(のち芳雄)。明治四十年(一九〇七)二月十八日(戸籍)、福井県坂井郡三国町平木に生まれた。実際の出生は、一月とも、前年十二月ともいわれる。父は、永井荷風の叔父、当時の福井県知事阪本釤之助。母は、三国町の旧家の娘高間古代。順は、私生児として届けられ、父とは、ついに一度も会っていない。翌四十一年、祖母・母とともに、阪本を追って上京、麻布区竹谷町(港区南麻布一丁目)に住んだ。麻布東町小学校、府立一中、一高を経て、昭和五年(一九三〇)、東京帝国大学英文学科を卒業。典型的な時代の子で、大正十三年(一九二四)からの一高時代には、アバンギャルド芸術運動に心酔し、昭和二年からの大学時代には、プロレタリア文学運動の闘士として、『大学左派』その他に創作・評論を発表、卒業後も、コロムビア・レコード会社に勤務のかたわら、活動を続け、同八年に検挙された。釈放後、友人らと同人誌『日暦』を創刊、転向者の屈折した心情を独特の饒舌体に盛った長編『故旧忘れ得べき』(十年、前半)が、第一回芥川賞候補作となって、文壇に登場した。十一年には、武田麟太郎らと『人民文庫』を創刊して、保田与重郎らの『日本浪曼派』と対立した。戦時下に好評を博した作品には、浅草もの『如何なる星の下に』(十四―十五年)がある。その後、二度陸軍に徴用されて、ビルマ・中国に赴き、戦後、自伝的長編『わが胸の底のここには』上(二十一―二十三年)をはじめとして、旺盛な創作活動を再開、病気とたたかいながら、多くの芸術的実験を試みた。『生命の樹』(三十一―三十三年)を経て、『激流』第一部(三十四―三十八年)、『いやな感じ』(三十五―三十八年)で頂点を築いた。著作は、以上のほか、『樹木派』(二十五年)などの詩、『昭和文学盛衰史』(三十三年)などの評論、厖大な『高見順日記』なども見のがせず、日本近代文学館創設の功も、特筆すべきものである。昭和四十年八月十七日、癌で死去した。五十八歳。墓は神奈川県鎌倉市の東慶寺と故郷三国町の円蔵寺にある。『高見順全集』全二十巻別巻一がある。

[参考文献] 石光葆『高見順』(『人と作品』三二)、奥野健男『高見順』(『深淵叢書』)、土橋治重『永遠の求道者高見順』(『現代教養文庫』D一五二)、上林猷夫『詩人高見順 その生と死』

(磯貝 英夫)

たかみせんせき 鷹見泉石 一七八五―一八五八 江戸時代後期の下総国古河藩士。名忠常、通称十郎左衛門、字伯直、号楓所・可琴軒・泰西堂・泉石(晩年)。天明五年(一七八五)六月二十九日古河城内に生まれる。父は忠徳。鷹見家は同藩の長臣であった。十三歳江戸詰小性。幼少期、同藩蘭医河口信任に啓発され、大槻玄沢門から蘭学出発。天文・暦数・地理・歴史・兵学・食物・博物の学とその資料収集に努める。渡辺崋山・司馬江漢・箕作阮甫・高島秋帆・江川坦庵(太郎左衛門)・川路聖謨・杉田玄白・同成卿・坪井信道・桂川甫賢・同甫周・同甫安・宇田川榕庵・石川桜所(良信)・佐久間修理(象山)・大槻磐渓・土井利忠(越前大野城主)・ヤン＝コック＝ブロムホフ(泉石は同人から蘭名ヤン＝ヘンドリック＝ダップル Jan Hendrik Dapper を貰う)らに交わった。泉石は公人として藩財政を建て直し、天保八年(一八三七)大塩平八郎の乱に際しては平八郎召捕に功を立てた。当時、藩主土井利位は大坂城代の職にあり、泉石もこれに従って大坂にあったのである。渡辺崋山筆「鷹見泉石像」(国宝)は、この乱の平定に功を立てた利位が菩提寺である江戸浅草誓願寺に泉石を代参させたが、その折の姿を描いたものであるという。また利位は世界初の雪結晶図譜『雪華図説』を刊行している(同書はマルチネットの Katechismus der Natuur を参考にしている)が、泉石は利位に自然科学の蘭書を講じている。江戸在住時代に利位・用人枚田水石とともに谷文晁に入門。大黒屋光太夫からロシア語を、中浜万次郎から英語を学び、別に華語も独学した。幕府に提出した古河藩の建言書『愚意摘要』(開港通商し洋学を入れ、至急洋式軍備を断行することを建言)を起草。高島流兵術を卒先採り入れた。弘化三年(一八四六)古河蟄居後、隠居となり、政務の繁忙を離れて長年研究した対露策を『蝦夷北蝦夷地図』にまとめ、嘉永二年(一八四九)『新訳和蘭国全図』を刊行、「日光駅路里数之表」著述など学問に生き、一歩先の日本を眺めた開国論者であった。尨大な蘭学資料と、『泉石日誌』を残して、安政五年(一八五八)七月十六日、七十四歳で古河に没す。同地の正麟寺に葬り、大槻磐渓が墓碑撰文。大正七年(一九一八)従四位を贈らる。

[参考文献] 緒方富雄・渡辺武夫・川島恂二編『鷹見泉石『新訳和蘭国全図』解説』、古河市教育委員会編『蘭学者(地理学)鷹見泉石』、伊東多三郎『近世史の研究』二、石山洋「蘭学におけるオランダ地理学」(『地理学史研究』二)

(川島 恂二)

たかみねじょうきち 高峰譲吉 一八五四―一九二二 明治・大正時代の応用化学者、実業家。タカジャスターゼ・アドレナリンの発見者として知られる。安政元年(一八五四)十一月三日加賀藩典医の高峰元陸(のち精一と改名)の長子として越中国高岡(富山県高岡市)に生まれる。藩校明倫堂で学び、慶応元年(一八六五)、十二歳のとき選抜されて長崎に留学。その後、京都の安達兵学塾で語学を学び、大坂の適塾・七尾語学所に学ぶ。明治維新後、大阪医学校・大阪舎密学校(リッターに分析を学ぶ)・工部省工学寮を経て、明治十二年(一八七九)工部大学校応用化学科(東京大学工学部の前身)を卒業。翌十三年から三年間イギリスに留学、グラスゴー・アンダーソニアン大学で工業化学および電気化学を修める。一方、ニューカッスル・リバプール・マンチェスターなどの工場でソーダ製造・人造肥料製造などを見学、実習。帰国後、農商務省技師に任ぜられ、工務局勧工課に勤務。伝統的日本産物の化学的生産研究として、和紙・製藍・清酒醸造などを調査、改良した。同十七年、アメリカ南部ルイジアナ州ニューオルレアンズ市に開催の万国工業(および綿業百年期)博覧会に出席、出品されたリン肥料に着目し、渋沢栄一ら財界有力者を説いて日本初の東京人造肥料会社を創立。同十九年専売特許局ができると次長に推され、特許制度の研究および日本発明協会に貢献。二十三年、元麴改良に成功して特許を得、これを持ってアメリカに渡り、ウィスキーの製造に応用して成功したが、モルト業者らの反対に遇い工場全焼。二十七年日清戦争勃発の年、麴から強力消化剤タカジャスターゼを創製、パークデビス社から販売、世界の医薬品となった。日本では三十二年三共商店(現在の三共医薬品製造株式会社)を創始して売り出した。酵素化学の先駆である。またパークデビス社の顧問として副腎皮質の有効成分を上中啓三の協力で結晶単離に成功しアドレナリンと命名。ホルモン化学の端緒を拓いた。この業績により、四十五年帝国学士院賞を受賞。翌年同会員。日本にも国民科学研究所を創設すること(軍艦をつくるより価値があると)の必要を説き、理化学研究所設立へのきっかけをつくった。アメリカ婦人キャロラインと結婚。大正十一年(一九二二)七月二十二日ニューヨークで没す。六十九歳。墓は東京都港区の青山墓地にある。

参考文献 日本学士院編『学問の山なみ』三、都築洋次郎・山下愛子「アドレナリンの発見史」(『科学史研究』四七) (山下 愛子)

たかみねひでお 高嶺秀夫 一八五四―一九一〇 開発教育の導入と師範教育の近代化を推進した明治期の教育家。安政元年(一八五四)八月会津若松に生まれる。会津藩中士階級の出身。藩校日進館で頭角を現わし明治元年(一八六八)藩主の近習役に挙げられるが、会津戦争後は謹慎生活を送った。明治三年に上京、福地桜痴・沼間守一・箕作麟祥などの家塾で英学を学び、翌年福沢諭吉の慶応義塾に入塾。明治八年選ばれて伊沢修二・神津専三郎らと「師範学科取調べ」のために渡米、ペスタロッチ教育運動の中心地ニューヨーク州オスウィゴー Oswego 師範学校に留学、校長シェルドンE. A. Sheldon や教授クリュージーH. Krüsi の下で開発主義教授法を学び、ジョホノットJ. Johonnot らとも交際した。同十一年帰国して伊沢修二と協力して東京師範学校の改革整備に着手、同時に開発教育の紹介と普及につとめた。同十四年同校校長となり規則規程類の改善をはかるが、十九年には東京高等師範学校教頭に挙げられ、二十四年同校長となった。この間生物学や進化論を紹介、ジョホノットの著書を『教育新論』(同十八年)として訳出公刊した。同三十年女子高等師範学校長に転じ、女子体育の改良などをはかるが、翌年には東京美術学校長を兼ね、一方では東京帝国大学予備門で動物学の講義を担当した。趣味も広く浮世絵の鑑賞を通してフェノロサとも親交があり、文部省美術展覧会の開催などに尽力した。明治四十三年二月二十二日没。五十七歳。

参考文献 高嶺秀夫先生記念事業会編『高嶺秀夫先生伝』 (上沼 八郎)

たかむらこううん 高村光雲 一八五二―一九三四 明治から昭和時代前期にかけての彫刻家。嘉永五年(一八五二)二月十八日、江戸下谷北清島町(東京都台東区東上野)に生まれる。旧姓は中島、父は兼松。幼名を光蔵といった。文久三年(一八六三)十二歳のとき、仏師高村東雲の門に弟子入りし、幸吉と呼んだ。明治七年(一八七四)年明けとなり、光雲の号を師より与えられ、この年東雲の姉の養子となり、高村姓をついだ。明治初年木彫の衰退期に、西洋画の写実を参考とした写生をとり入れ、新しい作風をひらき、近代木彫の展開に大きな業績をのこした。明治十年、第一回内国勧業博覧会に師の代作として「白衣観音」を出品、最高賞の竜紋賞を受けた。明治十年代、象牙彫が隆盛となり木彫が衰微するなかで、木彫の孤塁を守った。明治二十年から翌年にかけての皇居造営に際し、装飾の一部を担当して好評を得た。明治二十二年東京美術学校雇を命ぜられ、翌年帝室技芸員・東京美術学校教授となり、また二十二年日本美術協会展出品の「矮雞」が皇室買上げとなった。二十四年から三十年にかけて、東京美術学校に依頼された「楠公像」「西郷隆盛像」の銅像を木彫の原型から完成させ、明治二十六年シカゴ万国博覧会で「老猿」が妙技二等賞を受賞した。明治四十年文展開設後は審査員を歴任し、大正八年(一九一九)帝国美術院会員となり、文字通り官展系木彫の重鎮であった。昭和九年(一九三四)十月十日、東京市本郷区駒込林町(文京区千駄木)の自宅で死去。享年八十三。豊島区駒込の染井墓地に葬られる。法名善照院小誉勲徹光雲大居士。長男光太郎は彫刻家・詩人、三男豊周は工芸家として名高い。著書に『光雲懐古談』(昭和四十二年中央公論美術出版より『木彫七十年』として覆刻)がある。

参考文献 坂井犀水『日本木彫史』 (三木 多聞)

たかむらこうたろう 高村光太郎 一八八三―一九五六 大正・昭和時代の詩人、彫刻家。明治十六年(一八八三)三月十三日東京に生まれる。父光雲は伝統的な木彫技術に秀で、のちに東京美術学校教授・帝室技芸員となった明治彫刻界の巨匠であった。家庭環境から彫刻家となることを天職と感じ、明治三十年東京美術学校に入学し、彫刻・洋画を学んだ。また在学中、新詩社に参加し、篁砕雨の号で『明星』に短歌を発表した。卒業後、明治三十九年二月に欧米留学に旅立ち、ニューヨーク・ロンドン・パリと移り、美術・彫刻を勉強して、四年間の留学生活を終え、明治四十二年六月に帰国する。この間に、近代的自我に目ざめ、短歌から詩作に転じ、ことにロダンの芸術に傾倒して強い影響を受けた。帰国後、周囲との違和感に苦しみ、自己確立の道を求めて、美術と詩との両面にわたる本格的な活動を始める。「生」の理念に立脚した美術評論で旧来の美術界を鋭く批判すると同時に、既成の定型詩にとらわれない自由な発想で生命感と思想性に富んだ重厚な詩風を樹立し、大正三年(一九一四)に第一詩集『道程』を刊行した。この詩集はヒューマニズムの詩精神の高さと口語自由詩風の新しさで、近代詩史に画期的な意義をもつ。大正三年十二月長沼智恵子と結婚し、以後しばらく詩作を抑制して彫刻に励むが、翻訳『ロダンの言葉』(大正五年)、『続ロダンの言葉』(同九年)やホイットマン『自選日記』(同十年)など刊行し、大正十年秋ごろから再び旺盛な詩作活動を再開する。この時期を代表する作品群「猛獣篇」は人間的真実を追求する反俗思想と社会的真実を追求する批判精神で精彩を放っている。昭和八年(一九三三)ごろから智恵子に精神異常が起って、発狂した病妻を看護する苦闘生活が続くが、智恵子は昭和十三年十月に死ぬ。昭和十六年に刊行した第二詩集『智恵子抄』は、智恵子との恋愛時代・結婚生活、その狂気から死に至る間の愛の遍歴の作品集で、一人の女性に対する愛情をテーマとした一冊の詩集として他に類例がない。昭和十六年十二月の太平洋戦争開戦後は、愛の詩人は愛国の詩人に変貌して、戦争協力の姿勢で多作し、『大いなる日に』(昭和十七年)、『をぢさんの詩』(同十八年)、『記録』(同十九年)などの詩集を出した。またこの時期に『美について』(同十六年)、『造型美論』(同十七年)、『某月某日』(同十八年)などの評論・随想集をまとめている。昭和二十年四月に空襲でアトリエを焼失し、岩手県花巻の宮沢賢治の生家に疎開して、再度罹災し敗戦を迎える。同年十月花巻郊外の稗貫郡太田村山口(花巻市)の山小屋に移り独居自炊の生活にはいり、自己の精神史を検討して自伝連作『暗愚小伝』を書き、山小屋時代の詩を収めた詩集『典型』(同二十五年)を出版した。二十七年秋、青森県の依嘱による「十和田国立公園功労者顕彰記念碑」の裸婦像を制作するために帰京し、翌年記念像を完成するが、肺結核が悪化し、昭和三十一年四月二日東京中野の中西アトリエで七十三歳の生涯を閉じた。豊島区の染井墓地に葬られた。法名光珠院殿顕誉智照居士。『高村光太郎全集』全十八巻(昭和三十二年)、『高村光太郎全詩集』(同四十一年)などがある。

[参考文献] 草野心平編『高村光太郎研究』、北川太一『高村光太郎』、同編『高村光太郎資料』、伊藤信吉『高村光太郎研究』、吉本隆明『高村光太郎増補決定版』、角田敏郎『高村光太郎研究』(『有精堂選書』一二三)、高村豊周『光太郎回想』、芹沢俊介『高村光太郎』(『近代日本詩人選』九)　(分銅　惇作)

たかむらしょうへい　高村象平　一九〇五―八九　昭和時代の西洋経済史学者。明治三十八年(一九〇五)八月二日、父国策・母はなの長男として東京市本郷区本郷一丁目(東京都文京区本郷二丁目)に生まれる。昭和四年(一九二九)慶応義塾大学経済学部を卒業し、母校の助手となる。十年より十二年までドイツに留学し、ベルリン大学において中世都市史・ハンザ同盟史の権威フリッツ＝レーリヒ教授に師事し、ミュンヘン大学において資本主義生成史の権威ヤーコプ＝シュトリーダーにも師事した。帰国後、十四年母校の教授となり、三十年から三十二年まで経済学部長、三十五年から四十年まで塾長をつとめた。また三十五年には、学位論文『ドイツ・ハンザの研究』により経済学博士となる。この研究は、未だに余人の追随を許さないものである。五十二年には中央教育審議会会長、五十四年には日本学士院会員となった。著書にはハンザ関係のほか『日葡交通史』『ドイツ中世都市』がある。平成元年(一九八九)五月十一日没。八十三歳。法名は旺興院覚道経伝禅居士。墓は東京都府中市の多磨墓地にある。

[参考文献] 『三田学会雑誌』六四ノ八(高村象平教授退任記念特集号)　(坂口　昂吉)

たかむらたへい　高村太平　一八一四―七七　幕末・維新期の勤王家。諱は正容、号は小隠。文化十一年(一八一四)十月三日丸亀藩領讃岐国豊田郡和田浜に生まれる。父は高村吉蔵、母は丸亀御殿女中。彫刻を業とし、苗字帯刀を許された。文久三年(一八六三)沢宣嘉が但馬国生野の挙兵に敗れて来ると、赴いて謀議し、慶応元年(一八六五)同志の日柳燕石(くさなぎえんせき)・美馬援造(みまえんぞう)が高松藩に捕えられるや、脱藩して長州に赴き、天下の情勢を同藩御楯隊に報告、ついで藩主毛利敬親父子に謁した。王政復古後、明治元年(一八六八)沢・西園寺公望が戊辰戦争に鎮撫総督として出陣するや、同志を募って同行させた。積年の国事奔走で家産を蕩尽したが、晩年は副戸長・戸長として民治に尽力した。同十年二月十七日没。六十四歳。和田浜墓地(香川県三豊郡豊浜町)に葬られる。

[参考文献] 『三豊郡史』　(吉田　常吉)

たかむらとよちか　高村豊周　一八九〇―一九七二　大正・昭和時代の鋳金家。日本芸術院会員、重要無形文化財保持者。明治二十三年(一八九〇)七月一日高村光雲の三男として東京に生まれる。彫刻家、詩人の光太郎は長兄にあたる。十八歳で津田信夫の門に入り、大正四年(一九一五)三月東京美術学校鋳金科卒業、のち无型(むけい)や実在工業美術会などのグループを組織し工芸の近代化運動に没頭。作風は鋳金の伝統的な技法を駆使した新感覚のものが多い。代表作に長野県小諸市懐古園の「藤村詩碑」、「提梁花紋花筒」(昭和三年(一九二八)帝展)などがある。与謝野鉄幹・晶子に師事し歌人としても著名。『露光集』『歌ぶくろ』などの歌集、『光太郎回想』『自画像』などの著書がある。昭和四十七年六月二日没。八十一歳。　(香取　忠彦)

たかむれいつえ　高群逸枝　一八九四―一九六四　大正・昭和時代の女性史家、詩人。本名橋本イツエ。明治二十七年(一八九四)一月十八日、熊本県下益城郡豊川村南豊崎(松橋町)に、小学校長高群勝太郎・登代夫妻の長女として生まれた。県立熊本師範学校女子部で退学処分を受けたのち、熊本女学校四年を終了。県下で小学校代用教員を勤めるうち、大正五年(一九一六)橋本憲三(本名憲蔵)と知りあい、愛の苦悩のうちに同七年、四国遍路に出る。その際の「娘巡礼記」で文名をあげた。翌八年憲三と同居して九年出京、詩集『日月の上に』『放浪者の詩』で、天才詩人とうたわれた。十一年入籍。十五年評論集『恋愛創生』で新女性主義を提唱、昭和五年(一九三〇)―六年雑誌『婦人戦線』を主宰、アナキズムの評論家として活躍した。同六年夫の勧めにより、東京府荏原郡の世田ヶ谷町の通称森の家へ転居、女性史研究に入り、夫との一体化生活のうちに、以後終生、世俗との交渉を一切断ち、一日十時間の研究をみずからに課した。代表作は、十三年の『大日本女性史』第一巻「母系制の研究」(のち

『母系制の研究』)と、二十八年の『招婿婚の研究』で、それらにより、日本における母系制や妻問婚・婿取婚の存在を論証して、家族制度を固有の美風とする通念に挑戦し、女性史学を打ちたてた。ほかに、浩瀚な通史としての『女性の歴史』全四冊をはじめ、『大日本女性人名辞書』『日本婚姻史』や、自伝『火の国の女の日記』がある。昭和三十九年六月七日、七十歳で病没。熊本県水俣市大字陣内字田中(通称秋葉山)の墓に葬られた。主な著作は、そののち夫によって『高群逸枝全集』全十巻にまとめられた。

参考文献 村上信彦『高群逸枝と柳田国男』、鹿野政直・堀場清子『高群逸枝』(『朝日評伝選』一五)、橋本憲三・堀場清子『わが高群逸枝』、西川祐子『森の家の巫女―高群逸枝』

(鹿野　政直)

たかやすげっこう　高安月郊　一八六九―一九四四　明治・大正時代の詩人、劇作家、評論家。明治二年(一八六九)二月十六日、大阪に生まれた。本名三郎、別号愁風吟客。医学を志して上京したが新体詩や小説の創作を始め、やがて劇作を主とし、明治二十六年、イプセンの『社会の敵』『人形の家』(ともに部分訳)を発表、日本におけるイプセン紹介の口火を切り、のち、その完訳に評伝を添え『イプセン作社会劇』(明治三十四年十月)を刊行した。創作劇には『重盛』(二十九年)、『真田幸村』(三十年)、『公暁』(同)、『月照』(三十五年)、『大塩平八郎』(同)、『闇と光』(『リヤ王』の翻案、同)など歴史物が多く、いずれもしみじみとした詩情をたたえている。なかでも『江戸城明渡』(三十六年五月)は翌月明治座で川上音二郎一座によって上演され、続く世話狂言『桜時雨』(三十九年五月『新小説』掲載)はその前年京都南座の顔見世に上演され、新派や人形浄瑠璃でもとりあげられて、作者の劇作家としての地位を不動のものにした。以後大正末まで『嵯峨野の露』(三十九年)以下おびただしい戯曲を発表したが、作風に特別な進展はない。日本最初の劇作家と呼んでよく、坪内逍遙・森鷗外とともに、新歌舞伎の発展に少なからぬ貢献をした。詩人としては『夜濤集』(三十三年)ののち、『明星』を中心にして活躍、多くの詩集を出しているが、その小説『天無情』(二十四年)などと同様、時代的な意義は全くない。ほかに『東西文学比較評論』(大正十五年(一九二六))、『東西文芸評伝』(昭和四年(一九二九))などがある。昭和十九年二月二十六日没。七十六歳。墓は東京都豊島区の染井墓地にある。

参考文献 日夏耿之介『明治大正詩史』上、伊原敏郎『明治演劇史』、本間久雄『続明治文学史』上、河竹繁俊『日本演劇全史』

(河村　政敏)

たかやなぎけんぞう　高柳賢三　一八八七―一九六七　大正・昭和時代の法学者。明治二十年(一八八七)五月十一日埼玉県大里郡熊谷町(熊谷市)に生まれる。東京帝国大学卒業後、英米法研究を志し、同大学教授として英米法講座を担当。それまで単なる紹介の域を出なかった日本における英米法研究を、比較法学の一環として本格的な外国法研究に値するものとし、英米法学界の第一人者としての地位を占めた。その研究態度は、英米の法史、法思想を基礎として、世界の二大法系の一つである英米法の特質を明らかにするもので、『英米法源理論』は代表的著作。また第二次世界大戦前にアメリカの違憲審査制を深く研究した『司法権の優位』は高い評価を受けている。高柳の活動は英米法研究に限られず、成蹊大学長、貴族院議員としての憲法草案の審議参加、極東国際軍事裁判の弁護活動、常設国際仲裁裁判所裁判官など多岐にわたるが、特に昭和三十二年(一九五七)設置の憲法調査会の会長として報告をまとめた功績は知られ、制定経過や運用の実際について詳細な調査を行い、性急な態度での憲法改正賛成の結論を避けたのは高柳の努力に負うところが大きい。昭和四十二年六月十一日香港で客死。八十歳。

参考文献 田中英夫「比較法学者としての高柳賢三」(山口俊夫編『東西法文化の比較と交流』所収)

(伊藤　正己)

たかやなぎみつとし　高柳光寿　一八九二―一九六九　大正・昭和時代の歴史家、国史学者。明治二十五年(一八九二)三月十一日静岡県敷知郡浜松町元魚(浜松市元魚町)に松尾神社の神主高柳喜一郎の長男として生誕。大正三年(一九一四)国学院大学国史科卒業。同五年東京帝国大学史料編纂掛に奉職。同十五年史料編纂官に任じ、それより昭和二十七年(一九五二)に定年退職するまで三十七ヵ年の長きにわたって史料編纂事業に従事、主として『大日本史料』の安土桃山時代の編纂を担当するとともに、同所における各種の事業に参画・尽瘁するところも大きかった。これより先、太平洋戦争敗戦後間もない同二十三年、日本歴史に対する不信と動揺のきわめて激しかった際に、蹶然同志とはかって日本歴史学会を創設し、みずから会長となって月刊誌『日本歴史』の編集にあたるとともに、同学会の事業として『人物叢書』その他あまたの歴史書編集・発行の陣頭指揮にあたり、学界のみならず広くわが国民の歴史知識の向上と普及とに貢献するところが大きかった。なおこの間に国学院大学・日本大学・大正大学などに出講して後進の育成に努めるとともに、同二十七年には鎌倉市史編纂主任となり、みずからその総説編を単独執筆し、同三十四年全六巻に及ぶ編纂事業を完了。右の『鎌倉市史』総説編により国学院大学より文学博士の学位を受領した。同四十四年十二月一日東京都中野区の自宅において病没。七十七歳。板橋区仲町の専称院に葬る。法名無量院徳誉勧学光寿居士。著書には前記のほか『足利尊氏』『明智光秀』『戦国戦記』等々があり、その他各種講座および雑誌などに発表した数多くの論文は、没後間もなく『高柳光寿史学論文集』(上下二冊)に収められて公刊されている。

参考文献 斎木一馬「高柳史学の真髄」(『春秋』一八四)

(斎木　一馬)

たかやまじんたろう　高山甚太郎　一八五五―一九一四　明治時代の工業化学者。安政二年(一八五五)十二月一日加賀大聖寺藩(石川県)の藩士高山甚五の長男として生まれる。東京大学理学部化学科で御雇外国人教師アトキンソンに化学を学び、明治十一年(一八七八)卒業。同年助教授、翌十二年内務省御用掛となり、地質課でコルシェルトのもとで化学分析事業に従事し、同十四年農商務省地質調査所に引き継がれ、高山も同省技師として化学工業材料を分析。同二十二年ドイツに留学。二十四年帰国後工学博士となる。セメントの品質改良、窯業協会の発展に貢献。二十九年製鋼事業調査のため欧米に再度視察出張し、帰国後工業試験所設立のため尽力、三十三年創立時より没年まで初代所長。三十九年日本化学会、四十一・四十四年工業化学会会長。鉄筋コンクリート建築材料の基礎的分析研究に寄与した。大正三年(一九一四)十月二十三日没。六十歳。

参考文献　『東京工業試験所五十年史』

(山下　愛子)

たかやまちょうごろう　高山長五郎　一八三〇―八六　明治時代前期の蚕業改良家。天保元年(一八三〇)四月十七日、上野国緑野郡高山村(群馬県藤岡市)の農民高山寅三の次男に生まれた。名は重礼、長五郎は通称。明治元年(一八六八)、温暖育と清涼育を折衷した新しい飼育法を完成して清温育と名付け、同三年からその普及に努め、十七年養蚕改良高山社を設立、全国に授業員を派遣した。十九年十二月十日病没。五十七歳。墓は郷里の興禅院にある。法名高山院社叢隆長居士。大正七年(一九一八)贈従五位。

参考文献　群馬県内務部編『群馬県蚕糸業沿革調査書』、養蚕改良高山社編『高山長五郎翁略伝』

(石井　寛治)

たかやまちょぎゅう　高山樗牛　一八七一―一九〇二　明治時代後期の文学者。明治四年(一八七一)正月十日、羽前国田川郡鶴岡城下新山東小路(山形県鶴岡市山王町)に旧荘内藩士斎藤親信・芳の次男として出生。本名林治郎、通称林次郎。樗牛のほかに高斎林良・林斧太などの筆名がある。二歳で実父の兄高山久平の養子となり、養父に従って任地の山形・福島・東京に住む。第二高等中学校を経て、帝国大学文科大学哲学科を明治二十九年卒業。同年第二高等学校教授となり、翌年辞職して博文館に入社、雑誌『太陽』編集主幹に就任。文部省留学生として欧州留学が決定したが、肺結核の悪化で辞退し、東京帝国大学文科大学の講師をつとめる。同三十五年文学博士、同年十二月二十四日、神奈川県中郡平塚町で死去。三十二歳。墓は静岡県清水市の竜華寺にある。大学一年で小説『滝口入道』が『読売新聞』の懸賞に入選し、文壇での活躍が始まる。在学中に『帝国文学』発刊に参加、『太陽』文学欄記者となった。もっとも多くの読者をもったのは『わが袖の記』で、感傷的な文体が歓迎された。しかし樗牛の本領は創作よりも評論に発揮されたといえる。『太陽』(明治三十年六月)に発表した「日本主義を賛す」は国民的特性にもとづき建国の精神を目的とする道徳的原理を主張し、大学での師井上哲次郎らとともに日清戦争後の国家主義的思潮を代表する日本主義運動の宣言的文献となった。帝国主義と植民地主義の肯定、人種競争論、キリスト教主義教育の排斥、社会小説の批判などにその傾向を見ることができる。だが明治三十四年八月の「美的生活を論ず」に至って立場をかえ、道徳と知識の価値を相対的なものとし、本能の満足を追求する美的生活に絶対的価値を認めるようになった。ほぼ同じ時期にニイチエの影響を受けてニイチエ主義をとなえたが、間もなくニイチエ的人格の現れを日蓮に見出して日蓮讃美を表明した。評論活動では論争的で、学生時代には新体詩をめぐって外山正一・武島羽衣らと論争し、また坪内逍遥の夢幻劇論をめぐって森鷗外を批判し二年間にわたる論争となり、また樗牛の観念小説論に端を発して同じく森鷗外との間に抽象理想問題をめぐる論争を展開した。樗牛の小説や評論は、後年には必ずしも高い評価をうけなかった。しかし樗牛の思想的影響は、樗牛の同時代から大正初期に至るまで特に青年の間にきわめて大きかった。石川啄木の評論「時代閉塞の現状」は、樗牛の影響からの脱却が当時の知識青年の大きな課題であったことを物語っているといえる。

参考文献　秋山正香『高山樗牛―その生涯と思想―』、瀬沼茂樹編『高山樗牛・斎藤野の人・姉崎嘲風・登張竹風集』(『明治文学全集』四〇)

(岩井　忠熊)

たからいばきん　宝井馬琴　⇒東流斎馬琴

たからさんざえもん　宝山左衛門　歌舞伎囃子方の福原流の始祖の芸名で、のち同流の尊称的な名跡となる。

(一)二代　一八三五―一九一〇　本名田中次郎兵衛。五代目望月太左衛門(前名福原百之助)の門弟。前名、望月鶴三郎・二代目福原百之助。天保六年(一八三五)生まれる。明治二年(一八六九)望月太喜蔵が六代目太左衛門を襲名したのを不満として静岡へ移り、同地において初代山左衛門の実子で振付師をしていた花川蝶十郎から二代目の名跡を譲り受け、宝山左衛門を名乗って帰京、明治期歌舞伎囃子界の第一人者となった。明治三十八年に四代目望月長九郎が七代目太左衛門を襲名したのに対抗し、太喜蔵の六代目を無視して六代目望月太左衛門を継いだが、明治四十三年十二月二十日没。七十六歳。

(二)三代　一八五九―一九一四　二代目の実子。本名田中春吉。前名、三代目福原百之助・二代目福原鶴三郎(ただし初代鶴三郎である父は望月姓)。安政六年(一八五九)生まれる。父が六代目望月太左衛門になるに及び三代目宝山左衛門と改名したが、さして振るわず、大正三年(一九一四)二月十一日没。五十六歳。

(三)四代　一九二二―　本名、若林英次。五代目福原百之助の嫡男として大正十一年(一九二二)一月五日東京に生まれる。初め父に師事し鼓の手ほどきを受けたが、十五歳ごろから三代目堅田喜三郎について笛の稽古を始め、歌舞伎に出勤していたが、第二次世界大戦後は笛方として演奏会活動に専念するようになり、創作邦楽にも意欲的な試みを行い、その卓越した技量と品格ある芸風とによって邦楽における笛の第一人者として高く評価されている。昭和三十九年（一九六四）六代目百之助を襲名、福原流百之助派の家元となる。同三十三年以後再三にわたり文化庁芸術祭の奨励賞・優秀賞・大賞などを受賞。五十八年紫綬褒章を受賞。平成四年（一九九二）四代目宝山左衛門を襲名。同五年長唄鳴物で重要無形文化財各個指定（人間国宝）の認定を受ける。 （小林 責）

たからべたけし 財部彪 一八六七―一九四九 明治から昭和時代前期にかけての海軍軍人。慶応三年（一八六七）四月七日日向国都城に財部実秋の次男として生まれる。妻は山本権兵衛の次女いね。海軍兵学校十五期。同期には岡田啓介・広瀬武夫がいる。明治二十六年（一八九三）海軍大学校卒業、日清戦争には高雄分隊長として従軍した。その後英国留学、海軍軍令部付を経て日露戦争では大本営参謀となった。同四十二年には少将海軍次官に就任、大正三年（一九一四）五月シーメンス事件により待命となるまで、山本権兵衛の直系として辣腕をふるった。以後第三艦隊司令長官、旅順要港部司令官、舞鶴・佐世保・横須賀各鎮守府長官を歴任、この間大正八年には大将に昇任した。大正十二年第二次山本内閣の海軍大臣に就任。清浦内閣では村上格一に交代したものの、加藤高明内閣で再任、第一次若槻、浜口内閣と留任した。昭和五年（一九三〇）のロンドン軍縮会議には若槻礼次郎らとともに全権として出席、加藤寛治海軍軍令部長らいわゆる艦隊派の反対を押し切って調印、条約派の指導者と目された。この調印に対し国内では統帥権干犯の声が広がり、翌六年四月浜口内閣倒壊とともに財部も軍事参議官に転じ、同七年に予備役となった。爾後昭和二十四年一月十三日、八十三歳で没するまで自適の生活を送った。なお国立国会図書館憲政資料室には、少尉に任官した明治二十三年より昭和十八年に至る日記五十四冊を含む『財部彪関係文書』が所蔵されている。また、日記の一部は『財部彪日記―海軍次官時代―』（『近代日本史料選書』一二）として刊行されている。 （広瀬 順晧）

たがわすいほう 田河水泡 一八九九―一九八九 昭和時代の漫画家。本名は高見沢仲太郎。明治三十二年（一八九九）二月十日、東京市本所区林町（東京都墨田区）にメリヤス業を営む高見沢孝次郎・わきの長男として生まれる。一歳で生母に死別し、伯父夫婦に育てられる。下町の趣味人の伯父の影響で絵や寄席に親しんだ。兵役ののち日本美術学校に進学し、抽象画団体ＭＡＶＯに参加。卒業後、落語作者などとしてすごすが、すすめられて漫画を描き始めた。デビュー作は『目玉のチビちゃん』（昭和三年（一九二八））。そして野良犬黒吉、通称のらくろが活躍する『のらくろ二等卒』（『少年倶楽部』昭和六年新年号―同十六年十月号）で人気を得た。『のらくろ』シリーズは、戦後も『丸』誌上などで二十年以上も連載された。落語に由来するギャグと、「異人（アウトサイダー）」として設定されたのらくろの性格によって長く愛された。後進の指導にも力を注ぎ、弟子に『サザエさん』の作者長谷川町子などがいる。平成元年（一九八九）十二月十二日、神奈川県相模原市の北里大学病院で没。九十歳。滑稽絵の収集家でもあり、収集資料約五百五十点が町田市立博物館に寄贈・保管されている。なお、夫人で随筆家の高見沢潤子は文芸評論家小林秀雄の実妹。

参考文献 『別冊太陽・子どもの昭和史』昭和元年―二〇年名作コミック集、田河水泡・高見沢潤子『のらくろ一代記―田河水泡自叙伝―』、田河水泡『のらくろ自叙伝』、手塚治虫「田河水泡『のらくろ』の魅力」（『手塚治虫ランド』所収）、山口昌男「のらくろはわれらの同時代人」（『知の遠近法』所収）、竹内オサム「のらくろ」の〈滑稽〉と〈悲哀〉」（『マンガ批評大系』一所収） （桜井 哲夫）

たがわだいきちろう 田川大吉郎 一八六九―一九四七 明治から昭和時代前期にかけての政治家、ジャーナリスト。明治二年（一八六九）十月二十六日に肥前国彼杵郡大村（長崎県大村市）に下級士族田川節造の長男として生まれる。東京専門学校卒業後に『郵便報知新聞』記者となり、以後ジャーナリストとして活躍、特に『都新聞』主筆として社会問題に多く発言。『中央公論』などへの寄稿も多く、折からの民本主義の潮流の一翼を担うが、大正六年（一九一七）には筆禍事件をおこす。他方、明治四十一年に衆議院議員に初当選して以来、生涯に九期（補欠当選一期をふくむ）議員を勤め政治家としても活動する。又新会・立憲国民党・憲政会・革新倶楽部などの政党に所属した。キリスト教徒として明治学院総理を勤めたほか、都市問題にも関心が深く、明治四十一年に東京市助役となり、東京市政調査会に関与、敗戦後の初の民選の東京都長官選挙に立候補したこともある。昭和二十二年（一九四七）十月九日没。七十九歳。著書に『都市政策汎論』、『普選の話』（大正十四年）、『政党及び政党史』（昭和四年）などがある。

参考文献 成田竜一「田川大吉郎年譜」（『民衆史研究』一四） （成田 竜一）

たきいこうさく 滝井孝作 一八九四―一九八四 大正・昭和時代の小説家、俳人。俳号折柴。明治二十七年（一八九四）四月四日、岐阜県大野郡高山町馬場通に生まれた。父は指物師滝井新三郎、母はゆき。十二歳で母を失い、町内の魚市場の店員となった。やがて、俳句の道に入り、河東碧梧桐に師事。十八歳で大阪に出、二十歳（大正三年（一九一四））で上京、いずれも特許事務所に勤めながら、句作にはげみ、大正四年から『海紅』編集助手となった。八年に『時事新報』記者、九年に『改造』記者となり、創作の道へ入った。志賀直哉を師とし、その移住に従って、千葉県我孫子（あびこ）・京都・奈良と移り住み、昭和五年（一九三〇)に、妻の郷里東京都八王子市に落ちついた。俳句できたえた簡勁な文体とリアリズムに特色があり、多くのすぐれた私小説を書いている。句集に『折柴句集』(昭和六年)、代表作に、最初の妻との純愛を書いた『無限抱擁』(大正十一—十三年)、自伝長編『俳人仲間』(昭和四十四—四十八年。『続俳人仲間』は未完)がある。昭和五十九年十一月二十一日死去。九十歳。『滝井孝作全集』全十一巻別巻一巻がある。

参考文献 津田亮一編『滝井孝作文学書誌』、河盛好蔵「滝井孝作伝」(小林秀雄編『現代日本文学館』二五所収)、上田都史『俳人滝井孝作』、島村利正『清流譜 師滝井孝作』
(磯貝英夫)

たきかてい 滝和亭 一八三二—一九〇一 明治時代の日本画家。本姓滝宮、名は謙、字は子直、別号蘭田、その画室を畊香館といった。天保三年(一八三二)正月三日江戸千駄ヶ谷に滝平吉を父として生まれる。幼時より絵を大岡雲峰に学び、師の没後長崎に遊学、鉄翁に師事し、中国清人画家とも交わる。その後十余年にわたり諸国を遊歴。江戸に戻ったのち、明治六年(一八七三)のウィーン万国博覧会をはじめ各種展覧会で受賞を重ね、花鳥画の大家として知られた。南画的手法に写実を加味した画風を得意とし、宮内省・外務省などの絵画御用を勤め、明治二十六年帝室技芸員となった。同三十四年九月二十八日療養中の鎌倉で死去。七十歳。法名畊香院釈薫誉和亭居士。墓は東京都大田区本羽田三丁目の久宝寺にある。
(佐藤道信)

たきかわまさじろう 滝川政次郎 一八九七—一九九二 大正から平成時代にかけての法制史学者。明治三十年(一八九七)五月二十六日、大阪市西区靱上通二丁目において父与之吉・母シナの次男として生まれる。東京帝国大学法学部卒業後、大正十四年(一九二五)九州帝国大学助教授に就任。昭和二年(一九二七)同大学教授に昇進したが、同年十一月、いわゆる九大事件に連坐して休職。さらに退官となり、官公立大学教師としての前途を失った。しかし、研究者としての評価は高く、中央大学・慶応義塾大学等々の兼任講師として招かれ、多くの私立大学における法制史講座の開設者となった。昭和五年、中央大学教授に就任。同九年二月法学博士の学位を得たが、同年十二月、大化改新に関する一論考により、いわゆる国体尊厳を主唱する人々の攻撃をうけ、内地における職を失い、満洲国(中国東北区)司法部法学校教授に転出、さらに同十五年、建国大学教授に就任した。第二次世界大戦敗戦後帰国、極東国際軍事裁判弁護人(元海軍大臣嶋田繁太郎被告担当)などをつとめ、昭和二十四年、国学院大学政経学部教授、同三十八年、同大学法学部教授に転任、同四十三年定年退職となった。この間の学界活動はすこぶる盛んで、昭和六年、社会経済史学会設立に関与し、同十六年、満洲学会会長をつとめ、国学院大学定年後も律令研究会会長、人足寄場顕彰会会長、式内社研究会会長などをつとめた。一方、昭和二十七年、地方史研究所を設立、理事長となり、多方面の学者を集め、余市・熊野・高千穂・阿蘇・出雲・隠岐などの地方史調査に従事している。著書、論文はきわめて多く、『日本法制史』(昭和三年、有斐閣)、『日本奴隷経済史』(同五年、刀江書院)、『律令の研究』(同六年、刀江書院)などは特に著名で、版を重ねている。また壮年時の代表的論考は、『法制史論叢』(四冊、同四十三年、角川書店)にまとめられている。平成四年(一九九二)一月二十九日没。享年九十四。墓は東京都世田谷区若林四丁目の松陰神社にある。齢九十を越えても、研究をつづけ、昭和六十三年には、「唐の二王後の制と我が二国造の制」を『国学院法学』二六ノ一・二に発表し、世人を驚倒せしめた。しかも没後の書斎には、死の一週間前まで書き続けられた、古代史関係の稿がつまれていたという。

参考文献 『古代文化』四四ノ一一(滝川政次郎博士を偲んで)、嵐義人「滝川政次郎博士の歩まれし道」(『新人物往来社『歴史研究』三七二)
(利光三津夫)

たきかわゆきとき 滝川幸辰 一八九一—一九六二 大正・昭和時代の刑法学者。明治二十四年(一八九一)二月二十四日岡山市で父豊三郎・母芳子との間に生まれ、大阪・神戸で育つ。大正四年(一九一五)京都帝国大学法科卒。判事を経て七年に京大法科助教授となる。十一年渡欧、主としてドイツで刑法および刑事訴訟法を研究、十三年帰国して教授に就任。昭和六年(一九三一)中央大学で「トルストイの『復活』に現はれた刑罰思想」と題して講演し、翌年その内容と著書『刑法読本』が危険思想として議会および文部省によって問題とされ、いわゆる「滝川事件」に発展した。八年五月マルクス主義を理由として休職処分を受け、七月辞職。十一年弁護士開業。二十一年京大教授に復職。法学部長を経て二十八年に総長となる。在任中「総長暴行事件」がおき、学生運動としばしば摩擦を生じた。三十二年に退任、名誉教授。三十六年ノートルダム女学院大学教授。この間に法学博士、日本学士院会員。三十七年十一月十六日死去。七十一歳。

参考文献 滝川幸辰記念会編『滝川幸辰—文と人—』
(岩井忠熊)

たきせいいち 滝精一 一八七三—一九四五 明治時代後期から昭和時代前期にかけての美術史家。号拙庵。明治六年(一八七三)十二月二十三日、日本画家滝和亭の長男として東京に生まれ、同三十年東京帝国大学文科大学卒業。大正三年(一九一四)東京帝国大学文科大学教授に任じ、美学美術史第二講座を担任、翌四年文学博士、同十四年帝国学士院会員、昭和九年(一九三四)停年退官、東京帝国大学名誉教授の称号を授けられた。昭和十四年東方文化学院院長・理事長に就任。その間、古社寺保存会・国宝保存会・重要美術品等調査会委員となり、法隆寺保存事業を推進、アジャンタ・敦煌石窟壁画の模写を作成せしめ、古美術自然科学研究会を起した。斯界の先駆者としてその研究は東洋美術の広範囲にわたり、業績の大部分は、明治三十四年以来主宰した『国華』誌上に掲載され、昭和十五年『国華』刊行による東洋美術文化宣揚の功績に対し朝日文化賞を贈られた。著書に『文人画概論』(大正十一年、改造社)、『滝拙庵美術論集』日本篇(昭和十八年、座右宝刊行会)、監修に係るものに『日本古美術案内』(同六年、大和会)がある。昭和二十年五月十七日没。七十三歳。

参考文献 美術研究所編『日本美術年鑑』昭和十九—二十一年、藤懸静也「滝博士の追憶」(『国華』六五一・六五二)　(川上　涇)

たきぜんざぶろう　滝善三郎　一八三七—六八　幕末・維新期の岡山藩陪臣。天保八年(一八三七)生まれ。父は岡山藩家老滝助六郎、母はちか。諱は正信。萩野流砲術家の父に砲術を学び、また小野派一刀流の槍術も修めた。慶応二年(一八六六)馬廻役として家老日置帯刀の側近となる。同三年十二月二十日岡山藩が西宮警備の朝命を受けるや、家老池田伊勢・日置は兵二千を率いて西上、翌明治元年(一八六八)正月十一日神戸を行進中、行列を犯した英・仏人ら数人と衝突し、互いに銃火を交え、外人側に負傷者を出させた。政府は外国側の要求を容れ、二月二日日置に謹慎、第三砲隊長の善三郎に自刃を命じた。九日善三郎は兵庫永福寺で内外検正人の面前で割腹した。年三十二。笹山墓地(岡山市門田)に葬られる。

参考文献 蔵知矩『神戸事変と滝善三郎』、東久世通禧「備前藩士英国人と葛藤を生じ隊長滝善三郎自刃を命ぜられし事」(『史談会速記録』一九)　(吉田　常吉)

たきたちょいん　滝田樗陰　一八八二—一九二五　明治・大正時代の編集者。明治十五年(一八八二)六月二十八日秋田県南秋田郡秋田町(秋田市)に生まれた。本名は哲太郎。東京帝国大学法学部在学中より雑誌『中央公論』記者となり、卒業の後も同誌の編集に携わった。その間、独自の個性と新しい時代感覚をもって、論壇・文壇の指導的立場に立ち、『中央公論』の社会的評価を高めた。大正元年(一九一二)、同誌主幹となってのちは、特に創作欄の充実に力を注ぎ、夏目漱石・島崎藤村ら、既成大家の傑作を掲載するとともに、谷崎潤一郎・有島武郎・芥川竜之介・菊池寛らの新人を発掘して、ほとんど同誌を文壇の登竜門たらしめた。同時に、第一次世界大戦とともに興ったデモクラシーの側に立って、吉野作造・大山郁夫らに論説の場を提供し、時代の風潮を指導した。大正十四年十月二十七日死去。四十四歳。墓は秋田市八橋の全良寺にある。

参考文献 嶋中雄作編『回顧五十年』、『中央公論社の八十年』、杉森久英『滝田樗陰』(『中公新書』一一七)　(杉森　久英)

たきもときんぞう　滝本金蔵　一八二六—九九　幕末・明治時代の北海道開拓者。登別温泉の開発者。文政九年(一八二六)三月武蔵国児玉郡本庄村(埼玉県本庄市)の農家に生まれる。本姓野村。幼時に両親を失い、江戸に出て大工職となり、二十五歳で相模国小田原の滝本家に入婿した。安政五年(一八五八)募集に応じ幕吏荒井小一郎に従って蝦夷地開拓に渡道、長万部陣屋に数ヵ月留まったのち登別で開墾に従事した。アイヌ人の案内で薬湯に行き妻サダのリューマチが平癒したことから、温泉業を兼営し、明治二十四年(一八九一)私費二千余円を投じて登別から温泉場まで約七キロの車道を完成させた。同三十二年二月九日、七十四歳で病没した。　(高村　直助)

たきもとせいいち　滝本誠一　一八五七—一九三二　明治時代から昭和時代前期にかけての経済史学者。安政四年(一八五七)九月二十七日江戸麻布竜土町(東京都港区六本木)の宇和島藩邸で生まれた。明治七年(一八七四)ごろ、愛媛県宇和郡立不棄学校で、慶応義塾から派遣された中上川彦次郎らに英学を学び、十四年慶応義塾卒業生という資格を以て和歌山の自修学校(のち徳修学校となる)の教員となり、法律・経済を教えた。六、七年のち東京に出、『東京朝日新聞』記者、雑誌主幹、印刷所経営、さらに約十年間千葉で開墾事業に従事した。この間、二十年に処女作『商家の腐敗』、三十四年に『経済的帝国論』を著わした。大正三年(一九一四)同志社大学教授、七年法学博士、八年慶応義塾大学経済学部講師、九年同教授となり、昭和七年(一九三二)八月二十日、七十六歳で没した。イギリスの正統派経済学よりもドイツ歴史学派に関心を持ち、『欧洲経済史』(昭和二年)、『欧洲経済学史』(同六年)などを著わしたが、本領は日本経済史・経済思想史にあり、歴史的実証主義の立場から『日本経済学説の要領』(明治四十一年)、『日本経済史』(大正九年)、『日本経済思想史』(昭和四年)などを著わした。なかでも明治以前の経済書を広く収集し、『日本経済叢書』三十六巻(大正三—六年)、およびこれを増補した『日本経済大典』五十四巻(昭和三—五年)を編集し、以後の研究の基礎を固めた業績は大きい。また『佐藤信淵家学全集』三巻、『日本民事慣例類集』、『日本商事慣例類集』、『徳川理財会要』、『日本産業資料大系』(向井鹿松と共編)などをも編集した。

参考文献 野村兼太郎「滝本誠一博士逝く」(『社会経済史学』二ノ六)　(高村　直助)

たきれんたろう　滝廉太郎　一八七九—一九〇三　明治時代の作曲家。明治十二年(一八七九)八月二十四日東京芝南佐久間町(港区西新橋)に滝吉弘・正子の長男として生まれ、大分県で高等小学校を卒業、上京して小山作之助の芝唱歌会で唱歌科を修業。東京音楽学校に入学、幸田延にピアノを学び、研究科でケーベルに師事。同三十二年東京音楽学校の授業補助として月手当十円を給与される。この前後「四季」「荒城の月」「箱根八里」から幼稚園用の「お正月」「桃太郎」「花咲爺」「鳩ポッポ」など広く歌われた名曲を多く生む。同三十三年六月十二日ピアノおよび作曲研究のため満三年間ドイツ国へ留学を命ずるとの辞令を得、翌年渡独し、ケーベルの紹介状を持ってタイヒミューラーを訪ね、その指導のもとに、ドイツ語やピアノなどを学び、十月一日ライプチヒ音楽院に入学、ヤダーソン・クレッチュマーなどそうそうたる教授に師事することになった。ところがそれも束の間、不幸にも結核にかかり、同三十五年九月ライプチヒを出発、若狭丸でインド洋を経由、帰国の途につく。途中ロンドンに碇泊中、「荒城の月」の作詞者土井晩翠の訪問を受け、最初で最後の会見をする。帰国後東京から大分の両親のもとに移り、療養に努めたが、回復はかどらず、三十六年六月二十九日早暁、近親の看護も甲斐なく没した。二十五歳の若さだった。法名は直心正廉居士。墓は大分市金池町の万寿寺にある。遺作として革新的なピアノ曲「憾」が残り、他の作品はみな伝染を恐れて焼却される。滝はいまも愛唱される歌曲を洋楽移入期に作曲、西洋音楽をよく消化し、和魂洋才、近代から現代に通じる日本歌曲の基礎を固めた卓抜の先駆者である。

参考文献 兼子鎮雄編『滝廉太郎資料集』、宮瀬睦夫『滝廉太郎伝』、属啓成『滝廉太郎』、小長久子『滝廉太郎』(『人物叢書』一五一) (宮沢 縦一)

たぐちうきち 田口卯吉 一八五五—一九〇五 明治時代の経済学者、歴史家、政治家。安政二年(一八五五)四月二十九日、江戸で徳川家の徒士田口樫郎と妻町子の間に出生。名は鉉、字は子玉、号は鼎軒。卯吉は通称。佐藤一斎の曾孫にあたり、姉木村鐙子(木村熊二に嫁す)は明治女学校の創立者。幕府に見習として勤番。幕府瓦解後に静岡藩に復仕して沼津兵学校などで学び、さらに静岡で医学に志したが、明治四年(一八七一)上京し、やがて大蔵省翻訳局の上等生徒として経済学を学び、大蔵省紙幣寮十一等出仕、ついで御用掛となった。『日本開化小史』の著述で学識と文名が知られ、明治十二年に経済雑誌社をおこして『東京経済雑誌』を刊行し、経済評論の第一人者の地位を確立した。また経済談話会(のちに東京経済講習会、東京経済学協会となる)を設立して経済学の普及につとめた。嚶鳴(おうめい)社に加盟し、自由党機関紙『自由新聞』の社説掛となったが、板垣退助洋行問題の内紛で辞職した。以後は立憲改進党に近づき、また憲政党にかかわったこともあったが、反藩閥中立の立場で終始した。東京府会議員・東京市会議員を経て同二十七年衆議院議員に当選し、死去までその職にあった。この間、両毛鉄道株式会社の創立にかかわって社長となり、また東京府授産金にもとづく南島商会の設立に参加し、南洋から帰朝して南洋貿易の重要性を主張した。同三十一年法学博士となった。経済学者としては『自由交易日本経済論』(明治十一年)の著作で認められ、『東京経済雑誌』では自由主義経済の立場に立って保護貿易論の犬養毅の『東海経済新報』と論争し、地租増徴問題では反対論の谷干城と論争した。また友人佐久間貞一とともに社会問題研究会に参加した。その他、輸出税全廃論の主張、星亨の東京市政支配に対する批判、日露主戦論の主張など、その評論活動は論旨が明晰で、反響も大きかった。最初の著書『日本開化小史』は第一巻が明治十年に発刊され、十五年に全六巻が完成された。その内容は紀伝体や紀事本末体などの伝統的な史体を完全にはなれ、バックルH. T. Euckle の『英国文明史』History of Civilization in England に影響された斬新な史観によって神道のはじまりから幕末の勤王の勃興までを概観したものである。田口は「人心の発達」と「貨財の発達」の相互関係を重視し、同時に政治の動向にも着目して、日本における代表的な啓蒙主義的文明史家とされている。同工の『支那開化小史』(同十六—二十一年、五巻)もある。『日本開化之性質』『日本之意匠及情交』はこのような文明史観に立った一種の現代史で、社会改良を主張するものだった。しかし田口の歴史観は次第に変化して「輪切(わぎり)体歴史」と称する人物論にかたむき、同二十八年の史学会での講演「歴史は科学に非ず」においては明白に歴史の法則性を否定し、文明史の立場をはなれた。田口の日本歴史研究への寄与は、その論著だけでなく、基本史料の刊行、雑誌『史海』の編集・発行に及んだ。特に『群書類従』の活版および黒板勝美の協力による『国史大系』の刊行は、日本史研究の水準の向上にとって画期的な大事業であった。『大日本人名辞書』『日本社会事彙』の刊行も注目すべき業績といえる。修史館の重野安繹(やすつぐ)・久米邦武らと親しく、史学会の事業にも協力した。明治二十五年には久米邦武の論文「神道は祭天の古俗」を『史学会雑誌』から『史海』に転載して神道家らの攻撃を受け、田口は久米を擁護したが、久米は東京帝国大学教授の地位を追われ、修史館も閉鎖されてしまった。旧幕臣の節義を守り、常にコブデンR. Cobden・ブライトJ. Bright 流の自由主義を以て任じ、江戸っ児的な歯切れのよい評論と非藩閥在野の立場に立った政治行動で多くの人の信頼を得た。徳富蘇峰をはじめ田口の後援で言論界に名をなした人物も多い。三十八年四月十三日死去。五十一歳。本郷中央会堂でキリスト教による告別式ののち、谷中の共同墓地に埋葬。『鼎軒田口卯吉全集』全八巻(昭和三年(一九二八)—四年)がある。

参考文献 大久保利謙編『田口鼎軒集』(『明治文学全集』一四)、塩島仁吉編『鼎軒田口先生伝』、住谷悦治『日本経済学史』、小沢栄一『近代日本史学史の研究』明治編、田口親『田口卯吉』(『人物叢書』二二六) (岩井 忠熊)

たぐちうんぞう 田口運蔵 一八九二—一九三三 大正・昭和時代前期の社会主義者。明治二十五年(一八九二)五月一日、新潟県北蒲原郡紫雲寺村小川の金井政太郎(のち新発田町の田口家へ入籍)の子として生まれる。二高中退後、海外を放浪し、アメリカに渡る。大正七年(一九一八)春ごろ片山潜を知り、研究会を組織、国際労働会議を機に在米日本人社会主義団を結成した。十年、片山の指名でコミンテルン第三回大会の日本代表となり、大会出席後も極東勤労者大会の準備に従い、その後もコミンテルンと日本の組織の接点として活躍する。十一年帰国後はヨッフェの来日に尽力し、日ソ国交樹立の気運を押し進めた。十三年二月には日本共産党の合法的機関誌『進め』の主幹に就任、海外の社会主義運動の現状を紹介し、普通選挙実施に備えた政治運動の重要性を強調した。その後、肺結核の病状が悪化して第一線から遠ざかり、『文芸戦線』同人としてシベリア体験談や自伝的小説を発表した。貧窮のなか昭和八年(一九三三)十二月二十六日没。四十二歳。著書に『赤旗の靡くところ』『赤い広場を横ぎる』がある。

参考文献 荻野正博『弔詩なき終焉―インタナショナリスト田口運蔵―』 (荻野富士夫)

たぐちかずよし　田口和美　一八三九―一九〇四　明治時代の医学者。わが国近代解剖学創始者の一人で、東京大学の解剖学初代教授。天保十年(一八三九)十月十五日、武蔵国埼玉郡小野袋村藤畠郷(埼玉県北埼玉郡北川辺村)に生まれる。父は順庵。江戸で林洞海に学び、さらに赤沢寛堂に就く。下野国安蘇郡小屋町(栃木県佐野市)でしばらく開業したのち、再び東京に出、医学校兼病院に学ぶ。明治三年(一八七〇)少句読師になり、同年十月大学東校(東京大学の前身)に出仕、解剖所を管理するとともに、解剖学の研究に従事し、教育用の材料・遺体を集めるのに腐心した。もっとも当初解剖学教授の主導権をもったのは外国人教師で、明治四年来着のミュルレルL. Müller、六年来任のデーニッツF. Dönitzらが、これにあたったが、九年六月には田口が解剖学の初代教授(当時東京医学校、翌年四月には東京大学医学部となり引き続き教授)となって教室を主宰した。十九年には小金井良精(よしきよ)が教授となり、二十六年講座制の実施とともに田口のそれは解剖学第一講座と称された(三十三年より大沢岳太郎が同じく解剖学の教授になり三教室となる)。二十年自費留学し、ベルリン大学のワルダイエルH. W. G. Waldeyerらに就き、二十二年に帰朝。二十一年医学博士。二十六年日本解剖学会を発足せしめ、その初代の会頭となる。三十五年第一回日本聯合医学会会頭。喉頭局所解剖、血管・神経の位置や破格・脳重量に関する研究があり、墨汁注入法の考案、わが国最初の人体骨格鉸鏈(こうれん)の製作などで知られる。梅毒の原因についても言及した。著書に『解剖攬要』『人体組織攬要』『顕微鏡術攬要』などがある。明治三十七年二月三日、東大教授現職のまま死亡。六十六歳。東京の染井墓地に葬る。 (長門谷洋治)

たくまつねきち　田熊常吉　一八七二―一九五三　明治から昭和時代にかけての発明家、事業家。タクマ式ボイラの発明者。明治五年(一八七二)二月八日、鳥取県八橋郡東園村(東伯郡大栄町)の生まれ。表具師の父が家業のかたわら開いていた私塾で修学後は、ほとんど独学で社会人となり、さまざまの職業を経たのち兵庫運河で木材業を営んだ。材木仕入れのため和歌山に出張して製材機の製作者岡本弥三郎を知り、その動力用ボイラ(蒸気罐)の発明を志し、明治四十四年妻を助手に台所のガラスびんやホウロクの柄を使って実験を重ね、大正二年(一九一三)水管式ボイラの特許を得た。このタクマ式汽罐は、実物大の模型が翌年大阪の発明博覧会に出品され、最高金賞を受けた。同四年八月追加特許(第二八一七三号)に進み、工学博士加茂正雄らの協力を得て、やがて汽車製造会社で工業化され、また丹那トンネル工事用発電所に据え付けられて好評を博し、外国製ボイラの駆逐に大きな役割を果たした。昭和十一年(一九三六)田熊常吉研究所、十三年田熊汽罐製造株式会社を創立、つねきちボイラの設計・製造・販売につとめ、二十八年十二月二十二日、兵庫県芦屋市にて没。八十一歳。

参考文献 日本科学史学会編『日本科学技術史大系』一八、ダイヤモンド社編『産業フロンティア物語』三四、田熊常吉「タクマ式汽罐発明当時の苦心を語る」(『機械』一一ノ一) (飯田 賢一)

たくまはんろく　詫間樊六　一八三四―六六　幕末の因幡国鳥取藩士、勤王志士。名は敬敷、最初半六のち樊六と改名、神風生と号した。天保五年(一八三四)詫間益蔵の長男として生まれる。寛文ごろ勇名をはせた詫間八太夫八世の子孫。浅田主計に神刀兌山流を学び、のち江戸に遊学、神道無念流の斎藤弥九郎の錬兵館で一刀流をきわめ、桂小五郎などと錬兵館内屈指の使い手と並び称された。帰藩後は神戸大助に兌山流を学び、のち一剣をもって神州を護るの念願より神風流を創設した。徳大寺右大将の随身役をつとめ国事に奔走した。体重は二十二貫、色白い美丈夫であった。文久三年(一八六三)名代勤御伴の役にあって上京中の八月十七日、側用人黒部権之介、側役高沢省己・早川卓之丞らを佐幕派として藩論をあやまるものとし、京都本圀寺の本実院に急襲して倒した。いわゆる本圀寺事件「因幡二十士」の一方の旗頭であった。事件後伏見・京都の藩邸に幽閉されたが、元治元年(一八六四)伯耆国日野郡黒坂の泉竜寺に幽閉された。その後慶応元年(一八六五)鳥取に移され、家老荒尾志摩の別邸に幽閉された。翌二年長州再征の事が起るや勤王の大義を述べんとして脱走し長州に向かった。途中荒天にはばまれ、出雲国手結浦に船泊りしたとき、本圀寺事件で討たれた黒部らの遺族十八人が討手として樊六らの宿舎を襲った。そのため八月三日樊六はあえない最期をとげた。時に三十三歳であった。墓は島根県八束郡鹿島町の禅慶院にある。法名は直心院殿剣遊是心大居士。

参考文献 山根幸恵『鳥取藩剣道史』、同『鳥取藩幕末秘史』 (河手 竜海)

ダグラス　Archibald Lucius Douglas　一八四二―一九一三　イギリス海軍軍人。日本海軍が明治の初め海軍兵学寮に招いたイギリスからの派遣教師団長。スコットランドからカナダへの移住者の次男として一八四二年二月八日ケベックで出生。十四歳でイギリス海軍に志願し西インド艦隊旗艦ボスカウェンの見習候補生となり累進する。オランダ海軍方式で創設された日本海軍は明治三年(一八七〇)十月二日、新しくイギリス海軍方式を採用することに決し、翌年イギリス海軍に教師団の派遣を依頼し、団長に中佐であったダグラスが選ばれた。三十四人の教師団は明治六年七月に築地にある海軍兵学寮に着任。専門的な技術教育を実地訓練を重視して行い、日本海軍がイギリス式に発展する基礎を築いた。ダグラスは団員の過半数を残して明治八年七月に帰国。その後一九〇一年六月十五日中将に進み、ポーツマス軍港司令長官として海軍生活を終えた。一九一三年三月十三日イギリスのニューハムで死去。七十一歳。

参考文献 『海軍兵学校沿革』、鎌田芳朗『海軍兵学校物語』、同『山本五十六の江田島生活』、池田清『海軍と日本』(『中公新書』六三二)

(野村　実)

たけいかてい　武井柯亭　一八二三―九五　幕末の会津藩士。はじめ万太郎、名は泰、字は通、通称は完平、柯亭と号し、致仕後これを通称としたという。五峰とも号した。音律にくわしく、琴をよくし、柯亭琴士とも号したという。文政六年(一八二三)正月六日、二百十石取武井安の長男として陸奥国会津郡若松城下に生まれた。おりしも藩政改革の一環として藩校日新館を設立、文武を奨励していた会津藩にあって、父は、学問に出精した故をもってたびたび賞せられ、また藩の手になる『新編会津風土記』編纂の主役を勤めた。柯亭も日新館の締方(授業担当者)を勤め、書を星研堂に師事し、のちには一家をなした。安政四年(一八五七)家を継ぐ。万延元年(一八六〇)正月蝦夷常詰組頭となったが、任地に赴かぬまま、文久二年(一八六二)藩主松平容保が京都守護職に任ぜられると、職を転ぜられ京都に上った。国事に奔走、長州藩士久坂玄瑞・桂小五郎らと親交をもち、よく事情に通じていたので種々藩の重役に進言したが、いれられなかった。そのわけは、長州人との深い交わりを疑われたからとも、彼の奇行故とも伝えられる。慶応元年(一八六五)致仕後帰郷、隠栖したが、戊辰戦争がおこると再び召し出され戦いに参加、南方面で活躍した。戦後主家再興のため努力したが事成らず、以後はもっぱら琴・書に親しみ、諸方を遊歴したという。明治二十八年(一八九五)五月二十三日七十三歳で福島県大沼郡高田村(会津高田町)に没した。高田村の伊佐須美神社背後の神葬共同墓地に葬られた。

参考文献 会津藩編『諸士系譜』、『会津高田町誌』、『福島県史』二二、『若松市史』下、長島幽翠『会津の書道史』、古河末東「武井柯亭翁の一斑」(『会津会々報』六・七)

(丸井佳寿子)

たけうちきゅういち　竹内久一　一八五七―一九一六　明治時代の彫刻家。安政四年(一八五七)七月九日、江戸浅草田町に生まれる。幼名兼五郎、久遠と号した。父は通称善五郎。十三歳のとき、象牙彫師堀内竜仙の弟子となり、のち川本洲楽の門に入った。明治十四年(一八八一)第二回内国勧業博覧会に牙彫で受賞したが、古美術の研究を志し、模刻も試みた。東京美術学校開設のとき教師となり、二十四年教授となった。二十六年シカゴ万国博覧会に「伎芸天」を出品して大いに好評を得た。三十九年帝室技芸員に挙げられ、四十年文展開設後は審査員を歴任した。古社寺の古彫刻の修復を手がけることが多く、四十二年古社寺保存会委員を命ぜられた。大正五年(一九一六)九月二十三日没。六十歳。墓は東京都豊島区巣鴨五丁目の本妙寺にある。

参考文献 坂井犀水『日本木彫史』

(三木　多聞)

たけうちせいほう　竹内栖鳳　一八六四―一九四二　明治から昭和初期の日本画家。京都市中京区御池通油小路の料亭亀政の子息。元治元年(一八六四)十一月二十二日生まれる。本名恒吉。明治十四年(一八八一)幸野楳嶺に入門。棲鳳の号を受く。翌十五年第一回内国絵画共進会に初入選。各種展覧会や共進会で受賞を重ね、画壇に認められる。フェノロサに啓発され京都青年絵画研究所を結成。同三十一年に創立した前期院展にも出品。画風は円山・四条両派の手法を基に古画風であったが、同三十三年から翌年にかけて渡欧して、西洋の写実表現を加えて独自の画風を確立し、号を栖鳳と改めた。その後、同四十年文展開催に審査員に推され、以後文展、帝展に多くの傑作を発表、大正二年(一九一三)帝室技芸員に任命され、京画壇の代表作家となった。大正九・十年の二度の中国旅行によって写実にもとづいた軽妙洒脱な筆法による新画境を開拓した。教育者としても画塾竹杖会をはじめ、京都市立美術工芸学校・京都市立絵画専門学校などで多くの逸材を育て、土田麦僊・村上華岳らの興した国画創作協会の顧問にもなり近代日本画の発展に寄与。昭和十二年(一九三七)第一回文化勲章受章者となる。「雨霽」、「あれ夕立に」、「斑猫」(重要文化財)、「和暖」は傑作。同十七年八月二十三日没。七十九歳。墓は京都市左京区黒谷町の金戒光明寺にある。墓銘は「栖鳳之墓」とある。

参考文献 竹内逸『栖鳳閑話』、同『栖鳳芸談』、沖長璋彦『画人栖鳳』、平野重光『竹内栖鳳―芸苑余話―』、河北倫明「栖鳳ぎらい」(『芸術新潮』八七)、「特集竹内栖鳳」(『三彩』二四八)

(中村　溪男)

たけうちつな　竹内綱　一八三九―一九二二　明治・大正時代の政治家、実業家。天保十年(一八三九)十二月二十六日土佐藩の重臣伊賀家の陪臣竹内庄右衛門梅仙の子として幡多郡宿毛村(高知県宿毛市)に生まれた。通称万次郎、諱は吉綱。第二次世界大戦後の首相吉田茂の実父。文久二年(一八六二)目付役となり伊賀家の財政整理を担当して手腕を発揮し、さらに戊辰戦争に際しては伊賀家の嫡子陽太郎に従って東北地方に出陣した。明治三年(一八七〇)大阪府に出仕。翌年少参事となり、邏卒制度を整え、町村会を開き、河川改修に着手するなど、府政改革を推進した。明治六年大蔵省に出仕したが、翌年辞任して後藤象二郎の蓬萊社に入り社長となった。西南戦争を機に立志社グループによる挙兵計画に参画した嫌疑で明治十一年に入獄、翌年出獄し、それ以後、板垣退助、後藤らとともに自由民権運動に挺身。同十四年の自由党結成に際しては常議員となった。明治二十年保安条例により東京を追われたが、二十三年高知県第一区から代議士に当選、以後二回選ばれた。この間、第九議会を前にして第二次伊藤内閣と自由党との提携をおし進めた。以後、実業界に転じ、京釜鉄道の創立を発起、明治三十四年常務取締役、三十七年常務理事に就任したのをはじめ、各種事業に関与した。また、十余万円の私財を投じて高知市に私立高知工業学校(現県立高知工業高校)を設立、郷土の子弟育英に努め、さらに秋田鉱山専門学校の設立にも尽力した。大正十一年(一九二二)一月九日東京の自宅で病没した。八十四歳。墓は台東区の谷中墓地にある。なお、著作に『竹内綱自叙伝附竹内綱獄中日記抄録』(『明治文化全集』二五)がある。 (宇野俊一)

たけうちやすのり　竹内保徳　一八〇七―六七　幕末の幕臣。通称は清太郎。文化四年(一八〇七)二百俵の旗本、竹内富蔵の子に生まれる。勘定所に出仕、天保十四年(一八四三)勘定組頭格となり御目見席に進む。嘉永五年(一八五二)閏二月勘定吟味役となり海防掛、ペリー来航以降、台場普請掛・大砲鋳立掛・大船製造掛・米使応接掛等々を兼任、日米和親条約によって下田・箱館の開港が定められ、両地に奉行が設置されるや、安政元年(一八五四)六月、堀利熙とともに箱館奉行に任命され、下野守に任官した。文久元年(一八六一)正月勘定奉行、ついで外国奉行を兼ねた。両都両港開市開港延期交渉ならびに樺太における日露国境画定交渉のための使節派遣に際し、正使に任命され、文久元年十二月二十二日(一八六二年一月二十一日)副使松平康直、監察使京極高朗および福地源一郎・福沢諭吉・箕作秋坪・松木弘安・杉孫七郎らの随員とともに品川を出港、東シナ海・インド洋・カイロを経て地中海をわたり、マルセイユに上陸、パリでナポレオン三世に謁見、イギリスに赴き、翌文久二年五月九日(六月六日)ロンドン覚書を調印、ついでオランダ・フランス・ロシアとの間に同内容の覚書をかわした。ロシアとの国境画定交渉は妥結に至らず、ベルリン・パリを経てロシュフォールから海路をとり、十二月帰国、復命、翌年正月、この功により三百石の加増をうけた。学政更張・小学校取立御用掛・上洛御用掛・朝鮮人来聘御用掛を兼任したのち、翌元治元年(一八六四)五月大坂町奉行兼帯、同八月、西ノ丸留守居の閑職に退いた。慶応元年(一八六五)十二月横浜製鉄御用引受取扱を命ぜられたが、幕政の要路にたつことなく同三年二月に没した。六十一歳。

参考文献　栗本鋤雲『匏庵遺稿』(『続日本史籍協会叢書』)、石井孝『増訂明治維新の国際的環境』、芳賀徹『大君の使節』(『中公新書』一六三)、尾佐竹猛「竹内下野守に就て」(『武蔵野』二〇ノ六) (井上勲)

たけうちよしみ　竹内好　一九一〇―七七　昭和時代の中国文学者。明治四十三年(一九一〇)十月二日、長野県南佐久郡臼田村に、父武一、母起よしの長男として生まれる。大正二年(一九一三)、父の転勤により東京へ移る。同十二年、東京府立第一中学校(日比谷高校)入学。昭和三年(一九二八)、大阪高等学校文科甲類に入学、同期文科乙類に保田與重郎・田中克己がいた。同六年、東京帝国大学文学部支那文学科に入学。同期の武田泰淳と知る。七年、朝鮮・中国東北部見学の団体旅行に参加、解散後、自費で北京をたずね中国に魅了される。九年三月東大卒業、卒業論文「郁達夫研究」。同年同月、岡崎俊夫・武田らと中国文学研究会を結成。のち増田渉・松枝茂夫・飯塚朗らも加わる。翌十年二月『中国文学月報』創刊、十五年四月『中国文学』と改題。十二年から十四年まで、外務省補助金で中国に留学。十五年より回教圏研究所研究員。十七年春、イスラム教調査のため中国に出張。同年の大東亜文学者大会に不参加。翌十八年三月、中国文学研究会を解散、雑誌も廃刊。『魯迅』(『東洋思想叢書』、十九年刊)を書きあげた直後の同年十二月応召、中国中部で粤漢鉄道沿線の警備にあたる。二十一年六月、復員。第二次世界大戦後は、魯迅の翻訳と紹介をすすめる一方で、評論家としての活動を始め、「中国の近代と日本の近代」(二十三年)、日本共産党批判(二十五年)、国民文学論争(二十六年―)などにかかわる。二十八年、東京都立大学教授。同年、思想の科学研究会に参加。二十九年、魯迅友の会準備会結成、三十二年正式発足(五十四年解散)。三十二年ごろから安保条約改定反対運動に加わり、三十五年五月、衆議院安保条約強行採決に抗議して都立大に辞表を出す(翌月辞職)。同年秋から、尾崎秀樹・橋川文三らと「日本のなかの中国」研究会結成、三十八年二月「中国の会」と改称、雑誌『中国』を創刊、四十七年十二月で中国との国交回復を機に休刊。個人訳による『魯迅文集』(全六冊、五十一―五十三年刊)を刊行中の五十二年三月三日、食道癌が悪化して死去。六十六歳。東京都府中市の多磨墓地に葬られた。『竹内好全集』全十七巻のほか、『状況的―竹内好対談集―』『竹内好談論集』がある。

参考文献　松本健一『竹内好論―革命と沈黙―』、菅孝行『竹内好論―亜細亜への反歌―』、中川幾郎『竹内好の文学と思想』、大宮信一郎編『竹内好回想文集―しかし、人間の心は宇宙より広い―』、魯迅友の会編『追悼竹内好』、『思想の科学』一九七八年五月臨時増刊(竹内好研究) (飯倉照平)

たけうちりぞう　竹内理三　一九〇七―九七　昭和・平成時代の日本史学者。明治四十年(一九〇七)十二月二十日、愛知県知多郡岡田町(知多市)に父仁重・母志んの三男として出生。愛知県立半田中学校、第八高等学校を経て、昭和五年(一九三〇)東京帝国大学文学部国史学科を卒業。東京帝国大学史料編纂所業務嘱託。大日本史料第一編の編纂担当。同十年、史料編纂官補。同二十年、史料編纂官。同二十三年、九州帝国大学法文学部教授に転任。国史学第二講座担当。同二十四年、九州大学文学部教授に配置換。同三十一年、西日本新聞社より西日本文

化賞受賞。同三十三年、朝日新聞社より朝日文化賞受賞。同三十四年、東京大学史料編纂所教授に転任。同三十六年、学位請求論文「日本に於ける貴族政権の成立」により、東京大学から文学博士の学位を取得。同四十年、東京大学史料編纂所所長に就任。同四十三年、東京大学を定年退官。早稲田大学文学部教授に就任。同五十三年、早稲田大学を定年退職。同六十三年、文化功労者。日本学士院会員。平成四年(一九九二)、早稲田大学より名誉博士号がおくられる。同年、東京大学名誉教授。平成八年、文化勲章受章。平成九年三月二日没。八十九歳。法名釈理賢。死後、生地の知多市名誉市民にえらばれる。墓は東京都世田谷区松原町の正法寺にある。史料主義歴史学を標榜し、『日本上代寺院経済史の研究』『寺領荘園の研究』『律令制と貴族政権』など古代・中世史に関するすぐれた多数の著書、論文を発表するかたわら、『寧楽遺文』『平安遺文』『鎌倉遺文』等全六十四巻にも及ぶ網羅的史料集を独力で刊行し、各時代の研究の深化促進に果した功績は大きく、その業績は二十世紀を代表する世紀の遺産との評価を受けている。『竹内理三著作集』全八巻が刊行中。

参考文献 竹内理三編『日本古代史―古代から中世へ―』、『竹内理三 人と学問』 (瀬野精一郎)

たけこしよさぶろう 竹越与三郎 一八六五―一九五〇 明治・大正期の新聞記者、史論家、政治家。慶応元年(一八六五)十月十四日、武蔵国本庄(埼玉県本庄市)の清野仙二郎の次男に生まれ、新潟に出る。号を三叉。明治十六年(一八八三)伯父の竹越家を継ぐ。上京して中村敬宇(正直)の同人社、福沢諭吉の慶応義塾に学ぶ。福沢の時事新報社に入ったが、官民調和の論調に不満で退社。小崎弘道のすすめで群馬前橋教会に住んで、英語塾を開き、また受洗して、安中の湯浅治郎の紹介で、徳富蘇峰を知り、その『国民新聞』の発刊に協力、民友社に入る。同二十三年二月一日の創刊から、政治面を担当。同年十一月『格朗究』をまとめて、在野史論家の存在をも示す。翌二十四年と二十五年に『新日本史』上・中を刊行、明治維新の革命としての意義を強調した(下巻は未完、民友社)。日清戦争を機に国粋主義化した蘇峰と袂別し、同二十九年末国民新聞を辞め、西園寺公望らのすすめで『世界之日本』(月刊)の主筆となり、また『二千五百年史』(開拓社)を刊行。明治三十三年には西園寺文相の秘書となり、これを機に政界に進出。三十五年新潟から衆議院議員選挙に出馬、以後五回連続当選(政友会所属)。大正四年(一九一五)落選のあと、本野一郎らと日本経済史編纂会を設立、『日本経済史』八巻を刊行(平凡社)。同十一年より貴族院議員(勅選)となり(交友倶楽部に所属)、昭和十五年(一九四〇)枢密顧問官に任ぜられ、また東京大空襲にあい、原稿類を焼き、啓蒙家風の生涯を終った。同二十五年一月十二日に没。八十四歳。

参考文献 松島栄一編『明治史論集』一・二(『明治文学全集』七七・七八) (松島 栄一)

たけざきじゅんこ 竹崎順子 一八二五―一九〇五 明治時代の教育者、熊本女学校校長・校母。文政八年(一八二五)十月二十五日肥後国上益城郡杉堂村(熊本県上益城郡益城町)に父矢島忠左衛門、母つる子の五子として生まれる。妹の六子の久子は徳富一敬、七子つせ子は横井小楠に嫁し、八子かつは矢島楫子。天保十一年(一八四〇)玉名郡伊倉(熊本県玉名市)の竹崎律次郎(茶堂)に嫁す。明治五年(一八七二)茶堂の日新堂における「大学」講席に連なり、かつみずから児童・女子の教育にあたる。同二十年十月海老名弾正・みやの立ち合いのもと、O・H・ギューリックから熊本の草葉町教会で洗礼をうけ、小女学舎を教会の一隅に開設、翌二十一年十二月からは熊本英学校附属女学校(翌年私立熊本女学校と改称)の舎監となり、海老名弾正・柏木義円・蔵原惟郭ら各校長と女子の教育にあたる。同三十年一月からは校長・校母としてキリスト教を基本とする「愛・つつしみ・忍耐」の教育を続け、三十八年三月七日八十一歳で没した。高野辺田(熊本市城山上代町)の茶堂の墓の隣に葬る。碑銘は「順子竹崎先生之墓」。

参考文献 徳富健次郎『竹崎順子』(『蘆花全集』一五)、山崎貴美子「竹崎順子―熊本女学校のこと―」(家族史研究会編『近代熊本の女たち』上所収) (杉井 六郎)

たけしたいさむ 竹下勇 一八六九―一九四九 明治から昭和時代前期にかけての海軍軍人。鹿児島藩士山元定義の次男として明治二年(一八六九)十二月四日、鹿児島に生まれ、のち竹下家を継ぐ。海軍兵学校に進み明治二十二年四月卒業。日清戦争に巡洋艦葛城分隊長などで参加し、海軍大学校を終えて日露戦争中は終始、公使館付としてアメリカに駐在した。巡洋艦須磨、装甲巡洋艦春日・出雲・筑波、戦艦敷島の各艦長を経て第一艦隊参謀長のとき大正二年(一九一三)五月、将官に進む。第一次世界大戦勃発時は軍令部参謀で、第一特務艦隊司令官として南方作戦にも参加し、終結時は軍令部次長。パリ講和会議随員となり、ついで国際連盟海軍代表の任務を終えて帰朝後、連合艦隊司令長官となり大正十二年八月、大将に進む。呉鎮守府司令長官・軍事参議官のあと昭和四年(一九二九)十一月、予備役。のち在野の海軍将校で組織する有終会理事長となる。同二十四年七月一日東京で死去。八十一歳。

参考文献 海軍有終会編『近世帝国海軍史要』 (野村 実)

たけしたのぼる 竹下登 一九二四―二〇〇〇 昭和・平成時代の政治家。昭和六十二年(一九八七)十一月から平成元年(一九八九)六月まで一年七ヵ月の内閣総理大臣、第十二代自由民主党総裁。大正十三年(一九二四)二月二十六日、島根県飯石郡掛合村に生まれる。昭和二十二年早稲田大学商学部を卒業。郷里で中学校教員、島根県議会議員を経て、三十三年第二十八回総選挙で島根県(全県区）から衆議院議員に初当選。以後、連続当選十四回。自由民主党佐藤栄作派に属し、佐藤内閣で、三十九年内閣官房副長官、四十六年官房長官となる。次の田中角栄内閣でも、田中派の有力者として、四十九年官房長官をつとめた。五十一年三木内閣の建設相、五十三年衆議院予算委員会委員長、五十四年大平内閣の蔵相となる。さらに中曾根内閣でも、五十七年十一月から六十一年七月まで再び蔵相をつとめた。六十年二月、田中派に代わる創政会をつくり、六十二年七月には正式に竹下派経世会を結成し、党内最大派閥を率いた。同年自民党幹事長に就任、十月、中曾根康弘総裁から後継総裁の指名を受け、十一月、竹下内閣を発足させた。「根回し・気配りの竹下」と呼ばれ、調整能力が抜群であった。竹下内閣は長期政権かと取り沙汰されたが、翌六十三年夏、リクルート事件が発覚し、翌平成元年春、その責任を負って退陣を表明、六月初め総辞職した。平成十二年（二〇〇〇）六月十九日没。七十六歳。 （内田　健三）

たけしまはごろも　武島羽衣　一八七二―一九六七　明治から昭和時代にかけての詩人、歌人。明治五年（一八七二）正月二日、東京に生まれた。本名又二郎。同二十九年、帝国大学文科大学国文科卒業。東京音楽学校勤務ののち、日本女子大学教授、昭和三十六年（一九六一）退職。在学中『帝国文学』の創刊に参画、編集委員となって新体詩を発表、塩井雨江・大町桂月との共著『（美文韻文）花紅葉』（明治二十九年）、『（美文韻文）霓裳微吟』（同三十六年）などを刊行、赤門派と評された。流麗典雅な美文調で、時代の浪漫的風潮に迎えられたが、近代的な情意には乏しい。滝廉太郎作曲「花」、田中穂積作曲「美しき天然」の歌詞作者として知られる。昭和四十二年二月三日没。九十五歳。墓は東京都豊島区の雑司ヶ谷墓地にある。

参考文献　日夏耿之介『明治大正詩史』上 （河村　政敏）

たけぞえしんいちろう　竹添進一郎　一八四二―一九一七　明治時代の外交官、漢学者。天保十三年（一八四二）三月二十七日、肥後国天草郡上村（熊本県天草郡大矢野町）に竹添筍園の四男として生まれる。諱を光鴻、号を井々と称し、維新期は熊本藩に仕え、藩命により京都・江戸・奥州などで活躍した。明治八年（一八七五）四月、修史局御用掛となり、同年十一月、特命全権公使森有礼に随行して清国へ差遣され、翌年再び清国を旅行し、陝西・四川の地に入り、帰来後『桟雲峡雨日記并詩草』を著わし、清国の学界まで文名を知られるに至った。同十一年四月、御用掛として大蔵省国債局に勤務、同年十二月に大蔵権少書記官、同十三年一月に大蔵少書記官となった。同年五月、清国天津在勤領事となり、在任中、琉球問題につき直隷総督李鴻章と交渉した。同十五年八月、外務大書記官となり、同年十一月、弁理公使として朝鮮国駐劄を命ぜられた。在任中、同十七年十二月、甲申の変が起り、その画策に苦心した。この政変の処理が終った同十八年一月、帰朝し、同年六月、公使を免ぜられた。同二十六年三月、外務省を退官し、しばらく帝国大学文科大学講師となったが、同二十八年辞職し、神奈川県足柄下郡小田原町に閑居した。大正三年（一九一四）、その著『左氏会箋』により帝国学士院賞を受け、文学博士となった。同六年三月三十一日没。七十六歳。

参考文献　外務省編『日本外交文書』一七、金正明編『日韓外交資料集成』三、黒竜会編『東亜先覚志士記伝』下、東亜同文会編『対支回顧録』下、田保橋潔『近代日鮮関係の研究』上 （河村　一夫）

たけだかんご　武田簡吾　?―一八五九　幕末、駿河国沼津藩水野家御医師。『輿地航海図』の編刊者として知られる。安政元年（一八五四）伊豆下田港に入ったロシア使節プチャーチンの乗艦ディアナ号が十一月四日（陽暦十二月二十三日）地震津波で大破した。浸水汚損した艦長室備え付け世界図の補修を応接幕吏から託された地元民の周辺に簡吾がいて、航海用地図として卓越している同図を模刻し、地名などを邦訳、安政五年『輿地航海図』として刊行した。英国のパーディ John Purdy 作製原図ゆえ、英語を訳すのに苦心したと例言に告白している。杉田玄端の校閲とあるから、その門人であったろう。実弟鵠は廉卿と名乗り、杉田成卿の養子となって『蘭学事始』を明治二年（一八六九）刊行したが、翌三年牢死。

参考文献　鮎沢信太郎『鎖国時代の世界地理学』、同「幕末ロシア使節将来の地図について」（開国百年記念文化事業会編『（開国百年記念）明治文化史論集』所収）、斎藤敏夫「日本の近代海図を育成した忘れられぬ人々について」（『地図』二五ノ四）、樋口雄彦「『輿地航海図』の訳者武田簡吾について」（『沼津市立博物館紀要』一九） （石山　洋）

たけだこううんさい　武田耕雲斎　一八〇四―六五　幕末尊攘派の水戸藩士。文化元年（一八〇四）同藩士跡部正続の嫡男として生まれる。正続の兄正房の養子となり本家を継いだが、のち跡部の旧姓武田に復す。名は正生。通称は彦太郎、彦九郎、のち修理。字は伯道。号は如雲、致仕後に耕雲斎。文化十四年家督を継いで三百石、寄合組。文政元年（一八一八）小性。同十二年使番。徳川斉昭の藩主擁立に尽力して以来、改革派に属して活動。天保十年（一八三九）若年寄（参政）、足高百石に役料二百石を家禄に加えて六百石。同十三年大番頭に左遷。弘化元年（一八四四）斉昭の藩主解任後、その雪冤を求めて江戸へ無願出府、その罪で翌年役禄を召し上げられ、致仕・慎を命ぜられた。嘉永二年（一八四九）慎を免ぜられ、安政二年（一八五五）本禄三百石、足高二百石で再び大番頭となり、同年若年寄再勤。同三年正月執政（用達）に進み、尊攘派の重鎮として活動するも、同五年九月罷免。万延元年（一八六〇）八月執政再任。文久元年（一八六一）六月謹慎。同二年閏八月謹慎解除。同年十一月三たび執政。翌十二月一橋慶喜に随従して上京、翌三年五月に江戸帰着。元治元年（一八六四）正月、伊賀守に任じ、従五位下に叙せられた。同年三月、藤田小四郎らによる筑波山挙兵(天狗党の乱)が行われると、五月領内取締り不行届の故をもって執政を罷免され、謹慎処分を受け水戸に下った。六月、市川三左衛門ら門閥派政権に抗議するため一族を率いて出府を企てたが果たせず、藩主徳川慶篤の名代として領内鎮撫のため水戸に向かう宍戸藩主松平頼徳に随行。しかし市川らに入城を阻止されたため那珂湊に陣して城兵と戦った。十月、藤田らの筑波勢と合流、北上して大子村に集結、天狗党を再編、十一月一日、全軍の首領として上京の途についた。西上の途次、諸藩の兵と交戦、苦しい行軍を続けたが力つきて加賀藩に降った。慶応元年(一八六五)二月四日、敦賀で「元水戸殿家来浪士総大将」として斬罪に処せられた。六十二歳。墓は敦賀市松島町と水戸水戸市見川二丁目の妙雲寺とにある。

参考文献 『水府系纂』二一、川瀬教文『波山始末』、玉虫茂誼編『波山記事』(『日本史籍協会叢書』)、大内地山『武田耕雲斎詳伝』、『水戸市史』中五
(鈴木　暎一)

たけだたいじゅん　武田泰淳　一九一二—七六　昭和時代の小説家。明治四十五年(一九一二)二月十二日東京市本郷区駒込東片町(東京都文京区向丘)に父大島泰信、母つるの次男として生まれる。父は浄土宗潮泉寺の住職であった。父の師の武田姓をつぐ。昭和六年(一九三一)東京帝国大学文学部支那哲学支那文学科に入学、高校・大学時代を通じて左翼組織に関係する。大学中退後、七年に僧侶の資格を得、父の寺の仕事を手伝う。九年に竹内好らと中国文学研究会をつくる。十二年に召集され中国中部に出征、十四年に除隊。仏寺に成長したことによって知った聖職者という存在のもつ「恥ずかしさ」と、転向体験と、中国での戦場体験とは、十八年に刊行の『司馬遷』執筆に深く影響し、またのちの彼の文学を規定していった。上海において敗戦を迎え、二十一年帰国。以後『蝮のすゑ』(二十一—二十二年)、『風媒花』(二十七年)、『快楽(けらく)』(三十五—三十九年)などの注目作を発表、一貫して戦後文学の重要な担い手であった。五十一年十月五日没。六十四歳。墓は東京都目黒区中目黒の長泉院にある。『武田泰淳全集』全十八巻・別巻三巻がある。

参考文献 松原新一『武田泰淳論』(『戦後作家論叢書』三)、冬樹社編集部編『武田泰淳』(『現代作家入門叢書』)
(林　淑美)

たけだちょうべえ　武田長兵衛　⇨近江屋長兵衛(おうみやちょうべえ)

たけだなりあき　武田成章　一八二七—八〇　幕末・維新期の洋学者・兵学者、陸軍軍人。諱は斐。字は裁之・成章。通称は斐三郎、のちに成章。号は竹塘。文政十年(一八二七)九月十五日伊予国喜多郡中村(愛媛県大洲市)に大洲藩士武田敬忠・三保子の次男として生まれる。蘭学を緒方洪庵・伊東玄朴・佐久間象山・箕作阮甫に学ぶ。ペリーやプチャーチン来航を実地に見聞した。安政元年(一八五四)蝦夷地御用、ペリー箱館来航時に応接、器械・弾薬を製造。三年箱館奉行支配諸術調所教授役となり、五稜郭・砲台・製鉄炉の建設、英・仏語や航海術など研究、洋学を山尾庸三・前島密・井上勝らに教授した。文久元年(一八六一)亀田丸でニコライエフスクに航海し、二年パンペリ・ブレークと鉱山開発をした。元治元年(一八六四)開成所教授職並、大砲製造所頭取、慶応三年(一八六七)砲兵頭となり、ナポレオン砲の国産化に成功した。明治元年(一八六八)松代藩兵制士官学校教授となり、仏式兵法訳書を出版した。四年兵部省出仕、七年陸軍大佐(砲兵)兼兵学大教授、士官学校教官、八年幼年学校長、銃砲試験委員を歴任、砲術・士官養成に尽くした。十三年一月二十八日没。五十四歳。東京浅草の智光院に葬られたが、関東大震災後荒川区荒川の大雄山泊船軒大王寺に改葬された。法名は禅心院殿学翁道智居士。同十四年に建てられた紀功碑が港区芝公園東照宮境内にある。著訳書に『用砲軌範』『三浦見聞志』『北地略説』『洋貨考』『黒竜江記事』『法国歩兵演範』ほかがある。

参考文献 水野行敏編『竹塘武田先生伝』、高須賀康正他『愛媛の先覚者』二、白山友正『武田斐三郎伝』、武田英一「故武田成章君国事に尽力せられし事蹟」(『史談会速記録』七〇)、向井晃「武田成章とその著訳書」(『蘭学資料研究会研究報告』一九一)
(向井　晃)

たけだはんし　武田範之　一八六三—一九一一　明治時代の大陸浪人の一人。天佑俠・黒竜会・一進会などの団体の中心的メンバーとして主として日本の朝鮮合併工作に従事した。文久三年(一八六三)六月久留米藩士沢四郎兵衛の三男として生まれたが、十一歳の時に福岡の武田家の養子となった。京都、東京に出て曹洞宗・天台宗を学んで仏門に入り、やがて越後顕聖寺(新潟県東頸城郡浦川原村)の住職、曹洞宗末派総代議員にもなったが、むしろ朝鮮における大陸浪人的な活動で知られる。彼はすでに明治二十四年(一八九一)ごろには朝鮮に渡り、釜山方面を放浪していたが、同二十七年に東学党の乱が起ると、玄洋社の的野半介らが日清戦争開戦の端緒を作ろうとして組織した天佑俠に参加した。翌年の閔妃殺害事件にも参加して投獄された。同三十四年黒竜会の結成に加わり、同三十九年に韓国統監府が設置されると、内田良平とともに渡韓して、日本仏教の進出を図る一方、日韓合邦を推進する活動を行なった。親日派の李容九、宋秉畯(そうへいしゅん)らと交流し、親日派組織の一進会の顧問格として同会を指導、一進会の合邦建白書を漢文で草したのも彼である。同四十四年六月二十三日没。四十九歳。
(平野健一郎)

たけだゆうきち　武田祐吉　一八八六—一九五八　大正・昭和時代の国文学者。明治十九年(一八八六)五月五日、東京市日本橋区堺町六番地に、父熊次郎・母ていの四男として生まれる。大阪に転居、三十七年天王寺中学校卒業。四十一年国学院大学入学。大正二年(一九一三)卒業。同三年神奈川県立小田原中学校教諭となる。五年辞して東京帝国大学の佐佐木信綱のもとで『万葉集』校訂に従う。これが『校本万葉集』となる。六年高柳冏恵と結婚。

九年国学院大学講師、十五年教授。この間、長慶天皇在位の研究、『万葉集』仙覚本の研究がある。昭和二十五年(一九五〇)『万葉集』校訂の研究および『万葉集』研究で、日本学士院賞を受けた。三十三年三月二十九日、心臓衰弱のため没した。七十一歳。著書は『神と神を祭る者との文学』(大正十三年)、『国文学研究　柿本人麿攷』(昭和十八年)、『古事記研究　帝紀攷』(同十九年)、『万葉集全註釈』(同二十三―二十六年)など多数。『武田祐吉著作集』全八巻がある。

(中村　啓信)

たけだりんたろう　武田麟太郎　一九〇四―四六　昭和時代前期の小説家。明治三十七年(一九〇四)五月九日(戸籍面は十五日)、武田左二郎・すみゑの長男として大阪市に生まれる。東京帝国大学仏文科中退。第三高等学校在校中『真昼』の創刊に参加。井原西鶴、新感覚派の影響を受ける。大学時代『辻馬車』同人となり「文学の革命」から「革命の文学」の提唱へ移る。東大新人会に入会し労働組合運動に献身。昭和四年(一九二九)、新感覚派的手法による反戦小説『暴力』を書いてプロレタリア作家としてデビュー。その後、左翼理論の政治主義的偏向からの脱出を企図して、同七年『日本三文オペラ』を書いて市井事物に転向。風俗的傾向の強い作風を示したが、同十一年『人民文庫』を創刊、「散文精神」を唱えて、象徴的写実主義の文体を模索、抑圧された下層庶民の生態を描いた。『大凶の籤』は『人民文庫』廃刊後の戦時下の暗鬱な気配を漂わせたこの期の代表作。ほかに『銀座八丁』『井原西鶴』などがある。二十一年三月三十一日没。四十三歳。墓は東京都秋川市の西多摩霊園にある。『武田麟太郎全集』全三巻(五十二年刊)がある。

参考文献　山室静「武田麟太郎論」(『昭和文学作家論』下所収)、臼井吉見「武田麟太郎論」(『文芸』一九四六年六月)、薬師寺章明「評説武田麟太郎」(『図書新聞』一九七一年五月二十二日―七五年六月十四日)

(薬師寺章明)

たけちくまきち　武市熊吉　一八四〇―七四　幕末・明治時代前期の征韓派士族。天保十一年(一八四〇)、土佐国土佐郡潮江村(高知市)に生まれる。名は正幹。戊辰戦争では板垣退助に従って転戦。明治四年(一八七一)陸軍大尉、翌年外務省十等出仕となり西郷隆盛・板垣の命により満洲を視察、翌四月に帰国。同年、征韓論が敗れるや辞職。翌七年一月十四日、同志と右大臣岩倉具視を襲撃し、傷を負わせた(赤坂喰違の変)。同十七日に捕縛され同七月九日に斬罪。三十五歳。

参考文献　指原安三編『明治政史』(『明治文化全集』九・一〇)、黒竜会編『西南記伝』

(吉田　昌彦)

たけちずいざん　武市瑞山　一八二九―六五　幕末の志士。諱は小楯。幼名は鹿衛、のちに半平太と称す。号は瑞山・吹山・茗磵(めいかん)、変名に柳川左門。文政十二年(一八二九)九月二十七日、土佐国長岡郡吹井村(高知市仁井田)で武市半右衛門正恒、その妻鉄(大井氏)の間に誕生。長男。弟田内衛吉も志士。叔母菊は国学者鹿持雅澄の妻。武市家は他譲郷士出身の白札格で領知高五十一石一斗八升七合。十一歳で雅澄の弟子徳永千規に入門し和漢の学を習う。十四歳で千頭伝四郎、二十二歳で小野一刀流麻田勘七に入門する一方、南画・日本画を学ぶ。二十一歳で父死亡により家督相続、郷士島田源次郎の長女富子と結婚。安政元年(一八五四)に高知に剣道場を開き、翌年、藩命により剣術指南のため郡部へ出張、翌三年八月、剣術修業のために出府、鏡新明知流桃井春蔵に入門、ほどなく塾頭となる。翌四年九月に帰国、同五年、剣術指南により終身二人扶持を受ける。安政の大獄など内外情勢が混迷するや、万延元年(一八六〇)、岡田以蔵ら門下生と中国・九州を遊歴、その帰路、瑞山の行李中には『霊能真柱』があったという。文久元年(一八六一)六月江戸に上り、長州・薩摩・水戸藩尊攘派に紹介される一方、大石弥太郎ら在府土佐藩尊攘派の中心となった。瑞山は「闔(一)藩勤王」を唱え、藩論を尊王攘夷に統一し藩主を頂点に藩全体の力で朝権の回復を目指した。長州藩久坂玄瑞・薩摩藩樺山三円と瑞山とは、翌二年春に薩長土三藩主の上京を実現し朝権回復に相協力することを約した。同元年八月、瑞山は大石らと土佐勤皇党血判盟約書を起草、九月に帰国し同志を募り同二年二月までに間崎哲馬・坂本竜馬・中岡慎太郎ら下士・郷士・庄屋を中心に百九十二名の加盟を得た。同二年、吉村寅太郎らは攘夷・討幕の挙兵を唱えて脱藩したが、瑞山は「闔藩勤王」を目指し活動。しかし、参政吉田東洋に率いられた安政改革派藩政府の前に失敗。このため、山内民部や保守派と結び吉田を暗殺、藩政府から安政改革派を逐い、同年八月、藩主山内豊範上京を実現し自身も扈従。在京中は他藩応接役として活躍、攘夷督促と天皇・将軍間の君臣関係顕然化、親兵設置など朝廷の中央統一政府化を目的とした三条実美勅使東下に尽力。十月十日には藩主父子に勅使護衛などを命じる勅諚を得た。同月、勅使東下の際は自身、副使姉小路公知用人柳川左門として随行、久坂玄瑞らの横浜襲撃を中止させ十二月に帰洛、留守居組格、さらに京都留守居加役に進んだ。翌三年正月の公武合体派近衛忠熙の関白辞職、三月の賀茂行幸に関与する一方、公武合体派・佐幕派へのテロを指導したが、藩内では瑞山ら勤王党が目指す藩政改革は進展せず、逆に公武合体派の前藩主山内容堂は青蓮院宮令旨事件を契機に勤皇党の弾圧を開始、八月十八日の政変後の九月二十一日、瑞山は揚屋入りを命じられ、在獄一年半、慶応元年(一八六五)閏五月十一日、切腹を命じられた。享年三十七。贈正四位。なお、高知市仁井田に瑞山旧宅と墓があり、国史跡に指定されている。

参考文献　『武市瑞山関係文書』(『日本史籍協会叢書』)、瑞山会編『維新土佐勤王史』、寺石正路『武市半平太小楯勤王事歴』、重松実男『武市瑞山先生』、松沢卓郎『勤王烈士武市半平太』、平尾道雄『武市瑞山と土佐勤王党』、入交好脩『武市半平太』(『中公新書』六四五)、間々田隆『土佐勤王党』、田中貢太郎『武市半平太』、中城真正「攘夷勅使下向と武市瑞山」(『土佐史談』八)、鷹城散史「武市瑞山と武市楯臣」(同一二)、島崎猪十馬「瑞山先生愛誦明鏡集について」(同四三)、川田瑞穂「武市半平太」(『中央史壇』一二ノ九・一〇)、「武市小楯略伝・同補遺」(『維新史料』七・一一)　(吉田　昌彦)

たけちはんぺいた　武市半平太　⇨武市瑞山

たけとみときとし　武富時敏　一八五五―一九三八　明治・大正時代の政党政治家。安政二年(一八五五)十二月九日、父佐賀藩士武富良橘、母慶子の長男として佐賀の郊外大財村に生まれた。一時上京してドイツ語を学び、帰郷後は独学で学習。明治七年(一八七四)の佐賀の乱に参加したが無罪放免となる。同十五年三月九州改進党の結成に参加し、翌年佐賀県会議員に選ばれ、副議長を経て同十八年には県会議長に推され、佐賀県会の重鎮として活躍した。一時、佐賀郡長に就任、同二十三年第一回総選挙に佐賀第二区から代議士に当選。翌年九州改進党を立憲自由党と合同させて自由党を結成した。明治二十五年二月の第二回総選挙では政府の激しい選挙大干渉で落選したが、前後十三回当選した。明治二十七年には立憲革新党に所属し、同二十九年立憲改進党などとともに進歩党を結成。その幹部として三十年四月農商務省商工局長、九月には大蔵省勅任参事官に転じた。同三十一年第一次大隈内閣が成立すると、内閣書記官長として最初の政党内閣の要となって活躍した。与党憲政党の分裂後は憲政本党に所属、さらに立憲国民党を通じて財政通の党幹部として党勢の維持に努めた。大正二年(一九一三)一月立憲国民党を脱党して桂太郎の主導する立憲同志会に参加し、さらに翌三年四月第二次大隈内閣が成立すると、逓相として入閣、簡易生命保険の創設に努めた。四年八月蔵相に転じ、減債基金問題で貴族院工作に苦心した。翌五年十月憲政会が結成されると総務に就任、十三年十月勅選議員となり、昭和十三年(一九三八)十二月二十二日没した。八十四歳。著書に『予算詳解』(明治四十一年)がある。

参考文献　渋谷作助『武富時敏』　(宇野　俊一)

たけのうちげんどう　竹内玄同　一八〇五―八〇　江戸時代後期の蘭方医。名は幹、西坡と号した。加賀大聖寺の竹内玄立の次男として生まれ、越前丸岡藩の侍医である叔父玄秀の家をついだ。京都に出て藤林普山に従って蘭学を修め、のち長崎でシーボルトについて蘭医学を修業して故郷にかえった。江戸に出て芝露月町に居をかまえ、のち木挽町にうつった。天保十三年(一八四二)蘭書翻訳手伝を命ぜられた。安政五年(一八五八)七月将軍徳川家定の危篤に際しては、伊東玄朴・戸塚静海などとともに奥医師にあげられ、治療に専念した。西洋内科医術が江戸城にはいったはじめである。西洋医学所取締をかね、法印に叙せられて渭川院と号した。文久三年(一八六三)三月将軍家茂に従って京都にのぼり、家茂が大坂城で病を得たときも治療に従事した。のち失明し、慶応二年(一八六六)正月致仕し、風香と号して風月を友とした。明治十三年(一八八〇)一月十二日、七十六歳で没した。東京青山の梅窓院(港区南青山二丁目)に葬られた。大正十三年(一九二四)贈正五位。

参考文献　松尾耕三『近世名医伝』二　(深瀬　泰旦)

たけばやしむそうあん　武林無想庵　一八八〇―一九六二　大正・昭和時代の小説家、翻訳家。明治十三年(一八八〇)二月二十三日、父三島常磐、母まさの長男として北海道札幌に生まれる。本名磐雄のち盛一。四歳で武林盛一・かね女の養子となる。十七年上京、養父は麴町区に大きな写真館を開く。三十六年東京帝国大学文科大学英文学科に入学、小山内薫らと同人誌『七人』を創刊。大正二年(一九一三)ドーデの『サフォ』、五年にアルツィバーシェフの『サニン』を翻訳刊行、若きアナキストたちに影響を与えた。九年、ギリシャの懐疑的哲学者ピルロンの名をとった短編『ピルロニストのように』を発表、この間虚無と頽廃のうちに日を送る。同年、中平文子と結婚、渡欧。昭和九年(一九二四)帰国、離婚。十三年波多朝子と結婚、ようやく生活がおちつく。二十四年日本共産党に入党、三十二年自伝的小説『むさうあん物語』第一分冊を刊行(四十五分冊で完結)。三十七年三月二十七日没。八十二歳。

参考文献　無想庵の会編『放浪通信』、同編『むさうあん物語』別冊　(林　淑美)

たけひさゆめじ　竹久夢二　一八八四―一九三四　明治から昭和初期にかけての画家、詩人、装幀家。本名茂次郎。明治十七年(一八八四)九月十六日岡山県邑久郡本庄村(邑久町)に菊蔵・也須能の次男として生まれる。神戸中学校中退後、同三十四年上京し、苦学しながら早稲田実業学校へ通うが『中学世界』への投稿画が入選したのを機に中退。荒畑寒村と親しく、平民社機関紙『直言』に挿絵を描き、一方島村抱月のもとで『東京日々新聞』にコマ絵を描く。同四十二年画集『春の巻』を刊行するころから、最初の妻たまきをモデルとする眼の大きな憂愁にみちた「夢二式美人」が生まれる。大正七年(一九一八)以降、その作詞による「宵待草」が流行する。アール＝ヌーボーなどを摂取し、藤島武二や青木繁の甘美な浪漫画調を受け継ぎ抒情化した清新な感覚の夢二の画は、大衆の心を捉え、多くの人々を魅了した。商業美術の先駆者でもあり、恩地孝四郎らと「どんたく図案社」を企画したが、関東大震災で挫折した。芸術の伴侶であった彦乃やお葉と暮らしたが、漂泊の生涯を送り、昭和六年(一九三一)―八年、欧米諸国を巡遊中に病いを得て帰国。翌九年九月一日長野県の富士見高原療養所で没した。五十一歳。法名竹久亭夢生楽園居士。墓は東京都豊島区の雑司ヶ谷墓地にある。著書に『山へよする』『夢二抒情画選集』などがある。

参考文献　長田幹雄『竹久夢二』、細野正信『竹久夢二』
（細野　正信）

たけひとしんのう　威仁親王　一八六二―一九一三　明治時代の皇族、海軍軍人。幼名稠宮。有栖川宮幟仁親王の第四王子として文久二年（一八六二）正月十三日、京都に出生、母は家女房森氏。のち兄熾仁親王のあとをうけて有栖川宮を継承。明治七年（一八七四）七月海軍兵学寮に入り、同十一年七月海軍兵学校予科卒業のあと英艦に乗り組み、同十三年十二月海軍少尉。英国海軍大学校に留学し、そのあと戦艦艦長や常備艦隊司令官を務め、累進して同三十七年六月大将。大正二年（一九一三）七月七日に元帥、十日（実際は五日）死去。五十二歳。

参考文献　高松宮家編『威仁親王行実』
（野村　実）

たけべこしろう　武部小四郎　一八四六―七七　幕末・明治時代の福岡藩士、士族。もと建部氏。維新後武部と改める。弘化三年（一八四六）七月、勤王の志士建部武彦の一子として筑前国福岡城外通町に生まれる。諱は自成。通称を燕之允・小四郎という。家格は大組、禄高七百石。はじめ修猷館に学んで文武を修め、好んで長剣を帯び、大きな木筒煙管を携えて古武士の風姿があった。明治七年（一八七四）佐賀の乱に、江藤新平に応じて大久保利通要撃を主張したが果たさず。翌年春板垣退助を訪ねて自由民権運動に賛同し、同志と謀って矯志社を組織した。同十年一月、矯志・堅忍・強忍の三社を連合して私学校を設立。十一学舎と称してこれを牛耳る。西南戦争が起ると、越智彦四郎などとともに同志を糾合して大隊長となるが、三月二十八日福岡党の福岡城襲撃は政府軍に察知されて敗退した。五月二日博多に潜伏中を逮捕され、翌三日斬罪に処せられた。三十二歳。箱崎千代松原に墓がある。

参考文献　黒竜会編『西南記伝』下二
（下堂薗純治）

たけべとんご　建部遯吾　一八七一―一九四五　明治から昭和時代前期に活躍した社会学者。明治四年（一八七一）三月二十一日新潟県生まれ。同二十九年東京帝国大学文科大学哲学科卒業。同三十一年ベルリン大学に留学。同三十四年東京帝大の教授となり、三十六年わが国初の社会学研究室を創設、大正十一年（一九二二）に退職するまで教授として社会学講座を担当した。退職後、衆議院議員として政界に進出、昭和十三年（一九三八）貴族院議員。同二十年二月十八日没。七十五歳。社会有機体説と社会進化論を基礎としながら、社会学の百科全書的な体系化をめざし、「社会理学」「社会静学」「社会動学」という三部門による社会の原則の解明を構想した。ヨーロッパの十九世紀における総合社会学とりわけコントの影響をうけ、日本における社会学の体系化を思弁的、総合的な立場において行い、明治時代後期から大正時代初期の学界に勢力をふるった。一方で、政治的、実践的な関心も強く、文明批評的な要素のつよい社会風俗の批評や、政治・教育などに対して独自の社会学論とむすびつけた発言を行なっている。主著に『理論普通社会学』全四巻（明治三十七年―大正七年）、『戦争論』（明治三十九年）、『教政学』（大正十年）、『社交生活と社会整理』（同十五年）がある。
（佐藤　健二）

たけみたろう　武見太郎　一九〇四―八三　昭和時代の医師。明治三十七年（一九〇四）三月七日京都に生まれる。父可質、母初。東京で育ち、昭和五年（一九三〇）に慶応義塾大学医学部を卒業。母校で内科学を専攻。同八年農林省共済会診療所に出張、農村医療の実態を知る。同十二年理化学研究所仁科研究室に転じ、中性子の医学的研究など先駆的分野に従事。同十四年東京銀座に診療所を開設。この間多くの著名人の主治医となる。その一人牧野伸顕の孫英子と結婚、交友の幅を広げた。昭和二十五年日本医師会副会長となり、昭和三十二年から同五十七年までの二十五年間、日本医師会長の座にあり、同会の基盤を強化する数々の施策を実行して、結束を固め、医療行政へ強い発言力を持つに至った。また、「けんか太郎」の異名をとった。医師の生涯教育にも力を注ぎ、国際的には昭和五十年に世界医師会総会を日本ではじめて開催、その会長をつとめた。没後の同五十九年、ハーバード大学保健学部に武見講座が開講され、国際保健の研究者育成に寄与している。同五十八年十二月二十日、東京で死去。七十九歳。杉並区堀ノ内三丁目の妙法寺に葬られる。法名大清院医王顕寿日郎大居士。著書に『実録日本医師会』『武見太郎回想録』ほかがある。

参考文献　「故武見太郎前日本医師会長の経歴と功績」（『日本医師会雑誌』九一ノ三）
（酒井　シヅ）

たけみつとおる　武満徹　一九三〇―九六　昭和・平成時代の作曲家。昭和五年（一九三〇）十月八日、東京市本郷区本郷（文京区）に父威雄・母麗子の子として生まれる。ほぼ独学で作曲を始め、昭和二十五年、清瀬保二、早坂文雄らの「新作曲派協会」に入会してデビュー。同二十六年、同世代の音楽家・画家・詩人らと「実験工房」を結成。以後、ミュージック・コンクレートや図形楽譜による不確定性の音楽を含む前衛的な手法による創作活動を幅広く展開した。四十二年、ニューヨーク・フィルハーモニー創立百二十五周年委嘱作品の琵琶・尺八とオーケストラのための「ノヴェンバー・ステップス」で日本の伝統音楽の固有美に着眼し、国際的成功を収める。四十八年から二十年間現代音楽祭「今日の音楽」を企画・構成し、海外の作曲家や演奏家の紹介につとめたが、この時期から武満の名声は国内以上に海外で高まった。また作風は昭和五十年代の「カトレーン」「鳥は星形の庭に降りる」以降、調性的な要素の回復を背景に、官能的、耽美的な音響の彫琢へ向かい、その美しい響きは「武満トーン」と呼ばれた。代表作には他に出世作の「弦楽のためのレクイエム」「テクスチュアズ」、雅楽「秋庭歌一具」。五十四年度日本芸術院賞、尾高賞、毎日映画コンクール音楽賞、グローマイヤー作曲賞など授賞多数。平成八年(一九九六)二月十日東京で没。六十五歳。著書には『音、沈黙と測りあえるほどに』(平成三年)、『樹の鏡、草原の鏡』(同四年)、『音楽の余白から』(四年)、『夢の引用』(昭和五十九年)、『音楽を呼びさますもの』(平成四年)、『遠い呼び声の彼方へ』(同四年)、『時間の園丁』(八年)等がある。

参考文献　船山隆『武満徹　響きの海へ』

(石田　一志)

たけもとあやのすけ　竹本綾之助　一八七五―一九四二　明治時代に人気を博した女義太夫の太夫。本名石井その。明治八年(一八七五)大阪に生まれる。父は旧松江藩士石山新造、母は鶴沢加津という。同十八年十一歳で上京、初看板。初代竹本綾瀬太夫に入門。美貌と美声に恵まれ、絶大な人気を誇り、明治二十年代東京における女義太夫全盛時代を築く。綾之助出演の寄席の八丁四方が不入りとなるので、八丁荒しの異名をとり、女義太夫贔負の書生たち堂摺連(どうする)の熱狂ぶりとともに、明治女義界の語り草となった。同三十一年石井健太と結婚、引退。四十一年より再勤。昭和十七年(一九四二)一月三十一日、東京浅草区北清島町(台東区東上野)で没。六十八歳。戒名浄照院光誉綾円大姉。浅草の榧寺(台東区蔵前三丁目)に葬る。

参考文献　岡田道一『(明治大正)女義太夫盛観物語』

(内山美樹子)

たけもとおおすみだゆう　竹本大隅太夫　浄瑠璃(義太夫節)の太夫。五代目までのうち三代目が最も著名。

(一)三代　一八五四―一九一三　安政元年(一八五四)生まれる。本名井上重吉。五代目竹本春太夫門弟。初名竹本春子太夫。明治十七年(一八八四)三代目襲名。同時に名人二代目豊沢団平を相三味線に迎え、明治二十三年、文楽座に対立する彦六座の紋下(座頭に相当)。団平の死後、文楽座に走るなど進退を誤ったといわれる行動もあり、明治四十年から再び非文楽系の堀江座・近松座紋下となるが、晩年健康を害し、大正二年(一九一三)七月三十一日、台湾巡業中に没。六十歳。明治期浄瑠璃界を代表する名人。豊沢団平の激烈な稽古、薫陶を受け、悪声ながら、写実に徹するきびしい芸風を確立。『忠臣蔵九段目』『伊賀越岡崎』『鰻谷』など深刻な悲劇を迫真力を以て語る。いわゆる名人気質の非常識な行動と、妥協のない芸の故に、識者から最高の評価を受けながら、逆境に生きた。団平作曲の『壺坂』の初演者。『壺坂』『鰻谷』などレコードが現存。

(二)四代　一八八二―一九五二　明治十五年(一八八二)生まれる。本名永田安太郎。三代目の門弟。昭和二年(一九二七)四代目襲名。昭和二十七年没。

(三)五代　一九〇三―八〇　明治三十六年(一九〇三)生まれる。本名高田峰雄。四代目の門弟。昭和三十五年(一九六〇)五代目襲名。昭和五十五年没。

参考文献　義太夫年表編纂会編『義太夫年表』明治篇、文楽協会編『義太夫年表』大正篇、高木浩志編『文楽興行記録』昭和篇、杉山其日庵『浄瑠璃素人講釈』

(内山美樹子)

たけもとせっつのだいじょう　竹本摂津大掾　一八三六―一九一七　浄瑠璃(義太夫節)の太夫。天保七年(一八三六)二月十五日大坂に生まれる。本名二見亀次郎、のちに金助。五代目竹本春太夫門弟。もと三味線弾きとして三代目野沢吉兵衛に入門、吉兵衛に美声を着目され、二十二歳で春太夫に入門。竹本南部太夫、二代目竹本越路太夫と名乗り、吉兵衛の三味線で江戸などを巡業。吉兵衛没後、文久三年(一八六三)帰坂。明治初めごろから人気が一層高まり、文楽座で重用され、明治十年(一八七七)には名人二代目豊沢団平を相三味線に迎え(十七年まで)、明治十六年、四十八歳で文楽座紋下就任。三十六年一月六世春太夫襲名。同年五月摂津大掾受領。大正二年(一九一三)四月『楠昔噺』徳太夫住家を最後に引退。六年十月九日没。八十二歳。美声と良識を具えた行動により、明治期人形浄瑠璃界に君臨。優美で気品ある芸風で、『十種香』『先代萩』『妹背山御殿』『中将姫』『七段目おかる』など、四段目物、つやものを得意とする。弟子で悪声、不遇の名人三代目竹本大隅太夫と対照的存在。

参考文献　水谷不倒『竹本摂津大掾』(『水谷不倒著作集』八)、義太夫年表編纂会編『義太夫年表』明治篇、文楽協会編『義太夫年表』大正篇、杉山其日庵『浄瑠璃素人講釈』

(内山美樹子)

たけもとながとだゆう　竹本長門太夫　一八一四―九〇　浄瑠璃(義太夫節)の太夫。長登太夫とも。四代。文化十一年(一八一四)大阪に生まれる。通称樋口吉兵衛。幕末の名人三代目長門太夫の門弟。登茂太夫、四代実太夫を経て明治十六年(一八八三)に四代目襲名。太夫としての技量は劣るが、大著『増補浄瑠璃大系図』の編纂によって浄瑠璃史に足跡を残す。明治十一―十六年、文楽座紋下。同二十三年一月二十二日没。七十七歳。

参考文献　義太夫年表近世篇刊行会編『義太夫年表』近世篇、義太夫年表編纂会編『義太夫年表』明治編、国立劇場芸能調査室編『増補浄瑠璃大系図』、木谷蓮吟『浄瑠璃研究書』

(内山美樹子)

たけやまかんしち　武山勘七　幕末・維新期の名古屋の富商。名古屋城下万屋町に居住し、木綿問屋を営む。屋号を美濃屋といい、おおむね勘七を名乗る。文化年間(一八〇四―一八)ごろより繁栄し、名古屋藩に多額の調達金を上納。天保十一年(一八四〇)の長者番付には西前頭筆頭に位置づけられた。当時のなぞなぞに、「美濃勘とかけて、銀札の色と解く、心はかさ計り」とみえる。同十三年正金融通世話役を拝命。幕末に至り、三家衆、除地衆に続く名古屋商人第三の家格たる十人衆に加えられ、御目見、七人扶持の殊遇を受く。文化以降延米会所の運営に従い、支配人をも務む。維新ごろの当主勘七は安政元年(一八五四)二月二日誕生、名古屋米穀取引所理事、名古屋紡績創立に参画、第一回市会議員選挙にも当選し

た。明治四十年(一九〇七)八月二十四日死去。五十四歳。

参考文献　『金鱗九十九之塵』(『名古屋叢書』七)、『延米商濫觴記並歴年記』(同一一)、『名古屋市史』政治編二・産業編、『大正昭和名古屋市史』、林董一『名古屋商人史』、同『近世名古屋商人の研究』、『株式会社名古屋米穀取引所史』

(林　董一)

たけやまみちお　竹山道雄　一九〇三―八四　昭和時代の評論家、独文学者、作家。明治三十六年(一九〇三)七月十七日、大阪市東区に生まれた。父は銀行勤務の竹山純平、母は逸。幼時は京城(ソウル)で送り、のち東京に移り、東京府立四中・一高を経て、大正十五年(一九二六)に東京帝国大学独文科卒業。ただちに一高講師となり、ヨーロッパ留学後教授に昇進、第二次世界大戦後の昭和二十六年(一九五一)に退官して、以後はおもに著述に従事した。戦前は、研究と翻訳に功績があったが、戦後に書いた児童文学の傑作『ビルマの竪琴』(同二十二―二十三年)によって、広く名を知られるに至った。一方、旺盛な評論活動を展開し、流行の左翼思想の公式的見解に抵抗しつつ、純粋なヒューマニズムの立場から、左右の全体主義を批判した。評論集『憑かれた人々』(二十四年)、『昭和の精神史』(三十一年)がその代表的なものである。また、『古都遍歴―奈良』(二十九年)、『ヨーロッパの旅』(三十二年)などの紀行文も見逃しがたい。昭和五十九年六月十五日死去。八十歳。『竹山道雄著作集』全八巻がある。

参考文献　高見順「竹山道雄について」(『新選現代日本文学全集』三四所収)、高橋英夫「竹山道雄―理性のスケープゴート―」(『中央公論』八五ノ五)

(磯貝　英夫)

たけやゆうし　武谷祐之　一八二〇―九四　幕末・明治時代の蘭方医。字は元吉。椋亭、澧蘭、鷗洲、三余学人と号した。筑前蘭方の二名家の一人武谷元立の長男として、文政三年(一八二〇)四月二日に筑前国鞍手郡高野村(福岡県鞍手郡若宮町)に生まれた。天保七年(一八三六)から豊後日田の広瀬淡窓に学び、のちに代講役にすすみ、同十四年大坂の適塾に入門し、四年間にわたって蘭学を修めた。弘化三年(一八四六)種痘書を翻訳した『接痘瑣言』を刊行した。嘉永元年(一八四八)帰国、翌年モーニッケがもたらした痘苗を入手して、藩内において牛痘接種を行なった。福岡藩主黒田長溥に登用され、慶応三年(一八六七)城下土手町に藩医学校(のちの九州大学医学部)を設立し、みずから督学として采配をふるった。明治二十七年(一八九四)二月一日没。年七十五。贈従五位。

参考文献　武谷水城『贈従五位武谷祐之小伝』

(深瀬　泰旦)

たごいちみん　田子一民　一八八一―一九六三　大正・昭和時代の内務官僚、政治家。明治十四年(一八八一)十一月十四日、旧南部藩士田子勘治・カネの次男として岩手県盛岡に生まれる。盛岡中学校・第二高等学校(仙台)を経て、同四十一年東京帝国大学法科大学政治学科卒業。ただちに内務省に入り、地方官を経て警保局警務課長・地方局市町村課長・同救護課長・同社会課長などを歴任し、大正十一年(一九二二)内務省社会局長となった。この間、大正七―八年欧米各国を視察して労働問題・社会事業・救済事業などの研究にあたり、帰国後、第一次世界大戦後の社会問題に対処して、社会福祉行政の推進にあたり、第二次世界大戦後のその本格的発展の基礎を築いた。大正十二年三重県知事となったが、翌十三年退官して政友本党に入り、岩手県第一区(盛岡市)から第十五回衆議院議員総選挙に出馬、落選した。しかし、昭和三年(一九二八)の第十六回総選挙(最初の普通選挙)で当選、以来、敗戦後の第二十二―二十四回を除いて、同三十年(第二十七回)まで最高点で当選した。政友本党解党後は立憲政友会に所属し、同十四年その分裂に際しては中島派に属した。十四―十六年(第七十五―七十八議会)衆議院副議長、十六―十七年、第七十九議会で議長をつとめた。敗戦後の二十二年公職追放となったが、二十五年追放を解除され、自由党(のち自由民主党)に入党、二十八年第四次吉田内閣の農林大臣に就任し、また同年衆議院議員に返り咲いた。この間、中央社会福祉協議会(のち全国社会福祉協議会)の設立に尽力し、会長をつとめた。三十三年第二十八回総選挙で落選し、政界の第一線から引退した。三十八年八月十五日、東京都目黒区の自宅で死去。八十一歳。社会局長時代に著わした『社会事業』(『田子一民・山崎巌集』所収)をはじめ、『青年公民読本』『改造の欧米より』『新時代の婦人』『現代の青年生活』『嵐に直面する政党』など社会問題・社会事業の関係を中心に多数の著書がある。

参考文献　田子一民編纂会編『田子一民』、佐藤進『田子一民・山崎巌集』解説(『社会福祉古典叢書』五)

(鳥海　靖)

だざいおさむ　太宰治　一九〇九―四八　昭和時代の小説家。本名津島修治。明治四十二年(一九〇九)六月十九日、青森県北津軽郡金木村に生まれる。父源右衛門、母タ子。青森中学・弘前高校を経て東京帝国大学仏文科中退。明治の新興地主として貴族院多額納税議員の資格を持つに至った家に生まれ、昭和初期のマルクシズムの隆盛に衝撃を受け、非合法運動にかかわり分家除籍される。この直後の昭和五年(一九三〇)十一月二十八日、神奈川県鎌倉郡腰越津村小動崎の海岸で服毒心中を図り女だけ死亡する。早くから文学に志し、昭和五年の上京後は井伏鱒二に師事していたが、同七年七月青森警察署に出頭して左翼との縁を絶ち、本格的な創作活動に入る。同十年第一回芥川賞の候補となって文壇に認められる。この直前からパビナール中毒になっており、翌年その治療のため東京市板橋区茂呂町(小茂根)の精神病院、東京武蔵野病院に一ヵ月入院する。『魚服記』『思ひ出』『道化の華』などを含む第一創作集『晩年』は、自我解体期の自意識の表現を求めて、さまざまな方法を試みた点で注目される。同十五年『女生徒』により北村透谷賞副賞を受賞。戦争中多くの作家が体制に順応したり筆を折ったりした中で、純粋に文学を守って、古典その他に材を得た作品など多作であった。『津軽』『お伽草紙』などがこの時期の佳作。第二次世界大戦敗戦後は、既成倫理に反抗して無頼派などと呼ばれ、時流にもてはやされた。『斜陽』は没落貴族を描いて、「斜陽族」という流行語を生んだ。『人間失格』を完成後、『グッド・バイ』執筆中の昭和二十三年六月十三日深更から翌日未明の間に、戦争未亡人山崎富栄とともに東京都北多摩郡三鷹町内の玉川上水に投身して生涯を閉じた。四十歳であった。墓は東京都三鷹市禅林寺にあり、誕生日でもあり、遺体の発見された日でもある六月十九日に、毎年桜桃忌が行われる。法名は文綵院大猷治通居士。『太宰治全集』全十二巻がある。

参考文献　奥野健男『太宰治論』、相馬正一『評伝太宰治』　（鳥居　邦朗）

たざきそううん　田崎草雲　一八一五—九八　幕末・明治時代の文人画家。名は芸。のち芸を上下に分けて字を草雲とした。幼名は瑞白、恒太郎。号は梅渓・白石山房・硯田農夫・七里香草堂・蓮岱山房など。文化十二年（一八一五）十月十五日江戸の足利藩邸に田崎恒蔵・ます子の長男として生まれる。文人画家金井烏洲、四条派の加藤梅翁に学ぶ。家督をつがず脱藩遊歴し、苦しい生活にも絵筆を捨てず春木南溟に学ぶ。谷文晁・渡辺崋山の画風を慕い、惲南田・沈南蘋・徐熙の没骨法をとり入れ花鳥画家として出発した。勤王の志士とも交わり、足利に練武館をおこし、誠心隊を組織し、藩のために尽くした。維新後は足利で画業に専念し、大和絵や琳派をとり入れた独自の画風を形成した。内国絵画共進会・シカゴ万国博覧会で受賞する。帝室技芸員。門人に小室翠雲がある。明治三十一年（一八九八）九月一日没。八十四歳。墓は栃木県足利市西宮町の長林寺にある。法名幽玄院画仙草雲居士。

参考文献　荒川敏雄『画聖田崎草雲』　（細野　正信）

たざわよしはる　田沢義鋪　一八八五—一九四四　明治時代後期から昭和時代前期にかけての青年団運動の指導者。明治十八年（一八八五）七月二十日佐賀県藤津郡鹿島村に、父義陳、母みすの長男として生まれる。佐賀中学鹿島分校・第五高等学校を経て東京帝国大学法科大学に入学。卒業後の同四十二年内務省に入り、翌四十三年静岡県安倍郡長に任ぜられ、そこで青年宿泊講習会に力を入れるなど青年団の育成につとめた。大正四年（一九一五）東京に赴任、明治神宮造営局総務課長となり、同八年には神宮造営に青年団員の勤労奉仕を提案、前任地安倍郡青年団の試験的実施に成功をおさめ、これを全国の青年団に及ぼした。同十年財団法人日本青年館の設立に参画、理事。同十四年には大日本連合青年団の発団を指導、翌年常任理事に就任。以後青年団運動の中心的指導者として活動し、昭和九年（一九三四）には日本青年館理事長・大日本連合青年団理事長に就任している（同十一年辞任）。一方、大正九年には、修養団運動を通じて知り合った渋沢栄一の懇請に応えて協調会に入り、常務理事に就任（同十二年辞任）。同十一年には第四回国際労働会議に労働代表として出席している。田沢は関東大震災のころから政治教育の必要を感じ、翌大正十三年には政治教育の雑誌『新政』を発行するなど啓蒙活動を開始した。また、十四年には後藤文夫・丸山鶴吉らと中立政党樹立をめざして新日本同盟を結成、昭和二年には第一回普通選挙の実施をひかえて選挙粛正同盟会を創立し、理想選挙を標榜して選挙粛正運動に乗り出した。民間のこの運動は同十年岡田内閣期に推進された官民総動員の選挙粛正運動の先駆となった。田沢みずからも十年結成の選挙粛正中央連盟の常任理事に就任している。この運動の一翼をになった壮年団期成同盟会もまた田沢が中心になって組織した団体である。田沢は戦時中も地域指導者の育成に携わったが、昭和十九年三月、四国善通寺で講演中脳出血で倒れ、十一月二十四日同地で死去。六十歳。

参考文献　後藤文夫編『田沢義鋪選集』、下村湖人『この人を見よ』（『下村湖人全集』九）　（北河　賢三）

たじまなおゆき　田島直之　一八二〇—八八　江戸時代後期から明治時代にかけての林業家。文政三年（一八二〇）岩国藩士田島直澄の長男として周防国玖珂郡錦見村（山口県岩国市）で生まれる。通称与次左衛門、愛林と号す。弘化四年（一八四七）玖珂郡田尻山建山総締となり、植林と柴草採取に工夫を加えて成果をあげ、林産通として頭角を現わした。以後養蚕を奨励するなど、産業振興に力を注ぎ、元治元年（一八六四）紙倉頭人となった。同年の幕長戦争では隊長として奮戦した。戦後藩命によって豊後国木浦山で鉱山業を学び、帰藩ののち領内各地で鉱山を開発した。廃藩置県後の明治六年（一八七三）に山口県鉄道寮枕木と軍事用材の管理にあたった。同十五年林業振興の功績によって東京山林共進会の賞を得た。著書に『山林助農説』『稲田増穫説』などがある。明治二十一年十一月没。六十九歳。

参考文献　『岩国市史』下　（小川　国治）

たじりいなじろう　田尻稲次郎　一八五〇—一九二三　明治・大正時代の財務官僚、財政学者。幼名三次郎、諱は種香。嘉永三年（一八五〇）六月二十九日薩摩藩京都留守居役田尻次兵衛の三男として出生。六歳で父を亡くし帰郷、薩摩藩開成所英語科を振出しに、明治元年（一八六九）慶応義塾へ入門、転じて開成所・海軍操練所・大学南校に学ぶ。同四年二十二歳の時、藩の貢進生として米国に官費留学。ニューブルンスウィック大学予備校・ハートフォード高等学校を経てエール大学の本科、ついで研究科に進み、財政経済を専攻しバチュラー＝オブ＝アーツの学位を得た。この間、文部省が公費留学生の召還を決め学費が絶えたが、高等学校長ら米国篤志家の援助を受け、滞米九年、十二年八月帰国した。翌年一月、福沢諭吉の推挙で大蔵省へ入省、大隈重信・松方正義両卿に重用され、大隈夫人の姪を娶る。国債・銀行・主税各局長を歴任後、二十五年八月大蔵次官に就任、三十一年七月隈板内閣成立を期し退官したが、十一月、松方蔵相就任により再び次官となり、三十三年五月大蔵省総務長官(次官を組織変更)、三十四年六月会計検査院長に転じるまで、大臣を補佐し、近代的財政金融制度創設、幣制確立、日清戦時・戦後財政の処理にあたり、大蔵官僚の指導者の役割を果たした。二十四年十二月、貴族院議員に勅選されたが、会計検査院長就任と同時に議員を辞し、大正七年(一九一八)二月院長辞任により再度議員となる。同年四月から九年十一月まで東京市長。一面彼は公務の傍ら大学などで財政経済を講義、後進育成に尽力した。専修学校創立に加わり終世教鞭をとったほか、兼任帝国大学法科大学教授・同講師、東京高等学校講師を長年つとめ、家塾も設けている。明治二十一年五月法学博士となり、『経済大意』『財政と金融』など著書多数。なお、日清戦争後男爵、日露戦争後子爵を授与されたが、暮しぶりは清廉・公平・節倹を旨とし、夏冬各一着の背広を着通し、あだ名の「キタナリ先生」をみずからもじって「北雷」と号した。大正十二年八月十五日、東京府荏原郡馬込村の自宅で死去。七十四歳。墓は文京区大塚の護国寺にある。

参考文献　田尻先生伝記及遺稿編纂会編『北雷田尻先生伝』

(大森とく子)

たしろえいすけ　田代栄助　一八三四—八五　秩父事件の困民軍総理。天保五年(一八三四)八月十四日生まれる。武蔵国秩父郡大宮郷字熊木(埼玉県秩父市)の出身。江戸時代には名主を勤めた旧家であるが、栄助は農耕養蚕にあたり、困窮者の救助のため代言人まがいの調停もし、みずから付籍者を抱え、任侠をもって任じた。その人物像はむしろ旧派の親分に近く、政治性は稀薄であった。自由党に加盟しようとして当時秩父の幹事だった青年村上泰治を訪問し、加入証は書いたが、自由党との関係はなかった。明治十七年(一八八四)には質屋地所書入を行い借金をしている。同年九月、吉田方面で結成された困民党に請われて幹部となり、十月には軍資金計画として強盗を行い、終始重要会議には出席し、十一月一日蜂起の日には総理に推された。当初から合法主義の傾向が強く、三日になるとその指揮は積極性を欠き、四日午後、皆野にある本陣を井上伝蔵と離脱し、九日山中を出て農家で捕えられ、翌十八年二月死刑の判決を受け、五月十七日、熊谷において処刑された。五十二歳。

(井上　幸治)

たぞえてつじ　田添鉄二　一八七五—一九〇八　明治時代の社会主義思想家。明治八年(一八七五)七月二十四日、熊本県飽田郡美登里村(飽託郡天明町)に田添太郎彦・シカの長男として生まれ、熊本英学校に学び、同二十五年にメソジスト教会で受洗、その後長崎の鎮西学院を経て、明治三十一年から三十三年にかけシカゴ大学で神学と社会学を学ぶ。帰国後、『長崎絵入新聞』『鎮西日報』の主筆を歴任し、三十七年三月上京して社会主義運動に参加、同年十月、シカゴ大学時代から想を練っていた『経済進化論』を『平民文庫』の一冊として出版。日露戦争後、キリスト教社会主義の雑誌『新紀元』に「世界平和の進化」を連載し、二十世紀に入った帝国主義の特徴を析出し、それに規定された戦争・平和・革命論を展開した。三十九年二月に結成された日本社会党の評議員となり、翌年二月の第二回大会では、議会活動否定の幸徳秋水の直接行動論に対して議会政策の重要性を説いて大論争を展開した。社会党結社禁止後の直接行動派と議会政策派の分裂のなかでは、片山潜・西川光二郎と後者に属して同年六月『社会新聞』を発行し、社会主義同志会を組織して多面的論陣をはったが、同派内で片山と西川が対立・分裂すると片山を支持した。しかし、このころ肺病が悪化し、四十一年三月十九日、東京で没した。三十四歳。主な著作に前記のほか『近世社会主義史』がある。

参考文献　岡本宏『田添鉄二』(『岩波新書』青七七八)

(岡本　宏)

ただかなえ　多田鼎　一八七五—一九三七　明治から昭和時代前期にかけての真宗大谷派学僧。明治八年(一八七五)十月三日愛知県宝飯郡五井村(蒲郡市)に生まれる。三河教校・第一高等学校・真宗中学寮に学び、同三十三年七月真宗大学研究院を卒業。真宗大学在学中より信仰問題に苦しむ多田は、政治問題にひかれ外交官を志す暁烏敏、一乗教の研究に傾倒する佐々木月樵らとともに、東京在住の清沢満之のもとに赴いた。このことが契機となって、東京本郷の森川町に浩々洞を開き、同人誌『精神界』を刊行。創刊号に清沢満之の「信仰は力なり」という講話の筆記を掲載し、精神主義運動が展開された。同三十四年清沢満之が真宗大学学監に就任するや、曾我量深・佐々木とともに教授となるも、間もなく辞職する。同三十七年五月に千葉教院を開く。大正十三年(一九二四)大谷派伝導院初代院長となる。昭和十二年(一九三七)十二月七日自坊常円寺に没す。六十三歳。法名慶悟、諡信斯院。同十六年講師を追贈される。著作『正信偈本義』など多数。

参考文献　安藤州一「浩々洞の懐旧」(『現代仏教』一〇五)

(池田　英俊)

ただはやお　多田駿　一八八二—一九四八　大正・昭和時代前期の陸軍軍人。明治十五年(一八八二)二月二十四日生まれ。宮城県出身。妻は陸軍大佐河本大作の妹。陸軍士官学校第十五期生(砲兵科)。大正二年(一九一三)陸軍大学校卒業後、参謀本部部員・陸軍大学校教官・野砲兵学校教官を経て、同十五年、中国政府の招聘教官となり北京で勤務。昭和三年(一九二八)から野砲兵第四連隊長・第十六師団参謀長を歴任。同七年、満洲国軍政部最高顧問に就任、ついで陸軍少将に進級。満洲国軍の整備育成につとめ、国内の治安警備が担当できるよう指導した。同九年、野戦重砲兵第四旅団長、翌年八月、支那駐屯軍司令官となった。着任直後の九月、日中親善について日本人記者団に語った談話のなかに、不用意な発言があり、それを中国側に、日本の本格的な華北五省の自治推進声明(いわゆる多田声明)と受けとられ、問題化し、日本政府の釈明をもたらした。同十一年、中将に進級し、第十一師団長。翌年八月参謀次長となり、日中戦争の不拡大、早期解決に努力した。しかし熱心に推進したトラウトマン和平工作は政府と意見が衝突して挫折し、汪兆銘工作も期待どおり進まず、一方、戦線は中国全土に拡大し、また東条英機陸軍次官とも対立した。十三年十二月、第三軍司令官に転出し対ソ作戦を準備、ついで十四年九月、北支那方面軍司令官となり、華北・内蒙古の治安向上を図った。十六年七月、軍事参議官・陸軍大将。九月予備役。二十三年十二月十八日没。六十七歳。

参考文献 日本近代史料研究会編『日本陸海軍の制度・組織・人事』、額田坦『陸軍省人事局長の回想』(『昭和軍事史叢書』)

(森松 俊夫)

たちさくたろう 立作太郎 一八七四―一九四三 明治から昭和時代前期にかけての外交史学者、国際法学者。明治七年(一八七四)三月十五日、徳川家の家臣立嘉度の子として東京に生まれ、伯父嘉一と久の養子となった。同三十年東京帝国大学法科大学政治学科を卒業、ただちに大学院に進み国際公法を専攻した。同三十三年先任の国際法教授がいた関係もあり、外交史研究のためヨーロッパに留学した。帰国後三十九年には母校で外交史の講座を担任、四十年からは国際法の講座も兼担した。外務省の非常勤嘱託もつとめ、パリ講和会議・ワシントン会議など多くの国際会議にも専門家として参加した。著書論文も多く、国際法では『ホール氏国際法』(翻訳)、『平時国際法論』、『戦時国際法論』、『時局国際法論』、『現実国際法諸問題』、『支那事変国際法論』、外交史関係で『立博士外交史論文集』などがある。昭和十八年(一九四三)五月十三日没。七十歳。

参考文献 一又正雄『日本の国際法学を築いた人々』(『国際問題新書』三七)

(大畑 篤四郎)

たちばなあけみ 橘曙覧 一八一二―六八 江戸時代後期の歌人。越前国福井の人。文化九年(一八一二)生まれる。本姓は正玄、父は五郎右衛門、母は山本氏。先祖は井出左大臣橘諸兄であるので、橘と改姓。没後に嗣子は井手と称した。名は尚事、橘に因んで曙覧(朱実)と改名した。家業筆墨商を弟に譲って和歌・国学に志し、弘化元年(一八四四)に飛驒国高山の田中大秀に師事した。安政の大獄で藩主松平春岳が責を蒙ると、『万葉集』のうちの慷慨歌を献上した。文久元年(一八六一)に伊勢・大和・大坂・京都に遊んで中島広足・大田垣蓮月・与謝野礼厳らと交わった。元治二年(慶応元、一八六五)二月に春岳が曙覧を訪れ、志濃夫廼舎の号を与えて出仕を需めたが辞退し、清貧の一生に甘んじた。国学の国粋思想を信奉し、歌風は万葉調であるが「凡人の耳にはいらじ天地のこころを妙に洩らすわがうた」として自由な感情を吐露した。家集に『志濃夫廼舎歌集』『藁屋詠草』などがあり、また、全集に井手今滋編『橘曙覧全集』がある。明治元年(一八六八)八月二十八日没。五十七歳。福井城西(福井市田ノ谷町)大安寺の万松山に葬られた。法名白雲嶺上埋剣居士。

参考文献 辻森秀英『橘曙覧』(『和歌文学講座』八)、同『橘曙覧歌集評釈』、大川茂雄・南茂樹編『国学者伝記集成』二

(兼清 正徳)

たちばなこうさい 橘耕斎 一八二〇―八五 幕末・明治時代前期、日・露間に活躍した人。文政三年(一八二〇)生まれる。もと掛川藩士であったが、職務上の過失から脱藩して僧職に入り、のち、還俗して無頼の徒となり、伊豆国君沢郡戸田村(静岡県田方郡戸田村)の蓮華寺に寄寓した。安政元年(一八五四)乗艦を失ったロシア使節プチャーチンが代船を建造するため戸田村に滞在中、中国語通訳官ゴシケビチと知り合い、日本を脱出して露都ペテルブルグに至った。一八五七年ゴシケビチと共編の和露辞典『和魯通言比考』を上梓した。翌五八年洗礼を受けてウラジミール＝ヨシフォビチ＝ヤマトフ(大和夫)と称した。ロシア婦人と結婚し、二男の父となり、ロシア外務省アジア局通訳官を勤め、一八七〇年からはペテルブルグ大学東洋語学部で日本語を教授して、年俸約五〇〇ルーブルを得た。明治七年(一八七四)帰国し、増田甲斎と改名して再び仏門に帰依した。同十八年五月三十一日、年六十六で没。東京市芝区白金丹波町の源昌寺に葬られる。法名は全生院明道義白居士。

参考文献 山内作左衛門『信恭魯国行用書抜薬』、内藤遂『遣露伝習生始末』、吉田武三『北方の空白』、中村喜和「橘耕斎伝」(『一橋論叢』六三ノ四)、西村庚「『和魯通言比考』と橘耕斎」(『ソ連研究』九)、江崎惇「橘耕斎のこと」(『静岡春秋』昭和三十七年九月号)

(高野 明)

たちばなこうざぶろう 橘孝三郎 一八九三―一九七四 昭和期の農本ファシズムの指導者。明治二十六年(一八九三)三月十八日水戸市上町馬口労町で誕生。父市五郎・母もんの三男。四十五年七月水戸中学卒業。大正元年(一九一二)九月一高文乙入学。しかし一高生の抱く功利主義・立身出世主義に反発、自分の住むべきは自覚した百姓生活にありとの認識に到達。四年二月中退、十二月茨城県東茨城郡常磐村(水戸市新原)で三町歩の農場経営を開始。その後、実兄・実妹・義弟らの参加により九年一月ごろには兄弟村農場の称を得る。昭和二年(一九二七)十一月から講演活動に乗り出し、四年十一月二十三日大地主義・兄弟主義・勤労主義を三大原則とする愛郷会を創立、『愛郷』を刊行。六年一月『愛郷』を『農村研究』に改めるが、三月右翼革命運動への参与を決意、四月十五日自営的勤労学校愛郷塾を開く。この間、井上日召と同志となり、海軍青年将校と交流、八月二十六日郷詩社に参加す

る。十一月三日日本村治派同盟創立総会に出席、執行委員となるが、真の農本主義を標榜して脱退、農村聯盟の結成を企て、七年二月『農本聯盟』を創刊、三月二日第一回全国協議会を開くも三派に分裂。最過激派に属した橘は三月二十六日以降海軍青年将校とクーデタ計画を練り、五月十二日渡満、十五日奉天着。この日決行された未遂のクーデタが五・一五事件であるが、愛郷塾生らによる農民決死隊七名は東京府下の六変電所を襲撃。指名手配された橘は七月二十四日ハルピン憲兵隊に自首、殺人・同未遂などの罪で起訴され、九年二月三日無期懲役の判決を受け、下獄。十五年十一月減刑により出獄、愛郷会の再興をはかる。第二次世界大戦敗戦後二十九年四月に大川周明らと救国国民総連合を結成するが、内部分裂に嫌気して離れ、著述に専念。著書に『農村学前篇』『土の日本』など。昭和四十九年三月三十日没。八十一歳。

参考文献 木下半治『日本国家主義運動史』(『福村叢書』)、松沢哲成『橘孝三郎—日本ファシズム原始回帰論派—』

(岩本 由輝)

たちばなしらき 橘樸 一八八一—一九四五 太平洋戦争前の日本で特異な位置を占めた中国問題のジャーナリスト兼中国研究者。江南・朴庵・右近の筆名を用いた。明治十四年(一八八一)十月十四日大分県臼杵町(臼杵市)に生まれ、各地の中学校を転々としたのち、同三十四年に第五高等学校に入学したが、一年で退学し、東京に出て独学した。同三十八年札幌の『北海タイムス』に入社、翌年大連に渡って『遼東新報』の記者となり、大正二年(一九一三)北京に移住して『日華公論』の主筆、同七年から十二年まで『京津日日新聞』の主筆、『済南日報』の主幹を務めた。同年旅順に転居して、『月刊支那研究』を創刊したほか、『満蒙』『満鉄調査時報』『新天地』などの雑誌上で、国民革命の始まった中国について盛んな評論活動を展開した。同十四年から満鉄嘱託、昭和六年(一九三一)には『満洲評論』を創刊し、同二十年の廃刊までその中軸として影響力を振るった。同六年の満洲事変勃発直後、中国国民革命に期待するそれまでの立場を放棄、関東軍の行動を支持する有名な「方向転換」を行なった。「王道国家」論を唱えて満洲国建国のイデオローグともいわれたが、農村自治を重視する橘の主張は関東軍の方針と完全に一致するものではなかった。その後の日中関係の展開にも一定の批判を持ち、中国問題の解決策として「東洋的共同体理論」を日本の論壇に開陳した。敗戦の年十月二十五日に奉天で死去。六十五歳。橘の中国理解は、民間信仰としての道教の研究から入ったことに示されるように、当時としてもユニークで、これに農村社会に関する社会学的関心、マルクス主義的方法論などを加味した彼の総合的な中国社会研究は先進的ですらあった。また、そうした中国社会論を踏まえた彼の中国政治論は、眼前の現象については的確な理解を提供した。しかし、まさにそれ故に中国の大きな歴史的変化の長期的展望において誤り、現実政治に関与して根底的な批判をなしえず、中途半端に終ったということができる。主著に『支那社会研究』『支那思想研究』(ともに昭和十一年)があり、ほとんどの著述が死後『橘樸著作集』全三巻(同四十一年)にまとめられた。

参考文献 山本秀夫『橘樸』(『中公叢書』)

(平野健一郎)

たちばなともはる 立花寛治 一八五七—一九二九 明治時代の農事指導者。安政四年(一八五七)九月柳川藩主立花鑑寛の次男として生まれる。明治六年(一八七三)兄鑑良の死により家督をつぐ。学習院を経て津田仙設立の学農社農学校に学び、卒業後三田育種場に勤めた。同十九年福岡県山門郡川辺村に私立農事試験場を開設、米・麦の品種改良や果樹・桑・茶などの栽植につとめ、種苗交換会を通じ、農事の発展に貢献した。昭和四年(一九二九)二月五日没。七十三歳。

参考文献 伝田功『近代日本経済思想の研究』

(伝田 功)

たちはらみちぞう 立原道造 一九一四—三九 昭和時代前期の詩人。大正三年(一九一四)七月三十日、父貞次郎、母とめの次男(長男は道造誕生前に夭逝)として東京市に生まれた。府立第三中学校、第一高等学校を経て東京帝国大学工学部建築学科に入学。昭和十二年(一九三七)大学を卒業して石本建築事務所に勤務したが、十三年七月、健康不調のため一ヵ月の休養を申し出、そのまま出社することはなかった。三中時代から短歌を作り、一高時代には前田夕暮の『詩歌』に自由律短歌を発表して注目されたが、三好達治の四行詩に共鳴して詩に転じ、堀辰雄・室生犀星・リルケに傾倒した。昭和九年、堀・三好・丸山薫の編集により創刊された『四季』に参加し同人となった。詩集に『萱草に寄す』『暁と夕の詩』(ともに昭和十二年刊)がある。昭和十四年三月二十九日、結核のため死去。享年二十六。墓は東京都台東区谷中の多宝院にある。法名は温恭院紫雲道範清信士。没後、第一回中原中也賞を受賞。『立原道造全集』全六巻がある。

参考文献 田中清光『立原道造の生涯と作品』、中村真一郎編『立原道造研究』、小川和佑『立原道造研究』、宇佐美斉『立原道造』(『近代日本詩人選』一七)

(飛高 隆夫)

たちやまみねえもん 太刀山峰右衛門 一八七七—一九四一 明治・大正時代に超豪ぶりを謳われた横綱力士。本名老本弥次郎。明治十年(一八七七)八月十五日石川県婦負郡呉羽村(富山市呉羽町吉作)に生まれる。友綱部屋に入門のとき、板垣退助ら政界の大物まで勧誘に動くという大騒ぎがあり、同三十三年幕下付出しで初土俵。四十二年大関、四十四年横綱となる。一八八センチ、一四二キロ、力あくまで強く、特にその突張りの威力は、「太刀山は四十五日(ひと突き半の洒落)で今日も勝ち」と川柳に詠まれたほど。黒星一つをはさんで五十六連勝と四十三連勝があり、優勝は十一回。不知火型の土俵入りで知られる。引退して年寄東関となるが間もなく廃業。市井人として昭和十六年(一九四一)四月三日没。六十五歳。墓は富山市呉羽町の吉祥寺にある。

参考文献 酒井忠正『日本相撲史』中
(小島 貞二)

たつけまさじろう 田附政次郎 一八六三―一九三三 明治・大正時代の綿糸布商。文久三年(一八六三)十二月十五日、近江国神崎郡五峰村(滋賀県神崎郡能登川町)に田附甚五郎の長男として生まれ、明治九年(一八七六)から叔父伊藤忠兵衛の紅忠店で丁稚奉公をしたのち、家業の呉服・太物・麻布の持下りに従事し、二十二年大阪市東区安土町で綿布商として独立した。三十五年本町に店舗を新築し田附糸店と称し、大正十年(一九二一)田附商店を株式組織とした。大和紡績・江商などの設立に加わる一方、大阪三品取引所で豪快な相場を張り「田附将軍」と呼ばれた。山陽紡績・日東捺染・湖東紡績・和泉紡績社長、大日本綿糸布商連合会初代委員長などを勤めた。昭和八年(一九三三)四月二十六日、七十一歳で没した。

参考文献 伊藤悌造編『田附政次郎伝』、同編『綿業機界放言集』
(高村 直助)

たつのきんご 辰野金吾 一八五四―一九一九 明治・大正時代の建築家。安政元年(一八五四)八月二十二日、肥前唐津藩士姫松倉右衛門を父、おまつを母として唐津に生まれる。幼時、江戸の唐津藩邸に住む叔父辰野宗安の養嗣子となる。明治十二年(一八七九)十一月工部大学校造家学科を卒業、翌年二月から同十六年五月まで、ロンドンのウィリアム＝バージェスの建築事務所、ロイアル＝アカデミー＝オブ＝アーツなどで建築設計を学んだ。帰国後ただちに工部省営繕局に勤務したが、同十七年十二月コンドルの後を襲って工部大学校教授となった。しかし同十八年末工部省が廃省となる前にひそかに考えるところがあって官を辞した。十九年四月、帝国大学創設とともに再び工科大学教授に推され、同三十五年末まで建築設計を教えるとともに大学における建築教育の基礎を築いた。三十六年以後はもっぱら民間の建築家として活動し、同年葛西万司とともに辰野葛西建築事務所を東京市京橋区に、また三十八年には片岡安と共同して辰野片岡建築事務所を大阪市北区に設立した。この二つの事務所は多数の銀行・会社・工場・住宅などを設計した。辰野あるいはその事務所が設計した建物のうち現存する例として、日本銀行本店(東京都中央区日本橋本石町、明治二十九年竣工、重要文化財)、旧日本銀行京都支店(京都市中京区、明治三十九年竣工、重要文化財)、中央停車場(東京駅、東京都千代田区丸ノ内、大正三年(一九一四)竣工、一部戦災を受ける)などがある。大正八年三月二十五日死去。六十六歳。墓は東京都新宿区西新宿七丁目の常円寺にある。

参考文献 白鳥省吾編『工学博士辰野金吾伝』
(稲垣 栄三)

たつのゆたか 辰野隆 一八八八―一九六四 大正・昭和時代の仏文学者、随筆家。明治二十一年(一八八八)三月一日建築学者辰野金吾の長男として東京赤坂に生まれた。東京府立一中・一高を経て大正二年(一九一三)東京帝国大学法科大学仏法科を、同五年同文科大学仏文学科を卒業。九年同大学講師、十年助教授、同時にフランス留学を命じられ、十二年帰朝、以来東大のフランス文学の講座を担当、昭和五年(一九三〇)文学博士、六年教授、二十三年定年退職。日本芸術院会員、中央大学教授となり、三十七年文化功労者に選ばれた。三十九年二月二十八日死亡。七十五歳。学位論文『ボオドレエル研究序説』以下によりフランス文学の本格的な研究・紹介・翻訳の道を拓く一方、文学・芸術の広い分野にわたる博識・鑑賞力と機智に富む話術により随筆家としても一家を成し、また門下には渡辺一夫・小林秀雄その他の学者・評論家・詩人を輩出した。『辰野隆選集』全六巻(昭和二十三年十二月―二十五年八月、改造社)がある。

参考文献 「座談会辰野隆氏を偲んで」(『辰野隆随想全集』別巻所収)
(川口 朗)

たつみりゅうたろう 辰巳柳太郎 一九〇五―八九 昭和時代の俳優。本名新倉武一。明治三十八年(一九〇五)四月二十日、兵庫県赤穂郡坂越村(赤穂市)に生まれる。関西甲種商業学校中退。はじめ画家を志したが、大正十五年(一九二六)旅回りの一座に加わり俳優に転進。同年宝塚国民座に入座、東吾作と名乗った。昭和二年(一九二七)五月新国劇に入団。師の沢田正二郎の生年の辰と自分の生年の巳をとって辰巳吾作と改名した。のち柳太郎。昭和四年三月沢田が急死し、その再建策のため、風貌が沢田に似ていたことから大抜擢され、島田正吾とともに劇団の支柱となった。豪放、天衣無縫な芸風で沢田の演目と殺陣(立回り)を継承し、『月形半平太』『国定忠治』『大菩薩峠』のほか『宮本武蔵』などを当り芸とした。また人情味豊かで繊細な一面をもみせ、北条秀司作『王将』の坂田三吉、『無法松の一生』『どぶろくの辰』などに成功した。なお昭和六十二年八月新国劇解散公演には『国定忠治』を演じた。映画出演も多い。平成元年(一九八九)七月二十九日没。八十四歳。墓は静岡県駿東郡小山町の富士霊園にある。
(菊池 明)

たつむらへいぞう 竜村平蔵 一八七六―一九六二 明治から昭和時代にかけての織物製造家。明治九年(一八七六)十一月十四日大阪船場の博労町で両替商を営んでいた平野屋辰村物兵衛の嫡孫として生まれる。大阪の豪商の家の子の仕来りとして、小学生のころから書道・花道・茶道・謡曲・連歌などを学ばされた。十六歳の時祖父の死去に伴い、大阪商業学校を中退、伯父田村太兵衛(丸亀屋呉服店経営、のち大阪初代市長)の仲介によって、西陣織の販売に従事したが、機織の実技を知悉しなければ十分でないとの思いから織物技術の研究に着手、同二十七年織物製造業を創める。三十九年竜村製織所を京都に設立、高浪織・纐纈織・綾浪織・無線織・ゴブラン織・相良織など新技術の発明、改良に努め、専売特許六件、実用新案三十件を得る。大正十年(一九二一)清浦奎吾・正木直彦らが発起人となって設立した「織宝会」の委嘱を受けて、正倉院裂や名物裂七十二種を複製する。昭和二十一年(一九四六)複製した古代裂を米国十数都市で展観、日本の美術織物を紹介、また同二十九年にはフランスのクリスチャン＝ディオールのために名物裂など七点を製織、内外に竜村美術織物の名声を高める。同三十年芸術院恩賜賞受賞、同三十三年紫授褒賞受賞。同三十七年四月十一日死去。享年八十五。墓は大阪市天王寺区生玉寺町の青蓮寺にある。法名普錦院釈順知。 (北村 哲郎)

たてかわよしつぐ 建川美次 一八八〇—一九四五 明治から昭和時代初期の陸軍軍人。明治十三年(一八八〇)十月三日生まれ。新潟県出身。陸軍士官学校第十三期生(騎兵科)。日露戦争では建川挺身隊長として活躍し勇名をはせた。同四十二年、陸軍大学校卒業後、参謀本部部員・英国駐在・印度駐箚武官・欧州戦争の英国従軍武官・陸軍大臣秘書官・ジュネーブ国際連盟陸軍代表随員・騎兵第五連隊長・参謀本部欧米課長・中国公使館付武官と、長い間、海外勤務・情報活動に従事した。昭和四年(一九二九)八月から参謀本部第二部長(作戦)となり、満蒙問題解決策を推進するとともに陸軍の国家革新運動にも関与していた。同六年八月から翌年二月まで第一部長(作戦)として、満洲事変の作戦指導にあたった。満蒙問題の武力解決については、陸軍中央部と関東軍は、ともに準備を進めていたが、開始の時機については連繋不十分であり、事変勃発の動機を作為する関東軍参謀らの謀略を、建川が事前に承知していたかどうかは謎である。事変勃発前、満洲に特派された建川が、正式に中央の意図を伝える直前に柳条湖事件が突発した。同七年初め、軍内派閥抗争から、建川はジュネーブ軍縮会議に派遣され、帰朝後、第十・第四師団長。二・二六事件後の粛清人事で、事件に関係ありとみられ予備役編入。十五年十月駐ソ大使に起用され、日ソ不可侵条約締結を準備。独ソ戦勃発後、常に独軍優勢の情報を報告し続けていたので十七年三月更迭された。二十年九月九日没。六十六歳。

参考文献 秦郁彦『昭和史の軍人たち』、日本近代史料研究会編『日本陸海軍の制度・組織・人事』 (森松 俊夫)

だてくにしげ 伊達邦成 一八四一—一九〇四 北海道有珠郡伊達村(伊達市)の創設者、幕末・維新期の仙台藩一門亘理領主。天保十二年(一八四一)十月二十八日、仙台藩岩出山領主伊達弾正義監の次男として生まれる。幼名は靭負、安政六年(一八五九)亘理領主伊達邦実の養嗣子となり藤五郎と称え、宗藩伊達慶邦より一字を与えられ邦成と改名、後年培達園主人と号す。二万四千石を領したが戊辰戦争に敗れ五十八石に減禄。朝敵の汚名挽回と家臣団救済の活路として北海道への移住開拓を明治政府へ請願。明治二年(一八六九)有珠郡の支配を許可され、翌三年から数次にわたり家族・家臣団二千六百人余を伴い伊達へ入殖。家老田村顕允以下の協力のもとに家臣団の団結を保ち、西洋農機具の導入、西洋果樹の栽培、畜産や養蚕の奨励、農社の結成、製糖・製藍各社の組織化、官立学校の創立などをはかり、伊達開拓を成功へと導く。明治二十五年従五位男爵。同三十七年十一月二十九日死去。六十四歳。墓は伊達市幌美内町。大正四年(一九一五)贈従四位。昭和十年(一九三五)伊達神社に合祀。北海道拓殖功労者。著書に『胆振国有珠郡開墾顛末』がある。

参考文献 『伊達町史』 (永井 秀夫)

だてくになお 伊達邦直 一八三四—九一 北海道石狩郡当別村(当別町)の創設者、幕末・維新期の仙台藩一門岩出山領主。天保五年(一八三四)九月十二日、陸奥国玉造郡岩出山で伊達弾正義監の長男として生まれる。幼名を大力、元服後宗藩伊達慶邦より一字を与えられ邦直と改名、通称弾正・英橘、桃園と号す。一万四千石を領した岩出山は、戊辰戦争後六十五石に減禄。この窮地を救うために邦直は北海道への開拓移住を決意。明治二年(一八六九)札幌郡・空知郡の内の支配、翌三年厚田郡聚富への移住が許可される。同四年家臣団とともに聚富へ入殖するが砂地で開墾不可能。当別への移転が認められ、翌五年新たな移住者を加えて再入殖する。邑則を制定し移住民一同の範とし、大麦・玉蜀黍などの外国種の試作、西洋果樹の栽培、開拓道路の修築など、当別町発展の基礎を築く。明治十四年従六位。同二十四年一月十二日死去。五十八歳。墓は当別町西小川通りの町有墓地にある。同二十九年邦直を主神とする当別神社建立。大正四年(一九一五)正五位追贈。北海道拓殖功労者。著書に『石狩国石狩郡当別村開墾顛末』がある。

参考文献 『当別町史』 (永井 秀夫)

だてげんいちろう 伊達源一郎 一八七四—一九六一 明治から昭和時代にかけての新聞人。樸堂と号す。明治七年(一八七四)三月十五日島根県能義郡井尻村(伯太町)で出生。父は旧藩医豊一郎、母スミ。三十二年同志社本科政治科を卒業、愛媛県西条中学校の英語教師を経て、三十三年『国民新聞』に入社、外報部に属し、四十五年には編集局長となる。大正四年(一九一五)国際通信社報道部長、七年には『読売新聞』主筆となり、パリ平和会議特派員として活躍。帰国後は外務省嘱託として情報部創設を担当、九年には中国専門の通信社として東方通信社を設立して主幹となる。十五年に国際通信社と合併して日本新聞連合が発足、理事兼顧問に就任。昭和六年(一九三一)『国民新聞』社長、七年『ジャパンタイムス』社長に就任。二十年に帰郷して『島根新聞』社長になるとともに、二十二年には参議院議員に当選、国会では緑風会結成発起人、内閣委員長、外務委員として活躍。二十六年のサンフランシスコ講和会議には吉田茂首相に請われて全権委員代理となり、外国新聞対策を担当した。一方、鳥類の研究家としても著名で、世界の鳥の剥製標本を収集、千六百四十七点が伊達コレクションとして島根県立博物館にある。三十三年に松江市名誉市民、三十六年七月十五日没。八十七歳。

参考文献 島根県編『明治百年島根の百傑』

（内藤 正中）

たでこちょう 蓼胡蝶 一八六九―一九五八 大正・昭和時代の小唄演奏家。本名館なか。明治二年（一八六九）九月十八日東京日本橋に生まれ、十二、三歳のころ花柳界に入り、十七歳で小蝶と名のって芸妓となる。芸の幅は広く、常磐津・清元などの浄瑠璃から地歌・箏曲にまで及んだ。大正十三年（一九二四）蓼胡蝶と名のって新橋に小唄の稽古所を設け、蓼派初代の家元となる。教授法にすぐれ、弟子の個性を重んじ、多くの小唄演奏家を育てた。昭和三十三年（一九五八）七月二日没。八十八歳。墓は東京都文京区本駒込二丁目の長源寺にある。

（星 旭）

だてちひろ 伊達千広 一八〇二―七七 江戸時代後期の紀伊国和歌山藩士で、歌人、歴史家。宗広ともいい、自得と号した。享和二年（一八〇二）五月二十五日、和歌山藩士宇佐美祐長の次男として誕生し、幼少で叔父伊達盛明の養子となる。文化十三年（一八一六）に小性として藩主徳川治宝に近侍して以来、治宝の信任と家老山中筑後守の知遇を得て、三十七年にわたり藩政に登用され、大番頭格として勘定吟味役を兼ねた。嘉永五年（一八五二）に治宝の死によって失脚し、南紀田辺に蟄居、文久元年（一八六一）に赦免されるまで九年の幽囚生活を送った。翌年脱藩して上洛、公武合体運動に関与した。また千広の養子宗興は中川宮の御内人となり、藩主徳川茂承の京都伺候に際して公卿との間に斡旋の労をとった。その功により宗興は帰藩を許されたが、慶応元年（一八六五）専権を理由に幽閉され、養父である千広も召し還されて蟄居を命ぜられた。明治維新後は実子陸奥宗光の任官に従って大阪や東京に移住して和歌と禅に没頭し、明治十年（一八七七）五月十八日、七十六歳で没した。著書には歴史書『大勢三転考』のほか、九年の幽囚生活中の歌文集『余身帰』、晩年の思想を伝える随想集『随々草』や『随縁集』『枯野集』『幣帛袋』『竜神出湯日記』『二の山踏』『夕口岡月次集』などの随筆集・歌文集・紀行文があり、『伊達自得翁全集』も編まれている。

参考文献 高瀬重雄『伊達千広』

（鈴木 英雄）

だてむねただ 伊達宗紀 一七九二―一八八九 江戸時代後期の宇和島藩主。諱は宗紀、幼名は扇千代丸・扇松丸、長じて主馬、号は春山。寛政四年（一七九二）九月十六日、宇和島城内で父第六代藩主村寿の長男として誕生。母は田中氏。妻は鍋島治茂の女観姫。文政七年（一八二四）九月、父の退隠後襲封、侍従・遠江守。天保九年（一八三八）には左近衛少将。襲封直後、藩政改革に着手、上士を核に側近を拡充し藩主親裁体制を確立。五ヵ年間厳略・倹約を令し、同十二年には大坂商人に藩債二百ヵ年年賦償還を呑ませ、藩士負債引き捨てと救助米給付を行い、翌一三年には給知高改正と五ヵ年の用立米を命じ、民間の貸借も棄捐。同八年に蠟専売制を再開し、山方（櫨実生産者）など藩内支払いは藩札で大坂売却は正銀で行い巨利を得たが、山方の反対で同十一年に廃止。天保六年に融通会所を設け商業を振興し、同九年若松常齢らを佐藤信淵に入門させ、その国益思想を吸収。同十一年には賃銀などを公定、松根図書を郷中頭取に任じ、救恤・灌漑に努め、代官・庄屋の監督権や農民教化を強化した。同十一年に検地を開始する一方、文武教育励行・高島流砲術導入なども図った。引退の際には六万両の備蓄があり、幕末改革の土台を作った。弘化元年（一八四四）家督を宗城に譲ったが、中央政局で雄藩大名運動に関与、安政の大獄では縁戚の大老井伊直弼の好意で宗城処罰を回避できた。明治二十二年（一八八九）十一月二十五日宇和島で没。九十八歳。霊雲院殿春山宗紀大居士。墓は宇和島市大隆寺にある。著述に伊達宗城編『筆林集』がある。

参考文献 『愛媛県編年史』九、『（鶴島神社御祭神宗紀公御事蹟）春の山影』、兵頭賢一『南予遺香』、同『伊達宗城』（『愛媛県先哲偉人叢書』三）、同『融通会所の事ども』（『宇和島郷土叢書』六）、三好昌文「宇和島藩」（『新編物語藩史』一〇）

（吉田 昌彦）

だてむねなり 伊達宗城 一八一八―九二 幕末期の伊予国宇和島藩の藩主。先代宗紀（むねただ）の従弟にあたる旗本山口相模守直勝の次男で、幼名亀三郎。文政元年（一八一八）八月一日生まれ。いったん一門の伊達寿光の養子となった後、文政十二年宗紀の養嗣子となり、宗城と称し、兵五郎と改名。字を子藩。天保六年（一八三五）十八歳で元服、五月に初入国。弘化元年（一八四四）、退隠した宗紀のあとを嗣ぎ、遠江守、同三年侍従に任ぜられる。同二年帰藩後から、先代の文政改革に次ぐ藩政改革を推進、安政年間（一八五四―六〇）まで十年余り、殖産興業（安政三年の物産方役所創設など）、文武教育の振興、富国強兵と洋式兵学の導入などをすすめた。中でも、幕府鉄砲方下曾根金三郎を介して導入した洋式砲術を威遠流と名づけ、弘化二年から大砲を鋳造し、総合的な軍事訓練をつぎつぎと行なったこと、蘭学者高野長英を秘かに宇和島にかくまい、長州藩士村田蔵六（大村益次郎）を招いたことなどが注目される。幕府に追われている長英は、嘉永元年（一八四八）四月から約八ヵ月、伊東瑞渓と変名して滞留、兵学訳書『三兵答古知幾（タクチーキ）』などを遺し、大村益次郎は安政元―二年、藩の船大工らを指揮して蒸気軍艦の建造を指導した。蘭学者大野昌三郎、卯之町（宇和町）の蘭医二宮敬作などの活躍もあり、シーボルトの娘楠本いねの来住もあった。天保十年二十二歳の折、徳川斉昭の女賢姫（さかひめ）十八歳と婚約、直後に姫の病死で終るが、以来斉昭とは親しく、福井藩の松平慶永とも海防や軍事問題の情報を交換、安政五年には一橋慶喜将軍擁立派の一員として動き、井伊大老らを批判したため、十一月に退隠、伊予守と改める。ペリー来航当時は強硬な攘夷派の一人であるが、次第に転じて、文久年間(一八六一—六四)には島津久光と接近、文久二年暮に上京して以後、一貫して朝幕周旋・公武合体、そしてのちには長州と幕府との和解などを推進。文久三年八月十八日の政変後、朝廷から再び京都に招かれ、その年暮に、一橋慶喜・松平容保・松平慶永・山内容堂(のちに島津久光も)らと朝議参予を命ぜられ、長州との宥和、開国の容認、公武合体などを進めたが、参予会議は翌元治元年(一八六四)四月に解体した。慶応元年(一八六五)六月、着任直後の英国公使パークスが鹿児島・下関・宇和島を訪問、翌二年十二月には同書記官サトウが軍艦で宇和島を訪ね、宗城と懇談、軍事工場などを視察した。サトウは『一外交官の見た明治維新』A Diplomat in Japanで、宗城が「日本をミカドを元首とする連邦国(confederated Empire)にした方がよいと思うし、これには薩摩も長州も同意している」といったことを記している。さらに、同三年四月から八月、そして大政奉還後の同年十二月と合わせて四回、朝廷に招かれて宇和島から上京し、王政復古後、維新政府の議定となる。その後、外国官知事、明治二年(一八六九)九月には民部卿兼大蔵卿となって鉄道建設のイギリス借款に尽力、明治四年七月、全権として天津で日清修好条規を調印、日清間の対等条約として注目された。その後政府公職は退き、明治九年華族会館第一部長、同十六年修史館副総裁などを務め、同二十五年十二月二十日東京浅草今戸邸で没。七十五歳。雅号南洲、藍山公と諡る。墓は愛媛県宇和島市野川の竜華山等覚寺にあり、のち東京台東区谷中墓地にも分骨。法名靖国院殿藍山維城大居士。日記に『伊達宗城在京日記』(『日本史籍協会叢書』)がある。

参考文献 兵頭賢一『伊達宗城』(『愛媛県先哲偉人叢書』三)、伊達家家記編輯所編『鶴鳴余韻』下

(河内　八郎)

たてやまのぼる　楯山登　一八七六—一九二六　明治・大正時代の大阪の地歌・箏曲家。明治新曲の最後の時期の代表的作曲家。明治九年(一八七六)四月大阪に生まれる。本名増田重蔵。五歳で失明、八歳で楯崎検校に入門し、のち楯沢勾当に師事。若年には楯山栄寿、のちに登と称して楯筋の家元となった。十八歳から作曲を始め、作品総数は約六十曲の多数に及ぶ。代表作は「凱旋ラッパの曲」(明治二十九年)、「時鳥の曲」(三十四年)、「金剛石」(三十六年)、「鶴瓶」(大正三年(一九一四))など。明朗な陽音階の調弦の採用、重音奏法の多用、新時代向きの高尚な歌詞選択など、明治新曲の一般的特色とされる諸点は、彼において一層徹底された。中でも、従来の巣籠地(ツルテン)に左手の重音を加えた賑やかな新音型(ツルシャン)の反復多用が一大特色で、彼の作品は俗に「ツルシャン物」と呼ばれて流行し、後進にも大きく影響した。作曲は他者の演奏に供すべきものという自説に基づき全作品を著作権料なしで開放するなど、飄逸な風格のある人物で、和歌にも長じて自作歌詞による作曲も多い。大正十五年没。五十一歳。

参考文献 吉川英史『日本音楽の歴史』

(上参郷祐康)

たてわきさだよ　帯刀貞代　一九〇四—九〇　昭和時代の労働者解放運動家。明治三十七年(一九〇四)六月七日、島根県飯石郡掛合村に生まれる。松江高等女学校卒業後、大正十三年(一九二四)に上京。労働運動活動家織本利と結婚、関東紡績組合の書記となり、労働運動に身を投じる。昭和二年(一九二七)普通選挙開始による無産政党結成により、日本労農党系婦人組織「全国婦人同盟」を岩内とみえらと結成。四年織本と離別。同年東京亀戸の東洋モスリン工場の女子労働者を集め「労働女塾」を開く。深夜業と長時間労働に従う塾生は貧困農村の出身者であり、彼女らに対し裁縫・料理の手ほどきを通じて労働者の自覚と連帯への啓蒙を行なった。五年同工場の閉鎖と大量馘首に対し大争議が起され、女塾をあげてデモ・ストライキに活動したが惨敗、塾は閉鎖された。以後、無産運動の闘士として弾圧に抗し数度の検挙、投獄をうけた。戦中・戦後は『婦人公論』の嘱託として主に執筆活動をつづけ、「女性史研究会」などに参加。平成二年(一九九〇)三月三十一日没。八十五歳。著書は『労働婦人問題』『働く婦人のために』『日本の婦人』など。

参考文献 帯刀貞代『ある遍歴の自叙伝』

(井手　文子)

たどころてつたろう　田所哲太郎　一八八五—一九八〇　大正・昭和時代の生物化学者。明治十八年(一八八五)九月二十七日秋田県山本郡野代村(能代市)に誕生。東北帝国大学を卒業、同助教授となる。農学博士・理学博士となり、海外出張する。北海道帝国大学教授・同理学部長、北海道学芸大学長、帯広畜産大学長、北海道女子短期大学長などを歴任。研究と教育の功績が顕著で、農学会奨励賞・大日本農会有功賞・勲二等旭日重光章・北海道文化賞・北海道開発功労賞を受賞。昭和五十五年(一九八〇)三月二十一日没。九十四歳。

(小笠原八十吉)

たどころてるあき　田所輝明　一九〇〇—三四　大正・昭和時代前期の社会運動家。北海道空知郡沼貝村美唄(美唄市)の農場管理人の子として明治三十三年(一九〇〇)十一月三日生まれる。大正八年(一九一九)三月小樽中学卒業、同年九月早稲田大学高等予科第二期(英法科)編入。建設者同盟に参加、翌年十二月日本社会主義同盟発会式で検挙され、十年一月早大は除名処分となる。騒擾罪で懲役三ヵ月の判決をうけ、出獄後、山川均に師事し、西雅雄・上田茂樹・高橋貞樹らと水曜会を、同年末、山川らとともに前衛社を組織、『前衛』を創刊、編集責任者となり、日本共産党結成に参加する。第一次共産党事件で禁錮八ヵ月、未決通算四ヵ月の判決をうけ、十五年五月入獄した。この間、十三年二月より建設者同盟機関誌『青年運動』を発行、『無産階級』『無産農民』にも健筆を揮う。出獄後、福本イズムに反対、運動の現実化を図

り、社会民主主義に傾斜し、労働農民党が左傾するや麻生久らとともに日本労農党を結成、中央執行委員となる。以後麻生の腹心として日本大衆党・全国大衆党・全国労農大衆党・社会大衆党の中央委員・中央執行委員を歴任、農民運動を担当した。昭和九年(一九三四)十月下旬、東北地方の凶作視察に赴き、帰京後、腸チフスで慶応病院に入院、十一月十九日死去した。三十五歳。著訳書に山川と共編の『プロレタリア経済学』のほか、『政治運動のＡＢＣ』『欧洲社会運動史』『インタナショナル』『社会運動辞典』『政治運動教程』『無産党十字街』など。

参考文献　浅沼稲次郎編『田所輝明君を偲んで』

（神田　文人）

たなかあかまろ　田中阿歌麿　一八六九―一九四四　明治から昭和時代前期にかけての科学者。日本における湖沼研究の先導者。明治二年(一八六九)十月三十日尾張藩士田中不二麻呂と須磨の長男として東京築地の徳川家の藩邸で生まれた。中村正直の私塾に学び、外交官であった父に従ってヨーロッパにおいて勉学、ブリュッセル市大学で学び、理学の学位を得た。同二十九年に帰国後は地理学・湖沼学の体系を伝えるとともに日本の湖沼について湖盆形態、湖水の水温分布などを全国的に計測、昭和六年(一九三一)吉村信吉らと日本湖沼学会を創立し、陸水学の発展に寄与した。その中には生物の採集と比較・分析を含んでいる。昭和十九年十二月一日東京で没。七十六歳。法名湖月院殿釈覚峯洞心大居士。墓は東京都豊島区の雑司ヶ谷墓地にある。なお、長男薫も地理学者であり、その夫人千代の民族衣裳研究とも係り合い、東南アジア・北米・中南米などの地域研究を行なった。

（木内　信蔵）

たなかいちべえ　田中市兵衛　一八三八―一九一〇　明治時代の実業家、財界人。天保九年(一八三八)九月六日、大坂靭(大阪市西区)の干鰯問屋先代市兵衛の長男に生まれ家業を継いだが、明治十一年(一八七八)江戸堀に第四十二国立銀行を起して頭取となり、また大阪商船会社の創立に関与して二十八年には社長となった。神戸桟橋会社・日本綿花会社の社長を勤める一方、大阪肥料商組合長・大阪府会議員・大阪商法会議所会頭・衆議院議員をも勤め、大阪を代表する財界人として、藤田伝三郎・松本重太郎と並び称された。大阪商船株買占に失敗したこともあって、三十一年には大阪商船社長の地位を女婿中橋徳五郎に譲ったが、三十九年に南海鉄道社長となり、四十一年には嗣子市太郎急死で日本綿花社長に再任した。四十三年七月二十五日没。七十三歳。

（高村　直助）

たなかいちまつ　田中一松　一八九五―一九八三　昭和時代の美術史家。明治二十八年(一八九五)十二月二十三日、田中一寧の次男として山形県鶴岡(鶴岡市)に生まれる。大正十二年(一九二三)東京帝国大学文学部美学美術史学科卒業。同十三年東京帝室博物館嘱託を経て、同十五年文部省古社寺保存計画調査の嘱託、昭和四年(一九二九)の改正によって国宝保存会の嘱託、同十一年重要美術品等調査委員会の臨時委員を兼務。同二十二年文部技官に任命、同二十五年文化財保護委員会の専門委員を併任し、同二十七年東京国立文化財研究所美術部長に転じ、翌年同所長に昇任。同四十年所長の職を辞し、『国華』(明治二十二年創刊)の主幹となる。同四十三年文化財保護審議会委員となり、同五十一年八十歳で辞任。生涯終始一貫して文化財の調査研究とその保護事業に尽瘁、莫大な調査ノートを基に作品と文献に即した着実な研究で美術史学界に指導的役割を果たす。著書に『日本絵画史論集』、『田中一松絵画史論集』(上・下)などがある。同五十八年四月十九日、八十七歳にて東京に没す。墓は東京都小平市の小平霊園にある。従四位勲二等瑞宝章受章。

参考文献　東京国立文化財研究所美術部編『日本美術年鑑』昭和五十九年版、田中一松絵画史論集刊行会編「著者略歴・著作目録」(『田中一松絵画史論集』下所収)

（山根　有三）

たなかおうどう　田中王堂　一八六七―一九三二　明治・大正時代の哲学者、評論家。本名は喜一。慶応三年(一八六七)十二月三十日、武蔵国入間郡中富村(埼玉県所沢市中富)に旧家の次男として出生。中村正直の同人社、東京英和学校(青山学院の前身)、東京専門学校(早稲田大学の前身)、京都同志社などで学んだが中退。明治二十二年(一八八九)にアメリカに渡り、ケンタッキー大学を経てシカゴ大学に学び、デューイの教えを受け、またジェームズ、サンタヤーナらの感化を受けた。同三十年シカゴ大学大学院を卒業して帰国。翌三十一年三月東京高等工業学校(東京工業大学の前身)の哲学の教授となり(大正三年(一九一四)辞職)、以後、早稲田大学教授・立教大学教授などを歴任した。王堂の思想は、プラグマティズムに立脚するものであったが、通俗的な意味での実用主義ではなく、理想主義的色彩の濃い、象徴主義的プラグマティズムともいうべきものであった。このことは、明治三十九年に『哲学雑誌』誌上で行われた、桑木厳翼との論争にもうかがわれる。また、同四十一年ごろから、『明星』『中央公論』などの誌上で、島村抱月・岩野泡鳴ら、当時の代表的自然主義文学者たちを批判し、自然主義をより高次の象徴主義へと止揚しようとした。これらの論考は、『書斎より街頭に』(四十四年)、『哲人主義』上・下(四十五年)などに収められている。また、王堂は日本の思想的伝統のなかに継承すべきものをさぐり、『二宮尊徳の新研究』(四十四年)、『福沢諭吉』(大正四年)などを書き、その思想の個人主義的、実験理想主義的性格を指摘した。大正末期まで健筆をふるったが、昭和七年(一九三二)五月七日東大病院で死去。六十六歳。主著としては、前掲のもののほか、『わが非哲学』(大正二年)、『改造の試み』(同四年)、『徹底個人主義』(同七年)、『国民哲学の建設』(同八年)、『芸術と享楽』(同十年)、『象徴主義の文化へ』(同十三年)、『改釈の哲学』(同十四年)などがある。死後、『田中王堂選集』全四巻(関書院)が出ている。

参考文献 三枝博音・清水幾太郎編『日本哲学思想全書』四、稲垣達郎編『金子筑水・田中王堂・片山孤村・中沢臨川・魚住折蘆集』(『明治文学全集』五〇)、船山信一『明治哲学史研究』、同『大正哲学史研究』、山田英世『明治プラグマティズムとジョン＝デューイ』、石橋湛山『湛山回想』(『岩波文庫』)、判沢弘「田中王堂―多元的文明論の主張―」(朝日ジャーナル編『新版・日本の思想家』中所収)、山領健二「日本のプラグマティズム」(古田光・鈴木正『近代日本の哲学』所収)

(古田　光)

たなかかくえい 田中角栄 一九一八―九三 昭和時代の政治家。昭和四十七年(一九七二)七月から二年五ヵ月間、内閣総理大臣・自民党総裁。大正七年(一九一八)五月四日、新潟県刈羽郡二田村(西山町)に生まれる。父角次、母フメの長男。高等小学校卒業。戦時中兵役のあと土建業を経営。昭和二十二年四月の総選挙で新潟三区から初当選し(以来衆議院連続当選十六回)、日本民主党に属したが、二十二年秋幣原喜重郎元首相らと脱党、翌二十三年三月吉田茂総裁の民主自由党に入った。以後の長い議員生活で、有料道路制の導入、ガソリン税・自動車重量税の創設、自民党都市政策大綱の策定、日本列島改造論の提唱など、国土開発政策への貢献は大きい。三十二年、三十九歳で岸内閣の郵政相として初入閣。三十六年池田内閣の自民党政務調査会長、翌三十七年蔵相となり若手実力者の地歩を固めた。佐藤派の大幹部として、三十九年成立の佐藤内閣の蔵相、党幹事長、通産相などを歴任、政権の中枢にあった。四十七年七月、ポスト佐藤の争いで福田赳夫らを破って第六代党総裁となり政権を担当した。同年の日中国交正常化はその最大の業績だが、狂乱物価を招き金権政治を追及され、四十九年十二月、在任二年五ヵ月で退陣した。五十一年ロッキード事件で逮捕、起訴され、五十八年十月には東京地方裁判所で、懲役四年、追徴金五億円の実刑判決を受けた(控訴審でも同様)。しかし、田中はその絶大な政治力で党内最大勢力の田中派を率い、大平・鈴木・中曾根の歴代内閣にキングメーカーと呼ばれる影響を与え続けた。六十年二月脳梗塞に倒れたが、なお政界で隠然たる存在を保った。平成五年(一九九三)十二月十六日没。七十五歳。

(内田　健三)

たなかかわちのすけ 田中河内介 一八一五―六二 幕末の志士。諱は綏猷、字は士徳・賢次郎で、恭堂・臥竜と号す。文化十二年(一八一五)正月、但馬国出石郡神美村香住(兵庫県出石郡出石町)で誕生。父は医者小森信古、母は三谷氏。次男。出石藩藩儒井上静軒・京儒山本亡羊に学ぶ。天保十四年(一八四三)、亡羊の推挙で中山忠能に召し出され同家家臣田中綏長の婿養子となる。従六位河内介に叙され、同家用人として庶務や中山忠愛・忠光の教育を担当。また、明治天皇養育の御用掛となり、『類聚国史』の校訂に参加した。ペリー来航後、国事につき中山忠能に種々献策、他方、志士とも交際。文久元年(一八六一)には西遊し、久坂玄瑞・轟武兵衛・真木和泉(保臣)らと会い、帰洛後『安国論』を書き幕府より監視を受ける。同年、中山家を致仕し尊攘運動に専心。寺田屋騒動で長子左馬介とともに薩摩藩に捕われ、同二年五月一日、鹿児島への護送船上で左馬介とともに殺された。享年四十八。贈正四位。

参考文献 豊田小八郎「田中河内介」、井野辺茂雄「田中河内介」(『国学院雑誌』三二ノ八)、武田芳太郎「田中河内介」(『中央史壇』一二ノ九・一〇)、「田中河内介伝」(『維新史料』一一五)

(吉田　昌彦)

たなかぎいち 田中義一 一八六四―一九二九 明治から昭和時代前期にかけての陸軍軍人、政治家。元治元年(一八六四)六月二十二日長州萩藩士田中信佑三男として生まれた。母は美与。明治に入って萩の乱に加わったり、小学校の教師をしたりしたが、明治十五年(一八八二)十九歳で上京し、翌年二月教導団砲兵科に、そして同年十二月陸軍士官学校に入学した。十九年六月士官学校を卒業し、陸軍歩兵少尉となり、歩兵第一連隊に配属されたが、さらに二十二年十二月には陸軍大学校に入学、二十五年に卒業した。日清戦争に出征し、第二旅団副官・第一師団参謀として活躍、凱旋後翌三十年陸軍大学校教官となった。そしてこの翌三十一年ロシアへ留学し、三十五年六月西欧諸国を経て帰国し、参謀本部ロシア課主任に任ぜられた。さらに翌三十六年には陸軍大学校教官となったが、三十七年二月日露戦争の勃発とともに大本営付参謀となり、六月には満洲軍参謀として出征した。すでにロシア留学中歩兵少佐に昇進していたが、この年中佐に進級した。三十八年凱旋し、再び参謀本部に勤務した。四十年歩兵第三連隊長となり、歩兵大佐に昇進、四十二年には、陸軍省軍務局軍事課長に就任、この間在郷軍人会の組織に力を注いだ。四十三年陸軍少将となり、歩兵第二旅団長に補せられたが、翌四十四年九月軍務局長となり、在任中に上原勇作陸相を担いで二個師団増設を推進したが、これがいわゆる「大正政変」を引き起す結果となり、その企図も達成されなかった。大正元年(一九一二)歩兵第二旅団長となり、翌二年から三年にかけて欧米視察。帰朝とともに参謀本部付となり、四年十月陸軍中将に昇進するとともに参謀次長に就任した。欧米視察により青年団の組織の必要を痛感して、これを唱導し、大正五年には全国の青年団を統一し、同八年春まで、在郷軍人会の理事長とともに全国青年団中央部の理事長をも勤めた。同七年原内閣が成立すると、山県有朋の推薦によってその陸軍大臣に選任された。すでに田中は山県の信任が厚かったが、原敬とも数年前から懇意であった。陸相としての田中は、当時の立憲政友会の方針でもあったが、陸軍軍備の整備に努力した。九年多年の勲功によって男爵を授けられた。みずからが参謀次長として関与したシベリア出兵について、野党からの攻撃に曝されたが、やがて原とともにその撤兵に努力した。十年に入って健康を害して、辞職を申し出、後任に次官の山梨半造を推薦した。辞任の前日陸軍大将に親任されると同時に軍事参議官に親補された。翌十一年三月招待によりフィリッピンを訪問しての帰途上海で朝鮮独立運動者に狙撃されたが、負傷することもなかった。十二年九月第二次山本内閣の陸相に就任、この内閣の総辞職とともに同年十二月に辞任した(再び軍事参議官)。この前後から田中の政界入りが各方面から注目されるようになり、貴族院や政友会からの打診も行われた。護憲三派内閣のもとでの最大の課題であった普通選挙法や貴族院改革などが一応の決着の着いたところで、十四年四月前総裁高橋是清の推薦で政友会総裁に就任した。田中は高橋の農商務大臣辞任に伴い入閣を求められたが、これを拒否して代りに政友会幹部を入閣させ、護憲三派内閣からの距離を置いた。さらに同年政友会は、犬養毅の率いる革新倶楽部および中正倶楽部と合同し、七月末ついに政友会は大臣を引き揚げて、野党となった。十五年貴族院議員に勅選された。昭和二年(一九二七)四月若槻内閣の総辞職とともに組閣の大命を受け、内閣総理大臣兼外務大臣に就任した。翌三年の総選挙で与党政友会は第一党となったが、過半数を得られず、議会運営に苦しんだ。また中国問題では強硬路線と見なされ批判も少なくなかった。四年七月張作霖爆殺事件の責任をとって総辞職。同年九月二十九日狭心症のため死去した。享年六十六。十月三日政友会党葬が青山斎場で営まれ、東京多磨墓地に葬られた。

参考文献 高倉徹一『田中義一伝記』 (伊藤 隆)

たなかきぬよ 田中絹代 一九〇九―七七 大正・昭和時代の映画女優、監督。本名田中絹代。明治四十二年(一九〇九)十二月二十九日(戸籍上は十一月二十九日)山口県下関市に生まれる。大正十三年(一九二四)松竹下加茂に入社。「元禄女」でデビュー。愛くるしい顔立ちを生かした可憐な娘役でスターになる。第二次世界大戦前は「恥しい夢」(昭和二年(一九二七))、「伊豆の踊子」(八年)、「お琴と佐助」(十年)などのほか、日本映画トーキー第一作「マダムと女房」(六年)、空前のヒット作「愛染かつら」(十三年)に主演。戦後は「西鶴一代女」(二十七年)、「おかあさん」(同年)、「煙突の見える場所」(二十八年)で演技派スターとしてよみがえり、以後も「雨月物語」(同年)、「流れる」(三十一年)、「楢山節考」(三十三年)と主演を重ね、質量、息の長さとも日本映画界きっての大女優となる。四十九年には「サンダカン八番娼館・望郷」で元からゆきさんの老婆を演じ、国内の各賞のほか、ベルリン映画祭女優演技賞を受賞した。なお「恋文」(二十八年)、「月は上りぬ」(二十九年)など監督作品もあり、彼女をモデルにした映画、「映画女優」(六十二年)も作られた。昭和五十二年三月二十一日、脳腫瘍のため没。六十七歳。下関市丸山町の田中家墓に葬られた。

参考文献 新藤兼人『小説田中絹代』、キネマ旬報編『日本映画俳優全集』女優編(『キネマ旬報』増刊一九八〇年十二月三十一日号) (宮本 高晴)

たなかくにしげ 田中国重 一八六九―一九四一 明治時代後期から昭和時代前期にかけての陸軍軍人。明治二年(一八六九)十二月十七日鹿児島に生まれる。同二十六年陸軍士官学校卒業(四期)。日清戦争に従軍したのち陸軍大学校に入る。三十三年陸大卒後、参謀本部員となり日露戦争には大本営参謀・満洲軍参謀を勤めた。その後、アメリカ大使館付武官・騎兵第十六連隊長・侍従武官・イギリス大使館付武官などを歴任。大正七年(一九一八)少将。同八年パリ講和会議に随員として出席。帰国後参謀本部第二部長となり、十―十一年ワシントン会議に陸軍側を代表して随員を勤めた。ついで騎兵第三旅団長・第十五師団長・近衛師団長・台湾軍司令官を歴任し、昭和三年(一九二八)大将に昇進するとともに軍事参議官となり、四年予備役に編入された。その間、陸軍部内では薩派の系統に属し、陸軍軍縮や政府の対英米協調外交には批判的姿勢を示した。同七年石原広一郎らとともに全国の在郷軍人らを糾合して明倫会の結成に乗り出し、八年五月十六日明倫会の発会とともに総裁に就任、日本精神を高唱し、既成政党排撃・軍備拡張・国体明徴などの運動を推進した。同十六年二月十九日東京市渋谷区松濤の自宅で心臓麻痺により死去。七十三歳。遺文集が『明倫会会史』の中に収められている。 (鳥海 靖)

たなかげんたろう 田中源太郎 一八五三―一九二二 明治・大正時代の実業家、財界人。嘉永六年(一八五三)正月三日、丹波国亀山藩御用達田中蔵一・秀子の次男として亀山城下(京都府亀岡市)に生まれた。浜岡光哲の従兄弟。庄屋垂水象二郎の養子となったが兄夭折のため復籍した。明治二年(一八六九)亀岡陸運会社、四年三丹物産を起したが、同年から六年にかけ京都に出て漢学・政治経済学を学び、七年追分村戸長となり、十三年京都府会議員に当選した。十七年京都株式取引所頭取、二十四年京都商工銀行頭取、二十六年亀岡銀行頭取となり、京都財界の有力者となった。京都鉄道社長をはじめ数多くの会社の重役、京都銀行集会所委員長などを勤める一方、二十三年以来合計二十一年間にわたって貴衆両院の議員を勤めた。大正十一年(一九二二)四月三日、列車事故で死亡した。七十歳。

参考文献 三浦豊二編『田中源太郎翁伝』 (高村 直助)

たなかこうたろう 田中耕太郎 一八九〇―一九七四 大正・昭和時代の商法学者、法哲学者。明治二十三年(一八九〇)十月二十五日鹿児島で生まれた。父は田中秀夫。第一高等学校を経て大正四年(一九一五)五月東京帝国大学法科大学法律学科を卒業し、内務省に入ったが、翌年十一月辞職し東京帝国大学大学院に入り松本烝治教授のもとで商法を研究した。同六年九月東京帝国大学法科大学助教授に就任。その後、同八年七月より三年間欧米に留学し、帰国後同十二年三月教授に昇進し、商法講座を担当した。その商法学は、商法の技術的性質に着眼し、民法に対する商法の独自性を商的色彩に求める商的色彩論と組織法・行為法論とを中軸として組み立てられた独創的なものであった。大正十五年四月、カトリックに入信。昭和四年(一九二九)に、カトリック自然法思想を基礎として世界法の成立可能性とその内容を論じた論文「世界法の理論」により法学博士の学位を得た(のちに加筆し昭和七―九年に岩波書店より刊行)。昭和八年より同十七年に至る間、高柳真三・小野清一郎と交代で法理学講座を兼担。昭和十二年四月東京帝国大学法学部長に就任し、大学自治擁護の立場に立って荒木文相事件および平賀粛学事件の解決に尽力した後、昭和十四年二月任期満了を前に辞任した。第二次世界大戦終了直後の昭和二十年十月、前田多門文部大臣に乞われ東大教授兼務のまま文部省学校教育局長に就任し、教職適格審査(教職追放)に熱意を注ぐなどした。二十一年五月第一次吉田内閣の文部大臣となり(東大教授辞職)、教育基本法制定に向けその基本構想を策定するとともに、六三制の即時採用に踏み切った。そのため吉田茂総理大臣と対立し、二十二年一月辞職を余儀なくされた。同年五月参議院全国区六年議員選挙に立候補して当選。緑風会に所属し、参議院文教委員会委員長を勤めた。二十五年三月、三淵忠彦の後任として第二代最高裁判所長官に就任し、三十五年十月停年で退官するまで十年半余にわたり在任した。その間、司法行政面では訴訟促進に取り組むとともに、労働公安事件をめぐる法廷闘争や裁判批判に対し法廷秩序維持と司法権の独立を強調した。とりわけ三十年五月全国長官所長会同における訓示の中で裁判批判を「雑音」と呼んで激しく非難し世論の強い批判を浴びた。また裁判面では、大法廷の裁判長として尊属殺規定合憲判決(昭和二十五年)、警察予備隊違憲訴訟却下判決(二十七年)、三鷹事件上告棄却判決(三十年)、チャタレイ事件上告棄却判決(三十二年)、松川事件破棄差戻判決(三十四年)、砂川事件破棄差戻判決(同年)などに関与したが、その意見は法秩序維持を万能とする権力主義的傾向が強く、とりわけ松川事件について有罪判決の破棄差戻を主張する多数意見に激越な論難を加えるなどの動きを示した。三十五年十一月文化勲章受章。同年十一月国際司法裁判所判事に就任、四十五年二月辞任した。四十九年三月一日死去。八十三歳。

参考文献　鈴木竹雄編『田中耕太郎―人と業績―』

（小田中聰樹）

たなかしずいち　田中静壱　一八八七―一九四五　明治から昭和時代にかけての陸軍軍人。明治二十年(一八八七)十月一日、兵庫県揖西郡小神(おがみ)村(竜野市揖西町)に田中菊太郎の次男として生まれる。明治四十年五月陸軍士官学校卒業(第十九期生)。大正五年(一九一六)十一月陸軍大学校卒業(第二十八期生)。六年八月から陸軍省軍務課に勤務。八年三月英国に駐在しオックスフォード大学に学ぶ。十五年五月在メキシコ公使館付武官。昭和七年(一九三二)五月在米国大使館付武官など海外勤務は六年間を算した。この間、歩兵第二十二連隊大隊長、歩兵第二連隊長(満洲)を勤め、九年八月から第四師団参謀長(大阪)、十年八月歩兵第五旅団長(満洲)を歴任した。二・二六事件後の粛軍のため、十一年八月憲兵司令部総務部長となり、さらに関東軍憲兵隊司令官、憲兵司令官を二度勤め、公明正大、厳正な軍紀確立に努めた。また十四年八月第十三師団長(中国)、十七年八月第十四軍司令官(比島)、十八年九月大将。さらに二十年三月第十二方面軍司令官(関東地方)として本土決戦を準備中、第二次世界大戦終戦となり、八・一五事件などの混乱を鎮圧したのち、八月二十四日自決した。五十九歳。墓は郷里小神の田中家累代の家神、北辰神社境内にある。法名は威徳院釈静峰。

参考文献　塚本清『あゝ皇軍最後の日』

（森松　俊夫）

たなかしょうぞう　田中正造　一八四一―一九一三　明治時代の政治家、社会運動家。天保十二年(一八四一)十一月三日、下野国安蘇郡小中村(栃木県佐野市小中町)に生まれる。父は名主役富蔵、母サキ、幼名兼三郎。少年期赤尾小四郎塾で学ぶ。安政四年(一八五七)十七歳で父の割元昇進に伴い小中村名主に選ばれる。のち主家六角家改革運動に挺身、獄に投ぜられる。明治二年(一八六九)出獄。翌年江刺県(岩手県)の下級官吏として花輪分局に勤務。同四年上役暗殺の嫌疑を受け投獄され、七年無罪釈放され郷里に帰る。同十年ごろより民権運動に志し、十二年『栃木新聞』を創刊、編集長となり民権思想を鼓吹する。翌十三年栃木県会議員に当選、以後二十三年まで議席をしめる。同年安蘇郡有志を中心に民権政社中節社を結成、その会長に選ばれるとともに、同社の国会開設建白書を元老院に提出する。その後中節社を中心に巡回演説・討論会などを開き民権運動を展開、政党結成にあたっては都市民権派と地方政社の統一による立憲政党の結成を説いたが容れられず、のちに立憲改進党に入党、栃木に一大改進党勢力を築く。十七年栃木県令三島通庸の道路開発に反対し逮捕される。十九年栃木県会議長に選ばれ、二十三年県会議員辞任まで勤める。同年第一回総選挙で栃木三区より衆議院議員に当選、以後三十四年議員辞職まで毎回当選を果たし、立憲改進党に所属する。二十四年第二議会で足尾銅山鉱毒問題につき政府に質問書を提出し、政府の責任を厳しく追及する。二十九年八月渡良瀬川に大洪水が起り、鉱毒被害は深刻化する。田中正造はこの問題を沿岸被害民の人権問題として、以後ほとんどこの問題に生涯をかけることになる。同年十月被害地の中央に位置する群馬県邑楽郡渡瀬(わたらせ)村(館林市)の雲竜寺に鉱毒事務所を設け、足尾銅山鉱業停止請願運動を呼びかけ、議会においても鉱業停止を政府に再三要求する。正造の活動もあって新聞や演説会など、鉱毒事件に対する世論が厳しくなり、政府は三十年足尾銅山鉱毒事件調査委員会を設置して古河鉱山に鉱毒予防命令をだす。しかし鉱毒被害はいっそう深刻となる。その間被害民は三回にわたり大挙請願行動(押出し)を行うも解決せず、正造は政府・政党に対し次第に絶望を深めていく。三十三年二月、被害民の第四回押出しに対し憲兵・警察は群馬県川俣において大弾圧を加え百名ちかい指導者を逮捕する(川俣事件)。正造は政府に「亡国に至るを知らざれば之れ即ち亡国」と題する質問書を提出、政府の態度を厳しく批判する。川俣事件被告のために大弁護団を組織し、その救援にあたったが、同年十一月の公判廷で検事論告に憤り大欠伸をして官吏侮辱罪に問われ、のちに四十日間の重禁錮、罰金五円の実刑に処せられる。三十四年十月、議会・政党に絶望し、議員を辞職。同年十二月、鉱毒世論の喚起の意図もあって議会開院式帰途の明治天皇に直訴する。翌年三月内閣に再び鉱毒調査委員会が設置され、この調査会で鉱毒処理のために栃木県下都賀郡谷中村(藤岡町)の貯水池化計画が浮上し、栃木県会もこれに賛成する。正造はこれを鉱毒問題を治水問題にすりかえるものとして、三十七年七月谷中村問題に専念するため同村に寄留、以後、この問題に専念、演説・パンフレット・ビラなどにより社会に訴える。四十年六月、土地収用法適用により谷中残留民十六戸の家屋強制破壊に立ちあい、その後も水村谷中に残留民とともに「自治村谷中村の復活」を唱えて抵抗をつづけたが、大正二年(一九一三)九月四日、渡良瀬川沿岸の足利郡吾妻村(佐野市)で倒れ、同所で胃癌のため没した。七十三歳。佐野市惣宗寺ほか四ヵ所に分骨埋葬されている。晩年はキリスト教に深く学ぶとともに、真の治水とは何かを求めて河川調査を行い自然と人間の共生に思索をこらし、また鉱毒事件をつうじて人権と自治の思想を深めた。三十六年以来、陸海軍全廃・無戦の思想も一貫していた。『田中正造全集』全十九巻、別巻一がある。

[参考文献] 林竹二『田中正造の生涯』(『講談社現代新書』四四二)、由井正臣『田中正造』(『岩波新書』黄二七四)

(由井　正臣)

たなかしょうへい　田中正平　一八六二—一九四五　明治から昭和時代にかけての物理学者、音楽学者。理学博士。文久二年(一八六二)五月十五日、淡路国三原郡賀集村(兵庫県三原郡南淡町)に生まれる。大阪外国語学校を経て明治十五年(一八八二)東京大学物理学科首席卒業。十七年文部省留学生として渡独。ヘルムホルツのもとで音響学を研究。二十年方形板の音響振動に関する論文を発表。二十二年純正調オルガンを発明。指揮者ビューローがこれを「エンハルモニュウム」と名付け、ドイツの学界・音楽界の注目を浴び、皇帝の招きでみずから御前演奏を行う。日本政府もこれに多額の研究費を支給した。二十四年純正調の研究により博士の学位取得。この間に鉄道機械学をも研究して三十二年に帰国。日本鉄道株式会社技師、鉄道院鉄道試験所長などを務めて大正二年(一九一三)退官。田中電機研究所を創立して電気信号装置など多数の発明をなし、かたわら自宅に邦楽研究所を開設して各種邦楽曲数百曲の精細な採譜を試み、美音倶楽部(邦楽愛好家団体)を主宰して邦楽の振興に努めた。文部省邦楽教育調査委員、大日本音楽協会理事長、文部省国民精神文化研究所員などを歴任。昭和十三年(一九三八)朝日文化賞受賞。二十年十月十六日、千葉県山武郡千代田村(芝山町)で没す。八十四歳。

[参考文献] 伊藤完夫『田中正平と純正調』

(上参郷祐康)

たなかしんび　田中親美　一八七五—一九七五　明治から昭和時代にかけての古筆・古写経・大和絵の模写複製家。またそれらの「目きき」、所蔵家としても有名。本名茂太郎。明治八年(一八七五)四月九日、京都府に生まれる。父画家田中有美(茂一)、母いと。同十七年、有美とともに上京。同二十年有美の勧めにより書家多田親愛に入門。以後親愛・有美の一字を貰い「親美」と号す。まず秋元家・峰須賀家本『紫式部日記絵詞』、秋元家本『寝覚物語絵巻』などを摸写。その間田中光顕・井上馨・益田孝(鈍翁)・原富太郎(三渓)らの知遇を得、益田家本『源氏物語絵巻』、西本願寺本『三十六人集』、平家納経の摸写事業は特に有名。また大正八年(一九一九)佐竹本『三十六歌仙絵巻』の分割、昭和四年(一九二九)西本願寺本『三十六人集』分割(石山切)に参与。昭和二十五年文化財専門審議会専門委員。同三十年紫綬褒章、同三十四年度日本芸術院恩賜賞、同三十九年勲四等旭日小綬章受章。昭和五十年十一月二十四日没。百歳。墓所は東京都府中市の多磨墓地。

[参考文献] 名宝刊行会編『田中親美』

(福田　行雄)

たなかすいいちろう　田中萃一郎　一八七三—一九二三　明治・大正時代の史学者。明治六年(一八七三)三月七日、静岡県田方郡大竹村(函南町)に田中鳥雄の長男として生まれる。慶応義塾幼稚舎・同大学部文学科を卒業、伊豆学校(のち韮山中学校)の校長心得を経て、明治三十二年慶応義塾大学予科ならびに普通教員となり、もっぱら歴史を講じた。三十八年英・独に留学、大英博物館に東洋史の資料を蒐集、ライプチヒ大学のランプレヒト教授に師事。四十年十二月帰朝、慶応義塾大学部に史学科を創設し、以来政治学科および文学科で政治学・政治学史・列国政治史・東洋史・史学研究法・西洋上古史・泰西思潮史などの諸講座を担任した。大正八年(一九一九)四月法学博士の学位を授与されたが、同十二年八月十三日新潟県岩船郡瀬波温泉(村上市)付近の海で游泳中に急死した。五十一歳。東洋史に最も詳しいほか、政治・哲学その他諸方面に知識が博く、論文訳著が多い。主な著書に『東邦近世史』、訳書に『ドーソン蒙古史』、『ヘルダー歴史哲学』(共訳)などがあり、『田中萃一郎史学論文集』に著作目録が掲げられている。

(榎　一雄)

たなかすみこ　田中寿美子　一九〇九—九五　昭和戦後期・平成時代初期の評論家、政治家。旧姓西島。明治四十二年(一九〇九)十二月二十日兵庫県神戸市に生まれる。昭和六年(一九三一)津田英学塾英文科卒。高等女学校の教員を経て、同二十三年労働省婦人少年局に入局、山川菊栄局長のもとで婦人課長をつとめた。同三十年退職し日本社会党に入党、米ブリンマー大学に留学の後、女性問題評論家として女性の自立をめざす評論活動を展開。同四十年参議院議員選挙に全国区から立候補して当選したのをはじめ三回連続当選。同五十五―五十七年日本社会党副委員長。また、参議院決算委員長・同公害対策環境保全特別委員長を歴任。同五十八年政界を引退。夫の田中稔男も社会党代議士。この間、日本婦人会議議長・日本アジア＝アフリカ連帯委員会常任理事などを歴任し、国際的舞台でも活躍。『若い女性の生きかた』『新しい家庭の創造』『自立する女性へ―私の生涯から』『パラシュートと母系制』『女性解放の思想と行動』『はたらく権利と女性の権利』など多数の著書がある。平成七年(一九九五)三月十五日死去。八十五歳。

参考文献 藤田たき『続わが道―こころの出会い』 (鳥海 靖)

たなかせいげん 田中清玄 一九〇六―九三 昭和・平成時代の社会運動家、実業家。本名は清玄(きよはる)。明治三十九年(一九〇六)三月五日、北海道函館近郊の亀田郡七飯(ななえ)村に田中幸助の子として生まれる。東京帝国大学文学部哲学科に学び、在学中、新人会に加わり、共産主義運動に参加。昭和四年(一九二九)日本共産党中央執行委員長となり、三・一五事件、四・一六事件で壊滅的打撃を受けた党の再建に努力し、武装闘争を指導した。同五年治安維持法違反で検挙され、母の自殺などを契機に獄中で転向を声明。十六年出獄し、土建業・造船業を営むかたわら、反共活動にあたる。第二次世界大戦後、電産争議・王子製紙争議で労働組合の切り崩しをはかる一方、三十五年全日本学生自治会総連合(全学連)の新安保条約反対・岸内閣打倒の運動に資金を提供した。三十八年には市川房枝参議院議員・田岡一雄山口組組長らと麻薬追放運動に乗り出し、暴力団員に狙撃され重傷を負った。また、インドネシアの反スカルノ運動を支援。さらに中東の石油開発にあたるため、再三アラブ諸国を歴訪。総合人間科学研究会を設立して理事長をつとめ、政財界に幅広い人脈を持ち黒幕的存在と目された。平成五年(一九九三)十二月十日脳梗塞で没。八十七歳。著書に『田中清玄自伝』がある。 (鳥海 靖)

たなかそうごろう 田中惣五郎 一八九四―一九六一 昭和時代の歴史学者。明治二十七年(一八九四)三月十四日、新潟県中頸城郡斐太村(新井市)、自作農初太郎の三男として生まれる。大正三年(一九一四)、高田師範学校卒業。同九年、独学にて文検合格。前後九年間小学校教員を勤務。終始地域社会の革新運動に関与した。同十一年、県外追放を命ぜられて上京。同年、私立順天中学校教員となる。本務の傍ら、依然各方面の反権力闘争に参画。第二次世界大戦後、同校の内紛解決を機に、昭和二十二年(一九四七)同校を辞任。服部之総らの鎌倉アカデミー運営に協力したが失敗。同二十四年、明治大学に迎えられ、爾来十三年、他界の日まで学生指導に尽瘁。生涯を通じ、唯物史観を基軸とする近代史研究に勉め、多数の著作を残す。史料尊重、人間味重視の手法は人物伝に著しい特色を示し、晩年の『幸徳秋水』『吉野作造』『北一輝』の三部作は現代社会の底流を解明する名著として評価される。三十六年八月四日急死。六十七歳。

参考文献 『労働運動史研究』二八(特集・田中惣五郎追悼) (宗京 奨三)

たなかだてあいきつ 田中館愛橘 一八五六―一九五二 明治から昭和時代にかけての物理学者でわが国物理学の開拓者、ローマ字運動家。安政三年(一八五六)九月十八日、陸奥国二戸郡福岡村(岩手県二戸市)に生まれる。明治十一年(一八七八)九月東京大学理学部本科一年に入学、メンデンホール・ユーイングの指導を受く。同十三年メンデンホールとともに東京・富士山頂の重力測定を行い、ひきつづいて同二十年までの間に日本各地・朝鮮半島の重力測定を行う。同十五年七月東京大学理学部卒業、同準助教授、同十六年助教授。同年電磁式方位計の研究。同二十一―二十四年グラスゴー大学・ベルリン大学に留学。同二十四年帰朝、東京帝国大学理科大学教授、理学博士。同年十月二十八日の濃尾地震に際して、地磁気観測を行い、根尾谷断層を発見する。同二十五年濃尾地震を契機として生まれた震災予防調査会の委員となる。同二十六―二十九年に全国の地磁気測量を行う。同三十一年文部省測地学委員会委員、同三十九年帝国学士院会員。大正五年(一九一六)十月、在職二十五年、満六十歳で辞表を呈出、同六年四月十六日依願免官、これが停年制の基となった。同八年平和会議出席、同十四年貴族院議員、昭和十九年(一九四四)朝日文化賞・文化勲章を受ける。重力・地磁気・地震・火山・測地・度量衡・航空など多方面にわたって創始的仕事を行い黎明期の基礎をきずき上げた。一方、明治十八年日本式ローマ字綴り方を発案、以後ローマ字の普及発展に尽くした。同三十一年スッツガルトの万国測地学協会総会に出席、以来数多くの地球物理学関係・航空関係あるいは平和会議など国際的会議に出席、わが国学術の発展に尽くした。昭和二十七年五月二十一日東京にて没。九十五歳。墓は二戸市福岡字八幡平の祖霊社にある。 (宇佐美竜夫)

たなかたろう 田中太郎 一八七〇―一九三二 大正・昭和時代の社会事業家。明治三年(一八七〇)十一月十日、東京日本橋の浜町に生まれる。青山学院卒業。官界に入り、内閣統計局に勤務、統計などの専門家として官吏生活を続けた。社会改良問題にも関心をもち明治四十一年に感化救済事業の研究のため欧米に留学した。帰国後、渋沢栄一の知己を得て東京市養育院に就職した。大正八年(一九一九)に同院の幹事となった。院長渋沢栄一を助け養育院の運営に努力し、その死後に二代目の院長となった。養育院への貢献とともに感化救済事業の組織化の端緒ともいうべき東京府慈善協会の創立にも協力した。

さらに東京市に社会局が設置された時に課長として開拓的な社会事業行政の展開に功績があった。主著として『犯罪救治論』があり、欧米の感化救済についての見聞・研究をまとめた『泰西社会事業視察記』は当時のすぐれた海外事情の紹介として名著の評価がある。昭和七年（一九三二）六月五日没。六十三歳。（小倉　襄二）

たなかちがく　田中智学　一八六一―一九三九　明治から昭和時代前期にかけての仏教系宗教家。国柱会の創始者。文久元年（一八六一）十一月十三日、父多田玄竜（医師）・母側室の凜子（若林氏）の三男として、江戸日本橋本石町鐘撞堂新道に生まれた。本名巴之助、鐘宇・巴雷と号し、源氏の名告りは義世。幼にして父母を失い、明治三年（一八七〇）小菅県葛飾郡東一之江村（江戸川区一之江）の日蓮宗妙覚寺で得度、智境院日進の弟子となり智学の名を授かる。同五年田中姓を名乗る。はじめ飯高檀林ついで二本榎大教院に学んで優陀那院日輝の摂受の教学を疑い、独学研鑽ののち脱宗帰俗して、同十三年横浜に蓮華会をおこして祖道復古・宗門改革を目指した。同十七年東京に進出して檀家制度によらない信仰者の組織である教会同盟として立正安国会を創業、一時運動の本拠を大阪に移し、別に教学の府として鎌倉要山に師子王文庫を開いた。大正三年（一九一四）有縁の諸団体を統合し教行を統一して、国柱会を創始、本部ならびに文庫を静岡県三保（清水市）の最勝閣においた。大正五年東京下谷鶯谷（台東区）に国柱会館を建設、同十三年静岡県原田に鑑石園を造営、昭和三年（一九二八）東京府南葛飾郡瑞江村東一之江（江戸川区一之江）に百万体の遺骨を一塔合安する模範的な墓である妙宗大霊廟を建立し申孝園を開いた。この間『本化妙宗式目』を発表して日蓮主義教学を組織化し、これを講じて『本化妙宗式目講義録』（のち『日蓮主義教学大観』）全五巻を公刊した。また『仏教夫婦論』をものして仏教の近代改革としての在家仏教を確立し、『日本国体の研究』によって日本国体学を創建した。その趣旨は、『法華経』の教理にもとづき、日蓮聖人の立正安国の教法によって、日本国体の文化的意義を解明宣揚し、法国（王仏）冥合の法門を現実化し真世界の実現をはかるものである。智学は常に運動の先頭に立ち、機関誌として『師子王』『妙宗』『日蓮主義』『毒鼓』などの雑誌、『国柱新聞』（旬刊）、『天業民報』、『大日本』（日刊）などの新聞を発行、伝道布教につとめた。著書は『師子王全集』全三十六巻（うち自叙伝を『田中智学自伝』全十巻にまとめる）に収録するほか、『妙行正軌』『本化聖典大辞林』などの編著をふくめ二百種に余る。その一書『宗門之維新』に啓発された高山樗牛はじめ姉崎嘲風（正治）・田中光顕ら多くの人士を感化した。門下会下に山川智応・石原莞爾・宮沢賢治・小菅丹治らがいる。子女もまた智学をたすけ、長男顕一（芳谷）は国柱会を継承し、次男沢二は政治結社立憲養正会を率い、三男里見岸雄は里見日本文化学研究所をおこした。このほか芸術開顕としての国性文芸会、教化活動としての明治会などを主宰して広汎多彩な運動を展開した。昭和十四年十一月十七日、申孝園に没した。七十九歳。遺骨を妙宗大霊廟に納鎮、法号は師子王院智学日謙大居士。国柱会本部をおく申孝園に、田中智学先生記念館（有文館）があり、著書・関係資料多数が格納・展示されている。

参考文献　田中芳谷『田中智学先生略伝』、同編『田中智学先生影譜』、田中香浦『田中智学』、同編『国柱会百年史』、田村芳朗『予言者の仏教』（『日本の仏教』一三）、里見岸雄編『日本の師表田中智学』、西山茂「近代日蓮主義研究―田中智学と日蓮主義を再考する―」、大谷栄一「在家仏教運動としての日蓮主義―日蓮主義の再考田中智学の思想と運動」（中平千三郎）

たなかちょうざぶろう　田中長三郎　一八八五―一九七六　大正・昭和時代の農学者。農学博士・理学博士。明治十八年（一八八五）十一月三日に大阪で生まれた。同四十年、東京帝国大学農学部に入学し原熙のもとで園芸学を専攻し、『日本柑橘学』『日本柑橘図譜』を執筆した。在学中白井光太郎・池野成一郎両教授の感化を受け本草学・遺伝育種学などにも造詣が深かった。上田蚕糸専門学校在職当時（大正元年（一九一二）―四年）日本最初の遺伝学教科書を上梓した。また後年温州蜜柑の枝変り現象の発見から英文『温州蜜柑譜』を完成し斯界に不朽の業績を残した。大正四年米国の柑橘学者スイングルの招請をうけて米国農務省に入り彼のもとで柑橘の分類について学びかつ世界の柑橘書を読破する機会を得た。のち九州帝国大学農学部・宮崎高等農林学校・台北帝国大学農学部などを歴任し、その間数次世界の大学・博物館・試験場などを歴訪して柑橘属およびその近縁植物について精査し、これを基盤として柑橘分類の理論体系を完成、昭和二十九年（一九五四）発表した。同五十一年六月二十八日没。九十歳。（田中諭一郎）

たなかちょうべえ　田中長兵衛　㈠初代　一八三四―一九〇一　幕末・明治時代の実業家。釜石鉱山田中製鉄所の創業者、近代製鉄業の開拓者。天保五年（一八三四）、遠州の生まれ。江戸日本橋横山町の釘鉄銅物問屋、鉄屋喜兵衛のもとで修業ののち、安政年間（一八五四―六〇）のころ麻布飯倉に金物商を開いたが、やがて近くの三田に所在した薩摩藩（島津家）の知遇をうけ、その兵糧方として米穀問屋を営み、京橋の北紺屋町大根河岸（中央区八重洲）に本店を構えた。明治維新後は官省御用達商人となり、陸海軍部隊のまかない方をつとめるほか、鉄屋の屋号でひろく造船用材料などの調達にあたった。明治十八年（一八八五）、旧薩摩藩士の大蔵卿松方正義との縁から、工部省による経営失敗後の釜石製鉄所の再興に着手、長男安太郎（二代長兵衛）・女婿横山久太郎ら田中一族をあげて製鉄技術の自立につとめ、二十年七月釜石鉱山田中製鉄所を創立、みずからは田中本店を総括、野呂景義・香村小録ら鉄冶金技術の先駆者たちの協力を得、わが国近代製鉄業を確立に導いた。三十四年十一月七日没。六十八歳。

㈡二代　一八五八—一九二四　明治・大正時代の実業家。幼名安太郎。安政五年(一八五八)十月二十日麻布飯倉の生まれ。はやくから父初代長兵衛を助けて実業につき、釜石鉱山田中製鉄所の経営を軌道にのせ、ことに明治三十六年(一九〇三)同所を民間最初の銑鋼一貫工場に拡充発展させ、鋳鉄管製造や製鋼事業に先鞭をつけた。また日清戦後経営の一環として台湾の産業開発を志し、二十九年十月以来、金瓜石鉱山の金銀精錬事業を成功に導いた。大正六年(一九一七)三月、個人経営組織を改めて田中鉱山株式会社を設立、その社長となったが、第一次世界大戦後の不況と関東大震災による本店焼失の打撃から、十三年同社を三井に譲渡する悲運に落ち、同年三月九日没。六十七歳。

参考文献　日本科学史学会編『日本科学技術史大系』二〇、飯田賢一『日本鉄鋼技術史論』、同「近代製鉄業への道を開いた田中長兵衛」(『鉄鋼界』一二六ノ四)

(飯田　賢一)

たなかでんざえもん　田中伝左衛門　歌舞伎囃子田中流の宗家。家系あるいは芸系は江戸時代中期の西村弥平次に起り、この弥平次には二代あったというが不詳。

㈠九代　?—一九〇九　本名、福蔵。前名、源助・七代目佐太郎。七代目の次男。東京歌舞伎座の座付きとして活躍していたが、明治二十八年(一八九五)に急に金沢へ移住し、同四十二年十一月十一日に同地で没した。

㈡十代　一八八〇—一九五五　落語家三遊亭金朝の次男で、明治十三年(一八八〇)二月二日東京に生まれる。本名、赤田礼三郎。少年時に九代目伝左衛門に入門、田中源助の名を与えられたが、師匠の金沢移住に伴い五代目尾上菊五郎付きとなって柏扇吉と改名。同四十四年、杵屋六左衛門家の許しを得て十代目田中伝左衛門を襲名。のち俳名の凉月を名乗る。明治・大正・昭和の三代にわたり特にツケ師(陰囃子の監督責任者)として高く評価された。昭和三十年(一九五五)二月二十二日没。七十五歳。

㈢十一代　一九〇七—九七　十代目伝左衛門の次男として、明治四十年(一九〇七)七月十七日東京に生まれる。本名、奥瀬孝。前名、八代目佐太郎。昭和二十一年(一九四六)十一代目伝左衛門を襲名。松竹株式会社の囃子部長を勤める。同三十九年歌舞伎囃子協会を設立、会長に就任。同四十五年紫綬褒章を受章。昭和五十三年歌舞伎音楽重要無形文化財各個指定(人間国宝)の認定を受ける。能楽囃子の造詣が深く、歌舞伎囃子の研究家としても知られた。著書に『囃子とともに—十一世田中伝左衛門著作集—』などがある。平成九年(一九九七)三月十六日没。八十九歳。嗣子に九代目佐太郎(次女。本名亀井令子)がいる。

(小林　責)

たなかひさしげ　田中久重　㈠初代　一七九九—一八八一　幕末・明治時代前期の技術家。近代機械工業の開拓者。寛政十一年(一七九九)九月十八日、筑後国久留米通町に生まれる。べっこう細工師弥右衛門の長男。幼名は儀右衛門。発明の才にたけ、十五歳のとき、近くに住む井上伝(久留米絣の創始者)に乞われ織機の機構を考案して模様織を成功させ、また文政年間(一八一八—三〇)久留米五穀神社の祭礼に水仕掛けの「からくり人形」を踊らせ、からくり儀右衛門の名を郷土にとどろかした。文政七年久留米を出て佐賀・熊本・大坂・京都へと技術修業の旅をつづけ、天保五年(一八三四)大坂で懐中燭台・無尽燈などの製作販売を営み、また弘化四年(一八四七)天文暦学の総本山といわれる土御門家に入門・修学して、嵯峨御所大覚寺宮から田中近江大掾源久重の名を許され、京都四条烏丸に「機巧堂」という店を構えた。さらに広瀬元恭に蘭学を学び、西欧科学の知識を吸収して、雲竜水とよぶ消防ポンプや各種の機巧時計や天文理学機器類を創製した。わけても嘉永四年(一八五一)の万年自鳴鐘は精密機械技術を結集した和時計最高の傑作とされ、現在も国立科学博物館蔵として異彩を放っている。翌年はじめて汽船の雛形二隻をつくり関白鷹司政通から「日本第一細工師」と激賞され、その機縁で鍋島直正の招きにより同六年佐賀藩の精煉方にはいり、大砲製造に従事した。さらに文久二年(一八六二)には同藩の汽船電流丸の汽罐、慶応元年(一八六五)には汽船凌風丸を完成し、造船技術に先鞭をつけた。また元治元年(一八六四)からは故郷久留米藩の技術指導を兼ね、機械製造・大小砲の製作にあたり、上海にも出張し汽船購入に助力した。維新後、明治六年(一八七三)久留米を去って上京、藩政時代の同僚・門弟らの協力を得て、同八年七月十一日、東京新橋南金六町一番地(中央区銀座八丁目)に田中工場を創立し、電信機械製作を開始、工部省指定工場ともなり、近代機械工業史のうえに先駆的な役割を果たした。同十四年十一月七日没。八十三歳。墓は東京都港区の青山墓地にある。

㈡二代　一八四六—一九〇五　明治時代の技術家。弘化三年(一八四六)九月一日、筑後国久留米呉服町に金子正八郎の六男に生まれ、幼名は大吉。元治元年(一八六四)初代久重の門にはいり、慶応元年(一八六五)その養嗣子となった。養父を助け久留米で大砲の製造などに従事したのち、ともに上京し、はじめ江戸の麻布今井町、のち芝西久保神谷町の工場で工部省依頼の電信機を製作した。明治七年(一八七四)二月以後はみずからも同省電信寮製造所の技術者となって活動し、ことに同十一年には田中工場の工場設備の大部分を工部省に譲渡し、電信機自給につくした。初代の没後、久重を襲名、明治十五年退官、十一月芝浦すなわち芝区金杉新浜町一番地に大工場を建設、新橋の工場を移して田中製造所と改め、電気通信機・海軍兵器などの製作にあたった。十九年から約一年間、海軍中将角田秀松に従って西欧の実地調査も行い、技術と経営の発展につとめた。かくて民間最大の機械工場となった田中製造所は、二十六年十一月三井に継承され芝浦製作所に改組されるところとなったが、久重は二十八年深川富川町に東京車輌製造所を新設して鉄道用車輌の技術分野を開拓し、三十八年二月二十二日没した。六十歳。

〔参考文献〕田中近江翁顕彰会編『田中近江大掾』、黒岩万次郎『田中久重翁』、東京芝浦電気株式会社編『芝浦製作所六十五年史』、今津健治『近代技術の先駆者』、菊池俊彦『最後のからくり師―田中久重―』(筑波常治・菊池俊彦編『明治の群像』七所収)　（飯田　賢一）

たなかひろし　田中宏　一八五九―一九三三　明治・大正時代の獣医学者。安政六年(一八五九)正月二十九日、鹿児島藩士田中鼎輔の長子として出生。幼名小吉。明治十五年(一八八二)六月駒場農学校獣医本科卒業、同校助教、東京農林学校教授を経て、同三十三年東京帝国大学農科大学教授になり、家畜解剖学講座を担当。大正十一年(一九二二)職を辞するまで四十一年間、斯学の研究と後進の指導に尽瘁し、本邦の近世獣医教育、特に家畜解剖学の基礎を確立した。東京帝国大学名誉教授正三位勲二等獣医学博士。精巧な家畜解剖模型標本を独創、製作したもの千二百種を超え、仏・米・英国の博覧会に出品され、技の精巧なことで欧米の称讃を得た。『家畜医範』解剖編三巻と後年の『家畜解剖図譜』は不朽の名著である。明治・大正時代、本邦養豚の開発に努め、豚肉利用増進のため、四百種の調理法を創案した。昭和八年(一九三三)一月二十七日没。七十五歳。東京の青山墓地に葬る。長子に挿絵画家として知名の田中良がある。

〔参考文献〕『中央獣医学雑誌』四六ノ二　（林田　重幸）

たなかふじまろ　田中不二麻呂　一八四五―一九〇九　明治時代の行政官、政治家。特に明治初期に文部省首脳として、アメリカ合衆国に倣った自由主義的な教育政策を展開したことにより知られている。子爵。弘化二年(一八四五)六月十二日、尾張藩士寅亮(儀兵衛)の子として名古屋に生まれる。文久二年(一八六二)藩主に仕え、慶応二年(一八六六)より藩校明倫堂の監生、助教並となり、のち参与として藩政に参画。明治二年(一八六九)新政府の大学校御用掛に採用されて、教育行政を担当することとなる。同四年文部大丞、同年岩倉具視を特命全権大使とする遣外使節団に文部省からの理事官として参加し、随員とともに欧米教育制度の状況を調査した。帰国後その調査報告を『理事功程』にまとめて上奏、同六年文部省から刊行した。六年十一月文部少輔、翌七年九月文部大輔に就任。特に七年五月中旬から十一年五月下旬まで文部卿が欠員であったために、最高責任者として省務を摂行した。九年四月から翌十年一月まで教育調査のために渡米。文部省学監(顧問)のアメリカ人D・マレー(モルレー)と協力して、「学制」(明治五年八月公布)による全国規模での学校制度の創設を主宰する一方、地域の実情に合わせてのその全面改正案の策定に尽力した。十一年五月改正案「日本教育令」を太政官に上奏したが、参議伊藤博文の指導修正により「教育令」全四十七条となって、十二年九月公布された。この教育令は、文部省の教育行政管理のもと、教育実務上の権限を大幅に町村に委譲し、町村の教育行政を担当する学務委員を町村人民の公選とし、公立学校教則の編成権をその学務委員や教員に与え、私立学校の開設を自由化するなど、教育の地域分権化を志向した。しかし、民権運動への対決策を強化しようとする政治的文脈のもと、監督権を弱められた地方官らの批判によって、この「教育令」は翌十三年十二月改正されるが、それに先立つ同年三月田中は司法卿に転出させられ、以後再び文教行政に復することはなかった。十四年十月参事院副議長、十七年五月より参事院議官兼特命全権公使としてイタリアに駐在、二十年六月にフランス在勤、二十三年六月帰国して枢密顧問官に就任。二十四年六月司法大臣となり、翌年再び枢密顧問官、二十九年から三十一年まで条約実施準備副委員長、三十七年二月高等捕獲審検所長官を経て、三十九年八月一切の公職を辞した。四十二年二月一日死去。六十五歳。東京市の谷中墓地に葬られたが、昭和五十八年(一九八三)東京都西多摩郡五日市町のカトリック五日市霊園に改葬。なお、日本湖沼学の開拓者とされる田中阿歌麿はその長男に、洋裁家で随筆家の田中千代は直系の孫嫁にあたる。著書には上記のほか、『米国百年期博覧会教育報告』(明治十年、文部省)、『米国学校法』(十一年、文部省)などがある。

〔参考文献〕西尾豊作『子爵田中不二麿伝』　（佐藤　秀夫）

たなかふゆじ　田中冬二　一八九四―一九八〇　昭和時代の詩人。本名吉之助。明治二十七年(一八九四)十月十三日、父吉次郎・母八重の長男として福島市に生まれた。少年時代に父母を失い、叔父に引き取られ、立教中学校に入学。大正二年(一九一三)同校を卒業後、第三銀行(現在の富士銀行)へ入行、昭和二十四年(一九四九)停年退職するまで各地の支店を転勤した。中学時代から文学に興味を持ち『文章世界』に投稿、吉江喬松や小島烏水の自然のスケッチや山岳紀行、また北欧文学に影響を受けた。大正十一年、『詩聖』にはじめて詩を投稿、掲載されて本格的詩作に進んだ。昭和四年、処女詩集『青い夜道』を刊行して詩壇に登場、『オルフェオン』『詩と詩論』などに詩を発表、十六年に『四季』の同人となり、四十二年には旧『四季』同人たちと『四季』を復刊させた。詩集は前記のほかに、高村光太郎賞を受賞した『晩春の日に』(昭和三十六年刊)ほか多数。『田中冬二全集』全三巻がある。五十五年四月九日没。八十七歳。　（飛高　隆夫）

たなかへいはち　田中平八　一八三四―八四　幕末・維新期の京浜地方を中心に活躍した実業家。天保五年(一八三四)七月十一日、信濃国伊那郡赤須村(長野県駒ヶ根市赤穂)の農民藤島卯兵衛の三男に生まれる。幼名は釜吉。十八歳の時飯田町の糸商田中保兵衛の養子となり田中平八と改名。幕末の京都で勤王の志士の仲間入りをし、元治元年(一八六四)水戸藩尊攘派の筑波山挙兵に加わるが、のち横浜へ赴いて生糸売込問屋大和屋三郎兵衛の下で働く。慶応元年(一八六五)独立して糸屋と称し、生糸売込と洋銀売買で巨利を博し、「天下の糸平」と自称した。明治元年(一八六八)横浜の両替商の仲間と洋銀相場会所を開設、翌二年設立の横浜通商会社では洋銀相場掛となった。九年東京日本橋で田中組を創立し、十二年には東京兜町米商会所の頭取となる。十一年東京第百十二国立銀行を、十六年私立田中銀行をそれぞれ設立した。十七年六月八日五十一歳で病没。墓は横浜市神奈川区新町の良泉寺にある。伊藤博文の筆になる碑が東京向島の木母寺(東京都墨田区堤通二丁目)に建てられた。

参考文献 梅原忠造編『帝国実業家立志編』、藤本実也『開港と生糸貿易』中 (石井 寛治)

たなかほづみ 田中穂積 一八七六―一九四四 明治から昭和時代前期にかけての財政学者。号聖川。法学博士。明治九年(一八七六)二月十七日、長野県更級郡石川村(長野市篠ノ井石川)に生まれる。二十九年東京専門学校(三十五年早稲田大学と改称)卒業、『東京日日新聞』記者を経て米国コロンビア大学に留学。三十七年早稲田大学講師となり、以後財政学(公債・予算・租税)を担当。同大学新聞研究会の創設に尽力し、四十一年大隈重信の意を受けて『東京毎日新聞』副社長兼主筆となる。大正四年(一九一五)同大学理事、九年大学部商学部長となり、昭和六年(一九三一)第四代総長に就任し、翌年の早大創立五十周年を機会に老朽校舎を近代的建物に改築するなど、大学行政に手腕を発揮した。また、文政審議会委員、日本学術振興会創立委員・理事、教学刷新評議会委員、教育審議会委員を歴任し、十四年貴族院議員に勅任された。十九年八月二十二日、総長在任のまま没。六十九歳。戒名興学院殿釈聖川積徳忠誠大居士。墓は長野市篠ノ井石川にある。

参考文献 加藤中庸編『田中穂積 伝記・文集』、早稲田大学大学史編集所編『田中穂積先生生誕百年記念―記念行事概要・追憶・略歴・著作目録・展示目録―』、同編『早稲田大学百年史』三・四 (佐藤 能丸)

たなかみちたろう 田中美知太郎 一九〇二―八五 昭和時代の哲学者。明治三十五年(一九〇二)一月一日、新潟市に生まれ、東京牛込に育つ。大正十二年(一九二三)二月上智大学本科を退学し、同年四月に京都帝国大学文学部哲学科選科に入学。同十五年三月京都帝国大学卒業。法政大学講師・東京文理科大学講師を経て、昭和二十二年(一九四七)七月京都帝国大学文学部助教授に就任。同年九月『ロゴスとイデア』を岩波書店より刊行し、十一月同書により毎日出版文化賞受賞。同二十五年二月京都大学教授、同年四月文学博士となる。四十年三月京都大学を定年退官、同年四月同大学名誉教授となる。ギリシャ哲学、特にプラトン哲学の研究につとめ、『プラトン全集』全十五巻・別巻一(藤沢令夫と共同編集、岩波書店、四十九―五十三年)、『プラトン』全四巻(岩波書店、五十四―五十九年)などを刊行した。また社会的関心も強く、『読売新聞』の「論壇時評」、『文芸春秋』の「巻頭随筆」などに筆をふるい、日本文化会議理事長をつとめた。五十三年十一月文化勲章受章。『田中美知太郎全集』全十四巻(筑摩書房、四十二―四十六年)があり、その増補決定版全二十六巻(六十二年―平成二年(一九九〇))も出されている。昭和六十年十二月十八日京大病院で死去。八十三歳。

参考文献 林健太郎編『新保守主義』(『現代日本思想大系』三五) (古田 光)

たなかみつあき 田中光顕 一八四三―一九三九 明治時代から昭和時代前期にかけての陸軍軍人、官僚、政治家。号は青山。天保十四年(一八四三)閏九月二十五日、浜田充美(みつよし)・献子の長男(第二子)として土佐国高岡郡佐川村に生まれる。はじめ浜田辰弥、ついで改名して田中顕助と名乗り、のち光顕と改めた。家は土佐藩の国老深尾家(一万石)の新小性格で、二人半扶持という軽格の郷士であった。高知に出て武市瑞山に学び、勤王党に加わり、文久三年(一八六三)上洛して諸藩の志士と交遊した。帰郷後、勤王党弾圧にあい、蟄居・謹慎を命ぜられたが、元治元年(一八六四)長州藩の尊王倒幕運動を援助するため脱藩。中岡慎太郎らとともに薩長連合の成立に尽力し、慶応二年(一八六六)第二次長州征討に従軍して幕府軍と戦った。また中岡の死後は陸援隊を統率。明治元年(一八六八)新政府に出仕し、兵庫県権判事・会計監督司知事・大蔵少丞・戸籍頭などを経て、同四―六年理事官として岩倉使節団に加わり、欧米諸国を視察、使節団の会計をつとめた。帰国後陸軍省に入り、西南戦争で兵站事務を統括。十四年陸軍少将。陸軍省会計局長・参事院議官・恩給局長官などを歴任。十八年内閣書記官長に就任、ついで在職のまま元老院議官に任ぜられた。この間、伊藤博文・山県有朋らの知遇を受けた。二十年子爵授与。二十二―二十四年警視総監。二十三年帝国議会開設に際して、子爵団から貴族院議員に選出されたが、翌年辞任。その後、宮中顧問官兼帝室会計審査局長・宮内次官・宮内省図書頭を経て、明治三十一年二月第三次伊藤内閣の時、宮内大臣に就任。以来、十一年余にわたってその地位にあり、天皇の側近に仕え、宮中政治家として大きな勢力を確立した。四十年伯爵に陞爵。しかし、西本願寺法主大谷光瑞の須磨別邸を皇室の離宮(武庫離宮)として買い上げたことから、西本願寺疑獄事件との関連を噂されて、後年、世の非難を浴びた。四十二年六月宮内大臣を辞任し、以来、政治の表舞台からは引退した。大正七年(一九一八)―八年臨時帝室編修局総裁をつとめた。日本歴史に造詣深く、宮内大臣在任中には、正倉院宝物や京都御所内の東山御文庫の典籍などの調査・研究の途を、学者に開いた。また、長年にわたって明治維新の志士の遺墨などの蒐集につとめ、晩年には、青山文庫(高知県高岡郡佐川町)・多摩聖蹟記念館(東京都多摩市連光寺)・常陽明治記念館(茨城県東茨城郡大洗町)などの設立に尽力し、これらの遺墨・遺品を寄贈して一般に公開した。とりわけ多摩聖蹟記念館には、伊藤博文や山県有朋の田中宛書簡合計四百数十通を中心とする『田中光顕文書』が保存されている(現在は法政大学図書館に移管)。著書に『維新風雲回顧録』がある。昭和十四年(一九三九)三月二十八日死去。九十七歳。

参考文献　沢木健三編『伯爵田中青山』、熊沢一衛『青山余影—田中光顕伯小伝—』、安岡昭男「明治期田中光顕の周辺」(『法政史学』三七)　(鳥海　靖)

たなかゆうび　田中有美　一八三九—一九三三　明治から昭和初期にかけての宮廷画家。田中親美の父。本名茂一。天保十年(一八三九)十一月三十日誕生。父田中新兵衛、母俳人北川梅価の娘よね。幼少より絵を好み、復古大和画家岡田為恭と従兄弟の関係により内弟子となる。為恭が小御所の襖絵制作など宮中絵仕事のため、有美を絵具持ちとして使用したことから、明治天皇と知遇、遊び相手となる。明治維新後、天皇が三条実美に有美の消息を尋ねたので、三条実美は有美に上京を勧め、明治十七年(一八八四)牛込矢来町に移る。これより宮廷画家となる。以後『春日権現霊験記』摸写のため同二十七年ころより下谷区池之端に移居する。また秋元家・三井家の知遇を得、同家所蔵古画古筆類を子親美とともに摸写。作品には「七卿落之図」「王子誕生之図」「御大葬之図」(いずれも宮内庁蔵)などがある。為恭風に呉春風を加味した画風の作品を多く残す。昭和八年(一九三三)三月二十日没。九十五歳。墓所は東京都府中市の多磨墓地。　(福田　行雄)

たなかよしお　田中芳男　一八三八—一九一六　幕末・明治時代に活躍した博物学者、物産家。産物の研究を促進し、日本の農林水産業を近代化した。天保九年(一八三八)八月九日、信濃国伊那郡飯田(長野県飯田市)の天領、千村陣屋の医師田中隆三(如水)の三男として生まれ家督相続。嘉永三年(一八五〇)名古屋の伊藤圭介に師事、文久元年(一八六一)に師に従って江戸に出、翌年蕃書調所物産学出仕、慶応二年(一八六六)仏国大博覧会・明治五年(一八七二)墺国博覧会御用掛、以後多くの外国博覧会に参加、また内国勧業博覧会をたびたび開催、明治十一年駒場農学校を設立、同十四年以降、大日本農会・大日本山林会・大日本水産会・大日本織物協会を創立、東京上野の博物館・動物園の設立に力を尽くす。同二十三年貴族院議員、大正四年(一九一五)男爵。同五年六月二十二日没。七十九歳。墓は東京都台東区の谷中墓地にある。著書に『有用植物図説』『大日本農史』などがある。

参考文献　大日本山林会編『田中芳男君七六展覧会記念誌』、村沢武夫『近代日本を築いた田中芳男と義廉』　(木村陽二郎)

たなかよしとう　田中義能　一八七二—一九四六　明治から昭和時代前期にかけての神道学者、教育家。明治五年(一八七二)九月十二日、山口県玖珂郡に玄之助の次男として生まれた。同三十六年東京帝国大学文科大学哲学科を卒業、直ちに国学院講師となり神道史を担当、のち日本大学・東洋大学・第五高等学校(熊本)の教壇に立った。大正十年(一九二一)、東京帝国大学にはじめて神道講座が開設されるや助教授となりこれを担当、同時に国学院大学にも復帰して神道・国民道徳などを講じ、やがて帝国女子専門学校・和洋女子専門学校などでも実践倫理を講じた。著書に『(最新)科学的教育学』、『国民道徳要領』、『神道哲学精義』、『平田篤胤之哲学』、『神道原論』、『かむながらの神道の研究』や『黒住教の研究』以下教派神道十三教団の概説、その他がある。大正十五年、上田万年を会長に神道学会を設立して機関誌『神道学雑誌』を創刊、昭和六年(一九三一)には神道青年連盟協会を結成して機関誌『神道青年』を公刊するなど、学会活動や青年運動にも貢献した。同二十一年三月四日没。七十五歳。

参考文献　鈴木義一「田中義能」(『神道宗教』四一)　(平井　直房)

たなかよしなり　田中義成　一八六〇—一九一九　明治・大正時代、官学を代表した実証主義の歴史学者。万延元年(一八六〇)三月十五日生まれ。一橋家の家臣田中義信の長男。七歳で父を失い、貧苦のなかで猪野中行に漢学を学んだ。その推薦で太政官修史局に写生として出仕、明治九年(一八七六)に二等繕写生に任官した。二十一年、内閣修史局が廃され、業務が帝国大学に移されると、臨時編年史編纂掛や史誌編纂掛と呼んだが、その文科大学書記となり、一時助教授として漢文学を講じた。二十六年日清戦争で業務が中止すると残務取扱を命ぜられた。二十八年に史料編纂掛が置かれると、史料編纂委員と助教授を兼ね、三十六年文学博士となる。日露戦争後、三十八年史料編纂所の官制ができると史料編纂官兼文科大学教授に任命され、編纂主任の重責をおい国史学第一講座を担当した。大正七年(一九一八)中国に出張中病を得て帰国、八年編纂官を辞して専任教授となったが、十一月四日に急死した。六十歳。勲二等瑞宝章を贈られ、墓は東京都杉並区高円寺南二丁目の鳳林寺にある。その業績は修史局出仕以来四十余年、『大日本古文書』『大日本史料』などの修史事業の基礎を築いたことである。明治十八年重野安繹に従って関東諸県の史料を採訪、二十二年には星野恒に従って中部三県の史料を採訪、二十八年にはみずから山陰に出張して『山陰訪古日録』を残し、採訪記録も九冊に及ぶ。率先して『大日本史料』の出版に着手、第六編之三を準備中、四十四年の南北朝正閏論争か起ったが、学術上は両朝併記が穏当として、その趣旨を貫いた。教職歴は二一八年、第一臨時教員養成所で国語漢文科の講師、文部省教科書調査委員を兼務したこともある。国史学第一講座の稿本は、没後『南北朝時代史』『足利時代史』『織田時代史』『豊臣時代史』として出版された。ほかに『史学雑誌』に五十二篇、『歴史地理』に十五篇の論文や報告がある。

[参考文献] 三上参次「田中博士の閲歴」(田中義成『南北朝時代史』付載)、今枝愛真『南北朝時代史』解説(『講談社学術文庫』)　(松本新八郎)

たなかよしまろ　田中義麿　一八八四―一九七二　大正・昭和時代の遺伝学者。明治十七年(一八八四)十月六日、長野県東筑摩郡片丘村(塩尻市)に生まれる。生家は蚕種製造業。同四十二年七月東北帝国大学農科大学農学科卒業、動物学教室の助手となる。同四十四年同助教授。大正八年(一九一九)から二年間ほど欧米留学。その間九州帝国大学に増設された農学部助教授に転任、同十三年同教授となり、昭和二十一年(一九四六)定年退官。直ちに福岡農業専門学校長。同二十四年十二月から国立遺伝学研究所研究第一部部長、同三十一年退官。同三十三年日本学士院会員。同四十七年七月一日病没。八十七歳。早くから日本の遺伝学の発展に努め、大正四年の日本育種学会設立の発起人、同九年日本遺伝学会への改組時の幹事、第五代目の同会会長を歴任。カイコの遺伝研究を通して近代遺伝学の基礎を固める。主著に『蚕の遺伝講話』(大正九年、明文堂)、『遺伝学』(昭和九年、裳華房)がある。　(鈴木善次)

たなかよりつね　田中頼庸　一八三六―九七　幕末・明治時代の国学者。号は雲岫。父は四郎左衛門、母は樺山氏。天保七年(一八三六)五月の生まれ。鹿児島藩士であったが、父の故を以て年十五の時、大島に流され辛酸をなめた。文久年中(一八六一―六四)藩命により上洛、また明治初年には藩学造士館国学局初講に任じ、神社奉行に補された。明治四年(一八七一)神代山陵取調の公命により、『神代三陵志』の著作に関係。そののち神祇省に出仕、教部大録、七年に神宮大宮司、九年大教正、十年神宮宮司に任じ(官制改革)、十二年神道事務局副管長となり、十五年に神道神宮教管長となった。神宮教はのちに神宮奉斎会となるが、会長今泉定助との因縁が深い。三十年四月十日没。六十二歳。墓は東京都港区の青山墓地にある。頼庸は博覧強記で著書に、『校訂日本紀』、『校訂古事記』、『賢所祭神考証』、『神宮祭神提要』、『神宮祭神略記』、『古事記新釈』、『校訂古語拾遺』、『神徳論』、『諄辞』、『三条演義』、『祝詞集』、『梅の屋文集』(『田頼文集』)など多数ある。

[参考文献] 『今泉定助先生研究全集』一、鹿児島史談会編『神代三山陵』　(阪本健一)

たなかりゅうきち　田中隆吉　一八九三―一九七二　大正・昭和時代前期の陸軍軍人。明治二十六年(一八九三)七月九日、田中恒太郎の長男に生まれる。島根県出身。陸軍士官学校第二十六期生(砲兵科)。大正十一年(一九二二)陸軍大学校卒業後、参謀本部支那課の部員となり、いわゆる「支那通」になる。研究員として北京・張家口に駐在、参謀本部部員(支那課)を経て上海駐在。昭和七年(一九三二)一月からの上海事変は田中の謀略により突発したといわれる。ついで砲兵部隊の勤務ののち、関東軍情報参謀となり、蒙古工作を実施。徳王を擁して勢力の拡大を図り、同十一年末、謀略部隊を綏遠省に進攻させたが敗退し、工作は頓挫した。その後、砲兵連隊長・陸軍省兵務課長を経て、山西省の第一軍参謀長となり、閻錫山懐柔工作を実施中、十五年十二月、陸軍省兵務局長となり、東条英機陸相の政務を補佐したが、十七年十月辞任、翌年三月予備役編入。戦後は極東国際軍事裁判で検事側証人となり、旧陸軍の内情を暴露して活躍した。四十七年六月五日没。七十八歳。

[参考文献] 秦郁彦『昭和史の軍人たち』、日本近代史料研究会編『日本陸海軍の制度・組織・人事』　(森松俊夫)

たなはしあやこ　棚橋絢子　一八三九―一九三九　明治から昭和時代前期にかけての女子教育家。天保十年(一八三九)二月二十四日、大坂の生まれ。幼時より学を好み、漢籍を学んだ。十九歳で盲目の儒者棚橋松村に嫁し、内助につとめ、また塾を開いて家計を支えた。明治以降、名古屋や東京の小学校・女学校で教鞭をとり、後半生は名古屋市高等女学校・東京高等女学校などを経営し、修身・倫理を講じて、賢母良妻の道を具体的実践的に説いた。昭和十四年(一九三九)九月二十一日没。百一歳。墓は東京都台東区谷中の全生庵にある。

[参考文献] 中村武羅夫『伝記棚橋絢子刀自』、東京女子学園編『創立五十年史』　(千住克己)

たなはしことら　棚橋小虎　一八八九―一九七三　大正・昭和時代の労働運動家。友愛会刷新の推進者、日本労働組合同盟初代会長。明治二十二年(一八八九)一月十四日、棚橋宣章・さゑの六男として長野県東筑摩郡松本町徒士町(松本市)に生まれる。開智小学校・松本中学校・第三高等学校を経て東京帝国大学法科大学卒業、学生時代盟友麻生久とともに吉野作造・安部磯雄の影響をうけ、大正六年(一九一七)七月卒業後直ちに友愛会入りを期するが、鈴木文治に「財政上人を入れる余地なし」と断わられ、一旦司法官試補になる。翌七年九月友愛会に入り、八年関東出張所主事として、ILO代表権問題・足尾鉱山ストライキ・日立争議などの指導に没頭した。九月東京連合会主事に就任、十年『労働』新年号に「労働組合へ帰れ」を発表、このため七月の連合会大会で「知識分子排撃」にあい、議長を辞職した。十一年渡欧、ベルリンを経て、ジュネーブに赴き森戸辰男・浅利順四郎の助力を得て、第四回ILO会議に日本政府の憲章違反を暴露した。十二年七月リガを経てモスクワに入り、ルクスホテルに滞在、ホー＝チミン・片山潜らに交わる。シベリアを経て帰国、十三年結核保養のため、淡路島洲本に移り、弁護士を開業した。十五年日本労働組合同盟(日本労農党系)会長に就任。昭和十一年(一九三六)、洲本より松本に移転、十二年四月の衆議院選挙に松本第四区より出馬したが次点。二十一年日本社会党より衆議院議員となるも二十二年公職追放(二十三年解除)、二十五年より三十七年まで参議院議員(社会党より民社党へ)。四十八年二月二十日松本の自宅にて死去。八十四歳。墓所は松本市沢村にある。

参考文献 棚橋小虎追悼集刊行会編『追想棚橋小虎』、棚橋小虎『小虎が駆ける―草創期の労働運動家棚橋小虎自伝』

(牛山 敬二)

たなはしとらごろう 棚橋寅五郎 一八六六―一九五五 明治から昭和時代にかけての実業家。慶応二年(一八六六)九月四日、棚橋佐久太・妙の次男として越後国古志郡芹川村(新潟県長岡市)に生まれる。明治二十六年(一八九三)帝国大学工科大学卒業。同期に西川虎吉がいる。在学中よりヨードを研究し、同年九月に棚橋製薬所(大正四年(一九一五)日本製錬に改組)を設立。四十二年九月、鈴木三郎助・加藤忠次郎と共同で日本化学工業(会長は大倉喜八郎)を設立。ヨード副産物よりマッチの原料塩素酸カリ、火薬原料の硝酸カリ、カリ肥料、重クロム酸カリ、電炉工業へと進む。この間、鉄興社・昭和特殊製鋼などを設立し、揖斐川電気・旭電化・日本醸造工業・東邦電化などに関与。大正四年工学博士。昭和十三年(一九三八)クロム酸塩の製造に対し帝国発明協会恩賜賞。また、高峰譲吉の弟藤井栄三郎と『化学工業時報』創刊。昭和三十年十二月十一日死去。八十九歳。法名は精錬院釈広寿。墓は東京都港区の青山墓地にある。著書に『進み行く我化学工業』(昭和十三年)、『化学工業六十年』(同二十六年)がある。

参考文献 日本無機薬品協会編『日本無機薬品工業史』

(鈴木 恒夫)

たなべありひで 田辺有栄 一八四五―一九一一 明治時代の地方政治家、事業家。弘化二年(一八四五)十月七日生まれる。甲斐国山梨郡下於曾村(山梨県塩山市)長百姓田辺周右衛門の長男。明治三年(一八七〇)下於曾村名主となる。五年八月山梨県下に大小切税法廃止反対運動が起った際、嘆願文起草者として逮捕されたが刑は免れた。十二年府県会規則施行による山梨県県会議員に選ばれ、翌十三年依田孝とともに「峡中同進会」による国会開設請願の総代として上京し、太政官へ請願を繰り返した。その後二十三年まで引きつづき県会議員。二十三年第一回総選挙で山梨県第二区から衆議院議員に当選し、第一議会では無所属、第二議会では巴倶楽部に属した。以後は衆議院・県会とも出馬しなかったが、東山梨郡非公道派の領袖として県政界に影響力を維持した。この間、十一年に銀行類似会社盛産社をおこしたほか、山梨蚕糸協会幹事・山梨銀行頭取にもなり、地方産業の発展に貢献した。明治四十四年九月十四日死去。六十七歳。東山梨郡七里村(塩山市)向嶽寺に埋葬。

参考文献 飯田文弥「田辺有栄」(青少年のための山梨県民会議編『郷土史にかがやく人々』一二所収)

(有泉 貞夫)

たなべごへえ 田辺五兵衛 大坂の朱印船貿易業者、田辺屋又左衛門を祖とする黒川田辺屋代々の襲名名称。延宝六年(一六七八)に土佐堀の田辺屋橋(現在の常安橋)南詰で合薬業を独立開業し分家した初代(一六四六―一七二二)が黒川大和大掾藤原金永の受領名を受けたので、他の田辺屋一統と区別して黒川田辺屋と呼ばれた。産前産後薬の田辺屋振出薬(たなべや薬)を主力商品として、漸次合薬品目を増し、合薬業者として成功した歴代の五兵衛は、六代目に至って大坂薬種市場の中心地、道修町に進出、寛政三年(一七九一)薬種中買株仲間に加入、九代目のとき対州御物朝鮮産薬種の付問屋を兼業(文政三年(一八二〇))して事業を伸展させ、十一代目のとき家持になった。幕末維新の激変市場下で、十一代目がいち早く明治三年(一八七〇)ころ洋薬取扱いを行い、十二代目の同十年には、製薬業にも手を染めて洋薬国産化をはかるなど、近代薬業に対処して、武田・塩野義とともに道修町薬業家の「御三家」に数えられる地位を占めるに至った。十三代目の昭和八年(一九三三)、個人企業としての田辺五兵衛商店を株式会社に改組、現称の田辺製薬と改称したのが十四代目(一九〇八―七二)の昭和十八年で、この代をもって三百年近い世襲の伝統に終止符をうち、同三十年代表権を田辺家以外の人材に託した。十四代目五兵衛は、学生時代から日本サッカーの振興に尽くし、長らくサッカー協会の中心的役員として、スポーツ界でも活躍した。

参考文献 『田辺製薬三百五年史』

(宗田 一)

たなべさくろう 田辺朔郎 一八六一―一九四四 明治から昭和時代前期にかけての土木工学者。琵琶湖疏水工事の完成者。工学博士。文久元年(一八六一)十一月一日、幕臣で西洋砲術家の父、田辺孫次郎の長男として江戸に生まれ、明治十年(一八七七)工部大学校に入学、十六年五月、土木学科卒業と同時に、京都府知事北垣国道に請われてその御用掛となり、みずからの卒業論文「琵琶湖疏水工事計画」を基本に、工費百二十五万円という大事業の設計・施工を主任技術者として推進する。地域総合開発事業の典型として高く評価されるこの工事は、同二十三年完成、水力発電の優位性を見抜いた田辺の慧眼により西陣織などの伝統産業を支えたほか、二十八年わが国最初の路面電車が京都市に登場する源泉となる。二十三年十一月帝国大学工科大学教授に招かれ、土木工学・応用力学講座を担当、北海道の鉄道建設にも貢献し、三十三年京都帝国大学教授、大正五年(一九一六)同工科大学学長、十二年名誉教授となった。昭和四年(一九二九)土木学会会長。また丹那・関門トンネルの計画、『明治工業史』編纂などに大きく寄与した。昭和十九年九月五日没。八十四歳。

参考文献 『田辺朔郎自伝』、京都市参事会編『琵琶湖疏水要誌』、西川正治郎『田辺朔郎博士六十年史』、田村喜子『京都インクライン物語』

(飯田 賢一)

たなべたいち 田辺太一 一八三一―一九一五 幕末・

明治時代の外務官僚。天保二年(一八三一)九月十六日、幕府儒臣田辺石庵の次男として誕生。初名定輔、のち太一と改め蓮舟と号す。名前の太一は、正しくは「やすかず」と読む。昌平坂学問所甲科及第。甲府徽典館教授より安政六年(一八五九)外国方に起用、爾来、外国奉行水野忠徳の知遇をうけ文久元年(一八六一)調役並に進み、同三年十二月四日組頭に抜擢、横浜鎖港談判使節池田長発に随行渡仏したが使節の無断帰国によって免職・差扣。その後外国奉行手附となり「書翰取調之御用重立取扱」の際、独力にて『通信全覧』の編纂を創業し、また一方、関税改訂談判の交渉事務をも総括して慶応二年(一八六六)組頭勤方に再役。翌年パリ博覧会派遣使節に随行して奔走し、帰国後目付に任じ、徳川宗家の静岡移封後に至り沼津兵学校教授に就任。明治三年(一八七〇)正月外務省に外務少丞の厚遇を以て迎えられ、翌年岩倉使節の一等書記官として随行した。同七年記録局長心得として外交記録の整備に意を用い、また台湾事件では大久保利通弁理大臣を輔け北京で折衝した。同十年外務大書記官、公信局長心得。同十二年清国に在勤し、のちに臨時代理公使をも勤めたが、十五年帰国し元老院議官に任じた。晩年は維新史料編纂委員。田辺は維新後、岡崎撫松・福地桜痴(源一郎)らとともに「幕末史の活ける逸事記」として著名なだけでなく、すこぶる詩文に長じ書も巧みで雑誌『旧幕府』の題字はその筆になる。彼の長女竜子は三宅雪嶺夫人で、閨秀作家花圃として有名。大正四年(一九一五)九月十六日東京にて没し、墓は港区の青山墓地にある。年八十五。著書に『幕末外交談』などがある。

参考文献 田中正弘『近代日本と幕末外交文書編纂の研究』、「蓮翁往事談」(『旧幕府』一ノ三)、山内堤雲「田辺蓮舟先生五十年前の追憶」(『日本及日本人』六六七)、塩田良平「花圃作「夜半の埋火」に就いて―田辺蓮舟伝記資料―」(『松蔭女子学院大学研究紀要』八)

(田中 正弘)

たなべはじめ 田辺元 一八八五―一九六二 大正・昭和時代の哲学者。明治十八年(一八八五)二月三日、田辺新之助の長男として、東京神田猿楽町(千代田区)に生まれる。城北中学校、第一高等学校理科を経て、同三十七年に東京帝国大学数学科に入学したが、まもなく哲学科に転科し、四十一年七月に同大学同科を卒業。同月、同大学大学院に入学。四十五年に大学院を退学し、翌大正二年(一九一三)八月に東北帝国大学理学部講師となり、科学概論を担当する。同八年八月、西田幾多郎の招きにより京都帝国大学文学部助教授となり、十一年三月からヨーロッパに留学。主としてドイツのフライブルク大学でフッサールについて現象学を研究し、十三年一月に帰国。昭和二年(一九二七)十一月に京都帝大教授となり、同二十年三月に退官するまでその職にあった。彼の哲学は、西田幾多郎の哲学とともに、日本の哲学に一画期を築くものであり、しばしば「田辺哲学」とよばれている。田辺ははじめ新カント学派の哲学に学びつつ、近代科学の批判的考察を行い、科学論の分野で開拓的業績をあげた。『最近の自然科学』(大正四年)、『科学概論』(同七年)、『数理哲学研究』(同十四年)などがその成果であり、これらの業績により大正七年に文学博士号を得ている。京都帝大に移り、ヨーロッパに留学してからは、現象学からの刺激もあって、田辺の思索は批判から世界観へ、認識論から弁証法へ、数理物理的な自然から人間社会的な歴史へと向かってゆく。『カントの目的論』(大正十三年)は、そうした転機を示す指標である。やがて昭和期に入ってマルクス主義が日本の思想界に強い影響を与えるようになると、田辺はこれと批判的に対決しつつ、ヘーゲルの観念弁証法とマルクスの唯物弁証法をともにのりこえようとし、『ヘーゲル哲学と弁証法』(昭和七年)において、独自の「絶対弁証法」を構想した。そしてこの立場から昭和九年に「社会存在の論理」という論文を書き、「種の論理」を提唱した。これは西田哲学を批判して田辺哲学の独自の立場を明確にしたもので、西田哲学が個と全体(類・一般者)の関係をとらえるのに具体的媒介を欠くことを批判し、媒介項として歴史的な社会存在(種)を導入するものであった。しかし、この種は具体的には民族や国家であり、国家を絶対化する傾向をも含むものであったため、折からの戦争を正当化する論理ともなった。第二次世界大戦以後『懺悔道としての哲学』(二十一年)を発表して従来の立場を自己批判したが、その後も哲学そのものを他力信仰的に建て直そうとする立場から、晩年に至るまで活発な著作活動を続けた。二十二年学士院会員、二十五年文化勲章受章。三十七年四月二十九日群馬大学病院で死去。七十七歳。主な著作としては、前掲のもののほか、『哲学通論』(昭和八年)、『歴史的現実』(同十五年)、『政治哲学の急務』(同二十一年)、『キリスト教の弁証』(同二十三年)、『哲学入門』(同二十四―二十七年)、『ヴァレリイの芸術哲学』(同二十六年)、『数理の歴史主義展開』(同二十九年)など。筑摩書房から『田辺元全集』全十五巻が出ている。

参考文献 辻村公一編『田辺元』(『現代日本思想大系』二三)、中埜肇編『田辺元集』(『近代日本思想大系』二三)、高坂正顕『西田哲学と田辺哲学』、家永三郎『田辺元の思想史的研究』、弘文堂編集部編『田辺哲学』、戸坂潤『現代哲学講話』(『戸坂潤全集』三)、荒川幾男『一九三〇年代―昭和思想史―』(『現代日本思想史』五)

(古田 光)

たなべはるみち 田辺治通 一八七八―一九五〇 大正・昭和時代前期の官僚、政治家。明治十一年(一八七八)十月十七日、山梨県東山梨郡神金村(塩山市)の酒造家田辺義信・さくの次男として生まれる。第一高等中学校を経て、同三十八年東京帝国大学法科大学(仏法)を卒業し、逓信省に入省。フランス留学後、大正二年(一九一三)通信局業務課長に就任して無線電信法の立案にあたった。為替貯金局保険部長・大阪逓信局長・東京逓信局長を歴任。十三年一月通信局長となったが、いわゆる「通信閥」官僚の有力者と目されて、野党勢力の非難を浴び、同年六月清浦内閣が退陣して加藤高明護憲三派内閣が成立すると、休職処分に付せられ、ついで依願免官となった。在官中から平沼騏一郎に私淑し、十三年の国本社創立に参画してその理事となり、平沼の側近として国本社による国粋主義的な国民教化運動を推進した。昭和二年（一九二七）縁戚にあたる鈴木喜三郎内相の推薦で大阪府知事となったが、翌年鈴木の辞任とともに退官。八年満洲国参議となり、参議府副議長をつとめた。十四年一月平沼内閣成立にあたって内閣書記官長に就任。同年四月逓信大臣に転じたが、八月平沼内閣の退陣とともに辞任し、翌年貴族院議員に勅任された。十六年七月第三次近衛内閣に内務大臣として入閣したが、十月内閣総辞職により辞任。晩年は大日本飛行協会会長をつとめた。二十一年九月公職追放。二十五年一月三十日、東京九段の東京逓信病院で死去。七十一歳。墓は東京都文京区本郷五丁目の喜福寺にある。

参考文献 田辺治通伝記編纂会編『田辺治通』 （鳥海 靖）

たなべひさお 田辺尚雄 一八八三―一九八四 大正・昭和時代の音楽学者。日本および東洋音楽を専攻し、特に東洋音楽研究では開拓者的存在。明治十六年（一八八三）八月十六日、本岡竜雄・ふみの次男として東京に生まれる。二十八年、親戚の田辺貞吉の養子となる。四十年、東京帝国大学理科大学理論物理学科を卒業して大学院に進む。早くから、西洋音楽の実技と理論を学んでいたが、日本音楽の研究を志して、大学院進学と同時に田中正平の邦楽研究所に入る。また理学博士中村清二の指導により日本および中国の楽律研究に従事。大正九年（一九二〇）以降、正倉院の楽器の調査や、朝鮮・中国本土・台湾・沖縄諸島・樺太・太平洋諸島の音楽の実地調査を行う。なかでも朝鮮李朝の雅楽を今日まで存続させた功績は大きい。宮城道雄・中尾都山らによる新日本音楽の活動にも参加。大学院在学中から東洋音楽学校の講師をつとめたほか、東大・東京音楽学校・東京盲学校ほか多数の教育機関の教壇に立つ。昭和十一年（一九三六）東洋音楽学会設立とともに会長に就任。昭和四年、帝国学士院賞受賞。五十六年、文化功労者に選ばれた。五十九年三月五日没。百歳。『日本音楽講話』ほか著書多数。墓は東京都小平市美園町の小平霊園にある。

参考文献 『田辺尚雄自叙伝』、『続田辺尚雄自叙伝』 （蒲生 郷昭）

たなべやすたろう 田辺安太郎 一八四四―一九三〇 明治時代における日本最初の活字母型師。弘化元年（一八四四）十一月十六日、肥前国長崎今魚町の紅商安兵衛の長男に生まれた。本木昌造の門下となって、字母の彫刻を習得した。明治三年（一八七〇）大阪大手通町の長崎新町塾出張所大阪活版所に派遣され、母型製造に多くの改良をもたらした。しかし意見の相違から十六年同所を去り、北新町に字母製造業を開業した。秘密主義を排し、依頼に応じて技術を伝授したので、関西の字母製造界に大きな影響を与えた。三十二年引退し、大阪電話交換局の電話機修繕係として余生を送り、昭和五年（一九三〇）一月二十六日、八十七歳で没した。 （高村 直助）

たにかわてつぞう 谷川徹三 一八九五―一九八九 昭和時代の哲学者、評論家。明治二十八年（一八九五）五月二十六日、愛知県知多郡常滑町（常滑市）の商家、谷川米太郎の次男に生まれる。第一高等学校を経て、大正十一年（一九二二）京都帝国大学文学部哲学科を卒業。在学中は西田幾多郎に学び、三木清・林達夫らと交わる。同志社大学講師を経て、昭和三年（一九二八）に法政大学教授（同四十五年まで）となる。その間にジンメル『カントとゲーテ』（大正十一年）、ゲーテ『芸術論集』（昭和二年）などを翻訳し、『感傷と反省』（大正十四年）を刊行。昭和四年四月から和辻哲郎・林達夫らと雑誌『思想』の編集にあたる。その後、ヒューマニズムの立場から思想・文化・文学・芸術など、広汎な領域で評論活動を行う。第二次世界大戦後、『婦人公論』編集長、東京国立博物館次長などをつとめ、同二十四年から生成会『心』同人（のちに編集代表委員）に参加。また同二十三年ごろから世界連邦政府運動に共感し、『ヒューマニズム』（同二十四年）、『平和の哲学』（同二十八年）などを刊行し、核兵器廃絶の平和運動にも協力した。同三十八年法政大学総長（同四十年まで）、同五十年芸術院会員、同六十二年文化功労者となる。平成元年（一九八九）九月二十七日没。九十四歳。著書は『宮沢賢治の世界』（昭和三十八年）、『縄文的原型と弥生的原型』（同四十六年）、『生涯一書生』（同六十三年）など多数。『谷川徹三選集』（全三巻、同二十一―二十三年、斎藤書店）がある。なお、詩人の谷川俊太郎はその長男。

参考文献 宮川透・荒川幾男編『日本近代哲学史』（『有斐閣選書』） （古田 光）

たにかんじょう 谷干城 ⇨たにたてき

たにぐちあいざん 谷口靄山 一八一六―九九 幕末・明治時代の南画家。名は貞二（修して貞という）。字は士幹。鴨沂水荘と号す。文化十三年（一八一六）越中国新川郡に生まれる。南画家水上源淵に画の手ほどきを受け、十八歳で江戸に出て谷文晁について文斎と号した。梁川星巌の紹介によって、高久靄厓に学び、渡辺崋山の指摘により号を靄山と改める。その後京都・大坂・九州と遊歴、広瀬淡窓の塾に寓し、長崎では清客陳逸舟に学ぶ。弘化四年（一八四七）、京都で貫名海屋に師事し、以後居を京都に定める。明治十三年（一八八〇）京都府画学校に出仕。詩情ある山水花鳥画を特色とし、内国絵画共進会で銅印賞を受賞する。二十九年南画協会の創立にあたって尽力し、田能村直入とともに明治前半期の京都南画壇の双璧として知られた。明治三十二年十二月三十日没。八十四歳。京都府上京区朱雀野村（中京区西ノ京中保町）の西王寺に葬られる。

参考文献　添田達嶺『明治大正日本画史』前期　（細野　正信）

たにぐちなおみ　谷口尚真　一八七〇―一九四一　明治から昭和時代前期にかけての海軍軍人。旧広島藩士谷口真郷の次男として明治三年（一八七〇）三月十七日、広島に出生。海軍兵学校に進み同二十五年七月卒業。日清戦争に巡洋艦「高雄」乗組として参加し、海軍大学校を終えたあと日露戦争に、はじめ第二艦隊参謀、ついで軍令部参謀として参加した。戦後、アメリカ公使館付として四年近く駐在。巡洋艦「生駒」「常磐」、戦艦「榛名」各艦長のあと大正六年（一九一七）十二月、将官に進む。海軍省人事局長・馬公要港部司令官・練習艦隊司令官・海軍兵学校長・第二艦隊司令長官・呉鎮守府司令長官を歴任して昭和三年（一九二八）四月、大将。連合艦隊司令長官のあと再度呉鎮守府司令長官のとき、いわゆる統帥権干犯問題で加藤寛治が辞任したあと同五年六月、海軍軍令部長に就任。満洲事変に反対し海軍部内の革新勢力のため同七年二月、辞任に追いこまれる。同十六年十月三十日東京の自宅で死去。七十二歳。

参考文献　防衛庁防衛研修所戦史室編『大本営海軍部・聯合艦隊』一（『戦史叢書』九一）　（野村　実）

たにぐちまさはる　谷口雅春　一八九三―一九八五　昭和時代の宗教家。生長の家教祖。本名は正治。明治二十六年（一八九三）十一月二十二日、神戸六甲裏山の農家に生まれ、叔母の嫁ぎ先の神戸の町工場主石津家の養子となった。早稲田大学英文科に進んだが、恋愛問題で養家を追われ中退した。明石で就職し、かたわら心霊療法を学び、退職後、仏典を読んで宗教に開眼した。大正六年（一九一七）大本教に入信して綾部に住み、本部奉仕者の江守輝子と結婚した。第一次大本教事件（大正十年）の翌年、同教を去り、一燈園に入ったがあきたりず、東京で心霊科学研究会に参加した。昭和四年（一九二九）「物質はない、実相がある」との神示を受けたとして、独自の教義を整えた。同五年神戸で雑誌『生長の家』を創刊し、人生苦・病苦の解決を説いて誌友（信者）をつくった。同九年東京で光明思想普及会をつくって布教し、翌年、教化団体生長の家を設立した。戦争中の同十五年宗教結社となり、戦争に全面的に協力した。戦後、公職追放となったが、講和後、生長の家総裁に復帰し、その統率下で同教は右傾化し神道色を濃くした。昭和六十年六月十七日没した。九十一歳。

参考文献　小野泰博他『新宗教の世界』五　（村上　重良）

たにざきじゅんいちろう　谷崎潤一郎　一八八六―一九六五　明治時代後期から昭和時代にかけての小説家、戯曲家。明治十九年（一八八六）七月二十四日、東京市日本橋区蠣殻町（東京都中央区日本橋人形町）に父倉五郎（二十八歳）、母セキ（二十三歳）の間に、母方の祖父久右衛門の経営する谷崎活版所（米相場新聞の発行所）に生まれ、前年長男生後夭折のため長男として届出。乳母もつけられ約二年その家に同居。父は神田旅籠町の酒問屋玉川屋江沢家の三男で久右衛門三女に入婿したもので、母は評判の美人。あとに精二（小説家、早大名誉教授）、得三、園、伊勢、須恵（末）、終平の三弟三妹が生まれる。父は洋酒店、点燈社、米穀仲買店と開業しては失敗、付近の家を転転、明治二十四年潤一郎は霊岸島の小岸幼稚園、翌年坂本町の阪本尋常高等小学校に二学期から入学。二十七年父は仲買店を廃業、同区南茅場町の裏長屋に転居、兜町の証券取引所に勤務、以後八年間の住居となる。三十年高等科に進学、三十四年卒業。家貧しく奉公に出されるところを先生の勧めや、親友笹沼源之助の笹沼家、伯父久兵衛の援助で四月、東京府立第一中学校に進学。二年には首席で進級、家貧窮のため退学を迫られたが、校長、漢文教師らの世話で京橋区采女町（中央区銀座）の築地精養軒北村重昌宅に住み込み家庭教師兼書生となる。二学期から三年編入試験に合格して三年に飛び級、文才を全校に謳われ、明治三十八年三月卒業。九月、第一高等学校一部甲類一の組（英法科）に入学、三年の時には文芸部委員となる。北村家の小間使い箱根塔之沢の旅館の娘穂積フクに送った艶書が発見され、同家を出されて一高の朶寮に移る。文学者になる決意を固め、同四十一年九月に東京帝国大学文科大学国文学科に進学。四十四年七月授業料滞納のため卒業期に退学処分。前年九月、和辻哲郎らと同人雑誌第二次『新思潮』を創刊、同年同誌発表の『刺青（しせい）』『麒麟』、翌年『スバル』発表の『少年』『幇間』などの短編小説が永井荷風に激賞され華々しく文壇に登場。荷風はその文学の特質として「肉体的恐怖から生ずる神秘幽玄」（マゾヒズム・サジズム・フェティシズム）、「都会的」、「文章の完全」の三つをあげたが、これらは谷崎文学一生を通じての特徴で、ことに第一の変態性欲とそれに伴う女体拝跪は他に類例を見ず、生い立ちからくる町人性もその特徴の一つで、西欧的芸術至上主義・耽美主義・悪魔主義の新文学に歌舞伎など江戸芸術の伝統を加え、絢爛たる反自然主義文学の旗手となって小説・戯曲を書き進める。三十歳の大正四年（一九一五）五月、前橋市出身の石川千代（二十歳）と結婚、翌年三月長女鮎子が誕生。実生活からくる人道の警鐘と悪魔美に憬れる芸術観との間に悩み、このころの小説には人情味が現われ、『母を恋ふる記』（八年）は六年に母を失った追慕作で谷崎文学の一系列母恋い物の原型となる。一方、特に悪を強調した一連の先駆的推理小説も作られる。大正七年十―十二月第一回中国旅行（十五年初め上海再遊）。八年十二月神奈川県小田原町に転居。九年五月、大正活映株式会社が横浜に設立され脚本部顧問となり、脚色のほかシナリオの創作もし、六年の東京小石川原町時代から一家と同居し恋愛関係に陥った妻千代の実妹せい子を女優として売り出そうとする。十年には撮影所との関係を絶つが、同年横浜市本牧、十一年に山手へ転居、洋風なモダン生活を送る。戯曲の代表作『愛すればこそ』（十

―十一年)、『お国と五平』(十一年)を生む。大正十二年九月一日、潤一郎は避暑中の箱根の路上で関東大震災に遇う。単身大阪へ逃れ、九日海路上京し家族と再会、二十日家族を伴い海路神戸へ、いったん京都市に居住ののち、十二月兵庫県六甲苦楽園万象館へ転居、これから三十三年間、阪神間と戦後の京都との転居約十四回の関西定住に入る。少し前から長編小説を志し、『痴人の愛』(十三―十四年)は彼のモダニズム時代の代表作で、その後作品の舞台は関西に移り、全編女性の大阪弁で綴った『卍』(昭和三年(一九二八)―五年)、著しい日本趣味への傾斜を示した『蓼喰ふ虫』(三―四年)を書いたが、昭和五年八月、潤一郎・千代・佐藤春夫の連名で、潤一郎は千代と離婚、千代と春夫が結婚するとの挨拶状を知人に送って細君譲渡事件として世間を騒がせる。すでに東京や小田原時代に萌した、千代を疎んじる潤一郎、千代に同情した親友春夫と千代との恋愛の円満解決であった。翌六年潤一郎は四十六歳で二十五歳の鳥取市出身の『婦人サロン』記者古川丁未子と結婚、高野山に籠って歴史小説『盲目物語』を書き日本回帰への時代に入る。昭和二年以来、大阪の綿布問屋根津清太郎の夫人松子(藤永田造船所の大株主森田安松次女)と知り合っていたが、年末、西宮市外夙川の根津別荘に住む。翌年には夫の放蕩などで魚崎町に別居中の松子と隣合せに住むようになり、潤一郎は松子への恋情が募りついに求婚する。松子はすでにその文学の美神になっていたが、潤一郎の作風は一変、美的には八―九年の随筆『陰翳礼讃』に語られた日本的陰翳美へ、形式は一作ごとに新工夫をこらした簡潔体へと進み、探訪手記体『吉野葛』(六年)、追回談体『蘆刈』(七年)、考証伝体『春琴抄』(八年)の中編傑作を生む。昭和八年には丁未子夫人と別居、九年松子と同棲、同十年丁未子と合意離婚、前年根津家を去っていた松子と結婚となる。潤一郎五十歳、松子三十三歳。この年から『源氏物語』の現代語訳に専心し昭和十三年脱稿、十四年から出版。十二年には帝国芸術院(十六年から日本芸術院)会員となる。十七年静岡県熱海市西山に別荘を購入し、大長編写実小説『細雪』の執筆にかかる。十八年雑誌発表二回で当局の掲載禁止処分を受け、以後密かに書きつづけて二十年の太平洋戦争終結までには中巻まで脱稿。同年戦局が激しくなると、五月には岡山県津山市、七月に同県勝山町に疎開。二十一年五月から一家は京都に居住、また夏冬を熱海で過ごす。二十三年までには『細雪』の上・中・下巻の上梓終り、二十四年第八回文化勲章受章。老来ますます創作の筆は若やぎ深まって『少将滋幹の母』(二十四―二十五年)、『鍵』(三十一年)、『夢の浮橋』(三十四年)、『瘋癲老人日記』(三十六―三十七年)などの諸傑作を生む。『蓼喰ふ虫』以来、谷崎文学の世界各国語訳は盛んで、三十七年以来ノーベル文学賞受賞の声が高かったが惜しくも逸し、三十九年、全米芸術院・米国文学芸術アカデミー名誉会員に選ばれ、二十九年以来居を熱海市伊豆山に移していたが、この年には湯河原町吉浜に湘碧山房を新築移転、翌昭和四十年七月三十日、七十九歳で腎不全に心不全を併発して死去。八月三日、東京都港区青山葬儀所で告別式、遺骨は百か日の納骨式に京都市左京区鹿ヶ谷浄土宗法然院の逆修墓と、谷崎家の菩提寺、東京都豊島区巣鴨五丁目の日蓮宗慈眼寺に分骨された。法名安楽寿院功誉文林徳潤居士。全集には『谷崎潤一郎全集』(中央公論社)などがある。

参考文献 橘弘一郎編『谷崎潤一郎先生著書総目録』、永栄啓伸『谷崎潤一郎―資料と動向―』、谷崎松子『倚松庵の夢』、伊藤整『谷崎潤一郎の文学』、野村尚吾『(改訂新版)伝記谷崎潤一郎』、橋本芳一郎『増訂谷崎潤一郎の文学』(『近代の文学』八)、永井荷風「谷崎潤一郎氏の作品」(『三田文学』二ノ一一)、佐藤春夫「潤一郎。人及び芸術」(『改造』九ノ三)、小林秀雄「谷崎潤一郎」(『中央公論』四六ノ五)、三島由紀夫「谷崎潤一郎論」(『朝日新聞』昭和三十七年十月十七―十九日号)

(橋本芳一郎)

たにたてき 谷干城 一八三七―一九一一 明治時代の陸軍軍人、政治家。名前は一般には「かんじょう」と称されている。幼名は申太郎、のちに守部。号は隈山。天保八年(一八三七)二月十二日、土佐国高岡郡窪川村に生まれる。家は代々土佐藩の儒官であったが、父万七は無禄だったため、近在の郷士などに武芸・学問を教授するかたわら、医業をもって生計を立てていた。のち藩の教授館御用を仰せ付けられ高知城下に移住。母伊久は庄屋小野数右衛門の娘。安政三年(一八五六)江戸に出て安積艮斎・塩谷宕陰、のち安井息軒に学んだ。帰藩して藩校の助教となったが、文久年間(一八六一―六四)のころから武市瑞山の影響のもとで尊王攘夷運動に加わった。しかし急進派とは一線を画し、時勢につきしばしば藩に建言。慶応二年(一八六六)藩命により長崎・上海に出張し、後藤象二郎・坂本竜馬と接触してその影響を受けた。同三年京都で西郷吉之助(隆盛)ら薩摩藩士と会談し薩土の連携に尽力した。明治元年(一八六八)大監察として土佐藩兵とともに戊辰戦争に従軍、同年九月―十月には会津攻略に参加した。ついで藩少参事となり藩制改革に貢献。明治四年政府に出仕して陸軍に入り、陸軍大佐兼兵部権大丞、翌年陸軍少将に昇進。六年熊本鎮台司令長官となった。七年佐賀の乱の鎮定に出動、ついで台湾蕃地事務参軍に任ぜられ、西郷従道都督を補佐して台湾に出兵した。九年神風連の乱で殺害された種田政明の後任として、熊本鎮台司令長官に再任。十年西南戦争が勃発すると、西郷軍が熊本城を攻囲したが、谷は徴兵制による鎮台兵を統率して熊本城を死守し、さらに鹿児島攻撃にも加わった。十一年陸軍中将となり、東部監軍部長、陸軍士官学校長兼戸山学校長などを歴任。鳥尾小弥太・三浦梧楼らと陸軍部内の反主流派を形成し、山県有朋らと対立した。十四年九月鳥尾らと連名で、国憲創立議会開設を建白。十七年五月宮内省出仕、学習院院長に任ぜられた。

同七月勲功により子爵授与。十八年十二月第一次伊藤内閣成立に際して農商務大臣に任命され、土佐出身者としてただ一人入閣した。十九―二十年欧米諸国を視察。二十年六月帰国すると、政府の欧化政策を批判し、七月井上馨外相を中心とした条約改正案に反対して時弊匡正を説く意見書を提出し、農商務大臣を辞任した。ついで二十二年には政教社グループとともに『日本』を中心に国権主義者の結集をはかり、大同団結派と協力して大隈条約改正案反対運動を進めた。同年三浦梧楼・浅野長勲らと日本倶楽部設立に参画。二十三年子爵団の互選で貴族院議員に当選。勤倹尚武を説き行政費削減と軍備拡張を唱え対外硬派の一翼を形成するなど、初期議会の貴族院において三曜会・懇話会グループのリーダーとして鳥尾・三浦らとともに反政府勢力の中心となった。その間、二十五年鉄道会議議員となり広軌改築案を主張し、翌年の第五議会では官紀振粛問題で、また二十八年には三国干渉問題で第二次伊藤内閣を追及した。三十一年地租増徴問題が大きな政治的争点になると強く増徴に反対し、増徴賛成論を唱える田口卯吉と論戦を展開した。三十五年日本弘道会会長。三十六―三十七年対露主戦論の国論が沸騰する中で日露開戦に反対論を唱え、また日英同盟にも批判的態度を保った。明治四十四年五月十三日東京市ヶ谷の自邸で病没。七十五歳。遺骨は高知県土佐郡初月村の久万山(高知市西久万)に葬られた。なお谷の回想録・日記・意見書・往復書簡・詩文などは、日本史籍協会編『谷干城遺稿』(四冊、『続日本史籍協会叢書』)に収録されている。

参考文献 平尾道雄『子爵谷干城伝』、城南隠士『谷干城―武人典型―』 (鳥海靖)

たにまさゆき 谷正之 一八八九―一九六二 大正・昭和時代の外交官。明治二十二年(一八八九)二月九日、熊本県上益城郡飯野村(益城町)に生まれる。父は谷一雄。大正二年(一九一三)東京帝国大学法科大学政治学科卒業。同年外交官試験合格、翌三年外務省に入り、ドイツ(ハンブルク)・オランダ・フランス在勤を経て、十三年外相幣原喜重郎の下で亜細亜局第一課長になり、昭和二年(一九二七)一等書記官として在米大使館に勤務、四年再び亜細亜局第一課長、ついで五年有田八郎のあとをうけて亜細亜局長に昇任、日中間の危機回避に努めたが、六年九月満洲事変の勃発を見、幣原・芳沢謙吉・内田康哉各外相の下で事変処理に奮闘、国際連盟脱退に関する詔勅の原案は谷の手に成る。この間、外務省内に台頭した、のちのいわゆる枢軸派と対立、八年新設の在満大使館参事官に転じ、同国の「健全なる育成」につとめ、岡田内閣を揺るがした在満機構改革問題の解決にあたる。十一年、公使に任ぜられ、オーストリー兼ハンガリー国駐劄、十四年外相野村吉三郎に迎えられて次官となり、有田の下で留任、外務省高等官連袂辞表提出をみる貿易省設置問題の処理、対米英関係の調整に協力、十五年七月、外相松岡洋右の刷新人事により退職。十六年十月、東条内閣の情報局総裁、ついで十七年九月外務大臣に就任、情報局総裁を兼ねる。十八年四月辞任し、中国駐劄大使となり、同年秋、日華同盟条約を締結して、蔣介石・汪兆銘、さらに日中間の和解を策して成らず、敗戦により帰国、二十一年三月退職した。戦後、二十三年十二月連合国側に抑留されたが間もなく無罪釈放となり、公職追放解除後の二十九年、外務省顧問に就任、三十一年より翌三十二年にかけて駐米大使、わが国の国際連合加盟が実現した三十一年の国連総会には政府代表をつとめた。三十七年十月二十六日没。七十三歳。

参考文献 『外務省の百年』下、鹿島平和研究所編『日本外交史』一八 (馬場明)

たにむらけいすけ 谷村計介 一八五三―七七 明治時代前期の軍人。幼名を諸次郎といい、嘉永六年(一八五三)二月十三日、日向国諸県郡倉岡(宮崎市)の郷士坂本利右衛門の第二子に生まれ、谷村平兵衛の家を継ぐ。明治三年(一八七〇)鹿児島の園田塾に学ぶ。明治五年熊本鎮台の歩卒となり、同七年佐賀の乱の鎮圧に活躍。六月陸軍伍長に任ず。八月第十一大隊に属して台湾出兵に従軍。同九年熊本神風連の乱の時にも奔走。同十年熊本城は薩軍に包囲され、城外との連絡が隔絶。少将谷干城籠城の方針を征討軍に伝えるため、第十三連隊所属の計介にこの任を命ず。計介全身に煤煙を塗り、鶉衣を着けて夜陰に乗じ城を脱出。薩軍に二度も捕えられながら敵中突破に成功。二月二十八日第一旅団に達して捕縛され、団長少将野津鎮雄に召見されて使命を果たす。三月四日政府軍田原坂を攻撃。計介単身薩軍の塁中に突入して戦死した。二十五歳。熊本県玉名郡木葉町字蘇浦(玉東町木葉)に葬られる。

参考文献 伴三千雄編『贈従五位谷村計介伝』、山下宇太郎『谷村計介』 (下堂薗純治)

たにもととめり 谷本富 一八六七―一九四六 ドイツの教育思想とくにヘルバルト教育学の紹介と普及につとめた明治・大正時代の教育学者。慶応三年(一八六七)十月、四国の高松に生まれ、明治十四年(一八八一)高松医学校を卒業、翌年上京して中村正直の同人社に入り英学を学んだ。のち東京大学文学部選科生となって哲学を学ぶが、明治二十年エミール＝ハウスクネヒトの来校に伴い、同二十二年特約生教育学科が新設されると、ここでヘルバルトの教育学説を学んだ。翌二十三年卒業と同時に山口高等中学校教授となるが、まもなく東京高等師範学校教授に転じ、文部省視学官も兼任した。同三十三年ヨーロッパに留学、同三十六年帰国して京都帝国大学講師に挙げられ、ついで教授として教育学講座を担当、同三十八年には教育学関係の最初の文学博士となった。この間活発な講演活動と多くの著述を通してヘルバルト主義五段教授法を普及させた功は大きい。代表的な著書に『実用教育学及教授法』(明治二十七年)や『科学的教育学講義』(同二十八年)などがあるが、明治後期には『将来の教育学』(同三十一年)などでビルマンの説によって国家的教育学を主張、また『新教育講義』(同三十九年)や『系統的新教育学綱要』(同四十年)などでは個別学習など新しい理論の紹介につとめた。しかし大正二年(一九一三)、いわゆる京大沢柳事件によって退官したのちは、仏教大学(現竜谷大学)の講壇に立ち、第二次世界大戦直後の昭和二十一年(一九四六)二月一日に没した。八十歳。

参考文献 池田進「谷本富教授の生涯と業績」(『京都大学教育学部紀要』四)
(上沼 八郎)

たにもりよしおみ 谷森善臣 一八一七―一九一一 幕末・明治時代の国学者。山陵・歴史・言語などについて多くの著作を残した。初名種松・種万都・松彦、通称二郎・外記、号を菫壺・靖斎と称した。文化十四年(一八一七)十二月二十八日誕生。京都の人。伴信友の門に入って国学や歌道を学ぶ。文久年間(一八六一―六四)山陵奉行の下で山陵取調べに従事、慶応三年(一八六七)諸寮助となり山陵の修築に尽力した。明治元年(一八六八)神祇事務掛、ついで制度事務局権判事、翌二年皇学取調御用掛となり昌平学校へ出仕、国史考閲御用掛、教導局御用掛を兼任し、大学中博士となる。四年御系図取調御用掛、八年修史館修撰となり、このころより南朝史実の究明にあたった。三十七年帝国年表草案調査委員となり、皇室系譜などの調査に参画した。蒐集・校訂した典籍類は谷森本と呼ばれ、『国史大系』の底本に用いられるなど、今日の学界に資するところが大きい。三十九年特旨をもって正四位に叙せられた。四十四年十一月十六日没。九十五歳。墓は東京都豊島区の雑司ヶ谷墓地にある。主な著書に『諸陵徴』『諸陵説』『山陵考』『柏原山陵考』『帝皇略譜』『南山小譜』『大塔宮護良親王二王子小伝』『語鑑言語経緯』『声韻図考』『五十音図纂』などがある。

参考文献 藤田義彰「谷森靖斎先生と其著書」(『互助』三一・三二)、林恵一「谷森善臣著作年譜抄」(『書陵部紀要』一三)
(柳 雄太郎)

たのむらちょくにゅう 田能村直入 一八一四―一九〇七 幕末・明治時代の南画家。幼名を伝太、のち痴と改めた。字を顧絶。はじめ小虎、のち直入と号し、忘斎・幽谷斎・布袋庵・花下道人・竹翁居士・青椀・飲茶菴主人などの別号がある。文化十一年(一八一四)二月豊後国直入郡竹田村(大分県竹田市)に生まれる。父は庄屋三宮伝右衛門。九歳で田能村竹田に入門、傍ら学を角田九華にうけ、詩を広瀬旭荘に学ぶ。竹田がその才筆を愛し養子としたというが異説があり明らかでない。二十六歳の時竹田に伴われ大塩平八郎の洗心洞塾に入門。明治元年(一八六八)居を京都に移す。同十三年日本最初の美術学校である京都府画学校の設立を首唱し、開校にあたり推されて摂理(校長)となる。私塾南宗画学校を発足させ、二十九年には富岡鉄斎らと日本南画協会を創立するなど南画の振興に尽力した。四十年一月二十一日没。九十四歳。京都神楽岡(左京区吉田神楽岡町)に葬られた。著書に『汲古山泉』『青湾茶会図録』などがある。

参考文献 添田達嶺『明治大正日本画史』前期
(細野 正信)

たのもぎけいきち 頼母木桂吉 一八六七―一九四〇 明治時代から昭和時代前期にかけての新聞経営者、政治家。慶応三年(一八六七)十月十日、安芸国芦品郡府中町(広島県府中市)の井上又一郎の長男に生まれ、のちに頼母木源吉の養子となった。第一高等中学校を卒業後、アメリカに留学。帰国後、報知新聞に入り同営業部長を経て、東京毎日新聞社・帝国通信社・日本タイプライター各社長を歴任。また浅草区会議員・東京市会議員・早稲田大学講師をつとめた。大正四年(一九一五)第十二回総選挙で東京市から衆議院議員に当選、以来、昭和十二年(一九三七)の第二十回総選挙まで連続九回当選。この間、はじめ公友倶楽部(大隈伯後援会の後身)に所属したが、大正五年憲政会の結成に参画して同党の政務調査会長・幹事長をつとめるなど、党運営の中心として活躍した。大正十四年―昭和二年加藤高明・若槻両内閣の時、逓信政務次官。昭和二年立憲民政党の結成に参加、その後、同党の総務をつとめた。同十一年三月広田内閣の逓信大臣として入閣、翌年二月内閣退陣とともに辞任したが、まもなく報知新聞社長となった。同十四年四月東京市長に選ばれたが、在任一年足らずの昭和十五年二月十九日病気で死去し、東京市葬をもって葬られた。七十四歳。夫人駒子はバイオリニストとして名高く、東京音楽学校教授であった。

参考文献 山浦貫一『近衛時代の人物』
(鳥海 靖)

たばたしのぶ 田畑忍 一九〇二―九四 昭和時代の憲法学者。明治三十五年(一九〇二)一月二十二日、滋賀県栗太郡草津町(草津市)に生まれる。昭和二年(一九二七)同志社大学法学部政治学科卒業。同大学助手に採用され、講師・助教授を経て同十四年教授。終戦直後の二十一年、同志社大学学長に就任。二十四年に同大学から法学博士の学位を取得。二十七年、学長再選。四十七年、同大学を定年退職。その間、日本学術会議会員(第二・三・四期)。佐々木惣一を師とし、論理主義方法論に立脚して多彩な論陣を張る。その抵抗権論・私学完全国庫助成論は著名。特に永世中立論を強く主張。三十七年、憲法研究所を創設し、研究書や機関誌『永世中立』(月刊のち季刊)を発行。社民党委員長土井たか子は田畑の愛弟子。平成六年(一九九四)三月十四日没。九十二歳。主著『憲法学の基礎理論』『憲法学の基本問題』『加藤弘之』『児島惟謙』。

参考文献 「田畑忍教授略歴・著作目録」(『同志社法学』一四ノ八)
(向井 健)

たべいけんじ 田部井健次 一八九八―一九九五 昭和時代の画家、社会運動家。前橋市の生糸商の次男として明治三十一年(一八九八)四月二日生まれる。高崎市立商業学校中退。十七歳で上京、日本画を学ぶ。二年間近衛連隊に入隊。大正十一年(一九二二)明治大学政治経済科専門部に入学、関東大震災のときは大山郁夫の警護にあたる。十四年卒業後も大山の家に住み、思想的影響をうけ、政治研究会・労働農民党に参加する。昭和四年(一九二九)新労農党中央執行委員となり、翌年同党解消論の細迫兼光書記長除名後の十二月、書記長に就任した。六年七月、全国労農大衆党常任中央執行委員、翌年七月、日本労働組合総評議会書記長、九年十一月、日本労働組合全国評議会書記長になったが、怪我のため翌年三月辞任した。十年、美術雑誌『南画鑑賞』の編集に参加したが、十三年一月、人民戦線事件で逮捕、起訴され、十六年出所した。以後画家として生計をたて、十八年軽井沢に疎開した。戦後いったん上京、帰国後の大山の仕事を手伝ったが、二十四年軽井沢に戻る。二十八年四月、浅間山米軍演習地問題起るや軽井沢全町協議会委員長として反対運動を指導、また町政民主化運動などに参加した。二十八年以降東京で個展を開き、三十八年より上京して弟子を養成したが、平成七年(一九九五)九月十四日死去した。墓は前橋市三河町の東福寺にあり、戒名は護僧院延寿剛健居士。著書に『軽井沢を守った人々―浅間山米軍演習地反対運動の思い出―』『大山郁夫』などがある。　（神田　文人）

たぼはしきよし　田保橋潔　一八九七―一九四五　大正・昭和時代前期の近世近代外交史専攻の歴史学者。明治三十年(一八九七)十月十四日、北海道函館に生まれた。父は四郎平、母はふで。函館は父の任地で、本籍は石川県珠洲郡三崎村(珠洲市)。大正十年(一九二一)、東京帝国大学文学部国史学科を卒業。維新史料編纂官補、東京帝国大学の史料編纂官補を経て、同十三年、京城帝国大学予科講師となり、同年末より欧州に留学、昭和二年(一九二七)初め帰朝後、同年四月、京城帝国大学法文学部助教授に就任、翌年四月、教授に昇任して国史学第一講座を担任した。五年、『近代日支鮮関係の研究―天津条約より日支開戦に至る―』『近代日本外国関係史』の二著を刊行し、また八年には、朝鮮総督府朝鮮史編修会からその第六編(李氏朝鮮の最後の部分の純祖・憲宗・哲宗・高宗の四朝の史料)の編修主任を嘱託され、十三年三月、第六編全四巻の刊行が終了した。十五年三月、その最大の著作『近代日鮮関係の研究』上下二巻が朝鮮総督府中枢院から出版された。二十年二月二十六日、四十九歳で没したが、その最後の著作『日清戦役外交史の研究』は二十六年に刊行された。

[参考文献]　末松保和「田保橋潔君略伝」(田保橋潔『日清戦役外交史の研究』付載)　（河村　一夫）

たまかじぞうこく　玉楮象谷　一八〇六―六九　江戸時代後期の漆工。名は為造・為三・為参、通称は敬造・正直、字は子成、号は蔵黒・象谷という。文化三年(一八〇六)讃岐国高松城下外磨屋町に生まれる。父藤川理右衛門は讃岐国高松の鞘塗師で、篆刻をよくし、漆商も営んだ。父について鞘塗法を習い、書・彫刻にもすぐれていた。中国の彫漆を模した堆朱・堆黒・紅花緑葉や存清(存星)、南方漆器の技法を取り入れた蒟醤(キンマ)・籃胎漆器などに独特の作風を遺し、高松の漆工芸の基礎を築いた。天保三年(一八三二)には讃岐彫・讃岐塗の印を拝領し、天保六年に帯刀を許され、同九年に藩主松平頼恕にお目見えし、玉楮の姓を賜わった。天保元年ころより安政六年(一八五九)まで、藩主の命によって製作した品目が「御用留」に記されている。明治二年(一八六九)二月没。六十四歳。長男蔵黒、四男藤樹が業を継ぎ、弟の藤川黒斎は文綺堂と称し、その子孫も技法を伝えた。

[参考文献]　香川県漆器工業協同組合『香川の漆工芸』、玉楮象谷百年祭運営委員会編『百年祭記念玉楮象谷』　（荒川　浩和）

たまきぶんのしん　玉木文之進　一八一〇―七六　幕末・維新期の長州藩士。文化七年(一八一〇)生まれる。同藩士杉常徳の第三子。長兄常道は吉田松陰の父。玉木正路の養嗣子となる。名は正一、のちに正韞と改め、韓峰また玉韞と号した。経史に通じ、詩文・書をよくして藩校明倫館の都講に任ぜられ、ついで異賊防禦掛から諸郡の代官役・郡用方などの要職を歴任して治績があった。これより先、天保十三年(一八四二)に萩城下松本村に私塾を興して「松下村塾」と称し、子弟の育成に努めた。吉田松陰もそのころ入塾して薫陶を受けたが、やがて文之進は公務多端となったために塾の経営は姻戚の久保久成に委託し、久成からさらに吉田松陰が受けついだ。明治二年(一八六九)に隠退して松下村塾を再興したが、禄制の改正に伴って士族の生活は窮迫し、明治九年に前原一誠の乱が起るや、一族の中にこれに連座する者もあり、自責の念にかられて、十一月六日に先塋のかたわらで自刃し果てた。享年六十七。墓は山口県萩市の東光寺裏山の護国山墓地にある。

[参考文献]　「家系参考書」(岩波書店『吉田松陰全集』〔普及版〕一所収)　（三坂　圭治）

たまにしきさんえもん　玉錦三右衛門　一九〇三―三八　昭和時代前期の土俵を支えた横綱力士。本名西内弥寿喜。明治三十六年(一九〇三)十二月十五日、高知県土佐郡下知村(高知市濃人町)に生まれる。十四歳で二所ノ関部屋に入門、闘志と無類の稽古で頭角をあらわし、大正十五年(一九二六)入幕、昭和五年(一九三〇)大関に進む。七年一月相撲界に大量脱退事件(俗にいう天竜事件)が起ったとき、大日本相撲協会に残り、孤軍奮闘して次の双葉山時代までの土俵を支えた。八年横綱となる。身長一七三セン、体重一三五キロ。「怒濤の寄り」で一時無敗を誇り、優勝九回。若いころ小部屋の悲哀に泣いたため、大部屋づくりを目ざし、現役中に二所ノ関(年寄)を兼ね、百余人の弟子を育てたが、野望半ばの昭和十三年十二月四日、巡業先の大阪で、現役のまま没。三十六歳。墓は東京都墨田区吾妻橋二丁目の清雄寺にある。

[参考文献]　酒井忠正『日本相撲史』中　（小島　貞二）

たまのせいり　玉乃世履　一八二五―八六　明治時代前期の司法官。文政八年(一八二五)七月二十一日、周防国岩国藩士桂脩助の子として生まれた。玉乃九華に学び、のちに藩校の訓導に抜擢された。二十五歳のとき京都に出て牧贛斎に学ぶとともに、その旁ら梁川星巌・斎藤拙堂に師事して詩文を修め、頼三樹三郎・梅田雲浜・僧月性らと交遊をもった。その間に玉乃九華が没したので、そのあとを継ぎ玉乃の姓を名乗った。五年後帰藩し藩校教授兼侍読となり、家塾を設けて子弟の教育にあたるとともに西洋銃陣・新式兵備の充実に尽力した。元治元年(一八六四)阪上撫育掛となり産業振興に努めるとともに、幕府の長州征討の折に北門団と称する農兵隊を率いて幕府軍と戦い、その功労により御蔵元の仕置方となった。明治元年(一八六八)岩国藩公議人となり入京し、翌年広沢真臣に認められて新政府に登用され若松表民政取締に任ぜられた。その後、徴士会計官判事試補・民部官判事試補・聴訟司知事・聴訟権正・民部少丞兼大蔵少丞・民部権大丞兼東京府権大参事を歴任し裁判事務を担当した。同四年八月司法省に入り司法権大判事となり、広沢真臣暗殺事件裁判(同五年―八年)・三谷三九郎事件裁判(七年)などに関与し(ただし途中で交替)、また英国商社が新政府を相手どって負債返済を求めて起した七訴訟(いわゆる明治七難件)の処理に腕を振るい名を上げた。また江藤新平司法卿のもとで行われた各種法典編纂作業に参与した。八年五月十二日、創設直後の大審院の院長代理に任ぜられ(院長は欠位)、十一年九月十三日には初代大審院長に任命されたが、翌年十月司法大輔に転じ元老院議官を兼ねるとともに、治罪法・民法の編纂にも参与した。この間、司法省臨時裁判所裁判長として山科生幹事件裁判(九年)、汽船衝突事件裁判(同年)、大山綱良ら西南の役関係者の裁判(明治十年)、大久保利通暗殺事件裁判(十一年)、立志社陰謀事件裁判(同年)などに関与した。十四年七月二十七日再び大審院長に任命されたが、十九年八月八日自殺した。行年六十二。この間、高等法院裁判長として福島事件裁判(十六年)に関与し、政府側の圧力に屈して内乱陰謀の成立を認めつつも情状酌量により軽い刑を言い渡した。また同じく高等法院裁判長として高田事件裁判(十六年)にも関与した。なお、その詩文を収めたものとして『五竜文詩』『五竜玉乃先生文集』がある。墓は東京都台東区の谷中墓地にある。　(小田中聰樹)

たままつみさお　玉松操　一八一〇―七二　幕末・維新期の国学者。諱は真弘。文化七年(一八一〇)三月十七日、京都に生まれる。父は参議侍従山本公弘、母は原田凉雲の女花子、その次男。八歳のとき、醍醐の無量寿院に入り得度、猶海と称え法印大僧都に叙任されたが、僧律改革を唱えて意見合わず、三十歳で下山、還俗して山本毅軒と改め、ついで玉松操と称えた。嘉永・安政年間(一八四八―六〇)は泉州に、文久・元治年間(一八六一―六五)は江州坂本に私塾を開き、読書に耽る傍ら、子弟に国学を講じて勤王の大義を説いた。慶応三年(一八六七)門人三上兵部の紹介で蟄居中の岩倉具視に会い、意気投合して謀議に参画した。同年十二月九日小御所会議の席上、具視が示した王政復古の詔勅案は操の作、列座の諸公を感嘆させたもの。また維新の大業を画策するにあたっての官職制度は、神武創業に基づき公武を超越し、海外に雄飛する大帝国を建設するよう具視に進言している。明治二年(一八六九)徴士内国事務局権判事、同三年大学中博士侍読を兼ねたが、政府の方針と相容れず、四年正月退官して翌五年二月十五日病没した。年六十三。同十七年嗣子真幸は男爵を授けられる。同二十六年一月贈従三位。

[参考文献]　霞会館諸家資料調査委員会編『(昭和新修)華族家系大成』下、伊藤武雄『玉松操』、宮内省編『明治天皇紀』一―三・八　(阪本　健一)

たまむしさだゆう　玉虫左太夫　一八二三―六九　幕末・維新期の陸奥国仙台藩士。諱誼茂(よししげ)、字は子発、通称勇八のち左太夫、号は拙斎また東海。文政六年(一八二三)仙台城下に生まれる。父平蔵伸茂。藩校養賢堂指南役の儒者斎藤真典(鹿水)に学び、二十四歳のとき江戸遊学、林復斎の塾に入り、のち塾長および復斎の嗣子学斎の侍講となる。安政三年(一八五六)、箱館奉行堀織部正利忠に随い蝦夷地に赴き、風土習慣を視察。万延元年(一八六〇)正月、新見豊前守正興に扈従、アメリカの文物制度を視察。帰国後、藩内で開国和平を説くも入れられず、のち養賢堂副学頭に就任、また命により他藩の形勢を探索。奥羽越列藩同盟成立に活躍、軍務局副統取。のち佐幕派人物として明治二年(一八六九)四月切腹を命ぜられ、その新知識を十分生かす機会もなく没した。四十七歳。仙台城下三百人町の保春院に葬られる。著書に『蝦夷紀行』『航米日録』『官武通紀』などがある。

[参考文献]　今泉篁洲編『仙台人物史』、宮城県編『仙台藩人物叢誌』、山本晃『玉虫左太夫略伝附航米日録』　(斎藤　鋭雄)

たまるせつろう　田丸節郎　一八七九―一九四四　明治から昭和時代前期にかけての物理化学・工業化学者。明治十二年(一八七九)十一月一日、十郎・センの四男として岩手県盛岡に生まれる。物理学者田丸卓郎の弟。同三十七年、東京帝国大学理科大学化学科卒業。同四十一年、ドイツに留学、F・ハーバーのもとで主としてアンモニア合成の熱力学的研究を行う。十年間の滞在中、師の影響を強く受け、大正六年(一九一七)帰国後、理化学研究所員・主任研究員、昭和四年(一九二九)から同十四年まで東京工業大学教授として、アンモニア合成の基礎研究、冶金化学、燃料電池、耐火木材および活性炭の基礎研究ならびに製造に関する研究を行う。会社との協同研究による特許も十数件に及ぶ。日本化学会会長(昭和五年五月―六年三月)、日本学術振興会の創設に関与し、わが国の科学研究促進に貢献した。昭和十九年八月五日没。六十六歳。墓は神奈川県鎌倉市扇ガ谷の海蔵寺にある。主著に『カイザー維廉科学研究所設立ノ顛末』(大正三年)、『国家と学術の研究』(『ハーバー博士講演集』)の翻訳、昭和六年)などがある。

参考文献　佐藤一雄「日本の化学を築いた人たち―田丸節郎先生―」(『化学』一九ノ二)　（山下　愛子）

たまるたくろう　田丸卓郎　一八七二―一九三二　明治から昭和時代前期にかけて活躍した日本の物理学者、ローマ字論者。明治五年(一八七二)九月二十五日、岩手県盛岡に旧南部藩士田丸十郎・センの次男として生まれる。弟に田丸節郎がいる。第一高等学校から東京帝国大学理科大学物理学科に入り、同二十八年卒業。京都帝国大学助教授を経て、同三十三年東京帝国大学理科大学助教授となる。三十五年物理学研究のためドイツに、ハイデルベルク大学に学び三十八年帰国。三十九年理学博士となる。四十年東京帝国大学理科大学教授となる。三十八年ころからローマ字論者となり、田中館愛橘らとともに「日本のローマ字社」を興し、それまで英文学者によって唱えられていたヘボン式綴り方に対抗して、独仏にも共通して使えるように「日本式綴り方」を提唱した。昭和七年(一九三二)九月二十二日没。六十一歳。著書『力学』や力学関係の理論的論文がある。　（中山　茂）

たみやかえもん　田宮嘉右衛門　一八七五―一九五九　明治から昭和時代にかけての実業家。明治八年(一八七五)八月二十九日、愛媛県新居郡立川山村(新居浜市)に、父治助・母ためとの四男として誕生。小学校高等科卒業。鈴木商店樟脳工場入社後、金子直吉に抜擢され、同三十八年九月神戸製鋼所の支配人となる(三十一歳)。同四十四年六月鈴木商店から分離独立した神戸製鋼所の常務取締役に就任、以後重役・社長などを歴任。昭和三十四年(一九五九)四月十三日八十四歳で没。

参考文献　田宮記念事業会編『田宮嘉右衛門伝』、『神鋼五十年史』　（佐藤昌一郎）

たみやじょうん　田宮如雲　一八〇八―七一　幕末・維新期の尾張国名古屋藩士。初名彊立、平篤、次に篤輝。字は子志、通称弥太郎。桂園、桂叢と号した。同藩臣大塚正甫の次男。文化五年(一八〇八)十月二十三日出生。母は浅井氏。名町奉行田宮半兵衛の嗣となる。天保三年(一八三二)家督相続。尊攘派金鉄組の中心として、十三代藩主徳川慶臧没後、幕府からの養子を排し、支封美濃高須藩松平秀之助、のちの慶勝擁立を実現。主君の重用を得て勘定奉行・町奉行を歴任、藩政改革に取り組む。慶勝幽閉の間、一時屏居。政治に復帰して国事に奔走。長州出征に総督慶勝の参謀を務む。側用人・年寄加判。朝廷に召されて徴士に抜擢、京都市中取締となる。明治元年(一八六八)藩兵を統率して甲信地方に転戦。二年北地総管、名古屋藩大参事。同四年四月十九日没。年六十四。名古屋徳林寺に葬り、文正院忠誠如雲という。文武に通じ、著書に『桂園遺稿』がある。孫の鈴太郎は男爵を受けた。

参考文献　荒木幸三『田宮如雲物語』、田尻佐編『贈位諸賢伝』下、内閣修史局編『百官履歴』二(『日本史籍協会叢書』)、『名古屋市史』人物編一、『新修名古屋市史』四、西尾豊作『子爵田中不二麿伝』　（林　董一）

たむらあきまさ　田村顕允　一八三二―一九一三　幕末・維新期の仙台藩一門の亘理領主伊達邦成の家臣。旧姓常盤、北海道移住に際し祖先坂上田村麻呂にならい田村と改姓。通称新九郎、珠山と号す。天保三年(一八三二)十一月六日、陸奥国亘理郡小堤村(宮城県亘理郡亘理町)で常盤顕信の第四子として生まれる。安政四年(一八五七)江戸に遊学、昌平黌に学ぶ。帰郷後蝦夷地経営に関心を抱くようになる。慶応元年(一八六五)亘理伊達家の家老となる。戊辰戦争後、禄高を削られた家中の窮状を打破するために北海道への移住開拓を主君邦成に建言。明治政府の有珠郡支配の許可を受け、開拓経営の実際の指揮者として家臣団の先頭に立ち数々の困難を克服。西洋農機具の導入、西洋果樹の栽培、畜産の奨励、農社の結成、有珠郷学校の設立など今日の伊達市の基礎を作る。開拓少主典、室蘭ほか三郡郡長、紋鼈製糖会社社長などを歴任。明治三十四年(一九〇一)北海道会議員に当選。同四十四年九月従六位、大正二年(一九一三)十一月正六位に昇叙。同月二十日死去。八十二歳。墓は伊達市幌美内町。昭和十年(一九三五)邦成とともに伊達神社に合祀。北海道拓殖功労者。

参考文献　田村雄一郎『田村顕允事歴』、『伊達町史』　（永井　秀夫）

たむらえいたろう　田村栄太郎　一八九三―一九六九　昭和時代の民間史学者。明治二十六年(一八九三)九月二十五日、群馬県西群馬郡高崎町(高崎市)の人力車・履物営業の父円次郎・母つたの子として生まれる。高崎商業学校に入学。社会運動に参加し、農民運動史の研究を始めた。三十七歳で上京、研究・著述の生活に入った。『都新聞』や『歴史科学』に原稿を掲載し、『日本の風俗』という半個人雑誌を発行した。研究分野は『日本農民一揆録』ほかの農民一揆史、『近世日本交通史』ほかの交通史、『日本風俗史』ほかの生活・風俗史、『日本工業文化史』ほかの技術・工業史、『川路聖謨』ほかの人物史、『郷土史研究の手引』ほかの郷土史と幅広い。晩年は天皇制の歴史的研究への熱意を燃やした。昭和四十四年(一九六九)十一月二十九日、東京都板橋区の小豆沢病院で没。七十六歳。墓は埼玉県秩父の霊園にある。歴史の本体は民衆であるとし、いっさいの権威の外に身をおいて徹底した在野の生涯を終えた。個性的な主張をもっていたが、研究手法は史論的ではなく、古文書発掘にもとづく実証性の高いものであったため、研究史にも足跡を残し、生前に『田村栄太郎著作集』(雄山閣)が刊行されている。

参考文献　玉川信明『田村栄太郎』(『民間日本学者シリーズ』一〇)、深谷克己「田村栄太郎」(永原慶二・鹿野政直編『日本の歴史家』所収)　（深谷　克己）

たむらこまじろう　田村駒治郎　一八六六—一九三一　明治・大正時代の実業家。慶応二年(一八六六)六月、摂津国豊島郡池田村(大阪府池田市)に笹部九兵衛の次男として生まれ、田村キクの養子となる。明治十六年(一八八三)から岡島千代造の友禅工場に住込みで働き、二十八年洋反物商として独立、四十一年大阪市外豊崎村(大阪市大淀区)に田村友禅工場を設け、輸入品に対抗しうる更紗捺染に成功した。東区安土町四丁目に移っていた店舗を大正七年(一九一八)株式会社田村駒商店とし、一代で巨富を蓄積し伊藤万などと並び称された。日本綿糸布会社社長のほか多くの会社に関係し、また貴族院多額納税者議員をも勤めた。昭和六年(一九三一)三月三十一日六十六歳で没した。

参考文献　阪上綱吉編『追憶』

（高村　直助）

たむらたいじろう　田村泰次郎　一九一一—八三　昭和時代の小説家。明治四十四年(一九一一)十一月三十日、三重県三重郡富田村(四日市市)に父左衛士、母明世(てるよ)の次男として生まれた。父は県立中学校校長。泰次郎は中学上級時、剣道部主将。昭和九年(一九三四)早稲田大学仏文学科を卒業したが、在学中から『詩と詩論』などに寄稿、井上友一郎らと同人雑誌『桜』を創刊し、昭和十一年には武田麟太郎主宰の『人民文庫』に加わって活動。長篇『大学』(昭和十四年)、作品集『少女』(同)などの著もあった。十五年、応召、中国戦線に赴く。二十一年、復員。この従軍体験から『肉体の悪魔』(二十一年)をはじめとする戦場文学が書かれた。田村の文学の独自のものである。また、「肉体が人間である」の主張から『肉体の門』(二十二—二十四年)ほかの「肉体文学」が書かれ、第二次世界大戦後の流行作家となった。以後の作品集に『春婦伝』(二十二年)、『刺青』(二十四年)、『雁かへる』(同)、『戦場の顔』(三十三年)、『隠沼(こもりぬ)』(三十九年)、『蝗(いなご)』(四十年)、評論・随筆集に『肉体の文学』(二十三年)、自伝的回想に『わが文壇青春記』(三十八年)などがある。昭和五十八年十一月二日死去。七十一歳。

（保昌　正夫）

たむらとしこ　田村俊子　一八八四—一九四五　明治から昭和時代前期にかけての小説家。本名佐藤とし。浅草区蔵前町の米穀商の長女として明治十七年(一八八四)四月二十五日生まれる。母はきぬ、婿養子の父の名は不詳。東京府立第一高等女学校卒業、日本女子大学国文科を心臓病で一年中退。幸田露伴の弟子になり露英の名を与えられ、同門の作家田村松魚と結婚。『あきらめ』が同四十四年一月、『大阪朝日新聞』の懸賞小説に当選する。青鞜社賛助員であり、女優としても多彩に活躍。『木乃伊の口紅』(大正二年(一九一三))、『炮烙の刑』(同三年)で女流文壇のトップスターとなる。だが創作は数年で停滞、愛人のジャーナリスト鈴木悦を追って渡米、再婚。その夫の死後に、文壇は五十代の彼女をカムバックさせたが、作品は往年の栄光を越えず、昭和十三年(一九三八)中国に渡り、日本大使館嘱託として華字婦人雑誌『女声』を創刊したが、終戦直前の同二十年四月十六日、上海で脳溢血のために急死した。六十二歳。墓は神奈川県鎌倉市の東慶寺にある。

参考文献　宮本百合子『婦人と文学』(『宮本百合子全集』一二)、瀬戸内晴美『田村俊子』

（草部　和子）

たむらなおみ　田村直臣　一八五八—一九三四　明治から昭和時代前期にかけての牧師。安政五年(一八五八)八月九日、大坂に生まれる。上京して米国長老教会宣教師C・カロザーズの創設した築地大学校に学び、明治七年(一八七四)同師より受洗。東京一致神学校に学び、同十三年日本基督一致教会所属の京橋教会の牧師となる。同年植村正久らと『六合雑誌』を創刊。同十五年より十九年まで米国に留学、オウバリン神学校・プリンストン神学校に学ぶ。帰国後数寄屋橋教会(京橋教会が移転改称)の牧師となる。同二十一年芝白金に苦学生の援助施設自営館を開設。同二十五年米国で出版した英文著書『日本の花嫁』が日本の恥辱を海外に曝したとして物議を醸し、同二十七年日本基督教会の教職を免ぜられた。日曜学校教育に関心をもち、日本日曜学校協会の設立(同三十九年)に尽力、その会長となる。大正七年(一九一八)教会を巣鴨に移す。昭和九年(一九三四)一月七日没。七十七歳。著書に『信仰五十年史』『二十世紀日曜学校』『童蒙道しるべ』などがある。

参考文献　秋山繁雄『明治人物拾遺物語』

（鵜沼　裕子）

たむらなりよし　田村成義　一八五一—一九二〇　明治・大正時代の興行師。幼名猪之助のち金一郎。筆名室田武里(しったぶり)。嘉永四年(一八五一)二月一日、江戸日本橋元大工町の眼科医福井寿仙・ふぢの長男に生まれた。慶応二年(一八六六)父の没後、囚獄同心鍵役田村金太郎の養子となる。明治十年(一八七七)代言人(弁護士)となり、十二代目守田勘弥と相識り新富座法律顧問となった。十八年、親交のあった五代目尾上菊五郎が千歳座に移ったおり同座代表として経営にあたった。二十二年東京木挽町に開場した歌舞伎座に千葉勝五郎と入座、大正二年(一九一三)松竹の手に渡るまで、ながく相談役として同座の経営陣にあって活躍した。また明治四十一年には二長町の市村座を譲り受け、六代目尾上菊五郎・初代中村吉右衛門ら若手俳優を擁して「菊・吉」の市村座時代を現出、近代歌舞伎の発展に尽くした。「田村将軍」とよばれ、興行師として辣腕をふるったが、大正九年十一月八日、日本橋区本材木町一丁目の自宅で腎臓炎のため没した。七十歳。墓は東京都渋谷区代々木三丁目の正春寺にある。著書に『(劇壇秘史)無線電話』のほか、遺著『続々歌舞伎年代記』を残し、劇界に寄与した。

参考文献　戸板康二『演芸画報・人物誌』、伊原青々園他「逝ける田村成義氏」(『演芸画報』大正九年十二月号)、坪内逍遙他「逝ける田村成義氏を憶ふ」(『新演芸』大正九年十二月号)

（藤木　宏幸）

たむらまたきち　田村又吉　一八五三―一九二一　明治時代の農村指導者。嘉永六年（一八五三）伊豆国賀茂郡稲取村（静岡県賀茂郡東伊豆町）に生まれる。幼少より学問を好み農事に精励する。明治九年（一八七六）稲取村地主総代となる。同村は伊豆半島東海岸に面し、耕地少なく大部分が山林・原野で、漁業を主とし農業を従とする地域であり、伊豆の三難村の一つに数えられていた。彼は村費捻出のため寒天の原料となる石花菜（てんぐさ）の採取・販売に着目し、干場の改良を行い、品質の向上をはかり同村の重要な特産物とした。同二十年十一月、稲取村外五ヵ村戸長に選ばれ、同二十二年稲取村村長となった。在職中村治に精励し、石花菜採取の小船百余艘の整備、村有基本財産としての植林事業の育成、養蚕や柑橘栽培などを奨励した。同二十五年村長を辞したが、その後も報徳社に範をとる農村矯風事業につとめた。彼の努力により村財政は立て直され、三十七年藍綬褒賞を受け、稲取村は全国三大模範村の一つに数えられた。大正十年（一九二一）十月没。六十九歳。

参考文献　内務省地方局編『地方改良の要項』、田村又吉述・小原亀松記『田村又吉翁実歴談』

（伝田　功）

たものひであき　田母野秀顕　一八四九―八三　明治時代前期の自由民権運動家。嘉永二年（一八四九）陸奥国田村郡三春の下級武士の赤松部の子に生まれ、六歳のとき修験者田母野浄因の養子となる。河野広中とは幼なじみで、河野との交わりを通じて民権思想を身につけ、明治十一年（一八七八）の三師社結成、同十四年の学塾正道館設立に参画し、三春の民権運動を指導する。同十五年、県令三島通庸の圧政が始まると、福島に常駐して自由党福島部の運動の采配を振るった。同年八月、福島部解散にあたり、河野ら同志と無名館盟約を結ぶ。同月十七日、会津三方道路開削反対運動を支援中、若松にて帝政党員に襲われ重傷を負うが、同年十一月末にも会津に入り、権利恢復同盟の農民を指導する。この時の大弾圧からは逃れるが、翌十六年一月東京で検挙される。高等法院で盟約の内容が内乱罪に問われ、九月軽禁獄六年を宣告される。同年十一月二十九日、石川島監獄中にて没。三十五歳。谷中墓地に葬られた。

参考文献　『三春町史』三

（堀　幸一郎）

たやすかめのすけ　田安亀之助　⇨徳川家達（とくがわいえさと）

たやまかたい　田山花袋　一八七一―一九三〇　明治・大正時代の小説家。本名録弥。青年時代、汲古・古桐軒主人などと号す。明治四年十二月十三日（一八七二年一月二十二日）、栃木県邑楽郡館林町千四百六十二番屋敷（通称外伴木（そとばんき）、群馬県館林市尾曳町）で、父旧館林藩士田山鋿十郎・母てつの六人の子の第五子、次男として生まれた。父が警視庁巡査になったので、一家は明治九年に上京したが、翌年西南戦争で父が戦死したため館林の祖父母の家に戻り、十一歳で足利の薬問屋、ついで東京京橋の書店に小僧に出されたが、翌年故郷に戻され、十三歳で旧藩の漢学塾に学び、やがて漢詩文を『穎才新誌』に投稿、文学に志す。同十九年一家上京、二十二年松浦辰男の門に入って桂園派和歌を学び、その塾で松岡（柳田）国男を知る。日本法律学校（現在の日本大学）中退、二十四年尾崎紅葉の門に入って作家を志したが不遇で、紀行文家としてまず認められた。二十九年、島崎藤村・国木田独歩と知り、国男・独歩らと合同詩集『抒情詩』（明治三十年）を出したりした。三十二年伊藤りサ（詩人太田玉茗の妹）と結婚、博文館に入社。週刊『太平洋』の編集に携わり、三十六年から『大日本地誌』の編纂に転じた。三十七年二月、事実をありのままに描くことを主張した評論「露骨なる描写」発表、三月博文館派遣私設第二軍従軍写真班主任として日露戦争に従軍。初期の感傷癖はこのころから現実直視の傾向に変わる。三十九年三月、博文館が創刊した『文章世界』の主筆となり、『蒲団』（明治四十年）によって自然主義運動の先頭に立つ。「人生の真」を描く方法として「平面描写」を主張し、その具体化として『生』（同四十一年）、『田舎教師』（同四十二年）を発表、文壇に地位を確立した。明治末年、自然主義の衰退とともに行き詰まり、明治の終焉とともに博文館を退社。宗教的思索に耽り、次第に主観的傾向を強め、自然主義の束縛から離れて『時は過ぎゆく』（大正五年（一九一六））、『一兵卒の銃殺』（同六年）、『残雪』（同七年）などの佳作を残した。大正九年、徳田秋声とともに文壇から生誕五十年の祝賀を受けたのが事実上の第一線からの引退となった。その孤独感を大正十年代には歴史小説に託したが、昭和に入って再び自伝的な現代小説に戻り、『百夜』（昭和二年（一九二七））に晩年の心境を描いて花袋文学の一傑作を成した。花袋には創作のほかに多くの評論活動があり、回想録としては『東京の三十年』（大正六年）、『近代の小説』（同十二年）などがある。昭和三年末、軽い脳溢血にたおれ、翌四年春には喉頭癌の診断を受けたが、最後まで病床で仕事を続け、同五年五月十三日に東京代々木の自宅でその生涯を閉じた。享年六十。心友島崎藤村が高樹院晴誉残雪花袋居士の戒名を撰した。東京多磨墓地に葬る。『田山花袋全集』全十六巻別巻一がある。

参考文献　小林一郎『田山花袋研究』、柳田泉『田山花袋の文学』、岩永胖『〈自然主義文学における〉虚構の可能性』

（和田　謹吾）

たるいとうきち　樽井藤吉　一八五〇―一九二二　明治時代の社会運動家。嘉永三年（一八五〇）四月十四日、大和国宇智郡霊安寺村（奈良県五条市）の材木商樽井要助の次男に生まれる。明治元年（一八六八）上京。井上頼圀・林鶴梁の塾で学ぶ。友人と共同で『評論新聞』を発刊し、新政を批判。同十年西郷の挙兵に呼応するため東北地方に募兵の旅をしたが目的を果たさなかった。翌年、武富時敏の漢学塾講師、『佐賀新聞』主筆などで糊口をしのぐ。以後三年間四度にわたり無人島探検で朝鮮近海に出たが失敗。十五年五月、東洋社会党を結成したが、政府の弾圧により、軽禁錮一年の刑で翌年一月下獄。出獄後、頭山満・副島種臣の知遇をうけ、対外問題への思想的傾斜をつよめた。十八年大阪事件に連座。憲法発布の特赦後、二十五年土倉庄三郎の援助で衆議院議員に当選。翌年代表的著書『大東合邦論』を出版。晩年は満洲・朝鮮で鉱山開掘、モンゴルの開発に従事したが失敗。大正十一年(一九二二)十月二十五日不遇のうちに病没した。七十三歳。

[参考文献] 田中惣五郎『東洋社会党考』　(松尾　章一)

たるひとしんのう　熾仁親王　一八三五―九五　明治時代の政治家、軍人。天保六年(一八三五)二月十九日誕生。有栖川宮幟仁(たかひと)親王の長子。母は二条斉信女広子、生母は佐伯祐子。幼名は歓宮。嘉永元年(一八四八)十月仁孝天皇の猶子となり、同二年二月親王となり、名を熾仁と賜わる。孝明天皇の妹、和宮親子内親王は、熾仁親王の婚約者であったが、朝廷と徳川家との融和政策のため、将軍徳川家茂の室となった。また有栖川宮家と水戸徳川家とは、かねてから姻戚関係にあり、徳川氏の大政奉還に効果をもたらした。慶応三年(一八六七)十二月、王政復古により旧官職を廃して成立した新政府最高職の総裁となる。翌明治元年(一八六八)、戊辰戦争がおこると、二月東征大総督となり、三道から東進し、四月江戸城を接収して大総督府をおき、さらに東北地方を征定した。同三年四月、兵部卿となり海陸軍の創設に尽力し、四年七月から翌年四月まで福岡藩知事・同県知事・同県令、八年から元老院議官、同院議長、この間、各種法令を審議し、また国憲草案起草の勅命を受け、元老院国憲案を作成したが、のち不採択となった。十年の西南戦争では、鹿児島県逆徒征討総督となり、陸海軍諸部隊を指揮して戦い、九州一帯を平定した。戦後、明治天皇の信任はますます厚くなり、親王も陸軍大将、元老院議長となり、皇族の重鎮として天皇を補佐し、天皇の名代として活躍することも多かった。十三年、左大臣を兼任し、国政の最高指導者の一人となった。十五年、ロシア皇帝即位典礼名代として参列し、あわせて欧州各国王室の内情を視察し、アメリカを親善訪問して帰朝した。十八年十二月、政府の太政官制廃止、内閣制度の発足に伴い、左大臣を辞任。ついで新設の参謀本部長となり、その後さらに近衛都督を兼任した。従来の参謀本部は陸軍の中央軍令機関であったが、十九年三月、陸海軍統合の中央軍令管掌機関としての参謀本部となった。二十一年五月、参謀本部を改組し、陸軍・海軍参謀本部とこれを統轄する参軍が設けられ、親王は参軍に就任した。しかし、翌年三月参軍制度が廃止され、陸海軍それぞれの中央軍令機関に分離したので、親王は参謀総長になり陸軍の参謀本部を統轄した。しかし陸海軍の軍令を統合するため、日清戦争がおこると大本営を設け、親王は陸海全軍の総参謀長となり天皇を補佐したが、二十八年一月十五日、病のため没した。六十一歳。東京小石川豊島岡墓地に国葬をもって葬られた。この間日本赤十字社などの団体の総裁を兼ねた。

[参考文献]『熾仁親王日記』(『続日本史籍協会叢書』)、高松宮家編『熾仁親王行実』、森松俊夫『大本営』(『歴史新書』一三八)　(森松　俊夫)

ダレス　John Foster Dulles　一八八八―一九五九　冷戦期に活躍したアメリカ合衆国の外交指導者。一八八八年二月二十五日ワシントン市に生まれた。父は長老派教会の牧師。両親とも旧家の出身で、母方の祖父ジョン・W・フォスターは国務長官を勤めた外交官であった。ダレスはプリンストン大学・ソルボンヌ大学で学んだ後、ジョージ＝ワシントン大学で法律を専攻し、弁護士となり、特に企業の国際活動に助言を与える法律家として活動した。その間、第一次世界大戦中は政府の中に入って働き、戦後は大統領の随員としてパリ講和会議に参加し、また賠償委員会の米国代表を勤めた。その後再び弁護士生活に戻ったが、国際問題への関心をもち続け、特に第二次世界大戦以降は共和党の国際問題の権威として重きをなし、一九四五年の国際連合設立総会に米国代表団の一員として参加し、国連総会にもしばしば出席した。五〇年四月トルーマン大統領は東アジア政策について超党派的支持を得るためにダレスを国務長官顧問に任命し、まもなく対日講和の推進役を彼に委嘱した。五一年九月調印され翌年四月に発効したサンフランシスコ講和条約は、基本的には、日本を有力な友邦として育成しようとするトルーマン政権の外交構想を実現したものであるが、その実現は政府内のまとめや議会工作、旧連合国との意見調整、日本政府との話合いに精力的に行動したダレスの活躍に負うところが大きい。五二年の選挙でアイゼンハワーが大統領に当選し、共和党政権が成立すると、ダレスは国務長官に任命された。彼は共産主義勢力に対して対決的で、ときには好戦的とも見える言辞を用いたが、これは強硬姿勢が相手側の慎重な行動を引き出すと計算したためであった。日本に対しては再軍備の促進を望む一方、日本の貿易拡大を助けた。岸信介首相の日米安全保障条約改定の要望に好意的態度を示し、五八年九月交渉開始に同意したが、交渉妥結前に、癌が悪化し、五九年四月国務長官を辞任、翌五月二十四日死去。七十一歳。

[参考文献] 細谷千博『サンフランシスコ講和への道』、Michael Guhin: John Foster Dulles, A Statesman and His Time; Louis L. Gerson: John Foster Dulles, American Secretaries of State and Their Diplomacy, vol. 17.　(有賀　貞)

たわらくにいち　俵国一　一八七二―一九五八　明治から昭和時代にかけての鉄冶金学者。工学博士。明治五年(一八七二)二月二十八日、浜田県那賀郡浜田(島根県浜田市)の生まれ。父は俵三九郎祐信。島根県立第二中学・松江中学を経て上京し、共立学校(のちの開成中学)・第一高等中学・帝国大学工科大学へと進み、同三十年同学採鉱冶金学科卒業、同年九月助教授に任官、三十二年ドイツ留学、フライベルク鉱山大学で鉄冶金学を修め、帰国後、三十五年十一月東京帝国大学教授となり、鉄冶金学講座を担当、大正十二年(一九二三)七月工学部長、昭和七年(一九三二)三月、停年制により名誉教授となった。この間、帝国学士院会員となる。また日本鉄鋼協会・日本鉱業会各会長、日本工学会理事長などを歴任した。総合研究の推進者として知られ、わが国にはじめて大型金属顕微鏡を導入して金属組織学の確立につくしたほか、古来の砂鉄製錬法の実証的研究や日本刀の科学的研究などの諸業績がある。昭和二十一年文化勲章を受け、二十六年文化功労者に選ばれ、三十三年七月三十日神奈川県鎌倉市にて没。八十六歳。墓は東京都豊島区の雑司ヶ谷墓地にある。著書に『鉄と鋼—製造法及性質—』『古来の砂鉄製錬法』『日本刀の科学的研究』がある。

参考文献 俵先生記念出版委員会編『俵国一先生を偲ぶ』、飯田賢一「日本鉄鋼技術教育の父・俵国一」(『鉄鋼界』二一ノ九)　(飯田 賢一)

たわらすなお 田原淳 一八七三—一九五二 大正・昭和時代の病理学者。田原結節の発見者、医学博士。明治六年(一八七三)七月五日、中島定雄の長男として大分県国東郡西安岐村(安岐町)に生まれる。のち伯父で医師の田原春塘の養子となる。同三十四年東京帝国大学医科大学を卒業、三十六年私費でドイツに留学し、マールブルク大学病理学教室でアショフ Ludwig Aschoff に師事。哺乳類の心筋について研究し、三十九年特殊な筋繊維の心臓刺激伝導系に属する房室結節を発見、これはその名をとって田原結節と命名された。大正三年(一九一四)刺激伝導系発見の功に対し帝国学士院恩賜賞が授けられた。明治三十九年帰国し、福岡医科大学(現在の九州大学医学部)の助教授、ついで教授となり定年退職するまでの二十七年間医学教育に尽くし、この間医学部長をつとめ、また昭和七年(一九三二)に大分県別府市にできた同大附属温泉治療学研究所の初代所長となった。同八年七月退官。同二十七年一月十九日死亡。七十八歳。墓は大分県中津市の自性寺にある。著書に独文の『哺乳動物心臓の刺激伝導系』(明治三十九年、昭和六十二年、田原淳原著復刻会により復刻)がある。

参考文献 今井環「田原淳先生の御生涯」(『臨床と研究』二九ノ二)　(長門谷洋治)

たわらまごいち 俵孫一 一八六九—一九四四 明治から昭和時代前期にかけての官僚、政治家。弟の国一は鉄冶金学の権威で、東京帝国大学工学部長・文化勲章受章者。明治二年(一八六九)五月七日、石見国那賀郡浜田町(島根県浜田市)の醬油製造業俵祐信の五男に生まれる。第一高等中学校を経て、明治二十八年帝国大学法科大学(英法)卒業。内務省に入り、沖縄県参事官・東京府参事官・石川県書記官・鹿児島県書記官などを歴任、ついで統監府書記官・韓国政府学部次官・朝鮮総督府臨時土地調査局総裁などをつとめ、朝鮮における植民地行政に参画した。その後、三重県知事・宮城県知事・北海道庁長官・拓殖事務局長などを経て政界に入り、大正十三年(一九二四)第十五回総選挙で島根県第五区から衆議院議員に当選。以来、昭和十二年(一九三七)の第二十回総選挙まで連続六回当選。その間憲政会→立憲民政党に所属し、加藤高明内閣と第一次若槻内閣の時、鉄道政務次官・内務政務次官。また、昭和四年一月—七月浜口雄幸総裁のもとで立憲民政党幹事長をつとめ、同年七月浜口内閣成立とともに商工大臣として入閣した。六年四月浜口内閣退陣とともに辞任したが、その後も党の総務・政務調査会長をつとめ、党の長老として重きをなした。十六年翼賛議員同盟に加わったが、翌年の総選挙では落選した。昭和十九年六月十七日死去。七十六歳。

参考文献 俵孝太郎『わが家のいしずえ—明治の父権教育』、島根県教育委員会編『(明治百年)島根の百傑』　(鳥海 靖)

だんかずお 檀一雄 一九一二—七六 昭和時代の小説家。明治四十五年(一九一二)二月三日、山梨県南都留郡谷村町(都留市)に生まれる。父参郎は技師で、福岡県山門郡沖端村(柳川市)出身。母トミは現在の久留米市出身。一雄は、父の転勤などのため、幼いころは各地を転々とし、足利在住の九歳時には母が出奔して、衝撃を受けた。足利中学校、福岡高等学校を経て、昭和十年(一九三五)東京帝国大学経済学部卒業。高校時代より習作を始め、大学時代には、太宰治・坂口安吾らと知り、佐藤春夫に師事した。十年には『日本浪曼派』に加わり、昭和十二年、創作集『花筐』を刊行して応召、十五年に除隊。以後、満洲を巡遊し、十七年に帰って、高橋律子と結婚、律子は二十一年に病没した。二十五年刊の名作『リツ子・その愛』『リツ子・その死』は、その記念作である。昭和二十一年末に山田ヨソ子と結婚。二十六年には、『真説石川五右衛門』により直木賞を受賞。以後、通俗小説を多産したが、三十六年からは、長編『火宅の人』にほとんど専心して、五十年に完成。女優入江杏子との愛欲を軸とする自伝小説である。四十五—四十七年はポルトガルに滞在。放浪の生涯、自由な作風に特色があり、最後の無頼派といわれた。五十一年一月二日、九州大学医学部附属病院で没。六十三歳。法名は能岳院殿檀林玄遊居士。墓は柳川市奥州町の福厳寺にある。『檀一雄全集』全八巻別巻一(沖積舎)がある。

参考文献 真鍋呉夫『母の手・檀さんの修羅の母胎』、高岩とみ『火宅の母の記』、野原一夫『人間檀一雄』、同編『檀一雄』(『新潮日本文学アルバム』三六)、石川弘編『檀一雄』(『人物書誌大系』二)、小島千加子『三島由紀夫と檀一雄』、真鍋呉夫『評伝火宅の人檀一雄』　(磯貝 英夫)

だんきずい 段祺瑞 Duan Qirui 一八六五—一九三六 中国の安徽派軍閥。字は芝泉、安徽省合肥の人。一八六五年生まれる。八五年、天津武備学堂卒業。ドイツに一年留学、砲兵学を専攻。九六年、袁世凱の麾下に入り、新建陸軍の砲兵学堂総弁となる。義和団事件がおこると、袁世凱に従って鎮圧にあたる。一九〇三年清朝中央に設置された練兵処に入り、王士珍・馮国璋とならんで、北洋三傑と称される。〇六年、保定軍官学校総弁となる。〇九年第六鎮統制(師団長)、翌年江北提督となる。一一年十月十日武昌挙兵で、辛亥革命始まるや、清軍の第二司令官として湖北に出陣、革命軍を破って漢陽を占領する。一方、北洋諸将領四十六人の名義で清帝の退位を要請する。袁世凱が大総統に就任すると、陸軍総長に任命される。一三年、第二革命を制圧し、湖北・湖南都督を兼任。ここまで一貫して袁世凱幕下で重要なポストを歴任するが、袁世凱が帝制復活を企図するや、これに反対して総長辞任。一六年袁世凱死後、国務総理兼陸軍総長となり、武力統一をめざす。一七年(大正六)八月、対ドイツ参戦の名義で日本に接近しつつ、参戦軍を編成する。寺内内閣は段祺瑞を日本の代理人に育成しようとし、いわゆる「西原借款」をはじめ、軍事的、経済的に援段政策をすすめる。この間、張勲の復辟運動がおこると、これを制圧する。しかし黎元洪と議員たちの反対にあい、一時、下野を余儀なくされる。一八年三月、奉天軍閥張作霖の支持をうけ、再度内閣を組織、いわゆる「安福国会」を召集する。同年五月民衆の反対を無視して、日中共同防敵軍事協定を結び、日本への依存を強める。二〇年安直戦争(安徽派と直隷派の内戦)では、直隷派曹錕・呉佩孚と張作霖の連合軍に敗れ、下野し、天津に移住す。二四年第二次奉直戦争(奉天派と直隷派の内戦)の時には、張作霖と馮玉祥軍に擁立され、十一月中華民国臨時執政となる。しかし、これは張・馮両派の勢力均衡の上に立ち、段の自力によるものではなかった。翌年善後会議を召集、孫文の国民会議、国民革命軍と対決し、二五年の五・三〇事件、二六年の三・一八事件などで、労働者・学生の反帝国主義運動を弾圧する。二五年の関税会議では関税自主権獲得運動に反対。二六年四月張作霖と馮玉祥の衝突となり、段祺瑞は下野。三三年引退し、上海に住む。国民政府から政府委員を任ぜられるが、受けず、三六年十一月廬山で病死する。七十二歳。

参考文献 ジェローム＝チェン『軍紳政権―軍閥支配下の中国―』(北村稔他訳)、前田恵美子「段祺瑞政権と日本の対支投資」(『金沢大学経済論集』一二・一三)、山根幸夫・藤倉文子「日華軍事秘密協定と日・中の世論」(『東京女子大学紀要』三八ノ二)

(中村　義)

だんたくま　団琢磨　一八五八―一九三二　明治から昭和時代初期にかけての三井財閥のトップ経営者。安政五年(一八五八)八月一日、福岡藩士神屋宅之丞・やすの四男に生まれ、明治三年(一八七〇)同じ福岡藩士団尚静の養嗣子に迎えられた。翌年、旧藩主黒田家より同家給費の海外留学生に選ばれ、渡米した。ボストンのライス＝グラマー＝スクールを経て、MIT鉱山学科に学び、明治十一年に卒業、学士号を得て帰国した。いくつかの教職に就いたのち、同十七年、工部省に入省、三池鉱山局に勤務した。技術者として三池炭礦の、特に勝立坑の開発にあたり、湧水処理技術調査のため欧米炭鉱業を視察中に、三池炭礦は三井家に払い下げられた。帰国した団は、三井家が同二十二年に組織した三池炭礦社の事務長に就任した。三池炭礦の運命は勝立坑開発の成否にかかっていると確信する団は、首脳部を説得してデービィ＝ポンプ二台を購入させ、開発に成功した。同二十六年、三池炭礦社をも統合して、三井鉱山合名会社が設立され、団は、翌年、同社専務理事に就任し、三井財閥の鉱山部門のリーダーとなった。明治四十二年、三井財閥の本社として三井合名会社が設立されると、参事に就任した。翌年、三井合名社長で三井総領家主人である三井八郎右衛門高棟(たかみね)に同行して欧米を視察、情報を収集するとともに、高棟社長の信任を得た。大正三年(一九一四)、いわゆるシーメンス事件の責任をとって、三井合名のトップ経営者である益田孝顧問が辞任すると、代わって団が三井合名理事長に就任、以後三井高棟社長と名コンビを組んで三井財閥を率いた。三井財閥の工業化を含む多角的事業展開を指導し、その結果形成された壮大なコンツェルン組織の総合的管理に努力した。一方、日本工業倶楽部理事長・日本経済連盟会会長などの財界団体の役員をも数多く兼ね、労働組合法制定などの諸問題について大企業経営者の意思を代弁した。昭和三年(一九二八)、男爵を授けられた。しかし、三井財閥の実力の巨大化は、金解禁、昭和恐慌の嵐の中で社会的反撥を呼び起し、ドル買のデマもあって、団は三井攻撃の矢面に立たされ、昭和七年三月五日、三井本館正面玄関前で血盟団員菱沼五郎の凶弾に倒れた。七十五歳。墓は東京都文京区大塚の護国寺にある。法名浄心院殿宏徳琢磨大居士。

参考文献 故団男爵伝記編纂委員会編『男爵団琢磨伝』、森川英正編『牧田環伝記資料』

(森川　英正)

だんなおき　弾直樹　一八二三―八九　関八州ほかのえた・非人を支配した弾左衛門の十三代目。文政六年(一八二三)摂津国菟原郡灘住吉村の寺田利左衛門の長子に生まれた(文政五年出生説もある)。天保十年(一八三九)幕命により第十二代弾左衛門の養子となり、明治元年(一八六八)幕府から自身と手下六十五人の身分引上げを認められて、弾内記と改名した(俗名には矢野内記も用いた)。さらに明治二年弾直樹と改めた。この年、陸海軍造兵司所属の皮革製造伝習授業及軍靴製造伝習授業御用製造所を設立し、外国人技師を傭聘して洋式皮革・軍靴の製造を始めた。しかし翌四年、賤民の斃牛馬処理権が廃止され、「穢多非人等の称廃止令」も出されたため、賤民支配権の上に成り立つ弾の事業は大打撃を受けた。五年に政商水町久兵衛と弾・水町組を設立し、兵部省から軍靴を十年間納入する註文を受けたが、技術と経営の未熟のため一方的に解約された。七年以降、経営の実権は三井組に移り、その手代北岡文兵衛と弾・北岡組をつくって、製靴部門のみを担当した。弾の事業は成功しなかったが、失意の晩年に、皮革製造所と製靴職人の増加は、「我志の果して貫徹せるものなり」と喜んでいたという。明治二十二年七月九日没。六十七歳。

参考文献 『弾内記身分引上一件』(『日本庶民生活史料集成』一四)、高橋梵仙『部落解放と弾直樹の功業』(石井良助編『近世関東の被差別部落』) (川村善二郎)

タンマラカ Tan Malaka 一八九七―一九四九 インドネシアの民族運動指導者。一八九七年西スマトラに生まれる。一九一三年オランダに留学して第一次世界大戦とロシア革命にふれ社会主義思想を学んだ。帰国後インドネシア共産党に入党し党議長に選ばれたが、二二年オランダ植民地政府によって国外追放に処せられ、ソ連・中国・香港・フィリピン・シンガポールなどを転々とした末、四二年密かに帰国した。長い放浪の前半はコミンテルンの枠の中で、後半は共産党と一線を画すインドネシア共和国党を立てて活動した彼は、帰国後日本軍政下のジャワの鉱山に職を得て、日本軍の残虐ぶりを体験した。四五年八月の日本降伏そして独立宣言後の混乱した政情の中で、理論的には真の独立闘争を目指す人々の支柱となったが、現実政治の面では政争にまき込まれ、四九年空しく命を落とした。五十三歳。『大衆行動』『マディログ』などの著作は、マルキシズムを根幹としつつしかもインドネシア民族の実情に即した完全独立を見すえる理論として、今日なおその価値を失わない。 (森 弘之)

ち

チェンバレン Basil Hall Chamberlain 一八五〇―一九三五 イギリス人の日本語学者。一八五〇年十月十八日、イングランドの南海岸ポーツマス軍港のサウスシーに生まれる。父は海軍中将。母はスコットランドのホール家の出。母の父はバジル＝ホール海軍大佐。彼は明治六年(一八七三)五月に来日。築地の海軍兵学寮の英語教師となり、かたわら荒木蕃・鈴木庸正などについて日本古典研究を始め、その成果は、同五年創立された日本アジア協会の研究紀要に発表した。さらに『日本古代詩歌』(明治十三年)、『英訳古事記』(同十六年)を刊行し日本古典を世界に紹介して日本学者として認められ、森有礼らの仲介により同十九年帝国大学文科大学の博言学(言語学)の日本語学の教授となる(同二十三年辞職)。その間日本各地を旅行し、北海道のアイヌ人、琉球の風俗文化に強い興味と関心を示した。同二十三年『日本事物誌』の初版を出版し、日本語および日本文学・地理・気候・社会制度・宗教・産業・趣味・風俗習慣・美術・人物にわたって西洋人のみた日本観を述べ、日本に関する研究と理解を示した。『日本事物誌』は、第六版(昭和十四年(一九三九))まで訂正加除され、英米人の日本国情を理解する上で重要な指針となった。同書は昭和四十四年邦訳本が出されている。彼は明治四十四年日本を離れ、一九三五年二月十五日スイスのジュネーブで八十四歳で没した。

参考文献 佐々木信綱編『王堂チェンバレン先生』 (福地 重孝)

ちかこないしんのう 親子内親王 一八四六―七七 江戸幕府十四代将軍徳川家茂夫人。仁孝天皇の第八皇女。母は権大納言橋本実久の女典侍経子。弘化三年(一八四六)閏五月十日誕生。幼称和宮。嘉永四年(一八五一)七月有栖川宮熾仁(なるひと)親王と婚約したが、万延元年(一八六〇)四月に至り、幕府は幕権強化のため公武一和を標榜して宮の将軍家茂への降嫁を奏請、再三請願を重ねた上、天皇の要望をいれて鎖国の復旧を誓約したため、天皇はついに聴許を決意し、宮も承諾を余儀なくされた。かくて同年十月幕府の奏請は勅許せられ、翌文久元年(一八六一)四月宮は内親王宣下を受け、同年十月京都を発して江戸に下向、翌二年二月十一日婚儀が挙げられた。しかし結婚後わずか四年余にして慶応二年(一八六六)七月家茂に死別、同年十二月薙髪して静寛院と称した。この後政情は著しく緊迫し、やがて明治元年(一八六八)正月朝幕開戦となったためすこぶる苦境に立たされたが、必死の決意を以て徳川家救解のために朝廷に嘆願し、その家名の保全を果たした。ついで徳川家の駿河移封の終るのをまって翌二年二月京都に帰住、在住五年余ののち七年七月再び東京に移居した。十年八月脚気療養のため箱根塔ノ沢に赴いたが、九月二日衝心により同地で死去。享年三十二。法諡を好誉和順貞恭大姉といい、東京芝山内の徳川家墓域に葬った。なお明治六年二品に叙せられたが、十六年八月七日回忌にあたり一品を追贈された。

参考文献 正親町公和編『静寛院宮御日記』、桑原随旭『和宮御事蹟』、樹下快淳『和宮様の御生涯』、武部敏夫『和宮』(『人物叢書』一二四)、井野辺茂雄「和宮の御降嫁に関する研究」(『史苑』一ノ五) (武部 敏夫)

ちかずみじょうかん 近角常観 一八七〇―一九四一 明治から昭和時代前期にかけての真宗の求道的僧侶。諡求道院。明治三年(一八七〇)四月二十四日、近江国浅井郡延勝寺村(滋賀県東浅井郡湖北町)の真宗大谷派西源寺に生まれた。父常随・母ユキエの長男。同三十一年東京帝国大学哲学科卒業。同三十年ごろから人生に苦悶を覚え苦しんだが、信仰に目覚め、以後生涯を伝道と執筆に過ごした。三十二年貴族院議会提出の宗教法案には同派石川舜台らと反対し、以後の提出にも反対を貫いた。三十三年宗教制度視察のため欧米に渡航、三十五年三月帰朝。同年東京本郷森川町に求道学舎を創設して真宗信仰を説き、三十七年雑誌『求道』を発刊、大正四年(一九一五)ごろ求道会館を建て、学生を主に『歎異抄』中心の伝道をした。昭和十六年(一九四一)十二月三日没。七十二歳。著書は『懺悔録』『信仰の余瀝』『人生と信仰』『信仰問題』『歎異鈔講義』など多く、その他、雑誌『慈光』『信界建現』なども主宰した。

（柏原　祐泉）

参考文献　常光浩然「近角常観」(『明治の仏教者』下所収)、中野駿太郎「救われている念仏」(『大法輪』二四ノ六)

ちかまつしゅうこう　近松秋江　一八七六―一九四四　明治から昭和時代前期にかけての小説家。本名徳田浩司。明治九年(一八七六)五月四日、岡山県和気郡藤野村大字藤野(和気町)に生まれる。父啓太、母奈世の四男。岡山中学(岡山朝日高校)時代から硬派の文章家を志していたが、樋口一葉の『にごりえ』に感動して軟文学に生涯をゆだねようと覚悟する。明治三十四年東京専門学校(早稲田大学)卒業後、同校出版部に正宗白鳥の助手として働いたりしたが、そのころ、牛込赤城神社境内貸席清風亭の大貫ますとの運命的な出会いがあった。彼女との結婚生活に破れ、その未練がましい愛執を纏綿と語りつづった書簡体小説『別れたる妻に送る手紙』(明治四十三年)が出世作となり、彼の文学のゆくえを決定づける。続篇『執着』(大正二年(一九一三))につぐ『疑惑』(同)が、男と去った妻を日光の宿に追い、嫉妬し懊悩する凡愚の姿を描いて、情痴小説の傑作とうたわれた。痴愚の限りを写しながら、適度な笑いとペーソスで裏打ちされた感動の切実さと自己客観の確かさが、特異な情調小説としての位相を確保している。『黒髪』(大正十一年)などを含めて白鳥は、「少し誇張して云ふと不朽の文学である」と評価した。『舞鶴心中』(大正四年)、『葛城太夫』(五年)などを経て、大正十一年猪瀬イチと結婚し長女百合子を得ると、秋江は『子の愛の為めに』(十三年)、『恋から愛へ』(十四年)と作風を転ずる。晩年は『(歴史小説)三国干渉』(昭和十六年(一九四一))などに意欲を見せたが、両眼失明という悲運の中で、昭和十九年四月二十三日没。六十九歳。墓所は郷里の岡山県和気郡和気町の徳田家墓所。別に『文壇無駄話』(明治四十三年)、『文壇三十年』(昭和六年)などの、ユニークな批評・回想録がある。

参考文献　正宗白鳥『流浪の人』

（榎本　隆司）

ちちぶのみややすひとしんのう　秩父宮雍仁親王　⇨雍仁親王

ちづかれいすい　遅塚麗水　一八六六―一九四二　明治から昭和時代前期にかけての小説家、紀行文家。本名金太郎。慶応二年(一八六六)十二月二十七日、父保、母しをの長男として駿河国駿東郡沼津(静岡県沼津市)に誕生。明治九年(一八七六)一家で上京、幸田露伴と相識り、菊池松軒の迎曦塾に入り、漢学修業。小学教員・逓信省雇吏を経て郵便報知新聞に入社、作家となり『青年文学』編集。日清戦争の従軍記者となり、帰って都新聞入社。その間『日本名勝記』ほかの紀行文でも知られた。昭和十七年(一九四二)八月二十三日没。七十七歳。墓は東京都港区の青山墓地にある。

（石丸　久）

ちのしょうしょう　茅野蕭々　一八八三―一九四六　明治から昭和時代にかけての歌人、詩人、ドイツ文学者。本名儀太郎、はじめ暮雨、のちに改めて蕭々と号した。明治十六年(一八八三)三月十八日、長野県諏訪郡上諏訪村(諏訪市)に生まれ、第一高等学校を経て、東京帝国大学文科大学独逸文学科を卒業。明治四十一年第三高等学校講師となって、京都に赴任、翌年、同教授となった。のち東京へ帰り、大正九年(一九二〇)に慶応義塾大学文学部教授となって、ドイツ文学を講じた。昭和二十一年(一九四六)八月二十九日、脳溢血にて没。享年六十四。蕭々は早く新詩社の歌人として聞え、雑誌『スバル』などに詩も発表したが、その訳書『リルケ詩抄』(昭和二年)はわが国のリルケ研究に先鞭をつけ、当時の詩人たちにも影響を及ぼした。著書にはほかに『ゲョエテ研究』(昭和七年)、『独逸浪漫主義』(昭和十一年)、『朝の果実』(妻茅野雅子共著、昭和十三年)および多数の翻訳書がある。

参考文献　安倍能成編『蕭々雅子遺稿抄』

（富士川英郎）

ちばかめお　千葉亀雄　一八七八―一九三五　明治から昭和時代前期にかけての新聞記者、文芸評論家。明治十一年(一八七八)九月二十三日、山形県酒田町に生まれる。本籍地は宮城県。仙台一中卒業後上京し外国語学校清語科・早稲田大学高等師範部などに一時在籍、国民英学舎卒業。江東と号し文芸雑誌『文庫』、評論雑誌『日本及日本人』記者を経て新聞界に入り『国民新聞』『時事新報』『読売新聞』の各社会部長を歴任。大正十三年(一九二四)二月正力松太郎が『読売新聞』を買収、社長となった時、特に乞われて編集局長として正力に協力。同十五年六月『東京日日新聞』に転じ学芸部長・編集局顧問などをつとめた。昭和十年(一九三五)十月四日死去。五十八歳。墓は東京都府中市の多磨墓地にある。著書に『新聞十六講』(昭和八年)、『ペン縦横』(同十年)がある。サンデー毎日大衆文芸賞(大正十五年七月創設、第二次世界大戦後サンデー毎日小説賞、同新人賞となる)は彼の企画。昭和十一年には大衆文芸の発展に尽くした彼の功績をたたえて、優秀長編大衆小説に与えられる千葉賞が創設(昭和二十六年で中断)された。

（内川　芳美）

ちばしゅうさく　千葉周作　一七九四―一八五五　江戸時代後期の剣客。諱は観、字は成政、屠竜と号した。寛政六年(一七九四)正月元日、千葉幸右衛門成胤の次男として陸前国栗原郡花山村荒谷に生まれた。祖父千葉吉之丞常成は北辰夢想流剣術の開祖であり、父幸右衛門はこれを継承していたから、周作は早くから父にこれを学んだ。文化六年(一八〇九)幸右衛門は周作ら三児を連れて江戸の近郷松戸に移住し、浦山寿貞と改名して医業に就いた。周作は旗本喜多村石見守正秀に仕えるとともに、剣術を小野派一刀流の師浅利又七郎義信に学び、熟達ののち義信の推薦によってその師中西忠兵衛子正の門に入り、ここで一段と実力を磨き、浅利門に復し、喜多村家を辞して剣術専修を志した。その後独立し、北辰一刀流を唱え、日本橋品川町に玄武館を開き、ついでこれを神田お玉が池に移し、流名を一挙に高めた。また天保六年(一八三五)水戸の弘道館演武場に出張教授をして称讃を得、ついに水戸藩士に登用された。安政二年(一八五五)十二月十日没。年六十二。江戸浅草誓願寺内仁寿院墓地に葬られた。法名は高明院勇誉智底敬寅居士。現在、墓は東京都豊島区巣鴨の本妙寺境内に移されている。

参考文献 千葉栄一郎編『千葉周作遺稿』、今村嘉雄『剣術』一二(『日本武道大系』一二)

(島田 貞一)

ちばめいきち 千葉命吉 一八八七―一九五九 大正・昭和時代の教育者。明治二十年(一八八七)三月二十六日、秋田県雄勝郡湯沢町に誕生。秋田師範卒業。愛知県第一師範学校・奈良女子高等師範学校附属小学校訓導を勤め、大正九年(一九二〇)広島師範学校附属小学校主事に就任。前年に『創造教育の理論及実際』を発表し、創造教育の理論的指導者となる。同十一年ベルリン大学留学、帰国後立正大学講師。独創学会・日満教育連盟等を創設。著書は『独創主義教育価値論』『独創教育学』等多数。昭和三十四年(一九五九)十二月二十九日没。七十二歳。

参考文献 扇田博元『独創教育への改革』、小原国芳編『日本新教育百年史』一・七、大日本学術協会編『千葉命吉氏教育学』(『日本現代教育学大系』一〇)

(久保 義三)

ちばゆうごろう 千葉勇五郎 一八七〇―一九四六 明治から昭和時代前期にかけての牧師、神学者。明治三年八月十三日(一八七〇年九月八日)、仙台の武士、新関家に生まる。実父の死別により、もと仙台藩校養賢堂の数学指南役で片平丁に居住の千葉秀胤の嗣子として入籍。同二十一年横浜に出て、横浜英和学校に入学、二十三年二月、横浜バプテスト教会牧師川勝鉄弥からバプテスマを受け、教会員となった。六月英和学校を卒業、九月東京英和学校(現在の青山学院)に入学、二十六年五月同校英語師範科を卒業。八月日本バプテスト教会最初の留学生として、アメリカに渡り、コルビー大学に入学、二十八年五月卒業してさらにロチェスター神学校に入学、三十一年五月卒業した。帰国して十月尚絅(しょうけい)女学校教頭に就任、ブゼル校長を助けて、学園発展の基礎を築いた。三十二年五月按手礼を受け、十月東京学院教頭となり、四谷バプテスト教会牧師を兼任した。四十年十月福岡バプテスト神学校が設立されその校長に就任、四十三年十月福岡神学校と横浜バプテスト神学校が合同して、日本バプテスト神学校が成立、その教頭となった。昭和二年(一九二七)東京学院と中学関東学院とが合同して財団法人関東学院が成立すると副院長となり、同七年十月院長に就任した。在任中、社会的キリスト教運動(S・C・M)がおこり、高商部・社会事業部・神学部の学生十数名が検挙されたが、院長はほかの教授たちと当局に交渉し、起訴者を一人も出さなかった。八年には日本バプテスト東部組合理事長となり、十二年四月院長を辞任、名誉院長となった。十五年日本バプテスト教団が成立し、その統理に推挙された。十六年日本基督教団が成立すると、参与および常議員となった。また、バプテスト教会だけでなく、他のキリスト教団体の責任者としても尽力している。著書も多く、主なものは『説教学』『パウロ研究』『ヨハネ伝』『黙示録の現代研究』『教育と基督教』『ペテロ研究』などがある。昭和十八年神奈川県国府津教会、のち御殿場に疎開し、二十一年東京中野区野方町の自宅に帰ったが、戦時中の苦労が重なって衰弱し、同年四月二十一日没した。七十七歳。墓は東京都府中市の多磨墓地にある。

参考文献 山本太郎・伊藤卓二編『自由への憧れ―千葉勇五郎追憶集―』、『関東学院百年史』、千葉勇『千葉勇五郎略伝』、片子沢千代松「千葉勇五郎小伝」(『告知板』七一)

(片子沢千代松)

ちゅうじょうゆりこ 中条百合子 ⇨宮本百合子(みやもとゆりこ)

ちょうがくりょう 張学良 Zhang Xue-liang 一九〇一―二〇〇一 中国国民党の軍事指導者で民族主義者。西安事件の発動者として有名。従来生年は一八九八年とされたが、一九〇一年生まれと是正。字は漢卿。遼寧省海城県の人。奉天系軍閥張作霖の長男として生まれ、一九一九年三月東三省陸軍講武学堂に入学(七月卒業)。大隊長・連隊長・旅団長を経て、二一年少将のとき来日、秋の陸軍大演習を参観。二四年師団長となり奉天派の軍隊を指揮。二六年十二月には河南に南下、二七年五月―六月は国民革命軍(北伐軍)と激戦。二八年六月父の張作霖が日本の軍人によって爆殺されて以後は急速に蒋介石に接近。東三省保安司令として地位を確立すると奉天軍内の親日派を一掃、二八年十二月には国民革命側に転じた(易幟事件)。以後東北辺防軍司令兼東北政務委員会主席に就任、閻錫山や馮玉祥と対立する蒋介石を積極的に補佐して三〇年六月には国民政府の全国陸海軍副総司令の名を許され、北京・天津地区の地盤もあわせ獲得した。一九三一年「柳条湖事件」(満洲事変)が起った時には北平(北京)の協和病院に入院していて当初から抗戦の意志なく、その後蒋介石の意向もうけて衝突回避に徹し、三三年には熱河も失って下野、外遊した。三四年一月帰国後は再び蒋介石に従って予鄂皖剿匪総司令代行に就任、河南・湖北・安徽などの共産党軍討伐に従事したが、特に労山・楡林橋などで敗れてからは戦意を失い、また故郷を追われて各地を転戦する東北軍のなかには一致抗日の声が高まり、ついに三六年四月延安において周恩来と会談、内戦停止に同意した。しかしあくまで共産軍討伐を第一とする蒋介石は、張学良に剿共継続を要求、窮した張学良は十二月十二日西安に蒋介石を監禁して（西安事件）一致抗日の発端を開いた。しかし蒋介石に同行して南京に赴いた張学良は、官職剝奪・十年の禁錮刑の処罰を受け、「特赦」後もなお軍事委員会の身柄拘束の下におかれ、戦後も台湾で軟禁状態におかれた。二〇〇一年十月十四日ハワイで没。百歳。『張学良自伝』がある。

参考文献　魯泌『論張学良』、応徳田『張学良与西安事変』

（宇野　重昭）

ちょうくん　張勲　*Zhang Xun*　一八五四―一九二三　中華民国の軍閥。字少軒、号松寿。江西省の人。一八五四年十二月十四日に生まれ、八四年兵士となり佐官級に進み、日清戦争従軍後袁世凱の部下となる。一九一三年革命軍の拠る南京を攻略したが、日本などから南京略奪事件の抗議を受け徐州に左遷。以後徐州を本拠とする大軍閥となる。民国以後も清朝の復辟を念願し兵士に断髪を禁止し、辮髪将軍・辮髪部隊といわれた。一七年大総統黎元洪と総理段祺瑞の対立が激化すると、調停の名目で兵三千を率いて北京に入りクーデターを起し、七月一日宣統廃帝溥儀を復位させ、忠勇親王・内閣議政大臣兼直隷総督となったが、たちまち段祺瑞に敗れオランダ大使館に逃げ、帝政は十二日で終った。復辟にはドイツの援助もあったが、彼は同年春の参謀次長田中義一との密談でその援助を過信したといわれる。一九二三年九月十二日天津で死亡。七十歳。廃帝から忠武と諡。溥儀および周恩来と姻戚。著書『松寿老人自叙』（一九二一年）がある。

参考文献　来新夏編『北洋軍閥史稿』、商公沢「張勲策動丁巳復辟失敗経過」（『天津文史資料選輯』三二）

（小原　正治）

ちょうぐん　張群　*Zhang Qun*　一八八九―一九九〇　中国国民党の政客。知日派の多い政学会の指導者の一人。四川省華陽県（双流県）の人。字は岳軍。一八八九年生まれる。日本陸軍士官学校卒。一九一八年広東軍政府に参加。二六年国民革命に協力して総司令部参議となり、以後蒋介石に接近。上海兵工廠長、上海特別市市長などを経た後、三一年北平（北京）に入り、「柳条湖事件」後は華北における日華の紛争調整にあたった。三三年湖南省政府主席、三五年外交部長となり、蒋介石の側近としての地歩を固め、三七年には中央政治会議秘書長。戦争中の四〇―四五年には四川省主席として、奥地の抗戦体制強化を担当。戦後はアメリカのマーシャル特使を受けいれて内戦の回避を担当、周恩来とともに三人委員会を構成した。四六―五〇年は、国民政府の行政院院長。内戦敗北後は台湾に逃れ、総統府秘書長となった。日華協力委員会出席のためにしばしば来日、日本の親台湾グループと親密な交流がある。一九九〇年十二月十四日没。一〇二歳。

（宇野　重昭）

ちょうけい　張継　*Zhang Ji*　一八八二―一九四七　中国国民党右派の指導者。河北省滄県の人。字溥泉。一八八二年生まれる。七歳から塾に学び、十六歳から父に従って保定の蓮池書院で古典の教育を受け、九九年同書院教授の中島裁之に従って日本に入って以来、再三来日。一九〇四年、黄興らの華興会に参加。〇五年には東京で中国同盟会創立に参加。早くから幸徳秋水の無政府主義の影響も受け、〇八年フランスに赴いたときには李石曾らと『新世紀』を発行。辛亥革命で帰国後は勤倹留仏学生運動を推進。一二年国民党創立に参加後は、宋教仁・孫文と協力。二〇年広東軍政府顧問に就任してからは華北における国民党組織工作と孫文の連ソ政策に関与し、二二年はヨッフェと接触、同時に中国共産党の創立者の一人李大釗を孫文に紹介した。しかし二四年後は反共に転じ、二五年孫文の死後は西山会議派に参加、二七年以後は蒋介石に協力、四七年、六十六歳で南京に病没するまで国民党史史料編集委員会主任・国史館長などを歴任した。著書に『張溥泉全集』がある。

（宇野　重昭）

ちょうけいけい　張景恵　*Zhang Jing-hui*　一八七一―一九六二　満洲国の軍人、政治家。字叙五。遼寧省台安県の人。一八七一年生まれる。もと「緑林の徒」の出で、清末張作霖とともに政府に帰順。巡防隊に入り、奉天講武堂に学ぶ。一時失意の時もあったが、その後奉天派軍閥の将軍として出世。一九二六年奉天督軍署参議、二七年顧維鈞内閣の陸軍総長。二八年張作霖爆殺事件の時には負傷。張学良の下では東北政務委員、東北特別区行政長官として奉天で実権を握る。満洲事変の時には関東軍の引き出し工作に応じ、治安維持協力から独立に進み、三二年には東北行政委員会委員長。馬占山説得工作を行なったことは有名。満洲国樹立後は東省特別区長官から軍政部総長に進み、三五年から四五年は国務総理。また一時は外交部大臣・蒙政部大臣を兼任した。日本の敗戦後ソ連に抑留され、中華人民共和国成立後は戦犯として指名、撫順に収容された。一九六二年没。九十一歳。

（宇野　重昭）

ちょうさくりん　張作霖　*Zhang Zuo-lin*　一八七五―一九二八　中国、奉天派軍閥の首領。字雨亭。一八七五年奉天省（遼寧省）海城小洼村生まれ。父は小商店を経営していたが、賭場にも関係し、作霖が十四歳の時に賭徒に殺された。その後作霖は母方の祖父に養われ、日清戦争の時は清軍に兵士として参加、翌年離隊して結婚（趙氏）、九六年に緑林に加入した。一九〇〇年二十五歳の時自衛団（保険隊と自称）を組織、翌年湯玉麟・張作相らを合わせて二百人余の軍（幫）を形成し、〇二年東三省総督趙爾巽に帰順、一箇大隊の騎兵の長となった。日露戦争の時には当初ロシア側の「義勇隊」となったが、日本軍に捕えられ、のち日本側に転じた。〇七年東三省総督徐世昌の下に巡防隊の前路指揮官となり、一一年辛亥革命の時には二千五百人の部下を率いて奉天に進駐、反革命的な国民保安会の軍事部副部長となり、多数の革命党人を殺害した。一二年には袁世凱によって二十七師長(中将)に任命され、一五年には袁の帝制自称を支持、同時に朝鮮の寺内正毅総督とも接触。一六年には「奉天人による奉天統治」をスローガンとして奉天将軍段芝貴を追い出したが、袁は止むを得ずこれを認めて張を盛武将軍に任命。同年六月袁が病死した後、黎元洪総統も張の実力を認め奉天督軍兼省長に任命。その後東三省支配に乗り出し、一七年には黒竜江省の内紛に乗じて段祺瑞の協力をとりつけ同省の実権を把握。一八年には段祺瑞の武力統一政策を支持して入関、東三省巡閲使の名を獲得。一九年その名によって吉林省の政治に介入、実力で同省を占領。こうして鎮威将軍として東三省の支配者となった。またこの間日本側との友好関係に努力し、五・四運動の時には奉天の学生運動を鎮圧した。二〇年直隷派の曹錕と連携、安直戦争で直派を支持、二一年には直派の北京政府により熱河・チャハル・綏遠三特区の蒙疆経略使に任命された。日本もまた満蒙の実力者張作霖を援助していく方針を固めた。この後張作霖は北京政局への進出を計ったが、二二年の第一次奉直戦争では敗北、奉天に帰った張は東三省議会により東三省保安総司令に任命され、東三省の自治を宣布。以後広東の孫文と連携をはかるとともに、日本の援助を得て奉天兵工廠を拡張。二四年の第二次奉直戦争の時には直派に所属していた馮玉祥と結んで呉佩孚軍を撃破。この「北京政変」後、段祺瑞臨時総執政を支持、国民会議を召集して孫文の北上を促し、二五年には河北・山東・江蘇にも進出、張宗昌を山東督弁とした。またこの年には五・三〇運動が発展、六月には奉天でも学生の反帝デモが挙行されたが張はこれを弾圧した。さらに八月の天津における日本紡の労働者ストライキの時には李景林軍を巡遣して鎮圧、六十名余を殺害した。しかし奉天派の南下に対しては各派の反発が強く、十月浙江督弁の孫伝芳が反奉通電を発して上海に南下していた奉軍を逐い、呉佩孚もこの機に乗じて「十四省討逆軍総司令」に就任、張は徐州―天津の線を守ろうとしたが部下の郭松齢が馮玉祥と密約を結んで反乱、敗北した張は下野をほのめかしつつ東北の基盤死守に向かった。この時日本の関東軍が介入、白川義則軍司令官が満鉄沿線二十支里以内の軍事行動を禁じたため郭軍と対立、張軍の反撃を受けた郭軍は潰滅した。ただしこの日本の中国内政に対する干渉は広範囲の反日運動を招き、張の政治的立場を困難なものにした。二六年七月国民革命軍は北伐を開始、張は呉佩孚・孫伝芳らと妥協、十二月には張宗昌・孫伝芳らの推挙で安国軍総司令に就任、「反赤宣言」を発表。二七年春には「反赤」で蒋介石との妥協・協商を模索。また四月六日には北京にあったソ連大使館を強制捜査、九日には中国共産党の創立者の一人である李大釗をはじめ革命党員三十五人を逮捕、二十八日には処刑を強行した。この後蒋介石が「四・一二政変」を実施、北伐続行を指向したが、日本の第一次山東出兵で兵を返した。この時期張作霖は国民政府と妥協するか東北に撤退するかの岐路に立たされて動揺したが、日本の圧力で南方との妥協の途を求めることができず、加えて満鉄総裁山本条太郎らのいわゆる「満蒙新五鉄条協定」の要求に屈し、二八年四月蒋介石が第二次北伐を開始した時にはこれとの対決を余儀なくされ、日本の要請に応じて東北に退却することとなった。五月三十日張は総退却を下令、六月三日急ぎ就任した中華民国陸海軍大元帥の軍服を身につけた張は四車輌の二番目で出京、奉天に向かったが、翌四日、満鉄線と京奉線の交叉する皇姑屯付近にさしかかった時、河本大作大佐らの陰謀による爆薬が爆発、重傷を負った張は自動車で奉天に運ばれたが同日死亡した。五十四歳。同乗していた呉俊陞は現場で即死した。張学良は父の死には間に合わなかったが変装して急ぎ奉天に帰り、六月二十一日父の喪を発表した。張作霖爆死事件の真相が明らかにされたのは戦後の昭和二十七年(一九五二)七月二十六日の河本証言によってのことである。

[参考文献] 常城主編『張作霖』、園田一亀『張作霖』、馬場明「田中外交と張作霖爆殺事件」(『歴史教育』八ノ二)

(宇野 重昭)

ちょうさんしゅう 長三洲 一八三三―九五 幕末・明治時代の漢学者、書家。本姓は長谷、名は炗(ひかる)。幼名は富太郎・光太郎・主馬。字は世章・秋史。三洲は号。天保四年(一八三三)九月二十二日豊後国日田郡合田村(大分県日田郡天瀬町)に生まれる。父は医者で漢学者の長梅外。広瀬淡窓の咸宜園に学び門下生の中で頭角をあらわし、のちに大坂に出て広瀬旭荘の塾の塾長をつとめた。諸藩の志士と交遊し、尊王攘夷運動に参加。長州の奇兵隊に加わり、元治元年(一八六四)馬関で四国連合艦隊と戦った。まもなく帰郷し、父や弟の黄(春堂)と協力して長州援助の同志を募ったが、幕吏に追われ、弟は捕われて獄死した。炗は長州に逃れ、幕府の征長軍と戦った。戊辰戦争にも従軍。木戸孝允の知遇を得て新政府に出仕し、大学少丞・文部大丞・文部省学務局長・正院一等編修官・侍読・宮内省御用掛などを歴任。この間、明治四年(一八七一)―五年学制取調掛に任ぜられ、学制の制定に参画した。書画に巧みで、特に書家として名高く、習書御用掛として明治天皇に書道の指導にあたった。同十八年七月天皇が伊藤博文邸に行幸した際には、父梅外や他の書家とともに御前揮毫を行なった。同二十八年三月十三日東京牛込の船河原橋幽立庵で病没。六十三歳。墓は東京都府中市の多磨墓地にある。著書には『新封建論』『書論』『三体千字文』『三洲居士集』などがある。

[参考文献] 大分県教育会編『(増補改訂)大分県偉人伝』

(鳥海 靖)

ちょうしどう 張之洞 Zhang Zhi-dong 一八三七―一九〇九 中国清朝末期の政治家、学者。字は孝達、号は香濤。一八三七年(道光十七)誕生。六三年(同治二)一甲第三位(探花)の成績で進士に合格。八〇年(光緒六)一月、新疆省西北部の伊犂地方をめぐる清露間の紛争で譲歩した全権崇厚の厳刑方、同年八月には、琉球の帰属に関し日本と妥協して露国を孤立方、またその後の清露関係好転により、同年十一月には、日本との琉球帰属交渉妥結の延期方を、それぞれ上奏した。八二年初め、山西巡撫に抜擢され、八四年には両広総督(広東・広西両省管轄)、八九年には湖広総督(湖南・湖北両省管轄)となったが、この間、広東に製糸工場・水師学堂を、湖広総督時代には、八九年に漢陽兵工廠、九〇年に漢陽製鉄所をそれぞれ設立し、九一年には大冶などで鉄鉱・石炭の採掘を開始した。一九〇〇年の北清事変の際は、湖広総督として義和団の鎮圧方につき上奏し、また両広総督李鴻章・両江総督劉坤一らとともに、在上海各国領事(日本の領事は小田切万寿之助)との間に、南清秩序維持に関し協定を結んだ。事変後、劉坤一とともに、諸制度改革およびロシア軍の満洲からの撤退に関し、しばしば上奏した。一九〇九年十月の彼の死去で、清廷の重みが失われた。七十三歳。『張文襄公全集』がある。

参考文献 外務省編『日本外交文書』三三ノ別冊、三四、四〇ノ二、許同莘編『張文襄公年譜』、『清史稿』四四三、近衛篤麿日記刊行会編『近衛篤麿日記』別巻、波多野太郎「近衛霞山をめぐる日中交渉史料」(近衛霞山公五十年祭記念論集編集委員会編『アジア—過去と現在—』)、李国祁『張之洞的外交政策』(『中央研究院近代史研究所専刊』二七)

(河村　一夫)

ちょうねん　超然　一七九二—一八六八　江戸時代後期、浄土真宗本願寺派の学匠。字は不群、号は虞淵、別名を若英、諡を高尚院という。寛政四年(一七九二)近江国犬上郡高宮村(滋賀県彦根市)円照寺大濤の次男として生まれる。文化五年(一八〇八)得度し、神崎郡福堂村(能登川町)覚成寺に入る。本願寺学林にて義諦に学ぶ。文政四年(一八二一)雲幢と義諦の論争を調停し、また三業惑乱後の宗学の混乱収拾につとめた。嘉永年中(一八四八—五四)、本願寺広如の命により『真宗法要典拠』十八巻を校補。幕末には頼三樹三郎・月性らと勤皇運動に従事。明治元年(一八六八)二月二十九日没。七十七歳。大正六年(一九一七)勧学を追贈。著書に『日本僧宝事苑』『反正紀略』『日本絶句類苑』『歳寒窓億語』『水塩偶筆』『醒心和歌集』『西洋小品』など八十余部。

参考文献 宮崎円遵『本願寺派勤皇僧事績』

(千葉　乗隆)

ちんこうはく　陳公博　Chen Gong-bo　一八九〇—一九四六　中国国民党改組派の指導者。日中戦争中は「親日派」。広東省南海県の人。一八九〇年生まれる。父はもと広西省の提督で反清活動の疑いで監禁され、辛亥革命後出獄して広東省都督府軍事顧問となった。公博は育才書社、法政専門学校などで学んだ後、一九一七年北京大学に入学。二〇年卒業後、広州で『群報』を刊行して新思潮を紹介。二一年陳独秀の影響の下に広東共産主義グループの結成に参加、広東代表として中国共産党一全大会(第一次全国代表大会)に参加した。しかし大会が場所を転々としたため途中で遊覧に出かけ、大会終了時を知らなかった。その後工作担当や留学先をめぐって党中央と対立、留党監査処分を受けたまま二二年十一月日本に向かい、二三年二月にはアメリカに留学、ついに除名処分を受けた。コロンビア大学在学中に中共党一全大会の資料を紹介したことは有名。二五年帰国後広東大学教授、広東国民政府農工庁長、国民党農民部長などに任じられたが武漢政府時代は汪兆銘に協力、二七年国共分裂、汪兆銘失脚後は反共とともに反蔣運動に活躍、二八年冬には中国国民党改組同志会を結成した。三一年汪兆銘が行政院長に復帰したときには実業部長兼中央民衆訓練部部長。三八年十二月汪兆銘が重慶を脱出したときにはハノイに飛び「南京新政府」樹立に協力、四四年汪兆銘病死後は政府主席代理となったが、四五年日本の敗戦で日本に亡命、逮捕されて送還後、四六年六月蘇州で処刑された。五十七歳。著書に『陳公博先生文集』などがある。

(宇野　重昭)

ちんだすてみ　珍田捨己　一八五六—一九二九　明治・大正時代の外交官。安政三年(一八五六)十二月二十四日、津軽藩士珍田有孚の長男として、陸奥国津軽郡弘前城下(青森県弘前市)に生まれた。明治元年(一八六八)、藩校稽古館に入り、和漢学を修め、同五年、英学専修生の命を受け、もっぱら英学を修め、ついで新設の東奥義塾に入り、米国人教師などに就き、英語を以て普通課を修めた。同九年七月、明治天皇東北地方巡幸の際、青森小学校で英語で御前講演を行なった。同十年、米国インデアナ州インディアナ＝アスベリー大学Indiana Asbury Universityに留学。同十四年卒業帰国後、東奥義塾の教頭の職に従事した。同十八年九月、外務省に入り御用掛となり、同二十一年二月、電信課長となった。同二十三年九月、サンフランシスコ在勤領事となり、移民問題、シカゴ万国博覧会出陳事務などに苦心した。同二十七年十二月、仁川在勤領事となり、間もなく同二十八年六月、上海在勤総領事に移り、各地の専管居留地設定などに努力した。同三十年五月、ブラジル駐劄弁理公使、同三十二年三月、オランダ駐劄公使、同三十三年十一月、ロシア駐劄公使にそれぞれ任命された。同三十四年十一月、外務総務長官に就任し、小村寿太郎外相などを輔佐して省内を統轄した。同四十一年六月、ドイツ駐劄大使に任命され、条約改正交渉に努力した。同四十四年十一月、米国駐劄大使に任命され、排日問題の処理と文化交流などに苦心した。大正五年(一九一六)六月、英国駐劄大使に移り、英国王室との親善に努め、またパリ会議に講和全権委員として参列した。同九年十月、枢密顧問官に任命され、同十年二月、宮内省御用掛として皇太子の渡欧に随行を命ぜられ、同年十一月、東宮大夫、昭和二年(一九二七)五月、侍従長にそれぞれ任命された。昭和四年一月十六日、死去。七十四歳。墓は東京都港区の青山墓地にある。

参考文献　菊池武徳編『伯爵珍田捨己伝』、『外務省の百年』　（河村　一夫）

ちんてんか　**陳天華**　Chen Tian-hua　一八七五—一九〇五　中国清朝末期の革命家。光緒元年（一八七五）湖南省新化県に生まれた。明治三十六年（一九〇三）、日本へ留学したが、ロシアはこのころ、北清事変の際以来の満洲占領を続行したので、在日留学生を中心に激しいロシア排斥運動が起った。その時、彼は革命救国を唱え、平易な言葉で記した『警世鐘』『猛回頭』の両書を刊行し、本国の学生軍人層へも影響を与えた。同三十七年秋帰国し、黄興らと長沙で清朝打倒の蜂起を企てたが、失敗して日本に逃れた。翌三十八年八月、中国革命同盟会が東京で成立した際は、発起人として参加、同盟会章程の起草委員に挙げられた。同年十一月、日本の文部省は、清国の要求に応じて留学生の革命活動を制限するため、「清国人ヲ入学セシムル公私立学校ニ関スル規程」を公布したが、これに反対した清国人の同盟休校に対し、十二月七日付の『朝日新聞』が「清国人の特有性なる放縦卑劣の意志より出た」と論評したので、彼は痛憤し、直ちに、生きて救国を空談せんよりは死して救国を警動する旨を記した絶命書を執筆し、翌十二月八日、大森海岸に投身自殺を遂げた。三十一歳。

参考文献　永井算巳『中国近代政治史論叢』、里井彦七郎『近代中国における民衆運動とその思想』、さねとうけいしゅう『中国留学生史談』　（河村　一夫）

ちんどくしゅう　**陳独秀**　Chen Du-xiu　一八七九—一九四二　中国近代の思想家、中国共産党の創立者。安徽省懐寧県（安慶市）の人。原名乾生、字仲甫、号実庵、筆名隻眼ほか多数。一八七九年地主の家に生まれて古典的教養を身につけ、十七歳の時、秀才に合格。しかし一九〇一—〇二年第一回の日本留学の時から「民主と科学」に目覚め、第二回・第三回の日本留学で東京高等師範学校速成科、早稲田大学で経験を積み、一五年九月には『青年雑誌』（のち『新青年』と改題）を発刊して新文化運動を唱導。一七年には北京大学文科部長に迎えられたが、一九年五・四運動のとき「北京市民宣言」を散布して逮捕され、北京大学の職を失って上海に南下、二〇年コミンテルン代表ボイチンスキーと会って中国共産党設立に踏み切った。二一年中共中央局書記、二五年総書記。しかし国民革命期の指導の失敗を右傾投降主義者として批判され、二九年に除名。三二年に国民政府に逮捕されたが、三七年に出獄、四二年民主主義者としての自己主張を繰り返しながら心臓病で四川省江津に病死した。六十四歳。著書に『独秀文存』『実庵自伝』などがある。

参考文献　鄧玉汝編『陳独秀年譜』　（宇野　重昭）

つ

つかごしていしゅんろう　**塚越停春楼**　一八六四—一九四七　明治から昭和時代にかけての文学者、歴史家。本名芳太郎。元治元年（一八六四）三月三日、上野国碓氷郡岩氷村（群馬県群馬郡倉淵村大字岩氷）に生まれる。高崎の暢発学校（師範学校の前身）を卒え、嬬恋小学校教員。明治二十二年（一八八九）、岩氷小学校長のころ、鳥淵自助会を結成、会長となり、上毛青年連合会に参加、廃娼運動の中心的存在として活躍。その指導者湯浅治郎の紹介で徳富蘇峰の知遇を得、二十三年一月上京、『国民新聞』校正係・記者、『家庭雑誌』編集者をつとめ、両紙誌および『国民之友』に論説、散文、新体詩、史論・史伝を発表、声名を高めた。蘇峰の松方内閣参画（三十年七月）以後の権力主義的立場に反発、三十二年一月に退社。三十三年、政友会系新聞『人民』記者。三十九年、東京市長尾崎行雄に懇望されて東京市史編纂主任嘱託となり、『東京市史稿』四十五編から『大震災録』五編に及ぶ全七十五巻の大著を成就した。昭和二十二年（一九四七）十二月三十一日没。八十四歳。『読史余録』はじめ著書多数。

参考文献　木村荘五「停春塚越芳太郎先生書目」（塚越芳太郎『郷土東京』付載）、平林一「竹越三叉・塚越停春・平田久」（平林一・山田博光編『民友社文学の研究』所収）　（和田　守）

つかだおさむ　**塚田攻**　一八八六—一九四二　大正・昭和時代前期の陸軍軍人。陸軍大将。茨城県出身。明治十九年(一八八六)七月十四日生まれ。陸軍士官学校第十九期生(歩兵科)。大正三年(一九一四)陸軍大学校卒業後、陸軍省軍務局課員、関東軍参謀、参謀本部部員(作戦課)、陸軍大学校教官、台湾歩兵第二連隊長などを歴任し、昭和十年(一九三五)、参謀本部第三部長(運輸・通信)。日中戦争勃発後、中支那方面軍参謀長として南京攻略作戦を指導。ついで陸軍大学校校長、第八師団長を経て十五年十一月参謀次長。重大難局にあたり日米交渉の推進と開戦準備に苦悩し尽力した。太平洋戦争開戦時は、南方軍総参謀長として南方攻略作戦の指導にあたり、ついで中国の武漢地区を担当する第十一軍司令官となり、活発な作戦を実施して中国軍の戦力減殺に努めた。十七年十二月十八日、飛行機事故のため安徽省の大別山系中で戦死、同日付大将に進級した。五十七歳。謹厳で大きな八字ひげは有名であり、水戸学を顕現した智勇兼備の名将といわれる。

参考文献 額田坦『陸軍省人事局長の回想』、日本近代史料研究会編『日本陸海軍の制度・組織・人事』、防衛庁防衛研修所戦史室編『大本営陸軍部』二(『戦史叢書』二〇)
(森松　俊夫)

つかはらじゅうしえん　塚原渋柿園　一八四八―一九一七　明治・大正時代の小説家。本名靖(しずむ)。嘉永元年(一八四八)三月一日、江戸市ヶ谷に父市之丞昌之、母タキの長男として生まれる。代々幕臣。明治維新に際し辛苦。諸校・諸社を転々とし『魯国事情』翻訳の後、『やまと新聞』に処女作『慾情新話』を発表、福地桜痴と『昆太利物語』(ジスレリイ原作)を訳し北村透谷らに影響を与えた。『浄瑠璃坂』『天草一揆』『由井正雪』『木村重成』などの歴史小説のほか多作。大正六年(一九一七)七月五日没。七十歳。墓は東京都新宿区若松町の宝祥寺にある。

参考文献 大塚豊子他「塚原渋柿園」(『近代文学研究叢書』一七所収)
(石丸　久)

つかもとあきたけ　塚本明毅　一八三三―八五　明治時代前期の学識官吏。幼名金太郎、字は桓甫、寧海と号した。天保四年(一八三三)十月十四日、富士見宝蔵番格の幕臣の子として江戸下谷に生まれた。昌平黌に学び、秀才を認められた。米艦来航に蘭学も修む。長崎海軍伝習所第一期生に選ばれ、修業後は幕府海軍士官として活躍、軍艦頭並に進んだが、維新で辞職した。明治元年(一八六八)徳川氏の静岡移転に従い、沼津兵学校教授・頭取を務む。同兵学校の兵部省移管に伴い、新政府に出仕、陸軍少丞兼兵学大教授を経て太政官地誌課長に転じ、改暦事業を指揮、成功させた。皇国地誌編纂の必要を建言、各府県に資料を提出させ『日本地誌提要』七十七巻を撰述、八年献じた。権大内史兼法制課長、一等編修官、内務省少書記官を歴任したが、十八年二月五日没。五十三歳。墓は東京都新宿区新宿二丁目の成覚寺にある。法名文恪院簡誉寧楽居士。『三正綜覧』はじめ地理・歴史の参考資料を多数著わし、顕官に昇らなかったが、後世に資する業績を残した。

参考文献 大野虎雄『沼津兵学校と其人材』、福井保「内務省地理局の編集・刊行物解題」(『内閣文庫書誌の研究』所収)
(石山　洋)

つかもとぜんりゅう　塚本善隆　一八九八―一九八〇　昭和時代の中国仏教史家。明治三十一年(一八九八)二月八日、愛知県海東郡宝村遠島(海部郡七宝町)に生まれる。宗教大学(大正大学)、京都帝国大学文学部哲学科専科を経て大正十五年(一九二六)に同史学科専科を卒業。昭和四年(一九二九)に東方文化学院京都研究所(のちに東方文化研究所と改称)研究員となる。二十三年同研究所改組により、京都大学人文科学研究所研究員となり、翌年京都大学教授となる。その後人文科学研究所長を務め、三十六年に停年退官。同年より四十七年まで京都国立博物館長。四十八年に華頂短期大学長。五十一年に日本学士院会員となる。正史・文集・金石文などを駆使して中国仏教史の新しい研究分野を開拓した。京都市右京区嵯峨の釈迦堂清涼寺の住職でもあり、日中友好仏教協会会長を務める。五十五年一月三十日に京都で病没した。八十一歳。京都市中京区の妙泉寺に葬られた。『塚本善隆著作集』全七巻がある。
(田村　圓澄)

つきがたせんぞう　月形洗蔵　一八二八―六五　幕末の志士。筑前国福岡藩士。名は詳。字は伯安。通称駒之助、のち安之進また格と改む。洗蔵は致仕後の名。格庵また運甓洞と号す。文政十一年(一八二八)五月五日、筑前国早良郡追廻新屋敷(福岡市中央区六松本)に福岡藩士月形深蔵の長男として生まれた。嘉永三年(一八五〇)家督をつぎ馬廻組百石となる。万延元年(一八六〇)桜田門外の変の報をうけ、藩主黒田長溥に参勤中止、藩政改革、武備充実などの意見を述べるが、藩政誹謗の罪によって御笠郡通古賀村に幽閉された。のち許されて町方詮議係兼吟味役に任じられ、尊攘運動の指導者として活動、元治元年(一八六四)長州に亡命中の五卿の太宰府移転に尽力した。慶応元年(一八六五)六月、福岡藩の藩論転換によって捕えられ、同年十月二十三日死罪に処せられた。三十八歳。法名顕忠院心誉帰道居士。墓は福岡市中央区天神の少林寺にある。

参考文献 井上忠編「月形洗蔵関係書翰」(『福岡大学人文論叢』四ノ一―三)、森政太郎編『筑前名家人物志』、長野暹『月形家一門』
(柴多　一雄)

つきなりいさお　月成勲　八六〇―一九三五　戦前の日本における国権論的アジア主義の団体玄洋社の幹部。福岡藩の家老月成元観の三男として万延元年(一八六〇)十一月十四日、福岡に生まれた。明治十二年(一八七九)に頭山満・箱田六輔らが福岡に創設した向陽義塾の塾生となり、来島恒喜らと交わった。玄洋社系の新聞として創刊された『福陵新報』(のちの『九州日報』)に勤務したのち、日清戦争後の台湾に渡り、杉山茂丸らと民営鉄道の敷設を計画したが成功せず、福岡に戻って博多米穀取引所理事長・福岡市会議員・博多商業会議所議員などを勤めたあと、日露戦争に際しては、芝罘・大連・新義州に渡って軍政を補助した。一時は新義州に永住を決意してさまざまな事業を営み、また、民団長を勤めて同地の日本人の拡張を図り、義弟の朝鮮憲兵隊司令官明石元二郎の委嘱を受けて、朝鮮・満洲国境の鴨緑江奥地の探査をたびたび行なった。晩年福岡に帰り、大正八年(一九一九)から玄洋社の相談役として重きをなし、昭和九年(一九三四)には社長に就任したが、翌年の死の直前に辞任した。昭和十年十二月十六日没。七十六歳。墓は福岡市中央区今川の金竜寺にある。

(平野健一郎)

つくいたつお 津久井竜雄 一九〇一―八九 大正・昭和時代の国家社会主義者。明治三十四年(一九〇一)二月四日、栃木県那須郡大田原町上町に生まれる。父彦次郎の長男。早稲田大学英文学部二年修了後、大正十三年(一九二四)大阪今日新聞社に入社し、同社顧問の上杉慎吉・高畠素之を知る。日本新聞、読売新聞記者を経て、大正十五年、高畠の推薦で建国会書記長となり、昭和三年(一九二八)十二月高畠の死去で建国会を離れ急進愛国労働者総連盟・急進愛国党をつくる。昭和六年、全日本愛国者共同闘争協議会(日協、機関紙『興民新聞』)の結成に参加、ついで赤松克麿と国民協会を結成、月刊『国民運動』を発行、また大川周明一派と月刊『日本社会主義』を刊行する。昭和十二年、やまと新聞(岩田富美夫社長)に編集、営業の責任者として入社。昭和十八年第一回の都議会議員に当選する。第二次世界大戦後一時公職追放となったが、昭和二十六年解除され、月刊『国論』を発行する。昭和三十年に中国を訪問し日中友好協会杉並支部長を委嘱された。高畠直系の唯一の国家社会主義者であり、著書は戦前戦後を通じ『日本国家主義運動史論』(昭和十七年、中央公論社)ほか多数。平成元年(一九八九)九月九日没。八十八歳。

(高橋 正衛)

つざきのりこ 津崎矩子 一七八六―一八七三 幕末の近衛家老女。天明六年(一七八六)山城国葛野郡上嵯峨村字北嵯峨(京都市右京区北嵯峨)に生まれる。父は津崎左京。大覚寺門跡諸大夫津崎筑前守元矩の妹。十三歳で近衛家に仕え、長じて老女村岡と称す。近衛忠熙の信頼が篤く、忠熙が朝政の要枢を預かるとよくこれを輔けた。忠熙の養女島津篤子と十三代将軍徳川家定の婚儀に力を尽す。尊王攘夷運動に深く理解を示し、僧月照や西郷隆盛らを助けて京都町奉行に捕えられる。安政六年二月江戸へ送られ、八月永押込に処せられた。三十日間で赦免され帰洛すると、北嵯峨の直指庵を再興し晩年を送る。『贈位諸賢伝』は文久三年(一八六三)再び江戸の獄に繋がれたと記すが誤解、逮捕は一度だけである。賞典禄二十石を賜わり、明治六年(一八七三)八月二十三日没。八十八歳。諡号村岡院徳誉清鮮成功大姉。墓は直指庵にある。同二十二年大覚寺大沢池畔に顕彰碑建立、同二十四年十二月贈従四位。

参考文献 重野安繹「津崎村岡碑文」(寺田貞次編『京都名家墳墓録』所収)、和田不二男編『贈位先賢小伝』、藤井甚太郎「老女村岡」(『中央史壇』三ノ四)

(辻 ミチ子)

つじいがく 辻維岳 一八二三―九四 維新期の功臣、広島藩士。通称は勘三郎・将曹、号は僊風、維岳はその諱。文政六年(一八二三)七月、広島に生まれた。父は維祺。弘化三年(一八四六)家督を継いで千二百石を知行した。早くから藩政改革に尽力し、文久二年(一八六二)十月家老となり、ついで上座に進んだ。幕府両度の征長の役には幕長間仲介の労をとり、長州処分の寛大を主張したため、慶応二年(一八六六)五月幕府から一時謹慎を命ぜられた。同三年六月以降、薩長土三藩と折衝し、一時は薩長二藩と挙兵討幕を盟約したが、土佐藩の大政奉還論に賛成し、十月藩主の建白書を幕府に提出した。十二月九日王政復古後の小御所会議で、岩倉具視の駁論から薩土間の意見が対立した時、後藤象二郎を説得して会議をまとめることに成功した。ついで新政府の参与となり、明治元年(一八六八)二月内国事務局判事に任じ、閏四月大津県知事に転じたが、十一月免ぜられた。同二年九月王政復古の際の功により永世禄四百石を下賜された。同十三年旧家老とともに広島士族授産所(のち同進社)を設立した。同二十三年六月元老院議官に任じ、麝香間祗候を仰せ付けられ、同月功により男爵を授けられた。同二十七年一月四日没した。年七十二。誓願寺(広島市西区三滝本町)に葬られる。

(吉田 常吉)

つじきよあき 辻清明 一九一三―九一 昭和時代の行政学者、政治学者。大正二年(一九一三)四月五日、京都市に生まれる。父信次郎・母増見。第三高等学校を経て昭和十二年(一九三七)東京帝国大学法学部卒業。ただちに同助手となり、蠟山政道に師事。十七年助教授、二十六―四十九年教授(四十一―四十三年法学部長)、四十九―五十九年国際基督教大学教授。日本行政学会・日本政治学会各理事長、国際行政学会副会長を歴任。文化功労者・学士院会員・第二次臨時行政調査会委員にも選ばれた。主著『日本官僚制の研究』(二十七年)のほか『社会集団の政治機能』(二十五年)、『政治を考える指標』(三十五年)、『日本の地方自治』(五十一年)がある。行政・政治学界で指導的役割を果たし、日本官僚制の研究に先鞭をつけてその割拠性や特権性を批判、民主化の方策を提案した。また現実政治にも積極的に発言、憲法問題研究会での護憲活動、改憲意図の小選挙区制反対運動などを行なった。平成三年(一九九一)七月三十日没。七十八歳。墓は京都市左京区岡崎東福ノ川町の善正寺にある。

参考文献 『(季刊)行政管理研究』五六(辻清明先生追悼特集)、『みすず』三六九(追悼辻清明)

(佐藤 竺)

つじじゅん 辻潤 一八八四―一九四四 大正・昭和時代前期の評論家。明治十七年(一八八四)十月四日、東京市浅草区の生まれ。六次郎・美津の長男。父は幕臣の出身で市の下級官吏。明治二十八年神田開成中学校に入学したが、維新まで札差であった生家没落のため中退。国民英学会で英語を専修するとともに、内村鑑三の著作や江戸時代の稗史小説類を耽読、自由英学舎では巌本善治・新渡戸稲造らの教えを受けた。同四十二年上野高等女学校の英語教師となり、翻訳、自伝的小説（のち『浮浪漫語』に収録）類を執筆、同四十五年教え子伊藤野枝との恋愛で退職、妻野枝は大正五年（一九一六）大杉栄のもとに走り、同十二年軍部の手で虐殺された（甘粕事件）。その間、潤はスチルネルの『自我経』（『唯一者とその所有』の完訳）の著述による絶対的な自我主義を根幹に世紀末思想を遍歴紹介、武林無想庵・谷崎潤一郎らと交友して、東洋的虚無主義・耽美主義・ダダイズムを唱え、孤独、放浪、入院、窮迫の生活に身を委ねた。昭和十九年（一九四四）十一月二十四日没。六十一歳。墓は東京都豊島区の染井墓地にある。法名醇好栄潤信士。『辻潤全集』全八巻、別巻一（昭和五十七年、五月書房）がある。

（酒井森之介）

つじしんじ　辻新次　一八四二—一九一五　明治時代の教育行政官。幕末の開成所から維新期を経て明治二十五年（一八九二）まで、一貫して教育および教育行政にあたった数少ない人物。男爵。天保十三年（一八四二）正月九日、信濃国松本藩士漸の子として松本に生まれる。藩校崇教館を経て文久元年（一八六一）江戸の蕃書調所に入り洋学を学ぶ。慶応二年（一八六六）開成所教授手伝出役、維新後も大学小助教、同大助教を経て明治五年二月南校校長となる。同年九月文部本省出勤となり十三年三月文部大書記官、地方学務局長、翌十四年十月普通学務局長に就任して、第二次教育令（改正教育令）による地方教育の改編を主導した。内閣制度発足直後の十九年三月初代の文部次官となり、文相森有礼を輔けてその学制改革を推進した。森が暗殺されたのちも次官に在任して、森没後の教育政策転換の衝にあたった。二十五年文部省著作教科書の出版および教科書検定をめぐる疑惑の責任を問われるかたちで、文相大木喬任とあい前後して文部次官を退職、以後文部行政に直接従事することはなかった。他方、文部省在任時代の十六年九月大日本教育会創設当初からその会長となり、二十九年十一月同会と国家教育社との合併問題に関連して会長を辞したが、三十一年十一月以降晩年まで大日本教育会と国家教育社との合一体である帝国教育会会長の職にあって、教育界の重鎮とみなされていた。二十九年一月貴族院議員に勅選された。大正四年（一九一五）十一月三十日没。七十四歳。墓は東京都豊島区の染井墓地にある。

参考文献　安倍季雄『男爵辻新次翁』

（佐藤秀夫）

つじぜんのすけ　辻善之助　一八七七—一九五五　明治から昭和時代にかけての国史学者。明治十年（一八七七）四月十五日、兵庫県姫路元塩町に生まれる。父善次郎、母つね。幼少より聡明、小学校・中学校は抜群の成績で異例の躍進をつづけ、京都第三高等中学校、第一高等学校を経て、明治二十九年帝国大学文科大学国史科に入学した。国史科を選んだのは、同郷の先輩三上参次の勧めによるという。明治三十二年文科大学を卒業、恩賜の銀時計を授けられる。卒業後直ちに大学院に入り、日本仏教史の研究に従い、明治三十七年正規の卒業論文として「政治ノ方面ヨリ観察シタル日本仏教史—徳川時代ノ初期—」全三冊および「安国寺考」「安国寺志料」とも四冊を呈出。明治四十二年大学院定規の試験を経たものと認められ、文学博士の学位を授けられた。時に三十三歳の若さであった。辻が一貫して学問研究の本拠とした史料編纂所との関係は、明治三十五年史料編纂員を命ぜられ、三上参次の洋行不在中、江戸時代史料編纂部の留守をあずかったことに始まり、三十八年史料編纂官に任じたことで、その地位を不動のものとした。四十四年六月には文科大学助教授を兼任し、同年八月欧米各国に差遣せられ、万国東洋学会に出席した上、大正元年（一九一二）十月帰朝した。これより史料編纂官として『大日本史料』の江戸時代第十二編編纂を主宰し、文科大学助教授として国史学科学生の教育指導にあたる生活がつづく。大正九年七月史料編纂掛事務主任を命ぜられ、史料編纂掛の統率者となると、辻は同掛の拡張案を立案し、各方面と折衝数年、大正十三年ついに議会の承認を見て、編纂官の定員が一挙に十二名に増え、『大日本史料』の第一編から第十二編まで各編一斉に編纂出版を開始した。これは辻の事務主任としての功績の最も偉大なものの一つである。大正十五年三上教授退官のあとをうけ、東京帝国大学教授兼史料編纂官に任じ、国史学第一講座を担任、黒板勝美教授と並んで国史学科を統率した。一方、史料編纂掛は昭和四年（一九二九）史料編纂所と改称せられ、辻はその初代所長となる。昭和十三年定年で東京帝国大学を退官。史料編纂に携わること四十年、大学の教官たること二十七年であった。このほか学識経験者として、大正十一年には古社寺保存会委員、同十三年には臨時御歴代史実考査委員会委員、同年東山御文庫取調掛嘱託、昭和二十五年文化財専門審議会専門委員、同専門審議会会長など、各種委員として活躍した。昭和七年には帝国学士院会員を仰付けられ、同院が紀元二千六百年記念として企画した歴代宸翰の集成出版事業の中心となり、これを推進した。『宸翰英華』はその成果である。なお昭和二十七年には国史学界では最初の一人として文化勲章を授けられ、二十九年には同二十八年度朝日文化賞を授けられた。昭和三十年十月十三日没。七十八歳。墓は東京都豊島区の雑司ヶ谷墓地にある。著書は『日本仏教史』十冊、『日本仏教史之研究』正続二冊、『日本文化史』七冊、同別録四冊など多数。

参考文献　辻善之助先生生誕百年記念会編『辻善之助博士自歴年譜稿』

（坂本太郎）

つじなおしろう　辻直四郎　一八九九—一九七九　大正・昭和時代の言語学者。サンスクリット文献学専攻。明治三十二年（一八九九）十一月十八日生まれる。父福島定七、母ヤス。のち母の姉辻さだの養子となる。旧制一高を経て大正九年(一九二〇)東京帝国大学文学部言語学科に入学。同十二年卒業。藤岡勝二、高楠順次郎に師事して印欧語比較言語学、サンスクリット語学・文学を修めた。同十三年、英国およびドイツに留学、A・A・マクドネル、K・F・ゲルトネルに師事してベーダ学専攻、昭和二年(一九二七)帰国。同年東大助教授に任官し、同十七年教授に昇進、同三十五年退官して名誉教授の称号を贈られた。東大在任中文学部長、教養学部長を歴任、新制東大、同大学院の整備、拡充に貢献した。退官後は慶応義塾大学教授、ユネスコ東アジア文化研究センター所長、東洋文庫長、同理事長を務めた。同二十八年日本学士院会員、同五十三年文化功労者に推された。同五十四年九月二十四日没。七十九歳。法名韋陀院阿吽宗直居士。墓は神奈川県鎌倉市の東慶寺。没後勲一等。国際的にも令名高く、フランス東洋学会名誉会員・英国学士院客員会員など海外の学術団体の会員となり学術交流に貢献した。著書、『ヴェーダ学論集』、『辻直四郎著作集』全四巻、『サンスクリット文法』、『サンスクリット文学史』。（原　実）

つじまさのぶ　辻政信　一九〇二―？　大正・昭和時代前期の陸軍軍人。陸軍大佐。石川県出身。明治三十五年(一九〇二)十月十一日生まれる。陸軍士官学校第三十六期生(歩兵科)。昭和六年(一九三一)陸軍大学校卒業後、ただちに第一次上海事変に参戦、負傷。参謀本部員、陸軍士官学校生徒隊中隊長などを経て、北支那方面軍参謀で太原攻略作戦、ついで関東軍参謀でノモンハン事件に参加。台湾軍研究部部員、大本営陸軍参謀(作戦)として南方作戦を準備したのち、第二十五軍参謀でマレー作戦、再び大本営陸軍参謀で比島・南東方面作戦、支那派遣軍参謀を経て、ビルマ方面軍の第三十三軍参謀、ついで第三十九軍参謀、第十八方面軍参謀として、対英作戦に参加するなど、主要な作戦に関与した。辻は、頭脳明敏、積極果敢であるが、幕僚としての職務権限を逸脱し、しばしば問題をおこした。終戦とともに戦犯として逮捕されるのを免れるため地下に潜行したのち、衆議院議員、ついで参議院議員。三十六年、東南アジア旅行途中、行方不明となった。四十三年七月二十日死亡宣告。

参考文献　秦郁彦『昭和史の軍人たち』、杉森久英『辻政信』　（森松　俊夫）

つしまじゅいち　津島寿一　一八八八―一九六七　大正・昭和時代の財務官僚、政治家。方堂・芳塘と号す。明治二十一年(一八八八)一月一日、香川県阿野郡坂出村津島正巳の次男として出生。同四十五年、東京帝国大学法科大学政治科卒業、大蔵省入省、同年文官高等試験合格、累進して昭和二年(一九二七)五月海外駐剳財務官、同九年二月理財局長となる。この間、関東大震災復興公債、東電社債、金解禁準備のためのクレジットなど、海外における外債発行に尽力し、北京関税特別会議、ドイツ賠償に関する国際会議、ロンドン軍縮会議に代表または随員として出席するなど、国際的な財務問題の処理にあたる。同九年七月大蔵次官。十一年三月退官後、翌十二年二月日本銀行副総裁、ついで十六年十二月北支那開発株式会社総裁、二十年二月から四月まで小磯内閣蔵相となる。同年八月東久邇内閣で再度大蔵大臣に就任、占領軍軍票の使用阻止、戦後インフレ対策などに尽力し十月辞任。貴族院議員に勅選されたが、二十一年二月、占領軍から公職追放該当者に指定される。追放解除後、二十六年十二月から翌年二月までインドネシア・フィリピンとの賠償交渉全権委員、二十七年七月から十月まで戦前外債処理会議日本代表として活動する。二十八年四月から四十年六月まで参議院議員に当選二回、自由党・自由民主党に所属、三十二年七月から翌年六月まで岸内閣の国務大臣・防衛庁長官となった。趣味は囲碁・テニス・歌舞伎など多彩で、日本棋院総裁・オリンピック東京大会組織委員会会長などをつとめる。昭和四十二年二月七日、東京で死去。七十九歳。『芳塘随想』全十七冊がある。（大森とく子）

つじむらたろう　辻村太郎　一八九〇―一九八三　大正・昭和時代の地理学者。東京大学教授として日本の地理学研究を指導し世界的水準にまで高めた。おもな研究領域は、地形学・景観地理学・地図学などで、彼の興味と学界の必要性は広く綜観的な自然地理学や文化地理学にも及んだ。明治二十三年(一八九〇)六月十二日、神奈川県足柄下郡小田原(小田原市)に生まれる。父は延太郎、母は靖子。大正元年(一九一二)九月東京帝国大学理科大学地質学科に入学。同五年大学院に進んだ。東京高等師範学校の講師を経て、十二年東京帝大助教授となり、昭和十九年(一九四四)同大教授となった。この間、明治・早稲田大学で講義するほか、日本学術振興会・日本地理学会などでも活躍し、同二十四年日本学術会議第一期会員となった。彼は大学で山崎直方に学び、鋭敏な観察眼を武器として、自然のメカニズムをまとめ、その成立ちを説明した。また英独仏などにわたる多くの外国語文献の紹介と批評は雑誌『地理学評論』に掲載され、若い研究者の興味を引きつけた。地形図・景観図などの作成、術語の選定などは彼の研究に負うところが大きかった。昭和二十六年東大を定年で退官し名誉教授となってからは日本大学文理学部の講義を引き受け、応用面での仕事では学術振興、自然の保全、文化財などの仕事に参与することが多かった。第二次世界大戦前からの計量的研究が、藤原咲平・寺田寅彦の助言を得、若い研究者の協力で進歩したのは戦後期であった。昭和五十八年七月十五日没。九十三歳。神奈川県小田原市の宝安寺に葬られる。『辻村太郎著作集』全七巻がある。

参考文献　辻村太郎先生を偲ぶ会編『辻村太郎先生を偲ぶ』　（木内　信蔵）

つじもとみつまる　辻本満丸　一八七七―一九四〇　明治から昭和時代前期にかけての油脂化学者。明治十年(一八七七)十二月四日、東京本郷に生まる。同三十四年東京帝国大学工科大学応用化学科を卒業後、同年農商務省工業試験所嘱託として本邦産植物油類調査を始めて以来、生涯油脂化学の研究をつづける。特に同三十九年にはクロコザメの肝油中から新しい炭化水素を発見し、スクアレンと命名した。構造はカラーが一九三〇年に決定。ほかに魚油の悪臭を消す方法を研究してイワシ酸(高度不飽和酸)など十五種の脂肪酸を発見(明治三十九年－大正六年(一九一七))。明治四十一年早くも水素添加法を示唆し、横浜魚油会社において硬化油製造を指導した(大正三年)。大正七年日本化学会桜井賞、同九年帝国学士院恩賜賞受賞。昭和十五年(一九四〇)四月二十四日没。六十四歳。墓は東京都台東区の谷中墓地にある。法名静安院覚誉満盈居士。著書『日本植物油脂』(大正元年)、『海産動物油』(同七年)、『肝油の研究』(昭和十一年)、論文「黒子鮫油に就て」(『工業化学雑誌』九ノ一〇四、明治三十九年)など百七十二編。広い趣味の中でも特筆すべきは登山で、日本山岳会創立当初の会員。

参考文献　都築洋次郎・山下愛子「スクアレンの研究史と発見者辻本満丸における学問と技術」(『科学史研究』五九)、平野茂「故辻本満丸博士の業績を偲ぶ」(『化学工業資料』一三ノ二)　(山下　愛子)

つだいずる　津田出　一八三二－一九〇五　幕末・明治時代の官僚。通称は又太郎、号は芝山、出はその諱。天保三年(一八三二)和歌山に生まれた。父は三郎右衛門。安政元年(一八五四)江戸に出て蘭学を修めて藩邸の文武場教授となり、帰藩して経済学・政治学を研究した。小性から征長の役後に御用取次・国政改革制度取調総裁に任命されたが、反対派のために退けられて禁錮された。王政復古とともに赦され、明治元年(一八六八)九月執政に登用されて藩制改革に専任し、同二年二月藩主の家禄を限定して領地高の二十分の一とし、家老以下家臣の俸禄を収めて無役高を制し、俸禄の大削減を断行するとともに、無役の藩士の農工商に従事することを許した。封建制を打破し郡県制を実行しようとする藩制改革は、朝廷の嘉賞するところとなった。同年七月和歌山藩大参事に任じ、十月他藩に先がけて徴兵制を施行した。同四年七月廃藩置県直後に大蔵少輔となったが、同六年三月陸軍省に転じて会計監督長、七年二月陸軍少将に任じ、八年四月元老院議官を兼ね、十年十二月以降、刑法草案・治罪法草案・陸軍刑法各審査委員を務め、二十三年九月貴族院議員に勅選された。晩年は大農論を唱え、千葉県下で開墾事業に従事した。同三十八年六月二日没した。年七十四。

参考文献　『和歌山史要』　(吉田　常吉)

つだうめこ　津田梅子　一八六四－一九二九　明治から昭和時代前期にかけての教育者、現津田塾大学の創立者。元治元年十二月三日(陽暦一八六四年十二月三十一日)、江戸牛込南御徒町に、幕末の洋学者津田仙・初子の次女として誕生。むめと命名。梅子と漢字に改名したのは明治三十五年(一九〇二)のことである。父仙は開明思想の持主であったので、明治四年、開拓使が募集した女子留学生の一人に梅子を願い出た。梅子は留学五少女の最年少者で八歳(数え年)であった。梅子らは岩倉遣外使節とともに同年十一月横浜を立ち、十二月(陽暦一八七二年一月)サンフランシスコに着いた。この女子留学生一行中には、のちの大山巌夫人山川捨松、瓜生外吉夫人永井繁子がいた。以後十一年間に及ぶ第一次留学中、米国東部(ジョージタウン)の典型的な教養ゆたかな家庭チャールズ＝ランメン(日本弁務使館書記官)家にあずけられ、夫妻にわが娘のごとくいつくしまれ、初等・中等教育を終えた。この間、明治六年の夏、キリスト教の洗礼を受けた。以後、聖公会信徒の生涯を全うしている。明治十五年帰国後、英語教師などをしていたが、新しい生きがい探求のため、二十二年、華族女学校教授在官のまま再渡米、ブリンマー＝カレッジで生物学専攻の選科生となった。この第二次留学中、二十三年の夏休みは、梅子に再留学を勧めたアリス＝ベーコン宅で過ごしたが、このとき、自己の生涯を日本の女子高等教育開拓の仕事に捧げる志を立てた。二十四年の冬から翌年初めにかけてモーガン教授との共同研究としてまとめた「蛙の卵の発生研究」は日本女性最初の科学論文である。二十五年帰国、華族女学校教授を続け、さらに三十一年には女子高等師範学校教授兼任となった。三十三年七月、いっさいの公職を辞し、同九月「女子英学塾」創立に踏み切った。ときに三十七歳。志を立ててより十年が過ぎていた。最初の塾生十名。魂を注ぎこむ人間教育、個性教育に加えて、英語教師として自立し得るだけの実力養成に全力を傾けた。ようやく、私塾が軌道に乗ろうとしたとき、大正六年(一九一七)、業半ばにして病に倒れた。再び起つ能わず、昭和四年(一九二九)八月十六日六十六歳で没した。墓は東京都小平市の津田塾大学構内にある。キリスト者梅子の志をつぎ、現津田塾大学はキリスト教主義による女子教育をうたっている。

参考文献　吉川利一『津田梅子伝』、山崎孝子『津田梅子』(『人物叢書』九一)、『津田英学塾四十年史』、『津田塾六十年史』　(山崎　孝子)

つださんぞう　津田三蔵　一八五四－九一　大津事件の犯人。安政元年(一八五四)十二月、伊賀上野藩医の次男に生まれる。明治五年(一八七二)名古屋鎮台に入隊、西南戦争に従軍したのち、十五年に除隊して三重県巡査、十八年滋賀県巡査となる。二十四年五月十一日、来日中のロシア皇太子の警護中に抜剣して切りつけ重傷を負わせた。動機は皇太子の来日が他日の侵略を企図した視察にありと妄信したためという。五月二十七日大津地方裁判所で開かれた大審院法廷において無期徒刑判決を受け、北海道釧路集治監に収監中、同年九月三十日に病死した。三十八歳。

参考文献　司法省刑事局編『大津事件に就て』(『思想研

究資料』特輯六五)、安藤次郎「津田三蔵の手紙」(『明治文化』九ノ七)　（有馬　学）

つだしんご　津田信吾　一八八一―一九四八　昭和時代の紡績資本家。明治十四年(一八八一)三月二十九日、西山芳六の四男として愛知県額田郡能見町(岡崎市能見町)に生まれ、叔父の津田於菟の養子となる。福井中学を経て慶応義塾入学、同四十年政治科を卒業し、鐘淵紡績に入社した。希望して職工を経験する研究熱心さで、同四十四年には西大寺工場長に抜擢され、大正五年(一九一六)には淀川工場長となった。昭和四年(一九二九)取締役となり、翌五年には副社長に就任、不況下で賃金引下げなどの合理化策を実施し、鐘淵紡績会社争議を誘発させたが、強硬姿勢で切り抜けて勇名を馳せた。同年六月に社長に就任、合理化を進める一方で、積極的な海外市場開拓と新製品分野への進出をはかった。金輸出再禁止後の低為替を武器にする日本綿布のアジア市場席捲で貿易摩擦が発生するなかで、津田は大日本紡績連合会の印度棉花不買運動を組織するなど対外強硬路線を主唱し、大陸政策でも財界の好戦外交派と目された。社長の任期制限を撤廃して独裁体制を固め、十三年には鐘淵実業を設立して経営多角化を促進、十九年には同社と鐘淵紡績を合併して鐘淵工業を設立し、重化学工業も含んだコンツェルンの主宰者となった。この間、十四年には大日本紡績連合会会長に就任し、大政翼賛会中央協力会議代表、大東亜建設審議会委員などにもなった。林銑十郎内閣・近衛文麿内閣の商工相としての入閣要請は固辞した。敗戦後、戦犯容疑者として拘禁され、脳出血で倒れ、自宅療養中、二十三年四月十八日に死去。六十八歳。京都市の東大谷墓地に葬られた。法名漂雲院釈信吾。

参考文献　西島恭三『事業王・津田信吾』、石黒英一『大河―津田信吾伝―』　（三和　良一）

つだせん　津田仙　一八三七―一九〇八　わが国西洋農業の最初の紹介者。明治キリスト教メソジスト派の教育者。天保八年(一八三七)七月六日、下総佐倉藩士小島善右衛門良親の四男として生まれる。安政四年(一八五七)蕃書調所教授方手塚律蔵の私塾に入学して蘭学を修め、また伊藤貫斎その他について英語練習をつんだ。文久元年(一八六一)七月幕臣津田栄七の婿養子となり、翌年外国奉行支配通弁に任ぜられた。慶応三年(一八六七)正月勘定吟味役小野友五郎(広胖)の随員として米国に赴いた。帰国して戊辰の役には同志を募って越後へ走り、敗れ、脱れて東京に戻り、公職を離れて築地のホテル館に勤め、麻生本村町に土地を求めて洋菜の栽培を始めた。明治六年(一八七三)ウィーン万国博覧会に田中芳男に随行し参加、その機会にオーストリアの有名な農学者ホーイブレンク Daniel Hooibrenk について農事研究を行い、彼の農法を伝授されて日本に帰国、翌七年五月右の方法を記して『農業三事』上下二冊を刊行した。「気筒」「偃曲」「媒助」の三法のうち、特に媒助法 artificial fecundation が有名である。作物を適期に震動させると穂が一斉に開花して花粉を噴出するがこの花粉は蜜を塗った媒助縄に捕えられて確実に授粉を成就させるというものであった。これをめぐって政府・府県・民間に激しい論争が生じたが、内藤新宿試験場における実験や、御雇外国人G・ワグネルの勧業権頭宛の明治九年二月十日付書翰におけるホーイブレンク批判などの結果、急速に生産者の関心を喪い、明治十二年以降はほとんど問題にされなくなった。しかし九年一月津田によって開校された学農社農学校(十七年廃止)や同時に発刊された『農業雑誌』は後世に大きな影響を与えた。津田は明治八年キリスト教宣教師ソーパー Julius Soper から洗礼をうけ、また同七年メソジスト派の婦人宣教師スクーンメーカー Dora E. Schoonmaker とともに青山学院女子部の前身女子小学校(翌年救世学校)を創立した。禁酒運動にも熱心で、禁酒雑誌『日の丸』を発行した。明治三十年代には足尾銅山鉱毒事件被害民に同情を示し、被害地を視察し、これをカメラにおさめ、幻燈機により演説会などで活用し、鉱毒反対輿論を高める活動を行なった。明治四十一年四月二十四日、横須賀線の客車内で永眠。七十二歳。墓は東京都港区の青山墓地にある。なお津田英学塾の創立者津田梅子は彼の次女である。

参考文献　津田昇編『津田仙翁略伝』、大西伍一『日本老農伝』、斎藤之男『日本農学史』(農業総合研究所『研究叢書』八三)、小倉倉一『近代日本農政の指導者たち』　（牛山　敬二）

つだそうきち　津田左右吉　一八七三―一九六一　大正・昭和期に日本および中国の思想史を主として研究した歴史学者。明治六年(一八七三)十月三日、岐阜県加茂郡栃井村(美濃加茂市下米田町東栃井)に士族津田藤馬・せつの長男として生まれる。同二十四年東京専門学校政治科を卒業、富山県東本願寺別院付属教校・群馬県立中学校・千葉県立中学校などの教員を経、同四十一年満鉄東京支社満鮮地理歴史調査室員となり研究者としての生活に入り、大正七年(一九一八)に早稲田大学教授に就任、昭和十五年(一九四〇)筆禍事件で退職するまで在職、もっぱら東洋哲学の講義を担当した。歴史学の専門教育を受けたことはなく、早くから師事した白鳥庫吉(くらきち)の影響を受け、満鉄調査室での同僚池内宏らとの交友を通じ、アカデミックな研究方法を独力で身につけ、㈠日本思想史の全体にわたって、大正十年までに刊行した『文学に現はれたる我国民思想の研究』全四冊において個性の強い通史を展開し、㈡大正二年から昭和八年までの間につぎつぎと刊行した『神代史の研究』『古事記及日本書紀の研究』『日本上代史研究』『上代日本の社会及び思想』などの著書において、記・紀・『古語拾遺』などの日本の古典に対する鋭い文献批判を加え、記・紀の記す神代説話および神武天皇以後の古い部分の皇室系譜と説話などの陳述史料としての価値をほとんど全面的に否定し、その間に点綴された民間説話的要素を除き、六世紀ごろ以後の大和朝廷の政治思想を示すものであるとし、㈢昭和二年刊行の『道家の思想と其の展開』をはじめ、『左伝の思想史的研究』『儒教の実践道徳』『論語と孔子の思想』などの著書において中国古代思想史についての文献批判に立脚した独自の学説を発表したほかに、日本文化史一般・史学方法論から、晩年には『シナ仏教の研究』を公刊するなど、きわめて広い分野にわたり研究執筆活動を続けた。津田の学問は、学界・一般社会の常識的通念と正面から対立する独創的見解にみち、日本仏教・日本儒教・国学などの既成学統の権威をすべて無視するとともに、従来看過されてきた文芸作品のなかから日本人独自の生活意識を見出し、また帝国憲法・教育勅語が基本理念とする神権天皇制イデオロギーの典拠とされてきた記・紀の本質を究明することにより、天皇に対する国民の意識を近代的、科学的基盤の上に再建しようとするなど、大正デモクラシー期の思潮をアカデミズムの世界でもっとも高度の学問的業績の形で結晶させた典型例といってよい。狂信的日本主義の横行した十五年戦争期に刑事弾圧を受けたのは、同じく大正デモクラシー精神を代表する美濃部達吉の筆禍とほぼ同様の歴史的条件による。日本思想の近代化への熱意は、他面では中国などアジアへの強い否定的態度をとらせ、そのほかの思想的限界が第二次世界大戦後民主主義に対するはげしい敵対意識となって露呈した。戦後日本学士院会員となり、文化勲章を授けられ、昭和三十六年十二月四日死去。八十八歳。埼玉県北足立郡新座町（新座市）野火止の平林寺に葬られた。著作・日記などを収めた『津田左右吉全集』全三十三巻がある。

[参考文献] 家永三郎『津田左右吉の思想史的研究』、上田正昭編『人と思想津田左右吉』、大室幹雄『アジアンタム頌―津田左右吉の生と情調―』
（家永　三郎）

つだひでお　津田秀夫　一九一八―九二　昭和時代の歴史学者。専攻は日本近世史。史料保存運動を推進したことでも知られる。大正七年（一九一八）六月十五日、大阪府西成郡今宮町（大阪市西成区）に津田馬喜・増亀の三男として生まれる。昭和十五年（一九四〇）東京高等師範学校文科四部第三学年を終了、十七年九月二十一日東京文理科大学史学科国史学専攻を繰り上げ卒業。同月三十日岐阜県中津農林学校教諭に任じられたが十月一日現役入営し、陸軍の水上特別攻撃隊要員としての訓練を受ける。二十一年復員して復職後、大阪第一師範学校、大阪学芸大学を経て二十七年東京教育大学文学部に移り、五十三年同大学廃学とともに関西大学文学部に招かれる。平成元年（一九八九）定年退職。津田は日本近世国家解体過程の研究を、㈠幕藩制社会の構造上の変革を進めてきた変革主体の追求、㈡幕藩制社会構造の分析、㈢幕藩制社会解体期の商品流通、㈣幕藩体制解体過程での権力側の対応という四つの柱を立てて行なった。主要著書のうち、㈠『近世民衆運動の研究』と『近世民衆教育運動の展開』、㈡『幕末社会の研究』、㈢『封建経済政策の展開と市場構造』、㈣『封建社会解体過程研究序説』は、それぞれ四つの柱に対応する成果である。また長年にわたり日本歴史学協会委員、第十四期日本学術会議会員として史料保存運動を推進したが、その歴史論・史料論・史料保存利用論を集成したものに『史料保存と歴史学』がある。退職後、膵臓癌を病み、平成四年十一月十五日東京の中野総合病院で没。七十四歳。高知市塩屋崎町筆山の先祖累代の墓地に妻三恵とともに葬られる。蒐集した蔵書と史料は関西大学と新修大阪市史編纂委員会に寄贈された。
（所　理喜夫）

つだまみち　津田真道　一八二九―一九〇三　幕末の洋学者、明治の啓蒙的学者・官僚。幼名喜久治のち真一郎、維新後は真道。文政十二年（一八二九）六月二十五日、美作国津山藩料理番の津田文行の子として津山に生まれる。母は中尾氏イヨ。十二歳藩儒大村桐陽に学ぶ。嘉永三年（一八五〇）家を弟に譲って江戸へ出、同郷の箕作阮甫について蘭学を学び、佐久間象山や平田篤胤の門も訪ねる。翌年伊東玄朴の象先堂に入塾。安政四年（一八五七）蕃書調所教授手伝並となる。文久二年（一八六二）オランダに留学、西周とライデン大学教授フィッセリング Simon Vissering に性法・万国公法・国法・経済学・政表（統計学）の五科を学ぶ。慶応元年（一八六五）帰国、翌年開成所教授職となる。同三年『日本国総制度・関東制度』（幕府中心の一種の憲法草案）をつくる。明治元年（一八六八）フィッセリングの国法の講義の訳『泰西国法論』四冊を刊行。翌二年新政府の徴士刑法官権判事になり、新律綱領の編纂に関係、また公議所に「人ヲ売買スルコトヲ禁スヘキ議」などの議案を出す。同三年刑部少判事、同中判事、同四年外務権大丞兼任となり、日清修好条規の締結にあたっては、全権大臣伊達宗城に従って清国に渡り、補佐した。同六年明六社に参加、『明六雑誌』に社員中最多の二十四篇の論を掲載、「出板自由ナランコトヲ望ム論」「拷問論」「廃娼論」など市民社会的視点からの啓蒙的文が多い。明治六年陸軍省に転じ、陸軍刑法の制定に関わった。同七年政表の訳『表紀提綱』を刊行。九年元老院議官、十二年東京学士院会員、十三年民法編纂委員、十八年高等法院陪席裁判官となる。二十三年東京府第八区から衆議院議員に立候補当選、初代衆議院副議長に選ばれた。二十九年貴族院議員、三十三年男爵、三十六年法学博士となる。三十六年九月三日東京麴町の自宅で死去。七十五歳。東京上野谷中墓地に葬られる。

[参考文献] 大久保利謙編『明治啓蒙思想集』（『明治文学全集』三）、『明治文化全集』一二・一三、津田道治『津田真道』、大久保利謙編『津田真道―研究と伝記』
（田崎　哲郎）

つだよねじろう　津田米次郎　一八六三―一九一六　明治時代の織機発明家。文久三年（一八六三）加賀国金沢の大工の家に生まれる。のち、京都織殿でバッタン機の製図法や数学を修得、京都でフランス式織機やイギリス製の金巾（カナキン）織機などをみて学ぶところがあり、金沢に帰り明治二十八年（一八九五）に試作機を作り、これを改良して三十三年に絹織力織機を完成した。これは豊田佐吉の木製小幅動力織機につぐ画期をなす発明で、第五回内国勧業博覧会で優等賞が与えられた。三十五年には彼の後援者でもあった金沢の水登勇太郎の工場で三十台、三十七年には大西文次郎工場で三十台採用、実用段階に入った。この津田式力織機は手織機が織機一台につき工女一人を要したのに対し、二台に工女一人程度（のちには三台に一人）ですみ労賃の節減に役立ち、折からの織物業の上昇期に遭遇して普及をみた。大正五年（一九一六）十一月没。五十四歳。

参考文献　津田米次郎顕彰会編『津田米次郎』　（林　英夫）

つちいばんすい　土井晩翠　⇨どいばんすい

つちだきょうそん　土田杏村　一八九一―一九三四　大正・昭和時代前期の文明批評家。本名茂（つとむ）。日本画家土田麦僊の弟。明治二十四年（一八九一）一月十五日、新潟県加茂郡新穂村大字井内（佐渡郡新穂村）に生まれる。父土田千代吉、母クラ。新潟師範・東京高師を経て京大哲学科卒業。丘浅次郎・田中王堂・西田幾多郎から多くを学ぶ。大正九年（一九二〇）創刊の個人雑誌『文化』その他に社会理想主義的立場から筆陣をはる一方、生涯教育機関としての自由大学を上田に創設した。全くの在野人として終始し、六十冊をこえる著書を残した。『土田杏村全集』全十五巻がある。昭和九年（一九三四）四月二十五日没。四十四歳。京都智積院墓地に葬られた。

参考文献　G・K・ピォヴェザーナ『近代日本の哲学と思想』（宮川透・田崎哲郎訳）、中村元『比較思想の先駆者たち』、上木敏郎『土田杏村と自由大学運動』、同「若き日の土田杏村」（『成蹊論叢』六―八・一〇）、同「土田杏村著作目録」（『東京造形大学雑誌』四）、峰島旭雄「大正期における倫理・宗教思想の展開」三・四（『早稲田商学』二五八・二六一）、藤本正久「土田杏村の文明批評について」（『比較思想研究』八）　（上木　敏郎）

つちだなおしげ　土田直鎮　一九二四―九三　昭和時代の日本史学者。大正十三年（一九二四）一月十六日、東京府北豊島郡高田町大字雑司ヶ谷村（東京都豊島区）に倫理学者土田誠一の次男として生まれる。東京府立第一中学校、第一高等学校を経て昭和二十四年（一九四九）東京大学文学部国史学科を卒業、同史料編纂所に勤務し、四十四年助教授、四十六年教授に昇進、その間一貫して平安時代の史料の編纂に従事し、特に『大日本史料』第二編刊行事業の中心となった。四十八年文学部教授に併任、翌年には文学部に配置換えとなったが、その後も史料編纂所の併任を続け、五十年から五十二年までは所長を勤めた。五十八年国立歴史民俗博物館長に就任、五十九年には東大名誉教授の称号を授与された。歴博にあっては井上光貞前館長の構想を継承し、設立後日の浅い同館の基礎を固める上に尽力したが、平成五年（一九九三）一月二十四日没。年六十九。法名は雄文院明正直心居士。墓は東京都文京区本駒込三丁目の吉祥寺にある。東大・歴博の本務のほか、文化庁など諸機関の委員、史学会の理事・理事長、日本歴史学会の理事などをも勤めた。史料編纂の業務を通じて古記録や『正倉院文書』など奈良・平安時代の史料についての史眼を鍛え、平安貴族社会の実態などについて犀利な考察を行なった。主著に『奈良平安時代史研究』および『王朝の貴族』がある。

参考文献　『国立歴史民俗博物館研究報告』五〇（故土田直鎮館長献呈論文集）、青木和夫「土田直鎮先生を偲ぶ」（『史学雑誌』一〇二ノ六）　（笹山　晴生）

つちだばくせん　土田麦僊　一八八七―一九三六　明治後期から昭和前期にかけての日本画家。明治二十年（一八八七）二月九日、新潟県加茂郡井内（いない）村（佐渡郡新穂村）に生まれる。本名金二。文芸批評家土田杏村の兄。明治三十六年京都に出、鈴木松年の門に入り松僊に教えをうける。翌年竹内栖鳳に師事、四十一年「罰」で第二回文展三等賞受賞、四十二年京都市立絵画専門学校別科に入学、四十三年に学友と黒猫会（シャノアール）、仮面会（ルミマス）を結成、翌年学校卒業。大正四年（一九一五）「大原女」で第九回文展三等賞を受け、たびたび褒状を受けるが、文展の鑑別方法に疑問を抱き、同七年、村上華岳・榊原紫峰・小野竹喬らと国画創作協会を結成。第一回展の「湯女」は大胆な構成と新解釈の画風を展開して注目を引く。十年竹喬らと渡欧して西欧画を摂取し、二年後帰国。十三年国展第四回の「林泉舞妓」は日本画に新鮮な空気をふりまく。昭和三年（一九二八）日本画部解散、官展に復帰。翌年第十回帝展の「罌粟」は新古典主義的画風を進め、独自の画域を広めた。五年第十一回帝展に審査員となり、「明粧」を出品。また鏑木清方・平福百穂・菊池契月・小林古径・安田靫彦・前田青邨と七絃会を結成。九年帝国美術院会員となる。惜しくも中途で病に倒れ、昭和十一年六月十日没した。五十歳。墓は智積院墓地にある。

参考文献　『麦僊画集』、『麦僊スケッチ集』、『土田麦僊・村上華岳』（『日本近代絵画全集』一二）、辻鏡子『回想の父土田麦僊』、田中日佐夫『国画創作協会を援けた人々』　（中村　溪男）

つちはしやちた　土橋八千太　一八六六―一九六五　明治から昭和時代にかけての天文学者、神父。慶応二年十月二十八日（一八六六年十二月四日）、信濃国諏訪に生まれる。明治十三年（一八八〇）小学校を卒業。翌十四年カトリック布教のため諏訪を巡回中のパリ外国宣教会ラングレーからパウロの洗礼名で受洗。聖職を志して上京し、東京築地のラテン学校に入学。十九年夏上海に赴き、イエズス会の経営する徐家滙の若瑟学院で哲学・数学・物理学などを修め、二十一年九月七日イエズス会に入会した。哲学課程を修了後、徐家滙気象台で気象学や数学の研究に従事。その後パリ大学に移り、数学・力学・天文学を修め、学位を得る。同時に神学をも修め、三十四年八月二十四日リヨンで司祭に叙階。その後上海に戻り、佘山天文台副台長をつとめる。四十四年九月十六日帰国し、上智大学設立の準備にあたる。設立後は数学と漢文を教授し、昭和十五年（一九四〇）十一月三十日には上智大学第三代総長に就任（同二十一年一月三十一日まで）。三十九年四月二十九日教育上の功績により勲三等瑞宝章をうける。四十年三月十一日没。九十八歳。著書に『邦暦西暦対照表』（昭和二十七年）、『ガリレオ問題の科学的批判』（同二十九年）があり、また、諸橋轍次の『大漢和辞典』の改訂に協力した。

参考文献 『上智大学史資料集』三　（尾原　悟）

つちみかどはるお　土御門晴雄　一八二七―六九　王朝期以来の天文・暦道の家系を継ぐ幕末・維新期の陰陽家。晴雄はまた、「はれたけ」ともよむ。文政十年（一八二七）六月五日、正二位土御門晴親の子として京都に生まれる。天保四年（一八三三）従五位上に叙す。天保十三年陰陽頭に任ず。明治元年（一八六八）二月一日、王政復古の波に乗り、新政府内の公卿勢力の力を借り、明治新政府に願い出て、江戸時代に幕府の天文方に奪われていた測量・暦計算の権限の認可を獲得し、五十一人の輩下をかかえて、一時的に編暦・頒暦という科学的な仕事と暦注という迷信界の仕事の両者の上での権威を誇った。勢いに乗じて明治二年二月には改暦も企てたが、繁忙な新政府の採るところとならず、病を得て、同二年十月六日、四十三歳をもって死去した。その伝は『土御門家譜』に、『土御門晴雄日時勘文記』は『土御門晴栄家記』に収録され、両者とも嗣子土御門晴栄が明治九年に修史局長に提出したもので、現在東大史料編纂所に蔵される。

（中山　茂）

つちやくによし　土屋邦敬　一八三一―七八　幕末の篤農家。通称は兵十郎、有隣・双山・苔石と号する。天保二年（一八三一）三月十一日、郡惣年寄土屋邦盛の長子として美濃国武儀郡上有知村（岐阜県美濃市）に生まれる。同郷の画家村瀬秋水と交わり書画を能くし、最も蘭を得意とする。長崎の画僧日高鉄翁とも深く交わり、鉄翁の蘭と並び賞讃された。また早く自費をもって農事改良に志し、道路や水路の開設、耕地の整理、橋梁の架設など、米麦の増収を図った。慶応二年（一八六六）尾張藩郡代三浦千春と宮崎安貞著『農業全書』を出版して農業振興に尽くし、学校を起して子弟教育にもあたった。明治六年（一八七三）岐阜県より郡中惣代に任ぜられ、県政にも参与した。同十一年九月一日没。四十八歳。

参考文献 岐阜県郷土偉人伝編纂会編『岐阜県郷土偉人伝』　（日置弥三郎）

つちやたかお　土屋喬雄　一八九六―一九八八　大正・昭和時代の日本経済史学者。明治二十九年（一八九六）十一月二十一日、東京生まれ。大正十年（一九二一）東京帝国大学経済学部卒業。同大学助手・助教授を経て昭和十四年（一九三九）教授となる。同三十二年東京大学名誉教授、明治大学教授、四十九年日本学士院会員。処女作『封建社会崩壊過程の研究』（昭和二年）は今なお学問的価値をもつ労作。『日本資本主義史論集』（十二年）は日本資本主義史論争の行われた時期の土屋の論文を収めた歴史的文献。そのほか第二次世界大戦前の代表的著作としては『日本経済史概要』正・続（昭和九年・十四年）、『日本資本主義史上の指導者たち』（十四年）などがある。戦後ことに昭和三十年前後から研究の重点を経済史から経営史に移した。その方面の著作としては『日本資本主義の経営史的研究』（二十九年）や『日本経営理念史』正・続（三十九年・四十年）がある。実証を重んじ、これらの著書のほかに史料集の編纂にも力を入れた。その主要なものをあげると、第一は大内兵衛と校閲にあたった『（明治前期）財政経済史料集成』全二十一巻（六―十一年）であり、第二は財団法人竜門社編『渋沢栄一伝記資料』全五十八巻（三十一―四十年）で、土屋はその編纂主任であった。第三は日本銀行調査局（のち日本銀行金融研究所）編の『日本金融史資料』で、明治大正編全二十五巻、昭和編全三十五巻、昭和続編二十三巻（続刊中）が刊行されており、死没までその監修にあたった。昭和六十三年八月十九日没。九十一歳。法名は大光院融誉喬雄居士。墓は東京都府中市の多磨墓地にある。

参考文献 山口和雄「土屋喬雄先生を想う」（『社会経済史学』五四ノ五）、同「土屋喬雄先生の思い出」（『経友』一一三）　（山口　和雄）

つちやぶんめい　土屋文明　一八九〇―一九九〇　大正・昭和時代の歌人。明治二十三年（一八九〇）九月十八日、群馬県西群馬郡上郊村（群馬郡群馬町）大字保渡田の農家に生まれる。保太郎・ヒデの長男。第一高等学校を経て東京帝国大学文科大学哲学科（心理学専攻）卒。大正七年（一九一八）長野県の教職につき、諏訪・松本の高等女学校長を勤めたが、十三年に辞職。帰京後は法政大学・明治大学の教授を歴任した。高崎中学時代蛇床子の名で根岸派の雑誌『アカネ』に投稿、明治四十二年同派の伊藤左千夫を頼って出京し、一高に入学するとともに『アララギ』に加わった。芥川竜之介らとともに第三次『新思潮』（大正三年）に名をつらね、小説を発表したこともある。昭和五年（一九三〇）斎藤茂吉のあとを受けて『アララギ』の編集発行人となり、二十六年末に及んだ。二十年空襲で東京の自宅を焼失、群馬県吾妻郡川戸に疎開し、同地で二十六年まで半農生活を送った。はじめ清純な抒情歌人として知られたが、やがて骨太い現実的作風に移り、第二次世界大戦後は生活即短歌の立場を唱えてアララギ派の時代に即応した進展に大きく寄与した。歌集『ふゆくさ』、『往還集』、『山谷集』、『六月風』、『少安集』、『韮青集』、『山下水』、『自流泉』、正・続・続々『青南集』三巻、『青南後集』がある。日本芸術院賞を受けた『万葉集私注』二十巻のほか、『万葉集年表』など多くの万葉研究書があり、『短歌入門』などの歌論や随筆類も少なくない。昭和三十七年日本芸術院会員、同六十一年文化勲章。平成二年(一九九〇)十二月八日、東京都渋谷区千駄ヶ谷の代々木病院で没。百歳。

参考文献 橋本徳寿『土屋文明私稿』、未来短歌会編『土屋文明論考』、近藤芳美『土屋文明』(『短歌シリーズ・人と作品』一七) (本林 勝夫)

つついまさのり 筒井政憲 一七七八―一八五九 江戸時代後期の幕臣。字は子恒、右馬助・左次右衛門と称す。伊賀守、和泉守、紀伊守、肥前守。号は鑾渓。安永七年(一七七八)旗本久世広景の子として江戸に生まれる。母は内藤信庸の女。寛政十年(一七九八)旗本筒井正盈の養子となる。昌平坂学問所に学んで頭角を現わし、文化七年(一八一〇)二ノ丸留守居となるとともに学問所御用を兼帯し、同九年西ノ丸徒頭、同十年西ノ丸目付、同十二年目付と累進し、同十四年長崎奉行となり、文政四年(一八二一)には江戸町奉行に昇進し、天保十二年(一八四一)に西ノ丸留守居に転任するまでの約二十年間、町奉行として近藤守重処罰、仙石騒動の審理や天保の飢饉対策などの民政に関わり、名奉行と称された。同十三年には、町奉行矢部定謙の処罰に連座して差扣の処分を受けるなど、幕府天保の改革期には冷遇されたが、対外的危機が迫るとともに老中阿部正弘から信任をうけて頻繁に外交策の諮問をうけ、打払令復活などの強硬策に一貫して反対し続けた。弘化二年(一八四五)学問所御用、同四年に西ノ丸留守居となり、海防政策の立案に参画した。ロシア使節プチャーチンが長崎に来ると、嘉永六年(一八五三)に大目付格のロシア使節応接掛として、川路聖謨とともに長崎に赴いて交渉し、また、翌安政元年(一八五四)下田に再来航したプチャーチンと交渉し、日露国境の確定と下田・箱館・長崎三港の開港を骨子とした日露和親条約の締結にこぎつけた。安政二年講武所御用、同四年鎗奉行となり、高齢をおして海防・外国人応接・軍制改革・蕃書調所御用に奔走した。なおこの間に、嘉永元年に『武蔵国風土記之内御府内之部』、同三年に『御鹿狩之事類』を編集し、同五年には将軍に『論語』の講釈を行うなど、儒者としての能力も示している。安政六年六月八日に八十二歳で没し、鳴子の常円寺(東京都新宿区西新宿七丁目)に葬られた。法名は、政憲院殿仁徳誠功日学大居士。なお幕末の西洋流砲術家下曾根(下曾禰)金三郎(信敦)はその第二子である。

参考文献 『筒井肥前守明細書』(内閣文庫蔵)、石井孝『日本開国史』、藤田覚『幕藩制国家の政治史的研究』 (藤田 覚)

つづきけいろく 都筑馨六 一八六一―一九二三 明治時代の内務・外務官僚。貴族院議員、枢密顧問官。文久元年(一八六一)二月上州高崎藩稲荷台の名主藤井久右衛門の長男安治の次男として生まれ、生後すぐに西条藩士都筑侗忠の養子となる。明治八年(一八七五)東京開成学校に入学し、同校が東京大学に昇格するに従い文学部に編入され、政治学と理財学を学ぶ。同十四年卒業、翌年から文部省留学生としてベルリンに留学し、英・独・仏三ヵ国語を習得し、十九年に帰国した。帰国と同時に外務省参事官に任命され、ついで外務大臣秘書官に任命された。井上馨外相が条約改正の失敗の責任をとって辞任すると、都筑も外相秘書官を辞職し、井上の財政援助を受けてパリに留学し、二十二年パリの日本公使館書記官に任命された。当時欧米視察中の内相山県有朋に随行するためであった。この時に山県の信頼を得た都筑は、帰国して山県首相の秘書官に任命された。以後、法制局参事官、内務省参事官を歴任したのち、第二次伊藤内閣の下で内務省土木局長(二十七年)、第三次伊藤内閣の下で外務次官(三十一年)に昇進した。三人の長州元老の信頼にみずからの欧米知識と語学力を加えた都筑は、専門官僚こそ国家運営の要であるという強い信念を抱きつづけた典型的な超然主義者であったが、三十三年に伊藤博文に従って立憲政友会の創立に加わって以後は時流に遅れがちで、義父井上馨の強い後押しにもかかわらず、ついに外相になれなかった。四十一年男爵に叙爵。大正十二年(一九二三)七月六日没。六十三歳。

参考文献 馨光会編『都筑馨六伝』、坂野潤治『明治憲法体制の確立』 (坂野 潤治)

つつみいそえもん 堤磯右衛門 一八三三―九一 日本最初の石鹼製造家。天保四年(一八三三)二月二日、武蔵国久良岐郡磯子村(横浜市磯子区)に生まれる。父磯右衛門国造、母えん。諱は豊光。幕末、横須賀造船所の工事監督中にフランス人から石鹼の話を聞いたのを契機に製造を志し、早矢仕有的の技術的指導を受けて苦心を重ね、明治六年(一八七三)横浜三吉町四丁目に石鹼製造所を設け、同年洗濯石鹼、翌年化粧石鹼の製造に成功した。同十年の内国勧業博覧会で花紋賞を受け、国内だけでなく上海などへも輸出するようになり、同十三年『時事新報』の優良国産石鹼の大衆投票で一位になった。二十四年一月二十八日、インフルエンザにより五十九歳で没し、二年後に堤石鹼製造所は廃業した。墓は横浜市磯子山王谷戸墓地にある。法名は諦観院釈真成居士。

参考文献 『横浜市史稿』産業編、横浜近世史研究会「堤茅正家文書にみる磯子村と農民たち」(『横浜開港資料館紀要』一三―一五) (高村 直助)

つつみやすじろう 堤康次郎 一八八九―一九六四 大正・昭和時代の実業家、政治家。明治二十二年(一八八九)三月七日、滋賀県愛知郡下八木村(秦荘町)の農家に生まれる。大正二年(一九一三)早稲田大学政経学部卒業後、種々の事業を試みたが、大正七年に軽井沢、翌八年に箱根の土地開発に着手、九年三月箱根土地株式会社を創立、さらに伊豆半島とともに東京近郊の開発を手がけ、関東大震災後には、大泉・小平・国立などの学園都市化にも力を入れた。また、東京市が村山貯水池の建設を計画すると、その周辺の観光開発をめざして、昭和三年(一九二八)多摩湖鉄道を創立、さらに日本最初の有料自動車専用道路として、七年に熱海峠—箱根峠間九・九キロ、十年に元箱根—小涌谷間一九・八キロを完成させた。この間、七年からは経営が破綻した武蔵野鉄道の再建にあたり、十五年には多摩湖鉄道を合併、二十年九月には競争相手の西武鉄道を合併して、西武農業鉄道としたが、翌年、西武鉄道と改称した。事業経営と同時に政界にも意欲を示し、大正九年総選挙では永井柳太郎の選挙参謀として活躍、次の大正十三年総選挙で郷里の滋賀より立候補し初当選した。憲政会(のち立憲民政党)に属し、昭和七—九年、斎藤内閣で拓務政務次官をつとめた。昭和十七年総選挙で翼賛政治体制協議会の推薦を受けたこと、大日本政治会総務となったことなどのため、第二次世界大戦後、二十一年に公職追放となったが、二十六年八月追放が解除されると、翌二十七年十月の総選挙で改進党より立候補して当選、第十六国会より第二十国会まで(二十八年五月—二十九年十二月)衆議院議長をつとめ、スト規制法案・警察法改正案などで混乱する国会運営にあたった。この間、箱根・伊豆地方の観光開発への進出を企てた東急系資本との抗争は、「箱根山の合戦」などと称されて、社会的関心を集めた。著書に『苦闘三十年』がある。昭和三十九年四月二十六日没。七十五歳。

参考文献 筑井正義『堤康次郎伝』(『日本財界人物伝全集』別巻一) (古屋 哲夫)

つなしまりょうせん 綱島梁川 一八七三—一九〇七 明治時代の宗教思想家。本名は栄一郎、梁川は筆名。明治六年(一八七三)五月二十七日、岡山県上房郡有漢村市場(有漢町)で綱島長四郎・くめの長男として出生。知新校卒業後准教員となり、高梁教会において牧師古木虎三郎より洗礼を受けた。二十五年東京専門学校に入学し、坪内逍遙・大西祝の影響を受け、『早稲田文学』の編集を助けた。在学中から正統派の信仰から遠ざかり、卒業後は特に哲学・倫理に関心をもったが、肺結核のため神戸で入院中に医師橋本善次郎の感化でまたキリスト教に接近し、海老名弾正の影響を受けた。『早稲田文学』の廃刊後、一時は雑誌『日本教育』の主筆をつとめたが、再び喀血し、小田原で療病しながら文筆をとり、二度目の喀血ののち明治三十三年に東京へもどり、死に至るまで執筆をつづけた。梁川ははじめ文芸評論家として登場し、美術評論にも筆をふるい、やがて倫理学者として活動し『西洋倫理学史』などの著述がある。哲学館事件に際しては「哲学館事件に関して倫理学上動機の意味を論じ併せてミュイアヘッド氏の動機論を評す」(『早稲田学報』八一・八二)を発表して文部省を批判した。だが梁川にとってはやはりキリスト教の影響がもっとも強く、他面では白隠慧鶴や親鸞にも傾倒した。その著作は、宗教的「煩悶」が一つの流行となり、人生いかに生くべきかが声たかく論じられた明治三十年代の知識青年にむかえられた。魚住折蘆・安倍能成らのちに有力な思想家となる青年たちがその周辺にあった。特に三十八年に「予が見神の実験」(『新人』六ノ七)が発表されると是非の議論がわきおこり、病中の幻覚と批評する者も現われた。四十年九月十四日没。三十五歳。葬儀は遺言により海老名弾正の司式で行われ、東京の雑司ヶ谷墓地に埋葬。生前の著書に『梁川文集』『病間録』などがあり、大正十年(一九二一)から十四年にかけて『梁川全集』全十巻・別巻一冊が刊行された。

参考文献 武田清子・吉田久一編『新島襄・植村正久・清沢満之・綱島梁川集』(『明治文学全集』四六) (岩井 忠熊)

つのだきうさく 角田喜右作 一八五三—一九一〇 明治時代の蚕業家。嘉永六年(一八五三)十一月十五日、上野国勢多郡樽村(群馬県勢多郡赤城村)の農家に生まれる。明治二十二年(一八八九)蚕種改良組合を作り良質蚕種の共同購入を試み、みずからも新品種を製造、三十八年群馬県蚕種業組合連合会初代会長となる。二十七年赤城興業組合を作り赤城山麓御料地六千町歩余を借り受けて開墾植林した。二十九年県農会副会長。四十三年六月二十五日没。五十八歳。

参考文献 群馬県内務部編『群馬県蚕糸業沿革調査書』、『群馬県勢多郡横野村誌』 (石井 寛治)

つのだしんぺい 角田真平 一八五七—一九一九 明治時代の弁護士、政治家、俳人。号は聴雨窓・竹冷。安政四年(一八五七)六月十五日、駿河国沼津の農家に生まれる。父は彦右衛門。貧困のため沼津兵学校に入校できず働きつつ洋書などを独学した。明治七年(一八七四)上京。嚶鳴社に加わり、翌年遵義社(代言社)にも参加。十三年免許を得て代言人となった。十二年東京組合代言人会長。一方、十五年立憲改進党の結成に加わって以来、同年神田区会議員、十七年東京府会議員、二十二年東京市会議員、二十五年衆議院議員などに選ばれ、一貫して同党系の政治家として活動した。俳人としても知られ、秋声会を組織して雑誌『俳諧秋の声』を発行。『聴雨窓俳話』『俳書解題』『芭蕉句集講義』『(英訳句集)点滴』などの著書がある。秀英舎・中央窯業・帝国劇場の取締役、跡見女学校の理事もつとめた。大正八年(一九一九)三月二十日没。六十三歳。 (大日方純夫)

つのだただゆき 角田忠行 一八三四—一九一八 幕末の志士、明治・大正時代の神道家。天保五年(一八三四)十一月六日、信濃国佐久郡長土呂村(長野県佐久市)に生まれる。父は角田但馬忠守、岩村田藩士。神官で尊王思想の厚い父の影響で、安政二年(一八五五)脱藩して江戸に出で、藤田東湖の門に入り、東湖の没後は平田鉄胤の門人となり塾の運営にあたった。文久三年(一八六三)二月、京都の等持院にある足利三代の木像に「天誅」を加えた事件(足利氏木像梟首事件)の首謀者の一人、幕吏に追われて伊那に潜伏し、そののち米川信濃と変名、沢為量に仕えて王事に奔走した。維新後は皇学所監察、学制取調御用掛、賀茂御祖神社少宮司を経て、明治七年(一八七四)熱田神宮少宮司、十三年同宮大宮司、同年官制改革により同宮宮司となり、大正三年(一九一四)までその職にあった。彼は熱田神宮が草薙剣を奉祀せるを以て、その社殿なども伊勢神宮に準ずべきであるとし、当局に建言することすこぶる熱心で、ついに社殿は神明造りに改められ、明治二十六年四月勅使参向して正遷宮が行われるに至った。大正三年宮司を辞し、七年十一月従四位に叙せられ、同十二月十五日没した。年八十五。

参考文献 『国学院雑誌』二五ノ二、田中善一「熱田大宮司角田忠行翁伝」(池田長三郎編『熱田風土記』四所収)
(阪本　健一)

つはこせいせい　津波古政正　一八一六―七七　琉球国最後の王尚泰の国師。幕末期に異国船(唹咭唎)通事として活躍した安仁屋(のちに与世山)政輔(東順法)を父に、一八一六年(文化十三)八月二十一日(月日は清暦)、首里に生まれる。童名は樽金、唐名は東国興。四〇年(天保十一、清の道光二十)より四七年(弘化四、道光二十七)まで、官生として北京の国子監に学び、その間に『東国興詩稿』を著わしている。帰国後、国学講談師匠・系図座中取・高奉行等々を経て尚泰の侍講官となり、五九年(安政六)佐敷間切津波古の地頭職に任ぜられ、以後津波古を名乗る。琉球王国末期の疑獄事件である牧志・恩河事件や琉球処分の際には、北京滞在中に得た学問や国際的感覚でもって尚泰王の国師として政治に携わっている。明治初期における第一級の知識人である。七七年(明治十)琉球処分(明治十二年)を見ずして没す。六十二歳。

参考文献 『東姓家譜』(『那覇市史』資料篇一ノ七)、尚球『廃藩当時の人物』、新里金福・大城立裕『近代沖縄の人びと』(『沖縄の百年』一)、河原田盛美『琉球紀行』(『沖縄県史』一四)
(島尻　克美)

つぼいくめぞう　坪井九馬三　一八五八―一九三六　明治から昭和時代にかけての歴史家。安政五年(一八五八)十二月十二日、摂津国西成郡九条村(大阪市西区)に坪井与作の三男として生まれる。幼名久米吉。明治九年(一八七六)東京開成学校に入学したが、同校の廃止に伴い、東京大学の政治理財科に学び、卒業後同大学理学部でさらに応用化学を修めたが、歴史に対する興味から文学部に転じ、明治十六年以来、同学部で欧米の歴史の講義を委嘱された。同二十年九月、帝国大学文科大学に史学科が新設され、外国人教師リースが着任すると、坪井は本格的に近代歴史学を習得するため、ベルリン大学・プラハ大学・ウィーン大学およびチューリヒ大学に留学、二十四年八月に文学博士の学位を授けられ、同年十月に帰国した。二十六年、講座制の施行とともに、文科大学の史学地理学第一講座を担任、この講座での授業経験にもとづいて、三十六年、わが国最初の史学概論ともいうべき『史学研究法』を公にした。この書は、ドイツ近代歴史学の主流たるランケの学風に立ちつつも、その客観主義的な側面をとりわけ強調し、歴史家は理論の構築よりも史実の考証を第一の課題とすべきことを説き、濫觴期の日本歴史学界に大きな影響を与えた。三十七年、文科大学長に任ぜられ、四十五年三月まで九ヵ年その職にあってよく全学を統率した。著書には、前記のほか、財団法人啓明会の委嘱による正続四巻の『最近外交政治史』(大正四年(一九一五)―昭和三年(一九二八))がある。東京帝国大学を大正十二年三月に退官してのちも、昭和十年まで国学院大学で教鞭をとった。昭和十一年一月二十一日、東京市本郷区向ヶ岡弥生町(東京都文京区)の自宅で死去。七十九歳。

参考文献 村川堅固「本会理事長＝文学博士坪井九馬三先生の薨去」(『史学雑誌』四七ノ二)
(成瀬　治)

つぼいげんどう　坪井玄道　一八五二―一九二二　近代の学校体育(普通体操)の先駆者。嘉永五年(一八五二)正月九日、下総国葛飾郡鬼越村(千葉県市川市)の農家に生まれる。慶応二年(一八六六)医学を志し江戸の開成所で英語を学ぶ。明治四年(一八七一)大学少得業生となり、翌年東京師範学校の設立に際して米人御雇教師スコットの通訳官として小学教授法の伝達に協力した。のち仙台の英語学校教員に転じたが、明治十一年体操伝習所の開設とともに御雇米人リーランドの通訳官兼任の教員となり、リーランド帰国後は体操主任として普通体操の普及につとめた。同十九年体操伝習所の廃止後は、高等師範学校に新設された体操専修科の助教授となり、二十三年には同校と女子高等師範学校の兼任教授となった。明治三十四年体操研究のため一ヵ年仏・英・独三国に留学、同三十七年には体操遊戯取調委員会の一員として普通体操や戸外遊戯の合理的立場を強調した。四十二年退官したのち東京音楽学校や東京女子体操音楽学校などで女子体育に従事、大正十一年(一九二二)十一月二日没した。年七十一。墓は東京都文京区向丘二丁目の真浄寺、および市川市営霊園(分骨)。著訳書多く、主著に田中盛業との共編による『小学普通体操法』(明治十七年)や『戸外遊戯法』(明治十八年)、『改正普通体操法』(明治二十年)などがある。

参考文献 真行寺朗生・吉原藤助『近代日本体育史』、今村嘉雄『日本体育史』、上沼八郎『体育スポーツの一世紀』
(上沼　八郎)

つぼいさかえ　壺井栄　一九〇〇―六七　昭和時代の小説家。明治三十三年(一九〇〇)八月五日、香川県小豆郡坂手村(内海町坂手)に生まれる。父岩井藤吉、母アサ。内海高等小学校卒。大正十四年(一九二五)上京し同郷の詩人壺井繁治と結婚、夫を助けてナップのプロレタリア文学運動を手伝い、佐多稲子や宮本百合子らを知った。『働く婦人』の編集にたずさわり、責任者の佐多からすすめられてはじめて小品『月給日』(昭和十年(一九三五))、昭和十三年、郷里の小豆島に取材した童話的、民話的性質の濃い短編『大根の葉』を、ついで生家の一族の変転を描いた短編『暦』(同十五年)などを書き、創作集『暦』によって新潮社文学賞を受賞、作家的地歩を固めた。第二次世界大戦後は身辺の出来事に取材して家庭内での男性の封建性を描いた『妻の座』『岸うつ波』のほか、『柿の木のある家』『坂道』『二十四の瞳』(昭和二十七年)など小豆島の風土に深く根ざした庶民的な愛情あふれる小説・童話をつぎつぎに発表し、広い大衆性をもつ作家として活躍、特に『二十四の瞳』は映画化されて(監督木下恵介)長期上映記録をつくり、壺井栄ブームとまでいわれる反響をよんだ。昭和四十二年六月二十三日没。六十六歳。東京都小平市の小平霊園に葬られた。『壺井栄全集』全十巻(昭和四十三—四十四年、筑摩書房)がある。

(小田切 進)

つぼいしげじ 壺井繁治 一八九七—一九七五 大正・昭和時代の詩人。明治三十年(一八九七)十月十八日、香川県小豆郡苗羽村堀越(内海町)に父増十郎、母トワの四男として生まれる。生家は自作農の大百姓であった。大正六年(一九一七)早稲田大学文科に進学するが中退。在学中に詩作を始め、厳しい労働も体験する。十一年個人誌『出発』を出し、これが機縁になり岡本潤と知り合い、アナキズム的傾向を強める。萩原恭次郎・川崎長太郎を誘い、四人で十二年一月に詩誌『赤と黒』を創刊。既成の価値や権威のすべてに反逆することを詩精神としたこの雑誌は、このころ沸き上がった芸術革命の運動の一つの集約点であり、時代の激変を鋭くとらえたものであった。同誌の表紙に掲げられた「詩とは爆弾である!」で始まる有名な宣言は、壺井の手によるものである。十四年同郷の岩井栄と結婚。この後マルクス主義に傾斜、昭和三年(一九二八)に結成された全日本無産者芸術聯盟(ナップ)に参加、作家同盟の中央委員になり、機関誌『戦旗』の発行に専念する。この間、詩作の空白時代が続く。六年日本共産党に入党、翌年検挙され、九年転向し出所する。ファシズムの圧制が強まる中、諷刺詩によって現実と相渉ることに活路を見出し、十年、諷刺を目指す詩人と画家のグループ、サンチョ＝クラブを結成し、また詩誌『太鼓』を創刊するが、翌年解散。第二次世界大戦の敗戦後は、新日本文学会の発起人になり、活発な活動を続ける。五十年九月四日没。七十七歳。東京都小平市の小平霊園に葬られた(妻栄と同墓)。『壺井繁治全詩集』全一巻(昭和四十五年)がある。

参考文献 壺井繁治『激流の魚』、秋山清『アナキズム文学史』

(林 淑美)

つぼいしょうごろう 坪井正五郎 一八六三—一九一三 明治時代の人類学者、考古学者。文久三年(一八六三)正月五日、江戸両国の矢之倉(東京都中央区東日本橋一丁目)に生まれた。江戸幕府の奥医坪井信良の子。五歳のとき、信良が駿府に居を移した関係で静岡で生活し、明治六年(一八七三)東京にもどった。同十年東京大学予備門に入り、同十四年東京大学理科大学生物学科に入学、同十九年卒業。つづいて大学院で人類学を専攻した。大学院卒業後三年間イギリス・フランスに留学し、同二十五年帰国し、同年理科大学教授となり、翌年新設の人類学講座を担当した。同十七年同志とともに東京人類学会をおこし、同二十九年会長になった。このころ、考古学は人類学の中で研究する傾向にあり、人類学会会員に考古学の愛好者や研究者も多く、人類学教室もまた、各地の考古学の発展に寄与した。坪井も貝塚・石器・古墳・横穴などの調査研究に活躍し、あわせて人類学・土俗学方面にも多くの論文を発表し、人類学教室の基礎をきずくとともに、考古学の発展に大きい功績を残した。四十三年には、東京帝国大学文科大学史学科で考古学を講義したが、これは文科系の大学で考古学を講義した最初のものであった。研究発表の中、先住民族コロボックル説や吉見百穴住居論などを主張し学界を刺戟したが、『埴輪考』(明治三十四年)などの著述もある。また、エジプト学の研究にも貢献した。第五回万国学士院会議に列席し、大正二年(一九一三)五月二十六日ロシアのアレキサンドリア病院で急性腸疾患のため急死した。五十一歳。墓は東京都豊島区駒込の染井墓地にある。

参考文献 斎藤忠編『坪井正五郎集』(『日本考古学選集』二・三)

(斎藤 忠)

つぼうちしょうよう 坪内逍遙 一八五九—一九三五 明治から昭和時代前期にかけての評論家、小説家、劇作家、教育家、翻訳家。安政六年(一八五九)五月二十二日、美濃国加茂郡太田村(岐阜県美濃加茂市)に生まれる。尾張藩士の父平右衛門(のち平之進)と母ミチの第十子。本名勇蔵、のち雄蔵。春の屋おぼろ(朧)・春廼屋・柿双ほかの別号がある。母の感化で幼くして遊芸に親しみ、十一歳の時一家が名古屋に移ると、貸本屋大惣に通いつめ戯作文学を耽読した。名古屋県英語学校(のち愛知英語学校)から東京大学に入学、高田早苗らと相識る。卒業後、東京専門学校(のち早稲田大学)の講師となったが、在学中ホートンの試験に失敗した反省から彼我の文学の比較研究を進め、『小説神髄』(明治十八年(一八八五)—十九年)をまとめる。政治や道徳から解き放たれた文学観の変革を基軸に、近代的な写実主義文学への道を開いた画期的な業績として評価される。いわばその応用篇として『(一読三歎)当世書生気質』を書き、『新磨妹と背かゞみ』(明治十八—十九年)、『細君』(二十二年)などを公にした。この間、二葉亭四迷を知って、新しい文学理論に学ぶと同時に、『浮雲』を世に送るに力を貸した。明治二十三年、東京専門学校に文学科を新設。翌年十月『早稲田文学』を創刊するが、マクベス評注緒言を発端に森鷗外との間で「没理想論争」を展開し、文学への理解を深めることに寄与した。その後、新しい史劇論を提唱して演劇改良に赴き、『桐一葉』(明治二十七—二十八年)、『牧の方』(二十九—三十年)、『沓手鳥孤城落月』(三十年)などを発表。三十一年十月、『早稲田文学』を休刊し、倫理教育に専念する。早稲田中学の教頭に就任(二十九年)したことが契機だが、この間、尋常小学・高等小学用の『国語読本』(三十三年)や『通俗倫理談』(三十六年)を著わし、教育界に大きく貢献した。常に時代文化を先導する立場に在り、『新楽劇論』(三十七年)を基に『(新曲)浦島』(同年)、『お夏狂乱』(四十一年)などを書くかたわら、明治三十九年一月、愛弟子島村抱月を主宰者として復刊した『早稲田文学』の母体である文芸協会を中心に新劇運動を興した。演劇研究所を創設し(四十二年)、俳優養成に力を入れつつ『ハムレット』を上演したりしたが(四十四年)、大正二年(一九一三)、松井須磨子との恋愛に走った抱月と袂を分かち、みずからも文芸協会の会長を辞した。協会は解散するが劇作活動は早大教授を退いた大正四年後も続き、熱海へ移住後の六年『名残の星月夜』を、七年『義時の最期』を発表している。さらに『熱海町の為のページェント』など、意欲的な構想の劇化、指導にもあたり、舞踊劇『良寛と子守』(昭和四年(一九二九))や『阿難の累ひ』(七年)など晩年に及んで演劇への情熱は衰えなかった。その功業を讃え、多年にわたるシェークスピアの完訳を記念して、昭和三年早大構内に演劇博物館が建てられた。『文学その折々』(明治二十九年)をはじめ『柿の蔕』(昭和八年)に至る評論・随筆も多く、その大概は『逍遥選集』十二巻・別巻三巻(大正十五―昭和二年。昭和五十二―五十三年復刻)に収められている。昭和十年二月二十八日七十七歳で没した。法名双柿院始終逍遥居士。熱海の海蔵寺に葬られた。シェークスピアの名講義などでも盛名を馳せた逍遥は、開化期以来の最もすぐれた啓蒙家として、指導者として、文学・演劇史上など、広い分野にわたって偉大な足跡をとどめている。 (榎本 隆司)

参考文献 河竹繁敏・柳田泉『坪内逍遥』、大村弘毅『坪内逍遥』(『人物叢書』五)、稲垣達郎・岡保生編『座談会坪内逍遥研究』、柳田泉『若き坪内逍遥』、中村完『坪内逍遥論』

つぼたじょうじ 坪田譲治 一八九〇―一九八二 大正・昭和時代の小説家、児童文学者。明治二十三年(一八九〇)三月三日、岡山県御野郡石井村島田(岡山市)に坪田平太郎・幸(こう)の次男として生まれる。家業の島田製織所の内紛や病気のため三度の中退・復学をくり返し大正四年(一九一五)早稲田大学英文科を卒業。在学中キリスト教に受洗。卒業後小川未明に師事して「青鳥会」に参加、『黒煙』創刊(大正八年)、また同人雑誌『地上の子』を創刊し『正太の馬』を発表し文学活動を開始した。昭和二年(一九二七)児童文芸誌『赤い鳥』に『河童の話』を発表して以来四十編もの童話を書き童話作家の地位を確立した。昭和十年『改造』に『お化けの世界』(三月)を発表、十一年『東京朝日新聞』に『風の中の子供』(九月五日―十一月六日)、十三年『都新聞』に『子供の四季』(一月一日―六月十六日)を連載し好評を博し文壇に地歩を築いた。作品は成人の暗い世界を背景に、童心の躍動を扱って子どもの人間像を彫り上げたものが多い。第二次世界大戦後『童話教室』『びわの実学校』の二誌を主宰し、指導的役割を果たした。三十年日本芸術院賞を受け、三十九年芸術院会員に推された。五十七年七月七日没。九十二歳。『坪田譲治全集』全八巻(新潮社、昭和二十九年)、『坪田譲治童話全集』全十二巻(岩崎書店、同四十三―四十四年)がある。 (滑川 道夫)

つるがしんない 鶴賀新内 新内節の語り手。七世代を数える。

(一)四代 一八二四―八三 二代目鶴賀鶴吉の息庄兵衛で、文政七年(一八二四)生まれる。若狭太夫から新内と改め、鶴賀家四代目の家元となった。明治十六年(一八八三)没。六十歳。墓は世田谷区北烏山の幸竜寺にある。法名諦聴院鶴女信士。

(二)五代 生没年不詳 四代目の子貞次郎がついだ。

(三)六代 一八四八―一九〇七 築地魚市場の三熊こと鈴木重太郎が新内を名のった。嘉永元年(一八四八)生まれる。のち祖元と改名し、明治四十年(一九〇七)六月没。六十歳。墓は世田谷区北烏山の幸竜寺にある。法名慈心法重居士。

(四)七代 一八七九―一九一一 六代目の子栄次郎(明治十二年(一八七九)生まれ)が七代目新内となった。明治四十四年五月二十一日没。三十二歳。墓は幸竜寺にある。法名栄山法泰信士。初代の新内の名声によりこの派の浄瑠璃を新内節と称したわけで、新内の名は重い。

参考文献 町田嘉章『ラジオ邦楽の鑑賞』、竹内道敬編『藤根道雄遺稿集』 (林 京平)

つるがつるきち 鶴賀鶴吉 一八八五―一九二〇 新内節の語り手。三代目。明治十八年(一八八五)生まれる。鶴賀歳之助という人の娘という。七代目家元鶴賀新内の妻となり、三代目鶴吉を襲名した。七代目家元新内が明治四十四年没後は、子の寿の後見をし、寿を若狭太夫とし八代目家元とした。大正九年(一九二〇)十一月一日没。三十六歳。墓は東京都世田谷区北烏山の幸竜寺にある。法名一乗妙香信女。

参考文献 岡本文弥『新内浄瑠璃古正本考』、竹内道敬編『藤根道雄遺稿集』 (林 京平)

つるざわともじろう 鶴沢友次郎 浄瑠璃(義太夫節)の三味線方。初代は鶴沢姓の祖。義太夫節三味線の最も重い名跡とされ、初代から六代目まで各時代、浄瑠璃界の中枢的存在。

(一)五代 一八一五―九五 三代目野沢喜八郎の門弟。本名清水友次郎。通称建仁寺町。文化十一年(一八一四)生まれる。四代目友次郎に預けられ、三代目鶴沢伝吉改め、五代目鶴沢友次郎、その後、一時、五代目野沢喜八郎を名乗り、のち五代目友次郎に復帰。明治二十八年(一八九五)八月四日没。八十一歳。法名観誉紫連寿翁禅定門。京都鳥辺山本寿寺に葬られる。

(二)六代 一八七四―一九五一 七代目鶴沢三二および五代目豊沢広助の門弟。本名山本大次郎。前名四代目豊沢猿京。明治七年(一八七四)一月七日生まれる。明治四十五年二月、文楽座において六代目襲名。大正末から三味線紋下格。三代目津大夫などを弾く。昭和十五年(一九四〇)引退。同二十六年十月八日没。七十八歳。法名即成院釈大心居士。墓所は高野山清浄心院。

参考文献　義太夫年表近世篇刊行会編『義太夫年表』近世篇、義太夫年表編纂会編『義太夫年表』同明治篇、文楽協会編『義太夫年表』大正篇、高木浩志編『文楽興行記録』昭和篇、倉田喜弘他編『日本芸能人名事典』

（内山美樹子）

つるたあきら　鶴田皓　一八三五―八八　明治時代前期の官僚。幼名弥太郎、字は玄縞、斗南と号した。天保六年（一八三五）十二月二十六日生まれる。父は佐賀藩士多久氏の家臣。嘉永六年（一八五三）藩の儒官江木鰐水に随って江戸に出て、安積艮斎・羽倉簡堂の門に学んだ。明治元年（一八六八）会津戦争に従軍。大学校教授試補・少助教を経て刑部省に出仕。同四年司法省設置とともに入省し、司法少判事・権中判事などを歴任した。中国の律に学識深く新律綱領・改定律例の制定に参画。五―六年ヨーロッパに派遣され、各国の法律・司法制度の研究にあたった。帰国後、明法権頭・司法大丞・司法大書記官（太政官大書記官兼任）・検事・元老院議官・参事院議官などを勤め、一時、東京大学法学部講師として中国法を講じた。その間、刑法・治罪法・陸軍刑法などの起草にあたり、また、商法・破産法編纂委員長として商法・破産法などの編纂に貢献した。十八年元老院議官に再任。二十年法律取調委員に任ぜられ、委員長の司法大臣山田顕義を補佐したが、病を得て二十一年四月十六日死去した。五十四歳。墓は東京都台東区の谷中墓地にある。

参考文献　内閣修史局編『百官履歴』下（『日本史籍協会叢書』）、『勅奏任官履歴原書』上

（鳥海　靖）

つるはらさだきち　鶴原定吉　一八五六―一九一四　明治時代の政治家、実業家。安政三年（一八五六）十二月十五日、筑前黒田藩士鶴原道室の次男として福岡雁林ノ町に生まれた。明治十六年（一八八三）東京大学文学部政治理財科を卒業、外務省に入り天津・上海の各領事を歴任、二十五年日本銀行に移って大阪支店長、本店営業局長を経て明治三十一年理事に就任した。総裁山本達雄と意見あわず、三十二年理事河上謹一らとともに辞任し日銀のストライキとして注目された。三十三年伊藤博文が立憲政友会を創立するにあたって創立委員に推され、翌三十四年に大阪市長に就任すると、電気事業の市営化や築港工事に着手するなど、市政の改革を推進した。三十八年十二月伊藤博文韓国統監の下で総務長官を勤め、四十年第三次日韓協約の締結を推進するなど、韓国の植民地化のため手腕を振るい、四十一年十月辞任した。この間、関西鉄道会社・大日本人造肥料会社・蓬萊生命保険会社の各社長、さらに政友会機関紙『中央新聞』の社長を勤めた。四十五年五月福岡市から代議士に当選、大正二年（一九一三）政友会相談役に推されたが、長野県下遊説中に病を得、翌三年十二月二日死去した。五十九歳。東京の青山墓地に葬られる。

（宇野　俊一）

つるみゆうすけ　鶴見祐輔　一八八五―一九七三　大正・昭和時代の政治家、著作家。明治十八年（一八八五）一月三日、鶴見良憲の次男に生まれる。群馬県出身。四十三年東京帝国大学法科大学政治学科卒業。官界に入り鉄道院総裁官房文書課長、同運輸局総務課長、鉄道監察官などを歴任。その間岳父後藤新平の薫陶を受けた。大正十三年（一九二四）休職して岡山県第七区から衆議院議員選挙に立候補したが落選。渡米後、帰国して十五年退官、昭和三年（一九二八）の第十六回総選挙で岡山県第一区から当選。院内に明政会を組織。その後第十九回総選挙（昭和十一年）から二十一回総選挙（同十七年）まで三回連続当選。立憲民政党・翼賛政治会に所属し、十五年には米内内閣の内務政務次官をつとめた。この間、再三、アメリカ・オーストラリアなどに渡り、また太平洋会議に日本代表として出席して国際交流に貢献し、対日国際世論の悪化防止に努力した。第二次世界大戦終了後、日本進歩党結成に参画し初代幹事長となったが、昭和二十一年公職追放。同二十五年追放解除。二十八年全国区から参議院議員に当選して政界に復帰した。改進党・民主党・自由民主党に所属。同二十九―三十年第一次鳩山内閣の厚生大臣をつとめた。三十四年落選して政界を引退。評論家・文筆家としても名高く、『母』、『子』、『英雄待望論』（英文）、『現代米国論』、『現代日本論』、『後藤新平』など数多くの小説・評論・伝記を著わしている。またメルボルン大学・デリー大学から名誉博士号を受けた。晩年は脳軟化症で倒れて十余年の闘病生活を送り、昭和四十八年十一月　日東京都練馬区関町の自宅で死去した。八十八歳。評論家の鶴見和子・俊輔姉弟の父にあたる。

参考文献　北岡寿逸『友情の人鶴見祐輔先生』、米倉清一郎『鶴見祐輔論』、藤野正「昭和初期の「自由主義者」―鶴見祐輔を中心として―」（『日本歴史』四一五）

（鳥海　靖）

て

ていえいしょう　鄭永昌　一八五五―一九三一　明治・大正時代の外交官。父の鄭永寧、弟の鄭永邦と同じく、一家三名、みな日清交渉の衝にあたった。鄭永昌は父永寧の長子で、安政二年（一八五五）十二月十一日、長崎に生まれた。明治五年（一八七二）、父の清国出張に随従し、また同七年、柳原前光が公使として渡清するに際し、再び父に随従し、書記二等見習となった。同十年、米国に留学、同十二年十二月、ニューヨーク領事館在勤となったが、同十六年七月帰朝、翌月、外務省公信局勤務となった。同年十月より翌年二月まで長崎へ出張、阿片事件の裁判に通訳を務めた。同十七年三月より天津領事館に在勤したが、同十九年九月、帰朝して長崎に出張し、同地における清国水兵と日本警察の衝突事件の解決に尽くした。同二十年十月、交際官試補として在北京公使館在勤となり、同二十六年十一月、三等書記官に昇任した。同二十七―二十八年の日清戦争の際は、大山巌第二軍司令官に随行して戦地に赴き、旅順口民部行政官となった。同二十九年二月より同三十四年四月まで、領事として天津に在勤し、この間の北清事変の際は、夫人とともに天津に籠城し、辛苦を嘗めた。同三十四年十二月、外務省を退官し、翌年、清国直隷総督袁世凱の嘱託となり、清国産塩の日本への輸出に従事した。大正二年（一九一三）、中華民国政府に招聘され、長蘆塩務稽核所長に就任した。同十二年退職、帰国。昭和六年（一九三一）十月四日、死去した。七十七歳。

参考文献　東亜同文会編『対支回顧録』下、黒竜会編『東亜先覚志士記伝』下、梅谷昇「明治初期の日清交渉と鄭永寧」（『日華月報』二五三・二五四）

（河村　一夫）

ていこうしょ　鄭孝胥　*Zheng Xiao-xu*　一八五九―一九三八　清末と満洲国の政治家、文人。字は蘇戡。福建省福州出身。咸豊九年（一八五九）生まれる。光緒十七年（明治二十四、一八九一）六月、東京の清国公使館随員となり、翌年、同公使館参賛官、光緒十九年二月、神戸兼大阪駐在領事に任命された。同三十三年六月、安徽按察使となり、同年、さらに広東按察使に転じ、その後官を辞し、上海において公共事業および実業に従事し、また予備立憲公会を創設して憲政思想の鼓吹に努めた。宣統元年（明治四十二）、東三省総督錫良の下で、錦愛鉄道の敷設・連山湾築港を計画し、日露両国の対満政策を牽制しようとしたが、成功しなかった。その後、鉄道国有策を建議し、みずからその衝にあたるべく湖南布政使に任ぜられたが、この政策が革命の端緒となった。革命後、上海に隠棲し、商務印書館の董事となり、袁世凱などの請にかかわらず官界に出ず、清朝の恢復を念とし、上海における宗社党の領袖として、康有為・沈曾植などと連絡した。大正十二年（一九二三）夏、溥儀（清朝最後の宣統帝）とはじめて会見し、以後、清室内務府辦事処で溥儀の教育に従事した。昭和七年（一九三二）三月九日、満洲国建国式が挙行され、溥儀は執政に就任したが、同日、彼は初代の国務総理に任命され、同年九月十五日、日満間に締結の日満議定書に署名した。彼は、日本の対満政策に不満をいだいていたが、そのかねてから希望した満洲国帝政実施の翌年の昭和十年五月二十一日、国務総理を辞任した。同十三年三月二十八日死去。八十歳。同年四月二十日国葬が行われ、七月一日、奉天東陵隣接地に埋葬された。彼は詩人・書家としても一流で、詩集に『海蔵楼詩集』がある。なお、彼の孫の鄭隤改は、溥儀の二番目の妹の韞和と結婚した。

参考文献　愛新覚羅溥儀『わが半生』（新島淳良・丸山昇他訳、『筑摩叢書』二四五・二四六）、満洲国史編纂刊行会編『満洲国史』総論

（河村　一夫）

ていじょしょう　丁汝昌　*Ding Ru-chang*　一八三六―九五　中国、清朝末期の海軍の提督。安徽省廬江県の人。はじめ淮軍の劉銘伝に従って捻軍を討ち、功により参将となった。光緒初年、軍艦購入のためイギリスに派遣され、帰途フランス・ドイツの要塞・工廠を視察した。明治十五年（一八八二）七月、朝鮮のソウルに壬午の変が起ると、艦隊を率いて現地に赴き、事変の中心の大院君（高宗の父）を逮捕して天津に送った。また艦隊を率いて、明治十九年八月には長崎港に、同二十四年七月には横浜港に来航した。同二十七年、日清戦争の際両国関係急迫するや、朝鮮沿岸に艦隊の一部を行動させたが、七月二十五日、豊島沖で優勢な日本艦隊と会戦して敗れた。その後、陸兵上陸援護のため、艦隊主力を率いて出撃、九月十七日、鴨緑江口近くの大孤山沖の海戦で軍艦五隻を喪失し、黄海の制海権を失った。翌年二月上旬、日本艦隊が威海衛の砲台と湾内の艦隊を猛攻したため、二月十二日、降伏書を提出し、同日、毒を仰いで自殺した。六十歳。

参考文献　趙爾巽他編『清史稿』列伝二四九、海軍軍令部編『二十七八年海戦史』

（河村　一夫）

ていめいこうごう　貞明皇后　一八八四―一九五一　大正天皇の皇后。名は節子（さだこ）。公爵九条道孝の四女。明治十七年（一八八四）六月二十五日誕生。同三十三年皇太子嘉仁親王（大正天皇）と結婚、翌年裕仁親王（昭和天皇）誕生、ついで雍仁（秩父宮）・宣仁（高松宮）・崇仁（三笠宮）三親王をもうけた。大正元年（一九一二）大正天皇即位により皇后となり、病弱の天皇を助けて内助の功を尽くし、また救癩・養蚕あるいは燈台員援護などの事業を奨励した。大正十五年天皇崩御により皇太后となり、昭和二十六年

（一九五二）五月十七日狭心症により崩御。六十六歳。『貞明皇后御歌集』上下二巻と『貞明皇后御詩集』一巻（漢詩）がある。御陵は多摩東陵という。

参考文献　主婦の友社編『貞明皇后』　（後藤　四郎）

ディルクセン　Herbert von Dirksen　一八八二―一九五五　ドイツの外交官、駐日大使。一八八二年四月二日、ベルリン生まれ。ユンカーの家系に生まれ、ハイデルベルグ大学およびベルリン大学卒業。志願兵として軍務についたが、のち官途につく。第一次世界大戦以後外交官として活躍するようになり、ポーランド在勤、外務省東方局長などを経て、一九二八―三三年に駐ソ大使、一九三三年（昭和八）―三八年に駐日大使、一九三八―三九年には駐英大使をつとめた。駐日大使時代は満洲事変以後の激動の時代であり、特に日中戦争が拡大されてゆく時期に日中和平の斡旋に努力したが、結局失敗に終った。日本美術にも造詣が深い。また駐英大使としてもミュンヘン協定・チェコスロバキア解体とその後の多難な時期を過ごした。一九五五年十二月十九日没。七十三歳。著書にMoskau, Tokio, London, Erinnerungen und Betrachtungen zu 20 Jahren deutscher Aussenpolitik, 1919―1939, 1949（法眼晋作・中川進訳『モスクワ・東京・ロンドン』、昭和二十八年、読売新聞社）がある。

参考文献　日本国際政治学会太平洋戦争原因研究部編『太平洋戦争への道』四・五　（大畑篤四郎）

デーニツ　Wilhelm Dönitz　一八三八―一九一二　明治初年に来日したドイツ人医師。一八三八年六月二十七日、プロイセンのベルリンで生まれた。一八六三年医師試験に合格、ベルリン大学K・B・ライトヘルト教授のもとで解剖学を学んだ。明治政府との契約にもとづいて明治六年（一八七三）七月来日、東京医学校解剖学教授に就任した。解剖学を専攻したはじめての教授として、解剖学・組織学・胎生学の講義や実習を行なった。病理学にも関心をもち、わが国の病理解剖の第一号患者を剖検している。警視庁の裁判医学校においても、裁判医学の講義を行なった。明治九年に医学校を辞して警視庁の専任雇医となり、西南戦争で負傷兵の治療にあたったのち、明治十二年八月佐賀県佐賀郡立病院およびその付属医学校の医師兼教師として赴任した。翌年一旦帰国したが、同年十月再び来日して佐賀にもどった。明治十八年十一月十一日日本を去ってドイツに帰り、コッホのもとで研究した。一九一二年三月十二日ベルリンで化膿性腹膜炎のため死亡した。七十三歳。

参考文献　石橋長英・小川鼎三編『お雇い外国人』九、小関恒雄「御雇医師ウィルヘルム・デーニッツ」（『日本医史学雑誌』二三ノ三・二六ノ四）　（深瀬　泰旦）

デービス　Jerome Dean Davis　一八三八―一九一〇　明治時代来日のアメリカン＝ボード宣教師、同志社教授兼理事。一八三八年一月十七日、ニューヨーク州グロートンに生まれる。五九年ベロイト大学に入る。南北戦争に際し義勇軍に入り大佐に昇進。六五年復学、翌年シカゴ神学校に進み六九年卒業。来日した宣教師グリーン、アッキンソンとは同級生であった。明治四年（一八七一）十一月妻ストロングと来日、神戸で英語学校を開き伝道にあたり、同六年口語調で伝道用の小冊子『真の道を知るの近路』を出版した。同八年十月京都に移り新島襄の同志社創立に協力、同十九年四月夫人の突然の死にあい、一時帰米し、三人の子供をオベリンに残し末女を伴って同志社に帰任、新島の生前、没後を通じ生涯を同志社の教育・運営に尽くした。同四十三年六月ミッションの代表としてエディンバラの万国宣教大会に出席して帰米中、同年十一月四日オベリンで没。七十二歳。"My life is my message" はその遺言である。分骨が京都若王子同志社墓地の新島の墓の隣りに葬られている。主な日本語に訳された著書には『神学総論』『基督教之基本』（ともに明治二十三年）、『神学之大原理』『新島襄先生之伝』（ともに同二十四年）、『基督教教理略史』（同二十六年）などがある。

参考文献　今泉真幸『天上之友』、J. Merle Davis: soldier Missionary, a Biography of Rev. J. D. Davis (1916)　（杉井　六郎）

でぐちおにさぶろう　出口王仁三郎　一八七一―一九四八　明治から昭和時代にかけての宗教家。大本教団の事実上の創立者。もとの名前を上田喜三郎と称し、明治四年（一八七一）七月十二日丹波国桑田郡穴太村（京都府亀岡市曾我部町穴太）に貧農の長男として生まれた。さまざまの職業経験を経たあと、明治三十二年に大本教に入り、翌年、開祖出口なおの五女すみと結婚して、のちに出口王仁三郎と改名した。王仁三郎は、はじめのうちはなおと対立し、教団にいることも少なかったが、明治四十一年に衰微した教団に帰って大日本修斎会を設立し、活発な教団活動を始めた。大正五年（一九一六）に教団は皇道大本と改称し、翌年には機関誌『神霊界』を発刊したが、このころは大本教の爆発的な発展期にあたり、知識人の入信も相ついだ。王仁三郎は、なおが神がかりして書いた「お筆先」を判読・改編して「大本神諭」として『神霊界』に発表するとともに、みずからも独自の大正維新論を展開した。こうした教団活動は、第一次世界大戦前後の社会不安を背景として、独自に読みかえられた国体思想と終末観的な変革願望とを結びつけたものであり、大きな社会的関心をよんだ。これに対して政府は、大正十年二月に弾圧を加え（第一次大本教事件）、王仁三郎らは不敬罪と新聞紙法違反容疑で検挙・起訴され、有罪となった。この事件のあと、王仁三郎はなおの終末観的変革思想を教団活動の中心からはずし、『霊界物語』を口述して新しい教義をつくった。また、世界各地の宗教との交流、エスペラント運動への参加、モンゴルへの潜入旅行などを試みて、時代状況への対応をはかった。昭和期にはいると、王仁三郎は国家主義的な時代状況への対応をつよめ、昭和九年（一九三四）にはファシズム的な運動団体である昭和神聖会を設立した。しかし、大本教が社会不安と結びついた民衆的ファシズム運動としていっそう発展することを恐れた政府は、大本教への徹底弾圧をはかり、昭和十年十二月、第二次大本教事件がおこった。この事件のため、多くの教団幹部と信者が逮捕されたが、王仁三郎自身も昭和十七年まで入獄生活を続けた。敗戦後の大本教は愛善苑として再出発し、王仁三郎はあらたな教団活動を開始したが、昭和二十三年一月十九日、亀岡の大本教本部で死んだ。七十八歳。『出口王仁三郎著作集』全五巻がある。

参考文献 池田昭編『大本史料集成』、『大本七十年史』、出口京太郎『巨人出口王仁三郎』(『講談社文庫』)、出口和明『大地の母』、村上重良『出口王仁三郎』、栗原彬「一九三〇年代の社会意識と大本」(『歴史とアイデンティティ』所収)　(安丸　良夫)

でぐちなお　出口なお　一八三六―一九一八　明治・大正時代の宗教家。大本教の開祖。天保七年(一八三六)十二月十六日、丹波国福知山城下の没落した大工の長女として生まれ、十八歳で綾部の出口家の養女となり、腕はよいが道楽も達者な政五郎を婿に迎えた。明治維新前後から出口家は次第に没落し、なおは政五郎にかわって生活を支え、最底辺の生活経験を重ねた。明治二十五年(一八九二)、なおははじめて神がかりし、やがて自分でも理解できない神の言葉を書きつけるようになった。これが「お筆先」で、大本教の原教義にあたるが、その内容は、土俗の神艮の金神を至高神として、現実の日本社会を「悪の世」「獣類の世」「金銀の世」「利己主義の世」と痛撃し、「立替え立直し」の切迫を強調してすべての人々に改心を求める、千年王国説的終末観思想であった。なおを中心とする時代の大本教は、小さな地方教団にすぎなかったが、出口王仁三郎が教団を指導するようになった明治末年以降、教団は爆発的な発展期を迎え、第一次世界大戦前後の社会不安と呼応して、大きな社会的影響力をもつようになった。大正七年(一九一八)十一月六日没。八十三歳。

参考文献 池田昭編『大本史料集成』一、『大本七十年史』上、安丸良夫『出口なお』(『朝日評伝選』一三)　(安丸　良夫)

てしがはらそうふう　勅使河原蒼風　一九〇〇―七九　昭和時代のいけばな作家。草月流初代家元。明治三十三年(一九〇〇)十二月十七日生まれる。華道家の父和風の理念と相容れず、昭和二年(一九二七)東京青山高樹町で、草月流家元として独立。自由な花線を基本とする新感覚の花型を創造。同三年銀座千疋屋での流展を契機に、いけばな講座の放送や雑誌『主婦之友』に掲載の機会を得て、新進作家として注目された。重森三玲との交遊によって、古典立花への理解を深め、同五年近代造形化の方向を示す「新興いけばな宣言」に参加して、既成華道界の批判に反論。麴町の草月流講堂を基盤に活躍、若くして著名ないけばな作家となる。第二次世界大戦敗戦の昭和二十年小原豊雲と小品花を展示、戦災に打ちひしがれた人々に、いけばなへの感性を蘇らせ、またみずからも創作意識の転機となる。戦後の基調の第一はマッス(塊)で、同二十四年の「再建の賦」から「望古譜」「玄華」など、立花的な空間表現、彫刻的な量感、色調の変化による造形美を追求。第二は前衛的造形への画期となったオブジェであり、同二十六年の「車」「ひまわり」など、多様な素材を異なる意味体系に置きかえて、象徴的、幻想的に心象を表現、繊細緻密な細木の構成の「月の像」は、その抽象造形の到達点を示す。三十年パリのバガテル宮殿の個展で「花のピカソ」との称賛を得た。ミッシェル＝タピエに注目され、親交を結び、同三十四年その芸術運動の拠点ニューヨーク・パリ・バルセロナで個展を開き、アンフォルメル彫刻芸術家として名声を博した。第三は木塊による彫刻で、三十年の「樹獣―生きもの」以来「群獣」など内面の生命の感性を表現、『古事記』連作の一つ「トリカミ」は、蒼風芸術の頂点をなすといわれる。フランス政府から現代芸術への貢献を評価され、芸術文学勲章、レジオン＝ドヌール勲章を受章。同四十一年には日本いけばな芸術協会の発足により理事長となり、国内外でいけばな芸術界の発展に貢献した。同五十四年九月五日、東京で没す。七十八歳。墓は東京都港区青山墓地にある。著書に『花ぬすびと』『花ぐらし』『私の花』『花伝書』などがある。

参考文献 草月出版編集部編『創造の森』、重森弘淹『現代のいけばな』　(西村　圭子)

てじませいいち　手島精一　一八四九―一九一八　明治・大正時代の文部官僚で工業教育家。嘉永二年(一八四九)十一月二十八日、江戸桜田の沼津藩邸で藩士田辺直之丞の次男として出生。母は久女。幼名銀次郎。十二歳のとき同藩士手島右源太の養子となり淳之助、二十歳のとき精一と改名した。藩校明親館に学んで秀才と謳われ、明治三年(一八七〇)渡米し、ペンシルバニア州イーストンのラフェット大学で建築学および物理学を学んだ。さらに岩倉遣外使節団の通訳として渡英し、苦学して近代産業技術の調査と資料蒐集に精力を注ぎ、同七年十二月帰国した。同八年八月東京開成学校監事に就任し翌九年同校製作学教場事務取締兼勤を命ぜられた。また同年二十八歳で杉亨二の長女春子と結婚した。この年文部省に出仕し、フィラデルフィアで開催されたアメリカ独立百年記念万国博覧会に出品事務担当として参加し、ついで同十一年のパリ万国博にも参加して工業教育の重要性を認識し、上司に建白した。明治十年教育博物館長補、同十四年東京教育博物館長となり、同二十二年に同館が廃止されるまでその職にとどまり民衆の啓蒙教育に多大の貢献をした。彼は東京職工学校の創設にも尽力したが、同二十三年東京職工学校長に就任し、校名を東京工業学校と改称した。同三十年文部省普通学務局長、同三十一年実業教育局長を歴任したが、同三十二年には東京工業学校長に復帰した。三十四年には校名が東京高等工業学校と改称されたが、彼は大正五年(一九一六)九月老齢を理由にその職を辞するまで一貫してこの学校の校長を勤め、事実上わが国工業教育の最高指導者であった。また海外の万国博覧会や内国勧業博覧会の審査員などとして産業の近代化に尽くした功績は大きい。大正七年一月二十三日死去。享年七十。

［参考文献］手島工業教育資金団編『手島精一先生伝』、安達竜作『工業教育の慈父手島精一伝』、斎藤健次郎「手島精一と工業教育」(細谷俊夫編『人物を中心とした産業教育史』所収)　（内田　糺）

てづかおさむ　手塚治虫　一九二八—八九　昭和時代の漫画家、アニメーション作家。昭和三年(一九二八)十一月三日、大阪府豊能郡豊中町(豊中市)に手塚粲・文子の長男として生まれる。本名は治だが、オサムシという虫の名から筆名が作られた。祖父手塚太郎は長崎控訴院長をつとめ、関西大学の創立者の一人で、母方祖父服部英男は陸軍中将。伯父岸本綾夫は陸軍大将で第二次世界大戦中最後の東京市長。昭和八年、宝塚に移る。宝塚というモダンな環境下で、アメリカ映画やディズニーなどのアニメを享受して育つ。旧制北野中学から大阪帝国大学附属医学専門部に進み、そこで敗戦をむかえた。戦中三千枚もの漫画原稿を描きため、デビュー作は四コマ漫画『マアチャンの日記帳』(『少国民新聞』関西版、昭和二十一年一月一日—十二月三十一日)。しかし、彼が脚光を浴びたのは、長編マンガ『新宝島』(酒井七馬原案・構成、昭和二十二年一月刊)からである。映画的なスピード感とドラマ構成は漫画表現に革命をもたらした。『ロストワールド』(同二十三年)などの赤本漫画を経て、同二十五年の『ジャングル大帝』(『漫画少年』)、同二十七年の『鉄腕アトム』(『少年』)の連載で不動の評価を獲得。同三十七年に虫プロダクションを設立し、テレビアニメーションの分野を開拓。海外での高い評価も得た。彼の作品世界を一貫してつらぬいているのは差別批判の思想であり、晩年はエコロジー思想にも傾斜した。医学博士号も持つ。平成元年(一九八九)二月九日東京都千代田区の半蔵門病院で没した。六十歳。墓は豊島区の總禅寺にある。作品のほとんどは『手塚治虫漫画全集』全四百巻(講談社)に収められている。

［参考文献］東京国立近代美術館編『手塚治虫展カタログ』、一億人の手塚治虫編集委員会編『一億人の手塚治虫』、竹内オサム・村上知彦編『マンガ批評大系』別巻、桜井哲夫『手塚治虫』(『講談社現代新書』一〇〇四)、小野耕世『手塚治虫』、石上三登志『手塚治虫の時代』、竹内オサム『手塚治虫論』、真崎守『私の手塚治虫体験』、四方田犬彦「君は人類を—手塚治虫における聖痕の研究—」(『ユリイカ』一五ノ二)　（桜井　哲夫）

てづかきしえ　手塚岸衛　一八八〇—一九三六　大正・昭和時代の教育者。明治十三年(一八八〇)七月、栃木県に生まれる。東京高等師範学校を卒業後、福井・群馬・京都の師範学校で教鞭をとる。福井の師範学校時代に知り合った篠原助市の影響を強く受け、教育とは「自然の理性化」であるという立場から「自由教育」の必要を説いた。大正八年(一九一九)千葉師範附属小学校の主事に着任。自由教育の実践により教育界に注目される。主著は『自由教育真義』(大正十一年)。昭和十一年(一九三六)十月七日没。五十七歳。

［参考文献］尼子止編『八大教育主張』、中野光『教育改革者の群像』(『国土新書』五〇)、唐沢富太郎『日本の近代化と教育』(『教育学研究全集』二)、宮坂義彦「手塚岸衛と自由教育」(『教育学研究』三四ノ一)　（久保　義三）

てづかりつぞう　手塚律蔵　一八二二—七八　幕末・維新期の洋学者。文政五年(一八二二)六月八日、周防国熊毛郡小周防村(山口県光市)に生まれる。父は手塚治孝、母は瀬脇氏。改姓・改名が多く、手塚謙蔵・同雪航、金刺好盛、瀬脇光寿・同律蔵・同節蔵・同寿人などと称した。天保年間(一八三〇—四四)、長崎で高島秋帆に西洋兵学を学び、秋帆下獄後、江戸の坪井信道の塾で蘭学を修めた。嘉永四年(一八五一)、佐倉藩に仕え、のち江戸本郷元町に又新堂を開塾。西周・神田孝平・木戸孝允・杉亨二・大築節蔵らはその門人。維新後、開成所教授を経て外務省出仕。ウラジオストック在勤二回、明治十一年(一八七八)十一月二十九日、病気帰国の途中、船中で病没。五十七歳。『伊吉利文典』『西洋鉄熕鋳造篇』『洋外礮具全図』『野戦兵嚢』などの著訳書がある。

［参考文献］村上一郎「手塚律蔵研究」(『蘭学資料研究会研究報告』八一)　（片桐　一男）

デットリング　Gustaf Detring　一八四二—一九一三　清国の御雇外国人、ドイツ人。清国海関に勤務すること二十余年、天津海関税務司として、総税務司サー＝ロバート＝ハート Sir Robert Hart に次ぐ地位にあり、清仏戦争の際、一八八四年三月、フランス側の要請で、紛争解決に関する仏側の申出を李鴻章に通報した。日清戦争の際、李鴻章の股肱たる北洋海軍が明治二十七年(一八九四)九月十七日、鴨緑江沖で、また北洋陸軍が九月十六日、朝鮮国平壌で潰滅するや、李は速やかに講和開始の要を認め、彼の日本派遣方を上奏したので、上諭を以て、訪日して李の命に従い事宜を弁ずべき旨、命ぜられた。しかし彼は清国政府の任命した全権委員ではないので、国書または全権委任状の類を有せず、北洋大臣李鴻章より伊藤博文首相宛の照会および半公的信函のみを携行した。彼は、同年十一月二十日、天津出発、二十六日午後一時四十分神戸入港、直ちに兵庫県知事周布公平を訪問して使命を述べたが、伊藤首相は陸奥宗光外相の意見をも参酌した結果、デットリングの資格分明ならず、正当な使節と認むる能わずとし、十一月二十八日、周布知事宛、この旨伝達方命じた。かくて彼は、二十九日帰国した。

一九一三年、天津で死去した。

参考文献 陸奥宗光『蹇蹇録』(『岩波文庫』)、田保橋潔『日清戦役外交史の研究』、伊藤博文編『機密日清戦争』 (河村 一夫)

デニソン Henry Willard Denison 一八四六—一九一四 明治時代の外務省御雇外国人。一八四六年五月十一日、アメリカのバーモント州ギルドホールで生まれた。明治二年(一八六九)来日して横浜米国領事裁判所判事を担任、のち副領事、同十一年退職。十三年五月、「万国公法副顧問」の職務で外務省御雇外国人となる。契約期間は三年、月俸銀貨四百五十円であった。その後同十七年の三回目の雇継ぎ契約から大正三年(一九一四)没するまで、契約時の雇期間は、二度の特例を除きすべて五年で、これを更新継続した。同十八年に始まった条約改正会議での功により、二十一年五月、旭日中綬章を与えられ、翌年の契約で月俸銀貨六百円に増額、職名も「法律顧問」に改称された。さらに条約改正と日清戦争の戦時外交の処理を通じて、彼に対する政府部内の信頼は絶大なものとなり、その後も国運を左右する外交問題にかかわり、彼の声望はいっそう高まった。それは次の叙勲にあらわれている。二十七年八月、条約改正の叙勲で勲二等旭日重光章、翌年十二月、日清戦争の叙勲で勲一等瑞宝章と金一万円が与えられ、二十九年三月、勅任に準ずる身分取扱いとされた。三十五年三月、日英同盟の叙勲で旭日大綬章を、三十九年四月、日露戦争の叙勲で勲一・旭日の勲記に属する年金八百四十円と金一万円が与えられた。その他にも多くの褒賞がある。俸給は明治四十三年四月の十回目の最終となった契約では年俸銀貨一万五千円である。彼は法律顧問で日露開戦前の日露交渉時のように外交文書の起草がおもな仕事ではあったが、下関・ポーツマス両講和会議に全権に随行し、あるいは日英同盟問題では、小村寿太郎外相の指示をうけて日露交渉推進論者の元老井上馨の説得にあたるなど、随時高級事務官的行動をもしており、日本外交の枢機に通じていた。また、三十三年から没年まで日本政府指定でヘーグの常設仲裁裁判所裁判官をもつとめた。大正三年七月三日、東京築地の聖路加病院で死去。六十八歳。旭日桐花大綬章がおくられた。七日の三一教会の葬儀では、彼の柩は、外務省構内の宿舎から式場まで儀杖兵に護衛され、大隈重信首相以下政府首脳・各界代表者・各国大公使など内外の貴顕が多数参列した。東京都港区の青山墓地に墓碑がある。

参考文献 『外務省外国人雇入一件』別冊(外務省記録)、幣原喜重郎『外交五十年』(『中公文庫』)、梅溪昇『お雇い外国人』(『日経新書』一二三) (今井 庄次)

デニング Walter Dening 一八四六—一九一三 明治時代の英国教会伝道会社の宣教師。一八四六年七月二十三日、英国南部デボンシャーのセント=メアリー市郊外のオタリイに生まれる。七一年にカンタベリー大主教より執事職に、翌七二年にマリティウスの主教より司祭職に叙任。七〇年よりマダガスカル島で働き、明治六年(一八七三)に長崎上陸、北海道伝道をめざし同七年五月十六日に通訳兼助力者の二川一騰を同伴して函館着任、教会を設立。北海道における聖公会の基礎をつくり、アイヌ伝道をこころみてバチラーを後任とした。同十六年一月三十日に神学上の問題で解任。その後は文部省御雇(同十八—二十一年)、東京高等師範学校・学習院・慶応義塾などで教え、The Japan Gazette の主筆として条約改正反対を主唱。一時オーストラリアで農場経営。同二十八年に第二高等学校英語教師として来日、大正二年(一九一三)十二月五日仙台で没。六十七歳。著書には『讃神歌』(明治十四年)、『生死論』(同十七年)がある。 (大浜 徹也)

デビソン John Carrol Davison 一八四三—一九二八 明治・大正時代の米国メソジスト監督教会の宣教師。一八四三年米国ニュージャージーのハーモニーに生まれる。ドルー神学校卒業後、七三年ニューヨーク年会で教職試補、明治六年(一八七三)八月八日横浜上陸、任地の長崎にて教会を設立、加伯利英和学校(現在の鎮西学院)などの創立の基礎をつくる。同十年函館に赴任、M・C・ハリスの後任として北海道伝道に尽力。この間、札幌独立教会設立に際し援助金の返済をめぐり大島正健・内村鑑三らと対立。その後、横浜連回長老司として横浜・神奈川・八王子・名古屋・西尾における伝道を指導、日本年会成立以来三十七年間、長老司として日本宣教に尽力。大正十一年(一九二二)帰国。一九二八年カリフォルニア州バークレーで没。讃美歌の日本語訳に開拓的業績をのこし、メソジストの『基督教聖歌集』(明治十七年)などを刊行。ほかに『讃美のうた』(同七年)、『讃美歌』(同十・十一年)などがある。 (大浜 徹也)

デフォレスト John Kinne Hoyde Deforest 一八四四—一九一一 明治時代の米国伝道会社の宣教師。一八四四年六月二十五日、米国コネチカット州ウェスブルクに生まれる。七一年エール大学神学部卒業、ニューヘブンのマウント=カーメルに赴任。明治七年(一八七四)九月大阪に着任して伝道にあたり、大阪基督教青年会の母胎をつくる。同十九年仙台にて新島襄らと東華学校を創立、東北伝道に尽力。日露戦争では基督教青年会代表として渡満、軍人を慰問、同三十八年の東北飢饉の救済委員として活動。しばしば帰国して日本紹介をなし、排日運動などに対しては日米融和を説いた。中国・朝鮮への講演旅行でアジア問題を論じ、米国平和協会員・日本平和協会名誉会員・日本在住米人平和協会員・仙台教育会員などとしても多面的なる働きをした。同四十四年五月八日東京にて没。六十六歳。著書には Sunrise in the Sunrise Kingdom, 1904 と Sketch of the Japan mission of the American board 1869—1904, 1904 がある。 (大浜 徹也)

デュ=ブスケ Albert Charles Du Bousquet 一八三七—八二 江戸幕府・明治政府雇いのフランス人。一八三七年三月二十五日生まれる。慶応三年正月(一八六七年二月)、幕府招聘のフランス陸軍教官団の一員として来日したが、間もなく幕府の倒壊によって教官団は廃止・解散となった。しかし彼は駐日フランス公使館一等通訳官として明治初年の日仏外交史上に活躍し、明治三年(一八七〇)二月富岡製糸工場の機械購入・技師招聘なども斡旋した。前年三月には横浜弁天通で暴漢に襲われたが、軽傷ですんだ。公使館勤務は明治四年秋ごろまでで、その最後の約一ヵ年は兵部省の兵式顧問であった。やがて公使館をはなれ、明治四年十一月より左院雇(のち元老院雇)となり、内閣文庫所蔵『仏朗西国諸制度取調書目録』(『ヂュ・ブスケ氏訳書目録』)にみられるように、多数のフランス法制の翻訳・調査にあたるとともに、条約改正、明治新制軍隊の建設および文民優位的軍制の導入、内務省機構の創定、勲章制度、元老院の憲法起草などに重要な寄与をした。明治十年十月満期解約後は、再びフランス公使館にもどり、領事となった。前年四月、東京府士族亡黒田平之丞の次女で、いったん伯父の田中熊次郎の家名を継いだ田中はよと結婚したが、明治十五年六月十八日麻布鳥居坂の自宅で没し、青山墓地に葬られた。四十五歳。墓石には「仏人治部輔氏之墓」とある。

参考文献　榎本半重『大給亀崖公伝』、梅溪昇『明治前期政治史の研究(増補版)』、大久保利謙「内務省機構決定の経緯」(『大久保利謙歴史著作集』二所収)、手塚豊「明治法制史上に於けるヂュ・ブスケとブスケ」(『明治文化』一五ノ一二)　(梅溪　昇)

てらうちひさいち　寺内寿一　一八七九―一九四六　明治から昭和時代前期にかけての陸軍軍人。元帥、陸軍大将。山口県出身。元帥陸軍大将寺内正毅の長子。明治十二年(一八七九)八月八日生まれる。陸軍士官学校第十一期生(歩兵科)。日露戦争には近衛師団に属して出征。明治四十二年陸軍大学校卒業。近衛師団参謀、オーストリア大使館付武官補佐官、ドイツ駐在(軍事研究)、参謀本部部員、近衛歩兵第三連隊長、襲爵(伯爵、大正八年(一九一九))、近衛師団参謀長と軍人としてのエリートコースを歩み、大正十三年陸軍少将。ついで歩兵第十九旅団長(京都)、朝鮮軍参謀長、独立守備隊司令官、第五師団長、第四師団長、台湾軍司令官、昭和十年(一九三五)十月陸軍大将、十二月軍事参議官。翌年春、二・二六事件が突発。その収拾後、古参の大将連が勇退し、不偏不党の寺内が残り、広田内閣の陸軍大臣となった。寺内は、事件関係者の処分、派閥の排除など粛軍人事を断行し、一方、軍の要望する国政一新政策を極力推進した。このため政党と対立し、十二年一月の衆議院で立憲政友会の浜田国松議員の軍部攻撃演説と答弁(腹切り問答)が大きな政治問題となり、寺内は衆議院の解散を主張したが、広田内閣は総辞職した。その後、寺内は教育総監となったが、盧溝橋事件が勃発、戦局は逐次拡大したので、北支那方面軍司令官となり、華北の作戦指導と占拠地域の安定確保に任じた。寺内は、武力による事件の早期解決を強く主張していた。十三年十一月から軍事参議官。十四年七月から遣独伊使節としてドイツ・イタリアに出張。十六年十一月、南方軍総司令官となり、太平洋戦争では、南方軍を統率して進攻作戦を行い、東南アジアの諸要域を占領。ついで防衛作戦に転換し、占領地の治安確保、軍政の実施、重要国防資源の内地還送、次期作戦準備中、フィリピン・ビルマ方面から連合軍の反攻を受け、決戦を指導したが敗れ、持久戦に転じた。連合軍に降伏後、二十一年六月十二日、シンガポールで病死。六十八歳。

参考文献　上法快男『元帥寺内寿一』　(森松　俊夫)

てらうちまさたけ　寺内正毅　一八五二―一九一九　明治・大正時代の軍人、政治家。元帥陸軍大将、朝鮮総督、内閣総理大臣。嘉永五年(一八五二)閏二月五日、長州藩の下級武士宇多田正輔、猛子の三男として吉敷郡宮野村(山口市)に生まれる。のち母の生家寺内家の養嗣子となる。慶応元年(一八六五)長州藩諸隊の御楯隊に入り、山田顕義の薫陶をうけ、第二次幕長戦争に参加。戊辰戦争には整武隊の一員として箱館戦争に従軍。維新後の明治二年(一八六九)山田顕義の推挙により仏式歩兵術を京都の河東操練場で修め、同四年陸軍少尉に任官する。十年の西南戦争に従軍し、田原坂の戦で右腕に銃創を受け、その自由を失った。十五年閑院宮載仁親王の留学に随行し、フランスに留学、公使館付武官として留学生取締を託せられる。当地では士官養成法などを学ぶ。十九年一月帰国、陸軍大臣官房副長から二十年陸軍士官学校長となり士官教育上の改革を行う。日清戦争では運輸通信長官として兵站部門を担当して功績を上げる。三十一年教育総監、ついで三十三年参謀本部次長に就任。義和団事件には出兵各国の連合会議に出席、作戦計画を立案する。三十五年第一次桂内閣に陸軍大臣として入閣、日露戦争では一時期教育総監も兼任したが、陸軍大臣として大本営の帷幄に参画し、戦争計画を推進した。日露戦後の三十九年南満洲鉄道会社設立委員長になる。同年陸軍大将に昇進、勲功により子爵を授けられて華族に列する。この間、第一次西園寺内閣・第二次桂内閣の陸相に留任、特に第二次桂内閣では副首相格でその政治的手腕を磨いた。四十三年五月には陸相のまま韓国統監を兼任して韓国併合を推進した。同年八月韓国併合が行われると初代朝鮮総督に就任した。韓国統治にあたっては武断政策をとり、憲兵を各地に配して民衆を支配するいわゆる「憲兵政治」を行なった。四十四年韓国併合の功により伯爵を陞授された。大正五年(一九一六)には元帥の称号を授けられる。同年十月組閣の大命をうけ、九日官僚内閣を組織する。不偏不党の立場をかかげ、「挙国一致」体制の創出に努め、六年には臨時外交調査委員会を設置し、政党総裁も抱きこみ外交政策の挙国一致体制をつくりだすとともに、中国の段祺瑞軍閥政権を支持し、二億四千万円にのぼる借款(西原借款)を供与し、南方革命政権の圧殺に力を貸した。ロシア革命に対しては七年八月シベリア出兵を断行、国内では労働運動・民本主義思想を弾圧した。七年七月から九月の全国各地に起った米騒動では軍隊を出動させて弾圧につとめたが、同年九月二十九日その責任をとって内閣総辞職した。翌八年十一月三日病没。六十八歳。軍人としては第一線部隊を指揮すること少なく、主に軍政・教育部門を歩み、山県有朋・桂太郎につぐ長州軍閥の巨頭の地位を占めた。性格は几帳面で官僚タイプの軍人。元帥陸軍大将寺内寿一はその長男。

参考文献　黒田甲子郎『元帥寺内伯爵伝』　（由井　正臣）

てらおとおる　寺尾亨　一八五八―一九二五　明治・大正時代の国際法学者。安政五年（一八五八）十二月十九日、福岡藩士寺尾喜平太の次男として生まれる。明治十七年（一八八四）司法省法律学校卒業。ボアソナードのもとで刑法を学んだが、同二十四年よりヨーロッパに留学し、特にパリで国際法を専攻した。帰国後の同二十七年には東京帝国大学法科大学教授となり、国際法・国際私法の講座を担当した。二十九年には外務省参事官をも兼任した。しかし国士型の人物でもあり、日露戦争の際には七博士の運動（七博士意見書）に加わり、中国に辛亥革命がおこると教職をすてて革命政府（南方派）の顧問となった。孫文との親交はその後もつづき、南北両派の妥協につとめ、東京に政法学校をつくり中国の人材養成につとめたり、各種団体の要職を占めたりして活躍した。来日したインドの独立運動の志士ラス＝ビハリ＝ボースの支援にもあたった。大正十四年（一九二五）九月十五日没。六十八歳。

参考文献　一又正雄『日本の国際法学を築いた人々』（『国際問題新書』三七）、黒竜会編『東亜先覚志士記伝』下　（大畑篤四郎）

てらおひさし　寺尾寿　一八五五―一九二三　明治・大正時代の天文学者。安政二年（一八五五）生まれる。明治十一年（一八七八）に東京大学理学部物理学科卒業。翌年フランスに留学。パリ大学およびパリ天文台に星学を学ぶ。専攻は天体力学。留学中の明治十五年にフランス領マルチニック島にて金星の日面経過を観測。同十六年三月帰国。同十七年に東京大学教授となり、十八年に水原準三郎を助手として星学教場を開き、天体力学・球面天文学を講義し、学生の教育にあたった。二十一年六月に東京天文台が発足するや、初代台長となり、大正八年（一九一九）十月まで在任した。在任期間は歴代の東京天文台長の中で最も長い。東京天文台の草創期に、その維持・経営に尽くし、平山信らの後継者の養成につとめた。明治四十一年日本天文学会創立とともに初代会長となる。同三十一年にはインドに日食観測に赴いた。大正十二年八月六日没。六十九歳。墓は東京都港区の青山墓地にある。　（関口　直甫）

てらおひろし　寺尾博　一八八三―一九六一　明治から昭和時代にかけての農学者。水稲など主要作物の官庁育種組織を確立した。明治十六年（一八八三）九月二日、静岡県有渡郡聖一色村（静岡市）に生まれた。父寺尾昌太郎。第一高等学校を経て、明治四十二年東京帝国大学農科大学を卒業、直ちに農事試験場に勤務、昭和十六年（一九四一）より場長、二十一年退官。わが国主要農作物の系統育種法組織を確立した。その間（明治四十三年―大正十二年（一九二三））、陸羽支場において育成した水稲陸羽一三二号は冷害抵抗性品種として画期的な普及をした。十九年「水稲冷害の生理学的研究」により帝国学士院賞を受く。二十年より東北帝国大学農学研究所長を兼務。第二次世界大戦後貴族院議員、第一回全国区参議院議員。退官後は、主として農電研究所顧問として水稲電熱育苗法の研究と普及にあたった。三十六年七月十六日神奈川県藤沢市で没した。七十七歳。

参考文献　『農業技術研究所八十年史（未定稿）』上　（細田　友雄）

てらかどせいけん　寺門静軒　一七九六―一八六八　江戸時代後期の儒者。名は良、字は子温、通称弥五左衛門、克己・蓮湖とも号した。寛政八年（一七九六）江戸に生まれた。父は水戸藩大吟味方勤の寺門弥八郎勝春、母は田中氏であったが、生母は河合氏という。父から御家人株を与えられたが、文化五年（一八〇八）に父と死別した。同十二年ころ、下谷二丁目の折衷学派山本緑陰の食客となり、儒学・詩文を学んだ。その後、寛永寺勧学寮で修業した。文政年間（一八一八―三〇）に駒込で克己塾を開いた。親友たちは仕官できたにもかかわらず、静軒の水戸藩への仕官の望みは達せられず、天保二年（一八三一）五月、『江戸繁昌記』の執筆を始めた。翌年から克己塾蔵版として出版され評判になったが、同六年に初篇・二篇が発売差留の処分を受けた。町奉行の諮問を受けた林述斎が、本書は漢文で市中の風俗俚言を記した「敗俗之書」であると答えたためである。しかし静軒は、これを無視して三篇以下五篇までを執筆刊行したため、天保十三年六月に町奉行所へ呼びだされ、八月に「武家奉公御構」の処分を受けた。このときの静軒の所属は「小姓組本多佐渡守組倉橋弥四郎家来」であった。以後上州辺の知人宅に滞留し、弘化年間（一八四四―四八）に江戸に帰った。自身を「無用之人」と規定した静軒も、万延元年（一八六〇）には武州妻沼（めぬま）（埼玉県大里郡妻沼町）に郷学両宜塾を開き、明治元年（一八六八）三月二十四日に武州胄山（同郡大里村）の豪農根岸家で没した。七十三歳。墓は同地にある。『新潟繁昌記』『静軒一家言』『静軒漫筆』『江頭百咏』などを著わす。

参考文献　永井啓夫『寺門静軒』、前田愛「寺門静軒―「無用之人」の軌跡―」（『国語と国文学』四二ノ八）　（吉原健一郎）

てらざきこうぎょう　寺崎広業　一八六六―一九一九　明治・大正時代の日本画家。幼名忠太郎。秀斎・宗山・天籟山人・騰竜軒などの号がある。慶応二年（一八六六）二月二十五日、秋田藩家老の子として生まれる。はじめ小室秀俊に狩野派を学び、上京して同郷の四条派の画家平福穂庵に入門した。菅原白竜の世話で『風俗画報』の挿絵や『絵画叢誌』の口絵を描く。下絵に多くの古名画を縮写しながら、汎く各流派の特色と優れた描写力を身につけた。岡倉天心の日本青年絵画協会や日本美術院の創立に参加、日露戦争には従軍画家として大陸に渡った。長く東京美術学校教授をつとめ、文展の審査委員を第一回から歴任し、大正六年(一九一七)帝室技芸員に選ばれる。晩年は南画に親しみ、天籟画塾をひらいた。門弟に矢沢弦月・野田九浦・町田曲江らの逸材がある。大正八年二月二十一日没。五十四歳。墓は東京都板橋区小豆沢(あずさわ)三丁目の総泉寺にある。

参考文献　添田達嶺『明治大正日本画史』中期　(細野　正信)

てらしまむねのり　寺島宗則　一八三二―九三　幕末期の薩摩藩士、明治時代の外交官。天保三年(一八三二)五月二十三日、薩摩藩出水郷士長野祐照の次男として誕生。幼少時徳太郎、藤太郎と称し、長じて陶蔵、宗則と名乗ったが、幕末時、伯父松木宗保の養子となり松木弘庵(安)とも称した。十六、七歳ころより同藩蘭医八木昇平に学び、弘化二年(一八四五)参府して戸塚静海・川本幸民・伊東玄朴らについて蘭学を修めた。安政三年(一八五六)幕府の蕃書調所教授手伝となり、一時藩主島津斉彬の侍医も務めたが、再度蕃書調所に復帰。文久元年(一八六一)十二月、第一回幕府遣欧使節竹内保徳一行に箕作秋坪・福沢諭吉らとともに「御傭翻訳方」として随行。同三年七月薩英戦争の際は、五代才助(友厚)とともに英艦の捕虜となり横浜において和議の交渉にあたった。慶応元年(一八六五)、新納刑部(中三)ら薩摩藩遣英使節の一員として同藩留学生を率い出水泉蔵の変名で渡英、英外相に雄藩連合政権樹立の構想を説き、その対日外交に影響を与えた。翌二年、陶蔵と改名した。三年暮、王政復古の変革に際し藩政要路に版籍返上を建議した。明治元年(一八六八)正月、明治新政府の参与兼外国事務掛に任し、爾後、外国事務局判事・制度事務局判事・神奈川府判事・神奈川県知事・外国官判事などを歴任し、創業期の外交事務の第一線にあった。ついで明治二年七月、外務省設置とともに外務大輔に任じた。同五年大弁務使として英国に駐劄、のち特命全権公使。翌六年帰朝し、征韓論の政変後、参議兼外務卿に任じ、明治初年の外交を主導した。すなわち、マリア＝ルス号事件の処理、ロシアと千島樺太交換条約を締結し、また日朝修好条規の調印、さらに岩倉使節の条約改正交渉のあとをうけ、税権回復を主眼とする対米交渉に努力した。同十二年文部卿に転じ法制局長官を兼任、十四年元老院議長、翌年駐米特命全権公使、十七年宮内省出仕制度取調局御用掛、諸法典編纂委員長、伯爵を授与。爾来、宮中顧問官・枢密顧問官・同副議長を歴任し、二十五年条約改正案調査委員に任ぜられた。宗則、人となり沈着にして英・独・仏の各国語を能くし、ことに経済学に精通したという。明治二十六年六月七日没。年六十二。墓は東京都品川区の海晏寺にある。

参考文献　寺島宗則研究会編『寺島宗則関係資料集』、犬塚孝明『寺島宗則』(『人物叢書』二〇一)、『寺島宗則自叙伝』(『伝記』三ノ四―六)、朝比奈知泉『明治功臣録』玄、内閣修史局編『百官履歴』上(『日本史籍協会叢書』)、横山健堂「寺島宗則伯に就て」(『伝記』三ノ四)、岡山鉦太郎「寺島宗則の版籍奉還建議」(『明治文化』一三ノ二)、同「伊藤と寺島の対立」(同一二ノ七)、深谷博治「慶応元年滞英中の寺島宗則書翰」(同一五ノ六)、大山梓「岩倉改正草案と寺島改正草案」(『日本外交史研究』三二)　(田中　正弘)

てらだとらひこ　寺田寅彦　一八七八―一九三五　明治から昭和時代にかけての物理学者、随筆家。筆名吉村冬彦、俳名藪柑子または寅日子。明治十一年(一八七八)十一月二十八日、東京府麴町区麴町平河町に生まれる。高知県士族、陸軍会計監督、寺田利正の長男。母は亀。高知県立尋常中学校より、同二十九年に熊本の第五高等学校にはいり、夏目漱石に英語と俳句を、田丸卓郎に物理学を学ぶ。同三十二年東京帝国大学理科大学物理学科に入学、三十六年卒業、大学院に入り実験物理学を専攻する。四十一年尺八の音響学的研究で理学博士を得、四十二年東京帝国大学助教授となり、同年地球物理学研究のために独英に留学して、四十四年帰国。大正五年(一九一六)教授となる。六年、「ラウエ斑点の撮影に関する研究」で帝国学士院恩賜賞を受ける。十年東京帝国大学航空研究所所員、十三年理化学研究所所員、十五年東京帝国大学地震研究所所員となる。学士院会員・学術研究会議議員に選ばれる。昭和十年(一九三五)十二月三十一日東京市本郷区駒込曙町の自宅において死去。年五十八。墓は高知市東久万の寺田家墓地にある。寅彦は、当時ヨーロッパの物理学の最先端で推進されていた量子論のような革命的な方向は日本人には参加できないものとみなし、それよりもみずからの日常世界に科学者の眼を向けようとしてさまざまな独創的な道をきりひらいている。その科学上の仕事は主として応用物理学の面になるが、墨流しや尺八の研究などは、独自の「寺田物理学」をひらいたものとして、評価される一面、趣味的で二流の物理学だとして、主流の物理学者から批判されることもある。科学者としての活動と平行して、漱石に師事し、その紹介で正岡子規を知り、雑誌『ホトトギス』に藪柑子の名で「団栗」「竜舌蘭」などの随筆小文を発表、また吉村冬彦の筆名で『冬彦集』『橡の実』にあつめられたような科学随筆を書いた。また俳号寅日子の名で雑誌『渋柿』に関係し、松根東洋城と連句を作った。『寺田寅彦全集』文学篇十八巻・科学篇六巻の全二十四巻がある。　(中山　茂)

てらのせいいち　寺野精一　一八六八―一九二三　明治・大正時代の造船学者。航空研究の推進者。工学博士。明治元年(一八六八)十一月、寺野元良の長男として東京に生まれ、二十三年帝国大学工科大学造船学科卒業、大学院に進み造船構造学を研究し、二十五年助教授に任官、三十年イギリス留学、三十二年帰国して東京帝国大学教授となり、造船学講座を担当、のち工科大学長に選ばれ、また付置航空研究所長をかね、同所の建設と研究体制の確立に寄与した。商船の設計、艤装、機関などの技術分野を開拓し、ことにタービン船の研究は、のちのタービン汽機設計の指針となった。太平洋航路客船天洋丸級の設計建造は知られるが、三好晋六郎・近藤基樹らと日本の造船学関係者の団体、造船協会を発足させ、また帝国海事協会船級部の設立と発展につくすなど、晩年の航空学研究の推進とならび、わが国造船界に多くの足跡をのこした。大正十二年(一九二三)一月八日没。五十六歳。講演原稿「過去廿五年間に於ける我邦造船学術の進歩」(『造船協会会報』三二に収録)は、その絶筆。ほかに論文「漁船改良の変遷と其将来―過去二十五年を回顧して―」(『水産界』四二一)などがある。

参考文献 日本科学史学会編『日本科学技術史大系』一八 (飯田 賢一)

てらやましゅうじ 寺山修司 一九三五―八三 昭和時代の歌人、詩人、劇作家、演出家、シナリオ作家。昭和十年(一九三五)十二月十日、青森県上北郡六戸村(三沢市)に父八郎、母ハツの長男として生まれた。戸籍上は十一年一月十日生まれ。父は特高警察刑事。青森高校在学時、十代の俳句雑誌『牧羊神』を創刊。二十九年、早稲田大学教育学部に入学(のち中退)、『チェホフ祭』五十首により『短歌研究』新人賞を受賞。歌集『われに五月を』(三十二年)ほかの作をまとめた『寺山修司全歌集』(五十七年)がある。三十四年、ラジオドラマを書き始める。翌年には長篇戯曲『血は立ったまま眠っている』が劇団四季により上演、長篇映画の第一作『乾いた湖』のシナリオを書く。放送叙事詩『犬神の女』(四十年)では久保田万太郎賞を受賞。四十二年、横尾忠則らと演劇実験室「天井桟敷」を結成。「状況劇場」の唐十郎と並んでラジカルな煽情性を特色とした小劇場運動の代表的存在であった。『奴婢訓』(五十三年)などは海外でも好評を博した。『寺山修司の戯曲』四巻(四十四―四十六年)、『寺山修司青春作品集』七巻(五十八―五十九年、以下続刊)が編まれている。昭和五十八年五月四日死去。四十七歳。墓は東京都八王子市の高尾墓地にある。

参考文献 寺山修司他『寺山修司の世界』 (保昌 正夫)

デ=ロング Charles E. De Long 生没年不詳 明治時代初期の駐日米国公使。明治二年十月(一八六九年十一月)弁理公使として着任(のち公使)。翌月米人ポートマンが江戸幕府と交わした鉄道に関する契約の履行を政府に要請した。日・露間の樺太(サハリン)国境問題ではかねて仲介の意向を示し、三年二月政府は斡旋を依頼したが、対露直接交渉に変更、米本国政府回答到着以前に中止した。日本人のハワイ移民問題につきハワイ公使を兼任して、四年七月沢宣嘉外務卿・寺島宗則外務大輔との間で日本・ハワイ修好通商条約に調印、第四条に日本のみ片務的最恵国待遇を規定した。十一月岩倉使節と同船で帰国。使節の対米交渉には、国務長官に条約改訂の必要を説き、条約案作成に加わり、会談に列した。五年六月マリア=ルス号事件では、あたかも帰任した彼の忠告によって、日本とペルーの両政府協議の上仲裁裁判に付した。六年十月離任。

参考文献 下村冨士男『明治初年条約改正史の研究』、石井孝『明治初期の国際関係』、同『明治初期の日本と東アジア』、『横浜市史』三上 (秋本 益利)

でんけんじろう 田健治郎 一八五五―一九三〇 明治時代から昭和時代前期にかけての官僚、政治家。安政二年(一八五五)二月八日、田文平・長喜(おさき)の次男として丹波国氷上郡下小倉村字大部谷(兵庫県氷上郡柏原町)に生まれる。幼名は梅之助。田艇吉(のちの自由党所属の衆議院議員)は実兄。家は代々豪農として名望家で、大庄屋をつとめたこともあった。明治七年(一八七四)東上し、熊谷県に出仕。以来、地方官として司法・警察畑を転転とした。高知・愛知・神奈川・埼玉の県警部長を歴任した後、明治二十三年逓信省に入省。官房文書課長・同記録課長・逓信大臣秘書官・郵務局長・通信局長・電務局長などを経て、三十一年逓信次官兼鉄道局長となったが、まもなく辞任して実業界に入り、関西鉄道社長となった。またこの間、逓信省在官時代、鉄道会議幹事・同議員をつとめた。三十三年官界に復帰して逓信省総務長官となったが、翌年辞任し、伊藤博文の後援を得て兵庫県第三区の補欠選挙で衆議院議員に当選した(当選二回)。立憲政友会に所属したが、三十四年十二月予算問題で第一次桂内閣との妥協を策し、党内の強硬派と対立し、政友会を除名された。翌年三月復党したが、三十六年七月伊藤の政友会総裁辞任とともに離党。三十六年九月―三十九年一月、再び逓信省総務長官(逓信次官)をつとめ、日露戦争下の通信業務に尽力した。三十九年一月退官と同時に貴族院議員に勅選、翌年男爵授与。貴族院では男爵議員を中心に官僚派勢力を糾合し、元老山県有朋と次第に接触を深めた。大正三年(一九一四)シーメンス事件がおこると、貴族院の茶話会の中心となって第一次山本内閣の海軍拡張予算削減をはかり内閣退陣に追い込んだ。次の第二次大隈内閣にも反対の立場に立ち、寺内正毅の擁立を策した。大正五年十月寺内内閣成立とともに逓信大臣として入閣、通信事業の拡大を推進。翌年の総選挙では政府側の選挙委員長として立憲政友会の勢力拡張を助けた。同七年九月寺内内閣退陣によって辞任。その後しばしば経済政策・物価調節・普通選挙・社会政策などの問題について、山県に意見を具申した。八年十月―十二年九月文官として最初の台湾総督をつとめ、地方自治制の実施、民法・商法の施行、評議員会(官選諮問機関)の設置などにあたった。その間十一年の高橋内閣時代には、西園寺公望・横田千之助などの間に、田を入閣せしめ政友会の次の総裁に推そうとする動きがあったが、田は受けなかった。十二年九月第二次山本内閣の農商務大臣(はじめ司法大臣兼任)となり、関東大震災直後の被災者救済に努力したが、「保険会社ニ対スル貸付金ニ関スル法律案」などが政友会の反対で流産したため辞職した。大正十五年五月―昭和五年(一九三〇)十一月枢密顧問官をつとめた。脳出血から肺炎を併発して昭和五年十一月十六日、東京府下玉川村上野毛の自宅(万象閣)で死去。七十六歳。墓は東京都府中市の多磨墓地にある。明治時代後期から死のほぼ一月前まで書き続けた『田健治郎日誌』(国立国会図書館憲政資料室蔵)は、彼の生涯と政治の動きを知る貴重な史料となっている。

参考文献　内田嘉吉編『田健治郎伝』　（鳥海　靖）

てんしょういん　天璋院　一八三六―八三　江戸幕府十三代将軍徳川家定夫人。諱は敬子(すみこ)、通称は篤姫。薩摩藩主島津斉宣の子、今和泉領主島津忠剛の子として、天保七年(一八三六)十二月十九日、鹿児島に生まれ、島津斉彬の子として育てられる。安政三年(一八五六)四月、島津家と関係の深かった近衛家の当主、右大臣忠煕の養女となった。時の将軍家定は、はじめに迎えた有姫が病没、次に迎えた寿明姫も死去して正室がいなかった。同年十二月、家定との婚儀の式が行われ、御台様と称せられた。同五年七月、家定が病没し、落飾して天璋院の号を得、十二月、従三位に叙せられた。万延元年(一八六〇)十月、再び本丸に移り、大奥の取締りにあたった。慶応二年(一八六六)七月、十四代将軍徳川家茂が病没した後、将軍の遺志として田安亀之助(徳川家達)を推したが、結局は、徳川慶喜が宗家を相続し、ついで将軍となった。同年九月、西ノ丸へ移徙。鳥羽・伏見の戦の後、新政府軍の東征が開始されるや、慶喜の意をうけて、静寛院宮(和宮)・輪王寺宮公現法親王(北白川宮能久親王)とともに徳川家救済に尽力した。江戸開城に際し、徳川処分の一環として位記を剝奪され、一橋邸に移居した。以来、宗家を相続した亀之助の養育に専念。明治十六年(一八八三)十一月十一日、中風を発して病没。四十八歳。死に臨んで従三位に復せられ、東叡山の家定の墓域に葬られた。

参考文献　『斉彬公史料』(『鹿児島県史料』)、『続徳川実紀』、本多辰次郎「天璋院夫人」(『歴史地理』一四ノ五)、同「天璋院」(『中央史壇』三ノ四)　（井上　勲）

てんちゅうけんうんげつ　天中軒雲月　浪曲師。現在、四代まである。

㈠初代　一九〇六―四二　明治三十九年(一九〇六)佐賀県唐津に生まれる。十三歳で早川勘之助に入門し半年のうちに真打ちとなる。大正十一年(一九二二)上京。有楽座で初公演。二六新報の主催で両国国技館において独演会を行い、世間を驚かせたという。『南部坂』『五郎正宗』など桃中軒雲右衛門系の演題をわかりやすい節調で口演し、雲月節ともいわれた。ことに女流浪曲師への影響は大きく、すべての女流は初代雲月の流れといわれるほどであった。唐津には広大な土地と邸宅を構え、雲月町と称された。昭和六年(一九三一)熊本への巡業中に脳の病におかされ、復帰することもないまま、同十七年三十七歳で没した。

㈡二代　一九〇九―九五　明治四十二年(一九〇九)に生まれる。初代門下。雲月嬢から二代目雲月となる。のちに伊丹秀子と改名し、昭和三十一年(一九五六)に引退するが、十年後に復帰した。老若男女の声を巧みに使いわけ、七色の声といわれた。平成七年(一九九五)三月三十一日没。七十九歳。

参考文献　安斎竹夫編『浪曲事典』　（宮尾　與男）

と

どいこうか　土居光華　一八四七―一九一八　明治時代の自由民権運動家。幼名光次郎、字士済、号淡山。弘化四年(一八四七)六月二十四日、淡路国三原郡土居村(兵庫県三原郡緑町)に生まれる。父は岳亭。岡田鴨里・森田節斎らに経史・文章などを学ぶ。明治五年(一八七二)左院に出仕するが、薩長閥に抗し翌年辞職。七年幸福安全社に入り自由民権運動に参加。十二年政談演説の北辰社を設立。十四年静岡の攪眠社社長に迎えられ、『東海暁鐘新報』を創刊。十五年岳南自由党を結成し活躍するが、集会条例改正により解党を余儀なくされ、上京、『自由新聞』記者となる。十六年政書出版会社を創設。十八年東京府に入り、二十年三重県飯高・飯野両郡長に就任、多気郡長も兼ねる。二十二年非職。第三回・四回衆議院選挙に三重県第四区から当選、自由党代議士として活躍したが、三十年十二月党議に反し松方内閣との提携工作を行い党を除名され、以後政界から退いた。晩年は松阪に閑居。大正七年(一九一八)十二月十一日没。七十二歳。著述には漢籍・訳書が多いが、男女同権を説いた『文明論女大学』(明治九年)も著名である。

参考文献　長谷川権一「民権運動家と地域啓蒙―土居光華の思想と行動―」(鹿野政直・高木俊輔編『維新変革における在村的諸潮流』所収)、梅川文男「土居光華伝」(『明治文化』一一ノ六―八)　（阿部　恒久）

どいしゅんしょ　土肥春曙　一八六九―一九一五　明治・大正時代の新劇俳優。本名庸元(つねもと)。明治二年(一八六九)十月六日、肥後国託麻郡別所村(熊本市春竹町別所)に書家であった父直康(樵石)・母カジュの長男に生まれた。上京後成立学舎を経て明治二十二年東京専門学校(のち早稲田大学)文学科に入学、坪内逍遙に教えを受け、逍遙主宰の朗読研究会に参加した。卒業後読売新聞社に入社、のち中央新聞社に転じて劇評を執筆。同三十四年には川上音二郎一座の海外公演に通訳兼文芸部員として参加。帰国後易風会から同三十九年の文芸協会創立に参画、幹事となり幹部俳優として再度『ハムレット』に主演し、生来の美声に加え知性と情熱にあふれた演技で好評を博した。また演劇研究所教務主任・講師を兼ね後進の指導にあたった。協会解散後は大正三年(一九一四)東儀鉄笛らと無名会を結成し、『オセロー』のイヤゴーなどを演じたが病気のため引退し、翌四年三月二日、心臓麻痺のため東京牛込の自宅で急死した。四十七歳。訳著書に『(新訳)社会劇』(明治四十二年、博文館)、『(イブセン社会劇)鏑木秀子』(同四十三年、春陽堂)がある。

参考文献 北見治一『鉄笛と春曙―近代演技のはじまり―』、横山かほる他「土肥春曙」(『近代文学研究叢書』一五所収)　(藤木 宏幸)

といたやすじ 戸板康二 一九一五―九三 昭和時代の演劇評論家、作家。大正四年(一九一五)十二月十四日、東京芝(東京都港区)に生まれる。昭和十三年(一九三八)慶応義塾大学文学部国文学科卒業。在学中、折口信夫に芸能史を学び、演劇研究・演劇評論を志した。PR紙の編集、高等女学校教諭を経て、昭和十九年久保田万太郎のすすめで日本演劇社に入社、『日本演劇』の編集に携わり、のちその編集長となった。早くから雑誌・新聞に歌舞伎の劇評を書き始め、晩年までその筆を止めなかった。処女出版は昭和十七年刊の『俳優論』。第二次世界大戦後は、昭和二十三年・二十四年刊『わが歌舞伎』(正・続)、二十五年・二十六年刊『歌舞伎への招待』(正・続)をはじめ、厖大な数にのぼる啓蒙書・評論・随筆などを出版し、戦後の新しい歌舞伎のファンを啓発しリードした功績は大きい。昭和二十四年に『丸本歌舞伎』で第一回戸川秋骨賞、二十七年に『今日の歌舞伎』などで芸術選奨文部大臣賞、五十二年に日本芸術院賞を受賞、平成三年(一九九一)に日本芸術院会員となった。江戸川乱歩にすすめられて推理小説を書き始め、作家としても才能を発揮、昭和三十五年に『団十郎切腹事件』で第四十二回直木賞を受賞した。随筆家としても多くのファンをもったが、特に『ちょっといい話』(正・新・新々)はベストセラーになり、書名が流行語にもなった。日ごろ俳句を好み、『良夜』ほかの句集もある。平成五年一月二十三日、高血圧性心不全で没。享年七十七。墓は横浜市鶴見区鶴見二丁目の総持寺にある。　(服部 幸雄)

どいとしただ 土井利忠 一八一一―六八 江戸時代後期の越前国大野藩主。文化八年(一八一一)四月三日、大野藩五代藩主土井利義の子として江戸目白台の下屋敷で生まれた。文政元年(一八一八)六代利器のあとをうけて七代藩主となった。幼少(八歳)であったため宗家の下総国古河藩主土井利位が後見人となった。文政十年従五位下能登守に叙任。同十二年はじめて大野に入部した当時、累年の藩債が山積し藩政も沈滞していた。天保十三年(一八四二)藩政改革に着手、まず人材を登用し、財政の整理、産業の発達、教育の振興、医術の普及、軍制の改革に努め、また蝦夷地・北蝦夷の開拓・守備にも盛名を馳せた。利忠が抜擢した内山七郎右衛門良休は藩債返還の方法は「商」のほかはないと進言し藩店「大野屋」の経営をはじめ、面谷鉱山の経営、生糸・絹織物など領内産物の増産に努めた結果、負債の完済に成功した。教育の振興では藩校明倫館および蘭学館の開設、洋書の翻訳刊行、医術の普及では済生病院の新築、種痘の実施、軍制の改革では小銃の製造、洋式砲術の採用、また蝦夷地・北蝦夷の開拓、大野屋商品の輸送のための藩船大野丸の建造を行なった。文久二年(一八六二)致仕、明治元年(一八六八)十二月三日没。享年五十八。大野の善導寺に葬った。城山麓の柳廼社は利忠を祀る。明治四十二年贈従三位。

参考文献 『福井県史』二、吉田迂一編『(土井利忠公伝)柳陰紀事』、土井利忠公百年祭奉賛会編『土井利忠公と大野藩』　(印牧 邦雄)

どいばんすい 土井晩翠 一八七一―一九五二 明治から昭和時代にかけての詩人、英文学者。明治四年(一八七一)十月二十三日、仙台に生まれた。本名林吉。姓、土井の訓はもともと「つちい」であったが、昭和九年(一九三四)、通称に従い「どい」と改めた。明治三十年、東京帝国大学の英文科卒。昭和九年まで母校第二高等学校教授。在学中『帝国文学』の編集委員となって詩作を始め、明治三十二年四月、処女詩集『天地有情』(博文館)を刊行、島崎藤村の『若菜集』(同三十年)と並んで近代詩の出発を飾り、以来、藤村・晩翠と併称された。藤村が流麗な和文脈に自我内面の情感を託したのに対し、晩翠は漢文直訳調の高い調べに民族の理想や英雄の悲劇をうたい、藤村詩が文学青年の間に愛されたのに対し、晩翠詩は書生の間に高唱された。明治三十三年、文部省選定『中学唱歌』に収められた「荒城の月」は、滝廉太郎の作曲と相まってその名を不朽のものにした。以後も『暁鐘』(明治三十四年五月)以下数多くの詩集を刊行したが、詩風に発展なく、詩壇の主流から離れた。晩年はむしろ学究として功績があり、なかでもギリシャ語の原典から訳した『イーリアス』(昭和十五年)、『オヂュッセーア』(同十七年)は高く評価される。昭和二十二年、芸術院会員。晩年は不遇で、昭和二十七年十月十九日没。八十二歳。墓は仙台市の大林寺にある。法名詩宝院殿希翁晩翠清居士。

参考文献 日夏耿之介『明治大正詩史』上、石井昌光『情熱の詩人土井晩翠―その人と作品―』、成田正毅『思い出の土井晩翠先生』　(河村 政敏)

どいみちお 土居通夫 一八三七―一九一七 明治時代の実業家、財界人。天保八年(一八三七)四月二十一日、伊予国宇和島藩大塚祐紀・志津子の六男に生まれる。幼名万之助、のち保太郎、彦六。藩士村松清武の養子になり武術などを学んだが、二十四歳で復籍し母方の土居を名乗る。藩士中村茂兵衛家に入婿となったが死別し、慶応元年(一八六五)勤皇を志して脱藩、大坂の金貸高池三郎兵衛の手代をしながら田中幸助(中井弘)らと交わった。鳥羽・伏見の戦で糧米確保に功のあったことから帰藩を許され、大阪鎮台長官となった伊達宗城に従ったが、間もなく五代友厚の統轄する大阪運上所に勤め、明治二年(一八六九)には大阪府権少参事となる。五年司法省に転じたが、十七年大阪控訴裁判所判事を最後に退官、鴻池家顧問となった。二十一年大阪電燈会社社長になったのをはじめ、長崎電燈・大阪電鉄・南和鉄道・宇和島鉄道の社長を務め、二十七年には衆議院議員となる。二十八年大阪商業会議所会頭となり、円満な人柄から二十二年間にわたってその職にあり、大阪財界の重鎮の地位を占めた。大正六年(一九一七)九月九日、兵庫県有馬温泉で没す。八十一歳。著書に『無腸遺稿』がある。

[参考文献] 半井桃水編『土居通夫君伝』

(高村　直助)

どうかい　道契　一八一六―七六　江戸・明治時代前期の真言宗僧。仮名は天霊。甑瓦子と号する。『続日本高僧伝』の編者。文化十三年(一八一六)備後安那郡神辺宿(広島県深安郡神辺町)の生まれで俗姓は黒瀬氏。十歳で同郡の持宝院に入り出家、のちに河内高貴寺智幢から具足戒を受け、かつ京都智積院海応から灌頂を受け真言事相を学んだが、求聞持法を修したり天台・禅をも学び、さらに経史を仁井田南陽、文章を森田節斎に就学するなど諸学に通じた。弘化三年(一八四六)以後美作円通寺に住し、明治維新の廃仏毀釈に際しては仏教復興に尽力した。明治九年(一八七六)七月二十三日没。六十一歳。『続日本高僧伝』は慶応三年(一八六七)十二月に擱筆したが、生存中には公刊されず、依嘱を受けた大内青巒の校訂を経て、吉川半七の尽力で明治三十九年に全巻が印行された。

[参考文献] 大内青巒「円通沙門道契師伝略」(『続日本高僧伝』付載)

(坂本　正仁)

とうかいさんし　東海散士　⇩柴四朗

とうきせい　陶希聖　Tao Xisheng　一八九三―一九八八　中国の社会経済史家、国民政府系の学者・評論家。名は彙曾、字が希聖。一八九三年生まれる。湖北省黄岡県の人。一九二二年北京大学卒。三一―三七年同大学教授。『新生命』(二八年)、『食貨』(三四年)、『民意週刊』(三五年)などを創刊。中国社会史の時代区分論などで知られ、中国社会史論戦に参加。一時汪兆銘の和平運動に参加し、三八年重慶脱出、三九年「純正国民党」六全大会で宣伝部長となったが、日本の汪兆銘政策に失望し、四〇年香港に脱出、いわゆる「日支和平条項」を暴露した。以後蔣介石に協力し、四三―五二年は『中央日報』主筆。蔣の『中国の命運』のゴースト＝ライターといわれる。四七―五〇年国民党宣伝部次長、台湾に遷ってからは総統府資政となったが、その後も活動を続け、中央日報社理事長・総統府国策顧問・国民党中央委員会常務委員・政治大学東亜研究所教授などを歴任した。八八年没。九十六歳。主著に『中国社会之史的分析』(東亜経済調査局訳編『支那社会の史的分析』)、『中国政治思想史』全四冊などがある。

(宇野　重昭)

とうぎてってき　東儀鉄笛　一八六九―一九二五　明治・大正時代の新劇俳優、作曲家。本名季治。明治二年(一八六九)六月十六日、京都府上京小川町(京都市上京区)に代代雅楽師であり篳篥の名手といわれた父季芳・母房尾の長男に生まれた。少年時代から式部寮に出仕し雅楽師として修業を重ね、西洋音楽も学ぶ。明治二十五年東京専門学校(のち早稲田大学)文学科に入学するが中退、坪内逍遙の教えをうけ朗読研究会に出席、のち易風会から同三十九年文芸協会設立に参画して幹事となり幹部俳優となる。また演劇研究所主事・講師として後進の育成にあたった。協会公演『ベニスの商人』のシャイロック、『ハムレット』の墓掘り役で、天性の容貌を生かした軽妙洒脱な演技が絶賛を博した。協会解散後、大正三年(一九一四)に土肥春曙らと無名会を結成、『オセロー』『箇人惟然坊』に主演し中心俳優として活躍した。その後新派や新文芸協会に参加、映画にも出演したが、晩年は報われないまま、大正十四年二月四日脳出血のため東京早稲田の自宅で没した。五十七歳。文芸協会時代に歌劇『常闇』、早大校歌「都の西北」の作曲がある。

[参考文献] 北見治一『鉄笛と春曙―近代演技のはじまり―』、坪内逍遙「東儀鉄笛」(『逍遙選集』一二所収)

(藤木　宏幸)

とうごうしげのり　東郷茂徳　一八八二―一九五〇　大正時代より昭和時代前期にかけての外交官。太平洋戦争開戦・終戦両時の外務大臣。明治十五年(一八八二)十二月十日、鹿児島県日置郡伊集院郷の苗代川村(東市来町美山)に、朴寿勝の長男として生まれ、五歳の時、東郷姓に替わった。鹿児島第一中学校、第七高等学校造士館を経て、四十一年七月、東京帝国大学文科大学文学科(独文)を卒業。大正元年(一九一二)十月、外交官・領事官試験に合格。翌二年八月、領事官補として奉天総領事館に赴任、ついで外交官補として在スイス国在勤、公使館三等書記官となり、ベルリンに出張駐在。十年五月帰朝。十二年一月欧米局第一課長。十四年十二月大使館一等書記官、米国在勤。昭和四年(一九二九)六月大使館参事官、ドイツ国在勤。八年二月外務省欧米局長。四月、内田康哉外相に「国際連盟脱退後ニ於ケル帝国ノ対欧米外交方針」と題する長文の意見書を提出する。九年六月外務省欧亜局長。十二年十月特命全権大使に任命され、ドイツ国駐在。東郷の赴任後、十一年十一月成立の日独防共協定の強化問題が起る。十三年十月駐ソ連大使に転任。在任中東郷は、日ソ漁業交渉、ノモンハン事件停戦交渉などに努め、また日ソ不侵略条約、通商条約および日ソ中立条約締結交渉を進める。十五年八月松岡洋右外相より帰朝命令をうけ、十一月帰国。しかし東郷は松岡の辞職勧告を拒否する。十六年十月十八日、東条英機内閣の外務大臣兼拓務大臣に就任。行き詰まった日米交渉を打開し、戦争回避を願って渾身の努力をするが、内外の情勢を克服できず、ついに十二月八日、太平洋戦争の開戦を見るに至った。開戦と同時に東郷は早期終戦を意図し、十七年元旦、外務省員に対し、早期終戦に努力すべしと強く訓示した。同年夏、大東亜省設置に反対して、東条英機首相と激論し、九月一日外務大臣を単独辞職した。その後貴族院議員(勅選)となり、二十年四月九日鈴木貫太郎内閣の外務大臣兼大東亜大臣に就任。東郷は、終戦の一事を期して入閣する。五月中旬より東郷は、秘密裡に終戦の仲介をソ連に求めたが、ソ連は態度を明らかにしない。東郷はしばらくソ連の出方を待つ。八月六日米軍の広島への原子爆弾投下。ソ連は、七月二十六日の米・英・華三国のポツダム宣言に加入して、九日対日参戦。同日長崎への原子爆弾投下。東郷は、国体護持のみを条件に、ポツダム宣言の受諾を強く主張し、八月十日未明、同十四日午前、鈴木総理は再度聖断を仰ぐ。天皇は東郷外相の意見に賛成し、八月十四日夜、終戦の詔書公布。十五日正午、天皇の詔書の録音放送が行われ、太平洋戦争は終結した。東郷は、八月十七日外相を辞任。二十一年四月極東国際軍事裁判所に起訴され、二十三年十一月同裁判所において禁錮二十年を言い渡され、拘禁中病気入院、二十五年七月二十三日、米陸軍病院(東京聖路加病院)で病没。六十七歳。墓は青山墓地にある。著書『時代の一面』は、東郷が、巣鴨拘置所において、昭和二十五年一月初めより書き遺したものである。

参考文献 東郷茂徳記念会編『外相東郷茂徳』、外務省編『終戦史録』
(栗原 健)

とうごうせいじ 東郷青児 一八九七—一九七八 大正・昭和時代の洋画家。明治三十年(一八九七)四月二十八日、鹿児島市に生まれる。本名東郷鉄春。五歳の時から東京で育ち、小学時代は林武と同級。青山学院中学部在学中から画家を志す。大正四年(一九一五)山田耕筰の東京フィル赤坂研究所の一室をアトリエに提供され、「コントラバスを弾く」ほかを制作。同年日比谷美術館で個展を開催、有島生馬にその立体派風の作品が注目され、その勧めで翌五年第三回二科展に「パラソルさせる女」を出品し二科賞を受賞。同十年渡欧し、トリノに未来派の主唱者マリネッティを訪ねるが、その理論にあきたらず、パリやリヨンで学ぶ。昭和三年(一九二八)帰国し、「サルタンバンク」などの滞欧作を二科展に特別出品、第一回昭和洋画奨励賞を受賞。戦後は二科会の再建に尽力し同三十六年から会長をつとめる。同三十二年「創生の歌」で日本芸術院賞を受け、同三十五年日本芸術院会員となる。モダンで独特な詩情をもつ女性像の作品で幅広い大衆の支持を得た。昭和五十三年四月二十五日旅先の熊本市で没。八十歳。東京都新宿区西新宿一丁目の安田海上火災ビルに東郷青児美術館が開設されている。画集に植村鷹千代編『東郷青児画集』などがある。

参考文献 大宅壮一「東郷青児」(『昭和怪物伝』所収)
(三輪 英夫)

とうごうへいはちろう 東郷平八郎 一八四七—一九三四 明治から昭和時代前期にかけての海軍軍人。日本海海戦勝利の連合艦隊司令長官。薩摩藩士東郷吉左衛門の四男として弘化四年(一八四七)十二月二十二日、薩摩国鹿児島郡下加治屋郷(鹿児島市加治屋町)に生まれる。母は益子。十七歳で薩英戦争に参加したあと維新戦争に鹿児島藩の軍艦春日乗組として参戦し、阿波沖海戦・宮古湾海戦・箱館湾海戦で幕府海軍と戦う。明治政府のもとで龍驤艦乗組となったあと、新設の海軍兵学寮に年齢が過ぎていて入学できず、明治四年(一八七一)二月からイギリスに留学する。ケンブリッジとポーツマスで語学などを勉学したあと、同六年二月に商船学校の練習船ウースターに乗組み、七年十二月に卒業。英艦ハンプシャーで遠洋航海に参加し、日本がイギリスに依頼した軍艦建造を監督したあと、完成した軍艦比叡に乗って十一年五月に帰国。同年七月、海軍中尉に任ぜられた。このあといくつかの軍艦の乗組・副長・艦長を務め、十九年五月に新造国産巡洋艦大和艦長となり、海軍大佐に進んだが健康を害し病気療養の時代を過ごす。全快のあと二十三年五月、呉鎮守府参謀長、二十四年十二月、巡洋艦浪速艦長となり、ハワイ革命・政変のとき二十六年二月から五月まで、居留民保護のため現地に赴く。呉鎮守府海兵団長を経て日清戦争開戦時には再び浪速艦長となり、劈頭の豊島沖海戦で清国兵を輸送中のイギリス商船高陞号を国際公法にもとづいて撃沈し、有名となる。二十八年二月、少将に進んで常備艦隊司令官となり澎湖島占領に従事。戦後、海軍大学校長のあと佐世保鎮守府・常備艦隊・舞鶴鎮守府の各司令長官を歴任し、三十六年十月、海相山本権兵衛の選任により日露戦争の連合艦隊司令長官就任(十二月)を予定して、再び常備艦隊司令長官となった(三十一年五月中将、三十七年六月大将)。日露戦争では全期間にわたってみずから主要作戦を指揮し、ロシアの旅順艦隊に対しては、三次にわたる閉塞作戦、八次にわたる港口攻撃を行い、敵艦隊出動に際しては三十七年八月十日、黄海海戦を戦って勝ち、旅順陥落とともに敵艦隊を撃滅できた。このあと上京して軍状奏上のあと、バルチック艦隊の東征に備えて東郷は、連合艦隊全艦艇の整備・休養・訓練を行い、鎮海湾を主基地として待機し、三十八年五月二十七日から二十八日にかけての日本海海戦で、歴史上にその例を見ない完勝を収めた。将帥としての東郷の人格と統率力はすぐれ、ネルソンと並び称される救国の英雄として内外の賞讃と尊敬をうけた。戦後、三十八年十二月、海軍軍令部長、四十年九月、伯爵を授けられ、四十二年十二月、軍事参議官となり、大正二年(一九一三)四月、元帥。大正三年四月から十年三月まで東宮御学問所総裁。昭和に入ってからは海軍の政治や人事に介入し問題を残した。昭和九年(一九三四)五月三十日、東京で死去。八十八歳。侯爵。墓は東京都府中市の多磨墓地と鹿児島市清水町の多賀山公園にある。

参考文献 小笠原長生編『東郷元帥詳伝』、真木洋三『東郷平八郎』
（野村 実）

とうしょうぎ 唐紹儀 Tang Shao-yi 一八六〇―一九三八 清末民国初期の外交官、政治家。字は少川。宣統帝(溥儀)の時、唐紹怡と改名。広東省の人。一八六〇年生まれる。七四年アメリカに留学、ハイスクールを経て、コロンビア大学入学、八一年、帰国後、天津税務衙門・朝鮮弁理税務を歴任、徐世昌のもとで、営務担当。一九〇四年、全権大臣として、英国とチベット問題を交渉し、〇六年、条約調印。以後、外務部右侍郎、京漢鉄道総弁を経て、一〇年、郵伝部尚書になる。辛亥革命では、袁世凱側代表として、伍廷芳と和議の交渉。一二年、袁大総統下、民国最初の国務総理に就任するが、対立して辞職。一七年、広東軍政府の財政総長、以後、南方代表として、北洋派と交渉にあたる。二二年、第一次奉直戦争(奉天と直隷の内戦)後、黎元洪に国務総理に推されるが、就かず。満洲事変後は、国民政府中央監察委員。日本は上海占領後、唐の利用をはかるが、唐は出馬せず。三八年九月三十日、上海の自宅で暗殺される。七十九歳。

参考文献 中国社会科学院近代史研究所編『民国人物伝』一
（中村 義）

とうじょうきんだい 東条琴台 一七九五―一八七八 江戸時代・明治前期の儒学者。寛政七年(一七九五)六月七日、江戸芝宇田川町に町医享哲の三男として誕生。名は信耕また耕、幼名義蔵、字は子臧、通称文左衛門のち源右衛門、琴台・無得志斎・無得斎・呑海堂・掃葉山房と号した。幼時伊東藍田・倉成竜渚・尾藤二洲・山本北山・太田錦城・亀田鵬斎らに就いた。一時岩村藩士平尾氏の養子に入ったが離籍、文政七年(一八二四)三十歳で林家に入門、昌平黌に講じた。十年辞し下谷三味線堀に掃葉山房を構えた。越後高田侯榊原政令に召され、子弟の教導と著述に励んだ。天保三年(一八三二)三十八歳の春、書画会を柳橋で盛大に催し、林家より除籍されたが、破門披露を湯島で開き、人は除門会と呼んだ。数回転居し、嘉永元年(一八四八)刊の『伊豆七島図考』が幕府の忌諱に触れ、同三年池ノ端の高田藩邸に幽せられた。翌年赦され越後高田に移り、謫居十八年に及んだ。慶応二年(一八六六)高田藩校修道館の教授、明治元年(一八六八)九月鎮将府の召命で上京、翌年十一月一家も高田藩邸に住した。三年九月宣教少博士となり、『聖世紹胤録』で筆禍に会った。五年八月亀戸神社祠官、鳥越町の旧忍藩邸に移住。七年『説教問答』を出版、教部省十等出仕に補し、十一年九月二十六日没。享年八十四。谷中天眼寺に葬った。ほかに『先哲叢談後篇・続篇』『(新編)幼学詩韻』『新定詩語砕金』『続聯珠詩格』『(掌中新増)幼学詩韻』『清二京十八省輿地全図』などの編著がある。下田歌子は孫にあたる。

参考文献 西尾豊作『東条琴台』
（水田 紀久）

とうじょうひでき 東条英機 一八八四―一九四八 昭和時代の軍人、政治家。明治十七年(一八八四)十二月三十日、明治期陸軍の戦略家として知られる東条英教中将の長男として東京に生まれる。同三十八年第十七期生として陸軍士官学校を卒業し歩兵少尉に任官。さらに陸軍大学校を卒業。陸軍省副官、スイス駐在、ドイツ駐在武官、陸軍省動員課長、歩兵第一連隊長を経て、昭和六年(一九三一)八月参謀本部編制動員課長となり満洲事変勃発に際会した。ついで陸軍省軍事調査委員長、歩兵第二四旅団長、関東憲兵隊司令官を経て昭和十二年三月関東軍参謀長となり、日中全面戦争開始に際しては事変拡大論を主張し、参謀長の現職のまま三個支隊を率い東条兵団の長として内蒙古に出動した。十三年五月近衛内閣の改造に際し、板垣征四郎陸相の下で陸軍次官に就任、能吏ぶりを発揮して「かみそり東条」といわれた。十三年十二月航空総監兼航空本部長、十五年七月第二次近衛内閣に陸相として入閣した。陸相としての東条は、ヨーロッパにおけるドイツの勝利に便乗した南進政策と、国内の総力戦体制の強化を主張し、仏印進駐や南方作戦準備を推進した。第三次近衛内閣にも留任したが、日米交渉について中国からの撤兵に反対して対米開戦論に立ち、交渉継続を主張する近衛文麿首相と対立し、十六年十月内閣総辞職に導いた。近衛内閣につづいて内閣組織の命を受け、大将に昇進し現役にとどまったままで、首相・陸相・内相を兼任し、東条内閣を成立させた。内相を兼ねたのは治安対策上の配慮からであった。同年十二月八日、対米英蘭開戦に突入、初期の戦果を背景に十七年四月翼賛選挙を行なって議会を形式化させ、国内の弾圧を強化し、強力な戦時独裁体制を築き上げた。しかし戦局が次第に不利になると、支配層内部に東条批判がたかまり、また陸海軍の対立、国務と統帥の不一致から戦争指導体制が動揺し始めた。このため十九年二月にはみずから参謀総長を兼ね、嶋田繁太郎海相にも軍令部総長を兼任させて政戦略の一致をはかった。嶋田が「嶋田副官」と呼ばれるほど東条に従っていたから、国務と統帥の最高地位を兼ねた東条は、最大の独裁的地位についたかにみえた。しかしこの措置は、かえって陸海軍内部からの反対を強め、さらにマリアナ諸島の失陥によって批判は一挙にたかまった。十九年七月岡田啓介らの重臣と木戸幸一内大臣は、内閣を倒すために、海相の解任、総長と大臣の分離、重臣の入閣の三項目を要求し、東条はこれに対応して内閣改造を計画し、重臣入閣を策したが、その実現ができないまま総辞職した。辞職とともに予備役に編入されたため陸軍内部でもその勢威を一挙に失った。その後は重臣の一人として和平工作に反対し、戦争完遂を主張したが影響力はなかった。戦後アメリカ占領軍によって、二十年九月十一日、まず第一回目の戦犯の容疑者三十九人の一人として逮捕された。その際自殺をはかったが失敗した。二十一年五月三日極東国際軍事裁判（東京裁判）にA級戦犯二十八人の一人として起訴され、侵略戦争の謀議と実行の罪を問われて二十三年十一月十二日絞首刑の判決を受け、同年十二月二十三日巣鴨拘置所内で七人の一人として死刑を執行された。六十五歳。陸軍部内では皇道派に対立した統制派の首領とみなされ、また北進論に対しての南進論者とみられていたが、彼自身部内の統制強化を求めていたにすぎなかった。本来生真面目な軍人であり、事務能力にすぐれ部下に対しても厳格であったが、特に政治的識見が秀でていたわけでなく、対米英戦争突入前後の情勢が彼を独裁者に押し上げた。そして極度にたかまった陸軍の政治的地位を背景に、部下幕僚の強硬論を代表して、戦時下の最高指導者となったのである。しかし天皇の戦争責任が免除された日本では、ヒトラー・ムッソリーニに並ぶ最大の戦争責任者とされた。（藤原　彰）

参考文献　ロバート・J・C・ビュートー『東条英機』（木下秀夫訳）、佐藤賢了『東条英機と太平洋戦争』

とうじょうみさお　東条操　一八八四—一九六六　大正・昭和時代の方言学者。明治十七年（一八八四）十二月十四日、東京隅田川の代地（だいち）河岸、浅草新片町（東京都台東区柳橋一丁目）に、狂歌の宗匠村松秀茂と母いうの長男として生まれる。翌十八年東京府士族東条義明の死跡を相続するが、中学卒業までは村松を称した。同四十三年七月東京帝国大学文科大学卒業、大正二年（一九一三）十二月東京帝国大学文科大学助手、同十三年三月静岡高等学校教授、昭和四年（一九二九）五月広島高等師範学校教授、同七年八月学習院大学教授。十五年九月日本方言学会設立。二十年十月東洋大学教授、二十四年三月学習院大学教授。三十二年十一月紫綬褒章受章、四十年四月勲三等旭日中綬章受章。四十一年十二月十八日死去。八十二歳。日本における方言学の基礎を築き、多くの方言学者を育てて、「方言学の母」といわれる。方言区画論を提唱、その区画図は二、三度改訂され、今日なお使用される。著書に『大日本方言地図・国語の方言区画』（昭和二年三月）、『方言と方言学（初版）』（同十三年六月）、編著に『全国方言辞典』（二十六年十二月）、『日本方言学』（二十八年十二月）、『標準語引分類方言辞典』（二十九年十二月）などがある。『東条操著作集』全五巻が刊行されている。（柴田　武）

参考文献　東条操『最近の国語学と方言学』、『国語学』六九（東条操氏追悼方言小特輯）

とうじんおきち　唐人お吉　一八四一—九〇　アメリカ総領事ハリス Townsend Harris の侍妾。斎藤きち。唐人の語は異人と交わった故に冠せられた。天保十二年（一八四一）十一月十日、尾張国知多郡内海に生まれた。父は舟大工市兵衛。弘化元年（一八四四）一家は伊豆下田に移り、父の死後は母きわとともに船頭たちの衣類の洗濯などで生計を立てた。安政四年（一八五七）二月以降、ハリスが条約の改訂を要求して下田奉行と談判中、かねて依頼していた看護婦の雇入れを談判の駆引きに利用して強請したため、奉行はやむなくハリスとオランダ人通訳ヒュースケン Henry Heusken の二人に看護婦名義の女性の雇入れを許した。当時酌婦をしていたきちがハリスの侍妾に選ばれ、支度金二十五両、月手当十両の約束で、同年五月二十二日総領事館の玉泉寺に赴いた。看護婦雇入れ問題が解決したので、下田協約は同月二十六日調印の運びとなった。しかし、きちは腫物ができていたとの理由で、三夜で解雇された。異人と交わったために生活にもこと欠き、下田を去って横浜で旧知の大工鶴松と同棲するが長続きせず、明治四年（一八七一）下田に帰り、女髪結、ついで小料理屋安直楼を営んだが乱酔の生活で破産し、同二十三年三月二十七日稲生沢川に身を投げて死んだ。年五十。墓は静岡県下田市一丁目の宝福寺にある。

参考文献　『幕末外国関係文書』一六、静岡県教育委員会編『下田開港関係文書緊急調査報告書』（『静岡県文化財調査報告書』一五）、村上文機編『（開国史蹟）玉泉寺今昔物語』、吉田常吉『唐人お吉』（『中公新書』九四）、同「幕末外交史上に於ける外人休息所及び売女接待の問題」（『国史学』三二）（吉田　常吉）

とうちゅうけんくもえもん　桃中軒雲右衛門　一八七三—一九一六　明治・大正時代の浪曲家。本名岡本峰吉。明治六年（一八七三）生まれる。祭文（さいもん）語りの父吉川繁吉のもとで修業し、小繁から繁吉襲名。東京で頭角をあらわしたのち、関西、九州と巡業し、桃中軒雲右衛門と改名した。総髪で、テーブルを前にしての口演、陰三味線という型を考案し、琵琶や清元の節調を加味した荘重豪快な節を創始して、野卑な演題を整理し、はじめて台本を作成して内容を高めた。明治三十九年、東京本郷座に出演して注目され、レコードの普及もあって絶大の人気を集めた。明治四十五年には、歌舞伎座で独演会を開いて満員の客を呼んだ。得意の「義士伝」など浪曲の格式を高め、浪曲の社会的地位を向上させた。関東節の祖として浪曲史上に偉大な足跡を残したが、大正五年（一九一六）十一月七日、胸部疾患のため、極貧のうちに没した。四十四歳。法名は桃中軒義道日正居士。墓は東京都品川区南品川二丁目の妙国寺にある。（興津　要）

参考文献　正岡容『日本浪曲史』、安斎竹夫編『浪曲事典』

とうどうたかゆき　藤堂高猷　一八一三—九五　幕末維新期の伊勢国津藩主。文化十年（一八一三）二月九日、江戸藩邸で生まれた。父高兌、母愛川氏。幼名寿千代、字は道卿、号観月楼詢蕘斎。文政八年（一八二五）襲封、和泉守と称し左近衛少将、大学頭侍従、明治二年（一八六九）津藩知藩事となり、同四年六月隠居。天保・嘉永の凶作、安政の大地震、農村の窮乏、藩財政危機といった幕末維新の動乱期を治政した。飢饉・大地震に領民救済に努め、安政二年(一八五五)諸大名と連署して通商条約に反対、文久元年(一八六一)幕府に通商が物価騰貴、人民疲弊の因という意見を献策し、越前・土佐藩の公武合体論にも気脈を通じていた。沿岸・神宮警衛にあたり、海防充実のため演武荘開設、壮士隊編成、砲工廠、洋式砲を創め津贄崎に新堀を掘り砲台を築いた。天誅組鎮圧に撤兵隊を参加させ、捕えた浪士のため幕府に減刑嘆願した。鳥羽・伏見の戦に山崎関門で指揮者藤堂采女は中立から一転して幕軍を攻撃、幕軍敗北の原因を作った。戊辰戦争では藩士を督励して活躍させた。江戸の儒者朝川善庵を招き『資治通鑑』を校刻し、また町民のための修文館を開設した。伯爵。明治二十八年二月九日没。八十三歳。墓は東京都豊島区の染井墓地にある。法名は高寿院詢蕘文道大僧正。

参考文献 『庁事類編』下、『藤堂采女日記』、『藤堂高潔家記』(東京大学史料編纂所蔵)、『旧津藩近世事蹟』、『津市史』一、浅野松洞『三重先賢伝』

(杉本 嘉八)

とうどうねい 董道寧 Dong Dao-ning 一九〇二―? 現代中国の官僚。一九〇二年浙江省寧波(ニンポー)に生まれる。横浜育ちで京都帝国大学卒。帰国後、戴天仇の影響下にある考試院に所属。その日本語は日本人以上といわれ、自身を「日華人」と称した。盧溝橋事件勃発時、国民政府外交部亜州司日本科長。南京陥落前後、高宗武亜州司長の命を受けてトラウトマン工作促進のため、上海で川越茂大使に接触。「爾後国民政府を対手とせず」声明前後、董は旧知の満鉄南京出張所長西義顕と接触した。そこで、西や同盟通信社上海支局長の松本重治の熱心な説得に応じた董は、昭和十三年(一九三八)二月十五日極秘裡に日本に上陸し、参謀本部謀略課長の影佐禎昭大佐と会見。影佐は董を多田駿参謀次長らに会わせ、張群・何応欽宛に和平呼びかけの信書を託した。信書を誰が漢口に届けるかをめぐり、対抗関係にあった高との間は悪化したが、董の快挙は高の訪日を促し、汪兆銘の和平路線につながった。董は翌年五月三十一日の汪兆銘の訪日に同道したが、その後の消息は不明。

参考文献 西義顕『悲劇の証人』、今井武夫『支那事変の回想』、岡田酉次『日中戦争裏方記』、松本重治『上海時代』下(『中公新書』三九一)、臼井勝美「日中戦争の政治的展開」(日本国際政治学会太平洋戦争原因研究部編『太平洋戦争への道』四所収)、高橋久志「支那事変の泥沼化と国家戦略の行き詰まり」(近代戦史研究会編『日本近代と戦争』四所収)

(高橋 久志)

とうばたせいいち 東畑精一 一八九九―一九八三 大正・昭和時代の農政学者、東京大学名誉教授。明治三十二年(一八九九)二月二日、三重県一志郡豊地村(嬉野町)大字井之上に、父吉之助・母よしをの長男として生まれる。三重一中、第八高等学校を経て、大正八年(一九一九)東京大学農学部第二部(駒場)に入学、大学院、助手を経て、十三年八月助教授。十五年八月アメリカ、ウィスコンシン大学に留学、ヒバード、コンモンズに師事。昭和二年(一九二七)六月、同国農務省、九月ノース＝ウェスタン大学を経て三年二月帰国した。帰国早々、再び文部省留学生としてドイツに留学、主としてボン大学でシュムペーターに師事、先に留学していた中山伊知郎と親交をむすんだ。五年三月末東京大学に戻り、農政学・経済学第二講座を担当、つぎつぎに著書・論考を公刊した。代表作に『協同組合と農業問題』(那須皓と共著)、『日本農業の展開過程』、訳書に『経済分析の歴史』(シュムペーター著)がある。八年農学部教授。十二年農学博士。十四年いわゆる平賀粛学の後始末のため経済学部兼任教授となり、植民政策学を担当。十六年より法学部でも農業政策を講じた。十七年比島委員会に参加した。第二次世界大戦敗戦後の食糧不足、農村の混乱に直面し、二十一年吉田茂は東畑に第一次吉田内閣に農林大臣として入閣するよう懇請したが、ついに応ぜず、代りに和田博雄を農相に推し、みずからは農林省に農業総合研究所を創設し、初代所長に就任した。三十四年東京大学を停年退官、アジア経済研究所を創設し所長に就任した。両研究所の運営を通じて多数の農業問題と発展途上国の研究者を養成した。その他広い識見を活かして、農林水産技術会議会長(三十一年)、農政審議会長(三十六年)、税制調査会長(四十年)などを歴任、政策立案に多大の貢献をした。三十九年日本学士院会員(第一部)。四十三年マグサイサイ賞(フィリピン)受賞。五十五年文化勲章受章。五十八年五月六日死去。八十四歳。法名は厚徳院中道精一居士。鎌倉の東慶寺に葬られる。末弟に東畑四郎がいる。

参考文献 農業総合研究所編『東畑文庫目録』、日本経済新聞社編『私の履歴書』文化人二〇、『アジア経済』二五ノ五・六合併号(東畑精一追悼号)

(牛山 敬二)

どうもといんしょう 堂本印象 一八九一―一九七五 大正・昭和時代の日本画家。明治二十四年(一八九一)十二月二十五日、京都市の酒醸造業堂本伍兵衛を父、芳子を母として生まれる。本名三之助。明治三十九年京都市立美術工芸学校に入学、同四十三年に卒業。西陣の竜村平蔵の工房に入り図案を担当。大正七年(一九一八)京都市立絵画専門学校に入学、同八年第一回帝展「深草」初入選。翌年西山翠嶂に師事し、青甲社画塾に入る。同十年絵画専門学校卒業、同校研究科に進学し、第三回帝展に「調鞠図」を出品し特選。同十一年第四回帝展「訶梨帝母」は推薦となり以後無鑑査となる。同十三年絵画専門学校研究科修了。第五回帝展委員になり同十四年第六回帝展で「華厳」帝国美術院賞受賞。このように矢継早やに画壇にデビューをとげ、大徳寺内竜翔寺書院襖絵・杉戸絵を制作し、以後各寺の壁画・襖絵など数多く制作。昭和九年(一九三四)画塾東丘社を創設。帝展参与を経て京都市立絵画専門学校の教授となる。同十九年帝室技芸員。同二十五年日本芸術院会員。同三十六年文化勲章受章、文化功労者となる。そのころより抽象絵画を描き、多方面の芸域を広めた。同四十年堂本美術館を開き、多くの自作を展示している。同五十年九月五日京都市上京区の第二日赤病院で心不全のため没。八十三歳。京都市下京区の妙厳院に葬る。法名松寿院願誉妙誓印象大居士。著書に『画室随想』ほかがある。 （中村 溪男）

とうやまみつる 頭山満 一八五五―一九四四 明治から昭和時代前期にかけての代表的な右翼浪人。国家主義者、アジア主義者として活躍した。安政二年（一八五五）四月十二日、福岡城下西新町に筑前黒田藩士筒井亀策・母イソ子の三男として生まれ、十九歳の時母方を継いで頭山姓となった。幼名乙次郎。のち八郎・満。立雲と号した。二十二歳の時、福岡の不平士族の結社、矯志社の蜂起計画に加わって逮捕された。西南戦争には参加できなかったが、西郷隆盛から後世を決定する強い影響を受けた。明治十年（一八七七）、士族の相互扶助組織、開墾社を創設、翌年には高知に赴いて、板垣退助の下で民権運動に従事したりした後、同十二年に箱田六輔・平岡浩太郎らと福岡に向陽社を設立して国会開設請願運動を行なった。同十四年、国会開設の詔が下ると、頭山らは向陽社を玄洋社と改称、民権論を離れて、同二十年ころから国権論、アジア主義の言動を盛んに展開していった。頭山は箱田・平岡と並んで「玄洋社三傑」といわれ、一度も社長にはならなかったが、玄洋社を代表する存在であった。平岡とともに炭鉱を経営して同社の財源とし、『福陵新報』を創刊した（同二十年）。井上馨、大隈重信の条約改正案に反対して、玄洋社社員の来島恒喜に大隈を襲撃させる一方で、第二回総選挙では政府の選挙干渉に加担して、民党派を襲撃した。さらに、玄洋社社員が朝鮮でつくった秘密結社天佑侠団に資金を援助し、韓国併合を促進、日露戦争に際しては、対露同志会に加わって対外硬を唱え、玄洋社社員を満洲義軍に派遣するなど、日本のアジア膨張政策に在野の立場で明確に関わる一方、朝鮮、中国、インドの独立派・革命派の政治家多数を支持し、保護した。特に有名なのが孫文・金玉均・ビハリ＝ボースとの交友である。孫文に対しては、孫文の中華同盟会設立時に有隣会を組織して財政援助を与え、多数の日本人浪人が中国革命に投じるのを助けた。革命が勃発すると、革命党援助のために犬養毅とともに上海に行き、帰国した孫文を出迎えた。大正十三年（一九二四）、孫文が最後の訪日をした時には、頭山は神戸まで出かけた。一見矛盾した頭山の行動を統一的に理解する鍵は、明治日本の国家主義とアジア主義との関係にあるであろう。たとえば平岡が国会議員になったこともあるのに対して、頭山はついに一度も公職に就くことはなかった。いわば一番弟子の内田良平が設立した黒竜会が玄洋社と並立するようになってからも、頭山は玄洋社に残り、右翼の巨頭として隠然たる影響力を維持した。普段は寡黙でありながら、決断力に富む発言をする頭山には、かなりのカリスマ性があり、活動家たちと軍・政界・官界・財界との間のブローカー役を有効に演じた。しかし、頭山がアジア主義の思想家として明確な影響力をもったのは明治の終りまでであったといえよう。頭山は、在野の浪人として、明治国家の国権確立・拡張に呼応する活動を繰り広げたのである。昭和十九年（一九四四）十月五日、静岡県御殿場で死去。九十歳。墓は福岡市中央区大手門の円応寺にあり、同市博多区千代の崇福寺に分骨される。法名大光院殿威誉慈山立雲大居士。

[参考文献] 藤本尚則『巨人頭山満翁』、竹内好編『アジア主義』（『現代日本思想大系』九）、葦津珍彦『大アジア主義と頭山満』 （平野健一郎）

とうりゅうさいばきん 東流斎馬琴 江戸・東京の講釈師。五代に及ぶ。三代まで東流斎、紋は三本杉。初代琴凌が松浦侯に許されて宝井を名乗り、紋も丸に梶の葉、その子三次郎が四代目を襲名してより宝井馬琴。

㈠三代 生没年不詳 力士伝を得意とした。

㈡四代 一八五二―一九二八 本名小金井三次郎。初代宝井琴凌の子として嘉永五年（一八五二）十二月二十六日、江戸中橋広小路（東京都中央区京橋一丁目）に生まれる。明治三十一年（一八九八）馬琴を襲名。軍談を得意とし、強記で、大正期釈界の指導者。昭和三年（一九二八）十二月二十七日没。七十七歳。東京市牛込区市谷富久町善慶寺に葬る。法名は宝泉院釈琴声居士。

㈢五代 一九〇三―八五 本名大岩喜三郎。明治三十六年（一九〇三）十一月九日、愛知県知多郡内海町（南知多町）に生まれる。昭和八年（一九三三）襲名。「寛永三馬術」を得意とし、人気を博した。昭和六十年十月二十六日没。八十一歳。東京都文京区本駒込三丁目の吉祥寺に葬る。法名は文徳院一公琴談居士。

[参考文献] 関根只誠『只誠埃録』二〇六（『せきね文庫選集』一期）、六代目宝井馬琴『講釈師見てきたような…』、高野金太郎「釈林墓所録」二（『講談研究』一六二）、四代目宝井馬琴「講談昔話」（同三三一―三五七） （延広 真治）

ときえだもとき 時枝誠記 一九〇〇―六七 昭和時代の国語学者。明治三十三年（一九〇〇）十二月六日、東京神田三河町に、父時枝誠之・母きくの長男として生まれる。暁星中学校を経て、岡山の第六高等学校から東京帝大文学部国文学科に学び、大正十四年（一九二五）卒業、第二東京市立中学校教諭となる。京城帝大開設直後昭和二年（一九二七）同大助教授となり、欧米に留学、昭和四年帰国、八年教授に昇任。昭和十八年五月東京帝大に転じ、三十六年退官。昭和四十二年十月二十七日六十六歳にて没。墓は東京都港区の青山墓地にある。上田万年・橋本進吉の職務を承け継いだが、学問の傾向としては、『国語学史』『国語学原論』において、独自の、いわゆる「言語過程説」に基づく言語本質論を述べて、言語研究法の刷新を企てたが、むしろ日本文法の組織化に新風を鼓吹する業績があった。また橋本進吉創唱の国語学会を全国的組織として確立する功が大きく、一方で第二次世界大戦後の日本の国語政策・国語教育について影響力のある発言者であった。昭和四十一年紫綬褒章を受けた。

参考文献 『国語と国文学』四五ノ二 （山田 俊雄）

ときぜんまろ 土岐善麿 一八八五―一九八〇 明治から昭和時代にかけての歌人、国文学者。別号湖友・哀果。明治十八年(一八八五)六月八日、東京市浅草区松清町(東京都台東区西浅草一丁目)の真宗大谷派等光寺に生まれる。学僧であった父善静、母観世の次男。同三十六年東京府立一中在学中に金子薫園選の『新声』歌壇に投稿、三十七年早稲田大学英文科入学、若山牧水らと交友する。薫園の「白菊会」へ参加、一方で窪田空穂の『まひる野』によって作歌に開眼する。四十一年早大卒業、読売新聞社に入社、社会部長などを経て、大正七年(一九一八)退社、同年朝日新聞社に入社し、定年まで勤務。ローマ字三行書きの第一歌集『NAKIWARAI』(明治四十三年)以後、ローマ字運動に参加、関係書が多い。石川啄木の本集への批評が機縁となり、ともに社会思想啓蒙の『樹木と果実』の発刊を志したが、主として啄木の発病のため挫折。明治四十五年の『黄昏に』から大正五年『生活と芸術』(大正二年創刊)の廃刊に至るまでは、社会主義思想と現実生活との間にあって苦悩する。詩歌集『不平なく』『街上不平』などがあり、『雑音の中』で一行書きにかえり、徐々に作品も変わる。大正十三年『日光』に参加。常に韻律と定型詩変革の意欲の中に、昭和初期の自由律を経て、昭和三十三年(一九五八)の叙事的抒情による、記紀に取材する大連作、『歴史の中の生活者』など、死に至るまで旺盛に作歌を続けた。『土岐善麿歌集』(同四十六年)がある。この間、エスペラント語関係の活動、新作能の詞章の創作、多くの漢詩和訳を行い、帝国学士院賞を受賞した『田安宗武』や『京極為兼』など古典研究、杜甫研究にも傾注した。また文部省国語審議会長・日比谷図書館長・日中文化交流協会理事などに任じた。芸術院会員。文学博士。昭和五十五年四月十五日、東京都目黒区下目黒の自宅で死去。九十四歳。 （武川 忠一）

ときやまなおはち 時山直八 一八三八―六八 幕末・維新期の長門国萩藩士。天保九年(一八三八)長門国萩城外の山田村(山口県萩市)に生まれる。父時山茂作。名は養直、白水山人・漂流坊海月・海月坊・梅南などと号す。はじめ松下村塾で吉田松陰に学び、ついで江戸に上って藤森弘庵・安井息軒に師事した。文久二年(一八六二)京都藩邸に在って諸藩応接掛りを勤め、玉江三平と変名して尊攘運動に挺身したが、文久三年八月の政変で京都から追われ、翌元治元年(一八六四)七月の禁門の変にも敗れて帰国し、改めて奇兵隊参謀に抜擢された。慶応二年(一八六六)の四境戦争(第二次長州征討)には小倉藩と戦って功があり、ついで王政復古によって毛利氏に対する朝廷の勘気も解けたので、明治元年(一八六八)には奇兵隊を率い、官軍の中核として北越に出動したが、五月十三日の早朝から小千谷朝日山で長岡藩の兵と激戦を遂げ、敵弾をうけて戦死した。三十一歳。墓は山口県萩市山田の椚蔵院。明治三十一年贈正四位。

参考文献 末松謙澄『(修訂)防長回天史』六上 （三坂 圭治）

ときわづかねたゆう 常磐津兼太夫 常磐津節演奏家。

㈠七代 一八八七―一九四四 本名渡辺徳次郎。明治二十年(一八八七)生まれる。麒麟太夫を経て大正十五年(一九二六)に七代目をつぐ。昭和十九年(一九四四)八月十八日没。五十八歳。

㈡八代 一九六三― 本名鈴木雅雄。昭和三十八年(一九六三)十一月十一日生まれる。四代目文字兵衛の子。一佑太夫を経て平成八年(一九九六)二月八代目をつぐ。 （竹内 道敬）

ときわづこもじだゆう 常磐津小文字太夫 常磐津節家元文字太夫の前名。

㈠六代 一八四一―七二 四代目文字太夫の庶子佐六。天保十二年(一八四一)生まれる。はじめ三味線方。文久元年(一八六一)に太夫文中となり明治二年(一八六九)六代目小文字太夫となり家元をついだが、文字太夫にならなかった。明治五年十一月十三日没。三十二歳。俗に佐六文中、佐六小文字。

㈡七代 初代常磐津林中の前名。

㈢八代 六代目文字太夫の前名。

㈣九代 七代目文字太夫の前名。

㈤十代 八代目文字太夫の前名。

㈥十一代 一九四七― 十代目の子常岡薫。昭和二十二年(一九四七)十二月五日生まれる。九代目文字太夫の前名。同五十一年十一代目をつぐ。 （竹内 道敬）

ときわづまつおだゆう 常磐津松尾太夫 常磐津節の演奏家(浄瑠璃)。

㈠三代 一八七五―一九四七 本名福田兼吉。明治八年(一八七五)九月七日生まれる。小和登太夫、二代目三登勢太夫を経て明治三十九年三代目をつぐ。林中に学んだ語り口は、大正から昭和前半期の第一人者として知られた。昭和二十二年(一九四七)七月十三日没。七十三歳。その子に三代目三東勢太夫・千東勢太夫があった。

㈡四代 一九二七― 本名福田和夫。昭和二年(一九二七)三月三十日生まれる。清勢太夫を経て平成二年(一九九〇)四代目をつぐ。芸術祭受賞。常磐津協会会長。 （竹内 道敬）

ときわづもじたゆう 常磐津文字太夫 常磐津節の家元名。なお、代数については伊藤出羽掾―岡本文弥―都越後掾―初代都太夫一中―宮古路豊後掾を加えて、初代文字太夫を六代目家元とし、以下を数えることもある。

㈠五代 一八二二―六九 四代目の養子林之助。もと清元琴太夫。通称越後茂兵衛。文政五年(一八二二)生まれる。若太夫、四代目小文字太夫を経て安政五年(一八五八)五代目をついだがすぐ離縁。別家して六代目兼太夫。俗に新場の兼太夫。明治二年(一八六九)二月二十九日没。

四十八歳。

㈡六代　一八五一―一九三〇　本名常岡丑五郎。前名真田丑五郎。嘉永四年（一八五一）生まれる。はじめ三味線を学び、小金、三吉、文蔵、式松。太夫に転じて小花太夫、浪花太夫。明治二十一年（一八八八）に佐六文中の未亡人の養子となり常岡と改姓。八代目小文字太夫となり、同三十五年六代目をつぐ。大正十五年（一九二六）引退して二代目豊後大掾と改めた。昭和五年（一九三〇）二月十五日没。八十歳。小音だったが浄瑠璃は巧みで仲間からは林中以上といわれた。

㈢七代　一八九七―一九五一　本名常岡鉱之助。明治三十年（一八九七）二月二日生まれる。六代目の妻の甥小政太夫の次男。養子となり九代目小文字太夫を経て大正十五年（一九二六）七代目をつぐ。昭和二十六年（一九五一）五月四日没。五十四歳。世話物を得意とした。

㈣八代　一九一八―九一　七代目の子常岡晃。大正七年（一九一八）八月十七日生まれる。昭和二十三年（一九四八）小文字太夫、同二十六年八代目をつぐ。セリフの多い語りものを得意とした。平成三年（一九九一）三月十九日没。七十二歳。

歴代の墓は東京都渋谷区広尾五丁目の祥雲寺にある。

㈤九代　一九四七―　本名常岡薫。昭和二十二年（一九四七）十二月五日生まれる。八代目の子。同三十四年小文字太夫、同五十一年小文字太夫となり、平成六年（一九九四）九代目をつぐ。

（竹内　道敬）

ときわづもじべえ　常磐津文字兵衛　常磐津節の三味線方。

㈠初代　一八三九―一九〇五　本名富坂文字兵衛。天保十年（一八三九）生まれる。はじめ太夫で常磐津八十太夫、のち三味線に転じて岸沢八十松。万延元年（一八六〇）常磐津から岸沢が分派独立したので常磐津姓の三味線が生まれたが、それに従って文久二年（一八六二）文字兵衛と改めて三味線方となった。翌三年立(たて)三味線。晩年文佐と改めた。明治三十八年（一九〇五）一月六日没。六十七歳。

㈡二代　一八五七―一九二四　本名鈴木金太郎。初代常磐津文字助の子。安政四年（一八五七）生まれる。初名八百八。初代の弟子で師の没後二代目をつぐ。大正五年（一九一六）長男に三代目を譲り松寿斎と改めた。常磐津林中・六代目文字太夫・三代目松尾太夫を弾いて名人といわれた。同十三年十月二十九日没。六十八歳。

㈢三代　一八八八―一九六〇　本名鈴木広太郎。二代目の長男。明治二十一年（一八八八）十二月十五日生まれる。八百八を経て大正五年（一九一六）三代目をつぐ。三代目松尾太夫・千東勢太夫を弾く。昭和二十八年（一九五三）日本芸術院会員、同三十年重要無形文化財保持者。名人といわれ作曲も多い。代表作に『椀久色神送(わんきゅういろがみおくり)』『良寛と子守』『松の名所』『独楽(こま)』など。三十五年四月文字翁と改めた。同年八月六日没。七十一歳。

㈣四代　一九二七―　本名鈴木英二。三代目の子。昭和二年（一九二七）一月十五日生まれる。英八郎を経て同三十五年四代目をつぐ。着実な演奏は評価が高い。『吾輩は猫である』など作曲作品も多い。芸術員会員、重要無形文化財保持者（人間国宝）。平成八年（一九九六）子の淳雄に五代目を譲り、英寿と改めた。

㈤五代　一九六一―　本名鈴木淳雄。昭和三十八年（一九六一）十一月十六日生まれる。四代目の子。紫弘を経て平成八年（一九九六）二月五代目をつぐ。

（竹内　道敬）

ときわづりんちゅう　常磐津林中　一八四二―一九〇六　明治時代の常磐津節の太夫（語り手）。盛岡藩士石川清蔵の子忠助。天保十三年（一八四二）十二月生まれる。三浦藩士山蔭定次郎の養子となる。常磐津和登太夫に学び嘉永六年（一八五三）小和登太夫。のち四代目常磐津文字太夫、初代松尾太夫に学ぶ。文久二年（一八六二）二代目松尾太夫。明治十二年（一八七九）十一世守田勘弥の仲介で佐六文中の未亡人常子の養子となり、七代目小文字太夫となる。長い間不和だった岸沢派と和解、その記念に『釣女』（明治十六年）、『松島』（同十七年）が発表されるなどしたが、家元家から離縁となり林中と改名。まもなく宮古路国太夫半中と名乗り、岸沢仲助と地方巡業を試みたが失敗、郷里の盛岡に隠棲した。同二十九年九代目市川団十郎に招かれて上京、再び林中と名乗り、翌年二月歌舞伎座で『関の扉(と)』を語って大好評を博した。呼吸は強く声量があり、セリフもはっきりしてわかりやすく、しかも全体に新しい演出を加えていたので、林中の名は高くなった。ために常磐津も盛んになり、その功績は大きかった。日本で最初のレコード吹込みをしたので、今日でもその芸をしのぶことができる。三十九年五月六日没。六十五歳。墓は東京都豊島区西巣鴨四丁目の妙行寺にある。なお二代目と三代目があったが、初代にははるかに及ばなかった。

参考文献　鈴木彦次郎『常磐津林中』、吉川英史『日本音楽の歴史』

（竹内　道敬）

とくおう　徳王　De wang　一九〇二―六六　内蒙古の自治運動指導者。蒙古名は徳穆楚古棟魯布(デムチュクドンロブ)。一九〇二年内蒙古の錫林郭勒(シリンゴル)盟の蘇呢特(スニト)右旗の旗長（ジャサク）の家に生まれ、一九年親王を襲名、二四年錫林郭勒盟の副盟長となった。二九年チャハル省政府委員、蒙古地方政府委員会秘書長となって政治的発言力を強化、三三年には各盟旗の代表三十名余を集めて内蒙古王公会議を召集し、内蒙古の高度の自治を要求する運動を開始し、内蒙古自治政府を樹立した。しかし国民政府はこれとの妥協をはかり、三四年には中央監政下に蒙古地方自治政務委員会（百霊廟）を設置し、徳王をその秘書長とした（委員長はウランチャップ盟の雲王）。しかし国民政府は財政援助の約束を実行せず、これを不満とした徳王は、三五年関東軍の板垣征四郎参謀副長や田中隆吉参謀らと接近、三六年にはチャハル省の徳化に内蒙古軍政府を樹立、国民政府と抗争をくり返し、三七年には厚和に蒙古連盟自治政府を樹立、その副主席となった（翌年雲王の死後主席就任）。

第二次世界大戦中は親日政策を続けたが、四五年八月日本の敗戦とともに重慶の蔣介石に接近、四九年には定遠で反中国共産党の軍をおこすとともに内蒙古自治政府をみずからの手で設立しようとしたが失敗、中華人民共和国成立後五二年には北京に送還された。五九年処分が発表されたが六三年には特赦、一時内蒙人民委員会参議に就任した。六六年没。六十五歳。

参考文献　善隣協会編『蒙古大観』、察哈爾盟公署編『察哈爾盟概況』
（宇野　重昭）

とくがわあきたけ　徳川昭武　一八五三―一九一〇　幕末の常陸国水戸藩主、明治時代の華族。嘉永六年（一八五三）九月二十四日、徳川斉昭の十八男として江戸駒込邸に生まれる。生母万里小路睦子。幼名松平余八麿、初諱昭徳、号鑾山。元治元年（一八六四）京都に上り禁闕守衛に任ず、従五位下侍従兼民部大輔。慶応二年（一八六六）十一月将軍徳川慶喜の名代としてパリ万国博覧会派遣を命ぜられ、同月清水家相続、十二月従四位下左近衛権少将に推任叙、翌年正月横浜出帆、三月パリ到着、ナポレオン三世に謁見して国書を呈す。以後西欧五ヵ国を親善訪問、伊国王より一等勲章を贈られた。引き続きパリに留学中維新のため帰国を命ぜられ、明治元年（一八六八）十一月帰国。水戸藩藩主となる。同三年北海道天塩五郡の開拓を始めたが、翌年廃藩置県により北海道開拓使に移管。七年陸軍少尉、戸山学校勤務。九年アメリカ大博覧会御用掛を命ぜられフィラデルフィアに派遣され軍籍離脱。引き続き十年パリ再留学を許されエコール＝モンジュに学ぶ。十四年帰国、同年末従三位麝香間祗候を仰せ付けられ、以後長年にわたり明治天皇に奉仕する。十六年家督を養子篤敬に譲り松戸に隠居。茨城県多賀郡大能村・久慈郡の天竜院に牧場を開き、のち植林事業を興す。実子武定は父の功により、二十五年四歳にして分家、特に子爵を賜わる。八年四月四日本所小梅邸に行幸を仰ぎ、勅語・御製を賜わる。以後数回行幸啓があった。四十三年従一位勲一等瑞宝章、同七月三日小梅邸に没す。五十八歳。瑞竜山（茨城県常陸太田市）に葬られ節公と諡された。

参考文献　『水戸藩史料』下、『徳川昭武滞欧記録』（『日本史籍協会叢書』）、『渋沢栄一滞仏日記』（同）、『川勝家文書』（同）、須見裕『徳川昭武』（『中公新書』七五〇）、同「徳川昭武の京都時代」（『茨城県史研究』五五）、同「徳川昭武の北海道日記」（同五六）、須見裕・阪上脩「徳川昭武の仏文ノート」（『仏蘭西学研究』一二）
（須見　裕）

とくがわいえさだ　徳川家定　一八二四―五八　江戸幕府第十三代将軍。一八五三―五八在職。文政七年（一八二四）四月八日誕生。十二代将軍家慶の四男、母は跡部正賢の女美津（本寿院）。幼名政之助、同八年二月世子となり、同十年十二月名を家祥とした。翌年四月元服して従二位権大納言に叙任せられ即日正二位に進む。天保八年（一八三七）九月右近衛大将を兼ね従一位、同十二年十一月西ノ丸に入り、鷹司政熙の女で同政通の養女有姫（任子、のち天親院）と結婚、任子は嘉永元年（一八四八）六月に死去し、ついで一条実良の女寿明姫（秀子、のち澄心院）を迎えたが、同三年六月に秀子も没した。同六年六月家慶が病没し、あとを継いで七月本丸に移り、十一月二十三日将軍宣下、内大臣に任ぜられ、名を家定と改めた。ペリー来航の直後である。安政元年（一八五四）三月、日米和親条約が締結された。同三年十二月、近衛忠熙の養女篤姫（敬子、のち天璋院）を夫人に迎えた。敬子は薩摩藩主支族島津忠剛の女で、ここには雄藩との協調をはかる老中阿部正弘の意向が働いていた。同四年十月、江戸城内にアメリカ総領事ハリスを引見、大統領の親書を受理した。幕府はハリスと交渉に入り、修好通商条約の草案を得た。対外的危機は深くて恒常化しており、強力な政治指導者を待望する声は次第に強まった。家定は幼時に重い疱瘡にかかり、いわゆる癇症であったと伝えられ、待望の期待に答えず加えて多病、一子も得ることができなかった。ここに将軍継嗣問題が重要な政治課題として登場し、いわゆる一橋派と南紀派との熾烈な政争がくり広げられることになる。同五年四月井伊直弼が大老に就任、五月家定は大老・老中に紀州藩主徳川慶福（家茂）を継嗣とする旨を伝達、六月このことを公表した。継嗣決定に条約調印問題が加わり、朝幕間が対立を深めてゆく政情のなか、同年七月六日江戸城に没した。年三十五。八月八日に喪が発せられ、ついで東叡山寛永寺（東京都台東区）に埋葬された。法名は温恭院殿。

参考文献　『続徳川実紀』三、渋沢栄一『徳川慶喜公伝』
（井上　勲）

とくがわいえさと　徳川家達　一八六三―一九四〇　明治から昭和時代初期にかけての、藩主出身の政治家。幼名亀之助、静岳と号した。文久三年（一八六三）七月十一日、江戸城内田安邸に生まれた。父は田安家主徳川慶頼、母は高井氏、家達は三男。慶応元年（一八六五）田安家主六代寿千代（慶頼の長子）夭折のあとをうけて家を継いだ。家領十万石。同二年七月将軍徳川家茂は大坂城で病死したが、家茂は己れの継嗣に家達をとの内意を持っていた。しかし家達がわずか四歳であったため、このことは実現しなかった。明治元年（一八六八）正月鳥羽・伏見の戦後、徳川慶喜は江戸上野寛永寺において謹慎し、ついで死一等を減ぜられたが、同年閏四月田安亀之助に徳川宗家の相続を命ずる朝旨が出た。翌月亀之助は実名を家達と改め、駿河国府中（静岡）藩主七十万石に封ぜられた。翌二年六月版籍奉還により静岡藩知事となり、同四年七月廃藩置県によりこれを免ぜられた。十年六月英国留学のため発途、十五年十月帰朝。十七年七月公爵を授けられ、同年近衛忠房長女泰子と結婚。三十六年貴族院議長となり、昭和八年（一九三三）までこの職にあった。この間大正三年（一九一四）三月山本内閣辞職の際、組閣の内命があったが、これを辞した。また大正十―十一年のワシントン会議には加藤友三郎・幣原喜重郎とともに全権委員となって出席した。済世会会長・日本赤十字社社長・日米協会会長・華族会館議長・斯文会会長などを勤めた。昭和十五年六月五日没。年七十八。同日大勲位に叙せられ、菊花大綬章を授章。墓は東京都台東区寛永寺にある。

[参考文献]『田安家系譜』、『斯文』二二ノ八(徳川家達公追悼録)

(小西　四郎)

とくがわいえもち　徳川家茂　一八四六―六六　江戸幕府第十四代将軍。一八五八―六六在職。弘化三年(一八四六)閏五月二十四日誕生。和歌山藩主徳川斉順(なりより)の長子、母は同藩士松平晋の女みさ(実成院)。幼名は菊千代。同四年四月和歌山藩主斉彊(なりかつ)の養子となる。嘉永二年(一八四九)閏四月藩主となり、同四年元服、将軍徳川家慶より偏諱を与えられて慶福と改名した。将軍継嗣問題においては一橋家主の徳川慶喜に対してより有力な候補者であった。安政五年(一八五八)六月将軍継嗣に選定され江戸城に入った。七月六日十三代将軍家定が死去、同月二十一日名を家茂と改めた。十月二十四日正二位権大納言、翌日内大臣・征夷大将軍の宣下があり、十二月一日江戸城で宣旨伝達をうけた。幼少であることから、家定の遺命として、徳川慶頼が将軍の後見となった。将軍継嗣問題と条約調印問題をめぐる政争のなかで、幕府の支配力は動揺しており、この回復のために、家茂と孝明天皇異母妹和宮親子内親王(仁孝天皇の第八皇女、のち静寛院宮)との婚姻が進められた。幕府は、「七八ヶ年乃至十ヶ年」後の攘夷を実現することを誓約して天皇の許可を得、文久二年(一八六二)二月江戸城において婚儀がなった。同年五月、徳川慶頼が後見の座を退き、将軍親裁の体制が成立した。同年六月、勅使大原重徳が島津久光に警護されて江戸に入り、朝廷の意志を伝えた。幕府はこれを容れ、同年七月、慶喜を将軍後見職に、松平慶永を政事総裁職に任命した。以来、家茂は慶喜の華やかな行動の影にかくれがちで表立つことは少なかったが、血における正統と温順と伝えられる性格、ならびに実正な姿勢とにより、幕臣から強い忠誠を得て君主としての地位を固めていった。同三年三月上洛、公武合体の推進を図ったが尊攘運動の攻勢にさらされて賀茂社行幸に供奉、石清水行幸は病に託してこれを辞したが、強要されて攘夷期限を五月十日と奉答、六月に東帰した。翌元治元年(一八六四)正月に再上洛、参予会議を後援して公武合体の実現に尽力したが、会議そのものが解散し、江戸に帰った。第一次征長の後、幕府はみずから長州処分を行おうとして将軍進発を令告、家茂は慶応元年(一八六五)五月江戸を出立、入京参内したのち大坂城に入った。同九月二十一日、朝廷は長州征討を許可した。時を同じくして、英・仏・米・蘭四ヵ国の代表が四国連合艦隊に搭乗して大坂湾に来航、条約勅許・兵庫先期開港・関税率改正を要求した。幕府は先期開港を回答することに決定、急を聞いて京より大坂に入った徳川慶喜はこれに反対、外国側に回答期限の延期を承認させた。朝廷は幕府の態度を批難し、阿部正外・松前崇広の二老中に対して、官位剝奪と国許謹慎を命じた。公然たる幕府人事への介入である。幕議はこれに反撥し、家茂は将軍職辞任とこれを慶喜に譲ることの上書を提出し、大坂を出立して江戸に向かった。ここに幕府ないし徳川家は分裂の危機に直面したのである。慶喜は将軍東帰の中止を建言し、条約勅許の交渉にあたった。十月五日、朝廷は条約を勅許するとともに将軍辞表を却下した。翌二年正月、長州処分案が決定された。長州藩はこれの受諾を拒否、六月七日、征長軍と長州軍との戦闘が始まった。そして、七月二十日征長軍敗報の相つぐ中、家茂は大坂城中に病没した。年二十一。八月二十日に至り発喪、遺骸は海路を江戸に送られ、増上寺(東京都港区)に埋葬された。法名は昭徳院殿。

[参考文献]『続徳川実紀』三・四、渋沢栄一『徳川慶喜公伝』、堀内信「昭徳公御記」(『旧幕府』二ノ一・二)

(井上　勲)

とくがわいえよし　徳川家慶　一七九三―一八五三　江戸幕府第十二代将軍。一八三七―五三在職。寛政五年(一七九三)五月十四日生まれる。十一代将軍家斉の次男。母は側室お楽の方(押田氏、香琳院)。幼名松平敏次郎。同八年十二月家慶と称す。翌九年三月元服して従二位、大納言に任ず。文化六年(一八〇九)十二月、有栖川宮織仁親王の娘楽宮喬子と婚姻。文政五年(一八二二)三月正二位、内大臣、同十年三月従一位と転進し、天保八年(一八三七)四月二日、十一代家斉が隠居して統を継ぎ、左大臣に昇進。同年九月征夷大将軍宣下。嘉永六年(一八五三)六月二十二日没。七月二十二日発喪。六十一歳。諡名は慎徳院。増上寺(東京都港区芝公園)に葬られた。家慶の性格は温良謹慎と評されるが俊敏な人ではなく、周囲から「そうせい様」と陰口された。天保九年と嘉永五年に西ノ丸炎上、弘化元年(一八四四)に本丸炎上の災に遭った。家慶は四十五歳で将軍となったが、隠居の家斉側近が実権を握り「西丸御政事」が行われ、依然として賄賂・情実の政治がつづいた。家斉の死去後、老中首座水野忠邦は天保十二年四月から家斉側近ら数十名を排除し、五月十五日に享保・寛政の改革に復する旨の家慶の上意を令して天保の改革が始まった。倹約令を出し、日常生活の全般にわたる奢侈統制、風俗取締りの触を頻繁に発し、農民の副業調査・統制、人返し令、また諸物価の統制、銭相場引上げ、株仲間廃止、貨幣改鋳の中止などの総合的な低物価政策を強行し、のち嘉永四年に株仲間を改組・再興して幕府による直接的産業統制をはかろうとした。しかし、市況の沈滞、金融の梗塞への不満、時として苛酷にわたる厳しい取締りに対する嫌悪が広がり、株仲間解散などは諸藩の従わぬものも多く、一年あまりも経つと幕閣内部にも反改革勢力が生まれた。天保十四年に入って、六十七年ぶりに将軍の日光社参を実行し、印旛沼開発工事、巨額の御用金賦課を行い、そして江戸・大坂周辺上知令を出すが、これには領主・農民ともに反対に動き、発令一ヵ月も経たずに撤回し、水野忠邦は罷免された。対外関係では、天保八年にアメリカ商船モリソン号砲撃事件が起り、これを批判した渡辺崋山・高野長英らを捕え、蛮社の獄で弾圧した。しかし、アヘン戦争(一八四〇―四二年)で清国の敗戦が伝わると、同十三年に文政の打払令を撤回し、薪水給与令を公布して緊急避難措置をとり、他方で江戸湾防備、西洋砲術の採用、さらに鉄炮方の整備強化などをはかって軍制改革にふみ切った。弘化元年オランダ国王が親書で開国を勧告したが、幕府はこれを拒否した。しかし弘化・嘉永年間には仏・英・米の艦船がしばしば来航して通商を求めるようになり、海防はいよいよ急務となった。弘化二年に外交・国防を専管する海岸防備掛(海防掛)を新設し、翌三年には朝廷が対外問題について諭書を出して、はじめて政治に発言した。嘉永六年六月ペリーの率いるアメリカ軍艦が浦賀へ来り、携えてきた国書を受理したが、その対策も立たぬ中で、家慶は死去した。

参考文献 『徳川幕府家譜』坤(『徳川諸家系譜』一)、竹尾次春『幕府祚胤伝』八(同二)、『続徳川実紀』二、内藤耻叟『徳川十五代史』六、三上参次『江戸時代史』下、北島正元『幕藩制の苦悶』(中央公論社『日本の歴史』一八)
(高沢 裕一)

とくがわたけさだ 徳川武定 一八八八―一九五七 大正・昭和時代の海軍造船技術者。技術中将。東京帝国大学教授。工学博士。子爵。明治二十一年(一八八八)十月生まれる。民部大輔徳川昭武の長男。徳川斉昭の孫、慶喜の甥にあたる。第八高等学校を経て、大正五年(一九一六)東京帝国大学工科大学造船学科を卒業、海軍造船中技士(のちの造船中尉)となる。中技士時代は呉海軍工廠で潜水艦の艤装工事に従事、同九年より平賀譲の部下となり、十年には造船大尉として海軍艦政本部で八八艦隊計画最後の四万七〇〇〇トン、十八インチ砲搭載の巨大戦艦の基本図の計算と製図を行なった。以来、長く海軍技術研究所に勤務し、のち目黒区三田に世界有数の大技術研究所を平賀所長のもとで完成して築地より移し、ついで昭和十七年(一九四二)技術中将として同研究所長となり、部下一万人をこえる大所長として研究と技術行政に貢献した。わが国の代表的造船学者であったが、単に研究だけではなく、多くの文献を含む莫大な蔵書でも知られている。その千葉県松戸の城址内の戸定館には工学関係のみならず、戦前日本には稀有のアフリカの稀本を集めたアフリカ図書館の一棟があり、戦後に天理大学に譲られた。昭和十六年ないし十七年には多数の蔵書を藤原工業大学に寄贈し、のちの慶応義塾大学工学部の基礎となった。第一次世界大戦直後には、自費で約一ヵ年ロンドン大学に学び、この間、ドイツなどから多数の潜水艦資料を集め、この整理と報告作業は終戦まで行われていた。同二十年春、予備役となる。水難救済会の救命艇の設計でも著名であり、戦後は一時期丸善株式会社の顧問として永井荷風を研究、その技術者らしい報告は『学鐙』に連載されて注目され、また「ペンを科学する」と題するペン先の運動を詳しく研究した論文などもある。同二十七年、新設の防衛庁技術研究所の嘱託顧問として海上自衛隊の技術指導と川崎重工業の指導を行なった。単なる造船学者でなく、視野広く着想は抜群で、築地の魚河岸から早朝新鮮な魚を入手し、それに基づいて船型試験用の模型を作り船体抵抗の実験をし、多年にわたり潜水艦の耐圧船体の研究を行い、その成果の一部は船体の外側フレームの採用となり、世界に類のない優秀潜水艦が昭和八年より建造され、徳川の耐圧強度の幾多の研究は造船協会(戦後日本造船学会と改名)にて発表されその成果は海外の学者にも尊敬された。軍艦設計者の平賀譲とは特に親交あり、兄弟のごとき交流であり、昭和三十一年、東京府中市の多磨墓地の平賀の墓側に門下生一同の醵金でつくられた墓碑銘は徳川の撰文、牧野茂の稿である。同三十二年十一月二十九日没。六十九歳。遺体は遺言により病巣の解剖に付された。墓は豊島区染井墓地にある。
(福井 静夫)

とくがわなりあき 徳川斉昭 一八〇〇―六〇 江戸時代末期の常陸国水戸藩主。第七代治紀(武公)の三男。母は烏丸資補の女。幼名敬三郎。はじめ紀教のち斉昭。兄の第八代藩主斉脩(哀公)の嗣子となる。字は子信、号は景山・潜竜閣。夫人は有栖川宮織仁親王女吉子(登美宮)。寛政十二年(一八〇〇)三月十一日、江戸に生まれる。兄の斉脩に子がないために、その嗣子に立てられたが、それは、幕府第十一代将軍徳川家斉の子恒之丞(清水家へ養子、のち斉彊)を迎えようとする藩の重臣らに対しての藤田東湖や会沢正志斎ら下級藩士の激しい擁立運動の結果であった。斉脩夫人峯姫(美子)が家斉の女であることから、その弟を藩主に迎えて将軍家との縁を深め、藩財政の危機を救おうとした保守門閥派を抑えた斉昭擁立派は、斉昭の指導による水戸藩の「天保改革」の推進派になるが、この対立は三十～四十年後の元治・慶応期から、明治初年にまで尾を引くことになる。文政十二年(一八二九)十月、襲封直後の斉昭は、藩政改革の基本方針を示すが、門閥派を排除し、領内の民政を重視する立場から郡宰(郡奉行)の編成替えを行うなど、まず下士層の抜擢・登用が目立った。国元へ帰って改革にあたりたいとの意志で、天保四年(一八三三)三月から約一年間水戸に帰国し、領内を巡視、折から天保初年の飢饉の時期に、農村と城下に「育子金」の制を行なって戸口増加をはかり、貯穀奨励、士民への倹約令強化などをすすめた。幡崎鼎などの蘭学者も登用し、そこからの知識によって沿岸警備体制を強化し、大船建造の必要を説くなど海防策の推進にもみるべきものがあった。江戸に戻ってからも引き続いて藤田東湖・戸田忠敞らを重用し、領内の民政安定、文武奨励、神儒一致思想の鼓吹などを推進する一方、幕府に対しても、酒造制限など各種の飢饉対策、蝦夷地開拓、山陵修補、海防強化などの建言をくり返した。同八年の大塩平八郎の乱、米船モリソン号の浦賀来航をめぐる問題など、国内外の危機的状況を重く見、幕政改革を求めた長文の上書「戊戌封事」を九年八月にまとめ、翌年将軍徳川家慶に提出したことも注目される。天保期後半の改革の中心は、九年から計画を始め、十年制定の「検地条目」によって、十三年十一月に及んだ水戸藩の天保検地であった。寛永検地以来の大事業で、一間＝六尺五寸の竿によったため、全領的に石高減少を見たが、田畑の位付けを細かくして、租税の合理化をはかった。その間十一年正月から再び水戸に帰って長期滞在し、検地施行をじきじきに指導した。その他、毎年一回「追鳥狩」と称する大規模な軍事訓練を実施、幕府の登用した長崎の兵学者高島秋帆の洋式銃陣を藩士に学ばせ、造船の計画を立て、領内各地に郷校を建設して豪農・神官などを教育し、藩校弘道館の開校を準備、他方藩士の家禄の半知借上げを行うなど、厳しい財政改革も推進した。西洋の兵術・武器、および医術の導入には積極的であったが、キリシタンや交易は排斥した。仏教をも排除して、神と儒の二本の柱による思想統一を志す、いわゆる後期水戸学の攘夷＝反西欧主義思想は、天保九年三月に発表された『弘道館記』に集約されており、同十二年弘道館の開館とともに、それが石碑に刻まれて、館庭に建てられた。これら一連の「天保改革」は、天保十二年五月から開始された幕府老中水野忠邦による幕政の天保の改革にも大きな影響を与えたが、藩内では、執政藤田貞正らを筆頭とする門閥保守派が根強く反対するなど、対立する動きが絶えなかった。特に、同十三年暮れに行なった、鋳砲の材を得るための寺院梵鐘の強制的供出、その後続いた神仏分離などは、領内寺院の反発と、その本寺にあたる江戸などの大寺院の非難を招いた。十四年四月の将軍家慶の日光社参に随行するため一時江戸に上り、再び水戸に戻っていた斉昭は、弘化元年（一八四四）五月、幕命で江戸に呼び戻され、五月六日退隠を命ぜられ、謹慎処分を受けて、駒込の別邸に幽閉された。家督は十三歳の長子慶篤が継ぎ、支藩の高松藩主松平頼胤ら一族の三連枝藩主が後見役となった。斉昭処分の理由は、寺院に加えた種々の圧迫策、幕府の十分な了解なく進めた軍備改革や、本来定府制である藩主の水戸長期滞在等々であるとされているが、極端な排仏、寺院破却などへの広い反発が最大の因と考えられよう。しかし、これを「甲辰の国難」として、領内各層の士民らは強く反発、藩内の動揺は大きく、江戸へ出て雪冤を訴えようとする集団の出府が相ついだ。斉昭の謹慎はその年十一月に解かれるが、かねてからの藩内の対立は、依然として厳しく、五年後に再び藩政関与が許されたものの、藩主の地位を退いている斉昭は、なお、結城寅寿ら門閥派を抑えるのに腐心しなければならなかった。他方老中阿部正弘に対しては、くり返し海防の強化と攘夷を説く意見書を出し、天下に影響を与えた。嘉永六年（一八五三）六月米国使節ペリー来航後、海防問題の幕政参与に任ぜられ、開国反対派の中心として、「海防愚存」をはじめとする意見書の提出をくり返し、安政二年（一八五五）八月には、政務参与も命ぜられるが、斉昭の主張である、開国要求を穏便に断りながら決定を引き伸ばし、そのうちに武備を強化して攘夷を断行するという「ぶらかし」論は、結果的には採用されず、米国をはじめとする各国との和親条約締結から、通商条約の調印に進んだ。阿部正弘のあとを継いだ開国派の老中首座堀田正睦と対立した斉昭は、同四年七月、海防と政務の参与を辞任した。その間、安政二年十月二日の江戸大地震で、藩政の両腕ともいうべき家老戸田忠敞と側用人藤田東湖を失ったが、那珂湊の反射炉建設、神発流砲術の確立と軍制改革、弘道館の開校、軍船旭日丸の建造、農兵取立てなど、安政の藩政改革に実を挙げた。日米修好通商条約調印にあたっては、かねてからの勅許の必要を強く説いて、堀田老中を窮地に陥れて、あくまでも反対論の先頭に立ち、併せて、十三代将軍家定の継嗣として、一橋家に入っていた斉昭七男慶喜を推す越前福井藩主松平慶永らの諸大名と連携し、幕府主流と決定的に対立した。安政五年四月大老に就任した井伊直弼によって条約の調印が強行され、将軍継嗣が紀伊家の慶福（のちの家茂）に決定されると、一橋派諸大名は一斉に不時登城して直弼を難詰したが、七月五日、斉昭は彼らをそのように指導したとして、尾張藩主徳川慶恕・松平慶永らとともに「急度慎」などの処分を受けた。これに怒った水戸藩士の一部は国元から江戸へ上り、また京都に集って、朝廷・公家に対して幕府批判の運動を働きかけるが、八月八日朝廷が水戸藩に対して、幕府改革の主導権を水戸藩に委ねる勅諚（戊午の密勅）を出したことから国政全体の混乱が深まった。直弼は勅諚の降下をきわめて重大な事態と見て、水戸藩士とそれにつながる反対派の大弾圧を行い、いわゆる安政の大獄が翌六年へと続くが、水戸藩士が中心となって万延元年（一八六〇）三月三日井伊直弼を暗殺（桜田門外の変）したとき、斉昭はその黒幕かとのうわさが流れたくらいに直弼との対立は決定的であった。しかし、それより先安政六年八月に国許永蟄居となって水戸城にあった斉昭は、万延元年八月十五日に死去した。持病であった脚気からの心筋梗塞と考えられている。六十一歳。墓は常陸太田市の瑞竜山にある。諡号烈公。明治三十六年（一九〇三）六月贈正一位。三十七名の子女のうち、成人した男子の中から、五男が鳥取池田家の慶徳、七男が一橋慶喜（のち第十五代将軍）、八男が川越松平家の直侯、九男が岡山池田家の茂政、十七男が土浦土屋家の挙直など、各地有力大名の養子に出され、自身の盛んな言動とともに、開国への幕政転換期の二分した国論に大きな影響を与えた。一方藩政面では、天保から安政にかけての改革指導がそれなりの成果を挙げながらも、反対派との分裂を深める結果となり、その死後も斉昭を神格化するかつての擁立派の系統とその対立派との藩内抗争は、天狗党の乱から明治初年に至る大きな亀裂を生んだ。訓戒的な国政論『明訓一斑抄』『告志篇』、西洋思想排斥の『息距篇』、蝦夷地開拓の『北方未来考』、弘化元年退隠処分への弁明の『不慍録』、阿部正弘との往復書簡の中に攘夷論を説く『新伊勢物語』、佐藤成裕(中陵)らに命じて編述させた博物誌の『山海庶品』等等、政論・学術、そして詩文などの著作はきわめて多い。伝記としては、会沢正志斎・豊田天功ら斉昭派の学者によって、いち早く文久元年(一八六一)に『烈公行実』が編纂されている。

参考文献 『茨城県史料』幕末編一、『水戸藩史料』、『水戸市史』中三、瀬谷義彦『水戸の斉昭』

(河内 八郎)

とくがわむせい 徳川夢声 一八九四―一九七一 大正・昭和時代の無声映画弁士、俳優、声優、随筆家。本名福原駿雄(としお)。明治二十七年(一八九四)四月十三日、島根県美濃郡益田町(益田市)に生まれる。父庄次郎・母ナミ。東京府立第一中学校卒業後、第一高等学校の受験に失敗、大正二年(一九一三)清水霊山に入門、活動弁士になり福原霊川と名のる。翌年赤坂葵館に移った際、徳川夢声と改名、活弁の第一人者になったが、かたわら東京放送局開局当時からラジオに出演、朗読と話芸に天分を示す。昭和七年(一九三二)トーキー時代となり俳優に転向、翌八年古川緑波らと「笑いの王国」を結成、一方映画にも出演する。昭和十二年劇団文学座結成に参加、翌年には苦楽座を結成。第二次世界大戦中・戦後は連続ラジオ小説「宮本武蔵」「新・平家物語」の朗読で絶讃される。ラジオ時代の「話の泉」、テレビ時代となり「私だけが知っている」「こんにゃく問答」にレギュラー出演。『週刊朝日』の対談記事「問答有用」は四百回に及ぶ。教養派型マルチタレントのはしりといえる。昭和四十六年八月一日、東京都杉並区内の病院で没した。七十七歳。著書に『夢声戦争日記』『問答有用』などがある。

参考文献 渋沢秀雄監修『徳川夢声 その人と芸』(ビクターレコード解説書)、日本経済新聞社編『私の履歴書』一四

(藤田 洋)

とくがわもちつぐ 徳川茂承 一八四四―一九〇六 江戸時代後期の紀伊国和歌山藩主。初名頼久。弘化元年(一八四四)正月十五日、伊予国西条藩主松平頼学の七男に生まれ、安政五年(一八五八)六月本家の慶福(のち家茂)が将軍世子となったので和歌山藩を襲封、将軍の偏諱を賜わって茂承と改め、参議に任じ、同六年十二月権中納言に進んだ。文久三年(一八六三)三月参内して天盃を賜わり、四月石清水社行幸には警備を命ぜられた。長州再征となるや、慶応元年(一八六五)五月征長先鋒総督となり一橋慶喜とともに主戦論を唱え、大坂に滞留すること約一年。同二年六月広島に出陣したが、幕軍大敗する中に将軍家茂が没し、八月休戦解兵となった。明治元年(一八六八)正月鳥羽・伏見の戦に敗走する旧幕軍を海路江戸に送致して朝廷の嫌疑を蒙り、二月病をおして入京、三月親征行幸中の京都留守を仰せ付けられ、八月軍資金十五万両の献納を命ぜられた。同二年六月版籍奉還で和歌山藩知事となり、四年七月廃藩置県でこれを免ぜられ、東京府貫属となった。同六年皇居炎上に際して赤坂の邸地を献上し、十年旧藩士族の人材養成のために十万円を与えて徳義社を設立した。同十七年侯爵を授けられ、ついで貴族院議員に列し、三十九年八月二十日没した。年六十三。墓は東京都大田区池上の本門寺にある。

参考文献 和歌山市役所編『和歌山史要』

(吉田 常吉)

とくがわもちなが 徳川茂徳 一八三一―八四 幕末・維新期の美濃国高須藩主、尾張国名古屋藩主。一橋家十代当主。茂徳は「もちのり」とも読む。字は好徳。号は穆堂。初名建重、次に義比、のち茂栄。幼名鎮三郎、致仕して玄同。高須藩十代藩主松平義建の五男として、天保二年(一八三一)五月二日、江戸四谷藩邸に出生。母は尾崎氏。幕末・維新に活躍した名古屋藩主徳川慶勝の弟、陸奥国会津藩主松平容保・伊勢国桑名藩主松平定敬の兄にあたる。嘉永二年(一八四九)慶勝の尾張家相続により嫡子に立ち、従五位下弾正大弼に叙任、続いて従四位下侍従。同三年高須藩主となり、摂津守、左近衛権少将を歴任。安政五年(一八五八)慶勝隠居に伴い尾張家を継ぎ、左近衛権中将から従三位参議へ。同六年権中納言、文久元年(一八六一)従二位権大納言に昇る。攘夷鎖国の慶勝の方針を転換し、前主の重用した田宮如雲らを退ける一方、家老竹腰正諟をはじめ佐幕派の家臣を登用、士民の反感を買った。文久二年慶勝の政治復帰を契機に、田宮一派が再び擡頭し、竹腰らは排斥された。その後生麦事件の償金を英国に支払うよう主張したため、非難は一段と高まった。文久三年、深刻な藩内対立を解消するべく、藩主の座を慶勝の子義宜に譲った。その治世に世禄制を充実し、武備の強化をはかるとともに、倹約をすすめ、領民の献金をとどめた。老子に関心をしめし、儒臣に進講させた。慶応元年(一八六五)長州再征に先手総督を命じられたが辞退、旗本後備を務む。慶喜の将軍就任のあとを襲い、同二年一橋家に転じた。明治元年(一八六八)官軍東下の際駿府に赴き、宗家に対する寛大な処置を朝廷に願った。同二年領知返還、歳俸三千八百五十石を賜う。同十五年正二位に叙せられる。同十七年三月六日没。年五十四。東京上野凌雲院に葬り、法号は顕樹院荘徳玄同。夫人は奥州二本松藩主丹羽長富の女政姫。

参考文献 『(平成新修)旧華族家系大成』下、辻達也編『(新稿)一橋徳川家記』、『三世紀事略』(『名古屋叢書』五)、『名古屋市史』政治編一・人物編一、『新修名古屋市史』四、西尾豊作『子爵田中不二麿伝』、所三男「藩政改革と明治維新(尾張藩)」(林董一編『尾張藩家臣団の研究』所収)

(林 董一)

とくがわよしあつ 徳川慶篤 一八三二―六八 江戸時代後期の常陸国水戸藩主。幼名鶴千代。慶篤は将軍の偏諱。天保三年(一八三二)六月三日、水戸藩主徳川斉昭の

長男に生まれた。母は吉子女王（有栖川宮王女、貞芳院、文明夫人）。弘化元年（一八四四）五月父斉昭の幕譴による退隠で襲封し、嘉永三年（一八五〇）十二月権中納言に進んだ。安政五年（一八五八）六月斉昭と不時登城して大老井伊直弼の日米修好通商条約の無断調印を問責し、登城停止に処せられ、八月戊午の密勅が降下し、返納をめぐって藩内二分する中、六年八月安政の大獄で斉昭は国許永蟄居、慶篤は差控に処せられ、万延元年（一八六〇）三月激派による桜田門外の変で登城停止に処せられた。文久三年（一八六三）三月朝命により入京、賀茂社行幸・石清水社行幸に随従し、ついで将軍目代として外交拒絶の朝命を受けて四月帰府し、元治元年（一八六四）四月三港閉鎖反対の意見を奏請した。藩内では尊攘激派が同年三月筑波山に挙兵し（天狗党の乱）、幕府追討軍との間に激戦が展開され、八月慶篤は藩内鎮撫のために支藩宍戸藩主松平頼徳を目代として水戸に派遣したが、十一月投降に反対した武田耕雲斎らの西上となった。藩内の抗争は維新まで続き、明治元年（一八六八）三月在京藩士が東下して藩政回復し、同月十七日帰藩したが、四月五日没した。年三十七。諡は順公。墓は茨城県常陸太田市の瑞竜山にある。

参考文献 『水戸藩史料』 （吉田 常吉）

とくがわよしかつ 徳川慶勝 一八二四―八三 幕末・維新期の尾張国名古屋藩主。幼名秀之助、字は君恪。初名義恕または慶恕。はじめ盛斎、のち月堂と号した。名古屋藩支藩美濃国高須藩十代藩主松平義建の次子として、文政七年（一八二四）三月十五日、江戸四谷の同藩藩邸で生誕。母は水戸徳川家治紀の女規姫。水戸藩主徳川斉昭は叔父にあたり、その感化を受く。弟に幕末・維新に活躍した名古屋藩主茂徳・陸奥国会津藩主松平容保・伊勢国桑名藩主松平定敬。兄の夭折により高須家の嫡嗣となる。幼時より賢明の聞こえ高く、読書に親しみ、詩作・武技を好む。天保十一年（一八四〇）従五位下中務大輔、ついで従四位下侍従。嘉永二年（一八四九）掃部頭。同年名古屋藩士民の衆望を担い、幕府からの養子が続いたあとの尾張徳川家を相続。正四位下右近衛権少将、左近衛権中将を経て、従三位参議に叙任。同三年権中納言に昇進。文久二年（一八六二）従二位権大納言。明治二年（一八六九）従一位、さらに勲二等。九代藩主宗睦の遺徳をあおぎ、成瀬正肥・生駒周行・田宮如雲・長谷川敬ら有能な家臣の補佐を得て、藩政改革を断行した。士風の高揚、人事の刷新、財政整理、海防強化、義倉の設置はその一例。安政元年（一八五四）炎上した内裏の再営に檜材を献上、尊皇の誠を表す。日米通商条約の調印に反対し、また将軍家定の継嗣問題で一橋慶喜を推す徳川斉昭・松平慶永に同調、開国を唱え、紀伊慶福の継立をはかる井伊直弼一派と鋭く対立。同五年隠居を命じられ、江戸戸山邸に幽閉。封を茂徳に譲った。万延元年（一八六〇）赦免され、文久二年（一八六二）政治活動を再開。現藩主茂徳と一藩二主の複雑な様相を呈した。文久三年茂徳隠居のあとを襲い、三男元千代義宜が当主となると、その後見につき、藩政の実権を掌握。藩校明倫堂学生登用法を定め、徒刑場を設け、武士に関する刑事判例集を編纂。元治元年（一八六四）征長総督に就任、広島まで進軍。再征に際しては幕府を諫止した。一方、朝幕融和を志し、王政復古に大きな役割を果たす。朝廷に楠木正成の湊川神社造営を建言。また議定職を務む。将軍家親族の立場があり、朝幕いずれにつくか苦しんだが、明治元年佐幕派の家臣を処断し、近隣の諸侯を誘って討幕側にくみした。同年朝命に基づき、甲信地方平定のため出兵、自身美濃国太田宿に本営を張った。同二年軍功に対し、父子に賞典禄一万五千石下賜。三年名古屋藩知事、四年免官。八年義宜死去に伴い、再び家督を継ぐ。十年旧臣授産の方途を講ずるべく、北海道入植地調査。翌年胆振国遊楽部と決定。八雲村誕生。十三年家を養嗣子義礼に譲る。十六年八月一日没。年六十。東京の西光庵（東京都新宿区新宿六丁目）に葬る。文公と諡し、賢徳院仁蓮社誉源礼譲卿という。室は陸奥二本松藩主丹羽長富女矩姫。

参考文献 『（平成新修）旧華族家系大成』下、『三世紀事略』（『名古屋叢書』五）、長谷川敬編『慶勝公履歴附録』（『日本偉人言行資料』）、『名古屋市史』人物編一・政治編一、『新修名古屋市史』四、西尾豊作『子爵田中不二麿伝』、『改訂八雲町史』、林董一『尾張藩公法史の研究』 （林 董一）

とくがわよしちか 徳川義親 一八八六―一九七六 明治から昭和時代にかけて多方面にわたって活躍した大名華族。明治十九年（一八八六）十月五日、元越前藩主松平慶永（春岳）の五男として東京に生まれる。名古屋徳川家の養子となり、同四十一年侯爵を襲爵する。東京帝国大学の史学科と植物科を卒業し、大正三年（一九一四）徳川生物学研究所を設置する。この間、貴族院議員となる。大正十年マレー半島でジョホールのサルタンと狩猟を楽しみ「虎狩りの殿様」の異名をとる。同十二年徳川林政史研究所を設置。昭和四年（一九二九）ジャワで開かれた太平洋学術会議に出席。同六年民間右翼の清水行之助に請われて三月事件のためのクーデター決行資金二十万円を提供する。事件は中止となるが義親は大川周明や石原広一郎らと国家改造運動にのりだす。このころ財団法人徳川黎明会を設立し家政改革に成功する。二・二六事件が起るや、青年将校の意を天皇に伝えようとするが失敗。日中戦争が始まると上海派遣軍慰問団の一員として従軍。戦時中は産業組合幹部として活動する一方、大和倶楽部を結成して排英運動を展開する。太平洋戦争の開始により軍政顧問および昭南博物館長としてシンガポールへ赴任。敗戦後は日本社会党の結成に協力し、東京裁判では三月事件の証人として出廷。公職追放解除後、名古屋市長選に立候補するも落選。多彩な文化活動でも知られる。同五十一年九月六日死去。八十九歳。愛知県瀬戸市の定光寺に葬られる。法名は昭徳院殿勲誉義道仁和大居士。

自伝に『最後の殿様』、著書に『ジャガタラ紀行』『江南ところどころ』『木曾の村方の研究』『七里飛脚』などがある。

参考文献 中野雅夫『革命は芸術なり―徳川義親の生涯―』、E・J・H・コーナー『思い出の昭南博物館』(石井美樹子訳、『中公新書』六五九)、小田部雄次『徳川義親の十五年戦争』、粟屋憲太郎・小田部雄次「『徳川義親日記』と三月事件」(『中央公論』一九八四年七月号)

(小田部雄次)

とくがわよしのぶ　徳川慶喜　一八三七―一九一三　江戸幕府最後の第十五代将軍。一八六六―六七在職。水戸藩主徳川斉昭(烈公)の七男として、天保八年(一八三七)九月二十九日、江戸水戸藩邸に生まれた。生母は吉子女王(有栖川宮王女、貞芳院、文明夫人)。幼名七郎麿、字子邦、諱昭致・慶喜、雅号興山。父の命によって生後七ヵ月で水戸に送られ、幼時教育を藩地で受け、その後十一歳まで同地で過ごした。斉昭は水戸藩の天保の改革を推進するため、天保十一年正月水戸に帰り、約四年間滞在した。そこでの慶喜に対する教育はかなり厳しかったようである。少年時代の慶喜は聡明で、斉昭も天晴な名将となることを期待した。弘化四年(一八四七)九月一橋家を相続し、十二月元服、従三位左近衛中将に任じ、刑部卿と称し、名を慶喜と改めた。安政二年(一八五五)十二月一条忠香養女延君(美賀子、貞粛院)と結婚、同月参議となった。時に将軍家定の継嗣の議が起り、その候補者として和歌山藩主徳川慶福と慶喜の名が挙げられた。一方安政五年日米修好通商条約調印問題が起り、将軍継嗣問題とからみ合って、政局は複雑な様相を示した。同年四月大老となった彦根藩主井伊直弼は、六月条約調印を断行した。これを聞いて父斉昭、兄の水戸藩主慶篤、福井藩主松平慶永らは不時登城して、大老の条約調印を面責した。慶喜もこれに加わった。翌月将軍家定が没したが、幕府はその喪を秘し、徳川慶福を将軍継嗣と発表、八月慶福は将軍となり、名を家茂と改めた。一方、慶喜は不時登城を譴責され、登城停止となり、翌六年八月隠居・慎を命ぜられた。これは井伊直弼による安政の大獄処断の一つであるが、爾後文久年間(一八六一―六四)尊攘運動が盛んになる約三年間、慶喜は政局外の人となった。万延元年(一八六〇)八月父斉昭が没し、翌月謹慎は解かれたが、依然接客文通は禁ぜられ、文久二年四月ようやくこれも解除された。このころ慶喜登用の勅旨があり、七月慶喜は一橋家を再相続、一躍将軍後見職となり、同じく政事総裁職となった前福井藩主松平慶永とともに、幕府の要職を努めることとなった。十二月将軍上洛の先駆として上京し、翌三年正月はじめて孝明天皇に会った。京都では尊攘運動が最盛期に入っていたが慶喜は将軍を輔け朝幕間を奔走し、三月賀茂社行幸に、翌月石清水社行幸に供奉した。同月京都を発して江戸に帰ったが、八月十八日の政変で尊攘派が京都から一掃されると、十月海路再び入京し、十二月朝議参予を命ぜられた。翌元治元年(一八六四)三月参予をやめ、禁裏御守衛総督・摂海防禦指揮を命ぜられて一時下坂したが、六月から七月にかけてしばしば参内し、七月十九日の禁門の変に際しては、御所防衛軍を指揮して活躍した。十月水戸藩大狗党の西上にあたり、鎮圧の勅命を受けて近江国海津に出陣した。慶応元年(一八六五)六月から翌二年にかけてしばしば京坂間を往復し、この間慶応元年十月には条約勅許を得ることに成功した。さらに同二年六月将軍に代わって第二次征長の勅許を得たが、たまたま翌七月二十日将軍家茂は大坂城中で病死した。慶喜は八月徳川宗家を相続、ついで十二月五日権大納言・正二位・征夷大将軍に任叙された。同月孝明天皇崩御、翌三年正月国喪で征長軍を解いた。三月兵庫開港を奏請、五月勅許を得た。宗家相続以降、慶喜は政治の刷新に努め、軍備充実をはかり、またフランス公使ロッシュに接近してその意見を徴するなど、その施政には見るべきものがあった。しかし幕府の衰退は掩うべくもなく、ついに土佐藩の建言に基づいて十月十四日大政奉還を上表し、翌日勅許を得た。このことは討幕派の出鼻をくじいたものであり、また慶喜は大政奉還をしても、国政の主導権は依然幕府の手中に温存されると考えていた。しかし十二月九日の「王政復古」の大号令の発布、続く翌明治元年(一八六八)正月三日の鳥羽・伏見の戦の開始によって事態は一変し、慶喜は海路江戸に帰った。一時薩長側と一戦を辞せずと考えたようであるが、恭順専一の態度をとり、二月十二日江戸城から上野寛永寺大慈院に移って、閉居謹慎した。四月死一等を減ぜられ、ついで水戸に移った。閏四月田安亀之助(家達)が徳川宗家の家督をつぎ、駿府(静岡)七十万石を与えられ、七月慶喜は水戸から駿府に移った。同二年九月謹慎を解かれたが、爾後同三十年居を東京に移すまで同地に閑居し、もっぱら趣味の一途に生きた。その子女は、二十一人に及んだ。明治五年従四位に、同十三年正二位に、ついで同二十一年従一位に叙せられた。三十一年はじめて東京皇居に参内、同三十五年公爵を授けられ、さらに同四十一年勲一等旭日大綬章を受けた。大正二年(一九一三)十一月二十二日病没。七十七歳。墓は東京都台東区谷中の徳川家墓地にある。

参考文献 渋沢栄一『徳川慶喜公伝』、徳川慶喜公伝編纂所編『昔夢会筆記』、宮内省編『孝明天皇紀』、同編『明治天皇紀』、藤井貞文『宿命の将軍徳川慶喜』、松浦玲『徳川慶喜』(『中公新書』三九七)、小西四郎『徳川慶喜のすべて』、田中惣五郎『最後の将軍徳川慶喜』

(小西　四郎)

とくだいじきんいと　徳大寺公純　一八二一―八三　江戸時代後期の公家。文政四年(一八二一)十一月二十八日生まれ。父は右大臣鷹司輔熙。徳大寺家を嗣ぐ。文政十三年従三位、天保三年(一八三二)正三位に位階が進む。嘉永三年(一八五〇)権大納言、安政四年(一八五七)二月議奏となる。翌五年正月通商条約勅許問題の際、畿内を開港開市しないことを条件に幕府の奏請を許可すべしと述べた。安政の大獄の際、公純は長野主膳(義言)により三条実万らと朝廷における悪謀画策の代表者とみなされた。また水戸藩勅諚返納問題や和宮降嫁についても幕府の弾劾をうけ、万延元年(一八六〇)六月議奏を辞した。文久二年(一八六二)九月内大臣、同十二月さらに国事御用掛に任ぜられたが、尊攘派とは一線を画し、翌三年八月十八日の政変後の十二月右大臣となり、公武合体派の立場で左大臣二条斉敬らと朝廷政治の中心的存在となった。慶応三年(一八六七)九月右大臣を辞し、王政復古に際し参朝停止となった。明治天皇の侍従長徳大寺実則の父である。明治十六年(一八八三)十一月五日没。六十三歳。（佐々木　克）

とくだいじさねのり　徳大寺実則　一八三九—一九一九　幕末・明治時代の政治家。右大臣徳大寺公純の長男。天保十年(一八三九)十二月六日、京都に誕生。嘉永四年(一八五一)侍従に任じ、右少将・左中将を経て、安政四年(一八五七)従三位、同五年正三位に叙され、文久二年(一八六二)四月権中納言、同十二月従二位に進み、国事御用掛となり、翌三年二月議奏加勢に補され、四月議奏本役となった。この間、尊攘派堂上の一人として活動し、八月十八日の政変により参内・他行・他人面会を禁じられ、続いて議奏を罷免された。慶応三年(一八六七)正月遠慮を許されると、二月正二位に昇り、明治元年(一八六八)正月参与、ついで議定となり、さらに内国事務局督を兼ね、二月権大納言に任じられた。翌二年四月内廷知事を兼任し、三年二月山口藩に内訌が起ると宣撫使として同藩に赴いた。四年七月大納言を辞して麝香間祇候および宮内省出仕を命ぜられ、八月侍従長に任じ、十月には宮内卿となり侍従長を兼ねた。その後十年八月宮内省官制の改定に伴い侍従長などが廃されると一等侍補に補されるが、十七年三月側近奉仕者の制が改まり侍従職が設置されると侍従長に任じられ、以後明治天皇の信任を受け、その崩御に至るまで侍従長として側近に仕えた。そして同年七月華族令が制定されると侯爵を授けられ、華族局(のち爵位局)が設置されると、十八年七月その長官を兼任した。さらに二十四年二月三条実美没後内大臣を兼ね、八月先帝御事蹟取調掛長に補されて『孝明天皇紀』の編修を主宰し、三十九年十二月これを完成させた。この間、三十二年十二月従一位に昇り、三十九年四月大勲位菊花大綬章を授けられ、四十四年四月公爵に昇った。明治天皇崩御後の大正元年(一九一二)八月本官ならびに兼官を辞し、同八年六月四日東京府千駄谷の自宅で没。八十一歳。東京谷中墓地に葬るがのち多磨墓地に改葬された。日記に『徳大寺実則日記』がある。

[参考文献]　『徳大寺家系譜』、宮内省編『明治天皇紀』
（川田　貞夫）

とくだきゅういち　徳田球一　一八九四—一九五三　昭和時代の日本共産党の指導者。明治二十七年(一八九四)九月十二日、沖縄県国頭方名護間切名護村(名護市)に生まれる。父佐平(慶大中退)・母カマドの長男。両親とも薩摩の商人を父に琉球の妾を母にもつ。十二歳で父を失う。沖縄中学時代、成績はよかったが操行不良の反逆児で、中江兆民・幸徳秋水の著書で社会主義に関心をもつ。大正元年(一九一二)九月、第七高等学校造士館に進んだが、経済的理由で翌年退学、沖縄で小学校の代用教員、郡役所書記となる。六年上京、日本大学専門部法律科夜間部に入学、九年卒業、翌年弁護士となる。この間、日本社会主義同盟に参加、十一年、モスクワでのコミンテルン主催の極東民族会議に出席、七月、日本共産党結成に参加、中央委員に就任。翌年六月の第一次共産党事件に連座した。十三年解党に賛成したが、翌年一月、コミンテルンの党再建方針が出るや、八月、再建ビューローの委員長となり、ソ連に潜行、十五年六月帰国、第一次共産党事件で下獄、翌昭和二年(一九二七)一月出獄した。この間、共産党は、山形の五色温泉での第三回大会で、福本イズムにもとづいて再建された。これに反対のコミンテルンは、渡辺政之輔・福本和夫・徳田らを招致し、二七年テーゼを決定したが、福本イストの徳田は指導部から外された。翌年二月の第一回普通選挙には、福岡第三区より労農党から立候補したが落選、直後の二月二十六日、治安維持法違反容疑で逮捕された。三・一五事件のハシリである。以後敗戦まで獄中で過ごす。獄中では法廷委員会の一員として法廷闘争を行なったが、九年十二月六日、大審院で、懲役十年・未決通算四百日の刑が確定、網走・千葉・小菅の各刑務所に拘禁された。十五年の紀元二千六百年記念の恩赦で一年十ヵ月減刑され、翌年十二月二十日刑期が満了したが、予防拘禁制度により引きつづき東京予防拘禁所(当初豊多摩刑務所に併設、二十年六月府中刑務所に移転)に拘禁された。第二次世界大戦敗戦直後の十月十日、占領軍の民主化政策で出所、はじめて自由の身となった。拘禁所で準備した『人民に訴ふ』を発表、党再建に着手、書記長に就任したが、基本構想は獄中で接した「三二年テーゼ」で、社会ファシズム論に捉われ、人民戦線戦術の理解を欠いていた。そのため大衆運動の割に議席数は伸びず、二・一ストでは占領政策を誤認して挫折した。二十四年の総選挙では躍進、「九月革命説」を唱えたが不発に終り、翌年一月、コミンフォルムによる「平和革命論」批判には「所感」を発表して拒否し、志賀義雄・宮本顕治ら国際派と対立した。自己批判して反帝闘争に着手するや、六月六日の公職追放令にあい、自派だけで地下に潜行、共産党は分裂した。九月、中国に亡命、翌年、スターリンと中国共産党の指導下に民族解放民主革命をめざす新綱領『日本共産党の当面の要求』を作成、党を武装闘争に導いたが、二十七年、党創立三十周年記念論文で自己批判した。翌年六月、北京病院に入院、十月十四日、脳細胞血管の痙攣で死去。五十九歳。その死は厳秘に付され、三十年七月の第六回全国協議会で公表され、党内外に波紋をひきおこした。墓は東京都府中市の多磨墓地にある。著書に『獄中十八年』『わが思い出』、また『徳田球一全集』全六巻がある。

参考文献 杉森久英『昭和の叛骨徳田球一伝』、西野辰吉『首領―ドキュメント徳田球一―』、東洋書館編集部編『回想の徳田球一』、理論社編集部編『徳田球一伝』

（神田 文人）

とくだしゅうせい 徳田秋声 一八七一―一九四三 明治から昭和時代前期にかけての小説家。本名末雄。別号得田麻水など。明治四年（一八七一）十二月二十三日、金沢に生まれる。父雲平、母タケ。四人の異腹の兄姉と同腹の姉一人があった。維新後のおちぶれた家運と複雑な家族構成の中に誕生した自身を、後年秋声は「宿命的に影の薄い生をこの世に享けて来た」と回想している。養成小学校（現在の金沢市立馬場小学校）、金沢小学校（高等小学校、現在の金沢市立小将町中学校）から石川県専門学校に入ったが、学齢改革で第四高等中学校（のちの第四高等学校）へ移る。明治二十四年、父の死を機に、学費の不安もあって倦怠を覚えていた学校を中退、伝記・小説・評論などを読みふける中で文学への道を志す。翌年三月、桐生悠々と上京、尾崎紅葉や坪内逍遙を訪ねたが天然痘にかかって挫折し、復学のため帰郷する悠々と別れて大阪の長兄のもとに身を寄せる。不如意な日を重ねて一年、郷里へ帰って『北陸自由新聞』に身を置いたりしたが、さらに一年後長岡の『平等新聞』に移り、二十八年一月再度上京、博文館に入る。六月、編集に出入りしていた泉鏡花のすすめで紅葉を訪ね、その門下となる。翻訳や習作を重ねる間、二十九年八月『文芸倶楽部』に発表した『藪かうじ』で注目され、文壇にデビューする。三十二年十二月『読売新聞』に入社、胃弱に苦しむ中で同紙に連載した『雲のゆくへ』（三十三年八月―十一月）が好評を得て文壇に名を成す。三十四年暮、長く庇護を受けてきた長兄を思って下阪、別府に遊んだが、創刊早々の『文芸界』主筆佐々醒雪の原稿依頼に新たな作家活動を決意して帰京、はじめて一家を構える。手伝いに小沢さちをやとってその娘は満を知り、程なく同棲生活に入り、三十六年長男一穂をもうける。十月紅葉の死に遭ってのち、次第に独自の作風を深めていったが、折からの自然主義文学思潮に迎えられ、『秋声集』（易風社刊、四十一年九月）や『新世帯』の連載（『読売新聞』四十一年十月―十二月）で、島崎藤村・田山花袋らと並んで文壇の第一線に立つ。多くの短編を含めて、平凡な庶民の生活を見すえる冷厳な客観描写と簡潔でビビッドな筆は、無理想・無解決を標榜した日本自然主義を、最もよく代表するものとして評価された。は満の半生に取材した明治四十三年の『足迹』、憂鬱な結婚生活や紅葉の死を写した四十四年の『黴』で不動の地歩を占め、大正二年（一九一三）の『たゞれ』、四年の『あらくれ』など、すぐれた女性描写に特色を見せて自然主義の最高傑作といわれる諸作を生んだ。生活の資を得るために少なからぬ通俗物を書いてもいるが、大正九年、全文壇から花袋とともに生誕五十年を祝われるあたりから、さらに人生への透徹した眼を深め、『花が咲く』『風呂桶』（大正十三年）など身辺に取材した佳作が相つぐ。広津和郎が「主観の窓ひらく」と、その作風の推移を評した。ようやく成熟期に向かいつつあったが、十五年一月の妻の急死を機に陥った山田順子との恋愛事件が、『元の枝へ』（同十五年）など高く評価された作品も残しつつ、「順子物」としてくくられる作品群で痴態をさらし迷妄を余儀なくされた。ほとんど筆を執らぬ数年が続いたが、昭和八年（一九三三）の『町の踊り場』『死に親しむ』などで奇蹟の復活を遂げ、『チビの魂』『勲章』（同十年）などの名編で第二回文芸懇話会賞を受賞、大患をはさんで完成した『仮装人物』（十年―十三年）で第一回菊池寛賞を得た。小林秀雄のいう「純粋な作家気質」と天衣無縫の筆でかち得た文学的リアリティは、最晩年を飾る『縮図』（『都新聞』昭和十六年六月二十八日―九月十五日、八十回）に、より成熟した結実を見せた。常に庶民の眼で、権力におもねることなく、暗い日本近代の庶民を描き続けた作家の最高の達成がそこにあった。昭和十八年十一月十八日、僚友藤村の死を見送って二ヵ月、時局を憂いつつ秋声は七十三歳で没したが、情報局の干渉に抗して筆を絶ったその折のまま、『縮図』は書きかけた八十二回半ばまでの未完で残された。墓は金沢市の浄明寺にある。『徳田秋声集』（『日本近代文学大系』二一）がある。

参考文献 舟橋聖一『徳田秋声』、野口冨士男『徳田秋声伝』、松本徹『徳田秋声』、広津和郎「徳田秋声論」（『わが文学論』所収）、相馬庸郎「『黴』―その美について―」（『季刊文学・語学』四〇）

（榎本 隆司）

とくだひろあつ 徳田寛豊 一八三〇―九二 明治時代の宗教家。天照教教祖。天保元年（一八三〇）四月十七日上野国群馬郡大類村（群馬県高崎市）の郷士羽鳥藤蔵国親の三男として生まれた。幼名類蔵親義。尊王派の薩摩・水戸藩士と交わり、黒船来航に際して、伊勢神宮で尊王攘夷を誓った。桜田門外の変にかかわり、尊攘派として京都など各地で活動した。明治維新後、政府から賞を受け、国教をめざして天照教を開いた。明治十二年五月二十五日（一八七九）富士南麓に本教教会所をつくり、信者二十万と号した。同二十五年没。六十三歳。その後同教は衰えた。

（村上 重良）

とくとみそほう 徳富蘇峰 一八六三―一九五七 明治から昭和時代にかけての言論人、歴史家、評論家。名は猪一郎、蘇峰は号である。別号は銑研・桐庭・大江逸・玄堂・氷川子・青山仙客・山王草堂主人・菅正敬・伊豆山人など数多い。文久三年（一八六三）正月二十五日、母の実家肥後国上益城郡杉堂村（熊本県上益城郡益城町）の矢島家に徳富家の第五子、長男として生まれる。徳富家は肥後藩の一領一疋の郷士。父一敬（淇水を号す）は横井小楠門下四天王の一人、肥後実学党の中枢として藩政改革ついで初期県政にたずさわる。母は久子、その姉順子は竹崎律次郎(茶堂)、妹津世子は横井小楠に嫁した。蘆花健次郎は五歳下の弟。明治五年(一八七二)八月熊本洋学校に入学したが、年少のため退学させられ、八年九月再入学。九年一月キリスト教への入信決意を表明した花岡山奉教趣意書に署名し、熊本バンドに加わった。同年八月熊本洋学校の廃校に伴い上京、東京英語学校に入り、十月末、同志社英学校に転入学、十二月金森通倫らと新島襄から洗礼をうけ西京第二公会に入会、洗礼名は掃留(ソウル)。十三年五月卒業目前に中途退学して上京、第二公会に退会を申し出て、教会から除名されたが新島襄によせた敬愛の念は生涯変わらなかった。十四年八月熊本の民権政社相愛社に加わり、その機関紙『東肥新報』の編輯を担当、十五年三月自宅に地方青年を啓発するために大江義塾を開き、十九年九月閉塾まで英学・歴史・経済・政治学などを教授、そのかたわら『明治廿三年後ノ政治家ノ資格ヲ論ス』『自由・道徳及儒教主義』ついで『第十九世紀日本ノ青年及其教育』(のち『新日本之青年』と改題して刊行)、『将来之日本』を相ついで出版して高い文名を得た。二十年一月東京赤坂榎坂に姉初子の夫湯浅治郎の協力を得て民友社を設立し、二月『国民之友』を創刊、平民主義を唱えた。ついで二十三年二月には『国民新聞』、二十四年五月には『国民叢書』、二十五年九月には『家庭雑誌』、二十九年二月には『国民之友英文之部』(のち『欧文極東』The Far East)を発行して言論界を主導。一方、二十二年一月には『日本国防論』を発刊し、二十六年十二月には『吉田松陰』(四十一年改訂増補版)、二十七年十二月には『大日本膨脹論』を出版、日清戦争に際しては内村鑑三の〝Justification of Korean War〟を『国民之友』に掲げ、三国干渉は対外硬の自主的外交主張の契機となった。二十九年五月から三十年七月深井英五と欧米を巡歴。同年八月松方内閣の内務省勅任参事官(同年十二月辞任)となり「変節漢」の非難をあびる。三十一年八月『国民之友』『家庭雑誌』『欧文極東』を廃刊して、その言論活動を『国民新聞』に集める。三十四年六月桂内閣の成立とともに桂太郎を支援し、日露開戦に際しては国論統一、国際世論への働きかけに尽力、三十八年九月講和反対運動のため国民新聞社は襲撃をうけた。四十三年九月寺内正毅朝鮮総督の要請に応じて『京城日報』の監督(大正七年(一九一八)八月まで)となる。四十四年八月貴族院勅選議員。大正二年一月憲政擁護運動のさなか桂太郎の立憲同志会創立旨趣草案を執筆、『国民新聞』は「桂の御用新聞」とされて二度目の襲撃をうけた。同年十月桂太郎、三年五月父一敬の死を機に『時務一家言』、『大正の青年と帝国の前途』を出版して『将来之日本』以来の立言家に立ち返ることを宣言し、ついで七年五月「修史述懐」をあらわして年来の素志を発表、七月より『近世日本国民史』織田氏時代を『国民新聞』に掲載、昭和四年(一九二九)一月まで同紙に連載された。その間大正十二年五月には帝国学士院より『近世日本国民史』に対して恩賜賞が与えられ、十四年六月学士院会員に推薦された。昭和二年五月「維新史考察の前提」、三年一月「神皇正統記の一節に就て」、六年十月「歴史上より見たる肥後及び其の人物」について進講。その間、四年一月約四十年にわたって主宰した国民新聞社を引退し、四月大阪毎日新聞社・東京日日新聞社の社賓となり『近世日本国民史』の掲載は『大阪毎日新聞』『東京日日新聞』にかわった。十二年六月帝国芸術院会員となり、十四年二月『昭和国民読本』を出版し、十五年九月日独伊三国同盟即時締結の建白を近衛文麿首相に提出、十七年日本文学報国会、ついで大日本言論報国会の創立に際して会長となり、十八年四月三宅雄二郎(雪嶺)らと文化勲章をうける。二十年九月みずから戒名を「百敗院泡沫頑蘇居士」とし、十二月A級戦犯容疑者となり蟄居の身となる。二十一年二月貴族院勅選議員など公職を辞し、四月文化勲章を返上。二十六年二月には二十年八月以降中断していた『近世日本国民史』の執筆を始め、二十七年四月その第百巻を脱稿、同年九月には『勝利者の悲哀』『読書九十年』を出版、二十九年三月から三十一年六月まで『読売新聞』に「三代人物史伝」(のち『三代人物史』と改題して刊行)を発表した。三十二年十一月二日静岡県熱海の晩晴草堂で死去。九十四歳。葬儀は東京の霊南坂キリスト教会で行われ、東京府中の多磨墓地に葬る。碑銘は「待五百年後　頑蘇八十七」、右に「百敗院泡沫頑蘇居士」、左は静子夫人(二十三年十二月七日死去)の「平常院静枝妙浄大姉」。なお静岡県御殿場市の青竜寺、京都市の若王子同志社墓地、熊本県水俣市牧の内徳富家代代の墓地に分骨埋葬されている。著作は明治十七年一月最初の出版である『明治廿三年後ノ政治家ノ資格ヲ論ス』をはじめとして数多く、そのほか『国民叢書』全三十七冊、『蘇峰叢書』全十二冊、『近世日本国民史』全百巻などがあり、主著は『徳富蘇峰集』として『現代日本文学全集』四(改造社)、『明治文学全集』三四(筑摩書房)、『近代日本思想大系』八(同)に収められている。なお関係文献資料は同志社大学徳富文庫・追遠文庫(逗子)・水俣市立図書館(淇水文庫)・お茶の水図書館(成簣堂文庫)・徳富蘇峰記念館(二宮蘇峰文庫)に収められ、その一部は『同志社大江義塾徳富蘇峰資料集』、『徳富蘇峰関係文書』(『近代日本史料選書』七)などとして出されている。

[参考文献]　早川喜代次『徳富蘇峰』、並木仙太郎編『民友社三十年史』、蘇峰先生古稀祝賀記念会編『(蘇峰先生古稀祝賀)知友新稿』、森中章光『新島先生と徳富蘇峰―書簡を中心にした師弟関係―』、杉井六郎『徳富蘇峰の研究』、花立三郎『徳富蘇峰と大江義塾』、Kenneth B. Pyle: The New Generation in Meiji Japan; John D. Pierson: Tokutomi Sohō, 1863～1957― A Journalist for Modern Japan.

(杉井　六郎)

とくとみろか　徳冨蘆花　一八六八―一九二七　明治・

大正時代の小説家。名は健次郎。明治元年(一八六八)十月二十五日(新暦十二月八日)、肥後国葦北郡水俣内浜村(熊本県水俣市浜町)に、代々惣庄屋・代官をつとめる徳富家の家督をついだ父一敬の次男として生まれた。母久子は矢島家の出で、竹崎順子の妹、矢島楫子の姉にあたる。兄に猪一郎(蘇峰)がある。熊本藩庁に出仕する父とともに幼くして大江村(熊本市大江町)に移ったため、熊本洋学校に象徴される近代化の空気のただよう中で成長した。十一年兄と同じく京都の同志社に入学、その後いったん帰郷するが、十八年キリスト教受洗、十九年同志社に再入学、山本久栄(新島襄の姪)との恋愛事件によって翌年出奔、郷里の熊本英学校の教壇に立ったりしたのち、二十二年上京、兄の経営する民友社に入って執筆を中心とする仕事に入った。最初の単行本は同年刊行の人物伝『如温武雷士(ジョン=ブライト)』と『理査土格武電(リチャード=コブデン)』である。翌年創刊の『国民新聞』担当となり、徐々に紀行や創作を発表し始めて、二十七年原田愛子(藍)と結婚したころから、民友社より稿料を受けるようになった。同じ時期に、人物伝『グラッドストーン伝』『トルストイ』などと平行して、三十一年の『青山白雲』、三十三年の『自然と人生』、三十五年の『青蘆集』などに結晶する、独自の自然観を中軸とした数多くの著名な小品文を書き始めている。三十一年から翌年にかけて、大山巌の長女信子に関する悲話を聞いたのを一つのモティフとする長編『不如帰』を連載して評判を得、大幅に改稿して『自然と人生』と同年に刊行、明治文学の中でも有数のベストセラーになっていったが、そのことが経済的および精神的自立の獲得にもつながった。ついで三十三年から翌年にかけて長編『おもひ出の記』(単行の際『思出の記』と改題)を発表、近代前期の高揚する人間像を明るく典型的に描き出した稀有な小説にしたてているが、その結末部の設定のしかたから、続く長編『黒潮第一篇』の発表と月刊パンフレット『黒潮』の創刊あたりを通じて、明治社会の中で顕在化してきた社会的矛盾への注目を契機とする社会主義(者)への親近感を触媒とする形で、内的な解脱と「真なる自己」の発見への希求が顕在化してきている。そういう内的な契機が、三十九年のパレスチナを経てトルストイを訪問するいわゆる『順礼紀行』の旅、その翌年の武蔵野(東京府北多摩郡千歳村字粕谷)移住とそこでの「美的百姓」としての生活の開始などにもつながっていった。『順礼紀行』『寄生木』『みゝずのたはこと』などがその所産である。その後、大逆事件に接して一高で「謀叛論」を講演して気骨を示し、大正期に入っても、真実の自己探求の軌跡としての長編『黒い眼と茶色の目』、その間の独自の思索を示す『死の蔭に』『新春』、世界一周の記録でもある『日本から日本へ』二巻、それらの集大成としての自伝『冨士』四巻などを発表した。昭和二年(一九二七)九月十八日死去。六十歳。墓は東京都世田谷区粕谷一丁目の蘆花恒春園内にある。

参考文献　『蘆花日記』、中野好夫『蘆花徳冨健次郎』

(佐藤　勝)

とくながすなお　徳永直　一八九九―一九五八　昭和時代の小説家。明治三十二年(一八九九)一月二十日、熊本県飽託郡花園村(熊本市)に父磯吉・母ソメの長男として生まれる。父は作男であった。小学校のころよりさまざまな職業を経験、大正十一年(一九二二)上京。植字工として十五年の共同印刷争議に参加、昭和四年(一九二九)同争議に材をとった、出世作『太陽のない街』を発表。同年日本プロレタリア作家同盟に加入、ナップを代表する作家として多くの作品を発表。プロレタリア文学運動が衰退していく中で、同八年に唯物弁証法的創作方法を批判した「創作方法上の新転換」(『中央公論』同年九月号)を発表後、作家同盟を脱退。九年雑誌『文学評論』の創刊に関係した。ファシズムの暴圧にたじろぎながらも『八年制』(十二年)などのすぐれた作品を書き、十八年刊の長編『光をかかぐる人々』は戦中の抵抗文学の代表作といわれる。戦後は新日本文学会創立に参画、二十一年日本共産党に入党。三十三年二月十五日没。五十九歳。東京の多磨墓地に葬られた。

参考文献　久保田義夫『徳永直論』(『作家論』)、浦西和彦編『徳永直』(『人物書誌大系』一)

(林　淑美)

とくのうりょうすけ　得能良介　一八二五―八三　明治時代前期の大蔵省技監。初代印刷局長。旧名新右衛門、諱は通生、薫山と号す。薩摩藩士得能直介の長男。父没後二ヵ月して文政八年(一八二五)十一月九日出生、鹿児島城下で祖母の藤、母の吉に育てられ、十七歳で出仕。御記録所書役助・御側御用人座書役・長崎御付人勤などを歴任、その間島津斉彬・同久光の側近として、小松帯刀・西郷隆盛・大久保利通らを輔け国事に奔走、家格を小番に進められる。明治三年(一八七〇)四月、大久保利通の推挙で民部大丞兼大蔵大丞に任じられ、同年十一月大蔵権大丞。翌四年七月出納正、同八月出納頭となり国庫出納を管掌したが、五年五月、出納帳簿の様式改正をめぐり渋沢栄一と衝突、庁内で暴力を奮った廉で免官となる。同年八月司法省に採用され、権大検事・司法少丞を歴任、七年一月大蔵省に復帰して紙幣頭となる。以後組織改正により十年一月紙幣局長、同年十二月印刷局長となり、一貫して印刷局の創業に携わる。この間、紙幣頭として銀行学局を設立し、国立銀行条例改正を推進するなど、銀行行政に関与し、また、渋沢の第一国立銀行頭取就任を推挙した。紙幣・証書・印紙・文書などの印刷業務については、工場経営規則などの制定、外国人傭聘による技術者の養成、印刷・抄紙工場の建設などをすすめ、優秀な国産紙幣の製造および紙幣贋造防止のため尽力し、部下の信望を集めた。明治十六年十二月二十七日現職のまま印刷局官舎で死去。享年五十九。墓は東京都港区の青山墓地にあり、キオソーネ設計になる。

参考文献　渡辺盛衛編『得能良介君伝』

(大森とく子)

どくらしょうざぶろう　土倉庄三郎　一八四〇―一九一七　明治時代の林業家。天保十一年（一八四〇）四月十日、大和国吉野郡大滝村（奈良県吉野郡川上村大滝）に生まれる。父庄右衛門も林業家。幼名は丞之助。十六歳のころから家業に従事し、また大滝郷総代と材木方総代をつとめた。明治元年（一八六八）紀州藩による吉野川流下木材の口銭徴収に反対して民部省に請願し、廃止させた。三年政府より水陸海路御用掛に命じられ、吉野川の水路改修に尽力。六年には現在の東熊野街道の開設を計画し、十二年着工、十六年に完成した。十二年五条―上市間の道路改修を計画し、十七年着工、二十年完成。一方、十年ごろから自由民権家と交流するようになり、十三年中島信行遊説の際には三千円を提供した。以来自由民権運動のパトロンと目され、十四年大阪に立憲政党が結成された際これに加わって、『日本立憲政党新聞』（十五年創刊）最大の出資者となった。自由党総理板垣退助の洋行費を出したとされることで有名。景山英子・金玉均・新島襄らとも交流した。吉野郡内で九千町歩の山林を経営し、伝来の山林栽培法によって造林につとめるとともに、二十―三十年代、群馬県伊香保、奈良公園、兵庫県但馬地方、滋賀県西浅井町、台湾などに造林した。還暦には山県有朋から「樹喜王」の祝号を贈られている。大正六年（一九一七）七月十九日死去。七十八歳。墓は奈良県吉野郡吉野町の竜泉寺にある。森庄一郎著『吉野林業全書』（明治三十一年）に土倉式植林法が詳述されている。

参考文献　土倉祥子『評伝土倉庄三郎』
（大日方純夫）

どこうとしお　土光敏夫　一八九六―一九八八　昭和時代の経営者、財界人。明治二十九年（一八九六）九月十五日、岡山県御津郡大野村（岡山市）の農業土光菊次郎・登美の次男として生まれた。関西中学卒業後、代用教員を経て東京高等工業学校に入学した。大正九年（一九二〇）機械科を卒業して東京石川島造船所（のち石川島重工業）に入社した。同社が芝浦製作所と共同出資で昭和十一年（一九三六）石川島芝浦タービンを設立すると技術部長となり、二十一年その社長に就任した。二十五年、経営危機の石川島重工業の社長となり、徹底した合理化で経営を再建し、三十四年石川島ブラジル造船所（イシブラス）を設立。三十五年播磨造船との合併で石川島播磨重工業を設立した。四十年、経営難の東京芝浦電気（現、東芝）の再建を依頼されて社長となり、翌年には再建を成功させた。四十九年から三期六年間、第四代経済団体連合会会長を務め、第一次石油ショック後の日本経済を安定成長に導くことに尽力し、企業の政治献金のあり方の改善にも努めた。五十六年第二次臨時行政調査会長となり、二年後には「増税なき財政再建」などの行財政改革答申をまとめ、さらに五十八年から三年間、臨時行政改革推進審議会会長を務めた。また日本経済の自由化と国際化をとなえて、三十回以上も海外に出張した。その謹厳剛直な人柄と超人的行動力から、「ミスター合理化」「財界の荒法師」「行革の鬼」などの異名を奉られ、六十一年には民間人としてはじめて勲一等旭日桐花大綬章の生存叙勲を受けた。昭和六十三年八月四日、東京で死亡した。九十一歳。戒名は安国院殿法覚顕正日敏大居士。神奈川県鎌倉市の安国論寺に葬られる。

参考文献　榊原博行『評伝・土光敏夫』（『日本の実力者評伝シリーズ』）
（高村　直助）

とこなみたけじろう　床次竹二郎　一八六六―一九三五　明治から昭和前期にかけての官僚、政治家。慶応二年（一八六六）十二月一日、薩摩藩士床次正精・友子の長子として鹿児島城下新照院町に生まれる。幼名竹熊。父は藩主の一門島津久治（図書、久光の次男、宮之城領主）の御付人として小納戸役を勤め、明治維新後は司法官となった。第一高等中学校を経て明治二十三年（一八九〇）帝国大学法科大学政治科卒業。山之内一次・伊集院彦吉・原嘉道らは大学の同期生。大蔵省に入ったが、まもなく内務省に転じ、宮城県参事官・岡山県警察部長・東京府書記官・徳島県知事・秋田県知事など地方勤務ののち、三十九年第一次西園寺内閣成立とともに内務省地方局長に就任。内務大臣原敬の知遇を受け、立憲政友会に接近し、郡制廃止問題に努力したが、貴族院の反対で実現しなかった。四十四年内務次官に昇任。大正元年（一九一二）第二次西園寺内閣退陣とともに辞任。二年二月第一次山本内閣組織に際して薩派と立憲政友会の提携に奔走し、鉄道院総裁となるや、政友会の意を体して、鉄道幹線広軌化計画の中止と地方路線拡張の方針を打ち出した。二年十一月立憲政友会に入党。三年四月、第一次山本内閣総辞職とともに退任し、鹿児島県から衆議院議員の補欠選挙に出馬して当選。以来昭和七年（一九三二）の総選挙まで連続八回当選。立憲政友会の院内総務をつとめ、大正七年原内閣成立に際して内務大臣兼鉄道院総裁として入閣。原首相を補佐して貴族院工作を進め、懸案の郡制廃止・選挙法改正（選挙権拡張と小選挙区制採用）を実現した。また、民力涵養に力を注ぎ、内務省社会局の設置、協調会の創設など社会問題に対処して社会政策の実施にあたった。大正十年十一月原首相が暗殺され高橋内閣が成立すると、内務大臣に留任したが、翌年六月同内閣退陣により辞任した。原の死後立憲政友会では内紛が激しくなったが、床次は党内の改革派に同調して高橋是清総裁らと対立。十三年一月清浦内閣が貴族院勢力を基礎に成立すると、高橋ら護憲派が倒閣を主張したのに対し、同内閣支持を唱え、立憲政友会を脱党した。同月政友本党の結成に参画し、十三年六月同党総裁となった。しかし党勢はふるわず、十四年立憲政友会との提携をはかったが、政本合同の動きには反対した。その後、党内に憲政会に接近する動きが進行し、床次はこれに消極的であったが、昭和二年六月憲本合同により立憲民政党が結成された。床次は同党顧問となったが、民政党の対中国不干渉政策に反対して、三年八月脱党した。四年七月立憲政友会に復帰。六年十二月—七年五月犬養内閣の鉄道大臣。同年五月犬養毅首相が五・一五事件で暗殺された後、後継総裁の座を鈴木喜三郎と争って敗れた。九年七月岡田内閣成立にあたり、立憲政友会の反対を押し切って逓信大臣として入閣したため、政友会を除名された。晩年は出処進退が定まらず、政界の不評を買った。十年九月八日心臓病により死去。七十歳。遺骨は東京の多磨墓地と鹿児島市新照院町徳大寺に葬られた。

参考文献 前田蓮山編『床次竹二郎伝』、安藤英男『幻の総理大臣—床次竹二郎の足跡—』 （鳥海　靖）

ところみつお　所三男 一九〇〇—八九 昭和時代の日本林政史研究者。明治三十三年（一九〇〇）十一月三日、長野県東筑摩郡岡田村（松本市）に生まれる。父美太郎・母ゑきの三男。国学院大学高等師範部を中途退学。木曾福島小学校代用教員時代に徳川義親の知遇を得、昭和四年（一九二九）に徳川林政史研究所に入所。その研究補助のかたわら、旧尾州藩領の史料調査ならびに、中部・東北地方の林政史料の採訪・収集に従事。昭和十五年徳川林政史研究所主任研究員、同四十二年同研究所長、同五十六年四月より名誉所長。昭和二十二年文部省史料館が設立されると、その業務を委嘱され同館の発展に力を致す。この間、木曾谷を中心とする林政史の研究を重ね、昭和三十五年国学院大学より学位（文学博士）を授与され、それを発展させて昭和五十五年『近世林業史の研究』を刊行、翌年日本学士院賞を受賞。日本林政史の数少ない研究者で、そのリーダーとしての役割を果たした。また太田水穂主宰『潮音』に属する歌人でもあった。平成元年（一九八九）六月三十日没。八十八歳。墓は東京都港区芝公園三丁目の金地院にある。

参考文献 所三男先生喜寿記念会編『所三男先生の七十七年』、『財団法人徳川黎明会　徳川林政史研究所名誉所長　故所三男略歴』（『徳川林政史研究所研究紀要』二四） （大石慎三郎）

とさかじゅん　戸坂潤 一九〇〇—四五 昭和時代前期の百科全書型唯物論者。明治三十三年（一九〇〇）九月二十七日、東京神田で生まれる。開成中学、第一高等学校（理科）を経て、三木清の先例にならって京都帝国大学文学部哲学科にはいり、大正十三年（一九二四）に卒業。空間論から出発し、当初のカント的認識論に立った幾何学的空間論から日常の「常識的空間概念」の究明に移行する。昭和四年（一九二九）に刊行した『科学方法論』は三木をとおしてのマルクスの影響でアカデミー哲学の観念論を克服しようとした理論的苦闘の所産である。このころから急速に唯物論に接近し、日本共産党のシンパとなり、昭和五年に逃走中の同党幹部田中清玄をかくまって検挙される。翌六年上京して法政大学につとめ、七年唯物論研究会を結成、九年法政大学を辞職したあとは「唯研」をおもな活動の舞台とした。七三号まで刊行された機関誌『唯物論研究』（のち『学芸』と改題）や六十六巻に及ぶ『唯物論全書』などの編集と企画に全力を傾けた戸坂はファッシズムに対する文化的抵抗の巧みな組織者であった。『イデオロギーの論理学』などで、イデオロギー批判の原理を確立した彼は、カントの方法を批判的に摂取してクリティシズムを提唱し、それを「唯物論の文化時局的形態」として、現代文化の全域にわたる多面的な批評活動を展開した。この批評と評論をつらぬく方法はマルクス主義である。特に当時の思想状況のなかで政府の「教学的精神」に唯物論の科学的精神を対置し、日本主義や自由主義の哲学にきびしい批判を放ったことの意義は絶大であった。唯研時代の労作のおもなものとして『日本イデオロギー論』『科学論』『思想としての文学』『思想と風俗』『現代日本の思想対立』『世界の一環としての日本』『読書法』などがある。この多産な抵抗的言論は官憲に憎まれ、昭和十二年末の執筆禁止について、翌十三年唯研事件で検挙された。控訴院の判決（懲役三年）に対する上告は大審院で棄却され十九年に下獄したが、翌二十年八月九日、長野刑務所で獄死。四十六歳。翌年、東京都北多摩郡多磨村（府中市多磨町）の多磨墓地に埋葬された。『戸坂潤全集』全五巻（昭和四十一—四十二年）・別巻一（同五十四年）がある。

参考文献 田辺元他『回想の戸坂潤』 （鈴木　正）

としみつつるまつ　利光鶴松 一八六三—一九四五 明治から昭和時代前期にかけての実業家。東京鉄道会社取締役・小田急電鉄社長。文久三年（一八六三）十二月二十九日、大分の利光市松の長男として生まれる。明治十四年（一八八一）上京、明治法律学校（明治大学）に学び卒業後は弁護士試験に合格。星亨の片腕となり深川区会議員・東京市会議員を経て同三十一年に衆議院議員に選出される。その後実業界に入り東京市街鉄道を足場に千代田瓦斯会社・鬼怒川水力電気会社を起す。同三十九年東京市街鉄道・東京電気鉄道・東京電車鉄道の三社が合併、東京鉄道会社（都電の前身）となり取締役に就任。大正十二年（一九二三）には小田原急行鉄道（小田急電鉄）を設立、社長となる。他に帝都電鉄（現京王井ノ頭線）の社長も兼務した。晩年は中国山東省に金山経営に進出したが、戦争の勃発などにより失敗。昭和十六年（一九四一）には小田急の経営を五島慶太に譲って引退した。同二十年七月四日没。八十三歳。

参考文献 小田急電鉄株式会社編『利光鶴松翁手記』 （原田　勝正）

とだじょうせい　戸田城聖 一九〇〇—五八 昭和時代の宗教家。創価学会二代会長。本名は甚一。旧号は城外、城正。明治三十三年（一九〇〇）二月十一日、石川県江沼郡塩屋村（加賀市）の漁民の七男に生まれた。四歳のとき、一家は北海道厚田郡厚田村に移住し、漁業と回漕業を営んだ。小学校高等科を卒えて札幌で奉公し、その間に小学校准訓導の資格を得た。大正七年（一九一八）名張郡真谷地小学校の教員となり、同九年退職して東京に出た。北海道の先輩にあたる下谷西町小学校の校長牧口常三郎を頼り、臨時代用教員に採用された。牧口の転任について三笠小学校に移り、同十一年浦田つたと結婚して退職した。関東大震災後、下大崎で小学生の学習塾時習学館を開いた。経営難のさなかで長女を失い、同十四年妻が病死した。孤独感から真宗・キリスト教などを遍歴し、昭和三年(一九二八)牧口につづいて日蓮正宗に入信した。同五年自費出版した『推理式指導算術』が受験ブームでベストセラーとなった。同年十一月、牧口が会長、戸田が理事長で創価教育学会を設立し、牧口の『創価教育学体系』の刊行と実験教育を行なった。同十年松尾幾子と再婚した。同十二年同会は正式発会式を挙げ、日蓮正宗系の新宗教となって教勢を拡大した。戦時統制下で、出版・食品・金融・証券に手を広げ産を成したが、同十八年同会は弾圧され、牧口らとともに検挙された。獄中で新たな宗教的体験を得て、非転向のまま敗戦直前に出所した。同二十一年同会を創価学会の名で再建し、事業の失敗を機に、同二十六年会長に就任し、折伏大行進を宣言した。同会はめざましく発展し、同三十年地方議会、翌年、参議院に議席を得た。戸田は国立戒壇建立、王仏冥合をかかげて同会の政教一致路線を確立した。昭和三十三年四月二日病死した。五十八歳。『戸田城聖全集』全八巻がある。

参考文献　村上重良『創価学会＝公明党』、日隈威徳『戸田城聖―創価学会』　（村上　重良）

とだただゆき　戸田忠至　一八〇九―八三　江戸時代後期の下野国宇都宮藩家老、のち下野国高徳藩主。文化六年(一八〇九)八月十一日、宇都宮で生まれる。宇都宮藩主戸田忠翰弟忠舜第二子で、幼名方十郎・嘉十郎、天保十三年(一八四二)家老間瀬家一千石を継ぎ、和三郎。安政三年(一八五六)十七歳で死去した藩主忠明のあと、忠恕・忠友の二代にわたって、藩政に敏腕をふるった。嘉永六年(一八五三)ペリー来航に一層触発された兵制改革や兵器の充実、安政二年に始まる豪商川村伝左衛門・菊池教中らに命じた新田開発策など、注目すべきものがある。当時の藩論はかなり強硬な攘夷論で、文久元年(一八六一)五月、江戸高輪東禅寺のイギリス公使館襲撃事件の後、幕府は宇都宮藩に麻布善福寺のアメリカ公使館の警衛を命じたが、国元の家老戸田忠厚や江戸家老間瀬和三郎らが中心となってその命を返上し、江戸城二ノ丸火の番に替えられ、注目をあびた。しかし、文久二年正月の坂下門外の変では、大橋訥庵や菊池教中ら、藩内から逮捕者を出し、藩の立場が不利となったために名誉回復のため、家老県信緝(六石)は間瀬らとともに、荒廃している畿内の歴代天皇陵の調査と修復事業を、藩として行う計画を立てた。藩主忠恕はそれを受けて同年閏八月幕府に願い出、許可が下りるが、いち早く県や間瀬は藩士を率いて上京した。その際間瀬は本姓の戸田に復帰し、大和守に任ぜられ、また朝廷から直接に山陵奉行に任ぜられ、貴族諸家からも協力が得られることになった。文久三年から慶応元年(一八六五)まで丸三年間のうちに、大和・和泉・河内・山城・丹波など諸国の、神武天皇陵(大和国畝傍山東北陵)をはじめとする歴代天皇陵など百二十余基の調査と修補を行なった。八万両余の資金は、主として藩内の豪商や富農の献金によった。その間、元治元年(一八六四)の水戸天狗党の乱の波及の対応の責任を問われて、忠恕の謹慎、二万七千八百五十石の召上げ、陸奥国棚倉転封が命ぜられた。しかし、忠至らの嘆願もあり、この山陵修補実行の功績から、それら処分は取消しとなった。さらに忠至は、慶応二年五月、宇都宮藩より本高七千石・新田高三千石を分知され、下野国高徳(栃木県塩谷郡藤原町)に陣屋を構え、大名に列せられた。領地の半分五千石は河内国内にあった。その後、慶応三年七月若年寄となるが、十二月には新政府の参与(会計事務掛)に任じ、明治になって権弁事・内弁事・宮内大丞・諸陵頭などを歴任、明治五年(一八七二)退隠。その間、明治二年五月藩主としての忠至は致仕、嗣子忠綱が継ぎ、三年八月高徳陣屋は下総国曾我野(千葉市)へ移されて廃藩を迎えた。十六年三月三十日死去。七十五歳。墓は東京都台東区の谷中墓地にあり、歯髪塚が京都市東山区の泉涌寺にある。

参考文献　『宇都宮市史』六、『藤原町史』通史編、小林友雄『(勤皇烈士)県六石の研究』　（河内　八郎）

とだただゆき　戸田忠恕　一八四七―六八　江戸時代後期の下野国宇都宮藩主。幼名綏之助。弘化四年(一八四七)五月二十三日、先々代藩主忠温の六男に生まれる。兄因幡守忠明が安政三年(一八五六)子なくして死去したため、十歳でそのあとを継いだ。文久元年(一八六一)越前守。当時の宇都宮藩内は、水戸藩の尊王思想の影響も強く受け、文久二年正月坂下門外の変には、大橋順蔵(訥庵)・菊池教中らがかかわって処罰を受けた。その打撃を回復するために、家老間瀬和三郎(戸田忠至)による積極的な建言を入れ、藩を挙げて畿内各地の歴代天皇陵の荒廃状況を調査し、修復することを、同年閏八月幕府に願い出て許可された。家老県信緝(六石)がまず京都へ赴き、戸田姓に復帰した忠至も上京し、朝廷から山陵奉行に任ぜられた。貴族諸家もその家士を出して協力、その年の内に大和・河内・和泉など諸国の陵の調査を行い、文久三年から慶応元年(一八六五)十二月まで丸三年間、大和国畝傍山東北陵(神武天皇陵)をはじめとして、山城・丹波などまで手を拡げ、約百二十の皇陵の調査と修補を行なった。累計八万余両にのぼる莫大な経費は、主として藩内の豪商らの献金によった。しかしその間元治元年(一八六四)四月、水戸天狗党の田丸稲之衛門らが、筑波山で挙兵後、下りて日光入りを志し、宇都宮に入った。彼らはその後常陸国内で敗れ、十一月に再び宇都宮領内を通って西上するが、それらへの対応や、藩内の一部に同調者があったことなどを非難され、慶応元年正月、忠恕は領地の内二万七千八百五十石を召上げられ、謹慎を命ぜられた。仮養子となっていた戸田忠友(分家忠偲子)が五万石を継ぐが、陸奥国棚倉へ所替えを命ぜられた。しかしなおつぎつぎと進められていた山陵修補の功が認められて、十月に減封と国替えは中止、忠恕の謹慎も解除となった。忠友は慶応三年に奏者番から寺社奉行を兼ね、明治元年（一八六八）二月、前将軍徳川慶喜の謝罪嘆願のために上京するが、逆に大津で新政府から謹慎を命ぜられた。江戸では先代の忠恕が再勤を命ぜられ、戊辰戦争が北関東各地で続く中を、四月初め宇都宮に帰国するが、四月十九日、宇都宮城は旧幕軍によって一時占領された。忠恕は館林城下に逃げるが、四日後に城は新政府軍によって回復された。その直後五月二十六日病没。二十二歳。法名は霊光院殿。墓は宇都宮市の英巌寺跡にある。その後、県信緝らの嘆願で、忠友の再襲封が新政府によって認められた。

参考文献　『宇都宮市史』六　（河内　八郎）

とだていぞう　戸田貞三　一八八七―一九五五　大正・昭和時代の社会学者。明治二十年（一八八七）三月六日、兵庫県に生まれる。同四十五年東京帝国大学文科大学哲学科卒業。富山薬専・大原社会問題研究所を経て、大正九年（一九二〇）に欧米留学。昭和四年（一九二九）東京帝大教授となる。日本社会学会会長、東京家政学院院長、社会教育連合会会長を歴任。文学博士。アメリカにおける社会調査理論を導入するとともに、すでに日本において個別に試みられてきた細民調査や農村調査や家計調査などの方法を検討し、実証的な調査研究法を重視した社会学の発達に貢献した。また家族の研究においても、それまでの研究が主として家族法の分野を中心に制度面を重視していたのに対し、集団としての家族の特質に注目し、国勢調査の抽出票をデータとして統計的な手法を用い、成果をあげている。家族員数を都市―農村別、職業別などに分類して分析するとともに、親族呼称の分析を基礎としながら、日本の家族の構成や変遷を明らかにしている。昭和三十年七月三十一日没。六十八歳。主著に『家族の研究』『社会調査』『家族構成』などがある。　（佐藤　健二）

とだよしみ　戸田芳実　一九二九―九一　昭和時代の日本史学者。昭和四年（一九二九）一月二十六日、東京市豊多摩郡渋谷町大字代官山町（東京都渋谷区）に父新一郎・母由紀の長男として生まれる。二十二年浪速高等学校文科に入学。二十六年京都大学文学部入学、三十五年同大学院文学研究科博士課程終了。同年関西大学助手に採用されたが、学生時代の活動歴を理由に決定を取り消される。三十六年から神戸女子薬科大学に勤める。この間、日本史研究会を主たる活躍の舞台とし、日本中世封建社会成立過程の理論的把握のため、在地の中間層たる富豪層の概念を提唱、その展開として平安時代中・末期の大名田堵や在地領主制を構想し、学界に大きな影響を与えた。柔軟・創造的なマルクス主義者で、斬新な着想および洗練された論述を特徴とする。三十九年文学博士。四十三年東京都立大学人文学部に移り、四十九年神戸大学文学部教授に転じた。その前後から社会史的関心が旺盛になり、山野河海研究や中世京都論・武士論・古道研究などにすぐれた業績をあげた。日本史研究会の代表委員などをつとめるかたわら、社会人教育に熱心で、多くの人々と全国の古道を精力的に歩いた。平成三年（一九九一）神戸女子大学教授に転じたが病に倒れ、同年八月二十九日没。六十二歳。墓は京都市右京区御室大内の蓮華寺にある。生前の著書に『日本領主制成立史の研究』『中右記―躍動する院政時代の群像―』などがあり、遺著に『初期中世社会史の研究』、『歴史と古道』『日本中世の民衆と領主』『中世の神仏と古道』がある。

参考文献　戸田芳実氏追悼文集編集委員会編『戸田芳実の道―追悼思藻―』　（高橋　昌明）

とちないそうじろう　栃内曾次郎　一八六六―一九三二　明治から昭和時代前期にかけての海軍軍人。陸奥国南部藩士栃内理平の次男として慶応二年（一八六六）六月八日出生。札幌農学校予科を経て海軍兵学校に進み、明治十九年（一八八六）十二月卒業。巡洋艦「金剛」、旅順口水雷敷設隊の各分隊長などで日清戦争に、砲艦「武蔵」、巡洋艦「須磨」の各艦長などで日露戦争に参加する。戦後、大使館付武官として三年半在英し、装甲巡洋艦「吾妻」艦長を経て明治四十二年十二月、少将に進む。海軍省軍務局長・練習艦隊司令官・大湊要港部司令官・横須賀工廠長を歴任し大正三年（一九一四）五月、中将。第一次世界大戦では艦隊の各司令官や海軍技術本部長を務めたあと、後期から終結にかけては海軍次官であった。大正九年八月、大将に進み連合艦隊司令長官となる。佐世保鎮守府司令長官・軍事参議官を経て大正十三年二月、予備役に入る。昭和七年（一九三二）三月、貴族院議員に勅選されたが、同年七月八日盛岡市で講演中に倒れ、同月十二日同地で死去、六十七歳。

参考文献　海軍有終会編『近世帝国海軍史要』　（野村　実）

とちにしきよたか　栃錦清隆　一九二五―九〇　昭和時代の力士。第二次世界大戦後の土俵を彩った四十四代横綱。大正十四年（一九二五）二月二十日、東京府南葛飾郡小岩村（東京都江戸川区南小岩七丁目）に傘製造業を営む父夏五郎・母しずの次男として生まれる。本名大塚（のち中田姓）清。昭和十三年（一九三八）九月春日野部屋に入門、十四年一月本名で初土俵。十九年五月十両入りと同時に、栃錦と改名するが、現役として海兵団（はじめ武山海兵団、のち浜名海兵団）に入る。復員後、十両から再スタートを切り、二十二年六月新入幕。関脇時代まで九〇キロ未満の小兵ながら、押し、投げ、足くせを主体とした自在な技を駆使、技能賞の常連となる。十二場所で九回受賞。二十八年一月大関、二十九年九月場所後、横綱に推される。「名人横綱」と謳われ、ライバル若乃花幹士（四十五代横綱）との競り合いは「栃・若時代」を築く。力士生活の末期には体重も一三〇キロを越す。優勝十回。

三十五年五月を最後に引退、年寄春日野となり、四十九年日本相撲協会理事長に就任して、両国の新国技館建設など、その功績は大きい。平成二年（一九九〇）一月十日、日本相撲協会の六十五歳の定年を直前にして福岡で没した。六十四歳。法名は真技院殿大綱義照清隆大居士。墓は江戸川区東小岩二丁目の万福寺にある。没後、従四位勲二等瑞宝章を贈られた。相撲界で勲二等ははじめてのことである。（小島　貞二）

とつかせいかい　戸塚静海　一七九九―一八七六　江戸時代後期の蘭方医。名は維泰、字は藻徳。静海・春山と号した。遠州掛川の戸塚培翁の三男として、寛政十一年（一七九九）に生まれた。文化十三年（一八一六）藩医十束井斎について蘭学を、松崎慊堂について儒学を学んだ。文政三年（一八二〇）宇田川榛斎の門にはいり、同七年榛斎のすすめに従って長崎にゆき、シーボルトの門弟となった。シーボルト事件に連坐して獄につながれたが、数ヵ月で疑いがはれて釈放された。長崎にとどまること八年にして江戸にかえり、外科専門をもって開業して、おおくの患者とともに、おおくの門人をあつめた。はじめ掛川藩主太田侯につかえていたが、天保十三年（一八四二）島津斉彬の侍医となった。安政五年（一八五八）将軍徳川家定危篤の際に、伊東玄朴・竹内玄同らと奥医師にあげられ、法印に叙せられて静春院と号した。明治九年（一八七六）一月二十九日、七十八歳で没した。東京谷中の天王寺に葬られた。法名は静春院殿仁山玄道居士。

参考文献　松尾耕三『近世名医伝』三、土屋重朗『静岡県の医史と医家伝』
（深瀬　泰旦）

とつかぶんけい　戸塚文卿　一八九二―一九三九　大正・昭和時代前期のカトリック司祭。明治二十五年（一八九二）三月十二日、神奈川県三浦郡横須賀町（横須賀市）に、戸塚環海の長男として生まれる。静海の孫。東京帝国大学医科大学卒業後、副手・助手として勤務ののち、大正十年（一九二一）北海道帝国大学助教授に任官。文部省在外研究員としてパリのパストゥール研究所に留学中、神の召命を感じ、北大を辞任。パリ大学で神学を修め、同十三年司祭に叙階され翌年帰国。東京に聖ヨハネ汎愛医院、千葉県海上郡に結核療養施設ナザレトハウス（のち海上寮）を創設。昭和十三年（一九三八）には聖ヨハネ医院を充実して桜町病院を開設したほか、国際聖母病院開設を援け、また国際赤十字会議にローマ教皇庁代表として参加。慈恵医療とくに結核予防事業に尽くした。聖ヨハネ会・日本姉妹会などを創立、会長となり、また月刊『カトリック』編集長、昭和六年創刊の『日本カトリック新聞』主筆も兼ねた。『カトリック思想史』『聖トマスの天主の完徳』、没後の訳刊『神の問題と近代人』など、著訳書多数。温和な人柄ながら使命実現のためには猛進した。昭和十四年八月十七日心臓病のため桜町病院で没。四十八歳。

参考文献　小田部胤明『戸塚神父の生涯』、『声』昭和一四年十一月号
（海老沢有道）

とのむらしげる　外村繁　一九〇二―六一　昭和時代の小説家。本名茂。明治三十五年（一九〇二）十二月二十三日、滋賀県神崎郡南五個荘村（五個荘町）に吉太郎・みわの三男として生まれる。外村家は近江商人として栄えた旧家。膳所中学・三高を経て東京帝国大学経済学部卒。東大時代、梶井基次郎・中谷孝雄らと同人誌『青空』を創刊。のち『麒麟』『文学生活』『日本浪曼派』同人。小説『鵜の物語』（昭和八年（一九三三））などの商店もので社会小説の新風として期待されたが、やがて私小説的傾向を深め、生家に材をとった近江商人一族を描いた『草筏』『筏』『花筏』（同十年起稿、三十三年完結）の長編三部作により作家的地位を確立した。昭和二十七年文芸家協会理事。晩年、上顎癌に冒され、目前の死を見すえて書いた『落日の光景』（同三十五年）や『澪標』（同年、第十二回読売文学賞受賞）は私小説の一つの到達点を示した。『外村繁全集』全六巻（同三十七年）がある。同三十六年七月二十八日没。五十八歳。墓は滋賀県神崎郡五個荘町の石馬寺にある。

参考文献　浅見淵『昭和の作家たち』、淀野隆三「外村繁」（『現代日本文学大系』六三所収）、川端康成他「外村繁の思ひ出」（『春の日』三）
（田中　保隆）

とばりこがん　戸張孤雁　一八八二―一九二七　明治から昭和時代前期にかけての彫刻家、版画家。明治十五年（一八八二）二月十九日、東京日本橋に生まれる。本名亀吉。父は志村久蔵。母の生家戸張家を継ぐ。明治三十四年洋画研究のため渡米、海洋画家リチャーズの学僕となったが、三十九年病のため帰国し、洋風挿絵の普及につとめたりした。翌年太平洋画会の研究所に入ったが、滞米中から親交のあった荻原守衛の帰国後、その刺激で彫刻に転じた。四十三年第四回文展に入選し、受賞したりしたが、大正五年（一九一六）日本美術院彫刻部に移り、翌年同人となった。光と影を知的にとり入れた流動的で美しい肉付けをもち、初期のロマンチックな作風から晩年はニュアンスにとんだ作風に移行した。中原悌二郎とともに大正期彫刻界の異色ある存在であり、病弱の身で日本水彩画会、日本創作版画協会の創立に参加するなど多彩に活躍した。昭和二年（一九二七）十二月九日四十六歳で没。墓は東京都台東区谷中六丁目の大泉寺にある。彫刻「足芸」「煌めく嫉妬」、版画「玉乗り」「千住大橋の雨」などが代表作。

参考文献　碌山美術館編『戸張孤雁集』
（三木　多聞）

どひはらけんじ　土肥原賢二　一八八三―一九四八　大正・昭和時代の陸軍軍人。明治十六年（一八八三）八月八日、岡山市に陸軍少佐土肥原良永の次男として生まれる。明治三十七年陸軍士官学校（十六期）、大正元年（一九一二）陸軍大学校（二十四期）を卒業、同二年から七年まで北京の坂西公館に勤務、対中国謀略に関わる。七年末から黒竜江督軍の応聘武官となり、九年初めに一時帰国したが、

引き続き沿海州、中国、欧州に出張、十一年に帰国した(八年に少佐進級)。同年末から十五年まで参謀本部員として中国に出張、坂西機関で(のちには独立して)段祺瑞派育成などの対中工作に従事した(十二年に中佐進級)。歩兵第二聯隊付などを経て昭和二年(一九二七)大佐に進み、三年三月から一年間奉天督軍顧問を勤めた。歩兵第三十聯隊長などを経て六年三月中国に出張して天津機関を開設、石友三の挙兵を利用して張学良弱体化を図ったが不調に終った。同年八月奉天特務機関長となり、折から進行中の満洲事変計画に関与したが、事変勃発時は一時帰国中だった。帰任後一時奉天市長を勤め、同年十一月溥儀の天津脱出を実現させた(天津事件)。七年一月哈爾賓特務機関長となり、同年四月少将に昇進、歩兵第九旅団長となる。八年十月奉天特務機関長に復帰し華北分離工作に従事、十年には土肥原・秦徳純協定により察哈爾省方面での排日機関の解散、宋哲元軍の長城以南への撤退を実現させた。十一年に帰国して中将に昇進、留守第一師団長となる。翌年第十四師団長となり華北に出動、十三年六月土肥原機関長(参謀本部付)として中国大陸の日本軍占領地域での統一中央政権樹立にあたり、呉佩孚擁立を企てたが失敗に終った。十四年五月第五軍司令官に転じ、翌年九月軍事参議官となる。以後、航空総監・東部軍司令官・第七方面軍司令官を歴任、二十年四月教育総監に就任した(この間十六年に大将昇進)。戦後「東京裁判」でA級戦犯として死刑判決を受け、二十三年十二月二十三日刑死した。六十六歳。坂西利八郎の後を嗣ぐ対中謀略の専門家として知られる。

(佐々木　隆)

参考文献　土肥原賢二刊行会編『(秘録)土肥原賢二―日中友好の捨石―』(『昭和軍事史叢書』)

とまつまさやす　富松正安　一八四九―八六　明治時代前期の自由民権家、加波山事件の主謀者。嘉永二年(一八四九)九月十三日、常陸国真壁郡下館城下に生まれる。明治五年(一八七二)下館小学校教員となり、自由民権運動に共鳴して同十三年二月十五日茨城県下の民権派諸政社の代表とともに茨城県連合会を結成し、国会開設請願運動にのり出した。同十四年十月の自由党の結党と同時に入党し、茨城県下の自由民権運動の中心的存在となる。同十六年十一月には鯉沼九八郎・仙波兵庫らと謀って、県下の同志の士気を鼓舞するため飛鳥山で大運動会を催し、また玉水嘉一らとともに政治改革のための有為の人材養成所として同十七年八月に下館に有為館を開設した。琴田岩松・平尾八十吉らが栃木県庁落成式に臨場する参議らの暗殺を企て、富松を有為館に訪れたのは九月中旬である。富松はその挙に賛成して主謀者たることを引きうけたが、開庁式が延期されたため、九月二十三日「自由ノ公敵タル専制政府ヲ顚覆シ而シテ完全ナル自由立憲政府ヲ造出セント欲ス」という檄文を草し、十六名の同志と加波山に蜂起した。十一月三日逮捕され、十九年十月五日死刑に処される。享年三十八。墓は茨城県下館市下館の妙西寺にある。

(後藤　靖)

参考文献　稲葉誠太郎編『加波山事件関係資料集』、野島幾太郎『加波山事件』(『東洋文庫』七九)、関戸覚蔵『東陲民権史』

とまべちぎぞう　苫米地義三　一八八〇―一九五九　明治から昭和時代にかけての実業家、政治家。明治十三年(一八八〇)十二月二十五日、青森県上北郡大坂村(十和田市相坂)に生まれる。父金次郎。同三十六年、東京高等工業学校応用化学科卒、大阪硫曹より合併により大日本人造肥料に移り、以後、化学工業界で活躍。昭和十五年(一九四〇)―十六年には、東北興業副総裁をつとめている。第二次世界大戦後、政界に転じ、二十一年四月総選挙で日本進歩党より立候補して衆議院議員に当選。二十二年三月の民主党結成に参加、同年六月には片山内閣運輸大臣、翌年三月には芦田内閣の国務大臣兼内閣官房長官として入閣している。二十五年四月の国民民主党結成に際しては、最高委員長におされ、翌年九月のサンフランシスコ講和会議には、党を代表して全権委員として参加、対日平和条約に調印した。二十七年八月、吉田茂首相が憲法第七条のみを根拠として解散するや、これを違憲として立候補せず、選挙を無効とする訴えを起し、東京地裁では勝訴したが、高裁・最高裁では敗訴している。二十八年四月の参議院選挙で全国区から当選したが、次の三十四年には立候補せず、同年六月二十九日死去した。七十八歳。墓は東京都港区の青山墓地にある。

(古屋　哲夫)

参考文献　長沢玄光編『苫米地義三回顧録』、向井久了「苫米地事件」(田中二郎・佐藤功・野村二郎編『戦後政治裁判史録』二所収)

とみいまさあきら　富井政章　一八五八―一九三五　明治から昭和時代にかけての法学者。明治・大正・昭和三代にわたって法学界に屹立し、梅謙次郎と並び称された民法学者。安政五年(一八五八)九月十日、北白川宮家の家臣富井政恒の長男として京都に生まれる。京都仏語学校・東京外国語学校を経て、明治十年(一八七七)にリオン大学入学。同十六年、ドクトゥール＝アン＝ドロアの学位を取得して帰国し、東京大学勤務。同十八年に同大学法学部(のち帝国大学法科大学)教授となる。民法典論争に際会するや、法典延期派に属して重要な役割を演じた。同二十六年以降、明治民法の起草にあたる。貴族院議員・法科大学長・帝国学士院会員・枢密顧問官などを歴任。大正十五年(一九二六)男爵。昭和十年(一九三五)九月十四日、東京牛込で没す。七十八歳。護国寺に葬る。主著『民法原論』は、民法の条文に系統的理論構成を与えて民法学の体系化を企図する。『法学論綱』『刑法論綱』『民法論綱』『民法総論』などの著作がある。

参考文献　杉山直治郎編『富井男爵追悼集』、星野英一「日本民法学の出発点」(山本俊一他『明治・大正の学者たち』所収)、同「日本民法学史」(『法学教室』八・九)、大村敦志「富井政章」(同一八六)

(向井　健)

とみおかてっさい　富岡鉄斎　一八三六―一九二四　明治・大正時代の南画家。天保七年(一八三六)十二月十九日、京都三条衣棚(京都市中京区)の法衣商十一屋伝兵衛(富岡維叙)の次男として生まれた。母は荻野氏絹。初名は猷輔、明治維新後百錬という。はじめ裕軒と号し、二十五歳ころから鉄斎を用いた。別号に鉄史・鉄道人・鉄如意斎・鉄硯斎・鉄山人・塞翁・賾々翁などがある。六、七歳のころ、山本蕉園に句読を学ぶ。はじめ南北合派を画系とする大角南耕と窪田雪鷹に画の手ほどきを受ける。その後大田垣蓮月尼に庇護され、青壮年時代を通じて薫陶を受ける。国学を野之口隆正、漢学を岩垣月洲に学び、また陽明学を春日潜庵、仏教と詩文を僧羅渓慈本に学ぶ。これらの師の影響により早くから勤王思想を抱く。十五歳のころから宇喜田一蕙・小田海僊らに大和絵・南画を学んだといわれるが、正式に師事したわけではなく、いろいろな画家から貪欲に吸収し、みずからの画嚢を肥やした。二十六歳の時、長崎に旅し、祖門鉄翁・木下逸雲らと交遊、多くの明清画に接して本格的な修業を始め、このころから急速な進歩をとげる。京都に戻って聖護院村に私塾を開き、討幕の志士らと交わった。また維新後は湊川神社・石上神社の神官、大鳥神社の大宮司をつとめるなど神社復興に献身している。明治十四年(一八八一)職を辞して京都室町に居を定め、読書と作画に専念、画は清の王原祁から学びとっている。次第に名声が挙がり、学識と画才をかわれて各種展覧会・共進会の審査員となる。明治二十九年日本南画協会の創立に参加、大正六年(一九一七)には帝室技芸員となり、大正八年帝国美術院会員に推挙される。北宋の蘇東坡に強く共鳴し、詩文伝記から数多く取材している。「万巻の書を読み、万里の道を行く」という文人画家の理想を、鉄斎は身をもって実践した。また実景を写生的に描くこともあり、富士を好んで題材とし、立体の表現を追究するなど、近代的な感覚を持っていた。晩年まで旺盛な創造活動を展開し、特に八十歳以後の作品には円熟した妙味が加わり、気力に満ちた豊醇な世界をつくり出した。近代日本画壇の生んだ巨匠である。大正十三年十二月三十一日没。八十九歳。墓は京都市下京区貞安前之町の大雲院墓地にある。

参考文献　小高根太郎編『富岡鉄斎』(『現代日本美術全集』一)

(細野　正信)

とみざきしゅんしょう　富崎春昇　一八八〇―一九五八　明治から昭和時代にかけて活躍した地歌・箏曲家。明治十三年(一八八〇)九月十二日、大阪生まれ。本名吉倉助次郎。文楽の人形遣い吉田玉助の長男。祖父も人形遣いで吉田玉造。五歳で失明、八歳のとき左門という名で富崎宗順に弟子入りし、十九歳で富吉春琴の名を許された。師より継山流箏曲と野川流三弦本手(三味線組歌)の伝授を受け、明治三十九年に富崎春昇と改名。大正六年(一九一七)、東京有楽座での公演が好評を博し、翌年に東京に移住。以来、東京の地歌・箏曲界に関西系の曲目を紹介、特に繁太夫物、端歌物などの第一人者として活躍した。古典の伝承のみでなく、「蓬生」(芸術選奨文部大臣賞受賞)や「春の江ノ島」などの作曲もある。日本芸術院会員、日本三曲会会長就任などを経て、昭和三十年(一九五五)に重要無形文化財保持者、同三十二年には文化功労者となる。同三十三年二月二日、東京にて没。七十七歳。弟子に重要無形文化財保持者の富山清琴がいる。

参考文献　北条秀司編『富崎春昇自伝』、平野健次『富崎春昇地唄集』解説(日本コロムビアレコード解説書)

(上参郷祐康)

とみずひろんど　戸水寛人　一八六一―一九三五　明治後期、大正時代の法学者。政治家。文久元年(一八六一)六月二十五日、金沢藩士戸水信義の長男に生まれる。幼名辛太郎。明治十九年(一八八六)帝国大学英法科を卒業、判事に任官し東京始審裁判所に勤務。同二十二年英国に留学し、ミドル＝テンプル大学でバリスタの資格を得、さらに独・仏に転じて法学・政治学を学ぶ。同二十七年帰国し、東京帝国大学法科大学の教授となり、ローマ法法理学、および民法学の講座を担当、ローマ法の権威として知られた。同三十二年法学博士を授与される。翌三十六年六月、富井政章・小野塚喜平次ら東大教授と『東京朝日新聞』に桂内閣の対露外交を非難し、主戦論を主張する七博士意見書を発表するとともに、雑誌・新聞あるいは遊説などによって世論の喚起につとめた。さらに三十八年八月二十五日には、ポーツマス講和会議に反対する論文を発表して休職処分を受けたが、東京・京都両帝国大学法科大学教授会は大学の自治、学問の自由を圧迫するものとして文相に抗議書を提出した。さらに同年九月戸水は東大教授金井延ら六教授と連署して講和条約批准拒否の上奏文を提出したため、政府は山川健次郎東大総長を依願免職とした。東大・京大の法科大学教授は文部省の処置を不当として辞表提出で対抗した結果、久保田譲文相は引責辞職し、翌年一月戸水は復職した(戸水事件)。東大退官後は、弁護士として活動する一方、同四十一年第十回総選挙に石川県から立候補して当選、以後五回当選した。所属党派は戊申倶楽部から政友会、政友本党と変わったが、議会においては外交問題を中心に活躍した。昭和十年(一九三五)一月二十日没。七十五歳。著書に『回顧録』(明治三十七年刊)、『続回顧録』(同三十九年刊)などがある。

(由井　正臣)

とみたけいせん　冨田溪仙　一八七九―一九三六　明治から昭和にかけての日本画家。明治十二年(一八七九)十二月九日、福岡県博多に生まれる。父淵房、母マサの五男。本名鎮五郎、字は隆鎮。雪仙・溪仙・華仙・溪山人などと号す。はじめ狩野派を学ぶが、明治二十九年京都に出て、都路華香の書生となり四条派を学ぶ。友禅染下絵などを描き苦学する。素封家内貴清兵衛(のちにパトロンとなる)の影響によるが、古画の研究、老荘思想の研究、さらに放浪の旅に出て台湾、南清、沖縄に及ぶ。明治四十二年富岡鉄斎のもとを訪れ教えを乞う。「鵜舟」「沈竈・

容膝」を文展に出品し、これが横山大観に認められ、大正三年(一九一四)第一回再興日本美術院展「鼎峠上人」出品、翌四年「宇治川之巻」で同人に推挙された。その後京都を離れず、文帝展中心の京都画壇にあって異色の存在。昭和三年(一九二八)第十五回院展の「紙漉」は西欧的な新傾向の画風を展開、同八年「御室の桜」、翌年「伝書鳩」は代表作。同十年帝国美術院会員となるが翌年辞任。同年七月六日没。五十八歳。法名燕巣楼鎮誉久彭溪仙居士。墓は京都嵯峨の二尊院にある。

参考文献 下店静市『富田溪仙画集』、裏辻憲道『富田溪仙―京都画壇の異才―』 (中村 溪男)

とみたこうじろう 富田幸次郎 一八七二―一九三八 明治から昭和前期にかけてのジャーナリスト、実業家、政治家。号は双川。明治五年(一八七二)十月一日、高知県安芸郡川北村(安芸市川北)に生まれる。芸陽学舎に学び、土陽新聞記者・主筆として活躍。ついで『高知新聞』を創刊して社長兼主筆をつとめた。明治四十一年第十回総選挙に高知県から出馬して、衆議院議員に当選して以来、昭和十二年(一九三七)の第二十回総選挙まで、第十四・十五回を除いて当選十回(補欠選挙一回を含む)。戊申倶楽部→立憲国民党→立憲同志会→憲政会→立憲民政党に所属。立憲民政党総務・同幹事長をつとめたが、昭和六年第二次若槻内閣の末期に、安達謙蔵らとともに立憲政友会との連立政権および軍部との接近をめざして協力内閣運動を推進し、若槻内閣退陣後に脱党した。しかし、同八年復党して立憲民政党常任顧問となった。ついで、十一―十二年第六十九・七十議会で衆議院議長に選ばれた。またこの間、帝国通信社・日本高速度鋼・日本紡織機各社のそれぞれ社長をつとめた。昭和十三年三月二十三日死去。六十七歳。

参考文献 衆議院・参議院編『議会制度百年史』衆議院議員名鑑 (鳥海 靖)

とみたさいか 富田砕花 一八九〇―一九八四 大正・昭和時代の詩人、歌人。本名戒治郎。明治二十三年(一八九〇)十一月十五日、盛岡市に生まれる。日本大学植民科卒業。同四十一年石川啄木に共鳴して新詩社へ加わり、『明星』に短歌発表。さらに前田夕暮・尾山篤二郎らと「月曜会」を結び、作歌に専念し、歌集『悲しき愛』(大正元年(一九一二))を出版する。大正期以降詩作を主とし、ホイットマン・トラウベル・カーペンターの影響を受けて民衆詩運動に活躍する。第一詩集『末日頌』(大正四年)をはじめ、『地の子』(同八年)、『富田砕花詩集』(同十年)、『「時代」の手』(同十一年)、『登高行』(同十三年)、『手招く者』(同十五年)や、ホイットマンの訳詩集『草の葉』(同八年)、『カアペンタア詩集』(同九年)などがある。晩年に至るまで詩作・歌作を続け、清貧に甘んじて自適し、昭和五十九年(一九八四)十月十七日没。九十三歳。

参考文献 宮崎修二朗『人の花まづ砕けたり―詩人富田砕花翁のおもかげ―』、白鳥省吾「富田砕花の詩」(『現代詩の研究』所収)、安部宙之介「民衆詩その他―富田砕花氏談話―」(『詩界』一一一) (分銅 惇作)

とみたじんぺい 富田甚平 一八四八―一九二七 明治時代の農事指導者。嘉永元年(一八四八)十一月三十日、肥後国菊池郡辺田村(熊本県菊池郡七城町)の士族茂四郎の長男として生まれる。同村筑紫宗甫につき漢学を修む。居村付近は湿田が多く、この改善のため、彼は明治十一年(一八七八)より耕地の暗渠排水事業に取り組み、郷里をはじめ九州各県を中心に多数の工事の施行にあたり、湿田の乾田化や耕地整理事業の拡大に貢献し、いわゆる肥後農法の確立に寄与した。著書に『富田式暗渠排水法』(建野保との共著)がある。昭和二年(一九二七)三月三日没。八十歳。

参考文献 江上利雄「簡易暗渠排水技術の確立―富田甚平の業績―」(『日本農業発達史』四所収) (伝田 功)

とみたたかよし 富田高慶 一八一四―九〇 幕末・明治時代前期の農村指導者。二宮尊徳の門弟、報徳社運動の指導者の一人。通称久助、任斎と号した。文化十一年(一八一四)六月一日、相馬藩士斎藤嘉隆の次男に生まれた。はじめ江戸へ出て屋代弘賢、古賀精里に学んだが、尊徳の仕法を聞いて、天保十年(一八三九)、下野国桜町陣屋に尊徳を訪ねて入門、小田原・日光などの仕法で尊徳を助けた。しかし、高慶の第一の課題は疲弊した相馬藩の復興にあったから、弘化二年(一八四五)に相馬へ帰り、藩財政の再建と農村救済にあたった。その際尊徳は、相馬藩の過去百八十年間の経済状況を精査し、『為政鑑』三巻を著わして改革の方針とした。高慶は、農業資金の貸付け、救恤、入札による表彰などを行い、農業生産を指導して、相馬藩仕法をほぼ成功させたので、この仕法は、権力を介した上からの仕法の代表的事例となった。幕末・維新期の高慶は、家老職として藩論を官軍帰順に導き、廃藩置県に際しては禄を失った相馬藩士族の土着＝農民化をはかった。また、磐前県に出仕し、興国安民の方法について建言したりして活動したが、旧藩主家の家産維持にもつとめた。明治十年(一八七七)には尊徳の孫尊親らと興復社を設立して社長となり、荒蕪地の開墾を奨励して資金を貸し付けた。また高慶は、嘉永三年(一八五〇)『報徳論』二巻を著わして報徳思想の体系化をはかり、安政三年(一八五六)には尊徳一代の事業について述べた『報徳記』を著わしたが、とりわけ後者が報徳思想の普及と報徳社運動の実践に与えた影響は大きかった。明治二十三年一月五日没。七十七歳。法名弘量院毅徳全任居士。墓は福島県原町市石神にある。明治四十一年贈従五位。なお佐藤高俊校訂『富田高慶日記』がある。

参考文献 『二宮尊徳全集』三六、大槻吉直『富田高慶翁伝』、広瀬豊・広瀬敏子『二宮尊徳の高弟富田高慶』 (安丸 良夫)

とみたてつのすけ 富田鉄之助 一八三五―一九一六

明治時代の官吏、実業家。第二代日本銀行総裁。天保六年(一八三五)十月十六日、仙台藩重臣富田実保四男として仙台城下良覚院丁に生まれる。蘭学を学び勝海舟の氷解塾に入門、慶応三年(一八六七)勝小鹿に随行し米国に留学、のち明治政府留学生となりニューアーク商業学校で経済学を学ぶ。明治五年(一八七二)岩倉遣外使節渡米時に随員となりニューヨーク在留領事心得を命ぜられ、以後外交官として米・英に在勤、同十四年帰朝して大蔵省に入省、翌年日本銀行設立に参画し初代副総裁、同二十一年総裁に就任した。翌二十二年、横浜正金銀行に対する政府の為替政策に反対し意見書を松方正義蔵相に提出、節をまげず同年九月日銀総裁を罷免される。二十三年貴族院議員に勅選され、二十四—二十六年東京府知事、のち富士紡績・横浜火災保険両会社創立に関与、取締役・社長などを歴任、清廉の士として知られる。大正五年(一九一六)二月二十七日、東京市小石川区大門町(東京都文京区春日)の自邸で没した。八十二歳。墓は文京区の護国寺にある。

参考文献 吉野俊彦『忘れられた元日銀総裁—富田鉄之助伝—』　(大森とく子)

とみたまさふみ　富田正文　一八九八—一九九三　昭和時代の福沢諭吉研究者。明治三十一年(一八九八)八月二十日、水戸に生まれる。水戸中学校を経て大正十五年(一九二六)慶応義塾大学英文科卒業。在学中より石河幹明の助手として『福沢諭吉伝』全四巻(昭和七年(一九三二))の刊行に尽力。そのため卒業後、慶応義塾職員の業務の傍ら福沢研究家として知られ、昭和十三年より慶大文学部講師を兼ね明治文化史を講じる。塾長小泉信三の知遇を得、十六年塾歌(作曲信時潔)の作詞も彼の推輓による。小泉の塾長退任後、義塾が創めた大学通信教育の教材などを製作する慶応通信の常務・社長・会長を四十数年歴任。その間慶応創立百年記念出版『福沢諭吉全集』全二十一巻を前後十四年を費やして編纂、三十九年その功で慶大名誉博士の称号と日本学士院賞を授与された。大著『考証福沢諭吉』の完結は死の一年前であった。社団法人福沢諭吉協会、慶大福沢研究センターなどの設立に果たした功績も大きい。平成五年(一九九三)八月二十七日、東京都世田谷区の自宅で没。九十五歳。東京都小平市の小平霊園に葬られる。

参考文献 『福沢手帖』七五(特集追悼富田正文著『考証福沢諭吉』を読む)、同七九(特集富田正文)、丸山信編「富田正文著作目録稿」(『福沢諭吉年鑑』一七)、桑原三郎「福沢諭吉研究者の群像—石河幹明から富田正文へ—」(『三田評論』九五〇)　(土橋　俊一)

とみたみつる　富田満　一八八三—一九六一　大正・昭和時代の旧日本基督教会の牧師。明治十六年(一八八三)十一月五日、愛知県生まれ。明治三十七年明治学院神学部入学、同四十年に賀川豊彦らと南長老教会が経営する神戸中央神学校に転校、四十三年卒、四十四年徳島教会牧師。大正七年(一九一八)米国プリンストン神学校に留学、同九年帰国、日本基督教会芝教会牧師となり四十一年間にわたり牧師。昭和十六年(一九四一)日本基督教団の初代統理に就任、第二次世界大戦下の日本基督教界を指導、伊勢神宮に統理として参拝。明治学院院長、東京神学大学・金城学院理事長などを歴任。昭和三十六年一月十五日没。七十七歳。　(大浜　徹也)

とみながゆうりん　富永有隣　一八二一—一九〇〇　幕末の長州藩の尊攘派志士、明治時代の教育家。名は徳、のち悳彦。字は有隣。号は陶峰・履斎・蘇芳。文政四年(一八二一)五月十四日、周防国吉敷郡陶村(山口市)で長州藩御膳部役の家に生まれる。藩校明倫館に学び、出仕して小姓役から配膳役となったが、同僚におとしいれられて嘉永五年(一八五二)見島(山口県萩市)に流され、翌年野山獄に囚われた。ここで吉田松陰と知己となり、出獄後松下村塾で教授を助けた。安政六年(一八五九)村塾を去り、吉敷郡秋穂二島村(山口市)に定基塾を開いた。慶応二年(一八六六)長州戦争では鋭武隊を率い、石州口・芸州口に闘った。明治二年(一八六九)の脱隊騒動では首謀者となったが、敗れて諸国を流浪し、明治十年捕えられ、東京石川島監獄に入獄。明治十七年出獄、同十九年山口県熊毛郡城南村(田布施町)に帰り、帰来塾を開き、子弟教育に晩年を過ごした。明治三十三年十二月二十日没。年八十。墓は同町幸ヶ原。著書『大学述義』『中庸義解』『兵要録口義』『井蛙問対』ほか。

参考文献 山口県編『維新功労者調』(山口県文書館所蔵)、玉木俊雄『勤王志士富永有隣先生小伝』　(三宅　紹宣)

とみもとけんきち　富本憲吉　一八八六—一九六三　大正・昭和時代の陶芸家。明治十九年(一八八六)六月五日、奈良県平群郡東安堵村(生駒郡安堵町)に生まれる。同四十二年東京美術学校図案科卒業。大正初め、在日中のバーナード＝リーチとの交友を機に、郷里で作陶を始める。大正十五年(一九二六)東京祖師谷に移住。昭和二年(一九二七)国画創作協会に工芸部創設とともに会員となり、独自の造形、文様による白磁・染付・色絵磁器などを制作する。この間同十二年帝国芸術院会員、同十九年東京美術学校教授に任命される。第二次世界大戦後はそれらの官職を辞して京都に移り、晩年にかけて色絵磁器に金銀彩を加えた華麗な作風を大成した。昭和二十五年京都市立美術大学教授。同三十年重要無形文化財(色絵磁器)保持者。同三十六年文化勲章を受章。同三十八年五月京都市立美術大学学長に就任、同六月八日死去。七十七歳。主な著書に『窯辺雑記』『製陶余録』『自選富本憲吉作品集』などがある。

参考文献 文化庁文化財保護部無形文化課編『色絵磁器富本憲吉』(『無形文化財記録』工芸技術編一)　(南　邦男)

とみもとぶぜんだゆう　富本豊前太夫　富本節の家元名。

(一)三代　一八〇五—七六　二代目の養子善太郎。のち林之助。文化二年(一八〇五)生まれる。二代目午之助を経て文政十一年(一八二八)三代目をつぐ。嘉永四年(一八五一)受領して豊前掾藤原秀広。翌五年豊前大掾。安政六年(一八五九)引退して豊珠翁と改めた。明治九年(一八七六)五月二日没。七十二歳。

(二)四代　一八三〇―八九　三代目の長男保太郎。天保元年(一八三〇)六月十六日生まれる。豊紫太夫を経て嘉永五年(一八五二)四代目をつぐ。明治三年(一八七〇)豊洲、同十三年豊前掾。実子に五代目を譲ったが早世したので六代目として復帰、同十七年新内の富士松津賀太夫(のちの七代目加賀太夫)を養子にして豊紫太夫をつがせたがまもなく離縁。中興の祖といわれたが、明治二十二年九月七日、不遇のうちに没。六十歳。これで富本の系統は絶えたといっていい。

(三)五代　一八六一―八〇　四代目の子玉次郎。文久元年(一八六一)生まれる。明治八年(一八七五)五代目をついだ。同十三年八月二十三日没。二十歳。初代から五代目までの墓は東京都豊島区駒込七丁目の専修院にある。

(四)七代　一八九〇―?　本名榎本晴久。明治二十三年(一八九〇)生まれる。骨董商の子、父が四代目と縁故があったので、九歳で家元を相続、同四十二年に七代目をつぐ。代数に数えない人もある。

(五)八代　一八五七―一九三三　本名阪田らく。安政四年(一八五七)生まれる。四代目の門人で名見崎に入り得梅、七代目の門に入り富本豊鶴。明治四十二年(一九〇九)に新派を樹てて富本都路(初代)。さらに新派初代富本豊前を名乗る。昭和八年(一九三三)八月三日没。七十七歳。

(六)九代　一八八六―一九五二　八代目の養女とく。明治十九年(一八八六)生まれる。昭和八年(一九三三)新派二代目豊前。同二十七年十一月三十日没。

(七)十代　一八九六―一九七〇　九代目の夫阪田忞(つとむ)。明治二十九年(一八九六)生まれる。妻の没後豊前を名乗ったが芸には無関係。昭和四十五年(一九七〇)九月六日没。

(八)十一代　一九二九―八三　本名石川正博。筆名漳月。昭和四年(一九二九)八月九日生まれる。九代目の弟子の三代目都路に入門して豊路。同四十年富本芝屋会を興し、家元芝屋統園を名乗る。同五十五年十一代目豊前となったが、五十八年一月二十一日没。五十三歳。

(竹内　道敬)

参考文献　東京音楽学校編『近世邦楽年表』常磐津・富本・清元之部

とみやすふうせい　富安風生　一八八五―一九七九　昭和時代の花鳥諷詠の俳人。明治十八年(一八八五)四月十六日、愛知県八名郡金沢村(宝飯郡一宮町金沢)生まれ。本名謙次。第一高等学校から東大法学部卒業。逓信省に入った。明治四十四年肺結核で退官。大正五年(一九一六)復帰し、昭和十二年(一九三七)逓信次官で退官。俳句は福岡貯金局時代に吉岡禅寺洞の指導で始め、大正八年、高浜虚子の来福を機に『ホトトギス』に投句。篠原温亭の『土上(どじょう)』には同人として参加。東京に移ってからは、山口青邨・水原秋桜子・中田みづほ・山口誓子らと東大俳句会を復活。直接、虚子の指導を受けた。昭和一年、虚子が、俳句は花鳥諷詠詩と提唱した後は、「ゆとり」を保ちながら自然を詠うことに努め、温雅な句境を見せた。昭和三年から主宰誌『若葉』を持ち、加倉井秋を・岸風三楼・清崎敏郎らを育てた。晩年には、人生の翳を宿す作、艶を伴った作風を辿った。昭和五十四年二月十二日没。九十三歳。句集・著書は多い。句集『草の花』(昭和八年)、『村住』(同二十二年)などが光る。「一もとの姥子の宿の遅桜」「まさをなる空よりしだれざくらかな」

(松井　利彦)

トムソン　David Thompson　一八三五―一九一五　幕末から大正時代にかけての宣教師。東京日本基督公会(新栄橋教会)仮牧師。アメリカ長老派教会宣教師。一八三五年九月二十一日、アメリカ合衆国オハイオ州カデズに生まれた。六二年ピッチブルグのウェスタン神学校の科程を修めた。バージニア州で伝道に従事したが、間もなく、アメリカ＝プレスビテリアン(長老派教会)伝道局の招きを受け、日本派遣の宣教師に任命され、文久三年(一八六三)五月横浜に着いた。当時日本にいた宣教師は、長老派のヘボン博士夫妻、改革派のS・R・ブラウンとJ・H・バラ、バプテスト派のJ・ゴーブルで、彼らは神奈川宿に住んでいた。トムソンは、キリシタン禁制の高札があるなど反キリスト教的、排外人的な日本人に対して、キリスト教宣教の難事業にあたった。彼は、まず日本語を学び、漢学を修め、伝道に、聖書の和訳に、教育に、社会事業に努力した。明治二年(一八六九)東京築地に転居し、小川義綏(よしやす)を助手として、自宅で聖書を講じ、質疑に応じ、布教に努めた。同四年高知・彦根などから派遣された数名の視察員を案内し欧米を旅行したが、この一行の中には、片岡健吉・林有造・津田仙・江原素六などが含まれていた。明治六年十一月帰国し、東京築地で伝道を始めたところ、横浜基督公会の小川義綏・粟津高明・桃江正吉・北原義道ら七名と、東京でトムソンから受洗した安川亨らで、東京基督公会を組織した。東京公会は信条規則はもちろん、その他の制度も、みな横浜公会と同一で、このときは横浜支会と称した。トムソンは仮牧師となった。はじめ築地明石町のユニオン＝チャーチで礼拝を守っていたが、八年六月十九日、築地新栄橋畔に会堂を建て、献堂式を挙げた。新栄橋教会とよばれるようになった。大正四年(一九一五)八十歳の誕生を祝い、のち間もなく神の召しを受けて十月二十九日永眠した。墓は東京豊島区の染井墓地にある。

(片子沢千代松)

参考文献　佐波亘編『植村正久と其の時代』、山本秀煌『日本基督教史』、同『日本基督新栄教会六十年史』

とめおかこうすけ　留岡幸助　一八六四―一九三四　明治・大正時代の社会事業・教化事業の先覚者。元治元年(一八六四)三月四日、備中国上房郡松山(岡山県高梁市)に生まれた。父は吉田万吉、母はトメであったが、まもなく留岡金助の養子となった。生来反骨、気概の風があり、神の前には人すべて平等の教えに深く共感し十九歳で洗礼を受けた。同志社の神学科に入り新島襄らの信仰・思想に触れ、キリスト者として丹波地方で伝道にたずさわった。監獄改良の働き手として北海道の空知集治監の教誨師として働き獄制改革についての実践をかさねた。教育刑論・死刑廃止論の主張もある。犯罪者とその幼少年期の関連にも着目し、少年感化への志を抱いて渡米研鑽を積んだ。明治三十二年(一八九九)東京巣鴨の地に家庭学校を創設した。少年教護についての開拓的な拠点ともいうべきものであった。霊南坂教会牧師、警察監獄学校教授、のちに内務省嘱託などを歴任してわが国の慈善事業―感化救済事業における学術・実践面をあわせての多面的な活動を行なった。特に『慈善問題』『獄制沿革史』『感化事業之発達』などによって、宗教・教育・資金を慈善事業の三大要素とし、自然と教養・労作などを合理的に充用し、自己犠牲や情感中心の事業運営に批判を提起するなどの嚮導力をもった。すでに専門職に近いかたちで斯業の人材養成と確保、民間事業の独自性と慈善政策として公的責任を問う開明性をも併せて主張した。活動の範囲はきわめて多岐にわたり、少年感化に始まって、監獄改良、地方改良事業、特に同和問題にも深い関心と発言を続けた。彼の主筆による『人道』を定期的に発刊(明治三十八年)し、多彩な交友による執筆者を得て社会問題の論壇の態ともなった。「人道」の称には二宮尊徳による報徳思想による教化への彼の傾倒が示されている。大正三年(一九一四)には北海道家庭学校を設立し大自然の只中での少年教護の場を創出し今日に至っている。山室軍平らとともに大正中期以降の内務省の社会事業・救済行政への民間人としての参加・提言も注目される。講演と多数の著作による啓蒙、啓発者としても独自の役割を担った。昭和九年(一九三四)二月五日東京の自宅で没。七十一歳。『留岡幸助日記』全五巻および『留岡幸助著作集』全五巻がある。

（小倉 襄二）

ともだきょうすけ 友田恭助 一八九九―一九三七 大正・昭和時代前期の俳優。本名伴田五郎。明治三十二年(一八九九)十月三十日、伴田六之助の五男として東京に生まれる。錦城中学のころ土方与志を知り、早稲田大学文学科在学中に畑中蓼坡に師事し、大正十年(一九二一)水谷八重子らと「わかもの座」を結成した。初舞台は大正八年新劇協会公演の『叔父ワーニャ』で下男の役。同十二年土方与志が創設した築地小劇場に同人として参加。昭和四年(一九二九)同劇場の分裂までに『どん底』『幽霊』『大寺学校』などで注目される俳優になった。左傾する新劇運動に加わらず、昭和七年に妻田村秋子と築地座を結成し、田中千禾夫・小山祐士・内村直也ら劇作派の創作劇を主に上演して、大らかな人間描出に演技の道をさぐり、第二期新劇運動の代表的な俳優になった。同十二年劇団を解散、同年八月応召、十月六日中国の上海郊外呉淞クリークの渡河戦で戦死。三十九歳。当時の知識階級にとって衝撃となる。築地座の意志をつぐ文学座が杉村春子らによって結成されるのは同十二年九月六日。

参考文献 田村秋子『友田恭助のこと』

（尾崎 宏次）

ともながさんじゅうろう 朝永三十郎 一八七一―一九五一 明治・大正時代の哲学者、哲学史家。明治四年(一八七一)二月五日、肥前国彼杵郡川棚村字石木郷(長崎県東彼杵郡川棚町)に旧大村藩士朝永甚次郎の三男として生まれる。同二十年に上京し、同二十二年に第一高等中学校に入学。同校教官内村鑑三の影響を受け、哲学に志す。同二十八年帝国大学文科大学に入学し、哲学・哲学史を専攻。同三十一年に同校を卒業し、京都の真宗大学の教授となる。同四十年京都帝国大学文科大学助教授となり、四十二年哲学史研究のため英独仏に留学を命ぜられ、主としてウィンデルバントのもとで学ぶ。大正二年(一九一三)に帰朝し、同校教授(哲学史担当)となり、文学博士の学位を受ける。昭和六年(一九三一)三月、京都帝国大学を定年退官し、同校名誉教授となる。同年大谷大学教授となり、同十九年まで在職。日本における本格的な西洋近世哲学史研究の開拓者。主著の『近世に於ける「我」の自覚史―新理想主義と其背景―』(大正五年)は、ルネサンス期に発見された「我」の自覚的深化の歴史を精神史的見地から跡づけたもので、教養書として広く読まれ、大正期における文化主義思潮の発達に寄与した。大正八年には黎明会の運動にも参加している。昭和二十三年日本学士院会員となったが、同二十六年九月十八日に老衰のため死去。八十歳。朝永振一郎は長男である。主著は、前記のもののほか、『哲学綱要』(明治三十五年)、『人格の哲学と超人格の哲学』(同四十二年)、『カントの平和論』(大正十一年)、『デカルト』(同十四年)、『哲学史的小品―ルソー・カント・ロッツェー―』(昭和二十三年)、『ルネッサンス及び先カント派の哲学』(『西洋近世哲学史』一、同二十四年)など。

参考文献 下村寅太郎・古田光編『哲学思想』(『現代日本思想大系』二四)、瀬沼茂樹編『明治哲学思想集』(『明治文学全集』八〇)、宮川透・荒川幾男編『日本近代哲学史』(『有斐閣選書』)、朝永先生の思い出編纂会編『朝永三十郎先生の思い出』、野田又夫「哲学史家としての朝永先生」(『哲学研究』四一一)

（古田 光）

ともながしんいちろう 朝永振一郎 一九〇六―七九 昭和時代の物理学者。明治三十九年(一九〇六)三月三十一日、哲学者朝永三十郎の長男として東京で生まれる。昭和四年(一九二九)京都帝国大学理学部物理学科を卒業。同七年仁科芳雄のすすめにより理化学研究所仁科研究室に入り、宇宙線・原子核の研究に着手。翌八年、坂田昌一らとともにガンマ線による電子対発生の計算を行う。同十二年ドイツへ留学、ライプチヒ大学のハイゼンベルクのもとで原子核理論の研究をすすめた。同十四年、第二次世界大戦の勃発により帰国。同十六年、東京文理科大学教授となる。ディラックの多時間理論につき湯川秀樹がすすめていた考察に着想を得て、相対論的な場の量子論の基礎となる超多時間理論を同十八年に発表。同年より戦時研究として超短波の研究に従事し、小谷正雄と共同でマグネトロンの発振機構と立体回路論の研究をまとめた。この業績に対し同二十三年学士院賞を小谷とともに受賞。同年超多時間理論を基礎にして坂田昌一の凝集力中間子論の検討をすすめ、くりこみ理論を確立した。同二十四年、米国プリンストン高級研究所に招かれ多体問題の研究を行い、翌年帰国。同二十六年になくなった仁科芳雄の後任として日本学術会議原子核連絡委員会の委員長となり、これを契機に以後学術行政の推進にも活躍する。同二十八年地元民の反対で難航していた東京大学原子核研究所の設立に尽力し、また同年発足した京都大学基礎物理学研究所の運営にも湯川秀樹を助けてその地固めを行なった。同三十一年から三十七年まで東京教育大学学長を、同三十八年から四十四年まで日本学術会議会長をつとめた。同二十七年に文化勲章を受章。同四十年にはJ・S・シュウィンガー、R・P・ファインマンとともにノーベル物理学賞を受賞。著書には名著といわれる『量子力学』(全二冊)や『朝永振一郎著作集』(全十二巻別巻三巻)がある。昭和五十四年七月八日死去。七十三歳。

参考文献 松井巻之助編『回想の朝永振一郎』　(辻　哲夫)

ともばやしみつひら　伴林光平　一八一三―六四　幕末の歌人、国学者。通称六郎、光平は諱、一時並木春蔵の変名を用い、斑鳩隠士・蒿斎・岡陵などと号す。はじめ僧名を大雲坊周永という。文化十年(一八一三)九月九日、河内国志紀郡林村の浄土真宗尊光寺(大阪府藤井寺市林四丁目)に、父賢静・母原田氏の次男に生まる。文政十一年(一八二八)上京し西本願寺学寮に入り修学、天保九年(一八三八)国学僧無蓋に会い、その勧めで翌十年因幡国気多郡加知弥神社(鳥取県気高郡鹿野町)の神官で本居大平門人の飯田秀雄のもとにて国学・和歌を学び、その子飯田年平と深く交わり、同年還俗に際しその命名で伴林六郎光平と名のったが、生地の産土神伴林氏神社から姓をとり、七郎年平の兄平とのところより六郎光平としたという。十一年和歌山の加納諸平の弟子となり、さらに江戸に下り伴信友にも入門した。十二年家兄の懇請により僧侶に戻り河内国八尾の小寺の住職となった。安政四年(一八五七)以降大和中宮寺宮に国学・和歌を講じていたが、文久元年(一八六一)「本是神州清潔民、謬為仏奴説同塵、如今棄仏仏休咎、本是神州清潔民」との有名な一詩を遺し寺を出て大和に移り還俗し、同年二月中宮寺の家士となった。文久三年八月大和五条に天誅組の乱が起ると、突如参加を志し、中山忠光に謁し、軍議方兼記録方に任ぜられた。十津川郷士その他へ檄文を発し人数を集め、白銀峰・和田峰に戦うも敗れて逃走中に捕えられる。獄中にて大和挙兵参加の顚末を記録した『南山踏雲録』を著わした。元治元年(一八六四)二月十六日京都六角獄にて斬られる。五十二歳。著書は、前出のほか『稲木抄』(嘉永三年(一八五〇))、『園能池水』(安政六年)、『難解機能重荷』(安政五年)、『三教一致説』(文久二年)、『於母比伝草』(文久二年)など多数ある。なお、佐佐木信綱編『伴林光平全集』全一巻がある。

参考文献 島田兵三『伴林光平先生伝』、土橋真吉『伴林光平』　(沼田　哲)

ともまつえんたい　友松圓諦　一八九五―一九七三　大正・昭和時代の仏教思想家。明治二十八年(一八九五)四月一日、名古屋市矢場町若宮裏(中区栄三丁目)友松勝次郎・つねの次男に生まれる。幼名春太郎。のち諦春、圓諦と改名。同三十七年叔父で東京深川の浄土宗安民寺住職友松諦常の養子として入籍。大正八年(一九一九)宗教大学(大正大学)卒業。同十三年慶応義塾大学文学部史学科卒業、同大学予科ドイツ語講師、昭和二年(一九二七)大正大学で教鞭をとる。同年ハイデルベルク大学に留学、同四年パリのソルボンヌ大学に学ぶ。同七年仏教法政経済研究所設立、同八年明治仏教史編纂所設立。同九年NHKから「法句経講義」放送開始、真理運動本部設置、機関誌『真理』を発刊。同二十年大正大学仏教科長となる。同二十二年東京都千代田区外神田に神田寺落成開堂。同二十九年全日本仏教会初代事務総長に就任、同年真理運動二十周年記念会を行う。同四十八年仏教伝導文化賞を受賞。同年十一月十六日没。七十八歳。墓は神田寺の深川墓地にある。法名神田寺一世転法輪春誉圓諦大和尚。著書『法句経講義』『仏教経済思想研究』『明治仏教史編纂所蔵目録』など多数。『友松圓諦選集』がある。

参考文献 友松諦道・山本幸世編『人の生をうくるは難く―友松圓諦小伝―』　(池田　英俊)

どもんけん　土門拳　一九〇九―九〇　昭和時代の写真家。明治四十二年(一九〇九)十月二十五日、山形県飽海郡酒田町(酒田市)に生まれる。昭和八年(一九三三)上野池之端(東京都台東区)の宮内幸太郎写真場に住み込み、徒弟修業をする。十年、名取洋之助が主宰する日本工房に入社、報道カメラマンの基礎技術を学ぶ。十四年日本工房を退社、国際文化振興会の嘱託となり、その後のライフワークとなる奈良・京都の古寺、文楽などを撮影し始める。十八年、のちに写真集『風貌』(昭和二十八年)にまとめられる一連の人物写真で第一回アルス写真文化賞を受賞。昭和二十五年、雑誌『カメラ』の月例写真コンテスト欄の審査員となり、木村伊兵衛らとともに、現実を直視するリアリズム写真を提唱する。第二次世界大戦後の仕事は『ヒロシマ』(昭和三十三年)から『古寺巡礼』シリーズ(三十八―五十年)まで幅広く、写真界の巨人の名にふさわしい。平成二年(一九九〇)九月十五日没。八十歳。著書に『写真批評』『写真随筆』などがあり、『土門拳全集』全十三巻が刊行されている。なお、昭和五十八年には郷里の酒田市に土門拳記念写真美術館が開館している。

参考文献　朝日新聞社編『昭和写真全仕事』五　（飯沢耕太郎）

とやとしゆき　戸谷敏之　一九一二―四五　昭和時代前期の歴史学者。第二次世界大戦直後の幕末・維新経済史研究に大きな役割を果たした。明治四十五年（一九一二）七月、長野県埴科郡松代町（長野市）に生まれる。第一高等学校に学び、昭和八年（一九三三）東京帝国大学経済学部の入試に合格したが、学生運動のかどで高等学校の卒業を取り消され、そのため法政大学予科に入学、経済学部に進学し、小野武夫・大塚久雄らの指導を受けた。学生時代に「イギリス・ヨーマンの研究」を発表した（戦後単行本として公刊）秀才で、昭和十四年大学卒業後日本常民文化研究所に入り、近世農業技術史・経営史、土地制度史の研究に従事し、つぎつぎと注目すべき論文を発表した。同十九年兵役に召集され、二十年九月フィリピンで戦死した。三十四歳。戦後出版された『近世農業経営史論』は、江戸時代の農業経営の諸類型、特に農家経済が富裕化する摂津型（特殊西南日本型）を析出し、日本農業の自生的発展を論証した点で、幕末・維新経済史研究に大きな影響を及ぼした。

参考文献　大塚久雄他「解説」（戸谷敏之『新版イギリス・ヨーマンの研究』付載）　（大石嘉一郎）

とやべしゅんてい　鳥谷部春汀　一八六五―一九〇八　明治時代のジャーナリスト。本名銑太郎。慶応元年（一八六五）三月三日、南部藩士の木村忠治を父に、りわ子（鳥谷部氏）を母として陸奥国三戸郡五戸町に生まれた。幼時より鳥谷部氏を嗣ぐ。明治二十四年（一八九一）東京専門学校（早稲田大学の前身）を卒業、翌年島田三郎に認められて『毎日新聞』の社説を担当、二十七年近衛篤麿の機関誌『精神』（のち『明治評論』と改題）の経営にあたり、はじめて人物評論に筆を染めた。三十年からは雑誌『太陽』の誌上で評論活動を続け、特に人物評論で注目される。明治四十一年十二月二十一日死去。四十四歳。東京本郷駒込吉祥寺に葬る。著述のほとんどは『春汀全集』全三巻に収載されている。

参考文献　木村毅編『明治人物論集』（『明治文学全集』九二）　（宇野俊一）

とやまかめたろう　外山亀太郎　一八六七―一九一八　明治・大正時代の遺伝学者、蚕種改良家。慶応三年（一八六七）相模国愛甲郡上古沢村（神奈川県厚木市）に生まれる。明治二十五年（一八九二）帝国大学農科大学卒業、同二十九年から三十二年まで福島県蚕業学校校長を勤める。同三十五年から三十八年までタイへ養蚕指導に赴く。同三十九年農学博士。同四十一年東京帝国大学助教授、同四十四年原蚕種製造所の技師を兼任。この年、欧州を視察し、彼地の養蚕の実情を調査。大正六年（一九一七）東京帝国大学教授、同四年学士院賞受賞。同七年三月二十九日、五十二歳で没す。日本の遺伝学の草分け的存在。特に養蚕技師としてその品種改良にかかわりながら、世界に先がけ、昆虫界にもメンデルの遺伝法則が適用しうることを証明（明治三十九年）、基礎と実用両面に活躍した。大正四年の日本育種学会設立では発起人の一人。人種改良論でもその発言は早かった。著書『蚕種論』（丸山舎、明治四十二年）。　（鈴木善次）

とやましゅうぞう　外山脩造　一八四二―一九一六　明治時代の実業家、財界人。天保十三年（一八四二）十一月十日、越後国古志郡小貫村（新潟県栃尾市）の村役人外山伝の子に生まれた。幼名寅太。十七歳で江戸に出、清川八郎・塩谷宕陰に師事し昌平黌でも学んだ。明治維新に際しては、薫陶を受けていた河井継之助に従って長岡に戦ったが、同人の遺訓により商人となることを志し、明治二年（一八六九）慶応義塾、四年開成学校に入った。五年秋田県に出仕、六年大蔵省に転じ銀行課で国立銀行設立について腕を振るった。十一年渋沢栄一らの斡旋で官を辞して大阪第三十二国立銀行総監役となり業務を刷新し、十五年から十八年にかけて日本銀行大阪支店長を務め、大阪銀行界の指導者となった。二十一―二十一年の欧米視察により信用調査機関の必要を痛感して、二十四年大阪に商業興信所を設立して総長となった。二十三年大阪貯蓄銀行副頭取、二十五年衆議院議員、三十一年浪速銀行（大阪第三十二国立銀行を継承）頭取・大阪舎密工業社長、三十二年阪神電鉄社長となる一方、多くの会社の設立に関わり、また三十年から三十二年にかけて大阪銀行集会所委員長を務め、大阪財界の重鎮となった。大正五年（一九一六）一月十三日、七十五歳で没した。法名は軽雲院禅外玄機居士。

参考文献　武内義雄編『軽雲外山翁伝』　（高村直助）

とやままさかず　外山正一　一八四八―一九〇〇　明治時代の文学者、教育家。江戸小石川柳町（東京都文京区）に、代々幕臣の忠兵衛・廉子の長男として嘉永元年（一八四八）九月二十七日誕生。幼名捨八。のち、、山（ちゅざん）と号す。開成所（東京大学前身）を経て、英国および米国に遊学、ミシガン大学で哲学・理学を学び、帰国して東大教授・同総長・貴族院議員・文部大臣の要職につき、欧米を範として各般に啓蒙思想の実践をした。羅馬（ローマ）字会を創立し、演劇や美術の改良や、哲学・宗教学・社会学・教育・政治など広範にわたり啓蒙的な貢献をした。文学方面では、明治十五年（一八八二）、わが国のいわゆる新体詩のアンソロジーとして先駆的な『新体詩抄』を、矢田部良吉（尚今）・井上哲次郎（巽軒）らと同撰、芸術的な高さはともかくも、わが国の新体詩史に先鞭をつけた点に功績を残した。同二十八年『新体詩歌集』を中村秋香・上田万年・阪正臣らと共著で公刊、新詩形の提唱を試みた。三十三年三月八日没。五十三歳。法名覚了院殿厳浄正一大居士。墓は東京の谷中墓地にある。没後、その作物は『、山存稿』二巻に所収。　（石丸久）

とやまみつすけ　外山光輔　一八四三―七一　幕末・維

新期の公家。天保十四年(一八四三)十月二十七日、正三位勘解由次官外山光親の次男に生まれる。外山家は三十石三人扶持の小禄である。嘉永五年(一八五二)三月元服して昇殿を許され、宮内大輔となり、慶応二年(一八六六)正月従四位上に叙された。明治三年(一八七〇)四月東京に出て皇居の「内番交替参勤」の仕事に就くが七月には辞して京都に帰った。同年十二月の華族禄制改革によって、外山家は現米二百五十四石一斗を家禄として与えられ京都府華族となった。外山は維新後の京都の衰退を嘆くとともに攘夷主義者で政府の開明政策に強い反感を持っており、天皇の京都還幸、奸吏追放と政府改革、有志を募り攘夷を決行という行動計画をたて、連判状を作り、京都の処士や外山の動きをみて近づいて来た地方の草莽らに働きかけた。明治四年三月六日外山を擁した挙兵を密議しているところを知られ、翌七日同志二十二名とともに逮捕され、十二月三日外山は自尽を命ぜられた。二十九歳。

参考文献 高木俊輔『それからの志士』、佐藤誠朗「明治四年外山・愛宕事件の序論的考察」(新潟大学『人文科学研究』六七) (佐々木 克)

とよかわりょうへい 豊川良平 一八五二―一九二〇 明治・大正時代の実業家。嘉永五年(一八五二)正月十九日、土佐の高知城下南奉公人町(高知市上町)に医家小野篤治の長男として生まれる。母は八重。幼名春弥。のち豊川良平と改名する。三菱財閥の創設者岩崎弥太郎の従兄弟で、少年時は弥太郎のもとで育つ。慶応義塾卒業後、三菱商業学校、明治義塾を設立、学校経営に携わるが失敗。同時に、犬養毅と図って雑誌『東海経済新報』を発刊、自由貿易を主張する田口卯吉の『東京経済雑誌』に対抗して、保護主義・国家経済主義を唱えた。またこの間、犬養・馬場辰猪・大石正己らとともに政治活動に奔走した。明治二十二年(一八八九)第百十九国立銀行(のちの三菱合資会社銀行部)頭取に就任し実業家生活に入り、同二十八年銀行部設立後初代銀行部長を経て同四十三年三菱合資会社管事に就任するまで約二十年の銀行経営にあたった。豊川の活動は、銀行経営にとどまらず、三菱の「大蔵大臣」「外務大臣」的役割を担い、岩崎家事業の発展に力を尽くした。一方、明治二十九年に東京銀行集会所副会長に就任して以降、銀行倶楽部委員長・東京手形交換所委員長などを歴任、財界活動を展開したが、とりわけ日露戦争時の軍事公債の募集、日露戦争の戦後経営にあたっては、金融界の中心人物として敏腕を揮った。また、銀行以外にも、日本郵船・猪苗代水力電気・三菱倉庫・日本窒素肥料会社などの経営に関与した。大正二年(一九一三)三菱管事の職を退いてのち、朝吹英二・中野武営・大橋新太郎らとともに東京市政刷新運動に乗り出し、翌三年東京市会議員となり、市公金管理・電気事業などの問題解決にあたった。大正五年貴族院議員に勅選されたが病に倒れ、同九年六月十二日病没。六十九歳。東京の染井墓地に葬られる。法名は豊隆院殿徹玄無際大居士。

参考文献 鵜崎熊吉『豊川良平』 (伊藤 正直)

とよざわだんぺい 豊沢団平 浄瑠璃(義太夫節)の三味線方。二代目が傑出。

(一)二代 一八二七―九八 本名加古仁兵衛。文政十一年(一八二八)播州加古川に生まれる。義父は竹本千賀太夫。三代目豊沢広助門人。豊沢力松、丑之助を経て、弘化元年(一八四四)二代目団平を襲名。通称清水町大師匠。浄瑠璃史上空前絶後と称えられる三味線の名人。安政三年(一八五六)文楽の芝居紋下(もんした)三代目竹本長門太夫の相三味線、その没後、ほぼ歴代の文楽紋下太夫を弾き、明治十六年(一八八三)の番付では太夫竹本越路太夫(摂津大掾)、人形吉田玉造とともに紋下に名を掲げ、三味線方の地位を著しく向上させた。明治十七年、文楽座に対立する彦六座に移り、非文楽系演出を確立。文才ある妻千賀の協力を得て『(観音霊験記)三拾三所花野山』(壺坂・二月堂)など新作浄瑠璃を作曲。他方、古典芸術としての浄瑠璃の伝承、風(ふう)の遵守、後継者(太夫、三味線)育成にも画期的業績を遺した。明治三十一年四月一日、彦六座の後身稲荷座で、三代目竹本大隅太夫の『志渡寺』を弾きながら脳溢血で倒れ没、七十二歳。法名大達糸道居士。墓所は大阪市阿倍野区の阿倍野墓地。

(二)三代 一八五九―一九二一 本名植畑九市。安政六年(一八五九)生まれる。二代目門弟。大正十年(一九二一)五月五日没。六十三歳。法名悲音院釈団平居士。墓所は大阪市浪速区敷津西二丁目の唯専寺。

参考文献 杉山其日庵『浄瑠璃素人講釈』、石割松太郎『人形芝居雑話』、義太夫年表近世篇刊行会編『義太夫年表』近世篇、義太夫年表編纂会編『義太夫年表』明治篇、文楽協会編『義太夫年表』大正篇 (内山美樹子)

とよしまよしお 豊島与志雄 一八九〇―一九五五 大正・昭和時代の小説家。明治二十三年(一八九〇)十一月二十七日、福岡県下座郡福田村大字小隈(甘木市小隈)に父秀太郎・母ヨネの長男として生まれる。大正元年(一九一二)東京帝国大学仏文科に入学、同三年第三次『新思潮』を芥川竜之介・菊池寛らと創刊。処女作「湖水と彼等」を創刊号に載せ、いち早く注目される。六年に第一創作集『生あらば』を刊行、以後、第二次世界大戦後まで法政大学・明治大学・東京大学などで教鞭をとりながら執筆を続け、長編『野ざらし』(大正十二年刊)を含む多くの創作集をもつ。またロマン=ロランの『ジャン・クリストフ』(同九年刊)などの翻訳で多くの読者を得た。反自然主義的作風で、近代文学史において独自の位置をもつ。小説における方法的努力も惜しまず、「近代説話」のジャンルのもとに、『立札』などの抵抗文学を収めた昭和十六年(一九四一)の『白塔の歌』や、日本人にとっての戦争の問題を追求した諸編を収めた二十一年の『白蛾』を刊行した。三十年六月十八日没。六十四歳。『豊島与

志雄著作集』全六巻が刊行されている。（林　淑　美）

とよだきいちろう　豊田喜一郎　一八九四―一九五二　大正・昭和時代の企業家。トヨタ自動車工業の創業者。明治二十七年（一八九四）六月十一日、日本の「紡織機王」豊田佐吉の長男として静岡県敷知郡吉津村（湖西市鷲津）に生まれる。大正九年（一九二〇）東京帝国大学工学部機械工学科卒業後、佐吉が児玉一造・藤野亀之助らの支援を得て設立した豊田紡織に入社し、自動織機の研究開発に従事する。この研究は十四年に完成し、翌年その企業化のため豊田自動織機製作所が設立されると、常務取締役に就任した。昭和四年（一九二九）自動織機の特許権譲渡交渉のため欧米に出張、イギリスのプラット社との間に譲渡契約を成立させる。この前後から喜一郎は大衆乗用車の国産化を決意し、右の特許代金百万円を投じて自動車工業進出準備をすすめ、八年豊田自動織機製作所内に自動車部を設置し、十年A型乗用車とGI型トラックの試作車を完成させる。そして、十二年同自動車部がトヨタ自動車工業として独立すると、副社長となり、さらに十六年社長に就任した。しかし、戦時下においてはトラック生産に専念しなければならず、喜一郎が念願した自主技術による乗用車国産化は戦後に持ち越された。二十四年乗用車の生産制限は解除されるが、折からトヨタ自動車工業で大規模な労働争議が発生し、責任をとって二十五年六月社長を辞任した。二十七年三月二十七日、五十七歳で死去し、名古屋市千種区の覚王山日泰寺に葬られた。ただ、彼の創業理念は経営陣に引き継がれ、その後のモータリゼーションの進展の中で見事に開花した。

参考文献　尾崎正久『豊田喜一郎氏』　（宇田川　勝）

とよたけやましろのしょうじょう　豊竹山城少掾　一八七八―一九六七　明治から昭和時代にかけての浄瑠璃（義太夫節）の太夫。明治十一年（一八七八）十二月十五日、東京浅草に生まれる。本名金杉弥太郎。父の名は銀蔵。初名竹本小津賀太夫。明治二十二年大阪へ行き、二代目竹本津太夫に入門、津葉芽太夫と改め、文楽座入座。明治四十二年四月、二代目豊竹古靭太夫襲名。同年、名人三代目竹本大隅太夫を弾いた三代目鶴沢清六を相三味線に迎え、薫陶を受ける。三代目清六没後、大正十二年（一九二三）十月から昭和二十四年（一九四九）まで、相三味線は四代目清六。昭和十七年一月文楽座紋下、二十一年芸術院会員、二十二年秩父宮家から豊竹山城少掾藤原重房の掾位を受領。三十年重要無形文化財保持者に指定。三十四年一月引退。四十二年四月二十二日没。八十八歳。戒名は宝山院古金豊富日弥居士。墓は大阪府寝屋川市国守町の清風寺にある。大正・昭和の浄瑠璃（文楽）史を代表する名人。音遣いの正しさ、風の遵守、戯曲尊重など、義太夫節の最も正統的方法に基づいて写実に徹し、近代的ともいうべき複雑な心理描写を行なった。昭和後期の文楽でその影響を受けない太夫はいない。得意の曲は『道明寺』『忠臣蔵四段目』『葛の葉狐別れ』『長局』『俊寛』『熊谷陣屋』など。

参考文献　義太夫年表編纂会編『義太夫年表』明治篇、文楽協会編『義太夫年表』大正篇、高木浩志『文楽興行記録』昭和篇、茶谷半二郎『山城少掾聞書』、武智鉄二『定本武智歌舞伎』（『武智鉄二全集』三）（内山美樹子）

とよたけろしょう　豊竹呂昇　一八七四―一九三〇　明治から大正時代にかけての女義太夫の太夫。本名永田仲。明治七年（一八七四）八月四日、愛知県愛知郡名古屋村（名古屋市西区城西）に生まれる。父は永田為吉、母は勇子。十三歳の時、名古屋の土佐太夫（浪越太夫）に入門、仲路と名乗る。明治二十五年、十九歳で初代豊竹呂太夫に入門、呂昇と名乗り、大阪へ出て女義太夫の道場で知られる播重席に同三十年まで五年間出勤、呂昇の人気で女義界は活気を呈す。その後、女義の一座都保美（つぼみ）連を組織。同三十一年、東京出演。竹本綾之助、堂摺連らによる東京女義全盛期の跡をうけ、人気沸騰。有楽座名人会に、同四十一年初興行以来たびたび出演。大正十三年（一九二四）引退。昭和五年（一九三〇）六月七日没。五十七歳。戒名智光院転誉妙音瓊玉大姉。墓は大阪市天王寺区下寺町大蓮寺にある。美声と美貌で観客を魅了した近代女義太夫の代表的存在。弾語りで「朝顔話」「先代萩」「廓文章」など艶物（つやもの）を得意とした。

参考文献　長博景編『義太夫の花豊竹呂昇』、西村九郎右衛門編『呂昇』（内山美樹子）

とよたけわかたゆう　豊竹若太夫　一八八八―一九六七　浄瑠璃（義太夫節）の太夫。十代目。明治二十一年（一八八八）五月十七日徳島市に生まれる。本名林英雄。父林友太。二代目豊竹呂太夫門人。初名豊竹英太夫。大正九年（一九二〇）七代目豊竹島太夫襲名。昭和七年（一九三二）三代目豊竹呂太夫襲名。同二十五年十代目豊竹若太夫襲名。近代文楽の大勢が理知的芸風に傾く中で、豪快な熱気溢れる時代物を語る。得意の曲は『袖萩祭文』『志渡寺』など。重要無形文化財保持者（人間国宝）。同四十二年四月十八日没。七十八歳。法名は浄明院殿豊若日林居士。墓は大阪府寝屋川市国守町の清風寺にある。

参考文献　義太夫年表近世篇刊行会編『義太夫年表』近世篇、義太夫年表編纂会編『義太夫年表』明治篇、文楽協会編『義太夫年表』大正篇、高木浩志編『文楽興行記録』昭和篇、内山美樹子「十世豊竹若大夫床年譜」（『近松論集』五）（内山美樹子）

とよださきち　豊田佐吉　一八六七―一九三〇　明治・大正時代の機械紡織事業の功労者。自動織機の発明家。慶応三年（一八六七）二月十四日、遠江国敷知郡吉津村（静岡県湖西市鷲津町）で大工職佐吉の長男に生まれた。明治十年（一八七七）の第一回、同十四年の第二回内国勧業博覧会や各地工場の機械を見学し発明への情熱をたかめ、同二十三年春上野で開かれた第三回内国博覧会出品の西洋機械に大きな刺戟を得て、十一月木製人力織機を発明した。旧来の手機に比して四～五割の能率を上げたが、手機であることに変わりない。ついで同二十六年三月同村の佐原五郎作の妹たみと結婚の後、二十七年正月糸繰返機を発明した。三十年にいわゆる豊田式木製動力織機を完成、これは最初の日本製小幅動力織機で、中小織布業に採用され、在来機業の近代化を促進した。同二十九年ごろから豊田商店によって製品を販売していたが、動力織機に注目した三井物産は同三十二年井桁商会を設け佐吉を技師長として販売にあたり市場を拡大した。その後、商会の経営は弟と再婚の妻浅子にまかせ、みずからは改良、発明に熱中し、広幅織機・軽便織機を発明し、折からの国内軽工業の発展に対応して順調に伸び、同三十九年十二月には三井物産の資本提供によって豊田式織機株式会社(資本金百万円、社長谷口房蔵)が創立され織機生産は飛躍的に増大し、佐吉は常務兼技師長として自動織機完成への努力を重ねた。しかし同四十三年会社の経営方針が発明家気質の佐吉と折り合わず辞任するに至った。外遊後の同四十四年に名古屋市西区栄生町に独立して自動織布工場を建て、大正二年(一九一三)豊田紡織株式会社を設立、第一次世界大戦勃発による好景気にめぐまれて巨利を博した。この間、服部兼三郎(服部商店、紡織業)・児玉一造(三井物産名古屋支店長)の援助によって、織機の研究をすすめ、大正十五年三月自動織機が、二十五年の歳月と、五百万円以上とみられる試験費を要して画期的な世界的発明として完成をみるに至った。この完成を機として、この年豊田自動織機製作所(資本金百万円)を愛知県碧海郡刈谷町(愛知県刈谷市豊田)に創設、その製作・販売にあたった。昭和四年(一九二九)にはイギリス、マンチェスターのプラット社と特許実施権契約を結んで技術を輸出するに至り「世界の織機王」の名声を高めた。佐吉が四十年間に得た特許権は八十四件、実用新案件は三十五件に及んだ。昭和五年十月三十日六十四歳をもって没した。法名顕本院殿行徳日円大居士。墓は静岡県湖西市吉美の日蓮宗妙立寺にある。日本資本主義発展史上に特異な才能を示した異才であったといえよう。

[参考文献] 豊田佐吉翁正伝編纂所編『豊田佐吉伝』、楫西光速『豊田佐吉』(『人物叢書』八九)　(林　英夫)

とよだそえむ　豊田副武　一八八五—一九五七　明治から昭和時代にかけての海軍軍人。旧豊後国杵築藩士豊田晋の四男として明治十八年(一八八五)五月二十二日、大分県速見郡杵築町に出生。父は漢学の素養があって付近の子供たちに教え、副武も素読を習う。海軍兵学校に進み明治三十八年十一月卒業。砲術を専攻し海軍大学校を終えたあと大正八年(一九一九)十二月から約二年半、イギリスに駐在した。戦艦「日向」艦長・軍令部第二班長・連合艦隊参謀長・海軍省教育局長を歴任して中将に進むと昭和十年(一九三五)十二月、海軍省軍務局長に就任。日中戦争の拡大に対し陸軍の無統制をつよく攻撃し、その反感を買う。同十二年十月、第四艦隊司令長官となって現地で杭州湾上陸作戦・青島上陸作戦を指揮。青島ではもともと陸軍との協同作戦に反対で、作戦中陸軍部隊と鋭く対立し、その反豊田感情を決定的にした。第二艦隊司令長官を経て十四年十月、艦政本部長となったが、対米開戦には反対であった。十六年九月、大将に進み呉鎮守府司令長官。東条内閣成立まえ、海相予定で上京したが、東条英機の忌避により就任が流れる。横須賀鎮守府司令長官在任中の十九年五月、連合艦隊司令長官となり、マリアナから沖縄までの作戦を指揮。翌二十年五月に軍令部総長となり、終戦には米内光政海相とは異なる態度を示したが、陸軍のクーデターを防止するためであったと豊田は述べる。戦後の戦犯裁判では無罪。昭和三十二年九月二十二日、東京の自宅で死去。七十二歳。墓は東京都府中市の東郷寺にある。

[参考文献] 外務省編『終戦史録』、柳沢健編『最後の帝国海軍』、防衛庁防衛研修所戦史室編『マリアナ沖海戦』(『戦史叢書』一二)、同編『海軍捷号作戦』(同三七・五六)、栗原健『天皇』　(野村　実)

とよだたけし　豊田武　一九一〇—八〇　昭和時代の日本史学者。明治四十三年(一九一〇)三月九日、国文学者豊田八十代・ときの四男として東京市赤坂区青山北町(東京都港区)に生まれる。昭和七年(一九三二)東京帝国大学文学部国史学科を卒業。同年文部省宗教局に勤務、宗教制度・史蹟調査に従事する。十四年東京女子高等師範学校講師、十六年同校教授。昭和十年代、座を中心とする中世商業史に関する研究を相ついで発表し、十三年『日本宗教制度史の研究』、十九年『中世日本商業史の研究』(二十七年増訂)を刊行した。二十年十一月文部省図書監修官となり、二十二年九月東北帝国大学法文学部(のち東北大学文学部)教授。二十七年四月から三十二年三月まで一橋大学経済学部教授を併任。三十四年アメリカ合衆国出張、スタンフォード大学客員教授としてジョージ＝サンソムの『日本史』執筆を助けた。四十八年四月東北大学を停年退官。東北大学名誉教授。法政大学文学部教授となる。昭和二十年代以降は都市・村落・武士団など中世史の広汎な分野で研究を進め、二十四年『日本商人史　中世篇』、二十七年『日本の封建都市』、三十二年『堺』、三十八年『武士団と村落』、四十六年『苗字の歴史』、五十一年『英雄と伝説』を刊行、この間三十年「中世日本商業史の研究」により文学博士(東京大学)。五十五年三月二十九日没。七十歳。墓は東京都港区の青山墓地にある。同年七月『日本の封建社会』が刊行された。史料の博捜による着実な学風を貫く。『豊田武著作集』全八巻(昭和五十七—五十八年)にその主要著作のすべてが集録される。

[参考文献] 『豊田武博士年譜及著作目録』(『豊田武著作集』八別冊)、我妻建治他編『追悼十年—豊田武先生を偲ぶ—』　(小林　清治)

とよだていじろう　豊田貞次郎　一八八五—一九六一　明治から昭和時代にかけての海軍軍人。旧紀伊国田辺藩士族豊田信太郎の長男として明治十八年(一八八五)八月七日、和歌山県西牟婁郡田辺本町に生まれる。天王寺中学を経て海軍兵学校に進み明治三十八年十一月卒業。同四十四年から大正三年(一九一四)までイギリスに駐在し、オックスフォード大学に留学した。第一次世界大戦には第四戦隊・第三特務艦隊の参謀として参加し、戦後に海軍大学校甲種学生の教程を終え、中佐から大佐にかけて三年間にわたってイギリス大使館付武官を勤めた。大佐時代には軽巡洋艦阿武隈・戦艦山城の両艦長、ジュネーブと第一次ロンドンの両海軍軍縮会議随員となり、昭和五年(一九三〇)十二月将官に進む。ついで横須賀鎮守府参謀長・海軍省軍務局長・広海軍工廠長・海軍艦政本部総務部長・呉海軍工廠長・佐世保鎮守府司令長官・海軍航空本部長を歴任し、同十五年九月に及川古志郎海相の下に海軍次官に就任する。当時第二次近衛内閣でヒトラーの特使スターマーを迎えて日独伊三国同盟の締結が課題となったが、豊田は及川を説得してその調印に踏み切った。翌十六年四月、近衛文麿首相に望まれて大将に進むと同時に予備役に入り、商工大臣となる。第三次近衛内閣では外相兼拓相として日米交渉の成立に尽力したが不成功に終る。太平洋戦争中は日本製鉄社長・内閣顧問、鈴木貫太郎内閣では軍需相兼運輸通信相となる。第二次世界大戦後は貴族院議員・日本ウジミナス株式会社代表取締役会長となり、昭和三十六年十一月二十一日東京で死去。七十六歳。墓は東京都港区の青山墓地にある。

参考文献 日本ウジミナス株式会社編『豊田貞次郎回想録』 (野村 実)

とよはらまたお 豊原又男 一八七二—一九四七 明治から昭和時代前期にかけての社会事業家。明治五年(一八七二)新潟県にて出生。小学校を卒業したのちは独学。明治二十九年、東京建物株式会社の創立に従事するが、二年後には秀英舎工場に転職し、翌三十二年に『資本と労働の調和』を公刊。同年、横山源之助の『日本之下層社会』発刊に際し、横山のために跋文を寄せている。また、工場法の制定の必要を在野の立場から主張し、『工場法要議』(明治四十五年)を執筆。大正五年(一九一六)、農商務省商工局に嘱託勤務となって以来、東京府産業課・救護課、警視庁保安部工場課、財団法人協調会等々の嘱託をつとめ、このころから職業紹介に関係するようになる。協調会職業紹介事業講習会では講師をつとめている。同九年東京府社会事業協会中央工業労働紹介所をつくり、みずから所長となって陣頭指揮をとった。さらに『米国職業紹介事業概要』(大正十二年)を執筆し、また、内務省社会局の嘱託となり、内務省の命によりジュネーブの国際労働総会で使用者代表顧問をつとめた。この時には陸軍省と東京府の委託もあり、欧米諸国の陸軍諸工業従業員の失業救済や、労働者のための教養施設についても視察して帰国。帰国後は、東京地方職業紹介委員会の委員となる一方、『英国職業紹介制度』(大正十四年)を内務省から刊行するなど、職業紹介制度についての研究を一層深める。昭和七年(一九三二)には東京市少年職業紹介所委員、同十一年には東京府職業指導委員会委員となり、翌十二年に東京府職業紹介所所長となる。同十八年には、『職業紹介事業の変遷』にその生涯の業績を集大成し、第二次世界大戦後も厚生省職業安定局に籍をおく。職業紹介事業を救貧事業とは区別し、職業紹介所を産業組織の一機関として国営にすべきであると主張した先駆者である。その生涯を通じて、わが国における職業紹介事業の基礎をつくるとともに、民間組織であった職業紹介所を公的組織にまで発展させるなど、多くの功績を残した。昭和二十二年十一月十日没。七十六歳。 (一番ヶ瀬康子)

とりいしんじろう 鳥井信治郎 一八七九—一九六二 明治から昭和時代にかけての洋酒醸造家。明治十二年(一八七九)一月三十日、大阪の両替商鳥井忠兵衛・こまの次男に生まれ、大阪商業学校に一時在学ののち薬種問屋・絵具染料問屋に奉公した。三十二年大阪市西区靱中通二丁目に鳥井商店を開きぶどう酒の販売を始め、三十九年寿屋洋酒店と改称し西川定義と共同経営、四十年「赤玉ポートワイン」を製造販売して新聞広告で販路を広げた。四十五年西川と別れて単独経営とし、大正二年(一九一三)合名組織、翌年合資組織とし、十年には株式会社寿屋を設立した。同十三年大阪府三島郡島本村山崎に工場を設立、昭和四年(一九二九)最初の本格的国産ウィスキー「サントリーウヰスキー白札」の製造に成功し、以後第二次世界大戦後にかけてサントリー会社の基礎を築いた。昭和三十七年二月二十日、八十三歳で没した。著書に『生ける豊太閤』がある。

参考文献 杉森久英『美酒一代—鳥井信治郎伝—』 (高村 直助)

とりいそせん 鳥居素川 一八六七—一九二八 明治・大正時代の新聞記者。素川は号、本名赫雄、別号に玄免・素卿・素士・成斎。慶応三年(一八六七)七月四日、熊本藩の藩医鳥居般蔵の三男として熊本城下に生まれた。やや長じて明石華陵に就いて漢学を学び、のち済々黌に入学し佐々克堂(友房)の薫陶を受け、文武両道に抜群の才を発揮した。明治二十年(一八八七)上京して独逸学協会学校に入学、二十三年九月荒尾精に勧誘され、卒業を待たず上海の日清貿易研究所に入った。やがて病を理由に退学、母とともに京都に仮寓中天田愚庵の知己を得、二十五年陸羯南に紹介され『日本』新聞に入社した。日清戦争には従軍記者として派遣され、その戦地報道は読者の好評を得た。三十年十二月池辺三山の推挙により『大阪朝日新聞』に入社、筆鋒鋭く論陣を張った。三十四年七月二年間ドイツに留学。この間多くの通信を送った。日露戦争にも従軍。新聞小説の改良を図るべく夏目漱石の招聘に尽力し、四十年四月これが実現をみた。四十四年六月英国皇帝戴冠式に参列して通信を送り、帰途各国を巡ってこの間の見聞を『頰杖つきて』と題して連載し好評を博した。社内においては西村天囚派と対立していたが、大正五年(一九一六)末編集局長に就任、同七年十月十五日いわゆる「白虹事件」の責任を負って退社。長谷川如是閑・丸山幹治・大山郁夫らも連袂退社。八年二月十一日雑誌『我等』を長谷川らと創刊。同年十一月二十五日『大阪朝日新聞』『大阪毎日新聞』の二大新聞に対抗して『大正日日新聞』を創刊したが、社内の統一を欠き、加えて経営も悪化し九年七月十七日社を解散した。以後の鳥居は兵庫県芦屋の自宅に閑居していたが、十四年ドイツに遊び、昭和二年(一九二七)には中国を視察、これを『支那は支那なり』と題し『大阪毎日新聞』『東京日日新聞』紙上に連載した。翌年二月病を発し三月十日死去。六十二歳。法名は本国院素川日赫居士。墓は京都円福寺、熊本の本妙寺にも分骨した。

参考文献　朝日新聞社編『村山竜平伝』、同編『鳥居素川と寺内内閣―「朝日」に対抗した「大正日日新聞」―』、新妻莞『新聞人・鳥居素川』、伊豆富人「鳥居素川」(『三代言論人集』七所収)　(北根　豊)

とりいようぞう　鳥居耀蔵　一七九六―一八七三　江戸時代後期の幕臣。名は忠耀。胖庵と号す。寛政八年(一七九六)十一月二十四日、大学頭林述斎の三男として江戸に生まれ、文政三年(一八二〇)旗本鳥居成純の聟養子となる。同六年三月中奥番となり、天保五年(一八三四)六月に御徒頭、同七年五月に西ノ丸目付、同九年四月に目付、同十二年十二月に町奉行に昇進し、同時に甲斐守となる。同十四年八月に勘定奉行を兼帯して印旛沼掘割工事を担当し、同年十月に兼帯を解かれた。林家の出身の故か洋学者に強い反感を抱き、天保九年末に代官江川英竜(太郎左衛門)とともに立案を命じられた江戸湾防備の問題に端を発して翌年五月に蛮社の獄をひきおこし、洋学者に大弾圧を加えた。さらに、高島秋帆の砲術洋式化を求める意見書やその登用に反対し、天保十三年十月には高島を投獄している。他方町奉行として天保の改革の諸政策に深くかかわり、渋川六蔵(敬直)・後藤三右衛門(光亨)とともに老中水野忠邦の三羽烏と称され、特に、風俗取締のため歌舞伎役者・人情本作者に弾圧を加え、江戸市中の町人の生活全般にわたる規制を厳格に実施したため、「妖怪」(耀甲斐)と仇名されて恐怖と怨嗟の的となった。上知令や印旛沼工事の処理をめぐって対立した水野忠邦の老中罷免(天保十四年)ののちも町奉行の職にとどまっていたが、高島秋帆処罰事件の措置について責任を追及されて弘化元年(一八四四)九月に罷免され、翌二年十月に讃岐丸亀藩に永預となり、明治元年(一八六八)の大赦まで同地に流謫の日々を過ごした。明治六年十月三日、七十八歳で没。墓は東京都文京区本駒込三丁目の吉祥寺にある。法名青竜院殿法雲大輪居士。

参考文献　佐藤昌介『洋学史研究序説』、松島栄一「鳥居忠耀「晩年日録」」(『東京大学史料編纂所報』一二)　(藤田　覚)

とりいりゅうぞう　鳥居龍蔵　一八七〇―一九五三　明治から昭和時代前期にかけての人類学・民族学・考古学者。明治三年(一八七〇)四月四日、徳島の煙草大問屋鳥居新次郎・トクの次男として生まれた。少年時代から考古学に興味をもち、同二十三年上京して東京帝国大学理科大学人類学教室の坪井正五郎に師事して人類学・考古学の研究に専念し、三十一年理科大学助手、三十八年同講師となる。大正九年(一九二〇)フランスのパリ学士院からパルム＝アカデミー賞を贈られ、パリの万国聯盟人類学院から正会員および日本代表委員に推薦された。同十年文学博士の学位を受けた。十一年理学部助教授に任ぜられ、人類学教室第二代主任となり、十三年辞任した。その後、国学院大学教授、上智大学文学部長教授、東方文化学院東京研究所評議員・研究員を歴任し、昭和十四年(一九三九)中国北京の燕京大学客員教授(Harvad Yenching Institute Visiting Professor)に招聘されて就任し、同二十六年帰国した。同二十八年一月十四日東京都において死去した。八十二歳。四十年三月徳島県鳴門市撫養町妙見山公園山頂に県立鳥居記念博物館が設立。同館構内の小庭園にドルメンをかたどった石造の記念物がつくられ、きみ夫人とともに納骨されている。鳥居龍蔵の研究調査の足跡は、日本国内はもちろん中国の中央部を除けば、東部アジアのほとんど全域にわたっており、まだ交通の発達していない時代に、山野・砂漠・密林を跋渉し、また海上の島嶼にも渡り、未知の民族・古代文化の探査を行なったが、いずれも先人未調査の研究で、その苦労はひととおりでなかった。調査は何回となく危険にさらされながら行われ、そのたび新しい研究を学界に発表して、人類学・民族学・考古学界の開拓者としての使命を果たした。それは学歴や肩書の力でなく、少年時代にいだいた初一念を貫き通すべくたゆまず続けた努力のたまものであった。なお、昭和十二年から翌十三年にかけて外務省から文化使節としてブラジルに派遣せられ、ペルー・ボリビア諸国の学界を歴訪した。ブラジルでは原住民族の石器時代遺跡、ルンドの洞窟、リオデジャネイロでは湾内の貝塚を視察した。サンポーロ州では奥地の邦人開拓地で石器時代遺跡を調査し、サントスでは貝塚を邦人開拓者とともに発掘した。北上してパラ州のマラジョ島の古代遺跡を発掘調査し、その後アマゾン川をさかのぼってペルー国に至り、ペルー・ボリビア両国各地のインカ文化遺跡を巡り、関係資料を収集した。帰路ロスアンゼルスに立ち寄りカリフォルニア半島の貝塚を調査した。『鳥居龍蔵全集』全十二巻・別巻一がある。

参考文献　八幡一郎『鳥居龍蔵』(『日本民俗文化大系』九)、泉靖一編『失われた文明を求めて―現代の冒険―』八、三宅俊成『東北アジア考古学の研究』、金関丈夫・国分直一『台湾考古誌』、斎藤忠編『日本考古学選集』六・七、鳥居龍蔵『中国の少数民族地帯をゆく』(『朝日選書』一六二)、同『ある老学徒の手記―考古学とともに六〇年―』、徳島県立鳥居記念博物館編『鳥居博

士の思い出―鳥居博士生誕百周年記念特集―』、鳥居博士顕彰会編『図説鳥居龍蔵伝』、『鳥居記念博物館図録』一―三、宋文薫「鳥居龍蔵と台湾」(『台湾風物』二ノ二)、新田重清「鳥居龍蔵」(『新沖縄文学』三七)
（鳥居龍次郎）

とりおこやた　鳥尾小弥太　一八四七―一九〇五　幕末の志士。明治時代の軍人、政治家。弘化四年(一八四七)十二月五日、長州萩藩士中村宇右衛門敬義・徳田氏女の長男として生まれる。幼名一之助、その後百太郎。十九歳の時より鳥尾小弥太と称されるようになる。号は得庵、ほかに不識道人、御垣。諱は敬孝。安政五年(一八五八)父に従って江戸に行き、江川太郎左衛門に学ぶ。文久三年(一八六三)奇兵隊に入る。戊辰戦争には建武隊参謀として転戦した。明治三年(一八七〇)十二月兵部省出仕、翌年陸軍少将に補せられる。その後兵学頭、軍務局長、参謀局第二局長、第六局長などをつとめ、佐賀の乱では大阪鎮台司令長官となって事後処理にあたった。明治八年四月元老院議官兼任となったが、翌年一月陸軍中将に補せられ陸軍大輔兼任となる。同年三月参謀局長。西南戦争では輜重兵站をはじめ枢機を担当した。十二年近衛都督。十四年北海道開拓使官有物払下げ事件が起るや、曾我祐準・谷干城・三浦梧楼とともに(四将軍)上奏し、払下げを再議すると同時にすみやかに「国憲」制定に着手すべきであると主張した。十五年初代統計院長。十七年子爵。翌年国防会議議員、元老院議官に任ぜられ欧州見学。二十一年日本国教大道社を組織し、また保守中正派を唱えて『保守新論』を発行し始めた。同年枢密顧問官、第一回帝国議会より貴族院議員、日清戦争後再び枢密院顧問官となった。明治三十八年四月十三日没。五十九歳。法名は光念院得庵敬高居士。墓は兵庫県加古川市の光念寺にある。

参考文献　得庵会編『得庵全書続編並年譜』
（酒田　正敏）

とりがたういち　鳥潟右一　一八八三―一九二三　明治・大正時代の電波研究の開拓者。工学博士。明治十六年(一八八三)四月二十五日、秋田県北秋田郡花岡村(大館市)に生まれる。鳥潟平治の長男。三十九年東京帝国大学工科大学電気工学科卒業。逓信省電気試験所に入り、無線通信の研究に従事。四十二年、鉱石検波器を発明して従来に数倍する長距離の通信に成功。四十五年、横山英太郎・北村政治郎とともにTYK無線電話を発明、世界における実用無線電話の先端を切る。大正三年(一九一四)、工学博士。五年、受信真空管の製作に成功して同時送受話法を完成。七年、電話線における搬送方式を考案、搬送通信の先駆をなす。九年電気試験所長となり放送無線電話(ラジオ)の発達にも貢献。十二年六月五日、四十一歳で病没。墓は秋田県大館市花岡の信正寺にある。

参考文献　横山英太郎編『鳥潟博士と無線研究60年の歩み』
（山口　修）

ドンクル＝キュルシウス　Jan Hendrik Donker Curtius　一八一三―七九　最後の長崎オランダ商館長で最初の外交官。一八一三年四月二十一日、アルネム Arnhem に生まれる。オランダで教育を受け、ジャワに渡り、バタビア高等法院評定官・同高等軍事法院議官を経て、五二年七月(嘉永五年六月)長崎に来て、十一月一日商館長となった。五五年八月在日オランダ理事官を兼ねて、東インド総督の訓令により長崎奉行と通商条約締結のための交渉を試みたが不調に終り、日米和親条約締結後、幕府の軍艦発注、海軍伝習の開始にあずかる一方、五六年一月三十日(安政二年十二月二十三日)日蘭和親条約を締結して、従来のオランダ人に対する束縛を除き、翌年追加条約を締結して日蘭貿易制度を改め、さらに五八年八月十七日(安政五年七月十日)には日蘭修好通商航海条約を締結して両国の外交関係を改めた。在日中、長崎出島のオランダ商館文書の本国移送に努め、また日本語を研究して文法書 Proeve eener Japansche spraakkunst (1857)を刊行。六〇年(万延元)帰国。その収集図書はライデン大学に今も保存されて日本学研究に役立っている。一八七九年十一月二十七日アルネムで死去した。六十六歳。

参考文献　カッテンディーケ『長崎海軍伝習所の日々』(水田信利訳、『東洋文庫』二六)、金井圓「ドンクル＝キュルシウスのもうひとつの貢献」(『日蘭交渉史の研究』所収)
（金井　圓）

とんじょう　頓成　一七九五―一八八七　幕末・明治時代前期の真宗大谷派に属した学僧。姓、霊崎、名、了雄。寛政七年(一七九五)能登国羽咋郡赤崎(石川県羽咋郡富来町)の同派長光寺の弟に生まれた。東本願寺学寮の霊暀に宗学を学んだが、やがて自説を主張し、そのため天保十二年(一八四一)霊暀から諭されたが改めず、以後いわゆる異安心(いあんじん)(異端)事件として、明治前半期に及ぶ宗学史上の大問題を惹起するに至った。頓成事件と呼ばれている。そのため、学寮講者の取調べをうけ、ついに学寮や本山の混乱と処罰問題にまで発展し、幕府から処罰され、墨刑のうえ四日市に追放された。明治以後大赦により帰国し、一旦本山側も許したが、自説を固守したため明治十七年(一八八四)宗門外に擯斥された。同二十年十一月十九日没。九十三歳。著書は『三門十五義』『笑調理論』『真実信心弁惑論』『御紕不審箇条書』(以上すべて写本、大谷大学蔵)などがある。

参考文献　中島覚亮『異安心史』、水谷寿『異安心史の研究』
（柏原　祐泉）

な

ないとうこなん 内藤湖南 ⇨内藤虎次郎

ないとうたみじ 内藤民治 一八八五―一九六五 大正・昭和時代のジャーナリスト。明治十八年(一八八五)十月二十八日、新潟県に生まれる。同三十九年渡米し、苦学のすえ、ニューヨーク＝ヘラルドの特派員として、イギリス・フランスをはじめ世界各国を歴訪。帰国した大正六年(一九一七)、雑誌『中外』の主幹として活躍。翌七年十二月、吉野作造・麻生久らとともに進歩的思想家の結集をはかり黎明会を組織した。八年日露相扶会を創立し超党派の立場からソビエトロシア承認運動を推進した。後藤新平とともにソ連の極東代表アドルフ＝ヨッフェを日本に招き日ソ国交回復の蔭の力として貢献する。十三年訪ソし、トロツキー・カーメネフ・スターリンらの要人と会見、その後も日ソ漁業・林業・石油・通商問題解決につくし、特に日ソ・日中間の国交改善に尽力した。『中外』に資金を提供した、郷土の漁業経営家の伝記『堤清六の生涯』(昭和十二年(一九三七))の編著がある。昭和四十年七月十五日没。七十九歳。墓は新潟県南蒲原郡栄町の長念寺にある。

参考文献 岡田宗司編『革命的社会主義への道―片山潜遺稿―』、ねずまさし『日本現代史』二(『三一新書』五五九)、同「大正期の軍国主義反対の雑誌『中外』」(『思想』四八〇)、内藤民治「内藤民治回想録―日ソ関係の裏面史―」(『論争』四ノ一一、五ノ一)、岩井忠熊「第一次大戦期のロシヤ革命論―雑誌『中外』と内藤民治の言論活動―」(『立命館大学人文科学研究所紀要』四三)、伊藤武夫他「雑誌『中外』目録・解題・索引」(同)

(吉村 道男)

ないとうちそう 内藤耻叟 一八二七―一九〇三 明治時代の歴史学者。名は正直、通称弥大夫、別号碧海。文政十年(一八二七)十一月十五日、水戸藩士美濃部又三郎の次男に生まれ、内藤家を継ぎ、弘化三年(一八四六)家督を相続、百五十石を知行した。天保十二年(一八四一)藩校弘道館に入り、会沢正志斎・藤田東湖に師事した。安政二年(一八五五)軍用掛に抜擢されたが、翌三年結城寅寿が死罪となると、彼も処罰された。同五年使番を経て海防物頭に進んだが、翌六年六月門閥保守派・鎮派が処罰されると、彼も隠居・削禄・謹慎を命ぜられ、これを機に耻叟と号した。元治元年(一八六四)七月再び召し出されて内乱討伐に参加、九月御用調役に進み、慶応元年(一八六五)二月軍用掛に転じ、また弘道館教授となったが、翌二年十一月藩の人事を江戸幕府有司に諮ったことを忌まれて藩邸で捕縛、水戸に護送された。明治元年(一八六八)三月出獄して謹慎を命ぜられたが、五月身の危険を察して水戸を脱出、姓を湯沢と変えて東北各地を転々とし、三年山形県史生となったが、やがて上京し、七年以降大蔵省・東京府に勤め、十一年小石川区長、十四年群馬県中学校長、十九年より二十四年まで帝国大学文科大学教授、三十二年宮内省嘱託となり、この間、文筆活動に専心し、『(開国起原)安政紀事』『徳川十五代史』『徳川実紀校訂標記』など著書多く、また『古事類苑』の編纂にも関与した。同三十六年六月七日没す。年七十七。墓は東京都台東区の谷中墓地にある。

参考文献 秋元信英「内藤耻叟の幕末史論―経歴と『安政紀事』の関係を中心に―」(国学院大学日本文化研究所編『維新前後に於ける国学の諸問題』所収)、同「幕末・明治初期の内藤耻叟」(『国学院女子短期大学紀要』三)

(吉田 常吉)

ないとうとらじろう 内藤虎次郎 一八六六―一九三四 明治から昭和時代前期にかけての東洋史学者。字は炳卿、湖南と号し、また黒頭尊者の別号がある。慶応二年(一八六六)八月十七日、陸奥国鹿角郡毛馬内村(秋田県鹿角市十和田毛馬内)に生まる。家は世々南部藩に属する武臣で、祖父仙蔵、父調一に至って学を好んだ。母は泉沢氏容子。虎次郎は家学を承け、秋田県師範学校を卒業して、一時小学校教育に従事したが、上京して大内青巒のもとに『明教新誌』の編集に任じ、以後言論界に身を投じ、『三河新聞』、雑誌『日本人』、『大阪朝日新聞』、『台湾日報』、『万朝報』などの記者として活躍しながらも学を廃せず、文名一世に高かった。はじめ国学を好み、その蔵書の富によって知られたが、明治三十二年(一八九九)火災に遇って焼失したので、一転して唐本の蒐集に志し、その学も支那学を主とするに至った。同四十年京都帝国大学文科大学(のち文学部)講師に迎えられ、四十二年教授、東洋史講座を担任すること十九年、大正十五年(一九二六)停年ののち、京都府相楽郡瓶原村に恭仁山荘を築き、昭和九年(一九三四)六月二十六日、寿を以て終った。六十九歳。京都の法然院に葬られた。その学問は別に定師なく、もっぱら独学によって道を拓き、他人の読まない書を求め読んで、一家の言を成した。故に博洽にして、しかも独創の見を出した。その中国史研究における最大の貢献は、時代区分において上古より漢末までを古代、六朝より唐末までを中世、宋以後を近世と名付けた点にある。その結果、従来はほとんど例外なく、唐宋を連ねて一時代として扱ってきたのを分離し、唐は六朝貴族制の継続であり、宋になると旧貴族が没落して庶民的な新文化が成立して近世に入ると定めた。この唐宋分離論は反内藤の立場をとる学者の間にも洽ねく採用されている。内藤学説は中国古代史においても独自の見解を出し、富永仲基の『出定後語』にみえている古代研究法を利用し、中国古代伝説は周より殷、殷より夏、さらに五帝三皇と上世に向かって「加上」して成立したものであることを論証した。下って明清時代の満洲もまたその得意とする研究領域であり、根本史料の発見蒐集に努め、明朝の経略、清朝の興起などに関して、優れた業績を挙げた。その日本史に対する貢献にも著しいものがあった。処女作『近世文学史論』(明治三十年)は、もと新聞に掲載した「関西文運論」の改題であるが、江戸時代三百年の大勢は、関西の学術が東漸して江戸文化を興起せしめたる推移にほかならぬとし、儒学・国学・医学について実証したが、小説・美術については、すでに腹案を有しながら着手に及ばなかった。ついで古代史においては「卑弥呼考」(『芸文』第一年第二—四号、明治四十三年)、近世史には「応仁の乱に就て」(大正十年講演、のち史学地理学同攷会編『室町時代の研究』(同十二年)所収)などが最も大なる反響を呼んだ。国書において最も重んじたのは『大鏡』、『神皇正統記』(北畠親房)、『大勢三転考』(伊達千広)であり、近世の学者としては富永仲基のほかに、「三語」(『玄語』『贅語』『敢語』)の著者三浦梅園、『夢の代』の山片蟠桃を推すなど、いずれもその卓抜なる識見を示すものである。このように博学の上に多才で詩文に長じ、書を良くした。漢文は汪中の近代的なるを好み、書は当時流行の北碑(石刻に残る北朝の書)を斥けて南帖(印刷された帖となって伝わった王羲之ら南朝人の書)を取り、特に智永の『千字文』を習った。その蒐集した善本は国宝を含み、没後杏雨書屋(武田科学振興財団、大阪市淀川区)に入った。『内藤湖南全集』全十四巻(昭和四十四—五十一年)がある。

参考文献 三田村泰助『内藤湖南』(『中公新書』二七八)、武田科学振興財団杏雨書屋編『新修恭仁山荘善本書影』

(宮崎 市定)

ないとうめいせつ 内藤鳴雪 一八四七—一九二六 明治・大正時代の俳人。弘化四年(一八四七)四月十五日、伊予松山藩の江戸藩邸に生まれた。父は内藤同人。幼名助之進、本名師克、のち素行。藩校明教館、昌平黌に学び、明治八年(一八七五)に愛媛県権参事、のち文部省参事官となった。強度の神経衰弱にかかり退官。勉学する旧松山藩の子弟のために設けられた常盤会寄宿舎の舎監となった。俳句は舎生であった正岡子規の感化で始め、古典の素養や、漢詩の実作体験を通して、高雅で格調の高い俳句を見せた。猿蓑風の写実句にも特徴が見られ、子規派の長老と目された。晩年は洒脱な人柄で、作品も飄逸な傾向を辿った。俳句を「ゆとり」の文学とする見解は変わらず、河東碧梧桐(かわひがしへきごとう)一派、高浜虚子一派とも違った俳境を守りながら、子規没後の俳壇をまとめ、虚子が俳句界を離れた時期、『ホトトギス』の定型俳句を守った。大正十五年(一九二六)二月二十日麻布笄町の自邸で没。八十歳。墓は東京都港区の青山墓地にある。著書は多い。句集は、『鳴雪句集』(明治四十二年)、『鳴雪俳句鈔』(大正四年)ほか多数。「初冬の竹緑なり詩仙堂」「ただ頼む湯婆一つの寒さ哉」

(松井 利彦)

ないとうろいち 内藤魯一 一八四六—一九一一 明治時代の民権運動家。萩平または参河山人と号す。弘化三年(一八四六)十月六日、奥州福島藩の家老豊次郎の長男として福島で出生。母は石川善左衛門長女まき。学を田口塾、剣を斎藤弥九郎に習う。戊辰戦争では藩論に抗して官軍に呼応し、維新後福島藩が三河重原(愛知県刈谷市)に転封されると藩大参事となり、廃藩後は士族授産に専念した。明治十二年(一八七九)三月旧重原藩士と周辺の豪農を中心に三河交親社を結成、十三年には名古屋にまで組織を伸ばし、同年三月大阪で開かれた愛国社第四回大会には愛知県交親社代表として参加した。以後国会期成同盟の線にそって県下民権運動の指導的役割を果たし「三河板垣」と呼ばれた。十四年自由党が結成されると幹事に選ばれ、『大日本国憲草案』と題する私擬憲法案をも執筆した。翌年自由党板垣退助総理が岐阜で刺客に襲われた際、刺客を投げ飛ばして板垣を救った逸話は有名である。十七年有一館館長となったが、加波山事件に連座して禁獄二年の生活を送る。国会開設後は第一回総選挙から毎回立候補したが、干渉圧迫と他県生まれという不利な条件が災いして落選を重ねた。この間四期にわたって愛知県会議員に当選(議長三回)、明治用水整備や名古屋築港開設などに尽力した。三十八年代議士に初当選、ついで再選され政友会に属して重きをなした。四十二年第二十五議会で行なった「憲政創設功労者行賞ニ関スル建議」の演説は満場を沸かせた。四十四年六月二十九日代議士現職のまま六十六歳で愛知県碧海郡知立町に没した。墓は愛知県刈谷市の竜江寺にある。法名天啓院東海偉倫居士。

参考文献 愛知県教育会編『愛知県偉人伝』、長谷川昇「内藤魯一・庄林一正文書を中心とした愛知県自由民権運動史」(『東海近代史研究』二・三・五)

(長谷川 昇)

ナウマン Edmund Naumann 一八五四—一九二七 明治初期、日本政府に招かれて来日、日本の地質学に大きな功績を残したドイツ人地質学者。一八五四年ドイツのマイセンに生まれる。明治八年(一八七五)ミュンヘン大学を卒業した直後に来日し、東京開成学校・東京大学で教鞭をとり、同十一年には地質調査所を設立、技師長として全国の地質図作製に着手、同十八年に帰国した。その間、北海道の白亜系の化石、北上山地三畳系の発見、日本産象化石の研究などの学術面のほか、鉄鉱石・石炭・金属鉱床などの地下資源の調査にすぐれた業績をのこした。日本列島の地質構造の最初の総括を行い、西南日本の中央構造線、内帯、外帯、フォッサマグナの命名者でもある。東京付近の先史時代と歴史時代の海岸線の変遷を論じ、古地理図を作製したのも彼である。帰国後、講演会で日本についての批判を述べ、それについて、留学生で出席していた森鷗外との間で論争があったとされる。一九二七年没。日本各地で多数産出している化石象のナ

ウマンゾウの名は、彼を記念してつけられた。（亀井　節夫）

なおきさんじゅうご　直木三十五　一八九一―一九三四　昭和時代前期の小説家。本名植村宗一。明治二十四年（一八九一）二月十二日、大阪市南区で生まれる。父は植村惣八、母はしづ。早稲田大学英文科予科から高等師範部に転じ中退。大正七年（一九一八）トルストイ全集刊行会をおこし、雑誌『主潮』を創刊したのをはじめ出版社の経営、雑誌の運営にあたったがうまくゆかず、関東大震災を期に大阪へもどり雑誌『苦楽』の編集に従い、さらに京都で連合映画芸術家協会を興し『第二の接吻』などを制作したもののこれも失敗、再度上京して文筆に専念、三十一歳の時直木三十一の筆名を用いて以後三十二、三十三と改め、三十五で定着した。代表作に『仇討浄瑠璃坂』（昭和四年（一九二九））、『南国太平記』（同五―六年）、『楠木正成』（同六年）がある。歴史小説のほかに現代小説、時局小説、未来小説も手がけ、満洲事変前後から国策的色調を加えた。昭和九年二月二十四日没。四十四歳。墓は横浜市金沢区富岡の長昌寺にある。没後直木三十五賞が設定された。『直木三十五全集』全二十一巻がある。（尾崎　秀樹）

なおらのぶお　直良信夫　一九〇二―八五　昭和時代の古生物・考古学者で明石原人の発見者。明治三十五年（一九〇二）一月十日、大分県臼杵に生まれる。上京して岩倉鉄道学校を卒業、農商務省臨時窒素研究所に入り、勤務の傍ら貝塚調査、土器の化学分析を行う。肺を病み退職（大正十二年（一九二三））、兵庫県明石で療養中、考古学から貝塚産貝類・生物生態・獣類化石へと興味が拡がり、特に瀬戸内海岸に連なる洪積層断崖に注目して石器・骨器を見出し、続いて明石原人腰骨を発見した（昭和六年（一九三一））。再び上京して早稲田大学教授徳永重康の私設助手となり、獣類化石研究室に勤務（同七年）、満蒙学術調査研究団別動隊に加わりハルピン近郊顧郷屯（クーシャントン）の遺跡を発掘した（八―九年）。早稲田大学理工学部講師となり（二十年）、「日本古代農業発達史」により文学博士（三十二年）、教授に昇進して（三十五年）以後十二年間その職にあった。その間、栃木県葛生（くずう）で化石人骨を発見し（二十五―二十六年）、東京日本橋室町出土古人骨を「日本橋人類」（二十六年）、鳥取県境港出土古人骨を「夜見ヶ浜人」（四十五年）と命名した。昭和六十年十一月二日没。八十三歳。墓は神奈川県秦野市今泉の太岳院にある。著書に『満洲帝国吉林省顧郷屯発掘ノ古生人類遺品』（徳永重康と共著、『第一次満蒙学術調査研究団報告』第六部第二編、昭和十一年）、『日本旧石器時代の研究』（二十九年）、『日本古代農業発達史』（三十一年）などがある。

参考文献　直良信夫『学問への情熱』（渡辺　直経）

ながいうた　長井雅楽　一八一九―六三　幕末の長州藩士。藩政の中枢にあって公武合体論を主張した。文政二年（一八一九）五月一日、長門国萩松本村字中ノ倉（山口県萩市）に生まれる。父は泰憲、母は福原氏。禄三百石の大組（馬廻士）の家柄だが、四歳の時父が病死し、未成年相続のため禄高半額を削られ、百五十石で家督をつぐ。幼名与之助、ついで与左衛門・雅楽允・隼人などを称し、のち雅楽と改める。諱は時庸。学問は山県太華に師事し、剣術は平岡弥三兵衛、槍術は小幡源右衛門、馬術は蔵田門之助、弓術は山県十蔵、砲術は森重政之助につき、また藩校明倫館に学ぶ。天保八年（一八三七）、毛利敬親が封を襲ぐや、雅楽はその小性役となり、嘉永三年（一八五〇）奥番頭格となり、明倫館内用掛も勤めた。また、世子定広（元徳）の養育にも尽くし、直（じき）目付となって藩主の側近にあり、また記録所役をも兼ねて藩政の中枢に参画した。周布政之助と並んで長州政治家の双璧とされ、「智弁随一」と称せられた。その雅楽は文久元年（一八六一）三月、公武一和の立場に立って航海遠略策と称する独自の開国論を草して藩是とし、公武間を周旋した。この航海遠略策は、朝廷・幕府とも安政の違勅調印以来のわだかまりを捨て、「航海」を開き、武威を海外に振るうよう朝廷より征夷大将軍の職にある将軍（幕府）に命令せよ、そうすれば「国是遠略」がまず朝廷から出され、幕府がこれを奉ずるのだから国内は統一し、「皇国」を五大州に雄飛させることも容易である、というものである。つまり、開国策と公武合体策とを重ね合わせたものであったから、幕府（久世・安藤政権）もこれに期待をかけた。時に雅楽は三百石に復し、「中老」格に列していたが、松下村塾門下を中心とした尊攘派の台頭で藩論は「破約攘夷」へと変、朝廷に対する尊攘派の画策、雅楽を支持した久世・安藤政権の崩壊、さらに薩摩藩の島津久光の率兵上京などにより、雅楽は「姦物姦計」の非難を浴び、文久二年六月「中老」格を免じられて帰国待罪の命を受け、翌文久三年二月六日切腹した。四十五歳。墓は萩市の海潮寺にある。法名時庸軒誠義英剣居士。元治元年（一八六四）、長井家は禄百五十石として嫡子与之助が家名を再興した。

参考文献　中原邦平『長井雅楽詳伝』（田中　彰）

ながいかふう　永井荷風　一八七九―一九五九　明治から昭和時代にかけての小説家・随筆家・劇作家。本名壮吉。別号断腸亭主人・石南居士・金阜山人など。明治十二年（一八七九）十二月三日、東京市小石川区小石川金富町（東京都文京区春日）に父久一郎（号禾原など）・母恒（つね）の長男として生まれた。父は尾張藩出身で、アメリカ留学後、官吏として出仕、退官後、日本郵船上海・横浜支店長を歴任、鷲津毅堂の門下で漢詩人として名があった。母は毅堂の娘。荷風は高等師範学校附属中学校を経て外国語学校清語科を中退。同三十一年、広津柳浪の門に入り小説家を志す一方、落語家（三遊派）や歌舞伎作者（福地桜痴の弟子）の修業をした。柳浪風の写実的小説でスタートしたが、当時流行のゾライズム思潮の影響を受け、『地獄の花』（同三十五年）などがあった。同三十六年、父の勧めでアメリカに渡り（現地で横浜正金銀行ニューヨーク支店入社）、フランス滞在（リヨン支店に勤務、退社）を経て同四十一年七月帰国した。新帰朝者として西欧体験を生かした文学活動は、自然主義を主流とする文壇に新しい空気を吹き込み、『あめりか物語』（同四十一年）、『ふらんす物語』（同四十二年、発禁）、『すみだ川』、『冷笑』などをつぎつぎに発表した。同四十三年、慶応義塾大学部文科教授に迎えられ、『三田文学』を創刊、耽美主義の旗幟を明らかにし、「陣鼓（タンブール）」を鳴らした。しかし大逆事件に象徴される時代の空気に反撥、江戸趣味に傾斜して自己を韜晦する姿勢を強めて行った。『新橋夜話』（大正元年（一九一二））、『散柳窓夕栄』などにその反映が見られる。大正二年、父の死を契機に妻（同元年結婚）を離縁、芸妓巴家八重次（藤蔭静枝）を正妻に迎えたこと（間もなく離縁）などが原因で弟威三郎と対立、以後、長男、家督相続者でありながら「家」から進んで遠ざかった。同五年、健康上の理由から慶応義塾の教授を辞し、『三田文学』編集からも手を引き、隠退的姿勢は一層強められた。しかし、荷風文学の独自性はかえって光を増し、『腕くらべ』（同六年）、『おかめ笹』（同九年）などの代表作が生まれた。随筆方面でも『断腸亭雑稾』（同七年）などがあり、日記『断腸亭日乗』の起筆（同六年）も、この時期に重なっている。同九年、麻布区市兵衛町（東京都港区六本木）に移居（偏奇館）、気ままな自炊生活に入るが、そのころから小説創作にかげりが見え、随筆類に特色が発揮される。『下谷叢話』（同十五年）などがそれである。大正から昭和への転換期において、その傍観者的姿勢はいよいよ顕著になるが、一方で関東大震災以後の時勢の推移、世相の変化に強烈な好奇心をむけ、これがやがて私娼やカフェーの女給、あるいは女のヒモとして生きる男などの生態を突き放して描きだす『つゆのあとさき』（昭和六年（一九三一））、『ひかげの花』（同九年）などに結晶した。隅田川の向こうの玉の井の私娼窟を舞台とする『濹東綺譚』（同十二年）は、荷風文学の到達を示すものであり、重苦しい軍国主義の時代の空気に一抹の涼気を入れる作品として多くの愛読者を得た。この後、小説集『おもかげ』などがあるが、第二次世界大戦下の荷風は、反国策的作風のために作品発表の自由を失ってゆく。しかし時勢に迎合することなく秘かに執筆活動をつづけ、『浮沈』『勲章』『問はずがたり』などを完成した。昭和二十年三月、東京大空襲で偏奇館炎上、東中野で再び罹災、六月明石を経て岡山に疎開し、そこで敗戦を迎えた。九月熱海に帰り、やがて千葉県市川市に移居した。戦後の荷風は、戦争中の態度によってジャーナリズムに迎えられ、ブームになるが、反時勢、傍観的態度は変わらず、孤独で偏奇な生き方を貫徹した。戦後の作品集に『葛飾土産』『あづま橋』などがある。同二十七年文化勲章受章、同二十九年芸術院会員。同三十四年四月三十日死去。七十九歳。東京都豊島区の雑司ヶ谷墓地に葬られる。『荷風全集』全三十巻がある。

参考文献　吉田精一『永井荷風』（『吉田精一著作集』五）、秋庭太郎『永井荷風伝』、磯田光一『永井荷風』、野口冨士男『わが荷風』、川本三郎『荷風と東京―『断腸亭日乗』私註―』

（竹盛　天雄）

なかいけいしょ　中井敬所　一八三一―一九〇九　明治時代の篆刻家。天保二年（一八三一）六月二十五日、江戸本所御台所町で森江兼行の三男に生まれる。幼名資三郎、名は兼之。字は資同、資同父。号は敬所、饗渚、菡萏居と称した。安政二年（一八五五）二十五歳で幕府の御用達飾師中井由路の嗣子となる。叔父三世浜村蔵六に刀法の手ほどきをうけ、篆刻を益田遇所、『論語』を山地蕉窓に、林大学頭に儒学を学び幕府の御錺師として仕えた。明治維新後静岡に移住したが再び東京下谷不忍池畔の旧宅に住んだ。このころ盛んに明・清諸家の篆法を博渉し自刻印譜を編集した。明治九年（一八七六）、町田久成らと篆刻会を結成し『旦評戯鋏』を編集し、また政府機関はじめ三条実美ら貴顕諸家の印章を刻し、その印は洗練綺麗なことで有名で、また印譜・金石・書画に精通して鑑識に長じこの分野でも評価が高い。明治二十三年第三回内国勧業博覧会審査官となり帝国博物館・全国臨時宝物取調鑑査掛を歴任、同三十九年に篆刻作家として帝室技芸員となった。弟子に田口逸所・岡村梅軒・竹内左顧・岡本椿所・河田烈らがいる。明治四十二年九月三十日自宅で没。七十九歳。法名朗月院日進居士。本所番場町の妙源寺に葬られたが、関東大震災後同寺は現在の葛飾区堀切三丁目に移転となり改葬された。著書に『印譜考略』『日本印人伝』『皇朝印典』、印譜に『静岡印冊』『菡萏居印粋』がある。

参考文献　樋口秀雄「明治篆刻界における中井敬所の事蹟」（中田勇次郎編『日本の篆刻』所収）、同「中井敬所の篆刻について」（『東京国立博物館紀要』一七）

（樋口　秀雄）

なかいたいちろう　中井太一郎　一八三〇―一九一三　明治時代の農事指導者。天保元年（一八三〇）伯耆国久米郡小鴨村（鳥取県倉吉市）の農家に生まれる。生家は地主であったが、彼も手作地主として六町歩近くの農業経営を行なった。明治十年（一八七七）戸長となったが、このころより稲作技術の改良につとめ試作田で実験をかさね、同十七年正条植に必要な田植え定規を考案、同二十五年太一車として知られる水田中耕除草機を考案、普及させた。著書に『大日本簡易排水法』『大日本稲作要法』『招豊年』などがある。大正二年（一九一三）没。八十四歳。

参考文献　清水浩「農機具発達の一段階」（『日本農業発達史』四所収）、中井益蔵「大地積農業経営に関する調査」（『大日本農会報』二九二）

（伝田　功）

なかいたけのしん　中井猛之進　一八八二―一九五二　明治から昭和時代にかけての植物分類学者。明治十五年（一八八二）十一月九日、中井誠太郎の長男として岐阜県厚見郡岐阜町に生まれる。本籍は山口県美禰郡綾木村（美東町）。同三十七年山口高等学校を卒業、四十年七月東京帝国大学理科大学植物学科卒業、四十一年助手、大正二年（一九一三）朝鮮総督府より朝鮮植物調査を嘱託され、朝鮮半島の植物を広く研究し、昭和二年（一九二七）学士院賞を授与された。またアメリカ・フランス・スウェーデンに留学中、在外の日本産植物の基準標本を精細に検討した。大正三年理学博士の学位を得、六年講師、十一年助教授、昭和二年教授。十七年十二月十七日陸軍司政長官ジャワ軍政監部附、翌年ボゴール植物園長、二十一年ガラン島収容所より帰国、二十三年東京大学名誉教授、二十二年東京科学博物館長、二十四年新制度で国立科学博物館長。二十七年十二月六日没。七十歳。同日勲二等叙勲。墓は山口市正福寺。著書に『朝鮮森林植物誌』『大日本樹木誌』、監修に『大日本植物誌』『東亜植物図説』、ほかに論文多数がある。

[参考文献] 中井博士功績記念事業会編『中井教授著作論文目録並に教授の研究発表による植物新群名、新植物名及新学名総索引』　（木村陽二郎）

ながいなおゆき　永井尚志　一八一六―九一　幕末・維新期の幕臣、官吏。「なおむね」ともよまれてきた。三河国奥殿藩主大給（松平）乗尹の庶子で文化十三年（一八一六）十一月に生まれる。のち旗本永井氏の養子となる。はじめ岩之丞と称した。嘉永元年（一八四八）昌平黌甲科及第。同六年徒士頭からさらに目付へと進み、安政元年（一八五四）長崎勤務、同二年目付在職のまま長崎海軍伝習の監督に任じ、同年末従五位下に叙せられ玄蕃頭と改称、同四年第一期伝習生とともに帰府、江戸に開かれた軍艦教授所（操練所）を総督した。同年末勘定奉行、翌五年新設の外国奉行に転じ、同六年二月新設の軍艦奉行に就任、アメリカ渡航準備進行中の同八月安政の大獄の余波で罷免、差控、隠棲して介堂と称した。文久二年（一八六二）の政局変動で七月軍艦操練所用掛として現役復帰し主水正と改称、八月政事総裁職松平春岳と面談の上で京都町奉行に任命され反幕府勢力の矢面に立った。元治元年（一八六四）二月大目付、第一次長州征討に従い江戸の方針と齟齬して説明のため帰府、慶応元年（一八六五）五月辞任。しかし同年十月再任上坂、第二次長州征討開戦前の広島に再度出張し長州代表との応接にあたった。慶応三年二月若年寄格、老中板倉勝静とともに将軍徳川慶喜を補佐して京都政局の焦点におり大政奉還の上表文を起草した。同十二月若年寄、翌明治元年（一八六八）正月鳥羽伏見の敗北で東帰し二月罷免、榎本武揚とともに北海道に赴いて新政府に抵抗し選ばれて箱館奉行。明治二年五月降伏、東京に送られて入獄、五年正月赦免、同年開拓使用掛、また左院少議官。八年元老院権大書記官に任じたが九年免職、退隠した。二十四年七月一日死去。七十六歳。法名崇文院殿介堂日彰大居士。墓は東京都荒川区西日暮里の本行寺にある。漢文の自伝に『永井介堂君履歴稿本』（『江戸』一ノ三掲載）と名付けられたものがある。

（松浦　玲）

ながいながよし　長井長義　一八四五―一九二九　明治・大正時代の実験有機化学・薬学者。弘化二年（一八四五）六月二十日、阿波国徳島城下常三島長刀丁に藩医長井琳章の長男として生まれる。幼名は朝吉、名は直安のち長義。慶応二年（一八六六）藩の選抜生として長崎精得館に学び、明治に入って藩の貢進生となって医学校（のちの大学東校）に入学。明治三年（一八七〇）第一回官費留学生（医学）として渡独したが化学に転向、有機化学を専攻した。同十七年日本政府の請をうけ帰国、国策会社大日本製薬の製薬長として技術指導にあたり、東京大学教授（理学部・医学部）、内務省衛生局東京試験所長を兼任、和漢薬の成分研究を行なった。同二十六年東京帝国大学教授として医科大学薬学科第三講座（薬化学）を担当、傍ら日本女子大学・東京女子高等師範学校の女子化学教育にも尽力した。この間、東京化学会会長、日本薬学会初代会頭、帝国学士院会員などを歴任、初の理学博士・薬学博士となる。漢薬麻黄からエフェドリンを発見、その化学構造を決定、ほかに徳島産藍玉の研究などの業績がある。昭和四年（一九二九）二月二十日没。八十五歳。

[参考文献] 金尾清造『長井長義伝』、安江政一「長井長義をめぐって」（『化学史研究』一二）、同「過渡期の人長井長義」（同一八）　（宗田　一）

なかいのぶひこ　中井信彦　一九一六―九〇　昭和時代の歴史家。文学博士。大正五年（一九一六）三月十四日、中井宗三の次男として台湾台北市に生まれた。昭和十三年（一九三八）慶応義塾大学文学部卒業。同大学院を経て翌十四年三井文庫編纂員。第二次世界大戦敗戦後の財閥解体による同文庫の閉鎖後、二十八年杉野女子短期大学教授、三十八年慶応義塾大学文学部教授（哲学科社会学、のち史学科に移籍）、その間三井文庫の再建に尽力、東北大学・筑波大学・成城大学・国学院大学に出講。五十年慶大附属斯道文庫長および財団法人三井文庫長を兼任。五十六年慶応義塾大学定年退職後は両文庫顧問。慶応義塾大学名誉教授。五十七年以降は愛知大学客員教授、日本古文書学会評議員・国文学研究資料館評議員などを務めた。平成二年（一九九〇）十一月二十七日没。七十四歳。法名浄粛院行雲悠信居士。東京都新宿区南元町の香蓮寺に葬る。研究分野は当初思想史から出発し、戦後は近世社会経済史を中心とし、幕藩制社会の構造的特質の解明に商品流通からの視角を導入し新生面を拓いたことで知られるが、自身は日本人の意識史を終生の課題としていた。主要な著書は『幕藩社会と商品流通』『大原幽学』『転換期幕藩制の研究』『町人』『色川三中の研究』伝記篇（角川源義賞受賞）、『色川三中の研究』学問と思想篇などがあるが、とりわけ『歴史学的方法の基準』（毎日出版文化賞受賞）は柳田史学を再構成し、それを超えた独自の歴史理論を構築したことで高く評価される。

（鶴岡実枝子）

なかいひろし　中井弘　一八三八―九四　幕末から明治時代にかけての志士、官吏。旧名横山休之進、のち中井弘三と称し、ついで中井弘と改めた。号は桜洲山人。天保九年(一八三八)十一月二十九日、薩摩藩士横山詠助の長男として鹿児島城下平之馬場に生まれる。藩校造士館で学ぶ。安政年間(一八五四―六〇)以来、しばしば脱藩して、江戸・京都などで国事に奔走、諸藩の志士と交遊し、特に後藤象二郎の知遇を得た。慶応二年(一八六六)―三年イギリスに留学。帰国後、一時、伊達宗城に招かれて宇和島藩に仕えた。明治元年(一八六八)正月新政府に出仕し、外国事務御用・外国官判事などを歴任。この間、同年二月三十日、京都で参内途上の英公使パークスが、攘夷派浪士に襲われた際、応接係として同行していた中井は負傷に屈せず後藤とともに浪士と闘ってこれを倒し、パークスを守った。その後、いったん帰郷したが、明治四年上京して官途に復帰した。同五年左院四等議官、六年渡米、ついでイギリスに赴き駐英日本公使館書記官をつとめた。九年帰国し、工部省大書記官、同用度課長などを経て、十七年滋賀県令(のち知事)に就任。六年に及ぶ在職中、特に琵琶湖疏水工事の実現に力を尽くした。二十三年元老院議官となったが、まもなく廃官となり、同年貴族院議員に勅選された。二十六年京都府知事に就任。開放的かつ豪放な性格で機智に富み、朝野の各方面に広い交遊関係を持っていたが、また奇行の人として知られた。長女貞子は原敬の夫人である。著書として外遊中の見聞を記した『目見耳聞西洋紀行』『西洋紀行航海新説』『漫遊記程』などがある。明治二十七年十月十日京都府知事在職のまま病没。五十七歳。京都市東山区の東福寺に葬られた。戒名は東陽院道弘桜洲大居士。鹿児島県歴史資料センター黎明会に「中井弘文書」が保存されている。

参考文献 浜谷由太郎編『桜洲山人の追憶』、片岡直温『回想録』、勝部真長『勝者と首化師』 (鳥海　靖)

なかいまさかず　中井正一　一九〇〇―五二　昭和時代の美学者、文化運動の組織者。明治三十三年(一九〇〇)二月十四日、広島県賀茂郡竹原町(竹原市)で生まれる。広島高等師範学校付属中学、第三高等学校(文科)を経て京都帝国大学文学部哲学科に入学、深田康算や九鬼(くき)周造の薫陶をうけて美学を専攻し、大正十四年(一九二五)に卒業する。先輩の三木清・戸坂潤から学問的影響をうけ、カントから現象学へ、さらにカッシーラー・マルクスへと思想的関心を拡げる。京大講師のときの講義題目は「芸術における主体性」であった。昭和五年(一九三〇)―六年、彼を中心に『深田康算全集』が編集・刊行され、また同五年、モダニズムを主軸とした『美・批評』を創刊する。この時期の「機能概念の美学への寄与」(『哲学研究』一五ノ一二)は彼の美学の礎石である。同八年の滝川事件のあと、十年『美・批評』は文化情報欄を拡充して『世界文化』と改題、海外の人民戦線文化運動を積極的に紹介するとともに、勤労人民の立場に立つ高い理論水準をめざした。「委員会の論理」(『世界文化』一三―一五)は、そうした課題意識に応える見事な達成である。また十一年には能勢克男・斎藤雷太郎らと共同して「精神的明晰、隔てない友情、生活にたいする勇気」をモットーに週刊新聞『土曜日』を発行し、戦争とファッシズムにヒューマニティとリベラルの精神で抵抗したが、十二年真下信一らとともに検挙され、十五年治安維持法違反で懲役二年(執行猶予付)の判決をうける。第二次世界大戦後は広島県でユニークな啓蒙運動を展開したあと、二十三年から国立国会図書館副館長をつとめるかたわら『美学入門』『日本の美』をのこし、二十七年五月十七日胃がんのため没。五十二歳。著作を収めるものに『中井正一全集』全四巻、鈴木正編『美学的空間』、久野収編『美と集団の論理』、中井浩編『論理とその実践』などがある。

参考文献 新村徹・平川千宏「中井正一著作目録」(『参考書誌研究』三二) (鈴木　正)

なかいやじゅうべえ　中居屋重兵衛　一八二〇―六一　幕末開港当初の先駆的生糸売込商。上州吾妻(あがつま)郡中居村(群馬県吾妻郡嬬恋(つまごい)村三原)の出身。文政三年(一八二〇)の生まれ。若くして江戸に出奔し商売に従事したが、開港とともに横浜に出て、銅瓦の豪邸を建て、上州・信州などから生糸を仕入れ、外国商館に売り込んで巨利をあげた。開店二年後、幕府の生糸輸出制限令に反した廉で捕えられ、文久元年(一八六一)八月牢死した。四十二歳。一説に倒幕の志士に資金援助をした廉で追われ、行方不明ともいわれる。

参考文献 萩原進『炎の生糸商中居屋重兵衛』(『有隣新書』九)、石井光太郎・東海林静男編『横浜どんたく』上、『横浜市史』二 (山口　和雄)

ながいりゅうたろう　永井柳太郎　一八八一―一九四四　大正・昭和時代前期の政党政治家。明治十四年(一八八一)四月十六日、永井登(みのる)・つるの長男として金沢に生まれた。同志社中学部・関西学院を経て三十八年早稲田大学政経学部を卒業。三年間のイギリス留学後、四十二年早大教授となり、社会政策と植民政策の講座を担当した。大隈重信の知遇を受け、四十四年大隈が刊行した雑誌『新日本』の編集主任となったが、大正六年(一九一七)九月早大の学内騒動にまきこまれ、早大を追われた。九年五月金沢市から無所属で衆議院議員に当選し、その直後憲政会へ入党、以来連続八回当選した。早くから雄弁をもって鳴り、民本主義を主張、同年七月衆議院で「階級専政を主張する者、西にレーニン、東に原敬首相あり」と演説し、登院停止五日の懲罰を受けた。十三年六月外務参与官、昭和四年(一九二九)七月外務政務次官を経て、六年十二月立憲民政党幹事長となった。七年五月斎藤内閣の拓務相、十二年六月第一次近衛内閣の逓信相、十四年八月阿部内閣の逓信相兼鉄道相(同年十一月鉄道相解任)に就任し、戦時統制経済の推進に努めた。十五年七月三十六名の同志と民政党を脱党・解党し、十月大政翼賛会常任総務に就任した。十六年四月翼賛会東亜局長、同年七月大日本興亜同盟理事長、十七年五月翼賛政治会常任総務などを歴任し、十八年十月大日本育英会初代会長となったが、十九年十二月四日東京で死去した。六十四歳。主著は『殖民原論』『殖民政策と社会政策』など。三木内閣の文相永井道雄はその次男である。

参考文献　永井柳太郎伝編纂会編『永井柳太郎』

（木坂順一郎）

なかえうしきち　中江丑吉　一八八九―一九四二　大正・昭和時代前期、北京に永住した異色の思想家、中国学者。明治二十二年（一八八九）八月十四日、中江兆民の長男として大阪曾根崎で生まれる。第七高等学校を経て東京帝国大学法科大学政治学科を大正三年（一九一四）に卒業。同年袁世凱の顧問となった有賀長雄の秘書として北京に赴任、翌年わずかのあいだ帰国したが、そのあと終生北京にとどまる。五・四運動の際、親日派の知人曹汝霖を難から救う。この縁で曹の別邸に住み、規律正しい読書、習慣に従った散歩、自由な交友と会話を楽しむ生活がつづく。大正十一年ごろ『支那古代政治思想史』の初稿を小島祐馬に示して批評を乞い、その積極的評価を得て以後、学究の道に入る。『公羊伝及公羊学に就いて』ほか一連の成果は百部私刊の形で発表された。昭和十二年（一九三七）日中戦争が始まって以後、マルクス『資本論』、ヘーゲル『精神現象学』を精読するなかで時代の推移を歴史哲学的に洞察し、はやくから日本の敗北を予見していた。昭和十七年、重症の肺結核と診断され、九州帝大病院に入院したが、八月三日没。五十四歳。東京青山墓地の中江家墓域に葬られ、のち北京の日本人墓地に分骨。遺著『中国古代政治思想』、鈴江言一・伊藤武雄・加藤惟孝編『中江丑吉書簡集』がある。

参考文献　阪谷芳直・鈴木正編『中江丑吉の人間像』、阪谷芳直編『中江丑吉という人』、加藤惟孝『北京の中江丑吉』

（鈴木　正）

なかえちょうみん　中江兆民　一八四七―一九〇一　明治時代の思想家。弘化四年（一八四七）十一月一日、土佐国高知城下山田町に、父元助・母柳の長男として生まれた。誕生日・誕生地については異説がある。幼名竹馬、のち篤助・篤介と称した。筆名として秋水・木強生などを用いたが、明治二十年（一八八七）以後はもっぱら兆民の号を用いた。父元助は土佐藩の足軽で、兆民の生まれたころは下横目役（下級警察吏）であった。父の死により、文久元年（一八六一）五月、家督を相続。翌二年藩校文武館（致道館）に入学し漢学・英学・蘭学を学ぶ。慶応元年（一八六五）九月、土佐藩留学生として英学修業のため長崎派遣を命ぜられるが、長崎では平井義十郎に就きフランス学を学ぶ。留学中に坂本竜馬を知る。同二年、江戸遊学を望み、後藤象二郎の援助で江戸に赴き、村上英俊の達理堂に入る。大政奉還から維新政府成立のころには、フランス公使ロッシュ、領事レックの通訳として関西に滞在する。維新後、箕作麟祥の塾に学び、また福地源一郎の塾日新社の塾頭となる。明治三年五月、大学南校の大得業生となりフランス語を教える。同四年、外国留学を志し、大久保利通に直接訴え、大久保・板垣退助・後藤の斡旋で、司法省九等出仕となりフランス留学を命ぜられ、同年十一月十二日、岩倉具視全権大使一行とともに横浜を出帆する。リヨン・パリにあって法律勉強のかたわら、哲学・史学・文学に関心を寄せる。留学中、西園寺公望・井上毅らを知り、またロンドンに馬場辰猪を訪ねる。政府の海外留学生召還の方針により、七年六月帰国。八月、東京にフランス学の塾を開くため東京府知事に願書を提出し、十月、東京麴町中六番町四十五番地に仏蘭西学舎（のち仏学塾）を開く。フランス学の雄として二十一年廃校に至るまで学ぶ者二千人といわれ、酒井雄三郎・野村泰亨・伊藤大八・小山久之助・荒井泰治・初見八郎らを育てる。七年十二月文部省報告課に出仕、翌八年二月東京外国語学校長に就任、同年五月二十四日、新設の元老院に入り権少書記官となる。副議長に後藤、議官に陸奥宗光・河野敏鎌・加藤弘之ら、大書記官に河津祐之・沼間守一、同僚に大井憲太郎、大書記生に田中耕造・島田三郎らがいた。この時期、勝安芳（海舟）の紹介で島津久光に会い「策論」を提出し政治改革を建言する。十年一月九日、元老院権少書記官を辞任し、以後官には就かなかった。十一―十三年ごろ、高谷竜洲の済美黌、岡松甕谷の紹成書院、三島中洲の二松学舎に学ぶ。十四年三月十八日、『東洋自由新聞』が創刊されその主筆となる。同社長は西園寺公望。十五年二月、仏学塾から『政理叢談』を刊行し、ルソーの『社会契約論』を漢文訳し注解を付した『民約訳解』を連載する。また自由党の機関紙『自由新聞』の社説を執筆する。これらの言論著作活動を通じ自由の原理ならびに人民主権・社会契約説を唱え、自由民権運動に理論を提供する。十六年日本出版会社を設立し『非開化論』（ルソーの『学問芸術論』の訳）を刊行。同年から十九年にかけて『維氏美学』『理学沿革史』『理学鉤玄』『革命前法朗西二世紀事』などの著訳書を相ついで刊行。十九年十月、星亨・末広重恭らと発起して全国有志大懇親会を東京に開き、沈滞した民権派の結集をはかる。二十年五月『三酔人経綸問答』、八月『平民の目さまし』を刊行。また同年仏学塾の門弟らと『仏和辞林』を編纂し完成。三大事件建白運動では中枢にあって後藤の「封事」を起草し長野県下を遊説し、十二月二十六日公布の保安条例により二年間東京追放の処分を受ける。翌二十一年一月に大阪で創刊された『東雲新聞』の主筆となり、民主主義原理に立つ政治論・国会論・外交論・軍事論・部落解放論など多彩な言論活動を展開した。二十二年二月の憲法発布で赦免。七月には東京の『日刊政論』の主筆を兼ねた。明治憲法の反民主主義性や君権主権にはきわめて批判的で、二十三年一月の自由党再興に与したときは、第一議会での憲法点閲を主張して同志を糾合しようとする。同年七月の第一回総選挙では大阪第四区から立候補し被差別部落民の支持も受けて当選し、部落民を代表すると世間から評された。民権派の合同を推進し、九月の立憲自由党結成に導く。二十四年二月、第一議会においては政府予算案に対する衆議院の妥協的態度に憤慨し「無血虫の陳列場」と罵倒して議員を辞職したが、その前後『立憲自由新聞』(のち『民権新聞』)、『自由平等経綸』の各主筆を勤める。四月には小樽で創刊された『北門新報』の主筆を引き受け、同年夏北海道に赴く。二十五年八月、北門新報社を退き札幌で紙問屋を開業、以後晩年まで鉄道事業その他の実業活動に従事し、三十一年には群馬県での公娼設置のために動いた。三十年十二月、既成政党の腐敗に怒り仏学塾出身者を中心に国民党を結党したが失敗、三十三年には旧自由党が伊藤博文と結んで立憲政友会を結成したことを憤り、近衛篤麿の提唱した国民同盟会に参加し、政界を改革しようと試みる。同年十月『毎夕新聞』主筆。三十四年四月、旅行先の大阪で発病し喉頭ガンと診断され余命一年半と宣告される。療養先の堺で、「生前の遺稿」として文明批評的エッセイである『一年有半』を執筆(九月出版)、九月東京の自宅に帰り、無神無霊魂を主張した哲学書『続一年有半』を執筆し(十月出版)、ともに版を重ね大ベストセラーとなった。解剖と葬式無用を遺言し、同年十二月十三日死去。五十五歳。解剖の結果食道ガンと判明、宗教上の儀式を一切廃した告別式が行われる。墓は東京都港区の青山墓地にある。上記の著述のほか『選挙人目ざまし』(二十三年刊)、『道徳学大原論』(二十七年刊)などの著訳書があり、また六百篇以上の新聞・雑誌論説を遺している。『中江兆民全集』全十八巻(うち別巻一)がある。

参考文献 松永昌三『中江兆民評伝』 (松永昌三)

ながおかがいし　長岡外史　一八五八―一九三三　明治・大正時代の陸軍軍人、政治家。安政五年(一八五八)五月十三日、周防国都濃郡末武村(山口県下松市)に生まれる。堀三石衛門の次男。徳山藩士長岡南陽の養子となる。明治十一年(一八七八)陸軍士官学校を卒業(旧制二期)、翌年少尉に任官する。十八年に陸軍大学校を卒業(一期)、二十六年に少佐となり、日清戦争には大島混成旅団参謀として従軍した。二十八年中佐に進み、三十年には軍務局歩兵課長となる。同年大佐に進級。三十一年軍務局軍事課長となり、ドイツ派遣後、三十五年少将、歩兵第九旅団長となる。三十七年六月から三十九年七月まで参謀次長を勤め、日露戦争の指導にあたった。四十一年軍務局長となり、翌年中将に昇進、第十三師団長、第十六師団長を歴任して大正五年(一九一六)予備役に入る。十三年には衆議院議員に当選した。スキーの紹介、初期の航空界の振興・啓蒙でも知られる。白髭と馬車の愛用でも有名だった。昭和八年(一九三三)四月二十一日死去。七十六歳。墓は東京都港区の青山墓地にある。国立国会図書館憲政資料室に長岡外史関係文書マイクロフィルムがある。

参考文献 長岡外史文書研究会『長岡外史関係文書』回顧録篇・書簡・書類篇、坂部護郎編『将軍長岡外史』 (佐々木隆)

ながおかけんもつ　長岡監物　一八一三―五九　幕末の肥後国熊本藩家老。本姓米田、名は是容、通称源三郎。その祖、是季以来、代々家督と同時に長岡監物を襲名した。文化十年(一八一三)二月十一日生まれる。父は是睦。天保三年(一八三二)十月二十七日国老を嗣ぐ。禄一万五千石。是容は大塚退野系の儒学者であり横井小楠と同学。藩政をめぐる党争で、反対派の勢力増大に加え、是容らの尊敬していた水戸藩の徳川斉昭らが幕府に隠居を命ぜられるに及び、弘化四年(一八四七)是容も国老を免職された。嘉永六年(一八五三)熊本藩の相州警備隊長として再起用され、江戸湾の防備にあたった。安政二年(一八五五)意見の相違から小楠と訣別。同六年八月十日没。四十七歳。墓は熊本市坪井四丁目の見性寺にある。明治二十四年(一八九一)十二月贈正四位。嫡子是豪は天保九年正月十三日に生まれる。通称左馬助、明治期に至り波門さらに与七郎と改名。安政六年十月家督相続、長岡姓を許され、翌万延元年(一八六〇)正月監物を称す。実学党系国老として尽力。文久二年(一八六二)閏八月国老を依願免。同十一月再起用。慶応二年(一八六六)第二次幕長戦に熊本藩公子細川護美のもとで活躍、翌三年三月依願免。明治三十七年十二月十七日没。六十七歳。養嗣子は弟の米田虎雄(男爵、のち子爵)。

参考文献 『先祖附』なの部(熊本大学架蔵永青文庫)、『米田家過去帳』(見性寺所蔵)、武藤厳男編『続肥後先哲偉蹟』(『肥後文献叢書』別巻一)、森田誠一「長岡(米田)是容」(熊本日日新聞社編『熊本人物鉱脈』所収) (森田誠一)

なかおかこんいち　中岡艮一　一九〇三―　原敬首相殺害者。明治三十六年(一九〇三)十月十二日、足尾銅山の主任の子として生まれ、父が東京市の土木課に転職、のち辞職したので高等小学校中退、十四歳で印刷所徒弟となる。その乱暴に父もてあます。父と弟の死や母の乱行で虚無的となり、大正八年(一九一九)山手線大塚駅雑役夫、十年転轍手に昇格。同年十一月四日世相に憤慨し原敬首相を東京駅で殺害。背後関係につき諸説があるが確証はない。無期懲役となり、三回の恩赦で昭和九年(一九三四)一月出獄、晩年は世捨人としてすごした。獄中でつづった回顧録の『鉄窓十三年』が出版されている。

参考文献 長文連『原首相暗殺』、雨宮昭一「原敬暗殺事件」(我妻栄他編『日本政治裁判史録』大正所収) (山本四郎)

なかおかしんたろう　中岡慎太郎　一八三八―六七　幕末の志士。諱は為鎮・道正、はじめは福太郎、のちに光次・慎太郎と称す。変名に寺石貫夫・石川誠之助・大山彦太郎・横山勘蔵があり、迂山・遠山と号す。天保九年(一八三八)四月、土佐国安芸郡北川郷柏木に、同郷大庄屋役勤仕中岡小伝次、その妻初の長男として生まれる。

中岡家は庄屋給二十五石一斗三升六勺。十五歳で間崎哲馬より詩書を、十七歳で武市瑞山より剣を学ぶ。二十歳で同郷大庄屋見習となり凶作時の救恤に奔走した。文久元年(一八六一)武市瑞山が薩長両藩尊攘派と提携し土佐藩勤王党を結成するや、同年九月に加盟、翌二年十月郷士・足軽・庄屋を中心とする五十人組の伍長として出府、その途次、中川修理大夫久昭紀問事件に干与した。十二月久坂玄瑞らと水戸を経て松代に佐久間象山を訪い、三年正月に着京。この間、慎太郎と改称した。同月山内容堂が入京、中岡は御旅中御雇徒目付に任じられ他藩との応接にあたった。四月容堂に従って帰国、解職。八月十八日の政変後、容堂が勤王党弾圧を本格化させたため十月十九日に脱藩、防州招賢閣に入った。元治元年(一八六四)前半、京—三田尻間を往復、儒者中沼葵園に入門し中村半次郎ら薩摩藩尊攘派の知己を得た。同年七月の禁門の変では遊撃隊に属し負傷、三田尻に逃走した。馬関戦争では実戦には参加しなかった。第一次長州征討中の十一月十八日、自刃した真木和泉に代わり忠勇隊総督になり、長府功山寺にあって三条実美ら五卿に近侍、慶応元年(一八六五)正月の同征討終結の際、筑前浪士中村円太とともに五卿の太宰府遷座につき西郷隆盛・筑前藩勤王派月形洗蔵らと交渉、遷座に従った。この時、筑前藩・対馬藩の勤王派が推進した薩長連合工作に干与、五月坂本竜馬の参加を得た。乙丑の獄により筑前藩勤王派が潰滅するに及び、坂本とともに薩長連合工作の中心となり、西郷・木戸孝允らを説得、翌二年正月に薩長連合を実現させた。同年九月より、長州再征失敗などの政治情勢変化により土佐藩からの接触を受け、翌三年四月に脱藩の罪を許された。五月二十一日には乾(板垣)退助を西郷に紹介、薩土討幕の盟約締結を仲介する一方、土佐・芸州藩連繋にも努力している。また、中岡は同二年十月「窃かに知己に示す論」で大政奉還を主張していたが、同三年、討幕と両睨みの形で幕臣大久保一翁(忠寛)・勝海舟らの大政奉還論を実現させようとしていた坂本の動きには批判的であった。武力倒幕必至であるとして岩倉具視・三条実美・西郷隆盛らの協力関係樹立に力を尽くす一方、同年七月京都白川土佐藩邸に浪士をもって陸援隊を組織、土佐藩遊軍の認知を受け、隊長となった。以後、武力倒幕を目指し活動、大政奉還後の十一月十五日、坂本の下宿である京都河原町蛸薬師下ル近江屋で坂本とともに幕府見廻組佐々木唯三郎らによって襲われ、負傷、同月十七日に絶命した。享年三十。京都東山の霊山(現京都市東山区京都霊山護国神社域内)に葬られた。明治二十四年(一八九一)正四位を追贈。

参考文献 寺石正路『土佐偉人伝』、尾崎卓爾『中岡慎太郎先生』、平尾道雄『坂本竜馬・中岡慎太郎』、同『中岡慎太郎陸援隊始末記』(『中公文庫』)、寺石正路「坂本中岡両雄遭難始末」(『南国遺事』所収)、伊藤仁太郎「坂本竜馬・中岡慎太郎」(『伊藤痴遊全集』一七所収)、谷干城「坂本竜馬中岡慎太郎遭難始末」(『史学雑誌』一五ノ二)、「中岡慎太郎」(『土佐史談』二)、早川勇「筑前藩に五卿方を引取及び解兵に関する事実附六節」(『史談会速記録』一〇)　（吉田　昌彦）

ながおかつるぞう　永岡鶴蔵　一八六三—一九一四　明治時代の鉱山労働運動指導者。文久三年(一八六三)十二月九日、大和国吉野郡大日川村(奈良県吉野郡西吉野村)の漢方医の四男に生まれ、のち永岡家の養子になり、明治十三年(一八八〇)宗日鉱山で鉱夫見習(手子)になり、翌々年友子同盟に加入を許された。各地の鉱山を転々とするうち秋田県荒川鉱山で外国人宣教師からキリスト教の話を聞いて感動、明治二十三年上京してキリスト教を学んだ。翌年荒川鉱山に帰って労働余暇会を作り、二十五年院内鉱山で仲間と鉱業条例を研究し、二十六年二月鉱業条例遵守を要求して三日間の罷業を指導し成功した。同年秋田県で鉱夫税廃止を要求し、日本鉱山同盟を組織して運動、成功したが、明治三十年院内で賃下げ反対運動を指導して失敗、同志八十人とともに北海道夕張炭鉱に移った。ここで南助松と知り、協力して三十五年大日本労働至誠会を結成、片山潜の指導を得るようになった。同会を全国組織にするため妻子七人を残して遊説に出発、栃木県足尾銅山で働きながら運動をつづけた。明治三十九年十月南が応援にかけつけ、大日本労働至誠会足尾支部を結成し、待遇改善要求を準備中の明治四十年二月、鉱夫と職員の衝突から暴動が起り、永岡・南はその首魁として検挙、起訴された。裁判の結果無罪となり、玩具製造販売を業としながら片山らと行動をともにしたが、大正元年(一九一二)銅貨を銀メダルに改造したことが貨幣偽造行使罪に問われ、千葉監獄に入獄中の大正三年二月十日病死した。五十二歳。

参考文献 中富兵衛『永岡鶴蔵伝』、永岡鶴蔵「坑夫の生涯」(『労働運動史研究』二〇)、村上安正「永岡鶴蔵論」(『思想の科学』一一〇)　（松尾　洋）

ながおかはんたろう　長岡半太郎　一八六五—一九五〇　明治から昭和時代にかけての物理学者。慶応元年(一八六五)八月十五日、大村藩士長岡治三郎の長男として生まれる。明治二十年(一八八七)帝国大学理科大学物理学科を卒業。在学中病気で休学し、東洋人に科学研究の能力があるのかどうかに悩み、中国古典を読みあさりそこに科学的業績の少なからぬことを知り、自信を得て復学したという。同年外人教師ノットの日本全国地磁気調査に随行し、その体験から日本の自然の物理研究の学問的意義を知り、終生、地球物理学研究の視野を保持しつづけた。物理学研究もノットの磁歪の研究を手伝ったことで啓発され、同二十年に独自にその研究をすすめ最初の論文をまとめた。この報告はすぐさまノットの紹介により英国の学術雑誌に掲載された。同二十三年帝国大学助教授。同二十六年ドイツに留学し、ボルツマンに師事、プランク・ヘルムホルツらの講義もきき、同二十九年帰国して東京帝国大学教授となる。大正十五年(一九二六)に退官するまで、日本の初期における多くの物理学者を育てた。同六年に創設された理化学研究所には最初から中心人物として関与し、同十一年からは長岡研究室を主宰して分光学・原子物理学の開拓に力を尽くした。明治三十六年に長岡自身が発表した原子模型の論文は、現代物理学初期の日本人最初の業績として著名。しかし大正十三年に発表した高電圧のもとで水銀を金に変換できるという報告は、速断しすぎた誤報にとどまった。昭和六年(一九三一)以後は学術行政の重鎮として活躍。同年から同九年まで大阪帝国大学初代総長。同十四年からは同二十二年まで日本学術振興会理事長と、同二十三年まで帝国学士院院長をつとめた。同九年から同二十二年まで貴族院勅選議員でもあった。同十二年に第一回文化勲章を受章。同二十五年十二月十一日、書斎で読書中に急死。八十五歳。日本の物理学の基礎を築き、生涯研究を続けた巨人の最後であった。墓は東京都港区の青山墓地にある。

参考文献　板倉聖宣・木村東作・八木江里『長岡半太郎伝』　（辻　哲夫）

ながおかひさしげ　永岡久茂　一八四〇―七七　明治時代前期の反政府士族。天保十一年(一八四〇)陸奥国若松(福島県会津若松市)に生まれる。通称敬二郎、磐南と号す。父は永岡治左衛門、代々の会津藩士で禄は二百五十石。藩校の日新館から幕末に昌平黌に学ぶ。ことに弁論に長じ気節を尚んだという。戊辰会津戦争(東北戦争)の際に旧幕府歩兵指図役古屋佐久左衛門が率いる旧幕脱走兵団衝鋒隊に加わり北越方面の戦線で戦った。敗戦後会津藩の斗南移住を支持し選ばれて斗南藩少参事となり、廃藩後は青森県大属となり田名部支庁長となったがまもなく辞職して東京に出、鹿児島士族海老原穆が主宰する明治八年(一八七五)創刊の政府攻撃・征韓論支持で有名な『評論新聞』の刊行に参画した。この間前原一誠・奥平謙輔らと知友となった。同九年十月前原一誠の萩の乱に呼応し、いわゆる思案橋事件で同志十数名とともに千葉県庁を襲う計画を企てたが、政府に事前に知られ、十月二十九日逮捕され、その際重傷を負い翌年一月十二日牢死した。三十八歳。

参考文献　黒竜会編『西南記伝』下二、高橋哲夫『明治の士族』　（佐々木　克）

なかおしせいりゅう　仲尾次政隆　一八一〇―七一　近世末期、琉球の浄土宗布教者。一八一〇年(文化七)五月十一日(月日は清暦)、宇姓正統の四世政元の長男として泉崎村(那覇市)に生まれる。母は鄭姓の真牛。童名は思加那、唐名は宇増光。その祖は薩摩国久志浦の中村宇兵衛という。四〇年(天保十一)大和横目、四八年(嘉永元)には那覇総横目となった。五〇年に今帰仁間切中城(仲尾次)の地頭職に任ぜられ、仲浜から仲尾次姓にかわった。五三年遊女や下級士族を対象に禁制の真宗を布教していることを密告され、翌年八重山へ無期の流刑となる(一向宗法難事件)。その地では、宮良橋を再建するなどして官民から感謝され、諸役人の連署で赦免願が出された。そのかいあって六四年(元治元)赦免され、翌年五月に帰郷した。その時の日記が『配流日記』として残されている。七一年(明治四)七月八日(月日は清暦)没す。享年六十二。

参考文献　『宇姓家譜』(『那覇市史』資料篇一ノ八)、沖縄県教育委員会編『仲尾次政隆関係遺品調査報告書』(『沖縄県文化財調査報告書』八)、島尻勝太郎「仲尾次政隆の配流日記」(『沖縄文化研究』四)　（島尻　克美）

なかがみけんじ　中上健次　一九四六―九二　昭和時代の小説家。昭和二十一年(一九四六)八月二日、和歌山県新宮市に生まれる。母は木下ちさと。父は鈴木留造。母は、二十八年に健次一人をつれて中上七郎と世帯を持ち、三十七年に入籍、健次はこの時から正式に木下姓から中上姓になった。四十年新宮高等学校卒業。ただちに上京し、四十一年から『文芸首都』に加わって、小説やエッセイを書き始め、四十八年の『十九歳の地図』をはじめとして、三作品が芥川賞候補作となり、五十一年の『岬』で第七十四回芥川賞を受賞、強烈な野性を持つ新人として注目された。秋幸を主要人物とするこの熊野物語は、その後、『枯木灘』(五十二年)、『鳳仙歌』(五十五年)を経て、『地の果て至上の時』(五十八年)にまで発展する。『千年の愉楽』(五十五―五十七年)、それと雁行した短編連作『熊野集』(五十九年)なども注目作である。作品の多くは、紀州熊野の「路地」を中心として、血縁・地縁が複雑にからみ、原始の暴力や性の飛び交う物語で、神話的イメージを帯びている。作者は、一時、カリフォルニアやソウルにも滞在し、視野を広げたが、新聞小説『軽蔑』(平成三年(一九九一))を最後の長編として、四年八月十二日、癌のため郷里、和歌山県東牟婁郡那智勝浦町の病院で没。四十六歳。戒名は文山嶺院釈健智。『中上健二全集』全十五巻(集英社)がある。

参考文献　四方田犬彦『貴種と転生』、『国文学解釈と教材の研究』三〇ノ三(特集・中上健次と村上春樹)、柄谷行人『坂口安吾と中上健次』(『批評空間叢書』九)、高沢秀次『評伝中上健次』、渡部直己『中上健次論―愛しさについて―』、『中上健次』(『群像日本の作家』二四)　（磯貝　英夫）

なかがわこじゅうろう　中川小十郎　一八六六―一九四四　明治から昭和時代にかけての教育家、政治家。慶応二年(一八六六)正月四日、丹波国桑田郡馬路村(京都府亀岡市馬路町)に郷士中川禄左衛門の長男として出生。六歳で父の実弟武平太の養子となる。叔父中川謙二郎に従って上京、東京府立一中、成立学舎、東京大学予備門を経て明治二十六年(一八九三)帝国大学法科大学政治学科を卒業。文部省に勤務し、西園寺公望文相秘書官・参事官をつとめ、京都帝国大学書記官として創設事務にあずかる。いったん退官し、京阪地方で実業に従事し明治三十三年京都法政学校(のちの立命館大学)を創設。三十六年京都帝大書記官に復し、第一次西園寺内閣の総理秘書官、樺太庁第一部長を歴任。大正元年(一九一二)台湾銀行副頭取、同九年頭取。大正十四年退任し貴族院議員に勅選。大正二年財団法人立命館発足とともに館長、昭和六年(一九三一)総長となる。この間西園寺公望の家職としてその死に至るまでつくした。昭和十九年十月七日京都で死去。七十九歳。墓は京都市北区の等持院にある。

参考文献　松本皎「中川小十郎先生の経歴」(『立命館・中川小十郎研究会会報』一〇・一一)　(岩井　忠熊)

なかがわすえきち　中川末吉　一八七四―一九五九　大正・昭和時代の実業家。明治七年(一八七四)十一月六日、滋賀県高島郡下古賀村(安曇川町)で、酒造業赤塚又左衛門の五男として生まれる。十四歳のとき、旧小野組手代中川武三に伴われて上京、古河市兵衛の経営する瀬戸物町古河本店に勤務。翌年、十五歳で中川家の養嗣子となり、二十四歳で市兵衛の娘富子と結婚。この間、古河本店で主として会計方を担当し、明治三十六年からペンシルバニア大学、エール大学に約四年間留学。帰国後、足尾銅山会計係長を経て、古河鉱業本店電線係長、大正三年(一九一四)横浜電線常務取締役に就任し、古河財閥の電線事業を指揮。同六年より新設の古河銀行専務として銀行経営に腐心したほか、古河系事業に役員として参画した。同十年には古河電工専務に復帰(十四年社長就任)し、同社を中心に、横浜護謨、富士電機などの古河系事業の発展に中心的な役割を果たした。戦後、財閥家族の指定を受けて公職を退き、昭和二十六年(一九五一)より古河電工相談役となった。昭和三十四年四月九日、病気のため、八十四歳で死亡。墓は東京都港区南麻布四丁目の光林寺にある。法名寛量院殿寿山良尚居士。

参考文献　中川末吉翁記念刊行物編集会編『中川末吉翁』　(武田　晴人)

なかがわぜんのすけ　中川善之助　一八九七―一九七五　昭和時代の代表的民法学者。明治三十年(一八九七)十一月十八日、東京に出生。第四高等学校(金沢)を経て、大正十年(一九二一)に東京帝国大学法学部卒業。翌年、新設の東北帝国大学法文学部(のち東北大学法学部)助教授となる。留学後、昭和二年(一九二七)教授に昇進。昭和三十六年定年退官。学習院大学法学部長・金沢大学学長などを歴任した。わが国の身分法学の体系化は、中川法学に始まったといえる。中川の師、穂積重遠を身分法学の生みの親とすれば、中川こそはその育ての親である。第二次世界大戦後の民法典大改正に際しては、改正案の起草に参画して指導的役割を演じた。昭和五十年三月二十日、東京上野駅にて急死。七十七歳。縁切寺で著名な神奈川県鎌倉市の東慶寺に葬る。著作きわめて多数。共著・編集ものを含むと百七十冊に及ぶ。主著として、『身分法の基礎理論』『身分法の総則的課題』『家族法研究の諸問題』『相続法』『民法風土記』など。

参考文献　中川善之助「わが半生の記」(中川善之助教授還暦記念家族法大系刊行委員会編『家族法大系』六所収)、『法学セミナー』二五三(中川善之助人と学問)、星野英一「日本民法学史」(『月刊法学教室』八・九)、泉久雄「中川善之助」(『法学セミナー』三〇一)、泉久雄「中川善之助」(『法学教室』一七五)　(向井　健)

なかがわのみやあさひこしんのう　中川宮朝彦親王　⇨朝彦親王(あさひこしんのう)

なかかんすけ　中勘助　一八八五―一九六五　大正・昭和時代の小説家・詩人・随筆家。明治十八年(一八八五)五月二十二日、東京市神田区東松下町(東京都千代田区)に父勘弥・母鐘(しょう)の五男として生まれた。父は岐阜の今尾藩士で主家の家扶。勘助は信心深い伯母の愛育を受けた。第一高等学校を経て東京帝国大学英文科に入学、転科して、同四十二年国文科卒業。九州帝国大学医学部教授の兄金一が倒れ、以後、嫂とともに家の重荷を背負う。大正元年(一九一二)、『夢の日記』で文筆生活に入り、夏目漱石の推薦で『東京朝日新聞』に同二年『銀の匙』前篇、同四年後篇を連載。小説に『提婆達多』『犬』などのほか、大人の童話『鳥の物語』があり、随筆に『しづかな流』『蜜蜂』、詩集『琅玕』『飛鳥(ひちょう)』などがある。文壇外で自己に忠実、高度に倫理的な世界を美しい日本語で追究、昭和三十九年(一九六四)度朝日文化賞受賞。同四十年五月三日死去。七十九歳。青山墓地に葬られる。法名慈恩院明恵勘真居士。『中勘助全集』全十七巻がある。

参考文献　渡辺外喜三郎『中勘助の文学』　(竹盛　天雄)

ながさきえいぞう　長崎英造　一八八一―一九五三　大正・昭和時代の財界人。明治十四年(一八八一)八月十三日、広島県広島区堺町(広島市中区)の医師長崎正平・花代の三男として生まれた。広島一中、一高、東京帝国大学法科大学を卒業、大蔵省、台湾銀行に勤務した後、大正二年(一九一三)鈴木商店に入社、同社理事、旭石油などの鈴木系企業の役員を歴任した。鈴木商店倒産後は旭石油と同社を継承した昭和石油の社長で、この間、帝人事件に連座。第二次世界大戦後、産業復興公団総裁などに就任。桂太郎の女婿であった。昭和二十八年(一九五三)四月二十九日死去。七十一歳。

参考文献　長崎正造編『長崎英造遺稿』　(森川　英正)

なかざとかいざん　中里介山　一八八五―一九四四　明治から昭和時代にかけての小説家。本名弥之助。明治十八年(一八八五)四月四日、神奈川県西多摩郡羽村(東京都羽村市)に父弥十郎・母ハナの次男として生まれる。西多摩尋常小学校高等科卒業。はじめキリスト教の感化を受け、やがて平民社の社会主義思想に共鳴、反戦詩などを発表したが、次第に仏教への傾斜を深めた。同四十二年都新聞社に入社、同紙に『氷の花』『高野の義人』などをつぎつぎに連載。大正二年(一九一三)九月、『大菩薩峠』の執筆掲載に取りかかった。以後、介山の生涯はこの未完の大作の完成に捧げられるか、他に法然をめぐる『黒谷夜話』、聖徳太子を扱う『夢殿』(未完)などがある。また『百姓弥之助の話』は、自伝的な感想記録文学として特異な地歩を占める。生涯独身で、他人と妥協せず、第二次世界大戦下の日本文学報国会の入会も拒否し、自己を貫徹した。昭和十九年（一九四四）四月二十八日死去。五十九歳。羽村の禅林寺に葬られた。法名修成院文宗介山居士。『中里介山全集』全二十巻がある。

参考文献 笹本寅『大菩薩峠中里介山』、尾崎秀樹『修羅明治の秋』、松本健一『中里介山』、鹿野政直「大衆文学の思想」（『大正デモクラシーの底流』所収）

（竹盛 天雄）

ながさわきくや 長澤規矩也 一九〇二—八〇 昭和時代のシナ文学者、図書学者、漢和辞典編修者。字は士倫、号は静盦（せいあん）、書斎を学書言志軒・早陽文庫と称する。はじめ、永渓早陽の筆名を用いた。明治三十五年（一九〇二）五月十四日、神奈川県足柄下郡小田原町十字町（小田原市南町）に生まれる。祖父は、明治時代の数学教育者として知られる亀之助。大正十五年（一九二六）東京帝国大学文学部支那文学科卒業。第一高等学校や法政大学（名誉教授）・愛知大学の教授、図書館職員養成所・図書館短期大学の講師などを歴任。昭和七年（一九三二）日本書誌学会の設立に参画、その機関誌『書誌学』の編修を主導した。シナ文学史の研究から漢籍書誌学の研究に進み、その確立に尽力した。静嘉堂文庫・内閣文庫、および各地の図書館や文庫の蔵書整理と目録編纂にあたるとともに、貴重書の解題、図録の編纂も多い。晩年は、江戸時代にわが国で刊行された漢籍（和刻本漢籍）の総合目録の編修に専念し、その成果は『和刻本漢籍分類目録』『和刻本漢籍分類目録補正』に結実している。また、検字法に改良を加えた漢和辞典を編修・刊行する一方で、国鉄の規則に関するマニア的著述でも知られる。『和漢書の印刷とその歴史』で文学博士、シナ書誌学の研究で紫綬褒章を受けた。昭和五十五年十一月二十一日没。七十八歳。図書学に関する著作は『長澤規矩也著作集』全十巻別巻一巻にまとめられている。

参考文献 『書誌学』復刊新二八（長澤規矩也博士追悼号）、『三省堂ぶっくれっと』三一（長澤規矩也先生追悼）、「長澤規矩也」（『東洋学の系譜』二所収）

（長澤 孝三）

ながさわべってん 長沢別天 一八六八—九九 明治時代中期の評論家。明治元年（一八六八）五月一日、常陸国土浦藩重臣長沢岩五郎の長男に生まれる。名は説、号は別天・渺茫居士。攻玉社、立教学校に学び、江東義塾の教員となる。『学』『書生』『筆之力』の同人、『江湖新聞』記者を経て、同二十三年政教社に入り、三宅雪嶺のもとで『日本人』『亜細亜』の編集に従うとともに、北村透谷を批評するなど、詩論・評論に卓論を展開した。米国留学後政教社に復帰したが、『山陽新報』主筆を経て、同三十一年『東京朝日新聞』に入社して政事主任兼翻訳主任となった。政教社系の少壮論客として知られ、内藤湖南・田岡嶺雲と親しかった。エドガー＝アラン＝ポーの詩をはじめて紹介し、社会問題に強い関心を寄せ『社会主義一斑』（カール＝マルクスを紹介）を発表し、また、『ヤンキー』（在米中の見聞記、日米関係論）、『盲詩人』（ジョン＝ミルトンの評伝）を著わした。同三十二年十一月二十二日肺結核のため没した。三十二歳。墓所は東京都台東区谷中の天王寺。法名長松院文淵別天居士。

参考文献 松本三之介編『政教社文学集』（『明治文学全集』三七）、佐藤能丸『明治ナショナリズムの破究—政教社の成立とその周辺—』

（佐藤 能丸）

なかざわべんじろう 中沢弁次郎 一八九一—一九四五 大正・昭和時代前期の農業問題研究家、農民運動家。本名辨治郎。埼玉県賀美郡丹荘村（児玉郡神川町）の小作農兼菓子製造卸商の長男。明治二十四年（一八九一）七月七日生まれ。小学校高等科中退後、家業を手伝いながら講義録で勉学に励む。二十二歳で上京、雑誌記者・読売新聞記者を経て大正五年（一九一六）『食糧評論』を主宰、八年、内務省社会課長田子一民の紹介で岐阜県輪中地帯の調査に入る。十三年、政治研究会に参加、中央委員になったが翌年辞任、以後右派社会民主主義の道を歩む。十五年三月、岐阜の中部農民組合長に就任、昭和二年（一九二七）一月、名古屋の労農民衆党委員長となり、第一回普通選挙に立候補した。その直後党は解散、日本大衆党に合流したが、四年七月、「清党」問題で除名された。この間三年七月、全日本農民組合同盟（平野力三）・中部農民組合などが合同、全日本農民組合が結成されるや会長となり、六年一月、日本農民組合総同盟（鈴木文治）と合同、日本農民組合が結成されるや第一線を退き、大著『日本米価変動史』のほか『蚕糸経済概論』『都市農村相関経済論』などを著わす。十二年八月、愛国労働農民同志会（前年十月結成）総務部長、ついで総務委員となり、十四年五月結成の愛国政治同志会にも関係、十五年九月、食糧報国連盟常務理事となり敗戦を迎える。二十年十一月二十八日死去。五十五歳。著書は右のほか『小作制度論』『農村生活と小作問題』『農村問題講話』など多数。監修本に『輪中聚落地誌』がある。墓は埼玉県児玉郡上里町大御堂の吉祥院にあり、戒名は利生院忍海道雅居士。

参考文献 埼玉県立文化会館編『埼玉県人物誌』中

（神田 文人）

なかざわりんせん 中沢臨川 一八七八—一九二〇 明治・大正時代の文芸評論家。本名重雄。明治十一年（一八七八）十月二十八日、長野県上伊那郡南向村（みなかた）（中川村）で「養命酒」醸造元の塩沢伊八郎の次男として出生。松本中学を経て第二高等学校に学び、中沢家の養子となる。三十七年東京帝国大学工科大学卒業。東大在学中、窪田空穂・小山内薫らと雑誌『山比古（やまびこ）』を発行し、島崎藤村・国木田独歩・田山花袋・柳田国男・蒲原有明らの文学者と交わった。卒業後、東京電鉄技師、京浜電鉄技師長を経て、長野県松本市外に中沢電気株式会社を経営。大正三年（一九一四）から『中央公論』に文芸評論を連載し、文芸評論家として活動したが、五年ごろから文明評論を主とするようになった。同九年八月九日死去。四十三歳。墓は東京都板橋区仲宿の乗蓮寺にある。著書に『鬢華集』『自然主義汎論』『古き文明より新しき文明へ』『破壊と建設』『トルストイ』『ベルグソン』『新社会の基礎』『嵐の前』がある。十二年には全四巻の予定で『臨川全集』が刊行され始めたが、二巻で中絶した。

[参考文献] 長谷川如是閑編『現代文芸評論集』(『現代日本文学全集』九四)、角田寿子・小林怜子・横山かほる「中沢臨川」(『近代文学研究叢書』一九所収)

(岩井　忠熊)

なかじまあつし　中島敦　一九〇九―四二　昭和時代の小説家。明治四十二年(一九〇九)五月五日、東京市四谷区箪笥町(東京都港区六本木)に父田人・母千代子の長男として生まれた。祖父は漢学者中島撫山、父は中学校の漢文教師。漢学者の家系である。昭和八年(一九三三)、東京帝国大学国文科卒業、私立横浜高等女学校に就職。同九年『虎狩』で『中央公論』懸賞に選外佳作となる。以後、持病の喘息に苦しみながら小説を書きつづけ、同十一年『狼疾記』など、また同十五年のうちに『山月記』ほかの作品群『古譚』を完成(推定)、さらに同十六年『ツシタラの死』(のち『光と風と夢』と改題)を執筆。この年横浜高女を退職、パラオ南洋庁国語教科書編集書記に就任した。同十七年『古譚』の中の『山月記』『文字禍』、またつづいて『光と風と夢』が『文学界』に載り、文壇へのデビューを果たした。以後、南洋庁を退いて、『名人伝』『弟子』『李陵』や『南島譚』などの諸作を相ついで脱稿。しかし宿痾の喘息が重く十二月四日死去した。三十四歳。東京都府中市の多磨墓地に葬られた。『中島敦全集』全三巻がある。

[参考文献] 佐々木充『中島敦の文学』、浜川勝彦『中島敦の作品研究』、郡司勝義他編『中島敦研究』

(竹盛　天雄)

なかじまかつよし　中島勝義　一八五八―一九三一　明治・大正時代のジャーナリスト。安政五年(一八五八)五月五日、西蝦夷地イシカリ(北海道石狩郡)に生まれる。字は子彬、中州・玩球・狩水漁長と号した。明治九年(一八七六)二月、『評論新聞』第七十一号に投稿した「日本民権論」が筆禍を得て禁獄二ヵ月に処せられた。出獄後、七月十九日から八月四日まで『東京曙新聞』の編集長として署名。十年二月大阪で創刊された『攪眠新誌』の第五号(三月)から、発行禁止となった六月第十九まで主幹として署名した。発禁後直ちに山脇巍らと図り、七月同音異字の『興民新誌』を創刊、その第一号に主幹と署名したが、第二号の署名を大阪府庁から拒否された。十一年十月第五十三号の廃刊時まで在社したが、この間十年二月創刊の『俗蒙叢談』の編集に従事、また十二年春ごろから短期間『近事評論』の編集にも参画したという。十九年三月十日、賛育社から『教育雑誌』を創刊して持主と署名、二十年十月第四十八号から同誌を『学芸之世界』と改題、ついで二十一年四月、これを二十年十二月創刊の『知識之戦場』に合併して持主を万代義勝に譲った。以後については不詳。昭和七年(一九三二)七月十五日没。七十五歳。

(北根　豊)

なかじまくまきち　中島久万吉　一八七三―一九六〇　明治から昭和時代にかけての実業家、政治家。明治六年(一八七三)七月二十四日、中島信行・初穂の長男として横浜に生まれた。三十年東京高等商業学校を卒業し、東京株式取引所入社、三十四年桂太郎首相秘書官、三十九年西園寺公望首相秘書官を経て同年古河鉱業入社、ついで横浜ゴム・古河電気工業の社長に就任した。大正六年(一九一七)日本工業倶楽部結成とともに専務理事、八年協調会、十四年日本無線電信の各設立に尽力、昭和五年(一九三〇)臨時産業合理局常務顧問として産業合理化運動を推進した。同七年斎藤内閣の商工相となったが、八年政党連合運動の仲介役をつとめたため右翼や軍部の反発をかい、九年貴族院で足利尊氏賛美論を追及されて辞任。さらに帝人事件に連座して起訴され、のち無罪となったが、政財界から引退した。第二次世界大戦後は公職追放を免れ、貿易再開に尽力、二十二年日本貿易会会長に就任し、三十五年四月二十五日死去した。八十六歳。著書に『政界財界五十年』がある。

(木坂順一郎)

なかじまけんぞう　中島健蔵　一九〇三―七九　昭和時代の仏文学者、評論家。明治三十六年(一九〇三)二月二十一日、東京市麹町区中六番町(東京都千代田区)に父泰蔵・母敏の子として生まれる。昭和三年(一九二八)東京帝国大学文学部仏文学科卒業。同九年より三十七年まで東京大学の非常勤講師。同九年『懐疑と象徴』で文壇にデビューしたが、以後文筆を通じ、あるいは日本ペンクラブ、昭和研究会などに参加して三木清・岸田国士を助け、全体主義化する時代に批判的立場をとりつづけ、十七年軍に徴用されてシンガポールに送られた。戦後過去への反省から知識人の連帯を説き、日本文芸家協会・日本著作権協議会・新日本文学会などで中心的役割を果たすとともに、三十一年日中文化交流協会を設立し、理事長、ついで五十四年会長として日中国交回復に情熱を傾けた。音楽から写真、機械、細菌学までその関心は広く、三十一年のベストセラー『昭和時代』、五十二年野間文学賞を受けた『回想の文学』全五巻のほか、『アンドレ・ジイド生涯と作品』(二十六年)、自伝小説『自画像』全五巻(四一―四十六年)、『音楽とわたくし』(四十九年)などの著作がある。昭和五十四年六月十一日没。七十六歳。墓は世田谷区の豪徳寺にある。

(渡辺　一民)

ながしまだんえもん　永島段右衛門　一八〇八―九一　江戸時代後期の武蔵国久良岐郡泥亀新田(横浜市金沢区泥亀)の名主、明治時代前期の戸長。字は忠篤、亀巣と号した。文化五年(一八〇八)永島嘉十郎の子として生まれた。寛文八年(一六六八)泥亀新田を開発した永島祐伯(泥亀)の九代目の後裔である。十七歳で名主見習となる。天保十四年(一八四三)相模国警備にあたった川越藩より水主差配役(苗字帯刀二人扶持)に任ぜられた。なお新田再興に努め、嘉永二年(一八四九)に七十町余を再開発し、同四年に平潟(金沢区)に塩田二町五段三畝七歩を完成し、従来よりの塩田と合わせ三町二段四畝二歩を完成した。安政元年(一八五四)警備交代の熊本藩より家中諸役人並(四人扶持)に任ぜられ、村々取締役頭取、御改革大組合物代助役、また、藩の相州備場の久良岐郡の村方人数の配置にあたっては、本陣方の責任者を命ぜられ御預所郡代支配下に加えられている。段右衛門が新田開発・経営に塩田を組み合わせたのは塩生産による収入源の確保をねらいとしており、慶応元年(一八六五)の泥亀新田の塩生産高は年間七千俵に及んだ。明治維新後は戸長となり、明治二十四年(一八九一)一月十一日に没す。八十四歳。墓は横浜市金沢区洲崎町の竜華寺にある。大正十三年(一九二四)贈従五位。

参考文献 『永島家文書』(『金沢文庫古文書』一五・一六)、『神奈川県史』資料編一〇、内田四方蔵編『横浜の新田と埋立』(『横浜郷土叢書』三)、石野瑛『横浜近郊文化史』、小沢利雄「東京湾沿岸の新田地における塩浜について」(日本塩業研究会『日本塩業の研究』一二)　(村上　直)

なかじまちくへい　中島知久平　一八八四―一九四九　大正・昭和時代前期の実業家、政治家。明治十七年(一八八四)一月一日、中島条吉・いつの長男として群馬県新田郡尾島村に生まれた。四十年海軍機関学校を卒業、早くから飛行機の重要性に着目し、四十三年フランス航空界を視察した。四十四年海軍大学校選科に入学し、飛行機と飛行船の研究に従事、四十五年選科卒業後海軍航空術委員会委員として渡米し、同年アメリカ飛行倶楽部の飛行士免状を得て帰国した。大正二年(一九一三)横須賀鎮守府海軍工廠造兵部員となり、翌年造兵監督官として再度フランス航空界を視察し、帰国後造兵部員・飛行機工場長として飛行機の試作にあたった。その間「大正三年度予算配分ニ関スル希望」という意見書を海軍航空術研究委員会委員長宛に提出し、魚雷発射用・機雷投下用・偵察用・航空機駆逐用の各飛行機などの研究を進めるべきであると提案した。大正六年大尉で退官し、のちの中島飛行機製作所を設立して所長となり、民間初の本格的な飛行機生産にのりだし、十一年には中島商事を新設した。昭和五年(一九三〇)二月群馬県一区から無所属で衆議院議員に初当選し、翌月立憲政友会へ入党、以後五回連続当選した。六年十二月犬養内閣の成立とともに商工政務次官に抜擢され、同月政治活動に専念するため、中島飛行機製作所を中島飛行機株式会社と改称するとともに、役員を弟喜代一らに譲ったが、その後も飛行機工業の発展に尽力し、満洲事変以後中島飛行機を日本有数の軍需会社に発展させた。その間国政研究会(昭和六―十五年)や国家経済研究所(昭和七―十八年)を設立し、学者らを動員して内外の政治・経済事情などについて調査研究をすすめた。八年三月政友会総務委員、九年三月顧問、十一年五月総務として党務に専念した。十二年二月病気の鈴木喜三郎総裁が辞意をもらしたことから党内抗争が激化し、後任総裁が選べないまま、中島・鳩山一郎・前田米蔵・島田俊雄の四名による総裁代行委員制がとられた。同年六月中島は第一次近衛内閣に鉄道相として初入閣したが、十三年夏以後中島派(革新派)と鳩山派の抗争が激化した。十四年四月中島派は中島を八代目総裁に選出したが、五月鳩山派は久原房之助を総裁に選んで正統派を名のり、政友会は分裂した。新体制運動が高揚中の十五年七月、政友会(中島派)は解党し、十月大政翼賛会へ合流した。中島は同月参議に就任し、十六年九月翼賛議員同盟顧問、十七年二月には翼賛政治体制協議会顧問となり、いわゆる翼賛選挙を推進した。二十年八月東久邇宮内閣の軍需相(同八月に軍需省廃止後は商工相)として敗戦後の処理にあたった。同年十二月A級戦犯容疑に指定されたが、病気を理由に自宅拘禁扱いとなり、二十二年九月容疑なしとして釈放された。二十四年十月二十九日死去。六十六歳。墓は東京都府中市の多磨墓地内九号地にある。

参考文献 渡部一英『巨人中島知久平』、毛呂正憲編『偉人中島知久平秘録』　(木坂順一郎)

なかじまとしこ　中島俊子　⇨岸田俊子(きしだとしこ)

なかじまのぶゆき　中島信行　一八四六―九九　明治時代の政治家。弘化三年(一八四六)八月十五日、土佐国高岡郡津賀地村(高知県土佐市塚地)の郷士中島猪之助の子として生まれた。通称作太郎。長じて尊王攘夷運動に参加、元治元年(一八六四)同志とともに脱藩してはじめ長州藩に入り、やがて長崎に出て坂本竜馬の海援隊に加わった。坂本の信頼を得て紀州藩からいろは丸沈没事件の賠償金受取りの任にあたった。明治元年(一八六八)徴士として明治政府に出仕、外国官権判事として兵庫県に勤め、民部省で通商正、大蔵省に移って出納正、紙幣権頭を歴任、明治七年一月神奈川県令となり、翌年開設された地方官会議では開明派県令の一人として会議を指導した。九年三月には元老院議官となり、憲法草案の起草にあたったが、十三年十月元老院に提出された酒造税増徴案は人民の生活を圧迫するとしてその不当を主張して辞任した。翌十四年十月の自由党結成に参画し副総理に挙げられ、さらに翌月大阪で立憲政党が創立されると総理に推された。これ以後、自由民権運動の指導者として各地を遊説、二十年保安条例の公布により東京から追放され、横浜市郊外に居を構えることになった。明治二十三年第一回衆議院議員選挙に神奈川第五区から代議士に当選、立憲自由党(弥生倶楽部)に所属し、第一議会では衆議院議長に選挙され、政府と衆議院との予算案をめぐる対立を調整するため苦慮した。第二次伊藤内閣に海援隊時代の同志で義兄でもある陸奥宗光が外相として入閣すると、翌二十六年一月特命全権公使としてイタリアに駐剳、さらに翌二十七年には貴族院の勅選議員、二十九年六月に男爵が授与された。夫人となった岸田俊子とは自由民権期に婦人民権家として相識り、再婚した。また、中島久万吉は長男である。三十二年三月二十七日自宅で死去。行年五十四。墓は東京都台東区の谷中墓地にある。

参考文献 中島久万吉『政界財界五十年』

（宇野 俊一）

なかじまひろたり 中島広足 一七九二―一八六四 江戸時代後期の熊本藩士、国学者、歌人。通称嘉太郎、のち太郎。諱は惟清・春臣・広足。橿園・田翁などと号す。父は中島惟規。寛政四年（一七九二）三月五日、熊本城下塩屋町（熊本市新町二丁目）に生まれる。家は代々肥後細川家に仕え、知行二百石を受く。広足は享和二年（一八〇二）家督をついで、文化十二年（一八一五）まで御番方、御小性役などを勤めた。二十四歳の時病気のため家督を妹婿に譲って隠居し、国学に専念した。国学は同じ熊本藩士で本居宣長門人の長瀬真幸に学んだ。三十歳のころより居を長崎に移し、以後継続的に藩の特別の許可を得て三十余年間同地に滞留して、国学・和歌を講じ、かたわら多数の門弟を教えた。安政四年（一八五七）以降は大坂に滞在した。文久元年（一八六一）に藩侯によび戻されて熊本に帰り、藩校時習館の国学師範に任ぜられたが、元治元年（一八六四）正月二十一日、七十三歳で没した。墓は熊本市の万日山と坪井三丁目の報恩寺にある。広足は歌文、国語学を中心とする国学の、当時における代表的大家であり、特に歌文においては村田春海と並び称された。本居内遠・城戸千楯・加納諸平・長沢伴緒・橘守部・大国隆正・鈴木重胤らと文通し、熊谷直好・八田知紀・大隈言道・伴林光平らとも交際があった。特に伴信友とはきわめて親しい間柄であったという。著書は百種近くあるという。特に国語学関係では、先学の研究の補訂に力を注いでおり、本居春庭の『詞八衢』を補訂した東条義門（ぎもん）（藤井高尚の弟子）の『山口栞』（天保七年（一八三六）刊）をさらに補訂した『詞の八衢補遺』（安政四年刊）、本居宣長の『詞玉緒』を義門が『玉緒繰分』（天保十二年刊）で、長野義言が『玉緒末分櫛』（十四年刊）で補訂したものをさらに補った『詞玉緒補遺』（安政五年刊）、同じく宣長の『玉霰』を補訂した『玉霰窓の小篠』（文久元年刊）、石川雅望の、歌文作成のための用語辞書である『雅言集覧』の増補をした『増補雅言集覧』などが代表的業績とされる。他に『童子問答』『山跡古々路』『不知火考』『橿園随筆』『橿園長歌集』『橿園文集』などがある。『中島広足全集』全二巻がある。

参考文献 弥富破摩雄『中島広足』

（沼田 哲）

なかじまりきぞう 中島力造 一八五八―一九一八 明治時代の倫理学者。T・H・グリーンの新理想主義倫理学を紹介し、ミル・スペンサー流の哲学が優位を占めていた当時の思想界に転換をもたらす契機となった。安政五年（一八五八）正月八日、丹波国天田郡福知山町（京都府福知山市）に生まれる。同志社選科に学んだ後、明治十三年（一八八〇）に渡米し、同十七年にウェストルン＝レゾルフ大学を卒業。同二十年にエール大学から神学士号を、同二十二年には哲学博士号を受けた。イギリス・ドイツに留学後、同二十三年に帰国し、第一高等中学校教員となり、帝国大学哲学科講師を兼ねた。同二十五年に同大学教授となり、倫理学・倫理学史を担当し、グリーンにもとづいて理想主義倫理学を講じ、カント研究の必要性を説き、丁酉倫理会の育成にも尽力した。同三十三年文学博士となり、大正七年（一九一八）十二月二十一日没。六十一歳。墓は東京都豊島区の雑司ヶ谷墓地にある。主著は『輓近の倫理学書』（明治二十九年）、『列伝体西洋哲学小史』（同三十一年）、『現今の哲学問題』（同三十三年）、『シヂュウヰック氏倫理学説』（同四十一年）、『グリーン氏倫理学説』・『スペンサー氏倫理学説』（ともに同四十二年）、『修養と倫理』（同四十四年）など。

参考文献 「故中島博士の履歴及著作」（『哲学雑誌』三八四）、船山信一『明治哲学史研究』、宮川透・荒川幾男編『日本近代哲学史』（『有斐閣選書』）、行安茂「日本におけるT・H・グリーンの受容」（行安茂・藤原保信編『T・H・グリーン研究』所収）

（古田 光）

なかしょうじれん 仲小路廉 一八六六―一九二四 明治・大正時代の官僚、政治家。慶応二年（一八六六）七月三日、周防国徳山藩士仲小路休量の次男として城下に生まれる。幼名喜久三。大阪府立開成学校卒業後、明治二十年（一八八七）判検事試験に合格。東京地方裁判所検事・東京控訴院検事・司法省参事官・逓信省官房長・内務省土木局長などを歴任。その間、三十二―三十三年司法制度調査のためアメリカ・イギリスを視察。長州閥に連なり桂太郎・寺内正毅らの知遇を得た。明治三十七年内務省警保局長となり、翌年日比谷焼打事件に際して治安対策に腐心した。三十九年一月第一次西園寺内閣の成立にあたって逓信次官に転じ、山県伊三郎逓相を補佐して鉄道国有法成立に尽力した。在任五年八ヵ月に及んだが、四十三年五月からは臨時発電水力調査局長官を兼任し、水力電気事業の発展に努めた。四十四年八月第二次桂内閣退陣とともに辞任、貴族院議員に勅任された。大正元年（一九一二）十二月第三次桂内閣に農商務大臣として入閣したが、二年二月憲政擁護運動の矢面に立たされた桂内閣の総辞職とともに辞任した。この年桂の新党（立憲同志会）運動に参加したが、桂の死後、党幹部と意見を異にし、結党式を前に後藤新平らとともに脱党した。五年十月寺内内閣成立とともに再び農商務大臣となったが、米価調節政策に失敗して七年夏には米騒動の勃発となり、世の非難を浴びた。七年九月寺内内閣の退陣により辞任。十二年九月枢密顧問官。大正十三年一月十七日脳溢血のため急死。五十九歳。墓は東京都港区の青山墓地にある。法名厚徳院殿忠誉義山清廉大居士。その回想談・演説筆記・随想・漢詩などは『仲小路廉集』全二巻（仲小路宣・同彰編）に収録されている。

参考文献　『枢密院高等官履歴』四　（鳥海　靖）

ながせとみろう　長瀬富郎　一八六三―一九一一　明治時代の実業家。文久三年（一八六三）十一月二十一日、美濃国恵那郡福岡村に、栄蔵・ヤツの次男に生まれる。幼名富二郎。明治七年（一八七四）から母方の実家服田家の荒物・小間物商若松屋に従業し、十八年上京して洋小間物問屋伊能商店に入店し、二十年馬喰町二丁目で独立して洋小間物商を始めた。村田（亀太郎）石鹼工場と薬剤師瀬戸末吉の協力を得て二十三年「花王石鹼」を発売、三十五年には直営の請地工場を設けた。二十四年に粉歯磨「寿考散」、二十七年に「鹿印煉歯磨」を発売、同年東京小間物同業組合理事となった。「花王石鹼」は、蠟紙・桐箱の包装や野立て・新聞広告で高級化粧石鹼として売行きをのばし、三十七年にはセントルイス博覧会で名誉銀牌を受賞した。四十四年、合資会社長瀬商会を設立して間もなく、十月二十六日、四十九歳で没した。法名は大法院教徳日富居士。東京浅草の幸竜寺に葬られたが、のち豊島区の染井墓地に改葬された。

参考文献　服部之総『初代長瀬富郎伝』　（高村　直助）

なかそねやすひろ　中曾根康弘　一九一八―　昭和・平成時代の政治家。昭和五十七年（一九八二）十一月から五年間、内閣総理大臣・自由民主党総裁。大正七年（一九一八）五月二十七日、群馬県高崎市に生まれる。木材業中曾根松五郎の次男。東京帝国大学法学部を卒業し内務省に入る。海軍主計将校となり、終戦後短期間警視庁勤務。昭和二十二年四月の総選挙で群馬三区から初当選し、以来平成十二年（二〇〇〇）六月の総選挙まで連続当選二十回。保守第二党の民主党―改進党系列に所属し吉田自由党政権批判で活躍、「青年将校」と謳われた。保守合同後の自民党では河野一郎派に属し、昭和三十四年四十一歳で岸内閣の科学技術庁長官となる。同四十年の河野急死後、次第に同派の大勢を制し中曾根派を率いる。佐藤内閣で四十二年運輸相、四十五年防衛庁長官となり、総理総裁候補となる地歩を固める。四十七年田中角栄内閣の通産相、四十九年三木政権では党幹事長、五十二年福田政権の党総務会長、五十五年鈴木善幸内閣の行政管理庁長官となり行政改革に取り組む。五十七年十一月、鈴木退陣後の総裁争いの予備選挙で大勝し、第十一代党総裁となり、同月中曾根政権が発足した。はじめ一年は、田中元首相との癒着やタカ派的色彩が不評で五十八年十二月総選挙では自民党過半数割れの敗北を喫した。しかしそのあと、新自由クラブとの連立で危機を脱し、以後は日米外交、行財政改革、三公社民営化などで業績を上げ、高い内閣支持率を維持し、六十一年七月の衆参同日選挙で自民党大勝をもたらした。この大勝によって、六十一年十月までの二期四年の自民党総裁の任期を一年延長することに成功し、政権の仕上げを進めた。国鉄の民営化・分割は実現したが、税制改革＝売上税導入は国民の反対で失敗に終った。しかし、任期いっぱい政権を維持し、後継総理総裁（竹下登）を指名するほどの余力を残して満五年の長期政権の幕を閉じた。六十二年十月の首相辞任後も政界最長老、日本政治の最高指南番として、自他ともに許す存在である。　（内田　健三）

なかだかおる　中田薫　一八七七―一九六七　明治から昭和時代にかけての日本法制史学者。明治十年（一八七七）三月一日、鹿児島県に生まれる。同三十三年東京帝国大学法科大学政治学科を卒業。法制史に興味を持ったのは二年のとき、モンテスキューの『法の精神』を読んだからという。卒業後法科大学大学院で鎌倉時代の法制を研究し、三十五年に助教授となり、大学院の研究報告として、三十九年に「日本庄園ノ系統」および「王朝時代ノ庄園ニ関スル研究」を『国家学会雑誌』に一年間連続して発表した。これらの研究は中世の土地・物権法の体系を述べて、中世法研究の基礎を築いたもので、日本法制史学上画期的なものである。この論文で特記すべきことは、いわゆる比較法制史的研究法を用いたことにある。日本の中世法がフランク時代の法制に酷似することの多いことを述べており、これ以後の日本法制史の研究には、独・仏・英の法制との比較が重んぜられている。またこのころ、日本の古代法制関係語を研究している。上記荘園研究の関連作として明治四十年に「知行論」および「鎌倉時代ノ地頭職ハ官職ニ非ズ」を発表し、後者は中世史家に多大の影響を与えた。明治四十一年法学博士、同四十一―四十四年英・独・仏に留学、四十四年東京帝国大学法科大学教授となった。この間、近世および近代の論文を書いているが、これらの研究を総合して、大正十年（一九二一）に東大法学部で日本公法史を、翌年同私法史を講義しており、ここに明治以前の法制史の全般的体系的講義が日本ではじめて行われた。大正十二年の関東大震災以後、研究は近世および近代を対象としたが、この時期における中田の研究として注目すべきものには、江戸時代の村および入会（いりあい）の研究がある。大正九年の「徳川時代ニ於ケル村ノ人格」に引き続き、昭和二年（一九二七）の「明治初年の村の人格」において、日本の村は江戸時代以来明治二十一年制定の町村制の公布まで、実在的総合人たる性質を具有する、ドイツ固有法のGenossenschaftに近似した法人であるとし、昭和三年「明治初年の入会権」では江戸幕府評定所の判決録が関東大震災でほとんど消滅したので、これを補うものとして、明治八―十七年の大審院判決録を利用して、江戸時代の入会制度を復原しようとしたのである。江戸時代の入会権の主体である村が明治二十一年に突如変質したということについては異論が多く、また明治初年の入会についても、地租改正を無視していることに無理があると考える。しかし、ドイツ法制史の知識を活用して、近世・近代の村および入会の性質を明らかにしようとした点は、研究史上不朽の功績といわなければならない。また、専攻は日本法制史であったが、外国法についても造詣が深く、わが律令制の母法である中国法はもとより、ギリシャ・ローマ・独・仏・英・アッシリア・バビロニヤ・インド・イスラム・朝鮮などの法制史にも通じていた。大正十四年帝国学士院会員となり、昭和二―五年東京帝国大学法学部長をつとめ、十二年停年により退官。同二十一年文化勲章を受章、二十一―二十二年貴族院の勅選議員として日本国憲法の審議に参加した。四十二年十一月二十一日没。九十歳。発表された論文は『法制史論集』全四巻に載せたものだけでも八十八篇にのぼり、そのほか、単行本として『徳川時代の文学に見えたる私法』などがある。なお、中田は東大における停年制(日本最初の大学停年制)の採用に大いに貢献している。

参考文献 石井良助「日本法制史学八十八年」(『大化改新と鎌倉幕府の成立』所収)、同「中田博士の法制史の比較研究法について」(同所収)
(石井 良助)

ながたかずじ 永田一二 一八五〇―九七 明治時代のジャーナリスト。嘉永三年(一八五〇)二月、豊前国中津藩士永田源右衛門の長子として生まれる。幼名は兼太郎。資性淳朴、ために藩主奥平昌邁の信任が厚かったといわれる。明治四年(一八七一)藩主に扈従して上京、三月慶応義塾に入学、八月一日帰国した。十二月中津英学校に入学、五年二月同校の助教となる。このあと大分公立英中学校・中津市学校・杵築公立中学校の教員を歴任後、再び慶応義塾に入学、八年三月卒業、直ちに推されて同塾の教員となった。十年七月高知立志舎の教員として招かれたが、翌年辞して上京、慶応義塾の教員に復した。十三年二月『愛国志林』『愛国新誌』の記者として下阪した。十四年一月『山陽新報』主筆、翌年二月関西自由党の機関紙『日本立憲政党新聞』の記者となり各地を遊説した。同年十一月、杉田定一らが創刊した『北陸自由新聞』の主筆に就任、十六年五月同紙廃刊後は大阪に帰り、中島信行らと自由党勢拡張のため各地を遊説した。十七年一月静岡の『東海暁鐘新報』の主筆に聘せられ、二月社長に就任したが三月病を得て辞任、上京してもっぱら療養につとめた。回復後十九年四月まで山陰各地を遊歴、五月上京して教育、翻訳などに従事した。二十年九月『海南新聞』の主筆に招かれ、傍ら伊予尋常中学校の教壇に立った。二十二年三月乞われて福井の『北陸公論』の主筆となり、翌年七月まで在社した。同年十一月『江湖新聞』(二十四年一月『立憲自由新聞』と改題)に入社。二十四年二月千葉の『東海新報』の主筆、翌年四月辞して東京に帰り、農商務省の嘱託となった。二十六年五月『岡山日報』の主筆となるも九月辞して帰京した。二十七年四月『再生北陸政論』の主筆として招聘され、三十年一月二十八日の没時に至るまで健筆を振るった。享年四十八。著書に『仏国革命盛衰記』『西洋女訓』『紳士と淑女』などがある。

参考文献 「故永田一二氏の略歴」(『再生北陸政論』明治三十年二月九日―十三日)
(北根 豊)

なかたしげはる 中田重治 一八七〇―一九三九 大正・昭和時代のキリスト教伝道者。明治三年(一八七〇)現在の青森県弘前市新寺町にて出生。東奥義塾・東京英和学校(のちの青山学院)神学部(中退)・ムーディ聖書学院(米国シカゴ市)に学び、同三十四年カウマン夫妻とともに中央福音伝道館を神田に設立し、のちの東洋宣教会の指導者となり、大正六年(一九一七)日本ホーリネス教会を組織して初代監督となる。中田は平民的なキリスト教伝道者であり、雄弁的な説教者であり、また教団の組織者であった。その教団は日本のプロテスタントにおいては五指に入るほど急成長をして注目されたが、昭和八年(一九三三)に分裂事件を起した。それは彼の日本主義兼ユダヤ主義が、弟子たちの約半数の否定するところとなったからである。反対者には強烈な闘士であったが、追従者は多く、慈父の観もあった。同十一年きよめ教会監督となる。中田の教理は、新生・聖化・神癒・再臨の四重の福音なるものである。十四年九月二十四日没。七十歳。著書に『聖書より見たる日本』『四重の福音』『苦難の福音』『徹底的ホーリネス』があり、『中田重治全集』全七巻が刊行されている。

参考文献 米田勇『中田重治伝』
(米田 勇)

ながたてつざん 永田鉄山 一八八四―一九三五 大正・昭和時代の陸軍軍人。明治十七年(一八八四)一月十四日、長野県諏訪郡上諏訪村(諏訪市)に永田志解理の三男として生まれる。同三十七年陸軍士官学校を卒業(十六期)、四十四年陸軍大学校を卒業し(二十三期)、大正前期、一時帰国を挟みドイツ・デンマーク・スウェーデンに駐在した。大正十年(一九二一)にスイス公使館付武官となり(八年に少佐進級)、駐在中ドイツのバーデンバーデンで岡村寧次・小畑敏四郎と陸軍革新を誓う。十二年に帰国して中佐に進級、陸大教官などを勤め長州閥偏重人事への批判を強めた。昭和二年(一九二七)の二葉会、四年の一夕会の結成に重要な役割を演じ、陸軍革新運動の中心人物の一人として活動した(二年に大佐進級)。五年には宇垣一成陸相の下で軍事課長を勤め総動員体制の整備にあたったが、六年には三月事件に関与した。荒木貞夫の陸相就任後、皇道派の形成が進む中、七年四月に少将に昇進して参謀本部第二部長に就任、国内整備優先の立場から対ソ強硬派の小畑としばしば対立した。永田は当初、皇道派のメンバーだったが、荒木・真崎甚三郎の郷党偏重人事や革新政策の挫折に失望し林銑十郎に接近、九年一月の林の陸相就任、三月の永田の軍務局長就任を機に永田を核に統制派の形成が顕現した。その後、林・永田らは宇垣系とも連携しつつ皇道派を要職から追い、十年七月には真崎教育総監の罷免を実現したが、永田はこれに怒った相沢三郎中佐に十年八月十二日、軍務局長在任中刺殺された(同日付で中将に昇進)。五十二歳。永田は合理主義的、漸進的な軍政家で、元老、政官界・財界とも連絡があり、昭和初期の陸軍の自己革新と政治進出に大きな役割を果たし、統制派の基礎を築いた。墓は諏訪市南沢町の地蔵寺にある。

参考文献　永田鉄山刊行会編『秘録永田鉄山』

（佐々木　隆）

ながたひろし　永田広志　一九〇四―四七　昭和時代前期の唯物論哲学の開拓者。明治三十七年（一九〇四）四月一日、長野県東筑摩郡山形村に生まれる。松本中学を経て大正十三年（一九二四）東京外国語学校ロシア語科を卒業。そのころからソ連哲学の最新の成果を精力的に翻訳し、その実績にもとづいて『唯物弁証法講話』『唯物史観講話』を著わし、わが国の唯物論の研究と啓蒙に先駆的功績をのこした。はじめプロレタリア科学研究所に参加し、さらに反宗教闘争同盟（のちの日本戦闘的無神論者同盟）や唯物論研究会で活躍する。一九三〇年（昭和五）代から日本の思想的伝統に関心をむけ、日本思想史の唯物論的把握と体系づけという未踏の分野に鋤を入れ、『日本哲学思想史』『日本封建制イデオロギー』『日本唯物論史』などのすぐれた成果をあげた。昭和十三年に唯研事件で検挙され、第二審で懲役二年六ヵ月の判決をうけたが病気のため執行を免れる。第二次世界大戦後は民主主義科学者協会の創立者の一人となったが、二十二年九月七日腸結核のため没。四十四歳。遺言により無宗教葬が営まれ、東京都北多摩郡多磨村（府中市多磨町）の多磨墓地に埋葬される。『永田広志選集』全七巻、『永田広志日本思想史研究』全三巻がある。

参考文献　永田広志文庫編『永田広志研究資料集』

（鈴木　正）

ながたまさいち　永田雅一　一九〇六―八五　昭和時代の映画プロデューサー。大映社長。明治三十九年（一九〇六）一月二十一日、京都生まれ。父芳太郎、母きみ。大正十二年（一九二三）、大倉高等商業学校を中退、日活京都撮影所に入る。昭和九年（一九三四）、第一映画を設立、溝口健二監督を起用して「浪華悲歌」「祇園の姉妹」（ともに同十一年）の名作を生み出す。第二次世界大戦中、映画界再編成により大日本映画（大映）専務に就任、戦後二十二年に社長となる。三益愛子の母もの映画や長谷川一夫の時代劇で興行収入を上げる一方、黒沢明監督の「羅生門」（二十五年）でベネチア映画祭グランプリ受賞、さらに「雨月物語」「地獄門」（ともに二十八年）と外国の目を日本に向けさせる傑作をつぎつぎに製作、日本映画の国際的地位の確立に多大の役割を果たした。その後も「眠狂四郎」「座頭市」などのシリーズを生み、また日本初の七〇ミリ映画の製作にも乗り出すが、四十六年、映画界斜陽化の波に抗しきれず大映は倒産、以後第一線を退く。政界との関わりも強かったほか、プロ球団経営にも熱意を示し、二十四年大映スターズを結成、二十八年には初代パリーグ総裁に就任した。六十年十月二十四日、急性肺炎のため死去。七十九歳。東京都大田区池上の本門寺に葬られる。法名深徳院興映仁達日雅大居士。

（宮本　高晴）

ながたみきひこ　長田幹彦　一八八七―一九六四　明治から昭和時代にかけての小説家。明治二十年（一八八七）三月一日、東京市麴町区飯田町二丁目（東京都千代田区）に父足穂・母光喜の次男として生まれた。父は開業医。早稲田大学英文科卒業。兄秀雄（詩人・劇作家）の感化で文学の道に入り、大学在学中、東北・北海道を放浪、鉄道工夫・炭坑夫・旅役者の生活を送ったが、同四十四年、旅役者の体験を元にした『澪』を『スバル』に、また同四十五年、『零落』を『中央公論』に発表、文壇にデビューした。谷崎潤一郎と京都祇園に遊び、その体験を元に短篇集『祇園』（大正二年（一九一三））、『祇園夜話』（同四年）などの祇園物で情話文学の作者として流行。同五年、赤木桁平の遊蕩文学撲滅論が起るとその打撃を受け、以後、通俗文学を多く手がけた。ラジオドラマを書き、また「祇園小唄」「島の娘」などの歌謡作詞家としても才能を発揮。第二次世界大戦後の作品に『小説明治天皇』（昭和二十五年（一九五〇））などがある。同三十九年五月六日死去。七十七歳。『長田幹彦全集』全十五巻別巻一巻がある。

（竹盛　天雄）

ながつかたかし　長塚節　一八七九―一九一五　明治時代後期の歌人、小説家。青年時代に桜芽・青果などと号す。明治十二年（一八七九）四月三日、茨城県岡田郡国生村三十番屋敷（結城郡石下町）で、豪農の父長塚源次郎・母たかの五人の子の第一子として生まれた。明治二十六年、茨城県尋常中学校に入学、作歌に親しみ始めたが、神経衰弱のため二十九年退学。三十一年正岡子規の『歌よみに与ふる書』に感銘、『新小説』に短歌の投稿を始め、三十三年には子規を訪ね、その根岸短歌会にも出席、子規に傾倒してその拠点だった新聞『日本』に短歌を発表するようになった。伊藤左千夫と親交を結び、子規没後は三十六年から左千夫らと『馬酔木』を創刊して子規の衣鉢を継ぎ、『万葉集』東歌の研究をはじめ、以後、同誌廃刊後はその後継誌『アカネ』『アララギ』などに数多の紀行文、写生文、短篇小説などを発表、「写生」説を貫いた。四十年代は散文に力を注ぎ、その懇望によって四十三年『東京朝日新聞』に長編小説『土』を連載、独自な農村小説としてこの作者唯一の長編代表作となった。もう一作長編の構想があったが、四十四年末、喉頭結核となり入院、その春に整っていた婚約を解消せねばならなくなるなど、病気に伴うさまざまな精神的苦痛によって、再び短歌の制作に深く思いをこめるようになった。漱石の紹介で九州帝国大学の久保猪之吉に受診、以後九州への往復の旅の間に古美術に接し、「気品」「冴え」を芸術の理想とするようになった。大正三年（一九一四）六月短歌連作『鍼の如く』を発表し始めるとともに、福岡に赴き九大病院に入院、同地で歌稿を続け、翌四年一月その連作全二百三十一首を完成、最後の絶唱となった。二月八日、九大病院隔離病棟で没す。享年三十七。故郷の国生村共同墓地に葬る。法名顕節院秀岳義文居士。『長塚節全集』全七巻別巻一巻がある。

参考文献　長塚節研究会編『(共同研究)長塚節の人間と芸術』、大戸三千枝編「年譜」(『明治文学全集』五四付載)

(和田　謹吾)

なかにしいのすけ　中西伊之助　一八八七―一九五八　大正・昭和時代の社会主義者、小説家。京都府久世郡槇嶋村(宇治市)の小自作農の子として明治二十年(一八八七)二月八日生まれる。私生児のため両親と生別、母方の祖母に育てられる。同三十八年上京、大成中学五年に編入、キリスト教社会主義に傾倒する。四十四年朝鮮に渡り新聞記者となる。帰国後中央大学に入るが、大正四年(一九一五)九月中退、翌年満鉄に入り、同六―十年の間『時事新報』記者となる。この間労働運動に参加、八年九月日本交通労働組合を結成、理事長となり、翌年二月東京市電ストを指導、投獄された。十一年二月、朝鮮での体験を素材に小説『赭土に芽ぐむもの』を刊行、注目され、以後『不逞鮮人』『生ける墳墓』などを発表する。十二年四月『種蒔く人』の、翌年六月『文芸戦線』の同人となったが、同誌の左傾化から十五年十一月脱退した。昭和三年(一九二八)七月、無産大衆党に入り、翌年十二月、東京無産党委員長に就任、総選挙に立候補した。全国大衆党への参加を経て、十二年日本無産党中央執行委員となり、人民戦線事件で逮捕される。第二次世界大戦後日本共産党に入党、『人民戦線』誌主幹となり、二十一年七月、神奈川県で衆議院議員選挙の繰り上げ当選となり、二十四年総選挙でも当選したが、同党の極左主義に反対、二十七年六月十七日離党した。議員時代の小説『赤い絨毯』がある。三十三年九月一日没。七十一歳。

参考文献　小林茂夫『中西伊之助集』解説(『日本プロレタリア文学集』六)

(神田　文人)

なかにしうしお　中西牛郎　一八五九―一九三〇　明治から昭和時代前期にかけて活躍した国粋主義者。安政六年(一八五九)正月十八日、肥後国高田原(熊本市)に生まれる。父は中西惟寛で、牛郎は長男。漢学を中村直方から学び、英語を東京勧学義塾で修めたという。明治十四年(一八八一)、二十三歳の時、神水義塾を設立して熊本藩士の子弟の教育にあたるかたわら、佐々友房が創設した済々黌(同心学舎)の教授もつとめた。のち、熊本国権党の前身である紫溟会の機関誌『紫溟雑誌』『紫溟新報』の主筆となった。そのころより仏教の研究を始めたが、明治二十一年三十歳の時、米国へ留学した。帰国してからは本願寺の文学寮の教授となった。同二十五年三十四歳の時、『新仏教論』を刊行して仏教の改革論を提唱し、また、雑誌『経世博義』を発行して国粋主義を主張した。同三十二年四十一歳の時、天理教の依頼により天埋教教典の編纂に従事した。彼ははやくから天理教の研究を志していたらしく、すでに明治十六年二十五歳の時に『宗教談―天理教の研究―』を刊行している。しかし、その内容は宗教の成立条件を記述するにすぎない。なお、天理教に関しては『天理教顕真論』(明治三十六年)、『神の実現としての天理教』(昭和四年(一九二九))の著書もある。そのほかに扶桑教の教典の編纂にも従事するなど、教派神道に興味をよせていた。宗教の改革、特に仏教の改革を述べ新仏教論を展開した。昭和五年、七十二歳で没した。

(三橋　健)

なかにしばいか　中西梅花　一八六六―九八　明治時代の詩人、小説家。慶応二年(一八六六)四月一日、江戸に生まれた。本名幹男。別号落花漂絮(らっかひょうじょ)。学歴不明。明治二十一年(一八八八)ごろ『読売新聞』記者となり、同紙に『(国事探偵)この手柏』(同二十二年)、『機姫物語』(同)などの小説を発表して名を知られたが、硯友社の総帥尾崎紅葉の小説の扱いをめぐって紅葉と対立し、同二十三年退社。以後落魄のうちに『新体梅花詩集』(同二十四年三月、博文館)を刊行、一種虚無的な抒情をたたえて森鷗外らの賞讃を得た。だが家系的に精神病があったようで、そのころから精神に異常を来たし、巣鴨の癲狂院に入院、同三十一年九月三日没。三十三歳。

参考文献　日夏耿之介『明治大正詩史』上

(河村　政敏)

ながぬまけんかい　長沼賢海　一八八三―一九八〇　大正から昭和にかけての歴史学者。九州帝国大学法文学部国史学科の初代教授。明治十六年(一八八三)三月二十二日、新潟県高田(上越市)浄興寺の山内正光寺の住職長沼賢明、テイの長男として生まれた。高田中学校、第四高等学校を経て、同四十年東京帝国大学文科大学国史科卒業。東京府立第一中学校教諭を経て、大正九年(一九二〇)広島高等師範学校教授。同十一年十一月より史学研究のため約二年間フランス・ドイツ・イギリス・インド・フィリピンなどに留学。同十四年九州帝国大学法文学部国史学講座の初代教授。昭和十八年(一九四三)九月定年退職するまで十七年十ヵ月在職し、国史学の研究教育に専念した。この間法文学部長、退職後九州帝国大学名誉教授、その後香椎中学校校長、久留米大学教授なども歴任した。専攻は宗教史、海事史研究で、それぞれの分野で先駆的なすぐれた研究をし、瀬戸内海、九州地方の史料の発掘紹介にも貢献した。同四十五年西日本文化賞受賞。主要著書としては『日本宗教史の研究』(昭和三年刊)、『南蛮文集』(昭和四年刊)、『日本文化史の研究』(昭和十二年刊)、『日本の海賊』(『日本歴史新書』、昭和三十年刊)、『松浦党の研究』(『九州史学叢書』二、昭和三十二年刊)、『日本海事史研究』(昭和五十一年刊)などがある。同五十五年七月十四日島根県益田市益田保養院で死去した。九十七歳。墓は郷里の上越市寺町二丁目の正光寺にある。法名崇信院釈賢海。

(瀬野精一郎)

ながぬまみょうこう　長沼妙佼　一八八九―一九五七　昭和時代の宗教家。立正佼成会創始者の一人。本名はマサ。明治二十二年(一八八九)十二月二十五日、埼玉県北埼玉郡志多見村(加須市)の農家の六女に生まれた。幼少で母を失い、近くの伯父に引き取られた。同三十八年天理教信者の姉の養女となり、同教に入信した。姉と衝突して、翌年、東京に出て工員となったが、病気で伯父のもとに戻った。大正三年(一九一四)結婚、十一年目に女児を連れて離婚した。東京で女中奉公を始めたが、女児は夭折した。昭和四年(一九二九)氷問屋の店員大沢国平と結婚し、氷屋兼焼芋屋を開いた。営業は順調であったが、子が早世し、自身も病気つづきで苦しんだ。同十一年出入りの牛乳商庭野鹿蔵(日敬)の導きで霊友会に入信した。布教に励むかたわら、支部長の新井助信から『法華経』を学び、同夫人から神がかりの行法を教えられた。同十三年庭野とともに霊友会を去り、大日本立正交成会をつくり、同十八年副会長となった。第二次世界大戦後、同会は東日本でめざましく発展し、妙佼は信者から生き仏扱いされて、恩師とよばれた。昭和三十二年九月十日病没した。六十七歳。同会は、教名を立正佼成会と改めて妙佼を記念した。

参考文献 天野恭佑『慈悲の生涯―長沼妙佼伝―』、佼成出版社編『慈悲のこころ―妙佼先生のお話―』 (村上 重良)

ながぬまもりよし 長沼守敬 一八五七―一九四二 明治・大正時代の彫刻家。安政四年(一八五七)九月二十三日、陸奥国一関(岩手県)に生まれる。明治七年(一八七四)上京、イタリア公使館に通弁見習として働くかたわら、ラグーザのもとに出入りして制作に接した。十四年公使の帰国に同行してイタリアに渡り、ベネチア王立美術学校に入学、カノーバの流れを汲む官学派の作風を学んだ。十八年同校卒業、二十年に帰国した。二十二年明治美術会の創立に唯一人の彫刻家として参加し、会員となった。二十三年第三回内国勧業博覧会の審査員をつとめて以来、しばしば審査員に推された。三十一年東京美術学校の教授となり、同校彫刻科の塑造科新設に尽力したが、間もなく辞任した。三十三年パリ万国博覧会に出品した「老夫」が金牌を受賞した。明治四十年文展開設以来審査員を歴任したが、大正三年(一九一四)突然彫刻界を引退し、千葉県館山に隠棲した。昭和十七年(一九四二)七月十八日、館山の自宅で没。享年八十六。墓は東京都豊島区の雑司ヶ谷墓地にある。 (三木 多聞)

ながねせっこう 中根雪江 一八〇七―七七 幕末・維新期の越前国福井藩士、政治家。名は師質、通称は靱負、号は雪江。隠居後は雪江を通称ともした。文化四年(一八〇七)七月一日、福井藩士中根衆諧の長男に生まれ、天保元年(一八三〇)家督を継ぐ。諸役を歴任後、弘化三年(一八四六)七月、藩主松平慶永(春岳)の側用人となり、財政復興を柱とする藩政改革を強力に推進した。黒船来航後、慶永を擁して中央政界での活動を開始し、安政四年(一八五七)・五年、みずから抜擢に力を尽くした橋本左内とともに、一橋派の慶永を補佐し、将軍継嗣・条約勅許問題の解決に奔走した。文久二年(一八六二)慶永の政事総裁職就任後は、横井小楠と協力して慶永の幕政改革を助け、幕府や諸藩の有志中に多くの知友を得、信望をあつめた。同三年以降は、慶永の意を体して京・大坂を往来し、公武合体の促進と公議会制実現に努力し、幕閣の依頼で幕府と薩長間を調整するなど、各時期の政局収拾にすぐれた周旋力を発揮した。王政復古直後の慶応三年(一八六七)十二月十二日、参与に任ぜられ、慶永とともに徳川宗家救解のため尽力したが、その新政府是正活動が嫌疑を受け、明治元年(一八六八)八月、福井に退隠した。同十年十月三日、東京滞在中に七十一歳で病没。墓は東京品川海晏寺の松平家墓域内にある。平田篤胤の門人として国学に造詣深く、著書に『昨夢紀事』『再夢紀事』『丁卯日記』『戊辰日記』『奉答紀事』があり、維新史の根本史料として貴重である。明治十八年贈従四位。

参考文献 平本他敬理『雪江平陵両君之面影』、中根雪江先生百年祭事業会編『中根雪江先生』、伴五十嗣郎「中根雪江の修史活動」(『神道史研究』二六ノ四)、同「中根雪江名号考―「ユキエ」か「セッコウ」か―」(『若越郷土研究』一五〇)、永江新三「所謂一橋派の性格について」(『日本歴史』六五)、河北展生「松平慶永の嘉永六年の将軍継嗣論」(『史学』四四ノ三) (伴五十嗣郎)

ながのあきら 長野朗 一八八八―一九七五 昭和時代の農本主義者。明治二十一年(一八八八)四月三日、福岡県三池郡高田村で誕生。医師の長男。三十九年久留米中学卒業。四十年陸軍士官学校入学。卒業後陸軍歩兵第四十八聯隊付。大正十年(一九二一)大尉を最後に待命、中国問題評論家を志す。十一年中央新聞社、十二年新聞聯合通信社に勤務、十五年国民新聞社で論説担当。昭和二年(一九二七)拓殖大学講師となり、大川周明と会い、行地社に参加、三年東亜経済調査局理事。四年十一月六日日本国民党中央常任委員。六年十一月三日創立の日本村治派同盟の分裂後、橘孝三郎と農本聯盟を起し、さらに七年四月九日橘らと自治農民協議会を結成、農村救済請願運動を展開。このころから権藤成卿の自治学の継承者と目されるようになり、十年自治講究会結成。第二次世界大戦の敗戦後二十八年全国郷村会議委員長となる。著書に『昭和農民総蹶起録』などがある。昭和五十年没。

参考文献 松沢哲成『橘孝三郎―日本ファシズム原始回帰論派―』、安田常雄『日本ファシズムと民衆運動―長野県農村における歴史的実態を通して―』 (岩本 由輝)

ながのおさみ 永野修身 一八八〇―一九四七 明治から昭和時代にかけての海軍軍人。士族永野春吉・佐喜の四男として明治十三年(一八八〇)六月十五日、高知に生まれる。海南中学から海軍兵学校に進み、明治三十三年十二月卒業。海軍中尉で日露戦争の開戦となり、旅順要塞攻撃のときには海軍陸戦重砲隊(指揮官は中佐黒井悌次郎)の中隊長で、旅順陥落後は大尉の戦隊副官(第二艦隊第四戦隊)として日本海海戦に参加。海軍大学校を終えたあと大正二年(一九一三)一月から二年余、アメリカに駐在し、同九年十二月から約三年はアメリカ大使館付武官であった。軍令部第三班長・第三戦隊司令官・第一遣外艦隊司令官・練習艦隊司令官を経て海軍中将に進み、海軍兵学校長・軍令部次長を歴任。兵学校長時代には生徒の自主的勉学を重視するダルトン＝プランを導入した。昭和八年（一九三三）十一月、横須賀鎮守府司令長官となり、翌九年三月大将。同十年十一月にはロンドン海軍軍縮会議（第二次）全権となり、翌年一月には会議から脱退した。十一年広田内閣の海相となり、翌年総辞職のあと連合艦隊司令長官。十六年四月から十九年二月まで軍令部総長で、海軍のなかでの開戦論者であり、真珠湾攻撃の決行を最終的に決断した。十八年六月に元帥。第二次世界大戦後、東京裁判の被告として審理中、巣鴨拘置所で寒さのため肺炎にかかり二十二年一月五日没。六十八歳。墓は東京都世田谷区奥沢七丁目の浄真寺と高知市の筆山墓地にある。

参考文献 防衛庁防衛研修所戦史室編『大本営海軍部・聯合艦隊』（『戦史叢書』九一・八〇）、同編『ハワイ作戦』（同一〇） （野村 実）

なかのきんじろう 中野金次郎 一八八二―一九五七 大正・昭和時代の通運事業家。明治十五年（一八八二）五月二十日、福岡県遠賀郡藤木村（福岡県北九州市若松区）に生まれた。父要七・母キヨの次男。大正九年（一九二〇）一月内国通運株式会社相談役、同十二年五月同社専務取締役に就任。小運送合同に活躍し、昭和三年（一九二八）三月から同十二年九月まで国際通運株式会社社長に在任、日本通運株式会社に業務を引き継いだ。同三十二年十月三十日没。七十五歳。

参考文献 村田弘『中野金次郎伝』（『日本財界人物伝全集』一三）、日本通運株式会社編『社史』 （山本 弘文）

なかのごいち 中野梧一 一八四二―八三 幕末・明治時代前期の幕臣、地方官、実業家。幕臣時代は斎藤辰吉、明治維新後改名、字は第長。天保十三年（一八四二）正月八日、江戸に生まれる。父は御細工頭、郡代掛り代官斎藤嘉兵衛。安政四年（一八五七）父の隠居により出仕、御勘定評定所留役介、外国奉行支配調役、御勘定留役、御勘定組頭格、御勘定組頭を歴任。明治維新に際しては幕府軍に投じ、榎本武揚らとともに箱館五稜郭に籠城した。明治二年（一八六九）五月降伏、同三年二月釈放され、従弟の静岡藩士中野誘の附籍となり中野梧一と改名、字を第長とした。諸書に茅長とあるは誤り。同四年九月三日新政府の大蔵省七等出仕となりついで十一月十五日初代山口県参事（県令職代行）に任命された。討幕派の旧藩地に旧幕臣が地方官として赴任した例はほとんどなく、長州出身の実力者井上馨（この時大蔵大輔）の推挽による。同五年七月二十五日権令、同八年八月五日県令に昇任、この間全国に先がけて山口県の地租改正事業を推進した。同八年十二月九日辞職し、大阪で実業界に投じ、長州出身の政商藤田伝三郎とともに同十年の西南戦争で巨利を得た。同十一年大阪商法会議所創立に参加し副会頭となるが、同十二年の藤田組贋札事件に連坐した。同十四年五代友厚・広瀬宰平らと関西貿易商会を創立、大阪実業界の重鎮として活躍していたが、同十六年九月十九日原因不明の自殺を遂げた。四十二歳。墓は大阪市大淀区長柄の大阪北霊地、東京都新宿区舟町の西迎寺、山口市本町一丁目の長寿寺にある。法名遵義院殿一梧日長居士。

参考文献 田村貞雄「初代山口県令中野梧一（斎藤辰吉）の幕臣時代の経歴」（『静岡大学教養部研究報告』人文・社会科学篇二〇ノ二）、同「初代山口県令中野梧一の日記」（同二二ノ一―二四ノ一）、同「初代山口県令中野梧一の自殺と前歴」（『山口県地方史研究』四八） （田村 貞雄）

ながのしげお 永野重雄 一九〇〇―八四 昭和時代の経営者、財界人。明治三十三年（一九〇〇）七月十五日、裁判官永野法城とヤヱの次男として松江市に生まれ、広島県で育った。第六高等学校・東京帝国大学法学部を卒業し、大正十三年（一九二四）浅野物産に入社したが、翌年富士製鋼に、兄護の友人渋沢正雄社長に乞われて入社し、工場支配人として同社再建にあたった。昭和九年（一九三四）同社合併に伴って日本製鉄に移り富士製鋼所所長となり、十二年に本社に転じたが、十六年からは同社を離れ、鉄鋼統制会理事、鉄鋼原料統制会社社長となった。二十一年日本製鉄に復帰し間もなく常務となり、二十二年から一年近くは経済安定本部第一副長官を務めたが、二十五年四月、日本製鉄の分割に際して富士製鉄社長となった。四十五年三月、八幡製鉄稲山嘉寛社長とのコンビで再合併を実現し、新日本製鉄の会長となったが、四十八年名誉会長に退いた。池田内閣当時、財界四天王の一人と目されるなど、政界とのつながりが深く、四十一年には木川田一隆東京電力社長らと産業問題研究会を発足させ 四十四年九月から死に至るまで日本商工会議所・東京商工会議所会頭を務め、五十七年には日本商工連盟をつくって中小商工業者の政治献金を組織化した。また、日ソ経済合同委員会の日本側代表を務め、日米財界人会議の有力メンバーとなるなど、国際的にも活躍した。五十九年五月四日、東京にて死去。八十三歳。

参考文献 日本経済新聞社編『私の履歴書』三六 （高村 直助）

なかのしげはる 中野重治 一九〇二―七九 昭和時代の詩人・小説家・評論家。明治三十五年（一九〇二）一月二十五日、福井県坂井郡高椋（たかぼこ）村（丸岡町）に父藤作・母とらの次男として生まれる。生家は自作農兼小地主。大正八年（一九一九）第四高等学校入学、在学中から、短歌・詩・小説を書く。十三年東京帝国大学独文科に入学。十四年同人誌『裸像』を、十五年堀辰雄・窪川鶴次郎らと『驢馬』を創刊、両誌に昭和六年（一九三一）製本中に発禁となった『中野重治詩集』（同年刊）に収められた多くの詩を発表。繊細な美意識と生活感情に支えられつつ革命に至ろうとする禁欲的な抒情は、全く新しい質のものであった。大正十四年新人会に入会、十五年東大生を中心にマルクス主義芸術研究会をつくる。同年十一月の日本プロレタリア芸術聯盟結成に際して、マル芸は組織をあげて参加し、中野を軸にプロレタリア文学運動の新世代を担った。プロ芸の分裂、昭和三年のナップ結成にあたって中心的な働きをし、同年蔵原惟人と芸術大衆化論争を展開した。この間の一貫した政治と文学の感性的な一元論は、評論集『芸術に関する走り書的覚え書』(四年刊)に集約され、多くの若人の胸を震わせた。五年に原泉(政野)と結婚。六年に日本共産党に入党、七年検挙され、九年転向出獄。十年評論「『文学者に就て』について」(『行動』第三年第二号)、凡百を抜く転向小説の白眉といわれる『村の家』を発表し、転向者の戦う道筋を示した。当局の厳しい監視下、『歌のわかれ』(十四年)、『斎藤茂吉ノオト』(十七年刊)などを書きつぎ、敗戦後すぐ日本共産党に再入党。短編『五勺の酒』(二十二年)で類をみない形で日本共産党と天皇制に迫った。自伝的長編『むらぎも』(二十九年)、『梨の花』(三十四年)を刊行。三十九年日本共産党から除名され、直後長編『甲乙丙丁』(四十四年刊)の連載を始め、血のにじむような党批判とともに戦後批判のための歴史的検証を行なった。日本の歴史と社会の思想形成の基盤をおきつつ、マルクス主義者としての生涯を全うした。五十四年八月二十四日没。七十七歳。郷里の丸岡町一本田の生家近くの中野家の墓所に葬られた。『中野重治全集』全二十八巻が刊行されている。

参考文献　満田郁夫『中野重治論』、木村幸雄『中野重治論―詩と評論―』、杉野要吉『中野重治の研究』戦時・戦中篇、林淑美『中野重治　連続する転向』、ミリアム＝シルドバーグ『中野重治とモダン・マルクス主義』(林淑美・林淑姫他訳)　（林　淑美）

なかのじろさぶろう　中野二郎三郎　一八五三―一九一八　明治時代の自由民権家。戸籍には治郎三郎とある。嘉永六年(一八五三)三月四日、中野政敏の次男として生まれる。もと丹波亀山藩士。明治十三年(一八八〇)静岡県の自由民権運動に参加、十五年自由党遠陽部ついで遠陽自由党の一員として活躍。代言事務を行なっていたが、十七年湊省太郎の静岡事件の盟約に参加、山田八十太郎とともに浜松グループの中心となる。十九年同事件で逮捕、二十年有期徒刑十三年の判決を受け北海道空知集治監で服役。三十年出所した。晩年は東京新宿の裏長屋に窮居。大正七年(一九一八)九月四日没。六十六歳。墓碑は東京都新宿区西新宿七丁目の常泉院にある。法名善応院義達日国居士。田岡嶺雲『明治叛臣伝』の記述は誤りが多い。なお妻いとも遠陽婦女自由党の結成など女性民権家として活躍した。

参考文献　静岡県民権百年実行委員会編『静岡県自由民権史料集』、原口清『(明治前期)地方政治史研究』上、同『自由民権・静岡事件』、市原正恵『静岡おんな百年』上、同「中野いと―自由党激化事件同志の救援活動をした唯一の民権女性―」(『静岡県近代史研究会会報』三〇)、加藤善夫「中野二郎三郎の墓碑」(『静岡県近代史研究』一四)、同「静岡事件・中野二郎三郎の死亡記事」(同)　（田村　貞雄）

なかのせいごう　中野正剛　一八八六―一九四三　大正・昭和時代前期の政治家。明治十九年(一八八六)二月十二日、中野泰次郎・トラの長男として福岡に生まれる。幼名甚太郎、号は耕堂。四十二年早稲田大学を卒業後東京日日新聞を経て東京朝日新聞に入社。四十四年辛亥革命後の中国に渡り、また翌年第一次護憲運動に参加。大正七年(一九一八)に雑誌『東方時論』の経営者となり、八年第一次世界大戦講和会議をパリに取材。講和会議における日本外交への失望から帰国後改造同盟を結成、国民外交実現のための国内改革を主張して普通選挙運動に参加した。九年無所属で衆議院に初当選、以来昭和十七年(一九四二)まで連続八回当選。大正十一年には革新倶楽部の創設に参加したが十三年に脱党して憲政会入りし、以後昭和六年末の脱党まで憲政会・立憲民政党の少壮派代議士のリーダーの一人として活躍、永井柳太郎と並ぶ雄弁家と称され、昭和四年には浜口内閣の逓信政務次官をつとめた。満洲事変が勃発すると幣原外交・井上財政への反撥を強め、安達謙蔵のもとで立憲政友会との提携を企図する協力内閣運動を推進、失敗すると安達らとともに民政党を脱党した。その後満洲国承認・国際連盟脱退論を主張、七年十二月安達らと国民同盟を結成した。しかし独自の国家統制経済論と強力政治確立の主張を強めて十年には国民同盟を脱退、翌年東方会を結成した。十二―十三年にはイタリア・ドイツを訪問し、大衆組織を持った政治運動の展開を企図する。十四年に社会大衆党との合同に失敗して一時議員を辞職、新体制運動を推進し十五年には大政翼賛会総務となる。しかし翌年翼賛会改組に反対して辞任、再び東方会運動に邁進し、南進論を唱えた。十七年の翼賛選挙には非推薦で最高点当選、官僚的統制への反撥から次第に反東条内閣の立場を強め、十八年八月には東条内閣打倒の重臣工作を行うが失敗、十月二十一日に検挙、憲兵隊の取調べを受け、釈放後二十七日東京都渋谷区代々木本町の自宅で割腹自殺した。五十八歳。法名無量院釈正剛居士。墓は東京都府中市の多磨墓地にある。『明治民権史論』(大正元年)、『講和会議を目撃して』(大正八年)、『国家改造計画綱領』(昭和八年)など著書多数。

参考文献　緒方竹虎『人間中野正剛』、正剛会編『中野正剛は生きている』、猪俣敬太郎『中野正剛の生涯』、中野泰雄『政治家中野正剛』　（有馬　学）

なかのとものり　中野友礼　一八八七―一九六五　大正・昭和時代前期の企業家。新興財閥日曹コンツェルンの創業者。明治二十年(一八八七)二月一日、神尾彦之進の次男として福島県大沼郡川西村(三島町)に生まれる。三歳の時叔母の家の養子となり、中野姓を名乗る。第一高等学校臨時中等教員養成所を卒業後、京都帝国大学理学部化学研究室助手となり、大正二年(一九一三)「中野式食塩電解法」を完成、特許をとる。その直後学内騒動に巻き込まれて京大を去り、産業界に転ずる。九年同郷の衆議院議員鈴木寅彦らの協力を得て資本金七十五万円の日本曹達を設立する一方、日本電炉工業の経営に参画し、ソーダ・冶金両事業に従事する。満洲事変以後の重化学工業の勃興の中で日本曹達の業績が向上すると、積極果敢な経営戦略を展開して鉱業・鉄鋼・人絹・パルプなどの事業分野に進出する。その結果、昭和十二年(一九三七)上期末には彼の主宰する企業は二十三社の多くを数え、日曹コンツェルンと呼ばれた企業集団を形成した。しかし、戦争経済の進展とともに資金的基盤の脆弱な日曹コンツェルンの経営は行き詰まり、十五年中野は日本曹達の社長を辞任した。そして、同コンツェルンも日本興業銀行によって再編され、企業集団としての実体を喪失した。その後、中野は調査研究連盟の常務理事兼研究局長、大蔵省専売局製塩技術委員会委員長などを務め、また、戦後は冷凍製塩法の研究とその事業化に意を注ぐが、健康を害してしまい、企業家として再起することはできなかった。昭和四十年十二月十日没。享年七十八。

参考文献 中野友礼伝記刊行会編『中野友礼伝』
（宇田川 勝）

なかのはんざえもん 中野半左衛門 一八〇四―七四 江戸時代後期の豪農。幼名豊蔵、のち信蔵とも称し、景郷と号す。文化元年(一八〇四)長門国豊浦郡西市(山口県豊浦郡豊田町)で中野五郎左衛門の長男として生まれたが、父が早世したため、祖父源蔵(長嘯)に育てられた。天保四年(一八三三)大庄屋格となり、弘化三年(一八四六)大庄屋となる。天保十二年木屋川の開発計画をたて、嘉永六年(一八五三)通船事業を起し、これに成功して安政二年(一八五五)木屋川通船支配となった。翌年六月長州藩の勧農産物江戸方御内用掛となり、十月通・瀬戸崎両浦鯨組総都合、十一月見島鯨組総都合に就任した。安政五年薩摩藩との産物取組の命を受けて交渉にあたり、内約書を取り交わし、以後薩長交易で重要な役割を果たした。同六年佐波川の通船事業に成功し、文久元年(一八六一)赤間関(下関)の伊崎産物会所仕組掛、翌年五島交易の掛役となった。安政二年以後、通船支配・勧農産物御内用掛・鯨組総都合・伊崎会所仕組掛として活躍したが、元治元年(一八六四)の第一次幕長戦争(長州征討)後は鯨組と通船事業に重点を移した。慶応三年(一八六七)厚狭川を開発して通船支配となり、翌年渋木川を開削して長府藩の通船取建役についた。明治六年(一八七三)山口県第十四大区(豊浦郡)第十小区の副区長となり、区政に尽力したが、翌七年二月十三日死去した。七十一歳。その日記は幕末・維新期の貴重な史料となっている。

参考文献 『豊田町史』、小林茂『長州藩明治維新史研究』、田中彰『明治維新政治史研究』、同「幕末薩長交易の研究」(『史学雑誌』六九ノ三・四)
（小川 国治）

なかのぶえい 中野武営 一八四八―一九一八 明治・大正時代の政治家、実業家。幼名権之助、作造。長じて武営と改めた。号は随郷。嘉永元年(一八四八)正月三日、高松藩士中野可一の長男として讃岐国高松城下に生まれる。藩校講道館に学ぶ。香川・熊本・山口の諸県で地方官を勤めた後、農商務省に入り権少書記官となり大隈重信系官僚の一人と目された。明治十四年(一八八一)政変によって大隈が下野すると辞任し、翌年立憲改進党の結成に参画して自由民権運動の一翼を担った。その後愛媛県会議員に当選、同議長となって、香川県再置に尽力。また、東京馬車鉄道会社重役・東京株式取引所副頭取・同理事長・関西鉄道会社社長・東京商業会議所会頭などを勤め、実業界の発展に貢献した。この間明治二十三年第一回衆議院議員総選挙で香川県第一区(高松市)より当選。以後三十五年第七回総選挙まで連続当選。立憲改進党(議員集会所)→進歩党→憲政党→憲政本党に所属し、反長州閥・反政友会の立場から政治活動を展開した。三十六年第八回総選挙では落選したが、四十一年第十回総選挙で、東京市から当選し、政界に復帰。この時戊申俱楽部に加わったが、四十三年同俱楽部の大半が大同俱楽部と合同して中央俱楽部を結成した際、中野は参加せず、無所属となった。その後中央政界を退き実業界で活躍するかたわら、大正三年(一九一四)東京市会議員に当選、議長に選出された。同七年十月八日東京本郷区元町(文京区本郷)の自邸で尿毒症により死去。七十一歳。

参考文献 薄田貞敬『中野武営翁の七十年』
（鳥海 靖）

ながのまもる 永野護 一八九〇―一九七〇 昭和時代の実業家、政治家、弁護士。明治二十三年(一八九〇)九月五日、島根県浜田町(浜田市)で生まれる。父法城、母ヤエ。永野重雄・俊雄、伍堂輝雄、永野鎮雄など有名な永野兄弟の長兄。東京帝国大学法学部卒業。渋沢栄一の秘書として渡米し、帰国後財界に入り、東洋製油株式会社取締役、東京米穀取引所常務理事、山叶証券専務取締役、丸宏証券会長などを歴任した。また、昭和十七年(一九四二)から二期、広島二区で出馬して衆議院議員となり、同三十一年には参議院選挙で広島地方区から当選し、第二次岸内閣の運輸相となった。この間、財界の大御所といわれた郷誠之助の主宰する番町会のメンバーとなり、そこで長崎英造・小林中・河合良成・正力松太郎など非財閥系の実業家グループと交際をもち、昭和九年には昭和最大のスキャンダルといわれた帝人疑獄事件に連座し検挙された(同十二年、被告全員無罪)。昭和四十五年一月三日東京都港区の心臓血管研究所付属病院で没。七十九歳。和田堀廟所(東京都杉並区永福)に葬られる。法名成満院釈護法。著書『灰色の壁』『敗戦真相記』など。

参考文献 安藤良雄編『昭和経済史への証言』中
（榎本 正敏）

なかのよしお　中野好夫　一九〇三―八五　昭和時代の英文学者、歴史家、文明評論家。明治三十六年（一九〇三）八月二日、愛媛県松山市道後町に、中野容次・しんの長男として生まれる。幼年期は徳島で過ごす。大正九年（一九二〇）第三高等学校文科に入学、同十五年東京帝国大学文学部英文科を卒業。新聞社を志望したが失敗。中学校の英語教師となる。東京府立女子師範・東京女子大学の教壇にも立つ。昭和十年（一九三五）東京大学文学部助教授、同二十三年教授となる。シェイクスピアの翻訳や、鋭い社会批評を新聞・雑誌に発表する。政治批判の発言も多くなる。二十八年三月東大教授を辞任。「大学教授始末記」を『文芸春秋』に掲載。雑誌『平和』の編集責任者をつとめる。二十九年『祖国なき沖縄』に序文を寄せ、その後憲法問題や沖縄問題に関心を持ち、沖縄資料センターを設置し、広く国民を啓蒙した。専門の英文学と並行して、評伝を精力的に執筆する一方、沖縄問題についても、二つの資料集を刊行し、沖縄返還運動を強力に推進した。四十九年『蘆花徳冨健次郎』で第一回大佛次郎賞を受け、五十八年には「著作と実践を通して平和と民主化への貢献」により朝日賞を受ける。六十年二月二十日没。八十一歳。墓は兵庫県多紀郡篠山町の小林寺にある。五十九年より、筑摩書房から『中野好夫集』全十一巻が刊行された。　（我部　政男）

ながのよしとき　長野義言　一八一五―六二　江戸時代後期の国学者、近江国彦根藩士。通称は主馬・主膳、号は桃廼舎、義言はその諱。文化十二年（一八一五）伊勢国の出自というが謎が多い。彦根藩仕官前から紀州藩に出入りし、老侯徳川治宝とは面識があった。天保十二年（一八四一）本居学研究で身を寄せた伊勢国飯高郡滝野村（三重県飯南郡飯高町）の滝野知雄の妹多紀を娶り、二人は国学を講じつつ遊歴、同十三年二月近江国坂田郡志賀谷村（滋賀県坂田郡山東町）に高尚館を開き、一時京都に出て、義言は二条家に出入りし、多紀は今城家に仕えた。同年十一月埋木舎の井伊直弼は義言の名声を聞いて入門し、古学の研究に心酔、直弼の彦根藩襲封後の嘉永五年（一八五二）四月義言は二十人扶持で召抱えられ、国学方から系譜編集用懸に進み、安政四年（一八五七）四月新知百五十石を与えられ、側近として重用された。同五年正月公卿の間に外交事情入説を命ぜられて上京したが、一橋派の入説を探知すると、関白九条尚忠を南紀派に抱込み、一橋派の運動を挫折させた。直弼の大老就任後、上京すること二回、志士の動静を探索し、その逮捕を所司代酒井忠義・老中間部詮勝に進言して安政の大獄の端緒を作り、志士から義言大老と恐れられた。直弼横死後も実力者として文久二年（一八六二）五月百石を加増されたが、政変が起って八月二十七日斬罪に処せられた。年四十八。墓は滋賀県彦根市里根町の天寧寺にある。著書に『末分櫛』『活語初の栞』『歌乃大武根』などがある。

参考文献　『井伊家史料』（『大日本維新史料』類纂之部）、田中千和編『阿利能麻々―長野義言と門人中村長平―』、吉田常吉『井伊直弼』（『人物叢書』一一三）、石黒務「長野主膳略歴記事」（『旧幕府』四ノ二）、中村勝麻呂「長野主膳義言の素生」（『歴史地理』一〇ノ一―三）、吉田常吉「長野義言とその庇護者堀内広城・千稲父子」（『日本歴史』三〇〇）　（吉田　常吉）

なかはしとくごろう　中橋徳五郎　一八六一―一九三四　明治から昭和時代前期の実業家、政治家。文久元年（一八六一）九月十日、父加賀藩士斎藤宗一・母キンの五男として金沢で生まれ、中橋家の養嗣子となる。石川県中学師範学校を経て、明治十九年（一八八六）東京大学法学部選科を卒業、同年判事試補、翌年には農商務省、さらに逓信省に移り、三十一年鉄道局長となった。同年辞任し大阪商船会社社長に就任、社業の発展に尽力、併せて宇治川電気株式会社社長、日本窒素肥料株式会社社長などを兼任、関西財界の重鎮として活躍した。四十三年には大阪市会議員に推され、議長に選ばれた。四十五年には大阪市から代議士に当選したが、翌年辞任して社業に復帰した。大正三年（一九一四）社長を退いて立憲政友会に入り、五年石川県から代議士に当選、翌年には総務委員となった。七年九月成立した原内閣には文相として入閣、寺内前内閣からの懸案であった高等教育機関の拡張計画の実現をめざし、高等学校十校をはじめ、工業・商業・農林・外語・薬学などの専門学校を合わせて二十九校の新設と、既設の専門学校や大学学部の拡充、医学専門学校五校の設置、東京高等商業学校の大学昇格などを含む大拡張案を第四十一議会に提出した。ところが大正十年度の予算編成で東京・広島の高等師範学校と東京・大阪の高等工業学校、神戸の高等商業学校の大学昇格計画が臨時教育委員会で賛成を得られず、各校の昇格運動が高まる中で文相の食言問題として貴族院や野党から攻撃され、政治問題化したが原敬首相の擁護により閣内に踏みとどまった。大正十年原首相が横死し高橋内閣に代わると、高橋是清首相は昇格問題などによる内閣の連帯責任を否定し、政友会内に中橋・山本達雄ら政友会の改革を主張するグループと、首相支持の非改革派の対立が表面化、翌十一年六月内閣総辞職となった。それ以後も両派の確執は解消せず、十三年一月清浦奎吾に内閣組織の大命が下ると、非改革派は貴族院を基礎とする清浦内閣に反対して憲政会・革新倶楽部と護憲三派を形成し、中橋ら改革派は内閣支持の立場をとり、脱党して二十九日政友本党を結成、中橋は総務委員に就任した。同年五月の総選挙で落選、翌十四年十二月政友本党の大勢が憲政会との合同に傾いたため脱党、翌年二月政友会に復帰した。昭和三年（一九二八）四月田中義一政友会内閣が組織されると商工大臣として入閣、金融恐慌下の経済混乱の収拾に努め、さらに六年十二月犬養政友会内閣では内相となったが、病気のため翌七年三月辞職した。九年三月二十五日東京で死去。行年七十四。墓は文京区大塚の護国寺にある。

参考文献 中橋徳五郎翁伝記編纂会編『中橋徳五郎』、石上良平『政党史論原敬没後』 （宇野俊一）

なかはまてつ 中浜哲 一八九七―一九二六 大正時代のテロリスト。本名富岡誓。哲は鉄とも書く。福岡県企救郡東郷村（北九州市門司区）に、明治三十年（一八九七）一月一日生まれる。私立豊国中学中退。軍隊に入り、除隊後新聞記者となり、アナーキズムに傾斜する。大正十年（一九二一）、加藤一夫の自由人連盟に参加したが間もなく脱退、翌年春、古田大次郎と意気投合し、来日中のイギリス皇太子を狙う。八月、自由労働組合同盟を結成、労働組合総連合結成大会に出席した。十月、古田らと東京の戸塚町源兵衛（東京都新宿区西早稲田三丁目）にギロチン社を結成、摂政宮（昭和天皇）を狙うが果たさず、資本家から金をとるのは当然、という口実でリャク（掠奪）を始めた。十二年十月の、古田らによる大阪の銀行襲撃事件（小阪事件）について、十三年三月三十日、中浜は大阪市西区江戸堀南通り一丁目（西区江戸堀一丁目）の実業同志会で恐喝を働き、逮捕された。十四年五月二十八日の第一審判決で無期懲役、翌年三月六日の第二審判決で死刑となり、四月十五日、堺刑務所で処刑された。三十歳。詩人でもあり、大杉栄の追悼詩「杉よ！眼の男よ！」は広く知られている。

参考文献 黒色戦線社編『労働運動』（復刻）、古田大次郎『死の懺悔』、江口渙『続わが文学半生記』、松下竜一『久さん伝』、逸見吉三『墓標なきアナキスト像』、小松隆二『日本アナキズム運動史』、同「テロリスト詩人・中浜哲の思想と生涯」（『国家論研究』三・五）、秋山清「テロリスト詩人中浜哲」（『歴史と人物』昭和四十八年三月号） （神田文人）

なかはままんじろう 中浜万次郎 一八二八―九八 江戸時代後期の漂流民、幕臣、英学者。ジョン万次郎とも称す。文政十一年（一八二八、あるいは文政十年）土佐国幡多郡中ノ浜（高知県土佐清水市中浜）の漁師悦助の次男に生まれる。天保十二年（一八四一）正月五日西浜の伝蔵ら四人と近海の漁に出て暴風のため太平洋上を漂流、十三日鳥島に漂着、半年後アメリカ捕鯨船ジョン＝ハウランド号に救われ、ハワイで四人と別れ、船長ホイットフィールドと東海岸ニュー＝ベッドフォードに上陸。フェアヘイブンでジョン＝マン John Munn の名で小学教育を終えた。水夫・鉱夫として金を貯え、ハワイに戻って伝蔵父子と帰国準備をし、嘉永三年（一八五〇）末アメリカ船サラボイド号に便乗して沖縄沖で翌年正月かねて購入してあった小艇で琉球摩文仁間切に上陸、八月鹿児島に送られ、九月長崎で訊問を受け、五年六月土佐藩に引き渡され、十月中ノ浜に帰った。この年土佐藩は中浜の姓を与え、教授館下遣に取り立て、坂本竜馬・岩崎弥太郎らがその英学を学んだ。ペリー艦隊渡来の年、嘉永六年十一月、幕府に召され、普請役格二十俵二人扶持で韮山代官江川英竜の手付となり、安政四年（一八五七）江戸軍艦操練所ができるとその教授方となり、同六年『英米対話捷径』を刊行、翌万延元年（一八六〇）咸臨丸の通弁主任として遣米使節の護衛にあたった。文久元年（一八六一）末咸臨丸で小笠原島を視察、その日本領土であることを在住外国人に諭し、のち一番丸船長として小笠原島付近で捕鯨に従事した。元治元年（一八六四）薩摩藩開成所で、慶応二年（一八六六）土佐藩開成館で新知百石を給せられて英学を講じた。明治二年（一八六九）新政府の徴士として開成学校中博士となり、同三年渡欧の途次病を得て米国経由で帰国、以後療養生活を送り、明治三十一年十一月十二日東京京橋弓町で没した。七十一歳。当初、谷中の仏心寺に葬り、のち墓を豊島区の雑司ヶ谷墓地に移した。

参考文献 中浜東一郎『中浜万次郎伝』、文倉平次郎『幕末軍艦咸臨丸』、井伏鱒二『ジョン万次郎漂流記』 （金井圓）

なかばやしごちく 中林梧竹 一八二七―一九一三 幕末・明治時代の書家。名は隆経、通称彦四郎。字は子達、号は梧竹・剣書閣主人・個閑・不染居士・鳳栖軒。文政十年（一八二七）四月十九日、肥前国小城郡小城町に鍋島藩士の子に生まれた。若くして江戸に出て、書を市河米庵の門人山内香雪に学び、明治十五年（一八八二）清国に渡り潘存に師事した。同十七年春、六朝時代古碑の拓本を多数携えて帰国し、清国で流行した書風を取り入れ、当時では独特の新風の書を披露して、目を引いた。同年七月、副島種臣らの斡旋で上京し銀座の洋品店伊勢幸に寓居、六朝書風の奨励に努めた。同二十九年、七十歳で帰郷したが翌三十年再度渡清、漢碑百種を船載して帰国、再び伊勢幸に寓居し、生涯を書家として送った。その書は篆・隷・楷・行・草各体にわたり、筆は長鋒柔毫を用い、規模の大きい濶達な作品が多く、明治書壇のなかで副島種臣（蒼海）・巌谷一六（小波）とともに別格の存在として愛好者が多い。大正二年（一九一三）五月に帰郷、同年八月四日、三日月村荘で没。八十七歳。墓所は梧竹の建てた観音堂。法名梧竹堂鳳栖五雲居士。著書に『梧竹堂書話』がある。

参考文献 海老塚四郎兵衛『書聖梧竹と書の鑑賞』、伊東卓治「明治の書道」（『明治文化史』八所収） （樋口秀雄）

ながはらこうたろう 長原孝太郎 一八六四―一九三〇 明治・大正時代の洋画家。元治元年（一八六四）二月十六日、美濃国不破郡岩手村（岐阜県不破郡垂井町）に生まれる。止水と号した。明治十三年（一八八〇）東京大学予備門に入学、十五年画家を志し退学して小山正太郎の不同舎に学び、原田直次郎にも師事した。東京大学理学部助手として動物標本の写生に従うかたわら黒田清輝の指導を受け、三十一年に黒田の推薦で東京美術学校助教授を兼務、翌年専任になった。四十年の東京博覧会で「停車場の夜」が三等賞を受賞、以後文展で受賞を重ね、大正八年（一九一九）から帝展審査員をつとめた。「入道雲」

「残雪」などが代表作。また早くから挿絵、カット、漫画の領域でも知られ、明治二十六年に漫画雑誌『とばゑ』を編集発行している。昭和五年(一九三〇)十二月一日没。六十七歳。墓は東京都文京区本駒込三丁目の吉祥寺にある。法名は文耀院壁観止水居士。（原田　実）

なかはらちゅうや　中原中也　一九〇七―三七　昭和時代前期の詩人。明治四十年(一九〇七)四月二十九日、山口県吉敷郡山口町(山口市)に、父謙助・母福の長男として生まれた。大正九年(一九二〇)県立山口中学に入学したが、文学に耽って、十二年落第、京都の立命館中学に転校し、ダダイズムの詩を書き、奔放な生活を送った。この間、富永太郎と知りフランス象徴派の詩人を教わった。十四年、上京、小林秀雄を知る。昭和四年(一九二九)、河上徹太郎・大岡昇平・阿部六郎らと『白痴群』を創刊、九年、処女詩集『山羊の歌』を刊行して認められ、『四季』『歴程』の同人となった。この間、八年に東京外語専修科仏語部卒業。十一年、長男を失って神経衰弱に陥り、十二年初めに入院。退院後、鎌倉に転居し、『在りし日の歌』の編集を終えたが、刊行を待たず、十二年十月二十二日、結核性脳膜炎のため死去した。享年三十一。菩提寺は山口市の長楽寺。法名放光院賢空文心居士。『中原中也全集』全五巻別巻一がある。

参考文献　中村稔『言葉なき歌―中原中也―』、大岡昇平『中原中也』、吉田熙生『評伝中原中也』(『東書選書』一九)　（飛高　隆夫）

なかべいくじろう　中部幾次郎　一八六六―一九四六　林兼商店(大洋漁業株式会社の前身)の創立者。慶応二年(一八六六)正月四日、播磨国明石東魚町(兵庫県明石市)の鮮魚商林屋兼松・みつの次男として生まれる。明治三十年(一八九七)、小蒸気船を賃借し、日本ではじめて汽船を鮮魚運搬の曳船に利用。同三十八年、一鍛冶職の清水の協力を得、二人で、石油発動力機鮮魚運搬船新生丸を自力建造、日本漁業発展の基石の一つを作る。この船で明治末に買付範囲を朝鮮まで拡大、大正五年(一九一六)、朝鮮でまき網漁業・定置網漁業などの漁業に進出、国内でも以西底曳漁業・トロール漁業・捕鯨業を開始し、同十三年九月一日、個人商店林兼商店を改組して林兼漁業・林兼冷蔵・林兼商店の株式会社三社とし、翌十四年九月、この三社を合併して株式会社林兼商店とした。昭和に入って、北洋のカニ・鮭鱒漁業(中途撤退)、南氷洋捕鯨に進出するとともに、外地漁業部門を拡充し、現在の日魯漁業・日本水産につぐ漁業会社に成長した。昭和十八年(一九四三)四月一日、水産統制令により内地水産部門を分離し、これに大洋捕鯨・遠洋捕鯨両社を合併して西大洋漁業統制を設立。同二十年十二月一日、同社は西大洋漁業、さらに同月十五日大洋漁業と改称した。同年九月にトロール船十六隻・機船底曳船三十隻の建造を決定、十月一日から建造に入る。終戦直後のこの早期決断が、大洋漁業を日本最大の漁業会社とした。昭和二十一年三月貴族院議員に勅選されたが、同五月十九日、八十一歳で没した。墓は明石市鍛冶町の光明寺にある。

参考文献　大佛次郎編『中部幾次郎』、二野瓶徳夫『明治漁業開拓史』(『平凡社選書』七〇)、山口和雄編『水産』(『現代日本産業発達史』一九)、『大洋漁業80年史』　（平沢　豊）

なかみかどつねゆき　中御門経之　一八二〇―九一　幕末・明治時代の政治家、公家。文政三年(一八二〇)十二月十七日生まれる。父は坊城俊明。侍従正五位下中御門資文の嗣となる。嘉永元年(一八四八)侍従となり、左右少弁・蔵人頭・右大弁などを経て元治元年(一八六四)三月参議に昇進、同年十月従三位に叙せられた。経之は文久二年(一八六二)秋から洛北に幽居中の岩倉具視と接触をもつ数少ない廷臣の一人であったが、慶応二年(一八六六)九月岩倉が認めた国事意見書全国合同策を関白二条斉敬を通じ天皇に達するよう依頼され、また同年八月三十日大原重徳ら王政復古派の廷臣二十一名とともに列参して、朝譴を蒙れる者の宥免、朝政の改革など国事につき建言したが勅勘を蒙り十月二十七日閉門に処せられた。翌三年三月許されたのちは大久保利通らと王政復古について画策し討幕の密勅降下に尽力した。王政復古により任参議。明治政府では明治元年(一八六八)八月会計官知事、同二年七月留守長官となる。同年九月維新の功労により賞典禄千五百石を永世下賜された。十一月大納言に任じ、翌三年十二月病をもって留守長官を辞した。同二十四年八月二十七日没。七十二歳。墓所は東京都港区北青山三丁目の善光寺。法名成正覚院殿観誉麧山之大居士。

参考文献　早稲田大学社会科学研究所編『中御門家文書』　（佐々木　克）

なかみがわひこじろう　中上川彦次郎　一八五四―一九〇一　明治時代の三井財閥の指導的経営者。安政元年(一八五四)八月十三日、豊前国中津藩士中上川才蔵・えんの長男として中津に生まれた。明治二年(一八六九)上京して、母方の叔父福沢諭吉の経営する慶応義塾に学び、四年以後同校の教壇に立った。明治七年から十年まで福沢の費用負担でイギリスに学び、この間井上馨と知り合った。同十一年、井上工部卿の推輓で工部省に勤務し、井上が外務卿に転じると、外務省に移り、公信局長にまで登用された。「明治十四年の政変」で「福沢一派」の一員として辞職すると、慶応義塾出版社(のち時事新報社)社長に就任し、福沢に協力して『時事新報』の編集・刊行にあたるが、二十年、これを辞任して山陽鉄道会社の創立委員総代に選ばれた(翌年社長就任)。当時、三井銀行の経営が悪化し、政府も放任できなくなり、長年三井家に強い影響力を有する井上馨に同行経営の再建を依頼した。井上は中上川を起用し、中上川は福沢のすすめもあって二十四年八月三井銀行理事に就任し、山陽鉄道社長を辞した。さらに翌年二月同行副長として経営の実権を握った。三井銀行は、長い間、官金御用に依存する伝統的政商路線から抜け出せず、政府関係者に対する不良債権の累積で経営を悪化させ、新時代の展望を持てないでいた。中上川は、三井銀行に官金御用の辞退を通じて政商路線から抜け出させ、不良債権の整理を強行して同行の経営を正常化した。さらに進んで、叔父福沢諭吉の富豪の富を活用した商工立国の理念によって三井の工業化を進め、三井銀行の資金を積極的に投入することで、芝浦製作所・鐘淵紡績・王子製紙、いくつかの絹糸紡績所、製糸場を三井家の傘下に育成した。また、銀行・工業経営のため、慶応義塾卒業生の人材を多数、三井社員として吸収した。彼らの多くは近代日本経営史に重要な足跡を残した。藤山雷太・武藤山治・和田豊治・池田成彬・平賀敏・日比翁助・藤原銀次郎らである。こうして中上川は三井財閥の面目を一新させたが、彼が育成につとめた三井の工業経営の不振、三井物産に対する銀行融資の引きしめ、近代化の強行と彼の非妥協的性格などは相互に関連し合って、三井家同族、井上馨、三井物産幹部らの彼に対する反発を招いた。中上川は三井内部で孤立し、心労の結果、明治三十四年十月七日死去した。四十八歳。墓は東京都港区の青山墓地にある。長女艶は池田成彬夫人、三女アキは元参議院議員藤原あきである。

参考文献 『三井銀行八十年史』、日本経営史研究所編『中上川彦次郎伝記資料』

（森川 英正）

なかみちよ 那珂通世 一八五一―一九〇八 明治時代の東洋史学者。わが国東洋史学の鼻祖。嘉永四年（一八五一）正月六日、盛岡藩士藤村源蔵政徳の第三子として盛岡に生まれる。幼名は荘次郎。九歳のときから兄の荘助とともに藩校の作人館に学び、教授の那珂（はじめ江帾）五郎通高にその俊才を愛されて聟養子となり、成人してから那珂通世と名乗った。養父通高は戊辰戦争に盛岡藩を代表して仙台藩との折衝にあたったため、維新政府から戦犯と目され、数年の幽閉生活を送った。少年通世は世の激変と養家の没落に耐えながら養父釈放のために努力し、それが実現した明治四年（一八七一）九月、旧来の皇漢学から志を洋学へと切り替えて、山東直砥の北門義塾、福沢諭吉の慶応義塾に英学を学び、卒業後は義塾の大阪分校、ついで毛利藩立の洋学校、萩の巴城学舎の英語教師などを勤めたが、やがて福沢の推薦で明治十年十二月創立当初の千葉師範学校教師長兼千葉女子師範学校教師長となり、ついで千葉中学校総理を兼ね、洋式教育の全面的導入とその普及にあたった。十二年十一月に東京女子師範学校教諭兼幹事に転じ、ここでも熱心に女子教育の啓蒙と開発に努力した。十九年一月森有礼の学制改革を機に職を辞して、啓蒙的教育者から学者の道に転進。以後、朝鮮や中国の歴史の研究に専念し、二十一年九月から『支那通史』四巻五冊をつぎつぎに刊行、新しいタイプの史書として内外の絶讃を浴びた。その後、華族女学校教授を経て第一高等中学校兼高等師範学校教授となり、二十九年五月からは帝国大学文科大学講師をも兼ねて、中国およびアジア史の講義を担当した。その研究態度は中国の史書を主軸に日本・朝鮮の古典を批判的に分析して、東アジアの国際関係の歴史を明らかにし、さらに中央アジア、インド、イスラム圏をも含めた全アジア史の体系を構築しようとする雄大なものであった。それらは日本国の紀元を論じた有名な「上世年紀考」をはじめとするいくたの諸論文となって『外交繹史』に収められた。また、中等教育の課程にあっては、旧来の西欧中心の万国史的教育に替わって西洋史と対立する東洋史という分野の独立を主張し、その実現に成功した。ついで三十二年の春来日した清国の学者文廷式らと当時『万朝報』の記者であった内藤虎次郎（湖南）の斡旋で会見、のちに彼らから元代に関する諸文献の寄贈を受けるが、そのなかには稀代の珍書とされていた『蒙文元朝秘史』も含まれていた。翌年末、内藤のもとに贈られてきたその写本を受けて以後、那珂は独学したモンゴル語の知識を駆使して、晩年はその訳業に没頭し、四十年一月名著『成吉思汗実録』として完成させた。これは同書の世界最初の学術的翻訳書として今日もなお光彩を失っていない。彼はさらにモンゴル語文典の作成や『蒙文蒙古源流』の翻訳をも志したが、翌四十一年三月二日心臓発作で突如没した。五十八歳。墓は東京都港区の青山墓地にある。『那珂通世遺書』（大正四年（一九一五））がある。ちなみに、東京帝大東洋史学の権威白鳥庫吉（くらきち）は彼の千葉中学校長時代の教え児、京都帝大の内藤虎次郎は同郷の後輩で、かつ遠い姻戚にあたっていた。あらゆる点で、通世はわが国東洋史学界の東西二大巨人の先達でもあった。なお、明治三十六年五月日光華厳の滝で投身自殺して社会を賑わした一高生藤村操は彼の実家の甥にあたる。

参考文献 三宅米吉「文学博士那珂通世君伝」（『那珂通世遺書』付載）、村上正二「小伝那珂通世」（『図書新聞』昭和四十八年八月二十五日号、九月八日号・十五日号）

（村上 正二）

ながみでんざぶろう 永見伝三郎 一八三一―九九 幕末・明治時代初期の貿易商、銀行家。天保二年（一八三一）長崎銅座町の本商人永見福十郎の三男として長崎で出生。永見家はオランダ貿易、大名貸などで産をなし、薩摩藩の御用商人もつとめていた。伝三郎は薩摩藩士五代友厚と親交を深め、五代が長崎で行なった武器・汽船の購入、米・石炭の売買などに資金を融通して五代の活動を側面から援助した。また五代とはかって慶応二年（一八六六）末弟米吉郎に大坂永見商店を開設させ、永見家の商業活動を拡充した。明治三年（一八七〇）正月長崎県の要請で、伝三郎ら長崎の十三人の商人は旧産物会所の貸付金の整理と為替・貸金業を行う協力社を設立し、同四年四月六海商社と改称した。同年末伝三郎は六海商社を辞し、同五年正月松田源五郎とはかって永見・松田の同族で経営する永見松田商社を開き、近代的金融機関の設立をめざした。永見松田商社は同年十一月立誠社に改称し、合資会社として資本金を八万円とし、私立銀行としての業務内容を整備した。同八年九月には株式会社に改組し、伝三郎は取締役に就任した。同九年八月国立銀行条例の改正により、立誠社は同十年五月国立銀行創立を決議し、十二月二十日第十八国立銀行の開業とともにこれにひきつがれた。第十八国立銀行は資本金十六万円、伝三郎が頭取に就任した。十四年以後伝三郎は病気療養のため頭取代理をおいていたが、同十八年一月辞職した。三十二年八月二十七日長崎において死去。六十九歳。墓は長崎市寺町の長照寺にある。法名泰山院麒声日静居士。

参考文献　『十八銀行九十年の歩み』、『十八銀行百年の歩み』、宮本又次『五代友厚伝』　（中野　健）

なかむたくらのすけ　中牟田倉之助　一八三七―一九一六　明治時代の海軍軍人。佐賀藩士金丸文雄の次男として天保八年（一八三七）二月二十四日、肥前国佐賀城下蓮池町（佐賀市）に生まれ、嘉永元年（一八四八）母石子の中牟田氏をつぐ。藩命により安政三年（一八五六）長崎に赴き幕府の海軍伝習所に入り、同六年七月卒業して帰藩。明治維新に際して佐賀藩の購入した軍艦孟春丸を指揮して奥羽沿岸に転戦し、明治二年（一八六九）三月には軍務官から旧幕府軍艦の朝陽丸艦長を命ぜられる。同年五月十一日、幕府の艦隊と箱館湾内で戦い、敵弾を火薬庫に受けて撃沈され、火傷のあと観戦の英艦ヘーグ号に救助された。明治三年十二月、海軍中佐に任命され、同四年二月、築地に創立された海軍兵学寮の兵学権頭に就任。同年八月に大佐、同十一月には少将と急進して兵学頭となるが、秩序の乱れていた兵学寮をおさえられる人物がほかにいなかった理由による。文官教官を海軍武官に任用するなどにより寮内を治めたあと、同六年二月から十二月まで欧州を視察。この間イギリス海軍からダグラス教官団を招いて兵学寮の教育を改革し、日本海軍がイギリス流に発展する基礎を確立した。八年十月、孟春ほかの艦隊を指揮して示威のため釜山に進み、翌年四月長崎に帰着するまで海軍の西部指揮官を務める。九年九月、海軍省副官となり、翌年十月からは兵学寮を改称した海軍兵学校長を兼務。十一年一月、横須賀造船所長となり、同年十一月中将に進む。十三年十二月に東海鎮守府司令長官、十四年六月から翌年十月まで海軍大輔のあと、ふたたび東海鎮守府司令長官（海軍機関学校長兼務）。十七年七月、子爵を授けられ、横須賀（十七年）・呉（二十二年）両鎮守府新設のときいずれも初代司令長官となる。二十五年十二月、海軍大学校長兼海軍参謀部長、翌年五月、海軍軍令部長（初代）。日清戦争開戦に際して枢密顧問官に退き、大正五年（一九一六）三月三十日、東京で死去。八十歳。青山墓地に葬られる。

参考文献　中村孝也『中牟田倉之助伝』、防衛庁防衛研修所戦史室編『大本営海軍部・聯合艦隊』一（『戦史叢書』九一）　（野村　実）

なかむらうたえもん　中村歌右衛門　歌舞伎俳優。

㈠五代　一八六五―一九四〇　近代の名女方。本名中村栄次郎。初名中村児太郎。前名四代目中村福助・五代目中村芝翫。俳名梅莟・魁玉。屋号成駒屋。慶応元年（一八六五）十二月二十九日江戸本所で出生。父は土方政五郎。明治の名優四代目中村芝翫の養子。明治四十四年（一九一一）十一月襲名。昭和十五年（一九四〇）九月十二日没。七十六歳。墓は東京都府中市の多磨墓地にある。

㈡六代　一九一七―二〇〇一　本名河村藤雄。初名三代目中村児太郎。前名六代目中村福助・六代目中村芝翫。俳名魁春。屋号成駒屋。五代目の養子。大正六年（一九一七）一月二十日出生。昭和二十六年（一九五一）襲名。同三十九年芸術院会員。五十四年文化勲章を受章。平成十三年（二〇〇一）三月三十一日没。八十四歳。

参考文献　俳優堂夢遊『俳優世々の接木』（『歌舞伎の文献』八）、猿笠翁『梅玉余響』（『演劇文庫』五）、『許多脚色帖』（『日本庶民文化史料集成』一四・一五）、伊原敏郎『近世日本演劇史』、同『明治演劇史』、同編『歌右衛門自伝』、渡辺保『歌右衛門伝説』　（今尾　哲也）

なかむらがくりょう　中村岳陵　一八九〇―一九六九　大正・昭和時代の日本画家。明治二十三年（一八九〇）三月十日、静岡県賀茂郡下田町（下田市）に中村筆助・俊の第九子として生まれる。本名恒吉。明治三十三年上京、同三十五年酒井抱一の流れをくむ野沢堤雨に師事、ついで同三十七年大和絵土佐派の川辺御楯につき、岳陵の雅号を受ける。同四十一年東京美術学校日本画専科に入り、結城素明の教えを受く。紅児会にも出品、特別進級して同四十五年本科を首席で卒業。大正三年（一九一四）今村紫紅らの赤曜会に加わる。同年再興院展第一回「緑蔭の饗莚」初入選。翌年第二回展「薄暮」は同人推挙作。そのころから西欧画風を組み入れ新風を興す。昭和五年（一九三〇）福田平八郎・山口蓬春らと六潮会を創立。古典研究とモダンな新画様を交え、大和絵から学んだ描線の美と清明な色彩を生かした作を発表。同十一年第一回改組帝展「豊幡雲」、十五年法隆寺壁画模写主任。二十二年日本芸術院会員。二十五年第六回日展「気球揚る」。同年院展脱退。以後日展に活躍「孫」「花と犬」を出品。三十一年第十二回日展「雪晴」から風景画を描き始め、また大阪市四天王寺金堂壁画制作三十五年完成。三十七年文化勲章受章、文化功労者となる。昭和四十四年十一月二十日没。七十九歳。神奈川県逗子市沼間二丁目の海宝院に葬られる。法名彩雲院殿潔全岳陵大居士。著書に『中村岳陵画集』がある。

参考文献　『中村岳陵―その人と芸術―』（山種美術館展覧会目録）、『中村岳陵展―近代日本画の巨匠―』（銀座松屋展覧会目録）、中村岳陵「日本画技法の流れ」一―七（『萌春』二八―三〇、三三・三四、三七、三九）、同「四天王寺の壁画制作を終えて」（『芸術新潮』一二ノ二）、木村荘八「中村岳陵論」（『三彩』一九）、北川桃雄「四天王寺壁画の完成―岳陵の偉業―」（同一二二）　（中村　溪男）

なかむらかんえもん　中村翫右衛門　歌舞伎俳優。初代は天保期に活躍した敵役。

㈡二代　一八五一―一九一九　屋号駒村屋。嘉永四年（一八五一）十月十四日、江戸本郷湯島（東京都文京区）に生まれる。子役として四歳で初舞台、四代目中村芝翫に入門、梅之助から梅雀となり下谷柳盛座の座長として人気を呼ぶ。大正二年（一九一三）歌舞伎座において翫右衛門を襲名。以後、わき役だったが、老巧な芸を持っていた。大正八年四月二十七日病没。六十九歳。

㈢三代　一九〇一―八二　屋号は成駒屋。本名三井金次郎。明治三十四年（一九〇一）二月二日、二代中村翫右衛門の次男として東京市下谷区下谷竹町（東京都台東区）に生まれる。明治三十八年（一九〇五）中村梅丸として初舞台、大芝居・小芝居を巡って芸を学び、大正七年（一九一八）五代目中村歌右衛門門下に加わって才腕を認められ、その家の芸名を与えられる。大正十四年同志と研究劇団友達座を結成、門閥制度に疑問を抱いて雑誌『劇戦』を刊行、歌舞伎因習革新を訴えて師匠から破門され、松竹を脱退、二代目市川猿之助・二代目河原崎長十郎とともに劇団春秋座を作ったが、猿之助が去ったのち、長十郎とともに昭和六年（一九三一）劇団前進座を創立して、新演出の大衆向け歌舞伎を開拓しようと努力、吉祥寺（東京都武蔵野市）の集団住宅を建て、一座の活動に際しては座長格の長十郎のかたわらに堂々と存在を認めさせた。芸風は技巧に長じ、よく通る声量と微妙な言いまわしの台詞は絶妙と評された。ことに世話物が得意だった。戦後日本共産党員となり、レッド＝パージの対象となり、北海道の公演中、住居侵入の罪に問われたため、ひそかに中国にわたって、昭和二十七年から三年の間北京に滞在しやがて帰国、劇団に復帰した。同四十二年長十郎が除名されて去ったのち、女形河原崎国太郎・長男四代目中村梅之助たちと前進座のために献身した。映画やテレビにも足跡多く、多くの著書を残した多才の人である。苦心して建設した劇場の開場一ヵ月前の昭和五十七年九月二十一日病を得て没した。八十一歳。著書に『愛人の記』『人生の半分』『芸談おもちゃ箱』がある。

（戸板　康二）

なかむらかんざぶろう　中村勘三郎　歌舞伎役者。歌舞伎の座本。

㈠十三代　一八二八―九五　初名中村伝蔵。文政十一年（一八二八）生まれた。嘉永四年（一八五一）に座本を継いだが経営不振で明治八年（一八七五）に三代目中村仲蔵に譲って引退。同二十八年十月二十九日没。六十八歳。墓は東京都江戸川区西瑞江二丁目の大雲寺にある。

㈡十七代　一九〇九―八八　三代目中村仲蔵、五代目中村明石、五代目明石の子勝子を十四代、十五代、十六代にかぞえ、四代目中村もしほを十七代とする。十七代は明治四十二年（一九〇九）七月二十五日、三代目中村歌六の三男として生まれた。前名中村米吉、四代目中村もしほ。昭和二十五年（一九五〇）に勘三郎を襲名。幅広い役柄と技巧的な演技力を身につけていた。昭和六十三年四月十六日没。七十八歳。墓は東京都台東区竜泉一丁目の西徳寺にある。

参考文献　守随憲治『歌舞伎序説』（『守随憲治著作集』三）

（諏訪　春雄）

なかむらがんじろう　中村鴈治郎　歌舞伎俳優。

㈠初代　一八六〇―一九三五　近代の上方和事の名優。本名林玉太郎。前名実川鴈治郎（雁二郎）。別名吉田玉太郎。俳名扇若・亀鶴。屋号成駒屋。万延元年（一八六〇）三月六日生まれる。父は三代目中村翫雀。母は大坂新町の妓楼扇屋の娘妙。父母の離婚と扇屋の没落のため、少時、母とともに辛酸を嘗む。舞の師二代目山村友五郎の世話で、明治四年（一八七一）初代実川延若に入門。同六年五月初舞台。八年三月より八月まで、初代吉田玉造の好意で人形遣いとなり、吉田玉太郎を名乗る。十一年三月、父の相続人となって中村鴈治（次）郎と改名。以後、十一代目片岡仁左衛門と拮抗、上方を代表する名優となった。得意芸十二種を選び、玩辞楼十二曲と称した。昭和十年（一九三五）二月一日没。七十六歳。墓は大阪市南区中寺二丁目の常国寺にある。

㈡二代　一九〇二―八三　本名林好雄。初名中村好雄。前名中村扇雀・四代目中村翫雀。俳名春虎。屋号成駒屋。明治三十五年（一九〇二）二月十七日生まれる。初代の次男。昭和二十二年（一九四七）襲名。同四十七年芸術院会員。五十八年四月十三日没。八十一歳。

㈢三代　一九三一―　本名林宏太郎。前名二世中村扇雀。屋号成駒屋。昭和六年（一九三一）十二月、二代目の長男に生まれる。平成二年（一九九〇）十一月襲名。日本芸術院会員。

参考文献　高谷伸『明治演劇史伝』上、高沢初太郎編『人気役者の戸籍調べ』、大阪毎日新聞社編『鴈治郎自伝』、杉岡文楽編『俳優名鑑』、藤田洋編『鴈治郎の歳月』、『演劇界』三一ノ一二（新版歌舞伎俳優名鑑）、同五六ノ一二（最新歌舞伎俳優名鑑）

（今尾　哲也）

なかむらぎじょう　中村義上　一八四五―一九三九　明治時代の篤農。弘化二年（一八四五）五月十日、三河国渥美郡田原に、田原藩中小姓で大蔵永常の助手をも勤めていた中村三八郎・うめの子に生まれた。藩校成章館を出て同館助教授を勤めたが、廃藩後帰農した。明治二十一年（一八八八）報徳社系の三遠農学社に加わり、その援助のもとで村内の柳沢に溜池を築造し矢部沢の溜池を高上げして稲の増産をもたらし、四十一年には農事改良につき大日本農会から有功賞を与えられた。大正九年（一八二〇）まで田原町助役を勤めたのち、息子に呼ばれて上京し、昭和十四年（一九三九）東京で没した。九十五歳。

参考文献　大西伍一『日本老農伝』

（高村　直助）

なかむらきちえもん　中村吉右衛門　歌舞伎俳優。

㈠初代　一八八六―一九五四　近代の名優。本名波野辰次郎。俳名楓童・秀山。屋号播磨屋。明治十九年（一八八六）三月二十四日生まれる。父は三代目中村歌六、母は市

村座の芝居茶屋万屋吉右衛門の娘嘉女。同三十年初舞台。四十一年十一月市村座に入り、大正十年（一九二一）退座するまで、六代目尾上菊五郎と拮抗して黄金時代を築く。昭和二十二年（一九四七）芸術院会員。同二十六年文化勲章を受章。せりふの巧みな時代物役者。加藤清正など得意芸十種を選んで、秀山十種を制定した。二十九年九月五日没。六十八歳。墓は東京都台東区竜泉一丁目の西徳寺にある。

㈡二代　一九四四―　本名波野久信。辰次郎。前名中村万之助。俳名秀山・貫四。作者名三代松貫四。屋号播磨屋。昭和十九年（一九四四）五月二十二日生まれる。八代目松本幸四郎の子。初代の孫。同四十一年襲名。

参考文献　演芸画報社編『俳優鑑』、杉岡文楽編『俳優名鑑』、初代中村吉右衛門『吉右衛門自伝』、波野千代編『吉右衛門日記』、『演劇界』四三ノ一四（歌舞伎俳優名鑑）　（今尾　哲也）

なかむらきちじ　中村吉治　一九〇五―八六　昭和時代の経済史家。共同体論・社会史で著名。明治三十八年（一九〇五）二月四日、父梅吉・母こ満の次男として、長野県上伊那郡朝日村平出（辰野町）に生まれる。第三高等学校を経て、昭和四年（一九二九）東京帝国大学文学部国史学科卒業。同大学史料編纂所に入り、土一揆研究のかたわら、『大乗院寺社雑事記』の校訂出版にあたる。八年東北帝国大学法文学部助教授となり、経済史講座を担当。翌年小松百枝と結婚。十六年教授、二十六年経済学博士。二度の留学、同大学附属図書館長、同経済学部長、学術会議会員などを経て、昭和四十三年停年により同大学を退官、名誉教授となる。同年国学院大学経済学部教授となり、五十六年同大学を退職。昭和六十一年十二月十日没。八十一歳。墓は神奈川県三浦郡葉山町上山口の葉山墓園にある。五十年に及ぶその研究は、初期の土一揆や農政史の研究によって、国史学の中にはじめて農民史を確立したものと評価された。さらに第二次世界大戦中から戦後にかけて、家と村を軸とする村落共同体論の構想を固め、それを視点とした通史『日本社会史概説』によって「中村社会史」と称されるに至った。特に村落共同体の実証分析を試みた共同調査『村落構造の史的分析』は、学界に大きな衝撃を与えた。その後も共同体論・身分論を踏まえた武家論や幕藩体制論を発表し、日本封建制を社会史として解明している。主な著書は前記のほかに、『近世初期農政史研究』『中世農業史論』『日本の村落共同体』『日本封建制の源流』など三十数点がある。

参考文献　中村吉治『社会史への歩み』、安孫子麟「中村吉治の共同体論」（『伝統と現代』四三）　（安孫子　麟）

なかむらきちぞう　中村吉蔵　一八七七―一九四一　明治から昭和時代にかけての小説家、劇作家、演劇学者。幼名常治。号春雨・奇痴堂・治雷庵・兜庵。明治十年（一八七七）五月十五日、島根県鹿足郡津和野町の商家に生まれる。父唯治、母たみ。同二十四年、吉蔵と改名して家業を継ぐ。同三十年、大阪で浪華青年文学会を創設し、春雨の名で小説を発表。三十二年東上して広津柳浪に師事。東京専門学校英文学哲学科に入り、坪内逍遙らの教えを受ける。在学中に大阪毎日新聞懸賞小説に応募、『無花果』が一等当選して新進作家となる。同三十九年より四年間欧米に留学し、イプセンの作品に感動。帰朝後、小説を捨て、母校に教鞭を執る傍ら劇作に専念、社会劇『牧師の家』を発表。大正二年（一九一三）島村抱月の芸術座結成に参加、演出家、脚本主任として活躍。『剃刀』『飯』などの社会劇を書く。同六年の大病後はもっぱら歴史劇を創作。代表作に『井伊大老の死』（大正九年）、『大塩平八郎』（同十年）がある。前者は歌舞伎で、後者は新国劇および築地小劇場で上演された。晩年には浄瑠璃、歌舞伎を研究、『日本戯曲技巧論』で文学博士号を受けた。昭和十六年（一九四一）十二月二十四日没。六十五歳。法名超聖院殿機外文豪大居士。墓は東京都世田谷区の豪徳寺にある。

参考文献　小林政治編『故中村吉蔵博士追悼集』　（今尾　哲也）

なかむらきよお　中村精男　一八五五―一九三〇　明治・大正時代の気象学者。安政二年（一八五五）四月十八日、長州阿武郡椿郷東分村（山口県萩市椿東）に生まれる。父は山口藩士中村粂吉。吉田松陰の松下村塾に学び、明治四年（一八七一）上京して東京明治協会でフランス語を学ぶ。同五年大学南校入学、十二年東京大学理学部物理学科卒、この年内務省地理局に入り測地天測掛となった。十九年気象学研究のため自費でヨーロッパに留学、二十二年帰国、翌二十三年中央気象台技師、二十八年に第三代中央気象台長となり大正十二年（一九二三）までその職にあった。明治三十五年『大日本風土編』をまとめ理学博士となる。同四十一年帝国学士院会員、大正十一年大日本気象学会会頭となる。また明治十四年には同志二十一名と東京物理学校（現在の東京理科大学）を創立した。同二十九年に第二代校長となり、没年に至るまでつとめた。昭和五年（一九三〇）一月三日没。七十六歳。

参考文献　気象庁編『気象百年史』資料編、岡田武松『測候瑣談』、同『続測候瑣談』　（根本　順吉）

なかむらくさたお　中村草田男　一九〇一―八三　昭和時代の俳人。明治三十四年（一九〇一）七月二十四日、中国福建省厦門生まれ。本名清一郎。父修は中国で領事官をしていた。四歳で日本に帰り、松山中学、松山高校を経て東大独文科に入学。のち、国文科に転じて卒業。この間に、ニイチェ・チェホフの著作に親しみ影響を受けた。俳句は『ホトトギス』とたまたま出あい投句。また、斎藤茂吉の『朝の蛍』を読み、短詩表現の契機を摑んだ。昭和四年（一九二九）『ホトトギス』で本格的に学び、東大俳句会にも出席して高浜虚子の指導を受けた。新人擡頭期の『ホトトギス』雑詠で頭角をあらわし、写生による自然物を、内面触発の契機とする発想で人間味の強い作品を実らせた。第二次世界大戦後、主宰誌『万緑』を創刊。桑原武夫の俳句批判に応え、俳句の現代に生きる方向を示唆した。作風は社会現実に対する批判性を強め、混沌が難解の度合を加えることになった。昭和五十八年八月五日没。八十二歳。著書は多いが、句集では、『長子』(昭和十一年)、『万緑』(同十六年)、『銀河依然』(同二十八年)が光彩を放つ。『中村草田男全集』全十八巻別巻一がある。「蟾蜍長子家去る由もなし」「万緑の中や吾子の歯生え初むる」 (松井 利彦)

なかむらけいじろう　中村啓次郎　一八六七―一九三七　明治から昭和前期にかけての政治家。慶応三年(一八六七)十月、紀伊国和歌山に生まれる。東京英語学校・英吉利法律学校に学ぶ。陸軍省雇員として日清戦争に従軍、占領地総督府民政部庶務課長兼司法課長となった。その後、台湾に渡り、一時、台北弁護士会会長をつとめた。明治四十一年(一九〇八)第十回衆議院議員総選挙に和歌山県より当選。以来昭和五年(一九三〇)の第十七回総選挙まで当選六回(第十二・十四回は落選)。はじめ立憲政友会に属したが、大正十三年(一九二四)政友会分裂に際し脱党して政友本党の結成に加わった。ついで昭和二年立憲民政党創立に参画して総務となった。第六十議会(昭和六年十二月―七年一月)には衆議院議長をつとめた。同十一年病気により政界を引退。昭和十二年五月二十二日死去。七十一歳。

参考文献　衆議院・参議院編『議会制度百年史』衆議院議員名鑑 (鳥海 靖)

なかむらけんきち　中村憲吉　一八八九―一九三四　明治から昭和時代前期にかけての歌人。明治二十二年(一八八九)一月二十五日、広島県三次郡布野村の旧家(酒造業)に生まれる。修一・アキの次男。兄の死去のためのちに家督を相続した。東京帝国大学法科大学経済科卒業。大正十年(一九二一)から十五年にかけて大阪毎日新聞経済部記者を勤めたほかは家業に従事した。第七高等学校(鹿児島)在学中友人のすすめで作歌を始め、明治四十二年以降『アララギ』に出詠、伊藤左千夫に師事した。斎藤茂吉・古泉千樫・島木赤彦らとともに同派の有力歌人として活躍、その歌壇的進出に寄与した。地味ながら澄明で気品にとんだ写生歌風を特色とする。昭和九年(一九三四)五月五日、療養先の広島県尾道市で肺結核のため没。四十六歳。双三郡布野村の中村家墓地に葬る。法名林泉院釈浄信憲吉居士。歌集に『馬鈴薯の花』(赤彦との合著)、『林泉集』『しがらみ』『軽雷集』『軽雷集以後』がある。『中村憲吉全集』全四巻が刊行されている。

参考文献　扇畑忠雄『中村憲吉』、『アララギ』二七ノ一一(中村憲吉追悼号) (本林 勝夫)

なかむらこうたろう　中村孝太郎　一八八一―一九四七　明治から昭和時代前期にかけての陸軍軍人。明治十四年(一八八一)八月二十八日生まれ。中村芳房の長男。石川県出身。陸軍士官学校第十三期生(歩兵科)。日露戦争には第九師団所属で参戦。明治四十二年陸軍大学校卒業後、参謀本部員を四回、青島攻略戦の兵站参謀、スウェーデン公使館付武官、歩兵連隊の各指揮官、大正十二年(一九二三)から四年間、陸軍省副官で実績をあげ、ついで朝鮮軍内の旅団長、朝鮮軍参謀長、昭和五年(一九三〇)に人事局長。温厚誠実、公平無私の人といわれた。ついで支那駐屯軍司令官、第八師団長、教育総監部本部長。昭和十二年二月、林銑十郎内閣の陸軍大臣に就任したが、肺結核症であることがわかり、在任一週間で辞任。軍事参議官、東部防衛司令官、同十三年六月陸軍大将、以後十六年まで朝鮮軍司令官、このとき張鼓峯事件を手際よく指導した。その後、再び軍事参議官、東部軍司令官となり、十八年五月、予備役編入。二十年五月、軍事保護院総裁となった。二十二年八月二十九日没。六十七歳。

参考文献　額田坦『陸軍省人事局長の回想』(『昭和軍事史叢書』)、日本近代史料研究会編『日本陸海軍の制度・組織・人事』 (森松 俊夫)

なかむらこうや　中村孝也　一八八五―一九七〇　大正・昭和時代の歴史学者。文学博士。明治十八年(一八八五)一月二日、高崎藩士族中村勝弥の長男として高崎に生まる。少時から秀才の誉れ高く東京高等師範学校を経て大正二年(一九一三)東京帝国大学文科大学国史学科卒業、恩賜の銀時計を授与された。同年同大学院に入り江戸時代文化史を専攻、以後一貫して主に江戸時代の文化史的研究を中心に日本史全般にわたり広汎な研究を展開、一方大正十三年個人雑誌『歴史と趣味』を創刊して毎号健筆を揮い旺盛な執筆・著作により文名はなはだ高かった。その間大正八年日本女子大学校教授(昭和二十二年(一九四七)まで)、同十四年東京帝国大学史料編纂官、十五年文学博士、同大学文学部助教授兼任、昭和十三年教授専任と成り史料編纂官をやめる。同二十年停年退官。その後は昭和二十七年明治大学商学部教授と成ったのをはじめその他多くの大学・大学院・学校などにも出講した。昭和四十五年二月五日没。八十五歳。東京都府中市の多磨墓地に葬られる。論著ははなはだ多く一々挙げるに堪えないくらいであるが『江戸幕府鎖国史論』、『源九郎義経』(大正三年)、『元禄及び享保時代における経済思想の研究』(学位論文、昭和二年、昭和十七年再版)、『徳川家康文書の研究』(昭和三十三―三十六年・四冊、昭和三十七年日本学士院賞受賞)、『徳川家康公伝』(昭和四十年)、『家康の族葉』(昭和四十年)、『家康の臣僚』武将篇(昭和四十三年)、『家康の政治経済臣僚』(昭和五十三年)などはその代表作である。 (沼田 次郎)

なかむらこれきみ　中村是公　一八六七―一九二七　明治・大正時代の官僚、満鉄総裁、鉄道院総裁、東京市長。慶応三年(一八六七)十一月二十五日、安芸国佐伯郡五日市村(広島市)に生まれる。旧姓柴野。明治二十三年(一八九〇)山口県玖珂郡愛宕村(岩国市)の中村家を嗣ぐ。同二十六年七月帝国大学法科大学法律学科(英法)卒業。大蔵省に勤務、同二十九年台湾総督府に転じ、総務局長、財政局長歴任後、同三十九年に南満洲鉄道株式会社副総裁になる。翌年関東都督府民政長官（満鉄副総裁事務取扱兼務）となり、同四十一年五月満鉄副総裁専任。同年十二月同社総裁に任命。後藤新平初代総裁について満鉄の基礎確立に努力し、大学の同期である夏目漱石を招き、作品を通じて満洲の事情を日本に紹介した。大正二年（一九一三）十二月辞職。同六年五月貴族院勅選議員となる（没年まで）。同月後藤新平総裁のもとで鉄道院副総裁に就任。翌年四月同院総裁となるが、同年九月原内閣成立により辞職した。その後同十三年十月から同十五年六月まで東京市長に在任した。昭和二年（一九二七）三月一日没。六十一歳。

参考文献 青柳達雄『満銀総裁中村是公と漱石』

（原田　勝正）

なかむらしちさぶろう　中村七三郎　一八七九―一九四八　歌舞伎俳優。五代目。明治十二年（一八七九）生まれる。日本画家安田靫彦の弟。役者を志し、大阪の初代中村鴈治郎の門に入り、中村扇玉と名のって舞台に出た。大正八年（一九一九）帰京し、縁あって由緒ある中村七三郎の名跡を襲いだ。昭和二十三年（一九四八）没。七十歳。

（服部　幸雄）

なかむらじゃくえもん　中村雀右衛門　上方の歌舞伎俳優。

(一)初代　一八〇六―七一　幕末の実悪の名優。初名中村源次。前名中村芝蔵・中村儀左衛門。俳名芝斗。屋号江戸屋。四代目中村歌右衛門の門弟。文化三年（一八〇六）生まれる。嘉永四年（一八五一）十一月改名。明治四年（一八七一）八月十八日没。六十六歳。

(二)二代　一八四一―九五　本名中島保兵衛（保平）。初名中村芝之助。前名三代目中村芝雀。俳名梅都・芝斗。屋号京屋。初代の門弟。天保十二年（一八四一）生まれる。明治八年（一八七五）襲名。上方歌舞伎の重鎮。同二十八年七月二十日没。五十五歳。

(三)三代　一八七五―一九二七　近代の名女方。本名中島笑太郎。初名嵐笑太郎。前名中村笑太郎・四代目中村芝雀。俳名梅都（斗）・芝斗。屋号京屋。明治八年（一八七五）一月二十日生まれる。嵐璃笑の子。二代目の養子。大正六年（一九一七）襲名。娘役や世話女房に長ず。昭和二年（一九二七）十一月十五日没。五十三歳。

(四)四代　一九二〇―　本名青木清治（啓臣）。初名大谷広太郎。前名七代目大谷友右衛門。俳名梅斗。舞踊名藤間亀三郎。屋号明石屋・京屋。大正九年（一九二〇）八月二十日生まれる。昭和三十九年（一九六四）九月襲名。

参考文献 伊原敏郎『近世日本演劇史』、同『明治演劇史』、村上薫編『浪速演芸名家談叢』、演芸画報社編『俳優鑑』、『演劇界』二六ノ一二（歌舞伎俳優名鑑）、同四三ノ一四（歌舞伎俳優名鑑）

（今尾　哲也）

なかむらせいこ　中村星湖　一八八四―一九七四　明治から昭和時代にかけての小説家、評論家。本名将為。明治十七年（一八八四）二月十一日、山梨県南都留郡河口村（河口湖町）に栄次郎・ための長男として生まれる。早稲田大学英文科卒。明治四十年、小説『少年行』が『早稲田文学』長編小説募集の一等に当選し、一躍文名をあげる。同年、『早稲田文学』記者となり、僚友片上天弦・相馬御風らと小説・批評の筆を執り、当時盛んであった自然主義文学の中堅として活躍、短編集『星湖集』（明治四十三年）、『女のなか』（大正三年（一九一四））などを刊行、またフランス文学などの翻訳・紹介にもつとめた。大正八年『早稲田文学』記者を辞す。このあと、次第に農民芸術への関心を深め、『農民劇場入門』（昭和二年（一九二七））などを著わした。昭和二十年疎開を機に郷里に居を定める。二十六年山梨学院短大教授、二十九年日本農民文学会理事、三十一年山梨県文化功労者。四十九年四月十三日没。九十歳。墓は郷里河口湖町の善応寺にある。

参考文献 吉田精一「中村星湖と水野仙子」（『自然主義の研究』下所収）、榎本隆司編「中村星湖年譜」（中村顕一発行『少年行』所収）、島崎藤村他「中村星湖氏の印象」（『新潮』三一ノ六）

（田中　保隆）

なかむらせいじ　中村清二　一八六九―一九六〇　明治から昭和時代にかけての物理学者。明治二年（一八六九）九月二十四日、越前国（福井県）鯖江に生まれる。同二十五年帝国大学理科大学物理学科卒業、三十三年同助教授、三十六―三十九年ドイツ・フランスに留学、四十年理学博士、四十四年同教授、昭和五年（一九三〇）同大学停年退官。この間大正十四年（一九二五）帝国学士院会員となり、また昭和二十八年には文化功労者となる。明治二十五年わが国で最初に光弾性実験を行なった。田中館愛橘に協力して、わが国各地の地磁気・測地・セイシュの調査を行う。関東大地震のとき、学生を指導して東京の火災の徹底的調査を行い、火災調査の手本となる。照明・色彩・建築音響・古美術保存など、物理学を日常生活に応用する研究を行なった。昭和三十五年七月十八日没。九十歳。著書に『日本支那楽律考』、『日本支那楽律考』続編、『大地震による東京火災調査報告』、『田中館愛橘先生』などがある。

（宇佐美竜夫）

なかむらぜんえもん　中村善右衛門　一八一〇―八〇　幕末・維新期の養蚕技術改良家。文化七年（一八一〇）岩代国伊達郡梁川村（福島県伊達郡梁川町）の有力蚕種製造業者の家に生まれる。当時蚕の飼育中に火力を加えて飼育期間を短縮する温暖育が普及し始めていたが、善右衛門は二本松藩の藩蘭方医稲沢宗庵の用いる体温計を見て養蚕の温度調節に利用することを思い立ち、江戸日本橋の鏡商加賀屋吉兵衛にガラス管を作ってもらい、稲沢の協力を得て苦心の末、天保十四年（一八四三）に寒暖計を製造した。これを「蚕が当たる計器」すなわち「蚕当計」と名付け、数年間適正温度の計測を行い、標準飼育法を完成した上で、嘉永二年（一八四九）その要点を『蚕当計秘訣』と題する小冊子にまとめて出版した。はじめの内は寒暖計を異国の技術として排斥する者もあったが、間もなく従来の勘にのみ頼る飼育法よりも優れた科学的飼育法として認められ、各地へ普及した。明治十三年(一八八〇)八月没。七十一歳。墓は梁川町の安養寺にある。

参考文献 庄司吉之助『近世養蚕業発達史』、松村敏『蚕当計秘訣』解題(『日本農書全集』三五)

(石井 寛治)

なかむらそうじゅうろう 中村宗十郎 一八三五―八九 歌舞伎俳優。本名藤井重兵衛。幼名初太郎。俳名千昇・霞仙。屋号京枡屋・末広屋。天保六年(一八三五)熱田に生まれ、初め嵐亀太郎に入門して嵐亀蔵、ついで二代目中村翫雀の門に入って中村歌女蔵、さらに四代目三枡大五郎の婿養子となり三代目三枡源之助。不縁となった後、初代中村雀右衛門の庇護を受け、慶応元年(一八六五)中村宗十郎と改名。明治二十二年(一八八九)十月八日没。五十五歳。霞仙院釈清節。大阪の天王寺墓地に葬る。

参考文献 吉田暎二編『伊勢歌舞伎年代記』、『大歌舞妓外題年鑑』(『浪速叢書』一五)、田村成義編『続々歌舞伎年代記』乾、歌舞伎評判記研究会編『歌舞伎評判記集成』八―一〇・別巻、伊原敏郎『明治演劇史』、高谷伸『明治演劇史伝』上、饗庭篁村「中村宗十郎伝」(『上方』七四)

(今尾 哲也)

なかむらたはちろう 中村太八郎 一八六八―一九三五 明治・大正時代の社会運動家。明治元年(一八六八)二月二十日、信濃国筑摩郡大池村(長野県東筑摩郡山形村)の名主の家に生まれる。父琳蔵・母りやうの三男。同十三年家督相続。上京して岡鹿門の漢学塾および専修学校に学び、帰郷後、立憲改進党系の政客として、地価修正反対運動・中山鉄道敷設運動に関係。二十八年木下尚江・石川安次郎とともに遼東還付反対運動をおこしたあと、社会問題に着目、二十九年松本に平等会をおこし、翌三十年四月、旧東洋自由党の樽井藤吉・稲垣示らとともに東京に社会問題研究会を創立。さらに社会問題解決の手段としての普通選挙の実現のため、木下尚江とともに同年七月松本に普通選挙期成同盟会を設立した。同年県会議員選挙に関係する事件で検挙され、二ヵ月の懲役刑を受けたが、三十二年出獄とともに普選運動を再興、同年東京にも同盟会を組織し、以後、大正九年(一九二〇)まで運動の中心人物として活躍した。この間明治三十五年と大正九年の二度、総選挙に立候補したが落選した。明治三十三年には社会主義協会に加盟し、社会主義者と協力したが、日露開戦後は、山路愛山らと国家社会党をおこし、また、大陸問題に関心を示し、東亜青年会・日韓同志会を創立した。第一次世界大戦後、普選運動の大衆化とともに運動を退き、土地国有運動にたずさわり、大正末年より明治文化研究会に好んで出席した。昭和十年(一九三五)十月十七日没。六十八歳。東京の多磨墓地に葬られた。

参考文献 平野義太郎編『普選・土地国有論の父中村太八郎伝』、松尾尊兊『普通選挙制度成立史の研究』

(松尾 尊兊)

なかむらつね 中村彝 一八八七―一九二四 明治・大正時代の洋画家。明治二十年(一八八七)七月三日、中村順三・よしの三男として茨城県東茨城郡水戸上市寺町(水戸市金町三丁目)に生まれる。名古屋陸軍幼年学校在学中に結核に侵され、退学して画家を志した。同三十九年白馬会研究所に入学、翌年太平洋画会研究所に移って中村不折・満谷国四郎の指導を受け、四十三年の第四回文展で「海辺の村」、翌年の第五回文展で「女」が受賞するなど、早くから注目された。レンブラントの深い精神性に惹かれつつ、印象派とくにルノワールの官能的な色彩に啓発されて芸術の無限感を追求するその画風は、大正五年(一九一六)の「田中館博士の肖像」を経て九年の「エロシェンコ氏の像」で頂点に達する。十一年に帝展審査員に挙げられ、「髑髏を持てる自画像」「老母像」などで新たな境地をめざしたが、十三年十二月二十四日三十八歳で没した。墓は水戸市八幡町の祇園寺にある。

参考文献 河北倫明他編『中村彝画集』

(原田 実)

なかむらときぞう 中村時蔵 歌舞伎俳優。

㈠初代 一八四九―一九一九 三代目中村歌六の前名。明治二年(一八六九)正月大坂角の芝居で襲名。

㈡二代 一八七六―一九〇九 初名二代目中村種太郎。前名中村歌昇。明治九年(一八七六)生まれる。初代の養子。同四十一年四月明治座で襲名。翌四十二年没。三十四歳。

㈢三代 一八九五―一九五九 本名小川米吉郎。前名二代目中村米吉。俳名獅童。屋号播磨屋。明治二十八年(一八九五)六月六日大阪に生まれる。初代の次男。大正五年(一九一六)四月襲名。昭和三十三年(一九五八)芸術院会員。同三十四年七月十二日没。六十四歳。

㈣四代 一九二七―六二 本名小川茂雄。初名二代目中村梅枝。前名六代目中村芝雀。屋号京屋・播磨屋。昭和二年(一九二七)十二月一日生まれる。三代目の次男。同三十五年襲名。三十七年一月二十八日没。三十四歳。

㈤五代 一九五五― 本名小川光晴。前名三代目中村梅枝。屋号播磨屋・万屋。昭和三十年(一九五五)生まれる。四代目の長男。同五十六年九月襲名。

参考文献 岸本一郎編『明治時代上方芸界資料』(『歌舞伎資料選書』一)、高村勉『名誉俳優列伝』、木村錦花『明治座物語』、利倉幸一編『三世中村時蔵』、演芸画報社編『俳優鑑』、『演劇界』四三ノ一四(歌舞伎俳優名鑑)

(今尾 哲也)

なかむらとみじゅうろう 中村富十郎 歌舞伎俳優。

㈠三代 一八五九―一九〇一 本名および前名中村梅太郎。俳名慶子。屋号八幡屋。三代目中村鶴助の門弟。安政六年(一八五九)五月十日生まれる。明治二十四年(一八九一)襲名。同三十四年二月二十一日没。四十三歳。墓は東京都文京区白山五丁目の大乗寺にある。

㈡四代　一九〇八—六〇　本名渡辺亀蔵。初名坂東亀の子。前名二代目坂東一鶴・三代目坂東鶴之助。俳名楽水・亀鶴。屋号音羽屋・天王寺屋。明治四十一年（一九〇八）六月十一日生まれる。昭和十八年（一九四三）一月襲名。同三十五年十月十七日没。五十二歳。

㈢五代　一九二九—　本名渡辺一。初名四代目坂東鶴之助。前名六代目市村竹之丞。俳名慶舟・琴嶺舎・一鳳。屋号音羽屋・菊屋・天王寺屋。四代目の子。昭和四年（一九二九）生まれる。同四十七年襲名。日本芸術員会員。

参考文献　権藤芳一・宗政五十緒・守屋毅編『歌舞伎』（『日本庶民文化史料集成』六）、浜松歌国『摂陽奇観』四（『浪速叢書』四）、伊原敏郎『日本演劇史』、同『近世日本演劇史』、田村成義編『続々歌舞伎年代記』乾、杉岡文楽編『俳優大鑑』、『演劇界』一七ノ一三（歌舞伎俳優百科）、同四三ノ一四（歌舞伎俳優名鑑）（今尾哲也）

なかむらなおかつ　中村直勝　一八九〇—一九七六　大正・昭和時代の日本史学者。明治二十三年（一八九〇）六月七日、滋賀県滋賀郡大津町字神出（大津市三井寺町）の長等神社社家に生まれる。県立膳所中学校・第三高等学校を経て京都帝国大学文科大学史学科にすすみ、内田銀蔵・三浦周行に師事、大正四年（一九一五）卒。引き続き大学院に籍をおき、大正八年第三高等学校講師、翌年教授、昭和二年（一九二七）より京都帝国大学文学部助教授を兼任。昭和二十三年公職追放により退官。以後しばらく著述に専念、京都女子大学文学部教授を経て、大手前女子大学学長、現職のまま、昭和五十一年二月二十三日、京都市北区小山北上総町の自宅で没。八十五歳。文学博士（学位論文『荘園の研究』）。大学院では古文書学を研究テーマとし、以後古文書研究は生涯を貫くテーマとなる。大正十一年最初の著作『日本文化史』七（南北朝）を出版、皇室領、座・供御人の研究などひろく社会史・庶民文化史などに立脚した南北朝時代論を展開し、この時代を中世から近世への序曲と位置づける斬新・独自の史風を以て学界に地位を確立した。ついで昭和二年前著の基礎となった個別論文や人物研究を含む『南朝の研究』を刊行、昭和七年『北畠親房』、十年『吉野朝史』と南朝研究は相ついでまとめられた。さらに昭和十四年には長年の荘園に関する研究を『荘園の研究』に集成し、伝領研究や階級史観的な内部構造研究を批判して、荘民の生活も含めた歴史的な変遷変化の研究、領主ごとの荘園群の全面的研究の必要など、荘園研究の新視角を提唱した。このほか研究は多岐にわたるが、以上の中世を中心とする社会史・文化史の研究、南朝の研究、荘園の研究が三大分野をなし、それらは古文書・古記録の厳密な実証研究とともに、庶民を含む社会史・生活史・文化史を重視して歴史の全体像をとらえようとする態度で貫かれており、その学風は学界に大きな影響を与えて現代に及んでいる。第二次世界大戦敗戦前後から民芸や茶道にも関心をふかめて昭和二十一年『日本想芸史』以下多くの著作を発表、二十八年『足利ノ尊氏』、三十六年『光厳天皇』など南北朝時代史の再評価にも積極的に取り組んだ。一方、その軽妙流麗の講演や文章はつとに定評があったが、『京の魅力』など啓蒙書も相ついで発表し、歴史学の普及啓蒙に果たした功績も大きい。昭和四十六年より、生涯の歴史研究をあらためて古文書学の上に投影した文字通りのライフワークとして大著『日本古文書学』全三巻を刊行、その執筆を終って没した。各時代の古文書の収集家としても著名で『中村直勝博士蒐集古文書』が刊行されている（収集文書の大部分は大和文華館に継承）。また日本古文書学会の設立に尽力し、二代会長をつとめた。生涯の著作は大小合わせて計百二十冊。『中村直勝著作集』全十二巻（昭和五十三・五十四年刊）が主要著作を集成するが、『日本古文書学』等収載されていない重要著作も多い。墓は長等神社の近傍にある。なお中世史家清水三男はその義弟。（熱田公）

なかむらなおぞう　中村直三　一八一九—八二　明治三老農の一人。文政二年（一八一九）三月八日、大和国山辺郡永原村（奈良県天理市）に善五郎の長男として生まれる。善五郎は奈良奉行所の夜警番人を勤めた。幼時より向学心に富み、長じて父の夜警番人小頭部長の職をついだ。永原村は領主がしばしば変わり、貢租の負担が過重であったが、安政三年（一八五六）より同六年にかけて減租を求める農民騒擾が発生した。直三は村役人らと協力、農事改良により重租の苦しみから逃れうることを説き、強訴の防止に尽力した。彼は農事改良とともに心学に傾倒し、大和国内における心学普及につとめた。心学舎は稲種の収集、配布に協力したためこの種子は心学種とも呼ばれた。維新後郡山藩はじめ大和国内諸藩に招かれ農事講話を行い、明治八年（一八七五）三月、奈良県植物試作掛となり、稲の試作・改良のほか、内務省より配布されたアップランド棉の種子の栽培などに従っている。同十年三月、秋田県に招かれ、同県腐米改良掛主任となり、さらに勧業掛に転じ、稲品種の改良につとめ、石川理紀之助らを指導した。同年十一月、第一回内国勧業博覧会へ稲種三百二十一種とその収量実験表を出品、受賞した。同十一年十月秋田県庁を退職、帰郷したが、その後も宮城県・石川県など各地の稲作指導や農談会の育成につとめ、天下の老農とうたわれた。著書に『勧農微志』『大和穂』『伊勢錦』『畑稲』『種子精選改良法』などがある。明治十五年八月十三日没。六十四歳。墓は奈良県天理市の善福寺にある。

参考文献　奥村正一『老農中村直三翁』、安田健「中村直三の農事改良事蹟」（『日本農業発達史』二所収）、筑波常治「中村直三論—日本型精農の一典型—」（『思想』四〇七）（伝田功）

なかむらなかぞう　中村仲蔵　歌舞伎俳優。江戸と大坂との二系統がある。

〔江戸系〕㈠三代　一八〇九—八六　幕末・明治期の名

優。幼名富太郎(亀吉とも)。前名中村鶴蔵。俳名雀枝・秀雀・舞鶴・秀鶴。屋号成雀屋・舞鶴屋・栄屋。文化六年(一八〇九)生まれる。慶応元年(一八六五)十月襲名。明治十九年(一八八六)十二月二十四日没。七十八歳。墓は台東区の谷中墓地にある。

(二)四代　一八五五―一九一六　本名岩城米吉。初名中村銀之助。前名十二代目中村勘五郎。俳名秀鶴。屋号舞鶴屋。三代目の門弟。安政二年(一八五五)十月三日生まれる。大正四年(一九一五)四月襲名。同五年一月三十一日没。六十二歳。

(三)五代　一九三五―九二　本名中村正太郎。初名市川太郎。前名十三代目中村勘五郎。屋号舞鶴屋。昭和十年(一九三五)十一月生まれる。平成元年(一九八九)四月襲名。平成四年(一九九二)十二月没。五十七歳。

〔大坂系〕四代　一八一七―八一　幕末・明治期の名優。本名秋田七賀助。前名初代坂東寿三郎。後名四代目中村嘉七。文化十四年(一八一七)生まれる。嘉永元年(一八四八)正月四代目襲名。明治十四年(一八八一)二月十三日没。六十五歳。

参考文献　初代中村仲蔵『月雪花寝物語』(『演劇文庫』四)、三代目中村仲蔵『手前味噌』、俳優堂夢遊『俳優世々の接木』(『歌舞伎の文献』八)、伊原敏郎『近世日本演劇史』、同『明治演劇史』、今尾哲也「芸の伝承と創造―初世中村仲蔵試論―」(『文学』三八ノ一二)、『演劇界』四七ノ一三(歌舞伎俳優名鑑)、同五六ノ一二(最新歌舞伎俳優名鑑)

(今尾　哲也)

なかむらばいぎょく　中村梅玉　歌舞伎俳優。

(一)二代　一八四一―一九二一　本名笹木徳数。俳名三雀・鶯声。屋号高砂屋。天保十二年(一八四一)十二月二十八日、京都に生まれ、弘化三年(一八四六)藤岡仙菊に入門、藤岡菊太郎と名乗り初舞台。嘉永三年(一八五〇)初代中村玉七の門に入って中村玉蔵、慶応元年(一八六五)五代目三枡大五郎の養子となり三代目三枡他人、明治元年(一八六八)三代目中村福助と改め、同四十年二代目梅玉を襲名。大正十年(一九二一)六月八日没。八十一歳。梅林院宗徳日善。大阪高津妙徳寺(南区中寺一丁目)に葬られる。

(二)三代　一八七五―一九四八　本名笹木伊之助。俳名三雀。屋号高砂屋。二代目の養子。明治八年(一八七五)一月十四日、大阪に生まれ、同十三年二代目中村政治郎と名乗り初舞台。四十年四代目中村福助と改め、昭和十年(一九三五)三代目梅玉を襲名。二十三年三月十八日没。七十四歳。同日付で芸術院会員。戒名は初め梅林院観解日静居士、のち梅林院祥雀日静居士。妙徳寺に葬られる。

(三)四代　一九四六―　本名河村順之。初名二代目加賀屋福之助(屋号加賀屋)。前名八代目中村福助(成駒屋)。屋号高砂屋。昭和二十一年(一九四六)生まれる。六代目中村歌右衛門の養子。平成四年(一九九二)四月襲名。

参考文献　村上薫編『浪速演芸名家談叢』、演芸画報社編『俳優鑑』、高沢初太郎編『人気役者の戸籍調べ』、剣持国男編『(新旧俳優)素顔と身上話』、日本年鑑協会編『演劇年鑑』一九二五年版、伊原敏郎『明治演劇史』、高谷伸『明治演劇史伝』上、山口広一編『梅玉芸談』、関逸雄編『梅玉を偲ぶ』(『幕間』別冊)、『演劇界』五六ノ一二(最新歌舞伎俳優名鑑)

(今尾　哲也)

なかむらはじめ　中村元　一九一二―九九　インド哲学・仏教学者。大正元年(一九一二)十一月二十八日、島根県松江市殿町に父喜代治・母トモの長男として出生。翌二年父母とともに東京に移住、東京市誠之小学校、東京高等師範学校附属中学校、第一高等学校文科乙類を経て昭和十一年(一九三六)東京帝国大学文学部印度哲学梵文学科卒業。大学院満期修了後、同十八年同文学部助教授就任、『初期ヴェーダーンタ哲学史』により文学博士の学位を受け、日本学士院賞恩賜賞を受賞した。二十九年東京大学文学部教授昇任、同文学部長、同文学部文化交流施設運営委員長などを歴任、四十八年東京大学停年退官、名誉教授。五十九年日本学士院会員に選任される。戦中・戦後期を通じた東洋諸民族思惟方法の比較研究『東洋人の思惟方法』が米国で注目され、二十六年スタンフォード大学客員教授出講。国内におけるインド哲学・仏教思想研究の中心的指導者として永年の活発な学界・執筆活動に加えて、欧米諸大学およびアジア諸国に講義・講演招聘やハワイ東西哲学者会議三回連続出席など、国際的活躍も著しい。インド連邦共和国名誉文学博士、イギリス王立アジア協会名誉会員、ドイツ学士院・オーストリア学士院客員会員、国際哲学会称号会員、ユネスコ『人類文化史』編集委員。四十五年財団法人東方研究会・東方学院を設立、理事長に就任して東洋思想研究の後進育成と、研究成果の普及と社会還元に努めた。四十九年比較思想学会設立、初代会長となり、五十八年名誉会長就任、「比較」を方法とした諸学問分野の横断的研究の重要性を説いた。放送大学客員教授。これらの学術文化への貢献により、四十九年紫綬褒章、五十二年文化勲章、五十九年勲一等瑞宝章、平成十一年(一九九九)NHK放送文化賞受賞。松江市名誉市民。十一年十月十日没。八十六歳。浄土真宗の篤信者母トモの影響を受けて育ち、一宗に偏することない在家仏教の立場を堅持し、釈尊の教えを基盤に東洋思想の意義を説く発言は広く社会の共感を呼んだ。著作『初期ヴェーダーンタ哲学史』四巻、『仏教語大辞典』三巻(仏教伝道協会伝道文化賞・毎日出版文化賞特別賞受賞)、『比較思想論』、『シャンカラの思想』、『中村元選集(決定版)』全三十二巻別巻八巻。ほかに論文約八百点、外国語論文二百点。

参考文献　中村元『東方の英知』、同『学問の開拓』、峰島旭雄他『中村元の世界』、高崎直道・川崎信定「中村元先生を偲ぶ」(『東方学』九九)、『東方』一五(中村元博士追悼号)

(川崎　信定)

なかむらはるじ　中村春二　一八七七―一九二四　明治・大正時代の教育者。成蹊学園創設者。明治十年(一八七七)

三月三十一日、東京麹町に生まれる。東京帝国大学文科大学国文学科卒業後、曹洞宗中学校・東洋音楽学校・法政大学・麹町高等女学校・東京高等師範附属中学で教鞭をとる。理想の教育の実現のために、同三十九年自宅に学生塾「成蹊園」を創設。さらに同四十四年実業家岩崎小弥太・今村繁三らの援助を得て、成蹊実務学校を開設。入学資格は中流以下の男子、授業料は無料とした。その後、中学校・小学校・女学校・実業専門学校を設立し、大正八年(一九一九)これらを統合して成蹊学園を創設した。英才教育、少数定員主義、徳育＝訓育の重視、そして、仏教的訓育方法としての凝念法の導入など、特色ある教育を実践した。主著は『中村春二選集』(大正十五年)。大正十三年二月二十一日没した。享年四十八。

参考文献 梅根悟・海老原治善・中野光編『資料日本教育実践史』一、中村治『人間中村春二伝—成蹊教育・その源流と展開—』、中野光『大正自由教育の研究』、海老原治善『現代日本教育実践史』
(久保 義三)

なかむらはんじろう 中村半次郎 ⇨桐野利秋(きりのとしあき)

なかむらひでたか 中村栄孝 一九〇二—八四 昭和時代の日本史、朝鮮史学者。明治三十五年(一九〇二)五月一日、千葉県山武郡増穂村(大網白里町)北横川に生まれる。父惣吉・母つね。東京府立第一中学校・第一高等学校を経て、大正十二年(一九二三)東京帝国大学文学部国史学科入学。黒板勝美の指導を受け、中世の日朝関係で卒業論文。十五年卒業して朝鮮総督府朝鮮史編修会嘱託となり、京城(ソウル)に赴任。同年七月対馬に出張して、宗家から朝鮮総督府に譲渡した史料を受領。昭和二年(一九二七)『朝鮮史』第四編部(李氏朝鮮時代太祖より宣祖まで)主任となり、図書部・整備部(採訪史料の整理・複本の作製)主任を兼任。同年朝鮮総督府修史官。十二年同編修官。二十年同教学官兼編修官・朝鮮史編修会幹事。第二次世界大戦敗戦により同年十一月帰国。二十一年五月朝鮮総督府廃庁により退官。二十三年名古屋大学文学部創設により教授に就任し、国史学担当。在任中、大学評議員・文学部長・大学院文学研究科長を歴任。四十一年停年退官し、名誉教授の称号を贈られた。同年天理大学文学部教授となり、おやさと研究所第二部(中国・朝鮮)主任、ついで朝鮮学科主任を務めた。五十二年同大学を辞職して郷里北横川に帰る。このほか朝鮮で青丘学会を創立して機関誌『青丘学叢』を刊行し、帰国後は朝鮮学会幹事・編輯委員・副会長を務めるなど朝鮮学の振興に尽力した。五十九年一月四日没。八十一歳。墓は郷里の北横川にある。中近世日朝関係史研究の開拓者であり、その体系を確立した業績は大きい。大著『日鮮関係史の研究』上・中・下の研究により昭和四十五年度の日本学士院賞・恩賜賞を受賞。朝鮮史に関しては『朝鮮史』第四編の編修をはじめ、書誌学的研究を主に多数の論文がある。名古屋大学時代には織豊政権・東海地域史の研究も行なった。その他の著書に『日本と朝鮮』『朝鮮—風土・民族・伝統—』『清洲城と名古屋城—織田・豊臣から徳川へ—』『東海風土記』などがある。

参考文献 中村栄孝「中村栄孝教授略歴・著作目録」(『名古屋大学文学部研究論集』史学一四)、同「朝鮮史と私—国史学界の今昔二一—」(『日本歴史』四〇〇)、田川孝三・長正統・平木実「中村栄孝先生追悼記事・著作目録」(『朝鮮学報』一一二)
(長 節子)

なかむらふくすけ 中村福助 歌舞伎俳優。三代目より、成駒屋・高砂屋の二系に分かれた。

(一)初代 四代目中村芝翫(しかん)の前名。屋号成駒屋。

(二)二代 一八三九—六七 幕末の和事師。前名中村政次(二)郎。俳名獅童。屋号成駒屋。天保十年(一八三九)生まれる。初代の弟。文久元年(一八六一)八月襲名。慶応三年(一八六七)八月没。二十九歳。

〔成駒屋系〕(一)三代 一八四六—八八 初名中村政之助。前名二代目中村政次郎。後名中村寿蔵・六代目中村重蔵・中村寿太郎。弘化三年(一八四六)生まれる。二代目の門弟。一時初代の養子。明治元年(一八六八)襲名。同二十一年五月五日没。四十三歳。

(二)四代 五代目中村歌右衛門の前名。

(三)五代 一九〇〇—三三 本名中村慶次。前名二代目中村児太郎。俳名梅莟・啾雨。明治三十三年(一九〇〇)五月十日東京に生まれる。四代目の養子。大正五年(一九一六)四月襲名。昭和八年(一九三三)八月十一日没。三十四歳。

(四)六代 六代目中村歌右衛門の前名。

(五)七代 七代目中村芝翫の前名。

(六)八代 四代目中村梅玉の前名。

(七)九代 一九六〇— 本名中村栄一。前名五代目中村児太郎。屋号成駒屋。昭和三十五年(一九六〇)十月、七代目中村芝翫の長男に生まれる。平成四年(一九九二)四月襲名。

〔高砂屋系〕(一)三代 二代目中村梅玉の前名。

(二)四代 三代目中村梅玉の前名。

(三)五代 一九一〇—六九 本名笹木徳太郎。前名三代目中村政治郎。明治四十三年(一九一〇)七月二十一日生まれる。四代目の養子。昭和十年(一九三五)一月中座で襲名。同四十四年一月一日没。五十八歳。

参考文献 俳優堂夢遊『俳優世々の接木』(『歌舞伎の文献』八)、演芸画報社編『俳優鑑』、高谷伸『明治演劇史伝』上、伊原敏郎『明治演劇史』、加賀山直三『ある女形の一生』、山口広一編『梅玉芸談』、『演劇界』五六ノ一二(最新歌舞伎俳優名鑑)
(今尾 哲也)

なかむらふせつ 中村不折 一八六六—一九四三 明治から昭和時代にかけての洋画家。慶応二年(一八六六)七月十日、江戸に生まれる。初名鉌太郎。明治二十年(一八八七)十一字会研究所に入り浅井忠・小山正太郎に学び、同二十三年以来明治美術会に出品する。同三十三年パリ万国博覧会に「黄葉村」を出品、翌年渡仏しパリではじめR・コランにつくが、翌三十五年からアカデミー＝ジユリアンに移りJ・P・ローランスに師事。三十九年帰国後、太平洋画会に所属し「八重潮路」などを発表、ローランス流の堅固な写実を示し、鹿子木孟郎(たけしろう)とともに黒田清輝の白馬会に対抗する太平洋画会の性格を決定づけた。初期文展で活躍し、昭和十二年(一九三七)帝国芸術院会員となる。代表作に「建国剏業」(明治四十年)などがある。書家としても知られる。昭和十八年六月六日没。七十八歳。

参考文献 中村不折「僕の歩いた道—自伝—」(『中央美術』一三ノ一—三) (三輪 英夫)

なかむらぶらふ 中村武羅夫 一八八六—一九四九 大正・昭和時代の小説家、評論家。明治十九年(一八八六)十月四日、北海道空知郡岩見沢村東(岩見沢市)に、中村禎次・ヨシエの長男として生まれる。岩見沢小学校卒業。明治四十年文学者を志し上京、小栗風葉の弟子となる。翌年『新潮』の記者となり、作家訪問記を連載。さまざまな新企画で『新潮』を一流文芸雑誌にまで育て上げ、名編集長の名を馳せた。代表的評論に「誰だ？花園を荒す者は！」(昭和三年(一九二八))があり、左翼勢力の台頭に抗して芸術派文学の擁護に努めた。小説に『人生』(大正十年(一九二一))、『地霊』(昭和五年)などがある。昭和二十四年五月十三日没。六十四歳。墓は東京の多磨墓地にある。

参考文献 加藤愛夫『中村武羅夫』(『いわみざわ文学叢書』一)、宇野浩二「大正時代の『新潮』」(『新潮』五二ノ四)、伊藤整「昭和時代の『新潮』」(同) (村松 定孝)

なかむらまさなお 中村正直 一八三二—九一 明治時代前期の教育者、啓蒙的学者。幼名釧(せん)太郎のち敬輔、諱正直、号敬宇。天保三年(一八三二)五月二十六日、江戸麻布丹波谷に生まれる。父武兵衛は二条城交番同心。嘉永元年(一八四八)昌平黌寄宿寮に入り、佐藤一斎らに学ぶ。安政二年(一八五五)学問所教授方出役、同四年甲府徽典館学頭、文久二年(一八六二)御儒者となる。この間洋学の勉強もしていた。慶応二年(一八六六)幕府の英国留学生派遣に取締として同行、英国市民社会の実状にふれた。幕府の崩壊で帰国、静岡に移り、静岡学問所の教授となる。明治三年(一八七〇)英人S・スマイルス『セルフ＝ヘルプ』を翻訳、『西国立志編』十一冊を翌年中に刊行、非常な売行きをみた。ついで同五年『自由之理』(じゆうのことわり)(J・S・ミル原著)を刊行した。明治四年米人E・W・クラークに接してキリスト教に関心を深め、「擬泰西人上書」を執筆、キリスト教解禁を説き、反響があった。同五年東京に帰り、大蔵省翻訳御用を務めるかたわら翌年から家塾同人社を開いた。同七年明六社に参加、カナダメソジスト派宣教師カックランから受洗した。同八年東京女子師範学校摂理となり、同十二年同人社女学校をつくるなど女子教育にも力を入れ、また盲唖教育にも努力、その推進のため八年楽善会を古川正雄らとつくり、十三年訓盲院を開設した。同人社は十四年ごろが最盛で、慶応義塾や攻玉社と並び称されたが、徴兵猶予がなくなったこともあって衰え、二十二年ほかへ譲った。明治十二年東京学士院会員、同十四年東京大学教授、十九年元老院議官、二十一年文学博士、二十二年東京市会議員、二十三年貴族院議員。二十三年の教育勅語の作成にあたっては、芳川顕正文相からの依頼で「徳育大意」を作ったが採用されなかった。明治二十四年六月七日没。六十歳。上野谷中墓地に葬られる。

参考文献 サミュエル＝スマイルズ『西国立志編』(中村正直訳、『講談社学術文庫』五二七)、大久保利謙編『明治啓蒙思想集』(『明治文学全集』三)、石井民司『(自助的人物典型)中村正直伝』、高橋昌郎『中村敬宇』(『人物叢書』一三五)、前田愛「中村正直」(『文学』三三ノ一〇) (田崎 哲郎)

なかむらやろく 中村弥六 一八五四—一九二九 明治・大正時代の林学者、政治家。信州高遠藩の儒官中村黒水の次男として安政元年(一八五四)十二月八日、高遠町に生まれる。号は背水。明治二年(一八六九)上京、安井息軒に師事、翌年開成学校に学び、十二年ドイツに留学、林学を修め十六年帰国し山林学校教授となる。翌年御料林制定に関する意見書を岩倉具視に提出、林学の基礎を築き三十二年林学博士。同二十三年より四十五年まで長野県選出衆議院議員。昭和四年(一九二九)七月七日神奈川県国府津の寓居で没。七十六歳。墓は東京都台東区の谷中墓地にある。

参考文献 日本林業技術協会編『林業先人伝』、吉田義季編『林業回顧録』 (鈴木 尚夫)

なかむらゆうじろう 中村雄次郎 一八五二—一九二八 明治・大正時代の軍人。嘉永五年(一八五二)和歌山藩士中村一貫の次男として伊勢の久居に生まれ、明治維新後兵学寮に入り、さらにフランスに留学し、明治七年(一八七四)帰国し陸軍中尉になった。その後もロシア皇帝戴冠式に随員として参加したのちヨーロッパを歴訪した。陸軍士官学校、陸軍大学校の創設にかかわり、参謀本部、陸軍省軍務局の勤務を経て、明治三十年陸軍士官学校長、三十一年陸軍次官、三十三年陸軍総務長官となったが、三十五年陸軍中将にすすむとともに予備役に編入され、製鉄所長官となった。同四十年男爵を授けられる。大正三年(一九一四)満鉄総裁に就任、六年現役に復帰して関東都督に任ぜられ、同七年には指揮下の部隊を北満洲シベリアに出兵させた。八年には、官制改正により関東都督府が廃止され、関東軍と関東庁が創設されたのに伴ってその職をはなれた。同九年宮内大臣となったが、皇太子の結婚にかかわる宮中某重大事件にまきこまれ、十年二月皇太子妃の内定に変更はないと発表して辞任した。その後同十一年より昭和三年(一九二八)の死去まで、枢密顧問官をつとめた。陸軍では傍系の紀州閥出身であったが、主として軍政系統の要職を歴任し、軍職を退いた後も政治的に活動した。昭和三年十月二十日没。七十七

歳。（藤原　彰）

なかやまいさこ　中山績子　一七九五―一八七五　幕末・維新期の宮廷の女房。寛政七年（一七九五）二月十日、前権大納言中山愛親の十四女に生まれる。文化四年（一八〇七）八月東宮に出仕、上臈となって高松局と称し愛子と名を改める。仁孝天皇の践祚にあたり同十四年三月典侍に補せられ宰相典侍と称した。同年四月従五位上、以後位階は順調に進み弘化三年（一八四六）正月従三位に昇る。同年二月孝明天皇の践祚にあたり大典侍となり、また嘉永元年（一八四八）嘉彰親王・能久親王が仁孝天皇の養子となった際その養母代となった。慶応三年（一八六七）正月明治天皇の践祚にあたっても宮中への奉仕はこれまで通りと命ぜられ、明治二年（一八六九）正月正三位を授けられた。同八年二月十二日、八十一歳で没。墓所は京都市盧山寺、なお績子の兄忠尹の孫が中山忠能で、忠能の次女慶子が明治天皇の生母である。『中山績子日記』（『日本史籍協会叢書』）は彼女が残した日記である。安政三年（一八五六）から明治七年に至るものであるが、元治元年（一八六四）の前半、慶応元年全部、同三年の大部分、明治四年から六年七月までの分が欠けている。内容は幕末の部分がくわしいが、政局の動向についてはあまり触れていない。しかし孝明天皇の日常生活や親王・女房らの消息、あるいは宮中の儀式や年中行事等の記述は詳細であり、また女房詞を多用しているので、宮廷史・有職故実の研究のみならず国文学の領域においても貴重な文献である。（佐々木　克）

なかやまいちろう　中山伊知郎　一八九八―一九八〇　昭和時代の経済学者。明治三十一年（一八九八）九月二十日、新聞記者中山朝之助と八重の長男として三重県度会郡宇治山田町（伊勢市）に生まれた。神戸高商予科を経て東京商科大学に入学、福田徳三に学び、大正十二年（一九二三）卒業と同時に同大助手となり、昭和二年（一九二七）から英米独に留学、シュンペーターに師事した。四年同大助教授、十二年教授となり、十四年には数理経済学に新生面を開いた『発展過程の均衡分析』により経済学博士を得た。同大学が一橋大学に改組される直前の二十四年一月から七年近くにわたって学長を務め、三十七年定年退官、翌年学士院会員となり、四十三年文化功労者に選ばれた。二十一年の中央労働委員会発足以来公益委員、二十五年から十年間会長を務め、近江絹糸争議や三池争議の解決に尽力した。また、国際労働機関の政府代表、日本労働協会会長、公共企業体等基本問題会議代表座長、NHK基本問題調査会会長など、多方面で活躍した。五十五年四月九日、東京にて死亡。八十一歳。著書に『純粋経済学』『経済学一般理論』『資本の理論』『近代経済学の展開』などがあり、『中山伊知郎全集』全十九冊がある。

参考文献　『中山伊知郎全集』別巻
（高村　直助）

なかやましょうぜん　中山正善　一九〇五―六七　天理教二代真柱（しんばしら）。明治三十八年（一九〇五）四月二十三日、奈良県山辺郡丹波市町（天理市）三島にて初代真柱中山真之亮・たまへの長男として出生。天理教教祖中山みきの曾孫。大正四年（一九一五）、十一歳にして二代真柱となる（ただし大正十四年までは山沢為造が職務摂行者として実務を代行す）。天理中学校、大阪高等学校を経て昭和四年（一九二九）東京帝国大学文学部宗教学科卒業。昭和二、三年には長らく伏せられていた天理教原典『おふでさき』『おさしづ』を公刊、原典に基づいた教理の普及に努む。昭和十三年以降天理教の活動は再び当局の制約を受けるが、第二次世界大戦後直ちに「復元」を提唱、「かぐらづとめ」を復活、また『天理教教典』（昭和二十四年）、『稿本天理教教祖伝』（昭和三十一年）を刊行、教義体系確立に貢献す。文化活動にも尽力、天理外国語学校（天理大学の前身）・天理図書館・天理参考館・「憩の家」（病院）などを設立、柔道・水泳はじめスポーツ活動をも育成す。海外諸国をしばしば歴訪、海外布教の道をも開く。昭和三十九年藍綬褒章受章。同四十二年十一月十四日六十二歳で没す。

参考文献　『みちのとも』七八ノ二（二代真柱追悼号）
（松本　滋）

なかやましんぺい　中山晋平　一八八七―一九五二　大正・昭和時代の大衆歌曲と童謡の作曲家。明治二十年（一八八七）三月二十二日、長野県下高井郡日野村（中野市）に村長実之助・ぞうの子として誕生。小学生の時オルガンに興味を抱く。十七歳で小学校の代用教員となり、翌年上京し島村抱月家の書生となる。明治四十一年四月東京音楽学校に入学、翌年本科ピアノ科に進む。卒業後東京浅草の千束小学校の代用教員となり、大正三年（一九一四）抱月主宰の芸術座の『復活』上演に際し、新味ある歌曲「カチューシャの唄」を作曲、爆発的な人気を呼び、続いて同劇団のために数曲を書き、どれもヒットし、やがて新作小唄「船頭小唄」でまたもや全国を風靡し、その後も「出船の港」「波浮の港」「鉾をおさめて」とつぎつぎにヒット、さらに「東京行進曲」「東京音頭」などの成功で、大衆歌曲の父と仰がれ、また数々の地方小唄、多数の童謡「てるてる坊主」「月の兎」「砂山」「シャボン玉」などの名曲を残す。後年日本音楽文化協会理事長、日本音楽著作権協会会長ほか要職につき、大衆の心をうたう作曲家として親愛された。昭和二十七年（一九五二）十二月三十日静岡県熱海で死去。六十五歳。墓は東京都府中市の多磨墓地にある。法名清楽院晋山明響居士。（宮沢　縦一）

なかやまただみつ　中山忠光　一八四五―六四　幕末の尊攘派公家。准大臣中山忠能の七男。母は平戸藩主松浦清の女愛子。弘化二年（一八四五）四月十三日誕生。のち長兄忠愛の養子となる。安政四年（一八五七）従五位下に叙し、翌五年侍従に任じられ、万延元年（一八六〇）儲君（睦仁親王、のちの明治天皇）祇候を命ぜられた。生来奔放な性格で、朝幕関係が緊張を深めるに従い、父忠能の許に出入りする諸藩の志士らと交わりを持つようになり、特に文久二年(一八六二)朝廷内で尊攘派の勢力が擡頭し、父忠能が国事御用掛に任じられると、武市瑞山・久坂玄瑞・吉村虎(寅)太郎・真木和泉らの志士と交遊するようになり、次第に尊攘派公家として頭角を現わした。同三年二月朝廷に国事寄人が設けられると、十九歳の若さでこれに任じられるが、翌三月には密かに京を脱して長州に入り、官位を返上し、森俊斎(秀斎とも)と改名し、下関の外国船砲撃にも参加した。しかし京都の情勢が尊攘派に不利の方向に赴くのを知って、六月に帰洛し、攘夷親征のために奔走した。折から攘夷祈願のため大和行幸が決まると、吉村虎太郎・松本奎堂らの同志を率いて京都を出奔し、先鋒挙兵を計画してその首領に押され、八月十七日五条代官を殺戮し陣屋を焼き払った(天誅組の乱)。しかし八月十八日の政変によって行幸は中止となり、忠光らは幕軍の討伐を受けて十津川で敗れた。そのため忠光は大坂に脱出の後、長州藩に遁れたが、禁門の変後に同藩内において恭順派が藩政を握ると、その翌元治元年(一八六四)十一月十五日刺客に襲われ、豊浦郡延行村(山口県下関市大字延行)において暗殺された。年二十。明治三年(一八七〇)正四位を贈られ、同七年豊浦郡楠野村(下関市大字楠乃)住吉神社内の中山社に祭祀された。

参考文献　『中山家系譜』、正親町季董『天忠組の主将中山忠光』　(川田　貞夫)

なかやまただやす　中山忠能　一八〇九―八八　幕末の王政復古派の公家。明治天皇の外祖父。文化六年(一八〇九)十一月十一日生まれ。父は権大納言中山忠頼、母は参議正親町実同の女綱子。忠能はその次男。文政四年(一八二一)左近衛権少将に任ぜられ、天保十一年(一八四〇)参議、弘化元年(一八四四)権中納言、同四年権大納言に昇進、翌嘉永元年(一八四八)正二位に叙せられた。この間天保二年権大納言吉園基茂の養女愛子と結婚。嘉永五年九月忠能の娘権典侍慶子は明治天皇を生んだ。翌六年アメリカ使節ペリーの来航にあたり、武家伝奏三条実万の諮問に答え、その要求を退くべしと述べた。嘉永二年から安政五年(一八五八)に至る間、しばしば議奏加勢となり、同年五月議奏に進んだ。たまたま条約勅許問題で安政五年二月老中堀田正睦が上洛していたが、忠能は権中納言正親町三条実愛ら六人とともに連署して、外交拒絶意見を建言した。翌月には八十八人の公卿の先頭に立って、列参して外交に関する朝議の変更を陳状した。安政の大獄、大老井伊直弼の横死ののち、公武合体論が起り、幕府が皇妹和宮の将軍徳川家茂への降嫁を奏請した際、岩倉具視・久我建通・正親町三条実愛らと、このことに奔走した。万延元年(一八六〇)十月和宮御用掛を命ぜられ、翌文久元年(一八六一)十月和宮の東下に供奉した。このため尊攘派から四奸二嬪の一人として攻撃され、同二年八月差控に処せられた。しかし同年十二月国事御用掛が設けられると、これに加えられて朝議に与った。翌年八月には、三男の忠光が大和五条の乱の首領に推されている。元治元年(一八六四)七月長州藩兵が大挙して入京するにあたり、極力同藩のために奔走し、七月禁門の変後、出仕ならびに他人面会を禁止された。慶応三年(一八六七)外孫明治天皇が践祚すると程なく処分をとかれ、岩倉具視・正親町三条実愛らと王政復古策をはかり、同年十月討幕の密勅を薩摩・長州二藩に下した。同年十二月王政復古に際し、議定に任ぜられ、翌明治元年(一八六八)二月輔弼となり、同二年五月神祇官知事、七月神祇伯、十月宣教師長官などを歴任した。この間従一位に昇り、准大臣となり、賞典禄千五百石を下賜された。明治十七年七月侯爵となり、同二十一年六月十二日病没した。年八十。墓は東京都文京区豊島岡墓地にある。

参考文献　『中山忠能日記』(『日本史籍協会叢書』)、『中山忠能履歴資料』(同)　(小西　四郎)

なかやまみき　中山みき　一七九八―一八八七　天理教の教祖。寛政十年(一七九八)四月十八日大和国山辺郡三昧田村(奈良県天理市)の庄屋前川半七正信・きぬの長女として出生。文化七年(一八一〇)十三歳で同郡庄屋敷村(同市)の従兄中山善兵衛に嫁ぐ。婚家の両親の厚い信頼を受け十六歳で家事一切を任された。幼少時から浄土宗の信心篤く、文化十三年十九歳の時五重相伝を受く。子供は長男秀司から五女こかんまで一男五女。天保八年(一八三七)に始まる秀司の足痛のため寄加持(よせかじ)を繰り返していたが、同九年四十一歳の年の十月二十三日夜、みき自身が加持台になったところ、「元の神・実の神」による神がかり状態となり三日三晩続き、同二十六日朝ついに神意のままにみきは「神のやしろ」と定まる。この日が天理教立教の日とされている。以来明治二十年(一八八七)九十歳の年までみきはあらゆる非難嘲笑迫害を受けながらも人間創造の「元の神」の教えを宣べ伝え、人救けに専念した。この五十年の道を天理教では「ひながたの道」と呼び、人間の生き方の模範雛形、人類救済の台としている。天保九年から二十数年間、一家は「貧のどん底」への道を歩む。その間嘉永六年(一八五三)に夫善兵衛が没するが、みきは同年中山家の母屋を取りこわし、「世界のふしんにかゝる」と宣言。翌安政元年(一八五四)には三女梶本はるに「をびや許し」(安産の守護)を授け、以後次第に「安産の神様」として知られる。元治元年(一八六四)にはのちの「本席」飯降(いぶり)伊蔵が入信。このころから信者たちに「さづけの理」を渡し始め、慶応二年(一八六六)からは「よろづたすけ」の方途として「つとめ」を教える。さらに明治二年から十五年にかけて『おふでさき』(千七百十一首)を執筆、また人間世界の「元初りの話」を説く。しかし明治七、八年ころから政府の迫害干渉が厳しくなり、みきは十数度も警察や監獄に拘引留置された。明治二十年二月十八日(陰暦正月二十六日)つとめの完修を人々に急き込みつつ九十年の生涯を閉じるが、天理教ではその後も存命のまま世界人間の救済の上に働き続けていると信じている。

参考文献　天理教教会本部編『稿本天理教教祖伝』、村上重良・安丸良夫校注『民衆宗教の思想』（『日本思想大系』六七）　（松本　滋）

なかやまもとなり　中山元成　一八一三—九二　幕末・明治時代前期の茶業者。号茶顚。文化十年（一八一三）下総国猿島郡辺田村（茨城県岩井市）の大庄屋の家に生まれる。猿島地方では寛文年間（一六六一—七三）より茶が広く栽培されていたが、文化・文政期ごろ茶の価格低下により荒廃した。彼は天保期より猿島茶の復興を志し、先進地宇治より教師を招き、焙炉を造り、製茶の製法をひろめ、茶樹の改良につとめた。嘉永四年（一八五一）関宿藩により江戸藩邸内に猿島茶売捌会所の設立が計画され、彼がこの任にあたり、翌五年三月開設、猿島茶は江戸をはじめ関東地方に広く販売されるようになった。安政開港を期に茶の輸出を志し、安政六年（一八五九）わが国最初の茶の輸出に成功した。その後茶の輸出は増加したが、明治十三年（一八八〇）、四年ごろ粗製濫造の弊著しく海外での声価を失墜した。彼は大倉喜八郎・大谷嘉兵衛らとはかり、製茶の評価を高めるため、茶業組合の設立やその全国組織である中央茶業本部の結成につとめた。著書に『茶園栽培大意』『製茶略説』などがある。明治二十五年没。八十歳。

参考文献　瀬谷義彦・豊崎卓『茨城県の歴史』（『県史シリーズ』八）　（伝田　功）

なかやまよしこ　中山慶子　一八三五—一九〇七　孝明天皇の典侍、明治天皇の生母。天保六年（一八三五）十一月二十八日生まれた。父は公卿中山忠能、母は公卿園基茂の養女、実は平戸藩主松浦清の女愛子。嘉永四年（一八五一）三月宮中に召されて典侍御雇として孝明天皇に仕え、名を安栄と賜わり、四月典侍となって今参と称し、五月改めて権典侍と称した。同五年九月二十二日中山邸で皇子祐宮（明治天皇）を生み、十一月宮中に還り、安政元年（一八五四）十一月督典侍と称し、同三年九月祐宮は中山邸から宮中に還り、慶子の局に居住した。同六年七月病で典侍を辞して祐宮付となり、新宰相と称した。孝明天皇崩御後の慶応三年（一八六七）四月典侍に再任され、八月新宰相典侍、十月には督典侍と改称した。明治元年（一八六八）八月従三位に叙せられて三位局の称を賜わり、位次を大典侍中山績子（高祖姑にあたる）の上に列せられ、食禄五百石と屋敷地を賜わった。昇叙のことは皇太后夙子の思召しによるもので、天皇がこれを聴許したからである。同三年九月東京に移り、はじめて参内、従二位に叙せられ、五年七月宮中の雑役を免ぜられ、ついで屋敷を賜わって宮中を退出した。同二十二年三月去る十二年以来の明宮（大正天皇）御養育御用を免ぜられ、特旨を以て正二位に昇叙された。同三十三年一月大患に際して従一位に昇叙、四十年十月五日青山南町の屋敷で没。年七十三。墓は東京都文京区の豊島岡墓地にある。

参考文献　宮内省編『明治天皇紀』　（吉田　常吉）

ながよせんさい　長与専斎　一八三八—一九〇二　幕末・明治時代の医者。初代内務省衛生局長。号は松香。肥前大村藩医長与俊達の養子中庵の子として、天保九年（一八三八）八月二十八日に生まれた。四歳のとき父中庵が死亡し、祖父にそだてられて、弘化三年（一八四六）その養子となった。安政元年（一八五四）六月大坂の適塾に入門し、のち塾頭にあげられた。万延元年（一八六〇）長崎に赴き、ポンペについて蘭医学を学んだ。慶応二年（一八六六）四月藩命により再び長崎に遊学し、ボードインに学んだ。明治元年（一八六八）長崎精得館頭取に就任し、同四年には上京して中教授文部少丞となり、岩倉具視の遣欧使節の一行に加わって医学教育、医師制度の調査に従った。同六年三月帰朝し、相良知安のあとをうけて文部省医務局長となり、同八年同局を内務省に移して衛生局と改称し、以後十七年間この職にとどまって、わが国衛生行政の基礎をきずいた。すなわち医制の制定、医師・薬舗の開業試験制度の発足、防疫・検疫制度の導入、東京司薬場（現国立衛生試験所）、牛痘種継所の創設などのほか、大日本私立衛生会をおこして、全国に衛生設備をおき、衛生思想の普及につとめた。同十九年四月元老院議員、同二十三年貴族院議員（勅選）、同二十五年宮中顧問官に就任した。同三十五年九月八日、六十五歳で病没。東京の青山墓地に葬られた。同じく医学者で東大総長の長与又郎、作家の長与善郎らの父である。

参考文献　小川鼎三・酒井シヅ校注『松本順自伝・長与専斎自伝』（『東洋文庫』三八六）　（深瀬　泰旦）

ながよまたお　長与又郎　一八七八—一九四一　明治から昭和時代前期にかけての医学者。明治十一年（一八七八）四月六日、長与専斎の三男として東京市神田区駿河台北甲賀町（東京都千代田区神田駿河台）に生まれた。母園子。初代長与胃腸病院院長長与称吉の弟、初代同盟通信社長岩永裕吉、作家長与善郎の兄。正則中学校を経て第一高等学校に入学、はじめ法科を志したがのち父の希望に従って医科に転じ、明治三十七年東京帝国大学医科大学を卒業した。山極勝三郎のもとで病理学を専攻し、同四十年ドイツに留学、フライブルク大学でアショッフについて病理学を学ぶ。同四十二年帰国し、翌年母校の助教授となり、同四十四年教授に昇進した。以後医学部長、伝染病研究所長を歴任、昭和五年（一九三〇）恙虫病の病原体を「リケッチア＝オリエンタリス」と命名した。同九年東京帝大総長に就任し、大学の自治のために尽瘁した。同十一年帝国学士院会員、同十六年退官して男爵に列せられた。心臓および肝臓の権威としてもしられている。昭和十六年八月十六日没。六十四歳。東京の青山墓地に葬られている。

参考文献　長与博士記念会編『長与又郎伝』　（深瀬　泰旦）

ながよよしろう　長与善郎　一八八八—一九六一　大正・昭和時代の小説家、劇作家。明治二十一年（一八八八）八月六日、東京市麻布区麻布宮村町六十七番地（港区元麻布三丁目)に生まれる。父専斎・母園子の五男。兄に長与又郎がいる。学習院を経て東大英文科に進み、中退。明治四十四年『白樺』同人となり作家生活に入る。同誌に小説・戯曲を発表。大正三年(一九一四)自己の恋愛体験に取材した長編『盲目の川』を、ついで壮大な運命劇『項羽と劉邦』(同五―六年)を書き、文壇に注目された。以後南蛮鋳物師の挿話『青銅の基督』(同十二年)、大正教養主義の主軸をなす思想小説『竹沢先生と云ふ人』(同十三―十四年)、長編『この男を見よ』(昭和六年(一九三一))、『夕子の旅行記』(同十四年)、評伝『大帝康煕』(同十三年)などを書き、第二次世界大戦後も芸術家小説『野性の誘惑』(二十二年)、戦中の社会情況をとらえた『その夜』三部作(二十七年)などに旺盛な筆力を示した。自叙伝『わが心の遍歴』(三十四年)もある。昭和三十六年十月二十九日没。七十三歳。東京都港区の青山墓地に葬る。

（遠藤　祐）

なぐもちゅういち　南雲忠一　一八八七―一九四四　大正・昭和時代の海軍軍人。明治二十年(一八八七)三月二十五日、旧米沢藩士南雲周蔵・志んの次男として山形県南置賜郡米沢信夫町(米沢市)で出生。米沢中学校を経て海軍兵学校に進み、四十一年十一月卒業。水雷術専攻の将校となり、大正九年(一九二〇)十一月に海軍大学校卒業。海軍軍令部・艦隊・海軍大学校の各勤務のあと、海軍軍令部第一班第二課長を経て一等巡洋艦高雄・戦艦山城の各艦長を歴任し、昭和十年(一九三五)十一月将官に進み、第一水雷戦隊司令官。さらに第八戦隊司令官・海軍水雷学校校長・第三戦隊司令官・海軍大学校校長を勤め、太平洋戦争開戦時には第一航空艦隊司令長官として真珠湾空襲を指揮。ミッドウェー海戦で敗れたあと、第三艦隊司令長官として南太平洋海戦にも臨む。佐世保・呉の両鎮守府と第一艦隊の各司令長官のあと、中部太平洋方面艦隊司令長官としてサイパン島にあるとき米軍の来攻に遭い(サイパン島の戦)、昭和十九年七月八日戦死。五十八歳。死後、大将に進む。墓は神奈川県鎌倉市の円覚寺にある。

参考文献　防衛庁防衛研修所戦史室編『ハワイ作戦』(『戦史叢書』一〇)、松島慶三『悲劇の南雲中将』、豊田穣『波まくらいくたびか』

（野村　実）

なくらたろま　名倉太郎馬　一八四〇―一九一一　明治時代の篤農。天保十一年(一八四〇)五月五日、遠江国山名郡松袋井村(静岡県袋井市)の兼子家に生まれる。のち彦島村(同)名倉太右衛門の養子となる。明治五年(一八七二)彦島村に報徳仕法による結社を設立、翌六年戸長に就任した。同五年より正条植に関心を寄せ、このため村内有志と区画整理事業に志し、同八年三十三町歩にわたる道路・水路・畦畔改良工事を完成した。三十六年には田原村二百八十五町歩の耕地整理を完成した。四十四年没。七十二歳。

参考文献　小川誠「耕地面積の増大と耕地整理事業の胎動」(『日本農業発達史』一所収)

（伝田　功）

なしもとのみやもりまさおう　梨本宮守正王　⇨守正王(もりまさおう)

なだおひろきち　灘尾弘吉　一八九九―一九九四　昭和時代の官僚、政治家。明治三十二年(一八九九)十二月二十一日広島県に生まれる。大正十三年(一九二四)東京帝国大学法学部卒業後、内務省に入り会計課長、大分県知事、厚生省生活局長・同衛生局長、内務省地方局長・内務次官などを歴任。昭和二十七年(一九五二)広島一区より当選、以来連続十二回衆議院議員に当選。自由党を経て自由民主党所属。石橋内閣、第一次・二次岸内閣、第二次・三次池田内閣、第二次佐藤内閣の文部大臣をつとめ文部行政を推進したが、タカ派として日教組には対決姿勢を強めた。また親台湾派としても知られる。この間、第二次池田内閣の厚相。前尾繁三郎・椎名悦三郎とともに自民党の「三賢人」と称され、三木内閣の時、党の総務会長をつとめ、同五十一年いわゆる「三木おろし」で混乱する党内の収拾にあたった。同五十四―五十五年衆議院議長。同五十八年引退。自民党最高顧問。平成六年(一九九四)一月二十二日東京世田谷区の自宅で死去。九十四歳。

参考文献　高多清在『灘尾弘吉』(『広島県名誉県民小伝集』)、小林吉弥『総理になれなかった男たち―逆説的指導者論―』

（鳥海　靖）

なつお　夏雄　⇨加納夏雄(かのうなつお)

なつめそうせき　夏目漱石　一八六七―一九一六　明治末から大正前期へかけての小説家。明治の前年慶応三年(一八六七)正月五日(陽暦二月九日)、江戸牛込馬場下横町(東京都新宿区喜久井町)で生まれた。父夏目小兵衛直克(五十一歳)・母千枝(四十二歳)の五男末子、金之助と命名される。夏目家は町方名主で当時かなり勢力があり、母千枝は四谷の質商福田庄兵衛の三女で、大名家の奥女中をつとめた後、おそらく安政元年(一八五四)に直克の後妻に来た。末子の出生は祝福されず、母の乳が出なかったためもあって、生後すぐ里子に出され、翌年養子にやられ、塩原昌之助・やすの夫婦を実の父母と思って成長する。養父母の不和のため、塩原家在籍のまま実家にひきとられ、小学校も三回変わる。この不幸な幼年時代が、漱石の性情形成に大きく影響した。明治十二年(一八七九)、東京府立第一中学校正則科に入学したが、十四年、実母千枝の死の衝撃で、中学を中退して二松学舎に入り、漢学を学んだ。将来文学で立とうとしたが、心機一転して成立学舎で英語を勉強し、十七年九月、大学予備門予科入学。二十一年塩原家より夏目家に復籍。本科一部に進学。翌年正岡子規を知り、親しくなる。子規の詩文集『七艸集』の批評にはじめて漱石の号を用いた。九月、漢詩文体の紀行文集『木屑録』脱稿。翌二十三年本科一部を卒業して、九月帝国大学文科大学英文科入学。翌年、敬愛していた嫂(あによめ)登世が悪阻のため死去し、「悼亡」十三句を子規に送った。翌二十五年、分家届を出して北海道へ移籍。『哲学雑誌』の編集委員となり、「文壇に於ける平等主義の代表者「ウォルト、ホイットマン」の詩について」(二十五年十月)、「英国詩人の天地山川に対する観念」(二十六年三月―六月)などを発表。七月、英文科第二回生として卒業。大学院に入学したが、十月、東京高等師範学校の教師となり、翌年一種の神経衰弱になって参禅などをした。二十八年四月、愛媛県立松山中学の教員として赴任し、下宿に同居した子規の影響で、句作に熱を入れるようになり、次第に俳壇に出る。翌年四月、熊本第五高等学校に転任。六月、貴族院書記官長中根重一長女鏡子と結婚。教師をやめて上京したい気持の強まる中で、「人生」(『竜南会雑誌』二十九年十月)、「英国の文人と新聞雑誌」(『ホトトギス』三十二年四月)、「小説『エイルキン』の批評」(『ホトトギス』同年八月)などを書いた。三十三年五月、文部省から英語研究のため満二年間のイギリス留学を命ぜられ、九月横浜を出帆し、十月パリを経てロンドンに着き、留学地をロンドンに決める。この留学は、漱石に大きな衝撃を与え、イギリスと日本、東洋と西洋とを比較し、その落差を認識するとともに、日本を外から眺めることにより、自己本位の立場を確立するということになる。一時同宿した池田菊苗の刺戟もあって、科学的体系的な『文学論』の著述を思い立ち、下宿で専心勉強し、発狂の噂さえ文部省に伝わった。三十六年一月、東京に帰り、五高をやめて、一高と東大の講師になる。東大での講義が、『英文学形式論』『文学論』『文学評論』である。三十八年一月、高浜虚子のすすめで、『ホトトギス』に載せた『吾輩は猫である』が、猫を主人公とし、猫が人間を批評するという奇抜な着想と、諷刺と諧謔が多くの読者を得て文壇に出る。続いてイギリス中世の物語に取材した「幻影の盾」「薤露行」などを含む短篇集『漾虚集』(三十九年五月)によって、日露戦争後の文壇の新機運の浪漫的、幻想的傾向を荷うものと注目され、「猫」の連載(『ホトトギス』三十八年一月―三十九年八月)、『坊つちゃん』(三十九年四月)も好評を得た。『草枕』(三十九年九月)の発表された『新小説』は、すぐ売り切れたといわれ、その学殖を駆使した名文が機縁となって、四十年四月、一切の教職をやめて朝日新聞社に専属の作家として入社する。入社第一作の『虞美人草』は、京都・東京の二都にまたがり、シェイクスピアやメレジスの手法を借りて、自我の強い男女と道義心の強い男女とを対照させ、絢爛たる文章を連ねて読者受けをねらうとともに、道義を人生の第一義に置く作者の考えを貫いたものであったが、次作『坑夫』では一転して、捉え所のない人間の性格を低徊的に書き、『夢十夜』には、夢に託して人間存在の不安を書いた。それが『三四郎』の無性格にもなるのだが、『三四郎』は大学生を主人公とし、美禰子や野々宮さんなどの青春群像、それらを暖かく包む広田先生などを書くことによって、当代の知的青年の思考や生活を扱ったものとして多くの読者を得、それは「三四郎池」の呼称を生んだことでもわかる。翌四十二年の『それから』では、三四郎は成長して代助となり、無気力な生活を打破して、友人平岡の妻三千代との真実の愛に生きようとするが、この作品では、自己の真実に生きることは社会から見放されることだという、漱石の哲学が鮮明であり、漱石はようやく観念的でない生身の人物を造型することができるようになったので、前期の作品から後期の作品への展開期の重要な作品と見られる。この社会の掟に背いて愛を貫いた男女の以後の生活が、翌年の『門』で書かれる。ここには青年時の参禅の体験がとり入れられている。『門』脱稿後、胃潰瘍で入院し、修善寺に転地したのがかえって悪く、八月二十四日一時危篤となる。いわゆる「修善寺の大患」である。十月帰京、翌年二月まで病院生活。この間『思ひ出す事など』を書く。文部省から文学博士の学位授与の通知があったのを断わる。この博士問題のごたごたは四月半ばまで続く。五月、文部省の文芸委員会制度に反対した。権力が文芸を統制することにはあくまでも反対したのである。八月、大阪朝日新聞主催の講演会のため、大阪へ行き、和歌山で「現代日本の開化」を講演した。九月、池辺三山が朝日新聞を辞めたため、漱石も辞表を出したが、慰留されて撤回した。四十二年十一月に新設して、反自然主義の牙城と見られていた「朝日文芸欄」は廃止された。以後『彼岸過迄』『行人』と、胃痛や神経衰弱に悩まされながら、人間の孤独の問題を追求し、大正三年(一九一四)の『心』では、その孤独を、明治の終焉を迎えた知識人の心情と重ね合わせて書いた。翌四年には、自己自身と周囲とをみつめた『硝子戸の中』とその延長上の『道草』を書き、従来の一面的な視点から複数の視点を得て、人間の実在に迫ろうとし、翌五年の『明暗』では、自我意識の強い夫婦を軸に、当代のブルジョアとインテリの階層およびこれを批判するプロレタリアらしき階層などを描き、人間の現実の諸相を、心理的にえぐり出した一大長篇を構想したようだが、胃潰瘍の悪化による作者の死(同年十二月九日)が、永遠に作品を奪った。五十歳。十二月十二日青山斎場で葬儀。二十八日雑司ヶ谷墓地に埋葬。法名文献院古道漱石居士。翌六年には追悼や研究の雑誌が相ついで出され、十二月には初版『漱石全集』(全十三巻、八年六月完)の刊行が始まった。人間的にも「漱石山脈」とよばれる多くの弟子達を育成したが、作品の追求した問題は広く深く、近代の代表的な作家である。

[参考文献] 平野清介編著『新聞集成夏目漱石像』、同編著『雑誌集成夏目漱石像』、津田青楓・夏目純一監修『夏目漱石遺墨集』、吉田精一・荒正人・北山正迪監修『図説漱石大観』、小宮豊隆『夏目漱石』、江藤淳『決定版夏目漱石』、瀬沼茂樹『夏目漱石』(『UP選書』五一)、猪野謙二『明治の作家』、村岡勇編『漱石資料―文学論ノート―』、塚本利明編『比較文学研究夏目漱石』、岡三郎『夏目漱石研究』、宮井一郎『評伝夏目漱石』、駒尺喜美『漱石という人』、大岡昇平『小説家夏

目漱石」、小泉信三「夏目漱石」(『小泉信三全集』一四所収)、岡崎義恵「則天去私の輪郭」(『芸術論の探求』所収)、山本健吉「漢詩の世界」(『漱石 啄木 露伴』所収)、芳賀徹「漱石と絵画」(平川祐弘編『作家の世界夏目漱石』所収)、前田愛「漱石と山の手空間―『門』を中心に―」(三好行雄他編『講座夏目漱石』四所収)、三好行雄「『明暗』の構造」(『鷗外と漱石 明治のエートス』所収)、柄谷行人「内側より見た生―『夢十夜』論―」(『季刊芸術』一八)

(井上百合子)

なべしまなおひろ 鍋島直大 一八四六―一九二一 幕末維新期の肥前国佐賀藩主。諱は茂実・直大。幼名淳一郎・直縄。信濃守・肥前守。弘化三年(一八四六)八月二十七日、佐賀城二ノ丸に直正の嫡子として生まれる。母は国家老鍋島周防茂慶の娘お浜の方。万延元年(一八六〇)元服して直縄と名のる。文久元年(一八六一)三月十三日従四位、将軍徳川家茂の一字を拝領して信濃守茂実と名のり、同年十二月襲封して肥前守、明治元年(一八六八)直大と改める。文久二年四月十一日佐賀へ入部した。明治元年二月入京、議定職・外国事務局輔加勢・同局権輔、三月横浜裁判所副総督となり、五月総野鎮撫の命を受け、藩兵を上野・東北戦争に送った。上野戦争では江戸城本丸で指揮をとり、藩兵らがアームストロング砲で活躍。横須賀造船所をフランス管理から引取り守衛した。同年六月外国官副知事、八月左近衛権少将、九月政府参与職、十二月藩制改革のため帰郷、明治二年薩・長・土に列して版籍奉還を建白した。同年七月フランス皇帝ナポレオン三世から黄金メダルを贈られた。同藩が慶応三年(一八六七)の第一回パリ万国博覧会に参加したためである。明治四年からイギリスへ留学、前後八年に及び、同十二年外務省御用掛、特命全権公使イタリア在勤、のち元老院議官。十七年侯爵となり、式部長官、貴族院議員、宮中顧問官などを歴任。嗣子直映、長女朗子(侯爵前田利嗣夫人)、次女伊都子(梨本宮妃)。大正十年(一九二一)六月七日没。七十六歳。墓は東京都港区の青山墓地と佐賀県佐賀郡大和町の春日山墓所にある。従一位勲一等旭日桐花大綬章を贈られた。

参考文献 中野礼四郎編『鍋島直大侯略伝』

(杉谷 昭)

なべしまなおまさ 鍋島直正 一八一四―七一 江戸時代後期の肥前佐賀藩主。はじめ斉正のち直正。閑叟と号す。文化十一年(一八一四)十二月七日、佐賀藩江戸藩邸に生まれる。父は佐賀藩主鍋島斉直、母は鳥取藩主池田治道の女幸姫。天保元年(一八三〇)佐賀藩三十五万七千三十六石の藩主となる。襲封とともに極度の藩財政難克服をめざし、直正みずから主導して質素倹約にもとづく藩財政の緊縮化をはかったが、同六年の佐賀城二ノ丸の焼失を契機として直正を中心とする藩政改革派が藩の実権を握り、同八年から諸改革が実施された。在住代官体制強化による農村支配の再建、藩行政機構の集中化、藩債の整理、加地子米(小作料)十ヵ年間猶予による本百姓体制の再編などを行なった。他方佐賀藩は鎖国下の長崎港の警備を福岡藩と隔年に命じられており、文化五年のイギリス軍艦フェートン号の長崎港内乱入に際し、その年警備担当であった佐賀藩主斉直は幕府から謹慎処分を受けた。この汚名をそそぐためには長崎警備を強化することが至上課題であった。天保七年の長崎諸台場での筒打訓練に始まり、同九年の長崎への出動体制の強化、同十一年の番所・台場への筒打増員などによる長崎詰の強化が行われた。また天保九年には軍用金の蓄積を命じた。佐賀藩では小物成や新田開発などの収入は藩財政とは別途会計として懸硯方へ納められ、主に軍事用の支出とされてきたが、この懸硯方納金を増やそうとしている。嘉永三年(一八五〇)に長崎港外の佐賀藩領伊王島・神ノ島に洋式大砲を設置するために砲台を築くことになり、二年余の歳月をかけてこれを完成させた。また大銃製造方を置いて洋式大砲の製造に着手し、わが国ではじめて反射炉を建設した。そして同五年六月に洋式鉄製大砲をはじめて製造した。両島には洋式大砲五十六挺を配備した。この反射炉建設による洋式大砲鋳造は西欧の理化学などの知識を必要とするため、精錬方を設けて化学工業に関する研究を行なって西欧の近代的軍事工業技術を積極的に取り入れようとしており、また種痘を子の世子直大と貢姫に行なったように、西欧の医学知識にも注目し、その導入に強い関心をもっていた。長崎警備の増強など軍事費の確保のために、嘉永二年に国産方を独立した役局として積極的に領内の産物奨励に乗り出した。のち安政元年(一八五四)に蒸汽船購入の代価に充てる国産を取り扱う代品方が設けられたが、代品として石炭と蠟が重視された。嘉永六年のペリー来航に際し幕府が諸大名に意見を問うた時、直正は強硬な攘夷を主張したが、彼の真意は国防体制を強化した上で通商を行うというところにあったと思われる。文久元年(一八六一)十一月に致仕した(以後閑叟と号す)。しかし佐賀藩の実権は依然として直正の手にあった。翌二年十一月閑叟は幕府・朝廷間の周旋のため京都・江戸へ出向いた。この時公的には攘夷ということで動いているが、当時の閑叟は幕府を中心とする公武合体という立場であった。元治元年(一八六四)にも上洛するがこのころには有力諸侯の協議によって公武合体を実現するという雄藩連合政権的な考えをとっている。諸外国との通商開始によって長崎警備強化が薄らいでのちは、洋式銃砲による藩兵組織への改編、実戦的大砲の鋳造・配備など藩自体の軍事力の増強を行うとともに、石炭・蠟・茶などの殖産奨励、懸硯方軍事資金の増大など軍事費の確保強化を実施し、富国強兵路線をとって強大な軍事力を築いた。そのころ、佐賀藩は佐幕でも勤王でもなくただ自藩の富強を計るのみで形勢観望的だ、との評判があったが、かかる佐賀藩の態度は明治維新まで続いた。明治元年(一八六八)二月、佐賀藩は維新政府へつくことがはっきりしたが、戊辰戦争での佐賀藩の軍事的活躍はめざましかった。閑叟は維新政府内では議定の要職にあった。明治四年正月十八日東京永田町の自宅で没す。五十八歳。この半年後に藩制を否定した廃藩置県が断行されたが、閑叟の死は一つの時代の終りを告げるものであった。墓は東京都港区の賢崇寺隣の麻布墓所にある。なお佐賀県佐賀郡大和町の春日山墓所には遺髪を納める。

参考文献　久米邦武著・中野礼四郎編『鍋島直正公伝』、中村郁一『鍋島閑叟』

（木原　溥幸）

なべしまなおよし　鍋島直彬　一八四三―一九一五　幕末維新期の肥前国佐賀藩支藩の鹿島藩主。諱は直彬。幼名熊次郎。備前守・備中守。天保十四年(一八四三)十二月十一日、鹿島藩主直永の嫡子として生まれる。母は鍋島主水茂延の女(朝春院)。嘉永元年(一八四八)襲封。万延元年(一八六〇)従五位下備前守、文久三年(一八六三)備中守となる。絅堂と号した。重野安繹・塩谷宕陰らに学び、襲封後は藩校徳譲館を拡充し弘文館と改め、原忠順を挙用して藩政を改革した。本藩の藩主鍋島直正を助け、戊辰戦争でも北陸道先鋒となって活躍した。明治五年(一八七二)アメリカへ留学、帰国して『米政撮要』を著わした。侍従・侍補・文学御用掛などを歴任。明治十二年四月初代沖縄県令となり原忠順を少書記官に登用、開発に努力したが、旧慣温存主義は県官に鹿児島県人を多数採用したり、政府の施策に忠実であったため、置県に反対する血盟書事件などが起った。明治十四年元老院議官となり、同十七年子爵、二十三年来貴族院議員当選三回。大正四年(一九一五)六月十四日没。七十三歳。墓は佐賀県鹿島市普明寺にある。法名は静観院殿万物自得大居士。

参考文献　星野英夫編『鍋島直彬公伝』

（杉谷　昭）

なべやまさだちか　鍋山貞親　一九〇一―七九　昭和時代前期の日本共産党の指導者。明治三十四年(一九〇一)九月一日、大阪府東成郡鯰江村(大阪市東成区)で生まれる。父幾松・母ツチの長男。父の死により尋常小学校卒業後労働者となる。大正五年(一九一六)旋盤見習工となり、友愛会支部に加入、荒畑寒村に協力、九年九月LL会(労働と自由)を結成、同年十二月高山義三除隊歓迎会で警官と衝突(京都赤旗事件)、検挙された。以後、本格的に労働運動に参加、戦闘的青年労働者の野武士組に属したが、間もなくサンディカリズムから脱却、十一年七月の日本共産党結成に参加した。翌年大阪電気労働組合を結成、以後総同盟内の左派に属す。十三年四月、森井歌子と結婚、十四年の総同盟分裂の際、日本労働組合評議会結成に参加、教育出版部長に就任、荒畑のすすめで共産党再建のためのコミュニスト＝グループに参加した。翌年の浜松日本楽器の争議には三田村四郎とともに最高幹部となる。十五年十二月、共産党再建の第三回大会に参加。翌昭和二年(一九二七)二月モスクワに赴き「二七年テーゼ」作成に参加、組合部長となる。三年の三・一五事件の弾圧を免れ、上海の汎太平洋労働組合会議に出席、党再建に努めたが、翌年の四・一六事件に関連、四月二十八日に逮捕された。六年の公判闘争では獄中中央委員の一人として組織問題を陳述、翌年十月二十九日、無期懲役の判決を受けた。八年六月八日、佐野学とともにコミンテルンの世界革命論、天皇制打倒論に反対して転向声明「共同被告同志に告ぐる書」を発表、妻歌子だけでなく全被告を震撼させ、転向現象の嚆矢となった。翌年秋、控訴審で懲役十五年の判決を受けて下獄、紀元二千六百年の恩赦で減刑され、十八年十月二十日出獄、翌年一月日本航空機に入社、中国に視察旅行に赴き、二十年二月、夫妻で中国に転居、翌年帰国、世界民主研究所を設立、反共運動を展開した。三十六年アメリカ国務省の招待で訪米、AFL・CIOを訪問、四十四年日韓協力委員会に参加、一貫して共産党のイデオロギー批判を展開し、五十四年八月十八日食道癌で没した。七十七歳。墓は東京都八王子市の東京霊園にあり、戒名は金剛院殿智徳貞親大居士である。なお三・一五事件後、『マルクス主義』誌上に嶋崎孝次・豊崎伍一・石橋庸五・松木銀三・林巳之吉・会津多作・須田麟造・大川権三・矢代確三郎・川崎武吉などの筆名で時評を精力的に執筆した。転向前の著書に『社会民主主義との闘争』『左翼労働組合と右翼との闘争』が、また転向後は『私は共産党をすてた』などがあり、平成元年(一九八九)鍋山歌子が共産党批判の文章を集めて『鍋山貞親著作集』を編纂した。

参考文献　思想の科学研究会編『共同研究転向』上、「鍋山貞親予審訊問調書」(『現代史資料』一九所収)

（神田　文人）

ナホッド　Oskar Nachod　一八五八―一九三三　ドイツの日本学者。一八五八年三月四日、ライプチッヒの豪商の家に生まれ、長じて商業学校に学ぶ。家業の参考のため欧米諸国を旅行して経済状態を視察したが、その間日本に対する関心を強く抱くようになり、早くも一八九七年に『十七世紀オランダ東インド会社と日本との関係』(富永牧太訳『(十七世紀)日蘭交渉史』(『天理図書館参考資料』五))なる優れた研究書を発表し、ついで主として中世以前を扱った『日本史』二巻を刊行した。さらにウェンクステルンの編纂した『日本帝国関係欧文文献目録』に続く文献目録三巻を一九二六年から三二年にかけて刊行した。一九二六年七月には来日して、北太平洋上にあったとされる伝説の金銀島探険航海に関する研究を講演した。一九三三年没。

（岩生　成一）

なまえたかゆき　生江孝之　一八六七―一九五七　日本における社会事業の先駆者。慶応三年(一八六七)十一月二日、仙台藩士生江元善の子として出生。明治十九年(一八八六)、二十歳で受洗し上京。東京英和学校(青山学院大学の前身)に入学するが、中退し伝道に従事。明治三十三年から約四年間渡米し、社会事業・社会学・神学などを学び、米国各地と欧州を見学して帰国。その後は、内務省嘱託として慈善救済事業に従事し、中央慈善協会の雑誌『慈善』の編集にあたるなど、日本の社会事業成立に貢献するとともに、大正七年(一九一八)には日本女子大学校、青山学院などにおいて社会事業の講義を担当し、社会事業の専門教育にも尽力した。その講義内容は『社会事業綱要』(大正十二年)にまとめられ、生江の代表的著作となっている。このほかにも『細民と救済』(明治四十五年)、『児童と社会』(大正十二年)、『日本基督教社会事業史』(昭和六年(一九三一))などの著作がある。日本の社会事業に果たした役割は大きく、社会事業の父ともよばれている。昭和三十二年七月三十一日没。八十九歳。墓は東京都府中市の多磨墓地にある。自伝に『わが九十年の生涯』があり、また一番ヶ瀬康子編『生江孝之集』(『社会福祉古典叢書』四)がある。

参考文献 永田秀次郎他編『生江孝之君古稀記念』

(一番ヶ瀬康子)

なみかわそうすけ 濤川惣助 一八四七―一九一〇 明治時代の七宝作家。号魁香。弘化四年(一八四七)東下総鶴巻村(千葉県海上郡海上町)の農家に生まれる。明治十年(一八七七)七宝器の海外輸出を図り、アーレンス商会の七宝工場を譲り受ける。同十三年ごろ、七宝の劃線を省く無線七宝の技法を発明、その絵画的表現によって、同二十二年のパリ大博覧会、同二十三年第三回内国勧業博覧会などで受賞。同二十九年、京都の並河靖之とともに帝室技芸員に任命された。同四十三年二月九日没。六十四歳。墓は東京都港区の青山墓地。代表作として「七宝小禽図盆」(東京芸術大学蔵)、「七宝花盛器」(宮内庁蔵)がある。

参考文献 鈴木規夫・榊原悟『日本の七宝』、中地昭男「房総の作家素描そのII濤川惣助」(『房総の美術史月報』二)

(南 邦男)

なみかわなりすけ 並河成資 一八九七―一九三七 大正・昭和時代前期の育種家。水稲農林一号を育成した。明治三十年(一八九七)八月十六日、京都府南桑田郡曾我部村(亀岡市)に生まれた。父並河忠太郎。北海道帝国大学予科を経て、大正十年(一九二一)東京帝国大学農学部農学科に入学、同十三年卒業、一年志願兵として兵役を経て翌年新潟県農事試験場の農林省指定水稲試験地に勤務した。極早生、多収、良質の水稲品種を育成するために全力をつくした。昭和六年(一九三一)ついに成功、育成品種は水稲農林一号と命名された。翌七年、農林省農事試験場中国小麦試験地(兵庫県姫路市)の主任技師に転じ、小麦の育種を担当したが、研究上の悩みから昭和十二年十月十四日、京都市山科において自殺を遂げた。四十一歳。二十六年、不遇の遺族を救うため、財団法人並河顕彰会がつくられ、農民から「米一握り運動」による基金が集まった。

(細田 友雄)

なみかわやすゆき 並河靖之 一八四五―一九二七 明治・大正時代の七宝作家。弘化二年(一八四五)武蔵国川越藩士高岡九郎右衛門の三男として京都柳馬場(京都市中京区)に生まれ、安政二年(一八五五)青蓮院宮侍臣並河靖全の養子となる。明治初期、尾張七宝の桃井英升に七宝技術を学び、京都で活躍。明治十年(一八七七)第一回内国勧業博覧会で受賞以来、内外の博覧会で受賞を重ねた。黒色透明釉の発明や細緻な線置きによる文様表現に特色を発揮し、明治二十九年帝室技芸員に任命された。昭和二年(一九二七)五月二十八日没。八十三歳。代表作として「七宝四季花鳥図花瓶」(宮内庁蔵)がある。

参考文献 安藤七宝店編『七宝焼』

(南 邦男)

なむらたいぞう 名村泰蔵 一八四〇―一九〇七 明治時代の司法官。天保十一年(一八四〇)十一月一日、長崎に生まれた。父は島村義兵衛。幼名を子之松、元健といい、のちに幕臣オランダ通詞名村八右衛門の養子となり、泰蔵と改めた。オランダ語のみならず英独仏の諸外国語を修得。文久元年(一八六一)神奈川奉行所詰を命ぜられ、元治元年(一八六四)横浜製鉄所建築掛に就任。慶応二年(一八六六)万国博覧会御用掛として民部大輔徳川昭武に随行して渡仏した。明治元年(一八六八)長崎府上等通弁、同二年仏学局助教に任ぜられた。その後外務省文書権大佑に転じたのち、五年司法裁判所七等出仕となり明法寮生徒学堂営繕掛をつとめた。同年司法卿江藤新平が欧州各国出張を命ぜられたのに伴い河野敏鎌らとともにその随行を命ぜられて渡欧し、翌年日本に招聘されたボアソナードに付き添って帰国した。七年参議大久保利通が台湾出兵問題につき全権弁理として清国に派遣されたのに随行。同年権中法官に任ぜられた。明治八年翻訳課長に就任。同年司法省刑法草案取調掛、十二年治罪法草案審査委員に任ぜられ、刑法・治罪法の立案作業に関与した。十四年司法権大書記官となり法制部に勤務。その後司法大書記官・内閣委員などを経て十九年大審院検事長となったが、その間、加波山事件・秩父事件・大阪事件などの司法的処理につき手腕を発揮した。二十三年八月大審院刑事第一局長、同年十月大審院部長に任ぜられた。二十四年三月法治協会副会長に就任し、民法典施行断行論を主張した。二十五年八月、司法官弄花事件の責任をとって辞任した児島惟謙の後任として大審院長心得となった。二十六年三月同心得を解かれ、同年九月退官。二十七年貴族院議員となり、実業界でも活躍。四十年九月六日死去。六十八歳。

(小田中聰樹)

ならせんじ 奈良専二 一八二二―九二 明治三老農の一人。文政五年(一八二二)九月十三日、讃岐国三木郡池戸村(香川県木田郡三木町)の農家の長男として生まれる。年少より農事に興味をもち、一本稲を選抜し、通称奈良稲として普及させた。維新後農具の開発につとめ、砕土器や甘蔗圧搾器などを発明・改良した。稲作における選種の重要性を唱道、全国各地を巡回して農事指導にあたり、『農家得益弁』『新撰米作改良法』などをあらわした。明治二十五年(一八九二)五月四日、秋田県仙北郡花館村

（大曲市）の客舎で没した。七十一歳。

参考文献　大西伍一『改訂増補日本老農伝』

（伝田　功）

ならたけじ　奈良武次　一八六八―一九六二　明治から昭和時代前期にかけての陸軍軍人。明治元年（一八六八）四月六日、父彦一郎・母フミの次男として下野国都賀郡上南摩（かみなんま）村（栃木県鹿沼市）に生まれる。十九年陸軍士官学校入学、二十二年七月二十六日任陸軍砲兵少尉、三十二年十二月二十一日陸軍大学校卒業、三十六年二月九日駐独を命じられ、一度帰国して旅順攻撃に参加。三十九年十二月二十一日任軍務局砲兵課長、大正元年（一九一二）九月二十八日任陸軍省高級副官兼軍務局砲兵課長、この職にあって陸軍の官制改正に従事。三年八月八日任少将、支那駐屯軍司令官、さらに青島守備軍参謀長を勤務後、五年三月三十一日軍務局長。七年講和全権随員となり、九年七月十六日東宮武官長に就任してから裕仁皇太子（昭和天皇）の側近となり、十一年十一月二十四日兼補侍従武官長、十三年八月二十日任大将、満洲某重大事件やロンドン海軍軍縮会議では宮中内の慎重論者、国際協調派として働いた。昭和八年（一九三三）四月六日予備役、二十五日男爵。十二年五月十四日―二十一年四月任枢密院顧問官。三十七年十二月二十一日没。九十四歳。波多野澄雄・黒沢文貴・波多野勝編『奈良武次日記』がある。

（波多野　勝）

ならはらしげる　奈良原繁　一八三四―一九一八　明治時代の政治家、地方行政官僚。天保五年（一八三四）五月二十三日、鹿児島城下高麗町に生まれる。幼名三次、長じて喜八郎、幸五郎と名のる。明治維新前後、薩摩藩士として、寺田屋騒動・生麦事件・薩英戦争などで活躍する。明治十一年（一八七八）内務省御用掛となり、中央政府の官僚となる。その後、内務省権大書記官、農商務大書記官、静岡県令、日本鉄道会社初代社長、元老院議官、貴族院勅選議員、宮中顧問官などを歴任した。明治二十五年七月に沖縄県知事に任命され、以来、四十一年四月までの十五年十ヵ月にわたって県政を占めた。奈良原県政の特色は急速に沖縄地方の本土化＝一体化を推進したことにあった。在職中、奈良原は、教育（皇民化）・土地整理・港湾施設の整備の三大事業を重点施政として、沖縄開発の近代化を専制的に推し進めた。その他に『琉球新報』の発刊に加わったり、また、沖縄県農工銀行設立にも寄与している。明治二十九年男爵特授。奈良原県政は沖縄の近代化の礎石をかためたにもかかわらず、土地整理によって土地私有制の確立を急ぐあまり、農民の利益を無視した結果、謝花（じゃはな）昇らの運動をもひきおこすが、それも弾圧した。奈良原は、その権力が強大で専制的であったので「琉球王」という異名を残した。謝花昇らの奈良原県政批判の農民運動のことを、沖縄の自由民権運動と称している。奈良原の十五年余の君臨は沖縄社会に薩摩閥をはびこらせることになった。大正七年（一九一八）八月十三日没。八十五歳。

参考文献　秦蔵吉『南島夜話』

（我部　政男）

なりたともみ　成田知巳　一九一二―七九　昭和時代の政治家。日本社会党委員長。大正元年（一九一二）九月十五日、高松市に同市市会議員鷹次と妻セイの三男として生まれる。高松中学時代、第一回普選で大山郁夫の演説を聞くなど政治への関心が強かった。第四高等学校、東大法学部時代にマルクス主義の文献に接している。昭和十年（一九三五）、大学卒業とともに三井鉱山に入社、労務担当。三井化学本店文書課長として敗戦を迎える。敗戦の年の十月、三井財閥の戦争責任を追及して退社。戦後第一回の総選挙に無所属で香川県から立候補して落選。二十二年社会党に入党の上第二回総選挙に立候補して当選。その後連続十二回の当選を果たした。社会党内では左派に属し、三十四年に政策審議会長、三十六年に社会党の体質改善を求める「成田三原則」を提起。三十七年に組織局長、同年書記長を経て四十三年に委員長、五十二年に飛鳥田一雄と交替。この間、酒を愛する豪放磊落な人物を印象づける風貌から国民の広い支持を受けた。昭和五十四年三月九日死去。六十六歳。

参考文献　成田知巳追悼刊行会編『成田知巳・活動の記録』

（高橋　彦博）

なるしまもとなお　成島司直　一七七八―一八六二　江戸時代後期の幕臣、儒者。字は邦之。通称は邦之助のち邦之丞。号は東岳・翠麓。勝雄（号衡山、幕府書物奉行）の子。安永七年（一七七八）生まれる。寛政七年（一七九五）五月奥儒者見習、同十一年大番格となり、文化六年（一八〇九）『御実紀』の編纂を命ぜられ、天保十四年（一八四三）に完成して献上した（副本は嘉永二年（一八四九）に献上）。その間、文政年間（一八一八―三〇）に奥儒者となり、天保十二年六月に封事を将軍徳川家慶に呈し時弊改革を建言した。同年八月諸大夫・図書頭に叙任し御広敷用人次席格（勤役中五百俵、役料三百俵）となる。将軍の日光東照宮参詣にも扈従した。天保十四年十月二十四日御役御免隠居慎を命ぜられ、以後役務につかなかった。木村芥舟（喜毅）は「老練温藉頗る文才に富む。慎徳公（家慶）襲職の始封事を上りて積弊の更革せざるべからざるを論ず、其言用ひられて革弊の事行はるるに及べりと云（中略）司直が才幹ありて寵用せられ往々外政にも干渉せんとする勢あるを見て窃かに之を忌みて譏する者あり、為に罪蒙りて職罷めらる」（『幕府名士小伝』、『旧幕府』二号収）と述べているが、退職は老中水野忠邦の老中引退と期を同じくして居り、関係があったものであろうか。司直は漢学のみでなく日本の典故に精しく、史才もあり文章にも長じた。また和歌の造詣もあって稲垣晃年・山上伸之ら八人の百番歌合の判詞を書いている。編著書は『御実紀』のほか内閣文庫に『日光道中雑誌』『二荒の行紀』『白鹿考証』（以上『賜蘆拾葉』所収）、『硯の海』『（改正）三河後風土記』『琉球録話』『晃山扈従私記』『上書』『（文政十年）相国宣下武門記』『東の春』ほかが架蔵され、『輪池叢書』に『管絃記』『玉川紀行』が収められている。文久二年(一八六二)八月十三日没。年八十五。墓は東京都豊島区の雑司ヶ谷墓地にある。（山本　武夫）

なるしまりゅうほく　成島柳北　一八三七―八四　幕末・明治時代前期の漢詩人、随筆家、新聞記者。天保八年(一八三七)二月十六日、奥儒者図書頭成島筑山の三男として江戸浅草に生まれる。幼名甲子麿、のち甲子太郎、二十二歳のとき惟弘と改めた。諱は弘、字は保民、確堂と号した。別に濹上漁史・何有仙史・柳北とも号したが、のち柳北を通称とした。幼少から祖父司直と父の教育を受けて読書に励み、詩文に長じた。嘉永六年(一八五三)父を喪ない家督を継ぎ、翌安政元年(一八五四)正月には侍講見習となった。ついで安政三年奥儒者に任ぜられ、徳川家定・家茂に経学を講じた。また祖父の司直が編纂した『徳川実紀』と、父筑山の著わした『後鑑』の訂正を総裁した。文久三年(一八六三)しばしば幕閣に献策を為したが入れられず、その不満を一篇の狂詩に託したことが忌諱に触れ、三年間の閉門を命ぜられた。閉居中は柳河春三・神田孝平・箕作秋坪らを招いて英学を研鑽した。慶応元年(一八六五)再び用いられて騎兵頭・騎兵奉行・外国奉行・会計副総裁などの要職を歴任したが、幕府の瓦解後は野に下り、明治新政府の招請には応じなかった。明治五年(一八七二)九月から翌年七月まで、東本願寺の大谷光瑩の欧州遊学に随行して仏・伊・英・米を歴訪した。七年『郵便報知新聞』の客員となり、九月二十四日、『公文通誌』を改題した『朝野新聞』に招聘され、以後同紙を主宰した。八年十月末広鉄腸が入社して論説を担当、みずからは雑録の執筆に専念して好評を博した。十二月二十日の論説「元老院官吏の責任」によって末広とともに下獄、出獄後その体験を『ごく内ばなし』として発表、世人の喝采をあびた。十年一月『花月新誌』(十七年十月第百五十五号終刊)、十一年十二月『溺濘叢談』(十四年六月第二十九号終刊)の発行にも力を尽くした。十五年立憲改進党に入党。晩年は宿痾の肺患が悪化、十七年十一月三十日四十八歳で没した。法名文靖院日詠柳北居士。本所本法寺に葬るものち雑司ヶ谷墓地に改葬された。著書に『明治新撰泉譜』『柳橋新誌』『京猫一斑』『柳北奇文』『熱海文藪』などがある。没後の出版には『柳北遺稿』『柳北全集』などがある。

参考文献　大田原在文『十代先覚記者伝』、小野秀雄『三代言論人集』二、滝沢典子・楠田敏子「成島柳北」(『近代文学研究叢書』一所収)（北根　豊）

なるせじんぞう　成瀬仁蔵　一八五八―一九一九　日本女子大学の創立者。安政五年(一八五八)六月二十三日、周防国吉敷郡吉敷村(山口市)において、吉敷毛利家に仕える卜級士族成瀬小右衛門・同歌子の長男として生まれる。藩校吉敷憲章館に学び、明治九年(一八七六)山口県教員養成所を卒業し、小学校長などを勤める。翌年同郷の沢山保羅によりキリスト教に入信、大阪浪花教会で受洗した。十五年より八年間、牧師として郡山(奈良県大和郡山市)、つづいて新潟で活動するが、一方、梅花女学校の主任教師、新潟女学校の設立など女子教育にたずさわり、北越学館にも関係した。二十三年渡米。アンドバー神学校・クラーク大学で社会学・教育学を学び、各種の社会施設の視察も行なって二十七年帰国。一時、梅花女学校校長となったが、念願の女子高等教育機関設立運動に着手し、三十四年日本女子大学校を創立した。精神教育を重んじ自治活動を奨励し生涯教育や大学拡張を主張し、同窓会(桜楓会)を組織して出版や通信教育、種々の社会的活動を展開した。大正元年(一九一二)欧米を巡遊。思想の調和をめざす帰一協会の趣旨を問う傍ら教育視察を行う。帰国後、教育調査会・臨時教育会議の委員となるなど教育界にも活躍した。大正八年一月、肝臓癌の診断をうけ告別講演を行い、その教育理念を「信念徹底」「自発創生」「共同奉仕」の三綱領として書き遺し、三月四日没した。享年六十二。東京都豊島区の雑司ヶ谷墓地に葬る。『成瀬仁蔵著作集』全三巻がある。

参考文献　仁科節編『成瀬先生伝』、中村政雄編『日本女子大学校四十年史』、菅支那『成瀬仁蔵先生の女子教育』、影山礼子『成瀬仁蔵の教育思想―成瀬的プラグマティズムと日本女子大学校における教育―』、日本女子大学女子教育研究所成瀬記念館編『成瀬仁蔵研究文献目録』（中嶌　邦）

なるせまさみつ　成瀬正肥　一八三五―一九〇三　幕末・維新期の尾張国名古屋藩家老、同国犬山藩主。幼名欽之助、次に小吉。字は公亮、双山と号した。丹波国篠山藩主青山下野守忠良の三子。天保六年(一八三五)十二月十二日、江戸筋違橋内藩邸に誕生。母は千葉氏。安政二年(一八五五)名古屋藩家老成瀬隼人正正住の婿養子となる。三年従五位下主殿頭。四年正住死去に伴い九世当主、隼人正任官。時閉居後政治に復帰した前藩主徳川慶勝を補佐し、朝幕間の周旋に奔走。元治元年(一八六四)征長総督慶勝に先立ち広島へ発足。明治元年(一八六八)藩屛に列せられ、鳥羽・伏見の戦に皇居を守衛。また甲信地方へ出兵。二年版籍奉還、藩知事になる。十七年男爵、二十四年子爵。二十八年公収の犬山城を譲り受く。三十六年正三位勲三等。同年二月四日東京で没。年六十九。葬地名古屋の白林寺(名古屋市中区栄三丁目)。法号興徳院高節英岳。室は正住の長女鏞。

参考文献　『三世紀事略』(『名古屋叢書』五)、『(平成新修)旧華族家系大成』下、岡田重作『旧犬山藩主故正三位子爵成瀬正肥卿御事績一斑』(『犬山市資料』一)、『犬山市史』通史編上・別巻、『名古屋市史』人物編一・政治編一、『新修名古屋市史』四、横山住雄『新編犬山城史』（林　董一）

なわやすし　名和靖　一八五七―一九二六　明治・大正時代の昆虫学者。安政四年(一八五七)十月八日、美濃国本巣郡船木村(岐阜県本巣郡巣南町)の生まれ。父は正也。名和長年の後裔という。明治十五年(一八八二)岐阜農学校卒業。岐阜師範学校で教鞭をとる間、東大の箕作佳吉に師事。同二十九年退職し、直ちに名和昆虫研究所を設立、昆虫学の普及、害虫防除の指導に努力。大正十五年(一九二六)八月三十日没。七十歳。月刊誌『昆虫世界』(明治三十年)を創刊した。 (鈴木 善次)

なんじょうぶんゆう 南条文雄 一八四九―一九二七 明治・大正時代の真宗大谷派の学僧。幼名、恪丸・恪順、謚、為法院。嘉永二年(一八四九)五月十二日、美濃国大垣の同派誓運寺で生まれた。父英順、母操子。東本願寺高倉学寮で学び、明治四年(一八七一)福井県南条郡南条町同派憶念寺南条神興の養子となった。同九年笠原研寿とともに本山の命で英国に留学、十二年からオックスフォード大学のマックス=ミュラーに師事し、鋭意梵語研究に努めた。十六年英訳『大明三蔵聖教目録』を完成、南条カタログと呼ばれ、今日なお梵文学者・東洋学者らに珍重されている。十七年帰朝、翌年東京帝国大学講師、三十六年から真宗大学学監(のち大谷大学学長)、三十九年帝国学士院会員、翌年大谷派講師に就いた。近代仏教学・梵語学の先駆者とされる。昭和二年(一九二七)十一月九日没。七十九歳。著書は右のほか、英訳『十二宗綱要』、同『梵文阿弥陀経』(ミュラー共著)、『梵文無量寿経』(同)、『古代貝葉』(同)、『梵学講義』など多い。

参考文献 南条先生頌徳記念会編『南条先生』、常光浩然「南条文雄」(『明治の仏教者』上所収)、雲井昭善「南条文雄」(家永三郎編『日本仏教思想の展開』所収)、大谷学会編「南条文雄先生年譜」(『大谷学報』九ノ一) (柏原 祐泉)

なんばだいすけ 難波大助 一八九九―一九二四 大正時代の共産主義者、テロリスト。明治三十二年(一八九九)十一月七日、山口県熊毛郡周防村立野(光市)に生まれる。父作之進・母ロクの四男。父は県議を経て大正九年(一九二〇)代議士当選。長兄は東京帝国大学、三兄・弟は京都帝国大学出身。母方の遠縁に河上肇・大塚有章、長兄夫人の遠縁に宮本顕治がいる名望家。父への反抗心強く、徳山中学に進んだが退学、私立鴻城中学に移り、高等学校(旧制)受験に失敗、ようやく十一年第一早稲田高等学院文科に入学したが、翌年二月退学、深川の労働者街に身を投じた。この間、河上肇「断片」(『改造』三ノ四、同十年四月)を読んでロシアのテロリストに共感、反天皇の思想を抱き、関東大震災直後の帰省の途次、甘粕事件・亀戸事件などを聞いて一層その意思を堅める。摂政(昭和天皇)暗殺を意図し十二月二十二日、父のステッキ銃をもって離郷する。この銃は、韓国帰りの林文太郎が作之進に譲ったものだが、伊藤博文が部下の林に与えたものという説がある。京都の友人宅に滞留ののち、二十七日早朝上京した大助は、帝国議会開院式に向かう摂政を、十時四十分ごろ虎ノ門で狙撃したが失敗した。この事件で第二次山本権兵衛内閣は総辞職、湯浅倉平警視総監・正力松太郎警務部長らは懲戒免職、山口県知事は休職、父は衆議院議員を辞任して閉門蟄居、謹慎した。事件当日より予審訊問が行われ、翌年二月本裁判に付された。裁判長は横田秀雄大審院長、検事は小山松吉検事総長ら、官選弁護人は今村力三郎・岩田宙造・松谷与二郎であった。十月一日公判開始、十一月十三日に死刑の判決が下った。裁判所の改悛慫慂政策は、判決直後の、難波の「日本無産労働者、日本共産党万歳」の絶叫で挫折した。判決二日後の十五日、大助は処刑された。二十六歳。

参考文献 今村力三郎『芻言』、原敬吾『難波大助の生と死』、岩田礼『天皇暗殺―虎ノ門事件と難波大助―』、黒色戦線社編『難波大助大逆事件―虎ノ門で現天皇を狙撃―』、田中時彦「虎ノ門事件―皇太子を狙撃した難波大助―」(我妻栄他編『日本政治裁判史録』大正所収) (神田 文人)

なんばらしげる 南原繁 一八八九―一九七四 大正・昭和時代の政治学者。明治二十二年(一八八九)九月五日、香川県大内郡相生村大字南野(大川郡引田町南野)に父貞吉・母キクの長男として生まれる。第一高等学校を経て東京帝国大学法科大学に進む。在学中内村鑑三に師事してキリスト教信仰に入る。大正三年(一九一四)卒業して内務省に奉職したが、同十年辞して小野塚喜平次のもとに東大法学部助教授となり、政治学史を専攻。英独仏に留学後同十四年教授。ヨーロッパ精神史の深い理解の上に政治理論の展開を跡づけるとともに、カントにつづいてフィヒテの研究を発表し、政治哲学の業績を通じて、軍国主義時代に国体という擬似宗教と対決し、また原理的なナチス批判を遂行した。『国家と宗教』(昭和十七年(一九四二))、『フィヒテの政治哲学』(同三十四年)はその結晶であり、また短歌を学び歌集『形相』(同二十三年)にこの時代の作品をまとめた。昭和二十年法学部長に就任して同志とともに終戦工作を試み、同年暮東大総長となり、学生への演述を通じて国民に大きな影響を与えた。大学復興のほか、貴族院議員として憲法審議にあたり、また教育改革の中心となり、同二十四年にはワシントンで全面講和を訴えた。同二十六年東大退官。日本学士院第一部長を経て同四十五年院長。同四十七年より『南原繁著作集』全十巻を刊行して、その学問と思想とをみずからまとめたのち、四十九年五月十九日死去。八十四歳。墓は東京都府中市の多磨墓地にある。 (福田 歓一)

に

にいじまじょう　新島襄　一八四三―九〇　明治時代のキリスト教牧師、教育家。同志社創立者。天保十四年（一八四三）正月十四日、江戸神田一ツ橋通小川町の安中藩邸内に生まれた。家は藩の祐筆職で、父民治・母とみの長男、上に四人の姉（くわ・まき・みよ・とき）があり、一人の弟（双六）がいる。幼名は七五三太、諱は経幹。アメリカにおけるローマ字綴の署名は Joseph NeeSima であり、帰国に際して Joseph Hardy NeeSima (Joseph H. Neesima) と称し、以後英文の署名とした。漢字の署名はジョセフから約瑟とし、帰国後、間もなくからその略である襄を称した。安政三年（一八五六）藩中の子弟から選抜されて田島順輔ついで手塚律蔵に蘭学を学び、四年元服して祐筆補助役ついで御供徒士となる。万延元年（一八六〇）江戸築地の軍艦操練所に入り、かたわら文久二年（一八六二）から甲賀源吾の塾で兵学修業、測量算数を学び、その年洋型帆船で浦賀から玉島（倉敷）への航海実習に加わる。三年三月以降学習の方法を蘭学から英学にきりかえ、それに伴ってブリッジマン Elijah C. Bridgman の『大美聯邦志略』や漢訳聖書などに接し、アメリカの政治・社会ならびにキリスト教に深く惹かれる。元治元年（一八六四）三月函館の武田斐三郎の塾で航海兵学修業のため品川沖を出帆、函館ではギリシャ正教のニコライ Kasatkin Nicolai と日本語と英語の交換教授を行う。六月アメリカ船ベルリン号で函館から海外に脱出、上海で同国船ワイルド＝ローバー号に乗り換え、香港・マニラ・ケープタウンを経由して、一八六五年七月ボストンに到着。船主ハーディー Alphius Hardy 夫妻の好意によりフィリップス＝アカデミーに入学、六六年十二月三十一日アンドーバー神学校付属の教会で洗礼をうけた。六七年九月アーモスト大学に入学、七〇年七月卒業、日本人としてはじめて学士号（理学士、B.S.）をおさめ、ついでアンドーバー神学校に進み、七四年七月特別コースを卒業した。なおその間、七一年七月（明治四年五月）弁官から「米国留学」の免許をうけ、七二年三月から七三年九月にかけて岩倉具視遣外使節とくに理事官田中不二麿呂に随行しアメリカ・ヨーロッパ諸国の学校教育制度の調査を担当し『理事功程』の編纂に力を尽くした。七四年九月二十四日ボストンのマウント＝バーノン教会で按手礼をうけ牧師となり、アメリカン＝ボードの宣教師補の資格で宣教師としての日本伝道の任命書をうけた。同年十月バーモント州ラットランドにおけるアメリカン＝ボードの年会で日本にキリスト教主義学校の設立を訴え、その支持を得て明治七年十一月、十年四ヵ月ぶりで帰国した。帰国直後からアメリカン＝ボードの関西（大阪・神戸）伝道に協力、八年十一月二十九日京都府顧問山本覚馬、アメリカン＝ボード宣教師デービス Jerome D. Davis の協力を得て京都に同志社英学校を創設した。九年一月デービスの司式で山本覚馬の妹八重と結婚。同年末に京都にキリスト公会を設立、十年四月には女学校を開校。十一年一月には沢山保羅らと日本基督伝道会社を設立してキリスト教の伝道を進めた。十五年十一月アメリカ時代以来の構想を「同志社大学設立之主意之骨案」としてまとめ、十六年四月『同志社大学校設立旨趣』を発表。十七年四月から十八年十二月にかけて欧米を巡歴して教育と伝道の方策をかためて帰国し、二十年六月仙台に東華学校を開校し、十一月には京都に同志社病院・京都看病婦学校を開院・開校。二十一年十一月には「同志社大学設立の旨意」を全国に公表、私学教育の特性を訴え、キリスト教主義を徳育の基本とする自由教育を標榜した。一方キリスト教の伝道策については、十九年四月から唱えられた一致教会と組合教会の教会合同運動に時期尚早を唱えて反対し、自治教会の徹底を図るべきであるとした。二十二年七月母校アーモスト大学より名誉学位 LL.D. を授与された。二十三年一月二十三日大学設立運動に奔走中、神奈川県大磯で客死した。四十八歳。京都東山若王子山上の墓地（現在の同志社墓地）に葬られる。『新島襄全集』全十巻がある。

[参考文献]　J・D・デビス『新島襄先生之伝』（村田勤・松浦政泰訳）、同『新島襄先生伝』（山本美越乃訳補）、魚木忠一『新島襄―人と思想―』、徳富蘇峰『三代人物史』、和田洋一『新島襄』（『人と思想シリーズ』二）、渡辺実『新島襄』（『人物叢書』三五）、Jerome Dean Davis: A Sketch of the Life of Rev. Joseph Hardy Neesima.

（杉井　六郎）

にいだのぼる　仁井田陞　一九〇四―六六　昭和時代の中国法制史学の開拓者。明治三十七年（一九〇四）一月一日、菅野善三郎の三男として仙台市に出生。昭和三年（一九二八）菅野家より仁井田家に入り、以後その姓を名乗る。東京帝国大学法学部卒業、中田薫の高弟。東方文化学院東京研究所研究員、東京大学東洋文化研究所教授、同所長を歴任。二十代の著作『唐令拾遺』（八年）により帝国学士院恩賜賞受賞、ついで契約文書の私法史的研究を主体とする『唐宋法律文書の研究』（十二年）、宗族・親族・家族・婚姻法と部曲奴婢制を史的に通観した『支那身分法史』（十七年）の大著を相ついで公刊し、中国法制史研究の水準を格段に高めた。第二次世界大戦中、華北農村および北京工商ギルドの現地調査に精力的に取り組み、戦後、法社会学的関心を深め、『中国の社会とギルド』（二十六年）、『中国の農村家族』（二十七年）を著わすとともに『中国農村慣行調査』全六冊（二十七―三十三年）のとりまとめにあたる。また『中国法制史』（『岩波全書』、二十七年）

により、清新な中国法史像を提供した。その研究領域は上代から現代にわたり、さらに中国周辺の東アジア・北アジア・ベトナムに及んだ。主要論文は『中国法制史研究』刑法（三十四年）、同土地法・取引法（三十五年）、同奴隷農奴法・家族村落法（三十七年）、同法と慣習・法と道徳（三十九年）の四冊に集録されている。三十九年東京大学停年退官後、ロンドン大学の招聘により渡英したが、その地で病を得、帰国後四十一年六月二十二日死去した。六十二歳。未亡人の意志により、その蔵書と蒐集資料はすべて東大東洋文化研究所に寄贈された。没後遺稿集として『中国の法と社会と歴史』（四十二年）、『東洋とは何か』（『UP選書』一五、四十三年）、『中国の伝統と革命』一・二（『東洋文庫』二五〇・二五五、四十九年）が編刊され、また北京などのギルド調査記録と蒐収拓本類は『仁井田陞博士輯北京工商ギルド資料集』全六冊（五十一―五十八年）として公刊された。なお『中国法制史研究』四冊なども著者の書入れや訂正を加えた補訂版が出ており、その著作の多くは中国語訳された。

参考文献　仁井田陞博士追悼論文集編集委員会編『仁井田陞博士追悼論文集』、福島正夫「仁井田法史学の戦後の展開とわれわれの課題」（『思想』六二九）

（池田　温）

にいみなんきち　新美南吉　一九一三―四三　昭和時代の児童文学者。大正二年（一九一三）愛知県知多郡半田町（半田市）に生まれる。父渡辺多蔵、母りゑの次男。本名正八。東京外国語学校英語部文科卒業（昭和十一年（一九三六））以前から童話・童謡・詩を書き県立半田中学卒業の年（昭和六年）より『赤い鳥』に『権狐』（七年）ほかの童話・童謡を投稿入選。以降県立安城高等女学校教師を勤め、闘病生活の中で少年小説と童話を中心に『嘘』（十五年）、『おじいさんのランプ』（十七年）などの代表作を残した。庶民の善意性とユーモアにみちた物語を造型して、民芸品的な美しさと親近性を特色としている。咽喉結核のため昭和十八年三月二十二日没。三十一歳。墓は半田市共同墓地にある。法名、釈文成。『新美南吉全集』全八巻、『校定新美南吉全集』全十二巻別巻一がある。

参考文献　佐藤通雅『新美南吉童話論』、巽聖歌『新美南吉十七歳の作品日記』

（滑川　道夫）

ニール　Edward St. John Neale　?―一八六八　英国陸軍大佐で幕末の駐日代理公使。バス勲爵士。スペイン陸軍で軍功を立て、一八三七年以降バルカン半島中心に英総領事館武官・副領事・領事を歴任。四七年ブルガリアの駐バルナ領事となり、五三年露国の南下政策によるトルコとの戦端に英仏が対露宣戦したクリミア戦争で、黒海の連合艦隊将士を支援。六〇年駐清公使館書記官を経て、英公使オールコック賜暇帰国で文久二年四月（一八六二年五月）代理公使として着任。攘夷・鎖港派勢力の高揚期であった。翌月英公使館襲撃事件（東禅寺事件）、八月薩摩藩による生麦事件、文久三年半ば長州藩の外国船砲撃と事件が続発した。五月幕府から前二事件に対する賠償金を受領、同時に三港閉鎖・外国人退去を通告された。その直後仏公使と幕府から英仏軍隊の横浜居留地防衛権を獲得。本国政府訓令で七月海軍少将クーパー指揮の艦隊に搭乗、薩英戦争に参戦し薩藩の政策転換を早めた。元治元年正月（一八六四年二月）公使帰任して離日。一八六八年没。

参考文献　金井圓編訳『描かれた幕末明治』、『横浜市史』二、石井孝『増訂明治維新の国際的環境』

（秋本　益利）

にいろちゅうぞう　新納中三　一八三二―八九　幕末・明治時代前期の薩摩藩家老。字は久脩、諱は中三。幼名万次郎・次郎四郎・次郎兵衛。通称刑部。天保三年（一八三二）四月十五日、鹿児島城下西千石に生まれる。父は家老新納駿河久仰。母は新納久敬女。新納家は家格一所持、家禄八百五十余石。譜代の重臣。中三は新納忠元の十三代後になる。はじめ軍役方総頭取として西洋式軍制を採用、文久二年（一八六二）軍役奉行、翌年薩英戦争で活躍。慶応元年（一八六五）大目付となり、藩費留学生を率いて渡英。仏・独・蘭・白を視察。紡績業移植契約に成功。パリ万国博覧会参加を協議して翌年帰国。渡欧時の変名石垣鋭之助。勝手方家老に進み、開成所、外交事務を司る。戊辰戦争では京都にあり、のち大目付になり藩政改革に尽力。明治九年（一八七六）七等判事となって各裁判所を歴任。十八年十月大島島司となり負債に苦しむ奄美島民のため黒糖の流通改革に取り組むが、翌年突然免官された。黒糖の流通を独占していた鹿児島商人の画策といわれる。島民から救世の恩人と敬慕される。明治二十二年十二月十日没す。五十八歳。墓は鹿児島市長田町の旧興国寺墓地にある。

参考文献　島津家編輯所編『薩藩海軍史』、『名瀬市誌』下、『藤原姓新納氏略系図』（『鹿児島県史料』新納久仰雑譜一）

（原口　泉）

にいろちゅうのすけ　新納忠之介　一八六八―一九五四　明治から昭和時代にかけての彫刻家。号古拙。明治元年（一八六八）十一月二十五日、鹿児島に生まれた。はじめ橋本雅邦に師事して日本画を学び、のち彫刻に転じ、明治二十七年東京美術学校彫刻科を卒業、ただちに母校に用いられて二十八年助教授となったが、三十一年岡倉天心の同学校長退職に伴い雅邦らとともに連袂辞職。この年創立された日本美術院の正会員となり、間もなく奈良へ移った。明治四十年文展開設にあたって、第一回から三回展まで審査員をつとめた。長く国宝の修復に従事し、古社寺保存会委員であった。昭和二十九年（一九五四）四月十三日、八十五歳で没した。

（三木　多聞）

ニコライ　Nikorai　一八三六―一九一二　日本ハリストス正教会の建設者。本名はイオアン＝デミトロウィチ＝カサトキン Ioan Dimitrovich Kasatkin という。一八三六年八月十四日、ロシアのスモレンスク県ベリョーザ村で誕生。ペテルブルグ神学大学を卒業、一八六〇年剪髪式にあずかりニコライと改名。修道司祭の按手をうけた後、ロシア正教会の箱館領事館付司祭として文久元年（一八六一）来日、日本語や日本の文化、諸事情を学習、禁教下にあって神官沢辺琢磨や仙台藩の士族たちなどの信者を得た。一時帰国し、一八七〇年ロシアで日本正教宣教団を設立、再来日後の明治五年（一八七二）には函館より東京に移り駿河台に本会を設け、同七年に第一回公会議ならびに布教会議を開催、伝教規則を制定、伝教学校を開設して伝教者の養成をはかるなど、日本ハリストス正教会の体制・組織づくりをはかるとともに全国への布教を進めた。一八八〇年（明治十三）にはペテルブルグで主教に昇叙、この年、教会八十八、信徒五千人を数えた。明治二十四年東京駿河台にハリストス復活大聖堂（通称ニコライ堂）を建設、教勢は教会二百十九、信徒二万人と拡大した。同年の大津事件に際しては、露国皇太子と日本政府の間を斡旋。同三十七年日露戦争が勃発すると露探であるとの非難の渦の中で教書を信徒に送り、地上の祖国への義務を実行するとともに天の祖国への義務を果たすことを求め、自身は復活大聖堂内に籠り、日露両国の平和の克復をはかった。一九〇六年（明治三十九）大主教に昇叙。明治四十五年二月十六日没。七十五歳。谷中墓地（東京都台東区）に埋葬された。尊貴おのずからそなわるといわれた信仰と人柄は信徒をはじめ多くの感化を与えたが、『新約聖書』その他の教書の翻訳、学校や定期刊行物の経営、留学生の派遣などを通し、宗教ばかりでなく文化的な影響やロシアとの交流などにも大きな足跡を残した。一九六九年にはロシア正教会より亜使徒聖ニコライとして列聖された。

参考文献　柴山準行『大主教ニコライ師事蹟』、牛丸康夫『明治文化とニコライ』、ポズニェーエフ『明治文化とニコライ大主教』（中村健之介訳）、波多野和夫「ニコライと明治文化」（『文学』四七ノ四・一一）

（波多野和夫）

にしあまね　西周　一八二九—九七　明治維新期の学者（哲学・法学・軍事・国語など）。文政十二年（一八二九）二月三日、石見国鹿足郡津和野森村堀内（島根県鹿足郡津和野町）に生まれる。名は時懋、ついで魚人。西家は代々医を以て津和野藩主亀井家に仕えた。父は時義、母は粱田氏カネ。天保十二年（一八四一）、藩校養老館に入る。嘉永元年（一八四八）、一代還俗を命ぜられ儒学を修行する。蓄髪して修亮に改む。また周助と称す。天根、甘寐斎と号す。この年、藩学朱子学を離脱して徂徠学に傾く。翌年大坂に遊学、後藤松陰塾に入る。嘉永六年、ペリー来航にあたって江戸に派遣され、時勢の急迫を感じてオランダ語を学ぶ。安政元年（一八五四）、脱藩して洋学に専心。杉田成卿、手塚律蔵の門に入る。ついで中浜万次郎からイギリス語を学ぶ。かくて江戸洋学者の仲間となった。安政四年、幕府の洋学校蕃書調所開設し、教授手伝並となり、津田真道・加藤弘之らと同僚となる。文久年間（一八六一—六四）、津田・加藤らと西洋の哲学・政治・経済などの人文社会諸科学の学習を始め、その達成のために津田とともに文久三年から慶応元年（一八六五）まで、幕府海軍派遣の留学生一行に参加してオランダのライデンに留学して、同市大学教授シモン＝フィセリングから性法（自然法）・万国公法・国法・経済・統計の五科を学ぶ。これが日本人が西洋の人文社会諸科学正式学習の最初で、また西の学問の基礎となった。帰国後開成所教授職に復し幕府直参となる。徳川慶喜に召されて京都に赴き、大政奉還の際には帷幄に参画した。また同地で私塾をひらく。明治元年（一八六八）、訳本『万国公法』刊行、十月沼津に開設の徳川家兵学校の頭取となって沼津に赴任し、西独自の専門的なカリキュラムを立案した。この間同二年郷里津和野に帰り父を省す。林洞海の六男紳六郎を養子とする。この年周助を改め周と称す。翌三年東京政府からの召命で九月上京し兵部省出仕となる。兵部少輔山県有朋の新軍制創設の顧問となり、「徴兵令」制定に与る。明治六年、加藤弘之・津田真道・福沢諭吉ら旧幕府系洋学者と明六社を結成し、『明六雑誌』を発刊して哲学・政治などの論文を掲げた。明治七年『百一新論』『致知啓蒙』を刊行、八年訳本『心理学』、この前後に未刊の論稿「開題門」「議題草案」「生性発蘊」「復某氏書」「燈影問答」などの著があるほか、三年、私塾育英舎を開設して「百学連環」を講じた。この明六社を中心とした時期が西の学問の最も旺盛な開花期である。なお四年、宮内省侍読、九年御用掛となり宮中御談会で「政党論」などを進講した。十二年、東京学士会院開設にあたり創立会員となり、のち会長を勤める。このころより学界の元老となる。十一年、参謀本部の独立によりその出仕となり、山県有朋本部長の命で「軍人訓誡」草案を、ついで十三年軍人精神を諭す草案を書く。これが改竄されて十五年の「軍人勅諭」となる。この年元老院議官となる。十六年、宮内省編纂の「大政紀要」編纂委員長となる。十一月脳病を発す。以後公職を去る。二十二年、仙台・関西に遊ぶ。二十三年、貴族院議員に勅選。二十五年、大磯の別荘に退隠して三十年一月三十一日没。六十九歳。勲一等、男爵を授けらる。東京青山墓地に葬る。法名周光院殿一雄貫道大居士。麻生義輝編『西周哲学著作集』、大久保利謙編『西周全集』全四巻がある。

参考文献　森林太郎『西周伝』（『鷗外全集』三）、桑木厳翼『西周の百一新論』、蓮沼啓介『西周に於ける哲学の成立』（『神戸法学双書』二〇）、福鎌達人「洋学者西周研究序説」（『明治初期百科全書の研究』所収）

（大久保利謙）

にしおかとらのすけ　西岡虎之助　一八九五—一九七〇　大正・昭和時代の日本史家。荘園史研究・民衆史研究の開拓者。明治二十八年（一八九五）五月十七日、和歌山県伊都郡見好村大字教良寺（かつらぎ町）の農家に、西岡太郎吉・ツルノの次男として生まれた。県立和歌山師範学校を経て、大正十年（一九二一）東京帝国大学文学部国史学科選科を卒業、同大学史料編纂掛(史料編纂所)へ入所、昭和二十九年(一九五四)まで勤務した。同年、早稲田大学文学部教授となり、四十一年定年退職した。大正十一年最初の著書『平安朝中期』(『日本文化史』四)、十五年『奈良朝』(『綜合日本史大系』二)、昭和三年『老農渡部斧松翁伝』を刊行、同時に荘園史を中心に女性史・文化史におびただしい論文を発表し、アカデミズムにあきたらない若い研究者に大きな影響を与えた。戦時下でも、歴史における民衆的要素の重要性を主張する態度を持して譲らず、戦後、堰を切ったように仕事を著書のかたちにまとめ始め、昭和二十三年の『民衆生活史研究』で毎日出版文化賞を、二十八—三十一年の代表作『荘園史の研究』で朝日賞を受けた。著書にはそのほか、『新日本史図録』上、『日本文学における生活史の研究』、『日本女性史考』、『歴史と現在』、および単行本未収録の論文を収めた『西岡虎之助著作集』全四巻などがある。同三十五年、蒐集してきた荘園絵図(模写)の展観を行い、学界を刺戟した。同四十五年二月二十六日、七十四歳で病没、東京都の小平霊園に葬られた。墓はのち川崎市の春秋苑へ移された。

参考文献 洞富雄他編『西岡先生追想録』、佐藤和彦「西岡虎之助」(永原慶二・鹿野政直編『日本の歴史家』所収)、西岡虎之助著作集刊行委員会編「年譜・著書論文目録」(『西岡虎之助著作集』四所収)

(鹿野 政直)

にしおすえひろ 西尾末広 一八九一—一九八一 大正・昭和時代の社会民主主義右派の労働運動家、政治家。香川県香川郡雌雄島村女木島(高松市女木町)の雑貨商の三男二女の末子として明治二十四年(一八九一)三月二十八日に生まれ、高等小学校を中退、十四歳で大阪に出て砲兵工廠を振出しに鉄工場を転々とし熟練旋盤工になった。大正四年(一九一五)住友鋳鋼場(鋳鋼所)で友愛会に入会したがあき足りず、大正五年八月堂前孫三郎・坂本孝三郎らと職工組合期成同志会を結成したが約一年で消滅、大正八年大阪鉄工組合を結成する堂前・坂本と離れて友愛会に再入会した。関西の労働争議で指導性を発揮し、翌九年六月大阪連合会の主務に就任、大正十年友愛会は日本労働総同盟に生長したが、大正十二年春には労働組合の左派グループとして組織されたレフトに参加した。大正十三年総同盟に台頭した右派=現実派の闘将として主事に就任、翌十四年の総同盟第一次分裂の際には左派除名などの采配を振るった。同年六月以降の無産政党組織運動では左翼排除を主張、大正十五年の労働農民党分裂、社会民衆党結党に中心的役割を果たした。昭和三年(一九二八)二月の第一回普通選挙による総選挙に大阪で社会民衆党から立候補して当選した。以後労働組合の右翼結集をめざして昭和七年九月の日本労働組合会議の結成、昭和十一年一月全労との合同による全日本労働総同盟(全総)の結成を推進し、全総副会長兼大阪連合会長に就任した。一方無産党の反共統一をめざし、昭和七年七月社会民衆党と全国労農大衆党との合同による社会大衆党の結党に成功した。昭和十三年三月議会で国家総動員法案の賛成演説で「スターリンの如く」と近衛文麿首相を激励して除名処分を受けたが、翌年の補欠選挙で議席を回復、十四年の全総の分裂、十五年の総同盟の解散後、昭和十七年の翼賛総選挙に非推薦で立候補し、当選した。第二次世界大戦直後、松岡駒吉と分担して革新政党の再建に努め、昭和二十年十一月日本社会党を結党、翌年書記長に就任した。昭和二十二年六月社会党首班内閣の国務大臣兼官房長官、二十三年三月芦田内閣の副総理になったが、昭和電工などの政治献金問題で逮捕されて辞任、社会党からも除名された。昭和二十七年八月右派社会党に復党し、同年十月の総選挙で議席を回復、三十年の社会党統一後は同党顧問になったが、三十四年日米安全保障条約改訂反対の党の方針に反する言動から譴責処分を受け、やがて社会党を離党し、三十五年一月民主社会党を結党し、中央執行委員長に推された。昭和四十二年委員長を辞任して顧問、四十七年政界を引退し、昭和五十六年十月三日脳血栓、腎不全で死去した。九十歳。

参考文献 西尾末広『大衆と共に—私の半生の記録—』、同『西尾末広の政治覚書』、日本経済新聞社編『私の履歴書』三、江上照彦『西尾末広伝』、阿部真之助「西尾末広論」(『文芸春秋』三二ノ一七)、中津研二「ねわざ師・西尾末広の思想」(『中央公論』七四ノ一四)

(松尾 洋)

にしおとしぞう 西尾寿造 一八八一—一九六〇 大正・昭和時代の陸軍軍人。明治十四年(一八八一)十月三十一日、西尾重蔵の四男として鳥取に生まれる。同三十五年陸士卒業(十四期)、翌年少尉に任官し歩兵第四十聯隊付となる。日露戦争に出征して負傷、四十年に陸軍大学校入校、四十三年に卒業(二十二期)して軍務局課員となる。四十五年から大正三年(一九一四)まで軍事研究のためドイツ駐在、四年に帰国して参謀本部部員となり、五年に陸大教官となる(同年少佐に進級)。八年に陸軍省副官兼陸相秘書官に就任し、翌年中佐に進級、十一年歩兵第十聯隊付となり、十二年再び陸大教官となる(同年大佐に進級)。十四年歩兵第四十聯隊長、十五年に教育総監部第一課長となり範令編纂にあたる。昭和四年(一九二九)少将に昇進、歩兵第三十九旅団長となる。五年には兵器本廠付となり軍事調査委員長を務め、七年参謀本部第四部長に転ずる。八年中将に昇進、九年三月関東軍参謀長に就任する。十一年三月参謀次長に任ぜられ、十二年三月近衛師団長となる。同年八月第二軍司令官として日華事変に出征、十三年四月教育総監に転じたが、十四年九月支那派遣軍総司令官に任ぜられ、十六年三月軍事参議官に任ぜられるまで在職した。この間十四年八月大将に昇進。十八年五月予備役に入り、十九年七月東京都長官に就任、二十年八月まで在任した。三十五年十月二十六日死去。七十八歳。厳正で寡黙な性格で知られ、「沈黙将軍」など称された。

参考文献　日本近代史料研究会編『日本陸海軍の制度・組織・人事』、額田坦『陸軍省人事局長の回想』(『昭和軍事史叢書』)、浜田尚友「西尾と梅津」(『改造』二一ノ一〇)　(佐々木　隆)

にしおみのる　西尾実　一八八九―一九七九　昭和時代の国文学者、国語教育家。明治二十二年(一八八九)五月十四日、長野県下伊那郡豊村大字和合字帯川(阿南町)に、農業弁弥・つたの次男として生まれ、高等小学校高等補習科卒業、十四歳で代用教員となった。同三十九年、長野師範学校入学、卒業後、下伊那郡で小学校訓導。四十五年、東京帝国大学文科大学選科(国文学専攻)に進む。大正七年(一九一八)松本女子師範学校教諭、同附属小学校主事を兼ねる。同十一―十五年、『信濃教育』編集主任に転じた。修身教科書を使わない授業で文部省から罰せられた川井清一郎訓導事件が生じ、誌上でたたかった。のち上京、成蹊高等女学校・東京市立第二中学校で教えながら世に問うた『国語国文の教育』(昭和四年(一九二九))は、主題→構想→叙述へと読みを深め、鑑賞→解釈→批判へと学習者をいざなう方法が、信州教育の指導理論となり、全国的にも大きな影響を及ぼした。岩波書店刊中学用国語教科書の実際上の編集責任者もつとめる。昭和八―二十四年、東京女子大学教授。同二十四―三十五年の間、国立国語研究所の初代所長として機構を整え、法政大学教授も兼務する(昭和二十一―三十六年)。『方丈記』『徒然草』や道元・世阿弥研究を推進し、話し言葉を軸とする言語教育や問題意識喚起の文学教育を提唱。戦後も、信濃教育会刊小学校用、筑摩書房刊中学・高校用、教育出版刊小学・中学用国語教科書の編集を主宰しつづけた。昭和五十四年四月十六日、東京杉並の自宅で没。八十九歳。法名は実徳院文質円照居士。墓は郷里の生家屋敷地内と東京都品川区豊町四丁目の東照寺の二ヵ所にある。著書として『日本文芸史における中世的なもの』『中世的なものとその展開』『道元と世阿弥』、また『西尾実国語教育全集』十巻別巻二がある。　(益田　勝実)

にしかわきしゅう　西川喜洲　日本舞踊、正派西川流家元で、宗家西川流から分かれた流派である。

(一)初代　一八七四―一九三一　明治七年(一八七四)一月三日、東京下谷区西黒門町(台東区上野一丁目)に生まれる。本名高橋はな。三代目西川巳之助(西川流五代目宗家扇蔵の実子)の門弟で、西川喜代春の名を許された。のちに水木・藤間・坂東・花柳の各流を学ぶ。大正五年(一九一六)、正派西川流家元西川喜洲を名のり、独立した。昭和六年(一九三一)十二月二十九日没。五十八歳。墓は東京都足立区千住四丁目の長円寺にある。法名喜洲院真月妙春大姉。

(二)二代　一九〇四―　明治三十七年(一九〇四)十月二十八日、東京日本橋区橘町(中央区)に生まれる。本名堀口俊子。初代の養女で前名西川喜代春から昭和七年(一九三二)に襲名した。のち西川栄寿となる。平成五年(一九九三)五月二十三日没。八十八歳。墓は東京都台東区谷中五丁目の常在寺にある。法名栄寿院妙遠日久大姉。

(三)三代　三代目は二代の娘喜代春の夫(現花川流家元、六代目花川蝶十郎)が昭和三十二年(一九五七)に襲名したが不縁。

(四)四代　一九二八―　昭和三年(一九二八)十一月六日、東京下谷区同朋町(台東区上野三丁目)に生まれる。本名堀口甫。三代目と離別後の喜代春が昭和三十八年に襲名した。　(如月　青子)

にしかわこいさぶろう　西川鯉三郎　名古屋西川流家元。

(一)初代　一八二四―一八九九　文政七年(一八二四)十一月三十日、江戸に生まれる。本名岸田仁蔵。四代目西川扇蔵の門弟となり、西川仁蔵から鯉三郎を名のる。歌舞伎界に入って学び、のちに舞踊に専心する。天保十二年(一八四一)名古屋に移住。坂東流・篠塚流、また、能、狂言などをとり入れて独自の特色をうち出し、名古屋西川流を確立。名古屋の劇場における振付を一手におさめた。明治三十二年(一八九九)一月二十五日没。七十六歳。墓は名古屋市天白区天白町八事の浄久寺にある。

(二)二代　一九〇九―八三　明治四十二年(一九〇九)十二月二十七日、東京に生まれる。本名近藤茂。六代目尾上菊五郎のもとで歌舞伎俳優となり、尾上菊丸から尾上志げるを名のる。舞踊を六代目藤間勘十郎に師事して藤間勘三郎の名を許される。昭和十一年(一九三六)、初代西川鯉三郎高弟西川石松の孫と結婚し、翌年西川茂を名のる。同十五年二代目鯉三郎を襲名。女方舞踊の名手で、文芸作品の舞踊化や舞踊劇に佳作を生み、花街舞踊、東宝歌舞伎など多くの振付に活躍した。昭和五十八年七月三十一日没。七十三歳。後嗣は長男右近。長女左近は西川流鯉風派を成す。

参考文献　名古屋タイムズ社編『鯉三郎ノート』、中日新聞開発局編『鯉三郎百話』、北条秀司監修『西川鯉三郎』　(如月　青子)

にしかわこうじろう　西川光二郎　一八七六―一九四〇　明治時代の社会主義者。光次郎とも書く。明治九年(一八七六)四月二十九日、兵庫県淡路島の津名郡佐野村(津名町)で生まれる。開拓者を夢みて札幌農学校に進み、新渡戸稲造の知遇を受けるが、社会主義に関心を寄せて東京専門学校に移る。在学中から片山潜の『労働世界』に寄稿、社会主義協会を経て、三十四年五月には安部磯雄・片山・幸徳秋水らとともに社会民主党を創立した。結社禁止後は片山とともに『社会主義』の発行に従事しつつ、全国各地を遊説した。三十六年十一月には平民社の創立に加わり、『平民新聞』発行人として入獄も経験する。平民社解散後、山口義三とともに『光』の創刊に奔走、実際的な社会主義の啓蒙に力を注いだ。三十九年二月の日本社会党の創立にも尽力し、評議員・常任幹事となるが、三月の東京市電値上げ反対運動の先頭に立ち山口・大杉栄らとともに兇徒聚衆罪に問われ、四十一年七月大審院で重禁錮二年の有罪となる。この間、日本社会党の分裂に際し、片山とともに議会政策論を旗印に『社会新聞』を発行、その後片山を除名して赤羽一らと『東京社会新聞』を刊行した。明治四十三年七月に出獄すると、「社会主義者の詑証文」と評された『心懐語』という修養論を執筆、社会主義を捨て、一般民衆に儒教的な日常倫理を説く「道話家」となっていった。昭和十五年(一九四〇)十月二十一日没。六十五歳。著書に『日本の労働運動』(片山との共著)、『富の圧制』などがある。夫人は松岡荒村の未亡人であった文子で、新真婦人会の結成などで知られる。

参考文献 しまねきよし『明治社会主義者の転向』、田中英夫『ある離脱―明治社会主義者西川光二郎―』、天野茂編『平民社の女―西川文子自伝―』

(荻野富士夫)

にしかわしゅんどう　西川春洞　一八四七―一九一五　明治・大正時代の書家。名は元譲、字ははじめ惟徳のち子謙。別号は茹瓶山人・大夢道人・茹古山民。弘化四年(一八四七)五月二十五日、江戸日本橋本町に生まれた。父寧広は肥前唐津藩医。五歳で巻菱湖の門人中沢雪城に書を、また漢学を平田彬斎・海保漁村に学んだ。幕末維新のおり藩主小笠原長国に従い、二十二歳で父とともに輪王寺宮を護衛。明治初年、大蔵省に二年間奉職したのち、文墨の研讃に努めた。書は周の金文、漢魏六朝から清朝に至る古碑法帖を研究して、各書体を善くして清新な書風を確立し、一方の日下部鳴鶴と並んで明治書壇の主流を形成した一人。晩年徐三庚・楊見山、さらに趙子謙ら中国の新傾向の書風を取り入れて一家をなし、また篆刻も善くした。春洞流として明治・大正・昭和三代に一大勢力を擁し、子息の西川寧はじめ、門下に諸井春畦・武田霞洞・豊道春海の逸材はじめ二千人を超えた。法名乾徳院春洞日譲居士。大正四年(一九一五)八月十日東京で没。六十九歳。墓は東京都北区赤羽六丁目の威徳山大恩寺にある。

(樋口　秀雄)

にしかわしょうじ　西川正治　一八八四―一九五二　大正・昭和時代の物理学者。明治十七年(一八八四)十二月五日、東京都八王子市に生まれる。同四十三年、東京帝国大学理科大学物理学科を卒業。大正十一年(一九二二)に東京帝国大学助教授、同十三年に同大学教授となり、昭和二十年(一九四五)に退官。寺田寅彦の指導でX線回折の実験を行い、大正四年に「スピネル群のいくつかの結晶構造」を発表。これは複雑な原子配列の結晶構造をはじめて明らかにした先駆的な業績で、同六年に帝国学士院賞を受賞。同年創設の理化学研究所にも兼務し、同十一年に主任研究員となり西川研究室を主宰してX線回折や電子回折の研究を指導し、のちに西川学派と呼ばれる多くの研究者を育てた。日本の分光学研究の国際水準も大いに高まった。昭和二十四年に小林理学研究所理事兼主任研究員となる。同二十六年に文化勲章を受章。同二十七年一月五日、東京で死去。六十七歳。

参考文献 西川先生記念会編『西川正治先生・人と業績』

(辻　哲夫)

にしかわじんごろう　西川甚五郎　近江国出身の蚊帳・寝具商人西川家(山形屋)の当主名。正確には二代目および九代より現在の十四代まで代々甚五郎を襲名。江戸時代初期より江戸日本橋に店を出し、蚊帳販売を中心に安定した経営を築いてきた。十一代甚五郎(一八四八―一九〇五)は、幕末維新の激動が経営に大きな影響を与えるなかにあって、改良機械を導入した蚊帳製織工場の新設、畳表と蒲団の仕入・販売の強化、八幡銀行の創設などに従事し、県会議員・衆議院議員も歴任した。十三代甚五郎(一九〇二―六七)は、昭和二十二年(一九四七)従来の個人商舗を株式会社に改組し、みずからも参議院議員に四回当選し、三十五年北海道開発庁長官を勤めた。

参考文献 『滋賀県八幡町史』、『西川四百年史』

(大口勇次郎)

にしかわつうてつ　西河通徹　一八五六―一九二九　明治時代の新聞記者。安政三年(一八五六)十一月十八日、宇和島藩黌明倫館の教授職西河謙一(梅庵)の第二子として生まれる。幼名を敬次郎、また篤之助、直一。号は鬼城。幼少より父の訓育を受け、ついで藩黌に学び、明治四年(一八七一)伊予の碩儒上甲振洋の謹教堂に入門して教えを受く。六年上京して慶応義塾に入り、英学を学び、自由民権の思想をもって『東京曙新聞』『朝野新聞』に多く投書した。八年十二月二十四日付『朝野新聞』の投書により、九年三月二日懲役三ヵ月罰金五十円の刑に処せられ、東京鍛冶橋監獄に入獄。なお九年二月には、集思社社員として『評論新聞』誌上に署名がある。出獄後は各地の民権派新聞の創刊に与かり、その政治的主張を紙上に、また演説会において披瀝し民論を指導した。十年四月松山『海南新聞』主筆、のち松山中学校長。十三年八月『信濃毎日新報』主筆、翌年六月千葉『総房共立新聞』に招かれて局長、十五年六月『自由新聞』に入社、同年末『山形毎日新聞』に招聘され滞在一年。十七年春『秋田日報』に転じて論説を担当、十八年京都『中外電報』記者、ついで『絵入朝野新聞』に入社して論説を担当した。二十一年東京の芝愛宕町に私塾戊子英学館を開く。翌年一月『大阪公論』に入社して論説と翻訳を担当。同年六月『秋田魁新報』に社長格として招聘さる。このあと『政論』新聞記者。二十三年『関西日報』主筆、翌年廃刊まで在社した。二十五年五月『門司新報』の主筆に招かれ、のち大阪発行の『新浪華』の主筆を兼務。二十七年春『福陵新報』主筆、二十八年『大阪朝日新聞』『東京朝日新聞』両紙の京城通信員として渡韓、わが国の対韓策について数多くの通信論述が紙面を飾った。義侠率直の人で、東奔西走して新聞事業のために尽瘁した。三十九年十二月職を辞して帰郷、自適の生活に入り、昭和四年(一九二九)九月二十九日死去。七十四歳。著書に『汽車之発明』『魯国虚無党事情』がある。

参考文献　西河謙吉編『鬼城自叙伝』、門奈直樹『民衆ジャーナリズムの歴史』　（北根　豊）

にしかわでんえもん　西川伝右衛門　江戸時代初期以降世襲された近江商人。初代伝右衛門は近江国蒲生郡南津田村（滋賀県近江八幡市）の吉重の次男として生まれ、寛文期に北海道に渡り、松前藩家老下国安芸の知遇を得て福山（松前）城下に住吉屋を開いた。以後伝右衛門の名を世襲したが、遅くも元文期には忍路（北海道小樽市）、宝暦期には高島（同）の蝦夷交易を請け負った。十代目（一八五八―一九二四）に至り貞二郎を名乗ったが、明治二年（一八六九）場所請負制の廃止以後は漁場を縮小して忍路だけとなり、十四年郷里に八幡銀行を設立して頭取となった。

参考文献　近松文三郎『西川貞二郎』　（高村　直助）

にしかわとうきち　西川藤吉　一八七四―一九〇九　明治時代の真円真珠養殖法の創始者。明治七年（一八七四）三月十七日、大阪南桃谷町（大阪市南区）で父西川新助・母阿いの三男として誕生。明治三十年東京帝国大学理科大学を卒業、農商務省技師として真円真珠養殖の研究に従事。三十六年御木本幸吉の次女みねと結婚。三十八年農商務省を休職、東大動物学教室において、半円真珠養殖法しかなかった業界のために研究をつづけ、ついにアコヤガイの外套膜の一部を核とともに挿入し、真円真珠を形成させる方法の研究を完成。四十年十月、その一連の方法の特許を出願、死後の大正五年（一九一六）と同六年に特許された。特にその中の「特許第三〇七七一号真珠形成法」は、現在の真円真珠養殖法の基礎となっている。そののちも研究をつづけたが、四十二年六月二十二日、東京市本郷区西片町の自宅で、癌のため没。享年三十六。

参考文献　大林日出雄『御木本幸吉』（『人物叢書』一五九）、西川帍吉博士記念出版会編『西川帍吉博士追想録』　（大林日出雄）

にしかんじろう　西寛二郎　一八四六―一九一二　明治時代の陸軍軍人。弘化三年（一八四六）三月十日生まれ。父は太郎兵衛。薩摩国出身。戊辰戦争では、遊撃隊長として鳥羽・伏見の戦をはじめ越後・奥羽方面に転戦し活躍。明治四年（一八七一）陸軍中尉、御親兵小隊長となる。佐賀の乱・西南戦争には参謀として参戦。その後、歩兵第十連隊長、名古屋・東京鎮台参謀長、参謀本部第一局長を経て旅団長となり、日清戦争では、第一師団の歩兵第二旅団長として、金州・旅順・大平山の諸戦に参加。功により男爵。日露戦争には第二師団長として第一軍に属し、鴨緑江の戦、九連城攻撃で奮戦。特に摩天嶺の戦では、ケルレルの率いる精鋭なロシア軍を撃破して勇名を馳せた。三十七年大将。ついで遼東守備軍司令官となる。戦後、功により子爵。教育総監を長く勤めて、新しい軍隊教育の基礎を作り、ついで軍事参議官となる。温厚・剛毅な実戦型の武将として衆望があつかったといわれる。明治四十五年二月二十八日没。六十七歳。墓は東京都港区の青山墓地にある。

参考文献　外山操編『陸海軍将官人事総覧』陸軍篇（『昭和軍事史叢書』）、日本近代史料研究会編『日本陸海軍の制度・組織・人事』、長坂金雄「西寛二郎」（桜井忠温編『類聚伝記大日本史』一四所収）　（森松　俊夫）

にしきいち　西毅一　一八四三―一九〇四　明治維新期の学者、政治家。字は伯毅、幼名は久之助、薇山と号す。天保十四年（一八四三）七月、岡山城下で出生。父の霜山徳右衛門は岡山藩家老池田隼人の家臣。十五歳の時大坂に行く父に従って上坂、篠崎訥堂・後藤松陰に学ぶ。帰郷して西後村の学僕となり、森田節斎に師事、西家を継いで一人扶持を受ける。明治二年（一八六九）上海に行き英語を学び、帰国後は岡山藩外交応接方として活躍、ついで廃藩置県後は岡山県に出仕して学校督事として英仏学による旧藩校改革、女子教訓所や郷校の開設を実施した。八年岡山県権参事として地方官会議に出席して公選民会論を主張、九年には岡山県参事となる。ついで東京上等裁判所判事を命じられたが、辞退して帰郷、岡山で旧藩主の資金で池田学校を開設した。十二年岡山県下人民による国会開設運動では檄文や建言書を起草、その名文は全国の民権家の心をとらえた。十七年に旧藩校の閑谷黌を復興して終身その経営にあたった。その間二十三年、二十五年の総選挙には衆議院議員に当選。はじめ大成会、ついで芝倶楽部に属した。三十七年三月二十八日自刃、六十二歳。墓は岡山県備前市閑谷にある。著作に『薇山文稿』『言志篇』『彼此一時遊』などがある。

参考文献　小林久磨雄『西薇山』、『岡山市史』五、揖提子編『帝国議会議員候補者列伝』　（内藤　正中）

にしきのこうじよりのり　錦小路頼徳　一八三五―六四　幕末の尊攘派公家。天保六年（一八三五）四月二十四日に生まれる。父は正三位唐橋在久。錦小路頼易のあとを嗣ぐ。安政五年（一八五八）三月幕府が日米通商条約の勅許を求めた際、外交は幕府に委任との勅諚案の改訂を八十八人の公卿とともに列参して要求、以後攘夷急進派として活動することになった。尊攘派の時代を迎え、文久二年（一八六二）四月右馬頭に任ぜられ、同年十二月従四位上、そして翌三年二月八日には同志の壬生基修らと庶政の刷新、攘夷国是確立の急務であることを建言、同月十三日壬生らと新設された国事寄人となった。同じく四月攘夷祈願の石清水社行幸に供奉し、七月六日国事寄人の同志と攘夷親征を天下に布告すべしと建言した。しかし八月十八日の政変により尊攘派は京都から追放され、十九日三条実美以下六卿とともに長州に走った。ここで官位褫奪により頼と改名また桑原頼太郎とも名乗った。翌元治元年（一八六四）四月二十七日長州赤間関（山口県下関市）で病没。三十歳。　（佐々木　克）

にしじまさだお　西嶋定生　一九一九―九八　戦後における歴史学の発展に寄与した東洋史学者。大正八年（一九一九）六月二十五日、岡山県阿哲郡哲多町に父芳太郎・母鶴代の次男として出生。昭和十七年(一九四二)東京帝国大学文学部東洋史学科を卒業。十八年東方文化学院研究員、二十四年東京大学東洋文化研究所助教授。二十六年東京大学文学部助教授、四十二年同教授。この間、文学博士となり、史学会理事長等を勤め、人材を育成した。五十五年定年退官し、東京大学名誉教授の称号を授与され、その後は慶応義塾大学、新潟大学、就実女子大学の教授を歴任した。学風は実証性と理論性を併せ徹底させるものであり、日本古代史に視座をおき、東アジア全史の展開を見通す多くの業績を残し、中国古代帝国論・冊封体制論等々の斬新な学説を提示して学界を牽引した。著書には『中国古代帝国の形成と構造』(昭和三十六年)、『中国経済史研究』(四十一年)、『中国古代の社会と経済』(五十六年)、『中国古代国家と東アジア世界』(五十八年)、『日本歴史の国際環境』(六十一年)、『耶馬台国と倭国』(平成六年)、『中国史を学ぶということ―わたくしと古代史―』(同七年)、『秦漢帝国』(『講談社学術文庫』、九年)などがある。平成十年(一九九八)七月二十五日没。七十九歳。法名は十松蒼籟定生居士、墓は生家の屋敷内にある。

参考文献 西嶋定生博士還暦記念論叢編集委員会編『東アジア史における国家と農民』、西嶋定生博士追悼論文集編集委員会編『東アジア史の展開と日本』、尾形勇「西嶋定生先生を偲ぶ」(『史学雑誌』一〇七ノ一〇)

(尾形 勇)

にししんいちろう 西晋一郎 一八七三―一九四三 大正・昭和時代の倫理学者。明治六年(一八七三)三月二十九日、鳥取県丸山(鳥取市)に生まれる。山口高校を経て、同三十二年東京帝国大学文科大学哲学科を卒業し、同年九月同大学大学院に入学。同三十五年広島高等師範学校教授となり、昭和四年(一九二九)広島文理科大学教授となる。同十五年退官とともに同大学名誉教授となる。十八年御講書始の儀に『漢書』を進講したが、同年十一月十三日に死去した。七十一歳。墓は鳥取市戎町の真教寺にある。文学博士。西は初め中島力造の指導のもとにT・H・グリーンの倫理思想を研究し、明治三十五年にProlegomena to Ethics の最初の邦訳書『グリーン氏倫理学』を刊行した。その後、次第に東洋の伝統的倫理思想への関心を強め、『倫理学の根本問題』(大正十二年(一九二三))、『実践哲学概論』(昭和五年)などにおいて独自の倫理学思想を展開した。『忠孝論』(昭和六年)では「孝の理は宇宙至上の理」であるとして、これを学問の基礎におき、『東洋倫理』(同九年)では西洋流の学問と東洋の「教学」との異質性を説くとともに、後者の優位性を強調した。

参考文献 縄田二郎『西晋一郎先生の生涯と哲学』、行安茂「日本におけるT・H・グリーンの受容」(行安茂・藤原保信編『T・H・グリーン研究』所収)、木村光徳「西晋一郎と藤樹学」(広島哲学会『哲学』一五)

(古田 光)

にしだきたろう 西田幾多郎 一八七〇―一九四五 明治から昭和時代にかけての哲学者。号は寸心。明治三年(一八七〇)五月十九日、西田得登(やすのり)の長男として、加賀国河北郡宇ノ気村字森に生まれる。石川県師範学校、石川県専門学校(第四高等学校の前身)付属初等中学校を経て、同二十年九月に第四高等中学校予科に編入学。翌二十一年九月から同校第一部に進学。同級生に藤岡作太郎・鈴木貞太郎(大拙)・金田(山本)良吉らがおり、上級生に松本文三郎・木村栄らがいた。同二十三年四月に同校を自主退学し、独学の道を進もうとしたが、眼疾のため挫折。翌二十四年九月から帝国大学文科大学(のちの東大文学部)哲学科選科に入学し、井上哲次郎・ブッセ・ケーベルらに学ぶ。同二十七年七月に同校同科を卒業し、翌二十八年四月に石川県能登尋常中学校七尾分校の教諭となる。同年五月より「グリーン氏倫理哲学の大意」を『教育時論』に連載。翌二十九年四月に第四高等学校講師となり、山口高等学校教授を経て、同三十二年七月に第四高等学校教授となり、以後十年間在職した。同三十年ごろから熱心に打坐参禅し、同三十六年八月には無字の公案を透過したが、彼の『日記』には「されども余甚悦ばず」とある。同三十七年八月、弟憑次郎旅順で戦死。同三十九年の末ごろ「西田氏実在論及倫理学」を印刷(のちに加筆し、『善の研究』の一部となる)。同四十二年七月学習院教授となり、翌四十三年八月京都帝国大学文科大学助教授(倫理学担当)に任ぜられ、翌四十四年に処女作『善の研究』を公刊した。この書は主客未分の「純粋経験」の世界を実在の根本実相と観ずる独自の哲学的立場から倫理学・宗教哲学をも論じたもので、当時高橋里美は「明治以後邦人のものした最初の又唯一の哲学書」という讃辞を送った。以後、彼の哲学は、単に哲学界のみならず、広く一般の思想界に注目されるようになった。大正二年(一九一三)八月同大学教授となり、同年十二月文学博士の学位を受ける。その後、彼は自己の思想の論理的精錬につとめ、昭和二年(一九二七)に出版した『働くものから見るものへ』において、ついに「場所」の論理に到達した。そのころから「西田哲学」という呼称が一般化し、彼自身も自己の思想の東洋的な性格を明瞭に自覚化してくる。翌三年八月に京都帝国大学を定年退職したが、その後も著作活動に専心し、その哲学体系の展開につとめ、同十五年十一月に哲学者としてははじめて文化勲章を受けた。昭和二十年六月七日、尿毒症のため鎌倉姥ヶ谷の自宅で死去。七十六歳。法名曠然院明道寸心居士。遺骨は三分して、神奈川県北鎌倉の東慶寺、石川県宇ノ気町森の長楽寺、京都市右京区の妙心寺山内霊雲院に埋める。主な著作は死後、岩波書店から出版された『西田幾多郎全集』全十二巻・別巻六(昭和二十二―二十八年)、増補改訂第二版全十九巻(同四十―四十一年)、第三版(同五十三―五十五年)に収められている。

参考文献 『思想』二七〇(特集西田博士追悼号)、『理想』五三六(西田幾多郎―付、研究文献目録)、西谷啓治編『西田幾多郎』(『現代日本思想大系』二二)、竹内良知編『西田幾多郎集』(『近代日本思想大系』一一)、上山春平編『西田幾多郎』(『日本の名著』四七)、高坂正顕『西田幾多郎先生の生涯と思想』、下村寅太郎『西田幾多郎―人と思想―』(『東海選書』)、上田久『祖父西田幾多郎』正・続、竹田篤司『西田幾多郎』 (古田 光)

にしだなおじろう 西田直二郎 一八八六―一九六四 明治から昭和時代にかけての日本文化史家。明治十九年(一八八六)十二月二十三日、大阪府西成郡清堀村(大阪市天王寺区城南寺町)の天然寺において父弥三郎・母たねの次男として出生。私立淇澳尋常小学校、府立天王寺中学校、第三高等学校を経て明治四十年京都帝国大学文科大学史学科に入学、四十三年卒業、日本文化史研究を題目としてその大学院に進んだ。天王寺中学時代の同窓に岩橋小弥太・折口信夫・武田祐吉(いずれものち国学院大学教授)らがおり、大学の同期には江馬務(風俗史家)・清原貞雄(神道学者)・高田保馬(社会経済学者)・武内義雄(中国哲学者)・兼常清佐(音楽史家)・赤松智城(宗教学者)らがいた。京大文科大学は明治四十年はじめて開かれたので西田はその史学科の第一期生に属した。国史には内田銀蔵・喜田貞吉・三浦周行、東洋史には桑原隲蔵・内藤虎次郎(湖南)、西洋史には原勝郎、地理学には小川琢治らがそれぞれ教授としてその任にあり、まさしくその黄金時代にあたっていたが、西田はなかんずく内田・内藤教授らの下にあって、その感化を受けるところが多かった。大正四年(一九一五)、その講師を嘱託せられ、同八年には助教授に任ぜられ、国史学第一講座(近世史)の分担を命ぜられたが、翌年五月在外研究を命ぜられ、二年間、英・独国に渡航し、英国ではケンブリッジ大学にあって主としてブュリー・ハッドン・リバースらに就き、独国では主にベルリン大学において研学した。同十一年十二月帰朝、十三年文学博士(論題「王朝時代の庶民階級」)の称号を受け教授に昇進、国史学第一講座の担当を命ぜられた。その講義の文化史とは普通にいう文化、すなわち文学・美術・学問・思想・宗教等々をただ並列的に説くのではなく、むしろその全体として時代社会の中に認めらるべく解釈されるべきものとして、史家の歴史に向かう態度と、これを述べる方法、史風の中に具現せらるべきものであるとして、ブルクハルトのほか、ランプレヒト流の社会心理学的方法に注意し、社会人類学や民俗学の研究成果をとりいれたもので、その主著『日本文化史序説』(昭和七年(一九三二)、初版は改造社刊)は、その全巻の半分を割いて、「文化史研究の性質及び発達」にあてている。その後日本が次第に全体主義的風潮へ押され、戦時体制に進んだ中で、国民精神文化研究所が設立せられるようになると、西田は併任としてその所員に迎えられ日本精神を説くようになった。その歴史は文化史というよりも、むしろ精神史というに近く、全体としてディルタイやトレルチの影響が看取される。第二次世界大戦敗戦後、その権任所員であったことが、災いして教職追放に遭ったが、その解除とともに京都女子大学ついで滋賀大学に教授として迎えられた。一方その生家大阪天然寺住職の後嗣が戦没して跡が絶えるという危機に遭遇し西田が血縁上それを相続することとなり、浄土宗に帰して得度受戒して名を直二と改めた。しかしそれは全く一時の名義上のみのことで、その後も学究生活をつづけた。昭和三十九年ころから健康を害し、同年十二月二十六日、満七十八歳の誕辰を過ぎること三日目にして没した。西田の著作としては上述の『日本文化史序説』のほか、晩年その門弟らによって集められた『日本文化史論考』(昭和三十八年、吉川弘文館刊)、『京都史蹟の研究』(同三十六年、同)がある。主著『日本文化史序説』は戦後、増補の上、再刊された(同五十三年、講談社刊)。養嗣子円我は仏教大学助教授。墓は夫人(大西祝長女)のものとともに大阪天然寺にある。法名は願蓮社向誉誓信直二上人。

参考文献 柴田実・西村朝日太郎『西田直二郎・西村真次』(『日本民俗文化大系』一〇) (柴田 実)

にしだみつぎ 西田税 一九〇一―三七 昭和時代前期のファシズム運動のリーダーの一人。青年将校運動の組織者。明治三十四年(一九〇一)十月三日、鳥取県西伯郡米子町(米子市)に西田粂蔵・常の次男として生まれた。広島陸軍幼年学校、中央幼年学校を経て、大正九年(一九二〇)陸軍士官学校に入学した。士官学校在学中友人たちと「青年亜細亜同盟」を結成し、黒竜会関係者や猶存社の満川亀太郎と交際をもった。やがて北一輝を知り、その著作『支那革命外史』に強い影響を受けた。士官学校卒業後、朝鮮羅南や広島の騎兵連隊に少尉として配属されたが、大正十四年病気により依願予備役となった。上京して大川周明の主宰する行地社の大学寮の寮監となった。そこで、士官学校の生徒や任官したての青年将校を多く知り彼らを組織した。北一輝の『国家改造案原理大綱』を金科玉条とした西田は、菅波三郎・末松太平ら現役の若手士官を北の思想で組織、昭和二年(一九二七)には「天剣党事件」をおこした。西田は、軍隊の「革命」が、国家改造の第一の条件と信じ、青年将校たちをその「革命」に任じさせようとしたのであった。満洲事変後十月事件に関与したが、荒木貞夫陸相登場するや陸軍の青年将校を「皇道派」の一翼にせんとしたため、五・一五事件では決起グループに狙撃された。同十一年の二・二六事件では指導下にある磯部浅一・栗原安秀らが決起の主導者となったため、北一輝とともに民間側の主謀者とされ、翌十二年八月十九日死刑に処された。三十七歳。墓は鳥取県米子市の法城寺にある。法名は義光院機猷税堂居士。

参考文献 松沢哲成・鈴木正節『二・二六と青年将校』、須山幸雄『西田税 二・二六への軌跡』(『昭和軍事史叢書』)

(鈴木　正節)

にしなよしお　仁科芳雄　一八九〇―一九五一　大正・昭和時代の物理学者。明治二十三年(一八九〇)十二月六日、岡山県浅口郡里庄村で父存正の四男として生まれる。大正七年(一九一八)東京帝国大学工科大学電気工学科を卒業。同十年理化学研究所研究員となり渡英、E・ラザフォードに師事。同十一年にドイツでM・ボルンやD・ヒルベルトの講義をきく。同十二年、デンマークのコペンハーゲンに移り、N・ボーアのもとで世界から集まっていた俊英とともに量子物理学の研究に専念した。昭和三年(一九二八)、O・クラインとともにコンプトン散乱の断面積を計算しクライン・仁科の公式を導出した。これは日本人最初のすぐれた量子力学研究の成果であった。同年末、八年ぶりに帰国し理化学研究所の長岡研究室に入り、新しい量子力学の紹介、研究指導を精力的に開始した。同四年のハイゼンベルクとディラックの来日、また同十二年のボーアの来日にはその理論の紹介に尽力した。同六年、理化学研究所に仁科研究室が独立し、以後この研究室には多くの若い研究者が関与し、量子力学や原子核物理学の研究を推進する日本の中心となった。同年京都帝国大学で量子論の特別講義を行い、これが湯川秀樹・朝永振一郎らの研究意欲を強く刺激した。このころから宇宙線の本性の研究に着手し、朝永振一郎・嵯峨根遼吉・坂田昌一らの関わる有力な学派を育てた。同十年、湯川秀樹の中間子仮説提唱に応じて霧箱による宇宙線の解明をすすめ、同十二年には米国のC・D・アンダーソンとほぼ同時に中間子の確認を行なった。また同年、理化学研究所に二十三トン磁石の小型サイクロトロンを完成。同十九年には二〇〇トン磁石の大型サイクロトロンを作製したが、これは第二次世界大戦後GHQにより破壊撤去された。同二十三年、理化学研究所解散の後、科学研究所を設立しペニシリンの国産化などにより再建への道を開いた。同二十一年文化勲章を受章。同二十六年一月十日死去。六十歳。

参考文献　朝永振一郎・玉木英彦編『仁科芳雄・伝記と回想』

(辻　哲夫)

にしのうみかじろう　西ノ海嘉治郎　同名の横綱力士が明治・大正・昭和の土俵にそれぞれ活躍、ともに鹿児島県出身で師弟三代。

(一)初代　一八五五―一九〇八　安政二年(一八五五)生まれる。本名小園嘉次郎。高砂部屋。明治十八年(一八八五)に大関、二十三年五月に横綱となり、このとき番付にはじめて「横綱」の文字が冠せられた。一七六センチ、一二七キロ、さして実績もなく「藩閥横綱」の異名をとり、引退して井筒部屋を再興する。明治四十一年十一月三十日没。五十四歳。法名嘉光院清山日道居士。墓は東京都墨田区太平の法泉院にある。

(二)二代　一八八〇―一九三一　明治十三年(一八八〇)生まれる。本名牧瀬(のち近藤姓)休八。井筒部屋。錦洋から西ノ海(一時灘右衛門、のち嘉治郎)と改めて明治四十三年大関、大正五年(一九一六)五月横綱。一八六センチ、一三九キロの大型で、太刀山に対抗した。引退して井筒となるが、昭和六年(一九三一)一月二十七日自殺。五十二歳。法名義雄院釈大嘉居士。墓は東京都台東区東上野の法善寺にある。

(三)三代　一八九〇―一九三三　明治二十三年(一八九〇)生まれる。本名松山伊勢助。井筒部屋。源氏山の名で取り進み、大正十二年(一九二三)五月横綱となり西ノ海を襲ぐ。一八五センチ、一二〇キロ。引退して浅香山となるが、昭和八年(一九三三)七月二十八日没。四十四歳。法名剛毅院顕誉松操純情居士。墓は東京都江戸川区宇喜田町の竜光寺から、現在小平市美園町の小平霊園に移されている。

参考文献　酒井忠正『日本相撲史』中

(小島　貞二)

にしはらかめぞう　西原亀三　一八七三―一九五四　明治から昭和時代にかけての実業家。「西原借款」で知られる。明治六年(一八七三)六月三日、父忠右衛門・母みつの長男として豊岡県与謝郡雲原村(京都府福知山市雲原)に生まれた。小学校卒業後家業を手伝って繭買いなどに従事、のち綿布商会や煉瓦工場をおこす。雲原村の与謝郡より天田郡への編入を運動、神鞭知常を知り、明治三十四年神鞭の招きで上京、そのアジア問題についての王道主義に共鳴し、三十八年渡韓して総督府の目賀田種太郎の財政改革攻撃に奔走、四十年ソウルに共益社を興し、綿織物販売に従事、在韓有数の実業家として寺内正毅総督にも知られた。大正四年(一九一五)共益社退社、翌年帰国して大隈内閣打倒に奔走、寺内内閣成立後はアジア策につき盛んに首相に建言、日中の経済的提携に奔走し、ついにいわゆる西原借款を担当した。この借款は寺内の私設秘書である西原が勝田主計蔵相と連絡して行うという異例の形式をとり、総額千四百五十万円の巨額にのぼった。当初は交通銀行など経済面に限られたが、西原は衰えた段祺瑞政権への援助(援段政策)を迫り、首相は中立政策の方針より応じなかったが、のち列強の援段政策をみて援段に転換、借款の大部分は寺内内閣末期に集中、南方弾圧にも転用されたと見られ、かつ無担保でほとんど返済されなかった(次の原内閣成立と共に借款中止)。寺内内閣総辞職後は政界の裏面で活躍、大正九年時局懇話会、翌十年国策研究会などをおこし、また上原勇作・田中義一の擁立運動、経済論策の発表、新党樹立運動などに活躍したが大成せず、田中義一内閣成立後はその人事に反撥して、のち宇垣一成擁立を策し、日本のファッショ化に憤慨、昭和十年(一九三五)郷里の村長に推されて更生運動に尽力、その施策は全国農村の模範とされた。傍ら政治運動も続けたが時局とあわず、村政に専念、第二次世界大戦後、二十九年八月二十二日八十一歳で没した。墓は同雲原にある。一般に借款のみが知られるが、政治活動も注目すべきで、郷里の西原文庫には膨大な

『西原文書』と蔵書がある。

参考文献 山本四郎編『西原亀三日記』(『京都女子大学研究叢刊』八)、同編『坂西利八郎書翰・報告集』、北村敬直編『夢の七十余年―西原亀三自伝―』(『東洋文庫』四〇)、山本四郎「寺内内閣時代の日中関係の一面―西原亀三と坂西利八郎―」(『史林』六四ノ一)、同「〝政界の惑星〟宇垣と西原亀三」(『ヒストリア』九六・九八) (山本 四郎)

にしはるひこ 西春彦 一八九三―一九八六 昭和時代の外交官。主として対ソ外交畑を歩む。明治二十六年(一八九三)四月二十九日、鹿児島県川辺郡加世田村(加世田市)に父多市左衛門・母ゆきの五男として生まれる。第一高等学校から大正七年(一九一八)七月東京帝国大学法科大学卒業、外務省に入る。同年十月高等試験外交科試験合格。ニューヨーク・長春・モスクワ在勤後、昭和三年(一九二八)通商局第一課長(当初、第二課長兼任)となり、幣原喜重郎外相の平和通商外交を推進する。八年欧米局第一課長、翌年欧亜局第一課長として対ソ問題を担当、北満洲鉄道譲渡交渉などに携わる。十年十二月任青島総領事。十一年十二月任参事官、モスクワ勤務。張鼓峰事件などソ満国境紛争処理で重光葵大使を補佐。十四年六月帰朝、欧亜局長としてノモンハン事件を処理。翌年九月、松岡人事により駐ソ公使に転出、三度目のモスクワ在勤、十六年七月帰朝。同年十月外務次官に就任、東郷茂徳外相を補佐して日米交渉の妥結に努力。十七年九月大東亜省設置に反対、東郷とともに辞任。十九年任満洲国公使、二十年六月帰朝。翌年、極東国際軍事裁判被告東郷茂徳の特別弁護人となる。二十三年五月公職追放。二十七年戦後初代オーストラリア大使に就任、日豪漁業紛争の調停交渉にあたる。三十年任英国大使、日ソ国交回復のロンドン交渉に関与、スエズ動乱調停のための国際会議日本代表を勤める。三十三年二月退官。以後、対ソ・対中共関係への波及を説いて安保条約改定に反対するなど、日本外交の進路に意見を呈した。昭和六十一年九月二十日没。九十三歳。法名は真実院釈春浄。墓は横浜市中区山手町外人墓地にある。著書に『わたしの外交白書―体験的国際関係論―』『回想の日本外交』(『岩波新書』青五五〇)がある。 (原口 邦紘)

にしむらかつぞう 西村勝三 一八三六―一九〇七 明治時代前期の政商、産業資本家。通称は伊勢勝。天保七年(一八三六)十二月九日、佐倉藩の側用人西村芳郁の三男に生まれた。明六社同人の西村茂樹は長兄にあたる。佐倉支藩の佐野藩で砲術助教をつとめたが、安政三年(一八五六)に脱藩して商人に転じ、横浜の豪商岡田平蔵の店で修業した。慶応三年(一八六七)、江戸で伊勢勝商店を開業し、幕末・維新の内乱の際、新政府軍の総督府御用達商人となり、外国商館との直接取引による銃砲・弾薬の売買で巨額の利益をあげた。明治新政府の兵部大輔大村益次郎から軍靴納入の斡旋を依頼されたのをきっかけに、洋式皮革業の導入をはかり、明治三年(一八七〇)、東京築地入船町に伊勢勝造靴工場を設立し、清国人靴工藩浩の、ついでオランダ人靴工F・J・レマルシャンの指導のもとに軍靴の製造を始めた。同年十月、横浜在住のドイツ人製革業者ボスケを招いて製革工場を設け、翌四年には、主に軍靴下製造のためにメリヤス工場を設立した。造靴工場は資本力が弱く技術も未熟なために、常に経営難にさらされたが、政府・旧藩主・第一銀行などの資金援助を受けて切りぬけた。十三年、製革工場に蒸気機関を導入し、十五年には黒象皮の製造に成功をおさめた。十七年に、皮革関係の工場を桜組と改称。折からの朝鮮事変(甲申の変)で軍用革の需要が増加したので、年来の負債を償却することができた。このように弾直樹とならぶ近代的な製靴・製革業の先駆者となるとともに、十七年に官営の深川工作局白煉瓦石工場の、十九年には同じ品川硝子製造所の払下げを受けて、産業資本家への道を歩んだ。晩年には、日本近世工業史の編纂に資金面で協力し、『日本近世造船史』『日本近世窯業史』などを完成させた。明治四十年一月三十一日没。七十二歳。

参考文献 西村翁伝記編纂会編『西村勝三翁伝』、『皮革産業沿革史』上、中西義雄「日本皮革産業の史的発展」(『部落問題研究』五) (川村善二郎)

にしむらごうん 西村五雲 一八七七―一九三八 明治から昭和時代にかけての日本画家。明治十年(一八七七)十一月六日、京都下京の油小路六角下ル(京都市中京区六角油小路町)にあった染色業の西村源七の次男に生まれる。本名源次郎。明治二十三年岸竹堂に師事、二十六年日本美術協会展「菊花図」は褒状を受く。三十年全国絵画共進会で「梅花双鶴」四等賞受賞。師の竹堂死去。三十二年全国絵画共進会「群鶩争餌」四等賞を受ける。三十六年竹内栖鳳の竹杖会に入り師事。四十年第一回文展「咆哮」(白熊捉膃肭之図)三等賞受賞。四十五年西村画塾を創設。大正二年(一九一三)京都市立美術工芸学校教諭となり帝展審査員、昭和六年(一九三一)第十二回帝展「日照雨」、翌年「秋茄子」は好評を受く。画塾を晨鳥社と名付く。八年帝国美術院会員、栖鳳の片腕として京都画壇に活躍し、十一年三越七絃会(鏑木清方・菊池契月・小林古径・土田麦僊・安田靫彦ら七名)の中に加わる。十二年帝国芸術院会員。同十三年九月十六日没。六十二歳。墓は京都市上京区の本満寺にある。法名霊峰院五雲日源大居士。

参考文献 『西村五雲展』(銀座松屋展覧会目録) (中村 溪男)

にしむらしげき 西村茂樹 一八二八―一九〇二 幕末の下総国佐倉藩士、明治時代の文部官僚、道徳思想家。幼名平太郎、のち鼎、さらに茂樹と改む。晩年は泊翁と号す。文政十一年(一八二八)三月十三日、江戸の佐野藩(佐倉藩支藩)邸に生まれる。母は佐倉藩士荒井宗輝の娘楽。天保八年(一八三七)佐倉藩の成徳書院に入る。同十二年藩で招いた安井息軒らに学ぶ。弘化元年(一八四四)

はじめて藩に仕える。同三年大塚同庵に西洋砲術を学ぶ。嘉永三年(一八五〇)父没し家督を継ぎ、藩校温故堂都講となる。同四年佐久間象山に西洋の砲術・兵法を学ぶ。同五年友人木村軍太郎に蘭書を学ぶ。同六年藩命により佐野藩附人となり、用人上席(翌年年寄役上席)として藩政に加わる。ペリー来航に関し海防策を草し老中阿部正弘に上る。老中首座となった佐倉藩主堀田正睦が、安政三年(一八五六)外国事務専任となるとそれを扶ける。文久元年(一八六一)手塚律蔵の門に入り、蘭・英学を学ぶ。明治元年(一八六八)十五年間いた佐野藩から本藩佐倉藩に帰り年寄役となる。同二年佐倉藩大参事、同四年印旛県権参事。同六年文部省に出仕し編書課長となる。この年森有礼の提起を扶けて明六社を組織、『明六雑誌』に「修身治国非二途論」(第三十一号)など十一編の論を発表する。このころ政府の欧化傾向がはっきりしてくるに従い国民道徳の回復を志向するようになる。同七年「民撰議院設立建白書」についてその採用を元老院へ請願する。同八年侍講を兼任(翌年辞職)。同九年文部大丞、また宮内省御用掛となる。この年東京修身学社を創設、月一回会合して修身道徳を研究する。同十年文部大書記官となり、以後各地を学事巡視する。同十二年東京学士院会員に推される。この年文部省において『古事類苑』の編集に着手する。同十七年東京修身学社を日本講道会と改め、会長となる。このころ宮内省から元田永孚の『幼学綱要』の補遺として『婦女鑑』の編纂の命をうける。同十八年東宮の教育世話を命ぜらる。同十九年宮中顧問官、なお大学綜理にとの話があったが辞す。この年十二月風俗は欧米を模倣し、人心軽躁浮薄に流れているとして、三日間大学講義室で公衆に講演し、翌年『日本道徳論』としてまとめたが、政治を誹謗しているところがあると伊藤博文首相の怒りをかい、文字を改めて発行した。その考えは、儒教道徳を哲学で補ったものを道徳の基本にし、皇室を徳育の中心に置こうとするものだった。同二十年日本講道会を日本弘道会に改称。同二十一年華族女学校長を兼ねる(同二十六年まで)。同二十二年から日本弘道会のために盛んに地方講演旅行に出、「人心を正し、風俗を善く」する道徳運動を拡げることに努める(同三十三年まで)。同二十三年貴族院議員となる(同二十五年まで)と、条約改正反対の立場から政府に質問書を出す。同二十七年『国家道徳論』を脱稿。同三十五年八月十八日、七十五歳で没す。宗徳院殿弘道泊翁大居士。墓は東京都文京区千駄木五丁目養源寺、同寺には師の安井息軒の墓もある。西村の経歴は自伝『記憶録』『往事録』でかなり辿れ、これらを含め、主な著作は『西村茂樹全集』全三巻に収められている。また日本弘道会の雑誌『弘道』などで道徳運動の様子がうかがえるほか、日記が国立国会図書館に所蔵されている。なお、宮本百合子は西村の次女葭江の子である。

参考文献 西村先生伝記編纂会編『泊翁西村茂樹伝』、高橋昌郎『西村茂樹』(『人物叢書』一九二)、家永三郎「西村茂樹論」(『日本近代思想史研究』所収)

(田﨑 哲郎)

にしむらしんじ 西村真次 一八七九―一九四三 大正・昭和時代前期の日本古代史学者。明治十二年(一八七九)三月三十日、西村稲豊の次男として三重県度会郡宇治山田町(伊勢市)に生まれる。三十年ごろ酔夢と号し、雑誌『新声』に名文を発表し、作家を志望して、三十四年九月東京専門学校(のち早稲田大学)文学科国語漢文及英文学科入学。三十七年陸軍輜重輸卒として応召、日露戦争に出征。三十八年勲八等白色桐葉章を受け、三月東京専門学校卒業。九月東京朝日新聞社に入社。四十三年朝日新聞を辞し、冨山房の雑誌『学生』編輯主任。このころより生物学・人類学・考古学から、日本古代史の研究を志し、エリオット＝スミスに共鳴して、日本の学界にマンチェスター学派の文化伝播論を導入した。大正七年(一九一八)九月早稲田大学講師、十一年教授に昇進し、昭和四年(一九二九)十二月早稲田大学文学部史学科教務主任となり、七年、"Ancient Rafts of Japan" "SkinBoats"および『人類学汎論』により文学博士の学位を受けた。十二年神武天皇聖蹟調査委員となり、十六年早稲田大学史学会会長に就任したが、十八年四月胃癌の疑いのため、大塚癌研究所に入院加療のところ、五月二十七日午前一時五十五分永眠。享年六十五。主著『大和時代』、『深川情調の研究』、『神話学概論』、『日本文化史概論』、『世界古代文化史』、『日本古代経済』(全五冊)。特に大正十三年十二月早稲田大学出版部より出版した『文化人類学』は、わが国における「文化人類学」と銘打った最初の書物である。

(水野 祐)

にしむらてんしゅう 西村天囚 一八六五―一九二四 明治・大正時代の新聞記者、小説家、漢学者。天囚は号、本名時彦。別号に子峻・紫俊・革不除軒・此予宅・小天地閣・猗剣があり、晩年は碩園と号した。慶応元年(一八六五)七月二十三日、大隅国種子島西之表に生まれる。父城之助時樹は薩摩藩の支藩種子島家の上士、母は浅子。幼にして父を失う。明治三年(一八七〇)郷儒前田豊山に就いて漢学を学び、九年藩校種子島学校に入学。十三年上京し重野成斎の内弟子となり宋学を修めるかたわら島田篁村の双桂精舎に入って経学を学んだ。十六年九月東京大学文学部附属古典講習科漢書課の官費生として入学、二十年官費制度廃止のため退学した。この年五月『屑屋の籠』前篇を博文堂から出版、一躍文名を馳せた。翌二十一年『屑屋の籠』後篇、『活髑髏』などを発表、同年末滋賀県知事中井弘の推挽により大津の『さゝ浪新聞』に主筆として入社。二十二年六月『大阪公論』に移り、「天囚雑綴十種」「維新豪傑逸事」などの読物を連載した。二十三年五月同紙の廃刊により『大阪朝日新聞』の編集局に移籍。翌年四月、渡辺霞亭・本吉欠伸らと浪花文学会を興し、機関誌『なにはかた』を発行して小説・評論を発表した。二十六年四月シベリア単騎横断の福島安正中佐をウラジオストックに出迎えて取材、「単騎遠征録」として連載百二十回に及んだ。二十七年九月日清戦争に従軍、翌年秋『東京朝日新聞』の主筆に就任した。三十年十二月宇都宮太郎大尉と同道して清国に赴き、排日派の重鎮湖広総督張之洞に面会しその説得に成功した。三十三年十一月から三十五年春まで清国に留学、多くの通信文を送り、帰国後現地での知見を社説・読物として執筆。四十年一月から「宋学の首倡」を五十五回にわたり連載、九月これを『日本宋学史』として出版、名著として知られる。この間、中井甃庵の懐徳堂再建のため奔走。四十三年四月新聞社主宰の第二回世界旅行会に同行。大正元年(一九一二)九月十三日、明治天皇御大葬にあたり執筆した「誄辞」は一代の名文として著名である。五年九月京都帝国大学講師を委嘱され、十年八月まで続けた。七年八月米騒動に係るいわゆる「白虹事件」(大阪朝日新聞筆禍事件)にあたって鳥居素川派の退社を受けて編集顧問に就任、十二月一日長大な社説「本社の本領宣明」を発表。この年懐徳堂再建成る。八年一月勤続三十年の表彰を受け、十二月退社し社友となる。九年五月文学博士の学位を授与される。六月島津家臨時編纂所編纂長に就任。十年八月宮内省御用掛、勅任待遇錦鶏間祗候に任ぜらる。十二年十一月十日発表の「国民精神作興の詔書」を起草する。これは、全智を傾倒した辛苦の作であった。十三年七月二十九日死去。行年六十。従四位勲四等瑞宝章を追贈され、大阪阿倍野墓地に葬られた。

参考文献 小沼量平編『碩園先生追悼録』、後醍院良正『西村天囚』、大塚豊子・吉田文子「西村天囚」(『近代文学研究叢書』二三所収)
(北根 豊)

にしやましちょう 西山志澄 一八四二―一九一一 明治時代の政治家、自由民権家、元警視総監。志澄は「ゆきずみ」ともよまれる。高知藩士西山嘉蔵の三男として天保十三年(一八四二)六月六日生まれる。のち平井氏の養子となる。武市半平太(瑞山)に従い国事に奔走し、戊辰戦争に際しては板垣退助の指揮下に入り会津征討に参加。新政府のもとで大阪兵学寮生徒取締、第二大隊第五小隊中尉、奈良県十一等出仕、大蔵省十等出仕を経て、明治十年(一八七七)春高知県二等属となる。この年西山姓に復す。同七年二月、板垣の主唱により愛国社が設立されるや彼もその発起人の一人となる。同十一年五月に立志社副社長となり、同年九月の愛国社再興の主唱者の一人となる。同十三年には高知県高岡郡長となり、国会開設請願運動に挺身。同十四年土佐郡長に転じ、また自由党結党に参加し、土陽新聞社長となる。同二十五年第二回総選挙で高知県第三区から衆議院議員に当選(以後三・四・五回総選挙に当選)、三十一年七月十六日第一次大隈内閣(隈板内閣)のもとで、警視総監となる(同年十一月九日罷免)。第八回(三十六年)・第十回(四十一年)総選挙に落選後は政友会院外団となる。四十四年五月二十三日病没。享年七十。

参考文献 衆議院事務局編『第一回乃至第二十回総選挙衆議院議員略歴』
(後藤 靖)

にしやますいしょう 西山翠嶂 一八七九―一九五八 明治から昭和にかけての日本画家。明治十二年(一八七九)四月二日、京都伏見の袋物商の家に生まれる。本名卯三郎。明治二十六年竹内栖鳳に師事。三十年第一回全国絵画共進会で「義光勇戦図」二等賞を得、他の内国勧業博覧会、新古美術品展で受賞し、西村五雲・橋本関雪らと俊才ぶりを発揮した。師の画風を継ぎ、人物・風景画に抜群の腕を振るう。四十年第一回文展「広寒宮」三等賞、その後も文展に受章を重ね、大正五年(一九一六)第十回文展「朱笄の女」、六年「短夜」、七年「落梅」三回続けて特選を得ている。八年以降帝展に活躍し十年青甲社を主宰して多くの逸材を育てた。昭和四年(一九二九)帝国美術院会員、八年京都市立絵画専門学校および京都市立美術工芸学校の校長をつとめ、十九年帝室技芸員、三十二年文化勲章を受章、文化功労者となる。翌三十三年三月三十日没。七十八歳。墓は京都市下京区貞安前之町の春長寺にある。法名智光院映名翠嶂居士。
(中村 溪男)

にじょうなりゆき 二条斉敬 一八一六―七八 江戸時代後期の公家。関白。文化十三年(一八一六)九月十二日生まれた。父は左大臣斉信、母は水戸藩主徳川斉昭の姉従子。文政八年(一八二五)従三位に叙せられ、同十一年権中納言、天保二年(一八三一)権大納言に進んだ。安政五年(一八五八)条約勅許問題が起ると、徳川斉昭に共鳴して不可を唱えて安政の大獄に連坐、翌六年二月慎十日に処せられたが、三月内大臣に、文久二年(一八六二)正月右大臣に進んだ。同年尊攘の気勢が高まる中、十二月国事御用掛に補せられ、翌三年急進派堂上の攘夷親征に反対し、会薩二藩と結び、前関白近衛忠煕らと尊融親王(朝彦親王)を動かして八月十八日の政変を起し、尊攘派勢力を一掃、公武合体派による朝権を確立し、十二月左大臣に転じ、詔により関白となった。爾来朝彦親王と孝明天皇を輔佐し、長州処分問題・条約勅許問題・一橋慶喜の宗家相続問題の処理にあたった。このため慶応二年(一八六六)八月中御門経之・大原重徳ら反幕派堂上二十二卿が列参して朝政改革を奏議し、朝彦親王を弾劾したため、九月斉敬は親王とともに引責辞職を請うたが聴許されず、かえって晃親王および二十二卿が朝譴を蒙った。同年十二月天皇崩御し、翌三年正月睦仁親王(明治天皇)が践祚し、摂政となったが、やがて先帝時代に朝譴を蒙った親王・堂上が続々と赦免され、王政復古派が勢力を回復した。同年十二月九日王政復古の大号令の発布で摂政・関白は廃職となり、公武合体派の朝彦親王および堂上とともに参朝を停止され、明治元年(一八六八)八月これを解かれたが、特に新政に参与することはなく、翌二年三月東幸中の大宮御所御用掛となり、七月麝香間祗候を仰せ付けられた。同十一年十二月五日没。年六十三。

参考文献 宮内省編『孝明天皇紀』、同編『明治天皇

紀』、維新史料編纂会編『維新史』　（吉田　常吉）

にしよしかず　西義一　一八七八―一九四一　大正・昭和時代の陸軍軍人。明治十一年（一八七八）一月一日、福島県に生まれる。同三十年陸軍士官学校に入学（十期）、三十九年陸軍大学校に入り四十二年に卒業（二十一期）、四十四年東宮武官となり、翌年侍従武官を兼任した。大正五年（一九一六）野戦砲兵第一聯隊付となり中佐に進級、七年野戦砲兵射撃学校教育部長となり、八年に大佐に進み侍従武官となる。十二年少将に進級、昭和二年（一九二七）野戦重砲兵第三旅団長となり、三年に中将に進級、技術本部総務部長に就任、五年に野戦砲兵学校長となる。六年には第八師団長に補せられ、七―九年に満洲事変に出征、九年に東京警備司令官に転じ、ついで大将に昇進、十年に軍事参議官となる。翌年の二・二六事件では反乱軍の説得を試みている。十一年三月教育総監に就任したが、同八月予備役編入、十六年四月十五日に死去した。六十四歳。西は砲兵の専門家で特に派閥に偏せず「智徳兼備の将軍」と評された。

参考文献　額田坦『陸軍省人事局長の回想』（『昭和軍事史叢書』）、日本近代史料研究会編『日本陸海軍の制度・組織・人事』　（佐々木　隆）

にしよつつじきんなり　西四辻公業　一八三八―九九　幕末・明治時代前期の公家。天保九年（一八三八）三月五日生まれる。父は権中納言高松公祐。正三位西四辻公恪の養嗣子となる。安政三年（一八五六）五月従五位上。同五年三月十二日、外交は幕府に委任するとする勅諚案の改訂を要求する八十八人の公卿の列参に加わった。慶応二年（一八六六）八月三十日、中御門経之・大原重徳および公業ら二十二卿が列参、朝彦親王ら親幕派を弾劾し、安政五年以来幽閉されている人材の赦免、長防解兵、朝政刷新の急務などを孝明天皇に奏上した。この結果十月二十七日に至り結党建言のゆえをもって差控に処せられた。翌三年三月勅免となる。王政復古により参与助役となり、明治元年（一八六八）正月参与兼会計事務局総督、同二月大総督府参謀となり江戸に出張、六月末に帰京するまで民政裁判所総督を兼務するなど関東地方の平定に尽力した。二年二月から四年十二月まで大阪府知事。六年三月には島津久光東上催促の勅使として鹿児島に出張した。五年正月侍従となって以後終身天皇の側近として仕えた。明治三十二年十月七日没。六十二歳。東京の染井墓地に葬られたが、のち京都市北区鞍馬口の上善寺に改葬された。　（佐々木　克）

にしわきじゅんざぶろう　西脇順三郎　一八九四―一九八二　大正・昭和時代の詩人、英文学者。明治二十七年（一八九四）一月二十日、新潟県北魚沼郡小千谷町（小千谷市）に生まれた。父寛蔵・母キサ。父は小千谷銀行主。県立小千谷中学卒業。画家を志して上京したが、画家を断念し、大正三年（一九一四）慶応大学理財科入学、鷲尾雨工・直木三十五・横光利一らを知り、ボードレール・ランボー・フローベールなどを愛読した。大正六年慶大を卒業、外務省嘱託などを経て同九年慶大予科教員となり、『三田文学』に寄稿、野口米次郎・戸川秋骨・馬場孤蝶・竹友藻風らと知った。同十一年渡英、オックスフォード大学に入学、古代中世英語英文学を専攻。同十四年同大学を中退、滞英中結婚した妻マジョリを同伴帰朝。翌十五年四月慶大文学部教授に就任、学生とともにダダ・シュールレアリスム・イマジズムなどの文学運動をおこした。『詩と詩論』（昭和三年（一九二八）創刊）によって活躍し、昭和四年『超現実主義詩論』を出版、翌五年『シュルレアリスム文学論』を刊行。昭和七年マジョリ夫人と別れ、桑山冴子と結婚した。詩集『Ambarvalia』（昭和八年）、『旅人かへらず』（二十二年）、『あんどろめだ』（三十年）、『第三の神話』（三十一年）、『失われた時』（三十五年）、『豊饒の女神』（三十七年）などのほか、『西脇順三郎全集』全十巻（昭和四十六―四十八年）、増補版全十一巻・別巻一（五十七―五十八年）などがある。なお昭和三十六年日本芸術院会員、三十七年、明治学院大学教授、四十年日本女子大学図書館長、四十六年文化功労者となった。昭和五十七年六月五日、郷里の小千谷総合病院で療養中に没。八十八歳。墓は東京都港区芝公園の増上寺にある。

参考文献　村野四郎・福田陸太郎・鍵谷幸信編『西脇順三郎研究』（『近代日本文学作家研究叢書』）、思潮社編集部編『西脇順三郎』（『現代詩読本』九）、『三田評論』一九八〇年八・九合併号（特集・西脇順三郎博士―人と学問―）　（古川　清彦）

にちかん　日鑑　一八〇六―六九　江戸時代後期の日什門流の学僧。永昌院と号す。文化三年（一八〇六）生まれる。越前の人。はじめ日蓮宗の寺に出家したが、日什門流に転じ、この門流の宮谷檀林に学んだ。文政六年（一八二三）以降、安政六年（一八五九）に至るまで諸方の寺院の住持を転任、この間、霊城と権実邪正の論争を交し、日蓮宗の優陀那院日輝とは、加賀で本迹勝劣につき論争した。日鑑は、永昌院日受・本昌院日達とともに、日什門流教学の大成者といわれ、近世初頭の常楽院日経の折伏の精神を継承、日受の学説をうけて、権実論・本迹論に関する著書およびその立場からする勝劣派の八品派・富士派の批判書がある。明治二年（一八六九）十二月八日没。六十四歳。

参考文献　立正大学日蓮教学研究所編『日蓮宗宗学全書』五・六、執行海秀『日蓮宗教学史』、望月歓厚『日蓮宗学説史』　（高木　豊）

にったくにてる　新田邦光　一八二九―一九〇二　幕末・明治時代の宗教家。神道修成派教祖。徳島藩士で、儒学・国学・兵学に通じ、尊王運動に奔走した。文政十二年（一八二九）十二月五日、竹沢斐章の三男に生まれる。はじめ寛三郎と称したが、上野新田氏の裔として、明治二年（一八六九）新田邦光と称す。慶応三年（一八六七）有栖川宮に招かれて神典を講じた。戊辰戦争中、一時、忍城に幽閉されたが、明治六年教部省の教導職である大講義となり、北関東と信州で神職・山岳行者らを門人とし、御岳講・富士講を結集して修成講社をつくった。明治九年、神道修成派として神道事務局からの独立を許された。同教は神儒習合の修理固成の説に立つ独自の教義をかかげ、明治中期に教勢を拡大した。巡教は三十五年に及び、管長在任のまま、明治三十五年十一月二十五日、東京で病没した。七十四歳。

参考文献 修成教務局編『新田邦光史伝』、田中義能『神道修成派の研究』 (村上　重良)

にとべいなぞう　新渡戸稲造　一八六二―一九三三　明治から昭和時代前期の農学博士・法学博士、教育者。文久二年(一八六二)八月八日、盛岡にて南部藩士新渡戸十次郎・せきの三男として誕生する。祖父伝は青森の三本木(十和田市)の開拓者として有名。明治四年(一八七一)叔父太田時敏の養子となり東京に行く。六年東京外国語学校に入学。一年先輩に内村鑑三がいたが、病気で休学をしたため新渡戸と同級になる。十年には札幌農学校に入学(第二期生)。W・S・クラークの感化でキリスト者となった第一期生に導かれ、クラークが書いた「イエスを信ずる者の契約」に署名し、十一年六月二日にアメリカのメソジスト監督教会のハリスから、内村と一緒に受洗。農学校卒業後は、開拓使御用掛を勤めたが勉学の気持ちを押さえがたく、十六年上京して東京大学に入学、その際外山正一教授に「太平洋の橋になり度(たい)と思います。日本の思想を外国に伝へ、外国の思想を日本に普及する媒酌になり度のです」と述べたという(『帰雁の蘆』(明治四十年))。十七年には、東京大学に不満を感じ退学し、アメリカに行き、ジョンズ＝ホプキンス大学で学ぶ。新渡戸はキリスト者になったものの懐疑するところ多く、アメリカでもいくつかの教会に行くが、心さだまらず悩んでいた。けれどもクェーカーの集会に出席し、求めていたものを見つけ、十九年ボルティモア友会会員となる。生涯の伴侶メアリー＝エルキントンとその集会で出会う。結婚は二十四年。新渡戸はジュネーブ大学での講演『日本人のクェーカー観』で「私はクェーカー主義においてはじめて、キリスト教と東洋思想とを調和させることができたのだった」と述べている。東西思想の調和、すなわちそれぞれの長所の融合こそ新渡戸の生涯の願いであった。クェーカー教徒としての人類平等の信仰によるものといえよう。二十四年帰国し、札幌農学校教授となる。三十四年には台湾総督府技師、同殖産課長として糖業発展に尽力する。三十六年には京都帝国大学教授、三十九年から大正二年(一九一三)まで第一高等学校校長として、その人格主義教育が多くの感化を生徒たちに及ぼす。その間明治四十二年東京帝国大学教授を兼任、四十四年には日米交換教授として渡米し各地で講演をする。大正七年には東京女子大学の初代学長となるが、国際連盟事務局次長に内定し翌年ヨーロッパに行く。十五年に辞任するまで連盟の発展に寄与する。特に国際知的協力委員会を通じてベルグソンをはじめとして当時の一流人物と親交を結ぶ。辞任後は貴族院議員、太平洋問題調査会の理事長となる。昭和七年(一九三二)にはアメリカに行き満洲事変における日本の立場を弁護する。八年にはカナダのバンフでの太平洋会議出席のためカナダに行くが、病気となり十月十五日(現地日付)ビクトリア市のジュビリー病院にて死去する。七十二歳。墓は東京都府中市の多磨墓地にある。晩年は日本では右翼の妨害、外国では日本弁護による批判を受け「悲劇の国際人」であったといわれるが、門下生から戦後の日本の国際化ならびに教育に貢献した人たちが輩出した。昭和五十九年十一月発行の新五千円札の図案は新渡戸の肖像が選ばれた。主著は『農業本論』(明治三十一年)、Bushido, The Soul of Japan(同三十三年)、『修養』(同四十四年)、『婦人に勧めて』(大正六年)、『東西相触れて』(昭和三年)その他英文の著作も多数ある。『新渡戸稲造全集』全二十三巻・別巻一冊(『新渡戸博士追想録』昭和十一年の再版)。別巻には佐藤全弘作成による「新渡戸稲造博士略年表」が添付されている。著作年表、資料年表は昭和女子大学近代文学研究室編『近代文学研究叢書』三五に詳しい。

参考文献 石井満『新渡戸稲造伝』、石上玄一郎『太平洋の橋―新渡戸稲造伝―』、松隈俊子『新渡戸稲造』、東京女子大学新渡戸稲造研究会編『新渡戸稲造研究』、佐々木篁「アメリカの新渡戸稲造「太平洋の橋」取材記」、佐藤全弘『新渡戸稲造―生涯と思想―』、同『新渡戸稲造の信仰と理想』、内川永一朗『晩年の稲造』、太田雄三『〈太平洋の橋〉としての新渡戸稲造』、蝦名賢造『新渡戸稲造―日本の近代化と太平洋問題―』、松下菊人『国際人・新渡戸稲造』、ジョージ＝オーシロ『新渡戸稲造国際主義の開拓者　名誉　努力　義務』、花井等『国際人新渡戸稲造』、佐藤全弘『新渡戸稲造の世界―人と思想と働き―』 (原島　正)

にとべつとう　新渡戸伝　一七九三―一八七一　江戸時代後期の産業開発者、陸奥国三本木(青森県十和田市)・百石(同県上北郡百石町)の開拓者。寛政五年(一七九三)十一月七日、盛岡藩士新渡戸維民の子として花巻に生まれる。幼名を縫太(のち伝)、諱を常澄、字を浣郷、号を太素と称した。若いころ商人に身を転じたが、再び仕官して山奉行・三戸代官・勘定奉行などを歴任した。岩手・志和・稗貫・和賀郡内の開墾事業に成功したのち、安政二年(一八五五)三本木の開拓に着手し、翌年熊の沢―矢神間千四百十二間の隧道を掘抜き、同六年三本木への上水に成功した。開田も進み、起業以来十年を経た慶応元年(一八六五)には、開発高も九百七十石余に達した。明治二年(一八六九)七戸藩の家老・大参事を経て、同四年九月二十七日、三本木会所で七十九歳の生涯を終えた。遺稿に『太素日記』『太素漫筆』がある。墓は十和田市東三番町にあって太素塚といい、その域内の新渡戸記念館には豊富な開拓資料が所蔵されている。新渡戸稲造は孫。

参考文献 新渡戸十次郎『三本木平開業之記』、『十和田市史』、『百石町誌』下、積雪地方農村経済調査所編『三本木開拓誌』上　（細井　計）

にながわとらぞう　蜷川虎三　一八九七―一九八一　昭和時代の経済学者、京都府知事。明治三十年（一八九七）二月二十四日、東京深川の材木問屋親治の三男として生まれる。大正六年（一九一七）農商務省水産講習所本科卒業、同所助手、九年京都帝国大学経済学部入学、卒業後十五年同大学講師より助教授を経て昭和十四年（一九三九）教授、二十年経済学部長、二十一年辞職、二十三年八月初代中小企業庁長官、二十五年一月、政府の経済策では「三月危機」が来るとし、大資本本位に反対、中小企業対策の必要を説いて懲戒免職、雑誌『文芸春秋』四月号に「ごろつき政治の正体」を発表、その三月全京都民主戦線統一会議の推薦、日本社会党公認で京都府知事選挙に立候補、「反動政治とたたかう府知事」以下十四項目の主張を掲げ当選（四月）、高山義三革新派京都市長とともに京都は革新陣営の牙城となる。以後五十三年四月まで七期二十八年間革新府政を推進、「府民の生活を守る」「憲法をくらしの中に」を基本とし、メーデー行進の先頭に立ち、勤務評定・日米安全保障条約・公害施設に反対し、所得を倍増すれば物価は三倍になるとし、高校の予備校化反対＝全人格教育、老人医療無料化などの社会施設、減反反対＝「京都食管」、競輪廃止など独自の施策を展開、「とらさん」と府民に親しまれた。五十六年二月二十七日肺癌などで没。八十四歳。墓は東山の智積院。先妻律子は日本最初の女性タクシー運転手（昭和七―九年、結婚は大正十一年）。

参考文献 吉村康『蜷川虎三の生涯』、蜷川虎三『洛陽に吼ゆ―蜷川虎三回想録―』　（山本　四郎）

にながわのりたね　蜷川式胤　一八三五―八二　明治初期の考古家。天保六年（一八三五）五月二十三日、京都東寺の公人、子賢の長男として生まる。幼名与三郎、また親胤と称す。生来多才で若くより算数家として知られたが、その本領は博物考古学にあり、社寺旧家の什宝を博覧精究し、その道で一家をなした。明治二年（一八六九）六月新政府の制度取調御用掛となって東上し、太政官の権少史、少史に進み、同四年外務省に移って外務大録に任じ、文部省博物局御用を兼ね、同五年文部省八等出仕、八年に内務省博物館掛となり、十年病により職を辞した。この間明治四年田中芳男らとともに東京九段坂上で物産会を開催し、続いて同年開催の京都博覧会の誘導にも力をつくした。また翌五年には町田久成らと文部省主催の博覧会を湯島聖堂の大成殿で開いた。同年には町田・蜷川らによる近畿地方の社寺宝物検査も行われ、八年に正倉院宝庫を開封し、宝物の学術調査を行なった。八年にも奈良博覧会に宝物出陳のため正倉院に出張した。式胤はまた古社寺宝物検査、博物館建設を政府に建議し、これらの活動は博物館開設の原動力となった。彼はシーボルト・キオソーネ・モースと交際があり、日本の古美術を外国に紹介した功も大きい。その著『観古図説』は自宅に設けた印刷所で作られた石版刷彩色の図録で、仏文解説がつけられ、陶芸の名著とされた。その他『徴古図説』『好古図説』等は未完に終った。日記に『奈良の筋道』『八重の残花』等があり、文化財調査記録として貴重。明治十五年八月二十一日没。四十八歳。東京谷中天王寺墓地に葬られた。

参考文献 蜷川第一編『蜷川式胤追慕録』、坂井誠一『遍歴の武家―蜷川氏の歴史的研究―』、蜷川式胤「明治五年正倉院開封に関する日記」（『東洋美術』特輯正倉院の研究）　（皆川　完一）

にのみやくまじろう　二宮熊次郎　一八六五―一九一六　明治・大正時代の新聞・雑誌記者。号は孤松、震堂、画美人楼主人。慶応元年（一八六五）五月十日、宇和島藩士尾崎覚太夫の子として生まれる。のち二宮家を継ぐ。幼少より神童と呼ばれ、十五歳のとき藩校明倫館の助教に挙げられる。明治十六年（一八八三）三月上京、末広重恭（鉄腸）の斡旋で『朝野新聞』に入社、二十年十月まで在社した。このあと時事通信社に勤めたが、二十一年十一月政治・経済学を研究するためドイツに留学、その船中にて山県有朋に知られる。二十五年四月帰朝。同年八月内務省嘱託、二十七年日清開戦にあたっては山県の秘書として従軍した。三十一年五月山県の援助によって日刊紙『京華日報』を発行、のち『京華週報』と改題、さらに『京華日報』と復題したが経営不振のため三十七年三月廃刊した。なおこの年六月雑誌『世界』を創刊し没時に至った。大正五年（一九一六）十二月十七日没。享年五十二。

参考文献 加藤房蔵編『孤松余影』　（北根　豊）

にのみやけいさく　二宮敬作　一八〇四―六二　江戸時代後期の蘭方医。号は如山。文化元年（一八〇四、一説には享和元年（一八〇一）とも）五月十日、伊予国宇和郡磯崎浦（愛媛県西宇和郡保内町磯崎）の農家に生まれる。父六弥・母茂。文政二年（一八一九）医学修業のため長崎へ遊学。同六年以後の六年間、シーボルトに師事し信任を受け、同九年のシーボルト江戸参観の時には助手として随行。のちにシーボルト事件に連座し、数ヵ月間、禁錮された。天保元年（一八三〇）郷里の宇和島に帰り、外科および種痘を以て開業、安政二年（一八五五）に宇和島藩の藩医となった。国政にも通じ、高野長英・村田蔵六（大村益次郎）らの憂国の士とも交流があった。嘉永二年（一八四九）に高野長英が宇和島に逃亡した際には、長英を自宅に匿ったりもした。安政六年のシーボルト再来日の折に長崎を訪れ、文久二年（一八六二）三月十二日、長崎の諏訪町において病没。五十九歳。法名は青雲院徳光如山居士。シーボルトの遺児楠本イネが皓台寺（長崎市寺町）に墓を建立。愛媛県東宇和郡宇和町卯之町の光教寺にも遺髪塔がある。大正十三年（一九二四）贈正五位。

参考文献 呉秀三『シーボルト先生』三（『東洋文庫』

一一七)、谷泰吉「二宮敬作先生に就て」(『医譚』五)
(高安　伸子)

にのみやそんとく　二宮尊徳　一七八七—一八五六　幕末の農村復興運動の指導者。天明七年(一七八七)七月二十三日、相模国足柄上郡栢山村(神奈川県小田原市栢山)に利右衛門・よし夫婦の長男として生まれた。通称金次郎、諱は尊徳(「たかのり」と訓むのが正しいが、一般には「そんとく」と称されている)。尊徳の生家は、祖父銀右衛門の代の分家で、銀右衛門には子供がなかった(結婚しなかったともされる)ので、本家の次男利右衛門を養子にした。銀右衛門は働き者で、その死に際しては田畑二町三段六畝余を利右衛門に譲ったが、利右衛門はからだが弱く、百姓に不似合いな読書を好んだ。寛政十二年(一八〇〇)、尊徳十四歳のときに利右衛門は病死したが、所有の田畑は七段六畝に減少していた。二年後に母が死んで、尊徳は伯父二宮万兵衛家に、二人の弟は母の生家に預けられた。伯父の家に預けられた尊徳は、万兵衛家での農作業に励むとともに、氾濫による荒地に菜種をうえたり、夜なべ仕事をしたり、読書や算術を学んだりした。おそらく母の死後にも若干の田畑が残されていてそれは小作に出され、その収入もあわせて、二十歳のとき尊徳は生家を再興した。その後の尊徳は毎年のように田畑を買い求め、それをまた小作に出して、二十六歳のときには小作米三十八俵余を得る小地主となった。尊徳の致富の方法は、人並みはずれた体力に支えられたきびしい労働にもよるが、土地は小作に出し、お金が溜れば貸金とし、貢租のかからない荒地を耕し、みずからは雇人となって給金を稼ぐなど、領主権力の収奪を巧妙に避けたものであった。尊徳は、文化九年(一八一二)、二十六歳のとき、小田原藩の家老服部十郎兵衛家の若党となり、文化十四年、三十一歳で、堀之内村中島弥之右衛門の娘きのと結婚、翌々文政二年(一八一九)に離婚した。同三年、三十四歳で飯泉村岡田峯右衛門の娘なみと再婚した。その間、文政元年には奉公先の服部家の財政立直しを引きうけ、きびしい倹約の励行と藩からの借用金の運用によってこれに成功した。そのほか、服部家に奉公中の尊徳は、小田原藩士のための金融制度にあたる五常講をつくったり、枡の統一を建議したりした。文政四年、尊徳は、服部家再興の手腕が認められて、小田原藩主の分家旗本宇津家の領地下野国桜町領の調査を命ぜられ、翌年にはその復興を任された。ついで文政六年には家産を処分して、尊徳一家は桜町領に移住した。桜町領は、下野国芳賀郡横田村・物井村(栃木県芳賀郡二宮町)、東沼村(同真岡市)三村で、『報徳記』によれば、元禄期には高四千石、民家四百四十戸、貢租三千百俵であったものが、文政期には「衰廃極り」、戸数百四十戸余、貢租八百俵に減少していた。この数値については、地方文書による最近の研究からもほぼ同様の結果が得られており、この三村は北関東の荒廃した村の典型だったことがわかる。こうした衰廃した村を復興するのが報徳仕法で、桜町領の復興＝桜町仕法がそのモデル＝ケースとなった。桜町仕法の内容は多岐にわたるが、まず尊徳は、対象地域を厳密に調査して、石高四千石は実現不可能で二千石の土地として復興するのがよいとし、尊徳が仕法を引きうける十年間は宇津家の収納は千五俵とすることを定めた。これは報徳仕法にいう「分度」の設定にあたり、実際上は領主収奪を制限することを意味していた。ついで尊徳は、早朝から夜遅くまで領内を巡回して農民に勤倹の生活を教え、出精者を村民の入札(投票)で選んで表彰したりした。また、〆粕・干鰯などの肥料の導入、種穀の貸付、用排水や農道の整備、荒地の復興、分家と入百姓による戸口増加などを実施した。尊徳の施策は、村民や小田原藩から派遣された役人との対立を生むことも少なくなかったが、天保四年(一八三三)と七年の饑饉を稗をうえてのりこえ、天保八年には桜町領の仕法を終えた。桜町仕法の成功は尊徳の名声を高め、北関東各地で尊徳は仕法を依頼されるようになった。天保四年以降の青木村仕法、同五年からの谷田部・茂木領仕法、七年の烏山藩仕法などがそれで、弘化二年(一八四五)には尊徳門下が藩政の中枢を占める相馬藩においても仕法が開始された。他方、天保十三年には御普請役格二十俵二人扶持の幕臣に登用され、利根川分水路工事の調査を命ぜられた。また、弘化二年から翌年にかけて日光領仕法雛形を作成し、嘉永六年(一八五三)に日光領仕法を命ぜられた。この仕法は尊徳がかかわった最大の仕法で、安政二年(一八五五)には今市(栃木県今市市)の仕法役所に一家をあげて移住したが、尊徳は翌安政三年十月二十日に死んだ。七十歳。墓は今市の報徳二宮神社の背後にある。尊徳が行なった仕法は、主として北関東地域の領主層から依頼され、その一任をとりつけて行うもので、行政式仕法と呼ばれている。他方、報徳仕法の名声が高くなると、尊徳のもとで仕法の実際や原理を学ぼうとする人々がふえ、そのなかにはみずからの村と地域社会の復興のために努力している地主・豪農層が少なくなかった。こうした人々に指導される仕法が結社式仕法で、この結社は地名を付して○○報徳社と名付けられた。弘化四年、遠江国長上郡下石田村(静岡県浜松市下石田町)で神谷与平治の指導のもとに設立された下石田報徳社、嘉永元年、遠江国佐野郡倉真村(同掛川市倉真)に岡田佐平治の指導でつくられた牛岡組報徳社が、その早い事例である。この二つの報徳社の結成を勧めた人物に安居院庄七・浅田勇次郎兄弟があったが、彼らは狭い地域社会をこえて行動する活動家であった。こうした結社式報徳社は、嘉永・安政期以降、遠江国を中心に現在の静岡県・神奈川県にあたる地域で次第に活発となり、やがて明治政府の農村政策や国民教化政策とも結びついて、全国に普及していった。他方、尊徳の死後、その一家は高弟富田高慶らの指導する相馬藩仕法との結びつきをつよめ、明治十年(一八七七)に興復社を結成して、北海道の開拓事業などを行なった。しかし、近代日本で重要な意味をもったのは、岡田佐平治の息子良一郎などを指導者とする結社式の報徳社運動であり、大正十三年(一九二四)には全国の報徳社を結集して大日本報徳社が結成された。尊徳の事蹟を記した『報徳記』(富田高慶)は、明治十三年に天覧に供され、明治十六年に宮内省から、同十八年には農商務省、ついで大日本農会から出版され、その語録『二宮翁夜話』(福住正兄)も明治十七年から二十年にかけて出版された。また、勤倹力行によってみずからの運命をきり拓くという尊徳二宮金次郎のイメージは、修身教育を通じて国民教化の重要な手段とされ、全国の小学校の校庭に薪を背負って本を読む少年金次郎像が建立された。尊徳の思想は、「神儒仏正味一粒丸」、これを「報徳教」という、などとする折衷的な内容で、その限りでは伝統思想の大枠をでるものでないとすることもできるが、民衆の生活意識の思想化という色彩が濃く、他の思想家にはみられない独自性がある。とりわけ、天道に対して人道＝作為を対置して、衣食住とそれを作りだす生産労働を重んじて、そのための努力や生活規律を説くところには、そうした特質がよく表現されているとしてよかろう。『二宮尊徳全集』全三十六巻(昭和二年(一九二七)―七年、二宮尊徳偉業宣揚会)がある。

(安丸 良夫)

参考文献 佐々井信太郎『二宮尊徳伝』、奈良本辰也『二宮尊徳』(『岩波新書』青三三四)、守田志郎『二宮尊徳』(『朝日評伝選』二)

にれかげのり 仁礼景範 一八三一―一九〇〇 明治時代前期の海軍軍人。天保二年(一八三一)二月二十四日に生まれる。薩摩(鹿児島県)出身。仁礼源之助の次男。叔父吉右衛門の養子となる。米国留学後、明治五年(一八七二)十一月少佐、海軍省出仕。十一年四月―十三年十二月海軍兵学校長。十三年二月少将に進み、十四年東海鎮守府長官、十五年中艦隊司令官となる。十七年二月、軍令事項を管掌する新設の海軍省軍事部部長。同年七月子爵。十八年六月中将に進級。十九年三月、陸海軍の軍令管掌業務を統合した参謀本部が新設されると参謀本部次長となり、ついで二十一年五月参謀本部の組織変更により、参軍のもとの海軍参謀本部長となった。二十二年三月横須賀鎮守府長官、二十四年六月海軍大学校長を歴任し、二十五年八月海軍大臣となり海軍の軍備充実に尽力した。二十六年三月現役を去り枢密顧問官となったが、三十三年十一月二十二日没。七十歳。軍令、軍政、教育の各面にわたり、日本海軍の育成強化に功のあった提督。

参考文献 日本近代史料研究会編『日本陸海軍の制度・組織・人事』、外山操編『陸海軍将官人事総覧』海軍篇

(森松 俊夫)

にわたつぐこ 庭田嗣子 一八二〇―六七 幕末期の宮中女官。文政三年(一八二〇)誕生。権大納言庭田重能の女。仁孝天皇の天保五年(一八三四)十二月宮中に出仕、同七年典侍となり、新典侍・宰相典侍などと称した。孝明天皇践祚の後も引退を許されず、引きつづき宮中に留められたが、万延元年(一八六〇)十月皇妹和宮の徳川家茂への降嫁が定まると、和宮御附を命ぜられ、随従して江戸に下向した。爾後和宮の側近にあって辛苦をともにし、よく輔導に努めて抜群の精勤を称せられた。慶応三年(一八六七)十一月九日江戸にて死去。年四十八。法名清実院殿忠誉妙蓮嗣香大姉。墓は京都市左京区黒谷町の竜光院にある。嗣子自筆の『庭田嗣子日記』『庭田嗣子詠草』『静寛院宮御側日記』『静寛院宮御文通留』その他が宮内庁書陵部に伝存する。

参考文献 正親町公和編『静寛院宮御日記』、『庭田家系譜』、『転免物故女官履歴』

(武部 敏夫)

にわやすじろう 丹羽保次郎 一八九三―一九七五 大正・昭和時代の電気工学者。工学博士。明治二十六年(一八九三)四月一日、綿糸商丹羽安兵衛の長男として三重県飯高郡松阪町に生まれる。大正五年(一九一六)東京帝国大学電気工学科卒業、逓信省電気試験所の技師となり、電気機器用珪素鋼板の磁気測定装置、NS透磁率計(ニワ＝パーミアメーター)の発明ほか諸業績をあげ、東京帝大工学部講師をかねた。同十三年逓信省退官、日本電気株式会社に入社、米国ベル電話研究所に留学、欧米通信事情視察帰国後、昭和二年(一九二七)同社技術部長に就任、翌年NE式写真電送方式を発明(小林正次と共同)、天皇即位大典に際しその実用化に成功、同五年十大発明功労者に選ばれた。のち日本電気の技師長から常務・専務へとすすみ、この間ベルリン＝オリンピックに際し短波無線写真電送に新機軸をひらいたほか、電気通信技術の発達に多くの業績をあげた。第二次世界大戦後、東京電機大学学長、テレビジョン学会・日本音響学会・日本工学会各会長、日本学術会議第五部長など歴任。昭和三十四年文化勲章受章。五十年二月二十八日没。八十一歳。墓は東京都府中市の多磨墓地にある。ほかに三重県松阪市清光寺に分骨埋葬された。

参考文献 東京電機大学丹羽記念会編『丹羽保次郎人と業績』、同編『丹羽保次郎遺稿集』

(飯田 賢一)

ぬ

ぬかだむつとみ　額田六福　一八九〇―一九四八　大正・昭和時代の新歌舞伎の作者。劇界では「ろっぷく」と呼ばれた。明治二十三年(一八九〇)十月二日、岡山県勝南郡勝田村(勝央町)に生まれる。父額田嘉十郎。十八歳のとき関節炎で右手を切断、ついで脊髄カリエスに罹り、在郷のまま岡本綺堂に弟子入り、添削を乞うた最初から綺堂没後その主宰誌『舞台』の続刊に努力するまで、生涯師事した。大正五年(一九一六)三月上京して早稲田大学英文科に入学、同時に『新演芸』の脚本募集に入選した『出陣』が歌舞伎座で上演され、華々しく劇界にデビューした。代表作は、大正十一年四月、六代目菊五郎と河合武雄合同で初演した『冬木心中』に、十五年一月沢田正二郎初演の『白野弁十郎』。たびたび再演、映画化もされた。昭和二十三年(一九四八)十二月二十一日没。五十九歳。東京都府中市の多磨墓地に墓がある。渡辺やえ子編『額田六福戯曲集』(昭和四十四年、青蛙房)がある。

(西村　博子)

ぬまたたかぞう　沼田多稼蔵　一八九二―一九六一　大正・昭和時代前期の陸軍軍人。明治二十五年(一八九二)四月十八日に生まれる。広島県出身。陸軍士官学校第二十四期生。大正八年(一九一九)陸軍大学校卒。十一年十一月参謀本部部員(内国戦史課)、陸軍省軍務局課員、イタリア駐在、陸軍省整備局課員、関東軍参謀、イタリア大使館付武官、歩兵第三十九連隊長を歴任。昭和十三年(一九三八)六月から中国武漢地区の作戦を担当する第十一軍の参謀副長、ついで参謀長、十三年七月少将に進級。十四年八月企画院第一部長となり、総合国力の拡充運用を図った。十六年三月中将に進級、関東軍の第三軍参謀長、ついで第十二師団長として対ソ作戦を準備した。十八年十月第二方面軍参謀長として濠北方面(バンダ海周辺)の、十九年末南方軍総参謀長として南方全般の対連合軍作戦準備にあたった。第二次世界大戦後、二十二―二十五年戦犯として収容。三十六年十一月十五日没。六十九歳。著書に『日露陸戦新史』(『岩波新書』赤七八、昭和十五年)がある。

[参考文献]　日本近代史料研究会編『日本陸海軍の制度・組織・人事』、外山操編『陸海軍将官人事総覧』陸軍篇

(森松　俊夫)

ぬまもりかず　沼間守一　一八四三―九〇　明治時代の民権政治家。天保十四年(一八四三)十二月二日、幕臣高梨仙太夫の第二子として江戸牛込に出生。幕臣沼間平六郎の養子となる。幼名慎次郎。安政六年(一八五九)養父が長崎奉行属員として長崎に赴任すると同行、英人に英書(土に兵書)を学ぶ。帰国後、軍艦頭取矢田堀景蔵から海軍技術を習得。横浜で米医ヘボンに入門し、もっぱら兵書に親しんだため放逐されかけたが、夫人が才気を愛し英語を教えた。慶応元年(一八六五)江戸幕府が横浜に設立した陸軍伝習所の歩兵科に応募、仏国士官の訓練をうけ歩兵頭並に進んだ。鳥羽・伏見の戦で敗北後、主戦派に属して江戸を脱走、大鳥圭介らと板垣退助・谷守部(干城)らの討幕軍と善戦。維新後、軍事的才能を惜しまれて放免され、高知藩に聘せられる。廃藩置県後、横浜で生糸・両替商を営んだが、明治五年(一八七二)井上馨の推薦で大蔵省租税寮七等出仕となり横浜税関詰。この年、守一と改名。司法省に転じ河野敏鎌(とがま)らと欧州視察に随行。河野と胸襟をひらき英法と演説術を学ぶ。帰朝後、元老院議官に転じた河野のひきで同院権大書記官となる。在任中鶴岡(酒田)事件を解決し名声をあげる。六年河野らと法律講義(習)会を設立、演説・討論会実行の先駆となる。十一年同会を嚶鳴社と改称。翌年八月自由民権運動に専念するために官を辞す。同年十月『嚶鳴雑誌』創刊、「西の立志社、東の嚶鳴社」と称せられて都市民権派の主流となる。同年十一月『横浜毎日新聞』を買収して東京に移し、『東京横浜毎日新聞』と改題して社長となる。同月神田区から東京府会議員、翌年一月府会副議長に当選。同年講法と代言を兼ねた九皐社を設立。十四年自由党創立委員となるが意見が合わず、翌年立憲改進党の創立に嚶鳴社を率いて参加し、国約憲法・一院制を主張して党内最左派の領袖となる。同年東京府会議長。十七年党内に解党論が起るや断固反対して孤守する。二十三年五月十七日病没。享年四十八。墓は東京都台東区上野寛永寺。

[参考文献]　石川安次郎『沼間守一』、松尾章一『自由民権思想の研究』、岡野他家夫「沼間守一」(『三代言論人集』三所収)、安在邦夫「沼間守一の政体構想と政治認識」(『史観』八六・八七合併号)、福井淳「嚶鳴社の構造的研究」(『歴史評論』四〇五)

(松尾　章一)

ね

ねづかいちろう　根津嘉一郎　一八六〇―一九四〇　明治から昭和時代前期にかけての代表的企業家。万延元年(一八六〇)六月十五日、甲斐国山梨郡正徳寺村(山梨県山梨市正徳寺)に地主・金融・種油製造を兼営する根津家の次男として生まれる。父嘉市郎(のち藤右衛門)・母きみ。東京で漢学を修業した後、郷里で村会・郡会・県会議員、村長などの地方政治家として活動し、山林業・貯蓄銀行などを経営した。この間、山梨県出身の企業家若尾逸平の影響を受け、明治二十年(一八八七)代中ごろ東京に進出、家産を投じて株式投資を開始した。兄が病弱のため家督を相続していたが、同二十九年兄に家督を譲り、三十一年兄と家産を分割した。株式取引により巨富を獲得しただけでなく、多くの株式会社の大株主として役員の地位を兼任した。このような活動を他の山梨県出身の企業家たちと協同して行い、甲州財閥の有力メンバーであった。特に、東京電燈などの電力会社、東京瓦斯などのガス会社、東京馬車鉄道などの鉄道会社において声威をふるった。また、多くの業績不振の会社の株式を買収し、経営を再建して資産価値を増大することにつとめた。丸三麦酒の買収と日本麦酒鉱泉の経営、富国徴兵保険の設立と経営などはその好例である。東武鉄道の経営もその一例であるが、これには単なる大株主としての関心を超越して精力を注入し、明治三十八年以降死ぬまで社長であった。日清製粉・上毛モスリンなど東武沿線の諸事業とも密接な関係を有した。しかし、上記の根津の出資した企業群は財閥・企業グループといえるだけの内的結合関係に欠けていた。このほか、東京米穀商品取引所理事長・東京商工会議所副会頭などの役職に就任した。衆議院議員を四期つとめ、勅選貴族院議員でもあった。大正九年(一九二〇)有価証券・不動産保全会社として資本金五百万円の根津合名会社を設立した。同十年には財団法人根津育英会を創設し、同会による三百六十万円の寄付行為によって七年制の武蔵高等学校(旧制、現武蔵大学)を発足させた。昭和十五年(一九四〇)一月四日、八十一歳で死去。墓は東京都府中市の多磨墓地にある。没後に設立された根津美術館が物語るように、美術品蒐集家としても著名であった。

参考文献　勝田貞次『(大倉・根津)コンツェルン読本』(『日本コンツェルン全書』一〇)、根津翁伝記編纂会編『根津翁伝』　(森川　英正)

ねづはじめ　根津一　一八六〇―一九二七　明治・大正時代の軍人。東亜同文書院院長。山梨県出身。万延元年(一八六〇)五月二日生まれる。父は根津勝七。幼名伝次郎。号山洲。明治十二年(一八七九)陸軍士官学校入学、同十六年卒業、十八年には陸軍大学校に入り、砲兵中尉となる。明治二十年、参謀本部に入り、二十二年十一月、大尉。このころ、荒尾精が、上海に日清貿易研究所を設立したことを知り、参謀本部支那課の職を放棄、二十三年七月に予備役となり、上海の貿易研究所長代理となる。荒尾のつくった研究所の事実上の初代所長になったのである。ここで『清国商業総覧』の編纂に全力をあげ、二十五年八月に刊行した。明治二十七年、日清戦争おこるや、参謀本部に復帰、同年十月には、員外参謀官の役で第二軍司令部付となった。中国語に堪能で、中国事情に詳しいことから強く復帰をすすめられたのであろう。同十二月、砲兵少佐。二十八年一月には、揚家屯兵站司令となった。この間、研究所で育てられた若者たちも、戦争要員にかなり動員された。明治三十一年十月、近衛篤麿が、東亜同文会を設立、三十三年、南京に同文書院の校舎をつくったが、この時、根津は近衛に依頼されて、院長をつとめた。同年五月、東亜同文会の幹事長となって、事実上の中心人物となった。七月に、予備役に編入となっている。三十四年から書院の校舎を上海にうつし、本格的な学校経営を開始した。三十六年一月、上海の東亜同文書院院長となって、長くその職にあり、多くの中国通を育てる。一方、辛亥革命にも深い理解を示し『太陽』などに、卓抜な論文を寄せた。昭和二年(一九二七)二月十八日死去。六十八歳。

参考文献　東亜同文書院滬友同窓会編『山洲根津先生伝』、宗像金吾編『東亜の先覚者山洲根津先生並夫人』　(鈴木　正節)

ネフスキー　Nikolai Aleksandrovich Nevskii　一八九二―一九三七　ロシアの東洋学者。一八九二年三月二日(ロシア暦二月十八日)ヤロスラブリに生まれる。一九一四年ペテルブルグ大学東洋学部中国・日本科を卒業。大正四年(一九一五)日本に留学し、柳田国男・折口信夫・中山太郎らと知りあい、日本民俗学を研究。大正八―十一年小樽高等商業学校、同十一―昭和四年(一九二九)大阪外国語学校に勤務するかたわら、アイヌ語、宮古島方言、台湾のツォ族の言語を研究し、やがて石浜純太郎らとともに、西夏(タングート)語の研究で業績をあげた。大正十一年北海道出身の万谷イソと結婚、一九二九年帰国してレニングラード大学教授となった。一九三七年十月四日逮捕され、同年十一月二十四日ソ連における日本スパイとして、レニングラード(現在のサンクト=ペテルブルグ)において、夫人とともに銃殺された。四十五歳。ネフスキーは日本学者N・I・コンラドとも親しかった。一九五七年十一月十四日名誉回復、一九六二年生前の研究に対してレーニン賞が授与された。主な著書に、『タングート言語学』二巻(一九六〇年刊)、『ツォ族言語資料』(一九三五年刊、一九八一年再刊)、『アイヌ=フォークロア』(一九七二年刊)、『宮古島フォークロア』(一九七八年刊)がある(いずれもロシア語)。また日本語で発表した論文には、岡正雄編『月と不死』(『東洋文庫』一八五、昭和四十六年刊)がある。

参考文献　加藤九祚『天の蛇』、L. L. Gromkovskaya and E. I. Kychanov: Nikolai Aleksandrovich Nevskii (Moscow, 1978).

（加藤　九祚）

ねもとただし　根本正　一八五一—一九三三　明治・大正時代の政治家、禁酒運動家。嘉永四年(一八五一)十月一日常陸国那珂郡東木倉村(茨城県那珂郡那珂町)に生まれる。東京に出て同人社で英語を学び、明治十年(一八七七)渡米した。ボルマント州立大学を卒業し、明治二十三年帰国した。同年三月、外務官僚でキリスト教信者の安藤太郎とともに、最初の禁酒運動団体の東京禁酒会(のち日本禁酒同盟)を結成し、機関誌『国の光』を発刊した。のち外務省・農商務省の命をうけて、南米の日本人移民地および商工業を視察した。自由党、ついで立憲政友会に入り、明治二十七年の第五回総選挙以後第十四回総選挙まで、衆議院議員に十回当選した。この間、大正十一年(一九二二)未成年者飲酒禁止法を成立させ、尋常小学校授業料の撤廃を主張して、義務教育費国庫扶助の基礎をつくった。晩年まで禁酒運動の発展に尽くし、また国民外交の展開に貢献した。昭和八年(一九三三)一月五日没。八十三歳。

参考文献　石井良一『微光八十年』、本山幸彦編『帝国議会と教育政策』

（村上　重良）

ねんぶつじゅうべえ　念仏重兵衛　一八一七—六九　江戸時代後期の近江国膳所藩の農民。文化十四年(一八一七)近江国滋賀郡膳所(大津市)に生まれ、本名は太田重兵衛。初代重兵衛が膳所藩に仕えて農業を兼ね、鍬を持ったまま念仏を唱えて亡くなったので念仏重兵衛と呼ばれたという。当重兵衛は四代あるいは五代といわれる。山城国宇治で製茶方法を学び、銘茶「無銘」が、来航したペリーに賞味された。文久二年(一八六二)五月、膳所藩の命により園山に十三町歩の茶園を開き、藩儒関藍梁から「竜井堂」の額字をもらい、のち岩倉具視から「念仏園」と命名された。慶応二年(一八六六)産物会所茶方御用を拝命したが、明治二年(一八六九)八月九日暗殺された。五十二歳。膳所の清徳院に葬る。

参考文献　『新修大津市史』四・九、滋賀県教育会編『近江人物志』、木村至宏・江竜喜之・西川丈雄『近江人物伝』

（辻　ミチ子）

の

ノーマン　Daniel Norman　一八六四—一九四一　カナダ合同教会宣教師。一八六四年三月十日、カナダ国オンタリオ州ヨーク郡ホワイトチャーチ村にイギリス移民の子として生まれる。トロント大学ビクトリアカレッジ卒。明治三十年(一八九七)宣教師として日本に任命され、東京・金沢で伝道の後、同三十五年からは長野市で三十三年間伝道。来日当初から軽井沢で避暑し、健全な保養地の軽井沢を造ることに尽力。軽井沢避暑団理事。日本人合同教会建設委員長。宣教師としては異例であったが、日本メソヂスト教会長野部長に選出された。昭和五年(一九三〇)から杉山元治郎らを招き長野県東・北部の各地に農村福音学校を開設し、大恐慌で窮乏した農村の厚生運動を行なった。長野県の禁酒・廃娼運動の中心に立つと同時に、進徳館という学生寮を運営し、多数の俊秀を世に送った。関西学院理事。長男ハワードは関西学院大学教授、次男ハーバートは日本学者で外交官であった。一九四一年六月十九日オンタリオ州ロンドンで死去。七十七歳。

参考文献　A・R・ストーン『ダニエル・ノルマン先生小伝』、ハワード=ノーマン『長野のノルマン』

（塩入　隆）

ノーマン　Egerton Herbert Norman　一九〇九—五七　カナダの日本研究者、外交官。長野市在住の著名な宣教師ダニエルの子として明治四十二年(一九〇九)九月一日、軽井沢に生まれる。母はキャサリン=ヒール。神戸のカナダ学院を卒え、一九二九—三三年トロント大学で古典学を、三三—三五年英国ケンブリッジ大学で欧州中世史を学ぶ。大恐慌とファシズム擡頭の危機に対応し、この地でマルクス主義の洗礼をうける。その後米国のハーバード・コロンビア両大学で日本史を研究し、太平洋問題調査会の事業にも参加する。日本の侵略的膨張主義の基礎を究明しようとした四〇年刊の『日本における近代国家の成立』はその成果である。三九年カナダ外務省に勤め、翌年駐日公使館の語学官となるが、日米開戦に伴い帰国する。昭和二十年(一九四五)日本の敗戦直後に在日連合国最高司令部対敵諜報部の課長、同二十一年極東委員会のカナダ次席代表、ついで駐日カナダ代表部首席となり、日本の民主化に尽力する。昭和二十五年一月に『忘れられた思想家—安藤昌益のこと—』(大窪愿二訳、『岩波新書』青二五・二六)を刊行した。その秋マッカーシー旋風の余波をうけ、カナダに召喚され国家警察の審問をうける。在日中の活動が米国保守派の不快を買ったのが一因という。これは無事に済むが、この問題のため駐エジプト大使在任中の五七年四月四日にカイロで自殺した。四十七歳。イタリア、ローマ市内のチミテロ＝デリ＝イングレージ墓地に葬る。彼は真の教養人といった人物で、日本の知識人に多くの交友をもった。その歴史には容易には両立しない鋭い問題意識、広い知識に支えられた世界的視野、深い歴史的な感覚、対象を多角的に捉える構造的捉え方、無名のものへの愛着が渦巻いている。『ハーバート＝ノーマン全集』全四巻がある。

参考文献 『思想』六三四(特集ハーバート・ノーマン)

(植手 通有)

のがみとよいちろう 野上豊一郎 一八八三—一九五〇 大正・昭和時代の能楽研究家、英文学者。明治十六年(一八八三)九月十四日、大分県北海部郡臼杵町に生まれる。号臼川。東京帝国大学英文科卒業後、法政大学講師、教授、予科科長、学監を歴任、ついで昭和二十二年(一九四七)総長に就任。一高在学中、夏目漱石に師事、安倍能成・小宮豊隆らを識る。英文学のほかドイツ・フランス・ギリシャ文学の研究、特にギリシャ古典劇から能の研究に近づく。能シテ方桜間伴馬の舞台や吉田東伍の『世阿弥十六部集』の公刊(明治四十二年)などに影響されて、能芸術の学問的解明に独創的な研究を発表するとともに、国の内外において能の紹介、普及に尽力した。名著『能研究と発見』(昭和五年)、『能の再生』(同十年)、『能の幽玄と花』(同十八年)の三部作によって能学美学を確立した。そのほか、謡曲を脚本という視点からの『謡曲全集』(同十一年)、能を総合的にとらえた『能楽全書』(同十九年)など多数の著書がある。その功績を記念して昭和二十七年野上記念法政大学能楽研究所が設立された。同二十五年二月二十三日没。六十六歳。神奈川県鎌倉市の東慶寺に葬る。法名採花院清誉臼川豊文居士。夫人は作家の野上弥生子。

(草深 清)

のがみやえこ 野上弥生子 一八八五—一九八五 明治・大正・昭和三代にわたった小説家。その長い文学活動は、写生文の観察法や表現法を身につけた明治期、心理主義的な写実の手法を深めた大正期、写実を軸としつつ政治・社会の批判に進み出た昭和期の三期に大別される。明治十八年(一八八五)五月六日、大分県北海部郡臼杵町の酒造家小手川角三郎・まさの長女として生まれ、ヤエと命名された。十六歳で上京、巌本善治の明治女学校入学。卒業後明治三十九年八月、同郷の野上豊一郎と結婚。漱石山房に出入りする夫を通して、夏目漱石の紹介で処女作『縁』を『ホトトギス』(明治四十年二月)に掲載。続いて『七夕さま』(四十年)、『紫苑』(四十一年)、『鳩公の話』(四十二年)など、身辺の出来事その他を書き、平塚らいてうの『青鞜』にも協力して、作品や『ソニヤ・コヴレフスキイの自伝』(大正二年(一九一三))その他の翻訳を寄せた。三児の誕生に伴い、母親の目で子供の生態や心理を見守る作品を書き、『海神丸』(大正十一年)に限界状況における人間の実体を究め、『大石良雄』(同十五年)の人間解釈から、社会的識見を深め、若い世代の革命的情熱に触れながら、『真知子』(昭和三年(一九二八)—五年)を書き、『迷路』(十二年)を書いた。戦後『迷路』(三十一年)完結後、政治と芸術との対立に独自の視点を出した『秀吉と利休』(三十九年)を完成。『鬼女山房記』(三十九年)、『一隅の記』(四十三年)などの随筆集をまとめ、昭和四十六年十月、数え年八十七歳で文化勲章を受け、その翌年からとりくんだ自伝的長篇『森』は没後単行本になった。同六十年三月三十日東京都世田谷区成城の自宅で没。九十九歳。墓は東京都杉並区永福一丁目の築地本願寺別院和田堀廟所にある。法名天寿院翰林文秀大姉。『野上弥生子全集』一期全二十六冊・二期全二十六巻がある。

参考文献 渡辺澄子『野上弥生子研究』、谷川徹三「野上弥生子」(『現代日本文学全集』二八所収)、瀬沼茂樹「人と文学」(『現代文学大系』二四所収)、井上百合子「野上弥生子」(吉田精一編『日本女流文学史』下所収)

(井上百合子)

のぎまれすけ 乃木希典 一八四九—一九一二 明治時代の陸軍軍人。嘉永二年(一八四九)十一月十一日、長府藩士乃木十郎希次の第三子として江戸の毛利家上屋敷に生まれる。母は土浦藩士長谷川金太夫女の寿子。幼名は無人(なきと)、元服の際源三と称し、頼時ともいう。のち文蔵と改め、明治四年(一八七一)十一月陸軍少佐に任官、十二月正七位に叙せられた際希典と改称。静堂・秀顕・石樵・石林子と号した。慶応元年(一八六五)長府藩報国隊に参加、翌二年奇兵隊に合して幕府軍と戦う。明倫館文学寮に学び戊辰戦争に不参加。明治二年十一月伏見御親兵兵営に入営、三年山口藩諸隊叛乱(長州藩脱隊騒動)を鎮圧するため一時帰藩。御親兵練武掛を経て四年十一月陸軍少佐。八年十二月熊本鎮台歩兵第十四聯隊長心得となり、十年の西南戦争に参加、軍旗を喪失。この間、弟玉木正誼が萩の乱で前原一誠に加担して戦死、十一年鹿児島県士族湯池定之四女静子と結婚。十八年陸軍少将、十九年川上操六とともにドイツ留学。二十一年帰国、軍紀確立などに関する報告書を提出、留学前の放蕩生活と訣別、軍紀を体現して生きることをみずからに課した。二十七年日清戦争では歩兵第一旅団長として旅順を攻略。二十八年陸軍中将、男爵。二十九年台湾総督、三十一年第十一師団長。三十七年日露戦争では第三軍司令官として旅順攻撃を指揮、多くの将兵を失う。勝典・保典の二子も戦死。三十九年軍事参議官、四十年一月学習院院長を兼任、「尚武教育」による学習院改革を試みた。同九月伯爵。大正元年(一九一二)九月十三日、明治天皇大喪の日に東京赤坂新坂町の自邸で妻静子とともに自殺。六十四歳。日露戦後の姿は、戦争の悲運を象徴する将として国民の敬慕をうけ、死後に中央乃木会の創設をみたのみならず、「聖雄」「軍神」としてかたりつがれ、多くの伝説を生む。乃木会は武士道と質実剛健を説く修養運動を展開した。「殉死」は世界的話題となり、その忠節は那須・京都・函館・東京・長府・善通寺などの関係地に神社創建をみた。墓は東京都港区の青山墓地。

参考文献 和田政雄編『乃木希典日記』、大浜徹也『乃木希典』、黒木勇吉『乃木希典』

(大浜 徹也)

ノグチイサム 一九〇四—八八 日系アメリカ人の彫刻家。一九〇四年十一月十七日、ロサンゼルスに生まれる。父は詩人野口米次郎、母はアメリカ人の作家レオニー＝ギルモア。〇六年(明治三十九)—一八年(大正七)日本に滞在、帰米後彫刻家ボーグラムに師事、二四年ニューヨークのレオナルド＝ダ＝ビンチ＝スクールに学び、二五年ナショナル＝スカルプチュア協会会員となる。二七年グッゲンハイム奨学金を得て渡仏、ブランクーシに師事、グランド＝ショミエールに学ぶ。三〇年(昭和五)—三一年中国・日本を遍歴、三二年帰米。アメリカ芸術アカデミー会員、彫刻のほか壁面・モニュメント・造園・家具デザインなどに幅広く活躍、東洋的ともいえる独自の作風を示した。五六—五八年パリ、ユネスコ本部の石庭、六一—六四年ニューヨーク、チェイス＝マンハッタン銀行の庭、七〇年大阪で開催された日本万国博覧会の噴水など。たびたび来日、香川県木田郡牟礼町にアトリエをもつ。八八年十二月三十日、ニューヨークで没。八十四歳。平成三年(一九九一)東京・京都の国立近代美術館で「イサム・ノグチ」展が開催された。

参考文献 東京国立近代美術館編『イサム・ノグチ』(平成三年特別展カタログ)

(三木 多聞)

のぐちうじょう 野口雨情 一八八二—一九四五 明治から昭和時代にかけての民謡・童謡詩人。本名英吉。明治十五年(一八八二)五月二十九日、茨城県多賀郡磯原村(北茨城市)に生まれる。父量平・母てるの長男。二十四年東京専門学校に入学、翌年中退。この年から『小天地』『労働世界』などに詩を発表。社会主義詩人児玉花外の影響を受けた。三十八年刊行の『枯草』に四篇の民謡体を収め、四十年月刊民謡集『朝花夜花』を出し、以後民謡詩人として名を成す。その後北海道での新聞記者時代、帰郷時代を経て大正八年(一九一九)詩壇に復帰、土着的抒情性の豊かな民謡と童謡を数多く発表した。代表作「船頭小唄」「波浮の港」「七つの子」「赤い靴」など。民謡集『別後』『雨情民謡百篇』『野口雨情民謡叢書』、童謡集『十五夜お月さん』『青い眼の人形』ほか著作多数。全集は『定本野口雨情』全八巻(未来社)。昭和二十年(一九四五)一月二十七日宇都宮の自宅で死去。六十四歳。墓は東京都小平市の小平霊園にあり、故郷磯原にも分骨されている。磯原には雨情記念館があり公開されている。

参考文献 平輪光三『野口雨情』、斎藤佐次郎他『みんなで書いた野口雨情伝』、野口存弥『野口雨情—詩と人と時代—』

(三浦 仁)

のぐちえんたろう 野口援太郎 一八六八—一九四一 明治から昭和時代にかけての教育者。明治元年(一八六八)九月十八日、筑前国に生まれる。福岡県尋常師範学校、東京高等師範学校を卒業後、京都府の小学校、福岡・福井の各師範学校の教諭を勤める。その後東京高等師範学校の舎監を経て、同三十四年兵庫県第二師範学校(姫路師範)の初代校長となった。大正十二年(一九二三)には下中弥三郎らと「教育の世紀社」という団体を創設し、翌十三年には東京池袋に「児童の村小学校」を創立し校長に就任した。子どもの個性・自発性・人格の尊重を理念とした「自由教育」を実践し、大正期の新教育運動に大きな影響を与えた。昭和二年(一九二七)城西学園中学校の校長に就任、その後新教育協会会長、帝国教育会評議員などを歴任した。著書は『自由教育と小学校教具』『高等小学校の研究』『労作教育・活動学校』など多数。昭和十六年一月十一日没。七十四歳。

参考文献 大日本学術協会編『野口援太郎氏教育学』(『日本現代教育学大系』一二)、野口援太郎伝記編集委員会編『現代教育に生きる野口援太郎』、大井令雄『日本の「新教育」思想—野口援太郎を中心に—』、同「野口援太郎関係文献目録」(『教育学研究』四八ノ一)

(久保 義三)

のぐちかねすけ 野口兼資 一八七九—一九五三 明治から昭和時代にかけての能楽師。シテ方宝生流。旧名政吉、東京下谷に明治十二年(一八七九)十一月七日生まれる。祖父野口庄兵衛に養われ、十四歳で十六代目宝生九郎の弟子となり、以来刻苦勉励し、同門の松本長とともに宝生流の双璧といわれる。昭和六年(一九三一)兼資と改名。芸風は難声でありながら幽玄端麗で、三番目物に傑出した。同二十二年「姨捨」で芸術院賞、同二十五年日本芸術院会員。二十八年十月四日福岡市住吉能楽堂で「隅田川」演能中に急死。七十三歳。東京都台東区の長松寺に葬る。法名宝泉院薫誉清照大居士。著書に『黒門町芸話』『兼資芸談』がある。

(草深 清)

のぐちしたがう 野口遵 一八七三—一九四四 明治から昭和時代前期にかけての企業家。カーバイド・石灰窒素・合成アンモニアの製造を日本ではじめて企業化、戦前日本の化学工業発展に貢献した。明治六年（一八七三）七月二十六日、石川県金沢に野口之布（ゆきのぶ）・幸の長男として生まれる。同二十九年東京帝国大学工科大学電気工学科卒業。卒業と同時に福島県の郡山電燈会社の発電所建設に従事、帰京後ジーメンス日本出張所に籍を置き電気事業の経験を積んだ。三十五年に藤山常一と仙台三居沢でカーバイド製造事業に着手、さらに、新潟県長岡・福島県郡山におけるカーバイド事業にも関与した後、三十九年鹿児島県で曾木電気会社、翌年日本カーバイド商会を設立、四十一年両社を合併して日本窒素肥料会社とした。同社はフランク・カロー式石灰窒素製造技術を導入して石灰窒素を生産、さらにそれを原料としてアンモニアを得て硫安を生産、同社は第二次世界大戦前日本最大の硫安メーカーとなる。第一次世界大戦後野口は空気中の窒素を固定するカザレー式アンモニア合成の特許実施権を買い入れただけでなく、ビスコース法および銅アンモニア法の人絹製造技術をも導入して昭和五年（一九三〇）以降の日窒の発展の基礎を築いた。野口は昭和に入ってから電力を求めて朝鮮半島に活動の舞台を移していく。それ以降の野口の事業活動は電源開発とアンモニアを軸とする多角化であるが、その際各事業部門を子会社として独立させた。その結果日窒を持株会社とする企業集団が形成された。新興コンツェルンの一つに数えられた日窒コンツェルンである。野口は敗戦による朝鮮の事業喪失を見ることもなく死去するが、野口の企業家としての一生は、基本的に、カーバイド・石灰窒素・合成アンモニアの企業化そしてアンモニアを軸とする多角化という連続的な事業活動、そして電源開発という事業活動によって貫かれている。野口の才能と個性は創造性豊かな企業家精神に昇華して日窒の発展として結実したのであるが、同時に日本の電気化学工業の発展の一つの重要な側面が野口の個人的力量を前提にしたイニシアティブに依存したところに、野口の企業家としての偉大さを見ることができる。昭和十九年一月十五日没。七十二歳。法名は本光院殿修徳興道日遵大居士。墓は東京都大田区池上の本門寺にある。

参考文献 高梨光司編『野口遵翁追懐録』、吉岡喜一『野口遵』、大塩武『日窒コンツェルンの研究』
（大塩 武）

のぐちひでよ 野口英世 一八七六―一九二八 明治から昭和時代にかけての医学者、細菌学者。幼名清作。明治九年（一八七六）十一月九日、佐代助・シカの長男として福島県耶麻郡三ッ和村（猪苗代町）に生まれる。二十九年秋、東京に出て高山歯科医学院の学僕となり、翌年済生学舎に学ぶ。同年十月医術開業試験に合格ののち、高山歯科医学院講師、順天堂医院助手を経て、三十一年北里柴三郎の主宰する伝染病研究所の助手補に採用され、細菌学研究への機縁となる。この年英世と改名。三十二年横浜の長浜海港検疫所の医官補、ついで清国牛荘（営口）に発生したペストの国際予防委員会要請による日本医師団の一員として参加。三十三年十二月渡米、翌年一月ペンシルバニア大学教授サイモン＝フレクスナーの厚意により、同大学病理学助手となる。三十六年デンマーク国立血清研究所に留学、ヘビ毒の研究に従事、ここでの業績により、翌年新設のロックフェラー医学研究所の助手として入所する。四十四年梅毒スピロヘータの純粋培養に成功し、大正二年（一九一三）進行性麻痺・脊髄癆が梅毒スピロヘータに起因することを実証した。これにより研究所正員に昇進。これより前、明治四十年ペンシルバニア大学からマスター＝オブ＝サイエンス、四十四年京都帝国大学から医学博士の学位を受け、大正三年東京帝国大学から理学博士、さらに四年には帝国学士院から恩賜賞が授与され、帝国学士院会員に推された。大正七年エクアドルに流行の黄熱病病原調査に参加、以来三年間にわたってメキシコ・ペルー・ブラジルに該病調査に赴く。昭和三年（一九二八）黄熱病が西南アフリカに発生、調査委員会が組織され、再び参加したが研究中感染、五月二十一日現在のガーナ、アクラで死去した。五十三歳。米国ニューヨーク市北郊のウッドローン墓地に葬られ、故郷の菩提寺長照寺に遺髪が埋葬された。猪苗代町三ッ和に野口英世記念館があり遺品を陳列する。立志伝中の人として多数の伝記がある。

参考文献 奥村鶴吉『野口英世』、G・エクスタイン『野口英世』（内田清之助訳）、筑波常治『野口英世』（『講談社現代新書』二一）、中山茂『野口英世』（『朝日評伝選』二一）、野口英世記念会編『野口英世伝』、イザベル・R・プレセット『野口英世』（中井久夫・枡矢好弘訳）、サイモン＝フレキシナー「野口英世を憶ふ」（『日本医事週報』一七八八―一七九一）
（松田 武）

のぐちゆうこく 野口幽谷 一八二七―九八 明治時代の日本画家。名は続、通称己之助、幽谷と号し、画室を和楽堂といった。文政十年（一八二七）正月七日、江戸飯田町の大工の家に生まれる。渡辺華山の高弟椿椿山に入門、篤く師風を継承し窮乏の中で研鑽を怠らず、師の勧めで大里梅隠に就いて漢籍を修め、明清の南宗画を極めた。明治十九年（一八八六）皇居造営の際、障壁画の命を受け、杉戸絵「菊花雉図」などを揮毫、博覧会その他の審査員を勤め、二十六年帝室技芸員となる。田崎草雲に次ぐ日本美術協会の重鎮で、忠孝の心掛けを説き、終始、丁髷姿で通した悠々たる生涯であった。明治三十一年六月二十六日、七十二歳で没する。墓は東京都台東区根岸四丁目の安楽寺にある。門下に益頭峻南・松林桂月がおり、門人の編輯した『和楽堂画集』がある。

参考文献 加部厳夫編『幽谷野口先生伝』
（細野 正信）

のぐちゆか 野口幽香 一八六六―一九五〇 明治から昭和時代にかけての幼児教育の開拓者。慶応二年（一八六六）二月一日、播磨国飾東郡姫路清水（兵庫県姫路市）に生まれる。本名ゆか。はじめ姫路の家塾田島藍水や野尻芳春について漢学や英語の初歩、裁縫などを学び、明治十八年（一八八五）九月、十九歳のとき東京師範学校に入学。在学中にキリスト教に受洗したが、同二十三年三月高等師範学校女子師範学科を卒業、翌月直ちに同校助教諭に任命され同年十月同校附属幼稚園保母となった。同二十七年華族女学校附属幼稚園の開校とともにこれに転じ、同三十三年一月十日、保母の森島峰と協力して貧児のための私立二葉幼稚園を麴町下六番町に開設した。のち御料地を借りて規模を拡げるが、これがわが国常設託児所のさきがけとなった。同三十八年華族女学校教授、同四十年幼稚園主事となるが、一方同四十四年には四谷に移転した二葉幼稚園でキリスト教の小集会も開いた（二葉独立教会の前身）。大正十一年（一九二二）学習院を退職、二葉保育園の専任園長として「母の家」（母子ホームの原型）を付設、昭和十年（一九三五）に後任の徳永恕に譲るまで一貫して幼児教育の開拓にあたった。昭和二十五年一月二十七日八十三歳で没。

参考文献　貝出寿美子『野口幽香の生涯』

（上沼　八郎）

のぐちよねじろう　野口米次郎　一八七五―一九四七　明治から昭和時代にかけての詩人。明治八年（一八七五）十二月八日、愛知県海東郡津島村（津島市）に生まれた。父伝兵衛・母くき。愛知県立第一尋常中学校を中退、上京して慶応義塾に入学したが中退し、十九歳で渡米。カリフォルニア州を放浪し、明治二十八年米詩人ウォーキン＝ミラーの知遇を得て書生となり、キーツ・ホイットマン・ポーなどの作品に親しんだ。二十九年に第一詩集『Seen and Unseen』を刊行。一時英国にも渡ったが三十六年に帰米、三十七年米紙日本通信員として帰朝し、三十八年に慶大英文科教授に就任。三十九年に「あやめ会」を結成して日米英の詩人の交流を計り、大正八年（一九一九）・九年は米国各地で講演した。帰朝後、日本語による第一詩集『二重国籍者の詩』（大正十年）を出し、翌年『林檎一つ落つ』『沈黙の血汐』を、さらに十二年『山上に立つ』『最後の舞踏』『我が手を見よ』などの詩集を刊行した。大正十四年から『表象抒情詩集』を、昭和期に入って『人生詩集』『詩歌殿』などを刊行。外国での筆名はヨネ＝ノグチであった。昭和二十二年（一九四七）七月十三日没。七十三歳。墓は東京都府中市の多磨墓地にある。

（古川　清彦）

のさかさんぞう　野坂参三　一八九二―一九九三　昭和時代の日本共産党の指導者。山口県阿武郡萩町（萩市）の商家の三男として、明治二十五年（一八九二）三月三十日生まれる。戸籍名参弍。父小野五右衛門。母の生家を嗣ぐ。長兄の世話で神戸商業学校卒業。四十五年慶応義塾予科理財科（現経済学部）入学、大正六年（一九一七）本科卒業。三年、友愛会賛助会員に、卒業後同書記となり、機関誌『労働及産業』編集長に就任、ロシア革命の影響で労学会を結成した。八年葛野竜と結婚、友愛会特派員として渡英、九年八月結成のイギリス共産党に入党、『レーバー＝マンスリー』Labour Monthlyに「日本の労働運動」を発表、炭鉱スト支援で国外退去を命ぜられ、モスクワを経て十一年三月帰国した。結党直後の日本共産党に入党、第一次共産党事件で治安警察法違反容疑で逮捕されたが、十二月保釈される（十五年四月、禁錮八ヵ月の判決、服役）。十三年三月産業労働調査所主任となり、翌年創刊の『無産者新聞』の編集に参加、昭和三年（一九二八）の三・一五事件で治安維持法違反容疑で逮捕される。五年三月、眼病治療のための出所といわれてきたが、転向の結果であった。翌年三月、中央委員会の決定で夫妻でソ連に亡命、「三二年テーゼ」作成に参加し、コミンテルン第七回大会で日本問題を報告、執行委員となり、十一年二月、山本懸蔵（田中）と連名で「日本の共産主義者への手紙」を発表、人民戦線運動をよびかけた。十五年延安に移り、日本兵士反戦同盟を結成、十九年二月、日本人民解放連盟に改組して日本兵捕虜の教育に従事、兵士の中の天皇崇拝を改めて確認した。それを前提に翌年四月の中国共産党第七回大会で、天皇制の政治的解体と天皇個人の取扱いを分ける「民主的日本の建設」を報告、「三二年テーゼ」との違いを明確にした。二十年九月延安を発ち、翌年一月帰国、「愛される共産党」を唱え、国民的歓迎をうけた。その占領下平和革命論は党の方針となり、総選挙には連続三回当選したが、党の指導権は徳田球一が握った。二十五年一月、コミンフォルムの平和革命論批判にあうや、徳田・伊藤律らの主流派に属して志賀義雄・宮本顕治らの国際派と対立、地下に潜行、六月、公職を追放されるや北京に渡り、極左主義の「五一年綱領」の作成に参加した。三十年七月の第六回全国協議会で両派の妥協成るや第一書記となり翌年以降参議院議員に連続四期当選、三十三年七月の第七回大会で議長に就任、共産党の「顔」として活動した。五十五年、死んだと思われていた伊藤律が中国から帰国するや、彼の査問、除名が発覚、弁明に終始し、共産党の暗部を印象づけた。五十七年七月の第十六回大会で名誉議長となったが、ソ連崩壊の平成四年（一九九二）、ソ連時代の秘密文書公開の結果、スターリン粛清時代に同僚の山本をスパイ容疑で密告、さらに戦後はソ連の手先としての日本情報の提供などが明らかとなり、同年末名誉議長を解任され、さらに除名された。多重スパイとしての疑念ももたれている。平成五年十一月十四日没。百一歳。著書は『亡命十六年』、『日本民主化のために』、『野坂参三選集』戦時編・戦後編、『風雪のあゆみ』全八巻など。

参考文献　小林峻一・加藤昭『闇の男　野坂参三の百年』

（神田　文人）

のざわいくた　野沢伊久太　生没年不詳　江戸時代後期の陪臣、遣欧使節従者。文久元年（一八六一）主君の神奈川奉行兼外国奉行松平康直が遣欧使節（正使竹内保徳）の副使に任命されると、康直の従者に選ばれ、同年十二月英艦に搭乗して渡欧、仏・英・蘭・普・露・葡の各国を経て、仏艦に搭乗して翌二年十二月帰国した。その間の日記に『遣欧使節航海日録』がある(なお康直のもう一人の従者市川渡には『尾蠅欧行漫録』があり、ともに『日本史籍協会叢書』遣外使節日記纂輯二に収める)。伊久太の履歴は明らかでないが、康直は元治元年(一八六四)十一月本家の跡を継いで陸奥棚倉藩主となるので、市川とともに藩士に取り立てられた可能性も考えられる。
(吉田　常吉)

のざわきちべえ　野沢吉兵衛　浄瑠璃(義太夫節)の三味線方。

㈠四代　一八三〇―八一　名古屋出身。天保元年(一八三〇)生まれる。本名鈴木東三郎。三代目の門人。鶴沢虎蔵、野沢勝市、吉作、四代吉弥を経て文久三年(一八六三)三月、四代襲名。明治五年(一八七二)引退。十四年十二月三十日、京都で没。五十二歳。法名妙法園林院声説日導信士。墓は大阪市中央区中寺二丁目の円妙寺にある。

㈡五代　一八四一―一九一一　讃岐出身。天保十二年(一八四一)生まれる。本名鈴木繁造。竹本泉太夫養子。三代の門弟。明治十七年(一八八四)五代襲名。明治三十七年、紋下問題で引退。明治四十四年二月二十二日、東京で没。七十一歳。戒名大雲院釈是相居士。墓は東京都中野区上高田一丁目の源通寺にある。

㈢六代　一八六八―一九二四　本名松井福松。明治元年(一八六八)九月六日大阪に生まれる。六代吉弥門弟。兵三、三代吉三郎、七代吉弥を経て、明治四十年に六代襲名。大正十三年(一九二四)六月四日没。五十七歳。法名釈隆心。墓は大阪市天王寺区六万体町の吉祥寺にある。三代竹本越路太夫の相三味線を長く務める一方、野沢会を組織し、後進の育成や研究に努めた。

㈣七代　一八七九―一九四二　本名竹中卯之助。明治十二年(一八七九)十一月二十二日大阪に生まれる。六代の門弟。兵市(一)、市次郎、四代吉三郎を経て大正十五年(一九二六)九月七代襲名。昭和十二年引退。十七年五月二十三日没。六十四歳。戒名釈義応。

㈤八代　一八八八―一九五〇　本名真次恒三。明治二十一年(一八八八)九月二十日、京都に生まれる。はじめ七代喜八郎に師事。ついで五代吉兵衛、六代吉兵衛に師事した。常造(三)、兵内、九代吉五郎を経て、昭和二十三年(一九四八)八代襲名。二十五年九月二十日没。六十二歳。戒名一音院錦声日瑞信士。

㈥九代　一九〇三―八〇　本名川端陸三。明治三十六年(一九〇三)六月十三日、大阪に生まれる。七代野沢喜八郎門弟。喜代之助、五代吉三郎を経て、昭和三十八年(一九六三)九代襲名。昭和五十五年七月九日没。七十七歳。

参考文献　竹本長登太夫『増補浄瑠璃大系図』(『音曲叢書』二―六)、義太夫年表近世篇刊行会編『義太夫年表』近世篇、野沢勝平『野沢の面影』
(鎌倉　恵子)

のざわきはちろう　野沢喜八郎　浄瑠璃(義太夫節)の三味線方。初代は野沢派の祖。

㈠六代　?―一八八五　本名中村市三郎。大坂堂島に生まれる。四代吉兵衛門弟。二代勝市から明治十六年(一八八三)六代襲名。同十八年六月二十一日没。法名蓮誉喜生禅定門。墓は大阪市天王寺区生玉寺町の大乗寺にある。

㈡七代　一八四七―一九二二　弘化四年(一八四七)、京都に生まれる。五代の門弟。四代庄治(次)郎から明治二十八年(一八九五)七代襲名。大正十一年(一九二二)一月三日没。七十六歳。法名顕実院浄光日喜信士。

㈢八代　一八五五―一九三二　本名畑中芝之助。三代野沢庄治郎門弟。安政二年(一八五五)生まれる。昭和五年(一九三〇)ころ、八代襲名。同七年十一月三十日没。七十八歳。法名浄心院信教日芳信士。墓は京都市左京区岡崎法勝寺町の満願寺にある。

㈣九代　一八八五―一九六四　明治十八年(一八八五)三月三日、京都に生まれる。八代目の子。六代鶴沢友次郎門弟。野沢新三郎、鶴沢大之助、豊沢猿吾、猿作、鶴沢大造、鱗糸を経て、昭和二十七年(一九五二)九代襲名。同三十九年二月十七日没。七十八歳。

参考文献　竹本長登太夫『増補浄瑠璃大系図』(『音曲叢書』二―六)、義太夫年表近世篇刊行会編『義太夫年表』明治篇、文楽協会編『義太夫年表』大正篇、野沢勝平『野沢の面影』
(鎌倉　恵子)

のせあさじ　能勢朝次　一八九四―一九五五　大正・昭和時代の国文学者、能楽研究家。明治二十七年(一八九四)四月一日、京都府北桑田郡山国村字中江(京北町)に、岩本民三の次男として生まれる。東京高等師範学校、京都帝国大学文学部国文学科卒業。大学院に進み、佐々木竹苞楼の娘で能勢家の養女ぬいと結婚し能勢と改姓。大谷大学教授。ついで京大講師、東京高師、東京文理大、東京教育大学教授を歴任。昭和二十九年(一九五四)奈良学芸大学長に就任。和歌・連歌・俳諧と、能楽研究に傑出した業績を挙げた。徹底した資料考証と、公正な判断から下される透徹した洞察力は、大著『能楽源流考』を生み、今日の能楽史研究の基礎を打ち立てた。昭和十五年帝国学士院恩賜賞授与。ついで世阿弥能楽論研究の代表作たる『世阿弥十六部集評釈』(岩波書店)を著わした。そのほか、名著『聯句と連歌』などの作品は『能勢朝次著作集』全十巻(思文閣出版)に収められる。昭和三十年二月二十五日没。六十歳。京都市下京区寺町通高辻の永養寺に葬る。法名文教院温誉厚導朝璽居士。
(草深　清)

のせなおのぶ　能勢直陳　一八二一―九四　幕末の日向国佐土原藩士、儒者。卓軒と号した。文政四年(一八二一)生まれる。父は藩儒能勢軍治(自訟)。天保七年(一八三六)十文字郷学所の授読となり、同十二年に江戸に遊学、闇斎学派の山口貞一郎(菅山)に学ぶ。同十三年侍読補となったが、弘化四年(一八四七)には藩校学習館の学頭にむかえられ、記録方・文章方・服忌令掛・郷学所巡講などを兼ねた。また諸奉行も兼務して御内用所の新設、領内物産の大坂回漕策など立案、藩政改革の推進にあたった。ペリーの浦賀来航に際しては藩主島津忠寛の命をうけて情勢探索に赴き、以後英艦の鹿児島襲撃に対する防備、生麦事件の補償金拝借のための対幕交渉、藩兵制改革などに奔走活躍した。維新後若年寄より家老、さらに大参事と進み、明治三年(一八七〇)には、藩庁の広瀬移転に尽力した。官を辞してのちは、若狭彦神社禰宜、大原野神社宮司などを経て、明治二十六年に島津家用人となり、翌年同東京邸内において死去。七十四歳。

参考文献 日高徳太郎『佐土原藩史』、宮崎県編『宮崎県嘉績誌』 (上原 兼善)

のだうたろう 野田卯太郎 一八五三―一九二七 明治から昭和時代前期にかけての政党政治家。号は大塊。嘉永六年(一八五三)十一月二十一日、筑後国三池郡岩津村(福岡県三池郡高田町)の豪農の次男野田伊七の長男として生まれる。父の早世後、外祖父森右衛門の家に養われ、慶応三年(一八六七)その養嗣子となり貧しい豆腐屋を継ぐ。勤倹力行し雑貨商として成功。自由民権運動に参加し九州改進党に入る。岩津村村議を経て明治十九年(一八八六)福岡県会議員に当選、二十九年の辞任まで連続当選、二十七年県会副議長になるなど地方政界に勢力を伸ばす。同時に三池土木会社・三池紡績会社を創立するなど実業家としても活躍。井上馨や伊藤博文との面識も得る。三十一年三月第五回総選挙に福岡県より自由党から立候補し当選以来代議士当選十回、立憲政友会の創立に参加、三十九年二月幹事、四十五年三月幹事長、大正六年(一九一七)六月総務委員と党内での地位を高めていく。政友会と山県系官僚閥の勢力が拮抗し両者の妥協で政局が推移していた桂園時代、東洋風豪傑の野田は原敬の腹心として、山県有朋・井上馨らの元老や桂太郎らとの折衝に活躍した。また大正二年十二月から五年十一月まで東洋拓殖会社副総裁を務める。七年九月原内閣成立に際し逓信大臣となり、高橋内閣にも留任。原の死後は政友会の政策と組織の刷新を目指す横田千之助・高橋是清総裁らの総裁派を支持し、党内が統制難であった時期に数少ない調整役として信頼を集めた。十二年四月政友会政務調査会長、十三年六月政友会副総裁、十四年四月加藤高明(護憲三派)内閣の商工大臣に就任。昭和二年(一九二七)二月二十三日病死。七十五歳。句作もある。

参考文献 坂口二郎『野田大塊伝』、石田秀人『野田大塊翁逸伝』、伊藤之雄『大正デモクラシーと政党政治』、季武嘉也『大正期の政治構造』 (伊藤 之雄)

のだりつた 野田律太 一八九一―一九四八 大正・昭和時代の労働運動家。明治二十四年(一八九一)九月十二日、岡山県児島郡大門村小串(岡山市)に生まれる。高等小学校修了後、さまざまな職を経たのち、大阪に出て旋盤工となった。大正六年(一九一七)友愛会に加入して、以後阪神地方の労働運動に従事、十二年には日本労働総同盟大阪連合会の常任役員となった。また同時期に、山本宣治らと無産大衆の産児制限運動を推進した。十四年、総同盟左右両派の対立が激化すると左派の代表者的な役割を演じ、五月の日本労働組合評議会結成に参加してその中央委員長となった。昭和三年(一九二八)二月の第一回男子普通選挙では労働農民党公認で大阪一区から立候補したが落選、四月に三・一五事件で検挙された。翌四年出獄後、左派の運動を離れ、労務関係の調査や雑誌編集に従事、敗戦後疎開先で日本社会党香川県連の結成に参加したが、昭和二十三年三月十六日没した。五十八歳。著書に『評議会闘争史』『労働運動千一夜』などがある。

参考文献 谷口善太郎『日本労働組合評議会史』 (三宅 明正)

ノックス George William Knox 一八五三―一九一二 アメリカ長老派教会派遣の宣教師、明治学院教授。神学博士、法学博士。一八五三年八月十一日、ニューヨーク州ロウムに生まれた。父は牧師、母は婦人活動家。七四年ハミルトン大学卒業。七七年オーバン神学校卒業。同年(明治十)来日。ヘボン塾、東京一致神学校で教え、明治学院となるや神学部で弁証論・説教学・牧会学・系統神学・聖書神学を教授。明治十八年高知伝道で片岡健吉に授洗。高知教会の設立に尽力。横浜住吉教会、東京の諸教会を援助。帝国大学で哲学および倫理学も教える。著書に『神学略説』『道徳之大本』など多数あり、英訳書に中江藤樹の『翁問答』、新井白石の『折たく柴の記』がある。明治二十七年帰国、米国神学界で活躍。一九一一年六月世界遊説の旅に上り、翌一二年四月二十五日、朝鮮京城にて病死。享年五十八。日本政府は勲三等瑞宝章を贈った。

参考文献 『福音新報』一一八・一一九・八七九・八八〇・八八三、The Japan Evangelist. May 1912. (秋山 繁雄)

のづしずお 野津鎮雄 一八三五―八〇 明治時代前期の陸軍軍人。天保六年(一八三五)九月五日生まれる。薩摩(鹿児島県)出身。父は鹿児島藩士野津鎮圭。野津道貫の兄。文久三年(一八六三)英艦隊の薩摩来襲(薩英戦争)の際に戦功をたて、のち藩兵として京都御所を守護した。戊辰戦争では、鳥羽・伏見で戦い、東山道先鋒として会津から箱館に進み戦った。明治四年(一八七一)二月、御親兵に加わり、ついで兵部省に出仕、同年七月大佐兼兵部権大丞、八月兵部少丞、五年九月、少将に進み、八年六月まで陸軍省築造局(のち第四局と改称)局長、七年二月の佐賀の乱にあたり、その後熊本鎮台司令長官代理を兼ね、八年六月、同鎮台司令長官、九年六月、東京鎮台司令長官となった。十年二月、西南戦争が起ると征討第一旅団司令長官となり、九州各地を転戦し戦勝を得た。翌十一年十一月、中将、十二月、中部監軍部長となり、名古屋・大阪鎮台管下の教育検閲を管掌した。建軍の業半ばにして十三年七月二十二日没。四十六歳。贈正三位。墓は東京都港区の青山墓地にある。

参考文献 内閣修史局編『百官履歴』上(『日本史籍協

会叢書』)、桜井忠温監修『(類聚)伝記大日本史』一四、外山操編『陸海軍将官人事総覧』陸軍篇

（森松　俊夫）

のづみちつら　野津道貫　一八四一―一九〇八　明治時代の陸軍軍人。天保十二年(一八四一)十一月三日生まれる。薩摩(鹿児島県)出身。父は鹿児島藩士野津鎮圭。野津鎮雄の弟。戊辰戦争に従軍。明治四年(一八七一)二月御親兵に加わり、近衛局、陸軍省第二局副長、近衛参謀長心得を歴任し、西南戦争では征討第二旅団の参謀長。十一年十一月少将、十二月東京鎮台司令長官となる。十七年陸軍卿大山巌の欧州視察旅行に随行し、同年七月子爵、翌十八年特派全権大使伊藤博文の清国出張に随行(天津条約締結)。同年五月中将に進み広島鎮台司令官、二十一年五月鎮台の改編により第五師団長となる。二十七年八月日清戦争が始まると、真先に朝鮮半島から満洲に進攻、同年十二月第一軍司令官として活躍。翌年三月大将、八月伯爵。その後、近衛師団長、東京防禦総督、東部都督、教育総監、軍事参議官を歴任し、日露戦争では第四軍司令官として武功をたてた。三十九年一月元帥の称号を受け、四十年九月侯爵となったが、四十一年十月十八日没。六十八歳。墓は東京都港区の青山墓地にある。典型的武人と称せらる。上原勇作は女婿。

参考文献　内閣修史局編『百官履歴』上(『日本史籍協会叢書』)、日本近代史料研究会編『日本陸海軍の制度・組織・人事』、桜井忠温監修『(類聚)伝記大日本史』一四、外山操編『陸海軍将官人事総覧』陸軍篇

（森松　俊夫）

のなかいたる　野中至　一八六七―一九五五　高山気象観測の先駆者。慶応三年(一八六七)八月筑前国(福岡県)に生まれる。福岡藩士野中勝良の長男。戸籍名は到。医学を志望し大学予備門に学んだが、富士山頂越冬気象観測を計画して中退。中央気象台技師和田雄治の指導で準備し、明治二十八年(一八九五)十月より私設観測所で観測開始。夫人千代子も参加したが、十二月にともに病にたおれ下山。この壮挙は評判をよびいくつもの小説・戯曲に描かれた。昭和三十年(一九五五)二月二十八日没。八十七歳。

参考文献　気象庁編『気象百年史』

（辻　哲夫）

のなかしろう　野中四郎　一九〇三―三六　昭和十一年(一九三六)の二・二六事件の決起側指導者の一人。明治三十六年(一九〇三)青森県弘前に生まれる。父は、のちの陸軍少将野中勝明。大正三年(一九一四)陸軍士官学校卒業、歩兵第一連隊付少尉、大正十四年歩兵第三連隊に転任。昭和八年大尉となり、事件当時は、第五中隊長であった。昭和十一年二月二十六日、中隊の下士官・兵約四百三十名を率い、重装備で警視庁を占拠した。決起した現役将校中、年長のため「蹶起趣意書」の原案を書き、「趣意書」にただ一人、署名している。二十九日午後、決起失敗すると知るや占拠中の陸相官邸において、拳銃で自決した。三十四歳。

参考文献　河野司編『二・二六事件』、高橋正衛『二・二六事件』(『中公新書』七六)、松沢哲成・鈴木正節『二・二六と青年将校』

（鈴木　正節）

のなかすけつぐ　野中助継　一八二八―六八　幕末の土佐国高知藩士。通称太内・猪万太。高知藩士永井元利の次男。文政十一年(一八二八)高知城下堀詰で誕生、同藩小性組野中持継(兼山の同族)の末期養子となり五人扶持十五石を受ける。のち、累進して大目付時代の二百五十石を経て最終的に二百石、家格も馬廻組に進んだ。妻は持継の娘。執政吉田東洋に認められ、安政改革派「新おこぜ組」の一人となる。万延元年(一八六〇)、江戸御留守御内役加役に命じられ前藩主山内容堂に近仕、江戸屋敷の節倹に活躍して、翌文久元年(一八六一)大目付に進んだ。東洋暗殺により失脚。文久三年八月十八日の政変後、公武合体派の藩政掌握により慶応元年(一八六五)二月大目付に復帰したが、峻厳な勤王党断獄を唱える後藤象二郎らと合わず三月に解任。佐幕派と同調し同三年十一月十一日に討幕反対を連署建白、明治元年(一八六八)閏四月に前衛隊司令として東征を拒み、五月二十七日に国元で切腹を命じられた。四十一歳。墓は高知市潮江(うしおえ)山の野中兼山墓域にある。

参考文献　平尾道雄「佐幕家野中太内」(『土佐史談』三七)

（吉田　昌彦）

ののぐちたかまさ　野之口隆正　⇨大国隆正(おおくにたかまさ)

のぶとききよし　信時潔　一八八七―一九六五　大正・昭和時代の作曲家。明治二十年(一八八七)十二月二十九日、大阪に生まれる。同二十三年東京音楽学校卒業。大正九年(一九二〇)、ドイツに留学、作曲をゲオルク＝シューマンに師事。帰国後、同十二年から昭和七年(一九三二)まで母校の作曲教授をつとめ、十七年芸術院会員に選ばれた。三十八年文化功労者。カンタータ「海道東征」、歌曲「海ゆかば」「沙羅」などが有名。門下に下総皖一・諸井三郎がいる。昭和四十年八月一日東京で没。七十七歳。

（石田　一志）

のぶひとしんのう　宣仁親王　一九〇五―八七　大正天皇の第三皇男子。母は貞明(ていめい)皇后。明治三十八年(一九〇五)一月三日誕生。幼称を光宮という。大正二年(一九一三)七月高松宮の宮号を賜わって宮家を創立し、勅旨によって有栖川宮家の祭祀を継承した。その宮号は有栖川宮家の旧称であって、祭祀継承に因んで命名されたものである。長じて海軍に入り、同十四年海軍少尉に任官、昭和十七年(一九四二)海軍大佐に累進した。その間、昭和五年二月公爵徳川慶久の女喜久子(有栖川宮威仁親王の外孫)と結婚。同年ガーター勲章答礼使として渡英した。なお太平洋戦争の末期には終戦の促進をはかって苦心し、また戦後の皇室の安定のために陰の役割を果たしたと伝えられている。同六十二年二月三日没。享年八十二。墓は東京都文京区の豊島岡皇族墓所に在る。美術工芸に精しく、日本美術協会・日本工芸会などの総裁に推されたが、

その他社会福祉・医療・スポーツ関係をはじめとする多数の団体に関与、総裁や名誉総裁などに推戴された。なお親王の編修刊行せしめたものに『好仁親王行実』以下の有栖川歴世行実がある。

参考文献　木戸日記研究会編『木戸幸一日記』、細川護貞『細川日記』(『中公文庫』)、高松宮家編『有栖川宮総記』、宮内庁編『宮内庁要覧』
（武部　敏夫）

のませいじ　野間清治　一八七八―一九三八　大正・昭和時代前期の出版事業家。明治十一年(一八七八)十二月十七日、群馬県山田郡新宿村(桐生市)に父好雄の長子として生まれる。三十三年県立尋常師範学校を卒業し教壇に立ったが、三十五年東京帝国大学文科大学臨時教員養成所に入学、三十七年卒業して沖縄県立沖縄中学校教諭となり、のち県視学となった。四十年東京帝国大学法科大学首席書記となり、同大学緑会弁論部の創立に尽力し、四十三年には演説筆記雑誌『雄弁』を創刊して好評を博した。四十四年講談社を興して『講談倶楽部』を創刊、大正二年(一九一三)法科大学を退職して以後出版事業に専念した。翌三年『少年倶楽部』の創刊をはじめ、『面白倶楽部』『現代』『婦人倶楽部』『少女倶楽部』『キング』『幼年倶楽部』を創刊、いずれも成功をおさめて雑誌王国を築いた。昭和五年(一九三〇)六月報知新聞社長に就任、十一年日本雑誌協会会長、十二年内閣情報部参与となる。十三年十月十六日狭心症のため急死した。六十一歳。法名は威徳院殿文誉義道清秀大居士。東京都文京区の護国寺に葬られた。著書に『体験を語る』『処生の道』『修養雑話』などがある。

参考文献　『講談社の歩んだ五十年』、野間清治伝記編纂会編『野間清治伝』、掛川トミ子「野間清治」(『20世紀を動かした人々』一五所収)
（北根　豊）

のまひろし　野間宏　一九一五―九一　昭和時代の小説家。大正四年(一九一五)二月二十三日、神戸市に生まれる。父卯一は親鸞の流れをくむ土俗的な在家仏教に関わる宗教者であった。母まつゑは商家の出身。北野中学校、第三高等学校を経て京都帝国大学仏文科を卒業。三高時代に知りあった富士正晴・桑原(のち竹之内)静雄とともに、京都在住の詩人竹内勝太郎に師事した。フランス象徴主義をはじめ、西欧芸術の手ほどきを受け、同人雑誌『三人』を創刊。詩・小説・評論を書き始めた。大学入学後、マルクス主義の学生運動に接近し、前からの友人であった阪神間の労働者活動家とのパイプ役を果たした。卒業後は大阪市役所に勤め、統制経済下における被差別部落の支援にあたり、旧水平社の活動家たちと交流した。陸軍兵士として召集を受け、フィリピン戦線に参加したが、治安維持法違反容疑で陸軍刑務所へ収監され、転向を余儀なくされた。第二次世界大戦後の昭和二十一年(一九四六)、小説『暗い絵』を発表。重い鬱屈した戦時下の青年を描いて、注目を浴びる。椎名麟三・埴谷雄高(はにやゆたか)らとともに第一次戦後派と称され、従来の小説形式におさまらない表現によって、戦後文学のスタートを切った。他の代表作に『崩解感覚』『真空地帯』『青年の環』などがある。戦後、日本共産党に所属し、のち除名されたが、政治的運動に終始関心を持ち続けた。差別問題・環境問題にことに心を寄せた。平成三年(一九九一)一月二日、食道癌からの合併症により没。七十五歳。『野間宏全集』全二十二巻・別巻一(筑摩書房)、『野間宏作品集』全十四巻(岩波書店)がある。

参考文献　渡辺広士『野間宏論』、「文芸」編集部編『追悼・野間宏』
（紅野　謙介）

のむらかねたろう　野村兼太郎　一八九六―一九六〇　大正・昭和時代の経済学者。明治二十九年(一八九六)三月二十日、東京日本橋に生まれる。大正七年(一九一八)慶応義塾大学理財科を卒業、同大学助手。同十一年より三ヵ年間英独仏留学、主にケンブリッジ大学にて経済史研究に専念。同十四年帰国、経済学部教授。近世商業史・経済哲学・西洋経済史・日本経済史・日本経済思想史など幅広い分野で研究と教育に従事。昭和十二年(一九三七)経済学博士の学位をうく。同十七年より二十一年まで経済学部長。大学外活動も多方面に及び社会経済史学会の創立に参加、後日同学会代表理事となり死去まで在任。日本学士院会員・日本ユネスコ国内委員など各種の委員に任ぜらる。経済哲学、西洋経済史とくに英国経済史研究に従事しその成果は学位論文『英国資本主義の成立過程』の大著に結実す。日本経済史・日本経済思想史研究分野においては史料発掘蒐集につとめ多くの論文を発表し、著書としては『徳川封建社会の研究』『五人組帳の研究』などがあり、特に『村明細帳の研究』は日本経済史研究の頂点をなすものと高く評価されている。学問研究・教育には峻厳、慈愛に充ちた人柄であった。昭和三十五年六月二十二日死去。六十四歳。墓は横浜市の山手カトリック教会墓地にある。

参考文献　「野村兼太郎博士略歴・著作目録」(高村象平他編『(野村博士還暦記念論文集)封建制と資本制』所収)、「野村兼太郎博士著作目録」(『三田学会雑誌』五三ノ一〇・一一合併号)、高橋誠一郎「故野村兼太郎会員追悼の辞」(『日本学士院紀要』一八ノ三)、同「野村兼太郎教授」(『三田評論』六九六)、大塚久雄「西洋経済史研究における野村博士の業績について」(『社会経済史学』一六ノ四・五合併号)、高村象平「野村先生の思い出」(同)
（島崎　隆夫）

のむらきちさぶろう　野村吉三郎　一八七七―一九六四　明治時代後期から昭和時代にかけての海軍軍人。明治十年(一八七七)十二月十六日、和歌山県第二大区湊南相生丁(和歌山市南相生丁)に紀州藩士増田喜三郎の三男として出生、母は旦都(そと)。和歌山中学を中途退学して上京のあと二十八年海軍兵学校に入校、翌二十九年野村正胤の養嗣子となり、三十一年同校卒業。三十四年から三十五年にかけてイギリスに出張し、最新鋭戦艦三笠を日本に回航する任務に従事した。日露戦争に大尉として出征し、砲艦済遠航海長として旅順軍港攻撃のとき、乗艦が触雷沈没し危うく救助された。戦中から戦後にかけて数隻の軍艦の航海長を勤めたあと、四十一年から二年間オーストリアに、四十三年から一年余ドイツに駐在した。さらに巡洋艦音羽副長・海軍省軍務局員・海軍省副官兼海相秘書官を経たあと、中佐から大佐の時代に大正三年(一九一四)から四年間をアメリカ大使館付武官として過ごした。八年にはベルサイユ講和会議全権随員として、十年にはワシントン会議全権随員としての任務を果たしたあと、十一年六月将官に進み海軍軍令部第三班長となる。十二年九月第一遣外艦隊司令官として中国方面の警備を担当し、ついで海軍省教育局長・軍令部次長・練習艦隊司令官・呉鎮守府司令長官・横須賀鎮守府司令長官を歴任し、第一次上海事変勃発に際して昭和七年(一九三二)二月第三艦隊司令長官となり、日中停戦協定調印直前の七年四月二十九日、上海における天長節祝賀式場で、朝鮮独立党による爆弾事件で重傷を負い右眼を失った。帰国のあと再び横須賀鎮守府司令長官となり、八年三月大将に進む。軍事参議官のあと十二年四月予備役に入り学習院院長に就任。在任二年のあと阿部内閣の外務大臣、十五年十一月から駐米大使となり日米交渉に従事した。十七年八月に帰国し、十九年五月枢密顧問官、第二次世界大戦後に参議院議員となる。著書に『米国に使して』がある。昭和三十九年五月八日、東京で死去。八十六歳。墓は東京都文京区大塚の護国寺にある。法名玄海院殿寿峯吉翁大居士。

[参考文献] 木場浩介編『野村吉三郎』、野村忠編『追憶・野村吉三郎』

（野村　実）

のむらこどう　野村胡堂　一八八二―一九六三　昭和時代の小説家。本名長一(おさかず)。「あらえびす」の筆名でレコード評論を手がける。明治十五年(一八八二)十月十五日、岩手県紫波郡彦部村で長四郎・まさの次男として生まれる。東京帝国大学法科大学中退。同四十五年に報知新聞社に入社、昭和十七年(一九四二)まで在社、小説、レコード評論などの筆を執った。『銭形平次捕物控』(昭和六―三十二年)で知られるほか、時代物には『美男狩』(同三年)、『三万両五十三次』(同七―八年)などがある。昭和三十三年菊池寛賞受賞。同三十八年野村学芸財団が設立された。同年四月十四日没。八十歳。墓は東京都府中市の多磨墓地にある。

[参考文献] 野村胡堂『胡堂百話』、同『随筆・平次の横顔』

（尾崎　秀樹）

のむらそうじゅうろう　野村宗十郎　一八五七―一九二五　和文ポイント活字の創始者。安政四年(一八五七)五月四日、長崎に服部東十郎の長男として生まれる。のち野村家の養子となる。本木昌造の新街私塾に学ぶ。明治二十二年(一八八九)七月陽其二の推薦で東京築地活版所に入社。同二十四年六月『印刷雑誌』に欧米のポイント活字システムを説明したわが国で初の論文を発表。同二十六年米国シカゴで開催の万国博覧会の視察に赴く小川一真に写真製版法の研究を依頼、持ち帰った網版の試刷に成功し初期の写真製版印刷分野に寄与した。同二十七年より和文ポイント活字の製造を試み、三十六年大阪で開催の第五回内国勧業博覧会に十数種の見本を出陳した。大阪毎日新聞社は記者菊池幽芳の調査結果を紙上に載せるなどこれに多大な関心を示し、率先して新聞印刷に採用。爾後新聞各社が採用する端緒となった。出版印刷では四十三年『有朋堂文庫』が九ポイント活字を用いたのが最初である。三十九年社長に就任。大正七年(一九一八)後藤朝太郎に活字の字画整理を、同八年桑田芳蔵に活字の可読性の調査を依嘱するなど活字の改良普及に貢献した。同十四年四月二十三日東京で没した。六十九歳。正七位に叙せられた。

[参考文献] 東京印刷同業組合編『日本印刷大観』

（山宮　文夫）

のむらとくしち　野村徳七　一八七八―一九四五　明治から昭和時代前期にかけての実業家。明治十一年(一八七八)八月七日、初代野村徳七の長男として大阪に生まる。幼名信之助。父の初代徳七は大阪の本両替店の奉公人から身を起し、明治五年に独立して銭両替商を営んでいた。二代目徳七は同二十八年大阪市立高等商業学校予科を中退後、義兄の株式仲買店で証券業務の見習をする。同三十七年父の店の業務を両替商から有価証券現物問屋に転換させ、日露戦争後の株式ブームで巨利を博す。同四十年家督相続し、徳七を襲名。四十一年欧米を漫遊し、証券事情を視察。四十三年、大阪・東京の同業者と図って公債下引受に乗り出し、さらに同年社債引受の現物引受団を結成、有力な証券業者として業界をリードするに至る。また、四十四年には福島紡績の経営を引き受け、証券業以外にも進出を始めた。第一次世界大戦期には野村商店の証券業による利益は莫大な額にのぼり、大正八年(一九一九)末には野村家資産総額は約三千万円に達したといわれる。この間、大正六年には野村徳七商店を株式会社野村商店に組織変更、同七年には大阪野村銀行、野村総本店(同十一年に野村合名に発展)を設立し、野村財閥を確立した。他方、大正五年の南洋旅行を契機に南方開発に情熱を燃やすようになり、ボルネオのゴム栽培はじめ種々の事業を起した。昭和三年(一九二八)貴族院勅選議員に任命。同十三年野村合名社長を長男義太郎に譲り第一線から引退した。二十年一月十五日死去。六十八歳。墓は京都市東山区の鳥辺山にある。法名碧雲院得信。

[参考文献] 村上順二編『野村得庵』、三島康雄『阪神財閥―野村・山口・川崎―』、武田康『野村商法物語』(『中公新書』一二五九)

（浅井　良夫）

のむらなおくに　野村直邦　一八八五―一九七三　明治時代後期から昭和時代にかけての海軍軍人。鹿児島県日置郡吉利村(日吉町)に明治十八年(一八八五)五月十五日、野村才吉の次男として出生。鹿児島一中を経て海軍兵学校に進み四十年十一月卒業。大正九年(一九二〇)十一月海軍大学校を終え、潜水艦専攻の将校として累進する。少佐のとき十一年八月から二年間は駐在として、大佐のとき昭和四年(一九二九)五月から二年間は大使館付武官として、中将のとき十五年九月から三年間は日独伊三国同盟の軍事委員として、三度にわたりドイツにあった。太平洋戦争中にドイツ潜水艦により十八年七月帰朝し、呉鎮守府司令長官となり、東条内閣の最終期に六日間だけ海軍大臣に就任した。あと横須賀鎮守府司令長官・海上護衛司令長官・海運総監を歴任して終戦となる。著書に『潜水艦U五一一号の運命』『野村直邦自叙八十八年の回顧』がある。昭和四十八年十二月十二日東京で死去。八十八歳。郷里の野村家先祖代々之墓に葬られた。

参考文献 防衛庁防衛研修所戦史室編『潜水艦史』(『戦史叢書』九八) (野村　実)

のむらひでお　野村秀雄　一八八八―一九六四　大正・昭和時代のジャーナリスト。明治二十一年(一八八八)一月八日、広島県三次郡原村(三次市)に生まれる。県立第三中学、早稲田大学専門部法律学科を卒業後、新聞記者となり、中央新聞、国民新聞を経て大正九年(一九二〇)東京朝日新聞に転じ、同十五年八月政治部長、以後昭和十一年(一九三六)六月まで、途中、組織改正で政治経済部が統合新設された時も、実質上政治部長であった約三年間を含めると、都合十年間政治部長をつとめ激動の昭和期の政治報道をとりしきった。ついで編集局長、取締役、ジャワ新聞社長(出向)。戦後同二十一年十月、戦争責任問題に伴なう役員交代で、十一月推されて代表取締役となり、翌二十一年四月辞任退社。その後も熊本日日新聞社長、国家公安委員会委員等を経て、三十三年一月乞われて日本放送協会会長に就任(三十五年十月まで)。三十六年藍綬褒賞、三十八年新聞文化賞を受賞。三十九年朝日新聞社顧問。同年六月二十日死去。七十六歳。

参考文献 野村秀雄伝記刊行会編『野村秀雄』 (内川　芳美)

のむらふみお　野村文夫　一八三六―九一　明治時代前期のジャーナリスト。幼名虎吉、のち文機。号は雨荘・簾雨または秋野人。天保七年(一八三六)四月五日、広島藩医野村正碩の子として生まれる。七歳のとき藩医村田文尚の養子となる。安政二年(一八五五)上坂し緒方洪庵について蘭学を学び、文久二年(一八六二)帰藩。同年十月藩命により航海術取得と洋船購入のため長崎へ出張し、翌年任を果たして帰藩した。元治元年(一八六四)洋船修理のため再度長崎に赴き、用務の終ったあとも同地にとどまり、慶応元年(一八六五)佐賀藩士二名とともに英学修得のため英国に密航した。なおこの年文夫と改名。明治元年(一八六八)帰国、直ちに藩の洋学教授を命ぜられた。二年民部省出仕となり、さらに内務省五等出仕となる。十年一月辞職し、二月団団社(まるまる)を設立して三月十四日滑稽諷刺雑誌『団団珍聞』を創刊、好評を博した。十一年三月野村姓に復し、十月滑稽雑誌『驥尾団子(きびだんご)』を創刊した。野村は雑誌経営に専念する一方で立憲改進党の党勢拡張に尽力し、また二十二年二月陸羯南(くがかつなん)の『日本』新聞の創刊にも参画した。二十四年十月二十七日食道癌のため死去。享年五十六。墓は東京都豊島区の染井墓地にある。著書に『西洋見聞録』『東西蒙求録』『洋語音訳筌』などがある。

参考文献 野村文夫『蠖洲日録』(『団団珍聞』復刻版一三)、小鷹狩元凱『広島蒙求』 (北根　豊)

のむらぼうとう　野村望東　一八〇六―六七　江戸時代後期の歌人、幕末志士の庇護者。名はもと。文化三年(一八〇六)九月六日、父黒田(福岡)藩士浦野重右衛門勝幸、母みちの三女として生まれる。読書を好み、書を能くし、技芸に通じた。文政十二年(一八二九)、二十四歳で同藩士野村新三郎貞貫と再婚して継子を育てる。夫とともに歌人大隈言道に入門、夫の隠退により平尾山荘に移る。安政六年(一八五九)、五十四歳で夫に死別、剃髪して向陵院招月望東尼と称する。文久元年(一八六一)十一月上京の途につき、師大隈言道と再会、同時に京都周辺の時勢の変化に触発される。帰国後、山荘は平野国臣・月形洗蔵ら同藩士はもとより勤王志士交流の場となる。長州の高杉晋作、対馬の平田大江などをかくまう。藩論の一変により勤王派は弾圧され、望東尼も捕えられ、慶応元年(一八六五)十月姫島に流刑、翌年九月高杉晋作の指示により下関の白石正一郎方へ救出された。同三年十一月六日、三田尻で病没。年六十二。墓は山口県防府市桑山一丁目の桑山共同墓地と福岡市博多区吉塚三丁目の明光寺にある。歌集や著作があり、『野村望東尼全集』に収められている。

参考文献 三宅竜子編『もとのしづく』、伊藤尾四郎『野村望東尼伝』、春山育次郎『野村望東尼伝』、中嶌邦「幕末の女性―野村望東尼―」(『歴史教育』一三ノ八)、宮沢民子「維新変革における女の政治的自立への動向―野村望東尼の場合―」(『歴史評論』二九一)、左方郁子「野村望東尼―勤王志女にみる維新のまずしさ―」(『思想の科学』二五九) (中嶌　邦)

のむらまんぞう　野村万蔵　一八九八―一九七八　和泉流狂言師、万蔵家六代。明治三十一年(一八九八)七月二十二日、東京市(東京都)において野村万造(隠居名万斎)・茂登の長男として生まれる。初名万作。六歳のとき『靫猿(うつぼざる)』の猿で初舞台。大正十一年(一九二二)二十五歳で家督相続、翌年六世万造を襲名、昭和十五年(一九四〇)万蔵と改名。隅々まで神経の行き届いた規矩正しい科白に裏付けられた軽妙洒脱な演技は近代狂言の代表的存在と評された。昭和四十二年重要無形文化財技術保持者各個指定(人間国宝)に認定、昭和四十九年日本芸術院会員となる。白木狂言の会などの活発な公演活動によって狂言の普及・向上につとめ、海外においても昭和三十八年以来の教授・公演活動を通して積極的に狂言を紹介した。若年より下村清時に師事し能・狂言面作家となる。昭和五十三年五月六日没。七十九歳。著書に『狂言の道』『狂言面』などがあり、『野村万蔵著作集』に収められる。九世三宅藤九郎は実弟。息男の長男万之丞(七代万蔵)・次男万作・五男万之介は狂言方として、四男四郎は観世流シテ方として活躍している。また、「野村万蔵」とは加賀金沢藩町役者野村万蔵家の歴代名であった。初代以来、三宅藤九郎に師事。初代万蔵保尚、二代万蔵品常、三代万蔵直英、四代万造義比、五代万造(隠居名万斎)と続き、六代・七代と受け継がれる。

参考文献 古川久・小林責・萩原達子編『狂言辞典』事項編、青木信二『狂言―野村万蔵の世界―』、小林責『狂言史研究』 (田口 和夫)

のむらもとすけ 野村素介 一八四二―一九二七 明治時代の旧長州藩出身の官僚。また素軒と号し能書家、文章家としても知られた。天保十三年(一八四二)五月十八日、周防国吉敷郡長野村(山口市大内長野)に有地留之介の次男として生まれる。幼名を範輔と称し、のち、藩主の命により、素介と改名。幼少のころ、藩校明倫館で学び、十七歳で江戸に上り、塩谷宕陰から漢学の教えを受けて帰藩、明倫館の舎長に就任。野村正名の養子となって家督を継ぐ。王政復古ののち、明治元年(一八六八)、長州藩参政兼公議人となり、翌年には大参事に昇進した。また明治四年には政府の命によりヨーロッパを視察して、翌年に帰国。以後、文部官僚として、文部少丞ついで大丞、教部大丞を経て文部大書記官となり、同十三年には元老院大書記官・元老院議官の役につき、同二十三年には貴族院議員に勅選され、三十三年男爵を賜わった。またアジア大博覧会組織取調委員、内国勧業博覧会委員なども命ぜられた。そのほか、書道奨励会などの長をつとめたが、書体は豪壮・流麗をもってきこえた。昭和二年(一九二七)十二月二十三日没。八十六歳。

参考文献 井関九郎編『現代防長人物史』人 (石塚 裕道)

のむらやすし 野村靖 一八四二―一九〇九 幕末の長門国萩藩士。明治時代の政治家。天保十三年(一八四二)八月六日、萩藩の足軽野村嘉伝次の次男として生まれる。通称和作、のちに靖之助、維新後靖に改める。雅号は欲庵、香夢庵主など。安政四年(一八五七)松下村塾に入門、尊攘運動に参加し、文久二年(一八六二)御殿山英国公使館焼打に加わる。七卿都落ちに陪従した後、長州藩の内戦で尊攘派の勝利に貢献、第二次長州征討では芸州口の戦で活躍した。明治四年(一八七一)宮内権大丞に任ぜられ、同少丞などを経て岩倉使節団随員となる。帰朝後、外務省五等出仕となり、八年十二月外務権大丞、九年神奈川県権令となり(十一年七月に県令)、木戸派(長州閥)の幹部の一人としても活躍した。木戸孝允の死は野村の政治的成長を一時鈍らせたが、十四年十一月駅逓総官となり、十八年十二月逓信大輔心得、十九年二月駅逓総監、同三月逓信次官と逓信省方面で累進、長州閥準実力者としての地位を固めた。二十年五月には子爵を授けられ、二十一年十一月枢密顧問官となる。二十四年三月から二十六年五月まで駐仏公使を勤め、同十一月枢密顧問官に復した。二十七年十月第二次伊藤内閣に内相として迎えられたが、二十九年二月自由党との提携強化に反発して辞任、政党寄りになった伊藤博文・井上馨と次第に疎隔し、山県有朋との関係を深めた。二十九年九月第二次松方内閣で逓相となったが、同内閣の言論規制緩和方針に異を唱え続けた。野村は同内閣退陣後も一貫して超然主義を主張し、隈板内閣期には政党内閣の不可を訴える上表文を二度天皇に奉呈、第二次山県内閣と憲政党の提携にも異議を唱えている。三十三年三月枢密顧問官となった後は漸次第一線を離れ、晩年には皇女の養育掛を勤めている。四十二年一月二十四日脳溢血のため鎌倉御用邸で死去。六十八歳。国立国会図書館憲政資料室には『野村靖文書』がある。志士入江九一は実兄、貴族院議員野村益三は長男、同入江貫一は次男である。

参考文献 末広錦弘編『防長人物百年史』、井関九郎編『現代防長人物史』地、佐々木隆「藩閥政府と言論規制緩和問題」(荒瀬豊・高木教典・春原昭彦編『自由・歴史・メディア』所収) (佐々木 隆)

のむらよしべえ 野村芳兵衛 一八九六―一九八六 大正・昭和時代の教育者。明治二十九年(一八九六)三月二十六日、岐阜県に生まれる。岐阜師範学校卒業後、大正十三年(一九二四)自由教育の実験校として有名な東京の池袋「児童の村小学校」の教師となり活躍した。仏教思想にもとづく生活教育を実践し、生活綴方教育などに影響を与えた。第二次世界大戦後は岐阜大学、聖徳学園女子短期大学に勤務。著書は『野村芳兵衛著作集』全八巻にまとめられている。昭和六十一年(一九八六)十一月四日没。九十歳。

参考文献 岩本憲・岸武雄『ある教師の生活探究―野村芳兵衛の生活と教育―』、中内敏夫『近代日本教育思想史』、小原国芳編『日本新教育百年史』一、中野光『大正デモクラシーと教育』(『現代教育学叢書』三)、磯田一雄「野村芳兵衛の生活教育思想」(『教育学研究』三四ノ一) (久保 義三)

のむらりゅうたろう 野村竜太郎 一八五九―一九四三 明治から昭和時代前期にかけての鉄道技術者。鉄道院技監・同運輸局長・南満洲鉄道株式会社総裁・同社社長。安政六年(一八五九)正月二十五日、美濃国安八郡藤江(岐阜県大垣市藤江)に生まれる。父は大垣藩儒者野村煥(藤蔭)。明治十四年(一八八一)東京大学理学部土木工学科卒業、東京府御用掛として土木課に勤務、同十九年鉄道局に転じ、大正二年(一九一三)満鉄総裁、同八年同社社長、のち帝国鉄道協会会長・東京地下鉄道社長・南武鉄道社長などを歴任した。昭和十八年(一九四三)九月十八日没。八十五歳。

参考文献 石井満編『野村竜太郎伝』 (原田 勝正)

のもときょうはちろう 野本恭八郎 一八五二―一九三六 明治から昭和時代にかけての新潟県下の篤志家。号は互尊。嘉永五年(一八五二)十月二十四日、越後国刈羽郡横沢村(新潟県刈羽郡小国町)で出生。父は山口平三郎。同家は著名な大地主で、長兄の山口権三郎をはじめとして兄弟は実業界や政界で名を成している。かれは明治五年(一八七二)に長岡の豪商、野本家の婿養子になり、やがて同家を継いだ。そして六十九国立銀行や長岡電燈会社の取締役などを勤め、また長岡町会議員や新潟県会議員にもなった。壮年期になってかれは「独尊は互尊と知れ、互尊は独尊と覚れ」と説き、大正四年(一九一五)には手持ちの日本石油株を長岡市へ寄付して互尊文庫(長岡市立中央図書館の前身)を創設せしめたが、これは篤志な行為として著名である。また昭和九年(一九三四)には自家のほぼ全財産を投じて日本互尊社を設立したが、同社はその後、社会教育事業に寄与した。同十一年十二月四日に死去。八十五歳。

参考文献 丸田亀太郎編『互尊翁』 (笹原　昭五)

のろえいたろう 野呂栄太郎 一九〇〇—三四 大正から昭和時代前期の日本経済史家、日本共産党の指導者。明治三十三年(一九〇〇)四月三十日、北海道夕張郡長沼村(長沼町)に生まれる。父市太郎・母波留の長男。小学生のとき右脚を負傷して切断。義足となったため公立中学に入れず、私立北海中学(北海学園)に入学。特待生となり、野球部のマネージャーも勤める。大正九年(一九二〇)慶応義塾大学予科理財科(経済学部)入学。十二年本科に進み、十五年四月十五日卒業。この間、滝本誠一・小泉信三らに学ぶ。またイギリスから帰国した野坂参三の課外講義をうけ、労働運動・社会運動に開眼、三田社会問題研究会に参加した。十三年三田社会科学研究会に改組され、学生社会科学連合会に加盟したが、野呂はその第一回大会に出席した。この間、産業労働調査所に参加し、さらに同年九月以降、日本労働総同盟主催の日本労働学校の講師として三田労働学校で『資本論』を講じた。このとき労働者の質問に刺激されて日本歴史を勉強、のち『日本資本主義発達史』に結実する。卒業式の翌日、治安維持法最初の適用事件である京都学連事件で逮捕、起訴され、昭和二年(一九二七)五月三十日、京都地方裁判所で禁錮十ヵ月、執行猶予二年の判決をうけた。その後、五年初めごろ共産党に入党、控訴審は七年六月以降開廷されたが以後の詳細は不明。同年十月の熱海事件以降、党再建のため非合法活動に入ったためと推定される。この問昭和二年、共産党的立場から高橋亀吉の「プチ帝国主義論」を批判、また「日本資本主義発達史」「日本資本主義発達の歴史的諸条件」を相ついで発表、近代日本の科学的分析の嚆矢となった。しかし後者の後半の、日本農業における半封建制の分析は「二七年テーゼ」の閲読によって改定されたもので、その前半および最初の論文とは異なっている。野呂の分析の基本は明治維新近代革命説で、近代日本の矛盾の解決を社会主義革命に託す傾向がみられる。したがって六年四月発表の、プロレタリア革命論にたつ「三一年政治テーゼ草案」と基本的に共通し、かつ労農派理論にも近似していた。そのため猪俣津南雄らの共産党批判への反論は困難となり、野呂は組織論の次元でのイデオロギー的批判を展開した。宮川寅雄・蔵原惟人らの回想によると、そうした公的な労農派批判の陰で、党内では「草案」反対の意向を表明していたともいわれる。この後、近代日本分析の深化のため、平野義太郎・山田盛太郎・羽仁五郎・大塚金之助と『日本資本主義発達史講座』全七巻を企画、主導し、七年五月から刊行され、日本の社会科学研究に一新時期を画した。野呂自身「維新変革史概論」「資本主義発達史概論」「帝国主義日本の現勢概観」の執筆を予定していたが、肺結核の中での編集作業の負担と、七年十一月以降の非合法活動参加のため実現しなかった。八年一月、山本正美(委員長)・谷口直平・大泉兼蔵・佐原保治と日本共産党中央委員会を再建、五月塩沢富美子と結婚、同月の山本らの逮捕後は、大泉・宮本顕治・逸見重雄・小畑達夫と党中央委員会を再建、佐野学・鍋山貞親の転向後の党の危機の中で八篇の指導方針を『赤旗』に発表したが、ストライキ激発方針で、経済分析の論文に比して説得力を欠いている。この間、労働者的な大泉・小畑を評価していたが、その大泉(スパイ)に売られ、十一月二十八日京成電車押上駅で逮捕された。言問警察署はじめ各署をたらい廻しの上品川警察署に移され、拷問で病状悪化し、翌年二月十九日、北品川病院に運ばれて、死去した。三十五歳。札幌市の平岸霊園に葬られた。『野呂栄太郎全集』(上・下)がある。

参考文献 塩沢富美子『野呂栄太郎の想い出』、野坂参三他『野呂栄太郎と民主革命』、大学新聞連盟編『野呂栄太郎の回想』、大石嘉一郎「『日本資本主義発達史講座』刊行事情」(『(日本資本主義発達史講座刊行五十周年記念復刻版)別冊』一所収)、神田文人「野呂栄太郎論—その思想史的検討—」(『史学雑誌』六九ノ一一)、同「野呂栄太郎」(『20世紀の歴史家たち』一)、蔵原惟人「野呂栄太郎との数ヵ月」(『文化評論』二一九) (神田　文人)

のろかげよし 野呂景義 一八五四—一九二三 日本の近代鉄鋼技術確立と鉄冶金学の発展につくした技術者。安政元年(一八五四)九月、名古屋藩士野呂伊三郎の次男として名古屋に生まれる。明治十五年(一八八二)東京大学理学部採鉱冶金学科を卒業し、ひき続き大学においてクルト＝ネットーの下で冶金学を研究し、欧米に留学後帝国大学工科大学の教授兼農商務省技師となる。同二十三年古河の深川骸炭製造所でコークス配合技術を開発し、二十五年釜石鉱山田中製鉄所の顧問となり、二五トン高炉のコークス操業を成功に導き、日本の製鉄技術の基礎を築いた。二十四年『鉄業調』を起草し、製鉄所建設論を主張し　官営製鉄所の建設計画に参加したが、東京市水道鉄管事件の巻添えをくって帝国大学教授・農商務省技師を解仕され、製鉄所建設にも関与しなくなった。しかしその後も技術者として活躍し鉄鋼技術に関する専門学会である日本鉄鋼協会の発足とともに初代会長となった。大正十二年(一九二三)九月八日没。七十歳。

参考文献　飯田賢一『近代日本の技術と思想』　（長島　修）

は

パークス　*Sir* Harry Smith Parkes　一八二八—八五　日本に駐在したイギリス外交官。一八二八年二月二十四日、イングランドのスタッフォード県バーチルスホールに生まれる。父のハリーは銀行員でのち、鉄工所経営に転じたが、パークス五歳のとき急死、前年母も病死していたので退役海軍士官の伯父に引き取られ、大英帝国のイメージを育成される。キング＝エドワード中等学校修了後、四一年、十三歳のとき、当時マカオに在住した従姉の招きでアヘン戦争の渦中にあった極東に向け出発、年少にして極東通の外交官途に入り、翌四二年、一等通訳官、五六年六月、広東代理領事。アロー号事件では両広総督葉名琛と強硬に対決。五九年一月、上海領事。第二次英仏連合戦争で清国軍の捕虜となった際は、清国側の釈放条件を拒絶して硬骨ぶりを発揮した。慶応元年三月二日(一八六五年三月二十八日)、駐日特命全権公使兼総領事に任命され、閏五月十六日(七月八日)横浜に着任。この高い地位の外交官は、列国当時の駐日使臣団中イギリス側だけであった。たまたま徳川幕府崩壊の混乱期にあたっていたが、先任者の業績を引き継いだパークスは、精悍で勤勉無類と下僚から評される態度で対日通商貿易の推進と在日居留民の保護に尽力した。その外交方針は、薩長両藩が攘夷政策を転換し、通商貿易に積極的態度を示し始めたことに注目し、両藩とも接近をはかることにあったが、幕府支持に熱心なフランス公使ロッシュとの政策的対立を招いた。それは自由貿易主義のイギリスと、幕府を通じて貿易独占を企てるフランスとの利害対立でもあった。戊辰戦争に対しては局外中立で臨む一方、内乱の深刻化に伴う通商貿易の攪乱を防ぐため、東征軍に圧力をかけ、また、江戸の無血開城にも裏面で働きかけた。ところで日本国内の情勢分析に力を注いだパークスは、すでに大政奉還の際、本国に信任状の送付を求め、明治元年閏四月一日(一八六八年五月二十二日)、列国に先がけてこれを天皇に奉呈してまっ先に新政府を承認、日本に対する決定的な発言力を固めた。このような立場でパークスは、攘夷事件(神戸事件)や耶蘇教禁止、貨幣贋造など、列国側、ひいてはイギリスの不利益となる諸問題に対しては、いずれも威嚇的態度で明治新政府首脳に圧力をかけた。他方で彼は、日本を一日も早く文明開化の域に到達させようとする情熱を抱き、鉄道・電信をはじめ諸種の西洋文明施設を導入するよう日本政府に勧告してやまず、「富国強兵」をめざす新政府当局者に対し先進国人として「指南役」の立場に立つこともできた。とはいえ、不平等条約の改正には、それがイギリスの通商利益を損なうとの見地からあくまで反対し、ために日本側が彼の失脚を図ったことさえあった。八一年十一月、KCMG勲爵士に叙せられ、八三年七月、清国駐在特命全権公使に栄転、朝鮮公使を兼任したが、リューマチのため、八五年三月二十二日、北京で客死。五十七歳。

参考文献　坂野正高『近代中国外交史研究』、石井孝『増訂明治維新の国際的環境』、田中時彦「大英帝国の使者パークス」(『歴史と人物』昭和四十六年六月増刊号)、Frederick V. Dickins and Stanley Lane-Poole ed., The Life of Sir Harry Parkes.　（田中　時彦）

バーグナー　Gottfried Wagner　⇨ワーグナー

バーベック　Guido Herman Fridolin Verbeck　⇨フルベッキ

パーマー　Harold E. Palmer　一八七七—一九四九　イギリスの語学教育家。一八七七年三月六日、ロンドンで生まれた。一九〇四年ベルギーのリージェ大学を卒業後、各地の語学教師を歴任、一九年ロンドン大学講師としてスポークン＝イングリッシュの講座を担当した。彼は、第一次世界大戦後の日本の英語教育を改革しようとした沢柳政太郎・松方幸次郎らの尽力で招聘され、大正十一年（一九二二）三月来日、四月文部省語学教育顧問となった。そして語学教授法の改革には、ことばの音声が文字に先行すべきこと、そのためにはオーラル＝メソッド Oral Method の採用が一番大切であることを各地で講演した。翌大正十二年英語教授研究所（現在の語学教育研究所）を設立してその初代所長に就任した。オーラル＝メソッドを最初に採用して教授効果をあげたのは東京高等師範学校の付属中学で、やがてこの教授法は次第に全国に広まった。また、彼は十五年に及ぶ在日中にわが中等学校における英語教育の改革案を作るのに専念した。一九三六年（昭和十一）、イギリスに帰りロンドンに住んだが、四九年十一月十六日没した。七十二歳。

参考文献 星山三郎「パーマーの英語教育」（日本の英学一〇〇年編集部編『日本の英学一〇〇年』大正編所収）、高梨健吉「Palmer の略歴と業績」（高梨健吉・安倍勇・金口儀明『H・E・パーマー』所収）

（梅溪　昇）

パール Radha Binod Pal 一八八六―一九六七 極東国際軍事裁判（東京裁判）のインド代表判事。一八八六年一月二十七日、インドベンガル州生まれ。はじめは数学者であったが、一九二四年カルカッタ大学で法学博士をとり、カルカッタ大法科大教授、カルカッタ高等裁判所判事などを経て、四四年カルカッタ大副学長。四六年東京裁判の判事となり、判決に際しては多数意見に同意せず、少数意見書を提出。このパール判決書は英文で千二百頁をこえる膨大なもので、東京裁判の事後法的性格を指摘し、戦争における個人責任を否定し、一九二八年以来の日本の侵略行為が共同謀議であることは立証されておらず、捕虜虐待や非戦闘員の大量虐殺についての被告たちの間接責任も立証されていないなどとして、各被告は起訴事実全部につき無罪だと勧告した。パール判決書は、その後「日本無罪論」の代表的見解として喧伝されたが、パールは日本による大規模な残虐行為を否定しているのではなく、必ずしも「日本無罪」を主張しているわけではない。一九六七年一月十日没。八十歳。

参考文献 京都裁判研究会編『共同研究パル判決書』（講談社学術文庫）

（粟屋憲太郎）

ハーン Lafcadio Hearn ⇨小泉八雲

ばいていきんが 梅亭金鵞 一八二一―九三 本名瓜生和晴（菩提寺過去帳による）。江戸時代後期の滑稽本作者。文政四年（一八二一）三月、江戸に生まれる。柳剛流の剣客であったが、御家人瓜生家の養子となってのち戯作者となり、人情本や滑稽本を執筆した。明治に入って瓜生政和・橋爪錦造・和田定節などの名で西洋事情の啓蒙的紹介書などを出版、滑稽雑誌『団団珍聞』の主筆となり、雑誌『驥尾団子』を創刊した。滑稽本の代表作『七偏人』（初編安政四年（一八五七））は幕末の頽廃的な世相を滑稽化し、明治に入ってからの戯作は、旧幕臣らしく反動的な姿勢の作品が多い。明治二十六年（一八九三）六月三十日没。七十三歳。法名は清受院釈果得浄生信士。墓は東京都台東区元浅草三丁目の最尊寺にある。

参考文献 興津要『転換期の文学』、翁亭金升「梅亭金鵞翁」（『文芸倶楽部』一一ノ二・六）

（神保　五弥）

はいやさぶろうすけ 灰屋三郎助 一八一〇―七四 幕末・維新期の尾道の豪商。問屋、酢・醬油の製造を業とした。橋本氏総本家九代当主。諱は正義、黍庵と号す。はじめ太吉、のち長右衛門、さらに又三郎と改む。文化七年（一八一〇）八代次郎右衛門長栄（後正甫）の子として備後国御調郡尾道町（広島県尾道市）に生まれる。両替職筆頭・入札元〆役などを勤める。また元治ごろには「小子も問屋之御政事を引受居候」と尾道問屋役所の代表として活躍。池田徳太郎（広島藩士、幕末密使として東奔西走、藩の機密に参画）宛書簡で、長州出兵は「諸藩之御身ニ取候而は損ありて益なき御合戦也」（元治元年（一八六四）か）、特に陣地となる広島藩にとってはそうだ、と実に的確な政治的見通しを述べ、さらに「不失民望候様之御所置相成候ては、御国家は実に盤石の如くなるへし」（慶応二年（一八六六）か）と政治の要諦を明確に述べている。なお橋本家一族（灰屋・橋本屋・干浜橋本）は、宝暦以後、特に文化以後尾道の町年寄・諸品会所主役・穀物仲買頭役・問屋仲買頭などとして町の政治経済上重要な役割を果たした。明治七年（一八七四）六月二十三日没。六十五歳。時宗慈観寺（尾道市長江町）に葬る。法名随心院称阿蓮因居士。同十八年二月、随心院称阿蓮因快數居士。

参考文献 『尾道市史』

（青野　春水）

ハウス Edward Howard House 一八三六―一九〇一 米国人ジャーナリスト。一八三六年十月五日、米国ボストンに生まれる。万延元年（一八六〇）の遣米使節を『ニューヨーク＝トリビューン』の記者として取材してから日本に関心を持ち、明治二年（一八六九）に特派員として来日。以後数回の帰国期間を除き、生涯の大半を日本で過ごした。明治四年から六年にかけて、また十五年から十六年にかけて大学南校、東京大学などで英語・英文学を講義し、一時は外務省で働いたこともあるが、主として記者・評論家・著述家として活動し、英文で日本の立場を弁護し、日本を好意をもって紹介する記事や著作を多く書き、また、しばしば欧米諸国の対日態度や在日外国人の行動を批判した。台湾出兵や西南戦争には従軍記者をつとめた。著述には評論や日本紹介のほか、日本での体験をもとにした小説もあり、また音楽の才能にすぐれ、宮内省雅楽部などで音楽指導も行なった。女学校での教え子青木（黒田）琴女を養女として、晩年は結婚した彼女の家族とともに暮らし、明治三十四年十二月十八日東京四谷で没した。六十五歳。

（有賀　貞）

はがためまさ　垪和為昌　一八五六―一九一四　明治時代の無機化学者。安政三年（一八五六）五月二十三日、江戸目白台の備中浅尾藩下屋敷に生まれた。垪和為継の長男。維新の際、国元に帰ったが、明治五年（一八七二）東京に出て、共立学校、開成学校を経て、明治八年実学を指向して工学寮、のち工部大学校（東京大学工学部の前身）に入り化学を御雇外国人教師E・ダイバースに学び、十四年卒業。直ちに助手、まもなく助教授となり、明治十九年学制改まり、帝国大学令により、ダイバースとともに帝国大学理科大学化学科に移り、無機化学の講座を担当。垪和の四十篇に及ぶ論文はほとんどがダイバースとの共同執筆であり、なかに真島利行・大幸勇吉らと共同で報告したものもある。明治二十七年理学博士。明治二十九年ドイツ、フランス、イギリスに留学、ドイツのキール大学ではハリエスのもとで有機化学を研究、三年後の明治三十二年帰国。滞日二十六年に及ぶダイバースの帰国のあとをうけて教授に任ぜられた。大正二年（一九一三）病気のため辞し、翌三年十一月二十一日没。五十九歳。

参考文献　柴田雄次「Edward Divers 先生と垪和為昌先生」（『化学』一六ノ九）、山下愛子「理学的実験研究に終始した垪和為昌」（『MOL』四ノ四）

（山下　愛子）

はがやいち　芳賀矢一　一八六七―一九二七　明治・大正時代の国文学者。慶応三年（一八六七）五月十四日、福井城下佐佳枝上町に、父真咲と母あきの長男として生まれる。明治十六年（一八八三）仙台の宮城中学校卒業。十七年東京大学予備門入学。二十五年東京帝国大学文科大学国文科卒業。二十七年十一月潮田鋼子と結婚。二十八年第一高等学校教授兼高等師範学校教授に任ぜられる。三十一年十二月より東京帝国大学文科大学助教授を兼任（翌年五月より本官となる）。三十三年ドイツに留学、三十五年帰国して同大学教授となる。三十六年文学博士。大正四年（一九一五）帝国学士院会員。七年国学院大学長に就任する。十一年従三位を授けられ、東京帝国大学名誉教授となる。明治四十年、すでに「日本文献学」を講じたのは、ドイツ文献学を前提としたもので、国文学の方法論確立の先駆的役割を果たした。昭和二年（一九二七）二月六日、勲一等瑞宝章を授けられ、同日東京市小石川区大塚坂下町（東京都文京区大塚）の自宅に、心臓性喘息で没した。六十一歳。護国寺墓地に葬られる。著書は『国文学読本』（立花銑三郎と共編、明治二十三年）、『国文学史十講』（三十二年）、『国文学史概論』（大正二年）など多数。

参考文献　芳賀檀編『芳賀矢一文集』、久松潜一編『落合直文・上田万年・芳賀矢一・藤村作集』（『明治文学全集』四四）、石田淑子・二木慶・島田万亀子・福田宏子「芳賀矢一」（『近代文学研究叢書』二六所収）、島村剛一「芳賀先生伝記資料」（『国学院雑誌』四四ノ六―一二、四五ノ一―三・五・七・八・一一・一二）、藤村作「芳賀先生と明治国文学史研究」（同二ノ一〇）

（中村　啓信）

はぎのよしゆき　萩野由之　一八六〇―一九二四　明治・大正時代の国史・国文学者。幼名は平作、のち由之と改めた。字は礼卿、号は和莽（庵）・秋錦堂など。万延元年（一八六〇）四月十七日、佐渡国雑太郡相川下戸炭屋町二十九番屋敷（新潟県佐渡郡相川町大字下戸炭屋町）に生まれた。父は咲蔵、母はちゑ。七歳のとき郷土の儒者円山溟北の門に入り、漢学を学んだ。神童の誉たかく、明治四年（一八七一）修教館に入り、翌五年十一月十三歳で初等教育を行う県学助読となる。同十五年、新たに開設された東京大学文学部の古典講習科に入学。同十九年卒業とともに元老院書記生となり、古典の調査などに従事した。同二十五年学習院大学教授となり、同三十二年東京帝国大学文科大学講師に任ぜられ、国語学・国文学・国史学を講じ、翌三十四年文学博士の学位を受け、教授に昇任した。四十四年維新史料編纂会の設置とともに同委員をも依嘱され、大正五年（一九一六）帝国学士院会員に列せられた。同十二年六十四歳を期に、東京帝国大学教授・高等師範学校教授を辞任し、名誉教授となった。辞任後は宮内省図書寮に勤務するが、翌十三年一月三十一日、狭心症のため死去した。六十五歳。墓は東京都豊島区の染井墓地にある萩野家の墓域にある。専攻は国史学・国文学であるが、国史学では古代史と近世・維新史に精通し、国文学では歴史書をはじめ、随筆・日記などに至るまで多数の註釈書を著わし、また歌論にも一家言あった。主な編著書に『中等日本歴史』『日本文学全書』『日本制度通』『日本歴史評林』『徳川慶喜公伝』『王政復古の歴史』などがある。

参考文献　片桐顕智「萩野由之」（『人と作品現代文学講座』一所収）、揚原敏子「評伝萩野由之」（『学苑』三一五）、田保橋潔「評議員萩野博士の薨去」（『史学雑誌』三五ノ三）、片山房吉「日本水功伝萩野由之」（『水産界』八三七）

（鈴木　圭吾）

はぎわらきょうじろう　萩原恭次郎　一八九九―一九三八　大正・昭和時代の詩人。本姓金井。明治三十二年（一八九九）五月二十三日、群馬県勢多郡南橘村（前橋市）に生まれた。父萩原森三郎・母だい。十歳で父の叔母金井ソゥの養子となる。前橋中学時代から短歌を作り、石川啄木・北原白秋らに傾倒した。大正七年（一九一八）、中学卒業と同時に川路柳虹の『現代詩歌』に参加し、未来派の提唱者平戸廉吉らを知る。同十年に上京、翌年三月に『種蒔く人』に寄稿し、クロポトキンの著作に親しんだ。十二年一月に岡本潤・壺井繁治らと詩誌『赤と黒』を創刊して、アナーキズムによる前衛詩活動を展開した。十四年に出版の第一詩集『死刑宣告』は、ダダイズム・アナーキズムや構成主義による前衛的革命的な内容で、活字も大小・縦横型破りのものであった。その中での代表作は「日比谷」である。昭和三年（一九二八）に帰郷、農村の窮状を直視して表現するプロレタリア詩人の足跡も示した。同六年に第二詩集『断片』を出し、八年から独力で謄写誌『クロポトキンを中心とした思想の研究』を発行。十二年ごろには思想的に新しい民族的自覚も示した。昭和十三年十一月十九日没。四十歳。『萩原恭次郎全集』全三巻が刊行されている。（古川　清彦）

はぎわらさくたろう　萩原朔太郎　一八八六―一九四二　大正・昭和時代の詩人。明治十九年（一八八六）十一月一日、群馬県前橋に父密蔵・母ケイの長子として生まれた。父は医師で家庭的には恵まれた環境で、同三十三年前橋中学校に入学したころから短歌に励んだ。四十年五高英文科に入学し、翌年退学して六高独法科に入り直したが、ここも四十三年に退学した。その後は東京に漂泊して大正二年（一九一三）に前橋に戻った。北原白秋主宰の『朱欒』に詩の作品が載って室生犀星と詩友となり、さらに山村暮鳥と三人で同三年に人魚詩社を創立して、四年三月に機関誌『卓上噴水』を発行した。また音楽に親しんで、マンドリンクラブを組織した。五年六月には犀星と詩誌『感情』を創刊して、八年十一月の三十二号まで出した。六年二月に処女詩集『月に吠える』を刊行して詩壇の注目を集めた。『詩の原理』で詩論を説くとともに、『月に吠える』以後の作品を編んで、十二年一月に詩集『青猫』を出版した。十四年二月に妻子を連れて上京、故郷を去ったが、昭和四年（一九二九）妻と離婚。そうした家庭事情の中で『詩の原理』を刊行。五年七月には父を失った。九年六月に『氷島』を刊行、同年に創刊された『四季』に集まった若い詩人たちから尊敬され、ジャーナリズムからも重んじられた。昭和十七年五月十一日、五十七歳で東京の自宅で没した。墓は前橋市田口町字砂押の政淳寺にある。その詩業は西条八十によって「日本口語詩の真の完成者」と評されたすぐれた抒情詩人であり、『新しき欲情』（大正十一年）などのアフォリズムや、『日本への回帰』（昭和十三年）などの文化評論などにも、その抒情性が流れている。『月に吠える』は大正三年から六年にかけての詩作品の中から五十六篇を選んで収録している。日常の口語を用いて微妙な感情やドストエフスキイ風の病的な幻覚や孤独の意識を表現して詩壇を驚かした。なお、この詩集の書名については石川啄木の歌集『一握の砂』（明治四十三年）中の一首「わが泣くを少女等きかば病犬の月に吠ゆるに似たりといふらむ」に由来すると考える説や、ニイチェの『ツァラトストラ』第三部の「幻影と謎」の章に由来すると考える説などがあるが、動詞形の詩集名は当時としては画期的で群馬県の風土と詩の歴史を考える上でも大切な詩業となっている。『青猫』は大正六年から十一年の間に発表された作品から五十五篇を選んで収録、ほかに詩論「自由詩のリズム」を付けている。韻律美において優れている。『氷島』は大正十五年から昭和八年にかけて発表した「漂泊者の歌」や「郷土望景詩」から再録した四篇の詩をもって構成し、「詩篇小解」が付してある。「著者の実生活の記録」（序）の意味をも含んだものである。『萩原朔太郎全集』全十五巻がある。なお、前橋市敷島町（敷島公園ばら園内）には朔太郎の生家を移築した萩原朔太郎記念館があり、同市千代田町の前橋文学館では朔太郎の資料を展示・公開している。

参考文献　萩原葉子『父・萩原朔太郎』、赤松昭・吉田文了「萩原朔太郎」（『近代文学研究叢書』四八所収）
（古川　清彦）

はぎわらたかひろ　萩原尊禮　一九〇八―九九　昭和時代の地震学者。明治四十一年（一九〇八）五月十一日、東京府北豊島郡南千住町（東京都荒川区南千住）に出生。昭和七年（一九三二）東京帝国大学理学部地震学科を卒業。翌年東京帝国大学地震研究所に採用され、同十六年助教授、十七年理学博士の学位を受け、十九年教授となる。さらに四十―四十二年地震研究所所長に就任。電磁地震計・小管傾斜計・伸縮計など各種計器の開発および観測を行い、地震と地殻の歪み・傾斜変化の関係の研究を行なった。また早くから地震予知の重要性を訴え、三十七年の地震予知推進計画の策定に貢献した。四十四―五十六年には初代地震予知連絡会会長を務め地震予知研究・計画を軌道にのせた。四十四年紫綬褒章を受章。平成十一年（一九九九）十一月十四日没。九十一歳。墓は東京都豊島区の雑司ヶ谷墓地にある。『古地震』『続古地震』『古地震探究』などの編著がある。（宇佐美龍夫）

はぎわらひろみち　萩原広道　一八一五―六三　江戸時代後期の国学者。通称は鹿蔵あるいは鹿左衛門、号を葭沼、また韮園・蒜園・鹿鳴草舎・出石居ともいう。初め藤原、のち萩原を姓とす。文化十二年（一八一五）二月十九日、岡山藩士藤原栄三郎の子に生まる。文政十一年（一八二八）十四歳の時平賀元義を識りその指導をうけ歌を詠み始め、また大国隆正に教えを請うたこともあるが、特に定まった師はない。弘化二年（一八四五）三十一歳、藩を退き大坂に出て、京町堀に住み国学を教え著述に従ったが貧窮に苦しむ。晩年中風を病み世に交わらず百事皆廃したという。本居宣長に私淑し、その説を祖述しながら、特に文芸論としての代表作『源氏物語評釈』を著わした。歌は新古今調を詠み大坂歌壇に知られ、また文章に巧みで戯文『あしの葉わけ』、随筆『玉篠』をはじめ、読本（『開巻驚奇俠客伝』第五集）も書き、また中国小説の翻訳（『通俗好逑伝』）も手がけた。文久三年（一八六三）十二月三日没。四十九歳。墓は大阪市福島区妙寿寺にある。

参考文献　大川茂雄・南茂樹編『国学者伝記集成』二、正宗敦夫「萩原広道履歴」（『文学』三ノ九）、森川彰「萩原広道書簡」（『混沌』昭和五十一年五月号・同五十二年五月号・同五十三年九月号）、越智東風「萩原広道伝」・同補遺（『志がらみ草紙』五・六）
（沼田　哲）

はぎわらゆうすけ　萩原雄祐　一八九七―一九七九　大正・昭和時代の天文学者。天体力学の世界的権威、東京天文台長。明治三十年（一八九七）三月二十八日、大阪市生れ。父捨次郎、母テル。大正十年（一九二一）東京帝国大学理学部天文学科卒、大正十二年より欧米留学。イギリスのケンブリッジ大学ではエディントンA. S. Eddingtonに学ぶ。昭和十年(一九三五)―三十二年東大教授。三十二―三十五年東北大教授。三十五―三十九年宇都宮大学学長。この間たびたびアメリカのハーバード大学、エール大学、スミソニアン研究所で講義、研究を行う。昭和二十九年文化勲章を受く。昭和三十五年アメリカ科学アカデミーが世界で最も優れた天文学者に贈るワトソン賞を受けた。また昭和三十六年には国際天文学連合の副会長となった。はじめ『天体力学の基礎』(邦文、昭和二十二年)として刊行され、のち英文で『天体力学』全五巻を完成したが、これは天体力学研究者のバイブルといわれている。昭和二十一年から三十二年の十年余にわたる東京天文台在職中は乗鞍山頂のコロナ観測所、岡山県浅口郡鴨方町の七四インチ大反射鏡の建設のほか電波天文学の開拓にも尽力した。中学時代からの恩師、折口信夫の教えで、和歌・俳句も堪能、漢詩もたのしむ文化人としても知られた。昭和五十四年一月二十九日東京都目黒区碑文谷の自宅で心筋梗塞により死亡。八十一歳。墓は奈良県大和郡山市九条町の光伝寺にある。法名浄雲院殿諦覚良雄居士。

参考文献 古在由秀「萩原雄祐先生の著書」(『図書』昭和四十八年二月号)
（根本　順吉）

はぐらかんどう　羽倉簡堂　一七九〇―一八六二　江戸時代後期の儒学者、代官。名は用九、字は士乾、号は簡堂・天則・可也・蓬翁・小四海堂、通称外記。寛政二年(一七九〇)大坂で誕生。父秘救は旗本で代官を勤めた。若くより古賀精里に学び、斎藤拙堂・篠崎小竹らと交わり、父の赴任に従い豊後に下り、広瀬淡窓の推輓に努めた。父の没後代官となり、武毛・房総・駿遠諸州を歴任し、天保九年(一八三八)伊豆七島を巡視、治績を挙げた。同十三年、老中水野忠邦に抜擢され納戸頭となり、翌年夏生野銀山を視察、大坂の米倉を検し、鴻池ら富商に献金を奨め幕府の窮乏を救ったが、忠邦の失脚とともに屏居し、釈されて後は家を弟内記(紹)に譲って隠居、読書と著述に専念した。弘化・嘉永のころ、対外関係が緊迫すると『海防私策』を著わし、外敵対策を論じた。幕府に召されたが出仕せず、文久二年(一八六二)七月三日没。七十三歳。三田正泉寺(東京都目黒区)に葬った。資性廉潔、深い学殖と識見を有し、行政の手腕にすぐれ事に処して公正、名代官と称された。著書は右のほか『紀元通略』、『駿河小志』(『駿府志略』)、『不尽岳志』、『駿城記』、『南汎録』、『西征日暦』、『三律摭要』、『資治通鑑評』、『西上録』、『北行日譜』、『養小録』、『羽倉随筆』、『蠡測編』、『蒙古世譜』、『土伯特世譜』、『西土歴代帝王図譜』など多数。川路聖謨はもと簡堂の下僚でかれの推挙を受けた。頼三樹三郎・斎藤竹堂や重野成斎(安繹)らもその眷顧を蒙っている。

参考文献 羽倉信一郎編『簡堂遺文』、『羽倉翁漢文日記』(『旧幕府』二ノ三―五・八)、村上直「江戸幕府の代官」、羽倉信一郎「羽倉簡堂及び同鋼三郎に就いて」(『同方会誌』五三)、中城直正「羽倉簡堂」(『歴史地理』一三ノ六)、同「羽倉簡堂正誤並補遺」(同一四ノ二)
（水田　紀久）

はこたろくすけ　箱田六輔　一八五〇―八八　明治時代前期の自由民権運動家。嘉永三年(一八五〇)五月、福岡藩士青木善平の次男として生まれ、はじめ円三郎と称し、のちに箱田仙蔵の養子となった。戊辰戦争に従軍後就義隊を組織し藩の兵制改革を試みたが、併心隊の宮川太一郎らと対立し、一時藩に拘禁された。明治七年(一八七四)の佐賀の乱では鎮撫隊に参加し、翌八年越智彦四郎・武部小四郎らと矯志社・強忍社・堅志社を組織し、みずからは堅志社社長となった。同九年萩の乱に呼応しようとして捕えられ、出獄後明治十一年向陽義塾塾長となり、翌年頭山満らと向陽社を設立し初代社長となった。同十二年三月、愛国社第二回集会に出席し、さらに筑前共愛会を設立、南川正雄とともにその総代として、同十三年一月元老院に条約改正・国会開設の請願を奉呈するなど、自由民権運動に活躍した。同十四年向陽社を玄洋社と改称した際、社長を一時平岡浩太郎に譲ったが、まもなく社長に復帰した。明治二十一年一月十九日死亡。三十九歳。割腹自殺が真相とされる。

参考文献 『玄洋社社史』、頭山統一『筑前玄洋社』、黒竜会編『西南記伝』下二、板垣退助監修『自由党史』中(『岩波文庫』)、上村希美雄『民権と国権のはざま』
（梶田　明宏）

パジェス Léon Pagès　一八一四―八六　フランスの東洋学者。一八一四年九月、パリに生まれ、長じてl'Univers誌共同編集者となったが、フランス公使館アタッシェとして北京に赴き、東洋に関心を強め、欧州に帰って各地に史料を求め、立派な私設文庫を設け、数々の研究成果を発表。特にキリシタン研究を志して、まず『シャビエル書簡集』二巻(一八五五年)、『日本図書目録』(五九年)を編刊。折から日本二十六殉教者の列聖にあたり『日本二十六聖人殉教記』(六二年)を著わし、ついでそれ以後、キリシタン壊滅に至るまでを編年的に扱った『日本切支丹宗門史』(六九年)と、その付篇史料集を翌年刊行。これらは今も迫害下のキリシタン史の準史料として重用されている。また一六〇三年長崎刊『日葡辞書』を改訳した『日仏辞典』(一八六八年)を編した。なお、ドンクル＝キュルシウスの『日本文法稿本』のホフマンJ. Hoffmann補修本のフランス語訳改訂本(一八六一年)も編している。一八八六年十一月没。七十二歳。
（海老沢有道）

はしぐちごよう　橋口五葉　一八八一―一九二一　明治・大正時代に活躍した版画家、装幀意匠家。浮世絵研究家。本名清。明治十四年(一八八一)十二月二十一日(戸籍記載)、鹿児島に父兼満、母ヨシの三男として生まれた。白馬会、東京美術学校西洋画科本科に学び同三十八年卒業。夏目漱石の『吾輩ハ猫デアル』を手がけて以来装幀意匠家として活躍し近代文芸史上の多くの傑作を彩った。同四十四年三越呉服店が懸賞募集したポスター図案に「此美人」と題する美人画が当選し、石版ポスターとなって好評を博し商業美術史上重要な位置を占める作品となった。また、浮世絵研究の論文を『美術新報』『浮世絵』などに発表する一方、大正四年(一九一五)版画「浴場の女」を試作。七年以降版画家としての活動が本格化し、九年を最盛期に十三点の完成をみたものの大正十年二月二十四日東京赤坂で死没。享年四十一。墓は鹿児島市の郡元墓地にある。『(浮世風俗)やまと錦絵』(大正六―八年)十二冊の編集、解説は貴重とされる。

参考文献 岩切信一郎『橋口五葉の装釘本』、岡畏三郎「橋口五葉」(リッカー美術館編『橋口五葉展図録』所収)、『浮世絵之研究』二(橋口五葉追悼集)、『浮世絵芸術』二三(橋口五葉没後五十年特集)

(岩切信一郎)

はしだくにひこ 橋田邦彦 一八八二―一九四五 大正・昭和時代の生理学者。第二次世界大戦期に教育行政官として独特な科学論に基づく教育論を展開した。明治十五年(一八八二)三月十五日、鳥取県久米郡倉吉に生まれる。父藤田謙造。十六歳で橋田浦蔵の養子となる。明治四十一年東京帝国大学医科大学を卒業、のち四年間にわたりドイツ・オーストリア・フランスなどに留学して生理学を専攻、帰国後東京帝国大学医学部教授となる。昭和十二年(一九三七)第一高等学校長を兼任、教育審議会委員となり教育政策の形成に関与した。昭和十五年第二次近衛内閣の文部大臣に就任、以後ひきつづいて第三次近衛内閣・東条内閣の各文部大臣に留任し、昭和十八年四月まで在任した。十九年教学錬成所長となり、二十年九月連合国軍から戦争犯罪人に指名され、十四日、逮捕直前に服毒自殺した。六十四歳。墓は鳥取県倉吉市の勝入寺にある。道元の禅哲学に通暁しており、東洋の自然観によって西洋自然科学をとらえ直すことにつとめ、日本的科学の主体性を確立しようとしたが、その独特の科学論は戦時期の反西欧主義、伝統文化強化の風潮を補強する結果をもたらしたといえる。著書に、『行としての科学』(昭和十四年)、『科学する心』(同十五年)などがある。

参考文献 清水康幸「戦時下教育における〈科学〉の問題」(『講座日本教育史』四所収)、中内敏夫「現代日本教育における東洋化と近代化」(『成蹊学園教育研究所所報』四)

(佐藤 秀夫)

はしもとがほう 橋本雅邦 一八三五―一九〇八 明治時代の日本画家。天保六年(一八三五)七月二十七日、浜田藩御用絵師橋本晴園の子として江戸木挽町狩野勝川院邸内に生まれた。幼名を千太郎、のち長卿と改めた。狩野勝川院雅信に入門し、同時に入塾した狩野芳崖とともに、勝川院門下の二神足と称され、明治画壇の巨匠として日本画の命脈を保った。明治元年(一八六八)川越藩御用絵師であったが、明治初期は困窮し、扇子絵を描き三味線の駒を作って糊口をしのいだ。海軍兵学寮の図学の教師をしていたが、同十五年第一回内国絵画共進会の「竹林に鳩」「李白観瀑図」などは濃淡を用いて狩野派の硬さを脱した作品で、銀牌第一席を得て画壇に認められる。同十七年岡倉天心・フェノロサらによって創立された鑑画会に参加し、芳崖とともに日本画革新の先駆となった。東京美術学校開校とともに同校教授となり、芳崖亡きあと、その指導理念を受け継ぎ、古今東西の流派にこだわらず自由な個性伸長の教育を徹底して実行した。三十一年日本美術院の創立にあたって、その主幹となって天心を助けた。「神(精神)あって而して後形動く。物我相合し、心筆一致し、余情の紙外に溢るゝゆえん」という「心持ち」を第一義とした画論を主張した。横山大観・下村観山・菱田春草をはじめ、寺崎広業・西郷孤月・川合玉堂・木村武山・石井林響・山内多門ら多くの後進を指導し、明治・大正・昭和の日本画壇を担う大家を育成した。明治四十一年一月十三日没。七十四歳。深川霊岸町(東京都江東区平野二丁目)の長昌山浄心寺内玉泉院に葬る。法名謙徳院勝園雅邦日譲居士。代表作に「白雲紅樹図」『竜虎図屏風』などがある。

(細野 正信)

はしもとかんせつ 橋本関雪 一八八三―一九四五 明治から昭和時代前期にかけての日本画家。明治十六年(一八八三)神戸に生まる。幼名関一。父は旧明石藩の漢学者海関。その影響で早くから書画に親しむ。三十六年竹内栖鳳塾の竹杖会に入門。四十 年文展に初入選、同年東京に移る。また大正二年(一九一三)京都に転居。大正二年ごろよりしばしば中国に旅し、同地に別荘を構えたほどである。文展に活躍し賞を受け、特に七年文展では「寒山拾得」「倪雲林」に引き続き「木蘭」が連続特選を得、注目された。八年第一回帝展よりしばしば審査員をつとめる。中国・日本の古名画を研究し独自の画境を開いて栖鳳に拮抗した。十年初のヨーロッパ旅行、十二年竹杖会脱退。昭和九年(一九三四)帝室技芸員。十二年帝国芸術院会員。各画風を究めた。二十年二月二十六日没。六十三歳。「杉林遊鹿図」「長恨歌」「玄猿」「凉宵」の名作を残す。

(中村 溪男)

はしもときんごろう 橋本欣五郎 一八九〇―一九五七 昭和時代前期の陸軍軍人、国家主義者。明治二十三年(一八九〇)二月十九日、回漕店主橋本鶴吉の四男として岡山市に生まれる。四十四年陸軍士官学校(二十三期)を卒業、砲兵に進む。青島戦役に従軍し大正九年(一九二〇)陸軍大学校(三十二期)を卒業、参謀本部付(ロシア班勤務)を経て十二年八月満洲里特務機関長となる。十四年三月参謀本部に戻り十五年八月少佐に進む。昭和二年(一九二七)九月トルコ公使館付武官となり、ケマル＝パシャの改革運動に共鳴、日本の国家改造を志す。五年六月帰国して七月参謀本部ロシア班長となる(八月中佐に進級)。五年秋、中佐以下の有志を募り、国家改造を終局目標とする桜会を結成、同会は武力行使をも辞せずとする秘密結社的存在であった。六年一―三月には宇垣系中堅軍人、大川周明・清水行之助らの右翼、一部の無産党員などとともに宇垣一成を擁してクーデターによる軍事政権樹立を企てたが未発に終った(三月事件)。また、満洲事変に際しては事変遂行を国内で支援するとともに、長勇・田中弥らと再度のクーデター計画を企てたが、事前に情報が洩れて未遂に終り首謀者は「保護検束」された(十月事件)。橋本も重謹慎処分を受けた後、野戦砲兵第十聯隊付に転出、左遷された。九年八月野戦重砲兵第二聯隊長となり大佐に進級、昭和十一年の二・二六事件の際は上京して天皇大権による維新断行を骨子とする収拾策を提示したが容れられなかった(なお、当時橋本系軍人は「清軍派」と呼ばれていた)。同年八月粛軍人事で予備役に編入され、十月十七日国家社会主義系右翼とともに大日本青年党を結成し、その統領となった(のちに大日本赤誠会に改組)。「支那事変」勃発により十二年八月から十四年三月まで召集されて野戦重砲兵第十三聯隊長として出征したが、十二年十二月長江で英艦レディバード号砲撃事件を起した。十五年十月大政翼賛会常任総務となり十七年五月衆議院議員に当選した。十九年八月翼賛壮年団本部長に就任、二十年二月まで在職した。第二次世界大戦後「A級戦犯」として極東国際軍事裁判で終身禁錮の判決を受けたが、三十年九月仮出所した。三十二年六月二十九日、肺癌のため死去。六十七歳。墓所は静岡県清水市村松の鉄舟寺、法号は浄楽院殿実法欣誉剛賢大居士。遺稿に中野雅夫編『橋本大佐の手記』がある。

参考文献　田々宮英太郎『橋本欣五郎一代』(『昭和軍事史叢書』)、秦郁彦「桜会」(『軍ファシズム運動史』所収)　(佐々木 隆)

はしもとさない　橋本左内　一八三四―五九　幕末の開明派志士。名は綱紀(つなのり)、通称左内、号は景岳。天保五年(一八三四)三月十一日、越前国福井城下(福井市春山二丁目)に福井藩奥外科医で二十五石五人扶持の橋本彦也長綱の長男として出生。母は坂井郡箕浦村(福井市蓑町)真宗大谷派大行寺住職小林静境の女梅尾。幼時より俊秀、藩儒吉田東篁に従学中の十五歳当時「稚心ヲ去レ」「立志」など五徳目を掲げた『啓発録』を著わす。十六歳で大坂遊学、緒方洪庵の適々斎塾において蘭学・蘭方医学を修めた。嘉永五年(一八五二)帰国し、父死去後に家督相続、種痘法に出精して藩主松平慶永より慰労される。安政元年(一八五四)江戸遊学、坪井信良・杉田成卿・戸塚静海らに蘭学を学ぶとともに西洋学一般への知識を深め、英語・ドイツ語読解力をもつに至ったと推察される。一方、藤田東湖・西郷隆盛ら諸藩知名士との交渉をもち、日米和親条約成立時を背景に世界情勢への理解を深めた。安政二―三年ごろの聞書『西洋事情書』では西洋国王の手軽な生活ぶり、軽い租税、公議政体、官吏任用法、教育研究制度、殖産興業などについての深い知識を示している。安政二年十月医員を免ぜられて書院番となり、同四年正月藩校明道館学監同様心得に取り立てられ、館内に洋書習学所をもうけるなど学制改革・藩政刷新に尽力した。同年八月江戸に赴いて松平慶永の侍読兼内用掛となり、慶永・島津斉彬らにより企画されていた将軍継嗣問題の中心的担当者となった。すなわち十三代将軍徳川家定の継嗣に英明の一橋慶喜(徳川斉昭の子、のち十五代将軍)をあげ大いに幕政改革を行おうとするものであった。左内は近い将来世界五大洲すべて同盟関係となり、その盟主はイギリス・ロシアのいずれかであろうと予想、地理的に近く信義を守るというロシアと攻守同盟を結び、外国貿易を盛んにして西洋式兵制・技術の導入をはかり、わが国も積極的に海外に進出して富国強兵を実現することを説いた。しかして左内はこの開国政策実現の前提として、英明自立の将軍慶喜のもと親藩・譜代・外様にかかわらず諸雄藩明君たちを中央政府に参加させ、諸藩士・浪士・学者さらには乞食・雲助に至るまで有用の人物を適所に配置した幕府の規模における統一国家体制の樹立をめざしていたのである。翌五年二月上京して公家に入説、慶喜への内勅降下と日米修好通商条約に勅許あるよう周旋したが、四月紀州藩主徳川慶福(家茂)擁立派井伊直弼の大老就任によって挫折。七月慶永が隠居謹慎を命ぜられると主家・藩へ累の及ぶのをおそれて一切の政治運動を断念・抛棄した。九月安政の大獄開始、十月二十二日江戸藩邸内居室の捜索をうけ翌日町奉行所において取調べの上、藩へ預け謹慎となり七回の訊問を受けてのち同六年十月二日入獄、軽輩にもかかわらず将軍継嗣問題に介入したことを不届とされ同七日刑死。年二十六。墓は小塚原回向院(東京都荒川区南千住)および福井市左内町にある。法名、景鄂院紫陵日輝居士。明治二十四年(一八九一)贈正四位。『橋本景岳全集』上・下があり、全集に未収録の資料が山口宗之編『(全集未収)橋本左内関係史料研究』に収められている。

参考文献　滋賀貞『景岳橋本左内』、山口宗之『橋本左内』(『人物叢書』八四)　(山口 宗之)

はしもとさねやな　橋本実梁　一八三四―八五　幕末・維新期の公家。天保五年(一八三四)四月二十五日、左中将小倉輔季の子として京都に生まれる。公家、羽林家橋本実麗(さねあきら)の養嗣となる。安政五年(一八五八)三月、日米通商条約勅許問題について対外強硬論を上申し、勅定の修正を要求して八十八卿が列参した挙に参加した。文久元年(一八六一)二月侍従に任じ、十月和宮(親子内親王)東下に随従した。同二年十二月国事御用掛となり、同三年三月左少将に昇任。同年八月十八日の政変で差控を命ぜられた。慶応三年(一八六七)正月勅免出仕し、同年十二月王政復古に際し、参与となり、翌明治元年(一八六八)正月戊辰戦争勃発するや、二月東海道先鋒総督兼鎮撫使として東下、江戸開城の際、勅使として徳川家処分の朝旨を伝える。同二年六月賞典禄二百石を永世下賜される。同三年正月従三位。度会府知事、式部助などを歴任、同十七年伯爵となり、同十八年元老院議官に進む。十八年九月十六日死去。五十二歳。死去に先立ち従二位となる。

墓は東京都港区の青山墓地にある。

参考文献 『橋本家譜』、『橋本実梁陣中日記』(『日本史籍協会叢書』)、内閣修史局編『百官履歴』下(同)

(板垣 哲夫)

はしもとしんきち　橋本進吉　一八八二―一九四五　明治後期から昭和時代前期にかけての国語学者。明治十五年(一八八二)十二月二十四日、福井県敦賀郡敦賀町晴明(敦賀市相生町)に橋本謙吉・さわの長男として生まれた。第三高等学校を経て、明治三十九年東京帝国大学文科大学言語学科を卒業。同四十二年より昭和二年(一九二七)まで上田万年(かずとし)教授のもとで東京帝国大学国語研究室において助手を勤め、昭和二年文学部助教授、同四年教授、昭和十八年停年退官。国語学の音韻史・文法論をはじめとする諸分野について、多数の画期的な業績を挙げ、実証・理論にわたって、爾後の国語学発展の基礎を築き、多くの優秀な国語学者を養成した。また、昭和十九年には、全国的規模の「国語学会」を創立し、会長の任にあたった。その国語学上の業績は、没後『橋本進吉博士著作集』全十二冊として、網羅刊行されている。音韻史については、まず上代の国語を表記した文献を精査して、キ・ケ・コ以下十三類の仮名に甲乙二類の区別あることを実証し、それが上代の音韻の別を反映していること、文法体系や語源研究の上にも大きな関係があることを明らかにした。また、中世末のキリシタン資料を調査して、当時の音韻体系を解明し、さらに平安時代の文献を渉猟して、音韻史の資料を求め、上代から近代に至る国語音韻史の全体像を闡明した。一方、文法論に関しては、文および語の外形的側面を重視した「文節論」を展開し、それによって品詞・活用・接続・構文などに新見を披瀝した。この説の大綱は、のちに文部省編の国定教科書に採用され、現在に至るまで、高等学校以下の教科文法の中枢を成している。このほか、古文献の紹介、校定、刊行などにも尽力し、『校本万葉集』『南京遺文』『契沖全集』などの編纂を主宰または共編し、さらに古典保存会による古書複製事業の功績も大きく、諸文献についての周到な解説などと併せて、その文献学的学識の深さが窺われる。また、契沖その他の語学関係の学僧・学者などについての伝記研究に、非凡な業績が挙げられていることも見逃せない。総じて、橋本は、明治以後における国語学・文献学の分野の中で、最も傑出した学者であって、その所論の大部分は学界の定説となり、その実証的、論理的な研究方法は、爾後の学界の指針・基礎となって今日に及んでおり、その影響は計り知れないものがある。昭和二十年一月三十日没。六十四歳。墓は敦賀市松島二丁目の来迎寺にある。

参考文献 橋本進吉博士還暦記念会編『(橋本進吉博士還暦記念)国語学論集』

(築島 裕)

はしもとたかこ　橋本多佳子　一八九九―一九六三　大正から昭和時代にかけての俳人。感傷性の強かった大正俳句を脱け出、即物的に内面を詠った。明治三十二年(一八九九)一月十五日、東京市本郷区竜岡町に生まれる。父山谷雄司、母つる。本名多満。菊坂女子美術学校中退。大正六年(一九一七)、橋本豊次郎と結婚。俳句は高浜虚子との出会いを機縁とし、杉田久女、のちに山口誓子の指導を受けた。久女から感情表白の態度を、誓子から即物具象を受け継ぎ、新しい抒情俳句の世界を拓いた。『天狼』同人。昭和三十八年(一九六三)五月二十九日没。六十四歳。句集『紅糸』ほか。

参考文献 楠本憲吉「作家解説」(神田秀夫・楠本憲吉『近代俳句』付載)

(松井 利彦)

はしもとますきち　橋本増吉　一八八〇―一九五六　大正・昭和時代の東洋史学者。明治十三年(一八八〇)六月十二日、長崎県諫早に生まれる。橋本元洋の長男。長崎中学、第六高等学校を経て、明治四十一年東京帝国大学文科大学支那史学科を卒業した。翌年早稲田大学講師となり、さらに慶応義塾大学予科教員となり、大正九年(一九二〇)慶応義塾大学教授に就任した。昭和十九年(一九四四)慶応義塾を退職。これより先、同十五年東洋大学教授兼任、同二十年東洋大学学長に選出された。しかし、戦時中「大亜細亜協会」理事として活躍したため、公職追放令により学長を追われた。橋本の代表的な研究は耶馬台国を中心とする古代の日中関係を考察した『(東洋史上より見たる)日本上古史研究』(東洋文庫)および古代中国の天文・暦法を研究した『支那古代暦法史研究』(同)であり、後者の研究によって昭和十六年文学博士の学位を受けた。昭和三十一年五月十九日、七十五歳で没した。多磨墓地に葬る。

参考文献 竹田竜児編「橋本増吉博士略年譜・増本博士著作目録」(『史学』二九ノ四)

(山根 幸夫)

はしもとますじろう　橋本増治郎　一八七五―一九四四　わが国自動車工業のパイオニア。明治八年(一八七五)四月二十八日、愛知県額田郡柱村(岡崎市柱町)に生まれる。二十八年東京工業学校機械科卒業。三十五年農商務省海外実業練習生としてアメリカに派遣される。帰国後中島鉄工所、九州炭礦汽船などの技師を経て、四十四年快進社自働車工場を設立し、自動車の国産化を企図する。大正三年(一九一四)の大正博覧会に「ダット号」を出品し、銅牌を獲得する。七年快進社を資本金六十万円の株式会社に改組し、十三年には同社を軍用自動車補助法の有資格会社とし、さらに十五年同社と実用自動車を合併させてダット自動車製造を設立した。昭和六年(一九三一)戸畑鋳物によってダット自動車製造の株式の大半が買収されると、実業界の第一線から引退し、十九年一月十八日、享年七十で没した。第二次世界大戦前小型車の代名詞となった日産自動車の「ダットサン」は快進社の「ダット号」の後身であり、橋本の自動車国産化の夢は日産自動車を通じて実現されたといえる。

参考文献 橋本増治郎顕彰会編『橋本増治郎伝』

(宇田川 勝)

はしもとめいじ　橋本明治　一九〇四―九一　昭和時代の日本画家。明治三十七年（一九〇四）八月五日、島根県那賀郡浜田町（浜田市）に橋本太一郎・トメの長男として生まれる。大正十五年（一九二六）に東京美術学校日本画科に入学、昭和六年（一九三一）卒業、研究科に進み松岡映丘に師事した。十二年の第一回新文展に「浄心」、翌年の第二回展に「夕和雲」が続けて特選となる。十五年から法隆寺金堂壁画模写に主任として従事、これは二十四年の壁画焼失まで続いた。二十三年の創造美術結成に加わったが、二十五年に脱退して日展に戻り、二十七年に「赤い椅子」により芸能選奨文部大臣賞、三十年に「まり千代像」によって日本芸術院賞を受賞した。三十三年に日展評議員、以後、理事・常務理事を歴任。四十二年から翌年にかけて法隆寺金堂壁画の再現模写に従事し、四十三年には皇居新宮殿正殿の壁画「桜」を完成。強い輪郭線と華麗な色彩を特色とし、女性像を多く制作した。四十六年に日本芸術院会員。四十九年に文化勲章を受章。平成三年（一九九一）三月二十五日、急性肺炎により東京都杉並区天沼の自宅で没。八十六歳。故郷の島根県立博物館には寄贈された作品を展示する「橋本明治記念室」が開設されている。（原田　実）

はしもとりゅうたろう　橋本龍太郎　一九三七―　昭和戦後・平成時代の政治家。東京出身。昭和十二年（一九三七）七月二十九日大蔵官僚でのちに厚相・文相をつとめた橋本龍伍の長男に生まれる。昭和三十五年（一九六〇）慶応大学法学部政治学科卒。呉羽紡績社員ののち代議士秘書・厚生大臣秘書官を経て同三十八年父の地盤を継いで岡山二区（のち四区）から衆議院議員に当選、以来十三回連続当選。自由民主党に所属し佐藤派・田中派・竹下派と主流を歩んだ。厚生政務次官を経て第一次太平内閣の厚相、第三次中曾根内閣の運輸相、第一・二次海部内閣の蔵相などを歴任。また党内にあっては幹事長・政策審議会長などの要職をつとめた。平成六年（一九九四）村山内閣に通産相として入閣、同七年九月自民党総裁となり村山内閣副総理。同八年一月村山首相退陣の後を受けて国会で首相に指名され、日本社会党・新党さきがけと連立内閣を組織し、日米新ガイドラインの実現や行財政改革の推進にあたった。しかし同九年秋ごろ金融・証券業界での経営破綻など経済の混迷が深まり、同十年七月の参議院選挙で自民党は大幅に議席減となり内閣は退陣した。著書に『馬越恭平伝』『泣いて笑って闘って』がある。

参考文献　小林吉弥『実録橋本龍太郎―新保守世代旗手の知れざる素顔―』（鳥海　靖）

はすぬまもんぞう　蓮沼門三　一八八二―一九八〇　明治から昭和時代にかけての社会教育者、修養団の創立者・指導者。明治十五年（一八八二）二月二十二日、福島県耶麻郡相川村（山都町）に高橋岩四郎・モトの子として生まれる。父の失踪により母モトは蓮沼市太郎と再婚し、門三も蓮沼家の人となる。東京師範学校在学中に寮の風紀改善運動を始め、明治三十九年二月十一日全学生と全職員が参加する修養団を創立した。彼は日露戦争後の社会の変化を、国民の精神的弛緩や頽廃によるものと捉え、国家主義的な危機感に基づいて、国民の人格の向上による国家の立て直しを図ろうとした。宗教指導者的素質をもつ蓮沼は、大正二年（一九一三）から修養団主幹となって活躍し、流汗鍛錬・同胞相愛のスローガンを掲げた修養団を、第二次世界大戦前の代表的な教化団体の一つにまで発展させた。やがて、無産運動の勃興に対しては白色倫理運動を提唱し、一九三〇年代には霊的直観力を意味する明魂顕現を唱えた。戦後の昭和二十一年（一九四六）末修養団主幹を辞職、翌年一月教職追放該当者に指定されるが、同二十六年二月には追放を解除されて修養団本部の活動に復帰し、同二十七年から没するまで、再び主幹の地位にあった。同五十五年六月六日没。九十八歳。墓は東京都港区の青山墓地にある。『蓮沼門三全集』全十二巻がある。

参考文献　勝部真長『修養団運動八十年史―わが国社会教育の源流―』（赤沢　史朗）

はせがわあきみち　長谷川昭道　一八一五―九七　幕末・維新期に学者・政治家として活躍した松代藩士。幼名元亮、通称深美、号して戸隠舎・一峰・静倹陳人・東洋逸民。文化十二年（一八一五）十二月二十九日、父正次の長男に生まれる。同藩の竹内錫命・鎌原桐山に漢籍を、山寺常山に兵学を、佐久間象山に西洋砲術を学び、天保十年（一八三九）世子の近習となり江戸で佐藤一斎らに学ぶ。弘化二年（一八四五）帰藩、代官ついで郡奉行兼勝手元締役、嘉永五年（一八五二）藩主の側役を兼ね、藩文武学校設立に貢献した。尊王攘夷論の昭道は開国佐幕論の佐久間象山らと対立し、同六年藩主仮養子事件の嫌疑で蟄居。その間『皇道述義』『攘夷独語』『九経談総論評説』を著作。元治元年（一八六四）蟄居を解かれ京都藩邸周旋方、慶応元年（一八六五）京都留守居役となり勤王派の立場で奔走。同四年の動乱時には江戸と松代に急行して藩主・藩士を説き、藩論を勤王に統一した。同年京都で大学校設立を建言。以後東京と松代で活躍し、明治三十年（一八九七）一月三十日松代で病没。八十三歳。信濃教育会編『長谷川昭道全集』全二巻がある。

参考文献　飯島忠夫『長谷川昭道伝』、大平喜間多編『松代町史』、田中誠三郎『真田一族と家臣団』（古川　貞雄）

はせがわかずお　長谷川一夫　一九〇八―八四　大正・昭和時代の俳優。明治四十一年（一九〇八）二月二十七日、京都府紀伊郡堀内村字六地蔵（京都市伏見区）の名護屋という造り酒屋に生まれる。母の長谷川マスは一男二女を生んだ後、婿養子の夫に死別し、当時伏見連隊に勤務していた特務曹長の平尾善四郎と再婚して、生まれたのが一夫である。一夫は少年のころから芸事が好きで、生家の近所にあった、叔父の経営する劇場大手座に出入りして、歌舞伎役者中村福円の指導で勉強にはげみ、松竹へ入って関西歌舞伎の名門初代中村鴈治郎の一座に加えられて、林長丸を名乗った。折から全国的に勃興してきた時代劇映画のスターとして松竹映画に出演、爆発的人気に乗じて、さらに東宝と契約して本名長谷川一夫に戻り、国際女優李香蘭と共演するなど、女性向きの容貌やフィーリングに恵まれて、晩年は映画や舞台で幸福な人気俳優となった。昭和五十九年(一九八四)四月六日慈恵会医大付属病院で病没、七十六歳。墓は東京都台東区谷中墓地にある。文部大臣表彰。菊池寛賞。紫綬褒章受章。自伝に『私の二十年』『舞台銀幕六十年』がある。

参考文献 田中純一郎『日本映画発達史』五(『中公文庫』)

（田中純一郎）

はせがわかんべえ　長谷川勘兵衛　歌舞伎大道具の製作と飾りつけを家業としている大道具方。多幕物の続き狂言が上演されるのに伴い、場面を視覚的に変化させ、また舞台装置を写実的にしていく必要から専門の大道具方の活躍が始まり、代々の長谷川勘兵衛は、大道具師の棟梁として江戸三座の大道具と舞台美術の発展に尽力した。

㈠十四代　一八四七―一九二九　弘化四年(一八四七)に生まれる。五代目尾上菊五郎の『スペンサーの風船乗り』『チャリネの曲馬』、『川連館』の階段の仕掛、天覧劇の仮設舞台の設計、米国セントルイス万国博覧会(明治三十七年(一九〇四))で日光東照宮陽明門の模型を建造するなど、文明開化期にふさわしい大道具方として活躍した。昭和四年(一九二九)十月一日没。八十三歳。墓は東京都台東区橋場一丁目の保元寺にあり、以下代々この寺に葬られている。

㈡十六代　一八八九―一九六四　明治二十二年(一八八九)に生まれる。本名源次郎。昭和二十六年(一九五一)長谷川大道具株式会社を設立し、社長となる。同三十九年一月十六日没。七十四歳。

㈢十七代　一九二四―　大正十三年(一九二四)に生まれる。本名信次郎。歌舞伎や能楽の外国公演随行など、内外で活躍している。

参考文献 十七代目長谷川勘兵衛編『大道具長谷川勘兵衛』、十四世長谷川勘兵衛「劇界秘録・長谷川勘兵衛(一)―(一〇)」(『演芸画報』昭和三年二月―同四年一月)

（藤波　隆之）

はせがわきよし　長谷川清　一八八三―一九七〇　明治時代後期から昭和時代にかけての海軍軍人。臨床医家長谷川次仲の次男として明治十六年(一八八三)五月七日、福井県足羽郡久喜津村(福井市久喜津町)に出生、母はみやい。福井中学を経て海軍兵学校に進み、三十六年十二月卒業。戦艦三笠乗組として日露戦争の黄海海戦・日本海海戦に参加した。大正三年(一九一四)五月海軍大学校を卒業し、三日月駆逐艦長・第二艦隊参謀・海軍省人事局局員・海軍省副官兼海軍大臣加藤友三郎秘書官を経たあと、六年十二月から九年六月まで駐在・大使館付武官補佐官としてアメリカにあった。そのあと第一水雷戦隊参謀・海軍省人事局局員・同第一課長を経て十二年十一月から十五年四月まで、再び大使館付武官としてアメリカで過ごした。巡洋艦日進・戦艦長門の艦長を経験して昭和二年(一九二七)十二月将官に進み、横須賀鎮守府参謀長となる。ついで第二潜水戦隊司令官・海軍艦政本部第五部長・呉海軍工廠長のあと七年十月から八年十二月までジュネーブに出張し、一般軍縮会議の全権随員のあと全権を務めた。海軍次官を経て第三艦隊司令長官として中国方面にあるとき日中戦争が勃発し、十二年十月から支那方面艦隊司令長官を兼務した。横須賀鎮守府司令長官のあと十四年四月大将に進み、十五年十一月から十九年十二月まで台湾総督。軍事参議官のとき二十年二月海軍戦力査察使となり、その天皇への正確な報告は天皇の終戦決意に影響したといわれる。昭和四十五年九月二日東京で死去。八十七歳。墓は鎌倉霊園(神奈川県鎌倉市十二所)にある。法名大宝院殿釈清海居士。

参考文献 長谷川清伝刊行会編『長谷川清伝』

（野村　実）

はせがわけい　長谷川敬　一八〇八―八六　幕末の尾張国名古屋藩士。名は敬、字は子文、通称惣蔵、拙斎または是風と号した。文化五年(一八〇八)正月十三日、名古屋藩の支封高須藩士長谷川昭の長男として美濃国石津郡高須(岐阜県海津郡海津町)に生まれた。母は佐枝氏。天保五年(一八三四)高須藩主松平義建の世子義恕(慶恕・慶勝)の侍講となり、嘉永二年(一八四九)義恕が尾張家を継いで名古屋藩主となるにあたって名古屋に従い近侍となる。参政側用人田宮如雲と謀って藩政改革にあたり累積した藩債の処理に成功し尊王攘夷の藩論統一に力を尽くした。安政五年(一八五八)の大獄で藩主は退隠蟄居、敬は藩士中最も重罪で高須に追放禁錮となった。文久二年(一八六二)許されて帰藩し翌年前藩主慶勝に従って京都で国事に奔走した。元治元年(一八六四)長州征討の際、征長総督慶勝の命で広島藩辻将曹・鹿児島藩西郷隆盛らと謀り武力を交えず鎮定した。明治十九年(一八八六)一月三十日没。七十九歳。名古屋西光院に葬る。

参考文献 『名古屋市史』政治編一・人物編一

（小島　広次）

はせがわしぐれ　長谷川時雨　一八七九―一九四一　明治から昭和時代前期にかけての劇作家、小説家。本名ヤス。明治十二年(一八七九)十月一日、東京府日本橋区通油町(東京都中央区大伝馬町三丁目)に父深造、母多喜の長女として生まれた。幼少より文学を耽読、同十七年秋山源泉学校に入学。卒業後は竹柏園佐佐木信綱に入門する。三十八年戯曲『海潮音』が『読売新聞』懸賞で特選となり、選者坪内逍遙に師事した。結婚が破綻後、四十四年二月、新しい浪漫美漂う史劇『さくら吹雪』を尾上菊五郎が上演、劇作家の地位を確立した。翌年雑誌『シバヰ』を創刊、舞踊研究会を起し、菊五郎と「狂言座」を設立、舞踊の革新も図った。劇作に精進し、戯曲『丁字みだれ』『犬』、舞踊劇『江島生島』などを発表、傍ら美を探求した評伝『美人伝』『名婦伝』が、新しい女性史として注目された。三上於菟吉と同棲、昭和三年（一九二八）七月『女人芸術』を復刊、主宰して多くの女流作家を登場させた。「輝く会」を設立、輝く部隊として銃後の守りも固めた。昭和十六年八月二十二日没。六十三歳。千葉県東葛飾郡松戸町の八柱霊園に葬られたが、のち神奈川県鶴見の総持寺に改葬された。『時雨脚本集』および『長谷川時雨全集』全五巻がある。

［参考文献］町田孝子『舞踊の歩み百年』、尾形明子『女人芸術の世界―長谷川時雨とその周辺―』、長谷川仁・紅野敏郎編『長谷川時雨―人と生涯―』、岡田八千代「長谷川時雨」（『明治文学全集』八六所収）、神崎清「美人伝の長谷川時雨」（『明治文学全集月報』八二）、生田花世「在りし日の眉（私の思出）」（同）、岡田八千代「長谷川時雨」（『明日香』八ノ二）、弘津千代「「時雨脚本集第一巻」を読む」（『演劇研究』昭和四年十一月）、喜多村緑郎「「海潮音」の静江」（『歌舞伎』九八）、尾上菊五郎・坂東三津五郎他（芸談）「さくら吹雪」（『演芸画報』明治四十四年三月）、中谷徳太郎「劇評「丁字みだれ」」（同大正二年十二月）（熊坂 敦子）

はせがわしん　長谷川伸　一八八四―一九六三　昭和時代の小説家、劇作家。本名伸二郎。明治十七年（一八八四）三月十五日、横浜で寅之助・かうの次男として生まる。請負師の父が破産したため小学校を中退、自活のために仕事についた。しかし向学心に富み独学で文字をおぼえ、業界紙の給仕を経て英字紙『ジャパン＝ガゼット』の記者となり、『横浜毎朝新報』から『都新聞』に転じ、大正十四年（一九二五）までつとめ、客員としての関係を保ちながら文筆活動をつづけた。初期には山野芋作・浜の里人など筆名も多い。大正十三年菊池寛の紹介で『作手伝五左衛門』を『新小説』に発表、つづく『夜もすがら検校』で注目され、大衆作家の親睦組織二十一日会にも協力した。小説のほか戯曲にも話題作が多く、『沓掛時次郎』（昭和三年（一九二八））、『瞼の母』（同五年）、『一本刀土俵入』（同六年）などで股旅ブームを拓いた。時代物には『紅蝙蝠』（同五―六年）、『刺青奇偶（いれずみちょうはん）』（同七年）などの長短篇があるが『荒木又右衛門』（同十一―十二年）により、主題を明確にし、本格的な史伝物に転じ『相楽総三とその同志』（同十五―十六年）で埋もれた史実の顕彰につとめた。戦後は『日本捕虜志』（同二十四―二十五年）や『日本敵討ち異相』（同三十六―三十七年）を執筆し、前者は菊池寛賞を受けた。多年の演劇界への貢献で昭和三十七年には朝日文化賞を贈られた。十五日会・二十六日会を主宰し、第三次『大衆文芸』の中心として後進を育てた。昭和三十八年六月十一日没。七十九歳。墓は東京都品川区上大崎の高福院にある。没後財団法人新鷹会が設立され、その一環として長谷川伸賞が制定された。『長谷川伸全集』全十六巻（昭和四十六―四十七年）がある。（尾崎 秀樹）

はせがわそうえもん　長谷川宗右衛門　一八〇三―七〇　幕末の讃岐国高松藩士。尊王家。峻阜と号す。名は秀芳のち秀驥（たか）と改む。字は邦傑。享和三年（一八〇三）十二月十四日生まれる。本姓は松崎氏。父は裕民、母は近藤氏。藩主松平頼恕の近侍。かねて尊攘論者の水戸藩主徳川斉昭に心服していたが、安政二年（一八五五）に海防論を著わして三条実万・徳川斉昭・松平慶永に献じ、翌三年に京都で梁川星巌・頼三樹三郎・梅田雲浜らと会った。安政四年に藩の嫌疑を受け、甥の松崎渋右衛門とともに江戸退去を命じられ高松で投獄されたが、翌年脱藩して京都から江戸、水戸へと向かった。のち再び京都へ入ったが、安政の大獄により頼・梅田らが捕えられたことを知り、大坂の高松藩邸へ自首した。尊攘運動に従事していた子の速水とともに江戸の獄へ繋がれたが、安政六年に高松へ移された。文久二年（一八六二）十一月に出獄を許され、元治元年（一八六四）の禁門の変、また明治元年（一八六八）の高松藩朝敵事件では京都で活躍した。明治三年九月二十四日、京都へ向かう途中播磨の舞子浜で没す。六十八歳。墓所は高松市の峰山墓地。

［参考文献］天野御民「長谷川峻阜伝」（『野史台』維新史料叢書』一五所収）（木原 溥幸）

はせがわたい　長谷川泰　一八四二―一九一二　明治時代の医学者、政治家。幼名は多一のちに泰一郎。天保十三年（一八四二）八月、漢方医長谷川宗斎の長男として越後国古志郡福井村（新潟県西蒲原郡巻町福井）に生まれる。安政三年（一八五六）長岡の漢学者鈴木弥蔵に師事。二年後に福井村へ帰郷、父から漢方医学を学ぶ。文久二年（一八六二）西洋医学修得のため下総佐倉の順天堂に入学、佐藤尚中・松本順（良順）に師事。明治二年（一八六九）大学東校の少助教になる。同七年、長崎医学校校長に着任。着任後五十四日間で同校が廃校となり退任。同九年四月、東京本郷元町（文京区本郷）に私立医学校の済生学舎を開校。東京府病院長・内務省衛生局長などを歴任し、医事行政に貢献した。また、同二十三年衆議院議員に当選、同二十五年には東京市会議員となり、政治にも関与した。同三十六年八月三十一日に政府の学制強化から済生学舎を廃校とし、のちに隠居。同四十五年三月十一日に病没。七十一歳。法名は宏済院悟山泰道大居士。墓は東京都台東区谷中墓地にある。勲三等に叙せられている。

［参考文献］山口梧郎『長谷川泰先生小伝』、同編『長谷川泰先生全集』（高安 伸子）

はせがわてんけい　長谷川天渓　一八七六―一九四〇　明治から昭和時代前期にかけての評論家。本名誠也。天渓は号。明治九年（一八七六）十一月二十六日、越後国刈羽郡椎谷町（新潟県柏崎市）に長谷川周虎・ハルの長男として生まれる。明治三十年東京専門学校（現在の早稲田大学）文学科を卒業、坪内逍遙の推薦で博文館に入社し『太陽』の記者となる。ニイチェやゾラなどの紹介を経て自然主義の論客となるが、『太陽』に「幻滅時代の芸術」

(明治三十九年十月)や「現実暴露の悲哀」(同四十一年一月)などを発表し、田山花袋らとともに、無理想・無解決を標榜する文学運動をリードした。初期の多面的な発言を集めた『文芸観』(同三十八年)に次ぐ『自然主義』(四十一年七月、博文館)が主著で、『万年筆』(四十三年)と合わせてその批評活動の大概を見ることができる。同学の島村抱月らに比べると論理の緻密さを欠くが、問題を投じ、運動を盛り上げて一時期を画した。四十三年六月、出版事業研究のために渡英して以後は評壇から遠ざかり、早大講師や博文館編集局長などを歴任する中で、『文芸と心理分析』(昭和五年(一九三〇))、『遠近精神分析観』(同十一年)などをまとめている。昭和十五年八月三十日没。六十五歳。神奈川県鎌倉市の円覚寺に葬られる。法名は至誠院本覚天谿居士。

参考文献 瀬沼茂樹『長谷川天渓文芸評論集』解説(『岩波文庫』)、吉田精一「長谷川天渓」(『自然主義の研究』下所収)、畑実「長谷川天渓」(『自然主義文学断章』所収)、田中保隆「長谷川天渓の評論活動について」(『季刊明治文学』昭和九年七月号)、稲垣達郎「長谷川天渓」(早稲田大学『英文学』四) (榎本 隆司)

はせがわとしゆき 長谷川利行 一八九一—一九四〇 昭和時代前期の洋画家。明治二十四年(一八九一)七月九日(戸籍簿上)、伏見警察署署員長谷川利其の子として京都山科に生まれる。母テル。和歌山県耐久中学在学中から詩や短歌に親しみ、大正八年(一九一九)歌集『木葉集』を自家出版。同十年上京して大衆小説を書きながら絵画制作に没頭し、同十五年二科展や帝展に初入選したほか、翌昭和二年(一九二七)には二科展出品の「麦酒室」などによって樗牛賞を受賞した。以後二科展、一九三〇年協会展、のちには一水会展にも出品したが、同七年ごろから浅草や新宿あたりの下層街を転々とする放浪の生活が激化し始め、最後は行路病者として東京市養育院板橋本院に収容され、昭和十五年十月十二日同院で波乱の生涯を閉じた。五十歳。遺骨は京都市伏見区淀納所町の妙教寺の長谷川家代々の墓に後年合葬された。法名正像院利行日揺居士。その作品には夜の酒場や娼家の女たちを描いたものが多く、激しい色彩対比と筆触のうちに、独自の詩情や純真さが宿されている。『長谷川利行画集』(明治美術研究所刊)、『長谷川利行画集』(長谷川利行画集刊行会刊)がある。

参考文献 矢野文夫『長谷川利行』(『美術選書』) (富山 秀男)

はせがわにょぜかん 長谷川如是閑 一八七五—一九六九 近代日本を代表するジャーナリスト、思想家。明治八年(一八七五)十一月三十日、材木商山本徳次郎・たけの次男として東京深川に生まれる。本名山本萬次郎。九歳のとき曾祖母の養子となり長谷川と改姓。父が遊園地「花屋敷」を経営していたこともあって幼年時代は浅草で育ち、小学生時代には、イギリスの文学や思想を日本に紹介した坪内逍遙や中村敬宇の塾でも学んでいる。かれの思想の根底に流れている現実主義的合理主義、庶民的感覚、ユーモアのセンスはこうしたかれの生活環境や教育環境と無関係ではない。その後かれは、明治法律学校(現明治大学)・東京英語学校(現日本学園)・国民英学会などに通い、明治三十一年、英吉利法律学校の後身東京法学院(現中央大学)を卒業している。このようにドイツ式官学とはまったく無縁の英仏系私学に学んだことが、生涯、自由を愛し、権威主義を嫌うかれの民主主義的思想形成の決定的要因となったといえよう。そのことはまたかれに筆一本で社会的不正と闘うジャーナリストの道を選択させ、かれが、日本人の主体性を重んじつつも、イギリス的自由国民主義の立場を標榜していた新聞『日本』(主筆陸羯南)へ入社(同三十六年)した動機ともなったものと思われる。五年後の同四十一年、如是閑は『大阪朝日新聞』に転じ、そこで大正デモクラシー運動を先導する。しかし、大正七年(一九一八)、社会部長として「白虹事件」(大阪朝日新聞筆禍事件)の責任をとり、鳥居素川・大山郁夫・丸山幹治らと退社。翌年二月、大山らと啓蒙雑誌『我等』を創刊、昭和五年(一九三〇)に『批判』と改題、以後、同九年二月廃刊するまでの約十五年間、リベラリストからコミュニストまでも含む広汎な知識人を結集して、国家主義やファシズムを批判する啓蒙活動を展開した。主著『現代国家批判』(大正十年)、『現代社会批判』(同十一年)、『日本ファシズム批判』(昭和七年)はその時期の所産。昭和八年に共産主義のシンパという嫌疑を受け、政治的発言のトーンを落とさざるをえなくなり、翌年の『批判』廃刊後は主要な発言の場を失ったが、各種の新聞・雑誌を通じて「搦手から」の批判を続けた。一つは自由主義の宣伝・普及による間接的なファシズム批判、もう一つは『古事記』『万葉集』、本居宣長研究を通じて日本人の性格を自由で平和愛好的民族であると規定して、当時、軍や政府が唱導していた皇道主義や軍国主義を批判したようなことがそれである。第二次世界大戦後の「戦後民主化」の時代には人民戦線論を唱えて保守党を批判し、講和時には世界平和の確立の観点から論議すべきであると警告し、余生は持論のイギリス流リベラリズムの普及に努めた。昭和二十一年、貴族院勅選議員に推され新憲法の制定に参加。翌年帝国芸術院会員、その翌年には文化勲章を受章、二十九年には東京都名誉都民に推された。晩年、高度成長による世相の変化に危惧の念を表明しつつ、四十四年十一月十一日、湘南小田原の地でその長い生涯を閉じた。九十三歳。墓は東京都文京区向丘二丁目の清林寺にある。『長谷川如是閑選集』全七巻補巻がある。

参考文献 中央大学長谷川如是閑著作目録編集委員会編『長谷川如是閑—人・時代・思想と著作目録—』、田中浩「長谷川如是閑の国家観」(日本政治学会編『日本における西欧政治思想』所収)、同「長谷川如是閑と『言論・思想の自由』」(磯野誠一・松本三之介・田中浩

編『社会変動と法』所収)、田中浩『長谷川如是閑研究序説』、飯田泰三『批判精神の航跡』　（田中　浩）

はせがわまちこ　長谷川町子　一九二〇―九二　昭和時代の漫画家。第二次世界大戦後、国民的人気を得た漫画『サザエさん』の作者。大正九年（一九二〇）一月三十日、佐賀県小城郡東多久村（多久市）に生まれるが、福岡市に移りそこで成長。父勇吉・母貞子。父は三菱炭鉱の技術者だったが、独立しワイヤロープ事業を営んでいた。その父の病死後、一家は昭和九年（一九三四）東京に転居。まもなく町子は、山脇高等女学校在学中に田河水泡に弟子入りし、卒業後内弟子となる。『少女倶楽部』に第一作『狸のお面』を発表し、少女漫画家として注目された。『仲良し手帖』などの作品があるが、彼女が全国的な人気を獲得したのは戦後の『サザエさん』による。疎開先福岡の地元紙『夕刊フクニチ』に昭和二十一年四月から連載され、その後『漫画少年』『新夕刊』を経て、同二十四年十二月から『朝日新聞』夕刊、続いて同二十六年四月から朝刊に連載されたこの漫画によって彼女は一躍国民的な漫画家となった。連載は同紙に昭和四十九年二月二十一日まで続いた。「性」が描かれない小市民的モラルの典型との寺山修司の批評もあるが、鶴見俊輔はこの漫画の中に、軍国主義や上昇志向を嫌い、平等主義を謳歌する戦後の国民の基底的モラルを見いだしている。長谷川町子の漫画は、くすぐりや情緒に頼らず、論理的な構成によって笑いを生むという点で長い生命力を保った。作品にはその他に『エプロンおばさん』『いじわるばあさん』や自伝的な『サザエさんのうちあけ話』などがあるが、作品の商業主義化を嫌い、全作品は姉妹で経営する姉妹社から発行されていたが、その後朝日新聞社から刊行されている。平成四年（一九九二）五月二十七日、東京都世田谷区の自宅で没した。七十二歳。墓は府中市の多磨墓地にある。没後の七月二十八日に国民栄誉賞を受賞。収集した現代絵画・工芸品や自作の原画を収蔵・展示する長谷川美術館（世田谷区桜新町）がある。

参考文献　鶴見俊輔『戦後日本の大衆文化史』（『同時代ライブラリー』八五）、寺山修司「サザエさんの性生活」（竹内オサム・村上知彦編『マンガ批評大系』一所収）、桜井哲夫「『無意識』としての新聞マンガ」（現代新書編集部編『新聞をどう読むか』所収）　（桜井　哲夫）

はせがわよしのすけ　長谷川芳之助　一八五五―一九一二　明治時代の実業家、政治家。安政二年（一八五五）十二月十五日、肥前国唐津に生まれる。唐津藩士長谷川久徴の長男。十三歳で父に就いて数学を修め、のち佐藤与造に蘭学、何礼之に英学を師事。明治二年（一八六九）大阪開成学校設立に際して教員に採用され、同年八月に官命により北米コロンビア大学に留学して採鉱冶金製鉱業を研究し、博士号を取得。同十三年に帰国後、三菱社に入社し、高島炭坑・吉岡鉱山・槇峰鉱山の経営にあたり、三菱の鉱山業の基礎を固める役割を果たした。また、製鉄事業調査委員、同創立委員を歴任した。三十六年に独立して肥前唐津牟田部炭坑・藤棚炭坑・赤池炭坑を経営する一方、三十五年より鳥取県選出の衆議院議員としても活躍した。二十五年工学博士。四十五年八月十二日、病を得て死去。五十八歳。　（武田　晴人）

はせがわよしみち　長谷川好道　一八五〇―一九二四　明治・大正時代の軍人。嘉永三年（一八五〇）八月二十六日、長州藩の支藩岩国藩士長谷川藤次郎親友の子に生まれる。年少で長州藩の精義隊に入り、戊辰戦争には小隊長として参加。明治三年（一八七〇）大阪兵学寮に入り、四年陸軍大尉に任官。同六年歩兵第一連隊長、中佐にすすみ、十年西南戦争に参戦。十九年少将、歩兵第十二旅団長となり在任十年。その間日清戦争に出征し、その功により男爵。二十九年中将にすすみ第三師団長。三十一年近衛師団長となり、三十七年日露戦争に出征、同年六月大将にすすみ、九月から四十一年十二月まで韓国駐箚軍司令官、戦後子爵。明治四十五年一月から大正四年（一九一五）十二月まで参謀総長として在任した。この間二個師団増設問題で上原勇作陸相の辞任問題をおこしたり、さらに軍部大臣現役武官制の廃止を阻止できなかったりして、部内から力量を問われた。さらに五年十月から八年八月まで朝鮮総督として在任し、寺内正毅の武断政治をひきついで、三・一独立運動をひきおこすことになった。長谷川はかつて韓国駐箚軍司令官時代も、統監の伊藤博文の文治政策に反対して強硬な武断政治を主張していたので、三・一運動に対しても徹底的な弾圧方針で臨み、軍隊による大規模な虐殺をくり返した。この武断政治は内外の批判を浴び、長谷川の辞任後後任の斎藤実総督は文化政治への転換をはかることになるのである。この間長谷川は四年には元帥、五年には伯爵へすすみ、陸軍長州閥の主流として、軍人の最高位をきわめ、大正十三年一月二十七日病没に際しては、従一位にすすめられ、大勲位菊花大綬章を授けられた。七十五歳。墓は東京都港区の青山墓地にある。彼は同じ長州閥の寺内や桂太郎と異なって、終始政治にはかかわらず、また政治的な才能もなく、純然たる武人として通した。直情径行な典型的な軍人であった。　（藤原　彰）

はせばすみたか　長谷場純孝　一八五四―一九一四　明治から大正時代初期にかけての政党政治家。号は致堂。安政元年（一八五四）四月一日、長谷場藤蔵の長子として薩摩国日置郡串木野郷上名（鹿児島県串木野市）に生まれる。家は薩摩藩の郷士、父藤蔵は組頭、衆頭役、島津家直営の芹ヶ野金山奉行を勤め、西郷隆盛と親交が深かった。明治四年（一八七一）上京。翌年警視庁巡査となり、少警部に進んだが、征韓論問題で下野した西郷を慕って七年辞官し、帰郷して私学校に入った。同十年西南戦争では西郷軍に加わり、負傷して捕えられ懲役三年の刑を受けた。十三年出獄して国会開設運動に参加し、十四年柏田盛文らとともに九州改進党大会に出席（翌年正式発足）、十五年には鹿児島にその支部を結成した。十八—二十年鹿児島県会議員、二十一—二十三年薩摩郡など四郡の郡長をつとめた。鹿児島同志会より推され二十三年七月第一回衆議院議員総選挙に鹿児島県第三区から当選。以来、明治四十五年五月の第十一回総選挙まで連続当選。はじめ弥生倶楽部（立憲自由党→自由党）に属し、地価修正運動などに尽力。明治二十六年の第五議会で衆議院議長星亨処分問題につき、その処分を主張して党主流派と対立し脱党した。その後、同志倶楽部→立憲革新党→進歩党→憲政党に属し、足尾銅山鉱毒問題では田中正造を支持して再三その質問に名を連ねた。憲政党分裂後は無所属となり、三十三年立憲政友会の創立に参画し、幹事・総務・院内総理をつとめるなど同党幹部の一人となった。また、衆議院では全院委員長はじめ各種の委員会の委員長を歴任し、政党政治家の中の有力者として政界に重きをなした。第二十五—二十七議会（明治四十一—四十四年）で衆議院議長をつとめ、四十四年八月第二次西園寺内閣成立に際し文部大臣として入閣したが、病気（胸部大動脈瘤）のため翌大正元年（一九一二）十一月辞任。大正三年三月大岡育造の文部大臣就任の後を受けて再び衆議院議長となり、病身をおしてシーメンス事件で混乱する議事の運営にあたったが、胸部大動脈瘤が原因となり心臓麻痺のため同年三月十五日、現職のまま死去した。六十一歳。著書に『西郷南洲』『欧米歴遊日誌』がある。

参考文献　富宿一善編『長谷場純孝先生伝』

（鳥海　靖）

はせべことんど　長谷部言人　一八八二—一九六九　明治から昭和時代にかけての解剖学者、人類学者。明治十五年（一八八二）六月十日、東京麹町に生まれる。一高を経て、東京帝国大学医科大学卒業（同三十九年）後、京都帝大助教授（同四十一年）、新潟医専教授（大正二年（一九一三））、東北帝大助教授（同五年）・教授（同九年）・医学部長（昭和八年（一九三三））、東京帝大教授（同十三年）を歴任。論文「日本人の脊柱」で医学博士（大正二年）、「石器時代の日本犬」で理学博士（昭和二十一年）を授与さる。この間、ミクロネシアの調査（大正四年、昭和二—四年）を行い、また、ドイツへ留学（大正十—十一年）し、マルチン R. Martin に師事する。昭和十四年東京帝国大学理学部に人類学科を創設し、脱化現象 entmishung や時流化現象 modernization などを唱えた。日本人の起原については、単系説の立場をとり、石器時代人は、現代日本人の直接の祖型であり、歴史時代の人骨が知られなかった当時、すでに縄文時代人の形質は、ワイデンライヒ F. Weidenreich らのいう内因性定向進化 orthogenesis で現代人に変化したものと説明した。東京帝大退官後、日本学術会議会員（昭和二十四—二十九年）、日本人類学会会長（同二十六—四十三年）、日本学士院会員（同二十八年）。東北帝国大学名誉教授。昭和四十四年十二月三日八十七歳にて死去。

（鈴木　尚）

はせべよしつら　長谷部恕連　一八一八—七三　幕末の福井藩士、明治初期の岐阜県令。通称甚平、菊陰と号した。慶応三年（一八六七）以後に長南村の姓名を用いた時期がある。文政元年（一八一八）二月四日、福井藩士加賀成守の子として福井で生まれる。同藩長谷部宜連の養子となり、天保四年（一八三三）家督二百石を相続した。嘉永元年（一八四八）目付、同三年御奉行（勘定奉行役）、安政六年（一八五九）寺社町奉行と要職を歴任している。財政に長じたが、当時福井藩に招かれて多大の影響を及ぼした横井小楠の富国論に共鳴、由利公正などとともに藩政改革を推進した。文久二年（一八六二）、前藩主松平春岳が政事総裁職に就任の後は有司とはかって幕府・雄藩の間を往復、国事に尽力している。しかし、翌三年その過激な尊王開国論のため蟄居を命ぜられて隠居、家督は伯父の弘連が相続した。幽閉中は読書詩賦をもっぱらにして憂色なく、学問精進のために閑日月を得たるも君恩の厚きなりと述べている。維新後、明治元年（一八六八）に徴士として笠松県知事（美濃国）となり、同三年従五位に叙せられた。明治四年府県改置によって岐阜県令となった。美濃の三川が氾濫を繰り返したことから経営に苦心しその害を防いだ。明治六年十一月十七日任地で病没した。五十六歳。同十五年岐阜市内稲葉山に顕彰碑が建立されている。

参考文献　福田源三郎編『越前人物志』

（舟澤　茂樹）

ばせんざん　馬占山　Ma Zhanshan　一八八五—一九五〇　満洲事変のとき日本に抵抗した軍人として著名。一八八五年中国吉林省生まれ。一九〇七年奉天第六騎兵旅に入り、以後昇進し黒竜江省第三旅旅長となり瑷琿に駐屯した。三一年九月十八日満洲事変が勃発した直後、黒竜江省主席代理となり、十一月関東軍のチチハル進撃に抵抗し有名になった。三二年二月ハルビン失陥後、日本側の説得により占領下の瀋陽（奉天）に行き、三月満洲国が成立するとその軍政総長兼黒竜江省省長となった。しかし四月離反して黒河に赴き黒竜江省政府を樹立、満洲国の傀儡性を内外に暴露し、再び抗日の英雄として喧伝された。国際連盟より派遣されたリットン調査団は馬との会見を求めたが、日本側に阻止された。馬占山はチチハル・ハルビン回復のため戦ったが、関東軍に追いつめられ、十二月初め満洲里からソ連領に亡命した。翌三三年馬はヨーロッパ経由で、六月五日上海に帰り盛大な歓迎をうけた。以後国民政府軍事委員会委員となり、日中戦争後四〇年五月黒竜江省主席、日本の敗北後は、東北保安副司令などの要職を歴任、五〇年北京で病死した。六十六歳。

（臼井　勝美）

はたいつぞう　秦逸三　一八八〇—一九四四　大正・昭和時代前期の人造絹糸技術者。明治十三年（一八八〇）十二月十四日、広島県安芸郡海田村（海田町）に彦助・チセの三男として生まれる。明治四十一年に東京帝大工科大学応用化学科を卒業後、樟脳専売局神戸製造所専売局技手、神戸税関鑑査官補をつとめたが、単調な役人生活に飽きて辞任、大学の恩師の口利きで、明治四十五年、米沢高等工業学校応用化学科の講師となった。ここで秦は、大学の同級生で当時東レザーの技師長をしていた久村清太がかつて語ったビスコース人絹のことを思い出し、人絹糸の研究を志した。その後、秦は久村と協力して研究を進め、鈴木商店の金子直吉の資金的援助や第一次世界大戦によるヨーロッパからの輸入の杜絶という好運にも恵まれて、国産人絹糸の開発に成功した。この間、大正五年(一九一六)には米沢高工教授の職を辞して一年半近く外遊し、大正七年に帝国人造絹糸が設立されるや久村とともに取締役に就任して米沢工場技師長をつとめた。昭和九年(一九三四)、常務取締役となり、同年九月には第二帝国人造絹糸の社長をも兼任した。昭和十七年、第二帝人社長・帝人常務を退任し、同十九年五月二十五日六十五歳で没した。

参考文献 丹羽文雄『秦逸三』、山崎広明『日本化繊産業発達史論』、『帝人の歩み』四
(山崎 広明)

はたえいたろう 畑英太郎 一八七二―一九三〇 明治時代後期から昭和時代前期にかけての陸軍軍人。明治五年(一八七二)七月二十五日生まれる。福島県出身。父は旧会津藩士畑能賢。畑俊六の兄。陸軍士官学校第七期生。日露戦争では兵站参謀として出征、のち大本営参謀。参謀本部部員、イギリス大使館付武官補佐官、インド駐劄武官、参謀本部員を経て、大正元年(一九一二)十二月陸軍省軍務局課員、五年四月大佐に進級して歩兵第五十六連隊長。七年七月軍務局軍事課長となり軍の近代化に努め、九年八月少将に進級し航空局次長となり航空発展の基礎づくりを図った。ついで多年の軍政的経験と才幹が認められて十一年二月軍務局長に簡抜され、山梨半造・宇垣一成陸相のもとで軍備整理の断行に尽力、十五年七月から陸軍次官になった。この間、十三年十二月中将。昭和三年(一九二八)八月、第一師団長、四年七月関東軍司令官となり、将来を嘱望されていたが、病のため五年五月三十一日没。五十九歳。同日大将進級。墓は東京都府中市の多磨墓地にある。

参考文献 日本近代史料研究会編『日本陸海軍の制度・組織・人事』、外山操編『陸海軍将官人事総覧』陸軍篇、額田坦『陸軍省人事局長の回想』
(森松 俊夫)

はだきょうすけ 羽田恭輔 一八四一―一九一四 明治・大正時代の不平士族、政論家。天保十二年(一八四一)に土佐国で出生。はじめ岡崎と称し、のち一時、変名松並深蔵を用いる。維新前後より国事に奔走していたが、明治初年は古勤王党的思想をもって行動。明治二年(一八六九)、長州藩脱隊騒動の際、挙兵を企図したが未発に終った。また、征韓論を唱える前外務大丞丸山作楽に久留米の古松簡二らと応じ、外務卿沢宣嘉を盟主にし愛宕通旭・外山光輔の協力を得て、明治四年「征韓」のための朝鮮渡航を企画、その時の恭輔の役割は軍人並諸事議判兼行人報告軍艦掛であった。同計画は発覚し、恭輔は逃亡。明治十年に捕えられ終身禁錮となった。同十三年、特赦により出獄、『大阪日報』社主西川甫とともに政府の後楯を得て『大東日報』を発行し立憲帝政党の論陣を張った。その後、経済界に転身したが志を得ないまま、大正三年(一九一四)三月三十日、東京で死亡。七十四歳。

参考文献 寺石正路『続土佐偉人伝』
(吉田 昌彦)

はたけやまよしのぶ 畠山義信 一八四一―一九〇四 綿フランネルの創製者。天保十二年(一八四一)誕生。畠山三左衛門(義信)は、和歌山藩戍兵大隊に所属していた明治三年(一八七〇)、兵士の被服・肌着用に毛掻き(起毛)した織物を試作した。廃藩後は織物業に従事し、同五年五月綿ネル織を製造し、大阪順慶町の岩崎九兵衛に販売させた。この綿フランネルはその後、各鎮台に採用されていった。十八年の繭糸織物陶漆器共進会において、功労賞として最高額の五十円を授与された。二十七年没。五十四歳。ただし紀州綿ネル創製者については諸説がある。

参考文献 和歌山県繊維工業振興対策協議会編『和歌山県繊維産業史』、安藤精一「創成期の和歌山綿ネル業」(『経済理論』一一七)
(高村 直助)

はたさはちろう 秦佐八郎 一八七三―一九三八 明治から昭和時代前期にかけての細菌学・化学療法学者。明治六年(一八七三)三月二十五日、島根県美濃郡都茂村(島根県美濃郡美都町都茂)の山根道恭の八男として出生、同村の医家秦徳太の養嗣子となった。岡山第三高等中学校(在学中第三高等学校と改称)医学部に学び、卒業後一年志願で軍務に服した後、岡山県立病院に勤務、井上善次郎に内科を、荒木寅三郎に医化学を学んだ。のち上京して大日本私立衛生会の伝染病研究所に入り、北里柴三郎に師事した。同所でペスト研究、官立血清薬院技師、官立伝染病研究所部長、日露戦争野戦病院勤務を経て広島似島検疫所の開設に参画、検疫業務に服する傍ら研究に従事、真空式ホルマリン消毒器を考案した。四十年一月官立伝染病研究所第三部長、三月ヨーロッパ留学、ワッセルマン、ヤコビーらに師事後、エールリッヒの研究所に移り、エールリッヒのもとで化学療法の研究に従事、六〇六号(サルバルサン)を創製した。四十三年帰国して六〇六号の適正な臨床応用のため啓蒙的活動を行う一方、製剤改良研究にあたり、第一次世界大戦中にはその国産化をはかった。大正三年(一九一四)伝染病研究所移管問題で野に下った北里柴三郎と行をともにし、四年北里研究所の創設に参画、同所細菌学・化学療法学科、付属病院皮膚泌尿器科を兼任した。大正六年慶応義塾大学医学部創設で同細菌学教授を兼務、昭和六年(一九三一)北里柴三郎没後、北里研究所副所長となった。八年帝国学士院会員、九年細菌学会浅川賞受賞。十三年十一月二十二日没。六十六歳。

参考文献 宗田一『図説・日本医療文化史』、秦藤樹「秦佐八郎の生涯と業績」(『日本医史学雑誌』一三三ノ一)
(宗田 一)

はたしゅんろく　畑俊六　一八七九―一九六二　大正・昭和時代前期の陸軍軍人。明治十二年(一八七九)七月二十六日、旧会津藩士・巡査畑俊蔵(のちに能賢と改名)の次男として東京三田に生まれる(本籍は福島県)。畑英太郎は兄。東京府立一中、陸軍中央幼年学校、陸軍士官学校(十一期)を経て同三十四年陸軍砲兵少尉に任官、日露戦争で負傷した。陸軍砲工学校を経て四十三年陸軍大学校(二十二期)を卒業、参謀本部部員となる(この間、帝国国防方針立案に参画)。四十五年からドイツ、大正三年(一九一四)からスウェーデンに駐在、五年に帰国して参謀本部部員に復し帝国国防方針の改定に加わる(この間三年に少佐となる)。大正七年中佐となりパリ講和会議随員として渡欧、陸大教官を経て参謀本部部員(作戦班長)に復す。十年大佐に進み野戦砲兵第十六連隊長となり、翌年野戦砲兵学校教導連隊長となる。十二年参謀本部作戦課長兼軍令部参謀となり帝国国防方針の改定に加わった。十五年少将に昇進し野戦重砲兵第四旅団長となる。昭和二年(一九二七)参謀本部第四部長となり、三年八月第一部長に転ずる。陸軍軍制改革問題に関与した後、六年八月中将に昇進して砲兵監となる。当時は「宇垣系」の全盛時代で、畑も一般には親宇垣(一成)・南(次郎)とみられていたが、実際には間合をとっており、三月事件・十月事件にも批判的だった。八年八月第十四師団長に転じ、十年十二月航空本部長となる。十一年八月台湾軍司令官に転じ、軍事参議官を経て十二年八月教育総監となる。同年十一月大将に昇進した。十三年二月中支那派遣軍司令官となり、徐州・漢口作戦の指揮をとる。十三年十二月軍事参議官に復し、十四年五月侍従武官長に就任した。十四年八月、天皇の要望により阿部内閣の陸軍大臣に就任し、米内内閣にも残留したが、十五年七月辞任して同内閣退陣の端緒をつくった。辞任後、軍事参議官を経て十六年三月支那派遣軍総司令官となり十九年十一月教育総監に復す。この間、十九年六月に元帥府に列せられた。二十年四月第二総軍司令官となったが、終戦後の十一月予備役に編入された。極東国際軍事裁判で「A級戦犯」として終身刑判決を受けたが、二十九年五月に仮釈放された(三十三年四月正式に釈放)。三十七年五月十日脳内出血のため死去。八十二歳。墓所は埼玉県入間郡毛呂山町武蔵野霊園にある。畑は政治色の薄い軍人で派閥抗争ともほとんど縁がなかった。防衛庁戦史部には『畑俊六日記』の主要部分が収められている。

参考文献　伊藤隆・照沼康孝編『陸軍―畑俊六日誌―』(『続・現代史資料』四)、日本近代史料研究会編『日本陸海軍の制度・組織・人事』、梅谷芳光編『忠鑑畑元帥』
(佐々木　隆)

はたせべえ　秦瀬兵衛　一七八八―一八七二　江戸時代後期から明治初年の慈善家。天明八年(一七八八)出雲国能義郡広瀬村の豪家に生まれる。平素節約につとめ、その子荘右衛門と協力して公益をはかり慈善を施した事績は顕著であった。当時出雲の山間僻地では、貧民の間に捨て子、堕胎の悪習があったので、瀬兵衛父子はこの弊害を　掃しようと決意した。そして生児養育資金を蓄え近郷の者が妊娠したと聞けば、貧者には生児の養育料として若干の米金を施した。記録によると、生児養育基金は明治五年(一八七二)には四万千四百二十三貫五百八十文の多額に上り、生児は三つ誕生までは年々一俵ないし四俵ずつを給した。その人別は能義郡六十八人を最高に合計百十人、この施米は六百十俵余、金二十九両二歩、銭七―四貫八百文であった。また広瀬より西、松江に至る所に駒返山の険阻な道があったが、瀬兵衛は独力で改修を企て東側は安政六年(一八五九)に、西側は明治五年に開削を終えた。明治二年広瀬藩はこれらの事績を賞して六等士格に列した。同五年八月十七日没。八十五歳。墓は島根県能義郡広瀬町石原誓願寺にある。

参考文献　島根県内務部編『島根県旧藩美蹟』、伊原青々園『出雲国人物誌』
(岩成　博)

はたつとむ　羽田孜　一九三五―　昭和戦後・平成時代の政治家。長野県出身。昭和十年(一九三五)八月二十四日朝日新聞政治部記者(のち自民党代議士)羽田武嗣郎の長男に生まれる。同三十三年成城大学経済学部卒。小田急バス企画室長を経て同四十四年父の地盤を引き継ぎ長野二区(のち三区)から衆議院議員に当選、以来連続十一回当選。自由民主党所属。郵政・農林各政務次官を経て第二次中曾根内閣・竹下内閣の農水相、宮沢内閣の蔵相を歴任。平成五年(一九九三)六月羽田派を率いて宮沢内閣不信任案に同調、離党して小沢一郎を代表とする新生党の結成に参画し、同年八月非自民八党派連立の細川内閣に副総理・外相として入閣。同六年四月国会で首相に指名され細川内閣の後を受けて内閣を組織したが社会党が政権を離脱したため少数与党となり同年六月には総辞職した。同年十二月新進党結成副党首、同八年離党、太陽党、民政党を経て同十年民主党に参加、幹事長をつとめた。

参考文献　佐藤正忠『覇を競う―新政界実力者列伝』、宮下博行『これからの内閣総理大臣候補十三人衆―自民党ネオ・ニューリーダーの研究―』
(鳥海　靖)

はたのせいいち　波多野精一　一八七七―一九五〇　明治から昭和時代にかけての哲学者・宗教哲学者。明治十年(一八七七)七月二十一日、長野県松本に波多野敬の次男として生まれる。第一高等中学校を経て、明治二十九年七月に東京帝国大学文科大学に入学。同三十二年に同校を卒業し、引き続き同大学院でケーベルの指導のもとに近世哲学史を専攻。同三十三年より東京専門学校(のちの早稲田大学)講師となり、哲学・哲学史を担当。このころキリスト教に入信し、同三十五年十二月に植村正久から洗礼を受ける。明治三十四年に『西洋哲学史要』を刊行したが、これは日本における本格的な哲学史研究の先駆とされる名著。同三十七年に大学院卒業論文として「スピノザ研究」(ドイツ文)を提出し、のち(同四十三年)

この論文で文学博士号を受ける。同三十七年七月から三十九年三月までドイツに留学し、ベルリン・ハイデルベルクの両大学に学ぶ。同四十一年『基督教の起源』を出版。大正六年（一九一七）京都帝国大学教授となり宗教学講座を担当。同九年に刊行した『宗教哲学の本質及其根本問題』はなお新カント派的批判主義の立場にあったが、その後たゆまぬ思索を重ね、『宗教哲学』（昭和十年（一九三五））、『宗教哲学序論』（同十五年）、『時と永遠』（同十八年）の三部作によって、徹底的象徴主義といわれる独自の宗教哲学体系を形成した。昭和十二年七月、京都帝国大学を定年退官し、同大学名誉教授となる。同二十二年玉川学園大学部教授となり、のちに同大学学長に推挙される。同二十四年『波多野精一全集』全五巻を岩波書店より刊行。同年十月日本学士院会員となる。同二十五年一月十七日、直腸潰瘍のため七十二歳で死去。墓は東京巣鴨の染井墓地内にある。同三十八年、日本ユネスコ委員会から"Time and Eternity"（『時と永遠』の英訳本）を刊行。同四十三―四十四年に新版の『波多野精一全集』全六巻が岩波書店から刊行されている。

参考文献 石原謙他『宗教と哲学の根本にあるもの』、宮本武之助『波多野精一』、小原国芳・松村克己編『追憶の波多野精一先生』、京都哲学会編『哲学研究』三五ノ八（波多野精一博士特集号）、C. D. Michalson: Japanese Contribution to Christian Theology. （古田 光）

はたのたかお 羽田野敬雄 一七九八―一八八二 幕末の国学者、神官。常陸と称し、晩年に佐可喜（栄木）と称す。寛政十年（一七九八）二月十四日、三河国宝飯郡西方村（愛知県宝飯郡御津町西方）に神官山本茂義の第四子に生まれ、文政元年（一八一八）二十一歳の時、渥美郡羽田村（愛知県豊橋市）の羽田神明社・八幡宮の神主羽田野敬道の養子となりあとをつぐ。同八年本居大平の門人となり、十年平田篤胤に入門、特に平田鉄胤と親しく、三河地方の平田門人の中心となった。幕末には、吉田宿（豊橋市）の小野湖山らと、志士の活動を支援した。また明治元年（一八六八）竹尾東一郎ら神官とともに稜威隊を組織しその中心となった。同年十二月皇学所御用掛、二年三河県修道館教授、三年六月豊橋藩皇学教授、六年教部少権大講義、十四年十二月権少教正など歴任。嘉永元年（一八四八）に建設され、数度の寄付を募り和漢の典籍蒐集につとめ、慶応三年（一八六七）には一万巻に達した羽田八幡宮文庫の設立は著名。同文庫の蔵書は一時民間に移ったが、現在豊橋市立図書館に九百六十三冊、西尾市立図書館岩瀬文庫に九千三百冊が収蔵されている。著書には『三河国古蹟考』十巻、『触穢私考』四巻などがある。明治十五年六月一日、八十五歳で没。

参考文献 豊橋市教育会編『羽田野佐可喜翁小伝』、竹原蕭々「羽田野栄木翁と其文庫」（『神社協会雑誌』二六ノ一〇・一一） （沼田 哲）

はたのつるきち 波多野鶴吉 一八五八―一九一八 明治から大正時代にかけての製糸家。郡是製糸の創設者。安政五年（一八五八）二月十三日、丹波国何鹿郡延村（京都府綾部市中筋町）の大庄屋羽室嘉右衛門の次男として生まれる。慶応二年（一八六六）同郡馬場村（綾部市八津合町）の波多野家の養子となった。明治八年（一八七五）郷里を出て京都・大阪で数学を学び、塾を開いて失敗、養家の資産を蕩尽して十四年生家へ戻り、小学校教員となった。十九年三月、新設の何鹿郡蚕糸業組合の組長に就任し、翌二十年十釜の器械製糸工場羽室組を創業、やがて三十四釜へ拡張した。二十三年三月キリスト教の洗礼を受け、以後信仰に立つ実業家として活躍する。前田正名が二十八年の京都遊説に際して実業上の郡是（郡の基本方針）を定めよと力説したのに触発され、翌二十九年五月、百六十八釜の郡是製糸株式会社を何鹿郡綾部町（綾部市）に設立した。公称資本金九万八千円、一株二十円の株主には、器械と女工を提供して郡是製糸に合流した小製糸家や、何鹿郡内の養蚕家が多かった。養蚕家との密接な関係により良質繭を確保し、絹織物の縦糸用の優等糸を製造する同社の経営方針は、当時の株主の利害とも一致していた。創業時の社長を実兄で筆頭株主の羽室嘉右衛門に譲り取締役であった波多野は、三十四年十月から社長となり同社の充実と拡大につとめた。大正六年（一九一七）度の同社糸の横浜入荷量は全国第七位で、優等糸製糸家の代表的存在であった。大正七年二月二十三日急死。年六十一。墓は元永勝寺裏山の共同墓地（綾部市八津合町）にある。

参考文献 村島渚『波多野鶴吉翁伝』 （石井 寛治）

はたのでんざぶろう 波多野伝三郎 一八五六―一九〇七 明治時代の政治家、実業家。安政三年（一八五六）八月二十二日、越後国長岡に長岡藩士前田繁左衛門、母幸子の子として生まれる。幼名友弥。明治四年（一八七一）波多野家を嗣ぎ伝三郎と改名す。同七年尺振八の共立学舎に入学、のち同校の教師・経営の任も務め、そのかたわら嚶鳴社にも関係して自由主義的政治思想を研磨。十三年文部省に出仕、翌年同省を辞し『東京横浜毎日新聞』入社、十五年立憲改進党結成とともに入党、以後一貫して改進党的立場を堅持し立憲主義の確立に尽力した。二十一年新潟県県会議員、二十四年衆議院議員補選に当選して以後、二十五年、二十七年（九月）、三十一年（三月）、三十七年と当選。この間福井県知事を務め（三十年）、また鉄道・石油事業など実業界でも活躍した。明治四十年二月十三日五十二歳で没した。墓は東京都港区の青山墓地にある。

参考文献 渡辺幾治郎『波多野先生伝』、広井一『（明治大正）北越偉人之片鱗』 （安在 邦夫）

バチェラー John Batchelor 一八五四―一九四四 アイヌ族の霊肉の救済に生涯を献げたイギリス聖公会宣教師。一八五四年三月二十日、サセックス州に生まれ、東洋伝道を志し香港に至ったが健康を害し、明治十年（一八七七）、郷里と気候の似た函館に静養のため来日。アイヌ伝道に使命を覚え、宣教師として勉学のため一旦帰国。十六年再来。北海道の有珠・平取などのコタン伝道と福祉のため献身。同二十一年幌別に愛隣学校を開設、二十五年札幌に本拠を移し、三十年アイヌ宣教協会を設立。樺太アイヌにも伝道。札幌にアイヌ病院レスツ＝ハウスを開設。経済的困難と闘いつつ彼らの福祉のために挺身したが、政府の同化政策はかえって彼の活動を制約したといえる。その間、アイヌ語聖書・祈禱書や『アイヌ英和対訳辞典』(同二十二年刊)をはじめ、英文・邦文のアイヌ関係書数十点を発表。言語学・民族学的研究に貢献した。大正十二年(一九二三)宣教師を辞し、北海道庁嘱託となり、新渡戸稲造・徳川義親らによる後援会も組織され、「バチラー学園」を経営したが、反英的動きの中に昭和十五年(一九四〇)末帰国。一九四四年四月二日、郷里で没。九十歳。北海道伊達市有珠町にバチェラー夫妻記念堂があり、札幌市の北海道大学植物園内に旧宅が記念館として保存されている。

参考文献 バチェラー『我が記憶をたどりて』、仁多見巌『アイヌの父ジョン・バチェラー』、同編訳『ジョン・バチェラーの手紙』、バチェラー八重子『若きウタリ同族に』、武田清子「ジョン・バチェラーとアイヌの自立」(『アジア文化研究』一一) (海老沢有道)

はちすかなりひろ　蜂須賀斉裕　一八二一―六八　幕末・維新期の阿波国徳島藩主。幼名松菊、淡路守・阿波守。文政四年(一八二一)九月十九日、将軍徳川家斉の二十二男として生まれる。同十年徳島藩主蜂須賀斉昌の養子となる。天保十四年(一八四三)徳島藩主を継ぐ。嘉永六年(一八五三)および翌年のペリー来航の際、江戸湾を警衛。藩領に砲台を築造、洋学・兵学を奨励した。文久二年(一八六二)より同三年まで幕府の陸・海軍総裁に任じる。同三年には朝廷に親兵を送り、また幕府より砲台築造、砲術訓練を褒賞される。明治元年(一八六八)正月十三日没。四十八歳。墓は徳島市南佐古町万年山の蜂須賀家墓地にある。法名大竜院殿登雲泰源大居士。贈正三位。

参考文献 福良虎雄編『正三位蜂須賀斉裕事蹟』、小出植男『蜂須賀斉裕』 (板垣哲夫)

はちすかもちあき　蜂須賀茂韶　一八四六―一九一八　阿波徳島藩の最後の藩主、明治・大正時代の官僚政治家。氏太郎、千松丸、淡路守とも称す。雅号誠堂、霞笠。弘化三年(一八四六)八月八日江戸の徳島藩邸に生まれる。蜂須賀斉裕の嗣子。母は側室山村たま。明治元年(一八六八)正月、藩主継承後、議定(同時に、刑法事務局輔ついで民部官知事)。版籍奉還後知藩事。廃藩置県の翌年イギリスへ留学。その後外務省御用掛を経て、同十三年四月大蔵省関税局長、ついで参事院議官に補せられた。同十五年―二月、特命全権公使としてフランス駐在(スペイン・ポルトガル・スイスも兼任)を命ぜられ、十九年夏までパリに在勤した。この間十七年には爵位創設され侯爵となる。同二十一年元老院議官、同二十三年東京府知事、翌年七月貴族院議長、同二十九年には第二次松方内閣の文部大臣に補された。翌年枢密顧問官となり、終生その職にあった(その間、議定官、会計検査官懲戒裁判所長官などを勤めた)。北海道開発、殖産興業に積極的で、華族資産の有効活用を主張した。また俳句、能に長じていた。大正七年(一九一八)二月十日東京市芝区三田(東京都港区)の自宅で死去。七十三歳。法名大源院殿誠堂至忠大居士。墓は徳島市南佐古町の万年山蜂須賀家墓所。 (酒田正敏)

はちはまとくさぶろう　八浜徳三郎　一八七一―一九五一　明治から昭和時代にかけての社会福祉事業家。明治四年(一八七一)岡山県笠岡で出生。キリスト教に入信、同二十四年同志社神学院に入学。二十九年卒業後、明治末の不況期には大阪・神戸のスラムや下層労働者に伝道を行なっている。同四十三年、内務省の細民調査の嘱託となり、大阪の貧困問題に接している。翌四十四年には禁酒運動で有名な青木庄蔵が財団法人大阪職業紹介所を開設するにあたり、八浜を常任指導者として迎え、付設の労働共励館の運営にもあたらせた。以後この事業を拡大充実し、昭和初年には設立以来就職者は十万、宿泊救護者三万六千の多きに達した。八浜は職業紹介にとどまらず個別的な人事相談などを行い、その指導にあたっている。この経験を踏まえて著わしたのが『下層社会研究』であり、いわゆる桂庵や高利貸の実態を具体的になまなましく描いている。また公営職業紹介事業の推進を行い、その発展に期待している。昭和二十六年(一九五一)没。 (柴田善守)

バックストン　Barclay Fowell Buxton　一八六〇―一九四六　英国教会CMSの宣教師、日本伝道隊の創始者。一八六〇年八月十六日、英国エセックス州レイトンのストウンハウスに生まれる。ケムブリジ大学在学中に、D・L・ムーディーの説教に感銘をうけ伝道者となることを決意。八五年、英国教会司祭の按手をうけた。明治二十三年(一八九〇)十一月二十四日、CMSの宣教師として家族とともに来日。ただちに超教派の修養会を開いた。翌二十四年、定住教師のいない山陰松江に赴き、ついで来日したP・ウィルクスとともに、山陰各地に熱烈な伝道を行なったが、その弟子のなかには聖公会以外の人が多かった。同三十五年帰英して、日本伝道隊を組織した。三十八年再来して伝道隊本部を神戸に移し、湊川に伝道館を開き、また聖書神学校を起して純福音派の伝道者を養成した。大正六年(一九一七)第一次世界大戦のとき帰英した。一九四六年二月五日没。八十五歳。自伝『信仰の報酬』(小島伊助訳)がある。

参考文献 都田恒太郎『バックストンとその弟子たち』 (高橋昌郎)

ハッタ　Mohammad Hatta　一九〇二―八〇　インドネシアの政治家で共和国初代副大統領。一九〇二年スマトラ島ミナンカバウ族のイスラム教徒商人の子として生まれる。商業中学校卒業後、一九二二年からオランダのロッテルダムの商業高等専門学校に学び、Drs. の称号を得た。中学時代から民族運動に加わり、オランダ留学中はインドネシア協会の指導者となり、二五―三〇年には会長として活躍した。三二年帰国してからはインドネシア民族教育協会の会長となって、オランダ植民地政府から危険視された。三四年逮捕され三五年からイリアン（ニューギニア）、ついでバンダ島へ流刑にされた。四二年日本軍がインドネシアを統治し始めた時、解放されて、日本軍政府に顧問団代表として協力し、「プートラ（民族総力結集運動）」という組織がつくられるや、スカルノ、キ＝ハジャル＝デワンタラ、マンシュルとともに四人の中心人物として祭り上げられた。日本軍は彼の利用を容易にせんがため日本へ連行し、滞留を図ったが、彼はこれを避けて帰国した。四五年日本降伏の二日後、八月十七日にスカルノとともに全インドネシア民族の名を以て独立宣言を公にした。独立戦争時代を経て五十年に正式に副大統領として選ばれて、スカルノ大統領と並び立った。五六年にいわゆる「指導された民主主義」を進めんとするスカルノに反対して副大統領を辞任した。六五年以後のインドネシアの反共右傾化時代には、政界第一線から退いていながら、スハルト大統領らのとる「開発」路線がインドネシア民族の利益を損うと歯にきぬ着せぬ批判を繰り返し、民族政治指導者としての良識と気骨を示した。八〇年三月十四日没。（森　弘之）

はったたつや　八田達也　一八五四―一九一六　明治時代の養蚕改良家。安政元年（一八五四）八月十二日、甲斐国東山梨郡日川村（山梨県山梨市）の志村家に生まれる。東八代郡鵜飼村（石和町）の八田家の養子となる。養蚕改良につとめ、明治十六年（一八八三）福島県の温暖育を学んできた村松隣亮を招いて同飼育法を公開実践し、その順序を記した『養蚕日誌』を印刷配布した。同年有志とともに養蚕改良の研究団体山梨養蚕協会を設立し、二十二年同協会が山梨蚕糸協会へ発展改組するや、その会長に選ばれた。また、二十一年山梨県蚕糸業取締所の頭取に選ばれ、三十一年まで県下蚕糸業組合の育成につとめた。三十二年に設立した合資会社八達館では秋蚕種を製造し、それを富士山麓の風穴で貯蔵する方式を考案した。他方、明治十五年から二十二年まで山梨県会議員に選ばれ、三十二年東八代郡長、三十三年北都留郡長を歴任したが、大正五年（一九一六）六月四日死去した。年六十三。

参考文献　山梨県蚕糸業概史刊行会編『山梨県蚕糸業概史』、『山梨県議会史』一　（石井　寛治）

はったとものり　八田知紀　一七九九―一八七三　江戸時代後期の歌人。幼名は彦太郎、通称は喜左衛門、号は桃岡。寛政十一年（一七九九）九月十五日、薩摩国鹿児島郡西田村（鹿児島市）に生まれる。父善助は鹿児島藩士、母は前田氏。文政八年（一八二五）、二十七歳の折、望んで京都藩邸勤務となり上京、翌年より香川景樹の指導をうける。天保年間（一八三〇―四四）には景樹門人中の有力者となった。文久三年（一八六三）島津貞姫入輿に従って近衛家に仕え、勤皇運動に関与した。明治維新後は東京に出て、神祇・文部両省に兼務し、明治四年（一八七一）宮内省に出仕、翌五年に歌道御用掛を命ぜられた。同六年九月二日没。七十五歳。墓は東京都杉並区の大円寺。著書は、家集『しのぶ草』など多数。明治初期の歌界が景樹の流れをくむ桂園派によって牛耳られる原因を作った人物である。贈従五位。

参考文献　福島タマ「八田知紀」（『近代文学研究叢書』一所収）　（上野　洋三）

はっとりうのきち　服部宇之吉　一八六七―一九三九　明治から昭和時代前期にかけての中国哲学者。号は随軒。慶応三年（一八六七）四月三十日、陸奥国安達郡二本松（福島県二本松市）に郷士服部藤八の三男として生まれる。明治二十三年（一八九〇）七月帝国大学文科大学哲学科卒業、文部大臣秘書官、文部省参事官、高等師範学校教授、東京帝国大学文科大学助教授、同教授、東京帝国大学文学部長を経て昭和三年（一九二八）三月定年退官、名誉教授。その間文学博士（明治三十五年）・帝国学士院会員（大正六年（一九一七））となり、東京高等師範学校教授（明治四十四年―大正二年）・京城帝国大学総長（大正十五年―昭和二年）を兼ねた。のち国学院大学長（昭和四―八年）、東方文化学院理事長・同東京研究所長（昭和四―十四年）となる。なお北京大学堂師範館総教習（明治三十五―四十二年）・ハーバード大学教授（大正四―五年）に就任。わが国漢学の近代的研究の開拓者、諸学会の指導的立場にあって活躍、儒教とくに倫理思想の研究と古代の礼制に関する研究を最も得意とした。昭和十四年七月十一日没。七十三歳。法名は礼文院殿随軒正道大居士。東京の護国寺（文京区大塚五丁目）に葬られる。著書に『清国通考』『支那研究』『北京籠城日記』『（新修）東洋倫理綱要』『孔子教大義』『儒教倫理概論』がある。

参考文献　服部先生古稀祝賀記念論文集刊行会編『（服部先生古稀祝賀）記念論文集』、東京帝国大学編『東京帝国大学学術大観』総説文学部、「服部先生追悼録」（『漢学会雑誌』七ノ三）　（宇野　精一）

はっとりかねさぶろう　服部兼三郎　一八七〇―一九二〇　明治・大正時代の紡績・織布業の実業家。明治三年（一八七〇）、尾張国丹羽郡北野村（愛知県江南市）の堀尾仲右衛門の長男に生まれる。少年時に叔母の嫁ぎ先である名古屋の祖父江重兵衛の糸問屋、糸重商店に勤め、明治二十年に服部家の養子となる。二十七年に独立、綿糸問屋を開業し、短期に巨万の産を得たという。大正元年（一九一二）株式会社カ服部商店に改組し専務取締役となる。支店を大阪、出張所を浜松・和歌山のほか、中国の天津・大連、大正四年には上海に置き石田退三（のちトヨタ自動車社長）が所長を勤めた。紡績・織布の工場を名古屋市内（二工場）のほか、小牧・古知野（江南市）に建て、四万錘余・織機台数二二八四台（昭和元年（一九二六））に達した。なお横浜・福井の工場のほか、中小工場の買収・合併によって企業を拡大し、大正初年に二〇〇〇台といわれた下請織機が、八年には七〇〇〇台を数えた。服部の豊かな包容力と行動力によって会社は大紡績業にのし上がった。豊田佐吉・児玉一造(三井物産)・矢田績らは、服部と親しい関係者として知られる。大正九年、第一次世界大戦後の不況の最中に没した。五十一歳。墓は名古屋市千種区の日泰寺にあり、旦那寺は江南市古知野の泉徳寺。会社は現在興和紡績・興和・興和新薬の三社を軸とし三十社に及ぶ関連企業を擁して存続、発展している。

参考文献 『古知野町誌』、和木康光『明日に拡げる輪』、『興和のあゆみ』　(林　英夫)

はっとりきんたろう　服部金太郎　一八六〇―一九三四　明治から昭和時代にかけての実業家。時計国産化の先駆者。万延元年(一八六〇)十月九日、江戸の夜店商人服部喜三郎・はる子の長男として生まれた。十五歳で日本橋の時計店の徒弟となり修理技術を習得し、明治十四年(一八八一)東京市京橋区采女町(東京都中央区銀座五丁目)に時計店を開業した。十八年ごろから横浜の外商から輸入時計を購入して卸・小売をし、二十年に銀座四丁目に進出、三十二年には米ウォルサム社と直輸入契約を結んだ。二十五年本所区(墨田区)石原町(翌年柳島町(墨田区太平四丁目)に移転)に精工舎を開設し、三十二―三十三年には欧米に渡航して新式機械を導入し、掛時計・目覚時計・置時計・懐中時計の製造を進め、四十年には「エキセレント」が帝国大学などの恩賜の時計に指定されるようになった。大正二年(一九一三)上海、四年香港に出張所を設けたが、六年には、輸出部門を服部貿易株式会社として独立させたのち、株式会社服部時計店(資本金一千万円)を設立して社長となり、「東洋の時計王」と呼ばれた。昭和二年(一九二七)貴族院議員に勅選され、五年には服部報公会を設立したが、九年三月一日、七十五歳で没した。墓は東京都府中市の多磨墓地にある。

参考文献 平野光雄『時計王服部金太郎』　(高村　直助)

はっとりしそう　服部之総　一九〇一―五六　昭和時代の歴史家。明治三十四年(一九〇一)九月二十四日、父服部設満・母ことの長男として島根県那賀郡木田村(旭町木田)に生まれる。父は真宗正蓮寺の住職。大正十四年(一九二五)東京帝国大学文学部社会学科卒業。同学科副手。同十五年、東洋大学の講師。昭和二年(一九二七)、野坂参三の産業労働調査所の所員。同三年、弱冠二十八歳で『明治維新史』を執筆し、歴史学界にデビュー。四年、中央公論社に入り、初代出版部長。六年、同社を辞め、プロレタリア科学研究所所員となる。同年秋、『日本資本主義発達史講座』(岩波書店)の発刊計画がたてられ、執筆者に加わる。七年、唯物論研究会の創立に参加、幹事となる。八年、明治維新研究にコペルニクス的転回をもたらした新学説「幕末＝厳マニュ時代論」を提唱、土屋喬雄との間で、「マニュファクチュア論争」を展開した。十一年、花王石鹸の依嘱をうけ、初代社長長瀬富郎伝および同社五十年史の編纂に従事。十三年、花王石鹸株式会社に入社し宣伝部長、十七年から社用のため中国に渡るが、二十年の敗戦の日に同社を辞職、再び歴史学界に復帰。以後、絶対主義論、自由民権運動研究、親鸞研究をつぎつぎと発表して日本近代史研究をリードした。二十一年、三枝博音とともに鎌倉大学校(のちに鎌倉アカデミアと改称)を創立、二十六年日本近代史研究会を設立して若手研究者の育成に努めた。三十年、『明治の政治家たち』で毎日出版文化賞を受賞。三十一年三月四日、東京お茶の水の順天堂病院で死去。五十四歳。著書は『服部之総著作集』全七巻(理論社)、『服部之総全集』全二十四巻(福村出版)に所収。　(中村　政則)

はっとりせいいち　服部誠一　一八四一―一九〇八　明治時代の文学者。号は撫松、吸霞楼とも称す。天保十二年(一八四一)二月十五日、陸奥国安達郡(福島県二本松市)に、二本松藩儒官服部一二の長男として生まれる。明治維新後家禄を奉還し、明治五年(一八七二)東京にでて、開成学校教授となる。同七年、『東京新繁昌記』を初編より五編まで相ついで刊行(同九年に第六編、十四年に後編を刊行)。同書は寺門静軒『江戸繁昌記』を模して独特な漢文で新帝都の状態を描写したもので、大いに売れ、洛陽の紙価を高めるとともに、服部の文名を挙げた。同九年雑誌『東京新誌』を創刊、その後十六年に同誌が発禁にあうと『吾妻新誌』を発刊した。この間、『広益問答新聞』『中外広問新報』『江湖新報』などの政論紙を発刊、しばしば発禁にあう。十五年三月には立憲改進党の結成に参加し、『江湖新報』を『内外政党事情』と改題して発行したが、翌年廃刊となった。間もなく政治活動から手を引き、著述を主とし、『東京柳巷新史』『二十三年国会未来記』『(教育小説)稚児桜』など多数の著作を発表した。二十九年宮城県尋常中学校の漢文教師に招かれ、十二年間在職。四十一年東京牛込納戸町(東京都新宿区)に夏期休養中の八月十五日、脳溢血により急死。歳六十八。

参考文献 柳田泉『政治小説研究』上、塩田良平編『成島柳北・服部撫松・栗本鋤雲集』(『明治文学全集』四)　(由井　正臣)

はっとりたくしろう　服部卓四郎　一九〇一―六〇　昭和時代前期の陸軍軍人。明治三十四年(一九〇一)一月二日生まれる。山形県出身。父は旧庄内藩士服部正徳。陸軍士官学校第三十四期生。昭和五年(一九三〇)陸軍大学校卒。参謀本部部員、フランス駐在を経て十一年十一月から参謀本部部員(編制班)。十四年三月中佐に進級し関東軍参謀(作戦主任)、ノモンハン事件処理に失敗し閑職につく。十五年十月参謀本部部員(作戦班長)、ついで十六年十月参謀本部作戦課長、八月大佐に進級。積極的に太平洋戦争の作戦準備、指導に関与したが、ガダルカナル作戦失敗を機に十七年十二月陸軍大臣秘書官に転じた。

十八年十月、再び参謀本部作戦課長となり、絶対国防圏の設定、ついで各方面の決戦に努力したが、頽勢を挽回できず、二十年二月歩兵第六十五連隊長に転出した。戦後は第一復員局ついで史実研究所で戦史の調査研究。三十五年四月三十日没。五十九歳。墓は東京都の小平霊園にある。著書に『大東亜戦争全史』(昭和二十八年)がある。

[参考文献] 日本近代史料研究会編『日本陸海軍の制度・組織・人事』、外山操編『陸海軍将官人事総覧』陸軍篇、高山信武『服部卓四郎と辻政信』 (森松 俊夫)

はっとりりょういち　服部良一　一九〇七―九三　昭和時代の流行歌謡曲の作曲家。明治四十年(一九〇七)十月一日、大阪市東成郡中本村(東成区)に父久吉・母スエの長男として生まれる。大正十二年(一九二三)出雲屋少年音楽隊に入隊。その後、大阪フィルハーモニック＝オーケストラに参加、エマヌエル＝メッテルに師事。昭和十一年(一九三六)日本コロムビアに入社。それまでの主流が日本調歌謡曲であったのに対し、ブルース・ブギウギなど、ジャズの要素を取り入れて新しいスタイルをうち出し、その後の歌謡曲に多大な影響を与えた。代表曲に「別れのブルース」「湖畔の宿」「蘇州夜曲」「東京ブギウギ」「銀座カンカン娘」、交響詩曲「ぐんま」などがある。村雨まさをの作詩ペンネームを持つ。同四十四年紫綬褒章受章、同五十三年日本作曲家協会会長に就任、同五十四年勲三等を叙勲。平成五年(一九九三)一月三十日、昭和大学病院で没。八十五歳。没後、国民栄誉賞受賞。

[参考文献] 服部良一『ぼくの音楽人生』 (金子 貢)

はとやまいちろう　鳩山一郎　一八八三―一九五九　大正・昭和時代の政治家。昭和二十九年(一九五四)十二月から二年間、内閣総理大臣。昭和三十年に結成された自由民主党の初代総裁。明治十六年(一八八三)一月一日、東京に生まれる。衆議院議長をつとめた鳩山和夫の長男。母は春子。四十年、東京帝国大学法科大学英法科を卒業し弁護士となる。大正五年(一九一六)、衆議院議員に初当選し立憲政友会に所属。昭和二年、田中義一内閣の書記官長となる。六年、犬養内閣の文相、七年、斎藤内閣にも留任し、八年、京都大学滝川事件に干与。十四年の政友会分裂では久原房之助派に属した。十五年の政党解消後、十六年十一月十日、同交会を結成、十七年四月三十日の東条翼賛選挙では非推薦で当選し次第に反軍的色彩を強めた。第二次世界大戦後は二十年十一月九日、日本自由党を結成し総裁となる。二十一年四月十日の総選挙で第一党となったが、組閣の寸前五月四日に公職を追放され、吉田茂に後事を托した。二十六年八月六日にようやく追放を解除されたが、その直前に脳溢血で倒れ半身不随の体となった。二十七年十月一日の総選挙で当選し政界に復帰し、鳩山グループは吉田首相に政権を返還せよと迫った。二十一年五月に鳩山が吉田に総裁を譲った際、両者間に「追放が解除されたらすぐ君(鳩山)にやってもらう」との約束があったというのである。しかし、鳩山追放中に「ワンマン宰相」の地歩を固め長期政権継続の意欲に燃えていた吉田は、この約束を認めず、また「病人に政権は渡せない」という姿勢をとった。以後二年間にわたり、吉田と鳩山は激しい政権争奪の抗争を繰りひろげた。吉田自由党に、「出たり入ったりまた出たり」の争いを続けたあげく、二十九年十一月二十四日、鳩山は反吉田勢力を結集した日本民主党を結成してその総裁となり、同十二月七日に吉田内閣を総辞職に追い込み、十二月九日宿願の政権の座についた。鳩山は三次にわたって内閣を組織し、憲法改正と日ソ国交回復を政治目標とした。一方、三十年十一月十五日には民主党と自由党の保守合同によって自由民主党が結成され、翌三十一年四月五日、鳩山は初代総裁に就任した。憲法改正は、国会で改憲発議に必要な三分の二議席を獲得できず挫折したが、日ソ復交は、政治生命を賭け病体を引きずった訪ソの結果三十一年十月実現し、三十一年十二月、鳩山はこれを花道に政権の座を退いた。鳩山は明るく開放的な人柄で国民大衆に人気があった。加えて、政権獲得を目前にして、公職追放と病気のため二度もそのチャンスから遠ざかるという悲運に「悲劇の政治家」という同情が集まった。その意味では逆に、幸運な大衆政治家だったといえよう。三十四年三月七日に死去。七十六歳。

(内田 健三)

はとやまかおる　鳩山薫　一八八八―一九八二　政治家鳩山一郎の妻。明治二十一年(一八八八)横浜で生まれる。父は貴族院議員寺田栄。女子学園卒業。明治良妻賢母教育につくした姑鳩山春子のもと、戦後総理大臣となった夫を支え、長男威一郎を大蔵官僚から参議院に送るなど、政治家鳩山家を盛り立てた賢夫人として知られた。昭和十三年(一九三八)姑の創立した女子職業学校(のち共立女子大学)の後継者学園理事長として晩年を送った。昭和五十七年八月十五日没。九十三歳。 (井手 文子)

はとやまかずお　鳩山和夫　一八五六―一九一一　明治時代の法律家、政治家。美作国勝山藩士鳩山博房の四男として安政三年(一八五六)四月三日生まれる。幼時母の実家三浦家養子、明治三年(一八七〇)藩の貢進生として大学南校に入り法律を修め、八年卒業、文部省よりアメリカ留学を命ぜられコロンビア・エール両大学に学び学位取得、十三年八月帰朝(十月三浦より鳩山姓)、東京大学講師、十五年一月代言人(のち弁護士)の地位を高めるため講師を辞して代言人となり、同年二月東京府会議員、四月立憲改進党結成に参加、九月東京専門学校(早稲田大学の前身)議員、十五年三月東京代言組合長、十八年四月外務権大書記官、五月同取調局長、十二月翻訳局長心得兼務、十九年四月帝国大学法科大学教授、ついで教頭。当時日本の代表的法律家として著名で、十八年五月『今日新聞』(『都新聞』の前身)の日本十傑に法律家として選ばれ、翌年一月『山陰新聞』の法律家十二傑に星亨につぎ二位。二十一年法学博士、二十三年一月教授を辞し代言人、二十三年七月東京専門学校(ついで早大)校長(四十年四月まで)、二十五年以後代議士連続当選、立憲改進党(二十九年進歩党)に入党、二十九年十二月衆議院議長(三十年十二月まで)、また二十六年四月法典調査会主査委員、二十七年も同様(名称は委員)、二十九年裁判官の法曹会に対抗する全国弁護士倶楽部設立の発起人、三十一年六月憲政党創立委員、同月第一次大隈内閣成立し九月外務次官、十一月倒閣とともに下野、弁護士。憲政本党に属したが、三十三年伊藤博文が立憲政友会を設立するにあたり伊藤と会見して進退が注目され、日露戦争後党内に内紛激化したころ、四十年第一次西園寺内閣の積極政策に熱烈な賛成演説を行い(政友会入党黙契)、四十一年一月政友会に転じた。以後振るわず、四十四年十月三日没。五十六歳。谷中墓地に葬られた。妻春子は共立女子職業学校(共立女子大学の前身)校長、長男は一郎、次男は秀夫、鈴木喜三郎は女婿。

参考文献 鳩山春子編『鳩山の一生』、小林俊三『私の会った明治の名法曹物語』、鳩山一郎『私の自叙伝』

(山本　四郎)

はとやまはるこ　鳩山春子　一八六一―一九三八　明治から昭和時代にかけての女子教育家。文久元年(一八六一)三月二十三日、信州松本に生まれる。同藩士多賀努の五女。東京女学校・東京女子師範学校に学ぶ。女子教育界に身を投じ、女子の徳性練磨・生活能力の育成をめざす。明治十九年(一八八六)の共立女子職業学校(のちの共立女子学園)の創設に参画、大正十一年(一九二二)、校長となり経営にあたる。法学者鳩山和夫の妻、首相鳩山一郎・法学者秀夫の母として知られる。著書に『婦人の修養』『我が子の教育』など。昭和十三年(一九三八)七月十二日没。七十八歳。東京谷中墓地に葬られる。

参考文献 鳩山春子『我が自叙伝』

(千住　克己)

はとやまひでお　鳩山秀夫　一八八四―一九四六　大正時代の指導的民法学者。明治十七年(一八八四)二月七日、東京に出生。父は衆議院議長・法学博士の鳩山和夫、母は共立女子専門学校長春子である。同四十一年東京帝国大学法科大学卒業。同大学助教授を経て大正五年(一九一六)教授就任。ドイツ法学を背景に精緻な論理で民法学の体系化をこころみ、わが国の民法学界をリードしたが、義弟末弘厳太郎らにその非現実性を指摘され、同十五年に辞職して弁護士登録、在野法曹として再出発する。昭和七年(一九三二)には衆議院議員に当選して政界に進出したが、病気のため晩年は振るわず、昭和二十一年一月二十九日没。六十三歳。主著として、『日本債権法総論』『日本債権法各論』『日本民法総論』『債権法における信義誠実の原則』など。なお、政治家鳩山一郎は兄、妻千代子は菊池大麓の娘である。

参考文献 鈴木禄弥「鳩山秀夫」(潮見俊隆・利谷信義編『日本の法学者』所収)、我妻栄「民法解釈学の建設者鳩山秀夫先生」(『民法と五十年』所収)、勝本正晃「鳩山秀夫先生の人と学問」(『法学セミナー』一五七)、星野英一「日本民法学史」一(『法学教室』八)、能見善久「鳩山秀夫」(同一七九)

(向井　健)

はないたくぞう　花井卓蔵　一八六八―一九三一　明治末から昭和時代初期にかけての弁護士、政治家。明治元年(一八六八)六月十日、広島藩士立原四郎右衛門の四男として備後国御調郡三原町(広島県三原市)に生まれる。明治二十一年三月五日、徴兵忌避のために郷里の町家花井家に入籍。同年七月英吉利法律学校卒業、同二十三年代言人試験合格、開業。明治三十一年第六回総選挙に立候補し当選(広島県第七区)、以後第八回を除き、第十三回総選挙まで連続当選し、大正九年(一九二〇)まで代議士。この間大正四年衆議院副議長を勤めた。一人一党主義を唱え既成政党には属さなかったが、日露戦争後は同攻会・政交倶楽部・猶興会・又新会・亦楽会・中正会・正交倶楽部などの院内会派に属し、政界革新、対外硬、普選などの運動で活躍した。大正十一年貴族院勅選議員に任ぜられ、交友倶楽部に属した。法曹家としてはすでに明治二十年代に頭角をあらわし、各種の法律取調委員、法制審議会委員に任ぜられ、また刑事事件人権事件の弁護士としても注目すべき活動があり、東京弁護士会の会長なども勤めた。法理論に関する著作も多い。昭和六年(一九三一)十二月三日死去。六十四歳。墓は東京都杉並区永福一丁目の築地本願寺別院和田堀廟所にある。法名凌巌院釈卓憲稚翠大居士。

参考文献 大木源二編『花井卓蔵全伝』

(酒田　正敏)

はなだきよてる　花田清輝　一九〇九―七四　昭和時代の文芸評論家、作家。明治四十二年(一九〇九)三月二十九日、福岡市東公園(福岡市博多区)に生まれる。父は安輝、母はたね。福岡中学、七高を経て、京都帝国大学英文科選科中退(除籍)。昭和十年(一九三五)より、三宅雪嶺・中野正剛らの『我観』(のち『東大陸』)に時事評論を執筆、さらに、『文化組織』『現代文学』などを舞台に評論活動を展開、それらは、評論集『自明の理』(昭和十六年)、『復興期の精神』(同二十一年)として結晶した。第二次世界大戦後は、『新日本文学』『近代文学』『綜合文化』などに拠って活躍。その主張の主軸は、コミュニズムと前衛芸術との統一発展にあり、華麗なレトリックを駆使して、大井広介・平野謙・吉本隆明らの多くの人々と論争をくり返した。三十年代に入っては、戯曲と小説に手をそめ、奔放自在なファルス的手法によって、新領域を開いた。評論集『近代の超克』、戯曲『泥棒論語』、小説『鳥獣戯話』など。四十九年九月二十三日、脳出血によって東京都新宿区の慶応病院で死去。六十五歳。千葉県松戸市の八柱霊園に葬られる。『花田清輝全集』十五巻・別巻二(講談社)がある。

参考文献 小川徹『花田清輝の生涯』、宮内豊『ある殉死 花田清輝論』、絓秀美『花田清輝 砂のペルソナ』、平野栄久『花田清輝論 流行と不易』、高橋英夫『花

田清輝』(『20世紀思想家文庫』一六)　（磯貝　英夫）

はなだだいごろう　花田大五郎　一八八二―一九六七　明治から昭和時代にかけてのジャーナリスト、教育者、歌人。明治十五年(一八八二)三月十一日、福岡県夜須郡(甘木市)に生まれる。久留米の明善中学校から第五高等学校を経て京都帝国大学法科大学に入学。休学して渡米しサンフランシスコで一年間生活。帰国して明治四十一年七月卒業、十二月大阪朝日新聞社に入社、経済部員を振出しに四十二年神戸通信部長、四十五年本社通信部員、大正五年(一九一六)十月調査部長などを歴任。同七年八月に起きた大阪朝日新聞のいわゆる白虹筆禍事件(記事中の「白虹日を貫く」の語が革命を示唆するものとして新聞紙法違反で起訴され、発行禁止の求刑を受けた事件)に際し、九月引責退社した編集局長鳥居赫雄(素川)に殉じて十月退社。一時近江銀行に入行後、大正八年十一月、鳥居が主筆となって新たに創刊した『大正日日新聞』に内国通信部長として入社。翌九年七月、同紙の経営が破綻して大本教団に買収されると同時に退社。ついで十年五月、東京朝日新聞の前編集局長松山忠二郎が社長をしていた読売新聞に転じ、論説班員として社説を担当。しかし同紙が関東大震災で新築したばかりの社屋を焼失するなどの大被害をうけ、十三年二月正力松太郎に買収されるとここも退社。七月、請われて京都帝国大学学生監事務取扱となり、学生課長、大阪市立商科大学学生監を経て、昭和七年(一九三二)三月和歌山高等商業学校長、十八年九州経済専門学校長、二十四年四月福岡商科大学長、二十九年二月大分大学長、三十三年四月別府大学長を歴任するなど、生涯の後半生は教育界で活躍。また、学生時代から正岡子規の短歌や歌論に傾倒して根岸派の歌人としても一家をなし、大正十年十月短歌雑誌『あけび』を創刊主宰。雅号は比露思(ひろし)。大五郎の大を「ひろし」と読んだもの。昭和三十九年一月宮中歌会始の召人に選ばれた。四十二年七月二十六日八十五歳で死去。著書に『万葉集私解』『改訂版歌集さんげ』などがある。

参考文献　『あけび』四〇ノ三(花田比露思追悼号)　（内川　芳美）

はなぶさよしもと　花房義質　一八四二―一九一七　明治時代の外交官。天保十三年(一八四二)正月一日、岡山藩士花房端連の長男に生まれ、藩校で四書五経の素読を受け、またのちに、蘭書を児玉順蔵に、砲術を水谷亦六郎について学んだ。文久元年(一八六一)、藩の大坂詰大砲方を命ぜられ、大坂府下の海岸砲台築造のことに与かった。同三年、京都詰を命ぜられ、禁門の守備に任じた。慶応元年(一八六五)十月、条約勅許・兵庫開港を諮詢する会議に列し、勤王諸藩を召集して大いに衆議を尽くし、政綱の統一を計り大局を定むべきを極論した。同三年三月、藩公の内意に基づき外遊し、香港・印度の諸港を経て、仏英米各国を視察し、明治元年(一八六八)十月、帰国した。同二年四月、外国官御用掛、また同年七月、外務省の創立により外務大録に任ぜられ、同三年、外務権少丞、同四年、外務少丞、同五年、外務大丞に累進した。この間、三年には柳原前光外務権大丞、四年には沢宣嘉外務卿に随行して清国に赴き、日清修好条規締結交渉にあたり、五年には対馬と釜山に赴き、朝鮮国との修交に努めた。同六年、マリア＝ルス号事件に係る仲裁裁判のため、露都に赴いた。同十年九月、代理公使に任ぜられ、日朝修好条規第五款に規定された釜山以外の二港の開港につき以後交渉を継続した。同十三年四月、弁理公使として朝鮮国京城在勤を命ぜられ、同十五年七月、壬午の変に際会、八月末、済物浦条約を締結ののち、帰国した。同十六年三月、特命全権公使として露国在勤を命ぜられ、同十九年八月、帰朝。同二十年七月、農商務次官、同二十一年十一月、宮中顧問官、同二十四年、宮内次官、同二十七年、日本赤十字社副社長に歴任、同二十九年六月、男爵、同四十年九月、子爵に叙せられた。その後、同四十四年、枢密顧問官に親任され、また日本赤十字社社長となった。大正六年(一九一七)七月九日、死去した。七十六歳。法名高徳院殿良節日義大居士。墓は東京都大田区池上の本門寺にある。

参考文献　外務省編『日本外交文書』五―一五、黒瀬義門編『子爵花房義質君事略』、武田勝蔵『明治十五年朝鮮事変と花房公使』、田保橋潔『近代日鮮関係の研究』上、鹿島守之助『近隣諸国及び領土問題』(『日本外交史』三)　（河村　一夫）

はなもりやすじ　花森安治　一九一一―七八　ジャーナリスト。明治四十四年(一九一一)十月二十五日、神戸市に生まる。昭和十年(一九三五)東京帝国大学文学部美学科を卒業、在学中『帝国大学新聞』のカットなどを手がけ才能をみせた。戦時中は大政翼賛会の宣伝部員となり、「欲しがりません勝つまでは」「足らぬ足らぬは工夫が足らぬ」などの標語を広め活動した。戦後戦時中の反省の上に立って一転市民生活に眼をむけ、東京銀座に衣裳研究所を創立し合理的服装を発想した。彼のショートパンツはスカート着用の神話を産む。二十三年『美しい暮しの手帖』(のち『暮しの手帖』と改称)を創刊、自分は戦犯だからと若い大橋鎮子を社長にした。以後広告を一切載せず商品テストを誌面に公表して、メーカーを震えあがらせ、最初一万部であった同誌の発行部数を十年間に七十万に飛躍させ出版界の驚異となった。昭和三十年代『週刊朝日』の扇谷省造、文芸春秋の池島信平とコンビでラジオに「岡目八目」の対談を放送し日本ジャーナリズムを動かす存在であった。『暮しの手帖』掲載の文章を集めた『一銭五厘の旗』は読売文学賞を受賞。五十三年一月十四日東京都港区南麻布の自宅にて六十六歳で死去した。墓は港区芝公園の増上寺にある。法名はない。

参考文献　笹本恒子『ふだん着の肖像』　（井手　文子）

はなやぎじゅすけ　花柳寿輔　日本舞踊花柳流の家元。初代・二代目は劇場振付師。

㈠初代　一八二一—一九〇三　文政四年(一八二一)二月十九日江戸に生まれる。六歳で四代目西川扇蔵に入門、八歳で七代目市川団十郎の弟子となり市川鯉吉を名乗る。十九歳の時養父の死去を機に役者から振付師へ転向、西川芳次郎の名で活躍。嘉永二年(一八四九)花柳姓を名乗り独立。翌三年寿助、万延元年(一八六〇)寿輔と改名。劇界に君臨し、振付師の職分を高めた功績は大きい。明治三十六年(一九〇三)一月二十八日没。八十三歳。墓は東京都台東区の谷中墓地にある。

㈡二代　一八九三—一九七〇　本名花柳芳三郎。初代の実子。明治二十六年(一八九三)十月三日生まれる。初代没後六代目尾上菊五郎の部屋子菊太郎の名で役者修業。十七歳で舞踊に専念。大正七年(一九一八)二代目襲名。昭和三十五年(一九六〇)重要無形文化財保持者、同三十七年日本芸術院会員となり、翌年寿応と改名。同四十五年一月二十二日没。七十六歳。墓所は初代に同じ。

㈢三代　一九三五—　本名花柳わかば。二代目の実子。昭和十年(一九三五)一月十日生まれる。昭和三十八年三代目襲名。平成十一年(一九九九)日本芸術員会員。

参考文献　河竹繁俊編『初代花柳寿輔』、三代目花柳寿輔編『二世花柳寿輔』、三世花柳寿輔『柳緑花紅』　（丸茂　祐佳）

はなやぎしょうたろう　花柳章太郎　一八九四—一九六五　大正・昭和時代の新派俳優。本名青山章太郎。明治二十七年(一八九四)五月二十四日、東京市日本橋区本銀町(東京都中央区)に生まれた。明治四十一年二月、新派俳優喜多村緑郎に師事し、女形を修業。大正四年(一九一五)三月『日本橋』のお千世を出世役として、大正六年二月、『生さぬ仲』の衣笠三保子で幹部に昇進し、以後艶麗な若女形として活躍した。同十年五月、新劇座を結成して清新な演目を上演し、『雨空』のお末、『鬼怒子』などで注目を浴びた。昭和十四年(一九三九)十一月、旧来の新派からの脱皮を目指して新生新派を組織、『山参道』のおとり、『浪花女』のお千賀など好評を博した。第二次世界大戦後は新派の主導的地位にあり、旺盛な研究心をもって新派古典の保持と創作劇上演に情熱をかたむけた。昭和三十五年重要無形文化財認定。芸域は広く、男役・老女役にも成功、映画にも出演した。当り芸は上記のほか、『残菊物語』の菊之助、『鶴八鶴次郎』の鶴次郎、『遊女夕霧』の夕霧、『京舞』の片山春子など。昭和四十年一月六日没。七十歳。墓は東京都大田区池上二丁目の本行寺にある。法名彰功院殿花顔長安大居士。著書『きもの』『技道遍路』『役者馬鹿』『花柳章太郎舞台衣装』など。

参考文献　秋庭太郎『日本新劇史』　（菊池　明）

はにごろう　羽仁五郎　一九〇一—八三　昭和時代の歴史家。明治三十四年(一九〇一)三月二十九日、父森宗作・母琴子の五男として群馬県桐生に生まれる。羽仁説子と結婚、羽仁姓となる。大正十年(一九二一)、東京帝国大学法学部に入学するが、学生時代にドイツ留学を希望し、ハイデルベルグ大学に学ぶ。同十三年、ドイツやイタリアにおけるファシズムの台頭を見つつ、帰国。文学部国史学科に転じ、同十五年クローチェ『歴史叙述の理論及歴史』(岩波書店)を翻訳、出版。卒業後、東大史料編纂所嘱託。日本大学・自由学園の講師となる。昭和三年(一九二八)、三木清とともに雑誌『新興科学の旗のもとに』を創刊。同六年、野呂栄太郎らと『日本資本主義発達史講座』の刊行計画に加わり、みずからは七年「幕末に於ける社会経済状態・階級関係及び階級闘争」など五編を執筆し、いわゆる「人民史観」の学風を確立する。また同年発表の「東洋に於ける資本主義の形成」で、世界史的な視野に立つ壮大な明治維新観を樹立した。八年、治安維持法違反の疑いで検挙され、日大教授を辞任。以後、学問・思想の弾圧の下で、『明治維新』『ミケルアンヂェロ』などを発表して、反ファシズムの戦いをつづけた。二十年、説子とともに北京生活学校へ行き、逮捕され、警視庁に留置。敗戦後の九月二十三日に釈放された。二十一年、歴史学研究会の再建に努力、二十二年の第一回参議院議員選挙では無所属で当選(三選まで)、参議院図書館運営委員長として、国立国会図書館の創設に尽力した。二十三年、第一期日本学術会議会員に当選(三選まで)。四十三—四十四年、大学紛争が盛んとなるにつれて、全共闘系の学生を支援、四十三年の『都市の論理』はベストセラーとなった。昭和五十八年六月八日、肺気腫悪化のため神奈川県藤沢市民病院で死去。八十二歳。著書に、『転形期の歴史学』、『白石・諭吉』、『明治維新史研究』、『自伝的戦後史』、『羽仁五郎歴史論著作集』全四巻など。　（中村　政則）

はにせつこ　羽仁説子　一九〇三—八七　昭和時代の社会運動家。幼児教育を軸に幅広く活動した。明治三十六年(一九〇三)四月二日、大正期自由主義教育の先達者羽仁吉一・もと子の長女として東京に生まれる。大正十三年(一九二四)自由学園を卒業、母校の教師や父母の創立した『婦人之友』の記者として働く。歴史学者森(羽仁)五郎と結婚、三児の母となる。昭和八年(一九三三)東北地方農村の凶作にセツルメントの託児所活動に加わり、十三年もと子企画の「幼児生活展覧会」に協力、全国を行脚し、翌十四年「幼児生活団」の創立に尽力。以後幼児教育家として立つ。第二次世界大戦後、「民主保育連盟」を二十一年に結成、一九五〇年代の民主的大衆運動昂揚期に、日教組教育研究集会、「日本母親大会」、「日本子どもを守る会」などに代表として参加、児童の文化・健康・福祉の向上に発言した。三十六年「日本子どもを守る会」の会長となり、三十八年、幼児教育研究の全国組織をつくるなど、幅広い活動を行なった。六十二年七月十日没。八十四歳。主著『私の受けた家庭教育』『青春をどう生きるか』『羽仁説子の女性シリーズ』など。　（井手　文子）

はにはらまさなお　埴原正直　一八七六—一九三四　明

治・大正時代の外交官。明治九年(一八七六)八月二十五日山梨県巨摩郡源村(山梨県中巨摩郡白根町)に生まれる(戸籍上は政直、七月二十九日生まれ)。農業埴原弁一郎の長男。三十年東京専門学校英語政治科卒業。三十一年外交官試験合格、外務省に入る。三十二年韓国、ついで三十四年アメリカ在勤となり、三十八年ポーツマス講和会議の全権委員随員、三十九年大使館二等書記官、四十二年同一等書記官。四十五年電信課長になるが、大正五年(一九一六)サンフランシスコ総領事としてアメリカに戻り、六年七月特命全権大使石井菊次郎のアメリカ出張中随員をつとめる。七年六月通商局長、ついで同年十月原内閣の外相内田康哉の下で政務局長、八年九月次官に就任、第一次世界大戦後の国際協調、平和主義外交の推進に与り、九年四月より新設の臨時平和条約事務局長を兼任、ワシントン会議全権委員もつとめた。十二年二月幣原喜重郎の後任として駐米大使になったが、十三年四月排日移民法案の成立を阻止すべく、国務長官ヒューズの示唆にもとづく同長官宛て抗議の書簡が、かえって同法案の成立を促す結果を招き、その責をみずから負い、同年末帰朝、昭和二年(一九二七)待命満期に至って退官した。昭和九年十二月二十日没。五十九歳。

(馬場　明)

はにもとこ　羽仁もと子　一八七三—一九五七　明治から昭和時代にかけての教育者、婦人運動家。自由学園の創設者。明治六年(一八七三)九月八日青森県八戸町に生まれる。父松岡登太郎、母美和。同二十二年東京府立第一高等女学校に入学、同二十四年明治女学校高等科に進学し翌年八戸に帰郷する。八戸小学校訓導を経て、同三十年報知新聞に入社し、日本最初の婦人記者となる。同三十四年報知新聞の記者羽仁吉一と結婚。同三十六年夫と協力して家庭雑誌『家庭之友』(五年後に『婦人之友』)を創刊し、家庭の近代化や社会改良のための啓蒙活動を行なった。家庭を変えることにより社会を改良しようという考えに立ち、雑誌を通じて服の仕立から、料理法・交際法・虚礼廃止に至るまで生活全般にわたる合理化の推進を家庭婦人に啓蒙した。また子どもの教育についても積極的に発言し、みずからの教育理想を実現するために、大正十年(一九二一)東京雑司ヶ谷(東京都豊島区)に自由学園を創立した。文部省令によらない独特のカリキュラムをつくり、キリスト教精神による家族的な人格教育を目指した。昭和七年(一九三二)フランスのニースで開催された世界新教育会議に出席し、自由学園の教育について講演。また同五年には『婦人之友』の読者による「友の会」を結成し、生活改善、社会改良のための運動を組織した。『羽仁もと子著作集』全二十一巻がある。昭和三十二年四月七日没。八十三歳。雑司ヶ谷墓地に埋葬。

[参考文献]　八戸市立図書館編『永遠の教育者羽仁もと子』、羽仁説子『私の受けた家庭教育—羽仁もと子の思出—』、小原国芳編『日本新教育百年史』一、斉藤道子『羽仁もと子』、西村絢子「羽仁もと子の教育論」(『教育学研究』四〇ノ三)

(久保　義三)

はにやゆたか　埴谷雄高　一九一〇—九七　昭和時代の小説家、評論家。本名は般若豊。本籍の福島県相馬郡にあって般若家は名家である。明治四十三年(一九一〇)一月一日、台湾の新竹に生まれる(実際の出生日は前年の十二月十九日)。父三郎・母アサ。台湾製糖に勤務した父の転勤に伴って屏東、高雄など台湾各地を移動。大正十一年(一九二二)台南第一中等学校に入学、翌年一家は東京に帰り、目白中等学校に編入した。中学四年に結核になったことと植民地に生まれ成長したことが、彼の精神形成の重大な要素となる。長い病はニヒリズムを与え、植民地での日本人の理不尽な振舞いは人間存在への懐疑を与えた。昭和三年(一九二八)日本大学予科に入学、アナーキズムからマルキシズムへの転換をたどり、プロレタリア演劇運動のなかで妻となる伊藤敏子を知る。プロレタリア科学研究所から共産党系の農民運動組織に加わる。同六年日本共産党に入党、七年三月治安維持法により検挙、転向して八年十一月出所。十四年十月平野謙らと同人誌『構想』を創刊、アフォリズム「不合理ゆえに吾信ず」を連載する。敗戦の年の十月、平野らと『近代文学』を創刊し、その創刊号から長編小説『死霊』の連載を始め戦後文学の独自の出発を果たした。『死霊』は、戦争と革命との二十世紀における哲学的命題をそのまま主題にした思索的幻想小説で全九章で未完。第三章までを二十三年に刊行し、四半世紀の中絶をはさんで発表された第五章を収めたものを五十一年に刊行し、日本文学大賞を受賞。五十六年に六章までを『死霊』Ⅰ、同Ⅱとして刊行、平成七年(一九九五)十一月に発表された第九章は、七、八章とともにⅢとして八年に刊行。類例を見ない戦後文学の大作となった。他に人間と組織とをめぐっての多くの政治評論がある。九年二月十九日脳梗塞により自宅で死去。八十七歳。

[参考文献]　『埴谷雄高作品集』別巻、大岡昇平・埴谷雄高談『大岡昇平・埴谷雄高　二つの同時代史』

(林　淑美)

はねだとおる　羽田亨　一八八二—一九五五　大正・昭和時代の東洋史・言語学者。明治十五年(一八八二)五月十五日京都府中郡峰山町に生まれる。本姓吉村氏。第三高等学校を経て、東京帝国大学に学び、同四十年東洋史学科を卒業、京都帝国大学大学院に移り、内藤虎次郎のもとにて、蒙古西域史の研究に従事し、講師を経て、大正二年(一九一三)助教授に進む。欧州に滞在すること二回、ロシアにてはラドロフと、フランスにてはペリオとともに、西域文書を調査研究して帰り、同十三年教授に任ぜられ、文学部長再任の後、浜田耕作総長急死のあとを承けて、昭和十三年(一九三八)京都帝国大学総長に選出される。同二十年第二次世界大戦終戦を機に辞任して、貴族院議員に列せられた。このほかにも東方文化研究所長・東方学会長などを歴任し、功によって文化勲章を授けられ、またフランスよりジュリアン賞・レジョン＝ドヌール章を贈られた。その学風は大学生時代に師事した白鳥庫吉の緒を継ぎ、細心にして精緻なる手法により、まず言語学的知識を駆使して、歴史上に埋没した諸民族の興亡、文化、宗教を発掘再生するを眼目とし、そのために近代外国語、英仏独露の諸語に通じ、満洲・蒙古・西蔵・ペルシアなどの語を学んで、さらにその地の古語にさかのぼり、ソグド・ウイグル・トカラなどの古文献の読解に到達した。これにより従来不明であった西域の歴史が解明され、特にシルク＝ロード上の東西文化交流の跡が明らかになった。同三十年四月十三日京都にて病没した。七十二歳。西陣の興聖寺に葬られ、法名を文清院殿滴翠元亨大居士と贈られた。著書に『西域文明史概論』『西域文化史』などがあり、また『羽田博士史学論文集』上・下(『東洋史研究叢刊』三)も刊行されている。

(宮崎　市定)

はねだまさみ　羽田正見　一八二六―九三　幕末・維新期の幕臣。文政九年(一八二六)九月江戸湯島に生まれる。父は佐渡奉行羽田竜助であったという。諱を正見、十左衛門と称した。安政元年(一八五四)家を継ぎ、出羽小(尾)花沢・但馬生野等々の代官を経て、大坂の代官にも任ぜられていたという。元治元年(一八六四)目付に転じ、翌慶応元年(一八六五)勘定吟味役に登用され、ついで同三年勘定奉行になった。大政奉還、ついで江戸城開城に伴い、旧幕臣の多くとともに駿府に移り、駿府郊外北安東村に土着帰農した。これを機に名を満佐美と改め、また住地安東に因んで安堂と号し、書に親しみ文を草する悠悠自適の生活を送るとともに、乞うものがあれば子弟の教育にもあたった。学ぶ者前後数百人にも達したという。明治十七年(一八八四)居宅火災にあい鷹匠町に移り、同二十六年没。六十八歳。著わすところ『読詩附箋』『講礼瑣言』『制度法議』などがある。

参考文献　『静岡市史』四

(若林　淳之)

ばばえいいち　馬場鍈一　一八七九―一九三七　大正・昭和時代の法制官僚、銀行家、政治家。明治十二年(一八七九)十月五日東京府芝区柴井町(東京都港区新橋)に山本時光の長男として出生。母、信。同三十三年六月馬場家の養子となる。第一高等学校、東京帝国大学法科大学を卒業、同三十六年七月大蔵省に奉職。同年十一月高等文官試験首席合格。三十九年六月韓国財政顧問付、四十年九月法制局参事官、大正十一年(一九二二)三月より十二年九月まで法制局長官。在官中十一年十二月貴族院議員となる(生涯)。昭和二年(一九二七)十月日本勧業銀行総裁。十一年三月より十二年一月まで広田内閣の大蔵大臣、ついで十二年六月より同十二月まで近衛内閣の内務大臣。韓国財政顧問付では大蔵省在官のまま目賀田種太郎韓国財政顧問の下で財政金融制度の整備に協力した。法制局の勤務は長期で、その功績により勅選の貴族院議員となり研究会に属した。金融恐慌後の財界不安定時に乞われて未経験の金融界に転じて日本勧業銀行総裁となり、金融界の激動期に長期にその任にあたり実績を残した。二・二六事件後の政情不安時の広田内閣で税財政の刷新を図って、いわゆる馬場財政、馬場税制の予算案、税制改革案を提示した。具体化しなかったものの、高所得者の負担強化、中央・地方を通じる財政調整制度はのちの税財政改革につながる画期的なものであった。内相在任中の昭和十二年十二月二十一日没。五十九歳。

参考文献　故馬場鍈一氏記念会編『馬場鍈一伝』

(西村紀三郎)

ばばたつい　馬場辰猪　一八五〇―八八　明治時代前期の自由民権家。嘉永三年(一八五〇)五月十五日高知城下中島町金子橋に出生。父土佐藩士馬場来八・母虎の次男。文久三年(一八六三)藩校文武館に入学。慶応元年(一八六五)正月家督を嗣ぐ。七人扶持、切府二十四石、小性組。同二年蒸気機関学修業の藩命を受け四月下旬江戸着。五月二十八日慶応義塾入塾。明治元年(一八六八)四月長崎へ差遣。翌年正月帰京し慶応義塾に再入塾。同三年四月十八日高知藩から洋行の命を受けた馬場ら五人は五月築地関門内に止宿、英人から語学伝習を受け、七月二十一日横浜出発、アメリカ経由、九月末ロンドン到着。のちに政府留学生となる。七年政府の留学生召還により十二月帰国。翌年旧藩主の後援により再度渡英。十一年五月十一日帰国。以後学習院に出講、司法省依頼の法律書翻訳、著書刊行、『共存雑誌』『嚶鳴雑誌』『国友雑誌』などに寄稿。十三年一月二十五日交詢社常議員に選ばれる。この後東京・長野・山形・新潟等の府県を遊説。十四年十月二十九日成立の自由党常議員に選ばれ、翌年六月二十五日創刊の自由党機関紙『自由新聞』主筆に就任したが、自由党総理板垣退助の外遊に厳しく反対したため自由新聞社から追われた。帰国した板垣の言行に失望した馬場は、十六年九月八日同志末広重恭(鉄腸)・大石正己とともに自由党から脱党した。民権運動を続けていた馬場は、十八年十一月二十一日大石とともに爆発物取締規則違反容疑で逮捕され、翌年六月二日の証拠不充分無罪放免まで拘留された。釈放から十日後に横浜を出発渡米した。サンフランシスコ・ニューヨーク・フィラデルフィアなどに居住し、日本を紹介する演説や著述を続けていたが、明治二十一年十一月一日フィラデルフィア病院で病死。三十九歳。同地のウッドランド＝セメタリーに葬られた。『馬場辰猪全集』全四巻(岩波書店刊)がある。

参考文献　安永梧郎『馬場辰猪』、萩原延壽『馬場辰猪』、西田長寿「馬場辰猪」(『明治史研究叢書』四所収)

(外崎　光広)

ばばつねご　馬場恒吾　一八七五―一九五六　明治から昭和時代にかけてのジャーナリスト。明治八年(一八七五)七月十三日岡山県邑久郡長浜村(牛窓町)に生まれる。第三高等中学予科修了後、第二高等学校、同志社神学校、東京専門学校(早稲田大学の前身)政治科などに学ぶがいずれも中退。二高時代、当時仙台で牧師をしていた安部磯雄の影響によりメソジスト派の洗礼を受けた。明治三十三年英字紙『ジャパン＝タイムズ』The Japan Timesに入社。同四十二年同紙社長頭本元貞がニューヨークで英文月刊雑誌『オリエンタル＝レビュー』The Oriental Review を創刊するにあたり派米されて同誌編集長として活躍。大正二年(一九一三)帰国、『ジャパン＝タイムズ』に復帰して編集長に就任。翌三年八月、第一次世界大戦勃発の直後に徳富蘇峰の『国民新聞』に迎えられて外報部長、政治部長、編集局長などを歴任。この間、特派員としてパリ平和会議を報道したほか、普選運動や労働運動に深い理解を示しその推進に力をつくした。しかし、同十三年二月、国民新聞社が関東大震災で罹災して経営困難に陥り主婦之友社社長石川武美の出資協力を受けることになった際に退社。その後は人物評論、政治・外交評論の分野で健筆を揮い、リベラルで国際的な視野をもった評論家として独自な活動を展開した。しかし、日中戦争開始ころより軍部に忌避され次第に事実上の執筆禁止の状態に押し込められた。第二次世界大戦終結直後の昭和二十年(一九四五)十二月、読売新聞社のいわゆる第一次読売争議のさ中に、社長正力松太郎が戦犯容疑で連合国最高司令官総司令部(GHQ)により収監された際、正力に乞われて同社の後継社長に就任。以後、戦後日本でも有数の歴史的争議といわれる昭和二十一年のいわゆる第二次読売争議を乗り切るなど同社の苦難の時代を耐え抜き昭和二十六年一月退任した。その間、二十年十二月貴族院議員(勅選)、二十四年日本新聞協会会長にそれぞれ就任。二十六年十月には言論界につくした功績により新聞文化賞(第一回)を受賞した。昭和三十一年四月五日死去。八十歳。著書に『現代人物評伝』『近衛内閣史論』『回顧と展望』『自伝点描』などがある。

参考文献 岩渕辰雄「馬場恒吾」(『三代言論人集』八所収)

(内川 芳美)

はばらゆうきち 羽原又吉 一八八〇—一九六九 昭和時代の漁業経済史学者。わが国における漁業経済史研究の開祖といっていい人である。明治十三年(一八八〇)十二月五日大分県直入郡都野村字石田(久住町)に生まれ、同四十二年東京帝国大学理科大学動物学科を卒業した。在学中に指導教授から与えられた研究課題がプランクトンであったことから北海道庁に就職し、水産調査部主任となったが、やがてその進路を大きく変えて漁業経済史の研究に転向するようになった。前人未踏の領域に向かって、水産講習所教官としての公務のかたわら、全国の漁村を歩き回って古文書・古記録を調査し続け、多数の論文を学術雑誌に発表し続けた。第二次世界大戦後それらを収録して『日本漁業経済史』三巻四冊(昭和二十七年(一九五二)—三十年、岩波書店)が刊行され、昭和三十年に日本学士院賞が与えられた。それより前、同二十五年その漁業経済史研究で朝日文化賞を受けていた。その他の著書に『漁港及魚市場論』『アイヌ社会経済史』『支那輸出日本昆布業資本主義史』『日本古代漁業経済史』『日本近代漁業経済史』などがある。昭和四十四年三月十九日没。享年八十八。

参考文献 羽原又吉「私の学究生活」(『思想』三七三)、可児弘明「羽原又吉著『日本漁業経済史』」(『水産世界』三三ノ一一)

(二野瓶徳夫)

パプチャップ 巴布扎布 ⇨バボージャブ

バボージャブ 巴布扎布 Babuzhabu 一八七五—一九一六 「満蒙独立運動」に関与したモンゴル人。日本ではバブジャブ、パプチャップとよび、漢字で巴布扎布と表記する。一八七五年内モンゴルのゾスト盟トメト左翼旗に生まれ、十歳のころスルク旗に移住した。彼が成長したころの内モンゴル東部は、漢人農民の大量入殖でモンゴル人の生活は困窮化しており、強い反漢意識をもつようになる。一九〇二年スルク旗に彰武県が設置されるとモンゴル人による反漢蜂起がおこり、バボージャブはその指導者となったといわれる。一一年辛亥革命により清朝が倒れ、外モンゴルにボグド＝ハーン政府が成立し全モンゴルの独立をめざすと、バボージャブはそれに共鳴し外モンゴルへ赴いた。一三年ボグド＝ハーン政府は内モンゴルを併合するため軍事行動をおこし、バボージャブは指揮官の一人となった。しかし一五年のキャフタ協定により全モンゴルは中国宗主権のもとで、外モンゴルのみの自治を認められた。内外モンゴル統一をもくろむバボージャブは強く反撥し、手兵三千とともに内外モンゴル境界にたてこもるが、このようなバボージャブの行動は中国、ボグド＝ハーン政府双方にとって脅威となっていった。一方独自の動きを示すバボージャブと彼の兵力に注目したのが、日本の大陸浪人宮里好麿であり、一五年六月バボージャブの義弟タサ＝ショボーは宮里に伴われ日本へ渡り、川島浪速らとの関係ができる。川島は粛親王善耆ら宗社党と組み、「満蒙独立」を企てていたが、当時第三革命のなかで反袁世凱工作を進めていた日本陸軍の一部も、工作のなかでバボージャブを利用しようとした。バボージャブは必ずしも「満蒙独立」という目的を理解していた訳ではないが、全く孤立したなかで川島を通じた日本のみが具体的援助を与えてくれる唯一の相手であり、それゆえに提携が成立したにすぎない。この川島やバボージャブの動きを、日本では「第二次満蒙独立運動」と呼ぶ。ところが一六年六月袁の急死で反袁工作は中止される。しかし七月バボージャブは強引に出撃し、十月八日林西付近で中国軍と交戦中、流弾に当り戦死、部隊は四散した。四十二歳。

参考文献 盧明輝編『巴布扎布史料選編』、モンゴル科学アカデミー歴史研究所編『モンゴル人民共和国史』二(モンゴル文)、盧明輝「巴布扎布伝記」(中国蒙古史学会編『中国蒙古史学会成立大会紀念集刊』所収)、栗原健「第一次・第二次満蒙独立運動と小池外務省政務

局長の辞職」(同編『対満蒙政策史の一面』所収)、中見立夫：Babujab and His Uprising, Memoirs of the Research Department of the Toyo Bunko. 57.

(中見　立夫)

はまおあらた　浜尾新　一八四九―一九二五　明治・大正時代の教育行政官。東京帝国大学総長としてながく在任した。嘉永二年(一八四九)四月二十日但馬国豊岡藩士の家に生まれた。幕末藩命により英仏学を修め、明治五年(一八七二)文部省に出仕、南校舎中監事となり、翌年アメリカに留学、同七年帰国後は東京開成学校(東京大学法理文三学部の前身)校長心得、校長補を経て、同十年東京大学法理文三学部綜理補となり、綜理加藤弘之を助けて、初期東京大学の整備にあたった。明治十三年文部省官立学務局長に転じ、翌年専門学務局長となる。同十八年教育調査のため渡欧、帰国後は実業補習教育の紹介、農科大学の設立など実業教育の振興にも従事した。同二十六年文相井上毅のもとで帝国大学総長に就任、帝国大学令を改正して講座制の導入、教授会自治方式の採用などの改革を施行した。明治三十年から翌年にかけて約二ヵ月の短期間文部大臣となる。明治三十八年再び東京帝国大学総長となり、大正元年(一九一二)までその職にとどまり、同大学の拡大整備につとめた。明治四十四年以降は枢密顧問官を兼ね、大正三年からは東宮(昭和天皇)御学問所副総裁に就任、大正十一年枢密院副議長、翌年同院議長となった。文部省、枢密院などの要職に就いたこともあるが、その生涯を通じて、南校・東京開成学校・東京大学・帝国大学・東京帝国大学と、すべての局面において東京大学の管理運営の枢要にあった。大正十四年九月二十五日没。七十七歳。

参考文献　『東京大学百年史』、『東京帝国大学学術大観』総説・文学部、今井登志喜「大学教育の功労者としての浜尾新先生」(岩波書店『教育』三ノ九)

(佐藤　秀夫)

はまおかこうてつ　浜岡光哲　一八五三―一九三六　明治から昭和時代にかけての実業家。嘉永六年(一八五三)五月二十九日京都嵯峨村の大覚寺坊官、野路井盛彰の三男として生まれる。明治元年(一八六八)に、院承仕御経蔵所浜岡光恒の養嗣子となる。同十四年に『京都新報』(のち『京都滋賀新報』、『中外電報』と改題)、十八年に『日出新聞』(のち『京都日出新聞』と改題)を創刊するなど、新聞事業を行なった。また十七年に京都取引所を、十九年に京都商工銀行を創立し、それぞれ監査役、頭取になったほか、京都織物会社・京都陶器会社・京都倉庫会社・関西貿易会社を創設して社長になった。三十四年には不況のため関西貿易会社が解散し、みずからも一切の公職を退いたが、その後再起し、京都工商株式会社や京都電燈株式会社の取締役や社長になった。このほか明治十五年に京都商工会議所(二十四年に商業会議所となる)を設立し、のちに会頭をつとめ、二十九年に農商工高等会議員になり、また京都府会議員・同市会議員・衆議院議員にも選出されるなど政財界で活躍した。昭和十一年(一九三六)十二月六日没。八十四歳。

参考文献　西川正治郎編『浜岡光哲翁七十七年史』、大庭元「京都府新聞史」(日本新聞協会編『地方別日本新聞史』所収)

(小岩　信竹)

はまぐちおさち　浜口雄幸　一八七〇―一九三一　大正・昭和期に活躍した官僚出身の政党政治家。号空谷。明治三年(一八七〇)四月一日高知の旧土佐藩お山方の水口家に生まれた。父胤平・母繁子の三男。のち高知県安芸郡の郷士の浜口家の養子となった。高知中学を優秀な成績で卒業し、明治二十一年大阪の第三高等中学校(翌年京都に移転)の予科二級に入学、二十五年本科を卒業し、帝国大学法科大学政治学科に進み、二十八年にはここを卒業した。ここで、幣原喜重郎・下岡忠治・伊沢多喜男らと親交を結んだ。直ちに大蔵省に入り、同年内に文官高等試験に合格したが、以後上司に睨まれ、翌年山形県収税長に任じられたのを皮きりに、松江税務管理局勤務、大蔵書記官兼大蔵省参事官、官房第四課長、名古屋税務管理局勤務、松山・熊本税務管理局長、東京税務監督局長など地方勤務を十年近く続け、明治三十七年になってようやく中央に戻り、煙草専売局書記官兼臨時煙草製造準備局事務官、煙草専売局第四部長、同第一部長、同事業部長、専売局収納部長を経て、四十年専売局長官に就任した。大正元年(一九一二)十二月第三次桂内閣の後藤新平逓信大臣の懇請でその次官に就任し、翌年二月内閣の更迭とともに辞職。桂太郎の遺志を継いだ加藤高明を指導者にして二年十二月に結成された立憲同志会に参加し、政党人としての道を歩み始めた。大正三年第二次大隈内閣の成立とともに大蔵次官。在官中の大正四年第十二回衆議院議員総選挙で高知から立候補して当選(以後当選六回)、七月大隈内閣の大蔵省参政官に任じられたが、大浦兼武内相の辞任に殉じて翌月それを辞職した。議会内の財政通の論客として活躍したが、また五年十月から七年一月までと八年十二月から十年一月まで、そして十一年一月から十二年一月、十三年一月から六月にわたって憲政会総務を勤め、積極的に党務にも励み、党内の位置も次第に上昇した。大正十三年六月、「苦節十年」を経て、加藤高明内閣が成立するとともに大蔵大臣に就任、第一次若槻内閣にも留任し、緊縮財政を推進した。さらにこの内閣の十五年六月五日の改造では副総理格の内務大臣に転じた。内閣の総辞職とともに昭和二年(一九二七)四月辞職。同年六月の憲政会・政友本党の合同による立憲民政党の成立とともにその総裁に推された。昭和四年七月二日大命降下により、立憲民政党を基礎とする浜口内閣を組織し、金解禁を中心とする日本産業の構造改善、ロンドン海軍軍縮会議の成功を中心とする英米親善外交に努めた。五年二月の総選挙でライオン宰相と愛称された浜口の率いる立憲民政党は多数を制した。ロンドン軍縮会議への内閣の対応が統帥権干犯として海軍の強硬派を中心に倒閣運動が展開された。そして条約の批准が行われ(十月二十七日にはフーバー米大統領、マクドナルド英首相とともに全世界に呼び掛ける記念放送を行なった)、翌年度予算の閣議決定がなされた後、昭和五年十一月十四日右翼の一青年に東京駅でピストルで狙撃され、重傷を負った。翌日幣原を臨時首相代理に任命して、治療に専念し、やや回復した翌六年三月野党の強い要求で職務に復帰し、議会に出席したが、結局健康の悪化を招き、四月十四日若槻礼次郎に後事を託して辞職した。以後病状の悪化が進み、八月二十六日没した。六十二歳。その墓石は東京都港区の青山墓地の加藤高明と井上準之助の墓の間に立っている。性真摯重厚、奮闘努力、熟慮断行の人といわれた(したがってまた「朴念仁」ともいわれた)。著書に『浜口雄幸遺稿随感録』(昭和六年)がある。浜口の首相時代の日記はかつて憲政記念館の特別展に展示されたことがあるが、以後遺族の許にあり未公開である。また定評のあった浜口の演説は、『浜口蔵相演説集』(大正十四年)、『浜口雄幸氏大演説集』(同十五年)、『浜口雄幸氏大論弁集』(昭和六年)など数種類が出版された。

参考文献 関根実『浜口雄幸伝』、尼子止『平民宰相浜口雄幸』、青木得三『若槻礼次郎・浜口雄幸』、波多野勝『浜口雄幸―政党政治の試験時代―』(『中公新書』一一一五)、池井優・波多野勝・黒沢文貴編『浜口雄幸日記・随感録』 (伊藤　隆)

はまだくにたろう　浜田国太郎　一八七三―一九五八　明治・大正・昭和前期を通じての海上労働運動指導者。明治六年(一八七三)十月二十五日、愛媛県越智郡生名(いきな)村に生まれる。十二歳で帆船の給仕になり、各船を転々、明治三十九年日本郵船の火夫長を集めて機関部倶楽部(のち機関部同志会)を結成、各社の部員に組織を拡大、日本船員同志会と改称、四十五年日本郵船の罷業に勝利を収めたが、組織は壊滅した。大正四年(一九一五)横浜に友愛会海員支部を設けて支部長になり、同九年に開催された第二回国際労働会議に労働代表顧問として出席、帰って十年日本海員組合の結成に尽力、副組合長になった。昭和二年(一九二七)組合長に昇格したが、組合革正運動発生の責任を負って十年辞任、十二年僧籍に入って雷声を名乗り、神戸市葺合区葺合町に雷声寺を開山した。晩年は青少年の補導に努めた。昭和三十三年三月十五日没。八十四歳。墓は雷声寺にある。

参考文献 村上行示『海上労働運動夜話』、西巻敏雄『日本海上労働運動史』 (松尾　洋)

はまだくにまつ　浜田国松　一八六八―一九三九　明治から昭和時代前期にかけての政党政治家。号は孤松。明治元年(一八六八)三月伊勢国宇治山田(三重県伊勢市)に山村棋香の次男として生まれる。二十年浜田清三郎の死跡を相続。三重県師範学校を卒業後小学校教員となるが、やがて上京、苦学して二十四年東京法学院(のちの中央大学)を卒業、弁護士試験に合格する。帰郷し弁護士を開業、町会議員・郡会議員・市会議員・市会議長を務めるようになる。神都瓦斯会社取締役にも就任。しばしば衆議院議員に立候補して志を得られなかったが、明治三十七年初当選以後、昭和十二年(一九三七)まで十二回連続当選。明治三十七年甲辰倶楽部、三十八年政交倶楽部、三十九年猶興会、四十一年又新会と非政友会系小会派に所属していたが、四十三年立憲国民党創立に、大正十一年(一九二二)革新倶楽部創立に参加、また犬養毅を支えて第一次・第二次憲政擁護運動に活躍、大正六年には衆議院副議長に就任している。十四年犬養らとともに立憲政友会に合同。昭和二年田中義一内閣の司法政務次官、九年衆議院議長となる。十年尾崎行雄らとともに衆議院永年在職表彰議員に選ばれる。十二年一月衆議院本会議において、浜田が軍部を批判した演説が軍に対する侮辱であるとする寺内寿一陸軍大臣を相手にいわゆる「腹切り問答」を行い、喝采を浴びた。十四年九月六日死去。七十二歳。 (伊藤　之雄)

はまだこうさく　浜田耕作　一八八一―一九三八　明治から昭和時代にかけての考古学者。青陵と号す。明治十四年(一八八一)二月二十二日大阪府古市郡古市村(羽曳野市)に生まれた。本籍は大阪府岸和田市。同三十二年早稲田中学校卒業。同三十二年九月第三高等中学校(第三高等学校)に入学、同三十五年七月卒業。九月東京帝国大学文科大学に入学し、西洋史学を専攻した。つづいて大学院で研究をつづけた。早く中学生のとき『東京人類学会雑誌』に投稿し、考古学者としての片鱗を見せた。学窓をでてから考古学や美術史方面の研究に精進し、明治四十二年京都帝国大学講師として、日本美術史・考古学を講義。大正二年(一九一三)三月同大学助教授となり、同月ヨーロッパに留学し考古学を学んだ。大正五年三月帰国し九月には新設の考古学講座を担当した。同六年九月教授となったが、日本の大学の考古学講座担当の最初の教授であった。同七年十月文学博士の学位を授与された。同大学にあって、早くも北九州の装飾古墳などの調査をなし、その成果を『京都帝国大学文学部研究報告』として刊行し、その後つづいて同報告書を刊行し学界を刺戟した。一方、文部省の国宝保存協議会委員や各関係官庁の委員や日本古文化研究所の理事や各種学会の役員として、文化財の保存や研究の促進に貢献した。昭和五年(一九三〇)文学部長、翌六年帝国学士院会員、同十二年京都帝国大学総長となり、翌十三年七月二十五日没した。五十八歳。法名、文簡院青陵常楽居士。墓は京都市左京区鹿ケ谷御所ノ段町の法然院にある。イギリス留学中、ロンドン大学のペトリー教授の指導を受け、イギリスの伝統ある考古学を学び、帰国後、日本考古学の基礎を確立させ、多くの研究者を薫陶し、かつ『通論考古学』などの著書を通じて、考古学を普及し発展させた功績は大きい。なお、昭和六十三年から岸和田市と朝日新聞社とにより、「浜田青陵賞」が創設された。『浜田耕作著作集』全七巻がある。

参考文献 京都帝国大学文科大学考古学教室編『浜田先生追悼録』、岸和田市教育委員会編『浜田耕作(青陵)日誌』 (斎藤 忠)

はまだしょうじ 浜田庄司 一八九四—一九七八 大正・昭和時代の陶芸家。本名象二。明治二十七年(一八九四)十二月九日神奈川県川崎に久三・アイの長男として生まれる。大正五年(一九一六)東京高等工業学校窯業科卒業後、京都市立陶磁器試験場に入り、主として素地・釉薬を研究。同九年英国人陶芸家バーナード=リーチの帰国に同行し、コーンウォール地方のセント=アイブスで作陶。十三年帰国後、栃木県益子に移住。同地の陶土・釉薬を基本に制作する。大正末期より、柳宗悦・河井寛次郎らと民芸運動を推進、沖縄や日本各地に残る民窯の保存振興に尽くすとともに、そこから自己の制作への糧を吸収して、骨格の太い重厚な作風を確立した。昭和三十年(一九五五)重要無形文化財「民芸陶器」保持者。同三十七年柳のあとを継いで日本民芸館長に就任。四十三年文化勲章受章。五十三年一月五日益子で没。八十三歳。墓は川崎市高津区溝口の宗隆寺にある。その蒐集になる世界の民芸品は、自作とともに財団法人益子参考館に保存陳列されている。著書にエッセイ『無尽蔵』、自伝『窯にまかせて』、『自選浜田庄司陶器集』などがある。

参考文献 柳宗悦編『浜田庄司作品集』 (南 邦男)

はまだひこぞう 浜田彦蔵 一八三七—九七 幕末の漂流者、通訳。アメリカ彦蔵ともいわれ、アメリカに帰化してジョセフ=ヒコ Joseph Hico と称す。天保八年(一八三七)八月二十一日播磨国加古郡阿古宮村(兵庫県加古郡播磨町)の農家に生まれる。幼名は彦太郎。父の死後、母の再婚により隣村の本庄村浜田(同)の船頭の家で育った。嘉永三年(一八五〇)十月江戸に上った帰途、遠州灘で暴風にあい、漂流中アメリカ船に救われ、一八五一年サンフランシスコに到着。五四年メリーランド州ボルチモアのミッションスクールに入学、カトリックの洗礼をうけ、ジョセフの名を用いた。五八年アメリカ市民権を得て日本からの帰化第一号となった。同年ホノルル・香港・上海を経て安政六年(一八五九)神奈川のアメリカ領事館付通訳として九年振りに帰国、幕末の日米間の外交交渉に活躍した。その後領事館を辞めて横浜で貿易に従った。その間岸田吟香らと発行した『海外新聞』は最初の民間邦字新聞である。のち長崎に移り、木戸孝允・伊藤博文らとも交渉をもった。明治元年(一八六八)佐賀藩とグラバー商会との間を斡旋、高島炭坑の共同経営を成立させ、また幕府がアメリカより購入した軍艦ストンウォール=ジャクソン(東)の明治政府引渡しを周旋した。同五年大蔵省に出仕、渋沢栄一のもとで国立銀行条例編纂に従事した。自分の漂流については『漂流記』(文久三年(一八六三))を著わし、英文自伝"The Narrative of a Japanese"(明治二十八年、丸善出版)を刊行した。明治三十年十二月十二日没。六十一歳。東京青山の外国人墓地に葬られた。墓碑は"Sacred to the Memory of Joseph Heco／Who died Dec. 12th 1897／Aged 61 years"の英文碑銘の下に「浄世夫彦之墓」とある。

参考文献 近盛晴嘉『ジョセフ=ヒコ』(『人物叢書』一一四)、『アメリカ彦蔵自伝』(中川努・山口修訳、『東洋文庫』一三・二二)、久保田辰彦編『廿一大先覚記者伝』 (杉井 六郎)

はまだひろすけ 浜田広介 一八九三—一九七三 大正・昭和時代の児童文学作家。本名広助。明治二十六年(一八九三)五月二十五日山形県東置賜郡屋代村大字一本柳(高畠町)に為助・ヤスの長男として生まれる。大正七年(一九一八)早稲田大学英文科卒業。予科時代に下村千秋・水谷まさるらと「屋上会」を結成して短篇小説を書き文学修業をする。『万朝報』の短篇小説に応募し『途暗し』は透谷賞に入選し、また『大阪朝日新聞』の「新作お伽噺」に応募した『黄金の稲束』が一等に当選し童話への関心を深めた。大正八年児童誌『良友』の編集者となり同誌に創作童話『椋鳥の夢』『花びらの旅』などの代表作や童謡を執筆、他誌にも民話を寄稿するなど旺盛な創作活動を続けた。童話集『大将の銅像』(大正十二年)以降作家生活に入り、学年別童話集『ひろすけ童話読本』(大正十三年—昭和四年(一九二九))がひろく愛読され「ひろすけ童話」の呼称が普及した。その作品は、人間愛を追及する善意性に富み、孤高の哀感を底流させるロマン主義に徹していた。また律動性のある表現に特色があった。第三回芸術選奨文部大臣賞を受賞。没年まで日本児童文芸家協会会長を勤めた。昭和四十八年十一月十七日没。八十歳。『浜田広介全集』、全十二巻(集英社、昭和五十—五十一年)に全容を見ることができる。 (滑川 道夫)

はまむらぞうろく 浜村蔵六 篆刻家。

(一)四代 一八二六—九五 本姓塩見参蔵。名は観候、字は瀰、大瀰と号し、別号は雨村・薇山。文政九年(一八二六)、備前岡山に生まれる。三世蔵六に篆刻を学ぶ。明治二十八年(一八九五)二月二十四日没。七十歳。著書に『晩悔堂印識』『蔵六居印略』があり、世に行われた。

(二)五代 一八六六—一九〇九 明治十九年(一八八六)青森県弘前に生まれる。名は裕、字は有孚、号は無咎道人・彫虫窟主人。上京して篆刻を金子蓑孝・四代蔵六に学ぶ。同二十七年、浜村蔵六居を嗣いだ。中国の呉昌碩と交わり、重厚な篆刻に刀法一変した。四十二年十一月二十五日没。二十四歳。著書に『蔵六居印藪』『結金石縁』『蔵六銅磁印譜』『彫虫窟印蛻』がある。

参考文献 中井敬所『日本印人伝』(『印人伝集成』)、『書道全集』別巻二、水田紀久「日本の篆刻」(『続補日本印人伝』付載) (樋口 秀雄)

バモー Ba Maw 一八九三—一九七七 ビルマの政治家。一八九三年二月八日旧王朝官吏の子として生まれ、ラングーンのカレッジ卒業後、カルカッタ・ケンブリッジの大学に学び、一九二三年にバリスター(法廷弁護士)

の資格を取り、翌年ボルドー大学から博士号を得た。帰国後弁護士を開業し、三〇―三二年のサヤーサン農民反乱事件の裁判の弁護で名を高め、貧民党を組織し穏健派の政治家として活躍し、三四年に植民地政府の教育相となった。ビルマがインドから分離したのち、三七年、新統治法のもとで初代首相となった。だが労働運動・学生運動に直面して、三九年に辞職した。ついで第二次世界大戦が勃発すると、タキン党と連合し戦争非協力を説いて投獄され、四二年に日本軍のラングーン進攻によって救出された。その後日本軍に協力し、四三年八月日本のもとでビルマ独立が認められると、その首相となったが、敗戦によって日本に逃れて新潟県に潜伏し、戦争犯罪人として逮捕された。四六年帰国、釈放、マハバマ党首として政治活動を始めたが、勢ふるわずまもなく隠退した。一九七七年五月二十八日没。八十五歳。

参考文献　バー＝モウ『ビルマの夜明け―ビルマ独立運動回想録―』(横堀洋一訳)

(山崎　利男)

はやかわじゅんざぶろう　早川純三郎　一八七二―一九三〇　明治から昭和時代にかけての出版事業家。明治五年(一八七二)二月十八日、金沢城下彦三町に旧金沢藩士早川忠恕(柏崎県権大参事)の三男として生まれる。母は勝見。南満洲鉄道会社社長の早川千吉郎は実兄、湯浅電池株式会社社長湯浅七左衛門は実弟。三十年国学院を卒業。同期には、井野辺茂雄・八代国治・沢田章がいた。学生のころから史料の校訂や辞書の編集に関心があり、三十七年には難波常雄・鈴木行三とともに『支那人名辞書』を啓文社から刊行、四十一年には『国史大辞典』を八代国治・井野辺茂雄との連名で吉川弘文館から出版して版次を重ねた。四十二年国書刊行会の経営を市島謙吉から受け継ぎ、第二期から第八期までその運営にあたったが、早川自身は編集業務を好み、出版・営業は吉川弘文館が請け負った。ついで大正三年(一九一四)兄千吉郎が、井上馨との関係により維新史料編纂会委員に就任すると、その縁で幕末維新史に関心を向け、四年維新史料編纂会の岩崎英重(のちに維新史料編纂官)らと日本史籍協会を組織し、会員制による幕末維新史料の出版事業を始めた。七年九月、皇典講究所幹事・国学院大学主事になり、その事業拡大に参画した。十一年国書刊行会は全八期、七十五部、二百六十冊を完成したが、翌年の関東大震災により、その紙型を焼失し、以後は日本随筆大成刊行会と日本史籍協会の出版事業に専念した。すでに二十歳代からリューマチのため歩行がやや不自由であったが、昭和五年(一九三〇)一月二十五日、肝臓癌により東京市四谷区新堀江町(東京都新宿区三栄町)の自宅で没。享年五十九。法名は直心院清純素水居士。墓は東京都文京区向丘二丁目の高林寺にある。

(秋元　信英)

はやかわせっしゅう　早川雪洲　一八八九―一九七三　明治から昭和時代にかけての俳優。大正七年(一九一八)八月からアメリカ製の日本劇映画「異郷の人」「火の海」が東京浅草で興行され、これに主演したのが早川雪洲と青木鶴子で、日本人の出演が珍しく大評判になった。雪洲は本名早川金太郎、明治二十二年(一八八九)六月十日千葉県朝夷郡曦町(千葉県安房郡千倉町)の漁師の家に生まれたが少年のころから性豪快で、早くより世界的有名人を志し、明治三十九年単身渡米。シカゴ大学に入って苦学力行し、川上音二郎一座の青木鶴子と結婚してからは夫妻ともにアメリカの西部地方の巡回劇団の人気者となり、映画の流行とともに映画界でも活躍し、ハリウッドでプロダクションを主宰しのちには週給七五〇〇ドルの高収入を得た。第二次世界大戦をはさんで「ラ・バタイユ」(大正十二年)、「戦場にかける橋」(昭和三十二年(一九五七))など幾多の大作に好演した。昭和四十八年十一月二十三日東京都千代田区神田の杏雲堂病院で八十四歳で病没。紫綬褒章・勲四等瑞宝章を受く。終始国家主義者で演技的には腹芸を主張する武人魂の信奉者であった。

参考文献　田中純一郎『日本映画発達史』五(『中公文庫』)

(田中純一郎)

はやかわせんきちろう　早川千吉郎　一八六三―一九二二　明治・大正時代の大蔵官僚、実業家。文久三年(一八六三)六月二十一日加賀藩士早川忠恕の長男に生まれる。東京帝国大学法科大学および同大学院に学んだ後、松方正義の知遇を得て明治二十三年(一八九〇)大蔵省にはいり、大蔵大臣秘書官や日本銀行監理官などを歴任した。特殊銀行の設立計画に参与し、貨幣制度調査会幹事として手腕を発揮し、あるいはイギリスに赴き日清戦争後の償金受理事務にあたった。また四分利付英貨公債の募集に多大の成果をおさめた。明治三十三年官を辞し、井上馨の推挙により同年七月二十三日三井家同族会理事に就任した。ついで翌三十四年十月には中上川(なかみがわ)彦次郎の後をうけて三井銀行専務理事になり、同行の商業銀行化を推進した。中上川時代の三井銀行は彼の工業主義に対応して「投資銀行」的色彩をつよめてきたが、その没後、三井家同族会管理部専務理事の益田孝を中心に銀行経営の政策転換がにわかに要請されるに至り、早川はその方針にそって経営にあたったといわれる。日露戦争後には、健全経営の基本方針を堅持しつつ、三井銀行の「フィナンシァ」としての発展に尽力し、また四十三年二月の四分利借替公債引受シンジケートの結成に際して重要な役割を果たした。この間、四十二年十月には三井銀行の組織改正に伴い筆頭の常務取締役に就任している。その後大正七年(一九一八)一月三井合名会社副理事長に転じ、九年六月これを辞任し、翌十年南満洲鉄道株式会社社長に就任したが、十一年十一月大連で死去した。六十歳。

参考文献　『三井銀行八十年史』、『三井八郎右衛門高棟伝』、実業之世界社編輯局編『財界物故傑物伝』

(杉山　和雄)

はやしうたこ　林歌子　一八六四―一九四六　明治から昭和時代にかけての社会事業家。聖公会の信者、キリスト教婦人として孤児救済、矯風、純潔、特に廃娼運動に活躍した。元治元年(一八六四)十二月十四日、越前国大野に生まれる。赤穂の地で明治二十二年(一八八九)に、孤児救済事業や伝道にたずさわり博愛社を創設した小橋勝之助に協力した。小橋勝之助は明治二十六年に死去、林歌子はさらに勝之助の実弟の小橋実之助とともに大阪に移り博愛社の事業をうけつぎ経営した。林歌子は社母という立場にあり、英国のバナードの孤児院の方式、小舎制を取り入れたり、里親制度、母の家などを創設して児童福祉の開拓的な事業に献身した。明治三十三年には日本基督教婦人矯風会の大阪支部長となり大阪を中心に遊廓廃止、婦人ホームを設けるなど廃娼運動のすぐれた指導者として活躍した。大正十四年(一九二五)には日本基督教婦人矯風会の会頭に就任している。昭和二十一年(一九四六)三月二十四日没。八十三歳。

参考文献 生江孝之『日本基督教社会事業史』、守屋東編『日本基督教婦人矯風会五十年史』
(小倉 襄二)

はやしおうえん 林桜園 一七九七―一八七〇 幕末の肥後国熊本藩の志士、国学者。名は有通、通称は藤次、号は桜園。寛政九年(一七九七)林又右衛門通英の三男として生まれた。はじめ藩校に学び、のち国学を長瀬真幸(まさき)について修め、学成ってのち自立して家塾を開き子弟を教授した。きわめて博学で、儒・仏・医・国学・天文・地理・歴史に精通していた。また敬神愛国の志も篤く、つとに尊王攘夷の説を唱えていた。教育に熱心で門人は千四百人にも達し、ここから幕末に活躍する多くの人材が輩出した。宮部鼎蔵・轟武兵衛・横井小楠・吉田松陰・真木保臣・太田黒伴雄・河上彦斎らいずれも門下生であった。また、のちの明治新政府批判の神風連の思想的背景もかれに負うところが多い。慶応二年(一八六六)侍読となり、明治元年(一八六八)藩校助教となる。同三年、有栖川宮の招きにより京都にのぼり下問に答え、またしばしば岩倉具視の諮問にも応じた。帰郷後は旧のごとく門生に教授した。生涯独身。中年以後は酒肉も断った。明治三年十月十二日没。年七十四。墓は熊本市黒髪の桜山神社内にある。同四十四年贈正五位。
(町田 三郎)

はやしおんり 林遠里 一八三一―一九〇六 明治時代前期の農業改良家。明治三老農の一人。天保二年(一八三一)正月二十四日筑前国早良郡鳥飼村(福岡市中央区鳥飼・城南区鳥飼)に福岡藩銃術指南役林直内の次男として生まる。幼名彦四郎、策兵衛、のち遠里と改名。遠里も同藩銃術教導や鋳砲曹小属などを勤めたが、明治四年(一八七一)廃藩置県により早良郡重留村(福岡市早良区重留)に転居し、田畑三町歩余を求め、農業に従事した。種籾を寒中より水に浸しておく寒水浸や、土壌中に貯える土囲法を試み、稲の増収効果を見出し、同十年『勧農新書』と題して出版した。十六年自宅に私塾勧農社を設け、各地から実習生を集めて農事指導を行なった。同社は二十三年に農場・宿舎など規模を拡充し、卒業生のうち優秀者は全国各地に派遣され、遠里式稲作改良法や牛馬耕の導入などに寄与した。二十二年四月農商務省の命を受け、ドイツのハンブルグ商業博覧会出品説明委員補助として出張し、欧米各国の農業を視察し、翌二十三年三月帰国した。その後も稲作技術の普及のため各地を巡回指導し、『老農林遠里農事演説筆記』『林氏米作改良演説筆記』などを残した。同三十九年一月三十日没した。七十六歳。墓は福岡市早良区重留にある。明治前期の農業改良に果たした遠里の足跡は小さくなかったが、その農法の基調をなすのは天地陰陽の思想を背景とする固有農法であり、科学的根拠に不十分な点が多かった。横井時敬・酒匂常明ら新進農学者によりその欠陥が批判され、明治三十年代後半以降急速に勢威を失い、勧農社の経営も三十年ごろより行き詰まり、遠里の死後廃止された。

参考文献 大西伍一『改訂増補日本老農伝』、江上利雄「林遠里と勧農社」(『日本農業発達史』二所収)
(伝田 功)

はやしかくりょう 林鶴梁 一八〇六―七八 江戸時代末期の幕吏、儒学者。名は長孺、通称鉄蔵のち伊太郎、鶴梁と号した。文化三年(一八〇六)八月十三日旗本の家に生まれた。若年、遊侠の徒と交わったが悔いて学に志し、長野豊山・松崎慊堂に師事し研鑽を積んだ。弘化二年(一八四五)甲斐国徽典館(きてんかん)の学頭となり、ついで遠江国豊田郡中泉(静岡県磐田市)の代官に任ぜられた。凶年には救恤と備蓄の法を講じ、治水に功があった。出羽国村山郡白岩村幸生(さちう)(山形県寒河江市)の代官に転じ、銅山の監督などに精励した。文久元年(一八六一)降嫁した和宮付きとなり、辞職後も藤田東湖・藤森天山・橋本左内らの志士と交わり、尊王攘夷を唱えて幕府に忌まれた。維新後は東京麻布の端塾で教授した。明治十一年(一八七八)一月十六日没した。七十三歳。麻生の澄泉寺(東京都港区赤坂一丁目)に葬った。著書に『鶴梁文鈔』、『四得録』、『鶴梁林先生日記』(天保十四年(一八四三)―安政二年(一八五五))や『酔亭詩話』などがある。大正四年(一九一五)贈正五位。

参考文献 山下郡次郎『林鶴梁翁』、坂口筑母『小伝林鶴梁』、高瀬代次郎「林鶴梁と一斎の作文秘訣」(『佐藤一斎と其門人』所収)、石橋絢彦「贈正五位林伊太郎伝」(『江戸』三六)、渡辺刀水「橋本景岳と林鶴梁との交渉」(『伝記』二ノ一二)、山崎常盤「林鶴梁と高山仲縄」(『上毛及上毛人』一八六)、同「静岡地方に於ける林鶴梁の足跡」(同一九七)、豊国覚堂「林鶴梁の経歴に就て」(同一八七)
(水田 紀久)

はやしかねあき 林包明 一八五二―一九二〇 明治時代の自由民権家。嘉永五年(一八五二)土佐国幡多郡宿毛(高知県宿毛市)に生まれる。父は土佐藩家老職伊賀家(安東家)の家臣林包寿。明治八年(一八七五)浜田三孝らとともに宿毛に民権結社合立社を設立、十三年合立社を代表して愛国社第四回大会に参加、国会期成同盟に加わるなど自由民権運動に活躍した。十四年十月自由党結成に参画して同党幹事となった。翌月集会条例違反で罰金二円。十五年八月入獄。出獄後、十八年日本英学館を設立して子弟の教育にあたった。二十年星亨・山田泰造らと『公論新報』を創刊。二十年十二月保安条例により東京退去を命ぜられたが、二十二年二月憲法発布により特赦された。以後、政治活動から全く引退した。大正九年(一九二〇)六月十七日死去。六十九歳。

参考文献 宿毛明治百年史編集部編『宿毛人物史』　(鳥海　靖)

はやしきゅうじろう　林久治郎　一八八二—一九六四　大正・昭和時代の外交官。明治十五年(一八八二)十月十七日栃木県下都賀郡壬生町に生まれる。商業林三左衛門の次男。栃木県立第一中学校、早稲田大学英語政治科卒業。明治三十九年外交官試験合格、同期合格者にのちの首相広田弘毅・吉田茂がいる。四十三年吉林領事、第一次世界大戦中の大正四年(一九一五)済南領事に転じ、軍部が介入することによって生ずる二重外交の弊を体験し、対華政策の一元化、在満機関統一の緊要なることを痛感する。七年英国に転じるが、排日運動の昂揚する福州(八年)、漢口(十二年)の各総領事を経て、十四年シャム公使に任じ、バンコク駐劄二年余の昭和三年(一九二八)奉天に総領事として着任して間もなく、済南事件・張作霖爆殺事件が発生、張学良による易幟が断行され、日中関係が緊張を高める中、六年に入って万宝山事件・中村大尉事件について、ついに柳条湖事件が勃発、軍部の行き過ぎを抑えるべく奮闘、たび重なる進言にもかかわらず、若槻内閣は事変処理に有効な施策を見出せぬまま退陣、林もまた同年暮帰朝、七年満洲建国に多大の危惧をいだきながら、ブラジル大使として転出した。九年、同国憲法の規定による排日的移民入国制限の成立をみ、十年帰朝、十一年退官。第二次世界大戦中の十七年ジャワの陸軍司政長官に任ぜられ、敗戦により二十年九月退官した。昭和三十九年七月二十三日没。八十一歳。墓所は東京都府中市の多磨墓地。手記『満州事変と奉天総領事—林久治郎遺稿—』がある。

参考文献 馬場明「林久治郎と石射猪太郎」(竹内好・橋川文三編『近代日本と中国』下所収)　(馬場　明)

はやしきろく　林毅陸　一八七二—一九五〇　明治時代後期から昭和時代にかけての外交史家、政治家。法学博士。明治五年(一八七二)五月一日中村清七郎の四男として佐賀県松浦郡田野村(佐賀県東松浦郡入野村大字田野)に生まれ、同二十二年林滝三郎の養子となる。二十八年慶応義塾大学部文学科卒業、翌年慶応義塾教員に就任。三十四—三十八年ヨーロッパ留学、パリ政治学院などで欧州外交史・比較憲法の研究にあたる。帰国後、慶応義塾大学政治学科教授となり、四十三年政治学科主任。四十五年香川県から衆議院議員に当選、第三次桂内閣打倒をめざす第一次憲政擁護運動に加わった。以後、大正九年(一九二〇)まで連続四回当選。はじめ立憲政友会に所属したが、大正二年第一次山本内閣成立にあたり、政友会が同内閣を支持したのに反対して脱党した。大正八年パリ平和会議に参加、同九年外務省参事官に任ぜられ、十—十一年全権に随行してワシントン会議に出席。大正十二年から昭和八年(一九三三)まで慶応義塾塾長兼同塾大学総長をつとめた。その後、同法学部教授・日本放送協会理事・交詢社理事長などを歴任。また、昭和二十一—二十二年枢密顧問官をつとめた。昭和二十五年十二月十七日死去。七十八歳。『欧洲近世外交史』『三国同盟と三国協商』、また自伝として『生立ちの記—林毅陸手記—』など多数の著書がある。

参考文献 内山正熊・石川忠雄編「林毅陸先生略歴・主要著作目録」(『法学研究』二四ノ九・一〇)、中村菊男「大正政変と林毅陸」(同)　(鳥海　靖)

はやしごんすけ　林権助　一八六〇—一九三九　明治・大正時代の外交官。万延元年(一八六〇)三月二日、会津藩士の家に生まれ、慶応三年(一八六七)、藩校の日新館に入ったが、翌年正月の京都南郊の鳥羽・伏見の戦で、会津藩砲兵隊長であった祖父林権助が重傷後死去し、父林又三郎も戦死したので、幼くして家督を相続した。同年八・九月に会津籠城を体験の後、明治三年(一八七〇)、藩が国替となったため、陸奥の斗南に移住したが、その後東京に出て、薩摩藩出身の陸軍少佐児玉実文に養われ、その帰省に同行して、明治十年の西南戦争を見聞した。同十二年九月、大阪専門学校に入学、十四年九月、東京大学予備門へ転学、二十年七月、帝国大学法科大学政治学科を卒業、同月、外務省に入り、交際官試補に任ぜられた。二十年十月より芝罘在勤副領事、二十一年十一月より仁川在勤領事、二十五年三月より上海在勤領事を歴任の後、二十九年九月、在英国公使館一等書記官、三十一年一月、在清国公使館一等書記官を命ぜられ、三十一年十月、戊戌政変により逮捕令の出ていた梁啓超の日本亡命に尽力した。同年十二月、帰朝して外務省通商局長となったが、三十二年六月、韓国駐劄特命全権公使に任ぜられ、三十九年二月まで在任した。この間、韓国南岸の馬山浦でのロシア海軍基地設定を阻止し、また韓国の永世中立に関するロシアの提議を拒否したが、三十七・三十八年には、日韓議定書に続いて第一次・第二次日韓協約を韓国外部大臣との間に締結して、日本の対韓政策を確立した。三十九年六月より二年間、清国駐劄特命全権公使に在任したが、この間四十年十一月、男爵を授けられた。四十一年六月、イタリア駐劄特命全権大使、続いて大正五年(一九一六)七月、再び中国駐劄特命全権公使に任ぜられ、同年勃発した鄭家屯事件には、日本増援兵の早期撤退につき稟申した。同八年四月、関東長官、続いて九年五月、英国駐劄特命全権大使に任ぜられ、十四年八月まで在任したが、この間の十一年には、国際連盟総会と近東平和会議に出席した。十四年九月、宮内省御用掛として秩父宮付となり、昭和二年(一九二七)六月まで在任し、ついで式部長官を経て、同九年、枢密顧問官となり、十四年六月二十七日、在任中に死去した。八十歳。墓は東京都港区南青山二丁目の青山墓地にある。

参考文献 外務省編『日本外交文書』三一ノ一、三二ノ一—三六ノ一、三七ノ一、三八ノ一、三九ノ二、大正五年ノ二、同六年ノ二、高麗大学校亜細亜問題研究所編『旧韓国外交文書』四—七、市川正明編『日韓外交史料』九、林権助『わが七十年を語る』、鹿島守之助『支那問題』(『日本外交史』一一)、外務省編『小村外交史』、森山茂徳『近代日韓関係史研究』、朝鮮総督府編『朝鮮の保護及併合』　(河村一夫)

はやしじょうじ　林譲治　一八八九—一九六〇　昭和時代の政党政治家。号は寿雲。明治二十二年(一八八九)三月二十四日林有造の次男として高知県幡多郡宿毛村(高知県宿毛市)に生まれる。有造は自由民権家でのちに代議士となり逓信大臣・農商務大臣をつとめた。大正七年(一九一八)京都帝国大学法科大学独法科卒業。宿毛町長・同農会長・高知県会議員・文部大臣秘書官などを経て、昭和五年(一九三〇)第十七回総選挙で高知県第二区から衆議院議員に当選。以後、昭和三十三年の第二十八回総選挙まで当選十一回(昭和十七年の翼賛選挙を除く)。第二次世界大戦前は立憲政友会に所属し、戦時下においても翼賛議員同盟に加わらず鳩山一郎らとともに同交会に属し、翼賛選挙には非推薦で立候補した(落選)。戦後は日本自由党から民主自由党・自由党・自由民主党に所属。吉田茂に重用され昭和二十一—二十二年第一次吉田内閣の書記官長(官房長官)、二十三—二十五年第二次・第三次吉田内閣の厚生大臣・副総理を歴任。二十六—二十七年衆議院議長、ついで自由党幹事長をつとめた。政党政治家の長老として政界のまとめ役を果たし、党内外から信望を集めた。鰌児の俳号を持つ俳人としても知られ、句集『古袷』などの著作がある。昭和三十五年四月五日死去。七十一歳。

参考文献 宮尾菊吾編『林譲治君の追憶』、高知新聞社編『土佐人物山脈』、宿毛明治百年史編集部編『宿毛人物史』　(鳥海靖)

はやしせんじゅうろう　林銑十郎　一八七六—一九四三　大正・昭和時代前期の陸軍軍人、首相。明治九年(一八七六)二月二十三日、金沢に旧加賀藩士林孜々郎の長男として生まれる。東京市助役白上佑吉は実弟。四高予科を経て、明治二十九年陸軍士官学校を卒業(八期)、翌年少尉に任官した。三十六年陸軍大学校を卒業(十七期)、日露戦争に出征する。三十九年参謀本部員となり四十一年少佐となる。歩兵第二十四聯隊付などを経て大正二年(一九一三)から五年にかけてドイツ・イギリスに学ぶ(三年に中佐に進級)。帰国後、久留米俘虜収容所長などを経て六年に大佐に進級、七年歩兵第五十七聯隊長となり、九年臨時軍事調査委員となる。十年少将に昇進して陸軍士官学校予科長となり、十二年国際連盟帝国陸軍代表に任ぜられる(のちに平和条約実施委員を兼ねる)。十三年に帰国し、歩兵第二旅団長・東京湾要塞司令官を経た後、昭和二年(一九二七)三月陸軍大学校校長に就任した。一旦、閑職に回った林を要職の陸大校長に起用したのは村岡長太郎ら佐賀県出身将軍といわれる。この間、大正十三年には将校向けの道徳教育書『武人の徳操』を著わし(翌年刊行)、十五年三月には中将に昇進している。林は昭和三年八月教育総監部本部長に転じ、四年八月には近衛師団長に就任した。同じころ、長州閥に批判的な陸大卒革新派中堅将校が一夕会を結成し、荒木貞夫・真崎甚三郎・林を盛り立てることを申し合わせている。五年十二月林は朝鮮軍司令官に転じたが、六年十二月には荒木が陸相に就任し真崎とともに一夕会や九州・高知出身軍人を基礎に皇道派を築き、林もこれに同調した。満洲事変の際には独断で満洲に進攻し「越境将軍」と称された。七年五月、五・一五事件責任問題で荒木陸相が辞意を表明した際、林は後任に擬せられたが、荒木がいすわったため教育総監に転じた(この事件を機に荒木らに隔意を持ったといわれる)。この間、七年四月に大将に昇進した。林は皇道派三首脳の一人に数えられていたが、荒木・真崎らの郷党人事に不満を持っており「中正組」「中立系」と接近した。九年一月、荒木の病気退陣を受けて陸相に就任した林は永田鉄山を軍務局長に起用して初期の統制派の形成を庇護する一方、宇垣系とも連絡して皇道派の勢力削減を図った。十年七月には真崎教育総監の更迭により皇道派に大打撃を与えたが、直後に発生した永田鉄山刺殺事件の責任をとって九月に辞任、軍事参議官に転じた。統制派との関係はこの時で切れたようである。この後石原莞爾グループと接近したが、林内閣成立前後に疎隔した。十一年三月には粛軍人事により予備役に入ったが、十二年一月二十九日組閣の大命を受け、二月二日首相に就任した。林内閣は「祭政一致」を掲げる一方、財界の信望厚い結城豊太郎を蔵相に起用したが、政党と絶縁したため第七十議会では審議が滞り、三月三十一日衆議院を解散した。しかし、総選挙では野党が圧勝したため、林は政権維持に自信を失って五月三十一日、内閣総辞職を行なった。その後十五年十月から内閣参議を務めたが、十八年二月四日病気のため死去した。六十八歳。墓は金沢市長坂町大乗寺と東京都府中市多磨墓地にあり、法名は威徳院殿釈静軒大居士。

参考文献 宮村三郎『林銑十郎』、竹山護夫「林銑十郎稿『近代内閣走馬燈』について」(『日本歴史』四二二)、同「昭和十年七月陸軍人事異動をめぐる政治抗争」(『山梨大学教育学部研究報告』第一分冊二四・二五・二七—二九)　(佐々木隆)

はやしだかめたろう　林田亀太郎　一八六三—一九二七　明治・大正時代の官僚・政治家。号は雲梯。文久三年(一八六三)八月十五日熊本藩士林田俊太郎の長男として生まれた。嘉悦氏房の広取校(通称広取英語学校)を経て大学予備門に入り、明治二十年(一八八七)帝国大学法科大学政治学科を卒業。同年法制局に入り、二十二年法制局参事官、翌年衆議院書記官となり、三十年衆議院書記官長に勅任される。以後、大正四年(一九一五)大浦事件に関与して辞職するまで衆議院の生字引的存在として議会運営にあたった。大正九年五月東京府第二区から代議士となり、はじめ無所属であったが、大正十一年十一月革新倶楽部が創立されるとこれに参加、さらに革新倶楽部が護憲三派の一翼を担って加藤高明内閣の与党となると、倶楽部を代表し普通選挙法案の起案にあたった。大正十四年五月の革新倶楽部と政友会との合同には反対し同月三十日中正倶楽部や無所属の一部と合同して新正倶楽部を結成した。この間、鮫川電力社長・東京毎夕新聞主筆などを兼ねた。著書に『日本政党史』上下、『政界側面史』上などがある。昭和二年(一九二七)十二月一日死去、六十五歳。（宇野　俊一）

はやしたけし　林武　一八九六―一九七五　大正・昭和時代の洋画家。本名武臣。明治二十九年(一八九六)十二月十日国学者林甕臣の子として東京市麴町区上二番町(東京都千代田区一番町)に生まれる。母とく。大正九年(一九二〇)日本美術学校に入学したが翌年退学、同十年「婦人像」を二科展に出品して初入選と同時に樗牛賞をうけ、翌十一年こんどは二科賞を受賞した。その後は大正十五年二科会会友に推されたが、一九三〇年協会に加わって同協会会員となり、さらに昭和五年(一九三〇)二科会を去って同志と独立美術協会を創立。同九年から一年間ヨーロッパを巡歴し、第二次世界大戦後の昭和二十四年「梳る女」によって第一回毎日美術賞をうけた。また同二十七年から三十八年までは東京芸術大学教授をつとめ、同四十二年朝日賞ならびに文化勲章を贈られた。その画風は初期にドランやマティスらの影響でフォービスム的傾向を示したが、同時に独自の構成理論をもって情熱的なうちに知的な追求を試みた。代表作に「十和田湖」「ノートルダム」などがある。昭和五十年六月二十三日東京の慈恵医大付属病院で死去した。七十八歳。墓は東京都新宿区四谷の長善寺(笹寺)にある。法名天裕院殿玄徳武臣大居士。著書に『美に生きる』(『講談社現代新書』六〇)がある。（富山　秀男）

参考文献　為永清司編『林武』

はやしただす　林董　一八五〇―一九一三　明治・大正時代の外交官。嘉永三年(一八五〇)二月二十九日、佐倉藩蘭方医佐藤泰然の第五子として下総国佐倉本町(千葉県佐倉市)に生まれる。幼名信五郎。文久二年(一八六二)幕府御殿医林洞海の養子となり林董三郎と改称し、のち董となる。慶応二年(一八六六)より明治元年(一八六八)まで幕府留学生としてロンドンに学ぶ。帰国後榎本武揚の箱館戦争に参加して捕わる。明治四年神奈川県、ついで外務省に出仕、岩倉遣外使節団にも参加。帰国後工部省に入り、逓信省に移る。明治二十一年香川県知事、二十三年兵庫県知事を歴任。翌年外務次官に就任、その後の陸奥宗光外交をも輔佐する。明治二十八年清国駐在公使、同年十月男爵を授かる。明治三十年駐露公使(スウェーデン・ノルウェー駐劄公使兼任)、明治三十二年の第一回ヘーグ平和会議にも委員として参加。明治三十三年二月駐英公使となり、翌年ドイツ側から日英独三国同盟の非公式打診があったのが日英同盟問題の発端であり、イギリスは日英同盟に積極的な態度をとり正式提案を行うようになった。林公使も同盟を支持し、政府の訓令に従ってランズダウン外相との交渉にあたり、明治三十五年の日英同盟協約の締結に至った。林はその功績により同年子爵に叙せられた。明治三十八年駐英公使館の大使館昇格により、林も駐英大使となり、同年の第二次日英同盟協約の締結にもあたった。翌年の明治三十九年には第一次西園寺内閣の外相となり、第三次日韓協約、日仏協約、日露協約の締結(いずれも明治四十年)にあたり、その功によりこの年伯爵に叙せられた。明治四十四年の第二次西園寺内閣に逓信大臣として入閣したが、一時外務大臣を臨時兼任した。大正二年(一九一三)七月十日葉山にて死去。六十四歳。墓は東京都港区の青山墓地にある。回顧録として『後は昔の記』(由井正臣校注、『東洋文庫』一七三)がある。（大畑篤四郎）

はやしたつお　林達夫　一八九六―一九八四　昭和時代の評論家。第二次世界大戦前後の時期を通じ、反戦と自由主義の立場を貫いた。明治二十九年(一八九六)十一月二十日、外交官林曾登吉・こいわの長男として東京に生まれ、幼時の四年間をアメリカのシアトルに過ごした。京都府立第一中学校、第一高等学校(中退)を経て、大正八年(一九一九)九月京都帝国大学文学部哲学科(専科)に入学し、美学・美術史を専攻。深田康算の指導を受ける。同十一年同校を卒業。十三年東洋大学教授となり、文化史を担当(昭和十年(一九三五)まで)。昭和二年から三年まで第一次『思想』の編集、昭和四年から二十年まで和辻哲郎・谷川徹三とともに第二次『思想』の編集にたずさわる。昭和七年、唯物論研究会が結成され、幹事の一人に選ばれる。同八年『文芸復興』を刊行。同九年法政大学文学部講師(フランス哲学・宗教学担当)となる。同十一年『ルソー』、同十四年『思想の運命』を刊行。このころから敗戦までほとんど執筆せず、抵抗の姿勢を示す。同十六年東方社社外理事となり、のち理事長となる。昭和二十年中央公論社理事・出版局長となる。同二十一年鎌倉大学校(のち鎌倉アカデミア)文科科長となり、『歴史の暮方』を刊行。同二十四年『社会史的思想史』(三木清・羽仁五郎・本多謙三と共著)を刊行、明治大学文学部講師となる。同二十六年平凡社に入社し、『共産主義的人間』を刊行して、スターリン主義を批判する。同二十九年平凡社『世界大百科事典』編集長となり、『反語的精神』を刊行。同三十一年明治大学文学部教授となる(同三十八年まで)。同四十六年九月に「精神史」(『(岩波講座)哲学』四)を発表し、多年にわたるルネサンス研究にもとづき、新しい方法論を示唆した。同四十六年、平凡社から『林達夫著作集』(久野収・花田清輝編、全六巻、同四十七年完結)が刊行され、同四十七年毎日出版文化賞特別賞を受賞。同四十八年朝日賞文化賞を受賞。同四十九年久野収との対談録『思想のドラマトゥルギー』を刊行。同五十九年四月二十五日、老衰のため神奈川県藤沢市鵠沼の自宅で死去。八十七歳。墓は藤沢市大庭の大庭台墓園にある。法名積翠院常安明達居士。翻訳にファーブル『昆虫記』(きだ・みのると共訳、昭和五―九年)、ベルグソン『笑』などがある。

参考文献 山口昌男編『林達夫集』(『近代日本思想大系』二六)、渡辺一民『林達夫とその時代』、高橋英夫『批評の精神』(『中公叢書』)、萩原延寿『書書遊遊』(『朝日選書』一八八)
(古田　光)

はやしつるいち　林鶴一　一八七三―一九三五　明治から昭和時代前期にかけての数学者、教育者。明治六年(一八七三)六月十三日徳島小学校教員の子として名東県名東郡富田浦(徳島市中央通)に生まれた。父は紀、母はチョウ。第三高等中学を経て明治二十六年帝国大学理学部数学科に入学し菊池大麓・藤沢利喜太郎に学んだ。三十年の『藤沢教授セミナリ演習録』に「e及びπの超越数について」が載っているがこれは卒業研究であった。大学院に入り、一年後の三十一年八月、前年に新設された八月新設の京都帝国大学理工科大学の助教授となり以後、翌年六月松山中学校講師、三十四年東京高等師範学校講師、四十年に教授となった。四十四年東北帝国大学創設のとき藤原松三郎の要請もあって数学科の主任教授となった。林は四十年に大倉書店から『数学叢書』を監修刊行し、これは初等的でない高級なはじめてのものでよく売れた。林の第一の功績は私財を投じて四十四年国際的な数学雑誌『東北数学雑誌』を刊行したことで、外国からも多くの寄稿があり日本の数学者を刺戟した。林はまた数学教育に尽力し中等教育数学会の初代会長を勤めた。昭和十年(一九三五)十月四日松江高校の教壇上で狭心症で死亡した。六十三歳。墓は仙台市青葉区荒巻の人聖寺にある。法名究幽院殿崇岳皓玄大居士。

参考文献 林博士遺著刊行会編『林鶴一博士和算研究集録』、「日本の数学一〇〇年史」編集委員会編『日本の数学一〇〇年史』二
(小松　醇郎)

はやしどうかい　林洞海　一八一三―九五　幕末・維新期の洋方医。文化十年(一八一三)三月三日豊前国企救郡篠崎村(福岡県北九州市小倉北区)出生。父は小倉藩士小林祖兵衛。名は彊、字は健卿、洞海と号し、のち通称とした。堂号は存誠斎。江戸の蘭方医足立長雋(ちょうしゅん)門に入り、同門の先輩和田(佐藤)泰然の知遇を得て長崎に遊学、大石良英らに師事すること三年、泰然・三宅艮斎らとともに江戸に帰り、薬研堀の泰然宅に寄寓中『窊篤児(ワートル)薬性論』を訳述した。この写本の頒布で資金を得て再び長崎遊学、江戸に帰ってから泰然の佐倉移住で薬研堀の家と業を譲り受け、泰然の女を娶って開業した。小倉藩医を経て幕府医官となり、幕府二ノ丸製薬所に出仕、侍医・法眼となった。維新後は駿府に移り、静岡藩病院副長、大学中博士、大阪医学校長を歴任、権大典医・皇太后付となり、のち四等侍医。明治二十八年(一八九五)二月二日東京で没、八十三歳。駒込吉祥寺(東京都文京区本駒込三丁目)に葬る。長男は研海(紀)、養子に董(泰然五男)がいる。著訳書に『窊篤児薬性論』、石川良信・石黒忠悳との共訳『内科簡明』などがある。

参考文献 村上一郎『蘭医佐藤泰然―その生涯とその一族門流―』、日本学士院編『明治前日本医学史』五
(宗田　一)

はやしともゆき　林友幸　一八二三―一九〇七　幕末・明治時代の政治家。文政六年(一八二三)二月六日萩藩無給通士林周蔵・冬子の長子として長門国阿武郡土原(山口県萩市)に生まれる。通称は周次郎ついで半七。宝蔵院流の槍術を修め、また、剣術・砲術を学ぶ。文久三年(一八六三)、奇兵隊が結成されるや、加入して参謀となった。慶応二年(一八六六)、第二次奇兵隊の軍監兼参謀となり、第二次長州征討戦では、大島口に参戦、翌年十二月、討幕軍の一員として上洛した。明治元年(一八六八)十一月徴士となり東北の民政に従事、同三年三月民部大丞兼大蔵大丞、同六年福岡県の農民一揆への対処にあたる。同七年二月内務大丞兼土木頭、八年二月内務少輔となった。同十三年二月元老院議官、二十年五月子爵、二十三年七月貴族院議員、二十四年富美宮、ついで二十九年泰宮の養育主任、三十三年四月、枢密顧問官、四十年十一月八日伯爵に陞爵された。同日没。八十五歳。墓は東京都港区の青山墓地にある。
(井上　勲)

はやしひろたろう　林博太郎　一八七四―一九六八　明治時代末期から昭和時代にかけての教育家・政治家。文学博士。明治七年(一八七四)二月四日林荘三・志津の長男として東京に生まれる。祖父の林友幸は幕末から明治時代に活躍した長州藩士出身の政治家で枢密顧問官などをつとめた。東京府立一中・山口高校を経て明治三十二年東京帝国大学文科大学哲学科を卒業。教育学研究のためドイツに留学した後、学習院教授を経て四十一年東京高等商業学校教授となり宮内省式部官を兼任した。大正八年(一九一九)東京帝大教授。この間、明治四十年祖父友幸の死とともに伯爵を襲爵(父荘三はすでに死去)。大正三年から昭和二十二年(一九四七)まで貴族院議員をつとめ予算委員長・文政審議会委員・議会制度審議会委員などを歴任した。昭和七年東京帝大教授を辞任して南満洲鉄道会社総裁に就任、同十年までその任にあった。また文部省教科書調査会会長・帝国教育会会長などをつとめた。第二次世界大戦後は、同三十九年高千穂商科大学理事長となった。昭和四十三年四月二十八日病没。九十四歳。墓は東京都府中市の多磨墓地にある。

参考文献 衆議院・参議院編『議会制度百年史』貴族院議員名鑑
(鳥海　靖)

はやしひろもり　林広守　一八三一―九六　幕末・明治

時代前期の雅楽家。天保二年(一八三一)十一月二十五日大坂に生まれる。天王寺方楽家の林家第一庶流広倫の三男。幼名栄之助。のちに第二庶流の広就の養子となり広金といった。同十二年十一歳の時から地下楽人として出仕。安政二年(一八五五)広守と改名した。明治二年(一八六九)東上を命ぜられ、大伶人、雅楽師副長、雅楽部副長を歴任、常に楽人のなかの指導的立場にあり、東京に設置された雅楽局の発展に尽力した。明治八年には欧州楽伝習生徒取締、翌九年には欧州楽拍子取を命ぜられた(ただし参勤せず)。同二十六年退官。笙演奏の名手であるとともに笙の簧の製作の名人でもあった。国歌「君が代」の撰者として知られる。明治二十九年四月五日、六十六歳で没した。 (蒲生美津子)

はやしふくさい 林復斎 一八〇〇—五九 江戸時代後期の幕府儒者。寛政十二年(一八〇〇)十二月二十七日に生まれる。諱は韑(あきら)、字は弼中、号は復斎、梧南、藕潢など。幼名は韑之助、述斎の四男。文化四年(一八〇七)十二月親族林宇兵衛信隆の養子となり同家を継ぐ。文政七年(一八二四)十二月書物奉行、天保九年(一八三八)十一月二ノ丸留守居、天保十四年四月先手鉄炮頭、弘化四年(一八四七)二月西ノ丸留守居を歴任し、この間学問所御用を兼務した。嘉永六年(一八五三)九月本家の大学頭健(壮軒)病死し本家を相続、小性組番頭次席となり大学頭と改称した。同年十二月、『藩鑑』『通航一覧』編集の賞賜あり、安政元年(一八五四)正月より浦賀、神奈川、横浜にて米国使節ペリーの応接にあたり、三月、井戸対馬守覚弘らとともに神奈川において日米和親条約締結に従事した。著述に『重訂御書籍来歴志』『重訂御書籍目録』『復斎詩文稿』がある。安政六年九月十七日没。年六十。牛込山伏町の下屋敷に儒葬(東京都新宿区市谷山伏町林氏墓地(国指定史跡))。文毅と私諡する。

参考文献 『先祖書控』、山本武夫「大学頭韑の名乗り」(『日本歴史』一六七) (山本 武夫)

はやしふさお 林房雄 一九〇三—七五 昭和時代の小説家。本名は後藤寿雄。明治三十六年(一九〇三)五月三十日、大分市大分港に、父滝太郎・母ヒデの長男として生まれた。父は雑貨商を営んだが、後藤家はもと士族。貧しかったため人の援助により、大正八年(一九一九)、第五高等学校に入学。在学中から社会主義的な学生運動を始める。十二年東京帝国大学法学部政治学科に入学し、帝大新人会に参加する。十四年、日本共産党の機関誌『マルクス主義』の編集に携わるが、文学運動に自己の本分を見出す。十五年、初期プロレタリア文学の代表作である短編『林檎』を『文芸戦線』に発表、同人になる。昭和四年(一九二九)、日本プロレタリア作家同盟に参加、五年下獄。七年出獄後、明治維新の若者を描いた長編『青年』(七—八年)で種類を問わない理想への情熱を全肯定した時に転向は完成された。八年、小林秀雄らとともに『文学界』を創刊する。戦後は中間小説を量産するが、三十八—三十九年に「大東亜戦争肯定論」(『中央公論』三十八年九月—十二月号、三十九年四月—十二月号、四十年四月—六月号)を発表して大きな話題をよび、戦後の日本ナショナリズム復活の先鞭をつける。五十年十月九日、胃癌で没。七十二歳。墓所は神奈川県鎌倉市浄明寺の報国寺。『林房雄著作集』全三巻がある。

参考文献 三島由紀夫『林房雄論』 (林 淑 美)

はやしふみこ 林芙美子 一九〇三—五一 昭和時代の小説家。戸籍面では明治三十六年(一九〇三)十二月三十一日、山口県下関市田中町生まれ、届は私生児。林キクの次女。本名フミコ。父は行商人と相場師ほかを職業とした宮田麻太郎だが、八歳の時にこの両親は別れ、のちに母の再婚で、沢井喜三郎が養父となった。養父も行商をしたので、長崎・佐世保・鹿児島で幼年を送り、市立尾道高女を大正十一年(一九二二)卒業というが、出生や学歴に異説もある。十九歳で上京して、アナーキストの詩人や作家、演劇人と交流、詩才を認められた。同十五年に画家手塚緑敏(昭和十九年(一九四四)に林姓に改姓)と結婚。『女人芸術』誌上に出した『放浪記』(昭和五年刊行)が、評判となって作家生活に入る。昭和六年に『清貧の書』を発表後、ヨーロッパに約半年滞在し、帰国後は、新聞小説や短編を多く書いた。第二次世界大戦下にはペン部隊として協力。中国・「満洲」・東南アジアなどの各地で、従軍記者・報道班員となる。詩人から出発した彼女は、思想よりも自己の詩情と感性を重視する姿勢を一貫したので、戦後も流行作家の地位を保った。戦争の傷痕を女の情念で捉えた長編『浮雲』(同二十六年刊行)や『晩菊』(同二十四年)の好短編がある。旺盛な執筆を続けたが、昭和二十六年六月二十九日、心筋梗塞の発作で急死した。四十七歳。東京都中野区の万昌院功運寺に納骨。戒名、純徳院芙蓉清美大姉。

参考文献 和田芳恵編『林芙美子』(『日本文学アルバム』二四)、日本文学研究資料刊行会編『近代女流文学』(『日本文学研究資料叢書』) (草部 和子)

はやしまさあき 林正明 一八四七—八五 明治時代前期の言論人、自由民権運動家。弘化四年(一八四八)五月に生まれる。熊本県出身。欧米留学後、明治政府に出仕し司法省・大蔵省などに勤めた。その後共同社社長として雑誌『近事評論』『扶桑新誌』を主宰、また『東洋自由新聞』の記者にもなった。明治十三年(一八八〇)交詢社が結成されると常議員となり、翌十四年の自由党結党においては幹事に選ばれた。同十八年三月二十一日病死。三十九歳。墓は東京都品川区北品川三丁目の東海寺内清光院にある。法名英俊院普応宗通居士。著書に『泰西新論』、訳書に『万国政談』『英国憲法』など、法律・政治・経済に著訳書が多数ある。

参考文献 宮武外骨・西田長寿『明治新聞雑誌関係者略伝』(『明治大正言論資料』二〇)、『交詢社百年史』、板垣退助監修『自由党史』中(『岩波文庫』)、水野公寿「林正明の生涯」(『熊本史学』五九)、同「林正明の言

論出版活動」(同六二・六三合併号)　(梶田　明宏)

はやしやたつさぶろう　林屋辰三郎　一九一四―九八　昭和時代の日本史学者。号燈心。大正三年(一九一四)四月十四日、金沢市横安江町(安江町)に父新兵衛・母むぎの四男として生まれる。十月父の兄次三郎の養子となり、東京に移る。慶応義塾幼稚舎、同普通部、府立京都第一中学校を経て第三高等学校文科甲類に入学。この間、養父の仕事の関係で中国に渡航、北京日本小学校に約一年半在学、中学・高校時代は北京に帰省。昭和十三年(一九三八)京都帝国大学文学部(史学科国史専攻)卒業。同学部副手、第三高等学校講師等を勤めた。二十年敗戦を病床で聞き、科学的・民主的な日本史研究をめざし日本史研究会を発起、代表委員となる。この会は京都における日本史研究者の揺籃となり、のち全国規模の学会へと成長した。二十三年立命館大学教授に就任、文学部長、法人理事などを勤めたが、四十四年紛争により辞職。古代から近代まで時代の変革期に注目し、継体期内乱の意義、歌舞伎・茶道の発生と展開、都市自治の担い手町衆の発見など、文化史の手法と流麗平明な文体で訴える学風は、学界のみならず市民層にも影響を及ぼした。部落史・地方史・女性史を日本史の三本柱と唱え、これら分野の研究開拓にも貢献。昭和三十六年「中世芸能史研究」により文学博士の学位を受け、三十八年芸能史研究会を創立、代表委員となった。四十五年京都大学人文科学研究所教授、同所長を二期勤め、日本文化研究部門を主宰、化政期以降明治初期の文化史研究を推進した。五十三年退職、京都国立博物館館長となり六十年まで勤務。この前後、財団法人冷泉家時雨亭文庫の設立に関わり相談役・評議員を勤めたほか、学会・美術館など各種の役職を通じ文化行政の分野に功績を残した。平成二年(一九九〇)日本史および日本芸能文化史の業績により朝日賞を受賞。四年日本学士院会員。十年二月十一日没。八十四歳。著作集『日本史論聚』全八巻のほか多数の編著書、自伝『一歴史家の軌跡』がある。法名は碩山燈心居士。墓は金沢市東兼六町の雲竜寺にある。　(朝尾　直弘)

はやしゆうぞう　林有造　一八四一―一九二一　明治時代の政治家。天保十二年(一八四一)八月十七日、土佐国幡多郡宿毛(すくも)村(高知県宿毛市)に土佐藩家老伊賀氏家臣岩村英俊の次男として誕生。兄に岩村通俊、弟に岩村高俊が、縁戚に竹内綱がいる。林茂次平の養子となる。戊辰戦争に宿毛隊を率い北越・陸羽に転戦。明治三年(一八七〇)板垣退助の推挙で欧州軍事視察員となり品川弥二郎・大山巌らと渡欧。帰国後四年五月高知藩少参事、同権大参事となり、藩財政整理、民生安定に尽力し、廃藩置県後高知県参事となった。五年十一月外務省に出仕したが六年十月の征韓論政変で板垣に従い帰郷、片岡健吉らと高知に立志社を設立して士族授産・教育を展開しつつ土佐派の中央政局への復帰の機会を窺った。八年大阪会議に板垣の参議復帰を支持。十年西南戦争勃発するや大江卓・岡本健三郎ら立志社幹部や元老院幹事陸奥宗光らと土佐派の挙兵を企図、武器の調達に奔走したが発覚、関係者の大挙拘引となり十一年八月禁獄十年を判決され岩手監獄に投ぜられた。十七年八月仮出獄して直ちに政界復帰。自由党解党方針を支持。二十年後藤象二郎の参謀として大江卓らと三大事件建白運動を指導、同年十二月二十六日保安条例発布で東京を退去、宿毛へ帰郷して新田開発事業や北海道小樽築港に関与。二十二年二月帝国憲法発布の大赦で東京追放解除、翌年七月の第一回衆議院議員総選挙に高知県第二区から当選、以降逓信大臣のときの第六回総選挙に出馬を辞退したほかは四十一年第二十四議会後に政界を引退するまで連続当選。この間、自由党の領袖、土佐派の重鎮として中央政界で活躍、元老伊藤博文と板垣退助の接近にも深く関与、三十一年第一次大隈(隈板)内閣に逓信大臣、三十三年政友会結成に際して総務委員、同年第四次伊藤内閣で農商務大臣を歴任。大正十年(一九二一)十二月二十九日没。八十歳。

参考文献　『林有造自歴談』(『土佐群書集成』一五)、坂崎斌編『(林有造氏)旧夢談』(『明治文化全集』二五)、田中貢太郎『林有造伝』　(福地　惇)

はやしゆうてき　早矢仕有的　一八三七―一九〇一　明治時代の実業家。丸善の創業者。天保八年(一八三七)八月九日、美濃国武儀郡笹賀村(岐阜県山県郡美山町)に医家の山田柳長・ための子に生まれ、庄屋早矢仕才兵衛の養子となる。幼名左京。大垣・名古屋で医学を学び安政元年(一八五四)故郷で開業した。同四年江戸に出て翌年開業、坪井信道・福沢諭吉に師事して蘭学・英学を学び、貿易振興の必要を痛感した。明治二年(一八六九)横浜、翌年東京に書店丸屋を創業し、洋書輸入や翻訳書出版などを営んだ。事業は一種の会社組織で運営し、六年には西洋簿記、翌年には社内保険を導入した。十三年には有限責任の丸善商社に改組し、同年には貿易商会を設立して社長となった。十二年設立の丸屋銀行が不況下の十七年に破産したため、丸善商社社長を辞してその整理にあたったのち、引退した。明治二十四年二月十八日、六十五歳で没した。

参考文献　『丸善百年史』、蛯原八郎「早矢仕有的伝」(『季刊明治文化研究』五)　(高村　直助)

はやしらいざぶろう　林頼三郎　一八七八―一九五八　明治から昭和時代前期の司法官。明治十一年(一八七八)九月六日埼玉県北埼玉郡忍町(埼玉県行田市忍)において旧忍藩士三輪礼三の四男として出生。十五歳のとき林幽嶂の養子となり、東京法学院に入学。明治二十九年七月同院を卒業し、翌年判事検事登用試験に合格し司法官試補となった。その後、東京区裁判所判事、東京地方裁判所判事、宮城控訴院判事、東京控訴院判事、大審院検事などを経て大正十年(一九二一)六月司法省刑事局長に就任。大正十三年一月司法次官となり、昭和二年(一九二七)四月大審院次席検事に転ずるまでその職にあった。刑事局長・司法次官時代に過激社会運動取締法案の立案、旧刑事訴訟法・陪審法・治安維持法などの立案・制定に関与して手腕を振るい、また朴烈事件の処理に腐心するなどした。昭和五年十月大審院部長に就任。その後、昭和七年五月検事総長、昭和十年五月大審院長を経て、昭和十一年三月広田内閣の司法大臣に就任し、司法部革新大綱を基本とする司法国策を策定するなど司法部刷新の気運を作った。昭和十二年二月司法大臣辞任。その後、貴族院議員、枢密顧問官に任ぜられた。なお、昭和三年四月中央大学法学部長となり、昭和十三年四月より昭和二十二年三月まで同大学学長をつとめた。同年九月公職追放、翌年六月教職追放となったが、その理由の一つとなったのは中央大学法学部長として滝川幸辰教授追放（滝川事件）に関与したことであった。昭和二十七年四月中央大学総長に就任。同年十月より法制審議会委員をつとめ、最高裁判所機構改革問題などに取り組んだ。昭和三十三年五月七日死去。七十九歳。著書として『刑事訴訟法要義』総則上・下、各則上、『日本陪審法義解』などがある。法学博士。 （小田中聰樹）

はやまよしき　葉山嘉樹　一八九四―一九四五　昭和時代の小説家。明治二十七年（一八九四）三月十二日、福岡県仲津郡豊津村豊津（京都郡みやこ町）に、父葉山荒太郎・母トミの長男として生まれる。葉山家はもと士族であった。大正二年（一九一三）、福岡県立豊津中学校を卒業、早稲田大学高等予科文科に入学、学費は父が家を売って作ったが、遊蕩生活で使い果たし、同年末除籍。水夫となる。五年に下船後、山井ヒサエとの間に二女をもうけるが、九年塚越喜和子と同棲、二男をもうける。この四子とも亡くす。十年名古屋新聞社に入社、このころより労働運動に携わるようになり、十二年名古屋共産党事件で検挙され、この時名古屋刑務所で、『文芸戦線』に発表し鮮烈な衝撃を与えることになる短編小説『淫売婦』（大正十四年）を書く。十三年巣鴨刑務所に服役、十四年出獄後、妻子は行方不明になっていた。十五年、西尾菊江と知り合い上京、同年短編集『淫売婦』、長編『海に生くる人々』を出版、政治的立場をこえて瞠目すべき才能と評価された。昭和二年（一九二七）、労農芸術家聯盟を青野季吉らと結成、その柔軟でかつ具体的肉体的な発想において一貫して『文芸戦線』（労芸）派に属し、主流のナップ派と激しく対立するが、プロレタリア文学を代表する筆頭の作家となった。運動衰退後、昭和九年長野県上伊那郡に、十三年には岐阜県恵那郡に住み農業を始めた。この間も『山谿に生くる人々』などのすぐれた作品を書くが、二十年満洲の開拓村に渡り、敗戦後、帰国途中、十月十八日、車中で病死。五十二歳。北安省（吉林省）徳恵駅の近くに埋葬された。『葉山嘉樹全集』全六巻がある。

参考文献　広野八郎『葉山嘉樹・私史』、浦西和彦編『葉山嘉樹』（『人物書誌大系』一六） （林　淑美）

はやみぎょしゅう　速水御舟　一八九四―一九三五　大正・昭和時代前期の日本画家。明治二十七年（一八九四）東京市浅草区茅町二丁目（東京都台東区柳橋二丁目）に生まれる。本名蒔田栄一。四十一年松本楓湖に師事。はじめ禾湖、のち浩然と号す。四十二年速水姓となり、御舟と改号。四十四年紅児会に入り、大正三年（一九一四）第一回院展に「近村（紙すき場）」を出品、日本美術院院友となる。今村紫紅らの新日本画創造に取り組み、六年第四回院展の「洛外六題」は横山大観・下村観山から激賞され、同年日本美術院同人になる。十五年第一回聖徳太子奉讃会展に「昆虫二題　葉蔭魔手・粧蛾舞戯」を出品、初の個展を開催、「炎舞」（重要文化財）ほか十六点出品。昭和三年（一九二八）第十五回院展の「翠苔緑芝」、四年第十六回院展の「名樹散椿」（重要文化財）をはじめ、晩期の「白芙蓉」「茄子」などは御舟の名作である。昭和十年三月二十日没。四十二歳。墓は東京都世田谷区北烏山の妙高寺にある。常に自己の画境の開拓に努め、果敢な態度は高く評価されたが、短い画家生涯は惜しまれ、損失は大きい。

参考文献　吉田幸三郎編『速水御舟画集』、速水御舟作品集刊行会編『御舟作品集』、山種美術館編『速水御舟―その人と芸術―』、『美の国』一一ノ五（速水御舟特輯号）、速水御舟「制作心境―座居の習性―」（『美の国』七ノ九）、同「苦難時代を語る」（『美術新論』六ノ一〇）、同「想片」（『塔影』九ノ八） （中村　溪男）

はやみけんぞう　速水堅曹　一八三九―一九一三　明治時代前期の製糸技術改良家。天保十年（一八三九）六月十三日、前橋藩士速水仲助の次男として、武蔵国入間郡川越町（埼玉県川越市）で生まれた。明治二年（一八六九）三月、前橋生糸商人の協力を得て、横浜に藩営生糸売込問屋敷島屋を開設し、続いて三年六月から十月にかけてスイス人技師ミューラーを雇い入れ、その指導を受けつつ藩営前橋製糸所を設立した。日本最初の洋式器械製糸所である。速水は各地から同所を訪れた人々に器械製糸技術を伝授した。六年三月から一年間福島県に招かれ、二本松製糸会社の設立を指導した。八年三月内務省勧業寮出仕。九年六月アメリカのフィラデルフィア万国博覧会で繭生糸の審査を担当、以後国内の各種博覧会でも審査官として活躍した。十二年三月官営富岡製糸所所長に迎えられ、同伸会社初代社長をつとめた数年を除き、二十六年九月に三井家へ払い下げられるまで在任した。大正二年（一九一三）一月十八日病没。七十五歳。

参考文献　『群馬県史』資料編二三 （石井　寛治）

はやみせいじ　早速整爾　一八六八―一九二六　明治・大正時代の政治家。明治元年（一八六八）十月二日中山源蔵の次男として安芸国沼田郡新庄村（広島市西区三篠町）に生まれ、幼名は米吉、同二十二年早速勝三の養子となる。二十九年広島県会議員、三十四年広島市会議員、三十五年衆議院議員当選、その後三十七年より大正十三年（一九二四）まで七回連続当選。この間明治三十六年広島商業会議所会頭、大正四年第二次大隈内閣の海軍参政官、同年十二月衆議院副議長、十三年六月鉄道次官、同八月新制度の大蔵政務次官となり、十四年八月第二次加藤高明内閣の農林大臣、十五年六月後継の若槻内閣の大蔵大臣に転じた。『芸備日日新聞』に投稿を続けたことが縁で同社主の早速勝三の養子となったのを機に政治家を志し、経済問題に主眼をおいて新聞の論陣をはり、広島商業会議所会頭の経験もふまえて、財政経済を軸に国会議員として活動した。大正五年に憲政会結党を機にこれに所属するまでは既成政党に属さず、随時財政経済問題で政府を批判し、財政通といわれた。憲政会入党後も同党の苦節十年の歩みとともに財政経済政策批判に徹し、健全財政運営を求めた。大正十三年六月の護憲三派内閣で仙石貢の下で鉄道次官となってからは行政の立場に徹して効率運営に努めた。若いころは浪費者であったが、政治家としては清貧で質素な生活を続け、それが信頼を強めたともいわれる。大正十五年九月十三日没。五十九歳。法名は遒整院釈北陵居士。墓は広島市南区比治山町の法正寺にある。　（西村紀三郎）

バラー James Hamilton Ballagh　一八三二―一九二〇　アメリカ改革派教会派遣の宣教師。神学博士。一八三二年九月七日ニューヨーク州デラウエアのホバートに生まれた。五七年ラトガース大学卒業、六〇年ニューブランズウィック神学校卒業。六一年(文久元)十一月夫人とともに来日、神奈川成仏寺に住み『聖書』翻訳、居留外人の説教祈禱を行う。文久三年六月(月日は太陽暦、以下同じ)横浜居留地一六七番に移り、矢野隆山に慶応元年(一八六五)十一月五日最初の洗礼を授ける。このころ横浜英学所で教える。翌年火災にあい聖書和訳原稿焼失。明治三年(一八七〇)私塾を開き日本人青年に英語を教え、同五年二月自宅で日本人の初週祈禱会を開き、これが発展し三月十日、日本最初のプロテスタント教会の日本基督公会(のち海岸教会)を設立、仮牧師となる。のちもっぱら直接伝道に従事、各地に伝道。大正八年(一九一九)休暇で帰国、翌年一月二十九日バージニア州リッチモンドで死去。享年八十七。

参考文献　武市四郎『日本基督教会三島教会小史』、小出正吾『バラ先生と伊豆伝道』、園部丑之助『御殿場伝道十年』、『福音新報』三二九・八五五・八五六・一二八六―一二八八、The Japan Evangelist, Jan. 1902, June 1912.　（秋山　繁雄）

バラー John Craig Ballagh　一八四二―一九二〇　アメリカ長老教会平教徒、明治学院教授。一八四二年九月二十五日ニューヨーク市に生まれる。J・H・バラーの弟。八四年チェリー＝アカデミー卒業。卒業後テネフライ中学校で教えていたが、明治五年(一八七二)兄の招きで来日、横浜の高島学校で教えた。明治七年高島学校が火災で焼けた時辞任し、長老教会に転会し、その教徒となりヘボン塾の教育にあたる。明治十三年ヘボン塾が東京築地明石町七番に移転、築地大学校となるや校長となり経営教育に専念。同十六年横浜の先志学校と合併、東京一致英和学校となり、さらに同十九年明治学院となった後も一貫して学生の教育にあたり数学・星学(天文学)・簿記を担当。またミッションの会計、学院の会計事務を長年にわたり担当。大正九年(一九二〇)十一月十五日赤血球減退症のため静養先の鎌倉にて死去。白金瑞聖寺の明治学院外人墓地に埋葬された。享年七十八。

参考文献　高谷道男編訳『ヘボン書簡集』、明治学院同窓会『白金学報』五〇、『福音新報』六〇九・六一〇、The Japan Evangelist, Dec. 1920.　（秋山　繁雄）

はらいちのしん　原市之進　一八三〇―六七　幕末期の水戸藩士、幕臣。幼名は小熊、名は忠敬のち忠成、元服して任蔵と称し、安政六年(一八五九)十月市之進と改めた。天保元年(一八三〇)正月六日、水戸藩士原十左衛門雅言の次男として生まれた。母は外岡氏。初め弘道館に学び、また会沢正志斎について経史を修め、従兄の藤田東湖にも師事した。嘉永五年(一八五二)十二月江戸に出て塩谷宕陰・藤森弘庵らに学び、翌六年昌平黌に入学。同年ロシア使節プチャーチン長崎来航の節、川路聖謨らが応接のため出張を命ぜられると東湖の指示で川路の従者として随行。安政二年十月弘道館舎長、翌三年正月水戸城下五軒町に私塾菁莪塾を開設、三月歩行士・弘道館訓導となり彰考館編修兼務。同四年三月訓導職のままで小十人組。同五年八月戊午の密勅が水戸藩に伝達されるや諸藩への回達を主張、翌月同志を率いてひそかに出府、斡旋に努めた。同六年五月、江戸奥右筆となったが、前藩主徳川斉昭の水戸表永蟄居処罰に伴い十月馬廻組に転じ、再び水戸勤務の弘道館訓導。万延元年(一八六〇)二月、藩庁が密勅返納を決議すると、その不可なること十ヵ条を列挙して藩庁に建言した。同年四月からまた彰考館編修兼務。文久元年(一八六一)五月東禅寺事件が起って幕府の攘夷派への圧力が強まると、大橋訥庵らとともに老中安藤信正の要撃を謀議した。同二年十二月一橋慶喜に随従して上京、そのまま滞京して慶喜の徳川宗家相続、さらに将軍就職に奔走。この間、元治元年(一八六四)四月一橋家に入り、慶応元年(一八六五)九月同家御側御用取扱いを命ぜられ、翌二年七月慶喜宗家を継ぐや幕臣となり、日付に任ぜられると、一転して兵庫開港を積極的に推進する立場をとった。このため攘夷派から憎まれ、同三年八月十四日、京都二条の官舎で幕臣鈴木豊次郎・依田雄太郎らに暗殺された。年三十八。墓は京都東山の長楽寺と水戸市松本町の常磐共有墓地とにある。明治三十五年(一九〇二)贈従四位。

参考文献　『水府系纂』八四、渋沢栄一『徳川慶喜公伝』、田尻佐編『贈位諸賢伝』二、松本佳子「原市之進―徳川慶喜のブレーン―」(『ふるさと文庫』)、久野勝弥「原市之進の攘夷観―兵庫開港に至るまでの思想的究遷―」(『水戸史学』一四)　（鈴木　暎一）

はらかつろう　原勝郎　一八七一―一九二四　明治・大

正時代の歴史学者で、近代的歴史学の創始者の一人。特に日本史における中世という時代区分の称呼をはじめて用い、その中世に擡頭した武士階級を新時代・新文化の担い手として高く評価した。明治四年(一八七一)二月二十六日盛岡に旧南部藩士原勝多の長男として生まれる。同二十九年帝国大学文科大学史学科を卒業の後、大学院に進み、三十二年第一高等学校教授となり、三十五年「日本中世史」により文学博士となる。日露戦争に陸軍中尉として従軍、三十八年十一月召集解除・復員ののち、前記論文を加筆の上、翌三十九年刊行した。また同年よりイギリス・アメリカに留学し、四十二年に帰朝。直ちに京都帝国大学教授(文学部西洋史教室)となり、また大正十一年(一九二二)からは文学部長をつとめた。もっぱら十九世紀後半以後の西洋最近世史を講じ、その結実として『世界大戦史』を上梓した。西洋史関係の著作としては、このほかにも『米国史』『欧米最近世史十講』『西洋中世史概説・宗教改革史』などがあり、また An Introduction to the History of Japan は有名。さらに日本の中世史関係の論文としては、「日本中世史巻一」のほか、「日本中世史続篇(未定稿)」「鎌倉時代を三期に分たば」「鎌倉時代に於ける人文の地方的伝播」「足利時代を論ず」「東山時代に於ける一縉紳の生活」など多数あり、それらは遺稿集として、西田直二郎・中村直勝の手により、昭和四年(一九二九)に『日本中世史の研究』にまとめられた。大正十三年一月没。五十四歳。墓は盛岡の原家墓地にある。（安田 元久）

はらせきてい　原石鼎　一八八六—一九五一　大正・昭和時代の俳人。大正初期、高浜虚子の俳壇復帰を受けて作句。季題情緒の新化による斬新な俳句を見せた。本名鼎。明治十九年(一八八六)六月一日、島根県神門郡下塩冶村(出雲市塩冶町)に生まれる。明治末年から河東碧梧桐の新傾向運動が散文化し、同時に季節感を極度に稀薄にした。虚子はこれを俳句の危機と受けとめ、定型と季題情緒を守った上で感情を重視した発想と、表現の写生を説き、「守旧派」を号した。石鼎は、家が代々医家であったことから、一応医を志したが文学に対する夢を捨て切れず、俳句に打ち込むようになった。兄の医業を手伝うために吉野山中に在ったとき、俳句に対する高揚した情を、山中の風物を通して詠い上げた。虚子は前田普羅と並ぶ新人として推し、『ホトトギス』の雑詠欄を飾る秀作を示した。同時期に飯田蛇笏・村上鬼城とともに、近代俳句に光彩を放つ。大正中期から、物の微細な形を写しとる作風に転じ、さらに、関東大震災以降は淡彩な作風に変わった。昭和二十六年(一九五一)十二月二十日没。六十五歳。墓は郷里の島根県出雲市塩冶町の神門寺にある。句集『花影』。

参考文献　山下一海『近代俳句集』（松井 利彦）

はらぜんざぶろう　原善三郎　一八二七—九九　明治時代前期の横浜政財界を代表する商人。文政十年(一八二七)四月二十八日、武蔵国児玉郡渡瀬村(埼玉県児玉郡神川村)の絹物商原太兵衛の長男に生まれた。安政六年(一八五九)九月、開港直後の横浜を訪れ、翌万延元年(一八六〇)五月から輸出生糸の荷主として活躍、遅くとも慶応元年(一八六五)までに弁天通三丁目(横浜市中区)で生糸売込問屋亀屋を開業したとみられる。明治初年には早くも茂木惣兵衛と並ぶ最大級の問屋となり、明治十九年(一八八六)設立の横浜蚕糸売込業組合の初代頭取に選ばれた。また、明治二年、横浜為替会社の役員にあげられ、同社が六年に第二国立銀行となると、初代頭取に就任した。十三年に横浜商法会議所の初代会頭、二十二年には横浜市会の初代議長、二十八年には横浜商業会議所の会頭にそれぞれ選出された。さらに、三十年には貴族院多額納税議員となるが、三十二年二月六日病没。七十三歳。墓は横浜市西区元久保町の久保山墓地にある。法名は天授院殿仁誉寿嶺宗泰大居士。

参考文献　石井光太郎・東海林静男編『横浜どんたく』下（石井 寛治）

はらたかし　原敬　一八五六—一九二一　明治・大正時代の政党政治家。幼名は健次郎。鷲山・一山・逸山などと号した。最初の夫人貞子は中井弘の娘。安政三年(一八五六)二月九日陸奥国盛岡(南部)藩士原直治・リツ子の次男(第四子)として同藩盛岡城外本宮村(盛岡市本宮)に生まれる。原家は高地家格の家柄で健次郎の出生時、当主の祖父直記は家老職(家老加判)に列し、父直治は側用人を勤めていた。禄高は直治の家督相続時で二百二十七石であった。明治三年(一八七〇)藩校作人館の修文所に入り漢学・国学を学んだが、二年前の戊辰戦争に際して新政府軍と戦って敗れた南部藩は、政府の要求した七十万両の献金が調達できず、みずから願い出て三年七月廃藩となった。翌年南部家が東京に英学校共慣義塾を設立すると、原も旧藩子弟とともに上京して入塾したが、学資に窮して五年フランス人マリンの経営する神学校に入った。七年新潟に赴きエブラル神父の学僕となりフランス語を学ぶ。翌年いったん帰郷し分家したので平民の身分となった。ついで再び上京、箕作秋坪の三叉学舎に学び、九年には司法省法学校に入学したが、十二年いわゆる賄征伐事件に関連して薩摩藩出身の校長排斥運動の首謀者となり、陸実(羯南)らとともに退学処分となった。同年中井弘の口利きで『郵便報知新聞』に入り、フランスの新聞の翻訳にあたるとともに評論活動にたずさわり、穏健な立憲政治論を唱えた。しかし矢野文雄が同新聞社社長となり三田派の勢力が強まったのを機に、十五年一月退社。同年四月『大東日報』(立憲帝政党系)に入ったがまもなく退社し、在社中知り合った井上馨の推薦で同年十一月外務省御用掛に任用された。その後、天津領事・パリ日本公使館書記官など在外勤務を経て二十二年四月農商務省参事官に転じ、ついで大臣秘書官・官房秘書課長などを歴任、特に陸奥宗光農商務大臣の知遇を得た。二十五年三月陸奥の辞職とともにいったん辞任したが、同年八月陸奥が第二次伊藤内閣の外務大臣に入閣すると、そのもとで外務省通商局長、ついで二十八年五月外務次官となった。翌年六月駐朝鮮公使となったが、第二次松方内閣成立(大隈重信外相)により十月に辞任、待命。陸奥の病没を機に三十年九月官界を退き『大阪毎日新聞』に編輯総理として入社、翌年九月同社社長となった。三十三年七月ごろから伊藤博文を擁立する新党運動に参画、同年九月伊藤を総裁に立憲政友会が結成されると、大阪毎日新聞社長を辞してこれに加わり、十二月政友会総務委員兼幹事長となり、同月辞任した星亨のあとを受けて第四次伊藤内閣の逓信大臣として入閣した。翌年六月伊藤内閣退陣により辞任。三十五年八月の第七回総選挙で岩手県盛岡市から衆議院議員に当選して以来、大正九年(一九二〇)の第十四回総選挙まで連続八回当選。この間第二代総裁西園寺公望を補佐して党務にあたり、次第に政友会の実権をにぎるとともに、藩閥勢力を代表する桂太郎と西園寺との「情意投合」を演出し、日露戦争後の政局の安定化をはかった。また大阪北浜銀行頭取(三十四年十一月―三十六年五月)・古河鉱業副社長(三十八年四月―三十九年一月)をつとめるなど財界とも深い関係を持った。第一次西園寺内閣(三十九年一月―四十一年七月)、第二次西園寺内閣(四十四年八月―大正元年十二月)、第一次山本内閣(大正二年二月―三年四月)ではいずれも内務大臣をつとめ、府県知事の人事異動、地方制度の改革、地方開発などを通じて政党勢力の拡張をはかり、藩閥・官僚勢力と対抗した。大正三年六月西園寺のあとを受けて第三代立憲政友会総裁に就任。第二次大隈内閣時代野党に廻った政友会は四年三月の総選挙で結党以来はじめて第二党に転落したが、次の寺内内閣に対しては「是々非々」の立場から準与党的立場を維持し、原の指導下に六年四月の総選挙で勝利をおさめ、再び第一党に返り咲いた。原は同年六月犬養毅らとともに臨時外交調査委員会委員となり外交政策にも発言力を持った。大正七年八月米騒動が全国にひろがり、激しい非難を浴びた寺内内閣が、同年九月米騒動収拾を機に退陣すると、元老西園寺公望らの推薦によって九月二十七日原が後継内閣組織の大命を受け、九月二十九日立憲政友会を率いて内閣を組織した。原は西南雄藩や公家の出身ではなく、衆議院に議席を有する日本最初の総理大臣だったので、「平民宰相」「無爵宰相」などと呼ばれ国民の人気と期待を集め、卓越した政治的手腕を発揮して与党と内閣を指導した。対外的には対米協調を基本方針とする外交政策を、国内的には高橋是清を蔵相にすえ、大戦景気を背景に積極財政政策を強力におし進めた。とりわけ鉄道敷設におけるローカル線拡張や道路網の新設・整備などにみられる「地方開発」政策は政友会の党勢拡張に大きな役割を果たしたと考えられる。貴族院工作にも取り組み、九年五月には兼任していた司法大臣のポストを貴族院の最大会派研究会に配分し、その与党化をはかっている。また大正デモクラシーの風潮に応じて衆議院議員の選挙権拡張をめざし、八年三月には選挙権者の納税資格を直接国税十円以上から三円以上に引き下げるとともに小選挙区制を取り入れた選挙法改正案を成立させた。しかし、普通選挙(男子のみ)実現の要求に対しては、時期尚早とする立場からこれに反対し、野党の普選案上呈に対抗して九年二月衆議院を解散し、同年五月の総選挙では立憲政友会が衆議院の約六割の議席を制するという大勝を博した。こうして原は衆議院の絶対多数の確保と議会外諸勢力との協調関係の保持などによって、三年一ヵ月余りにわたって政権を維持したが、その末期には第一次世界大戦後恐慌の影響による財政の悪化や宮中某重大事件のような困難な政治問題に直面し、また普通選挙拒否や多数の支持をたのんだ政治運営における高圧的姿勢に加えて汚職事件の頻発などが彼の「平民宰相」イメージを損ない、野党の反政府攻勢の高まりと相まって、原への国民の期待と人気は次第に低落していった。こうした中で、政友会近畿大会に出席するため東京発の夜行列車に乗車しようと、大正十年十一月四日午後七時二十五分ごろ東京駅の乗車口の改札口にさしかかった時、中岡艮一(大塚駅の転轍手、当時十九歳)に襲われ、短刀で胸を刺されて死亡した。享年六十六。盛岡市の大慈寺に葬る。法名大慈寺殿逸山仁敬大居士。原は戊辰戦争当時十三歳の少年であったが、一山(または逸山)というペンネームを好んで用いたのをみれば、南部藩が新政府に敵対して「朝敵」とされた屈辱的記憶は、「白河以北一山百文」という東北人への侮蔑的呼称とともにその脳裏に深く刻み込まれていたと思われる。薩長藩閥勢力に対する敵意と対抗心を終生持ち続けたことは、叙爵の機会が何回もありながら、かたくななまでにこれを辞退し続けた彼の姿勢からもうかがわれる。しかしあくまで現実的政治家であった原は、そうした敵意をあらわにすることなく、藩閥・官僚派とつかず離れずの態度をとって正面衝突を避けつつ、慎重に彼らの足場を掘り崩して政党勢力の拡張をはかり、立憲政友会政権の実現に到達したのである。そして、彼が明治憲法下の限定された条件のもとで、政党内閣を比較的長く維持し得た重要な理由の一つは、政党政治を好まない山県有朋ら党外・議会外の諸勢力と協調関係を保持していたことにあったと考えられる。政党政治家としての原の指導力の源泉の一つは、そのすぐれた政治資金調達能力にあった。現実にそれをどこから得ていたかは明白ではないが、財界との関係はきわめて密接で、政友会の運営資金の調達と運用は、ほとんど原が一手に引き受けていたといわれる。また積極政策による「地方開発」を通じての党勢拡張が、地方への「利益誘導」型の政党政治の成立につながったことも否定できない。しかし、とかく金銭感覚にルーズな政党政治家が多かった中で、原は金銭にはきわめて几帳面で、特に党の資金と個人的資金とは峻別していたとみられ、私生活の面では当時の政党政治家の中ではむしろ質素でさしたる私財をたくわえることもしなかったという。原は実行力に富んだ現実的政治家として日本における政党政治の確立に大きな役割を演じたが、反面、政権担当の末期には反対派からしばしば「多数党横暴」の責任者として非難を浴びた。原が死去の直前まで記していた八十二冊の日記(『影印原敬日記』全十七巻、『原敬日記』全六巻)は、政治家原敬の考えや行動を中心に、明治時代後期から大正時代における政界の動向を知る上で貴重な史料である。また、新聞に発表された原の評論、各種の演説などを集めた『原敬全集』(上・下)、来翰や書類をおさめた『原敬関係文書』などが公刊されている。現在、盛岡市本宮には原の生家の一部が保存され、敷地内には原敬記念館が建設され、遺品や関係史料が展示されている。

参考文献 前田蓮山『原敬伝』、同『原敬』(『三代宰相列伝』七)、テツオ=ナジタ『原敬―政治技術の巨匠―』(安田志郎訳)、岡義武『近代日本の政治家』、升味準之輔『日本政党史論』三・四、原奎一郎・山本四郎編『原敬をめぐる人びと』(『NHKブックス』四〇一)、同編『続原敬をめぐる人びと』(同四一九)、山本四郎『評伝原敬』 (鳥海 靖)

はらだくまお 原田熊雄 一八八八―一九四六 大正から昭和時代前期にかけての政治家。西園寺公望の秘書。明治二十一年(一八八八)一月七日地質学者原田豊吉・照の長男として東京に生まれる。祖父原田一道は陸軍少将・貴族院議員で明治三十三年男爵を授与され、同四十三年熊雄が襲爵した。大正四年(一九一五)京都帝国大学法科大学政治科卒業後、日本銀行に入ったが、十三年六月加藤高明内閣の成立とともに首相秘書官となり、続く第一次若槻内閣のもとでも十五年六月までその任にあった。同年七月住友合資会社に嘱託として入社。ほぼ同じころ住友合資会社嘱託のまま元老西園寺公望の秘書となり、昭和十五年(一九四〇)十一月の西園寺の死まで彼の側近にありその意を体して各界の要人との連絡役をつとめた。その間、西園寺の言動を中心に政界最上層部の各種の情報について、原田が口述し近衛泰子に筆記させたいわゆる『原田日記』(『原田文書』)は、原田の死後『西園寺公と政局』と題して公刊され、昭和史の貴重な史料となっている。昭和六年には貴族院議員に互選。西園寺の没後は近衛文麿・木戸幸一らと接触を保って活動した。十七年脳血栓で倒れ、二十一年二月二十六日死去。五十九歳。法名、霊通院殿機庵紹玄大居士。墓は東京都台東区谷中七丁目の天王寺にある。

参考文献 勝田竜夫『重臣たちの昭和史』(『文春文庫』) (鳥海 靖)

はらだけいきち 原田慶吉 一九〇三―五〇 昭和時代前期のローマ法学者。本籍は高知市。明治三十六年(一九〇三)七月三十日神戸市生まれ。大正十二年(一九二三)六高(岡山)卒業、東京帝国大学法学部英法科入学。春木一郎のもとでローマ法を研究。昭和四年(一九二九)同助教授、十四年教授としてローマ法を担当。昭和十一―十三年ベルリン大学に留学して、パウル=コシャーカーなどの指導を受ける。著書には、厳密な文献批判的方法に立った主著『ローマ法』(昭和二十四年)、エッセー風にローマ法文化を描いた『ローマ法の原理』(同二十五年)、アッシリア学上の業績として『楔形文字法の研究』(同二十四年、翌年朝日文化賞受賞)、また雑誌論文で没後単行本として刊行された『日本民法相続篇の史的素描』(同二十九年)などのほか、多数の論文・翻訳がある。語学は、西欧諸語、ギリシャ・ラテン両語のほか、シュメール・アッカド・ヒッタイト・ヘブライ・アラビアの諸語にも通じた。昭和二十五年九月一日病弱と生活苦から自殺。四十七歳。

参考文献 片岡輝夫「原田慶吉先生の逝去を悼みて」(『法制史研究』三) (長尾 龍一)

はらだじろう 原田二郎 一八四九―一九三〇 明治・大正時代の鴻池財閥経営者。嘉永二年(一八四九)十月十日伊勢国飯高郡松坂城下殿町(三重県松阪市)に紀州藩士原田清一郎の長男として生まれる。洋学を修業、明治八年(一八七五)から四年間大蔵省に勤務した後、同十二年横浜の第七十四国立銀行頭取に就任し同地の財界活動にも参加するが、二年で頭取を辞職、以後病を得たこともあってほとんど退隠状態となる。明治三十三年鴻池家からの要請で鴻池銀行の経営に加わり、同家顧問井上馨の知遇も得て、同四十年鴻池銀行専務理事に、大正四年(一九一五)には鴻池本連家監督に就任するまでに重用された。その他、大阪倉庫など鴻池家事業会社の役員も兼任した。同八年鴻池家を退く。実子を得なかったので、九年原田家をみずから断絶し、全家産を投じて基金千二十万円の財団法人原田積善会を創立、世人を驚倒させた。昭和五年(一九三〇)五月五日死去。八十二歳。墓は松阪市樹敬寺にある。

参考文献 原田積善会編『原田二郎伝』 (森川 英正)

はらだたすく 原田助 一八六三―一九四〇 明治・大正時代のキリスト教界の指導的牧師、教育者。熊本藩士鎌田収の次男として文久三年(一八六三)十一月十日熊本に生まれ、原田家を嗣ぐ。号渓鹿。熊本洋学校・同志社英学校に学び、受洗して神学科に進む。明治十八年(一八八五)牧師となり、さらにイェール大学に留学。番町・平安・神戸諸教会の牧師の傍ら『基督教新聞』『六合(りくごう)雑誌』の編集にあたり、同四十年同志社社長(総長)となり、同志社大学を開学。大正九年(一九二〇)ハワイ大学東洋学部長に招かれ昭和七年(一九三二)まで在任。その間、大正十二年の世界教育会議日本代表となり、その後、太平洋問題調査会設立に尽力。排日運動の中で日米関係の改善に努めた。昭和十五年二月二十一日永眠。七十八歳。

参考文献 原田健編『原田助遺集』 (海老沢有道)

はらただゆき 原忠順 一八三四―九四 幕末・維新期の肥前国鹿島藩士。諱は忠順、通称弥太右衛門。天保五年(一八三四)八月二十一日鹿島城内に生まれる。同十年藩校徳譲館に入校、嘉永二年(一八四九)本藩佐賀の弘道館に、安政四年(一八五七)藩命により江戸昌平黌に遊学した。文久三年(一八六三)藩主鍋島直彬に従い上京、常に藩主の側近として仕え、明治二年(一八六九)前後は藩大参事として知藩事直彬を補佐して藩制改革にあたる。明治五年直彬に従ってアメリカに留学、『米政撮要』を著わす。同七年五月左院五等議官、同八年七月法制局七等出仕。同十二年直彬が初代沖縄県令となると少書記官に任命され、のち大書記官となる。県令が病を得たとき代わって県政を執行し、県令の旧慣温存主義を改め、武断強硬策をとった(原忠順史料、琉球大学蔵)。同十四年帰郷してからは地元の殖産事業に貢献、同二十三年第一回貴族院多額議員に佐賀県から当選したが、同二十七年十月二十八日故郷で病没。年六十一。　(杉谷　昭)

はらだとしあき　原田敏明　一八九三―一九八三　昭和時代の日本宗教史学者。明治二十六年(一八九三)十一月一日、熊本県山本郡吉松村(鹿本郡植木町)に父官太と母トリの次男として出生。鹿本中学、神宮皇学館を経て、昭和二年(一九二七)三月東京帝国大学文学部宗教学宗教史学科卒。大谷大学・神宮皇学館・神宮皇学館大学・熊本大学・東海大学などの教授を歴任。この間、財団法人日本文化中央連盟参事、神道大系編纂委員、熊本大学法文学部長、同大学付属図書館長、東海大学付属図書館長、同大学文学部長、同大学付属第五高等学校長、同大学文明研究所長を兼務。東海大学名誉教授。三十八年十一月紫綬褒章、四十一年四月勲三等瑞宝章を授与さる。昭和五十八年一月十七日、東海大学医学部付属病院で永眠。享年八十九。主要編著書は『日本古代宗教』『古代日本の信仰と社会』『日本宗教交渉史論』『宗教と民俗』『日本古代思想』『日本祭礼行事集成』など多数、雑誌『宗教研究』『社会と伝承』の編集にもあたった。「足偏の歴史」を標榜し、全国的な農村の踏査により資料を蒐集記録し、日本の農耕儀礼や宮座など宗教・祭事信仰について社会学的研究を実証的に行う。墓は郷里の植木町今藤にある。

参考文献　住谷一彦「日本の神の発見―柳田国男と原田敏明(一)―」(『世界』四二二)、同「宮座の神―柳田国男と原田敏明(二)―」(同四二五)、森安仁編「原田敏明先生著書論文他目録(稿)」(『勢陽論叢』八)、東海大学大学院日本史学友会「原田先生略年譜・原田先生論文・文献目録」(『湘南史学』七・八合併号)

(正木喜三郎)

はらだともひこ　原田伴彦　一九一七―八三　昭和時代の歴史学者。大正六年(一九一七)三月十一日、中国奉天(瀋陽)に生まれる。父原田鉄造・母まつしまの次男。本籍佐賀県唐津市。幼時に帰国、東京の桃園第二尋常小学校、ついで長野県松本市に移り、松本尋常小学校・県立松本中学・松本高校を経て、東京帝国大学文学部国史学科卒業、同大学院卒業。中田百子と結婚。教授中村孝也の研究助手、八雲女学校・大妻女学校教師、国民新聞社記者となる。昭和十九年(一九四四)中国大陸に従軍。第二次世界大戦後松本商業学校教師、信陽新聞社記者(論説委員)となる。二十五年マッカーサー指令によるレッド＝パージにて退社。二十七年京都へ移り、大阪市立大学経済学部専任講師となり、助教授ついで三十四年教授、学生部長・経済学部長を歴任し、五十五年定年退職ののち八代学院大学教授となる。その間、部落問題研究所理事(昭和二十八―四十一年)、四十三年部落解放研究所創設とともに理事長を勤めたが、五十八年十二月八日に死亡。六十六歳。墓は京都市左京区の知恩寺にある。日本封建都市研究を主導し、『中世における都市の研究』『日本封建都市研究』『日本封建制下の都市と社会』の著書などがある。また部落史研究に優れた業績をあげ、解放運動にも大きな影響を与え、さらに女性史や茶道史などにもはば広い活動をした。実証的な学風で研究を進めたが、また該博な知識に支えられた平明洒脱な文章を記し、人道主義的な立場から部落民・女性など差別された人々へ目をむけた歴史家であった。主要な著作は『原田伴彦論集』全五巻(思文閣出版)に入り、また『原田伴彦著作集』全七巻・別巻一(思文閣出版)のほか、史料集の編集など多数の著書、共編著がある。　(脇田　修)

はらだとよきち　原田豊吉　一八六〇―九四　明治時代の地質学・構造地質学者。万延元年(一八六〇)十一月二十一日、岡山藩士のち陸軍中将原田一道の長子として江戸小石川に生まれる。洋画家原田直次郎は弟、政治家原田熊雄は長男。十五歳でドイツ留学、中等教育を卒えフライブルグ鉱山学校、ハイデルベルグ大学、ミュンヘン大学に学び、オーストリア地質調査所に勤め、Ein Beitrage zur Geologie des Comelico und des westlichen Carmia「コメリコおよび西カルミア地方の地質についての報告」を著わす。この間アルプスを跋渉し、日本山岳界のアルプス登攀の先駆者として有名。明治十六年(一八八三)帰国、二十二年地質調査所次長となる。東京帝国大学理学部教授を兼ね、広く本州四国を踏査し、地質図幅事業の推進をはかる。Versuch einer geotektonischen Gliederung der Japanischen Inseln(「日本群島地質構造論」、一八八八年)で独自の地体構造論を展開した。すなわち、ナウマンが日本列島を単一の弧状褶曲山脈とみなしフォッサマグナ Fossa Magna を後生的地溝としたのに対して、原田は日本列島はいくつかの弧状褶曲山脈のあつまりであり「フォッサマグナ」は初生的な対曲(Syntaxis)と主張し、「ナウマン―原田論争」の口火を切った。原田の構造論は、日本を千島・東北日本・西南日本・琉球の各弧がそれぞれ対曲関係にあるとするもので、主著 Die Japanischen Inseln eine topographische-Geologische Uebersicht(一八九〇年、「日本群島―地形学的、地質学的概観―」)ではさらに豊富な資料を加えて日本の地質を総括し、はじめて日本の地質系統を樹立した。明治二十七年十二月一日、結核のため三十五歳で死去。法名、理城院殿学山宜豊大居士。墓は東京都台東区谷中七丁目の天王寺にある。

参考文献　望月勝海『日本地学史』(『平凡社全書』)、今井功『黎明期の日本地質学』(『地下の科学シリーズ』七)

(松井　愈)

はらだなおじろう　原田直次郎　一八六三―九九　明治時代の洋画家。文久三年(一八六三)八月三十日岡山藩士原田一道の子として江戸小石川に生まれる。地質学者原田豊吉は兄。明治六年(一八七三)東京外国語学校に入学してフランス語を学び、十四年卒業。在学中に山岡成章、のち高橋由一について洋画の指導を受けた。十七年ドイツに留学、ミュンヘンで歴史画家ガブリエル＝マックスに師事。滞欧作「ドイツの少女」「靴屋の阿爺」はモデルの内面に迫る強い筆力を示し、近代洋画の秀作とされる。また留学中に結んだ森鷗外との交友もよく知られている。二十年に帰国、翌年画塾鍾美館を開いて後進の指導にあたり、二十二年の明治美術会創立にも加わった。二十六年から病床につくことが多く、三十二年十二月二十六日東京で没。三十七歳。東京市下谷区(東京都台東区)の天王寺に葬る。法名、隆光院殿清宇直道居士。ほかに代表作として「騎竜観音」(明治二十三年)がある。

(原田　実)

はらたねあき　原胤昭　一八五三―一九四二　明治・大正時代の社会事業家。嘉永六年二月二日(一八五三年三月十一日)江戸日本橋茅場町で佐久間長与の四男として生まれた。幼名弥三郎。文久二年(一八六二)江戸町奉行所与力、原胤保(同年七月没)の養子となったが、幼少のため叔父が勤務を代行、慶応二年(一八六六)諸役見習、同三年南町奉行所与力となった。五年後、明治維新により、江戸市政が鎮台府に引き継がれるに伴い市政裁判所勤務、明治二年(一八六九)東京府当番所詰となったが、同年役員減少により解任、五年東京府士族となる。築地大学校で英学を学ぶうち、七年宣教師カロザーズから洗礼をうけキリスト教に入信、銀座独立教会の創立会員となった。同年銀座三丁目に十字屋書店を創業してキリスト教書(『聖書』、賛美歌集など)の出版販売を始め、九年原女学校を創立したが財政困難で間もなく閉校(現在の女子学院の前身校の一つ)。十五年の福島事件に際しその指導者であった県会議長河野広中らを賞揚する錦絵を出版したため、十六年出版条例違反に問われ反政府活動家として石川島監獄に入れられた。獄内でその非人間的な状態を体験し、また伝染病にかかって生死の境をさまよったのを機として、刑余者の更生保護の重要性を痛感し、出獄後、キリスト教教誨として釧路集治監などに勤務。明治三十年帰京して毎日新聞社事務長を経て三十一年出獄人保護所「原寄宿舎」(のち「東京保護所」と改称)を自宅に開設、行政がまだ着手していなかったこの分野の先駆者となった。キリスト教精神によって家族の一員として接しつつ保護した延人数は約一万人に達し、各事例をカードに記入して整理するなど、近代的保護方式を確立した。著書に『猶太(ユダヤ)国地名人名辞典』(明治十年)、『出獄人保護』(大正二年(一九一三))など多数がある。また明治・大正期の代表的キリスト教信徒であり晩年には「七十路(ななそじ)会」を組織して、初期のキリスト教信徒の親睦を図るとともに、当時の実状を記録している。昭和十七年(一九四二)二月二十三日東京で没。九十歳。墓は千葉県の手賀沼湖畔の原家墓地。

(原　恵)

ハラタマ　Koenraod Woulter Gratama　一八三一―八八　オランダの化学者。一八三一年四月二十五日生まれる。ユトレヒト大学で化学・医学を学び、陸軍軍医となった。元治元年(一八六四)日本に招かれ、慶応二年(一八六六)から明治四年(一八七一)まで五年間、わが国ではじめて組織的に物理学と化学を教えた。はじめは長崎の精得館付属分析究理所教師として伝習生戸塚静伯・佐藤道碩らを教えた。ハラタマはボードウィンとともにこれを江戸に移すことを提案し、翌慶応三年江戸に赴任したが、三転して大坂舎密(せいみ)局(明治元年設立)教頭に就任し、浪華病院(同二年二月創設)の教師をも兼任。また鉱山の調査も行なった。明治二年五月一日、舎密局開講式における教頭ハラタマの演説『舎密局開講之説』(同助教授三崎嘯輔訳、『明治文化全集』二七所収)はギリシャ科学以来の西欧理学および産業を要約している。この大坂舎密局はのちの第三高等学校(京都大学の前身)の化学の淵源となった(三高同窓会編『神陵小史』)。三年十二月雇入期限が満ち、翌年帰国。八八年一月十九日没。五十六歳。

参考文献　古賀十二郎『西洋医術伝来史』、重久篤太郎「京阪を中心とした明治文化と西洋人」(『同志社高商論叢』一五)、芝哲夫「舎密局について」(『生産と技術』九)、石山洋「コンラード・ウォルテル・ハラタマ―明治科学の恩人達(一三)―」(『科学技術文献サービス』四五)、菊池重郎「蘭人教師〝ハラタマ〟住宅の追跡」(『自然』三二ノ二)、原平三「蕃書調所の科学及び技術部門に就て」(『帝国学士院紀事』二ノ三)

(山下　愛子)

はらだよしと　原田淑人　一八八五―一九七四　明治から昭和時代にかけての東洋考古学者。明治十八年(一八八五)四月五日東京神田に生まれる。同四十一年東京帝国大学文科大学史学科を卒業。同講師を経て、大正十年(一九二一)に助教授。昭和十三年(一九三八)、教授に昇進し、文学部に考古学講座を創設。同十四年、東京帝国大学より文学博士の学位を受け、同二十一年、定年により退官。その後、二十七年の長きにわたって聖心女子大学の教授を勤め、同四十七年に名誉教授の称号を受ける。文化財保護の面での活動も目覚ましく、帝室博物館鑑査官・東京国立博物館評議員・国宝保存会委員・文化財専門審議会会長などを歴任。海外における活動は、大正七年朝鮮総督府古蹟調査委員を委嘱された時に始まる。同十年から二年間、考古学研究のため欧米に留学。帰国後、浜田耕作らと東亜考古学会を創立し、大陸の諸方面で活躍。

王旴(おうく)墓・楽浪郡治跡をはじめとする朝鮮各地の遺跡、牧羊城・東京城・遼陽漢墓など中国東北地区の遺跡、易県・大同・邯鄲(かんたん)・曲阜(きょくふ)など華北方面の遺跡、内蒙古にある元の上都の跡などを親しく調査した。一方、古文献についての素養も抜群で、東西文化の交渉史には特に深い造詣を示す。『唐代の服飾』『漢六朝の服飾』などの名著をはじめ、『楽浪』『牧羊城』『東京城』『上都』以下の報告書、『東亜古文化研究』『東亜古文化論考』『東亜古文化説苑』などの論文集がある。昭和四十九年十二月二十三日没。八十九歳。

参考文献 「原田淑人略歴・調査研究・著作目録」(原田淑人先生米寿記念会編『東亜古文化説苑』所収)

(関野　雄)

はらたんざん　原坦山　一八一九―九二　幕末・明治時代前期の曹洞宗の学僧。文政二年(一八一九)十月十八日磐城平藩士新井勇輔の長男として生まる。初め儒者になることを志し、早くに江戸に出て漢学を学び、昌平黌に入学。ついでまた医学を学ぶ。たまたま栴檀林の寮司の京璨に出会い論争して仏教の意義を知り、京璨の本師の三河青眼寺達宗について得度。ついで宇治興聖寺廻天、大坂の覚巌、風外に歴参し、法を京璨に嗣いだ。京都大悲山の山中に幽居し、のちに白川の心性寺に住したが、そのころに蘭医であった小森宗二に会い、西洋の学問は実験実証に基づいていることを教えられ、仏教研究もその方法によるものでなくてはならぬことを痛感し、仏教で説く心識について医学的、解剖学的研究をなすべく志した。また一方、正光真人から仙訣を受け、仏仙社を創めて門徒を聚め、仏仙説をもってして心身の調和を唱えた。仏は心を治め、仙は身を護るものであるとし、心は命寿につながるものでなくてはならぬというのであり、その人体身心論は、心身の調和を種種の疾病によって損うに至るのは、一に人体にある惑体の然らしめるところにあるとし、その惑体の追求を、実験の上に明らかにすることを図った。その学問的方法論はともかく、幕末から維新にかけて仏教の近代化をめざした先覚者といえよう。みずから覚仙と号したのも、ひそかに自負するものがあってのことであるかも知れない。安政二年(一八五五)永平寺瑞世、明治五年(一八七二)教導職が置かれて権訓導から少教正に累進し、同十二年帝国大学印度哲学の講師となり、同大学にあってはじめて仏典を講じ、同十八年東京学士会院会員となった。東京大学文学会・哲学会、あるいは学士会院にあってしばしば講演し、仏教研究が西欧の諸科学の研究に対応するものでなくてはならぬことを力説し、仏教、印度哲学は一に心性を明らかにするところにあるとし、ついではその研究は心性の実験に俟つものでなくてはならぬと主張した。教導職にあった時代、　時出版法違犯に問われて還俗したが、同二十五年曹洞宗宗務統理となり、大学林総監となる。同年七月二十七日没。七十四歳。墓は東京都新宿区市谷薬王寺町の長昌寺にある。『坦山和尚全集』全一巻がある。

参考文献 古田紹欽「原坦山と実験仏教学」(『日本大学精神文化研究所研究紀要』昭和五十四年度)

(古田　紹欽)

はらぶんべえ　原文兵衛　一九一三―九九　昭和戦後・平成時代初期の官僚、政治家。大正二年(一九一三)四月二十九日東京に生まれる。昭和十一年(一九三六)東京帝国大学法学部卒業。内務省に入り警察畑を歩み、長野・神奈川各県警本部長・警視庁警務部長・警察庁保安局長などを歴任。同三十六―四十年警視総監をつとめ東京オリンピックの警備の総指揮をとった。公害防止事業団理事長を経て同四十六年東京地方区から参議院議員に当選、以後、連続四回当選。自由民主党に所属。同五十六―五十七年鈴木善幸内閣の環境庁長官となりナショナルトラスト運動を推進。平成四年(一九九二)―七年参議院議長をつとめた。同七年政界を引退。著書に『以文会友―折り折りの記』『元警視総監の体験的昭和史』がある。平成十一年九月七日長野県臼田町の病院で肺炎のため死去。八十六歳。

参考文献 寺田晃夫他編『歴代国会議員名鑑』中

(鳥海　靖)

はらよしみち　原嘉道　一八六七―一九四四　明治から昭和時代前期にかけての法曹家、政治家。慶応三年(一八六七)二月十八日、信州須坂藩足軽小頭原茂作の長男として信濃国高井郡(長野県須坂市)に生まれる。大学予備門、第一高等中学校を経て明治二十三年(一八九〇)帝国大学法科大学を卒業し、同年農商務省に入省、東京鉱山監督署長兼大阪鉱山監督署長にまで昇進、同二十六年退官し、弁護士を開業、主として民事事件を扱って大いに名を挙げ、産をなす。明治四十四年東京弁護士会長となり、三期勤め　そのあと引きつづき第一東京弁護士会長を二期勤める。この間学習院、早稲田大学などの講師となる。昭和五年(一九三〇)中央大学学長となり同十三年まで勤める。昭和二年四月田中義一内閣の司法大臣として入閣、同時に弁護士登録を取り消す。司法大臣としては治安維持法の改悪を行い、同法の最高刑を「死刑」とする。田中内閣の瓦解とともに辞任。同六年枢密顧問官に任命され、十三年には枢密院副議長、十五年には同議長に昇格、太平洋戦争開戦にあたっては天皇側近として枢機に参画した。十九年八月七日、在職のまま死去、男爵を授けられる。七十八歳。人物は冷徹、非妥協的な学究肌で、思想的には国家主義者に近く、大正十二年(一九二三)の平沼騏一郎による国本社の創設に関与した。原嘉道述・黒沢松次郎編『弁護士生活の回顧』がある。

(由井　正臣)

はらりょうざぶろう　原亮三郎　一八四八―一九一九　明治から大正にかけての出版業者。嘉永元年(一八四八)十月十八日、美濃国羽栗郡平方村(岐阜県羽島市)に生まれる。明治五年(一八七二)上京して藤川三渓の門に学ぶ。のち駅逓寮の雇員となり、前島密に認められて神奈川県吏生、ついで同県四小区戸長、一等学区取締となる。八年横浜弁天通りに書店金港堂を創業、翌年九月東京日本橋に移転し精力的に各種の出版事業にあたった。また十六年九月大日本教育会の設立にも尽力した。十九年第九十五銀行頭取。二十一年には三宅米吉を編集長に迎えて評論・文芸雑誌『文』を創刊、同年山田美妙編集の『都の花』を創刊した。二十五年二月第二回総選挙には岐阜県第三区から衆議院議員に当選した。三十四年ごろまでは東京書籍商組合の重鎮として活躍したが、三十五年いわゆる教科書疑獄事件以後はその力を失い、大正八年(一九一九)十二月八日郷里の岐阜県羽島郡福寿村(羽島市)で没した。七十二歳。 (北根　豊)

はらろくろう 原六郎　一八四二―一九三三　明治時代の実業家、財界人。天保十三年(一八四二)十一月九日、但馬国朝来郡佐中村(兵庫県朝来郡朝来町佐嚢)の豪農進藤丈右衛門の六男に生まれた。名は長政、幼名俊三郎。青谿書院に学んだのち、文久二年(一八六二)但馬農兵を組織し、翌年生野挙兵(生野の変)に参加したが敗走し、各地に潜んだのち、原六郎と変名して長州に入り遊撃隊に加わった。第二次長州征討の際には幕軍と戦い、戊辰戦争では山国隊を率い、明治二年(一八六九)親兵第三中隊司令官、三年陸軍大尉となった。四年渡米してエール大学で経済学を学び、さらに八年渡英してキングス＝カレッジで銀行論を学び、十一年帰国した。同年鳥取第百国立銀行を設立して頭取となり、十三年東京貯蔵銀行を設立した。十六年には経営不振の横浜正金銀行の頭取となり、松方正義の改革案を実行して経営を再建し、二十三年辞任した。北越鉄道・東武鉄道・東洋汽船・猪苗代水力電気・汽車製造・豊前採炭・帝国ホテルなどの重役、富士製紙・横浜船渠の社長を勤めたが、大正八年(一九一九)実業界を引退し、昭和八年(一九三三)十一月十四日、九十二歳で没した。

参考文献　原邦造編『原六郎翁伝』 (高村　直助)

ハリス Townsend Harris　一八〇四―七八　アメリカ、ニューヨークの商人、ついで地方教育者、そして初代の駐日総領事(のち公使に昇格)。一八〇四年十月四日、ニューヨーク州サンディ＝ヒル(現在のハドソン＝フォールズ)村に生まれる。父は、農作のかたわら帽子造りを営んだ。生来、タウンセンドは、聡明だったが、小学校を終えると、貧しい家計のために進学を諦め、すでにニューヨーク市へ出て陶器商として成功しつつあった兄、ジョンを頼って上京し、まずは商人としての道を歩み出す。しかし、もともと読書好きの彼には、その商売もうまく行かず、兄との間にも疎隔を生じるが、かたや彼の交友関係は、その文化的志向によって、ニューヨーク市の教育者・牧師・地方政治家などへ次第に広がっていった。そして民主党に属しながら、貧困だった自己のかつての境遇を顧みつつ、才能があっても学資に恵まれない若者たちへの高等教育の普及のために、情熱を燃やし努力を傾けていく。その情熱と努力は、彼を四十二歳でニューヨーク市教育委員会の委員長という要職に就かせ、ついに翌四七年の夏に、現在のニューヨーク市立大学の前身たる授業料不要のフリー＝アカデミーを実現させた。しかしながら、同年の秋、なお独身だった彼は母を亡って悲嘆にくれ、兄とも口論して訣別した挙句、ニューヨーク市の教育界から足を洗い、一転して太平洋や東アジアにおける貿易の可能性の開拓へ立ち向かう。それより数年間、彼は、中国や東南アジアの沿岸の諸都市をしばしば訪れて見聞を広め、それらの地域の商人や宣教師や外交官ら多くの知己を作っていくと同時に、彼の心の中にも、外交官たろうとする願望が芽ばえていった。かくて五四年に、いったん清の寧波駐在の領事に任命されるが、意に満たないで赴任せず、さらに従来の民主党との繋がりから、時のピアース大統領(民主党)へ懇請して、当時すでにペリー提督の日本遠征帰国報告書に求められていた下田駐在の初代米国総領事に任命されることに成功する(五五年)。翌五六年(安政三)、日本へ赴く途中にシャム国(現在のタイ)に立ち寄って、忍耐のすえ同国と修好通商条約を結んだあと、同安政三年七月(五六年八月)に軍艦サン＝ジャシント号で、秘書兼通訳のヘンリ＝ヒュースケンとともに下田に入港し、「好まれざる客」ながら、同年八月(九月)に同地の柿崎村(静岡県下田市柿崎)の玉泉寺に総領事館を開いた。そして彼は、米国大統領および国務長官の訓令に基づき、日本との間に完全な通商条約を締結するため、江戸への出府を幕府に再三せまるけれども、幕府はその要請に容易に応じようとせず、かえって彼ら二人に看護婦の名目で侍女をあてがい、真相はともかく、「唐人お吉」の伝説さえ生まれる。しかし彼も、忍耐しながら、翌安政四年五月(五七年六月)には下田で日米約定(下田条約)を結んで準備を進め、ようやく同四年十月(五七年十二月)に、江戸城で将軍徳川家定に謁見して大統領の親書を上呈した。それとともに、老中堀田正睦を訪問して、世界の大勢について論じ通商の急務を説いた結果、条約締結のための交渉が始まり、紆余曲折の末、安政五年六月(五八年七月)、江戸湾小柴沖(神奈川付近)の米艦ポーハタン号上で日米修好通商条約に調印するまでに漕ぎつけた。その功により、安政五年十二月(五九年一月)公使に昇格したハリスは、江戸の善福寺に米国公使館を設け、同条約批准書の交換のため遣米使節を送り出すが、まもなく攘夷派の志士による大老井伊直弼の桜田門外の変やヒュースケンの暗殺事件などが起って、日本国内は物情騒然とする。その間、ハリスも健康を害しつつあった上に、祖国米国でも政権が自己の所属する民主党から共和党のリンカーン大統領へ移ったためにようやく帰国を決意し、文久二年四月(六二年五月)に惜しまれつつ江戸を去った。同六二年十月、彼がワシントンに帰着した時、米国はまさに骨肉相争う南北戦争の最中にあって、彼の日本での輝かしい業績もさして注目されず、再びニューヨーク市に戻った後の彼は、公的生活を辞してユニオン＝クラブやアメリカ動物愛護協会の会員となって静養に努めたが、七八年二月二十五日肺炎を起して死去した。七十三歳。同市ブルックリン地区のグリーンウッド墓地に眠る彼の墓碑には、「日本の友」と刻まれている。日記に『ハリス日本滞在記』(坂田精一訳、『岩波文庫』)がある。

参考文献 坂田精一『ハリス』(『人物叢書』六九)、カール＝クロウ『ハリス伝―日本の扉を開いた男―』(田沼長次郎訳、『東洋文庫』六一)、松村正義『ハドソン川は静かに流れる―私の日米外交史―』、I・E・レヴィーン『絹のカーテンの蔭に―タウンセンド・ハリス物語―』(佐藤清治訳)、宮永孝『開国の使者―ハリスとヒュースケン―』、中西道子『タウンゼンド・ハリス―教育と外交にかけた生涯―』(『有隣新書』四二)、William Elliot Griffis: Townsend Harris, First American Envoy in Japan (1896); Mario Emilio Cosenza: The Establishment of The College of the City of New York as the Free Academy in 1847, Townsend Harris Founder (1925); Oliver Statler: Shimoda Story (1969).

(松村 正義)

ハリマン Edward Henry Harriman 一八四八―一九〇九 アメリカの鉄道企業家で財界政界の有力者。一八四八年二月二十日生まれる。日露戦争の終結とともに南満洲鉄道が日本へ譲渡されるのを見越していたハリマンは、明治三十八年(一九〇五)八月に来日し、東京で一部の元老や閣僚に対して、日本政府の現物出資とアメリカの資本提供によるこの鉄道の共同経営を提議した。この提議は井上馨・伊藤博文・渋沢栄一らの賛成を得たが、それは当時の日本が戦後経営のための資金調達を不可欠としていた事情と、アメリカ資本の導入によってロシアの復讐戦争を回避できるであろうという配慮によるものであった。首相桂太郎もまた元老たちの意見に動かされ、十月十二日ハリマンを午餐会に招待したが、この席上ハリマンは桂首相を相手に満洲鉄道に関する予備協定覚書を作成した。もっともこの覚書はついに署名されることなく、ハリマンは翌十月十三日の正午横浜を出航し、帰国した。ところが十月十六日、外相小村寿太郎がポーツマスから横浜に帰着すると、かれは桂・ハリマン覚書に強硬に反対し、十月二十三日にサンフランシスコへ帰着したハリマンは覚書計画中止の通告をうけた。小村は、日露戦争の成果にアメリカ人が介入することを極力防止しようとしたのである。日本政府とハリマンとの仲介者と定められていた日本興業銀行総裁添田寿一から、ハリマンにあてて桂・ハリマン覚書の無効が正式に通告されたのは、明治三十九年一月十五日であった。一九〇九年九月九日没。六十一歳。

参考文献 R. T. Chang: The Failure of the Katsura-Harriman Agreement, The Journal of Asiatic Studies, Vol. 21 (1961).

(中山 治一)

ハル Cordell Hull 一八七一―一九五五 アメリカ合衆国の国務長官(在任一九三三―四四年)。一八七一年十月二日テネシー州に生まれ、民主党員としてテネシー政界で活動。長く合衆国下院議員を勤めた後、一九三二年同上院議員に当選したが、就任を辞してフランクリン＝ルーズベルト大統領の国務長官となった。十二年近い在任期間は歴代国務長官の中で最長である。ルーズベルトはハルを南部を代表する政治家として国務長官に起用しその地位にとどめたが、外交面で必ずしも彼を重用したわけではない。みずからの手で外交を行うことが多く、第二次世界大戦中の連合国首脳会談には一度もハルを伴わなかった。しかしハルが推進し実現した政策はいくつかあり、互恵通商政策、普遍的な国際組織としての国際連合の設立はその例である。また日中戦争勃発から太平洋戦争に至る時期の日米外交もハルに委ねられていた領域であった。一九四四年十一月健康上の事情で国務長官を辞任したが、翌年の国連設立会議にはアメリカの全権の一人として参加した。同年ノーベル平和賞を受賞。五五年七月二十三日メリーランド州ベセスダで死去。八十三歳。

参考文献 コーデル＝ハル『回想録』(朝日新聞社訳)、Julius W. Pratt: Cordell Hull, American Secretaries of State and their Dipromacy, Vols. 12—13.

(有賀 貞)

はるきよしあき 春木義彰 一八四六―一九〇四 明治時代の司法官。弘化三年(一八四六)正月一日大和国平群郡法隆寺村(奈良県生駒郡斑鳩町)に生まれる。通称雄吉。早くから尊王の志を抱き、幕末には京都を中心に倒幕運動に奔走。明治元年(一八六八)戊辰戦争の際には錦旗奉行・総軍兵糧奉行を務め、奥羽戦争にも従軍、その後は命により大和十津川郷士の過激な尊攘運動の鎮撫にあたった。同四年五条県権少属、翌年奈良県権大属・大属を務めたあと司法界に転じ、六年司法権少検事、以後東京上等裁判所判事、長崎控訴裁判所検事長を歴任。十五年一旦職を辞し立憲改進党結党に参加、小野梓・牟田口元学らと党掌事に選ばれ、党勢拡大のため力を尽くした。しかし、のち再び司法界にもどり、十八年大審院検事、二十五年検事総長に就任、三一―六年には東京控訴院長を務めた。翌三十七年貴族院議員に勅撰されたが、同年十二月十七日五十九歳で没した。墓は東京都台東区の谷中墓地にある。

参考文献 奈良県編『大和人物誌』

(安在 邦夫)

ハルデス Hendrik Hardes 一八一五―七一 幕末来日したオランダ海軍機関士官。一八一五年一月十日アムステルダムに生まれ、海軍工廠の工員を経て三四年十九歳で海軍に入り、主として艦船の機関部の検査を担当した。幕府海軍伝習方の総裁永井尚志より艦船修理施設建設の依頼を受けて帰国したスンビン号艦長ファビウスの周旋で、彼はオランダ政府から、五六年六月建設要員の責任者に決定され、海外派遣の都合上海軍から植民地省へ転属となった。やがて彼は、配下となって働く要員十名を人選するとともに、建設用資材や機械類を逐次日本に向け発送し、彼自身はカッテンダイケを隊長とするオランダ第二次海軍伝習派遣隊と一緒に安政四年(一八五七)八月五日長崎出島に到着した。同年秋これら諸機械の日本到着とともに、彼の指導のもとに、同年十月飽ノ浦にわが国最初の洋式工場として建設が開始された。その完成は、文久元年(一八六一)四月で、これが長崎製鉄所で、旧三菱長崎造船所の起源である。彼は一方、蒸気機関学および実習を教えた。彼は製鉄所創設指導の任を終えて、一八六一年五月八日(文久元年三月二十九日)長崎を発って帰国し、一八七一年四月十日ロッテルダムに近い病院で死去した。五十六歳。

参考文献 楠本寿一「オランダ海軍機関将校 H. Hardes の経歴、業績、家族そして後裔」(『長崎県地方史だより』二二) (梅溪 昇)

ばんざいりはちろう 坂西利八郎 一八七一—一九五〇 明治から昭和時代にかけての陸軍軍人。明治三年十二月十六日(陰暦一八七一年二月五日)和歌山に紀州(和歌山)藩士坂西良一の長男として生まれる。坂西一良は養嗣子。陸軍幼年学校を経て明治二十四年陸軍士官学校を卒業(二期)、少尉に任官する(兵科は砲兵)。日清戦争に出征した後、三十三年陸軍大学校を卒業(十四期)、三十五年参謀本部員として清国に派遣される(この間、二十七年に中尉、三十年に大尉に進級)。前任者青木宣純のあとを受けて坂西公館を開設して対清情報活動にあたる一方(坂西機関)、三十七年二月には袁世凱の顧問に招聘され、中国名「班志超」を名乗って活動した。坂西と北洋軍閥の由縁はこのとき生じたものである。四十一年、一旦帰国して欧州に出張、帰国後野砲兵第九聯隊長を経て四十四年十月、参謀本部付として北京駐在を命ぜられ、再び坂西公館を開設して対中情報・謀略活動に従事した(この間、四十年に中佐に進級)。坂西の活動は昭和二年(一九二七)まで続いたが、坂西は袁のほか、黎元洪・馮玉璋・徐世昌・曹錕・段祺瑞ら北洋軍閥系の有力者と深く関わり、第一次世界大戦時には「参戦軍」(中国軍を近代化して連合国軍に参加させようとしたもの。のちに軍閥の内戦や革命軍鎮圧に転用された)の養成にあたったほか、西原借款の実現、日華陸軍共同防敵軍事協定の締結に尽力している。この時期の坂西の部下には土肥原賢二・多田駿らがおり、坂西引退後の対中情報・謀略活動の中核となった。この間、明治四十五年に大佐、大正六年(一九一七)には少将に進み、十年には中将に昇進している。また、十二年一月には黎元洪に顧問として招かれ、十三年九月から昭和二年十二月まで中国政府から顧問に招聘されている。昭和二年三月予備役に退き、同年四月貴族院勅選議員に選ばれたが、十三年には土肥原機関の呉佩孚工作に協力している。昭和二十五年五月三十一日死去。七十九歳。対中情報・謀略活動の組織・様式を完成させた人物として知られる。

参考文献 山本四郎編『坂西利八郎書翰・報告集』、「土肥原の師、坂西利八郎の足跡」(土肥原賢二刊行会編『秘録土肥原賢二』所収) (佐々木 隆)

ばんさだよし 伴貞懿 一八三九—六八 幕末・維新期の幕臣。彰義隊の主唱者。通称は門五郎。字は士徳。武蔵国中山道蕨宿の名主岡田正広の三男として天保十年(一八三九)蕨に生まれた。幕臣の叔父伴経三郎の養子となり、十四歳のとき御徒として幕府に仕える。文久三年(一八六三)将軍徳川家茂に従って京都に上り、家茂が在陣のまま死亡すると陸軍調役となる。ついで慶喜が将軍職につき、やがて鳥羽・伏見の戦に敗れ、朝敵の汚名を蒙って江戸に帰ると、江戸の市中は鼎の沸くがごとき有様となった。時に幕臣伴門五郎・本多敏三郎(晋)・須永於菟之輔(伝蔵)らは、慶喜の雪冤を図ろうと有志に檄を飛ばし、明治元年(一八六八)二月十二日同志十七名が雑司ヶ谷の茗荷屋に集まった。ついで数次の会合を重ね、彰義隊と称し、頭取渋沢成一郎・副頭取天野八郎、幹事を伴ら前記三名と決した。その後渋沢と天野の意見が合わず、渋沢が脱隊すると天野が実権を握り、その下に伴ほか三名が頭取となった。官軍の江戸入城に対抗して、彰義隊は三千人を擁して上野の山に立て籠り、両者の対立は激しくなる。この時勝海舟らは隊の解散を迫り、伴らは日光山に撤退することを考えたが、天野や覚王院義観らはこれに耳をかさなかった。かくて大村益次郎は五月十五日上野の山に攻撃を開始し半日の戦闘で彰義隊は潰滅した。この日伴は陣頭指揮にあたり、力尽きて身を兵火に投じたが死骸は見当らなかった。時に三十歳。明治二十年谷中全生庵に墓碑が建てられた。

参考文献 山崎有信『彰義隊戦史』、金子吉衛『彰義隊の主唱者伴門五郎』 (金子 吉衛)

はんだみつよし 繁田満義 一八四五—一九二〇 明治時代の殖産家。弘化二年(一八四五)武蔵国入間郡黒須村(埼玉県入間市)の名主の家に生まれた。父は満該。武平を襲名、文久二年(一八六二)名主となり、維新後は大惣代・区戸長・副区長・県会議員を歴任。慶応三年(一八六七)山林三町歩を開いて茶園とし、明治八年(一八七五)狭山会社を組織し、東京のほかニューヨークへの直輸出を行なった。直輸出は失敗に終ったが、静岡・宇治などに赴いて製茶改良に努め、埼玉県茶業取締所初代頭取、富山県惣茶巡回教師などを務め、三十九年緑綬褒章を授与された。大正九年(一九二〇)二月二十五日没。七十六歳。

参考文献 『翠軒自伝』、埼玉県茶業協会編『狭山茶業史』 (高村 直助)

ばんどうつまさぶろう 阪東妻三郎 一九〇一—五三 大正・昭和時代の俳優。明治三十四年(一九〇一)十二月十四日東京淀橋に生まれるとあるが、別の記録には神田橋本町・日本橋馬喰町ともあり、定かでない。本名田村伝吉。父の名は長五郎。兄弟姉妹は女一人に男三人。幼少時代から歌舞伎の子役に弟子入りして転々と居を変え、十五代目市村羽左衛門の門に入ったこともあるという。映画俳優になったのは大正十二年(一九二三)で、京都で時代劇のプロダクションを創始したマキノ省三の門下になってからで、アメリカ映画のリズムと奇抜さを巧みに取り入れたチャンバラ劇に主役として活躍した時から人気スターとなり、やがてみずから独立プロダクションの盟主となり若さと潑剌とした殺陣で一世を風靡した。晩年は「無法松の一生」「王将」などの名演で名を残した。トーキーになってからはセリフを全部暗記した上でカメラに向かうといった習慣を守り、かたくなにそれを通した。昭和二十八年(一九五三)七月七日「あばれ獅子」撮影中に脳膜出血で倒れた。五十一歳。

参考文献 田中純一郎『日本映画発達史』五(『中公文庫』) (田中純一郎)

ばんどうひこさぶろう 坂東彦三郎 歌舞伎俳優。屋号は代々音羽屋。

(一)五代 一八三二―七七 幼名鉄蔵。初名初代坂東鶴之助。前名初代坂東竹三郎。俳名薪子、薪水。四代目の養子。天保三年(一八三二)生まれる。安政三年(一八五六)三月襲名。明治十年(一八七七)十月十三日没。四十六歳。

(二)六代 一八八六―一九三八 本名坂東英造。初名尾上英造。前名六代尾上栄三郎。俳名薪水、楽善。明治十九年(一八八六)生まれる。大正四年(一九一五)四月襲名。昭和十三年(一九三八)十二月二十八日没。五十三歳。

(三)七代 十七代目市村羽左衛門の前名。

(四)八代 一九四三― 本名坂東輝彦。初名四代目坂東亀三郎。前名八代目坂東薪水、二代目坂東亀蔵。俳名楽善。昭和十八年(一九四三)生まれる。同五十五年二月襲名。

参考文献 歌舞伎評判記研究会編『歌舞伎評判記集成』一期、川上邦基編『演劇文庫』二、俳優堂夢遊『俳優世々の接木』(『歌舞伎の文献』八)、杉岡文楽『俳優大鑑』、伊原敏郎『日本演劇史』、同『近世日本演劇史』、同『明治演劇史』、同『歌舞伎年表』 (今尾哲也)

ばんどうみつごろう 坂東三津五郎 歌舞伎俳優。屋号は代々大和屋。

(一)四代 一八〇二―六三 前名二代目坂東簑助。後名十一代目森(守)田勘弥、森田是好。俳名佳朝、秀朝、是好。三代目の養子。享和二年(一八〇二)生まれる。天保三年(一八三二)三月襲名。嘉永三年(一八五〇)十一月、森田勘弥の名を継ぐ。安政三年(一八五六)五月、森田座を再興し、是好と改名。同五年七月、森田を守田に改める。文久二年(一八六二)十一月十八日没。六十二歳。中風(ヨイヨイ)の体で舞台を勤めたので、ヨイ三津と仇名された。

(二)六代 一八四六―七三 前名初代坂東吉弥。俳名秀歌、秀山。通称吉弥三津五郎。五代目の実子。弘化三年(一八四六)生まれる。安政三年(一八五六)五月襲名。明治六年(一八七三)九月十一日没。二十八歳。顔にアバタがあったので、アバ三津と仇名された。

(三)七代 一八八二―一九六一 本名守田寿作。前名二代目坂東八十助。俳名是好。十二代目守田勘弥の実子。明治十五年(一八八二)九月二十一日生まれる。同三十九年四月襲名。舞踊の名手。江戸歌舞伎の芸の正統を伝えた。昭和二十四年(一九四九)日本芸術院会員。同三十六年十一月四日没。七十九歳。

(四)八代 一九〇六―七五 本名守田俊郎。初名三代目坂東八十助。前名六代目坂東簑助。俳名喜好、是真。別号虚仮是真。七代目の養子。明治三十九年(一九〇六)十月十九日生まれる。昭和三十七年(一九六二)九月襲名。実悪・老役に長じた。『戯場戯語』などの著書多数。同五十年一月十六日没。六十八歳。

(五)九代 一九二九―九九 本名守田光伸。初名坂東光伸。前名四代目坂東八十助、七代目坂東簑助。俳名登舞。三代目坂東秀調の三男。八代目の女婿。昭和四年(一九二九)五月十四日生まれる。同六十二年(一九八七)九月襲名。平成十一年(一九九九)四月没。六十九歳。

参考文献 関根只誠『東都劇場沿革誌料』下(『歌舞伎資料選書』六)、俳優堂夢遊『俳優世々の接木』(『歌舞伎の文献』八)、伊原敏郎『近世日本演劇史』、同『歌舞伎年表』、川上邦基編『演劇文庫』二、八世坂東三津五郎述・小島二朗編『父三津五郎』、『演劇界』五七―六 (今尾哲也)

ばんのかねみち 坂野兼通 一八六三―一九三一 大正時代の代表的銀行家の一人。文久三年(一八六三)名古屋生まれ。東京高等商業学校卒、三菱合資に入社。明治四十三年(一九一〇)、三菱合資銀行部大阪支店長より、総理事町田忠治退任のあとをうけて、山口銀行理事に就任、のちに佐々木駒之助とともに常務取締役となる。個人経営から株式会社への改組、東京支店の開設など支店網の拡大、外国為替業務の開始など、銀行業務の充実、関西信託会社・大阪貯蓄銀行など関連事業への進出、中小企業金融の拡充など、山口銀行の近代化、発展期を荷なった。大正十三年(一九二四)山口銀行筆頭常務取締役を退任、以後山口合資会社理事に専念した。昭和六年(一九三一)八月十一日没。六十九歳。 (岡田和喜)

パンペリー Raphael Pumpelly 一八三七―一九二三 アメリカの地質学者。一八三七年九月八日ニューヨーク州オウェゴで生まれた。フライベルクの鉱山学校に学ぶ。万延元年(一八六〇)日米修交通商条約批准により、地質兼鉱山技師として、ブレークとともに文久二年(一八六二)二月横浜入港。五月から八月まで北海道渡島・後志の鉱床調査。調査には諸術調所の学生が同行、実習した。治安上調査続行できず、一八六三年二月函館から日本海航路で長崎を経由、上海に渡る。六五年まで、中国各地とモンゴル・シベリアを踏査、Geological Researches in China, Mongolia and Japan. (1866)にまとめた。アジア大陸東部に卓越する北東~南西の地質構造、「シナ方向」を提唱。また、The Relation of Secular Rockdisintegration to Loess, Glacial Drift, and Rock Basins American Jour. Sci., Third Series, Vol. 17, 133—144. (1879)は地質学に大きく寄与した。帰国後ハーバード大学教授、ミシガン・ミズーリ州地質調査所員兼務。さらにアメリカ地質調査所員となる。五大湖地方の石炭・鉄・銅鉱床の開発に貢献。一九〇三年中央アジア、〇四年トルキスタンを探検。二三年八月十日死去。八十五歳。

参考文献　『パンペリー日本踏査紀行』(伊藤尚武訳、『新異国叢書』二ノ六)、R. Pumpelly: My Reminiscences.

(石田　志朗)

バン＝ボールクンバーク Robert Bruce van Valkenburgh 一八二一―八八 アメリカの外交官。ニューヨーク州プラッツバークに一八二一年九月四日生まれた。同地のフランクリン＝アカデミーで法律を修め、弁護士となる。五二年・五七―五八年ニューヨーク州議会議員を務め、南北戦争に際しては、募兵部長として、連隊十七を組織し、みずからニューヨーク義勇歩兵連隊大佐として出征した。六一―六五年連邦下院議員(共和党)を務めた。駐日弁理公使に任命され、六六年(慶応二)八月来日、翌年五月五日最後の将軍徳川慶喜に会見し国書を呈上したが、同年十二月(慶応三年十二月)王政復古の通告に接し六九年一月五日(明治元年十一月二十三日)天皇に謁見した。明治政府と旧幕府軍との抗争に対しては局外中立の立場を守り、幕府が購入した軍艦ストーンウォール＝ジャクソン号が同年五月(明治二年四月)横浜に回航されたとき、同艦を抑留し、双方いずれにも引渡しを拒否した。局外中立解除後、同年末に新政府に納入した。六七年秋、長崎に旅行し、開国後も浦上天主教徒が弾圧されているのを知り、幕府に抗議した。また維新後も禁教・弾圧が続いているのを諸国代表の先頭に立って新政府に抗議した。二分金贋貨・悪貨処分問題、ハワイ王国領事バン＝リード斡旋の日本人移民事件などにも活躍したが、米国公務員の良識と限界を示した。六九年十月帰国、フロリダに居住、七四年同州最高裁判所判事に就任、八八年八月一日六十六歳で死去するまで務めた。

参考文献　石井孝『増訂明治維新の国際的環境』、大塚武松『幕末外交史の研究』

(石山　洋)

バン＝リード Eugene M. Van Reed 一八三五―七三 オランダ系アメリカ商人。一八三五年生まれる。滞米中の浜田彦蔵と知り合い、安政六年(一八五九)来日、神奈川駐在米国領事館書記生として勤務後、一旦帰国。慶応二年(一八六六)十二月、ハワイ国任命の総領事として再度来日、日本との条約締結に努力したが、目的は果たせなかった。この間、彼は横浜に居住し、汽船や武器の輸入などの商売を営み、東北諸藩士らとも友交を深め、一方、明治元年(一八六八)には岸田吟香らとともに外国新聞から海外情報を訳出紹介する『(横浜新報)もしほ草』を創刊し、文化面でも活躍した。また、彼は同年初頭、幕府の允許を得て邦人のハワイ移民を計画、四月十九日ハワイ領事の肩書で明治新政府の横浜裁判所に旅券下付を申請した。日本側は彼の地位を認めず、条約未済国への移民、渡航は適当でないとして旅券下付を断わった。彼は渡航免状の即刻下付か、四〇〇〇ドルの損害補償かを迫ったが、同月二十五日には英国船シオト Scioto 号に邦人百四十一名を乗船させハワイへ輸送した。これがいわゆる「元年者」と呼ばれる最初のハワイ移民であった。彼はまたこのころ、別途にスペイン領グアム島へも邦人四十二名を移民させるなど、初期の移民問題に深く関与した。その後明治四年七月四日、日本・ハワイ国修好通商条約がようやく調印をみた。彼は同年十二月米国公使兼ハワイ国全権デ＝ロング De Long の斡旋で、職務を領事事務に限るとの条件のもとに駐日ハワイ総領事代理に任じ、翌年ハワイ国政府より正式に総領事に任命されたが、まもなくホノルルに渡り、翌一八七三年二月没。

参考文献　『布哇ウエンリート条約委任』(『続通信全覧』類輯之部一二)、外務省編『大日本外交文書』一―三、同四ノ二、開国百年記念文化事業会編『日米文化交渉史』五、藤原相之助『仙台戊辰史』(『続日本史籍協会叢書』)、下村富士男『明治維新の外交』、重久篤太郎「ヴァン・リード小伝」(『書物展望』八ノ二)

(田中　正弘)

ひ

ピアソン Louise Henrietta Pierson 一八三二—九九 アメリカ婦人宣教師、教育者。一八三二年四月七日ニューヨーク州に生まれる。バチスタル女学校卒業後ピアソンと結婚。四児早世し、六一年夫も死去。横浜における混血児、孤児の救済と教育の必要を訴えるJ・H・バラーの要請に対し、アメリカ婦人一致伝道協会は、七一年(明治四)六月、ピアソン、M・プリュイン、J・N・クロスビの三人を派遣した。同年八月、三人は横浜山手四十八番館にミッション＝ホーム(横浜共立学園の前身)を創立、日本人子女の教育にあたった。ピアソンは校長となり経営、教育に尽力した。明治十四年偕成伝道女学校(のちの共立女子神学校)を設立、同校校長も兼ねて女子伝道者の養成にあたった。滞日二十八年、女子教育の傍ら地方のキリスト教伝道に献身し、明治三十二年十一月二十八日死去。享年六十七。墓は横浜山手の外人墓地にある。

参考文献 『横浜共立学園六十年史』、The Japan Evangelist, Jan. 1900.

（秋山　繁雄）

ひおきえき 日置益 一八六一—一九二六 明治・大正時代の外交官。文久元年(一八六一)十一月伊勢国に生まれる。明治二十一年(一八八八)東京帝国大学法科大学法律学科卒業。外務省試補を命ぜられ、二十二年、ニューヨークを振りだしに二十四年ワシントン、翌二十五年ロシアに在勤したのち、二十七年韓国、三十三年清国に転じ、三十六年再び米国、三十九年一等書記官となりドイツ大使館に勤務、四十一年特命全権公使として南米チリに赴任、ペルー・アルゼンチン公使を兼任した。本省勤務はほとんどなく、海外を転々とした。大正三年(一九一四)中国公使として、加藤高明外相のもとでいわゆる対華二十一箇条の要求を袁世凱に提出し、難交渉にあたった。七年スウェーデン・ノルウェー・デンマーク各公使を兼任、九年ドイツ大使、十四年北京関税特別会議全権となり、翌年十月二十二日死去。六十六歳。

（長岡新次郎）

ひがいせんぞう 樋貝詮三 一八九〇—一九五三 大正末期から昭和時代にかけての官僚、政治家。法学博士。明治二十三年(一八九〇)四月三日樋貝三郎兵衛の三男として山梨県の農家に生まれる。中央大学法科、京都帝国大学法科大学卒業。官界に入り法制局第二部長兼内閣恩給局長・同第一部長・保険院長官などを歴任。昭和二十一年(一九四六)四月第二十二回総選挙で衆議院議員に当選。以後第二十四回総選挙(昭和二十四年一月)まで三回連続当選。その間日本自由党・民主自由党の幹部となり、第九一議会では衆議院議長(二十一年五月—八月)をつとめ、また、第三次吉田内閣に国務大臣として入閣(二十四年二月—二十五年六月)、一時、賠償庁長官となった(二十四年二月—三月)。昭和二十八年一月一日死去。六十二歳。著書に『恩給法原論』『海商法提要』『海の慣習法』などがある。

参考文献 衆議院・参議院編『議会制度百年史』衆議院議員名鑑

（鳥海　靖）

ひがしうらしょうじ 東浦庄治 一八九八—一九四九 大正・昭和時代の農業団体指導者、農政学者。明治三十一年(一八九八)四月八日、三重県度会郡城田村(伊勢市)の自作農の次男として生まれた。大正十二年(一九二三)東京帝国大学経済学部を卒業して帝国農会にはいり調査研究に従事、農本主義思想が一般化していた当時、農村問題を資本主義と小農という視点から分析して農政学界に新風を吹きこんだ。昭和十一年(一九三六)帝国農会幹事に就任するに及んで研究活動は中絶され農政運動の中枢に立つ。同十五年帝国農会幹事長となり、系統農会を率いて戦時農業団体の指導に専念した。第二次世界大戦終戦後は一時、雑誌『農業評論』を刊行して進歩的論陣を張り、同二十二年参議院議員(緑風会に所属)、全国農業共済協会会長、農業復興会議副議長となった。しかし占領農政の転換、農業団体再編成の動きのなかで彼の政界進出の基盤であった農業団体から浮きあがり、また学者としての良心から政党的動きにも同化できず精神的苦悩と病弱を背負って二十四年九月二日みずから死を選んだ。五十二歳であった。著書に『農業団体の統制』、『日本農業概論』(『岩波全書』)、『日本産業組合史』、『日本農政論』がある。

（川俣　茂）

ひがしおんなかんじゅん 東恩納寛惇 一八八二—一九六三 昭和時代の歴史家。号は虬州(きゅうしゅう)。明治十五年(一八八二)十月十四日、父寛裕・母ゴゼィの三男として、沖縄県那覇に生まれる。儒者である祖父寛宜の影響を強く受ける。那覇尋常高等小学校を経て沖縄県立中学校に入学する。同二十三年熊本の第五高等学校に入学、三十八年に卒業して、東京帝国大学文科大学史学科に進み、国史を専攻する。卒業論文は「琉球方面ヨリ見タル島津氏ノ対琉政策」で、早くも沖縄歴史に関心を示す。私立高千穂中学校、東京府立第一中学校に在職、大正十三年(一九二四)三月、東京府立高等学校教授となる。その間に東南アジア各国、インドを訪ねる。法政大学・拓殖大学でも教鞭をとる。実証主義で定評のある業績の中に、『尚泰侯実録』『琉球人名考』『六諭衍義伝』『黎明期の海外交通史』『南島論攷』『南島風土記』『校註羽地仕置』などの著書がある。収集した膨大な蔵書・資料は、現在、沖縄県立図書館に移管されている。東恩納寛惇・伊波普猷(いはふゆう)・真境名(まじきな)安興(あんこう)らの仕事の延長線上に戦後の沖縄学の発展がある。昭和三十三年(一九五八)に、沖縄タイムス文化賞が授与された。同三十八年一月二十四日、東京都世田谷区東玉川町の自宅で没。八十歳。東恩納の業績を顕彰して琉球新報社は東恩納寛惇賞を設けた。『東恩納寛惇全集』全十巻、別巻一がある。

（我部　政男）

ひがしくぜみちとみ　東久世通禧　一八三三—一九一二　幕末・明治時代の公家、政治家。幼名保丸、竹亭・古帆軒と号す。天保四年（一八三三）十一月二十二日正五位下東久世通徳の子として生まれ、嘉永二年（一八四九）侍従に任じ、以後官位累進。文久二年（一八六二）十二月国事御用掛、翌三年二月国事参政となり、尊王攘夷を主張する。八月十八日の政変により三条実美らとともに西下、官位を停められる。周防三田尻からさらに筑前太宰府に移る。慶応三年（一八六七）十二月、王政復古により帰洛、参与となる。翌明治元年（一八六八）正月軍事参謀となり、以後外国事務総督、兵庫裁判所総督、横浜裁判所総督、神奈川府知事、外国官副知事などを歴任、新政府の外交を担任した。同二年八月開拓長官に任ぜられ、同四年十月には侍従長となる。同年十一月岩倉使節団理事官として随行、五年十二月帰国した。同七年勅使として台湾征討の軍を慰労し、同十年には勅使として西南戦争の軍を慰問している。十年八月元老院議官に任じ、十五年六月には正三位に叙せられる。同年十一月元老院副議長となり、十七年には伯爵に叙せられる。二十一年四月枢密顧問官を兼任する。二十二年十二月勲一等に叙せられ、二十三年十月貴族院副議長に任じ、二十五年三月には枢密院副議長となる。三十一年六月正二位に叙せられ、四十五年一月四日死去。八十歳。死去に先立ち従一位に昇叙され、棺前に勅使が遣わされ、生前の功を賞す沙汰書が宣読された。墓は東京都目黒区中目黒四丁目の長泉院にある。

〔参考文献〕内閣修史局編『百官履歴』下（『日本史籍協会叢書』）、『東久世通禧日記』、『東久世通禧家譜』

（板垣　哲夫）

ひがしくになるひこ　東久邇稔彦　一八八七—一九九〇　大正から昭和時代にかけての軍人、政治家。明治二十年（一八八七）十二月三日久邇宮朝彦親王の第九男子として生まれ、明治三十九年東久邇宮家を創立して東久邇宮稔彦王となる。妃は明治天皇の第九女子聡子内親王で、大正四年（一九一五）結婚。明治四十一年に陸軍士官学校を卒業して歩兵少尉に任官、大正三年に陸軍大学校を卒業。大正九年に少佐で三十二歳のときフランスに留学し、自由な生活にふれてそのまま七年間帰国せず問題となっていたが、大正天皇が死亡したため昭和二年（一九二七）一月ようやく帰国した。その後近衛歩兵第三連隊長、歩兵第五旅団長、第二、第四師団長を経て昭和十二年航空本部長となり、十三年四月第二軍司令官として武漢攻略作戦に参加した。昭和十四年大将にすすみ、昭和十六年十二月、本土防衛のため新設された防衛総司令官となった。皇族の中ではリベラル派とされ、開戦前の首相候補に上ったこともあった。昭和二十年八月ポツダム宣言受諾に伴い、鈴木貫太郎内閣が総辞職したあと内閣を組織し、降伏文書調印や戦後処理を担当したが、占領軍の民主化政策についていけず、二ヵ月で総辞職した。昭和二十一年に公職を追放され、昭和二十二年には皇族の身分をはなれて臣籍に降下した。しかし元皇族としてかつがれることが多く、さまざまな事業に手を出してことごとく失敗した。新興宗教「ひがしくに教」の教祖にまつり上げられて話題になったこともある。また多くの回顧録を書いて、戦前から自由主義者で、戦争に批判的だったと主張しているが、戦争反対や早期終戦のために活動したわけではなかった。平成二年（一九九〇）一月二十日没。百二歳。第二次世界大戦終戦前後の日記が『一皇族の戦争日記』『東久邇日記』として刊行されている。

〔参考文献〕東久邇宮稔彦『私の記録』

（藤原　彰）

ひがしふしみのみやよりひとしんのう　東伏見宮依仁親王　⇨依仁親王

ひがしやまかいい　東山魁夷　一九〇八—一九九九　昭和・平成時代の日本画家。明治四十一年（一九〇八）七月八日横浜に生まれ、大正十五年（一九二六）東京美術学校に入学、結城素明に師事、在学中「山国の秋」で第十回帝展に初入選した。昭和八年（一九三三）に研究科を卒業後ドイツに留学、ベルリン大学で美術史を学んだ。帰国後不遇な時代が続くが、戦後の二十二年の第三回日展での「残照」、続いて「道」などで認められ、さらに北欧シリーズや京洛シリーズでヨーロッパや日本の風景を平明な描写と清明な色彩で描いて評判となった。また皇居新宮殿の壁画「朝明けの潮」、奈良の唐招提寺の御影堂の障壁画「山雲」「濤声」「黄山暁雲」「揚州薫風」「桂林月宵」を制作した。その間魁夷の東洋水墨画の作品群は大いに評価され、四十年日本芸術院会員に推挙され、四十四年文化勲章を受章。作画は続けられたが、平成十一年（一九九九）五月六日病没した。九十歳。

（中村　溪男）

ひがしやまちえこ　東山千栄子　一八九〇—一九八〇　大正・昭和時代の女優。本名河野せん。明治二十三年（一八九〇）九月三十日旧家渡辺暢の次女として千葉に生まれ、のち寺尾亨の養女となる。学習院女学部を卒業すると日露貿易業の河野通久郎と結婚してロシアへ渡る。モスクワ生活八年目に十月革命が起り、帰国。やがて家庭の有閑生活に疑問をいだき、演出家小山内薫を訪ねて新劇女優を志願、三十五歳で築地小劇場（大正十三年（一九二四）創立）に入る。本名河野せんを隠すために芸名東山千栄子を名のる。ロシア的教養を身につけ、堂々たる体軀で、大正十四年「皇帝ジョーンズ」の貴婦人役でデビュー。生涯を通じてチェーホフ作「桜の園」の主役ラネフスカヤ夫人を演じて他の追随を許さなかった。昭和十九年（一九四四）俳優座の創立に参加、同四十一年には文化功労者を受賞した。映画・放送でも活躍、小津安二郎監督の「麦秋」「東京物語」で好演。第二次世界大戦後の代表作に「女の平和」がある。同五十五年五月八日静岡県御殿場市東山の自宅で老衰のため没。八十九歳。著書に『私の歩んだ道』がある。

参考文献 俳優座編『俳優座史』 （尾崎 宏次）

ひがしゅんちょう 比嘉春潮 一八八三―一九七七 大正・昭和時代の沖縄学研究の民間学者。本名は春朝。明治十六年（一八八三）一月九日、沖縄県中頭郡西原間切翁長（西原町）に生まれる。沖縄県師範学校を卒業、小学校教員、校長となる。『沖縄毎日新聞』の記者となり、さらに沖縄県庁の官吏となる。明治四十三年伊波普猷と出会い沖縄学の研究に関心を持ち、河上肇の講演の影響もあって社会主義思想に目覚める。記者時代から社会主義思想の学習結社を組織し活動を開始する。大正十二年（一九二三）官吏をやめて上京、改造社出版部員となる。柳田国男に師事、南島談話会に参加。柳田と共同で『島』の雑誌を編集発行する。第二次世界大戦中・戦後は柳田門下として沖縄学の研究（歴史学・民俗学・民族学・文学・言語学の綜合的および学際的な研究）に専念する。戦後は、本土から分断された沖縄に思いをはせ、沖縄人連盟創立に参画、『自由沖縄』を編集発行する。在京の沖縄出身の研究者・学者を結集して沖縄文化研究会を作り『沖縄文化』を発行し、沖縄文化研究の基盤を確立した。第二次世界大戦後、国民的課題であった沖縄返還運動にも中野好夫・神山政良らとともに深く関わる。比嘉の沖縄学は歴史研究に重きをおき民衆史的視点を保ちながら沖縄のさまざまな分野に関心を示している。昭和五十二年（一九七七）十一月一日没。九十四歳。墓は東京都府中市の多磨墓地にある。その著作は『比嘉春潮全集』全五巻（沖縄タイムス社）に収録されている。蔵書は比嘉春潮文庫として沖縄県立図書館に収蔵されている。また、同図書館から著作目録が刊行されている。 （我部 政男）

ひぐちいちよう 樋口一葉 一八七二―九六 明治時代前期の歌人・小説家。本名奈津。なつ・夏子とも書く。新聞小説に浅香のぬま子・春日野しか子の筆名を使う。明治五年（一八七二）三月二十五日父則義・母多喜の第五子、次女として、東京府第二大区小一区（東京都千代田区）内幸町一丁目一番屋敷東京府構内長屋に生まれた。両親は甲斐国山梨郡中萩原村（山梨県塩山市中萩原）の出身。安政四年（一八五七）二人は江戸に出奔、則義は御家人の株を買って幕臣となり、維新後は東京府の官吏であった。明治十六年十二月池ノ端私立青梅学校高等科第四級を一番で卒業後、母の意見で退学、翌年歌人和田重雄に、十九年からは中島歌子の萩の舎塾に入門、和歌・古典を学び歌人として立つことを志す。二十一年二月相続戸主となる。二十二年七月父死亡、貧困に向かっていた一家の負担が奈津にかかっていく。生活の方便として小説創作を思い立ち、二十四年十月から朝日新聞小説記者半井桃水の手ほどきで習作期に入る。桃水との関係が中島塾で醜聞沙汰になり、余儀なく桃水から離れるが、『うもれ木』（『都の花』二十五年十一月）が星野天知以下『文学界』の同人に注目され、特に平田禿木・馬場孤蝶・上田柳村また島崎藤村らの来訪が始まり、かれらから西洋文学の知識を得る。二十六年七月下谷竜泉寺町（台東区竜泉三丁目）に移転、荒物店を開く。二十七年五月本郷の丸山福山町（文京区西片一丁目）に転居、以後約一年半の間に『たけくらべ』『にごりえ』のほか『大つごもり』『十三夜』『わかれ道』『われから』などの発表により、また二十九年四月『めざまし草』における森鷗外・幸田露伴・斎藤緑雨の『たけくらべ』の絶賛により、文名一時に高まる中で、明治二十九年十一月二十三日死去した。二十五歳。病名粟粒結核。法名智相院釈妙葉信女。墓は西本願寺築地別院和田堀廟所（東京都杉並区永福一丁目）にある。右の小説のほか、すぐれた日記が遺されている。博文館・新世社・筑摩書房・小学館各刊行の全集がある。

参考文献 塩田良平『樋口一葉研究』、同『樋口一葉』（『人物叢書』五〇）、和田芳恵『一葉の日記』、関良一『樋口一葉・考証と試論』 （川口 朗）

ひぐちかんじろう 樋口勘次郎 一八七一―一九一七 明治時代の教育者。明治四年（一八七一）十一月二十七日長野県に生まれる。長野県尋常師範学校を卒業後、小学校の訓導を勤めたが、同二十五年東京高等師範学校に入学し、卒業後は同校附属小学校の訓導となる。同三十二年『統合主義新教授法』を著わし、形式化したヘルバルト派教育学を徹底的に批判した。子どもの自由や個性を抑圧する画一主義的な従来の教育に対して、子どもの自発的活動を重視する「活動主義」「統合主義」の教育を主張し、大正自由教育や生活綴方教育の先駆的役割を果たした。同三十三年教育学研究のためヨーロッパへ三年間の留学に出発し、社会学者のデュルケム E. Durkheim にも学び、帰国後は国家主義的傾向を強めた。同三十七年『国家社会主義新教育学』を発表、マルクス主義的社会主義ではなく、国家主義に従属した社会主義を唱えた。すなわち国家発展の手段として国内的に社会主義、対外的には国家主義の立場をとるべきだとし、子どもの活動の重視もそうした国家主義に自発的に寄与しうる人物をつくりだすためのものとして位置づけられた。帰国後は高等師範学校をやめ、大日本教育団を結成したほか、早稲田大学講師、郵便報知新聞の記者、帝国教育会の役員などを歴任。明治四十五年には衆議院議員の総選挙に立候補したが落選した。大正六年（一九一七）十二月十三日に没。四十七歳。

参考文献 中野光『大正自由教育の研究』、石戸谷哲夫『樋口勘次郎の業績と人間』（東洋館出版社編集部編『近代日本の教育を育てた人びと』下所収）、汲田克夫「樋口勘次郎の前期教育思想」（『日本の教育史学』三）、太田水穂「故樋口勘次郎氏の憶い出」（『教育時論』一一八七） （久保 義三）

ひぐちたけし 樋口武 一八一五―七〇 幕末、土佐の志士。通称は慎吉、字は子文、号は彬斎・斌斎・愚庵・南溟・一寸茆簷処。文化十二年（一八一五）十一月八日土佐国幡多郡中村(高知県中村市)で誕生、父は郷士樋口信四郎正虎。儒教を筑前亀井鵬州らに、剣を筑後大石進に、西洋兵術を佐久間象山に学び、長崎で高島流砲術を伝習した。帰郷後、家塾に門下生多数を集めた。安政元年(一八五四)に組外から歩行格・郡方下役・文武方下役に進み、下田・須崎両砲台築造に従事。文久元年(一八六一)の土佐勤王党結成では門下を加盟させ、同十二月には挙藩勤王を建白し、土佐藩西部の尊攘運動を指導した。翌二年八月、藩主山内豊範上京に従い、九月、三条実美の書翰を持って谷干城と熊本藩に赴き勤王を勧告したが失敗。十一月に三条勅使に報告のため東下、徒目付役に進み、前藩主山内容堂や学習院を建白した。翌三年四月に容堂に従い帰国。八月十八日の政変後の勤王党弾圧のため十月に失職、以後、要路に建白・嘆願を繰り返した。慶応元年(一八六五)勘定人加役、同三年四月徒目付役となり上京、中岡慎太郎らと協力。戊辰戦争では小荷駄方裁判役として東征、その功により明治二年(一八六九)六月、留守居組に進んだ。同十一月、徳大寺実則家公務人となったが、翌三年五月に免職、六月十四日、東京麻布で病没した。五十六歳。贈従四位。遺著は『遺倦録』(『日本史籍協会叢書』維新日乗纂輯一)、『日新録』、『上疏録』など。墓は高知県中村市にある。

[参考文献] 高知県編『勤王者調』、『高知藩勤王諸家伝』、田尻佐編『贈位諸賢伝』二、寺石正路『土佐偉人伝』、瑞山会編『維新土佐勤王史』 (吉田 昌彦)

ビゴー Georges Ferdinand Bigot 一八六〇―一九二七 フランスの画家。一八六〇年四月七日パリに生まれ、同地のエコール=デ=ボザールに学ぶ。銅版画の師フェリックス=ビュオや挿絵の仕事で交際したエミール=ゾラなどからジャポニスムの影響を受け日本に関心を持つ。明治十五年(一八八二)一月、日本美術研究のため来日。同年十月から二年間、陸軍士官学校の画学教師をつとめる。その後短期間、中江兆民の仏学塾でフランス語を教える。明治二十年ころには帰国を決意するが、西欧ジャーナリズムの通信員の仕事を得、長期滞在するようになる。それと同時に『トバエ』Tobaé(明治二十年二月―二十二年十二月)などの諷刺雑誌や諷刺画集を盛んに刊行し始め、条約改正問題・内外政局・日本人を辛辣に諷刺し、官憲にマークされる。日清戦争には英国の画報紙『グラフィック』の特派員として従軍。明治二十八年、日本女性と結婚し一子をもうける。明治三十二年六月、条約改正による「居留地廃止、官憲の弾圧」を恐れて帰国。一九二七年十月十日、パリ郊外ビエーブルで没。六十七歳。

[参考文献] 清水勲『明治の諷刺画家・ビゴー』(『新潮選書』)、同編『絵で書いた日本人論』、同編『ビゴー日本素描集』(『岩波文庫』)、清水勲・芳賀徹・酒井忠康編『ビゴー素描コレクション』、『ジョルジュ・ビゴー展図録』(美術館連絡協議会)、山口順子「ジョルジュ・F・ビゴー研究書目一覧」(『郷土よこはま』九八・九九合併号)、『ビゴーがみた世紀末ニッポン』(『別冊太陽』日本のこころ九五) (清水 勲)

ピゴット Francis Stewart Gilderoy Piggott 一八八三―一九六六 イギリスの陸軍軍人。伊藤博文の法律顧問であったピゴット Sir Francis Tayler Piggott の子。一八八三年三月十八日生まれる。明治二十一年(一八八八)一月、五歳のとき両親に伴われて来日、東京麻布市兵衛町の外国顧問官邸に住んだが、三年後家族とともに帰国。一八九七年以降、ケルトナム=カレッジ、ウーリッヂ陸軍士官学校、チャタム陸軍工兵学校に学び、一九〇二年工兵士官となった。やがて明治三十七年―三十九年、同四十三年―大正二年(一九一三)の二期にわたり語学将校として在日し、日本語および日本事情に通じた。また、大正十年―十五年、昭和十一年(一九三六)―十四年の両期間にわたり東京駐在英国大使館付陸軍武官として勤務した。この間、大正十年皇太子(裕仁)の訪英に際し接伴員をつとめ、昭和十年には少将に進級した。日本陸軍に知己の多かった彼は、同十四年離日直前まで上海・天津における日英両国間の反感と誤解に基づく諸事件の解決に尽力した。なお、昭和二十一年、マニラ米軍軍事法廷に戦犯として起訴された本間雅晴中将を弁護するため旧友として宣誓口供書を送ったほか、重光葵・松井石根らの戦犯のためにも訴願書や宣誓口供書を提出するところがあった。一九六六年四月二十六日没。八十三歳。主著に The Elements of Sosho, 1913; Broken Thread, 1950. がある。後者には、邦訳、『断たれたきずな―日英外交六十年―』(長谷川才次訳)がある。 (梅溪 昇)

ピゴット Sir Francis Tayler Piggott 一八五二―一九二五 イギリスの法律家、伊藤博文の法律顧問。一八五二年四月二十五日ロンドンの西南、ギルドフォードに副牧師・カレッジの学長を歴任した父のひとり息子として生まれる。パリのワージング=カレッジに学んだあと、ケンブリッジのトリニティ=カレッジを卒業。一八八七年ミドル=テンプルの弁護士となり、当時すでにイギリス法に関する多くの著書・論文の筆者として知られていた。同年ロンドン駐在の日本特命全権公使河瀬真孝よりイギリスの慣習法について総理大臣の顧問となる法律家を推薦してほしいとイギリス政府に照会があり、イギリス外務省の周旋によって彼は三ヵ年の任期で日本政府の法律顧問としての雇用を受諾した。明治二十一年(一八八八)一月家族とともに来日、最終段階に入っていた明治憲法草案の起草における法律上の諸問題についてその蘊蓄を傾けて答議し、伊藤博文・井上毅らのよき助言者となった。総計四十件に及ぶ彼の答議は、井上毅の「梧陰文庫」(国学院大学図書館)に残されている。同二十四年一月帰国。のち国際法の分野で多方面に活躍し、香港の最高法院長・中国政府法律顧問候補を歴任。第一次世界大戦後、海事法に関する多くの著述や論文を発表した。一九二五年三月十二日没。七十二歳。日本に関する論文・著書は次のとおりである。Japan and Her Constitution, The

Imperial and Asiatic Quaterly Review, and Oriental and Colonial Record, July1892, January — April 1893. New Japan. The Fortrightly Review LII (New Series). No. 309, September1892. Exterritoriality and Consular Jurisdiction, 2nd. Edition, 1907. The Ito Legend — personal recollections of Prince Ito —, The Nineteenth Century and after, January1910. The Garden of Japan, London, 1892. The Music & Musical Instruments of Japan, London, 1893. The Decorative Art of Japan, Yokohama, 1910.

参考文献　梅溪昇「イギリス主義憲法への期待とピゴット」(『お雇い外国人』一一所収)
(梅溪　昇)

ひさいたえいじろう　久板栄二郎　一八九八—一九七六　昭和時代の劇作家。明治三十一年(一八九八)七月三日、宮城県名取郡岩沼町(岩沼市)に生まれた。安太郎・うめの次男。二高在学中に戯曲『蒼白き接吻』を発表。東京帝国大学文学部卒業後、直ちにプロレタリア演劇運動に参加、大正十五年(一九二六)十月、プロレタリア戯曲第一作の『犠牲者』が、トランク劇場によって上演された。これ以降、トランク劇場では『戦闘は継続する!』、プロレタリア劇場では『海浜の家』、東京左翼劇場では『父』などが上演された。昭和九年(一九三四)の日本プロレタリア演劇同盟解散後は、新協劇団に所属して『断層』(『文芸』昭和十年十一月号)、『北東の風』(『文芸』同十二年四月号)、『千万人と雖も我行かん』(『中央公論』同十二年十二月号)などを発表、リアリズム戯曲の代表作となった。戦後、『親和力』(『人間』同二十四年秋季増刊号)などを執筆しているが、『大曾根家の朝』(木下恵介監督、二十一年)、『わが青春に悔なし』(黒沢明監督、同年)などのシナリオも話題となった。昭和五十一年六月九日死去。七十七歳。『久板栄二郎戯曲集』が刊行されている。
(菅井　幸雄)

ひさまつせんいち　久松潜一　一八九四—一九七六　近代の国文学者。明治二十七年(一八九四)十二月十六日愛知県知多郡藤江村(愛知県知多郡東浦町)にて、父重治郎・母ひさの長男として生まれる。愛知県立第一中学校、第八高等学校を経て、大正五年(一九一六)東京帝国大学文科大学に入学、同八年同文学部国文学科を卒業し、引き続いて同大学院に在籍した。大正十一年第一高等学校教授、同十三年東京帝国大学助教授に任ぜられ、昭和十一年(一九三六)教授に昇任、昭和三十年三月定年退官するまで東京大学文学部教授で、国文学研究室主任教授として、国文学の研究・教育に従事した。退官後は慶応義塾大学・国学院大学・鶴見女子大学などの教授にも就任した。研究分野は広く上代から近世国学に及んでいるが、特に契沖の研究、日本文学評論史、和歌史などに最も力を注いでいる。実証的な方法に基づきつつ、対象の文学性を明らかにしようと努めた。昭和五十一年三月一日東京都練馬区の自宅において、肺癌のため死亡。八十一歳。墓地は郷里の知多郡東浦町の安徳寺。法名宝文院普賢潜一居士。著書はきわめて多いが、主著は『久松潜一著作集』十二巻別巻一冊にまとめられている。

参考文献　『国語と国文学』五三ノ七(久松潜一博士追悼特集)
(久保田　淳)

ひじかたとしぞう　土方歳三　一八三五—六九　幕末・維新期の新撰組副長・幹部。歳蔵とも書く。天保六年(一八三五)武蔵国多摩郡石田村(東京都日野市石田)に出生。生家は石田散薬という家伝薬を副業とする旧家。父義醇、六人兄弟の末子。幼時に父母を失い、次兄喜六に育てられ、十一歳で江戸へ奉公に出、のち日野の佐藤彦五郎居候、家伝石田散薬行商のかたわら、近藤周助(天然理心流)の門弟でもあった彦五郎道場で稽古し、近藤周助の門弟となり、近藤勇と同門となる。のちに江戸試衛館に住み込み師範代となる。文久三年(一八六三)将軍徳川家茂上洛に伴い、幕府が剣術心得あるものを徴募した時、試衛館同人として参加し新徴組員として上洛、その後清川八郎ら江戸帰参後、洛外壬生村に本陣をおく新撰組員となる。当初連判十七名の一人。局長芹沢鴨の下で副長の一人となり、芹沢の粛清後は局長近藤勇をたすけ、慶応元年(一八六五)五・六月の改編時、近藤を総長とし副長となる。そして洛中洛外の警備にあたり、池田屋事件で功績をあげ、むやみに人を斬るのをやめ、慶応三年六月の改組でも隊長近藤勇のもとで副長をつとめ、見廻組肝煎格となり七十俵五人扶持幕臣となった。明治元年(一八六八)の鳥羽・伏見の戦では病気の近藤にかわって隊を指揮、敗れて東帰したあと幕府主戦派の一隊と合流し官軍とたたかい敗走した。小山・宇都宮・会津と転戦ののち、仙台より奥羽列藩の脱藩兵とともに箱館へ逃れ、石巻湾で榎本武揚の指揮下に入り、十二月二日蝦夷島政権成立の時には陸軍奉行並に選任された。翌二年五月十一日五稜郭で抗戦中に郭外一本木で流れ弾に当って戦死した。三十五歳。墓は日野市石田の石田寺にある。法名歳進院殿誠山義豊大居士。

参考文献　平尾道雄『新撰組史録』、子母沢寛『新撰組始末記』(『子母沢寛全集』一)、松村巌『近藤勇』、「殉国志士之事歴　土方歳三義豊」(『史談会速記録』一八三)
(芳賀　登)

ひじかたひさあきら　土方久徴　一八七〇—一九四二　明治から昭和時代前期にかけての銀行家。明治三年(一八七〇)八月一日伊勢国菰野(こもの)藩士土方雄志の弟土方正己の次子として生まれ、東京帝国大学卒業後明治二十八年日本銀行に入る。出納局長、国債局長、営業局長を経て四十四年ニューヨーク代理店監督となり、同年八月理事に昇任、大正二年(一九一三)監督役となる。同七年二月より十二年まで日本興業銀行総裁を務めて日本銀行にもどり、十五年十一月副総裁、昭和三年(一九二八)六月より十年六月まで総裁となった。辞任後貴族院議員に勅選される。日本銀行在職中は井上準之助とともに二秀才として評価が高く重用された。副総裁・総裁の在任期間は金融の激動期で、財界整理、金解禁問題、金融恐慌、銀行法の施行、銀行の整理合同、金輸出再禁止、国債の日本銀行引受発行、不動産金融拡充、資本逃避防止、外国為替管理など多難の時代であった。昭和十七年八月二十五日没。七十三歳。（西村紀三郎）

ひじかたひさもと　土方久元　一八三三―一九一八　幕末から大正時代にかけての志士、政治家。幼名大一郎。号は秦山。天保四年（一八三三）十月十二日土佐藩郷士土方久用・時子の長男として土佐国土佐郡秦泉寺村（高知市）に生まれる。安政四年（一八五七）江戸に出て大橋訥庵らに学び尊王思想の影響を受けた。帰藩後、土佐勤王党に加わり文久三年（一八六三）藩命により上京、諸藩の志士らと交遊。三条実美の信頼を得て徴士学習院出仕を命ぜられたが、同年八月十八日の政変で三条ら急進派公家が朝廷から追放されると（七卿落ち）、これに随行して長州藩に下った。ついで長州藩が幕府の征討を受けたので慶応元年（一八六五）三条らとともに福岡藩（太宰府）に移ったが、この間、三条の側近にあって国事周旋に奔走、また翌年には中岡慎太郎らとともに薩長連合の成立に尽力した。同三年新政府の成立後これに出仕し、翌明治元年（一八六八）東京府判事・鎮将府弁事として東京の民政にあたった。その後、大史・侍補・宮内少輔・内務大輔・内閣書記官長・参事院議官・宮中顧問官・元老院議官などを歴任。明治二十年七月辞職した谷干城に代わって第一次伊藤内閣の農商務大臣となり、ついで同年九月伊藤博文の後を受けて宮内大臣に転じた。二十一年枢密顧問官を兼任して憲法草案の審議に加わった。佐佐木高行・元田永孚らとともに政府・宮中の保守派勢力の中心と目された。この間、十七年には子爵を授けられ、二十八年伯爵に陞叙。三十一年宮相を辞任、のち帝室制度取調局総裁心得。晩年は皇典講究所長・国学院大学長・東京女学館長など教育関係の任にあって国民教化に努力し、また大正三年（一九一四）臨時帝室編修局総裁に就任して『明治天皇紀』の編纂に力を尽くした。『回天実紀』は彼の幕末（文久三年八月―明治元年正月）の活動をみずから記した日記である。大正七年十一月四日死去。八十六歳。墓は東京都豊島区の染井墓地にある。

参考文献　菴原鉚次郎・木村知治『土方伯』、瑞山会編『維新土佐勤王史』（鳥海　靖）

ひじかたよし　土方与志　一八九八―一九五九　大正・昭和時代の演出家。本名久敬。明治三十一年（一八九八）四月十六日東京に生まれる。伯爵土方久明の長男。大正八年（一九一九）東京帝国大学文学部国文科に入学、同十二年演出研究のためドイツに渡り、アルトゥル＝ライヒに演出を学ぶ。関東大震災の報をきいて帰国し、私財を投じて東京の築地二丁目に定員四百の木造「築地小劇場」を建てた。小山内薫・友田恭助・汐見洋らと同人組織で運営、日本の新劇運動の唯一の拠点となった。学生・労働者の支持を受け、俳優は田村秋子・山本安英・滝沢修・千田是也らを輩出した。「築地小劇場は未来の為に存在する」と宣言、土方はマルクス主義に傾き、昭和八年（一九三三）亡命同然に渡欧、モスクワに入り、同九年日本華族史上はじめての爵位剝奪の処分を受けた。同十六年に帰国して投獄されたが、同二十一年日本共産党に入党して演劇活動を再開した。「どん底」「人形の家」など演出多数。同三十四年六月四日没。六十一歳。著書に『なすの夜ばなし』がある。

参考文献　尾崎宏次・茨木憲『土方与志・ある先駆者の生涯』（尾崎　宏次）

ひしかりたか　菱刈隆　一八七一―一九五二　明治から昭和時代前期にかけての陸軍軍人。明治四年（一八七一）十一月十六日、八郎太隆教・ひろの三男として鹿児島に生まれ、長兄八次郎の死（同十七年）により家督相続。幼名幸吉を同二十一年みずから西郷隆盛の隆をとって改名。陸軍軍人にあこがれ、翌年上京、成城学校に学び、同二十七年七月陸軍士官学校卒業（五期）。日清戦争に従軍。薩摩閥に属するを好まず本籍を東京に移した。同三十五年陸軍大学校卒業。日露戦争に第一軍参謀として従軍、功五級を授けられた。大正十二年（一九二三）中将、由良要塞司令官、第八・第四師団長、台湾軍司令官を歴任、昭和四年（一九二九）大将に昇進。同五年関東軍司令官、同六年八月軍事参議官、同八年七月武藤信義元帥の没後関東軍司令官兼満洲国特命全権大使・関東長官、同九年秋在満機構改革問題が起り十二月軍事参議官、同十年予備役編入、旭日桐花大綬章受章。同十四年財団法人大日本忠霊顕彰会成立、会長に就任（同二十一年まで）。同二十三年公職追放指定、同二十七年解除。同年七月三十一日東京で死去。八十歳。東京都港区の青山墓地に葬られた。その位記・勲記・任免の文書は勲章などとともに国立歴史民俗博物館に一括寄贈された。二度関東軍司令官の要職にあったが、極東国際軍事裁判の戦犯容疑者にはならなかった。皇帝溥儀や鄭孝胥総理との親交は林出賢次郎の記録に詳しい。

参考文献　林出賢次郎『厳秘会見録』（外務省外交史料館蔵）、同『菱刈大使会談要領』（菱刈　隆永）

ひしだしゅんそう　菱田春草　一八七四―一九一一　明治時代後期の日本画家。明治七年（一八七四）長野県伊那郡飯田町に生まれる。本名は三男治。同二十二年上京、狩野派の結城正明に日本画を学ぶ。翌年東京美術学校に入学、岡倉天心・橋本雅邦らの指導を受け、二十八年同校を卒業。卒業制作「寡婦と孤児」は雅邦に激賞され首席となる。天心のもとで古典模写に従事し、二十九年母校の教員となり、日本絵画協会に加わり、その絵画共進会で毎回受賞し画名を高めた。三十一年美術学校紛争で校長天心に殉じて辞職し日本美術院創設に参加。そのころより先輩横山大観・下村観山らと没線主彩描法を試み、いわゆる朦朧画風の急先鋒となり、「菊慈童」「王昭君」「蘇李訣別」など発表した。三十六年から三十七年にかけてインドおよび欧米旅行に出発、海外美術の特色を研究し、帰国後美術院移転により五浦時代・代々木時代に入るが、色と線を調和させながら新画風を編み出した。文展に出品した「落葉」「黒き猫」(ともに重要文化財)はそのあらわれでもあり、明治日本画の代表作である。四十四年九月十六日没。三十八歳。日本画の革新と近代化の功績は大きいが早世は惜しまれている。
(中村　溪男)

ひだいてんらい　比田井天来　一八七二―一九三九　明治から昭和時代前期にかけての書家。幼名常太郎、通称鴻、名は象之、字は万象・子漸、号は天来・大璞・大樸山人・画沙道人。明治五年(一八七二)正月二十三日、長野県佐久郡片倉村(北佐久郡望月町片倉)に父清兵右衛門の三男として生まれる。母はこと子。幼時より古法帖を独習、同三十年に上京し日下部鳴鶴に書を学ぶ。翌三十一年、二松学舎に転学、金石文字学を学び書名ようやく挙がる。陸軍幼年学校習字科嘱託、大正四年(一九一五)東京高等師範学校講師、文部省習字科検定試験委員、昭和七年(一九三二)東京美術学校講師となった。同十二年尾上柴舟とともに帝国芸術院会員となる。古碑法帖を研究し『学書筌蹄』を創刊、その書風は剛毛筆を用いた豪宕なもので全国各地の碑文の書に見られる。昭和十四年一月四日、神奈川県鎌倉で没。六十八歳。墓は鎌倉市華蔵院。著書に『天来翁書話』がある。

参考文献　『墨美』一一六(特集・天来遺業とその展開)
(樋口　秀雄)

ひだかしんろくろう　日高信六郎　一八九三―一九七六　昭和時代の外交官。明治二十六年(一八九三)四月十日神奈川県に生まれる。福岡県士族高橋達の次男。同日高茂樹の養子となる。福岡県立中学修猷館、第一高等学校、東京帝国大学法科大学卒業。大正八年(一九一九)高等試験外交科合格、外務省に入る。大正九年の第一回会議より国際連盟総会、大正十四年の支那関税特別会議の帝国代表者随員などを経て、昭和八年(一九三三)中国公使館二等書記官、ついで南京総領事兼一等書記官として、日本軍の熱河進出によって険悪化した日中関係の改善につとめる。九年人事課長に転じ、二・二六事件に際しては外務関係事務の処理に関与。十二年大使館参事官として中国に戻って三ヵ月後盧溝橋事件の発生をみ、現地解決、早期和平の実現をはかってならず、十三年上海総領事、ついで興亜院経済部長に転じ、十五年大使館参事官、特派全権大使阿部信行の随員として日華基本条約の締結交渉に参画した。十七年十月イタリア大使に任ぜられ、十八年四月ローマ着任、七月ムッソリーニ失脚、九月バドリオ政権による無条件降伏、ついでムッソリーニの共和ファシスト政府の樹立をみ、独・伊間の調整にあたった。二十一年帰国、退官。第二次世界大戦後は、外務省研修所長・日本国際連合協会副会長・外務省顧問のほか、自然公園審議会委員・日本山岳会副会長などをつとめた。五十一年六月十八日没。八十三歳。
(馬場　明)

ひだかりょうだい　日高凉台　一七九七―一八六八　江戸時代後期の医師。名は精または惟一、字は子精。六六堂・玄花道人・忘斎・遯叟・寛山と号した。寛政九年(一七九七)十二月十日、安芸国山県郡(広島県山県郡)の医師の家に生まれる。文化十四年(一八一七)に安芸を出て、大坂の高須琴渓、京都の福井棣園・新宮凉庭らに師事し、医学と儒学を学ぶ。文政八年(一八二五)に蘭方医学修得のため長崎へ赴き、シーボルト・吉雄権之助に師事。この時の鳴滝塾の門人には美馬順三・戸塚静海・日野鼎哉らがいる。同十一年から天保十三年(一八四二)まで大坂で開業。同年十一月、安芸竹原へ帰郷し眼科を主として診療に従事した。医学のほかに詩人としても活動しており、篠崎小竹・広瀬旭荘らと交遊があった。明治元年(一八六八)九月十七日に病没。七十二歳。墓は広島県竹原市竹原町の長生寺にある。著書は『和蘭用薬便覧』『種痘新書』『六六堂療法家言』『瘍科精義』など数多く残されている。

参考文献　呉秀三『シーボルト先生』三(『東洋文庫』一一七)、中野操「大阪における蘭学の学統について」(『蘭学資料研究会研究報告』一六七)
(高安　伸子)

ひたちやまたにえもん　常陸山谷右衛門　一八七四―一九二二　明治時代後期の横綱。本名市毛谷。明治七年(一八七四)一月十九日、水戸城下宝鏡院門前町(水戸市城東一丁目)の旧水戸藩上級藩士剣道家の長男として生まれる。水戸中学を三年で中退、東京専門学校(早稲田大学)受験のため同二十三年秋上京。剣道師範の叔父の勧めで同郷の出羽ノ海に弟子入り、三十二年一月入幕、三十四年五月大関、三十六年五月場所後好敵手二代梅ヶ谷とともに横綱免許。身長五尺六寸五分(約一七一センチ)、体重三十八貫(約一四三キロ)。日露戦争を背景に、角界は「梅・常陸時代」を迎え、空前の黄金期に沸き、両国国技館竣工の原因となった。常陸山は受けて立ち金剛力で相手を極め倒す怪力を発揮、敵に十分取らせてから攻撃に転ずる横綱ぶりで人気を呼んだ。明治四十年欧米に洋行、稀にみる教養人として力士社会を一般人に伍す地位まで高め、大正三年(一九一四)限り四十一歳で引退、年寄出羽ノ海を襲名。現役時代から弟子を養成、師弟二人の小部屋から一代で横綱三、大関四、三役十四を含む幕内四十三人を出し、角界随一の大部屋を築いた。引退後は取締として相撲協会の発展につくし、アメリカ・朝鮮巡業など実施したが、大正十一年五月敗血症のため四十九歳で没。「角聖」と呼はれ、その死を惜しまれた。
(池田　雅雄)

ビッケル　Luke Washington Bickel　一八六六―一九一七　米国バプテスト教会宣教師。一八六六年九月二十一日米国オハイオ州シンシナティで生まれた。十二歳のころ、父親の母国ドイツに帰り、ハンブルクに移住。同地の改革派の学校を卒業後、ソエストの大学に学んだ。水夫への伝道を志したが、父親の希望もあり船医になるため英国船での船員生活を送った。二十八歳で船長の資格を取得。一八九七年、瀬戸内海における伝道船の建造費提供の申入れがあり、連絡をうけた米国バプテスト伝道本部は船長としてビッケルを選任した。明治三十一年(一八九八)五月、ビッケルは家族とともに来日。生口島瀬戸田を拠点として福音丸により瀬戸内海の島島の伝道を行い、同四十四年には新福音丸(一六四トン)が竣工。瀬戸田には同四十二年に福音丸浸礼教会が設立された。機関紙『福音丸新報』を刊行、多くの信者を得た。彼は「ビッケル船長」として親しまれたが、大正六年(一九一七)五月十一日死去した。行年五十。墓は神戸市再度山修法ヶ原の外人墓地にある。

参考文献 今井革『私の見た瀬戸内海伝道福音丸ビッケル船長』、小林功芳「福音丸船長ビッケル」(『科学／人間』八)、C. K. Harrington: Captain Bickel of the Inland Sea.

(武内 博)

ビッテ Sergei Yulievich Vitte 一八四九―一九一五 帝政ロシア末期の政治家。ウィッテとも。一八四九年六月十七日ティフリス(現在トビリシ)に生まれ、オデッサ大学物理・数学科卒。鉄道局長、交通(運輸)大臣、ついで一八九二―一九〇三年に大蔵大臣を歴任。保護関税による産業育成、酒専売制導入、金本位制確立、外資導入によるシベリア鉄道をはじめ露清銀行や東清鉄道建設を推進したが、日露開戦には反対、武断派に加担した皇帝ニコライ二世に疎外された。日露戦争敗戦と第一次革命高揚の中で再起用され、全権としてロシアに有利なポーツマス条約を締結した功績を認められ、伯爵を授けられた。帰国後、大臣会議議長(首相)として革命の収拾に尽力したが、革命が退潮期にはいると、専制派に与した皇帝に再び疎まれて〇六年四月に辞任した。晩年は上院議員、財政委員会議長の肩書きはあったが、事実上は政界から引退の形で、『回想録』(一九二三―二四年刊)の執筆に専念。一五年三月十三日没。六十五歳。サンクト＝ペテルブルクに墓と文書がある。

参考文献 『ウィッテ伯回想記』(大竹博吉訳)、T・H・フォン＝ラウエ『セルゲイ・ウィッテとロシアの工業化』(菅原崇光訳)

(義井 博)

ひとつばしよしのぶ 一橋慶喜 ⇨徳川慶喜

ひとつやなぎめれる 一柳米来留 一八八〇―一九六四 伝道者、近江兄弟社創立者、建築家。一八八〇年十月二十八日米国カンザス州の生まれ、名はウィリアム＝メレル＝ボーリズ William Merrell Vories。昭和十六年(一九四一)一月妻一柳満喜子の家に入籍、日本国籍を取得、改名した。明治三十八年(一九〇五)一月滋賀県立商業学校(現県立八幡商業高校)英語教師となり、同年十月同校にYMCAを創設し、四十年二月八幡基督教青年会館を建てた。同年三月解職された後、四十三年にはボーリズ合名会社(建築事務所)を設立、翌四十四年近江ミッション(近江基督教伝道団、のち近江基督教慈善教化財団、昭和九年近江兄弟社と改称)を結成、以後ガリラヤ丸による湖畔伝道、サナトリウムなど医療事業を伴った地方伝道、メンソレータムの販売権をもつ独自な伝道団活動を展開。この間、数多くの建築の設計・監督を担当、また東京帝国大学などで英文学を講じた。同志社カレッジソングの作詩者。昭和三十九年五月七日近江八幡で永眠。八十三歳。遺骨は近江八幡市北之庄町の近江兄弟社恒春園に納められた。著書に A Mustard-Seed in Japan (1911); The Evangelization of Rural Japan (1915); The Omi Brotherhood in Nippon (1940); Poems of the East and West (1960) などがあり、自伝に『失敗者の自叙伝』がある。

参考文献 吉田悦蔵『近江の兄弟』、奥村直彦「W・M・ヴォーリズの思想構造」(『キリスト教社会問題研究』三〇)、同「W・M・ヴォーリズの経済思想」(同三一)、同「W・M・ヴォーリズの商業学校教師時代」(同三三)、同「第二次大戦期のW・M・ヴォーリズ」(同三七)、同「ヴォーリズ夫妻の教育思想と近江ミッション教育事業の展開」(同四五)、同「ヴォーリズの系譜」(同四八)

(杉井 六郎)

ひとみいちたろう 人見一太郎 一八六五―一九二四 明治・大正期の評論家、実業家。民友社社員、『国民新聞』記者。的面生・鬼的面・呑牛・鈴浦などと号す。慶応元年(一八六五)十一月十一日肥後国宇土郡段原村(熊本県宇土市一里木町)に生まれる。父順造・母積世。熊本県師範学校に学ぶ。明治十七年(一八八四)四月徳富猪一郎の大江義塾に入り、やがて塾教育を担当した。十九年九月猪一郎の意をうけて塾の閉鎖をとりしきり、十二月旧塾生とともに上京、二十年一月創設の民友社に加わり『国民之友』の持主・印刷人・編輯人となる。翌年一月東京第一基督教会(霊南坂教会)員となり、組合教会の自治・自由のため奔走、新島襄の大磯療養の周旋をなす。二十三年二月『国民新聞』の創刊にかかわり、論説記者として徳富蘇峰の外遊中(二十九年―三十年)は後事を依託され、民友社・国民新聞社の中枢として活躍した。三十年七月蘇峰の帰国直後退社、爾後フランスに渡り日本の紹介にたずさわったが、三十六年一転して実業界に入り、北九州大里(福岡市門司区)に鈴木商店の製糖所を建設、四十年大日本製糖に合併されるまで、その経営にあたった。その後は小倉で自適の生活を送り、大正十三年(一九二四)九月二十九日小倉で病没した。六十歳。墓は大里にある。著作には、ジェームス＝ブライス James Bryce の "The American Commonwealth" の翻訳『平民政治』や、『第二之維新』『国民的大問題』『欧洲見聞録』などがあり、『英文国民之友』には「露国と極東」「英国と日本」「日本の海陸軍」などフランス文の論稿がある。

参考文献 徳富猪一郎『蘇峰自伝』、杉井六郎『徳富蘇峰の研究』、花立三郎『大江義塾』、徳富猪一郎「人見一太郎君」(『第二蘇峰随筆』所収)、結城礼一郎「民友社の金蘭簿」(蘇峰先生古稀祝賀会記念刊行会編『(蘇峰先生古稀祝賀)知友新稿』所収)

(杉井 六郎)

ひなつこうのすけ 日夏耿之介 一八九〇―一九七一 大正・昭和時代の詩人、英文学者。本名樋口圀登。別号黄眠。明治二十三年(一八九〇)二月二十二日長野県下伊那郡飯田町(飯田市)に父藤治郎・母いしの長男として生まれた。県立飯田中学に学び、同三十七年上京、東洋大学付属中学・早稲田高等予科を経て、早稲田大学を卒業。高等予科入学後、大正元年(一九一二)西条八十(やそ)らと同人誌『聖盃』を創刊(二年『仮面』と改題)、大正期詩壇に新象徴派の詩人として登場した。大正十一年から昭和二十年(一九四五)まで早稲田大学で英文学を講義、昭和十四年キーツの研究で文学博士となった。第二次世界大戦後、青山学院大学で講義した後、郷里飯田市で生活し、昭和四十六年六月十三日その地で没した。八十一歳。墓は飯田市の柏心寺にある。詩集『転身の頌(しょう)』(大正六年刊)は大正期の詩壇に異様な反響を呼んだ象徴的感覚の詩体である。第二詩集『黒衣聖母』(大正十年刊)などを加えた『日夏耿之介定本詩集』全三巻のほかに、大著『明治大正詩史』全二巻(昭和四年刊)、『晩近(ばんきん)三代文学品題』(同十六年)、『鷗外文学』(同十九年)などがあり、『日夏耿之介全集』全八巻が刊行されている。 (古川 清彦)

ひのあしへい　火野葦平　一九〇七―六〇　昭和時代の小説家。明治四十年(一九〇七)一月二十五日、福岡県若松市(北九州市若松区)に父玉井金五郎・母マンの長男として生まれた。本名、玉井勝則。父は若松港石炭仲士「玉井組」の親分。勝則は小倉中学のころから文学に目ざめ、早稲田大学に進学。中山省三郎らとの同人雑誌に小説・詩などを発表。昭和三年(一九二八)、福岡歩兵連隊に入営、除隊後も復学せず(英文中退)。六年、若松港沖仲士労働組合を結成、書記長となり、闘争を指導。七年、赤化分子の疑いで若松署に逮捕、留置。釈放後、転向。九年から文学に復帰、火野葦平を筆名とする。十二年、日華事変により応召。戦地杭州で『糞尿譚』による芥川賞受賞が伝達された。徐州作戦従軍記『麦と兵隊』(十三年)、『土と兵隊』(十四年)、『花と兵隊』(十五年)の「兵隊三部作」がベストセラーとなり、戦時下、流行作家であった。『陸軍』(十八―十九年)を書く。戦後の代表作に『青春と泥濘』(二十四年)、『花と竜』(二十八年)、『革命前後』(三十五年)などがある。昭和三十五年一月二十四日、若松市の自宅で睡眠薬自殺。五十二歳。墓は北九州市若松区の安養寺にある。法名は文徳院游誉勝道葦平居士。『火野葦平選集』全八巻(三十三―三十四年、東京創元社)がある。

[参考文献] 劉寒吉・小田雅彦編『花冊集』、田中艸太郎『火野葦平論』 (保昌 正夫)

ひのそうじょう　日野草城　一九〇一―五六　大正・昭和時代の俳人。大正末期、青春性を秘めた新しい抒情を俳句に表現し、現代俳句への道を拓き、昭和に入ってからは、都会情緒を多彩に詠った。本名克修(よしのぶ)。明治三十四年(一九〇一)七月十八日、東京下谷で生まれ、少年期を朝鮮で送った。俳句は中学時代、前田普羅(ふら)の指導を受け、その才能を認められた。三高に入ってからは高浜虚子を知り、京大三高俳句会を復活。盟友、鈴鹿野風呂とともに俳誌『京鹿子』を創刊、新風を学生間にひろめ、のちには東大俳句会と並んで人材を育てた。虚子は『ホトトギス』の経営を任せようと考えるほど草城の才能を愛した。昭和初年代、新興俳句運動が興った際には、無季定型俳句を推進し、『ホトトギス』の描写俳句を批判した。俳誌『旗艦』を刊行し、都会の風俗を華麗に詠い、一方の旗頭となった。戦時に入って俳句を中止。戦後、戦災体験も含めた生活体験が、心境的で平淡な作風の方向を辿らせ、自在に日常生活を詠った。昭和三十一年(一九五六)一月二十九日没。五十四歳。句集は『花氷』ほか。

[参考文献] 松井利彦『近代俳句集』 (松井 利彦)

ひびおうすけ　日比翁助　一八六〇―一九三一　三越百貨店の創業者で日本初のデパートメント＝ストア経営の導入に成功した実業家。万延元年(一八六〇)六月二十六日久留米藩士竹井安太夫吉堅・とき子の次男として久留米城下に生まれた。明治十二年(一八七九)日比家の養嗣子になり、翌年上京、慶応義塾で福沢諭吉に学ぶ。卒業後日本橋モスリン商会に務めた後、三十年中上川彦次郎の招きで三井銀行和歌山支店支配人になった。翌三十一年九月三井呉服店の支配人に抜擢され、三井家伝統の呉服業の改善に着手した。明治三十七年十二月三井呉服店は株式会社三越呉服店として三井家から分離され専務取締役になった。日露戦争後みずから視察した欧米の百貨店をモデルに三越を呉服専業から百貨店へ脱皮させた。デパートの地位を都市の文化的生活に欠かせぬ風俗へ広めた功績は大きい。大正二年(一九一三)三越の取締役会長に就任するが、そのころから神経症が高じ晩年は療養で過ごした。昭和六年(一九三一)二月二十二日東京で没。享年七十二。渋谷区豊分町(広尾五丁目)の祥雲寺に葬られた。

[参考文献] 星野小次郎『三越創始者日比翁助』 (松元 宏)

ひびやへいざえもん　日比谷平左衛門　一八四八―一九二一　明治・大正時代の実業家。綿糸布商として活躍する一方、紡績会社の発展につくす。嘉永元年(一八四八)二月二十一日越後国蒲原郡三条町(新潟県三条市)に大島栄造の三男として生まれる。万延元年(一八六〇)江戸に出て日本橋の綿糸商松本屋に奉公し商才を発揮、明治十一年(一八七八)六月日比谷家の養子となり、吉次郎を改め平左衛門を名のり、独立して綿糸商を開業した。日清戦争後より紡績事業の有望性に着目し、明治二十九年二月十五日東京瓦斯紡績会社を設立、専務取締役として経営にあたり、さらに請われて、小名木川綿布会社の社長となり経営を刷新し、和田豊治を重用して富士紡績会社の社業改革をはかった。その後富士紡績と小名木川綿布、富士紡績と東京瓦斯紡績の合併(明治三十九年九月十八日)に尽力した。鐘淵紡績会社の経営や日清紡績会社の設立、経営にも関係し、また大正七年(一九一八)には綿業専門の金融機関として日比谷銀行を設立するなど業界の発展に貢献した。第一生命や九州水力電気など諸会社の重役をも兼ねた。大正十年一月九日東京府北品川御殿山の自宅で死去。七十四歳。

参考文献 実業之世界社編輯局編『財界物故傑物伝』下、『富士紡績株式会社五十年史』、『日清紡績六十年史』 (杉山 和雄)

ピブンソンクラーム Phibunsongkhram, Plaek 一八九七―一九六四 タイの軍人、政治家。一八九七年出生。一九三二年の立憲革命に武官派の指導者として参加し、軍部を背景に次第に頭角を現わし、三八年政権を握った。国民信条(ラッタニヨム)を発布、国号をシャムよりタイ(自由を意味するとし)と改めるなど、民族意識を鼓吹した。三九年第二次世界大戦勃発するや、日本と同盟(四一年)、翌四二年一月米・英に宣戦した。しかし、日本の戦況の不利となる四四年には、政権は崩壊し、終戦とともに戦犯として逮捕されたが、タイの参戦は日本の強制によるものとの連合国側の認定により、自由の身となる。不遇の時期もあったが、政局混乱と経済不安に乗じ、四七年クーデターを起し、翌四八年政権を握り、再び独裁体制を確保した。戦後、アジアに介入を始めたアメリカとの協力関係を促進、その援助で経済安定を進め、五〇年の朝鮮戦争には国連軍に参加、反共体制の体制を固めた。しかし、五三年ころからの世界の食糧事情の好転により、タイの米穀依存経済は急速に悪化した。世界銀行の協力も時期を失し、国民生活は困難を増していった。そして、サリット＝タナラート元帥を中心とする軍部の信望・支持も後退し、ついに五七年サリット指導のクーデターが勃発、ピブンは東京に亡命した。以来、帰国復活の機会には恵まれず、六四年七月十四日客死する。

参考文献 河部利夫『東南アジア』(『世界の歴史』一八) (河部 利夫)

ひゃくたけかねゆき 百武兼行 一八四二―八四 明治時代の洋画家、外交官。天保十三年(一八四二)六月七日肥前佐賀城下に生まれる。八歳でのちの藩主鍋島直大の御相手役となり、終生側近として仕える。明治四年(一八七一)直大に随い渡米、翌年からロンドンで経済学などを学ぶ。七年一時帰国し再渡英、八年ころ油彩画を始め、十一年パリでレオン＝ボンナに師事する。十二年帰国、翌年駐伊特命全権公使となった直大に随いローマへ渡り、外務書記官の公務の傍ら、彼の従者として同行した松岡寿とマッカリに師事し油絵を学ぶ。十五年帰国し農商務省に出仕、権大書記官在任中の十七年十二月二十一日没。四十三歳。佐賀市浄土寺に葬る。竜池会会員でもあった。代表作に「マンドリンを持つ少女」「ピエトロ＝ミッカ図」。

参考文献 三輪英夫編『百武兼行』(『近代の美術』五三) (三輪 英夫)

ひゃくたけさぶろう 百武三郎 一八七二―一九六三 明治時代後期から昭和時代前期にかけての海軍軍人。明治五年(一八七二)四月二十八日生まれる。佐賀県出身。父は旧佐賀藩士百武庭蔵。弟源吾は海軍大将、同晴吉は陸軍中将。海軍兵学校第十九期生。日露戦争では日進水雷長兼分隊長、ついで第三艦隊・第四艦隊参謀として活躍。戦後はオーストリア大使館付武官、朝日副長、海軍省軍務局局員、磐手・伊勢・榛名の各艦長、第二艦隊参謀長を歴任。大正六年(一九一七)十二月少将、佐世保鎮守府参謀長、教育本部第二部長を経て、十年十二月中将に進級し第三戦隊司令官、鎮海・舞鶴各要港部司令官、練習艦隊司令官、佐世保鎮守府司令長官の要職を歴任し軍事参議官となる。昭和三年(一九二八)四月大将に進級し、七月予備役に編入。十一年十一月から侍従長となったが、天皇の親任がきわめて厚く十九年八月まで奉仕。爾後は枢密顧問官となる。三十八年十月三十日没。九十一歳。

参考文献 日本近代史料研究会編『日本陸海軍の制度・組織・人事』、外山操編『陸海軍将官人事総覧』海軍篇 (森松 俊夫)

ヒュースケン Henry Conrad Joannes Heusken 一八三二―六一 オランダ人、駐日米国公使館通訳官。一八三二年一月二十日オランダのアムステルダムに生まれる。十五歳で学校をやめ父の商業を継ぐも死去にあい、五三年アメリカのニューヨークに行く。五五年総領事ハリスの通訳としてマレー半島西のペナンより同行。まずシャムとの通商条約締結に従事。安政三年八月五日(一八五六年九月三日)下田上陸。ハリスとともに隠忍機会を待って同五年六月十九日(一八五八年七月二十九日)日米修好通商条約締結を援けた。来日後日本語も修め、蘭・英・仏語に通じ親切で愛想のいい性質もあって、同年七月英国使節の通商条約締結に協力。プロシア使節をも援けて、万延元年十二月五日(六一年一月十五日)使節滞留中の江戸赤羽接遇所から夜間騎馬で米公使館麻布善福寺に帰る途中、薩摩藩士に襲われ六日未明死去。二十八歳。江戸光林寺(東京都港区南麻布)に葬る。外国代表は決議して横浜に退去したが、米公使ハリスは幕府を窮地に陥れるとして踏みとどまり、賠償金は要求せず、オランダの老母の扶助料一万ドルを要求し、幕府もこれを贈って解決した。日記に『ヒュースケン『日本日記』』(青木枝朗訳)がある。

参考文献 Jeannette C. van der Corput (Robert A. Wilson, trans.): Henry Heusken, Japan Journal 1855—1861. (秋本 益利)

ひらいきしょう 平井希昌 一八三九―九六 幕末の長崎奉行所役人、明治初期の外交官。天保十年(一八三九)正月二十七日長崎に生まれる。通称義十郎、東皐と号す。嘉永五年(一八五二)通事見習となり、安政三年(一八五六)父の跡役を継いで唐稽古通事となる。長崎開港後、イギリス船乗組の中国人から英語を学ぶ。文久三年(一八六三)長崎奉行支配定役格、慶応三年(一八六七)長崎奉行支配調役並格に進み通弁御用頭取となり、外国人との折衝や文書作成翻訳にあたる。明治元年(一八六八)二月長崎裁判所の設置とともに通弁役頭取として出仕、この時に訳した『万国公法』は権威あるものとして認められた。同年十二月には長崎府少参事に進む。三年十二月工部省に転じ、五年のマリア＝ルス号事件の際対外折衝に活躍した。六年二月、二等書記官として特命全権大使副島種臣に随行して清国に渡る。十三年太政官権大書記官・賞勲局主事となり、日本の賞勲制度の整備に寄与するところが大であった。二十六年弁理公使として米国滞在を命じられる。二十九年二月十二日没。五十八歳。墓は東京都港区南麻布四丁目の光林寺にある。法名は玉竜院殿玄道希昌居士。（佐々木　克）

ひらいずみきよし　平泉澄　一八九五―一九八四　大正・昭和時代の国史学者。明治二十八年（一八九五）二月十五日、白山神社祠官平泉恰合の長男として福井県大野郡平泉寺村平泉寺（勝山市平泉寺町）に出生。第四高等学校を経て大正七年（一九一八）東京帝国大学文科大学国史学科を卒業。大学院で研究の後、同十二年、東京帝国大学文学部講師、同十五年、文学博士となり、助教授。この年に『中世に於ける精神生活』『我が歴史観』『中世に於ける社寺と社会との関係』（学位論文）を上梓し、新進の国史学者として注目され、西欧における中世史研究の動向を視野に入れた斬新な学風は、昭和初年の歴史学界に影響を与えた。昭和五年（一九三〇）三月、在外研究のため渡欧、ドイツ・オーストリア・イタリア・フランス・イギリスなどの諸国を歴訪。翌年七月に帰国した後、同七年『国史学の骨髄』、同九年『建武中興の本義』を出版し、同八年には東京本郷区駒込曙町（文京区本駒込）に青々塾を開くなど、急速に国粋主義的な立場に傾き、いわゆる皇国史観の指導者となり、日本精神を鼓吹して大きな影響力を持った。同十年、東京帝国大学教授。同十三年、日本思想史講座担当となり、国史学第一講座は兼担。同十一年『万物流転』、同十五年『伝統』を出版、同年三月、満洲国新京で皇帝溥儀に進講。翌年太平洋戦争開戦とともに海軍勅任嘱託となった。同二十年八月、敗戦直後、大学に辞表を提出して平泉寺に帰り、翌年一月、白山神社宮司となった。同二十三年三月、公職追放。その後、同二十五年創刊の『芸林』、翌年創刊の『桃李』（のち『日本』と改題）、同二十八年創刊の『神道史研究』などに論考を発表、同二十七年刊行の『芭蕉の俤』をはじめ多くの著書をまとめ、同二十九年十一月には、東京銀座に研究室を開設し、右派の国史学者として、影響力を持ち続けた。同五十九年二月十八日、平泉寺で没。八十九歳。平泉寺に葬られる。

参考文献　平泉澄『悲劇縦走』（大隅　和雄）

ひらいでしゅう　平出修　一八七八―一九一四　明治・大正時代の歌人、小説家、評論家、弁護士。号を露花・黒瞳子。明治十一年（一八七八）四月三日、新潟県蒲原郡猿ヶ馬場新田（新潟市）に父児玉郡三、母イテの八男として生まれる。同三十一年ころより小学校に勤務のかたわら地方新聞・雑誌に寄稿、三十三年には与謝野寛（鉄幹）らの新詩社に加入、『明星』誌上に短歌・評論を発表。同年、平出ライと結婚して入籍。三十四年上京して明治法律学校に学ぶ。三十六年、判検事登用試験に合格、三十七年、弁護士を開業。『明星』の廃刊後、四十二年には石川啄木・平野万里らと雑誌『スバル』の発刊に力を尽くした。この間、生田葵山の小説『都会』発禁事件や四十三年の大逆事件の弁護を担当、一方、作家としても活動し、小説『畜生道』『計画』『逆徒』などはこの事件を作品化したものとして有名。大正三年（一九一四）三月十七日病没。享年三十七。遺骨を新潟県高田市（上越市）寺町性宗寺に埋葬した。『定本平出修集』全二巻がある。（絲屋　寿雄）

ひらいわよしやす　平岩愃保　一八五六―一九三三　明治から昭和時代前期にかけての牧師。旧日本メソヂスト教会第二代監督。安政三年（一八五六）十二月十七日幕臣平岩馨明の長子として江戸小石川に生まれ、東京府洋学校・開成学校・大学南校・同人社に学ぶ。明治十年（一八七七）御茶の水高等師範学校教員。この間、明治七年カナダ＝メソヂスト教会宣教師カクランに出会い、その影響感化のもとに神学を学び、同八年十一月二十一日中村敬宇の同人社でカクランより受洗。十一年より牛込・下谷に伝道、十四年按手礼を受け甲府教会牧師となる。以後静岡・麻布（東洋英和学校総理兼任）・駒込・本郷各教会牧師を歴任。四十四年関西学院長に選挙されたがその就任前に本多庸一が急死したため、四十五年四月日本メソヂスト教会第二代監督となる。しばしば日本の教会を代表してアメリカ・カナダに赴き、大正七年（一九一八）アメリカ上院に招かれ開会祈禱を捧げた。翌八年監督を引退、東京阿佐ヶ谷で開拓伝道、阿佐ヶ谷教会を創設。昭和八年（一九三三）七月二十六日没。七十八歳。

参考文献　倉長巍『平岩愃保伝』（気賀　健生）

ひらおかこうたろう　平岡浩太郎　一八五一―一九〇六　明治時代中期、国権派の政治家。嘉永四年（一八五一）六月二十三日、福岡藩士平岡仁三郎の次男として福岡に生まれる。戊辰戦争時官兵として奥羽地方に従軍。西南戦争時は西郷軍に加担する越智彦四郎らの挙兵に参加、捕えられ懲役一年に処せられた。向陽社、筑前共愛会を通じて愛国社運動、国会開設運動に奔走した。さらに明治十四年（一八八一）には玄洋社設立に参画し、社長を勤めるなど同社の政治活動の中心人物の一人であった。明治十六年以後炭坑業などに乗りだし産をなした。明治二十七年第四回総選挙で代議士となり（福岡県第三区）、同三十一年自由党と進歩党の合同に貢献するところがあった。以来政界の策士と目されるようになった。憲政党分裂後は憲政本党（旧進歩党）に属し、同党の対外硬派の一首領として活動した。国民同盟会運動、対露同志会運動に積極的であった。朝鮮問題、さらに中国問題などの対外問題には常に積極行動派で、壬午の変時の義勇兵、東洋学館設立、天佑侠団などの動きに関係し、日露戦中は日中提携を策したこともあった。明治三十九年十月二十四日郷里にて死去。五十六歳。墓は福岡市博多区御供所町の聖福寺にある。法名恵海院専正浩徳居士。

参考文献 『玄洋社社史』 （酒田 正敏）

ひらおざいしゅう 平尾在脩 一八四一―一九一一 明治時代の農村指導者。幼名大吉、のち学治郎、晩年に在脩と号した。天保十二年（一八四一）正月十九日但馬国出石郡三宅村（兵庫県豊岡市）に平尾在寛の二子として生まれた。父在寛は森尾村（同上）地主で素封家として著名な平尾源太夫の四子と生まれ、天保四年出石藩より荒廃した三宅村復興を命ぜられ分家して移住した。在脩は元治元年（一八六四）家を継ぎ、父の事業を継承し成果をあげた。明治元年（一八六八）出石藩御用達に、翌二年三宅村庄屋を命ぜられた。この年の飢饉に際し、困窮者のために無利子の質物預所を設けるなど救済活動をした。のち戸長を勤め二十二年三宅村初代村長となり、生涯三宅村発展につくした。在脩の農業経営指導は実地に即して行われ、治山・治水・灌漑など農業の基本施設の整備、また試験田の設置や施肥・農具・耕作法の技術改良も行い生産の安定・向上に努めた。これらの事業ははじめ在脩の私費で行われたが、のち村民の積立金による三宅村維持資産会を設立しこの基金の運用により村独自の共済制度にも着手した。教育の面でも明治六年小学校を開設、また談話会を開いて報徳主義を説き、二十二年三宅村国恩会を組織した。こうした在脩の事績は高く評価され「今尊徳」と呼ばれた。同三十四年藍綬褒章を受章、同四十四年七十一歳で没した。

参考文献 兵庫県編『（但馬偉人）平尾在脩』 （神崎 彰利）

ひらおはちさぶろう 平生釟三郎 一八六六―一九四五 明治から昭和時代前期にかけての財界人、教育者。慶応二年（一八六六）五月二十二日美濃国加納藩士田中時言の三男として生まれる。のち平生忠辰の養子となる。明治二十三年（一八九〇）七月東京高等商業学校卒業後、同校助教諭、朝鮮仁川海関幇弁を経て、東京海上火災株式会社入社、大正六年（一九一七）同社専務取締役に就任した。一方、明治四十三年甲南幼稚園、四十四年甲南小学校、大正九年甲南中学校、十二年甲南高等学校を創立し、十五年甲南学園理事長に就任するなど、学校教育にも熱心に取り組む。昭和八年（一九三三）三月川崎造船所社長に就任し、経営が破綻した川崎造船所の再建に努めた。同十年川崎造船所社長を辞任。同年貴族院議員に勅選され、十一年三月広田弘毅内閣の文部大臣をつとめた。十二年六月日本製鉄株式会社取締役会長、十三年鉄鋼連盟会長、十六年鉄鋼統制会会長に就任し、戦時下の鉄鋼業の発展に努めた。十五年大日本産業報国会会長、大政翼賛会総務、十六年重工業の各種統制団体の横断的結集組織である重要産業統制団体協議会会長となるなど、戦時統制組織の責任的地位にあって、戦時体制構築に努めた。十八年には枢密顧問官となった。二十年十一月二十七日没。八十歳。

参考文献 河合哲雄『平生釟三郎』 （長島 修）

ひらがゆずる 平賀譲 一八七八―一九四三 大正より昭和時代にかけて戦艦・巡洋艦の設計に令名のあった人物。海運造船中将、工学博士。戦艦山城から巨艦大和（昭和十六年（一九四一）完成）までいずれも平賀の息がかかっており、特に八八艦隊計画の戦艦と巡洋戦艦は彼の艦政本部基本計画主任時の産物である。また巡洋艦夕張や古鷹はその完成がイギリスの議会で問題となったほど。平賀は広島県人の海軍大主計（主計大尉にあたる）平賀百左衛門の次男として、明治十一年（一八七八）三月八日、東京の芝に生まれ、幼少時は横浜と横須賀に住み東京府立一中、第一高等学校を経て同三十四年東京帝国大学工科大学造船学科を卒業、海軍造船中技士（中尉相当）任官、呉海軍工廠・横須賀工廠時代すでに上司の信用絶大であった。日露開戦の直前には三笠に乗船して実習。開戦直後イギリス海軍大学校造船科に留学をし、その卒業に際し同大学校長の賞詞を受けた。この間イギリスはもちろん、アメリカ・ドイツ・イタリアの造船設計者と親交あり。帰国後東大講師、間もなく教授となり、多年後進の教育に努め、太平洋戦争時の海軍造船官の大部分は彼の門弟であった。その中には平賀の期待にそう牧野茂・松本喜太郎などがあり、終戦より現在に至るまでの日本の造船界の発達の基礎をなした人々である。彼は中佐時代より能力をみとめられ、少将時代には造船技術者として類のなかった旭日重光章を受けた。兄平賀徳太郎は海軍砲術の権威であり、少将時に病死したが、この兄の指導は譲の戦艦設計に大きな影響を与えた。東京帝国大学教授時には軍艦設計と艤装の講座のほかに、特に海軍委託学生室においてマン＝ツー＝マンの厳しい指導を行なった。また昭和十三年東大総長となり、同十七年第二工学部を設け太平洋戦争より戦後にかけて多数の卒業生を出した。海軍時代は後輩徳川武定（徳川慶喜の甥、斉昭の孫）とことに親密で、東京都府中市の多磨墓地にある彼の墓側に弟子たちの醵金によってつくられた頌徳碑は徳川武定の筆に成る。昭和十八年二月十七日没。六十六歳。死去に際し男爵を授けられた。

参考文献 福井静夫『日本の軍艦』、同『戦艦・巡洋戦艦』（『海軍艦艇史』一）、牧野茂・福井静夫編『海軍造船技術概要』 （福井 静夫）

ひらくしでんちゅう 平櫛田中 一八七二―一九七九 明治から昭和時代にかけての彫刻家。明治五年（一八七二）二月二十三日岡山県後月郡西江原村（井原市）に生まれる。本名倬太郎、同十五年平櫛家の養子となり、大阪に奉公に出される。二十六年中谷省古のもとで木彫を習い、三十年上京して高村光雲に師事、三十四年日本美術協会展で受賞したのをはじめ、各種の展覧会で受賞した。四十年第一回文展に出品、同年米原雲海らと日本彫刻会を結成、岡倉天心の知遇を得た。大正三年（一九一四）日本美術院の再興とともに参加し同人になり、以後院展に出品を続け、「禾山笑」「転生」「鏡獅子」「五浦釣人」などを出品した。昭和十年(一九三五)帝国美術院会員、十七年第二回野間美術賞を受賞、十九年帝室技芸員となった。同年から二十七年まで東京美術学校・東京芸術大学教授をつとめ、三十七年文化勲章を受章した。四十六年白寿を記念して平櫛田中賞が設定され、四十四年郷里の岡山県井原市に田中美術館が開設された。五十四年十二月三十日東京都小平市の自宅で没、百七歳の長寿を全うした。

参考文献　今泉篤男他編『平櫛田中彫琢大成』、井原市立田中美術館編『平櫛田中作品集』、本間正義編『平櫛田中』(『近代の美術』五五)　(三木　多聞)

ひらこたくれい　平子鐸嶺　一八七七―一九一一　明治時代の美術史学者で法隆寺非再建論者として有名。明治十年(一八七七)五月四日、三重県津町浜町に尚次郎の長男として生まれる。名は尚、号は鐸嶺。別号に昔瓦・鈴岱子・古柏艸堂主人・古柏陳人・塵庵。旧津藩士のための私塾勉精館を経て、二十六年東京美術学校日本画科に入学、三十年卒業と同時に同校西洋画科に再入学、三十四年七月卒業。のちに哲学館(現東洋大学)で仏典・漢学・梵文を学ぶ。美術学校在学中に仏教渡来前と渡来後のわが国の墓制を実物と文献から考察した論文「本邦墳墓の沿革」を『仏教』に連載した。以来、絵を描かずにもっぱら仏教史学研究に専念して法隆寺非再建論を主張するなど論稿を発表した。三十六年、東京帝室博物館嘱託となり内務省嘱託を兼務、また根岸短歌会誌『馬酔木』編集員ともなり、四十三年古社寺保存会委員となった。四十四年五月十日、肺患のため鎌倉の長谷の仮寓で没。三十五歳。墓所は津市本町所在浄安寺。法隆寺山内に供養塔がある。著書『百万小塔肆攷』『仏教芸術の研究』。

参考文献　野田允太編『鐸嶺平子尚先生著作年表・略歴』、平子恵美編「平子鐸嶺略年譜」(平子鐸嶺『(増訂)仏教芸術の研究』付載)　(樋口　秀雄)

ひらさわけいしち　平沢計七　一八八九―一九二三　明治・大正時代の労働運動家、小説家。号は紫魂。明治二十二年(一八八九)七月十四日、新潟県北魚沼郡小千谷町に鍛冶職人の父福平、母セイの長男として出生。高等小学校を経、明治三十六年に日本鉄道大宮工場の職工見習生となる。このころより文学に手をそめ投稿を行い、小山内薫の知遇も得る。大正三年(一九一四)に友愛会に入会、東京府南葛飾郡大島町(江東区)の東京スプリング工場に勤務。友愛会では、翌年大島分会を結成、同七年に出版部長・城東聯合会会長をつとめる。機関誌『労働及産業』『友愛婦人』などに労働者・労働生活に材をとる小説・戯曲・ルポルタージュを数多く発表。しかし、同九年に内部で対立し退会、新たに純労働者組合を組織した。労働劇団を結成するなど労働文学の確立に貢献するとともに岡本利吉らと共働社を結成、労働者消費組合の濫觴もつくった。また『労働週報』をつうじて過激社会運動取締法案の統一的反対運動を組織する活動も行なった。大正十二年、関東大震災の混乱のなか、純労働者組合の仲間とともに亀戸署に拘引され、九月四日未明、習志野騎兵連隊により刺殺された(亀戸事件)。三十五歳。代表作に『創作・労働問題』(大正八年)、遺稿集『一つの先駆』(同十三年)がある。

参考文献　西田勝『近代文学の発掘』、森山重雄『実行と芸術』、松本克平『日本社会主義演劇史』、松尾尊兊「一九二三年の三悪法反対運動」(渡部徹・飛鳥井雅道編『日本社会主義運動史論』所収)、大津山国夫「平沢計七の生立ち」(『国文学解釈と教材の研究』一〇ノ五)　(成田　竜一)

ひらせさくごろう　平瀬作五郎　一八五六―一九二五　明治・大正時代の植物学者。安政三年(一八五六)正月七日越前国足羽郡新屋敷一番に平瀬儀作の長男として生まれる。福井藩中学を卒業し、明治八年(一八七五)岐阜中学の図画教員となり、各地の教員を経て、同二十一年帝国大学理科大学植物学教室傭となる。同二十三年技手。同二十六年助手。同三十年退職し、滋賀県の彦根中学教員となる。同三十八年京都の花園中学教諭。大正十三年(一九二四)病気退職。同十四年一月四日京都の御室で死没。七十歳。大学在職中の明治二十七年池野成一郎の助言指導もあり、イチョウの精子を発見した。同四十五年、ソテツの精子を発見した池野とともに帝国学士院恩賜賞を受賞した。また平瀬は、同二十七年イチョウの中心体を発見。大正七年にはクロマツの受精について報告した。晩年は中等博物学教育に貢献した。墓は福井市加茂河原町の教円寺墓地にある。

参考文献　篠遠喜人『大生物学者と生物学』、末松四郎「平瀬作五郎先生とその履歴書」(『遺伝』二五ノ五)　(矢部　一郎)

ひらたかねたね　平田鉄胤　一七九九―一八八〇　幕末・維新期の国学者。銕胤とも書く。伊予新谷藩士碧川某の子。名は篤真。寛政十一年(一七九九)生まれる。文政五年(一八二二)五月篤胤に入門、同七年養子となり、篤胤の長女おてうと結婚した。おてうは篤胤の最初の妻織瀬の子で、はじめ千枝といったが、のちおてうと改め、明治二十一年(一八八八)八十四歳で没した。鉄胤は控えめの性格で、奔放ともいえる篤胤の活動をよく補佐し、有力な後だてをもたぬ篤胤が『毎朝神拝詞記』『玉たすき』『古史成文』『古史徴』などの出版のため募金、また『古史伝』の予約出版を行なったときには、出資を勧誘したり、板本を売捌くなどの実務は鉄胤が中心になって行なった。また篤胤が秋田に移されたのちは江戸にあって平田門の中心となり、篤胤の江戸帰還運動に尽力した。維新の後は神祇事務局判事、内国事務局判事、大学大博士などを経て明治十二年大教正となり、同十三年十月死去した。八十二歳。墓は東京都板橋区小豆沢三丁目の総泉寺にある。　(田原　嗣郎)

ひらたとうすけ　平田東助　一八四九―一九二五　明治・

大正時代の官僚、政治家。嘉永二年(一八四九)三月三日米沢藩の医師でシーボルトの門下生伊東昇廸・かるの次男(第六子)として米沢城下信夫町に生まれる。八歳の時、藩医平田亮伯の養子となる。藩校の興譲館に学んだのち元治元年(一八六四)実父に従って江戸に上り、幕府の儒官古賀謹堂(謹一郎)に学ぶ。明治元年(一八六八)戊辰戦争に従軍して医務に従事。米沢で渡辺洪基に英学を学んだが、同二年藩命により上京、大学南校に入学し、大舎長をつとめた。ロシア語を学び四年太政官よりロシア留学を命ぜられ岩倉使節団に同行出発したが、途中ベルリンで、品川弥二郎・青木周蔵らに説得されドイツ留学に変更。五―九年ベルリン大学・ハイデルベルグ大学で国法学・財政学・政治学・国際公法などを学びドクトル＝フィロソフィの称号を得た。九年帰国して内務省に入り、ついで大蔵省・法制局に勤務した。十五年伊藤博文の憲法調査に随行してドイツ・オーストリアに赴いたが、病気のため途中帰国。十六年以降、太政官文書局長・参事院議官補・法制局法制部長・同行政部長・枢密院書記官長などを歴任。この間『官報』の発行や、立憲政治の開幕にあたって会計検査院法・会計法補則はじめ数多くの法令の起案にたずさわった。明治二十四年には品川弥二郎内相のもとで信用組合法を立案したが、衆議院の解散で不成立に終った。また明治二十三年貴族院の勅選議員となり、翌年古市公威らと勅選議員を中心とする茶話会の結成をすすめ、貴族院の官僚派勢力の中心となった。三十一年第二次山県内閣の法制局長官兼内閣恩給局長となり、ついでいちじ枢密顧問官をも兼官したが、まもなく顧問官を辞した。山県内閣のもとで憲政党との妥協による増税案の実現に尽力したが、同時に内務官僚などとの協力で文官任用令の改正により政党員の猟官運動を阻もうとして憲政党の非難を浴びた。ドイツ留学時代以来、品川弥二郎の知遇を受け、そのつながりから山県有朋にも重用されて、いわゆる山県系官僚派の有力者の一人となり、終始、政党の勢力拡張に対抗した。明治三十四年第一次桂内閣成立とともに農商務大臣として入閣し、翌年男爵を授けられた。三十六年所管の株式取引所問題に関して衆議院が農商務大臣不信任を決議したため辞任した。早くから産業組合事業や報徳社の運動に関心を有していたが、三十七年産業組合中央会会頭に就任し民力涵養をめざした産業組合の普及発展に力を尽くした。四十一年第二次桂内閣の内務大臣となり戊申詔書の発布と地方改良運動の推進に貢献し、また貧民救療事業を進めるため、済生会の設立に尽力してその副会長となった。四十四年大逆事件につき待罪書を奉上したが優諚により留任。同年桂内閣総辞職により内務大臣を辞したが、勲功により子爵陞爵。晩年は山県系官僚派の大物政治家として政界の黒幕的存在となり、大正三年(一九一四)シーメンス事件に際しては田健治郎らとともに貴族院官僚派を指導して第一次山本内閣の海軍拡張予算案に大削減を加え、これを倒閣に追い込んだ。同六年臨時外交調査委員会委員、臨時教育会議総裁(同八年まで)、八年宮内省御用掛、十一年内大臣となり宮中にも影響力を持った。同年伯爵に陞爵。著書に『信用組合論』(共著)、『産業組合法要義』、訳書にブルンチュリー著『国家論』、ロッシェル著『商工経済論』(共訳)などがあり、明治四十一年には法学博士の学位を授与されている。なお、夫人達子(旧姓勝津)は山県有朋の姉の娘(山県伊三郎の妹)で、品川弥二郎夫人静子の妹(品川家の養女)である。大正十三年夏ごろから病床につき、翌年三月内大臣を辞任。大正十四年四月十四日逗子の別荘鳴鶴山荘で病没。七十七歳。墓は東京都文京区大塚の護国寺にある。法名は純忠院殿釈善修西涯大居士。国立国会図書館憲政資料室に「平田東助関係文書」(明治後期・大正期の内政外交の書類・書簡)千四百点余が保存されている。

参考文献 加藤房蔵編『伯爵平田東助伝』、佐賀郁朗『君臣平田東助論』

(鳥海 靖)

ひらたやすきち 平田安吉 一八五七―九六 明治時代の農事指導者。安政四年(一八五七)四月二十二日出羽国田川郡鶴岡(山形県鶴岡市)の地主の家に生まる。維新後、農林業のほか養蚕業・水産業など殖産事業につとめ、製糸工場を開設した。明治二十二年(一八八九)西田川郡勧農会を組織、翌二十三年福岡県より馬耕教師を招き、乾田馬耕の普及につとめるなど、庄内地方の稲作技術の発展に貢献した。二十八年鶴岡米穀取引所を設立。二十九年七月十九日没した。四十歳。墓は鶴岡市大東町の本鏡寺にある。法名惇徳院行浄日光居士。

参考文献 小山孫二郎「明治における地主の農事改良運動―庄内の平田安吉―」(『日本農業発達史』五所収)

(伝田 功)

ひらつかつねじろう 平塚常次郎 一八八一―一九七四 明治から昭和時代にかけての実業家、政治家。明治十四年(一八八一)十一月九日、函館の呉服屋の次男として生まれる。父善治・母トヨ。十八歳のとき札幌の露清語学校でロシア語を勉強、明治三十四年三国丸(一一〇トン、帆船)を購入して、カムチャツカ半島で買魚事業を開始。日露戦争の二百三高地で九死に一生を得た後の明治三十九年、沿海州黒竜江岸のブロンゲ岬で当時二十七歳の堤清六と遭遇、翌年清六を援け、堤商会を創立。堤商会は大正十年(一九二一)、多くの企業を吸収し、日魯漁業が成立した。昭和六年(一九三一)の堤の病死のあとを受け、北洋漁業の発展に努力。同十年に北洋のサケ漁業は日魯を中心に大合同がなされて、平塚は社長に就任。同二十一年秋、副社長の河野一郎らとともに日本自由党の結成に参加、同年第一次吉田内閣で運輸大臣となるが、同二十二年公職追放。追放解除後の同二十五年日魯漁業にもどる。第二次世界大戦後一貫して日ソ・日中の国交回復に努力した。同四十九年四月四日没。九十二歳。

(平沢 豊)

ひらつからいちょう 平塚らいてう 一八八六―一九七

一　大正・昭和時代の婦人運動家、思想家。本名奥村明(はる)。筆名「らいてう」は雷鳥を仮名書きしたもの。明治十九年(一八八六)二月十日東京に定二郎・光沢(つや)の三女として生まれる。父定二郎は会計検査院次長で裕福な幼年時代を経、日本女子大学校を卒業。在学中から宗教哲学に傾倒し禅の体験をもつ。卒業後文学サークルを通じて作家森田草平を知り、塩原山中で心中未遂事件をおこし人々を驚かせた。そのため世の非難をうけたがめげず、若い女性たちを糾合して、同四十四年九月、婦人文芸誌『青鞜』を発刊、創刊号に有名なマニフェスト「元始、女性は太陽であった」を発表、月のような女性の奮起を促した。青鞜社員は「新しい女」と呼ばれ世の非難を浴びたが、たじろがず自身は法律によらない男女の共同生活を実践、肉体の重みをもって答えた。大正四年(一九一五)年下の愛人奥村博史と同棲した後、二人の子を育てながら評論家として立ち、エレン＝ケイの流れを引く自由恋愛論・母性論を展開した。同七年の与謝野晶子らとの「母性保護論争」もその一つである。第一次世界大戦後の民主主義思潮を背景に、同九年三月二十八日新婦人協会を結成、市川房枝らと婦人参政権運動を精力的にすすめ婦人の政治集会参加の自由を獲得した。しかし自身は運動に疲れ田園生活に逃れた。昭和期に入り昭和五年(一九三〇)当時の社会主義思潮に近づき、無政府主義運動にかかわり、高群逸枝(たかむれいつえ)らの『婦人戦線』に参加し、また無政府主義系の消費組合「我等の家」を居住地東京市世田谷区成城町に設立し、地域活動を同十三年まで続けた。この時期の思想的模索には大本教への接近もある。戦時中は茨城県に疎開し筆を折るが、敗戦後は再び婦人運動・平和運動に力をそそぎ、初期には世界聯邦建設同盟に入会した。二十五年の米国ダレス国務長官への平和アッピール以後、革新勢力の平和運動に身を置いた。二十八年には日本婦人団体連合会会長に擁され、また国際民主婦人連盟副会長をも努めた。三十年第一回母親大会ではシンボル的存在となった。四十六年五月二十四日没。八十五歳。自伝『元始、女性は太陽であった』全四巻がある。著書は『円窓より』『現代と婦人の生活』『母性の言葉』『わたくしの歩いた道』などのほか、『平塚らいてう著作集』全七巻補巻一巻がある。

[参考文献]　井手文子『平塚らいてう〝近代と神秘〟』(『新潮選書』)　(井手　文子)

ひらぬまきいちろう　平沼騏一郎　一八六七―一九五二　明治から昭和時代前期にかけての司法官、政治家。慶応三年(一八六七)九月二十八日、美作国津山に津山藩士平沼晋の次男(長男は淑郎)として生まれる。幼少時津山斎藤淡堂、のち上京して宇田川興斎・箕作秋坪(みつくりしゅうへい)について漢学・英学・算術を学び、明治十一年(一八七八)東京大学予備門に入学、同十六年卒業して東京大学法学部に入り(この年の「明治十六年事件」で一時退学処分を受けた)、同二十一年帝国大学法科大学を卒業。同年司法省参事官試補を命ぜられ、民事局勤務。以後、判事試補として芝区治安裁判所詰、京橋区裁判所判事、東京地方裁判所判事、千葉・横浜地方裁判所部長、東京控訴院判事、東京控訴院部長を経て、明治三十二年東京控訴院検事に補せられた。以後、検事畑を進み、三十八年には大審院検事に、そして三十九年には司法省民刑局長に任じられた(検事は元のまま)。その翌年法律取調べということで英独仏に派遣されており、また法学博士の称号を与えられた。この時期日糖疑獄の処理や幸徳事件(大逆事件)の取り扱いで名を上げた。四十四年刑事局長に任ぜられる。大正元年(一九一二)検事総長に補せられ、以後約十年その地位にあった。この間、大正三年のシーメンス事件、翌四年の大浦内相事件、七年の八幡製鉄所事件などで腕を振るった。またこの間、明治四十年に法律取調委員、大正八年には臨時法制審議会副総裁に任命され、数多くの立法、法改正の事業に参画した。また大正四年、東洋の道徳学術の究明・振興のために同志とはかって無窮会を創立した。大正十年大審院長に補せられたが、翌々十二年第二次山本内閣の司法大臣に任じられた。関東大震災の直後に組閣されたこの内閣では重鎮の一人で、十一月十日に発布された国民精神作興に関する詔書に関与した。この内閣はこの年暮の虎ノ門事件で辞職するに至ったが、大正中期以来の無政府主義・社会主義の勃興に危機を感じて、翌十三年それまで東京帝大の学生中心に組織されていた国本社を改組しその社長に就任し、司法関係者・軍人・財界関係者・官僚・学者などを会員とする国民精神作興のための大きな団体に成長させた。この前年には明治三十九年に蓮沼門三が設立した修養団の団長も引き受け、「同胞愛」「流汗鍛錬」を誓願とするこの団体も国本社の別動体と見做された。さらに大正十二年には日本大学総長に就任した(昭和七年三月まで)。十三年一月に貴族院議員に勅選されたが、翌月枢密顧問官に任じられ、十五年四月には副議長に就任し、その年十月男爵を授けられた。この前後から司法関係をはじめ広く官僚、また枢密院の中に基礎を持ち、反政党で、「復古」的な「現状打破」をめざす人々に影響力を持つ一つの閥として平沼閥が喧伝され、また中間内閣の首班候補として話題に上るようになった。特に満洲事変以後は軍部からも支持・期待を受けるに至った(特に海軍の加藤寛治、陸軍の真崎甚三郎と連携していた)が、元老西園寺公望は平沼の「右翼」的体質を好まずその機会を得られなかった。ジャーナリズムからファッショ的存在と見られたが、昭和七年(一九三二)四月内外に強くこれを否定する声明を発し、さらに同十一年三月の枢密院議長就任にあたって、国本社会長を辞任し、同年六月国本社も解散した。近衛文麿は内閣総辞職を考えた際に平沼を後継首班に擬し、元老もついにそれを容認し、昭和十四年一月に大命を受けて近衛内閣を引き継ぐ形で内閣を組織した。しかし「支那事変処理」を中心的な課題として掲げ、近衛内閣の「革新」政策は引き継がなかった。前内閣から引き継がれた防共協定強化問題、ノモンハンにおけるソ連軍との軍事的衝突、天津租界封鎖問題に始まる日英交渉、アメリカの通商条約廃棄通告など、緊張した国際環境の中で、国内で対立する諸勢力の調停に苦慮したが、結局独ソ不可侵条約の締結を機に、わずか八ヵ月で総辞職した。この時期から「現状維持」派と目されるに至った。昭和十五年十二月第二次近衛内閣の改造で内務大臣に就任、「新体制」に水をかける役割を演じた。引き続き第三次近衛内閣には国務大臣として留任し、（十六年八月には「現状維持」派として狙撃されて重傷を負った）、東条内閣の成立に伴い辞職。以後重臣の一人として重きをなした。昭和二十年四月に枢密院議長に就任したが、敗戦とともに、十二月A級戦犯容疑者として収監され、翌二十一年四月東京裁判に起訴され、十一月終身禁錮の判決を受ける。昭和二十七年八月二十二日死去。八十四歳。墓は東京都府中市の多磨墓地にある。自伝に『平沼騏一郎回顧録』がある。また彼の関わった立法関係の諸会議関係の史料をはじめ大量に残された関係文書が国立国会図書館憲政史料室に収蔵されている。

参考文献　岩崎栄『平沼騏一郎伝』、伊藤隆『昭和初期政治史研究』、滝口剛「満州事変期の平沼騏一郎」（『阪大法学』三九ノ一）　（伊藤　隆）

ひらぬませんぞう　平沼専蔵　一八三六―一九一三　明治時代の横浜貿易商、銀行家。天保七年（一八三六）正月二日、武蔵国高麗郡飯能町（埼玉県飯能市）の平沼安兵衛の三男に生まれた。安政六年（一八五九）横浜の海産物売込商明石屋平蔵の店員となり、慶応元年（一八六五）独立して洋糸・洋反物・米穀などの引取商石炭屋として活躍、明治六年（一八七三）当時の洋糸引取額は横浜第三位であった。明治十二年芝屋清五郎店を引き継いで生糸売込にも進出するが、二十年ごろには撤退した。次男八太郎名義の東京支店は、のち独立して和洋綿糸を扱った。明治二十年ごろの専蔵の所得額は六万円台で、横浜生糸売込商、原・茂木の各五万円台を上回ったが、間もなく凌駕される。明治二十三年一族で払込資本金百万円の横浜銀行、同三万円の金叶貯蓄銀行を設立した。四十三年にそれぞれ平沼銀行・平沼貯蓄銀行と改称される。三十三年貴族院多額納税議員、三十五年衆議院議員に選ばれた。大正二年（一九一三）四月六日病没。七十八歳。墓は増徳院相沢墓地（横浜市中区元町）にある。法名宝寿院殿心月清涼正義大居士。

参考文献　実業之世界社編輯局編『財界物故傑物伝』下、藤本実也『開港と生糸貿易』中　（石井　寛治）

ひらぬまよしろう　平沼淑郎　一八六四―一九三八　明治時代後期から昭和時代初期まで活躍した経済史学者。元治元年（一八六四）二月七日、美作国津山城下南新座で同藩士平沼晋の長男として生誕。平沼騏一郎（きいちろう）は弟。明治五年（一八七二）四月、旧藩主松平康倫の家扶となった父とともに上京、西周（にしあまね）・宇田川興斎・箕作秋坪（みつくりしゅうへい）らの家塾で学んだ後、東京英語学校を経て、東京大学予備門から同大学文学部政治学理財学科へ進学し十七年七月卒業。岡山県尋常師範学校教諭、第二高等中学校教授、市立大阪高等商業学校長などを歴任、その間三十一年七月には大阪市助役に選ばれ、三十四年六月まで在任した。三十七年九月早稲田大学に迎えられ、新設の商科で「西洋商業史」を担当、三十九年四月「日本商業史」担当の横井時冬が病没した後、両講座を統合した「商業史」を受け持ち、四十一年九月から同大学政治経済科の「経済史」講座を兼担した。四十四年六月教授に昇任、以後は評議員あるいは理事として大学行政の面でも活躍し、大正七年（一九一八）十月から三年間は学長の任に在った。これに先立ち七年四月に法学博士の学位を受けた。著書は早稲田大学における商業史および経済史の講義録と時論的な数冊にとどまったが、大正末年以降、近世の寺院門前町に関する実証的研究を中心に多くの論文を発表、主要なものは、没後に門下の入交好脩（いりまじりよしなが）により『近世寺院門前町の研究』として編集刊行された。ほかに学界関係では、昭和五年（一九三〇）十二月社会経済史学会の創立に参画し、その代表理事に推されて死去の日まで在任した。十三年八月十四日脳溢血で急死。七十五歳。法名祥雲院殿仁誉高風鶴峰居士。東京都豊島区駒込の染井墓地に埋葬。

参考文献　早稲田大学経済史学会編『平沼淑郎博士生誕百年記念誌』、『早稲田商学』一五ノ三・四合併号（平沼淑郎博士追悼記念論文集）　（服部　一馬）

ひらぬまりょうぞう　平沼亮三　一八七九―一九五九　大正・昭和時代の体育振興の功労者。明治十二年（一八七九）二月二十五日、横浜の新田地主平沼九兵衛と千代の長男として生まれた。慶応義塾在学中、野球部をはじめ柔道・相撲などにも参加し、三十一年理財科を卒業し、大正三年（一九一四）には同大学野球部を引率して渡米した。二年大日本体育協会評議員、十四年全日本陸上競技連盟会長、昭和二年（一九二七）大日本排球協会会長、五年全日本体操連盟会長、十三年日本送球協会会長、二十年大日本体育協会会長に就任し、この間、第八回極東選手権競技大会、第十回・第十一回オリンピックの日本選手団長を務め、昭和三十年文化勲章を授与された。大正四年・十三年に衆議院議員、昭和七年・十四年に貴族院多額納税議員に当選、十八年神奈川県商工経済会会頭となり第二次世界大戦後公職追放、二十五年横浜商工会議所会頭となった。二十六年・三十年横浜市長に当選、三十四年二月十三日、現職のまま七十九歳で没した。　（高村　直助）

ひらのくにおみ　平野国臣　一八二八―六四　幕末の尊攘派志士。名は国臣、通称次郎、号は月廼舎・友月庵・柏舎・独醒軒・雲外。文政十一年（一八二八）三月二十九日筑前国福岡城下地行下町（福岡市中央区）に福岡藩足軽で六石三人扶持の平野吉郎右衛門の次男として出生。母は都甲周助の女。天保十二年（一八四一）大頭役所属吏小金丸彦六の養嗣子となり、嘉永元年（一八四八）その女と結婚したが、安政四年(一八五七)平野姓に復帰した。弘化二年(一八四五)普請方属吏となり、翌三年はじめて江戸へ赴く。ついで領内宗像神社造営掛役となったが、安政二年長崎諸用聞次定役の属吏となり勤仕。この間、嘉永五年会沢正志斎の『新論』に感奮して喫煙を絶つ。また支藩秋月の坂田諸遠に啓発されて武家故実の研究につとめ、安政四年五月藩主黒田長溥(ながひろ)に犬追物復興を直訴し蟄居一ヵ月。このときより剃刃を用いず惣髪体となり、また王朝の風を慕って太刀を用い、烏帽子・直垂の風を好むようになった。翌五年八月脱藩上京、西郷隆盛らと交わり、安政の大獄の追及を受けた月照の入薩を斡旋、ともに鹿児島に入ったが薩摩藩の庇護を得られず月照の水死に至る。その後潜行して帰国ついで上京、また備中連島に潜伏、下関の白石正一郎宅にかくれ、さらに薩摩・肥後・下関を転々。万延元年(一八六〇)九月久留米郊外水田に蟄居中の真木和泉(保臣)とはじめて面会、決起をよびかける。文久二年(一八六二)島津久光の上京を機に薩摩藩尊攘派および真木和泉ら浪士たちと挙兵・攘夷断行を企てたが、四月寺田屋騒動で挫折。この間、長溥が久光に自重を促すとの風説が伝わり、国臣は長溥参府の途中播磨大蔵谷にこれを諫止し長溥の帰国となった。国臣も扈従帰国の途中藩吏に捕縛され福岡に投獄される。翌三年三月朝旨により出獄、四月徒罪方属吏となったが、七月上京の命を受け、八月十六日学習院出仕となる。翌十七日中山忠光一行の天誅組挙兵鎮撫の命を受け大和五条に赴いたが失敗。この間京都では八月十八日の政変によって三条実美および長州藩勢力が一掃されたため、避けて但馬に入り、天誅組応援の挙兵を計画。ついで三田尻に赴いて三条らに謁し長州藩の支援を求めたがその容れるところとならず、十月二日七卿の一人沢宣嘉を擁して但馬に走り、同十二日生野代官所を襲撃占拠、翌日諭告文を発表した。しかし近隣の諸藩出兵の報あり、この夜、沢の脱出に会って兵を解散、城崎に走る途中豊岡藩士に捕えられ投獄される。翌元治元年(一八六四)正月姫路藩獄舎を経て京都六角獄に移される。同年七月禁門の変の騒擾に際し江戸幕府大目付永井尚志・京都東町奉行小栗政寧らの判断により近藤勇ら新撰組の手により同二十日未決のまま処刑される。年三十七。髪すでに雪のごとく七十の老翁同然であったといい、真木和泉によって「禁闕ヲ慕フコト第一等人也」と評された生涯であった。遺体は獄舎一隅に仮埋葬され、明治十年(一八七七)竹林寺(京都市上京区)に改葬、同四十三年碑表建立となった。同二十四年贈正四位。

[参考文献] 平野国臣顕彰会編『平野国臣伝記及遺稿』、春山育次郎『平野国臣伝』
(山口 宗之)

ひらのけん 平野謙 一九〇七—七八 昭和時代の文芸評論家。本名朗(あきら)。明治四十年(一九〇七)十月三十日京都市上京区に生まれる。父は履道(号柏蔭)、岐阜県住職。母はきよ。岐阜中学、八高を経て、昭和十五年(一九四〇)東京帝国大学美学科卒。大学時代にマルキシズムに近づき、解体期のプロレタリア文学運動の紛乱に衝撃を受けた。『批評』『構想』『現代文学』などの同人誌に拠って発表した文芸評論には、その屈折する思いがよく示されている。第二次世界大戦終結後は、本多秋五・荒正人らと、いち早く『近代文学』を創刊、文学における政治主義を批判して、中野重治と激しくわたりあった。以後、持続して文芸時評の筆を取るとともに、文学史家として、特に昭和文学史の構築にすぐれた力量を発揮した。最後の全文壇的論争というべき、三十六、七年の「純文学論争」の主役も、かれであった。『島崎藤村』『芸術と実生活』『昭和文学史』『わが戦後文学史』などがある。五十三年四月三日、脳出血のため東京都世田谷区の玉川病院で死去。七十歳。岐阜県各務原市那加西市場町の法蔵寺に葬る。法名評言院釈秀亮。『平野謙全集』全十三巻(新潮社)がある。

[参考文献] 本多秋五『物語戦後文学史』、平野田鶴子『平野謙を偲ぶ』、中山和子『平野謙論』、同『昭和文学の陥穽—平野謙とその時代』、論究の会『平野謙研究』(『国文学研究叢書』)、高崎俊彦『平野謙閑談』
(磯貝 英夫)

ひらのとみじ 平野富二 一八四六—九二 明治時代の実業家。幕臣矢次豊三郎の次男として弘化三年(一八四六)八月十四日肥前長崎に生まれる。母は神辺峯。幼名富次郎、のち平野姓を名乗る。幕府経営の長崎製鉄所機関手見習いを経て明治三年(一八七〇)新政府接収後の同所長兼小菅造船所長になり、のちの三菱造船所の基礎をつくったが翌四年辞職し、本木昌造の経営する活字製造業を継いだ。五年上京、六年七月平野活版製造所(のち東京築地活版製造所)を開設した。九年十月三十日隅田川河口佃島に所在した官営石川島修船所跡を借用し、石川島平野造船所を創立した。わが国最初の近代的民間造船業であり、現在の石川島播磨重工業の前身の一部をなす。海運業にも手を広げ、東京湾内の運送を行い十八年平野汽船組合を設立するほか土木・橋梁工事などを兼営した。二十五年十二月三日東京市の水道鉄管輸入に反対して日本橋で演説中に急死した。享年四十七。法名は修善院広徳雪江居士。墓は東京都台東区の谷中墓地。従五位追贈。

[参考文献] 三谷幸吉編『本木昌造平野富二詳伝』、寺谷武明『日本近代造船史序説』
(寺谷 武明)

ひらのよしたろう 平野義太郎 一八九七—一九八〇 昭和時代の法学者。明治三十年(一八九七)三月五日、父平野勇造・母津類の長男として東京市京橋区築地に生まれる。大正十年(一九二一)東京帝国大学法学部卒業後、助手。同十二年、同助教授。昭和二年(一九二七)十二月からドイツのフランクフルト大学付属「社会科学研究所」で、ヘンリック＝グロスマン教授に師事し『資本論』研究。留学中、フランクフルト＝アム＝マインで開かれた「帝国主義反対、植民地独立国際同盟」(反帝同盟)の第二回国際大会に出席。五年一月帰国。東大法学部で、親族法・相続法の講義を受けもつ。同年七月、治安維持法違反事件で、東大を罷免。七年、野呂栄太郎らと『日本資本主義発達史講座』を岩波書店から刊行、みずからも「ブルジョア民主主義運動史」を執筆して、講座派の論客となる。十一年、コム＝アカデミー事件で高輪警察署に八ヵ月留置。十五年、中国華北農村慣行調査および東アジア研究に従事。二十一年、民主主義科学者協会の創設に参加。中国研究所を創立、所長となる。二十四年、日本学術会議の成立以来、第一―七期の会員を勤める。二十五年、世界平和評議会発足とともに評議員となり、以後、日本代表委員として、世界の平和運動に挺身。三十一年、日本平和委員会会長(五十一年まで)。昭和五十五年二月八日、結腸がんのため東京の代々木病院で死去。八十二歳。著書に、『日本資本主義社会の機構』『馬城大井憲太郎伝』『国家権力の構造』『日本資本主義社会と法律』など多数。

(中村 政則)

ひらのりきぞう 平野力三 一八九八―一九八一 大正・昭和期の農民運動家、政治家。明治三十一年(一八九八)十一月五日、岐阜県揖斐郡大和村(揖斐川町)に父吉兵衛の三男として生まれる。岐阜中学を経て大正九年(一九二〇)に拓殖大学支那語科、同十一年早稲田大学政経学科をそれぞれ卒業。在学中から社会運動に入り、建設者同盟・日本農民組合を通じて農民運動に挺身。同十三年、日農山梨県連合会主事となり、以後山梨県を運動の基盤とした。同十五年、日農から脱退し全日本農民組合同盟を結成、昭和三年(一九二八)日本大衆党書記長、同九年日本農民組合会長。同十一年皇道会から立候補して衆議院議員に当選する。以後当選七回。第二次世界大戦後、日本社会党の結成に参加し、同二十二年五月片山内閣の発足で農林大臣に就任したが、同年十一月罷免、翌年一月公職追放された。二十九年保全経済会汚職に連座、その後政治の第一線をしりぞき日刊農業新聞の社長となった。昭和五十六年十二月十七日没。八十三歳。著書に『農地改革闘争の歴史』などがある。

参考文献 日刊農業新聞社編『歴代農林大臣』

(林 宥一)

ひらばやしたいこ 平林たい子 一九〇五―七二 昭和時代の小説家。明治三十八年(一九〇五)十月三日、父平林三郎・母かつ美の三女として、長野県諏訪郡中洲村福島(諏訪市大字中洲)に生まれる。本名たい。平林家は名主をつとめる家だったが没落。たい子は幼い時から、母の営む雑貨屋を手伝う。大正七年(一九一八)長野県立諏訪高等女学校に入学、在学中文学に親しみ、社会主義を知る。十一年卒業後、東京中央電話局に交換手として就職、二ヵ月で解雇後アナーキストたちと近づき、男性遍歴も含めてアナーキスト特有の放埒な生活を送る。十五年、プロレタリア作家への志を固め、『文芸戦線』に小説を発表するようになる。同年、小堀甚二と同棲、昭和二年(一九二七)、労農芸術家聯盟結成に、葉山嘉樹・青野季吉・小堀らと参加、同年、プロレタリア文学を代表する作品となった『投げすてよ!』『施療室にて』を発表、以後、ナップ派と鋭く対立。五年六月に労芸を脱退、転向時代以降はみずからの病と夫の検挙などで苦難の日日を送る。敗戦後『かういふ女』(二十一年)など旺盛な創作活動を開始、日本社会党に入党、離党後は民社党にかかわり、文学的にも政治的にも独自の道を歩んだ。四十七年二月十七日没。六十六歳。諏訪市中洲福島の共同墓地に埋葬される。『平林たい子全集』全十二巻がある。

参考文献 阿部浪子『平林たい子―花に実を―』、阿部浪子編『平林たい子』(『人物書誌大系』一一)

(林 淑美)

ひらばやしはつのすけ 平林初之輔 一八九二―一九三一 大正・昭和時代の文芸評論家。明治二十五年(一八九二)十一月八日、京都府竹野郡深田村字黒部(弥栄町)に、父平林万蔵・母うめの長男として生まれる。平林家は小地主。明治四十三年京都師範学校(京都教育大学の前身)に入学。大正二年(一九一三)教職を嫌って上京し九月早稲田大学英文科に入学、六年卒業。アテネ＝フランセでフランス語を学ぶ。七年やまと新聞社に入社、文芸時評などを担当。九年、争議のために退社後『新潮』に文芸批評を執筆しながら、国際通信社に入社、このころ、青野季吉、佐野文夫、市川正一・義雄兄弟らとマルクス主義の文献を研究、十年、前記の四人と雑誌『無産階級』を発行、マルクス主義文芸批評の先駆者としての位置を用意する。同年、結婚。十一年『種蒔く人』同人となる。この年評論「第四階級の文学」などを発表、労働者階級の文学を人類文化として位置づけ、大正期の民衆思想からの飛躍を理論的に示した。同年、非合法に結成された日本共産党に入党、十二年評論集『無産階級の文化』を出版、また早稲田大学仏蘭西文学科講師となる。十二年六月には共産党幹部の検挙があり、九月の関東大震災を契機として『種蒔く人』が廃刊(十三年一月)された。この年から実際運動に距離をおくようになる。十三年六月創刊された『文芸戦線』の同人となるが、このころより社会思想史研究にも力を入れ、また同年、ルソーの『エミール』、ダンテの『新生』などを翻訳刊行する。昭和二年(一九二七)『文芸戦線』同人をやめる。四年、のちに「芸術的価値論争」とよばれる論争のきっかけとなった、評論「政治的価値と芸術的価値」(『新潮』三月号)を発表、これまでいわれてきたプロレタリア文学理論の問題点を単純ではあるが明快に示し、きわめて大きな反響をよんだ。平林はプロレタリア文学運動の理論家としては珍しく映画などの新しいメディアや、大衆文学・探偵小説にも理解を示し、探偵小説はみずから創作もした。六年六月十五日、出血性膵臓炎によりフランスで客死。四十歳。墓所は神奈川県藤沢市大庭の宗賢院。『平林初之輔文芸評論全集』全三巻がある。

参考文献 吉田精一「解説」(『平林初之輔文芸評論全集』下付載)

(林 淑美)

ひらふくひゃくすい　平福百穂　一八七七―一九三三　明治から昭和時代にかけての日本画家。明治十年(一八七七)十二月二十八日秋田県仙北郡角館(かくのだて)町に生まる。円山・四条派の画家として知られた平福穂庵(すいあん)の四男。本名は貞蔵。父について絵を学び、二十四年鈴木百年に認められ、百穂と号す。二十七年上京し川端玉章の門に入り、天真画塾に寄寓。日本美術協会・日本青年絵画協会に出品。三十年東京美術学校日本画科に編入し、二年で同校を卒業したのち故郷角館に帰る。秋田の蘭画に接し洋風写実に関心を寄せ、三十三年結城素明らと自然主義を唱えて无声(むせい)会を結成。再び上京して三十五年母校の西洋画科に入学、一年間デッサンを学ぶ。『平民新聞』『国民新聞』に加わり挿絵を描く。また伊藤左千夫・斎藤茂吉らと交わり、みずからもアララギ派の歌人であった。これらの感覚が画風にも表われ、単なる写実よりも主観的写実へと移行し、その間无声会・文展に出品を続け、大正五年(一九一六)松岡映丘・結城素明らと金鈴社を結成。翌六年第十一回文展で「予譲」は特選となり人気を博し、十一年帝展審査員、昭和五年(一九三〇)帝国美術院会員、七年美術学校教授となる。八年十月三十日没。五十七歳。東京府北多摩郡多磨村(府中市)の多磨墓地に葬られ、郷里角館の学法寺にも分骨される。歌集『寒竹』、また『竹窓小話』『日本洋画の曙光』の著書がある。

[参考文献]　光琳社『百穂画集』、平福一郎編『平福百穂画集』、座右宝刊行会編『現代日本の美術』一一、山種美術館編『平福百穂―その人と芸術―』(生誕百年記念特別展目録)　(中村　溪男)

ひらまつときあつ　平松時厚　一八四五―一九一一　幕末の公家、明治時代の華族、政治家。弘化二年(一八四五)九月十一日生まれ。従二位平松時言の長男。安政二年(一八五五)元服して昇殿を許され、甲斐権介に任ぜられる。元治元年(一八六四)七月、長州藩兵の上京に際し、北小路随光らと長州藩の嘆願を納れるべき旨を建白し、禁門の変後七月二十七日参朝停止・他人面会他行禁止の処分を受けたが、慶応三年(一八六七)正月、孝明天皇の死とその後の政局の変動、王政復古派の台頭により赦された。鳥羽・伏見の戦では征討大将軍嘉彰親王に従って大坂に出陣、また東北戦争では兵士をねぎらうため勅使として戦地に派遣された。明治三年(一八七〇)六月から五年五月まで新潟県知事(県令)。六年には華族有志の団体通款社の結成に参画した。十七年子爵を授けられる。二十三年元老院議官。同年七月子爵間の互選で貴族院議員に当選する。明治四十四年八月二十二日没。六十七歳。(佐々木　克)

ひらやまきよつぐ　平山清次　一八七四―一九四三　明治から昭和時代前期にかけての天文学者。名前は「せいじ」と発音していたが、ほぼ同時代の天文学者平山信とローマ字書きの場合、混同されやすいので、「きよつぐ」と発音することに改めたという。明治七年(一八七四)十月十三日生まれ。同三十年東京帝国大学理学部星学科卒業。人学院、同大学助教授を経て大正八年(一九一九)天文学科教授、翌年東京天文台編暦主任となる。主な業績は小惑星の族の発見(大正七年)であるが、日本・中国の古暦法の研究も有名。日露戦争後、樺太の北緯五〇度以南が日本領となった時、境界線画定委員となる。月の裏側には、彼と平山信とをともに記念して名づけたヒラヤマという火口(クレーター)がある。昭和十八年(一九四三)四月八日没。七十歳。著書に『一般天文学』(『輓近物理学叢書』)がある。(関口　直甫)

ひらやましゅう　平山周　一八七〇―一九四〇　明治から昭和時代にかけての中国革命支援者。明治三年(一八七〇)筑前国夜須郡(福岡県朝倉郡夜須町)に生まれる。父平山朔五郎。号二楸庵・万里。東洋英和学校を出た後、友人の宮崎滔天らとタイに行く。明治三十年帰国したが、じきに外務省派遣の形で、中国の秘密結社の調査に赴く。同年九月孫文と会い、孫文を名目上自分の教師に雇う形で、滞日許可を得させた。以後、中国革命支援のため、たびたび中国に渡った。戊戌の政変では、山田良政とともに、梁啓超や王照を日本に亡命させた。明治三十二年には、アギナルドによるフィリピン独立運動を援助すべく同地に赴いたが、なすすべなく引き上げた。以後は、香港を拠点に、滔天らと革命運動支援に専念した。恵州蜂起から第三革命までは、ほとんど何らかの形で関与した。明治四十年ごろから孫文・滔天らとは、疎遠になっていたが、第三革命にも、一兵士として参加したといわれる。著述としては、中国革命参加の回想と秘密結社の研究をまとめた『支那革命党及秘密結社』がある。昭和十五年(一九四〇)死去。七十一歳。

[参考文献]　宮崎滔天『三十三年の夢』(『宮崎滔天全集』一)　(鈴木　正節)

ひらやましん　平山信　一八六七―一九四五　明治から昭和時代前期にかけての天文学者。慶応三年(一八六七)九月七日生まれる。明治二十一年(一八八八)東京帝国大学理科大学星学科の第一回卒業生。ドイツに留学して天体物理学を学び、帰国後星学科で講師を経て明治二十八年に教授となる。日本における最初の本格的な天体物理学の研究者。大正八年(一九一九)第二代の東京天文台長となり、昭和三年(一九二八)退官。その間、東京天文台を麻布より三鷹へ移転させた。東京天文台の創設期から、一大研究施設としての三鷹の天文台建設までの功績は大きい。昭和二十年六月二日没。七十九歳。月の裏側には、彼と平山清次とをともに記念するヒラヤマという火口(クレーター)がある。(関口　直甫)

ひらやませいさい　平山省斎　一八一五―九〇　幕末・維新期の幕臣。明治時代前期の宗教家。文化十二年(一八一五)生まれ。父は陸奥国三春藩士黒岡活円斎。幕臣平山家を継ぐ。名は敬忠。通称謙二郎。省斎は号。嘉永四年(一八五一)徒目付に進む。安政元年(一八五四)ペリー再来の際下田応接の一員となる。同四年の日蘭・日露追加条約調印に目付岩瀬忠震に同行して長崎に赴き、書物奉行に進んだが、翌年将軍継嗣問題が起った際に一橋党とみなされて、九月免職・差控を命じられた。慶応元年(一八六五)二丸留守居より目付に転じ、翌年の第二次征長戦争で小倉に出張、同年八月外国奉行となる。このころから徳川慶喜側近として幕政改革や仏公使ロッシュとの交渉にあたった。同三年四月若年寄並兼外国総奉行に進む。大政奉還から鳥羽・伏見の戦にかけて将軍慶喜と行動をともにし、敗戦後静岡移住にまで随った。明治以後は宗教の道に入り、敬神愛国を唱え神道大成教を創立した。明治二十三年(一八九〇)五月二十三日没。七十六歳。墓は東京都台東区の谷中墓地にある。平山成信は長男である。（佐々木　克）

ひらやまなりのぶ　平山成信　一八五四―一九二九　明治・大正時代の官僚、政治家。安政元年(一八五四)十一月六日生まれる。幕臣竹村七左衛門の子に生まれ、幕臣平山省斎の養嗣子となる(戸籍上は省斎の実子)。儒学のほかフランス語も修業した。明治四年(一八七一)左院に出仕、同六年ウィーン万国博覧会事務官として出張。帰国後正院に出仕、ついで大蔵省少書記官、元老院少書記官、権大書記官、大蔵大臣秘書官を経て、第一次松方内閣の書記官長。その後大木喬任・山県有朋両枢密院議長のもとで書記官長を勤めたのち、明治二十七年貴族院勅選議員に任ぜられた。明治三十年再び松方内閣(第二次)の書記官長、第二次山県内閣期(大蔵大臣は松方正義)には大蔵省の参与官、官房長を勤めるなど、薩閥松方のもとで官僚としての地歩を築いた。貴族院においては茶話会に属し、山県派の清浦奎吾・平田東助とともに元老と通じつつ桂園内閣を監視牽制した。大正八年(一九一九)枢密顧問官、同十三年男爵。その他、宮中顧問官、行政裁判所評定官、赤十字社長などを歴任。女子教育の発展にも寄与するところがあった。昭和四年(一九二九)九月二十五日死去。七十六歳。墓は東京都台東区の谷中墓地にある。

参考文献　塩谷温「竹渓平山男爵追悼録」(『斯文』一一ノ一一)　（酒田　正敏）

ヒルドレス　Richard Hildreth　一八〇七―六五　アメリカの著述家。一八〇七年六月二十八日マサチューセッツ州ディアフィールドに生まれる。二六年ハーバード大学卒業後六年間弁護士を営み、三二年以降ボストンの日刊新聞 Boston Daily Atlas の論説を担当。その間奴隷制度を扱った小説を発表、三八年以降は著述を通じて奴隷制廃止、第九代大統領ハリソン支持、銀行業自由化を唱え、また功利主義論の訳述もした。主著『米国史』History of the United States(全七冊、一八四九―五二年刊)と植民史研究の副産物たる『日本史』Japan as it was and is(一八五五年初版、その第三版は六〇年までを増補、Japan and the Japanese と改題して六一年刊)は、事実の正確さ、歴史家としての熟練振りで知られる。晩年はニューヨークの新聞 New York Tribune に寄稿、六一年から六四年までトリエステ領事となり、病気引退後、六五年七月十一日フロレンスで没した。五十八歳。その『日本史』はペリー『日本遠征記』に先立つアメリカの日本研究の草分けであるとともに万延遣米使節の記録として評価できる。

参考文献　日米修好通商百年記念行事運営会編『(万延元年)遣米使節史料集成』七、Dumas Malone, ed.: Dictionary of American Biography. Vol. 9 (1932); Martha Mary Pingel: An American Utilitarian, Richard Hildreth, as a philosopher (1948).　（金井　圓）

ひろおかういちろう　広岡宇一郎　一八六七―一九四一　大正・昭和時代前期の政党政治家。慶応三年(一八六七)七月播磨国に広岡藤九郎の長男として生まれる。明治二十九年(一八九六)日本法律学校(日本大学の前身)を卒業、弁護士となる。大正四年(一九一五)第十二回総選挙より、昭和五年(一九三〇)第十七回総選挙まで衆議院議員に連続六回当選。はじめ立憲政友会に属す。大正十三年政友本党の設立に参加、十四年四月より総務を務めるが十二月末脱党。十五年二月政友会に復帰し昭和二年田中義一内閣の逓信政務次官となる。その後立憲政友会顧問。昭和十六年四月八日死去。七十五歳。（伊藤　之雄）

ひろかわこうぜん　広川弘禅　一九〇二―六七　昭和時代の政治家。明治三十五年(一九〇二)三月三十一日福島県石川郡須釜村(玉川村)の曹洞宗大安寺に生まれる。曹洞宗大学(駒沢大学)に学ぶ。酒類商となり東京小売酒販売組合理事長、全国小売酒販売組合中央会会長、青葉学園理事長などを歴任。この間、東京市会議員・同府会議員を経て昭和十五年(一九四〇)補欠選挙で東京三区から衆議院議員に当選。以来当選六回。第二次世界大戦後は日本自由党・民主自由党・自由党に所属し吉田茂に取り立てられ、二十五―二十六年第三次吉田内閣の農林大臣兼行政管理庁長官。党内では二十三―二十五年民自党幹事長、二十六―二十七年自由党総務会長をつとめた。二十七年十月第四次吉田内閣にも農林大臣として入閣したが、鳩山一郎の追放解除により鳩山派議員が民主化同盟を作って反吉田色を強めると広川も吉田に離反し、二十八年三月、「バカヤロー」発言で野党側から吉田首相を懲罰委員会に付する動議が提案されると、これに同調し広川派を率いて欠席戦術をとったため、首相により農相を罷免された。同月鳩山派が分党派自由党(分自党)を結成するや、広川もこれに参加したが、同年四月の総選挙で落選。以後、三十年の総選挙で日本民主党からいったん代議士に返り咲いたが、政界での信望を失い、三十三年から三度連続落選した。昭和四十二年一月七日死去。六十四歳。

参考文献　追憶の広川弘禅刊行委員会編『追憶の広川弘禅』　（鳥海　靖）

ひろかわせいけん　広川晴軒　一八〇三―八四　幕末・明治時代の草莽の洋学者。享和三年(一八〇三)越後国魚沼郡小千谷村に三右衛門の次男として生まれる。字は魯。通称亀七、のち徳三郎。晴軒は号。家業の傍ら和算を学び洋学にも興味を示す。江戸の箕作塾に入門。慶応二年（一八六六）『三元素略説』を自刊して温（熱）・光・越素（電気）は本来同一であると主張した。のちのエネルギー恒存説に似た見解であるが無視された。明治十七年（一八八四）一月十四日没。八十二歳。同四十一年狩野亨吉により独創的思想家として認められた。贈従五位。

参考文献　『小千谷市史』上、井上慶隆『広川晴軒伝』

（井上　慶隆）

ひろさわさねおみ　広沢真臣　一八三三―七一　幕末・維新期の志士、政治家。天保四年（一八三三）十二月二十九日萩城下に萩藩大組士柏村安利の四男に生まれる。母は三浦氏。通称は、季之進・金吾・藤右衛門・兵助、諱は直温のち真臣。弘化元年（一八四四）十二月、波多野直忠の聟養子となり、安政六年（一八五九）二月家督を相続した。以来、蔵元検使・軍制詮議用掛・大検使役・有備館用掛・当役手元役・用所役用取計等々を歴任し、実務官僚として成長しつつ、また、尊王攘夷派に接近した。文久三年（一八六三）六月、外国艦砲撃に際して下関に出張、翌元治元年（一八六四）四月、広沢と改姓、同八月、四国連合艦隊下関砲撃事件ののち和平交渉を担当した。第一次長州征討のもと、保守派の政府が成立して、十二月、野山獄に投ぜられる。翌慶応元年（一八六五）二月釈され、手当用掛、五月、用所役国政方に任ぜられて、藩政指導の中心的な担い手の一人となった。十一月、広島に出張して幕府訊問使と応接した。慶応二年、第二次長州征討戦の政治指導にあたり、九月、厳島において勝海舟と応接、休戦協定を結んだ。慶応三年九月、山口において、木戸貫治（孝允）とともに大久保一蔵（利通）と会談し、薩長出兵同盟を締結、派遣されて広島藩と出兵のことにつき交渉、ついで上京し、討幕の密勅をうけて帰国した。同十二月上京、翌明治元年（一八六八）正月三日参与、同十七日徴士となり海陸軍務掛・内国事務掛を経る。この前後より遷都論を主張した。明治二年正月、薩長土藩士よりなる丸山会議に出席して版籍奉還の計画をすすめた。三月、東京行幸に供奉、四月、民部官副知事、七月八日民部大輔となり同二十三日参議に任ぜられ、木戸とともに長州藩閥を代表する存在となった。九月、賞典禄として千八百石を永世下賜された。明治三年七月、民部・大蔵が分離されるや、岩倉具視・大久保とともに民部省用掛を兼ねた。四年正月八日、東京麴町の私邸において暗殺された。三十九歳。翌九日、正三位を贈られた。東京芝の青松寺（東京都港区）に葬られるも、のち大夫山（東京都世田谷区若林）に改葬された。十七年七月、生前の功により、遺子金次郎に伯爵が授けられた。大正十年（一九二一）従二位追贈。国立国会図書館憲政資料室に広沢真臣関係文書を架蔵。また『広沢真臣日記』（『日本史籍協会叢書』）がある。

参考文献　村田峯次郎『参議広沢真臣卿略伝』

（井上　勲）

ひろせきゅうべえ　広瀬久兵衛　一七九〇―一八七一　江戸時代後期の豊後国天領日田の豪商、新田開発・藩財政改革者。名は嘉貞、字は子礼、南陔と号す。俳号を扶木、通称を土五郎・正蔵・久兵衛という。寛政二年（一七九〇）生まれる。豊後国日田商家の一つである広瀬三郎右衛門の次男。兄は咸宜園創立者の広瀬淡窓。病弱の兄に代わり文化七年（一八一〇）広瀬家家督を嗣ぎ、天保元年（一八三〇）隠居、鉄之助（源兵衛）に家督を譲る。日田郡代塩谷大四郎のもとで諸土木事業に才を発揮し、文政六年（一八二三）以降、日田郡小ヶ瀬井路、豊前宇佐郡広瀬井路の開削、三隈川・中城川を浚渫し筑後川への舟運を開く。文政八年―天保初年にかけ、豊前・豊後・筑前・筑後の海岸干拓を指揮し、新田開発に尽力する。これらの功により一代苗字を許される。天保二年対馬藩田代領の借財整理にあたるのを皮切りに、同十一年・十三年豊後府内藩、弘化元年（一八四四）田代領、嘉永二年（一八四九）福岡藩の財政再建に尽力、特に府内藩では、特産物の青莚の藩営専売制を中心にした改革を成功させ、高い評価を得た。明治四年（一八七一）九月二十九日没。八十二歳。大正四年（一九一五）、従五位を追贈される。

参考文献　広瀬正雄『贈従五位広瀬久兵衛伝』、『大分市史』中、安藤保「近世後期九州天領における新田開発」（北島正元編『幕藩制国家解体過程の研究』所収）、同「近世後期の藩政改革と広瀬久兵衛」（杉本勲編『九州天領の研究』所収）、同「府内藩青莚専売制の展開」（『社会経済史学』三五ノ一）、同「嘉永期福岡藩における財政の諸策」（『九州文化史研究所紀要』三〇）

（安藤　保）

ひろせきょくそう　広瀬旭荘　一八〇七―六三　江戸時代後期の詩人、儒学者。諱は謙、通称は謙吉、号は旭荘・梅墩・秋村。文化四年（一八〇七）五月十七日、豊後国日田郡夜開郷豆田町御幸通魚町（大分県日田市豆田町）に生まれる。父は博多屋三郎右衛門（名は貞恒、俳号は桃秋）、母はぬい（後藤氏）、淡窓の弟。幼少時より長兄淡窓の指導を受け、その後文政六年（一八二三）筑前の亀井昭陽に師事し、また同八年には筑後の樺島石梁に、同十年には備後の菅茶山にそれぞれ教えを受けた。同十一年に豊後国高田で塾を開いたが、天保二年（一八三一）郷里に移り淡窓の咸宜園を管理した。まもなく諸国廻遊後天保七年に和泉国堺で開塾、一時江戸に出て林家に出入した。天保九年に大坂に帰り、弘化元年（一八四四）には肥前大村藩主に招かれ、四年間江戸に滞在した。その後北陸・中国筋を遊歴し、文久元年（一八六一）日田に帰り雪来館を創設した。同二年再び摂津池田に移った。翌三年八月十七日同地で没す。五十七歳。天王寺の邦福寺（大阪市天王寺区茶臼山町）に葬る。特に詩学に長じ、詩人としての評価が高かった。『広瀬旭荘全集』（全十二巻、索引一巻、思文閣出版刊）に、『日間瑣事備忘』（天保四年正月―文久三年八月）、『梅墩詩鈔』、『旭荘文集』ほかの詩文類、『九桂草堂随筆』『梅墩漫筆』ほかの随筆類、年譜、書簡集などの伝記資料を収めてある。（山本　武夫）

ひろせげんきょう　広瀬元恭　一八二一―七〇　江戸時代後期の蘭方医。名は龔、字は礼卿、藤圃または天目山人と号す。文政四年（一八二一）甲斐国巨摩郡藤田村（山梨県中巨摩郡若草町）の医師恭平（また沖）の次男として生まれる。十五歳のころ、江戸へ赴き坪井誠軒に師事し蘭学を学ぶ。十数年後に京都へ移り、洋学塾時習堂を開いて医科七科（窮理・解体・生理・病理・薬性・舎密・古賢経験）を講じた。蘭書の翻訳に力を入れ、安政三年（一八五六）に『理学提要』『利摂蘭度人身窮理書』を発表。翌年に『理学入門』を発表、生理学・理学の重要性を説く。蘭学者として津藩に仕官。兵書類の翻訳を行い、勝安房（海舟）とともに京都の八幡・山崎に砲塁を造るなど、兵学に功績を残した。明治維新後、京都官軍病院の院長となる。明治三年（一八七〇）十月二十七日に病没。五十歳。法名は広瀬院元恭礼卿居士。墓は京都本圀寺観持院にある。著書は前掲のほかに『知生論』『西医脈鑑』『砲術新書』『築城新法』など。

参考文献　富士川游『本朝医人伝』（『富士川游著作集』七）、京都府医師会編『京都の医学史』（高安　伸子）

ひろせさいへい　広瀬宰平　一八二八―一九一四　幕末・明治時代前期の実業家。幼名駒之助、通称新右衛門、のち義右衛門、宰平、諱は満忠、字は遠図、号は保水。文政十一年（一八二八）五月五日、近江国野洲郡八夫村（滋賀県野洲郡中主町）の医師北脇理三郎景瑞と美根子の次男として生まれる。天保九年（一八三八）正月、十一歳で別子銅山勘場へ勤務。安政二年（一八五五）に住友家当主友視の推挙で、元浅草出店支配人で予州別家であった広瀬義右衛門義泰の夫婦養子となり、同四年に三十歳で広瀬家の家督を相続し二代目義右衛門を襲名した。慶応元年（一八六五）九月に別子銅山支配本役（支配人）となり、幕末・維新の動乱期に住友家の事業を存亡の危機から救う役割を果たした。特に慶応二年の買請米廃止問題、明治元年（一八六八）の土佐藩による別子銅山差押事件などの解決に功績があり、維新後には住友家家政改革を進める一方、仏国人技師コワニーやラロックらを別子に招いて鉱山経営の近代化に努めた。この間、明治二年に宰平と改名。また、維新政府の任命で二度にわたり生野鉱山に出仕したが、明治五年に辞任。以後別子銅山の経営に専念し、九年にはラロックの提案に基づく近代化起業方針を示し、東延斜坑の開鑿、新製煉所の建設、専用鉄道の敷設など、別子銅山が日本の有数の銅山として発展する基礎を築いた。同十年に住友家総理代人（のちの総理事）に就任、名実ともにこの時期の住友家事業の屋台骨を支えた。他方、同十一年には五代友厚らと図り、大阪株式取引所を設立して、肝煎（十二年副頭取）に就任、十二年に硫酸製造会社の設立に協力、十四年に大阪製銅会社を設立（社長に就任）、十五年に大阪商船会社創立（社長に就任）など、関西財界のリーダーとしても幅広く活躍した。同二十七年に総理を辞任し、須磨に自適の余生を送った。大正三年（一九一四）一月三十一日死去、八十七歳。戒名は広照院殿英誉寿山保水大居士。墓所は大阪市平野区瓜破、愛媛県新居浜市角野、滋賀県近江八幡市の三ヵ所にある。自伝『半世物語』があり復刻（住友修史室編）されている。（武田　晴人）

ひろせたけお　広瀬武夫　一八六八―一九〇四　明治時代の軍人。明治元年（一八六八）五月二十七日豊後国直入郡竹田町（通称竹田茶屋ノ辻、大分県竹田市竹田）に生まれた。父重武、母登久子の次男。父は、大阪・飛騨高山・岐阜・天草などの裁判官を歴任、明治三十四年没。兄、勝比古は海軍兵学校卒業、海軍少将で退官した。武夫は東京の攻玉社から海軍兵学校に学んで、純良、皆勤の生徒であったが、病のため卒業時の席次八十名中六十四番。海軍将校としては牛尾の形で進んだ。明治三十年六月大尉の時、ロシア留学生に抜擢されてから、めきめき伸びた。同三十二年初夏からロシア内陸を縦横に歩く。三十三年三月から六月まで、ドイツ・フランス・イギリスを視察。西洋事情に明るく、ロシア国内に知人の数を加えた。三十三年九月海軍少佐。三十五年帰朝、戦艦「朝日」の水雷長として日露戦争に出征。旅順港の閉塞に従い三十七年三月二十七日戦死。三十七歳。中佐に昇進した。贈正四位。人柄は明治期の代表的軍人。サムライ的教養を基盤に科学的知識と技術と一種の文才を兼ね備えた新しい型のエリート。誠実で明るく、交際った人々を魅了し、国民的英雄として慕われる。東京の青山墓地に葬られ、故郷の生家跡にも墓がある。また、昭和十年（一九三五）に創建された竹田町の広瀬神社に祀られた。『広瀬武夫全集』全二巻がある。

参考文献　島田謹二『ロシヤにおける広瀬武夫』（島田　謹二）

ひろせたんそう　広瀬淡窓　一七八二―一八五六　江戸時代後期の儒学者、詩人。通称は寅之助・求馬、名は簡・建、字は廉卿・子基、号は淡窓・青渓・苓陽・遠思楼主人など。天明二年（一七八二）四月十一日、豊後国日田郡夜開郷豆田町御幸通魚町（大分県日田市豆田町）の広瀬家に生まれる。父は代官所御用達の三郎右衛門（名は貞恒、俳号は桃秋）、母はぬい（後藤氏）。広瀬家の日田居住は延宝元年（一六七三）のことで、筑前博多から転住し、はじめ堺屋、のちに博多屋といい商を業とした。幼時から父の指導を受け、のちに長福寺法幢・椋野元俊・頓宮四極・松下筑陰らに学ぶ。寛政九年（一七九七）亀井南冥および昭陽に入塾し、同十一年胸部疾患のため退塾、その後は養生しながらの独学がつづいた。健康の回復した文化二年（一八〇五）、体質虚弱のため家業を弟久兵衛（南陔）に譲り儒業を主とすることにし、日田豆田町の長福寺学寮を借りて開塾した。次に六月に本家の土蔵を借り、八月には借家して移り成章舎と名づけた。同四年豆田裏町に桂林園を経営した。同年秋から健康悪化し、塾を一時閉じたが小康を得て再開し、塾生も増え作詩も進んだ。著名な「休道詩」(「休レ道他郷多二苦辛一、同袍有レ友自相親、柴扉暁出霜如レ雪、君汲二川流一我拾レ薪」)はこのころの作である。七年九月、妻(合原氏)を迎えた。十四年堀田村(日田市淡窓)の秋風庵(伯父貞高(俳号月化)の隠居所)の西隣に咸宜園を新築し、さらに塾生の増加するにつれて塾舎を増築、また書庫を遠思楼と名づけた。塾は身分階級の差をつけず、すべての人に開放され、入退塾や休塾は各人の都合でなされ、『燈下紀聞』『六橋記聞』(広瀬林外の筆記)には教育の状が記録されている。彼の方針は敬天を主とし経義は新古に拘泥せず、書を読むに和漢古今を特に限定することはなかった。規約八十二条を定め品性の向上に努め、いくつかの職務を設けて塾生自身による塾務処理を経験させ将来に備えさせた。文政元年(一八一八)日田代官の用人格とされ、代官所に出頭することになった。これは代官所が咸宜園を吸収しようとの意図があったためといわれ、この後もしばしば干渉するところがあった。塾の管理を一時弟の旭荘に譲り、また旭荘の子林外に伝えようとし、あるいは矢野青邨を養子としてあたらせることもあったが終始塾生の教育に力を尽くした。天保五年(一八三四)ごろから病疾に苦しみ、小康時には同十三年三月福岡行、九月大村行、十一月長崎行、弘化元年(一八四四)府内藩出講などがあったが、近畿・東国の地を踏むことはなかった。しかし、当時著名の士で彼を訪う者は多く、塾出身者は四千を超えたといわれる。安政三年(一八五六)十一月一日没。七十五歳。中城村の長生園に葬り、文玄先生と私諡。彼の学説は『約言』に詳かであり、老子や易理にも関心があり、経世については『迂言』の著がある。ほかに著書は多く、『増補淡窓全集』上中下(大正十四年(一九二五)―昭和二年(一九二七)刊、昭和四十六年増補複刻)に収めてあり、蔵書は日田市立淡窓図書館に架蔵されている。

[参考文献] 井上義巳『広瀬淡窓』(『人物叢書』一九〇)、「淡窓先生小伝」(『増補淡窓全集』上所収)

(山本 武夫)

ひろせとよさく　広瀬豊作　一八九一―一九六四　大正・昭和時代の大蔵官僚、財政家。明治二十四年(一八九一)十一月十七日、旧金沢藩士広瀬嘉次馬の五男として石川県に出生。金沢一中、第一高等学校を経て大正六年(一九一七)東京帝国大学法科大学卒業、同年七月に大蔵省に入り、昭和四年(一九二九)預金部運用課長。国債課長、文書課長を経て十一年三月理財局長。同五月主計局長、十二年五月新設の預金部資金局長を経て十五年七月から十六年七月まで大蔵次官。二十年四月岳父勝田主計の代役で鈴木貫太郎内閣の大蔵大臣となり終戦に尽力した。その生涯は、大蔵省では理財畑を歩み、理財局長では大量の国債低利借換を果たし、主計局長では馬場鍈一・結城豊太郎両蔵相のもとで転換期の予算編成にあたり、大蔵次官では予算編成権問題で奔走し、財政金融基本方策要綱の作成にあたり、大蔵大臣で終戦に尽力するなど、転換時に協力者としての役を果たした。昭和三十九年四月十二日没。七十二歳。

(西村紀三郎)

ひろせひさただ　広瀬久忠　一八八九―一九七四　昭和時代の内務官僚、政治家。明治二十二年(一八八九)一月二十一日、のちに立憲政友会代議士となった広瀬久政の長男として山梨県に生まれる。大正三年(一九一四)東京帝国大学法科大学政治学科を卒業して内務省に入り、警視庁警視、滋賀県警察部長、東京市助役、同内務部長、三重県知事、埼玉県知事、内務省土木局長、社会局長官、内務次官、厚生次官などを歴任。昭和十四年(一九三九)平沼内閣の厚生大臣、十五年米内内閣の法制局長官をつとめ、産業設備営団総裁を経て十九―二十年小磯内閣の厚生大臣となった。この間昭和十五年以来勅選の貴族院議員。第二次世界大戦敗戦直後の二十年八月から二十一年一月まで東京都長官となった。二十一年九月公職追放の処分を受けたが二十六年八月解除。二十八―三十四年、四十―四十六年山梨県(地方区)選出の参議院議員、はじめ緑風会に属し政務調査会長をつとめたがのちに自由民主党に転じた。四十九年五月二十二日病没。八十五歳。遺稿として『改憲の訴え』がある。

[参考文献] 教育文化会編『現代人物史』一

(鳥海 靖)

ひろせほあん　広瀬保庵　一八〇八―六五　江戸時代後期の遣米使節従者、医師。諱は包章、通称は格蔵、号は保庵・半渓。文化五年(一八〇八)甲斐国八代郡市川大門村に生まれる。医をもって市川代官所に仕え、代官森田岡太郎(嘉永四年(一八五一)四月―安政五年(一八五八)正月在任)の知遇を得た。万延元年(一八六〇)森田が遣米使節新見正興の一行に勘定組頭として随行するにあたり、その従者として世界を一周して帰朝した。文久二年(一八六二)保庵は『環海航路日記』前編上下二巻合一冊・『環海航路新図』一鋪を刊行し、一孝・愛親の両子息が校訂しているが、日記の後編は刊行に至らなかった。帰朝後も医を業としたが、訪れる患者も少なく、晩年は振るわなかったという。慶応元年(一八六五)没す。年五十八。

[参考文献] 日米修好通商百年記念事業運営会編『(万延元年)遣米使節史料集成』七

(吉田 常吉)

ひろせまさじ　広瀬政次　一八九四―一九五二　昭和時代の能楽研究家、能楽評論家。明治二十七年(一八九四)五月十四日三重県桑名郡桑名町に生まれる。東大鉄冶金科卒業後、三菱製鉄に就職。学生時代から謡曲を嗜み、東大のころは観世流小沢良輔に師事する。謡曲の理論的研究とともに、第二次世界大戦後の能楽批評の指導者的役割を果たす。その功績を記念して昭和三十四年(一九五九)広瀬記念能楽賞が設立された。著書に『謡の教え方と習い方』『節の研究』(檜書店)がある。昭和二十七年九月八日没。五十八歳。桑名市北寺町の本統寺、寺中、覚専坊に葬る。法名利邦院釈教正。
(草深　清)

ひろたかめじ　広田亀治　一八四〇―九六　明治時代前期の篤農家。天保十一年(一八四〇)六月十五日、出雲国能義郡荒島村(島根県安来市)に藩の郷蔵番平助の次男として生まれた。維新後、小作と石工で生計を立てながら、八畝の試作田を設けて稲の改良を試み、明治八年(一八七五)新品種を選定した。これは晩稲としては比較的早熟で、栽培容易で虫害・稲熱病への抵抗力が強く、米質も良かったので、「亀治」(または屋号をとって「蔵本」、ちりが少ないので「ちりなし」)と呼ばれて、県内のほか中国・近畿地方までも普及していった。二十六年水害で家屋を失ったが、その功績を徳とする村内有志は、家屋と金品を贈った。二十九年十月三日、五十七歳で没した。「亀治」はその後島根県農事試験場で改良されて一号・二号となったが、昭和五年(一九三〇)の県内栽培面積は約一万町歩であった。

参考文献　大西伍一『日本老農伝』
(高村　直助)

ひろたけんかん　広田憲寛　一八一八―八八　幕末・維新期の蘭学者。文政元年(一八一八)六月十日、越前国大野藩士の家に生まれた。幼名吉之助。敬次郎から文吉と改め、通称儀太夫。九鱗と号した。最初武術に励み、砲術修得を命ぜられて佐久間象山に師事し、洋学研修の必要を悟る。藩校明倫館で伊藤慎蔵に蘭学を学んだ。辞書『訳鍵』が語数不足で、医師向けに偏っていた不便を解消するために、『和蘭字彙』を参照して一万二千語を増加、収録語数三万九千語の『増補改正訳鍵』(安政四年(一八五七)序)を刊行し、藩に献納した。万延元年(一八六〇)十二月という。同二年伊藤慎蔵の辞去の後を受けて藩校教授となる。明治三年(一八七〇)正月権大属に任ぜられ、廃藩まで勤めた。以後、戸長や小学校教員となり、同二十一年九月九日死去。七十一歳。福井県大野市内の託縁寺に墓がある。

参考文献　石橋重吉『若越新文化』(『咬菜文庫』)、斎藤信「蘭日辞典の発達について」(『名古屋市立大学教養部紀要』人文社会研究六)
(石山　洋)

ひろたこうき　広田弘毅　一八七八―一九四八　昭和時代前期の外交官、政治家。明治十一年(一八七八)二月十四日林徳平の長男として福岡郡鍛冶町(福岡市中央区)に生まれる。生家は石屋。幼名丈太郎。徳平夫妻が広田家の養子となったため広田姓となる。同三十一年県立尋常中学修猷館を卒業、上京の際弘毅と改名した。同年第一高等学校に入学。三十四年東京帝国大学法科大学入学、三十八年卒業したが、在学中同郷の先輩外務省政務局長山座円次郎の委嘱により朝鮮・満洲の視察旅行を行なった。三十八年福岡県人玄洋社同人月成功太郎の次女しずと結婚した。朝鮮統監府属となったのち、三十九年外交官領事官試験に合格、外交官補に任命され(同期に吉田茂・林久治郎)、翌年北京に赴任、外交官としての道を歩み始めた。四十二年より約四年ロンドンに勤務、大正三年(一九一四)通商局第一課長となり、約五年半後の同八年アメリカ大使館に赴任した。一年七ヵ月で帰国、情報部を経て大正十二年九月欧米局長となった。欧米局長として米国における日本人移民排斥問題および対ソ国交回復に尽力(大正十四年一月日ソ基本条約調印)した。昭和二年(一九二七)から約三年間のオランダ公使の後、同五年ソ連大使となり(十二月着任、七年九月まで在任)、六年満洲事変が勃発したのち緊迫した対ソ関係の処理にあたった。八年九月斎藤内閣内田康哉外相辞任のあとをうけて外務大臣に就任した。十月決定をみた斎藤内閣の対外方針は穏健で九年二月広田外相はハル米国務長官との間で日米間の友好を確認した。しかし四月の天羽声明前後から翌十年にかけて外交における軍部協力の姿勢が次第に顕著となった(九年七月岡田内閣に変わったが広田は留任)。十一年の二・二六事件後、広田に後継内閣組織の大命が下ったが組閣人事は軍の干渉によって難航し、広田は軍の意向を容れ三月九日ようやく内閣を発足させた。広田内閣は庶政一新を標榜し粛軍を断行したが、一方軍部大臣の現役制を復活、軍の政治への発言権を強化した。九月寺内寿一陸相・永野修身(おさみ)海相は広田に行政機構改革共同意見書を提出、議会・政党との対立を深めた。十一月広田内閣は日独防共協定に調印、日本外交の新たな進路を開いた。翌十二年一月第七十議会における浜田国松議員(政友会)と寺内陸相間の「腹切り問答」の結果、広田内閣は一月総辞職した。組閣以来十ヵ月半である。五月貴族院議員(勅選)となり、次の林内閣が倒れたのちの第一次近衛内閣(六月)には外相として入閣、七月七日日中戦争の勃発を迎えた。近衛内閣のもとで戦争は拡大したが、広田も積極的に拡大を阻止しようとしなかった。十三年五月内閣改造の際広田は更迭された。十五年七月米内内閣総辞職後、広田は若槻礼次郎・岡田啓介などとともに首相経験者として後継首班選考の会議に呼ばれ、いわゆる重臣となった。太平洋戦争の敗色が歴然となった十九年九月、小磯内閣は広田を特使としてソ連に派遣しようとしたがソ連は拒否した。二十年重臣の単独拝謁が行われ、広田は二月九日対ソ関係の重視を上奏した。四月ソ連は日ソ中立条約の不延長を通告、事態を憂慮した東郷茂徳外相(鈴木貫太郎内閣)の依頼により、六月広田はマリク駐日ソ連大使と三回会見し、二十九日には満洲国の中立化などを申し入れたが回答は得られなかった。ソ連は八月十日参戦、日本は十五日連合国に降伏した。連合国最高司令官総司令部は広田を拘置、他の二十七名とともにA級戦犯容疑者として起訴した。二十一年五月極東国際軍事裁判所は開廷、二十三年十一月広田は文官としてただ一人死刑の判決を受け十二月二十三日執行された。七十一歳。判決少数意見のなかでオランダのローリング判事は広田の無罪を主張した。墓は郷里の聖福寺(福岡市博多区)にある。

参考文献　広田弘毅伝記刊行会編『広田弘毅』
(臼井　勝美)

ひろつかずお　広津和郎　一八九一―一九六八　大正・昭和時代の小説家、評論家。明治二十四年（一八九一）十二月五日東京市牛込区矢来町に生まれる。父は明治の作家広津柳浪、母は寿美。麻布中学を経て、大正二年（一九一三）早稲田大学英文科卒。大正元年葛西善蔵らと同人誌『奇蹟』を創刊。同五年『洪水以後』に文芸時評を、同六年『中央公論』に『神経病時代』を書いて、文壇に進出。以後、小説よりも、聡明で、均衡がとれ、かつ真摯な評論活動により、次第に文壇に重きをなした。第二次世界大戦後に至るまで、激動する時代と文学思潮に対し、常に積極的に発言し、「宣言一つ」論争、散文芸術論争、新感覚派論争、「異邦人」論争など、文学史的に重要な諸論争の主役であり続けた。昭和期には同伴者的姿勢を強め、戦時下にもいっさい時流に迎合せず、その延長線で、戦後には、執念の裁判批判『松川裁判』（二十九―三十三年）の高みを築いた。小説には、『やもり』（大正八年）、『風雨強かるべし』（昭和八・九年）などがある。昭和四十三年（一九六八）九月二十一日没。七十六歳。墓は東京都台東区の谷中墓地にある。『広津和郎全集』全十三巻（中央公論社）。

参考文献　広津和郎『年月のあしおと』、橋本迪夫『広津和郎』、間宮茂輔『広津和郎』、広津桃子『父広津和郎』、谷崎精二『葛西善蔵と広津和郎』

（磯貝　英夫）

ひろつりゅうろう　広津柳浪　一八六一―一九二八　明治・大正時代の小説家。本名直人、幼名金次郎。別号蒼々園。文久元年（一八六一）六月八日、肥前国長崎材木町（長崎市賑町）に父久留米藩士広津俊蔵・母リウの次男として生まれる。明治六年（一八七三）長崎向明小学校に入学。翌年一家で上京、番町小学校に入学。同十年、父の医業をつぐため東大医科大学予備門に入るも興味なく、病気にもなり翌年廃学。実業家を志して大阪に下り同十三年上京して五代友厚の世話で農商務省の官吏となった。同十六年相ついで父母を失ったのちは放蕩にふけり、同十八年には非職となり二年ほど放浪生活をした。同二十年、友人の勧めで『東京絵入新聞』に連載した『女子参政蜃中楼』が好評で以後文筆生活に入った。同二十一年博文館入社、同年蒲池寿美と結婚。同二十二年硯友社同人。その年発表した『残菊』により作家的地位を確立した。柳浪は人生の暗黒面に好んで材を求め、同二十八年の『変目伝』『黒蜴蜓（くろとかげ）』などいわゆる「深刻（悲惨）小説」で文壇に新風を送った。翌年さらに『今戸心中』『河内屋』といった佳編を発表し、文名は絶頂に至る。しかしその後は『雨』（同三十五年）などを除いて下り坂に入り、自然主義隆盛期には厭世的傾向を強めほとんど筆を断った。大正三年（一九一四）肺を病み、療養生活を送ったが、昭和二年（一九二八）十月十五日、東京府荏原郡入新井町新井宿（東京都大田区）で没した。六十八歳。谷中墓地に葬られる。法名は蒼々院釈績文柳浪居士。息和郎も作家。

参考文献　江見水蔭『（自己中心）明治文壇史』、福田清人『硯友社の文学運動』（『明治文学研究』一）、伊狩章『硯友社の文学』（『塙選書』一四）

（伊狩　章）

ひろやすおう　博恭王　一八七五―一九四六　明治から昭和時代前期にかけての皇族、海軍軍人。伏見宮貞愛（さだなる）親王の第一王子として明治八年（一八七五）十月十六日、東京府麹町富士見町（東京都千代田区富士見）に出生、生母は河野氏。幼名は愛賢（なるかた）。十六年華頂宮を継承して博恭と改名、三十七年伏見宮に復帰した。築地の海軍兵学校に入り、やがてキールのドイツ海軍兵学校に転じて二十六年卒業。海軍将校となりドイツ海軍大学校を卒業して二十八年帰国。艦隊勤務をつづけ日露戦争には戦艦三笠分隊長として出征、黄海海戦で負傷した。中佐時代に二年余にわたってイギリスに駐在し、のち戦艦朝日・巡洋戦艦伊吹の両艦長を経て大正二年（一九一三）将官に進む。海軍大学校長、艦隊の司令官・司令長官を歴任して十一年大将となり、東郷平八郎と並んで日本海軍の一大長老の地位に立った。昭和七年（一九三二）海軍軍令部長ついで元帥となり、海軍軍令部の改編により軍令部総長となって、十六年四月までその地位にとどまった。同二十一年八月十六日東京都品川区上大崎で死去、七十二歳。墓は東京都文京区大塚の豊島岡の皇族墓地にある。

参考文献　御伝記編纂会編『博恭王を偲び奉りて』

（野村　実）

びんひ　閔妃　Min-bi　一八五一―九五　李氏朝鮮第二十六代国王高宗（李㷩＝載晃）の妃。明成皇后。驪興（れいこう）閔氏。一八五一年九月二十五日、京畿道驪州で閔致禄の娘として生まれる。致禄には男子がなく、閔升鎬を養子にしたが、この升鎬の実姉は、興宣大院君李昰応夫人（驪興府大夫人）であった。九歳で父母に死別、六六年に大院君夫人の推薦で高宗妃となる。大院君は当時の王室の外戚による戚族政治の弊害を防止する思惑で戚族（安東金氏と豊壌趙氏）以外の閔氏から選定した。しかし閔妃は『春秋左氏伝』などの書史百家に通暁した才媛で、政治的駆引きにたけた女傑として台頭してきた。七三年の大院君の失脚を契機にして、閔妃とその一族の閔氏派は政権の主導権を握り、戚族政治を行うようになった。閔氏政権の無定見な開国政策は国内の社会的矛盾を激化させ、八二年（明治十五）には壬午軍乱がおこり、閔妃は変装して宮城を脱出して忠州長湖院で難を免れた。八四年には甲申政変がおこる。いずれも清軍に支援を要請してこれを鎮圧した閔氏政権は復活、開化に対抗して守旧政策を強めた。九四年の日清戦争の際に日本軍は宮城を占領し、反日的な閔氏派政権を打倒して親日的な開化政権を樹立、保護国化政策をすすめた。翌九五年の三国干渉を契機にして閔妃と閔氏派はロシアと連携して、反日政策を展開した。同年十月八日未明、日本公使三浦梧楼の首謀のもとで、日本軍一個大隊・日本外交官・居留民が再び宮城を占領して、閔妃を殺害した。享年四十五。十月十日三浦の圧力で廃后・庶人の処分にされたが、十一月二十六日に取

り消され復位する。陵は京畿道楊州の洪陵に高宗の陵とともにある。（朴 宗 根）

ふ

ファビウス Gerhardus Fabius 一八〇六—八八 オランダ海軍の士官。一八〇六年十二月十三日生まれる。米国のペリーが来航して日米和親条約を締結した時、ファビウスは東インド艦隊所属スンビン Soembing の艦長として同条約締結に関する情報蒐集のため派遣され、一八五四年八月二十一日（安政元年七月二十八日）長崎来航。当時、徳川幕府は西欧式軍備充実のため、オランダ商館長ドンクル＝キュルシウスに軍艦の建造購入などを交渉中であった。キュルシウスはファビウスと協議し、またファビウスも幕府に建議するところあり、結局日蘭間に、スンビンを幕府に譲渡すること、蒸気軍艦二隻の建造をオランダに発注すること、海軍教育をオランダに委嘱することなどの協定が成立した。この間ファビウスは長崎滞在間短期間ながら長崎地役人および黒田・鍋島両藩士らに対し海軍の諸技術を教えた。翌五五年七月ファビウスはヘデー号 Gedeh に搭じてスンビンとともに来航、スンビンは幕府に寄贈され（観光丸と改称）、同号で来朝したペルス＝ライケン Pels Rijcken 以下二十二名の将兵によって第一次の海軍伝習が始まる。ファビウスは帰国後西インド艦隊司令官・東インド艦隊司令官などを歴任、一八六七年には海軍中将に昇進している。一八八八年三月二十四日没。八十一歳。（沼田 次郎）

ファルケンブルグ Robert Bruce van Valkenburgh ⇩バン＝ボールクンバーク

ファン＝カッテンダイケ Willem Johan Cornelis, Ridder Huijssen van Kattendijke ⇩カッテンダイケ

ファン＝デン＝ブルーク Jan Karel van den Broek 一八一四—六五 幕末長崎のオランダ商館の医師。一八一四年四月四日生まれる。嘉永六年（一八五三）モーニッケの後任として来朝。医学のほかに物理学・化学に精しく、長崎奉行の命により和蘭通詞に化学・物理学・測量術・数学等のほかに炭坑・製鉄等に関する知識を伝え、また汽車・電信機等の実験も行なった。また黒田藩・鍋島藩・島津藩等の藩士に冶金・鋳造等の技術、ガラス・火薬・硫酸・硝酸・砂糖・樟脳等の製造、写真術等を教授し大きな影響を与えた。特に黒田長溥と親しく、同藩の河野禎造はブルークの指導下にホムスH. Kramer Hommesの『定性分析化学表』を訳し、安政三年（一八五六）『舎密（せいみ）便覧』を訳成、のち刊行された。同四年辞任、翌年離日し東インドに帰る。一八六五年五月二十三日アペルドールン Apeldoorn で死去。五十一歳。

参考文献 古賀十二郎『西洋医術伝来史』、長崎大学医学部編『長崎医学百年史』（沼田 次郎）

ファン＝ボイチャウ Phan-Bội-Châu 一八六七—一九四〇 二十世紀初頭におけるベトナムの民族運動の指導者。漢字では潘佩珠と書く。一八六七年十二月（陰暦）中部ベトナムのゲ＝アーン省（現在のゲ＝ティン省）ナムダン県に生まれる。一九〇一年の科挙に解元で挙人となったが任官せず、敗北に終った十九世紀末の一連の中・下級官吏や読書人による勤王抗仏の武装蜂起をついで独立運動を志した。〇四年抗仏蜂起を企て阮（グエン）朝の皇族畿外侯彊柢（クオンデ）を盟主に推戴して維新会を結成した。維新会は外国の援助による抗仏闘争を方針としたため、ファンは翌年密かに渡日し〇九年まで日本の朝野に祖国の窮状を訴えて援助を求めた。同時にクオンデや約三百名の青年を東京に呼び寄せて独立運動の人材とすべく諸学校で教育を与え、また青年たちを新越南公憲会と称する団体に組織し、これらの運動を東遊運動と呼んだ。滞日中は立憲君

主による独立を掲げ、もっぱら中国から亡命中の梁啓超と大隈重信や犬養毅などを頼るとともに中国革命同盟会の志士と盛んに交渉をもち孫文とも接触した。また滞日中の著述『越南亡国史』『海外血書』などを祖国に密送して同胞の覚醒につとめたが、〇九年日仏協約により日本から追放され中国やタイに亡命した。中国の辛亥革命の成功とともに広州に入り越南光復会を結成したが、一四年広東督軍の竜済光に捕われ、一七年に脱獄した後は中国で文筆による政治運動に従った。二四年以後、越南国民党結成を策したが、二五年に上海でフランス官憲に捕われ、ハノイに送られて法廷で終身懲役刑を言い渡され、以後フエで軟禁、四〇年十月二十九日その一生を終った。七十四歳。その思想は、勤王主義から立憲君主を経てブルジョア民主思想に移るにとどまったが、本国では独立運動の先覚者として高く評価されている。主著に自叙伝『獄中書』『潘佩珠年表』がある。

[参考文献] 潘佩珠『ヴェトナム亡国史他』(長岡新次郎・川本邦衛編『東洋文庫』七三) (川本 邦衛)

ファン＝マンスフェルト Constant George van Mansvelt ⇨マンスフェルト

ファン＝メールデルフォールト Johannes Lijdius Catharinus Pompe van Meerdervoort ⇨ポンペ＝ファン＝メールデルフォールト

フィッセル Marinus Willem de Visser 一八七五―一九三〇 オランダの日本学者。ライデン大学日本学教授。一八七五年十月二十三日スタフェニッセ Stavenisse に生まれる。一八九三年ライデン大学に入り、はじめ古典語を修め、一九〇〇年古典語で博士号取得。その後文化人類学・中国語を修め、〇四年駐日オランダ公使館通訳生に任命されついで通訳官に進み、〇九年帰国、翌一〇年ライデン民族学博物館の学芸員 curator(中国日本部担当)、ついで一七年ライデン大学教授に任ぜられ日本語・日本文学を担当。ホフマン Johann Joseph Hoffmann のあと四十年振りで日本学教授が生まれた。一九三〇年十月七日在職のままライデンで死去。五十四歳。著書として The Dragon in China and Japan(1913); The Bodhisattva Tit-sang(Jizō)in China and Japan(1914); The Archats in China and Japan(1923); Shinto en Taoisme in Japan(1930); Buddha's leer in het Verre Oosten(1930); The Bodhisattva Akāśagarbha(Kokūzō)in China and Japan(1931); Ancient Buddhism in Japan, 2vols, (1935)などがある(以上、ライデン大学のフォス博士の調査に拠る)。 (沼田 次郎)

ふうぎょくしょう 馮玉祥 Feng Yu-xiang 一八八二―一九四八 中国、西北軍閥の領袖、国民党系の進歩的将軍。クリスチャン＝ゼネラルとも呼ばれ、対ソ接近外交でも有名。原名、基善、字、煥章。一八八二年生まれる。安徽省巣県の人であるが、生まれたのは直隷省青県。父は職工から兵士となった人。玉祥は、十一歳で清軍に入り、辛亥革命後一九一四年旅団長、二一年師団長、二二年河南督軍と出世。二四年、国民軍を組織して対ソ接近。二六年モスクワに赴いた際国民党に入党。北伐の時には第二集団軍を組織して蔣介石に協力したが、二九年以後は蔣の独裁に反対して反蔣行動を継続。三三年にはチャハルにおいて抗日同盟軍を組織。日中戦争中は第三から第六戦区司令を歴任。戦後再び蔣と対立してアメリカに追われ、四八年九月一日、ソ連に赴く途中黒海で乗船火災のため事故死した。六十七歳。軍閥でありながら中国共産党によっても評価され、五三年には泰山に陵園が建てられた。妻は李徳全。

[参考文献] 高興亜『馮玉祥将軍』 (宇野 重昭)

ふうこくしょう 馮国璋 Feng Guo-zhang 一八五九―一九一九 中国、直隷派軍閥の領袖。河北省河間の人。字、華甫。一八五九年に生まれる。父は農民。あまり豊かでなかったため国璋は苦学した。八四年、二十六歳の時、親戚の紹介で清の淮軍の兵士となり、翌年、李鴻章が北洋武備学堂を創設したとき、選ばれて第一期生となった。日清戦争後は裕庚の軍事随員として日本に赴き、日本の軍事を研究。帰国後、袁世凱の新建陸軍(九九年武衛右軍)に参加して出世。辛亥革命の時には北軍の第一軍司令として、南方の革命軍を攻撃、漢口攻撃では多数の民衆を殺害した。その後袁世凱に従って革命派と妥協し、一九一一年には直隷都督兼禁衛軍都統。一五年には袁世凱の帝政に反対して、一時国民党と妥協。一六年副総統、一七年代理大総統となって段祺瑞と対抗、いわゆる直隷派を育成した。しかし一八年十月、徐世昌が大総統となると隠退を強要され、その後復権をはかったが、一九年病で急死した。六十一歳。

[参考文献] 李宗一「馮国璋」(李新・孫思白編『民国人物伝』二所収) (宇野 重昭)

ブース William Booth 一八二九―一九一二 救世軍の創始者。一八二九年四月十日イギリスのノッティンガムに生まれる。十三歳で父を失い商家に雇われる。受洗した英国教会を離れてメソジスト教会に近づき、四四年巡回伝道者の説教を聴いて伝道界入りを決意、四九年ロンドンに出る。六五年ロンドン東部の貧民街に入って伝道を始め、東ロンドン伝道会を組織し、最底辺の生活者に対する物心両面の救済活動をくり拡げた。七七年同活動に軍隊組織を採用して救世軍 Salvation Army と称した。七九年週刊新聞 The War Cry(『ときのこゑ』)を発刊。アメリカに始まりヨーロッパ・アジア・アフリカ各地へとつぎつぎに「開戦」、救世軍を世界的規模の運動に発展させた。明治四十年(一九〇七)に来日して山室軍平らと各地を巡回し、日本における救世軍活動の普及に努めた。一九一二年八月二十日ロンドンで死去。八十三歳。救世軍の母といわれたキャサリン＝ブースはその妻。

[参考文献] 山室軍平『ブース大将伝』、山室武甫『人類愛の使徒ウィリアム・ブース』 (鵜沼 裕子)

フェスカ Max Fesca 一八四六―一九一七 ドイツの

農学者。御雇外国人。一八四六年三月三十一日プロイセンに生まれた。七三年ドクトルの学位を授与され、七五年ゲッチンゲン大学の私講師となった。農商務省の招聘により明治十五年（一八八二）来日。同二十七年まで同省地質調査所でわが国最初の全国的かつ組織的な土性調査事業を指導し、また同二十五年までは駒場農学校およびその後身東京農林学校・帝国大学農科大学の農学教師を兼任した。主著に『日本農業及北海道殖民論』（明治二十一年）、『日本地産論』二冊（同二十四—二十七年）などがある。在日中の業績に対し、明治二十八年勲三等瑞宝章が贈られた。帰国後はベルリン農科大学、ビッツェンハウゼンおよびハンブルク植民学校において熱帯農業の研究に従事、Der Pflanzenbau in den Tropen und Subtropen（一九〇四—一一年）の著書をのこした。一九一七年十月三十一日、ビースバーデンにおいて没した。七十一歳。

参考文献 フェスカ『日本地産論・日本農業及北海道殖民論』（『明治大正農政経済名著集』二）

（友田 清彦）

フェノロサ Ernest Francisco Fenollosa 一八五三—一九〇八 アメリカの東洋美術研究家。一八五三年二月十八日マサチューセッツ州サーレム市に生まれる。父はスペイン移民の音楽家。一八七〇年ハーバード大学に入学して哲学を専攻、七四年卒業。さらに大学院に学んで七六年に修了。七七年ボストン美術館付属の絵画学校で油絵を習う。明治十一年（一八七八）生物学者E・S・モースの仲介で来日、東京大学で政治学のほか理財学・哲学を講じた。やがて日本美術に惹かれて研究をすすめ、その振興について積極的に発言をするようになった。ことに十五年竜池会の委嘱による講演で、文人画と洋画を排斥し、古格にのっとった画法を守るべきであると説き、伝統保存と日本画の復興を提唱して多大の反響を呼んだ。この講演は同年に『美術真説』として刊行された。しかし保守的な性格をもつ竜池会には批判的で、十七年岡倉天心らと鑑画会を組織、維新後窮迫していた狩野芳崖・橋本雅邦を見出して制作を支援するなど新日本画創造の運動を推進した。また天心らとたびたび社寺の宝物を調査し、同じ年法隆寺夢殿を開扉して秘仏救世観音像に接したことはよく知られる。これらの調査はのちの文化財保護行政へつながることになる。十九年から翌年にかけ美術取調委員として天心と欧米を視察し、東京美術学校設立に努力した。二十二年同校が開校すると教壇に立ったが、翌年職を辞して帰国、ボストン美術館日本美術部主管に就任、二十九年まで勤務した。その後数度来日しているが、三十年から三十三年にかけての滞在が最も長く、東京高等師範学校非常勤講師として英語や英文学を教える傍ら、能楽の研究に力を注いだりしている。一九〇八年ヨーロッパに旅行、九月二十一日ロンドンで客死。五十五歳。ロンドンのハイゲート共同墓地に葬られたが、翌年大津市園城寺町の三井寺法明院に改葬された。法名玄智院明徹諦信居士。遺著にEpochs of Chinese and Japanese Art（『東亜美術史綱』）がある。

参考文献 村形明子編訳『フェノロサ資料—ハーヴァード大学ホートン・ライブラリー蔵—』、山口静一『フェノロサ』

（原田 実）

フォスター John Watson Foster 一八三六—一九一七 アメリカの外交官、李鴻章の顧問。一八三六年三月二日インディアナ州パイク＝カントリーに生まれる。インディアナ大学・ハーバード法学校などに学んだ。南北戦争には奴隷制反対の立場から連邦軍に参加し、戦後、『エバンスビィル＝デイリー＝ジャーナル』の編集主幹となる。のち駐メキシコ公使（一八七三—八〇年）・駐ロシア公使（八〇—八一年）・駐スペイン公使（八三—八五年）を歴任、ついでハリソン大統領の国務長官（九二—九三年）となった。国務長官辞任の翌年、明治二十七年（一八九四）五月来日し、同月十四日アメリカ公使エドウィン＝ダンらと明治天皇に謁見、勅語を賜わった。同年十二月、中国政府に招かれて李鴻章の顧問となり、翌年三月下関講和会議の中国側全権団の一行に加わり来日。李鴻章が下関に負傷し怒って帰国せんとするのを慰諭し、かつ清国皇帝の講和条約批准を説得するなど、下関条約の成立・日清講和の達成に大いに尽力した。のち、同四十年、第二回ヘーグ会談に中国代表となった。一九一七年十一月十五日没。八十一歳。フォスターは、サンフランシスコ講和条約の事実上の起草者であるダレス John Foster Dulles の祖父にあたる。著書に、A Century of American Diplomacy, 1776—1876（1900）. American Diplomacy in the Orient（1903）がある。

参考文献 宮内省編『明治天皇紀』八

（梅溪 昇）

フォルカド Théodore Augustin Forcade 一八一六—八五 フランス人カトリック宣教師。一八一六年三月二日ベルサイユに生まれる。三九年三月十六日司祭叙階、四二年十月二日パリ外国宣教会入会。十二月十四日マルセイユ出発、四三年澳門（マカオ）上陸、四四年（弘化元）四月二十八日一伝道士を伴い那覇滞在。その目的は、日本宣教と琉仏条約締結に備えての日本語の習得にあったが、聖現寺に軟禁状態であり、六千語の方言を纏めたにすぎなかった。四六年（弘化三）三月五日初代日本代牧任命、七月十七日琉球より長崎沖・朝鮮煙島沖・フィリピンを経て香港上陸。四七年二月二十一日司教叙階式、のちローマ・パリを経て四八年九月十二日パリ外国宣教会が日本宣教を放棄したため香港上陸、その間香港教区長兼務。五二年一月二日パリ外国宣教会退会、四月六日ローマ復命。五三年九月十二日カリブ海の仏領ラ＝グァデルペ教区長、六一年三月十八日ヌーベル教区長、七三年三月二十一日エクス大司教就任、八四年パリ外国宣教会名誉会員。八五年九月十二日同地においてコレラ患者救援中コレラに罹り没す。六十九歳。同地に葬られる。

参考文献 高木一雄『明治カトリック教会史研究』上、池田敏雄『人物による日本カトリック教会史』、F・

マルナス『日本キリスト教復活史』(久野桂一郎訳)

(高木　一雄)

フォン＝グナイスト　Rudolf von Gneist　⇨グナイスト

フォン＝ジーボルト　Alexander Georg Gustav von Siebold　⇨シーボルト

フォン＝ジーボルト　Heinrich Philipp von Siebold　⇨シーボルト

フォン＝ジーボルト　Philipp Franz von Siebold　⇨シーボルト

フォン＝シュタイン　Lorenz von Stein　⇨シュタイン

フォンタネージ　Antonio Fontanesi　一八一八―八二　イタリアの画家。一八一八年二月二十三日レッジォ＝エミリアに生まれ、同地の美術学校で学ぶ。四八年トリノに出てイタリア独立戦争に加わり、スイスへ亡命。五五年パリに移ってコローなどバルビゾン派の作品に親しみ、ドービニーやラビエらと親交した。詩的情趣に富む風景画で名を高め、六九年トリノの美術学校の風景画教授に挙げられた。明治九年(一八七六)工部美術学校の開設に伴い招かれて来日し、わが国ではじめての正則の油絵教育を施した。しかし風土病にかかり、また学校に対する政府の熱意の冷却に遭い、わずか二年後の十一年、失意のうちに帰国した。教えを受けた者に小山正太郎・浅井忠・松岡寿・五姓田義松らがおり、短期間の在職ながら強い影響を残している。帰国後王立トリノ美術学校教授となり、一八八二年四月十七日同地で没。六十四歳。わが国に「牧牛」「不忍池」などが遺されている。

参考文献　井関正昭『画家フォンタネージ』

(原田　実)

フォン＝ディルクセン　Herbert von Dirksen　⇨ディルクセン

フォン＝ブラント　Max August Scipio von Brandt　⇨ブラント

ふかいえいご　深井英五　一八七一―一九四五　第十三代日本銀行総裁。明治四年(一八七一)十一月二十日高崎藩士深井景忠の五男に生まれ、二十四年に同志社普通学校を卒業、その後徳富蘇峰の国民新聞社に勤務し、三十三年七月彼の推薦で松方正義蔵相の秘書官となり、翌三十四年十月松方の推挙で日本銀行に入行した。日銀では検査局調査役・秘書役・国債局長・営業局長などを経て大正七年(一九一八)四月理事、昭和三年(一九二八)六月副総裁、十年六月総裁を歴任した。理事時代には相ついでおこる恐慌に対処して金融の円滑化につとめ、副総裁時代には井上準之助蔵相の金解禁、高橋是清蔵相の金輸出再禁止という相反する金融政策が実施されるなかで、土方久徴総裁を援けて日本銀行の円滑な運営に尽力した。また高橋蔵相の提唱する日銀引受けによる国債発行・消化政策に協力した。この間、国際的にも活躍し、パリ講和会議(大正八年)・ワシントン会議(同十年)・ジェノア国際経済会議(同十一年)には全権委員随員として、ロンドン国際経済会議(昭和八年)には全権委員として出席した。総裁就任時の大蔵大臣は高橋是清であった。昭和十二年一月貴族院議員に勅選され、同年二月日銀総裁を辞任し、十三年十二月には枢密顧問官に任命され、終戦直後の昭和二十年十月二十一日死去した。七十五歳。終生研学をおこたらず、『通貨調節論』『金本位制離脱後の通貨政策』『回顧七十年』などを著わしている。また枢密顧問官時代の議事ノートは彼の死後『枢密院重要議事覚書』として出版され、貴重な資料となっている。

参考文献　吉野俊彦『歴代日本銀行総裁論』、『日本銀行八十年史』、『日本銀行百年史』二―四

(杉山　和雄)

ふかおすまこ　深尾須磨子　一八八八―一九七四　大正・昭和時代の詩人。本名志げの。明治二十一年(一八八八)十一月十八日、兵庫県氷上郡春日町に生まれる。父荻野小次郎・母喜志恵。両親は武家の出で商業を営んだが順調ではなかった。八歳のころ、叔父にあたる山内家に養女になり、離籍して須磨子と改める。京都師範学校に入学、転校して京都菊華高等女学校卒業。明治四十五年、鉄道技師深尾贇之丞と結婚。大正九年(一九二〇)に病死した夫の詩と自作の詩とを合わせた詩集『天の鍵』を同十年アルスから、与謝野晶子の支援で出版。第二次『明星』などに詩を発表、これらの詩は、十一年の『深紅の溜息』、十四年の『斑猫』などに収める。十三年に渡欧しコレットに文学を学びその影響で約四十篇の小説を書き、短編集に昭和九年(一九三四)刊行の『マダムXと快走艇』などがある。晶子の薫陶を受けた直截な女性の感情の表白とともにフランス仕込みの高踏的な詩風であった。長い戦争はその詩風に変化を与え現実に対峙した沈潜したものになった。これらの詩は『永遠の郷愁』(同二十一年)に収められる。戦時下に軍歌などを書いた反省から、戦後は婦人運動にも携わる。二十七年刊行の『深尾須磨子詩集』に収められた「ひとりお美しいお富士さん」「アルルカンの慟哭」は戦後詩に大きな局面を提示した。また四十七年刊行の『列島おんなのうた』は詩作の意力を健在を示した。四十九年三月三十一日胃癌のため死去。八十五歳。

参考文献　武田隆子『深尾須磨子の世界』

(林　淑美)

ふかざわしちろう　深沢七郎　一九一四―八七　昭和時代の小説家。大正三年(一九一四)一月二十九日、山梨県東八代郡石和町で生まれる。父隣次郎・母さとじの四男。家は印刷業。日川中学卒業後上京。ギターを習う。各種の職業に就き、各地を転々とし、習作を書く。第二次世界大戦後、新人育成の「新人作家集団」を知り、丸尾長顕に師事。丸尾の世話で日劇ミュージックホールのギター奏者となる。昭和三十一年(一九五六)姨捨伝説を材とした『楢山節考』により第一回中央公論新人賞を受賞。その民話性を評価される。戦国乱世の農民の運命を描いた『笛吹川』(三十三年)をめぐっては文壇に論争を呼んだ。

革命を戯画化したといわれる『風流夢譚』(三十五年)で身に危険を感じ、放浪生活に入る。四十年、埼玉県南埼玉郡菖蒲町に移住、「ラブミー農場」を開く。以後の代表作に『庶民列伝』(四十五年)、『みちのくの人形たち』(五十五年、谷崎潤一郎賞受賞)など。昭和六十二年八月十六日没。七十三歳。自伝に『自伝ところどころ』(『新潮』昭和三十六年十二月号)がある。 (保昌　正夫)

ふかだやすかず　深田康算　一八七八―一九二八　大正時代の美学者。明治十一年(一八七八)十月十九日、山形香澄町に深田康守の長男として生まれる。東京高等師範付属中学校、第二高等学校を経て、明治三十二年七月東京帝国大学文科大学哲学科入学。同三十五年同校を卒業し、同校大学院に入学。この年からケーベル宅に寄寓し、留学までの五年間をここに過ごす。同四十年五月、美学および美術史研究のためドイツ・フランスに留学を命じられ、同四十三年帰国。同年京都帝国大学文科大学教授となり、美学・美術史を担当し、日本における西洋美学研究の基礎をつくった。同四十五年文学博士の学位を受ける。大正十一年(一九二二)、再び欧米に出張を命じられる。昭和三年(一九二八)十一月十二日、腹膜炎のため没す。五十一歳。雑誌『芸文』『哲学研究』などに多くの論文を発表したが、生前一冊の著書も刊行していない。しかし、門弟たちによって『深田康算全集』(全四巻、岩波書店、昭和五―六年)が刊行され、のちに玉川大学出版部からも『深田康算全集』(全三巻、同四十七―四十八年)が刊行されている。そのほか『美しき魂』(同二十三年)、『ロダン』(同二十四年)、『美と芸術の理論』(同四十六年)などがある。 (古田　光)

ふぎ　溥儀　Pu-yi　一九〇六―六七　中国、清朝最後の皇帝で、退位後日本に擁立されて「満洲国」の皇帝となる。姓は愛新覚羅(アイシンギョロ)、満族。一九〇六年二月七日(光緒三十二年正月十四日)醇親王載灃の長子として北京で生まれる。〇八年十一月十四日伯父にあたる光緒帝が没すると三歳で即位、宣統帝となる。一一年十月辛亥革命が勃発したため、翌年二月十二日退位を余儀なくされ清朝は崩壊、宣統帝溥儀は清朝最後の皇帝となった。しかし、退位後も清室優待条件により皇帝の尊号、紫禁城暫時居住を許された。一七年七月一日安徽都督軍張勲により突如復辟が実行されたが、張勲の敗走により十三日で終った。二四年奉直戦争の際、北京を占領した馮玉祥(ふうぎょくしょう)によって溥儀は十一月五日紫禁城を逐われ醇親王府に入った。二十九日溥儀は北京日本公使館(公使芳沢謙吉)に保護を求め、翌二十五年二月まで滞在した。二月二十三日密かに天津に赴き日本租界に入り、張園ついで二九年七月より静園に居住した。三一年(昭和六)九月十八日満洲事変が勃発すると、関東軍は新政権の首脳として溥儀を迎えようと画策し、一方、溥儀も清朝復興を熱望していたので両者の考えは一致し、溥儀は十一月十日天津を脱出、十三日営口に到着した。翌三二年三月「満洲国」が成立すると溥儀は「執政」に就任、三月十日付で関東軍司令官本庄繁に満洲国の事実上の傀儡性を認める書簡を送った。溥儀は強く帝制の実現を希望、三四年三月一日ようやく日本の承認を得て皇帝に即位、国号は満洲帝国、年号は康徳となった。皇帝溥儀は三五年・四〇年の二度訪日した。二度目の訪日ののち溥儀は天照大神を祭る建国神廟の建設を強要された。四一年十二月八日、日本が米英に宣戦を布告すると溥儀も宣戦の詔書を発布した。四五年八月九日ソ連が参戦し、「満洲国」に進撃してくると十二日長春(新京)を離れ、吉林・通化を経由、十四日鴨緑江沿いの大栗子溝に遷居した。日本が降伏すると、十七日溥儀は皇帝を退位し、十九日、日本に亡命のため通化から飛行機で瀋陽に到着したが、進駐してきたソ連軍に逮捕され、以後チタ・ハバロフスクで収容所生活を送った。その間、四六年八月極東国際軍事裁判に検察側証人として出廷のため来日し、法廷で一方的に日本を激しく非難した。中華人民共和国成立の翌年、五〇年七月三十一日綏芬河で中国側に身柄を引き渡され、撫順・ハルビンに収容されたが、五九年十二月四日特赦された。六四年政治協商会議全国委員会委員となったが、六七年十月十七日北京で病気のため死去。六十二歳。六四年自叙伝『我的前半生』を出版した。

参考文献　愛新覚羅溥儀『わが半生』(新島淳良・丸山昇他訳、『筑摩叢書』二四五・二四六)

(臼井　勝美)

ふくおかたかちか　福岡孝弟　一八三五―一九一九　幕末・明治時代の官僚、政治家。通称藤次。天保六年(一八三五)二月五日、土佐藩士福岡孝順の次男として高知城下に生まれる。吉田東洋の薫陶を受け後藤象二郎・野中太内(助継)らと吉田派をなす。土佐勤王党の吉田暗殺事件後は逼塞を余儀なくされたが、隠居山内容堂の帰郷後、藩政指導部に復帰、大監察・参政を歴任、容堂の公武合体路線に沿って行動。慶応三年(一八六七)の土佐藩国事運動=大政奉還運動には後藤象二郎とともに藩代表として運動を成功にこぎつけた。慶応三年十二月十二日、維新政府の参与、基本綱領策定の必要性を提唱、翌明治元年(一八六八)正月に制度事務掛兼任として五箇条の誓文の起草に関与。同年九月、議事体裁取調御用、二年四月、学校御用掛。同年九月には賞典禄四百石を受けた。三年二月、高知藩庁に転じ、少参事・権大参事を勤めて戊辰戦争後の藩政改革、財政整理などにあたった。五年、再び東京政府に出仕、同年二月、文部大輔、同年八月、司法大輔の要職につくも、征韓論政変後の六年十一月、依願免本官。間もなく七年三月に左院一等議官についたが、これも四ヵ月後に依願退職した。八年三月に板垣退助が参議に復帰するや四月から五月まで元老院議官、政府部内の薩長両派と板垣派=土佐派の緩衝役を努めた。十三年五月元老院議官に復帰、十四年四月文部卿、同年十月参議に昇任して十八年十二月内閣制度施行までこれを勤めた。この間、十六年十二月まで文部卿を、十八年十二月まで参事院議長をそれぞれ兼任。十七年七月、子爵を授けられた。十八年十二月、宮中顧問官、二十一年四月から大正八年（一九一九）三月七日に没するまで枢密顧問官。享年八十五。墓は東京都豊島区の染井墓地にある。

（福地　惇）

ふくざわももすけ　福沢桃介　一八六八―一九三八　明治から昭和時代前期にかけての実業家。福沢諭吉の女婿。博才に富みはじめ相場師として財をなすも、後年電気事業経営に専念、大同電力などを率い木曾川で大規模な水力開発を進めた。明治元年（一八六八）六月二十五日、武蔵国横見郡（埼玉県比企郡吉見町）の農民岩崎紀一の次男に生まれる。母サダ。十六年慶応義塾に入学。二十年一月諭吉の次女房子の婿として入籍後直ちに渡米。二十二年十一月帰朝。北海道炭鉱鉄道に入社。二十七年肺結核で倒れ退社。株式相場で約十万円を獲得。三十二年丸三商会を設立するも病にて整理。三十四年再び北炭に入り、わが国初の英貨社債導入に尽力（三十九年）。日露戦後期に株式相場で当て巨富（約二百五十万円）を成す。四十二年松永安左ェ門と組んで福博電気軌道会社を創立し社長就任。同年八月末名古屋電燈会社筆頭株主として常務取締役、大正三年（一九一四）十二月同社長、同八年十一月には大阪送電会社（翌年木曾電気興業・日本水力の二社を合併、十年二月大同電力と改称）を創立、同社社長として木曾川水系の電源を大々的に開発し始めた。同十年には関西電気会社（名古屋電燈の後身）の社長は辞任したが、十三年には大同電力の一千五百万ドルの外債契約を成立させるなど目覚しく活躍した。この間明治四十五年―大正三年には代議士として政府予算案批判演説を行なったことは有名。昭和三年（一九二八）六月実業界から引退。十三年二月十五日脳栓塞のため東京渋谷の自宅で死亡。七十一歳。多磨墓地に埋葬。法名大乗院釈蘇水桃介居士。なお大正初年ごろから女優川上貞奴との仲は有名で、終生かわらなかった。

参考文献　大西理平『福沢桃介翁伝』、宮寺敏雄『財界の鬼才福沢桃介の生涯』

（松島　春海）

ふくざわゆきち　福沢諭吉　一八三四―一九〇一　明治時代の啓蒙思想家、慶応義塾の創立者。天保五年（一八三四）十二月十二日、豊前国中津藩士福沢百助（四十二歳）と妻順（三十一歳）の、第五子（末子）、次男として、父が廻米方を勤める大坂堂島の玉江橋北詰中津藩蔵屋敷内（大阪市福島区福島一丁目）で生まれた。諭吉の名は、十三石二人扶持の軽格ながら学問好きの百助が、長年望んでいた唐本の『上諭条例』を、当日入手したのにちなむ。生涯ほぼこの幼名で通す。七年六月、志を延べ得ないまま百助は脳出血症で死去。一家は藩地中津へ帰り、兄三之助が家督を相続し、諭吉は、叔父中村術平の養子となって中村姓を名乗った（ただし福沢家で生活）。一家は中津での生活になじめず、彼は、下級武士・母子家庭の子としての無念を味わった。前半生を活写した『福翁自伝』における「門閥制度は親の敵」の語は、この体験に由来する。十四、五歳で漢学を習い始めて、おもに白石常人に師事し、上達すこぶる速かった。嘉永六年（一八五三）のペリー来航は、福沢に中津を離れる機会をもたらした。安政元年（一八五四）、蘭学修業のため長崎に出、翌年、大坂の緒方洪庵の適々斎塾に入り、やがて塾長となった。五年、藩命によって江戸へ赴き、十月中旬、築地鉄砲洲中津藩中屋敷（東京都中央区明石町十番一号）内の長屋に蘭学塾を開いた。慶応義塾の起源である。この間、三年、兄の死去により復籍し、福沢の家督を継いだ。六年、横浜を見物し、蘭学が役に立たぬことを知り、英学の独習を始めた。万延元年（一八六〇）、幕府の遣米使節派遣に際し、希望して、軍艦奉行木村喜毅の従僕との名義で、正―五月、咸臨丸に乗って渡米、ウェブスター辞書を購求し、日本人としてはじめて持ち帰った。八月、最初の出版物『（増訂）華英通語』を刊行、またこの年、幕府の外国方に雇われ、外交文書の翻訳に携わるとともに、塾の教育を英学に切り換えた。翌文久元年（一八六一）、二十八歳で、中津藩士江戸定府土岐太郎八の次女錦（十七歳）と結婚、芝新銭座に移転した。夫妻はのち四男五女を得る。この年十二月から一年間、幕府の遣欧使節に随員として参加し、仏英蘭独露葡などを歴訪、国情視察と原書購求に努めた。その際の記録として、『西航記』『西航手帳』がある。三年、中津藩中屋敷内に移転、このころ暗殺の危険を感じ、夜間の外出を慎む。元治元年（一八六四）、召出されて幕臣となり、外国奉行翻訳方を命じられた（百俵高、勤役中五十俵増高）。慶応二年（一八六六）秋、大小二本を残して刀剣を売り払い、翌年正―六月、幕府の軍艦受取委員の一行に加わって渡米、ウェーランドの経済書をはじめ原書多数を購求した。三度目で最後の洋行であったが、旅行中上司に楯ついたかどで、帰国後一時謹慎を命じられた。幕臣として彼は、「大君のモナルキ」を主張した。生涯を通じて多産な著作活動は、慶応年間に本格的に始まった。『西洋事情』がこの時期の代表作で、初編＝慶応二年、外編＝明治元年（一八六八）、二編＝三年と刊行され、偽版も含め二十万ないし二十五万部売れて、西洋の制度と理念の紹介者としての彼の名を高くした。その前後、『雷銃操法』（慶応二―明治三年）、『西洋旅案内』『条約十一国記』『西洋衣食住』（以上慶応三年）、『訓蒙窮理図解』『兵士懐中便覧』（以上明治元年）、『洋兵明鑑』『掌中万国一覧』『英国議事院談』『清英交際始末』『世界国尽』（以上同二年）がある。その間、慶応三年十二月、王政復古があり、新政府から出仕を求められたが辞退し、以後生涯官職に就かず、位階勲等を受けなかった。逆に明治元年、帯刀をやめ平民となって、塾に力を注ぐことを決意し、芝新銭座に再移転して慶応義塾と命名し、彰義隊の戦の際も講義を休まず、四年さらに三田に移転した。また二年、福沢屋諭吉の名で出版業に着手した。つづく数年間にわたる文明開化期、啓蒙思想の鼓吹に全力を尽くした。「天は人の上に人を造らず」に始まる『学問のすゝめ』(明治五―九年)、文明進歩の理法を説く『文明論之概略』(八年)をはじめ、『啓蒙手習之文』(四年)、『童蒙教草』『かたわ娘』(以上五年)、『改暦弁』『日本地図草紙』『文字之教』『会議弁』(以上六年)、『帳合之法』(六―七年)、『学者安心論』(九年)を相ついで刊行し、「一身独立して一国独立」の主張、封建道徳の痛罵、「実学」の提唱など、価値意識の変革を説き、人心を「文明」に導こうとした。その思想は、バックル・ギゾー・トックビィル・スペンサーらの影響を受けている。また明治六年、明六社に参加(『明六雑誌』にも執筆)、七年、『民間雑誌』を創刊、三田演説会を開き(翌年、三田演説館を開館)、九年、『家庭叢談』を創刊した。活動の最盛期にあたり、『学問のすゝめ』は偽版を含めて三百万部売れたといわれ、守旧派に物議をかもす反面、当時の思想家中随一の人気を得た。その一方、十年の西南戦争には、「丁丑公論」を著わして西郷隆盛を悼み、つづく自由民権運動には、『国会論』(十二年)で国会の即時開設による人心の吸収を説き、また神奈川県下九郡人民の「国会開設の儀に付建言」を代筆した。その前後の著作として、『分権論』(十年)、『民間経済録』(十―十三年)、『通貨論』『通俗民権論』(以上十一年)、『福沢文集』『通俗国権論』(以上十一―十二年)、『民情一新』(十二年)がある。さらに十一年、東京府会議員(翌年辞任)、十二年、東京学士会院の初代会長(十四年辞任)を勤め、十三年、社交倶楽部としての交詢社を結成した。しかし民権運動の高揚とともに警戒心を強め、十四年、『時事小言』を著わして「内安外競」を説くに至った。政府首脳も、彼に託して機関紙発行を企てる。その企図は十四年政変で破れたが、翌十五年、彼は「不偏不党」「官民調和」を掲げる日刊紙『時事新報』を創刊、連日のように社説・漫言などを執筆した。以後彼の文章はまず同紙に掲載され、その一部が単行本となる。こうして刊行された書物には、『時事大勢論』『帝室論』『兵論』『徳育如何』(以上十五年)、『学問之独立』(十六年)、『全国徴兵論』『通俗外交論』(以上十七年)、『日本婦人論』後編(本編は刊行されず)、『士人処世論』『品行論』(以上十八年)、『男女交際論』(十九年)、『日本男子論』『尊王論』(以上二十一年)、『国会の前途 国会難局の由来 治安小言 地租論』(二十五年)、『実業論』(二十六年)があり、日清戦争時に及んだ。その関心は多方面にわたるが、皇室を「政治社外」に置こうとする皇室論、家族の基本を夫婦として男女の同権を説く女性論などに、とりわけ特徴があり、また「尚商立国」をめざした。アジア政略をもしきりに唱え、一時、金玉均ら朝鮮開化派を援助したものの、論議の機軸は「脱亜論」(十八年)にあった。それだけに明治二十七、八年の日清戦争を、「文野明暗の戦」と熱烈に支持し、戦後は、労働問題・移民問題および植民地となった台湾経営問題などに、資本の立場から関心を示す一方、仏教的な人生観にも傾いた。この時期の『福翁百話』(三十年)、『福沢先生浮世談』(三十一年)、『修身要領』(三十二年)、『福翁百余話』(三十四年)は、老境の処世訓であり、『女大学』を批判した『女大学評論 新女大学』(三十二年)もある。また三十年、著述生活を振り返った『福沢全集緒言』を手はじめに、三十一年、『福沢全集』全五巻、三十二年、『福翁自伝』を世に送った。三十一年秋、脳溢血症を発し、一旦回復したものの、三十四年一月再発、二月三日、六十八歳で死去した。衆議院は哀悼を決議した。八日、東京市外白金大崎村(東京都品川区上大崎)の浄土宗常光寺に葬られたが、昭和五十二年(一九七七)港区元麻布の善福寺に改葬された。法名大観院独立自尊居士。妻錦は大正十三年(一九二四)死去した。門人たちが師の晩年、その思想の精髄として探りあてた「独立自尊」の四文字は、福沢の代名詞のように人口に膾炙した反面、門下から実業家が多く出た。慶応義塾編『福沢諭吉全集』全二十一巻(昭和三十三―三十九年)別巻一巻(同四十六年)がある。

[参考文献] 『慶応義塾百年史』、丸山信編『福沢諭吉とその門下書誌』、占部百太郎編『福沢先生哀悼録』(『慶応義塾学報』三九(臨時増刊))、石河幹明『福沢諭吉伝』、羽仁五郎『白石・諭吉』(『大教育家文庫』七)、家永三郎『近代精神とその限界』(『角川新書』八)、小泉信三『福沢諭吉』(『岩波新書』青五九〇)、遠山茂樹『福沢諭吉―思想と政治との関連―』(『UP選書』五八)、ひろたまさき『福沢諭吉』、安川寿之輔『増補版日本近代教育の思想構造』、鹿野政直『福沢諭吉』(『人と思想』二一)、丸山真男『「文明論之概略」を読む』(『岩波新書』黄三二五―三二七)、同「福沢に於ける「実学」の転回」(『東洋文化研究』三)、富田正文『考証 福沢諭吉』

(鹿野 政直)

ふくしこうじろう 福士幸次郎 一八八九―一九四六 大正・昭和時代前期の詩人。明治二十二年(一八八九)十一月五日、青森県弘前市に生まれる。父慶吉・母はるの四男(戸籍では三男)。明治三十八年青森県立第三中学を中退。四十二年に自由詩社の『自然と印象』に処女作を発表。『スバル』『秀才文壇』などにも詩を書いた。大正三年(一九一四)四月『太陽の子』(処女詩集)を自費出版したが、この詩集には自然主義に影響を受けた虚無観念から人道主義への詩人の発展がみられる。大正九年六月『展望』を出版。この詩集は三部構成でクラシックな情趣がみられる。大正十二年の関東大震災を機に帰郷し、北津軽郡板柳町に住み、地方主義宣言を発表した。これによって津軽に方言詩の伝統を残した。昭和二年(一九二七)上京、詩話会の活動に参加し、『日本詩人』の編集に努力した。また詩における音律の問題を考えて『日本音数律論』を『現代詩講座』(同五年刊)に発表した。また民俗学研究にも努力し、全国を旅行して『原日本考』(同十七年刊)を書いた。第二次世界大戦後、昭和二十一年十月十日千葉県館山市で没した。五十八歳。『福士幸次郎著作集』全二巻(同四十二年刊)がある。

(古川 清彦)

ふくしままさお　福島正夫　一九〇六―八九　昭和時代の法学者。明治三十九年（一九〇六）七月十一日、静岡県磐田郡見付町（磐田市）生まれ。昭和四年（一九二九）東京帝国大学法学部卒業。学生時代から東大セツルメント法律相談部で穂積重遠・末弘厳太郎の指導を受け、治安維持法違反で会社を辞めたあと、我妻栄の指導下に土地法の研究を開始、東亜研究所員として中国農村慣行調査に参加。十六年召集、ソ連抑留後二十二年に帰国した。法務庁法制意見第四局資料課長、『日本勧業銀行史』編纂を経て、二十七年東京大学東洋文化研究所講師、三十六年教授、四十二年停年退官、五十二年まで早稲田大学法学部客員教授。民法学・法社会学・法史学・社会主義法学につき、実証的、歴史的、比較法的な学風をもって大きな影響を与えた。著書は、学士院賞を受けた『地租改正の研究』（昭和三十七年）、朝日賞を受けた『日本資本主義と「家」制度』（四十二年）のほか、『日本資本主義の発達と私法』（六十三年）、『中国の法と政治』（四十五年）など多数。また、著書に収められなかった論文を中心に編まれた『福島正夫著作集』全九巻（平成五年（一九九三）より）がある。平成元年十二月十四日東京の九段坂病院で没。八十三歳。墓は静岡県駿東郡小山町の富士霊園にある。

参考文献　利谷信義「福島正夫先生の人と学問」（『ジュリスト』九五〇）　（利谷　信義）

ふくしまやすまさ　福島安正　一八五二―一九一九　明治・大正時代前期の陸軍軍人。情報収集と外交的手腕にすぐれた将軍。嘉永五年（一八五二）九月十五日生まれる。信濃国松本藩士福島安広の長男。西南戦争に従軍後、明治十一年（一八七八）五月中尉。参謀本部管西局員となり、朝鮮・清国・印度方面の情報収集にあたる。二十年三月ドイツ公使館付武官。二十五年二月から一年余を費やし単騎シベリアを横断して帰朝。日清戦争時は第一軍参謀。二十八年八月から一年半、欧州・アジア各地の視察旅行。帰朝後は三十九年一月までの間に参謀本部第三部長（情報）、第二部長（動員、編制、装備）。この間、北清事変時は臨時派遣隊司令官、日露戦争時は大本営参謀、満洲軍参謀、戦後の三十九年四月参謀本部次長（四十一年参謀次長と改称）。これまでに三度金鵄勲章を受領。四十年九月男爵。四十五年四月から関東都督。大正三年（一九一四）九月大将に進級し後備役編入。爾後在郷軍人会副会長を勤める。八年二月十九日没。六十八歳。墓は東京都港区の青山墓地にある。

参考文献　島貫重節『福島安正と単騎シベリア横断』、日本近代史料研究会編『日本陸海軍の制度・組織・人事』、外山操編『陸海軍将官人事総覧』陸軍篇　（森松　俊夫）

ふくずみまさえ　福住正兄　一八二四―九二　幕末・明治時代の報徳運動の指導者。文政七年（一八二四）八月二十一日、相模国大住郡片岡村（神奈川県平塚市片岡）に大沢市左衛門の五男として生まれる。生家は大地主・郷士であった。幼名政吉のち九蔵、正兄と改む。天保の凶作に際し父市左衛門らは二宮尊徳の仕法を学び村の復興につとめた。正兄も弘化二年（一八四五）尊徳の門に入り、真岡の開発などに従い、在塾六年に及んだ。嘉永三年（一八五〇）十二月、同国湯本村の福住家に入籍、同家は温泉宿を営んでいたが、彼は報徳仕法により家政の改革につとめた。正兄は神道、国学にも関心を寄せ、元治元年（一八六四）鈴木重胤に師事し、平田国学を学び、明治四年（一八七一）小田原藩の国学一等助教を命じられた。同五年の湯本報徳社の設立をはじめ静岡県下の報徳社の設立に参画することが多かったが、特に結社の理論的体系化の面での貢献が大きかった。『富国捷径』『二宮翁夜話』『（日本信用組合）報徳結社問答』などの著作がある。明治二十五年五月二十日没した。六十九歳。墓は神奈川県足柄下郡箱根町湯本の早雲寺にある。

参考文献　田尻佐編『贈位諸賢伝』二、佐々井信太郎『福住正兄伝』（『報徳文庫』）、原口清「報徳社の人々」（『日本人物史大系』五所収）　（伝田　功）

ふくだぎょうかい　福田行誡　一八〇九―八八　明治初期の廃仏毀釈の時代に活躍した浄土宗の僧、仏教学者。諱は大堂、のちに行誡と改めた。文化六年（一八〇九、一説に同元年）に武蔵国豊島郡山谷（東京都台東区）にて出生したと伝えられるが、詳細は不明。同十一年六歳にして江戸小石川伝通院寛淳について得度。その後勉学をつづけ、文政十年（一八二七）十九歳の時、南都北嶺へ遊学、翌年伝通院へもどり、徳本門下の鸞洲より浄土宗学や唯識学を学んだ。さらに、比叡山遊学の際にも『天台四教儀』の教えをうけた、上野寛永寺慧澄について天台・倶舎を学び、天保五年（一八三四）二十六歳の時はじめて『仏遺教経節要』を講じた。つづいて『天台四教儀』『菩薩戒経義疏』『成唯識論』『往生論註』などを続講し、嘉永五年（一八五二）四十四歳にして伝通院の学頭となった。三年ののち学頭を辞し清浄心院住職となり、文久二年（一八六二）には木製活字による大蔵経の刊行を企画し、『大般若経』三百部の印刷を行なったが、時代の流れの中で援助が途絶え中止したと伝えられる。慶応二年（一八六六）五十八歳の時、両国回向院の住職となったが、やがて明治維新となり、激しい廃仏毀釈が行われた。また、キリスト教解禁に伴い、伝道師たちからの仏教批判も多くなったことに対して、行誡は『広島問答』をはじめとする多くのキリスト教批判書を著わした。特に廃仏毀釈の動きに対しては、仏教諸宗をまとめ同盟会を結成し盟主となり、さらに明治六年（一八七三）、神仏合併により大教院が設けられた際には、その教頭となった。明治九年伝通院貫主、同十二年増上寺法主、浄土宗東部管長となり、十八年深川本誓寺に隠棲したが、二十年には知恩院門主に推挙され浄土宗管長となった。しかし翌年の四月二十五日に知恩院（京都市東山区林下町）において入寂した。八十歳（一説に八十五歳）。墓は知恩院内にある。行誡は著作も多く、また絵画や歌もよくし、その交遊も幅広い。

これらの著作は『行誡上人全集』『行誡上人文集』にまとめられる。さらに早くから大蔵経出版の志をもっていた行誡は、宋・元・明・高麗の各版大蔵経を校訂し、『（大日本校訂）大蔵経』（縮刷蔵経）の刊行を行なった。

参考文献　河瀬秀治『行誡上人略伝』　（竹中　信常）

ふくだたけお　福田赳夫　一九〇五―九五　昭和時代の政治家。昭和五十一年（一九七六）十二月から二年間、内閣総理大臣・自由民主党総裁。明治三十八年（一九〇五）一月十四日、群馬県に福田善治の次男として生まれる。第一高等学校、東京帝国大学法学部を卒業し、大蔵省に入省。銀行局長、主計局長などの省内主流コースを歩いたが、昭和二十三年の昭電疑獄事件に連坐、収賄容疑で起訴された。しかし二十八年無罪となる。二十七年十月総選挙で衆議院議員に初当選し、自由党、民主党を経て保守合同後の自民党では岸派に所属。岸信介政権に重用され、三十四年党幹事長、農相を歴任。池田勇人政権でも党政調会長となったが、池田の高度経済成長政策を批判し、「党風刷新連盟」を結成、三十九年十月の佐藤栄作政権の誕生に大きく貢献した。その佐藤政権では、蔵相、党幹事長、再び蔵相、外相を歴任して、ポスト佐藤の本命と目された。しかし四十七年のポスト佐藤の総裁争いでは、急速に力を増したライバル田中角栄に敗れ、四十九年末の田中失脚後も三木武夫に先を越された。この間四十八年十月の石油危機（オイル＝ショック）後の経済危機に対処する田中内閣の蔵相、三木内閣の副総理・経済企画庁長官として手腕を発揮し、「経済の福田」をもって任じた。五十一年待望の政権の座につき、五十三年八月、日中平和友好条約を締結、経済の回復、物価の鎮静などの業績を収めた。しかし自民党内で田中―大平正芳勢力との抗争は続き、みずから導入した全党員による総裁予備選挙で大平に敗れ、五十三年十二月に辞任した。その後も政界長老として、先進国のトップ経験者と「OBサミット」を開くなど内外政治に影響力を保持したが、平成二年（一九九〇）二月総選挙には立候補せず、第一線を退いた。平成七年（一九九五）七月五日没。九十歳。　（内田　健三）

ふくだつねあり　福田恆存　一九一二―九四　昭和時代の評論家、劇作家、翻訳家。大正元年（一九一二）八月二十五日、東京市本郷区駒込西片町（東京都文京区西片）で生まれた。父は会社員福田幸四郎、母はまさ。浦和高校を経て、昭和十一年（一九三六）、東京帝国大学英文科卒業。大学時代からロレンスに傾倒し、卒業後は、『作家精神』同人としていくつかの日本近代作家論を書くが、戦後、最も早い日本近代文学の批判的論客として登場、その最初の論集が『作家の態度』（同二十二年）である。以後、その批評を社会や文化に拡大させ、剛直な保守論客として、進歩的文化人、平和論、国語改革などをきびしく批判、『常識に還れ』（三十五年）などの多くの論集を出している。一方、演劇に芸術の理想を見、『キティ颱風』（二十五年）、『総統いまだ死せず』（四十五年）などの戯曲を書くとともに、演出にもあたり、三十八年からは劇団「雲」を主宰した。翻訳では、ロレンス、エリオット、ヘミングウェイの諸作を訳すとともに、やがて、シェイクスピアの翻訳に精力を傾け、高く評価された。平成六年（一九九四）十一月二十日没。八十二歳。『福田恆存全集』全八巻、『福田恆存翻訳全集』全八巻がある。

参考文献　土屋道雄『福田恆存と戦後の時代』、中村雄二郎「福田恆存論の試み」（同『日本の思想界―戦前・戦中・戦後』所収）、磯田光一「福田恆存論―自由の二元性―」（同『昭和作家論集成』所収）、西尾幹二「福田恆存」（同『悲劇人の姿勢』所収）　（磯貝　英夫）

ふくだとくぞう　福田徳三　一八七四―一九三〇　明治から昭和時代前期にかけて学界・言論界で活躍した経済学者。明治七年（一八七四）十二月二日東京神田元柳原町（千代田区神田須田町）の刀剣商徳兵衛の長男として誕生。十八年に母信子の意向により築地新栄教会で植村正久から受洗。二十七年高等商業学校を卒業、神戸商業学校教諭となったが一年後に退職し高商研究科へ進学、二十九年卒業、ただちに同校講師に就任。三十一年三月ドイツ留学の命を受け出立、五月ライプチヒ大学に入り歴史学派経済学者K・ビュヒャーらに学んだが、九月ミュンヘン大学へ転じ、同学派のL・ブレンターノに師事して研究を重ねた。三十三年師と共著の『労働経済論』を東京で出版、ブレンターノの所説を日本に紹介した。三十三年四月高商教授に昇任。同年七月ミュンヘン大学で国家学博士の学位を取得、提出論文『日本における社会的・経済的発展』（独文）は『ミュンヘン国民経済叢書』の一冊として出版された（四十年に坂西由蔵訳『日本経済史論』として刊行）。その後、ヨーロッパ各地の巡歴、コレジ＝ド＝フランスでの研修、イタリア滞在などを経て三十四年九月帰国。十一月から母校（三十五年東京高等商業学校と改称）で経済原論・経済史を担当したが、三十七年松崎蔵之助校長と衝突し二年間休職となり、期限満了後自発的に退官した。この間、三十八年五月法学博士の学位を受け、同年十月には慶応義塾教員として迎えられ、大正七年（一九一八）まで経済学・日本経済史を講じた。明治四十三年東京高商へ講師として復帰、大正八年教授に就任、翌年同校の昇格に伴い東京商科大学教授となり、経済原論・経済史・経済政策・社会政策などを担当した。十一年には帝国学士院会員に選ばれた。一方、社会的活動の面では、八年十二月吉野作造らとともに民主的な学者・思想家ら四十余名を結集して黎明会を組織、デモクラシー擁護の言論活動を展開、また十二年二月には内務省社会局参与となり社会問題の調査、社会立法の立案などに奔走、同年九月の関東大震災後は復興対策について具体的な意見を公表し世論の動向に影響を与えた。十四年五月ブリュッセルで開かれた第六回万国学士院連合会議に帝国学士院代表として出席、引き続きドイツへ赴き恩師ブレンターノを訪問、九月にはレニングラード学士院二百年祭に参列、その後ヨーロッパ各地を巡歴し十五年八月に帰国した。翌昭和二年（一九二七）フランス学士院客員に推された。大正十三年末ごろ、それまでに発表した著作・論稿のすべてを集成することを計画、昭和二年までに『経済学全集』全九巻を刊行した。以後の著書としては『流通経済講話』（大正十四年刊）、『唯物史観経済史出立点の再吟味』（昭和三年刊）、『経済学原理』総論及生産篇（同年刊）および没後に刊行された『厚生経済研究』（五年刊）、『経済学原理』流通篇上・下巻（同年刊）がある。昭和五年五月八日入院先の慶応病院で死去。五十七歳。十一日に大学葬の後、多磨墓地（東京都小金井市）に葬られた。

参考文献　福田徳三博士追憶論文集刊行委員会編『福田徳三博士追憶論文集』、福田徳三先生記念会編『福田徳三先生の追憶』

（服部　一馬）

ふくだひでこ　福田英子　一八六五―一九二七　明治・大正時代の婦人解放運動の先駆者。慶応元年（一八六五）十月五日岡山に生まれた。父景山確（岡山藩祐筆）・母楳子（塾の教師）の次女。本名英。少女時代、縁談をことわり、経済的自立を志して小学校助教となった。自由民権運動に参加、岸田俊子の遊説に影響を受けてつくられた「岡山女子懇親会」の演説会に加わり、また蒸紅学舎をつくって働く婦人にも教育の門戸をひらいた。明治十七年（一八八四）弾圧によって学舎が閉鎖されると、中央の政治に対決するため家出して上京、坂崎斌（紫瀾）についてスペンサーの社会哲学を学び、またミッションスクール新栄女学校に通った。明治十八年自由民権左派大井憲太郎・小林樟雄らの朝鮮改革運動を知って、資金集めや弾薬運搬などに協力し逮捕投獄された（大阪事件）。明治二十二年出獄後大井憲太郎と結婚して一子を生んだが、大井の裏切りによって離別。その後中村正直の同人社元講師福田友作と結婚して三子を生んだが、明治三十三年死別。苦境の中でキリスト教に救いを求め、翌年婦人に自活の道を教える目的で角筈女子工芸学校をつくった。一方、隣家の堺利彦の影響をうけて社会主義思想に共鳴。やがて平民社創立に協力。友作の書生であった石川三四郎とともに平民社同人との交わりを深め、のちキリスト教社会主義者らの『新紀元』発行に協力。明治四十年一月、石川三四郎・安部磯雄らの協力によって雑誌『世界婦人』を創刊、誌上を通じて婦人の政治上の自由獲得をめざして治安警察法五条（政談集会の主催・参加、政党加入を女子に禁じた条項）改正請願運動の宣伝と組織につとめた。同誌は弾圧によって二年半余で廃刊。また田中正造に協力して足尾鉱毒事件の谷中村民の救援や裁判の支援を長く続けた。大正二年（一九一三）二月『青鞜』に「婦人問題の解決」を、昭和二年（一九二七）二月―四月『婦選』に自由民権運動時代の思い出を寄稿。同年五月二日没。六十三歳。著書に自伝『妾の半生涯』、小説『わらはの思出』がある。

参考文献　村田静子・大木基子編『福田英子集』、唐沢隆三編『福田英子書簡集』、労働運動史研究会編『世界婦人』複刻版、早稲田大学社会科学研究所編『社会主義者の書翰』、松尾章一・松尾貞子編『大阪事件関係史料集』、村田静子『福田英子』（『岩波新書』青三四五）、絲屋寿雄『妾の半生涯』解説（『岩波文庫』）、大木基子「福田英子における婦人観の軌跡」（『歴史学研究』三二六）、同「福田英子における思想的底流」（同三七七）、江刺昭子「景山英子と大阪事件」（大阪事件研究会編『大阪事件の研究』所収）、太田健一・人見彰彦「景山英子の未紹介書簡八通」（山陽学園大学『山陽論集』一）

（村田　静子）

ふくだへいはちろう　福田平八郎　一八九二―一九七四　大正・昭和時代の日本画家。本名平八郎。号は、素僊・九州。明治二十五年（一八九二）二月二十八日に大分市王子町に生まれる。父は馬太郎、母は安。明治四十三年、京都に出る。四十四年京都市立美術工芸学校入学。大正四年（一九一五）同校卒業。絵画専門学校に入学。七年同校卒業。八年第一回帝展に「雪」で初入選。十年第三回帝展で「鯉」が特選となり宮内省買上げ。十三年帝展委員。絵画専門学校助教授、美術工芸学校教諭となる。昭和五年（一九三〇）中村岳陵・山口蓬春・牧野虎雄・木村荘八・中川紀元らと六潮会を結成。平八郎は洋画家の虎雄・荘八との交流によって多くの影響を受け、七年第十三回帝展「漣（さざなみ）」は大変な反響を呼んだ。二十二年帝国芸術院会員となり、同年第三回日展「筍」、第四回日展「新雪」、第九回日展「雨」と連続的に話題の作品を残し、第二次世界大戦後日本画に新しい活力を吹き入れた。二十四年第一回毎日美術賞受賞。三十六年文化勲章・文化功労賞を受けた。第四回新日展「花の習作」は最後の日展出品作となったが、明快な色彩、簡明な構図、清澄な画境は平八郎独自の芸術の高さと次の世代に及ぼす偉大な力となった。昭和四十九年三月二十二日没。八十二歳。

参考文献　山種美術館編『福田平八郎―その人と美術―』（特別展図録）、藤本韻三編『福田平八郎』、今泉篤男・岩崎吉一・原田平作編『福田平八郎』、『アサヒグラフ別冊』昭和五十六年秋（美術特集福田平八郎）

（中村　溪男）

ふくだまさたろう　福田雅太郎　一八六六―一九三二　明治から昭和時代前期にかけての陸軍軍人。慶応二年（一八六六）五月二十五日肥前大村藩士、福田市兵衛の次男として生まれる。明治二十年（一八八七）陸軍士官学校卒業、歩兵少尉任官、さらに二十六年陸軍大学校を卒業、日清戦争に第一師団副官として出征。戦後参謀本部員、明治三十年から三十三年までドイツ留学、日露戦争には第一軍参謀として出征。戦後第三師団参謀長、オーストリア公使館付武官を経て、歩兵第三十八連隊長、歩兵第五十三連隊長、歩兵第二十四旅団長、関東都督府参謀長などを歴任した。大正三年（一九一四）参謀本部第二部長、五年中将にすすみヨーロッパ出張ののち、六年第五師団長、七年参謀次長となり十年まで在任した。参謀総長上原勇作の信任を得て、その後継者と目された。大正十年台湾軍司令官に任ぜられ、大将に昇進した。大正十二年軍事参議官に転じた直後に関東大震災がおこり、関東戒厳司令官に任ぜられたが、指揮下の軍隊による朝鮮人虐殺がおこったり、甘粕正彦憲兵大尉による大杉栄殺害事件がおこったりし、甘粕事件の責任をとって辞任した。翌十三年一月清浦内閣の成立に際し、福田は九州閥の上原の支援をうけて長州閥の田中義一の推す宇垣一成と陸相の地位を争ったが、結果としては敗れて宇垣時代が始まった。この事件はその後の陸軍の上原閥対宇垣閥、さらには皇道派対統制派の派閥抗争の原因となった。大杉栄を殺されたことに憤激した無政府主義者は、その報復を企て、十三年九月その一人和田久太郎に福田は狙撃されたが、軽傷を負っただけだった。その後陸軍内では宇垣陸相時代がつづき、不遇のまま十四年予備役編入、大日本相撲協会会長などをつとめ、昭和五年(一九三〇)枢密顧問官となったが、七年六月一日病没した。六十七歳。墓は東京都港区の青山墓地にある。

参考文献　黒板勝美編『福田大将伝』　(藤原　彰)

ふくだりけん　福田理軒　一八一五―八九　幕末・明治時代前期の数学者。はじめ本橋惟義という。通称謙之丞、号を理軒、あるいは順天堂という。文化十二年(一八一五)に生まれる。兄の復とともに武田真元に師事する。福田兄弟は多くの数学者を養成し、著書も多い。理軒が天保六年(一八三五)に大坂の天満宮に奉納した算額の問題で、武田真元と論争し、武田とたもとを別つ。理軒には、『順天堂算譜』(弘化四年(一八四七))のように難問の解説書が多い。また、『西算速知』(安政四年(一八五七))のように、西洋数学の紹介書も多い。維新後、塾を大坂から東京の猿楽町(東京都千代田区)に移し、順天求合社と称した(その後身は東京都北区の順天高等学校)。明治二十二年(一八八九)三月十九日大阪にて没。七十五歳。

参考文献　日本学士院編『明治前日本数学史』、遠藤利貞『(増修)日本数学史』、坂本守央『福田理軒』　(下平　和夫)

ふくちおうち　福地桜痴　⇨福地源一郎(ふくちげんいちろう)

ふくちげんいちろう　福地源一郎　一八四一―一九〇六　明治時代の代表的ジャーナリスト。天保十二年(一八四一)三月二十三日、医師福地苟庵と松子の長男として長崎に生まれる。幼名は八十吉、長じて源一郎と称す。諱は万世。桜痴は、江戸で馴染みとなった芸妓「桜路」に因んで付けた号。少年時代より神童の誉れ高く、安政三年(一八五六)長崎の和蘭(オランダ)通辞、名村八右衛門に入門、蘭学を学ぶ。学業優等にて名村家の養子となるが、のち離縁して実家に帰る。安政五年、軍艦操練のために幕府から長崎に派遣されていた矢田堀景蔵らに伴われて江戸に上る。江戸では、幕臣水野忠徳の食客となり、森山多吉郎のもとで、英学を学ぶ。同六年、幕府外国奉行支配通弁御用御雇となる。開国直後のわが国の政府中枢の混乱ぶりと貿易実務の実際を直接に体験する。文久元年(一八六一)・慶応元年(一八六五)の二度にわたり、幕府の使節の一員として渡欧。帰国後その新知識と洋行体験のゆえに、攘夷派による暗殺の危機に遭遇する。大政奉還から王政復古の過程では、攘夷派に対する嫌悪から幕府擁護の立場に立ち、官軍占領下の江戸で、新政府を批判する『江湖新聞』を発行して逮捕され、わが国新聞紙史上初の筆禍事件の主人公となる。木戸孝允のとりなしで放免された後、私塾を経営するが、やがてその財務と経済の知識が評価されて、大蔵省出仕を命じられる。財政制度・裁判制度の調査のため明治三年(一八七〇)には伊藤博文に、同四年には岩倉遣外使節に随行して二度の洋行。この間、木戸の識見に敬服、のちの政治的立場を形成するうえで大きな影響を被る。同七年『東京日日新聞』入社、主筆また社長として「吾曹」の名称のもとに多方面にわたる啓蒙的な論説記事を執筆、世論に多大な影響を及ぼし、同紙を代表的な「大新聞(おおしんぶん)」へと育成した。また、民権派の「士族」的な封建意識を批判、「平民」的な立場からの政論を展開。立憲政体の設立についても「漸進主義」を唱道、地方民会の充実をまって議会を開設すべきことを主張する。ただ、福地は単に無原則に政府寄りの言論を展開したわけではない。明治十四年の北海道開拓使官有物払下げ問題では、民権諸党派と提携して政府を批判。しかし、翌十五年における主権論争では、人民主権の政体が将来的には「幕府政治」であるとする「国体論」の側からの批判を誘発しかねないとの懸念から、「君主主権論」を唱えて注目を浴び、さらに立憲帝政党を組織し、民権諸党派に対抗した。しかし、政府が独自に『官報』を出すに及んで、それまで「太政官御用」を任じていた『東京日日新聞』の経営は悪化。明治二十一年同紙を退く。晩年は、「池之端の御前」と称された全盛期に比べ恵まれたものとはいえなかったが、その政治経験を活かして政治小説、また演劇改良の見地から歌舞伎台本の執筆にも手を染めて多才ぶりを発揮、歌舞伎座開設にも力を注いだ。最晩年の明治三十七年、衆議院議員となる。歴史家としての能力にも卓越し、代表的著書に『幕府衰亡論』(明治二十五年)、『懐往事談』(同二十七年)、『幕末政治家』(同三十三年)があり、今日なお裨益するところが多い。明治三十九年一月四日、東京築地の自宅で没。六十六歳。法名温良院徳誉芳名桜痴居士。墓は台東区の谷中墓地にある。

参考文献　柳田泉『福地桜痴』(『人物叢書』一二九)、小山文雄『明治の異才福地桜痴』(『中公新書』七四三)、J.L. Huffman: The Politics of the Meiji Press, the Life of Fukuchi Genichiro.　(坂本多加雄)

ふくとめしげる　福留繁　一八九一―一九七一　大正・昭和時代前期の海軍軍人。明治二十四年(一八九一)二月一日、鳥取県西伯郡所子(とこご)村字福尾(大山町)で、農業福留米三郎の長男として出生。母はミネ。米子中学校を経て海軍兵学校に入学、四十五年七月卒業。航海術専攻の将校として進み、大正十五年(一九二六)十一月海軍大学校卒業。巡洋艦磐手航海長・軍令部第一班第一課参謀・海軍省人事局第一課局員・連合艦隊参謀・軍令部第一部第二課長・同第一課長・支那方面艦隊参謀副長・戦艦長門艦長を歴任して、昭和十四年(一九三九)十一月少将に進み、連合艦隊参謀長となる。太平洋戦争開戦時には軍令部第一部長で、十七年十一月中将。十八年五月に再度連合艦隊参謀長となり、翌年四月一日、司令部移動に際し搭乗機がセブ島沖に不時着水し、原地住民に収容される。あと第二航空艦隊・第一南遣艦隊・第十方面艦隊の各司令長官を歴任して、シンガポールで終戦。『海軍の反省』『史観真珠湾攻撃』『海軍生活四十年』などの著書がある。昭和四十六年二月六日、東京で没。八十歳。墓は東京都府中市の多磨墓地にある。

参考文献　防衛庁防衛研修所戦史室編『ハワイ作戦』(『戦史叢書』一〇)、同編『大本営海軍部・聯合艦隊』一・五(同九一・七一)　(野村 実)

ふくばはやと　福羽逸人　一八五六―一九二一　明治・大正時代の園芸家、農学博士。安政三年(一八五六)石見国津和野藩士佐々布利厚の三男として生まれる。明治五年(一八七二)福羽美静の養子となる。明治十年勧農局試験場農業生を振り出しに、三田育種場植物御苑係・播州葡萄園長・パリ万国博覧会事務官・農商務技師・東京農林学校勤務・式部官・新宿植物御苑係長・大膳頭・宮中顧問官などを歴任する。大正八年(一九一九)七月農学博士を授けられる。逸人が作り出した「福羽苺」は促成用品種としては、他の追従を許さず優秀品種であり、近年までその品質は評価された。著書に『甲州葡萄栽培法』(明治十四年)、『蔬菜栽培法』(同二十六年)、『果樹栽培全書』全四冊(同二十九年)などがあり、わが国の園芸学の草分け的存在である。大正十年五月十九日没。六十六歳。墓は東京都港区の青山墓地にある。新宿御苑に勤務し、主膳官であった福羽登三は逸人の三男であり、彼もまた園芸家として有名であった。　(藤井 利重)

ふくばびせい　福羽美静　一八三一―一九〇七　幕末・明治時代の石見国津和野藩士、国学者、官僚。「よししず」ともいう。はじめ名は美黙、のち美静、通称文三郎、雅号を木園・硯堂と称した。天保二年(一八三一)七月十七日津和野藩代官福羽美質の長男として、石見国鹿足郡木部村(島根県鹿足郡津和野町)に生まれ、嘉永二年(一八四九)十九歳の時、藩校養老館に入学。国学や兵学の修業に志し、岡熊臣の教えを受けたが同五年二十二歳にして京都に赴き、大国隆正を慕って報本学舎に入り国学を専修し、律令格式にも通じた。この間隆正の紹介で近江八幡の豪商にして国学者であった西川吉輔と知り合って彼の蔵書で学び、尊攘論に強い関心を持つようになる。安政三年(一八五六)帰藩して養老館の教師に任ぜられるが、文久より元治にかけて国内紛乱が急を告げて来たので単なる学究たることを許されず、藩命により京都に出て諸藩尊王の有志と交わりを結び内外の情報の収集にあたった。明治維新以降は藩主亀井茲監を助けて新政府の神祇政策を推進。明治元年(一八六八)三月徴士として呼び出され、神祇事務局権判事となり、ついで明治天皇に『古事記』を進講した。即位新式の調査立案の実務を執り、神祇少副となってからは御系図取調を兼務し大嘗祭御用掛として勲労多く、維新の即位礼大嘗祭執行にあたり、その中心的人物として活躍した。のち文部省御用掛、元老院議官などを歴任し、明治二十年に子爵を授けられ、二十三年には貴族院議員となる。著書に『国民の本義』『一夢の記』『神官要義』『古事記神代系図』『忠孝本義』などがある。四十年八月十四日没。七十七歳。墓は東京都港区青山墓地にある。

参考文献　加部厳夫編『木園福羽美静小伝』、阪本健一『明治神道史の研究』、加藤隆久編『神道津和野教学の研究』　(加藤 隆久)

ふくはらありのぶ　福原有信　一八四八―一九二四　明治・大正時代の実業家。嘉永元年(一八四八)四月八日、安房国山下郡松岡村(千葉県館山市竜岡)に福原有琳(市左衛門)・伊佐の四男として生まれた。幼名金太郎、のち友斎と称す。十七歳で江戸に出て織田研斎について医学を修め、慶応元年(一八六五)幕府医学所に入り、明治二年(一八六九)東京大病院の中司薬、同四年海軍病院薬局長となる。五年官を辞して京橋出雲町に民間初の洋風調剤薬局資生堂を開業し、七年には東京製薬所を設立した。十七年、政府の半額出資を得て大日本製薬会社を設立して専務となり、二十一年帝国生命保険会社を創立し二十六年同社社長となり、三十三年訪欧して各国生命保険事業を調査し、利益配当付保険やカード＝システムを導入した。また二十年以降資生堂で化粧品の製造・販売を開始し、大正六年(一九一七)には内国製薬会社社長、生命保険会社協会理事会会長に就任した。この間、全国薬剤師連合会長・日本薬剤師会長・京橋区会議長を務める一方、宇治川電気・日本電力・博多湾鉄道・小田原電鉄・金剛山電鉄・都ホテル・京浜運河・大徳汽船・関東酸曹・特殊消毒・福原興業などの重役を務めた。薬業界への功績により大正十年紺綬褒章を授けられたが、同十三年三月三十日、七十七歳で没した。法名泰教院謙徳有信居士。墓所は千葉県館山市の遍智院と東京谷中の西光寺にある。著書に『薬令輯彙』がある。

参考文献　永井保・高居昌一郎編『福原有信伝』　(高村 直助)

ふくはらえちご　福原越後　一八一五―六四　幕末の長門国長州藩の家老。幼名を徳之助、佐世家に入って主殿、のち勝定、元定、元僴と称し、翠崖と号す。文化十二年(一八一五)八月二十八日長州藩の支藩、周防国徳山藩主毛利広鎮の六男に生まれ、本藩寄組の佐世親長の養子となり、江戸留守居役となった。安政五年(一八五八)、本藩永代家老の福原左近允の死後、藩命により同家に入って越後と称す。同家の禄高は一万千三百十四石余。重厚寡言、学を好み詩歌に通じ、兵庫総奉行となり、外警にあたった。万延元年(一八六〇)から文久三年(一八六三)まで長州藩最後の当職(国家老)を勤め、当職廃止後、加判役の重職にあたる。この間、当役(江戸家老)の益田右衛門介とともに長州藩の公武合体・尊王攘夷運動を推進した。文久三年八月十八日の政変で長州藩が京都から逐われたため、翌元治元年(一八六四)六月、兵を率いて上京し、七月十八日、兵七百人を率いて伏見を北上し、藤の森で大垣藩・桑名藩らの兵と戦闘し、負傷、退却した。この禁門の変における長州藩軍の敗北の後、海路帰国した。幕府の第一次長州征討に際して、徳山藩に幽囚され、征長軍進撃の前に、藩命によって三家老四参謀の処刑が決まり、三家老の益田右衛門介・国司信濃について、岩国の竜護寺(現在の清泰院)で十一月十二日、幕府への謝罪のため切腹させられた。五十歳。墓は山口県宇部市小串の宗隣寺にある。法名は隆文院頤堂全忠居士。贈正四位。

参考文献 渡辺翁記念文化会編『福原家文書』、上田芳江『福原越後』、末松謙澄『防長回天史』

(井上 勝生)

ふくむらちかよし 福村周義 一八三六―七七 幕末から明治初年にかけての砲術家、軍人。通称繁三郎。天保七年(一八三六)五月八日生まれる。父は棚倉藩士平井丹兵衛。安政二年(一八五五)幕府長崎海軍伝習所で砲術を学び、教官のハーヒェスに認められ、オランダ、アムステルダムの海軍予備学校に留学した。帰国後江戸藩邸で数学・測量術・砲術などを教える。明治二年(一八六九)海軍に出仕。西南戦争の際、筑波艦副長として従軍するも明治十年八月十六日戦地鹿児島で病没した。四十二歳。海軍中佐。わが国の水雷研究の先覚者としても知られる。

(佐々木 克)

ふくもとかずお 福本和夫 一八九四―一九八三 大正・昭和初年の日本共産党の理論的指導者。明治二十七年(一八九四)七月四日誕生。父信蔵・母もんの七人兄弟姉妹の次男。鳥取県久米郡下北条村(東伯郡北条町)出身。倉吉中学、第一高等学校を経て大正九年(一九二〇)東京帝大法学部政治学科卒業。翌年松江高等学校教授となり、十一年三月より米英独仏に留学、主にドイツでマルクス主義を研究、十三年に帰国、翌年、山口高等商業学校教授となったが十五年休職。この間『マルクス主義』誌上に本名および北条一雄の名前でマルクス主義哲学的で難解な論文を相ついで発表、十五年には当時最高の理論家山川均を批判、一躍左翼のイデオローグとなる。同年四月コミュニスト=グループに属し、七月ごろ共産党に入党、十二月、党再建の第三回大会を理論的に指導し、政治部長に就任したが、翌年コミンテルンでの二七年テーゼ採択に伴い失脚、帰国後アジプロ部員として活動中の昭和三年(一九二八)六月逮捕され、九年十二月、大審院で懲役十年の判決をうける。十七年四月出獄、二十年の敗戦まで保護観察下におかれる。二十五年一月、共産党に復党、参議院選に立候補したが落選した。共産党分裂の際は徳田球一ら「所感派」反対の統一協議会に属し、三十年の第六回全国協議会後は綱領・規約をめぐって党中央と対立、三十三年に除名された。五十八年十一月十六日神奈川県藤沢市の自宅で死去。八十九歳。文筆活動は『社会の構成並に変革の過程』など福本イズム関係、『獄中十四年』などの回想録、獄中での構想にもとづき戦後刊行された『北斎と写真』や『日本ルネッサンス史論』などのほか『唯物論者のみた梟』『日本捕鯨史話』など幅広く、著書多数。墓は神奈川県藤沢市の市営墓地にあるが、戒名はない。

参考文献 山辺健太郎編『社会主義運動』七(『現代史資料』二〇)、神奈川文学振興会編『福本和夫文庫目録』、しまねきよし・清水多吉『評伝福本和夫』

(神田 文人)

ふくもとにちなん 福本日南 一八五七―一九二一 明治・大正期のジャーナリスト、政党政治家、史論家。安政四年(一八五七)五月二十三日筑前国那珂郡地形下町(福岡市中央区地行)に黒田藩士福本泰風の長男として生まれる。家教は神道。初名は巳、のちに誠と改める。号は数種あるが日南が有名で、歌人(歌号利鎌舎)としても知られる。明治九年(一八七六)司法省法学校に入学したが、十二年賄征伐をして陸羯南・原敬らとともに退校処分を受けた。十四年より十九年まで北海道で事業を試み、二十年には上海に赴くが、いずれも失敗に終った。二十一年四月に陸とともに新聞『東京電報』を、ついで翌年二月に『日本』を創刊し、西欧追従の欧化主義に反対してナショナリズムとしての国民主義を主張した。同紙では、陸社長のもとで、三十一年まで編集主幹格として社内に重きをおき、政教社系ナショナリストとして明治中期の言論界で硬質の論客として名声を挙げた。この間、フィリピンを視察して菅沼貞風と行動をともにし、また、東邦協会を設立して日清戦争の開戦前後と戦中に二度、戦地を巡視して対外硬運動を展開した。三十一年より一年余、仏国に留学して「巴里だより」を『日本』に寄稿しつづけて好評を博した。帰国後数年間、盛んに『新建国』『日南子』『現欧洲』『国際支那』『愛国本義』などの著訳書を刊行した。三十八年より四十二年まで『九州日報』(『西日本新聞』の前身の一つ)の第四代社長兼主筆となり、社内改革を断行して健筆をふるった。この間四十一年五月に憲政本党所属で衆議院議員となり(四十五年五月まで)政党政治家として活動するとともに、忠臣蔵に関する論考をつぎつぎに発表して、大正三年(一九一四)にはその定本として『(元禄)快挙真相録』を刊行した。五年に中央義士会創立の中心となり、十二月十四日東京高輪泉岳寺で発会式を行い幹事長となるなど、近代における忠臣蔵ブームの基礎をつくり、その興隆に果たした功労はきわめて大きい。六年『新潟新聞』主筆に迎えられたが、晩年は修史事業の大成を構想した。しかし果たせぬまま十年九月二日病没した。六十五歳。他に『普通民権論』『英雄論』『日南草廬集』など多数がある。墓所は東京都港区の青山墓地。墓碑は泉岳寺にある。

参考文献　松本三之介編『政教社文学集』(『明治文学全集』三七)、佐藤能丸『明治ナショナリズムの研究―政教社の成立とその周辺―』　(佐藤　能丸)

ふくやまとしお　福山敏男　一九〇五―九五　昭和時代の建築史研究者。明治三十八年(一九〇五)四月一日、福岡県山門郡城内村(柳川市)に生まれる。房太郎の長男。福岡県立伝習館中学校、第五高等学校を経て、昭和二年(一九二七)京都帝国大学工学部建築学科卒業。内務省造神宮局嘱託などを経て、戦後、美術研究所に移る。東京国立文化財研究所美術部長・所長事務代理ののち、昭和三十四年京都大学教授。定年の後、西日本工業大学教授、(財)京都府埋蔵文化財調査研究センター理事長など。日本学士院会員。平成七年(一九九五)五月二十日、京都府にて没。九十歳。法名唯道精敏禅定門。墓は京都府大山崎の大念寺にある。文献史料を博捜し、史実を明らかにする精致な方法を開拓した。特に、昭和十年ごろから相ついで発表された正倉院文書を縦横に用いた法華寺阿弥陀院、石山寺、興福寺などの造営実態の研究は極めて先駆的かつ徹底的なものであった。また伊勢神宮の建築史研究で同十四年に工学博士。研究対象は日本の寺院・神社・宮殿・住宅など建築史全般にわたり、中国建築・彫刻・金石文にまで及ぶ。朝日賞、日本建築学会大賞、恩賜賞日本学士院賞などを受賞。著作に『神宮の建築に関する史的調査』、『奈良朝寺院の研究』、『日本建築史の研究』、『日本建築史研究』(正・続)、『福山敏男著作集』(全六巻)などがある。

参考文献　永井規男「福山敏男先生追想」・高橋康夫編「福山敏男先生の著作目録」(『建築史学』二六)、『文建協通信』二二(福山敏男先生追悼号)　(藤井　恵介)

ふけつ　溥傑　Pu-jie　一九〇七―九四　満洲国皇帝溥儀(清朝宣統帝)の弟。姓は愛新覚羅(アイシンギョロ)、満族。一九〇七年四月十六日(光緒三十三年三月四日)醇親王載灃の第二子に生まれ、二十歳まで醇王府(北府)で育つ。昭和四年(一九二九)三月軍人を志望して渡日、まず日本語習得のため学習院に入学。満洲建国後の昭和八年九月陸軍士官学校本科入学、十年七月同校卒業、同年十月満洲国歩兵中尉に任官。日中戦争勃発直前の十二年四月侯爵嵯峨実勝長女浩(ひろ)と結婚。一九三九年四月同国駐日大使館付武官、太平洋戦争勃発後の四二年三月同国禁衛隊連隊長。昭和十八年一月陸軍大学校入学、翌十九年十二月同校卒業。一九四五年八月ソ連の参戦により溥儀一行と新京(長春)を離れ、長白山脈と鴨緑江にはさまれた大栗子に遷る。ついで日本の降伏で浩らと別れ、同月十九日通化より飛行機で日本亡命を計ったが、奉天(瀋陽)でソ連軍に逮捕され、抑留生活を送る。五〇年八月中国政府に引き渡され、撫順戦犯管理所に入る。六〇年十二月釈放されたが、同所で長女慧生(えいせい)の天城山中での訃報(昭和三十二年十二月)を聞いた。六一年五月、苦難な流転の旅の末に昭和二十二年一月、日本に戻っていた浩・次女嫮生(こせい)と十六年ぶりの再会を果たす。一九六二年五月全国政協文史資料研究委員会委員となり、その後起った「文化大革命」の嵐を凌ぎ、七八年二月全国人民代表に選出され、日中友好に専心できることになった。八七年六月、浩に先立たれ、九四年二月二十八日没。八十八歳。

参考文献　愛新覚羅溥儀『わが半生』(新島淳良・丸山昇他訳、『筑摩叢書』二四五・二四六)、舩木繁『皇弟溥傑の昭和史』、愛新覚羅浩『「流転の王妃」の昭和史』(『新潮文庫』)　(林　正和)

ふじいけんじろう　藤井健次郎　一八六六―一九五二　明治から昭和時代にかけての細胞遺伝学者。慶応二年(一八六六)十月五日加賀国金沢に生まれる。明治二十五年(一八九二)帝国大学理科大学植物学科卒業。大学院に進学したが、同二十八年同大学植物学科助手。同三十四年十二月ドイツのボン大学に留学。同三十五年留学中に助教授に昇任。同三十八年八月帰国。同四十三年教授。大正二年(一九一三)理学博士。同七年日本で最初の遺伝学講座を担当。昭和二年(一九二七)停年退官となり名誉教授。同十四年帝国学士院会員。同二十五年文化勲章受章。植物形態学・細胞遺伝学の研究教育に寄与。多くの後進を育て植物学発展の基礎をきずいた。遺伝単位、遺伝子の配列、染色体のらせん構造に関し重要な発言をした。また昭和四年以後国際細胞学雑誌『キトロギア』Cytologiaを創刊、主幹として活動。同二十七年一月十一日東京で没。八十五歳。墓は東京都台東区池之端二丁目の覚性寺にある。法名、高顕院文化日健居士。

参考文献　鈴木善次「藤井健次郎におけるモルガンの遺伝子説に対する反応について」(『生物学史研究』一七)、楠正貫「日本に遺伝学の燈をともした碩学」(『遺伝』一六ノ二)、向坂道治「生誕一〇〇年を迎えられる藤井健次郎博士」(同二〇ノ一)　(矢部　一郎)

ふじいさだのぶ　藤井真信　一八八五―一九三五　大正・昭和時代前期の大蔵官僚、財政家。明治十八年(一八八五)一月一日、藤井市三郎の四男として徳島県に生まれる。東京帝国大学法科大学独法科を首席で卒業後、明治四十二年大蔵省に入り、国税課長を経て大正十五年(一九二六)十一月東京税務監督局長、昭和二年(一九二七)五月主税局長、四年七月主計局長、九年五月大蔵次官となった。九年七月高橋是清前蔵相の推挙で岡田内閣の蔵相となったが、病で同年十一月に辞任した。大蔵省では主税畑を歩み、明治四十五年から大正三年の間のドイツ出張で税制を研究、大正九年の税制改正に尽力した。政党政治期に内閣の更迭の間にも主計局長を続けるなど能吏として信頼された。蔵相としては国債依存財政回避、臨時利得税創設などの健全財政主義に努めたが、その実現を前に病に倒れた。昭和十年一月三十一日没。五十一歳。

参考文献 鈴木茂三郎『財界人物評論』、大蔵省大臣官房調査企画課編『大蔵大臣回顧録』(『史談会記録』一)　(西村紀三郎)

ふじいじんたろう　藤井甚太郎　一八八三―一九五八　明治から昭和期にかけての明治維新史学者。明治十六年(一八八三)三月二十五日福岡県福岡区荒戸町(福岡市大手門三丁目)に出生。旧福岡藩士藤井一寛の長男。同四十二年東京帝国大学文科大学史学科卒業後大学院に進学。同時に渋沢編纂所員として『徳川慶喜公伝』編纂に従事。大正八年(一九一九)文部省維新史料編纂官に任ぜられる。同十四年京都帝国大学文学部講師として官立大学で最初の明治維新史講座を担当。以後九州帝大、東北帝大にも出講。昭和五年(一九三〇)から一年間欧米に留学。昭和二十一年実践女子専門学校校長、二十四年法政大学教授に就任。日本歴史地理学会会長、財団法人開国百年記念文化事業会常任理事、日本近代史学会会長を歴任し、実証主義的な明治維新史研究の大先達として後進を育成した。三十三年法政大学名誉教授。同年七月九日病没。享年七十五。多磨墓地(東京都府中市)に葬られる。法名文英院仁峰甚義大居士。勲三等、旭日中綬章を授けられる。主業績『日本憲法制定史』、『明治維新史講話』、『明治文化全集』(編纂・執筆・『明治文化史』(同)。

参考文献『日本近代史研究』二(藤井甚太郎先生追悼特集)、「藤井甚太郎先生追悼・略年譜・著作目録」(『法政史学』一一)、「前会長藤井甚太郎氏追悼録」(『歴史地理』八九ノ二)　(松尾章一)

ふじいたけし　藤井武　一八八八―一九三〇　大正・昭和時代前期の内村鑑三の無教会主義を継ぐ代表的キリスト者。明治二十一年(一八八八)一月十五日金沢藩士であった浅村家に父安直・母タマキの次男として生まれる。石川県立一中(在学中藤井家の養子となる)、第一高等学校を経て同四十四年東京帝国大学法科大学を卒業。官吏として京都府・山形県に勤務の途中職を投じ(大正四年(一九一五)十二月)、大学の時薫陶をうけた内村の助手となり、伝道と著述に専念。内村の再臨運動などを助けたが、大正九年独立して雑誌『旧約と新約』を発刊(同年六月―昭和五年(一九三〇)八月、全百二十一号)。その間「公開講演会」(大正十一年三月―六月)、「新町学廬」(昭和四年十月―十一月)ほかで少数の学生・青年を指導、聖書のほかカント・ミルトンを講じた。昭和五年七月十四日胃潰瘍にて急死す。四十三歳。救済主から日本また結婚(大正十一年喬子夫人を喪う)を永遠との関連で論じた『聖書より見たる日本』、『羔の婚姻』(未完)は彼の思想の特長を示す。『藤井武全集』全十巻(昭和四十六―四十七年)がある。

参考文献 塚本虎二・矢内原忠雄編『藤井武君の面影』　(大内三郎)

ふじいちくがい　藤井竹外　一八〇七―六六　江戸時代後期の漢詩人。名は啓、字は士開、号は竹外、ほかに雨香などの号もある。文化四年(一八〇七)四月二十日、摂津高槻藩の藩士藤井貞綱の長子に生まれ、十九歳で高槻藩に出仕し、鉄砲の名手として知られた。早くから頼山陽に従って詩を学び、山陽没後は梁川星巌に兄事した。「絶句竹外」と称されたように、特に七言絶句(二十八字詩)を得意にし、叙景詩に清新な佳作が多い。人となりは放逸磊落で、酔って興に乗れば「奇」や「妙」と叫び、起舞転倒し、そのまま草の上で眠りこけてしまったという。慶応二年(一八六六)七月二十一日没。六十歳。『竹外亭百絶』や『竹外二十八字詩』などの詩集がある。

参考文献 高槻市教育委員会編『藤井竹外とその書簡』、水田紀久『近世浪華学芸史談』、北村学「藤井竹外と『竹外二十八字詩』」(『国文学』四一)　(揖斐高)

ふじいひとし　藤井斉　一九〇四―三二　大正・昭和時代前期の海軍青年将校運動のリーダー。明治三十七年(一九〇四)八月三日佐賀に生まれる。大正十四年(一九二五)海軍兵学校を卒業。十五年少尉任官、軍艦由良・扶桑などに乗る。大正十四年ごろから大川周明らの行地社に関係、昭和二年(一九二七)西田税の天剣党創立にもかかわった。昭和三年三月後輩の海軍士官を組織して王師会を結成した。五・一五事件を起した古賀清志・三上卓・中村義雄らはこの時加わった。昭和五年の「ロンドン条約問題」では、民間右翼・陸軍とも結び、激しい政治的活動をした。昭和五年十二月、大村航空隊付となったが、翌年八月ごろから十月事件に向け、海軍青年将校の代表として種々の会合に参加した。昭和七年二月、上海事変に出征、五日偵察飛行中戦死した。二十九歳。

参考文献 今井清一・高橋正衛編『国家主義運動』一(『現代史資料』四)、林正義『五・一五事件』　(鈴木正節)

ふじおかいちすけ　藤岡市助　一八五七―一九一八　明治時代の電気工学者。わが国電気工学界初期の指導者。電気事業の技術的基盤を築いた。安政四年(一八五七)三月十四日、吉川藩士藤岡喜介の長男として周防国岩国で生まれる。母ウメ。慶応元年(一八六五)藩校養老館に入る。明治五年(一八七二)新設の同館語学所に入り英語を学ぶ。七年六月旧藩主吉川経健の命をうけ上京。翌年四月入試に合格し、工部省工学寮(のちの工部大学校―東大工学部)電信学科に入学。十一年エアトン教授の指導のもと工部大学校大ホールでアーク燈初点燈に成功。十四年五月卒業。十五年九月同校助教授。十七年三月教授昇任。そのころ電信学科を電気工学科に編制替した。この間に福田千勢子と結婚(十五年)。のちに二男四女を生むも次男は七ヵ月で夭折。在職中、東京貯蔵銀行頭取矢島作郎らに電燈事業の企業化を強く勧めたことは有名。アーク燈用発電機設計製造(十六年)、白熱燈用発電機製造(十八年)、内閣官報局・大阪紡績会社の自家発電装置完成(十九年)はいずれもわが国最初。十九年十二月十七日東京帝国大学工科大学を辞任、翌日東京電燈会社技師長就任。

その後空中配線によって営業用点燈開始(二十年)。電気学会創設(二十一年)。第三回内国勧業博覧会に電車鉄道出品(二十三年)。浅草凌雲閣十二階にエレベーター設計(二十三年)、電車モートル設計(二十七年)などそれぞれ先鞭をつけた。明治二十四年二人目の工学博士となった。明治二十九年には同郷の三吉正一らと経営していた白熱舎の経験を基礎に東京白熱電燈球製造会社(のちの東京電気会社―東京芝浦電気会社の前身)を創立。三十一年十二月に東電技師長を辞し同社社長に就任。三十四年七月東京市街鉄道会社を創立、翌年五月技師長就任、電燈事業について電鉄事業に力を注ぐ。三十九年二月藤岡電気事務所を開設し電気事業のコンサルタントを目指した。四十五年二月脳出血で倒れ、大正七年(一九一八)三月五日東京麻布の自宅で死去。六十二歳。東京谷中寛永寺徳川家墓地に葬る。法名光明院殿赫誉創電市翁大居士。

参考文献 瀬川秀雄編『工学博士藤岡市助伝』、田村栄太郎『日本電気技術者伝』
(松島 春海)

ふじおかけんじろう 藤岡謙二郎 一九一四―八五 昭和時代の歴史地理学者。大正三年(一九一四)四月十五日京都府愛宕(おたぎ)郡修学院村(京都市左京区)に生まれる。父は芳蔵、母はふで。京都帝国大学文学部史学科で考古学を専攻し、浜田耕作に師事、昭和十三年(一九三八)卒業。大学院に進学し、兼ねて考古学研究室副手を勤め、先史地理学を研究する。立命館大学専門部、同文学部教授を経て、昭和二十四年京都大学分校(のち教養部)助教授、翌二十五年教授となり、人文地理学を担当。昭和五十三年停年退官、京都大学名誉教授の称号を受ける。同年奈良大学教授、昭和六十年、同大学停年退職。人文地理学会・歴史地理学会・近畿都市学会・日本都市学会の各会長を歴任。その間昭和四十年に、年四回の野外巡検を定例会とする野外歴史地理学研究会(FHG)を創立。同五十二年には、野外歴史地理学研究所を併設。これらを主宰して歴史地理学の研究と啓蒙をライフワークとし、多くの後進を育成した。『先史地域および都市域の研究』『都市と交通路の歴史地理学的研究』『国府』『日本の都市』『歴史的景観の美』などの著書、『日本歴史地理総説』全五巻、『古代日本の交通路』全四巻、『講座考古地理学』全五巻、『宇治市史』全六巻、『日本歴史地理用語辞典』などの編著書を多数まとめ、その数は百点近くに達する。第二次世界大戦後の時期を代表する歴史地理学者であった。昭和六十年四月十四日没。七十歳。没後、正四位勲三等に叙せられ、旭日中綬章を授与された。

参考文献 野外歴史地理学研究会編『追憶・藤岡謙二郎先生』
(足利 健亮)

ふじおかさくたろう 藤岡作太郎 一八七〇―一九一〇 明治時代の国文学者。号、東圃。李花亭・枇杷園などとも称す。明治三年(一八七〇)七月十九日、金沢に生まれる。父は加賀藩の下級武士通学(みちたか)、母そと、の長男。幼時より秀才の誉れ高く、第四高等中学校を経て、東京帝国大学において国文学を専攻、この間、同年の、西田幾多郎・鈴木大拙・田岡嶺雲らと親しく交わり、互いに益するところがあった。明治二十七年大学卒業後、三高教授などを経て、明治三十三年東大助教授に任ず。以後、文明史の立場から、時代別の国文学史を中心に、美術史・神道史・国学史なども講じた。また、美術評論・新体詩論などにも筆を執って活躍したが、明治四十三年二月三日宿痾の喘息により、東京の自宅で没した。時に四十一歳。墓は東京都豊島区の染井墓地にある。著書は、透徹した史観と流麗な文体の代表的名著『国文学全史平安朝篇』のほか、『日本風俗史』『近世絵画史』『異本山家集』『松雲公小伝』『国文学史講話』など多彩である。没後門下生たちによって編まれた『東圃遺稿』全四巻にその他の業績が収められ、その戦後版に『藤岡作太郎著作集』がある。

参考文献 藤岡由夫編『藤岡東圃追憶録』、高木市之助『国文学五十年』(『岩波新書』青六一八)、野村精一『日本文学研究史論』(『笠間叢書』一一所収)、杉本邦子他「藤岡作太郎」(『近代文学研究叢書』一一)、風巻景次郎「芳賀矢一と藤岡作太郎」(『文学』二三ノ一一)、野村精一「藤岡東圃の初期」(『山梨大学教育学部研究報告』二一―二九・三五)
(野村 精一)

ふじかけしずや 藤懸静也 一八八一―一九五八 大正・昭和時代の美術史学者。明治十四年(一八八一)二月二十五日、茨城県西葛飾郡古河(こが)町の旧古河城内に、旧古河藩士藤懸傳八郎永綏(ながやす)と鷹見泉石の孫女實(じつ)の長男として出生。獅埼(しき)庵と号す。神田錦城学校尋常中学・第一高等学校を経て、東京帝国大学文科大学に入学、三上参次につき明治四十二年七月卒業、大学院に進む。明治四十四年一月国華社編輯部員。東京帝国大学に美術史学科が新設されるに伴い滝精一教授のもと、奥田誠一とともに副手、大正十三年(一九二四)九月同大学史料編纂掛に移るまで勤む。昭和二年(一九二七)四月から三年三月まで在外の日本美術品調査のため外遊。三年文部省初代国宝鑑査官。その他七年国宝保存会委員・八年重要美術品等調査委員会委員などになる。九年「浮世絵起源論」で文学博士の学位を取得、同年東京帝国大学教授、十六年停年。二十年以後文化財保護委員会委員長・国華社主幹を歴任。三十三年八月五日東京逓信病院にて没。七十七歳。妻さと子と古河市正定寺に葬られている。浮世絵派を歴史的に系統づけたことと美術行政面での功は大きい。著書『浮世絵の研究』など。

参考文献 『藤懸静也作画著述目録自叙伝』
(山口桂三郎)

ふじかけせいじゅ 藤蔭静樹 一八八〇―一九六六 明治から昭和時代にかけての日本舞踊藤蔭流創始者、新舞踊の先覚者。本名内田ヤイ。明治十三年(一八八〇)十月十三日(戸籍面二十日)新潟に生まれる。父寅吉、母ゆき。五歳で妓楼庄内家の養女となり九歳で市川登根について本格的に舞踊を習う。同三十一年上京後市川九女八の門下内田静江となり女優を目指したが断念。同四十二年二代目藤間勘右衛門に入門、翌年静枝の名を許される。八重次の名で新橋芸者となり一時永井荷風と結婚。大正六年(一九一七)藤蔭会を興し、「思凡」「落葉の踊」ほかの話題作を振付上演、和田英作・福地信世・田中良・遠山静雄らの同人を得て、強力な芸術的示唆を受けた。昭和六年(一九三一)藤間姓を返上藤蔭流家元を名乗り、当時隆盛の新舞踊運動にますます意欲を燃やした。同三十二年門弟美代枝に二代目を襲名させ静樹と改名したが二代目と不和となり翌年宗家となる。同三十九年文化功労者指定。同四十一年一月二日没。八十五歳。墓は東京都港区芝公園の安蓮社にある。法名昭徳院殿勲誉尚舞静樹大姉。

参考文献 西宮安一郎編『藤蔭静樹』、藤間静枝「藤蔭会の新舞踊」(『演芸画報』大正十年二月号)
(丸茂　祐佳)

ふじかわゆう　富士川游　一八六五―一九四〇　明治から昭和時代前期にかけての医師。日本の医学史についての研究を行い、わが国の医史学を確立するとともに医道の高揚を訴えた。子長と号す。文学・医学の両博士。慶応元年(一八六五)五月十一日、安芸国沼田郡長楽寺村(広島市安佐南区長楽寺)に父雪(すすぐ)・母タネの長男として生まれる。明治二十年(一八八七)広島医学校卒、上京し中外医事新報社に入り雑誌編集に従事。同三十一年より二年間ドイツのイエーナ大学に学ぶ。三十五年同志とともに日本児童研究会(のちに日本児童学会と改称)を創立。古医書を収集しこれを系統だて同三十七年『日本医学史』を著わす。これに対し同四十五年帝国学士院恩賜賞。同年の『日本疾病史』がまた先駆的業績である。大正十三年(一九二四)中山文化研究所(大阪)所長、同十五年東京中山文化研究所長。昭和二年(一九二七)同志とともに日本医史学会を創立し、同十三年その理事長となる。京都・九州・東北・慶応などの大学で医史学を、東洋大学では社会福祉について講じた。宗教ことに浄土真宗、教育、迷信、保険などの幅広い分野に関心をもち著書・論文多数。先人の顕彰につとむ。昭和十五年十一月六日没。七十六歳。郷里に葬る。富士川英郎編『富士川游著作集』全十巻がある。

参考文献 「富士川游先生」編纂委員編『富士川游先生』、富士川英郎『富士川游』
(長門谷洋治)

ふじかわゆうぞう　藤川勇造　一八八三―一九三五　明治から昭和時代前期にかけての彫刻家。明治十六年(一八八三)十月三十一日高松の漆芸家米造の次男として生まれる。三十一年高松工芸学校漆工科に入学するが、翌年木彫科に転じ、三十六年卒業。東京美術学校彫刻科に進み、四十一年卒業後、農商務省海外練習生として渡仏。アカデミー＝ジュリアンに学んだ。大正元年(一九一二)ころからロダンに認められて晩年の助手をつとめたが、五年病のため帰国した。八年二科会彫刻部の創設に会員として迎えられ、昭和四年(一九二九)番衆技塾を開設、多くのすぐれた後進を指導した。十年帝国美術院会員に任命されて二科会を辞したが、同年六月十五日東京で没。五十三歳。代表作に「シュザンヌ」「ブロンド」「裸」などがある。

参考文献 藤川栄子編『藤川勇造作品集』、早川巍一郎・菊池一雄監修『藤川勇造作品集』、菊池一雄監修『藤川勇造作品集』
(三木　多聞)

ふじさわあさじろう　藤沢浅二郎　一八六六―一九一七　新派俳優兼作者。慶応二年(一八六六)四月二十五日、京都の紙問屋岐阜屋清兵衛の長男として生まれた。青年時代政治運動に加わり新聞記者となる。明治二十四年(一八九一)二月川上音二郎が堺の卯の日座で書生芝居を結成した際、俳優兼作者として参加、以後川上一座の副将として活躍、台本も『板垣君遭難実記』『壮絶快絶日清戦争』などを書いた。三十四年には川上一座の渡欧公演にも加わり、帰国後、『オセロ』の勝芳雄、『ハムレット』の葉村年丸などを演じた。三十八、九年ごろの新派全盛期には本郷座で高田実一座の幹部俳優として活躍、『目黒巷談』の晋太郎、『金色夜叉』の間貫一などをあたり芸とした。四十一年九月、新時代の俳優の養成を目的に私財を投じて独力で東京牛込に東京俳優養成所を設立、四十三年に東京俳優学校と改称、みずから校長となったが、翌年経営難から閉鎖した。大正期は失意の時代で、大正六年(一九一七)三月三日不遇のうちに東京市浅草区今戸町の自宅で没した。五十二歳。墓は東京都港区の青山墓地にある。

参考文献 秋庭太郎『日本新劇史』、柳永二郎『新派の六十年』
(菊池　明)

ふじさわいくのすけ　藤沢幾之輔　一八五九―一九四〇　明治から昭和時代前期にかけての政党政治家。安政六年(一八五九)二月十六日仙台藩士藤沢景翼の長男として仙台城下に生まれる。仙台英語学校で英学を、茂松法学舎で法律学を学ぶ。代言人(弁護士)となり仙台市会議員・同議長、宮城県会議員・同議長を経て明治二十五年(一八九二)第二回総選挙で宮城県第三区から衆議院議員に当選。以来、昭和五年(一九三〇)の第十七回総選挙まで当選十三回(第三・四・十四回を除く)。進歩党→憲政本党→立憲国民党→立憲同志会→憲政会→立憲民政党に所属し、しばしば党役員となった。逓信省・内務省の参政官を経て大正十五年(一九二六)―昭和二年第一次若槻内閣の商工大臣。政界の長老として昭和五―六年第五十八・五十九議会で衆議院議長をつとめた。同六年貴族院勅選議員となり、ついで九年枢密顧問官に任ぜられた。昭和十五年四月三日死去。八十二歳。

参考文献 阿子島俊治『藤沢幾之輔』、宮城県名士宝鑑発刊事務所編『宮城県名士宝鑑』、『枢密院高等官履歴』六
(鳥海　靖)

ふじさわしゅうへい　藤沢周平　一九二七―九七　昭和時代の小説家。昭和二年(一九二七)十二月二十六日、山

形県東田川郡黄金村高坂(鶴岡市高坂)に生まれた。本名小菅留治。父は繁蔵、母はたきゑ。農家。鶴岡中学校夜間部を経て、二十四年、山形師範学校を卒業、湯田川中学校教諭となったが、二年後、結核のため、初め郷里で、後には東京都で、六年余の長期療養生活に入った。退院後は、二、三の業界新聞を経て、三十五年に、日本食品経済社(東京)に入社、以後十四年間、食品関係新聞の編集に携わった。療養中は俳句に親しみ、四十六年に、『溟い海』がオール読物新人賞を受賞、ついで、四十八年に、『暗殺の年輪』が直木賞を受賞して、時代小説作家としての地歩を築いた。以後、剣客もの、武士ものとして、『用心棒日月抄』(五十一—五十三年)、『三屋清左衛門残日録』(六十年—平成元年(一九八九))、『蟬しぐれ』(昭和六十一—六十二年)、市井ものとして、『橋ものがたり』(五十一—五十二年)、『海鳴り』(五十七—五十八年)、史実ものとして、『一茶』(五十二年)、長塚節を扱った『白き瓶』(五十八—五十九年)、新井白石を主人公とした『市塵』(六十一—六十三年)など、多くの名作を書いた。文章は端正、小説づくりは巧緻、目線は、司馬遼太郎と対照的に低く、ファンが多い。平成九年一月二十六日死去。六十九歳。『藤沢周平全集』全二十三巻がある。

参考文献 文芸春秋編『藤沢周平の世界』、『藤沢周平読本』(『別冊歴史読本』作家シリーズ三)、中島誠『藤沢周平論』、山形新聞社編『藤沢周平と庄内』、佐高信『司馬遼太郎と藤沢周平』 (磯貝英夫)

ふじさわなんがく 藤沢南岳 一八四二—一九二〇 幕末から大正時代にかけての儒学者。名は恒、字は君成、南岳・醒狂・香翁・七香斎主人・九々山人などと号した。天保十三年(一八四二)九月九日、讃岐国大川郡引田村(香川県大川郡引田町)に生まれた。父東畡より徂徠学を受け、その開いた大坂の泊園書院を継承した。若くより尊王の志篤く、はじめ幕府軍についた高松藩を動かし官軍に参ぜしめ、参謀大山格之助(綱良)に陳情し、国家老とともに謝罪使に立ってことなきを得た。南岳の号はこの時藩主より行賞として賜わったものである。藩政に参画し、藩校講道館の督学となった。廃藩後は香川県大属に任ぜられたが辞退し、泊園書院を守って浪華で育英に従事し、東京の大学よりの招聘にも応じなかった。大正九年(一九二〇)一月三十一日没した。七十九歳。大阪市東区生玉町齢延寺(大阪市天王寺区)に葬った。黄鵠・黄坡の二子がある。著書は『論語彙纂』『史記評林』『韓非子全書』『七香斎類函』『文章九格』『制度考』など。作家藤沢桓夫はその孫。

参考文献 石浜純太郎『浪華儒林伝』、水田紀久「南岳先生『不苟書室日録鈔』を読む」(『近世日本漢文学史論考』所収)、石浜純太郎「南岳藤沢先生所著書目」(『斯文』二ノ四)、長谷川雅樹「藤沢氏泊園四先生著書目略」(『泊園文庫彙報』一) (水田紀久)

ふじさわりきたろう 藤沢利喜太郎 一八六一—一九三三 明治から昭和時代前期にかけての数学者。純粋数学を日本に移植、同時に保険を育成し、貨幣制や選挙制を論じた。文久元年(一八六一)九月九日、新潟に生まれる。父は親之、母ちよ。開成学校を経て明治十五年(一八八二)東京大学理学部の未分化の数・物・星学科卒業。ユーイングに習い、同級に田中館愛橘・田中正平など。十六年、ヨーロッパへ留学。クロネカーなどに学ぶ。二十年五月帰国して、同年六月帝大理科大学教授。天谷屋寿子と結婚。二十六年、呉文聡と統計学論争。三十三年、パリで開かれた第二回国際数学者会議に出席。三十九年帝国学士院会員。大正五年(一九一六)尽力してきた簡易生命保険法成立。十年還暦で退官。十四年学士院選出貴族院議員となる。昭和三年(一九二八)第一回普通選挙の統計的研究を刊行。八年十二月二十三日没。七十三歳。墓は東京都台東区の谷中墓地にある。『生命保険論』(明治二十二年)、Joint-Metallism (1903)、『総選挙読本(普通選挙の第一回)』(昭和三年)があり、没後、昭和九年から十三年にかけて『藤沢博士遺文集』と『藤沢博士追想録』が出版されている。

参考文献 本田欣哉「藤沢利喜太郎 明治の数学者の肖像」(『数学セミナー』一二ノ一二)、清水達雄「経世家藤沢利喜太郎」(同二二ノ一〇—一二) (清水達雄)

ふじしまたけじ 藤島武二 一八六七—一九四三 明治から昭和時代にかけての洋画家。慶応三年(一八六七)九月十八日鹿児島藩士藤島賢方の三男として鹿児島に生まれる。母はたけ子。明治十七年(一八八四)上京、川端玉章に師事し日本画を学んだが、のち洋画に転じ二十三年に曾山幸彦・中丸精十郎・松岡寿などにつき、翌年山本芳翠の生巧館画学校に入った。二十六年三重県立尋常中学校助教諭として津市に赴任。このころから黒田清輝の影響を受け、二十九年新設された東京美術学校西洋画科の助教授に挙げられ、白馬会結成にも加わった。三十八年から四十二年まで滞欧、パリでフェルナン＝コルモン、ローマでカロリュス＝デュランに学んだ。帰国後美術学校教授。なおしばらく筆が渋滞したが、やがて装飾性を加味した独自の画風を拓き、さらに昭和三年(一九二八)皇居学問所を飾る作品の依頼を受けてから各地を写生、重厚で円熟した画境に到達した。大正十三年(一九二四)帝国美術院会員、昭和九年帝室技芸員、十二年文化勲章を受章。十八年三月十九日没。七十七歳。青山墓地に葬られた。「黒扇」「芳蕙」「旭日照六合」「耕到天」などが代表作。

参考文献 隈元謙次郎『藤島武二』 (原田実)

ふじたこしろう 藤田小四郎 一八四二—六五 幕末期の常陸国水戸藩の尊攘志士。名は信、字は子立、小四郎は通称。天保十三年(一八四二)に藤田東湖の四男として水戸城下梅香に生まれた。母は土岐氏。幼少から父の薫陶を受けて詩文・書画をよくした。文久三年(一八六三)三月藩主徳川慶篤に扈従して上京、滞京中に長州藩士桂小五郎(木戸孝允)・久坂玄瑞らと交わり攘夷の策を議した。五月に帰藩した後も長州・鳥取藩有志らと往来して国事を論じ、六、七月ごろ攘夷の朝命が実行されないのを概嘆、上京して幕府の不当を朝廷に訴えようとしたが目付山国兵部に慰留された。同年九月、長州・鳥取藩有志らと江戸で会合し、東西呼応して攘夷のための挙兵を計画。この密計を執政武田耕雲斎に伝えると耕雲斎からも時期尚早として軽挙を戒められた。しかし、同志を糾合、軍資金を集め、町奉行田丸稲之衛門を説いて首領とし、元治元年(一八六四)三月二十七日筑波山に尊王攘夷実践のため挙兵。その後執政市川三左衛門らの率いる水戸藩兵、幕命で加勢した常総諸藩兵と常野各地で交戦した。八月常陸那珂湊で藩主名代松平頼徳を支援し市川らと戦ったが利あらず、頼徳に従って水戸に来た耕雲斎らと合流。十一月耕雲斎を将として常陸大子を発し西上した。京都へ向かう途次、十二月越前新保(福井県敦賀市)で加賀藩に降り、まもなく幕府に引き渡され、慶応元年(一八六五)二月四日越前敦賀の海岸で斬罪に処せられた。年二十四。墓は敦賀市松島の松原神社境内と水戸市松本町の常磐共有墓地にある。

参考文献 『水府系纂』七六、『水戸藩史料』下、川瀬教文『波山始末』、西村文則『藤田小四郎』、『水戸市史』中五 (鈴木 暎一)

ふじたごろう 藤田五郎 一九一五—五二 昭和時代の歴史学者。第二次世界大戦直後に江戸時代—明治維新期の社会経済史研究に大きな功績を残した。大正四年(一九一五)九月二十八日広島市翠町に生まれる。父精一・母弥生。昭和十四年(一九三九)東京帝国大学経済学部を卒業、十五年福島高等商業学校(のち福島経済専門学校)助教授に就任、翌年教授、二十四年福島大学経済学部教授となる。この間に日本近代産業の内発的発展を地方民間史料を用いて実証的に解明した『日本近代産業の生成』を公刊し、学界の注目を集める。その後、短期間に『近世農政史論』『近世封建社会の構造』『封建社会の展開過程』などの著書および論文をつぎつぎと発表し、日本経済近代化の担い手としての豪農論を展開し、マニュファクチュア論争にかかわって幕末=豪農マニュ段階論を提唱した。一時広島大学教授となるが福島大学にもどり、昭和二十七年十二月八日福島市で病没。三十七歳。法名妙法高岳院顕光日経居士。墓は広島市南区丹那町にある。著書・論文は『藤田五郎著作集』全五巻(昭和四十五—四十六年、御茶の水書房刊)に収録されている。

参考文献 小林昇「回想—藤田五郎の学問的生涯—」(『藤田五郎著作集』五所収)、羽鳥卓也・山田舜「解題 藤田教授と豪農の研究」(同所収) (大石嘉一郎)

ふじたたき 藤田たき 一八九八—一九九三 昭和時代の教育者、婦人運動家。婦人・少年問題のパイオニア的存在であり、同問題の行政にも力あった。明治三十一年(一八九八)十二月二十三日、名古屋市橦木町(東区)に父菊江・母かめきの子として生まれる。大正九年(一九二〇)女子英学塾(津田塾大学)を卒業後アメリカのブリンマー大学に学び、帰国後母校で教鞭をとる。学識と国際性の豊かさをもつ婦人問題研究家として知られ、昭和三年(一九二八)ホノルルで開催された汎太平洋婦人会議に代表として出席し、このとき市川房枝と知己となって婦選獲得運動に参加、婦選獲得同盟を母体にした婦人問題研究所を十五年開設、婦人問題の資料収集などを行なった。第二次世界大戦後は戦前からの蓄積にたち婦人の能力開発に努力、二十一年大学婦人協会会長に、翌二十二年山川菊栄婦人少年局長のもと婦人問題審議会会長となり、ついで二十六年婦人少年局長となった。当時の同局廃止の動きを乗り越え、婦人少年関係の行政の基礎を固めた。退官後も国連婦人の地位委員会長、メキシコ世界婦人会議政府代表、津田塾大学学長など老齢にもかかわらず、精力的に活動した。平成五年(一九九三)一月四日没。九十四歳。著書に『わが道』『続わが道』『東中野日記』などがある。 (井手 文子)

ふじたつぐはる 藤田嗣治 一八八六—一九六八 大正・昭和時代の画家。明治十九年(一八八六)十一月二十七日陸軍軍医、藤田嗣章の次男として東京に生まれる。同四十三年東京美術学校西洋画科を卒業。大正二年(一九一三)渡仏し、ピカソやモディリアニらと親交を重ねて苦しい研鑽を重ねた。滞仏初期にはメランコリックな風景、人物画をかいたが、やがて乳白色の絵肌に流麗な線描を駆使する独自の作風を創始。同八年サロン=ドートンヌの会員に推され、二年後には審査員となるなど一躍エコール=ド=パリの寵児として脚光を浴びた。当時の作品に「アコーディオンのある静物」(一九二二年)、「五人の裸婦」(一九二三年)などがある。昭和四年(一九二九)一時帰国したのち、同五年から八年にかけてパリを中心に中南米各地で制作。一旦帰国したが、同十四年から一年間ほど三たび滞仏した。その間、国内画壇では昭和九年二科会会員、同十二年秋田で大壁画を制作、十六年帝国芸術院会員となったほか、戦争記録画も数多く描いて同十八年朝日文化賞を受賞した。第二次世界大戦後は昭和二十四年アメリカを経てフランスに渡り、一九五五年フランスに帰化、また一九五九年カトリックの洗礼をうけてレオナール=フジタと改名し、晩年はランスのノートルダム=ド=ラ=ペ礼拝堂の設計から壁画制作に没頭した。その画風は素描力にすぐれ、終始独得の細い線描を特色としたことで知られる。一九六八年一月二十九日スイスのチューリッヒ州立病院で没した。八十一歳。『巴里の横顔』『腕一本』『地を泳ぐ』などの随筆集がある。 (富山 秀男)

ふじたでんざぶろう 藤田伝三郎 一八四一—一九一二 明治時代の実業家。幼名六太郎、のち六三郎、伝三郎。天保十二年(一八四一)五月十五日、長門国阿武郡萩南片川町の酒造家藤田半右衛門の四男として生まれる。幼少のときから郷塾に入って漢学をおさめ『日本外史』『日本政記』などを多読したといわれるが、修学の期間は短く、十六歳のとき長兄俊徳が分家して営んでいた醬油醸造業が経営困難となったため、伝三郎が受け継いで再建にあたり、三年ほどでその目的を達した。幕末期には長州藩の尊皇攘夷運動に加わり、家業をなげうって国事に奔走し、高杉晋作に師事して奇兵隊に参加した。明治維新後、再び実業に志をたてて明治二年(一八六九)に大阪に移り、軍靴の製造に着手し、さらに各地鎮台に被服などの軍用品を納める用達業も兼ねることになった。明治六年に上阪した実兄藤田鹿太郎・久原庄三郎の参画を得て土木事業に進出するなど事業の拡大に努め、他方、井上馨が創立した貿易商社先収会社にも参加し、西南戦争では軍用品と人夫の調達とで大きな利益を得た。この急激な発展から、明治十二年には贋札製造の疑いで一時逮捕され、その政商的活動が世論の批判をあびた。贋札事件解決後、明治十三年には愛媛県市ノ川鉱山の経営に乗り出し、翌十四年には事業の組織を整備するため藤田組を実兄二人とともに設立し、社主頭取に就任した。明治十七年に久原庄三郎名義で秋田県小坂鉱山の払下げを受けた伝三郎は、その後、事業の主力を鉱山業に置き、用達業・土木業などを大倉喜八郎に譲渡した。その間に、関西財界の有力者として政府とも密接な連絡をもつ伝三郎の関係した事業は、内外用達会社・日本土木会社・硫酸製造会社・大阪紡績会社・阪堺鉄道会社・山陽鉄道会社・宇治川電気会社など多数に及び、また、五代友厚らと大阪商法会議所の設立に貢献した。しかし、このような企業者活動も必ずしも順調な発展をとげたわけではなかった。小坂払下げの翌十八年には鉱山の営業資本として毛利家から二十万円の融資を受けたが、その返済が滞り、伝三郎の株取引の失敗や家政取締りの不備もあって二十四年・二十九年と毛利家からの追加融資で経営危機をしのがなければならなかった。小坂鉱山の銀鉱の涸渇、銀価の下落などが主因であったが、明治三十年、小坂鉱山所長であった久原房之助らの努力で黒鉱製煉法が開発され、小坂鉱山が銅山として再生し、ようやく鉱山業を軌道に乗せ、藤田組の経営基盤を固めた。この間、二十九年から三十六年まで伝三郎は毛利家の融資条件に従って経営の実権を整理委員会に委ねざるを得なかった。明治三十八年に伝三郎は鹿太郎長男小太郎、庄三郎長男房之助の持分を回収し、藤田組を伝三郎と実子三人を出資社員とする組織に改め、その後、亜鉛鉱業、台湾の林業経営へも進出した。明治四十四年男爵。四十五年三月三十日死去。七十二歳。墓は大阪市北区長柄中の長柄墓地にある。

参考文献 岩下清周編『藤田翁言行録』、武田晴人「明治前期の藤田組と毛利家融資」(東京大学経済学会『経済学論集』四八ノ三)

(武田 晴人)

ふじたとうこ 藤田東湖 一八〇六―五五 江戸時代後期から幕末期の常陸国水戸藩士、学者。名は彪、字は斌卿、幼名武二郎のち虎之介、嘉永六年(一八五三)十一月から誠之進と改めた。東湖はその号。文化三年(一八〇六)三月十六日藤田幽谷の次男として水戸城下梅香に生まれた。母は水戸藩士丹武衛門の女で名は梅。幼少から父の薫陶を受け、文政二年(一八一九)江戸に出て亀田鵬斎・太田錦城に儒学を、岡田十松に撃剣を学ぶ。同七年五月イギリスの捕鯨船員十二人が常陸大津浜に上陸した時、これを打ち払おうとしたが果たせなかった。同十年正月家督(二百石)を継ぎ進物番となり彰考館編修に補せられた。この時から父の私塾青藍舎を継ぎ子弟の教育にもあたった。同十二年彰考館総裁代役。このころ藩主徳川斉脩の後継をめぐって門閥派と幽谷門人を中心とする改革派とが対立。東湖は改革派に属し、同年十月無願出府して徳川斉昭の襲封実現に奔走した。天保元年(一八三〇)正月無願出府を咎められて逼塞させられたが四月許され郡奉行に抜擢された。以後藩主斉昭の厚い信任を得、その腹心として藩政改革を推進する重要人物となった。すなわち天保三年五月定江戸通事、同六年六月御用調役、同九年十二月土地方改正懸、同十年十一月学校造営御用懸、同十一年正月側用人(格式用人上座、足高役料含め四百石)、同十二年四月御勝手改正懸(同年十二月足高百石加増)、同十四年八月寺社改正懸(同年正月格式馬廻頭上座)、同年九月弘道館懸などに仕じ、この間しばしば封事を呈上 人心一新、藩政刷新、武備充実の急務を訴えた。また同八年七月には斉昭の命で「弘道館記」の草案を起草。弘化元年(一八四四)五月斉昭に扈従して出府したが、幕命により斉昭が致仕謹慎処分を受けると同月東湖も役職を免せられ蟄居、江戸藩邸の一室に幽閉された。九月俸禄・第宅ともに没収、新たに十五人扶持を給され、水戸城下横竹隈に蟄居屋敷を与えられた。翌二年二月江東小梅村の下屋敷(東京都墨田区向島一丁目)に移った。同三年十二月幕命で蟄居を免ぜられ、藩命で遠慮小普請組に入り、四年正月水戸に帰ったが、十月宅慎を命ぜられて横竹隈の蟄居屋敷に住んだ。幽囚中、『回天詩史』、『常陸帯』、「和文天祥正気歌」(通常「正気歌」と称される)を草し、『弘道館記述義』を著わした。斉昭が藩政関与を許されたのは嘉永二年三月であるが、この前後から宅慎もやや寛大に取り扱われるようになり、蟄居屋敷の一室で私塾を再開した。しかし塾生教育が公式に認められるのは同五年閏二月宅慎が解禁となってからである。閑居一年余にしてペリー来航に際会、同六年七月斉昭が幕政に参与するや江戸藩邸に召し出され海岸防禦用掛(定江戸詰)となり三百石を給された(先の十五人扶持は返納)。安政元年(一八五四)正月側用人兼務で役料百五十石。翌二年二月格式馬廻頭上座で側用人再勤、役料はさらに五十石が加えられた。同年九月学校奉行兼職となって役料はまた百石増加、本高役料通計六百石となった。対外関係の緊迫した嘉永年間以降、『回天詩史』「正気歌」『弘道館記述義』などはひろく尊攘志士の愛読愛唱するところとなってその精神昂揚を促進するとともに、水戸学の声価を全国的に高める役割を果たした。東湖はこれらの著作を通じて、対外的危機に直面している今こそ、国民的伝統たる「正気(忠君愛国の道義的精神)」を発揚して国家の独立と統一を確保すべきことを説いている。また横井小楠・橋本左内・佐久間象山・西郷隆盛らと交わって信望を集めた。豪快闊達な性格で、小楠は「其人弁舌爽に議論甚密(中略)色黒の大男、中々見事なり」(『遊学雑志』)と評している。安政二年十月二日に起った大地震の時、小石川藩邸内の官舎にあり、屋梁頽毀のため圧死した。年五十。墓は水戸市松本町の常磐共有墓地にある。著書・詩文・封事・日記などは『水戸藤田家旧蔵書類』(『日本史籍協会叢書』)、菊池謙二郎編『新定東湖全集』に所収。

参考文献 『水府系纂』七六、名越時正『水戸学の研究』、鈴木暎一『水戸藩学問・教育史の研究』、同『藤田東湖』(『人物叢書』二一六)、西村文則『藤田東湖』、『水戸市史』中三　(鈴木暎一)

ふじたとよはち　藤田豊八　一八六九―一九二九　明治・大正時代の東洋史学者。号は剣峯。明治二年(一八六九)九月十五日徳島県美馬郡郡里村に生まれる。徳島中学・第三高等学校を経て、二十八年帝国大学文科大学漢文学科を卒業した。さらに大学院へ進み中国哲学・文学の研究に従事した。三十年上海の農学会(主催羅振玉)に招かれて渡華、翌年羅とともに東文学社を起し教習に就任した。その後、広州・南京・北京でも教習に任じた。北京在任中、ペリオが敦煌石室より数千巻の古鈔本を発掘したが、その中にあった『慧超往五天竺国伝』に興味を抱き『慧超往五天竺国伝箋釈』を著わし、藤田の学殖は一躍有名になった。これが契機となり、彼は東洋史の研究に専念するに至った。大正九年(一九二〇)文学博士を授けられ、十二年早稲田大学教授に迎えられた。十四年東京帝国大学講師となり、翌年教授に陞任した。昭和三年(一九二八)三月台北帝国大学教授に転任、文政学部長に就いたが、翌四年七月十五日東京で没した。六十一歳。著書に『剣峯遺草』(私家版)および池内宏編『東西交渉史の研究』南海篇・西域篇(昭和七年・八年)がある。藤田は京都の内藤湖南とともに、文筆家より帝大教授に転じた珍しい例である。

参考文献 小柳司気太「藤田豊八君略伝」(池内宏編『東西交渉史の研究』南海篇所収)　(山根幸夫)

ふじたひさのり　藤田尚徳　一八八〇―一九七〇　明治から昭和時代前期にかけての海軍軍人。攻玉社中学校長藤田潜の次男として明治十三年(一八八〇)十月三十日、東京に生まれる。母は要。東京府立一中を経て海軍兵学校に進み同三十四年十二月卒業。日露戦争にはじめ装甲巡洋艦八雲乗組、ついで巡洋艦高尾分隊長心得として参加した。同四十五年五月海軍大学校を卒業し、戦艦敷島分隊長・海軍省軍務局局員などのあと大正四年(一九一五)三月から六年六月まで、駐在および大使館付武官補佐官としてイギリスにあった。帰朝して戦艦摂津副長・第五戦隊参謀・海軍省人事局局員・巡洋艦須磨艦長・海軍省軍務局第二課長・海軍省副官・戦艦霧島艦長・海軍艦政本部総務部長を歴任して、十四年十二月将官に進む。ついで海軍省人事局長・第三戦隊司令官・横須賀海軍工廠長・海軍艦政本部長を経て昭和七年(一九三二)六月海軍次官となり、岡田啓介と大角岑生の両海相を補佐した。九年五月呉鎮守府司令長官に就任し、十一年四月大将に進む。同年十二月軍事参議官となり、十四年四月予備役に入る。十八年八月明治神宮宮司となり、ついで百武三郎海軍大将のあとを襲って十九年八月侍従長に就任し、太平洋戦争の終戦に尽力した。戦後も昭和天皇の側近として奉仕していたが、公職追放令に該当したため二十一年五月辞任。著書に『侍従長の回想』(昭和三十六年)がある。昭和四十五年七月二十三日愛知県安城市で死去。八十九歳。同市真盛寺に墓がある。法名昭徳院殿義峰忠勲尚進大居士。　(野村実)

ふじたもきち　藤田茂吉　一八五二―九二　明治時代の新聞記者、政治家。嘉永五年(一八五二)六月豊後国海部郡塩屋村佐伯城下(大分県佐伯市)に佐伯藩士林平四郎、しんの第三子として生まれ、のち姻戚藤田氏を嗣ぐ。諱禎、字士基、号鳴鶴・聞天楼主人・翠嵐生など。明治四年(一八七一)矢野文雄の勧めにより慶応義塾に入り、在学中福沢諭吉に認められ卒業と同時に『郵便報知新聞』入社。以後、主幹・編輯長の重責を担いながら没時まで紙面の充実に力を注ぎ、同紙の発展に大きな功績を残した。またみずからも自由民権主義の論説や小説を執筆、特に十七年に著わした『文明東漸史』は好評で、同書により一躍盛名を馳せた。この間、十四年日本橋区選出府会議員・同区区会議員を務め、十五年には立憲改進党の創立に参加。議会開設後は、第一回・第二回の総選挙に当選、その活躍が期待されたが、議員在任中の明治二十五年八月十九日四十一歳で没した。相馬御風は女婿。墓所は東京都台東区の谷中墓地。

参考文献 相馬文子『相馬御風とその妻』、同『司書半生』、太田原在文『十大先覚記者伝』、三田商業研究会編『慶応義塾出身名流列伝』　(安在邦夫)

ふじたもとはる　藤田元春　一八七九―一九五八　明治から昭和時代にかけての地理学者。明治十二年(一八七九)二月四日、京都府桑田郡鶴ヶ岡村(北桑田郡美山町)に生まれる。父は伝治郎元良、母は真澄。明治三十三年京都府立師範学校卒業、教員となる。大正五年(一九一六)、三十七歳で京都大学史学科選科入学、小川琢治・内藤湖南らに師事。大正十三年京都大学地質学教室に創立された地球学団の代表者となり、機関誌『地球』にしばしば執筆。同年中国に調査旅行し、以後中国の歴史・地理に関する著作多数。大正十四年第三高等学校兼大阪高等学校教授。このころから都市の変遷の研究、『日本民家史』(昭和二年(一九二七))、『尺度綜考』(昭和四年)、『(都市研究)平安京変遷史』(昭和五年)などを著わし、集落地理学としての都市研究の創始者となる。第二次世界大戦後、昭和二十二年一月「日支交通の研究」で文学博士号を取得。同二十五年八月より山梨大学講師、三十年同大学教授。三十一年五月、喜寿退官。同年京都に戻り、立命館大学教授となり、大学院において講義を行う。同三十三年四月十三日没。七十九歳。墓は京都市東山区の清水山墓地にある。

参考文献 『山梨大学学芸学部研究報告』六(藤田元春教授喜寿紀念特輯)、安藤孝行他「藤田元春博士の訃」(『立命館文学』一五七) (松井 愈)

ふじたりょうさく 藤田亮策 一八九二―一九六〇 大正・昭和時代の考古学者。明治二十五年(一八九二)八月二十五日、新潟県古志郡上北谷村大字八十刈村古新田(見附市八十刈町)で藤田福十郎・タケの次男として生まれた。大正四年(一九一五)第一高等学校第三部医科を卒業し、七月東京帝国大学医科大学医学科に入学したが、十月同文科大学史学科に転科し国史学を専攻した。同七年卒業後、文部省維新史料編纂官補・宮内属を経て、同十一年朝鮮総督府に赴任し、古蹟調査事業に関係し、同十四年六月朝鮮総督府修史官に任命され、翌年六月京城帝国大学助教授に任ぜられた。昭和六年(一九三一)朝鮮総督府博物館の外郭的な団体の性格をもつ朝鮮古蹟研究会が設けられるや、その幹事となって活躍した。また博物館の館長の仕事をも兼ねた。同七年七月京城帝国大学教授。同十六年十一月には朝鮮史編纂委員会委員となった。同二十年帰国したが、その後同二十二年から東北大学法文学部・慶応義塾大学文学部講師となり、同二十三年四月日本考古学協会が設立されるに伴い、委員長となった。同二十四年五月東京芸術大学教授。同三十四年六月奈良国立文化財研究所長となったが、同三十五年十二月十二日没した。六十八歳。朝鮮半島の古蹟調査や博物館の事業に貢献し、朝鮮考古学を推進させた。帰国後日本考古学協会の初代の委員長として会の発展につくしたが、あわせて奈良国立文化財研究所所長などの役職をもって文化財の調査保存に貢献した。著書に『朝鮮考古学研究』『朝鮮学論考』などがある。

参考文献 斎藤忠編『藤田亮策集』(『日本考古学選集』一九) (斎藤 忠)

ふじなみあきら 藤浪鑑 一八七〇―一九三四 明治から昭和時代前期にかけての病理学者、藤浪肉腫の創始者。医学博士。明治三年(一八七〇)十一月二十九日、名古屋で藤浪万得の長男として生まれる。同二十八年東京帝大医科大学卒、病理学教室に入り、ベルリン大学などに留学。同三十三年帰国と同時に京都帝大医科大学病理学講座の初代教授となる。大きな業績が二つあり、その一は同三十七年からの日本住血吸虫症の研究で、のち経皮感染を証明、これに対し大正七年(一九一八)帝国学士院賞が授けられた(桂田富士郎も同じ業績で受賞)。明治四十三年、移植可能家鶏肉腫を発表(アメリカのラウスも同年に同じ仕事)、これは藤浪肉腫と名付けられ、実験腫瘍学・ウイルス学上の先駆的な業績である。同四十四年満洲(中国東北部)にペストが発生したに際し、同地で調査に従事。大正十二年、医育機関視察のために渡米。医学史に関心を持った。昭和五年(一九三〇)退官。京大名誉教授。学士院会員。弟剛一は慶応義塾大学医学部教授。昭和九年十一月十八日没。六十五歳。

参考文献 清野謙次編『藤浪先生追悼録』、天野重安編『藤浪鑑選集』、森茂樹「藤浪鑑先生」(『日本医事新報』一三〇二)、杉立義一「藤浪鑑の医史学的検証」(『日本医史学雑誌』四三ノ一) (長門谷洋治)

ふじなみよへえ 藤波与兵衛 演劇・舞踊の小道具を収集、調達、製作して貸与することを家業としている小道具方。四代まである。

㈠初代 一八二九―一九〇六 文政十二年(一八二九)十月二十八日、武蔵国埼玉郡千疋村(埼玉県越谷市)に生まれる。嘉永六年(一八五三)に江戸へ出て、浅草猿若町二丁目(東京都台東区浅草六丁目)の市村座の茶番を経て、安政三年(一八五六)三月に同座の小道具方常盤屋清吉に協力して、舞台用小道具の調達と貸与を始めた。明治維新後に、甲冑・刀剣・大名の家具調度品などを手広く購入し、また没落した同業者の物品なども買収して、明治五年(一八七二)に座方をはなれて独立。九代目市川団十郎の活歴劇、五代目尾上菊五郎の散切物の注文にも対応し、製作者の陣容を整えて、明治十八年に東京各座の小道具を一手にひきうけた。明治二十年四月の天覧劇にも小道具を提供している。歌舞伎座(明治二十二年)、明治座(明治二十六年)の開場、新たに創始された新派劇、川上音二郎の正劇運動など、興行界の動勢に応じて経営の基盤を拡大した。明治三十九年十月十四日没。七十八歳。法名は藤華院天与地道居士。墓は東京都台東区下谷二丁目の嶺照院にある。

㈡二代 一八六五―一九二一 初代の長男与三郎。慶応元年(一八六五)二月五日に生まれる。明治四十年(一九〇七)十月、二代目を襲名。製作を得意とし、新しい技術の応用と開発、仕掛物の考案、歌舞伎十八番物の型の継承などに意をつくした。大正十年(一九二一)二月十五日没。五十六歳。法名は藤実院与楽具道居士。墓は嶺照院にある。

㈢三代 一八九一―一九五二 二代目の長男藤三郎。明治二十四年(一八九一)三月二十一日、東京浅草に生まれる。昭和九年(一九三四)六月、三代目を襲名。有職故実に長じ、鎧・兜・刀剣・輿などの製作にあたり、舞台効果を重視した逸品を多く残した。また各種の小道具職人の養成につとめた。三代目の代は、商業演劇の発展に伴い、歌舞伎・舞踊のみならず新劇・新国劇・歌劇へと受注を一層拡大した時期であった。著書に『小道具藤浪与兵衛』がある。昭和二十七年十二月二十四日没。六十一歳。法名は藤樹院覚道技衛居士。墓は嶺照院にある。

㈣四代 一九二六―七五 三代目の長男光夫(てるお)。大正十五年(一九二六)六月九日、東京浅草に生まれる。昭和二十八年(一九五三)三月、東京大学経済部を卒業。翌二十九年十二月、四代目を襲名。戦災による小道具類の焼失を克服して、演劇、舞踊、映画、テレビ界の需要に応えつつ、芸術創造に役立つ小道具の調達と提供にあたった。また、歌舞伎の海外公演に同行して、諸外国の舞台美術を研究するとともに、創意と工夫を信条に、小道具の型、製作技術の伝承、後継者の育成、小道具方の地位の向上などに努めたが、志半ばにして昭和五十年五月七日、四十八歳で他界した。著書に『芝居の小道具—創意と伝承—』『小道具再見』がある。墓は嶺照院にある。

参考文献 藤波隆之『伝統芸能の周辺』、同『伝統演劇の再発見』、同『歌舞伎の世界』 （藤波 隆之）

ふしみのみやさだなるしんのう 伏見宮貞愛親王 ⇨貞愛親王

ふしみのみやひろやすおう 伏見宮博恭王 ⇨博恭王

ふじむらみさお 藤村操 一八八六—一九〇三 明治時代後期の哲学青年。那珂通世の甥。妹はのちの安倍能成夫人。明治十九年(一八八六)七月藤村胖・晴子の三男として東京に生まれ、札幌で育つ。一高一年在学中の明治三十六年五月二十二日、日光華厳の滝上の樹幹に「万有の真相は唯一言にして悉す、曰く「不可解」、我この恨を懐いて煩悶終に死を決するに至る」という「巌頭之感」を記して投身自殺した。十八歳。人生問題に苦悩した哲学的な死として、立身出世や成功とはちがう価値感のあることを示し、二十世紀初頭の転換期を思想的に象徴する事件となった。同時代の青年に大きな衝撃を与え、「巌頭之感」は青年の朗唱するところとなり、あと追い自殺も続出した。同じ一高生の岩波茂雄や魚住折蘆らへの思想的影響はよく知られる。叔父那珂通世が『万朝報』に悲痛な弔文を寄せたのにつづき、黒岩涙香は「少年哲学者を弔す」を載せ「哲学の為に抵死する者」と評した。井上哲次郎や坪内逍遙も自殺の是非を論じた。近年では同郷の馬島千代という女性に対する失恋ゆえの煩悶死という見方もでている。東京都港区の青山墓地に墓と「巌頭の感」の碑がある。

参考文献 伊藤整『日本文壇史』七、安倍能成「「巌頭の感」をめぐって」(『新潮』四六ノ九) （荻野富士夫）

ふじもとさだよし 藤本定義 一九〇四—八一 戦前から戦後にかけて、プロ野球チーム六球団を率いた名監督。明治三十七年(一九〇四)十二月二十日、愛知県生まれ。高松商業から早大を経て、東京鉄道管理局の監督となり、昭和十年(一九三五)、巨人軍の前身、大日本東京野球倶楽部創設とともに監督に就任。九シーズンで七回優勝し、第一期黄金時代を築いた。その間、渡米でアメリカかぶれした巨人軍ナインを群馬県茂林寺の猛ノックで鍛えあげたことが有名である。戦後パシフィック・太陽・金星・大映・阪急を経て、同三十六年、阪神監督に就任。三十七年と三十九年に同チームを優勝に導いた。連投が当然と考えられた当時にあって、投手のローテーション制を早くからとり入れ、大リーグ流のチームプレーの採用にも積極的であった。熊本工業から投手として入団した川上の打撃に目をつけ、一塁手に転向させるなど、選手を見る目も確かであった。監督通算二十九年、千六百五十七勝は歴代三位。四十九年に晴れの野球殿堂入りを果たした。五十六年(一九八一)二月十八日没。七十六歳。

参考文献 藤本定義『覇者の謀略—実録プロ野球四十年史—』(『野球殿堂シリーズ』) （池井 優）

ふじもとせいべえ 藤本清兵衛 明治から昭和時代にかけての実業家。

㈠初代 一八四一—九一 天保十二年(一八四一)六月十五日丹波国に生まれる。大坂の雑穀商に丁稚奉公したのち、曾根崎の米穀商住吉屋清兵衛の養嗣子となる。維新後、藤本の姓を名乗る。淀川の舟運による京都との間の米穀取引で成功し、大阪で有数の米穀商となった。明治十四年(一八八一)備荒儲蓄法の施行にあたっては、三井物産とともに政府から米の取扱いを命ぜられた。また米の輸出入にも先駆的役割を果たす。同二十四年十月三十一日死去。五十一歳。

㈡二代 一八七〇—一九四九 明治三年(一八七〇)十月十五日紀州に生まれる。明治二十年藤本商店に入り、初代の死後、その養女と結婚し、藤本家を継ぐ。米穀商から近代的資本への転換をはかり、福島紡績など紡績業へ進出、また同二十八年には藤本銀行を設立(同三十九年廃業)。三十五年藤本ビルブローカーを開業、四十年には藤本ビルブローカー銀行に発展させた。日糖事件で同行の経営から退いたのちは株式仲買業を営み、紀阪銀行頭取なども勤めた。昭和二十四年(一九四九)死去。八十歳。

参考文献 『大和証券六〇年史』 （浅井 良夫）

ふじもとぜんえもん 藤本善右衛門 一八一五—九〇 明治時代前期の蚕種業功労者。長野県蚕種大惣代。蚕種上田組頭取。文化十二年(一八一五)信濃国小県郡上塩尻村(長野県上田市)の豪農の家に生まれた。昌信の嫡孫。青年時代平田篤胤没後の門人となり、国学を学んだ。上塩尻は信濃における蚕種業の中心地で、藤本家は手広く蚕種業を営んでいた。明治五年(一八七二)三月、長野県蚕種大総代を命ぜられ、同八年、大総代が廃止されるまでその職にあり、蚕種に関する諸条例・規則などの制定に関与し、蚕種業の基礎確立に尽力した。明治初年、蚕種輸出が盛況を極め、往々にして不良品を輸出して信用を失うものがあったので、「妙紗連」と称する同業組合を作って優良品種の製造につとめ、明治六年、蚕種取締規則が発令されるとそれを発展させて「均業会社」を設けた。生産過剰による値下がりを防ぐために生産制限を主張し、政府の方針にそって、その割当てに苦心した。歴代天皇陵を実地踏査し、『聖陵図草』(三巻)を著わした。明治二十三年六月十八日没。七十六歳。なお『藤本家文書』六千余点は昭和三十一年(一九五六)上田市立図書館へ寄贈された。

参考文献 江口善次編『信濃蚕糸業史』中、高島諒多『信濃蚕業沿革史料』、『上田小県誌』三 （小林計一郎）

ふじもとそうたろう　藤本荘太郎　一八四九―一九〇二　明治時代の機業家。嘉永二年（一八四九）四月十二日、手織込緞通の創始者藤本庄左衛門の子長治郎（庄左衛門）の長男として和泉国堺車之町（大阪府堺市）に生まれた。諱は泰忠、号は凌霜。明治十年（一八七七）の内国勧業博覧会に各種緞通を出品して堺緞通の名を広め、翌年米・仏への輸出に成功した。屈曲した鋏、摺込には紙型に代えて金型を用い、幅四間の機を造って五十畳敷を編出するなど新製法を工夫する一方、麻緞通、絹糸緞通、羊毛・牛毛の緞通、天蚕糸緞通などの新製品を開発して、堺緞通の黄金時代を主導し、二十七年緑綬褒章を授与された。堺緞通業組合・大阪府緞通組合の組合長、堺商業会議所会頭、堺起業会会長などを務めた。明治三十五年七月二十八日没。五十四歳。墓所は宿屋町善教寺。

参考文献 横井時冬『日本工業史』、瀬川光行編『商海英傑伝』、阿部武司「藤本荘太郎―堺緞通業の組織者―」（竹内常善他編『近代日本における企業家の諸系譜』） （高村直助）

ふじもとてっせき　藤本鉄石　一八一六―六三　幕末の尊王攘夷派の志士。諱は真金、通称は学治、ついで津之助。多くの号をもっていたが、その最も知られているのが鉄石である。文化十三年（一八一六）三月十七日、備前国御野郡東川原村（岡山市東川原）に片山左吉・佐幾の四子に生まれる。天保元年（一八三〇）、岡山藩の軽卒で伯父の藤本彦右衛門の養子となる。同十一年に脱藩し、大坂、ついで京に至る。同十四年には京を出て、南紀を旅行し、江戸に移る。東北、越後、さらに常総の地を歴遊して江戸に帰り、信越の各地を経て帰省、ついで中国・九州訪問の旅をつづけた。漢詩文・和歌・書画の修業を重ね、長沼流の軍学をおさめた。安政元年（一八五四）、伏見奉行内藤正縄に招かれて伏見に居を定め、その配下の教育にあたった。住居を碧梅寒店・言志塾として子弟に学問・武芸を教授した。清河八郎を通じて、尊攘派の志士との交流をふかめ、文久二年（一八六二）三月、島津久光の上洛を期して挙兵を計画したが、大坂の薩摩藩邸に軟禁され、寺田屋事件の前に藩邸を去った。翌三年八月、天皇の大和行幸の先鋒として、吉村寅太郎・松本奎堂とともに挙兵を計画、中山忠光を擁して天誅組を結成し、その総裁の一人として五条の代官所を襲撃した。八月十八日の政変ののち、幕府は和歌山・彦根・津・郡山などの諸藩に討伐を命じた。天誅組は敗走をつづけ、鉄石は同年九月二十五日鷲家（奈良県吉野郡東吉野村）に戦死した。四十八歳。明治二十四年（一八九一）十二月、従四位を贈られた。同四十三年、五十回忌を記念して佐倉峠麓の湯ノ谷に墓が建てられた。のち京都東山霊山に祀られる。著書に『日鑑』などがある。

参考文献 花土文太郎『偉人藤本鉄石』、渡辺知水『藤本鉄石』 （井上　勲）

ふじもりせいきち　藤森成吉　一八九二―一九七七　大正・昭和時代の小説家・劇作家。明治二十五年（一八九二）八月二十八日、長野県諏訪郡上諏訪（諏訪市）に生まれる。父忠四郎・母けさ。東京帝国大学文科大学独文科在学中に伊豆大島に遊んだ経験をもとに理想主義と現実の矛盾に迷う青年を描く処女作『波』（大正三年（一九一四）、のちに『若き日の悩み』と改題）を書いて新進作家と認められた。有島武郎の知遇を得るとともに、大杉栄・堺利彦と交わり社会主義に傾き、労働者生活を体験しつつ、やがて『狼へ！』（大正十四年・十五年）を発表、さらに戯曲『礫茂左衛門』『犠牲』（ともに大正十五年）を書いて無産者文学運動の列に加わり、『何が彼女をさうさせたか』（昭和二年（一九二七））が築地小劇場で上演されて流行語となった。ナップ（全日本無産者芸術連盟）初代委員長に推され、ハリコフ会議日本代表になってソ連から帰国後検挙されて転向、長編『渡辺崋山』（昭和十年）、戯曲『大原幽学』（昭和十五年）などを書いたが、第二次世界大戦後に共産党入党、誠実な人柄で一貫し、分裂抗争に孤立したまま、昭和五十二年五月二十六日神奈川県逗子市で交通事故死。八十四歳。『藤森成吉全集』（全二巻）がある。 （野村　喬）

ふじやまあいいちろう　藤山愛一郎　一八九七―一九八五　昭和時代の財界出身政治家。明治三十年（一八九七）五月二十二日、藤山雷太の長男として東京に生まれる。大正七年（一九一八）慶応義塾大学中退。昭和五年（一九三〇）大日本製糖入社、同九年取締役社長。有馬頼寧・井野碩哉を通じ岸信介と知り合い、第二次世界大戦末期、岸とともに東条内閣打倒に動く。二十一年公職追放。三十年日比賠償協定交渉の全権代表。三十二年岸内閣外相となる。三十三年総選挙に神奈川一区より出馬し当選。以後、当選六回。日米安全保障条約改定交渉を担当し、三十五年一月新条約に調印した。しかし国内世論の条約反対が強まり条約は衆議院本会議で強行採決。岸内閣は同年六月に総辞職。翌七月自民党総裁選に出馬し池田勇人に敗れたのち、藤山派を結成。三十九年、四十一年にも総裁選に立候補。日中友好議員連盟会長、日中国交回復促進議員連盟会長を歴任、五十一年十二月に引退。六十年二月二十二日没。八十七歳。法名は藤光院愛誉白童居士。墓は東京都府中市の多磨墓地にある。著書に『政治わが道』などがある。

参考文献 衆議院・参議院編『議会制度七十年史』衆議院議員名鑑、田々宮英太郎『日本の政治家たち』、福井治弘『自由民主党の政策決定』 （河野　康子）

ふじやまいちろう　藤山一郎　一九一一―九三　昭和時代の流行歌謡曲歌手。明治四十四年（一九一一）四月八日、東京市日本橋区日本橋蠣殻町（東京都中央区）に生まれる。本名は増永丈夫。慶応義塾普通部から昭和四年（一九二九）

東京音楽学校(現東京芸術大学)声楽科に進み、在学中から「酒は涙か溜息か」「影を慕いて」「丘を越えて」などを学校に内緒で歌い、大ヒットしたために一時停学処分を受けたのは有名な話。卒業後、そのままプロの流行歌手となり、「東京ラプソディー」「なつかしの歌声」「東京娘」「夢淡き東京」などのヒット曲を続出した。コロムビアからビクター、テイチクを経て再度コロムビアに戻り、戦後は「青い山脈」「長崎の鐘」など、新しい時代の幕開けを告げる曲をヒットさせ、多くの国民に親しまれた。歌詞と楽譜を正確無比に歌うところから、その唱法は「楷書の歌謡曲」と呼ばれた。没するまで現役歌手として活躍したが、その間昭和三十三年NHK放送文化賞、三十四年社会教育功労賞、四十八年紫綬褒章、五十七年勲三等瑞宝章、平成四年(一九九二)国民栄誉賞を受けた。昭和三十二年に作曲したNHK「ラジオ体操の歌」は、現在も毎日放送されている。平成五年八月二十一日、東京都目黒区の自宅で急性心不全のため没。八十二歳。最後のレコード作品は、平成四年十一月二十日にポニーキャニオンから発売された自作曲の「赤坂宵待草」だった。著書に『歌い続けて』『歌声よひびけ南の空に』などがある。

参考文献　『演歌ジャーナル』四六
(森島みちお)

ふじやまかんび　藤山寛美　一九二九―九〇　昭和時代の喜劇俳優。本名稲垣完治。昭和四年(一九二九)六月十五日、新派俳優藤山秋美(しゅうび)の子として、大阪市四ッ橋に生まれた。昭和十年寛美を名乗り、大阪中座で初舞台を踏み、以後、松竹家庭劇の子役として活躍。第二次世界大戦中は慰問隊に参加。昭和二十三年には曾我廼家(そがのや)十吾・渋谷天外の松竹新喜劇の結成に加わった。昭和三十四年、テレビドラマ『親バカ子バカ』のあほ役で好評を博し、一躍喜劇のスターとなった。昭和四十一年、借財のため一時劇団を去ったが、まもなく復帰、渋谷天外の後継者として精力的に活躍、五十八年天外が没したあとは、名実ともに座長として人情喜劇路線を軸に、広い芸域と、リクエスト狂言など優れたアイディアで同劇団の人気を盛りあげた。平成元年(一九八九)紫綬褒章受章。同二年六月二十一日、六十一歳で大阪に没した。著書『あほかいな』(昭和五十一年)、『凡談愚言』(同五十三年)、『みち草わき道しぐれ道』(同六十年)。
(菊池　明)

ふじやまつねいち　藤山常一　一八七二―一九三六　明治・大正時代の技術者、企業家。明治五年(一八七二)生まれる。帝国大学工科大学電気工学科卒。同三十五年仙台三居沢で三居沢カーバイド製造所を野口遵とともに設立した。その後、日本窒素肥料会社の設立に参加、フランク＝カロー式石灰窒素製造企業化に尽力、当時世界的に見ても画期的な連続窒化炉を開発したが予定した品位の製品が得られず、四十五年退社を余儀無くされた。同年藤山は三井の援助を得て石灰窒素の製造に再度携わることになり、新たなる連続窒化炉を開発、大正四年(一九一五)電気化学工業会社の設立に参加した。藤山は当初常務取締役、八年には専務取締役に就任して事業を推進したが、昭和二年(一九二七)に経営悪化の責任をとる形で退社に追い込まれた。技術者として日本の電気化学工業史上に名を残すすぐれた業績をあげながらも、企業家ないし経営者としては成功せず、晩年は不遇のうちに昭和十一年一月四日死去した。六十五歳。

参考文献　日比勝治『カーバイド工業講話』、電気化学工業株式会社編『四五年の歩み』、渡辺徳二編『日本化学工業発達史』(『現代日本産業発達史』八)、大塩武『日窒コンツェルンの研究』
(大塩　武)

ふじやまらいた　藤山雷太　一八六三―一九三八　明治から昭和時代前期にかけての実業家、財界人。文久三年(一八六三)八月一日、肥前国松浦郡大里村(佐賀県伊万里市二里町大里)に、大庄屋藤山覚左衛門・テルの四男として生まれた。長崎師範・慶応義塾卒業後、長崎県会議員となったが、実業家を志して明治二十四年(一八九一)上京した。福沢諭吉の紹介で翌年三井銀行社員となり、中上川彦次郎の下で抵当係長として貸貨金の回収に辣腕を振るった。芝浦製作所支配人を勤めたのち、二十九年王子製紙専務となり、実力者大川平三郎を辞任させ同社を三井系に変えたが、反発を受けて三十五年辞任した。三十七年には東京市街鉄道専務の座も失うなど、一時期不遇であったが、「日糖疑獄」で苦境に陥った大日本製糖の再建のため、渋沢栄一らに乞われて、四十二年社長に就任した。債務整理や合理化に手腕を発揮し、早くも四十四年には復配にこぎつけ、帝国商業銀行・東京瓦斯・日本染料・帝国劇場・東洋製鉄などの取締役を兼ねた。大正六年(一九一七)東京商業会議所会頭に選ばれ、十四年までその任にあって活発な財界活動を行なった。昭和九年(一九三四)藤山同族株式会社を設立して社長となったが、同年大日本製糖社長を辞任して相談役となり、十三年十二月十九日、七十六歳で没した。法名は高岳院殿統誉摂道雨田大居士。墓は東京都府中市の多磨墓地にある。政治家愛一郎はその長男。

参考文献　西原雄次郎編『藤山雷太伝』
(高村　直助)

ふじわらぎんじろう　藤原銀次郎　一八六九―一九六〇　明治から昭和時代前期にかけての実業家、政治家。巨大独占製紙企業に成長した旧王子製紙の経営者。明治二年(一八六九)六月十七日、信濃国水内郡平柴村(長野市)で地主の藤原茂兵衛・タカ子の第五子として生まれた。同十八年に上京して慶応義塾に入った。同大学を中退後、二十八年まで松江の小新聞社に勤務、同年に三井銀行へ入社。同三十年に富岡製紙所、翌三十一年に王子製紙会社へ支配人として一時出向した後、三十二年に三井銀行から三井物産会社へ移籍し、台湾支店長・木材部長を経て、四十四年に当時業績不振の王子製紙へ専務取締役として三井合名会社より送り込まれた。藤原は、高島菊次郎など三井物産時代の部下を招き要職につかせるとともに、慶応義塾と三井銀行にて同郷の先輩であった鈴木梅四郎が王子製紙の元専務時代に着工させて四十三年末に一応完成していた北海道苫小牧の新聞用紙工場を主力とする会社再建をめざし、折からの第一次世界大戦による紙況好転もあって再建を成功させた。さらに樺太(現在のロシア領サハリン)や朝鮮への工場進出、国内製紙企業の買収や合併なども行なって、富士製紙会社と業界最大手メーカーの地位を競った。昭和四年(一九二九)には富士製紙の株式買占めに成功して同社の経営権をほぼ掌握し、同八年には業界第三位メーカーの樺太工業会社ともども吸収合併した。この間に、藤原は外国人技師の招聘や社員の欧米派遣による先進製紙技術の積極的な導入にもつとめた。大正九年(一九二〇)に専務取締役社長、昭和八年に社長、ついで同十三年に会長となった。翌十四年には私財を投じて藤原工業大学を創立(慶応義塾大学工学部の前身)、同十五年以降は米内内閣商工大臣、東条内閣国務大臣、小磯内閣軍需大臣などを歴任。第二次世界大戦後の同二十三年に公職追放。三十四年に藤原科学財団設立を発表、翌三十五年三月十七日死去。九十歳。墓は東京都杉並区永福一丁目の築地本願寺別院和田堀廟所にあり、法名は暁雲院顕徳である。

参考文献 下田将美編『藤原銀次郎回顧八十年』 (四宮 俊之)

ふじわらさくへい 藤原咲平 一八八四―一九五〇 明治から昭和時代前期にかけての気象学者。第五代中央気象台長。姓は「ふじはら」ともいう。明治十七年(一八八四)十月二十九日、長野県諏訪郡上諏訪町字角間(かくま)新田に藤原光蔵の長男として生まれた。同四十二年七月東京帝国大学理科大学理論物理学科卒、在学中は寺田寅彦・田丸卓郎・佐野静雄・長岡半太郎らの教えをうけた。卒業後中央気象台に入り、同四十四年、音響の異常伝播の論文発表、このテーマの論文により大正四年(一九一五)理学博士、同九年帝国学士院賞をうける。九年末よりイギリスおよびノルウェーに留学、イギリスではショウ W. N. Shaw のもとで渦動論発表、ノルウェーではビャルクネス V. F. K. Bjerknes のもとで北欧学派の前線論的天気予報を学び、帰国後はこれらの業績を発展させた。同十一年帰国後は中央気象台付属測候技術官養成所主事(校長)、東大教授、地震研究所員も兼ねた。昭和十六年(一九四一)岡田武松のあとをうけ第五代中央気象台長となり、戦時下の気象事業を総括した。同二十二年退任、このあと公職追放されたが二十六年解除された。昭和二十五年九月二十一日胃癌で死去。六十五歳。法名諦観院殿徹誉虚心晴曇子居士。東京都の多磨墓地に葬る。啓蒙家、教育者としてもすぐれ多数の著書あり、大正末から昭和はじめにかけ岡田武松とともに岡田・藤原学派の中心であった。

参考文献 根本順吉『渦・雲・人―藤原咲平伝―』、和達清夫・高橋浩一郎・根本順吉編『お天気博士藤原咲平』(『NHKブックス』四二六) (根本 順吉)

ふじわらよしえ 藤原義江 一八九八―一九七六 大正・昭和時代の歌手。われらのテナー、藤原旦那と親しまれたテノール歌手。明治三十一年(一八九八)八月二十一日(戸籍上は十二月五日)大阪に英国人ネール=プロディ=リードと坂田菊子との間に生まれる。大分・大阪に移り、十二歳で実父にひきとられて上京、暁星小学校に入学、中学は転々と変わる。大正六年(一九一七)新国劇に加わり、戸山英二郎を名のる。翌年浅草オペラの歌手に転向、同九年イタリア留学、翌年よりロンドン・ニューヨークなどでリサイタルを開く。同十二年より日本と欧米を往来して歌う。同十五年米ビクターの専属となり日本最初の赤盤歌手と評判になる。昭和六年(一九三一)パリのオペラ=コミーク座に「ラ=ボエーム」のロドルフォ役で出演。同九年藤原歌劇団結成、以後日本のオペラ運動の推進者として、多くの内外のオペラ作品を紹介、人気と評価を集める。同二十七年から三回同歌劇団を率いて渡米公演を行う。同二十二年芸術院賞、同三十一年紫綬褒章、同四十四年叙勲をうける。同五十一年三月二十二日東京で死去。七十七歳。音楽葬を行う。著書に『歌に生き恋に生き』『オペラうらおもて』、自伝として『流転七十五年』がある。 (宮沢 縦一)

ブスケ Gerge Hilaire Bousquet 一八四六―一九三七 フランスの法律家。一八四六年三月三日、パリに生まれ、父は学校長であった。もとパリ控訴院弁護士。明治三年(一八七〇)十二月フルベッキの意見で大学(当時の文部省)がパリ駐在鮫島尚信少弁務使にフランス法律家の選考を依頼した結果、一年後にブスケとの雇傭契約が成立した。彼は同五年二月、日本最初のフランス人法律顧問兼法学教師として来日し、明法寮、のち司法省法学校で法学教育に従事し、司法官となるべき法律家の養成につとめた。司法省法学校は、彼が来日直後建議した「法律学校見込書」などに示された構想の規模をかなり縮小して設立されたものである。このほか、彼は立法および司法組織に関する建議(「日本法律創定之事業」)を提出したのをはじめ、司法卿江藤新平の主宰する司法省民法会議に参画して日本民法草案を起草し、また区裁判所規則の編纂にも関与した。彼は、明治九年五月契約満期となって帰国し、一九三七年一月十五日パリで没した。九十歳。彼には日本に関する著書として『今日の日本』Le Japon de nos Jours1877がある。

参考文献 西堀昭『日仏文化交流史の研究』、G・H・ブスケ『ブスケ日本見聞記―フランス人の見た明治初年の日本―』(野田良之・久野桂一郎訳)、手塚豊「明治法制史上に於けるヂュ・ブスケとブスケ」(『明治文化』一五ノ一二)、同「司法省御雇外人ブスケの法学校に関する建議」(『法学研究』四一ノ四)、福島正夫「司法職務定制の制定とその意義―江藤新平とブスケの功業―」(『法律新報』八三ノ七・八・九合併号) (梅溪 昇)

ふせたつじ 布施辰治 一八八〇―一九五三 明治から

昭和時代にかけての弁護士。明治十三年(一八八〇)十一月十三日に生まれる。宮城県牡鹿郡蛇田村(石巻市)の農家出身。明治三十五年に明治法律学校を卒業して司法官試補(検事)となったが、生来の人道主義的傾向のため半年で辞職し弁護士となる。東京市電値上反対騒動(明治三十九年)・米騒動などの社会的諸事件の弁護にあたる一方、大正六年(一九一七)以来、普選運動に従事した。大正九年には改めて個人救済から社会改造への「自己革命」を宣言して社会運動に深入りし、大正十年には自由法曹団の結成に参画、その弁護活動は植民地に及んだ。昭和三年(一九二八)の総選挙には労働農民党より新潟で立候補し、落選した。昭和六年に日本共産党の公判闘争のためにつくられた解放運動犠牲者救援弁護団幹事長としての活動が司法当局の憎むところとなり、昭和七年には弁護士資格を奪われ、翌八年には禁錮三ヵ月、昭和十四年には懲役二年の刑に服した。昭和二十年自由法曹団の復活とともに顧問として弁護士活動を再開、松川事件などに関係し、特に在日朝鮮人から慕われた。昭和二十八年九月二十八日、東京の自宅で没。七十二歳。墓は東京都豊島区南池袋二丁目の常在寺にある。『生きんが為に』『死刑四十一話』など多くの著作がある。

参考文献 布施柑治『ある弁護士の生涯』(『岩波新書』青四八二)、同『布施辰治外伝』、森長英三郎『日本弁護士列伝』

(松尾 尊兊)

ふたきけんぞう　二木謙三　一八七三―一九六六　明治から昭和時代にかけての細菌学者。秋田藩医樋口順恭の次男として明治六年(一八七三)一月十日秋田に生まれる。幼くして姻戚二木家の養子となる。明治三十四年東京帝国大学医科大学を卒業後、副手として大学附属病院に在席、ついで東京市駒込病院医員となる。三十八年ドイツに留学、ミュンヘン医科大学衛生学教室でグルーバ教授のもとで細菌学・免疫学を専攻。四十一年帰国し駒込病院副院長のかたわら、東大伝染病研究所や医科大学で細菌学の研究に従事。大正八年(一九一九)駒込病院長に就任、十年東大教授を兼任する。十二年には伝染病研究所所長代理、日本医科大学教授のほか講師などを兼務した。昭和元年(一九二六)日本伝染病学会創立に尽力。二十六年日本学士院会員に推され、三十年には文化勲章を受章した。研究は多方面にわたったが、代表的なものは志賀潔発見の赤痢菌と異なる二株の菌種、駒込A・B菌を発見して赤痢病原多元説を樹立したこと、および鼠咬症の病原体を分離し、鼠咬症スピロヘータと命名したことである。そのほか二木式健康法の創始者としても有名。四十一年四月二十七日没。九十三歳。

参考文献 二木謙三先生記念会編『二木謙三先生』、東京大学医学部創立百年記念会編『東京大学医学部百年史』、二木謙三・村山達三「対談 私の歩んだ道―二木謙三博士の〝人〟と学問―」(『日本医事新報』二〇一七・二〇一八・二〇二一―二〇二九)

(松田 武)

ふたこれてる　布田惟暉　一八〇一―七三　江戸時代後期の肥後国熊本藩の開発功労者。通称を保之助、のちに島一葦と改名。享和元年(一八〇一)十一月二十六日肥後国上益城郡浜村(熊本県上益城郡矢部町浜町)に生まれる。天保四年(一八三三)に上益城郡矢部手永の惣庄屋となり、在職二十九年、通潤橋の架橋、京の女郎井手・中島井手の開削をはじめ、矢部郷の開発に尽力した。なかでも、轟川の渓谷に架けられた通潤橋は、水に恵まれない白糸台地を潤すため、弘化三年(一八四六)着工、安政元年(一八五四)七月に完成した石造アーチの通水橋で、眼鏡橋としては日本一を誇る。橋には彼の独創的な設計による逆サイホンの原理を応用した三本の通水管が埋設されている。重要文化財にも指定され、江戸時代後期の日本土木技術の最高傑作とされる。明治六年(一八七三)四月三日没。七十三歳。墓は熊本市万日山にある。大正五年(一九一六)従五位を贈られる。通潤橋わきの布田神社に祀られている。

参考文献 鈴木喬編『熊本の人物』(『熊本の風土とこころ』二五)、本田彰男『肥後藩農業水利史』

(規工川宏輔)

ふたばていしめい　二葉亭四迷　一八六四―一九〇九　明治時代の小説家。本名長谷川辰之助。元治元年(一八六四)二月二十八日(文久二年(一八六二)十月八日説、元治元年二月三日説もある)、江戸市ヶ谷の尾張藩上屋敷(東京都新宿区、現在陸上自衛隊市谷駐屯地)に生まれた。父は尾張藩士長谷川吉数、母は後藤氏志津。独り子。後年の回想によれば、幼少時に幕末維新の動乱を身近に体験したことが、以後の進路や思想形成に大きな影響を与えたという。少年時代を官吏となった父に従って名古屋、松江ですごし、ロシアの南下政策を防ぐことを生涯の目的と定めて陸軍士官学校を受験したが三度失敗、外交官志望に転じて、まずロシア語を学ぶべく明治十四年(一八八一)、東京外国語学校露語部に入学した。しかしそこで受けた文学的教育の結果、文学を通じて世論を導くことに興味を持ち、露語部が東京商業学校(現一橋大学)に吸収されたのを契機に退学、十九年、同郷の先輩坪内逍遙を訪ねて文学者となる決意を固めた。二十年、言文一致体で近代日本の浮動性を描き、最初の近代小説とされる『浮雲』初編を刊行。『あひゞき』『めぐりあひ』(二十一年)の翻訳とともに新文学の基礎を築いたが、『浮雲』の稿を進めるにつれて思想的動揺や表現上の苦悶が重なり、二十二年、第三編を中絶して内閣官報局の官吏となり、三十年まで在職した。官報局では外国新聞の翻訳、『出版月評』編集に携わるかたわら、宗教・哲学を研究して「人生の真理」を探ったが、ついにそれを得ることができず、「観念」よりも「実感」を重んじ、「実業」の場で奮闘したいと考えるに至った。三十二年、東京外国語学校(現東京外国語大学)教授に就任、ロシア語を教えたが、年来の宿志は衰えず、時局の切迫に促されて三十五年辞職、ウラジオストーク・哈爾浜(ハルビン)で雑貨商を営む徳永商会の顧問として中国大陸に渡り、各地を視察した。しかしまもなく徳永の人柄に失望、北京で旧外語同窓の川島浪速と会見、川島が全権を持つ京師警務学堂提調(警察学校事務長)となった。北京での数ヵ月は日露開戦前夜の緊張を味わい、充実した生活だったが、ここでも川島と不和を生じ、三十六年七月帰国した。三十七年、大阪朝日新聞に入社。東京出張員として政治記者を任じ多数の記事を送ったが、一部を除いては朝日幹部から認められず、創作を期待する声に押されて小説執筆に追いこまれた。三十九年『其面影』、翌年『平凡』を『東京朝日新聞』に連載。好評を博したものの依然として「空想」性を含む文学には懐疑的で、国際政治への飛躍を夢見続けた。その希望は突然実現し、四十一年、朝日新聞露都特派員としてペテルブルグ(現サンクトペテルブルグ)に派遣されたが、日露両国民の相互理解をはかろうとする意図もむなしく、肺結核に犯されて翌年ロンドンまわりで海路帰国の途次、五月十日ベンガル湾上で没した。四十六歳。墓は東京都豊島区の染井墓地にある。創作『浮雲』『其面影』『平凡』、翻訳『かた恋』『血笑記』『うき草』、編著『世界語』(エスペラント語教科書)など。『二葉亭四迷全集』全九巻(昭和三十九年(一九六四)―四十年、岩波書店)、『二葉亭四迷全集』全7巻別巻一(同五十九―平成五年、筑摩書房)が刊行されている。

参考文献 坪内逍遙・内田魯庵編『二葉亭四迷』、内田魯庵『思ひ出す人々』、坪内逍遙『柿の蔕』、中村光夫『二葉亭四迷伝』(『講談社文芸文庫』)、小田切秀雄『二葉亭四迷』(『岩波新書』青七五六)、十川信介『増補二葉亭四迷論』、稲垣達郎『二葉亭四迷』(『稲垣達郎学芸文集』一)、亀井秀雄『二葉亭四迷―戦争と革命の放浪者―』(『日本の作家』三七)

(十川 信介)

ふたばやまさだじ　双葉山定次　一九一二―六八　昭和時代の力士、横綱。本名穐吉(あきよし)定次。明治四十五年(一九一二)二月九日、大分県宇佐郡天津村大字下庄字布津部(宇佐市下庄)に船舶業の次男として生まれた。昭和二年(一九二七)三月立浪部屋入門、同大阪場所初土俵、六年五月十両、七年一月の春秋園事件で抜擢され入幕、十一年一月前頭三枚目の七日目から負け知らず破竹の進撃が始まり、全勝を続けながら十一年五月関脇、十二年一月大関で二連勝し横綱に推挙された。身長五尺九寸(約一七九センチ)、体重三十五貫五百匁(約一三三キロ)。右四つの型を完成した上手投げの冴えは、あたるに敵なし全勝で五連覇、十四年一月四日目安芸ノ海に敗れるまで、前人未踏の六十九連勝を成しとげた。その後も磐石の強味をみせ、二十年十一月引退まで七回優勝し大横綱の貫禄を示し、年寄時津風を襲名。横綱在位九年十七場所、百八十勝二十四敗、優勝十二回。三十二年五月相撲協会理事長になり、戦後の相撲復興に尽力したが、門下から横綱鏡里、大関大内山、北葉山、豊山ほか幕内力士二十七人を育成し、一代で大部屋に築き上げた。四十三年十二月十六日、肝炎のため五十六歳で没。東京都荒川区東日暮里の善性寺に葬られた。在任中は種々近代化の改革を行い、その土俵歴と功績に対し政府から従四位勲三等旭日中綬章が贈られた。

(池田 雅雄)

ふちべとくぞう　淵辺徳蔵　生没年不詳　江戸時代後期の幕臣、遣欧使節随員。幕府は両都両港開市開港延期などの交渉のため、文久元年十二月(一八六二年一月)竹内保徳を正使とする遣欧使節を出発させた。この時、駐日英国公使オールコックは東禅寺英国公使館襲撃事件に態度を硬化していたが、その後警固側の必死の防衛の事実を知って態度を和らげ、翌二年二月(一八六二年三月)幕府との間に延期期限を五年間とする了解が成立した。幕命によってこの新訓令を外国奉行支配調役並の徳蔵と通詞森山多吉郎が携行することになり、徳蔵は勘定格に任命された。徳蔵らは同月二十三日(三月二十三日)賜暇帰国するオールコックに伴われて横浜を出帆、五月二日(五月三十日)ロンドンで使節に訓令を伝達し、以後、随員として蘭・普・露・葡の各国を歴訪して、同年十二月帰国した。この間の日記(二月十七日―九月二十四日)に『欧行日記』(『日本史籍協会叢書』遣外使節日記纂輯三所収)がある。元治元年(一八六四)二月外国奉行支配調役に進み、明治元年(一八六八)五月大目付付属となったが、以後の履歴は明らかでない。

参考文献 丸山国雄『遣外使節日記纂輯』三解題(『日本史籍協会叢書』)

(吉田 常吉)

プチャーチン　Evfimii Vasilievich Putyatin　一八〇三―八三　幕末・維新期のロシア海軍元帥。伯爵。日露和親条約・日露修好通商条約を締結した人物。一八〇三年生まれる。二二年海軍士官学校卒、少尉任官。トルコとの海戦などに功を建て、四一年少将、ペルシアと国境画定・通商交渉を果たす。露国の対日接近は米国より早く、一七九二年・一八〇四年に使節を派遣したが、鎖国の鉄扉に阻まれている。皇帝ニコライ一世の一八五〇年代アジア政策は、英・仏・米の動向に対抗し、伝統的東進・南下政策を進めていたので、米使派遣の報に接すると、五二年五月侍従武官長・中将プチャーチンはロシア艦隊司令長官兼遣日使節に任命された。国書には国境画定、開国通商を要請する。十月旗艦パルラダはクロンシュタット港抜錨、喜望峰を越え、彼は香港でペリーの先発を知り、四艦を率いて父島を経て、嘉永六年七月(一八五三年八月)長崎投錨。三ヵ月の交渉も国書授受にとどまり、上海に引き揚げた。露土戦争勃発(クリミア戦争、―一八五六年)と英仏と開戦切迫の報を得、また中国待機中のペリーに対日協同行動を提案、拒絶される。同年十二月(一八五四年一月)長崎で日本全権筒井政憲・川路聖謨らと条約逐条審議を重ね、最恵国待遇付与の保証を得て退去。マニラなど南太平洋巡航、安政元年二月(一八五四年三月)英仏対露宣戦、以後英・仏艦隊の追撃をさけて対日交渉をすすめた。三月長崎で樺太定境・通商覚書送付、退去。沿海州岸で総督と協議し、ディアナ号に搭乗、箱館・大坂、十月伊豆の下田投錨。筒井・川路らと福泉寺で会談。東海地震、海嘯により同艦沈没。同年十二月(一八五五年二月)長楽寺で日露和親条約締結。翌年三月戸田(へだ)港で建造の新船に搭じ帰国した。同四年八月長崎入港、退去。翌月再来、追加条約締結。五八年中国と天津条約締結。同五年六月下田・神奈川に来航、日本全権永井尚志らと通商条約会談を始め、七月江戸真福寺で日露修好通商条約を締結。帰国後、海軍大将、ロンドン駐在海軍武官、文部大臣、参議院議員、元帥、聖ウラジーミル綬勲一等章を受け、一八八三年十月十六日パリで死去。

参考文献　イワン＝アレクサンドロビチ＝ゴンチャローフ『ゴンチャローフ日本渡航記』(高野明・島田陽訳、『新異国叢書』一一)、田保橋潔『増訂近代日本外国関係史』　(秋本　益利)

ブッセ　Ludwig Busse　一八六二―一九〇七　ドイツの哲学者。一八六二年九月二十七日ドイツのブラウンシュバイクに生まれた。ライプチッヒ、インスブルックおよびベルリンの各大学で学び、八五年哲学博士の学位を取得した。新しい西南ドイツ哲学への発展を示唆したロッツェ(一八一七―八一)の影響を強く受けたといわれる。八七年(明治二十)御雇外国人教師として来日し、帝国大学文科大学の哲学教師となり、哲学概論・論理学・倫理学・美学などを講義し、ドイツの観念論哲学をわが国に移植し、また哲学の歴史的研究を奨励し、わが哲学界に一転機を与えたといわれる。九二年(明治二十五)十一月帰国。ロストック市立大学教授、九八年ケーニヒスベルク大学、さらに一九〇四年以降はハレ市のミュンスターで教え、一九〇七年九月十三日、ドイツのハルベルシュタットで死去。四十四歳。師ロッツェに関する著作のほか多くの論文がある。　(福地　重孝)

プティジャン　Bernard Thadée Petitjean　一八二九―八四　フランス人カトリック宣教師。一八二九年六月十四日ソーネルワール県オタンに生まれる。五三年五月二十一日司祭叙階、五九年六月十一日パリ外国宣教会入会。六〇年(万延元)三月十三日マルセイユ出発、同年十月二十六日那覇に上陸。文久二年(一八六二)九月横浜上陸、文久三年六月長崎転任。慶応元年(一八六五)二月二十日大浦天主堂において旧信徒の子孫発見。慶応二年九月十三日第三代日本代牧に就任、明治二年(一八六九)十一月バチカン公会議出席。明治六年二月日本においてキリスト教解禁となるや十五名の宣教師の応援を要請、布教体制を整える。明治九年三月ローマ聖座へ日本代牧区二分を申請、同年五月二十二日南緯代牧就任、教区長在任中横浜にサン＝モール修道女会、神戸に幼きイエズス修道女会などを招聘、明治十七年鹿児島・沖縄視察の途次長崎港において倒れ、同年十月七日没。五十五歳。大浦天主堂祭壇下に葬る。

参考文献　純心女子短期大学長崎地方文化研究所編『プチジャン司教書簡集』、H・チースリク『宣教師の見た明治の頃』、高木一雄『明治カトリック教会史研究』中　(高木　一雄)

ふなだなか　船田中　一八九五―一九七九　昭和時代の政治家。明治二十八年(一八九五)四月二十四日、船田兵吾(作新学院創立者)の長男として栃木県河内郡宇都宮町塙田町(宇都宮市)に生まれる。大正六年(一九一七)十月高等文官試験合格。同七年七月東京帝国大学法科大学卒業後内務省に入り、地方官勤務などを経て、昭和三年(一九二八)一月東京市助役(のち市長代理)となる。退職、外遊の後、同五年二月衆議院議員に当選(立憲政友会)。犬養内閣の首相秘書官、第一次近衛内閣の外務参与官・法制局長官を務め、「新体制運動」の際には大政翼賛会政策局内政部長を務めた(同十五年十月―十六年四月)。政友会では党内の「革新」派であった中島(知久平)派に属したが、十四年五月の党分裂後は次第に独自路線を歩んだ。第二次世界大戦後公職追放を経て、同二十七年十月再び衆議院議員(自由党、同三十年保守合同後は自由民主党)となり、第三次鳩山内閣の防衛庁長官、さらに同三十八年十二月―四十年十二月・同四十五年一月―四十七年十一月の二回衆議院議長を務めた。自民党では当初大野(伴睦)派に属したが、同三十九年大野の死後はみずから船田派を率いた。同五十四年四月十二日、議員在職中に八十三歳で没。宇都宮市八幡山の船田家墓地に葬られた。自伝に『青山閑話』(一新会、昭和四十六年)があるほか、『私の履歴書』二六(日本経済新聞社、同四十一年)、中村隆英他編『現代史を創る人びと』二(毎日新聞社、同四十六年)に回想がある。妻は元田肇の娘。船田享二(ローマ法学者、衆議院議員)・藤枝泉介(内務官僚、衆議院議員)は実弟。

参考文献　衆議院・参議院編『議会制度百年史』院内会派編衆議院の部、横越英一「無党時代の政治力学」(『名古屋大学法政論集』三二・三三)　(古川　隆久)

ふなつたついちろう　船津辰一郎　一八七三―一九四七　明治・大正時代の外交官。明治六年(一八七三)八月九日、佐賀県杵島郡須古村(白石町大字堤)に船津才吉の長男として生まれた。佐賀松陰学舎卒業後、長崎に赴く。同二十二年大鳥圭介公使の書生として、北京に赴き、中国語を学んだ。北京公使館写字生となったが、大鳥公使とともに帰国、再び大鳥公使の韓国赴任に伴いソウルに赴き、朝鮮語を学ぶ。二十七年、外務省留学生試験に合格、同二十九年、芝罘(チーフ)領事館書記生となる。以後上海、米国勤務ののち、一貫して中国畑を歩き、卓越した中国語と、温厚な人柄で中国人に多くの友人を得た。大正十五年(一九二六)、在ドイツ大使館参事官で退官、同年在華日本紡績同業会総務理事に就任。日中戦争勃発後は、対中和平工作に動いた。昭和十四年(一九三九)、在華紡理事を辞任。上海特別市政府顧問・南京政府経済顧問の職に就き、終戦時には居留民の安全と帰国に尽力。昭和二十二年四月四日に死去。七十五歳。法名淳徳院慈雲道信居士。東

京の多磨墓地に葬られる。　（池井　優）

ふなつでんじべい　船津伝次平　一八三二―九八　明治三老農の一人。天保三年（一八三二）十月一日、上野国勢多郡原之郷（群馬県勢多郡富士見村大字原之郷）の農家に生まれる。生家は代々名主をつとめた。幼名市蔵。隣村小出村の村塾において手習、素読を学び、十八歳のおり家を出て最上流の和算を学び、さらに関流の和算を修め免許皆伝を受けた。安政四年（一八五七）家督を継ぎ伝次平を襲名した。名主として赤城山西麓四百余町歩の植林事業に従事し、明治元年（一八六八）前橋藩から原之郷ほか三十五ヵ村の大総代を命じられた。維新後養蚕業の振興につとめ、明治六年『桑苗簾伏方法』『太陽暦耕作一覧』を著わし、蚕の飼育法などをチョボクレ節により記述し、農家に広く配布した。同八年熊谷権令楫取素彦から農事に精通する者として内務卿大久保利通に推挙された。同十年十二月上京、内務省御用掛を命じられ、駒場農学校に勤務し、農場監督として生徒に農事の実際を指導し、多くの農学者を育てた。明治十年ごろから全国各地に設立された農談会・集談会に講師として出張、講演し、その内容が講演集・問答筆記集として残されている。明治十九年二月、農商務省農務局に農学校兼務のまま勤務、農事巡回教師として巡回指導にあたった。同二十四年八月同省技手、二十九年四月農事試験場技師となった。彼の農業技術は、固有農法に西洋農学を取り入れた混同農法で、「性に従う」農法に対し「性を率いる」農法の優位を主張したところに特色があった。『稲作小言』など多くの著作がある。明治三十一年六月十五日生家において没した。六十七歳。墓は富士見村原之郷の船津家墓地にあり、県史跡。

参考文献　大西伍一『改訂増補日本老農伝』、和田伝『船津伝次平』、石井泰吉「船津伝次平の事蹟」（『日本農業発達史』四所収）　（伝田　功）

ふなはしせいいち　舟橋聖一　一九〇四―七六　昭和時代の劇作家、小説家。明治三十七年（一九〇四）十二月二十五日に東京市本所区横網町（墨田区横網一丁目に生誕記念碑がある）で生まれる。父了助、母さわ子の長男。本名も同じ。父はのちに東京帝国大学工科大学教授となった。水戸高校を経て東京帝国大学国文科に学び『朱門』同人となり、さらに劇団心座を結成、上演された『痼疾者』（大正十五年（一九二六））で認められる。大学卒業後、明治大学で教鞭をとりながら、新興芸術派運動に参加し、『行動』同人として『ダイヴィング』（昭和九年（一九三四））を発表、行動主義作品として注目される。『木石』（同十三年）、『母代（ははしろ）』（同十四年）ごろから伝統的な方向へ移行し、戦中は『悉皆屋康吉』（同二十年刊）に打ちこみ、時世に抗して生きた。第二次世界大戦後は『横になった令嬢』（同二十一年）で衝撃を与え、『雪夫人絵図』（同二十三―二十五年）や一連の「夏子もの」で独自な風俗文学を拓き、『ある女の遠景』（同三十八年刊）に一つの成果を示した。歴史小説には『花の生涯』（同二十七―二十八年）、『新・忠臣蔵』（同三十一―三十六年）ほかがある。昭和四十二年芸術院会員、同五十年文化功労者。文芸家協会初代理事長をつとめた。同五十一年一月十三日没。七十一歳。墓は東京都府中市の多磨墓地にある。『舟橋聖一選集』全十三巻（同四十三―四十四年刊）がある。　（尾崎　秀樹）

フューレ　Louis Auguste Théodore Furet　⇨フュレ

フュレ　Louis Auguste Théodore Furet　一八一六―一九〇〇　幕末渡来のカトリック宣教師。一八一六年フランス北西部マニエンヌに生まれ、三九年五月司祭となり、東洋伝道を志し、パリ外国宣教会員として、安政二年（一八五五）春、琉球那覇に上陸。天久の聖現寺に居住。まもなくフランス艦に乗り組み、長崎・箱館に至ったが上陸できず、上海・香港を廻り、約半年後那覇に戻った。文久二年（一八六二年十月）、プティジャンとともに横浜に上陸。十二月、単身長崎に赴き、ジュリー仏国領事の努力で住居を得て天主堂建立に尽力。過労のため一年の休暇をとり帰国中、大浦天主堂が竣工。旧キリシタン発見の報に、瀕死の父を残して慶応二年（一八六六）夏再来。その後、横須賀で在留フランス人らの司牧にあたっていたが、明治二年（一八六九）帰国。宣教会を離れ、ラウル教区付司祭となり、同地で一九〇〇年一月十五日没した。

参考文献　池田敏雄「フューレ神父」（『人物による日本カトリック教会史』所収）、F. Marnas: La Religion de Jésus, Ressuscitée au Japon, 1896.　（海老沢有道）

ブラウン　Nathan Brown　一八〇七―八六　アメリカバプテスト派宣教師。一八〇七年六月二十二日米国ニューハンプシャー州ニューイプスウィッチに父ネーサン・母ベッシーの第一子として誕生。九歳の時入信、十七歳でウィリアムズ＝カレッジに学び海外伝道に関心を抱く。卒業後神学校教師の傍ら宗教紙を刊行、奴隷解放を訴える。三二年ビルマの同派宣教使A・ジャドソンの要請に応じ同地に赴き、三五年より二十年間インド東北奥地アッサム地方で苛酷な風土と現地人の妨害と戦いつつ伝道。この間二子を失いながら四八年アッサム語『新約聖書』を完成。ほかにも文法書その他教書類を刊行。五五年病のため帰国、バプテスト自由伝道協会（ABFMS）の通信書記となり機関紙を編集。奴隷解放のため論陣を張り「予備宣言」布告前日リンカーンと会見、「奴隷解放は正義の行為」の語が加えられた。明治六年（一八七三）ABFMSを吸収した同派「宣教師同盟」宣教師としてゴーブルと来日、三月禁教令撤廃直後「横浜第一浸礼教会（現日本バプテスト横浜教会）」を設立。同時に聖書翻訳に着手、同十二年平仮名分かち書き『志無也久世無志与』（新約全書）を他に先んじて刊行。同七年翻訳委員社中にも招かれ二年近く協力するが、その間「バプテスマ」の訳語の問題でヘボンらと対立した。讃美歌集は同八年『聖書之抄書』、九年『宇太止不止（うたとふし）』『宇多之不美（うたのふみ）』、ほかに八年『恵蘇君之譬話』や子供向けの教書類がある。キリスト教的世界主義者で言語学者の立場から英語を世界語とするための「コズミック」という四十字よりなるアルファベットを作ったほか、日本語を国際化するためにローマ字表記を主張した。同十九年一月一日世を去り横浜山手外人墓地に葬られたが、その墓石には最後まで改訳を続けた聖書と讃美歌集とのレリーフとともに「神よ日本人を祝福し給え」の碑銘が彫られた。七十八歳。

参考文献 高橋楯雄『日本バプテスト史略』、日本バプテスト横浜教会編『横浜教会百年史』、E. W. Brown: The Whole World Kin; A. A. Bennett: A Biographical Sketch of Rev. Nathan Brown D.D. Baptist Missionary Magazine, March, 1886; A. A. Bennett: Rev. Nathan Brown, D.D. The Japan Evangelist. Vol. II No. 6.

（川島第二郎）

ブラウン Samuel Robbins Brown 一八一〇―八〇 アメリカ改革派教会派遣の宣教師、神学博士。一八一〇年六月十六日コネチカット州のイーストウィンザーに生まれた。父はテモシー、母はフィベ＝ヒンスデイルで讃美歌(三一九番)の作詞者。三二年エール大学卒業、三八年ユニオン神学校卒業。エリザベス＝バートレットと結婚。三九年中国マカオに赴きモリソン記念学校の校長となる。四二年記念学校が香港に移されともに移る。四七年夫人病気のため帰米、ニューヨークのローマ＝アカデミーの校長。五一年オワスコ＝アウトレットのサンド＝ビーチ教会の牧師となる。五九年(安政六)十一月一日神奈川到着、成仏寺に住む。六二年(文久二)横浜英学所で教え、六三年横浜居留地に移る。『日英会話篇』を刊行。『聖書』(マタイ・マルコ・ルカ・ヨハネ・創世記)を和訳。六七年(慶応三)五月住宅焼失のため帰国。明治二年(一八六九)八月再来日、新潟英学校の教師で赴任、翌年六月三十日辞任。横浜山手二一一番に住む。同三年九月横浜修文館の英語教師となる。同五年九月二十日第一回在日宣教師会議で聖書和訳が決議され新約聖書翻訳委員長となる。六年二月ヘボン訳ブラウン改訂『馬太伝』出版。八月修文館辞任、自宅にブラウン塾を開く。ブラウン塾は同十年東京一致神学校に合流。同十一年讃美歌改正委員となる。翌年病気のため帰国。同十三年六月十九日マサチューセッツ州モンソンで死去。享年七十。

参考文献 高谷道男編訳『S・R・ブラウン書簡集』、菊田貞雄編『井深先生関係資料』三、『福音新報』四一一、W. E. Griffis: A Maker of the New Orient, Sumuel Robbins Brown, The Japan Evangelist, Dec. 1895.

（秋山　繁雄）

ブラック John Reddie Black 一八二七―八〇 幕末・維新期の在日イギリス人ジャーナリスト。日本語で貌刺屈とも書かれる。一八二七年一月八日スコットランドに生まれる。ロンドンで教育を受け、海軍士官を辞し、結婚してオーストラリアに移住し、商売に失敗して帰国の途上、生麦事件の解決した文久三年十一月(一八六三年十二月)ころ横浜に寄港、そのまま日本に滞留した。当初週刊新聞 The Japan Herald『ジャパン＝ヘラルド』の主筆をつとめ、慶応三年(一八六七)日刊新聞 The Japan Gazette『ジャパン＝ガゼット』を創刊、それを手離して明治三年五月一日(一八七〇年五月三十日)写真入り隔週刊(第四年度から月刊)新聞 The Far East(復刻版がある)、明治五年三月十七日日刊(当初は三日ごと)新聞『日新真事誌』を創刊した。文部省の許可と太政官左院との取材協定があって同七年一月「民撰議院設立建白書」をも掲載したが、民論の勃興を恐れた太政官は、同六年の「新聞紙発行条目」を改めた八年の「新聞紙条例」公布を前に、ブラックを太政官左院法制課に雇い上げてこの日本語新聞から手を引かせ、ついで解雇した。九年一月六日ブラックは築地居留地内で『万国新聞』を発行、日本政府はこれを差押え、英国公使パークスもこれを承認したため、上海に渡り The Far East をしばらく続刊、別に The Shanghai Mercury 別名『文滙報』を創刊、病を得て十二年六月横浜に戻り、療養中、横浜・江戸回想記 Young Japan を執筆、第一冊を一八八〇年に刊行した。この年六月十一日急死のため同書の第二冊は未完のまま翌年刊行された。五十三歳。墓は横浜山手外人墓地にあり、その日本新聞史上の役割は顕著である。長男ヘンリー Henry James Black(一八五七―一九二三)は落語家快楽亭石井ブラックとして知られる。なお、前述の回想記はねず・まさし、小池晴子訳『ヤング・ジャパン』として『東洋文庫』一五六・一六六・一七六に収められている。

参考文献 金井圓『お雇い外国人』一七、同『対外交渉史の研究』

（金井　圓）

ブラント Max August Scipio von Brandt 一八三五―一九二〇 駐日ドイツ公使。プロシアの将軍で軍事著述家ブラント Heinrich von Brandt の子として一八三五年十月八日ベルリンに生まれる。陸軍中尉で退官、外交官に転じ、東アジア遠征隊オイレンブルク公使の万延元年十二月(一八六一年一月)日普修好通商条約締結に随員、幕府との談判で斡旋の米通訳官ヒュースケン暗殺に逢い、処理に従事し帰国。文久二年十一月(一八六三年一月)初代駐日領事で横浜着任、のち代理公使。明治元年正月(一八六八年二月)局外中立布告、十一月北ドイツ連邦代理公使として参内、二年正月明治政府と通商条約締結、諸条約の有利な規定を包含し、九月日・澳洪条約(日本・オーストリア＝ハンガリー修好通商航海条約)には英公使らと一層包括的な不平等条約を完成させた。新政府の条約改訂企図に対して外国側の改正項目を作成。四年横浜居留地ガス燈建設に際し自国商社を強く支援したが敗退。賜暇帰国、ドイツ帝国成立、五年ドイツ公使として帰任、七年中国公使に転任まで対日外交に活躍。一八八六年枢密顧問官、九三年ワイマールに引退した。一九二〇年没。

参考文献 『オイレンブルク日本遠征記』下(中井晶夫訳、『新異国叢書』一三)、下村富士夫『明治初年条約改正史の研究』、川島信太郎『条約改正経過概要』(『条

約改正関係)日本外交文書』別冊)、『横浜市史』三上
(秋本 益利)

プリディ Pridi Panomyong 一九〇〇―八三 タイの政治家、法律家。一九〇〇年五月五日華僑の子としてアユタヤに生まれる。三二年の立憲革命に、文民派の代表として、武官派と協力し、立憲王政を実現、タイ近代史が始まる転機をつくった。憲法の起草、新経済政策の発表など、パリのソルボンヌ大学出身の法学博士としての能力を発揮した。しかし、その政策が急進的であるとし、共産主義者との非難をうけ、外遊せざるをえなかった。しかし、翌三三年第二次立憲革命に帰国、内相・外相・蔵相を歴任したが、四一年太平洋戦争勃発に際し、対日同盟を主張するピブンソンクラーム首相と対立、辞任して摂政府に入った。戦時中は秘かに自由タイ運動を指導、ために日本敗戦後、タイの参戦の免罪を招来した。四六年首相に就任したが、国王ラーマ八世の変死に、暗殺容疑をうけ、辞任して国外に出る。四七年一時帰国したが、同年ピブンのクーデターにより中国に亡命、やがてパリに居を定め、八三年五月二日ついに故国に帰らず客死した。八十二歳。

参考文献 河部利夫『東南アジア』(『世界の歴史』一八)
(河部 利夫)

プリューイン Robert Hewson Pruyn 一八一五―八三 アメリカ合衆国の法律家、共和党議員、駐日米弁理公使。一八一五年二月十四日ニューヨーク州オールバニーに生まれる。三六年ルツガー大学卒、軍法務部長、五五年軍務局長。大統領リンカーンよりハリス後任の弁理公使に任命される。文久二年三月(一八六二年四月)江戸着任。攘夷・鎖港派勢力の高揚期であった。十月幕府に対馬の開港、保税倉庫の設置などの米国条約改正案を提出した。先に派遣した遣欧使節は開市開港延期の代償として関税軽減を認めていた。文久三年五月幕府は対英賠償金支払と同時に三港閉鎖・外国人退去を通告。翌日長州藩は米商船を砲撃、米艦は報復砲撃した。同年十二月(一八六四年一月)開市開港延期の代償として米製品関税を二割から五分に引下げる協定を結ぶ。元治元年八月(一八六四年九月)四国連合艦隊は下関を攻撃したが、これは長州藩の政策転換を早めることになった。慶応元年(一八六五)春、賜暇帰国し辞任。晩年は立法・金融・教育など諸関係団体の役職に就いた。八三年二月二十六日没。六十八歳。

参考文献 石井孝『増訂明治維新の国際的環境』
(秋本 益利)

ブリュネ Jules Brunet 一八三八―一九一一 フランス軍人、幕末仏国遣日軍事教官団の一員。一八三八年一月二日、フランス東部のベルフォール Belfort に生まれる。五八年十月、サン＝シール陸軍士官学校ならびに砲兵学校を卒業、少尉に任官。六二年八月より六四年六月までメキシコ戦役に従軍、プエブラの戦で軍功をたてた。六六年十一月三日、フランス政府は江戸幕府の要望に応えて日本に軍事教官団の派遣を決定し、彼もその一員に選ばれた。教官団は参謀大尉シャノアーヌ Charles Sulpice Jules Chanoine を団長とする士官五名、下士官・兵十名の十五名より成り、一行は同年十一月十九日にマルセーユを出発、翌六七年一月十三日(慶応二年十二月八日)横浜に到着し、戊辰戦争勃発まで幕府陸軍の伝習に従事した。ちなみに教官団の交名を左に掲げる。

シャノアーヌ、参謀大尉、団長。ブリュネ砲兵中尉、副団長。デュ＝ブスケ Albert Charles Du Bousquet 第三十一歩兵連隊中尉。メスロ Edouard Auguste Messelot 第二十一猟歩兵大隊中尉。デシャルム Augustin Marie Léon Descharmes 皇后陛下付竜騎兵連隊中尉。マルラン Eugène Jean-Baptiste Jean Marlin 近衛猟歩兵大隊軍曹。イグレック Henri Ygrec 第三十一歩兵連隊給養軍曹。ペリュセル Emile Peyrussel 参謀本部付騎馬隊軍曹、乗馬術助教。フォルタン François Arthure Fortant 近衛砲兵連隊騎馬隊軍曹。ギュティッグ Louis Güttig 近衛猟騎兵大隊付伍長、喇叭手。ボネ Charles Bonnet 二等銃工長。イザール Barthélemy Izard 近衛砲兵連隊騎馬隊軍曹、火工担当。バレット Frédéric Valette 騎馬隊軍曹、木工担当。メルメ Jean Félix Mermet 騎兵伍長、鉄工担当。ブーフィエ François Bouffier 第八猟歩兵大隊軍曹。このほかに、六八年(明治元)に着任したジュールダン Claude Gabriel Louis Jourdan 工兵大尉。カズヌーブ André Cazeneuve 騎兵伍長。ミシェル Charles Michel 第一工兵大隊兵長。以上十八名であるが、史料により人名などに若干の異同がある。

戊辰戦争とともに教官団の軍事伝習は中止され、幕府の瓦解により六八年十一月、正式にフランスに召還されたが、ブリュネはこれを潔しとせず、ナポレオン三世に充てた辞表をシャノアーヌのもとに残して同年十月十九日、カズヌーブ・マルラン・フォルタン・ブフィエらとともに榎本軍に投じて品川沖から脱走、五稜郭陥落寸前までこれと行動をともにした。六月十日の五稜郭陥落の際、フランス軍艦コエトロゴン Coëtlogon で箱館を脱出し、横浜より軍艦デュプレイス Dupleix にてサイゴン経由で本国に送還され、九月マルセーユに到着した。帰国後一時予備役に編入されたが七〇年三月に現役復帰、普仏戦争に砲兵大尉として従軍、パリ＝コミューンにはベルサイユ軍の指揮官としてコミューンの鎮圧にあたった。七二年、陸軍大臣副官を勤め、その後在ウィーン、在ローマの仏大使館付武官を歴任(七三―八〇年)、九一年には累進して准将に昇進、参謀本部に戻った。九七年までブリーブおよびテュル軍管区師団長、九八年にシャノアーヌが陸軍大臣に就任すると、その官房長に抜擢され、同年十一月少将に昇進した。一九〇一年予備役編入となり、第二等レジオン＝ドヌール勲章を授与され、一九〇七年までリコン防衛軍司令官の任にあった。同年引退し、一一年八月十二日、パリ近郊のフォントネー＝スー＝ボワ Fontenay-sous-Bois の自宅で死去。七十三歳。明治政

府は彼に勲三等旭日章(明治十四年)、勲二等瑞宝章(明治二十八年)を授与している。なお、ブリュネは画才に秀いで、徳川慶喜をはじめ兵士や庶民に至る幕末期の日本人の容姿や生活、各地の風景や地勢など当時の日本の景観を巧みな筆致で描写した数多くのスケッチを遺しており、その作品はワーグマンやビゴーらの作品に劣らぬ芸術的価値と歴史資料としての価値を有している。

参考文献 西堀昭『増訂版日仏文化交流史の研究』、クリスチャン＝ポラック「ブリュネの人と生涯」(『函館の幕末・維新』所収、高井道夫訳)、加藤榮一「兵士の悲哀」(『ふらんす』五〇ノ六) (加藤 榮一)

ブリンクリ Francis Brinkley 一八四一―一九一二 イギリスの軍人、ジャーナリスト。一八四一年十一月九日アイルランドに生まれ、ダブリン大学に学び、陸軍に入り、慶応三年(一八六七)日本駐屯砲兵中尉として横浜に来る。勝海舟に見出されて明治四年(一八七一)海軍省雇として海軍砲術生徒学舎教師に就任、のち海軍兵学寮に移ってからは英語を教え、明治八年刊行の『語学独案内』Guide to English Self-taught はその後も版を重ね、同十一年には工部大学校の数学教師となり十三年辞任ののち田中安子と結婚した。そのころ英字新聞 The Japan Mail や八一年一月創刊の雑誌 The Chrysanthemum に寄稿していたが、この年上記英字新聞を買収して経営者兼主筆となり、多年にわたって他の外字新聞に対抗して親日的論陣を張り、他方寄稿家に広く紙面を開放した。『ジャパン＝パンチ』では Japanese Flunky(イギリスの制服を着た日本政府の使用人)とさえ戯画化されたのはその親日的態度のためである。日清戦争後は『ロンドン＝タイムズ』の通信員となり、「日本武士道論」を連載した。明治二十九年刊行の南条文雄・岩崎行親らと共編の『和英大辞典』、一九一五年エンサイクロペディア＝ブリタニカ社刊行『世界史叢書』の一冊(別刷本あり)で菊池大麓と共著の『日本民族史』History of the Japanese People from the Earliest Times to the End of Meiji Era が主著として知られる。大正元年(一九一二)十月二十八日東京麻布の自邸で死去。七十歳。青山墓地に葬られた。

参考文献 五十嵐睦子・山本美保子・中田チヤ子「F・ブリンクリ」(『近代文学研究叢書』一三所収) (金井 圓)

ふるいちこうい 古市公威 一八五四―一九三四 明治・大正時代の土木工学者。同時代工学界の元老。工学博士。安政元年(一八五四)閏七月二十一日、姫路藩士古市孝・せいの長男として江戸に生まれ、明治二年(一八六九)開成所に入学、姫路藩貢進生に選ばれて大学南校(開成所の後身)フランス語科にすすみ、一般理学担当教授マイヨH. X. Maillot の信頼をうけた。六年、開成学校への組織がえとともにフランス語科生のために諸芸学科が設けられ、これに進んだが、同八年文部省最初の留学生に選ばれ、マイヨのすすめでパリのエコール＝サントラル工業大学にはいり、特に土木工学を修めて同十一年八月第二位の成績で卒業。フランス企業への就職を懇望されたのを辞し、さらにソルボンヌ大学理学部で数学・天文学を学び、十三年帰国、内務省土木局の技師となり、東京大学講師をかね、高等数学を講じた。その後、もっぱら信濃川・阿賀川・庄川など、新潟地方の内務省直轄河川工事の監督にあたったが、十九年東京大学が改組されて帝国大学となり、その分科大学として工科大学が発足すると、豊かな学識と行政手腕を買われ、工科大学教授兼学長に就任し、土木工学を講ずるほか、なお内務大臣山県有朋の懇望で内務技師をもかねた。山県は二十一年から翌年九月にかけ、日清戦争に対する戦備、地方自治制度の調査を目的としヨーロッパへ出張するが、古市はその首席随員として参加、二十三年六月、抜擢されて内務省土木局長に任じられ、なお工科大学教授兼大学長を兼務、さらに最初の貴族院勅選議員となった。二十七年土木技監にすすみ、土木局長・工科大学長などを兼任、三十一年逓信次官に転じ、三十三年十二月まで在任。三十五年製鉄事業調査会委員長として敏腕をふるい、三十六年鉄道作業局長官、ついで京釜鉄道株式会社総裁、朝鮮総監府鉄道管理局長官となり、四十年六月辞任。なお帝国学士院会員、土木学会会長、理化学研究所長、学術研究会議会長、枢密顧問官、万国工業会議会長など歴任、大正八年(一九一九)男爵を授けられ、昭和九年(一九三四)一月二十八日没。八十一歳。墓は東京都豊島区の染井墓地にある。法名は研能院殿公威日顕大居士。

参考文献 飯田賢一『技術思想の先駆者たち』、故古市男爵記念事業会編『古市公威』、日本科学史学会編『日本科学技術史大系』一六、金関義則「古市公威」(『土木学会誌』六七ノ一〇) (飯田 賢一)

ブルーク Jan Karel van den Broek ⇨ファン＝デン＝ブルーク

ブルース James Bruce, *8th Earl* of Elgin and *12th Earl* of Kincardine 一八一一―六三 英国の外交官。一八一一年七月二十日ロンドンに生まれる。外交官七代エルギン伯爵の子。オックスフォード大学卒。W・E・グラッドストンとは学友。四一年下院議員、四二―四六年ジャマイカ知事。四七―五四年カナダ総督となり、困難を克服してカナダに自治的代議政体を樹立。五七年アロー号事件で緊迫の対清特使となり、途中セポイの乱がおこり麾下軍隊を派遣、香港着。仏国と連合して広東占領、天津に進撃、ついに天津条約を結ぶ。次の使命で日本に来航、安政五年七月(一八五八年八月)日米修好通商条約と同一原則の不平等条約である日英修好通商条約を締結する。なお、綿・毛製品の関税率を二割から五分に引き下げ、五年後税則改訂は日英の一方が望めばできることの二点の新たな利権を獲得した。帰国して郵政相を務めたが、六〇年再び清国に派遣され、英仏軍は北京占領、円明園を焼き打ち、北京条約を締結した。六二年初代インド総督兼副王となり、六三年十一月二十日インドで没す。五十二歳。

参考文献　ローレンス＝オリファント『エルギン卿遣日使節録』(岡田章雄訳、『新異国叢書』九)、Laurence Oliphant: Narrative of the Earl of Elgin's Mission to China and Japan in the years 1857, '58, '59. 2 vols.　(秋本　益利)

ブルーノ＝タウト　Bruno Taut　⇨タウト

ふるかわいさむ　古河勇　一八七一―九九　明治時代の仏教運動家、評論家。明治四年(一八七一)六月三日和歌山城下北の新地一丁目本願寺派専念寺に生まれる。父古河竜渓、母萩枝。老川と号す。和歌山中学・本願寺教校・国民英学舎・明治学院を経て、帝国大学を卒業。鎌倉円覚寺で参禅中喀血して帰郷し、須磨に転地療養、発熱をおして自由主義的視点から仏教改革に関する評論を『中央公論』『仏教』『禅宗』などに執筆。明治三十二年一月十五日和歌山県立病院で没した。二十九歳。古河の思想運動は㈠京都時代の反省会、㈡東京時代の仏教青年協会などでの活躍、㈢近代思潮の大勢を背景に仏教雑誌の興隆に努めた時期などの三期に分けられる。特に経緯会での活動は近代仏教の形成に重要な役割を果たした。教育と宗教の衝突論争では公平な立場で明解な評論を行う。『仏教』掲載の「懐疑時代に入れり」の評論は、大乗非仏説論争のさなかで、仏教の内外に大きな波紋を投じた。

参考文献　杉村楚人冠編『老川遺稿』、吉田久一『日本近代仏教史研究』　(池田　英俊)

ふるかわいちべえ　古河市兵衛　一八三二―一九〇三　明治期の実業家。幼名木村巳之助、のち幸助、古河市兵衛。天保三年(一八三二)三月十六日、京都岡崎の醸酒業者大和屋木村長右衛門の次男として生まれる。生家の事業不振のため幼いころから丁稚奉公や行商に従事し、十八歳で商人を志して盛岡に伯父木村理助を頼って赴く。二十歳で南部藩御用掛鴻池屋伊助店に手代として勤めたが、二年余で同店が閉店となり、二十七歳のとき京都井筒屋小野店の古河太郎左衛門の養子となって、古河市兵衛を名乗った。以後、養父の縁で小野店に勤め、奥州一帯の生糸を買付けて同店の生糸輸出に手腕をふるった。その功により明治二年(一八六九)に三十八歳で小野宗家より別宅を許され、東京に居をかまえて生糸貿易に活躍し、また岡田平蔵らと院内・阿仁などの東北各地の鉱山経営にあたった。明治七年に政府の為替方を勤めていた小野組が担保提供の増額に応じられずに破産したため、独立して事業経営に乗り出すことになった。市兵衛の着手した事業は明治八年に相馬家の資金援助を受けて経営した草倉銅山に始まり、十年には足尾銅山を取得し、渋沢栄一らの資金援助で開発にあたるなど、鉱山業を中心とするものであった。初期には生糸取引も試みたが成功せず、以後、銅山を中心とする鉱業経営に専念し、他業への進出は固くいましめて許さなかった。足尾銅山の生産が軌道にのった明治十年代以降、市兵衛の事業は、産銅業で三～四割のシェアを占めるほどの急拡大をみせ、市兵衛は銅山王と呼ばれ、のちの古河家事業の発展の基盤を築いた。稼行した鉱山は足尾・草倉のほか、阿仁・院内・久根・永松などきわめて多数にわたり、明治二十一年のジャーディン＝マセソン商会との取引で巨利を得るなど商才に富み、足尾への電力導入など外国技術の導入にも重要な役割を果たしたが、その反面で、急激な発展は足尾銅山鉱毒事件を引き起すことになった。陸奥宗光との親交が篤く、二代目となる古河潤吉は陸奥の次男である。明治三十六年四月五日死去。七十二歳。法名大照院釈独明大居士。墓所は東京都港区南麻布四丁目の光林寺。

参考文献　五日会編『古河市兵衛翁伝』　(武田　晴人)

ふるかわたしろう　古河太四郎　一八四五―一九〇七　わが国近代盲聾教育の創始者。亮泰、号経年。弘化二年(一八四五)二月二十日京都上京の大寺子屋白景堂に生まれる。父直次郎(賞鸞)、母あい。幕末勤王方に参加、白景堂の教師を経て、明治二年(一八六九)市中小学校の建営に参画、待賢校の教師となる。同三―五年獄中で盲聾教育を発起、六年復帰して試みる(待賢校瘖唖教場)。成果は市中に盲唖院開設運動を呼び、知事槇村正直を動かして同十一年五月二十四日、日本最初の盲唖院(府立)を創設。初代院長として東洋的教育観、日本的な「勢い」の言語観、古河的独創的な教育方法で本格的盲聾学校に発展させた。しかし不況下の経営に行詰り、二十二年辞職。書画鑑定などに従事ののち、三十三年新設の大阪盲唖院長に招かれ、盲聾教育の公的保障にも尽力。四十年十二月二十六日現職で没。六十三歳。墓所は京都市右京区の竹林寺。『京都府下大黒町待賢校瘖唖生教授手順概略』(明治十一年、文部省『教育雑誌』六十四附録)はわが国初の障害児教育書である。なお、晩年は古川と自署している。

参考文献　渡辺平之甫編『古川氏盲唖教育法』、盲聾教育開学百周年記念事業実行委員会編『京都府盲聾教育百年史』、岡本稲丸『近代盲聾教育の成立と発展―古河太四郎の生涯から―』　(岡本　稲丸)

ふるかわみゆき　古川躬行　一八一〇―八三　江戸・明治時代前期の国学者、神主。号は汲古堂。文化七年(一八一〇)五月二十五日生まれる。江戸の人。故実を好み黒川春村考証の『考古画譜』を改訂編纂して完成した。その随所に「躬行曰」として達見を示し、絵巻などの考証は現在も注目されている。歴史画家菊池容斎と交あり。兼ねて管絃を好み、横笛・琵琶に堪能という。明治六年(一八七三)河内枚岡神社大宮司、八年内務省九等出仕、十年大神神社大宮司などを歴任する。十五年琴平神社に神官教導のため招聘されたが、十六年五月六日同地に没す。七十四歳。著書に『散記』『喪儀略』『鳴弦原由』、編纂に『考古画譜』がある。

参考文献　日本文学資料研究会編『国学者伝記集成』

続篇、「明治以後大神神社宮司履歴」（『大神神社史料』三所収）　（鈴木　真弓）

ふるかわもくあみ　古河黙阿弥　⇩河竹黙阿弥

ふるかわろっぱ　古川緑波　一九〇三―六一　大正・昭和時代の喜劇俳優。明治三十六年（一九〇三）八月十三日東京に生まれる。本名郁郎。加藤照麿男爵の六男、兄に探偵小説作家浜尾四郎がいる。古川家の養子となり早大英文科に進む。はやくから映画評論を古川緑波の筆名で発表、『映画時代』を編集した。大正十五年（一九二六）声色を「声帯模写」と改称して、自分の芸に仕上げて好評を得る。昭和八年（一九三三）徳川夢声と組んで劇団「笑の王国」を結成して浅草に進出した。菊池寛・小林一三らに愛されて同十年東宝入り、古川ロッパ一座を組む。太平洋戦争の暗い時代を、エノケン一座と交互に有楽座に出演して笑いをふりまいた。「ガラマサどん」「歌ふ弥次喜多・東海道小唄道中」のほか菊田一夫作「花咲く港」などヒット作をうんだが、みずから「僕はディレッタントだ」と書いたように、戦後は俳優として復帰できなかった。ロイド眼鏡をかけた巨漢というコメディアンで、映画出演も多い。著書『劇書ノート』のほかに膨大な日記を残した。昭和三十六年一月十六日没。五十七歳。

参考文献　滝大作監修『古川ロッパ昭和日記』戦前篇　（尾崎　宏次）

ふるさわうろう　古沢滋　一八四七―一九一一　明治時代の自由民権家、のち官吏。名前のよみについては、「岡本健三郎宛古沢滋電報案」に「ふるさわうろう」とみえる。弘化四年（一八四七）十一月、高知藩士古沢南洋の次男として土佐国高岡郡佐川村に生まれ、幼名迂郎、介堂と号す。文久二年（一八六二）より京都に出て勤王派の活動に参加、ために元治元年（一八六四）高知藩に捕えられ、慶応三年（一八六七）に出獄。明治三年（一八七〇）官費留学生として英国で政治、経済を学び、同六年帰国、在官のまま立花光臣の名で各紙に投書していた。板垣退助が征韓論で退官するとともに愛国公党を結成、民撰議院設立建白書に名を連ね、その草案を書いた。以来板垣に従い自由民権運動に入る。同十三年『大阪日報』社長、同十四年末大阪で日本立憲政党結成に参加、翌年『日本立憲政党新聞』の主筆、同十五年十月『自由新聞』の主筆となり、英国流の立憲思想を説いた。「憲法草稿評林」の筆者と推定される。自由党解党後官吏に戻り、同二十三年勅任官に進み、奈良・石川・山口県知事を歴任、同三十七年貴族院議員に勅選された。同四十四年十二月二十四日没。六十五歳。国立国会図書館憲政資料室に『古沢滋文書』が所蔵されている。

参考文献　寺石正路『(増訂)土佐偉人伝』、「履歴」(『古沢滋文書』付載)、江村栄一「「憲法草稿評林」について」(『経済志林』六〇ノ一・二)　（江村　栄一）

ふるしまとしお　古島敏雄　一九一二―九五　昭和時代の日本史学者。明治以前の農業史研究に成果をあげ、戦後の歴史学に影響を与えた。明治四十五年（一九一二）四月十四日、長野県下伊那郡飯田町（飯田市）に父喜悦・母ひろの長男として出生。飯田中学校、第八高等学校、東京帝国大学農学部農業経済学科、同大学院を経て、昭和十四年（一九三九）同学部講師。同二十三年東京大学農学部助教授。二十四年、『日本農学史』第一巻で農学博士。三十四年、同学部教授。翌年より一橋大学教授併任。三十八年、東京大学大学院経済学研究科担当。四十八年、同大学教授退職。四十九年、専修大学経済学部教授。この間、農業経済学会・土地制度史学会・社会経済史学会・地方史研究協議会役員を歴任。『日本農学史』第一巻で二十三年に日本農学会農学賞を、『日本農業技術史』(二十四年)、『山村の構造』(二十五年)で毎日出版文化賞を受賞。平成七年（一九九五）八月二十九日死去。八十三歳。墓は横浜市戸塚区川上町合掌の郷もちのき霊園にある。主要業績は『古島敏雄著作集』全十巻（昭和四十九―五十八年）に収録。

参考文献　古島敏雄・百合子御夫妻追悼文集刊行会『わたしたちに刻まれた歴史―追想の古島敏雄・百合子先生―』　（深谷　克己）

ふるしょうかもん　古荘嘉門　一八四〇―一九一五　明治時代の官僚、政治家。肥後国熊本藩藩医古荘佐伯の長男として天保十一年（一八四〇）十二月一日熊本の城下に生まれる。木下韡村の塾に入り、井上毅らと韡村門下の四天王と称せられた。竹添進一郎とともに藩命を帯びて奥羽地方を偵察、帰藩後は佐幕論を主張した。明治維新後、長州藩脱隊騒動の指導者大楽源太郎の逃亡事件に関与した嫌疑をかけられ、明治二年（一八六九）捕吏の手を逃れて静岡の山岡鉄舟のもとに潜伏した。のち東京に出て自首し罪に服した。明治七年司法省に出仕、十一年大阪上等裁判所判事となったが、同年広沢真臣参議暗殺の嫌疑をうけて逮捕され、先の大楽事件での三年の禁獄をもって十三年に無罪となる。熊本に帰り、十四年紫溟会を組織して国権主義を唱え民権論に対抗した。再び官界に入り青森・大分両県の書記官を歴任、二十年森有礼文相の知遇をうけて第一高等中学校長となったが、二十三年熊本国権党の総理となり、さらに熊本第三区から代議士に当選、以後、中央交渉部・国民協会に属し藩閥政府の与党幹部として活躍した。二十八年官界に復帰して台南民政支部長となり、翌年台湾総督府内務部長に転じ、さらに三十一年群馬県知事、三十三年には三重県知事となる。三十八年十二月勅選議員として貴族院に入り茶話会に属して活躍した。大正四年（一九一五）五月十日死去。享年七十六。墓は熊本市大江町にある。

参考文献　武藤厳男編『肥後先哲偉蹟』　（宇野　俊一）

ふるたしゅんのすけ　古田俊之助　一八八六―一九五三　大正・昭和時代の実業家、住友財閥最高指導者の一人。明治十九年（一八八六）十月十五日井上数馬の五男として京都に生まれ、のち古田家の養子となる。四十三年東京帝国大学工科大学採鉱冶金科を卒業とともに住友に入り、一貫して伸銅畑を歩んだ。住友伸銅鋼管専務、住友金属工業専務を経て、昭和十三年(一九三八)住友本社専務理事となり、財閥統轄の地位についた。十六年四月小倉正恒のあとを継ぎ、住友本社代表取締役・総理事に就任、併せて住友系ほぼ全社の会長・取締役を兼任した。戦時体制下、直系各社の会長制を社長制に改め、軍需生産で急膨張する住友財閥の総指揮をとった。敗戦後の二十一年一月住友本社および住友各社の役員を一斉に辞任、翌年公職追放令に該当した。二十六年追放解除後、大阪商工会議所、経済団体連合会、関西経済連合会各顧問など財界の相談役的職務についた。二十八年三月二十三日没。六十六歳。

参考文献 古田俊之助氏追懐録編纂委員会編『古田俊之助氏追懐録』、栂井義雄『小倉正恒伝・古田俊之助伝』(『日本財界人物伝全集』一〇)、河村竜夫編『人間古田俊之助』 (麻島 昭二)

ふるただいじろう 古田大次郎 一九〇〇―二五 大正時代の無政府主義者。明治三十三年(一九〇〇)一月一日、東京に古田和三郎の次男として生まれる。早稲田大学に入ると社会主義思想に関心を寄せ、建設者同盟や日本社会主義同盟に参加した。やがてアナキズムに傾き、中浜哲(鉄)らとテロルを目的としたギロチン社を結成。同十三年九月、大杉栄虐殺時の戒厳司令官福田雅太郎を和田久太郎らと襲撃するが失敗、検挙され、十四年九月死刑判決を受け、控訴することなく十月十五日執行となった。二十六歳。獄中手記『死の懺悔』『死刑囚の思ひ出』はベストセラーとなった。

参考文献 江口渙『続わが文学半生記』、近藤憲二『一無政府主義者の回想』、小松隆二「心美しいテロリスト―古田大次郎」(『別冊経済評論』一一) (荻野富士夫)

ふるたりょういち 古田良一 一八九三―一九六七 大正・昭和時代の国史学者。明治二十六年(一八九三)十一月七日愛知県愛知郡熱田町(名古屋市)に生まれる。父佐兵衛の長男。古田家は岐阜屋と号し元禄以前からの廻船問屋であった。愛知県立一中時代から日本古代史に興味を持ち、第三高等学校に進み野々村戒三の講義を聴き日本古代史への関心が深まった。大正四年(一九一五)京都帝国大学に入り、内田銀蔵に師事し日本近世史を専攻、同七年卒業に際し恩賜の銀時計を受け、神戸市史編纂員となり近世および明治前半期の兵庫を担当、これより生涯をかけて日本海運史の研究にあたる。同十二年東北帝国大学助教授となり喜田貞吉・中村善太郎教授と斎藤報恩会の研究補助を受け奥羽史料調査部を創設、同十五年英国に留学、昭和四年(一九二九)東北帝国大学教授となりもっぱら東廻海運および西廻海運の研究に努める。また東北史学会を創立して東北地方の歴史学の振興を図り、『宮城県史』『仙台市史』『塩竈市史』『黒川郡史』などを編纂、宮城県文化財調査などの委員、委員長になる。また中央の日本学術振興会、日本諸学振興会、高等試験などの委員となる。同四十二年七月十二日没。七十三歳。著書に『概観日本通史』『国史七論』『東廻海運及び西廻海運の研究』『日本海運史綱』『新日本史要説』『日本の海運』がある。

参考文献 古田良一博士還暦記念会編『東北史の新研究―古田良一博士還暦記念論文集―』 (佐藤 直助)

ブルック John Mercer Brooke 一八二六―一九〇六 アメリカの海軍大尉。フロリダ州出身。一八二六年十二月十八日生まれる。一八五四―五六年北太平洋測量艦隊の旗艦ビンセンス号に乗り組み、南は赤道から北はベーリング海峡まで航したが、日本沿岸測量のため、本隊と別れて同艦の艦載艇に乗り、下田から箱館までを測量した。ついでサンフランシスコから香港までの航路調査の命を受け、五九年測量船フェニモア＝クーパー号艦長としてホノルル、マニラ、香港、琉球を経て、安政六年(一八五九)六月二十八日横浜に入港したが、七月九日暴風にあって浅瀬に乗り上げ難破した。横浜に滞在して便船を得て帰国する間、同船の計器を使って同港の測量に従事中、たまたま遣米使節の乗艦のほかに咸臨丸の派遣が決定、提督木村喜毅の進言で彼が乗船することになった。翌万延元年(一八六〇)正月十六日、製図士・水夫ら旧乗組員十人とともに便乗して横浜を出港したが、咸臨丸の太平洋横断の成功は、彼の功績によるところが大きい。南北戦争が起ると海軍を退き、南軍に属し技術者として功をたてた。戦後はバージニア陸軍大学の物理学教授となった。一九〇六年十二月十四日バージニア州レキシントンで死去。年七十九。

参考文献 日本修好通商百年記念行事運営会編『(万延元年)遣米使節史料集成』五 (吉田 常吉)

ふるはしげんろくろう 古橋源六郎 一八五〇―一九〇九 明治時代の民政家。嘉永三年(一八五〇)十一月二十八日三河国設楽(したら)郡稲橋村(愛知県北設楽郡稲武町大字稲橋)に古橋暉児(てるのり)の子として生まれる。諱は義真。生家は代々酒造業を営み地方の名望家で暉児も民政家として著名であった。明治元年(一八六八)父の三河県出仕を機に名主となり、その後役職を重ね同九年第十四大区区長となり、十一年北設楽郡郡長となった。一度辞任のあと十九年八月再度同郡郡長に選ばれ、十月東加茂郡郡長を兼任した。北設楽郡は愛知県北辺の山間部で耕地少なく、彼は父暉児とともに、植林事業や養蚕・製茶の奨励にあたるなど、地域の振興につとめた。明治十一年暉児が稲橋村に農談会を設けたが、源六郎はこの組織の普及につとめ、県下に拡充せしめた。明治二十年代より系統農会運動にも尽力し、同二十七年以後全国農事会委員として農会の結成や、農会法の制定につとめた。また同十七年北設楽郡報徳会を設立して報徳思想の普及につとめた。明治四十二年十一月十三日没した。六十歳。墓は稲武町稲橋の古橋家墓地にある。

参考文献 国府穂徳編『古橋源六郎翁』、芳賀登編『豪農古橋家の研究』 (伝田　功)

ふるはしてるのり　古橋暉児　一八一三―九二　幕末・明治時代前期の三河の豪農、志士。文化十年(一八一三)三月二十三日、三河国設楽郡稲橋村(愛知県北設楽郡稲武町)に生まれる。三河古橋家五代義教と母加乃の次男。幼名は唯四郎。家督を相続して六代源六郎となる。諱暉児、俳号を笑山という。四代義陳が文政三年(一八二〇)の村方騒動で失脚した後、義教は内憂外患の中で家政危機にみまわれ、一時は美濃国恵那郡中津川に移る。そのあとをうけて暉児は別家源次郎の協力と、父義教の後見で、天保二年(一八三一)家政を改革し、農業を本業とし家業を味噌・醬油・酒の醸造業とした。折からの天保の飢饉に遭遇し、家は徳に昌えるをモットーに村方地主として共有山井山への植林を企て、村人の信用を回復し、名主役をつとめ、かつ破免検見や天保の鴨の騒立(三河国挙母藩・岡崎藩領他天保七年一揆)に対しては、村内救済に尽力し、村方地主に徹した。上津具(愛知県北設楽郡津具村)との中馬論争を解決し、三河方十一ヵ村の惣代として江戸へ出訴し、村方の中馬稼ぎの権利を獲得した。その上で天保植林を成功させた。その後暉児は自村のみの村風改革ではなく周辺各村の兼帯名主をつとめ、村の良風化に成功した。その上で神事・仏事を尊重し、嘉永三年(一八五〇)には家の味噌蔵の増築、土蔵修繕にまでこぎつけた。その後、嘉永六年「家規」をつくり、村人の生活の永続のため小作料などの無利息五ヵ年賦の貸与につとめ、救恤支出を行なった。安政年間(一八五四―六〇)に、徳川斉昭の『告志篇』『明君一斑抄』をよみ国事専念を決意し、『直毘霊』をよみ、文久元年(一八六一)に本居宣長の『玉鉾百首』に感激し、尊王攘夷を主張。文久三年七月二十四日、天保二年に行なった家政改革の三十三回忌を機に先祖祭を行い、その直後、羽田野敬雄の紹介で平田篤胤没後門に入門。国学書を購入し、その後天狗党の乱の影響をうけ、志士を保護するとともに、農兵づくりにつとめている。政治情報を蒐集し、次第に富国尊攘の方向を辿り、明治維新に際しては東海道新居宿で協力をちかい、建白した。その後は伊那県に出仕し新政府協力派となり、伊那県騒動鎮圧後は、帰郷し、以後は在村協力派として、もっぱら居村稲橋村とその周辺の村落殖産と自力更生を指導した。志士佐藤清臣を招いて明月清風校という義校づくりをし、小学校開設に自費を出して協力。興蚕運動はもちろんのこと、農談会運動に参加し、国益のため製茶振興に努力している。種々村方の発展を模索したが、明治十年(一八七七)代となり山林開発による富村化以外に道がないと考え、官有化されている共有山井山の払下げを運動した。また子義真を郡長に出し、みずからは家の結束、村落指導に力をそそぎ、報徳の精神を導入して村落和合をはかり、『三河蚕糸考』づくりに協力し、神葬祭運動を展開し、『富国の種まき』をかきあげ、富国興産を主張した。その結果、品川弥二郎より、「天下の三老農」と称され、自力更生運動の天下の模範となった。敬神家として名声をあげ、信参鉄道誘致を督励する。井山の百年植樹計画を完成し『経済之百年』を確定する。明治十八年六月一日、藍綬褒章を受章する。同二十五年十二月二十四日没。八十歳。墓は稲武町稲橋大井平の古橋家墓地にある。大正十一年(一九一三)贈正五位。また、稲橋に古橋懐古館がある。

参考文献 芳賀登『明治維新の精神構造』、同編『豪農古橋家の研究』、同『幕末国学の研究』(『史学選書』一)、同『維新の精神　豪農古橋暉児の生涯』、『稲武町史』、乾宏巳『豪農経営の史的展開』、田尻佐編『贈位諸賢伝』二 (芳賀　登)

フルベッキ　Guido Herman Fridolin Verbeck　一八三〇―九八　アメリカ＝オランダ改革派宣教師。御雇顧問。一八三〇年一月二十三日オランダに生まれる。父はリーゼンブルグの邑長カール Carl Heinrich Willem Verbeck、母はケラマン Anna Maria-Jecomina Kellerman。五二年渡米、ニューヨーク州オーバン神学校に学ぶ。S・W・ウィリアムズらによる幕末日本への宣教の呼びかけに応じて五九年三月按手礼をうけ、安政六年十月十三日(一八五九年十一月七日)長崎に上陸した。以後長崎奉行管轄の済美館(英語所の後身、のち広運館)、佐賀藩の致遠館で長崎留学の子弟の教育にあたった。熊本藩の横井左平太・横井大平、福井藩の日下部太郎、岩倉具視や勝海舟の子(岩倉具定・同具経・勝小鹿)らのラトガース＝カレッジ修学に力を尽くし、大隈重信・副島種臣らには『聖書』、アメリカ憲法を教えた。明治二年(一八六九)二月東京に招かれ、大学南校頭取となり、太政官政府の顧問として外交・教育・法律制度の諮問に応じて献策。特に同年五月(六九年六月)大隈重信に提出した、いわゆる Brief Sketch は岩倉使節団の米欧派遣の素案となった。六年正院・左院翻訳顧問、八年元老院顧問などを歴任。以後キリスト教の宣教・伝道に携わり、十年東京一致神学校で説教学を担当し、また旧約聖書翻訳委員となり「詩篇」を訳す。十六年大阪宣教師会議で冒頭に「日本におけるプロテスタント宣教の歴史 History of Protestant Missions in Japan」を講演。十九年明治学院神学部教授、理事(のち理事長)となる。二十四年日本国内を自由に通行できる特別旅行券を交付され、かつ日本永住が許された。三十一年三月十日東京市赤坂区溜池葵町(東京都港区虎ノ門二丁目)の自宅で没す。六十八歳。青山墓地に葬られ、翌年有志により墓地に記念碑が建てられた。

参考文献 高谷道男編『フルベッキ書簡集』、尾形裕康『学制実施経緯の研究』、梅溪昇『お雇い外国人』一一、杉井六郎「宣教師の明治維新―オランダ改革派教会宣教師フルベッキの活動―」(『明治期キリスト教の研究』所収)、The Publishing Committee, ed., Proceedings of the General Conference of the Protestant Missionaries of Japan, Held at Osaka, Japan (1883);

W. E. Griffis: Verbeck of Japan, A Citizen of No Country, A Life Story of Foundation Work Inaugurated by Guido Fridolin Verbeck (1900); M. N. Wyckoff: Rev. Guido F. Verbeck, D. D., The Japan Evangelist, Vol. 2, No. 5.
（杉井 六郎）

フローレンツ **Karl Adolf Florenz** 一八六五―一九三九 ドイツの日本学者。一八六五年一月十日プロシアのエルファルトで生まれた。八三年四月から八六年七月まで、ライプチヒ大学に学び、ドイツ文学、ローマンス語、ドイツ語および東洋諸語の研究に従事し、八六年七月博士号を取得。さらに言語学、東洋語学の研究をつづけた。日本の招聘に応じ、東京帝国大学文科大学で明治二十二年（一八八九）から大正五年（一九一六）まで、ドイツ文学講師として、ドイツ語学・ドイツ文学を講じ、かたわら日本文化の研究に従事し、これをドイツに紹介した。明治三十二年神代記註釈に関する研究論文を帝国大学に提出して、文学博士の学位を授与された。一九一四年帰国後は、ハンブルグ大学教授をつとめ三九年二月九日ハンブルグにおいて死去。七十四歳。著作にライプチヒで出版された『日本文学史』があり日本文化に関する多くの論文がある。
（福地 重孝）

ぶんどうしゅんかい **豊道春海** 一八七八―一九七〇 明治から昭和時代にかけての書家、天台宗の僧侶。明治十一年（一八七八）九月一日、栃木県那須郡佐久山町（大田原市佐久山）の川上家に生まれる。幼名は寅吉。二十三年叔父の東叡山輪王寺門跡大僧正篠原守慶に師事、常王坊慶中と名のる。豊道を嗣ぎ名は慶中。号は春海・竜渓・谷門道人・天門海翁。二十八年から三十二年にかけて天台宗黌で修学、さらに摂念院孝信、金蔵寺真道に内外典を学ぶ。三十三年、東京浅草蔵前の華徳院二十四世花堀守俊（当時十二歳）の住職の後見となる。三十九年行元寺住職となる。書は二十四年、書家西川春洞に入門師事。楷書十年、行書十年の修練を重ねて雄勁にして強靭な書風を作り上げ、三十代で書道をもって布教に代えることを決意し生涯を一貫した。瑞雲会・泰東書道院を創立、昭和二十二年（一九四七）七月帝国芸術院会員となり、翌年日展五科（書）新設を達成し書道振興に功労があった。四十二年文化功労者となる。四十五年九月二十六日遷化。九十二歳。法名書禅如院大僧正春海慶中大和尚。墓所は東京都品川区西五反田の行元寺。

参考文献 『日本芸術院史』資料編一、安田松年編『天門春海』（瑞雲書院会刊遺墨集）
（樋口 秀雄）

へ

ベイティ **Thomas Baty** 一八六九―一九五四 イギリスの国際法学者、日本外務省法律顧問。一八六九年二月八日英国カンバーランド県スタンウィクスに生まれ、オックスフォード大学、ケンブリッジ大学卒業。一九〇三年法学博士、法曹界で実務に携わった後、大正四年（一九一五）、日本外務省に法律顧問として招かれて来日、爾来四十年にわたり外務省に仕え、昭和二十九年（一九五四）二月一日千葉県一宮で日本の土となった。八十四歳。前任顧問デニソンのように日本外交の枢機に参画することなく、終始表に立たず純粋の日本側弁護士として尽瘁した真正の親日家であった。その功績は、満洲事変後、国際連盟のリットン報告に対して、法理論的に鋭く反駁した帝国政府意見書がその手に成るものであったこと、また、太平洋戦争後も、極東国際軍事裁判にあたり、日本人弁護人に英法で装備された対抗理論を提供して援護したことに見られる。著書には、Canons of International Law (1930) のほか、没後わが国で出版された International Law in Twilight (1954). Alone In Japan, edited by M. Hasegawa (1959) がある。

参考文献 内山正熊「満州事変とトーマス・ベイティ博士」（『現代日本外交史論』所収）
（内山 正熊）

ベックマン **Wilhelm Böckmann** 一八三二―一九〇二 ドイツ人建築技術者。一八三二年一月二十九日生まれる。六〇年以来建築家エンデと共同してエンデ＝ベックマン建築事務所をベルリンで開設していたが、明治十九年（一八八六)に発足した日本政府の臨時建築局の依頼を受けて、エンデとベックマンは東京日比谷に官庁を集中する計画を立案した。ベックマンが日本政府との間の正式契約者であって、同年四月から七月までの間来日し、敷地の状況、気候・景観・地質などを調査して官庁街の全体計画を作成した。ベックマンの構想は、東京中央駅を中心とし、諸官庁・議事堂・博覧会場を大通りで結び付ける壮大な計画であって、帰国したベックマンはエンデとともに、この全体計画をもとに雄大な議事堂ならびに裁判所・司法省などの設計図を作成した。裁判所と司法省は若干の変更を受けて実現したが、官庁街全体計画と議事堂はついに実現することなく終った。なお来日したベックマンは、日本の建築関係者の再教育の必要を感じて、建築家・建築職人二十名のドイツ留学を斡旋した。一九〇二年十月二十二日没。七十歳。

参考文献 藤森照信『明治の東京計画』 （稲垣 栄三）

ベッテルハイム Bernard Jean Bettelheim 一八一一—七〇 キリスト教宣教師、医師。漢字名は伯徳令。一八一一年六月ハンガリーのブラチスラバ(現チェコスロバキア)に生まれる。ユダヤ教からキリスト教に改宗。イギリス人女性と結婚して国籍を同国に移し、香港に赴く。四六年(弘化三)琉球海軍伝道会の宣教師として那覇に着き、八年間にわたり琉球伝道に従事、傍ら『聖書』や伝道用小冊子の琉球語訳を行う。五四年(安政元)ペリー艦隊に便乗して香港に引き揚げ、ここで『新約聖書』のルカ・ヨハネ両福音書、使徒行伝、ロマ書の琉球語訳を刊行。日本語にも通じ、和漢対訳の四福音書を残したとされる。和訳のルカ・ヨハネ両福音書および使徒行伝は、死後オーストリアの東洋学者プィッツマイアーによりウィーンで出版された。のちアメリカに移り、ニューヨーク・シカゴなどに住み、牧師や南北戦争従軍医などをつとめた。七〇年二月九日ミズーリ州ブルックフィールドで死去。五十八歳。

参考文献 海老沢有道『日本の聖書』、門脇清・大柴恒『日本語聖書翻訳史』 （鵜沼 裕子）

べっぷしんすけ 別府晋介 一八四七—七七 西南戦争の西郷軍幹部。諱は景長。弘化四年(一八四七)薩摩国鹿児島郡吉野村(鹿児島市吉野町)において薩摩藩士別府十郎の次男に出生。桐野利秋の従弟。明治元年(一八六八)戊辰戦争に薩摩藩軍の分隊長として奥羽地方を転戦、賞典禄八石。同二年鹿児島常備隊小隊長。同四年御親兵の一員として上京し陸軍大尉ついで陸軍少佐。同五年陸軍中佐北村重頼と朝鮮を視察。同六年西郷隆盛の参議辞任に従って辞職帰郷。同八年加治木郷ほか四ヵ郷の区長となる。同十年西南戦争にあたり加治木・国分・帖佐・重富・山田・溝辺郷から募兵して六番大隊・七番大隊を編成し、二月その連合大隊長となって熊本城包囲戦に参加。四月八代に転戦、西郷軍再編に伴い振武隊・行進隊を指揮して人吉・都城・宮崎を転戦。九月鹿児島城山に籠る。同二十四日政府軍の総攻撃で負傷した西郷を介錯したのち戦死。三十一歳。墓所は鹿児島市上竜尾町の南洲墓地。

参考文献 黒竜会編『西南記伝』下二、『鹿児島県史』三 （毛利 敏彦）

ヘボン James Curtis Hepburn 一八一五—一九一一 アメリカ長老派教会派遣の宣教医師。明治学院初代総理。医学博士、法学博士。一八一五年三月十三日ペンシルバニア州ミルトンに生まれた。父サムウェル、母アンニ。三二年プリンストン大学卒業。三六年ペンシルバニア大学医科卒業、ノリスタウンで開業、四〇年十月クララ=メリー=リートと結婚。四一年七月シンガポールに赴き二年間医療伝道、その後澳門(マカオ)・厦門(アモイ)に移り、施療病院を開設、患者の治療にあたる。四五年夫人病気のため帰米、翌年ニューヨークで病院を開く。この間三児を病気で失う。五九年(安政六)十月十八日神奈川上陸、成仏寺本堂に住む。文久元年(一八六一)宗興寺に施療所開設。翌二年暮横浜居留地三九番に住宅と施療所を新築移住。同三年夫人がヘボン塾を開設、英語を教える。元治元年(一八六四)横浜英学所をブラウンらと開設。慶応二年(一八六六)『和英語林集成』の原稿完了、十月岸田吟香を伴い上海に赴き美華書館にて印刷、翌慶応三年五月出版。明治元年(一八六八)樺太などを視察。同年『真理易知』出版。同五年ブラウン・奥野昌綱と共訳『馬可伝福音書』『約翰伝福音書』出版。奥野と共訳『三要文』刊行。同七年『十字架ものがたり』出版。同年九月十三日ヘボン施療所で横浜第一長老公会創立。同九年施療所閉鎖山手に移住。『小信仰問答』『教会政治』出版。十五年旧約聖書翻訳委員長に選ばれ、翻訳に従事。十八年標準ローマ字会設立され顧問となる。二十年明治学院開校され教授となり生理・衛生学を担当。二十二年山本秀煌と『聖書辞典』を編集出版。同年十月明治学院初代総理となり翌年十月辞任。二十五年十月二十二日横浜出帆帰米、ニュージャージー州イースト=オレンジに隠退。三十八年九十歳の誕生日に日本政府から勲三等旭日章を贈らる。一九一一年九月二十一日死去。享年九十六。ローズデールの墓地に埋葬。

参考文献 高谷道男『ドクトル・ヘボン』、同『ヘボン』(『人物叢書』六一)、同編『ヘボン書簡集』、明治学院同窓会『白金学報』二五、『福音新報』八二・八六・五一三・八四八・八四九、Michio Takaya: The Letters of Dr. J. C. Hepburn; W. E. Griffis: Hepburn of Japan and His Wife and Helpmates. （秋山 繁雄）

ベリ John Cuting Berry 一八四七—一九三六 キリスト教宣教師、医師。一八四七年一月十六日アメリカ合衆国メイン州サガダオークに生まれる。フィラデルフィアのジェファーソン医科大学などに学ぶ。明治五年(一八七二)アメリカン=ボード(会衆派系の海外伝道機関)派遣の医療宣教師として来日、神戸居留地内に診療所を開いて医療にあたる。明治九年『獄舎報告書』を政府に提出し、日本における監獄制度の改良を進言した。同十二年岡山に赴きキリスト教の伝道と医療に従事。新島襄に看護学校と病院設立の必要性を説き、同二十年新島に協力して京都看病婦学校および同志社病院を設立した。またアメリカから看護婦リチャーズ Linda A. J. Richards を招き、日本における初期看護教育の推進に貢献した。同二十六年帰国し、マサチューセッツ州で医師として働いた。同四十五年日本政府より勲三等瑞宝章を授与された。一九三六年二月九日没。八十九歳。

参考文献 キャサリン＝ベリー『ジョン・シー・ベリー物語』(更井美子訳)　(鵜沼　裕子)

ペリー Matthew Calbraith Perry 一七九四—一八五八 米国海軍軍人。日米和親条約締結をした人物。一七九四年四月十日父クリストファー Christopher Ramond Perry と母セーラ Sarah Wallace (Alexander) Perry の三男としてロードアイランド州サウス＝キングストンに生まれる。少年期をニューポートなどで育ち、一八〇九年父や兄と同様海軍に入り少尉候補生となる。一四年ニューヨーク商人ジョン＝スライデル John Slidell の娘ジェーン Jane と結婚。二〇年アフリカ西海岸、地中海艦隊、三〇年ロシア派遣、三三年ブルックリン(ニューヨーク)海軍工廠に配属、三七年米国最初の蒸気軍艦を建造し、その初代艦長、海軍大佐。英仏派遣、四一年同廠長官。四三年アフリカ艦隊司令長官、四七年メキシコ湾艦隊司令長官など海軍の要職を歴任、多くの勲功を建て、近代的科学技術を応用した軍艦の建造により「蒸気艦の父」と尊崇された。ペリーは、大統領フィルモアより東インド艦隊司令長官兼遣日特使に任命、外交上軍事上先例のない広範な自由裁量権を付与された。五二年十一月米本土を出航、大西洋廻りで五三年四月香港投錨。五月旗艦サスケハナ号に座乗、上海発、嘉永六年四月十九日(一八五三年五月二十六日)沖縄那覇着。小笠原諸島の父島も訪れ、同港が太平洋横断汽船航路上の貯炭所・碇泊地に最適とみて諸施設の建設を進めた。六月三日(七月八日)四艦を率い江戸湾に入り浦賀沖投錨。風に抗して進む蒸気艦は黒船渡来の報となって日本全国を震撼させた。日本最高位者以外とは会談せずの原則を貫き、九日久里浜応接所で幕府応接掛に米国国書・全権委任状を授受し、来春大艦隊での渡来を表明して中国に引き揚げた。中国に待機中、米本国でフィルモアからピアス大統領への政権交代を知り、駐清米公使と太平天国軍の評価、日本優先論で対立、露使プチャーチンの対日協同行動提案を拒絶、英国香港総督の父島処置抗議に反論した。列国に先がけて五四年一月香港発。七艦を率い安政元年正月十六日(一八五四年二月十三日)前年よりさらに北上して小柴沖投錨。会見地は江戸の近接地に固執して、全艦を北上させ、羽田・品川沖を測量し、示威行動により幕府の横浜提案を承諾した。二月十日(三月八日)横浜応接所で日米会談開始、応接掛林煒(あきら)らは阿部正弘ら幕閣の指令を受けつつ次第にペリーの要求に譲歩して、三月三日(三月三十一日)日本最初の近代的条約の日米和親条約を締結した。通商は認められないが、鎖国日本の開国に平和裡に成功し、主要目的を達成した。贈呈品の小型汽車・電信機を実験して日本人を驚嘆させた。横浜・下田・箱館を視察後、下田で五月(六月)和親条約付録を協定、六月(七月)那覇で琉球と修好条約を締結、帰国の途につく。ペリーは日本人の器用さから将来機械工業分野で「強力な競争者」となることを予見した。五五年一月帰国、名声はさらに高くなった。米政府より『日本遠征記』の編纂監修を依嘱され、五七年厖大な三冊本として完成出版。五八年三月四日ニューヨークで死去。六十三歳。八年後、生前の希望でニューポートのアイランド墓地に改葬された。

参考文献 『ペルリ提督日本遠征記』(土屋喬雄・玉城肇訳、『岩波文庫』)、『横浜市史』二　(秋本　益利)

ベルクール P. Du Chesne de Bellecourt 生没年不詳 フランスの外交官。安政五年八月(一八五八年九月)フランス外交使節グロ J. B. L. Gros の一等書記官として品川に来航し、幕府側代表水野忠徳らと交渉。九月三日(十月九日)日仏修好通商条約の締結にかかわった。翌年八月十日(一八五九年九月六日)総領事兼外交代表として、ジラール P. S. B. Girard・カション Mermet de Cachon らを通訳官兼領事館付司祭として伴い来任した。万延元年四月(一八六〇年五月)弁理公使、文久元年七月(一八六一年八月)全権公使となり、元治元年三月(一八六四年四月)ロッシュ L. Roches と交代するまで外人殺傷事件などの国内の攘夷思想や開港開市延期を策する幕府の態度に対処してイギリス公使オールコック R. Alcock と協力し、駐日外交団を主導し、また輸入品税率の低減を幕府に再三要求した。著作には『中国・日本の政治商業情勢』L'etat politique et commercial de la Chine et du Japon, l'exposition chinoise et japonaise au Champ de Mars (1868)がある。

参考文献 大塚武松『幕末外交史の研究』　(杉井　六郎)

ペルス＝ライケン Gerhard Christiaan Coenraad Pels Rijcken 一八一〇—八九 オランダ海軍の士官。一八一〇年一月八日生まれる。一八五四年(安政元)オランダ政府が江戸幕府の要請を受けて蒸気軍艦の建造・海軍教育のための将兵派遣・軍艦スンビンの寄贈などを決定したのち、スンビンの艦長として翌五五年七月二十二日長崎来航。スンビンを引き渡し、併せて二十二名の教育派遣隊の隊長として二ヵ年にわたり幕府および諸藩の伝習生に海軍の諸学科・技術を教授。自身も航海術・運用術を担当した。勝海舟・矢田堀鴻ら多くの幕臣、佐野常民・中牟田倉之助ら薩長肥その他諸藩から派遣された多くの藩士が彼の薫陶を受け、後年の日本海軍の基礎を作った人材が多く出ている。一八五七年契約満了、後任のホイセン＝ファン＝カッテンダイケ以下の第二次派遣隊と交代、十月三十一日発帰国。六五年には国王ウィレム三世侍従武官、六六年六月以降六八年まで海軍大臣を勤め、海軍中将まで昇任した。八九年五月二日ブレダBredaで没。　（沼田　次郎）

ベルツ　Erwin von Baelz　一八四九―一九一三　明治時代に御雇として来日したドイツ人医師。医学教育・診療・研究、さらに公衆衛生・衛生行政など広範な分野に大きな足跡を残し、「近代日本医学の父」と称せられた。一八四九年一月十三日、南ドイツのビーティヒハイムに生まれ、ライプチヒ大学を卒業してブンダーリッヒC. R. A. Wunderlichに就く。明治九年（一八七六）六月横浜着、東京医学校（東京大学医学部）で生理学を講義、のち内科学、さらに病理学、産婦人科学、精神医学なども担当した。西欧最新の医学を身につけた立場で当時の日本の風土病を中心とした疾病（恙虫病・脚気・フィラリア・肺吸虫・肝ジストマ・ハンセン病など）の研究を行うとともに、蒙古斑・柑皮症・狐憑きなどに注目し、温泉の効用を認めた。日本人の体質や住宅さらに女性論に及んだ。彼の名を冠したものとして皮膚の外用剤「ベルツ水」がある。多くの学術論文を発表し、内科学の講義は独文と邦文の教科書になった。明治三十五年に東大を退いて名誉教師となり、その後宮内省御用掛となる。途中三回の一時帰国をしたが、同三十八年に帰国、在日二十九年に及んだ。中央衛生会委員。勲一等。『ベルツの日記』をのこす。妻（花）は日本人、子息トクが上記の日記の公刊をなす。ベルツと外科のスクリバJ. Scribaが東大医学部における最後の外人教師となった。日本美術のコレクションを行う。一九一三年八月三十一日、シュツットガルトで没す。六十四歳。同地に葬られたが愛知県豊川市八幡町の西明寺に供養塔があり、東大と群馬県吾妻郡草津に碑がある。

参考文献　F・ショットレンダー『エルウィン・フォン・ベルツ―日本に於ける一ドイツ人医師の生涯と業績―』（石橋長英訳）、G・ヴェスコヴィ『日本医学の開拓者エルウィン・ベルツ』（石橋長英他訳）、石橋長英・小川鼎三「エルウィン・ベルツ」（『お雇い外国人』九所収）、安井広『ベルツの生涯―近代医学導入の父―』、山崎佐「ベルツ先生と我邦公衆衛生」（『中外医事新報』一二三六―一二三八）　（長門谷洋治）

ベルニ　François Léonce Verny　一八三七―一九〇八　幕末・明治初期の横須賀造船所技術指導者。フランス海軍造船技師。一八三七年十二月二日アルデシュ県オブナに生まれる。パリのエコール＝ポリテクニク（理工科大学）、ついで海軍造船学校に学び、造船技師の資格を取得。フランス海軍にはいり、元治元年（一八六四）中国に派遣され、上海で砲艦の建造に従事。その任を終え母国に帰る直前、駐日フランス公使レオン＝ロッシュの斡旋をうけ、慶応元年（一八六五）幕府（老中水野和泉守忠精）の企画する横須賀製鉄所設立に参画する契約を結び、技術者雇入と機械購入事務をすすめた。同二年来日、その首長（長官）となり、ツーロンの海軍造船所を原型としつつ、わが国最初の近代的造船所の建設を推進。この「横須賀製鉄所」は維新後「横須賀造船所」と改称され、工部省、ついで海軍省の所管となったが、ひきつづき造船技術の指導にあたり、明治八年（一八七五）末、首長を辞し顧問となった。翌年契約満期により解約、帰国。一九〇八年五月二日故郷オブナ町で没。七十歳。神奈川県横須賀市の臨海公園に記念像がある。

参考文献　三枝博音他『近代日本産業技術の西欧化』、横須賀海軍工廠編『横須賀海軍船廠史』、富田仁・西堀昭『横須賀製鉄所の人びと』、高橋邦太郎「フランソワ・ベルニー」（『お雇い外国人』六所収）、　（飯田　賢一）

ペルリ　Matthew Calbraith Perry　⇨ペリー

ベルリオーズ　Alexandre Berlioz　一八五二―一九二九　フランス人カトリック宣教師。一八五二年九月十二日サワ県セリエールに生まれる。七二年九月十日パリ外国宣教会入会、七五年十月十日司祭叙階。同年十二月十六日マルセイユ出発、香港極東支部で二、三年過ごし、七八年一時帰国。明治十二年（一八七九）沼津教会赴任、明治十三年八月五日はじめて富士山頂でミサをたてる。のち盛岡教会、浅草教会を経て明治十七年函館教会転任、明治二十四年七月二十五日初代函館司教に就任、アイヌ人伝道に力を入れ室蘭・白老に伝道所設立。明治二十六年『アイヌ語公教要理』を出版。明治二十九年十月函館郊外にトラピスト修道院を招致。明治三十五年五月、司教座を仙台市に移転させる。在任中欧洲募金旅行一回、北米募金旅行三回。昭和二年（一九二七）七月二十五日高齢により教区長辞任、同年十月七日香港ナザレト療養所へ引退。昭和四年六月フランスへ帰国。同年十二月三十日没。七十七歳。モンベトンに葬る。

参考文献　小野忠亮編『北日本カトリック教会史』、小野忠亮『青森県とカトリック』　（高木　一雄）

へんみじゅうろうた　辺見十郎太　一八四九―七七　西南戦争の西郷軍幹部。諱は昌邦。嘉永二年（一八四九）十一月七日薩摩国鹿児島城下上荒田町において薩摩藩士辺見仲直の長男に出生。明治元年（一八六八）戊辰戦争に薩摩藩軍二番小隊長として奥羽地方を転戦。同二年鹿児島常備隊小隊長。同四年御親兵の一員として上京し陸軍大尉。同六年西郷隆盛の参議辞任に従って辞職帰郷。同八年宮之城区長となる。同十年西南戦争にあたり西郷軍三番大隊一番小隊長となって、二月熊本城包囲戦に参加。四月八代に転戦、西郷軍再編に伴い雷撃隊大隊長となって大口・踊・岩川・末吉方面を転戦。八月十七日西郷軍の可愛岳突破の先鋒を勤めて奮戦、九月一日鹿児島に突入して城山に籠る。同二十四日政府軍の総攻撃をうけ岩崎谷で戦死。二十九歳。墓所は鹿児島市上竜尾町の南洲墓地。

参考文献　黒竜会編『西南記伝』下二、『鹿児島県史』三　（毛利　敏彦）

ほ

ボアソナード Gustave Emil Boissonade de Fontarabie 一八二五―一九一〇 フランスの法学者。一八二五年六月七日パリ郊外バンセンヌに生まれた。父は貴族出身の令名高い学者であったが、母は父とは身分ちがいであったため、彼は長く私生児としての境遇におかれた。しかしその間にパリ大学で古典学・法律学を研究し、同大学卒業後、グルノーブル・パリ両大学の助教授を歴任した。七三年(明治六)駐仏公使鮫島尚信の依頼で、パリ在住の井上毅ら日本人法学生に憲法・刑法を講義したことが機縁となって、日本政府から法学教育と法典編纂のため招聘されて同年十一月来日した。翌年より司法省法学校(明法寮の後身)ではフランス法学と自然法学とをフランス語で講じ、すぐれたわが国法学者を育成するとともに封建的な法観念を打ち破る自然法学説を日本に移植するのに貢献した。なお、彼は法学校に出講する途中、司法省構内で拷問が行われているのを目撃して、早速司法卿に拷問廃止意見書を提出した。これに基づいて明治十二年十月拷問制度が廃止された。彼本来の仕事である法典編纂では、まず明治九年ごろから彼が原案を起草した治罪法(のちの刑事訴訟法)・刑法(いわゆる旧刑法)が、同十五年に施行された。一方、同十三年の民法編纂局の発足とともに、彼が心血を注いで起草にあたった民法草案は、法律取調委員会や元老院などの審議を経て二十三年民法(旧民法)として公布され、二十六年より施行と決まったが、いわゆる民法典論争が起って施行が延期され、ついに不採用に終った。そのほか、彼は七年の台湾出兵の後始末の際大久保利通の中国行きに随行し、また十五年壬午の変の際に意見書を出すなど外交上にも貢献し、明治二十年、井上馨外相の外国人司法官任用案に政府の法律顧問として反対意見書を提出してわが国の条約改正に有益な助言をした。なお、和仏法律学校(法政大学の前身)・明治法律学校(明治大学の前身)において法学教育に尽力した。二十八年彼の帰国に際し、政府は勲一等瑞宝章を授け、年金二千円を贈った。一九一〇年六月二十七日故国のアンチーブに没した。八十五歳。なお、ボアソナードの著作である『日本民法草案註解』(仏文)、『日本民法草案』(仏文)、『民法弁疑』、『法律不溯及論』などの復刻版『ボアソナード文献双書』が刊行されている。

参考文献 宮内省編『明治天皇紀』三・五―八、ボアソナード教授記念事業発起人委員会編『ボアソナード先生功績記念』、ボアソナード博士記念事業会編『G・E・ボアソナード教授』、石井良助『明治文化史』二、大久保泰甫『日本近代法の父ボアソナアド』(『岩波新書』黄三三)、西堀昭『日仏文化交流史の研究』

(梅溪 昇)

ボアンビル Alfred Chastel de Boinville 一八四九―? 明治政府御雇フランス人建築技師。一八四九年生まれる。明治五年(一八七二)十一月に三ヵ年の契約で来日、最初工部省測量司の雇であったが、同七年一月営繕課(のちの営繕局、営繕寮)に移った。営繕課での職名は「建築師」であり、同十四年三月まで在職している。滞日中、赤坂仮皇居内に石造二階建、中央にドームをもつ謁見所・会食堂を設計し、九年に着工したのであったが、十二年地震のために損傷を受け、日本宮廷史上最初の洋風建築となるはずであったこの建物は工事途上挫折してしまう。ボアンビルの設計で実現した例として紙幣寮製造場(九年)・工部大学校講堂(十年)・外務省庁舎(十四年)などがある。工部省におけるボアンビルの活動は、ちょうどウォートルスのあとを受けコンドルに引き継がれるまでの期間であって、この間、日本政府建築営繕の主導的役割を果たしたということができる。

参考文献 小野木重勝『明治洋風宮廷建築』

(稲垣 栄三)

ほうげつけいご 宝月圭吾 一九〇六―八七 昭和時代の日本中世史・古文書学者。東京大学名誉教授。明治三十九年(一九〇六)八月十二日、勇三郎・晴の長男として長野市に誕生。本籍地は埼玉県北埼玉郡礼羽村(加須市)大字馬内。松本高等学校文科甲類を経て昭和二年(一九二七)四月東京帝国大学文学部国史学科に入学、同五年三月卒業、直ちに史料編纂所嘱託、ついで同十一年四月史料編纂官補、同十八年五月史料編纂官として『大日本古文書』などの編纂に従事。敗戦直後の昭和二十一年、東京帝国大学文学部講師(兼任)、翌二十二年、兼任のまま助教授。二十四年文学部専任助教授(文部教官)となり史料編纂所員(文部事務官)が兼務となる。二十九年七月一日付文学部教授に昇任。三十六年十月二十六日文学博士。四十二年定年退官。直ちに東洋大学文学部専任教授になり、五十二年退職。続いて東洋大学大学院文学研究科非常勤講師を五年勤めて退職。六十二年九月十三日胃癌のため没した。享年八十一。墓は埼玉県加須市馬内の香積寺にある。中世社会経済史学の泰斗として業績は多い。著書は『中世灌漑史の研究』(昭和十八年刊、畝傍書房)・『中世量制史の研究』(同三十六年刊、吉川弘文館)など。後者はその博士論文であり、同時に日本学士院賞授賞(昭和三十八年度)の対象になった。中世史のみならず東京大学農村史料調査会を組織(昭和二十五年)して『近世農村の構造』『新田地主の研究』などを刊行、近世史学にも一新生面を開き、中世・近世ともに数多くの研究者を育てた。また黒板勝美の始めた京都醍醐寺文書の調査を永年にわたって続けたほか、各地の古文書調査に業績をあげたことは特筆に値する。史料編纂所における業績としては『大徳寺文書』『東寺文書』などの出版があり、その他『信濃史料』『岐阜県史』『栃木県史』などを刊行したほか、『茨城県史』『長野県史』『愛媛県史』などの編纂にも尽瘁した。さらに本務のほか、文部省学術奨励審議会委員・文部省史料館評議会評議員・大学設置審議会専門委員・文化財保護委員会専門審議会専門委員・史学会理事長・日本古文書学会会長・計量史学会会長・醍醐寺霊宝館館長など、要職を歴任した。

参考文献 宝月先生の古稀をお祝いする会編『宝月圭吾先生年譜著作目録』
（金本 正之）

ほうしょうくろう 宝生九郎 一八三七―一九一七 能楽師シテ方宝生流の十六代目家元。宝生九郎は家元名で、近世猿楽宝生座大夫は八世から十七世(十四・十五世はのぞく)まで代々九郎を名乗ったが、特に十六代目が名高い。天保八年(一八三七)六月八日、十五代目弥五郎友于の次男として江戸に生まれる。幼名石之助。のち知栄(ともはる)。十七歳で十六代目をつぐ。明治維新を境とした、能楽の変革期に辛酸をなめつくし、初代梅若実・桜間伴馬とともに復興の中心となり、明治三名人の一人と謳われた。格調の正しい、優麗高位な大夫芸で、シテ方から三役(ワキ・囃子・狂言方)に至るまで博学多識で、明治・大正能楽界に傑出した指導者として君臨した。明治三十九年(一九〇六)「安宅延年之舞」をもって舞いおさめとした。時に七十歳。また後進の育成に尽力し、弟子に松本長・野口兼資・近藤乾三・高橋進・田中幾之助らの逸材が輩出した。大正六年(一九一七)三月九日没。八十一歳。東京都渋谷区広尾の祥雲寺に葬る。法名円照院古道宗輝居士。

参考文献 柳沢澄『宝生九郎伝』
（草深 清）

ほうしょうしん 宝生新 一八七〇―一九四四 明治から昭和時代前期にかけての能楽師、ワキ方宝生流十代目宗家。明治三年(一八七〇)十月二十三日東京神田今川橋に生まれる。本名朝太郎。九代目宝生金五郎の長男で、父並びに養父八代目新朔に師事する。天性の名調子と舞台姿で、ワキ方の名人として真価を発揮した。松本謙三・宝生弥一・森茂好らを養成し、能楽界に貢献した。第一回帝国芸術院会員。『宝生新自伝』がある。昭和十九年(一九四四)六月十日没。七十五歳。東京都荒川区日暮里の善性寺に葬る。法名宝華院鷗叟妙音日新大居士。
（草深 清）

ほうどうじよし 法道寺善 一八二〇―六八 幕末の数学者。通称和十郎、字は通達、号は観山あるいは勧という。文政三年(一八二〇)、広島に生まれ、広島藩士梅園立介に師事し、江戸に出て内田五観(いつみ)の門下生となる。その後、日本全国を数学指導のために遊歴する。出版された著書は一冊もないが、多くの難問に解答を与えた。中でも、善の工夫になる算変法は、幕末の数学を飾る難問解決の方法であった。当時、長谷川寛の工夫になる変形術と極形術が評判になっていた。善は、この方法を土台において算変法を創始した。すなわち、内接する二円A・Bに接する円C_{i-1}について、A・B・Cの三円に接する円C_{i-1}を考える。円C_{i-1}の半径r_iを求めるのに、二円A・Bの直径を十分大きくしたとすれば、この二つの円周は平行線とみなすことができると考えるのである。現代の反転法とみなすことができる。算変法はまた円線一致術ともいわれる。明治元年(一八六八)九月十六日没。四十九歳。
（下平 和夫）

ぼうとうに 望東尼 ⇨野村望東(のむらぼうとう)

ボース Subhās Chandra Bose 一八九七―一九四五 インド東部のベンガル地方出身の民族的指導者。太平洋戦争期に投降インド兵と印僑を中心にして構成されたインド国民軍の総指導者でもあった。ネータージー(指導者)の愛称がある。一八九七年一月二十三日生まれる。一九二一年、インド文官職(ICS)を辞職して、インドの独立運動に参加した。ガンディーやネルーの率いるインド国民会議派内の左翼を構成し、一時、ビルマに流刑・投獄されるが、三一年にはインドの労働運動の中心組織である全インド労働組合会議の議長に就任した。三八年には会議派内にネルーと協力して民族経済計画委員会を設置し、同時に会議派大会議長になった。三九年にも大会議長に選出されたが、ガンディーをはじめとする右派勢力の巻き返しで辞任をよぎなくされ、会議派を離党し、ベンガルを中心にして新組織の「前衛ブロック」を発足させた。第二次世界大戦の開始とともにボースはイギリス当局によって再度投獄されるが、四一年、共産主義者の支援を得てインドを脱出し、アフガニスタンを経てドイツに向かった。敵(イギリス)の敵(ドイツ)は味方であるという期待があった。ヒトラーとの間に溝が生まれ、四三年には日本を訪問し、インド国民軍のみならず自由インド仮政府の首席となった。日本軍の敗北とともにボースの構想は全面的に崩壊した。四五年八月十八日、ボースは台湾で飛行機事故にあい、その波瀾に富んだ生涯の幕を閉じた。四十八歳。

参考文献 中村平治『南アジア現代史』一(『世界現代史』九)、G. Chattopadhyay: Subhas Chandra Bose and Indian Communist Movement.
（中村 平治）

ホー=チミン Ho-Chi-Minh 一八九〇―一九六九 ベトナム共産党の創立者。漢字では胡志明と書く。本名はグエン=タトタイン(阮必成)。一八九〇年五月十九日、フランスの保護領ベトナム中部のゲ=アーン省(現在のゲ=ティン省)に生まれた。父は無産農民で、のち官吏となる。少年期に父と同郷の民族運動家ファン=ボイチャウ(潘佩珠)に亡命先の日本で展開している東遊運動への参加を勧められたが、日本に行くことを望まず、独立運動は宗主国の本拠で行うべきだという信念から、一九一一年、商船の見習コックとなって祖国を脱出、フランスに渡り、パリその他で被圧迫民族解放運動の活動家となった。一九年第一次世界大戦後のベルサイユ講和会議に阮愛国の名で「ベトナム人民の諸要求」を提出し、のちフランス社会党に入党、二〇年の同党ツール大会の第三インター参加をめぐる分裂で同志とともに共産党創立に加わった。二二年以降、『ル＝パリア(賤民)』を編集発行し同誌に「フランス植民地制度を裁く」を発表してパリの左翼思想家たちの間にその名が知られた。二三年レーニンを慕ってモスクワに行き、農民インター大会に参加、その執行委員に選ばれ、またコミンテルンの東方部常任委員となり、二四年広東政府に招かれたミハイル＝ボロジンの秘書格で広州に赴いた。二五年、広州に亡命中のベトナム青年を組織して越南青年革命同志会を創立、ついでアジア被圧迫民族同盟を結成した。三〇年にはコミンテルンから権限を与えられてベトナム国内の共産主義諸組織を統一して香港でベトナム共産党を創立したが、同年英国官憲に逮捕され、国際赤十字や中国共産党の援助によってモスクワに戻った。四一年に祖国に潜入、共産党を中心とする越南独立同盟を結成し反帝反植民地闘争を組織して四五年の八月革命の成功を導き、ベトナムの独立を宣言、その初代国家主席となり、以後、インドシナ戦争とベトナム戦争で仏・米両大国の侵略に対する祖国防衛の全人民的抵抗に指導的役割を果たし、その死まで元首と党主席の地位にあった。胡志明の名は、一九四二年、中国国民党と連絡するために広西省に入って同党に逮捕された時以来の筆名で、終生この名を用いた。一九六九年九月三日没。七十九歳。 (川本　邦衛)

ボードイン Antonius Franciscus Bauduin 一八二〇－八五 幕末・維新期のオランダ医。一八二〇年六月二十日にオランダのドルドレヒトで、実業家のFranciscus Dominicus Andreas Bauduinを父に、Maria Jacoba Masjonを母に生まれた。三九年にウトレヒト陸軍軍医学校に入学、四年後に卒業したが、ウトレヒト大学医学部の講義にも出席した。オランダ陸軍に入隊後、四五年グロニンゲン大学で学位を授与された。四七年より十五年間、ウトレヒト陸軍軍医学校の教官を勤め、同校の生理学・外科学・眼科学の教科書を執筆した。この学校に奉職中に、幕末維新に来日したオランダ医の大半(十三名中九名)を教えた点は注目に値する。文久二年(一八六二)に来日、三年間半長崎の医学校で、診療とウトレヒト陸軍軍医学校式の医学教育を行なった。この間慶応元年(一八六五)には、物理学化学実験室(分析究理所)を独立させ、翌年かつての同僚ハラタマを招いた。同三年江戸にオランダ系の医学校を創設することで、幕府と契約したが、欧州に帰り準備中に幕府は崩壊し、この計画は宙に浮いた。明治二年(一八六九)より大阪の仮病院、引き続いて大阪陸軍病院で短期間勤務した。翌年帰国の前に横浜に滞在中、未着のドイツ軍医の代りに、大学東校で、二～三ヵ月教え、同三年閏十月末に日本を去った。一八七三年オランダ陸軍に復職、八四年に退役し、八五年六月七日ハーグで没。六十四歳。生涯独身を通し子供はいない。

参考文献 A・ボードゥァン『オランダ領事の幕末維新』(フォス美弥子訳)、中西啓『長崎のオランダ医たち』(『岩波新書』青九四二)、石田純郎『江戸のオランダ医』(『三省堂選書』一四六)、同「ボードインの数奇な運命」(『臨床科学』二一ノ七)、石田純郎・ハルム＝ボイケルス「ボードインと幕末維新のオランダ医たち」(『日蘭学会会誌』九ノ二)、同「A・F・ボードインの生年月日についての考察」(『日本医史学雑誌』二八ノ三) (石田　純郎)

ポートマン Anton L. C. Portman 生没年不詳 米国の外交官。ポルトメンとも記す。オランダ生まれ。嘉永六年(一八五三)ペリー使節の日本渡航にあたり上海で艦隊書記に採用され、通訳官ウィリアムズらと随行し蘭語通訳をつとめ、翌年再航し日米和親条約蘭文草案を作成した。文久元年十月(一八六一年十一月)米国駐日公使館付に任命され、通訳官・書記官となり、弁理公使プリュインの賜暇帰国(のち辞任)により、慶応元年(一八六五)四月から同二年七月まで代理公使に在任。この間、長州藩密貿易にかかわるフィーパン号事件で幕府に善処を約し、下関償金問題で英国公使パークスらと協議し、条約勅許などを要求する英仏蘭艦隊が摂海に進出した際には米国を代表し英艦に乗り兵庫沖会談に参加。慶応三年王政復古後の十二月二十三日(一八六八年一月十七日)旧幕府老中小笠原壱岐守長行から江戸－横浜間鉄道敷設の免許を得て、明治二年(一八六九)一月、新政府に契約履行を求めたが、外国官に拒絶された。

参考文献 サミュエル＝ウェルズ＝ウィリアムズ『ペリー日本遠征随行記』(洞富雄訳、『新異国叢書』八)、田保橋潔『増訂近代日本外国関係史』、大塚武松『幕末外交史の研究』、石井孝『増訂明治維新の国際的環境』、田中時彦『明治維新の政局と鉄道建設』 (安岡　昭男)

ボーリズ William Merrell Vories ⇨一柳米来留

ボールクンバーク Robert Bruce van Valkenburgh ⇨バン＝ボールクンバーク

ぼくえいこう 朴泳孝 Pak Yŏng-hyo 一八六一－一九三九 李氏朝鮮末期の開化派政治家。本貫は潘南。字は子純、号は瓠船・玄玄居士。一八六一年六月十二日京畿道水原で儒者朴元陽(贈領議政)の第三子として生まれる。一八七三年に哲宗(在位一八四九－六三年)の娘永恵翁主と結婚し、錦陵尉に封ぜられる。右議政朴珪寿・漢医劉鴻基・訳官呉慶錫の思想的な影響のもとで、金玉均・洪英植・徐光範らの朋友となり、同志的な結びつきを深めて開化派を形成する。壬午軍乱後の八二年(明治十五)十月、修信使の全権大臣となり、副使金晩植・随員金玉均らとともに来日する。日本の近代化を視察するとともに、政界要人と同時に在野の福沢諭吉らの名士と接触して帰国する。八三年二月に漢城府判尹となり、金玉均・洪英植・徐光範らと連携して、近代的改革に着手する。八三年四月広州府留守に左遷される。こうした開化派による平和的な近代的運動は閔氏派政権によって弾圧されて挫折する。そこで開化派は八四年十二月四日クーデターによる甲申政変をおこし、開化派政権を樹立して、朴泳孝は前後営使兼左捕将の要職につく。しかし壬午軍乱と同様に、閔氏派の要請による清軍の介入で三日天下に終る。朴泳孝は日本に脱出して、八五年四月渡米したが、日本にもどり亡命生活を送る。その間閔氏派の刺客にねらわれるが、八八年に高宗に上疏した国政改革にかんする「建白書」は初期の開化思想を具体的に知るうえでの数少ない史料となっている。九四年の日清開戦後の八月帰国し、井上馨公使のあと押しで、十二月金弘集内閣の内部大臣となり、甲午改革を推進させたが、金弘集総理と主導権争いを行い、ついに金総理を辞職に追いこんだ。九五年五月三十一日に成立した朴定陽内閣の内部大臣として実権をにぎり独断専行していた。宮城護衛兵の交代を宮中の反対にもかかわらず強行しようとして、不軌の陰謀の名目で、七月六日罷免され、また日本に亡命する。日露戦争後の一九〇七年六月帰国し、七月十七日李完用内閣の宮内大臣となったが、ヘーグ密使事件による高宗の退位をめぐる政争で、日本の方針にそって退位策を強行する李完用総理らと対立して、七月二十二日に捕縛される。謀叛の陰謀罪は証拠不十分で免訴となったが、保安法第五条で一年間済州島へ追放処分をうける。同年末に解除される。一〇年(明治四十三)の日韓併合後日本政府から侯爵を授かる。一九年の三・一運動後中枢院副議長、朝鮮貴族会会長、朝鮮書籍印刷株式会社と朝鮮興産株式会社の社長、殖産銀行理事になる。また三二年十二月から三九年九月まで日本の貴族院議員であった。一九三九年九月二十日没。七十九歳。なお伯兄の朴永教も開化派の政治家として活躍するとともに、『地球図経』を著わしたが、甲申政変に参加して海外に亡命せず国内に残留したので、洪英植らとともに処刑された。

[参考文献] 大村友之丞『朝鮮貴族列伝』、田保橋潔『近代日鮮関係の研究』、姜在彦『近代朝鮮の変革思想』

(朴 宗 根)

ぼくけいしょく　朴慶植　Pak Kyŏng-sik　一九二二―九八　朝鮮近・現代史研究者。一九二二年十二月七日、朝鮮慶尚北道奉化郡鳳城面金峰里に父朴淵進・母洪思の長男として出生。昭和四年(一九二九)両親と共に来日。同二十四年東洋大学文学部史学科卒業。二十四年から三十五年まで東京朝鮮中・高等学校社会科教員、三十五年四月から四十五年三月まで、朝鮮大学校歴史地理学部教員として、在日朝鮮人子弟の教育にあたる。その間北朝鮮の研究の翻訳、紹介などをしていたが、四十年に『朝鮮人強制連行の記録』を出版、日本の朝鮮支配の実態を告発し、日本社会に大きな衝撃を与えた。朝鮮大学校を辞して以後は、一貫して在野の研究者として、特に在日朝鮮人の研究に力を注いだ。その集大成が『解放後在日朝鮮人運動史』である。また『朝鮮問題資料叢書』全十六巻をはじめ、多数の著書がある。平成十年(一九九八)二月十二日交通事故で急死。七十五歳。尨大な資料は滋賀県立大学図書館に納められた。

[参考文献] 朝鮮民主主義人民共和国朝鮮歴史編纂委員会編『朝鮮民族解放闘争史』、朝鮮民主主義人民共和国科学院歴史研究所編『朝鮮近代革命運動史』、朴慶植『日本帝国主義の朝鮮支配』、同『在日朝鮮人関係資料集成』、同『天皇制国家と在日朝鮮人』、同『朝鮮三・一独立運動』、同『在日朝鮮人運動史―八・一五解放前―』、同『在日朝鮮人　私の青春』

(宮田　節子)

ぼくせいき　朴正熙　Pak Chŏng-hŭi　一九一七―七九　一九六三年十二月から七九年十月まで、韓国の大統領。六一年五月のクーデタを指揮して政治舞台に登場。強権的な政治体制を敷くとともに、韓国の経済発展に大きな功績を残した。一九一七年十一月十四日、朝鮮慶尚北道善山郡に生まれる。大邱師範学校卒業後、一時教職に就く。四〇年に満洲軍官学校に入学。四二年、日本の陸軍士官学校に留学。四四年、陸軍少尉に任官。第二次世界大戦の終戦後、韓国軍の創建に参加。四六年、韓国陸軍士官学校二期生として大尉に任官。朝鮮戦争勃発時には陸軍本部情報担当少佐。六一年のクーデタ当時は少将。国家再建最高会議を組織し、「軍事革命」を推進。六三・六七・七一年の大統領選挙に当選。その間、六五年に韓国軍のベトナム派兵、日韓国交正常化などを決断。七二年七月には南北対話を開始し、十月には戒厳令を布告し、国家総動員的な維新体制を敷く。憲法を改正し、十二月に間接選挙で大統領四選。七九年十月二十六日に側近の手で殺害された。六十三歳。

(小此木政夫)

ぼくれつ　朴烈　Pak Yŏl　一九〇二―七四　朝鮮の民族主義者、アナーキスト。本名朴準植。一九〇二年二月三日朝鮮慶尚北道聞慶郡麻城面の農家に生まれる。三・一運動後渡日、労働しながら学ぶ。反日団体「義血団」「鉄拳団」を組織。その後アナーキスト団「黒濤会」を結成、機関誌『黒濤』を刊行、信濃川ダム工事現場の朝鮮人労働者虐殺事件の調査委員として活躍。アナ・ボル論争を経て大正十一年(一九二二)十月『太い鮮人』発刊、「不逞社」を組織、反日反天皇の思想的傾向を強くしていく。この間、日本人金子文子と結婚、言動をとおして極端な反日人物として日本当局の監視をうける。同十二年九月一日関東大震災と同時に発生した「朝鮮人暴動」の流言のさなか、金子文子とともに検挙され、事実無根の朝鮮人暴動の黒幕的人物として大逆罪で起訴される。十五年死刑の判決を受けたが、のちに無期懲役に減刑。昭和二十年(一九四五)釈放、在日朝鮮居留民団団長となる。一九五〇年、朝鮮戦争中に拉北、平壌(ピョンヤン)の「南北平和統一委員会」の副委員長を務める。一九七四年一月十七日死去。七十三歳。

[参考文献] 金一勉『朴烈』、松本清張『昭和史発掘』一、瀬戸内晴美『余白の春』

(姜　徳　相)

ほしじまにろう　星島二郎　一八八七―一九八〇　大正・昭和時代の政党政治家。明治二十年(一八八七)十一月六日星島謹一郎の次男として岡山県児島郡藤戸村(倉敷市)に生まれる。家は幕末に大庄屋をつとめた旧家、父は地方財界の大立物でのち貴族院議員となった。東京帝国大学法科大学独法科卒業後、弁護士から政界に入り大正九年(一九二〇)第十四回総選挙で岡山県から衆議院議員に当選、以来昭和三十八年(一九六三)の第三十回総選挙まで連続十七回当選。郷党の先輩犬養毅の薫陶を受け、大正末期、立憲国民党→革新倶楽部に属して普選運動を推進し、婦人参政権運動をも支持した。大正十四年治安維持法成立に際しては、清瀬一郎らとこれに反対の論陣を張った。同年政革合同で立憲政友会に加わったが、戦時下においても自由主義的立場を維持し、昭和十七年のいわゆる翼賛選挙では非推薦候補として当選した。第二次世界大戦後の二十年日本自由党の結成に参画し、二十一―二十二年第一次吉田内閣では商工大臣(のち無任所の国務大臣)をつとめた。二十三―二十五年民主自由党総務会長。二十六年には全権の一人となってサンフランシスコ講和会議に出席した。党内では党人派の長老として次第に吉田茂総裁と対立し、二十九年十一月鳩山一郎を総裁とする日本民主党の結成に参画、翌年十一月には保守合同により自由民主党に加わった。三十三年六月衆議院議長に選ばれたが、警察官職務執行法改正問題をめぐる衆議院の混乱の責任をとって同年十二月議長を辞任した。四十二年一月の総選挙には立候補せず政界を引退した。昭和五十五年一月三日死去。九十二歳。著書に『最近の欧米を見る』(昭和十一年)がある。

参考文献　日本経済新聞社編『私の履歴書』七、衆議院・参議院編『議会制度百年史』衆議院議員名鑑

(鳥海　靖)

ほしじゅんたろう　星恂太郎　一八四〇―七六　幕末から明治初年にかけての仙台藩洋式軍隊の指導者。天保十一年(一八四〇)十月四日生まれる。元治元年(一八六四)脱藩して江戸に出、さらに諸国を遊歴して兵備を視察、横浜で米人ウェンリートに兵学を学ぶ。戊辰戦争に際して帰藩、洋式軍隊額兵隊を組織し司令となった。仙台藩が降服した後も主戦論を主張、榎本武揚の艦隊に投じ、箱館戦争を一緒に戦った。明治三年(一八七〇)赦され、開拓使に出仕したがまもなく官を辞し、岩内で製塩場を開いた。明治九年七月二十七日没。三十七歳。

(佐々木　克)

ほしとおる　星亨　一八五〇―一九〇一　明治時代の政治家。自由民権期の不屈の活動経歴に支えられた現実的政治指導により、明治国家の課題遂行と政党の権力参入を結びつけ、明治立憲制を軌道に乗せ、日本政党政治の原型を創出した人物。赤貧の境遇から克苦勉励により身を起したただけに、かれの努力と能力を認めようとしない順境を歩んだエリートには強く反撥し、そのため敵も多かったが、家族の生活を大切にし、身分や地位で人を差別するようなことはなかった。嘉永三年(一八五〇)四月、江戸八官町(東京都中央区銀座八丁目)で生まれたという。幼名は浜吉・登。幼時に実父左官屋徳兵衛は出奔し、母マツが再婚した巫医星泰順の養子となった。江戸・相州を転々としたのち、一家は横浜に移り、亨は神奈川奉行所蘭方医渡辺貞庵に弟子入りし、奉行所付属英学校で学ぶ機会を得た。慶応二年(一八六六)御家人小泉某の養子となり幕府開成所に入学するが、翌年小泉家から離縁された。開成所教授何礼之(がのりゆき)の推挙で幕府海軍伝習所英語世話役となり、幕府瓦解後、小浜藩英学校教師を経て大阪で瓊江(けいこう)塾塾頭となった。また、何礼之の紹介により陸奥宗光の知遇を得、和歌山藩英学助教授となり、大阪府洋学校訓導を兼ねた。廃藩置県後に陸奥が県令であった神奈川県英学校修文館教頭を経て明治五年(一八七二)大蔵省雇。羅卒との喧嘩で一度免職ののち復職、同六年畳職棟梁伊阿弥(いあみ)一雄長女綱(つな)(津奈)子と結婚、七年大蔵省租税権助・横浜税関長に昇任した。英国公使との紛争で税関長を解任されたが、官吏身分のまま英国へ留学、ミドル＝テンプル法学院に学び、十年日本人ではじめてバリスター(英国法廷弁護士)の資格を得て帰国した。十一年司法省付属代言人となり、同時に門弟と代言事務所「有為社」を開業、十二年高島炭坑にかかる英国ジャーディン＝マセソン商会と後藤象二郎の訴訟を後藤に有利に和解させ、代言人としての名声を得た。十五年正月宮城獄中の陸奥宗光を訪問、同年夏自由党へ入党し、党財政改善に尽力し十六年同党常議員・自由新聞幹事となり、立憲改進党に対する「偽党撲滅」攻撃の先頭に立ち、十七年三月自由党大会で板垣退助総理諮問(補佐)となった。同年政府の弾圧の強まるなかで私財を投じ絵入新聞『自由燈』を発刊、九月に北陸へ遊説と募金に赴き、新潟市での演説で官吏侮辱罪で拘留され、保釈後も同地に足留めされたが、十月末大阪での自由党大会で解党が決議されると、解党反対の電報を打電しつづけた。十二月重禁錮六ヵ月の判決をうけ新潟で服役し、出獄帰京後は民権運動の再建につとめ、十九年、政府側の憲法制定準備に対抗して『各国国会要覧』を刊行、みずから憲法草案を作成し、二十年後半の三大事件建白運動では中心的役割を演じた。同年末保安条例により横浜へ退去し、洋行準備中に秘密出版頒布の容疑で拘留され、有罪となり石川島監獄に収容された。二十二年憲法発布で大赦後、一年半洋行し、帰国後立憲自由党幹事となり、二十四年の自由党大会で板垣の総理推戴と代議士団優位への党組織改革を主導して土佐派を復党させ、二十五年第二回総選挙で栃木一区から当選、衆議院議長就任後、自由党を民党連合から袂別させ、第二次伊藤内閣との提携へ方向転換させた。このことで二十六年衆議院各派と自由党の一部から反撥をうけ議長不信任・議員を除名された。第三回総選挙で激しい選挙戦の末栃木一区で再選されたが、借金で苦境に陥り、日清戦争中、井上馨駐朝公使の世話で朝鮮政府法律顧問に就任した。二十八年十月帰国し、自由党内での主導権回復に努めるが果たせず、伊藤博文首相

の斡旋で駐米公使となり、在任中米国のハワイ併合に際し日本人移民の利益擁護に尽力した。三十一年自由・進歩両党が合同し、憲政党を与党とする第一次大隈内閣が成立すると、星は無断帰国し、憲政党と内閣を破壊して旧自由派の(新)憲政党を第二次山県内閣と提携させ、藩閥首脳の求める地租増徴案を成立させたあと、三十二年秋の府県会選挙で、政府との提携による鉄道・港湾建設など地方利益の実現を地方有権者に訴えて憲政党を大勝させ、党内主導権を確立した。三十三年、同党を主体とし伊藤博文を総裁に迎えた立憲政友会を創立し、第四次伊藤内閣の逓相となった。配下が関与した東京市会汚職事件により非難を浴び、内閣維持のために逓相を辞任したが、その後も政友会院内総務として代議士団を統率した。この間東京市会議長として東京築港・東京市学制改革にも尽力したが、三十四年六月二十一日、剣客伊庭想太郎により、東京市庁参事会室で刺殺され、東京の池上本門寺に葬られた。享年五十二。

〔参考文献〕野沢雞一編『星亨とその時代』(『東洋文庫』四三七・四三八)、有泉貞夫『星亨』(『朝日評伝選』二七)　(有泉 貞夫)

ほしなぜんしろう　保科善四郎　一八九一―一九九一　昭和時代の海軍軍人。明治二十四年(一八九一)三月八日、宮城県伊具郡北郷村江尻(角田市)に保科源蔵・しのの三男として出生。大正二年(一九一三)、海軍兵学校卒(海兵四一期)。昭和五年(一九三〇)米国留学。翌六年、在米国大使館附武官補佐官。第三艦隊首席参謀、海大教官を経て、軍務局第一課長として十一年八月七日成立「国策の基準」の作成に関与。十三年には、日中戦争下の支那方面艦隊参謀副長となる。十五年十一月、海軍少将となり新設の海軍省兵備局長に就任。物資・生産力の拡充と海軍への割当要求額の獲得に奔走する一方、対米避戦の立場をとった。開戦後は、陸軍と対立しつつ、南方資源の確保とその輸送に尽力。十八年、海軍中将。翌十九年七月、兵站の要衝サイパン島の奪還を主張するも果たせなかった。終戦の御前会議には軍務局長として列席。三十年二月から衆議院議員(連続四期)。平成三年(一九九一)十二月二十五日世田谷区の自宅で没。百歳。墓は静岡県駿東郡小山町の富士霊園にある。

〔参考文献〕保科善四郎『大東亜戦争秘史』、同他『太平洋戦争秘史』、海軍歴史保存会編『日本海軍史』四　(小池 聖一)

ほしのちょうたろう　星野長太郎　一八四五―一九〇八　明治時代前期の製糸業改良家。弘化二年(一八四五)二月三日、上野国勢多郡水沼村(群馬県勢多郡黒保根村)の地主、繭糸商星野弥平の長男に生まれた。明治七年(一八七四)二月、熊谷県からの資金援助を受けて同村に水力動力三十二人取の器械製糸、水沼製糸所を設立。九年三月、実弟新井領一郎をニューヨークへ派遣し、民間初の生糸直輸出を試みた。しかし、水沼製糸所生糸だけでは少量のため、村内の座繰製糸家を集めて共同揚返結社亙瀬組を組織し、前橋藩士族製糸家による同様な結社とともに、十一年五月、精糸原社を作り、新井へ生糸を送った。ついで十三年十二月に、速水堅曹らと直輸出商社同伸会社を設立、新井を同社ニューヨーク支店担当とした。同時に、群馬県下の製糸結社を統合した上毛繭糸改良会社を設立したが、期待したほどの政府貸下金はなく、不況下で失敗した。三十七年に衆議院議員。四十一年十一月二十七日、六十四歳で病没。墓は郷里の黒保根村常鑑寺にある。

〔参考文献〕『群馬県史』資料編二三　(石井 寛治)

ほしのてるおき　星野輝興　一八八二―一九五七　明治から昭和時代にかけての宮内省掌典。明治十五年(一八八二)二月十五日、新潟県刈羽郡半田村(柏崎市)に星野芳造の子として生まれる。柏崎高等小学校を卒業、検定により皇典講究所司業を取得。同四十一年に宮内省図書寮に入り、図書課に勤務。同年、式部職掌典部掌典補となり、さらに大正十五年(一九二六)掌典となる。大正天皇の大喪儀、ついで昭和の御大礼に中心となって奉仕した。昭和四年(一九二九)神社制度調査委員会幹事、同十五年、掌典職祭事課長となる。同十七年八月四日、勅任官を以て待遇されたが、同日依頼退職した。その後は祭祀学会を続け「祭祀は神道の始にして終なり」「祭祀は日常生活の精髄」などと提唱し、宮中・神宮・神社などの祭祀の究明に尽力していたが、同三十二年十月十四日死去。七十五歳。没後、祭祀学会から祭祀に関する論考・主張などをまとめた『(星野輝興先生著作集)日本の祭祀』が刊行された。著書に『祭祀の本領』(昭和十年)などがある。

〔参考文献〕川出清彦「星野輝興」(『神道宗教』四一)　(三橋 健)

ほしのなおき　星野直樹　一八九二―一九七八　大正・昭和時代の官僚、政治家。明治二十五年(一八九二)四月十日横浜に生まれる。父光多・母みね。第一高等学校を経て東京帝国大学法科大学に進み、大正六年(一九一七)政治科を卒業、前年文官高等試験に合格しており、直ちに大蔵省に入り、銀行局の属官、北税務署副司税官を経て、八年大阪の北税務署長。以後税務関係を歩き、大正十五年大蔵事務官、昭和七年(一九三二)一月営繕管財局国有財産課長。同年七月辞職して満洲国財政部総務司長に転じた。ここで「二キ三スケ」と称されるように東条英機(十二年から関東軍参謀長)・鮎川義介(満洲重工業社長)・松岡洋右(十年から満鉄総裁)・岸信介(十二年産業部次長))、陸軍と協力して満洲国の建設に努力、特に幣制改革を実現し、産業五ヵ年計画を策定、実現に尽力した。十一年には財務部次長、同年さらに国務院総務庁長、十二年総務長官に就任し、十五年七月まで在職した。同年第二次近衛内閣の国務大臣・企画院総裁、十六年四月に内閣改造とともに辞職。この間革新官僚を率いて総動員法の改正を中心に「革新」政策を推進した。以後二十年末まで貴族院議員。昭和十六年十月東条内閣成立とともに内閣書記官長に就任し、十九年七月内閣総辞職により辞職。この年十二月から翌年五月まで大蔵省顧問。第二次世界大戦敗戦後二十年十二月A級戦犯容疑者として逮捕され、東京裁判で終身刑の判決を受けた。昭和三十年釈放され、以後東京ヒルトン＝ホテル副社長、東急国際ホテル社長、ダイヤモンド社会長、旭海運会社社長などを勤め、昭和五十三年五月二十九日、東京築地の聖路加病院で没。八十六歳。『見果てぬ夢―満州国外史―』（昭和三十八年）、『時代と自分』（昭和四十三年、いずれも回想録）のほか数冊の著書がある。東京都府中市の多磨墓地に葬る。

参考文献　内政史研究会編『星野直樹氏談話速記録』

（伊藤　隆）

ほしのひさし　星野恒　一八三九―一九一七　明治・大正時代の歴史学者・漢学者。天保十年（一八三九）七月七日、越後国蒲原郡白根村（新潟県白根市）に、父嘉之助・母板谷氏の長男として生まれる。名は世恒、幼名七五三蔵、通称は恒太郎、のち恒と改めた。号は豊城。安政六年（一八五九）二十一歳、江戸に出て塩谷宕陰の学僕となり、苦学して漢学を学んだ。明治元年（一八六八）郷里に帰り、学童の教育に従事したが、同八年上京して重野安繹の知遇を得、太政官修史局に入り、三等協修に任ぜられ、はじめて修史に従事する。以後各地に出張して古文書の蒐集につとめ、同二十一年臨時編年史編纂掛が帝国大学に移管されると、その編纂委員となり、同時に文科大学教授に任ぜられる。同二十四年文学博士の学位を授与され、同二十六年国語学国文学国史学第二講座を担当することになる。同二十八年、史料編纂掛が文科大学内に設置されると、同掛の史料編纂委員となり、同三十三年部長となって翌三十四年『大日本史料』『大日本古文書』の刊行を開始した。同年国史学講座をはなれ支那哲学支那史学支那文学第一講座の担任を命ぜられた。同三十九年帝国学士院会員に推挙され、同四十四年史学会評議員長となった。晩年はもっぱら漢学に力をそそぎ、大正六年（一九一七）九月十日、東京市小石川区小石川表町（東京都文京区小石川三丁目）宅にて死去。七十九歳。墓は東京都港区の青山墓地にある。該博な学識と正確な考証による斬新な学説は国史研究の面目を一新したと称されている。著書『国史纂要』『古文書類纂』『竹内式部君事迹考』『史学叢書』『豊城存稿』などがある。

参考文献　『東京帝国大学学術大観』総説・文学部、「星野恒博士薨去」（『歴史地理』三〇ノ四）、市島春城「豊城星野恒先生」（『高志路』三ノ九）、笠原鞆「豊城先生の古手紙」（同五ノ一一）

（鈴木　圭吾）

ほそいわきぞう　細井和喜蔵　一八九七―一九二五　大正時代の労働運動家、労働作家。『女工哀史』の著者として名高い。明治三十年（一八九七）五月九日、京都府与謝郡加悦町生まれ。幼くして両親と別れ、尋常小学校五年で中退、織物工場の小僧となる。大正五年（一九一六）ごろ大阪へ出て紡績工場に勤め、友愛会に入会し、労働運動にかかわりをもった。同九年二月上京して東京モスリン亀戸工場に入り、同工場の労働運動に加わったが、間もなく病気と組合内部の抗争から退職し、同十一年二月以降『種蒔く人』誌に小説を発表するようになった。このころ、東京モスリンの女工堀としを（のちの高井としを）と結婚。みずからと妻との工場生活体験を基に『女工哀史』の執筆に着手し大正十三年四月脱稿、一部を『改造』誌に発表し、翌十四年七月改造社から単行本として刊行した。だがその直後、八月十八日に病死した。二十九歳。墓は東京都港区の青山墓地にある。なお、『女工哀史』の印税の一部は、港区青山にある解放運動・無名戦士の墓の建立資金となった。『細井和喜蔵全集』全四巻がある。

参考文献　高井としを『わたしの「女工哀史」』

（三宅　明正）

ほそかわかろく　細川嘉六　一八八八―一九六二　大正・昭和時代の植民地・労働問題研究者、第二次世界大戦後日本共産党の幹部。渾名は河童。明治二十一年（一八八八）九月二十七日、富山県下新川郡泊町（朝日町）の漁夫・魚商人の家に生まれる。尋常高等小学校卒業。代用教員を経て、三十七年上京、東京帝国大学法科大学教授小野塚喜平次の書生や新聞配達をしながら錦城中学卒業、第一高等学校を経て東京帝国大学法科大学入学、大正六年（一九一七）卒業。住友総本店・読売新聞各社員、東京帝国大学経済学部助手となり、九年大原社会問題研究所に入り、植民地民族問題・労働問題などを研究、十四年七月外遊、モスクワで片山潜に会う。翌年四月帰国、米騒動資料を整理した。昭和八年（一九三三）共産党へのカンパで懲役二年、執行猶予四年の判決を受ける。『改造』十七年八月号・九月号（二四ノ八・九）に「世界史の動向と日本」を発表、治安維持法違反容疑で検挙され、共産党再建をめざしたと捏造する横浜事件に発展したが、執拗な訊問に屈しなかった。戦後釈放され、日本共産党に入党、二十二・二十五年参議院議員に当選、共産党国会議員団長になる。二十六年四月十六日、参議院本会議でのマッカーサー感謝決議に際し、アメリカ帝国主義弾劾演説を行い、同年九月六日公職追放処分をうけた。以後、アジア問題研究所所長となり、日本平和委員会・日中国交回復国民会議などで活躍、昭和三十七年十二月二日急性肺炎で死去した。七十四歳。墓は朝日町の大安寺にある。著書に『アジア民族政策論』『植民史』などのほか『細川嘉六著作集』全三巻があるが、別巻は未刊。

参考文献　森川金寿編『細川嘉六獄中調書』、細川嘉六「書斎の思い出」（『思想』三五七・三五八）

（神田　文人）

ほそかわじゅんじろう　細川潤次郎　一八三四―一九二三　明治・大正時代の法制学者、教育家。天保五年（一八三四）二月二日土佐藩の儒者細川延平の次男として生まれた。母は深瀬氏。名は元（はじめ）、十洲と号した。はじめ家学を修めたが、安政元年(一八五四)長崎に遊学して蘭学を学び、また、高島秋帆に兵学・砲術を学んだ。同五年江戸に出て幕府の海軍繰練所で航海術を修め、さらに中浜万次郎に英語を学んだ。文久二年(一八六二)土佐藩の致道館の蕃書教授となり、藩政改革にも参画し、『海南政典』の編纂にも加わった。維新後は明治二年(一八六九)開成学校権判事・同判事に任ぜられ、同校の諸規則を草し、また、新聞紙条例・出版条例の起草にもあたった。同四年工部少丞となり、米国に派遣され、帰朝後印刷局長・法制官などを歴任、同九年元老院議官、同十四年司法大輔(議官兼任)となり、同二十三年元老院廃止とともに貴族院議員に勅選され、翌年副議長に推された。この間、国憲取調、刑法草案審査、破産法編纂、治罪法草案審査、陸軍および海軍刑法審査、『日本薬局方』編纂、会社条例編纂などの委員、委員長あるいは総裁を勤め、明治政府の法制整備に尽力した。同二十六年枢密顧問官兼文事秘書官長に任ぜられ、翌二十七年一月の御講書始に洋書を進講し、同三十年東宮大夫を兼任、この時皇太子の教育輔導につき特に勅語を賜わり、同三十三年功により男爵を授けられた。一方、女子高等師範学校長、華族女学校長、学習院長心得、『古事類苑』編纂総裁なども勤め、教育にも尽力するところ多く、同四十二年文学博士の学位を授けられた。大正十二年(一九二三)七月二十日没。九十歳。著書に『山内一豊夫人伝』『明治年中行事』その他がある。

参考文献　寺石正路『土佐偉人伝』、「会員細川潤次郎の伝」(『東京学士会院雑誌』一三ノ四)

(後藤　四郎)

ほそかわもりたつ　細川護立　一八八三―一九七〇　大正・昭和時代の美術史家。細川家第十六代の当主。侯爵。明治十六年(一八八三)十月二十一日細川護久の四男として生まれ、大正三年(一九一四)貴族院議員となる。国宝保存会会長・東洋文庫理事長を勤め、戦後は正倉院評議会評議員・文化財保護委員会委員として文化財の保護に力を尽くした。また、美術品の愛好家・蒐集家として著名で、その蒐集した美術品などは、細川家伝来の美術品・古文書・典籍類とともに永青文庫(東京都文京区目白台一丁目)に収蔵されている。昭和四十五年(一九七〇)十一月十八日没。八十七歳。

(後藤　四郎)

ほそかわもりひさ　細川護久　一八三九―九三　幕末・維新期の肥後国熊本藩知事。熊本藩主細川斉護の子。天保十年(一八三九)三月十日誕生。明治元年(一八六八)正月新政府の議定に就任、二年三月参与に任じる。三年五月家督継承、熊本藩知事となる。米田虎雄らを用い、実学党的藩政改革を推進する。洋学校・医学校などを創設する。四年廃藩置県により藩知事をやめ、以後細川家当主として、十七年侯爵に叙せられる。貴族院議員などを歴任し、二十六年八月三十日没。五十五歳。墓は熊本市小沢町の西福寺にある。法名は耀誉徹心号興願院。

参考文献　小橋元雄「細川護久侯国事に尽力せられし事実」(『史談会速記録』一六四)

(板垣　哲夫)

ほそかわもりひろ　細川護熙　一九三八―　昭和時代末期から平成時代にかけての政治家。旧熊本藩主細川家の第十八代当主。昭和十三年(一九三八)一月十四日、細川護貞(貴族院議員侯爵細川護立の長男)・温子(近衛文麿首相の娘)の長男として東京に生まれる。同三十八年上智大学法学部卒業。朝日新聞社社会部記者を経て、四十三年熊本一区から衆議院議員選挙に出馬したが落選。四十六年以来熊本県より参議院議員に当選二回。自由民主党田中派に属し田中角栄の知遇を得て、大蔵政務次官、党副幹事長を歴任。五十八年自民党公認で熊本県知事に当選、在任二期。その間、臨時行政改革推進審議会(行革審)の部会長をつとめ、地方分権を唱えた。知事退任後の平成四年(一九九二)五月日本新党を結成して代表となる。五年七月の総選挙で日本新党は大きく勢力をのばし、細川自身も衆議院議員に初当選した。同年八月新生党・公明党・日本社会党など八党派に擁立されて、国会で首相に指名され、非自民連立内閣を組織した。若さと清新ムードが国民の人気を集め、細川内閣は高い支持率を得て、政治改革をめざす選挙制度改正やコメ市場の部分開放などを実現したが、東京佐川急便からの政治資金の提供を受けるなど細川個人の金銭的疑惑を野党から追及され、六年四月首相を辞任した。十年四月非自民諸党派合同による民主党結成にあたって調整役をつとめたが、自身は同年五月、代議士を辞任し政界を引退した。

(鳥海　靖)

ほったまさよし　堀田正睦　一八一〇―六四　幕末の大名、老中。下総国佐倉藩主。下総佐倉藩主堀田正時の次男。母は藩士源田右内光寿の女。文化七年(一八一〇)八月一日生まれる。初名正篤(まさひろ)。安政三年(一八五六)正睦と改名。相模守・備中守。左源治と称す。文政七年(一八二四)正時のあとを襲った従兄の正愛の養子となり、翌年遺跡を相続、佐倉十一万石を領した。藩内では前代の文政改革が失敗し、藩財政の逼迫と風儀の頽廃が著しく、領内農村の荒廃も進行していた。正睦は年寄役渡辺弥一兵衛らを起用し、天保四年(一八三三)藩政改革に着手、反対派の重臣を排除しながら、藩士に貸付金を与えて家計を扶助し、倹約を強制するとともに、文武を奨励して学制改革を実施した。従来の藩校温故堂を拡充改組し、天保六年江戸に、翌年佐倉に成徳書院を設置し、儒学を基本として礼節・書学・数学および各種の武芸を教授し、また医学所を付属させ、天保十四年には佐藤泰然を招いて蘭方医学を採用した。泰然が私塾順天堂を開いて教育にあたったこともあって、佐倉は幕末蘭学の一大中心地になっていった。農政では天保六年領内に陰徳講を組織して子育てを奨励し、また子育掛代官を設置して間引きの禁止と農村人口の回復を企て、同七年には勧農掛を設置し、同時に篤農家や豪農層を勧農役に任命して農村復興にあたらせ、社倉・囲米など備荒貯穀政策を実施し、さらに領内豪農商層を育成して領国経済の自立化を目指し、佐倉藩の天保の改革は一応の成果を上げた。正睦は文政十二年奏者番、天保五年寺社奉行を兼帯し、同八年大坂城代となったが、同年赴任以前に西ノ丸老中に進み、同十二年水野忠邦の推挙で本丸老中となり、天保の改革期の幕政を担うこととなった。同十四年上知令が撤回されて改革が失敗したのち、正睦は老中を罷免され、以後藩政に専念。安政二年阿部正弘の要請で老中に再任、阿部に代わって老中首座、勝手入用掛となった。これは外交政策を巡って親藩・外様の雄藩に接近した阿部が、井伊直弼ら有力譜代の溜間詰の大名との関係を悪化させたため、溜間詰の正睦を登用して摩擦回避を図った措置であった。正睦は、このため内外からの軋轢の矢面に立たされた。翌安政三年、外国御用取扱を命ぜられた。同四年アメリカ総領事ハリスが江戸に入り将軍家定と会見、ついで正睦と会い通商条約の締結を要望。正睦は目付岩瀬忠震らに命じてハリスと商議にあたらせ、翌五年正月に条約が妥協すると、直ちに上洛して孝明天皇の勅許を得ようと工作を続けたが、得られずに四月江戸に帰った。この直後、大老に就任した井伊直弼は、反対派を押し切って六月に勅許のないまま日米修好通商条約を締結。また将軍継嗣問題が起ると、正睦ははじめ紀州派で、のち一橋派に与し、松平慶永らと交際した。井伊の強権で紀州派が勝利し、安政五年六月に紀州藩主徳川慶福が将軍継嗣に決定すると、発表の直前に正睦は再度老中を罷免され、翌六年隠居して見山と号し、家督を嫡子の正倫に譲った。致仕後、幼少の正倫の後見として万延元年(一八六〇)再び藩政改革に着手。財政・兵制などの改革を推進したが、文久二年(一八六二)老中在職中不届の廉で蟄居を命ぜられ、元治元年(一八六四)三月二十一日佐倉城内で死去した。五十五歳。佐倉甚大寺(千葉県佐倉市新町)に葬る。法名文明院見山静心哲恵大居士。大正四年(一九一五)贈従三位。

参考文献 『佐倉藩主堀田家文書』(マイクロフィルム、佐倉厚生園蔵)、『堀田正睦外交文書』(『千葉県史料』近世篇)、『成田市史』中世・近世編、近世編史料集一、『佐倉市史』一・二、千葉県内務部『堀田正睦』、木村礎・杉本敏夫編『譜代藩政の展開と明治維新』、「文明公国事勤労明細書」(『旧幕府』一ノ四)、「堀田正睦実伝」(『房総郷土研究』六ノ一―七ノ六)

(根岸 茂夫)

ほったよしえ 堀田善衛 一九一八―九八 昭和時代の小説家、評論家。大正七年(一九一八)七月十七日、富山県高岡市伏木港に父勝文・母くにの三男として生まれた。慶応義塾大学仏文科卒。戦時中、国際文化振興会につとめ、軍令部の臨時調査部に徴用を受けた。中国で敗戦。昭和二十二年(一九四七)に帰国してのち、国際政治の渦巻く上海での敗戦体験をもとに小説を書き始める。『祖国喪失』『歯車』を経て、同二十六年、『広場の孤独』で芥川賞を受賞。その後、『時間』『海鳴りの底から』など、歴史的社会的な視野をもった骨太な小説をつぎつぎに発表した。アジア・アフリカ作家会議の活動を進めるかたわら、国際性ゆたかなエッセイの書き手としても活躍。『方丈記私記』で毎日出版文化賞、評伝『ゴヤ』全四巻で大佛次郎賞を受賞。平成十年(一九九八)には芸術院賞を受賞した。『堀田善衛全集』全十六巻(筑摩書房)がある。同年九月五日、脳梗塞で死去。八十歳。

(紅野 謙介)

ほづみのぶしげ 穂積陳重 一八五六―一九二六 明治・大正時代の法学者。安政三年(一八五六)七月十一日、宇和島藩士で本居太平に師事した国学者穂積重麿の孫、同藩士穂積重樹の次男に生まれる。東京大学の前身大学南校に学ぶ。明治九年(一八七六)―十四年ヨーロッパに留学。イギリスでは法曹学院 Inns of Court のミドル＝テンプルで九―十二年の三年間学習し、法廷弁護士 Barristr-at-Law の称号を受ける。十二―十四年はドイツのベルリン大学に学ぶ。帰国後東大法学部講師を経て、同十五年二月、二十七歳の若さで同教授兼法学部長となり、法理学を担当、加藤弘之総長と協力して、ドイツ法の振興に尽力した。民法典論争には延期論に立つ。梅謙次郎・富井政章とともに現行民法典の起草にあたり、家制度の立法化に指導的役割を果たした。その他法律調査会委員・臨時法制調査会総裁として、商法・民事訴訟法・刑法・監獄法・陸海軍刑法など多くの立法にも関与。進化論の影響下で、『法律進化論』三巻(大正十三年(一九二四)―昭和二年(一九二七))を著わし、法の発展史を体系的に叙述した。天皇に関するタブーを間接的に批判する部分を含む『実名敬避俗研究』(大正十五年)など、法人類学的研究も少なくない。エッセイ集『法窓夜話』(大正十五年)は広く読まれ、『岩波文庫』に復刻されている。明治二十三年より貴族院勅選議員、大正五年より枢密顧問官、同十四年より枢密院議長を勤めた。比較法学・法史学・法哲学など多様な部門の先駆者で、英独両法体系の知識と、日本法史の教養を背景として、学界・官界で多面的に活動した。著書は上述のほか『法典論』(明治二十三年)、『隠居論』(同二十四年)、『祖先祭祀と日本法律』(大正六年)、『五人組制度論』(同十年)、『五人組法規集』(同年)、『神権説と民約説』(昭和三年)、『慣習と法律』(同四年)、『復讐と法律』(同六年)、『穂積陳重遺文集』および英文の Ancestor-Worship and Japanese Law (明治三十四年)など多数。なお嫡孫穂積重行の寄付により、東大法学部および筑波大学に『穂積陳重立法関係文書』が収められている。憲法学者穂積八束は実弟、民法学者穂積重遠は長男。渋沢栄一の女婿にあたる。大正十五年四月七日没。七十一歳。

参考文献 穂積重行『明治一法学者の出発』、福島正夫『穂積陳重立法関係文書の研究』、松尾敬一「穂積陳重」(潮見俊隆・利谷信義編『日本の法学者』所収)、同「穂積陳重の法理学」(『神戸法学雑誌』一七ノ三)

(長尾 龍一)

ほづみやつか　穂積八束　一八六〇―一九一二　明治時代の憲法学者。万延元年（一八六〇）二月二十八日宇和島藩校国学教授穂積重樹の三男に生まれる。明治十六年（一八八三）東大文学部政治学科卒。学生時代より井上毅に嘱望される。明治十七―二十二年ドイツに留学。ベルリンにおいてグナイスト、シュトラスブルクにおいてパウル＝ラーバントおよびルドルフ＝ゾームの指導を受けた。同二十二年早々に帰国、東大教授に任ぜられて憲法を担当。同三十年より四十四年まで法科大学長。民法典論争に際し小論「民法出テテ忠孝亡フ」（『法学新報』五、同二十四年）を著わして施行に反対した。それによれば、日本は祖先崇拝の家族国家で、家は家長の権力のもとに、国は天皇の権力のもとに団結し、それによって国際的な生存競争に勝ち残ることができる、民法草案の個人主義はこの団結を解体させるという。主著『憲法提要』（同四十三年）などに見られる憲法理論は、㈠主権の所在を意味する「国体」とその行使の態様を意味する「政体」を区別し、㈡帝国憲法下の日本を「君主国体立憲政体」と特色づけ、「政体可変国体不変」を唱え、㈢国家主権説と君主主権説を折衷して「天皇即国家」という説を唱えて天皇機関説を批判し、㈣立憲政体の本質を権力分立であるとして政党内閣制を否定した。明治二十二年法制局参事官、同二十四年枢密院書記官、同二十六年法制調査会査定委員、同二十九年条約実施準備委員、同三十二年貴族院勅選議員、帝室制度調査局御用掛、同四十三年宮中顧問官と、政官界でも要職を歴任、また同三十四年より高等文官試験委員を勤めた。同二十六年より教科用図書審査委員として、教育界にも発言力をもった。しかしその学説が権力的かつ反政党的であったため、世論から反動とみられ、また委任立法違憲論など解釈態度が形式主義的であったため、学界や官界から概念法学者とみられて、その学説は学界では主流とならなかった。同二十二年留学より帰国早々の有賀長雄は「穂積八束君帝国憲法の法理を誤る」（『憲法雑誌』六―八）において、彼の主権無制限説などを批判し、帝国大学の同僚（国法学教授）一木喜徳郎は一種の天皇機関説を唱え、やがて次の世代の美濃部達吉は、上記の穂積学説のすべてについて全面的な批判を加えるに至る。穂積の後継者上杉慎吉と美濃部の間で行われた「天皇機関説論争」（明治四十四―四十五年）は、一般に美濃部の理論的勝利とみられ、穂積は小論「国体の異説と人心の動向」（同四十五年）を著わして、激越な言葉で天皇機関説を疑問なく受け入れる世論を攻撃し、上杉を支援した。その直後、明治天皇の大葬に参列してひいた風邪がもとで大正元年（一九一二）十月五日没。五十三歳。著書は上掲のほか『憲法大意』（明治二十九年）、『行政法大意』（同年）、『皇族講話会に於ける帝国憲法講義』（同四十五年）、『穂積八束博士論文集』（大正二年）、『憲政大意』（同六年）など。これらの一部は彼の死後二十年以上のちに、昭和十年（一九三五）の「天皇機関説事件」で美濃部達吉らの憲法学説が否定された後、正統学説不在の穴埋めのため再版された。墓は東京都豊島区の染井墓地。

［参考文献］家永三郎『日本近代憲法思想史研究』、長尾龍一『日本憲法思想史』
（長尾　龍一）

ホブソン　Benjamin Hobson　一八一六―七三　イギリスのプロテスタント中国医療宣教師。中国名、合信。一八一六年一月二日ウェルフォード Welford で生誕。ロンドン会 London Missionary Society より派遣され、三九年澳門（マカオ）着、医療伝道に献身。四三年より香港の病院で活動。一時帰国後、四八年広東で恵愛医館を開設。以後、広東および上海を中心に医療活動を展開したが、健康を害し五九年帰国、七三年二月十六日ロンドンで没。五十七歳。医療伝道のかたわら、十八種の中国語著作を刊行。なかでも西洋近代医学を体系的に解説した『全体新論』『西医略論』『婦嬰新説』『内科新説』の四著は、中国医学の発展に大きく貢献した。これらの医学書は幕末期の日本に流入し、わが国の医学界にも多大の影響を与え、訓点版や和訳版が刊行され普及した。また西洋近代科学の総合的解説書である『博物新編』は、中国で活用されただけでなく、わが国でも普及し、明治初年の学校教育における教科書としても使用された。

［参考文献］吉田寅『中国医療伝道とホブソンの中国語医学書』（『幕末期医学書復刻』二）
（吉田　寅）

ホフマン　Johann Joseph Hoffmann　一八〇五―七八　オランダの中国学者、日本学者。一八〇五年二月十六日ドイツのウュルツブルグ Würzburg に生まれる。若い時オペラ歌手として各地を廻るうちアントワープで偶然シーボルトに会い、生来語学に関心が深かったのでシーボルトの助手となり日本語を学んで師を凌ぐようになった。またシーボルトの助手郭成章に中国語・マレー語を学びシーボルトの大著『日本』Nippon の著述を扶けるところが多かった。一八四六年オランダ政府の翻訳官に挙げられ、五五年にはライデン大学の中国学・日本学担当教授に任ぜられた。六二年（文久二）の江戸幕府の遣欧使節訪蘭の際、また翌年榎本武揚・西周・津田真道らの和蘭留学の際など政府の命を受けてその接伴・教育輔導などに努めた。論著も非常に多いが一八六八年に著わした『日本文典』Japansche Spraakleer は有名である。また未完に終ったが日蘭辞典の編纂に努め、その一部はその没後に出版されている。オランダはもちろんヨーロッパにおける日本学研究の基を作った人と評価されており、ザクセン国王・オランダ国王から勲章を贈られた。一八七八年一月十九日ライデンで死去。七十二歳。生涯独身であった。

［参考文献］幸田成友「ヨハン・ヨゼフ・ホフマン」（『幸田成友著作集』四所収）、宮永孝「ヨハン・ヨゼフ・ホフマン―ライデンの日本語学者―」（『法政大学教養部紀要』五〇）
（沼田　次郎）

ほりうちたてき　堀内干城　一八八九―一九五一　大正・

昭和時代前期の外交官。中国通として知られる。明治二十二年(一八八九)三月七日、奈良県に生まれる。農業堀内卯吉の長男。同四十四年上海の東亜同文書院を卒業、大正四年(一九一五)京都帝国大学法科大学卒業。同七年外交官試験に合格、同期に西春彦・大橋忠一・河相(かわい)達夫などがいる。同年領事官補として香港に赴任、外交官生活を始めた。十年より通商局勤務となり中国との貿易問題に従事、昭和二年(一九二七)より約二年ロンドンに在勤、同四年より北京・上海・南京に駐在、十四年十月野村吉三郎外相のもとで東亜局長に就任、日中戦争の処理にあたった。十五年九月中国公使兼総領事として赴任、十七年十月帰国、十一月公使として重光葵(まもる)中国大使を補佐した。二十年八月南京で敗戦を迎えたが国民政府の依頼で残留、二十三年十二月上海より帰国した。二十四年三月末外務省を退官、翌二十五年回想録『中国の嵐の中で』を出版した。昭和二十六年五月二十八日死去。六十二歳。 (臼井 勝美)

ほりうちためざえもん 堀内為左衛門 一八四四―一九三三 明治時代の篤農家。弘化元年(一八四四)紀伊国那賀郡安楽川村(和歌山県那賀郡桃山町)の庄屋の家に生まれ、醤油・酒醸造業を営んだが、明治二年(一八六九)有田・宇治などを調査し、温州蜜柑・茶を栽植、同十年には蜜柑の販売組織南陽社を設立し社長となる。輸出に着目して二十二年アメリカに代表を送り、ワシントンネーブル苗木を輸入し栽植に成功した。一個ごとに紙に包み商票を付すことをも創案した。また植林や道路・河川改修にも尽力し、緑綬褒章を授与された。昭和八年(一九三三)没。九十歳。 (高村 直助)

ほりえきいち 堀江帰一 一八七六―一九二七 明治から昭和時代前期にかけての経済学者、新聞記者。明治九年(一八七六)四月二十七日東京府荏原郡白金町に生まれる。旧姓は滝山。十歳の時、叔父堀江助保の養子となる。明治二十九年十二月慶応義塾大学理財科卒業、その後三井銀行に入社するが間もなく退社し、『時事新報』に入社。明治三十二年七月慶応義塾大学教員となり、第一回留学生として欧米に留学、経済学を専攻した。明治三十五年七月帰国し、慶応義塾大学にて、貨幣論・銀行論および財政学を教授し理財科主任として教鞭を取る一方で、『時事新報』の社説を担当した。明治四十三年四月社会問題研究のために再度留学、同年十月博士会推薦により法学博士を授与される。明治四十四年二月帰国、翌四十五年三月より文部省教員試験委員を委嘱され生涯その任にあたった。大正六年(一九一七)十月、梁啓超の招聘で北京に赴き幣制を講義、大正九年四月から同十四年まで慶応義塾大学経済学部長。昭和二年(一九二七)十二月二日京都市にて講演中に倒れ、九日没す。享年五十二。墓は東京都港区の青山墓地にある。著作論文をまとめた全集十巻がある。なお大正十五年社会民衆党結成にあたって安部磯雄、吉野作造らと尽力したことは記憶されてもよいであろう。 (北根 豊)

ほりきりぜんじろう 堀切善次郎 一八八四―一九七九 大正・昭和時代の官僚、政治家。堀切善兵衛の弟。明治十七年(一八八四)九月二日県会議員堀切良平の次男として福島県信夫郡上飯坂町(福島市飯坂町)に生まれ、東京帝国大学卒業後、内務省に入る。計画局長・土木局長を歴任、大正十四年(一九二五)神奈川県知事、同十五年復興局長官となる。昭和四年(一九二九)東京市長に就任、翌年拓務次官となる。七年五月斎藤内閣の法制局長官に就任、八年三月内閣書記官長に転じ九年七月退任。この間八年十二月貴族院議員に勅選され二十一年五月まで在任した。戦後、幣原内閣で内務大臣を勤めたが(二十年十月―二十一年一月)、二十一年九月公職追放に遭う。追放解除後、二十九年七月から十五年間、東京都公安委員長を勤めた。五十四年十一月一日死去。九十五歳。

[参考文献] 戦前期官僚制研究会編『戦前期日本官僚制の制度・組織・人事』、福田東作編『人物と其勢力』、鶴見祐輔「堀切新市長論」(『改造』一一ノ六) (佐々木 隆)

ほりきりぜんべえ 堀切善兵衛 一八八二―一九四六 明治から昭和時代前期にかけての政党政治家。明治十五年(一八八二)五月四日、県会議員堀切良平の長男として福島県信夫郡上飯坂町(福島市飯坂町)に生まれる。堀切善次郎は弟。三十六年慶応義塾を卒業、ハーバード大学・ケンブリッジ大学などに財政経済学を学ぶ。四十五年衆議院議員に初当選、以後当選十回を重ねた(立憲政友会所属)。この時期、慶応義塾教員、『時事新報』記者をも勤める。大正三年(一九一四)から四年まで政友会幹事、十年十一月から十一年六月まで首相秘書官(高橋内閣)を勤め、昭和二年(一九二七)から三年まで政友会常議員となる。昭和四年十二月、川原茂輔議長の死去を受けて衆議院議長となったが、解散のため一ヵ月で退いた。この後も六年十二月から九年七月まで大蔵政務次官、十三年三月から十四年五月まで政友会常議員を勤めるなど政友会中堅実力者として活動、十五年九月には松岡洋右外相により駐伊大使に起用され十七年十月まで在任した。十九年六月に帰国、二十年二月貴族院議員に勅選される(二十一年六月まで在職)。二十一年十一月二十五日死去。六十五歳。 (佐々木 隆)

ほりぐちだいがく 堀口大学 一八九二―一九八一 大正・昭和時代の詩人、翻訳家。明治二十五年(一八九二)一月八日、東京の本郷(文京区)に生まれる。父は外交官で、かつ漢詩人の堀口九万一、母は政。東大赤門前の家で生まれたので大学と名付けられた。長岡中学卒業後上京。明治四十三年十八歳の時、与謝野寛(鉄幹)・晶子のはからいで佐藤春夫と知る。同年二人とも慶大文学部予科に入学、『三田文学』『スバル』などに詩作品を発表。四十四年十九歳で父の任地メキシコに渡り、その後父に従い、ヨーロッパ各地を転住。大正六年(一九一七)単身帰国したが、フランス近代詩を身を以て体得した。大正十四年に日本に定住し、翻訳と詩作に専念した。フランス訳詩集『昨日の花』(大正七年)をはじめとして、詩集『月光とピエロ』(同八年)、歌集『パンの笛』を出版した。初期の詩集『水の面に書きて』(同十年)、『新らしき小径』(同十一年)、『砂の枕』(同十五年)はエロチシズムとウイチシズムにすぐれた詩風がただよう。ラディゲの『ドルジェル伯の舞踏会』(昭和六年(一九三一))も名訳の名が高い。第二次世界大戦中は戦火を避けて新潟に家族と疎開していたが、戦後再び『人間の歌』(同二十二年)、『夕の虹』(同三十二年)など虹を題材にした一連の詩集を発表。訳詞集『月下の一群』(大正十四年)は昭和初期の詩壇に新風を吹き込んだが、その他ポール＝モーランの『夜ひらく』(大正十三年)、『夜とざす』(同十四年)やコクトー・ランボオの訳詩集、『堀口大学全詩集』もある。『人間の歌』、『堀口大学全集』全十一巻の優れた業績により、昭和三十二年に芸術院会員、同四十五年に文化功労者となり、五十四年、文化勲章を受章。五十六年三月十五日没。八十九歳。墓は神奈川県鎌倉霊園。（古川 清彦）

ほりこしやすへい 堀越安平 一八〇六―八五 幕末・明治時代前期の商人。文化三年(一八〇六)正月十五日、上野国碓氷郡藤塚村(群馬県高崎市)に、田島安兵衛・はなの次男として生まれた。無頼のため家を逐われ江戸に出、辛酸を経験したのち、郷里の知人堀越文右衛門に従って商業に従事。天保十三年(一八四二)文右衛門の養子となり堀越角次郎と称し、翌年その資金援助で本船町に呉服店を開き、翌年通旅籠町に移転した。開港後横浜に出店して洋織物引取商を営み、巨富を蓄えて土地にも投資し、明治十二年(一八七九)には横浜正金銀行設立発起人にもなった。同年隠居して安平を称し、十八年八月二十五日、八十歳で没した。法名は弘昌院朴翁安平居士。墓所は東京都台東区の谷中墓地。

参考文献 田島鶴治編『風雪―堀越家のあゆみ―』（高村 直助）

ほりごめようぞう 堀米庸三 一九一三―七五 昭和時代のヨーロッパ中世史家。大正二年(一九一三)二月二十四日、山形県西村山郡谷地町字沢畑(河北町)に堀米康太郎・カウの三男として生まれる。大正十二年に家の都合で上京、芝中学校卒業後、昭和六年(一九三一)第一高等学校文科乙類に入学。九年東京帝国大学文学部西洋史学科に進み、ドイツ中世史を専攻。十三年から研究室の副手を勤めたのち、十六年神戸商科大学予科講師として赴任、十九年には教授となる。二十二年六月、北海道帝国大学に新設の法文学部の助教授に任ぜられ、多くの俊秀を育てる。三十一年、東京大学文学部教授。処女作『中世国家の構造』(二十四年)以来のドイツ的構造論は、北大でのマルク＝ブロックとの出会い、アメリカ留学中(三十三―三十四年)のホイジンガ再発見と相まって、総合的な中世史像に向かわせた。著書には『西洋中世世界の崩壊』(三十三年)、『正統と異端』(三十九年)など多数あり、主要論文は『ヨーロッパ中世世界の構造』(五十一年)に収録されている。五十年十二月二十二日、肺癌のため没。六十二歳。墓は神奈川県鎌倉市二階堂の覚園寺にある。

参考文献 堀米庸三『わが心の歴史』、石川武「『中世国家の構造』から『中世の光と影』へ」(堀米庸三編『西洋中世世界の展開』所収)、木村尚三郎「堀米庸三先生を悼む」(『史学雑誌』八五ノ三)（成瀬 治）

ほりしげる 保利茂 一九〇一―七九 昭和時代後期の有力政治家。昭和二十年(一九四五)代、吉田茂首相に重用され、労相・官房長官・農相を歴任。四十年代は佐藤栄作首相を支え、自民党幹事長・内閣官房長官に長期在任する重鎮となった。明治三十四年(一九〇一)十二月二十日佐賀県東松浦郡鬼塚村山本(唐津市)に生まれる。父朝次郎・母きさ。中央大学を卒業後、報知新聞・東京日日新聞記者。昭和九年、山崎達之輔農相の秘書官となり、同十九年、衆議院議員補欠選挙に当選して政界に入る。第二次世界大戦後は進歩党―民主党に属したが、二十五年吉田自由党に移り、たちまち吉田側近となる。三十年の自民党結成後は佐藤派に属し、三十五年池田勇人政権で党総務会長。三十八年総選挙で落選したが、復帰後は佐藤政権で福田赳夫・田中角栄と並ぶ三本柱となった。五十一年の三木武夫政権当時、「三木おろし」の取りまとめ役として福田と大平正芳の調整にあたり、福田から大平への政権授受の立会人となった。五十一年、衆議院議長に就任、名議長と謳われて政治生活の最後を飾った。同五十四年三月四日東京都港区西新橋の東京慈恵会医大付属病院で没。七十七歳。著書に『戦後政治の覚書』(昭和五十年)がある。（内田 健三）

ほりしんごろう 堀真五郎 一八三八―一九一三 幕末・明治時代の長州藩藩士、官僚。堀家はもと菅原姓であったが、巨費を投じて河川開鑿に功績があったため、藩主より堀姓を下賜された。天保九年(一八三八)四月十一日堀文右衛門の子として出生した。通称真五郎は諱を義彦、風民・水石・白鷺夫なども号した。二十二歳の時、一時脱藩したが、のちに帰国し、吉田松陰の門下として身をよせた。文久二年(一八六二)、高杉晋作・久坂玄瑞らと薩摩に赴き、同藩の有馬新七らとはかり、尊攘派を糾合して討幕挙兵を計画、そのために弾圧されるという寺田屋事件を経験した。その後、幕末の倒幕運動に奔走し、慶応年間(一八六五―六八)再度の幕長戦争にも参加、明治元年(一八六八)には、武力討幕派の一員として福山城を攻略するなど活躍。王政復古後、新政府の徴士内国事務局権判事となり、以後、東京裁判所・金沢裁判所長などを経て大審院判事に昇進し、また貴族院議員(勅選)でもあった。大正二年(一九一三)十月二十五日没。七十六歳。

参考文献 井関九郎編『現代防長人物史』（石塚 裕道）

ほりたつお 堀辰雄 一九〇四―五三 昭和時代の小説家。明治三十七年(一九〇四)十二月二十八日、東京麴町区(千代田区)平河町に父浜之助・母西村志気の長男として生まれた。父は裁判所に勤務。志気はやがて彫金師上条松吉に嫁し、辰雄も松吉を実父と思いこみ育つ。大正十年(一九二一)、府立三中四年修了にて第一高等学校理科に入学。十二年、室生犀星を訪ね、犀星により芥川竜之介を紹介された。文学の二人の師である。胸を病み、一年休学。一高『校友会雑誌』にエッセイ、詩を発表。十四年、東京帝国大学文学部国文科に進学。小林秀雄らの『山繭』、中野重治らの『驢馬』の同人に加わり、小説、詩を発表。肋膜を患い、生死の境をさまよう。昭和四年(一九二九)、東京帝大を卒業、卒業論文は『芥川竜之介論』。同年、『不器用な天使』を発表して文壇に登場したが、胸部疾患による病床生活が続いた。堀辰雄の文学は病と死を見つめた文学であった。『聖家族』(昭和五年)、『恢復期』(六年)、『燃ゆる頬』(七年)、『美しい村』(八年)などにはラディゲやプルーストの心理主義文学の作用が認められる。昭和十年代に入っての代表的な作品には自身の愛の体験にもとづく『風立ちぬ』(十一—十三年)、王朝文学に材を得た『かげろふの日記』(十二年)、そしてフランソワ＝モーリヤックの影響が認められる『菜穂子』(十六年)などがあった。紀行小品集に『大和路・信濃路』(十八年)。戦後も闘病に明け暮れ、『雪の上の足跡』(二十一年)がほとんど唯一作。昭和二十八年五月二十八日、その作品の主たる舞台となった軽井沢、信濃追分の自宅で死去。四十八歳。墓は東京都府中市の多磨墓地に在る。その影響を受けた作家には中村真一郎・福永武彦・遠藤周作らがおり、『堀辰雄全集』全十一巻(五十二—五十五年、筑摩書房)がある。

[参考文献] 佐々木基一・谷田昌平『堀辰雄その生涯と文学』、池内輝雄編『堀辰雄』(『鑑賞日本現代文学』一八)

(保昌　正夫)

ほりたつのすけ　堀達之助　一八二三—九四　幕末の阿蘭陀通詞のち英学者。諱は政徳。文政六年(一八二三)五月九日通詞中山作三郎武徳、母陳の五男として長崎に生まれ、のち通詞堀儀左衛門政信の養子となる。日米和親条約の翻訳に加わる。安政二年(一八五五)外交文書独断処理により入牢五年。同六年蕃書調所翻訳方、文久二年(一八六二)洋書調所教授方となり、『英和対訳袖珍辞書』完成出版。同三年開成所教授職。慶応元年(一八六五)箱館奉行通詞。箱館洋学所で英学教授。明治元年(一八六八)箱館裁判所参事席文武学校掛、同三年開拓使大主典、同五年三月一等訳官。同十月退職。長崎に帰り、のち大阪に移住。明治二十七年一月三日病没。七十二歳。墓は長崎市鍛冶屋町の大音寺にある。

[参考文献] 池浦敞子・小野寺和子「堀達之助」(『近代文学研究叢書』二所収)、堀孝彦・遠藤智夫『『英和対訳袖珍辞書』の遍歴』、長谷川誠一『函館英学史研究』、同「函館文庫と堀達之助」(同八ノ一)、同「函館のおける堀達之助」(『英学史研究』一〇)、同「ラナルド・マグドナルドの第十一番目の生徒研究」(同一四)、堀孝彦・谷沢尚一「堀達之助研究ノート(その一—一六)」(『名古屋学院大学論集』社会科学篇、一九八八—九八)

(片桐　一男)

ほりていきち　堀悌吉　一八八三—一九五九　大正・昭和時代の海軍軍人。明治十六年(一八八三)八月十六日大分県に出生。矢野弥三郎の次男、のち堀家をつぐ。三十七年海軍兵学校卒、山本五十六と同期の心友。三笠に乗り組み日本海海戦に従軍。大正二年(一九一三)一月—五年七月フランス駐在。七年海軍大学卒。十年ワシントン会議に中佐で全権随員、加藤友三郎全権の日米不戦を基本とする国防論の口述を筆記した「加藤全権伝言」を携帯帰国し井出謙治海軍次官に伝達。十五年五月国際連盟軍縮準備委員会に代表随員、昭和二年(一九二七)ジュネーブ海軍軍縮会議に全権随員。陸奥艦長、第二艦隊参謀長を経て四年九月軍務局長。五年ロンドン条約問題では山梨次官とともに条約の調印、批准に努めたため、艦隊派から条約派の中心人物とみられ、八年十一月中将となったが、九年十二月条約派一掃の大角人事により予備役編入。十六年十二月—二十年十一月浦賀ドック社長。三十四年五月十二日没。七十五歳。

[参考文献] 日本国際政治学会太平洋戦争原因研究部編『太平洋戦争への道』別巻資料篇、広瀬彦太編『堀悌吉君追悼録』、宮野澄『不遇の提督堀悌吉—山本五十六・井上成美が尊敬した海軍の逸材の生涯—』

(小林　竜夫)

ほりとしひろ　堀利熙　一八一八—六〇　江戸時代後期の外国奉行。諱ははじめ利忠、通称は省之介・織部、字は欽文・士績、号は有梅・梅花山人。文政元年(一八一八)六月十九日、堀利堅(高二千五百石)の四男に生まれた。母は林述斎の女である。兄の死により天保四年(一八三三)総領となり、同十二年部屋住で小性組に番入りし(切米三百俵)、同十四年学問吟味に乙科及第した。嘉永五年(一八五二)徒頭となり、翌年ペリー来航の直前に目付に抜擢されて海防掛となった。安政元年(一八五四)蝦夷地掛として同地に出張し、そのまま箱館奉行に転じて織部正に任じられた。任地での開明政策はよく知られる。同五年外国奉行を兼帯し、翌年神奈川奉行も兼ねて、修好通商条約の締結や関係業務の処理にあたった。万延元年(一八六〇)プロシア使節と商議して条約案をまとめたが、これと対朝廷策との関連をめぐって老中安藤信正と意見対立を生じ、同年十一月六日自刃した。享年四十三。攘夷派は遺書を偽作して老中の廃帝陰謀への諫死であると宣伝した。法号は爽烈院殿粛誉利煕欽文居士。墓は東京都文京区小石川二丁目の源覚寺にある。

[参考文献] 『堀利熙事蹟』(東大史料編纂所所蔵)、『オイレンブルク日本遠征記』上(中井晶夫訳、『新異国叢書』一三)、『昌平学科名録』(『江戸』二)、北海道総務部行政資料室編『北海道開拓功労者関係資料集録』下、田辺太一『幕末外交談』、「堀織部正の自殺に関したる

諸家の説」(『旧幕府』三)、長谷川幸蔵「堀織部正自殺始末」(同五)、『函館市史』 (三谷 博)

ほりなおとら 堀直虎 一八三六―六八 幕末の信濃国須坂藩主。寧之進・大学・内蔵頭・長門守と称す。号は九如斎・良山。天保七年(一八三六)八月十六日、十一代藩主直格(なおただ)の五子として江戸に生まれる。漢学を亀田鶯谷、書を市河米庵に、杉田玄端・南郷茂光・赤松小三郎に洋学を学んだ。文久元年(一八六一)十一月、兄直武のあとをうけて十三代藩主となり、ついで藩政改革を断行、洋式の兵制を導入した。文久三年九月、大番頭に任ぜられ市中警備にあたった。翌元治元年(一八六四)七月水戸天狗党の討伐にあたり、総督田沼意尊と対立し、被免・差控に処せられた。慶応三年(一八六七)十月、大政奉還後の諸侯上洛令に対しては、これを拒否した。同十二月五日、若年寄に任ぜられ外国総奉行を兼ねた。翌明治元年(一八六八)正月、鳥羽・伏見の戦に敗れて徳川慶喜が江戸に帰って以来、城中では主戦論と恭順論との対立があり、この混乱のなか、正月十七日に江戸城中で自刃した。表向は病死として届けられた。三十三歳。墓は東京都港区赤坂七丁目の種徳寺および長野県須坂市小山の臥竜山にある。大正十三年(一九二四)二月、従四位を贈られた。

参考文献 岩崎長思『堀直虎公伝』、須坂市人物誌編集委員会編『須坂市人物誌』、広瀬紀子『須坂藩主堀家の歴史』 (井上 勲)

ほりもとい 堀基 一八四四―一九一二 幕末・明治期の鹿児島藩出身の官僚、野に下って実業家となる。弘化元年(一八四四)六月十五日薩摩国鹿児島郡元村(鹿児島市)に、鹿児島藩士堀権四郎の子として生まれる。元治元年(一八六四)勝海舟の海軍操練所に入り、慶応三年(一八六七)対露関係を憂えて箱館に至る。明治元年(一八六八)正月鳥羽・伏見の戦に参加、四月箱館裁判所が置かれるとその監察・参事席を命ぜられ、五月には民政方勧農掛をもって樺太在勤となった。翌年七月開拓使が設置されるとその御用掛となりついで大主典となった。以後も樺太の事務をとることが多く、開拓権判官・少判官などを経て、明治十年准陸軍大佐兼開拓大書記官となる。屯田兵を率いて西南戦争に従軍、十一年暮に職を退いた。明治十五年には函館の実業家とともに北海道運輸会社を起して社長となり、その関連で共同運輸会社・日本郵船会社の理事となった。明治十九年北海道庁が置かれると再び官に復して理事官となったが、二十二年非職となって同年末北海道炭礦鉄道会社を起して社長となった。二十五年、専断の事跡が多いとして解任され、二十七年から貴族院議員となった。この間二十四年に私費を投じて北鳴学校をおこし、北海道における中学校教育の創始者となっている。明治四十五年四月八日鎌倉で没。六十九歳。

参考文献 北海道総務部行政資料室編『北海道開拓功労者関係資料集録』下 (永井 秀夫)

ポルスブルック Dirk *de Graeff* van Polsbroek 生没年不詳 幕末・維新期の駐日オランダ公使。伯爵。安政五年七月(一八五八年八月)日蘭修好通商条約締結の際、理事官ドンクル＝キュルシウスの秘書官として江戸に同行。同六年神奈川駐在副領事となり、貿易・外人殺傷事件の処理にあたる。文久三年五月(一八六三年七月)総領事兼外交代表として江戸への途中、下関で搭乗の蘭艦メデューサ号を長州藩に砲撃される。このため米公使の提案に応じ元治元年八月(一八六四年九月)英・仏・米・蘭四国連合艦隊により下関を砲撃、占領、同月長州藩と講和成立。翌月四国公使は幕府と横浜で下関事件取極書に署名。慶応元年(一八六五)蘭艦に搭じ四国連合艦隊兵庫沖に出動、条約勅許を勝ち得るとともに翌年改税約書を締結した。明治元年正月(一八六八年二月)ほかの五国同様局外中立を布告したが十二月に撤廃する。そのほか彼は幕府と欧州各国の通商条約締結に関与し、文久三年十二月スイス締結には支援して成功に導き、慶応二年十二月デンマーク締結には同国全権として働いた。また明治元年九月瑞典諾威(スウェーデン＝ノルウェー)締結にも同国全権として明治新政府の最初の条約締結に活躍した。

参考文献 ポンペ＝ファン＝メールデルフォールト『ポンペ日本滞在見聞記』(沼田次郎・荒瀬進訳、『新異国叢書』一〇)、石井孝『増訂明治維新の国際的環境』、川島信太郎『条約改正経過概要』(『条約改正関係日本外交文書』別冊)、外務省記録局編『締盟各国条約彙纂』 (秋本 益利)

ホルバート Dmitrii Leonidovich Horvat 一八五八―一九三七 ロシアの鉄道技術者・軍人。東支(中東)鉄道長官をつとめ、ロシア革命内戦期には反ボルシェビキ指導者として活動。Horvath とも記し、日本語文献・史料ではホルワットとも記される。一八五八年、ポルタバ県の貴族家庭に生まれる。ニコラエフスキー工科学校修了後、露土戦争に従軍、ついでザカスピ鉄道建設に参加。ウスリー鉄道長官などを経て、一九〇二年、ロシアの中国進出の拠点である東支鉄道初代長官に就任。この東支鉄道長官職は、単に鉄道経営にとどまらず付属地行政、軍事も統轄するものであり、一七年のロシア革命勃発とともに、ホルバートは中国東北地域におけるロシア旧体制の代表者的立場となる。十月革命の影響は東支鉄道へも波及し、ハルビンにソビエトが樹立されるが、中国軍の介入と列強の援護に助けられ、ホルバートはボルシェビキ勢力の鎮圧に成功した。ついで反ボルシェビキ工作に参画、ホルバートの存在は日本政府・軍の注目するところとなる。一八年七月、グロヂェコボに臨時政府を組織するが、なんら実体をもちえないものであった。十一月コルチャックによるオムスク政権が成立すると、これに形式上は合流し、ホルバートは「極東最高代官」となった。二〇年オムスク政権崩壊後、再び東支鉄道を足がかりとして画策するが、同年三月労働者のストライキを契機として、東支鉄道回収をめざす中国側に解職され、四月北京へ退去した。二四年、中ソ国交回復により東支鉄道関係職から完全に追放され、以後白系ロシア人団体の代表をつとめ、三七年五月北京で客死した。ホルバートの活動は、複雑な国際関係を背景にもつ東支鉄道を足場に行われ、日本もシベリア出兵の過程で利用しようとした。みずからの地位を維持することには老練であったが、政治的には優柔不断、無能であり、なんらの指導力を発揮することもできなかった。アメリカ、スタンフォード大学フーバー研究所に自伝原稿が所蔵されている。

参考文献 高橋治『出兵』、原暉之『シベリア出兵』、関寛治「一九一七年ハルビン革命」(『現代東アジア国際環境の誕生』所収)、呉文銜・張秀蘭『霍爾瓦特与中東鉄路』、N. G. O Pereira: White Siberia. Andreev, C. I, Revoliutsionnoe dvizhenie na KVZhD 1917—1922gg. (1983). Sow-Theng Leong: Sino-Soviet Diplomatic Relations, 1917—1926.

(中見 立夫)

ほんごうふさたろう 本郷房太郎 一八六〇—一九三一 明治から昭和時代前期にかけての陸軍軍人。万延元年(一八六〇)正月二十四日丹波篠山藩士、本郷貫之助の長男として生まれる。明治十二年(一八七九)陸軍士官学校卒業、歩兵少尉に任官。日清戦争中は士官学校教官、日露戦争には歩兵第四十二連隊長として参戦。三十八年少将にすすみ陸軍省俘虜情報局長官、ついで人事局長を兼ねた。大正二年(一九一三)陸軍次官、六年青島守備軍司令官、七年大将にすすみ軍事参議官、十年予備役となる。その後久邇宮宮務監督、大日本武徳会会長をつとめ、昭和六年(一九三一)三月二十日没。七十二歳。

参考文献 本郷大将記念事業期成会編『陸軍大将本郷房太郎伝』

(藤原 彰)

ほんじょうえいじろう 本庄栄治郎 一八八八—一九七三 大正・昭和時代の日本経済史学者。明治二十一年(一八八八)二月二十八日京都西陣芝大宮町の機業家本庄武助の四男として誕生。大正二年(一九一三)七月京都帝国大学法科大学政治学科を卒業、西陣機業の研究を目ざして大学院へ進学、翌年最初の著作『西陣研究』を公刊。五年二月大学院を退学し法学部講師に就任、英・独経済書講読ついで経済史講義を担当、七年四月助教授に昇任、八年五月京都帝大に新設された経済学部へ転属、日本経済史および経済史の講義を担当した。十年三月から一年半米・英・仏諸国へ留学。十二年一月教授に昇任。同年十一月『徳川幕府の米価調節』(出版は十三年)により経済学博士の学位を得た。昭和四年(一九二九)七月黒正巌をはじめとする門下学者を中心に経済史研究会を組織、十一月から機関誌『経済史研究』(月刊)を発行、八年五月同研究会を母体に設立された日本経済史研究所の代表理事に就任した。十七年七月京都帝大を退き大阪(市立)商科大学の学長兼教授に就任、第二次世界大戦後の二十一年五月まで在任した。二十三年七月京都大学名誉教授となり、同年十一月には日本学士院会員に選ばれた。二十六年四月上智大学教授に就任、三十年四月大阪府立大学へ転じ、専任教授として三十八年三月まで在職、退職と同時に同大学名誉教授の称号を贈られた。この間、近世日本経済史および経済思想史に関する著書・論文などを相ついで発表したが、四十六年から四十八年にかけて、主要業績をみずから編集し『本庄栄治郎著作集』全十冊を刊行した。また、門下から輩出した経済史学者はおもに京阪神以西の諸大学で活躍し、学界に少なからぬ比重を占めている。四十八年十一月十八日病没。享年八十五。法名研学院殿栄誉究道菁莪居士。菩提寺は金戒光明寺(京都市左京区黒谷町)の塔頭蓮池院。

参考文献 堀江保蔵「本庄栄治郎先生を憶う」(『社会経済史学』三九ノ四)

(服部 一馬)

ほんじょうしげる 本庄繁 一八七六—一九四五 明治から昭和時代前期にかけての陸軍軍人。明治九年(一八七六)五月十日父本庄常右衛門と母のぶの長男として兵庫県に生まれる。明治二十六年大阪地方幼年学校に入り、中央幼年学校を経て明治三十年陸軍士官学校を卒業、三十一年歩兵少尉に任官、日露戦争には歩兵第二十連隊中隊長として参加、負傷した。四十年陸軍大学校卒、参謀本部の「支那課」勤務、中国各地の駐在員、張作霖の軍事顧問、中国公使館付武官などを歴任、陸軍内の「支那通」として知られた。昭和二年(一九二七)中将にすすみ翌三年第十師団長、ついで六年八月関東軍司令官に就任したが、その直後に部下の参謀たちのお膳立てによる柳条湖事件がおこり、計画の路線の上に乗って十五年戦争の口火を切る司令官となった。七年軍事参議官、八年から十一年まで侍従武官長、この間八年に大将、十年には満洲事変の功績で男爵を授けられた。翌十一年、二・二六事件後、軍の長老としての責任と、女婿が事件に関係したこととの二つの理由から予備役となり、その後傷兵保護院総裁、枢密顧問官を歴任した。敗戦後の昭和二十年十一月二十日自決した。七十歳。長年の中国での情報工作や、シベリア出兵・満洲事変の責任をとったものであろう。政治的野心のない人格者だとして知られているが、対中国強硬論者であり、満洲事変の現地の最高責任者であった。戦後公刊されたその日記の一部は、二・二六事件などの貴重な資料である。

参考文献 『本庄繁日記』(『近代日本史料選書』六、林政春『陸軍大将本庄繁』

(藤原 彰)

ほんじょうむつお 本庄陸男 一九〇五—三九 昭和時代の小説家。明治三十八年(一九〇五)二月二十日、父本庄一興、母ハヤの六男として、石狩川近くの北海道石狩郡当別村太美に生まれた。父は旧鍋島藩士で、開拓農民としてこの地に移住、貧困のうちに暮らす。高等小学校卒業後樺太に渡って労働生活を経験、大正十年(一九二一)、青山師範本科に入学。十四年に卒業後、誠之小学校・明治小学校に勤務。昭和二年(一九二七)に結婚後、同年十一月、前衛芸術家同盟に創立とともに参加、三年に発表した短編「北の開墾地」は、彼の文学的出発になるとともに雑誌『前衛』を代表する作品となった。おもに教育運動に奔走し、五年二月、明治小学校を免職後、作家同盟の仕事に従事し七年日本共産党に入党。運動昂揚期には見るべき作品を書かず、作家同盟解散後、九年、教育の現場に材をとった「白い壁」を発表、同年雑誌『現実』、十一年『人民文庫』の創刊に参画。十四年五月には、維新後の、開拓農民となった旧藩士の苦闘を描いた代表作、長編『石狩川』を刊行、直後の七月二十三日肺結核で死去。三十五歳。墓は北海道紋別市上渚滑町の西辰寺にある。戦後に『本庄陸男遺稿集』が出版された。

参考文献　布野栄一『本庄陸男の研究』

（林　淑美）

ほんじょうむねひで　本荘宗秀　一八〇九―七三　江戸時代後期の老中。丹後国宮津藩主。諱は宗秀、通称は秀次郎、叙爵して図書頭・伯耆守。文化六年（一八〇九）九月十三日江戸に生まれる。先々代藩主宗允の次男。天保十一年（一八四〇）十一月兄宗発のあとをうけて宮津七万石を襲封した。翌十二年十二月奏者番に任じ、十四年閏九月辞し、弘化三年（一八四六）六月再任し、安政五年（一八五八）十月寺社奉行を兼ね、翌六年二月安政の大獄に寛典を主張する板倉勝静に代わって五手掛の一員として大獄を処断した。万延元年（一八六〇）十二月大坂城代、文久二年（一八六二）六月京都所司代となったが、廷臣の忌避にあって赴任できず、八月幕府は牧野忠恭に代え、宗秀を雁間詰より溜間詰格に進めた。しかし幾許もなく十一月寺社奉行在職中の失政を追罰され、雁間詰におとされた。元治元年（一八六四）八月老中に進み、慶応元年（一八六五）禁裏守衛総督一橋慶喜の帰府と幕兵による九門の守衛を図り、二月老中阿部正外と兵三千を率いて入京したが、関白に詰問され、かえって将軍上洛を督促されて帰府した。ついで九月四国代表が兵庫沖に来航して兵庫開港と条約勅許を迫ると、上坂して交渉し、十月退帆すると、帰府して開港延期の代償について折衝した。翌二年長州再征にあたり、五月先鋒副総督として広島に出陣したが、六月戦局の不利に拘禁中の長州藩士を独断で釈放して停戦工作を図ったため、大坂に召し還され、七月老中を罷免、大坂城代に預けられ、十月致仕・蟄居を命ぜられ、家督を宗武に譲った。明治元年（一八六八）二月宗武に代わって入京して帰順を誓った。同五年教部省に出仕し、六年一月神宮大宮司に補されたが、十一月二十日病死した。年六十五。墓は京都府宮津市万町の天満神社境内と同市金屋谷の大頂寺にある。

参考文献　史談会編『（国事鞅掌）報効志士人名録』

（吉田　常吉）

ほんだくまたろう　本多熊太郎　一八七四―一九四八　明治から昭和時代前期の外交官。明治七年（一八七四）十二月八日和歌山県に生まれる。父宇兵衛。東京法学院などで修学、明治二十七年外務省留学生試験、二十八年書記生試験に合格し、元山在勤を最初に外交官生活に入る。明治三十四年小村寿太郎外相の秘書官となり、日露ポーツマス会議にも小村全権の随員として渡米した。小村に私淑し、小村外交を「武力の発動を伴う現状打破の外交」として称揚、生涯その顕彰に努めた。大正七年（一九一八）スイス公使となり、十三年から二年間ドイツ大使を勤めたのち退官した。在野の外交論客として幣原外交批判などで活躍したが、昭和十五年（一九四〇）十二月松岡洋右外相に起用され翌年十二月まで中国（汪兆銘国民政府）大使となった。また十九年重光葵外相（東条内閣）の時、外交顧問に就任した。昭和前期、対欧米硬派の異色の外交官また外交評論家として著名な存在であった。『魂の外交』『支那事変から大東亜戦争へ』などの著書がある。二十三年十二月十八日死去。七十五歳。

（臼井　勝美）

ほんだこうたろう　本多光太郎　一八七〇―一九五四　明治から昭和時代にかけての金属物理学者。理学博士。明治三年（一八七〇）二月二十三日、農業本多兵三郎の三男として三河国碧海郡新堀村（愛知県岡崎市）に生まれ、二十年上京、第一高等中学を経て、二十七年帝国大学理科大学入学、三十年物理学科卒業、大学院にすすみ、三十四年東京帝国大学理科大学講師となり、恩師の長岡半太郎とともに鋼・ニッケル・コバルトなど強磁性体の磁歪の研究を進めた。四十年、仙台に開設予定の東北帝大教授候補者に選ばれ、独英仏に留学、ことにドイツのゲッチンゲン大学でタンマンG. Tammann教授に師事、物理冶金学の基礎を修め、またベルリン大学デュ＝ボアdu Bois教授について元素の磁気係数と温度変化を研究し、四十四年帰国、ただちに東北帝大理科大学教授に就任、ついで大正五年（一九一六）臨時理化学研究所第二部が学内に新設され、その主任教授となった。磁気分析法など多くの研究方法を創始して鉄鋼の本質的解明を推進し、大正五年帝国学士院賞を授けられ、翌年強力磁石鋼（ＫＳ鋼）を発明、八年住友家の援助を得て臨時理化学研究所第二部を鉄鋼研究所に改組発展させ、初代所長となった。この研究所は大正十一年さらに金属材料研究所となるが、ひきつづき所長として金属科学全般にわたる研究を展開し、物理冶金学の確立につくすとともに多くの俊秀を輩出させた。昭和六年（一九三一）東北帝大総長就任後もその任にあったが、八年五月金属材料研究所長、十五年五月東北帝大総長を、それぞれ退任し、東北帝大名誉教授となった。この間、理化学研究所主任研究員、帝国学士院会員、日本金属学会会長などを歴任、英国鉄鋼協会からベッセマー賞をうけたほか、昭和五年には十大発明功労者の一人に選ばれ、十二年には文化勲章を授与された。その後十九年金属材料研究所長事務取扱、二十二年辞任、二十四年仙台市名誉市民、また同年から二十八年まで東京理科大学学長をつとめ、二十九年二月十二日没。八十三歳。墓は岡崎市大和町妙源寺にある。

参考文献　石川悌次郎『本多光太郎伝』、本多先生記念出版委員会編『本多光太郎先生の思い出』、飯田賢一『技術思想の先駆者たち』、同『人物・鉄鋼技術史』

（飯田　賢一）

ほんだせいいち　本多精一　一八七一―一九二〇　明治・大正時代の新聞記者、経済評論家。号は雪堂。明治四年（一八七一）二月十二日、武生藩（福井県）家老本多鼎介の長男として生まれる。幼少より神童の誉れが高く、明治十九年福井中学校初等科を終了後上京、開成学校予備科、第一高等中学校を経て東京帝国大学法科大学法学部選科に進み、明治二十九年七月卒業後は同志社大学、大津商業学校の教壇に立った。明治三十二年八月『大阪朝日新聞』に論説記者として入社、経済面を担当して健筆をふるった。特に明治三十五年の大阪瓦斯会社報償問題に際しては、社命により経済課長の本多は、数十篇に及ぶ社説によるキャンペーンを展開し、かつ市民大会においては二時間に及ぶ演述をなして、瓦斯会社および利権派市議の非を厳しく追及して屈服させ、『大阪朝日新聞』の名を高からしめた。明治三十八年同社を退職して欧米を視察、翌年八月に帰朝して『東京日日新聞』の社長に就任、明治四十年五月社内の機構改革により社長職を辞任、明治四十四年二月『東京日日新聞』が『大阪毎日新聞』に吸収合併されるのを機して退社した。同年『東京朝日新聞』に客員として再入社、大正七年（一九一八）九月いわゆる「白虹事件」に際して『大阪朝日新聞』に移った。この間、明治四十五年には博文館の雑誌『地球』を主宰、大正三年『財政経済時報』を創刊し、その政治経済論評は高く評価され、世に広く歓迎された。同五年法学博士の学位を授与される。大正九年一月十日没。五十歳。墓は武生市深草二丁目の金剛院にある。主著に『財政問題百話』『地方財政問題』『経済訓』などがある。（北根　豊）

ほんだせいろく　本多静六　一八六六―一九五二　明治から昭和時代にかけての林学者。慶応二年（一八六六）七月二日武蔵国埼玉郡河原井村（埼玉県南埼玉郡菖蒲町河原井）に折原禄三郎の第六子として生まれる。明治十七年（一八八四）東京山林学校に入り二十三年その後身の東京農林学校林学部本科を卒業。この前年埼玉県士族本多晋の一人娘銓子（女医の先駆者）の婿養子となり本多姓。卒業の年ドイツに自費留学、林学・国家経済学を修め、二十五年ミュンヘン大学でドクトル（エコノミー）の学位を得て同年帰国、ただちに東京帝国大学農科大学助教授となり、造林学を講ず。大正四年（一九一五）造園学を新たに開講。昭和二年（一九二七）定年退官するまでの間、明治三十二年『日本森林植物帯論』によって林学博士の学位を得、また『本多造林学』二十編を出版して林学の普及に貢献した。実践的な活動では三十三年東京市の日比谷公園造営委員となり近代的公園の設計を行い、大正四年明治神宮造営局参与として設計にあたった。昭和二十七年一月二十九日静岡県伊東市国立療養所にて八十五歳で没。東京都港区愛宕青松寺に葬られた。

［参考文献］日本林業技術協会編『林業先人伝』、武田正三『本多静六伝』、中村賢太郎「本多静六先生の思ひ出」（『山林』八一四）（鈴木　尚夫）

ほんだそういちろう　本田宗一郎　一九〇六―九一　昭和時代の技術者、経営者。本田技研工業創業者。明治三十九年（一九〇六）十一月十七日、静岡県磐田郡光明村（天竜市）で生まれ、高等小学校卒業後上京。大正十　年（一九二二）自動車修理工場に奉公、技術を体得する。昭和九年（一九三四）ピストンリング製造の東海精機を設立。二十三年本田技研工業を設立してオートバイの生産を開始、二十四年、自分と異なる才能をもつ藤沢武夫を副社長とし、販売と資金運用を委せる。つぎつぎに新製品を開発、オートバイ業界で急速にシェアを高める。国際オートバイレースにも挑戦し、三十六年完全優勝。三十七年自動車産業に参入。四十四年、効率追求から公害対策への移行を見通して、レシプロエンジンを開発。「思想なき技術に進歩なし」など独特の経営哲学で今日の本田技研を築く。平成元年（一九八九）日本人としてはじめて米国自動車殿堂入り。同三年八月五日没。八十四歳。著書に『得手に帆あげて』『私の手が語る』などがある。

［参考文献］池田政次郎編『本田宗一郎の人生』、梶山一明『本田宗一郎―思うままに生きろ―』、NHK取材班『技術と格闘した男・本田宗一郎』（中村　隆英）

ほんだにっしょう　本多日生　一八六七―一九三一　明治から昭和前期にかけての顕本法華宗の僧。慶応三年（一八六七）三月十三日生まれる。姫路藩士国友氏の出身、母方の檀那寺姫路の妙満寺派妙善寺本多日境の姓を継ぎ、十二歳にして出家。明治十九年（一八八六）上京、哲学館（のちの東洋大学）に学び、同二十三年妙満寺派教務部長に就任、雑乱勧請停止に努めて反発をうけ罷免、僧籍を剝奪され、同二十八年復籍。このころ『仏教各宗綱要』編纂の過程で日蓮の四箇格言が除去されようとするや日生はその不当を強調、宗義高揚に努めた。同三十八年顕本法華宗管長に当選、同四十二年日蓮主義を研鑽する天晴会を結成して日蓮教団諸派の僧や学界・軍・法曹・文学関係の人々を吸収して日蓮門下の統合をはかる。その女性版地明会も二年後に発足。この間、大逆事件公判に陪席している。大正七年（一九一八）労働者の思想善導を目的に自慶会を創設、同十一年日蓮に対する大師号（立正）追諡を全日蓮教団の要請とし追諡を実現、同十三年「国民精神作興に関する詔書」にこたえるべく国本会を、昭和三年（一九二八）国民の思想善導を目的とする知法思国会を創めた。田中智学とともに近代日蓮教団の国家主義の傾向を体現した。『大蔵経要義』などの著書がある。昭和六年三月十六日没。六十五歳。墓は東京都品川区南品川二丁目の天妙国寺にある。

［参考文献］礒部満事『本多日生上人』、吉田久一『日本近代仏教史研究』、伊藤立教「本多日生」（中濃教篤編『近代日蓮教団の思想家』所収）（高木　豊）

ほんだよういつ　本多庸一　一八四八―一九一二　日本メソジスト教会初代監督、教育者。嘉永元年（一八四八）

十二月十三日、陸奥国弘前に生まれる。父津軽藩士本多久元、母とも子の長男。幼名は徳蔵。藩校稽古館に学び、明治三年(一八七〇)秋、藩命により横浜に留学、英学修業のため宣教師J・H・バラの塾に入り、はじめてキリスト教に出会う。廃藩置県のため明治四年末に一時帰郷したが、五年再度横浜に自費遊学。五年五月三日バラより受洗して日本基督公会に参加、井深梶之助・植村正久・押川方義らと知る。七年弘前に帰り、稽古館の後身東奥義塾塾頭に就任。八年、弘前日本基督公会創立、同教会は、九年十二月、教派を変更して弘前メソジスト教会となる。十一年東奥義塾塾長になり、また、共同会を結成し民権運動に参加、十五年青森県会議員に当選。十六年上京し、築地の新栄教会で長老(正教師)の按手礼をうける。二十年、東京英和学校(青山学院の前身)校主兼教授、青山美以教会牧師に就任。二十一年九月から二十三年六月まで渡米、このとき、政界での活動を断念し、伝道・教育に専心する決意を固め、ドゥルー神学校に入学、帰国後、東京英和学校長に就任。青山学院在任中、明治三十二年の宗教教育を禁止する文部省訓令第一二号の公布に遭遇したがこの問題を克服。メソジスト三派合同に尽力し四十年に合同成立とともに初代監督に就任。四十四年十二月、日本基督教会同盟の成立によりその会長に就任。四十五年二月の三教会同に際して、キリスト教側代表として尽力した。同年三月二十六日没。六十五歳。墓は東京都府中市の多磨墓地にある。

[参考文献] 岡田哲蔵『本多庸一伝』、青山学院編『本多庸一』、同編『本多庸一先生遺稿』 (高橋 昌郎)

ポンペ=ファン=メールデルフォールト Johannes Lidius Catharinus Pompe van Meerdervoort 一八二九―一九〇八 幕末に来日したオランダ医。一八二九年五月五日、オランダ陸軍二等軍医 Johan Antoine Pompe van Meerdervoort を父に、Johanna Wilhelmia Hendrika de Moulin を母に、当時オランダに属したブリュージュ(現ベルギー)に生まれた。四五年ウトレヒト陸軍軍医学校に入学、ボードウィンにも学び、四年後に卒業、オランダ陸軍に入隊した。オランダと蘭領東インドで勤務後、安政四年(一八五七)に幕府に招かれ長崎に到着した。最初は海軍伝習の一環として医学を教育したが、海軍伝習が中止された後も、のべ五年間診療を行うとともに、長崎ではじめて系統的かつ近代的医学教育を、松本順(良順)を助手として、六十一名の日本人に行なった。この教育は母校、ウトレヒト陸軍軍医学校にならったものであった。この間安政六年には人体解剖実習を行い、文久元年(一八六一)には日本初の西洋式病院(長崎養生所)を創設した。また同年ヘルムホルツの検眼鏡をはじめて使用した。一八六二年に帰国し、オランダで日本人幕府留学生の世話を行なった。六五年に、ハーグで開業、七四年には榎本武揚の外交顧問として、ロシアのペテルスブルグに二年間滞在した。七〇年ごろから、赤十字運動に興味を持ち、普仏戦争に参加、八三年から九四年にかけて、オランダ赤十字中央委員会のメンバーとなり、第三回および第四回国際赤十字会議(八四・八七年)にオランダ代表として参加した。ベルヘン=オプ=ゾームで八〇年より牡蠣の養殖業を始めたが、九〇年の厳冬で破綻し、その負債のため、晩年は短期間であちこち転居し、一九〇八年十月三日、ブリュッセルで没した。享年七十九。二男一女がある。著書には『ポンペ日本滞在見聞記』(沼田次郎・荒瀬進訳)がある。

[参考文献] 中西啓『長崎のオランダ医たち』(『岩波新書』青九四二)、石田純郎『江戸のオランダ医』(『三省堂選書』一四六)、同『蘭学の背景』、宮永孝『ポンペ』、ハルム=ボイケルス「ポンペと近代医学教育のあけぼの」(石田純郎訳、『臨床科学』二一ノ六) (石田 純郎)

ほんまけんいちろう 本間憲一郎 一八八九―一九五九 昭和時代前期の民間右翼の指導者の一人。明治二十二年(一八八九)十二月二十四日水戸に生まれる。水戸中学を卒業、東洋協会専門学校中退。大正四年(一九一五)陸軍通訳試験に合格。中国語をよくし、最初通訳のち諜報関係で、陸軍のため中国大陸で働いた。昭和三年(一九二八)茨城県新治郡真鍋町(土浦市)に紫山塾を創設し塾長となった。五・一五事件に連坐して禁錮四年。昭和十四年、まことむすび社を組織、中心人物となる。大陸浪人上がりの典型的な行動右翼として、戦前の右翼各派結合の結び目にいた。昭和三十四年九月十九日没。六十九歳。 (鈴木 正節)

ほんまそうけん 本間棗軒 一八〇四―七二 江戸時代後期の蘭方医。名は資章のちに救、字は和卿。号は棗軒で、玄調を通称とした。文化元年(一八〇四)常陸小川郷(茨城県東茨城郡小川町)の医師の家に生まれる。十七歳のころに江戸へ赴き原南陽に漢方を、杉田立卿から西洋医学、太田錦城からは儒学を学んだ。文政十年(一八二七)関西・長崎へ遊学。紀州の華岡青洲、長崎のシーボルト、京都の高階枳園らに師事して外科および種痘法を学ぶ。江戸に戻り、日本橋榑正町(東京都中央区日本橋三丁目)において開業。のちに水戸徳川斉昭の侍医となり水府城下で開業。天保八年(一八三七)『瘍科秘録』を著わして秘法であった華岡流外科術とみずから考案した外科術を発表。同十四年、水戸弘道館内に併設された医学館の医学教授となる。安政四年(一八五七)に華岡青洲から伝授された麻酔薬(麻沸湯)を用いて脱疽患者の下肢切断術を行なった。明治五年(一八七二)二月八日に病没。六十九歳。墓は水戸市松本町の常磐原共有墓地にある。著書は前掲のほかに『続瘍科秘録』『内科秘録』など。大正七年(一九一八)贈従五位。

[参考文献] 呉秀三『シーボルト先生』三(『東洋文庫』一一七)、大塚敬節・矢数道明編『本間棗軒』(『近世漢方医学書集成』二一―二三) (高安 伸子)

ほんままさはる 本間雅晴 一八八七―一九四六 明治

から昭和時代前期にかけての陸軍軍人。明治二十年(一八八七)十一月二十七日、新潟県佐渡の地主、本間賢吉の長男として生まれる。明治四十年陸軍士官学校卒業、歩兵少尉任官。大正四年(一九一五)陸軍大学校卒業、参謀本部員、イギリス・インドの駐在員を経て、イギリス大使館付武官、昭和七年(一九三二)陸軍省新聞班長、十三年七月参謀本部第二(情報)部長となり、日中戦争の全面化に際会した。十三年中将、第二十七師団長となり武漢作戦に参加した。十五年台湾軍司令官となりさらに十六年十一月第十四軍司令官となってフィリピン攻略作戦を指揮したが、バターン・コレヒドールの攻略に手間どり、作戦失敗の責任を負わされて、十七年八月予備役に編入された。国際通の文人であるとともに、悲運の将軍として知られたが、戦後「バターン死の行進」の責任者としてマニラの戦犯裁判で死刑判決をうけ、昭和二十一年四月三日刑死した。六十歳。

参考文献 角田房子『いっさい夢にござ候—本間雅晴中将伝—』(『中公文庫』)
(藤原　彰)

ま

マーティン William Alexander Parsons Martin 一八二七—一九一六 アメリカ合衆国のプロテスタント中国宣教師。中国名丁韙良。一八二七年四月十日インディアナ州で生誕。アメリカ長老派教会外国伝道局Board of Foreign Missions of the Presbyterian Church より派遣され、一八五〇年寧波(ニンポー)に到着。約十年寧波を中心に伝道、かたわら合衆国外交使節の顧問として外交界で活躍。六二年より北京で主として教育伝道に献身。六五年同文館の英文教授、六九年同館館長に就任。この間清国政府の要請により国際法の顧問となり、中国外交の啓蒙に努め、また欧米の近代学術を積極的に中国に紹介した。九八年京師大学堂(北京大学の前身)の総教習(学長)となったが、清朝保守派の圧力によって離任、一九〇〇年以後は北京で伝道活動にあたり、一六年十二月十七日北京で没。八十九歳。中国語著作が多く、キリスト教関係十七種、語学関係五種、科学・哲学・教育・法律などの西学紹介関係二十六種に及ぶ。これらの相当数は幕末明治期のわが国に流入し、広く読まれただけでなく、一部のものは訓点版あるいは意訳版が刊行されて普及した。なかでも国際法を解説した『万国公法』は幕末明治の外交界の指針となり、また格調のある漢文でキリスト教証拠論を展開した『天道溯原』は明治初年の代表的キリスト教書となった。このほか近代自然科学を体系的に紹介した『格物入門』も著名。英文著書も多く、中国文化や中国の諸事情を広く欧米人に紹介した。

参考文献 吉田寅「プロテスタント宣教師マルティンの西学紹介と中国語著作」(『史境』一一)
(吉田　寅)

マードック James Murdoch 一八五六—一九二一 イギリスの日本研究家。一八五六年九月二十七日、スコットランド、キンカーディン州ストウンヘイブンの農家に生まれた。アバディーン大学の修士課程を終えてのち、ゲッチンゲン・ソルボンヌの各大学に古典学を学び、七九年、母校アバディーン大学ギリシャ語助教授となったが、胸を病んでオーストラリアに移住。しばらく中学教師をしたが伝統を墨守する教育制度にあき足らず、ジャーナリストとなり、八八年シドニーの有力新聞社の社命で香港・広東に取材、苦力(クーリー)取引の実態報告を送ってのち、八九年(明治二十二)来日、九州・神戸・東京を経てオーストラリアに帰った。翌九〇年再来日、全国を旅行し、とりわけ九州炭礦の実情をロシアの炭礦よりもひどいと『ジャパン=ガゼット』紙に発表、中津中学校教師、ついで第一高等中学校(一高)講師となり、夏目漱石・幣原喜重郎・山県五十雄(いそお)らを教え、また小川一真の写真集を共編、小説『あやめさん』を発表、ビゴーの漫画誌『ジャパン=エコー』にも寄稿。九三年、パラグアイのオーストラリア社会主義者コロニーを訪ねたが指導者の独裁ぶりに失望し、イギリス経由で日本に戻る。その間ロンドンで日英関係史料を採訪。金沢の第四高等学校英語教師、ついで東京の高等商業学校教師を勤め、旧幕臣岡田長年の娘、竹子と結婚、この間、山県五十雄の協力で一五四二年から一六五一年に至る『日本史』を完成、神戸で一九〇三年刊行した。さらに『古日本通史』(一六四二年以前)を完成して東京で一〇年刊行、江戸・明治時代の日本史研究を続け、鹿児島の第七高等学校、ついで志布志中学校の英語講師をも勤めた。さらに駐日イギリス大使クロード=マクドナルド卿の推薦でメルボルン大学日本学教授、ついでシドニー大学東洋学科主任教授となり、ボールカムで死去するまでたびたび日本を訪れた。二一年十月三十日没。六十五歳。シドニー郊外ロックウッドの墓地に埋葬される。『徳川時代史(一六五二―一八六八)』の遺稿をJ・H・ロングフォード、ついでL・M・C・ホールが編集して、先行二冊と合わせた三冊本の日本史A History of Japan がロンドンで二五年・二六年(昭和元)に刊行され、英語の標準的な日本通史として好評を博した。

参考文献 能美チヤ子・松本美穂子「J・マードック」(『近代文学研究叢書』二〇所収)　(金井　圓)

マイエット Paul Mayet 一八四六―一九二〇 明治時代前期のいわゆる「御雇外国人」。日本の財政・保険・農業政策・社会政策について多くの提言・助言をした。一八四六年五月十一日ベルリンに生まれる。王立プロイセン会計評議員L. Mayetを父にもつ。六五―七一年まで、ローザンヌ・ベルリン・ライプツィヒにおいて国際法をFranz von Holtzendorff に、国民経済学の基礎をEugen Dühringに、統計学をWilhelm Roscherに、心理学と哲学をMoritz Wilhelm Drobischに、美学をGustav Theodor Fechnerに、ドイツ文学と哲学の関連についてWilhelm Diltheyに学んだ。七一年以降ベルリン商科大学で手形法・複式簿記・商業計算を学び、七三年にはウィーン国際見本市とそれにつづく特許会議に出席、日本とオーストリアの貯金制度に関心を抱いた。そして日本における貯金制度導入に関する論文を上記Holtzendorffの勧めで、当時ベルリンの日本公使、青木周蔵に提出し、青木はこれを邦訳して日本政府へ送付した。前島密『鴻爪痕』によれば、文部卿木戸孝允がこれに関心を示して招聘、東京大学医学部(旧東校)のドイツ語およびラテン語の教師の職を提供したごとくである。七五年十月マイエットは結婚、妻とともにエジプト・中国を旅して明治九年(一八七六)一月中旬来日した。一月十二日上記ドイツ語教師に就任している。同十一年四月十三日ドイツ東亜自然人文学会において国営火災保険について講演(のちに『日本家屋保険論』となる)、五月十三日大蔵省兼務として同省内の火災保険取調掛などに関与した。九月、十月には上記学会において、日本の公債について講演、大隈重信大蔵卿の「内外国債償還紙幣支銷概算書」を擁護した。同十二年八月大学を辞して大蔵省理財事務顧問に就任、備荒儲蓄法案や地租補充資金法案の作成に参画した。また酒類官造法も提案している。統計院の設立(同十四年五月三十日)にも大きな役割を果たした。同十四年十月の政変(大隈失脚)の後、マイエットは十五年七月から十七年一月公務から離れ、朝鮮への旅行に出たほか、『土地抵当銀行説―附北海道殖民策』を執筆し、十六年七月内務卿山県有朋に対しその内容を講義した。またその間に『農業保険論』を執筆、これによって同十九年チュービンゲン大学政治学部よりドクターの称号を得た(邦訳の刊行は同二十三年)。同十七年一月、マイエットは駅逓局および農商務省の顧問、また外国語学校大学予備門・第一高等中学校の教授に就任、十八年逓信省顧問、十九年四月帝国大学ドイツ語教授、二十三年四月農商務省調役を経て、二十六年六月十七日日本を去り、ドイツへ帰国した。その間在日中に『経済論』(同十八年)、『教育家必携―駅逓局学校貯金法』(十九年)、『日本飢饉論』(ドイツ語、十九年)、『日本海難救助法』(二十四年)、『災害救済論』(同年)、『日本人口統計論』(ドイツ語、二十一年)、『日本正金及株式取引所』(二十二年)、『日本農民の疲弊及其救治策』(二十六年五月刊)を著わした。帰国後、九四年マイエットはドイツ帝国統計局へ入り、そのままそこで枢密政府顧問にまで昇進した。『ドイツ帝国年報―疾病保険編』の執筆(一八九四―一九一二年)を担当、それに基づいてライフワーク『ライプツィヒ及び周辺の地方疾病金庫における疾病及び死亡状況―性、年令及び職業に関する調査』(一九一〇年)が完成された。一九〇七年母性保護同盟が国会に提出した「母性保険」の請願書はマイエットの業績に基づいている。一五年『戦後の国家産婦手当』、一九年末絶筆『未婚の母―その困窮と救済』を刊行、二〇年一月九日ベルリンで死去した。七十三歳。

参考文献 八木沢善次「ペイ・マイエットの日本に於ける事績」(『経済史研究』一二ノ一―三)、庄谷怜子「日本農業保険の父パウル・マイエットの業績」(『農業共済』三一ノ一)、山内豊二「お雇い外国人パウル・マイエットのこと」(大阪府立大学付属図書館『図書館だより』一九七九年四月号)、Reiko Shoya, Florien Tennstedt: Sozialreform im Meiji-Japan und im Wilhelminischen Deutschland — Das Wirken von Paul Mayet —, in Zeitschrift für Sozialreform, Heft 9／10, 24. Jahrgang, 1978, S. 641—662.　(牛山　敬二)

まえおしげさぶろう 前尾繁三郎 一九〇五―八一 昭和戦後期の政治家。昭和四十八年(一九七三)五月から同五十一年十二月まで、衆議院議長。明治三十八年(一九〇五)十二月十日、京都府与謝郡宮津町(宮津市)に生まれる。昭和四年、東京帝国大学法学部を卒業し、大蔵省に入省。主税局長・造幣局長を歴任。昭和二十四年一月の第二十四回衆議院議員総選挙で京都二区から初当選し、以後、五十五年六月の第三十六回総選挙まで当選十二回(第三十五回を除く)。民主自由党から自由党を経て自由民主党に所属。大蔵省時代以来の盟友である池田勇人(のち首相)の最大の同志として、政治行動をともにする。岸内閣の通産相のあと、池田内閣が成立すると、自由民主党幹事長三期に及び、政権を支えた。池田の死後、その派閥宏池会の第二代会長となる。佐藤内閣下では佐藤栄作自民党総裁三選に挑戦したが敗れ、派閥会長を大平正芳に譲った。佐藤内閣では、国務相・法相を歴任。衆議院議長時代は河野謙三参議院議長と並んで、与野党伯仲下の国会の正常な運営につとめ、ともに名議長とうたわれた。昭和五十六年七月二十三日没。七十五歳。

(内田　健三)

まえかわはるお　前川春雄　一九一一―八九　昭和戦後期の銀行家。明治四十四年（一九一一）二月六日、東京府前川貫一・きくのゑの三男に生まれる。昭和十年（一九三五）東京帝国大学法学部政治学科卒業、日本銀行に入り、三十年に外国為替局次長になって以来、ニューヨーク駐在参事、国際金融担当理事など国際畑を歩み、四十五年日本輸出入銀行副総裁、四十九年日本銀行副総裁となり森永貞一郎総裁を支えた。五十四年十二月第二十四代日本銀行総裁となり、五十五年の第二次石油ショックに際して、公定歩合を引き上げて安定成長に誘導した。五十九年十二月退任後、日本アイ・ビー・エム特別顧問、六十一年国際電信電話（KDD）会長に就任する一方、六十年中曾根康弘首相の私的研究会「国際協調のための経済構造調整研究会」の座長となり、翌年四月、内需拡大・規制緩和などを盛り込んだいわゆる「前川レポート」をまとめた。平成元年（一九八九）九月二十二日死亡。七十八歳。（高村　直助）

まえじまひそか　前島密　一八三五―一九一九　郵便事業の創始者。正しくは前嶋（まえしま）。天保六年（一八三五）正月七日、越後国頸城（くびき）郡下池部村（新潟県上越市）の豪農、上野家に生まれる。父は助右衛門、母はてい。江戸に遊学して、医学・蘭学から英学、さらに兵術・航海術など、諸般の学術を習得した。その間、北は箱館から西は長崎まで、全国を周遊し、慶応元年（一八六五）には薩摩藩に招かれて、英語を教授している。同二年、江戸に戻り、幕臣前島家を継いだ。以後は幕府に、維新後は静岡藩に仕えたが、明治三年（一八七〇）より新政府に出仕した。ここで近代郵便の制度を立案し、ついで英国に出張、四年八月に帰京するや、駅逓頭に任ぜられた。以来、機構改革に伴って駅逓局長、駅逓総官を歴任し、通信および運輸行政の中枢にすわって、事業の基礎を確立した。すなわち郵便を全国にひろげて、飛脚業者の信書運送を禁止し、米国と郵便条約を結んで、外国郵便を開き、ついで万国郵便連合に加入して、国際社会に進出した。明治八年には郵便為替および貯金を創業している。また海運の振興につとめ、三菱会社を助成して、外国航路を開設する道を開いた。マスコミの発展も、その念願とするところであり、明治五年には『郵便報知新聞』の創刊に尽力した。一方、国字の改良に意を用い、幕末には「漢字廃止」を建議しているが、明治六年、その主張に沿って『まいにちひらかなしんぶんし』を創刊した。明治十四年の政変に際して退官し、立憲改進党に加わったが、その学殖を買われて二十年には東京専門学校（早稲田大学の前身）の校長に就任、創立まもない同校の経営にあたった。同年、関西鉄道の社長となる。その間に内閣制度が発足して、逓信省が創設されているが、二十一年には逓信次官に任ぜられ、電話の開設など事業の発展に努力した。二十四年に退官、三十五年には男爵を授けられる。以後は貴族院議員をつとめたほか、鉄道・海運の事業につとめた。大正八年（一九一九）四月二十七日没。八十五歳。墓は神奈川県横須賀市芦名の浄楽寺にある。前島は「郵便の父」と呼ばれているが、その業績は海運・鉄道・教育など、きわめて多方面にわたっている。

参考文献　前島密『行き路のしるし』、市島謙吉編『鴻爪痕』、『郵政百年史』、小田嶽夫『前島密』、山口修『前島密』（『人物叢書』一九九）　（山口　修）

まえだえうん　前田慧雲　一八五七―一九三〇　明治・大正時代の浄土真宗本願寺派の学匠。号止舟斎・含潤、諡号宮潤院。安政四年（一八五七）正月十四日、伊勢国桑名西福寺覚了の長男として生まれる。明治十三年（一八八〇）西福寺住職。同十七年大分県中津の松島善譲のもとで宗学を研鑽。京都において大谷光瑞の学問所出仕、大学林副総理を経て、同三十三年東京に移り教務講究所長に就任。同三十六年高輪仏教大学長となる。その年十月、普通学を重視する高輪側と宗学偏重の宗派執行部が対立して「教学私見」を公表。同三十七年四月高輪仏教大学は廃止され、ついで僧籍を剝奪された。同三十八年四月復籍して勧学に就任。また『（靖国紀念）大日本続蔵経』の編輯長となった。同三十九年東洋大学長、同四十年盲人技術学校長、大正六年（一九一七）西本願寺顧問、同十一年竜谷大学長、同十四年宗学院長となるなど、つねに近代本願寺宗学の指導的地位にあった。昭和五年（一九三〇）四月二十九日、東京で没。享年七十四。墓は西本願寺築地別院和田堀廟所（東京都杉並区永福一丁目）にある。著作は『大乗仏教史論』『本願寺派学事史』『真宗学苑談叢』など多数ある。没後まもなく『前田慧雲全集』全八巻が刊行された。

参考文献　前田致遠・井上哲雄編『前田慧雲師語録』、妻木直良「前田慧雲和上伝」（『前田慧雲全集』八所収）　（首藤　善樹）

まえだこうひろいちろう　前田河広一郎　一八八八―一九五七　大正・昭和時代の小説家。明治二十一年（一八八八）十一月十三日仙台の木匠今川常七と前田河さととの間に生まれる。宮城県立一中を中退、上京して徳冨蘆花に師事、その後援で四十年渡米、職業を転々とする労働生活十三年をおくる。在米の社会主義者金子喜一夫妻やアメリカの作家ドライザーを知って、小説や日本文壇紹介の文章を書くようになった。大正九年（一九二〇）帰国、雑誌『中外』の編集に従事し、同誌に十年初期プロレタリア文学の代表作『三等船客』を発表、十二年『種蒔く人』同人、翌年『文芸戦線』同人となり、アメリカ生活に取材した多くの小説と評論とを書いた。しかしプロレタリア文学運動衰退とともに作風の転換をはかり、後半生は『蘆花伝』以下の蘆花研究三部作に代表される業績を残すことになる。昭和三十二年（一九五七）十二月四日没。六十九歳。『新選前田河広一郎集』二巻（昭和三年）がある。　（佐藤　勝）

まえだせいそん　前田青邨　一八八五―一九七七　明治から昭和時代にかけての日本画家。明治十八年（一八八五）

一月二十七日、岐阜県恵那郡中津川村（中津川市）に常吉・たかの次男として生まれる。本名廉造。同三十四年梶田半古に師事。三十五年第十二回日本絵画協会・第七回日本美術院連合絵画共進会に「金子家忠」入選、三等褒状を受く。四十年紅児会に入会、小林古径・安田靫彦らと研究を積み、岡倉天心より指導を受けて大いに奮発した。四十五年第六回文展に「御輿振」を出品、三等賞受賞で認められ、大正三年（一九一四）再興第一回院展に「湯治場」「竹取物語」を出品、同人となる。以後、古径・靫彦と院展三羽烏と謳われ、力作を発表し続け、また日本美術院の留学生として西欧に派遣され、特に大英博物館の「女史箴図巻」模写で東洋古典芸術の神髄を会得した。昭和四年（一九二九）第十六回院展「洞窟の頼朝」で歴史人物画家として地位を築く。十年帝国美術院会員、十二年芸術院会員、二十六年東京芸術大学教授、三十年文化勲章受章、四十七年高松塚古墳壁画模写総監督となる。歴史画の名作では「羅馬使節」「阿修羅」「知盛幻生」があり、「京名所八景」「罌粟」などの名品がある。昭和五十二年十月二十七日没。九十二歳。夫人すゑは荻江節家元の五代目荻江露友。　（中村　溪男）

まえだたもん　前田多門　一八八四―一九六二　大正・昭和時代の内務官僚、ジャーナリスト。第二次世界大戦前から戦後にかけて国際的な文化交流活動に貢献した。終戦直後の昭和二十年（一九四五）八月から翌二十一年一月まで文部大臣に就任、学者文化人文相の最初として教育行政の民主化に寄与した。明治十七年（一八八四）五月十一日誕生。大阪市出身。立教中学校・第一高等学校を経て明治四十二年東京帝国大学法科大学を卒業、直ちに内務省に入り大正九年（一九二〇）大臣官房都市計画課長を最後に同省を去り、東京市助役に就任して東京市政調査会の創立に参画。大正十二年から昭和二年まで国際労働理事会・国際労働総会の日本政府代表としてジュネーブに駐在。帰国後昭和三年東京朝日新聞社論説委員となる。同十三年ニューヨーク日本文化会館館長に就任、第二次世界大戦の勃発により同十七年交換船で帰国。戦時中には新潟県知事・貴族院議員を歴任。敗戦直後文部大臣に起用されたが、同二十一年公職追放の指定を受けて辞職。二十五年公職追放指定が解除され、日本育英会会長・日本ＩＬＯ協会会長・東京市政調査会会長・日本ユネスコ国内委員会会長・地方制度調査会会長などの要職を歴任した。三十年東京都名誉都民に推された。国際通のリベラルな文化人として知られている。フランス文学者前田陽一はその長男、評論家・エッセイストの神谷美恵子はその長女である。昭和三十七年六月四日、七十八歳で病没。正三位勲一等に叙せられた。

参考文献　「前田多門」刊行会編『前田多門―その文・その人―』　（佐藤　秀夫）

まえだとしさだ　前田利定　一八七四―一九四四　明治から昭和時代前期にかけての政治家。明治七年（一八七四）十二月十日生まれる。旧上野七日市藩主子爵家前田利昭の長男。明治三十五年東京帝国大学法科大学卒業。日清戦争に一年志願兵として従軍、歩兵中尉。明治三十七年の貴族院互選議員総選挙において当選、研究会に属した。大正期にはいって研究会常務委員に選ばれ、幹部クラスとしての活動が始まったが、同時期に幹部として登場してきた水野直・青木信光らとはソリが合わず、かれらに対し批判的行動をとることが多かった。大正十一年（一九二二）加藤友三郎中間内閣の成立により逓信大臣に就任、さらに同十三年、研究会を中心とする清浦内閣の成立により農商務大臣となった。その他、安田銀行・東武鉄道・上毛電気鉄道などの取締役・監査役などを歴任した。昭和十九年（一九四四）一月貴族院議員を病気のため辞職。同年十月二日死去。七十一歳。墓は東京都文京区本駒込三丁目の吉祥寺にある。

参考文献　尚友倶楽部編『貴族院の会派研究会史』　（酒田　正敏）

まえだなつかげ　前田夏蔭　一七九三―一八六四　江戸時代後期の幕臣。『蝦夷志料』（『千島志料』ともいう）の編者として有名。通称は健助、鶯園とも号した。寛政五年（一七九三）江戸生まれ。清水浜臣に師事し、とりわけ歌学に通じていた。安政二年（一八五五）松前半島を除く蝦夷地全域を直轄支配下に置いた江戸幕府はそれまでの蝦夷地関係史料の集大化を計画し、その作業を夏蔭を主任として目賀田帯刀（守蔭）らに命じた。夏蔭は主として史料の収集にあたった。編纂作業は万延元年（一八六〇）に一応の完成をみ、最終的に完了したのは慶応元年（一八六五）で、このとき夏蔭はすでに没していた。この結果完成した史料集を『蝦夷志料』という。全二百九巻。附録図譜二十巻。本書の編目構成は、松前部・箱館部・江刺部・本蝦夷部・北蝦夷部・東蝦夷部の六部より成り、所引史料は約百五十種にのぼる。本史料は、江戸幕府自身による幕藩制期蝦夷地関係史料の集大成であり、エンサイクロペディア的性格を持っている。なお、夏蔭は元治元年（一八六四）八月二十六日、七十二歳で没した。

参考文献　高倉新一郎『北海道史の歴史』、海保嶺夫『列島北方史研究ノート』　（海保　嶺夫）

まえだなりやす　前田斉泰　一八一一―八四　幕末の加賀国金沢藩主。十二代藩主斉広の嫡男。文化八年（一八一一）七月十日金沢に生まれる。母は側室八尾（栄操院）。幼名勝千代、文政五年（一八二二）八月勝丸・犬千代と改め、さらに又左衛門利候と称す。同年十月正四位下左近衛権少将兼若狭守に任じ、徳川家斉の偏諱をもらって斉泰と改めた。十一月家督を継いで加賀守を称し、十二月権中将に進む。同十年十一月徳川家斉の娘溶（景徳院）と婚姻。天保二年（一八三一）十二月参議となり、同十年十二月従三位、安政二年（一八五五）十二月権中納言、元治元年（一八六四）五月正三位に進む。慶応二年（一八六六）四月隠居して肥前守を称し、加賀中納言を改めて金沢中納言と称したが、明治元年（一八六八）三月加賀中納言に復し、十二月からは前田中納言と称した。その治政四十五年間の最初の二年間は先代斉広が摂行し、教諭局を設けて組頭層を登用したが、斉広死後は旧来の門閥老臣が執政し、きびしい年貢確保・増徴策とともに用銀・調達銀をたびたび課し、倹約、借知、米銭手形の発行を重ねた。天保の凶作を経て、老臣奥村栄実の献策により天保八年から徳政類似の仕法を含む財政・農政を中心とした藩政改革を実施した。同十四年奥村栄実死後は、黒羽織党と呼ばれた改革派を登用したが、党派性が強いとして安政元年にこれを退け、文久二年(一八六二)末から再び登用した。この時期には財政・産物方に積極的にとりくみ、海防に意を用い、洋式兵器を導入して安政元年に洋学校壮猶館を設立した。しかし斉泰は操兵は洋式を不可としたため、重臣の内にも異論を生じた。全国的政局については藩論は常に佐幕が大勢であったが、少数の尊王攘夷派の策動もあって公武の間を調停する立場をとり、征長には反対した。しかし元治元年禁門の変が起り、その日に名代の世子慶寧が退京したことが問題となって尊王攘夷派は一網打尽に弾圧された。斉泰は能楽を好み、重い脚気が治癒したことを能の効用と考えて『申楽免廃論』を著わした。明治四年廃藩によって九月東京へ移住し、十三年五月従二位、十七年一月正二位に進み、同月十六日東京で死去。七十四歳。諡は温敬公。東京日暮里に神葬した。

[参考文献] 日置謙編『加賀藩史料』一三―一五、同藩末篇、同編『石川県史』二　(高沢　裕一)

まえだはじめ　前田一　一八九五―一九七八　昭和時代の財界人。日本経営者団体連盟専務理事。「マエピン」の愛称で親しまれる。明治二十八年(一八九五)三月二十五日、佐賀県小城郡三日月村で生まれ、大正七年(一九一八)東京帝国大学法科大学卒業、同十年同大学経済学部商業学科卒業。北海道炭礦汽船会社入社後、労務畑一筋。昭和四年(一九二九)ヨーロッパ留学、国際労働会議に政府代表随員として出席。九年同社労務部長就任。二十年十一月取締役、二十一年十二月退社、日本石炭鉱業連盟常任理事を経て、翌二十三年日経連発足と同時に専務理事となり、以後、中央労働委員会調停委員として大争議の調停にあたった。戦後、労働組合運動が高揚した際、経営者の立場から経営権確保を訴える日経連の闘将として活躍。三十年代には好敵手、総評議長太田薫と、毎年、春闘でわたり合った。日経連が労働組合との協調に方向転換するなかで、二十一年間務めた日経連専務理事を四十四年に勇退、常任顧問となる。著書に『サラリーマン物語』。昭和五十三年五月二日没。八十三歳。

[参考文献] 日本経営者団体連盟編『前田一』　(中村　隆英)

まえだふら　前田普羅　一八八六―一九五四　大正・昭和時代前期の俳人。本名忠吉。明治十九年(一八八六)四月十八日、東京生。父丑松、母せり。十三歳で母と死別。父の再婚後は伯父の家で育った。開成中学卒業後、一時京都で丁稚奉公。東京に戻って早稲田大学英文科に入学。二年半で退学した。石油会社・横浜裁判所に勤め、大正五年(一九一六)時事新報社に入社、のち報知新聞記者となり、大正十三年、富山支局長となった。昭和四年(一九二九)退社。大正十三年一月から金沢で発行されていた俳誌『辛夷(こぶし)』を昭和四年一月から富山で発行主宰。『ホトトギス』には大正元年十月から投句。高浜虚子に「大正二年の俳句界に二の新人を得たり、曰く普羅、曰く石鼎」と賞揚させた。大正初期の『ホトトギス』隆盛をもたらし、飯田蛇笏・村上鬼城・原石鼎とともに四天王の一人に数えられた。句には底に暗さと冷えを秘めた日常性を持つ。昭和十二年、山梨に蛇笏を訪ねた折の、南アルプス連峰の作は雄渾である。句集『普羅句集』ほか。昭和二十九年八月八日没。六十八歳。墓は千葉県長生郡白子町関の玄徳寺にある。　(松井　利彦)

まえだまさな　前田正名　一八五〇―一九二一　明治時代の経済官僚、産業運動指導者。嘉永三年(一八五〇)三月十二日鹿児島藩漢方医前田善安・も里の六男として生まれる。慶応元年(一八六五)長崎へ藩費留学し何礼之(がのりゆき)の「語学塾」に学び、明治二年(一八六九)に兄献吉らと『和訳英辞書』(『薩摩辞書』)を出版し、フランスへ留学。三年に普仏戦争下パリ籠城を体験。十年帰国して大久保利通内務卿にパリ万国博覧会参加を説き、同博覧会事務官として再渡仏。会場で自作の『日本美談(やまとものがたり)』(『擬忠臣蔵』)上演。十二年大蔵省御用掛となり帰国、『直接貿易意見一斑』を提出。以後国内物産調査に従事、十四年農商務・大蔵大書記官となり、年末に欧州産業経済事情調査に出発、各国で資料を収集し十六年帰国。体系的経済計画として『興業意見』編纂を構想。十七年同作業着手、未定稿を完成するも松方正義大蔵卿の反対で内容を大幅に改変し、十二月『第一回興業意見』を太政官裁可を経て配布。十八年各地に出張し不況下の自力更生を説き、農商務省第四課員を督励して本来の『興業意見』構想の実現をめざすも十二月同省非職となる。二十一年山梨県知事となるが二十二年農商務省工務局長に復帰。二十三年一月次官に昇任し「農商工調査」「府県農事調査」に着手するが、農相陸奥宗光と衝突し五月三十日付で同省を去った。二十五年に『所見』刊行、以後各地を巡歴し地方産業振興・系統農会設立運動を推進し「布衣の農相」と評判された。三十年代に入り「町村是」普及に努め、みずから各地で開田事業を行うが、多くの負債をかかえ、晩年は不遇で大正十年(一九二一)八月十一日七十二歳で死去、同日付で男爵を受けた。墓は東京都港区の増上寺妙定院にある。法名は弘徳院殿道誉一歩正名大居士。

[参考文献] 祖田修『前田正名』(『人物叢書』一六五)、同「地方産業の思想と運動」、有泉貞夫「『興業意見』の成立」(『明治政治史の基礎過程』所収)　(有泉　貞夫)

まえだまさゆき　前田正之　一八四二―一九二　幕末・明治時代の十津川郷士。はじめ清三、のち正之と改める。

雅楽と号した。天保十三年(一八四二)正月四日大和国吉野郡風屋村(奈良県吉野郡十津川村大字風屋)に生まれる。父は清左衛門。文久三年(一八六三)四月同志とともに中川宮を通じて一郷戮力王事に尽くすことを上願して許され、八月十津川郷士の禁裏守衛が実現した。その直後天誅組の乱がおこると、九月中川宮の沙汰を奉じて丸田藤左衛門らとともに帰郷して郷民に天誅組からの離脱を説得するとともに天誅組に十津川退去を求めた。天誅組潰滅後京都に戻って禁裏守衛の任に従い、慶応三年(一八六七)十二月、在京の浪士を率いて高野山に赴いた侍従鷲尾隆聚に随従、十津川の郷民数百名を陣営に加えた。明治元年(一八六八)二月十津川御親兵人撰方、ついで軍事管轄および郷中人数取締を命じられ、十一月第一親兵補助官となって北越に出張、翌二年三月軍務官書記、五月青森口海軍監となり箱館戦争に参加した。翌三年六月から兵部省に出仕し、海軍兵学寮に勤めた。十七年四月宮内門監長となり、十九年二月皇宮警部を拝命、二十一年五月に退官した。明治二十五年七月二十三日病没。五十一歳。墓は、京都市東山区清閑寺霊山町にある。

参考文献 西田正俊『十津川郷』 (木村 博一)

まえだゆうぐれ 前田夕暮 一八八三—一九五一 明治から昭和時代前期にかけての歌人。本名洋造。明治十六年(一八八三)七月二十七日、神奈川県大住郡大根村大字南矢名字小南(秦野市南矢名)に、父久治、母いせの長男として生まれた。三十七年三月上京、尾上柴舟の門に入り、車前草社に加わる。三十九年夏目漱石らの賛同を得て同年白日社を創立、雑誌『向日葵』を創刊、『哀楽』二冊、ついで四十三年三月処女歌集『収穫』を出版、自然主義的作品を打ち出す。四十四年四月『詩歌』(大正七年(一九一八)休刊、昭和三年(一九二八)復活、以後休復刊を繰り返し、五十九年廃刊)を創刊。死の直前まで編集を続ける。歌集に『深林』『生くる日に』など多くを持つが、他にもすぐれた随筆集『緑草心理』などがある。一時自由律短歌への転向もあったが、常に新鮮、明るさと若々しさで一貫し、近代短歌の新生にいどんだ功績は大きい。床中で遺詠「わが死顔」を編むが、昭和二十六年四月二十日、六十七歳の生涯を閉じている。法名青天院静観夕暮居士。東京多磨墓地に葬られ、この日を「菜の花忌」と定め、今も門下ならびに関係者の墓参がある。著書に評論集『歌話と評釈』『短歌雑話』などもある。また、角川書店刊『前田夕暮全集』全五巻、斎藤光陽編『前田夕暮全歌集』がある。

参考文献 前田夕暮全集刊行会編『夕暮研究』、前田透『評伝前田夕暮』、『詩歌』三ノ八(前田夕暮追悼号)、斎藤光陽「夕暮短歌の自然主義的性格」(『詩歌』五四ノ五・六) (斎藤 光陽)

まえだよしやす 前田慶寧 一八三〇—七四 幕末・維新期の加賀国金沢藩主。十三代藩主斉泰の嫡男。天保元年(一八三〇)五月四日江戸に生まれる。母は正室溶(景徳院)。幼名犬千代。同十二年十二月又左衛門利住と称し、十三年二月正四位下左近衛権少将兼筑前守に任じ、徳川家慶の偏諱をもらって慶寧と改めた。嘉永五年(一八五二)十二月権中将、安政五年(一八五八)十一月正四位上に昇り、慶応二年(一八六六)四月家督を相続して加賀守を称し、五月参議となる。明治二年(一八六九)六月版籍を奉還して金沢藩知事となり、七月従三位、四年七月廃藩によって、八月十一日金沢を発して東京に移住した。慶寧は世子の時、元治元年(一八六四)斉泰の名代として上洛し長州征討の中止を主張して周旋したが、禁門の変が起るに至ってついにみずから退京した。このため朝・幕双方に背いた結果となり、斉泰は慶寧を謹慎させ、随従の士や尊王攘夷派をことごとく処罰した。謹慎は翌慶応元年三月に解かれ、同二年襲封以後は自立割拠の方針をとって内治に励み、洋式の軍制改革を進め、同三年から金沢近郊の卯辰山に藩営の病院・救貧施設や各種工房を建設する事業を興した。戊辰戦争に際しては当初幕府方へ援軍を送ろうとしたが、京都の情勢を知って急遽勤王に転じ、官軍として北越地方に兵を送り、また多大の軍需品を献納した。肺を病んで明治七年五月十八日療養地熱海で死去。四十五歳。諡は恭敏公。東京日暮里に神葬。明治二十六年七月従二位を追贈された。

参考文献 日置謙編『加賀藩史料』藩末篇、同編『石川県史』二 (高沢 裕一)

まえだよねぞう 前田米蔵 一八八二—一九五四 大正・昭和時代の政党政治家。明治十五年(一八八二)二月十七日和歌山県伊都郡名倉村(高野口町)に穀物・呉服商前田嘉平治の四男として生まれる。十七歳で家出、呉服屋奉公を経て三十五年東京法学院(のちの中央大学)卒業。判事検事登用試験に及第し司法官試補となるが翌年依願免職、弁護士に転ず。やがて同学の先輩弁護士横田千之助のもとに行き横田・前田法律事務所を開く。大正六年(一九一七)の総選挙に立憲政友会候補として東京府北豊島郡より出馬し初当選、以後当選十回。七年以降政友会院内幹事・幹事に名を連ねるが、これは同党の中心人物の一人であった横田千之助の引き立てによるところが大きい。十三年政友本党の分離後、政友会院内総務、十四年幹事長に就任。昭和二年(一九二七)四月田中義一内閣の法制局長官となり、枢密院との折衝にあたる。六年十二月犬養内閣の商工大臣、十一年三月広田内閣の鉄道大臣に就任。十二年二月政友会鈴木喜三郎総裁辞任の後、総裁代行委員四人の一員に加わる。同年十月近衛内閣の参議。十四年一月平沼内閣の鉄道大臣。政友会はその間内部対立を深めており、十四年には前田は久原房之助(鳩山一郎)派と袂を分かった中島知久平派の最高顧問となっていた。十一年以降近衛文麿を中心とする新党運動を推進し、十五年七月三十日政友会中島派解散後は大政翼賛会の常任総務兼議会局長。十六年翼賛議員同盟総務会長。東条内閣の下で十七年には翼賛選挙の推薦候補者銓衡委員、翼賛政治会の常任総務となる。十八年同会の事実上の党首である総務会長就任。十九年小磯内閣の運輸通信大臣。二十年大日本政治会顧問。敗戦後の十一月日本進歩党の結成に加わるが二十一年衆議院議員への立候補を禁止され二十二年公職追放。二十六年解除されて自由党入党、翌年総選挙に当選するが選挙違反に問われ二十八年の総選挙に落選。二十九年三月十八日に死去。七十二歳。

[参考文献] 有竹修二『前田米蔵伝』 (伊藤之雄)

まえだれんざん 前田蓮山 一八七四―一九六一 明治から昭和時代にかけての新聞記者、政治評論家。本名又吉。明治七年(一八七四)長崎県生まれ。幼少から作文を得意としたという。上京し、高等師範学校、東京専門学校政治経済科を卒業。電通を経て、『東京毎日新聞』記者となる。のちに『時事新報』に移り、政界の裏面に通じた評論や人物評によって次第に評判を得た。立憲政友会担当記者であったため特に原敬と親しく、政友会の内情に詳しかった。大正十一年(一九二二)文化通信社を創立し、みずから社長となった。同十三年には新潟市に政友本党系の『新潟時事新聞』が創刊されるや、主筆に招かれ、筆を振るったが、地元政界の離合集散に巻き込まれ、退社。同十五年帰京し、以後は『中央新聞』客員などを務めた。昭和三十六年(一九六一)九月十二日没。著書は、『政界夜話』『歴代内閣物語』など多数あるが、ことに『星亨伝』『原敬伝』『床次竹二郎伝』の三部作は、特異な政党政治家伝記としてよく読まれた。 (有山輝雄)

まえはたひでこ 前畑秀子 一九一四―九五 オリンピック大会における日本女子水泳初の金メダリスト。大正三年(一九一四)五月二十日、和歌山県伊都郡橋本町(橋本市)にて出生。小学校五年で二〇〇メートル平泳で日本新記録。昭和七年(一九三二)のロサンゼルス・オリンピック女子二〇〇メートル平泳で二位。同十一年ベルリン・オリンピックで優勝。NHKの実況放送で河西三省アナウンサーの「前畑危ない、前畑がんばれ」の放送は有名。名古屋の椙山女学園卒。昭和十二年結婚し、兵藤姓。平成二年(一九九〇)文化功労者。平成七年(一九九五)二月二十四日没。八十歳。 (笹島恒輔)

まえばらいっせい 前原一誠 一八三〇―七六 幕末・維新期の志士、政治家。天保元年(一八三〇)五月四日萩藩大組士佐世彦七の長男に生まれる。はじめ八十郎を称した。安政四年(一八五七)九月、松下村塾に入り、吉田松陰に師事した。翌五年十二月、松陰投獄の報を得て抗議し、謹慎に処せられる。六年正月、謹慎を解かれて長崎に遊学、帰藩後、西洋学所(博習堂)に入る。文久二年(一八六二)三月、久坂玄瑞らとともに兵庫出張を命ぜられ、長井雅楽への攻撃をすすめた。八月、命をうけ、文学修業のため江戸に赴く。同年十一月、高杉晋作・久坂玄瑞らは血判連名して御楯組と自称したが、のち、これに加わった。翌文久三年正月、上京、賀茂社行幸に参列した。六月、右筆役に登用された。八月十八日の政変後、これを伝えに帰国、ついで三条実美ら都落ちの七卿の用掛りとなり、ついで四国連合艦隊との交戦に参軍した。第一次長州征討下の、藩政の反動化のもとで筑前に潜入、帰藩し、同十二月、高杉晋作らとともに下関に挙兵、長州藩内戦に参加して、新たな藩政府の樹立に尽力した。慶応元年(一八六五)三月、用所役右筆となる。姓を前原とし、彦太郎と称した。この家は、もと前原であったのだが、五代まえの政如の時、婚家の佐世に改めていた。これを前原に復し、末弟に佐世を継がせたのである。ついで、干城隊頭取、用所役国政方引請、越荷方、等々の要職にあった。第二次長州征討戦では、小倉口に参軍、ついで、九州の長州藩占領地の管理にあたった。同三年十月、小性筆頭となり海軍頭取を兼ねた。明治元年(一八六八)六月、干城隊副督として北越戦線に出張、同七月、会津征討越後口の参謀に任ぜられ長岡城攻防戦に参加した。翌二年二月、越後府判事、六月、賞典禄として永世禄六百石を受けた。七月、参議、十二月、兵部大輔となった。このころより、新政府の政策と意見の合わなくなることが多く、三年九月辞職。同十月、病気療養を理由に帰郷した。以来、再三にわたる出仕の要請をことわりつづけ、次第に、山口県の反政府士族の領袖と目されていった。同九年十月二十六日、奥平謙輔・横山俊彦らとともに、熊本敬神党に呼応して挙兵したが広島鎮台兵に制圧された。同三十日、位記剝奪の処分をうけた。十一月五日、島根県宇竜港に捕縛され、ついで十二月三日萩で斬に処せられた。四十七歳。明治二十二年の大赦によって追名が追赦された。大正五年(一九一六)、従四位を追贈された。墓は山口県萩市の弘法寺にある。

[参考文献] 妻木忠太『前原一誠伝』 (井上勲)

マガウアン Daniel Jerome Macgowan 一八一四―九三 アメリカ合衆国のプロテスタント中国医療宣教師。中国名、瑪高温。一八一四年生誕。アメリカ、バプティスト外国伝道局 American Baptist Board of Foreign Missions より派遣され、一八四三年香港着。ついで寧波(ニンポー)に移り病院を開設、医療伝道に献身。五九年(安政六)、短期間、日本を訪問。六二年帰国、南北戦争に軍医として従軍。のち海底電線架設企業組合の代表として再び入華し、またロバート＝ハート Robert Hart の推薦により、中国税関の徴税事務を担当。九三年上海で没。伝道活動のかたわら『博物通書』『日食図説』『航海金針』などの中国語著作により、西洋近代科学を紹介。また中国語の定期刊行誌『中外新報』を創刊した。これらの中国語著作は幕末期のわが国に流入し、広く読まれただけでなく、一部のものは訓点版あるいは意訳版が作成され、幕末明治期の日本人が西洋近代科学や海外事情を知るための有用な参考資料となった。 (吉田寅)

まきいずみのかみ 真木和泉守 ⇨真木保臣(まきやすおみ)

まきぐちつねさぶろう 牧口常三郎 一八七一―一九四四 昭和時代前期の宗教家、教育思想家。創価学会初代会長。明治四年(一八七一)六月六日、越後国刈羽郡荒浜村(新潟県柏崎市)に渡辺長松・イネの子として生まれる。同十年伯母の婚嫁先牧口家に入籍。幼名長七、二十六年常三郎と改名。明治十九年ころ、北海道に移住した。北海道尋常師範学校を卒業して、母校の教師となった。明治三十四年退職し、一家をあげて上京した。地理教育を批判して社会地理学の先駆的な研究『人生地理学』を著わしたが、学者の道を断念して、明治四十二年小学校訓導となり、昭和七年(一九三二)まで東京の小学校の教職を歴任した。この間、柳田国男らの郷土研究の会に加わり、『(教授の統合中心としての)郷土科研究』を著わした。昭和三年日蓮正宗に入信し、同五年弟子の戸田城聖とともに初等教育の研究実践団体である創価教育学会(創価学会の前身)を設立した。同会から『創価教育学体系』十二巻(四巻で中絶)を刊行し、第二巻『価値論』で美利善の価値創造の哲学を唱えた。昭和十二年同会は正式発会し、日蓮正宗系の新宗教として全国各地に進出した。昭和十八年神社に対する不敬罪、治安維持法違反で弾圧され、幹部とともに検挙された。起訴後、十九年十一月十八日巣鴨拘置所で病死した。七十四歳。『牧口常三郎全集』がある。

参考文献　聖教新聞社編『牧口常三郎』、池田諭『牧口常三郎』、村上重良『創価学会=公明党』

(村上　重良)

まきけんじ　牧健二　一八九二―一九八九　大正・昭和時代の法制史学者。明治二十五年(一八九二)五月(戸籍上は十一月十四日)京都府天田郡下川口村字牧(福知山市)にて牧亀右衛門・奈美江の次男として生まれる。京都府立第三中学校・広島高等師範学校・京都帝国大学文科大学を経て同大学法科大学を大正十年(一九二一)に卒業、大学院特選給費生となり、十二年同大学助教授就任、二年間英・独・仏に在外研究を命ぜられ、十五年より法制史(のちに日本法制史と改称)講座を担当、昭和五年(一九三〇)教授、八年いわゆる滝川事件の際、同教授休職発令に抗議して辞表を提出したが法学部存続のために残留、二十年依願退職。二十六年京都学芸大学講師、のちに教授、三十二年停年退職、三十五年竜谷大学講師のちに教授、客員教授となり五十年退職。また、十年「鎌倉時代の封建制度の研究、殊に封建的恩地及私領の成立に就て」の論文により法学博士の学位を受ける。教学刷新評議会特別委員・学術研究会議会員・司法官試補および弁護士試補銓考委員会委員などを歴任。京都大学名誉教授の称号を受ける。主要著書には『日本封建制度成立史』『日本国体の理論』『日本法制史概論(完成版)』『日本の原始国家』、および『近世藩法資料集成』(京都帝国大学法学部日本法制史研究室編、三巻)の編纂などがある。平成元年(一九八九)七月二十四日老衰にて死去。享年九十七。京都相国寺墓地に葬る。

参考文献　「牧健二博士年譜・著作目録」(牧健二博士米寿記念日本法制史論集刊行会編『(牧健二博士米寿記念)日本法制史論集』所収)、牧健二「滝川事件における法学部存続当時の追想」(『有信会誌』一三)、同「滝川事件及び法学部存続当時の真相」(同一九・二〇)

(前田　正治)

まきたたまき　牧田環　一八七一―一九四三　大正・昭和時代前期の三井財閥のトップ経営者。明治四年(一八七一)七月二十日大坂桃谷の旧幕臣牧田家に生まれた。父は虎之丞、母はエイ。第三高等中学校(第三高等学校の前身)を経て、明治二十八年帝国大学工科大学採鉱冶金学科を卒業、三井鉱山合名会社に入社した。同社三池炭礦の技術者として活躍、その間明治三十一―三十二年、三井鉱山専務理事団琢磨に同行して欧米の諸炭礦を調査、三池港建設などの近代化投資に大きく寄与した。大正二年(一九一三)三井鉱山株式会社取締役、七年常務取締役に就任し、同社の経営の中枢をなした。妻芽枝子の父でもある三井合名会社理事長団琢磨(大正三年に就任)と協力し、合成染料・合成アンモニア=硫安など三井東圧化学の起源をなす石炭化学工業、輪西製鉄・釜石鉱山・日本製鋼所などの鉄鋼業など三井財閥の重工業の育成のために努力した。昭和五年(一九三〇)に商工省臨時産業合理局顧問を委嘱されたように、産業界の代表的存在として、政府の産業政策に影響を与えた。昭和七年団理事長が暗殺されたあとの三井財閥の「転向」の中で、同年三井合名会社理事に、九年三井鉱山会社会長に就任して、三井財閥の防衛につとめたのち、十一年同財閥における重役定年制の実施に伴い三井鉱山会長を辞任、三井を去った。以後、昭和飛行機工業社長、人造石油製造を目的とする政府半額出資の帝国燃料興業会社総裁、義弟小倉房蔵の経営する小倉石油会社の相談役などを兼任した。昭和十八年七月六日死去。七十三歳。墓は大阪市南区谷町九丁目の大仙寺と東京都港区の青山墓地にある。

参考文献　森川英正編『牧田環伝記資料』

(森川　英正)

まきのえいいち　牧野英一　一八七八―一九七〇　明治から昭和時代にかけての刑法学者。明治十一年(一八七八)三月二十日岐阜県大野郡高山町に出生。牧野伊平の長男。同三十六年東京帝国大学法科大学卒業。司法省に入り、東京地方裁判所勤務の後、母校に復帰して同四十年助教授、大正二年(一九一三)教授となる。昭和十三年(一九三八)定年退官。同二十五年文化勲章受章。昭和四十五年四月十八日死去。九十二歳。一世紀に近いその生涯を刑法学を軸に学究の徒として送った。牧野の刑法理論は主観主義であり、目的刑論ないし教育刑論である。その前提から刑法学の体系を構築した。刑務所を教育の場とするその行刑理論は、監獄行政の改善を促進したが、他方、罪刑法定主義の緩和を主張した。多くの立法作業に参画。著作きわめて多数。『日本刑法』を代表作とし、『刑法研究』二十巻があるほか、その論筆は法律学全般に及んでいる。なお、政治家牧野良三は弟である。

参考文献　『書斎の窓』一八九(特集牧野英一先生を偲

ぶ)、牧野英一「学究としての五十年」(金田一京助他『学究生活の思い出』所収)、所一彦「牧野英一」(潮見俊隆・利谷信義編『日本の法学者』所収)、中山研一「牧野英一の刑法理論」(『法律時報』五一ノ四・五)、堅田剛「牧野英一のネクロロジー」(『独協法学』三九)
(向井　健)

まきのごんろくろう　牧野権六郎　一八一九―六九　幕末の備前国岡山藩士。名は孝三郎・成憲、通称は権六郎、号は柁軒。文政二年(一八一九)八月二日岡山藩士薄田長兵衛の第三子に生まれる。のちに同藩士牧野成武の養子となり、嘉永二年(一八四九)に家督を嗣ぐ。家禄五百石。貝太鼓奉行を兼帯のうえ目付・近習頭分・大小姓頭補助・郡代添役などを勤め、慶応二年(一八六六)には国事周旋御用・軍事改革取調御用を命ぜられる。文久三年(一八六三)には新藩主池田茂政に従って入京、宮城守衛の任につき、帰国後は領内の小串村(岡山市)・下津井村(倉敷市)の御台場築造にあたるなど、海防強化に尽力した。また慶応三年大政奉還の議論が起ると、藩を代表して二条城の会議に列席し、奉還論を積極的に主張、さらに幕政改革批判を行うなど、藩内の尊王運動の中心となって終始活躍した。維新後の明治二年(一八六九)には参政を経て刑法主事上席に進み、さらに学校御一新御用掛を命ぜられたが、同年六月二十八日、岡山の城下東中山下の自邸で病没。五十一歳。墓は岡山市中央町の景福寺にある。贈従四位。

参考文献　『奉公書』(岡山大学付属史料館所蔵)、谷口澄夫『岡山藩政史の研究』
(上原　兼善)

まきのしょうぞう　牧野省三　一八七八―一九二九　明治から昭和時代前期にかけての映画監督・製作者。明治十一年(一八七八)九月二十二日京都生まれ。京都千本座の座主であったが、明治四十年「本能寺合戦」を皮切りに映画製作に入り、浄瑠璃本や講談本から筋を得た映画(旧劇)を多数作る。この間、尾上松之助を日本映画最初の人気スターに仕立てる。大正十二年(一九二三)マキノ映画会社を設立、「一ヌケ(現像の鮮明さ)、二筋、三動作」を唱え、若い映画人の育成に大きな功績を残した。昭和四年(一九二九)七月二十五日心臓麻痺で死去。五十二歳。映画監督マキノ雅裕(正博・雅弘)・映画製作者牧野光雄はその子。遺骨は京都郊外の住吉山の墓地におさめられている。

参考文献　桑野桃華編『日本映画の父(マキノ省三伝)』、マキノ雅弘『カツドウ屋一代』、同『映画渡世―マキノ雅弘自伝―』、岸松雄『日本映画人伝』、同『人物・日本映画史』一、御園京平編『回想・マキノ映画』
(宮本　高晴)

まきのしんいち　牧野信一　一八九六―一九三六　大正・昭和時代の小説家。明治二十九年(一八九六)十一月十二日、神奈川県足柄下郡小田原町緑町に、父久雄・母ヱイの長男として生まれる。牧野家は代々小田原藩士。幼少時、父は米国に滞在しており、祖父母によって養育された。大正三年(一九一四)早稲田大学高等予科に入学、八年文学科英文科を卒業、時事新報社に勤務、同年、浅原六朗らと同人雑誌『十三人』を創刊、同誌に掲載した短編『爪』で島崎藤村の賞讃を得る。十年、時事新報社を退社して帰郷、結婚。十三年創作小説『父を売る子』を発表、同年同名の創作集を出版し文筆生活に入る。当初は順調ではなかったが、プロレタリア文学の退潮期、昭和六年(一九三一)小林秀雄ら芸術派を集めて、雑誌『文科』を主宰、この年『ゼーロン』『バラルダ物語』を発表、特異な文体と作風で高い評価を得る。九年、代表作『鬼涙村(きなだむら)』を発表するも、健康次第に衰え、十一年、神経衰弱が昂じて、三月二十四日、小田原の生家納屋に縊死自殺する。四十一歳。墓は小田原市清光寺。『牧野信一全集』全三巻がある。

参考文献　薬師寺章明『評説牧野信一』、柳沢孝子『牧野信一』
(林　淑美)

まきのしんのすけ　牧野信之助　一八八四―一九三九　大正・昭和時代前期の歴史家。明治十七年(一八八四)四月二十二日、父伊之助・母なぎの長男として、母の生家の福井県丹生(にう)郡上石田村(鯖江市石田上町)に生まれる。父方は同県今立郡長土呂村(武生市国高)で代々庄屋を勤めた家。同三十六年武生中学校を卒業すると、すぐに南条郡河野尋常小学校の代用教員となり、ついで広島高等師範学校図書館・京都帝大文科大学国史研究室などに勤務、四十二年同文科大学史学科選科入学、四十五年修了。同年(改元して大正元年(一九一二))石川県立師範学校教諭となる。大正五年福井県史編纂掛主任、同九年滋賀県史編纂主任を兼務。昭和三年(一九二八)さらに堺市史編纂長、同六年北海道史編纂長、十三年大津市史編纂監修、同年福井県今立郡岡本村村史編纂顧問となるなど、各地の郷土史編纂に携わって、『福井県史』『滋賀県史』『堺市史』『北海道史』『越前若狭古文書選』などを世に出した。また昭和八年京都帝国大学文学部講師となり「室町季世史」「荘園の請負」「太閤検地」「近世拓殖史」などを講じた。昭和十四年九月二十五日京都上京区小山上内河原町にて病没。五十六歳。法名は史明院釈浄信。著書に『弘法大師伝の研究』(大正十年)、『武家時代社会の研究』(昭和三年)、『正明寺小志』(同四年)、『織田豊臣時代史』(同年)、『真盛上人御伝記集』(同五年)、『土地及び聚落史上の諸問題』(同十三年)、『越前紙漉図説解説』(同年)などがある。

参考文献　牧野信之助君伝記編纂委員会編『牧野信之助君伝並追悼録』
(田中　博美)

まきのとみたろう　牧野富太郎　一八六二―一九五七　明治から昭和時代にかけての植物分類学者。文久二年(一八六二)四月二十四日に土佐国高岡郡佐川村西町組(高知県高岡郡佐川(さかわ)町)百一番屋敷に生まれる。父佐平、母久寿。幼名誠太郎。のち富太郎と改名。明治十七年(一八八四)矢田部良吉のはからいで東京大学理学部植物学教室に出入りするようになる。同二十六年帝国大学理科大学助手。同四十五年講師。昭和二年(一九二七)理学博士。同十二年朝日文化賞受賞。同二十五年日本学士院会員。同二十六年文化功労者。同二十八年東京都名誉都民。同三十一年郷里佐川町名誉町民。同三十二年一月十八日東京で没。九十四歳。死後文化勲章受章。墓は東京都台東区谷中天王寺にある。独学で植物学を修め、日本の植物分類学の権威となる。日本中の植物を採集調査し、新種・新変種の発見や命名をし、鑑定は群を抜いて的確であった。各種の植物図鑑を作成、現在も利用されている。著書は『植物記』ほか『牧野富太郎選集』五巻、『牧野富太郎自叙伝』など多数。

参考文献 渋谷章『牧野富太郎』(『民間日本学者シリーズ』四)、佐藤七郎『牧野富太郎』
(矢部一郎)

まきのとらじ　牧野虎次　一八七一―一九六四　明治から昭和時代にかけての社会事業家。近江国西大路(仁正寺)藩医牧野安良次男として明治四年(一八七一)七月三日に生まれ、同志社英学校を卒え、熊本東亜学園教員を経て同二十八年北海道集治監教誨師となるが、間もなく新任の石井謹吾典獄と意見衝突、キリスト者教誨師らとともに連袂辞職。それ以来、キリスト教の伝道と諸社会事業に活躍。同四十一年以来、同志社理事、昭和十三年(一九三八)大学長兼総長事務取扱、十六年総長に就任。その間、東京家庭学校長、京都教会牧師、日本組合基督教会総幹事、のち京都府顧問、同教育委員長、ホノルル・シカゴなど在米日本人教会牧師を歴任。昭和三十九年二月一日死去。九十二歳。

参考文献 藪崎吉太郎『牧野虎次先生自叙伝』
(海老沢有道)

まきののぶあき　牧野伸顕　一八六一―一九四九　明治から昭和時代前期にかけての政治家。伯爵。文久元年(一八六一)十月二十二日薩摩藩士で藩の小納戸役の大久保利通の次男として鹿児島城下加治屋町に生まれ、遠縁にあたる牧野家を継いだ。母は満寿子。幼名は伸熊。一時、是利と称した。明治四年(一八七一)実父利通に伴われ岩倉遣外使節団に同行してアメリカに留学、ワシントン・フィラデルフィアの学校で学ぶ。同七年帰国して東京開成学校(のち東京大学)に入り、文学部和漢文科に在学。十二年大学を中退して外務省御用掛となる。三等書記生・領事代理としてロンドンの日本公使館勤務を経て、十五年帰国。伊藤博文の知遇を得て太政官権少書記官・同制度取調局兼務・同参事院議官補兼務・法制局参事官などを歴任。この間十八年の天津条約の際には伊藤博文全権大使に随行して清国に出張。二十一―二十二年黒田清隆内閣総理大臣の秘書官をつとめた。その後、内閣記録課長・兼同官報局長・福井県知事・茨城県知事を経て、二十六―二十九年文部次官として井上毅文相・西園寺公望文相を補佐して実業教育・女子教育の振興に尽力。ついで外交官に復帰し、三十―三十二年駐イタリア公使としてローマに、三十二―三十九年駐オーストリア公使としてウィーンに駐在し、スイス公使を兼任。三十九年第一次西園寺内閣に文部大臣として入閣、義務教育の四年から六年への延長、第一回文部省美術展覧会の開催に力を尽くした。文相在任中男爵授与。四十一年西園寺内閣退陣とともに文相を退き、翌年、枢密顧問官に任命。ついで明治四十四年―大正元年(一九一二)第二次西園寺内閣の農商務大臣、大正二―三年第一次山本内閣の外務大臣をつとめた。同六年臨時外交調査委員会設置とともに委員となった。七年パリ講和会議の日本全権に任命され、八年一―六月の講和会議には首席全権の西園寺公望を助けて山東問題、人種差別撤廃問題に奔走し、欧米協調外交路線の実を挙げるべく苦心した。翌年勲功により子爵授与。大正十年二月宮中某重大事件で中村雄次郎が辞任した後を受けて宮内大臣に就任、ついで同十四年三月三十日に内大臣に転じ、昭和十年(一九三五)十二月まで在任し、広い国際的視野に立った国際協調主義と立憲政治擁護の立場から、若い摂政宮裕仁親王(のちの昭和天皇)の輔弼にあたった。この間、大正十四年伯爵。いわゆる重臣グループの一人として政界に重きをなしたが、急進派の青年将校らからは、親英米派・自由主義者を代表する「君側の奸」と目され、テロの目標とされた。昭和七年の五・一五事件では内大臣官邸に爆弾を投ぜられ、また内大臣辞任後の昭和十一年の二・二六事件では、湯河原の旅館に保養中、青年将校に率いられた反乱部隊に襲撃されたが、危うく難を逃れた。その後は軍部の台頭により政界から逼塞した。第二次世界大戦後の昭和二十四年一月二十五日、千葉県東葛飾郡田中村の自邸で病没。八十九歳。著書に『松寿閑談』『回顧録』『牧野伸顕日記』があり、また、国立国会図書館憲政資料室には「牧野伸顕関係文書」(書類・書簡)約三千三百点が保存されており、明治・大正・昭和の政治史・外交史の貴重な史料となっている。なお、夫人峯子は三島通庸の次女、娘雪子は外交官・政治家吉田茂の夫人である。

参考文献 下園佐吉『牧野伸顕伯』
(鳥海靖)

マキノまさひろ　マキノ雅広　一九〇八―九三　昭和時代の映画監督。本名牧野正唯。しばしば改名することで知られ、正博・雅弘・雅裕・雅広などと何度も改名している。明治四十一年(一九〇八)二月二十九日、京都市上京区千本一条上ルに生まれる。「映画の父」、牧野省三の長男。マキノ光雄は実弟。はやくから助監督兼俳優として父を補佐し、大正十五年(一九二六)「青い眼の人形」で監督デビュー(ただし共同監督)。「浪人街」全三話、「崇禅寺馬場」(ともに昭和三年(一九二八))、「首の座」(四年)と時代劇の傑作をたて続けに発表、期待の新鋭監督としてスタートをきるが、昭和四年父の急死にあい、マキノ映画の借金返済のために娯楽映画の職業監督に徹するようになる。以後、四十七年の「関東緋桜一家」まで娯楽時代劇映画ひと筋に歩む。その間、俳優演出に優れ、映画作りのツボを心得た、速撮り監督として各社で活躍する。代表作は、時代劇ミュージカル「鴛鴦歌合戦」(昭和五年)、長谷川一夫主演の「昨日消えた男」(十六年)、戦後東宝で手がけた「次郎長三国志」全九話(二十七―二十九年)、東映の「日本侠客伝」「昭和残侠伝」の両シリーズなどであり、その力量は年を経るごとに高く評価されている。平成五年(一九九三)十月二十九日没。八十五歳。著書に『カツドウ屋一代』『映画渡世』などがある。

(宮本　高晴)

マキノみつお　マキノ光雄　一九〇九―五七　昭和時代の映画監督。本名多田光次郎。明治四十二年(一九〇九)十一月十五日牧野省三の次男として京都に生まれる。多田姓は母方の家系を継いだもの。父の生前からマキノ映画の企画、製作面を補佐し、マキノの倒産後、昭和十年(一九三五)日活多摩川撮影所の企画部長となり「人生劇場」「真実一路」「蒼民」などの文芸大作のかたわら、興行性の高い娯楽映画の製作にも手腕を見せた。昭和十三年満洲映画協会の設立で娯民映画部長となり、昭和二十二年帰国して映画界の新系統として発足した東横映画の創立に参加、東横映画が東映に改組された後は東映製作面の最高責任者として「ひめゆりの塔」の大作を企画成功させ、引き続き娯楽時代劇や児童劇の量産に成功した。昭和三十二年十二月九日没。四十八歳。

参考文献　田中純一郎『日本映画発達史』五(『中公文庫』)

(田中純一郎)

まきのやすとし　牧野康哉　一八一八―六三　江戸時代後期の若年寄。信濃国小諸藩主。諱は初め貞明、通称は徳橋・修橋、叙爵して遠江守と称す。文政元年(一八一八)十月十七日江戸に生まれる。父は笠間藩主牧野貞幹で、その次男。同族小諸藩主康命の養子となり、天保三年(一八三二)九月養父死没のあとをうけて小諸一万五千石を襲封した。弘化二年(一八四五)五月奏者番となり、安政五年(一八五八)六月西ノ丸若年寄、九月本丸勤仕となり、万延元年(一八六〇)正月勝手掛となり、本丸普請用掛を命ぜられ、十月その功によって賞賜され、十二月従四位下に進められ、若年寄を免ぜられた。表高一万五千石は実高二万石と称せられ、人口が減って石数と合わず、康哉は減少の最大の原因は痘瘡によるものと憂慮した。そのころ長崎では、嘉永元年(一八四八)モーニケがオランダ商館の医員として来日し、痘苗をもたらして種痘術を伝えていた。康哉は同三年藩医三人を長崎に派遣して種痘術を学ばせ、まず自分の娘二人に施して実験し、ついで士民に実施した結果、人口が増加し、十年を出ないうちに二万に達したという。また民間の堕胎を禁じ、尚歯法を定めて八十歳以上の窮民に終身分米を給した。そのほか田畑の開発、農業の改良、山林の増殖、濫伐の禁止、治水の完備、産業の振興などにも力を用いた。水戸の徳川斉昭、安中の板倉勝明および韮山代官江川英竜(太郎左衛門)と深交を結び、儒学を好み、異書を蔵する者があればこれを謄写させ、洋学にも通じ、兵学では銃砲術から行陣の法に至るまで精通した。文久三年(一八六三)六月十三日没す。年四十六。法号は篤信院殿譲誉義山礼興大居士。

参考文献　北佐久郡役所編『北佐久郡志』

(吉田　常吉)

まきのりょうぞう　牧野良三　一八八五―一九六一　大正・昭和時代の政治家。法学博士。法学者牧野英一の弟。明治十八年(一八八五)五月二十六日牧野伊平の三男として岐阜県大野郡高山町に生まれる。同四十四年東京帝国大学法科大学卒業。逓信省に入り貯金局証券課長となったが、まもなく退官。大阪商船社員を経て弁護士。大正七年(一九一八)中橋徳五郎文相のもとで秘書官兼参事官をつとめた。同九年岐阜県第九区から衆議院議員に当選。以来、当選十回。はじめ立憲政友会所属、十三年、脱党して政友本党に加わったが、十五年政友会に復帰。同会総務、商工参与官、逓信政務次官などを歴任。昭和十三年(一九三八)国家総動員法案を違憲論の立場から批判した。第二次世界大戦後の二十一年公職追放にあったが、二十五年解除され、全国選挙管理委員会委員長として公明選挙運動を進めた。二十七年自由党から衆議院議員に復帰。翌年の総選挙では落選したが、三十年日本民主党から返り咲いた。衆議院予算委員長を経て同年十一月自由民主党結成に加わり、第三次鳩山内閣に法務大臣として入閣。三十三年再び落選、翌々年政界引退を表明した。『欧羅巴から日本を見る』『投票用紙事件の表裏』『満鉄事件』『競争入札と談合』など数多くの著作がある。昭和三十六年六月一日死去。七十六歳。

参考文献　「牧野良三」刊行会編『牧野良三』、桑名正道編「牧野良三先生年譜」(『飛驒春秋』八八)

(鳥海　靖)

マキム　John Mckim　一八五二―一九三六　アメリカ聖公会派遣の宣教師。一八五二年七月十七日、マサチューセッツ州ピッツフィールドに生まれる。七九年、ナショタ神学校卒業、日本伝道を志し、明治十三年(一八八〇)三月一日に来日。築地の聖パウロ学校(立教大学の前身)で教え、ついで大阪の聖アグネス学院のチャプレンを勤める。明治十五年以後、地方伝道を志し、大和郡山・奈良など大和地方一円に伝道。明治二十六年六月十四日、北東京地方部主教に按手され、同時に立教学院理事長に就任。その後、昭和十年(一九三五)まで在任し、英国福音宣布協会派遣の伝道主教E・ビカステスと協力して、日本全土に地方部を設定し、組織を充実させた。明治三十二年以来、十四回にわたって日本聖公会総会議長を勤めた。関東大震災で甚大な損害をうけたが、短期間にその復興を達成した。昭和十年、主教を辞任。同年十一月離日、翌一九三六年四月四日、ホノルルで死去。八十三歳。勲三等に叙勲。

参考文献　日本聖公会歴史編集委員会編『あかしびとたち』

(高橋　昌郎)

まきむらまさなお　槇村正直　一八三四―九六　幕末・

維新期の長州藩藩士、明治時代前期の官僚政治家。安之進・半九郎などと称し、正直は諱。天保五年(一八三四)五月二十三日長州藩士羽仁正純の次男として生まれ、十六歳で槇村満久の養子となった。幼時、剣・砲術を学んだのち相州警衛にあたったこともある。同藩の諸役をつとめて、文久三年(一八六三)、当職所筆者役となり、翌年には密用方聞次役に就任。その年おこった蛤御門(禁門)の変の前後、一時上京したが、のち、帰藩して、家督を相続。また慶応二年(一八六六)の幕長戦争では大島口へ出動。王政復古後、新政府の徴士などから権大参事、ついで明治八年(一八七五)京都府権知事から同十年に府知事に昇進。この間、京都の御用商人小野善助らの東京転籍希望をめぐり、それを認めなかったため、司法省により、府知事のまま、短期間であったが拘留されたこともあった。しかし、四年間の府知事時代、京都の教育と産業の振興につとめ、のち元老院議官、行政裁判所長官も歴任した。二十年男爵。二十三年貴族院議員。二十九年四月二十一日没。六十三歳。墓は、東京都港区の青山墓地にある。

(石塚 裕道)

まきやすおみ 真木保臣 一八一三―六四 幕末の尊攘派志士。文化十年(一八一三)三月七日筑後国久留米城下瀬下(せのした)町(福岡県久留米市瀬下町)水天宮に生まれる。父真木旋臣(としおみ)は同宮第二十一代神職で、のち久留米藩から年六十俵給付され、中小性格となる。保臣はその長男。大宮司・従五位下和泉守の官位を有し、通称和泉、号は紫灘(しだん)。十一歳で父を喪い相続、十九歳のとき妻睦子を迎え二男一女をもうける。幼時従学した地元学者は、それぞれ折衷学および崎門学の流れを汲むといわれるがつまびらかでない。一方、三島神社(三潴(みずま)郡大木町)神職宮崎阿波守信敦に国学・和歌を学び、国史・神道・有職故実にわたる広い教養を培ったが、藩校明善堂考課においても「格別出精上達」の部に入れられた。弘化元年(一八四四)はじめて江戸行、在府中途水戸に赴き会沢正志斎に従学すること一週間、志気・器量ありと評された。帰国後水戸遊学の経験ある村上守太郎・木村三郎らと天保学連を結成し、明君といわれた藩主有馬頼永(よりとお)のもと藩政刷新をはかり、天下の雛型と心得て政務を行い、国士の持主たる朝廷に心をつくすべしという建白書を提出した。しかるに弘化三年頼永の没後、守旧派のまき返し、天保学連の分裂によって改革は挫折、嘉永五年(一八五二)同志とともに罪を得、弟大鳥居信臣(理兵衛)が神職をつとめる水田(みずた)天満宮(筑後市水田)のもとに蟄居を命ぜられる。翌年天満宮のかたわらに山梔窩(くちなしのや)を建て独居自炊の生活を始めたが、陪臣・医師・神職・村役人層の青年の従学するあり、のち保臣が討幕運動に挺身するやこれに従い、自殺・処刑された者が数名出た。蟄居中の安政五年(一八五八)十月『大夢記』を著わし、勤王の諸大名を率いた天皇が東征の途にのぼり将軍徳川家茂を江戸城から放逐、大いに更始の令をしくという尖鋭な徳川否定・王政復古希求の意欲を示した。やがて平野国臣・田中河内介・清川八郎らのすすめにより文久二年(一八六二)二月次男菊四郎・門人二名を伴って山梔窩脱出、鹿児島に走り島津久光上京に加わらんとしたが、これを嫌う薩摩藩のため抑留一ヵ月余におよんだ。ようやく許されて四月上京したが、寺田屋の変に会い身柄拘束、久留米藩に引き渡され七月藩地送還収獄される。一時処刑されようとしたが尊攘派公卿・長州藩の梃子入れで解囚され上京、学習院出仕となり三条実美の信任を得、長州藩を足場に大和行幸・攘夷親征を名目とする討幕決行をめざしたが、文久三年八月十八日の政変で挫折、三条ら七卿とともに長州退去。幕府ないし公武合体派の手中に帰した朝廷を奪還するには武力によるほかなしと率兵上京を主張、翌元治元年(一八六四)六月浪士隊を率い長州藩兵とともに京都に上ったが、禁門の変にやぶれ七月二十一日天王山頂に諸藩出身浪士十六名とともに自刃、ときに五十二歳。弘化四年以来、毎年五月かかさず楠公祭を営み、もっとも徹底した徳川体制否定・王政復古の直接行動者であった。墓は天王山頂にある。明治二十四年(一八九一)四月贈正四位。建白書・書翰・日記・詩文・歌詩を収めた真木保臣先生顕彰会編『真木和泉守遺文』(大正二年(一九一三))がある。

[参考文献] 宇高浩『真木和泉守』、小川常人『真木和泉守の研究』、山口宗之『真木和泉』(『人物叢書』一六九)

(山口 宗之)

まきゆうこう 槇有恒 一八九四―一九八九 大正・昭和時代の登山家。明治二十七年(一八九四)二月五日、仙台市に生まる。父武は福沢諭吉門下のジャーナリスト、当時、『奥羽日日新聞』の主筆だった。幼年期を神戸、京都ですごし、仙台にもどってからは、中学時代、父のすすめで兄智雄とともに各地の登山旅行に出る。同四十五年慶応義塾大学に入学、大正四年(一九一五)には『アルペン行』の著者、哲学科教授の鹿子木員信とともに慶応山岳会を創設。同七年、コロンビア大学に留学したが、大戦末期のため聴講はままならず、英国を経由してスイスのグリンデルワルトに滞在、アイガー東山稜初登のほかかずかずの登攀を行なう。帰国後は冬期登山の開拓、アルバータ峰遠征、後進の指導をとおして日本登山界の新生面をひらき、昭和三十一年(一九五六)にはマナスル第三次遠征隊長として日本人初の八〇〇〇メートル峰登頂を成功させた。文化功労者。日本山岳会名誉会員。平成元年(一九八九)五月二日没。九十五歳。「山を愛し山を尊び山と共に生く」、これがその生涯を貫く信条であった。著書『山行』『ピッケルの思い出』『山の心』『わたしの山旅』、編著『マナスル登頂記』など。没後、『槇有恒全集』全三巻が刊行された。

(近藤 信行)

マクシモービッチ Karl Ivanovich Maksimovich 一八二七―九一 幕末来日したロシアの植物学者。著作上は Carl Johann Maximowicz を常用。モスクワ近郊ツーラに一八二七年十一月二十三日医師の子として生まれた。ドルパット大学でブンゲ Alexander von Bunge(一八〇三―九〇)に植物学を学ぶ。五二年帝室植物園学芸員となり、学術探検船として大西洋から南米南端を廻り、シベリアへ周航するロシア軍艦ディアナ号に乗り組み、植物調査を担当する。シベリアで学者たちを降ろしてディアナ号は日本へ開国要求に向かう。マクシモービッチはシベリアを探査し、『黒竜江地方植物誌』Primitiae Florae Amurensis(1859)を著わし学術賞を受く。その賞金で再度極東探検に出、万延元年(一八六〇)秋、箱館に渡来、須川長之助を助手にして周辺植物を採集し、標本に写生図、色や香なども記述、詳細な記録を作った。翌文久元年(一八六一)横浜に移り、一度長崎へ渡航したが、翌二年横浜に戻り、長崎へ行く。同四年帰国するまで日本の植物を研究した。居留地からは出られなかったが、助手須川を箱根や九州各地に派遣し、採集させた。帰国後、整理に没頭、三十年にわたって順次発表した。日本から田代安定・矢田部良吉・牧野富太郎らが標本を送り鑑定も依頼しており、その成果は『アジア新植物特性』Diagnoses Plantarum Novarum Asiaticarum(1886―93)に発表されている。一八九一年二月十六日主席学芸員在職中に死去。六十三歳。

参考文献 上野益三『日本博物学史』、宮部金吾「カール・ヨーハン・マキシモウィッチの伝」(『札幌博物学会会報』一ノ二)、石山洋「カール・ヨハン・マキシモヴィッチ―明治科学の恩人達―9―」(『科学技術文献サービス』三一) (石山 洋)

マクドナルド *Sir* Claude Maxwell Macdonald 一八五二―一九一五 イギリスの外交官。一八五二年六月十二日生まれる。七二年軍人として世に出たが、八〇年代後半から外交官となり、やがて九六年には駐清公使となった。たまたま一九〇〇年に義和団事件がおこると、居留民の保護防衛に指導的役割を演じた。同年駐日公使に任じられ、日英協調に努力したが、特に正式の日英同盟交渉の発端は、明治三十四年(一九〇一)七月十四・十五日における賜暇帰国中のかれとロンドン駐在の日本公使林董との会談であったといわれている。その同盟協約は明治三十五年一月に調印され、その後同三十八年八月と四十四年七月の二度にわたって改訂継続されたが、これらはいずれもかれが在任中のことであった。なお三十九年には東京のイギリス公使館が大使館に昇格されたので、かれは初代の駐日イギリス大使となり、一九一二年までこの地位に在った。一九一五年九月十日没。六十二歳。 (中山 治一)

マクドナルド Davidson MacDonald 一八三七―一九〇五 カナダメソジスト教会の医療宣教師。一八三七年オンタリオ州ブルームフィールドに、スコットランド人を両親として生まれる。ビクトリヤ大学神学部卒。牧師生活の傍らさらにトロント大学医学部を卒業。明治六年(一八七三)G・カクランと教会より日本宣教に派遣される。静岡の賤機舎に赴任して英理化学・『聖書』を講ず。青年の受洗者を得て静岡教会の基を作る。伝道の傍ら静岡病院で医療活動に従事。同九年静岡に新聞縦覧所を開設した。同十一年静岡師範学校併設中学で英語を教え、同年任満ちて帰国する。一年の休暇の後、カクランに代わり東京でカナダメソジスト教会日本部会議長になり、また医療にも従事した。素朴誠実な人柄に加えて貧者に篤い仁術と優れた医業が伝道を助けた。明治三十七年引退して帰国。翌一九〇五年一月三日、トロントで心臓麻痺により没す。最後まで、日本を愛し関心を持ち続けた。

参考文献 The Missionary Out Look, Document of The United Church of Canada, Unite Church Archives in the University of Toronto. 倉長巍『加奈陀メソヂスト日本伝道概史』、飯田宏『賤機舎とマクドナルド』、太田愛人『明治キリスト教の流域』、『倭文はた』一一(静岡英和女学院百年記念誌) (松縄善三郎)

マクネア Theodore Monroe MacNair 一八五八―一九一五 アメリカ長老教会派遣の宣教師、明治学院教授。一八五八年(安政五)二月二十四日ニューヨーク州ゼネシーに生まれた。七九年プリンストン大学卒業、八二年同神学校卒業。八四年(明治十七)一月来日。築地十四番館に住み東京一致英和学校、引き続き明治学院で論理学・理財学・歴史を教え、野球を紹介指導する。明治二十六年ころ以後はもっぱら都内、地方伝道にあたる。キリスト教書の僅少を嘆き、ゴーアの『神子化身論』ほか多数を翻訳。『讃美歌の歴史』は病苦と闘いながら脱稿。特に讃美歌に対する貢献は大きく、諸教派合同の讃美歌委員会委員として活躍。『さんびか』第一篇(明治二十六年)・第二篇(同四十三年)の編集に尽力、別所梅之助との共著『讃美歌物語』がある。大正四年(一九一五)十一月二十一日、東京三本榎西町の寓居で急死。享年五十七。白金瑞聖寺の明治学院外人墓地に埋葬。著書はほかに『基督教的信仰梗概』『創世記詳解』『聖霊の盈満』がある。

参考文献 明治学院同窓会編『白金学報』三七、『井深梶之助日記』大正四年、The Japan Evangelist, Jan. 1916. (秋山 繁雄)

まごしきょうへい 馬越恭平 一八四四―一九三三 明治から昭和時代前期にかけての実業家。弘化元年(一八四四)十月十二日備中国後月郡木之子村(岡山県井原市)の医者の次男に生まれる。幼名伍助。安政三年(一八五六)十三歳の時大坂へ出て頼山陽の高弟後藤松陰の学僕となり、ついで鴻池新十郎家に奉公した。文久元年(一八六一)大坂の商人で諸藩の用達業兼公事宿播磨屋仁兵衛の養子となって仁三郎と改名。明治維新後、大坂造幣寮益田孝の知遇を得て先収会社の創立に参加、ついで明治九年(一八七六)三井物産会社が設立されると社長益田孝のもとで売買方に勤務した。十年横浜支店長、十三年には同社元締役となり連合生糸荷預所や横浜商法会議所の設立などに尽力した。十七年四月三井物産会社本店売買方専務に転じ、二十五年四月三井物産会社専務委員(重役)に昇進、棉花部長、北海道漁業部長、三井呉服店元締役などを歴任、日本麦酒会社・東京帽子株式会社・日本煉瓦製造株式会社・上海紡績株式会社などの諸会社の重役にも就任した。同二十九年三月三井を退職して、日本麦酒株式会社の経営にあたり、同三十九年日本麦酒株式会社・札幌麦酒株式会社・大阪麦酒株式会社三社の合同がなって大日本麦酒株式会社が設立されると社長に就任、昭和八年（一九三三）四月二十日九十歳をもって没するまで社長を続け「ビール王」とよばれた。また多数の会社、団体に関係し財界の長老として重きをなし、明治三十一年には衆議院議員に当選、大正十三年（一九二四）には貴族院議員に勅選された。墓は、東京都大田区池上の本門寺にある。法名は、顕徳院殿雄渾日覚大居士。

参考文献 大塚栄三『馬越恭平翁伝』、井上洋一郎「馬越恭平、日本麦酒工業の経営史的研究」（広島大学『政経論叢』九ノ一）、高橋竜太郎「ビール王、馬越恭平翁の思い出」（『実業之日本』五三ノ四） （岩崎 宏之）

まさおかしき 正岡子規 一八六七―一九〇二 明治時代の俳人、歌人。本名常規。自作墓誌銘には「又ノ名ハ処之助又ノ名ハ升又ノ名ハ子規又ノ名ハ獺祭書屋主人又ノ名ハ竹ノ里人」（原文ルビなし）と記し、『筆まかせ』のうち「雅号」の章には二十七種の筆名を記録している。慶応三年（一八六七）九月十七日（太陽暦では同年十月十四日）に、伊予国温泉郡藤原新町（松山市花園町三番五号）にて出生。父隼太（常尚）は佐伯氏の出、正岡家の養嗣子となり、松山藩御馬廻加番、明治五年（一八七二）没。母八重は大原氏の出、慶応元年十月に隼太の後妻となる。父の死後、大原家の叔父恒徳が後見人となり、母が裁縫内職をして、妹律との生活を支えた。また、大原の祖父有恒（観山）の塾に漢学を学びながら小学校を終えた。明治十三年に松山中学入学。このころから漢詩を創り、友人たちと『五友雑誌』などを発行していたが、十五年ころから自由民権思想の影響をうけ、演説会に参加して国会開設要求を唱え、弁説中止を受けたりした。在京の叔父加藤恒忠（拓川、恒徳の弟）の尽力で上京の望みの実現したのは十六年六月である。旧藩主久松家の書生宿舎に入り、諸学校に学び、翌年春久松家給費生となり、七月に大学予備門入学試験に合格した。上京当時は政治家志望であったが、十八年春には哲学志望に転じた。拓川の影響や、学校で『荘子』を学んだことによる。井手真棹の手ほどきをうけて和歌を創り始めたのも同年で、二十年に帰郷した時には大原其戎の教えをうけて俳句も創り始めた。二十一年にはベースボールに熱中し始め、同年九月久松家の給費施設常盤舎寄宿舎（本郷真砂町、坪内逍遙旧邸）に入り、二十四年暮れまで舎生として過ごし給費を受けた。夏目漱石との交友の始まるのは二十二年初めからであり、スペンサーの文体論で「最簡単ノ文章ハ最良ノ文章ナリ」という説を知り強く傾倒するに至ったのもそのころである。哲学青年が次第に文学へ傾くようになり、二十三年秋には幸田露伴の『風流仏』に魅せられ、二十四年暮から翌年二月までかかって小説『月の都』を草し、露伴に見てもらうが好評を得ることができず、高浜虚子に宛て「僕は小説家となるを欲せず詩人とならんことを欲す」と書くに至った。また二十四年暮れからは俳句分類の仕事にも着手している。帝国大学文科大学哲学科へ入学したのは二十三年九月であるが、二十五年六月の学年試験に落第し、翌年三月、退学。新聞『日本』の社主陸羯南には、上京後間もなくから加藤拓川の紹介で会っていたが、二十五年六月から「獺祭書屋俳話」が『日本』に連載され始め、十一月には母と妹とを郷里から移住させ、上根岸の羯南の家の隣りに住み、十二月から日本新聞社社員となった。月給十五円であったが、どんなに高給でも他の社へは移らぬと、大原恒徳に書き送った。以来、生涯の日本新聞社社員として、また活潑な文学者としての活動が始まる。二十六年二月に二度めの喀血（二十一年八月一日以来のこと）、七月には奥羽旅行をして「はてしらずの記」を書いた。二十八年三月、日清戦争に従軍、金州城に入り、五月十七日帰国の途中船中にて大喀血。神戸病院・須磨保養院に療養し、八月末松山に帰り、松山中学校在職中の漱石寓に宿す。従弟藤野古白のピストル自殺を知ったのも従軍中のことである。十月三十日帰京以後永い病床生活に入り、外出も人力車に頼るほかなくなるが、文学上の仕事はこのころから充実し、二十九年には三千句以上を残している。三十年一月に、柳原極堂が松山から『ホトトギス』を創刊して全面的に協力し、『古白遺稿』も刊行。三十一年一月には蕪村句集輪講を始めるとともに「歌よみに与ふる書」を発表して短歌革新にも乗り出し、三月には根岸短歌会を始め、十月には『ホトトギス』を東京に引き取り編集刊行に全面的に尽力。翌年一月『俳諧大要』刊行。一年間休んでいた根岸短歌会を、岡麓ら歌人が参加して再開、三十三年になって伊藤左千夫・長塚節らが参加した。三十四年には『墨汁一滴』を、翌年『病牀六尺』をともに『日本』に発表するが、これらは二十九年の『松蘿玉液』、三十四年以後の手記『仰臥漫録』、明治十七年以後の雑文集『筆まかせ』とともに、子規の生活と思想とを知るために欠かすことのできぬものである。俳句革新者としての子規は、江戸時代末期以後形骸化した芭蕉崇拝を排したが、芭蕉の真価を見失うことはなかった。同時に蕪村を新たに評価したことは、その写生理論によるものであった。短歌革新においては王朝和歌様式を否定して奈良朝様式を強く推し、「子規鉄幹不可併称」を宣言した。なお、小説・新体詩・漢詩なども見落とすことのできぬもので、それらの綜合において子規を見なおす作業は第二次世界大戦後に進んだ。明治三十五年九月十九日死去。三十六歳。墓は北区田端四丁目の大竜寺にある。法名、子規居士。句集に『寒山落木』『俳句稿』、歌集に『竹乃里歌』があり、『子規全集』は、アルス版（十五巻、大正十三年（一九二四））、改造社版（二十二巻、昭和五年（一九三〇））、講談社版（二十五巻、昭和五十年）がある。

参考文献 松山市立子規記念博物館編『子規俳句索引』、河東碧梧桐『子規の第一歩』、同『子規の回想』、柳原極堂『友人子規』、高浜虚子『正岡子規』、久保田正文『正岡子規』(『人物叢書』一四四)、芥川竜之介『病中雑記』(岩波書店『芥川竜之介全集』八)、佐藤春夫「批評家子規」(『退屈読本』所収)、土方定一「正岡子規の文学論」(『近代日本文学評論史』所収)
(久保田正文)

まさきじんざぶろう　真崎甚三郎　一八七六―一九五六　大正・昭和時代前期の陸軍軍人。明治九年(一八七六)十一月二十七日佐賀県神崎郡境野村(千代田町)に農業真崎要七の長男として生まれる。海軍少将真崎勝次は弟。三十年陸軍士官学校を卒業(九期)、少尉に任官する。日露戦争に出征、四十年陸軍大学校を卒業し(十九期)、軍務局に出仕する。四十一年軍務局軍事課員となり四十二年少佐に進級、四十四年から大正三年(一九一四)にかけてドイツに駐在、四年に久留米の俘虜収容所長となる(この間三年に中佐に進む)。五年教育総監部第二課長となり、七年大佐に進級、九年軍務局軍事課長となる。十年近衛歩兵第一連隊長に転じ、十一年少将に昇進して歩兵第一旅団長となる。十二年陸軍士官学校本科長となり、十四年同校幹事、十五年同校校長となる。昭和二年(一九二七)中将に昇進、弘前の第八師団長に転ずる。このころから長州閥専横への反感と中堅・青年将校への好意を示す。四年七月東京の第一師団長に移る。陸大卒将校を中心に一夕会が結成され、荒木貞夫・真崎・林銑十郎の三将軍を推戴し陸軍を建て直すことが申し合わされたのはこの直前のことであった。六年八月台湾軍司令官に転じたが、七年一月盟友荒木陸相の推輓で参謀次長に就任、参謀総長閑院宮載仁(ことひと)親王に代わって参謀本部を主宰した。この時期、荒木・真崎・林の下には一夕会系陸大卒将校や北九州・土佐出身軍人が結集し、皇道派が形成され、宇垣系を駆逐して陸軍の支配的勢力に成長した。八年六月大将昇進に伴い参謀次長を退任、軍事参議官となる。九年一月、病気を理由に辞任した荒木陸相の後任に擬せられたが閑院宮の反対に遭って果たせず、教育総監兼軍事参議官となった。このころから荒木・真崎の郷党人事を批判する永田鉄山らは林の庇護のもと、統制派を形成し、皇道派の分裂が始まった。真崎は荒木陸相辞任後の皇道派の最高首脳として林の離反防止に努めるとともに宇垣系、統制派と対峙したが、十年七月教育総監を罷免され軍事参議官専任となった。十一年三月、二・二六事件後の粛軍で予備役に入る。同年七月反乱幇助容疑で拘禁されたが、十二年九月無罪判決を得て出獄した。皇道派は一連の人事抗争、二・二六事件後の粛軍で潰滅的打撃を蒙っていたが、出獄後の真崎は政治活動を再開し、戦争中には近衛文麿・吉田茂らと結んで反東条運動、小林躋造内閣擁立運動などを行なっている。二十年十一月、「A級戦犯」容疑者として収監されたが、二十二年九月釈放された。三十一年八月三十一日心臓麻痺のため死去。七十九歳。墓所は佐賀県神埼郡千代田町境原の妙専寺。昭和七年から二十年までの日記が『真崎甚三郎日記』(『近代日本史料選書』一ノ一―六)として刊行されている。

参考文献 田崎末松『評伝真崎甚三郎』(『昭和軍事史叢書』)、佐々木隆「皇道派と統制派」(三宅正樹他編『昭和史の軍部と政治』一所収)、伊藤隆「昭和一七～二〇年の近衛・真崎グループ」(『昭和期の政治』所収)
(佐々木　隆)

まさきなおひこ　正木直彦　一八六二―一九四〇　近代の美術行政官、教育者。幼名政吉、号十三松堂。文久二年(一八六二)十月二十六日、堺(大阪府)の新地郷組頭、正木林作の三男に生まれる。明治二十五年(一八九二)七月、帝国大学法科大学法律科を卒業、翌年五月直彦と改名、十月奈良県尋常中学校長に就任、在任中、帝国奈良博物館学芸委員、奈良県古社寺保存委員などを兼任する。同三十年六月、文部大臣秘書官に補せられて上京、翌年フランス万国博覧会出品調査委員となり、三十二年十一月渡欧、三十四年三月帰国、同年八月東京美術学校長に就任した。以来、昭和七年(一九三二)三月退官まで三十二年同校長を勤続する。明治二十九年、文部省美術展覧会(文展)創設を建議、翌年文部省美術審査委員会主事となり、同年十月第一回文展が開催された。大正二年(一九一三)六月、帝室技芸院撰択委員に任じ、同八年九月、帝国美術院が設置されて文展が改革され、帝国美術院展覧会(帝展)が開かれると、正木はその幹事を務め、昭和六年十一月、帝国美術院長となった。同十年五月、帝国美術院改組により院長を退き、同十五年三月二日、七十九歳で没。墓は、東京都文京区大塚の護国寺にある。長年にわたり、美術行政・美術教育にわたって枢要の地位を歩み、絵画彫刻のみならず、工芸美術の分野への理解をたかめることにも尽力し、また数寄者としても活躍した。著書に『回顧七十年』『十三松堂閑話録』があり、『十三松堂日記』四巻(中央公論美術出版)がある。

参考文献 隈元謙次郎・藤田圭雄編「正木直彦年譜」(『十三松堂日記』四付載)
(山川　武)

まさきひろし　正木昊　一八九六―一九七五　昭和時代の文筆家、弁護士。名は戸籍上は「昊」だが、本人はのちに「ひろし」を常用した。明治二十九年(一八九六)九月二十九日、父義淏(よしきよ)・母しげの次男として東京市本所区林町(東京都墨田区)で出生。東京帝国大学法学部卒業、弁護士となったが、文筆業に従事、多くの著述を公にした。昭和十二年(一九三七)に個人雑誌『近きより』を創刊、第二次世界大戦時下の厳しい言論統制に抗して、痛烈な権力批判の筆陣を張った。同十九年警察官の拷問致死を摘発、被害者の首を切断し法医学の鑑定を得、加害者の有罪を裁判所に認めさせた(首無し事件)。敗戦後公然と共和主義を唱え、同二十一年のプラカード事件法廷で激越な弁論を行う。三鷹事件・チャタレイ裁判など著名な裁判の弁護人として活動。とりわけ八海(やかい)事件・菅生(すごう)

事件・丸正事件などの冤罪事件に全力投球し、天才的な科学的洞察力で真実の究明に成果をあげた。八海事件では、法廷内活動と平行し、出版物によって有罪判決を法廷外で批判し、広津和郎の松川裁判批判とならんで、最高裁判所長官田中耕太郎らから非難されたが、裁判批判の役割を世に示した。八海事件・菅生事件では冤罪の被告人を無罪とすることに成功したが、丸正事件では真犯人と目する人物を告発して名誉毀損の罪に問われた。冤罪者を救うためにみずから刑事被告人となることをも辞さなかったのである。趣味が広く、絵画・天文学を好み、野生のキリスト者として、信仰にささえられてたたかい続けた。同五十年十二月六日没。七十九歳。菩提寺である東京都江東区亀戸四丁目の宝蓮寺に葬られた。『正木ひろし著作集』六巻が刊行されている。

参考文献　家永三郎『正木ひろし』(『三省堂選書』七九)　(家永　三郎)

まさきまもる　正木護　生没年不詳　幕末・明治時代の本願寺派光永寺の僧。僧名隆端。耶蘇教探索の諜者。幕末から長崎を中心に破邪活動にあたった後、上京。明治四年(一八七一)太政官弾正台(のち司法省)の異宗捜索の諜者となり、月金十両の手当を受領、キリスト教会に潜入し桃江正吉の偽称で同五年三月二十一日宣教師J・H・バラーから受洗、日本基督公会の会員となる。宣教師や信者の動勢、宣教師の塾や教会の状況などについて報告書を太政官に提出。六年三月には宣教師C・カラゾルスの経営するキリスト教書店で東京築地の鉄炮洲六番書庫の店員となり、宣教師やキリスト教書の動きを記した書庫日誌を報告書として提出するなど探索につとめた。同年九月、築地明石町六番館に東京基督公会を創設する際には、長老小川義綏ら創立者八名の中に名を列ねた。明治六年二月、切支丹禁制の高札が撤廃されキリスト教の伝道が黙認されると、異教捜索の諜者の必要はなくなり桃江正吉の姿は消え、明治十二年には東京基督公会(のち日本基督新栄教会)から除名の処置をうけている。諜者の仕事を終えた桃江正吉は隆端正木護にもどり、仏教界に復帰したものと推定されている。

参考文献　小沢三郎「諜者正木護の耶蘇教探索報告書」(『幕末明治耶蘇教史研究』所収)　(波多野和夫)

まさむねはくちょう　正宗白鳥　一八七九―一九六二　明治から昭和時代にかけての小説家・批評家。本名、忠夫。剣菱・XYZなどの匿名署名あり。明治十二年(一八七九)三月三日、岡山県和気郡穂浪村百三十三番屋敷(備前市)で、素封家の父正宗浦二・母美禰の十人の子の第一子長男として生まれた。次男敦夫は国文学者、三男得三郎は洋画家、六男厳敬は植物学者、次女乙未は地理学者辻村太郎夫人として著名。白鳥は幼時祖母の影響で地獄に強い恐怖感を抱き、また江戸時代末期の草双紙・読本の世界にひかれた。小学校卒業後、明治二十五年、旧岡山藩閑谷学校に入って漢籍を学び、傍ら民友社の出版物に親しんでキリスト教に関心をもつようになった。二十七年、胃弱のため通院の傍ら岡山で米人宣教師経営の薇陽学院で英語と『聖書』の講義を聞き、やがて内村鑑三に傾倒するようになった。二十九年二月上京、東京専門学校(早稲田大学の前身)英語専修科に入学、三十年、日本基督教会植村正久の手で受洗した。三十一年同校卒業、さらに史学科に進んだが翌年廃止になったため文学科に編入、三十四年六月卒業、同校出版部に勤務。同年、島村抱月の指導で『読売新聞』月曜文学欄で批評を書くようになり、田山花袋と『野の花』序文について論争、花袋と知るようになった。キリスト教に疑問を抱き、離れたのもこの年。三十六年六月、読売新聞社に入社、文芸時評、劇評などを担当、国木田独歩の小説に刺激され、三十七年十一月に『寂寞』を発表したのが白鳥の処女作となった。以後、記者の仕事の傍ら短篇を発表、四十年九月第一短篇集『紅塵』を出版、異色の自然主義作家として注目された。四十一年に『早稲田文学』に連載した『何処へ』は無理想無解決を唱えた自然主義の代表作とされたが、読売文芸欄の紙面を自然主義系の作家に積極的に提供したため、同紙がその運動の一拠点と目されるようになったのが経営者の嫌うところとなり、四十三年五月退社、作家として自立することになった。その第一作『微光』が好評で、作家生活が安定した。四十四年四月、甲府の清水つ禰と結婚。大正初期には『入江のほとり』『牛部屋の臭ひ』など、瀬戸内海沿岸の地方色豊かな佳作を出して注目されたが、自然主義の退潮もあり、創作にも疲れ、大正八年(一九一九)秋には郷里に帰った。それにも飽き、翌年春に軽井沢に移り、九月『毒婦のやうな女』を出し、特殊な境遇の女を描いて独自の世界を拓いた。十三年ごろから戯曲に傾倒、『人生の幸福』(大正十四年)、『安土の春』(同十五年)などの戯曲集が出た。十五年『中央公論』で一年間文芸時評を担当、以後仕事の中心が批評に移り、当時流行の私小説に対して私批評という新分野を拓き、みずからの文壇的経験を生かした独自の批評を展開するようになった。やがて円本文学全集の出るに合わせてその読後感を作家論として書き続け、その集大成がのちの『作家論』一・二(昭和十六年(一九四一)・十七年)となったが、その円本全集の自著の印税で昭和三年十一月から夫妻で世界漫遊の旅に出、米・仏・伊・英・独の各国を回って四年十月帰国。十五年、弟丸山五男の三男有三を養嗣子とする。同年帝国芸術院会員、十八年日本ペンクラブ会長となる。太平洋戦争中は多く書かず、敗戦直後の二十一年『戦災者の悲み』ほか多くの作品を発表、永井荷風とともに大家の復活といわれた。長篇に『日本脱出』(昭和二十四年)、『流浪の人』(同二十六年)などがある。二十五年文化勲章受章、二十六年文化功労者に推され、三十二年菊池寛賞、三十五年には『今年の秋』(同三十四年)で読売文学賞を受賞、晩年の冴えを見せたが、三十七年八月、日本医科大学附属病院に入院、膵臓癌のため十月二十八日没。享年八十三。最後まで信仰に悩んだ本人の意志により、植村正久の娘植村環（たまき）牧師が日本基督教会柏木教会で司式して葬儀。墓は東京都府中市の多磨墓地にあり、郷里の岡山県備前市穂波の柳青院に分骨。『正宗白鳥全集』全三十巻がある。

参考文献　後藤亮『正宗白鳥—文学と生涯—』、大岩鉱『正宗白鳥』、山本健吉『正宗白鳥』、兵藤正之助『正宗白鳥論』　（和田　謹吾）

ましのとくみん　増野徳民　一八四一—七七　幕末期の尊攘派の志士。天保十二年（一八四一）周防国山代本郷（山口県玖珂郡本郷村）勘場医、寛道の嫡子として生まれる。安政三年（一八五六）十月、杉百合之介宅に幽居していた吉田松陰を訪れ、もっとも早い時期の門下生となり、松陰より無咎の字を与えられた。松陰入獄後は、岡田以伯について医を学びながら、他の松陰門下生とともに尊王攘夷運動をすすめた。文久二年（一八六二）三月、捕えられて山代に送還された。病院調合方として従軍したこともあったが、維新以降は、郷里で医師として生活した。明治十年（一八七七）五月二十日没。三十七歳。　（井上　勲）

まじまりこう　真島利行　一八七四—一九六二　明治から昭和時代にかけての有機化学者。明治七年（一八七四）十一月十三日京都の医家に生まれる。父利民は大坂の緒方洪庵の適々斎塾に学び、ついで長崎に赴き英国人医師に学ぶ。明治十九年父が病没すると、二十一年利行は十四歳で上京、共立学校から第一高等学校にすすみ、教授久原躬弦（くはらみつる）の感化で二十九年帝国大学（翌年東京帝国大学理科大学）化学科に入学、有機化学を専攻。三十二年卒業後同大学助手、三十六年助教授、四十年留学のため渡欧。ドイツのキール大学でカール・D・ハリエスに就き、ついでスイスのチューリヒ工科大学でウィルシュテッターにアニリン酸化の研究を学ぶ。さらにイギリスに渡り、ロンドンの王立研究所付属デービー＝ファラデー研究所でデュワーの承認を得て、特に漆の研究のため、オゾンの分解酸化、白金による接触還元などを学んだ。明治四十四年三月帰国、創設直後の東北帝国大学教授に任ぜられた。大学・研究所の創設期にあたって、昭和四年（一九二九）東京工業大学教授、五年、北海道帝国大学教授、七年、大阪帝国大学教授および同大学産業科学研究所長、のち理学部長、九年同大学総長として経営と指導に貢献。この間、大正六年（一九一七）理化学研究所の設立に参画し同主任研究員、また東北帝大の創立以来女子に門戸開放の方針をとり、黒田チカら女子学生・研究員を指導。広汎にわたる東洋産天然有機物成分の化学的構造研究を目ざし、トリカブト属アルカロイド、インドール誘導体、紫根の成分、感光色素、染料その他の合成などに関する研究などを行い、特に「漆の主成分に関する研究」（明治四十年第一報）で大正六年帝国学士院賞を受賞。同十五年同会員。昭和二年から『日本化学総覧』を編集・刊行（のち日本科学技術センターに引きつがれる）。昭和十一年ドイツ国学士院会員、二十四年文化勲章受章、三十七年八月十九日没。八十七歳。京都市左京区南禅寺福地町の南禅寺天授庵に葬られる。法名は、文徳院殿直心利行大居士。勲一等旭日大綬章受章。

参考文献　真島利行先生遺稿集刊行委員会編『真島利行先生—遺稿と追憶—』、真島利行「我生涯の回顧」（『化学の領域』八ノ一・三）、赤堀四郎「真島利行先生の足跡」（『科学』三二ノ一二）、山下愛子「ウルシ研究の権威真島利行の生涯」（『MOL』一二ノ七）　（山下　愛子）

ましみずぞうろく　真清水蔵六　京都五条坂の陶工。

㈠初代　一八二二—七七　京都久我村の庄屋清水源右衛門の二男で、文政五年（一八二二）に生まれる。幼名を太三郎といい、陶法を三代目和気亀亭に学んだ。天保十四年（一八四三）五条坂西落町に開業して名を蔵六と改め、青磁・染付など中国陶磁をはじめ朝鮮・日本の古陶磁の写しをよくした。妙法院宮教仁法親王の御庭焼や御用品を作り、宮家より真の一字を拝領して姓を真清水と改めた。また玄々斎千宗室に茶を学び、元治元年（一八六四）内裏献茶の皆具を作って宗室より宗缶の号と二重糸巻印を与えられた。明治初年には内外の博覧会に出品し、また貿易品も手がけて色絵や金襴手を作り、内需向けには青磁・染付・高麗茶碗などに秀れた。みずから好んだ製品には糸巻二重の中に宗缶の印を用い、そのほかの多くは蔵六印を捺したが、保寿・百寿・真清水蔵六などの印もある。明治十年（一八七七）八月十六日没。五十六歳。没後妻チカが長男寿太郎に陶法を教えた。

㈡二代　一八六一—一九三六　初代の長男。寿太郎。文久元年（一八六一）に生まれ、明治十五年（一八八二）蔵六を襲名した。父の感化を受け、早くから古陶磁に関心をもち、日本各地の古窯址を歩き、また明治二十三年に中国、同四十三年に朝鮮の古窯址を調査した。青磁・白磁・三島などを得意とし、花瓶・香炉・置物などに蔵六風と称された独特の雅趣ある作風を展開した。大正六年（一九一七）五条坂から山科西野山に窯を移したが、昭和六年（一九三一）廃業。印にははじめ百寿や春泉の印を用い、また多く蔵六印を用いた。泥中庵の別号をもち、著書に『陶寄』『蔵六漫筆古陶録』『古今京窯泥中閑話』などがある。昭和十一年没。七十六歳。　（河原　正彦）

ますだうえもんすけ　益田右衛門介　一八三三—六四　幕末の長州藩士。名は兼施（ちかのぶ）、のち親施。通称は幾三郎、弾正、のち越中、右衛門介。霜台と号した。天保四年（一八三三）九月一日、永代家老益田玄蕃元宣の次男に生まれ、兄越中の死去により、嘉永二年（一八四九）、長門国阿武郡須佐に地方知行地一万二千六十三石余を保つ永代家老益田家の家督をつぐ。吉田松陰に兵学を学び、同六年、長州藩が警固を命じられた相州警衛惣奉行となり、安政三年（一八五六）には当職（国家老）に就き、藩政改革を行なった。日米修好通商条約締結時の安政五年六月、周布政之助らの改革派と公武合体路線を掲げて江戸当役（藩主随従の家老)となり、藩政の頂点に立つ。文久二年(一八六二)七月の尊攘藩是への転換に参画、同三年の藩制の一変の後、加判役の重鎮に留り、同年七月、攘夷親征・大和行幸を関白鷹司輔熙に建議し、勅許された。直後に、八月十八日の政変がおこり、三条実美ら七卿とともに長州藩に退去した。翌元治元年(一八六四)七月、藩命により兵六百余を率いて上京、男山に陣す。同月十八日、会津藩討伐を建白し、夜半三方より進撃、禁門の変をおこした。益田の兵は、山崎天王山の後衛にあたり、のち長州藩地へ敗走した。第一次長州征討に際して徳山藩に幽囚され、幕府への謝罪のため三家老四参謀の処刑が決し、同年十一月十一日、徳山惣持院において切腹した。三十二歳。墓は山口県萩市東光寺。また、阿武郡須佐町には彼を奉祀する笠松神社がある。

参考文献 末松謙澄『防長回天史』 （井上 勝生）

ますだかねしち 増田甲子七 一八九八―一九八五 昭和時代の官僚、政治家。明治三十一年(一八九八)十月四日長野県に生まれる。大正十一年(一九二二)京都帝国大学法学部卒業。内務省に入り大臣官房文書課長・福島県知事・北海道知事などを歴任後、政界に入り昭和二十二年(一九四七)長野四区より衆議院議員に当選。以後、同五十一年まで通算十回当選。日本自由党から民主自由党・自由党を経て自由民主党所属。吉田茂の側近として、同二十二年第一次吉田内閣に運輸相として入閣、同二十三―二十五年第二次・三次吉田内閣の労相・官房長官・建設相などを歴任。また第一次・二次佐藤内閣(同三十九―四十五年)では一時、防衛庁長官をつとめた。その間、自由党幹事長。同五十四年引退し自民党顧問。著書に『増田甲子七回想録―吉田時代と私』がある。昭和六十年十二月二十一日、東京港区南青山の自宅の火災により夫人とともに焼死。八十七歳。

参考文献 寺田晃夫他編『歴代国会議員名鑑』中 （鳥海 靖）

ますだこうぞう 升田幸三 一九一八―九一 昭和時代の棋士。九段。大正七年(一九一八)三月二十一日広島県双三(ふたみ)郡三良坂(みらさか)村(三良坂町)三良坂の生まれ。昭和七年(一九三二)大阪に出て木見金治郎(九段)に入門。同十四年六段の時に応召。除隊後の同十八年七段。再応召をうけ、同二十年十二月に帰還し、同二十二年八段昇進。同門の弟弟子の大山康晴(十五世名人)と名人戦の挑戦者争いをして敗れ、十年の忍従を強いられた。入門当初は受け将棋で、第二次世界大戦後は「新手一生」を旗じるしとして数々の新戦法を編み出した。攻めの升田、受けの大山と対比され、升田・大山時代を築いた。同二十七年、時の名人木村義雄、続いて大山康晴を半香の手合いに指し込んだ。同三十二年の第十六期名人戦で大山より名人位を奪い、二期保持。同四十八年紫綬褒章。同五十四年に引退。同六十三年、実力制第四代名人の称号をうけた。平成三年(一九九一)四月五日東京都中野区の病院で没。七十三歳。

参考文献 升田幸三『将棋の虫』、同『升田幸三名局集』(『現代将棋名局集』九)、天狗太郎『将棋好敵手物語』 （山本 亨介）

ますだしろう 増田四郎 一九〇八―九七 昭和時代の歴史学者。明治四十一年(一九〇八)十月二日、奈良県添上郡月ヶ瀬村に生まれる。父勘三郎、母イチの第六子。昭和七年(一九三二)東京商科大学卒業。同大学専門部助教授を経て同二十五年、一橋大学経済学部教授。三十九―四十四年、学長。学術振興会会長。その後東京経済大学教授、理事長。学士院会員。平成二年(一九九〇)文化功労者。同三年文化勲章を授与される。同九年六月二十二日没。八十八歳。墓は東京都国分寺市ふれあい霊園にある。上原専禄、幸田成友の影響下で日本経済史、西洋経済史、特にドイツ経済史を専攻し、中世都市の市民意識を研究し、日本における市民意識のあり方に比較史的視点から検討を加えた。また西欧の中世村落共同体の研究を通じて民衆の団体意識を解明し、市民意識と合わせて比較史研究の柱とした。また古ゲルマン社会についても考古学などの補助科学の成果を用いて明らかにしようとした。研究方法は原史料に基づく実証を旨とし、学会の潮流には敬意を表しながらも独自の立場を維持した。なによりも歴史叙述を重視し、「絵を描く」必要を説いていた。みずからも『西洋中世世界の成立』などで範を示し、多くの読者に受け入れられた。『独逸中世史の研究』(昭和十八年)、『西洋封建社会成立期の研究』(同三十四年)、『西洋市民意識の形成』(同四十四年)、『ヨーロッパとは何か』(『岩波新書』、同四十二年)など多数。 （阿部 謹也）

ますだたかし 益田孝 一八四八―一九三八 明治から昭和時代前期にかけての実業家。嘉永元年(一八四八)十月十七日、佐渡相川に生まれた。父孝義は佐渡奉行所の地役人であったが、安政元年(一八五四)幕臣に取り立てられ箱館奉行支配調役下役となって一家は函館に移り、ついで同六年外国方支配目付役に転じて江戸に出た。益田は函館時代から英語を学び、文久元年(一八六一)外国方通弁御用となって麻布善福寺の米国公使館に勤務した。文久三年遣欧使節池田長発(ながおき)の随員となった父の従者の資格で渡欧、帰国後は幕府の軍制改革に伴い新たに編成された陸軍に入り、騎兵頭となった。明治維新後は横浜で中屋徳兵衛を名乗って茶や海産物の売込みを始めたがうまくゆかず、居留地のウォルシュ＝ホール商会に勤めることになった。そこで貿易業務を習得、またそのころ岡田兵蔵の紹介で井上馨の知遇を得た。明治四年(一八七一)予算をめぐる紛争で大蔵大輔を辞任した井上の後をおって辞職、井上とともに先収会社の創立に参加した。先収会社は同九年井上の政府復帰に伴って解散したが、そのころ新しい商社の設立を企てていた三井に招かれて三井物産会社の社長に就任した。三井物産会社は三井家の同族である三井養之助・武之助を社主としたが、経営の実際は益田の請負事業的性格がつよく、益田の報酬は月俸二百円、利益金の一割を賞与とする破格の待遇であった。三井物産会社は益田によってわが国屈指の商社に発展、三井財閥の一翼を担ったが、三井部内における益田の位置も三井関係各社の重役や三井家仮評議会会員・三井家同族会参列員・三井商店理事会会員・三井営業店重役会会員・三井家同族会管理部専務理事などを歴任して三井財閥の最も中心的な人物の一人であった。同四十年益田は管理部長三井三郎助とともに洋行、ロスチャイルド家など欧米各国の富豪家・銀行家・法律家を歴訪して財産と事業管理の方法を調査、三井家事業の中核である銀行・物産・鉱山三社を株式会社組織に変更し、その株式を所有する持株会社として三井合名会社を設立する事業組織の改革をすすめた。明治四十二年三井合名会社設立によって顧問となったが、大正三年（一九一四）には団琢磨を三井合名会社理事長に据えてみずからは引退、相談役となった。財界の指導者としても益田の活躍は幅広く、公共事業にも尽力した。明治十一年渋沢栄一らと東京商法会議所を創立して副会頭となり、また商業教育にも力を注ぎ東京商法教習所を設立した。設立に関係した会社は中外物価新報・台湾製糖会社・東京人造肥料会社・大阪紡績会社など多数にのぼる。益田は茶人・美術愛好家としても著名であった。原叟作の鈍太郎と銘した茶碗を入手したことから鈍翁（どんのう）と号し、益田が主催した大師会（だいしかい）（茶会）は政財界人の一大社交場であった。大正七年には男爵を授けられた。晩年は小田原に住み、農園を経営して悠悠自適の暮らしを送り、昭和十三年（一九三八）十二月二十八日、九十一歳をもって没した。

参考文献　三井文庫編『三井事業史』本篇二・資料篇三、長井実編『自叙益田孝翁伝』（『中公文庫』）、白崎秀雄『鈍翁・益田孝』　（岩崎　宏之）

ますたにしゅうじ　益谷秀次　一八八八―一九七三　大正・昭和時代の政治家。明治二十一年（一八八八）一月十七日石川県鳳至郡宇出津村（能都町）に生まれる。父平作・母ふゆ。東京外国語学校を経て京都帝国大学法科大学法律学科仏法科卒業。司法界に入り、広島・東京・浦和・長野の地方裁判所判事を歴任。ついで政界に投じ、大正九年（一九二〇）第十四回衆議院議員総選挙で石川県第二区から当選。立憲政友会に所属。その後、落選を重ねたが、ようやく十八・十九回総選挙（昭和七年（一九三二）・十一年）で当選。第二次世界大戦中は政界で所を得ず弁護士を開業した。敗戦後の昭和二十年十一月日本自由党結成に参画。翌年四月戦後初の総選挙で衆議院議員に返り咲いた。以後、四十四年の第三十二回総選挙まで連続当選。その間、第二・三次吉田内閣の建設大臣（二十三―二十五年）・自由党総務会長（二十六年）・衆議院議長（三十年）をつとめ、三十年には保守合同による自由民主党結成に尽力した。またその後は、第二次岸内閣に副総理兼行政管理庁長官として入閣（三十四―三十五年）、自民党総務会長・同幹事長をつとめるなど、自民党の党人派長老として政界に重きをなした。昭和四十七年政界を引退し、翌四十八年八月十八日死去。八十五歳。能都町宇出津に墓がある。法名清涼院釈秀実。

参考文献　日本経済新聞社編『私の履歴書』一一、楢橋渡『激流に棹さして』　（鳥海　靖）

ますもとうへい　桝本卯平　一八七三―一九三一　大正八年（一九一九）十月に開催された第一回国際労働会議（ワシントン）における政府選定の労働代表。明治六年（一八七三）宮崎県那珂郡油津（日南市）に生まる。明治三十一年東京帝国大学工科大学を卒業し、駐米公使として赴任する同郷の小村寿太郎に従って米国、ついで英国に渡り、造船所で労働しながら約十年間技術を学んだ。帰国後、三菱造船所、ついで鈴木商店の播磨鳥羽造船所の技師長として働いた。大正八年第一回国際労働会議の開催決定に対し、政府は労働代表の労働組合からの選出を好まず、候補として本多精一法学博士、補欠に高野岩三郎東京帝国大学教授・桝本卯平が決定された。労働組合は代表の政府選定に猛然と反対し、本多・高野は代表を受諾しなかったが桝本がこれを受諾、労働組合の演説会・示威行進など激しい反対運動のなかで出発した。帰国後、地方経済基礎調査や経済哲学研究などをしていたが、昭和六年（一九三一）四月十日胃癌のため東大病院で死去。五十九歳。著作に『自然の人小村寿太郎』（大正三年）、『産業立国主義と現代生活』（昭和二年）がある。

参考文献　大原社会問題研究所編『日本労働年鑑』大正九年版　（松尾　洋）

まちだけいう　町田経宇　一八六五―一九三九　明治・大正時代の陸軍軍人。慶応元年（一八六五）九月三日、鹿児島藩士井尾仲左衛門の次男に生まれる。宮崎愛次郎と改名後、町田実一の養子となる。明治二十年（一八八七）陸軍士官学校（旧制九期）を卒業、二十六年陸軍大学校（九期）を卒業して日清戦争に出征した。三十三年少佐に進みロシアに駐在、三十七年帰国して日露戦争に出征した（同年中佐に進級）。四十年大佐に進級、四十二年参謀本部課長となり、歩兵第四十八連隊長、第十五師団参謀長を経て四十五年少将に昇進、歩兵第三十旅団長となる。支那公使館付武官を経て大正五年（一九一六）五月参謀本部第二部長となり八月中将に昇進、六年八月第十一師団長に就任した。八年四月第四師団長に転じ、十年六月シベリア出兵に関連してサハレン州派遣軍司令官を務めた。十一年五月大将に昇進し、十二年四月軍事参議官に転ずる。十四年五月、軍縮に伴う異動で予備役に入り、昭和十四年（一九三九）一月十日死去した。七十五歳。町田は中央三官衙の要職には就かなかったが、明治末期―昭和初期の陸軍薩摩閥の幹部の一人として活動し、薩摩閥の総帥上原勇作に各種の献策・情報提供を行なっている。

参考文献　日本近代史料研究会編『日本陸海軍の制度・組織・人事』、上原勇作関係文書研究会編『上原勇作

関係文書』、松下芳男『日本軍閥の興亡』(『昭和軍事史叢書』) (佐々木 隆)

まちだちゅうじ 町田忠治 一八六三―一九四六 明治から昭和時代にかけての政党政治家。号は幾堂。文久三年(一八六三)三月三十日出羽国秋田郡久保田城下の秋田保戸野八丁新町上丁(秋田市保戸野八丁)に秋田藩士町田長正(字は伝治または伝次)の四男として生まれる。明治八年(一八七五)叔母町田直の養子となる。十二年秋田中学校を卒業し、県費留学生として翌年大学予備門に入る。二十年帝国大学法科大学撰科を卒業。法制局に勤めた後、新聞記者となるべく二十一年朝野新聞入社、二十四年郵便報知新聞に移る。両社では犬養毅・尾崎行雄らと論陣を張った。外遊後の二十八年東洋経済新報社を創立、翌年これを天野為之に譲り、三十年日本銀行に入る。三十二年山口銀行の総理事となりその後の約十年間に大阪金融界における地位を築いた。四十五年総選挙に秋田県より立候補、以後昭和十七年(一九四二)まで衆議院議員当選十回。はじめ立憲国民党に属し、大正二年(一九一三)立憲同志会、五年憲政会の創立に加わる。八年以降しばしば同党の総務を務める一方、報知新聞社社長の地位にもあった(八―十五年)。十五年第一次若槻内閣の農林大臣に就任。昭和二年立憲民政党が設立されると総務になる。四年浜口内閣の農林大臣、続く第二次若槻内閣でも留任。九年十一月より民政党総務会長として総裁代行を務め、十年一月より総裁。近衛新体制運動が進む中、解党に抵抗し続けたが、十五年八月解党に至る。その間九年岡田内閣の商工大臣となり、二・二六事件後には大蔵大臣を兼任。十二年第一次近衛内閣・十四年平沼内閣・十五年第二次近衛内閣でおのおの参議に任命される。十六年翼賛議員同盟・十七年翼賛政治会の顧問。十九年小磯内閣の国務大臣に就任。敗戦後二十年十一月日本進歩党が結成されると総裁になるが、二十一年公職追放令により引退し幣原喜重郎に引き継ぐ。二十一年十一月十二日死去。八十四歳。「ノントー(のんきなとうさん)」の愛称がある。

参考文献 松村謙三『町田忠治翁伝』、町田忠治伝記研究会『町田忠治』 (伊藤 之雄)

まちだひさなり 町田久成 一八三八―九七 わが国博物館の創設者。天保九年(一八三八)正月、島津氏の門族、薩摩国日置郡石谷領主町田久長の長子に生まれる。名は久成、通称民部、号は石谷。若くして学を好み長じて藩主島津斉彬に仕え、藩命で江戸の昌平黌に学び、また平田篤胤に入門し国学を学んだ。帰藩後は藩当番頭、小性組番頭、二十六歳の時藩の大目付となり、洋学教育機関の開成所学頭と累進。慶応元年(一八六五)三月、藩命に従い森有礼・吉田清成ら薩摩藩英国留学生(町田を含め十七名)の取締としてイギリスに密航留学した。滞欧中、同三年二月から開催されたパリ万国博覧会の開会式には幕府とともに薩摩・佐賀両藩の使節が参加していたが、町田は薩摩藩使節岩下方平一行らとこれに出席した。同年四月ロンドンを出発し六月に鹿児島に帰着。帰朝後の明治元年(一八六八)二月、維新政府に長崎裁判所判事、外国官判事として出仕。同二年七月外務省が設置されると外務大丞となり集古館建設を建議し、同三年九月大学大丞、翌年七月文部省設置に伴い文部大丞、同五年正月澳地利国博覧会御用掛に任ぜられ、また七月には蜷川式胤・内田正雄らと正倉院以下東海・近畿地方古社寺宝物調査を行うなど文化行政に専念した。その後内務大丞・内務大書記官・農商務大書記官となり、この間、内務省(のち農商務省に移管)に博物局が置かれると初代博物局長となる。また博物館建設を提議し創立(現東京国立博物館の前身)するとともに万国・内国勧業博覧会など博覧会事業に尽力した。同十八年元老院議官となったがこの年、突然辞職し、剃髪して諸国を回行したのち、園城寺塔頭光浄院住職となり僧正に任ぜられ崇福寺の再興に寄与した。本来考古の趣味深く古器物・書画の鑑識に長じ、かつ篆刻を能くし、明治初期古美術研究の先覚者。同二十九年、東京上野の明王院に住して療養に努め滋賀県たが同三十年九月十五日没。六十歳。墓所は滋賀県大津市園城寺町番外地法明院。東京国立博物館本館の裏庭にはその功績を顕彰した「町田石谷君碑」(重野安繹撰)がある。

参考文献 内閣修史局編『百官履歴』上(『日本史籍協会叢書』)、『東京国立博物館百年史』、犬塚孝明『薩摩藩英国留学生』(『中公新書』三七五)、「故町田久成君洋行日記」(『史談速記録』一六九)、岡谷繁実「奈良正倉院の御宝器附町田久成君逸事」(『史談会速記録』二七五)、一新朋秀「町田久成の生涯と博物館」(『博物館学年報』一八・一九) (樋口 秀雄)

まちのたけま 町野武馬 一八七五―一九六八 大正・昭和時代前期の陸軍軍人。明治八年(一八七五)十一月十六日、若松県若松(福島県会津若松市)にもと会津藩の重臣町野主水の次男として生まれる。三十一年陸軍士官学校(十期)を卒業し、三十二年少尉に任官した(兵科は歩兵)。日露戦争に出征、旅順戦で白襷隊に参加して負傷する。三十九年八月北京警務学堂総教習となり、清国警察幹部の教育に従事した。四十五年の辛亥革命に際しては張作霖らと謀って満洲独立を工作したが失敗に終った。大正二年(一九一三)少佐に進級して帰国、歩兵第一連隊付などを経て、三年八月参謀本部付を命ぜられ奉天都督張錫鑾の軍事・警務顧問となった。大正五年奉天将軍(都督を改称、のちに督軍に改称)は段芝貴から張作霖に代わったが、町野は張と結んで満洲における日本の影響力増大に努めた。この間、七年に中佐、十一年に大佐に進んだが、十二年十月予備役に入った(昭和六年(一九三一)後備役に入り、十年退役)。また、大正十三年衆議院議員に当選し昭和二年まで在職した。予備役編入後も張の顧問を続け、大正十三年に勃発した第二次奉直戦争、十四年の郭松齢挙兵事件では裏面で収拾に努めた。しかし張作霖は昭和三年、満洲某重大事件で河本大作らに爆殺され、町野は帰国した。その後も満洲問題に関心を持ち続け、満洲事変直前には江木翼や湯浅倉平に関東軍暴発の恐れを警告したと伝えられる。昭和六年には近衛文麿を囲む木曜会の設立に加わり、中国問題の研究にあたった。昭和四十三年一月十日死去、九十二歳。

参考文献　会津士魂風雲録刊行会編『会津士魂風雲録―町野武馬翁とその周辺―』、日本近代史料研究会編『日本陸海軍の制度・組織・人事』　（佐々木　隆）

まついいわね　松井石根　一八七八―一九四八　大正・昭和時代戦前期の陸軍軍人。明治十一年（一八七八）七月二十七日、もと尾張藩士松井武圀の六男として名古屋に生まれる。成城学校・中央幼年学校を経て三十年陸軍士官学校卒業（九期）。日露戦争に出征、首山堡の戦で負傷する。三十九年陸軍大学校を卒業（十八期）、参謀本部に出仕し、清国に派遣されて「支那通」となる。大正三年（一九一四）から翌年まで欧米に出張、帰国後中国勤務を命ぜられ八年まで駐在した。十年浦塩派遣軍参謀となり、十一年哈爾浜（ハルビン）特務機関長となる。十二年少将に昇進、歩兵第三十五旅団長を経て十四年参謀本部第二部長となり、昭和二年（一九二七）十一月の田中義一・蔣介石会談の実現に尽力した（同年中将に昇進）。参謀本部付を経て四年第十一師団長となり、六年十二月にはジュネーブ一般軍縮会議全権委員となる。松井は当時、比較的宇垣一成に近い軍人の一人と見られていた。八年八月台湾軍司令官となり（同年大将に昇進）、九年八月軍事参議官となる。十年八月予備役に入ったが、日中戦争勃発に伴い十二年八月召集されて十月中支那方面軍司令官となった。十三年三月に復員し、同年七月から十五年一月まで内閣参議を務めた。第二次世界大戦後、中支那方面軍司令官在任中に発生したとされる「南京虐殺事件」の責任を問われ（この事件の真相は今なお疑問の点が多い）、「東京裁判」でA級戦犯として死刑判決を受けた。二十三年十二月二十三日刑死、七十一歳。松井はアジア主義者としても知られ、大亜細亜協会・大日本興亜同盟総裁などを務めた。遺著に田中正明編『松井石根大将の陣中日誌』がある（同書の校訂には批判がある）。

参考文献　日本近代史料研究会編『日本陸海軍の制度・組織・人事』　（佐々木　隆）

まついけいしろう　松井慶四郎　一八六八―一九四六　明治から昭和時代前期にかけての外交官。貴族院議員、枢密顧問官。明治元年（一八六八）三月五日大坂西横堀三丁目（大阪市西区北堀江）に生まれる。父松井保蔵、母いく。明治二十二年帝国大学法科大学法律学科英法科卒業、外務省に入省、朝鮮・米・英・清国に在勤した。以後参事官として仏・米に駐在、本省勤務後大正二年（一九一三）外務次官に就任、加藤高明・牧野伸顕両外相に仕えた。大隈内閣加藤外相のもとで第一次世界大戦参戦、二十一箇条交渉を終えたのち駐仏大使（大正四―九年）となり、戦時外交、パリ講和会議の全権として活躍した。大正九年九月その功により男爵を授けられた。同十一月帰朝後、十三年一月清浦内閣に外相として入閣、対ソ、対米外交に尽力した。特に米国の日本移民排斥と関連して埴原正直大使の「グレーブ＝コンセクエンス」事件がおこり、その解決にあたった。清浦内閣は短命に終り、辞職後貴族院議員に任命された。大正十四年十一月駐英大使となり昭和三年（一九二八）三月帰朝した。昭和十三年から二十一年まで枢密顧問官。二十一年六月四日死去。七十九歳。墓は東京都府中市の多磨墓地にある。『松井慶四郎自叙伝』（昭和五十八年刊）は、明治以後興隆期日本の外交官として出色の自伝である。旭日桐花大綬章受章。　（臼井　勝美）

まついげんすい　松井源水　大道芸人。香具師。昭和まで十七代を数える。『松井家由緒書』によると、祖先は玄長といい越中戸波の出身。反魂丹を創製し、二代道三のとき富山袋町に移って、武田信玄から売薬御免の朱印をうけた。江戸時代の延宝・天和期のころに四代玄水が江戸に出て反魂丹を売りひろめた。薬を売る客寄せに枕返しの芸をみせ、のちには居合抜きを演じた。享保期、松井源左衛門と名乗っているころに博多独楽をとり入れて、曲独楽を演じるようになった。その後、源水は代々浅草奥山に居住し、歯磨粉や歯薬を売りながら曲独楽の芸をみせてきた。慶応二年（一八六六）、十三代は西洋に渡り、十一種の曲独楽芸を同行の妻・娘とともに演じたという。明治期は浅草公園、凌雲閣（十二階）下の入歯店前で曲独楽芸をみせていたが、医師規定以降、姿を消すようになった。大正期に十四代が寄席で曲独楽芸をみせ、寄席芸の一つとして芸が残った。墓所は『関八洲名墓誌』（大正十五年（一九二六））に、八代・十六代は浅草区永住町（台東区元浅草三丁目）の竜福院、その他は同区田島町（練馬区練馬四丁目に移転）の仁寿院とするが、前者の墓石などは、現在は不明。

参考文献　森山孝盛『賤のをだ巻』（『日本随筆大成』三期）、池田定常『浅草寺志』、朝倉無声『見世物研究』、宮尾しげを・木村仙秀『江戸庶民街芸風俗誌』（『江戸風俗資料』一）、宮岡謙二『（異国遍路）旅芸人始末書』（『中公文庫』）　（宮尾　與男）

まついしょうおう　松居松翁　一八七〇―一九三三　明治・大正時代の劇作家。本名真玄（まさはる）。大正十三年（一九二四）にそれまでの号松葉を松翁と改めた。明治三年（一八七〇）二月十八日、陸前国塩竈（宮城県塩竈市）に生まれる。宮城中学を中退して上京、国民英学会を卒え、『早稲田文学』の編集に従事。明治二十七年、脚本『昇旭朝鮮太平記』を『読売新聞』に発表。翌年『中央新聞』の記者となり、『報知新聞』、『万朝報』へと移る。三十二年に『悪源太』が初代市川左団次によって上演され、これが歌舞伎界で座付作者以外の文学者の作品が採り上げられる最初となった。三十九年、欧米へ観劇旅行の途にのぼり、二代目左団次と合流。翌年左団次の帰朝公演に協力して従来の歌舞伎の興行方法を革新。茶屋・出方などの反感を買い、責めを負って明治座を退いた。一時静岡に隠棲したが、四十四年帝国劇場に入り、大正二年、新派の河合武雄らと公衆劇団を創る。文芸協会の解散寸前に演出を担当、坪内逍遥を手助けしたこともある。晩年は松竹の顧問を勤め、欧米へ再遊。昭和八年(一九三三)七月十四日、六十四歳で没。外国演劇についての豊富な知識に裏打ちされた精力的な創作、翻訳、翻案など、演劇の近代化に果たした功績は見逃せない。著書に『団州百話』(明治三十六年)ほかがある。

参考文献 戸板康二「松居松葉」(『演芸画報・人物誌』所収)、松居桃多郎「松翁年譜」(『舞台』四ノ九)

(西村 博子)

まついすまこ 松井須磨子 一八八六―一九一九 明治・大正時代の女優。本名小林正子。明治十九年(一八八六)十一月一日(戸籍謄本による。ほか三月八日、七月二十日の説がある)、長野県埴科郡清野村一三六番地(長野市松代町清野)、小林藤太の五女として生まれた。幼時長谷川友助の養女となったが、三十三年養父の死により実家にもどった。さらに同年秋実父の死にあったため、三十五年四月上京、姉みえの嫁ぎ先七沢安(康)太郎方に身を寄せ、戸板裁縫学校にはいった。初婚に破れてのち、東京俳優学校教員前沢誠助と結婚。四十二年五月、坪内逍遥の主宰する文芸協会付属演劇研究所に第一期生として入所、逍遥をはじめ島村抱月・土肥春曙・東儀鉄笛らの指導をうけた。四十三年には夫前沢と離婚し、女優に専念。四十四年五月文芸協会第一回公演『ハムレット』のオフィリヤ、ついで『人形の家』のノラでの好演により、一躍新時代の近代的女優として認められた。翌年五月第三回公演の『故郷』のマグダ役でも好評を博したが、このころから島村抱月との恋愛事件が表面化し、大正二年(一九一三)五月協会から諭旨退学となった。七月協会幹事を辞任した抱月とともに芸術座を結成し、第一回公演『モンナ＝ワンナ』を上演。以後、『海の夫人』のエリーダ、『復活』のカチューシャ、『サロメ』、『その前夜』のエレエナ、『闇の力』のアニッシャ、『マクベス』のマクベス夫人、『アンナ＝カレーニナ』、『生ける屍』のマーシャ、『剃刀』のお鹿、『飯』のお市などを演じ名声を高め、日本全国、また朝鮮満洲までも巡演、ことに『復活』は四百四十回上演という成功を収め、劇中歌の「カチューシャの唄」は『生ける屍』の「さすらいの唄」、『その前夜』の「ゴンドラの唄」などとともに全国的に流行し、新劇の普及に尽くした。大正七年九月、芸術座は松竹と提携、経営の不安定から脱し、芸術的と大衆的との二元の道を歩み始めた矢先、十一月抱月が急死、須磨子は翌八年一月五日、『カルメン』上演中、牛込芸術倶楽部で縊死した。三十四歳。墓は東京都新宿区弁天町の多聞院と長野市松代町清野の林正寺にある。著書に『牡丹刷毛』がある。

参考文献 秋田雨雀・仲木貞一『須磨子の一生』、川村花菱『随筆・松井須磨子』(『青蛙選書』二五)、河竹繁俊『逍遥・抱月・須磨子の悲劇』

(菊池 明)

まついなおきち 松井直吉 一八五七―一九一一 明治時代の化学者。安政四年(一八五七)六月二十五日、美濃大垣藩の和田家に生まれ、明治五年(一八七二)同藩の松井家に入った。明治三年大垣藩の貢進生として大学南校(のち開成学校)に入学、久原躬弦(くはらみつる)・桜井錠二らとともに、御雇外国人教師アトキンソンに化学を学ぶ。のち留学を終えた日本人学者が外国人教師に代わって大学の教授となっていくが、彼らはその第一世代である。松井は明治八年第一回文部省留学生として渡米し、ニューヨークのコロンビア大学鉱山学科でチャンドラーに学ぶ。十三年七月、有田陶土の研究でDoctor of Philosophyの学位を得る。同年十月帰国と同時に文部省御用掛を仰付けられ、東京大学理科大学(東京大学理学部)勤務を命ぜられ、理科大学講師、十四年同教授。アメリカに帰ったジュウェットのあとをうけて一般化学・分析化学などを担当。十九年工科大学応用化学科(東京大学工学部)の教授。二十年四月、高等中学校刷新のため、京都の第三高等中学校に赴任。二十三年帝国大学農科大学(東京大学農学部)設置とともに教授兼学長として東京に戻り、化学原論・生理化学・有機化学などを担当。三十八年十二月山川健次郎総長辞任のあとをうけて東京帝国大学総長となったが、職にあること十二日間で同月浜尾新(再任)と代わった。四十四年二月一日、教授在任のまま没した。五十五歳。墓所、東京都品川区南品川五丁目の海晏寺。美術批評家としても有名であった。

(山下 愛子)

まついひとし 松井等 一八七七―一九三七 明治から昭和時代前期にかけての東洋史学者。明治十年(一八七七)六月十二日、陸軍中将男爵大蔵平三の長男として東京神田に生まれたが、母方の松井姓を嗣ぐ。第一高等学校を経て明治三十四年七月、東京帝大史学科卒業。同年志願兵として陸軍に入隊、三十七年歩兵少尉に任官した。日露戦争が起るや応召して第四軍に編入されて転戦、翌三十八年中尉に陞任した。この間に松井はその人生観、世界観を形成し、その後の生き方に大きな影響を与えたという。三十九年東京帝大史料編纂掛に就職、翌四十年国学院の講師に就任した。四十一年には東大史料編纂掛を辞職し、爾後生涯を私学の教師として終始した。大正九年(一九二〇)国学院大学教授に就任し、死亡するまでその職にとどまった。彼ははじめ満洲史を専攻し、ことに渤海、あるいは契丹の研究に成果をあげた。白鳥庫吉の指導のもとに南満洲鉄道会社の嘱託として、満洲史の研究に従事したからである。その晩年には中国近代史の研究に関心を向け、『(岩波講座)東洋思潮』に執筆した『支那現代思潮』は、日本の歴史家として中国の新文化運動の意義を認めた最初のものである。平凡社の『世界歴史大系』の『東洋近世史』二に収められた彼の概説も、当時としてはきわめて卓越したものであった。歴史学研究会が誕生した時、彼は他の大家とは異なり若い歴史家にまじって談論したという。昭和十二年(一九三七)五月十二日六十一歳で急死した。

参考文献　高橋政清「松井等先生小伝」(『国史学』三三)　(山根　幸夫)

まついやすなお　松井康直　一八三〇―一九〇四　幕末・維新期の老中。陸奥国棚倉藩・武蔵国川越藩主。天保元年(一八三〇)五月二十六日松井康済の長男として生まれる。幼名万太郎。石見守のち周防守。諱はじめ康直、のち康英。安政六年(一八五九)神奈川奉行兼外国奉行。文久元年(一八六一)十二月開市開港延期交渉使節団の副使として渡欧、フランス・イギリス・オランダ・プロシア・ロシアを歴訪、ロシアでは樺太境界問題を交渉し、翌年正式交渉を樺太で開始することを約定した。同二年十二月帰国。元治元年(一八六四)宗家棚倉藩主、松平家を継ぐ。同年町奉行、翌慶応元年(一八六五)正月寺社奉行となり、幕政中枢に参画し、同年四月には老中、外国掛となる。同三年正月功により川越に移封。学問・教育に留意し、居城近くに、学問所を創設、長善館と称した。明治元年(一八六八)閏四月朝命により本姓松井に復した。同二年四月退隠。同三十七年七月五日没。七十五歳。

参考文献　尾間立顕編『幕末遣欧使節談判私記』、鳥谷部春汀「幕末の老外交家」(『春汀全集』二所収)　(板垣　哲夫)

まついよねたろう　松井米太郎　一八六九―一九四六　明治から昭和時代前期にかけての牧師。日本聖公会主教。明治二年(一八六九)四月十三日美濃国本巣郡船木村(岐阜県本巣郡巣南町)に生まれ、中学教師で、のち岐阜訓育院を創設した森巻耳に導かれて受洗。大阪三一神学校に学び、広島・大阪城南教会勤務を経て、三十一年母校神学校教授となり、三十五年司祭叙任。カナダのウィクリフ神学大学院に留学。三十九年帰国して引続き神学校に教えたが、大正三年(一九一四)東京聖パウロ教会牧師に転じ、英米両ミッションの混在する東京教区の統一に尽力。昭和三年(一九二八)七月、東京教区第二代主教に挙げられた。いわゆる非常時局下、特に英国系と目された聖公会の置かれた難局を切り抜けたが、終戦の翌年十月十六日、疎開先の愛媛県松山市で没した。七十八歳。

参考文献　日本聖公会歴史編集委員会編『あかしびとたち―日本聖公会人物史―』　(海老沢有道)

まつうらたけしろう　松浦武四郎　一八一八―八八　江戸時代後期の北方探検家。文政元年(一八一八)二月六日伊勢国一志郡須川村(三重県一志郡三雲村)の郷士松浦桂介(のち慶裕)・母とく子の四男として生まれる。幼名を竹四郎、のち武四郎と称す。諱は弘、字は子重、号を北海・雲津、雅号を多気志楼と称す。天保四年(一八三三)から日本国中を遊歴し、同九年から五年間長崎・平戸で僧となり名を文桂と改めたが、この間長崎の乙名津川文作(蝶園)から北方の事情を聞いて関心を強め、弘化元年(一八四四)帰郷し還俗したうえで単身北行した。同二年から嘉永二年(一八四九)東西蝦夷地、北蝦夷地、クナシリ島・エトロフ島を探査して『初航蝦夷日誌』『再航蝦夷日誌』『三航蝦夷日誌』などを著わし、安政二年(一八五五)幕府が蝦夷地を再直轄すると蝦夷地御用掛に起用され、同三年から同五年まで東西蝦夷地、北蝦夷地を探査して『竹四郎廻浦日記』『東西蝦夷山川地理取調日記』『(東西蝦夷)山川取調図』などを著わした。同六年江戸に帰って御雇を辞し、以後市井において蝦夷地に関する多くの著書を刊行した。明治元年(一八六八)東京府付属、同二年開拓使判官に任用され、北海道の道名・国・郡名を選定したが、新政府のアイヌ政策に同調できず、翌年辞任し、以後全国遊歴と著述の日を送った。明治二十一年二月十日没。七十一歳。法名は教光院釈遍照北海居士。東京浅草今戸の称福寺に葬られたが、のち染井墓地(豊島区駒込五丁目)に改葬された。

参考文献　吉田武三『評伝松浦武四郎』、同『松浦武四郎』(『人物叢書』一四二)、高倉新一郎『北の先覚』、松浦武四郎研究会編『校注松浦武四郎自伝』、『松浦武四郎研究会誌』八・九合併号(没後百年記念特輯)　(榎森　進)

まつおかあきよし　松岡明義　一八二六―九〇　江戸・明治時代前期の有識故実家。幼名は明忠、のち明義。通称重三郎、太郎。文政九年(一八二六)五月生まれる。父は松岡流故実家行義。久留米藩有馬家に仕え江戸に住す。祖父辰方・父行義の家学を継承し、京都の有識家に交わる。明治維新後、明治三年(一八七〇)神祇権大史。その後正院などを経て、女子師範学校・皇典講究所教授。東京大学御用掛などを歴任し、この間明治十三年から『古事類苑』の編纂に従事す。著書に『差貫考』『坐具類聚』『申西雑記』などがある。明治二十三年六月二十二日没す。六十五歳。目黒の祐天寺(東京都目黒区中目黒五丁目)に葬る。　(鈴木　真弓)

まつおかえいきゅう　松岡映丘　一八八一―一九三八　明治から昭和時代にかけての日本画家。明治十四年(一八八一)七月九日、兵庫県神東郡田原村辻川(神崎郡福崎町西田原辻川)に松岡操・たけの八男として生まれる。本名輝夫。兄に井上通泰・柳田国男らがいる。同三十年山名貫義に入門。大和絵の道に進む。三十二年東京美術学校日本画科に入学、荒木寛畝・川端玉章に師事、三十七年同校日本画科を首席で卒業。四十五年第六回文展に「宇治の宮の姫君たち」初入選、大正五年(一九一六)吉川霊華・平福百穂・鏑木清方・結城素明らと金鈴社を結成、第十回文展の「室君」は特選首席でデビュー作となった。同七年以後、東京美術学校教授を十八年続ける。そのころより大和絵画風の振興につとめ、十年「新興大和絵会」を結成。また多くの優れた美校生を輩出させ、現今の日本画壇の基礎を築いた。昭和十年(一九三五)国画院を結成。「伊香保の沼」「平治の重盛」「屋島の義経」「右大臣実朝」「矢表」などの名作がある。帝国芸術院会員。昭和十三年三月二日没。五十八歳。墓は東京都府中市の多磨墓地にある。著書に『絵巻物小釈』、『日本風俗画大成』一(安田靫彦共編)・二、画集に猪木卓爾編『松岡映丘画集』、国画院編『松岡映丘画集』がある。

参考文献 山種美術館編『生誕百年記念松岡映丘―その人と芸術―』 (中村 溪男)

まつおかこういち　松岡好一　一八六五―一九二一　明治時代のジャーナリスト。慶応元年(一八六五)信濃国安曇郡長尾村(長野県南安曇郡三郷村)に生まれる。自由民権家松沢求策の従弟。幼少にして両親を失い、飯田町の商家に奉公に出される。十五歳の時、福沢諭吉・中村敬宇を慕って上京したが、面会できず、やむなく俠客新門辰五郎のもとに投じ、さらに剣客榊原鍵吉の学僕となった。偶然、松沢求策と会ったことから、松沢の関係していた東洋自由新聞社に入り、最初は新聞逓送係、のちには記者となった。『東洋自由新聞』廃刊後は、鳥島探検や九州三菱高島炭坑の坑夫などを経験した。帰京後、雑誌『日本人』の署名人となり、明治二十一年(一八八八)、誌上にみずからの体験した高島炭坑の労働者酷使の実態を告発し、同問題が大きな社会問題となるきっかけを作った。特に、三菱に同情的な記事を書いた犬養毅と論争となり、松岡が犬養に決闘状をつきつけた事件は著名である。同二十四年、軍艦比叡に同乗して遠洋航海に赴いたが、そのまま豪州にとどまり、日本の南方進出の先駆となろうとした。のちに香港などで旅館経営のかたわら、宮崎滔天ら大陸浪人と交わった。大正十年(一九二一)六月二十九日没。五十七歳。 (有山 輝雄)

まつおかこうそん　松岡荒村　一八七九―一九〇四　明治時代の社会主義者、詩人。本名悟。明治十二年(一八七九)五月八日、熊本県八代郡高田村(八代市)に生まれる。同志社に学び、北村透谷・島崎藤村の浪漫主義文学に引かれる一方で、安部磯雄の影響からキリスト教に傾き貧民問題・足尾鉱毒問題にとりくむ。三十五年濃飛育児院に赴任、各地に寄金募集の旅を行う。同年志知文子(のち西川光二郎と再婚)と結婚。翌三十六年早稲田大学に入学、安部を会長とする社会主義協会に参加、学内では早稲田大学社会学会を創設、車夫問題などを演説した。『社会主義』誌上では「三つの声」などの叙情的な社会主義詩を発表するだけでなく、評論「山上憶良が貧窮問答の歌を読む」において古代文学に社会主義的精神を発見し、暴威・暴圧への対抗と奮起をよびかけた。また「国歌としての『君が代』」は最初の国歌批判である。日露戦争への反対と真の文学の出現を願いつつ、三十七年七月二十三日、郷里で没した。二十六歳。一周忌を期して『荒村遺稿』が編まれたが発禁となり、荒村は長い間埋もれた青年となった(昭和三十八年(一九六三)複刻)。

参考文献 天野茂『松岡荒村―埋もれた明治の青春―』 (荻野富士夫)

まつおかこまきち　松岡駒吉　一八八八―一九五八　大正・昭和時代の社会運動家。一貫して右派系社会民主主義路線を歩んだ。日本国憲法下初代衆議院議長。明治二十一年(一八八八)四月八日、鳥取県岩美郡岩井村(岩美町)に生まれる。常次郎・ことの三男。小学校時代家産が傾き、鶏卵の行商に従事、三十五年高等小学校卒業。石油の行商、郵便局集配人、舞鶴海兵団給仕を経て、三十七年舞鶴海軍工廠機械工見習となり、翌々年洗礼を受けてキリスト教徒となる。四十一年退職、一旦朝鮮に赴いたが、翌々年室蘭製鋼所に就職。大正二年(一九一三)伊藤カツヨと結婚。翌年友愛会会長鈴木文治と会い、同支部に入会、幹事となる。鈴木に請われて六年友愛会本部に移り、翌年会計部長となり、さらに本部主事(事務局長)を兼任する。きわめて清廉潔白な個性で、以後歴年主事兼会計を勤め、反共産主義の姿勢を堅持し、昭和七年(一九三二)鈴木文治の後任として会長となり、社会大衆党に属し、左派からはダラ幹と罵倒されながら、反共・反ファッショ・反資本主義の三反綱領を推進、日本労働組合会議副議長に就任、十年議長となる。総同盟と全国労働組合同盟が合併して十一年一月全日本労働総同盟が結成されたときも会長に就任、日中戦争後は争議絶滅宣言を発表した。その後産業報国運動起り、労働組合の解散を慫慂されたとき、松岡らの総同盟系は最後まで抵抗したが、十五年七月解散を余儀なくされた。この間同年二月、斎藤隆夫が反軍演説により衆議院議員を除名処分にされたとき松岡はこれに賛成し、勤労国民党結成に参加したが、結社禁止処分を受けた。第二次世界大戦敗戦直後、戦後対策審議会委員、労務法制審議会委員、中央賃金委員会委員、協調会副会長、中央労働委員会委員などを歴任、同時に労働組合運動再建に着手、二十一年日本共産党系の全日本産業別労働組合会議(産別)に対抗して日本労働総同盟が再建されるや会長となった。二十五年、日本労働組合総評議会(総評)結成をめぐって総同盟が分裂するや責任を負って辞任。翌年再選されたが、二十七年辞任し、以後顧問となる。この間二十一年総選挙で初当選。翌年社会党が第一党となるや、衆議院議長に選ばれ、二十三年十二月までその職にあり、以後二十八年総選挙以外は、三十三年総選挙まで六回当選した。二十三年以降、日本社会党顧問となり、二十五年の同党分裂には右派に属し、一貫して左派および日本共産党の革命主義に反対した。そうした考えから三十一年のハンガリー動乱の際はソ連の武力行使に反対、日本ハンガリー救援会副会長として活躍した。三十三年八月十四日、胃潰瘍で死去。七十歳。墓は、東京都港区の青山墓地にある。著書に『労働組合論』がある。

参考文献 中村菊男『松岡駒吉伝』、『総同盟五十年史』、松岡駒吉生誕百年記念行事実行委員会編『労働運動の先駆―松岡駒吉生誕百年記念写真集―』 (神田 文人)

まつおかばんきち　松岡磐吉　?―一八七一　江戸時代後期の幕臣、軍艦頭並。伊豆韮山(にらやま)代官江川英竜(太郎左衛門)の筆頭手代松岡正平の次男。はじめ英竜の小性として蘭学・砲術を学び、剣術は練兵館で免許皆伝となる。安政二年(一八五五)六月鉄砲方付手代見習、三年五月手代に進み、同月実兄の柴弘吉と第二回長崎海軍伝習生に選ばれ、五年五月業成って鵬翔丸で江戸に向かい、帰府後は軍艦操練所教授方出役となった。万延元年(一八六〇)遣米使節随伴艦の咸臨丸に教授方測量方として乗り組み、文久元年(一八六一)十二月から翌年三月まで、幕府の小笠原島再開拓に兄とともに軍艦組として乗り組んで従事した。慶応二年(一八六六)十月軍艦役勤方となり、軍艦役を経て、明治元年(一八六八)正月軍艦頭並に進んだ。同年八月榎本武揚が旧幕艦隊を率いて蝦夷地に脱走すると、蟠竜艦の船将として随行し、十一月には松前城・福島沿岸を砲撃した。翌二年三月榎本軍の回天艦が政府軍の甲鉄艦を宮古湾に襲撃した時、蟠竜は難風に遭って遅れ、参加できなかった。同年五月北征艦隊を箱館港に邀撃し、蟠竜は朝陽艦を轟沈させたが、蟠竜も弾薬尽き、みずから坐礁して火を放ち、磐吉は弁天崎砲台に拠ったが、五稜郭の陥落で降伏した。同年六月磐吉は榎本ら六人とともに東京に護送、竜の口の軍務局糺問所の取調べを受けて投獄され、同五年正月の特旨赦免を待たず、四年に獄死した。

参考文献 仲田正之『江川坦庵』(『人物叢書』一八六)、中田薫村編『幕末実戦史』、丸毛樵村「松岡磐吉君小伝」(『旧幕府』二ノ七)　(吉田　常吉)

まつおかひさし　松岡寿　一八六二―一九四四　明治から昭和時代前期にかけての洋画家。文久二年(一八六二)二月五日岡山藩士松岡隣の子として生まれる。明治五年(一八七二)上京、西周の家作に住み、六年川上冬崖の聴香読画館に入り洋画を学ぶ。九年工部美術学校に入学、フォンタネージに師事。十一年フォンタネージ帰国後、浅井忠らと連袂退学し十一会を結成。十三年渡伊、ローマでマッカリに師事し二十年国立ローマ美術学校卒業。翌年帰国し二十二年明治美術会創立に参加。二十三・二十八年第三・四回内国勧業博覧会審査官。三十九年東京高等工業学校教授兼任、十年東京高等工芸学校校長。昭和十九年(一九四四)四月二十八日没。八十三歳。墓は東京都文京区本駒込三丁目の吉祥寺にある。代表作「ベルサリエーレの歩哨」「吉井友実伯像」。

参考文献 松岡寿先生伝記編纂会編『松岡寿先生』　(三輪　英夫)

まつむかみつぎ　松岡調　一八三〇―一九〇四　幕末・明治時代の神官、神道家。天保元年(一八三〇)七月二日、讃岐国に高松藩士佐野正長の子として生まれる。はじめ信正、ついで春矦・美都岐と名乗り、滄溟・香木舎と号した。高松藩主松平頼恕の侍講友安三冬につき国漢典籍を学ぶ。画・和歌も学ぶ。梶原景紹『讃岐国名勝図会』(巻一―五は嘉永七年(一八五四、安政元)刊)の刊行事業に参加し多数の挿絵を描いた。嘉永三年多和神社(香川県大川郡志度町。志度寺の地主神)の神主松岡寛房の養子となる。慶応元年(一八六五)五月国学平田派入門。同二年八月寛房のあとを承けて神主となる。明治二年(一八六九)正月より神仏分離に際し東讃の神社の神体の調査を行う。同年牟礼村の神櫛王墓の修復を頼恕に建白し翌三年完成(多和文庫蔵『神櫛王御墓御修補留』)。同年十二月高松藩講道館皇学少教授、同四年十一月高松県学校教授。同五年正月国幣小社(のち中社)事比羅神社(金刀比羅宮、香川県仲多度郡琴平町)禰宜。同二十七年従八位下。同二十八年五月、日清戦争に伴い朝鮮・遼東半島などへの神道拡張を図ったとして金刀比羅宮宮司男爵南光利らが免職された事件に連坐して同宮禰宜を免職され下野。同三十年九月兵庫県国幣小社伊和神社宮司、同三十五年一月香川県國幣中社田村神社宮司、同三十七年十二月十七日病没。七十五歳。金刀比羅宮を舞台に、神社での公務や東京・四国・九州への出張のかたわら、小杉榲邨などの学者・文人とも交わり、郷土研究、典籍の研究・蒐集、書画・考古遺物の蒐集に努めた。蒐集した「弘福寺領讃岐国山田郡田図」などの文書・典籍・古器物は多和神社の邸内に明治十八年に蔵造りの多和文庫を設け収蔵した。『中臣宮処連氏本系帳考証』『讃岐官社考証』『伊予官社考証』『新撰讃岐国風土記』、『多和叢書』『香木舎雑記』などの論文・著述や史料集が多数ある。また、文久四年(一八六四、元治元)から明治三十五年に及ぶ日記『年々日記』百五十四冊がある。その内容は、幕末の聞書と明治初期の高松の情勢、廃仏毀釈の実態、金刀比羅宮の運営と国家神道行政、学者・文人との交遊、古物・古蹟や典籍の情報など多岐にわたる。　(石上　英一)

まつおかやすたけ　松岡康毅　一八四六―一九二三　明治・大正時代の司法官、官僚政治家。弘化三年(一八四六)六月二十三日、阿波国板野郡七条村(徳島県板野郡上板町)に農民松岡康吉の四男として生まれる。幼名毅之進、号は退堂。明治二年(一八六九)徳島藩知事に意見書を呈して認められ官途に入る。四年司法省に移り累進して八年東京裁判所所長となる。十三年司法大書記官となり、十五年広島控訴院裁判長となる。十九―二十年プロシア・オーストリアに学び、帰国後大審院民事第一局長(任命は十九年)、東京控訴院長などを歴任、二十四年六月検事総長となり、大津事件に際しては津田三蔵への大逆罪適用に反対した。同年十二月貴族院議員に勅選され大正九年(一九二〇)秋まで在任、比較的伊藤博文・西園寺公望らに近かったが、山県有朋系とも連絡があった。二十五年八月弄花事件に伴う司法省の内紛で検事総長を辞任したが、二十七年一月内務次官に起用され、郡の分合廃置などを進めた。二十九年十一月、二十六世紀問題の余波で辞任したが、三十一年一月復任し七月まで在任した。同年十一月行政裁判所長官となる。この前後、貴族院議員としても活動、第十四議会では宗教法の成立に努めた。また、山田顕義の死後、廃校の危機に陥っていた日本法律学校の再興に尽力し、三十八年日本大学と改称、初代の学長となった。三十九年一月、第一次西園寺内閣に農商務大臣として入閣、四十一年七月まで在任した。大正六年男爵に叙せられる。同九年十月枢密顧問官となったが、十二年九月一日、神奈川県の葉山で関東大地震に遭って死亡した(五日発喪)。七十八歳。墓は東京都港区の青山墓地にある。

参考文献　大山卯次郎編『松岡康毅先生伝』
（佐々木　隆）

まつおかようすけ　松岡洋右　一八八〇―一九四六　明治から昭和時代前期にかけての外交官、政治家。明治十三年(一八八〇)三月四日、山口県熊毛郡室積浦(光市)に松岡三十郎の四男として生まれた。母ゆうは、防州徳山藩の侍講小川道平の娘で、三十郎の後妻であった。生家、今五(今津屋五郎左衛門)は維新前後まで「東は米倉、西は金倉」といわれた豪家で、全国に知られた廻船問屋であったが、洋右が誕生したころには家運は傾き始めていた。それは、維新をリードした長州藩に軍用金を徴発されたことに加えて、洋右の異母兄である長兄と次兄が道楽者であったことも一因であった。昭和十一年(一九三六)に九十四歳で没するまで、松岡が母ゆうにつくした孝養は、伝説的である。長州閥の頭目山県有朋なども今五への恩義を忘れず、後年若輩の松岡のために特に一席を設け、上座にすえてもてなしたという。松岡が十二歳のとき、家は倒産し、その二年後(明治二十六年)、ほとんど労働移民のような状態で渡米し、以降明治三十五年に帰国するまで、オレゴン州ポートランド、カリフォルニア州オークランドなどで苦学した。日露戦争中の明治三十七年十月、松岡は外交官試験に首席で合格、ただちに領事官補として上海に赴任し、この地で当時三井物産の上海支店長であった山本条太郎の面識を得、「刎頸の交わり」を結んだ。外交官としての松岡は、ベルサイユ講和会議で日本全権団の報道係主任として活躍したのを最後に退官して南満洲鉄道株式会社の理事となり(大正十年(一九二一))、昭和二年七月には山本社長のもとで副社長になった。しかし同四年満鉄を辞し、昭和五年二月には山口県第二区から衆議院議員に当選、六年一月、帝国議会本会議において、幣原喜重郎外相の平和主義的な経済外交が、満蒙において日本の権益を犠牲にするのみで、約束通りの効果をあげていないと批判した。同年九月満洲事変勃発。松岡は日本主席全権として、ジュネーブの国際連盟総会に派遣され、同八年二月二十四日、リットン報告書について賛成四十二対反対一、棄権一、の票決が行われた際の反対票を投じた。松岡はこのとき、自分の政治生命は終ったと感じたが、日本のマスコミは、彼を鬼ヶ島征伐の桃太郎にたとえ、日本の外交の独立を喜び、凱旋将軍のように彼の帰国を迎えた。この人気のなかで、十二月、立憲政友会を脱党し、挙国一致体制の確立のためと称して政党解消連盟を結成、衆議院議員も辞してしまった。それから一年、全国を遊説し、連盟会員数も二百万人に達したという。このとき時期尚早として全国行脚をうちきったが、翌十年八月には満鉄総裁に就任した。十五年七月、第二次近衛内閣の外相となり、十月に発足した大日本大政翼賛会には、近衛文麿総裁のもと、副総裁になった。九月日独伊三国同盟を締結、ソ連を加えた四国同盟によって、日中戦争をめぐって悪化しつづけていた対米関係を打開しようとしたが、日ソ中立条約の成立のみに終り、十六年六月二十二日、ヒトラーの対ソ侵攻とともに松岡外交は破綻した。七月十六日内閣は総辞職し、実質上松岡を追放しただけの形の第三次近衛内閣が二日後には成立した。第二次世界大戦敗戦後、A級戦犯容疑者として、極東軍事裁判にかけられたが、出廷したのは一日だけで、持病の肺結核のため昭和二十一年六月二十七日東大病院坂口内科で死去。六十七歳。死の直後、カトリックのいわゆる「望みの洗礼」を授かった。霊名はヨゼフ。東京都港区の青山墓地と、郷里光市光井の浄土真宗本願寺派光立寺内にある松岡家の墓所に葬られている。佐藤栄作の妻寛子はその姪。

参考文献　松岡洋右伝記刊行会編『松岡洋右』、斎藤良衛『欺かれた歴史』、三輪公忠『松岡洋右』(『中公新書』二五九)、デイビッド・J・ルー『松岡洋右とその時代』(長谷川進一訳)、義井博『日独伊三国同盟と日米関係』、三宅正樹『日独伊三国同盟の研究』、細谷千博「三国同盟と日ソ中立条約」(日本国際政治学会太平洋戦争原因研究部編『太平洋戦争への道』五所収)
（三輪　公忠）

まつおしげよし　松尾臣善　一八四三―一九一六　明治時代の大蔵官僚、銀行家。天保十四年(一八四三)二月六日、播磨国加西郡西横田村(兵庫県加西市西横田町)に郷士中根佐平治の長子として生まれる。母は後藤伊左衛門の女。幼名は寅松、のち寅之助、または臣善と改める。安政元年(一八五四)五月、十二歳にして加東郡阿形村(小野市阿形町)の郷士松尾方信の養子となる。幼時より算数の才を示し四国宇和島藩に仕えて士籍に列した。明治元年(一八六八)大阪府裁判所掛を起点に公務に従事、民部省、大蔵省に移り、通商司、戸籍司、国債寮を経て十九年三月出納局長、二十四年八月主計局長、三十年四月新設の理財局長。三十六年十月から四十四年六月まで日本銀行総裁。この間三十三年三月から勅選の貴族院議員となり、三十九年九月に男爵に叙された。主計局長時は帝国議会開設による予算審議に対応し、日清戦争の財政処理にあたり、理財局長時には金本位制実施後の内外金融問題に対処した。十七年に及ぶ局長時の実績が評価されて日銀総裁となったが、その長期の在任時に日露戦争があり、戦時・戦後の外債発行を軸に内外金融多難の課題を背負った。大正五年(一九一六)四月八日没。七十四歳。

参考文献　松尾臣善『還暦紀念録』
（西村紀三郎）

まつおたせこ　松尾多勢子　一八一一―九四　幕末・維新期の女性勤王家、志士。文化八年(一八一一)五月二十五日、信濃国伊那郡山本村(長野県飯田市)に竹村太右衛門常盈の長女として生まれる。十九歳のとき、同郡伴野村(下伊那郡豊丘村)の松尾佐治右衛門元珍(淳斎)に嫁ぐ。若いころ座光寺村(飯田市)の北原因信の弟子となり、その後、飯田歌人の福住清風や石川依平、平田門国学者の岩崎長世に学ぶ。文久元年(一八六一)北原因信の子稲雄の紹介で、篤胤没後の平田門に入門。翌二年八月上洛し、伊勢屋久兵衛らの世話になり、平田門下の志士と白川資訓とを会わせるなど尊攘運動の組織役をつとめ、久坂玄瑞・品川弥二郎・藤本鉄石とつきあい岩倉具視らと親交。足利氏木像梟首事件に関与し、また天誅組を保護した。文久三年帰郷後はもっぱら尊攘志士の庇護者となり、角田忠行・長谷川鉄之進らはその代表的人物である。元治元年(一八六四)水戸浪士の伊那谷通過を助け、その後再び上洛し、岩倉家の女参事として岩倉具視と志士との連絡役をつとめた。明治二年(一八六九)帰郷し、農業に従事したが、長男の誠を戊辰戦争に参加させた。その後は長男の支援を行なって生きた。晩年は居を東京に移し、悠々自適した。明治二十七年六月十日没。八十四歳。墓は長野県豊丘村伴野区字寺上にある。同三十六年、贈正五位。

参考文献 下伊那郡役所編『下伊那郡誌資料』六、市村咸人『松尾多勢子』(『市村咸人全集』五)

(芳賀 登)

マッカーサー Douglas MacArthur 一八八〇―一九六四 アメリカ合衆国軍人、日本占領連合国最高司令官(昭和二十年(一九四五)―二十六年)。一八八〇年一月二十六日アーカンソー州リトル＝ロックに生まれる。父親アーサー＝マッカーサーは陸軍中将。一九〇三年陸軍士官学校卒業後、フィリピンなどに勤務。第一次世界大戦中はフランス戦線で活躍し、戦後陸軍士官学校校長となり教科内容を改革、三〇年から五年間陸軍参謀総長を勤めた。三五年フィリピン軍顧問となり米陸軍から退役したが、日米関係が緊張した四一年現役に復帰し極東方面軍の司令官に任命された。日米開戦後フィリピンに上陸した日本軍と戦ったが、劣勢に陥り翌年二月オーストラリアに脱出。同年秋以降攻撃に転じ、ニューギニア奪回作戦などを指揮、四四年十月にはフィリピンのレイテ島上陸作戦を指揮、同年末には「ゼネラル＝オブ＝ジ＝アーミー」(通常「元帥」と訳される)に昇進した。昭和二十年八月十四日日本占領管理のための連合国最高司令官に任命され、八月末米軍の進駐開始とともに厚木に到着、九月に総司令部を東京に移した。占領管理にあたっては間接統治方式を採用し、日本の非軍事化、新憲法制定を含む政治経済社会の多面的民主化を推進した。占領政策の決定権は形式的には連合国十一ヵ国で形成される極東委員会にあり、実質的にはアメリカ政府にあったが、占領政策の実施についてマッカーサーは大きな裁量権を有して帝王的権力を振るった。彼は四七年三月早期講和を望むことを発言、それを受けてアメリカ政府は講和の実現に向けて動いたが、米ソの対立で進展せず、アメリカ政府は四八年には講和前に日本の経済復興と政治的安定とを進め、日本が有力な友邦として発展する基礎をつくる政策に転じた。マッカーサーは冷戦発生前から占領改革の定着のためには国民生活向上が必要であることを理解し、そうした配慮によって温情的占領者というイメージを日本人に植えつけていたが、四八年以降占領政策は経済復興と政治的安定とを目的とするようになった。その目的のため占領改革の一部見直しが行われたが、それはワシントン主導のもとに行われたものである。ただしマッカーサーはワシントンの方針をすべて受けいれたわけではなく、いわゆる警察力強化については消極的で、朝鮮戦争が始まるまで警察予備隊の創設を日本政府に指示しなかった。五〇年六月、朝鮮戦争が勃発した時、彼は在日連合国最高司令官のまま国連軍最高司令官に任命され、北朝鮮軍の背後を衝く仁川上陸作戦によって戦況を好転させ、アメリカ政府の支持を得て三八度線を越えて北進したが、人民中国参戦の可能性を軽視し対策を立てていなかったため、中国軍の戦線参入とともに一時国連軍は敗退を余儀なくされた。彼は中国領土の爆撃を主張したが、アジアでの戦争拡大を望まないアメリカ政府はそれを許さなかった。政府の限定戦争政策を批判した下院議員あての彼の手紙が公にされたため、かねてから彼の独断的行動に不満を抱いていたトルーマン大統領は統合参謀本部と協議し、五一年四月彼を解任した。日本および朝鮮における任務を解かれて帰国した彼に一時は国民の同情が集まり英雄となったが、彼を政界に引き出そうという動きは盛り上がらず、レミントンランド社会長を勤めたほかは静かに余生を送り、六四年四月五日ワシントンで死去した。八十四歳。著書に『マッカーサー回想記』(津島一夫訳)がある。

参考文献 大蔵省編『昭和財政史―終戦から講和まで―』三、袖井林二郎『マッカーサーの二千日』(『中公文庫』)、L.S. Wittner: MacArthur (1971); D. C. James: The Years of MacArthur. 3 vols. (1970―85); W. Manchester: American Caesar (1978).

(有賀 貞)

まつかたこうじろう 松方幸次郎 一八六五―一九五〇 明治から昭和時代前期にかけての実業家。松方正義の三男として慶応元年(一八六五)十二月一日鹿児島に生まれる。母は同藩士川上左太夫長女満左子。明治十七年(一八八四)より欧米に留学し、二十三年帰国した。二十九年川崎正蔵に招かれ株式会社に改組した川崎造船所の初代社長に就任し、昭和二年(一九二七)金融恐慌により同社が破綻し翌三年引責辞任するまで三十二年間在職した。その間積極的な経営政策により同社を日本を代表する造船所に発展させ、さらに川崎汽船・国際汽船の社長を兼ね海運業へ進出した。実業界から一時引退したが、昭和八年日ソ石油会社を創立しソ連石油を輸入したり、十一年衆議院議員に当選し政界入りしたりするなど話題をまいた。二十五年六月二十四日鎌倉で没。八十四歳。墓は東京都港区の青山墓地にある。美術品を熱心に収集し「松方コレクション」として知られ、フランスに残留したコレクションの大部分が三十四年フランス政府から返還されたので国立西洋美術館が新設され、展示公開された。

[参考文献] 藤本光城『松方・金子物語』、『川崎重工業株式会社社史』

（寺谷　武明）

まつかたさぶろう　松方三郎　一八九九―一九七三　昭和時代の新聞記者、登山家。本名義三郎。父は明治の元老松方正義。明治三十二年（一八九九）八月一日東京に生まれる。学習院を経て、京都帝国大学経済学部卒業。昭和三年（一九二八）満鉄東亜経済局に入社。のちに新聞連合に移り、ジャーナリズムの世界に入る。同盟通信記者として中国各地を取材、満洲国通信社理事長を務めた。第二次世界大戦後は共同通信社発足とともに、常任理事編集局長、専務理事を歴任。また、臨時放送法改正審議会会長、電波管理審議会会長などマスメディア関係の要職を務めた。登山家としても著名で、日本国内はもとより、ヨーロッパアルプスにも多くの足跡を残した。日本山岳会会長を経て、日本山岳協会会長。昭和四十五年、七十歳の時に日本山岳会エベレスト登山隊長として指揮をとった。ボーイスカウト運動にも尽力し、同年ボーイスカウト日本連盟総長に就任。四十八年九月十五日没。七十四歳。著書に『アルプスと人』などがある。

（有山　輝雄）

まつかたまさよし　松方正義　一八三五―一九二四　明治・大正時代の政治家。公爵。名ははじめ金次郎、助左衛門、号は海東。天保六年（一八三五）二月二十五日父薩摩藩士松方正恭・母袈裟子の四男として鹿児島城下に生まれる。少年期に父母を喪い、赤貧の中で弓・馬・剣の武術に励み、経学を修め、特に『近思録』を愛読した。勘定所出物問合方として出仕、大番頭座書役となり、藩主島津忠義に認められ、大久保利通に知られる。文久二年（一八六二）藩主の父島津久光の上洛、つづく幕政改革のための江戸への往復に随行した。久光の信任を得て小納戸勤役に選ばれ、京都に出張し第一次長州征討に監軍として出陣、さらに長崎に出張中に戊辰戦争に際会、土佐藩の佐佐木高行とともに長崎奉行所を占領、市中の治安維持にあたった。明治元年（一八六八）閏四月旧幕府直轄領に日田県が設置されると知事に任命され、県下の富豪に拠金を要請し中央政府の財政に寄与した。また、堕胎の悪習を禁じ養育館を設置して捨子や貧窮のため養育できない子供を収容・保育した。また、水利・築港事業や殖産興業のための金融機関の設置などに着手し、さらに地方官の体験を通して中央政府に多くの建言を行なった。同三年閏十月民部大丞に転じ、翌四年の官制改革で大蔵省権大丞となり、やがて租税権頭、さらに七年租税頭に昇進、特に地租改正事業の完成に力を尽くした。翌年大蔵大輔となり、九年には勧業頭を兼任、翌十年仏国博覧会副総裁に任じられ十一年フランスに出張し同国蔵相レオン＝セイと財政・経済について意見を交換したことは松方にとって大きな財産となった。出張中に大久保が暗殺されたことは、幕末以来その指導と推輓の下に立身してきた松方には衝撃的な事件であった。帰国後、大久保の遺志を体して殖産興業政策を推進、十三年内務卿に就任し、翌年の第二回内国博覧会には副総裁として事務を統轄した。西南戦争を契機にインフレーションが昂進し、参議大隈重信は外債募集によって財政整理を実行しようとしたが、松方はこれに反対の意見書を提出して政府の財政・経済政策に変更を迫った。いわゆる明治十四年の政変の後、大蔵卿に就任、緊縮政策を採用し紙幣整理を推進した。その一方で増税政策をとったため、デフレーション（松方デフレ）へと転換し、小地主や農民の中には土地を失い没落する者が続出した。また、十五年には日本銀行を設立して中央銀行とし、十七年からは兌換銀行券を発行するとともに輸出を奨励して正貨の吸収に努めた。この一連の財政・経済政策は松方財政といわれ、日本資本主義の原始的蓄積を遂行した政策として評価されている。明治十八年十二月伊藤内閣に蔵相として入閣、以後、黒田・山県両内閣にも留任、続いてみずから内閣を組閣して蔵相を兼任したため、蔵相を継続して担任すること六年有半に及んだ。この間、立憲体制に対応する会計法の整備、所得税の新設や各種税制の改正、横浜正金銀行条例や銀行条例の制定、鉄道公債法、私設鉄道買収法ほか、財政・税制・金融関係の法体系の整備に努めた。第一次松方内閣の総辞職後は一時閑地にあったが、日清戦争が勃発すると、戦時財政などについて建策し、特に講和問題をめぐって遼東半島割譲要求に賛成せず、清国からの賠償金は英貨ポンドで支払わせるよう建言したことなどは政治的見通しの良さを証明したものである。したがって、戦後財政を担任すべく二十八年三月に第二次伊藤内閣の蔵相に就任したが、臨時議会を開き戦後経営の早期審議の必要を主張して容れられず、八月辞任した。翌二十九年伊藤博文首相に大隈重信とともに入閣を要請されたが、閣内に大隈の入閣反対論があったため松方単独の入閣交渉となり、松方はこれを拒否した。同年九月伊藤内閣のあとをうけて第二次松方内閣を組織し、蔵相を兼任した。内閣は第十議会で巨額の日清戦後経営予算を実現するとともに貨幣法案を成立させ、金本位制を確立させた。三十年十一月与党進歩党が提携を断絶、大隈外相ほか進歩党関係の在官者も辞任し、十二月第十一議会で各党連合による内閣不信任案が提出され、衆議院を解散し、翌日総辞職した。その際、元勲優遇の勅諚をうけた。三十一年十一月第二次山県内閣が組織されると蔵相として入閣、第十三議会で懸案の地租増徴法案を成立させて戦後経営の安定した財源を確保した。三十六年七月日露関係の緊迫化に伴い枢密顧問官となり、開戦直前から軍費調達のため有力銀行に働きかけたのをはじめ、戦時財政確立のため元老井上馨とともに献身した。大正元年(一九一二)十二月陸軍の二個師団増設問題で第二次西園寺内閣が崩壊すると後継首相に推薦されたが辞退、同六年五月以降は内大臣として大正天皇に近侍し大政を輔弼した。第一次世界大戦が勃発すると政府の対中国外交について元老山県有朋とともに批判するなど、元老としての発言権を行使、十一年内大臣を拝辞した。大正十三年七月二日没。九十歳。墓は東京都港区の青山墓地にある。終生薩摩閥の中心として大きな影響力を維持し、特に財政・経済問題についての発言力は絶大なものがあった。

参考文献 徳富猪一郎編『公爵松方正義伝』、土屋喬雄『日本資本主義史上の指導者たち』(『岩波新書』赤五三)、遠藤湘吉他編『日本の大蔵大臣』 (宇野 俊一)

まつきこうあん 松木弘安 ⇨寺島宗則(てらしまむねのり)

まつざかひろまさ 松阪広政 一八八四—一九六〇 大正・昭和時代の検察官。明治十七年(一八八四)三月二十五日京都宇治において松阪金三郎の長男として出生。同四十三年東京帝国大学法科大学を卒業。大正元年(一九一二)検事に任官。その後東京控訴院検事、横浜地方裁判所検事正、大審院検事、司法省刑事局長、東京控訴院検事長などを歴任。この間、東京地裁次席検事時代に三・一五、四・一六事件の検挙など思想弾圧に腕を振るった。昭和十九年(一九四四)七月小磯内閣の司法大臣に就任。翌年四月鈴木貫太郎内閣の司法大臣に留任し、太平洋戦争末期の司法・検察行政にあたった。同二十年八月鈴木内閣総辞職後、貴族院議員に勅選されたが、同年十二月第三次A級戦争犯罪人容疑者として占領軍に逮捕され、同二十三年八月容疑が解除、釈放された。同年弁護士登録。同三十五年一月五日病没。七十五歳。京都府宇治市宇治の米坂墓地に葬られる。法名純正院釈広済。

参考文献 松阪広政伝刊行会編『松阪広政伝』 (小田中聰樹)

まつざきじゅうえもん 松崎渋右衛門 一八二七—六九 幕末・維新期の高松藩の重臣。名は佐敏。字は達斎。はじめ壮一郎。松崎家は代々高松藩江戸詰で、渋右衛門は文政十年(一八二七)八月十五日江戸小石川高松藩邸に生まれる。父は松崎佐邦、母は姫路藩家老北爪弾蔵の姉。水戸藩校弘道館に通学し、藤田東湖らと親交があり天保十三年(一八四二)家を継ぐ。ペリー来航に際して幕府から高松藩に命じられた芝浜殿の警衛に尽力し名をあらわす。安政四年(一八五七)水戸藩と高松藩の政争にまきこまれて国詰を命じられる。文久三年(一八六三)出府して水戸藩と高松藩の中を周旋した。翌元治元年(一八六四)家老となり、禁門の変では一橋慶喜と連絡をとって京都に攻め入ろうとする長州藩軍の退去を勧めたという。この年、武田耕雲斎ら水戸藩天狗党を幕府は鎮圧することにしたが、武田耕雲斎と交わりのあった渋右衛門は九月に家老職を解かれ、翌慶応元年(一八六五)二月に高松で投獄された。明治元年(一八六八)六月出獄し、翌二年四月家老に復し、人材登用、俸禄制の改正、税制改革、満濃池の修築などに着手した。同年九月八日高松城内桜馬場で反対派により暗殺さる。四十三歳。墓所は高松市の峰山墓地にある。明治三十一年贈正四位。

参考文献 天野御民「松崎渋右衛門伝」(『野史台』維新史料叢書』一五所収)、牧野謙次郎「旧高松藩国事鞅掌に関する事実」(『史談会速記録』一二) (木原 溥幸)

まつざわきゅうさく 松沢求策 一八五五—八七 明治時代前期の自由民権運動家。安政二年(一八五五)六月十五日信濃国安曇郡等々力町村(長野県南安曇郡穂高町)の農民・醤油醸造業の家に父友弥、母きしの長男として生まれる。私塾星園塾や上京して国学者に学んだが家業を継ぎ、学校世話役・堰守を務める。さらに地元の漢学者武居用拙の私塾、東京の大井憲太郎・松田正久らによる講法学社で学ぶ。明治十一年(一八七八)、土佐の坂崎斌(さかん)(紫瀾と号す)が浅間温泉に開いた猶興義塾に協力、また近世百姓一揆の指導者多田嘉助を劇化により顕彰。民権派の『松本新聞』『月桂新誌』の編集長を勤めた。十三年民権結社奨匡社の代表として大阪の国会期成同盟大会に参加し、国会開設願望書の起草委員となった。同年五月から元老院・太政官に向け展開した奨匡社の国会開設請願運動は注目された。同年十一月の大日本国会期成有志公会では政党結成を提案、同盟常務委員として自由党結成事務にも一時携わった。十四年『東洋自由新聞』の発行に参画し印刷長を務め、西園寺公望社長退社に檄文を書いて抗議し、懲役刑に処せられる。その後は八丈島の開発、長野県会議員などに就いたが、明治二十年に代言人試験漏洩事件に巻き込まれ、石川島牢獄に懲役一年で服役中の同年六月二十五日結核のため死去した。三十三歳。墓地は穂高町穂高にあり、戒名は、美哉文章秀雅郎子。関係資料は町立穂高図書館にある。

参考文献 中島博昭『鋤鍬の民権—松沢求策の生涯』 (上條 宏之)

まつしたこうのすけ 松下幸之助 一八九四—一九八九 明治から昭和時代にかけての実業家。松下電器産業株式会社の創立者。明治二十七年(一八九四)十一月二十七日、和歌山県名草郡和佐村(和歌山市)にて、父政楠・母とく枝の間に八人兄姉の末子として生まれた。事業の失敗によって破綻した松下家は大阪市に移り住み、幸之助は家計を助けるため、明治三十七年から火鉢屋の丁稚奉公に出され、翌三十八年には自転車店の店員になった。電気関係の仕事を望んだ幸之助は、明治四十三年、大阪電燈に入社し、業務のかたわらソケットの改良に取り組んだ。ソケット製造を目論んだ幸之助は、大正六年(一九一七)六月に大阪電燈を退社し、電気器具の考案・製作を始めた。幸之助は大正七年三月七日、松下電気器具製作所を創立し、考案したアタッチメントプラグ・自転車用ナショナルランプ・電気アイロンなどを発売して事業を拡大した。幸之助は、一般大衆の生活に身近なものを改良し、より便利でより安価な製品にするとの考え方に沿って事業を展開し、昭和四年(一九二九)には松下電器製作所への改称と同時に、営利と社会正義の調和を考慮し、国家産業の発展を図り、社会生活の改善と向上を期するという松下電器綱領を明示した。昭和七年、ある宗教団体を見学した幸之助は信者たちの姿にあるべき経営のモデルを見つけ、人間生活は精神的な安心と物資の豊富さの両者が不可欠であり、物資の生産につぐ生産に努めることが産業人の真の使命であると考え、同年五月五日を創業記念日とした。幸之助は「事業を伸ばし、人を育てる」という考えから、昭和八年に事業部制を採用、十年には共存共栄の精神に基づいて正価販売と連盟店制度を発足させるなど、独自の経営理念によって事業を拡大した。第二次世界大戦後は、いちはやく民需転換を図るとともに、「品質でも日本一になること」を目標に掲げ、また、昭和二十一年にPHP研究所を設立し、「繁栄によって平和と幸福を」(Peace and Happiness through Prosperity)の活動に取り掛かったが、松下は昭和二十一年六月に財閥家族の指定を受け、幸之助も同年十一月に公職追放の指定を受けるなど、事業活動への制約を課せられた。しかし、昭和二十二年五月に追放指定が、そして昭和二十四年末に財閥家族指定が解除されて以降、幸之助は販売店制度・事業部制の復活、フィリップス社との提携を進め、昭和三十一年には松下電器五ヵ年計画を発表し、松下電器が電化ブームの波に乗る契機をつくった。昭和三十六年幸之助は社長を退任し会長となったが、昭和三十九年の不況時には新販売体制の推進を陣頭指揮した。家内工業から出発した松下電器を家電のトップメーカーに育て上げた幸之助は、「経営の神様」と評され、昭和四十八年会長を退任し取締役相談役となってからは、PHP研究の推進とともに、松下政経塾を昭和五十五年に開塾し、国家の経営を担う人材育成に力を注いだ。幸之助は、一企業の経営にとどまらず、国家の経営と社会への貢献、さらに人類の幸福まで視野に入れた事業活動を展開し、平成元年(一九八九)四月二十七日に九十四歳で没した。

[参考文献] 松下幸之助『夢を育てる』、松下電器産業株式会社編『松下電器五十年の略史』
(長谷川 信)

まつしまごうぞう 松島剛蔵 一八二五―六四 幕末の長州藩士。西洋軍学者で志士。名は久敬、のち久誠。字は有文。虎太郎・東一・瑞益と称し、士列に入って剛蔵と改称した。号は韓峰。文政八年(一八二五)三月六日、長州藩の藩医、松島瑞璠誠成の長男に生まれる。天保二年(一八三一)に禄三十九石余の松島家の家督を承け、江戸で坪井信道に洋医を学び、帰藩して藩世子の侍医となった。安政二年(一八五五)、オランダ軍事教官による長崎直伝習を命じられ、同四年に帰藩し、七月に西洋学所頭取に任じた。同六年二月に洋学修行の功績によって士列に加えられ、手廻組に入る。同年、遠洋航海策を献策し、翌万延元年(一八六〇)閏三月、藩製作のスクーネル型船丙辰丸の艦長として江戸初航海を成功させた。同年七月、木戸孝允とともに水戸藩の有志と幕政改革を求める丙辰丸盟約を結び、志士として活動。文久二年(一八六二)十一月に仮に藩製作コットル型船庚申丸に設置された海軍局の頭人に任命された。文久三年の長州藩の外国船砲撃には、庚申丸に乗艦して総督として参戦し、アメリカ軍艦ワイオミングに撃沈され、負傷した。元治元年(一八六四)の四国連合艦隊の下関砲撃に際しては、開戦前日の八月四日、和議を求めるために伊藤博文とともに連合艦隊旗艦に乗艦した。同年十二月十八日、藩権力を掌握した俗論派によって野山獄に投じられ、翌十九日夜中に処刑された。四十歳。墓は山口県萩市東光寺。贈正四位。

[参考文献] 末松謙澄『防長回天史』、近藤清石『増補防長人物誌』、樹下明紀・田村哲夫編『萩藩給禄帳』
(井上 勝生)

まつだいらかたもり 松平容保 一八三五―九三 江戸時代後期の京都守護職。陸奥国会津藩主。諱は容保、通称は銈之允、叙爵して若狭守・肥後守、号は祐堂・芳山。天保六年(一八三五)十二月二十九日江戸に生まれる。美濃国高須藩主松平義建の六男。母は古森氏。弘化三年(一八四六)四月会津藩主容敬の養子となり、嘉永五年(一八五二)閏二月養父の死により会津藩二十三万石を襲封した。翌六年ペリーの来航に際し、国防が不備の故に開国もやむをえぬと幕府に答申したが、会津藩は弘化四年二月以来房総警備の任にあり、その経験によるものと思われる。房総警備は嘉永六年十一月に二番台場の警守換えとなり、安政六年(一八五九)九月これを免ぜられ、蝦夷地(網走地方を除き、東は西別より西は沢木に至る海岸およそ九十里)を分与されて開拓を命ぜられた。同年八月前水戸藩主徳川斉昭が安政の大獄で処罰されて藩士が動揺した時、会津藩は府内の警備にあたり、万延元年(一八六〇)三月桜田門外の変に際し、容保は幕命により出府して幕府と水戸藩の調停に尽力した。文久二年(一八六二)五月幕政参与となり、勅使待遇の改善に尽力し、閏八月新設の京都守護職に任命された。就任には容保をはじめ藩の重職も反対したが、松平慶永の説得で翻意したもので、以後所司代の上に立って京都における幕府勢力を代表してその治安に任じ、激化する尊攘運動に対処したが、新撰組を配下に置いて尊攘派から敵視され、後年悲劇を生む一因となった。容保は就任にあたり、開港問題は三港のほかは開港を拒絶し、彼が承服しなければ攘夷の叡慮を遵奉し、公武一和の処置を講ずることを幕府に建言した。同年十二月入京して金戒光明寺を宿館とし、翌三年正月はじめて参内して衵(あこめ)を賜わったが、これは幕府への建言と勅使待遇の改善によるものといわれ、以来孝明天皇の絶大な信任を蒙った。同年三月将軍徳川家茂の上洛を迎え、攘夷期限の奏上などで公武間に周旋し、生麦事件の償金支払には反対の態度をとった。ついで七月建春門外で会津藩の、八月には鳥取・徳島・米沢・岡山四藩と合同の軍事調練を天覧に供したが、この天覧の馬揃こそ、公武合体派諸藩の尊攘派に対する示威運動であった。長州藩を中心とする尊攘派が攘夷親征・大和行幸を企てると、会津藩は薩摩藩と結んで中川宮（朝彦親王）を動かし、八月十八日の政変を起し、長州藩の勢力を京都から駆逐し、九月容保は天皇から京都守護の功を賞され、十月には宸筆の御製を賜わった。同年十二月公武合体派諸侯の一橋慶喜・松平慶永・山内豊信・伊達宗城（翌月島津久光も）と参予を命ぜられ、朝政に参与して攘夷と長州藩処分を議したが、意見が一致せず、参予会議は二ヵ月余りで解体した。元治元年（一八六四）二月幕府より五万石加増され、同月長州征討のために軍事総裁職に転じたが、天皇の要望で四月京都守護職に復職し、また弟の桑名藩主松平定敬が所司代に任命されて、兄弟で京都の治安の維持に努めた。同年六月新撰組の池田屋襲撃（池田屋事件）が契機となって、七月に禁門の変が起り、会津藩兵は蛤（はまぐり）門の激戦で薩摩・桑名藩兵の来援によって長州勢を撃退した。第一次征長の役は長州藩の恭順で落着したが、慶応元年（一八六五）長州藩処分問題では終始強硬論を唱え、九月長州再征勅許の降下に斡旋し、翌二年六月開戦となり、八月幕軍の敗退で慶喜が休戦に持ち込んだことを非難し、また慶喜の解兵公布の御沙汰書降下の依頼を辞した。この間、将軍家茂が大坂城で病死し、慶喜の宗家相続、将軍就職に尽力した。同年十二月徳川斉昭の十九子、余九麿（喜徳）を嗣子とした。同月孝明天皇が没して大きな痛手を受けた。翌三年十月慶喜の大政奉還を不満としたが、十二月王政復古で京都守護職を免ぜられ、慶喜に従って大坂城に下った。明治元年（一八六八）正月鳥羽・伏見の開戦で官位を奪われ、江戸帰着後も慶喜に再挙を進言したが、謹慎すべきを諭され、二月致仕し、謝罪状を松平慶永らに託して会津若松に帰った。同年八月政府軍が進攻し、容保は孝明天皇下賜の御製を錦の小袋に入れて背負い、戦場を馳駆したが、籠城一ヵ月、九月降伏し、十二月容保は鳥取藩（翌二年十二月和歌山藩に預替）に、喜徳は久留米藩にそれぞれ永預となったが、四年三月父子は謹慎となり、五年正月謹慎も免ぜられた（六年八月喜徳は離縁となる）。なお二年九月実子容大（明治二年六月生）に家名再興が許され、十一月陸奥国三万石を与えられ、斗南（となみ）藩と称した。容保は十三年二月日光東照宮宮司となり、二十六年十二月五日没した。年五十九。諡号、忠誠霊神。墓は福島県会津若松市東山町院内の松平家廟所にある。

参考文献　山川浩『京都守護職始末』、手代木勝任・柴太一郎『松平容保公伝』（『会津藩庁記録』一）、佐治次太郎『盤錯録』（同六）
（吉田　常吉）

まつだいらさこん　松平左近　一八〇九―六八　幕末の尊王家。名は頼該（よりかね）。金岳と号す。通称はじめ隆之丞、ついで道之助、のち左近。文化六年（一八〇九）三月十四日江戸小石川の高松藩邸に生まれる。父は高松藩主松平頼儀（よりのり）で、その第三子。母は家臣山崎宗輔の女綱子。文化十三年に高松へ移り城内に住んでいたが、のち隠居して城下郊外宮脇村の亀阜荘に住む（高松市宮脇町。現亀阜小学校内）。天保十三年（一八四二）禄千五百石を与えられる。尊攘論者の徳川斉昭の影響を受け、高松藩内の尊王論者長谷川宗右衛門・松崎渋右衛門、草莽の小橋安蔵・藤川三渓、および日柳燕石（くさなぎえんせき）らと交遊を結んだ。文久三年（一八六三）五月には朝廷から、同じく高松藩の尊王家で分家の松平大膳（頼覚）とともに高松藩の沿岸防備にあたるよう命じられる。元治元年（一八六四）に尊攘論者との交際を咎められて投獄される。学問・文芸に長じ、『神道問答鈔』『武門諫暁抄』などの著書もあり、多才多芸の人であった。藩校講道館の「新建聖廟記」を撰した。明治元年（一八六八）八月十日高松亀阜にて没す。六十歳。墓所は高松市西山崎町の本堯寺。大正四年（一九一五）贈正四位。

参考文献　梶原竹軒編『金岳公子小伝・金岳公子著書集』、牧野謙次郎「贈正四位松平左近略伝」（永年会編『（増補）高松藩記』所収）
（木原　溥幸）

まつだいらさだあき　松平定敬　一八四六―一九〇八　江戸時代後期の京都所司代。伊勢国桑名藩主。諱は定敬、通称は鍥之助、叙爵して越中守、号は晴山。弘化三年（一八四六）十二月二日江戸に生まれる。美濃国高須藩主松平義建の七男。安政六年（一八五九）九月桑名藩主松平猷の死により養子となり、十一月桑名藩十一万石を襲封し、万延元年（一八六〇）十一月溜間詰に進められた。元治元年（一八六四）四月京都所司代となり、兄の京都守護職松平容保（会津藩主）と京都の治安維持に努めた。同年七月の禁門の変には、会津藩兵守衛の蛤（はまぐり）門を攻撃する長州藩兵を桑名・薩摩二藩兵の救援で撃退し、九月孝明天皇から鞍一具を賜わり、たびたび宿衛を賞詞された。定敬は容保と行動をともにしたが、ただ長州再征の解兵の奏請だけは、容保が徳川慶喜の依頼を辞したので、慶応三年（一八六七）正月定敬がこれを行なった。同年十二月王政復古によって京都所司代を免ぜられ、容保とともに藩兵を率い、慶喜に従って大坂城に下った。明治元年（一八六八）正月鳥羽・伏見の戦に敗れ、官位を奪われ、海路江戸に帰り、容保とともに慶喜に再挙を勧説したが、帰藩謹慎を諭された。三月横浜から海路箱館を経て所領越後柏崎に赴いたが、政府軍の進攻にあって会津に走り、八月会津藩が城下戦となって米沢に向かったが、九月米沢藩も降伏して福島から仙台に赴き、十月松島湾の榎本武揚の艦隊で箱館に逃れた。翌二年定敬は政府軍の進攻を知り、老臣をして帰順謝罪を朝廷に嘆願し、四月五稜郭開城に先立って箱館を脱出し、米国船で横浜に着き、東京名古屋藩邸で謹慎した。同年八月定敬は津藩に永預となり、特旨をもって弟定教（猷の長男）が家督を相続して旧封六万石を賜わり、四年三月定敬は桑名藩に預替となり、五年正月赦された。同十年西南戦争には前譴を償うため、旧臣をもって士族の一隊を編成して出征し、十二月正五位に進められ、二十九年日光東照宮宮司となり、四十一年七月二十日従二位に昇叙、翌日没した。年六十三。墓は東京都豊島区の染井墓地にある。

参考文献 太政官・東大史料編纂所編『復古記』一・二・六・八・一三 （吉田 常吉）

まつだいらさだやす 松平定安 一八三五―八二 幕末・維新期の出雲国松江藩主。出羽守。天保六年（一八三五）四月八日美作国津山藩主松平斉孝の四男として生まれる。嘉永五年（一八五二）松江藩主松平斉貴（斉斎）の養子となり、翌年襲封する。海防に留意し、文久二年（一八六二）軍艦二隻を購入し、八雲丸と命名した。同三年領内に操練場を設け、歩騎砲兵の訓練につとめる。元治元年（一八六四）従四位上に叙せられる。慶応元年（一八六五）には松江城下に修道館を創設、学芸武術を教授させる。元治元年八月幕命により長州征討に出陣し、さらに慶応二年六月長州再征にも出陣したが、長州軍により石見国一円を占領された。明治元年（一八六八）正月の鳥羽・伏見の戦の際は病をおして上京、朝廷より山崎の警衛を命ぜられた。同年九月には奥羽出兵を命ぜられ、盛岡・酒田に出兵した。同二年六月松江藩知事となる。同十五年十二月一日没。四十八歳。墓は、東京都港区の天徳寺にある。法名は松江院殿俊誉済世定安居士。

参考文献 松平家家務局編『贈従三位松平定安公事蹟概要』、足立栗園編『（贈従三位）松平定安公伝』 （板垣 哲夫）

まつだいらしゅんがく 松平春岳 ⇩松平慶永（まつだいらよしなが）

まつだいらだいぜん 松平大膳 一八〇七―六七 幕末の尊王家。字は子徳。名は頼覚。芝岳と号す。文化四年（一八〇七）生まれる。父は高松藩主松平家の分家松平頼格。天保七年（一八三六）七月家を継ぎ二千石を給せられる。かねて水戸藩尊王論に傾倒していたが、文久三年（一八六三）五月に攘夷決行に伴い朝廷から松平左近とともに高松藩の海岸防禦の強化を命じられ、千石を加増されて藩政に参画した。翌元治元年（一八六四）七月に松平大膳は兵を率いて上洛し、一橋（徳川）慶喜の指揮下に入って朝廷の警備にあたった。禁門の変に際しては尊攘派を中心とする長州藩と一橋慶喜の間を周旋したが、功を奏さなかったという。藩主頼聡は小御所を、松平大膳は日御門を警衛した。書、特に大字を能くし、また歌にも精通す。慶応元年（一八六五）二月致仕、同三年十二月二日高松にて没。六十一歳。墓は高松市仏生山町の仏生山墓地にある。

参考文献 牧野謙次郎「旧高松藩国事鞅掌に関する事実」（『史談会速記録』一二二） （木原 溥幸）

まつだいらたろう 松平太郎 一八三九―一九〇九 江戸時代後期の幕臣、箱館政府の副総裁。諱は正親。天保十年（一八三九）高百五十俵の幕臣の家に生まれ、奥右筆をつとめた。慶応三年（一八六七）六月外国奉行支配組頭に転じたが、鳥羽・伏見敗戦後、主戦派として台頭し、明治元年（一八六八）二月歩兵頭並・歩兵頭を経て陸軍奉行並に上った。江戸開城後、同年八月榎本武揚らと江戸（東京）から脱走して蝦夷地に向かい、翌二年正月入札により箱館政府の副総裁に選ばれた。同年五月黒田清隆の勧めにより幹部一同とともに降伏、江戸に禁錮されたが、五年正月特赦により出獄した。のち三潴（みずま）県権参事となり、十二年には外務省七等出仕としてウラジオストックに在勤したが、間もなく退官して流浪の日を送った。四十二年五月二十四日伊豆河津浜に客死。享年七十一。東京府北豊島郡南千住町（東京都荒川区南千住一丁目）の円通寺に葬られたが、昭和十四年（一九三九）本郷区駒込蓬萊町（文京区向丘二丁目）の大林寺に改葬（円通寺にも墓石は残る）。『江戸時代制度の研究』の著者松平太郎はその嗣子である。

参考文献 大植四郎編『明治過去帳』、山崎有信『大鳥圭介伝』、丸毛利恒「函館戦史」（『旧幕府』二ノ一〇） （三谷 博）

まつだいらつねお 松平恒雄 一八七七―一九四九 明治から昭和時代前期にかけての外交官、宮相のち第二次世界大戦後参議院議員。明治十年（一八七七）四月十七日東京府市ヶ谷に生まれる。父は松平容保（旧会津藩主）、母敏子。明治三十五年東京帝国大学法科大学卒業。同年外交官領事官試験に合格。同期に出淵勝次。以後、英・清に勤務。シベリア出兵に際し大正七年（一九一八）八月十六日、浦塩派遣軍政務部長となった。大正九年欧米局長となり、ワシントン会議に参加。大正十二年山本内閣伊集院彦吉外相のもとで外務次官、十三年駐米大使、昭和三年（一九二八）駐英大使、ロンドン軍縮会議全権となったのをはじめ、ジュネーブ軍縮会議、国際連盟総会、ロンドン国際経済会議の代表として活躍した。昭和十一年三月より二十年六月まで宮内大臣。太平洋戦争敗戦後二十一年六月枢密顧問官（二十二年三月まで）。二十二年四月福島県地方区から参議院議員となり、五月議長に推される。昭和二十四年十一月十四日東京都品川区荏原の自宅で死去。七十三歳。東京都港区の青山墓地に葬る。法名鷲峰院殿真月常住法恒大居士。長女節子は昭和三年秩父宮妃となる（勢津子と改名）。

参考文献 東京PR通信社編『松平恒雄追想録』 （臼井 勝美）

まつだいらなおとし 松平直哉 一八四八―九七 幕末・維新期の出雲国母里（もり）藩主。先代藩主直温の長男。母は側室吉村氏。嘉永元年（一八四八）二月二十九日江戸に生まれる。幼名悦之進。安政三年（一八五六）二月家を継ぎ、文久二年（一八六二）十二月叙任して従五位下主計頭と改む。元治元年（一八六四）八月長州征討の命を受け、同年十月五日江戸定府藩主としてはじめて帰藩した。長州征討には能義郡清井村雲樹寺（島根県安来市）まで出陣したのみ。慶応元年（一八六五）四月母里（同能義郡伯太（はくた）町）を発して江戸に帰府したが、明治元年（一八六八）閏四月再び母里に帰った。翌二年二月版籍奉還を請い、六月母里藩知事となる。同年の大凶作を経て翌三年藩政改革に着手、その一つが士族の帰農政策であったが失敗に帰した。同四年七月廃藩置県により免職、同八月二十九日東京へ出発したが、領民は旧藩知事の帰京に反対して母里の光現寺(伯太町東母里)に会合したので、島根県参事の応援を得て解散させた。同十七年子爵。同三十年十二月三十一日没。五十歳。

参考文献 『島根県史』九、『伯太町史』、斎木一馬・岩沢愿彦・戸原純一校訂『徳川諸家系譜』四　(岩成　博)

まつだいらなりたみ　松平斉民　一八一四―九一　幕末期の美作国津山藩主。三河守・越後守。確堂と号す。文化十一年(一八一四)将軍徳川家斉の十六男として生まれ、津山藩主松平斉孝の養子となり、天保二年(一八三一)襲封。養父斉孝に実子(慶倫)が生まれ、安政二年(一八五五)慶倫に家督を譲る。以後斉民派(佐幕)と慶倫派(勤王)が対立した。明治元年(一八六八)四月静寛院宮(和宮、親子(ちかこ)内親王)の守衛を命ぜられ、同年五月には徳川家達(いえさと)の後見人となる。同十四年従三位。二十四年三月二十四日没。七十八歳。法名は文定公。　(板垣　哲夫)

まつだいらのぶつね　松平信庸　一八四四―一九一八　出羽国上山(かみのやま)藩主。譜代大名、藤井松平氏十五代。号は徳斎。十四代信宝の長男、生母三橋氏。弘化元年(一八四四)生まれる。文久元年(一八六一)九月元服して従五位下安房守、翌年四月家督相続し、山城守のち伊豆守を名乗る。上山藩では、側用人のち中老の金子与三郎を中心として安政六年(一八五九)から藩政改革を断行。その間、信庸は世子の時期に、上山で養育をうけるなど、名君の期待を負わされていた。慶応初年には財政改革の成果もあげている。しかし上山藩は幕府の政情混乱の中で、幕府護衛の先兵として、和田倉門の勤番や浜苑の警衛、品川宿の警衛を命ぜられ、慶応二年(一八六六)十二月大坂加番、翌年三月にこれが廃止のあと、江戸市中取締りを命ぜられた。明治元年(一八六八)閏四月、奥羽越列藩同盟に参加したが、同盟軍が劣勢となった九月に降伏し、同二十日に藩主信庸は謹慎、十月に上京、十二月に三千石削封と隠居に処された。大正七年(一九一八)三月五日上山で没。七十五歳。

参考文献 『藤井御伝記』(『上山市史編集資料』二)、『上山市史』中　(横山　昭男)

まつだいらまさなお　松平正直　一八四四―一九一五　明治・大正時代の官僚、政治家。弘化元年(一八四四)二月二十六日福井藩士松平正泰の次男に生まれる。幼名源太郎。安政五年(一八五八)家督を相続。文久元年(一八六一)九州に遊学、元治元年(一八六四)藩の大番頭に進む。明治元年(一八六八)の戊辰戦争には会津征討越後口軍監として出兵する。明治二年福井藩少参事から翌三年九月に民部省出仕となり、同七年二月内務省創設に伴い内務少丞、十年には内務権大書記官となり内務卿大久保利通の信任を得た。十一年七月に宮城県権令に転出、同県令を経て十九年七月には同県知事となり、二十四年熊本県知事に転出した。二十九年九月第二次松方内閣の樺山資紀内務大臣のもとで同次官となり、三十一年一月次官辞任と同時に貴族院議員に勅選された。同年十一月、第二次山県内閣の西郷従道内相のもと再び内務次官に就任した。二十三年五月勲功により男爵を授けられ、華族に列した。その後実業界にも進出し、石狩石炭会社顧問、肥後酒精会社監査役、日本教育生命保険会社社長として活躍した。四十三年十月枢密顧問官に任ぜられたが、大正四年(一九一五)四月二十日、胃癌のため東京赤坂表町の自宅で没。享年七十二。墓は東京都港区の青山墓地にある。

参考文献 斎藤信太郎『松平正直君治績概要』　(由井　正臣)

まつだいらもちあき　松平茂昭　一八三六―九〇　幕末・維新期の越前国福井藩主。はじめ直廉。巽岳と号する。天保七年(一八三六)八月七日越後国糸魚川藩主松平直春の長男として生まれ、安政四年(一八五七)家督相続。福井藩主松平慶永(春岳)が将軍継嗣問題で隠居させられたため、幕命により同五年七月福井藩主となる。しかし慶永、および慶永と親密な家臣、中根雪江・村田氏寿らの勢力が強く、茂昭は浮き上がった存在であった。元治元年(一八六四)七月の禁門の変では、幕命により率兵上京したが、病のため途中より引き返した。同年八月長州征討には副総督として出陣した。第二次長州征討には病のため加わらなかった。明治元年(一八六八)五月会津征討のため越後口出張を命ぜられたが、病によりみずからは出陣せず、藩兵のみを派遣した。翌二年六月賞典禄一万石を永世下賜され、ついで版籍奉還により福井藩知事となる。同四年七月廃藩置県により藩知事を免ぜられる。同十七年伯爵、同二十一年侯爵に叙せられる。同二十三年七月二十日従二位に叙され、二十五日没。五十五歳。墓は、東京都品川区南品川五丁目の海晏寺にある。

参考文献 佐々木千尋編『松平春岳公・松平巽岳公履歴略』、玉村美雄編『従一位勲一等松平慶永公経歴略・従二位勲三等侯爵松平茂昭公経歴略』　(板垣　哲夫)

まつだいらやすひで　松平康英　⇨松井康直(まついやすなお)

まつだいらよしなが　松平慶永　一八二八―九〇　幕末・維新期の越前国福井藩主。越前守・大蔵大輔。大廊下席。隠居後は春岳の号を通称に用いた。文政十一年(一八二八)九月二日、江戸城内田安邸に、三代斉匡の八男として生まれた。天保九年(一八三八)九月、将軍徳川家慶の命で、越前福井藩主松平斉善のあとを継ぎ、第十六代藩主となり、慶永と称した。近侍御用役に中根雪江らの人材を得たことと、誠実・謹直で明敏な資質から、名君として家臣の信望を集め、また中根をはじめ鈴木主税・村田氏寿・橋本左内らの賢臣と、熊本藩の儒者横井小楠らを登用、率先垂範して藩財政の立て直しに努力する一方、時勢を察し兵制刷新・種痘館設立・藩校明道館創設、さらには殖産興業策の振興などの諸策を積極的に推進した。他方早くより、徳川斉昭をはじめ薩摩藩主島津斉彬・土佐藩主山内豊信・宇和島藩主伊達宗城らの賢名大名らと親交を持った。ペリー来航時には、斉昭に心服、幕府指導力の強化と攘夷論を主張したが、安政四年（一八五七）ごろより積極開国論に転じ、一橋慶喜を将軍継嗣に推戴すべく、その中心となって活躍した。しかし政見を異にする井伊直弼の大老就任により、安政五年六月の斉昭らとの不時登城の罪を口実に、隠居謹慎の処罰を受け、家督を支藩糸魚川藩主松平直廉（茂昭）に譲り、文久二年（一八六二）まで政界を離れた。桜田門外の変で井伊直弼が斃れ、幕府の方針が公武合体策に転じ、西南雄藩が京都を舞台に活動を始め、幕府へ圧力がかけられるようになった。文久二年島津久光が勅使を擁して、幕府人事に介入せんとする情勢に対応するため、春岳の謹慎が解かれ、幕政参加を命ぜられ政界に復帰した。政事総裁職に任命され、将軍後見職に就任した一橋慶喜とともに幕政改革にあたった。春岳は従来の独裁制を幕府の私政であるとしてその改革を主張し、諸藩の意見を幕政に反映するよう強く求めたり、参覲交代制度の緩和策を断行したりしたが、幕権維持強化を意図する慶喜とは、必ずしも意見の一致をみなかった。過激攘夷策を強要する長州藩対策として、京都での諸侯会議開催を提案、文久三年春、慶喜らと上京したが、朝廷から攘夷期日の決定を迫られるや、慶喜および老中らの受諾論に反対し、政権奉還をも辞さない政令帰一論を主張し、自説が容れられないと、総裁職を辞して無断帰国し、長州藩の過激攘夷論に間接的に圧力をかけた。いわゆる八月十八日の政変で、長州藩の勢力が追放され、代わって薩摩藩が京都に勢力を振るうようになると、幕府は薩摩藩勢力を押えようとして、両者の対立が次第に激化し、やがて大政奉還・王政復古の大号令の発布と、政局は急激に変化していった。この慶応三年（一八六七）までの間、春岳は四回にわたり、朝幕両者より上京を命じられ国事周旋にあたった。諸侯会議による国是決定策を基本とする公武合体論を主張する点が、幕府・薩摩藩両者に調停者として尊重されたためで、政局の推移に大きな影響力を及ぼした。王政復古の大号令に伴う幕府への辞官納地問題を、何とか円満に処理し、慶喜の朝政参加実現の寸前に、鳥羽・伏見の戦が発生し、徳川家は朝敵とされ、春岳の公武合体の念願は絶たれた。明治新政府側にあって、慶喜に絶対服従をすすめるとともに、徳川家救解に尽力した。明治政府にあっては、内国事務総督、議定となり、明治二年（一八六九）民部卿・大蔵卿を兼ね、ついで八月大学別当兼侍読となり、大学における国学対儒学の主導権争い、行政官対教官の対立解消に努力したが、国漢洋三学の併立策は不調に終り、明治三年一切の官職を辞し、以後文筆生活に入り、『逸事史補』『幕儀参考』などの著述や、伊達宗城らとともに『徳川礼典録』の編纂などの文筆活動を行なった。明治二十三年六月二日東京小石川区関口台町の邸で死去。六十三歳。墓所は東京都品川区南品川五丁目の海晏寺。『松平春岳全集』全四巻がある。なお明治三十九年実子慶民が分家するにあたり、父春岳の遺功により子爵を授けられた。

[参考文献] 中根雪江『昨夢紀事』（『日本史籍協会叢書』）、同『再夢紀事』（同）、村田氏寿・佐々木千尋編『続再夢紀事』（同）、中根雪江『丁卯日記』（同）、同『戊辰日記』（同）、同『奉答紀事』（『新編日本史籍協会叢書』一）、福井市立郷土歴史博物館編『松平春岳公未公刊書簡集』（『福井市立郷土歴史博物館史料叢書』二―四）、徳山国三郎『松平春岳公』、川端太平『松平春岳』（『人物叢書』一三八）、中根雪江先生百年祭事業会編『中根雪江先生』

（河北　展生）

まつだいらよりとし　松平頼聡　一八三四―一九〇三　幕末・維新期の讃岐国高松藩主。天保五年（一八三四）八月四日高松藩主松平頼恕の第八子として生まれ、文久元年（一八六一）七月家督継承。元治元年（一八六四）禁門の変に参内し、御所の守備にあたる。ついで長州征討に出征した。明治元年（一八六八）五月鳥羽・伏見の戦で藩兵が旧幕軍に加担したため、官位褫奪、京都藩邸没収に処せられたが、謝罪し、赦された。版籍奉還より廃藩置県まで高松藩知事。同十七年七月伯爵に叙せられる。同三十六年十月十七日没。七十歳。墓は、東京都台東区の谷中墓地にある。法名は厚徳院殿闡蓮社温誉知遠源懿大居士。

[参考文献] 永年会編『（増補）高松藩記』

（板垣　哲夫）

まつだげんじ　松田源治　一八七五―一九三六　明治から昭和時代前期にかけての政党政治家。明治八年（一八七五）十月四日大分県宇佐郡柳ヶ浦（宇佐市）に、松田銀兵衛の次男として生まれる。同二十九年日本法律学校（日本大学の前身）卒業後、文官高等試験・判事検事登用試験に合格。司法官試補、検事代理を勤め、三十一年弁護士を開業。四十一年第十回総選挙より昭和七年（一九三二）第十八回総選挙までの間衆議院議員に当選九回。はじめ立憲政友会に属し明治四十三年には幹事となり、大正九年（一九二〇）内務省参事官、十二年衆議院副議長、同十三年一月政友本党創立に加わり四月より総務に就任。昭和二年六月民政党結成に参加し同時に総務となる。四年浜口内閣の拓務大臣。七年以降も同党総務の座にあり八年一月より約一年間幹事長を勤める。九年七月岡田内閣成立とともに文部大臣に就任。十年二月、天皇機関説事件がおこり、軍部・右翼の圧力に屈伏して国体明徴の訓令を発した。同十一年二月一日在任中に死去。六十二歳。

[参考文献] 宮沢俊義『天皇機関説事件』下

（伊藤　之雄）

まつだごんろく　松田権六　一八九六―一九八六　大正・昭和時代の漆芸家。楽浪漆器や正倉院宝物の調査研究、日光東照宮・中尊寺金色堂・当麻寺本堂厨子などの修理に従事し、古典技法に精通するとともに、国会議事堂便殿やヨーロッパ航路客船の装飾、万年筆の蒔絵など幅広い活躍を続け、日本伝統工芸展・輪島漆芸技術研修所の設立などに尽力し、漆芸界の発展や後進の育成にも貢献する。明治二十九年(一八九六)四月二十日金沢に生まれ、七歳で兄孝作について漆芸の技術を習得、石川県立工業学校漆工科を経て、東京美術学校漆芸科卒業、昭和三年(一九二八)御大礼御剣の髹漆・伊勢神宮遷宮祭具の制作をはじめ皇室関係の建造物の漆塗装に従事する。工芸グループ无型・日本工芸美術会などの結成に参加、帝展・文展・日展・日本伝統工芸展に出品、審査員となる。昭和二十二年帝国美術院(日本芸術院)会員、同二十四年東京芸術大学教授、文化財専門審議委員、同三十年重要無形文化財(蒔絵)保持者に認定され、五十一年文化勲章受章。六十一年六月十五日没。九十歳。代表作に蓬萊之棚(昭和十九年作)、蒔絵槇に四十雀模様二段棚(同四十七年作)・蒔絵竹林文箱(同四十年作)があり、『時代椀大観』(第一輯)、『うるしの話』『うるしのつや』などの著書がある。 (荒川 浩和)

まつだまさひさ 松田正久 一八四五—一九一四 明治・大正時代の政党政治家。男爵。幼名は猪吉郎、のち大之進、又之輔。牛州・江村・世竜などと号した。弘化二年(一八四五)四月十一日肥前国小城藩(佐賀藩の支藩)の下級藩士横尾唯七(只七)・まちの次男として小城郡牛津に生まれる。十三歳のとき、同藩の松田勇七の養子となった。松田家は家禄七石の徒士で酒造業を営んでいた。明治二年(一八六九)藩命により上京して昌平学校で漢学を学んだが、まもなく廃校となったので、塙景太郎の私塾で国学を、西周の私塾でフランス学を学んだ。明治五年西の推薦で陸軍省に入り、五—八年ヨーロッパに留学して、フランスのパリ、スイスのローザンヌで学んだ。帰国後まもなく官を辞し、郷里に帰って自明社を設立するなど自由民権運動に投じた。十二年長崎県県会議員に当選、県会議長に選出され、十五年までその任にあった。十三年国会開設運動に尽力し、自由党組織の計画に加わった。翌年西園寺公望を社長とする『東洋自由新聞』の創刊に参画。ついで十五年九州改進党の結成にあたった。二十年山田顕義司法大臣の勧めで司法省に入り、検事(大阪始審裁判所)をつとめたが、翌年鹿児島造士館教頭に転じた。帝国議会開会が迫ると、二十三年三月造士館教頭を辞して再び政治活動を再開し、九州同志会の有力メンバーとして活躍。同年七月第一回衆議院議員総選挙で佐賀県第一区から当選、九月には民党系四派合同による立憲自由党(翌年三月自由党と改称)の結成に加わり、常議員に選ばれ、同党九州派の中心となった。二十四年の第二議会では、衆議院の予算委員長をつとめ、「経(政)費節減・民力休養」の立場から政府提出の明治二十五年度予算案を大幅に削減する査定案を決定し、政府(第一次松方内閣)と衝突して衆議院解散を招いた。二十五年二月の第二回総選挙では、政府(品川弥二郎内相)の激しい選挙干渉により落選し、以後四回落選を重ねた。しかし政務調査の主幹となり、院外にありながら党内に勢力を有し、二十八年第二次伊藤内閣と自由党との公然たる提携に一役買った。三十一年六月自由党と進歩党の合同による憲政党の結成に参画し、同月、憲政党を基礎とする第一次大隈内閣(いわゆる隈板内閣)の成立にあたって大蔵大臣として入閣した。同年八月、第六回衆議院議員総選挙で八年ぶりに当選、以後、第十一回総選挙(明治四十五年)まで連続当選。三十一年十一月の憲政党分裂による大隈内閣瓦解で蔵相を退いたが、自由党系として憲政党にとどまり、三十三年星亨らとともに伊藤博文を擁立して立憲政友会の創立にあたり、総務委員(のち総務委員長)をつとめ、同年十月第四次伊藤内閣の文部大臣となった(三十四年六月まで)。三十六年伊藤のあとを受けて総裁となった西園寺公望を原敬とともに補佐して、政友会の実力者としての地位を確立した。三十七年三月—三十九年一月、衆議院議長をつとめ、日露戦争下の議会で政府(第一次桂内閣)と議会の和協に努力。三十九年一月—四十一年七月第一次西園寺内閣の司法大臣・大蔵大臣、ついで四十四年八月—大正元年(一九一二)十二月第二次西園寺内閣の司法大臣を歴任。大正二年一—二月病軀をおして政友会を指導し、憲政擁護運動を進め、第三次桂内閣を退陣に追い込んだ。同年二月第一次山本内閣の成立に際して三たび司法大臣に任命されたが健康を害し、十一月奥田義人文相が司法相を兼任。翌三年一月男爵を授与。大正三年三月四日東京麻布笄町の自宅で病没。七十歳。東京の青山墓地に葬られた。法名は甘棠院殿義雲正久大居士。

参考文献 笹川多門『松田正久稿』 (鳥海 靖)

まつだみちお 松田道雄 一九〇八—九八 昭和時代の結核医・小児科医・評論家。明治四十一年(一九〇八)十月二十六日、茨城県結城郡水海道町(水海道市)に松田道作・のぶの子として生まれ、京都で育った。自由教育とマルクス主義の影響を受けつつ、第三高等学校を経て、昭和七年(一九三二)京都帝国大学医学部を卒業、同十二年から京都市西ノ京健康相談所に勤めて結核と取りくみ、さらに京都市衛生技師・和歌山県内政部衛生課長、兵役(軍医)を経た。二十年の敗戦を境に町医師の途を選び、小児科医の立場からの、触れあいの医療の実践と、『私は赤ちゃん』(『岩波新書』青三七七)を初めとする著作活動によって、絶大な声望を得た。四十二年、年齢を自覚して診療をやめ、代りに母親たちに向けて、いまに至るロングセラー『育児の百科』を出した。老境に至って、尊厳をもっての終末を説いた『安楽に死にたい』を著わした。終生、市井の立場から女性・教育・市民・読書・京都・平和などについての発言をつづけた。歴史学の分野の著作として、『日本知識人の思想』『ロシアの革命』『在野の思想家たち』などがある。平成十年(一九九八)六月一日没。八十九歳。

参考文献　松田道雄『松田道雄の本』、同『幸運な医者』　（鹿野　政直）

まつだみちゆき　松田道之　一八三九―八二　幕末・維新期の官僚。旧名正人。天保十年（一八三九）五月十二日、鳥取藩士の家に生まれ、藩主池田慶徳に従って、幕末・維新当時、討幕運動に奔走した。明治新政府のもとで、明治元年（一八六八）、徴士内国事務局権判事に就任し、さらに京都府大参事から大津県令を経て、同八年に内務大丞のまま戸籍頭を兼務。ついで地租改正事務局四等出仕に補せられ、東京在勤。同十年には内務大書記官兼太政官大書記官、また翌年、地方官会議幹事ついで内務省取調局長などを歴任後、十二年東京府知事に就任。在任中、同十四年に東京上野で第二回内国勧業博覧会が開催され、またこの時、上野に博物館や動物園が設けられた。さらに松田府知事は、同十二年の日本橋大火を契機に田口卯吉らの東京改造論を取り入れ、東京市区改正事業を推進した。同十五年七月六日、四十四歳の働きざかりで、現職府知事のまま病死した。墓は東京都港区の青山墓地にある。

参考文献　木山竹治『松田道之』　（石塚　裕道）

まつながとう　松永東　一八八七―一九六八　昭和時代の政治家。明治二十年（一八八七）十月十五日長崎県南高来郡北串山村（小浜町）に生まれる。上京し苦学して早稲田大学商科・日本大学法科に学ぶ。卒業後は弁護士となり、大正十一年（一九二二）東京市会議員に選ばれ、同副議長・議長を歴任。昭和七年（一九三二）第十八回総選挙で埼玉県一区から衆議院議員に当選。以後、第二十九回総選挙（昭和三十五年）まで当選九回（第二十一―二十四回は公職追放のため不出馬）。立憲民政党→翼賛政治会→日本自由党→日本民主党→自由民主党に所属。昭和二十九年十二月―三十年一月衆議院議長、同三十二年七月―三十三年六月第一次岸内閣の文部大臣をつとめた。同四十三年一月二十二日死去。八十歳。なお次男光も自由民主党代議士で文部大臣・通産大臣などを歴任している。

参考文献　前田敬介『火の国健児の生涯　松永東』　（鳥海　靖）

まつながやすざえもん　松永安左ェ門　一八七五―一九七一　明治から昭和時代にかけての電力事業家。晩年は茶人耳庵としても著名。明治八年（一八七五）十二月一日、壱岐島（長崎県石田郡石田村（壱岐郡石田町）印堂寺浦）で生まれる。父二代目松永安左ェ門、母ミス。幼名亀之助。明治二十二年慶応義塾に入学。二十六年父の死で帰郷、家督相続して安左ェ門を襲名。二十八年再び慶応義塾に入るが中退。日本銀行勤務約一年ののち、福沢桃介に誘われて三十三年丸三商会に入る。同商会整理後の明治三十五年、桃介の援助で神戸に福松商会を設立。石炭商としての地位を固め始めた。三十七年七月大分県の竹岡カズと結婚。四十年には一攫千金を狙った株式投機に失敗し無一物となる。このころ一州と号す。四十二年に再起し桃介と組んで福岡市に福博電気軌道を設立し専務となる。顧客サービスに徹し、また計数に立脚する合理的な企業会計処理方式を開発し、電力経営の近代化に努めた。北九州圏の企業を漸次合併して九州電燈鉄道を創立。大正十一年（一九二二）には福沢桃介に乞われて関西電気（名古屋電燈の後身）を合併して五大電力の雄である東邦電力をつくり上げ、副社長。昭和三年（一九二八）社長となった。調査企画活動の重視、技術研究成果の大幅な採用など経済合理性を尊重する経営理念を実践した優れた電力経営者であった。また東京進出を図り、東京電燈と激突した。昭和恐慌期、彼は持論の超電力連係による電力運営一元化論に基づく自主統制案を提起したが、政府は逆に電力の国家統制構想を強引に推進し、昭和十四年には日本発送電を成立させた。彼は終始反対を続けたが国家管理が急速に拡大強化された昭和十七年に、東邦電力を解散し関係した全事業から引退した。還暦を迎えたとき茶道に志し、耳庵と号していたが、引退後は埼玉県柳瀬（やなせ）の山荘でもっぱら茶道三昧の生活を送った。敗戦後、GHQは電力国管体制の解体を指示、電力再編成が大きな問題となった。彼は二十四年十一月電気事業再編成審議会の会長に就任。日発―九配電を解体し全国九ブロックに発送配電一貫経営の民間会社を配置するという松永案を、朝野の猛反対を押し切って推進した。「電力の鬼」と呼ばれたゆえんである。翌二十五年十一月電気事業再編成令と公益事業令の公布（十二月十五日施行）により、十二月以降彼は委員長代理として公益事業委員会をリードし、ブロック別に新設された新電力会社の経営基盤を強化し、現在の九電力体制を構築した。二十七年公益委員会が解散すると、翌二十八年松永は電力中央研究所を設立して理事長となった。またその後日本経済の将来構想に関して数多くの提言をまとめた産業計画会議の委員長に就任するなど、政財界にわたり多彩な活動を続けた。昭和四十六年六月十六日慶応大学病院で死去。享年九十五。埼玉県新座（にいざ）市平林寺に葬る。『松永安左ェ門著作集』全六巻がある。晩年における英国の歴史家A・J・トインビーとの交友は有名。トインビー著『歴史の研究』日本語版全二十五巻を刊行。

参考文献　松永安左ェ門翁の憶い出編纂委員会編『松永安左ェ門翁の憶い出』、「松永安左ェ門伝」刊行会編『松永安左ェ門の生涯』　（松島　春海）

まつながわふう　松永和風　長唄唄方の芸名。三代・四代（初期）は和楓という。

㈠三代　一八三九―一九一六　天保十年（一八三九）生まれ。清元節を学び、清元叶太夫（かのうたゆう）と称したが、長唄に転向。明治十三年（一八八〇）三代目和楓を襲名。美声で声量があり、清元節の表現をとり入れた独特の唄い方で人気を得たが、九代目市川団十郎に敬遠され、不遇な晩年を送った。大正五年（一九一六）十月十五日没。七十八歳。

㈡四代　一八七四―一九六二　本名吉田定次郎。明治七

年(一八七四)二月十八日東京に生まれ、長唄三味線を学んだが、のち唄方に転向。三代目和楓に師事、昭和四年(一九二九)四代目和楓を襲名。同六年和風と改名。美声と独特の唄い方で一世を風靡した。昭和三十七年九月二十六日東京で没。八十八歳。墓所は東京都豊島区の雑司ヶ谷墓地。（星 旭）

まつねとうようじょう 松根東洋城 一八七八—一九六四 明治から昭和時代にかけての俳人。明治十一年(一八七八)二月二十五日、東京に生まれる。本名豊次郎。家は宇和島藩城代家老の家系であった。愛媛県尋常中学を卒業。この間に、夏目漱石の英語の授業を受けた。明治二十九年第一高等学校に入学、卒業後、東京帝国大学に入学、中退して京都帝国大学に入り卒業。同三十九年に宮内省に入り、以後、式部官、宮内書記官、会計審査官などを歴任した。俳句は中学時代、漱石の指導を受け、終生、漱石門下を自認した。子規庵にも出入りし、『ホトトギス』とも関わりを持った。高浜虚子が小説に力を注いだ明治末年、「俳諧散心」と名付けた鍛錬会や、『国民新聞』俳壇の選者として定型俳句に努め、散文化の傾向を見せた河東碧梧桐中心の新傾向俳句に抗した。虚子が俳壇復帰してからは、俳諧道を旨とし孤高の道を歩んだ。明治期の作風は繊細唯美であるが、後年は大まかな写生句となった。句集『黛』『東洋城全句集』ほか。昭和三十九年(一九六四)十月二十八日没。八十六歳。愛媛県宇和島市野川の大隆寺に葬られた。（松井 利彦）

まつのいさお 松野勇雄 一八五二—九三 明治時代前期の国学者。嘉永五年(一八五二)三月二十九日、備後国御調郡三原(広島県三原市)の生まれ。諱は尚正。父は尚志。母は豊子。尚志は、平田篤胤没後の門人で、『門人姓名録』の第千三番。早くから国学・漢学に親しみ、広島藩藩校修道館に出講、維新後は皇学校の教授。明治六年(一八七三)に上京、平田鉄胤に入門。同七年から十四年まで断続的に大教院、神道事務局に勤務。この間、宇佐神宮・皇大神宮の神職も経験している。同十一—二年の間、本居豊頴の養子。十四年、皇典講究所の創建に尽力、同所幹事。ついで、二十三年、国学院の開学につとめる。雑誌『日本文学』と『古事類苑』の編集、経営をすすめる。二十六年、国学院の第一期卒業式をすませて重態となり、同年八月六日、東京牛込区西五軒町(東京都新宿区)に病没。四十二歳。墓は東京都豊島区の染井墓地にある。

参考文献 三矢重松『松野勇雄先生』、『国学院人学八十五年史』、国学院大学編『皇典講究所草創期の人びと』、大川茂雄・南茂樹編『国学者伝記集成』一（秋元 信英）

まつのきくたろう 松野菊太郎 一八六八—一九五二 明治から昭和時代前期にかけての日本クリスチャン教会牧師。明治元年(一八六八)正月二十三日甲斐国八代郡下曾根(山梨県東八代郡中道町)で松野伝四郎の長男として誕生。同十八年東京商業学校に入学。二十一年アメリカ合衆国に渡り、翌年、サンフランシスコの日本人福音会でキリスト教にふれM・C・ハリスより受洗、二十六年按手礼を受けハワイでの伝道を経て翌年帰国、河辺貞吉・笹尾鉄三郎らと「小さき群」を結成、リバイバル伝道にあたった。三十九年霊南坂教会副牧師、翌年に麻布クリスチャン教会(現在、日本基督教団聖ヶ丘教会)牧師となり昭和十九年(一九四四)まで牧会にはげんだ。その福音的信仰と温厚な人柄は教派を超えて敬愛され、日本クリスチャン教会年会議長・日本基督教会同盟幹事・日本日曜学校協会理事・教文館総主事などをつとめた。明治四十二年には困窮した結核患者のための「報恩会」を発足させている。昭和二十七年一月二十五日没。八十四歳。

参考文献 松野菊太郎伝刊行会編『松野菊太郎伝』（波多野和夫）

まつのつるへい 松野鶴平 一八八三—一九六二 大正・昭和時代の政治家。明治十六年(一八八三)十二月二十二日、酒造業松野長八の長男として熊本県菊池郡木野村(鹿本郡菊鹿町)に生まれる。家業を継ぎ精米業にも手を広げ軍用米を扱って利益をあげた。立憲政友会の長老政治家野田卯太郎の女婿となって地方政界から中央政界に乗り出し、大正九年(一九二〇)第十四回総選挙で熊本県第四区から初当選して以来、昭和十七年(一九四二)の第二十一回総選挙まで当選七回(第十五回を除く)。立憲政友会に所属し、昭和六年犬養内閣の内務政務次官、同十五年米内内閣に鉄道大臣として入閣。この間、政友会幹事長。十七年翼賛政治会総務。第二次世界大戦後に公職追放となったが、解除後、昭和二十七年以後参議院議員に三回当選。日本自由党総務会長など党内の要職を歴任、党人派の長老として鳩山派・吉田派の対立の調整役をつとめた。三十年保守合同による自由民主党結成に尽力した。三十一—三十七年参議院議長。戦前・戦後を通じて熊本電鉄社長をつとめるなど地元の経済界でも重きをなした。三男の頼三も自民党代議士となり、再三、閣僚を経験した。昭和三十七年十月十八日死去。七十八歳。

参考文献 酒井健亀編『松野鶴平伝』、日本経済新聞社編『私の履歴書』九（鳥海 靖）

まつのはざま 松野磵 一八四七—一九〇八 明治時代の林学者、林務官。わが国林学の創始者。長門国美禰郡大田村(山口県美禰郡美東町)の郷士大野徳右衛門と妻かねの四男として、弘化四年(一八四七)三月七日に生まれる。幼名常松。他家に養子、のち復籍し、幕末義兄とともに脱藩上京後は大野と義兄の姓長松を折衷して松野姓を名のる。明治二年(一八六九)東京にでて伊東方成に医学を、開成学校御雇教師カトリルにドイツ語を学ぶ。三年北白川宮のドイツ留学に随行し、森林学を修む。八年に帰国内務省地理寮雇となり大久保利通の知遇を得て山林行政制度の創出整備に尽力。農商務卿に山林学校の設立案を具申、十五年東京府北豊島郡西ヶ原村(東京都北区西ヶ原)にその開設をみる。農商務書記官兼山林学校校長ならびに教授となり、造林学・利用学を講ず。二十七年より三十八年府下荏原郡下目黒村（目黒区下目黒五丁目）に林業試験所が開設されて初代所長となるまで、林務官として長野・東京大林区署長などを歴任。林業試験所所長に在官中、四十一年五月十四日麴町区下二番町（千代田区二番町）の自宅で没。六十二歳。東京都港区青山の外人墓地に葬られた。夫人は、日本の幼稚園教育に多大な影響を与えたベルリン市出身の Klar Zeitelmann で通称久良々、九年東京で結婚した。

参考文献 日本林業技術協会編『林業先人伝』、村田重治「故松野礀先生略伝」（『大日本山林会報』三〇七）

（鈴木 尚夫）

まつばやしけいげつ 松林桂月 一八七六―一九六三 明治から昭和時代にかけての日本画家。明治九年（一八七六）八月十八日、山口県萩に伊藤篤一の次男として生まれる。本名篤。同二十六年上京し野口幽谷に師事し南画を学ぶ。幽谷門下の閨秀作家松林雪貞と結婚、松林姓を名乗る。以降独学で学び、主として日本美術協会展に出品、また四十一年第二回文展から出品を続け第五回・第六回・第七回・第八回と連続三等賞を受賞した。画風は惲南田風の花鳥画から出発しているが崋椿系のリアリズム傾向の南画も学び、会場芸術として耐えうる強さを持っている。昭和七年（一九三二）帝国美術院会員、同十九年帝室技芸員となり、三十三年文化勲章を受章した。近代日本南画界の代表的作家である。昭和三十八年五月二十二日没した。八十六歳。墓は東京都台東区蔵前四丁目の松平西福寺にある。漢詩集『桜雲洞詩鈔』がある。

参考文献 難波専太郎『松林桂月増補改訂版』

（細野 正信）

まつばらすけひさ 松原佐久 一八三五―一九一〇 江戸時代後期から明治時代にかけての故実家、司法官。通称は彦一郎。天保六年（一八三五）出羽国矢島藩の家老佐藤佐興の次男として、江戸下谷の藩邸に生まれる。嘉永三年（一八五〇）元服とともに、藩主生駒家十二代親孝の生母岑寿院の名跡松原家を相続する。古器・古画などに通暁し、伊勢流の故実を藤川貞の門に学び、絵画は谷文晁の門人相沢石湖に付き、また弓馬、洋式の練兵砲術に長じた。文久二年（一八六二）下曾根信敦（金三郎）の陣兵義塾教授、慶応三年（一八六七）藩の側用人・公用人となる。明治元年（一八六八）藩命により、京都に参じて国事に奔走。同年七月奥羽鎮撫使参謀の下に属し、庄内藩征討に加わる。二年矢島藩大参事、五年秋田県大属、のち各地の判事を転任する。退職後、東京四谷に住し、北爪有郷・川崎千虎・栗原信兆らと交流。甲冑の製作に造詣が深く、著書の『鎧話』は著名である。明治四十三年五月三十一日、愛知県豊橋で没す。七十六歳。大正四年（一九一五）贈従五位。

参考文献 田尻佐編『贈位諸賢伝』二、吉川準「松原佐久翁小伝」（『考古学雑誌』一ノ一）

（鈴木 真弓）

まつまえしげよし 松前重義 一九〇一―九一 昭和時代の政治家、教育家、東海大学の創設者。明治三十四年（一九〇一）十月二十四日、熊本県上益城郡上島村（嘉島町）で出生。父集義・母恵寿の次男。熊本高等工業学校を経て東北帝国大学工学部電気工学科卒業。大正十四年（一九二五）逓信省に入り、無装荷ケーブルによる長距離通信方式の開発に成功する。昭和十五年（一九四〇）大政翼賛会総務部長になるが、翌十六年逓信省に復帰し、工務局長に就任。工務局長時代の十九年に陸軍二等兵として召集され、南方戦線に従軍、翌年奇跡的に生還したエピソードは自著『二等兵記』に詳しい。二十一年逓信院総裁を最後に官界を去る。二十一年より二十五年まで公職追放。二十七年衆議院総選挙に郷里より立候補して代議士となり、社会党右派に属する。通算当選六回、科学技術政策・対共産圏文化交流などの分野で活躍し、政界引退後も「新しい日本を考える会」会長として革新中道勢力の結集に調整力を揮った。早くから内村鑑三の影響を受け、無教会主義キリスト教を奉じるとともに、高い精神性を理念とする青年教育を志して私塾望星学塾を開いた。戦後は政治活動と並行して本格的に東海大学の経営にとりくみ、大学から幼稚園までを網羅する一大学園にまで成長させ、四十二年以来、終生東海大学総長の職にあった。柔道を愛し、国際柔道連盟を組織して柔道の国際化にも貢献した。『松前重義著作集』全十巻をはじめ、『発明への挑戦』『現代文明論』『私の民間外交二十年』など著書多数。平成三年（一九九一）八月二十五日没、八十九歳。墓は東京都あきる野市の西多摩霊園にある。

（千住 克己）

まつまえたかひろ 松前崇広 一八二九―六六 幕末期の老中、蝦夷松前藩主・陸奥国梁川藩主。文政十二年（一八二九）十一月十五日松前藩主章広の第六子として松前福山（北海道松前郡松前町）に生まれる。嘉永二年（一八四九）松前藩主を継ぐ。安政二年（一八五五）二月領地は幕府領となり、陸奥梁川に移封。洋式砲術を奨励する。文久三年（一八六三）以降、寺社奉行・老中格・海陸軍惣奉行・老中・陸海軍総裁を歴任。慶応元年（一八六五）英・米・仏・蘭公使が兵庫開港を要求、老中首席阿部正外および崇広は勅許を得ずに開港を決し、同年十月老中罷免、謹慎を命ぜられた。翌二年四月二十五日没。三十八歳。墓は、松前町松代の松前家墓地にある。

参考文献 「松前崇広公小伝」（『松前史談会報』六二）

（板垣 哲夫）

まつまえのりひろ 松前徳広 一八四四―六八 江戸時代後期の蝦夷島松前藩主。弘化元年（一八四四）三月十四日十一代藩主松前昌広の長男として福山館（北海道松前郡松前町）に生まれる。母は家臣山崎十三の女。幼名を明之助、ついで準之助・準之丞と称した。雅号は桜陰。嘉永六年（一八五三）三月十二代藩主松前崇広の世嗣となり、安政五年（一八五八）十二月将軍徳川家茂に謁し、従五位下・志摩守に叙任。慶応二年（一八六六）六月十九日養父崇広(すでに同年四月二十五日没)に対する幕府の隠居・蟄居命令により家督を相続。時に二十三歳。明治元年(一八六八)七月、鈴木織太郎・下国東七郎ら四十数名の家臣が正議隊を結成してクーデターをおこし、徳広を擁して重臣を処分し、軍謀局および合議・正議などの各局を新設して審議は公明をはかり、人材の登用を行うなど急激な改革を断行していった。同年八月新城を館村(檜山郡厚沢部町)に築かんことを朝廷に請い許され着工したが、十月には幕府脱走軍(榎本武揚軍)の来襲により福山城(安政元年落成)を脱出して館村の未完成の新城に逃れ、ついで十一月西在の熊石村(爾志郡熊石町)に至り、十九日同地より小船で海路津軽の平館(青森県東津軽郡平館村)に逃れた。二十四日弘前の薬王院に着いたが、二十九日同寺で病没した。享年二十五。贈正四位。著書に『蝦夷島奇観補註』『彗星考』などがある。法名は寛裕院殿竜興忠靖大居士。当初弘前の長勝寺に仮葬し、のち松前の大洞山法幢寺に改葬された。

[参考文献] 新田千里編『松前家記』(『松前町史』史料編一)、『松前藩公文録』(同)、『北門史綱』、『松前町史』通説編一下　(榎森　進)

まつむらかいせき　松村介石　一八五九―一九三九　明治から昭和時代前期にかけての宗教家。道会の創立者。安政六年(一八五九)十月十五日、播磨国明石郡大明石村(兵庫県明石市桜町)に播磨国明石藩藩士松村如昇・母勢の次男として生まれた。足堂、容膝堂主人、市谷隠士とも号す。養子として一時森本姓を名のる。明治三年(一八七〇)安井息軒のもとで儒学を学び、八年神戸でJ・L・アッキンソンより『聖書』をもとに英語を学ぶ。九年再び上京、御茶の水玉藻学校に入り、廃校後に横浜のバラ塾に移り、横浜第一長老公会(現指路教会)で受洗、十三年東京一致神学校に進学したが宣教師と衝突して退学。十四年岡山県高梁教会牧師として赴任。辞任後は『福音新報』『基督教新聞』の編集に従事。二十年押川方義の推薦で山形英学校教頭に就任するがわずかにして辞任。二十二年内村鑑三の後任教頭となり北越学館に赴任。北光会を組織して雑誌『北光』を刊行。特定の宗教を強制せず、校則・礼拝などを廃止したため宣教師と対立、辞任して上京。神田の基督教青年会館にて宗教講演会を開催して名をあげたが、三十二年に「福音主義的でない」として解任された。四十年日本教会を創設。同四十一年に『道』を刊行、道友会を組織、四十五年四月に日本教会を道会と改称。「信神」「修徳」「愛隣」「永生」の四綱領をかかげ、古今東西の枠をこえた普遍的な神との合一をめざす修養を説いた。大正四年(一九一五)大倉孫兵衛・森村市左衛門らの援助で東京中渋谷(渋谷区神山町)に拝天堂を建設。昭和十一年(一九三六)道会会長を辞任、同顧問となり、十四年十一月二十九日没。八十一歳。墓は、東京都府中市の多磨墓地にある。著書には、『鳥渡一言』『立志之礎』『警世時論』『道会バイブル』『信仰五十年』など多数がある。

[参考文献] 岩田光子・平井法「松村介石」(『近代文学研究叢書』四五所収)、大内三郎「松村介石研究序説」(『日本文化研究所研究報告』一二)　(大浜　徹也)

まつむらけんぞう　松村謙三　一八八三―一九七一　昭和時代の政党政治家。明治十六年(一八八三)一月二十四日松村和一郎・たみの長男として石川県礪波郡福光村(富山県西礪波郡福光町)に生まれる。同三十九年早稲田大学政治経済学科卒業後、報知新聞社に入り名古屋支局長・大阪支社長を歴任。大正八年(一九一九)富山県会議員。昭和三年(一九二八)最初の普通選挙(第十六回総選挙)に富山県第二区から衆議院議員に当選、以後第三十一回総選挙(昭和四十二年)まで、公職追放中の第二十二―二十四回を除いて、連続して十三回当選。第二次世界大戦前は立憲民政党に所属し、町田忠治農林大臣の秘書官(浜口内閣)をふり出しに、農林参与官・農林政務次官や農林省関係の各種委員を歴任するなどもっぱら農政畑を歩んだ。この間、党内では総務・政務調査会長、また戦時下には翼賛政治会の政務調査会長、大日本政治会の幹事長をつとめた。戦後、二十年八月東久邇内閣の厚生大臣兼文部大臣として入閣、同年十月幣原内閣の農林大臣となったが、翌年一月公職追放に該当するとされ辞任した(正式の公職追放は同年八月)。二十六年八月追放解除となり政界に復帰し、翌年二月重光葵を総裁に擁立して改進党の結成に参画、二十八年六月改進党幹事長となり、吉田内閣打倒の運動を展開した。二十九年十一月鳩山一郎総裁のもとに日本民主党結成に加わり、政務調査会長。三十年三月第二次鳩山内閣の文部大臣。同年十一月保守合同により自由民主党が発足すると、同党顧問となった。党人派長老として党内で重きをなし、三十四年一月の党大会で岸信介首相と総裁公選を争ったが敗れた。その後、しばしば中国を訪問し、周恩来中国首相と会談するなどして日中関係の改善に尽力した。また、清廉で高潔な保守政治家として知られた。四十四年政界を引退し、四十六年八月二十一日病没。八十八歳。墓は福光町坂本の松村家墓地にある。法名清徳院釈謙譲。自叙伝に『三代回顧録』がある。

[参考文献] 遠藤和子『松村謙三』、日本経済新聞社編『私の履歴書』一　(鳥海　靖)

まつむらしょうねん　松村松年　一八七二―一九六〇　明治から昭和時代にかけての昆虫学者。明治五年(一八七二)三月五日兵庫県明石郡明石東片端町に生まれる。父如昇・母勢。介石は実兄。明治二十八年七月札幌農学校を卒業、直ちに研究生となり、翌明治二十九年七月同校助教授。明治三十二年より三年間ドイツへの留学を命じられる。帰国後、明治三十五年同教授。明治四十年札幌農学校が東北帝国大学農科大学に改組されたのに伴い、同教授となる。さらに北海道帝国大学への改組により、大正八年(一九一九)同農学部教授となり、昭和九年(一九三四)退官まで、主として昆虫学の研究にたずさわる。また、昆虫に関する啓発や、進化思想とのかかわりでの文明論の展開など幅広い活躍を行う。昭和三十五年十一月七日八十八歳で没。著書として『日本昆虫学』(裳華房、明治三十一年)をはじめ、『昆虫分類学』(明治四十年)、『虫界の驚異』(昭和二年)、『進化と思想』(大正十四年)などがあり、自叙伝に『松村松年自伝』がある。

(鈴木 善次)

まつむらじんぞう 松村任三 一八五六―一九二八 明治・大正時代の植物分類学者。安政三年(一八五六)正月九日常陸国多賀郡下手綱村(茨城県高萩市)に生まれる。常陸松岡藩士松村儀夫の長男。大学南校・開成学校に学ぶが中途退学。明治十年(一八七七)東京大学小石川植物園に出仕。同十三年御用掛。同十五年植物学教場補助。同十六年東京大学理学部生物学科助教授。同十九年ハイデルベルク大学およびビュルツブルク大学で植物分類学を学び、ヨーロッパ各地をまわって同二十一年帰国。同二十三年帝国大学理科大学教授。同年理学博士。同三十年東京帝国大学理科大学植物園長。大正十一年(一九二二)停年退官し名誉教授。また学術研究会議の部長、帝国学士院会員をつとめた。植物の採集調査のため、日本各地をまわり、日本の植物分類学に貢献した。昭和三年(一九二八)五月四日東京で没。七十三歳。郷里の松村家墓に葬る。著書は『日本植物名彙』(一冊、明治十七年刊)その他多数。

参考文献 松村瞭編「理学博士松村任三先生年譜」(吉川芳秋『尾張郷土文化医科学史攷拾遺』所収)、本田正次「松村任三先生」(『遺伝』一二ノ五)

(矢部 一郎)

まつむらたけお 松村武雄 一八八三―一九六九 大正・昭和時代の神話学者。明治十六年(一八八三)八月二十三日、保雄・登寿(とす)の子として熊本県に生まれ、熊本中学・第五高等学校を経て、同四十三年東京帝国大学文科大学英文学科を卒業。英文学科在学中に神話学を志すに至ったが、大学院の研究題目として「神話学」が認められないようななかで、手探りで道を求めつつ日本における神話学を開拓した。大正十一年(一九二二)、浦和高等学校の英語教授となり、同十一年から十四年にかけてヨーロッパに留学。この前後に松村の神話研究の基礎が固められ、『神話学論考』(昭和四年(一九二九))がまとめられた。そして、研究の大成は、一九四〇年代から五〇年代にかけての諸著、とりわけ、『神話学原論』(二冊、昭和十五・十六年)、『日本神話の研究』(四冊、同三十一―三十三年)の二大著において果たされる。前者は二十二年学士院賞恩賜賞を受賞し、後者は松村の研究の総決算で、日本神話学史上の画期をなした。立場や方法の違いを越えて研究史を包括的に吸収して体系化された論考であり、その後の日本神話の研究の発展はこの松村の研究のうえに築かれたといってよい。同書は現在でも基本研究書としての意義を失わない。なお、松村は、日本以外にギリシャ神話に深い関心を傾注し、『古代希臘に於ける宗教的葛藤』(昭和十七年)などを残している。また神話学と関連して童話学にも目を向け、童話教育について『童話教育新論』(昭和四年)を著わしている。昭和四十四年九月二十五日没。八十六歳。

参考文献 大林太良「松村神話学の展開―ことにその日本神話研究について―」(『文学』三九ノ一一)

(神野志隆光)

まつむらともまつ 松村友松 一八二四―八〇 幕末期の殖産家。文政七年(一八二四)越前国南条郡府中(福井県武生市)に生まれる。諱は意正、通称友松。本姓内田氏、松村氏を嗣ぐ。領主本多氏に殖産策を献言して認められ、その命により安政六年(一八五九)長崎など各地を巡見して物産・交易の状況を復命した。翌万延元年(一八六〇)開設の製産役所(府中)の元締役となり、特産の打物鎌を専売制として販路を拡大し、文久元年(一八六一)には山本甚右衛門・水屋長三郎に依頼して近江八幡から職人を呼び、従来生地のまま近江に移出していた蚊帳の染色を成功させ、その功により慶応三年(一八六七)苗字・帯刀を許された。文久二年福井藩産物売買会所役員となり横井小楠とともに国産奨励に努め、明治元年(一八六八)藩の総会所設立に尽力したが、間もなく病を得て郷里に戻り、十三年十一月七日、五十七歳で没した。法名は釈意正。墓は武生市本町の陽願寺にある。

参考文献 『福井県南条郡誌』、『武生市史』資料編人物・系譜・金石文

(高村 直助)

まつむらぶんじろう 松村文次郎 一八三九―一九一三 明治時代の自由民権家。天保十年(一八三九)三月二日越後国刈羽郡柏崎町(新潟県柏崎市)に生まれる。原修斎に漢学を学ぶ。学区取締などを勤めた後、明治十二年(一八七九)新潟県会議員に当選(十月初代議長に就任)。十五年三月刈羽郡自由党を結成、四月北辰自由党に参加、中越地方の代表的民権家として活躍する。二十三年七月第一回衆議院選挙に当選。第二回も当選したが、第三・四回は落選し、次第に政界から退く。大正二年(一九一三)九月二十三日没。七十五歳。

参考文献 広井一編『(明治大正)北越偉人の片鱗』、『越後タイムス』大正二年九月二十八日

(阿部 恒久)

まつむらゆうのしん 松村雄之進 一八五二―一九二一 明治・大正時代の開拓家、政治家、院外活動家。号は鉄肝。嘉永五年(一八五二)二月二十一日久留米城下鍛冶屋町の神官の家に生まれる。明治四年(一八七一)長州から久留米に逃れて来た大楽源太郎一派を暗殺した事件に参画して禁獄七年の刑を宣告された。同十一年出獄。十三年旧久留米藩の士族を率いて福島県に赴き、久留米開墾社社長となり開拓事業を進めた。その間、十五年立憲帝政党に参加。大阪府警部、神戸貿易商組合委員などを経て、日清戦争後、台湾に渡り、新竹・雲林支庁長を歴任、また、明治三十年以降、北海道の宗谷・上川支庁長をつ

とめた。三十五年第七回総選挙で久留米市から衆議院議員に当選したが、以後不出馬。その後は立憲国民党・憲政会の院外団のリーダーとして国事に奔走、第一次憲政擁護運動や、シーメンス事件での第一次山本内閣弾劾の運動に活躍した。大正十年(一九二一)二月二十二日病没。七十歳。墓は久留米市寺町の遍照院にある。法名国良院鉄肝錦腸大居士。

参考文献 吉富莞爾編『松村雄之進』 (鳥海 靖)

まつむろいたす 松室致 一八五二―一九三一 明治から昭和時代前期にかけての司法官。嘉永五年(一八五二)正月二日小倉藩士松室晨吾の長男として出生。明治九年(一八七六)司法省法律学校に入学。同十七年東京帝国大学卒業。同年判事補に任ぜられ、その後浦和始審裁判所判事・東京地方裁判所部長・東京控訴院判事・長崎控訴院検事長を経て明治三十四年長崎控訴院長に就任。同三十九年七月検事総長に任命され、在任中に大逆事件の処理にあたった。大正元年(一九一二)第三次桂内閣、同五年寺内内閣の各司法大臣を歴任。同七年貴族院議員に勅選された。同十三年枢密顧問官に任ぜられ、死去するまでその職にあった。その間、昭和三年(一九二八)緊急勅令による治安維持法改正に対し枢密院において敢然として反対した。大正二年以降死去するまで法政大学学長をつとめた。昭和六年二月十六日脳出血のため急死した。八十歳。墓は、東京都港区の青山墓地にある。著書に『改正刑事訴訟法論』がある。法学博士。

参考文献 小田中聰樹「治安維持法」(『法律時報五〇ノ一三』) (小田中聰樹)

まつもとぎへい 松本儀平 一七八六―一八六七 江戸時代後期の銅版画師。姓は松本、名は保居(やすおき)。儀平は通称。別名を鴨川儀平ともいう。玄々堂は堂号。その初代。家祖は泉州堺の人で瓦屋七兵衛を名のる宮家御用の数珠製造業だが、五代のころ京都に移住。保居は六代目。天明六年(一七八六)京都生まれ。慶応三年(一八六七)十一月八日没。八十二歳。墓は、京都東山霊山の招魂社墓地にある。多数の銅版画図を遺す。画面の大きさに大中小とあるが、はがき大が最も多い。名勝・地図など銅版画を銅版弘通所を通して普及し、その複数生産の機能を発揮せしめた。 (菅野 陽)

まつもとけいどう 松本奎堂 一八三一―六三 江戸時代後期の勤王家、三河国刈谷藩士。諱は孟成・衡、字は士権、通称は謙三郎、号は奎堂・孺川・洞仏子。天保二年(一八三一)十二月七日刈谷に生まれる。刈谷藩士印南維成の次男。母はきか(吉田氏)。養われて松本氏を継ぐ。十八歳のとき槍術稽古で左眼を傷つけてから読書に精励した。嘉永五年(一八五二)江戸に出て昌平黌に学び、翌年江戸藩邸の教授兼侍読となったが、議論激切のため忌まれて禁錮一年に処せられた。安政二年(一八五五)再び昌平黌に学び、帰国して前職に就いたが、言容れられず辞職、同六年名古屋に出て塾を開いた。文久元年(一八六一)大坂で昌平黌の同学松林飯山・岡鹿門と双松岡学舎を開き、翌二年京都に移り、藤本鉄石・吉村虎太郎(寅太郎)ら尊攘激派の志士と交わった。たまたま島津久光の率兵上京を機に討幕を計ったが、失敗して一時淡路に逃れた。翌三年八月孝明天皇の大和行幸の詔が下ったのを機に、藤本・吉村ら同志と中山忠光を擁して京都を脱出、大和五条に挙兵して代官鈴木源内を討幕の血祭に上げ、桜井寺を本陣とし、天誅組と称して中山を主将に、奎堂は藤本・古村とともに総裁になり、年貢半減の触書を発した。しかし八月十八日の政変によって形勢が一変し、諸藩兵が来攻し、頼みとする十津川郷士も離反したので、十津川山中を彷徨し、九月二十五日吉野郡鷲家口(わしかぐち)に至ったが、奎堂は紀州藩兵の銃丸に斃れた。年三十三。墓は維新後京都霊山に営まれたが、改葬されて愛知県刈谷市広小路の十念寺にある。著書に『奎堂遺稿』『奎堂文稿』『大和日記』がある。明治二十四年(一八九一)贈従四位。法名は天誅院殿忠誉義烈奎堂居士。

参考文献 宮内省編『(修補)殉難録稿』前篇、森銑三『松本奎堂』(『中公文庫』) (吉田 常吉)

まつもとけんじろう 松本健次郎 一八七〇―一九六三 明治から昭和時代にかけての石炭業者。明治三年(一八七〇)十月四日安川敬一郎の次男として福岡に生まれ、のち敬一郎の次兄松本潜の養子になった。明治二十年石炭販売に従事、二十四年ペンシルバニア大学に留学、二十六年帰国、敬一郎を助け炭鉱経営、石炭販売にあたった。大正七年(一九一八)の敬一郎引退後は社業、業界活動に活躍した。同八年明治鉱業株式会社社長に就任、同年筑豊石炭鉱業組合総長、十年石炭鉱業連合会副会長、昭和七年(一九三二)昭和石炭株式会社社長、八年石炭鉱業連合会会長、十五年日本石炭株式会社社長、十六年石炭統制会会長にそれぞれ就任しており、全盛期の石炭業界のリーダーであった。第二次世界大戦後は日本経済連盟会会長に就任、二十一年覚書による公職追放指定を受けたが、二十六年解除された。三―三年財界を引退し、三十八年十月十七日九十三歳で没した。著書に『松本健次郎懐旧談』がある。

参考文献 劉寒吉『松本健次郎伝』、明治鉱業株式会社編『社史』 (荻野 喜弘)

まつもとごうきち 松本剛吉 一八六二―一九二九 明治から昭和時代前期にかけての政治家。文久二年(一八六二)八月丹波国柏原藩士今井源左衛門の五男に生まれ、叔父松元十兵衛の養子となる。のちに松本姓を名乗る。明治初年上京して中村正直の塾に学ぶ。千葉県巡査をふり出しに、神奈川・埼玉各県の警部、逓信省書記官、逓信大臣秘書官、農商務大臣秘書官などを歴任。この間、田健治郎の知遇を得て政界に進出し、明治三十七年(一九〇四)以来、衆議院議員当選四回(はじめ兵庫県、のち神奈川県選出)。当初、自由党に属したが、その後、大同倶楽部・中央倶楽部・維新会・新政会など小会派に属し、山県系勢力と密接な関係を持った。大正八年(一九一九)―

十一年田健治郎台湾総督の秘書官をつとめ、昭和二年（一九二七）貴族院議員に勅選された。その間、山県有朋・西園寺公望・原敬・平田東助など政界最高首脳の間を往来して、情報の蒐集・提供や連絡役をつとめ政界の策士と目された。その裏面の事情は『松本剛吉政治日誌』（『大正デモクラシー期の政治』）に詳しい。なお回顧録として『黄樹庵主閑談・夢の跡』がある。昭和四年三月五日死去。六十八歳。

参考文献 衆議院・参議院編『議会制度百年史』衆議院議員名鑑　（鳥海　靖）

まつもとこうしろう　松本幸四郎　江戸の歌舞伎俳優。屋号は初代のほかは高麗屋。

㈠七代　一八七〇—一九四九　俳名錦升・琴松。明治三年（一八七〇）伊勢国員弁郡に生まれ、二代目藤間勘右衛門の養子となる。九代目団十郎に入門し、同四十四年襲名。大正・昭和前期の名優。昭和二十四年（一九四九）一月二十七日没。八十歳。東京池上本門寺に葬らる。法名は松寿院遊台日幸居士。

㈡八代　一九一〇—八二　俳名錦升。本名藤間順次郎。明治四十三年（一九一〇）七月七日生まれ。七代目の次男。昭和二十四年（一九四九）襲名。同五十年人間国宝。五十六年名跡を長男に譲って初代白鸚となり、同年文化勲章を受章した。第二次世界大戦後歌舞伎界の大立者。五十七年一月十一日没。七十一歳。池上本門寺に葬らる。法名は松桂院白鸚日順大居士。

㈢九代　一九四二—　俳名錦升。昭和十七年（一九四二）七月十九日生まれ。八代目の長男。同五十六年襲名。

参考文献 伊原敏郎『日本演劇史』、同『近世日本演劇史』、七代目松本幸四郎『(琴松芸談)松のみどり』、守随憲治『歌舞伎序説』（『守随憲治著作集』三）、秋葉芳美「松本幸四郎の代々」（『しがらみ』一二ノ一一）　（戸部　銀作）

まつもとじいちろう　松本治一郎　一八八七—一九六六　大正・昭和時代の部落解放運動の指導者、政治家。明治二十年（一八八七）六月十八日、福岡県那珂郡金平村（福岡市東区）に生まれた。青年期までは次一郎と名乗っていた。京都の千城中学校、東京の錦城中学校などに学んだが、部落差別に憤って中退し、明治四十四年土建業松本組をおこした。大正五年（一九一六）『博多毎日新聞』差別事件を機に、権力に立ち向かう必要性を自覚した。十年福岡県による黒田藩祖三百年祭の寄付強制割当てに、筑前叫革団を組織して反対し、これを任意寄付に改めさせた。十二年全九州水平社の委員長に選ばれ、十三年全国水平社（全水）第三回大会で「徳川家一門ニ対シ位記返上勧告」を提案し実行委員長となったが、徳川家達「暗殺未遂」容疑で逮捕され、懲役四ヵ月を宣告された。十四年に全水第四回大会で中央委員会議長（のち中央委員長）に選任され、十五年には労働農民党の中央執行委員となった。しかし同年、福岡連隊差別糾弾闘争に関連した捏造の連隊爆破陰謀事件で逮捕され、懲役三年六ヵ月の判決を受けた（福岡連隊差別事件）。昭和六年（一九三一）出獄し、八年に高松地方裁判所差別裁判糾弾闘争をたたかって、「解放の父」と呼ばれるようになった。ファシズム反対の立場を守り、十一年衆議院議員に初当選すると社会大衆党に属し、華族制度廃止や部落差別撤廃のために活躍した。十五年大和報国運動に加わったが、翌年「全水の解消をねらう陰謀」と批判して脱退した。太平洋戦争後の二十年日本社会党の会計、翌年顧問となった。二十一年に部落解放全国委員会（三十年部落解放同盟と改称）が結成されると、中央委員長に推された。また翌年に労農運動救援会第二代委員長、自由人権協会の副会長（のち会長）に就任した。この二十二年に参議院議員に当選し、初代副議長の座についた。翌年の国会開会式に「カニの横ばい」式の「天皇拝謁」を拒否して、永年の習慣を廃止に導いた。二十四年吉田内閣の策動により公職を追放されたが、追放反対運動が展開され、二十六年に特別解除をかちとった。二十八年参議院議員に再選され、左派社会党の中心として活躍し、日中友好協会の初代会長をつとめた。三十年の日本社会党統一後は平和同志会を組織し、党内の最左派に位置した。三十三年から部落解放国策樹立要求運動を指導し、四十年に同和対策審議会答申を出させた。そのほか世界の平和と友好、被圧迫民族・人種の解放のためにも多くの努力をはらった。四十一年十一月二十二日没。七十九歳。

参考文献 『水平月報』、『水平新聞』、『解放新聞』、部落解放同盟中央本部編『松本治一郎伝』、松本治一郎・部落解放全国委員会編『部落解放への三十年』、部落解放同盟中央本部編『解放の父・松本治一郎』、朝日新聞西部本社編『松本治一郎と解放運動』、平野一郎『松本治一郎・小伝』（『人権ブックレット』三四）、松本治一郎『不可侵不可被侵—松本治一郎対談集—』（『部落解放新書』一）　（川村善二郎）

まつもとしげはる　松本重治　一八九九—一九八九　昭和時代のジャーナリスト、国際交流事業家。明治三十二年（一八九九）十月二日、大阪堂島に、父枩蔵・母光子の長男として生まれる。祖父は阪堺鉄道（現在の南海電鉄）や大阪紡績の創設者松本重太郎。母方の祖父は松方正義。第一高等学校、東京帝国大学法学部卒。大正十二年（一九二三）から昭和二年（一九二七）にかけて、イェール大学をはじめ欧米の大学に留学。滞米中に歴史学者C・A・ビアードを知り、その影響で日米関係における中国問題の重要性を深く認識するようになる。帰国後、中央大学などの講師を経て、昭和七年新聞連合社（のちの同盟通信社）に入社、同社上海支局長、同盟通信社上海支社長として六年間中国に滞在。この間、いわゆる西安事件をスクープし、国際ジャーナリストとしての名を高める。近衛文麿のブレーンの一人として日米関係打開に努力した。第二次世界大戦後、恩師高木八尺を助けてアメリカ学会を設立し、『原典アメリカ史』出版など、日本におけるアメリカ研究の発展に尽くし、四十一年から四十三年まで、再建されたアメリカ学会の会長を勤めた。二十七年、民間国際交流機関として財団法人国際文化会館を創設し、専務理事、のちに理事長(四十年から)として、人物交流を中心とし、米国をはじめ各国の第一級の学者・知的指導者を日本に招いて、日本人と外国人の相互理解を深めることにユニークな貢献をした。平成元年(一九八九)一月十日没。八十九歳。『上海時代』『近衛時代』『昭和史への一証言』などの著書は昭和史の貴重な記録である。文化功労者。国際交流基金賞受賞。

参考文献　伊藤武雄・岡崎嘉平太・松本重治『われらの生涯のなかの中国』　（本間　長世）

まつもとじゅうたろう　松本重太郎　一八四四―一九一三　明治時代の関西財界の重鎮。丹後国竹野郡間人(たいざ)村(京都府竹野郡丹後町)の亀右衛門(農業)の次男として、弘化元年(一八四四)十月五日出生。幼名は松岡亀蔵。十歳の時京都に出て、呉服店菱屋勘七に奉公(三ヵ年)、その後安政三年(一八五六)には、さらに大坂の有力太物問屋綿屋利八方に勤めた(十余年)が、独立して松本重太郎と改名した。はじめは木綿の行商を営んでいたが、明治三年(一八七〇)には大阪心斎橋で洋反物ならびに雑貨商店を開業し、屋号を丹重とした。翌四年散髪脱刀令が出されると、直ちに帽子と襟巻を長崎で買い占め、また西南戦争には市内のラシャを買い占めて巨利を得、実業界進出の足場を築いた。十一年に、第百三十国立銀行を設立して取締役になった(のち頭取に就任)のをはじめとして、彼が設立に参加し、重役に就任した企業は多い。すなわち金融部門では大阪共立銀行・大阪興業銀行・日本貯金銀行、名古屋の明治銀行などがあげられる。その実績を買われて大阪銀行集会所の委員長も勤めた。また大阪紡績・京都製糸その他の紡織業、山陽鉄道・阪堺鉄道その他の鉄道企業、大阪麦酒・日本製糖・明治生命保険ほかの企業にも関与した。教育界においても、現関西大学の拡大に寄与するなど、活動分野は多岐にわたっていた。明治二十九年には衆議院議員の補欠選挙に当選(一期)。晩年の三十七年、彼の関係する企業のうち中心的地位を占めていた百三十銀行が破綻を来したため、多くの資産を提供することになったが、財界における彼の功が認められ、大正二年(一九一三)六月二十日、七十歳で没するに際して、正六位勲五等を授与された。

参考文献　松本翁銅像建設会編『双軒松本重太郎翁伝』、瀬川光行『商海英傑伝』　（村上　はつ）

まつもとじゅん　松本順　一八三二―一九〇七　幕末・明治時代の医者。天保三年(一八三二)六月十六日、佐倉藩医佐藤泰然の次男として、江戸麻布の我書坊谷(東京都港区麻布台一丁目)に生まれた。名は順之助。嘉永三年(一八五〇)に、幕医松本良甫の養子となり、名を良順、ついで順と改め、蘭疇(らんちゅう)と号した。坪井信道・戸塚静海・伊東玄朴に学んだ。安政四年(一八五七)、幕命で長崎へ赴き、同年来日したオランダ軍医ポンペの助手として、日本初の系統的かつ近代的医学教育の実施に協力した。日本初の西洋式病院、長崎養生所の開設(文久元年(一八六一))にも尽力した。同二年、江戸へ帰り、西洋医学所頭取助に就任、翌年頭取の緒方洪庵没後に頭取に昇進し、ポンペにならって医学所の改革を行なった。すなわち、講義を重視し系統的医学カリキュラムを組んだが、充分な成果を上げぬまま維新の動乱となり、幕府方に身を投じた。会津で負傷兵の治療にあたり、朝敵として捕われた。その後許され、明治四年(一八七一)には、兵部省に出仕し、軍医頭となり、陸軍軍医部を編制した。同六年、初代軍医総監に就任、日本の陸軍軍医制度を確立した。同二十三年、貴族院議員に選出され、三十八年には男爵を授けられた。軍医学は公衆衛生学的考え方を基盤にしていたので、民間の公衆衛生的啓蒙を行い、『養生法』『通俗衛生小言』などを著わす一方で、牛乳の飲用、海水浴を奨励した。明治四十年三月十二日、大磯で没した。享年七十六。墓は神奈川県中郡大磯町の妙大寺にある。法名は大生院殿蘭疇日順大居士。

参考文献　小川鼎三・酒井シヅ校注『松本順自伝・長与専斎自伝』(『東洋文庫』三八六)、鈴木要吾『蘭学全盛時代と蘭疇の生涯』、石田純郎『江戸のオランダ医』(『三省堂選書』一四六)　（石田　純郎）

まつもとじょうじ　松本烝治　一八七七―一九五四　大正・昭和時代の商法学者。明治十年(一八七七)十月十四日、松本荘一郎の長男として東京に生まれる。同三十三年東京帝国大学法科大学卒。農商務省に入るが、三十六年東大助教授に就任、商法を担当。三十八―四十二年、英独仏の三国に留学。四十三年教授。大正二年(一九一三)より法制局参事官を兼任。八年大学を休職して満鉄理事となり、十年大学を辞職。同年満鉄副社長、十二年山本内閣の法制局長官。十三年貴族院勅選議員。以後、弁護士を開業するかたわら関西大学長、中央大学・法政大学教授、斎藤内閣の商工大臣、日銀参与・理事、多数の会社の取締役などを勤めた。また多くの立法にも関与し、破産法、手形・小切手法、数度にわたる商法改正に貢献した。特に昭和十三年(一九三八)の商法大改正には、当時の全体主義的風潮に抗して株主会議中心の改革に指導的役割を果たした。第二次世界大戦後は幣原内閣の国務相として、憲法改正案の起草の責任者となったが、その案は保守的であるとして連合国最高司令官総司令部に拒否された。二十一年公職追放、二十五年解除。大正十四年帝国学士院会員、戦後昭和二十六年に再び日本学士院会員に選出された。著書は多数。大正三年以後数年の内に『商行為法』『海商法』『保険法』『手形法』『会社法』と、商法の各領域の標準的教科書を著わした。昭和二十九年十月八日没。七十六歳。妻千は小泉信三の妹、長女峰は田中耕太郎の妻。　（長尾　龍一）

まつもとせいちょう　松本清張　一九〇九―九二　昭和時代後期の小説家。明治四十二年(一九〇九)十二月二十一日、福岡県企救(きく)郡板櫃(いたびつ)村(北九州市)で峯太郎・タニの長男として生まれた。本名清張(きよはる)。尋常高等小学校高等科を卒業後、川北電機の給仕、石版印刷所の見習を経て版下工として技術をみがき、朝日新聞西部本社の広告部につとめ東京本社に移り、文壇にデビューしたのちの昭和三十一年(一九五六)まで勤務した。その間昭和二十五年『西郷札』が『週刊朝日』の懸賞小説に入選、第二十五回直木賞の候補となり、二十七年に発表した『或る「小倉日記」伝』で第二十八回芥川賞を受賞した。『張込み』(三十年)を発表したのをきっかけに推理小説に進出し、『顔』で第七回日本探偵作家クラブ賞を受賞、さらに『点と線』『眼の壁』『黒地の絵』などを出版してベストセラーとなり、日本の推理小説の歴史を清張の前後で分け、「清張以後」といわれたほどである。それまでの謎とき小説にかわって犯罪の動機に重点をおき、現代社会のメカニズムを衝く社会派推理小説は新紀元を開くものだった。推理小説の代表作には『ゼロの焦点』『黒い画集』『波の塔』『わるいやつら』『球形の荒野』『砂の器』『けものみち』『黒の図説』などがあり、時代小説では『無宿人別帳』『かげろう絵図』『天保図録』『西海道談綺』などがある。また三十四年に『小説帝銀事件』を発表して以来、『日本の黒い霧』『深層海流』『現代官僚論』『昭和史発掘』などドキュメンタリーな作品も多く、現代史の謎、暗黒の部分に光をあてることで歴史の真実に迫り、『古代史疑』『古代探求』『遊古疑考』『清張通史』『清張古代史記』などをまとめて、考古学・古代史の問題を広く東アジア史、さらには西アジア諸地域との関連で追求し、人間の生きた現実にまで目を行きとどかせた。自伝に『半生の記』がある。『逃亡』他で第一回吉川英治文学賞、『昭和史発掘』で第十八回菊池寛賞を受賞した。『松本清張全集』一期三十八巻、二期十八巻、三期十巻が刊行されている。平成四年(一九九二)八月四日肝臓癌で没。八十二歳。法名は清閑院釈文張。墓は東京都八王子市の富士見台霊園にある。

参考文献 『松本清張の世界』(『文芸春秋』一九九二年十月臨時増刊号)、『国文学解釈と鑑賞』六〇ノ二(特集松本清張の世界)　（尾崎　秀樹）

まつもとそういちろう　松本荘一郎　一八四八―一九〇三　明治時代の鉄道技術者、鉄道庁長官、鉄道作業局長官。嘉永元年(一八四八)五月二十三日播磨国神崎郡粟賀村(兵庫県神崎郡神崎町)に生まれる。松本文済の長男。開成学校から明治三年(一八七〇)アメリカに留学、土木工学を修め、同九年帰国。東京府御用掛となる。同十一年開拓使御用掛に転じ、同煤田開採事務副長となり、十五年工部権大技長となる。この間、開拓使雇米人クロフォードとともに東京―青森間鉄道の線路調査に従事した。のち工部省・農商務省・北海道庁など、炭礦・鉄道の建設・経営に従事したが、明治二十三年九月鉄道庁第二部長、同二十六年三月鉄道庁長官を経て、同年十一月逓信省鉄道局長となり、鉄道敷設法制定後の鉄道建設・改良に尽力、同三十年十二月以降鉄道作業局長官として、官設鉄道の経営にあたったが、在職中の同三十六年三月十九日死去した。五十六歳。墓は東京都大田区池上の本門寺にある。明治三十一年には帝国鉄道協会の発起人となり、副会長に選ばれた。法学者で幣原内閣の国務大臣をつとめた松本烝治はその長男。　（原田　勝正）

まつもとたかし　松本たかし　一九〇六―五六　昭和時代前期の俳人。明治三十九年(一九〇六)一月五日、東京市に生まれる。本名孝。父は長(ながし)。父祖代々江戸幕府所属の宝生流座付能役者。六歳の時から能の稽古を始めたが病弱のため断念。小学校卒業後、父の方針により就学することがなかった。漢学・国文学・英語・書道などを家庭教師に学び、俳句の理論・方法ももっぱら高浜虚子の教えに従った。俳句は大正十年(一九二一)能役者仲間の「七宝会」で始め、翌年から虚子に師事。昭和四年(一九二九)『ホトトギス』同人。四S(水原秋桜子・山口誓子・阿波野青畝・高野素十)以後の新人として、川端茅舎・中村草田男らと『ホトトギス』雑詠欄で活躍した。病弱のたかしを支えたのは、妻のつやで、はじめ派出看護婦として面倒をみていたが、のち、結婚。昭和二十一年二月、主宰誌『笛』を創刊。韻文芸術である信条と、花鳥諷詠詩であることを説いた。作品は、不安・悟りを花鳥諷詠と絡ませているところに特色がある。句集は『松本たかし句集』『石魂』ほか。昭和三十一年五月十一日、心臓麻痺で没。五十歳。墓は神奈川県三浦市三崎一丁目の本瑞寺にある。　（松井　利彦）

まつもとながし　松本長　一八七七―一九三五　明治から昭和時代前期にかけての能楽師。シテ方宝生流。静岡県に明治十年(一八七七)十一月十一日、松本金太郎の次男として出生。父とともに上京、十六世宝生九郎に入門。野口兼資とともに、よく師の薫陶にこたえ斯道の代表者の一人として活躍。芸風は品位高く端正豊麗で観客を魅了した。長男たかしは高浜虚子門の俳人。次男恵雄が舞台で活躍中である。昭和十年(一九三五)十一月二十九日没。五十九歳。東京都港区南青山の青山墓地に葬る。法名宝樹院釈長照居士。

参考文献 大河内俊輝『撩乱の花』　（草深　清）

まつもとのぶひろ　松本信広　一八九七―一九八一　大正・昭和時代の民族学・神話学者。明治三十年(一八九七)十一月十一日、東京市芝区(東京都港区)愛宕町で生まれる。慶応義塾大学文学部卒業後、フランス、ソルボンヌ大学に留学、国家学位を得て帰国した後直ちに母校の文学部助教授、つづいて教授に就任。昭和四十四年(一九六九)定年退職し同大学名誉教授となる。在職中、文学部長・言語文化研究所長など、学外では日本民族学協会(現日本民族学会)理事長・日本歴史学協会委員長・東南アジア史学会長・日本学術会議会員などの要職を歴任。柳田国男に私淑し、またフランス社会学の影響をうけ、民族学を中心に学際的研究を行なった。特に日本神話・東南アジア学研究に活躍、古代舟・稲作文化の研究などを通じて早くから「南方説」を唱え、日本民族の基層文化の系統論的研究に貢献。昭和五十六年三月八日、東京で没。八十三歳。墓は東京都府中市の多磨墓地にある。主なる著書としては『日本神話の研究』、『印度支那の民族と文化』、『東亜民族文化論攷』、『日本民族文化の起源』(全三冊)などがある。

参考文献 伊藤清司「松本信広―〈南方説〉の開拓者―」(綾部恒雄編『文化人類学群像』三所収)、「松本信広先生略歴・著作目録」(『史学』四〇ノ二・三合併号)

(伊藤 清司)

まつもとはっか 松本白華 一八三八―一九二六 明治・大正時代の真宗大谷派の僧侶。幼名隼丸。号厳護法城・梅穏・西塘・林泉。諡白華院厳護。天保九年(一八三八)加賀国石川郡松任町(石川県松任市)同派本誓寺に生まれた。十七歳、大坂で広瀬旭荘に儒学を学び、のち京都で竜温に宗学を学んだ。明治三年(一八七〇)十二月、富山藩の極端な廃合寺事件に際し東本願寺から調査に派遣され、同五年に教部省出仕、同年九月、東本願寺法嗣現如・石川舜台・成島柳北・関信三とともに欧州宗教事情視察へ出発、同六年七月帰朝した。この視察が同派宗政改革を促し、また南条文雄らを英国へ留学させ梵語研究を大成させたことは著名である。同六年八月東本願寺執事補、十年東本願寺上海別院輪番。生涯を宗政、護法運動に尽くした。大正十五年(一九二六)二月五日没。八十九歳。詩集『白華余事』二巻、『航海録』(『真宗史料集成』一一)、及び『備忘漫録』『露珠閣叢書』(ともに『明治仏教全集』)など多くの関係事項の備忘録を残した。

(柏原 祐泉)

まつもとひこじろう 松本彦次郎 一八八〇―一九五八 大正・昭和時代の歴史学者、俳人。俳号金鶏城。明治十三年(一八八〇)十二月五日青森県上北郡野辺地に生まれる。明治四十一年東京帝国大学史学科卒業。同年雑誌『アカネ』に「西行法師について」を発表し、その後の日本文化研究の端緒となる。早くから鎌倉新仏教展開に関する史的分析を手懸け、『アカネ』『人生と表現』などにつぎつぎと論文を発表。「生活と思想を一貫した仏教史」を目指し、親鸞・慈円・源実朝などを社会的背景とともに取り上げた。大正四年(一九一五)―七年シカゴ大学客員研究生として米国滞在。その間も「芭蕉論について」(『懸葵』)を発表。帰国後すぐに慶応義塾大学教授となる。昭和六年(一九三一)東京文理科大学教授。昭和十八年同大学退官。昭和三十三年一月十四日郷里野辺地町にて没。七十七歳。著書に『史的日本美術集成』(昭和三年内外書籍)、『古事記の成立』(昭和九年国民精神文化研究所)、『日本文化論』(昭和十七年河出書房)、赤木志津子との共著に『源氏物語とその時代』(昭和二十三年東光協会出版部)があり、また彼が『ホトトギス』『アカネ』『てづくね』『懸葵』などに発表した句を集めた『松本金鶏城の俳句』(平成元年(一九八九))がある。

(田中 博美)

まつもとふうこ 松本楓湖 一八四〇―一九二三 明治・大正時代の日本画家。別号、安雅堂。天保十一年(一八四〇)九月十四日、常陸国河内郡寺内村(茨城県稲敷郡新利根村)の医師宗庵の六子として生まれる。名は敬忠、通称藤吉郎。十四歳で江戸に出、沖一峨に就き洋峨と号す。その没後は谷文晁門下の佐竹永海に学び永峨、そして安政三年(一八五六)に楓湖と改め、勤皇の志を懐いて水戸藩の志士藤田小四郎らと交わり奔走する。慶応元年(一八六五)のころから画業に専心、菊池容斎に師事し歴史画を志向する。宮内省の命で『幼学綱要』『婦女鑑』の挿絵を描き、代表作に「蒙古襲来図」(六曲一双)がある。巽画会・日本美術院の結成に参加し、文展創設とともに審査員を勤め大正八年(一九一九)帝国美術院会員となる。門人の個性を尊重する優れた教育者で、安雅堂画塾から日本美術院の次代を担った速水御舟・今村紫紅・小茂田青樹ら多くの俊才が輩出した。大正十二年六月二十二日、八十四歳で没した。墓は東京都台東区谷中五丁目の全生庵にある。法名は安雅堂楓湖敬忠大居士。

参考文献 添田達嶺『半古と楓古』

(細野 正信)

まつもとまなぶ 松本学 一八八七―一九七四 昭和時代の内務官僚。明治二十年(一八八七)十一月二十日、(戸籍には、十二月二十八日とみえる)平民片岡房太の長男として岡山県に生まれる。第六高等学校(岡山市)在学中に祖父松本礼造の家督を継ぐ。同四十年に東京帝国大学法科大学に入学。同四十四年、高等文官試験に合格し、内務省に入る。土木局港湾課長、神社局長などを歴任。その後、鹿児島県知事となるが、立憲民政党系と目され、昭和三年(一九二八)一月、休職。翌四年、福岡県知事に復帰し、全村学校を設置。同七年、五・一五事件のあとをうけて警保局長となり、国維会系の「新官僚」として脚光を浴びる。また、共産党土義運動取締など徹底した治安対策を行う。さらに日本土義思想に基づく「邦人一如」運動を展開し、日本文化連盟を組織する。同九年、貴族院勅選議員となる。この間、同郷の宇垣一成陸軍大将の擁立運動を進めた。第二次世界大戦後は世界貿易センター会長として、貿易振興に努めた。同四十九年三月二十七日、死去。八十六歳。

参考文献 『松本学関係文書』、内政史研究会編『松本学氏談話速記録』、小田部雄次「日本ファシズムの形成と『新官僚』」(日本現代史研究会編『日本ファシズム』一所収)

(小田部雄次)

まつもりたねやす 松森胤保 一八二五―九二 明治時代前期の科学者。幼名欣之助、右近之介、字は基伯、通称嘉世右衛門、号は南郊。文政八年(一八二五)庄内藩士長坂市右衛門の長男として鶴岡二百人町に生まれる。母は石原氏。文久二年(一八六二)二百石の家督を継ぎ、翌三年物頭、同年支藩松山藩の付家老となる。慶応三年(一八六七)江戸薩摩藩邸焼打ちに藩兵を率いて参加、戊辰戦争には同藩の軍務総裁、本藩の参謀として転戦。松山藩主より松守の姓を賜わったが辞して松森を称した。松嶺藩大参事、同地区長、松嶺開進中学校長を歴任。明治十二年（一八七九）鶴岡に帰り、同十四年県会議員となる。十八年引退後は動植物・物理・化学・工学・歴史学・考古学の研究に専念、進化論や飛行機の考案などに独創性を発揮した。二十三年奥羽人類学会の会長となる。二十五年没。六十八歳。著書に『両羽博物図譜』『弄石余談』『北征記事』『物理新論』『南郊開物経歴』『三観紀行』（山形県酒田市立光丘文庫所蔵）その他がある。この中で、『北征記事』だけが坂本守正によって活字化されている。

（斎藤　正一）

まつやまたかよし　松山高吉　一八四七―一九三五　明治から昭和時代前期にかけての牧師。『聖書』翻訳者。越後国糸魚川に弘化三年十二月十日（一八四七年一月二十六日）生まれる。幼少から和漢の学に親しみ、明治二年（一八六九）京都白川家学館に、四年東京で黒川真頼に学び、耶蘇教撲滅を志し、関貫三と偽称して神戸在留の宣教師グリーン D. C. Greene に英語習得と称して入門。やがてキリスト教に惹かれ、七年四月受洗。摂津第一公会（現、神戸教会）の創立者の一人となる。折からヘボンを中心に聖書翻訳委員会が組織され、グリーンが書記として横浜に移るのに伴い、『新約聖書』邦訳を輔佐。十三年完了後、神戸教会牧師に就任し、十七年以来『旧約聖書』翻訳の正式委員となった。二十年訳業完了後、京都平安教会牧師となり、また組合教会派の日本基督伝道会社社長、同志社社友となり、二十四年以後は同志社神学校で日本宗教史を講じた。しかし、同志社の自立方針から宣教師無用論が起ったのに対し、宣教師に非礼であると、組合派から聖公会に転じ、同会の聖歌や祈禱書の改正委員となる。また三十六年の各派共通讃美歌編集委員となり、大正の『新約聖書』改訳にも寄与。英国聖書協会・米国聖書協会名誉会員に推挙された。晩年京都市下鴨に住み、昭和十年（一九三五）一月四日没。八十九歳。同市若王子同志社墓域に葬られた。

参考文献　溝口靖夫『松山高吉』、海老沢有道『新訂増補版日本の聖書―聖書和訳の歴史―』

（海老沢有道）

まつやまちゅうじろう　松山忠二郎　一八六九―一九四二　明治から昭和時代前期にかけての新聞記者、新聞経営者。号は哲堂。明治二年（一八六九）生まれる。同二十七年東京専門学校政治経済学科を卒業、直ちに田口卯吉の東京経済雑誌社に入り、経済記者として修業を積んだ。三十年、大阪朝日新聞社に迎えられ、三十二年社の命によって米国に留学、コロンビア大学で経済学を学んだ。帰国後、東京朝日新聞に転じ、経済部長などを務め、四十四年池辺三山退社後の東京朝日新聞編集局長となった。大正七年（一九一八）、白虹事件によって大阪朝日新聞の鳥居素川ら幹部の退社となるや、事件が東京にも波及し、松山も退社に追い込まれた。その後、郷誠之助らの日本工業倶楽部系財界人の援助を受け、新聞発行を計画し、同九年読売新聞社を買収し社長となった。鋭意経営好転につとめたが、関東大震災によって大きな被害を受け、十三年正力松太郎に売却のやむなきに至った。昭和六年（一九三一）満洲日報社長に迎えられ、同九年まで務めた。経済評論が彼の本領であった。昭和十七年八月十六日没。七十四歳。

（有山　輝雄）

まつらあきら　松浦詮　一八四〇―一九〇八　幕末・維新期の肥前国平戸藩主。天保十一年（一八四〇）十月十八日平戸藩主松浦熈の次子秋の長男として生まれ、安政五年（一八五八）九月藩主となる。領内に外国船の通過、着岸多く、海防に留意する。大村藩との提携をはかり、また福岡藩・佐賀藩とも結び、両藩からの海防技術の導入につとめる。蘭学を奨励し、また節倹殖産につとめ、財政充実をはかる。文久三年（一八六三）三月上洛し、孝明天皇に謁し、京都藩邸を新設し、薩摩藩との関係緊密化をはかる。祖父熈の妹節子が姉小路公知の祖母にあたることから、公知や中山忠能を通じ、尊王攘夷の意を表す。明治元年（一八六八）正月入京し、大和闇ヶ峠の警備にあたり、同年七月奥羽征討に出陣し、賞典禄三千石を賜わった。長崎浦上キリシタン弾圧を主張する。同十七年伯爵に叙せられる。貴族院議員にもなる。和歌・茶道に通じ、歌会始奉行などをも勤める。同四十一年四月十三日没。六十九歳。墓は、東京都豊島区の染井墓地にある。法名は心月公。

参考文献　松浦伯爵家編修所編『松浦詮伯伝』

（板垣　哲夫）

までのこうじひろふさ　万里小路博房　一八二四―八四　幕末・維新期の公家。文政七年（一八二四）六月二十五日権大納言万里小路正房の長男として生まれ、嘉永四年（一八五一）十二月侍従に任ぜられ、以後弁官を歴任し、慶応三年（一八六七）九月右大弁に任ぜられ、同年十一月参議となる。文久二年（一八六二）五月勅使大原重徳の東下の際、幕府に示す三事業につき勅問があり、三条実美らとともに連署奉答した。同年十二月国事御用掛、翌三年八月国事参政となり、尊攘派の公家として重きをなす。八月十八日の政変により失脚し、廃官、差控となる。慶応三年正月差控を赦される。同年十二月の王政復古により参与に就任、翌明治元年（一八六八）正月制度寮事務総督を兼任、二月従三位に進む。以後、制度事務局輔・議定・京都裁判所総督・会計官知事・山陵総管を歴任、同二年七月宮内卿となる。同四年六月宮内大輔となり、同十年八月皇太后宮大夫に転じる。同十七年二月二十二日没。同日正二位に叙せられる。六十一歳。日記に『博房卿記』があり、その一部が『万里小路日記』（『日本史籍協会叢書』）に収められている。

参考文献　『万里小路家系譜』

（板垣　哲夫）

まないじゅんいち　真名井純一　一八二九―一九〇二　明治時代の蚕糸改良家。文政十二年（一八二九）、丹後国与謝郡岩滝村（京都府与謝郡岩滝町）の生糸縮緬業小室家

(山家屋)に生まれ利七と称した。万延元年(一八六〇)米沢の製糸業を視察し、女工を連れ帰って地元製糸業を改良した。明治三年(一八七〇)徳島藩へ蚕糸改良のため招かれ真名井純一と改名。同九年ケンネル式抱合装置を座繰器に取り付ける工夫をした。以後京都府などに雇われて活躍したが、明治三十五年七月十六日没。七十四歳。贈従五位。

参考文献 郡是製糸株式会社調査課編『三丹蚕業郷土史』 (石井 寛治)

まなべあきかつ 間部詮勝 一八〇四―八四 江戸時代後期の老中。越前国鯖江藩主。諱は詮勝、字は慈郷、通称は鉞之進、叙爵して下総守、号は松堂。文化元年(一八〇四)二月十九日江戸に生まれる。鯖江藩主詮煕の三男。同十一年七月兄詮允の死により養子となり、九月鯖江藩五万石を襲封した。文政九年(一八二六)六月奏者番に任じて以来、寺社奉行・大坂城代を経て、天保九年(一八三八)四月京都所司代に任じ、十一年正月西ノ丸老中に転じ、十四年閏九月辞した。西ノ丸老中任命とともに城主格となり、城取建てとして五千両賜わったが、築城に至らなかった。安政五年(一八五八)六月幕府が日米修好通商条約に無断調印した直後、大老井伊直弼は堀田正睦・松平忠固の二老中を罷免し、詮勝と太田資始らを老中に再任し、ともに勝手掛・外国掛となった。同年七月詮勝は条約締結のため来航した露国使節プチャーチン・英国使節エルギンと応接し、八月には水戸藩に命じて密勅の列藩への伝達を抑留したが、水戸藩に密勅が降下したことから安政の大獄が起った。同年九月詮勝は大老の命を受けて条約調印弁疏のために上京するが、すでにその途次から廷臣・志士に断固たる処置で臨むとの決意を告げ、上京しても直ちに参内しなかった。まず大老の腹心の長野主膳(義言)と協力して、水戸藩士鵜飼吉左衛門・幸吉父子を逮捕したのをはじめとし、鷹司家の家臣を逮捕して朝廷に圧迫を加え、内覧を辞した幕府派の関白九条尚忠を復職させ、十月徳川家茂に将軍宣下の手筈が調ったのを見て、三十七日振りに参内し、九条関白に無断調印を弁疏し、水戸徳川斉昭の陰謀を強調した疏状などを捧呈した。その後三回書を関白に呈して弁疏したが、大坂の開市停止には勅旨を奉ぜず、悪謀方の陰謀に荷担する堂上の処分を表明し、その後京都所司代酒井忠義を督励し、宮・堂上の家臣にまで逮捕の手を拡げ、朝廷を威嚇した。十二月三十日参内してはじめて孝明天皇に拝謁し、帰府の暇を賜わり、条約調印の事情は氷解したが、攘夷はしばらく猶予するとの勅諚が下って、ついに条約勅許には至らなかった。詮勝はなお滞京して鷹司政通・同輔煕・近衛忠煕・三条実万四公の罪状を摘発し、翌六年二月青蓮院宮尊融入道親王(のち朝彦親王)以下堂上が処分され、四公処分の見通しがついたので、同月京都を立って三月帰府した。同年七月米国公使ハリスと貨幣問題で談判した時、自分どもは大名で金銀などのことは取り扱わず、いずれその筋の役人に下命し調査の上、書翰を以て申し入れると答え、ハリスを唖然とさせ、外国掛の老中の無能振りをさらけ出した。その後詮勝は、朝廷との問題につき一切みずから専決しようとし、また水戸の処置は成るべく寛大にしようとしたため、大老と意見が衝突し、同年十二月老中を辞職した。文久二年(一八六二)十一月老中在職中の失政により一万石削られ、隠居・急度慎に処せられた。詮勝は仏典に通じ、詩文を好み、書画・馬術・剣術をよくした。明治十七年(一八八四)十一月二十八日没す。年八十一。墓は千葉県市川市中山町の法華経寺にある。法名は顕妙院殿。

参考文献 宮内省編『孝明天皇紀』三、内田寛『間部閣老』 (吉田 常吉)

まやませいか 真山青果 一八七八―一九四八 明治から昭和時代前期にかけての劇作家。家は仙台藩四十石取りの下級士族。明治十一年(一八七八)九月一日、のちに小学校校長となった寛の長男として仙台の裏五番丁に生まれた。本名彬(あきら)。海軍兵学校の受験を父に反対されて出奔、上京して日本中学を卒業。帰郷して第二高等学校医学部に進学。怠けて進級できず、病院の薬局生助手や医師の代診などを転々とした。同三十六年、徳冨蘆花の『思出の記』に感激して再び上京。佐藤紅緑の家に寄寓中、短篇小説『零落』で文壇にデビューする。同年、硯友社の流行作家小栗風葉の門に入り愛憎こもごもの師弟関係のうちに代作や合作を盛んにした。そして四十年五月、代診時代の体験から貧農を突き放して描いた小説『南小泉村』が『新潮』に掲載され、一躍自然主義文学の新人として期待を集める。しかし数年にして二度にわたる原稿二重売り事件を起し、激しい非難を浴びて文壇から遠ざかることになった。すでに『第一人者』(明治四十年)をはじめイプセン張りの戯曲に筆を染めていた青果を、劇界に誘ったのは新派の喜多村緑郎であった。以後青果は松竹と契約、新派の座付作者亭々生となり、『朝霧小唄』『陸奥物語』『仮名屋小梅』『酒中日記』その他、つぎつぎと評判作を提供していった。大正十三年(一九二四)九月『中央公論』に『玄朴と長英』を発表。躍り立つ心を抑えて慎重に生きてゆきたいという、苦い自身の反省を、相反し葛藤する二つの性格の友情で描いた傑作で、劇作家青果の声価を一挙に高めた。ここで確立された「性格対位法」と呼ばれる作劇術も、次作『平将門』をはじめ以後の彼の劇作の大きな特色となっていった。大正十五年、二代目市川左団次が『江戸城総攻』を上演。以後左団次のために『頼山陽』『頼朝の死』ほか多くの作品を提供して新歌舞伎を確立。特に「大石最後の一日」(昭和九年(一九三四))から「泉岳寺の一日」(昭和十六年)まで十篇、八年間にわたって連作された『元禄忠臣蔵』は、戦前の昭和を代表する史劇となる。昭和二十三年三月二十五日、七十一歳で死去。晩年、劇作とともに研究・考証に力を入れ、その成果は『随筆滝沢馬琴』(昭和十年)、『仙台方言考』(同十一年)、『西鶴全集』上の校訂(同二十二年)、『西鶴語彙考証』一(同年)などにまとめられている。『真山青果全集』全十五巻がある。

参考文献 『文学』二八ノ六(真山青果特集号)、田辺明雄『真山青果』、大山功『真山青果 人と作品』、野村喬編『真山青果研究』(『真山青果全集』別巻一)

(西村 博子)

まるおかひでこ 丸岡秀子 一九〇三―九〇 昭和時代の農村婦人問題、教育問題評論家。本名、石井ひで。明治三十六年(一九〇三)五月五日長野県南佐久郡臼田町の豪農の家に生まれる。幼児期生母に死別、少女期を母方の祖父母のもとで過ごす。県立長野高等女学校から大正九年(一九二〇)奈良女子高等師範学校に入学、十三年卒業して教壇に立つ。翌年退職上京して大原社会問題研究所員から東洋経済新報社記者となった丸岡重堯と結婚、影響をうけ農村や婦人の問題を学ぶ。昭和三年(一九二八)夫の急死をみ、産業組合中央会調査部に就職、消費組合運動に参加。翌年から全国町村を歩き、経済恐慌下に働く婦人の六割を占める農村婦人が、零細経営、高い小作料という生産関係のもとでながく温存されている半封建的家族制度の重い絆におしひしがれている実態を調査した。その結実として、十二年『日本農村婦人問題』を著わす。この間、平塚らいてう・富本一枝・田村俊子ら青鞜派の人々と交流、また職場の同僚石井東一と再婚し、職を辞し夫とともに北京に渡った。第二次世界大戦後、生活協同組合協議会結成にあたり婦人部長となり、東京都社会教育委員、「日本農村婦人協会」理事長など新時代の指導者として立ち、日教組教研集会、「日本母親大会」、「新日本婦人の会」などの開催、創立に尽力した。晩年は評論・自伝などを手がけ広く婦人運動に影響を与えた。五十三年『日本婦人問題資料集成』にも参画し、第七巻(生活)を解説した。平成二年(一九九〇)五月二十五日没。八十七歳。著書に前述のほか『ひとつの真実に生きて』『人間の中の家庭』『田村俊子とわたし』『婦人思想形成史ノート』など。『丸岡秀子評論集』全十巻がある。

参考文献 丸岡秀子『ひとすじの道』

(井手 文子)

まるおぶんろく 丸尾文六 一八三二―九六 明治時代の茶業家、政治家。天保三年(一八三二)八月一日、遠江国城東郡池新田村(静岡県小笠郡浜岡町)に生まれる。東海道金谷宿伝馬所取締役・島田郡役所最寄総代を勤めていた明治三年(一八七〇)、大井川渡船開設に伴う川越人足の失業対策として布引原(牧之原の一部)入植を出願。開墾地に茶を栽植させ、みずからも茶園を経営。また有信社・静岡製茶直輸会社の設立運営に加わり、製茶の米国向け直輸出を試みた。同十七年以降、静岡県茶業組合取締所総括・静岡県茶業組合連合会議長・同会議所事務長など静岡県茶業会中枢の要職を歴任。他方、明治九年浜松県民会議員、十二年静岡県会議員となり、十七―二十五年県会議長。また二十五年当選以来、二十九年五月一日に六十五歳で没するまで衆議院議員。立憲改進党に所属した。

参考文献 静岡県茶業組合聯合会議所編『静岡県茶業史』、『静岡県議会史』一、山田万作編『嶽陽名士伝』

(海野 福寿)

まるなかぶんすけ 圓中文助 一八五三―一九二三 明治時代の製糸技術者。嘉永六年(一八五三)加賀国(石川県)に生まれ、金沢の商人圓中孫平の養子となる。明治六年(一八七三)ウィーン万国博覧会へ出張、帰途イタリアで蚕糸技術を学び、帰国後内務省勧業寮の製糸試験場で教えた。十三年から一時扶桑商会の生糸直輸出に従事。二十八年横浜生糸検査所技師、三十六年東京高等蚕糸学校講師となる。三十五年自動回転式製糸器械を発明したが実用化しなかった。大正十二年(一九二三)九月一日没。七十一歳。

参考文献 藤本実也『開港と生糸貿易』

(石井 寛治)

まるやまかんじ 丸山幹治 一八八〇―一九五五 明治から昭和時代にかけての新聞記者。号は侃堂。明治十三年(一八八〇)五月二日長野県に生まれる。東京専門学校卒業後、陸羯南の主宰していた新聞『日本』に入る。日露戦争には従軍記者として戦地に赴いたが、戦場の凄惨な実相を報道したために追放処分にあう。その後一時『京城日報』編集局長をつとめ、さらに明治四十二年大阪朝日新聞社に入った。当時の『大阪朝日新聞』は鳥居素川編集局長のもとで、民本主義を掲げる指導的言論報道機関であったが、丸山もニューヨーク特派員、通信部長などの要職を歴任し、その一翼を担った。また、「丁稚制度の研究」というユニークな連載によって文名を高くした。しかし、大正七年(一九一八)の白虹事件(大阪朝日新聞筆禍事件)において同紙が政府の言論弾圧に屈服した際、鳥居素川・長谷川如是閑・大山郁夫らとともに退社。翌年、鳥居素川が『大正日日新聞』を創刊するや、外国通信部長として参加したが、同紙が間もなく営業不振に陥ったため、『読売新聞』に移り論説委員をつとめた。その後、『中外商業新報』論説委員、『京城日報』主筆を経て、昭和三年(一九二八)に毎日新聞社論説委員に就任。入社以来、同紙の短評欄「硯滴」(同系列の『東京日日新聞』では「余録」という題名)を担当し、以後昭和二十八年まで執筆した。戦前・戦中・戦後と一貫して自由主義の立場を守る評論活動を展開した。著書に、『丁稚制度の研究』(明治四十四年刊)、『余録二十五年』(昭和二十九年刊)などがある。昭和三十年八月十三日没。七十五歳。丸山鉄雄・真男・邦男はその子である。

(有山 輝雄)

まるやまさくら 丸山作楽 一八四〇―九九 明治時代の政治家。天保十一年(一八四〇)十月三日、島原藩士丸山正直の長男として、江戸芝三田四国町の藩邸で生まれる。幼名勇太郎、維新後作楽と改め、盤之屋と号した。塩谷宕陰に漢学を学ぶ。のち平田鉄胤の門に入り国学を学び、尊王攘夷思想にめざめ勤王諸士と交わった。文久元年(一八六一)には、前年の桜田門外の変の嫌疑をさけて、長崎に遊学し蘭学を学ぶ。その後、肥前・筑後・長州・京都などを遊歴、国事に奔走、慶応二年(一八六六)には激論を唱えて藩命により投獄された。明治元年(一八六八)王政復古とともに許され、官途につく。二年徴士神祇官権判事、のち同年八月外務大丞に任ぜられ、樺太に出張し対露交渉にあたった。翌三年三月帰国、政府にロシア南下への積極対抗策を進言したが容れられなかった。四年外務省内におこった征韓意見に同調した科で一時福井藩御預け、翌五年四月改めて除族の上終身禁獄を申し渡され、長崎監獄に投ぜられた。十三年一月恩赦により出獄。十四年四月に忠愛社を設立、『明治日報』を創刊した。翌十五年には自由民権派の自由党・立憲改進党結成に対抗して、日報社の福地源一郎、東洋新報社の水野寅次郎とともに立憲帝政党を結成、欽定憲法、財産による制限選挙を主張し、政府支持の立場を明らかにした。十九年三月、伊藤博文の推薦により図書頭井上毅のもとで図書助となり、憲法・皇室典範の調査にあたる。翌二十年五月欧州へ出張、スタインの憲法講義をきくとともに各国帝室制度を調査、翌年六月帰国、帝室制度取調掛となった。二十三年六月元老院議官、同年九月に貴族院議員に勅選され、死去までその地位にあったが一度も登壇することはなかった。国学者として、万葉調の和歌をよくし、『盤之屋歌集』がある。明治十六年には黒川真頼・栗田寛らと史学協会を設立して『史学協会雑誌』を刊行、同年には大槻文彦・福羽美静らと「かなのくわい」を興して、国粋主義の立場から仮名文字使用をすすめた。また、教育の重要性を説き、十八年には成城学校を創立するなど、多方面に関心を示した。明治三十二年八月十九日、心臓弁膜炎のため東京代々木の自宅で没した。享年六十。青山墓地に葬られる。諡は山佐久良咲足彦命。

参考文献　丸山正彦編『丸山作楽伝』、入江湑『丸山作楽』、平野静子・二木慶「丸山作楽」(『近代文学研究叢書』四所収)
(由井　正臣)

まるやまさだお　丸山定夫　一九〇一—四五　昭和時代の俳優。明治三十四年(一九〇一)五月三十一日愛媛県松山市に自由党員であった常次の四男として生まれる。東京浅草の根岸歌劇団に籍をおいたのち、大正十三年(一九二四)築地小劇場の第一回研究生となる。演出家土方与志に師事、昭和四年(一九二九)山本安英らと新築地劇団に参加したが、妻細川ちか子病気のため同七年エノケン一座へ転じて、一時芸名を福田良介と変えた。同九年秋また本名に戻りPCL映画で渋い人間味のある演技をみせた。戦時下の同十七年苦楽座を結成、移動演劇隊を編成して同二十年広島へ向かった。その巡回公演中の同年八月六日広島で被爆し、同月十六日死去。四十五歳。神奈川県鎌倉市妙隆寺に丸山碑がある。彼は「俳優である前に人間でなければならぬ」という信条に立ち、新劇・放送・映画に探索の足あとを残した。舞台では「守銭奴」「どん底」「無法松の一生」、映画では「兄いもうと」「彦六大いに笑う」などで好演した。また、詩・随筆などで内面を吐露した。

参考文献　永田靖編『丸山定夫・役者の一生』、八田元夫『ガンマ線の臨終』
(尾崎　宏次)

まるやまじろう　丸山二郎　一八九九—一九七二　昭和時代の日本史学者。明治三十二年(一八九九)十二月十五日、福島県耶麻郡千里村(猪苗代町)に生まれる。大正十三年(一九二四)東京帝国大学文学部国史学科卒業。同副手を経て同十五年姫路高等学校教授となったが、昭和四年(一九二九)に退職し、以後恩師黒板勝美を援けて『(新訂増補)国史大系』の校訂に従事した。その間、日本古文化研究所常任理事・鹿児島県史編纂主任・文部省史蹟考査官・同古典編修部編修員・日本学術会議会員・宮内庁書陵部委員・日本歴史学協会委員長・駒沢大学教授などを歴任、同二十五年より四十年の停年退官まで千葉大学文理学部教授をつとめた。専攻は日本古代史で、『日本紀年論批判』『日本古代史研究』『日本書紀の研究』『古典雑攷』などの著書があり、論文は没後『日本の古典籍と古代史』に収められる。最も心血を注いだ業績は『(新訂増補)国史大系』の校訂で、黒板の没後は編修会の代表となってこれを完成させ、昭和三十八年その功績により朝日賞を授けられた。同四十七年六月三十日没。七十二歳。東京都杉並区和泉三丁目の大円寺に葬られた。
(皆川　完一)

まるやまなまさ　丸山名政　一八五七—一九二二　明治時代の政治家。安政四年(一八五七)九月二十五日、信濃国須坂藩士丸山本政の長男に生まれる。明治四年(一八七一)十二月、東京府貫属となる。十一年講法学舎に入り、ついで明治法律学校を卒業。一時内務省地理局に勤めたが間もなく退職し、嚶鳴社に加わって自由民権運動に参加。十四年より『東京輿論新誌』などの編集に従事し、また『通俗憲法論』『国会之準備』を著わした。『東京横浜毎日新聞』記者を経て、十六年より『下野新聞』主筆となる。この間十五年、立憲改進党の結成に加わり各地で演説。十八年には代言人となった。二十二年『憲法論大日本帝国憲法註釈』を刊行。第一回—第四回・第六回の総選挙に長野県第二区から立候補し、第二回(明治二十五年)には当選。三十六年の第八回総選挙では東京第二区から選出された。三十二年、東京市会議員となり、のち東京市参事会員・同助役をつとめた。日本証券社長・松本瓦斯取締役など実業界でも活動。大正十一年(一九二二)十一月二十日、東京渋谷の自宅で死去。六十六歳。

参考文献　須坂市人物誌編集委員会編『須坂市人物誌』、上条宏之「長野県出身者の改進党系私擬憲法論」(『長野県近代史研究』一〇)
(大日方純夫)

まるやままさお　丸山眞男　一九一四—九六　昭和時代の日本政治思想史学者・政治学者。「戦後民主主義」のオピニオン・リーダー。大正三年(一九一四)三月二十二日、大阪府東成郡天王寺村(大阪市阿倍野区)に父丸山幹治(号侃堂、大阪朝日新聞記者)、母セイの次男として出生。兵庫県精道村(芦屋市)精道尋常小学校、東京市四谷第一尋常小学校、東京府立第一中学校、第一高等学校文科乙類(三年のとき唯物論研究会の講演会に出て思想犯嫌疑で検挙される)を経て昭和十二年(一九三七)東京帝国大学法学部政治学科を卒業。在学中、南原繁のヘーゲル『歴史哲学』演習に参加、また『緑会雑誌』懸賞論文に「政治学における国家の概念」により入選。卒業後、法学部助手となり、同十五年、日本思想の内発的「近代化」と挫折を論ずる「近世儒学の発展における徂徠学の特質並にその国学との関連」を発表、同年六月、法学部助教授となる。十七年十月、政治学政治学史第三講座(東洋政治思想史)担任となり翌年十月から講義を開始。十九年七月、朝鮮平壌に召集(十月末、病気のため召集解除)、ついで二十年三月、広島市宇品の陸軍船舶司令部に再召集、八月、被爆した。復員の後、青年文化会議、庶民大学三島教室、思想の科学研究会、二〇世紀研究所等に参加し、民主主義の「戦後啓蒙」運動の一翼を担う。『世界』二十一年五月号に掲載の「超国家主義の論理と心理」は論壇に衝撃を与え、「軍国支配者の精神形態」(二十四年)等とともに、日本ファシズムとその奥にある「精神構造としての天皇制」を解明して戦後日本の思想的出発点を築いた。また、「科学としての政治学」を提唱し、他方「明治の健康なナショナリズム」(陸羯南「国民主義」等)とそれを支えた主体的な個人形成の試み(福沢諭吉「人民独立の気風」論等)を再評価した。二十五年、東京大学法学部教授。平和問題談話会報告「三たび平和について」を執筆。暮れに肺結核が判明し二十七年春まで(二十九年一月再発し三十一年春まで)入院と自宅療養を繰り返す。三十三年、憲法問題研究会に参加、三十五年の安保改定に「八・一五と五・一九—日本民主主義の歴史的意味」等によって反対の論陣を張る。三十六年十月から三十八年四月までハーバード大学、ついでオクスフォード大学に招聘され滞在。帰国後、東洋政治思想史講義で日本思想の「原型」(のち「古層」「執拗低音」)論を導入し鎌倉新仏教や武士のエートスを講ずる。四十四年「東大闘争」の標的にされる中で肝臓疾患を発症、四十六年三月、東京大学法学部教授を定年を待たず辞職。終生「市民の政治学」と「民主主義の永久革命」を説く。四十八年、プリンストン大学とハーバード大学から名誉博士号授与。五十三年、日本学士院会員。平成八年(一九九六)八月十五日、肝臓癌のため東京女子医大付属病院にて没。八十二歳。東京都府中市の多磨墓地に埋葬。著書に『丸山眞男集』全一六巻別巻一、『丸山眞男講義録』全七巻、『丸山眞男座談』全九巻、『自己内対話』等。

参考文献 川口重雄他編「年譜」・「著作目録」(『丸山眞男集』別巻)、「みすず」編集部編『丸山眞男の世界』

(飯田泰三)

マレー David Murray 一八三〇—一九〇五 アメリカの教育学者。両親はスコットランドからアメリカに渡った移民。マレーはその第四子として一八三〇年十月十五日誕生。六三年ラトガース大学教授に就任。七〇年からワシントンに駐在していた小弁務使森有礼の諮問に応じて提出した意見書に、国民教育が一国の政治・経済・文化発展の根基であると力説した。岩倉遣外使節団の渡米に際しては、全権副使木戸孝允・理事官田中不二麻呂らがマレーに日本招聘を交渉した。これによってマレーは七三年(明治六)東京着任、七八年まで文部省学監として教育制度整備に尽力。地方の学校教育の実情をも視察し、画一的な「学制」を改革しようとして「教育令」の素案を作成した。ことに初等教育・女子教育の振興を力説した点が注目される。アメリカに帰国するにあたり、功によって勲三等旭日章を受章。帰国後はラトガース大学で教育行政に参画。晩年、日本および日本の教育をアメリカに紹介することに努め、一九〇五年三月六日死去。七十四歳。

参考文献 岸本英夫・海後宗臣編『日米文化交渉史』三、ユネスコ東アジア文化研究センター編『資料御雇外国人』

(時野谷勝)

マンスフェルト Constant George van Mansvelt 一八三二—一九一二 幕末・維新期のオランダ医。一八三二年二月二十八日 Constans van Mansvelt を父に、Elisabeht Koopmans を母に、アムステルダム近郊のディメルメールに生まれた。四九年から五三年まで、ウトレヒト陸軍軍医学校で学び、ボードゥインにも教育を受けた。慶応二年(一八六六)ボードゥインが長崎精得館を退任した時、上海から後任として来日した。明治四年(一八七一)からは熊本治療所兼医学校(現熊本大学)、九年から京都府療病院(現京都府立医科大学)、十年から大阪病院(現大阪大学)に勤め、診療と医学教育を行なった。十二年に辞任して帰国した。帰国後すぐレーバルデンで結婚、その後ハーグの種痘局長に就任した。一九一二年十月十七日ハーグで没した。享年八十。

参考文献 石田純郎「横浜オランダ海軍病院医師とボードインの後任医師」(『臨床科学』二二ノ一〇)、中野操「明治初期の大阪医学校とオランダ人教師」(『日蘭のかけ橋』一)

(石田純郎)

み

みうらきんのすけ　三浦謹之助　一八六四—一九五〇　明治から昭和時代にかけての内科医。医学博士。元治元年（一八六四）三月二十一日陸奥国伊達郡高成田村（福島県伊達郡保原町）に生まる。道生の長男。帝国大学医科大学卒。ベルツ E. Baelz の助手となったのち欧州に留学、ことにパリではシャルコー J. M. Charcot について神経病学を学んだ。明治二十八年（一八九五）帝大教授（当初第二講座、のち第一講座）となり三浦内科を主宰、大正十三年（一九二四）の退職まで在任二十九年に及んだ。青山胤通・入沢達吉の二人の内科医と並び称されたが、従前のドイツ人教師による指導から独立して、日本人による医学教育・内科学の確立に努力した。ことに神経内科学をおこし、フランス医学をわが国に紹介した功績は大きい。新陳代謝病・運動器官病についても研究し、首下がり病、ナナ条虫、カイチュウ卵の受精卵と未受精卵の別、サントニン駆虫機序、男子尿中の腟トリコモナス発見などの業績がある。この間、東京帝国大学医学部附属医院長を兼務したほか、宮内省御用掛をつとむ。日本内科学会・日本神経学会の創立に関与。東京医学会会頭。東大辞任後は東京の同愛記念病院長となり、その名誉院長となったのちも臨床家を自任した。昭和二十四年（一九四九）文化勲章受章。帝国学士院会員。昭和二十五年十月十一日、知人宅を往診の途中に倒れて死亡した。八十六歳。谷中墓地（東京都台東区）に葬る。夫人は三宅秀の長女。著書に『三浦内科学纂録』など。

参考文献　三浦紀彦編『一医学者の生活をめぐる回想』、三浦謹之助先生生誕百年記念会準備委員会編『三浦謹之助先生』
（長門谷洋治）

みうらけんや　三浦乾也　一八二一—八九　江戸・明治時代前期の製陶家。文政四年（一八二一）三月三日、長唄囃子の笛方住吉（一説住田）清七の子として、江戸銀座に生まれ、二歳の時、三浦姓をついだ。十六歳で父に死別後、井田吉六に楽焼を学んだ。のち吉原の数寄者西村藐庵より『乾山伝書』と乾也の号を与えられ、製陶を試み、嘉永ころには精巧な小川破笠風の作品を造り、乾也焼として世に知られた。嘉永六年（一八五三）、アメリカ合衆国の艦船が浦賀に来航したのを見て、造船を思い立ち、閣老阿部正弘に蒸汽船の必要なゆえんを建言した。安政元年（一八五四）、幕府から造船術伝習を命じられ、長崎に赴き、蘭人より造船術を学んだ。同三年仙台藩に招かれ、翌年、日本最初の洋式船開成丸を建造、同六年には品川湾に廻航した。同年、友人鈴木鷲湖の子、貞次郎（のち鼎湖と号す。洋画家石井柏亭・彫刻家石井鶴三の父）を一時養子にした。維新後は再び製陶を始め、明治八年（一八七五）、向島長命寺畔に開窯、乾山風の茶器や置物を焼き、明治十年第一回内国勧業博覧会、一八七八年パリ万国博覧会に出品して好評を博した。明治二十二年十月七日没。六十九歳。京橋区築地（中央区築地四丁目）の妙泉寺に葬られた（現在、墓石は廃され、遺骨を納骨堂に安置）。

参考文献　黒川真頼『増訂工芸志料』三（『東洋文庫』二五四）、塩田力蔵『日本陶工伝』（『陶器講座』二）、石井柏亭「三浦乾也」（同四所収）、益井邦夫「天禄堂三浦乾也の事跡考察」（『国学院大学紀要』二四）
（南　邦男）

みうらごろう　三浦梧楼　一八四六—一九二六　明治・大正時代の軍人、政治家。号は観樹。弘化三年（一八四六）十一月十五日、山口藩士五十部吉平の五男として長州萩の中津江（山口県萩市）に生まれる。幼名五郎。明倫館に入るため三浦道庵の付籍となる。奇兵隊に入り、第二次長州征討戦に活躍。鳥羽・伏見の戦、北越戦争などの戊辰戦争に参加。その後奇兵隊の長州藩脱隊騒動の鎮定に尽力。明治三年（一八七〇）兵部省に入り、四年十二月陸軍少将・東京鎮台司令官、八年四月元老院議官、九年十月広島鎮台司令官となり萩の乱を鎮定。十年西南戦争に際し第三旅団司令長官として出征。十一年十一月陸軍中将、十二月西部監軍部長となるが、開拓使官有物払下げに反対したため十五年二月陸軍士官学校長に左遷。十七年二月から十八年一月まで欧州出張、五月東京鎮台司令官。薩長閥中心の陸軍改革を主張し山県有朋や薩派と対立し、十九年七月熊本鎮台司令官に左遷、赴任を拒否したため八月免職。二十一年十二月予備役編入、陸軍を追われた。同年十一月より二十五年三月まで学習院長。この間大隈重信の条約改正案への反対運動を行う。二十三年七月子爵（十七年に受爵）互選で貴族院議員となる（二十四年九月まで）。二十八年八月井上馨のあとを受け朝鮮国駐在特命全権公使となり、朝鮮における日本勢力回復を図って閔妃殺害に関係し広島にて拘禁。十月公使を免ぜられたが無罪放免となった。三十一年から三十二年にかけ地租増徴反対運動に参加、東北・北陸などを遊説し憲政本党から客将として期待された。四十三年十月枢密顧問官に就任、大正政変後政党勢力を重視するようになり、大正五年（一九一六）五・六月の第一次三党首会談（原敬・加藤高明・犬養毅）を斡旋。第二次護憲運動中の十三年一月には第二次三党首会談（高橋是清・加藤・犬養）を仲介し枢密顧問官辞任。またこの間立憲政友会刷新のため十一年の高橋内閣改造を支持した。十五年一月二十八日死去。八十一歳。墓は東京都港区の青山墓地にある。著書に『観樹将軍縦横談』『観樹将軍回顧録』がある。

参考文献　山本四郎編『三浦梧楼関係文書』（『明治史料』八）、伊藤之雄『大正デモクラシーと政党政治』
（伊藤　之雄）

みうらしんしち　三浦新七　一八七七—一九四七　大正・昭和時代、比較文明史の領域に新境地を開いた歴史家。明治十年(一八七七)八月十二日、呉服太物卸商三浦新兵衛・おとよの第八子として、山形の旅籠町に生まれる。生家は幕末以来の御用商人であったが、同四日町にある本家の当主三浦権四郎は豪商で、傍ら金融業をも営み、国立第八十一銀行(のちの両羽銀行)が創設されると、その頭取を務めた。新七は幼いとき母を亡くし継母に育てられるが、本家に男子がなかったため、早くから本家の娘しけと婚約していた。二十八年七月に中学を卒えた新七は、同年九月上京して高等商業学校に入り、三十四年七月に同校専攻部銀行科を卒業すると、直ちに商業教員養成所の講師、翌三十五年には母校の講師に任官されるに至った。三十六年八月、留学の命によってドイツへ赴き、四十五年一月に帰朝するまで、およそ九年間の長きにわたって、主にライプツィヒ大学のカール=ランプレヒト教授の指導下で文化史の研鑽を積み、帰国の前年四月には母校の教授に昇任している。帰朝後、四十五年四月にしけと結婚し、権四郎の婿養子となった。高商では商業史と経済史の授業を担当したが、大正九年(一九二〇)同校が東京商科大学(一橋大学の前身)に昇格した際、新たに文明史という異色の講座を創設、格調の高い講義で学内学外に名声を博した。大正五年四月には法学博士の学位を授与されている。昭和二年(一九二七)に養父の権四郎が心臓病で倒れたため、両羽銀行の事業を継ぐため停年を俟たずに教授を辞任するが、その後も非常勤講師として母校の教壇に迎えられ、昭和十年から翌年までは学長をも務めた。その他、両羽銀行頭取(昭和四年)のほか、貴族院議員(同七年・十四年)、帝国学士院会員(同十七年)に選ばれ、日本銀行参与を委嘱される(同二十年)など、その活動は多方面に及んだ。昭和二十二年八月十四日、耳下腺癌のため、東京の癌研究所附属病院で死去。七十一歳。没後編まれた著書に、論文集『東西文明史論考—国民性の研究—』がある。

参考文献　村松恒一郎『文化と経済』、山田欣吾「西洋史」(一橋大学学園史刊行委員会編『一橋大学学問史』所収)
(成瀬　治)

みうらたまき　三浦環　一八八四—一九四六　大正・昭和時代前期の国際的オペラ歌手。明治十七年(一八八四)二月二十二日東京府芝区今入町(港区虎ノ門一丁目)に柴田孟甫・登波の一人娘として生まれる。同三十年東京女学館入学、声学の素質を認められ、反対する父を説いて、同三十三年東京音楽学校入学、軍医藤井善一と内祝言、自転車で通学し、自転車美人と評判になる。同三十六年日本最初のオペラ公演の主役を歌い、同三十七年卒業(正式に結婚)、研究科に進み、授業補助となる。同四十年助教授。同四十二年音楽学校辞任(離婚)。同四十四年新開場の帝国劇場歌劇部専属技芸員となる。大正二年(一九一三)三浦政太郎と再婚、翌年夫とともにベルリンに留学、ロンドンでヨーロッパにデビュー、翌年「蝶々夫人」で大成功、以後欧米各地で二千回蝶々さんを歌う。昭和十年(一九三五)十一月帰国、翌年日本で公演。同十九年山中湖畔に疎開、二十年十二月日比谷公会堂でリサイタル、翌年放送とレコード録音、五月二十六日死去。六十三歳。六月七日日比谷公会堂で音楽葬。

参考文献　吉本明光編『お蝶夫人—三浦環自伝—』(『世界の人間像』二)
(宮沢　縦一)

みうらひろゆき　三浦周行　一八七一—一九三一　明治から昭和時代前期にかけての歴史学者。明治四年(一八七一)六月四日出雲国島根郡内中原町(島根県松江市)に、父正祐・母タマの長男として生まれる。幼名は禄之助、長じて周行と称した。島根県尋常中学校・私立東京英和学校を経て、帝国大学文科大学選科に入学、明治二十六年修了。二十八年史料編纂助員、三十八年史料編纂官となり、この間『大日本史料』第四編鎌倉時代の編纂に従事、三十五年その一が刊行され、第四編は各編に先んじ早く完了した。三十四年東京帝国大学法科大学より法制類聚編纂を嘱託され、また国学院大学に日本法制史を講じ、以後東京帝国大学法科大学授業担当、同文科大学講師を嘱託された。四十年京都帝国大学文科大学に史学科が開設され国史学講座がおかれて、国史材料の蒐集を嘱託され、ついで講師となり、四十二年教授に任じ、文学博士の学位を受けた。はじめ、日本法制史・同中世史・古文書学などを講じ、大正に入り日本社会史、さらに大正八年(一九一九)教授内田銀蔵没後は都市・港湾など経済史関係の講義もあり、昭和になると文化史の講義も多い。また大正四年以来京都帝国大学法科大学で法制史を講じた。十一年欧米へ出張し、昭和五年(一九三〇)に中国広東の中山・嶺南の両大学で明治維新史を講じ、翌年北京その他の大学で明治維新史・明治法制史などを講演した。この間、臨時御歴代史実考査委員を勤め、また宮中の講書始に進講した。昭和六年七月京都帝国大学を退官、ついで同大学名誉教授の称号をうけたが、九月六日胃を病んで没した。六十一歳。法名は、文格院殿嵩山周行居士。墓は、松江市外中原町の法眼寺にある。京都大学国史研究室草創期の功労者で内田銀蔵とともにその基礎を固め、特に史料蒐集に努め、文書・記録を調査謄写するとともに古文書原本を蒐集し、大正末年に二万通に及ぶといわれる。史料に広く精通し、さらに新史料を探求して新史実の究明にめざましい業績をあげた。『近衛家文書』によって南北朝合体条件を解明し、青蓮院の文書・記録により『愚管抄』の著者が慈円なることを確認し著作年代の承久二年(一二二〇)説を補足したごとき、その例である。その史論は該博にして鋭利、精緻にして的確と評せられる。早くより日本法制史の権威、日本中世史の専門家として知られたが、その研究分野は諸方面にわたり、時代も古代より近現代に至っている。研究・教育に精励恪勤倦むことなく、学生指導もきわめて厳格であった。著書に明治四十年『鎌倉時代史』(『日本時代史』五)、大正五年『歴史と人物』がある。『法制史の研究』により帝国学士院恩賜賞を受賞、九年『国史上の社会問題』、十一年『日本史の研究』、十四年『続法制史の研究』、昭和五年『日本史の研究』第二輯をそれぞれ刊行。『法制史の研究』『日本史の研究』は続編を併わせ主著をなしている。なお、『堺市史』編纂監修とし、市史第一・二巻の大部分はみずから執筆した。市史八巻は昭和六年成ったが、市史編纂の一典型と評価された。国史学が近代史学として開花した時期に、卓越し、基礎となった業績をあげた史家の一人である。

参考文献 勝田勝年『三浦周行の歴史学』

(小葉田 淳)

みうらめいすけ 三浦命助 一八二〇—六四 幕末、盛岡藩三閉伊通に発生した嘉永六年(一八五三)一揆の代表的指導者の一人。文政三年(一八二〇)陸奥国閉伊郡の大槌通栗林村(岩手県釜石市栗林町)の肝入三浦六右衛門の子として生まれる。少年期に遠野で寺子屋教育を受け、青年期には院内鉱山で坑夫を経験した。天保末年ごろに大槌にもどって商人となり、沿岸部の海産物と内陸部の農産物の商取引きに従事して見聞を広めた。嘉永六年一揆は藩最大のもので、参加人員一万六千人余、藩政改革を要求して仙台藩領気仙郡唐丹村(釜石市唐丹町)に越訴した。翌年、命助は藩役人の恨みを受け、脱藩して他領へ出奔した。安政四年(一八五七)七月十四日、京都二条家の臣として盛岡藩領平田番所を通過したのち、甲子村(釜石市甲子町)の宿で捕えられて盛岡に護送されながら、何らの取調べもなく放置され、元治元年(一八六四)三月十日獄死した。四十五歳。遺稿『獄中記』(『日本思想大系』五八所収)は、子孫の栗林町三浦家が自筆本を所蔵。

参考文献 横川良助『内史略』(『岩手史叢』四・五)、森嘉兵衛『南部藩百姓一揆の研究』(『森嘉兵衛著作集』七)、同『南部藩百姓一揆の指導者三浦命助伝』

(細井 計)

みがしまよしこ 三ヶ島葭子 一八八六—一九二七 大正時代の歌人。明治十九年(一八八六)八月七日、埼玉県入間郡三ヶ島村(所沢市)に生まれる。三ヶ島寛太郎の長女。本名よし。大正三年(一九一四)結婚後の本姓倉片。埼玉県女子師範を結核のため中途退学、小学校代用教員を経た。『女子文壇』へ投稿、新詩社を経て、大正五年「アララギ」入会。十年より古泉千樫に師事。病苦と貧しさの中で、抑制された表現による深い哀切感を加える。昭和二年(一九二七)三月二十六日没。四十二歳。法名は浄貞妙芳大姉。墓は埼玉県所沢市元町の実蔵院にある。生前に歌集『吾木香』(大正十年)、没後に『三ヶ島葭子全歌集』(昭和九年)、『三ヶ島葭子日記』(同五十六年)がある。

(武川 忠一)

みかみおときち 三上於菟吉 一八九一—一九四四 大正・昭和時代前期の小説家。水上藻花の筆名もある。明治二十四年(一八九一)二月四日に埼玉県中葛飾郡桜井村(北葛飾郡庄和町木崎)で生まれる。早稲田大学英文科中退。自然主義文学の影響をうけ、大正四年(一九一五)に『春光の下に』を自費出版、発禁となった。『悪魔の恋』(大正五年)を機に通俗小説に転じ、『日輪』(同十五年)ほかで話題を呼び、さらに時代物を手がけ『淀君』(昭和三年(一九二八)—五年)、『雪之丞変化』(同九—十年)などを精力的に発表し一時代を築いたが、自動車事故の予後脳梗塞をおこし、昭和十九年二月七日疎開先の埼玉県北葛飾郡幸松村(春日部市)で没した。五十四歳。夫人は女流作家の長谷川時雨。夫妻の墓は北葛飾郡杉戸町木野川の共同墓地にある。『三上於菟吉全集』全十二巻(昭和十年)がある。

(尾崎 秀樹)

みかみさんじ 三上参次 一八六五—一九三九 明治から昭和時代前期にかけての歴史学者。慶応元年(一八六五)九月二十八日、播磨国神東郡御立村(兵庫県姫路市船津町御立)に幸田貞助の三男として生まれた。名ははじめ三次、のちに参次と改めた。幼時に姫路藩士三上勝明の養子となり、明治十年(一八七七)姫路県立模範小学校を卒業、同十三年兵庫県公立姫路中学校本科第一級を卒業した。翌十四年二月上京し、東京大学予備門を経て、同十八年東京大学文科大学和文科に入学し、同二十二年卒業と同時に国史研究のため大学院に進んだ。同二十四年、文科大学史学講義を命ぜられ、はじめて大学の教壇に立ち、翌二十五年には文科大学助教授に任ぜられた。それまでは国史が国学や漢学の一分野にすぎなかったものを、まず国史学に位置づけ、さらに国史学科として独立すべきことを首唱した。同二十八年文科大学内に史料編纂掛が設置されると、史料編纂委員を命ぜられた。同三十二年文科大学教授に昇任し、文学博士の学位を授けられた。同三十八年史料編纂掛事務主任(現在の所長)となり、編纂掛内に多数の逸材を集め、以後大正八年(一九一九)の辞任まで、『大日本史料』『大日本古文書』の編纂事業の基礎を築き、その刊行を推進した。明治三十五年、ハンブルグで開かれた東洋学会会議に日本の委員として列席し、同四十一年帝国学士院会員となり、大正十年文学部長を経て、同十五年三月停年により退官し、東京帝国大学名誉教授の称号を授けられた。同年五月臨時帝室編修官長に就任し、『明治天皇御紀』の編修を主裁し、昭和八年(一九三三)に二百六十巻を完成した。前年には帝国学士院会員により貴族院議員に互選されている。同九年、ひき続き公刊明治天皇御紀編修長に任ぜられ、同十四年五月大体の完成をみた。しかし、その直後六月七日、東京市小石川区林町(東京都文京区千石)の自宅において、肝臓膿瘍のため死去した。七十五歳。法名は崇文院殿三長明観大居士。墓所は東京都豊島区駒込の染井墓地である。この間、国学院大学に出講し、史学会会長を務め、公職では国語調査会・古寺社保存会・維新史料編纂会・史蹟名勝天然紀念物調査会・神武天皇聖蹟調査委員会など多数の委員・会長を歴任している。また名文家、座談の名手として知られ、著書に『日本文学史』(高津鍬三郎と共著、明治二十三年)、『白河楽翁公と徳川時代』(同二十四年)、『にほんれきし』(同二十五年)、『社寺領性質の研究』(辻善之助・芝葛盛共著、大正三年)、また没後出版された大著『江戸時代史』(昭和十八・十九年)など多数がある。姫路文学館(兵庫県姫路市山野井八四)には、当地出身の三上参次・辻善之助師弟の功績を讃えて、関係資料が常設展示されている。

[参考文献] 三上参次『明治時代の歴史学界—三上参次懐旧談—』、辻善之助「故三上参次先生略歴」(『江戸時代史』下所収)、中村孝也「三上先生を憶ふ」(同所収)、秋山謙蔵『江戸時代史』解説(『講談社学術文庫』)、中村孝也「近代史学を作った人々　三上参次」(『季刊歴史教育研究』一三)、高柳光寿「三上博士追悼記」(『国史学』三八)
(鈴木　圭吾)

みかみつぎお　三上次男　一九〇七—八七　昭和時代の東洋史学者。明治四十年(一九〇七)三月三十一日、一二三郎・すえの次男として京都府与謝郡宮津町で生まれ、浦和高校を経て昭和七年(一九三二)東京帝国大学文学部東洋史学科卒業。同大学文学部教授池内宏に私淑し、東北アジア・朝鮮史を専攻する。東亜考古学会留学生として中国に一年間留学、外務省満蒙文化研究事業部研究員(昭和八年)、東京帝国大学文学部講師(同十四年)、東方文化学院研究員(同十六年)などに任じ、この間中国東北地方を中心に朝鮮・モンゴリアに及ぶ史跡調査と考古発掘などに従事。また女真族の建てた金朝の国家構造を解明する『金代女真の研究』(昭和十二年)を公刊、この研究は発展してのちに『金史研究』三部作(同四十五—四十八年、同四十九年日本学士院恩賜賞)に大成された。第二次世界大戦後東京大学教養学部教授(二十四—四十二年)、青山学院大学文学部教授(四十二—五十二年)、中近東文化センター理事長(五十三—六十二年)などを歴任、日本学士院会員に選ばれた(六十一年)。研究領域は広汎にわたり、歴史学・考古学・民族学・美術史を綜合し、代表著作に『満鮮原始墳墓の研究』(昭和三十六年)、『古代東北アジア史研究』(四十一年)、『ペルシアの陶器』(三十六年)、『陶磁の道』(四十四年)があり、没後に陶磁史を主とする『三上次男著作集』全六巻が刊行されている。中年以降は窯跡や遺棄陶磁片の実査を手掛りに、東アジア・東南アジア・インド・中近東・エジプト・欧州にわたる陶磁貿易、ひいては文化交流を見通す博大な新分野を開拓した。また学界の世話役として国際協力に果たした貢献も大きい。昭和六十二年六月六日病没。享年八十。神奈川県鎌倉市の東慶寺に葬る。

[参考文献] 三上登美子編『三上次男著作目録』、三上次男博士頌寿記念論集編集委員会編『三上次男博士頌寿記念東洋史・考古学論集』、三上次男博士喜寿記念論文集編集委員会編『三上次男博士喜寿記念論文集』考古編、吉田章一郎(司会)「先学を語る」三上次男博士」(『東方学』七九)
(池田　温)

みかみよしお　三上義夫　一八七五—一九五〇　大正・昭和時代前期の数学史家。日中の伝統数学の発達を論じた。明治八年(一八七五)二月十六日、広島県高田郡上甲立村(甲田町)に生まれる。父助左衛門・母カツ。中学中退で上京、同二十八年東京数学院と国民英学会卒業。仙台の第二高等学校中退。四十一年より大正十二年(一九二三)まで帝国学士院和算史調査嘱託。この間明治四十四年東京帝国大学文科大学哲学科選科入学、同大学院に進む。大正二・三年に英文著書刊行。昭和四年(一九二九)国際科学史委員会通信会員。同八年より東京物理学校で数学史講義。二十年郷里に疎開する。二十四年理学博士、二十五年十二月三十一日、甲立町の自宅で没す。七十五歳。法名理学院教導義仙居士。著書に The Development of Mathematics in China and Japan (1913); A History of Japanese Mathematics (1914). (D.E. Smith と共著)、『文化史上より見たる日本の数学』(大正十二年)、『東西数学史』(昭和三年)がある。大著『支那数学史』および『日本数学史の新研究』は未公刊。

[参考文献] 小倉金之助「三上義夫博士(1875—1950)とその業績」(『科学史研究』一八)、大矢真一「三上義夫先生略歴、著作論文目録」(同一八・二二)
(清水　達雄)

みかんなぎきよなお　御巫清直　一八一二—九四　幕末・明治時代前期の神官、国学者。幼名寿之助光直、権之亮清直と改め、志津摩、尚書と称す。文化九年(一八一二)二月十五日伊勢国度会郡山田町(三重県伊勢市)杉原光基・都宇の長男に生まれ、文政九年(一八二六)従祖父御巫清富の家を相続する。天保七年(一八三六)加藤衛次の次女音野子(のち環子)を娶る。同九年豊受大神宮御巫内人に補任、弘化元年(一八四四)高宮権玉串内人の庁宣を受く。嘉永六年(一八五三)叙正六位上。慶応三年(一八六七)嗣子親衛清生に家督を譲る。明治元年(一八六八)度会府温故堂都講。同二年宮崎学校教授。四年神宮の改革により御巫内人の補任状および位階返上。九年教部省御用掛拝命。この間、私費をもって三重県下を巡歴、各社頭について考証検討して『伊勢式内神社検録』を編述。同年十等出仕。翌十年廃省により退官帰郷。十二年神宮司庁七等雇出仕、神宮教院一等教監。爾後もっぱら神宮教院にあって教義上に力を尽くす。なかんずく『喪儀類証』を著わしてわが国の神道葬祭の本義を闡明した功績は大きかった。十三年神宮教院職制改正により五等教監。同年神宮司庁六等雇、五等雇出仕と昇級。十五年神宮禰宜に任ぜられ、造神宮頭兼補。二十二年の式年造替の工事を監督、その間両宮諸殿舎を考究し、ひたすら古儀を尊重し、復興整備に努め、よく今日の規模を拝するに至った。十九年神宮権禰宜、奏任官六等。二十年叙正八位。同年十二月本官および兼補を辞退。二十一年神宮司庁儀式課顧問・神宮皇学館嘱託。二十六年神苑会委員を嘱託され、神宮古儀式図の取調べにあたり、神嘗祭旧式図・斎宮群行図などの下図を完成。二十七年七月四日病没。行年八十三。度会郡小木村に埋葬。のち遺骨は伊勢市宮後の養草寺墓地に移さる。遺著百数十部は、遺蔵の書籍約一万巻とともに御巫家の退蔵文庫に保存されている。著書の主なものは『大神宮叢書』に『神宮神事考証』として収載。

参考文献 神宮司庁編『御巫清直翁伝』(『大神宮叢書』神宮神事考証後篇附録)　(鈴木　義一)

みききよし　三木清　一八九七—一九四五　昭和時代前期の哲学者、評論家。明治三十年(一八九七)一月五日、兵庫県揖保郡平井村小神(竜野市揖西町小神)に生まれる。竜野中学を経て、大正三年(一九一四)第一高等学校に入学。宗教書を愛読し、特に親鸞に感銘。『善の研究』を読み、西田幾多郎のもとで哲学を学ぼうと志し、同六年京都帝国大学哲学科に入学。在学中は西田・田辺元・波多野精一らに学び、新カント派に親しんだ。同九年同校同科卒業。卒業論文「批判哲学と歴史哲学」。同十一年、岩波茂雄の援助でドイツに留学。この地ではじめて第一次世界大戦後の苛酷な現実にふれ、新しい知的潮流に目を開かれた。ハイデルベルグではリッケルトにつき、カール＝マンハイムから西欧マルクス主義の刺激を受けた。ついでマールブルクのハイデッガーのもとで「解釈学」の方法を学び、助手のレービットとも交わった。この地で精神科学・歴史科学の基礎をアントロポロギー(生の存在論)としてとらえる、彼独自の構想が形づくられる。パリでまとめられた『パスカルに於ける人間の研究』(大正十五年)は、パスカルを素材としたこの構想の具体化である。この著作は日本の思想界にきわめて清新な印象を与えた。大正十四年に帰国したが、京都帝大に席を得られず、昭和二年(一九二七)に上京して法政大学教授となる。同時に岩波書店の編集に協力し、ジャーナリズムの場で活動し始め、マルクス主義に関する論文をつぎつぎに発表して注目を集めた。それらの論文は『唯物史観と現代の意識』(同三年)、『社会科学の予備概念』(同四年)に収録されている。この書物で三木は、「基礎経験・アントロポロギー・イデオロギー」という彼独自の構想に基づいて、唯物史観を特定の人間学の上に立つイデオロギー(哲学)として解釈した。こうした形で社会主義を哲学として理解しうる新しい可能性を示した点に、彼のマルクス主義解釈の思想史的な意義がある。また彼は、同三年に、羽仁五郎とともに雑誌『新興科学の旗のもとに』を創刊し、学問の改革に乗り出した。しかし、同五年五月に彼は、日本共産党に資金を提供したという嫌疑で検挙され、すべての教職を辞した。しかも、同じころ日本やソ連の「正統派」マルクス主義者からの、三木哲学を「修正主義」とする批判も高まり、検挙中に「プロレタリア科学研究所」の哲学部主任の地位を解任された。しかし、三木の理論には当時の西欧マルクス主義(第一次世界大戦後のフランクフルト学派)と通底するものがあり、再検討が求められている。釈放の後、三木はマルクス主義から一定の距離を保つ立場に身を移しつつ、反マルクス派とはならず、迫りくるファシズムへの抵抗の姿勢を示した。すなわち、『歴史哲学』(昭和七年)において独自の「歴史的人間学」の構想を提示しつつ、不安の思想に関する論文をつぎつぎに発表し、その克服を可能にする「ネオ・ヒューマニズム」を主張した。昭和十三年には近衛文麿のブレーントラストとして結成された「昭和研究会」に参加し、その文化部会の中心として『新日本の思想原理』『協同主義の哲学的基礎』を執筆。体制に協力しながら、事態の意味転換をはかることによって、事態をあるべき方向に導こうとする、体制内抵抗のきわどい道を模索した。一方、『構想力の論理』(全二巻、同十四年・二十一年)において「歴史的創造の論理」を探求し、西田哲学への接近を示した。同十七年陸軍宣伝班員に徴用され、マニラに赴く。同二十年、友人の共産主義者タカクラ＝テルを庇護したことから、治安維持法違反で検挙・拘留され、敗戦直後の九月二十六日に中野の豊多摩刑務所で獄死。四十九歳。墓は中野区上高田一丁目の正見寺にある。未完の遺稿に「親鸞」があり、『三木清全集』(全十九巻(同四十一年—四十三年)、第二次全二十巻(同五十九年—六十一年))が刊行されている。　(古田　光)

みきたかし　三鬼隆　一八九二—一九五二　昭和時代の実業家。日本鉄鋼連盟会長、八幡製鉄株式会社社長。明治二十五年(一八九二)一月十四日生まれる。盛岡出身。父は衆議院議員三鬼鑑太郎。東京帝国大学法科大学独法を卒業後、大正七年(一九一八)田中鉱山株式会社に入社し、同社釜石鉱業所で製鉄事業に携わる。同社が日本製鉄に合同した後、日本製鉄傘下の朝鮮清津製鉄所所長として同所建設に従事した。第二次世界大戦後、八幡製鉄所所長、全国鉄鋼復興会議議長を歴任し、戦後の鉄鋼業の復興に努めた。日本製鉄の分割により成立した八幡製鉄株式会社の社長となるが、昭和二十七年(一九五二)四月九日、日航機「もく星」号の大島三原山における遭難にあい死亡した。六十歳。法名は蓮光院法徳日隆居士。墓は東京都府中市の多磨墓地にあり、文京区白山五丁目の蓮久寺、福島県伊達郡桑折町桑折の無能寺に分骨されている。

参考文献 鉄鋼新聞社編『鉄鋼巨人伝 三鬼隆』、八幡製鉄編『三鬼隆回想録』　(長島　修)

みきたけお　三木武夫　一九〇七—八八　昭和時代の政治家。昭和十二年(一九三七)から連続当選十九回、衆議院議員五十一年在職。昭和四十九年十二月から二年間内閣総理大臣、自由民主党第七代総裁。明治四十年(一九〇七)三月十七日徳島県板野郡御所村吉田(同郡土成町)に生まれる。父久吉・母たかの。昭和十二年明治大学卒業直後、同年四月の総選挙で初当選、十七年の翼賛選挙では非推薦で当選した。二十二年三月国民協同党を結成し書記長—委員長となる。同年六月、社会党・民主党と三党連立内閣を作り逓相として入閣。その後国民民主党最高委員、二十七年には改進党幹事長を歴任。三十年、保守合同直後の鳩山内閣で運輸相、翌三十一年末に石橋内閣を実現し党幹事長となる。以後三木派を率い党実力者として、岸・池田・佐藤の歴代内閣で要職を歴任した。佐藤栄作総裁の三選・四選に挑戦して敗れ、四十七年の総裁選でも敗れたあと田中内閣の副総理となる。四十九年末、田中角栄の金脈退陣の際、「椎名裁定」により自由民主党再生の切札として総理総裁に推され二年間政権を担当した。在任中政治改革、ロッキード事件究明などに努めた。三木はみずから「議会の子」をもって任じ、「保守左派」の政治路線を貫き、政治倫理の確立、党の近代化を推進した。六十一年病いに倒れ、六十三年十一月十四日東京都千代田区の三井記念病院で没した。八十一歳。

（内田　健三）

みきたけじ　三木竹二　一八六七―一九〇八　明治時代の演劇評論家。慶応三年（一八六七）九月五日、石見国鹿足郡津和野城下の町田村横堀（島根県鹿足郡津和野町町田）に津和野藩典医森静男の次男として生まれた。本名森篤次郎。森鷗外の弟。上京して帝国大学医科大学を卒業。内科医院を開業したが、演劇を好み、兄とともに、演劇論を『しがらみ草紙』『歌舞伎新報』などに発表、明治三十三年（一九〇〇）、安田善之助の後援で、雑誌『歌舞伎』を創刊。四十一年一月十日、四十二歳で没するまで、誌上に歌舞伎・新派を主とする考証・劇評を数多く書いた。竹二の見方は、江戸時代からの役者評判記とは全くちがう視角から舞台を見、俳優を見た点で、以後の劇評の先駆をなすものである。その基本には、鷗外に教わった西欧美学も存在している。また『歌舞伎』の編集長として、いろいろな芸談の筆記をのせ、合評会という試みもした。それは当時の文人と舞台人との交流を生むサロンのようなものであった。そのあとにできる『演芸画報』『新演芸』をはじめとする演劇雑誌の型も作った。墓は東京都三鷹市の禅林寺。

参考文献　森鷗外編『月草』、権藤芳一『近代歌舞伎劇評家論』、小金井喜美子『森鷗外の系族』、石田淑子他「三木竹二」（『近代文学研究叢書』一二所収）

（戸板　康二）

みきぶきち　三木武吉　一八八四―一九五六　大正・昭和時代の政党政治家。明治十七年（一八八四）八月十五日愛媛県香川郡高松外磨屋町（香川県高松市番町）で骨董商三木古門・あさの長男として生まれる。三木家はもと高松藩の藩儒の家柄であった。上京して東京専門学校に学ぶ。卒業後、司法試験に合格、司法官試補として東京地方裁判所に勤務したが、まもなく辞任して弁護士となった。東京市の牛込区会議員を経て大正六年（一九一七）第十三回総選挙で東京市から衆議院議員に当選。以来、昭和七年（一九三二）の第十八回総選挙まで六回連続当選。憲政会・立憲民政党に所属、憲政会幹事長をつとめた。この間、東京市会議員にも選ばれ、大正末～昭和初期、市政刷新連盟を率いて立憲政友会の市政の打破を進めた。しかし、昭和三年東京市疑獄事件に連坐し、京成電気軌道の東京乗入れをめぐる汚職の容疑で起訴され、同七年控訴審で懲役三ヵ月を宣告された（同九年判決確定）。そのため政界を去り鉱山経営にあたった。昭和十四年報知新聞社長となり、十七年の第二十一回総選挙では非推薦候補として香川県から当選した。第二次世界大戦後の二十年、日本自由党結成に参画、翌年四月の総選挙で当選し衆議院議長に選ばれたがその直後公職追放にあった。二十六年解除となり自由党に復帰し、翌年一月総務会長となったが、党内党人派の有力者として吉田茂総裁（首相）排斥運動を展開、二十八年三月同志とともに吉田内閣不信任案に賛成して脱党、鳩山一郎を擁立して自由党分党派を結成。鳩山らが一時復党してもこれを拒否して日本自由党を結成、ついで二十九年反吉田自由党の諸勢力を結集して日本民主党の結成にあたり、総務会長となり、同年十二月念願の鳩山内閣を実現させた。翌三十年十一月自由党との合同（保守合同）による自由民主党結成に尽力し、総裁代行委員となった。政界の策士として隠然たる実力を発揮したが、三十一年七月四日東京目黒の自宅で病没。七十一歳。

参考文献　三木会編『三木武吉』、御手洗辰雄『三木武吉伝』

（鳥海　靖）

みきもとこうきち　御木本幸吉　一八五八―一九五四　明治から昭和時代にかけての世界的な真珠業者。安政五年（一八五八）正月二十五日、志摩国鳥羽浦大里町（三重県鳥羽市）で阿波幸の屋号でうどんの製造販売をしていた御木本音吉の長男として生まれた。十三歳の時から家業のうどん屋を手伝いながら青物行商をし、二十二歳で海産物商を営み、干アワビの輸出などを手掛ける過程で、真珠の販売に関心を持つようになった。明治二十三年（一八九〇）志摩郡明神浦でアコヤガイの養殖に着手し、明治二十六年には帝国大学の動物学者箕作佳吉・佐々木忠次郎らの示唆を受け英虞湾多徳島に御木本養殖場を創設し、貝付半球真珠養殖の試験を開始した。明治二十九年この事業の特許を獲得して以来、幸吉は真珠の養殖・加工・販売に専念することになった。幸吉の娘むこ西川藤吉により、明治四十年に真円真珠養殖法が発明された。かくて幸吉は、東京の直販店、加工場を拡充するとともに、ロンドン・ニューヨーク・パリなど欧米の主要都市に直販店を設け、大正・昭和時代ミキモトパールの名は世界的に広がり、「世界の真珠王」と称されるまでになった。一介の海産商がこのような発展を遂げ得たのは、優良な養殖場を独占的に使用したこと、高級装身具加工に力を入れ養殖真珠に宝石的価値を持たせたこと、世界の有名博覧会への出品、皇室への献上により宮内省御用達に指名されるなど政商的活動をいかんなく発揮したことなどによるものである。昭和二十九年（一九五四）九月二十一日、九十六歳の高齢をもって、養殖場のある多徳島の自宅で死去した。墓は鳥羽市鳥羽三丁目の済生寺にある。

法名真寿院殿玉誉幸道無二大居士。

参考文献 大林日出雄『御木本幸吉』(『人物叢書』一五九)、久留太郎『真珠の発明者は誰か?』、三重県立水産高等学校編『真珠養殖入門』、乙竹岩造『伝記御木本幸吉』 (中井 昭)

みきろふう 三木露風 一八八九―一九六四 明治から昭和時代にかけての詩人。本名操、別号羅風。明治二十二年(一八八九)六月二十三日兵庫県揖西郡竜野町(竜野市上霞城)に生まれる。父節次郎は旧藩の奉行三木制の次男、母はかた。『文庫』『新声』に詩歌を投じ、早稲田大学入学の明治四十年ごろから詩名が上がり、印象派風の詩や口語自由詩を含む詩集『廃園』(四十二年)によって認められた。四十三年慶応義塾大学に転入、翌年中退。このころから象徴主義に傾き幽遠な象徴詩集『白き手の猟人』(大正二年(一九一三))で詩壇の頂点に立ち北原白秋と並称される。大正四年トラピスト修道院を訪れて以後信仰に入り、神秘主義や宗教詩に向かって時代の動向からは離れた。『寂しき曙』『幻の田園』『良心』以下多数の詩集や『真珠島』などの童謡集は『三木露風全集』全三巻(同刊行会)に収録。昭和三十九年(一九六四)十二月二十九日交通事故により七十五歳で死去。墓は東京都三鷹市牟礼の大盛寺墓地にある。法名は著名な童謡「赤とんぼ」にちなんだ穐雲院赤蛉露風居士。

参考文献 安部宙之介『三木露風研究』、森田実歳『三木露風研究―「廃園」の成立―』、同『三木露風研究―象徴と宗教―』、三浦仁『研究露風・犀星の抒情詩』 (三浦 仁)

みさきかめのすけ 三崎亀之助 一八五八―一九〇六 明治時代の政治家、官僚。安政五年(一八五八)正月二日讃岐国丸亀に生まれる。父は丸亀藩士三崎吉太郎。大阪英語学校を経て東京大学法学部に学び、明治十五年(一八八二)卒業。一時『明治日報』の記者をつとめた。同十七年外務省御用掛となり外務書記生・在米日本公使館書記官・取調局勤務などを歴任。二十三年七月第一回総選挙で香川県四区から衆議院議員に当選、以後、第四回総選挙(二十七年九月)まで連続当選。第一議会では立憲自由党(弥生倶楽部)に所属し、同党土佐派と協力して政府提出の予算案の一部削減による成立を実現するなど政府との妥協をはかった。これにより二十四年三月脱党して自由倶楽部を組織したが、同年十二月復党。二十六年法典調査会委員に任命。第二次伊藤内閣と自由党の提携により二十九年四月板垣退助が内務大臣として入閣するとその下で内務省県治局長に就任した。三十一年一月辞任。その間、二十九年十二月貴族院議員に勅選された。辞官後は、三十二年四月横浜正金銀行本店支配人となり、三十三年三月―三十九年三月同副頭取をつとめた。明治三十九年三月十六日死去。四十九歳。贈従四位下。

参考文献 衆議院・参議院編『議会制度百年史』衆議院議員名鑑 (鳥海 靖)

みしなしょうえい 三品彰英 一九〇二―七一 昭和時代の歴史学者、神話学者。明治三十五年(一九〇二)七月五日滋賀県に生まれ、昭和三年(一九二八)京都大学文学部史学科卒業。海軍機関学校教授・エール大学客員教授、大谷大学・同志社大学教授を経て、昭和三十五年大阪市立博物館長に就任、同四十三年同館長を退官、四十六年十二月十九日に死去。六十九歳。早くから日朝神話の比較研究を試み、『建国神話論考』(昭和十二年)、『朝鮮史概説』(同十五年)、『日鮮神話伝説の研究』(同十八年)、『新羅花郎の研究』(同)などを著わした。文献史学の視角のみならず、神話学・考古学・民俗学・文化人類学の研究成果を総合しての、その実証的考察には注目すべきものが多い。『増補上世年紀考』(同二十三年)、『神話と文化境域』(同)、『日本書紀朝鮮関係記事考証』上巻(三十七年)のほか、『邪馬台国研究総覧』(四十五年)なども主要な著作である。『三品彰英論文集』全六巻がある。昭和三十五年五月からは日本書紀研究会を主宰し、『日本書紀研究』(第一―第五冊)の編者となった。 (上田 正昭)

みしまちゅうしゅう 三島中洲 一八三〇―一九一九 幕末・明治時代の漢学者。名は毅、字は遠叔、通称貞一郎、中洲のほか桐南・絵荘などと号した。備中国窪屋郡中島村(岡山県倉敷市)の人。天保元年(一八三〇)十二月九日生まれた。八歳で親を失い、十四歳で山田方谷に就き、二十三歳で伊勢の津に出て斎藤拙堂に師事。二十八歳で江戸に遊学、昌平校で佐藤一斎・安積艮斎に学んだ。安政六年(一八五九)方谷の推挙で備中松山藩に仕え、藩校有終館の学頭となり、藩政にも尽力した。明治五年(一八七二)司法官となり、新治裁判所長・大審院中判事を歴任。同十年一番町(千代田区三番町)に漢学塾二松学舎を創設した。東京高等師範学校、東京帝国大学古典科の教授として教壇に立ち、同二十九年東宮御用掛、ついで東宮侍講、宮中顧問官に任ぜられた。文学博士。勲一等に叙せられた。大正八年(一九一九)五月十二日病没。九十歳。池上本門寺善国寺墓地に葬った。著書は『中洲詩稿』『中洲文稿』など多数ある。東洋史学者三島一は孫。

参考文献 山田準編『中洲三島先生年譜』、『二松学舎六十年史要』、山田琢・石川梅次郎『山田方谷・三島中洲』(『叢書・日本の思想家』四一)、「会員三島毅の伝」(『東京学士院雑誌』一一ノ七)、三島復「三島毅碑銘」(『斯文』一ノ四)、同「三島中洲翁の逸事」(同一ノ五)、「中洲三島先生著述略解」(同二ノ四) (水田 紀久)

みしまとくしち 三島徳七 一八九三―一九七五 大正・昭和時代の金属工学者。明治二十六年(一八九三)二月二十四日、農業喜住甚平の七男として兵庫県津名郡(淡路島)に生まれる。大正五年(一九一六)東京帝国大学理科大学星学科入学、翌年工科大学に転じ、九年鉄冶金学科卒業とともに講師、ついで助教授となる。在学中、小児科医三島通良の養子となり改姓。昭和三年(一九二八)ニッケル合金の論文で工学博士を授けられ、六年ＭＫ磁石鋼（ＭＫは三島・喜住の頭文字）を完成、十三年帝国発明協会恩賜記念賞を受けた。同年教授、製造冶金学講座を担当、航空研究所員をかね、二十八年東大名誉教授となった。この間、日本鉄鋼協会・金属学会各会長、日本学術会議会員、日本学士院会員に選ばれ、二十五年文化勲章受章。五十年十一月十九日没。八十二歳。墓所は東京上野の寛永寺。

参考文献　〝三島先生を偲んで〟刊行委員会編『三島先生を偲んで』、日本経済新聞社編『私の履歴書』二〇

（飯田　賢一）

みしまみちつね　三島通庸　一八三五―八八　明治時代前期の官僚、政治家。子爵。天保六年（一八三五）六月一日薩摩藩士三島通純の長子として鹿児島高麗町上之園に生まれる。三島家は代々鼓をもって島津家に仕えた。はじめ林太郎・弥兵衛と称す。伊知地正治に兵書を学ぶ。文久二年（一八六二）急進的な尊攘派の一人として同志とともに上洛し、寺田屋騒動に連坐して藩邸で謹慎。その後、鳥羽・伏見の戦に加わり、薩摩藩兵の一員として東北各地に転戦。明治四年（一八七一）政府に出仕し東京府参事となり、大火で焼失した銀座・京橋一帯を煉瓦造りの洋風街に造り変えさせるために尽力した。大久保利通の知遇を得て教部大丞から酒田県令・鶴岡県令を経て、九年八月―十五年七月山形県令。十五年一月福島県令を兼任（同年七月から専任）、ついで十六年十月、栃木県令も兼ねた。在任中、道路開発による産業の育成・発展、東北地方の振興をめざして関山新道・上山（かみのやま）新道など多くの道路・橋梁を建設し、「土木県令」と称されたが、特に福島県に通ずる栗子峠の隧道（トンネル）開削は名高い。また街路を整備し、学校・博物館・病院・勧業試験場・貧民授産場を建設するなど地方行政、とりわけ都市計画・社会政策などの面で大胆で先駆的な業績を残した。しかしその反面、地方住民の実情を軽視した強引な方策は、しばしば住民と摩擦を生じた。特に福島県令時代には会津地方から米沢および新潟方面に通ずる道路の建設を計画し、南北会津郡など六郡の十五歳以上六十歳以下の男女住民に夫役または夫役金を課した。そのためこれに反対する住民や、自由党員が多数を占める福島県議会と激しく対立し、これに厳しい姿勢でのぞんで福島事件の原因をつくった。また栃木県令兼任中は、県庁・警察署を新築し、県下の自由党急進派らによる政府要人・県令暗殺計画を誘発して加波山事件を招いた。十七年十一月内務省土木局長に転じ、十八年十二月第一次伊藤内閣の成立とともに警視総監に就任、自由民権運動の取締りにあたり、二十年十二月発布された保安条例の実施に際し府下の警察力を指揮して辣腕をふるった。また臨時建築局副総裁を兼任し、遷都による新帝都造営を主張したが、結局、その計画は実現しなかった。この間、明治十二年以来、那須野の開墾を進めた。明治二十一年十月二十三日在任のまま死去。五十四歳。墓は東京都港区の青山墓地にある。なお、「三島通庸関係文書」（国立国会図書館憲政資料室蔵）には、彼の全生涯にわたる書類・書簡、とりわけ警察関係の探聞書など多くの貴重な史料が収録されている。

参考文献　平田元吉『三島通庸』、佐藤国男『三島通庸伝』、尾崎尚文編『三島通庸と高橋由一』

（鳥海　靖）

みしまやたろう　三島弥太郎　一八六七―一九一九　明治・大正時代の銀行家。慶応三年（一八六七）四月一日、三島通庸の第一子として鹿児島で生まれる。山形師範学校卒業後駒場農学校に学び、明治十七年（一八八四）から二十三年まで米国に学び（農政学）、帰国して家督を継ぎ（子爵）、二十二年から二十五年まで再度米国に学んだ。農商務省の嘱託の後、三十九年井上馨の推挙で横浜正金銀行の取締役となり、四十四年六月頭取となる。大正二年（一九一三）二月に日本銀行総裁となって八年三月七日現職のまま死去した。五十三歳。この間、明治三十年四月から互選により貴族院議員となり研究会に属した。再度の渡米で語学に堪能であり、ボストン大学でグリンネール金牌を受ける好成績もあり、その才能が評価されて金融界で活躍した。貴族院議員としての交誼も力となったが、温厚、慎重な性格が第一次世界大戦期を含む内外金融多忙時の財界調整を果たした。墓は東京都港区の青山墓地にある。

参考文献　坂本辰之助『子爵三島弥太郎伝』

（西村紀三郎）

みしまゆきお　三島由紀夫　一九二五―七〇　昭和時代後期の作家。大正十四年（一九二五）一月十四日、東京市四谷区永住町（東京都新宿区四谷）に生まれる。本名平岡公威（きみたけ）。父梓（あずさ）は農林省官吏。母倭文重（しずえ）。長男。おもに祖母の手で育てられた。学習院初等科・中等科・高等科を経て、昭和十九年（一九四四）東大法学部入学、二十二年に卒業、十ヵ月間大蔵省に勤務した。この間、戦時下の浪漫思潮に親しんで育ち、十六歳で、清水文雄・蓮田善明らの『文芸文化』に『花ざかりの森』を連載した。戦後は、かれにとって違和感の強い時代であったようで、しばらくの模索ののち、二十四年に刊行した『仮面の告白』によって、文壇に地歩を築くことができた。背徳の匂いをただよわす、その華麗な才筆は、『近代文学』流の戦後理想主義の気運のなかでは鬼子の感がなくもなかったが、以後、次第に、同世代の心をつかんでいった。二十七年にギリシャを訪れた三島は、古典主義とギリシャ的肉体へのあこがれを強め、その願望を『潮騒』に結晶させて、『潮騒』はベスト＝セラーとなった。そして、三十一年には、実在の事件をモデルとして、しかも、そこに自分の半生の精神史を深くこめた『金閣寺』を発表した。これは、三島全山系の一頂点というべき作品である。その後、『鏡子の家』『宴のあと』などを経て、三十六年に『憂国』を発表、この作品あたりから日本主義への傾

斜を強め、エロティシズム、殉教、文武両道、『葉隠』、天皇などが独特に結びつく晩年の三島が登場する。かれの最後の大作は、四十年から四十六年にかけて発表された四部作『豊饒の海』であるが、その中で、全編を生き貫いて老い果てる認識者本多繁邦の運命を、あたかもみずからは拒否するように、三島自身は、ボディ＝ビルと剣道で体をきたえ、ヒーローとなって楯の会を率い、ついに、四十五年十一月二十五日、自衛隊市谷駐屯地において、自衛隊に決起をうながしたうえで、自刃して果てた。四十五歳。墓は東京都府中市の多磨墓地にある。法名、彰武院文鑑公威居士。作品としては、以上のほか、『近代能楽集』などの戯曲にすぐれたものがあり、また、犀利な諸評論も捨てがたい。『三島由紀夫全集』全三十五巻補巻一（新潮社）がある。

参考文献 長谷川泉・武田勝彦編『三島由紀夫事典』、磯田光一『殉教の美学』、村松剛『三島由紀夫―その生と死―』、平岡梓『伜・三島由紀夫』、佐伯彰一『評伝三島由紀夫』、安藤武『三島由紀夫研究文献目録』 （磯貝　英夫）

みずたにたみひこ 水谷民彦 一八一八―九一 幕末・維新期の商人出身の志士。幼名は貞五郎、長じて孝明・磐根、のちに民彦。俳号は素桃。文政元年（一八一八）三月十六日名古屋笹屋町の酒造家日比野茂左衛門の次男に生まれ、のちに名古屋長者町の人足問屋水谷与右衛門の養子となった。家業を継ぎ傾いた家運の挽回をはかるとともに、俳諧・書画・刀剣などにも広い趣味を示した。国学を学び、安政年間（一八五四―六〇）以降、尊王攘夷の志を抱いて尊攘派志士たちと交わり、彼らの活動を援助した。その間、名古屋藩の運搬御用をつとめ、しばしば藩主に随行して各地に赴き、諸藩の情報蒐集にあたった。また飢饉の救済に活躍し、さらに養蚕の振興や茶園の開発を進め、藩の産業育成に貢献した。晩年は諸社の神職をつとめるかたわら、著述に力を注いだ。著書に『三傑年譜』『山記』『尾張国陶墟考』などがある。明治二十四年（一八九一）九月二十二日没。七十四歳。墓は名古屋市東区の法華寺にある。贈従五位。

参考文献 水谷弓彦『水谷民彦小伝』 （鳥海　靖）

みずたにちょうざぶろう 水谷長三郎 一八九七―一九六〇 昭和時代の社会主義者、政治家。片山内閣と芦田内閣の商工大臣。明治三十年（一八九七）十一月四日京都に生まれる。京都府立二中、三高、京大法学部の出身。三高時代に友愛会に関与、大学では労学会を組織。大学院で河上肇に師事した。賀川豊彦の影響を受ける。大原社会問題研究所の嘱託、立命館大学の講師となる。このころ、マルクスの『ゴータ綱領批判』を翻訳。日本フェビアン協会に関係し、日本農民組合の顧問弁護士として小作争議に関わる。労働農民党から普選第一回に出て最年少議員として当選。その後、全国労農大衆党を組織、社会大衆党の系譜で活躍。昭和十一年（一九三六）の衆議院再当選以降、没年に至るまで連続当選を続けた。第二次世界大戦後、社会党政権にあって、炭鉱国管、電力国営、中小企業庁設置に取り組む。日本社会党右派、民社党に属した。昭和三十四年に衆議院から二十五年在職の功労を表彰された。同三十五年十二月十七日没。六十三歳。洛東黒谷（京都市左京区）の地に葬る。

参考文献 永末栄一編『水谷長三郎伝』 （高橋　彦博）

みずたにやえこ 水谷八重子 一九〇五―七九 大正・昭和時代の女優。明治三十八年（一九〇五）八月一日東京に生まれる。本名松野八重子。義兄水谷竹紫の指導で芸名水谷八重子となり、初舞台は島村抱月らの芸術座で、大正五年（一九一六）「アンナ＝カレーニナ」で松井須磨子のアンナに抱かれる娘セルジー役に扮する。大正十三年までは新劇と映画に出演した。舞台の「青い鳥」、映画の「寒椿」が代表作。昭和十年（一九三五）井上正夫と映画「大尉の娘」に出演して先駆的役割を果たした。関東大震災のとき、竹紫が新劇よりも大衆的な新派に入ることをすすめ、昭和三年松竹と契約、喜多村緑郎に師事した。晩年まで女形と共演しつつ新派の様式的な演技を体得した稀有な女優で、美貌の魅力をそなえて大衆の人気を一人占めした。花柳章太郎とともに劇団新派を支え、「滝の白糸」「鶴八鶴次郎」「残菊物語」など多くの名舞台を残した。昭和三十一年芸術院賞を受け、同四十一年芸術院会員。同四十六年文化功労者。同五十四年十月一日没。七十四歳。墓は、東京都杉並区永福一丁目の築地本願寺別院和田堀廟所にある。著書に『舞台の合間に』『ふゆばら』『女優一代』がある。

参考文献 田中純一郎『日本映画発達史』一、水谷八重子『女優一代』 （尾崎　宏次）

みずたみきお 水田三喜男 一九〇五―七六 昭和戦後期の政治家。明治三十八年（一九〇五）四月十三日、千葉県安房郡曾呂村（鴨川市）の農家に生まれる。父の信太郎は村長をつとめた名望家。水戸高等学校を経て昭和六年（一九三一）京都帝国大学法学部卒業。東京市電気局（のち交通局）に入ったが、のち日本鋼板工業創立に加わり同社の常務取締役となった。二十一年四月、第二次世界大戦後最初の衆議院議員総選挙（第二十二回）に千葉全県区（のち千葉三区）から当選して以来、五十一年の第三十四回総選挙まで連続十三回当選。自由党に所属し、二十八年第四次吉田内閣に国務大臣、経済審議庁長官として入閣。自由党政務調査会長をつとめ、三十年保守合同による自由民主党結成に際しても政務調査会長となった。三十一―三十二年石橋・第一次岸内閣の通産相、三十五―三十七年第一・二次池田内閣の蔵相、ついで四十一―四十三年、四十六―四十七年、佐藤内閣の蔵相を歴任し、積極経済政策を進めた。蔵相在任中の四十六年十二月十ヵ国蔵相会議（スミソニアン会議）に出席し、大幅な円切上げの決定に立ち会った。党内でははじめ大野派・船田派に属し、のち独立して水田派を率いた。屈指の政策通として知られ、再三、政務調査会長をつとめた。五十一年十二月二十二日、穿孔性腹膜炎のため東京都立駒込病院で没。七十一歳。回想録に『蕗のとう―私の履歴書―』がある。

参考文献　水田三喜男追想集刊行委員会編『おもひ出―水田三喜男追想集―』、衆議院・参議院編『議会制度百年史』衆議院議員名鑑、日本国国会全議員名鑑編纂委員会編『日本国国会全議員名鑑』上・中
（鳥海　靖）

みずぬまたつお　水沼辰夫　一八九二―一九六五　大正・昭和時代のアナキズム労働運動家。明治二十五年（一八九二）四月二十五日、父徳三郎・母しなの四男として栃木県上都賀郡今市町（今市市）に生まれる。戸籍名は辰。熊・浩は弟。東京の祖父母の家で育てられ、本郷駒込尋常高等小学校に入学、三十七年高等科三年で中退、秀英舎に徒弟として入社したが、年季中の四十年十月飛びだし、「渡り職人」として大正十二年（一九二三）まで三十数回転職した。この間明治四十一年に欧文植字工組合の欧友会に加入、大正元年幹事となり、機関誌『欧工の友』の編集に参加、六年四月欧友会の信友会への改組に参加、副幹事長になる。八年の国際労働会議への政府代表派遣に反対運動を展開、翌九年の第一回メーデーに参加、十年日本社会主義同盟の発起人として参加。この間、八、九年ごろ山岸三と結婚した。信友会結成当時より大杉栄らと交わりアナキズムに接近、十一年九月の日本労働組合総連合結成大会に参加、関東大震災後のアナキズム凋落のなかで『労働運動』第四次（十二年十二月―十五年七月）、第五次（昭和二年（一九二七）一―十月）同人となる。この間、大正十三年十一月、信友会と新聞印刷工正進会が合同した東京印刷工組合結成に参加した。その後印刷所を自営したが、太平洋戦争勃発後廃業、研究社印刷工場職長に再就職して敗戦を迎え、昭和二十一年中小印刷工場での労働組合結成に参加、親睦団体欧友会の再建、アナキスト運動の再建などに努めた。約半年の療養ののち、四十年四月十五日没。七十二歳。東京都港区の青山墓地「解放戦士の墓」に合葬されている。著書に『欧文植字』『文選植字の技術』『明治・大正期自立的労働運動の足跡』がある。

参考文献　小松隆二『日本アナキズム運動史』、萩原晋太郎『日本アナキズム労働運動史』
（神田　文人）

みずのしげお　水野成夫　一八九九―一九七二　昭和時代の社会運動家、経営者、財界人。明治三十二年（一八九九）十一月十三日、静岡県に水野彦治郎の三男として生まれ、東京帝国大学時代は新人会で活躍した。大正十三年（一九二四）法学部を卒業、翌十四年共産党再建ビューローに加わり、産業労働調査所に入り、昭和二年（一九二七）党中央事務主任となる。三年の三・一五事件で検挙され、翌年獄中で転向を表明。保釈後、五年に日本共産党労働者派を組織したが、七年に解散した。文筆業に転じ、アナトール＝フランス『神々は渇く』、アンドレ＝モーロア『英国史』など二十冊近い翻訳を行なった。十五年、転向仲間の南喜一と大日本再生製紙会社を設立し、国策パルプに吸収（二十年）されたのちは常務・専務・副社長を務め、三十一年社長に就任した。同年には赤字続きの文化放送社長を兼務、早くも翌年には黒字を出す手腕を示した。三十二年フジテレビ、三十三年産業経済新聞社の社長を兼務してフジ＝サンケイ＝グループの基礎を築き、三十五年には産経新聞労組と三年間の労使平和維持協定を結んで注目を集めた。四十年には国鉄スワローズを買収してサンケイ＝スワローズと改称して社長に就任し、また日本フィルハーモニー交響楽団の理事長も務めた。経済同友会の結成に参加したのをはじめ、元共産党員としての経験を生かして労働対策にたけた異色の財界人として活躍、日本経営者団体連盟常任理事・経済団体連合会理事を務め、吉田茂首相・池田勇人首相の経済ブレーンとしても知られた。四十七年五月四日没。七十二歳。墓は神奈川県川崎市多摩区南生田の春秋苑にある。
（高村　直助）

みずのただくに　水野忠邦　一七九四―一八五一　江戸時代後期の老中で、天保の改革の指導者。遠江国浜松藩主。通称は於菟五郎、松軒・菊園と号する。寛政六年（一七九四）六月二十三日江戸に生まれる。肥前国唐津藩主水野忠光の次男。母は側室中川氏、名は恂（中川氏から大住氏の養女となる）。兄芳丸の死去により世子となる。文化四年（一八〇七）元服し、従五位下式部少輔に叙任せられた。九年八月、父忠光隠居のあとをうけて十九歳で唐津六万石を襲封し、和泉守となる。すぐに藩政改革の断行を宣言し、祖父忠鼎以来の改革を強力に推進しようとした。同時に幕府の要職に就くことを狙い、十二年十一月に幕閣への登竜門とされた奏者番となったが、唐津藩主は長崎警固役を課されていて、幕閣の一員となることができないので、転封して昇進するため盛んに運動を行なった。十四年九月念願の寺社奉行加役となり、左近将監に転じ、その翌日に浜松に所替となった。だが、内高が二十万石とされる唐津から内高と表高がさしてかわらない浜松への所替には、藩士の反対が強かったという。文政八年（一八二五）五月にみずから「青雲の要路」と称した大坂城代に昇進し、ついで九年十一月に京都所司代・侍従となり、十一年十月についに西ノ丸老中に昇任した。天保五年（一八三四）に本丸老中に転じ、八年三月には勝手掛、そして十年十二月には老中首座となり、幕政の最高責任者となった。忠邦は「内憂外患」の危機を認識していたと考えられるが、大御所徳川家斉在世中は「西丸御政事」と称されたように、家斉とその側近勢力が幕政の実権を掌握しており、幕政改革に着手することができなかった。しかし、十二年閏正月に家斉が死去しその葬儀などの一連の儀式を終えるや、実権を掌握した将軍徳川家慶の厚い信任のもとで、ただちに御側御用取次水野忠篤・若年寄林忠英・小納戸頭取美濃部茂矩のいわゆる

「三佞人」をはじめとする家斉側近勢力を処分し、他方で改革派を結集しつつ、五月十五日に天保の改革を宣言した。約二年余にわたり、「内憂外患」の危機に対応した幕政改革を断行し、幕藩体制の強化をはかったが、空前ともいえる苛酷な都市改革や年貢増徴に対する民衆の反発、上知令に対する大名・旗本らの抵抗、幕府財政危機の進行などから幕府内部で孤立し、十四年閏九月ついに罷免され、事実上改革政治は終了した。その後、翌弘化元年(一八四四)六月に老中に再任され首座となったが、かつてのような威権はなく、その上持病もあって欠勤がちのため、弘化二年二月に辞職した。九月には、在職中の政治責任を厳しく問われて領知二万石と居屋敷の没収、隠居・謹慎を命じられ、さらに十一月には、家督を嗣いだ子の忠精が、懲罰として出羽国山形への所替を命じられた。忠邦は、多方面にわたり才気を示したが、水戸藩主徳川斉昭の命をうけた藤田東湖が屋敷に赴いて十三ヵ条の伺いを一度に述べると、その順序通りに誤りなく指示を与え、その明敏さに東湖・斉昭も感服したという逸話が有名である。なお、緊張すると吃る癖があり、失態を演じることを恐れていたといわれる。忠邦の教養としては、侍講として塩谷宕陰を招くなど儒学を重視したが、所司代として京都にいたことなどから、特に蹴鞠・国学・和歌・雅楽などの公家文化に対する傾倒ぶりが特徴としてあげられる。光格天皇が笙の名器「鳴䑓」を忠邦に与えるように遺命したことなど、それをよく物語っている。幕府から蟄居謹慎を命じられた後は、おもに渋谷の下屋敷に住んだが、失意のうちに嘉永四年(一八五一)二月十日(公表は十六日)に五十八歳で没した。なお蟄居謹慎が幕府から赦免されたのは、二月十五日のことである。下総国結城山川(茨城県結城市山川新宿)の万松寺(現在は廃寺)に葬られた。法名は英烈院忠亮孝文大居士。室は酒井忠進の女。

参考文献 北島正元『水野忠邦』(『人物叢書』一五四)、角田音吉『水野越前守』、『結城市史』、藤田覚『水野忠邦—政治改革にかけた金権老中—』
(藤田 覚)

みずのただなか　水野忠央　一八一四—六五　江戸時代後期の紀伊国新宮城主(三万五千石)で江戸定府の紀州藩付家老。幼名鍵吉、通称藤四郎。元治元年(一八六四)八月より鶴峯と号した。従五位下土佐守。文化十一年(一八一四)十月一日江戸にて誕生。天保六年(一八三五)八月十六日父忠啓の隠居により家督を相続。嘉永五年(一八五二)十二月、隠居後も依然藩の実権を握り続けていた徳川治宝が没すると、直ちに忠央は同じ付家老の安藤直裕と連携して治宝の側近伊達宗広らを幽閉して藩権力を掌握した。彼は産業を育成し、洋式帆船丹鶴丸を造船したばかりか蝦夷島を探査させ、その開発をも企図していたという。また妹を将軍の側室とし、井伊直弼と謀って藩主慶福(家茂)を十四代将軍に就任させた。彼は文武を奨励し、みずからも文学を好んで国史・有職故実などの稀覯書などを集めた『丹鶴叢書』を編纂・刊行した。万延元年(一八六〇)六月幕府から隠居を命ぜられ、慶応元年(一八六五)二月二十五日五十二歳で没す。新宮城南の本広寺(和歌山県新宮市新宮)に葬られる。

参考文献 堀内信編『南紀徳川史』三・六、『新宮市誌』、『(紀伊)東牟婁郡誌』、『新宮市史』
(小山 誉城)

みずのただのぶ　水野忠誠　一八三四—六六　江戸時代後期の老中。駿河国沼津藩主。天保五年(一八三四)七月二十五日岡崎藩主本多忠考の四男として江戸浜町邸に生まれ、安政六年(一八五九)十二月二十日沼津藩主水野忠寛の婿養子となり、万延元年(一八六〇)十二月豊後守、文久二年(一八六二)閏八月忠寛が側用人罷免隠居したため家督相続、五万石を領し、出羽守と改めた。文久三年十月より元治元年(一八六四)十一月まで奏者番兼寺社奉行。第二回長州征討のとき、慶応二年(一八六六)六月十二日将軍徳川家茂の供奉を命ぜられて七月十二日大坂大念寺に着き、十三日、宮津藩主本荘宗秀の後任として老中に任命された。八月十一日先鋒総督徳川茂承差添えとして広島に出張、連日軍議に列したが病篤く、公用人水野伊織重教を大坂本陣に送って辞意を伝えさせたが慰留された。家茂死去に伴う撤兵中、九月十四日養父に先立って死去。嗣子なく家断絶を恐れて喪を秘し、病気として遺体を海路江戸に運び、十月二十七日末家の海軍奉行並支配水野忠敬に家督相続が許されてのち喪を発した。時に三十三歳。法名愿恭院。墓は東京都文京区小石川伝通院。沼津藩としては三人目の老中であったが、在封四年、見るべき治績はない。

参考文献 『(上総菊間)水野家譜』(東大史料編纂所所蔵)、沼津市立駿河図書館編『水野伊織日記—沼津水野藩側用人の記録—』(『沼津資料集成』一〇)
(金井 圓)

みずのただのり　水野忠敬　一八五一—一九〇七　幕末・維新期の駿河国沼津藩主・上総国菊間藩主。出羽守。通称、吉太郎。嘉永四年(一八五一)七月水野忠明の次男として生まれ、沼津藩主水野忠誠の養嗣子となる。慶応二年(一八六六)十月家督を継ぐ(五万石)。同三年江戸城大手門番となる。明治元年(一八六八)徳川慶喜追討が開始されるや、二月十三日尾張藩の指揮に従うことを誓約、同月二十五日勤王証書を提出した。二月二十九日には甲府城代に任ぜられ、朝命を奉じ、甲州方面の鎮定にあたった。同年五月沼津で謹慎中の林昌之助、および遊撃隊捕虜が脱走し、政府軍からその責任を追及され、甲府城代を罷免された。徳川宗家の駿河・遠江への移封に伴い、同年七月沼津から上総国菊間(二万三千石)に転封となる。二年六月菊間藩知事となり、四年七月廃藩置県により藩知事を罷める。同十七年子爵に叙せられる。同二十七年ごろから宮内省に出仕、御歌所参候を命ぜられる。同四十年八月十七日病死。五十七歳。墓は、東京都文京区小石川三丁目の伝通院にある。

参考文献 『水野忠敬家記』 （板垣 哲夫）

みずのただのり 水野忠徳 一八一五―六八 江戸時代後期の外国奉行。諱ははじめ忠篤、通称は甲子二郎、号は痴雲。文化十二年（一八一五）諏訪頼篤の次男に生まれ、文政五年（一八二二）水野忠長（高三百俵）の養嗣子となった。天保七年（一八三六）部屋住で小性組に番入りし、同九年学問吟味に乙科及第した。同十五年西ノ丸目付となり、使番・先手を経て、嘉永五年（一八五二）浦賀奉行に上り、筑後守を称した。翌年ペリー渡来直前に長崎奉行に転じ、安政元年（一八五四）には日英約定を結んだ。同年勝手掛勘定奉行に昇進し、高五百石に加増された。同四年長崎奉行を兼帯し、目付岩瀬忠震と長崎に出張して日蘭・日露追加条約を結んだが、帰府後田安家家老に移された。将軍継嗣問題ではあえて一橋党に与したが、なぜか黜罰は免れ、同五年外国奉行に転じ、翌六年神奈川奉行も兼ねた。同年ロシア士官暗殺事件の処理責任を問われて西ノ丸留守居（勘定奉行・軍艦奉行兼帯）に移されたが、引き続き外国御用を命じられた。文久元年（一八六一）外国奉行に再任され、小笠原島開拓を試みたが、翌二年公武合体策に反対したため箱館奉行に左遷され、これを機に隠居した。しかし政界の裏面ではなお活動し、同三年の小笠原長行の率兵上京に同道までしている。明治元年（一八六八）七月九日、憤激のなかに病死した。享年五十四。墓は東京都中野区上高田一丁目の宗清寺にある。

参考文献 『水野忠徳事蹟』（東大史料編纂所蔵）、中根雪江『昨夢紀事』（『日本史籍協会叢書』）、「昌平学科名録（其二）」（『江戸』一三）、福地源一郎『幕末政治家・懐往事談』（『続日本史籍協会叢書』） （三谷 博）

みずのとしかた 水野年方 一八六六―一九〇八 明治時代の日本画家。慶応二年（一八六六）正月二日、江戸神田山本町の左官職の家に生まれる。通称粂次郎。初め月岡芳年に入門、浮世絵を学ぶ。一時山田柳塘に就いて陶器画を描くが再び芳年のもとで研鑽し『大和新聞』『新小説』『都の花』などに多くの挿絵を担当し明治の新聞挿絵に一生面を開く。岡倉天心に認められて日本青年絵画協会に入り、明治三十一年（一八九八）日本美術院の創立後は審査員に挙げられる。三島蕉窓や渡辺省亭にも学び風俗美人画を描くが、晩年は歴史画を志向し、代表作に「佐藤忠信」「岩清水」がある。歌川国芳・月岡芳年と続く歌川玄冶店派をつぐ。門下から鏑木清方・池田輝方・池田蕉園・荒井寛方らの俊才が輩出した。明治四十一年四月七日、四十三歳で没した。墓は東京都台東区の谷中墓地にある。法名は色雲院空誉年万居士。

参考文献 『日本美術院百年史』一上 （細野 正信）

みずのとらじろう 水野寅次郎 一八五四―一九〇九 明治時代の政治家。安政元年（一八五四）八月八日、高知藩士水野幾七の長男に生まれる。立志社に加わり、明治十年（一八七七）西南戦争に呼応しようとした立志社の獄で捕らえられたが無罪放免となった。その後、共行社を組織して社長となり立志社と行動をともにしたが、十三年十月、十六名連署の分離状を送って絶縁。上京して内務省御用掛となり、ついで和歌山県少書記官に転じた。十五年、辞職して『東京曙新聞』社長となり、『東洋新報』と改題。政府擁護の立場をとり、同年三月、福地源一郎・丸山作楽と立憲帝政党を結成した。十六年解党後、三等警視、小石川署長などをつとめた後、二十四年、第一次松方内閣の内閣書記官となった。二十九年、奈良県知事に就任し、三十二年まで在任。以後、官界を退いて帰郷し、日露戦争の終結にあたっては非講和論を主張した。四十二年六月下旬、五十六歳で病没。 （大日方純夫）

みずのなおし 水野直 一八七九―一九二九 明治から昭和時代前期にかけての政治家。貴族院議員。明治十二年（一八七九）一月五日生まれる。旧紀州新宮藩主水野忠幹の五男。同十七年旧下総結城藩主水野忠愛（子爵家）の養嗣子となり、同年十二月家督相続。同三十六年東京帝国大学法科大学卒業。翌三十七年貴族院子爵互選議員に当選、研究会に属した。大正期にはいって幹部クラスとして活動するようになり、原内閣と研究会の提携には青木信光・小笠原長幹らとともに主役を演じた。水野ら若手有爵議員の台頭によって、初期議会以来、官僚出身勅選議員優位のもとに推移していた研究会の指導体制は、有爵議員優位に変動するに至った。会勢もこの時期に伯爵議員・男爵議員を取り込み、百四十名を越すに至った。積極的な政権分担政策はついに研究会内閣（清浦内閣）成立を生みだすことにもなった。水野は大正九年（一九二〇）韜晦して一時議員を辞したが、同十一年補欠選挙に立候補、当選し再び第一線で活動し始めた。大正十四年陸軍政務次官。昭和四年（一九二九）四月三十日死去。五十一歳。墓は東京都府中市の多磨墓地にある。

参考文献 川辺真蔵『大乗乃政治家水野直』 （酒田 正敏）

みずのひろのり 水野広徳 一八七五―一九四五 明治から昭和時代にかけての海軍軍人で平和主義者。明治八年（一八七五）五月二十四日、旧松山藩士水野光之の次男として、愛媛県和気郡広町（松山市三津三丁目）に生まれ、松山中学校を経て、三十一年海軍兵学校卒業。三十三年海軍少尉。水雷艇の艇長として日露戦争に参加。戦後軍令部出仕として『明治三十七八年海戦史』の編纂に従事。その間に書いた日本海海戦の戦記『此一戦』は、明治四十四年刊行されてベストセラーとなる。大正五年（一九一六）から六年にかけて私費で第一次世界大戦最中の欧米に留学し、戦争に対する批判をもつ。大正七年大佐にすすみ、海軍文庫主管となったが、八年から九年にかけて、再度欧米に私費留学し、平和主義思想を抱き、大正十年『東京日日新聞』に「軍人心理」を寄稿して、その民主主義的主張が問題となり、予備役に編入される。退職後は軍事評論家として、軍縮を主張し、大正十一年九月、衆議院議員尾崎行雄・島田三郎、東洋経済新報社の石橋湛山、陸軍少将河野恒吉らとともに軍備縮小同志会を結成した。その後も反戦・平和・軍部大臣現役武官制廃止を主張して論陣を張り、また『次の一戦』『戦影』『無産階級と国防問題』などの著書を刊行した。満洲事変後も平和主義の立場を守り、昭和七年(一九三二)太平洋戦争を予測した日米未来戦物語である『興亡の此一戦』を書いたが発売禁止となった。昭和八年八月、極東平和友の会の創立に加わったが解散させられた。日中戦争が始まると言論活動も次第に困難となり、十五年論文「戦争と政治」を載せた雑誌『海軍』も発売禁止となった。敗戦直後に疎開地の愛媛県大島で発病し、二十年十月十八日、今治で死去した。七十一歳。墓は松山市柳井町三丁目の蓮福寺にある。平和主義者としての活動を再開しようとする矢先であった。困難な条件の中にあって、反戦平和の信念を貫いた人物として評価されている。

参考文献 松下芳男『水野広徳』、水野広徳著作刊行会編『反骨の軍人・水野広徳』
（藤原　彰）

みずのようしゅう 水野葉舟 一八八三―一九四七 明治から昭和時代にかけての詩人、歌人、評論家。本名盈(みつ)太郎(たろう)。別号蝶郎。明治十六年(一八八三)四月九日、農商務省官吏水野勝興の長男として東京下谷(台東区)に生まれた。明治三十三年東京新詩社に入会、機関誌『明星』に詩・短歌を発表、高村光太郎と知り合う。三十八年早稲田大学政治経済科卒業。翌年出版した詩文集『あらゝぎ』で、小品文の新境地を開拓、小品文作家として盛名を得て『響』(四十一年)などの小品集を刊行。四十一年発表の小説『おみよ』、四十二年刊行の短編集『微温』などで自然主義作家の一人として認められた。大正四年(一九一五)、小品選集『草と人』、詩集『凝視』を刊行。大正中期、ローマ字運動・民俗研究・翻訳など多岐にわたって活動したが、十三年千葉県印旛郡遠山村(成田市)に隠棲し農耕と著述に従事、小品集『村の無名氏』(昭和十一年(一九三六))、歌集『滴瀝』(同十五年)などを残した。昭和二十二年二月二日没。六十五歳。墓は東京都府中市の多磨墓地にある。

参考文献 吉田精一『自然主義の研究』下、岡野他家夫「水野葉舟と初期の作品」(『日本近代文学』一三)
（田中　保隆）

みずのれんたろう 水野錬太郎 一八六八―一九四九 明治から昭和時代前期にかけての内務官僚、政治家。明治元年(一八六八)正月十日秋田藩士水野立三郎の長男として江戸に生まれる。明治二十五年帝国大学を卒業、二十六年農商務省に試補として採用され、二十七年内務省に移る。参事官・内相秘書官などを経て三十年欧米に出張、帰国後著作権法案の起草に従事した。三十七年神社局長兼内相秘書官となり、四十一年参事官兼内相秘書官となる。欧米出張を経て四十三年土木局長となり、四十四年地方局長を兼ねた。大正元年(一九一二)一旦退官し貴族院議員に勅選された後、二年二月内務次官となり三年四月まで在任した。貴族院議員としては昭和二十一年(一九四六)まで在職。大正五年十二月内務次官に復し、七年四月寺内内閣に内務大臣として入閣した。七年九月同内閣退陣に伴い内相を退任、八年八月朝鮮総督府政務総監に就任し斎藤実総督を補佐した。十一年六月加藤友三郎内閣に内務大臣として入閣し十二年九月まで在任、清浦内閣にも内務大臣として入閣し十三年一月から六月まで在任した。十五年立憲政友会に入会、ついで昭和二年六月田中義一内閣に文部大臣として入閣したが、久原房之助の入閣に反対して辞任した。この時の水野に対する天皇の勅諚は翌年貴族院で問題化し、田中内閣動揺の一因となった(水野文相優諚問題)。十年五月内閣審議会委員就任をめぐって政友会を除名される。十五年七月から二十一年一月まで協調会会長を務め、二十年十二月「A級戦犯」容疑者として逮捕されたが、二十二年九月釈放された。二十四年十一月二十五日死去。八十二歳。大正末期から昭和初期にかけての政友会系内務官僚の巨頭として知られる。

参考文献 戦前期官僚制研究会編・秦郁彦著『戦前期日本官僚制の制度・組織・人事』、新山虎治編『水野錬太郎閣下と其故郷』、松波仁一郎編『(水野博士古稀記念)論策と随筆』
（佐々木　隆）

みずはらしげる 水原茂 一九〇九―八二 戦後日本を代表するプロ野球の名監督。明治四十二年(一九〇九)一月十九日、父庄八、母文江の子として香川県高松市に生まれる。高松商業から慶大に進学。早慶戦で早大応援団から投げこまれたリンゴを投げ返し騒動となった「リンゴ事件」の当事者など、学生時代から華やかな存在であった。慶大卒業後、ベーブ・ルース来日に触発されて結成された全日本軍に参加、それを母体に誕生したプロ野球チーム巨人軍の前身、大日本東京野球倶楽部の主力選手となった。プロ入り後は、名三塁手として鳴らしたが、昭和十七年(一九四二)、応召、満洲で終戦。シベリア抑留を経て同二十四年に帰国、翌二十五年、巨人の監督となった。巨人、東映(現日本ハム)、中日を率いて、通算二十一年の監督生活中、リーグ優勝九回、日本一五回、千五百八十六勝(歴代四位)の大記録を達成した。大胆な選手起用によって「勝負師」と呼ばれ、またスタイリストで、アメリカ直輸入のブロックサインを日本で最初に採用するなど、大リーグの方式も積極的にとり入れた。五十二年、野球殿堂入りしている。五十七年(一九八二)三月二十六日没。七十三歳。墓は横浜市鶴見区鶴見の総持寺にある。

参考文献 水原茂『華麗なる波乱―わが野球一筋の歩み―』(『野球殿堂シリーズ』)
（池井　優）

みずはらしゅうおうし 水原秋桜子 一八九二―一九八一 昭和時代の俳人。本名豊。明治二十五年(一八九二)十月九日、東京で生まれた。父は水原漸(すすむ)。水原家は産婦人科医。東京高等師範学校の附属小学校から独協中学を経て第一高等学校に入学。東京帝国大学医学部を卒業した。

自宅の病院を経営、一時、昭和医学専門学校教授・宮内省侍医寮御用掛をつとめた。一高時代、文学、特に短歌に関心を持った。大学卒業後、血清化学研究所に入り、その時期、短歌を試作、同時に松根東洋城の『渋柿』の句会に出た。短歌は窪田空穂系の歌会に出、「歌は調べなり」と教えられた。俳句は別に高浜虚子の『ホトトギス』に関心を持っており、大正十年(一九二一)から投句、例会にも出席するようになった。大正十一年四月、中田みづほの主唱によって東大俳句会を復活、参加、山口誓子らと技を競った。短歌的な抒情を俳句で活かすことに意を注ぎ、空穂の「調べ」論を俳句に試みた。昭和初年に至り、虚子が物の微細な部分を描写する作風を推すようになったのに抗して「自然の真と文芸上の真」と題した文章を『馬酔木(あしび)』昭和六年(一九三一)十月号に発表。『ホトトギス』を離れ、清澄、甘美な俳句世界を展開した。この試みは若い俳人層の支持を得、やがて「新興俳句運動」と呼ばれる革新運動となった。運動の一部が無季俳句化した折には有季定型を守ることに努めた。句集『葛飾』ほか。「啄木鳥や落葉をいそぐ牧の木々」。日本芸術院会員。昭和五十六年七月十七日没。八十八歳。

参考文献　倉橋羊村『秋桜子とその時代』　（松井　利彦）

みずまけんぞう　三潴謙三　一八五二―九四　明治時代前期の医師。謙造・健作・守中・玄寿などを称す。嘉永五年(一八五二)正月十九日、米沢の医師の家に生まれる。父の白圭が安政五年(一八五八)に没し、父の門人であった我妻貞哉を後見人として育つ。同六年、米沢興譲館に入学し漢籍を学ぶ。その後、明治二年(一八六九)八月まで米沢の医学校で学び同三年、東京に出て大学東校に入学してミュルレル・ホフマンの指導を受ける。同八年に卒業、同年二月二十八日より東京病院勤務を命ぜられ、シュルツェの助手として診療を行う。この時、シュルツェの指導でジフテリアの病原と治療法について研究、ジフテリアの伝染経路や予防法を明らかにした。同九年一月から警視庁病院に勤務し、デーニッツの助手となる。同十年、西南戦争の際に九州へ出張。同年十一月に警視第一病院副長となる。同十二年、最初の東京地方衛生会委員に任命され、同年のコレラ流行時には避病院長を務めた。その後、芝警視病院長、東京医術開業試験委員、医師会東京芝支部副長を歴任。明治二十七年十二月二十九日、東京で没した。四十三歳。法名は天真院恭道宣謙居士。墓は東京都港区白金の興禅寺にある。明治十二年に勲五等に叙せられている。

参考文献　三潴信三「三潴謙三伝」(『中外医事新報』一一七五)、山崎佐「「ヂフテリア」病原と三潴謙三先生」(同)　（高安　伸子）

みずまちけさろく　水町袈裟六　一八六四―一九三四　明治から昭和時代にかけての財政官僚、銀行家。元治元年(一八六四)三月十一日、佐賀藩士水町邦実の次男として生まれる。明治二十二年(一八八九)帝国大学卒業後大学院に進み、二十四年八月大蔵省に入り、三十六年理財局長、四十年五月から四十一年六月まで大蔵次官。英仏駐在の後四十四年六月から大正八年(一九一九)三月まで日本銀行副総裁。一時横浜正金銀行頭取を兼ね、十三年三月から昭和四年(一九二九)十一月まで会計検査院長。九年七月十日、七十一歳で没するまで枢密顧問官。　（西村紀三郎）

みせしゅうぞう　三瀬周三　一八三九―七七　江戸時代後期の蘭方医。幼名は弁次郎のちに周三。字は修夫、諱は諸淵(もろぶち)。天保十年(一八三九)七月一日、伊予国大洲に生まれる。大洲で玉田三治・常盤井仲雄に師事し、四書と国学を学ぶ。十一歳のころ、父母を亡くし義兄の世話を受けていたが、安政二年(一八五五)正月、義理の叔父にあたる二宮敬作に師事するため卯之町(愛媛県東宇和郡宇和町)に移る。卯之町で二宮から医学を、村田蔵六(大村益次郎)から蘭語を学ぶ。同三年、二宮が再来日するシーボルトを迎えるため長崎へ赴く際に同行し、そのまま長崎にとどまりシーボルトに師事。シーボルトの嫡男アレクサンデルに日本語を教授し、シーボルトの江戸参観にも同行するなど信任を受けた。しかし、シーボルトの日本研究のために日本の史籍を翻訳したことなどを理由に文久二年(一八六二)に投獄。元治元年(一八六四)八月に出獄して帰郷、大洲藩主より士方を与えられた。同年十一月、宇和島で蘭学と産科を教える。慶応元年(一八六五)英国公使パークスが宇和島を訪れた時に藩命により応接。同三年十一月、幕府の命により大坂へ出たが維新となり、大坂医学校兼病院の創設に関与。明治四年(一八七一)大学東校の規模改革に際して東京に招かれた。同六年、大阪に戻り病院を経営。同十年十月十九日、コレラにより没した。三十九歳。墓は愛媛県大洲市西大洲の大禅寺。法名竜雲院殿周天諸淵居士。妻はシーボルトの孫の楠本たか子。著書は『蘭語翻訳の鍵』『独英蘭対訳集』などがある。大正十五年(一九二六)九月贈正五位。

参考文献　呉秀三『シーボルト先生』三(『東洋文庫』一一七)、中野操『大阪蘭学史話』、長井音次郎『二宮敬作・三瀬諸淵』(『愛媛県先哲偉人叢書』二)　（高安　伸子）

みぞぐちけんじ　溝口健二　一八九八―一九五六　大正・昭和時代の映画監督。明治三十一年(一八九八)五月十六日東京市本郷区湯島に生まれる。大正九年(一九二〇)日活向島撮影所に監督助手として入所。同十二年「愛に甦へる日」がデビュー作。戦前・戦後を通じてもっぱら苛烈な社会の中で生き抜く女性を描き続け、対象を突き放した厳しいまなざし、細部をゆるがせにしない徹底した映画づくり、移動撮影を多用したワンショット＝ワンシーンの力強い映像スタイルで映画界内外から広く尊敬をあつめた。戦前の代表作は、日本映画における自然主義リアリズムの誕生と絶賛された「浪華悲歌(なにわエレジー)」「祇園の姉妹」(ともに昭和十一年(一九三六))のほか、「滝の白糸」

(八年)、「愛怨峡」(十二年)、「残菊物語」(十四年)などがあり、戦後は「西鶴一代女」(二十七年)、「雨月物語」(二十八年)、「山椒大夫」「近松物語」(二十九年)といった古典に材をとったもので海外にまで名声を馳せた(前三作でヴェネチア映画祭三年連続入賞)。昭和二十八年紫綬褒章を受章。三十一年八月二十四日、骨髄性白血病のため没。五十八歳。東京都大田区池上の本門寺に葬られた。京都市左京区岡崎法勝寺町の満願寺に「溝口健二の碑」(分骨)がある。

参考文献 津村秀夫『溝口健二というおのこ』、依田義賢『溝口健二の人と芸術』、佐藤忠男『溝口健二の世界』、新藤兼人『ある映画監督―溝口健二と日本映画―』(『岩波新書』青九六二)、四方田犬彦編『映画監督溝口健二』 (宮本 高晴)

みそらひばり 美空ひばり 一九三七―八九 昭和時代の歌手。本名加藤和枝。魚小売商の長女として、昭和十二年(一九三七)五月二十九日に横浜市鶴見区で生まれた。幼児のころから歌をうたうことがうまかった。父母は芸事が好きだったので、父が小編成の楽団を作って、ひばりが歌手としてうたう環境を作った。七、八歳のころには町内会の催しなどでうたって近隣の人に知られるようになった。それは太平洋戦争末期から、日本の敗戦で平和が回復したころだった。荒廃した街には娯楽がとぼしかった。当時の娯楽の中心はＮＨＫのラジオが中心だった。昭和二十三年にひばりはＮＨＫの素人のど自慢大会に応募したが、うますぎて一部の審査員から気味がわるいなどといわれて落選した。翌二十四年に、横浜国際劇場で少女歌手としてデビューして多くの人々の喝采を得た。流行歌手笠置シヅ子の公演には前歌をうたって出演し、歌手としての経験を積んだ。同年コロムビアレコードに入社して「河童ブギ」を録音して好評だった。折からレコードの録音が改善され、やがて生々しいハイファイ録音になった。ひばりはその録音のトップ歌手として「りんご追分」や「越後獅子の唄」などで高い人気を得た。映画にもたびたび出演し、うたうスターとして多くの日本人に知られた。昭和四十年に「柔(やわら)」でレコード大賞を受賞。同三十七年俳優小林旭と結婚したが、二年後に離婚した。ひばりは第二次世界大戦後の日本の復興を代表する歌手だった。平成元年(一九八九)六月二十四日、東京都文京区本郷三丁目の順天堂医院で没。五十二歳。死後、国民栄誉賞を贈られた。 (加太こうじ)

みたさだのり 三田定則 一八七六―一九五〇 明治から昭和時代前期にかけての法医学者、わが国の血清学の確立者。医学博士。明治九年(一八七六)一月二十七日盛岡に、関定昌の三男として生まれ、三田俊次郎(岩手医大創設者)の養子となる。東京帝国大学医科大学卒。医化学教室を経て法医学教室で研究し、欧州で血清学を学ぶ。大正七年(一九一八)、東京帝大医科大学血清化学(のち血清学)講座の初代教授に就き、同十年法医学講座の教授(二代目)を兼担、ともに昭和十一年(一九三六)の定年退職にまで及んだ。その後台北帝国大学に新設の医学部の学部長(のち同大総長)となり、十七年辞任後は岩手医学専門学校長に就き、第二次世界大戦後これを医科大学に昇格させた。帝国学士院会員。血清化学・血清病理学に関する業績は今日の免疫学の基盤となり、また窒息論など実験法医学の分野で功績がある。著書に『実用法医学』『血清学領域に於ける新知見』などがある。昭和二十五年二月六日没。七十四歳。青山墓地(東京都港区)に葬り、盛岡の報恩寺(盛岡市名須川町)に分骨。法名は、尚絅院殿哲心定則大居士。

参考文献 古畑種基「三田定則先生」(『日本医事新報』一三〇九) (長門谷洋治)

みたにたかまさ 三谷隆正 一八八九―一九四四 大正・昭和時代の教育者、無教会キリスト信者。明治二十二年(一八八九)二月六日、神奈川県神奈川青木町(横浜市)に父宗兵衛と母こうの長男として生まれる。六歳の時東京に移り、同四十年第一高等学校に入学。在学中、当時の校長新渡戸稲造に私淑し、その紹介により内村鑑三に師事、同門の畔上賢造・塚本虎二・藤井武・高木八尺・南原繁・矢内原忠雄らと親交を結ぶ。大正四年(一九一五)東京帝国大学英法科を卒業、第六高等学校教授として岡山に赴任、大正の末年職を辞し上京、昭和四年(一九二九)第一高等学校教授となり、すぐれた人格と思想・信仰により学生に深い影響を与えた。病気のため昭和十四年教授の職を辞し講師となったが、十七年辞任。十九年二月十七日、東京三鷹の自宅にて没す。五十六歳。墓は東京都府中市の多磨墓地にある。内村門下の無教会人士の中では純粋な学究肌であったが、教会とも交流し、岡山時代には日本基督蕃山町教会、上京後は千駄ヶ谷教会の長老をつとめた。『三谷隆正全集』全五巻が刊行されている。

参考文献 南原繁他編『三谷隆正―人・思想・信仰―』 (中沢 洽樹)

みたむらあきのり 美田村顕教 一八四九―一九三一 明治・大正時代の薙刀術師範。通称岡之助、八重垣と号した。嘉永二年(一八四九)十一月四日丹波国桑田郡亀山(京都府亀岡市)に亀山藩士美田村隼人正農の子として生まれた。安政六年(一八五九)家督を継ぐ。知行高三百石。文久三年(一八六三)以後の京都争乱に際しては、藩命によりしばしば鎮定のため出動を重ねた。明治四年(一八七一)廃藩以後は各種の実業を試みること十余年、いずれにも成功せず、ついに自己の特技たる武術教育を考えるに至った。顕教は幼少から広く武術を修め、特に天道流兵法は十歳から藩の師範役下河原一弘につき修行したのである。彼は明治十八年、同志と計り、郷里亀岡に生徳社という教場を設け、自身は天道流の剣術・薙刀術の指南を始めた。その風聞は広まり、明治二十三年には山階宮晃親王の望みにより、薙刀術を台覧に供している。同二十四年下河原一霍から天道流兵法の皆伝を受け、やがて京都にも出張教授するようになった。同二十八年、京都に大日本武徳会が設立されると、顕教はその発展に協力し、大正三年（一九一四）には同会薙刀術教授を依嘱され、また次第に同志社高女・京都府立第二高女・同第一高女・滋賀県立女子師範・同県立大津高女などにも薙刀術を教授した。大正十三年大日本武徳会から薙刀術範士の称号を受領。昭和六年（一九三一）一月十日京都市左京区岡崎の自邸で没。年八十三。郷里京都府南桑田郡亀岡町上矢田（亀岡市上矢田町）神祭墓地に葬る。顕教が近代における女子薙刀術の作興に尽くした功績は著しい。

参考文献 美田村邦彦『大日本薙刀道教範』 （島田 貞一）

みたむらえんぎょ 三田村鳶魚 一八七〇—一九五二 明治から昭和時代にかけての考証・随筆家。本名玄竜（げんりゅう）。明治三年（一八七〇）三月十七日武州八王子（東京都八王子市）の織物業三田村善平の次男として生まれる。幼年時代に出家したが、兄の死により還俗した。三多摩壮士として自由民権運動に参加したり、『報知新聞』や雑誌『日本及日本人』に関係したりしたこともあるが、明治末期から考証の分野で足跡を残した。歴史上の人物を新しい角度で見る『元禄快挙別録』（明治四十三年刊）や『伊賀の水月』（大正七年（一九一八）九月『日本及日本人』秋季臨時増刊掲載）のような史実考証、『芝居うらおもて』（大正九年刊）のような考証的劇評、『江戸生活のうらおもて』（昭和五年（一九三〇）刊）、『江戸ッ子』（同八年刊）などに始まる江戸風俗考証に一時代を画した。『大衆文芸評判記』（同八年刊）で大衆文学作家の時代考証を痛烈に批判したことは有名。昭和十三年に『江戸読本』を創刊、主宰したが、第二次世界大戦の終戦後、昭和二十七年五月十四日、山梨県で孤独のうちに没した。八十二歳。『三田村鳶魚全集』全二十七巻別巻一巻がある。 （興津 要）

みたむらしろう 三田村四郎 一八九六—一九六四 昭和時代の社会運動家。本名は四朗、筆名は小泉保太郎・野村襄二。明治二十九年（一八九六）八月二十五日、金沢市尻垂坂通に生まれる。父富三郎、母リウの四男。高等小学校高等科二年中退、大阪の川口商業学校（夜学）卒業。大阪・東京で各種の職業に従事、大正六年（一九一七）大阪府巡査となったが、社会主義思想に開眼、八年五月服務規律違反で懲戒免職となる。直ちに上京、印刷職工となり、暁民会に加入、翌年日本社会主義同盟に参加した。この間結婚して一児をもうけたが妻に逃げられ、二児を抱えた九津見房子と再婚、大阪に移り、逸見直造の借家人組合を助ける。日本労働総同盟に加入、大阪印刷労働組合を結成、執行委員になり、十四年の日本労働組合評議会結成に際し組織部長に、十五年政治部長になり、浜松の日本楽器争議には細胞組織を作って指導したが惨敗した。同年十月共産主義グループに参加、神戸地区責任者に、十二月の日本共産党再建大会で中央委員候補に、中央委員のモスクワ行きの昭和二年（一九二七）—十一月、留守中央委員となる。年末に北海道地方委員長になり、三・一五事件後は渡辺政之輔・鍋山貞親と党を再建、組織部長に就任、理論機関誌『マルクス主義』を再刊した。この間十月二日、逮捕に来た警官にピストルを発射して逃れたが、四年四月二十九日、四・一六事件に関連して赤坂田町の待合で逮捕された。六年、両事件の統一公判で「治安維持法駁撃」の代表陳述を行い、七年十月の第一審で無期懲役の判決を受ける。佐野学・鍋山の転向声明に続いて転向、九年五月、懲役十五年の控訴審判決を受け下獄、十八年十月刑期満了したが予防拘禁に付され、二十年十月、占領政策で釈放された。日本共産党への再入党を希望したが、元警察官・転向歴のため認められなかった。翌年七月民主人民連盟中央常務評議員に、十月労働戦線統一のため日本労働組合会議結成を推進、事務局員になったが間もなく離任、二十四年二月民主労働者協会を設立、会長となり、『民主労働者』『週刊社会運動通信』などを発刊、このころ日本社会党に入党、東京都連合会の労働対策部長となり、二十六年の社会党分裂には右派に属したが間もなく離党した。二十七年七月職場防衛連絡協議会（三田村学校）を結成、職場防衛運動、反共労働運動を推進、三十五年の三池争議では三池労組民主化同盟を組織、第二組合結成の原動力となる。晩年は人権擁護調査会常任理事も勤めた。三十九年六月二十日、肺癌で死去。六十七歳。墓は東京都小平市の小平霊園にある。著書に『左翼労働組合運動』がある。

参考文献 松尾尊兊編『社会主義沿革』二（『続・現代史資料』二）、山辺健太郎編『社会主義運動』四（『現代史資料』一七）、『日本社会党都本部四十年史』、牧瀬菊枝編『九津見房子の暦』、大竹一燈子『母と私』、安田徳太郎『思い出す人びと』 （神田 文人）

みついさきち 満井佐吉 一八九三—一九六七 大正・昭和時代前期の陸軍軍人。福岡県出身。明治二十六年（一八九三）五月五日生まれ。蒲生佐吉の次男。満井家の養嗣子となる。陸軍士官学校第二十六期生。大正十三年（一九二四）陸軍大学校卒業後、陸軍省軍務局課員、参謀本部員、ドイツ駐在、陸軍省新聞班員、陸軍大学校教官とエリートコースを進んだが、昭和十年（一九三五）相沢事件（相沢三郎中佐が永田鉄山軍務局長を斬殺した事件）の軍法会議では特別弁護人を勤め、ついで二・二六事件に連座し、同十二年禁錮三年の刑を受け免官。昭和十七年から二十年末までいわゆる翼賛選挙により衆議院議員。昭和四十二年二月十六日没。七十三歳。

参考文献 日本近代史料研究会編『日本陸軍の制度・組織・人事』、菅原裕『相沢中佐事件の真相』 （森松 俊夫）

みついたかやす 三井高保 一八五〇—一九二二 明治・大正時代の実業家。三井銀行社長として三井事業の発展に尽くす。嘉永三年（一八五〇）五月二十六日、北家八代三井高福の六男に生まれる。明治元年（一八六八）二月室町家三井高良の養子となり家督を相続した。幼名を宸之助、明治十七年高保と改名。明治九年三井銀行へ入行、二十年には銀行会社視察のため欧米に出張、二十四年八月高喜に代わって三井銀行総長に就任し、中上川彦次郎を副長に登用して銀行経営の刷新にあたった。大正九年(一九二〇)一月三井銀行社長を辞任。なお四年には男爵を授けられている。大正十一年一月四日没。七十三歳。墓は、京都市左京区浄土寺真如町の真正極楽寺にある。法名は、扶木院殿華萼宗熙大居士。

参考文献　三井文庫編『三井事業史』本篇二、三井高棟伝編纂委員会編『三井八郎右衛門高棟伝』、『三井銀行八十年史』　（杉山　和雄）

みついたかよし　三井高喜　一八二三―九四　幕末・明治時代前期の三井同族の重鎮。創業期三井銀行の重役。文政六年(一八二三)九月二十一日南家五代高英八男(庶出)として生まれ、幼名八十助。天保三年(一八三二)二月南家に入り、同十二年四月北家に入家し高福の義弟となり、さらに小石川家に入家し高益の養子となる。弘化四年(一八四七)三月同家の家督を相続して三郎助と改名した。幕末・維新期、総領家高福・高朗とともに困難な三井同族と大元方経営で指導的役割を果たし、幕府時代の政商三井より明治新政府の政商に転じ、近代の三井財閥の基礎を築いた。明治元年(一八六八)五月会計官御掛屋頭取となり、苗字帯刀を許された。同六年三井組・小野組共同による第一国立銀行の取締となり、さらに同九年三井銀行の創立後、重役として新政府に財政・金融面で貢献、同十二年同行副長、同十八年総長として経営の一切を統轄した。なお明治以降の三井同族組織の改正、維持に努め、同族中でも三井銀行や大元方の実情に精通していた。同二十年十一月隠居し、高喜を通称し、同二十六年正五位に叙せられ、翌二十七年三月十一日没。享年七十二。法名宗喜。江戸の生活が多く、東京真盛寺(杉並区梅里一丁目)と京都真如堂(左京区浄土寺真如町の真正極楽寺)に葬る。

参考文献　三井文庫編『三井事業史』本篇二、同編『稿本三井家史料』小石川家第七代三井高喜、『三井銀行八十年史』　（中田　易直）

みついたかよし　三井高福　一八〇八―八五　幕末・明治時代前期の実業家。幕末維新の動乱期に三井家同族を統轄して三井財閥の基礎をつくる。文化五年(一八〇八)九月北家七代高就の長男に生まれる。天保六年(一八三五)五月家督を相続、同八年八月八郎右衛門(十三代)を襲名した。同苗家数を縮減するなど家制改革につくすとともに、横浜店や御用所を開設するなど新事業へ進出した。また朝幕両勢力の動向を見きわめ、王政復古令の発布を機にいち早く新政府への協力を表明、三郎助(高喜)に金穀出納所御用達をつとめさせた。みずからは御東幸金穀出納取締、通商司為替会社幷御貸付方総頭取、新貨幣為替方などに就任し、政府の金融政策との結びつきをつよめ、明治七年(一八七四)五月為替バンク三井組を開業、九年七月三井銀行を設立し、初代総長となった。この間三野村利左衛門を抜擢し重用したことは有名であるが、晩年には三野村による三井家制改革の再修正を指導した。十一年十一月長男の高朗に家督を譲り、十八年十二月二十日没した。七十八歳。墓は京都市左京区浄土寺真如町の真正極楽寺にある。円満な性格で、よく人の言をいれる統帥の才にとむ人物であった。

参考文献　『三井銀行八十年史』、三井文庫編『三井事業史』本篇一・二、三井高棟伝編纂委員会編『三井八郎右衛門高棟伝』　（杉山　和雄）

みついはちろうじろう　三井八郎次郎　一八四九―一九一九　明治・大正時代の実業家。名は高弘。三井物産社長として三井事業の発展に尽くす。嘉永二年(一八四九)四月七日北家八代三井高福の五男に生まれる。翌年五月南家高愛の養子となり、六年五月家督を相続。明治三十四年(一九〇一)七月元之助(高寛)に代わって三井物産社長に就任し、積極的な経営方針のもとに総合商社化を推進。大正三年(一九一四)七月社長を辞任。美術工芸を好み、内国勧業博覧会審査官や帝室博物館鑑査委員をつとめた。明治四十四年八月男爵を授けられる。大正八年九月三十日没。七十一歳。

参考文献　三井文庫編『三井事業史』本篇二・三、三井高棟伝編纂委員会編『三井八郎右衛門高棟伝』　（杉山　和雄）

みつかわかめたろう　満川亀太郎　一八八八―一九三六　大正・昭和時代前期の右翼理論家。明治二十一年(一八八八)一月十八日大阪に生まれる。早稲田大学中退後、ジャーナリズムの世界に入る。大正三年(一九一四)軍国主義的な雑誌『大日本』の編集長となり、各界の著名人と交わる。大正七年、みずから中心となって老壮会を結成し、軍人、民間右翼の結集をはかった。翌年、この中から大川周明ら、より右翼的かつ実践的な人々を糾合し、猶存社を創設した。ここに北一輝が加わり、北が上海で書いた『国家改造案原理大綱』を綱領とし、活動を始めた。猶存社は日本における最初のファシズム的結社とされ、宮中某重大事件などで暗躍したが、やがて解散。満川は、北一輝と訣別した大川周明とともに、大学寮で東洋事情などを講じ、大正十四年には行地社を結成した。『奪はれたる亜細亜』はじめ、著述を数こなし、黒人関係・有色人種問題など、右翼陣営ではユニークな著作が目立つ。大正末期から、拓殖大学に職を得、東洋事情などを講義していたが、政治的には大川周明グループと距離をおくようになった。昭和六年(一九三一)興亜学塾を創設したが、活動の主体は、もっぱらパンフレットの刊行や雑誌などへの寄稿で、一般雑誌にも頻繁に登場するようになった。昭和十一年五月十二日、四十九歳で死去。自伝『三国干渉以後』は、大正期の国家主義運動の一面を描いて評価が高い。

参考文献　今井清一・高橋正衛編『国家主義運動』一(『現代史資料』四)　（鈴木　正節）

みつくりかきち　箕作佳吉　一八五七―一九〇九　明治時代の動物学者。安政四年(一八五七)十二月一日、江戸鍛冶橋(東京都千代田区)の津山藩邸にて生まれる。父は津山藩医箕作秋坪。明治四年(一八七一)慶応義塾に入学したが、翌年退学し、大学南校に入りなおす。明治六年南校の英語教師ハウスに従いアメリカ、コネチカット州ハートフォード普通学校へ入学。一八七七年同州ニューヘブンのエール大学に入学、動物学を修める。七九年九月、ジョンズ＝ホプキンス大学へ移り、動物学者ブルックスに師事。一八八一年渡英し、ケンブリッジ大学で発生学をバルフォアから学び、同年十二月帰国。翌年一月から東京大学で動物学講義を開始。同年十二月に教授となり、以後、明治四十二年九月十六日五十三歳で死亡するまで同地位で研究と教育に従事。日本での動物学の基礎づくりのほか、三崎の臨海実験所の設置にも貢献。著書『通俗動物新論』(敬業社、明治二十八年)ほか。墓は東京都台東区の谷中墓地。

[参考文献]『動物学雑誌』二二ノ二五六(箕作博士記念号)　(鈴木　善次)

みつくりげんぱち　箕作元八　一八六二―一九一九　明治・大正時代の歴史家。文久二年(一八六二)五月二十九日、津山藩士で江戸幕府の外国奉行翻訳方を務める箕作秋坪と妻つねの四男として、江戸鍛冶橋(東京都千代田区)の藩邸に生まれる。次兄はのちの菊池大麓、三兄は箕作佳吉。明治八年(一八七五)東京英語学校に入学、卒業後は東京大学理学部で動物学を修め、十八年に理学士、ついで大学院に進むが程なく退学し、十九年九月、私費でドイツに留学、フライブルク大学で引き続き動物学と取り組む。しかし強度の近視のため顕微鏡を使うこの研究が無理とわかると、半年後、かねがね興味を抱く歴史学に転じ、ハイデルベルク大学などで数年間研鑽ののち、二十四年テュービンゲン大学から学位を授与された。二十五年に帰国後、高等師範学校教授、翌年第一高等中学校教授となったが、三十三年、文部省の命によりドイツ・フランスなどに留学、三十四年末に帰朝する。再度の滞欧中、ランケ学派のエルトマンスデルファー・レンツから政治史の方法を学び、パリではオーラール教授の指導下でフランス革命史の実証研究を手がけた。帰朝後、東京帝国大学教授となり、主にフランス革命史、ナポレオン時代史を講じたが、大正八年(一九一九)八月九日、脳溢血で没した。五十八歳。墓は東京都台東区の谷中墓地にある。リース帰国後の東大史学科で西洋史研究の自立のため尽力した功績は大きい。著書に『西洋史講話』(明治四十三年)、『フランス大革命史』前・後篇(大正八・九年)などがある。

[参考文献]井手文子・柴田三千雄編『箕作元八・滞欧「箙梅日記」』、永原慶二・鹿野政直編『日本の歴史家』、圀下大慧「本会評議員箕作博士の逝去を悼む」(『史学雑誌』三〇ノ九)　(成瀬　治)

みつくりげんぽ　箕作阮甫　一七九九―一八六三　江戸時代後期の医師、蘭学者。名は虔儒、字は庠西。紫川・逢谷などを号し、阮甫は通称である。寛政十一年(一七九九)九月七日、美作国津山城下西新町の医師の家に生まれる。四歳のころ、津山藩藩医であった父の貞固を亡くし、母の手で育てられる。津山で永田桐蔭に師事して漢学を学んだ後、京都に出て漢方医学を学ぶ。文政五年(一八二二)帰郷し、津山藩藩医となる。藩主松平斉孝に従って江戸に赴き、江戸詰としてとどまる。この時、古賀侗庵に儒学を、宇田川榛斎に蘭学を学んだ。天保十年(一八三九)幕府の命により、天文台翻訳局の訳員となる。嘉永六年(一八五三)ロシア使節プチャーチンが長崎に来訪した際、筒井政憲・川路聖謨に従行して長崎へ赴き使節と応接。安政元年(一八五四)同ロシア使節が下田を訪れた時も再び応接し、その後の米国などとの条約締結交渉にも通訳として関与した。翌二年に一時、職を辞したが、すぐに洋学所へ出仕。同三年、創設された幕府の蕃書調所の教授に川本幸民・杉田成卿とともに任命された。文久元年(一八六一)幕臣に抜擢。文久三年六月十七日に没する。六十五歳。法名は紫川院庠西竹雨居士。墓ははじめ江戸白山(東京都文京区)の浄土寺にあったが、現在は東京都府中市の多磨墓地に移された。著書は医学・歴史・地理・天文・兵学など多岐にわたり、数多くの著作が残されている。代表的な著書として『外科必読』『産科簡明』『泰西名医彙講』『日本風俗備考』『日本記聞』『海上砲術全書』など。『泰西名医彙講』は、日本最初の医学雑誌である。明治四十三年(一九一〇)贈従四位。岡山県津山市西新町の旧宅は国史跡。

[参考文献]呉秀三『箕作阮甫』、同『シーボルト先生』三(『東洋文庫』一一七)、蘭学資料研究会編『箕作阮甫の研究』、岡山県医師会編『備作医人伝』　(高安　伸子)

みつくりしゅうへい　箕作秋坪　一八二五―八六　幕末・明治時代前期の洋学者、教育家。津山藩預所学校学監菊池文理の次男として、文政八年(一八二五)十二月八日備中国阿賀郡上呰部(かみあざえ)(岡山県上房郡北房町)に生まれる。名矩、通称文蔵、号宜信斎。十九歳で江戸へ出、古賀侗庵に漢学、津山藩の箕作阮甫に蘭学を学ぶ。嘉永二年(一八四九)大坂の緒方洪庵に入門、翌年江戸に帰り阮甫次女つねと結婚、箕作姓となる。嘉永六年幕府天文方で翻訳に従う。安政二年(一八五五)阮甫隠居により藩主の侍医となる。同三年ボイスの物理入門書『格致問答』初編を翻刻。同四年外国奉行の手に属し、文久元年(一八六一)竹内保徳の遣欧使節に随行。元治元年(一八六四)幕臣となる。慶応二年(一八六六)樺太境界交渉の使節に同行して訪露。明治元年(一八六八)三叉学舎を開き、門人に阪谷芳郎らがいた。同六年明六社創立に参加、同八年東京師範学校摂理、同十二年教育博物館長、東京学士会院会員。同十九年十二月三日没。六十二歳。東京谷中墓地に葬る。法名は宜信院坦道秋坪大居士。菊池大麓・箕作佳吉・同元八はその子供である。

参考文献 治郎丸憲三『箕作秋坪とその周辺』、同「先覚箕作秋坪の家塾」(『岡山県私学紀要』七)

(田﨑 哲郎)

みつくりりんしょう 箕作麟祥 一八四六―九七 幕末・明治時代の洋学者、明治の啓蒙的官僚・法学者。幼名貞太郎、のち貞一郎。弘化三年(一八四六)七月二十九日江戸鍛冶橋(東京都千代田区)の津山藩邸に生まれる。祖父は蘭学者箕作阮甫。父は水沢の出で阮甫の養子省吾だが、生後四月余で失う。母は阮甫三女しん。十二歳ころから藤森天山(弘庵)・安積艮斎に漢学を学び、家で蘭学を修め、英学も習う。文久元年(一八六一)十六歳で蕃書調所英学教授手伝並出役。同三年阮甫死亡で家督相続、開成所教授見習、元治元年(一八六四)外国奉行支配翻訳御用頭取。慶応二年(一八六六)仏学を速修して、翌年正月徳川昭武のパリ博覧会行に随行、仏語の力を深めて明治元年(一八六八)二月帰国、明治政府に入り、兵庫県御用掛などののち同二年翻訳御用掛、大学中博士。家塾を開き、生徒に呉文聡・大井憲太郎・中江兆民らがいた。同三年制度取調兼任、同四年文部少博士兼司法少判事、編輯寮専務。名古屋藩の依頼で仏のボンヌの著を訳し『勧善訓蒙』を刊行、小学校の教科書にも用いられ、偽版が出たほどだった。同六年翻訳局長、同七年明六社に参加、『明六雑誌』に「リボルチーノ説」など翻訳的文を五回投稿。同八年司法省四等出仕、『万国叢話』二号に「国政転変ノ論」を載せ政府内で問題となる。同九年司法大丞、同十年司法大書記官、翻訳課・民法編纂両課長、民法編纂委員兼務、同十三年東京学士会院会員に選ばれ、元老院議官に転ず。同十七年から会社条令、破産法、商法などの編纂委員や法律取調委員に任じ、同二十一年法学博士、司法次官、同二十三年貴族院議員、私立和仏法律学校(法政大学の前身)校長、同二十九年行政裁判所長官。同三十年十一月二十九日麴町富士見町(千代田区)の家で死没。五十二歳。男爵を授けられる。小石川白山浄土寺に葬るが、その後、府中市の多磨墓地に改葬された。仏語の能力によりフランスの諸法律を翻訳紹介、また諸法典の編纂委員を勤め、江藤新平・大木喬任・山田顕義のもとで、わが国初期の法典整備に大いに貢献した。政府のための翻訳は厖大だったが、自身の著書論文は残してない。

参考文献 大槻文彦『箕作麟祥君伝』

(田﨑 哲郎)

みつだけんすけ 光田健輔 一八七六―一九六四 大正から昭和にかけて癩(ハンセン病)の研究と予防にあたった医師。光田反応を創始。明治九年(一八七六)一月十二日、山口県佐波郡中ノ関(防府市)で生まれる。父は吉本和七で、母の実家を継ぐ。済生学舎を卒え、東京帝国大学医科大学病理学選科に学ぶ。東京市養育院に勤務して癩に関心をもち、同院内に癩患者のための回春病室を設営。公立癩療養所全生病院を経て、昭和六年(一九三一)、瀬戸内海の国立療養所長島愛生園(岡山県)の初代園長に就任し、同三十二年の退官までその位置にあった。日本癩学会設立、癩予防協会の発足に関与。癩についての偏見打破につとめたが、彼の同病患者の絶対隔離方式に対しては批判もあった。朝日社会奉仕賞、文化勲章、ダミアン=ダットン賞などを受け、防府市名誉市民。著書に『癩病理図譜』『愛生園日記』など。昭和三十九年五月十四日死亡。八十八歳。防府市および長島愛生園に胸像がある。墓は中ノ関の善正寺にある。

参考文献 光田健輔『光田健輔と日本のライ予防事業』、青柳緑『癩に捧げた八十年』、内田守『光田健輔』(『人物叢書』一六〇)

(長門谷洋治)

みつたにくにしろう 満谷国四郎 一八七四―一九三六 明治から昭和時代前期にかけての洋画家。明治七年(一八七四)十月十一日小田県賀陽郡門田(もんで)村(岡山県総社市門田)に生まれ、十八歳で上京、五姓田芳柳や小山正太郎に油絵を習い、明治美術会展に出品した。同三十三年から翌年にかけてアメリカ経由フランスに渡り、アカデミー=ジュリアンでジャン=ポール=ローランスに師事。帰国後の明治三十五年同志と太平洋画会を結成し、同四十年第一回文展以来審査員、のち帝展委員、大正十四年(一九二五)帝国美術院会員となった。その間再びヨーロッパに赴き、のち大正に入って二度ほど中国に遊んだ。はじめは写実的な画風で「林大尉の戦死」(明治三十一年)などを描いたが、のち後期印象派の影響をうけて「砂丘の家」(大正三年)のような要約的表現を示し、最後は「緋毛氈」(昭和七年(一九三二))など平明な装飾的画風に独自の境地を展開した。昭和十一年七月十二日東京で死去。享年六十三。

(富山 秀男)

みつちちゅうぞう 三土忠造 一八七一―一九四八 明治から昭和時代にかけての政治家。明治四年(一八七一)六月二十五日、讃岐国大内郡水主村(香川県大川郡大内町水主)の宮脇清吉の次男として生まれた。師範学校卒業後、長尾小学校に奉職、上京して同三十年東京高等師範学校を首席で卒業して同付属中学校の教師となり教育界を経験してから、一転して衆議院議員に立候補し、四十一年に当選して以来昭和十二年(一九三七)まで連続十一回当選した。立憲政友会に属し、大正九年(一九二〇)十月新設の大蔵省参事官となり、十年十一月から十一年六月まで高橋内閣の内閣書記官長を務め、十三年六月農商務次官、十二年八月から十四年八月まで農商務政務次官、農林政務次官、さらに昭和二年四月田中義一内閣の文部大臣となり、高橋是清辞任後に同六月から四年七月まで大蔵大臣となった。六年十二月には犬養内閣の逓信大臣、七年五月から九年七月まで次の斎藤内閣で鉄道大臣となった。十五年七月から二十一年一月まで枢密顧問官となり、第二次世界大戦後の二十一年一月から五月まで幣原内閣で内務大臣となり、この間二十一年二月に貴族院議員に勅選された。昭和二十三年四月一日没。七十八歳。法名は寛仁院殿忠誠智山大居士。遺骨は青山墓地(東京都港区南青山二丁目)、高野山金剛三昧院(和歌山県伊都郡高野町)、善通寺(香川県善通寺市善通寺町)と生家の墓地に分葬された。教育界から政界に転じた異才であったが、政党人としては異例ともいえる多くの大臣を経験した。戦後の内務大臣を外せば内閣書記官長以降すべて高橋是清の補佐役として大臣となったといえる。現実主義の財政通として評価されたが、単なる財政通ではない多面の能力を示した。また、斎藤内閣倒壊の原因となった帝人事件では、起訴収監後も起訴事実なしと潔白を主張して信念を貫いた。帝人事件では証拠不十分で無罪となったのではなく、起訴事実なしによる無罪であった。この間の再度の衆議院議員選挙で最高点当選を果たした。なお三土姓は明治四十四年に三土常太郎の家名を相続したことによる。

参考文献 広瀬英太郎編『三土忠造』
（西村紀三郎）

ミットフォード Algernon Bertram Freeman-Mitford, 1st Baron Redesdale 一八三七―一九一六 イギリスの外交官、文筆家。一八三七年二月二十四日ロンドンのミットフォード家に生まれ、ドイツ・フランスで育ち、ロンドンで教育を受け、五八年外務省に入り、六三年ペテルブルグ大使館、六五年北京公使館、ついで六六年十月(慶応二)から七〇年一月(明治三)まで在日、公使パークスのもとでサトウ・アストンらとともに活躍、とりわけ王政復古の際は京都にあって英国のため明治政府と交渉、この間日本語に上達し、七一年『日本昔話』Tales of Old Japanを刊行した。七三年外務省をやめ、シリア・イタリア・米国・日本に遊び、七四年ディスレリ内閣の建設相となり、エアリー伯爵家令嬢と結婚、社交界に進出、八六年従兄リーズデール伯ジョン＝トマス＝フリーマン＝ミットフォードが未婚のまま死去したためその家を嗣ぎ、グロースター州バッツフォードに移住し、竹のある熱帯庭園を造った。九二年より九五年まで下院議員、一九〇二年男爵の爵位を受けて上院議員となり、〇六年(明治三十九)二月、エドワード七世から明治天皇へのガーター勲章贈呈使節コンノート殿下の首席随員として来日、みずからも勲一等旭日大綬章を受け、同年その使節記 The Garter Mission to Japan および印象記 A Tale of Old and New Japan を刊行して、四十年前と現在の日本を比較論評した。一五年、サトウの日記をも参照して自伝 Memories by Lord Redesdale を刊行、つとに耳が悪かったため、その後はダンテの研究に専念したが、一六年八月十七日バッツフォードで死去した。七十九歳。その一生は豊かな才能の集中を欠いたが、華やかなアマチュアだったと『エジンバラ＝レビュー』で評された。

参考文献 A・B・ミットフォード『英国外交官の見た幕末維新』(長岡祥三訳)
（金井 圓）

みつながほしお 光永星郎 一八六六―一九四五 広告会社電通の創業者、初代社長。本名喜一、号、八火。慶応二年(一八六六)七月二十六日肥後国八代郡西野津村(熊本県八代郡竜北町)に生まれる。明治十三年(一八八〇)熊本へ出て共立学舎・育雄校に学び十八年上京。条約改正反対運動で保安条例に触れ二十年東京退去処分を受ける。その後『大阪公論』記者、『大阪朝日新聞』九州特派記者などを経て日清戦争時は『めざまし新聞』記者として従軍。一時台湾総督府官吏を勤めた後三十一年東京に戻る。三十四年七月電通の前身たる広告代理業の日本広告株式会社を創立、十一月さらに併設の形でニュース通信業の電報通信社を創立。日露戦争後の三十九年十二月、新たに株式会社日本電報通信社(通称電通)を設立、これにまず電報通信社を吸収、ついで四十年八月日本広告株式会社を併合し本格的な広告代理業・通信業兼営体制を確立。創業時から実質上社長だったが大正十二年(一九二三)正式に社長制をしき社長。満洲事変後政府の国策通信社設立計画で電通と新聞連合社(通称連合)の合併問題が起り、結局昭和十一年(一九三六)六月電通は通信部門を新通信社同盟通信社に移譲、同盟の広告部門を吸収して広告代理業専業となる。この過程で光永は八年貴族院議員に勅選。十五年十二月社長を退き顧問。二十年二月二十日八十歳で死去。

参考文献 八火翁伝記編集委員会編『八火伝』
（内川 芳美）

みなかたくまぐす 南方熊楠 一八六七―一九四一 明治から昭和時代前期にかけての生物・民俗の学者。慶応三年(一八六七)四月十五日和歌山城下橋町(和歌山市橋丁)に弥兵衛・スミの次男として生まれた。父弥兵衛は金物商であったが金融業に転じ屈指の富者となっている。熊楠は十歳から五年がかりで『和漢三才図会』を筆写し、その後和漢の本草書を筆写、後年の百科の博識と生物学専攻の兆しが見られる。明治十六年(一八八三)上京、共立学校を経て大学予備門に入学、十九年二月退学し、翌年一月渡米した。米国では一時実業大学や農学校に在籍したが退学し、生物を採集したり、読書したりして自習していた。シカゴの弁護士で地衣の学者カルキンスの指導で採集し、好標本も譲られている。キューバ島で地衣の新種を発見した。明治二十五年九月英国に渡り、ロンドンに住み、大英博物館などで独習したり、生物の採集をしたりしていたが三十三年十月に帰国した。在英中から科学誌『ネイチャー』Natureに寄稿し、帰国後と合わせると五十回発表した。また文科系の随筆誌『ノーツ＝アンド＝クイリーズ』Notes and Queriesにも投稿し、帰国後と合わせると三百二十余回発表している。帰国して和歌山市の弟の家に居た時、英国で親交のあった孫文が来訪している。その後南紀勝浦を拠点として数年熊野付近の生物調査に従事してのち、田辺町に移り、結婚して永住、主として生物と民間習俗の調査に努めた。明治四十二年ころから政府の神社合祀令に反対し、神社・森林・生物と良俗美風を護ることに全力を注ぎ、のちに廃案に至らしめた。熊楠は英国と自国で文・理両面の多数多様の発表をしたが『太陽』誌に掲載した各年の干支(えと)の『十二支考』には、その博識が発揮されている。民俗学では柳田国男らを大いに啓発し、生物学では菌・粘菌・淡水藻に詳しく、摂政宮に粘菌標品を進献、のちに昭和天皇に進講して生物の標品を献上した。昭和十六年(一九四一)十二月二十九日萎縮腎で没。七十五歳。田辺高山寺の墓地に埋骨。法名は智荘厳院鑁覚顕真居士。白浜の南方熊楠記念館には、その一代の好資料が展覧されている。昭和二十六年・二十七年に乾元社から、昭和四十六―五十年に平凡社から『南方熊楠全集』が刊行されている。

参考文献　笠井清『南方熊楠』(『人物叢書』一四五)、同『南方熊楠―人と学問―』、同『南方熊楠―親しき人々―』、同『南方熊楠外伝』、同編『南方熊楠書簡抄―宮武省三宛―』、飯倉照平編『南方熊楠―人と思想―』、笠井清「南方熊楠と柳田国男」(『近畿民俗』四三)、同「南方熊楠と柳田国男」(『文学』四二ノ一・二)、同「福沢諭吉と南方熊楠」(『日本歴史』一九二)、同「碧梧桐の「南方先生」」(『くちくまの』三一)

(笠井　清)

みなかみたきたろう　水上滝太郎　一八八七―一九四〇　明治から昭和時代前期にかけての小説家、評論家、劇作家。本名阿部章蔵。筆名は泉鏡花の作品の人物名に因む。明治二十年(一八八七)十二月六日、東京府麻布区飯倉町(東京都港区東麻布)に父阿部泰蔵・母優の四男として生まれた。父泰蔵は明治生命保険会社創設者。慶応義塾普通部・予科を経て大学部理財科卒。在学中、永井荷風の講義を熱心に聴き、『三田文学』に『山の手の子』『新次の身の上』(ともに明治四十四年)を発表、久保田万太郎と並んで三田派新人として注目される。大学卒業とともにハーバード大学に留学、さらにイギリス滞在を経て大正五年(一九一六)帰国、明治生命保険会社に入社。以後、没年に至るまで会社業務(専務取締役となる)と作家活動を調和両立させる努力をつづけ、勤務体験を生かした代表作の長編小説『大阪』『大阪の宿』などのほか、随筆、評論集『貝殻追放』全六冊(大正九―昭和九年(一九三四))など多くの著作がある。昭和十四年には大阪毎日新聞社取締役に選ばれた。骨太な文明批評と誠実な人柄とによって重きをなしたが、昭和十五年三月二十三日、脳溢血で死亡。五十四歳。法名、賢光院智阿文徳章蔵居士。多磨墓地(東京都府中市)に葬られる。『水上滝太郎全集』全十二巻(昭和十五―十六年、岩波書店)がある。

参考文献　今井達夫『水上滝太郎』、『三田文学』一五ノ一〇(水上滝太郎全集刊行記念)

(竹盛　天雄)

みなみじろう　南次郎　一八七四―一九五五　明治から昭和時代にかけての軍人、政治家。陸軍大将。明治七年(一八七四)八月十日、旧日田藩士南喜平の次男として大分県に生まれる。東京に移って府立一中、陸軍幼年学校を経て、二十八年陸軍士官学校卒業、騎兵少尉となり、台湾鎮圧戦に参加。明治三十六年陸軍大学校を卒業、騎兵第一連隊中隊長として日露戦争に参加、三十八年大本営参謀、戦後陸大教官、騎兵第十三連隊長、陸軍省騎兵課長を経て、大正八年(一九一九)少将で支那駐屯軍司令官。さらに騎兵第三旅団長、騎兵学校長、陸軍士官学校長、第十六師団長を歴任。昭和二年(一九二七)参謀次長、四年朝鮮軍司令官、五年大将にすすみ軍事参議官、六年四月宇垣一成が中途辞任のあとをうけ、若槻内閣の陸軍大臣に就任。八月師団長会議で対満蒙強硬論を訓示して問題化した。九月柳条湖事件の勃発に際会し、現地軍に追随して事件を拡大した。十二月陸相を辞任して軍事参議官、九年十二月関東軍司令官兼駐満洲国特命全権大使、関東長官となったが、二・二六事件後の粛軍人事で辞任し、十一年四月予備役に編入された。十一年八月宇垣の後任として朝鮮総督に任ぜられ、十七年五月枢密顧問官に転ずるまで六年間朝鮮の支配者として君臨した。実際の政務は内務官僚出身の政務総監大野緑一郎にまかせていたが、この間に、朝鮮の戦時体制が確立し、「皇民化」がすすんだ。その後、戦争末期の二十年三月に翼賛政治会を解散して唯一の政治結社として結成された大日本政治会の総裁となった。戦後A級戦犯として東京裁判の被告となり、満洲事変の際の陸相としての責任と、関東軍司令官時代の責任とで終身禁錮の判決を受けた。二十九年病気のため仮出獄したが、三十年十二月五日死去した。八十一歳。宇垣閥の後継者として皇道派から攻撃されたが、派閥色は強くはなく、政治的な行動も目立たなかった。

参考文献　御手洗辰雄『南次郎』

(藤原　彰)

みなみはじめ　三並良　一八六五―一九四〇　明治から昭和時代前期にかけての自由キリスト教思想家でドイツ語学者。慶応元年(一八六五)十月三日伊予国松山に生まれる。上京後、明治十六年(一八八三)独逸協会学校(現独協大学)に入学、教師批判で放校後、同十八年来日したシュピンナーの始めた普及福音教会の新教神学校に同二十年に一期生として入学、二十四年卒業後、同年に同派所属の壱岐坂教会の牧師となる。在学中の二十二年、教派機関紙『真理』の編集発行を始め、特定教派のドグマに偏らず基督の教えに目をむけるドイツ自由主義神学や、『聖書』高等批評に拠って、キリストの示す真理が教派を超える事実を説く。二十四年の内村鑑三不敬事件には、丸山通一・植村正久らとともに論陣をはり、神への「礼拝」と国家象徴への「敬礼」の本質的区分を説き、憲法にいう政教分離に関する規準を明らかにしようとした。三十三年、宣教師間の不和から新教神学校も閉鎖され、牧師を辞して同派を離れ、陸軍中央幼年学校教官となり、のちに四十一年に旧制一高教授、大正八年(一九一九)松山高校教授となる。四十二年より日本ゆにてりあん弘道会機関紙となって性格を変えた『六合雑誌』の編集を担当、神田佐一郎、C・マコーリーらと協力して、自由宗教、社会問題の論客となる。教派を離れてのちも自由キリスト教に忠実で、昭和十年(一九三五)、シュピンナー来日五十周年には『日本に於ける自由基督教と其先駆者』(六四〇頁)を出して、自由宗教各派の歴史や比較宗教学の本邦展開について解説。その方面に数多くの著訳書がある。ほかに『真人基督』がある。昭和十五年十月二十七日没。七十六歳。

参考文献　C. MacCauley: Memories and Memorials. 鈴木範久『明治宗教思潮の研究』、赤司繁雄『自由基督教の運動―赤司繁太郎の生涯とその周辺―』　（井門富二夫）

みなみひろし　南弘　一八六九―一九四六　明治から昭和時代前期にかけての官僚、政治家。号は青園。幼名は哲郎。明治二年（一八六九）十月十日岩間覚平の次男として越中国射水郡仏生寺村（富山県氷見市仏生寺）に生まれ、南兵吉の養子となる。同二十九年帝国大学法科大学政治学科卒業後、官界に入り内閣書記官・会計課長代理などを経て、四十一年一―七月第一次西園寺内閣、同四十四年八月―大正元年（一九一二）十二月第二次西園寺内閣の内閣書記官長をつとめた。書記官長辞任とともに貴族院議員に勅任され、交友倶楽部に属し立憲政友会系勢力の中心となった。福岡県知事・文部次官を経て、昭和七年（一九三二）犬養内閣のもとで文官の台湾総督に任ぜられた。同年五月、五・一五事件後に成立した斎藤内閣に逓信大臣として入閣、通信事業特別会計の設置に尽力した。九年七月斎藤内閣退陣により辞任。十一―二十一年枢密顧問官をつとめた。二十一年二月八日枢密院の会議中に倒れ死去。七十八歳。墓は富山県高岡市の国泰寺と静岡県熱海市の医王寺にある。

参考文献　南弘先生顕彰会編『南弘先生―人と業績―』　（鳥海　靖）

みねたふうこう　嶺田楓江　一八一七―八三　幕末・維新期の丹後国田辺藩士、志士、詩人、明治時代前期の教育者。諱は雋、通称は右五郎。文化十四年（一八一七）田辺藩士嶺田矩俊の次男として、江戸の藩邸に生まれる。佐藤一斎に儒学を、箕作阮甫に蘭学を、梁川星巌に詩を学ぶ。諸国を遊歴し、奥州から蝦夷にも渡り、北辺警備の必要を唱えた。また、阿片戦争による清国の動揺、西洋列国の東亜における暴状に憤激して『海外新話』を著わしたが、幕譴に触れ、嘉永二年（一八四九）より三年間投獄され、著書は禁書となり、ついで三都払いに処せられ房総地方に退去、上総国請西（千葉県木更津市）において教育に従事した。元治元年（一八六四）藩命により帰藩、禁門の変で御所警護に任じ、ついで長州征討に従軍。廃藩置県後は縁故の地、千葉県の木更津・茂原に家塾を開き、また夷隅郡布施村（大原町上布施）の薫陶学舎（くんとうがくしゃ）に招聘されるなど、もっぱら教育に従事し、幾多の有為の門弟を訓育した。明治十六年（一八八三）十二月二十八日没。六十七歳。大正十三年（一九二四）贈正五位。墓は大原町上布施向原にある。

参考文献　明石吉五郎『嶺田楓江』、千葉県教育会編『千葉県教育史』、『茂原市史』　（福地　惇）

みのうらかつんど　箕浦勝人　一八五四―一九二九　明治・大正時代の新聞人、政治家。安政元年（一八五四）二月十五日豊後国臼杵（大分県臼杵市）に臼杵藩藩士実相寺常之丞の次男として生まれ、明治元年（一八六八）同藩藩士箕浦家を嗣ぐ。同四年慶応義塾に学び、卒業後『郵便報知新聞』入社。一時宮城師範学校校長、神戸商業講習所所長を務め、また『大阪新報』の経営にも携わった。のち郵便報知新聞社にもどり、二十七年社長。この間十五年立憲改進党結成に加わり、以後一貫して同党の立場を堅持し活躍した。東京府会議員も務め、議会開設後は第一回総選挙より連続十五回大分県より立候補して当選、衆議院副議長（明治三十七年）・逓信大臣（大正四年（一九一五）、第二次大隈内閣）などを歴任し、憲政会長老の位置を占めた。大正十五年大阪松島遊廓移転に絡む疑獄事件（松島遊廓疑獄）に連坐し政界を引退。判決は無罪であったが、晩年は不遇のうちに昭和四年（一九二九）八月三十日七十六歳で没した。墓は東京都豊島区の染井墓地にある。

参考文献　通信史研究所編『通信大臣列伝』下、御手洗辰雄「箕浦先生小伝」（花井卓蔵『訟庭論草―松島事件及樺太事件を論ず―』所収）　（安在　邦夫）

みのうらもとあき　箕浦元章　一八四四―六八　幕末期の土佐藩士で、堺事件の当事者。弘化元年（一八四四）十一月、高知城下に誕生。通称は猪之吉。儒者の家系。十七歳で前藩主山内容堂（豊信）の侍読、ついで藩校致道館助教、容堂の扈従を勤めて馬廻に昇格。慶応三年（一八六七）十一月土佐藩第六番隊長に任じ上京、鳥羽・伏見の戦後大坂に進駐、堺の警備を担当。明治元年（一八六八）二月十五日フランス軍艦が堺沖を測量し、さらに海岸警備の土佐藩兵の制止を無視して水兵が不法上陸したため、殺傷事件となった。外交関係紛糾を恐れた維新政府の意向を受け、土佐藩当局は隊長箕浦以下十九人を処断した。同年二月二十三日、堺の妙国寺において内外検死人立会いのもと、元章は朝命に殉じて壮烈な切腹をもって果てた。二十五歳。墓は大阪府堺市材木町の妙国寺北隣の宝珠園にある。　（福地　惇）

みのだむねき　蓑田胸喜　一八九四―一九四六　大正・昭和時代前期の右翼学者。徹底した反自由主義者であった。明治二十七年（一八九四）一月二十六日熊本県八代に生まれる。大正五年（一九一六）第五高等学校を卒業、東京帝国大学法学部入学、のち文学部に転部して、宗教学を専攻した。大正十一年、慶応義塾大学予科で論理学と心理学を講じ、昭和七年（一九三二）から、国士館の教授。大正期には、三井甲之や上杉慎吉に師事し、反マルクス主義および反デモクラシーの言論を展開。大正十四年に、原理日本社を創立し、雑誌『原理日本』を刊行、吉野作造ら大正デモクラシー運動の論客の攻撃を開始した。その論の過激さで「きょうき」と呼ばれ、恐れられた。昭和に入ると、大学のリベラル派に的を定め、京都帝国大学の滝川幸辰、東京帝国大学の美濃部達吉の学説を雑誌やパンフレット、著書などで早い時期から論難、「滝川事件」および「天皇機関説問題」の導火線的役割を荷う形となった。思想および学説レベルでのファシストの攻撃としては、最も効果的で、大学と言論の自由を打ち倒すこととなった。昭和二十一年一月二十六日郷里八代で自殺。五十三歳。『独露の思想文化とマルクス・レニン主義』『学術維新』など、多数の著述がある。

[参考文献] 小田村寅二郎『昭和史に刻むわれらが道統』

（鈴木　正節）

みのべたつきち　美濃部達吉　一八七三―一九四八　明治から昭和時代にかけての憲法学者・行政法学者。明治六年（一八七三）五月七日、兵庫県加古郡高砂村木町で、医師美濃部秀芳の次男として生まれる。兄俊吉は農商務省の官僚で、のちに朝鮮銀行頭取となる。明治三十年帝国大学法科大学卒。在学中より憲法学研究への希望をもったが、穂積八束と合わないため断念したという。卒業後内務省に勤務し、依願免官の上、同三十二年より三十五年まで独英仏三ヵ国に留学、一木喜徳郎の斡旋で在外中に三十三年東京帝国大学法科大学助教授（比較法制史）となる。三十五年教授。四十一年一木のあとをうけて行政法講座に移る。四十四年夏文部省の委嘱で中等学校教員のための憲法講義を行い、その中で天皇機関説を唱え、穂積憲法学の権力主義的性格を批判した。四十五年春これを『憲法講話』の題で公刊、穂積の後継者上杉慎吉との間で論争となる（天皇機関説論争）。学界や知識層の世界では、美濃部学説が広く支持を受け、また高等文官試験委員として、官界にも影響力をもった。大正九年（一九二〇）より憲法第二講座を兼担し、上杉と競争講義となる。その間法制局参事官、法制審議会委員などとして多くの立法に関与、また東京商科大学教授・九州帝国大学教授などを兼任した。大正十三年―昭和二年（一九二七）東大法学部長、昭和七年貴族院勅選議員、九年東大を停年退官、名誉教授となる。天皇機関説の主張、議院内閣制の支持、治安維持法、特に田中義一内閣の緊急勅令による改正の批判などによって、自由主義的憲法学の代表者とみなされ、昭和五年海軍軍令部の反対を押し切って調印されたロンドン海軍軍縮条約批准について、浜口雄幸首相より諮問を受けた際も、批准を支持した。このような態度は、蓑田胸喜など右翼勢力の攻撃対象となり、十年二月貴族院において、蓑田の同郷人で、かつて上杉の政治的盟友であった上原勇作の部下菊池武夫（陸軍中将、男爵、貴族院議員）より攻撃を受けた。美濃部はこれに対し、議場で答弁の演説を行なったが、それが一層「国体明徴運動」の名による攻撃を激化させ、政府は二度にわたって「国体明徴声明」を発して天皇機関説を明言で否定した。美濃部の著書『（逐条）憲法精義』（昭和二年）、『憲法撮要』（大正十二年）、『日本憲法の基本主義』（昭和九年）は発売禁止処分を受け、美濃部は不敬罪の告訴を受けて貴族院議員、高等文官試験委員を辞任した。翌十一年二月には暴漢の襲撃を受けて負傷。この「天皇機関説事件」の背景には、美濃部の師でかつて天皇機関説を唱えた一木枢密院議長の失脚を狙ったものであるという説や、同じく天皇機関説の主張者として知られる金森徳次郎法制局長官を失脚させ、ひいては岡田内閣を倒閣に追いこもうとする策謀だという説もある。戦後は二十年十月、幣原内閣の憲法問題調査委員会顧問、二十一年一月枢密顧問官として憲法改正の過程に関与、二十二年には全国選挙管理委員会委員長を勤めたが、枢密院において日本国憲法の政府原案に反対票を投じ（二十一年六月八日）、最終案審議には欠席した（同年十月二十九日）。その学説は、国家論においてはゲオルク＝イェリネックの国法学説によるところが多く、その国家法人説・君主機関説を承継し、憲法理論においては英国流立憲君主制をモデルとし、行政法学説においてはオット＝マイヤーの理論を骨格とし、法哲学においては「内容の変化する自然法」とよばれる思想に近く、法解釈論においては目的法学とよばれる立場に接近した。昭和二十三年五月二十三日没。七十六歳。墓は、東京都府中市の多磨墓地にある。著書は憲法・行政法・法理論の各領域にわたり、上記三冊のほか、『日本国法学』上、『憲法及憲法史研究』、『日本行政法』、『米国憲法ノ由来及特質』、『日本憲法』、『時事憲法問題批判』、『（欧洲諸国）戦後の新憲法』、『行政法撮要』、『ケルゼン学説の批判』、『議会制度論』、『現代憲政評論』、『議会政治の検討』、『法の本質』、『日本国憲法原論』など多数。その門下から宮沢俊義・清宮四郎・柳瀬良幹・鵜飼信成・田中二郎など、戦後公法学の代表者たちが輩出した。妻多美は菊池大麓の長女、美濃部亮吉は長男。

[参考文献] 家永三郎『美濃部達吉の思想史的研究』、宮沢俊義『天皇機関説事件』

（長尾　龍一）

みのべようじ　美濃部洋次　一九〇〇―五三　昭和時代の代表的革新官僚の一人。明治三十三年（一九〇〇）十一月一日美濃部俊吉の次男として東京に生まれる。一高を経て東京帝国大学法学部に進み、大正十五年（一九二六）英法科を卒業、前年高等試験司法科（その後行政科も）に合格しており、卒業後商工省に入った。特許局・貿易局に勤務したが、昭和八年（一九三三）満洲国の商標局事務官に任ぜられ渡満。実業部総務司庶務科長、文書科長、国務院総務庁企画処参事官などを勤め、この間陸軍の革新将校と親交を結び、統制企画を進めた。昭和十一年末に帰国し、十二年商工省に復帰、工務局工務課長。その後同繊維工業課長、繊維局総務課長兼綿業課長として繊維の統制に力を振るった。十四年十二月物価局総務課長、十五年からは企画院書記官を兼ね（十六年には専任）、毛里英於菟・迫水久常・奥村喜和男などとともに革新官僚として重きをなした。十六年以後も商工省総務課長、機械局長などとして経済統制に活躍した。二十年第二次世界大戦敗戦の時は綜合計画局戦災復興部長。十月辞職し、翌二十一年公職追放。二十六年解除、日本水素工業副社長、日本評論新社社長などを勤めたが昭和二十八年二月二十八日病没。五十二歳。美濃部の文書の多くは「国策研究会文書」(東京大学附属図書館蔵)に収められている。

参考文献 日本評論新社編『洋々乎』、東京大学附属図書館編『国策研究会文書目録』、高橋益代編『美濃部洋次満洲関係文書目録―一橋大学経済研究所日本経済統計情報センター所蔵―』 (伊藤 隆)

みのべりょうきち 美濃部亮吉 一九〇四―八四 昭和時代の経済学者、東京都知事。明治三十七年(一九〇四)二月五日東京生まれ。美濃部達吉・多美(菊池大麓の長女)の長男。母方の叔父に鳩山秀夫・末弘厳太郎がいる。第二高等学校を経て東京帝国大学経済学部に進み、マルクス主義経済学を学び昭和二年(一九二七)卒業、助手となる。経済学部の派閥争いのため昇進できず、四年農学部講師となり、翌々年有沢広巳・脇村義太郎らと阿部勇事務所で日本経済・世界経済の研究に従事、七年二月から二年半ドイツに留学、九年九月法政大学教授となる。十三年二月一日、「教授グループ事件」で大内兵衛・有沢らとともに逮捕され、十一月退職、一・二審とも無罪となり、第二次世界大戦敗戦を迎える。戦後の二十年十一月から翌年十二月まで毎日新聞論説室嘱託、二十一年八月持株会社整理委員会委員となり二十四年四月辞任。この間大内の下で二十一年十二月総理府統計委員会委員、二十六年同常任委員、翌年事務局長に就任、二十七年八月、行政管理庁統計基準局長となり、三十四年一月辞任。この間二十四年六月より東京教育大学教授を兼任、三十四年二月専任となる。四十二年四月の東京都知事選には大内らの懇請で「都民党」を名のり、日本社会・日本共産両党の支持で立候補、松下正寿らを敗り初代革新知事に当選した。翌年、東京都公害研究所を設置、政府の反対をおさえて朝鮮大学校を認可、東京電力と公害防止協定を締結、四十四年、老人医療無料化を実施、政府に先駆けて公害防止条例を制定、人気を博した。再選時は「都民参加」「ストップ＝ザ＝サトウ」を標榜、秦野章に圧勝、女性局長を初採用、都営ギャンブルを全廃、「ゴミ戦争」に挑戦、都営バスの老人無料パスなど福祉政策の実現に努めた。しかし三選目は同和問題でこじれ、石原慎太郎には辛勝したが、財政悪化に苦しみ、五十四年二月の最後の都議会では「惨澹たる幕引き」と所信を表明した。翌年の参議院選に全国区で当選、「参議院の会」に属したが、五十九年十二月二十四日、心筋梗塞で死去した。八十歳。墓は東京都府中市の多磨墓地にある。著書に『敗戦ドイツの復興過程』『日本の経済』『統計からみた世界経済』『物価問題入門』『都知事12年』など、共著に『日本経済図説』『世界経済図説』『日本経済入門』などがある。

参考文献 美濃部亮吉『苦悶するデモクラシー』、美濃部亮吉・追悼文集刊行世話人会文『人間・美濃部亮吉』 (神田 文人)

みのむらりざえもん 三野村利左衛門 一八二一―七七 幕末・明治時代前期の経営者、三井の大番頭。戸籍では文政四年(一八二一)十一月十日生まれとあるが、前半生の経歴は謎の部分が多い。断片的に伝えられているところでは、父は出羽庄内藩水野家の家臣木村松三郎というが訳あって浪人し、幼少の三野村を連れて諸国を放浪した。三野村は十九歳で江戸に流れつき、住込みの奉公などをしていたが、二十五歳のとき三河町三丁目美野川利八の婿養子となった。養家は紀伊国屋という小商人で砂糖菓子を商った。間もなく家督を相続、美野川利八を襲名した。十余年にわたる艱難辛苦の蓄財をもって嘉永五年(一八五二)両替屋の株を購入した。万延元年(一八六〇)の貨幣改鋳の際に買い占めた天保小判を三井両替店に売り込んだことから三井との繋がりが生じたようである。三井は横浜の開港と同時に越後屋の支店を開設、また外国方の為替御用や関税出納事務を引き受けたが、この幕府の公金を仕入資金や生糸商人への浮貸しに流用したことから多額の焦げつきを生じた。これを察知した幕府は巨額の御用金を賦課し、応じなければ預け金の即納を命じると恫喝した。三井は勘定奉行小栗忠順に御用金の軽減を嘆願する手蔓を求めて、小栗の屋敷で雇い仲間として奉公したという紀伊国屋利八に斡旋を依頼した。利八の働きによってか、三井は五十万両の御用金のうち十八万両を分納、残りを免除とすることに成功した。利八はこれを契機に外国方御用を扱う新設の三井御用所の営業担当者として迎えられた。この時三井の三の字を与えられて三野村の姓をおこし、名を利左衛門と改めた。最初は支店限りの使用人であったが、次第に才腕が認められ、三井家の中枢に参画することになった。明治維新後、三野村は井上馨や渋沢栄一・大隈重信・伊藤博文など政府高官と深い繋がりを持ち、新政府関係の業務を三井の営業の中心に据えた。明治四年(一八七一)新貨幣の発行に伴う新旧貨幣の交換業務を命じられたことを契機に為換座三井組という営業部門を創設、また各府県や省庁の公金取り扱いを積極的に引き受けた。同七年十月大蔵省は抵当増額令を発してそれまで官金出納を取り扱うものは預り金額の三分の一相当の抵当を差し出すことになっていたのを預り金相当額に引き上げた。このため維新以来三井とともに政府の為替方をつとめてきた小野組・島田組は預り金額相当の抵当物を調達できずに閉店した。三井は、三野村が奔走し、井上馨の尽力もあってこの危機を乗り越えることができた。同六年三野村は三井家から全権を委任されて家政改革をすすめ、同九年私盟会社三井銀行を創立した。三野村は無学無筆であったというが企画力に優れた才能を持ち、明治政府の財政担当者が導入を企図する欧米先進諸国の経済制度のわが国への定着に大きな役割を果たした。同十年二月二十一日没。五十七歳。贈従五位。

参考文献 三井文庫編『三井事業史』本篇二、三野村清一郎『三野村利左衛門伝』、土屋喬雄『日本資本主義の経営史的研究』、『三井銀行八十年史』 (岩崎 宏之)

みのりかわなおさぶろう　御法川直三郎　一八五六―一九三〇　明治・大正時代の製糸器械発明家。安政三年（一八五六）七月十三日、出羽国秋田藩士御法川林太の次男として秋田城下に生まれる。士族授産結社六徳組（のち川尻組）に入り、蚕種製造につとめたが、明治十八年（一八八五）輸出不振で同組が解散したため、二十年上京して西ヶ原の農商務省蚕病試験場に学ぶ。その後、製糸器械の改良を志し、二十二年東京市本郷区に製造工場を設けた（のち小石川区へ移転）。蒸気応用乾繭機・四条繰糸機・六条繰糸機などをつぎつぎと発明、三十六年には十二条の多条繰糸機を発明し、翌年には二十条の多条繰糸機を完成した。多条繰糸機はなかなか実用化されなかったが、大正十一年（一九二二）からついに片倉製糸紡績株式会社の採用するところとなり、それによる「ミノリカワ＝ロウシルク」はアメリカ市場において世界最高級の声価を得た。昭和五年（一九三〇）九月十一日病没。享年七十五。墓は東京都府中市の多磨墓地にある。

参考文献　丹羽四郎編『御法川直三郎翁自伝』
（石井　寛治）

みはらおさむ　三原脩　一九一一―八四　戦後日本の生んだプロ野球の名監督。明治四十四年（一九一一）十一月二十一日、香川県生まれ。高松中学から早大に進み、早慶戦でホームスチールを行うなど、学生時代から華やかな存在であった。昭和九年（一九三四）、ベーブ・ルース来日を機会に結成された全日本軍に参加。それが母体となって成立した巨人軍の前身、大日本東京野球倶楽部と、プロ野球選手第一号として契約した。兵役経験後、同二十二年巨人軍監督。四年後西鉄ライオンズに移り、稲尾和久、中西太、豊田泰光などを擁し、同三十一年から日本シリーズ三連覇を達成、西鉄黄金時代を築いた。三十五年、大洋ホエールズ監督に就任、五年連続最下位であった大洋をリーグ優勝させたのみならず、圧倒的不利が予想された日本シリーズでも、大毎オリオンズをいずれも一点差のストレートで下し世間を驚ろかせた。その後、近鉄・ヤクルトの監督を歴任。選手とチームに応じた自由自在の起用法で、常に球界に風雲を呼び、「魔術師」と称された。五十八年、野球殿堂入りした。五十九年二月六日没。七十二歳。

参考文献　三原脩『風雲の軌跡―わが野球人生の実記―』（『野球殿堂シリーズ』）
（池井　優）

みぶらただひこ　三淵忠彦　一八八〇―一九五〇　明治から昭和時代にかけての司法官。最高裁判所初代長官。明治十三年（一八八〇）三月三日岡山において三淵隆衡の長男として出生。同三十八年京都帝国大学法科大学卒業。同四十年東京地方裁判所判事に任ぜられ、その後同部長、大審院判事、東京控訴院部長などを歴任し、民事裁判官として名声を馳せた。大正十四年（一九二五）六月裁判官を辞し、三井信託銀行法律顧問に迎えられ、昭和十五年（一九四〇）まで在職した。その後悠々自適の生活を送っていたが、昭和二十二年八月四日、片山内閣により発足直後の最高裁判所の初代長官に起用された。新しい憲法の下で裁判所は国民の権利を擁護する「国民の裁判所」でなければならないと説き、裁判所の民主的運営の基礎固めに尽力した。また最高裁誤判事件（昭和二十四年）について最高裁裁判官の誤判責任を厳しく問う立場をとり、裁判官のあり方を示した。昭和二十五年三月定年退官。同年七月十四日病没した。七十歳。著書として『信託法通釈』『世間と人間』などがある。

参考文献　小林俊三『私の会った明治の名法曹物語』、『法曹』一一九（三淵前長官をしのぶ）
（小田中聰樹）

みふねきゅうぞう　三船久蔵　一八八三―一九六五　明治から昭和時代にかけての柔道家。明治十六年（一八八三）四月二十一日、岩手県九戸郡久慈町（久慈市）に三船久之丞の三男として生まれた。仙台第二中学校補習科を卒業後、実業家を志して明治三十六年七月上京、まず講道館に入門、翌年十月柔道初段となり、以後も急速に昇段する。それと平行して明治三十七年には東京専門学校予科、翌三十八年には慶応義塾理財科に学んだ。しかし間もなく実業家志望をやめ、正規の学業を中止し、柔道に専心することに決した。その修行のかたわら明治四十二年以降は、東京大学・明治大学・日本大学その他多くの大学・高専などの柔道師範をも務める。大正十二年（一九二三）七段に昇り、講道館指南役となった。彼は入門から最晩年まで終始講道館を活動の本拠とし、講道館柔道の伝統の継承発展を使命とした。また彼は小柄な体格であったので、小さい者が大力の巨漢に勝つ合理的な研究を一生追求し続けた。その点、師の嘉納治五郎と共通するところが大であった。その研究と鍛練とにより隅落（空気投）・大車・踵返・諸手刈・三角固・球車などの妙技が創出されたのである。昭和二十年（一九四五）五月には講道館柔道十段を免された。時に六十一歳。第二次世界大戦終戦後にも、衰微の危機にあった柔道の復興と一層の発展に力を尽くした。昭和四十年一月二十七日没。年八十一。著書に『柔道回顧録』（昭和二十八年）、『柔道一路』（同三十年）などがある。郷里の久慈市中町に市立三船記念館がある。
（島田　貞一）

みふねとしろう　三船敏郎　一九二〇―九七　昭和・平成時代の映画俳優。大正九年（一九二〇）四月一日、中国の青島に生まれる。大連中学卒業。昭和二十二年（一九四七）に東宝入社。同年「銀嶺の果て」でデビュー。翌年黒澤明監督の「酔ひどれ天使」にギャング役で主演して人気を不動のものとする。以後黒澤明作品の主役が多く、同二十五年の「羅生門」が国際的に広く知られて日本を代表するスターと目されるに至った。主な作品に「白痴」（二十六年）、「七人の侍」（二十九年）、「蜘蛛巣城」（三十二年）、「用心棒」（三十六年）、「天国と地獄」（三十八年）、「赤ひげ」（四十年）などの黒澤監督作品がある他、「千利休・本覚坊遺文」（平成元年（一九八九））や「深い河」（同七年）などもすぐれた作品である。演技は重厚で、世界的には日本のサムライのイメージは三船敏郎が映画で演じた武士の役で伝えられている面が大きい。平成九年十二月二十四日没。七十七歳。　（佐藤　忠男）

みぶもとなが　壬生基修　一八三五―一九〇六　幕末・維新期の公家（羽林家）。変名、万治修一郎。天保六年（一八三五）三月参議庭田重基の三男に生まれ、左近衛権少将壬生道吉の養子となる。安政四年（一八五七）十一月修理権大夫となり、同五年正月従四位下に叙される。同年の条約勅許問題において、八十八卿列参に参加し、外交措置を幕府へ委任しようとする勅諚の改定を要求した。文久二年（一八六二）八月には、和宮降嫁を推進した久我建通ら四奸二嬪を攻撃し、失脚させている。翌三年二月尊攘派公家として国事寄人となったが、八月十八日の政変により失脚、三条実美らとともに長州に下る。慶応三年（一八六七）十二月赦免され、帰洛。翌明治元年（一八六八）正月参与、二月御親兵掛兼任。同年六月には会津征討越後口総督の参謀となり、出征し、十一月凱旋。二年二月越後府知事、十月東京府知事、四年十二月山形県権令を歴任。二年六月には戊辰戦功により賞典禄二百石を下賜される。八年および十八年には元老院議官となる。また、十四年に子爵、二十四年には伯爵に叙され、貴族院議員となる。三十九年三月六日没。七十二歳。墓は、京都市右京区嵯峨の二尊院にある。

参考文献　『壬生家系譜』　（板垣　哲夫）

みほりこうすけ　御堀耕助　一八四一―七一　幕末の長州藩士。名は直方。太田市之進のち御堀耕助と称す。変名は春木強四郎・島田耕助で、号は春江。天保十二年（一八四一）七月七日、長州藩大組の太田要蔵（禄四十石）の嫡子に生まれる。江戸の斎藤弥九郎に剣を学び、塾長となり、帰藩。世子小姓として京都に上り、文久三年（一八六三）攘夷実行のため藩地へ急行し、再び上京。天誅組の乱に破れた中山忠光を伴って帰藩し、元治元年（一八六四）禁門の変に福原越後勢の指揮官として参戦した。四国連合艦隊と下関で戦い、和議反対の上書を提出、慰撫の上、御楯隊編成を許され、総督となる。元治の内戦に転戦し、慶応元年（一八六五）用所役国政方兼御楯隊総管となり、翌年の幕長戦争には芸州口参謀として参戦、同三年七月、入京、西郷隆盛と討幕手順を謀議した。明治元年（一八六八）長州藩参政となり、同二年、渡欧の途中に病に倒れ、同四年五月十三日、三田尻（山口県防府市）で死去。三十一歳。墓は防府市桑山。贈正四位。

参考文献　末松謙澄『防長回天史』　（井上　勝生）

みまくんでん　美馬君田　一八一二―七四　幕末の尊王家。名は諧。字は和甫。通称援造。はじめ三嶺、のち君田、入獄後桜水と改め、晩年は休翁と号す。文化九年（一八一二）阿波国美馬郡重清村字谷口（徳島県美馬郡美馬町重清）に生まれる。父は鎌田治左衛門、母はくみ。文政六年（一八二三）に郡里村の願勝寺（同郡美馬町）に入り、翌年得度する。安政元年（一八五四、嘉永元年（一八四八）ともいう）還俗して姓を美馬と改め、各地を歴訪して尊王論者らと交わる。五年後に讃岐国那珂郡金毘羅の金山寺町（香川県仲多度郡琴平町）に住す。琴平の尊王家日柳（くさなぎ）燕石・奈良松荘・井上文郁らと交遊し、燕石とともに琴平尊王家の中心人物となる。慶応元年（一八六五）四月に長州藩尊攘派に狙われた高杉晋作は脱藩し、一時琴平の日柳燕石方へ潜伏したが、晋作をかくまった嫌疑により、燕石とともに高松の獄に投ぜられる。明治元年（一八六八）に入って新政府の成立により君田ら出獄する。燕石とともに上京しようとしたが病により果たせず、琴平にて家塾を開く。明治七年七月二十七日琴平にて没す。六十三歳。墓所は琴平町の柳谷墓地。明治三十六年贈正五位。

参考文献　福家惣衛「日柳燕石と美馬君田」（『讃岐史談』四ノ一）、美馬君田頌徳会「美馬君田翁」（『郷土阿波』一ノ三）　（木原　溥幸）

みやがわつねてる　宮川経輝　一八五七―一九三六　明治から昭和時代前期にかけての日本組合基督教会牧師。安政四年（一八五七）正月十七日肥後国阿蘇郡宮地村（熊本県阿蘇郡一の宮町）の社家宮川経連の三男として誕生。明治五年（一八七二）熊本洋学校に入学。L・L・ジェーンズの教えを受け同九年一月三十日花岡山で奉教趣意書に署名、小崎弘道・海老名弾正らと熊本バンドを結成。同年七月卒業を前にジェーンズより受洗。同志社英学校に進み、十二年卒業後は同志社女学校幹事を経て十五年大阪教会牧師に就任、以後四十三年間牧会に従事、大正十四年（一九二五）名誉牧師。熟達した牧会と重厚な人格で信徒に敬愛された。日本組合基督教会会長・日本基督伝道会社議長などをつとめ、各地の巡回伝道にあたった。『活基督』『ヨハネ伝講義』『牧会百話』などの著作のほか、明治三十三年『大阪講壇』を創刊。南大阪教会で説教中に倒れ、昭和十一年（一九三六）二月二日没。八十歳。

参考文献　加藤直士『宮川経輝伝』、高橋虔「宮川経輝」　（波多野和夫）

みやぎちょうごろう　宮城長五郎　一八七八―一九四二　明治から昭和時代前期にかけての司法官。明治十一年（一八七八）九月五日埼玉県大里郡久下村（熊谷市）の農業宮城藤次郎の次男として生まれた。高等小学校卒業後農業に従事していたが、十八歳のとき修学のため上京。明治三十九年東京帝国大学法科大学を卒業し、司法官試補となった。明治四十一年東京地方裁判所判事となり、主任陪席判事として赤旗事件の審理に関与した。その後は主に検察畑を歩み、東京区裁判所検事、司法省参事官、司法省保護課長、大審院検事などを経て、昭和六年（一九三一）十二月東京地方裁判所検事正に就任し、桜田門事件、大森銀行ギャング事件、共産党熱海事件、司法官赤化事件、河上肇事件、日本労農弁護士団事件、共産党リンチ事件などの左翼関係事件の検挙に腕を振う一方、血盟団事件、五・一五事件、神兵隊事件などの右翼テロ事件や帝人事件などの疑獄事件の処理を指揮した。その間、司法保護事業にも強い関心を抱き、大正十五年（一九二六）十二月帝国更新会を設立し、起訴猶予者・刑執行猶予者の保護指導に取り組み、昭和六年からは思想転向者の保護指導にも乗り出した。昭和九年四月長崎控訴院検事長、十一年十二月名古屋控訴院検事長を経て十四年八月阿部内閣の司法大臣に就任したが、翌年一月内閣総辞職に伴い辞任。昭和十七年六月二十五日病没。六十五歳。墓は東京都府中市の多磨墓地にある。

参考文献 都築亀峰編『宮城長五郎伝』

（小田中聰樹）

みやぎみちお 宮城道雄 一八九四―一九五六 大正・昭和時代前期にかけての代表的箏曲家の一人。明治二十七年（一八九四）四月七日、菅国次郎の長男として神戸に生まれる。同三十五年失明。神戸の二代中島検校中寿一（初世絃教）に入門。その没後は、三代中島伊三郎（二世絃教）に師事した。同三十八年中菅の芸姓を許される。同四十年朝鮮に移り、教授所を開いて一家を支えた。同四十三年京城に移住。大正二年（一九一三）宮城姓となる。この間しばしば内地に出向いて旧師のほかに熊本の長谷幸輝に師事して三弦を修業。同六年東京に移り、同八年第一回作品発表会を催し、以来毎年新しい作品の発表を行なった。同九年には尺八家吉田晴風の発案によって、本居長世の作品とともに、「新日本音楽」と銘打って新作の発表会を催し、その後尺八の初世中尾都山とともに日本各地を巡演し、宮城作品を全国的に広めた。また、十七弦、大胡弓などの楽器改良を行う。昭和五年（一九三〇）には、東京音楽学校講師となり、同七年教授となった。また、昭和五年以来、東京盲学校にも出講。同二十三年日本芸術院会員となるが、同三十一年六月二十五日愛知県刈谷駅付近において列車から転落死。六十二歳。東京都台東区の谷中墓地に葬られる。処女作「水の変態」以来、特に新日本音楽と銘打って創作された作品は非常に多く、「春の海」「越天楽変奏曲」「数え唄変奏曲」「手事」「日蓮」など現在でも演奏される曲が多い。また、『雨の念仏』ほかの随筆集もある。その一門は、宮城会として組織化され、養女の宮城喜代子が後継者として統率していたが、平成三年（一九九一）にはその妹数江が会長を継いでいる。同五十三年、財団法人宮城道雄記念館が東京都新宿区中町に設立され、吉川英史が初代館長をつとめる。

参考文献 吉川英史『宮城道雄伝』、吉川英史・上参郷祐康『宮城道雄作品解説全書』、吉川英史・宮城喜代子監修『宮城道雄大全集』（ビクターレコード解説書）

（平野健次）

みやけこっき 三宅克己 一八七四―一九五四 明治から昭和時代にかけての洋画家。明治七年（一八七四）一月八日徳島に生まれる。十三年に上京。二十三年大野幸彦に、ついで原田直次郎に師事した。二十四年来日した英国の水彩画家ジョン＝バーレーの作品に感動し水彩画専門を志す。三十年渡米、イェール大学付属美術学校に入学。イギリスを経て三十二年に帰国し白馬会に加わった。三十四年再びヨーロッパに遊学し翌年帰国。第四回白馬会展に出品した「雨のノートルダム」で画名を挙げた。文展に最初から出品、たびたび審査員をつとめた。四十五年光風会結成にも参加した。昭和二十六年（一九五一）日本芸術院恩賜賞を受賞。同二十九年六月三十日神奈川県足柄下郡真鶴町で没。八十歳。前記のほか「羅馬コンスタンチン凱旋門」が著名。自伝『思ひ出づるまゝ』がある。

（原田実）

みやけごんさい 三宅艮斎 一八一七―六八 江戸時代後期の蘭方医。幼名は桃樹、名は温。字を子厚といい、艮斎・桃樹園と号した。文化十四年（一八一七）肥後国高来郡北有馬村の医師の家に生まれる。文政七年（一八二四）熊本に出て伯父の鹿子木仁夫の家に寄留し、学問の手ほどきを受ける。天保二年（一八三一）父の英庵が亡くなり長崎へ移住。楢林栄建に師事し蘭方医学を学ぶ。同九年、和田泰然（佐藤泰然）らとともに江戸へ出て薬研堀に居を定める。同十三年、下総銚子港で開業。弘化元年（一八四四）三月、佐倉藩主堀田正睦に聘せられ佐倉へ赴き、徳姫の治療を行い奥医師となる。嘉永六年（一八五三）長崎へ戻る。この時に新しく日本に輸入されたアルカロイド類、モルヒネ、ストリキニーネなどの薬品と外科道具を多数、江戸に持ち帰った。安政四年（一八五七）伊東玄朴・戸塚静海らとともに神田お玉ヶ池に種痘所設立を計画。同六年、土佐藩の藩医を兼任。文久二年（一八六二）西洋医学所の教授となり、外科手術、繃帯学を教える。本草学に造詣が深く、兵学などの知識も豊富で幕府の命により薬草園の巡視を行い、さらに兵器製造にも関与。明治元年（一八六八）七月三日、食道癌により没した。五十二歳。法名は観竜院殿総誉子厚英信居士。墓ははじめ駒込願行寺にあったが、のちに東京都台東区谷中の天王寺に移された。著書には『西医略論』『内科新説』『婦嬰新説』がある。子に医学博士の秀がある。

参考文献 三浦義彰『文久航海記』

（高安伸子）

みやけせつれい 三宅雪嶺 一八六〇―一九四五 明治から昭和時代前期にかけての総合的ジャーナリスト・哲学者・歴史家。文学博士。本名雄二郎。万延元年（一八六〇）五月十九日加賀国金沢新竪町に加賀藩の儒医三宅恒・滝井の第四子として生まれる。幼名雄次郎・雄叔。最初の筆名石浦居士、のち雪嶺と号す。官立愛知英語学校・東京開成学校を経て、明治十二年（一八七九）東京大学文学部哲学科に入学し、フェノロサ・外山正一・中村正直らに学び、図書館に籠りスペンサー・ヘーゲル・カーライルなどの著作を耽読する。十六年東大卒業とともに東大文学部准助教授兼編輯方、ついで十九年文部省編輯局雇員として『日本仏教史』、『日本文典』の編纂に従い、最初の単行著書『日本仏教史』『基督教小史』を発表。この年から東京専門学校（明治三十五年早稲田大学と改称）で哲学を講義し始める（早大講師は明治四十四年まで続く）。二十年お役所仕事に憤慨して文部省を辞職する。この年から哲学館（東洋大学の前身）でも西洋哲学史を担当し（明治二十年代の初頭、同人社・郁文館でも講義）、井上馨外相の条約改正案や政府の欧化政策に反対して、二十一年四月三日志賀重昂・杉浦重剛ら十二名とともに政教社を創設して『日本人』（命名は雪嶺）を創刊し、以後、毎月恒常的に発表できる雑誌または新聞を持ち続け、時事・哲学・史論・芸術・宗教・音楽等々にわたり六十年近い総合的ジャーナリストとしての生涯を送ることになる。この年、大同団結運動に参加。二十三年『江湖新聞』主筆、二十四年『国会』新聞社説担当。この年『真善美日本人』『偽悪醜日本人』を発表して、「護国」と「博愛」は矛盾しないとのインターナショナリズムと結合する国粋主義を明らかにして、同志新聞『日本』の陸羯南（くがかつなん）や『国民之友』の徳富蘇峰らとともに明治中期の論壇をリードした代表的な言論人となった。二十四年九月から翌年四月まで南洋諸島の現状を巡航して見て回る。二十七年一月から『日本』にも署名入りで執筆を開始し、開戦直前に朝鮮を視察して、日清戦争を強く支持する論調を展開した。他方、日本の資本主義の進展に伴い発生してきた社会問題に強い関心を示し、高島炭坑事件や足尾鉱毒事件で坑夫や被害農民に同情して救済の論調を展開し、布川孫市らの社会学会、中村太八郎らの社会問題研究会などに参加した。この間、二十二年に『哲学涓滴』、二十五年に『我観小景』、二十六年に『王陽明』を発表するなど、東西哲学の研究を着実に進め、ヘーゲル哲学を紹介するとともに独自の哲学体系構想への準備を始めた。三十五年四月から翌年六月まで欧米各地を視察し、この間新渡戸稲造・中村不折・島村抱月らと順次同行した。三十七年日露戦争に際し『日本』記者として観戦し、東郷平八郎提督と会見。三十八年二月ころより羯南病気のため『日本』社説を担当したが、三十九年七月経営が伊藤欽亮に移り、その経営・編集方針に抗議して旧来の社員とともに連袂退社し、四十年一月『日本人』を旧来の『日本』の精神を継承する意味を込めて『日本及日本人』と改題して、主筆として毎号題言・論説を大正十二年（一九二三）十月に政教社を離れるまで無署名で執筆した。明治四十二年五月『実業之世界』に寄稿を開始し（昭和十九年（一九四四）まで三十五年間ほぼ毎号寄稿）、四十四年六月から『婦人之友』へも寄稿を始める（死の直前まで三十余年間ほぼ毎号寄稿）。この間四十二年六月に『太陽』の「理想的新聞雑誌記者」の第一位に、翌年六月にも『冒険世界』の「現代各方面の痛快男子十傑」の「学者」の部で第一位にそれぞれ当選させられ、また、訥弁の雄弁家としても有名で、この明治末期のころには言論人・学者として第一人者の名声を博していた。しかし、こうした絶頂の時期、雪嶺は体系的な著述の構想に着手していた。このころから哲人・史論家としての雪嶺の後半生が始まる。具体的には、まず四十二年に大冊『宇宙』を刊行して雪嶺のいわゆる「渾一観的宇宙観」としての哲学を提示し、これを真＝「学術上の東洋西洋」、善＝「東洋教政対西洋教政」、美＝「東西美術の関係」に分けて深化させ、これを十一年間毎月二回発行の『日本及日本人』に連載し続け（この三部作は没後それぞれ単行本化された）、これが完了すると「人類生活の状態」を同誌および『我観』に大正十四年まで六年間連載して自己の「宇宙哲学」を樹ち立てた。ところが、十九年間にわたる哲学的著作を完了すると、大正十五年からその死の昭和二十年まで『我観』『東大陸』に二百二十二回にわたる本格的な編年体の史論である日本近代の通史「同時代観」（没後『同時代史』全六巻として公刊された史論史学の名著）を二十年間連載し続け、その傍ら、大正十三年より昭和十一年まで断続して自伝を発表し続けた（没後『大学今昔譚』『自分を語る』として公刊）。このように後半生の著作活動は、㈠自己の哲学的考察、㈡自己の生存した時代に対する歴史的考察、㈢自己の足跡の記録という三点に四十年間を費やしたもので、真善美の価値観に基づいた世界文明の発展に寄与し得る一人の人間としての自己を創造しようとした生涯を全うした。昭和十四年二月林内閣組閣に際し文部大臣就任の交渉があったが辞退し、十八年には文化勲章を授与された。雪嶺は博識・健筆（単行著作は七十余冊）に加えて、徹底した在野精神でジャーナリストとしての生涯を貫き、その思想的節操と人格的風貌とによって長谷川如是閑・堺利彦・幸徳秋水や高島米峰・岩波茂雄・大内兵衛らの私淑者が相ついだ。妻は女流作家の三宅花圃（旧幕臣田辺蓮舟（太一）の娘）で、女婿に政治家の中野正剛がいる。昭和二十年十一月二十六日没。八十六歳。墓所は東京都港区の青山墓地。法名智開院釈雪嶺居士。

［参考文献］柳田泉『哲人三宅雪嶺先生』、柳田泉編『三宅雪嶺集』（『明治文学全集』三三）、佐藤能丸『異彩の学者山脈―大学文化史学試論―』、同『明治ナショナリズムの研究―政教社の成立とその周辺―』

（佐藤　能丸）

みやけつねかた　三宅恒方　一八八〇―一九二一　明治・大正時代の昆虫学者。明治十三年（一八八〇）五月二十一日金沢に生まれる。父は士族三宅恒徳。明治十九年上京。東京府尋常中学から第一高等学校を経て、明治三十五年東京帝国大学理科大学動物学科入学。同三十八年卒。明治四十年東京帝大農科大学助手。大正五年（一九一六）農事試験場技師。大正十年二月二日没。四十二歳。幼時より昆虫に親しみ、日本の昆虫学界の先駆となる。著書『昆虫学汎論』上・下（裳華房、大正六―八年）。

［参考文献］矢野恒幹「三宅恒方氏伝」上（『動物学雑誌』三八八）

（鈴木　善次）

みやけとものぶ　三宅友信　一八〇六―八六　幕末・明治時代前期の蘭学者。田原藩藩主の一族。文化三年（一八〇六）十一月二十七日江戸麴町田原藩上屋敷に生まれる。父は藩主康友、母は側室銀。通称鋼蔵、諱友信、字子信、号毅斎・芳春・片鉄など。十九歳ごろから藩士渡辺崋山の指導や鈴木春山との接触から蘭学を学ぶようになる。文政十年(一八二七)兄の十代藩主康明が没し、藩を継ぐはずだったが、藩財政困難を救うため姫路藩酒井家から康直が迎えられた。友信は隠居格として江戸巣鴨下屋敷に居住、崋山が付人となった。友信は隠居料二千俵を資に蘭書の購入に努め、高野長英・小関三英らを雇って洋書の翻訳を行わせ、自分も蘭書の解読や西洋軍事技術などの研究にあたった。集めた蘭書は兵書の部で二百十九冊あったといい、これが崋山をはじめとする田原藩の蘭学に大きく貢献した。蛮社の獄で崋山が天保十一年(一八四〇)に田原へ移されると、友信も田原へ来、弘化四年(一八四七)まで居住した。『鈴林必携』二冊(嘉永四年(一八五一)―六年刊)は「田原藩士上田亮章謹識」とあるが、実際は友信の編で、デ＝ブロインの『ミリタイレ＝サックブック』を訳したものである。安政三年(一八五六)自序を附して出した『泰西兵鑑初編』はプロシアのシャルンホルストの蘭訳本によるものだった。嘉永三年友信の長男仁(じん)太郎が家督を継いで十二代藩主康保(やすよし)となったので友信の位置は安定を加え、維新時の田原藩の動向にも影響するところがあった。明治十九年(一八八六)八月八日八十一歳で東京で没した。法名芳春院殿毅斎友信大居士。墓は東京都豊島区雑司ヶ谷本浄寺。昭和十年(一九三五)贈従四位。

参考文献 『田原町史』中、伊奈森太郎『隠れたる先覚者三宅友信』、佐藤堅司「隠れたる兵学者三宅友信」(愛知県郷土資料刊行会編『尾三文化史談』下所収)

(田崎 哲郎)

みやけへんてつ 三宅片鉄 ⇩三宅友信(みやけとものぶ)

みやけゆうじろう 三宅雄二郎 ⇩三宅雪嶺(みやけせつれい)

みやけよねきち 三宅米吉 一八六〇―一九二九 明治・大正時代の歴史学者。考古学にも造詣が深かった。文学博士。万延元年(一八六〇)五月十三日、紀伊国に和歌山藩士三宅栄充・妻直子の長子として生まれる。明治五年(一八七二)上京し、同八年まで慶応義塾に学ぶ。同門に尾崎行雄らがいた。同十三年千葉師範学校ならびに千葉中学校で教鞭をとる。教え子に白鳥倉吉(庫吉)らがあった。同十九年から二十一年まで、米国ならびに英国に遊学。帰国とともに金港堂の編輯所長に迎えられ、雑誌『文』を刊行する。同二十八年帝国博物館学芸委員ならびに高等師範学校教授となるとともに、下村三四吉らとはかり考古学会を設立し、同三十四年にはその会長に就任する。大正九年(一九二〇)東京高等師範学校長、翌々年には帝室博物館総長も兼ねる。同十二年宮中顧問官に任ぜられ、十四年には帝国学士院会員となり、さらに昭和四年(一九二九)に創設された東京文理科大学の初代学長に就任したが、同年十一月十一日、狭心症のため急死、七十歳であった。東京都豊島区の染井墓地に眠る。戒名は文徳院殿慈教昭軒大居士。正三位勲一等。主著に『日本史学提要』『文学博士三宅米吉著述集』『考古学研究』『以文会筆記抄』などがある。

(岩崎 卓也)

みやこだゆういっちゅう 都太夫一中 浄瑠璃一中節の家元。

(一)十代 一八六八―一九二八 明治元年(一八六八)正月八日生まれる。本名伊藤楳太郎。同十四年に六代目の妻で名人といわれた一浜の門弟一清の弟子一広らの世話で十代目を継いだ。昭和三年(一九二八)二月六日没。六十一歳。

(二)十一代 一九〇六― 明治三十九年(一九〇六)生まれる。本名小林清子。十代目の娘。母は都一梅。前名都仙ト。都一花を師とし昭和二十三年(一九四八)五月十一代目一中を継いだ。

参考文献 斎藤幸成『声曲類纂』(『岩波文庫』)、竹内道敬『近世芸能史の研究』

(林 京平)

みやざきいちさだ 宮崎市定 一九〇一―九五 昭和時代の東洋史学者。明治三十四年(一九〇一)八月二十日、長野県下水内郡秋津村静間(飯山市)に父市蔵・母悦の次男として出生。飯山中学校、松本高等学校を経て、大正十四年(一九二五)京都帝国大学文学部史学科東洋史学専攻を卒業。第六高等学校教授、第三高等学校教授を歴任。昭和九年(一九三四)京都帝国大学文学部助教授に就任し十九年教授に昇任。「五代宋初の通貨問題」により文学博士。文学部長・教養部長を歴任して四十年に停年退官、名誉教授となる。三十一年に東洋史研究会会長となり、死没時まで留任。宋代の研究から始め、古代史に対象を移して、昭和八年、中国にも都市国家が存在することを指摘。十二年九月から西アジア各地を歴遊、史上における西アジアの先進性を確信して、紀行『菩薩蛮記』を上梓。二十年二月に出征。敗戦後に『科挙』を出版。二十五年に『雍正帝』と宋代近世説の『東洋的近世』を出版。やがて南北朝隋唐を対象とする『九品官人法の研究―科挙前史―』を出版、三十三年日本学士院賞を受けた。停年後は『論語の新研究』『中国史』などの執筆に専念する傍ら、旧著の文庫本化で多くのファンを獲得。『アジア史論考』でフランス学士院ジュリアン賞を受賞し、平成元年(一九八九)文化功労者。『宮崎市定全集』全二十四巻別巻一を完結させ、平成七年五月二十四日没。九十三歳。墓は飯山市静間の宮崎家の新墓地。

参考文献 宮崎市定『自跋集―東洋史学七十年―』、礪波護「宮崎市定」(今谷明他編『20世紀の歴史家たち(一)』所収)、「宮崎市定博士追悼録」(『東洋史研究』五四ノ四)

(礪波 護)

みやざきこしょし 宮崎湖処子 一八六四―一九二二 明治時代の詩人、小説家、評論家。本名八百吉、別号愛郷学人・八面楼主人ほか。元治元年(一八六四)九月二十日(戸籍簿による。本人の記述では、一年早い文久三年(一八六三)九月二十日生まれ)、宮崎仁平・チカの三男として、筑前国下座郡三奈木村(福岡県甘木市)に生まれる。明治十七年(一八八四)上京して東京専門学校政治科に学び、在学中キリスト教の洗礼を受けた。一時、東京経済雑誌社に勤めたが、『国民新聞』創刊の際、招かれて入社し、同紙や『国民之友』を中心に活動を展開、民友社文学の担い手となる。明治二十三年刊行の『帰省』は、故郷の自然や人情の美を讃え、田園文学の嚆矢と目され、多くの読者を得た。ほかに、紀行文や故郷に題材を得た小説、自伝的作品などがあり、文芸評論・宗教評論の筆も揮った。ワーズワースの影響裡に成った『湖処子詩集』や合著詩集『抒情詩』は、浪漫的抒情詩の先駆的役割を果たした。大正十一年(一九二二)八月九日、五十九歳で死去。墓は東京都港区の青山墓地にある。

参考文献 笹淵友一『浪漫主義文学の誕生』、吉田精一『近代文芸評論史』明治篇、境忠一『詩と故郷』、北野昭彦『宮崎湖処子・国木田独歩の詩と小説』(『近代文学研究叢刊』二)、杉本邦子他「宮崎湖処子」(『近代文学研究叢書』二一所収) (杉本 邦子)

みやざきしゃのすけ 宮崎車之助 一八三九―七六 幕末・明治時代前期の秋月藩士。政治家。秋月の乱の指導者の一人。秋月藩の名門宮崎丹下の次子。名は重遠。天保十年(一八三九)生まれる。明治維新後に秋月藩の少参事となったが、廃藩置県とともに退職した。西郷隆盛らが唱えた征韓論に共鳴し、征韓論が決裂するや、熊本敬神党の領袖を尋ね、また萩の前原一誠と会して秋月・熊本・萩の反政府士族の連携を策した。秋月藩には征韓論と士族の解体に反対を唱える動きが強く、その指導者は宮崎のほかに磯淳・土岐清・戸原安浦・戸波半九郎、実弟である今村百八郎らがあり、また三百人以上に及ぶ同志も存在していた。明治九年(一八七六)十月に神風連が挙兵するや、宮崎ら秋月党は磯を首領として十月二十六日に蜂起した。このことを知った福岡県令渡辺清は秋月(福岡県甘木市)に熊本鎮台の出動を要請して鎮圧に出たので、宮崎らは一旦豊前豊津(福岡県京都郡豊津町)に退き、豊津の同志の蜂起を促したが成功しなかったため、秋月に引き返した。だが、討伐軍に追い詰められ、二十八日宮崎は磯らとともに江川村栗川村で自刃した。三十八歳。

参考文献 後藤靖『士族反乱の研究』、黒竜会編『西南記伝』下 (後藤 靖)

みやざきたみぞう 宮崎民蔵 一八六五―一九二八 明治時代の社会運動家。土地の均等配分を主張した。号巡耕。慶応元年(一八六五)五月二十日肥後国玉名郡荒尾村(熊本県荒尾市)の郷士長蔵・佐喜の六男に生まれる。明治十八年(一八八五)亡兄八郎の師友中江兆民の仏学塾で自由民権思想を学び、人民自立の基本である土地に対する人間の権利を回復することを生涯の使命とする。二十八年郷里で土地問題研究会を結成。三十年二月渡米、三十三年十一月まで労働しながら米英仏の各国を巡り、各地の社会運動指導者と意見を交換、英国土地民友協会の評議員に選ばれた。三十五年土地復権同志会を東京に設立、三十八年九月主著『(土地均享)人類の大権』刊行。大逆事件による運動挫折後は弟滔天の中国革命運動を援助、中国で実業に従事しながら孫文の土地革命政策の実現に望みを嘱した。昭和三年(一九二八)八月十五日荒尾で没。六十四歳。

参考文献 上村希美雄『宮崎兄弟伝』日本篇・アジア篇、同「宮崎民蔵追跡」(『民権と国権のはざま』所収)、牧原憲夫「宮崎民蔵の思想と行動」(『歴史学研究』四二六) (上村希美雄)

みやざきとうてん 宮崎滔天 一八七〇―一九二二 明治・大正時代の中国革命運動家。本名虎蔵(通称寅蔵)、芸名桃中軒牛右衛門。明治三年(一八七〇)十二月三日熊本藩領玉名郡荒尾村(熊本県荒尾市)の豪農の八男として誕生、長蔵・佐喜の両親から長兄八郎のような英雄たるべく属目された。十七年県立熊本中学校入学、翌年徳富蘇峰の大江義塾に転じ、十九年春上京して十月東京専門学校(早稲田大学)英学部に学んだ。二十年春キリスト教入信、同年秋帰郷後も熊本英学校、長崎のカブリ校などで宗教による救世の道を模索する。しかし兄民蔵の社会思想の影響などで宗教の無力を感じ二十二年四月に棄教、すぐ上の兄弥蔵が抱懐する中国革命主義(中国にアジア民衆の理想の国を築き世界革命の根拠地とする思想)に傾倒し、日本国籍を脱して革命的アジア主義者たらんことを決意した。日清戦争前には朝鮮の金玉均と提携、戦後は移民を率いてタイに渡航するなど曲折の末、弥蔵病没後の三十年秋ようやく孫文と知り、以後孫の革命運動の絶対的支援者として活動した。三十三年秋の恵州挙兵失敗後は一時浪花節語りとなって窮民革命の精神を鼓吹し、三十八年夏東京で中国同盟会の結成に尽力、辛亥革命蹉跌後も変わらぬ無私の献身を続けるなど、その業績は中国側からも高い評価を受けている。大正十一年(一九二二)十二月六日東京で没。五十三歳。明治日本人の自伝の傑作『三十三年の夢』をふくむ『宮崎滔天全集』全五巻を遺す。宮崎竜介は長男。

参考文献 渡辺京二『評伝宮崎滔天』、上村希美雄『宮崎兄弟伝』日本篇・アジア篇、武田清子「アジア主義における孫文と滔天」(『正統と異端の"あいだ"』所収)、久保田文次「辛亥革命と帝国主義―孫文・宮崎滔天の反帝国主義思想について―」(『講座中国近現代史』三所収)、初瀬竜平「宮崎滔天とアジア主義」(『北九州大学法政論集』七ノ二) (上村希美雄)

みやざきはちろう 宮崎八郎 一八五一―七七 明治時代前期の自由民権運動家。号真郷。嘉永四年(一八五一)肥後国玉名郡荒尾村(熊本県荒尾市)の郷士の家に父長蔵・母佐喜の次男として出生。民蔵・寅蔵(滔天)兄弟の兄。文久二年(一八六二)月田蒙斎塾入門、慶応元年(一八六五)藩校時習館入学、明治三年(一八七〇)藩の東京遊学生に選抜され尺振八、西周らの塾に学ぶ。七年一月、岩倉具視襲撃事件に連座し投獄、二月には征韓策を左院に建言、四月の台湾事変には熊本で五十一名の義勇隊を組織し、嚮導として参戦した。八年二月愛国社結成大会に参加後、四月熊本の同志と山本郡植木(熊本県鹿本郡植木町)に植木学校を設立、ルソーの『民約論』を経典とし、県民会開設運動を起すなど自由民権運動の先駆者として活躍。九年一月東京の評論新聞社に投じて反政府の筆を揮い、西南戦争では協同隊を結成して西郷軍に参加、十年四月六日熊本県八代で二十七歳の若さで戦死。自由の精神を歌った詩は永く世に愛吟された。

参考文献 荒木精之『宮崎八郎』、上村希美雄『宮崎兄弟伝』日本篇上

(上村希美雄)

みやざきみちさぶろう 宮崎道三郎 一八五五—一九二八 明治・大正時代の法制史学者。東京大学教授。わが国の大学における法制史講座の初代の担任者としても知られる。津城と号す。安政二年(一八五五)津藩士八郎衛門の第四子として伊勢国安濃郡に生まれる。明治五年(一八七二)上京、一時中村敬宇(正直)の同人社にあり、ついで開成学校に入学、同十三年東京大学法学部を卒業した。同十四年、東京大学法学部助教授。同十七年、ドイツに留学し、ローマ法・ゲルマン法などの研究に従事。同二十一年に帰国するや直ちに帝国大学法科大学教授に就任、「日本法制沿革」「ローマ法」などの講義を担当した。同二十六年、帝国大学に「法制史比較法制史」講座が設置されると同時にその担任者となる。大正十一年(一九二二)退職。その研究の特色は、主として言語の比較研究という方法を用いて、律令その他の古代法の内容を解明せんとする点にあった。わけても日本古代の法制用語と朝鮮語との比較研究に力を注いだ。昭和三年(一九二八)四月十八日没。七十四歳。東京の青山墓地に葬られる。その主要な業績は、中田薫編『宮崎先生法制史論集』に収められている。なお、法制史家中田薫は彼の弟子。

参考文献 石井良助「日本法制史学八十八年—東京大学における—」(『国家学会雑誌』八一ノ一・二)、岩野英夫「わが国における法史学の歩み(一八七三~一九四五)—法制史関連科目担任者の変遷—」(『同志社法学』三九ノ一・二)

(植田 信広)

みやざきむりゅう 宮崎夢柳 一八五五—八九 明治時代の新聞記者、小説家、自由民権家。本名富要(とみやす)。別号は芙蓉。安政二年(一八五五)高知藩士の家に生まれる。藩校に学んだ後、上京し英学・漢学を学ぶとともに、自由民権思想に触れた。帰郷し、『高知新聞』『土陽新聞』記者を務めた後、再度上京し、『自由新聞』に入った。その後、『絵入自由新聞』『自由燈』といった自由民権派の小新聞で活躍した。特に、それら新聞に『虚無党実伝記鬼啾啾』などの政治小説を連載し人気を博した。しかし、著書の納本を怠った罪で軽禁錮刑を受けるなど厳しい取締りを受け、その後、病を得て活動困難となり、明治二十二年(一八八九)七月二十三日没した。三十五歳。

(有山 輝雄)

みやざきりゅうすけ 宮崎竜介 一八九二—一九七一 大正・昭和時代の社会運動家、弁護士。明治二十五年(一八九二)十一月二日、熊本県玉名郡荒尾村(荒尾市)に生まれる。父宮崎虎蔵(滔天)、母ツチの長男。第一高等学校を経て大正五年(一九一六)東京帝国大学法科大学仏法科入学、緑会弁論部員、『大学評論』同人となり、七年十二月、赤松克麿・石渡春雄と新人会を結成、父が管理していた黄興(中国革命家)の別邸を本部に提供、機関誌『デモクラシイ』の編集に従事、九年大学を卒業、弁護士となり、星島二郎・片山哲らの中央法律相談所に属した。この間九年初め雑誌『解放』編集者として、華族出身の歌人で炭鉱主伊藤伝右衛門夫人の燁子(あきこ)(柳原白蓮)と恋愛事件を起し、十年新人会を除名され、燁子も隔離されたが、関東大震災後、晴れて一緒になる。十五年二月、独立労働協会に属し、十二月の社会民衆党結成に参加、中央委員となり、昭和二年(一九二七)五月党代表として訪中、中国国民党との提携を図る。翌年の第一回普通選挙に立候補したが落選、同党の内紛で除名されるや、五年全国民衆党を結成、中央委員となる。以後全国大衆党、全国労農大衆党、社会大衆党の中央委員などを務めた。八年無産陣営を離れ、日中戦争に際し、近衛文麿首相の密使として中国に渡ろうとして逮捕される。十四年東方会に入会した。第二次世界大戦後、日本社会党結成に参加、中央執行委員になったが、すぐに離党。二十九年憲法擁護国民連合結成に参加、常任実行委員に、四十二年代表委員になり、また日中友好運動に従事、孫文生誕九十年の三十一年、日本中山会を設立した。『宮崎滔天全集』の刊行準備中の四十六年一月二十三日心筋梗塞で死去。七十八歳。墓は神奈川県津久井郡相模湖町の顕鏡寺にある。戒名は石老院大観竜光居士。著書に『対支外交論』『支那国民革命史』がある。

参考文献 永畑道子『恋の華・白蓮事件』、宮崎竜介「柳原白蓮との半世紀」(『文芸春秋』四十二年六月号)

(神田 文人)

みやざわきいち 宮沢喜一 一九一九— 昭和・平成時代の政治家。平成三年(一九九一)十一月から内閣総理大臣、第十五代自由民主党総裁。大正八年(一九一九)十月八日、東京に生まれる。父裕は衆議院議員、母は小川平吉の次女こと。昭和十六年(一九四一)東京帝国大学法学部を卒業し、大蔵省に入省。第二次世界大戦後の二十四年、池田勇人蔵相の秘書官となり、吉田茂首相—池田蔵相ラインの対米交渉に得意の語学力を駆使して、名側近、懐刀と評された。昭和二十八年広島県から参議院議員に当選。はじめ自由党、ついで三十年の保守合同により自由民主党に所属。三十七年池田内閣の経済企画庁長官。参議院議員を二期つとめたのち、四十二年第三十一回総選挙で広島二区から衆議院議員に当選、以後連続当選十二回。数度の経企長官や通産相・外相を歴任。五十九年自民党総務会長、六十一年蔵相となり、宏池会第五代会長に就任。六十二年竹下内閣の副総理・蔵相となったが、翌六十三年末、リクルート事件により辞任に追い込まれた。しかし、平成三年十月の自民党総裁選挙で新総裁に

選出され、翌十一月五日、宮沢内閣を発足させた。日米貿易摩擦・経済不況などの難局に立ち、四年九月には懸案の国連平和維持活動への自衛隊の参加を実現させたが、汚職事件が頻発する中で政治改革・選挙制度改革が実現できず、五年六月内閣不信任案の可決を招き、自民党の分裂をもたらした。同年七月の総選挙に敗れ、八月に総理・総裁を辞任した。十年七月、小渕内閣の蔵相、十二年四月、森内閣で引続き蔵相、十三年一月の新省庁再編で初代財務相をつとめた。（内田　健三）

みやざわけんじ　宮沢賢治　一八九六―一九三三　大正・昭和時代前期の詩人・童話作家。明治二十九年（一八九六）八月二十七日岩手県稗貫郡花巻川口町（花巻市豊沢町四丁目）に生まれる。父政次郎・母イチの長男。父は質・古着商。盛岡中学時代に短歌を、盛岡高等農林学校を卒業した大正七年（一九一八）から童話を作り始めた。九年日蓮宗の国柱会に入会して熱烈な信仰活動に入り、翌十年上京、文学による大乗の布教を目ざして創作に励んだ。同年末稗貫農学校教諭となり約四年間教師生活を送った後、十五年三月退職。花巻郊外の自家の別荘に農耕自炊生活を営み、羅須地人協会を設立、近郊農民への奉仕活動を開始する。肥料設計と稲の品種改良による増収、労働と宗教と芸術とを一体化した農民独自の文化の創造がその理想であったが、過労のため倒れ、昭和三年（一九二八）実家に戻り以後療養生活を送った。晩年は童話や文語詩の創作と推敲に従事、一時快方に向かったが夜おそくまで肥料設計の相談に応じて急性肺炎にかかり、八年九月二十一日三十八歳で没した。花巻の浄土真宗安浄寺に葬られ、のち日蓮宗身照寺（花巻市石神町）に改葬。法名真金院三不日賢善男子。生前は大正十三年に詩集『春と修羅』（第一集）と童話集『注文の多い料理店』の二冊を刊行したのみでほとんど無名に近く、死後次第に評価が高まった。独特の宇宙感覚に富み、高い宗教的理想と実践活動に根ざした賢治の文学は、その特異性と純粋さとスケールの大きさにおいて類を見ないものである。詩では、『春と修羅』第一集は教師時代前半期の大正十一年・十二年の作、第二集は同後半期の十三年・十四年の作、第三集は農村活動時代の作をそれぞれ収め、宗教的かつ幻想的な第一集から現実的社会的な第三集へという展開を示す。童話では、銀河系宇宙を舞台に壮麗な幻想をくり広げる『銀河鉄道の夜』、自己犠牲による万人の福祉の願いをこめた『グスコーブドリの伝記』、村童スケッチ『風の又三郎』などが著名。『校本宮沢賢治全集』全十四巻（筑摩書房）のほか三種の全集がある。花巻市矢沢に宮沢賢治記念館があり遺品などを陳列する。

［参考文献］草野心平編『宮沢賢治研究』、谷川徹三『宮沢賢治の世界』、境忠一『評伝宮沢賢治』、恩田逸夫『宮沢賢治論』、続橋達雄編『宮沢賢治研究資料集成』（三浦　仁）

みやざわとしよし　宮沢俊義　一八九九―一九七六　昭和時代の憲法学者。明治三十二年（一八九九）三月六日、実業家宮沢高義の長男として長野市に生まれる。大正十二年（一九二三）東京帝国大学法学部卒、美濃部達吉の助手として憲法を専攻。大正十四年助教授、昭和五年（一九三〇）―七年フランス・ドイツに留学、九年教授。三十四年停年退職、立教大学教授となる。四十四年立教大学退職。天皇機関説問題で攻撃された美濃部の後継者として、昭和十年代は右翼勢力の監視下での学問活動を余儀なくされ、講義で天皇に関する部分には深く立ち入らなかったといわれる。この時期は、ハンス＝ケルゼンの影響下で、目立たない学術論文の中に、科学的洞察と自由主義的心情を潜めた。第二次世界大戦後の昭和二十年十月、近衛文麿による内大臣府の憲法改正作業を違憲として批判、また帝国憲法が弾力的であることを理由に改憲不要論を唱えた。幣原内閣の憲法問題調査委員会の委員として政府の改憲案起草に参加（司令部民政局において原案が起草された）。政府案の発表とともに立場を変じて、ポツダム宣言の規定により、昭和二十年八月に日本は君主国体から民主国体に変じたという「八月革命説」を唱えた。貴族院議員となって憲法審議に参加、「国体は変わった」と主張して金森徳次郎国務大臣と論争、また同じ主題をめぐって「ノモス主権論」に立つ同僚の尾高朝雄とも論争した。以後日本国憲法の解釈者・擁護者として活躍。三十三年より大内兵衛・我妻栄らと憲法問題研究会を組織し、憲法調査会の改憲論を批判した。俳句、謡曲、音楽、テニス、野球など趣味が広く、四十一―四十六年プロ野球コミッショナーを務めた。昭和五十一年九月四日没。七十七歳。著書は『憲法略説』（昭和十七年）、『憲法大意』（同二十四年）、『コンメンタール日本国憲法』（同三十年）、『憲法二』（同三十四年）、『憲法講話』（同四十二年）などのほか、多くの論文集やエッセイ集がある。（長尾　龍一）

みやしたたきち　宮下太吉　一八七五―一九一一　明治時代後期の無政府主義者。明治八年（一八七五）九月三十日、山梨県の甲府に父幸吉の次男として生まれた。甲府で小学校を卒業後、機械工として各地の工場で働き、明治四十年ごろより日刊『平民新聞』を読み社会主義思想に傾倒した。たまたま大阪平民社に森近運平を訪ね、日ごろ疑問に思っていた皇室のことを質ね、日本歴史は嘘で作られたものであると教えられた。四十一年十一月、内山愚童の『（入獄紀念）無政府共産』を愛知県大府駅で配布した体験から天皇を神と崇める国民の迷夢を醒ますため天皇襲撃を決意、四十二年二月上京して幸徳秋水にその旨を告げ、長野県明科で爆裂弾の試作に成功した。のちに管野スガ・新村忠雄・古河力作らがこの計画に関係したが四十三年五月発覚して宮下らは逮捕されいわゆる大逆事件の端緒を作った。四十四年一月十八日大審院で死刑の判決をうけ、同月二十四日処刑された。享年三十七。

［参考文献］神崎清『大逆事件』、絲屋寿雄『大逆事件』

（『三一新書』二一七）、羽中田誠『墓碑銘』

（絲屋　寿雄）

みやじなおかず　宮地直一　一八八六—一九四九　明治から昭和時代にかけての神道学者。特に神道史を科学的に研究した先駆者として注目される。明治十九年（一八八六）一月二十四日に宮地直親の長男として高知県土佐郡江ノ口村（高知市）に生まれる。第三高等学校から東京帝国大学文科大学史学科へ進み、卒業後は内務省に入り、神社考証事務を担当した。ついで考証官、さらに考証課長に就任し、神社の由緒・昇格・造営、神職の人事行政面に携わる。その間、神祇史を体系化した著作『神祇史』を出版、また明治神宮造営局参事、東京帝国大学講師などを務め、「熊野三山を中心としたる神社の史的研究」により文学博士の学位を受ける。昭和十三年（一九三八）、内務省をやめ、東京帝国大学に新設の神道講座の主任教授に就任、同二十一年、同講座の廃講に伴い退官した。その間、京都・国学院・皇学館・東洋などの各大学で神道を講義。第二次世界大戦後は神社本庁顧問として連合軍指令部と折衝を重ね、神道指令により危急存亡の秋に直面していた神社の存続と安泰のために尽力した。その後は国民信仰研究所所長として、研究・著作の生活を送っていたが、同二十四年五月十六日、信州安曇野で客死。六十四歳。精緻で厳密な実証的研究を展開し、主著に『穂高神社史』『諏訪神社の研究』『熊野三山の史的研究』『八幡宮の研究』『神道史序説』『神道史』などがある。弟子の西田長男らは宮地直一先生遺著刊行会を設立し、昭和二十九年より遺著全六巻を刊行。さらに同六十年、『宮地直一論集』全八巻が刊行された。没後、二十年を記念して、昭和四十四年四月二十七日、穂高神社の境内に胸像が造立され、そこに伝記の大要が刻まれている。

参考文献　国学院大学神道史学会編『（宮地直一博士三十年祭記念論文集）神道史の研究』、西田長男「宮地直一」（『日本神道史研究』七所収）、近藤喜博「宮地直一」（『悠久』三〇）

（三橋　健）

みやじますけお　宮嶋資夫　一八八六—一九五一　大正・昭和時代前期のアナーキスト、小説家。本名信泰。のち出家して蓬州。明治十九年（一八八六）八月一日、東京府四谷区伝馬町（東京都新宿区四谷）に父貞吉・母ふみの四男として生まれた。父はもと大垣藩士、当時農商務省勤務、投機に失敗、家屋を失う。小学校高等科に学ぶが、十三歳で砂糖問屋の小僧に出され、以後、各種の仕事と職場を転転。大正三年（一九一四）大杉栄・荒畑寒村の雑誌『近代思想』を読んでサンジカリズム研究会に参加、アナーキストの道を歩き始め、やがて労働文学の先駆『坑夫』（大正五年、発禁）を刊行。曲折を経て大正七年ごろより創作活動が活発になり、小説集『恨みなき殺人』（同九年）、さらに評論集『第四階級の文学』（同十一年）の発表があり、関東大震災後の『黄金地獄』、『金』（のち『黄金曼陀羅』）などがつづく。思想的懐疑の末、昭和五年（一九三〇）天竜寺で得度、『禅に生くる』などの著述があるが、第二次世界大戦後、浄土真宗に帰依、同二十五年自伝『遍歴』（二十八年刊）を完成。二十六年二月十九日、胃潰瘍手術後、衰弱して京都嵯峨の遠塵庵にて死去。六十四歳。『宮嶋資夫著作集』全七巻（五十八年、慶友社）がある。

参考文献　森山重雄『実行と芸術』

（竹盛　天雄）

みやじませいじろう　宮島清次郎　一八七九—一九六三　大正・昭和時代の実業家。明治十二年（一八七九）一月二十日、栃木県安蘇郡飯田村（佐野市）に生まれる。小林庄太郎（実業家）の次男。金沢の第四高等学校を経て東京帝国大学法科大学政治学科卒。住友別子鉱業所の社員時代に知遇を得た東京紡績社長の田村利七の娘盛子と結婚して、利七の実家宮島家を継ぐ（四十三年）。これを機として、東京紡績支配人、のちには専務取締役に就任した。同社の尼崎紡績への合併後、日清紡績の重役に転じ、大正八年（一九一九）には同社社長に昇進した。この間に加富登麦酒の役員、大正九年には日本工業倶楽部理事に就任し、ついで、上海東亜製麻、遠州織機、日新染布、南洋貿易の役員に就任、昭和に入ってからは日清レイヨン社長、台南製麻の役員、国策パルプ工業社長をつとめた。第二次世界大戦後は、日本工業倶楽部理事長、日本銀行政策委員を歴任した。文化面での活躍としては、大正十年の武蔵高等学校理事就任、昭和三十四年（一九五九）の根津美術館理事長就任、政界人としては、大正十一年の東京市会議員就任があげられる。昭和三十八年九月六日没。八十四歳。東京都杉並区高円寺二丁目（梅里一丁目）の真盛寺の宮島家墓に葬られた。

参考文献　宮島清次郎翁伝刊行会編『宮島清次郎翁伝』

（村上　はつ）

みやじまみきのすけ　宮島幹之助　一八七二—一九四四　明治から昭和時代前期にかけての動物学者。明治五年（一八七二）八月十三日山形県に士族の子として生まれる。父は家久。同二十六年宮島西蔵の養子となる。同二十八年帝国大学理科大学動物学科入学、腔腸動物を研究、同三十一年卒。同三十二年同講師。同三十三年京都帝国大学大学院へ。同三十四年京都帝国大学講師。同三十八年伝染病研究所技師。大正三年（一九一四）組織変更で北里研究所へ移る。大正十三年第十五回衆議院議員総選挙で当選。昭和十九年（一九四四）十二月十一日没。七十三歳。著書に『蛙の目玉』（昭和十一年）、『蝸牛の角』（同十二年）がある。

（鈴木　善次）

みやたけがいこつ　宮武外骨　一八六七—一九五五　明治から昭和時代にかけてのジャーナリスト、風俗研究家、新聞雑誌研究家。慶応三年（一八六七）正月十八日、讃岐国阿野郡小野村（香川県綾歌郡綾南町小野）に生まれる。父吉太郎、母マサノ。はじめ亀四郎、明治十七年（一八八四）外骨と改名、昭和十八年（一九四三）名の訓みを「とぼね」と改める。少年時代よりジャーナリストを志し上京、明治二十二年二月『頓智協会雑誌』を創刊、明治に公布された大日本帝国憲法のパロディを同誌二十八号に掲載して不敬罪に問われ、三年八ヵ月の獄中生活を送る。出獄後『文明雑誌』『骨董協会雑誌』などの発行を続けたのち、明治三十四年一月に大阪で『滑稽新聞』(四十一年『大阪滑稽新聞』)を創刊し評判となる。約八年間の発行期間に地方権力の腐敗を告発し続け、同新聞関係者の入獄五回・罰金刑十六回の筆禍をうける。以後『スコブル』『面白半分』など四十点近い雑誌を発行。晩年の昭和二年には博報堂瀬木博尚の資金援助をうけ東京帝国大学法学部内に明治新聞雑誌文庫を創設、資料蒐集と保存に没頭した。『筆禍史』『府藩県制史』『明治奇聞』など七十三点の著書がある。昭和三十年七月二十八日没。八十八歳。墓は、東京都豊島区駒込の染井墓地にある。『宮武外骨著作集』全八巻、『宮武外骨滑稽新聞』全六巻別巻一がある。

参考文献　吉野孝雄『宮武外骨』(『河出文庫』)、同『過激にして愛嬌あり』(『ちくまぶっくす』五〇)、同『宮武外骨』(『歴史文化ライブラリー』九五)、木本至『評伝宮武外骨』、岡野他家夫『書国畸人伝』、西田長寿「明治新聞雑誌文庫の思い出」(『みすず』一四七・一四八・一五一・一五五・一五六・一六三)、赤瀬川原平「宮武外骨とパロディジャーナリズム」(『出版ニュース』一〇六九)、中野好夫「宮武外骨翁のこと」(『宮武外骨解剖』五)、谷沢永一「変わった物知り」(『季刊銀花』三〇)　(吉野　孝雄)

みやちかろく　宮地嘉六　一八八四―一九五八　大正・昭和時代の小説家。明治十七年(一八八四)六月十一日宮地林三郎・ヨシの長男として佐賀に生まれる。小学校を中退して、佐世保・呉などで職工生活をつづける間、火鞭会の及川鼎寿や早稲田の舟木重雄と知り合い社会主義思想や文学に関心を抱く。大正二年(一九一三)上京して『奇蹟』同人となる一方、堺利彦や宮嶋資夫に接し、『免囚者の如く』(大正七年)、『煤煙の臭ひ』『或る職工の手記』(同八年)などを発表、労働文学擡頭の気運を形造った。そこで描かれたのは作家の半生の体験に基づく職工生活や放浪生活そして労働争議の種々相で、一貫した写実的手法の底には社会底辺に生きる人間への熱い愛情が脈打っている。大正期に数冊の短篇集を刊行したが、昭和に入っては寡作となり、昭和十年(一九三五)代には新聞特派員として大陸に従軍、第二次世界大戦後は貧窮の中、自伝的小説・随筆を書きつづけた。晩年に『文芸復興』同人。昭和三十三年四月十日、肝臓癌にて没す。七十三歳。法名釈嘉祥位。墓は佐賀市愛敬町の妙念寺にある。

参考文献　森山重雄『実行と芸術』　(内田　道雄)

みやはらじろう　宮原二郎　一八五八―一九一八　明治・大正時代の海軍機関中将。宮原式水管式ボイラーの発明者。安政五年(一八五八)七月、幕臣宮原木石の子として生まれ、明治五年(一八七二)海軍兵学寮に入寮。八年六月イギリス留学、十一年八月からグリニッチ海軍大学校で機関学を修め十三年卒業、十六年帰国し海軍大機関士となったが、同年七月からさらに三年間、アームストロングミッチェル社建造にかかる軍艦浪速・高千穂の機関部門監督のため渡英、舶用機関学の研究をすすめ、三十年、効率の高い理想的な水管式ボイラーを発明、日英の特許をとり、国産技術の発展に貢献した。同年東京帝国大学工科大学講師をかね、舶用機関学講座を分担、翌年工学博士の学位をうけ、三十三年海軍機関総監、艦政本部第四部長などを経て三十九年機関中将、翌年、男爵を授けられ、四十二年貴族院議員に選ばれた。その後も私費で宮原機械研究所を創立、技術活動につくし、大正七年(一九一八)一月十五日没。六十一歳。従三位を追贈される。墓は静岡市屋形町東本願寺別院にある。

参考文献　日本舶用機関史編集委員会編『帝国海軍機関史』、三枝博音『技術と技術家』(『三枝博音著作集』九)　(飯田　賢一)

みやべきんご　宮部金吾　一八六〇―一九五一　明治から昭和時代にかけての植物学者。万延元年(一八六〇)閏三月七日幕臣宮部孫八郎式臣の五男として江戸下谷御徒(おかち)町に生まれる。東京英語学校を経て札幌農学校官費生となり、明治十四年(一八八一)卒業。開拓御用掛として東京大学で植物学を学ぶ。同十六年札幌農学校助教。同十九年ハーバード大学留学。同二十二年帰国し教授となり、植物学・菌学・植物病理学を担当。同校が東北帝国大学農科大学、北海道帝国大学になった後も引き続き教授。同三十二年理学博士。昭和二年(一九二七)停年退官し名誉教授。同五年帝国学士院会員。同二十一年文化勲章受章。同二十四年札幌名誉市民。北海道・千島・樺太の植物相を調査研究し、植物病害の調査研究に多くの業績を挙げた。生物境界分布線の宮部線(択捉(えとろふ)島・得撫(うるっぷ)島間)は宮部金吾を記念して命名された。熱心なクリスチャン。昭和二十六年三月十六日札幌で死没。九十歳。墓所は、札幌円山墓地。

参考文献　宮部金吾博士記念出版刊行会編『宮部金吾』、平塚直秀「植物病理学者宮部金吾先生」(『採集と飼育』四二ノ一〇)　(矢部　一郎)

みやべていぞう　宮部鼎蔵　一八二〇―六四　幕末の尊攘派志士。文政三年(一八二〇)四月肥後国益城(ましき)郡西上野村(熊本県上益城郡御船(みふね)町上野茶屋元)に生まれる。父は医師宮部春吾素直。名は増実、号は田城・尖庵。医業を継ぐを欲せず、叔父増美について山鹿流兵学を学びその養子となる。嘉永三年(一八五〇)九州遊歴中の吉田松陰と相知り、翌年江戸に出て山鹿素水に入門。同年末出発の松陰の東北遊歴に同行。安政元年(一八五四)松陰のペリー軍艦潜入・アメリカ渡航の企てを聴き帯刀を交換してその行を励ました。このころ攻守和戦の策を論じ建白書を提出したが、藩吏に容れられず失意帰国、閉居して世人との交わりを絶ち門人の教育に意を注いだ。文久二年(一八六二)清川八郎のすすめをうけて上京、薩摩藩尊攘派の領袖有馬新七と連絡をとるとともに摂津地方の海岸を巡視、絵図・防禦策を提出した。翌年親兵設置の令あるや熊本藩五十余名を率い討幕運動昂揚の気運に乗じたが、八月十八日の政変に遭い阿波・土佐を経て長州退去。翌元治元年(一八六四)長州藩主の赦免周旋を志し上京、在京志士の重鎮として活動したが、六月五日夜池田屋における会談中新撰組に襲われ自刃、年四十五。墓は京都市東山区大黒町三縁寺にある。儒学を基盤に山鹿流兵学の教養を加え、嘉永五、六年ころ林桜園に師事して国学・神道思想をもあわせたが、世界情勢の把握に欠けるところがあったといわれる。明治二十四年(一八九一)四月贈正四位。弟宮部春蔵も尊攘運動に参加、禁門の変後天王山で真木保臣(和泉)らと自刃した。

参考文献 宮部先生並殉難志士壱百年記念顕彰会編『宮部鼎蔵先生並殉難志士列伝』、武藤厳男編『肥後先哲偉蹟』後編(『肥後文献叢書』別巻二)、田尻佐編『贈位諸賢伝』二

(山口 宗之)

みやべのぼる 宮部襄 一八四七―一九二三 明治時代の政治家、自由民権運動家。弘化四年(一八四七)四月八日、高崎藩士の家に生まる。幼名は伝四郎・勝之介。安井息軒の門に学ぶ。明治三年(一八七〇)藩政改革を主張して一時入獄。度会県の吏員などを経て、同八年群馬県に出仕し、警保部・学務部の課長を勤めた。十三年県師範学校長。その間、自由民権運動に投じ愛国社の活動に加わり、十二年群馬県に民権派結社の有信社を設立して社長となり、群馬県民権派の中心として活躍した。師範学校長を辞した後、明治十四年自由党結成に参画し党幹事となったが、十七年密偵と目された照山峻三の殺害事件に連坐し、謀殺教唆の罪に問われ有期徒刑十二年を宣告された。二十二年憲法発布により大赦出獄。三十二年帝国党結成に加わり評議員。三十五年・三十六年の第七・八回衆議院議員総選挙に群馬県高崎市から立候補していずれも落選したのち、三十七年三月、日露戦争下の第九回総選挙で当選。翌年桂太郎系の大同倶楽部の結成と同時にこれに所属したが、三十九年幹部と対立して脱党し、立憲政友会に入党した。しかし、四十一年五月の第十回総選挙で落選して以来ふるわず、政界から引退した。大正十二年(一九二三)九月五日死去。七十七歳。墓は高崎市の安国寺にある。

参考文献 板垣退助監修『自由党史』(『岩波文庫』)、萩原進「勇ましき先駆者―宮部襄と群馬県の民権運動―」(『明治の群像』五所収)

(鳥海 靖)

みやもとおかず 宮本小一 一八三六―一九一六 幕末・明治時代の外務官僚、貴族院議員。天保七年(一八三六)二月三十日、幕府徒目付宮本久平(守廉)の長男として誕生。名は守成、通称小一郎。明治二年(一八六九)十二月、小一(おかず)と改名。安政三年(一八五六)八月昌平坂学問所甲科及第、翌四年学問所勤番見習より、海軍所を経て神奈川奉行支配組頭勤方に昇進。この間、田辺太一らとともに税則改訂交渉に活躍。明治元年幕府崩壊後静岡に移り、同藩勘定役。同年八月鎮守府雇となり東京府開市御用掛調役、ついで十一月外国官御用掛に転じ、翌月各国条約書改革調掛、以後明治新政府の外交事務に専従。二年四月外国官判事試補。七月八日、外国官を廃し外務省が設置されるや、外務権少丞に抜擢。九月開拓御用掛、同月新政府の対朝鮮方策を外務省に建議。三年三月外務少丞に進み、五年五月外務大丞に累進。十一月外事左局長の要職につき、記録局長を兼務して外務省記録の整備を進め、爾後、弁事局長、庶務局長などをも兼務し、十年一月外務大書記官に任じた。十四年十一月、朝鮮国通商章程取調掛に任じ、参事院員外議官補を兼任。十六年元老院議官に任ぜられ、その廃院後は貴族院議員に勅選された。維新後、英国王子をはじめ露・伊・独などの各国王族や米国前大統領グラントなど外国貴賓の来朝が相つぎ、その接伴の重任にあたった。また樺太境界談判やその調査に出張し、さらに江華島事件の際には黒田清隆全権に随行渡韓して、日朝修好条規の調印に尽力した。その他、吹田事件の処理や琉球問題解決をめぐる対清外交など、明治前半の対外問題に重要な役割を果たした。大正五年(一九一六)十月十六日、東京巣鴨の自邸で死去、八十一歳。法名は、長華院殿鴨北日成居士。東京都豊島区の染井墓地に葬られた。

参考文献 衆議院・参議院編『議会制度七十年史』、外務省編『日本外交文書』一―一五、同編『続通信全覧』

(田中 正弘)

みやもとげんぽ 宮本元甫 一七九六―一八六六 江戸時代後期の蘭方医。名は寛、字は子裕で、葵園と号す。寛政八年(一七九六)美濃大垣に生まれる。菱田重明に師事し漢学を学ぶ。三十六歳のころに長崎へ赴き、吉雄如淵に師事して蘭方医学を学ぶ。数年後、京都に移り開業。住居が新宮凉庭の隣であったことから親交を結び、のちに凉庭の推薦で高槻藩の藩医となる。『天保医鑑』(天保十四年(一八四三)序)の記載では、西洋医と翻訳家を称し室町夷川北に住んでいたとされる。慶応二年(一八六六)に没した。七十一歳。著書は翻訳書で『瘍科新選』『黴家捷径』『産科須知』などがある。

参考文献 紫竹屏山『本朝医人伝』、京都府医師会編『京都の医学史』、青木一郎『岐阜県蘭学史話』

(高安 伸子)

みやもとつねいち 宮本常一 一九〇七―八一 昭和時代の民俗学者。明治四十年(一九〇七)八月一日、山口県大島郡家室西方村(東和町)に善十郎・マチの長男として生まれる。昭和四年(一九二九)三月大阪府天王寺師範学校専攻科卒業。同年四月から大阪府下小学校訓導として小学校教育に従事する。昭和九年柳田国男の指導のもとに沢田四郎作・桜田勝徳らとともに大阪民俗談話会を組織してその運営にあたる。昭和十四年渋沢敬三の主宰するアチック＝ミューゼアム(のちの日本常民文化研究所)の研究員となり、全国各地の民俗調査を行うとともに民具の蒐集整理にあたる。この前後から『周防大島を中心

としたる海の生活誌』をはじめ『河内国滝畑左近熊太翁旧事記』『吉野西民俗採訪録』など、民俗学に関する先駆的書物をまとめ、アチック=ミューゼアムから出版する。昭和二十五年八学会連合対馬総合調査、二十七年九学会連合能登総合調査、三十四年九学会連合佐渡総合調査、三十八年九学会連合下北総合調査に日本民俗学会より参加し漁村民俗の実態調査を行い、二十八年全国離島振興協議会の設立とともにその幹事長、つづいて事務局長となり離島の振興に尽力する。宮本には『日本の離島』をはじめ離島問題に関する著書論文が多く、学位論文も「瀬戸内海島嶼の開発とその社会形成」である。三十九年渋沢敬三のあとをうけて日本塩業研究会会長となり、塩業史研究の進展と『日本塩業大系』の編纂に尽力する。四十年四月武蔵美術大学教授となり民俗学・文化人類学を講ずる。同年には日本観光文化研究所を設立し所長として地域開発、旅の研究を推進する。また民具研究の進展に留意し、五十年日本民具学会の設立とともにその幹事となり同学会の発展に尽力する。五十二年三月武蔵美術大学を退職、同大学名誉教授となる。同年『宮本常一著作集』二十五冊により日本生活学会より今和次郎賞を受賞する。五十六年一月三十日没。七十三歳。法名は大智院常誉聡岳教道大居士。郷里の周防大島に葬る。

参考文献 宮本常一先生追悼文集編集委員会編『宮本常一—同時代の証言—』

（山口 和雄）

みやもとまたじ 宮本又次 一九〇七—九一 昭和時代の経済史・経営史学者。明治四十年（一九〇七）三月五日村田兼吉・つたの三男として大阪市南区大宝寺町西之丁に生まれ、生後間もなく宮本又三・悦の養子となる。昭和六年（一九三一）京都帝国大学経済学部卒業。同大学院、助手、講師、彦根高等商業学校教授を経て、昭和十七年九州帝国大学助教授、二十年に教授、二十六年大阪大学教授となる。処女作は『株仲間の研究』。『日本近世問屋制の研究』により経済学博士の学位を取得。『小野組の研究』全四巻によって昭和四十六年日本学士院賞・恩賜賞を受賞。五十三年勲二等瑞宝章を受け、翌五十四年日本学士院会員となる。五十—五十四年経営史学会会長を務めた。その間、四十五年大阪大学を定年退官、同年同大学名誉教授・関西学院大学教授、五十年福山大学教授となり、五十四年退職。六十三年文化功労者となる。本庄栄治郎・黒正巌の学統を受け継ぎ、実証主義研究に徹し、経済史・経営史を中心に社会史・生活史・地域史・文化史・風俗史・芸能史など研究分野は多方面に及んだ。著書百十二冊、共著・編著・編集書など百十冊、総数二百二十二冊を数える。平成三年（一九九一）三月十二日没。八十四歳。従三位に叙せられ、勲二等旭日重光章を受けた。法号は秀峰院法樹日又居士。兵庫県西宮市津門呉羽町の浄願寺に葬る。「現代の町人学者」とも呼ばれ、その学風は市井の人びとからも親しまれた。博識で談論風発、交友範囲は広く、後進の養成に力を注いだ。『宮本又次著作集』全十巻がある。

参考文献 宮本又次『私の研究遍歴』、同『難波潟吹き寄せ』、同『残照録』、同『宮本又次略歴・著作目録』

（作道洋太郎）

みやもとゆりこ 宮本百合子 一八九九—一九五一 大正・昭和時代前期の小説家。東京市小石川区原町（東京都文京区）で建築家中条精一郎・葭江の長女として、明治三十二年（一八九九）二月十三日（戸籍では二月十一日届出）生まれる。本名ユリ。幼時から恵まれた家庭環境に育ったが、東京女子高等師範学校付属高等女学校を卒業後、日本女子大学校英文科予科を一年で中退、十七歳で処女作『貧しき人々の群』（大正五年（一九一六））を中条百合子の筆名で、『中央公論』に発表。同作は農村の見聞体験に立脚、大正期デモクラシーの気運に答えつつ、人間平等の基本を問う名作である。二年後に渡米して、コロンビア大学の聴講生となり、留学生の荒木茂と結婚、東京に戻るが、夫と性格が合わないで、約五年で離婚。この消息を『伸子』（大正十三—十五年）に描いて、女の恋愛・結婚・自立の問題を、見事に造型している。昭和二年（一九二七）の暮、親友のロシア文学者、湯浅芳子とソビエトに留学。ヨーロッパにも滞在して、社会主義への共鳴をふかめ、同五年に帰国すると、直ちに日本プロレタリア作家同盟に加入。時に三十一歳である。翌年秋には日本共産党に入党し、日本プロレタリア文化連盟婦人協議会の責任者となり、多彩な活動と執筆を行う。このころ、宮本顕治と知り合って、同七年に結婚。プロレタリア運動の中で、『一九三二年の春』（同八年）、『小祝の一家』（同九年）ほかの小説や、『冬を越す蕾』（同十年）、『婦人と文学』（同二十三年）の原型にあたる文芸評論など、マルキシズム史観に基づく執筆を多く残す。この思想運動のために検挙投獄が七回に及び、内務省の執筆禁止令や、検事局の再度の取調べを受け、心身の消耗で健康をそこねるが、獄中の夫を支えて健闘した。この時期の夫との往復書簡『十二年の手紙』（同二十五—二十七年刊行）は、非転向の思想運動に生きた夫妻の、ふかい人間愛の記録である。なお、中条百合子筆名は、処女作以後の二十一年間使われていたが、昭和十二年に、獄中の夫の宮本姓に改めた。このことは、彼女の戦時下の政治姿勢の明確と強靭を物語るものである。第二次世界大戦後はいち早く、日本共産党・新日本文学会・婦人民主クラブの創立・設立に参加。労を惜しまぬ活動を続けながら、小説『播州平野』（同二十一年）、『風知草』（同）と、『伸子』の後日の物語を、戦後の視野で描く二つの長編として、『二つの庭』（二十二年）と『道標』（二十二—二十五年）を発表。この一連の作品で、女性の思想形成が社会主義運動につながる過程を、見事に造型した。そのほか、平和へのたゆみない発言や、評論執筆も多い。現代を越えて未来に真価を問われてゆく、女流巨匠の中の一人である。『道標』完結直後の昭和二十六年一月二十一日、最急性の脳脊髄膜炎菌敗血症で死去。五十一歳。墓は、小平市の小平霊園、および青山墓地中条家墓地と山口県光市の宮本家墓地にある。戒名はない。『宮本百合子全集』全二十五巻補巻二巻別巻二巻(新日本出版社)がある。

[参考文献] 宮本顕治『宮本百合子の世界』、日本文学研究資料刊行会編『中野重治・宮本百合子』(『日本文学研究資料叢書』)、草部和子編「宮本百合子年譜」(谷崎潤一郎他編『日本の文学』四五所収)

(草部　和子)

ミュラー　Benjamin Carl Leopold Müller　一八二二—九三　明治時代前期わが国にドイツ医学を伝えた御雇教師。ミュルレルともいう。一八二二年(一八二四年とする説もある)四月二十一日、マインツに生まれる。ベルリン大学卒、シャリテ病院医官、ハイチ国に招かれたのち普仏戦争に従軍、陸軍軍医正となる。明治二年(一八六九)、わが国がドイツ医学を採用するに際し、同国に教師の派遣を依頼したが、普仏戦争で来着が遅れ、同四年になってミュラーと、彼が選んだ十三歳年少のホフマン Theodor Eduard Hoffmann の二人が来着した。ミュラーは文部卿のすぐ下にあって、他の日本人の指示を受けない絶大な権力を与えられて東校で医学教育と診療にあたり(月給六百円)、プロシア陸軍軍医学校式カリキュラムの下で予科三年、本科五年制の医育制度を推進し、東京大学医学部、ひいてはわが国医学教育の基礎を築いた。外科を主とし、エスマルヒ駆血法、気管切開術などをわが国に導入したほか、解剖学、産婦人科、眼科をも教えた。明治七年宮内省御雇に転じ翌八年帰国、ベルリンの癈兵院院長となったが、一八九三年九月十三日ベルリンで死亡した。七十一歳。自伝に『東京—医学』(石橋長英・小川鼎三・今井正訳)があり、東京大学構内に胸像がある。

[参考文献] 入沢達吉「レエオポルド・ミュルレル」(『随筆楓荻集』所収)、小関恒雄「御雇教師ミュルレルとホフマン」一(『日本医史学雑誌』二九ノ三)

(長門谷洋治)

みょうちんつねお　明珍恒男　一八八二—一九四〇　明治から昭和時代前期にかけての木彫家・古美術研究家。明治十五年(一八八二)八月十九日長野県佐久郡小諸町に生まれる。年少のとき高村光雲に師事し、東京美術学校木彫科に入学、三十六年同校卒業後、日本美術院二部(のち奈良美術院)に入所し、没するまで三十八年間国宝仏像の修理にあたり、多大の業績をのこした。昭和十年(一九三五)新納忠之介のあとをついで奈良美術院主事に就任した。自身の創作で主なものとして、京都の東寺食堂の十一面観音、大阪四天王寺復興五重塔の扉彫刻八面が挙げられる。保存行政の方面においても、文部省宗教局嘱託、三重県社寺宝物調査嘱託、滋賀県社寺宝物修理嘱託、奈良県史蹟名勝天然紀念物調査委員などを歴任した。なお『仏像彫刻』(昭和十一年)をはじめ古美術に関する研究論文も数多。昭和十五年三月十八日、奈良市の自宅で没す。五十九歳。墓は東京都江東区平野二丁目の浄心寺にある。

(三木　多聞)

みよしいへいじ　三好伊平次　一八七三—一九六九　明治から昭和時代にかけて部落差別の解消をめざした融和運動家。黙軒と号した。明治六年(一八七三)十二月二十日、岡山県和気郡藤野村(和気町)の富農の家に生まれた。部落差別の屈辱に奮起し、明治二十八年地区の青年を結集して修身社をつくり、部落の生活改善・風俗矯正につとめた。この自主的な部落改善運動を岡山県内全体にひろげるために、三十五年に岡崎熊吉らと備作平民会を結成し、部落の生活改善と部落外の偏見打破とを訴えた。三十六年には大日本同胞融和会を開いて、全国各地の部落改善運動の結集をはかった。一方、週刊『平民新聞』の読者となり、三十七年森近運平らの岡山いろは倶楽部に参加、三十九年日本社会党にも入党するなど、社会主義に関心を寄せていたが、四十三年の大逆事件後は部落問題に没頭した。大正七年(一九一八)の米騒動後は融和運動に奔走し、九年岡山県協和会をつくり、同年内務省に入って融和政策の推進にあたった。十四年中央融和事業協会が組織されると、その参事、常務理事などを歴任し、融和事業完成十ヵ年計画の策定など、融和事業の指導者として全国的に活躍した。昭和十六年(一九四一)に中央融和事業協会が同和奉公会に改組されてからも理事をつとめた。太平洋戦争後の同二十一年、部落解放全国委員会が結成されると、その中央本部顧問に迎えられたが、高齢の故もあって第一線での活動はせず、もっぱら著述に専念した。四十四年一月八日没。九十五歳。著書『同胞諧和の道』『融和事業概論』『同和問題の歴史的研究』。

[参考文献] 木村京太郎「故三好伊平次先生を偲ぶ」(『部落』二四〇)

(川村善二郎)

みよしけんもつ　三好監物　一八一五—六八　江戸時代後期の仙台藩士。「勤王」家として正五位を贈位された。通称は武三郎、名は清房、顕氏・閑斎と号する。文化十二年(一八一五)禄高三十貫文(三百石)の大番士三好清明の子として生まれた。母は仙台藩士菅生助六の女、もと。安政二年(一八五五)勘定奉行に相当する出入司に抜擢され、公義使を兼ねた。同年幕府が蝦夷地を上知し仙台・秋田・弘前・盛岡・松前の各藩に警衛を命じた際には、蝦夷地警衛にあたったが、同六年幕政批判の言動を咎められたといわれ、一時閉門の処分を受けた。文久二年(一八六二)再び出入司兼若年寄格に登用され、藩主伊達慶邦の上洛実現に努めた。しかし直接上洛を主張する藩内尊攘派とは対立し、奉行但木土佐と結んで尊攘派を失脚させ、将軍に従って翌年上洛した藩主に随行した。幕府の大政奉還後、朝命遵守を主張し、藩命により率兵上洛し、会津藩討伐の命を受け、奥羽鎮撫軍総督に従い下向した。こののちに仙台藩は会津藩の救済と解兵を唱える藩論が主流となり、米沢藩と協力して諸藩に働きかけ、明治元年(一八六八)五月、奥羽越列藩同盟を結成、奥羽鎮撫軍と対立抗戦することになった。このため、会津征討を主張して鎮撫軍の軍議に参画していた監物は、藩首脳部の忌避を受け失脚し、明治元年八月十五日切腹した。五十四歳。一貫した尊攘派とは考えられず、むしろ機を見るに敏な能吏といえよう。陸奥国磐井郡東山黄海村（岩手県東磐井郡藤沢町黄海）松柏山皇徳寺に葬られる。

参考文献 国分平他編『楽山公治家記録』（仙台市博物館蔵）、三好清徳『三好監物忠節録』、藤原相之助『仙台戊辰史』、田尻佐編『贈位諸賢伝』二

（難波　信雄）

みよしじゅうろう　三好十郎　一九〇二―五八　昭和時代の劇作家、詩人。明治三十五年（一九〇二）四月二十一日佐賀市に生まれる。森和三・納富フヂの次男。戸籍上は和三の兄丈吉の次男。四歳の時三好家の養子となる。早稲田大学英文科に入学。数篇の詩を書いたが、卒業後マルクス主義に接近、左翼芸術同盟の機関誌『左翼芸術』昭和三年（一九二八）五月創刊号に処女戯曲『首を切るのは誰だ』を掲載、『戦旗』の同年八月号から十一月まで連載した『疵だらけのお秋』によって、プロレタリア劇作家としての地位をかためた。その後、転向して、昭和九年四月『斬られの仙太』（ナウカ社刊）を書き、話題となった。第二次世界大戦中の『浮標』（『文学界』昭和十五年六月号から八月号まで連載）を経て、戦後も『廃墟』（昭和二十二年桜井書店刊）、『炎の人』（『群像』昭和二十六年九月号）を発表。『美しい人』などの放送劇と、小説『肌の匂い』のほか、『恐怖の季節』（昭和二十五年作品社刊）、『日本及び日本人』（昭和二十九年光文社刊）などの評論もある。昭和三十三年十二月十六日『神という殺人者』の執筆半ばに没。五十六歳。東京都府中市の多磨墓地に葬られた。『三好十郎著作集』（全六十三巻）、『三好十郎の仕事』（全三巻・別巻一）がある。

（菅井　幸雄）

みよししょういち　三吉正一　一八五三―一九〇六　わが国電気機械製造の先駆者。嘉永六年（一八五三）六月周防国（山口県）岩国に生まれ、幼名を忠輔といった。富岡製糸場に職を得た三吉は足踏製糸機を発明し、明治十年（一八七七）の内国勧業博覧会に出品した。その後、東京電信修技学校に学び電信機製造を習得し電信寮に技手として勤務、明治十五年三吉工場を芝南佐久間町に設立し、電信電話機・電鈴などの製造販売を始めた。明治十八年同郷の工部大学教授藤岡市助の設計による国産初の一五キロワット直流発電機を完成し、東京銀行集会所の開所式に電燈をともした。明治二十年に三田四国町に三吉電機工場を新設し、発電機・電動機・電信電話機・電線・汽機汽罐などを製造・販売した。三吉電機工場は明治二十五年以降、各地の電燈会社に発電機を納入し、京都電鉄には国産初の電車用電動機と車台を納入した。この間、明治二十三年四月に藤岡市助とともに東京電気の前身である合資会社白熱舎を創設し、同年八月に国産初の白熱電球の製造に成功した。白熱舎を改組した東京白熱電燈球製造株式会社が明治二十九年一月に創立されると、三吉は社長に就任した。三吉電機工場は加藤木重教・重宗芳水・小田荘吉などすぐれた電気技術者・企業家を輩出したが、日清戦争後の不況期に経営が悪化し、明治三十一年十月閉鎖された。三吉は同時に東京白熱電燈球製造会社の社長も辞し、明治三十九年三月二十四日没した。五十四歳。墓は、東京都港区の青山墓地にある。

参考文献 日本電機工業会編『日本電機工業史』、『東京芝浦電気株式会社八十五年史』

（長谷川　信）

みよしたいぞう　三好退蔵　一八四五―一九〇八　明治時代の司法官、弁護士。弘化二年（一八四五）五月十二日、日向国高鍋藩士田村極人の第三子として出生。幼名三次郎。のちに三好靱負の養子となった。藩校明倫堂に学び、のちに安井息軒に師事した。明治二年（一八六九）行政官となり、待詔局判事試補、高鍋藩徴士待詔局参事、待詔下院判官、集議院権判官、高鍋藩少参事兼大監察、厳原県権参事、伊万里県少参事などを歴任の後、四年大蔵省に出仕。六年司法省に出仕し、翌年大解部に任ぜられ山梨裁判所詰となった。十年一月大審院詰となり、同年四月西南戦争に際し長崎に設けられた九州臨時裁判所に出張し権少判事として国事犯審理に関与した。その後司法権大書記官、司法大書記官などを経て、十五年二月大審院判事に任ぜられるとともに伊藤博文参議に随行してヨーロッパ視察に赴き、十八年四月帰国。同年七月司法少輔となり、翌年三月司法次官、二十一年十一月東京控訴院評定官を歴任。同年十二月ドイツに出張。二十二年四月大審院評定官となった後、翌年八月大審院検事に就任。同年十一月裁判所構成法施行に伴い検事総長となり、大津事件につき皇室に対する罪を適用することに内心疑念を抱きつつも法廷では同罪の適用を主張した。二十四年六月再び司法次官となったが、児島惟謙大審院長ら七名に対する司法官弄花事件（二十五年）につき松岡康毅検事総長とともに懲戒に向けて動いたが失敗したため、二十五年八月辞任を余儀なくされ、大審院検事となった。その後間もなく二十六年三月大審院長に任命されたが、二十九年九月、別所別判事転所拒否事件控訴審裁判長を務めた際に無罪説を主張する多数派と対立したため判決言渡しを前に辞表を提出し、同年十月依願退官した。三十年二月弁護士登録。足尾銅山鉱毒事件などの弁護にあたるとともに、三十二年より東京弁護士会長を務めたが、三十六年病気のため辞任。四十一年八月十八日病没。六十四歳。墓は東京都港区の青山墓地にある。

参考文献 花井卓蔵「故人を憶ふ―三好退蔵君―」（『訟庭論草刺客事件を論ず』所収）、「嗚呼前東京弁護士会長三好退蔵君逝けり」（『法律新聞』五一七）

（小田中聰樹）

みよしたつじ　三好達治　一九〇〇―六四　昭和時代の詩人。明治三十三年（一九〇〇）八月二十三日大阪市生まれ。父政吉・母タツの長男。陸軍士官学校中退、三高を経て東大仏文科卒。大学時代に梶井基次郎らと『青空』に参加、北川冬彦らの影響で詩作を始め、『椎の木』の

同人となり、昭和三年(一九二八)『詩と詩論』の創刊に参加。また北川・梶井らと『詩・現実』を創めた。『南窗集』(七年)、『間花集』(九年)、『山果集』(十年)の三部作を刊行、九年、堀辰雄の季刊『四季』に参加した。十二年、日中戦争の上海戦線に従軍、翌十三年に『文学界』に加わる。詩集『艸千里』(十四年)、『春の岬』(同年)、『一点鐘』(十六年)、『朝菜集』(十八年)、『花筐』(十九年)、『春の旅人』(二十年)などを出した。またエッセイ集『夜沈々』(十三年)、『風蕭々』(十六年)、『諷詠十二月』(十七年)、『屋上の鶏』(十八年)などがある。また『燈下言』(二十二年)、『卓上の花』(二十七年)、『萩原朔太郎論』(三十八年)、『草上記』(三十八年)がある。戦後の『故郷の花』(二十一年)、『砂の砦』(同年)、『朝の旅人』(二十三年)、『駱駝の瘤にまたがって』(二十七年)などによって諧謔と諷刺と批評をモチーフとした新しい詩境を展開した。また石原八束編の『定本三好達治全詩集』(三十七年)によって第十四回読売文学賞を受け、日本芸術院会員に推された。昭和三十九年四月五日、六十三歳で没した。墓は大阪府高槻市上牧二丁目の本澄寺にある。その詩的生涯は現代抒情詩によって伝統詩の新しい展開を図った点にある。著作として吉川幸次郎との共著『新唐詩選』(二十七年)、『萩原朔太郎』(三十八年)などがあり、没後『三好達治全集』全十二巻(筑摩書房)が刊行された。

[参考文献] 石原八束『駱駝の瘤にまたがって—三好達治伝—』　(古川　清彦)

ミルン John Milne　一八五〇—一九一三　イギリスの鉱山技師、地震学者。一八五〇年十二月三十日イギリスのリバプールに生まれる。七五年八月ロンドンを出発シベリア経由で明治九年(一八七六)三月八日「お傭い教師」として来日、鉱山学と地質学を担当。同十三年二月二十二日の横浜地震を契機として地震学の研究に入る。同年四月二十六日世界初の地震学会が日本に誕生、その副会長となる。以後、地震計の開発・地震観測資料の収集整理・日本の地震史の研究・地震災害の軽減・工学への応用など幅広い研究活動をつづけ、地震学の黎明期に必要な研究方法や体制づくりに貢献した。特に同二十一年論文「地震学上の重要問題」を著わし、その中で解決を希望する十二の問題を提起した。「地震学の父」といわれる。夫人トネは函館願乗寺住職堀川乗経の娘で、同十四年に挙式した。二十八年イギリスに帰国、ワイト島に住み国際的観測網を作ることに熱中する。一九一三年七月三十一日ワイト島で没。六十二歳。函館にミルン夫妻の追悼碑建立(昭和元年(一九二六))。

[参考文献] A・L・ハーバート＝ガスター、P・A・ノット『明治日本を支えた英国人—地震学者ミルン伝—』(宇佐美竜夫訳)　(宇佐美竜夫)

みわじゅそう　三輪寿壮　一八九四—一九五六　昭和時代の政治家。東京帝大法学部時代、新人会の会員。第二次世界大戦前・戦後を通じて弁護士として活躍。同時に社会民主主義政党にも一貫して関与。戦後は第二東京弁護士会会長。明治二十七年(一八九四)十二月十五日、福岡県粕屋郡席内村古賀(古賀町)に生まれる。福岡県の修猷館中学を経て第一高等学校独法科に入学。岸信介と一緒になる。大学で岸に官界入りをすすめ、自分は弁護士として社会運動の道を選ぶ。社会思想社、政治研究会で活動。労働農民党、日本労農党、全国大衆党、全国労農大衆党の書記長。社会大衆党の総選挙対策委員長。昭和十二年(一九三七)の総選挙で東京第五区から出て当選。中野正剛の東方会との合同に奔走。やがて大政翼賛会、大日本産業報国会の役職につく。そのため戦後、公職追放。同二十五年に追放解除。民主社会主義連盟、右派社会党を支える。二十七年東京第三区から立候補、当選。三十年統一社会党の発足に成功。三十一年十一月十四日病没。六十一歳。墓は、東京都府中市の多磨墓地にある。

[参考文献] 三輪寿壮伝記刊行会編『三輪寿壮の生涯』　(高橋　彦博)

みわたまさこ　三輪田真佐子　一八四三—一九二七　明治・大正時代の女子教育家、三輪田学園の創設者。天保十四年(一八四三)正月一日、京都に生まれる。父は漢学者宇田淵。幼時より四書五経に親しみ、梁川星巌・同紅蘭夫人に漢学詩文を学ぶ。松山出身の三輪田元綱に嫁したが、元綱死後、松山で私塾明倫学舎を、明治二十年(一八八七)には東京神田に私塾翠松学舎を開いて、ともに漢学を教えた。明治三十五年、東京に三輪田女学校を創設して校長となり、以後の活動を女子教育に傾注した。その教育は女子の徳性を第一義とし、必要な知識でこれを補う徳才兼備の女性を理想とした。また、男女の役割の相違を儒教的秩序観で説明し、女子の役割は内助にあるとして、良妻賢母を女子教育の標的とした。著作は多く、『女子の本分』、『女子処世論』、『女子教育要言』、『女訓の栞』、『女子の務』、『新家庭訓』、『教へ草』、『真佐子集』(詩歌集)などがある。昭和二年(一九二七)五月三日、八十五歳で没し、東京青山墓地に葬る。

[参考文献] 三輪田芳子編『梅花の賦—三輪田真佐子伝—』　(千住　克己)

みわたもとつな　三輪田元綱　一八二八—七九　幕末・維新期の尊攘派の志士。綱一郎と称す。文政十一年(一八二八)六月二十一日、日尾八幡宮の神官三輪田清敏・米の三男として伊予国久米郡久米村(松山市)に生まれる。国学を学び京都で大国隆正の教えを受けて尊王思想を抱く。文久元年(一八六一)江戸で平田塾に入る。ついで上洛して尊王攘夷運動にあたる。同三年二月同志を糾合して京都の等持院に押し入り、足利尊氏ら三代の木像の首を刎ね、三条大橋詰に梟首し、罪状を示す高札を掲示して倒幕の気運を煽った。そのため同志十九人とともに京都守護職の手に捕えられ、但馬国豊岡に幽閉された。慶応三年(一八六七)十二月王政復古により放免され、翌明治元年(一八六八)新政府に出仕、神祇権少祐・外務権大丞などを歴任。まもなく辞任して郷里で神官となり、また、香椎宮宮司などをつとめた。明治十二年一月十四日死去。五十二歳。墓は松山市鷹ノ子八幡社の傍にある。著編『楢上枝』『長暦陰陽』『地球暦』『校訂古語拾遺』『蓬仙日記』など。贈従五位。夫人真佐子は三輪田学園創設者。

参考文献　景浦直孝「三輪田元綱」(『愛媛県先哲偉人叢書』四所収)　（鳥海　靖）

む

むかいただはる　向井忠晴　一八八五―一九八二　昭和時代の実業家。三井物産重役を経て第二次世界大戦時に三井財閥本社の首脳を務め、戦後は大蔵大臣を務める。明治十八年(一八八五)一月二十六日宮中雅楽師多忠久の長男として東京麴町に生まれたが、二歳で向井家の養子になった。東京開成中学校を経て同三十七年三月東京高等商業学校を卒業、同年七月三井物産へ入社した。上海・ロンドン支店など海外勤務を経て本店穀肥部長・大連支店長・ロンドン支店長・本社営業部長・取締役と順調に昇進し、昭和九年(一九三四)一月常務取締役に就任後「財閥の転向」や戦時期の困難な経営を担った。同十四年十二月三井物産取締役会長と三井合名常務理事を兼ね三井財閥最高首脳部の地位に就き、三井合名の改組、本社株式の公開、三井本社設立などを実行した。十八年十二月軍部に経済統制違犯摘発された山西事件の責任をとって一切の役職を退いた。戦後すぐ新設の貿易庁長官に就任するが、公職追放指定直前に辞した。二十六年八月追放解除後は経団連など財界の顧問役を務めるほか、二十七年十月第四次吉田内閣の大蔵大臣に就任、翌年五月まで在職した。昭和五十七年十二月十九日東京で死去。享年九十七。

参考文献　追想録編纂委員会編『追想録向井忠晴』　（松元　宏）

むくなしとうた　椋梨藤太　一八〇五―六五　江戸時代後期の長州藩士。名は景治。文化二年(一八〇五)長州藩遠近付士椋梨景雄(禄四十九石余)の長男に生まれる。天保十四年(一八四三)右筆坪井九右衛門の添役となり、嘉永元年(一八四八)右筆明倫館用掛となる。右筆は政務役ともいう要職。同六年、政敵の周布政之助と右筆を交代し、安政二年(一八五五)に一時復帰するも翌年に退役し、同四年、明倫館頭人となる。また周布派に逐われ、万延元年(一八六〇)熊毛代官も免職となる。文久三年(一八六三)八月十八日の政変のあと、坪井らと俗論派を結集して藩主に迫り、隠居を命じられた。第一次征長の際に、元治元年(一八六四)政務員に復帰。元治の内戦に敗北し、慶応元年(一八六五)二月、船で岩国藩への脱走を企てて風潮にさえぎられ、陸路、津和野へ入って捕われ、諸隊の強い要求によって、閏五月二十八日、萩の野山獄に斬首された。六十一歳。墓は山口県萩市の徳隣寺。

参考文献　末松謙澄『防長回天史』、樹下明紀・田村哲夫編『萩藩給禄帳』、山口県文書館編『防長風土注進案研究要覧』、土屋貞夫「鳥居家所蔵の椋梨藤太関係文書を見て―椋梨藤太についての一考察―」(『山口県地方史研究』五八)　（井上　勝生）

むくのきひそむ　椋木潜　一八二八―一九一二　幕末の志士、明治時代の教育家。変名は南八郎。文政十一年(一八二八)十一月十日、石見国津和野藩士椋木正恭の長男として同地(島根県鹿足郡津和野町)に生まれる。藩校の養老館に学んだが、弘化三年(一八四六)脱藩して江戸に上り、長沼流兵学や儒学を学ぶ。ついで大橋訥庵の思誠塾に入門。その影響のもとで尊王攘夷運動に加わり、文久二年(一八六二)水戸浪士らの老中安藤信正襲撃に関与し、斬奸状の起草にあたった。江戸幕府の追及を逃れて、翌三年帰藩。兵学教授として津和野藩の兵制改革を指導。明治維新に際して新政府に入り、刑法官・弾正台に出仕したが、まもなく辞任。晩年は広島師範学校・島根県浜田中学校の教諭をつとめるなど、地方の教育界の発展に尽力した。明治四十五年(一九一二)一月三十一日病没。

八十五歳。墓は島根県益田市の秋葉山墓地にある。

参考文献 伊藤菊之助『島根県の文化人名鑑』、『浜田町史』 （鳥海　靖）

むしゃのこうじさねあつ　武者小路実篤　一八八五―一九七六　大正・昭和時代の小説家、劇作家、詩人、画家。明治十八年（一八八五）五月十二日東京麴町に、子爵実世・秋子（なるこ）の末子（四男）として生まれた。母は勘解由小路（かでのこうじ）氏の出。二歳のとき父を肺結核で失う。学習院初・中・高等科に学び、明治三十九年卒業、東京帝国大学文科大学社会学科に進学したが、一年後に退学。中等科最上級の夏、母方の叔父勘解由小路資承（すけこと）の家で『聖書』ならびにトルストイの『我宗教』『我懺悔』を読み、自己の生き方を問う契機を与えられた。高等科時代志賀直哉・正親町公和（おおぎまちきんかず）・木下利玄と親交をもち、大学中退に先立って四人で「十四日会」を結成、回覧雑誌『望野』を発行して、小説・対話・感想・詩を掲げ、四十一年処女文集『荒野』を刊行。自己犠牲を説くトルストイの影響を多くとどめつつ、メーテルリンクの『智恵と運命』の啓示による、他を愛するにはまず己れを愛することを知らねばならぬという立場、自己肯定への一歩をそこに示した。以後その思想を内部に育て、自己の生長と拡充を求めて、主体的な生の創造を目ざす姿勢を鮮明にするとともに、四十三年志賀直哉・有島武郎・里見弴・柳宗悦らと『白樺』を創刊、誌上に小説・戯曲のほか、感想・評論を精力的に執筆し、おのずから同人たちの核となる活動をみせた。大正二年（一九一三）創作集『心と心』、感想集『生長』をまとめたが、その前後から自己を生かし、人間苦の抜本的な救済を命じる「自然」の意志を深く想うに至り、個と全体との調和した理想社会の地上における実現を、みずからの課題とすることになった。この使命感は、『二十八歳の耶蘇と悪魔』『彼が三十の時』（以上大正三年）、『或る青年の夢』（同五年）、『或る脚本家』（同七年）などの小説・戯曲の執筆、感想集『後ちに来る者に』（同五年）の刊行を通じて次第に確実なものとなり、大正七年『新しき村の生活』に新しき社会の趣旨と構想を発表、宮崎県児湯郡木城村に土地を入手して、十七人の同志とともに入植、共産共生を原則とする「村」づくりに取り組んだ。在村八年のあいだには、夫人房子と別れ飯河安子と結婚するという身辺の事件もあったが、施設も徐々に整備され、同志の数もふえて、建設は軌道にのり、「村」の出版部曠野社（東京）の設立、機関誌『生長する星の群』の創刊など、文化的事業も緒につくなかで、人間の真の幸福、まことの喜びをたずねる情熱を、『幸福者』（大正八年）、『友情』（同十年）、『第三の隠者の運命』『或る男』（以上同十二年）の中・長編、評伝『耶蘇』（七年）、戯曲『人間万歳』（十二年）、『桃源にて』（十三年）、『詩百篇』（十四年）などに生かして、作家としても充実ぶりを示した。大正十四年末一身上の都合で離村、「村」もダム工事のため埼玉県に移る（昭和十四年（一九三九））ことになるが、終始変わらずその「精神的支柱」であり続けた。昭和初年代には個人編集の雑誌『大調和』『独立人』『星雲』などをつぎつぎと刊行して、信条を自由に表現する場を確保、また『二宮尊徳』（昭和五年）、『井原西鶴』（同七年）、『釈迦』（同九年）ほかの伝記小説を書く一方で、美術展「大調和展」を創設、美術店日向堂を経営するなど美術への関心を深め、自身も本格的に画業に身を入れるようになった。昭和十一年駐独大使の兄公共の勧めで欧米を歴遊、各地の美術館をたずね、マチス・ルオー・ドランに面接して帰国。美術体験記を書き、それらを『湖畔の画商』（十五年）にまとめた。十二年芸術院会員。第二次世界大戦中の日本文学報国会劇文学部長就任などのため、終戦後公職追放に指定されたが、二十六年解除され、文化勲章を受章、二十七年芸術院会員に再選。追放中の作『真理先生』（二十六年）に続く『馬鹿一』（二十八年）、『山谷五兵衛』（三十一年）、『白雲先生』（三十四年）などの諸編は独自の聖者小説といわれ、人間への無限の愛と信頼を語っている。昭和五十一年四月九日九十歳で永眠。終焉の地東京都調布市の自宅は実篤公園となり、隣接して記念館がある。『武者小路実篤全集』十八巻（小学館）が現在刊行中。

参考文献 大津山国夫『武者小路実篤論』、今井信雄編『武者小路実篤』（『新潮日本文学アルバム』一〇） （遠藤　祐）

むたいりさく　務台理作　一八九〇―一九七四　昭和時代の哲学者。明治二十三年（一八九〇）八月八日、長野県南安曇（みなみあずみ）郡温（ゆたか）村（三郷（みさと）村温）に生まれる。松本の私立郁文学校を卒業後、小学校代用教員を経て、同四十三年に東京高等師範学校国漢科に入学。大正三年（一九一四）同校卒業後、長野師範学校に赴任。大正五年に京都帝国大学文学部哲学科に入学し、西田幾多郎に師事。同七年に同校を卒業し、第三高等学校講師となる。同十五年からヨーロッパに留学し、フッサールにつき現象学を学ぶ。帰国後、昭和三年（一九二八）から台北帝国大学文政学部教授。同十年に文学博士となり、東京文理科大学教授。同二十年から二十三年まで同大学学長。同二十一年教育刷新委員会委員となり第二次世界大戦後の教育改革を推進。同二十六年東京文理科大学（東京教育大学）を定年退職し、慶応義塾大学教授（のちに講師）となり、同三十六年退職。その間、憲法問題研究会に参加し、日本哲学会会長となる。戦前の思索は、現象学の方法とヘーゲルの歴史哲学を、西田哲学とのかかわりで結びつけようとする方向をとっていた。主要著作に『ヘーゲル研究』（昭和十年）、『社会存在論』（同十四年）、『現象学研究』（同十五年）、『場所の論理学』（同十九年）など。しかし、戦後、昭和二十五、六年ごろから、戦中・戦後の諸体験とその反省を通して、その思索の方向を徐々に転換してゆく。従来の西田哲学的、個人主義的なヒューマニズムから、人間の歴史的社会性と実存的個体性の統一をめざす、独自の人類的、社会主義的なヒューマニズムの方向に踏み切り、理論と実践の両面で幅広い活動を続けた。転換以後の著作に『第三ヒウマニズムと平和』(昭和二十六年)、『哲学概論』(同三十三年)、『現代のヒューマニズム』(同三十六年)、『思索と観察』(同四十三年)、『哲学十話』(同五十一年)などがある。同四十七年脳出血で病臥し、同四十九年七月五日没。八十三歳。墓は東京都杉並区今川二丁目の観泉寺にある。

参考文献　下村寅太郎・古田光編『哲学思想』(『現代日本思想大系』二四)、『信濃教育』一一四一(特集・務台理作の人と思想)、古田光「戦後思想の一つの遺産—務台理作の哲学をめぐって—」(『現代と思想』四)

(古田　光)

むたぐちげんがく　牟田口元学　一八四四—一九二〇　明治・大正時代の官吏、実業家。弘化元年(一八四四)十二月二十六日肥前国高尾村(佐賀市巨勢町高尾)に佐賀藩士牟田口利左衛門の長男として生まれる。号鷹村。戊辰戦争では藩兵監軍として奥羽地方に転戦、新政府成立後官吏となり、明治十三年(一八八〇)文部省大書記官、翌年農商務省大書記官、同山林局長を歴任。「明治十四年の政変」後依願退職し、十五年河野敏鎌らと修身社を結成、法律事務に携りながら、立憲改進党創設に参加、党掌事の要職を担った。しかし、のち実業界に転じ、壬午銀行頭取(明治十八年)・東京馬車鉄道社長(同二十四年)・小田原馬車鉄道取締役(同二十八年)・東京鉄道社長(同三十九年)・日清生命保険取締役(同四十年)・朝鮮瓦斯電気取締役(同四十三年)などを務めた。朝鮮軽便鉄道社長に就任した大正五年(一九一六)、貴族院議員に勅選されたが、同九年一月十三日七十七歳で没した。墓は東京都港区の青山墓地にある。

参考文献　安藤保太郎編『鷹村言行録』

(安在　邦夫)

むたぐちれんや　牟田口廉也　一八八八—一九六六　大正・昭和時代前期の陸軍軍人。明治二十一年(一八八八)十月七日生まれ。佐賀県出身。陸軍士官学校第二十二期生(歩兵科)。大正六年(一九一七)陸軍大学校卒業後、参謀本部部員、近衛歩兵第四連隊大隊長、軍務局課員、参謀本部庶務課長などを経て、昭和十一年(一九三六)四月、支那駐屯歩兵第一連隊長(中国の北平(北京))となった。翌年七月七日夜、盧溝橋事件が起ると、積極強硬的態度をとり、これが日中戦争に拡大する契機となった。ついで関東軍隷下の第四軍(北部満洲)の参謀長、陸軍予科士官学校長、十六年四月から第十八師団長(中国の華南)となり、太平洋戦争が始まると、マレー作戦・ビルマ進攻作戦に参加し武勲を立てた。十八年三月、第十五軍司令官となり、翌年三月からインパール作戦を実施したが失敗し、十九年十二月予備役に編入。二十年一月召集、再び陸軍予科士官学校長を勤めた。四十一年八月二日没。七十七歳。墓は、東京都府中市の多磨墓地にある。

参考文献　日本近代史料研究会編『日本陸海軍の制度・組織・人事』、防衛庁防衛研修所戦史室編『北支の治安戦』一、同編『支那事変陸軍作戦』一、同編『マレー進攻作戦』、同編『インパール作戦』

(森松　俊夫)

むつむねみつ　陸奥宗光　一八四四—九七　明治時代の政治家で第二次伊藤内閣の外務大臣。伯爵。父は和歌山藩士伊達藤二郎宗広、母は同じく和歌山藩士渥美源五郎の長女政子。その第六子として、弘化元年(一八四四)七月七日誕生。幼名牛麿。父宗広は家禄八百石、藩の重職を歴任したが、宗光九歳のとき政争により失脚。一家流離の憂き目にあう。十五歳にして江戸に出て苦学。父は赦免の後、脱藩、一家は京都に移り、宗光もまた京都に来て、勤皇運動に従事、坂本竜馬と知り合う。土佐藩士を称し、神戸の海軍所で勝海舟の教えを受ける。慶応元年(一八六五)、竜馬に従い鹿児島・長崎に遊ぶ。このころ、薩摩藩士を称し、伊達陽之助・陸奥小次郎などと称する。三年、海援隊に入る。四年末、大坂に赴き英国公使パークスに面会、その結果を岩倉具視に報じ、明治元年(一八六八)正月、外国事務局御用掛となる。陸奥陽之助としてはじめて任官。その後、大阪府権判事・兵庫県知事などを歴任したが、三年、和歌山藩欧州執事として渡欧、翌四年和歌山藩庁出仕、廃藩置県を迎える。同年、出京の命を受け、神奈川県知事となり、五年、外務大丞を兼ね、六年には前年の地租改正の主張を認められ、大隈重信の推挙で大蔵少輔心得に昇進。ときに征韓論で政府分裂、征韓論には与しなかったが、下野して活動するのを得策とし、七年一月、「日本人」を草し薩長有司の専制を痛難、辞任した。翌年、元老院議官となったが、十年、西南戦争が起ると、土佐立志社の大江卓らの政府転覆計画に連累、翌十一年、免官、国事犯として五年の禁獄に処せられ、山形・宮城の監獄に入る。獄中では、ベンサムの著作の翻訳などにうちこみ、十六年、出獄。伊藤博文らの勧めもあり、十七年から英・墺などに学ぶ。十九年帰国、外務省に入り、弁理公使・特命全権公使を経て、二十一年、駐米公使に転出、在任中、はじめての対等条約であるメキシコとの条約に調印。二十三年帰国、同年五月、第一次山県内閣の農商務大臣に就任、七月には第一回衆議院議員総選挙に和歌山県第一区から出馬、当選。閣僚中、唯一の衆議院議員となる。翌年五月、第一次松方内閣にも農商務大臣として留任、九月には衆議院議員を辞職。二十五年三月、総選挙における松方内閣の激しい選挙干渉を論難して辞任、枢密顧問官となる。しかし、同年八月、元勲総出の第二次伊藤内閣に迎えられ外務大臣の要職に就き、伊藤と協力しながら外交に腕を振るった。防穀令事件・千島艦事件の処理にあたるとともに、最大の懸案である条約改正をめざし、二十六年七月、対等条約改正案および交渉方針を閣議に提出、まずイギリスとの交渉に着手、議会の対外強硬論には真向から反対した。二十七年四月、正式の交渉をイギリスと始めるころ、朝鮮に甲午農民戦争(東学党の乱)が激化、六月、清国の朝鮮出兵に対抗して日本も出兵、対清強硬政策をつぎつぎと展開、七月、日英改正条約に調印するとともに、日清戦争の開戦にふみきり、講和・三国干渉をも処理した。この外務大臣中の事績を称して、世に「陸奥外交」という。日清戦争中の激務から持病の肺患が悪化、二十八年六月、賜暇を得て大磯で療養、『蹇蹇録』の著述に没頭。翌年五月、外相辞任。ハワイに療養、帰国後、竹越与三郎をして雑誌『世界之日本』を発行させ、それに寄稿を続けた。藩閥が幅をきかせた明治の政界にあって、非藩閥出身の陸奥はしばしば不遇をかこったが、才気と機略に富み、伊藤らの信頼を得て栄進、晩年には首相の座をもめざしたが、宿痾のため三十年八月二十四日、東京西ヶ原の自邸で死去。五十四歳。浅草海禅寺で葬儀、大阪夕陽岡陸奥家墓所に埋葬された。昭和二十八年(一九五三)大阪より鎌倉寿福寺に移葬。明治四十年、外務省正面に銅像が竣成、第二次世界大戦中、供出のため撤去されたが、昭和四十一年、外務省構内に再建された。

参考文献　陸奥広吉編『伯爵陸奥宗光遺稿』、萩原延壽編『陸奥宗光』(『日本の名著』三五)、阪崎斌『陸奥宗光』、渡辺幾治郎『陸奥宗光伝』、陸奥宗光伯七十周年記念会編『陸奥宗光伯―小伝・年譜・付録文集―』、萩原延壽「陸奥宗光」(『現代日本思想大系』一〇所収)、同『陸奥宗光』、中塚明『『蹇蹇録』の世界』　(中塚　明)

むとうあきら　武藤章　一八九二―一九四八　昭和時代前期の陸軍軍人。明治二十五年(一八九二)十二月十五日熊本県上益城郡白水村(菊池郡菊陽町)に小地主武藤定治の次男として生まれる。済々黌、熊本地方幼年学校、中央幼年学校を経て、大正二年(一九一三)陸軍士官学校を卒業(二十五期)、少尉に任官する。九年に陸軍大学校を卒業(三十二期)、陸軍士官学校付、教育総監部付を経て十一年十二月教育総監部課員となる。十二年六月第一次世界大戦の研究のためドイツ留学を命ぜられ十五年四月に帰国、この間併せて欧米諸国などを視察した。帰国後教育総監部に戻り、教育総監部付あるいは同課員として歩兵操典などの改定に従事、昭和三年(一九二八)少佐に進む。四年末から一年間陸大専攻学生に派せられた後、五年十一月参謀本部に移り欧米課ドイツ班に勤務する。六年八月参謀本部兵站班長となり兵站綱要の改編に携わった後、七年三月参謀本部第二部第四班長となる(同年中佐に進級)。八年には中国を視察、続いて同年末から翌年にかけて欧米を視察した。帰国後歩兵第一連隊付となったが、十年軍務局に移り軍事課員となる。このころになると陸軍では皇道派と統制派の抗争が激化し、武藤は統制派の一員と目されるようになっていた。十一年六月関東軍参謀に転出し八月大佐に進級、十二年三月参謀本部作戦課長となる。支那事変勃発に際しては対支一撃論を唱えた。同年十月中支那方面軍参謀副長となり杭州湾上陸作戦に参加、十三年七月北支那方面軍参謀副長となり天津租界封鎖問題、新民会改革問題などに携わった。十四年三月少将に昇進して九月軍務局長に就任、東条英機の腹心として知られた。在任中、桐工作(宋子良工作)による支那事変打開、米内内閣打倒工作、日米関係の打開などに従事した。十六年十月中将に昇進、十七年四月近衛師団長に転じ十八年六月近衛第二師団長となる。十九年十月第十四方面軍参謀長となり比島防衛作戦にあたった。終戦後、二十一年四月に巣鴨拘置所に「A級戦犯容疑」で収容され、「東京裁判」の結果、二十三年十二月二十三日刑死した。五十七歳。統制派の主要メンバーの一人として知られる。著書に『比島から巣鴨へ』がある。

参考文献　日本近代史料研究会編『日本陸海軍の制度・組織・人事』、上法快男編『軍務局長武藤章回想録』　(佐々木　隆)

むとうきんきち　武藤金吉　一八六五―一九二八　明治から昭和時代前期にかけての政治家。慶応元年(一八六五)五月十五日、上野国山田郡竜舞村(群馬県太田市)の武藤房吉の長男に生まれ、明治十六年(一八八三)上京して英吉利法律学校に学び、自由党に入党。新聞記者となり、『実業新聞』ついで『上野新聞』を主宰、さらに、群馬県農工銀行取締役と山保毛織株式会社の取締役社長となる。明治三十三年家督を相続し、三十七年群馬県選出の衆議院議員となり、以後、昭和三年(一九二八)の第一回普通選挙に至るまで連続八回当選した。大正九年(一九二〇)の恐慌に際しては、立憲政友会代議士、蚕糸業同業組合中央会特別議員として、蚕糸業救済のための帝国蚕糸株式会社(第二次)の設立に尽力し、同社の専務取締役として活躍した。昭和二年四月、田中義一政友会内閣の内務政務次官となり、鈴木喜三郎内相を助けたが、昭和三年四月二十二日脳溢血で死去。六十四歳。墓は生地の正運寺にある。

参考文献　「内務政務次官武藤代議士卒去」(『上毛及上毛人』一一三)　(石井　寛治)

むとうこういつ　武藤幸逸　一八三八―一九一四　明治時代の農事指導者。天保九年(一八三八)三月二十八日、上野国山田郡竜舞村(群馬県太田市竜舞)に新居喜左衛門の長男として生まれ、母方の武藤家を継いだ。同家は地主で質屋・酒造業を営んでいた。維新後戸長・村長を勤め、河野広中らとともに民撰議院開設運動に参加した。明治十一年(一八七八)居村に十三町歩余の「共農舎」農場を開設、土地改良、牛馬耕の導入につとめ、同地方の農業発展に刺激を与えた。大正三年(一九一四)八月二十日没。七十七歳。

参考文献　井上国雄「武藤幸逸の「共農舎」農場」(農業発達史調査会編『日本農業発達史』五所収)　(伝田　功)

むとうさんじ　武藤山治　一八六七―一九三四　明治から昭和時代前期にかけての実業家、政治家。慶応三年(一八六七)三月一日、佐久間国三郎・たねの長男として、尾張国海西郡松名新田村(愛知県海部郡弥富町)の母の実家佐野家で出生。なお、佐久間家は美濃国安八郡脇田村(岐阜県海津郡平田村蛇池)の代々庄屋をつとめる旧家であった。明治十三年(一八八〇)慶応義塾に入り、福沢諭吉から強い感化をうけた。十七年卒業、十八年同窓生の和田豊治らとともに渡米し、苦学しつつカリフォルニア州サンノゼーのパシフィック＝ユニバーシティに学んだ。同二十年帰国し、一族中の武藤家を継いで改姓、銀座に日本最初の新聞広告取次業を始め、『博聞雑誌』を刊行、ついでジャパン＝ガゼット新聞社の記者となり、大同団結運動をすすめていた後藤象二郎を支援した。イリス商会を経て、同二十六年中上川彦次郎により三井銀行に迎えられ、翌年弱冠二十八歳で鐘淵紡績株式会社の新設兵庫工場支配人に抜擢された。二十八年渥見千世子と結婚、闘志をもって経営にあたり、三十二年上海紡績を手はじめとしてつぎつぎと合併・買収を行い、社業を躍進させ、第一次世界大戦期には鐘紡を大阪紡・三重紡・富士紡とならぶ四大紡の一つに成長させた。武藤は職工を家族同様に親身に世話し労資の融合をはかることをもって信条とし、この温情主義こそ経営を成功させる決め手であるとした。同四十一年鐘紡専務、大正十年(一九二一)同社長となったが、この間の大正三年以来、軍人優遇を唱えて軍事救護法制定運動を起し、ついで中国関税引上げ反対運動に加わり、大日本実業組合連合会を組織して委員長に就任、営業税反対運動を展開するなど、次第に政治運動への関与を深めた。米騒動と国際労働会議との体験から労使対立について危機感を抱き、階級闘争防止のために職業政治家と政商との結託による日本の政治腐敗を革新しなければならないとして、大正十二年四月大日本実業組合連合会その他の組合を糾合して実業同志会(実同)を結成、その会長に就任した。翌年、政費節減を基本とする自由主義的政綱をかかげて第十五回総選挙に出馬し、大阪より最高点当選、実同は京阪神を中心に八議席を得た。武藤はその独自の雄弁によってしばしば議会の焦点となり、第五十議会では党をあげて治安維持法案に反対し、第五十二議会では震災手形処理法案を政商救済のためのものとして糾弾した。昭和三年(一九二八)第一回普通選挙で実同は当選四名という惨敗を喫したが、キャスティング＝ボートを握り、立憲政友会との政策協定を実現させた(政実協定)。翌年、実同を国民同志会と改称、同五年鐘紡社長を辞任したが、党勢は振るわず、七年政界を引退し、師福沢の創刊した『時事新報』の経営に専念、同九年一月「番町会」を暴く」と宣言して、帝国人絹株の不当売買に筆誅を加え、政財界に衝撃を与えた。そのさなかの三月九日神奈川県鎌倉郡大船町(鎌倉市)の自邸近くで福島新吉に狙撃され、十日死去した。六十八歳。福島は自殺し、動機は不明に終った。『武藤山治全集』全九巻がある。

参考文献 有竹修二『武藤山治』、入交好脩『武藤山治』(『人物叢書』一一六)、江口圭一『都市小ブルジョア運動史の研究』

(江口 圭一)

むとうのぶよし 武藤信義 一八六八―一九三三 明治から昭和時代前期にかけての陸軍軍人。明治元年(一八六八)七月十五日生まれ。肥前国(佐賀県)出身。陸軍士官学校第三期生。歩兵第二十四連隊付で日清戦争に出征。明治三十二年陸軍大学校卒業後、ウラジオストックに派遣され、ついでオデッサに駐在。日露戦争には近衛師団参謀、鴨緑江軍参謀として参戦。戦後はロシア公使館付武官補佐官、ついで参謀本部部員、同課長、近衛歩兵第四連隊長、歩兵第二十三旅団長を勤めた。大正七年(一九一八)シベリア出兵となると満洲のハルビン、シベリアのイルクーツク・オムスクに駐在して情報勤務に服し、ソ連通の第一人者といわれた。帰国後、参謀本部第一部長(作戦)、陸軍中将となって同総務部長、第三師団長、十一年十一月から参謀次長を二年半勤め、軍備整備と新情勢に応ずる作戦計画の検討に尽力した。軍事参議官ののち、十五年三月、陸軍大将に親任され、東京警備司令官となり、同七月、関東軍司令官に転じた。昭和二年(一九二七)八月、教育総監に親補され、在任五年、学校教育の刷新、部隊訓練の向上を図った。七年八月、再び関東軍司令官となり特命全権大使・関東長官を兼任し、日満議定書の調印、満洲国承認を行い、また軍事上では満洲国内の治安確立、対ソ作戦準備の促進を図った。八年五月元帥の称号を受けたが、その二ヵ月後、七月二十八日没。六十六歳。死没に先立ち男爵授爵。墓所は東京都文京区の護国寺。

参考文献 日本近代史料研究会編『日本陸海軍の制度・組織・人事』、額田坦『陸軍省人事局長の回想』

(森松 俊夫)

むなかたしこう 棟方志功 一九〇三―七五 昭和時代の版画家。明治三十六年(一九〇三)九月五日青森市に生まれる。父は鍛冶職人幸吉、母さだ。十八歳絵仲間とグループを作り、二十一歳の年上京。昭和三年(一九二八)同郷の先輩下沢木鉢郎と平塚運一を訪ね、版画の道に入る。昭和五年国画会に木版画入選、版画家になる決意をする。昭和十一年国画会に出品の「大和し美し版画巻」で柳宗悦・河井寛次郎・浜田庄司らの知遇を得、また影響を受ける。昭和十五年国画会に「釈迦十大弟子」を出品、佐分利賞を受賞、昭和十八年みずからの木版画を板画と称すことに決める。昭和二十年板木のほとんどを空襲で失う。昭和二十七年から棟方志功芸業展を同五十年まで毎年開催。日本版画協会を脱会し、日本板画院を創立。同年スイス、ルガノ国際版画展に「女人観世音板画巻」を出品、日本人初の優秀賞を受け、昭和三十年ブラジル、サンパウロ＝ビエンナーレで「釈迦十大弟子」「湧然する女者達々」を出品、最高賞を受賞。翌三十一年ベニス＝ビエンナーレで国際版画大賞を受け、三十二年第一回東京国際版画ビエンナーレ展に出品、日展審査員となる。昭和三十六年「日版会」を創立。四十五年文化勲章受章、文化功労者に指名される。四十一年脳血栓で倒れたが、秋ごろから制作再開。その間招かれて渡米したり、日本の各地に板壁画や襖絵を多くの木版画とともに制作し続けた。制作意欲の旺盛さや作品量の多さなどその独自性は目を見はらせる。昭和五十年九月十三日肝臓癌で没。七十二歳。墓は、青森市内にある。法名は華厳位慈航真㮣志功居士。同年十一月青森市に棟方志功記念館が開館された。『棟方志功全集』全十二巻(講談社)がある。（菅野　陽）

むなかたとしよし　宗像利吉　一八七四―一九五八　明治から昭和時代にかけての篤農家。明治七年(一八七四)十二月、福島県田村郡大越村に生まれた。農事改良、特に特産の松川葉煙草の改良に努め、大正八年(一九一九)大越煙草耕作組合長、同十五年小野新町煙草耕作購買組合専務理事、昭和七年(一九三二)県煙草耕作組合連合会副会長、同十三年同会長になるとともに煙草耕作組合中央会副会長になった。自村に農村娯楽場、小野新町(田村郡小野町)に煙草神社を起し、昭和十一年には、八時間労働・合理的農業経営を実践するために宗像農場を創設し、農村指導者の養成に努めた。昭和三十三年没。

参考文献　福島県煙草耕作組合聯合会編『福島県煙草史』（高村　直助）

むらいきちべえ　村井吉兵衛　一八六四―一九二六　明治・大正時代の実業家。元治元年(一八六四)正月二十二日、京都の煙草商村井弥兵衛の次男に生まれ、明治五年(一八七二)伯父村井吉右衛門の養子となり、同十一年家督相続して家業の煙草販売に従事した。工夫の末、同二十四年春わが国初の両切紙巻煙草「サンライス」を製造販売して好評を博し、二十六年渡米して煙草の製法を研究するとともに葉煙草を輸入し、翌年アメリカ風の「ヒーロー」を発売、村井兄弟商会(合名、資本金二十万円)を設立した。アメリカから機械・技師を導入するとともに、箱の意匠・印刷に意を払い、美人写真カードを挿入し、大々的に宣伝するなどして、中国にも販路を拡大した。三十二年十二月二十五日、アメリカ=タバコ=トラストとの折半出資で村井兄弟商会(株式、資本金一千万円)を設立し、さらに東洋印刷・日本石鹼・村井カタン糸などを設立した。三十七年煙草製造専売に伴って工場設備を政府に売却したが、同年十二月に村井銀行(合名、資本金百万円)を設立して頭取となり、四十五年には本店を京都から東京に移した。大正六年(一九一七)には村井貯蓄銀行(株式)のほか村井鉱業(株式)・村井汽船(合名)を設立して社長となった。宝田石油・台湾製糖・帝国ホテル・帝国劇場・東亜興業・明治貿易などの重役を務め、村井合名代表社員・東京商業会議所特別議員であった。大正十五年一月二日、六十三歳で没した。

参考文献　大渓元千代『たばこ王村井吉兵衛』（高村　直助）

むらいげんさい　村井弦斎　一八六三―一九二七　明治・大正時代の新聞記者、小説家。本名は寛。文久三年(一八六三)十二月十八日、三河国吉田(愛知県豊橋市)の生まれ。東京外国語学校露語科に入学したが、病気のため中退。以後独学で経済学・政治学などを学んだ。二十二歳の時、渡米し苦学した。二年後帰国し、在米中知り合った矢野竜渓(文雄)の招きで報知新聞社に入った。雑報・劇評・書評のかたわら、森田思軒の門下として小説の執筆にも手をそめ、『小説家』などの作品をつぎつぎに発表した。明治二十六年(一八九三)編輯主任、同二十八年編輯長を歴任し、報知新聞の発展に尽力するとともに、連載小説『日の出島』によって人気を博した。三十六年に連載した『食道楽』は家庭読物として広く愛読され、単行本となってからも版を重ねた。三十九年、実業之日本社から『婦人世界』を発刊し、家庭生活の改善などの啓蒙活動を行なった。昭和二年(一九二七)七月三十日没。六十五歳。墓は横浜市鶴見区の総持寺にある。

参考文献　大塚豊子他「村井弦斎」(『近代文学研究叢書』二七所収)（有山　輝雄）

むらいともよし　村井知至　一八六一―一九四四　明治から昭和時代前期にかけてのキリスト教社会主義者、教育者。文久元年(一八六一)九月十九日、伊予国松山藩の士族の家に生まれる。同志社に学び、新島襄に傾倒し、熱烈なキリスト教徒となる。明治二十二年(一八八九)渡米、アンドーバー神学校・アイオア大学在学中から真理・正義・幸福を目的とするユニテリアニズム=社会的キリスト教の立場をとり、帰国後本郷教会・惟一館で説教につとめ、『六合雑誌』にも執筆する。社会問題に関心を寄せ、三十一年十月には安部磯雄・片山潜らと社会主義研究会を結成、会長となり、例会で「社会主義綱要」「カール、マークスの社会主義」を論じる。翌三十二年には最初の体系的理論書『社会主義』を著わす。労働組合期成会や普通選挙期成同盟会の評議員にもなった。その後、教育界に身を転じ、後半生は東京外国語学校教授・第一外国語学校長として英語教育に献身した。昭和十九年(一九四四)二月十六日没。八十四歳。

参考文献　辻野功「『六合雑誌』における村井知至」(同志社大学人文科学研究所編『『六合雑誌』の研究』所収)、住谷悦治「明治キリスト教徒の社会主義思想(一)—村井知至の『社会主義』について—」(『キリスト教社会問題研究』六)（荻野富士夫）

むらおかつねつぐ　村岡典嗣　一八八四―一九四六　大正・昭和時代の史学者。明治十七年(一八八四)九月十八日、東京浅草生まれ。開成中学・早稲田大学・独逸新教神学校に学び、はやく佐佐木信綱門下の新進歌人、波多野精一門下の西洋哲学史家として令名を得ていた。明治四十四年、二十八歳で刊行した『本居宣長』は、その和洋の教養を凝集した理解と洞察に満ちた画期的名著で、独創的立場を築くとともに、大正文化史学の先駆を示し、また今日に至る日本思想史学の基礎を確立するものであった。宣長ないし国学の学問の本質を、ドイツの文献学

（十九世紀、A・ベックにより大成されたフィロロギー）の「認識されたものの再認識」に斉しい科学的客観主義と見、それをさらに進めて日本思想史学として完成する道は、近代歴史学による史的文化学への発展にあるという。このような周匝綿密な方法論的用意は当時の日本の学界に例をみないもので、称賛の中に彼は東北帝国大学教授に推され「日本思想史講座」（国立大学では他に例がない）の開祖者となった（大正十一年（一九二二））。彼はその後張りおこった国粋的、軍国的風潮に対して、厳密な学問の名において批判をやめず、みずから優れた業績を示し多くの門下を育成した。仙台での講義は二十四年間にわたり、ひろく方法論・通史・特殊問題（神道史・神儒仏耶交渉史・『源氏物語』・『愚管抄』・『神皇正統記』・国学・洋学など）に及び、それらは主として『日本思想史研究』正・続・第三・第四の四冊（岩波書店）、『村岡典嗣著作集・日本思想史研究』全五冊（創文社）に収められている。なお東大法学部・文学部、東京文理科大はじめ京大・九大などでの講義もしばしばで、強い刺戟を受けた多くの学者が生まれた。『日本思想史概説』（『村岡典嗣著作集・日本思想史研究』四）の末尾に詳細な年譜がある。昭和二十一年（一九四六）四月十三日、仙台で没。六十三歳。

（原田　隆吉）

むらおかりょうすけ　村岡良弼　一八四五―一九一七　明治・大正時代の法制学者、地理学者。本姓は渋谷氏、長じて村岡姓に改める。幼名は五郎、字は賚卿、号は櫟斎。弘化二年（一八四五）二月十日、下総国香取郡中村（千葉県香取郡多古町）に生まれる。幼時、郷里で四書・五経の句読を受け、十四歳で江戸に出て水本樹堂（成美）に学ぶ。明治二年（一八六九）正月昌平黌明法科に入学し、和漢の制度・律令を専攻。同年、刑部省に勤め、『新律綱領』の編修に与かった。同年から、新設の司法省で刑法の沿革を調査。同十四年十月参事院書記生、同十六年二月参事院議官補となり、四月から宮内省御用掛を兼ねる。同十九年五月内閣記録課長。司法省・参事院・宮内省勤務を通じ、法制の研究と整備に尽力した。同二十五年六月、官を辞すとともに著作に専念、特にかねてから志願の日本地誌の研究に力を注ぎ、同三十六年『日本地理志料』七十二巻を上梓した。同二十七年、栗田寛の推挙で、旧水戸藩主徳川篤敬から『大日本史』の国郡志および諸表の纂訂を委嘱され、同三十三年に終了。また同四十五年一月、宮内省から六国史校訂材料取調掛を委嘱された（大正三年（一九一四）十二月まで）。大正二年七月、『続日本後紀纂詁』二十巻著述の功により、帝国学士院から恩賜賞を受けた。同六年一月四日、七十三歳で没す。墓は東京都豊島区の染井墓地にある。著書には前記のほか、『日本書紀定本』三十巻、『文徳実録纂詁』十巻、『法制志』六巻などがある。

参考文献　『千葉県香取郡誌』、岡部精一「櫟斎翁年譜」（『歴史地理』二九ノ二）、沢田総清「邨岡良弼先生の事ども」（『国学院雑誌』四六ノ一二）

（鈴木　暎二）

むらがきのりまさ　村垣範正　一八一三―八〇　江戸時代末期の外国奉行。諱ははじめ範忠、通称与三郎、号は淡叟。文化十年（一八一三）九月二十四日、村垣範行の次男として生まれた。同家は庭番の家筋で、祖父定行は松前奉行から勝手掛勘定奉行に上った。範正はその功により天保二年（一八三一）孫の身で新規に召し出され、小十人格庭番となった（二十人扶持）。細工頭・賄頭などを経て、安政元年（一八五四）勘定吟味役に抜擢され、海防掛と蝦夷地掛を兼ねた。同年蝦夷地に出張し、帰府後ロシア応接掛として下田に赴いた。同三年箱館奉行に進んで、淡路守を称し、高二百俵となった。同五年外国奉行に転じ、箱館奉行を兼ね、翌年勘定奉行と神奈川奉行も兼帯した。万延元年（一八六〇）遣米使節の副使を勤め、帰国後高五百石に加増された。文久元年（一八六一）箱館に赴いて対馬のロシア艦退去交渉にあたった。同三年作事奉行に移され、翌元治元年（一八六四）西ノ丸留守居、さらに勤仕並寄合に退いた。明治元年（一八六八）隠居し、同十三年三月十五日病没した。享年六十八。墓は東京都台東区の谷中墓地にある。『村垣淡路守公務日記』（『大日本古文書』幕末外国関係文書附録二―七）、『遣米使日記』（『遣外使節日記纂輯』一）がある。

参考文献　『村垣範正履歴明細書』（東大史料編纂所蔵）、旧事諮問会編『旧事諮問録』七（『岩波文庫』）、北海道総務部行政資料室編『北海道開拓功労者関係資料集録』下

（三谷　博）

むらかみえいしゅん　村上英俊　一八一一―九〇　幕末・明治時代のフランス学者。幼名を貞介、諱は義茂・義隆、字を棟梁といい、茂亭あるいは棠陰と号した。のちに鶴翁、さらに松翁と称している。文化八年（一八一一）四月八日、下野国那須郡佐久山（栃木県大田原市）に生まれる。文政十年（一八二七）、江戸で宇田川榕庵に蘭学を学ぶ。天保十二年（一八四一）、信州松代に移住。のちに松代藩藩医となる。嘉永元年（一八四八）、佐久間象山の勧めと藩主真田侯の援助により仏語学習を開始する。同四年、江戸に出て仏語書の執筆に専念。明治元年（一八六八）三月十五日から同十年まで仏学塾「達理堂」を開塾。十五年東京学士会院会員。十八年レジョン＝ドヌール勲章受章。二十三年一月十日没。八十歳。青山墓地（東京都港区）に葬られた。著作には、『三語便覧』『（洋学捷径）仏英訓弁』『五方通語』『英語箋』『英語箋後篇』『仏語明要』『仏蘭西答屈智幾』『西洋史記』『明要附録』『仏英独三国会話』がある。

参考文献　滝田貞治『（仏学始祖）村上英俊』、田中貞夫『幕末明治初期フランス学の研究』

（田中　貞夫）

むらかみかがく　村上華岳　一八八八―一九三九　明治から昭和時代にかけての日本画家。明治二十一年（一八八八）七月三日大阪で代々医業にたずさわる武田家に生まれる。父誠三。本名震一。のち神戸の村上家の養子となる。京都市立美術工芸学校を経て京都市立絵画専門学校へ入

学。同期に土田麦僊・小野竹喬・榊原紫峰・入江波光らがいた。卒業制作「二月の頃」は明治四十四年第五回文展に出品して褒状を受ける。竹内栖鳳に師事し、自然を素直に写す画風を学ぶが、やがて初期浮世絵やイタリア宗教画に傾倒して新しい理想を模索する。第十回文展「阿弥陀之図」は特選を受けるが、大正七年(一九一八)文展を離脱し、麦僊・竹喬らとともに国画創作協会を結成する。大正期の国展には「聖者の死」「日高河清姫図」「裸婦」などの話題作を発表しはなやかな活躍を示した。大正十年ごろから宿痾の喘息に悩み、昭和二年(一九二七)神戸花隈町(神戸市中央区花隈町)に隠棲、画壇を離れ山水画や仏画に宗教的ともいえる深い思索的な画境を示した。十四年十一月十一日没。五十二歳。墓は花隈町の福徳寺にある。法名無量寿院光誉神知華岳居士。著書に『画論』(昭和十五年)がある。

参考文献 河北倫明『村上華岳』 (細野 正信)

むらかみかくいち 村上格一 一八六二—一九二七 明治から大正時代にかけての海軍軍人。文久二年(一八六二)十一月一日、佐賀藩士村上有竹の長男として肥前国佐賀水ヶ江町片田江椎小路(佐賀市)に生まれる。母は寿賀。維新後、鍋島幹が栃木県令となり赴任するのに従って父が移住したので、栃木県医学校予科・攻玉社中学を経て海軍兵学校に進み、明治十七年(一八八四)十二月卒業。日清戦争には巡洋艦吉野分隊長として、日露戦争には巡洋艦千代田艦長、ついで装甲巡洋艦吾妻艦長として各海戦に参加した。教育本部第一部長・海軍省副官を経て、四十一年八月将官に進む。呉海軍工廠長・海軍艦政本部長・第三艦隊司令長官・海軍教育本部長を歴任して大正七年(一九一八)七月大将に昇任。呉鎮守府司令長官を経、軍事参議官のとき第二次山本内閣が倒れ、十三年一月清浦内閣が組織されると、財部彪のあとを受けて海相に就任。在任五ヵ月で内閣更迭とともに辞任し、同年十二月予備役に入る。昭和二年(一九二七)十一月十五日、神奈川県逗子で死去。六十六歳。墓は逗子市久木六丁目の妙光寺にある。

参考文献 波多野貞夫編『海軍大将村上格一伝』 (野村 実)

むらかみきじょう 村上鬼城 一八六五—一九三八 大正時代に活躍した俳人。本名荘太郎。慶応元年(一八六五)五月十七日、鳥取藩江戸屋敷で生まれた。父は小原平之進、三百五十石。明治八年(一八七五)母方の村上家を相続。父の高崎裁判所勤務に従って高崎に住んだ。漢学塾・英学塾に学んだりして、軍人を志望したが、耳を患ったため、これを断念。司法官を目指し、明治義塾法学校・和仏法律学校に学んだ。高崎裁判所代書人となり、二男六女を育てた。俳句は新聞『日本』に連載された「獺祭書屋俳話」を読み、正岡子規に手紙を出したことを機縁とし、この折、子規から大まかな「写生」を教えられた。子規没後、高浜虚子が俳句から遠ざかったこともあって中断。明治四十五年の虚子の俳壇復帰に伴って『ホトトギス』に投句。古格に添った季題の用法、その枠内での「写生」を、自己周辺の素材を活かし、代表俳人の一人となった。「冬蜂の死にどころなく歩きけり」「哀れ」を一途に目指した。句集『鬼城句集』ほか。昭和十三年(一九三八)九月十七日没。七十四歳。墓は群馬県高崎市若松町の竜広寺にある(同市指定史跡)。 (松井 利彦)

むらかみしゅんきち 村上俊吉 一八四七—一九一六 明治時代の日本組合基督教会牧師、『七一雑報』編集人。弘化四年(一八四七)七月十日江戸で生まれる。十五歳で摂津国三田藩の藩医村上恒庵の養子となる。明治七年(一八七四)摂津第一公会(現在、日本基督教団神戸教会)でJ・D・デービスから受洗。翌年O・H・ギューリックがアメリカン＝ボードを背景に日本最初のキリスト教週刊紙『七一雑報』を創刊すると編集人となった。同九年按手礼を受け兵庫聖書講義所(兵庫教会)の設立にあたり牧師に就任。十五年群馬県安中に移り伝道に従ったが、翌年神戸に戻り再び『七一雑報』の編集にあたる。十六年『七一雑報』が廃刊となり『福音新報』と改題して大阪で刊行されたが引き継いで編集人となった。翌年、再度、兵庫教会牧師となり多聞教会(神戸多聞教会)の牧師を兼ねた。二十四年兵庫教会を辞任し、日本基督伝道会社の嘱託、さらにアメリカン＝ボードの巡回教師として各地の伝道にあたった。四十年須磨で開拓伝道を行い須磨教会を設立した。大正五年(一九一六)五月六日没。七十歳。 (波多野和夫)

むらかみせんじょう 村上専精 一八五一—一九二九 明治・大正時代の仏教学者。真宗大谷派の学僧。嘉永四年(一八五一)四月一日丹波国氷上郡野山村(兵庫県氷上郡春日町)教覚寺に生まれる。父広崎宗鎧、母萩野。四男二女の長男。明治七年(一八七四)京都に出て東本願寺の高倉学寮に学び樋口竜温らに師事した。翌年学寮の騒動にあい、主謀者の一人に推されて退学処分となる。三河に移り、藤井至静の世話で愛知県宝飯郡御馬村(御津町)入覚寺住職村上界雄の養子となる。十三年再び上洛、大谷教校に入り、本願寺より毎月二円五十銭の学費をうけ研究に励んだ。十七年越中教校校長となって北陸に赴任。二十年東京に出て曹洞宗大学林および哲学館の講師となり仏教を講ずる。井上円了の『仏教活論』序論の影響などもあり、東京神田今川小路に仏教講話所を開き、通俗仏教講演会を催した。二十三年浅草の大谷教校校長に就任。同時にまた吉谷覚寿のあとを襲って、帝国大学文科大学で印度哲学の講師となった。二十九年真宗大谷派の改革運動白川党事件に参画し、宗派内の資格をすべて停止される処分をうけた。三十二年文学博士。三十四年著作の『仏教統一論』大綱論が大谷派の忌諱に触れたため、みずから僧籍を離脱(四十四年復帰)した。大正六年(一九一七)東京帝国大学教授となり翌年学士院会員に推され、同十五年五月大谷大学学長となった。昭和四年(一九二九)十月三十一日没した。享年七十九。墓は、豊島区南池袋四丁目の雑司ヶ谷墓地にある。村上が近代大谷派教学の開拓者の一人として明治の時代思想と関わった時期は、二十三年の『日本仏教一貫論』、仏教史研究に先鞭をつけた『仏教史林』(二十七年創刊)、三十四年の『仏教統一論』などによって窺われる。

参考文献　吉田久一編『明治宗教文学集』一(『明治文学全集』八七)、増谷文雄『近代仏教思想史』、宮本正尊『明治仏教の思潮』、常光浩然『明治の仏教者』上、雲藤義通『明治の仏教』、柏原祐泉「近代仏教の歴史的形成—須弥山説・大乗非仏説を中心に—」(『印度哲学仏教研究』一五ノ二)　(池田英俊)

むらかみただまさ　村上忠順　一八一二—八四　幕末・明治時代前期の国学者、歌人。文化九年(一八一二)四月一日、父忠幹・母美志の次男として、三河国碧海郡堤村(愛知県豊田市)に生まれた。はじめの名は賢次、のち忠順という。字は承卿、号を蓬廬・四方樹、書屋を千巻舎という。若いころから秦滄浪・植松茂岳に国学を学び、嘉永二年(一八四九)には本居内遠に入門した。和歌は渡辺綱光に手ほどきを受け、その後、高松公祐・糟谷磯丸・石川依平・熊代繁里などの添削を受けた。父忠幹は天保元年(一八三〇)刈谷藩主土井侯の侍医となり、嘉永六年父が没すると、そのあとを忠順がついだ(兄真武は天保元年に没した)。忠順は藩医として勤務するかたわら、藩主および藩士に、漢籍や国典の講義をし、和歌の指導をした。またみずからは、和歌撰集の編纂や古典の研究・注釈につとめた。『類題玉藻集』『類題三河歌集』『古事記標註』『標註古語拾遺』『散木棄歌集標註』『頭註新葉和歌集』『雅語訳解拾遺』その他がある。その蒐書二万五千百四冊が刈谷市立中央図書館村上文庫に存する。明治元年(一八六八)三月、有栖川宮熾仁親王に召されて、駿府に出仕したり、十一月にはその西下に従って上京したりした。明治四—六年には、神祇官から堤八幡神社祠官や教部省から少講義を命ぜられたが、明治九年まではこれらを辞し、自由な立場で研究や作歌につとめた。明治十七年十一月二十三日没。七十三歳。墓は村上家の屋敷内にある。熊谷武至・簗瀬一雄編『村上忠順集』がある。

参考文献　熊谷武至『続々歌集解題余談』、同『三河歌壇考証』、簗瀬一雄『中世和歌研究』(『簗瀬一雄著作集』四)、同『近世和歌研究』(同五)、同『本居宣長とその門流』(『和泉選書』八)　(簗瀬一雄)

むらかみなおじろう　村上直次郎　一八六八—一九六六　明治から昭和時代にかけての歴史学者。明治元年(一八六八)二月四日、豊後国玖珠郡森藩士の家に生まれる。明治二十八年帝国大学文科大学史学科を卒業して大学院に進み、坪井九馬三・ルートビッヒ＝リースの指導を受け、日欧交渉史を専攻した。秀れた語学の才能に恵まれ、いわゆる「海外史料」を駆使しての対外関係史研究の分野を拓き、その方法と基礎を確立した。明治三十二年から三年間、文部省より西(スペイン)・伊・蘭三国に派遣され、各地の図書館・文書館を歴訪して日欧交渉史の基本的史料を体系的に採訪した。明治三十年以降、帝国大学文科大学の講師または史料編纂官などの職を兼任して研究者の養成と日本関係海外史料の編纂に従事し、また台湾総督府の嘱託として台湾史編纂業務に関与し、東南アジア史(南洋史)の研究分野を開拓した。大正十年(一九二一)文学博士の学位を取得、昭和三年(一九二八)四月、台北帝国大学文政学部教授に就任、同時に英・西・葡・ジャワへ出張を命ぜられ、帰任しては南洋史講座を担当した。この間、彼は東京外国語学校(現在の東京外国語大学)、東京音楽学校(東京芸術大学音楽学部の前身)の教授・校長をも兼務している。村上の研究業績は広範多岐の分野にわたるが、とりわけ、『耶蘇会士日本通信』『長崎オランダ商館の日記』などの刊行に代表される、十六、七世紀の欧文日本関係史料や文献の翻訳事業は、日本の近代的歴史学研究の発展に多大の貢献をなすものである。昭和十年九月台北帝大教授を辞し、同十五年以降、上智大学文学部教授となり、文学部長・同大学総長などの職を歴任、同十八年には帝国学士院会員に任ぜられた。そして、その晩年に至るまで、「海外史料」の蒐集事業や編纂・翻訳などの仕事に専念した。昭和四十一年九月十七日神奈川県藤沢市鵠沼海岸の自宅で没。九十八歳。墓は神奈川県鎌倉市の鎌倉霊園にある。

参考文献　『キリシタン研究』一一、『キリシタン文化研究会会報』九ノ四(村上直次郎博士追悼特輯号)　(加藤榮一)

むらかみなみろく　村上浪六　一八六五—一九四四　明治から昭和時代前期にかけての小説家。本名信、幼名亀太郎。別号ちぬの浦浪六。慶応元年(一八六五)十一月一日、泉州堺(大阪府堺市)に父兼松又助(一説、市助)・母せいの長男として生まれる。三歳にして父を失い、母により育てられた。このころ戸籍が作成され、誤って村上姓となる。明治十四年(一八八一)元老院議官税所篤に同行して上京。以後、政治家、実業家を志し転変たる生活を送る。同二十三年、郵便報知新聞社に入社。翌年同紙「報知叢話」に『三日月』を連載、一躍文名を上げた。以降、町奴の仁侠を描く『奴の小万』『破太鼓』(同二十五年)などを発表、主人公の髪形により「撥鬢小説」と呼ばれた。同三十二年には『太平新聞』を創刊したが一年余で廃刊。日露戦争後は『国民新聞』に関係するなど、明治・大正・昭和にわたって歴史物の大衆小説を書き続けた。一方、投機的事業で失敗を繰り返してもいる。昭和十九年(一九四四)二月一日、東京下谷下根岸(台東区根岸)の自宅で死去。八十歳。『浪六全集』全二十六巻(大正二年(一九一三)・三年、至誠堂)、『浪六全集』全四十五巻(昭和二—六年、玉井清文堂)がある。

参考文献　柳田泉『明治の歴史小説研究』、木村毅「バッド・テーストの文学—村上浪六」(『国文学解釈と鑑賞』三一ノ一二)、越智治雄「作家論・村上浪六」(『国

文学解釈と教材の研究』一〇ノ一）　（伊狩　章）

むらかわけんたろう　村川堅太郎　一九〇七―九一　昭和時代の西洋古代史家。明治四十年（一九〇七）四月十三日、東京浅草（台東区）で東京帝国大学教授村川堅固の長男として生まれる。昭和五年（一九三〇）東京帝国大学文学部西洋史学科を卒業、第一高等学校教授を経て、昭和十五年東京帝国大学助教授に就任し、同二十二年教授に昇格、同四十三年の停年退官に至るまで古代ギリシャ・ローマ史研究の第一線に立つとともに、後進の育成に努めた。昭和四十二年日本学士院会員に推される。平成三年（一九九一）十二月二十三日没。八十四歳。東京都文京区大塚五丁目の護国寺墓地に葬られる。その学問的業績は、ギリシャ・ラテンの古典に対する深い素養と、厳密にしてかつ世界史的視野に立つ歴史解釈とに裏打ちされ、国際的にも第一級の価値をもつ。代表作に「羅馬大土地所有制」「デーミウールゴス」などがあり、『村川堅太郎古代史論集』全三巻に集大成されている。アリストテレス『アテナイ人の国制』など、ギリシャ古典の翻訳と研究にも大きな足跡を残した。

［参考文献］伊藤貞夫「村川堅太郎先生を偲ぶ」（『史学雑誌』一〇一ノ四）　（伊藤　貞夫）

むらたうじひさ　村田氏寿　一八二一―九九　幕末・維新期の越前国福井藩士。二百五十石。字は子慎、幼名巳三郎、文峯・戇堂と号す。文政四年（一八二一）二月一日、福井城之橋町（福井市豊島）に生まれる。父氏英の長男。好学の士で、鈴木主税・橋本左内らと親交を結ぶ。嘉永六年（一八五三）ペリー渡来の報に、同志と急ぎ出府、米艦退去後であったが、翌年五月まで滞在、安政二年（一八五五）高島流砲術免許皆伝を受け、学問講究師となる。同四年横井小楠招聘打合せのため熊本に使いする。帰藩後藩校明道館御用懸りとなる。安政六年家督相続後は、目付・郡奉行を歴任した。前藩主松平慶永（春岳）の信任厚く、評議席にも加わり、たびたび上京国事周旋を行う。慶応三年（一八六七）大政奉還時に、慶永の左右に侍して補佐、明治元年（一八六八）会津征討に越後口に出陣、九月会津落城後、若松地方の民政安定に尽力、藩校明新館の文武管轄、三年二月福井藩大参事、四年十一月福井県参事、その後岐阜県権令・内務大丞などを歴任、十年退官す。明治二十二年、中根雪江の『再夢紀事』と『丁卯日記』の間に欠落期間のあるをおしみ、その欠を補うことを建言、佐々木千尋らと『続再夢紀事』二十二巻の編纂に尽力、『昨夢紀事』の体裁にならい、史料を以て史実を示す方針で編纂、二十五年これを完成した。明治三十二年五月八日死去。七十九歳。墓は福井市足羽一丁目の孝顕寺墓地にある。

［参考文献］『福井県議会史』一、福田源三郎『越前人物志』上、石橋重吉『若越墓碑めぐり』、『（稿本）福井市史』、福井新聞社編『福井人物風土記』　（河北　展生）

むらたしょうぞう　村田省蔵　一八七八―一九五七　大正・昭和時代前期に海運界で活躍した実業家、政治家。明治十一年（一八七八）九月六日、東京府豊多摩郡渋谷村宮益（東京都渋谷区）に村田正蔵の長男として生まれる。母りむ。幼名省三。生家の没落により、苦学ののち同二十九年一橋の高等商業学校に入学。在学中、清水校長排斥運動を指導。三十三年卒業とともに大阪商船会社に入社。翌年上海支店開設のため中国に渡り、長江航路の拡充に努力し、四十年の日清汽船設立にも関与した。四十三年より米国在勤、大正三年（一九一四）台湾課長、同年遠洋課長と商船の戦略部門を歴任した後、九年専務取締役に就任した。昭和四年（一九二九）副社長となり、ディーゼル船によるニューヨーク急行線を開拓して、世界の注目を浴びた。九年に社長に就任。十一年日本船主協会会長、十二年海運自主統制を提唱して海運自治連盟を結成し理事長に就任。海運業界をはじめ広汎な財界活動を展開する。十四年貴族院勅選議員（二十年十二月まで）。十五年七月、第二次近衛内閣に逓信相兼鉄道相として入閣、一切の役職を辞して政治に専念、第三次近衛内閣にも留任し、配電統合、海運統制を手掛けた。十七年比島派遣軍最高顧問、十八年駐比特命全権大使。二十一年公職追放、二十六年解除。同年大阪商船相談役（三十年まで）。第二次世界大戦後は民間外交に尽くし、二十六年フィリピン友の会会長。二十九年賠償会議全権委員としてフィリピンを訪問。三十年には北京を訪問し、日中経済交流の先鞭をつける。三十二年三月十五日没。七十八歳。霊名ポーロ。勲一等を追贈。著書に『国際海上運輸』および『村田省蔵遺稿比島日記』（福島慎太郎編）がある。

［参考文献］大阪商船株式会社編『村田省蔵追想録』、大阪商船三井船舶株式会社総務部社史編纂室編『創業百年史』　（小風　秀雅）

むらたしんぱち　村田新八　一八三六―七七　幕末・維新期の薩摩藩士。西南戦争の西郷軍幹部。諱は経麿、のち経満。天保七年（一八三六）十一月三日薩摩国鹿児島城下高見馬場において薩摩藩士高橋良中の三男に出生、同藩士村田経典の養子となる。文久二年（一八六二）西郷隆盛の徳之島流罪に連座して鬼界ヶ島に流され、元治元年（一八六四）赦免。西郷に従って国事に奔走し、慶応三年（一八六七）薩摩藩の倒幕論を大村・平戸両藩に遊説、ついで長州藩主毛利敬親父子に謁して行動方針を説明。明治元年（一八六八）戊辰戦争に薩摩藩軍二番隊監軍として奥羽地方を転戦、賞典禄八石。同二年鹿児島常備隊砲兵隊長。同四年西郷の上京、政府入りにあたり、西郷の命をうけて京都の春日潜庵、和歌山の津田出を訪ねて意見聴取。同八月宮内大丞に任ぜられ従五位。岩倉遣外使節団の理事官東久世通禧侍従長の随行を命ぜられ、欧米各国に出張。同七年帰国、西郷の参議辞任を知って辞職、帰郷。篠原国幹らと私学校を設立し砲隊学校を監督。同十年西南戦争にあたり西郷軍の二番大隊長、二月熊本北郊の田原（たばる）、吉次（きちじ）、植木方面の戦線を指揮。四月西郷軍の熊本城攻略失敗で守勢にまわると、西郷とともに人吉（ひとよし）、都城（みやこのじょう）、佐土原（さどわら）、宮崎、延岡、可愛岳（えのだけ）を転戦、九月鹿児島城山に入り、同二十四日政府軍の総攻撃をうけて岩崎谷で戦死。四十二歳。墓所は鹿児島市上竜尾町の南洲墓地。贈従五位。著書『宇留満乃日記』。

参考文献 黒竜会編『西南記伝』下二、内閣修史局編『百官履歴』上（『日本史籍協会叢書』）、田尻佐編『贈位諸賢伝』二、『鹿児島県史』三　（毛利　敏彦）

むらたせいふう 村田清風　一七八三―一八五五　江戸時代後期の長州藩士、藩政改革の指導者。通称ははじめ亀之助、のち新左衛門・四郎左衛門、さらに織部と改称。名は順次、ついで将之・清風。字は子則・穆夫。号は松斎・嘯雨・東陽・梅堂・月波楼主・野鶴小栖主人・三隅山荘主者など。晩年は静翁・再生翁・恍惚翁・炎々翁などと号す。天明三年（一七八三）四月二十六日、長門国大津郡三隅村沢江で八組（藩士中堅）の村田四郎右衛門光賢の長男に生まれる。寛政九年（一七九七）十五歳で明倫館に入学し、二十六歳で退館、成績優良により官費を支給された。文化五年（一八〇八）嫡子雇として手廻組に入って小姓役に任じ、同七年、要職の右筆役・密用方に勤めて兵学を研修し、同十一年、異船防禦方に参画し、大小筒による神器陣編成を指導した。同十四年、萩菊ヶ浜で第一回の神器陣操練が行われ、藩主に随行した。文政二年（一八一九）、父の死去により家督を継ぐ。同四年御用所右筆、同七年当職（国家老）手元役と順調に昇進して北条瀬兵衛らとともに財政にあたる。その後も、当役（藩主随従の家老）手元役、撫育方頭人などの要職を歴任し、天保二年（一八三一）、天保大一揆（周防国・長門国萩藩領天保二年一揆）後の藩政の混乱のなかで、表番頭格の当役用談役（実務役人の最高位）となった。この時に「此度談」を建白し、財政改革を唱えたが容れられず、翌年に用談役を辞任した。天保八年、毛利敬親が襲封し、同九年八月、表番頭として地江戸両仕組掛に任ぜられ、財政改革に着手、同十一年の敬親の二度目の入国後、五月に地方仕組掛のまま江戸当役用談役を兼ね、七月の藩庁大会議を経て長州藩天保改革が本格化した。この時「流幣改正意見」を提出した。天保改革は、藩借財の整理、士民の馳走米の軽減、士民に貸付ける修甫金穀制の廃止、下関の諸国貨物へ貸付ける越荷方の拡大、産物専売制の推進、士卒の公私借財の整理などであった。一方、対外防備のための神器陣編成にも尽力し、同十四年、羽賀台の大操練が行われた。天保改革は、財政整理、越荷方拡充、産物専売などで一定の成果を挙げたが、同十四年四月、士卒の借財整理をねらった公内借三十七ヵ年賦皆済の法が債主にとって不利なため、金融を停滞させたとして反撥され、さらに幕府の諸藩専売取締によって国産方が同年九月に廃止され、藩財政は破綻を深めた。翌弘化元年（一八四四）江戸手元役を辞任し、同二年、大津郡三隅村の旧宅に帰住した。藩政は清風に対抗する坪井九右衛門が掌握した。しかし、三隅村の旧宅に文武の演習場を設けて尊聖堂と命名し、『海防糸口』などの対外防備策を説くなど、藩内における威信は健在であった。安政二年（一八五五）天保改革以来、再び財政改革を発令した後継者の周布政之助に請われて再起し、江戸方内用参与に任じたが、奉職の四日後、五月二十六日萩の自宅で中風再発のため死去した。七十三歳。贈正四位。墓は山口県大津郡三隅町の大歳山麓にあり、同町の村田清風旧宅とともに国史跡に指定されている。なお、山口県教育会より『村田清風全集』全二巻が刊行されている。

参考文献 末松謙澄『防長回天史』、近藤清石『増補防長人物誌』、田中彰『幕末の藩政改革』（『塙選書』四五）、乾宏巳・井上勝生「長州藩と水戸藩」（『（岩波講座）日本歴史』一二所収）、田中彰「村田清風の学問観」（『山口県地方史研究』三）、宮崎典也「村田清風の治世観」（同八）、同「村田清風の海防思想とその限界」（同一三）　（井上　勝生）

むらたぞうろく 村田蔵六　⇨大村益次郎（おおむらますじろう）

むらたつねよし 村田経芳　一八三八―一九二一　明治時代の軍人、村田銃の考案者。陸軍少将。天保九年（一八三八）六月十日、薩摩藩士村田経徳の長男として鹿児島に生まれる。銃砲を重視する合伝流兵学を修めたことから砲術に関心を持ち、はじめ荻野流砲術を、のちには成田正右衛門に就いて西洋流砲術を学び、戊辰戦争には砲術師範役として養成した兵とともに従軍、明治四年（一八七一）陸軍歩兵大尉に任ぜられ、射的掛りを拝命す。同六年兵学寮付となり小銃の研究に従事、同八年銃砲製作・射撃技術調査のため渡欧、各国における競射で射手としての名声をあげた。西南戦争後、小銃の国産化にあたって陸軍小銃試験委員を命ぜられ、オランダ製ボーモン銃に改良を加え、一三年式村田銃を開発。最初の国産軍用銃として制定される。二十三年貴族院勅選議員となり、十月陸軍少将に任ぜられ、予備役に編入。二十九年男爵を授けらる。大正十年（一九二一）二月九日死去。八十四歳。墓は東京都台東区の谷中墓地にある。

参考文献 綿谷雪編『幕末明治実歴譚』（『青蛙選書』三七）　（所　荘吉）

むらたみねじろう 村田峰次郎　一八五七―一九四五　明治から昭和時代前期にかけての近世防長の史家。名は春信。号は柳外・聴秋・看雨。安政四年（一八五七）七月二十四日、長州藩大組の村田次郎三郎（禄百六十一石）の次男に生まれる。村田清風の孫にあたる。本家の大組村田九兵衛のあとを襲ぐ。藩校明倫館に学び、東京で英独などの語学を修めた。明治十七年（一八八四）太政官御用掛となり、ついで衆議員属に転じ、同二十六年毛利家に入って藩史編集を主宰した。一時、会社重役などを勤めた後、同四十二年に防長史談会創立に参加し、「毛利敬親御事蹟の概要」など多数の著述を同会に発表し、近世防長史に精通した。種々の故事を語り、講演を得意とした。大正十年（一九二一）に、旧長州を代表して維新史料編纂会常任委員に参画。『長周叢書』『大村益次郎先生伝』『防長近世史談』ほか、多数の著書がある。昭和二十年（一九四五）十二月二十九日逗子（神奈川県逗子市）に没。八十九歳。

参考文献　「発会式の景況」（『防長史談会雑誌』一ノ一）　（井上　勝生）

むらたわかさ　村田若狭　?―一八七四　幕末・維新期の肥前国佐賀藩家老。プロテスタント最初の受洗者の一人。名は政矩。鍋島孫六郎の次男。村田氏を嗣ぐ。幕命により長崎警備のため藩からたびたび出向、同地滞在中で拾った英書に興味を覚え読み始めた。従来それは『聖書』であったとされるが、伝道用トラクトであり、フルベッキは改めて『聖書』を与えて指導すること四年間。慶応二年四月六日（一八六六年五月二十日）弟綾部とともに受洗した。藩主鍋島直大も好意を寄せ、棄教させることなく彼を引退させただけであった。久保田村に隠棲、漢訳『聖書』の邦訳に励んだ。グリフィスW. E. Griffisのフルベッキ伝によると、彼は日本伝道は日本人によるべきであると、二青年をフルベッキに托し、一八七四年（明治七）、将来のキリスト教の勝利を祈り、微笑しつつ六十歳で没したという。没年は通説より二年遅い。

参考文献　高谷道男編『フルベッキ書簡集』、G. F. Verbeck: History of Protestant Missions in Japan, Proceeding of the General Conference of Protestant Missionaries of Japan (1883); W. E. Griffis: Vebeck of Japan (1900).　（海老沢有道）

むらなかたかじ　村中孝次　一九〇三―三七　昭和時代前期の陸軍軍人。二・二六事件における決起側の指導者。明治三十六年（一九〇三）十月三日北海道旭川に生まれる。大正十四年（一九二五）、陸軍士官学校卒業。昭和七年（一九三二）陸軍大学校入学、九年大尉となり、歩兵第二六連隊大隊副官。同年の十一月事件で検挙、翌十年「粛軍に関する意見書」を公表し、免官になったが、後輩の青年将校を指導し、陸軍の「維新化」に尽力する。磯部浅一とともに二・二六事件決起の主導者で、理論家でもあった。事件当日は、決起軍とともに、陸軍大尉の軍服を着て、陸相官邸に入り、陸相や皇道派首脳に決起を成功させるべくはたらきかけた。事件終結後、民間人として死刑の判決を受け、昭和十二年八月十九日、処刑された。三十五歳。墓は仙台市若林区新寺の松音寺にある。

参考文献　河野司編『二・二六事件』、高橋正衛『二・二六事件』（『中公新書』七六）　（鈴木　正節）

むらのつねえもん　村野常右衛門　一八五九―一九二七　明治・大正時代の政党政治家。安政六年（一八五九）七月二十五日、村野辰蔵（四代目常右衛門）・カノの長男として武蔵国多摩郡野津田村（のち神奈川県南多摩郡鶴川村、現在東京都町田市）に生まれる。家は十四町七段余の土地を所有し、養蚕業・水車業を営む豪農であった。野津田村戸長をつとめた後、同郷の先輩石坂昌孝らとともに自由民権運動に加わり、明治十五年（一八八二）自由党に入党。三多摩壮士の指導者として活躍した。大井憲太郎らの大阪事件に連坐し、同二十年軽禁錮一年を宣告された。翌年出獄。鶴川村会議員・神奈川県会議員を歴任。初期議会期には自由党関東派の一員として星亨のもとで院外活動にあたった。三十一年第六回衆議院議員総選挙で東京府第十三区から当選、以後、大正六年（一九一七）の第十三回総選挙まで連続当選。憲政党から立憲政友会の結成に参画、生え抜きの政党政治家として党内で重きをなした。大正二年第一次憲政擁護運動に活躍、同二―三年政友会幹事長。同四年の総選挙における大浦兼武内相の選挙干渉事件で大浦攻撃の先頭に立ち、内相辞任に追い込んだ（大浦内相事件）。九年の総選挙で落選。十一年貴族院議員に勅任された。この間、横浜倉庫社長・横浜鉄道監査役など地元の産業界発展に尽力、また晩年には大日本国粋会会長・満洲日日新聞社社長をつとめた。著書に『村野日誌』がある。昭和二年（一九二七）七月三十日肺癌のため東京帝大病院で没。六十九歳。戒名は回天院殿忠誠梅堂大居士。墓は町田市野津田の村野家墓地にある。

参考文献　村野廉一・色川大吉『村野常右衛門伝』、色川大吉『流転の民権家―村野常右衛門伝―』　（鳥海　靖）

むらまつあいぞう　村松愛蔵　一八五七―一九三九　明治から昭和時代前期にかけての政治家、キリスト教伝道者。安政四年（一八五七）三月一日、三河国田原藩の家老職村松淩雲の子として城下に生まれる。藩校成章館で漢学・英語を学び、ついで上京してニコライ堂のロシア語学校、東京外国語学校露語科に学ぶ。明治十二年（一八七九）帰郷して自由民権運動を進め、翌年豊橋・田原の有志を中心に民権結社恒心社を結成した。十四年には三陽自由党を創立、内藤魯一らとともに愛知県の民権派の指導的人物となった。十四年ごろ村松の起草した私擬憲法「日本国憲法草案」は、一院制の議会制度を定め女性戸主の選挙権を認めるなどユニークな構想を盛り込んでいる。その後、名古屋に公道協会を組織し、十七年には公道協会の一人で長野県飯田に移った桜井平吉らと連携して政府打倒の計画を立てたが、同年十二月未然に発覚して検挙され、十八年十月長野県重罪裁判所で軽禁錮七年を宣告された。二十二年二月憲法発布により大赦出獄した。政界に復帰し代議士をめざして落選を重ねたが、三十一年三月第五回総選挙で愛知県郡部より衆議院議員に初当選（自由党）、さらに第八回（三十六年）から第十回総選挙（四十一年）まで連続当選、立憲政友会に所属した。しかし四十二年日糖疑獄事件に連坐し収賄容疑で起訴され、同年七月東京地方裁判所で重禁錮五ヵ月、追徴金二千五百円の有罪判決を受けた。同年十二月出獄するやこれを転機として政界を引退し、翌年一月救世軍に入り、夫人とともにキリスト教の伝道、社会事業などの活動に

専念した。昭和十四年(一九三九)四月十一日死去。八十三歳。

参考文献 山室軍平編『代議士から救世軍士官に』、長野県産業経済調査所編『信州自由民権の先駆者たち』(『産経叢書』五)　(鳥海　靖)

むらまつかめいちろう　村松亀一郎　一八五三—一九二八　明治・大正時代の政治家。嘉永六年(一八五三)正月陸奥国登米郡西郡村(宮城県登米郡東和町錦織)に生まれる。明治九年(一八七六)上京して法律学舎に学び、代言人(弁護士)となった。仙台に法律学舎の分舎を設置して青年の教育に当たるとともに自由民権運動に投じ、同十三年民権結社本立社の代表として愛国社第四回大会に参加、国会期成同盟結成に参画して河野広中らとともに国会開設運動を推進した。十六年福島事件に連坐し軽禁錮三ヵ月、罰金十五円。その後、仙台市会議員・同議長、宮城県会議員・同副議長・同議長。二十五年第二回総選挙に衆議院議員に当選、ついで三十五年第七回から大正六年(一九一七)の第十三回まで連続当選(第十三回は当選者死去による繰上げ)、十四年の補欠選挙当選を含めて合計九期にわたり代議士をつとめた。初期議会では有楽組・政務調査会に属したが、明治三十五年以後は憲政本党・立憲国民党に所属、大正二年桂太郎の立憲同志会結成に参加、のち憲政会に属するなど終始、反立憲政友会の立場を貫いた。第一次世界大戦後は普通選挙の実現に尽力した。昭和三年(一九二八)九月二十二日病没。七十六歳。

参考文献 衆議院・参議院編『議会制度百年史』衆議院議員名鑑　(鳥海　靖)

むらまつしょうふう　村松梢風　一八八九—一九六一　大正・昭和時代の小説家。本名は義一。明治二十二年(一八八九)九月二十一日静岡県周智郡飯田村(森町)に生まれる。静岡中学を経て慶応義塾理財科に入学、中退。日本電報通信社に入社。大正六年(一九一七)『中央公論』八月号に『琴姫物語』を発表して以来、文筆生活を続け、同誌の「説苑」欄の常連執筆者となったが、この欄があまりに興味本意の内容だったことから、芥川竜之介らが、『中央公論』が「説苑」欄を中止しなければ、われわれ純文学作家は『中央公論』に執筆しないと抗議したエピソードが残っている。梢風は創作より評伝に向いており、『近世名匠伝』(『中央公論』大正十二年一月号—五月号)、『本朝画人伝』(全六巻、昭和十五年(一九四〇)—十八年、中央公論社刊)が代表的業績。大正十二年以来、幾度か中国へ渡り、田漢・欧陽予倩・郁達夫・郭沫若などの中国文人と交友。昭和十二年九月『サンデー毎日』増刊号に発表した『残菊物語』は脚色され新派の当り狂言となり、満洲貴族に取材した『男装の麗人』(昭和九年)も話題となった。昭和三十六年二月十三日没。七十一歳。神奈川県鎌倉市二階堂の覚円寺に葬られた。評論家村松喬・中国文学者村松暎はその子。

参考文献 村松梢風『私の履歴書』、村松暎『色機嫌』、島崎博『大衆文学大系』　(村松　定孝)

むらまつぶんぞう　村松文三　一八二八—七四　幕末・維新期の志士。通称文三、号は二十回狂士、香雲。変名は青木韓三郎、村瀬文三、青井幹三郎・同蘊遊。文政十一年(一八二八)五月二十五日、大塩平八郎の門人幸崎管仲の次男として伊勢国度会郡山田八日市場町(三重県伊勢市)に生まれ、十三歳で藤田東湖に私淑。僧月性と親交、詩才を発揮。駿河国焼津村の村松文良に医を学び、その次女と婚し家を継ぐ。尊攘運動で志士と国事に奔走。安政の大獄を逃れ、変名し江戸で市川一角に兵法を学び、水戸で武田耕雲斎と語る。元治元年(一八六四)筑波山の挙兵に参加後、江戸に戻り幕吏の追求を山岡鉄舟の邸に逃れ、京の五条家や信濃の松尾多勢の庇護を受け、讃岐の日柳燕石の家に潜伏。鳥羽・伏見の戦には禁裏を警衛。のち信濃国伊那県少参事となり、さらに福井県令に任ぜられたが病のため出仕せず、明治七年(一八七四)一月没。四十七歳。

参考文献 浅野松洞『三重先賢伝』、近藤杢「維新の志士村松文三」(『伝記』六ノ三)　(和田　勉)

むらやまとみいち　村山富市　一九二四—　昭和戦後・平成時代の労働運動家、政治家。大正十三年(一九二四)三月三日大分県に生まれる。昭和十九年(一九四四)明治大学専門部政治経済科卒業。大分県労働評議会事務局次長・自治労大分県本部役員・日本社会党県本部書記長・同委員長などを歴任。大分市会議員・県会議員を経て同四十七年大分一区から衆議院議員に当選。以後通算八回当選。日本社会党国会対策委員長、同中央執行委員などを経て、平成五年(一九九三)日本社会党委員長に就任。同六年六月国会で首相に指名され、自由民主党・新党さきがけと連立政権を樹立、翌月、自衛隊は合憲、日米安保条約は不可欠と表明してこれまでの社会党の路線を大幅に転換。同七年阪神淡路大震災、地下鉄サリン事件を対処、また小選挙区比例代表並立制を取り入れた政治改革関係法や消費税増税(平成九年度より)を成立させた。同八年一月総辞職、同年社会党が分裂し社会民主党が結成されると特別代表に就任。同十二年六月の総選挙には立候補せず政界を引退。

参考文献 寺田晃夫他編『歴代国会議員名鑑』中　(鳥海　靖)

むらやまともよし　村山知義　一九〇一—七七　大正・昭和時代の劇作家、演出家。明治三十四年(一九〇一)一月十八日、東京市神田末広町(東京都千代田区外神田)に生まれる。父知二郎・母元子。大正十年(一九二一)、東京帝国大学哲学科を中退。ベルリンへ行き、表現派・構成派の美術、演劇に魅せられて、大正十二年帰国。直ちに前衛美術団体マヴォをつくり、つづいて翌大正十三年三科造形美術協会を結成。同年十二月築地小劇場公演のカイザー作・土方与志演出の「朝から夜中まで」の舞台装置を手がけ、それ以降プロレタリア演劇運動に入り、劇作および演出の両面で活躍した。『暴力団記』(『戦旗』

昭和四年（一九二九）七月号）、『東洋車輌工場』（『ナップ』昭和六年六月号）、『志村夏江』（『プロレタリア文学』昭和七年四月作品増刊号）などの戯曲は、プロレタリア演劇運動の声価を高める上で決定的な役割を果たした。また、昭和五年二月の「太陽のない街」（徳永直作、小野宮吉・藤田満雄共同脚色）の演出は、広く影響を与えた。昭和九年、演劇界の進歩的勢力を結集するために「新劇団大同団結の提唱」（『改造』同年九月号）を行い、その結果結成された新協劇団の中心人物として、主に演出面で活躍した。昭和十五年八月、検挙。第二次世界大戦敗戦後の昭和二十一年二月、新協劇団を再建、「死んだ海」三部作を書いた。昭和三十四年、中央芸術劇場と合同した東京芸術座の代表となり、昭和五十二年三月二十二日の死に至るまで、進歩的演劇運動を指導しつづけた。七十六歳。東京都豊島区の雑司ヶ谷墓地に葬る。墓銘に「演劇運動万才、最後の言葉、村山知義」とある。さらにその仕事は、絵画・小説など多方面にわたっている。『村山知義戯曲集』（全二巻）、『演劇的自叙伝』（全四巻）、『村山知義の美術の仕事』がある。（菅井　幸雄）

むらやまりょうへい　村山竜平　一八五〇―一九三三　明治・大正時代の新聞経営者。嘉永三年（一八五〇）四月三日伊勢国田丸（三重県度会郡玉城町）に田丸藩（紀州藩の支藩）藩士村山守雄の長男として生まれる。幼名直輔のち真木太、号香雪。明治四年（一八七一）一家で大阪に移り、翌五年家督を継ぎ、西洋雑貨商・ランプ販売業などを営み、田丸屋・玉泉舎などを経営。同十一年大阪商法会議所議員。十二年一月玉泉舎共同出資者木村平八の求めでその息木村騰の創刊した『朝日新聞』に社主の名目で協力。しかし十四年一月経営不振の同紙を譲り受け、営業主任だった上野理一との共同経営のもとに社長として新聞経営に専心。二十一年七月東京に進出し『東京朝日新聞』を発刊（大阪の朝日も二十三年『大阪朝日新聞』と改題）。両紙とも当初は小新聞の範疇に属したがやがて一般紙に脱皮し、明治中期以後近代日本の言論界をリードする有力紙に発展した。この過程で一時『東京公論』『大阪公論』『国会』などの新聞も発行。また明治二十年大阪府会議員、二十三年の第一回総選挙から連続三期衆議院議員に当選したが以後は政界から離れた。大正七年（一九一八）八月いわゆる白虹事件（大阪朝日新聞筆禍事件）が発生し同紙が新聞紙法違反で起訴されるや、社長を引責辞任し、上野理一と交代したが翌八年八月復帰。十一月子爵岡部長職の三男長挙を養嗣子とし長女於藤に配した。昭和五年（一九三〇）貴族院議員に勅選される。同八年十一月二十四日死去。八十四歳。贈従四位。

参考文献　朝日新聞社編『村山竜平伝』

（内川　芳美）

ムルドック　James Murdoch　⇩マードック

むろうさいせい　室生犀星　一八八九―一九六二　大正・昭和時代の詩人・小説家。本名、照道。別号、魚眠洞。明治二十二年（一八八九）八月一日金沢市に生まれた。父は旧加賀藩士小畠弥左衛門吉種、当時六十四歳。母はハルの名で小畠家の女中をしていた女性、当時三十三歳。犀星は生後すぐ、真言宗雨宝院の住職室生真乗の内縁の妻赤井ハツに貰われ、私生児として届けられた。同じ貰い子の兄妹に、兄真道、姉おてい、のちに妹おきんがある。明治二十八年九月、ハツの不注意で半年遅れて野町尋常小学校に入学、身体も学業も劣等で、教師にもうとまれ、ために反抗的で喧嘩早かったという。二十九年、七歳のとき真乗の養嗣子となり、室生姓を名乗る。三十一年、実父死去。ハルは家を追われ、以後消息不明。三十五年五月、十二歳のとき金沢高等小学校を三年で退学（当時は尋常小学四年、高等小学四年）、兄真道の勤める金沢地方裁判所の給仕となった。以後学歴なし。そのころから俳句に親しみ『北国新聞』などに投稿、また四十年七月『新声』に投稿した詩が選者児玉花外に絶賛され、詩人として立つ決意をした。四十二年九月、裁判所勤めを辞して地方紙の記者を転々とし、四十三年五月はじめて上京、北原白秋を訪問。以後白秋の『思ひ出』に決定的な影響を受け、東京と金沢を往復しながら貧窮と放蕩の中で詩作に熱中し、大正二年（一九一三）一月より白秋主宰の『朱欒（ザンボア）』に毎号繊細な小曲を発表、同誌を通して萩原朔太郎と交渉を持ち、生涯の盟友となった。四年三月、朔太郎・山村暮鳥らと語らい、金沢で詩誌『卓上噴水』を創刊（全三号）、ついで五年六月、同じ同人で詩誌『感情』を創刊（全三十二号）。このころから時代的な動向でもあったドストエフスキーやトルストイの影響を強く受け、人道主義的な感動を直截に吐露する口語自由詩に転じた。六年九月、養父真乗死去。その遺産で七年一月第一詩集『愛の詩集』、九月、最初期の詩を集めた第二詩集『抒情小曲集』を刊行、感情の源泉をとらえた真率な表現によって、詩壇に新鮮な衝撃を与えた。同年二月、浅川とみ子と結婚。以後、谷崎潤一郎・佐藤春夫・芥川竜之介らとの交友に刺戟され、生活の資を得るために小説を執筆、八年八月、その第一作『幼年時代』が『中央公論』の編集長滝田樗陰に認められて同誌に掲載され、続けて『性に眼覚める頃』（大正八年）、『或る少女の死まで』（同）などの自伝的な連作を発表し、一躍流行作家の位置を占めた。その後人間への関心を深め、『香炉を盗む』（同九年）、『蒼白き巣窟』（同）、『美しき氷河』（同十年）、『蝙蝠』（同）など、放浪時代の体験に基づく作品を憑かれたように書き続け、一方詩人としても、『第二愛の詩集』（同八年）、『寂しき都会』（同九年）、『星より来れる者』（同十一年）、『田舎の花』（同）、『忘春詩集』（同）、『青き魚を釣る人』（『抒情小曲集』補遺、同十二年）などをつぎつぎに刊行、生涯で最も旺盛な活動を展開した。しかし関東大震災後しばらく郷里に移住した前後から東洋的な枯淡を求め、『芭蕉襍記』（昭和三年（一九二八））、『魚眠洞発句集』（同四年）のような成果をあげたが、小説には全く見るべきものがなく、わずかに、詩集『鶴』（同三年）、

『鉄集(くろがね)』(同七年)などに心境の沈潜を示した。しかし昭和九年七月、『あにいもうと』に、底辺に生きる人間の野性的な生活感情をとらえ、今までの抒情詩的な小説と訣別して散文芸術の独自性を確立した。犀星の小説開眼といえるもので、第一回文芸懇話会賞受賞。以後再び精力的な活動を開始し、『チンドン世界』(同九年)以下に、市井に生きる人間の愛憎を描き続けた。第二次世界大戦後は目立った活動は見られなかったが、自伝的な長編『杏っ子』(同三十二年、読売文学賞受賞)が復活のきっかけとなり、親交のあった詩人の回想『わが愛する詩人の伝記』(同三十三年、毎日出版文化賞受賞)、詩集『昨日いらっしって下さい』(同三十四年)、超現実風の『蜜のあはれ』(同)、生母への憧憬を託した『かげろふの日記遺文』(同、野間文芸賞受賞)などに晩年の成熟を示した。昭和三十七年三月二十六日、肺癌で没。七十二歳。墓は金沢市の野田山墓地にある。作品は『室生犀星全集』全十二巻・別巻二巻(昭和三十九—四十三年、新潮社)、『室生犀星句集魚眠洞全句』(同五十二年、北国出版社)、『室生犀星童話全集』全三巻(同五十三年、創林社)、『定本室生犀星全詩集』全三巻(同五十三年、冬樹社)などに収められている。

[参考文献] 新保千代子『室生犀星—ききがき抄—』、中野重治『室生犀星』、伊藤信吉『抒情小曲論』、室生朝子『父犀星の秘密』、同『晩年の父犀星』

(河村 政敏)

めいじてんのう 明治天皇 一八五二—一九一二 一八六七—一九一二在位。嘉永五年(一八五二)九月二十二日、孝明天皇の第二皇子として京都石薬師門内の権大納言中山忠能の邸に生まれる。生母は忠能の娘典侍中山慶子。幼称は祐宮(さちのみや)。幼少時は中山邸で起居したが、安政三年(一八五六)九月から内裏に移った。万延元年(一八六〇)七月十日儲君となり准后(のちの英照皇太后)の実子とされ、九月二十八日親王宣下、睦仁(むつひと)の名を賜わった。この間、嘉永六年—安政元年の黒船来航・開国をきっかけに国内政局は激動し、幕政改革の試みや尊王攘夷運動の高まりにより、それまでほとんど政務にかかわらなかった朝廷はにわかに政局の中心となった。朝廷では一時尊攘派が勢力をもったが、文久三年(一八六三)八月十八日の政変で尊攘派は勢力を失った。元治元年(一八六四)七月、武力入京をはかった急進的尊攘派の長州藩兵と宮門警固にあたる幕兵や会津・桑名・薩摩藩兵らとが御所の周辺で激しく交戦し(禁門の変)、砲銃弾が打ち込まれたり、深夜正体不明の人々が入り込んだりするなど御所内は大騒動となり、睦仁親王は一時気を失って倒れたという。その後、同盟を結んだ薩長両藩を中心とする倒幕運動が高まる中で、慶応二年(一八六六)十二月二十五日孝明天皇が急死し、翌三年正月九日十六歳の睦仁親王が践祚して天皇となった。同年十月十四日薩長両藩に討幕の密勅が下されたが、同日十五代将軍徳川慶喜から大政奉還が上表され、翌日勅許された。慶応三年十二月九日には天皇が御学問所で親王・諸臣を引見し、勅諭を下して王政復古の大号令を発した。それにより摂政・関白・将軍などは廃止され天皇のもとに新政府が成立した。そして同年十二月九日夜—十日早朝、天皇親臨のもとに小御所会議が開かれ、徳川慶喜に対する辞官・納地要求を決定した。慶応四年正月三日旧幕府勢力と新政府との間に鳥羽・伏見の戦がおこり(戊辰戦争の発端)、これに勝利をおさめた新政府は、同年正月十五日列国公使に王政復古と開国和親の方針を通達した。この日、御所では天皇の元服の式典が開かれた。同年三月十四日、天皇は、宮中の紫宸殿において、公卿・諸侯・百官有司を従え、天神地祇をまつり、「広ク会議ヲ興シ万機公論ニ決スヘシ」など、五箇条の誓文を宣言した。前年以来のびのびとなっていた即位の礼は、戊辰戦争における新政府の勝利が決定的となった慶応四年八月二十七日、紫宸殿において行われた。同年九月八日、改元が実施され年号は明治と定められ、一世一元の制が採用された。ついで天皇は京都から東京(同年七月江戸を改名)に移り、十月十三日江戸城(東京城と改称、のち皇城、ついで宮城)に入り、ここを皇居とした。同年十二月いったん京都に帰り、十二月二十八日女御一条美子が入内して皇后に冊立された(のちの昭憲皇太后)。明治二年(一八六九)三月再び東幸、政府諸機関をも東京に移した。同年六月全国を王土王民とする観念から版籍奉還が実現し、同四年七月には廃藩置県の詔が発せられた。このように明治維新(当時の表現では御一新)以来、「天皇親政」「万機親裁」の理念が大いに喧伝され、天皇を中心とする中央集権体制の確立が進められたが、それとともに宮中改革も実施され、天皇が政務をとるための表御座所の設置などにより、それまで公家と女官に取り囲まれていた天皇の生活環境は大きく変化した。学問所では元田永孚・加藤弘之らが侍講として漢学・洋学を講じ、また山岡鉄太郎(鉄舟)・村田新八らが侍従として剣道・乗馬など武術の訓練にあたり、いささかひ弱く女性的だった少年天皇は次第に文武両道に長じた勇武の青年君主に成長していった。また明治初年以来、全国各地に行幸して国内民衆に対して新しい日本の君主としての存在を印象づけた。外国の使臣や賓客ともしばしば会見したが、特に明治十二年来日した前アメリカ大統領グラントとの会談で、近代国家建設途上の日本に対するさまざまな助言・忠告を受けたことが、天皇にとって国際的視野の拡大の良い機会になったといわれる。立憲政治の実現については、明治八年四月に立憲政体漸次樹立の詔を発してその方向を明らかにし、同十四年十月十二日には明治二十三年を期して国会を開設するという勅諭を発布した。また十五年一月四日にはいわゆる軍人勅諭を下して、天皇が大元帥として軍隊の統率にあたるという理念を示した。ヨーロッパでの憲法調査を終えて帰国した伊藤博文は、明治十七年三月参議のまま宮内卿(のち宮内大臣)を兼任し、宮中の制度・慣習の近代的改革や女官の風俗の洋装化を進めるとともに、熱心に天皇に対する政治教育にあたった。憲法制定を前にして、天皇自身がヨーロッパ的立憲君主たるにふさわしい政治的素養を身につけるように厳しく訓練したのである。天皇はもともと武術や学問ほどには政務への関心を示さず、不例や悪天候を理由に公式行事にも欠席することが多く、国務をとる時間も短かったといわれるが、これに強い不満を抱いた伊藤は、明治十九年九月、「機務六箇条」を制定し、国務大臣が主管事務について拝謁を求めた時は、たとえ御内儀(私室)にてもこれに応ずること、重要国務の審議にあたっては、政府の要請により内閣に臨御することなどを定めた。このような帝王教育の過程で、伊藤らと、天皇自身、あるいは天皇側近の保守派との間には、時として、対立・軋轢を生ずることもあったが、その結果、天皇も次第に政務に熱意を示すようになり、第一次伊藤・黒田・第一次山県などの諸内閣ではしばしば内閣に臨御した。また、明治二十一年五月—二十二年二月の枢密院における憲法・皇室典範および憲法付属諸法令の草案審議では、合計百回近い会議にほとんど毎回出席して、顧問官や閣僚たちの論議を黙聴し、会議が終ってからも、しばしば伊藤らを呼んで説明を求めるという精励ぶりであったという。明治二十二年二月十一日、大日本帝国憲法(いわゆる明治憲法)が欽定憲法として発布された。この憲法においては、天皇は統治権の総攬者と位置づけられ、法律の裁可・公布・執行、帝国議会の召集・停会・衆議院の解散、緊急勅令・命令の発布、文武官の任免、陸海軍の統帥・編制と常備兵額の決定、宣戦・講和・条約の締結、戒厳の宣告、大赦・特赦・減刑など広汎な大権をもつものとされた。しかし同時にそれが、憲法の条規に従って、国務大臣の輔弼のもとに行使されるという立憲君主制としての原則も明文化された。また、ヨーロッパの立憲君主国の憲法におおむね明記されているように、天皇の「神聖不可侵」規定も取り入れられた。明治憲法のもとで、天皇がみずからの意志と判断で大権を積極的に行使し、政治的リーダーシップを取ることは行われず、あくまで大臣や議会などの「輔弼と協賛」(助言と同意)により、大権を行使するという憲法運用上の慣行が次第に成立していった。明治二十四、五年ごろから、とりわけ第二次伊藤内閣以降は、天皇の内閣への親臨はほとんどなくなり、特に重要国務の諮問を除いては、枢密院の会議に出席することも少なくなった。閣僚人事などについては、森有礼や陸奥宗光の入閣の場合のように政府首脳と意見を異にし、難色を示すことも時としてみられたが、天皇が輔弼の人々の意に逆ってあえてみずからの意思を押し通すことはほとんどなかった。明治二十七年八月、清国に対する宣戦布告に際しては、閣僚らの意見でやむなく宣戦したが本意でないとして、伊勢神宮・孝明天皇陵への奉告の勅使派遣を一時拒否し、また、宮中三殿での奉告祭にも出席しないという出来事もあったが、日清戦争中は、広島に大本営を設置し、二十七年九月—二十八年四月ここに起居して、政務・軍務をとっている。明治三十七—三十八年の日露戦争の勝利により、日本の国際社会における影響力は増大し、世界の列強に伍することとなった。近代国家の形成に果たした明治天皇個人の役割を正確に判定することは至難である。天皇が単なる政府首脳の操り人形でなかったことは間違いないが、ヨーロッパ流の絶対君主でなかったことも明白である。帝王教育を通じ期待に応えて国事に深く通暁した立憲君主に成長したことはいうまでもないが、「裁可者」として以上に、みずから積極的に政治指導にあたったとはいえないであろう。しかし、日本の急速な近代化を反映して、国民にとって天皇は「明治日本の栄光」を一身に具現する聖天子とイメージづけられ、政府の政策と相まって、天皇が半ば神格化されたカリスマ的存在となったことは否定できない。日露戦争後、長年の激務の影響か、天皇は糖尿病と慢性腎炎を併発し、その健康は徐々にむしばまれた。四十五年七月十五日枢密院会議に出席したが、会議中坐睡するなど、健康の不調なことが明らかであった。七月十九日、四〇度五分の高熱を発し、昏睡状態となり、尿毒症と診断された。いったんは小康を保つかにみえたが、七月二十九日には危篤状態となり、同夜半死去した。六十一歳。天皇の正確な死去の日時は判然としない。宮内省の公式発表では七月三十日午前零時四十三分とされているが、当時、宮中に詰めていた内務大臣原敬は七月二十九日の日記の中で、「午後十時四十分天皇陛下崩御あらせらる」と記し、また、同じく海軍次官財部彪は「実際ノ崩御ハ十時四十三分」と同日の日記に記している。いずれにしても、天皇の死去が宮内省の公式発表とは異なり、実際には七月二十九日の夜半であることは確かのようである。ほぼ二時間その時間を遅らせ七月三十日としたのは、践祚・朝見・改元などの儀式の時間的余裕がなかったためとみられる(『原敬日記』『財部彪日記』による)。七月三十日大正と改元され、大正元年(一九一二)八月二十七日、明治天皇と諡(おくりな)された。大葬は青山練兵場内葬場殿で同年九月十三日行われ、遺体は列車で京都に運ばれ、九月十五日伏見桃山陵に葬られた。

参考文献 宮内省編『明治天皇紀』、望月小太郎編訳『世界における明治天皇』、グリフィス『ミカド—日本の内なる力』(亀井俊介訳、『岩波文庫』)、飛鳥井雅道『明治大帝』(『ちくまライブラリー』二〇)、鳥海靖『明治』をつくった男たち』、木村毅『明治天皇』(『日本歴史新書』)、飯沢匡『異色明治天皇伝』、岩井忠熊『明治天皇—「大帝」伝説』、多木浩二『天皇の肖像』、鶴見俊輔編『天皇』(『(週刊)朝日百科日本の歴史』一〇九)　(鳥海　靖)

メーソン William Benjamin Mason 一八五三—一九二三 御雇外国人電信技師。一八五三年二月六日英国ノーフォーク州ヤーマスに生まれる。明治七年(一八七四)十月、工部省電信寮の電機取扱方として雇われ長崎電信分局のオペレーターとして勤務。その後電信修技学校の器械課教員となりモールス機の電信実技を指導して信望を集めた。モールス信号は明治四年十二月制定のものがそのまま使用されていたが、文字の使用頻度を十分考慮しない記号化で不便が多かった。同十八年五月にこれの改良を発案して実施し使いやすいものとした。同年十二月の工部省廃止により逓信省電信修技学校に移り、同二十年十二月に東京電信学校教授兼工務局外国書記官に任命され英語を担当した。同二十二年設立の電気学会に当初から参加しいくつかの有益な報告を行なった。著書に『英和対照電信局員必携』がある。大正十二年(一九二三)九月一日関東大震災の折、横浜グランドホテルで横死。七十歳。横浜外人墓地に葬る。

参考文献 高橋善七『お雇い外国人』七　(辻　哲夫)

めがたたねたろう 目賀田種太郎 一八五三—一九二六 明治・大正時代の財政家。嘉永六年(一八五三)七月二十一日、近江国愛知郡目賀田城主の後裔、旗本目賀田幸助の長男に生まれる。昌平黌に学んでから渡米し、明治七年(一八七四)ハーバード大学卒業後文部省、司法省、大蔵省と移り、書記官・主税官・参事官を経て二十四年七月横浜税関長、二十七年七月主税局長となり、三十七年十月から四十三年三月まで韓国政府財政顧問を務め、さらに同年九月まで韓国統監府の財政監査長官となった。渡韓を前に三十七年八月貴族院議員に勅選され大正十二年(一九二三)十月までその任にあった。また明治四十年九月には男爵に叙された。大正六年には遣米特派財政経済委員長となって米国に出張し、十二年九月に枢密顧問官となった。大正十五年九月十日没。七十四歳。ハーバード大学では法学部で学んだことにより、再度の渡米後明治十二年に横浜米国領事裁判所代言人・法律事務所を開設して以来司法省附属官選代言人、東京代言人組合会会長、判事(横浜裁判所詰)など法曹界を歩んだ。主税局長時の十年間は日清戦争後の税制整備の繁忙期にあたり、税収増加と近代的税制の整備が図られた。営業税の創設、法人所得課税の開始、酒税の整備、砂糖消費税の創設と多面に及んだ。また韓国政府財政顧問は韓国の財政金融全般の基本的制度改正整備の大業であって、多くの少壮の顧問付の協力でこの体制作りを果たした。墓は東京都大田区池上の本門寺にある。　(西村紀三郎)

メッケル Klemens Wilhelm Jacob Meckel 一八四二—一九〇六 ドイツの軍人。一八四二年三月二十八日ケルンに生まれ、六九年プロイセン陸軍大学校を卒業した。普仏戦争に参加後、参謀本部付・陸軍大学校兵学教官となり、少佐に昇進、英才をうたわれた。明治初年以来フランスの陸軍軍事顧問団のもとに近代兵制を建設してきた日本陸軍は、明治十六年(一八八三)にドイツ式を採用することとし、陸軍卿大山巌が随員桂太郎を伴って渡独し、ドイツ士官の招聘を申し入れた。その結果、モルトケ参謀総長の推薦でメッケルが同十八年三月来日、参謀本部顧問・陸軍大学校教官として高等兵学を教えるとともに参謀旅行を実施して教育効果をあげた。また桂太郎・川上操六らを中心とした軍制改革に重要な献策や戦術指導をなし、ドイツ的軍制のうえに日本陸軍を強化するのに貢献した。同二十一年三月契約満期となり帰国、のち陸軍少将となった。日本政府は、明治三十七年五月勲一等瑞宝章を贈ったが、二年後の一九〇六年七月五日、ベルリン郊外グロス=リヒテル=フェルデで死去した。六十四歳。

参考文献 宿利重一『メッケル少佐』、高橋邦太郎『お雇い外国人』六、George Kerst: Jacob Meckel (1970).　(梅溪　昇)

メルメ=ド=カション L'Abbé Mermet de Cachon ⇨カション

メンデンホール Thomas Corwin Mendenhall 一八四一—一九二四 御雇外国人、物理学者。米国オハイオ州ハノバートンで一八四一年十月四日に生まれる。独学で数学・物理学を学び、高校教師を経てオハイオ州立大学物理学教授となる。東京大学教授エドワード=モースの推薦で、明治十一年(一八七八)十月東京大学理学部物理学教授となり、同十四年七月まで勤務。日本の大学における最初期の物理学専門教育を行うとともに、重力測定や気象観測も行なって研究指導にも貢献した。帰国後、一八八一年から一九〇一年にわたり、オハイオ州立大学教授、陸軍通信隊教授、ローズ工科大学学長、海岸陸地測量局長、ウースター工科大学学長を歴任、科学教育・科学行政に専念した。日本からの留学生や研究者には助力を惜しまず、また遺産の一部は帝国学士院に寄贈され、メンデンホール記念賞(昭和七年(一九三二)帝国学士院賞)となった。一九二四年三月二十二日死没。八十二歳。　(辻　哲夫)

もうたくとう　毛沢東　Mao Ze-dong　一八九三—一九七六　中国革命の最高指導者。マルクス・レーニン主義を中国革命の現実の立場から独創的に解釈したことで知られ、理論家として、また政治戦略家として有名。字は潤之。ペンネームは子任、李徳勝、毛允滋。一八九三年十二月二十六日、湖南省湘潭県韶山に生まれる。父順生は貧農から身をおこして上層中農ないし富農にまで進んだ人。母文氏は仏教心篤く、温厚な農婦。七歳で野良仕事、九歳より私塾に通い、経書以外に『水滸伝』その他を愛読した。一九一〇年十八歳のとき湘郷県立東山小学堂に入学、変法思想にふれ、十九歳のとき長沙の駐省湘郷中学堂に入学、孫文の革命思想にもふれた。一一年の辛亥革命には新軍兵士として参加。その後湖南省立第一中学・同第四師範を経て第一師範に入学、新カント派の楊昌済の影響を受けた。一八年第一師範卒業後、社会改造をめざす新民学会を設立。一九年の五・四運動のときには湖南学生連合会を組織し、『湘江評論』を発行、反日反軍閥の論陣を張った。二〇年初め北京に上京してマルクス主義の文献を読み、無政府主義的傾向を次第に脱出、二一年七月中共一全大会に参加した。二一—二三年は労働運動を指導、二三年六月三全大会で中央局委員に選ばれ、党中央の工作に従事。第一次国共合作成立のときは国民党中央執行委員候補、二五年国民党宣伝部長代理。二六年党務整理案で国民党の要職を退いてからは、農民運動の指導に転じ、二六年五月広州農民講習所の第六期所長、十一月中共中央農民部長。二七年三月農民を第一とする『湖南農民運動の視察報告』を書いてからは、陳独秀の党中央と対立、四月の五全大会では表決権を取りあげられたといわれる。六月、農民の武装力を背景とする武力発動論を展開、八・七緊急会議では「政権は銃から生まれる」ことを主張して、臨時中央政治局候補となった。しかし九月の秋収暴動指導に失敗して、十月、井岡山に後退。朱徳軍と合流して当時の中共軍最強の工農赤軍第四軍を編成。次第に勢力を拡大し、日本でも朱毛と呼ばれるようになった。三〇年九月李立三路線の下、大都市長沙を攻撃したが失敗。「農村をもって都市を包囲する」戦略で力を温存。三一年十一月江西省瑞金に中華ソビエト共和国臨時政府が樹立されたときには主席。その後一時陳紹禹らソ連留学生グループによって軍権・党権を奪われたが、三四年十月に長征を開始し、三五年一月の貴州省遵義会議で実質的に軍権を回復、長征後三六年十二月中共中央革命軍事委員会主席。この前後より抗日民族統一戦線の形成過程で政治的指導権も掌握。日中戦争開始後モスクワより陳紹禹が送り帰されてきたが、毛沢東はこれと妥協しつつ延安で実力を蓄積。四〇年『新民主主義論』を発表したころから陳紹禹らの国共合作堅持論と対立。四一—四三年延安整風運動の展開過程でマルクス主義の民族化を推進、陳紹禹らの教条主義的傾向を封じ込めた。四三年三月中共中央政治局主席。四五年六月七全大会の党規約には、マルクス主義・レーニン主義と並んで毛沢東思想が明記された。四九年十月中華人民共和国成立時には中央政府主席。しかし過渡期の毛沢東思想は、近代国家の建設、経済発展の新段階には必ずしも適合せず、焦った毛沢東は、五五年農村における生産協同組合組織運動を初級から高級段階に急進させ、五八年には人民公社、大躍進を提唱。その後、その失敗にもかかわらず、劉少奇の調整政策、中ソ論争の進展、ベトナム戦争の危機などに直面してかえって指導を硬化、六五年十一月にはプロレタリア文化大革命を発動した。しかし継続革命論を堅持しつつ安定と団結をはかることは困難を極め、六九年四月の九全大会によっても状況は安定せず、七一年には林彪の失脚、七六年には天安門前広場事件と混乱は続いた。こういった中で毛沢東は華国鋒を総理に指名し、七六年九月九日北京において死去した。八十四歳。八一年六月党十一期六中総会は、毛沢東を、「功績第一、誤り第二」と評価している。著書は『毛沢東選集』全五巻、『毛沢東集』全十巻(日本で発行)などに収められている。

参考文献　宇野重昭『毛沢東』(『人と思想シリーズ』三三)、貝塚茂樹『毛沢東伝』(『岩波新書』青二六〇)、今堀誠二『毛沢東研究序説』、李鋭『毛沢東同志的初期革命活動』、中共中央文献研究室編『毛沢東文集』、『建国以来毛沢東文稿』

（宇野　重昭）

もうりたかちか　毛利敬親　一八一九—七一　幕末・維新期の長州藩主。文政二年(一八一九)二月十日十一代藩主毛利斉元の長子として生まれる。幼名は猷之進。十二代藩主斉広の養子となり、名を敬親とし、天保八年(一八三七)四月、家督をついだ。同六月、従四位下、侍従・大膳大夫に叙任され、将軍徳川家慶より偏諱を与えられて、慶親と改めた。同九年、就封。村田清風らを信任して、藩政改革を支持した。これへの抵抗がつよまると、坪井九右衛門らを登用して改革の変更を承認、以来しばらく、この両派の政権交替のなかで藩政の運営にあたった。万延元年(一八六〇)三月三日に桜田門外の変があり、翌文久元年(一八六一)、長井雅楽の航海遠略策を容れ、朝廷・幕府間の宥和をはかる。これを契機として、長州藩は雄藩の声望を得るようになった。松下村塾の出身者たちの攻撃をうけ、長井が失脚したのち、尊王攘夷運動を容認した。文久二年正月、賞せられて、朝廷より参議推任の宣旨をうけた。毛利本家の当主は、従四位下、大膳大夫に叙任されることを通例としていたから、破格の昇官である。ただし、幕府はこれを認めず、長州藩も、朝廷宛文書および藩内布告にこの称を用いたにとどめた。四月、首邑を萩より山口に移した。文久三年八月十八日の政変ののち、入京を止められた。翌元治元年(一八六四)、禁門の変の直後の八月、官位剝奪の処分をうけ、名を敬親の旧に復した。同年八月、四国連合艦隊との交戦に敗れ、和議を結び、藩論を開国へと変化させた。第一次長州征討が始まり、征長軍の進撃の報に接して、禁門の変に参画した家臣の処刑に同意し、世子広封(元徳)とともに萩城外の天樹院に閉居した。翌慶応元年(一八六五)春に、長州藩内に内戦があり、のちの武力討幕派が勝利を収めた。藩政府は、幕府との交戦を決意して武備恭順の方針を定め、軍政改革を遂行するや、これを支持した。翌二年、蟄居隠居の処分案を示されたが、これは実行されなかった。薩摩藩との提携をふかめ、第二次長州征討戦に勝利を得たからである。三年十月、討幕の密勅を付与された。薩長の挙兵協定にもとづき、出兵を許可した。十二月八日、官位が復旧され入京が許された。明治二年(一八六九)正月、版籍奉還の建白書提出に同意した。同六月二日世子元徳とともに賞典禄十万石を与えられ、権大納言に進んだ。こえて四日、許されて家督を元徳に譲り隠居。同四年三月二十八日没。五十三歳。没後の同年四月、従一位を、同三十四年には正一位を贈られた。謚は忠正公。墓は山口市の香山園にある。

[参考文献] 村田峰次郎編『忠正公略伝』、中原邦平『訂正補修忠正公勤王事蹟』、時山弥八編『(稿本)もりのしげり』 (井上 勲)

もうりもとのり　毛利元徳　一八三九―九六　幕末・維新期の萩藩世子、山口藩知事。天保十年(一八三九)九月二十二日支藩徳山藩主毛利広鎮の十男として生まれた。幼名は騄尉。嘉永四年(一八五一)十一月、萩藩主毛利敬親の養子となり、名を広封とした。ついで安政元年(一八五四)二月、聟養子となり世子、従四位下、侍従、長門守に叙爵され、将軍徳川家定より偏諱を与えられ定広と改名、こえて文久元年(一八六一)十二月、左近衛権少将に叙せられた。尊王攘夷運動を支持し、文久二年八月、勅諚を携えて江戸に赴き、安政の大獄以来罪せられた志士の復権を要請した。翌年、賀茂社行幸、石清水八幡宮行幸を建議、これが実行されるや、家臣を率いて参加、さらに破約攘夷を建議し、五月、その実践のために帰藩、外国艦砲撃を督戦した。同三年八月十八日の政変の後、入京を止められた。翌元治元年(一八六四)七月、上洛軍の総帥として三田尻を出立したが、禁門の変の敗報を得て帰国した。八月二十四日、父敬親とともに官位剝奪の処分をうけ、名を広封に復した。第一次長州征討では、恭順の方針に従い、萩城をでて天樹院に閑居した。慶応二年(一八六六)正月、永蟄居の処分案を示されたが、第二次長州征討戦が幕府の失敗に終ったため、これは実行されなかった。同三年十月、討幕の密勅をうけた。十一月には三田尻で薩摩藩主島津忠義と会見し、討幕挙兵の決意をかわした。十二月八日、官位が復旧され、入京が許可された。明治元年(一八六八)二月上洛、ついで議定に任ぜられた。翌年五月、麝香間祇候、六月、父敬親とともに賞典禄十万石を下賜され、従三位参議に任ぜられた。ついで家督を相続し、山口藩知事となった。十二月より、脱隊騒動の鎮圧にあたった。四年六月、東京に移住、七月、廃藩置県に伴い、知事を辞任。同十年五月、第十五国立銀行頭取、翌年、同取締役、十七年七月、公爵、同二十三年、貴族院議員となった。同二十九年十二月二十三日東京高輪邸に死去、五十八歳。国葬の礼を与えられた。謚は忠愛公。墓は山口市の香山園にある。

[参考文献] 時山弥八編『(稿本)もりのしげり』、兼重譲蔵『世子奉勅東下記』(『史籍雑纂』四)、公爵毛利家編輯所編『忠愛公略伝』 (井上 勲)

モース　Edward Sylvester Morse　一八三八―一九二五　アメリカの生物学者。一八三八年六月十八日アメリカのメーン州ポートランドに生まれた。ハーバート大学の動物学者ルイ＝アガシーのもとで動物学を学び、明治十年(一八七七)日本沿海の腕足類などの研究の目的で来日。江の島に研究所を設けたが、あたかもこの年四月東京大学理学部に生物学科が設置されたことが動機となり、大学に迎えられた。十一月一時帰国し、翌十一年四月再来日、明治十二年八月三十一日満期解雇され、九月二日帰国した。モースが日本の動物学の発展に寄与したことはいうまでもないが、考古学では、明治十年横浜から東京に向かう途中、列車内から大森貝塚を発見し、同年九月から発掘し、同十二年報告書(『大森介墟古物編』)を刊行したことであり、これにより日本考古学は、はじめて科学的な軌道にのったといわれている。趣味も広く、画も巧みで、日本の各地を旅行し、陶磁器などを蒐集したが、著書としてJapan day by day(1917,『日本その日その日』(石川欣一訳、『東洋文庫』)):Japanese homes and their surroundings(1886).などがある。一九二五年十二月二十日マサチューセッツ州セーレムで没。八十七歳。

[参考文献] E・S・モース『大森貝塚』(近藤義郎・佐原真編訳、『岩波文庫』)、大森貝塚保存会編『大森貝塚』 (斎藤 忠)

モーニケ　Otto Gottlieb Johann Mohnike　一八一四―八七　幕末の蘭館医。ドイツ人。旧東ドイツに属したStralsund に、一八一四年七月二十七日、Gottlieb Christian Friedrich Mohnike を父に、Eleonora Carolina Ulrica von Stricker を母に生まれた。三三年にボン大学医学部に入学した。四四年にオランダ陸軍に入隊し、同年バタビアに着任した。嘉永元年(一八四八)に、出島へ蘭館医として来日した。ジャワのオランダ軍医 W. Bosch の送付した牛痘痂(かさぶた)により、翌年六月下旬、日本ではじめて種痘に成功し、この予防接種は、その後わずか半年間で日本各地に普及し、天然痘流行の予防に役立った。モーニケはまたラエンネックの木製筒型の聴診器を持参し、嘉永三年、日本にはじめて紹介した。翌年離日、バタビアを経て、一八六九年帰国し、ボンに定住した。日本に関する論述を残し、八七年一月二十六日に没した。享年七十二。

参考文献　古賀十二郎『西洋医術伝来史』、石田純郎『蘭学の背景』、同『江戸のオランダ医』(『三省堂選書』一四六)、同「モーニッケとファン・デン・ブルック」(『臨床科学』二二ノ五)、J. Z. Bowers: When the Twain meet　(石田　純郎)

もぎそうべえ　茂木惣兵衛　明治・大正時代の貿易商。襲名三代にわたる。

(一)初代　一八二七―九四　文政十年(一八二七)十月二十日、上野国群馬郡高崎(群馬県高崎市)の質商大黒屋茂木惣七の長男に生まれた。幼名惣次郎。弟長兵衛に家業を継がせ、絹商・生糸商として活躍し、安政六年(一八五九)横浜弁天通りの売込問屋野沢屋庄三郎店に入る。文久元年(一八六一)庄三郎の急死により独立して野沢屋を名乗り、横浜屈指の有力生糸売込問屋に発展、明治元年(一八六八)には野沢屋呉服店を開設し、絹物輸出へも手を広げた。横浜為替会社、第二国立銀行の役員をつとめ、同十五年一月第七十四国立銀行の頭取となる。晩年は保平と改称。同二十七年八月二十一日病没。六十八歳。墓は横浜市中区相沢墓地にある。

(二)二代　一八六六―一九一二　初代惣兵衛の弟長兵衛の次男として慶応二年(一八六六)十二月二十八日に生まれる。幼名保次郎。初代の長女操子の婿となるが、病弱のため店務をみることができぬまま、大正元年(一九一二)七月三十一日、四十七歳で病没。初代惣兵衛没後の店務は、名古屋の滝定助家から初代の次女栄の婿に迎えた泰次郎(明治五年(一八七二)六月二十五日生まれ)が二代目茂木保平として継いだ。二代目保平は、茂木商店を合名会社に改めるとともに合名会社茂木銀行を開設、さらに野沢屋輸出店を設けて海外貿易に進出するなど、茂木家の事業を盛り立てたが、大正元年(一九一二)十月二十九日四十一歳の若さで急死した。

(三)三代　一八九三―一九三五　二代目保平の長男として明治二十六年(一八九三)三月二十四日生まれる。幼名良太郎。二代目保平の没後、三代目惣兵衛を襲名し、茂木合名会社の下に主要事業を統轄し、総合貿易商社へ向かって事業の大拡張をはかったが、大正九年(一九二〇)の恐慌で破綻した。同十二年イギリスへ留学し、昭和八年(一九三三)に帰国、同十年四月十六日死去した。四十三歳。

参考文献　藤本実也『開港と生糸貿易』中、『神奈川県史』別編一　(石井　寛治)

もくりん　默霖　⇨宇都宮默霖

もずめたかみ　物集高見　一八四七―一九二八　明治・大正時代の国語学者。号は鶯谷・董園。弘化四年(一八四七)五月二十八日豊後国速見郡杵築城下(大分県杵築市)で生まれる。父は豊後国杵築藩士、国学者の物集高世。母たか。幼少から漢学・国学に親しみ、長崎に遊学を経て、慶応二年(一八六六)、京都の国学者玉松操に入門。明治二年(一八六九)東京に移り、翌三年、国学者平田鉄胤に学ぶ。『門人誓詞帳』四〇五六番。神祇官・教部省・文部省を経て明治十六年三月二十六日東京大学文学部準講師、十九年三月六日帝国大学文科大学教授。三十二年三月二十七日文学博士、同四月八日辞職。この間、旧来の国学と近代的な国語学の架橋的地位を占める。退官後は、『群書索引』、『広文庫』(大正五年(一九一六)刊)の編纂につとめる。その処世は、伊藤博文など貴顕に頼ったので、学界の批判を招いた。昭和三年(一九二八)六月二十三日没。八十二歳。墓は、大分県杵築市の養徳寺。著書、『ことばのはやし』『日本文明史略』『日本の人』など。『物集高見全集』全五巻がある。

参考文献　日本文学資料研究会編『国学者伝記集成』続編、三上参次『明治時代の歴史学界』、稲村真里「物集高見先生」(『国学院雑誌』四六ノ一二)、藤井貞文「宣教使に於ける教義確立の問題」(『神道学』五一)　(秋元　信英)

もずめたかよ　物集高世　一八一七―八三　幕末維新期の国学者。通称は丈右衛門。雅号は葎屋。文化十四年(一八一七)二月一日、豊後国速見郡杵築城下(大分県杵築市、藩主松平親良、三万二千石)に生まれる。父は、商人の、金屋物集善右衛門。幼少から学問にすぐれ、藩儒元田竹渓(百平)に儒学を、定村直好(渡辺重名の門人)に国学を学び、明治三年(一八七〇)、平田鉄胤に入門。『門人誓詞帳』三七四八番。明治元年、豊前国宇佐学館に招かれ、神典を講じ、ついで杵築藩の神官教授方ならびに藩校学習館国学教授。士族に列す。同二年、神祇官宣教使。同三年、宣教権少博士。子の高見は同史生。父子ともに大教宣布のために神典の研究、教本の著述に従う。国語の研究にすぐれ、格助詞「に」と係助詞「も」の接続など、格助詞の考証に新境地を開く。同十六年一月二日、六十七歳で没した。墓は、大分県杵築市の養徳寺。著書は、『神道本論』『説教話柄』『辞格考』『本言考』『葎屋文集』など。

参考文献　大分県教育会編『増補改訂大分県偉人伝』、杵築町教育会編『杵築郷土史』、大川茂雄・南茂樹編『国学者伝記集成』一　(秋元　信英)

もちづきけいすけ　望月圭介　一八六七―一九四一　明治から昭和時代前期にかけての政党政治家。慶応三年(一八六七)二月二十七日安芸国豊田郡東野村(広島県豊田郡東野町)に回漕・造船業望月東之助の三男として生まれる。初名三郎(明治十七年(一八八四)圭介に改名)。上京して攻玉社・共立学校に学び明治三十一年自由党に入党、政治生活に入る。同年八月第六回総選挙で憲政党から立候補して初当選、三十三年立憲政友会の創立に参加した。三十六年政府との妥協に反対して政友会を脱会したが三十八年に復帰。第七回・第九回総選挙では落選したが、明治四十一年の第十回総選挙から昭和十二年(一九三七)の第二十回総選挙まで連続当選した。この間、星亨・原敬らに親近した。大正三年(一九一四)政友会幹事となり、七年筆頭幹事、八年幹事長、九年農商務省参事官となる。十一年政友会幹事長に復し、十四年筆頭総務となる。昭和二年四月、田中義一内閣で逓信大臣に就任、三年五月内務大臣に移り昭和天皇御大典挙行や地租制度、地方制度、治安維持法などの改正に従事した。昭和零年代の望月は政友会初期からの長老党員グループ、いわゆる旧政友会系の一人として重きをなし、主流派の鈴木喜三郎派とは一線を画した。九年二月政友会の内紛に関連して議員辞職を申し出たが撤回している。同七月岡田内閣から入閣を求められ一旦は謝絶したが、十年五月に内閣審議会に入ったため政友会を除名された。ついで九月には逓信大臣として同内閣に入り、同盟通信社設立問題を処理した(十一年三月まで在任)。また、十年十二月には政友会の親政府勢力とともに昭和会を結成したが、同会は十二年五月に解散、望月は十四年六月に中島派政友会に復帰した。十五年二月米内内閣の内閣参議に任ぜられたが、十六年一月一日、急性肝炎のため死去した。七十五歳。法名は大乗院殿釈桂崖明徳大居士。墓は東京の築地本願寺にある。

参考文献　望月圭介伝刊行会編『望月圭介伝』

(佐々木　隆)

もちづきこたろう　望月小太郎　一八六五―一九二七　明治・大正時代の政党政治家。慶応元年(一八六五)十一月望月喜左衛門の三男として甲斐国巨摩郡身延村に生まれた。明治十五年(一八八二)山梨県師範学校を卒業、さらに慶応義塾を卒業後イギリスに留学し、ミッドル＝テンプル大学法科を卒業した。ロンドンで『日英実業雑誌』を発行し、日英同盟を力説した。仏・伊・墺・露各国を視察して帰国後、ロシア皇帝戴冠式と英女王即位六十年式典に参列、大蔵省・農商務省嘱託として欧米各国の財政経済事情を調査した。三十五年衆議院議員に当選以来合計七回当選、はじめ立憲政友会に所属したが、大正四年(一九一五)以後立憲同志会・憲政会に所属し、十二年から一年間憲政会総務を務めた。その間、日露戦争後に英文通信社を創立して社長となり、『日刊英文通信』『英文財政経済月報』を発行し、欧米各国に日本の事情を紹介することに努め、昭和二年(一九二七)五月十九日に死去した。六十三歳。

(木坂順一郎)

もちづきしんこう　望月信亨　一八六九―一九四八　明治から昭和時代前期にかけての仏教学者。字は望無雲・桜雨。明治二年(一八六九)九月二十四日、越前国今立郡村国村(福井県武生市村国町)に松原新六兵衛の五男として生まれる。幼名は勝治郎。十二歳のとき、円海寺の加納法宣について得度し、信亨と改名。明治十九年京都の浄土宗西部大学林に入学、二十一年東京の浄土宗学本校に進み、神戸市の藤之寺望月有成の養子となる。二十八年に同校専門科修了後、内地留学生として京都において天台学を学ぶ。この間、浄土宗の教学、宗門の時事についての雑誌『宗粋』を編集、発行。浄土宗高等学院教授、宗教大学・大正大学の教授・学長を歴任、大正十三年(一九二四)、「浄土教の起原及び発達に関する研究」で、東京帝国大学より文学博士号を受ける。著作は数多く、また『法然上人全集』『大日本仏教全書』『仏教大辞典』の編纂に従事した。昭和十八年(一九四三)浄土宗管長代務者となり、十九年一月文部大臣の認可を得、二十年三月知恩院門主浄土宗管長に就任。二十二年六月二十五日には日本学士院会員に推挙された。同年の末に本派浄土宗を創建したが、二十三年七月十三日入寂。八十歳。法名は晃蓮社昱誉上人明阿望無雲信亨大和尚。京都市の知恩院に葬る。

参考文献　望月博士紀念会編『望無雲遺芳』

(竹中　信常)

もちづきたざえもん　望月太左衛門　歌舞伎囃子方望月流の宗家の名跡。

(一)四代　一七八四―一八六一　天明四年(一七八四)生まれる。前名、柏崎林之助。芸系は未詳。文化十一年(一八一四)四代目望月太左衛門を襲名。のち俳名の二代目朴清を名乗る。文久元年(一八六一)四月十七日、七十八歳で没した時、唄方・三味線方・鳴物方を通じ他に例のない死絵が発行されたほど権威があり、望月家が歌舞伎囃子方の名家となったのはこの人以後のことである。北品川宿北馬場本照寺(東京都品川区北品川)に葬る。法名は証円浄音居士。

(二)五代　?―一八五九　福原百三郎(初代宝山左衛門)の門弟。前名、初代福原百之助。四代目望月太左衛門の女婿。安政二年(一八五五)五代目太左衛門を襲名。義父に先立ち安政六年(一八五九)二月十二日に没。

(三)六代　一八三〇―七四　天保元年(一八三〇)生まれる。四代目太左衛門の門弟。前名、望月太喜蔵。四代目没後、弟子たちによる名跡争いに勝ち、明治二年(一八六九)六代目太左衛門を襲名。明治七年五月七日、四十五歳で没。以後、望月太左衛門の名跡は中絶。

(四)七代　一八六二―一九三八　堅田喜三久(本名、安倍清蔵)の長男として、文久二年(一八六二)三月十六日仙台に生まれる。本名、安倍清三久。明治六年(一八七三)上京、三代目望月長九郎に師事。前名、初代長左久・四代目長九郎。明治三十八年六代目の娘より名跡を譲り受け七代目太左衛門を襲名。この時、五代目太左衛門の門弟である二代目宝山左衛門が、四代目の孫の了承を得、太喜蔵が継いだ六代目を無視して六代目望月太左衛門を襲名。一時は二人の太左衛門が存在したが、この六代目は明治四十三年に没し、太左衛門並立問題は自然解消した。明治四十四年開場した帝国劇場の専属となる。のち俳名の三代目朴清を名乗る。演奏技巧にすぐれ、長唄の作調も巧みで、また多くの子女・門弟を擁して望月一門の黄金時代を築き上げた。昭和十三年(一九三八)五月十九日東京で没。七十七歳。墓は東京都文京区向丘の専西寺。法名は徳乗院釈清願居士。

㈤八代　一八九一―一九二六　七代目太左衛門の長男として、明治二十四年（一八九一）四月九日東京に生まれる。本名、安倍金三郎。前名、二代目長左久。大正九年（一九二〇）八代目太左衛門を襲名。市村座の鳴物主任を勤める。大正十五年五月二十六日東京で没。三十六歳。墓は七代目と同じ。法名は賢優院釈照誠居士。

㈥九代　一九〇二―四六　七代目太左衛門の四男として、明治三十五年（一九〇二）二月二十日東京に生まれる。本名、安倍光之助。前名、三代目長左久。昭和三年（一九二八）九代目太左衛門を襲名。能楽囃子に造詣が深かった。昭和二十一年九月十二日熱海で没。四十五歳。墓は七代目と同寺で、法名は徳正院釈光恵居士。編書に『三世望月朴清』がある。

㈦十代　一九二三―八七　八代目太左衛門の長男として、大正十二年（一九二三）十二月十二日東京に生まれる。本名、安倍一太郎。九代目太左衛門に師事。前名、四代目長左久。昭和二十一年（一九四六）十代目太左衛門を襲名。尾上菊五郎劇団に所属。昭和六十二年五月十二日東京で没。六十三歳。墓は七世と同寺で、法名は聖月院釈日衛居士。

㈧十一代　一九三四―　九代目太左衛門の長男として、昭和九年（一九三四）一月八日東京に生まれる。本名、安倍啓仁（ひろまさ）。父および伯母望月初子に師事。前名、五代目長左久。昭和六十三年十一代目太左衛門を襲名。演奏会の囃子に専心していたが、太左衛門襲名以後は歌舞伎の囃子も勤めている。平成五年（一九九三）四代目朴清を名乗る。同十年歌舞伎音楽の重要無形文化財各個指定（人間国宝）の認定を受ける。

㈨十二代　一九五九―　十代目太左衛門の長男として昭和三十四年（一九五九）四月十三日東京に生まれる。本名、安倍久勝。父に師事。前名、六代目長左久。平成五年（一九九三）十二代目太左衛門を襲名。主として歌舞伎の囃子を勤める。　（小林　責）

もつがいふせん　物外不遷　一七九四―一八六七　江戸時代後期の曹洞宗の僧。法諱不遷、道号物外。通称拳骨和尚。寛政六年（一七九四）、伊予松山藩家臣三木兵太夫信茂の子として生まれる。六歳、松山竜燈寺祖燈によって剃髪。十二歳、広島伝福寺の円瑞観光の弟子となり、同地の国泰寺や越前の永平寺などに掛搭し、修行につとめた。文化十三年（一八一六）二十三歳、宇治興聖寺の関浪磨甎に参ずること三年にして省悟。文政二年（一八一九）二十六歳、尾道の済法寺に住した。元治元年（一八六四）同寺を退隠。慶応三年（一八六七）十一月二十五日、大坂の旅宿で示寂した。世寿七十四。武芸・俳句・書画に長じ、勤王の志士と交わり、怪力をもって知られた。

[参考文献]　森大狂『禅学一夕話』、同『近古禅林叢談』
（加藤　正俊）

モッセ　Albert Mosse　一八四六―一九二五　ドイツの法律家。一八四六年十月一日、プロシャ、ポーゼン州グレッツの医家に生まれ、ベルリン大学に学び、普仏戦争に志願兵として従軍した。その後各裁判所の判事を歴任したが、ベルリン市裁判所判事であった一八七九年（明治十二）に日本公使館顧問となった。伊藤博文が明治十五年五月、憲法取調のためベルリンに到着直後から、グナイストの愛弟子として師に代わって約五ヵ月にわたってドイツ語で伊藤に体系的なドイツ憲法学を講義した。その内容は、伊東巳代治が筆記した『莫設氏講義筆記』にみることができる。やがて同十九年五月、三ヵ年の契約で内閣および内務省法律顧問として妻リーナを伴って来日、ときに四十歳であった。右の契約期間は、途中でさらに十一ヵ月延期され、同二十三年三月末日とされた。この間、日本の自治制度の恩人といわれるにふさわしい活動をした。明治政府は、同十九年地方自治制度の樹立に着手し、翌二十年一月地方制度編纂委員会を設け、山県有朋内相を委員長とする。この委員会はモッセの『地方官政及共同行政組織ノ要領』と題する体系的意見書を基礎として、地方官治・府県・郡・市町村などの体制を編成した。特に市制・町村制の樹立を急いだ政府は起草をモッセに依頼した。このようにして、大体ドイツの地方制度を基礎として起草したモッセ案が多少の修正を経て、明治二十一年四月二十五日公布の市制・町村制となった。なお、彼は来日以前の明治十八年十月から翌年二月にかけて、ドイツ地方制度の研究の命を山県から受けて渡独してきた大森鍾一にベルリンで自治制の講義を行い影響を与えている。さらに、モッセは明治憲法制定のうえで井上毅の質問にしばしば答え、貢献した。政府は彼の在任中の功績に対して、勲三等旭日章を授与した。二十三年四月二日東京を発って帰国した。帰国後、ケーニッヒスベルク控訴院判事、ケーニッヒスベルク大学の名誉教授などを歴任し、一九二五年五月三十日に没した。七十八歳。

[参考文献]　清水伸『独墺に於ける伊藤博文の憲法取調と日本憲法』、東京市政調査会編『自治五十年史』制度篇、亀卦川浩『明治地方制度成立史』、梅溪昇『お雇い外国人』一一
（梅溪　昇）

モット　John Raleigh Mott　一八六五―一九五五　アメリカの宣教師。二十世紀を代表するエキュメニカル運動の中心人物。一八六五年五月二十五日米国ニューヨーク州に生まれる。コーネル大学在学中よりキリスト教の活動を開始、卒業後八八年「学生海外宣教ボランティア運動」、九五年「万国学生基督教連盟」の設立とともにその幹事に就任（一九二〇年まで）、明治二十九年（一八九六）十一月はじめて来日（その後しばしば来日）、「日本学生基督教青年会同盟」の結成から前記「万国学生基督教連盟」加入の土台作りに成功、その後日本ＹＭＣＡの育成に尽力した。他方エディンバラ「世界宣教会議」（一九一〇年）は従来の教派教会の各個自由競争型から相互一

致協力型への転換を画するものだが、それを実現すべく継続委員会の責任者となり、日本に来て(大正元年(一九一二))、「全国協同伝道」を遂行させ(同三―六年)、「日本基督教連盟」組織化への布石とした。一九四六年ノーベル平和賞を受賞。五五年一月三十一日死去。八十九歳。

参考文献 奈良常五郎『日本YMCA史』、C. Howard Hopkins: John R. Mott.

(大内 三郎)

もとおりとよかい 本居豊穎 一八三四―一九一三 幕末・明治時代の国学者。天保五年(一八三四)四月二十八日、紀伊国和歌山に生まれる。父は本居内遠。二十二歳の安政二年(一八五五)、父のあとを継いで、和歌山藩江戸藩邸内の国学所の教官となり、同六年には国元和歌山の国学所の教官となる。明治維新後は、まず神官として活動し、四十歳の明治六年(一八七三)、東京の神田神社の祠官に任ぜられ、同二十七年まで在任、この間、神道界に重きをなした。一方で、明治十五年の東京大学文学部古典講習科の開設に際して、講師を委嘱された。同二十九年には東宮侍講に任ぜられ、皇太子(大正天皇)の教育にあたった。大正二年(一九一三)二月十五日没。八十歳。墓所は東京都台東区の谷中墓地。著書に『古今和歌集講義』『日本書紀講義』などがあるが、豊穎の業績として最大のものは、明治三十三年の本居宣長百年忌を機に、宣長のほかに本居春庭・大平・内遠の著述をも含む『本居全集』を校訂出版し、国学史研究の基礎を築いたことである。

参考文献 鈴木淳「本居豊穎伝」(国学院大学日本文化研究所編『(維新前後に於ける)国学の諸問題―創立百周年記念論文集―』所収)

(日野 竜夫)

もとおりながよ 本居長世 一八八五―一九四五 大正時代の作曲家。明治十八年(一八八五)四月四日東京に生まれる。本居宣長の正系。同四十一年東京音楽学校卒。同校の邦楽調査掛の一員として長唄の調査を行う。大正三年(一九一四)ごろ小オペラ「夢」、おとぎオペラ「月の国」を発表。その後『明治天皇御製集』や童謡の作曲に専心。大正期の童謡隆盛には彼の三姉妹の活躍が一角を担っている。作品は「赤い靴」「青い目の人形」「七つの子」「十五夜お月さん」などがある。昭和二十年(一九四五)十月十四日没。六十一歳。

参考文献 金田一春彦『十五夜お月さん―本居長世人と作品―』

(石田 一志)

もときしょうぞう 本木昌造 一八二四―七五 幕末・明治時代前期の活版印刷技術の先駆者。幼名作之助。号は梧窓。文政七年(一八二四)六月九日、北島三弥太の四男として長崎新大工町に生まれ、母の実家、オランダ通詞本木昌左衛門の養子となり、家業をつぐ。西欧の技術、ことに印刷機・活字製造に着目し、嘉永四年(一八五一)自著『蘭和通弁』を輸入印刷機・自製の鉛活字により印刷。その後ロシア艦隊プチャーチン提督の通訳が機縁となり伊豆の戸田でロシア艦の建造に参画、また幕府の長崎海軍伝習所通訳として航海術などを習得、出版活動もつづけ、万延元年(一八六〇)長崎飽ノ浦製鉄所御用掛、ついで主任、頭取となり、技術者養成、海運、鉄製長崎大橋架設などに貢献。明治二年(一八六九)上海からアメリカ人技師W・ガンブルを迎え、製鉄所内に活版伝習所を設け、金属活字の本格的な鋳造に成功。翌年頭取を辞し、長崎新町に活版所を創設、門下の平野富二・陽其二らとともにいわゆる明朝活字の合理的なシステムを開き、近代印刷技術の基礎を築いた。明治八年九月三日没。五十二歳。墓は長崎市大光寺にある。法名は故林堂釈永久梧窓善士。同市内諏訪公園に記念像と碑文がある。

参考文献 飯田賢一『技術思想の先駆者たち』、同「日本のグーテンベルク―本木昌造」(『日本及日本人』昭和五十二年盛夏号)、沢田巳之助「本木昌造年譜」(『印刷図書館ニュース』五五)

(飯田 賢一)

もとじしんぐま 泉二新熊 一八七六―一九四七 明治から昭和時代前期にかけての司法官、刑法学者。法学博士。明治九年(一八七六)一月二十七日奄美大島にて泉二当整・徳千代の長男として出生。明治三十五年七月東京帝国大学法科大学独法科を卒業。京都帝国大学法科大学講師として赴任したが、間もなく辞職し、同年九月東京帝国大学大学院に入学すると同時に翌月司法官試補となった。その後東京地方裁判所検事・司法省参事官・東京控訴院検事・大審院判事・司法省行刑局長などを歴任。その間、明治四十年制定の現行刑法について、実務家的感覚と折衷的立場に基づき『改正日本刑法論』(明治四十一年)、『刑法大要』(明治四十四年)などを出版するとともに東京帝国大学法科大学で刑法を講ずるなどして、実務・学説に影響を与えた。昭和二年(一九二七)刑法改正原案起草委員会主査委員および司法省刑事局長として刑法改正作業に携り、予備草案を作成した。その後、大審院部長を経て昭和十一年検事総長となり、ついで昭和十四年大審院長に就任し、昭和十六年一月停年退官するまで在任した。その間、刑法並監獄法改正委員会委員に任命され、牧野英一とともに改正刑法仮案(同十五年)の起草にあたった。退官後枢密顧問官となったが、昭和二十一年公職追放となり、弁護士登録した。昭和二十二年十月二十五日病没。七十二歳。墓は東京都府中市の多磨墓地。岩切登編『泉二新熊伝』がある。

(小田中聰樹)

もとださくのしん 元田作之進 一八六二―一九二八 明治・大正時代の教育家、牧師。立教大学初代学長。日本聖公会東京教区主教。号良山。文久二年(一八六二)二月二十二日筑後国久留米藩郡奉行元田左一の子に生まれる。維新にあたり家運没落、両親を相ついで失い、姉夫婦に育てられ雑役に酷使されたが、明治八年(一八七五)久留米師範学校に入学、第一回卒業生として十一年小学訓導となり、わずか十六歳で校長に任じた。十四年大阪英和学舎長ティング Theodosius S Tyng の学僕となり、翌年受洗。洗礼名ヨセフ。十九年渡米してフィラデルフィア神学院・ペンシルベニア大学に学び、哲学博士を得、さらにコロンビア大学で社会学を修め、二十九年司祭叙任。欧州を経て十年ぶりに帰国。立教学校チャプレン・聖愛教会牧師となる。三十年立教学校ミッションを設立、機関誌月刊『築地の園』を創刊。また立教YMCAを創立、日本学生YMCA同盟中央委員長に任じた。三十二年立教中学校長となり、文部省訓令第一二号の宗教教育禁令に対処。また足尾鉱毒事件に対応し社会問題研究会に加わり、三十四年十二月、前田多門ら立教中学生を中軸とする鉱毒地視察団を派遣して注目された。その間、立教大学設置に尽力、四十年設立とともに校長となり、大正六年(一九一七)以来、大学の池袋移転を推進。十一年大学令大学となって初代学長に就任。立教建学精神の定着化・具体化の象徴的存在であった。また日本聖公会教務院長となり、十二年四月には聖公会最初の邦人監督(主教)の一人となった。昭和三年(一九二八)四月十六日大阪への車中で脳出血のため没。六十七歳。『老監督ウイリアムス』その他の編著がある。

[参考文献] キリスト教学校教育同盟編『日本キリスト教教育史』、日本聖公会歴史編纂委員会編『あかしびとたち―日本聖公会人物史―』、『立教学院百年史』、『築地の園』一九二(元田監督記念号) (海老沢有道)

もとだながざね　元田永孚 一八一八―九一 幕末・明治時代前期の儒学者、明治天皇の側近。幼名大吉、伝之丞、のち八右衛門と称す。字は子中、東野と号す。茶陽・東皐・猿岳樵翁の別号あり。文政元年(一八一八)十月一日肥後国熊本藩士元田三左衛門の長子に生まる。十一歳にして藩校時習館に入り、天保八年(一八三七)二十歳、時習館居寮生となり、塾長横井小楠とはじめて相識り学問につき教示をうける。同十四年長岡監物(米田是容)・横井小楠・下津休也・荻昌国と会読を始める(実学党の成立)。その「実学」は李退渓―大塚退野につながる純粋朱子学である。以後永孚は小楠の強い思想的影響をうけ、みずからその祖述者を以て任じていた。安政五年(一八五八)四十一歳、家督相続(五百五十石)、文久元年(一八六一)八月藩主細川慶順(韶邦)に従い出府、翌年十一月京都留守居となり上洛、諸藩士と応接。文久三年七月中小性番頭七百石となる。元治元年(一八六四)十一月第一次長州征討に際し、長岡護美に従い小倉に出陣、慶応二年(一八六六)第二次征討には藩の出兵に反対す。慶応三年末、大政奉還また王政復古に際し、藩主の上京を主張。十二月高瀬町奉行、翌閏四月用人兼奉行、七月中小性頭となるも明治二年(一八六九)正月辞任し東大江村に隠退。同三年五月実学党による藩政改革で、藩主の侍読となる。翌四年正月藩命で上京、宣教使・少参事に任ず。五月三十日宮内省出仕(奏任)侍読となり、六月四日はじめて明治天皇に『論語』を進講す。以後天皇の君徳培養実現のため三条実美・岩倉具視にたびたび建言し(五年「上三条公書」、六年「君徳輔導の上言」)、士族反乱や自由民権運動に対し、人心収拾の急務を論じ(七年「六輔臣親任の上奏」、十年「十事の疏」)、十年八月宮中に侍補が設置され、三等侍講兼二等侍補となる。十一年五月大久保利通の暗殺を機に、佐佐木高行・吉井友実・土方久元らと、「天皇親政」運動を展開、十二年三月勤倹の沙汰書発布に尽力、侍補の権限拡張をめぐり大臣・参議と対立、十月侍補廃止、永孚は皇后宮大夫兼二等侍講となる。その後も十三年参議大隈重信の外債募集計画への反対、十四年の政変をめぐり「中正党」支持など、薩長参議政治批判、親政実現のため運動す。一方十二年七月の「教学大旨」の起草、伊藤博文の「教育議」への反批判「教育議附議」執筆、同年に始まる「幼学綱要」の編纂(十四年完成)、さらに十三年秋の「国憲大綱」における国教主義に基づく国憲論の主張など、国教主義の立場から教育問題についてたびたび三条・伊藤らに自説を主張。その国教主義は憲法制定からは排除されたが、二十三年夏よりの教育勅語の起草過程に井上毅と協力し、十月の発布により結実したともいえよう。対外問題について、特に条約改正問題に強い関心を示し、内地雑居に反対、外国人裁判官任用に反対し、二十年井上馨外相、二十二年大隈重信外相の改正に強く反対した。その間十九年五月宮中顧問官、二十一年五月枢密顧問官となり、一貫して天皇の「御手許機密の顧問」として天皇の信任をうけて活動した。明治二十四年一月風邪で病勢募り、特旨により従二位・男爵を授けられ、同月二十二日七十四歳で没。青山墓地(東京都港区)に葬る。自伝・日記・進講録・講義録を収めた元田竹彦・海後宗臣編『元田永孚文書』全三巻、書翰を収めた沼田哲・元田竹彦編『元田永孚関係文書』(『近代日本史料選書』一四)がある。

[参考文献] 海後宗臣『元田永孚』、同『教育勅語成立史の研究』、稲田正次『教育勅語成立過程の研究』、渡辺昭夫「天皇制国家形成途上における「天皇親政」の思想と運動」(『歴史学研究』二五四)、沼田哲「元田永孚の思想形成」(弘前大学『文経論叢』一二ノ四)、同「元田永孚と「君徳輔導」論」(同一三ノ四)、同「元田永孚と明治二二年条約改正反対運動」(『日本歴史』四四四) (沼田　哲)

もとだはじめ　元田肇 一八五八―一九三八 明治から昭和時代前期にかけての政治家。号は国東。安政五年(一八五八)正月十五日豊後国国東郡来浦村(大分県東国東郡国東町)で元の里正(庄屋)猪俣家の養子栄造の次男として生まれる。幼名は政右衛門。のち肇と改名。幼少から漢学を修め杵築藩の儒家元田竹渓の私塾に入門、才を認められ、その息子で東京で代言人(弁護士)を営む直の養子となる。東京の共貫義塾で英語と漢文を学び、明治五年(一八七二)開拓使仮学校貸費生となる。大学の予備門である開成学校を経て東京大学法科に入り、十三年二位で卒業、代言人として養父直の事務所で働く。翌年直の娘キク子と結婚。第一回総選挙に郷里大分県より立候補して以来連続一六回当選(第二回のみ補欠選挙)。初期議会期は大成会、国民協会、帝国党などいわゆる吏党の系譜に属す。伊藤博文の立憲政友会創立に参加、三十四年二月総務委員となり党内での地位を固めた。第十二―十七議会の衆議院副議長。西園寺公望新総裁のもと政友会の動揺が続くなかで第九回総選挙直後、三十七年三月大岡育造・杉田定一らとともに総務として党の主導権を握る地位に就くが、元老や桂内閣との交渉能力を欠いていたため、まもなく再び原敬・松田正久らに実権を奪還された。四十四年第二次西園寺内閣の拓殖局総裁、大正二年（一九一三）第一次山本内閣の逓信大臣、九年五月原内閣が創設した鉄道省の初代大臣。高橋内閣にも留任したが、高橋是清や横田千之助らが政友会の刷新を目的として推進した内閣改造に反対して総辞職に導き、文相であった中橋徳五郎ら五名とともに十一年六月党より除名された。十二月全員復党。十三年一月第二次護憲運動に際し床次竹二郎・山本達雄・中橋らと脱党し政友本党を結成、総務委員となる。その後同党は振るわず昭和二年（一九二七）六月憲政会と合同して立憲民政党が成立するが、元田はそれに参加せず政友会に復帰した。三年四月田中義一内閣下の第五十五議会で衆議院議長に就任したが、第五十六議会で小選挙区制をめぐり議場が混乱する中、四年三月辞任。五年総選挙で落選後、政友会の長老として遇されるが政界の中枢からは次第に離れていく。七年一月政党人としてはじめて枢密顧問官に任ぜられる。十三年十月一日死去。八十一歳。政治家船田中の岳父でもある。

参考文献　古庄豊『国東余影』、「学生時代新逓信大臣元田肇」（『中央新聞』大正二年三月三十日―四月十七日号）
（伊藤　之雄）

もとのいちろう　本野一郎　一八六二―一九一八　明治・大正時代の外交官。文久二年（一八六二）二月二十三日佐賀藩士本野盛亨の長子として生まれる。父盛亨も外務権小丞をつとめた。フランスのリヨン大学に学び、明治二十三年（一八九〇）外務省に翻訳官として勤務。同二十六年法学博士の学位を授与された。二十九年ロシア公使館一等書記官として勤務、三十一年ベルギー駐在公使（三十二年の第一回ヘーグ平和会議に全権として参加）、三十四年フランス駐在公使、三十九年ロシア駐在公使となり、大正五年（一九一六）まで勤務した。その間公使館は大使館に昇格したので、本野も駐露大使となった。また日露戦争当時の功績により明治四十年男爵を授けられた。フランス語に堪能であるとともにロシアに親近感を抱き、日英同盟の際の「二大外交」の論争にも日露協約を支持した。駐露公（大）使として四回にわたる日露協約締結に関与、その功により大正五年には子爵に陞爵した。同年十月寺内内閣が成立すると外務大臣に就任したが、寺内内閣の重要施策たる対華借款外交は首相の腹心の西原亀三によって推進された。同六年臨時外交調査委員会が設置されると本野外相も委員に就任したが、同委員会は外交に対する外部勢力の関与を招く側面もあり、加藤高明前外相はこうした観点から委員就任を拒否した。本野は外交官としては有能であったが、国内における政治的な支持基盤が弱く、外相としての活動には制約があった。大正六年ロシア革命がおこり、シベリア出兵の議がおこると本野は積極的出兵論（硬論）を唱えたが、国内には消極論（軟論）もあり、翌年四月職を辞した。その後日米共同出兵の立場で出兵宣言（八月二日）が出された直後の、九月十七日に本野は死去した。五十七歳。贈従二位。墓は東京都港区の青山墓地にある。
（大畑篤四郎）

もとのもりみち　本野盛亨　一八三六―一九〇九　明治時代の官僚、新聞経営者。号咬菜園主人。天保七年（一八三六）八月十五日、佐賀藩士八田進の息に生まれる。本野権太夫の養嗣子となり、大坂で緒方洪庵に蘭学、長崎でフルベッキらに英学を学ぶ。慶応二年（一八六六）江戸へ出府、明治元年（一八六八）神奈川裁判所に勤務。かたわら三年四月横浜で同僚の子安峻、柴田昌吉と活版印刷業日就社を設立（同六年四月横浜から東京に移転、七年十一月『読売新聞』を発行）。本野は、四年五月外務権少丞、同八月神奈川県大参事となり、五年十月駐英公使館一等書記官として渡英、九年八月帰国し横浜税関長、十五年検事に転じ大阪検事局に勤務したが二十年官界引退。二十二年一月子安のあとを継ぎ『読売新聞』二代目社長、文学新聞として独自な発展をとげた時代の読売を主宰。同四十二年十二月十日七十四歳で死去。寺内内閣の外相、本野一郎は長男である。

参考文献　本野亨編『苦学時代の本野盛亨翁』、『読売新聞百年史』
（内川　芳美）

もとやまひこいち　本山彦一　一八五三―一九三二　明治から昭和時代前期にかけての新聞経営者。号は松陰。嘉永六年（一八五三）八月十四日熊本藩の士族四郎作・かのの長男として生まれる。藩学時習館に学んだ後、上京し箕作秋坪の三叉学舎で英学を習得する。また、福沢諭吉の門下となり大きな影響をうけた。租税寮に出仕したが、かたわら『近事評論』などに寄稿するなど言論活動に関心をよせていた。兵庫県勧業課に勤務した後、大阪新報社を経て、明治十六年（一八八三）『時事新報』に入社。総編集、会計局長をつとめた。同十九年、大阪の藤田組に招かれ支配人に就任、山陽鉄道、児島湾開墾事業に活躍し関西実業界の有力者となる。同二十二年に大阪実業家有志が前年発刊した『大阪毎日新聞』の相談役に就任したことから新聞経営に関係するようになった。次第に大阪毎日新聞社経営に専念することとなり、同三十六年には社長に就任した。大阪朝日新聞社を追撃して大阪毎日新聞社経営の拡大に尽力し、明治末期から大正初期にかけて関西新聞界において朝日・毎日二社寡占体制を築き上げた。さらに、東京進出を計画し、明治三十九年に『電報新聞』を買収し『毎日電報』と改称、ついで四十四年には『東京日日新聞』を買収、これに『毎日電報』を合併し、東京・大阪の二大都市でそれぞれ『東日』『大毎』の二大新聞を発行する体制をつくった。その後も朝日新聞社とは激しい営業競争を展開しながら、『サンデー毎日』『エコノミスト』など、さまざまな媒体を発行するとともにイベントを販売・広告に結合する経営戦術によって大きな成功をおさめた。関東大震災後は、経営の弱体化した東京系新聞社を朝日新聞社と提携して圧倒する戦略をとり、大規模な販売拡張によって昭和初期には関東においても朝日・毎日寡占体制を形成し、全国紙の地歩を固めた。積極的な拡大政策と合理的な経営管理によって新聞を資本主義的企業として確立した代表的新聞経営者である。特に、新聞を「社会の木鐸」と見る風潮に抗して新聞を商品であると公言した「新聞商品論」は著名である。昭和七年(一九三二)十二月三十日没。八十歳。

参考文献 荒木利一郎編『稿本本山彦一翁伝』、故本山社長伝記編纂委員会編『松陰本山彦一翁』 (有山 輝雄)

もとらゆうじろう 元良勇次郎 一八五八―一九一二 明治時代の心理学者。わが国の実験心理学の創始者。安政五年(一八五八)十一月一日に三田(さんだ)藩士の父杉田泰と母寿賀の次男として生まれる。十二歳のとき兵庫に出て、明治七年(一八七四)五月三十一日宣教師J・D・ディビスより摂津第一公会(神戸教会)で受洗。同八年十月、同志社英学校に第一回生として入学、J・ギューリックに傾倒した。十二年春、津田仙の学農社に招かれ、平日は数学・英語、日曜日は小崎弘道牧師とともに聖書講義を担当。のち耕教学舎(東京英和学校、青山学院の前身)の運営にあたる。十四年六月、元良家の養子となる。十六年九月、渡米して、ボストン大学に入学、ついで十八年十月、ジョンズ=ホプキンス大学に入り、G・S・ホールに師事し、心理学ならびに哲学を研究。この在米中、G・T・フェヒネルの精神物理学に傾倒した。二十一年六月、ドクター=オブ=フィロソフィーの学位をうけ七月帰国、東京英和学校に復職、同時に帝国大学文科大学の講師として精神物理学を講じた。二十二年、進化論をめぐり宣教師と衝突して青山学院を辞職し、外山正一・神田乃武とともに正則中学校を設立。二十三年に文科大学教授、翌年文学博士の学位を授与され、二十六年に心理学倫理学論理学第一講座を担当。三十年にわが国最初の心理学実験場を東京帝国大学に設計した。彼の「心元説」は「実行心理学」と称すべき独自の体系であった。大正元年(一九一二)十二月十三日に本郷区西片町(東京都文京区)の自宅で死去。五十五歳。墓は港区の青山墓地にある。彼の学術的成果は、『心理学概論』(遺稿集、大正四年)に集成されている。

参考文献 『東京大学百年史』、故元良博士追悼学術講演会編『元良博士と現代の心理学』、佐野安仁「『六合雑誌』における元良勇次郎」(同志社大学人文科学研究所編『『六合雑誌』の研究』所収) (高橋 昌郎)

もののべながほ 物部長穂 一八八八―一九四一 大正・昭和時代の土木工学者、水理学者。明治二十一年(一八八八)六月十九日、秋田県仙北郡の生まれ。同四十四年東京帝国大学工科大学土木工学科卒業、ただちに内務省土木局調査課にはいり、河川事業の権威、沖野忠雄のもとで荒川・鬼怒川などの改修計画に従事、その才能を評価された。大正元年(一九一二)内務技師として欧米諸国に留学、工学博士の学位をうけ、十四年からは東京帝大教授を兼任、翌年内務省土木試験所長にすすみ、昭和十一年(一九三六)病気のため退任した。この間、大正十四年に「構造物の震動に関する研究」により帝国学士院恩賜賞をうけた。耐震工学のほか、ことに水理学分野で多くの業績をあげ、大学での講義に加筆し岩波書店から出版された大著『水理学』(昭和八年)は、版を重ね、本間仁・安芸皎一編『物部水理学』(同三十七年)にひきつがれ、広く利用された。ダム築造による河水統制思想の先駆者としても知られた。昭和十六年九月九日没。五十四歳。

参考文献 日本科学史学会編『日本科学技術史大系』一六、本間仁「土木と一〇〇人(物部長穂)」(『土木学会誌』六八ノ八) (飯田 賢一)

ももたそうじ 百田宗治 一八九三―一九五五 明治から昭和時代にかけての詩人、児童文学者。本名宗次。明治二十六年(一八九三)一月二十五日、大阪市西区に生まれた。高等小学校卒業後、フランス語を個人的に学んだほか学歴はない。はじめ短歌を作り、のちに詩を書くようになった。大正四年(一九一五)七月に大阪で個人小雑誌『表現』を創刊したころから、人道主義、民主主義の傾向に移り、同七年に雑誌『民衆』が創刊されるとこれに協力し、七年十月に詩集『ぬかるみの街道』を刊行して民衆詩派の一員となった。その後、民衆詩派から離れて、十五年十月には雑誌『椎の木』を創刊して新人育成にあたり、詩風は俳句風、モダニズムなどと変転した。昭和七年(一九三二)から児童自由詩や作文の指導を続け、第二次世界大戦後は札幌で詩を書き、二十三年に千葉県安房郡に移り、三十年十二月十二日に没した。六十二歳。

参考文献 室生犀星「百田宗治」(『我が愛する詩人の伝記』所収)、山室静「百田宗治鑑賞」(『日本の詩歌』一三所収)、角田敏郎注「百田宗治集」(『日本近代文学大系』五四所収) (乙骨 明夫)

もものいしゅんぞう 桃井春蔵 一八二五―八五 幕末の剣客。諱は直正。文政八年(一八二五)沼津藩士田中重郎左衛門豊秋の次男として生まれ、田中甚助と称した。天保九年(一八三八)江戸に出て、桃井春蔵直雄の鏡新明智流剣術道場に入門し、才能を認められて天保十二年十七歳のとき直雄の養子となり、左右八郎直正と称した。嘉永二年(一八四九)皆伝を受け、流儀の正統四世を継承して春蔵と称した。彼は江戸屈指の名剣士として知られ、父祖から受け継いだ八丁堀蜊河岸の士学館も彼の時代に全盛をきわめた。文久二年(一八六二)十二月幕府に召し出され、諸組与力格一代切米二百俵を受け、同三年正月講武所剣術世話心得、続いて剣術教授方出役を命ぜられた。慶応元年(一八六五)五月長州再征のため将軍徳川家茂が大坂へ移ると、同月大坂玉造に講武所が開設され、春蔵もここで教授にあたった。慶応二年五月富士見御宝蔵番格となり剣術師範役並に昇進し、ついで同年十一月幕府の軍政改革により、講武所が陸軍所と改まると、同月十八日春蔵は他の師範役らとともに新設の遊撃隊に入り、その頭取並を命ぜられた。幕府崩壊後は大阪天満に剣術道場を開いたというが、詳細は不明。明治十八年没。年六十一。墓は大阪府羽曳野市誉田にある。

参考文献　『続徳川実紀』四・五、勝海舟編『陸軍歴史』(『海舟全集』七)、堀正平『大日本剣道史』、安藤直方『講武所』(『東京市史外篇』三)　(島田　貞一)

ももひろゆき　桃裕行　一九一〇―八六　昭和時代の国史学者。教育文化史、貴族の日記や古暦の研究に優れた業績を遺した。明治四十三年(一九一〇)十月十四日東京に生まれる。旧制東京高等学校を経て、昭和八年(一九三三)、東京帝国大学文学部国史学科を卒業。同時に史料編纂所に勤務し、『大日本史料』第二編の編纂に従事した。同十三年、史料編纂官補。第二次世界大戦後の制度改革により、文部事務官となったが、同二十九年、東京大学助教授(史料編纂所勤務)、同三十三年、同教授に昇任し、同四十六年、停年退職、東京大学名誉教授。同四十三年からは史料編纂所長を勤めた。停年後は立正大学文学部教授に転じた。この間、名古屋大学・明治大学などで教鞭をとったほか、日本歴史地理学会・古文書学会の理事をも勤め、『日光市史』(三巻、昭和五十四年)の編纂を主宰した。研究業績は、『桃裕行著作集』(八巻、昭和六十三年―平成六年)に収録されている。教育文化史関係では、大学の卒業論文の延長上の研究である上代学制の研究、北条重時・武田信繁など武家の家訓の研究があり、貴族の日記関係では、『大日本史料』『大日本古記録』の編纂のための基礎作業であった『貞信公記』『小右記』などの研究、また、編纂の過程では不可欠の知識となる古暦について、これを人文科学の側から考究した諸篇がある。なお、天文・暦学は、祖先の江戸の町人で札差の桃東園が得意とするところでもあった。そのほか、桃園の養子で儒者の白鹿が仕官した松江藩の儒学や洋学などについての論考も多い。昭和六十一年十二月二十五日没。七十六歳。松江市国屋町の桃家の菩提寺天倫寺に葬る。　(益田　宗)

モラエス　Wenceslau de Moraes　一八五四―一九二九　ポルトガルの軍人、外交官、作家。一八五四年五月三十日リスボンの旧家の嫡男として生まれた。海軍士官としてアフリカのモザンビークに十余年勤務の後、一八八八年(明治二十一)マカオに来航、九一年にマカオ港の港務副司令、九三年に広東総領事となる。その前後の見聞をリスボンの新聞に連載(『極東遊記』)。初来日は明治二十二年。日本が気に入り、仕事もかねて以後たびたび来日。同三十一年にマカオ港の港務副司令を解かれ、本国帰還の命令が下ると、日本滞留を決意。知友の世話で在神戸ポルトガル初代領事の地位を得て、日本からの通信や随筆をポルトガルの雑誌に寄稿し続けた(『日本通信』)。この間内縁の愛妻福本ヨネと暮らす。同四十三年のポルトガルの革命と王制崩壊とその後の政情不安、および同四十五年のおヨネの死を契機に、翌大正二年(一九一三)、モラエスはおヨネの故郷徳島に隠栖し、おヨネの姪斎藤コハルとともに暮らし始めた。第一次世界大戦の勃発(大正三年)、コハルの死(同五年)と、彼にとっての痛恨事が続く中で『徳島の盆踊』(同五年)、『おヨネとコハル』(同十二年)を執筆、ポルトガルで出版した。彼自身はその後も徳島で一人暮しを続けたが、昭和四年(一九二九)六月三十日、酔って土間で転倒し、脳震盪のために死亡した。七十五歳。著作は『定本モラエス全集』全五巻(花野富蔵訳、集英社)に所収。　(加納　孝代)

もりありのり　森有礼　一八四七―八九　明治時代前期の外交官、政治家。諱は有礼。幼名は助五郎、のち金之丞と称す。弘化四年(一八四七)七月十三日、薩摩藩士森喜右衛門有恕の五男として、鹿児島城下(鹿児島市春日町)に生まれる。母は隈崎氏の娘阿里。家格は城下士の中級、「小番」格であった。幼少年期に同郷の先輩五代友厚らの感化を受け洋学への眼を開く。藩校造士館入校後、十四歳の折、林子平の『海国兵談』を読破し、海外事情に通暁する必要を痛感、奮然として洋学修業を志す。元治元年(一八六四)六月、藩洋学校開成所に英学専修の第二等諸生として入学、夙に才覚を顕わし、翌年正月、藩派遣の英国留学生に選抜された。同三月、沢井鉄馬と変名の上、薩摩串木野郷羽島を出帆、五月に英国に到着、直ちにロンドン大学ユニバーシティ＝カレッジに入学する。同校法文学部で西洋諸学を学ぶ一方、翌慶応二年(一八六六)夏にはロシアに遊び、大いにその国際感覚を磨いた。同三年七月、留学費欠乏の折から、英人ローレンス＝オリファントの勧めで米国に渡り、同地で神秘的宗教家トーマス＝レイク＝ハリスの主宰するコロニイ「新生社」the Brotherhood of the New Life に参加、その社会改良主義的なキリスト教の影響を強く受ける。明治元年(一八六八)六月、鮫島尚信と帰国した森は、新政府に徴士外国官権判事として迎えられる。新知識を必要とした政府は、森を議事体裁取調御用、公議所議長心得、制度寮副総裁心得などつぎつぎに重職に任じ、多くの国制改革事業にあたらせた。森もこれによく応え、斬新な改革意見を多く上呈したが、同二年六月、その一つ「廃刀案」建議が世の士族層の非難を浴びて挫折するや、潔く引責辞職、帰郷した。翌年郷里で英学塾を開いた森は、同郷子弟を教育する傍ら、激しい自己省察と自己鍛錬とを試みる。九月新政府へ再出仕を命じられ、閏十月には米国在勤少弁務使に任じられた。国家再建への強い使命感を抱いて米国へ渡った森は、外交活動の傍ら Religious Freedom in Japan(『日本における宗教の自由』)、Education in Japan(『日本における教育』)などの英文著作を発表、文化外交官としての令名を内外に高からしめた。帰国後の同六年九月、欧米式学術結社である明六社を設立、翌年には『明六雑誌』を刊行するなど、西欧思想の紹介と国民啓蒙に努力した。同八年銀座尾張町に設立した商法講習所(一橋大学の前身)や広瀬常との契約結婚などは、いずれも森の啓蒙活動の一環として実行されたものであった。外務少輔、駐清公使、さらに外務大輔を経て同十二年十一月、駐英公使に転じ、井上馨外務卿の下で条約改正交渉に取りくむ。在英中、ハーバート＝スペンサーら多くの知識人と交わり独自の政治観・国家観を持つに至る。十五年たまたま来遊中の伊藤博文に自己の学政構想を披瀝し、その信頼を得る。十七年四月帰国した森は、参事院議官、文部省御用掛兼勤に任じられ、一転して文政家への道を歩むことになる。十八年十二月、第一次伊藤内閣に初代文部大臣として入閣、翌年三月には諸学校令を公布し、近代教育制度の全面的改革に着手する。森文政の特色は、合理的機能的な国家観を土台に自立的国民の養成に主眼が置かれ、その後の国家主義教育とは一線を画するものであった。二十年子爵に列せらる。二十二年二月十一日、憲法発布の当日、国粋主義者西野文太郎に刺され翌十二日没した。四十三歳。墓は東京都港区の青山墓地にある。『森有礼全集』全三巻および『新修森有礼全集』全七巻がある。

参考文献　木村匡『森先生伝』、大久保利謙『森有礼』(『日本教育先哲叢書』一八)、林竹二『森有礼』(『林竹二著作集』二)、木村力雄『異文化遍歴者森有礼』(『異文化接触と日本の教育』二)、犬塚孝明『若き森有礼』、同『森有礼』(『人物叢書』一八八)、Ivan P. Hall: Mori Arinori

(犬塚　孝明)

もりありまさ　森有正　一九一一―七六　昭和時代の哲学者、フランス文学者。明治四十四年(一九一一)十一月三十日、牧師森明の長男として東京に生まれ、生後間もなく植村正久から受洗。明治の政治家、森有礼の孫にあたる。暁星中学、東京高校を経て、昭和十三年(一九三八)に東京帝国大学文学部仏文科を卒業。同科の副手、助手を経て、昭和二十三年東京大学文学部助教授となる。初期にはパスカル・デカルトを中心とするフランス思想の研究にたずさわり、『パスカルの方法』(昭和十八年)、『デカルトの人間像』(同二十三年)、『ドストエーフスキー覚書』(同二十五年)などを発表。昭和二十五年に第二次世界大戦後最初のフランス政府給費留学生として渡仏。西洋文化との直接の接触が自己の内部にもたらした変化を追求するために、同二十八年に東京大学を辞し、そのままパリに定住。同三十年から国立東洋語学校で日本語・日本文学を教えた。のちにパリ大学東洋学部教授、同四十七年から五十一年までパリ日本館館長を兼任。同五十一年十月十八日、パリで没。六十四歳。『バビロンの流れのほとりにて』(昭和三十二年)から『遠ざかるノートル・ダム』(同五十一年)に至る一連のエッセーは、日本人と西洋文化との接触・対決の内面的な証言として貴重である。彼は「経験」と「自己」をめぐって独自の思索を進め、『経験と思想』(同五十二年)、『日本思想入門』(原文仏文、邦訳五十四年)などで、日本人の自他関係について鋭い批判を行なっている。『森有正全集』全十四巻・補巻一(筑摩書房、昭和五十三年―五十七年)がある。

参考文献　杉本春生『森有正―その経験と思想―』、辻邦生『森有正―感覚のめざすもの―』、中川秀恭編『森有正記念論文集―経験の水位から―』、加藤周一『日本文学史序説』

(古田　光)

もりえいきち　森英吉　一八八九―一九四八　大正・昭和時代の農民運動家。明治二十二年(一八八九)十一月二十日、京都府葛野郡嵯峨村大覚寺門前(京都市右京区)の精米業の家に生まれる。大正九年(一九二〇)友愛会に参加、同十一年には日本労農同盟会を組織、日本農民組合の創立に加わり京都府連会長に就任、のち労働農民党京都府支部長となる。三・一五事件後は全国農民組合中央委員・新労農党京都府支部連合会長などとして左翼的立場を守るが、昭和十二年(一九三七)社会大衆党に入党し、京都市会議員に選ばれる。第二次世界大戦後、京都農民協議会委員長をつとめるが、二十三年十一月二十四日死去した。六十歳。

参考文献　農民組合史刊行会編『農民組合運動史』

(荻野富士夫)

もりおうがい　森鷗外　一八六二―一九二二　明治・大正時代の小説家、伝記作家、劇作家、評論家、翻訳家、衛生学者、軍医。木下杢太郎のほめ言葉「テエベス百門の大都」(『森鷗外』)とされるように、その知識・活動は深く広く、近代日本の代表的知識人。本名は林太郎、諱は高湛(一説に「たかしげ」)、号は鷗外または鷗外漁史のほか千朶山房主人・観潮楼主人・ゆめみるひとなど。文久二年(一八六二、万延元年(一八六〇)といつわったことがある)正月十九日、石見国鹿足郡津和野城下の町田村横堀(島根県鹿足郡津和野町町田)に、父静泰(明治維新後、静男と改名)・母ミ子(または峰)の長男として出生。弟に篤次郎(三木竹二)・潤三郎、妹に喜美子がいる。森家は代々、津和野藩の典医の家柄であった。藩校養老館で秀才をうたわれ、漢学・国学を学び、父からオランダ語を学んだ。郷里の先輩で親戚の西周(鷗外に『西周伝』がある)の勧めで父と上京、東京大学医学部を空前絶後の満十九歳で卒業して軍医となり、明治十七年(一八八四)から二十一年まで足かけ五年ドイツに留学、ベルリン・ライプチヒ・ドレスデン・ミュンヘン・カールスルーエなどの生活を体験した。当時の世界的学者ロベルト＝コッホやマックス＝フォン＝ペッテンコーフェル、ロート軍医監らに師事した経験は、在独時、独文で発表した「日本兵食論」「日本家屋論」「ビールの利尿作用」「水道水中の病原菌」などに生かされ、またナウマンの『日本の土地と民』への駁論掲載の便宜を得ている。医学の勉強や隊付勤務の余暇には、文学・芸術・哲学・美学の学習に心を寄せ、帰国後の戦闘的啓蒙といわれる活動の基礎教養を培った。留学時の行動や思索は漢文の四日記『航西日記』、『在徳記』(書下しに書き直したものが『独逸日記』)、『隊務日記』、『還東日乗』として残されているが、伝統的な戯作文学を脱皮して近代小説の道を開いた『舞姫』(ベルリンが舞台)、『うたかたの記』(ミュンヘン)、『文づかひ』(ドレスデン)の雅文体三作品のほか、留学体験の片鱗をのぞかせている『妄想』、『普請中』、『ヰタ・セクスアリス』(当時発禁)が出されている。明治二十一年帰国後は軍医学校教官兼陸軍大学校教官をつとめるなど軍医教育畑を多く歴任しているが、軍務と平行して『東京医事新誌』の編集主任、『しがらみ草紙』『衛生新誌』『衛生療病志』『めさまし草』『公衆医事』の創刊など、ジャーナリズム活動を盛んに行い、評論・翻訳活動が活潑で、論争(石橋忍月らとの『舞姫』など三部作論争、坪内逍遙との没理想論争、日本食論争、統計論争、僧医論争、第一回日本医学会論争、和漢方医論争、傍観機関論争、美的生活論争)もまた盛んであった。この間、一身上では帰国時、鷗外を追ってドイツから来日した女性エリーゼ＝ビーゲルトの追い帰し、海軍中将赤松則良(男爵)の長女登志子との結婚、長男於菟の出生、登志子の離別、医界の長老批判の活動、日清戦役出征、第二軍兵站軍医部長、台湾総督府陸軍局軍医部長、近衛師団軍医部長兼軍医学校長から、いわゆる小倉左遷、十二師団(小倉)軍医部長、クラウゼビッツの『戦論』の訳述、北清事変出征の軍医団組織と送り出し、荒木志けとの再婚などのことがあった。ドイツ留学からの帰国直後より長州閥の総帥で軍・官・政界に絶大な権限・勢力を持っていた山県有朋との接触は始まっていたが、クラウゼビッツの翻訳が契機となり、さらに東大医学部での同級生、親友賀古鶴所の斡旋や、常磐会(明治三十九年開会)などを通じて山県の信任を得、賀古を通しての献策や世界情報の提供が、大正十一年(一九二二)、山県の死まで続いた。日露戦争に際しては、第二軍の軍医部長として出征、陣中の詩歌集『うた日記』(明治四十年)が生まれた。戦後は第一師団軍医部長に復職し、中央文壇での再活躍の地盤が確立した。自然主義批判の「小説論」(明治二十二年)以来、評論においても、小説においても、新体詩集『於母影』においても、西欧文学の反自然主義的作品を多く翻訳・紹介し、『即興詩人』はアンデルセンの原作を越えるものとたたえられた。新劇の振興・改革に尽力し、また観潮楼歌会(明治四十一―四十三年)を主宰するなど、歌壇の新風を期待させていた。明治四十年に東大医学部の同期であった前任者小池正直のあとを受けて陸軍軍医総監(中将相当)に昇進、医務局長の最高職につき、その地位が安定した。加えて『明星』の後身ともいえる『スバル』が明治四十二年に創刊され、また慶応義塾文学部の改革にあずかって推薦した永井荷風(教授)の主宰する『三田文学』がその翌年四十三年に創刊され、作品発表の舞台が整ったこともあり、同じ反自然主義の文芸思潮に棹さす夏目漱石の創作活動も刺激となって、文壇再活躍が始まった。現代小説の代表作には『青年』『雁』の長編のほか『魔睡』『ヰタ・セクスアリス』『鶏』『金毘羅』『杯』『ル・パルナス・アンビュラン』『花子』『沈黙の塔』『食堂』『カズイスチカ』『妄想』『心中』『百物語』『かのやうに』などがある。『沈黙の塔』や『食堂』のように、大逆事件の思想弾圧や、自然主義への思想統制を諷刺した鋭い思想小説も出され、鷗外の社会的地位と考え併せると、かなり危険な内容を盛った作品群もある。大逆事件の特別弁護人をつとめた平出修に、当時の社会主義・無政府主義の知識を示教したことも知られている。その知識は、当時の水準からは群を抜いていたとする専門の社会主義学者の評価もある。鷗外は大正年代に入ってからは、創作力の衰えと、上記のような四囲の情況から、歴史小説に転換し、近代的な視点から主題を設定した作品群を出した。明治天皇の大葬に際し死処を求めた乃木希典の心情を肯定的に下敷とした『興津弥五右衛門の遺書』を直ちに書き、一転して次作『阿部一族』では封建遺制としての殉死を批判した。『最後の一句』では、痛烈な官僚批判を描き、『寒山拾得』でも、盲目の尊敬を揶揄しながら、求道の精神を知的に整理して見せた。『高瀬舟』では安楽死問題を提起するなど、材を「古」に採ってもそこに知的主題を盛って、注目された。歴史小説の創作理念を説いた「歴史其儘と歴史離れ」の中で、この手法からすれば、「歴史離れ」を試みた作品であり、人買いの廃絶という近代的解決を盛って素材の説教節を越える意図を企てたと解説を加えている『山椒大夫』もある。歴史小説から史伝に転じた鷗外は『渋江抽斎』『伊沢蘭軒』『北条霞亭』を出し、古今に比なき大文章、流血の文字とする石川淳らの高い評価を得た。医務局長としての最大の業績は、全軍に腸チフスの予防接種を実施して実効をあげたことである。大正五年、医務局長を辞任して予備役となり、翌六年、帝室博物館総長兼図書頭、大正八年には帝国美術院長にも任ぜられた。大正五年、考証『帝諡考』は成ったが、『元号考』は萎縮腎と肺結核の悪化のため未完で中絶した。病床にあって口述した遺書は、生涯の親友賀古鶴所が筆録した。大正十一年七月九日、観潮楼で死去。六十一歳。法名は貞献院殿文穆思斉大居士。墓は郷里の津和野町後田の永明寺と東京都三鷹市の禅林寺にある。上述の遺言は津和野町と禅林寺に文学碑として建立されている。遺品は東京都文京区立鷗外記念本郷図書館と、津和野町郷土館に収蔵されている。蔵書の大部分は東大中央図書館に鷗外文庫として収納。旧東ベルリンにフンボルト大学付設の森鷗外記念館と、津和野町立森鷗外記念館がある。また鷗外記念本郷図書館の改築に際し鷗外記念館設立の議が起こっている。昭和六十二年(一九八七)十―十二月、ミュンヘンで、六十三年四月、旧西ベルリンの日独センターで森鷗外展が開催されたほか、その後も各所で多い。上記本郷図書館内に森鷗外記念会があり、機関誌『鷗外』を発行、国際的にも鷗外精神の顕彰につとめている。全集は『鷗外全集』全三十八巻(岩波書店)ほか多数。

参考文献 森潤三郎『鷗外森林太郎』、小金井喜美子『森鷗外の系族』、森於菟『森鷗外』、高橋義孝『森鷗外』(『レグルス文庫』八五)、山田弘倫『軍医森鷗外』、唐木順三『鷗外の精神』、小堀桂一郎『若き日の森鷗外』、同『森鷗外―文業解題―』創作篇・翻訳篇、長谷川泉『森鷗外論考』、同『鷗外文学管窺』、同『鷗外文学の涓滴』、竹盛天雄『鷗外その紋様』、尾形仂『森鷗外の歴史小説』、伊達一男『医師としての森鷗外』、浅井卓夫『軍医鷗外森林太郎の生涯』 (長谷川 泉)

もりおかまさずみ 森岡昌純 一八三三―九八 明治時代の内務官僚、海運経営者。天保四年(一八三三)十二月一日、鹿児島藩士の家に生まれる。通称清左衛門。文久二年(一八六二)の寺田屋騒動では攘夷派志士を倒して勇名をはせた。明治四年(一八七一)長崎県大参事、五年飾磨県参事、七年同県権令、九年九月兵庫県権令、十一年五月同県令。十八年四月農商務少輔に転じ、同月伊藤社長のあとをうけて共同運輸会社第二代社長に就任した。郵便汽船三菱会社との激烈な海運競争の収拾のため、政府の内諭を受けて両社の合併に尽力し、八月の株主総会で合併を決定、日本郵船会社創立委員長となり、九月二十九日同社の初代社長に就任した。三菱出身の吉川泰二郎・近藤廉平、共同出身の加藤正義を登用して、社内融和の回復、経営組織の整理統一、財務体質の改善など、合併に伴って生じた課題に取り組むとともに、鉄道・社外船に押され始めた航路の再編、船質改善を実施し、海外航路の開拓にも着手した。二十七年三月、商法施行に伴う新定款の制定を機に社長を辞任した。二十三年九月勅選貴族院議員となる。男爵、勲三等。三十一年三月二十七日死去。六十六歳。

参考文献 『日本郵船株式会社百年史』、実業之世界社編『財界物故傑物伝』下、小風秀雅「森岡昌純と日本郵船」(『日本歴史』五〇〇) (小風 秀雅)

もりかいなん 森槐南 一八六三―一九一一 明治時代の漢詩人。名は公泰、字は大来、通称は泰二郎、槐南と号したが、別に秋波禅侶・菊如澹人・説詩軒主人などの号がある。文久三年(一八六三)十一月十六日尾張国名古屋に生まれる。父は春濤(しゅんとう)。幼時から鷲津毅堂・三島中洲について漢学を修め、最も詩学に通じた。随鷗吟社を創設して、その盟主となる。明治十四年(一八八一)に太政官に出仕、ついで図書寮編修官、宮内大臣秘書官などを歴任し、また東京帝国大学文科大学講師を嘱託された。夙に伊藤博文の知遇を得て、諸所に随行し、明治四十二年博文が哈爾浜(ハルビン)にて遭難したとき、彼もまた銃弾を受けた。明治四十四年に文学博士の学位を授与される。同年三月七日没。四十九歳。法名は文尚院槐南日泰居士。東京の青山墓地に葬られたが、のち府中市の多磨墓地に移る。著書に『唐詩選評釈』『杜詩偶評講義』『李詩講義』『李義山詩講義』『韓昌黎詩講義』『作詩法講話』『槐南集』『槐南遺稿』その他がある。 (富士川英郎)

もりかつみ 森克己 一九〇三―八一 昭和時代の日本史家。古代・中世対外関係史の研究に大きな業績をあげた。明治三十六年(一九〇三)九月二十六日長野県下高井郡豊郷村大字豊郷(野沢温泉村)の小学校長森繁吉・とくの次男として生まれた。第二高等学校を経て、昭和四年(一九二九)東京帝国大学国史学科卒業。同年同大学史料編纂掛(史料編纂所)入所、主に第五編部に所属。史料編纂官補を経て、同十六年史料編纂官となる。同年満洲国建国大学助教授に転じ、十八年教授となるが、日本の敗戦により帰国。二十二年九州帝国大学法文学部専任講師ついで教授、二十七年横浜市立大学文理学部教授、翌二十八年東京都立大学人文学部教授を経て、三十四年中央大学文学部教授となる。四十九年三月定年退職の後、愛知学院大学教授に就任。五十四年に同大学の客員教授となり、五十五年に退職した。この間、法政大学をはじめ多くの大学に講師として教鞭をとった。卒業論文に日宋貿易の研究をとりあげて以来一貫して日中・日朝関係史の研究にたずさわり、それまでの学界では未紹介あるいはあまり利用されていない『宋会要輯稿』などの中国史料を縦横に駆使して、意欲的な論文を発表し、昭和二十年には「日宋貿易の研究」で東京帝国大学より文学博士の学位を授与された。この分野での主要な著書には、『日宋貿易の研究』(同二十三年)、『日宋文化交流の諸問題』(二十五年)、『遣唐使』(三十年)などがあり、この他の多数の論文は前二書の増訂版を含めた『森克己著作選集』全六巻に収められている。対外関係史以外の分野にも関心は広く、特に建国大学時代に行なった満洲事変関係者への聞き取り調査をまとめた『満洲事変の裏面史』(『森克己著作選集』六)は貴重である。昭和五十六年四月二十六日没。享年七十七。長野県下高井郡野沢温泉村つつじ山霊園に納骨される。

参考文献 森克己博士古稀記念会編『森克己博士年譜著作目録』、森克己「自伝」(『森克己著作選集』五所収)、中田易直「森克己先生追悼」(『中央史学』五) (石井 正敏)

もりかへえ 森嘉兵衛 一九〇三―八一 昭和時代の歴史学者。特に近世奥羽の社会経済史家。経済学博士。明治三十六年(一九〇三)六月十五日、盛岡市紺屋町の豪商「莫座九(ござく)」森九兵衛の弟森政古・ミエの四男として生まれ、長じて県立盛岡中学校に入学。昭和四年(一九二九)三月法政大学経済学部卒業後、岩手県師範学校教諭、岩手師範学校教授を経て、昭和二十五年岩手大学教授に就任、同四十四年停年で退官した。その間、岩手大学附属図書館長、同大学学芸学部長、同大学評議員をはじめ、岩手県文化財愛護協会長、同県文化財保護審議会委員など多数の要職を歴任した。社会経済史的観点から農業・畜産・漁業・製鉄業・金融業・土地制度・百姓一揆・飢饉などの各分野にわたって、ほぼ岩手県全域における歴史的な主要問題を解明し、学界の発展に確固たる基礎を築いた。代表作の『旧南部藩に於ける百姓一揆の研究』『近世奥羽農業経営組織論』(学位論文)などは『森嘉兵衛著作集』全十巻に収載されている。昭和五十六年四月八日、盛岡市内の自宅で没。七十七歳。墓は盛岡市本町通一丁目の大泉寺にある。法名は洪学院真誉理秀嘉徳居士。

[参考文献] 森嘉兵衛教授退官記念会編『岩手地方史の研究』(『森嘉兵衛教授退官記念論文集』二)、細井計「森嘉兵衛先生の御逝去を悼む」(『歴史』五七)

(細井 計)

もりかわげんざぶろう　森川源三郎　一八四五―一九二六　明治時代の農業指導者。弘化二年(一八四五)二月十五日、出羽国河辺郡新屋村(秋田市)に秋田藩士又五郎の長男として生まる。安政三年(一八五六)十二歳のとき同藩士森田小市のもとに寄寓、文武の修業につとめた。文久三年(一八六三)帰宅、農業に従事し、作物の試植に関心を深めた。明治七年(一八七四)新屋村戸長となり、殖産事業につとめ、精農会を設けて品評会を行い、ライ麦の栽培、食用乾菊の栽培や普及に尽力した。同十年戸長を辞し、同年十月各県の産業視察に赴き、東京での第一回内国勧業博覧会を見て帰郷した。同十三年秋田県の植物自由試験場担当人を命ぜられ、石川理紀之助の主宰する『歴観農話連報告』に各種農作物の栽培法などを寄稿している。その後、石川とともに農会組織の結成につとめ、同三十二年秋田県農会会長となり、また全国農事会幹事として尽力した。同三十八年河辺郡上北手村古野(秋田市)に草庵を造り、約十五町歩の山地を開き、植林事業を行なった。大正十五年(一九二六)六月七日没。八十二歳。

[参考文献] 大西伍一『改訂増補日本老農伝』、田村栄太郎『日本の産業指導者』

(伝田 功)

もりかんさい　森寛斎　一八一四―九四　明治時代の日本画家。文化十一年(一八一四)正月一日、萩藩毛利侯の家臣石田伝内の三男として萩に生まれる。名は公粛、字は子容、通称幸吉。はじめ萩満福寺の太田田竜に入門し、桃蹊と号す。二十二歳のとき大坂に出て森徹山に師事。その養子となり名を森寛斎と改め、京都にのぼり、後素如雲社を主宰。明治十五年(一八八二)の第一回内国絵画共進会に「葡萄栗鼠図」で二等銀賞を得て画名が上がり、二十三年には帝室技芸員となり、塩川文麟亡きあとの京都画壇における円山派正系として重きをなした。写実的傾向に南画の技法を加味し、線描を生かした繊細な筆致を特色とした。代表作は「松間瀑布」「大原春景図」「後赤壁図」で、門下に山元春挙・野村文挙らがある。二十七年六月二日、八十一歳で没した。墓は京都市東山区清閑寺町の霊山神葬墓地にある。昭和三年(一九二八)贈正五位。

[参考文献] 山口県立美術館編『円山派と森寛斎』(特別展図録)

(細野 正信)

もりくぼさくぞう　森久保作蔵　一八五五―一九二六　明治・大正時代の政党政治家。安政二年(一八五五)六月二十七日、武蔵国多摩郡高幡(たかはた)村(東京都日野市)の農家に生まれる。自由民権運動に投じ、自由党に入り、同郷の先輩石坂昌孝のもとでいわゆる三多摩壮士の指導者として活躍した。明治十八年(一八八五)大井憲太郎らの大阪事件に連坐して検挙されたがまもなく免訴となった。その後、神奈川県会議員・東京府会議員・東京市会議員をつとめた。その間、二十九年群馬県知事に就任したため議員を辞任した石坂昌孝の地盤を継いで東京府第十三区から補欠選挙で衆議院議員に当選。翌年、自由党の組織改革をめぐる対立から脱党して新自由党を結成したが、次の総選挙では落選。三十三年立憲政友会の創立に参画。三十七年には第九回総選挙で東京府郡部から再び衆議院議員に返り咲いた。以後、大正四年(一九一五)の第十二回総選挙まで連続当選。大正十五年十一月四日没。七十二歳。墓は高幡の金剛寺(高幡不動)本堂西南の丘陵中腹にある。

[参考文献] 鵜崎鷺城『当世策士伝』(『縮刷名著叢書』四)、矢野政二『森久保作蔵論』

(鳥海 靖)

もりこうぞう　森広蔵　一八七三―一九四四　明治から昭和時代前期にかけての銀行家、財界人。明治六年(一八七三)二月二十四日、鳥取県下の商家に生まれた。同郷のよしみにより男爵奥田義人家に寄寓し、苦学して同三十年東京高等商業学校を卒業、横浜正金銀行に入社した。ロンドン支店副支配人、本店支配人を経て大正十一年(一九二二)取締役に就任したが、翌年、当時すでに経営破綻を露呈しつつあった台湾銀行の整理のため副頭取として同行に転じ、十四年頭取に就任、同行の整理・再建に尽力したが、結局、成功するには至らず昭和二年(一九二七)頭取を辞任した。四年安田財閥の本社安田保善社の理事ならびに安田銀行(現在の富士銀行)副頭取に就任、同財閥の最高幹部として、安田部内の組織の安定・維持をはかると同時に、安田銀行の業績回復に貢献した。八年東京銀行集会所会長となる。十二年以降の日中戦争下、安田の当主安田一総長を補佐し、十六年理事を辞任し、顧問となった。この間、経済団体連盟副会長、日本経済連盟会常務理事などをつとめた。昭和十九年一月十二日没。七十二歳。

[参考文献] 「安田保善社とその関係事業史」編修委員会編『安田保善社とその関係事業史』、由井常彦編『安田財閥』

(小早川洋一)

もりしたひろし　森下博　一八六九―一九四三　明治から昭和時代前期にかけての実業家。仁丹の創始者。明治二年(一八六九)十一月三日、備後国沼隈郡鞆町(広島県福山市)に森下佐野右衛門と佐和子の長男として生まれた。幼名は茂三、十五年父の死により佐野右衛門を襲名した。十六年大阪に出て商家奉公ののち、二十六年東区淡路町一丁目に売薬店森下南陽堂を開設した。二十八年香袋「金鵄麝香」、三十一年内服美容剤「肉体美白丸」、三十三年梅毒剤「毒滅」を発売した。三十八年、これまでと同じく二月十一日に懐中薬「仁丹」を発売、新聞広告や野立看板などで大々的に宣伝し、五代理店を通じて販売し、四十年には輸出部を設けて、以後中国・インド・ジャワなどに進出した。大正十一年（一九二二）の「仁丹体温計」をはじめ歯磨・石鹼・水枕なども「仁丹」名で製造販売し、昭和十一年（一九三六）には森下仁丹株式会社を設立して社長となったが、十八年三月二十日、七十五歳で没した。

参考文献　森下仁丹株式会社編『回想録』　（高村　直助）

もりしまごろう　守島伍郎　一八九一―一九七〇　昭和時代の外交官。明治二十四年（一八九一）五月二十三日福岡市に生まれる。父三奈木黒田氏家臣守島正路、母タネ。福岡県立中学修猷館、第一高等学校、東京帝国大学法科大学卒業。大正七年（一九一八）高等試験外交科合格、外務省に入る。ドイツ・アメリカ・中国在勤を経て、昭和五年（一九三〇）十一月亜細亜局第一課長。翌六年満洲事変勃発、外相幣原喜重郎・犬養毅・芳沢謙吉・内田康哉・広田弘毅のもとで事変処理、満洲国建国とその承認、国際連盟よりの脱退、華北進出、中国との国交調整などの諸問題解決に外務側主務者として軍側との折衝にあたり、在職五年余に及ぶ。十一年二月過労に倒れ、療養中の十五年いわゆる松岡人事により退官。太平洋戦争中の十七年二月公使として復帰し、大使佐藤尚武のもとでモスクワ・クイビシェフにあり、十八・十九・二十年の三たび一時帰朝して任地と東京との連絡・調整につとめた。二十一年帰国、退官後、極東国際軍事裁判被告広田弘毅の弁護人となったが、弁護方針をめぐって広田と意見の相違を来たし、翌年辞任した。二十二年国際学友会専務理事、ついで理事長、二十四年福岡一区選出の自由党代議士、二十五年衆議院外務委員長、二十六年サンフランシスコ講和会議に全権団顧問として出席。二十八年善隣学生会館理事長、三十四年日本国際連合協会専務理事に就任、昭和四十五年六月四日没。七十九歳。著書に『苦悩する駐ソ大使館』、回想記に「満洲事変の思い出」（『霞関会会報』二四七―二六一（昭和四十一年九月―四十二年十一月））がある。

参考文献　馬場明『満州事変』（『日本外交史』・八）、守島康彦『昭和の動乱と守島伍郎の生涯』　（馬場　明）

もりしまもりと　森島守人　一八九六―一九七五　昭和時代の外交官。明治二十九年（一八九六）二月十六日、石川県の医師森島彦夫とその妻民生の長男として生まれる。金沢第一中学校、第一高等学校を経て、大正八年（一九一九）七月東京帝国大学法学部法律学科を卒業、外務属に任ぜられ、同年十月外交官試験に合格。中国・米国在勤、情報部第三課長の後、昭和三年（一九二八）より領事として奉天に勤務。同地で満洲事変に遭い関東軍当局との折衝に苦慮した。同七年よりハルビン総領事、ドイツ勤務を経て、同十二年一月東亜局長心得に任ぜられ、同年四月正式に東亜局長就任。同年五月大使館参事官に任ぜられ、北平・上海に勤務。同十四年在米大使館に移り、同十六年にはニューヨーク総領事に転じ、悪化した日米関係の修復に努力したが、結局、日米開戦を迎えた。約半年の抑留生活ののち、特命全権公使としてポルトガルに赴任。第二次世界大戦後、同二十一年三月に帰国し、翌月二十日依願免官。同三十年神奈川三区から衆議院議員に当選し（日本社会党左派所属）、以後三十八年まで三期にわたり衆議院議員。同五十年二月十七日没。七十九歳。墓は神奈川県鎌倉市長谷三丁目の光則寺にある。著書に主として満洲事変前後の中国勤務体験を記した『陰謀・暗殺・軍刀』および太平洋戦争前後の経験を記した『真珠湾・リスボン・東京』がある。　（白石　仁章）

もりしゅんとう　森春濤　一八一九―八九　幕末から明治時代にかけての漢詩人。名は魯直、字は希黄、通称は浩甫、春濤と号した。文政二年（一八一九）四月二日、尾張国中島郡一之宮村（愛知県一宮市）に生まれる。同国の鷲津益斎（毅堂の父）に学び、のち江戸に出て東叡山（寛永寺）の学寮に寄寓した。安政三年（一八五六）京都に上って、梁川星巌の門に入る。明治七年（一八七四）東京に移り、下谷摩利支天横町（台東区上野四丁目）に住み、これを茉莉凹巷処と称した。詩誌『新文詩』を発行し、その絢爛華麗な詩によって、詩壇の一方の雄となる。明治二十二年十一月二十一日没。七十一歳。法名、法華老春院森髯居士。墓は東京都府中市の多磨墓地にある。著書に『春濤詩鈔』その他がある。槐南はその子である。　（富士川英郎）

もりすえよしあき　森末義彰　一九〇四―七七　昭和時代の日本中世史研究者。特に芸能史に秀でた業績を遺した。明治三十七年（一九〇四）四月三日香川県仲多度郡十郷村（仲南町）に生まれた。第五高等学校を経て、昭和三年（一九二八）三月東京帝国大学文学部国史学科を卒業、同四月史料編纂掛嘱託となり、翌年史料編纂官補、同十一年史料編纂官に任じられた。第二次世界大戦終戦前後、文部省国史編修官、国史編修院国史編修官を兼任、同二十一年には、教科書編纂委員の一人として、戦後初の国定教科書『くにのあゆみ』を執筆した。新制大学が発足すると、埼玉大学・明治大学の教授・講師を併任し、昭和二十六年からは日本学術会議会員（第二期・第四期）となった。一時、病のため本務を休職したが、同三十七年四月から同四十年三月の停年退職まで東大史料編纂所長、その後、白百合女子大学の教授を勤めた。著書に『中世の社寺と芸術』（昭和十六年、畝傍書房）、『中世芸能史論考―猿楽の能の発展と中世社会―』（昭和四十六年、東京堂）がある。戦前、辻善之助のもとで『大乗院寺社雑事記』の翻刻や未刊に終った『岩波国書解題』の編集に参加したが、戦後、後者の資料を基にして、『国書総目録』（共編）を完成させた。昭和五十二年十二月十七日死去。七十

三歳。　（益田　宗）

もりせんぞう　森銑三　一八九五―一九八五　大正・昭和時代の近世学芸史研究家。近世近代の人物並びに書誌の研究に従事。洗雲荘と号した。明治二十八年（一八九五）九月十一日、愛知県碧海郡刈谷町に生まれる。大正四年（一九一五）夏、刈谷町立図書館に入り、寄託されていた村上忠順旧蔵書二万五千余冊を整理、『村上文庫目録』を編す。二十代前半に刈谷・高崎などの小学校代用教員を勤め、童謡誌『小さな星』を創刊、みずから児童文学の創作をもした。大正十四年三月、文部省図書館講習所に入学、翌年卒業、東京帝国大学史料編纂掛に入り図書の整理に従事。昭和九年（一九三四）、渡辺刀水とともに史伝研究のため三古会をつくり、毎月例会を開き、今に七百回に及ぶ。また伝記学会を組織し、機関誌『伝記』の編集に参与。ついで史料編纂所を辞し、同十四年、蓬左文庫に入り、十七年退く。同二十年四月、空襲により年来書き留めた史伝研究資料をすべて焼失。戦後は西鶴研究に志し、新見解を立てたが未だ広く世に認められるには至っていない。同二十三年十月、古典籍商反町弘文荘に入社、没年に及ぶ。その間、二十五年四月より四十年三月まで、早稲田大学講師となり書誌学を講じた。四十五年十二月より『森銑三著作集』全十三巻を刊行、四十七年二月、同書は第二十三回読売文学賞を受けた。五十四年十二月、神奈川県藤沢市の湘南西尾病院に入院、病床にありなお盛んに執筆活動を続けたが、六十年三月七日、同病院に没した。八十九歳。法名は研学院釈洗雲。愛知県刈谷市の正覚寺に葬られた。著書論文はきわめて多く、国学漢学、詩文書画、和歌俳諧、随筆戯作、戯劇笑話など広範囲に及び、児童の読物まで著わしたが、いずれもその研究対象として選ぶに、その人物と文章とを重んじたことは、その人柄を知るに足る。没後も連年遺稿が、また著作集も装を改め三度、さらに著作集の続集も刊行されるなど、愛読者が多い。代表作に『おらんだ正月』『近世文芸史研究』『渡辺崋山』『西鶴と西鶴本』、また自叙伝である『思ひ出すことども』などがある。

参考文献　小出昌洋「森銑三略年譜」（『ももんが』三〇ノ八）、同「森銑三著作覚え書」（同）
（北川　博邦）

もりたあきお　盛田昭夫　一九二一―九九　昭和戦後期の実業家。大正十年（一九二一）一月二十六日名古屋市の造酒屋盛田久左エ門・収子の長男に生まれ、昭和十九年（一九四四）大阪帝国大学理学部物理学科卒業後、海軍技術中尉となった。同二十一年、軍事研究で親しくなった井深大とともに東京通信工業を設立し取締役、二十五年専務。二十五年テープレコーダー、三十年トランジスタラジオなど日本初の商品や五十四年「ウォークマン」などのヒット商品を送りだした。ソニーに社名変更後の四十六年社長、五十一年から十八年間会長を務めた。六十一年から経団連副会長、また日米経済協議会会長を務めるなど財界活動にも積極的であった。著書は『学歴無用論』（四十一年）、自伝『MADE IN JAPAN わが体験的日本戦略』（共著、六十二年）や石原慎太郎との共著『「Ｎｏ」と言える日本―新日米関係の方策―』（平成元年）など。米紙『タイム』の「二〇世紀の二〇人」（同十年）に日本人としてはただ一人選ばれた。平成十一年（一九九九）十月三日死亡。七十八歳。　（高村　直助）

もりたかんや　守田勘弥　森（守）田座の座元、太夫元、俳優。はじめは森田と書いたが、十一代目のときに守田と改めた。

㈠十一代　一八〇二―六三　四代目坂東三津五郎の後名。享和二年（一八〇二）に生まれる。三津五郎時代は和実と所作事に長じ、実悪をも兼ねた。嘉永三年（一八五〇）に勘弥となり、安政五年（一八五八）に森田を守田に改めた。文久三年（一八六三）十一月十八日没。六十二歳。

㈡十二代　一八四六―九七　守田座の帳元中村翫左衛門の次男で弘化三年（一八四六）生まれ。文久三年（一八六三）守田家の養子となり、元治元年（一八六四）十九歳で十二代を襲って座元となった。興行師としてすぐれた才能を持ち、明治五年（一八七二）他座に先んじて都心進出を企て、猿若町の守田座を新富町に移転し、劇場機構や観客制度の改革を行い、八年には株式組織に改め新富座と改称した。翌年類焼後、十一年の新築再建に際し内外の高官紳士ら千余名を招待した盛大な開場式を行なって世間を驚かせたが、以来九代目市川団十郎・五代目尾上菊五郎・初代市川左団次をはじめ当代の名優を集め、いわゆる新富座時代をつくりあげた。また学者や顕官と結んで演劇改良を試み、あるいは井上馨邸に天覧劇を催し、またみずから河竹黙阿弥の門弟となり古河新水の名で劇作につとめるなど、歌舞伎や俳優の社会的地位の向上に大きい貢献をした。しかし興行の失敗で多額の負債をかかえて座主権を失い、晩年は歌舞伎座の相談役をつとめて、明治三十年八月二十一日病没した。五十二歳。

㈢十三代　一八八五―一九三二　十二代の三男。明治十八年（一八八五）十月十八日生まれ。同二十三年坂東三田八と名のり新富座で初舞台。三十九年勘弥を襲名。和事を得意としたが、創作劇や翻訳劇にも意欲を示し、大正年代には研究劇団文芸座を十数年にわたり主宰した。昭和七年（一九三二）六月十六日没。四十八歳。

㈣十四代　一九〇七―七五　十三代の甥でのち養子。明治四十年（一九〇七）三月八日生まれ。昭和十年（一九三五）勘弥を襲名。片岡仁左衛門とともに青年歌舞伎を結成、二枚目のほか幅広い役柄を演じ人気が高かった。昭和五十年三月二十八日没。六十八歳。

代々の墓は東京都葛飾区堀切三丁目の妙源寺にあったが、今は府中市の多磨墓地に移されている。

参考文献　関根只誠『東都劇場沿革誌料』下（『歌舞伎資料選書』六）、伊原敏郎『明治演劇史』、木村錦花『守田勘弥』
（山本　二郎）

もりたしげる　森田茂　一八七二―一九三二　明治から

昭和時代初期にかけての政治家。明治五年(一八七二)八月十七日、高知県香美郡佐岡村(土佐山田町)に生まれる。明治法律学校に学び、弁護士になる。明治三十二年高知県議会議員、三十四年京都地方裁判所検事、四十四年京都府議会議員、その後、京都市議会議員、同議長。大正四年(一九一五)京都市区より衆議院議員(中正会、のち憲政会・立憲民政党)として六回連続当選。昭和二年(一九二七)衆議院議長。六年十二月京都市長となるが、翌七年十一月三十日、現職中死去。六十一歳。葬儀は京都市葬。

(福地　惇)

もりたしけん　森田思軒　一八六一―九七　明治時代の新聞記者、翻訳家。本名文蔵。思軒・紅芍園主人・羊角山人・白蓮庵主人などと号した。文久元年(一八六一)七月二十一日、備中国笠岡(岡山県笠岡市)に生まれた。祖父は頼山陽と親しく、父も好学。幼時、五十川訒堂の啓蒙社で漢学を学び、明治七年(一八七四)慶応義塾大阪分校に入学。翌八年分校長矢野竜渓(文雄)と徳島に移り、翌九年竜渓の本校転任に随い東上、本科第二等に編入した。尾崎行雄らと同宿、英書を修め、十年退塾帰郷、十一年阪谷朗廬の興譲館で阪田警軒に漢学と詩文を学んだ。十五年秋上京、竜渓の世話で郵便報知新聞社に入社。十八年三月、福地桜痴(源一郎)らと特派員として上海に渡り、天津条約締結後の報道を担当。中国各地の探訪記事を寄せ愛読された。四月末帰国、十一月には欧州に出発。英・仏・独・ベルギーを歴訪、各地より通信を寄稿し、米国経由、翌十九年八月帰国した。社長竜渓の改革で新聞の編集に携わり、翻訳作品を多く掲載。二十一年原田豊子と結婚。二十五年国会新聞に客員で入社。翻訳を載せ、雑誌にも翻訳や評論を寄せた。二十九年黒岩涙香の懇望で万朝報に入社、遅塚(ちづか)麗水や原抱一庵らと同紙を刷新した。明治三十年十一月十四日、腸チフスで没した。三十七歳。白蓮庵浄明思軒居士の戒名は森鷗外と幸田露伴の合作。翻訳王と呼ばれ、『探偵ユーベル』『十五少年』など訳書三十余種や『頼山陽及其時代』などの著がある。東京都台東区根岸三丁目の世尊寺と郷里笠岡市笠岡の笠岡小学校北側の墓地に墓碑がある(笠岡市のものは同市指定史跡)。

[参考文献]　森田章三郎『思軒森田文蔵小伝』、柳田泉『明治初期翻訳文学の研究』、源高湛「思軒文の巻端に書す」(『鷗外全集』三八所収)、吉原真子・湯田純江「森田思軒」(『近代文学研究叢書』三所収)

(水田　紀久)

もりたそうへい　森田草平　一八八一―一九四九　明治から昭和時代前期にかけての小説家。明治十四年(一八八一)三月十九日に岐阜県方県郡鷺山村(岐阜市)に生まれる。亀松・とくの長男、本名米松。四高・一高を経て東京帝国大学英文科卒。この間、与謝野鉄幹・晶子、馬場孤蝶、森鷗外に近づくとともにロシア文学に傾倒して習作を物していたが、明治三十八年夏目漱石を訪れ門下生となったことがこの作家にとって決定的であった。同四十一年平塚明子(らいてう)と塩原に心中行を試み未遂。スキャンダルの当事者となった彼は漱石の勧めに従って告白小説『煤煙』(同四十二年)を『東京朝日新聞』に発表、話題を投げた。爾後事件の周辺を描く『自叙伝』『十字街』などを発表したがおおむね不評で、翻訳に筆を染める中『輪廻』(大正十五年(一九二六))に至ってようやくその独自な世界を示すに至った。昭和に入って『細川ガラシャ夫人』(昭和二十四年(一九四九))など歴史小説のほか、漱石に関する評伝において異彩を発揮した。昭和二十四年十二月十四日肝硬変によって没した。六十九歳。墓は東京都豊島区の雑司ヶ谷墓地と府中市の多磨墓地にある。

[参考文献]　根岸正純『森田草平の文学』、小島信夫『私の作家評伝』一、浦西和彦「森田草平著作目録」(『国文学』四六)

(内田　道雄)

もりたつねとも　森田恒友　一八八一―一九三三　明治から昭和時代にかけての洋画家兼日本画家。明治十四年(一八八一)埼玉県幡羅郡久保島村(熊谷市)に森田彦三郎の三男として生まれる。洋画家を志し同三十一年ごろ上京、三十四年小山正太郎の不同舎に入り、また中村不折に師事した。三十五年東京美術学校西洋画科に入学、そのころ青木繁の強い影響を受ける。三十九年同校卒業。四十年文展に初入選し、同年山本鼎・石井柏亭らと雑誌『方寸』創刊、挿絵画家としても活躍する。四十四年大阪に移転、帝国新聞社に入社。このころ『現代』『太陽』などに政治漫画を、『早稲田文学』などに挿絵を描く。大正三年(一九一四)・四年の間欧州に渡り、セザンヌの影響を受け、帰国後二科会に出品。五年院展洋画部同人となり、再興院展に加わったが九年脱退、十一年春陽会創設に加わる。院展時代から日本画的傾向を示し、田園水郷風景画に独自の静かで謙譲な水墨画を描く。昭和八年(一九三三)四月八日没。五十三歳。墓は東京都府中市の多磨墓地にある。

(中村　溪男)

もりたつゆき　森立之　一八〇七―八五　幕末から明治初期の漢方医。幼名は伊織、のちに養真。諱は立之、字は立夫。号は枳園で、養竹を通称とした。文化四年(一八〇七)十一月二十五日、代々漢方医を営む森家の嗣子として、江戸北八丁堀竹島町(東京都中央区)に生まれる。祖父恭忠に養われる。伊沢蘭軒に師事して医学を学び、田村元雄(藍水の後裔)・佐藤中陵から本草学を学ぶ。文政五年(一八二二)備後福山藩医員であった養父の恭忠の死去に伴い、その職を嗣ぐ。天保八年(一八三七)免職となり、以後の十数年間は相模を流浪、その間に『遊相医話』(元治元年(一八六四)刊)を著わす。嘉永元年(一八四八)五月、福山藩より出入を許可され江戸へ戻る。同年十月十六日、幕府の命によって『備急千金要方』を医学館において校正。安政元年(一八五四)幕府医学館講師に抜擢、考証派として活躍。明治元年(一八六八)七月、備後福山に転居。同五年、諸国漫遊の後に東京へ戻り、五月から九月まで文部省に出仕。翌六年より文部省・工学寮・大蔵省において医書の編纂などに従事した。同十八年一月、病気のため辞職。同年十二月六日に東京で没した。七十九歳。法名は長寿院訪古枳園居士。墓は東京豊島区洞雲寺にある。著書は前掲のほかに『神農本草経攷註』『経籍訪古志』など。

参考文献　大塚敬節・矢数道明編『森立之』(『近世漢方医学書集成』五三)、川瀬一馬「森立之・約之父子」(『日本書誌学之研究』所収)、小曽戸洋「森立之―その家系・略歴・著述―」(『漢方原典攷注書』所収)

(高安　伸子)

もりちかうんぺい　森近運平　一八八〇―一九一一　明治時代の社会主義者。明治十三年(一八八〇)十月二十三日、岡山県後月郡高屋村(井原市)の農家に生まれる。病弱ながら岡山県農事講習所を卒業、岡山県庁の技手として産業組合の育成に努めた。小作問題への関心から週刊『平民新聞』を知り、三十七年四月その読書会岡山いろは倶楽部を組織するが、免官となる。三十八年十一月、上京して平民舎ミルクホールを経営、翌年二月の日本社会党創立では評議員・幹事に選ばれた。日刊『平民新聞』廃刊後、宮武外骨の援助により大阪平民社を再建し、『大阪平民新聞』(のち『日本平民新聞』)を発刊、関西社会主義運動の中心となるだけでなく、直接行動派の実質的機関紙となる。四十年十一月、堺利彦と共著『社会主義綱要』を出版、初期社会主義運動の理論的水準を高める。四十二年三月帰郷し、園芸に従事しながら農村改善に従うが、四十三年六月大逆事件に関与したとして検挙、翌年一月死刑判決を受け、一月二十四日処刑された。三十二歳。

参考文献　吉岡金市他編『森近運平研究基本文献』、あまつ・かつ『父上は怒り給いぬ―大逆事件・森近運平―』

(荻野富士夫)

もりつとむ　森恪　一八八二―一九三二　明治から昭和時代前期にかけての実業家、政治家。明治十五年(一八八二)十二月二十八日弁護士の森作太郎・サダの次男として大阪に生まれた(戸籍上の生年月日は十六年二月二十八日)。三十一年大阪の北野中学校から東京の商工中学校へ転校し、三十四年同校卒業後上海へ渡り、三十五年三井物産上海支店の「支那修業生」となり、中国語と英語に熟達、そのころから豊臣秀吉を尊敬し、「東洋のセシル＝ローズたらん」との抱負をいだき、中国大陸への進出をめざした。上海支店長山本条太郎の知遇をうけ、日露戦争の際にはバルチック艦隊の発見に活躍し、四十年には長沙出張所の開設に尽力した。四十四年ニューヨーク勤務となったが、同年辛亥革命勃発後東京本店勤務となり、孫文らの革命派を支援して借款供与や利権獲得に努めた。大正三年(一九一四)天津支店長となり、翌四年には大隈内閣による二十一箇条要求を支持して活躍した。その間の大正二年瓜生外吉海軍大将の三女で三井財閥の巨頭益田孝のめいにあたる栄枝と結婚し、同年以後中国興業株式会社(のち中日実業株式会社)をはじめ寿星麵粉公司・東洋炭礦・小田原紡織・東洋塩業・東洋製鉄・東華造船・上海印刷・満洲採炭などの各会社を創立して役員となり、主として対中国投資・資源開発に手腕を発揮した。七年秋立憲政友会へ入党し、九年三井物産を退社、神奈川県から衆議院議員に当選し、合計五回当選した。豊富な政治資金と対中国強硬政策によって党内でたちまち頭角をあらわし、十二年には院内幹事となり、貴族院改革を主張した。十三年の総選挙には落選したが、同年横田千之助の栃木県の地盤を継承して補欠選挙で当選し、十五年の北伐に際しては内争不干渉政策をとる幣原外交を「軟弱外交」と攻撃した。昭和二年(一九二七)四月政友会の田中義一内閣成立とともに外務政務次官となり、同年五月以後三回にわたる山東出兵を推進し、同年六―七月には田中首相兼外相とともに東方会議を主催、満蒙第一主義(満蒙は日本の「陸の生命線」との主張)の観点から関東軍と提携して強硬な満蒙分離政策を唱えるなど、一貫して中国侵略政策を推進した。四年四月―六年三月政友会幹事長に就任し、田中内閣総辞職後の四年九月、田中総裁が急死すると、党内の動揺を抑えて犬養毅の総裁就任を実現させ、その手腕を称賛された。浜口・第二次若槻両内閣と対決、五年のロンドン海軍軍縮条約には軍部強硬派などと組んで統帥権干犯論を高唱して反対し、六年には幣原喜重郎首相代理の失言問題追及の急先鋒となった。同年九月満洲事変が勃発するとこれを積極的に支持し、同年十二月犬養内閣の成立とともに内閣書記官長に就任した。軍部と提携して満洲事変追認政策を推進、挙国一致政治への傾斜を強めて犬養首相らと対立の矢先の翌年五月、五・一五事件により内閣は総辞職した。その後も満洲国承認などを主張したが、七年十二月十一日没、横浜市鶴見町の総持寺に埋葬された。五十一歳。

参考文献　山浦貫一『東亜新体制の先駆森恪』

(木坂順一郎)

もりとたつお　森戸辰男　一八八八―一九八四　大正・昭和時代の社会政策学者、衆議院議員、文部大臣、広島大学長、中央教育審議会会長。明治二十一年(一八八八)十二月二十三日広島県福山の士族森戸鷲蔵の長男として生まれた。大正三年(一九一四)東京帝国大学法科大学経済学科卒業、同五年同学科の助教授(社会政策学担当)に任官した。八年同学科を母体として経済学部が新設されたが、その機関誌『経済学研究』創刊号に掲載された森戸の論文「クロポトキンの社会思想の研究」が、同大学の右派学生団体興国同志会により「学術の研究に非ず、純然たる無政府主義の宣伝」であると批難され、また内務省・文部省もそれを問題視した。文部省と大学当局とは同誌の回収を行うとともに森戸の謝罪と辞職とを求めたが、森戸がこれを拒否したので、九年一月十日経済学部教授会は森戸の休職を決議し、内定されていた外国留学の予定も取り消した。強硬姿勢をとる司法省は同月十四日森戸と同誌編輯人の助教授大内兵衛とを新聞紙法違反で起訴し、三月三日第一審有罪、六月二十九日控訴審でも有罪判決、十月二十二日大審院において上告棄却、禁錮と罰金が確定となり、大学の教職から追われた。この森戸事件ののち、森戸は大原社会問題研究所の研究員となり、第二次世界大戦中同所の機能が停止されるまで一貫して研究に従事。戦後は日本社会党の結成に参加、郷里広島県から衆議院議員に選出され、昭和二十二年（一九四七）六月から翌年十月まで片山・芦田両内閣の文部大臣に就任し、連合国軍占領下での教育民主化政策を指導した。二十四年六月広島大学の発足にあたって学長に推され、翌年四月衆議院議員を辞して学長に就任、三十八年三月末までその職にあって同大学の基盤を確立するのに貢献した。学長在任中の二十八年九月から、文部大臣の政策立案諮問機関、中央教育審議会に参加し、三十八年六月から四十六年七月まで連続四期にわたりその会長をつとめた。特に、四十六年六月には「第三の教育改革」案と評された第二十二回答申「今後における学校教育の総合的な拡充整備のための基本的施策について」（四六答申）をまとめあげるうえで中心的な役割を果たした。昭和五十九年五月二十八日、九十五歳という高齢で波乱に充ちた生涯を終えた。

〔参考文献〕森戸辰男『思想の遍歴』、同『遍歴八十年』、『東京大学百年史』通史二、『広島大学二十五年史』通史　（佐藤　秀夫）

もりながたいちろう　森永太一郎　一八六五―一九三七　森永製菓会社の創始者。慶応元年（一八六五）六月十七日、肥前伊万里（佐賀県伊万里市）に生まれた。父森永常次郎・母菊子。四歳で父を失い、母とも生別した。陶器の販売に従事したが、明治二十一年（一八八八）渡米、働きながら西洋菓子の製法を習得した。明治三十二年帰国、東京赤坂に、洋菓子の製造・卸売業を営む「森永西洋菓子製造所」を開業した。米国公使夫人に見出されて、上流社会に販路を得るなどのこともあり、地歩を固めた。個人営業から出発して、いち早く生産規模を拡大し、明治四十三年には経営組織を株式会社として、その社長となった。大正元年（一九一二）社名を「森永製菓株式会社」と改め、全国商品となった紙サック入ミルクキャラメルの発売や、乳製品産業に進出を図るなど、製菓業界の第一人者となった。昭和十年（一九三五）社長を引退、キリスト教の伝道を行うなどして晩年を送った。昭和十二年一月二十四日没。七十三歳。墓は東京都港区の青山墓地にある。

〔参考文献〕『森永五十五年史』、三好右京『森永太一郎伝』、北川晃二『太一郎物語』　（中島　常雄）

もりのぶてる　森矗昶　一八八四―一九四一　大正・昭和時代の実業家。新興財閥の一つに数えられる森コンツェルンの総帥。明治十七年（一八八四）十月二十一日千葉県夷隅郡守谷村（勝浦市）に生まれる。父為吉・母満都。高等小学校卒業後母親の死去のために進学を断念して、家業のかじめ焼き（粗製ヨード製造）に従事、四十一年近隣の同業者を糾合して総房水産を設立。四十四年には安房水産を合併したが、これが縁で鈴木三郎助（味の素の創業者）を知る。第一次世界大戦下の輸入途絶でヨード事業は急成長したものの、その後の不況のために破綻し、大正八年（一九一九）東信電気（鈴木三郎助経営）に総房水産を吸収合併してもらった。そして森は同社の取締役に就任、千曲川など信越地方の電源開発に従事した。同十三年千葉県第三区より衆議院議員に当選。昭和三年（一九二八）不況を原因とした過剰電力の消費を目的として、東信電気および東京電燈の折半出資で昭和肥料を設立、国産技術（東京工業試験所法）・国産機械装置ではじめて硫安製造に成功した。同九年には日本電気工業（大正十五年創立の日本沃度が同年改称）で、明礬石を原料とする国産初の金属アルミニウムの工業化にも成功した。こうした成功の背景には、森の国産技術振興という経営理念と、電気の原料化という基本戦略があったといわれている。森は成功した肥料・アルミニウムを軸に電気化学工業に展開する一方、金輸出再禁止後の為替下落や軍需による景気上昇に乗って電力業・鉱業などに多角化、森コンツェルンを形成した。しかし、戦時統制が強化されるに従い森の経営にも制限が加えられるに至った。アルミニウム増産のために、平和産業であった肥料製造部門の資金・電力を振り向けるべく昭和肥料を日本電気工業に合併、昭和十四年昭和電工を設立した。十五年森は、国策会社たる日本肥料の理事長に祭り上げられ、兼職禁止規定のために昭和電工の社長を辞任させられた。十六年三月一日死去。五十八歳。夷隅郡興津町守谷の本寿寺に葬られる。法名大成院殿興道矗昶日隆大居士。

〔参考文献〕昭和電工株式会社編『森矗昶所論集』、木村毅『白い石炭』、石川悌次郎『鈴木三郎助伝・森矗昶伝』　（斎藤　憲）

もりまさおう　守正王　一八七四―一九五一　明治から昭和時代にかけての皇族、陸軍軍人。梨本宮の第三代。久邇宮第一代朝彦親王の王子として、明治七年（一八七四）三月九日誕生、多田と命名される。同十八年十二月山階宮晃親王の王子で梨本宮第二代を継いだ菊麿王が生家に復帰したため、そのあとを承けて梨本宮を相続し、翌十九年六月名を守正と改めた。ついで三十六年三月軍事研究のため仏国に留学したが、日露戦争が勃発したため一旦帰国した。しかし戦後の三十九年八月再留学し、仏国からは四十二年七月帰国した。王はつとに陸軍に籍を置き、累進して大正十二年（一九二三）八月陸軍大将に昇り、軍事参議官に補され、さらに昭和七年（一九三二）八月元帥府に列せられ、元帥の称号を賜わった。その間、大日本農会・伊学協会などの各総裁、日仏協会名誉総裁などをつとめた。第二次世界大戦後の昭和二十二年十月家族とともに皇籍を離脱し、梨本を姓とした。同二十六年一月一日没。七十六歳。東京都文京区大塚の豊島岡の皇族墓地に葬られる。

参考文献 梨本伊都子『三代の天皇と私』 （川田 貞夫）

もりまつじろう 森松次郎 一八三五—一九〇二 幕末・維新期のカトリック伝道士。天保六年（一八三五）肥前五島鯛ノ浦（長崎県南松浦郡有川町）に隠れキリシタンの家に生まれる。霊名ドミンゴ。慶応元年（一八六五）、長崎の大浦天主堂建立以来、秘かに連絡を図り、蛤の自宅を礼拝堂として、明治元年（一八六八）以来の弾圧の中にも五島キリシタンの復活を主導。翌年プティジャン司教に従いマニラに渡り、キリシタン版の写本を作成、十一月帰国後も、福江・若松・蔭尾など島々を潜行。キリシタン禁制撤去後は浦上天主堂にあって司教を助け、貧苦を厭わず女子教育・孤児院の運営に献身。伝道士として平戸・生月・大島・黒島に布教。信者らの信望を集めた。胃癌のため明治三十五年二月二十六日死去。六十八歳。浦上赤木墓地に葬られた。四人の娘もすべて修道女となっている。

参考文献 若城希伊子『小さな島の明治維新』、海老沢有道「森与重編「ドミンゴ森松次郎小伝」」（『日本カトリック新聞』一九四三年十月十日号—十一月十四日号） （海老沢有道）

もりむらいちざえもん 森村市左衛門 一八三九—一九一九 明治・大正時代の実業家。天保十年（一八三九）十月二十八日、江戸京橋の五代目市左衛門（旗本出入の袋物商）の長男として出生。幼名は市太郎。明治に入ってから、洋裁店と、陸軍騎兵の馬具製造に従事していたが、明治九年（一八七六）洋裁店の一室に、資本金三千円の森村組を創設した。同年、異母弟の森村豊（慶応義塾卒）をアメリカに送り、ニューヨークに雑貨店を開業、義弟の大倉孫兵衛とともに日本で買い集めた骨董品その他を直輸出して、成功を収めた（明治十一年に設立された森村ブラザースの前身）。その体験は、日本陶器（三十七年）・東洋陶器（大正五年（一九一六））の設立という形で実を結んだ。明治二十七年には山林経営（千町歩、大正六年に設立した森村同族株式会社の母体）に着手、明治三十年には森村銀行、大正六年には森村商事を設立した。このほか設立に参加した企業に、富士製紙・横浜生糸・富士紡績その他があり、現在の森村学園を開校するなど活躍の範囲は広い。大正四年には男爵を授けられる。大正八年九月十一日没。八十一歳。正五位勲三等瑞宝章を贈られた。墓は東京都港区の青山墓地。

参考文献 若宮卯之助『森村翁言行録』、田中身喜『富士紡生るゝ頃』、『森村商事株式会社創業一〇〇年』、『日本陶器七十年』 （村上 はつ）

もりもとかおる 森本薫 一九一二—四六 昭和十年（一九三五）代を代表する劇作家。明治四十五年（一九一二）六月四日、大阪に生まれる。三高・京大に学び、在学中に近代的心理主義に立つ戯曲『わが家』（昭和九年）を書いて築地座で上演された。雑誌『劇作』同人に加わり『華々しき一族』（同十年）を発表して卒業後に文学座に参加、強烈な人間像を描くドラマを構築する『富島松五郎伝』（同十七年）、『女の一生』（同二十年）などを書いたが、昭和二十一年十月六日、結核で没した。三十五歳。墓は京都市中京区新京極桜之町の誓願寺にある。『森本薫全集』全四巻、『森本薫戯曲全集』全一巻がある。また生誕地に近い大阪市大淀区中津二丁目の中津公園には、文学碑がある。 （野村 喬）

もりもとろくじ 森本六爾 一九〇三—三六 昭和時代前期の考古学者。明治三十六年（一九〇三）三月二日、奈良県磯城郡織田村大字大泉（桜井市大泉）に生まれた。大正九年（一九二〇）畝傍中学校卒業後、奈良県内の小学校の代用教員を経て、同十三年上京。東京高等師範学校長三宅米吉のもとに同校歴史教室の副手として勤めたが、昭和四年（一九二九）三宅の死去に伴って副手を辞任した。その後つづいて東京に在って、東京考古学会を創立し、同五年機関誌『考古学』を刊行、同六年にはフランスに私費をもって留学した。逆境の中の生活環境が影響し、昭和十一年死去した。三十四歳。墓は、奈良県桜井市粟殿の極楽寺にある。東京考古学会を中心として若い研究者が集まり、日本考古学の前進に貢献した。早く、大正十五年『金鎧山古墳の研究』を発表し、その後『川柳村将軍塚の研究』（昭和四年）、『日本青銅器時代地名表』（同）などの著がある。没後、『日本農耕文化の起源』（同十六年）や論文集『日本考古学研究』（同十八年）が刊行された。

参考文献 斎藤忠編『森本六爾集』（『日本考古学選集』二三）、藤森栄一『二粒の籾』（『藤森栄一全集』五）、浅田芳朗『考古学の殉教者—森本六爾の人と学績—』 （斎藤 忠）

もりやましげる 森山茂 一八四二—一九一九 明治時代の外交官、政治家。天保十三年（一八四二）九月、大和国十市郡常磐村（奈良県橿原市常磐町）に生まれた。慶応三年（一八六七）、幕府の図書頭平山敬忠の示唆により、鬱陵島の開拓を志したが、明治維新に際会したため、志を果たせなかった。明治二年（一八六九）四月、外国官書記、同年七月、外務省創立により外務少録に任ぜられ、同年十二月、従来日朝外交を管掌した対馬藩および釜山の事情を調査するため、外務権大録佐田白茅とともに両地へ出張した。また同三年四月、外務権大録に任ぜられ、同年十月、外務権少丞吉岡弘毅に随行して朝鮮国に派遣され修交を求めたが、交渉当事者の倭学訓導安東晙は、対馬藩吏以外何人とも会見を拒否したので、同四年十一月、一旦帰朝した。そこで同年七月の廃藩置県の際、対馬藩主より外務大丞に転じた宗重正の名で、外交は一切外務省の所管に帰した旨の文書を作成し、同五年一月、再び朝鮮国に派遣され、交渉三月に及んだが決しなかった。同年八月、外務大録、ついで外務少記に累進した。同六年十二月、朝鮮国では排外論の中心の大院君が隠退し、同七年四月、訓導安東晙も刑死した。そこで同年五月、また朝鮮国へ派遣され、訓導玄昔運などと日朝新関係の成立につき協議した。同七年十二月、外務少丞、同八年十二月、外務権大丞に任ぜられ、同月、日朝修好条規締結交渉の黒田清隆全権の随員となった。同十年四月、退官。同二十三年七月より二年間、富山県知事、同二十七年四月より大正八年(一九一九)二月まで、貴族院議員の職に在った。同年二月二十六日没。七十八歳。

参考文献 外務省編『日本外交文書』一―九、日本国外務省原案・韓国日本問題研究会編『朝鮮外交事務書』、市川正明編『日韓外交史料』一、田保橋潔『近代日鮮関係の研究』上 （河村 一夫）

もりやまたきちろう 森山多吉郎 一八二〇―七一 幕末の通詞。諱は憲直、通称ははじめ栄之助、号は茶山。文政三年(一八二〇)六月一日に長崎のオランダ通詞の家に生まれた。天保十四年(一八四三)浦賀詰をかね、弘化二年(一八四五)と嘉永五年(一八五二)には小通詞として年番を勤めた。嘉永元年利尻に漂着した米人ラナルド＝マクドナルドから同僚とともに英語を学び、同三年幕府が蘭通詞に露語や英語の兼修を命ずると、大通詞西吉兵衛らと『エゲレス語辞書和解』の編纂を始めた。同六年長崎に来航したロシア使節プチャーチン応接の通訳にあたり、その功により江戸に出府して、以後幕府の対外交渉の多くに関係した。文久二年の遣欧使節には、本隊よりあとに英公使オールコックと渡欧し、開市開港の延期を成立させた。そのオランダ語会話は完璧で英語もかなりできたという。しかし、地位的には恵まれず、慶応三年(一八六七)九月に外国方調役格の通弁御用頭取から兵庫奉行支配組頭に上った程度に終った。幕府崩壊後は新政府に仕えず、明治四年(一八七一)三月十五日東京に没した。享年五十二。墓は長崎県長崎市筑後町の本蓮寺。

参考文献 福地源一郎『懐往事談』(『続日本史籍協会叢書』)、古賀十二郎『長崎洋学史』上、片桐一男『阿蘭陀通詞の研究』 （三谷 博）

もりやまよしへい 森山芳平 一八五四―一九一五 明治時代の機業家。安政元年(一八五四)正月二十三日、森山芳右衛門の子として上野国山田郡今泉村(群馬県桐生市)に生まれた。十五歳から父に就いて機業に従事したが、織物改良に熱意を持ち、明治十年(一八七七)の内国勧業博覧会に出品されたジャカードを購入して紋織試作に努め、翌年前橋に県立医学校が開設されると、遠路を往復して化学を学び、十七年には農商務省技師を招いて染色法の改良に努めた。二十一年にはアメリカからジャカードを導入して宮内省御用の窓掛を製織し、二十五年緑綬褒章を授与された。内外の博覧会にしばしば出品して多数の賞を受け、桐生織物の名を高める一方、福井・米沢・入間・福島などの羽二重業勃興に助力した。大正四年(一九一五)二月二十七日、六十二歳で没した。法名は興知院芳徳真道居士。墓は桐生市東二丁目の観音院。

参考文献 横井時冬『日本工業史』、桐生織物同業組合編『桐生織物史人物伝』 （高村 直助）

もりよしろう 森喜朗 一九三七― 昭和戦後・平成時代の政治家。昭和十二年(一九三七)七月十四日石川県に生まれる。父茂喜は石川県根上町町長。同三十五年早稲田大学商学部卒業後、産経新聞記者・国会議員秘書を経て同四十四年石川一区(のち二区)から衆議院議員に当選、以来十一回連続当選。自由民主党所属。同五十八―五十九年第二次中曾根内閣の文相、平成四年(一九九二)―五年宮沢内閣の通産相、同七―八年村山内閣の建設相などを歴任。この間、衆議院大蔵委員長・同議院運営委員長をつとめ、自民党内においては党政務調査会長・幹事長など要職を歴任した。同十二年四月、病に倒れた小渕首相の後を受けて国会で首相に指名され、内閣を組織し、景気対策などに取組んだが、十分な成果を得ないままに、同十三年四月総辞職した。著書に『文相初体験―二十一世紀を担う子どもたちのために』がある。

参考文献 佐藤正忠『覇を競う―政界新実力者列伝』、平河卓『森喜朗・全人像』 （鳥海 靖）

もりりつこ 森律子 一八九〇―一九六一 明治から昭和時代にかけての女優。明治二十三年(一八九〇)十月三十日、東京市京橋区日吉町(東京都中央区銀座八丁目)に生まれる。父は長髪の弁護士として著名だった森肇。跡見女学校卒業。同四十一年九月、女優を志して川上音二郎・貞奴夫妻の帝国女優養成所に入所。そのため跡見女学校より除名された。四十三年九月卒業と同時に帝国劇場専属俳優となる。翌四十四年三月帝国劇場開場に際し、山崎紫紅作『頼朝』の浦代姫で初舞台を踏み、以後帝劇の呼びものの女優劇の中心俳優として活躍した。大柄な美貌と明るく華やかな芸風で、現代劇、特に益田太郎冠者作の喜劇、『ドッチャダンネ』の芸妓などで好評を得た。また歌舞伎の『日高川』の清姫、『関の扉』の墨染、『伊勢音頭』のお紺、シェイクスピアの『ベニスの商人』のポーシャなどの役も好評。大正二年(一九一三)ヨーロッパ劇壇見学。昭和四年(一九二九)帝国劇場が松竹経営となってからは、新派で活躍した。昭和三十六年七月二十二日没。七十歳。養女に新派女優森赫子がある。著書『女優生活廿年』がある。

参考文献 戸板康二『物語近代日本女優史』 （菊池 明）

モルレー David Murray ⇨マレー

モレル Edmund Morel 一八四一―七一 イギリスの鉄道技術者。日本の鉄道創業期の御雇外国人技師長(Engineer in Chief)。一八四一年十一月十七日に生まれる。ロンドンのキングス＝カレッジ卒業。ドイツ・フランスに留学。六二年ニュージーランドの道路建設に従事。六四年以降オーストラリアで鉄道建設に従事した。六九年健康を害してインドに移り、ここで日本の鉄道建設について技師長となる契約(五年)を結び、明治三年(一八七〇)四月九日横浜に到着。ただちに民部大蔵省鉄道掛雇建築師長として建設作業に入った。彼は日本政府に対し、国内調達可能な資材を極力活かし、輸入を減らして建設費の節約をはかること、技術自立のための幹部技術者の養成機関を設置すること、また国内における工業各分野を統轄する中央官庁を設置することなどを提言した。しかし数年来の病気が進行し、明治四年十一月五日死去。二十九歳。夫人もその十二時間後に死去した。夫妻は同年十一月七日横浜外人墓地に埋葬された。

（原田　勝正）

もろいつねへい　諸井恒平　一八六二―一九四一　明治から昭和時代前期にかけての実業家。文久二年（一八六二）五月二十六日に武蔵国（埼玉県）本庄の名望家諸井泉右衛門の次男として生まれる。年少のころから家業の養蚕業に従事していたが、十五歳で分家独立して実業を志した。明治二十年（一八八七）に上京し、郷里に日本煉瓦製造を設立して経営に手腕をふるう一方、東京毛織物・武蔵水電・秩父鉄道の創立に参加し、その社長を歴任した。さらに、秩父武甲山の石灰石資源に着目してセメント製造業への進出を企て、大正十二年（一九二三）一月に秩父セメントを設立し、社長に就任した。同社は、セメント業界では後発であったが、セメント需要の増大期にあったことも幸いして業績を伸ばし、大手五社の一つに数えられる発展をとげた。また、恒平は、第三次セメント連合会結成の提唱者の一人として業界に指導的役割を果たした。昭和十六年（一九四一）二月十四日死去。八十歳。諸井家菩提寺の本庄町（本庄市中央三丁目）安養院に葬られた。

参考文献　諸井大友記念出版委員会編『諸井会長と大友社長』、『秩父セメント五十年史』

（武田　晴人）

もろおかまさたね　師岡正胤　一八二九―九九　江戸・明治時代の国学者・神官・勤王家。諱は正胤、通称は豊輔、号は節斎・布志乃舍。文政十二年（一八二九）十一月江戸に生まれる。父は医者師岡理輔。京都に出て大国隆正に学び、嘉永三年（一八五〇）江戸で平田篤胤没後の門人となり、平田鉄胤に国典を学んだ。その後京都における尊攘運動に参加し、文久三年（一八六三）二月三輪田綱一郎ら十数人と洛西等持院から足利氏三代の木像の首と位牌を盗み出して三条河原に梟して捕えられ（足利氏木像梟首事件）、上田藩に預けられること六年、その間に『みすず日記』『しのぶぐさ』『囚屋のすさび』『いささむら竹』を著わした。明治元年（一八六八）赦されて徴士に挙げられ、刑法官に出仕して監察司知事・弾正台大巡察を経て、三年宣教権中博士に転じ、六年官幣大社松尾神社大宮司兼権少教正、ついで神道事務局教授、十五年より十八年まで宮内省文学御用掛を歴任、晩年は神道の振興に尽力した。同三十二年一月二十三日没。年七十一。墓は東京都台東区谷中の多宝院にある。なお娘千代子は幸徳秋水と結婚している。

参考文献　渡辺玄包「足利三将軍木像梟首一件に関する事実」（『史談会速記録』八六）

（吉田　常吉）

もろとせいろく　諸戸清六　一八四六―一九〇六　明治時代の実業家。弘化三年（一八四六）伊勢国桑名郡加路戸新田村（三重県桑名郡木曾岬町）の地主兼商人清太夫を父として出生。家業を営む傍ら、米の買占め、紙幣買占め、さらに木曾川工事に際しては沿岸荒地の買占めによって、明治十年（一八七七）代に一挙に巨万の富を築き、投機界に名を知られた。その後、主要な投資対象を鉄道株や農地山林においたが、四男清吾（のち清六を襲名）と次男清太によって土地経営規模が拡大し、大正十三年（一九二四）には両者合計所有高は約二千町歩に及んだ。明治三十九年十一月十二日没。六十一歳。

参考文献　桐井宗雄『三重県の産業と産業人』

（村上　はつ）

もろはしてつじ　諸橋轍次　一八八三―一九八二　明治から昭和時代にかけての漢学者。はじめ尚由子と号し、のちに止軒と号した。明治十六年（一八八三）六月四日、新潟県南蒲原郡庭月村（下田村庭月）に生まれた。父は安平。嵐陰と号し、漢学に精しく、嵐陰義塾を起し、のち、小学校に奉職、前後四十年、郷党子弟の育英に努めた。母シヅは新潟県三条町の画工、巻梧石の次女。幼少より父嵐陰および奥畑米峰に従って漢学を学び、新潟県第一師範学校を経て、明治四十一年、東京高等師範学校国語漢文科を卒業、群馬県師範学校教諭に任じ、翌年、東京高等師範学校漢文研究科に入学、四十三年卒業、同校の助教諭・教諭・教授を経、昭和四年（一九二九）、東京文理科大学創設とともに助教授、ついで教授に任じ、また附属図書館長を兼ねた。昭和二十年、定年退官、東京文理科大学名誉教授。そのほか、大東文化学院・青山学院の教授嘱託、東京帝国大学・駒沢大学などに出講し、昭和三十五年、都留文科大学の創設とともにその学長となるなど、公私にわたり漢学の向上普及と後進の養成に努めた。大正八年（一九一九）より中国に留学、十年帰国、同年、静嘉堂文庫長を委嘱せられ、昭和二十三年、同文庫が国立国会図書館に帰属するや、引き続き三十年までその支部静嘉堂文庫長を勤めた。昭和十二年、講書初の儀に『論語』を進講し、二十年、東宮職御用掛となり、以後六年間、皇太子に漢学を進講、また皇孫の名号・称号の勘申にも与った。昭和四年、「儒学の目的と宋儒の活動」の論文で東京帝国大学より文学博士の学位を得、十八年、『大漢和辞典』第一巻を刊行、同年度の朝日文化賞を受賞。昭和三十年より『大漢和辞典』十三巻を再刊、同年紫綬褒章、四十年文化勲章を受け、五十一年、勲一等瑞宝章を授けられた。郷里下田村名誉村民。昭和二十一年、右眼失明、五十七年十二月八日、新宿区西落合一丁目の自邸にて老衰により没。九十九歳。横浜市鶴見区の総持寺の墓地と下田村森町長禅寺の祖塋に葬られる。法名は心月院止軒轍英居士。著書は前記のほか、『詩経研究』『経史八論』『支那の家族制』『経史論考』など数多いが、『諸橋轍次著作集』全十巻に納められる。

参考文献　「年譜・著述目録」（『諸橋轍次著作集』一〇付載）

（米山寅太郎）

モンブラン Comte Charles des Cantons de Montblanc 一八三二―九三 幕末から明治維新期にかけてわが国と関係を結ぼうと努めたフランスの外交家。伯爵。号は白山伯。一八三二年ベルギーに生まれる。文久元年（一八六一）に一旅行者として来日し、数ヵ月の滞在ののち、雇人斉藤健次郎を伴って帰国した。一八六五年（慶応元）、かねて商取引を通じて日本と関係を結ぼうとしていた彼は、フランス滞在中の薩摩藩家老新納刑部（中三）、藩士五代才助（友厚）とブリュッセルで兵器その他の輸出を目的とする商社設立の契約を結び、新納らから軍艦購入を委託された。ついで一八六七年のパリ万国博覧会に、幕府とは別個に参加を計画した薩摩藩は、モンブランに代表委員を委嘱して展示場を確保し、同藩代表の家老岩下方平の滞仏中、彼は顧問として活躍した。同年末、軍制改革顧問として薩摩藩に招聘され、同藩が購入したイギリス製の軍艦春日に便乗して岩下らとともに来日し、鹿児島を経て、大坂など各地を旅行した。ついで帰国後の一八六九年（明治二）に、公務弁理職の名儀でパリ日本総領事館の弁務使となり、わが国の外交事務に協力した。この間に『日本事情』（二巻、一八六五―六七）を著わすなど、ヨーロッパへの日本紹介者としても知られる。一八九三年パリで没す。

参考文献 大塚武松『幕末外交史の研究』、柴田三千雄・柴田朝子「幕末におけるフランスの対日政策」（『史学雑誌』七六ノ八）、高橋邦太郎「モンブラン伯」（『日本歴史』二五五）

（中村　尚美）

や

やいたたけし 矢板武 一八四九―一九二二 明治時代の篤農家。嘉永二年（一八四九）十一月十四日、下野国塩谷郡矢板村（栃木県矢板市）に生まれた。明治十三年（一八八〇）印南丈作らと那須開墾社を組織し那須西原の官有地三千余町歩（のちの西那須野村）の貸下げを受け洋式農具を用いて開墾を成功させ、私費を投じての隧道試削などによって十八年内務省土木局による用水路開通を実現させた。また十二年には、産馬協同会社副社長となって馬格改良に努める一方、保晃会を創立して日光山社寺の保存に尽力した。その後、下野銀行・下毛貯蓄銀行・矢板銀行・日光銀行の各頭取、下野新聞会長、栃木県地主会副会長などを務めたが、大正十一年（一九二二）三月二十二日没した。七十四歳。

参考文献 田代黒滝編『矢板町誌』

（高村　直助）

やぎじゅうきち 八木重吉 一八九八―一九二七 大正・昭和時代前期の詩人。明治三十一年（一八九八）二月九日、父藤三郎、母ツタの次男として東京府南多摩郡堺村（町田市相原町）に生まれる。神奈川県尋常師範学校を経て東京高等師範学校英語科卒業、兵庫県御影師範学校に赴任。キーツなどの英米詩を愛読。大正十四年（一九二五）千葉県東葛飾郡千代田村柏（柏市）に移住し、同年『秋の瞳』を刊行。その後、佐藤惣之助主宰の『詩の家』同人となる。昭和二年（一九二七）十月二十六日、神奈川県茅ヶ崎町十間坂（茅ケ崎市）の寓居で没。三十歳。墓は故郷の町田市相原町の八木家墓地にある。キリスト教詩人としての業績が著しい。『八木重吉詩集』（山雅房版、昭和十七年）、『八木重吉全集』全三巻（筑摩書房）などの遺著がある。昭和五十二年、没後五十年を記念して町田市相原町の相原幼稚園に詩碑が建立された。

（古川　清彦）

やぎそうざぶろう 八木奘三郎 一八六六―一九四二 明治から昭和時代前期にかけての考古学者。慶応二年（一八六六）十一月五日江戸に生まれた。幼少時代、父の故郷丹波国篠山（兵庫県多紀郡篠山町）に住んだが、上京し、夜学に通うなどして勉学し、明治二十四年（一八九一）帝国大学理科大学人類学教室に「標本取扱」の名義でつとめ、その間、坪井正五郎の指導のもとに論文などを発表し、学界に登場した。同三十五年大学を去り、台湾総督府学務課嘱託として赴任したが、一年にして東京にもどり、同三十六年から大正二年（一九一三）まで無職の生活をつづけた。大正二年李王職博物館に勤務、その後旅順博物館ついで満鉄総裁室弘報課につとめたが、昭和十一年（一九三六）東京にもどり、同十七年六月十七日死去した。七十七歳。明治三十三年には、『古墳横穴及同時代遺物発見地名表』を編纂したほか、『考古学研究法』『考古便覧』『考古精説』『日本考古学』『満洲考古学』などをあらわし、また神籠石について山城説をとなえて喜田貞吉に対するなど、多くの業績を残した。

参考文献 斎藤忠・浅田芳郎編『大野延太郎 八木奘三郎 和田千吉集』（『日本考古学選集』四）

（斎藤　忠）

やぎひでつぐ 八木秀次 一八八六―一九七六 大正・昭和時代の電気工学者。超短波用指向性アンテナの発明者。工学博士。明治十九年（一八八六）一月二十八日、大阪の老舗（札差）の三男に生まれ、北野中学・第三高等学校を経て、同四十二年東京帝国大学電気工学科卒業、仙台高等工業学校に招かれ、翌年教授となり、大正二年（一九一三）二月から三ヵ年間欧米留学。まずドイツのドレスデン工科大学G・H・バルクハウゼン教授、ついでイギリスのロンドン大学J・A・フレミング教授に学び、無線通信工学分野の開拓を志向。同八年東北帝国大学工学部設置とともに電気工学科教授に就任、精力的な研究活動を進め、門下の宇田新太郎といわゆる八木アンテナを発明(大正十五年特許取得)、海外の高い評価を博した。昭和七年(一九三二)大阪帝国大学教授兼任、九年同学理学部長、十七年東京工業大学学長、十九年技術院総裁、二十一年大阪大学学長。のち一時公職追放の身となったが、日本学士院会員、参議院議員、武蔵工業大学学長など歴任、三十一年文化勲章受章。また政府諸委員、電気学会・音響学会・電気通信学会各会長、八木アンテナ株式会社社長をつとめた。五十一年一月十九日没。八十九歳。著書に『技術人夜話』がある。

参考文献 八木アンテナ株式会社編『25年のあゆみ』 （飯田　賢一）

やざきさがのや 矢崎嵯峨屋 一八六三―一九四七 明治時代の小説家、詩人。本名矢崎鎮四郎。別号嵯峨の屋おむろ・北邙散士・潮外・探美など。文久三年(一八六三)正月十二日に下総国関宿藩士矢崎鉀八郎勝則・慶の次男として、江戸日本橋(東京都中央区日本橋箱崎町二丁目)の藩屋敷に生まれる。明治九年(一八七六)東京外国語学校露語科給費生となり、在学中に二葉亭四迷と相知る。十六年卒業し統計院に勤めたが、十八年失職。翌年坪内逍遙宅に寄寓、この折、逍遙の別号「春の舎おぼろ」に擬し、その弟分という意味で「嵯峨の屋おむろ」の号を与えられた。二十年処女小説『(浮世人情)守銭奴之肚』を出版。二十一年刊『無味気』が出世作になり、翌年には『初恋』『野末の菊』『流転』で大家と並び称された。ロシア文学の文明批評性と浪漫性を受け継いだ作風で、三十年刊『抒情詩』収録の詩も著名。金港堂・国民新聞社・陸軍士官学校などに勤め、後年は書店を経営。昭和二十二年(一九四七)十月二十六日千葉県市原郡牛久町で没。八十五歳。墓は東京都豊島区の雑司ヶ谷墓地にある。

参考文献 柳田泉『随筆明治文学』、笹淵友一『浪漫主義文学の誕生』、吉田精一『浪漫主義の研究』、杉崎俊夫『嵯峨の屋おむろ研究』、和田繁二郎「矢崎嵯峨の屋論」(『立命館文学』一六八・一七四)、十川信介「矢崎嵯峨の屋」(『国語国文』三六ノ六)、高田知波「嵯峨のやおむろの作家的出発」(『国語と国文学』五六ノ九)、佐藤清郎「二葉亭四迷と嵯峨の屋お室」(『文学』五三ノ三) （畑　有三）

やじまかじこ 矢嶋楫子 一八三三―一九二五 明治・大正時代の教育者、社会事業家。天保四年(一八三三)四月二十四日、肥後国上益城郡木山町村(熊本県上益城郡益城町)に生まれる。はじめの名は勝。父は矢嶋直明、母は鶴子。安政五年(一八五八)二十六歳の時同村の林七郎に嫁し、三児をもうけたが、十年後酒乱の夫と離婚。明治五年(一八七二)上京。途中長崎で楫が大船を動かすのを見、楫を生活の指針としようと楫子と改名した。東京で教員伝習所に学び、小学校の教員となった。十一年長老派の経営する築地居留地内の新栄女学校の教員に招かれた。翌十二年同派の新栄教会でD・タムソンにより受洗。十四年クリスチャンの桜井ちかに頼まれて桜井女学校の校長代理に就任、ミッションが同校の経営を担当することになった。二十二年桜井女学校は東京麴町に校舎を新築、翌二十三年新栄女学校と合併して校名を女子学院とし、矢嶋はその院長に就任、大正三年(一九一四)まで勤めた。また、南北戦争後のアメリカで禁酒運動として始まり、一八八三年世界的組織として結成された万国キリスト教婦人矯風会の働きかけに応じ、明治十九年、ミッションの人々の援助を得、潮田千勢子・佐々木豊寿らと東京婦人矯風会を結成、二十六年全国組織の日本基督教婦人矯風会とし、会頭に就任。一夫一婦による家庭の浄化、廃娼、禁酒運動を推進し、婦人救済施設を設置した。大正十四年六月十六日没。九十三歳。墓は東京都府中市の多磨墓地にある。横井小楠は義兄、徳富蘇峰・同蘆花・横井時雄・海老名みや子(弾正夫人)らは甥・姪にあたる。

参考文献 久布白落実編『矢嶋楫子伝』、女子学院史編纂委員会編『女子学院の歴史』、日本キリスト教婦人矯風会編『日本キリスト教婦人矯風会百年史』 （渋川　久子）

やしろくにじ 八代国治 一八七三―一九二四 明治・大正時代の国史学者。明治六年(一八七三)二月二日木更津県市原郡上高根村(千葉県市原市)に鈴木吉蔵の次男に生まれ、八代房吉の養子となる。同三十年に国学院を卒業し、東京帝国大学文科大学史料編纂掛の編纂助員となり、鎌倉時代史料を担当した。三十三年に編纂員、三十八年に編纂官補となり、大正四年(一九一五)には南北朝時代の史料編纂の主任となって、同九年に編纂官となるが、この間、長慶天皇の即位問題を考証し、また同八年には宮内省から皇室御料沿革調査を委嘱されて、皇室領の研究を行い多大の業績をあげた。主著は『皇室御領史』『長講堂領の研究』『吾妻鏡の研究』『国史叢説』など。同十一年には国学院大学教授となり、没後の同十三年六月には『長慶天皇御即位の研究』により、帝国学士院の恩賜賞を与えられた。大正十三年四月一日没。五十二歳。法名輔国院文誉高嶺居士。東京市牛込区早稲田町の宗源寺に葬られる。 （五味　文彦）

やしろゆきお 矢代幸雄 一八九〇―一九七五 大正・昭和時代の美術史家。明治二十三年(一八九〇)十一月五日横浜市に生まれる。父宗勝は旧高松藩士。大正四年(一九一五)東京帝国大学文科大学英文科卒業、東京美術学校で講師として西洋美術史を担当する。十年に渡欧、ロンドンで研究ののちフィレンツェのバーナード＝ベレンソンに師事。十四年に帰国した。同年ロンドンのメディチ＝ソサエティ社から出版した英文の『サンドロ＝ボッティチェリ』は様式批判と耽美主義を融合し方法化した大著として知られる。その後もたびたびヨーロッパへ渡っているが、研究の重心は日本美術・東洋美術に移っていった。昭和五年(一九三〇)上野公園内の美術研究所(現、東京国立文化財研究所)設立に参画し、十一年に所長に就任、東洋美術総目録の作成など基礎資料の充実に力を注ぎ、また日本や東洋の美術の海外への紹介に努めた。十七年まで在職。第二次世界大戦後は長く文化財保護委員として重きをなし、大和文華館の設立に尽力して三十五年初代の館長に就任した。三十八年日本芸術院会員、四十五年文化功労者に選ばれた。五十年五月二十五日神奈川県平塚市で没。八十四歳。主著は『受胎告知』『日本美術の特質』など。また『水墨画』は啓蒙書としてよく読まれている。

参考文献 矢代幸雄『私の美術遍歴』 (原田 実)

やしろろくろう 八代六郎 一八六〇―一九三〇 明治・大正時代の海軍軍人。万延元年(一八六〇)正月三日、尾張国丹羽郡楽田村(愛知県犬山市楽田)に犬山藩庄屋松山庄七の三男として出生。母はやえ。十歳で八代逸平の養子となり八代家を継ぐ。愛知英語学校を経て海軍兵学校に進み、明治十四年(一八八一)九月卒業。日清戦争には巡洋艦高千穂分隊長として、日露戦争には装甲巡洋艦浅間艦長として参加した。日清戦争前に海軍参謀部付として約三年ウラジオストックに出張し、同戦争後に約三年ロシア公使館付となってロシア通となったが、三十八年一月にドイツ大使館付となり、四十年十二月将官に進む。四十一年十一月帰朝し、いくつかの艦隊司令官・海軍大学校長・舞鶴鎮守府司令長官を歴任したあと、シーメンス事件のあとを受けて大正三年(一九一四)四月、第二次大隈内閣の海相に就任。一年余にして海相を辞任し、第二艦隊・佐世保鎮守府の各司令長官となり七年七月大将に進む。九年八月予備役に入り、十四年十二月枢密顧問官となる。昭和五年(一九三〇)六月三十日、東京で没。七十一歳。墓は東京都港区の青山墓地にある。大正五年、男爵を授けられる。

参考文献 八代六郎『八代海軍大将書翰集』、小笠原長生『俠将八代六郎』 (野村 実)

やすいえいじ 安井英二 一八九〇―一九八二 昭和時代前期の官僚政治家。明治二十三年(一八九〇)九月十八日、裁判官安井重三の次男として東京に生まれる。大正五年(一九一六)東京帝国大学を卒業、内務省に入り東京府属となる。八年に本省に戻り警保局事務官となり、十一年社会局第一部労働課に移る。十二年夏から一年間ドイツに出張し労働協約を研究、十四年十月地方局行政課長となり英国のコールやウェッブを参考に地方自治改革を研究した。内相秘書官兼大臣官房文書課長を経て、昭和二年(一九二七)四月地方局行政課長となる。四年七月警保局保安課長となり、訓示で思想犯への拷問を戒めた。岡山県知事を経て六年十二月社会局労働部長となり、七年三月地方局長に就任する。斎藤内閣の下で選挙粛正運動など「党弊」の除去に努めた。十年一月大阪府知事に転じ、十二年六月から第一次近衛内閣で文部大臣を務めたが、同年十月病気を理由に辞任した。近衛文麿首相と政見を異にしたためとも木戸幸一を内閣に迎えるためともいわれる。十三年十二月貴族院議員に勅選され二十一年三月まで在職した。十五年七月第二次近衛内閣に内務大臣として迎えられ大政翼賛会の成立に関与したが、同年十二月平沼騏一郎を入閣させるための内閣改造で辞任した(この間、一時厚生相を兼任)。この時期、内務官僚は翼賛会の地方支部組織問題で内務省が主導権を握ることを望み、選挙についても推薦制を提議している。二十年四月大阪府知事となり、ついで六月から十一月まで近畿地方総監を務めた。戦後、公職追放に遭ったが、解除後、国家公安委員などを務めた。五十七年一月九日老衰のため没。九十一歳。

参考文献 内政史研究会編『安井英二氏談話速記録』(『内政史研究資料』一四―一六・一八・一九)、戦前期官僚制研究会編『戦前期日本官僚制の制度・組織・人事』 (佐々木 隆)

やすいそうたろう 安井曾太郎 一八八八―一九五五 明治から昭和時代にかけての洋画家。明治二十一年(一八八八)五月十七日京都六角通り富小路(中京区)の木綿商の五男として生まれ、同三十七年聖護院洋画研究所に入って浅井忠に師事、ついで関西美術院に進み、明治四十年から大正三年(一九一四)までフランスに留学した。その間、最初の三年間はアカデミー=ジュリアンでジャン=ポール=ローランスに学んだか、のち自由研究に移ってミレーやピサロ、また特にセザンヌの作風に傾倒、帰国後の大正四年第二回二科展に滞欧作を特別陳列して大きな感銘を与え、二科会会員に迎えられた。その後は日本の風土に立脚した独自の写実的様式を求めて、清爽堅実な日本的作風を確立、昭和四年(一九二九)の「座像」以後とくに快調な制作を展開し、「金蓉」「深井英五氏像」「藤山氏像」など肖像画に多くの秀作を発表して、梅原竜三郎と並び称された。昭和十年帝国美術院会員となって二科会を辞し、翌年同志と一水会を創立、また同十九年帝室技芸員、東京美術学校教授に任ぜられ、第二次世界大戦後の昭和二十四年日本美術家連盟の初代会長に推された上、同二十七年文化勲章を受けた。昭和三十年十二月十四日、神奈川県足柄下郡湯河原町の自宅で死去。六十七歳。遺骨は東京都台東区蔵前三丁目の榧寺に埋葬されている。法名は明徳院殿浄誉雅仙曾堂大居士。

参考文献 富山秀男編『安井曾太郎』(『近代の美術』四二)、嘉門安雄『安井曾太郎』 (富山 秀男)

やすいそっけん 安井息軒 一七九九―一八七六 江戸時代後期の儒学者。諱は衡、幼名は順作、字は仲平、号は息軒・半九陳人・清滝・葵心子。飫肥(おび)藩の安井朝完(号、滄洲)の次子。寛政十一年(一七九九)正月一日日向国宮崎郡清武郷中野里(宮崎県宮崎郡清武町加納)に生まれる。文政二年(一八一九)大坂に遊学し蔵書家篠崎小竹の門に入る。同四年兄朝淳(号、清渓)没し国もとに帰った。同七年江戸に赴き昌平坂学問所に入り古賀侗庵に師事したが、松崎慊堂に推服していた。同九年江戸藩邸勤番を命ぜられ藩主伊東祐相の侍読を兼ねた。翌十年藩主に従って帰国した。そのころ清武村字中野に学問所設立の挙が起こり、藩の許可を得て郷校明教堂を設立し、滄洲・息軒が指導にあたった。天保二年(一八三一)藩校振徳堂が設立され、滄洲は総裁兼教授に息軒は助教に任命され飫肥に移住した。また風教政治視察のため九州を巡覧し『観風抄』を撰述して藩主に呈出した。同四年藩主に従って出府、翌年帰国した。同六年父没し翌年再び江戸遊学を許され、同八年五月に昌平坂学問所に入った。寮内の騒々しさを嫌い、千駄谷・外桜田の藩邸、増上寺金地院内などに住んだ。同九年三月帰国したが、江戸移住を願い出て許され五番丁に居住、水戸の藤田東湖、熊本の木下犀潭、江戸の塩谷宕陰、芳野金陵らと交誼を結び、松崎慊堂を訪ね疑を質すなどした。同十年上二番丁の旗本屋敷内を借り三計塾を開き新古自由を標榜した。その後、住居は転々と変わったが塾は続いた。同十三年眼疾を患い読書に不自由し仙台松島旅行を楽しんだ。同十四年飫肥藩邸で『論語』の会読を始め、弘化元年(一八四四)には藩主に『管子』の質疑に答え月三回の例となった。『論語』講釈も定期に行われ文会も毎月欠かさなかった。同四年米国艦隊の浦賀到来に際しては、藩に海防意見を進言し政務に参与することになった。嘉永二年(一八四九)藩に養蚕・製糸・種痘を勧め、同六年には用人格百石と優遇されたが、敬遠の傾向でもあった。対外問題では藤田東湖を介して徳川斉昭に知られ、『海防私議』を著わし、蝦夷地経営について意見を表明した。文久元年(一八六一)用人格を免ぜられ、翌二年七月幕府の召命があり、将軍に謁し十二月十二日御儒者(両御番上席二百俵十五人扶持)を命じられた。この年夫人死去、翌三年長男棟蔵死去と不幸が重なった。元治元年(一八六四)八月依願免小普請入となる。このころ『管子纂詁』『管子纂詁考譌』を上梓した。明治元年(一八六八)致仕し、火災にもあって王子郊外領家村に移り、さらに彦根藩の代々木別邸に移った。同二年新政府の出仕勧誘を辞し、彦根藩主へ『貞観政要』講義、飫肥藩世子(祐帰(すけより))および門弟教育に力を注いだ。七月に徳川家から飫肥藩に復帰し桜田上屋敷に移った。同四年廃藩後土手三番町に移った。明治九年九月二十三日没、七十八歳。法名、息軒半九居士。駒込竜光寺に葬る。学風は古学で、漢唐の註疏を主として諸説を参考し、考証は精密である。著書は前記のほかに、『論語集説』『大学説』『中庸説』(以上『漢文大系』所収)、『毛詩輯疏』(『崇文叢書』所収)、『左伝輯釈』、『急救或問』(『日本経済叢書』所収)、『睡余漫筆』(『日本儒林叢書』所収)、『靖海問答』『軍政或問』、『弁妄』、『息軒遺稿』等がある。

参考文献 若山甲蔵『安井息軒先生』
(山本 武夫)

やすいてつ 安井てつ 一八七〇—一九四五 明治から昭和時代前期にかけてのキリスト教主義女子教育者。明治三年(一八七〇)二月二十三日、父安井津守(下総古河藩士)・母千代の長女として東京府駒込曙町(文京区本駒込)の旧藩主土井子爵邸内の家で生まれた。誠之小学校から東京女子師範学校付属女学校・女子師範学校に進み、同二十三年女子高等師範学校卒業。同校助教諭・岩手県尋常師範学校付属小学校高等科訓導・女子高等師範学校訓導を経歴し、同三十年英国留学。同三十三年帰国し母校の教授兼舎監となる。この年十二月、海老名弾正牧師より洗礼を受けた。同三十七年から三年間シャム国政府の招聘を受け、バンコク府皇后女学校教育主任。渡英しウェールズ大学に学び、同四十一年帰国。学習院および母校の講師となるが、大正七年(一九一八)、東京女子大学の学監に就任、学長新渡戸稲造とともに新設のキリスト教主義女子大学の基礎をつくった。大正十二年から昭和十五年(一九四〇)まで学長。個性を重んじ人格教育を主張した。同二十年十二月二日、荻窪衛生病院で没。七十六歳。墓は東京都府中市の多磨墓地(一五区)にある。勲四等瑞宝章授与。

参考文献 青山なを『安井てつ伝』、同編『若き日のあと—安井てつ書簡集—』、同『安井てつと東京女子大学』(『青山なを著作集』三)、『東京女子大学五十年史』
(松川 成夫)

やすおかおきち 安岡雄吉 一八五四—一九二〇 明治時代の政論記者・政治家。安政元年(一八五四)土佐国幡多郡中村(高知県中村市)の郷士安岡良亮(のち、熊本県令として神風連の乱で没)の長男に誕生。明治初年東京に出て慶応義塾で福沢諭吉に師事した。元老院御用掛、東京府御用掛を歴任。明治二十年(一八八七)後藤象二郎の参謀格で丁亥倶楽部に関与し大同団結運動に取り組み、翌二十一年六月創刊の機関紙『政論』の編集・執筆に大石正己・菅了法らとあたった。『政論』第一一号(同年十一月刊)が新聞紙条例に触れ、大石とともに重禁錮一年五ヵ月に処せらる。二十二年二月十一日の大日本帝国憲法発布の大赦で出獄した。二十五年の第二回総選挙で高知県第二区に出馬し当選、しかし落選した自由党の林有造・片岡健吉の干渉選挙による当選無効訴訟に敗北して一年二ヵ月後に落選の宣告を受けた。三十七年の第九回総選挙に当選、帝国党(のち同攻会、猶興会に変遷)に所属した。大正九年(一九二〇)十一月一日没。六十七歳。
(福地 惇)

やすおかまさひろ 安岡正篤 一八九八—一九八三 大正・昭和時代の東洋学者、右翼思想家。明治三十一年(一八九八)二月十三日大阪に生まれる。大正十一年(一九二二)東京帝大法学部を卒業。一時文部省に就職したが、すぐにやめる。同年十二月伯爵酒井忠正の邸内に亜細亜文化協会研究所をつくり、ここで陽明学研究会を組織、在野の陽明学者としての態勢をととのえる。同研究所から、パンフレット『東洋思想研究』を刊行し、十三年ころからは、旧本丸の社会教育研究所で東洋思想の講義をした。このころから『日本精神の研究』『王陽明研究』『支那思想及び人物講話』『天子論及官吏論』などの著作を続々刊行し、若くして一部華族や富豪に師と遇されるに至る。十四年大川周明の行地社に参加、右翼運動に関与したが、政治的な行動はほとんどしなかった。昭和二年(一九二七)酒井の援助で金鶏学院を創設、教化運動にのりだした。同七年、酒井・近衛文麿ら華族と後藤文夫・湯沢三千男ら革新官僚を結んで国維会をつくったが、金鶏学院はつづけており、雑誌やパンフレットは軍人・官僚・政財界人に影響を与え、十年ころには会員が一万二千名をこえるといわれた。国維会はこうした安岡の知名を背景に、政界に力を伸ばさんとしたもので、斎藤・岡田両内閣に閣僚を送り込み、注目されたが、九年十二月には解散した。終戦時に、「玉音放送」の原案に朱をいれたといわれる。戦後は昭和二十四年に全国師友協会を設立し、政財界に影響力を強める。晩年は保守党や官僚・保守的知識層にまで力をふるい、保守イデオロギーの一中心として隠然たる勢力をほこった。五十八年十二月十三日、八十五歳で死んだが、「平成」の元号の原案は、安岡から出たとの説もある。（鈴木 正節）

やすかわけいいちろう 安川敬一郎 一八四九―一九三四 明治・大正時代の石炭業者。筑前国早良郡鳥飼村(福岡市)で福岡藩士徳永省易の四男として嘉永二年(一八四九)四月十七日に生まれ、のち安川家の養子になった。明治五年(一八七二)慶応義塾に入学したが、七年三兄の幾島徳が佐賀の乱で戦死したため帰郷し、一族の家業である炭鉱業に従事した。二十年明治炭鉱を開坑、二十二年平岡浩太郎と共同で赤池炭鉱に着手した。二十九年明治炭坑株式会社を創立し、三十四年赤池・明治両炭鉱の全所有権を取得し、四十年豊国炭鉱を引き受け、四十一年明治鉱業株式合資会社を設立した。大正三年(一九一四)衆議院議員に当選。同九年男爵を授けられた。同七年七十歳を機に引退し、その後社会活動に尽くし、昭和九年(一九三四)十一月三十日八十六歳で没した。安川は開明的な炭鉱経営者として知られ、石炭商も兼営し、安川電機・九州製鋼・黒崎窯業などの設立にかかわった。また明治専門学校(現九州工業大学)を設立した。著書に『撫松余韻』がある。なお、次男に松本健次郎、五男に安川第五郎がいる。

参考文献 明治鉱業株式会社編『社史』、清宮一郎編『松本健次郎懐旧談』（荻野 喜弘）

やすかわだいごろう 安川第五郎 一八八六―一九七六 大正・昭和時代の実業家。明治十九年(一八八六)六月二日、九州有数の資産家安川敬一郎の五男として福岡に生まれた。明治四十五年東京帝国大学工科大学電気工学科を卒業して日立製作所に入所したが、大正二年(一九一三)には渡米しウェスチングハウス社に滞在した。翌三年帰国して何か事業を始めよ、という敬一郎の命に従って、大正四年七月合資会社安川電機製作所を北九州黒崎(福岡県北九州市八幡西区黒崎)に創立した。第五郎は常務取締役として安川電機の経営にあたり、昭和十一年(一九三六)兄清二郎急死の後を受けて社長に就任したが、昭和十七年に電気機械統制会長となって安川電機の経営から離れた。昭和二十一年、石炭庁長官に就任したが公職追放のため辞し、安川電機取締役に復帰、昭和二十四年取締役会長になった。昭和三十年に日銀政策委員、翌三十一年に日本原子力研究所理事長、昭和三十八年から東京オリンピック組織委員会長など幅広い活動を行い、昭和四十五年一月には勲一等旭日大綬章を受章。昭和五十一年六月二十五日に没した。九十歳。著書に『私の職域』『思い出の記』などがある。なお、実業家の松本健次郎は実兄。

参考文献 安川第五郎伝刊行会編『安川第五郎伝』（長谷川 信）

やすかわゆうのすけ 安川雄之助 一八七〇―一九四四 昭和時代前期の三井物産会社で筆頭常務取締役を務めた辣腕の実業家。明治三年(一八七〇)四月四日安川太郎助の長男として京都に生まれる。同二十二年十月大阪商業学校を卒業後三井物産大阪支店へ入社、翌二十三年八月手代三等となる。日清戦争後総合商社として海外商圏を拡大する三井物産の中堅で活躍、神戸・天津・大連各支店長を経て大正三年(一九一四)本店営業部長になった。同七年常務取締役へ昇進、以後三井物産の重役として三井財閥の基軸事業になった総合商社の経営にあたった。同十五年一月設立の人絹糸製造会社東洋レーヨン(資本金一千万円)の投資を手掛け初代取締役会長を兼任するなど、彼の辣腕は「カミソリ安」の異名をとった。昭和七年(一九三二)三月三井合名理事長団琢磨の暗殺後三井合名の理事に就くが、同九年三月みずから財閥糾弾により三井合名理事・三井物産筆頭常務など三井の役職を退いた。同十一―十四年東洋拓殖会社総裁に就任。昭和十九年二月十三日没。享年七十五。

参考文献 青潮出版株式会社編『日本財界人物列伝』二、『三井物産株式会社沿革史』（松元 宏）

やすだぜんじろう 安田善次郎 一八三八―一九二一 明治・大正時代の代表的な実業家。安田財閥の創設者。天保九年(一八三八)十月九日、越中富山に生まれた。父の善悦は刻苦して富山藩の下級藩士の身分を得たが、生活は貧困で、半農半商であった。善次郎は幼少期から利発で商才に長じ、富山での致富が困難なことから、都市での商人としての立身を志した。安政五年(一八五八)に江戸に出、玩具の行商を経て日本橋小舟町の銭両替店に手代奉公をし、両替業ないし金融業についての経験をつんだ。文久二年(一八六二)に銭の投機を試みて失敗し、元治元年(一八六四)三月、鰹節小売商兼銭両替店の「安田屋」を日本橋人形町の裏通りに開業した。開店資金が二十五両の零細な経営であったが、勤倹力行し、ついで慶応二年(一八六六)四月に小舟町に移転してからは、近隣の両替商が休業や閉店するなかで積極的に両替業を営み、幕府からの委託業務の利益もあって、明治二年(一八六九)正月の決算では、五千二百六十三両余の純資産を計上するに至っている。善次郎は、明治維新直後に新政府が発行した不換紙幣である太政官札をすすんで取り扱い、明治二年から翌年七月までに一万四千三百八両余の利益を手にした。このころ店名を「安田商店」と改称し、一時は油店を経営したりしている。ついで秩禄公債はじめ価格の下落した公債を大量に買い付けて成功し、東京で屈指の金融業者の一人となった。明治九年八月に第三国立銀行を設立、ついで十三年一月に安田商店を実質的に安田銀行に改組し、十五年に設立された日本銀行の理事(のち監事)に就任して、日本銀行を背景として両銀行を発展させた。特に第三国立銀行は、経営難におちいった各地の銀行の経営を引き受けたりして全国的な系列銀行をもつに至った。また二十六年に帝国海上保険を設立し、同年東京火災保険を傘下におき(これらはのちの安田火災)、翌年には共済五百名社を共済生命保険(のち安田生命)に改組するなど、保険業にも進出した。明治四十五年には安田銀行を母胎として、安田系企業の統轄的な持株会社である合名会社保善社(のち安田保善社)を設立。もっとも善次郎は、初期の北海道の硫黄鉱山の開発に成功したものの、一八九〇年代に経営した倉庫業・綿糸紡績業・製釘業など、金融以外の諸事業(明治二十二年に安田商事合名会社として統轄)では十分な成果をみなかった。善次郎は初期には渋沢栄一・大倉喜八郎・雨宮敬次郎と協力し、その後、浅野総一郎の諸事業(セメント・埋立築港・海運・製鉄など)に積極的に融資した。また時の東京市長後藤新平の東京市の開発および市政調査会の構想に共鳴していた。しかし、「陰徳」を重んじた思想のせいもあって、彼は国家・公共の意識に欠如した実業家との世評を免れず、大正十年(一九二一)九月二十八日朝日平吾に刺殺された。八十四歳。東京市政会館および東京大学安田講堂の寄付は、死後に実現した。

参考文献 由井常彦編『安田財閥』、「安田保善社とその関係事業史」編修委員会編『安田保善社とその関係事業史』、矢野文雄『安田善次郎伝』 （由井 常彦）

やすだてつのすけ 安田鉄之助 一八八九―一九四九 大正・昭和時代の陸軍軍人、政治運動家。神兵隊事件の主謀者の一人。明治二十二年(一八八九)十二月二十四日熊本県に生まれる。四十一年陸軍少尉。陸大を卒業し、参謀本部付・フランス大使館付武官補佐官などを経、渡欧中の東久邇宮付武官となった。四年余りヨーロッパに滞在。昭和四年(一九二九)陸軍中佐、翌年七月依願予備役になった。退役後は東久邇宮の私設秘書的存在となったが、鹿子木員信や天野辰夫と交際し、右翼グループの一員となる。同八年、神兵隊事件で検挙されたが、同十六年最終的に「免刑」の判決をうけた。十四年「まことむすび社」が結成されると、世話人になった。「神皇命之道」なる特異な主張をもつ、理論右翼の一人とされる。昭和二十四年三月十九日没。六十一歳。

参考文献 安田元久『駘馬の道草』 （鈴木 正節）

やすだとくたろう 安田徳太郎 一八九八―一九八三 昭和時代の医者、社会運動家。明治三十一年(一八九八)一月二十八日、父徳次郎、母きくの長男として京都市に生まれる。父の死後一家が父の姉(山本宣治の母タネ)の経営する旅館「花やしき」に引きとられる。大正九年(一九二〇)京大医学部入学。在学中山本宣治と共に産児制限運動や性科学の確立のために努力。卒業後も大学医局に残り、無産階級のための医療に協力。昭和三年(一九二八)三・一五事件救援活動に参加。同五年三高ストライキに関係し、医局を追われる。十月上京、優性病院に勤務、七年岩田義道の遺体を引き取り解剖に立ち合う。八年小林多喜二の遺体を引き取り、解剖のために奔走するが、官憲の妨害でできず。十四年サルファ剤による化学療法を始めた。患者宮城与徳の紹介でゾルゲと知り合い、活動を支援、十七年検挙、懲役二年執行猶予五年の判決。戦後二十一年京都から衆議院選挙に立候補、落選。二十二年上京、二十六―三十二年には著書『人間の歴史』、フックス『風俗の歴史』の翻訳がベストセラーになり、以後文筆活動に従事、五十五年ダンネマン『大自然科学史』の新訳で日本翻訳文化賞を受賞。昭和五十八年四月二十二日没。八十五歳。

参考文献 安田徳太郎『思い出す人びと』 （佐々木敏二）

やすだゆきひこ 安田靫彦 一八八四―一九七八 明治から昭和時代にかけての日本画家。明治十七年(一八八四)二月十六日、東京府日本橋区新葭町(東京都中央区)に生まれる。生家は江戸時代から続いた料亭「百尺」。本名新三郎。明治三十一年小堀鞆音に師事。同年日本美術院が創立された第一回展より出品。小堀門下生らと研究会紫紅会を興す。三十三年今村紫紅が加わることにより紫紅会の名を紅児会と改む。岡倉天心が興した国画玉成会の創立に加わり評議員となる。第一回文展「豊公」が三等賞、大正元年(一九一二)第六回文展「夢殿」二等賞となる。天心の死によって再興日本美術院に参加し、同人となる。歴史人物画のジャンルに典雅で華麗な画風を展開し、古典における故実や服装の面で克明な探究を積み重ねている。院展の発展に尽力し、「黄瀬川陣」(昭和十六年(一九四一)第二十八回院展)は靫彦の代表作であるばかりか近代日本画史上の傑作で、新古典主義の名作。九年帝室技芸員。十二年帝国芸術院会員、十九年東京美術学校教授。二十三年文化勲章を受章。三十三年横山大観なきあと日本美術院理事長。四十二年法隆寺金堂壁画再現模写事業の総監修に前田青邨と参加。第二次世界大戦後日本画に厳とした風格を保った。昭和五十三年四月二十九日、神奈川県中郡大磯町の自宅で没。九十四歳。

参考文献 山種美術館編『安田靫彦―その人と芸術―』(特別展図録)、安田靫彦『画想―安田靫彦文集―』、『安田靫彦画集』、『自選安田靫彦画集』 （中村 溪男）

やすだよじゅうろう　保田與重郎　一九一〇—八一　昭和時代の文芸評論家。明治四十三年(一九一〇)四月十五日、奈良県磯城郡桜井町(桜井市)に生まれた。幼時から大和の風光・文化に親しみ、その分厚い造詣・蘊蓄は彼生涯懸けての伝統論のバックボーンとなる。東京帝国大学文学部美学科でドイツ=ロマン派を修めては、該派の核ともいうべきロマンティッシュ=イロニイ、要するに有限な現実の超越・嘲弄を試み、自己決定を無限に留保して已まぬこれをば我物とし、昭和七年(一九三二)三月創刊の『コギト』、同十年三月刊行の『日本浪曼派』のエース格として驚倒に値する健筆を揮う。デスペレートな心情への共感、敗北と滅亡の謳歌は、屈折・韜晦の特異な文体と相まって、「時代閉塞」の状況に置かれた青年たちの琴線を快く弾じた。見方によっては、当時保田の文学の影響するところは小林秀雄のそれよりも広汎で深到であったといえるかもしれない。第二次世界大戦時下、反近代主義・反進歩主義の立場を強めて、一切の時務情勢論や官僚制や科学的兵器を憎忌し、もののあはれや隠遁の志を愛惜した彼の言説は、橋川文三のまさに画期的な保田論が現われるまで不当に貼られていたミリタリズム・ファシズムのレッテルと相容れぬこと瞭然たるものがあるだろう。果然、彼は戦後のいわゆる便乗的文化人と彙を異にし、己れの思想の不渝一貫性を唱えて毫も憚らなかった。昭和五十六年十月四日没。七十一歳。余人の模して到底及ばぬ全文業は『保田與重郎全集』四十巻・別巻五巻(講談社)に纏められている。

[参考文献]　橋川文三『日本浪曼派批判序説』　(塚本　康彦)

やすなりさだお　安成貞雄　一八八五—一九二四　明治・大正時代の評論家。明治十八年(一八八五)四月二日、秋田県北秋田郡阿仁銀山町(阿仁町)に父正治・母キミの長男として生まれた。父はもと長府藩士、当時機械技師として阿仁銅山に勤務。大館中学を経て早稲田大学英文科卒。在学中、白柳秀湖らと社会主義的文芸誌『火鞭』を創刊。卒業後、『二六新報』『万朝報』『やまと新聞』記者や実業之日本社などを転々としたが、平民社・売文社などに出入りして社会主義的傾向を深め、『新社会』『新潮』ほかに評論・翻訳を発表。さらに大杉栄・荒畑寒村らの『近代思想』創刊に参加した。東雲堂の『生活と芸術叢書』の一つ『文壇与太話』(大正五年(一九一六))は、在野的な諷刺精神の横溢する評論集。「未だ家を成さずして江湖に流浪し、金あれば酒を飲み、酔えば与太を飛ばし」(実弟安成二郎)という生涯を送り、晩年は人類学・考古学に関心をもった。大正十三年七月二十三日、脳溢血で死亡。四十歳。弟妹らの編による遺稿集(大正十三年)がある。

[参考文献]　安成二郎『花万朶』　(竹盛　天雄)

やすひとしんのう　雍仁親王　一九〇二—五三　大正天皇の第二皇男子。母は貞明皇后。明治三十五年(一九〇二)六月二十五日誕生。幼称淳宮。大正十一年(一九二二)六月二十五日成年に達して一家を創立、秩父宮の宮号を賜わる。この宮号は皇居所在の武蔵国の名山で、古く日本武尊の伝承により皇室とゆかりもある秩父連山に因むものという。ついで昭和三年(一九二八)九月二十八日松平恒雄の女勢津子と結婚。これより先陸軍の軍職に就き、大正十一年陸軍歩兵少尉に任官、爾後歩兵第三連隊(東京麻布)・歩兵第三十一連隊(弘前)および参謀本部などに勤務、昭和二十年陸軍少将に任ぜられた。この間大正十四年より十五年にわたり海外見学のため渡欧してしばらくオックスフォード大学に学び、また昭和九年満洲国皇帝の即位慶賀のため同国に差遣せられ、ついで同十二年天皇の名代として英国国王ジョージ六世の戴冠式に参列した。この後同十五年六月以来胸部疾患のため葉山・御殿場・鵠沼の別邸で療養、同二十八年一月四日没。享年五十。墓は東京都文京区の豊島岡皇族墓所に在る。なお親王は資性濶達で特にスポーツを好み、アルプス登頂をはじめ関係事蹟も多く、広く国民に親しまれた。

[参考文献]　秩父宮家編『雍仁親王実紀』　(武部　敏夫)

やだそううん　矢田挿雲　一八八二—一九六一　大正・昭和時代の小説家・俳人。本名義勝。明治十五年(一八八二)二月九日に金沢で生まれる。東京専門学校(早稲田大学)在校中に正岡子規の門に入り、福本日南の招きで九州日報社に入社、『伊予日日新聞』『芸備日日新聞』『報知新聞』などで新聞人としてすごし、報知新聞社在社中に『江戸から東京へ』(大正九年(一九二〇)—昭和十七年(一九四二))を執筆、足で書く実録物の先鞭をつけ、さらに『太閤記』(大正九—昭和十年)、『忠臣蔵』(昭和十一—十五年)を手がけた。新聞の統合を機に退社し京都へ疎開、文壇から遠ざかった。戦後帰京してからは『挿雲』を主宰、俳人として活躍。昭和三十六年十二月十三日、老衰のため千葉県市川市で没。七十九歳。　(尾崎　秀樹)

やたべりょうきち　矢田部良吉　一八五一—九九　明治時代の植物学者。東京大学初代の植物学教授。号、尚今。嘉永四年(一八五一)九月十九日伊豆国田方郡韮山(静岡県田方郡韮山町)に蘭学者矢田部卿雲の子として生まれた。中浜万次郎・大島圭介たちに英語を学び、明治二年(一八六九)開成学校教授試補となる。大学少助教、中助教を経て外務省文書大令史となる。同三年森有礼に従い渡米。滞米中職を辞し、同五年国費留学生としてコーネル大学に入学、植物学を専攻、同九年卒業して帰国。東京開成学校教授。教育博物館長となる。同十年東京大学理学部生物学科教授。植物学を担当。同十九年帝国大学理科大学教頭、帝国大学評議官兼任。同二十年東京盲唖学校長兼任。同二十一年東京高等女学校長を兼任。理学博士。同二十四年帝国大学教授を非職。同二十七年免官。同二十八年高等師範学校教授。同三十一年同校校長。同三十二年八月八日鎌倉由井ヶ浜で海水浴中に死没。四十九歳。墓は東京谷中天王寺にある。植物分類の研究を行い、各地で植物を採集。小石川植物園を管理。同十一年東京大学生物学会創立とともに同学会会長。同十五年東京植物学会を創立し初代会長となる。英語で植物学を講じ、高等師範では英語を教えた。日本の植物学の発足と発展に貢献したが、一方では同十五年外山正一・井上哲次郎との共著の詩集『新体詩抄』を発行、新体詩運動の先駆となった。また『羅馬字早学び』でローマ字普及に尽くした。モースの『大森介墟古物編』の翻訳にもあたっている。

参考文献　井原千鶴子・服部敦子「矢田部良吉」(『近代文学研究叢書』四所収)、上野益三「矢田部良吉博士」(『遺伝』二二ノ二)、松村任三「故理学博士矢田部良吉君ノ略伝」(『植物学雑誌』一四)

(矢部　一郎)

やつぎかずお　矢次一夫　一八九九―一九八三　昭和時代に活躍した社会運動家、政界の黒幕。明治三十二年(一八九九)七月五日佐賀県に生まれる。青年時代から労働に従事しながら労働運動・右翼運動などに参加し、大正十年(一九二一)協調会に入り、のちにこれを辞めて十四年労働事情調査所を設立して労働問題の調査や労働争議の調停に従事した。昭和七年(一九三二)麻生久らと水曜会を結成し学者・評論家などと満洲事変後の対応などを論議していたが、その前後から陸軍との関係が生じ、翌八年に国策研究同志会を結成して学者・官僚などを集めて国策の研究・立案を行い、十二年には改組して大規模な国策研究会として発足させ、事務局長としてこれを主宰した。この研究会は陸軍の統制派のブレーントラストのような役割を果たし、政府の政策立案に影響力を持った。矢次自身も、企画院委員・大政翼賛会参与・翼賛政治会理事などの役職につき、また軍部を背景に政治的にも行動した。二十年二月研究会は活動を停止し、第二次世界大戦敗戦後十一月に新政研究会を組織したが、翌年公職追放になり、解散。二十六年追放解除。二十八年国政研究会(翌年国策研究会と改称)を組織し(事務局長・常任理事)、また日華協力委員会・日韓協力委員会の日本側委員として岸信介などに協力して活躍した。昭和五十八年三月二十二日病没。享年八十三。著書は『昭和動乱私史』など多数ある。墓は東京都港区の青山墓地にある。

参考文献　中村隆英他編『現代史を創る人びと』四

(伊藤　隆)

やつなおひで　谷津直秀　一八七七―一九四七　明治から昭和時代にかけての動物学者。明治十年(一八七七)九月八日東京赤坂に生まれる。同三十三年東京帝国大学理科大学動物学教室卒業、アメリカのコロンビア大学で実験発生学を学び、四十年帰国。直ちに東大講師、四十二年助教授、大正九年(一九二〇)一時東大を去る。実験的手法の導入者としての評価を受ける。昭和二十二年(一九四七)十月二日没。七十一歳。著書に『動物分類表』(大正三年)などがある。

(鈴木　善次)

やないはらただお　矢内原忠雄　一八九三―一九六一　大正・昭和時代の植民政策学者。明治二十六年(一八九三)一月二十七日、医師矢内原謙一と松枝の次男として愛媛県越智郡富田村(今治市)に生まれた。第一高等学校時代に校長新渡戸稲造の人格主義に深く影響されるとともに、内村鑑三の『聖書』講義に出席を許されて無教会キリスト者となった。大正六年(一九一七)東京帝国大学法科大学政治学科を卒業して住友総本店に入社、郷里に近い別子鉱業所に勤務したが、同九年辞して創設後間もない東大経済学部の助教授となり植民政策の講座を担当。英独仏に留学し、同十二年帰国後教授となる。同十五年講義案をもとに執筆した『植民及植民政策』は、内外の植民政策学を集大成し体系化したものであるが、政治的従属関係を植民の本質とみる通説を形式的として批判し、社会群の移住という社会経済的活動を実質的植民として問題とすべきだとの同書の主張は、その反面で植民の政治的、民族的側面の軽視を生むとの反論を招いた。この概念を前提に『帝国主義下の台湾』(昭和四年(一九二九))、『満洲問題』(同九年)、『南洋群島の研究』(同十年)、『帝国主義下の印度』(同十二年)の植民地研究四部作を公刊し、朝鮮についても論文数編を発表した。そこでは日本の植民地統治政策を世界の植民地中珍しく極端な総督専制であると位置づけ、本国本位の同化主義政策から住民の参政権を認める自主主義政策への転換を強く求め、また「満蒙」についての「特殊権益」論の非合理性を鋭く批判した。昭和五年信仰の師内村鑑三と友人藤井武が死去したのを契機にキリスト教伝道への志を強め、個人誌の刊行や『聖書』集会・講演を行なったが、それは同時に軍国主義化の風潮への抵抗でもあった。昭和十二年十二月の東大教授辞職(矢内原事件)の一因が同年十月の藤井武記念会における講演にあったことは、その伝道活動と現実社会との激しい緊張関係をよく示している。辞職後は個人誌『嘉信』の刊行と『聖書』集会・講演に精力を集中し官憲の弾圧に屈せず預言者的活動をつらぬいた。同二十年十一月東大へ復帰し、「植民政策」を改称した「国際経済論」講座を担当した。翌二十一年八月同大学社会科学研究所の初代所長となり、同二十三年十月経済学部長に就任した。二十四年五月には教養学部の初代学部長となって新制東大の教養教育の基礎固めに心を砕いた。二十六年十二月東大総長に選ばれ二期六年間その任にあったが、この間政治の反動化と学生運動の尖鋭化に対し、大学の自治の原則に立って学外からの権力的介入を退けるとともに、学生に向かっては学内秩序の維持を説いた。三十二年十二月東大を退官してからは、学生問題研究所を創設して学生の現状を学問的に調査しつつ学生の個人的相談に応じ、また、キリスト教の伝道に力を注いだが、三十六年十二月二十五日胃癌のため死去。六十八歳。墓は東京都府中市の多磨墓地にある。『矢内原忠雄全集』全二十九巻がある。

参考文献　藤田若雄『矢内原忠雄』、西村秀夫『矢内原忠雄』

(石井　寛治)

やないわたり　箭内亙　一八七五—一九二六　明治・大正時代の東洋史学者。号は尚軒。明治八年（一八七五）七月十七日、福島県白河郡踏瀬村（西白河郡泉崎村大字踏瀬字踏瀬）に生まれた。生家は代々名主で、長兄名左衛門の養子となった。安積中学、第二高等学校を経て、明治三十四年東京帝国大学文科大学史学科を卒業、直ちに大学院へ入り「支那における基督教の興廃」を研究した。明治四十年九月第一高等学校講師に就任、翌四十一年南満洲鉄道株式会社に満鮮地理歴史調査部が設けられると、その委員となり白鳥庫吉の指導のもとに満洲・朝鮮の地理・歴史の研究に専念、翌四十二年には現地調査に出張した。四十三年第一高等学校教授に任ぜられ、東京帝国大学講師を兼ねた。さらに大正八年（一九一九）東大助教授に就任した。なお大正元年箭内の編纂した『東洋読史地図』（冨山房）は、ほとんど唯一の東洋歴史地図として、東洋史を学ぶ者に長く愛用された。『東洋読史地図』はのちに和田清によって補訂が加えられた。十年八月「元朝制度の研究」によって文学博士の学位を受けた。この論文は昭和五年（一九三〇）『蒙古史研究』（刀江書院）として刊行されたが、わが国における最初の本格的な元朝史の研究である。若い日の満洲研究がモンゴル・元朝の研究に向かわせたものであろう。大正十四年四月東京帝国大学教授に陞任したが、翌十五年二月十日、本郷の自邸で急死した。五十二歳。まだ将来の活躍を期待されていた彼の急死は、学界をあげて惜しまれた。嗣子健次は日本史家として九州大学教授となった。

参考文献　植村清二「評議員箭内博士の訃」（『史学雑誌』三七ノ三）、青山公亮他（座談）「先学を語る—箭内亙博士—」（『東方学』五九）　（山根幸夫）

やながわいっちょうさい　柳川一蝶斎　幕末から明治時代にかけての手品師。初代から三代まである。
（一）初代　生没年未詳　文政年間（一八一八—三〇）に江戸で活躍した。初名は柳川蝶之助。大坂の手品師、谷川定吉から習得した技に工夫を加え、「うかれ蝶の曲（浮かれの蝶）」を創作。天保八年（一八三七）に将軍の上覧を仰ぎ、弘化四年（一八四七）豊後大掾を受領し、子に代を譲った。
（二）二代　生没年未詳　初代の子。一説には初代の弟子、蝶十郎（初代の弟ともいわれる）が継いだともいう。蝶十郎は本名を青木治三郎という（一説には三代目の本名ともいう）。慶応二年（一八六六）に洋行し、西洋奇術を輸入し、「バタフライトリック（浮かれの蝶）」と題した、蝶の手品を演じた。「天地八声蒸籠」と題した手品では、底ぬけの箱からいろいろなものをとりだす芸などをみせるなど創作手品に努めた。帰朝後、一蝶斎を継ぐ。
（三）三代　一八四七—一九〇九　弘化四年（一八四七）十一月、江戸神田平永町（東京都千代田区神田須田町二丁目）に生まれる。初代門下。蝶之助、蝶柳斎から三代目となる。明治四十二年（一九〇九）二月十七日没。六十二歳。墓は台東区谷中一丁目の瑞松院にある（三代目を二代目とする説もあるが不詳）。　（宮尾與男）

やながわしゅんさん　柳河春三　一八三二—七〇　幕末・明治時代の洋学者。国人による新聞・雑誌創刊の鼻祖。天保三年（一八三二）二月二十五日、栗本武兵衛の子として名古屋大和町（名古屋市中区）に生まれる。幼名辰助のち西村良三と改め、安政三年（一八五六）二十五歳のとき江戸に赴き柳河春三と改称した。名は春蔭、諱は朝陽。旭・楊江・楊大昕・臥孟・良庵・酔雅などをはじめ多くの号がある。幼にして神童の誉れ高く、蘭学を本草学者伊藤圭介・砲術家上田帯刀について学び、のち英・仏語を修得した。安政四年紀州藩の老臣水野土佐守忠央の知遇を得、翌年同藩に仕え寄合医師として蘭学所に勤め七十石を禄したが、やがて幕府蕃書調所（のち洋書調所、開成所と改称）に出仕し、元治元年（一八六四）開成所教授に進んだ。この間西洋文明の紹介・移入に精力的に取り組み『洋学指針』『洋算用法』『法朗西文典』『写真鏡図説』などをはじめ医学・兵学など多方面にわたる著訳書を公にした。また文久三年（一八六三）から慶応三年（一八六七）にかけて欧字新聞『ジャパン＝コマーシャル＝ニュース』『ジャパン＝ガゼット』『ジャパン＝タイムス』などを翻訳し幕閣の参考に供するとともに、加藤弘之・箕作麟祥・渡部一郎（温）ら当時の洋学者と会訳社を組織して回覧新聞を編み、また『新聞薈叢』を編纂した。慶応三年十月わが国最初の『西洋雑誌』を発行し、明治元年（一八六八）二月には国人による最初の新聞『中外新聞』を発行するなど、日本ジャーナリズムの創成期に大きな功績を果たした。同年七月新政府の召命を受けたが固辞、しかし開成所が新政府に引き継がれたため同所頭取として出仕した。このあと制度の改革があって翻訳校正掛となり、明治二年七月大学少博士に任ぜられた。十月免官、翌十一月再度大学校出仕翻訳督務御用を命ぜられたが、同三年二月二十日肺結核のため急死。享年三十九。法号は光摂院殿釈護念居士、墓は東京浅草願竜寺（台東区西浅草一丁目）にある。

参考文献　尾佐竹猛『新聞雑誌の創始者柳河春三』、小野秀雄編『柳河春三』（『三代言論人集』一）、久保田辰彦編『廿一大先覚記者伝』　（北根豊）

やながわしゅんよう　柳川春葉　一八七七—一九一八　明治・大正時代の小説家。本名専之。明治十年（一八七七）三月五日、東京下谷二長町（東京都台東区台東一・二丁目）に父至・母むつの長男として生まれる。牛込赤城小、英学塾を経て同二十七年尾崎紅葉の玄関番となる。その指導下に「白すみれ」（同三十年）、「夢の夢」（同三十三年）などを発表。同三十四年の『錦木』で声名をあげ、紅葉門下の四天王の一人に数えられるに至った。春葉は家庭的な小事件を抒情的に描く方面に本領を発揮し、同三十八年の『（家庭小説）母の心』が好評を得、同年の『やどり木』が上演されて大評判となる（同四十年）に及んで、家庭小説作家の地位を定めた。このころから脚色にも着手し『不如帰』『婦系図』の上演を手がけた。大正元年

（一九一二）から二年に発表した『生さぬ仲』は一般読者大衆の絶大なる人気を博した。同七年一月九日、急性肺炎により死去。四十二歳。

参考文献　福田清人『硯友社の文学運動』、伊狩章『後期硯友社文学の研究』　（伊狩　章）

やながわせいがん　梁川星巌　一七八九―一八五八　江戸時代後期の漢詩人。名は卯（のちに孟緯）、字は伯兎（のちに公図）、通称は新十郎、号は星巌・詩禅など。寛政元年（一七八九）六月十八日、美濃国安八郡曾根村（岐阜県大垣市）の郷士の家に生まれた。十九歳の文化四年（一八〇七）に江戸に遊学し、山本北山の奚疑塾に入門して漢学と詩文を学んだが、遊蕩の生活に溺れ、いったんは帰郷した。翌年再び江戸に出て奚疑塾に戻り、柏木如亭・大窪詩仏・菊池五山など江湖詩社の詩人たちと交遊した。二十九歳の文化十四年故郷に帰り、塾を開いて梨花村舎と名付け、村瀬藤城・柴山老山などと白鷗社という詩社を結成した。文政三年（一八二〇）三十二歳で、幕末の女流詩人として活躍することになる紅蘭と結婚した。同五年九月には、妻紅蘭を伴って西遊の旅に出た。この旅は博多・長崎・日田に至る足かけ五年に及ぶ大旅行であったが、詩作の上でも交遊関係の上でも実り豊かな旅になった。天保三年（一八三二）四十四歳で、またもや江戸に赴き、二年後の天保五年には神田お玉が池に玉池吟社を開き、天保年間における江戸詩壇の中心的な存在になった。しかし、このころから藤田東湖や佐久間象山などの経世家とも交わるようになり、時事への関心を深めていった。その結果、弘化二年（一八四五）には玉池吟社を閉じて帰郷し、翌三年には京都に上って勤王の志士たちと頻繁に接触するようになった。やがて安政の大獄の危険が星巌の身に及ぼうとする直前の安政五年（一八五八）九月二日、流行中のコレラにかかり、七十歳で没した。墓所は京都南禅寺天授庵。宋詩風の平明な詩が流行した時期であったが、星巌の詩風はむしろ唐詩や清詩の影響を受けたもので、『西征詩』『星巌集』『星巌先生遺稿』などの詩集に収められる五千首に及ぶ生涯の詩作は、変幻自在な詩境を示すものになっている。贈正四位。『梁川星巌全集』全五巻がある。

参考文献　伊藤信『梁川星巌翁附紅蘭女史』、稲津孫會『（先覚詩人）梁川星巌』、富士川英郎『江戸後期の詩人たち』（『筑摩叢書』二〇八）　（揖斐　高）

やながわひでかつ　柳川秀勝　一八三三―一九〇八　幕末・明治時代の殖産家。天保四年（一八三三）九月二十三日柳川宗左衛門秀一の子に生まれる。母の名はなか。常陸国鹿島郡日川（にっかわ）地方は従来不毛の地であったので、秀勝は父とともにこの地の開拓を志した。弘化二年（一八四五）百五十町余の払下げを得、役夫三百余人を募って開拓に着手、田十五町余、畑五町余を開墾、常陸・下野・上総から五十戸を入植させた。嘉永元年（一八四八）旱害により三十戸が退転、また安政・万延年間（一八五四―六一）には打ち続いての天災凶作など事業の頓挫をきたす危機にいく度か見舞われたが、そのつど善後策の宜しきを得、かつ越後・加賀あるいは三宅島よりの移住者を迎えるなどして着々開墾事業は進捗、慶応元年（一八六五）完成、秀勝の姓をとり柳川新田と名付け一村を設立した（現在、茨城県鹿島郡波崎（はさき）町）。当時村高二百十五石余、戸数七十五戸、人口三百二十五人、明治二十年（一八八七）には五百三十一町、百二十五戸、八百七十五人に達した。同四十一年二月六日没、年七十六。法名高宗院殿積徳義彰秀道大居士。墓は波崎町柳川の柳川家累代の墓地にある。

参考文献　大内地山編『常総古今の学と術と人』、岡安喜一「砂丘開拓の中心人物柳川秀勝」（『教育芸術』五ノ五）　（小松　徳年）

やながわへいすけ　柳川平助　一八七九―一九四五　明治から昭和時代前期にかけての陸軍軍人。明治十二年（一八七九）十月二日、長崎県に楠木友太郎の次男として生まれ、佐賀県柳川家を継ぐ。陸軍士官学校第十二期生（騎兵科）。日露戦争には騎兵第十三連隊付で出征。大正元年（一九一二）、陸軍大学校卒業後、騎兵実施校教官・陸軍大学校教官・中国応聘武官を歴任し、参謀本部付で国際連盟に派遣。その後、騎兵第二十連隊長・参謀本部課長を経て、昭和二年（一九二七）騎兵第一旅団長。ついで騎兵学校長・騎兵監を歴任し、騎兵の育成強化に努めた。七年八月から荒木貞夫陸軍大臣のもと二年間陸軍次官（中将）を勤め、のち第一師団長・台湾軍司令官になったが、二・二六事件後に予備役編入。日中戦争では十二年十月召集、杭州湾上陸の第十軍司令官として武勲をたてた。十三年十二月興亜院総務長官、十五年十二月司法大臣、ついで近衛内閣の国務大臣となり、のち大政翼賛会副総裁を勤めた。昭和二十年一月二十二日没。六十七歳。政治に関心深く、政治力ある武人であった。

参考文献　秦郁彦編『日本陸海軍総合事典』、額田坦『陸軍省人事局長の回想』、菅原裕『回想―覆面将軍柳川平助清談―』　（森松　俊夫）

やなぎさわやすとし　柳沢保恵　一八七〇―一九三六　明治・大正時代の統計学者。明治三年（一八七〇）十二月十六日、旧黒川藩主柳沢光昭の次男として越後国蒲原郡黒川村に生まれた。幼名利丸、初名は光敏。十九年八月宗家の伯爵柳沢保申（やすのぶ）の嗣となり二十六年十月襲爵した。二十七年学習院大学科を卒業し、宮内省の命により留学、ベルリン大学・ストラスブルグ大学・ウィーン大学などで主として統計学を学び、三十三年帰国した。その前年以来十一回にわたって国際統計協議会議に代表委員として出席し、また内閣統計局嘱託・顧問、国勢調査局参与などとして重要統計調査に参画し、大正二年（一九一三）柳沢統計研究所を創設して総裁となった。明治三十七年に貴族院議員に選ばれ、また五年間にわたって東京市会議長を務めた。明治三十五年第一生命保険社長になったのをはじめ、玉川電鉄・第六十八銀行・高等演芸場（有楽座）などの重役を務めた。金魚・演芸・将棋・料理と多趣味で、それぞれの発達に貢献した。昭和十一年(一九三六)五月二十五日、六十七歳で没した。墓は新宿区市谷河田町の月桂寺にある。

（高村　直助）

やなぎさわやすのぶ　柳沢保申　一八四六—九三　幕末維新期の大和郡山藩主。はじめ保徳、のち保申。甲斐守。号、静山。弘化三年(一八四六)三月二十六日大和郡山藩主柳沢保興の第四子として生まれ、嘉永元年(一八四八)十月、三歳で家督を継ぐ。文久三年(一八六三)京都における尊攘派の活動活発化に対し、京都守護職の指揮に従い出兵、警衛にあたる。同年八月天誅組の乱起るや、追討の命を受け、高取城、十津川郷、高野山に出兵した。元治元年(一八六四)七月禁門の変においても長州藩兵と戦闘した。慶応三年(一八六七)十一月には諸侯会同の朝命に応じ、上京した。翌明治元年(一八六八)戊辰戦争には会津征討白河口に出兵している。同二年六月版籍奉還により郡山藩知事となり、四年七月廃藩置県により藩知事を免ぜられた。以後、竜田・広瀬・日光・久能山の宮司を歴任した。また、郡山に第六十八国立銀行を創設し、士族授産にも努力した。同十七年伯爵に叙せられる。同二十六年十月二日没。四十八歳。墓は、奈良県大和郡山市南郡山の永慶寺にある。

参考文献　森田義一編『郡山町史』、奈良県庁編『大和人物志』

（板垣　哲夫）

やなぎだいずみ　柳田泉　一八九四—一九六九　大正・昭和時代の日本近代文学研究家・英文学者・翻訳家。明治二十七年(一八九四)四月二十七日、青森県中津軽郡豊田村外崎(とのさき)字村元(弘前市)に父治三郎・母たづの六男として生まれた。東奥義塾・青森中学校を経て大正三年(一九一四)、早稲田大学文学科高等予科入学。同七年、英文学科卒業。その年、大隈重信主宰の大日本文明協会に入社(翌年退社)、また春秋社の『トルストイ全集』に訳者として参加、内田魯庵・木村毅と相識った。さらに同社の『カーライル全集』の個人訳に従うが、関東大震災の被害に衝撃をうけ、明治文学の本格的研究を志した。折から、吉野作造主宰の明治文化研究会もまた発足(同十三年)、宮武外骨・石井研堂・尾佐竹猛らと相識り、またこのころから三宅雪嶺・幸田露伴の知遇を得る。同十四年、『明治文化全集』の企画に参加。昭和七年(一九三二)、明治文学会に係わり(顧問)、明治文学談話会の世話役を果たした。同十年、『明治文学叢刊』(松柏館書店、全八巻の予定)の刊行を開始。その中心『政治小説研究』(上・中巻昭和十年、下巻同十四年)は、徹底的な博捜にもとづく精到な研究として、今日なお他の追随を許さぬ達成を示している。『叢刊』の刊行は戦争によって阻まれるが、第二次世界大戦後あらためて、『明治文学研究』全十一巻として再編成される(春秋社、第九巻まで刊行)。昭和十年以来、同四十年まで早稲田の教壇に立ち、停年退職後も著述に専念、最後まで第一線の研究者としての生涯を送った。前記『叢刊(研究)』のほか『随筆明治文学』(正続)、『坪内逍遙』(河竹繁俊共著)や露伴・雪嶺・木下尚江・田山花袋などについての研究の基礎をなす単行本があり、『明治文学全集』(筑摩書房)ほかの多くの編集・翻訳がある。文学博士、読売文学賞受賞。同四十四年六月七日、肺炎にて没。七十五歳。東京都文京区白山四丁目の寂円寺に葬られる。

参考文献　明治文化研究会編『柳田泉自伝』、『春秋』一〇七(柳田泉追悼号)

（竹盛　天雄）

やなぎたくにお　柳田国男　一八七五—一九六二　明治から昭和時代にかけての民俗学者。日本民俗学の創始者。明治八年(一八七五)七月三十一日、兵庫県神東郡田原村辻川(神崎郡福崎町西田原辻川)に、父松岡賢次(操、医者・儒学者)・母たけの六男として生まれる。兄弟に、長兄鼎(医者)、三兄泰蔵(通泰、井上家に養子、医者・歌人・国文学者)、次弟静雄(海軍大佐、民族・言語学者)、末弟輝夫(映丘、東京美術学校教授・日本画家)らがいる。同二十年高等小学校を了えて、茨城県北相馬郡布川町(利根町布川)の長兄宅に身を寄せるため上京。二十三年東京市下谷区徒士町の三兄井上通泰宅に同居。二十六年第一高等中学校(のち第一高等学校)に入学。三十年東京帝国大学法科大学政治科に入学。三十三年卒業。同年農商務省農務局農政課に勤務。三十四年柳田直平(旧信州飯田藩士、大審院判事)の養嗣子として入籍(のち三十七年に、四女孝と結婚)。四十三年内閣書記官記録課長を経て、大正三年(一九一四)貴族院書記官長となり、八年書記官長を辞任する。九年東京朝日新聞社客員となる。十年国際連盟常設委任統治委員会委員に就任し、一時帰国するが、十二年まで、ジュネーブに滞在。十三年朝日新聞社編集局顧問論説担当となり、昭和五年(一九三〇)まで在社。昭和二年北多摩郡砧村(世田谷区成城)の新居に移る。二十一年枢密顧問官に就任。二十二年書斎に、民俗学研究所を設立(三十二年解散)。二十四年学士院会員。同年日本民俗学会を結成し、初代会長となる。二十六年第十回文化勲章受章。昭和三十七年八月八日、八十七歳で死去。戒名、永隆院殿顕誉常正明国大居士。川崎市生田の春秋苑に埋葬される。蔵書は遺言により、成城大学に寄贈される(「柳田文庫」)。柳田学と呼ばれる、柳田国男が創成した学問と思想の、まずなによりもの個性は、その「学」の形成のユニークさにある。それは、幼少年期から青年期にかけて体験した、さまざまな体験をベースとして学問を発酵させていったということである。その第一は、みずからもくぐった農村社会の「貧困」の体験であり、そこから農政学へさらに民俗学へと向かっていったモティーフの確かさにあった。第二は、少年期に体験した異郷体験であり、その延長線に展開されていった、日本列島への数多くの旅の体験であった。そして第三は、少年期から読書童子として育った、類いまれな読書家であり、その読書すなわち学問領域も、国学から西欧の自然主義文学へ、さらに農政学から民俗学へと幅広く積み重ねられていったなかにある。柳田学の個性は、こうした己れの不遇な体験核をベースとして、その解放を目指すために、日本農村社会の「貧」を歴史的に実証科学として明らかにし、「自己認識」するために創成されていったところにある。その農民すなわち柳田のいうところの「常民」の歴史学を形成するために、英雄貴人が書いた文書ではなく、文字を持たない常民の「伝承」資料（有形資料（冠婚葬祭・年中行事など）、言語資料（方言・昔話・民謡など）、心意資料（信仰・タブーなど））によって、常民史学を形成しようとしていったところに、柳田学の創造と不滅の位置がある。さらに柳田は、その学問を単なる己れの独占物にすることなく、「郷土会」をはじめとするさまざまな民間の研究会を組織し、あるいは『郷土研究』などの雑誌を発行し、地方・中央をとわず、研究者の育成と資料の収集を推し進め、日本民俗学の組織化と体系化を独学と独力で確立していった。その学問的成果は、九十二冊の主著などを収めた『定本柳田国男集』全三十六巻に示されており、なかでも、日本民俗学の誕生を告知したといわれる『遠野物語』や、はじめての世相史『明治大正史世相篇』や、日本人の精神史の象徴を伝える『日本の祭』『先祖の話』、そして壮大な仮説の書といわれた、日本人の起源を説いた『海上の道』などは、不滅の書として読まれていくであろう。そうした柳田学の偉大さは、没後三十年になる今日、百冊をこえる柳田国男論と、数千に及ぶ多様な領域からの関連エッセイが生産されているなかに示されていよう。

参考文献 後藤総一郎編『柳田国男研究資料集成』、柳田国男研究会編『柳田国男伝』

（後藤総一郎）

やなぎならよし 柳楢悦 一八三二―九一 幕末・明治時代前期の数学者、海軍軍人。海上保安庁（旧海軍）水路部創設以来の長、日本数学会の前身の東京数学会社の創立者。天保三年（一八三二）九月十五日、江戸で生まれる。父は惣五郎、津藩士作事方。津藩藩校有造館養正寮に学ぶ。別に関流和算を村田恒光より学び、嘉永六年（一八五三）伊勢湾をともに測量。安政二年（一八五五）幕府海軍創設に際し、長崎海軍伝習所に学ぶ。明治三年（一八七〇）新政府兵部省に出仕。同四年七月兵部省海軍部水路局の創設とともに、初代局長となった。この時海軍少佐。十年神田孝平と、東京数学会社を設立。十一年欧米観象台視察。十五年数学会社退社。二十一年四月海軍少将で退役、元老院議官となる。二十二年宗悦誕生。二十三年貴族院議員。二十四年一月十五日没。六十歳。東京の青山墓地に葬られる。和算にこだわり洋算の優越を理解しなかったと評されてきたが、和算の幾何図柄を愛でた意匠心が、宗悦・宗理とたどられる。『新功算法』第二編（嘉永三年）、『航海或問起源』（文久元年（一八六一））、『量地括要』『春日紀行』（ともに明治四年）、『南島水路志』（同七年）、『漁舟論』（十八年）などの著書がある。

参考文献 鶴見俊輔『柳宗悦』（『平凡社選書』四八）

（清水 達雄）

やなぎはらびゃくれん 柳原白蓮 一八八五―一九六七 大正・昭和時代の歌人。明治十八年（一八八五）十月十日生まれ。父柳原前光は公卿の出で明治維新後は外交官として日清修好条約などに活躍、のち元老院議長、枢密顧問官などを歴任した。叔母愛子は明治天皇に仕え大正天皇の母となった族柄である。白蓮は号で本名燁子（あきこ）、東京府麻布区（港区）で生まれ美貌と文才に恵まれていた。東洋英和女学校で学び、十六歳で北小路実武に嫁したがのち離婚、二十六歳の時請われて九州の炭鉱王と呼ばれた伊藤伝右門と再婚し、「筑紫の女王」とうたわれるほど名実ともに豪華な生活を送ったが、やがてこの金力と権力に溺れた生活にあきたらず、国家社会主義運動家宮崎竜介との恋に身を投じ、家を捨てて世の話題をさらった。大正十年（一九二一）に宮崎と結婚。佐々木信綱に師事して歌集『踏絵』（大正四年）を発表し注目をあび、つづいて『几張のかげ』『幻の華』『紫の梅』『地平線』などの歌集を発表、昭和十年（一九三五）歌誌「ことだま」を主宰した。昭和四十二年二月二十二日没。八十一歳。

（井手 文子）

やなぎむねよし 柳宗悦 一八八九―一九六一 大正・昭和時代の民芸運動の創始者。明治二十二年（一八八九）三月二十一日、東京市麻布区市兵衛町二丁目（東京都港区）に、海軍少将柳楢悦・勝子の三男として生まれる。学習院初・中・高等学科を経て、東京帝国大学文科大学哲学科に入学。この間、『白樺』の同人に参加、多くの寄稿を始める。ブレイクやホイットマンに傾倒、ヨーロッパの神秘哲学にもうちこんだ。大正三年（一九一四）に声楽家の中島兼子と結婚、以後夫妻で各地で講演・音楽会を行う。大正五年に朝鮮に旅行、朝鮮の美術を通じて朝鮮への理解を深め、一九一九年の三・一独立運動に際しては「朝鮮の友に贈る書」などを発表、日本の朝鮮政策を批判した。光化門のとりこわしを阻止し、朝鮮民族美術館をソウルに設立、東京で朝鮮民族美術展覧会も開催した。他方、木喰仏を手がかりに日本の美にも目をむけ、「貴族的工芸美術」に対立する「民衆的工芸」に着目、「民芸」の語を創出、同時に民芸運動を開始した。実用品・普通品・無名の職人の作に美を見出すものであり、浜田庄司・河合寛次郎らを伴い全国各地をまわり、民芸の美をもつ新しい器物の製作に助言を与える一方、昭和十一年（一九三六）には日本民芸館を開設した。地域の文化への眼でもあり、沖縄では言語論争も行う。みずから発見した美の紹介と理論化のため、雑誌『工芸』（昭和六―二十六年）、『月刊民芸』（同十四年―）を創刊した。晩年は『美の法門』（同二十四年）に示される、信と美の世界（宗教哲学）にわけ入った。昭和三十二年文化功労者、三十四年朝日文化賞受賞。三十六年五月三日、東京飯田橋の警察病院で没。七十二歳。法名は不正院釈宗悦。墓は小平霊園（小平市・東村山市）にある。筑摩書房から『柳宗悦全集』全二十二巻が刊行されている。

参考文献 鶴見俊輔『柳宗悦』（『平凡社選書』四八）、

水尾比呂志『柳宗悦』、熊倉功夫『民芸の発見』(『季刊論叢日本文化』一〇)　（成田　竜一）

やなぎわらさきみつ　柳原前光　一八五〇―九四　幕末期の公卿、明治前期の外交官・宮内官。父は従一位柳原光愛、妹柳原愛子は大正天皇の生母。嘉永三年(一八五〇)三月二十三日、京都に生まれた。慶応三年(一八六七)十二月、国事助筆御用掛・参与助役となってはじめて国事に参与し、翌明治元年(一八六八)正月、東海道鎮撫副総督、二月、東海道先鋒副総督に任じ、東海道諸藩を鎮撫して、四月四日、江戸城に入り、勅旨を伝えた。同二年十月、外務省に入り、三年七月、外務権大丞として清国へ派遣され、清国重臣を説得し、条約締結の予備交渉を行い、成果を得て帰国した。そこで四年四月、全権大臣大蔵卿伊達宗城に随行して、外務大丞として再び渡清し、同年七月、日清修好条規の締結に成功した。その後、五年二月にも、同条規の一部改訂交渉のため渡清したが、この際は清国全権李鴻章の反対で目的を達せず、六年二月には、全権大使外務卿副島種臣に随行して、同条規の批准と台湾蕃地の主権問題に関する折衝のため派遣され、さらに七年二月、清国駐劄特命全権公使に任命され、全権大臣大久保利通を助けて台湾出兵問題の和平交渉にあたった。八年七月、元老院議官に任ぜられ、爾後、十三年五月、露国駐劄特命全権公使に任ぜられたほか、賞勲局総裁、枢密顧問官、宮中顧問官などを歴任した。皇室典範など皇室諸制度の制定に関与するなどの功績もあった。明治二十七年九月二日、死去した。四十五歳。法名は俊徳院殿顥与巍寂大居士。墓は東京都目黒区中目黒五丁目の祐天寺にある。

参考文献　外務省編『日本外交文書』三―七・明治年間追補一、『明治文化全集』一一、内閣修史局編『百官履歴』上(『日本史籍協会叢書』)、王璽『李鴻章与中日訂約』(『中央研究院近代史研究所専刊』四二)、王芸生『日支外交六十年史』一(長野勲・波多野乾一編訳)、明治神宮編『大日本帝国憲法制定史』、田保橋潔「琉球藩民蕃害事件に関する考察」(市村博士古稀記念東洋史論叢刊行会編『(市村博士古稀記念)東洋史論叢』所収)、同「日支新関係の成立」(『史学雑誌』四四ノ二・三)、稲田正次「明治皇室典範の成立過程について」(『富士論叢』一八ノ二)　（河村　一夫）

やなぎわらなるこ　柳原愛子　一八五九―一九四三　大正天皇の生母。従一位柳原光愛の次女として、安政六年(一八五九)五月二十六日誕生。明治三年(一八七〇)四月皇太后小上臈として宮中に出仕し、名を梅ノ井といった。翌四年掌侍に任ぜられ、早蕨内侍と称したが、五年明治天皇に仕え、六年二月権典侍となり、八年八月薫子内親王、十年九月敬仁親王、十二年八月嘉仁親王(大正天皇)を生んだ。三十五年一月典侍に進み、四十一年官制改正により高等官二等に叙される。ついで大正元年(一九一二)皇太后宮典侍となり、翌二年本官を免ぜられ、皇后宮職御用掛・御内儀監督を仰せ付けられたが、同年十一月本官を免ぜられ、正三位に叙された。さらに四年従二位に、八年正二位に昇叙し、平河町・信濃町に住居して二位局とよばれた。和歌に堪能で、日ごろ『万葉集』などを愛読し、また宮中歌会始めには、都合三回選歌の栄に浴した。昭和十八年(一九四三)十月十六日没。八十五歳。死去に際して従一位を贈られ、東京目黒の祐天寺に葬られた。　（川田　貞夫）

やなせまさむ　柳瀬正夢　一九〇〇―四五　大正・昭和時代の画家、漫画家。本名正六(しょうろく)、筆名夏川八朗。明治三十三年(一九〇〇)一月十二日松山市に生まれ、大正三年(一九一四)画家を志して上京、日本水彩画会研究所に学び、翌年「河と降る光と」が第二回院展洋画部に入選した。同十年文芸誌第二次『種蒔く人』の同人となったほか、未来派美術協会やマヴォなど前衛美術運動に参加、やがて社会的意志に根ざしたリアリズムをめざしてプロレタリア美術に向かい、その中核となってもっぱら政治漫画・風刺画などの分野で活躍した。『無産者新聞』『赤旗』などに連載した漫画やカットは有名である。昭和七年(一九三二)末、治安維持法違反で検挙され、翌秋まで収監されたが、出獄後再び油絵や漫画を描いた。しかし昭和二十年五月二十五日、東京の新宿駅で空襲にあい、焼夷弾の破片の直撃をうけて爆死した。享年四十六。法名、画光院展楽居士。

参考文献　朝日新聞社編『大正アバンギャルドの旗手柳瀬正夢展』(展覧会図録)　（富山　秀男）

やのかんざぶろう　矢野勘三郎　一八二一―九四　幕末・維新期の志士、豪商。名は義和。字は子節、号は豹隠。文政四年(一八二一)十二月豊後国速見郡日出(ひじ)(大分県速見郡日出町)に生まれ、同国直入郡玉来(竹田市玉来)の岡藩郷士で豪商の矢野勘三郎の養子となり、長じて勘三郎を襲名。尊王攘夷運動に投じ岡藩の同志たちのため活動資金の調達にあたった。みずからも京都に出て薩摩藩士たちとともに活動したが、文久二年(一八六二)寺田屋騒動にあい、他の岡藩士とともに薩摩藩邸にとどめられ、のち帰藩したが幽閉の身となった。王政復古で新政府が成立したため、明治元年(一八六八)幽閉を解かれた。その後、長崎に出て商業活動にあたったが、帰藩後の明治三年、長州藩脱隊騒動の中心人物で岡藩に逃れてきた大楽源太郎を自宅にかくまったことが咎められ、除族の上、禁獄九十日に処せられた。明治二十二年復権・復族を許される。明治二十七年六月四日没。七十四歳。墓は竹田市玉来にある。　（鳥海　靖）

やのじろう　矢野二郎　一八四五―一九〇六　明治時代わが国商業教育の開拓者。弘化二年(一八四五)正月十五日幕臣富永惣五郎の次男として江戸駒込に生まれる。はじめ次郎、晩年二郎と改称。二歳のとき矢野氏に移籍、十六歳のとき訳官森山多吉郎に英語を学び、文久元年(一八六一)外国方訳官となり同三年十月遣欧使節に随行、翌年七月帰朝、慶応元年(一八六五)幕府の騎兵伝習隊指図役心得となった。明治元年（一八六八）士籍を脱して横浜に翻訳所を開くが、同三年十月駐米弁務使森有礼の推挽で外務省二等書記官として渡米、一時駐米代理公使となった。明治八年帰朝して官を辞し、森の開設した商法講習所の経営をひきつぎ、同校が東京商業学校、高等商業学校へと発展する間校長としてその基礎を固めた。同二十六年四月退任、東京商業会議所名誉会員として堀越商会や日本麦酒株式会社などの重役を勤め、明治三十七年貴族院議員に勅選された。同三十九年六月十七日東京麻布広尾に没し、青山墓地に埋葬。年六十二。昭和六年（一九三一）五月東京商科大学（現一橋大学）の構内に銅像が建てられ、翌七年一月一橋橋畔に矢野記念館が開設された。

参考文献　島田三郎編『矢野二郎伝』、一橋会編『一橋五十年史』　（上沼　八郎）

やのじんいち　矢野仁一　一八七二―一九七〇　明治から昭和時代にかけての東洋史学者。明治五年（一八七二）五月十三日、米沢に生まれる。第一高等中学校より、東京帝国大学文科大学西洋史科に入り、同三十二年卒業。同三十八年清朝学部の招聘により進士館教習。大正元年（一九一二）帰国して京都帝国大学助教授、同九年教授、昭和七年（一九三二）退官。卒業論文は露清関係、特に尼布楚条約に関する研究論文を提出し、以後ももっぱら中国の対外関係を研究し、三十余冊の著述を発表した。特に明とポルトガルとの関係、清代ではイギリスとの広東貿易、阿片戦争、アロー号事件の真相を究明し、さらに研究領域を拡大して近世中国外交史一般、清朝時代史、近代中国史一般、さらには中国史概論に及び、個別史としては西蔵史・満洲史・長崎貿易などにも優れた業績を挙げた。その学風は単なる机上の研究に満足せず、国家民生に益する国士となるを志し、当面する政治外交にも寄与するところあるを期し、そのためにアメリカ占領軍より公職排除を受けたが、自身は泰然として意に介せず、昭和四十五年一月二日、岡山県倉敷市にて没した。九十七歳。著書には『近代支那史』『支那近代外国関係研究』『近世支那外交史』『長崎市史』通交貿易編東洋諸国部などがある。　（宮崎　市定）

やのつねた　矢野恒太　一八六五―一九五一　明治から昭和時代にかけての実業家。相互会社による生命保険業の創始者。慶応元年（一八六五）十二月二日、備前国上道郡竹原村（岡山市）に生まれる。父は蘭方医三益（諱友直）。第三高等中学校医学部（のち岡山医大）を卒業。明治二十三年（一八九〇）診査医として日本生命保険会社に勤務、かたわら生命保険制度の学習を始め、同社を退職後、当時日本で一般的であった株式会社的な経営でない、相互会社による生命保険の熱心な提唱者となり、二十六年自著の『非射利主義生命保険会社の設立を望む』を出版する。生命保険組合を始めていた安田善次郎に招かれ、翌年に矢野自身が作成した生命表にもとづき、共済生命保険合資会社設立を企画し、設立後同社の支配人となる。二十八年に渡欧し、ドイツに留学、相互保険につき確信を深めたが、彼の主張は容れられず三十一年に共済生命を辞し、所管官庁の農商務省に出仕、相互会社方式をも採用した保険業法の起草にあたった。三十三年同法制定後保険課長に就任。しかし理想とする相互会社が設立されない業界の実状をみて官を辞し、三十五年日本最初の生命保険の相互会社である第一生命保険相互会社を設立し、専務取締役となる。同社は、日本人の死亡率を料金計算の基礎とし、相互主義による加入者配当制を採用、代理店を設けずもっぱら外務員制度によるなど、新しい経営方式で発足した。当初は契約の不振に悩まされたが、設立後五年目に加入者に配当を実施して、評価を得た。大正四年（一九一五）に社長に就任（以後昭和十三年（一九三八）まで在任、二十一年まで会長）。この間一九二〇年代に第一生命は五大生命保険の一つに成長。矢野は理想家肌の人物で、保険の数理・統計知識の普及につとめる一方、渋沢栄一とともに産業社会の発展に伴う精神教育の必要を唱え、携帯用の『ポケット論語』を編集、『論語』の普及をはかるなど儒教の振興にもつとめた。昭和二年、『日本国勢図会』の刊行に関与、晩年は結核予防事業に尽力。第二次世界大戦終戦後、契約者の損失に対する責任を感じ質素な生活で過ごし、昭和二十六年九月二十三日に没す。八十五歳。東京都大田区本門寺の矢野家墓地に葬られる。

参考文献　矢野恒太記念会編『矢野恒太伝』、森田無適『矢野恒太と第一生命』、『第一生命七〇年史』　（由井　常彦）

やのはるみち　矢野玄道　一八二三―八七　幕末・明治時代前期の国学者。通称茂太郎・谷九郎、字太清、号は子清・梅屋・谷蟆・真弓など。文政六年（一八二三）十一月十七日、伊予国大洲藩士矢野道正の子として喜多郡阿蔵村（愛媛県大洲市）に生まれる。天保十一年（一八四〇）十八歳で松山の日下伯巌に入門。弘化二年（一八四五）上京し順正書院に入り、伴信友・頼支峰・八田知紀らと交わる。同四年江戸の平田塾に入門、平田篤胤没後門人となり、また昌平黌にも入学す。嘉永四年（一八五一）再び上京、本覚寺・鳩居堂などで国学を講じた。以後慶応年間（一八六五―六八）まで、惟神の道による祭政一致体制を成立させるための建言活動を続け、皇学校設立建白（嘉永五年）、神祇官再興建議（元治元年（一八六四））、山陵復興建言（慶応二年）などを朝廷や薩・長両藩に対して行なった。また古典の研究を深め『皇典翼』『神典翼』の執筆に励む。慶応三年十二月の王政復古における「神武創業」への復古の理念は、彼や玉松操の意見が岩倉具視を動かしたためともいわれる。同年三十六ヵ条の『献芹詹語』を新政府に建言したが、国学者による政権構想として重要である。新政府に登用され、内国事務権判事、大学規則取調を命ぜられ、ついで皇学所御用掛となる。その廃止後大学中博士、御系図御用掛となる。明治四年（一八七一）外山・愛宕国事犯事件（愛宕通旭事件）への関わりを疑われ動静不審として逮捕、郷里で謹慎となった。同七年平田家から『古史伝』続修を依頼され十九年に完成させた。再出仕後は修史館御用掛(明治十年)、宮内省御用掛(十一年)、図書陵御用掛(十七年)など歴任。二十年五月十九日郷里にて没す。年六十五。諡号、稜威之道別命。贈従五位。

参考文献　芳賀登・松本三之介校注『国学運動の思想』(『日本思想大系』五一)、景浦勉編『矢野玄道・三上是庵』(『愛媛の先覚者叢書』三)、矢野太郎「矢野玄道の著書及び解題」(『伝記』四ノ五)、渡辺刀水「矢野玄道大人雑記」(同)　(沼田　哲)

やのふみお　矢野文雄　一八五〇―一九三一　明治・大正時代の政治家、文学者。嘉永三年(一八五〇)十二月一日豊後国海部郡佐伯に佐伯藩藩士矢野光儀・母コマの長男として生まれる。号竜渓。明治三年(一八七〇)父の葛飾県(現在千葉県内)知事就任に伴い上京、翌年慶応義塾入学。六年卒業と同時に同塾教師に迎えられ、八年大阪分校・徳島分校校長を務む。九年上京して『郵便報知新聞』副主筆となり、政治・経済・社会問題に関し優れた社説を執筆、声名を得た。十一年大蔵卿大隈重信・福沢諭吉の推薦により大蔵省少書記官就任、のち太政官大書記官兼統計院幹事に昇進したが、「明治十四年の政変」で大隈に殉じ退官。「急進的」として大隈罷免の原因となったいわゆる大隈の「憲法に関する意見書」(大隈参議国会開設奏議)は矢野の筆によるものといわれる。以後藤田茂吉・箕浦勝人・尾崎行雄・犬養毅らと政社東洋議政会を主宰、さらに『郵便報知新聞』を買収して政論に重きを成し、立憲改進党結党(明治十五年)後は、同紙を党の機関紙として党組織化・発展のために尽力した。その政治思想はイギリスの制度を範とし、秩序を重んじつつ社会の進歩を図ろうとするもので、議論の穏健さと温雅な人格は改進党の一面を象徴した。またこの間発表した政治小説『経国美談』(前編十六年・後編十七年)は好評を博し、文名を大いに揚げた。二十二年政界引退を表明し、国会開設後は宮内省に出仕、三十年特命全権駐清公使を務めたのを最後に三十二年官を辞し、以後は社会問題に関心を寄せながら、文筆および新聞・出版界で活躍した。著書は前記のほか『浮城物語』(二十三年)、『新社会』(三十五年)、『出鱈目の記』(三十八年)、『竜渓随筆』(四十四年)、『竜渓閑話』(大正十三年(一九二四))など。近時画報社顧問、『毎日電報』相談役を務め、のち『大阪毎日新聞』に関係、相談役在任中の昭和六年(一九三一)六月十八日八十二歳で没した。墓所は東京都府中市の多磨墓地。『矢野竜渓集』(『明治文学全集』一五)がある。

参考文献　小栗又一『竜渓矢野文雄君伝』、柳田泉『政治小説研究』、鳥谷部春汀「矢野文雄」(『明治人物評論』所収)、田中惣五郎「矢野文雄」(『自由民権家とその系譜』所収)、石田雄「矢野竜渓と政治小説」(『明治政治思想史研究』所収)、福地惇「矢野文雄と明治二〇―二三年政界再編成」(『日本歴史』三三三)　(安在　邦夫)

やのみちや　矢野道也　一八七六―一九四六　明治から昭和時代にかけて、印刷をはじめて体系化して科学的研究を指導した先駆者。明治九年(一八七六)一月三十日仙台に生まれる。矢野惟理の長男。明治三十三年東京帝国大学工科大学応用化学科卒。直ちに内閣印刷局に奉職。印刷部長・抄紙部長・研究所長を歴任。再度欧米を視察して先進技術を学び、紙幣・有価証券・『官報』の印刷に功労があった。大正二年(一九一三)から五年にかけ刊行した『印刷術』三巻(上巻は同十四年改訂増補)は、印刷術を体系化して述べた名著でこれにより同五年工学博士の学位を授与された。昭和三年(一九二八)工業規格統一調査会臨時委員として作成した紙の仕上寸法規格の原案は、同六年日本標準規格(A列B列)として制定された。昭和二年みずから提唱した印刷学会(現日本印刷学会)の創立にあたり、推されて委員長(のちに会長)に就任。『英和印刷書誌辞典』を同会で編纂刊行したほか、各般の事業を推進して印刷界の発展向上に貢献した。また技術者の指導養成にも尽力、東京高等工業学校・東京美術学校・東京高等工芸学校などで印刷術・色彩学を講じた。昭和二十年六月退官。翌二十一年六月二十三日福岡県八幡市(北九州市)で没す。七十一歳。正三位勲一等。著書は『色彩学』(明治四十年)、『印刷術通説』(同四十三年)、前掲の『印刷術』三巻、『印刷術発達史』(昭和二年)など。そのほか雑誌に掲載の論文多数。

参考文献　大蔵省印刷局編『矢野道也伝記並論文集』　(山宮　文夫)

やのりゅうけい　矢野竜渓　⇨矢野文雄

やぶきけいき　矢吹慶輝　一八七九―一九三九　明治から昭和時代前期にかけての宗教学者、近代社会事業の開拓者。号隈渓。明治十二年(一八七九)二月十三日生まれる。福島県信夫郡上飯坂村(福島市)佐藤留七次男。幼名朝治。七歳のとき同県伊達郡桑折村(桑折町)無能寺矢吹良慶の門に入り、得度して慶輝と改める。浄土宗高等学院を経て、明治四十二年七月東京帝国大学文科大学哲学科卒業。この間、同四十年一月、矢吹良慶の死去により家督を相続し、矢吹と改姓。大正二年(一九一三)渡米、続いて大正四年浄土宗外国留学生としてハーバード大学およびマンチェスター＝カレッジに学び、社会事業視察と西域発掘物調査のためヨーロッパ諸国を巡歴、さらに大正十一年東大より宗教運動の調査を嘱託され再渡欧、兼ねて大英博物館所蔵スタイン蒐集中国古写本の研究をし、本邦未伝の古写本の写真多数を将来した。大正十二年『三階教の研究』により学位授与、さらに稿本『三階教の研究』により、大正十四年帝国学士院恩賜賞を受ける。大正十一年就労児童教育機関である三輪学院をみずから創設、院長となる。大正十三年皇太子(昭和天皇)に労働者の思想問題について進講。大正十四年東京市社会局長に就任し、草創期の東京府・市社会事業の基礎づくりをする。諸大学に先がけて大正六年宗教大学(のちに大正大学)に社会事業研究室を開設。明治四十三年宗教大学教授、大正十三年東大文学部助教授、その他諸大学講師ならびに社会事業および教育関係などの審議会委員。昭和十四年(一九三九)六月十日、狭心症で没す。六十一歳。法名仏蓮社光誉増阿慶輝法師。大正大学葬を以て小石川伝通院に葬る。著書に『阿弥陀仏之研究』(明治四十四年)、『三階教之研究』(昭和二年)、『(燉煌出土未伝古逸仏典開宝)鳴沙余韻』(同五年)、『鳴沙余韻解説』(同八年)、『渡辺海旭・矢吹慶輝・小沢一・高田慎吾集』(『社会福祉古典叢書』六、同五十七年)があるほか、宗教ならびに社会事業関係の多くの著述がある。

参考文献　『大正大学々報』三〇・三一合併号(矢吹慶輝博士追悼号)、「矢吹慶輝博士略年譜」(矢吹慶輝『宗教学概論』付載)、吉田久一「矢吹慶輝と社会事業」(大正大学宗教学会『宗教学年報』一九六六年)
(吉田久一)

やべていじ　矢部貞治　一九〇二—六七　昭和時代の政治学者・政治評論家。明治三十五年(一九〇二)十一月九日農業横山久松の三男として鳥取に生まれ、裁判官矢部安宗の養子となる。大正十五年(一九二六)東京帝国大学法学部政治学科卒業。母校の助手を経て、昭和三年(一九二八)同助教授に就任し、政治学を講じた。欧米留学ののち十四年教授。昭和研究会に参加し近衛文麿のブレーンの一人となり、強力な政治指導体制の確立をめざして、十五年新体制運動の推進に努力し大政翼賛会の役員をつとめた。敗戦後の二十年十二月東大教授を辞任。一時公職を追放されたが、解除後、早稲田大学教授・拓殖大学総長(三十—三十九年)を歴任。また憲法調査会副会長をつとめた。『近衛文麿』上・下、『矢部貞治日記』全四巻、『民主社会を支えるもの』、『日本の政党』、『政治学』など多数の著書がある。四十二年五月七日死去。六十四歳。
(鳥海靖)

やべひさかつ　矢部長克　一八七八—一九六九　明治から昭和時代にかけての地質学者。明治十一年(一八七八)十二月三日東京麴町に生まれる。同三十四年東京帝国大学理科大学地質学科を卒業。大学院で古生物学を研究、三十九年講師となる。四十一年から四十五年までヨーロッパ・アメリカに留学。四十四年東北帝国大学教授、昭和五年(一九三〇)東大地震研究所所長、同十五年定年。その間、大正四年(一九一五)ごろ日本列島の地質構造を論じ、同七年糸魚川・静岡を結ぶ地質構造線を提唱。新生代の層序学・海底地形・氷河などの研究に功績があった。昭和二十七年文化功労賞、同二十八年文化勲章を受章。大正十四年帝国学士院会員。昭和八年日本地質学会会長。同三十一年第四紀学会会長などを歴任。昭和四十四年六月二十三日没。九十歳。
(鈴木善次)

やまうちとよしげ　山内豊信　一八二七—七二　幕末から明治時代にかけての高知藩主、政治家。幼名輝衛、のち兵庫助、容堂と号す。文政十年(一八二七)十月九日、藩主山内氏分家南屋敷山内豊著の長子として高知城下に誕生。母は側室平石氏。弘化三年(一八四六)三月父豊著引退、蔵知千五百石を受け南屋敷山内氏の家督を継ぎ、嘉永元年(一八四八)藩主豊惇(豊信従兄)の病没に際し養子となり同年十二月二十七日第十五代藩主に就いた。嘉永二年正月、隠居豊資(第十二代藩主、豊信叔父)の末子鹿次郎(のち第十六代藩主豊範)を養子とし、翌嘉永三年九月に右大臣三条実万の養女正姫(実は右少弁烏丸光政の女)と婚姻。襲封当初は隠居豊資と門閥重臣層に藩政指導の実権を制せられたが、嘉永六年の黒船来航を機に俄然江戸の政界に頭角を現わし、吉田東洋と小南五郎右衛門を抜擢し海防強化を目指す藩政改革を推進、才幹と政治力を世上に印象づけた。困難な開鎖問題に絡んで将軍継嗣問題が起るや、徳川斉昭の子一橋(徳川)慶喜を推す老中阿部正弘、松平慶永・島津斉彬・伊達宗城らの一橋派に与し、三条家との姻戚関係を活用し将軍継嗣問題のみならず条約勅許問題でも積極的な京都手入れを敢行した。しかし、紀州藩主徳川慶福(家茂)を推す南紀派の井伊直弼が大老に就任、条約調印および将軍継嗣問題に決着をつけ一橋派の抑圧を開始した。圧迫は豊信にも及び、安政六年(一八五九)二月二十六日依願隠居し家督を豊範に譲り容堂と号したが、同年十月十一日幕府から謹慎を命じられ以後二年半、品川鮫州の別邸に謫居した。この間に政情は大きく変化し、攘夷派が京都朝廷に甚大な影響を及ぼし、条約問題発生以後急速に政治的比重を高めていた朝廷の重みは一層増大した。かくして朝幕間の政治意見調整はより困難化していた。藩祖一豊以来の徳川将軍家への深い恩顧もあり容堂は公武合体を望んだ。文久二年(一八六二)四月、幕府から謹慎を解除されるや、一橋慶喜・松平慶永らを後援して幕政改革・公武周旋に尽瘁したが、謹慎中に藩地では中央政局混乱の影響を蒙って尊王・佐幕の派閥対立が昂進、謹慎解除の直前に容堂が深く信任する参政吉田東洋が土佐勤王党=武市瑞山一派に暗殺された。過激な尊王攘夷論が藩論となり武市一派が藩主豊範を擁して京都に繰り出し長州藩尊攘派に伍して幕府を掣肘する性格の国事周旋運動を展開した。文久三年正月、将軍上洛に先立ち入京、公武合体への状況好転を目指して種々画策したが形勢利あらず、三月下旬高知へ退去。容堂派=旧吉田派の復権、武市派弾圧を進め、藩政修復に尽力。京都で八月十八日の政変が起るに及び、それを一段と強化した。間もなく朝議参与に任ぜられ、元治元年(一八六四)春上京して国事周旋に関与するも、参与会議の意見対立に絶望し病気を理由に高知に退散。幕長戦争には深く関与せず、武市瑞山を断罪し、旧吉田派の新進官僚を重用、軍事の整備、殖産興業を進めて状況の好転を待機したが、幕勢の衰運はとどまるところを知らず、ついに慶応三年(一八六七)十月、後藤象二郎の建策を容れて、大政奉還を将軍徳川慶喜に建白した。爾後も徳川氏の権力保全に腐心したが王政復古クーデターで望みを断たれた。明治政府において議定、内国事務局総督、刑法官知事、学校知事、制度寮総裁、上局議長を歴任。明治二年(一八六九)七月に麝香之間祇候の優待を受け浅草橋場の別邸に隠棲し悠々自適の生活を楽しんだが、五年春病を発し、六月二十一日、四十六歳の生涯を閉じた。墓所は品川区東大井四丁目の下総山墓地。

参考文献 平尾道雄『容堂公記伝』、同『山内容堂』(『人物叢書』七五) (福地　惇)

やまうちとよのり 山内豊範 一八四六―八六 幕末・維新期、最後の高知藩主。弘化三年(一八四六)四月十五日、高知城内に生まれる。第十二代藩主豊資の末子。母は沢田氏。鵬羊と号す。第十三代豊熙・第十四代豊惇は実兄。安政六年(一八五九)に第十五代豊信が安政の大獄の厄難に遭い隠居したため、養子となり襲封。文久二年(一八六二)朝廷より国事周旋・京都警衛に任じ、勅使大原重徳の江戸下向を護衛した。明治十七年(一八八四)七月七日、華族令で侯爵。明治十九年七月十一日没。四十一歳。法名は大恭院温良俊輝。墓は高知市の筆山(ひつざん)にある。 (福地　惇)

やまうちようどう 山内容堂 ⇨山内豊信(やまうちとよしげ)

やまおかそうはち 山岡荘八 一九〇七―七八 昭和時代の小説家。本名山内庄蔵、結婚後藤野姓。明治四十年(一九〇七)一月十一日に新潟県北魚沼郡小出町で山内太郎七・せいの長男として生まれる。逓信官吏養成所に学ぶ。印刷製本業三誠社を創立したが昭和初期の不景気のあおりをうけて倒産、昭和八年(一九三三)『大衆倶楽部』を創刊、編集長となったが二年で挫折、文筆で立つ決意をかため、昭和十三年藤野荘三名で『約束』を書き第二十三回サンデー毎日大衆文芸に選ばれた。長谷川伸に師事し、太平洋戦争中は従軍作家として中国や南方諸地域をまわり『御盾』(昭和十八―二十年)など時局的小説を発表、『海底戦記』などの従軍記で第二回野間文芸奨励賞を受賞、第二次世界大戦後一時公職追放となったが執筆活動は継続し、大河小説『徳川家康』(同二十五―四十二年)をまとめた。これにより第二回吉川英治文学賞を受賞。ほかに『新太平記』『異本太閤記』『小説太平洋戦争』『春の坂道』などの長編がある。昭和五十三年九月三十日没。七十一歳。墓は神奈川県川崎市多摩区南生田八丁目の春秋苑にある。作品は『山岡荘八全集』全四十六巻(同五十六―五十九年)に収められている。 (尾崎　秀樹)

やまおかてっしゅう 山岡鉄舟 一八三六―八八 幕末・明治時代の剣客。江戸開城の功労者、明治天皇の侍臣。通称は鉄太郎、諱は高歩(たかゆき)、字は曠野・猛虎、鉄舟のほか一楽斎と号した。天保七年(一八三六)六月十日、江戸本所(東京都墨田区)に幕臣小野朝右衛門(高六百石)の五男として生まれた。母は磯。父の飛驒郡代在任中、高山に招いた井上清虎に一刀流を学んだ。母ついで父を喪って、嘉永五年(一八五二)江戸に戻り、のち槍術の師山岡家を嗣いだ。槍術家高橋泥舟の妹婿にあたる。幕府講武所では剣術の教授方世話役となったが、文久元年(一八六一)の奥詰選任には洩れた。文久三年、新設された浪士組の浪士取扱に任じられ、京都に赴いたが、清河八郎らが攘夷・倒幕派の旗幟を鮮明にすると帰府を命じられ、ついで外国使臣の警固を拒否した科で謹慎処分となった。明治元年(一八六八)二月二十四日、鳥羽・伏見の戦に敗れて帰東した徳川慶喜の警固のため精鋭隊頭に任じられた。このとき慶喜より恭順の意を征討大総督府に通ずるよう依頼され、軍事取扱勝海舟の支持を得て、三月五日薩人益満休之助とともに駿府に急行した。参謀西郷隆盛と会見の結果、徳川家寛典への見通しを得、以後、勝らと協力して江戸開城の条件決定や幕臣の鎮撫などに尽くした。同年冬静岡に移住し、明治二年九月静岡藩権大参事に任じたが、廃藩後茨城県参事・伊万里県令となり、五年六月には十年間の約で天皇の側近に仕えることとなった。六年五月宮内少丞、八年四月宮内大丞、十年八月宮内大書記官となり、十一年十二月には皇后宮亮を兼ね、十四年五月宮内少輔となった。十五年六月これを辞したが、宮内省御用掛を命じられ、死に至った。二十年には子爵を授けられている。公務のかたわら剣術道場を開き、参禅して剣禅一致の工夫をこらした結果、十三年には極意を得て無刀流を創始した。書もよくし、また禅寺全生庵(東京都台東区谷中五丁目)の開基ともなった。明治二十一年七月十九日没、享年五十三。法名は全生庵殿鉄舟高歩大居士。東京都台東区の全生庵に葬られる。著書には『鉄舟随筆』などがある。

参考文献 勝海舟『海舟日記』(『勝海舟全集』一八―二一)、葛生能久編『高士山岡鉄舟』、牛山栄治・石津寛・小倉鉄樹『おれが師匠山岡鉄舟を語る』、安藤直方『講武所』(『東京市史外篇』三)、平尾道雄『新撰組史』、矢野誠一『三遊亭圓朝の明治』 (三谷　博)

やまおようぞう 山尾庸三 一八三七―一九一七 明治時代の旧長州藩出身の官僚。天保八年(一八三七)十月八日、萩藩士山尾忠治郎の次男として出生。文久元年(一八六一)、幕府が江戸その他の開市開港の延期を諸外国と交渉するため、勘定奉行竹内保徳をヨーロッパに派遣した際、庸三は同使節に随行し、シベリアに渡る。翌二年帰国後、高杉晋作らの攘夷運動に加盟して、品川御殿山のイギリス公使館の焼打ちに参加したこともあるが、その後、英国商社ジャーディン・マセソン商会の助力を得て、四人の同志とともにイギリスに赴き、その産業や文化を視察した。この時の同行者のなかに、のちの伊藤博文や井上馨らがいた。明治三年(一八七〇)に帰国後、庸三は民部権大丞兼大蔵権大丞を経て工部大丞へ昇進、同十三年には工部卿に就任。その後、宮中顧問官・法制局長官などを歴任し、また同二十一年、東京日比谷官庁街の建設事業を担当する臨時建築局総裁を兼ねたこともある。同二十年、子爵を叙爵。大正六年(一九一七)十二月二十一日没。八十一歳。墓は東京都品川区の海晏寺にある。

参考文献 井関九郎編『現代防長人物史』三 (石塚　裕道)

やまがたありとも　山県有朋　一八三八—一九二二　明治・大正時代の政治的、軍事的最高指導者の一人。号、含雪。天保九年(一八三八)閏四月二十二日長州萩城下川島村(山口県萩市川島)の下級武士の家に生まれる。父は有稔、母は松子。幼名は辰之助、小助、小輔。少年期から槍術に励んだ。安政五年(一八五八)京都に派遣され、諸藩の尊攘派と接触し、また吉田松陰門下生と交わり、のち松下村塾に入門した。文久二年(一八六二)藩命で江戸に赴き、翌年藩論の攘夷への一変に伴い帰藩し、外国軍艦への攻撃、それに対するアメリカ・フランス軍艦の攻撃に臨んだ(このころ狂介と改名)。この後、松陰門下の高杉晋作が組織した奇兵隊に参加、軍監。文久三年八月の政変で、攘夷派の長州は京都で敗北し、さらに四国連合艦隊の報復攻撃で惨憺たる敗北を被り、山県も戦闘で負傷した。幕府による第一次長州戦争は、元治元年(一八六四)藩主が「俗論党」に擁せられ幕府に降伏したが、山県が事実上統率する奇兵隊を含む「正義党」は武力で「俗論党」を打倒し、藩論を一変させた。幕府は慶応元年(一八六五)長州藩再征を布告、翌年対抗して薩長は反幕府連合を結成し、翌二年再征開始で、山県は奇兵隊を率い九州方面で戦闘。幕府は形勢が悪化すると戦争を打ち切り、山県は藩命で京都に赴き、西郷隆盛や大久保利通ら薩摩の指導者と提携の謀議を凝らした。同年大政奉還が行われ、明治元年(一八六八)正月鳥羽・伏見の戦ののち朝廷から徳川慶喜追討の令が発せられ、山県は大坂、ついで江戸城明け渡し後の江戸に入った。四月北陸道鎮撫総督兼会津征討総督の参謀に任ぜられ、越後から会津に転戦した。明治政府のもとで外遊を強く希望し、明治二年藩主からヨーロッパ視察の命を受けて西郷従道とヨーロッパを巡遊、西洋文明に衝撃を受け、その導入を緊急課題と認識して帰国。帰国後、兵部少輔として軍制改革にあたり、西郷隆盛を薩摩から引き出し四年政府の直轄陸軍を建設、続く廃藩置県で兵部大輔に昇進して新政府の全国兵権掌握を実現した。五年兵部省の陸海分割で陸軍大輔に転じ、徴兵制を推進、翌年実現をみた。六年初代の陸軍卿に就任、国内の秩序維持軍から外国に備える軍への改革を意図した。同年の征韓論には組しなかった。政変後一時西郷の後任の近衛都督に就任し、やがて陸軍卿に復し、参議をも兼ねた。七年の征台の際にも対清戦争の回避を主張。九年萩の乱、十年西南戦争において、前原一誠も西郷もかつての同志であり、苦しい立場に立ったが、士族兵の採用に極力反対し、参軍として戦い、ついに勝利を収めた。明治十一年参謀本部設置とともに近衛都督兼参謀本部長に転じ、翌年参謀本部長に専任。十五年の「軍人勅諭」の制定に参与。明治十四年の政変で国会開設の詔勅が渙発され、伊藤博文が立憲制度調査に欧州に派遣されたあと、代わって参事院議長の職についた。これが軍以外の行政の責任ある地位についた最初であった。十六年内務卿に就任した(十八年内閣制度で内務大臣。なお華族制度の成立とともに伯爵、この時新華族で伯爵を授けられたものがおおむね「元勲」と呼ばれた、のちに元老として処遇された)。山県は、国家を危機に陥れると考えた民権運動を抑圧するとともに、立憲制の準備として地方制度(市制・町村制・郡制・府県制)制定に強い意欲をもち、二十一—二年渡欧し、視察した。これらを通じて政治家として成長し、帰国直後条約改正問題で総辞職した黒田内閣に代わり二十二年十二月総理大臣に任ぜられ、第一次内閣を組織した。教育勅語の発布にも関与した。この内閣のもとで翌年第一回衆議院総選挙が行われ、第一回帝国議会が開会された。山県は開会の冒頭施政方針演説を行い、「国家の独立を保持し、国勢を振張する」ために強化された陸海軍による「主権線」と「利益線」の確保が必要だとの趣旨を述べた。民党が多数を占めた議会において、予算案をめぐり議会と激しく対立したが、かなりの妥協を行い、アジアにおける最初の議会を解散せずに終結に導いた。二十四年四月辞職。政府と議会との対立の中で、伊藤博文の政党結成の企図に強く反対して阻止した。二十五年第二次伊藤内閣の成立にあたり、固辞したが入閣して法相に就任、翌年枢密院議長に転じた。この年列強の東亜進出に対して軍備拡張の必要を主張する意見書を政府に提出。二十七年の日清戦争勃発で、第一軍司令官として朝鮮半島を北上し、安東県に至ったが、病のため召還され、帰国後監軍の地位につき、翌年には陸相を兼ねた。日清戦争の功績で侯爵に進められた。この前後、韓国への影響力の増大、戦後軍備拡張の必要を主張する意見書を提出。韓国へのロシア勢力南下に対し、二十九年ロシア新皇帝の戴冠式に出席してロシア外相と交渉、山県・ロバノフ協定を締結した。戦後各内閣は政党との提携をはかり、官僚が次第に山県を中心に結集する動きを見せた。しかし第三次伊藤内閣の崩壊に直面し、みずから組閣する見通しなく、結局三十一年の第一次大隈内閣の成立をみた。この年元帥に列せられた。大隈内閣崩壊後、三十一年十一月大命を受け第二次内閣を組織、憲政党と提携し、地租増徴、京釜鉄道敷設、選挙法改正などを実現した。その後憲政党の入閣要求を拒否し、提携は破綻、退陣を決意したが、義和団事件勃発でしばらく延期し、三十三年九月、伊藤の立憲政友会結成直後に辞職した。三十四年伊藤内閣の崩壊後、山県の直系の桂太郎が組閣、以後伊藤とともに元老として表舞台から身を引いたが、内閣奏薦や重要政策への介入などを通じ影響力を保持した。三十七年・三十八年の日露戦争でも、参謀総長として戦争遂行の総指揮をとり、また講和の実現に導いた。この勲功に対し、四十年公爵に昇叙された。また三十八年から四十二年まで、そして同年からその死の大正十一年(一九二二)まで枢密院議長の職にあった。この時期西園寺公望を総裁として次第に大勢力となっていた政友会に対して、みずからと配下の桂太郎が影響力を持つ官僚・軍人などのいわゆる「山県閥」が対峙した。西園寺に対して、外交・財政、社会主義対策に不満を表明した。四十二年伊藤の死後は、元老中の元老として政界の中枢的存在となり、それ故にまた二個師団問題に発する一連の政変（大正政変・第一次護憲運動）の中、藩閥攻撃の標的とされた。その後も大隈・寺内内閣に、特に第一次世界大戦を契機とする世界政治の大変動を予測しての憂慮と不安から、さまざまな形で影響力を行使した。寺内内閣崩壊後、配下に後継首班候補を見出だせず、従来相対峙してきた政友会総裁原敬を推薦するに至った（大正七年九月）。原に対しても干渉したが、次第に原に同調するに至り、また宮中某重大事件で各方面から非難を被り、結局慰留を受けてとどまったが、枢密院議長の辞表を提出したりした。大正十年皇太子の外遊帰国と摂政就任を見届け、翌十一年二月一日病没、八十五歳であった。法名は報国院高照含雪大居士。葬儀は国葬で行われ、小石川護国寺（東京都文京区大塚五丁目）に葬られた。山県は慎重な性格で、日本の将来の安全に深い危惧を抱き、そのための軍備拡張に熱意を示した。「穏健な帝国主義者」という徳富蘇峰の評が妥当性を持っている。また自己の信頼した配下には絶えず心を配り、その結果「山県閥」と呼ばれるものが形成された。

参考文献　徳富猪一郎編『公爵山県有朋伝』、高橋義雄『山公遺烈』、岡義武『山県有朋』（『岩波新書』青三一二）、魯庵記念財団編『含雪山県公遺稿』、大山梓編『山県有朋意見書』、入江貫一『山県公のおもかげ』、伊藤隆編『大正初期山県有朋談話筆記』（『近代日本史料選書』二）　（伊藤　隆）

やまがたいさぶろう　山県伊三郎　一八五七―一九二七　明治・大正時代の官僚政治家。号は素空。安政四年（一八五七）十二月二十三日長州藩下級士族の勝津兼亮と寿子（山県有朋の姉）の次男として萩に生まれる。文久元年（一八六一）山県有朋の養嗣子となり、明治四年（一八七一）上京して山県家に同居、同年岩倉遣外使節に随ってドイツに留学、政治学を学び、病気で帰国した。同十一年外務省翻訳見習となり、ドイツ駐在公使館勤務を経て、十六年帰国後、太政官に入り、愛知県書記官・内務書記官を経て二十九年徳島県知事となる。さらに逓信省管船局長に転じ、三十四年内務省地方局長、さらに総務長官・次官を歴任し、第一次桂内閣下における内務行政を統括した。三十九年第一次西園寺内閣の逓相となり鉄道国有法を成立させたが、四十一年一月鉄道建設の予算問題をめぐって蔵相阪谷芳郎と対立して辞任、貴族院議員に勅選された。明治四十三年寺内正毅韓国統監のもとで副統監をつとめ韓国併合を強行し、ひきつづき政務総監として言論・出版の統制を強化し、一進会などすべての政治団体を解散させた。さらに諸制度の整備、土地制度の調査など植民地政策全般の立案・実施にあたった。大正五年（一九一六）寺内に代わった長谷川好道総督のもとにも留任して朝鮮神宮の造営を推進し、大正八年三・一独立運動を鎮圧、八月辞任した。翌九年関東長官に就任、十年アヘン売買事件や満鉄の塔連炭坑買収をめぐる疑惑などが表面化して政治問題となり、さらに翌年大連取引所の建値変更問題で混乱し九月辞任した。この間、同年二月山県有朋の死により公爵を襲ぎ、十一月枢密顧問官に任じられた。昭和二年（一九二七）九月二十四日病没。七十一歳。墓地は東京都護国寺にある。

参考文献　徳富猪一郎編『素空山県公伝』　（宇野　俊一）

やまがたたいか　山県太華　一七八一―一八六六　江戸時代後期の儒学者。天明元年（一七八一）に生まれる。周防国の人。名は禎、字は文祥、通称は半七、太華と号す。長州藩儒であり荻生徂徠初期の門人として徂徠学の普及に功があった山県周南の家学を継ぎ、筑前国の亀井南冥から徂徠学を学ぶ。その後、江戸に遊学し、朱子学が盛んに行われているのを知り、徂徠学を捨て朱子学に従う。文化七年（一八一〇）長州藩明倫館学頭助役、藩士毛利斉元の側儒となり、同九年中村敬とともに明倫館学頭兼各番交代を命ぜられる。同十四年世子斉広に句読を施す。文政七年（一八二四）学頭兼務を解かれ側儒専任となる。天保六年（一八三五）再び明倫館学頭となり朱子学を講義。聖廟に周濂渓・邵康節・程頤・程顥・張横渠・朱熹など宋学の先達を従祀した。弘化三年（一八四六）明倫館が萩江向（えむかい）に遷ったとき命により式日作法改正の事にあたる。嘉永二年（一八四九）新明倫館が落成し翌三年職を免ぜられる。同四年藩命により四書集註の訓点を改む。翌五年隠居。慶応二年（一八六六）八月没。享年八十六。墓は山口県萩市北古萩町の保福寺地蔵堂にある。はじめ家学を継いで徂徠学を紹述したが、のち朱子学に転じた。彼が明倫館で朱子学を講じたことにより周南以来の藩の学風が一変したという。吉田松陰の『講孟箚記』に対して『評語』を著わし、天朝への一元的な忠を説く松陰を批判した。著述には、周官の民政に有益な諸条を挙げて解説した『民政要編』や国史について縷説した『国史纂論』のほか『礼記備考』『周官備考』『儀礼備考』『中庸文脈』『臣軌解』『芸窓筆記』などがある。　（本郷　隆盛）

やまがはたのしん　山鹿旗之進　一八六〇―一九五四　明治・大正時代の旧日本メソジスト教会牧師。軍学者山鹿素行の直裔。父津軽藩士山鹿八郎左衛門。万延元年（一八六〇）正月二十五日、江戸津軽藩邸に生まれる。弘前の東奥義塾に学び、明治八年（一八七五）ごろ本多庸一とジョン＝イングの指導下にキリスト教に接し、同十年四月十五日弘前メソジスト教会において宣教師イングより受洗。弘前で伝道に従事した。十二年横浜山手の美会神学校に第一回生として入学。十六年同校が合併した東京英和学校を卒業。同校に教鞭をとったのち神田で伝道。二十年按手礼をうけ、名古屋教会牧師となり、二十一年清流女学校を創立。二十三年米国に留学、ミシガン州アルビオン＝カレジを経て二十六年ドゥルー神学校卒業。帰国後、名古屋・横浜・神奈川・鎌倉・九段の各教会牧師を歴任した。大正三年（一九一四）から九年間横浜聖経女学校に教鞭をとり、婦人伝道者養成につくし、同十二年引退。文筆生活をおくった。昭和二十九年（一九五四）四月一日没。九十四歳。　（気賀　健生）

やまかわきくえ　山川菊栄　一八九〇―一九八〇　大正・昭和時代の婦人運動家、評論家。明治二十三年（一八九〇）十一月三日に東京に生まれる。父は森田竜之助。母千世は東京女子師範第一回卒業生で、菊栄は東京府立第二高女・女子英学塾（津田塾大学）を卒業。少女時代に家の競売にあった経験から社会問題に関心をもち、堺利彦らの平民社に近づき社会主義理論を吸収し、のち山川均と結婚した。社会評論家として最初の登場は、大正五年（一九一六）『青鞜』誌上で伊藤野枝と売春問題で論争し、ついで同七年に『婦人公論』その他で与謝野晶子・平塚らいてうらと三どもえで「母性保護論争」をおこした。晶子の女性解放は「経済的自立」であり、らいてうは「母性の国家的保護」をいうのに対して菊栄は女性の経済的自立と母性の保護は社会の責任であり、社会の変革によらねばならないとした。この論争のきわだった理論性によって以後評論家としての位置は定まった。大正九年平塚らいてう・市川房枝らの市民婦人団体「新婦人協会」が結成されると、「日本社会主義同盟」の周辺にいた婦人は菊栄の指導のもとに翌十年四月二十四日「赤瀾会」を結成し、講演会開催、メーデー参加など活動したが、政府の弾圧で翌十一年解散した。また十四年無産政党綱領草案に加わり「日本労働組合評議会」婦人部テーゼは菊栄の起草とされる。第二次世界大戦後労働省婦人少年局の設置にあたり初代局長となり、婦人関係資料作成など功績を残した。昭和五十五年（一九八〇）十一月二日没。八十九歳。著書に『婦人の勝利』『現代生活と婦人』『婦人問題と婦人運動』などがあり、『山川菊栄集』全十巻・別巻一巻も刊行されている。

〔参考文献〕　山川菊栄『おんな二代の記』、外崎光広・岡部雅子編『山川菊栄の航跡』　（井手　文子）

やまかわけんじろう　山川健次郎　一八五四―一九三一　明治・大正時代の物理学者、教育家。安政元年（一八五四）閏七月十七日、会津藩士山川尚江（のちに家老）の三男として会津若松（福島県会津若松市）で生まれる。戊辰の役ではじめ白虎隊に編入されたが、なお幼少にすぎることと学問に専念させるという藩の意向で除隊させられた。会津藩降伏後、奥平謙輔を頼って新潟に逃れ、明治三年（一八七〇）には東京に移り苦学を続けた。翌四年北海道開拓使から選ばれて米国留学を命ぜられ、イェール大学シェフィールド理学校に留学。物理学専攻を志し勉学にはげみ、バチェラー＝オブ＝フィロソフィーの学位を得て同八年五月に帰国。翌九年東京開成学校教授補、同十年東京大学開設に際し理学部教授補、同十一年には最初の物理学教授となった。外国人教師メンデンホール・ユーイング・ノットとともに実験器具の整備、学生の指導に努め、物理学専門教育開始期の足場固めを行なった。同十四年東京の大火の調査報告、ついで大理石の熱伝導率測定、魔鏡の研究、同二十九年にはX線発生の追試実験を行うなど研究指導にも努めた。同二十二年には菊池大麓らとともに日本で最初の理学博士に、同三十四年に東京学士院会員となった。同二十六年理科大学長（現理学部長）、さらに同三十四年には東京帝国大学総長に就任。以後教育行政に力を尽くした。同三十八年、日露戦争の講和政策批判を行なった法科大学教授戸水寛人が政府の専断で休職処分を受け、大学の自治を唱える教授陣は決起紛糾したが、総長を辞任して政府にも働きかけ大学の混乱を避けることができた。同四十年開設の明治専門学校総裁となり独特な工学教育の基礎を固め、同四十四年新設の九州帝国大学総長、大正二年（一九一三）に再び東京帝国大学総長に就任、同九年まで在任し、同三年から十ヵ月京都帝国大学総長も兼任した。明治三十八年貴族院議員、大正四年男爵叙爵。同十二年枢密顧問官となる。昭和六年（一九三一）六月二十六日没。七十八歳。墓は東京都港区の青山墓地にある。法名は希不踰院殿慎誉平久大居士。

〔参考文献〕　花見朔巳編『男爵山川先生伝』　（辻　哲夫）

やまかわちおう　山川智応　一八七九―一九五六　明治から昭和時代にかけての日蓮教学者。本名伝之助、号簑谷ほか筆名多数。明治十二年（一八七九）三月十六日大阪に生まれる。父小林宗治郎、母あさ。翌年山川家の養嗣子。明治二十六年田中智学の立正安国会（のち国柱会）に入会。大阪郵便貯金管理支所の書記補のころ、明治三十年中村吉蔵（春雨）・高須芳次郎（梅渓）らと浪花青年文学会をおこし、雑誌『よしあし草』を創刊。明治三十二年、智学の師子王文庫に入って雑誌『妙宗』の編集、経営に従事。爾来、智学に師事してその運動に献身。特に『本化妙宗式目講義録』の筆録整記、『本化聖典大辞林』の編集を担当。この間、高山樗牛・姉崎嘲風（正治）と交わり、教務のかたわら日蓮の科学的研究、『法華経』の思想的研究につとめ、昭和九年（一九三四）『法華思想史上の日蓮聖人』によって、東京帝国大学より文学博士の学位を受く。智学没後、師子王文庫学頭を辞して国柱会を去り、昭和十七年師子王学会設立、日蓮聖人御真蹟護持会をおこして影印を刊行。昭和二十一年宗教法人本化妙宗連盟を創立して有志を指導し、執筆をつづけて教学の研鑽にはげむ。昭和三十一年六月二日鎌倉松楓居に没す。七十七歳。法号浄妙院智応日湛居士。遺骨は東京都江戸川区一之江六丁目の妙宗大霊廟に納鎮。著書は明治四十五年刊行の『和訳法華経』（新潮社刊）はじめ多数。浄妙全集刊行会によって、『観心本尊抄講話』『開目抄講話』『基督教と日蓮聖人』などが復刊刊行中。

〔参考文献〕　山川百男編『文学博士山川智応先生遺影略年譜』　（中平千三郎）

やまかわひとし　山川均　一八八〇―一九五八　大正・

昭和時代、初期の日本共産党に一時参加したことはあるが、その前後ほぼ一貫した社会民主主義運動の理論的指導者。明治十三年(一八八〇)十二月二十日、岡山県窪屋郡倉敷村(倉敷市)の生まれ。父清平・母尚の長男。大原孫三郎は小学校時代の友人。二十八年高等小学校卒業、京都の同志社補習科に入学したが、翌々年退学、上京して秋山定輔方で守田文治(有秋)と相知る。明治義会中学校に編入、さらに東京政治学校に学ぶ。三十三年三月守田と『青年の福音』を創刊、三号の守田執筆・山川加筆の皇太子嘉仁と九条節子の結婚に関する評論「人生の大惨劇」が不敬罪に問われ、翌年控訴審で重禁錮三年六ヵ月・罰金百二十円・監視一年の判決をうけ巣鴨監獄に入獄、獄中でスミス、リカード、マーシャルなどの経済学を独習。三十七年出獄、倉敷に帰り、義兄林源十郎の薬店を手伝う。三十九年二月日本社会党に入党、上京して堺利彦に会う。翌年、日刊『平民新聞』の編集に従事、社会党第二回大会では直接行動論の幸徳秋水を支持、四十一年幸徳らの金曜会主催講演会で検挙され軽禁錮一ヵ月、『労働者』に掲載の「農民のめざまし」が禁止され禁錮二ヵ月、さらに六月赤旗事件で懲役二年の刑を受ける。四十三年六月出獄、倉敷に帰り薬店を、ついで鹿児島で山羊の農場を経営、この間大正二年(一九一三)、妻大須賀里子と死別する。堺の「小さな旗上げ」に応じて五年一月上京、売文社で『新社会』の編集に参加、青山菊栄と結婚、民本主義者の吉野作造らを社会主義的イデオロギーから痛烈に批判した。七年荒畑寒村とともに発刊した『青服』の記事で禁錮四ヵ月の刑を受ける。八年二月出獄、堺らと『社会主義研究』を創刊、翌年日本社会主義同盟に参加、十一年日本共産党結成に参加、山川創刊の雑誌『前衛』に「無産階級運動の方向転換」を発表、社会主義運動の方向転換をリードした。翌年第一次共産党事件に連座、起訴されたが、十五年無罪となる。この間共産党再建運動から離れ、兵庫県の垂水村・御影町などに住みながら、福本和夫の山川イズム批判にも反論せず、無産政党論を発表した。昭和二年(一九二七)コミンテルンが福本・山川両者の理論を左右の日和見主義と断定、両者を含む幹部をモスクワに招集、「二七年テーゼ」を決定したが、山川は欠席した。同年十二月、堺・猪俣津南雄らと雑誌『労農』を創刊、以後左翼社会民主主義陣営のイデオローグとなる。しかし大衆的共同戦線党組織化の期待に反し、現実の無産政党は四分五裂の状態をつづけ、社会大衆党に統一されたときは「大右翼」の結成であった。この間も評論活動をつづけ、十一年には神奈川県鎌倉郡村岡村弥勒寺(藤沢市)で「湘南うずら園」の経営を始めた。翌年十二月、人民戦線事件で検挙、治安維持法違反容疑で起訴され、一審懲役七年、二審懲役五年であったが、上告審中敗戦を迎えた。戦争末期広島県に疎開した山川は、戦後の九月上京、翌年発表した「民主人民戦線」提唱の反響は大きく、「民主人民連盟」委員長に就任したが、社会党の反共主義、共産党のセクト主義などのため成果はあがらなかった。二十二年日本社会党に入党、向坂逸郎らと雑誌『前進』を創刊、「平和革命」への展望を提示、二十六年には向坂・高橋正雄・岡崎三郎らと「社会主義協会」を結成、機関誌『社会主義』を創刊、組合運動の強力な全国的中心組織の確立の促進、職場の活動家の社会主義政党への結集、労働運動の左右の偏向の排除、左右の攻撃からの防衛などを目標に掲げ、総評・左派社会党を支援した。その後もスターリン批判、ハンガリー動乱などについて論評、『社会主義への道は一つではない』と主張、旺盛な評論活動をつづけた。そうした活動に対し左派社会党は二十九年、表彰した。生来痩軀病身であった山川は、三十二年春に発病、翌年三月二十三日膵臓癌で死去した。七十七歳。墓は岡山県倉敷市の長連寺にある。『山川均全集』全二十巻が刊行中(既刊十一冊)。

参考文献 山川菊栄・向坂逸郎編『山川均自伝』、小山弘健・岸本英太郎編『日本の非共産党マルクス主義者—山川均の生涯と思想—』、桜井毅「山川均」(日高晋他編『日本のマルクス経済学』上所収)、『社会主義』昭和三十三年十月号(山川均研究特集号)、大内兵衛他「山川均氏をしのぶ」(『世界』昭和三十三年六月号)

(神田 文人)

やまぎしかよう 山岸荷葉 一八七六—一九四五 明治時代の小説家、劇作家。本名惣次郎。通称宗。明治九年(一八七六)一月二十九日東京日本橋の商家の次男に生まれた。同二十九年東京専門学校文学科卒。早くから尾崎紅葉の門下として文名を得た。東京下町の人情風俗を精細な会話描写などでたくみにとらえた長編『紺暖簾』(明治三十四年)が代表作。ほかに翻案脚本や舞踊劇もある。昭和二十年(一九四五)三月十日戦災のため没。七十歳。

参考文献 赤松昭「山岸荷葉」(『近代文学研究叢書』五五所収)

(岡 保生)

やまぎしとくへい 山岸徳平 一八九三—一九八七 昭和時代の国文学者。明治二十六年(一八九三)十一月二十五日新潟県西蒲原郡曾根村(西川町)に父友之助・母さよの長男として生まれる。新潟師範学校を経て、大正七年(一九一八)東京高等師範学校本科国語漢文部を卒業、東京女高師訓導に任ぜられ、のちに東京帝国大学文学部に入学、大正十三年に卒業し、同十四年学習院教授、昭和五年(一九三〇)東京文理科大学助教授兼東京高等師範学校教授に任ぜられ、同十四年教授に昇任、同二十四年東京文理科大学が東京教育大学に包摂された際に東京教育大学教授となり、同二十九年に定年退官した。その後、実践女子大学・中央大学などの教授に就任し、実践女子大学短期大学学長を勤め、多くの審議委員を委託されている。長年にわたって国文学の研究と教育に従事したが、研究分野は広汎で上代から近世に及んでいる。物語・和歌・説話から日本漢文学・中国文学との交渉など、和漢にわたる該博な知識と、若年から陸上競技で鍛えた頑健な身体にまかせての文献資料の博捜、倦むことなき進取の気象によりその研究は常に国文学界における先達として大きな足跡を残した。昭和六十二年五月二十二日東京都豊島区目白の自宅において心不全のため死亡。九十三歳。墓は文京区小石川三丁目の伝通院の末寺真珠院にある。法名高文院教誉白峰賢徳大居士。膨大な論文の主要なものは『山岸徳平著作集』五巻にまとめられ、著書として『書誌学序説』『近世漢文学史』などがある。

参考文献　三谷栄一「山岸徳平先生略年譜」(山岸徳平先生記念論文集刊行会編『(山岸徳平先生記念論文集)日本文学の視点と諸相』所収)、多田基他「山岸徳平先生追悼」(『実践国文学』三二)　(大曾根章介)

やまぎわかつさぶろう　山極勝三郎　一八六三―一九三〇　明治・大正時代の病理学者。医学博士。世界初の人工癌に成功。曲川と号す。文久三年(一八六三)二月二十三日、信濃国上田に山本政策の三男として生まれる。明治十二年(一八七九)山極家の養子となる。帝国大学医科大学卒。病理学教室に入る。ドイツに留学してフィルヒョウ R. Virchow に就く。明治二十八年東大教授となり、在任二十八年に及んだ。助手市川厚一とともに兎の耳にコールタールの反復塗布を行なって、人工タール癌の発生に成功。これは世界最初の人工癌であり、師フィルヒョウの癌の刺激発生説を証明した画期的業績である。大正四年(一九一五)九月、東京医学会で発表し、同八年本研究に対し帝国学士院賞が授与された。明治三十一年には台湾のペスト流行を出張調査、その成果を同三十二年『ペスト病論』にまとめる。脚気や日本の地方病の病理学的研究にも力を注いだ。明治四十年雑誌『癌』を創刊。著書は前述のほか『病理総論講義』『胃癌発生論』など。昭和五年(一九三〇)三月二日、肺結核にて死亡。六十八歳。墓は東京都台東区の谷中墓地にある。　(長門谷洋治)

やまぎわしちし　山際七司　一八四九―九一　明治時代前期の自由民権家。嘉永二年(一八四九)正月一日、越後国蒲原郡木場村(新潟県西蒲原郡黒崎町木場)庄屋格豪農の長男に生まれる。号は海洲。戊辰戦争に際し郷勇団に加わり幕府方の米沢藩軍に従い転戦した。明治五年(一八七二)ごろより英国流の立憲主義に関心を寄せる。同十一年自立社を結成、同十二年より県会議員として活躍。同十三年千葉県桜井静の要請を契機に下院重視の「大日本国会法草案」を構想、県下に国会開設懇望協議会を組織し、千二百五十二名を代表して元老院に建白書を提出、この年国会期成同盟第二回大会に出席、別に太政官に請願書を提出するが受けとりを拒否される。同年末自由党準備会の結成を推進、翌十四年『東洋自由新聞』発刊に尽力、自由党結成に加わり幹事に選ばれる。同十五年新潟県会常置委員、同年北辰自由党を結成し県下の組織統一を図る。同十六年新潟県の自由党弾圧を意図した高田事件に、同十八年大阪事件に連座、いずれも無罪で出獄した。同二十年三大事件建白運動で活動、保安条例により二年の退去を命じられた。同二十一年後藤象二郎の大同団結運動に賛同、翌年越佐同盟会を組織して理事長に推され、ついで『東北日報』を発刊、東北十五州会を新潟に開く。同二十二年大同倶楽部常議員、条約改正反対の建白書を越佐同盟会を代表して提出。同二十三年新潟県第一区から衆議院議員に当選、立憲自由党に入るが別に国民自由党を組織した。同二十四年六月九日没。四十三歳。

参考文献　江村栄一『自由民権革命の研究』　(江村栄一)

やまぐちきちろうべえ　山口吉郎兵衛　大坂の商人、実業家。

㈠初代　一七九七―一八六七　寛政九年(一七九七)大坂の呉服商の次男として生まれ、文政七年(一八二四)分家して舶来反物商を営む(屋号は布屋)。義弟古山仁兵衛を養子とし、家督を譲る。慶応三年(一八六七)死去。七十一歳。

㈡二代　一八一九―七一　文政二年(一八一九)生まれる。江戸に支店を開き経営を拡大するが、文久三年(一八六三)舶来反物商を廃業し、両替商へ転換した。明治四年(一八七一)死去。五十三歳。

㈢三代　一八五一―八七　嘉永四年(一八五一)生まれる。明治十二年(一八七九)大阪第百四十八国立銀行(資本金十万円)を設立し、頭取に就任。明治二十年、三十七歳で死去。

㈣四代　一八八三―一九五一　明治十六年(一八八三)四月二十五日生まれる。五歳の時に家督を相続。慶応義塾卒。同三十一年第百四十八国立銀行の営業期限満期に際し、山口銀行に改組し(資本金百万円)、取締役社長に就任。同三十二年日本銀行から町田忠治を山口銀行総理事に迎え、山口銀行・山口財閥の近代化をはかった。同四十三年に町田が退いた後は、三菱合資銀行部より坂野兼通を上席理事に招聘して町田の経営方針を継続させた。大正九年(一九二〇)持株会社の山口合資を設立(資本金一千万円)、日本生命保険取締役会長・大阪貯蓄銀行頭取なども歴任したが、山口家の事業はもっぱら学卒の専門経営者に委ねた。美術工芸品の蒐集家としても知られ、この蒐集品をもとに滴翠美術館が設立された。山口合資は財閥解体の対象にはならなかったが、昭和二十五年(一九五〇)解散。同二十六年十月二日死去。六十八歳。

参考文献　三島康雄『阪神財閥―野村・山口・川崎―』、『三和銀行の歴史』　(浅井良夫)

やまぐちこけん　山口孤剣　一八八三―一九二〇　明治時代の社会主義者。旧姓福田、本名義三。明治十六年(一八八三)四月十九日、山口県下関に生まれる。東京政治学校在学中、貧民窟探訪などにより社会問題に関心を寄せる。キリスト教の洗礼を受けたものの、社会主義に傾斜し、加藤時次郎の直行団に加わり、ついで平民社に参加した。「戦争を呪ふ」などの社会主義詩・短歌を発表し

『火鞭』を創刊するほか、熱烈な弁才でも知られた。平民文庫の一冊として『社会主義と婦人』を刊行、また小田頼造とともに東海・山陽道の長途の伝道行商を行なった。平民社解散後、西川光二郎と『光』を発刊、三十九年二月には日本社会党の評議員となるが、東京市電値上げ反対運動で検挙・起訴される。四十年三月の日刊『平民新聞』に載せた「父母を蹴れ」により投獄されるなど、筆禍事件が続く。同年六月の出獄歓迎会が赤旗事件を引きおこす。大逆事件後は新聞・雑誌記者などをし、堺利彦の『新社会』にも寄稿する。大正八年(一九一九)『階級闘争史論』を著わし、九年日本社会主義同盟に加盟申込みをするが、九月二日妻の郷里愛媛県宇和島町で病死した。三十八歳。

参考文献 荒畑寒村編『社会主義伝道行商日記』、太田雅夫編『平民文庫著作集』下(『明治社会主義資料叢書』六) (荻野富士夫)

やまぐちなおよし 山口尚芳 一八三九―九四 明治時代の旧佐賀藩出身の官僚。武雄鍋島家の家臣山口尚澄の子。範蔵と通称し、諱を尚芳という。「ますか」「ひさよし」ともよんだ。天保十年(一八三九)五月十一日出生。幼少のころ、藩主の命により、遊学先の長崎でオランダ語、ついで当時、来日していた宣教師G・F・フルベッキから英語を学ぶ。その後、佐賀藩の翻訳兼練兵掛となり、薩摩藩に接近してその動きに同調し、また岩倉具視にも接近した。幕末の討幕運動では薩長同盟の成立に尽力し、新政府軍による江戸開城の時にはその先頭にあった。王政復古の直後、外国事務局御用掛を命ぜられ、ついで新政府判事、東京府判事、大蔵大丞兼民部大丞から外務少輔となった。ついで、明治四年(一八七一)、岩倉遣外使節団の特命全権副使として、副使の大久保利通・木戸孝允らとともに米欧巡回。帰国後、征韓論争では「内治派」の立場にたち、佐賀の乱では鎮圧の政府軍として行動。武雄町の士族が反乱軍に応じなかったのも、尚芳の勧告による。明治八年、元老院議官となり、のちに会計検査院長をつとめ、貴族院議員に勅選された。同二十七年六月十二日没。五十六歳。

参考文献 『武雄市史』下 (石塚 裕道)

やまぐちほうしゅん 山口蓬春 一八九三―一九七一 大正・昭和時代の日本画家。明治二十六年(一八九三)十月十五日、北海道松前郡福山(松前町)に生まれる。本名三郎。三十三年上京。大正三年(一九一四)東京美術学校西洋画科に入学。在学中の五年第三回二科展に「漁村の一部」初入選、七年日本画科に転科。十二年同科を首席で卒業。十三年松岡映丘の新興大和絵会の会員となる。同年第五回帝展「秋二題」初入選、十五年第七回帝展「三熊野の那智の御山」特選、帝国美術院賞を受く。昭和二年(一九二七)第八回帝展で「緑庭」特選となり、翌年帝展推薦され、帝展審査員、帝国美術学校教授となる。五年福田平八郎・中村岳陵・牧野虎雄・木村荘八・中川紀元らと六潮会を結成。二十五年芸術院会員、四十年文化勲章を受章。四十三年新宮殿杉戸絵「楓」制作。大和絵画風の近代化をはかり旺盛な意欲を燃やし、欧風画法を加え明快な色彩画法を究めた。四十六年五月三十一日没。七十八歳。 (中村 溪男)

やまぐちもとおみ 山口素臣 一八四六―一九〇四 明治時代の陸軍軍人。弘化三年(一八四六)五月十五日、長州藩士山口義惟の長男として生まれる。戊辰戦争では奇兵隊教導役として北陸・奥羽地方に転戦。大阪第二教導隊を卒業し、明治四年(一八七一)陸軍少尉。佐賀の乱・西南戦争には少佐で出征。戦後、歩兵第九連隊長・歩兵第七連隊長・熊本鎮台参謀長・東京鎮台参謀長・近衛参謀長を歴任。二十年九月からアメリカ・ドイツを巡視。帰朝後、歩兵第十旅団長ついで歩兵第三旅団長となり、この旅団を率いて日清戦争に出征。その功により二十八年八月に男爵を授与された。二十九年陸軍中将となり、第五師団長。三十三年七月、北清事変が起ると天津に出動し、イギリス・フランス・ドイツなどの連合軍の主体となり、北京に進撃して事変の解決にあたった。日露戦争には病のため出征できず、二十七年三月軍事参議官、五月陸軍大将に昇進。同年八月七日没。五十九歳。墓は東京都港区の青山墓地にある。多年の功により子爵を追贈された。

参考文献 日本近代史料研究会編『日本陸海軍の制度・組織・人事』、桜井忠温監修『(類聚)伝記大日本史』一四 (森松 俊夫)

やまざえんじろう 山座円次郎 一八六六―一九一四 明治・大正初期の外交官。慶応二年(一八六六)十月二十六日黒田藩足軽山座省吾の次男として福岡地形(福岡市中央区)に誕生。明治十六年(一八八三)上京寺尾寿家の書生となる。明治二十五年帝国大学法科大学卒業、外務省に入り、釜山、上海、仁川に在勤、二十九年書記官としてロンドン着任、三十二年韓国在勤後、三十四年小村寿太郎外相のもとで九月政務局長心得、十二月政務局長に就任し、日英同盟・日露戦争の枢機に参画するに至る。山座は玄洋社系の人脈と関係が深く、広田弘毅なども学生時代から山座の薫陶を受けている。日露ポーツマス講和会議には随員として出席、さらに帰国後日清協約締結のため北京に赴く小村外相に随行、「小村外交」展開の中枢的役割を担った。明治四十一年英国大使館参事官としてロンドンに赴き四十五年一月まで在任した。大正二年(一九一三)中国公使となり七月北京に着任、伊集院彦吉公使と交替した。折から中国に第二革命おこり日本関連の三事件(兗州・漢口・南京)の処理に尽力した。翌三年五月二十八日北京で急死した。四十九歳。山座には豪傑風の逸話が多いが、実際は緻密な外交感覚をもち、対中国外交も陸軍の容喙に批判的で着実な政策を採った。夫人賤香(明治三十二年結婚)は政治家神鞭知常の長女。

参考文献 長谷川峻『大陸外交の先駆山座公使』、一又正雄編『山座円次郎伝―明治時代における大陸政策

の実行者―』　（臼井　勝美）

やまざきいわお　山崎巌　一八九四―一九六八　昭和時代の内務官僚・政治家。明治二十七年（一八九四）九月十六日、豪農山崎元栄の六男として福岡県三潴郡大川町（福岡県大川市）に生まれる。山崎達之輔は兄。東京帝国大学卒業後、内務省に進み、長崎県庁、大阪府庁を経て大正十五年（一九二六）内務省社会局事務官となる。昭和三年（一九二八）欧米に出張、四年社会局保護課長となり救護法実施に努めた。大臣官房文書課長、同会計課長、同人事課長などを経て、十一年社会部長、十三年厚生省社会局長となる。同年静岡県知事に転じ、十四年内務省土木局長となり、十五年一月から七月まで警保局長、同年十二月から十六年十月まで警視総監、十七年二月から十八年四月まで内務次官を務めた。十九年一月南西方面海軍民政府総監に転じたが、同年七月内務次官に復任し二十年四月まで在職した。二十年八月、東久邇宮内閣で内務大臣に就任したが、同内閣は山崎の、共産主義者は取り締まるとのロイター記者への発言がＧＨＱの忌避するところとなって倒れた。二十一年九月から二十六年十月まで公職追放に遭ったが、解除後二十七年十月から衆議院に連続当選した。三十五年七月、第一次池田内閣で自治大臣兼国家公安委員長に任ぜられたが、同年十月浅沼社会党委員長暗殺事件の責任をとって辞任した。四十三年六月二十六日没。七十三歳。著書に『救貧制度要義』『現行憲法の問題点』がある。

参考文献　戦前期官僚制研究会編『戦前期日本官僚制の制度・組織・人事』　（佐々木　隆）

やまざきかくじろう　山崎覚次郎　一八六八―一九四五　明治から昭和時代にかけての経済学者。わが国の金融論、特に貨幣論の先駆的な研究者。明治元年（一八六八）六月十五日、山崎徳次郎の長男として静岡県に生まれる。同二十二年、帝国大学法科大学政治学科卒業。同二十四年ドイツに留学し、二十八年に帰国。東京高等商業学校教授などを経て、三十五年に東京帝国大学法科大学助教授、三十九年、同教授となった。この間、社会政策学会の創立にも関わっている。大正八年（一九一九）の東京帝国大学経済学部の新設とともに同学部教授となり、同九年から十二年まで経済学部長を勤めた。同十五年から昭和五年（一九三〇）まで東宮職御用係（のちに宮内省御用係）として皇室の国際金融問題の顧問役も勤めた。同四年に東京帝国大学を退官したのち、中央大学教授となり、同大学の経済学部長兼商学部長や理事を勤めた。同十八年には、新たに設立された金融学会の初代理事会長となった。研究活動としては、銀行論・貨幣論の基礎的な理論を紹介しこの研究領域の基礎を築いた業績と、第一次世界大戦前後の時期を中心に動揺する金本位制の世界的な動向についての評論活動が注目される。主著は、『貨幣銀行問題一斑』（大正九年改定増補版、有斐閣）。晩年には、『貨幣瑣話』（昭和十一年刊、有斐閣）など、貨幣についての随筆も多い。このほかに、産業論の古典としてよく読まれたシュルツェ＝ゲーファーニッツの『大工業論』（明治三十六年刊、有斐閣）の翻訳者としても知られる。昭和二十年六月二十八日没。七十八歳。　（下田平裕身）

やまざきがくどう　山崎楽堂　一八八五―一九四四　大正・昭和時代前期の能楽研究家・評論家・建築家。本名静太郎。明治十八年（一八八五）一月十九日和歌山県和歌山区に生まれる。東京帝国大学工科大学建築学科卒業。法政大学教授ほかを歴任。能楽研究家として地拍子の理論を確立し、『謡曲地拍子精義』ほかを執筆。評論家として『朝日新聞』などに能評・時評を掲載。建築家として旧梅若能舞台ほかを設計した。昭和十九年（一九四四）十月二十九日没。六十歳。和歌山市の増上山護念寺に葬る。法名静誉秋楽禅定門。　（草深　清）

やまざきけさや　山崎今朝弥　一八七七―一九五四　明治から昭和時代にかけての社会主義弁護士。明治十年（一八七七）九月十五日長野県諏訪郡川岸村（岡谷市）の農家に生まれる。三十四年明治法律学校卒。司法官試補となったが三ヵ月で辞職。翌年渡米して苦学。幸徳秋水・岩佐作太郎ら社会主義者と交わる。明治四十年帰国して弁護士を開業。上告審を得意とした。幸徳事件以後、社会主義弁護士として活躍、布施辰治と併称された。大正六年（一九一七）平民大学を創立し、『平民法律』を創刊。同八年『社会主義研究』を発行。九年には平民大学を拠点として、堺利彦とともに社会主義者の大同団結を企て、日本社会主義同盟を結成した。同盟解散後もアナ・ボル両派の連携を試み、『労働週報』を発行、大正十二年の三悪法反対運動を促進した。十三年日本フェビアン協会創立以来社会大衆党まで中間派無産党に属す一方、雑誌『解放』を継承。『解放群書』約五十冊を刊行。「米国伯爵」を称するなど奇行で知られ、『弁護士大安売』『地震憲兵火事巡査』の奇文集には貴重な史料を含む。終生、自由法曹団の主要メンバーであった。昭和二十九年（一九五四）七月二十九日没。七十七歳。みずからも建立に協力した東京都港区の青山墓地の解放運動無名戦士の墓に葬られた。

参考文献　森長英三郎『山崎今朝弥』（『紀伊国屋新書』Ｂ五〇）　（松尾　尊兊）

やまざきたけし　山崎猛　一八八六―一九五七　大正・昭和時代の政治家。明治十九年（一八八六）六月茨城県水戸に生まれる。第一高等学校中退。代用教員、京城日報記者、同理事、満洲日日新聞・満洲日報各社長、水戸市長などを歴任。大正九年（一九二〇）第十四回衆議院議員総選挙で埼玉県第四区（第十六回以後は茨城県第二区）から当選、以来、昭和二十八年（一九五三）の第二十八回総選挙まで当選十回（第十五・二十・二十一回を除く）。その間、立憲政友会総務、農林政務次官（広田内閣）。第二次世界大戦中は政界の第一線から退いていたが、敗戦後の昭和二十一年四月日本自由党から衆議院議員に返り咲いた。同年八月衆議院における憲法改正審議に際して樋貝詮三議長が野党の不信を買って辞任した後、衆議院議長に選出され、続く第九十一・九十二帝国議会でも衆議院議長をつとめた。二十三年三月自由党と民主党の一部が合同して民主自由党を結成すると同党幹事長に就任。同年十月芦田内閣退陣に際して、吉田茂民自党総裁の首相選出を嫌った連合国最高司令官総司令部民政局の後押しで首相候補に推され、民主党の同調を得たが、益谷秀次・広川弘禅ら民自党幹部の説得で議員を辞任。その後、二十五年六月―二十七年十月第三次吉田内閣の国務大臣（はじめ運輸相、ついで無任所・経済審議庁長官）をつとめた。昭和三十二年十二月二十七日死去。七十一歳。

参考文献　衆議院・参議院編『議会制度百年史』衆議院議員名鑑　（鳥海　靖）

やまざきたつのすけ　山崎達之輔　一八八〇―一九四八　大正・昭和時代前期の官僚・政治家。明治十三年（一八八〇）六月十九日山崎元栄の三男として福岡県に生まれた。柳川中学・五高を経て三十九年京都帝大法科大学独法科を卒業し、台湾総督府に勤務、四十一年文部省に転じ実業学務局長・普通学務局長などを歴任した。大正十三年（一九二四）以後郷里から衆議院議員に連続七回当選し、はじめ中正倶楽部に所属したが、すぐ立憲政友会へ入党した。昭和二年（一九二七）田中義一内閣の文部政務次官、同五―七年と八―九年政友会総務となったが、親軍的立場をとり、九年党議に背いて岡田内閣の農相に就任したため除名された。十年望月圭介らと昭和会を結成したが、翌年同会を離れ、十二年林内閣の農相兼逓相となった。十四年政友会中島知久平派に復帰、十五年聖戦貫徹議員連盟を結成し、大政翼賛会総務・翼賛政治会常任総務となり、十八年東条内閣の農相（のち農商相）に就任後、大日本政治会に所属した。同二十年の敗戦後は日本進歩党に所属したが、翌年公職追放となり、二十三年三月十五日に死去した。六十九歳。山崎巌は実弟。　（木坂順一郎）

やまざきちょううん　山崎朝雲　一八六七―一九五四　明治から昭和時代にかけての彫刻家。慶応三年（一八六七）二月十七日筑前国那珂郡博多（福岡市）の陶工の家に生まれる。旧名春吉。雅号羯摩。明治十七年（一八八四）郷里の仏師高田又四郎に入門。二十六年京都へ出る。二十八年第四回内国勧業博覧会で「養老孝子」が妙技三等賞をうけ、翌年上京高村光雲に師事した。三十三年パリ万国博覧会で「少女猫を抱く図」で受賞したのをはじめ、文展など各種の展覧会で受賞、四十年米原雲海らと日本彫刻会を結成。日本の神話に取材し、洋風彫塑の写実性を導入した木彫で好評を得た。大正年間（一九一二―二六）以来各種の展覧会で審査員をつとめ、昭和二年（一九二七）帝国美術院会員、九年帝室技芸員、二十七年文化功労者となった。二十九年六月四日、東京で没。八十七歳。墓は東京の染井墓地。代表作に「大葉子」「たかおかみ」などがある。

参考文献　坂井犀水『日本木彫史』、福岡市美術館編『山崎朝雲資料集』（『福岡市美術館叢書』二）、同編『福岡が生んだ近代彫刻の巨匠』（昭和五十七年山崎朝雲展カタログ）　（三木　多聞）

やまさきなおまさ　山崎直方　一八七〇―一九二九　明治から昭和時代前期にかけての地理学者。わが国の近代科学としての地理学の創始者。明治三年（一八七〇）三月十日、土佐国土佐郡井口村赤石（高知市赤石町）に生まれる。明治二十六年帝国大学理科大学地質学科在学中に東京地質学会を創立。明治二十八年同学科卒業。第二高等学校、東京高等師範学校教授。ウィーンでペンク A. Penck に地理学を学ぶ。明治四十四年東京帝国大学理科大学地理学教授。地理学科の独立、日本地理学会の設立に貢献し地理学を近代科学として国際レベルに高めた。明治三十五年「氷河果して本邦に存在せざりしか」を発表（東京地質学会）、白馬岳に羊状岩、立山西面に二段の堆石堆・カールの存在を報告し、「氷河論争」の口火を切った。火山・地震など各種の地形に関心を拡げ、断層地形論などに業績を残した。佐藤伝蔵とともに『大日本地誌』十巻を刊行（明治三十六年―大正四年（一九一五））、日本列島の地形・地質の研究の大要を広く国民に紹介・普及した功績は大きい。後年、東宮侍講、学士院会員。IGU（国際地理学連合）の設立に参画し、大正十一年副会長となる。昭和四年（一九二九）七月二十六日没。六十歳。『西洋又南洋』『我が南洋』などの著書があり、没後『山崎直方論文集』が刊行された。

参考文献　望月勝海『日本地学史』（『平凡社全書』）、今井功『黎明期の日本地質学』　（松井　愈）

やまざきべんねい　山崎弁栄　一八五九―一九二〇　明治・大正時代の浄土宗僧侶。如来光明主義を提唱。号は仏陀禅那。安政六年（一八五九）二月二十日、下総国相馬郡手賀村（千葉県東葛飾郡沼南町）に山崎嘉平の長男として誕生。幼名啓之介。十九歳のとき断髪、二十一歳にして、浄土宗檀林東漸寺大谷大康を誡師として得度、名を弁栄と改める。東京へ遊学し、筑波山へ籠り念仏行を修して三昧発得した。一切経を読破し、インド仏蹟を参拝し帰国の後、盛んに執筆と独自の伝道活動を行い、大正三年（一九一四）に「光明会設立趣意書」を公表し、光明会（のちの財団法人光明修養会）の組織的活動の端緒とした。会員は『如来光明礼拝儀』により勤行を行う。弁栄には著作も数多く、広く伝道に努めたが、大正九年に神奈川県高座に光明学園を設立し、同年十二月四日、新潟県柏崎の極楽寺にて入寂した。六十二歳。弁栄没後も、田中木叉・笹本戒浄・藤本浄本をはじめとする多くの高弟によって、別時念仏を中心とした光明主義運動が継承されている。

参考文献　田中木叉『日本の光―弁栄上人伝―』、山本空外『弁栄聖者の人格と宗教』、同編『弁栄上人書簡集』、藤堂恭俊『弁栄聖者』　（竹中　信常）

やまじあいざん　山路愛山　一八六四―一九一七　明治・

大正時代のジャーナリストで、国家社会主義を主張したクリスチャン。人権運動と平民の啓蒙のために多くの歴史研究書をのこした。元治元年(一八六四)十二月二十六日江戸に生まれる。父山路一郎は幕府天文方見習い、母けい子は幕府鳥見役奥留氏の娘で愛山三歳の時病没。長男。明治二年(一八六九)六歳の時、旧幕御家人の山路家は、祖父母とともに徳川藩地静岡に移住した。同五年には函館五稜郭で維新政権に抗戦していた父一郎が静岡に帰って来たが、愛山は戦敗者としての悲哀から人権運動に志す。同七年、愛山十一歳のころ父から手習いと英語を学び、外祖母の奥留ふき子は英語のよくできる田口町子と交わり、愛山に田口卯吉を紹介した。田口卯吉の愛山への影響は大きかった。同十二年、十六歳で小学助教となり、十四年には静岡県庁警務課雇となる。二十一年、二十五歳の年に父一郎死去し、メソヂスト教会牧師平岩愃保の世話で東洋英和学校に入学し、ついでキリスト教に入信した。二十四年、二十八歳で、メソヂスト教会牧師桜井明石らと『護教』を刊行し、当時わが国に伝来した進化論や社会進化論、その他ユニテリアンの新神学の影響で、キリスト教信仰は一個人より始めてのち国家社会に利することを説いた。この年、愛山は北村透谷と相識り、人生相渉論争で両者はジャーナリズムの世界で有名になった。愛山の「思想」、透谷の「霊的生命」は、ともに個人の実体に迫る近代的文芸論である。このころ徳富蘇峰の『国民之友』に感化されて、蘇峰の民友社に入社し、『国民新聞』の記者となったのは、愛山二十九歳、明治二十五年のことである。翌年、同誌に「頼襄を論ず」を発表し、史論を得意とするジャーナリストとなった。三十年から三十二年まで『防長回天史』編纂のため、民友社を退社し、三十二年、『信濃毎日新聞』の主筆となる。三十六年、四十歳で『独立評論』を創刊し、「帝国主義」を主張した。これは個人に自由と平等の権利があるが、国家にもこれを認めよ、という意味である。三十七年には、同誌を『日露戦争実記』と改称している。三十八年、斯波貞吉・中村太八郎らと国家社会党を結成し、三十九年には日本社会党とともに東京市電運賃値上げ反対のデモに参加した。この年に『現代日本教会史論』(『基督教評論』)や『社会主義管見』を公表し、国家と紳士閥と平民の三級が、互いに対抗しながら協力して社会の発展に寄与し、その精神的よりどころをキリスト教信仰に求めている。四十年には『現代金権史』を発表し、明治期日本の資本主義の発展に正確な史的理解を示している。愛山は平民史観に終始したが、明治三十年に『国民之友』に発表した「日本の歴史に於ける人権発達の痕迹」においては、徳川時代以来の本百姓の身上権を高く評価し、近代日本平民主義のはじまりと見る独特の平民史観を展開している。愛山にはその他『荻生徂徠』『孔子論』『足利尊氏』などの著作がある。大正六年(一九一七)三月十五日没。五十四歳。墓は東京都港区の青山墓地にある。なお、主な論文・著書は『山路愛山集』(『明治文学全集』三五)および『愛山文集』などに収められている。

参考文献　坂本多加雄『山路愛山』(『人物叢書』一九四)、同志社大学人文科学研究所編『民友社の研究』、岡利郎『山路愛山とジャーナリズム』(田中浩編『近代日本におけるジャーナリズムの政治的機能』所収)、同「山路愛山研究序説」(『北大法学論集』二五ノ四—二六ノ四)、今中寛司「山路愛山の国家社会主義思想」(『キリスト教社会問題研究』一二)
(今中　寛司)

やましたかめさぶろう　山下亀三郎　一八六七—一九四四　明治から昭和時代前期にかけての実業家、財界人。慶応三年(一八六七)四月九日、伊予国宇和郡喜佐方村(愛媛県北宇和郡吉田町)に源次郎三男として生まれる。十八歳で上京、明治法律学校に入るが一年余で中退、日本橋の紙店に奉公の後、明治二十七年(一八九四)横浜の竹内商会石炭部に入り三十年に同商会を継承して独立し、合資会社横浜石炭商会と改称する。同三十六年に英国船を購入して海運業に進出、日露戦争の御用船徴用で海運業者としての地歩を築き、四十四年神戸に支店を設置するとともに山下汽船合名会社(資本金十万円)に改組した。第一次世界大戦期の海運好況下にあって、帝国大学や高等商業出身の人材を多数採用して社業を積極的に拡大し、勝田銀次郎・内田信也とともに第一次大戦期の三大船成金と称せられる。大正三年(一九一四)日本商船を合併、四年には石炭部門を分離して山下石炭株式会社を設立、六年には山下汽船株式会社(資本金一千万円)に改組し、国内外三十余ヵ所に支店出張所を設置するとともにインド・南洋・華南などアジア各地に航路を開設した。同九年には山下石炭を山下鉱業と改め、十一年に山下汽船と合併して山下汽船鉱業株式会社(資本金三千万円)としたが、十三年山下汽船株式会社と改称した。戦間期には、大戦景気下での海外航路運航の経験を生かし、戦後不況で傭船料の低下した海運市場で、他の船主の船腹を積極的に傭船して航路経営を展開する不定期船オペレーターとして急成長し、大正十五年には百㌧配船を実現して日本最大の傭船主となった。また同十三年には、Kラインと協力して豪州定期航路の開設に成功、翌年同航路の海運同盟への参加を認められ、定期船部門への進出を本格化した。その後も中古船の傭船を中心に巧みな傭船政策に基づいた小口貨物輸送に力を発揮して、三井物産船舶部・川崎汽船・国際汽船・大同海運と並んで社外船大手五社の一つに数えられた。昭和不況下でも、古船中心の傭船主義を継続するとともに、昭和八年(一九三三)のペルシャ湾、同九年アフリカ、同十二年ニューヨーク・南米・北米西岸の各遠洋定期航路の開設など、積極的な航路経営を展開し、十六年の最盛期には、所有船五十五隻、四六万㌧にのぼり、日本郵船、大阪商船に次ぐ船主に成長した。山下の活動は、海運にとどまらず、財界から政界に広がり、扶桑海上火災保険・浦賀船渠・国際汽船・

北鮮林業・阪神築港・大日本兵器などの会社に関わったほか、中野正剛の東方会の有力な資金提供者でもあり、大正昭和の代表的政商と称された。昭和十八年三月、東条内閣の内閣顧問となり、経済統制の円滑な運営に協力、十九年四月には行政査察使の勅命を受け大陸・内地間輸送、瀬戸内海海上輸送に関する行政査察などを行なったが、病を得て十一月に解任、十九年十二月十三日死去した。七十八歳。正六位勲二等。著書に『沈みつ浮きつ』『海運私見』がある。

参考文献　中川敬一郎『両大戦間の日本海運業』

（小風　秀雅）

やましたげんたろう　山下源太郎　一八六三―一九三一　明治・大正時代の海軍軍人。文久三年（一八六三）七月十三日、米沢藩士山下新左衛門の次男として生まれる。明治十六年（一八八三）海軍兵学校卒業（第十期生）。日清戦争時は金剛の砲術長。三十三年北清事変では天津駐在陸戦隊指揮官。三十四年から海軍軍令部第一局部員・同作戦班長。日露戦争間は大本営海軍参謀（作戦班長）をつとめ、戦後、磐手艦長・第一艦隊参謀長を経て佐世保鎮守府参謀長・海軍艦政本部第一部長・海軍兵学校校長となったが、再び軍令系統の職務にもどり、大正三年（一九一四）に海軍軍令部次長ついで佐世保鎮守府司令長官・第一艦隊司令長官、七年海軍大将となり連合艦隊司令長官を兼任した。約一年間の軍事参議官のち九年十二月海軍軍令部長となり、海軍軍備制限に関するワシントン条約の締結、国防方針・用兵綱領などの改訂、軍備補充計画の実施などに関与した。十四年に再び軍事参議官。昭和三年（一九二八）後備役編入、男爵授与。六年二月十八日没。六十九歳。

参考文献　日本近代史料研究会編『日本陸海軍の制度・組織・人事』、防衛庁防衛研修所戦史室編『大本営海軍部・聯合艦隊』一（『戦史叢書』九一）、松岡正男『海軍大将山下源太郎伝』

（森松　俊夫）

やましたたろう　山下太郎　一八八九―一九六七　大正・昭和時代の実業家。海外油田の開発などで活躍した。明治二十二年（一八八九）四月二十四日に東京で出生。父正治は秋田県出身であったので、同県や東京で養育された。同三十九年に札幌農学校（のちの北海道帝国大学）農芸科へ入学。四十二年に同校（当時は一時的に東北帝国大学農科大学と改称されていた）を卒業。四十五年には山下商店を開店し、仲買業を営んだ。また第一次世界大戦中には貿易業へ進出したが、やがて満鉄に知己を得て満洲で社宅建設事業などを行なったので、のちに「満洲太郎」とも呼ばれた。第二次世界大戦後は官公庁ビルなどの建設を請け負ったりしたが、昭和三十一年（一九五六）六月六日には日本輸出石油（三十三年七月三十一日に日本輸出入石油と改称）を設立した。さらに、サウジアラビアがアラビア＝アメリカン石油以外にも油田開発の利権を開放するという情報に接して同国へ赴き、各国の確執のなかにあって見事に契約を成立させた。そして同三十三年二月一日にアラビア石油を発足させ、社長に就任したが、この事業はかれの盛名を高め、今度は「アラビア太郎」という呼称を得るに至った。そのほかに日産汽船会長などを勤め、富士石油の創設などにも関与した。昭和四十二年六月九日に没。七十八歳。墓は横浜市鶴見区の総持寺にある。法名は太観院殿露堂顕宝大居士。

参考文献　杉森久英『アラビア太郎』（『集英社文庫』）

（笹原　昭五）

やましたちよお　山下千代雄　一八五七―一九二九　明治時代の政党政治家、弁護士。安政四年（一八五七）九月米沢藩士の家に生まれる。司法省法学校卒業。自由民権運動に投じ、明道館を創設。東北有志の中心として大同団結運動に加わり、大同倶楽部、ついで立憲自由党に参加。第一・二回衆議院議員総選挙に山形県第二区から出馬、落選したが、明治二十七年（一八九四）三月の第三回総選挙以降、当選五回。自由党→憲政党→立憲政友会に所属。この間、明治三十一年には短期間ながら憲政党の第一次大隈内閣のもとで、内務省県治局長をつとめた。明治三十七年第九回総選挙に落選して政界を引退。弁護士・特許弁理士の業務にたずさわった。昭和四年（一九二九）二月四日没。七十三歳。

参考文献　衆議院・参議院編『議会制度百年史』衆議院議員名鑑

（鳥海　靖）

やましたとくじ　山下徳治　一八九二―一九六五　明治から昭和時代にかけての教育実践者。明治二十五年（一八九二）一月十五日、鹿児島県徳之島に生まれる。昭和十六年（一九四一）森遙子との結婚により森と改姓するが、終生山下をペンネームとする。大正八年（一九一九）鹿児島師範学校卒業、訓導を経て同郷の先輩小原国芳の招きで九年上京、私立成城小学校の訓導となる。十一年から五年間校長沢柳政太郎のはからいでペスタロッチ研究のためドイツのマールブルグ大学に留学、ナトルプに師事、この間にデューイの著作に接し、深い感動を受けるとともに、デューイがソビエト教育を評価していることから、社会主義教育に接近していった。昭和三年、成城小学校を去り、翌年ソビエトを視察、人間教育をはじめて科学的に説明したものは唯物史観であると断じ、それを新教育ではなく新興教育であると宣言。五年、プロレタリア教育建設の研究所として新興教育研究所を創設、その初代所長となる。弾圧のため四年間でその幕をとじる。晩年は『日本スポーツ少年団』の仕事に従事、その理論作りに尽力。四十年七月十日没。七十三歳。『新興ロシアの教育』『ジョン＝デューイ学説批判』など多数の著書がある。

（浜田陽太郎）

やましたともゆき　山下奉文　一八八五―一九四六　陸軍大将。医師山下佐吉と由宇の次男として、明治十八年（一八八五）十一月八日（戸籍では十八日）高知県に生まれる。海南中学、広島幼年学校を経て、明治三十八年陸軍士官学校を卒業し歩兵少尉に任官。大正五年（一九一六）

陸軍大学校を卒業し、参謀本部員、スイス・ドイツに駐在ののち、陸軍省軍務局課員。昭和二年(一九二七)オーストリア大使館付武官、五年歩兵第三連隊長となり、皇道派青年将校の信頼を得た。陸軍省軍事課長を経て、少将で陸軍省軍事調査部長のとき、二・二六事件がおこったが、皇道派との関係で事件収拾に動いた。北支那方面軍参謀長、第四師団長、航空総監を経て、昭和十五年ドイツに軍事視察団長として派遣された。十六年第二十五軍司令官となり、シンガポール攻略戦を指揮し、その後満洲の第一方面軍司令官となり大将にすすんだ。十九年九月第十四方面軍司令官となり、フィリピン防衛にあたったが、第二次世界大戦後マニラの軍事裁判で捕虜虐待の罪を問われ、二十一年二月二十三日、マニラ郊外のロス=バニオスの刑場で処刑された。六十二歳。墓は東京都府中市の多磨墓地にある。二・二六事件の関係で天皇に忌避され、東条英機陸相とも対立して、戦歴のわりには悲劇の人物といわれた。

参考文献　沖修二『人間山下奉文』、同『至誠通天山下奉文』

（藤原　彰）

やましなときなお　山科言縄　一八三五―一九一六　江戸時代後期の公家。山科家が家職として世襲した最後の内蔵頭(くら)として、明治時代皇室の旧儀再興に関与した有識故実の第一人者。天保六年(一八三五)六月二十日京都に生まれる。幼名は義丸。父は言知。『山科家系譜』に「正二位言成男」とあるが、言成は徳大寺家からの養子であり、『山科言成卿記』天保十四年十一月十四日条に「実ハ家公御末子今度予息ニ被定之事」とみえる。弘化元年(一八四四)元服・昇殿を聴され弘化二年内蔵頭に任ぜられる。安政四年(一八五七)左近衛権少将、慶応二年(一八六六)右近衛の権中将に転じ、明治二年(一八六九)正三位。明治九年叔子内親王家に祇候、明治十五年には殿掌を仰せ付けられ、明治十七年華族令の制定により伯爵。明治三十年正二位に叙せられた。この間、家職としての装束の調進・衣紋奉仕はもとより、石清水臨時祭・祇園社臨時祭・春日祭に参向し、慶応三年には議奏加勢として国事に参与した。明治天皇の践祚では、先例を勘進して光格天皇の例に拠り童形践祚の装束を調進した。明治時代になると、高倉家の当主永祜が早世したため、装束・衣紋の第一人者となり、帝室制度調査会、大正大礼の装束関係の監修をした。日記に『山科言縄卿記』二十六冊があり、宮内庁書陵部に所蔵されている。大正五年(一九一六)十一月六日没。八十二歳。鈴声山真正極楽寺(真如堂、京都市左京区浄土寺真如町)に葬る。法名後高寿院殿翠岳正徹大禅定門。

（鈴木　真弓）

やましなよしまろ　山階芳麿　一九〇〇―八九　大正・昭和時代の鳥類学者。明治三十三年(一九〇〇)七月五日東京に生まれる。父は山階宮菊麿王。大正十年(一九二一)陸軍士官学校卒。昭和六年(一九三一)東京帝国大学理学部動物学科選科修了。同十七年北海道帝国大学より理学博士号を受ける。同年財団法人山階鳥類研究所を設立、理事長となる。鳥類の染色体に関する研究で功績があった。鳥類の保護運動にも活躍。貴族院議員・日本鳥学会会頭・日本鳥類保護連盟会長などを歴任。平成元年(一九八九)一月二十八日没。八十八歳。著書に『日本の鳥類と其生態』などがある。

（鈴木　善次）

やましろやわすけ　山城屋和助　一八三六―七二　明治初年の御用商人、貿易商。天保七年(一八三六)周防国玖珂郡本郷村に生まれた。幼くして両親を失い萩の竜昌院の小僧になったが、のちに還俗して野村三千三を名乗った。文久三年(一八六三)長州藩奇兵隊に入隊、山県有朋の部下となって馬関戦争・戊辰戦争に参加。明治維新後は横浜に出て貿易商人となり、山城屋和助を名乗った。生糸の売込みと兵部省など各省御用達として輸入業務に携わり、山県有朋の庇護によって陸軍省公金を有利に流用し莫大な利益をあげた。明治四年(一八七一)フランスに洋行したが、たまたま生糸相場の暴落で大損害を被り、パリに滞在中の山城屋の豪遊振りが日本公使館から外務省に通報され、これが政府部内の対立もあって陸軍攻撃の材料に使われた。山県に呼び返されて帰国したが、六十四万九千円に達する貸下げ公金を返済できず五年十一月二十九日陸軍省内で割腹自殺した。三十七歳。この事件で山県は陸軍大輔の職を辞した。墓は横浜市西区元久保町の久保山墓地にある。

参考文献　中山泰昌編『新聞集成明治編年史』、芦川忠雄「明治初代の政商」(『伝記』三ノ三)

（岩崎　宏之）

やまだあきよし　山田顕義　一八四四―九二　幕末の志士、明治時代の政治家。弘化元年(一八四四)十月九日長門国萩の松本村(山口県萩市椿東中ノ倉)に萩藩士(大組士)山田顕行の長男として生まれる。村田清風は大伯父。通称市之允、維新後実名の顕義を名とした。雅号は空斎・不抜・養浩斎・韓岑山人・竹陰居士。明倫館・松下村塾に学び、文久二年(一八六二)御楯組の結成に参加、尊王攘夷運動に従事した。はじめ久坂玄瑞に近く、元治元年(一八六四)蛤御門の変に参加して敗走したが、御楯隊は第一次長州征討後の高杉晋作の挙兵に呼応蹶起し、翌年正月高杉らは藩政を掌握した。慶応二年(一八六六)第二次長州征討に際しては芸州口を転戦、三年には整武隊総督となり、大政奉還後先鋒として率兵上京した。四年七月官軍の参謀となり、北越・箱館戦争で活躍する。明治二年(一八六九)七月兵部大丞に就任、九月永世禄六百石を賜わる。大村益次郎の横死後、近代兵制の整備を推進、四年七月陸軍少将兼兵部大丞となる。同年十一月岩倉遣外使節団に参加して欧米を視察、六年六月に帰朝した。東京鎮台司令長官を経て同年十一月駐清公使に任命されたが、翌年二月佐賀の乱が勃発したため免ぜられ、叛徒鎮圧に出征した。同年七月陸軍少将兼司法大輔となり、以後司法行政に関わる。八月台湾征討に反対して三浦梧楼・鳥尾小弥太とともに辞表を出したが聴許されなかった。これは参議木戸孝允の辞職に呼応したもので、山田は当時木戸派の有力幹部の一人として知られていた。十年三月西南戦争に伴い別働第二旅団長として出征、熊本城解囲作戦に参加した。十一年十一月陸軍中将に進み、十一年三月から十二年九月まで元老院議官を兼任、十二年九月には陸軍中将兼参議兼工部卿となり(工部卿兼任は十三年二月まで)、政界の第一線に立つとともに文官色を強める(予備役入りは二十一年末)。明治十四年の政変では大隈重信追放工作に協力、同年十月陸軍中将兼参議兼内務卿となる。十六年十二月司法卿に転じ、十八年十二月内閣制度創設に伴い第一次伊藤内閣で司法大臣に就任した。山田はこのころまでに伊藤博文・井上馨・山県有朋に次ぐ長州閥第四位の実力者の地位を固め、二十年代前半にかけて後継首班の選定や元勲会議にしばしば関与した。この間十七年七月には伯爵に列されている。黒田内閣・第一次山県内閣でも司法大臣を務め、民法・商法・民事訴訟法など各種法典の制定準備に尽力した。しかし二十三年十二月第一回議会で商法延期案が可決され山県首相がこれを容認する姿勢を見せたため、山田は辞意を表明して抗議した。辞表は説得により一旦撤回されたが、山田は山県内閣の退陣を機に再び辞意を表明、大津事件後の二十四年六月退任した。その後健康を害し一時第一線を離れたが、二十五年夏には第一次松方内閣退陣に重要な役割を果たした。二十五年十一月十一日、兵庫県の生野銀山を視察中に急死。四十九歳。病死と発表されたが、近年の墓地改葬の際の調査で坑道に転落して死亡したことが判明した。墓は東京都文京区音羽の護国寺にあり、法名は顕忠院殿釈義宣空斎大居士。山田ははじめ志士・軍人として名を挙げ、のちに文官に転じて司法行政に実績を残したが、教育・文化の方面でも皇典講究所(明治十五年)、日本法律学校(二十二年、現日本大学)、国学院(二十三年)の設立に重要な役割を果たしている。なお、山田の文書の原本は現在伝わっていないが(焼失といわれる)、写本が宮内庁書陵部(日本大学から刊行)と早稲田大学図書館特別資料室に残されている。また、日本大学からは『シリーズ・学祖山田顕義研究』が発行されている。

参考文献　日本大学大学史編纂室編『山田伯爵家文書』、日本大学精神文化研究所・教育制度研究所編『山田顕義関係資料』、日本大学編『山田顕義伝』

(佐々木　隆)

やまだうえもん　山田宇右衛門　一八一三―六七　幕末の長州藩士。名は頼毅。吉十郎・又三・宇右衛門と称す。号は星山・治心気斎。文化十年(一八一三)九月九日、長州藩大組士増野茂左衛門の三男に生まれ、同十四年、大組山田家、禄百石をついだ。安政元年(一八五四)相州警衛総奉行手元役、同三年、徳地代官に任じ、その後、長崎直伝習を命じられ、銃陣教練用掛を兼ねた。文久元年(一八六一)に政務役(右筆)、同二年、学習院用掛兼務、同三年、用談役の要職に就き、長州藩の尊攘運動に参画、常に慎重論を唱えた。元治元年(一八六四)、四国連合艦隊講和副使、第一次征長に追討応接副使を務め、奥阿武郡代官、郡奉行にも任じた。慶応元年(一八六五)元治の内戦に藩内をまとめ、用所役国政方引請、手元役兼務となり、木戸孝允と挙藩体制を指導し、同三年、民政方改正掛を兼務したが、同年十一月十一日に病死した。歳五十五。墓は山口市善生寺。

参考文献　末松謙澄『防長回天史』

(井上　勝生)

やまだおとぞう　山田乙三　一八八一―一九六五　明治から昭和時代前期にかけての陸軍軍人。明治十四年(一八八一)十一月六日、長野県に市川確の三男として生まれ、のち山田家を継ぐ。三十五年陸軍士官学校騎兵科卒業(第十四期生)。騎兵第三連隊付で日露戦争に参戦。四十五年陸軍大学校卒業後、参謀本部部員、騎兵学校教官、騎兵監部部員を歴任して、大正十三年(一九二四)騎兵第二十六連隊長、以後、朝鮮軍参謀・参謀本部通信課長。昭和五年(一九三〇)少将昇進後は騎兵学校教育部長・騎兵第四旅団長・通信学校校長・参謀本部第三部部長・参謀本部総務部長を各一年間ずつ勤め、十年十二月陸軍士官学校校長となる。第十二師団長を経て関東軍の最重要正面である第三軍司令官となり、十三年十二月から中支那派遣軍司令官として作戦軍を統率した。十四年十月以降は長く教育総監を勤め国軍の教育に功績があった。十五年八月陸軍大将。十九年七月関東軍総司令官となったが、翌年八月対日参戦したソ連軍に進攻され、三十一年までシベリアに抑留された。四十年七月十八日没。八十三歳。墓は東京都渋谷区神宮前二丁目の慈光寺にある。法名清規院釈大乗居士。

参考文献　日本近代史料研究会編『日本陸海軍の制度・組織・人事』、棋本捨三『将軍の四季』、額田坦『陸軍省人事局長の回想』、『児孫に語る』(山田乙三回想録)

(森松　俊夫)

やまたかしげり　山高しげり　一八九九―一九七七　大正・昭和時代の婦人運動家。明治三十二年(一八九九)一月五日三重県津市中新町に生まれる。父幾之丞・母とみの次女である。東京女子高等師範学校を中退、金子従治と結婚、一子をもうけるが、離婚、『国民新聞』『主婦之友』の記者となった。大正十二年(一九二三)の関東大震災のあと婦人団体の統合として結成された「東京連合婦人会」に参加、久布白落実らと政治部にあって公娼廃止、婦人参政権要求運動に身を投じた。普選案の議会通過をまえに翌年市川房枝らの「婦人参政権獲得期成同盟会」が結成されると入会、宣伝部を担当し、講演会・街頭演説にモダンな洋装で精力的に活動、昭和四年(一九二九)には「婦人雑誌性愛記事取締の請願」運動をした。戦時体制が進むとともに国策にそい、軍人遺族の救済を考え「母性保護連盟」をつくり、同十二年「母子保護法」の成立に尽力した。第二次世界大戦の敗戦後は戦争未亡人の組織を手がけ、同二十六年全国未亡人団体の事務局長、「全国地域婦人団体連絡協議会」会長となり、参議院議員に二回当選した。昭和五十二年十一月十三日没。七十八歳。

参考文献　山高しげり著・全国婦人会館女性史研究会編『わが幸はわが手で』、山高東『熔岩流』　（井手　文子）

やまだこうさく　山田耕筰　一八八六―一九六五　大正・昭和時代の作曲家。明治十九年（一八八六）六月九日東京に生まれる。父謙造（謙三）・母ひさ。婦人運動家のガントレット恒子は長姉。同四十一年東京音楽学校本科声楽科卒業。同校研究科在学中の同四十三年岩崎小弥太の援助を得てドイツ留学。ベルリン王立高等音楽学校でマックス＝ブルッフ、レオポルド＝カール＝ウォルフに作曲を師事。大正三年（一九一四）帰国後、自作の交響楽作品発表会を催し、翌四年には東京フィルハーモニー会管弦楽部を組織し日本の交響楽運動の基礎を築く。同五年十二月より一年半アメリカに滞在。その間、カーネギー＝ホールで自作管弦楽曲を演奏、ニューヨーク近代音楽協会、全米演奏家組合の名誉会員となる。同九年日本楽劇協会を興してオペラ運動を行う。同十一年北原白秋と雑誌『詩と音楽』を創刊。同十四年日本交響楽協会を創設、また同年小山内薫と劇団「土曜劇場」および「新劇場」を興す。その後もヨーロッパ各地で自作指揮など活発な活動を続けた。昭和十一年（一九三六）仏政府よりレジオン＝ドヌール勲章を受ける。同十七年帝国芸術院会員。同三十一年文化勲章を受ける。同四十年十二月二十九日東京で没。七十九歳。『山田耕筰全集』全三十巻（企画）のうち十巻が刊行された。

参考文献　日本楽劇協会編『この道―十七回忌記念出版・山田耕筰伝記―』、山田耕筰『はるかなり青春のしらべ』、同『若き日の狂詩曲』、遠山音楽財団付属図書館編『山田耕筰作品資料目録』　（石田　一志）

やまださぶろう　山田三良　一八六九―一九六五　明治から昭和時代にかけての法学者、国際私法学の先駆者。明治二年（一八六九）十一月十八日、大和国高市郡越智村（奈良県高市郡高取町越智）に生まれる。同二十九年帝国大学法科大学卒業。大学院に残るとともに法典調査会起草委員補助に任命され、穂積陳重の補佐として法例の起草にあたる。同三十三年東京帝国大学助教授、翌三十四年教授就任。同大学法学部長・常設仲裁裁判所裁判官を歴任する。昭和五年（一九三〇）同大学を定年退官。翌六年―十一年京城帝国大学総長、十八年―二十二年貴族院議員、二十三年―三十六年日本学士院長。同二十九年文化功労者に推された。昭和四十年十二月十七日没。九十六歳。わが国における国際私法学の開拓者であり、他方、国際法領域の研究論文も多い。日本国際法学会の設立・育成に尽力し、日仏会館の創立など日本とフランスとの文化交流にも貢献した。主著として『国際私法』がある。なお、妻しげは江川太郎左衛門英竜の孫で東京大学教授江川英文の姉にあたる。

参考文献　山田三良『回顧録』、川上太郎「(日本国における)国際私法の生成発展」、池原季雄「山田三良先生を悼む」(『ジュリスト』三四〇)　（向井　健）

やまだしょうたろう　山田抄太郎　一八九九―一九七〇　大正・昭和時代の長唄三味線方、作曲家。明治三十二年（一八九九）三月五日東京に生まれ、十二歳ころから長唄三味線を学び、のち三代目杵屋六四郎（のちの二代目稀音家浄観）に入門、大正二年（一九一三）稀音家六治の名を許され、長唄研精会に入会。昭和十六年（一九四一）東京音楽学校講師、同十八年同校教授、同二十五年東京芸術大学教授になり、同年本名の山田抄太郎の名で独立。同三十二年東音会を設立。演奏・作曲両面にすぐれ、「夜遊楽」「船橋」「橡の木」などの作品がある。同三十年重要無形文化財保持者に指定、同三十四年芸術院会員。昭和四十五年六月八日東京で没。七十一歳。墓所は世田谷区代田二丁目の円乗院。　（星　旭）

やまだたけとし　山田武甫　一八三一―一八九三　明治時代前期の自由民権政治家。天保二年（一八三一）肥後藩士牛島五左衛門の次男として生まれた。通称五次郎。嘉永五年（一八五二）同藩山田家を嗣いだ。横井小楠の門に学び、明治三年（一八七〇）熊本藩小参事、翌四年同藩参事として熊本実学党による藩政改革の中心となり、熊本洋学校設立などに尽力した。廃藩後政府に出仕し、六年大蔵省六等出仕、七年敦賀県令、九年敦賀県廃止により帰郷、実業に従事する一方、教育にも力を尽くし共立学舎を設立した。実学党の指導者として熊本県内で佐々友房の紫溟会に対抗しただけでなく、明治十五年九州改進党組織の中心となるなど、九州民権派政党の重鎮として活躍した。同二十二年熊本改進党結成、同二十三年第一回総選挙に当選、九州同志会の代表として民権派諸政党の連合を呼びかけ、立憲自由党結成に活躍、その後自由党内においても重きをなした。同二十五年の第二回総選挙当選後衆議院議長候補になった。同二十六年二月二十三日病死。六十三歳。墓所は東京の谷中墓地。

参考文献　小久保喜七編『憲政殊勲者年譜集』、水戸銘之助編『日本帝国国会議員正伝』、徳富猪一郎『蘇峰自伝』　（梶田　明宏）

やまだびみょう　山田美妙　一八六八―一九一〇　明治時代の小説家、詩人、劇作家、辞書編纂者。本名武太郎。別号美妙斎、飛影など。明治元年（一八六八）七月八日東京神田柳町（東京都千代田区神田須田町）に元南部藩士山田吉雄の長男として生まれた。母は江戸の町医の娘。東京府第二中学から明治十七年東京大学予備門に入学。尾崎紅葉らと親しみ、十八年ともに硯友社を結成、機関誌『我楽多文庫』に小説『竪琴草紙』などを発表。十九年『新体詞選』も編纂したが、このころから言文一致運動に着手、『武蔵野』（明治二十年）『蝴蝶』（二十二年）などの反響は大きかった。紅葉らと別れてのち、政治社会意識を高め、『白玉蘭』（二十四年）や『あぎなるど』（三十五年）などを書き、脚本『村上義光錦旗風』（二十六年）に演劇改良の意欲を見せた。晩年は『平清盛』(四十三年)など歴史小説を書いたが、むしろ『大辞典』の編纂に尽力した(没後の四十五年刊)。同四十三年十月二十四日没。四十三歳。墓は東京都豊島区の染井墓地にある。

[参考文献] 塩田良平『山田美妙研究』、谷村寿子・松岡伸子・金子恭子「山田美妙」(『近代文学研究叢書』一一所収)、三瓶達司「山田美妙」(『明治歴史小説論叢』所収)　(岡　保生)

やまだほうこく　山田方谷　一八〇五―七七　幕末・明治時代前期の儒者。名は球、字は琳卿、通称は安五郎、方谷と号した。文化二年(一八〇五)二月二十一日、備中国阿賀郡西方村(岡山県高梁市中井町西方)に生まれた。先祖駿河守重英は尾張国の出で、父五郎吉は備中松山藩板倉侯に仕えた。母は西谷信敏の娘、梶。幼少、丸川松隠に就き、文政八年(一八二五)仕官、二人扶持を給された。同十年上洛、寺島白鹿に儒を学び、帰藩後八人扶持、中小性格より有終館会頭に任じた。天保二年(一八三一)再上洛、春日潜庵・相馬九方ら陽明学者と往来。翌三年十二月江戸に出て佐藤一斎に師事、佐久間象山・塩谷宕陰らと交わった。同七年帰藩、翌年有終館学頭を命ぜられ、かたわら塾を開き子弟に教授した。同十三年世子板倉勝静に進講し、巡検にも随従、弘化三年(一八四六)近習を兼ねた。同四年四月津山藩に遊び高島流砲術を習い、庭瀬藩老渡辺信義に火砲の術を問うて、造兵や兵制の刷新に努めた。嘉永二年(一八四九)藩主勝静のもと会計の元締兼吟味役を勤め、鉱山を開き産業を興し、東奔西走財政の改革に尽くした。同五年郡奉行を兼ね、治績大いに挙がった。安政三年(一八五六)年寄役助勤となり、天災や米価暴落などにも適切に対処。万延元年(一八六〇)再び元締を兼ね、翌文久元年(一八六一)五月病気で辞職。同二年三月、藩主が寺社奉行より老中に進むや、東行し顧問となった。同三年帰藩、元治元年(一八六四)長州征討の留守を守り、慶応三年(一八六七)将軍徳川慶喜の大政奉還に際しては、藩主の諮問に答え献策し、至誠一貫難局にあたった。陽明学を主とし程朱をも採り入れた経世の実学は、遠近よりの従学者多く、明治六年(一八七三)備前岡山の閑谷学校の再興に召されて講学。同九年病に罹り、十年六月二十六日、小坂部(岡山県阿哲郡大佐町小阪部)にて没。七十三歳。西方村向山の墓地(中井町西方)に葬った。『孟子養気章解』『孟子養気章講義』『師門問弁録』『王学或問解』『方谷遺稿』などのほか『山田方谷全集』がある。

[参考文献] 三島毅編『方谷山田先生墓碑銘』(『方谷遺稿』上)、山田準編『方谷先生年譜』、同編『山田方谷先生門下姓名録』、三島復『哲人山田方谷』、伊吹岩五郎『山田方谷』、山田琢・石川梅次郎『山田方谷・三島中洲』(『叢書・日本の思想家』四一)　(水田　紀久)

やまだもりたろう　山田盛太郎　一八九七―一九八〇　昭和時代のマルクス主義経済学者。第二次世界大戦前から戦後にかけて日本資本主義経済の分析に絶大な功績を残した。明治三十年(一八九七)一月二十九日愛知県葉栗郡黒田町(木曾川町)に生まれる。大正十二年(一九二三)東京帝国大学経済学部を卒業、同学部副手・助手を経て十四年同大学助教授となる。昭和五年(一九三〇)五月いわゆる共産党シンパ事件で検挙され、七月大学を去る。野呂栄太郎らと『日本資本主義発達史講座』を編集刊行し、九年同講座に執筆した論文をまとめて『日本資本主義分析』を公刊、同書は講座派の代表的文献として日本の社会科学に大きな影響力をもった。十一年いわゆるコム＝アカデミー事件で検挙(起訴猶予)された後、東亜研究所の調査委員会委員として中国農村の調査に従事。二十年東京帝国大学経済学部教授に復職し、経済学原理・農政学などを担当。二十三年土地制度史学会を創立し理事代表として指導的役割を演じ、中央農地委員会委員として農地改革に関与し『農地改革顛末概要』(二十六年刊)の刊行に尽力した。三十二年東京大学定年退官後、専修大学・竜谷大学の教授を歴任し、産業連関表を用いた戦後日本資本主義分析を行い、五十五年十二月二十七日東京で病没。八十三歳。著書・論文は『山田盛太郎著作集』全五巻別巻一巻(五十八―六十年、岩波書店刊)に収録されている。

[参考文献] 『土地制度史学』九三(故山田盛太郎先生追悼特集)　(大石嘉一郎)

やまだよしお　山田孝雄　一八七三―一九五八　明治から昭和時代にかけての国語学者、国文学者、国史学者。明治六年(一八七三)五月十日(実際は同八年八月二十日)、富山総曲輪(富山市)に父方雄、母ヒデの次男として生まれ、富山県尋常中学中退後、小中学校教員検定試験に合格し、丹波篠山鳳鳴義塾・奈良県五条中学・高知県立第一中学などを経て、文部省国語調査委員会補助委員となり、日本大学に奉職した。大正十四年(一九二五)東北帝国大学講師、ついで昭和二年(一九二七)教授に任ぜられ、同四年文学博士の学位を受ける。同八年退官、同十五年神宮皇学館大学長、同十九年貴族院議員、同二十年国史編修院長となったが第二次世界大戦終戦で退職。同二十八年文化功労者、同三十二年文化勲章受章。国語学・国文学・国史学・文献学など広汎な分野にわたって顕著な業績を挙げたが、ことに文法学では主著『日本文法論』(明治四十一年刊)では、古来の国文法研究に西洋の論理学を取り入れて整然たる論理体系に基づく「山田文法」を提唱し、爾後の国文法研究の重要な基礎を確立した。『日本文法講義』『日本口語法講義』『日本文法学概論』などは、その説を敷衍・平明化した諸書である。『敬語法の研究』は文法学の新領域開拓の意義を持つ。また、文法の歴史的研究に志し、『奈良朝文法史』『平安朝文法史』『平家物語の語法』『俳諧文法概論』『漢文の訓読によりて伝へられたる語法』などの画期的な業績がある。『仮名遣の歴史』『五十音図の歴史』『国語の中に於ける漢語の研究』『国語学史』なども名著である。国文学関係では『古事記序文講義』『古事記上巻講義』『三宝絵略注』『源氏物語の音楽』『平家物語考』『連歌概説』『日本歌学の源流』など、堅実な実証主義に基づいた独創的な研究がある。国史学関係では『年号読方考証稿』のような基礎的な研究もあるが、『神皇正統記述義』『神道思想史』『平田篤胤』ないし『大日本国体概論』『国学の本義』など、国粋主義を鼓吹したものが多い。その立場から国語問題には強い保守的立場を主張した。他方、日本古典全集刊行会・古典保存会などを育成して古典の流布や古写本の複製などに多大の尽力を払った。『典籍説稿』『典籍雑攷』は古書解題の類を集録した、文献学上の名著である。昭和三十三年十一月二十日没。八十五歳。墓は富山市五艘の長慶寺境内にある。

[参考文献] 山田孝雄博士功績記念会編『山田孝雄著作年譜』、山田忠雄・山田英雄・山田俊雄編『山田孝雄年譜』、佐藤喜代治「山田孝雄先生を追慕して」(『国語学』三六)、山田俊雄「山田孝雄著述目録抄」(同)

(築島 裕)

やまちもとはる 山地元治 一八四一―九七 明治時代前期の陸軍軍人。陸軍中将。天保十二年(一八四一)七月二十五日、土佐藩士山地元恒の長男として生まれる。少年時、友と遊び葦の切っ先で負傷し一眼を失う。土佐藩主山内豊信(容堂)に仕え、その政治活動や藩の兵制改革を補佐した。性豪放、胆力あり、戊辰戦争では土佐藩の一隊長として関東・奥羽で戦い、感状を受けた。明治四年(一八七一)陸軍少佐・御親兵第八番大隊長を勤め、西南戦争では別働第三旅団参謀長として武功を立てた。十四年陸軍少将に進み、熊本・大阪両鎮台司令官を経て歩兵第二旅団長。十九年に再び熊本鎮台司令官を歴任。同年陸軍中将に昇進し、維新以来の勲功により男爵を授けられ、兵制改革により第六師団長。日清戦争には第一師団長として第二軍に属し出征。堅固な旅順要塞を一日で占領し、北方に転じて蓋平・営口・田庄台の敵を撃破した。用兵は即決果断、勇猛でその容貌から「独眼竜将軍」と称せられた。戦後、子爵に昇叙され、西部都督。三十年十月三日、管内諸隊を査察中、病のため急死した。五十七歳。

[参考文献] 日本近代史料研究会編『日本陸海軍の制度・組織・人事』、山地元忠『歴史風土とわが家系』、佐藤正『故陸軍中将山地元治君』

(森松 俊夫)

やまなかけん 山中献 一八二二―八五 幕末・維新期の志士、文人。字は子文。号は信天翁。文政五年(一八二二)九月二日、三河国碧海郡棚尾村東浦(愛知県碧南市東浦町)の大地主の家に生まれる。父は文人としても名高い山中有功。篠崎小竹・斎藤拙堂らに儒学・詩文を学ぶ。安政年間(一八五四―六〇)、京都に出て尊王攘夷運動に加わり、梁川星巌・梅田雲浜・頼三樹三郎らの志士たちと交遊。安政の大獄に際して幕府の探索にあったが危うく難を免れた。その後、郷里で農兵募集にあたったりしたが、文久三年(一八六三)八月十八日の政変後は京都郊外修学院村(京都市左京区)に隠棲した。この間、同じく岩倉村に隠棲中だった岩倉具視と知り合い、その知遇を得た。王政復古後、一時、新政府に出仕し、徴士内国事務局権判事、桃生県(のち石巻県)権知事、登米県知事や伏見・閑院・北白川各宮家の家令などをつとめたが、まもなく辞任。書画・詩文(漢詩・和歌)に巧みで、晩年は京都郊外嵯峨(京都市右京区)に住み、文人・墨客を友とした。著編書に『帖史』『清名家論画集』『信天翁詩鈔』『花香月露集』などがある。明治十八年(一八八五)五月二十五日没。六十四歳。墓は東京都港区の青山墓地にある。

[参考文献] 信天会編『信天翁』

(鳥海 靖)

やまなかさだお 山中貞雄 一九〇九―三八 昭和時代前期の映画監督。明治四十二年(一九〇九)十一月七日京都市下京区に生まれる。昭和二年(一九二七)、京都市立第一商業学校を卒業後、マキノキネマの助監督部に入所。翌年嵐寛寿郎の独立プロ、ついで東亜キネマに移り、その間シナリオ修業に励む。同六年監督に昇進、第一作「抱寝の長脇差(どす)」(公開は七年)がその歯切れの良い語り口と斬新な詩情で注目を浴びる。八年日活に移り、「盤岳の一生」「鼠小僧次郎吉・三部作」(以上、八年)、「風流活人剣」(九年)などで世評を高める。トーキーに移ってからは「国定忠治」「丹下左膳余話・百万両の壺」「街の入墨者」(以上、十年)、「河内山宗俊」(十一年)などで小市民映画の現代的な感覚を時代劇に持ちこむ独特の作風を展開、ムダのない映画的話術も一段と冴えをみせた。十二年PCLに転社、同年八月「人情紙風船」の封切直後に応召、翌十三年九月十七日中国の開封で急性腸炎のため三十歳の若さで戦病死。墓は京都市上京区三番町の大雄寺にある。現存する作品はわずか三本ながら現在最も高く再評価されている監督の一人である。

[参考文献] 佐藤忠男・加藤泰監修『山中貞雄作品集』、加藤泰『映画監督山中貞雄』、千葉伸夫編『監督山中貞雄』、千葉伸夫『評伝山中貞雄―若き映画監督の肖像―』

(宮本 高晴)

やまなかしんじゅうろう 山中新十郎 一八一八―七七 幕末・維新期の豪商。文政元年(一八一八)十二月、出羽国秋田藩領平鹿郡増田村の在方商人山中長五郎(播磨屋)の四男として生まれる。幼名易吉。七歳のとき分家山中氏の養子となり、少年時代から近隣山村民の葉煙草・養蚕・生糸生産などへの仕入れを業としていた家業を手伝うことによって商才を養い、二十三歳(十八歳ともいう)のとき、殖産興業策を藩校明徳館に建白、天保十二年(一八四一)、城下久保田大町三丁目(秋田市)に呉服太物商として自立、山中屋新十郎と称するようになった。その卓識と努力とによってたちまちにして頭角を現わし、いくほどもなく秋田藩の兵具方用達・郡方用達・町処用達となり、郡方織物用達として、秋田郡阿仁小沢田村・横淵村などの絹織座の事業にもかかわることとなった。この間も再々殖産興業策を呈し、ついに安政二年(一八五五)には、藩をして絹・木綿などの陸路移入禁止、さらに船手木綿の移入制限策などをとらしめるとともに、みずから縞木綿の生産を開始するに至った。幕末には、城下打綿屋・糸ひきなどの下請けと、染めを主体とする本店工場、さらに城下九ヵ所の織場などからなるマニュファクチュア形態の山新縞木綿生産にまで発展させた。山新木綿は藩内の需要を満たしただけでなく、近隣諸藩にも移出された。なお戊辰戦争では、新政府側についた秋田藩や新政府軍の大小荷駄方支配人として兵粮・弾薬などの調達・運搬にもあたるなど、近世秋田の稀にみる商傑というべきであろう。明治十年(一八七七)九月九日没。六十歳。法名聚徳院釈信広。秋田郡泉村(秋田市)、五庵山に葬る。贈従五位。

参考文献　橘仁太郎編『(勤王商傑)山中新十郎翁伝』、服部之総「幕末秋田藩の木綿市場及木綿機業」(服部之総・信夫清三郎『日本マニュファクチュア史論』所収)

(半田市太郎)

やまなかなりたろう　山中成太郎　一八二四―九五　幕末・維新期の志士、豪商。文政七年(一八二四)生まれ。大坂の豪商鴻池の一族で両替商・大名貸を営んだ。常陸土浦藩士大久保要との交遊により尊王攘夷運動に投じ、京都に出て水戸藩士鵜飼吉左衛門ら志士と交わりを深めた。安政の大獄にあって摂津有馬(神戸市北区有馬町)に隠棲。文久三年(一八六三)天誅組の乱、生野の変に連坐して幕府に追われる身となった。その後、長州藩士・筑前藩士らと接触、また西郷隆盛と相知り、幕府の探索を逃れて佐々木寛蔵と変名して薩摩藩に赴いた。のち各地を転々として国事に奔走したため、家の資産を消費し尽くした。明治十一年(一八七八)内務省に出仕したが、まもなく辞任し、晩年は京都で過ごした。明治二十八年八月二十六日病没。七十二歳。

(鳥海　靖)

やまなかみねたろう　山中峯太郎　一八八五―一九六六　昭和時代の児童文学者、小説家。明治十八年(一八八五)十二月十五日、大阪府東区淡路町に生まれた。父は呉服商馬淵浅太郎、母は美津。二歳で、陸軍一等軍医山中恒斎の養子となった。陸軍幼年学校、陸軍士官学校を経て、大正二年(一九一三)、陸軍大学校中退。この間、思想的煩悶を持って、宗教に近づいたり、小説を『大阪毎日新聞』に投じて、連載されたりした。さらに、中国革命に関心を持ち、陸大を放棄して退役し、朝日新聞記者として、重ねて大陸に渡って運動に参加。山中未成名で、現地報告や中国ものを新聞雑誌にのせて評判となるが、七年には、株式取引所法等違反で下獄、新聞社退社、その後は、宗教的述作に移行した。昭和の初めころから、少年少女雑誌や、大衆雑誌に多くの小説を発表、特に、『少年倶楽部』に連載した『敵中横断三百里』(昭和五年(一九三〇))、『亜細亜の曙』(六年)、『大東の鉄人』(七年)などの軍事冒険小説によって、多くの少年たちをわくわくさせた。戦後は、伝記を中心に執筆活動を続けるが、文芸春秋読者賞を受賞した『実録・アジアの曙』(三十七―三十八年)は、中国革命参加時代の回想記である。昭和四十一年四月二十八日没。八十歳。

参考文献　尾崎秀樹『夢いまだ成らず　評伝山中峯太郎』、同編『山中峯太郎集』(『少年小説大系』三)

(磯貝　英夫)

やまなしかつのしん　山梨勝之進　一八七七―一九六七　明治から昭和時代にかけての海軍軍人。海軍大将。明治十年(一八七七)七月二十六日仙台に出生。父は山梨文之進。三十年海軍兵学校卒、大尉で日露戦争に従軍、四十年海軍大学卒。海軍省副官兼海相秘書官、軍令部参謀を経て大正五年(一九一六)欧米各国に出張、七年―一二月軍務局第一課長。十年ワシントン会議に大佐(のち少将)で全権随員。十一年横須賀鎮守府参謀長、十二年人事局長、十五年艦政本部長を歴任し、昭和三年(一九二八)十二月海軍次官。五年一―四月のロンドン海軍軍縮会議では、財部彪海相が全権としてロンドンに出張不在中、海軍の責任者として浜口内閣と軍令部の意見の調整に努め、ロンドン条約の調印に尽力した。同年十二月佐世保鎮守府司令長官、六年十二月呉鎮守府司令長官。七年四月大将に昇進したが、条約反対のいわゆる艦隊派から条約派の中心人物とみられ、七年十二月軍事参議官に転補の後、条約派一掃の大角人事により八年三月予備役編入。十四年十月―二十一年十月学習院長。在学の皇太子明仁親王の訓育にあたる。終戦直後学習院の英人教授ブライスと協力して、二十一年元旦に発表され「人間宣言」と呼ばれる天皇詔書の案文の作成にかかわる。二十七年九月―三十二年四月水交会初代会長、三十九年四月仙台育英会長、同年七月学習院名誉院長。四十二年十二月十七日没。九十歳。墓は東京都港区の青山墓地にある。

参考文献　日本国際政治学会太平洋戦争原因研究部編『太平洋戦争への道』別巻資料篇、山梨勝之進先生記念出版委員会編『山梨勝之進先生遺芳録』、山梨勝之進『歴史と名将』

(小林　竜夫)

やまなしはんぞう　山梨半造　一八六四―一九四四　明治から昭和時代にかけての陸軍軍人。元治元年(一八六四)三月農業山梨安兵衛の次男として相模国(神奈川県)に生まれる。明治十九年(一八八六)陸軍士官学校を卒業し歩兵少尉に任官。二十五年陸軍大学校を卒業。日清戦争には歩兵第五連隊中隊長、第二軍副官として参加。戦後ドイツ駐在。日露戦争には第二軍参謀として参加。戦後オーストリア公使館付、ドイツ大使館付を経て歩兵第五十一連隊長、歩兵第三十旅団長、参謀本部総務部長、大正三年(一九一四)独立第十八師団参謀長として青島攻略にあたった。五年中将にすすみ教育総監部本部長、七年田中義一陸相のもとで陸軍次官となり、さらに大正十年六月田中のあとをついで原内閣の陸相に就任し、同年十二月大将にすすんだ。高橋是清・加藤友三郎の両内閣にも陸相として留任し、第一次の軍縮(山梨軍縮)として六万人余の将兵を削減した。陸相辞任後軍事参議官となっていたが、関東大震災後の十二月九日に、福田雅太郎が甘粕事件の責任をとって辞任したあとの関東戒厳司令官東京警備司令官となり、十四年五月に宇垣一成陸相による軍縮の一環として予備役に編入された。その後昭和二年（一九二七）十二月、朝鮮総督に任ぜられたが、四年六月米穀取引所設置の認可、東萊温泉地払下げなどにからむ総督府疑獄で、腹心の肥田理吉が逮捕されたため、わずか二年足らずの在任で四年八月病気を理由に辞職した。しかし同年十一月に収賄の容疑で山梨自身が取り調べられ、十二月に起訴されたが、裁判の結果は無罪となった。この年は朝鮮総督府疑獄のほか五私鉄疑獄事件・売勲事件などがつづいておこり、政治の腐敗が大きな問題となり、右翼擡頭の口実になった。事件後は一切の公職をことわり、鎌倉に閑居して過ごしていたが、十九年七月二日に没した。八十一歳。薩長などの藩閥に属さない軍事官僚であったが、宇垣一成とともに田中義一に引き立てられた軍政派で上原勇作や福田ら軍令系の九州派と対立した。　（藤原　彰）

やまのいもときよ　山井基清　一八八五―一九七〇　明治から昭和時代にかけての雅楽家、およびわが国における洋楽の先駆者。明治十八年（一八八五）八月二十九日東京に生まれる。京都方楽家の山井家庶流基万の三男。同三十一年宮内省式部職雅楽部楽生となり、笛・箏・左舞を専門とする。同三十七年東京音楽学校器楽部に入学、バイオリンを専攻し同四十一年に卒業した。翌年同校の講師補助、および楽部楽師に任ぜられた。大正十一年（一九二二）ドイツに留学、指揮法を学び同十三年帰国した。昭和九年（一九三四）楽部楽長となり、同十一年退官した。この間昭和五年には催馬楽の「美作」「田中井戸」「大芹」「老鼠」を復原しこれらを楽部のレパートリーに追加した。復原研究の成果は『風俗訳譜』（同三十六年）、『催馬楽訳譜』（同四十一年）として発表した。また雅楽風な洋楽作品「平調のメヌエット」「夜多羅」「加利夜須」などを作曲した。同四十五年十二月八日、八十五歳で没した。　（蒲生美津子）

やまのうちうめさぶろう　山内梅三郎　一八四九―七九　幕末の長州藩士。嘉永二年（一八四九）二月七日家禄四千九百五石の長州藩寄組士山内通遠の子に生まれる。同六年家督を継ぐ。文久三年（一八六三）五月の外国艦砲撃には家臣を率いて従軍、八月、明倫館文学寮に入学した。元治元年（一八六四）八月、四国連合艦隊の砲撃に際しては、下関に出張し参軍した。慶応元年（一八六五）、家臣を編成して正名団とした。三月、干城隊が設置されるとこれの総督見習となり、奇兵隊総管を兼ねた。翌年七月、格式としてではあれ若年寄となり、第二次長州征討戦には、下関口海陸軍諸兵指揮役として出陣、九月老中に進んだ。三年、明倫館兵学寮に入る。明治元年（一八六八）干城隊総管となる。四月、長崎に赴き、フルベッキに学び帰国、こえて三年四月、横浜で、ヘボンに就いて洋学を習得した。五年三月、私費でアメリカに留学し、八年八月に帰国した。九月、陸軍教導団に勤務した。九年、これを辞職し、神奈川県学務課に勤務、十二年十一月十一日病死した。三十一歳。　（井上　勲）

やまのうちかずじ　山之内一次　一八六六―一九三二　明治から昭和時代前期にかけての官僚・政治家。慶応二年（一八六六）十一月六日鹿児島藩士山之内時習の長男に生まれる。明治二十三年（一八九〇）帝国大学法科大学政治学科卒業後、内務省に入り、内務書記官、熊本県警察部長、内務大臣官房文書課長、警保局保安課長、青森県知事などを歴任。三十七年逓信省鉄道局長に転じ、以後、鉄道畑を歩いた。大正元年（一九一二）十二月北海道庁長官、ついで二年二月第一次山本内閣の成立に際し内閣書記官長に就任、山本権兵衛首相を補佐して立憲政友会の支持のもとに内閣を運営した。翌年三月シーメンス事件の余波を受け、海軍拡張予算が貴族院の長閥官僚派などの反対で大幅に削減されたため、四月に山本内閣が退陣し、山之内も辞任した。内閣退陣を前に、貴族院議員に勅選され、政友会系の交友倶楽部に所属。いわゆる薩派系勢力の連絡係的存在として長派勢力に対抗し、元老に働きかけるなど再度の山本かつぎ出しに奔走した。大正十二年九月第二次山本内閣の成立に際して鉄道大臣として入閣。普通選挙実施問題をめぐってこれを時期尚早とする政友会と妥協をはかり、閣内の普通選挙即行論者の後藤新平内相・犬養毅逓相らと対立した。同年十二月虎ノ門事件がおこり、山本首相が辞表を奉呈すると、山之内は優諚による山本留任を策したが実現せず翌年一月、山本内閣総辞職となった。昭和七年（一九三二）十二月二十一日没、六十七歳。

参考文献　衆議院・参議院編『議会制度百年史』貴族院議員名鑑　（鳥海　靖）

やまのうちすがお　山内清男　一九〇二―七〇　昭和時代の人類学者・考古学者。明治三十五年（一九〇二）一月二日東京に生まれた。大正八年（一九一九）東京帝国大学理学部人類学教室選科に入り同十一年卒業した。同十三年東北帝国大学医学部解剖学教室に勤務。昭和九年（一九三四）東京にもどり、先史考古学会を創立し『先史考古学』を刊行した。同二十一年東京帝国大学理学部人類学教室の専任講師となり先史考古学を担当し同三十七年定年退官し成城大学文学部に移った。同四十五年八月二十九日没した。六十八歳。仙台に在って周辺の貝塚を発掘し、縄文土器の編年研究をつづけ、また縄文原体の問題に新しい知見を発表した。その後の縄文土器の編年的序列の研究に指針をもたらした。昭和七年から八年にかけて『ドルメン』誌上で発表した「日本遠古之文化」は、その後の研究に指針を与えた古典的な文献とされている。同十四年から同十六年にわたっては『日本先史土器図譜』を刊行した。「日本先史土器の縄紋」は京都大学に提出し文学博士号を取得した論文であるが、これは昭和五十四年に刊行された。

参考文献　佐藤達夫編『山内清男集』(『日本考古学選集』二一)、山内先生没後二十五年記念編集刊行会編『画竜点睛』　　(斎藤　忠)

やまのうちりょうへい　山内量平　一八四八―一九一八　明治時代の牧師。教育と地方行政に貢献。嘉永元年(一八四八)、神官と酒造を業とした山内静太郎の次男として紀伊国の田辺に生まれる。兄の死により家業を継ぐ。課税の問題で税吏と衝突。酒樽に封印され、酒の腐敗を招き、倒産。苦悩の中牧師植村正久の妻であった実妹季野のすすめに従い和歌山で伝道中のジョン＝バックスター＝ヘイル John Baxter Hail の指導を受け、三十七歳にして受洗。明治二十年(一八八七)東京に移り、神学の研究をし、日本語の教師となり、また植村の活動に協力。この間日本伝道に着手したルーテル教会宣教師シェラー J. A. B. Scherer とピーリー R. B. Peery に日本語を教え、その関係で、山内は佐賀の開拓伝道に協力を求められ、明治二十六年以降日本福音ルーテル教会最初の牧師となる。三十九年博多に移り、博多教会創立、さらに大正六年(一九一七)大阪に移り、開拓伝道。同七年七月病気のため隠退。同年十一月十一日郷里田辺において生涯を終る。七十一歳。　　(岸　千年)

やまのべたけお　山辺丈夫　一八五一―一九二〇　明治時代の紡績技術者。嘉永四年(一八五一)十二月八日、石見国津和野藩士清水格亮・佐渡子の次男に生まれた。幼名虎槌。四歳で同藩士山辺正義の養子となり、慶応二年(一八六六)馬廻役に列し、戊辰戦争に従軍した。明治三年(一八七〇)藩主亀井茲監の勧めで上京し、西周の育英舎などで学び、また茲監の養嗣子茲明に英学を教授した。同十年、茲明の渡英に同行し、ロンドン大学で経済学を学んだ。十二年、紡績業を企図していた渋沢栄一の依頼を受けてキングス＝カレッジで機械工学を学び、ブラックバーンの紡績工場で実地を体験して十三年帰国し、大阪紡績会社の立地選定や機械据付けに従事し、十六年工務支配人になった。開業間もなく昼夜二交替制を開始し、電燈の導入でこれを定着させ、最初の本格的機械制紡績業の経営を軌道に乗せた。二十年渡英し、第三工場のためにリング紡績機を選定し、大阪織布会社用の力織機を発注、帰国後力織機の据付けと運転を指導した。二十八年大阪紡績取締役、翌年専務、三十一年社長となった。渡米して自動織機を試験的に導入した三十三年には、大日本綿糸紡績同業連合会委員長に選出され、以後、その廉直な人柄をもって操業短縮などの取りまとめに活躍した。大正三年(一九一四)三重紡績と大阪紡績との合併で成立した東洋紡績の初代社長となったが、五年、老齢の故をもって辞任、九年五月十四日、七十歳で没した。

参考文献　庄司乙吉・宇野米吉『山辺丈夫君小伝』、石川安次郎『孤山の片影』　　(高村　直助)

やまはとらくす　山葉寅楠　一八五一―一九一六　明治・大正時代の技術者・実業家。嘉永四年(一八五一)四月二十日、和歌山藩天文係山葉孝之助の三男として江戸藩邸で生まれた。機械に関心が強く、明治四年(一八七一)長崎に赴き時計修理を学んだのち、大阪の医療機械商河内屋の修理工となった。十六年、修理のため浜松病院に赴いたのを機に同地に住み、二十年、小学校のオルガン修理を依頼されたのを契機に餝(かざり)職人河合喜三郎とともにその製作に取り組み、音楽取調掛伊沢修二の助言をも得てそれに成功、二十二年三月合資会社山葉風琴製作所(資本金三万円)を設立、翌年第三回内国博覧会で有功賞を受賞した。出資者脱退のため二十四年には個人の山葉楽器製造所となったが、翌年にはイギリスにオルガンを輸出した。三十年十月、日本楽器製造株式会社を設立して社長となり、三十二年にアメリカを視察し、翌年ピアノの国産に成功し三十五年緑綬褒章を与えられた。静岡県内で木工・漆器・下駄などの会社を設立する一方、静岡農工銀行・浜松電気などの取締役を務め、四十四年には浜松市会議員となったが、大正五年(一九一六)八月六日没した。六十六歳。

参考文献　山葉寅楠翁銅像建設事務所編『山葉寅楠翁』、大野木吉兵衛「日本楽器製造株式会社と山葉寅楠の企業者活動」(『浜松商科短期大学研究論集』九)　　(高村　直助)

やまべけんたろう　山辺健太郎　一九〇五―七七　昭和時代の社会運動家、在野の歴史家。明治三十八年(一九〇五)五月二十日、東京市本郷区(東京都文京区)に生まれる。のち大分県別府市に移住し、小学校を卒業。丸善大阪支店、足袋職人などして働き、労働運動に目覚める。大正十五年(一九二六)浜松の日本楽器争議に参加。このころ日本共産党に入党。昭和四年(一九二九)四・一六事件に治安維持法違反で検挙され、懲役三年の刑をうけて服役。出獄後も大阪地方で労働運動・無産運動をつづけ、昭和十六年十二月、太平洋戦争開戦前夜に逮捕され、中野、府中の予防拘禁所で獄中生活を送る。敗戦後の二十年十月十日、徳田球一・志賀義雄ら共産党幹部とともに出獄。共産党本部に勤務し、書記局員、統制委員として活躍。この時期から党務のかたわら、歴史研究に関心をもち、歴史学研究会に出席。昭和三十三年には共産党本部勤務をやめ、著述、研究活動に専念する。その歴史研究は、自からも参加した社会運動の解明から、日本帝国主義の不可欠な構成部である植民地朝鮮の解明に向かった。その成果は、『日韓併合小史』(昭和四十一年)、『日本の韓国併合』(同年)、『日本統治下の朝鮮』(同四十六年)に結実した。他方、社会主義運動に関しては多くの論稿とともにみすず書房『社会主義運動一～七』(『現代史資料』、昭和三十九―四十三年)に克明な解題をつけて刊行した。これらの研究は、国立国会図書館憲政資料室・東洋文庫・東大図書館等の根本史料を博捜し、徹底した実証主義に基づくもので、その後のこの分野での基礎を築いた。回想録に『社会主義運動半生記』(昭和五十一年)がある。昭

和五十二年四月十六日、東京の久我山病院で死去。享年七十二。

参考文献 遠山茂樹他編『山辺健太郎 回想と遺文』 （由井 正臣）

やまむらとく 山村登久 ?―一八七六 日本舞踊山村流島山村家創始者。初代山村友五郎（山村舞扇斎吾斗）の養女で、三世宗家若子（二代目舞扇斎吾斗）の祖母。登久の名は初代の五斗（登）の登をとって名付けられたという。島之内（大阪市中央区）に住んだので「島の内の山村」（島山村）と称す。初代の養子二代目友五郎、養女れんが京阪の劇場振付師を兼ねたのに対し、登久はもっぱら町師匠として門弟の育成に力を注ぎ、初代市川右団次や十代目・十一代目片岡仁左衛門も師事した。夫吉兵衛が千年町（中央区）で江波屋という提燈屋を営んでいたことから「提燈屋のお師匠はん」と呼ばれた。明治九年（一八七六）十一月二十三日に没した。墓は天王寺区茶臼山町の邦福禅寺（雲水寺）にある。法名釈尼妙念。その後登久の流れは、昭和十七年（一九四二）孫の若子が三世宗家に推され二代目舞扇斎吾斗を襲名し、本家格となる。以後、四世宗家若（前名二代目若子）、五世宗家（追贈）糸、六世宗家若（前名武）と今日に至るので、現山村流の本家格は登久の流れにあたる。

参考文献 日本舞踊協会編『日本舞踊年鑑』一九七二年版、林竜男「山村家の系統と墓について」（『上方』五二）、秋葉芳美「山村の系統と流祖舞扇斎吾斗伝―附リ―流祖を中心としての山村家系譜」（同九八）、同「山村流雑話」（同一三四）、同「続山村流雑話」（同一三七） （丸茂 祐佳）

やまむらともごろう 山村友五郎 京阪劇界の振付師、山村流の家元。初代・二代ともに著われた。

㈠初代 のちの山村舞扇斎。

㈡二代 一八一六―九五 俳名斗松。文化十三年（一八一六）生まれる。山村舞扇斎の養子となり、新町（大阪市西区）に住んだので「新町の山村」と呼ばれた。はじめ山村友三郎といい、初代の没後、襲名。大劇場の振付師として名をあげたのは嘉永年間（一八四八―五四）からで、瀬山流家元の養子世家間（真）大助や、藤間竹遊と対立して活躍し、明治時代には関西劇界随一の振付師になった。義姉妹のれん（九郎右衛門町（中央区）の山村）、登久（島の内（中央区）の山村）も勢力を張っていたが、両人の没後は、彼が家元として統括した。技芸に優れ、現在に残る山村流を大成し、安政ごろから新町の太夫の道中に振りを付け、大坂の各花柳界や一般の家庭に進出した。明治二十八年（一八九五）十二月二十一日没。八十歳。大阪阿倍野墓地（阿倍野区阿倍野筋四丁目）に葬られる。法名は釈浄秀。

参考文献 守随憲治『歌舞伎序説』、小寺融吉『日本の舞踊』、日本舞踊協会編『日本舞踊総覧』 （戸部 銀作）

やまむらぼちょう 山村暮鳥 一八八四―一九二四 明治・大正時代の詩人。明治十七年（一八八四）一月十日、父久七、母シャウの長男として群馬県西群馬郡棟高村（群馬郡群馬町）に生まれる。本名土田八九十（旧姓志村、のち木暮）。農家に生まれ、尋常小学校の代用教員となり、三十五年、前橋の教会で受洗、翌年東京築地の聖三一神学校に入学。在学時代から文学に志し、前田林外・岩野泡鳴らの『白百合』に短歌を投稿。一時満洲に行ったが四十一年卒業。その後日本聖公会の伝道師として秋田・横手・仙台・水戸・太田・平などに転住。四十三年人見東明らの自由詩社に参加して機関誌『自然と印象』に作品を発表。大正二年（一九一三）、処女詩集『三人の処女』を刊行。その年、土田冨士と結婚。翌三年五月詩誌『風景』を発刊。六月萩原朔太郎・室生犀星らと人魚詩社を結び、四年十二月詩集『聖三稜玻璃』を刊行して注目すべき詩業となった。七年結核となり病床に臥した。同年『風は草木にささやいた』を出し、病のため茨城県大洗海岸磯浜温泉（東茨城郡大洗町磯浜町）に移った。十三年十二月八日、同地にて没。四十一歳。墓は水戸市八幡町の江林寺（廃寺）墓地（祇園寺が管理）所在。没後も『雲』（十四年）などが刊行され、『山村暮鳥全集』（全二巻）がある。 （古川 清彦）

やまむろぐんぺい 山室軍平 一八七二―一九四〇 救世軍日本初代司令官。宗教家・社会福祉事業家。明治五年（一八七二）九月一日岡山県哲多郡則安村（阿哲郡哲多町）に農業を営む父佐八、母登毛の第八子として生まれる。同十年九月弘業小学校に入学。同十四年十歳の折、岡山県賀陽郡上足守町（岡山市足守）で質商を営む杉本家の養子となるが同十九年養家を出奔、築地活版製造所の職工となり夜学に通って苦学、山室姓に復す。同二十年晩秋、キリスト教の路傍伝道に接し、翌年入信、職工への伝道を志すが、やがて築地の伝道学校に入学。同二十二年九月、同志社普通学校に転じ苦学する。同郷の先輩吉田清太郎の庇護を受け、高梁教会で伝道中、岡山孤児院の創立者石井十次と相識り、同二十四年の濃尾大震災では石井と協力して孤児救済事業に奔走。同二十五年石井らとともに救世軍創立者ウィリアム＝ブースの"In Darkest England and the Way out"（『最暗黒の英国とその出路』）を読み感奮。同二十七年六月同志社中退、石井の開設した宮崎県の岡山孤児院農業部で働くうち救世軍の日本開戦を聞き、同二十八年入軍、翌年救世軍初の日本人士官となる。同三十一年神田三崎町に独立自給の小隊を開設、同三十二年六月佐藤機恵子と結婚、同年十月『平民の福音』を発行。同三十三年三月救世軍幕僚に加わり、米国宣教師モルフィーのおこした娼妓の自由廃業訴訟を契機とし、娼妓の自由廃業を目指して解放娼妓の厚生施設「東京婦人ホーム」を築地三丁目に開設、その落成とともに機関誌『ときのこゑ』は「婦人救済号」を特集、八月一日東京市内の各小隊は山室の指令のもと、品川・新宿・板橋・千住の遊廓に進撃、『ときのこゑ』配布中、娼妓をかかえた楼側の雇った暴力団の乱打乱撃にあい負傷者続出、山室自身九月四日頭部その他に重傷を負った。この勇戦はジャーナリズムの援護を受け、世論の同情は救世軍に集中、ために内務省は同三十三年十月二日、省令によって「娼妓取締規則」を公布。娼妓の自由廃業は公認された。日本ヒューマニズム史上の重要な一頁であり、その持つ意味は重い。同三十七年、山室はロンドンにて開催の救世軍万国大会に出席、ウィリアム＝ブースの信任を受け、同四十年には日本救世軍書記長官に任じられた。同四十二年、以後年末風景として大衆に親しまれることになった「歳末慈善鍋」運動を開始、このころより大衆伝道家としての熱弁は円熟、日本各地を奔走、かたわら同四十五年六月救世軍病院、大正五年(一九一六)日本での結核事業の先駆けとなった救世軍療養所を開所。妻機恵子没。同六年水野悦子と再婚。同十一年より児童虐待防止運動に着手、同十五年十二月、救世軍日本人司令官に就任、昭和五年(一九三〇)中将に昇進。このころ農業不況・冷害にあえぐ東北地方の人身売買に挑戦、救護活動をつづけるなど、彼の生涯は徹底した人権擁護と愛の奉仕活動に終始した。同十年、司令官を辞し、同十五年三月十三日、救世軍吹奏楽隊の奏する讃美歌に耳を傾けながら没。六十九歳。病名は急性肺炎、その遺骸は東京都府中市の多磨墓地内にある救世軍名誉墓地に葬られている。『山室軍平選集』全十巻、別冊一巻がある。

[参考文献] 三吉明『山室軍平』(『人物叢書』一六一)、高道基『山室軍平』、山室武甫『人道の戦士山室軍平』

(高道　基)

やまもといそろく　山本五十六　一八八四―一九四三　明治から昭和時代前期にかけての海軍軍人。明治十七年(一八八四)四月四日、旧長岡藩士高野貞吉の六男として新潟県古志郡長岡玉蔵院町(長岡市坂之上町三丁目)に生まれる。母は峯。長岡中学を経て海軍兵学校に進み、同三十七年卒業。日本海海戦に装甲巡洋艦日進乗組として参加し重傷を負う。砲術専攻の将校として進み、少佐で海軍大学校甲種学生のとき、廃絶していた長岡藩家老山本帯刀家を相続し山本と改姓。アメリカ駐在、海軍大学校教官のあと航空の重要性を認識して大佐のとき航空の分野に転進し、大正十三年(一九二四)霞ヶ浦海軍航空隊教頭兼副長となる。ついでアメリカ大使館付武官・軽巡五十鈴艦長・空母赤城艦長を経て昭和四年(一九二九)第一次ロンドン軍縮会議随員となり将官に進む。帰国して海軍航空本部技術部長・第一航空戦隊司令官・海軍航空本部長の重要配置を歴任し、日本海軍航空が短時日のうちに世界の第一級の水準に達する原動力となった。なお同九年から十年初頭にかけてロンドンに赴き、第二次ロンドン軍縮会議予備交渉の日本代表の任務を果した。同十一年海軍次官に就任し、米内光政海相を迎えて日独伊三国同盟に反対した。同十四年連合艦隊司令長官に転じて翌年大将に進み、太平洋戦争ではハワイ作戦(真珠湾攻撃)・ミッドウェー作戦など戦争初期の全般作戦を指揮した。昭和十八年四月十八日、ソロモン方面で前線視察に際しアメリカ軍機に要撃されて戦死。元帥を贈られ、六月五日国葬をもって葬送された。六十歳。墓は東京都府中市の多磨墓地にあり、長岡の山本家墓地にも分骨された。

[参考文献] 防衛庁防衛研修所戦史室編『大本営海軍部・聯合艦隊』一―四(『戦史叢書』九一・八〇・七七・三九)、反町栄一『人間山本五十六』、山本義正『父・山本五十六』(『カッパブックス』)、阿川弘之『山本五十六』

(野村　実)

やまもといっせい　山本一清　一八八九―一九五九　大正・昭和時代前期の日本の天文学者。明治二十二年(一八八九)五月二十七日滋賀県に生まれる。大正二年(一九一三)京都帝国大学理工科大学物理学科卒業。水沢緯度観測所を経て欧米に滞在研究の後、昭和四年(一九二九)京都帝国大学教授、花山天文台長を兼任。同十四年に退官した。大正九年に東亜天文学会を結成。雑誌『天界』を発行した。天文学の普及、啓蒙活動に生涯を捧げ、私費で山本天文台を創設した。昭和二十四年一月十六日没。六十九歳。月面の裏側に彼を記念してヤマモトというクレーターがある。

(関口　直甫)

やまもとえいすけ　山本英輔　一八七六―一九六二　明治から昭和時代前期にかけての海軍軍人。明治九年(一八七六)五月十五日、海軍大尉山本吉蔵の長男として鹿児島加治屋町に生まれる。海軍大将山本権兵衛の甥。攻玉社中学を経て海軍兵学校に進み、三十年十月卒業。日露戦争に第二艦隊参謀として参加し、四十年十二月海軍大学校卒業。四十四年五月から三年間ドイツに駐在し、艦隊参謀・軍令部参謀・戦艦三笠艦長を歴任して大正九年(一九二〇)十二月将官に進む。海軍艦政本部第二部長・海軍大学校教頭・同校長・第五戦隊司令官・練習艦隊司令官・海軍航空本部長・横須賀鎮守府司令長官を経て、昭和四年(一九二九)十一月第一艦隊司令長官兼連合艦隊司令長官となり、六年四月大将に進む。横須賀鎮守府司令長官に再任されたあと軍事参議官であったとき二・二六事件が突発し、海軍の軍事参議官の中でただ一人反乱軍に同情的な態度を示した。事件後予備役に入った。自伝に『七転び八起の智仁勇』がある。昭和三十七年七月二十七日東京で死去。八十六歳。墓は東京都港区の青山墓地にある。

(野村　実)

やまもとかくま　山本覚馬　一八二八―九二　幕末の会津藩士、明治時代の教育家。京都府顧問、同志社創立者の一人。文政十一年(一八二八)正月十一日会津藩士山本権八、母佐久の長男として会津(福島県会津若松市)に生まれる。幼名は義衛のち良晴、相応斎と号す。佐久間象山の塾に学び、藩校日新館の蘭学所の教授となる。元治元年(一八六四)藩主松平容保の上洛に従い京都に出て、会津藩砲兵隊を指揮、また洋学所を開設し諸藩士に教授、佐久間象山・勝海舟・西周らと交わる。明治元年(一八六八)正月鳥羽・伏見の戦に際し薩摩藩邸に幽閉される。この間すでに失明の病苦を背負いながら「管見」を執筆。明治二年京都府顧問となり、さらに脊髄損傷の二重苦のなかで、十年まで開明的諸施策を推進。その間O・H・ギューリック、J・C・ベリーら宣教師と会い、またW・マーティンの『天道溯原』を読んで深くその影響をうけ、八年新島襄の学校創設計画に共鳴、同年八月連名で私学開業願を京都府に提出、以後新島と同志社の創業・運営にあたり、新島の死後は臨時総長となった。二十五年十二月二十八日京都の自宅で没した。六十五歳。京都市左京区の若王子(同志社)墓地に埋葬された。

[参考文献] 青山霞村編『山本覚馬』、田村敬男編『改訂増補山本覚馬伝』
(杉井　六郎)

やまもとかじろう　山本嘉次郎　一九〇二―七三　昭和時代の映画監督。明治三十五年(一九〇二)三月十五日東京市京橋区(東京都中央区)の生まれ。慶応大学理財科中退後、自主映画製作や鑑賞会活動に没頭、それが高じて大正十一年(一九二二)日活助監督部に入る。東亜キネマ、マキノ、そして再び日活と転々とする間に脚本家を経て監督となり、昭和九年(一九三四)、創立間もないPCL(同十二年より東宝と改称)に入社、戦前・戦中にかけて「エノケンの青春酔虎伝」(九年)「エノケンのチャッキリ金太」(十二年)など特にエノケン(榎本健一)主演の喜劇、長谷川一夫の東宝入社第一作「藤十郎の恋」(十三年)や「吾輩は猫である」(十一年)などの文芸もの、「ハワイ・マレー沖海戦」(十七年)「加藤隼戦闘隊」(十九年)などの戦争ものなどを手がけ職人監督としての本領を発揮する一方、「綴方教室」(十三年)「馬」(十六年)といった香りの高い秀作を世に送った。昭和四十一年「狸の休日」を最後に第一線を退く。門下生には黒沢明・谷口千吉など逸材が輩出している。昭和四十八年九月二十一日、動脈硬化のため死去。七十一歳。

[参考文献] 山本嘉次郎『カツドウ屋自他伝』、岸松雄『現代日本映画人伝』上
(宮本　高晴)

やまもとかなえ　山本鼎　一八八二―一九四六　大正時代に活躍した洋画家、美術教育家。明治十五年(一八八二)十月二十四日愛知県額田郡岡崎の医師山本一郎の長男として出生。一家は東京からさらに長野県小県(ちいさがた)郡大屋村(上田市)に転住するが、のち単身上京して木口木版の桜井塾に学び、同三十九年東京美術学校洋画科選科を卒業、大正元年(一九一二)に渡欧して後期印象派のセザンヌなどの影響をうけた。同五年ロシアを経て帰国、日本美術院同人に加わり、同七年日本創作版画協会を創設(会長)して創作版画運動を展開した。同八年長野県小県郡神川(かんがわ)村(上田市)において農民美術研究所を開き、手工芸品の制作指導を行うとともに同十年には義兄の北原白秋らと『芸術自由教育』を創刊、同時に『自由画教育』を出版。ここで従来の臨画教育を否定して自由な児童画を提唱、大正期自由教育運動の一翼を担った。一方同九年には院展を脱退、同十一年に春陽会に属して文展・帝展の審査委員を勤めるが、のち帝展改組に際して春陽会を脱会(のち復帰)するなど厳しく自説を守った。昭和二十一年(一九四六)十月八日、疎開先の上田市で腸閉塞のため没。年六十五。著書に前記『自由画教育』『自習画帖』などがあるほか、同人雑誌『方寸』があり、代表作に「サーニャ」「霧の湖畔」などがある。詩人の山本太郎は長男。
(上沼　八郎)

やまもときょうざん　山本竟山　一八六三―一九三四　明治から昭和時代前期にかけての書家。文久三年(一八六三)九月二十八日、美濃国厚見郡岐阜町(岐阜市)に生まれた。名は由定、通称右兵衛、号は竟山、啓鳳と称した。若くから書道に志して神谷簡斎に書を学び、のちに日下(くさか)部(べ)鳴鶴についた。七度に及んで中国に遊学し金石学、古碑法帖の研究に努め楊守敬・呉昌碩とも交遊し大いに益を受けた。その書風は勁抜な筆致で、六朝風新派書道として時勢に即応し、鳴鶴門下の俊秀として知られた。明治末年には京都に住して書道を教授する一方泰東書道院・東邦書道会・関西書道会の顧問をつとめた。昭和九年(一九三四)一月二十四日没。七十二歳。墓は京都市東山区下河原町高台寺墓地に所在。墓碑は竟山の集字で「山本竟山先生之墓」。

[参考文献] 上野直昭編『明治文化史』八、結城素明『芸文家墓所誌』
(樋口　秀雄)

やまもとけんぞう　山本懸蔵　一八九五―一九三九　大正・昭和時代前期の労働運動家、日本共産党の指導者。茨城県鹿島郡矢田部村(茨城県鹿島郡波崎町)の農民幸次郎・あきの次男。明治二十八年(一八九五)二月二十日生まれる。小学校卒業後上京、鍛冶工場の徒弟となり、小石川砲兵工廠などを経て、大正四年(一九一五)月島の日本機械工場の研磨工となる。この間労働運動に開眼し戦闘的労働者に成長した。七年の米騒動の際、日比谷公園で演説、米商攻撃を煽動、翌年七月控訴院で懲役四ヵ月の判決を受け、同年末、日立鉱山争議に総同盟より派遣され警官と衝突、十年九月懲役二ヵ月の判決を受け、ともに下獄した。十一年一月鉄工組合に属し、翌月総同盟関東労働同盟会常任委員となり、日本共産党に入党、十一月から翌年一月にかけプロフィンテルン第二回大会に日本代表として密出国し、帰国後、革命的左翼(レフト)結成に努めた。十二年第一次共産党事件の際はソ連に逃亡、十三年同地で関まつと結婚。帰国後、渡辺政之輔らと総同盟内の左派を形成、同年十月の総同盟関東労働同盟大会から中途退場して分裂の原因をつくり、翌年五月日本労働組合評議会を結成、執行委員となる。十五年七月、第一次共産党事件で禁錮八ヵ月の判決を受けて下獄、昭和二年(一九二七)五月、漢口での第一回汎太平洋労働組合会議に日本代表の一人として出席、七月「二七年テーゼ」発表に伴い、コミンテルンの指名で日本共産党中央委員となる。翌年の第一回普通選挙に労農党より立候補したが落選、四月、党からプロフィンテルンに派遣さ

れ、七月同執行委員となり、コミンテルン第六回大会にも出席、以後在ソ生活を送り、コミンテルン・プロフィンテルンの大会・執行委員会などに出席した。また片山潜・野坂参三と「三二年テーゼ」作成に参加、共同署名の論文を『インプレコール』や『赤旗』に発表したが、十一年二月の野坂と連名の「日本の共産主義者への手紙」が名高い。その後も『太平洋労働者』などに論文を発表したが、スターリン時代の一九三七年十一月二日、野坂の密告もあってモスクワ市内で逮捕され、国家反逆罪遂行容疑でソ連最高裁判所軍事法廷で銃殺刑の判決を受け、三九年三月十日処刑された。四十五歳。五六年五月二十三日の同軍事法廷の決定で名誉回復された。

（神田　文人）

参考文献　『国領五一郎・山本懸蔵著作集』、『赤旗』一九九二年五月十九日号

やまもとごんべえ　山本権兵衛　一八五二―一九三三　明治から昭和時代前期にかけての海軍軍人、政治家。薩摩藩士山本五百助の三男として嘉永五年（一八五二）十月十五日生まれた。慶応三年（一八六七）藩主に従って上洛、禁門の守衛にあたり、ついで鳥羽・伏見の戦、奥州戦争に従軍、明治二年（一八六九）藩より東京留学を命ぜられ、昌平黌・開成所に学び、三年海軍兵学寮に転じ、七年卒業、この間台湾出兵に従軍。八―九年筑波に乗り組みアメリカ巡航、十―十一年ドイツ軍艦に乗り組み世界周航、以後扶桑・乾行・龍驤・乾行・浅間乗組、十五―十八年浅間副長、十八年浪速副長、十九年天城艦長を経て二十年海軍大臣伝令使、同年より樺山資紀次官の随員として約一年欧米派遣、高雄・高千穂艦長を経て二十四年六月海軍大臣官房主事（のち海軍省主事）となる。西郷従道海相を補佐して海軍の改革、陸軍に対する海軍の地位向上に努め、その手腕は「権兵衛大臣」とまで評せられた。すなわち、二十五年には参謀本部（長は参謀総長で、すべて陸軍）の統轄下にあった海軍の軍令機関を軍令部として独立を策し、陸軍の反対を排して翌年実現、また海軍の人事の刷新を行なった。日清戦争には大本営海軍大臣副官、作戦に関し陸軍の参謀本部次長川上操六に作戦計画上、海軍の重要性を認識させた。戦争間は高陞号事件や英商船テールス号臨検問題、三国干渉への対処、連合艦隊司令長官更迭問題（伊東祐亨が黄海海戦で功をあげたので、更迭してほかに功臣を出そうとする軍令部長の提案、山本反対）など、内外の機務に参画し、海軍軍政の中心として活躍した。二十八年少将・軍務局長、軍令部御用掛を兼ね、西郷海相の内訓により、戦後の海軍の充実（組織・建艦・教育機関など）につき調査研究し、実行に移した。この間海軍を実質的に陸軍と対等とした。ついで台湾事務局委員、三十一年五月中将、十一月より三十九年一月まで三代の内閣の海軍大臣を歴任した。三十三年の北清事変には艦隊を派遣して警戒せしめ、陸戦隊を急派して大沽の会戦に参加せしめ、陸軍の厦門（アモイ）占領作戦には断固反対した（伊藤博文の尽力もあり、作戦中止）。三十四年六月桂内閣が成立すると、桂太郎首相は重要事項はまず山本海相に協議すべしといい、外交は桂・山本・小村寿太郎外相が協議推進し、三十五年日英同盟実現に協力した。日露開戦前、山県有朋の韓国への派兵計画に反対し、開戦後は内閣の柱石として、特に海軍の作戦全般にわたっては中心となって画策した。この間、三十五年男爵、三十七年大将、戦後、功一級、三十九年軍事参議官、四十年三―八月イギリス出張、九月伯爵。大正二年（一九一三）二月首相、この第一次山本内閣は政友会の協力を得（内相原敬、法相松田正久）、第二次西園寺内閣の政策を継承して行財政整理や文官任用令の改正・枢密顧問官の減員・陸海軍大臣現役武官制の変更（予後備役まで拡大）など諸改革を断行したが、翌三年三月シーメンス事件で内閣は総辞職、五月予備役編入。しかし以後も「海軍の大御所」・薩派の長老として隠然たる勢力をもち、十二年九月再度首相となって関東大震災の善後処理にあたったが、虎ノ門事件で十二月内閣総辞職。昭和三年（一九二八）の即位式には大勲位菊花大綬章を授けられた。八年十二月八日没。八十二歳。従一位。十二日海軍葬。青山墓地に葬られた。近代海軍の建設者として「海軍の父」と評せられた。財部彪（たからべたけし）は女婿。国立国会図書館憲政資料室に『山本権兵衛関係文書』が所蔵される。

参考文献　故伯爵山本海軍大将伝記編纂会編『伯爵山本権兵衛伝』、海軍省編『山本権兵衛と海軍』

（山本　四郎）

やまもとさねひこ　山本実彦　一八八五―一九五二　明治から昭和時代にかけてのジャーナリスト、出版社経営、政治家。号は亀城。明治十八年（一八八五）一月五日山本庄之助の息として鹿児島県薩摩郡川内町（せんだい）（川内市）に生まれる。日本大学法律学科卒業後、『やまと新聞』に入り、『門司新報』主筆を経て、大正二年（一九一三）十二月『東京毎日新聞』の社主となった。同八年改造社を設立、四月総合雑誌『改造』を創刊し社会思想の啓発に大きな役割を果たした。また、同十五年十二月『現代日本文学全集』を刊行、いわゆる円本時代の口火を切った。他方政治活動では麻布区議会、東京市議会議員に選ばれ、文部省、農商務省嘱託、大東亜省顧問などを勤め、昭和五年（一九三〇）二月第十七回および第二次世界大戦後同二十一年四月第二十二回総選挙では鹿児島県第二区より立候補して当選。この間世界各国を歴訪している。昭和二十七年七月一日没、六十七歳。墓は東京都港区の青山墓地にある。著書に『小閑集』『蘇聯瞥見』『我観南国』『政界の寧馨児』『世界文化人巡礼』などがある。

（北根　豊）

やまもとしゅうごろう　山本周五郎　一九〇三―六七　昭和時代の小説家。本名清水三十六（さとむ）。明治三十六年（一九〇三）六月二十二日に山梨県北都留郡初狩村（山梨県大月市）で生まれる。父逸太郎、母とくの長男。四歳の時山津波で肉親を失い母に伴われて上京、さらに横浜に移って西前小学校を卒えた。卒業後間もなく上京、木挽町の山

本周五郎質店につとめ、この店主の名がのちに筆名となった。関東大震災後しばらく関西ですごしたが大正十三年(一九二四)帰京、『文芸春秋』に発表した『須磨寺附近』(大正十五年)が出世作となった。千葉県浦安を経て東京大森の文士村に移り、第二次世界大戦後は横浜の本牧に転居、間門園を仕事場とした。少年少女物から探偵小説・時代小説まで幅ひろく手がけたが『日本婦道記』(昭和十七年(一九四二)—二十年)で一つの方向を示し、短篇『よじょう』(同二十七年)で独自の場をひらき、封建武士の苦衷、市井人の哀歓をとらえ、多数読者の共感を得た。代表作に『樅ノ木は残った』(同三十三年刊)、『ながい坂』(同三十九—四十一年)、『青べか物語』(同三十五年)、『さぶ』(同三十八年)などがある。昭和四十二年二月十四日間門園にて急逝、六十三歳。『おごそかな渇き』が絶筆となった。法名恵文院周岳文窓居士。墓は神奈川県鎌倉市の鎌倉霊園にある。作品は『山本周五郎全集』全三十巻(新潮社、五十六—五十九年)に収められている。

(尾崎 秀樹)

やまもとじょうたろう 山本条太郎 一八六七—一九三六 明治から昭和時代にかけての実業家・政治家。慶応三年(一八六七)十月十一日山本条悦(のち武)・みつの長男として越前国福井城下に生まれた。明治五年(一八七二)旧藩主松平茂昭の命により一家は東京に転居、十三年共立学校(現開成高校)に入学したが、翌年病気のため退学し、三井物産横浜支店に入社した。『太閤記』などを愛読し、支店長馬越恭平の知遇を受け、二十一年上海支店勤務となり、貿易などに手腕を発揮した。三十年大阪支店勤務、三十三年米英を視察、三十四年上海支店長、三十九年理事、四十二年三井物産の株式会社への改組とともに常務取締役に就任した。その間堺セルロイド・東京興業の重役を兼任、四十四年の辛亥革命に際しては革命派を支援し、三百万円の借款に応じた。大正三年(一九一四)シーメンス事件に連座して三井物産を退社、同年一審で懲役一年六ヵ月、翌四年二審で懲役一年六ヵ月・執行猶予四年の判決を受けたが、五年大正天皇の即位による特赦の恩典を受けた。その後北陸電化・日本水力・日支紡績・京浜電力など多くの会社を設立し、社長・取締役などに就任した。九年原敬首相のすすめで立憲政友会に入党、福井市から衆議院議員に当選し、以来五回連続当選した。豊富な政治資金を背景に党内で頭角をあらわし、十四年総務、昭和二年(一九二七)幹事長となったが、三ヵ月で辞任し、同年七月南満洲鉄道社長(のち総裁)に就任した。田中義一内閣と協力して対中国強硬政策(田中外交)を推進し、製鉄・製油・肥料工業の確立を満洲開発の三大国策と称してその拡張に努めた。四年八月満鉄総裁を辞任ののち、政友会院内筆頭総務、政務調査会長として活躍するかたわら、五年には主著『経済国策の提唱』などを刊行し、政友会の諸政策に大きな影響を与えた。五・一五事件による政党政治の崩壊後には、政友会と立憲民政党による挙国一致内閣論を主張し、十年貴族院議員に勅選されたが、十一年三月二十五日死去し、多磨墓地に葬られた。七十歳。

参考文献 山本条太郎翁伝記編纂会編『山本条太郎伝記』、同編『山本条太郎論策』、原安三郎『山本条太郎』

(木坂 順一郎)

やまもとしんじろう 山本信次郎 一八七七—一九四二 明治から昭和時代にかけての軍人。海軍少将。明治十年(一八七七)十二月二十二日神奈川県鎌倉郡片瀬村(藤沢市)旧庄屋山本庄太郎・ミツの次男として生まれる。同二十四年東京暁星学校に入学し在学中カトリック信者となる。二十九年海軍兵学校入学、三十八年日露戦争で軍艦三笠乗組み、四十二年海軍大学校入校、大正三年(一九一四)から同六年まで駐伊大使館付武官、七年パリ講和会議全権委員随員、八年十月南洋群島ドイツ人宣教師放逐問題でローマ法王庁と協約書を交換、十年東宮職御用掛として皇太子外遊に供奉、同年七月十五日の皇太子ローマ法王拝謁に尽力、十三年予備役に編入、宮内省御用掛となる。昭和十二年(一九三七)宮内省を退官、同年十一月から十三年十一月まで外務省・陸軍省の要請でカトリック国民使節として南北アメリカ、ヨーロッパ十六ヵ国歴訪、生涯を通じてローマ法王に数回拝謁している。昭和十七年二月二十八日没。六十六歳。東京の青山墓地に葬られる。

参考文献 外務省編『日本外交文書』大正十年ノ一、高木一雄『日本・ヴァチカン外交史』、同『大正・昭和カトリック教会史』、池田敏雄『人物による日本カトリック教会史』

(高木 一雄)

やまもとせんじ 山本宣治 一八八九—一九二九 大正・昭和時代の生物学者、政治家。明治二十二年(一八八九)五月二十八日京都新京極で小間物屋を経営するクリスチャン夫婦亀松・多年の一人息子として生まれる。病弱のため神戸中学を中退、その後東京興農園・大隈重信邸で園芸見習。大隈邸時代に『種の起源』『共産党宣言』を読む。明治四十年より五年カナダで生活、前半は皿洗・園丁・漁夫などの労働者生活、後半は苦学してハイスクールに学ぶ。大逆事件に憤慨。明治四十四年帰国後同志社・三高・東京帝大動物学科を経て、大正九年(一九二〇)同志社大学講師、十年京都大学講師となる。生物学界の改革運動を提唱、性教育・性科学確立の運動の先頭に立つ。十一年サンガー女史の来日後労働者・農民のための産児制限運動を展開、十三年四月京都労働学校校長となる。その後鳥取水脈社講演会での弁士中止事件のため京大より追放される。日本農民組合・政治研究会などの活動に積極的に参加、十五年京都学連事件で同志社からも追放される。労働農民党京滋支部教育出版部長として山城小作争議を指導、議会解散請願運動全国委員長に選出される。昭和二年(一九二七)六月衆議院京都第五区補選に立候補して四百八十九票獲得、その教訓を『選挙戦における労働農民党の初陣』として出版。昭和三年第一回普通選挙で京都二区より立候補、一万四千四百十一票獲得、一区の水谷長三郎とともに当選。三・一五事件後の反動の嵐の中で、犠牲者救援と新党準備会の活動の中心となり、十二月新党結党大会解散後は、日本共産党系の政治的自由獲得労農同盟の唯一人の代議士として帝国主義戦争反対、治安維持法反対のため奮闘、昭和四年第五十六議会では三・一五事件の拷問の暴露など政府の反動政策を糾弾、三月五日衆議院本会議で治安維持法改悪事後承諾案が可決された夜、東京市議候補中村高一の応援演説から旅館光栄館に帰った後、労働者と称して訪れた七生義団黒田保久二に虐殺された。四十一歳。墓は京都府宇治市宇治善法にある。死後日本共産党が党籍を贈った。高倉輝・安田徳太郎編『山本宣治全集』全八巻、安田徳太郎・山本英治編『山本宣治選集』全五巻、佐佐木敏二・小田切明徳編『山本宣治全集』全七巻がある。

[参考文献] 西口克己『山宣』、佐佐木敏二『山本宣治』、佐佐木敏二編『山本宣治写真集』、田村敬男編『山本宣治―白色テロは生きている―』、『山宣研究』一―一〇、望田幸男「山本宣治」(和田洋一編『同志社の思想家』下所収)、松尾尊兊「山本宣治」(日本近代史研究会編『図説国民の歴史』一四所収)、同「山本宣治と性教育」(『中央公論』八〇ノ六)、羽仁五郎「山本宣治」(同七〇ノ七)　(佐佐木敏二)

やまもとたきのすけ　山本滝之助　一八七三―一九三一　明治から昭和時代前期にかけての社会教育家。明治六年(一八七三)十一月十五日、小田県沼隈(ぬまくま)郡草深村(広島県沼隈郡沼隈町大字草深)で山本孫次郎の長男として出生。小学校を卒業後、戸長役場を経て小学校さらには実業補習学校におおの訓導や校長として勤務。退職後は、帝国在郷軍人会本部、郡社会事業講師、県社会教育事務などの嘱託として各種の社会教育に従事した。しかし山本の名を高めたのは、主として青年時代に、青年団の育成と全国組織化を求めて運動を行なったことによる。すなわち、居村の青年団を組織する一方、明治二十九年には『田舎青年』を著わし、進学のできない地方の在村青年の実情と、青年団の意義を世に訴えた。ついで三十二年、新聞『日本』の紙面をかりて「日本青年会」を結成。三十八年には内相芳川顕正一行が県下を視察中、井上友一書記官に面会し、青年団の実情と育成の必要性を提言した。その後、山本はしばしば上京して関係機関や各界の名士と接触し、青年団の組織化や育成への協力を要請した。折から地方改良運動に着手していた政府当局や中央報徳会が、当運動の一環として青年団対策を位置づけたのは、山本のそうした熱心な運動に拠るところが大きい。だがそれは、青年団の体制化を促す一契機ともなったのである。昭和六年(一九三一)十月二十六日、五十九歳で没。編著書は『田舎青年』のほか十数冊に上り、『山本滝之助全集』が刊行されている。故郷の阿伏兎(あぶと)岬には業績を記した石碑が立つ。

[参考文献] 多仁照広編『山本滝之助日記』、山本高三『山本滝之助遺稿青年団物語』、平山和彦『青年集団史研究序説』下　(平山　和彦)

やまもとただおき　山本忠興　一八八一―一九五一　大正・昭和時代の電気工学者。わが国テレビジョン開拓者の一人。工学博士。明治十四年(一八八一)六月、山本修二郎の次男として高知県香美郡岩村に生まれ、山本忠秀の養子となる。同三十五年東京帝国大学工科大学入学、富士見町教会牧師植村正久の感化をうけキリスト教信者となり、三十八年電気工学科卒業。芝浦製作所勤務を経て四十二年欧米に留学、ことに交流電気工学の先駆者スタインメッツに師事、電気機械の設計研究にあたり、帰国後早稲田大学理工科(のちの理工学部)に迎えられ、大正元年(一九一二)九月電気工学科主任教授、同十年理工学部長、昭和十九年(一九四四)名誉教授となった。この間、誘導同期電動機やテレビジョンの発明・研究にすぐれた業績をあげ、昭和五年十大発明家の一人に選ばれた。科学・技術面での広い啓蒙活動のほか、キリスト教界・スポーツ界でも活躍し、日本電気学会会長、久我山電波専門学校長、学生陸連会長、オリンピック大会総監督、日本日曜学校協会会長、東京神学大学教授なども歴任した。昭和二十六年四月二十一日没。六十九歳。

[参考文献] 山本忠興博士伝記刊行会編『山本忠興伝』　(飯田　賢一)

やまもとたつお　山本達雄　一八五六―一九四七　明治から昭和時代にかけての銀行家・政治家。安政三年(一八五六)三月三日、豊後国臼杵藩士山本確の次男に生まれ、明治七年(一八七四)大阪に出、さらに十年上京して慶応義塾、三菱商業学校に学び、十六年一月三菱会社に入り、十八年十二月川田小一郎の世話で日本郵船会社に移ってから二十三年一月に日本銀行に入った。二十六年九月支配役、三十年二月理事を経て三十一年十月から三十六年十月まで総裁となった。この間横浜正金銀行取締役を兼ねた。四十二年十一月から四十四年九月まで日本勧業銀行総裁を務めた。四十四年八月から大正元年(一九一二)十二月まで第二次西園寺内閣の大蔵大臣となり、ついで二年二月から三年四月まで第一次山本内閣の農商務大臣となり、さらに七年九月から十一年六月まで原内閣・高橋内閣の農商務大臣となった。昭和七年(一九三二)十一月から九年七月まで斎藤内閣の内務大臣となった。この間明治三十六年十一月に貴族院議員に勅選され、大正九年九月に男爵に叙された。働きつつ学ぶという生活であったので、三菱会社に入ったのは二十七歳であった。しかし川田小一郎に重用されて昇進は早く、日本銀行では要職につき、二十九年四月から二十一年十月までロンドンに出張して金本位制度実施に参画し、帰国後ただちに総裁となった。総裁時には日銀の主体性を強調し、自説も強く、三十二年二月には理事・局長・支店長の大半が辞任するという前代未聞の人事のつまずきを引き起した。日露戦争後の財政経済の困難に対処して西園寺内閣の大蔵大臣としては陸海軍の軍備充実計画の中止などで財政緊縮を図り、山本内閣においても高橋是清蔵相に協力して大規模な整理を図ったがいずれも実現しなかった。政治家としては立憲政友会に属したが、大正十三年に政友本党を組織し、昭和二年には立憲民政党の最高顧問となった。昭和二十二年十一月十二日没。九十二歳。

参考文献　山本達雄先生伝記編纂会編『山本達雄』

（西村紀三郎）

やまもとていじろう　山本悌二郎　一八七〇―一九三七　明治から昭和時代にかけての実業家・政治家。明治三年（一八七〇）正月十日医師山本桂・美無の次男として佐渡国雑太郡新町（新潟県佐渡郡真野町）に生まれた。十五年上京して独逸協会学校に入り、十九年品川弥二郎に懇願してドイツへ渡り、ホーヘンハイム大学を卒業後ライプチヒ大学において畜産に関する論文で博士号を取得した。二十七年帰国、二十八年第二高等学校教授、三十年日本勧業銀行入社、三十四年台湾製糖支配人に就任、三十七年取締役、四十三年糖業連合会長、大正十四年（一九二五）台湾製糖社長を歴任した。その間明治三十七年立憲政友会から衆議院議員に当選し、以後十一回当選した。大正十年総務となり、昭和二年（一九二七）田中義一、六年犬養両内閣の農林大臣に就任した。国家主義の立場から明治四十四年の南北朝正閏問題では南朝正統論を主張し、昭和三年大東文化協会副会頭（十二年会頭）となり、十年には天皇機関説排撃運動を推進したが、十二年十二月十四日急死した。六十八歳。二峰と号し、漢詩をよくした。有田八郎は実弟。

参考文献　田村満治『二峰山本悌二郎先生追悼録』、二峰先生小伝編纂会編『山本二峰先生小伝』

（木坂順一郎）

やまもととうじろう　山本東次郎　狂言大蔵流山本東次郎家の芸名。

㈠初代　一八三六―一九〇二　則正。隠居名東。天保七年（一八三六）豊後国岡藩士赤羽嘉助保直の三男として江戸に生まれ、弘化二年（一八四五）同藩の坊主山本武兵衛の養子となる。則正は藩命で大蔵流狂言役者倉谷八三郎の門弟宮野孫左衛門に入門、ついで同藩狂言方小松謙吉について稽古し、明治維新のため一時帰郷、明治十一年（一八七八）に上京、能楽界の苦難の時期を東京大蔵流の支柱として活躍した。明治三十五年没。六十七歳。自然な愛嬌のある円熟した芸と評された。

㈡二代　一八六四―一九三五　則忠。元治元年（一八六四）初代則正の長男として生まれる。明治三十一年（一八九八）家督相続。古格を守る硬い芸風を確立、今日の山本家の剛直な舞台を築く。昭和十年（一九三五）没。七十二歳。

㈢三代　一八九八―一九六四　則重。明治三十一年（一八九八）九月二十六日河内茂男の次男として生まれる。二代則忠の養子となり、昭和十年（一九三五）家督相続。第二次世界大戦後、全国の中学・高校対象の巡演を始め、能楽の普及に貢献した。「能の狂言」を理想とし、父譲りの規範の芸を展開した。昭和三十九年七月二十六日没。六十五歳。著書『間狂言の研究』がある。長男則寿が四代をつぐ（著書『狂言のすすめ』がある）。

参考文献　野々村戒三『能楽史話』、野上豊一郎編『能の歴史』（『能楽全書』二）、小林責『狂言史研究』、「山本東翁の逝去・逸事略歴」（『能楽』七ノ九）、「山本東次郎翁追悼」（『謡曲界』四一ノ四）、小林責「山本東のこと（近代の狂言師たち（一九）―（三六））」（『能楽タイムズ』二九九―三〇六）、同「二世山本東次郎のこと（近代の狂言師たち（三七）―（四四））」（同三〇八―三一六）

（田口　和夫）

やまもとのぶき　山本信哉　一八七三―一九四四　大正・昭和時代の国史・神道学者。明治六年（一八七三）七月十九日愛媛県宇和郡立間村（北宇和郡吉田町）の森半平の次男として生まれ、同年、同村山本信成の養子となる。二十二年広島修道学校、二十八年皇典講究所国学院を卒業後、二十九年五月から大正三年（一九一四）三月に至る十九年間、『古事類苑』編纂助修、編修、出版準備委員、校訂委員主任として、佐藤誠実・松本愛重のもとで同書の完成に尽力した。大正二年十月東京帝国大学史料編纂所史料編纂官補、十四年五月史料編纂官として和田英松のあとをうけ『大日本史料』第一編の編纂に従事し、昭和十一年（一九三六）三月同所停年退官後は同年六月帝国学士院の『帝室制度史』編纂嘱託となり、没するまで『帝室制度史』の編纂にあたった。その間、大正十年十一月国学院大学教授となり、十二年四月東京帝国大学から神道史の研究によって文学博士を授与され、日本大学・東京帝国大学などの講師として神道史の研究、啓蒙に努めた。昭和十九年十二月十八日没。七十二歳。墓は東京都府中市多磨墓地にある。著書は『惟神の出典と其の新解釈』『神道綱要』『神道要典』など。

参考文献　岸本芳雄「山本信哉」（『神道宗教』四一）、岩橋小弥太「山本信哉博士」（『国史学』別冊「特集五十年の回顧」）

（山本　信吉）

やまもとひでてる　山本秀煌　一八五七―一九四三　明治から昭和時代にかけての日本基督教会牧師。明治学院神学部教授。日本キリスト教史の史家として知られる。丹後国峰山藩士岩井礎根・じんの四男として安政四年（一八五七）峰山に生まれる。その後、同藩御蔵奉行山本市之進の養子となる。明治六年（一八七三）横浜のヘボン塾・ブラウン塾に学び、翌七年、宣教師J・H・バラより受洗。東京築地の東京一致神学校に入り、明治十一年日本基督一致教会中会で教師試補に准允、伝道に従事。米国のオーバン神学校に留学ののち、明治十九年高知教会で牧会にあたり片岡健吉らを入信に導いた。横浜住吉町教会・山口教会・大阪東教会の牧師を経て明治四十年明治学院神学部教授となりキリスト教史を講じた。昭和十八年（一九四三）十一月二十一日没。八十七歳。『日本基督教史』上・下、『近世日本基督教史』、『聖フランシスコザベリョ』、『西教史談』、『新日本の開拓者ゼー・シー・ヘボン博士』、『日本基督教会史』などの著作は、日本キリスト教史研究の嚆矢とされている。 （波多野和夫）

やまもとほうすい 山本芳翠 一八五〇―一九〇六 明治時代の洋画家。嘉永三年（一八五〇）七月五日、美濃国恵那郡野志村（岐阜県恵那郡明智町）に生まれる。幼名為之助、別号楳谷・生巧。明治四年（一八七一）横浜に出、翌年五姓田芳柳に洋風画を学び芳翠と号す。六年東京へ転じ、九年工部美術学校に入学。翌年中退し第一回内国勧業博覧会で花紋賞を受賞。十一年博覧会事務局雇として松方正義に随い渡仏、パリでレオン＝ジェロームに師事。テオフィル＝ゴーチェ、ビクトル＝ユゴーらと交友、十八年パリで個展を開催。留学中の黒田清輝に画学転向を勧める。二十年帰国。翌年生巧館画学校を設立。明治美術会創立会員となる。日清・日露両戦争に画家として従軍。三十九年十一月十五日没。五十七歳。法名は松光院芳仙翠翁居士。墓は東京都港区高輪二丁目の泉岳寺にある。代表作に「臥裸婦」などがある。

参考文献 長尾一平編『山本芳翠』 （三輪英夫）

やまもとやすえ 山本安英 一九〇二―九三 大正・昭和時代の女優。明治三十五年（一九〇二）十月二十九日、東京神田（千代田区）に生まれる。本名千代。大正十年（一九二一）二代市川左団次が主宰した現代劇女優養成所に入り、小山内薫作「第一の世界」で初舞台をふむ。関東大震災の翌年、土方与志が創立した新劇運動の拠点築地小劇場に参加、田村秋子とともに第一回研究生となり、昭和三年（一九二八）まで小山内・土方の演出でチェーホフ・ストリンドベリなど多くの翻訳劇に主演した。俳優は人間の宝石がなるものだという小山内の理想主義に影響を受けた。四年に土方を中心とする新築地劇団に丸山定夫らと参加、社会主義思想やリアリズム論争のなかをくぐって、「女人哀詞」「土」「綴方教室」などの代表作を生み、新劇運動の代表的女優となる。同劇団が政治弾圧によって十五年強制解散させられたあと長野県に移住、戦争に協力しなかった。戦後は一貫して劇作家木下順二の作品に主演して、日本語の表現能力を舞台で追求、「夕鶴」から最後の舞台となる「子午線の祀り」まで、ほぼ半世紀にわたって完成度を高めた稀有の女優である。「夕鶴」は上演千三十七回という記録を残した。若い人を教育した「ぶどうの会」は二十二年に創設、三十九年に解散。その後はたった一人の会「山本安英の会」を作り、研究的な「ことばの勉強会」や木下戯曲の上演に生涯をかけ、劇団組織に加わることはなかった。四十九年に朝日文化賞を受賞。平成五年（一九九三）十月二十日没。九十歳。墓は東京都文京区関口三丁目の蓮光寺にある。著書に『歩いてきた道』『鶴によせる日々』『舞台と旅と人と』『女優という仕事』（『岩波新書』新赤版二五八）などがある。

参考文献 『写真集山本安英の仕事』刊行会編『山本安英の仕事』 （尾崎宏次）

やまもとゆうぞう 山本有三 一八八七―一九七四 大正・昭和時代の劇作家、小説家。本名勇造。明治二十年（一八八七）七月二十七日、栃木県下都賀郡栃木町（栃木市）に父元吉・母なかの一人息子として生まれた。父は下級の旧宇都宮藩士、当時呉服商を営む。高等小学校卒業後、父の方針で東京浅草駒形の呉服店の小僧に出されるが、一年で逃げ帰り、やがて母の取りなしで再上京、変則の中学教育コースを経て同四十二年三度目の高校入試で第一高等学校文科に合格、近衛文麿・土屋文明・豊島与志雄らと同級、落第して芥川竜之介・菊池寛・久米正雄らと同級となる。その後、東京帝国大学独文科選科を経て大正四年（一九一五）独文科（本科）卒業。同三年、第三次『新思潮』創刊に参加、大学卒業後、一時、井上正夫一座その他の座付作者となったが、本格的な近代劇研究に打ち込み、八年『津村教授』、九年『生命の冠』を発表、上演されてようやく劇作家として認められる。以後、『嬰児殺し』『坂崎出羽守』『同志の人々』『海彦山彦』などをつぎつぎに発表、上演されて劇作家としての地位を確立した。小説は、大正十一年の小品『兄弟』を最初のものとするが、十五年、長編小説『生きとし生けるもの』を『朝日新聞』（東京・大阪）に連載（病気のため未完）したことを契機に、『波』（昭和三年（一九二八））、『女の一生』（同七―八年）などの長編新聞小説の書き手として活躍、広範な読者層の支持を得る。一方、著作権擁護のために働き、大正末年、菊池・芥川らとはかって文芸家協会を作り、検閲方針などにも意見を発表してきたが、昭和六年、著作権法改正にあたって協会の意見を反映させるべく働き、同七年、明治大学文芸科創設とともに初代科長に就任（十一年まで）、八年、共産党への資金提供の疑いで検挙されることなどがあった。創作活動では、『不惜身命』（のち、『ふしゃくしんみょう』）、『瘤』（のち、『こぶ』）。ともに昭和九年）を書き、やがて『真実一路』（十年）、『路傍の石』第一部（十二年、『朝日新聞』連載）へと進むが、時局の圧迫をうけ、十五年には、新編『路傍の石』（『主婦之友』）の連載中止に追い込まれた。十六年、帝国芸術院会員、二十年一月、安倍能成・武者小路実篤らと「三年会」を結成。二十一年、『国民の国語運動連盟』を作り、また国語審議会委員に推され、当用漢字主査委員長になった。一方、貴族院議員に勅選されるが、その廃止後、参議院議員に全国区より選出（二十二年）、田中耕太郎らと緑風会を結成、また参議院文化委員長に選ばれた。二十四年、久しぶりに中編小説『無事の人』を発表。しかし戦後の山本は、国語の新表記の推進、国語研究所の創設のための尽力、文化国家建設のための参議院での活躍などにおいて特筆、記憶される。四十年文化勲章受章。昭和四十九年一月十一日、脳硬塞急性心不全のため八十六歳で死去。法名山本有三大居士。栃木市の近竜寺に埋骨される。『定本版山本有三全集』全十二巻（昭和五十一―五十二年、新潮社）がある。

参考文献 高橋健二編『山本有三』(『近代文学鑑賞講座』一二)、永野賢『山本有三正伝』、同編『山本有三』(『新潮日本文学アルバム』三三) (竹盛天雄)

やまもとゆきひこ 山本幸彦 一八四四―一九一三 明治時代の旧土佐藩出身の政治家・教育家。弘化元年(一八四四)十一月高知城東南新町(高知市)において、西山嘉造の四男として出生。のちに山本幸の養子となり、幼少より漢学、ついで藩洋学校で英語を学ぶこと数年、明治八年(一八七五)に高知県出仕から学務課長心得に昇進、同十年辞職。その二年後、戸長に公選された。これより先、民権家板垣退助の立場に共鳴して立志社に加盟、各地に遊説活動を行なった。公職としては、明治十三年に高知中学校長心得から高知師範学校長・同女子師範学校長などを兼任。その後、自由党結成に際してその幹部となり、保安条例の適用を受けて東京石川島に投獄され、一年余ののち、大赦により出獄した。その後、伊藤博文による立憲政友会の設立準備委員長をつとめた。同三十一年、高知県代議士となり、以後、当選すること三回に及んだ。大正二年(一九一三)五月二十三日没。七十歳。

参考文献 寺石正路『土佐偉人伝』続 (石塚裕道)

やまやたにん 山屋他人 一八六六―一九四〇 明治から昭和時代前期にかけての海軍軍人。慶応二年(一八六六)三月四日盛岡に生まれ、明治十九年(一八八六)十二月海軍兵学校卒業。日清戦争の黄海海戦に西京丸航海長として参加し、戦訓により丁字戦法の原形となる「円戦術」を最初に主唱した。海軍大学校卒業後、日露戦争にも巡洋艦秋津洲・笠置の両艦長として参加し、累進して大正八年(一九一九)十一月大将。第一艦隊・兼連合艦隊・横須賀鎮守府の各司令長官を歴任して、十二年四月予備役に入る。昭和十五年(一九四〇)九月十日死去。七十五歳。

参考文献 藤井茂『山屋他人』 (野村実)

やまわきふさこ 山脇房子 一八六七―一九三五 明治から昭和時代前期にかけての女子教育家、山脇学園創設者、法学者山脇玄の妻。慶応三年(一八六七)六月四日、松江に生まれる。父は同藩士小倉忠。松江女子師範学校卒業。明治三十六年(一九〇三)、東京に実修女学校(五年後、山脇高等女学校と改称)を創設して校長となり、家庭管理能力の育成をめざす良妻賢母主義教育を行い、また、女子の社会教育事業にも力を尽くす。昭和十年(一九三五)十一月十九日没。六十九歳。東京の青山墓地に葬られる。著書に『無駄なき生活』など。 (千住克己)

やらちょうびょう 屋良朝苗 一九〇二―九七 昭和・平成時代初期の教育者、政治家。沖縄日本復帰運動の指導者。明治三十五年(一九〇二)十二月十三日沖縄県中頭郡読谷山間切(読谷村)に生まれる。昭和五年(一九三〇)広島高等師範学校卒業後、沖縄県立第一高等女学校・台北師範学校で教員として教育に従事。第二次世界大戦後の同二十二年沖縄の知念高校校長、同二十五年沖縄群島政府文教部長となり教育の復興に尽力。同二十七年教職員会を創設して四十三年まで会長をつとめ、同三十五年以来、沖縄県祖国復帰協議会会長として沖縄の日本復帰運動を推進。同四十三年革新勢力に推されてはじめての琉球政府主席公選で当選。同四十七年日本復帰が実現し、最初の知事選挙で沖縄県知事に選出された。同五十一年知事を引退。その後、沖縄精神衛生協会会長などをつとめた。著書に『沖縄の夜明け』『私の歩んだ道』『激動八年―屋良朝苗回想録―』などがある。平成九年(一九九七)二月十四日心不全で死去。九十四歳。 (鳥海靖)

ゆ

ゆあさくらへい 湯浅倉平 一八七四―一九四〇 大正・昭和時代前期の官僚、政治家。男爵。明治七年(一八七四)二月一日山口県豊浦郡宇賀村(豊浦町宇賀)の医師石川康庵(康安)、イチの次男に生まれる。幼名倉之允。同十七年父が湯浅家(士族)の養子となる。山口高等学校を経て三十一年東京帝国大学法科大学政治学科を卒業、内務省に入省。滋賀県参事官を皮切りに地方官を転々としたのち内務省地方局長・岡山県知事・静岡県知事などを経て大正四年(一九一五)第二次大隈内閣のとき一木喜徳郎内相のもとで警保局長となる。翌年内閣交代により辞任し貴族院議員に勅選(昭和四年(一九二九)まで)。在任中、同成会に属し、政党内閣には関与せず、原内閣時代には郡制廃止問題・地方線拡充問題などに反対の立場に立った。大正十二年九月第二次山本内閣(後藤新平内相)成立とともに警視総監に任ぜられ、関東大震災直後の混乱の中で、被災者救護と東京の治安維持に奔走。同年十二月虎ノ門事件の責任を負って免官となったが、翌年六月加藤高明内閣(若槻礼次郎内相)成立とともに内務次官に抜擢され、十四年いわゆる普通選挙法案の成立に尽力した。十四年十二月―昭和二年十二月朝鮮総督府政務総監として斎藤実総督を補佐、同四年十一月―八年二月会計検査院長。八年二月一木のあとを受けて宮内大臣となり、謹直清廉な人柄で天皇の信任を得て、宮内省内の人事刷新などにあたった。十一年二月二・二六事件の発生に際しては、一木枢密院議長らとともに天皇の側近に侍し反乱の鎮定に向け天皇を補佐した。同年三月反乱軍に殺害された斎藤実の後任として内大臣に就任し、以後、内閣更迭ごとに元老・重臣間を奔走して後継首相奏請に参画。在任中、陸軍勢力の宮中への浸透を強く警戒し、十二年には二・二六事件に連坐して軍法会議に付された真崎甚三郎大将の大赦に反対して近衛文麿首相と対立した。十五年一月阿部内閣の退陣に際しては、岡田啓介らを通じて米内光政を後継首相として奏請する工作を進めた。しかし、こうした言動により右翼急進派からは「親英米派の君側の奸」とみなされ暗殺計画の目標とされた。同年春ごろから健康を害し十五年六月辞任。十五年十二月二十四日肺気腫のため東京市牛込区の自宅で死去。六十七歳。死の直前勲功により男爵に叙せられた。福島県郡山市の善導寺に葬られ、ついで山口県豊浦郡宇賀村の善念寺に分骨された。

[参考文献] 林茂『湯浅倉平』
(鳥海　靖)

ゆあさじろう　湯浅治郎　一八五〇―一九三二　明治・大正時代に活躍したキリスト者、実業家、政治家。嘉永三年（一八五〇）三月二十一日上野国碓氷郡安中の醬油味噌醸造業有田屋湯浅治郎吉・茂世の長子として生まれる。弟は半月湯浅吉郎。元治元年（一八六四）家業をつぎ、横浜に往来して南京米や魚油などの輸入販売をはじめ、蚕種製造にも従事。福沢諭吉の著書を読み、進取の気性にとむ。明治五年（一八七二）便覧舎を創設、図書館事業の先駆をなした。同七年米国より帰国した新島襄の演説にうたれキリスト教に共鳴、十一年に受洗、安中教会の創立に参加。同十二年碓氷郡書記、十三年より県会議員、二十三年国会議員となったが二十五年十月に政界より引退。県議としては、議長となって県会を指導、群馬県が廃娼を実施するのに大きな役割を果たす。引退後は、新島なきあとの同志社経営にあたり、日本伝道会社会計、日本組合教会理事に就任、また義弟徳富蘇峰の民友社を支援、警醒社をおこし、『六合雑誌』を刊行するなどキリスト教図書出版にも力をつくした。真下茂登子と結婚、その死後徳富初子と再婚。昭和七年（一九三二）六月七日没。八十三歳。墓地は群馬県安中市の湯浅家墓所。

[参考文献] 湯浅三郎編『湯浅治郎』、大浜徹也『明治キリスト教会史の研究』
(大浜　徹也)

ゆあさはんげつ　湯浅半月　一八五八―一九四三　明治から昭和時代前期にかけての詩人、聖書学者。本名吉郎。安政五年（一八五八）二月十六日上野国碓氷郡安中の醬油味噌醸造業有田屋湯浅治郎吉、茂世の第四子として生まれる。兄は湯浅治郎。明治十年（一八七七）同志社に入学、十八年に普通科五年神学科三年の全課程を修了して卒業、渡米。オベリン・エール両大学に学び、『旧約聖書』と古代語を学びPh. D. を取得、二十四年九月に帰国、三十二年に辞職するまで、同志社で『旧約聖書』を教えた。同三十四年平安教会牧師に就任、京都大学法学部講師となる。三十七年京都府立図書館長に就任、『京都叢書』全十六冊を編纂刊行した。書画骨董・平曲・演劇など幅広い趣味をもつのみならず、詩・図書館学・ヘブライ文学などの諸分野における草分けとして活躍した。著書は『旧約聖書』の『士師記』を素材とした新体詩『十二の石塚』をはじめ『箴言講義』、『旧約聖書』を新しく訳した『箴言』『ヨブ記』など多数。昭和十八年（一九四三）二月四日没。八十六歳。墓地は群馬県安中市の湯浅家墓所。

[参考文献] 岩田光子・茂手正子・野々山三枝「湯浅半月」（『近代文学研究叢書』五〇）
(大浜　徹也)

ユーイング　*Sir* **James Alfred Ewing**　一八五五―一九三五　お雇外国人、物理学者。英国スコットランドのダンディで一八五五年三月二十七日に生まれた。エディンバラ大学を卒業後、ケルビン卿のもとで大西洋海底電線敷設に従事。明治十一年（一八七八）東京大学理学部教授となり、同十六年に帰国するまで機械工学・物理学などを教え、また研究指導にあたった。学生の実験指導中に磁気ヒステリシス現象に気付き、その研究を進めた。欧米でもその研究成果は高く評価された。工部大学校教授ミルンらとともに、日本地震学会を明治十三年四月に創設し地震研究にも着手した。種々の地震計の考案は地震の解明に貢献した。帰国後 八八三年から一九二六年にかけて、ダンディ大学機械工学教授、ケンブリッジ大学応用力学教授、英国海軍教育部長、エディンバラ大学学長、副総長などを歴任。一八八七年王立協会会員となる。一九三五年一月七日没。七十九歳。著書には Treatise on earthquake measurement (1833); Magnetic introduction in iron and cther metals (1891); The steam engine and other heat engines (1894); The strength of materials (1889); Thermodynamics for engineers (1920) などがある。
(辻　哲夫)

ゆうきそめい　結城素明　一八七五―一九五七　明治から昭和時代にかけての日本画家。明治八年（一八七五）十二月十日、東京府本所区荒井町（東京都墨田区）の酒商、森田家の次男に生まれる。本名貞松は勝海舟の命名。十歳のとき結城家の養子となり、十六歳で川端玉章の天真画塾に入る。翌明治二十五年東京美術学校日本画科に入学、三十年に卒業と同時に同校西洋画科に再学、三十三年まで学んだ。石井柏亭・平福百穂・福井江亭・島崎柳塢らと自然主義を掲げ、无声会を結成した。三十五年東京美術学校日本画科の嘱託となり、昭和十九年（一九四四）まで四十二年間教鞭をとる。金鈴社の創設者の一人。その薫陶をうけた学生ははなはだ多く中村岳陵・望月春江・森田沙夷・加藤栄三・東山魁夷・山田申吾らがいる。また「囀」をはじめとして「八千草」「夏山三題」「朝霽薄暮」「薄光」など大正期の優作、「嶺頭白雲」「炭窯」などバラエティに富む名作を残す。帝室技芸員・芸術院会員。昭和三十二年三月二十四日没。八十一歳。著書に『東京美術家墓所誌』『伊豆長八』などがある。

[参考文献] 山種美術館編『結城素明―その人と芸術―』

（特別展図録）、『素明作品集』　（中村　溪男）

ゆうきとよたろう　結城豊太郎　一八七七―一九五一　明治から昭和時代にかけての銀行家。明治十年（一八七七）五月二十四日、結城弥右衛門の三男として山形県置賜郡赤湯町（南陽市）に生まれ、第二高等学校、東京帝国大学法科大学政治科を卒業して明治三十七年一月日本銀行に入り、京都・名古屋各支店長を経て大正七年（一九一八）三月大阪支店長となり、八年八月理事。十年十一月安田保善社に入り専務理事、安田銀行副頭取となり昭和四年（一九二九）三月まで合同と近代化に努力した。五年九月日本興業銀行総裁、十二年二月から六月まで林内閣の大蔵大臣となり、七月に池田成彬の後任として日本銀行総裁となって十九年三月まで長期に在職した。この間十二年五月に貴族院議員に勅選され二十一年三月までその任にあった。また十二年十二月から二十年五月まで大蔵省顧問、十九年十月から二十年四月まで内閣顧問となった。高等文官試験に合格して日本銀行に入るという特異な存在であったが、大阪支店長時に大阪の金融界の混乱回避に特別融通で対処し、また綿布商の整理につとめて、第一次世界大戦後の恐慌の防止に実績をあげて評価された。安田善次郎の不慮の死後の混乱対処で安田保善社に移ってからは、関係銀行の合同で大安田銀行を実現し、有能な人材を集めて経営近代化を図った。組織の合同融和と近代化の急進策は古い安田の体質とは容れぬものがあり、その実績にもかかわらず安田を去らねばならなくなった。その才能は恐慌時に日本興業銀行総裁で発揮され、積極的貸出策を進めた。郷誠之助の後任として東京商工会議所・日本商工会議所の会頭となり、さらに十一年十一月には新設の商工組合中央金庫の理事長を兼ねるに至った。その財界の期待を負った林内閣の蔵相就任であったが、広田内閣の急進策の緩和以上の対策実現の時間的余裕はなかった。二十六年八月一日没。七十四歳。　（西村紀三郎）

ゆうきれいいちろう　結城礼一郎　一八七八―一九三九　明治・大正時代のジャーナリスト。号は佳陵。明治十一年（一八七八）四月、元新撰組隊員結城無二三の長子として山梨県に生まれる。麻布中学校卒業後、同二十九年『国民新聞』に入り、傍ら青山学院に学ぶ。同三十二年九月当時休刊中であった『甲斐新聞』の復刊に尽力し、その責を果たして『国民新聞』に帰社。ついで徳富蘇峰の推めにより『大阪新報』『大阪毎日新聞』に在社したが、在阪一年にして帰社した。さらに山路愛山の懇請によって長野に赴き、『信濃毎日新聞』紙上に健筆を揮った。在社一年帰社のあと北京に特派、同三十七年の日露開戦とともに従軍記者として活躍、その報道は紙面を飾ったが本社と意見の対立のため中途にて辞職。以後独自の調査活動を続けたが、『国民新聞』に送る秘密通信を軍に押収され、強制退去のため帰国し『国民新聞』に復社。同三十九年のいわゆる日比谷焼打事件に際しては、社に籠城して編集にあたりこの危機を乗り切った。この後、一旦退職したが間もなく復社し社会部長として活躍した。のち『報知新聞』『やまと新聞』と移り、『東京毎夕新聞』の主幹となった。同四十四年四月八日大阪に『帝国新聞』を創刊、一年在阪して帰京した。大正五年（一九一六）玄文社の主幹として招かれ『新演芸』『新家庭』を創刊。同十年八月主幹を辞して顧問となり、同時に新聞同盟社を興して『新聞研究』を発行した。同十四年三月『中央新聞』副社長兼編集局長として入社、同紙の復興に尽力したが昭和二年（一九二七）退社。同四年東京市会議員に当選している。同十四年十月十七日没。享年六十二。著書に『江原素六先生伝』『旧幕新撰組の結城無二三』などがある。

参考文献　新聞研究所編『昭和新聞名家録』、同編『日本新聞年鑑』昭和十五年版　（北根　豊）

ゆかわかんきち　湯川寛吉　一八六八―一九三一　明治から昭和時代前期にかけての実業家。住友財閥最高指導者の一人。明治元年（一八六八）五月二十四日紀伊国牟婁郡新宮に生まれる。藩医湯川寛斎の長男。同二十三年帝国大学法科大学法律学科を卒業し逓信官僚となり、東京通信管理局長まで昇進、三十八年住友に招かれて逓信省参事官を退き、住友総本店支配人となり、四十三年理事に昇格、伸銅場支配人、住友銀行常務を歴任、大正十四年（一九二五）中田錦吉のあとを継いで住友合資会社総理事に就任した（昭和五年（一九三〇）辞任）。住友の工業化、銀行の発展に尽力、大阪手形交換所委員長も勤めた。昭和五年貴族院議員に勅選、同六年八月二十三日没。六十四歳。　（麻島　昭一）

ゆかわひでき　湯川秀樹　一九〇七―八一　昭和時代の物理学者。地理学者小川琢治の三男として、明治四十年（一九〇七）一月二十三日東京で生まれる。翌四十一年一家が京都に移り、ここで修学時代を過ごす。昭和四年（一九二九）京都帝国大学理学部物理学科を卒業、京大教授玉城嘉十郎のもとで副手となり原子核理論の研究を志す。同七年湯川スミと結婚、以後湯川姓を名乗る。同年京都帝国大学講師、同八年創設の大阪帝国大学講師。同九年十一月日本数学物理学会常会で中間子仮説を発表、それを「素粒子の相互作用について」と題する論文（英文）にまとめ、翌十年二月の『日本数学物理学会報』に掲載した。同十一年大阪帝国大学助教授。同十二年米国のアンダースンが宇宙線の中に湯川の予見した粒子らしいものを発見し、これに勢いを得て坂田昌一・武谷三男・小林稔らも協力し同十三年までに湯川理論が形成された。同十四年京都帝国大学教授となり、第八回ソルベー会議に招かれて渡欧。第二次世界大戦勃発により会議は中止となりやむなく帰国。同十五年学士院恩賜賞受賞。同十八年文化勲章受章。戦後昭和二十一年に欧文誌『理論物理学の進歩』を創刊。同二十二年非局所場の理論を発表。同二十三年オッペンハイマーに招かれプリンストン高等学術研究所客員教授となり渡米。翌二十四年コロンビア大学教授。同年日本人として最初のノーベル物理学賞を受賞。同二十八年帰国、ノーベル賞受賞を記念して建てられた京大基礎物理学研究所（湯川記念館）の所長となり、以後同四十五年に定年退職するまで在職、退官後は名誉所長として過ごした。同三十一年原子力委員会委員となり翌年辞任。核兵器反対の平和運動に積極的に参加し、同三十二年第一回パグウォッシュ会議に出席。同三十六年世界連邦世界協会会長となり、同三十七年科学者京都会議を主宰。科学論にも広く関心を持ち晩年は創造性理論に傾倒した。著書は『湯川秀樹自選集』（全五巻）など多数があり、平成元年（一九八九）岩波書店より『湯川秀樹著作集』（全十巻、別巻二）が刊行。昭和五十六年九月八日、京都下鴨の自宅で没。七十四歳。法名は無礙光院殿照誉慈済秀樹大居士。長兄小川芳樹は冶金学者、次兄貝塚茂樹は東洋史学者、弟小川環樹は中国文学者。

（辻　哲夫）

ゆきひで　行秀　一八一三―八七　幕末・維新期の刀工。文化十年（一八一三）筑前国（福岡県）に生まれる。天保のはじめ出府し、細川正義門の清水久義に学ぶ。三十四歳の折、知己のすすめにより土佐に下り鍛刀する。万延元年（一八六〇）の終りころから文久二年（一八六二）のはじめころまで江戸に上り、深川砂村の土佐藩邸で作刀、安政二年（一八五五）藩工となる。慶応三年（一八六七）の夏土佐に帰る。彼の作刀生活は明治三年（一八七〇）で終る。作品は、豪壮なものが多く、沸匂の深い、のたれ調の直刃や互の目を焼き、幕末刀工の中では技量が高く独自の作風をあらわす。明治二十年三月五日没。七十五歳。

（加島　進）

ゆざわみちお　湯沢三千男　一八八八―一九六三　昭和時代の官僚政治家、参議院議員。明治二十一年（一八八八）五月二十日神職湯沢義原の次男として栃木県上都賀郡加蘇村（栃木県鹿沼市）に生まれる。四十五年東京帝国大学法科大学を卒業、高等文官試験に合格し内務省に入る。福島県・福井県に勤めた後、大正六年（一九一七）本省に戻り保健・衛生行政に従事、また明治神宮競技大会を企画、実現した。十五年四月社会局保険部長、昭和三年（一九二八）六月同労働部長となり、ジュネーブの万国労働会議に派遣された。四年十月宮城県知事に転じ、六年十二月内務省土木局長に就任、七年六月広島県知事に移る。十年一月兵庫県知事となり、十一年三月内務次官に就任、十二年二月まで在任した。十三年六月中国臨時維新政府の内政顧問に招かれ十四年九月まで在職、十五年十一月大日本産業報国会理事長に迎えられた。十六年十月東条内閣の発足に際し内務次官に復し、東条兼任内相の下で「大物次官」として省務を見た。十七年二月内務大臣に昇任したが、十八年四月退任して貴族院議員に勅選され二十一年二月に及ぶ。戦後公職追放に遭ったが二十七年に解除、三十四年参議院議員に当選した（栃木地方区選出、自由民主党所属）。三十八年二月二十一日没。七十四歳。戦前期の内務官僚の重鎮の一人として知られる。

参考文献　戦前期官僚制研究会編『戦前期日本官僚制の制度・組織・人事』、山岡憲一編『湯沢三千男さんの思い出』

（佐々木　隆）

ゆもとたけひこ　湯本武比古　一八五五―一九二五　明治・大正時代の教育家。安政二年（一八五五）の元日に信濃国高井郡赤岩村（長野県中野市）の農民佳録の子として出生。十六歳のころ菅春風や小野沢律造などの家塾で国学や和歌・漢学を学び、明治八年（一八七五）飯山の師範予科学校や長野県師範講習所を経て翌年長野町学校に勤務、ついで松本中学に英語を学ぶが同十年に上京して同人社に、翌年には東京師範学校中学師範科に入学した。同十六年卒業と同時に同校雇となり、翌年三月文部省御用掛（編輯局）となり、同十九年十月森有礼文部大臣の命で『読書入門』を編纂出版した。同年四月明宮（のちの大正天皇）御教育掛に任命され、翌二十年九月学習院教授、同二十二年七月「皇族に関する教育学及方法」研究のためドイツに留学。同二十六年帰国するがまもなく非職、翌年一月東京高等師範学校教授に転じた。同二十九年開発社顧問（翌年社長）として『教育時論』の社説を担当、一方学制研究会員、高等教育会議議員、帝国教育会評議員などを兼ねるかたわら教育学や倫理学・心理学関係の著述に従った。同三十六年精華学校、同三十八年京北中学校、同四十一年京北実業学校などの校長として私立中等学校の発展に努め、大正十二年（一九二三）には東洋大学学長（臨時）に就任したが、同十四年九月二十七日脳溢血のため逝く。年七十一。東京多磨墓地に埋葬、郷里赤岩に分骨。

参考文献　信濃教育会編『湯本武比古選集』、同編『教育功労者列伝』

（上沼　八郎）

ゆもとよしのり　湯本義憲　一八四九―一九一八　明治時代の治水家。嘉永二年（一八四九）武蔵国埼玉郡小針村（埼玉県行田市小針）の郷士田島新六の四男として生まれる。文久二年（一八六二）幕府道中伝馬役馬込勘解由の養子となったが、明治三年（一八七〇）同家を辞し帰郷、同六年埼玉県第十四区副戸長となった。同九年埼玉郡埼玉村（行田市埼玉）の湯本家を継ぐ。同家は六十町歩を所有する地主であった。同十二年埼玉県県会議員に当選、十八年までその職にあった。同十六年埼玉県荒川沿岸水利組合委員となり、同二十三年衆議院議員に当選した。かねて関心を寄せていた治水問題に取り組み、第一回帝国議会より数次にわたり治水に関する建議を提出、明治二十九年、河川法を成立せしめる上で大きな役割を果たした。また、同年忍商業銀行を発起し監査役となり、同三十年には岐阜県知事となったが翌年退官、同三十二年利根川治水同盟会会長に就任、同四十三年には内務省治水調査会委員となっている。大正七年（一九一八）十一月十五日没。七十歳。

参考文献　小林誠「治水・水利・土地改良の体系的整備」（『日本農業発達史』四所収）

（伝田　功）

ゆりきみまさ　由利公正　一八二九―一九〇九　幕末・維新期の越前（福井）藩の志士、明治新政府の官僚。諱は公正、字は義由。「こうせい」とよむが、「きみまさ」と通称。本来、三岡八郎と称したが、維新後、祖先の旧姓由利に戻る。文政十二年（一八二九）十一月十一日、越前藩藩士三岡義知の家に出生。幼少より剣・槍・砲術などと文武に精励、のちに、越前藩主松平慶永の顧問として来藩した熊本藩士横井小楠の実学思想の影響を受け、当時、窮迫していた藩財政の再建に成功。すぐれた手腕を示した。嘉永六年（一八五三）、父の急死後、家督相続。米使ペリーの浦賀来航により衝撃を受け、富国強兵・殖産興業の信念を抱き、藩内の特産物の生産を奨励した。文久二年（一八六二）、藩主の政事総裁職就任とともに側用人となり、薩長討伐に反対、列藩会議を開くことを建白したが、藩論が一変して、四年間にわたり謹慎蟄居を命ぜられた。しかし王政復古後、慶応三年（一八六七）、京都に招かれて、徴士・参与職に任ぜられ、新政府（討幕軍の御用金取扱を担当、大坂の問屋商人などを対象に会計基立金三百万両を徴募、また金札を発行して、明治初年の新政府の財政的基盤を築いた。また福岡孝弟とともに五箇条の誓文の原案を起草し、新政の基本方針を固めたことはよく知られている。明治元年（一八六八）、東京在勤を命ぜられ、功により金一万匹を賜わった。翌年には一時、大坂府知事御用取扱として在坂したことがあるが、同三年、再度、越前藩藩政改革を担当して成果を収め、また、この年、賞典禄八百石を永世下賜された。同四年には東京府知事に任ぜられ、その翌年、偶発した大火後、銀座煉瓦街の建設を推進して東京の都市改造のきっかけをつくった。さらに同五年、岩倉遣外使節団に随行、各国の自治制度・議会制度を視察。滞欧中に府知事を免ぜられ、同八年、元老院議官に任ぜられる。同二十年子爵。晩年は貴族院議員に勅選された。同四十二年四月二十八日没。八十一歳。法名は正眼院殿円通雲軒居士。墓は東京都品川区南品川五丁目の海晏寺にある。

参考文献　三岡丈夫『由利公正伝』、由利正通『由利公正伝』

（石塚　裕道）

よ

ようしゅけい　楊守敬　Yang Shou-jing　一八三九―一九一五　清末・民国初期の学者、書家。字は惺吾、号は鄰蘇老人。湖北省宜都の人。道光十九年（一八三九）四月十五日、宜都の商家に生まれ、四歳のとき父を失い、祖父に育てられた。家業を手伝う傍ら学問に励み、二十四歳で郷試に合格、挙人となったが、その後四十八歳までに七度の会試にいずれも失敗し、ついに科挙を断念して著述に専念することにしたとみずからその著『鄰蘇老人年譜』の中で述べている。明治十三年（一八八〇）、清国出使日本大臣何如璋の招きに応じて来日、日下部鳴鶴、巌谷一六、松田雪柯らに北派の書法を伝えた。その傍ら中国で亡逸し、日本にのみ伝存する善本古書を調査蒐集し、『古逸叢書』を編輯した。明治十七年に帰国、湖北省の黄岡教諭等を歴任し、一時礼部顧問官に推挙された。民国三年（一九一四）、新設の参政院参政となって北京に赴いたが、翌年一月九日（旧暦の甲寅十一月二十四日）没した。七十七歳。著書はすこぶる多く、書学・金石学に『激素飛青閣平碑記』『激素飛青閣平帖記』『望堂金石文字』『寰宇貞石図』『学書邇言』、目録学に『日本訪書志』『留真譜』、地理に畢生の大著『水経注疏』等がある。

参考文献　呉天任『楊惺吾先生年譜』、袁同礼「楊惺吾先生小伝」（『図書館学季刊』一ノ四）、杉村邦彦「『雪柯日記』に現われた楊守敬と日本人書家との交流」（『出版ダイジェスト』一一四〇・一一五九・一一六九）

（杉村　邦彦）

ようそのじ　陽其二　一八三八―一九〇六　幕末・明治時代の活版印刷業者。わが国最初の日刊新聞の発行者。天保九年（一八三八）六月長崎に生まれる。本木昌造の新街私塾に学び、新町活版製造所で活版印刷を修得。本木の抜擢で神奈川県令井関盛良が企画した『官許横浜新聞』を発行するため横浜活版舎を設立、英学者子安峻とともに明治三年（一八七〇）十二月十二日これを創刊した。この新聞は高価な洋紙を用いたタブロイド判両面刷の日刊紙で、新町活版製造所製の三号楷書体活字を用いた。同紙は明治四年四月『官許横浜毎日新聞』と改題、同十二年十一月東京に移り『東京横浜毎日新聞』となった。陽其二は明治六年竹谷半次郎・加福喜一郎らと印刷業の景諦社を設立したが、翌七年三月二十五日に渋沢栄一創設の東京抄紙会社（のちの王子製紙会社）にこれを譲渡した。同年四月一日抄紙会社横浜分社となった後も引き続き支配人として印刷業に従事した。明治三十九年九月二十四日没。六十九歳。墓は東京都台東区の谷中墓地にある。後年東京印刷株式会社の社長となった星野錫は景諦社の出身である。

参考文献　東京印刷同業組合編『日本印刷大観』、王子製紙販売部調査課編『日本紙業総覧』、川田久長『活版印刷史』　（山宮　文夫）

よこいしょうなん　横井小楠　一八〇九―六九　幕末の儒学者・政治思想家。文化六年（一八〇九）八月十三日、肥後藩士横井時直と母かずの次男として熊本城下内坪井町（熊本市）に生まれる。通称平四郎、諱時存（ときあり）、号小楠。藩校時習館の居寮長を経て天保十年（一八三九）江戸に遊学したが、翌年酒失によって帰国禁足の処分を受けた。天保末から弘化の間に真の朱子学＝実学を志す同志長岡監物・下津休也・荻昌国・元田永孚らを会して『近思録』などの講学を始め、また私塾小楠堂で弟子を教えた。門弟第一号が水俣の惣庄屋の嗣子徳富一敬（蘇峰・蘆花兄弟の父）である。肥後実学党の領袖としての名声が次第に諸国に聞こえて嘉永年間（一八四八―五四）に越前福井藩との接触が生じ、ペリー来航の直前には越前の同学に『文武一途之説』を贈って相手の強弱ではなく要求の当否で応対を決めなければならないと論じた。来航後も相手の要求や使節のふるまいが道理に適っているか否かをまず判定すべきで、開港か鎖国かという二者択一で論じてはならないと強調した。欧米の実情を詳しく知るに従って、儒学の理想がむしろ欧米で実現されていると見たり、やはり真の理想からはほど遠いと判断を修正したりという変遷があったが、小楠流に煮詰めた儒学的理想（仁政）を基準として欧米やアジアの現実を具体的に評価するという態度は終生変わらなかった。安政元年（一八五四）兄の死によって横井家の当主となったが肥後藩では用いられず、安政五年その思想に心服した福井藩主松平慶永（春岳）から賓師として招かれて越前藩政を指導した。増産させた絹・生糸を藩が長崎で売却して農民に還元するという富国策で大きな利益を挙げ、その成果を著述『国是三論』にまとめる。文久二年（一八六二）松平春岳が幕府の政事総裁職に就任すると江戸でその補佐に努めて参勤交代制の事実上の廃止など幕政改革を推進したが、同年暮、宴席で刺客に襲われ逃げたとの理由で翌年熊本に帰って士籍剥奪の処分を受けた。熊本郊外沼山津の四時軒に逼塞した小楠は、勝海舟や大久保一翁（忠寛）らと書簡を往復し来訪する諸国の志士と意見を交換して政局への発言を続けた。その役割を一言で尽くせば、前記した儒学的基準でもって日本の武家政権を根底から否認し、近代へ向かう思想的推進力の特異な一翼を担ったと評価できよう。また慶応二年（一八六六）兄の遺児たちをアメリカ游学に旅立たせるときに贈った言葉「堯舜孔子の道を明らかにし、西洋器械の術を尽くさば、なんぞ富国に止まらん、なんぞ強兵に止まらん、大義を四海に布かんのみ」は彼の東西両文化の捉え方とその統合の構想を示すものである。維新政権が成立すると明治元年（一八六八）京都に呼ばれてまず三職制の参与、ついで議政官上局を構成する参与に就任した。アメリカから帰国した森有礼にレイク＝ハリスのコロニーのことを聞いて、自分が究めている儒教的理想がやはり世界を救う唯一の政治原理だと確認するような精神的高揚もあったが、病気勝ちで腕を振るう機会を持たないまま翌二年正月五日に暗殺された。六十一歳。墓は京都市左京区南禅寺福地町の南禅寺天授庵にある。　（松浦　玲）

よこいときお　横井時雄　一八五七―一九二七　明治・大正時代の日本組合基督教会牧師、政治家。安政四年（一八五七）十月十七日肥後国上益城郡沼山津（熊本市沼山津）に横井小楠の長男として生まれる。幼名は又雄。明治二年（一八六九）小楠の横死後、伊勢姓を称し、二十二年横井に復姓した。四年熊本洋学校に第一回生として入学、九年熊本バンドの結盟に加わり、十年東京開成学校より同志社英学校余科に転入、十二年卒業後今治・本郷教会牧師などを歴任、かたわら新神学による動揺のはげしい中で『六合雑誌』『基督教新聞』の編集を担当した。三十年から三十一年末まで同志社社長。三十四年政界に入り逓信省官房長、三十六年岡山県から立候補（立憲政友会）、衆議院議員となる。かたわら『東京日日新聞』主幹、雑誌『時代思潮』を刊行、四十一年日糖事件に関係して議員を辞任。大正八年（一九一九）ベルサイユ講和会議に西園寺公望全権の随行として出席。帰国後発病、昭和二年（一九二七）九月十三日大分県別府で没。七十一歳。墓は京都市左京区の南禅寺天授庵横井小楠の墓の傍にある。著作には『真教弁明』『基督教新論』『我邦の基督教問題』など。

参考文献　卜部幾太郎編『横井時雄君追悼演説集』、同志社大学人文科学研究所編『熊本バンド研究』　（杉井　六郎）

よこいときふゆ　横井時冬　一八五九―一九〇六　明治時代に活躍した日本経済史学の先駆者。安政六年（一八五九)十二月十四日名古屋藩士横井猪右衛門時相の三男として名古屋城内三ノ丸中小路で誕生。幼時より藩校明倫堂ほかで国学・漢学を学んだ後、明治九年(一八七六)五月愛知県養成学校上等師範科を卒業。十七年二月に至り上京し早稲田専門学校に入学。十九年七月同校の法学部、翌年七月兼修英学科を卒業。その間に小中村清矩・本居豊穎・栗田寛らから歴史上の諸制度・文物などに関し多分の示教を得た。法学部の卒業論文に基づく『大日本不動産法沿革史』を二十一年に公刊。同年十一月高等商業学校教員となり、同校に新設された内国商業取調係の業務を担当。帝国大学の書庫および史料編纂係・帝国博物館・内閣文庫・水戸彰考館などの所蔵文献資料、東京府庁へ引き継がれた旧幕府文書、旧諸藩主邸に残された記録文書などを渉猟するとともに、各方面の古老からの聴取調査を重ね、その成果をまとめて二十五年に『帝国商業史講義録』を刊行し、高等商業学校の学生に使用させ、また先輩知友に配布し批評を求めた。同書を基礎にして三十一年に『日本工業史』『日本商業史』を公刊。三十五年五月には両著作により文学博士の学位を受けた。高等商業学校では二十三年三月に助教授、二十八年一月に教授に昇任。その後、高等工業学校・商業教員養成所・早稲田大学商科などの講師も兼ねた。三十九年四月十八日病没。四十八歳。葬儀は東京の谷中斎場で行われ、遺骨は遺言により愛知県中島郡祖父江村に在る父母の墓畔に埋葬された。

参考文献　小杉榲邨「横井時冬君小伝」(『歴史地理』八ノ六)　(服部　一馬)

よこいときよし　横井時敬　一八六〇―一九二七　明治・大正時代の農業経済学者。万延元年(一八六〇)正月七日熊本藩士久右衛門の四男として熊本に生まれた。幼時藩校で漢学を、熊本洋学校で英学を学んだ。明治十一年(一八七八)駒場農学校に入学し、同十三年卒業。同十四年神戸市師範学校講師になり植物園長を兼ねた。翌年福岡県立農学校教諭に転じ、ここで有名な「塩水選種法」を発表した。農学校が農業試験場にかわるとともに場長になった。同二十二年フェスカの推挙により農商務省技師となったが上司と意見があわず一年でみずから退官した。同二十四年帝国大学農科大学教授となり大正十一年(一九二二)退官。この間明治三十年より東京農学校長、同四十四年よりその後身である東京農業大学長を勤め、大日本農会副会頭としても活躍した。また農業教育に関する各種委員会に関係し、農業教育界の大御所的存在となった。横井の学者としての活動は、前半期には農学者として、後半期にはエコノミストとして小農保護政策を主張した。昭和二年(一九二七)十一月一日東京青山南町の自宅で没す。六十八歳。墓は東京都府中市の多磨墓地にある。主な著書は『農業汎論』『農業経済学』『農村制度の改造』『小農に関する研究』など。『横井博士全集』全十巻がある。　(川俣　茂)

よこかわしょうぞう　横川省三　一八六五―一九〇四　明治時代の新聞記者、軍事探偵。慶応元年(一八六五)四月四日、盛岡藩士三田村勝衛の三男として盛岡に生まれ、のち横川家の養子となった。幼名勇治。自由民権運動に投じ、加波山事件に連坐して投獄。出獄後、三大事件建白運動に従事。明治二十三年(一八九〇)東京朝日新聞に入社。同二十六年郡司成忠の千島開拓に特派員として同行。ついで日清戦争では従軍記者となった。戦後、朝日新聞を退社し、アメリカに留学。帰国後、一時ハワイに渡航。のち内田康哉駐清公使に随行して中国大陸に渡り、清国・蒙古の各地を旅行し、民情・風俗などを視察した。三十七年二月日露戦争が勃発すると、軍の密命を受けて沖禎介ら同志とともに満洲に潜入し、ロシア軍の後方を探索した。同年四月チチハル付近で鉄橋爆破を意図したが、ロシア兵に捕えられ、同年四月二十一日ハルビン郊外で、沖とともに銃殺された。四十歳。墓は東京都港区の青山墓地と盛岡市北山二丁目の聖寿寺の北裏にある。

参考文献　松島宗衛『烈士横川省三』、和岡中和『真人横川省三伝』、伊藤峻一郎『志士の生涯―横川省三伝―』、東亜同文会編『対支回顧録』下　(鳥海　靖)

よこせやう　横瀬夜雨　一八七八―一九三四　明治時代の詩人。本名、虎寿。初期の別号、利根丸、宝湖。明治十一年(一八七八)一月一日茨城県真壁郡横根村七番屋敷(下妻市横根)に豪農横瀬忠右衛門・はまの次男として生まれたが、幼時、脊椎病に罹かって佝僂(くる)となり、苦痛に苛まれながら悲劇的な生涯を送った。尋常小学校卒業。明治二十八年、不幸な運命を嘆いた新体詩「神も仏も」を雑誌『文庫』に投稿して選者河井酔茗に認められ、以後同誌を中心に、郷里の風物に取材した民謡風の作品を発表し、三十二年十二月、第一詩集『夕月』を刊行、哀切な響きをたたえた素朴な感傷によって、特に年少の読者に迎えられ、筑波根詩人と評された。以後、酔茗・伊良子清白とともに『文庫』を代表する詩人として活躍、『花守』(明治三十八年)、『二十八宿』(同四十年)などを刊行したが、詩風に展開はない。その間、幾度もの恋愛を経験し、すべて悲恋に終ったが、大正六年(一九一七)、小森タキと結婚、三女の父となって日常的な平安を得、以後は地方文芸の興隆につくした。ほかに歌集『死のよろこび』(大正四年)がある。その詩業の時代的な意味は明治とともに終ったが、大正期の民謡復興運動に与えた影響は少なくない。昭和九年(一九三四)二月十四日没。五十七歳。郷里の横瀬家歴代之墓に葬られた。法名真如院文誉慈潤夜雨清居士。

参考文献　平輪光三『横瀬夜雨』、横瀬隆雄『横瀬夜雨―生涯と文学―』、千種千鶴子・後藤尚代・福田宏子「横瀬夜雨」(『近代文学研究叢書』三六所収)、河井酔茗「横瀬夜雨論」(『改造』九ノ九)　(河村　政敏)

よこたきさぶろう　横田喜三郎　一八九六―一九九三　昭和時代の国際法学者。第三代最高裁判所長官。明治二十九年(一八九六)八月六日愛知県丹羽郡古知野町において岩田藤治郎の三男として出生。大正十一年(一九二二)東京帝国大学法学部卒業後、直ちに同学部助手となり国際法を専攻した。十三年横田姓に改姓。同年助教授に昇進。昭和四年(一九二九)十一月ロンドン海軍軍縮会議に全権委員随員として参加した。翌年三月教授に昇進し、国際裁判の理論的研究を行う一方、満洲事変を批判するなど軍部批判の論陣を張った。昭和二十三年十二月より二十六年三月まで東京大学法学部長を務め、三十二年三月定年退官した。第二次世界大戦直後は自衛戦力違憲論を積極的に唱えたが米ソ冷戦激化に伴い合憲論に変わった。退官後は国際連合国際法委員会委員として活躍していたが、三十五年十月二十五日最高裁判所長官に就任し、東大ポポロ劇団事件、砂川事件などの上告審審理に関与するとともに、最高裁判所機構改革、訴訟促進などに取り組んだ。四十一年八月五日定年退官し、その後は国際労働機関の条約勧告適用専門家委員会委員を務めた。五十六年十一月文化勲章受章。法学博士。著書は『国際法』ほか多数ある。平成五年(一九九三)二月十七日没。九十六歳。

参考文献　横田喜三郎『私の一生』、「横田喜三郎先生に聞く」(『法学教室』一八―三〇)　(小田中聰樹)

よこたくにおみ　横田国臣　一八五〇―一九二三　明治・大正時代の司法官。嘉永三年(一八五〇)八月九日島原藩士横田宗雄の長男として出生。幼少のころ広瀬淡窓塾に学び、明治初年上京し埼玉県に奉職。明治九年(一八七六)司法省に入り検事補となり民法および治罪法の草案編纂に従事。十三年には検事になるとともに東京大学法学部講師として治罪法と刑法を講じた。十五年司法権少書記官となり、十七年司法省刑法局長心得、十九年刑事局詰となり、同年二月在官のまま自費洋行を許され渡欧。二十四年五月帰国し司法省参事官となり、二十五年司法省民刑局長就任を経て二十九年十月司法次官に任命され司法部改革にあたった。三十一年六月二十八日検事総長となったが同年十月十五日ときの司法大臣大東義徹と対立し懲戒免官となった。しかし翌年四月特旨により懲戒処分を免じられるとともに東京控訴院検事長に任命され、三十七年四月七日検事総長に復活。三十九年大審院長となり、その後十五年余にわたり在任したが、大正十年(一九二一)裁判所構成法改正により定年制(大審院長六十五歳)が敷かれるに及び同年六月十三日退職した。十二年二月二十二日死去。七十四歳。墓は東京都台東区の谷中墓地にある。法学博士。男爵。著書として『法律哲学』『政略哲学』など多数ある。

参考文献　「薨去せられし横田男」(『法律新聞』二〇九二号)　(小田中聰樹)

よこたせいねん　横田成年　一八七五―一九五三　明治から昭和時代にかけての造船学者。わが国航空工学の開拓者。工学博士。明治八年(一八七五)五月京都に生まれる。同三十一年東京帝国大学工科大学造船学科卒業、同年助教授、四十三年教授となり、船体強弱論・振動論などの基礎づけに業績をのこした。この間、同四十二年臨時軍用気球研究会の設置とともにわが国における航空学の研究が始まったが、横田は物理学の田中館愛橘とともに当初から参加し、ことに学理的研究の推進につとめ、大正五年(一九一六)、東京帝大に航空学の基礎的研究を行う航空研究所設立案の議会可決と、航空学調査委員会の設置とを導いた。七年航空研究所設立と同時に初代所長に就任、また工科大学航空学科創設によりその主任教授として航空学第一講座を担当し、この分野の草分け的存在となった。昭和九年(一九三四)日本航空学会第一期会長に就任、十一年定年により東京帝大名誉教授。航空学・弾性学などの先駆的研究論文も多い。昭和二十八年一月十一日没。七十七歳。

参考文献　日本科学史学会編『日本科学技術史大系』一八　(飯田　賢一)

よこたせんのすけ　横田千之助　一八七〇―一九二五　明治・大正時代の政党政治家。明治三年(一八七〇)八月二十二日下野国足利の織物商横田市太郎の次男として生まれる。実家が没落した後、土地の織物商の丁稚を経て上京、新聞配達などをしながら東京法学院(のちの中央大学)に学ぶ。苦学中、星亨に見い出されてその書生となり、二十六年同校卒業。同年代言人(弁護士)試験に合格し星の法律事務所に勤務、やがてそれを主宰するようになる。遅くとも三十二年初頭までに独立し法律事務所を開く。その一方で星の死後は実業界にも進出、星の輩下であった利光鶴松との関係で千代田瓦斯会社総支配人になったほか、日本木材輸出・有隣保険などの株式会社の重役を務める。四十五年五月郷里栃木県より政友会公認として衆議院議員に立候補して以来、五回連続当選。大正二年(一九一三)政友会幹事、六年幹事長と党内で敏腕を認められていき、七年九月原内閣成立とともに法制局長官に就任。原敬首相の懐刀といわれ、床次(とこなみ)竹二郎内務大臣と並んで政友会の将来を担う人物として期待された。原内閣末期の十年春、第一次世界大戦後に現われた国内不況、普選運動や中国のナショナリズムの高揚などの新状況に対応する新政策を確立するために高橋是清大蔵大臣らと内閣改造運動を開始する。同年秋ワシントン会議全権委員の筆頭随員として渡米。十一月原首相が暗殺され高橋内閣が成立するとただちに帰国、政友会刷新のため高橋内閣を改造する運動に奔走するが、床次らの妨害で内閣は倒れ構想は頓挫した。加藤友三郎内閣・第二次山本内閣と官僚系内閣が続く間、政友会総務委員として普選論の導入など党の刷新を行おうと努力したが、党内統制不十分のため成功せず。清浦奎吾に組閣の命が下るや高橋総裁とともに政友会を率いて第二次護憲運動に参加、十三年六月成立した加藤高明(護憲三派)内閣の司法大臣となった。貴族院改革問題に尽力、病のため法相在任中の十四年二月四日急死。五十六歳。墓は東京都港区の青山墓地にある。

参考文献　石田秀人『快男児横田千之助』、伊藤之雄『大正デモクラシーと政党政治』　（伊藤　之雄）

よこたひでお　横田秀雄　一八六二―一九三八　明治・大正時代の裁判官。文久二年（一八六二）八月十九日信濃国松代町に松代藩士横田数馬の長男として出生。明治十三年（一八八〇）司法省学校に入学したが、同校の帝国大学への併合に伴い二十一年七月同大学法科大学仏法科を卒業し、直ちに司法省入りをした。三十四年十二月東京控訴院の部長判事から大審院判事となり、大正十二年（一九二三）九月六日には大審院長に昇進。昭和二年（一九二七）八月十八日定年で退職した。二十六年間の大審院時代、足尾鉱毒兇徒聚衆事件、電気窃盗事件、一厘事件、婚姻予約（内縁の妻）事件、狸・狢事件、男子貞操義務事件などの判決に関与した。文言に拘泥せず国民の生活や社会の実際に適合する解釈に基づく常識に叶う裁判をすることに努め、名声を博した。また裁判のかたわら明治・法政など私立大学で民法を講じ、明治大学では大正十三年十一月学長に就任し、昭和九年三月まで在任した。昭和十三年十一月十六日死去。七十七歳。墓は東京都港区の青山墓地にある。著書に『債権総論』『債権各論』『物権法』などがある。法学博士。なお、『富岡日記』の著者和田英は実姉、第四代最高裁判所長官横田正俊は長男である。

参考文献　横田正俊『父を語る』　（小田中聰樹）

よこたまさとし　横田正俊　一八九九―一九八四　昭和時代の裁判官。第四代最高裁判所長官。明治三十二年（一八九九）一月十一日函館において横田秀雄（のちの大審院長）の長男として出生。大正十二年（一九二三）東京帝国大学法学部を卒業し司法官の道に入り、東京地方裁判所判事、東京控訴院判事、大審院判事、甲府地方裁判所長などを歴任した。第二次世界大戦後は、大審院判事、司法省臨時企画部長を経て昭和二十二年（一九四七）七月公正取引委員会委員となり、二十七年二月には同委員会委員長となった。三十三年三月最高裁判所事務総長、三十五年五月東京高等裁判所長官、三十七年二月最高裁判所判事を歴任した後、四十一年八月六日初の裁判官出身の最高裁判所長官に任命された。四十四年一月十日定年退官。最高裁判所在職時は全逓中郵事件、都教組事件などの上告審審理に関与し、労働基本権尊重の多数意見を主導するとともに、国民に親しまれ信頼される裁判所であるべきことを説いた。昭和五十九年七月一日死去。八十五歳。

参考文献　野村二郎『最高裁長官の戦後史』　（小田中聰樹）

よこみぞせいし　横溝正史　一九〇二―八一　昭和時代の小説家。明治三十五年（一九〇二）五月二十五日、神戸市兵庫東川崎町（中央区）に生まれた。父は薬種商宜一郎、母ははま。神戸二中を経て、大正十三年（一九二四）、大阪薬専卒。薬種商に従事。中学時代から探偵小説を好み、十五年には、『広告人形』を出版、江戸川乱歩の招きで上京し、博文館に入社、『新青年』その他の編集にあたり、以後六年余勤務した。その後、二年近く、結核で闘病生活を送るが、病後第一作『鬼火』（昭和十年（一九三五））は初期浪漫時代の代表作として、評価されている。戦時下は、『人形佐七捕物帳』（十三―十四年）などで息をつき、戦後、『本陣殺人事件』（二十一年）、『獄門島』（二十二―二十三年）、『八つ墓村』（二十四―二十五年）、『悪魔の手毬唄』（三十二―三十四年）などの本格的推理長編を相ついで発表し、戦後推理小説界の中心的存在となった。これらは、作者が昭和二十年に岡山県吉備郡に疎開した折の見聞に根を持つ村落社会の古い因襲の中で起きる怪事件を名探偵金田一耕助が解決する物語で、たくみなトリックづくりもさることながら、土俗的で、おどろおどろしい、鮮烈なイメージの提出に特色があった。同五十六年十二月二十八日没。七十九歳。『新版横溝正史全集』全十八巻がある。

参考文献　小林信彦編『横溝正史読本』、横溝正史『横溝正史の世界』、実吉達郎『シャーロック・ホームズと金田一耕助』、世田谷文学館編『図録・横溝正史と「新青年」の作家たち』　（磯貝　英夫）

よこみつりいち　横光利一　一八九八―一九四七　大正・昭和時代の小説家。明治三十一年（一八九八）三月十七日、福島県北会津郡東山村（会津若松市東山町）に父梅次郎・母こぎくの長男として生まれた。本名、利一（としかず）。父は土木関係の仕事に従事し、その住地を転々としたため、小学生時、頻繁に転校。三重県立第三中学校（上野高校）を経て、大正五年（一九一六）、早稲田大学高等予科に入学、同十年まで早大に在籍したが、中退。この間がいわば習作期で、『文章世界』などに投稿。さらに富ノ沢麟太郎・中山義秀らとの同人雑誌の時期を経る間に菊池寛に知られ、菊池を介して川端康成と知った。生涯の師と友である。同十二年、『日輪』『蠅』を同時に発表、文壇に登場。翌年、川端らと同人を組み、『文芸時代』を創刊。ここを拠点に「新感覚派」としての活動を展開、既成文壇への挑戦の先頭に立つ。この時期の代表作には『頭ならびに腹』（大正十三年）、『ナポレオンと田虫』（十五年）、『春は馬車に乗って』（同）など。「新感覚派」としての主張は『感覚活動』（十四年、のちに『新感覚論』と改題）にも示された。大正十五年、最初の夫人であった小島キミ死去。昭和二年（一九二七）、日向千代と結婚。ここから「第二の人生」が始まったと見られる。翌年、上海に渡り、その見聞をもとに最初の長篇『上海』を執筆（昭和三―六年）。またこの間、プロレタリア文学に対して「形式主義文学論争」を交わす。昭和五年前後から漸次、心理主義文学の方法を採り入れ、『機械』（五年）、『時間』（六年）などの作が評判を呼んだ。最初の新聞連載小説『寝園』（五年）も斬新な手法で注目され、流行作家の時期を迎えた。昭和十年前後の代表作には『紋章』（九年）、『家族会議』（十年）。『紋章』にはナショナリズムへの傾斜が認められる。

『純粋小説論』(十年)では「純文学にして通俗小説」を主張、「自意識」追究の抱負を述べるなどして文壇に大きな反響を招いた。十一年、渡欧(翌年、『欧洲紀行』刊行)。その体験を採り入れて未完の大作『旅愁』(十二年—二十一年)が書き出される。ここには東洋対西洋、伝統対科学といった問題が書きこまれ、この作家の最後十年は『旅愁』の十年であった。『考へる葦』(十四年)、『刺羽集』(十七年)などのエッセイも『旅愁』の注記の意味をもつ。二十年の敗戦を疎開先の山形県の農村で迎える。当時の日記が『夜の靴』(二十二年)にまとめられた。戦後は作家としての「戦争責任者」に指名されるなどの批判を浴びたが、最後の小説とみられる『微笑』(二十三年)はきわめて独自な敗戦文学として注意される。昭和二十二年十二月三十日、東京都世田谷区の自宅で死去。五十歳。墓は東京都府中市の多磨墓地に在り、『定本横光利一全集』全十六巻(五十六—六十二年、河出書房新社)がある。

参考文献 日本文学研究資料刊行会編『横光利一と新感覚派』、栗坪良樹編『鑑賞日本現代文学』一四

(保昌 正夫)

よこやまげんのすけ 横山源之助 一八七一—一九一五 明治時代のジャーナリスト、労働運動家。明治四年(一八七一)二月二十一日、富山県魚津の網元の庶子として生まれ、横山伝兵衛・すいの養子となって育つ。富山県中学校を中退して上京、政治家を志すが挫折し、放浪生活を送る。このころ二葉亭四迷や松原岩五郎と接して強い影響を受け、文学や社会問題に関心を抱く。二十七年十二月、『毎日新聞』記者となり、「戦争と地方労役者」をはじめとして、天涯茫々生の号で精力的な社会探訪記事をものしていく。その後退社するまでの五年間、日清戦争や資本主義化の進行がもたらした都市および地方社会の矛盾・悲惨を文学的ルポルタージュの手法で記録しつづけた。二十九年から三十一年にかけては桐生・足利、北陸、関西地方の調査行を行なった。また、労働問題にも着目し労働事情調査もすすめた。これらのルポを総合し客観性・科学性の観点から集大成したのが、三十二年四月刊の記録文学の古典『日本之下層社会』である。ほぼ同時に『内地雑居後之日本』を刊行し、労働運動の社会主義化を論じた。農商務省編『職工事情』にも嘱託として関わっている。一方、早くから労働組合期成会にも関与して片山潜とは貧民研究会も組織したが、三十四年には労資協調路線をとる大日本労働団体連合本部に参加した。三十六年以降、運動から離れ、富豪研究・人物評論などの文筆活動に専念し、特に殖民問題に熱心で四十五年にはブラジルに渡った。陋巷のなか、大正四年(一九一五)六月三日、東京小石川で死亡。四十五歳。明治文献版『横山源之助全集』があるが、第一巻と第三巻のみ刊行。

参考文献 立花雄一『評伝横山源之助』

(荻野富士夫)

よこやましょうたろう 横山正太郎 一八四三—七〇 幕末・維新期の志士。森有礼の兄。諱は安武。喜三次また四郎と称す。天保十四年(一八四三)正月元日、鹿児島藩士森喜右衛門有恕の四男として鹿児島城下に生まれる。十五歳で藩儒横山安容の後嗣となり、小性役として藩主側近に仕え、のち公子傅役を命じられる。明治元年(一八六八)五月、島津久光五子悦之助に従って佐賀・山口に遊学するも、同三年二月山口藩藩情報告のため独断帰藩し役を免ぜらる。ついで陽明学に心を寄せ上京、『伝習録』を講究し、さらに同年六月東京に赴き田口文蔵塾生となる。時に政府高官の虚栄虚飾、牽強付会など「有司専制」体制の弊を憂え、七月二十七日払暁、「時弊十条」なる政府批判の一文を集議院の門扉に掲げ割腹諫死して果てた。時に二十八歳。事件は政府内外に衝撃を与え、西郷隆盛はその志を称えて碑文を書いた。墓は東京都杉並区の大円寺にある。

参考文献 『森有礼全集』二、指原安三編『明治政史』(『明治文化全集』九)、河野辰三編『横山安武伝記並遺稿』、同「横山安武伝」(『三州談義』六五—七六)

(犬塚 孝明)

よこやまたいかん 横山大観 一八六八—一九五八 明治から昭和時代にかけての日本画家。明治元年(一八六八)九月十八日、水戸城下三ノ町(水戸市城東二丁目)に酒井捨彦の長男として生まれる。幼名秀蔵、秀麿。のち母方の横山家を継ぐ。明治二十二年新設の東京美術学校に入学。橋本雅邦らに学び、二十六年第一回卒業生であった。岡倉天心によって帝室博物館の嘱託となり古画模写にたずさわる。明治二十九年より母校の助教授となる。ところが三十一年校長天心排斥に際し、天心とともに母校を去り、日本美術院創立に尽力した。第一回展に出品した「屈原」の画風が新技法の朦朧体(もうろうたい)といわれるものであったため悪評を受けた。三十六年インド旅行、翌年アメリカ・ヨーロッパを旅して見聞を広めるとともに東洋画の優れていることをつきとめた。帰国後天心のいる茨城県五浦(いづら)(北茨城市大津町)に研究所を移し、新しい日本画の研鑽につとめ、意欲を燃やした。大正二年(一九一三)天心なきあと日本美術院を再興して、文展に対抗し、完全在野画壇として発足した。再興以来第四十回展まで毎回出品し、全能力を日本美術院に傾注した。また画域の広さも驚くべきことで、風景・人物・花鳥の作域に及び多くの名作を残した。「喜撰山」「柿紅葉」「紅葉」「夜桜」「野の花」などの大画面に色彩豊かな画面を展開させた。また大観の作品中水墨画による秀れた作品がある。「生々流転」(重要文化財)、「海山十題」は代表的作品で東洋画の水墨画法に新しい表現法で挑んでいたことがわかる。ついで日本の象徴である富士についても多くの名作を残した。その間昭和六年(一九三一)に帝室技芸員、十年帝国美術院会員、十二年に第一回文化勲章を受章。三十三年二月二十六日没。八十九歳の長寿を全うしただけに日本画界に尽くした功は大きい。東京都台東区池之端には横山大観記念館(旧横山大観邸)がある。

(中村 溪男)

よこやまたかおき　横山隆興　一八四八―一九一六　明治・大正時代の実業家。俳号、居中。嘉永元年（一八四八）五月十五日、金沢藩家老横山遠江守隆章の三男として生まれる。明治二年（一八六九）分家し、藩校明倫堂、大阪開成学校で修学。十四年に宗家の隆平（甥）を助けて尾小屋鉱山（石川県小松市尾小屋町）を買収、経営に着手した。二十年より尾小屋の経営が軌道に乗り、さらに平金銅山（岐阜県大野郡丹生川村）を取得、北陸の銅山王といわれ、横山鉱業部の基礎を築いた。また金沢電気瓦斯取締役、金沢商業会議所特別議員を歴任。大正五年（一九一六）四月十一日没。六十九歳。

参考文献　渡辺霞亭編『横山隆興翁』　（武田　晴人）

よこやまとしひこ　横山俊彦　一八五〇―七六　萩の乱の首謀者。嘉永三年（一八五〇）萩藩大組士、彦七の長子として萩に生まれる。干城隊に属す。維新以後、新政府の方針に批判的で、永岡久茂と挙兵の盟約をかわし、また、鹿児島を訪うて呼応をよびかけるなど、反政府行動を行なった。明治九年（一八七六）六月山口県第二十六大区（萩）区長となる。前原一誠の挙兵に際し、大区所有の金品を軍事資金として携え、これに参加した。事敗れ島根県宇竜港で捕縛され、同年十二月三日萩で斬に処せられた。二十七歳。　（井上　勲）

よこやままたじろう　横山又次郎　一八六〇―一九四二　明治から昭和時代前期にかけての地質学・古生物学者。万延元年（一八六〇）四月二十五日、九州長崎に生まれる。D・ブラウンス、C・C・コッチェの指導のもとに明治十五年（一八八二）東京大学理学部地質学科を卒え、地質調査所に勤務。ドイツ留学、明治二十二年帝国大学理科大学教授、約四十年間にわたり古生物学講座を主宰。北海道白亜系産アンモナイトについて日本人による最初の化石記載論文 Versteinerungen aus der japanischen Kreide, Palaeontographica. 36 (1890) を著わす。中生代ついで新生代軟体動物化石の研究を続け、全国にわたる各地域の新生代層産の軟体動物化石の膨大な分類・記載学的研究・化石層序学的研究を行い、特に関東地方南部の更新世・武蔵野系の貝化石に関する研究（昭和二年（一九二七））は本邦第四紀研究の古典的基礎となった。『化石学教科書』『地質学教科書』など著書も多く、主著『前世界史』（大正七年（一九一八））、『古生物学綱要』（大正九年）は広く知られる。門下に徳永重康・矢部長克・小沢儀明ら逸材を出した。昭和十七年一月二十日没。八十三歳。

参考文献　望月勝海『日本地学史』（『平凡社全書』）、今井功『黎明期の日本地質学』　（松井　愈）

よこやまよしきよ　横山由清　一八二六―七九　幕末・明治時代前期の和学者。文政九年（一八二六）、塚越敬明の子として江戸に生まれ、のち横山桂子の養子となる。通称保三、月舎と号した。和学は本間游清・伊能穎則に従い、和歌を義母および井上文雄に学ぶ。はじめ和学講談所の教授となったが、明治二年（一八六九）維新政府に召されて昌平学校史料編修、大学中助教に任じ、さらに制度局御用掛語彙編輯として法律制度の整備につとめた。また同八年には元老院少書記官に進んで、黒川真頼らと『旧典類纂』の編纂に従事する。晩年、東京大学法学部で日本古代法制史を講じた。明治十二年十二月二日没。五十四歳。墓は東京都台東区の谷中天王寺にある。制度・律令の学にもっとも長じ、編著書に『皇位継承篇』十巻、『纂輯御系図』二巻、『尚古図録』二巻、『田制篇』一巻および諸論を収めた『日本田制史』などがある。また江戸派末流として歌を嗜み、家集『月舎集』と歌学書『歌林雑考』を遺したほか、多数の歌書の手録、書入本などを集めた『横山由清雑稿』が天理図書館に蔵される。

参考文献　幸田成友「横山由清」（『幸田成友著作集』六所収）　（鈴木　淳）

よさのあきこ　与謝野晶子　一八七八―一九四二　明治から昭和時代にかけての歌人・詩人。本名しよう。明治十一年（一八七八）十二月八日、堺県甲斐町（大阪府堺市甲斐町）に生まれる。生家は菓子商駿河屋。父鳳宗七・母つねの三女。堺女学校補修科卒。はやくから古典に親しみ、新時代の文学雑誌『しがらみ草紙』『文学界』などを読む。三十二年河井酔茗らの関西青年文学会に参加、『よしあし草』に詩歌を発表、翌年与謝野鉄幹の東京新詩社に参加、『明星』第二号から短歌を掲載、たちまちその中心的存在となる。三十四年六月、鉄幹との恋愛が進み、家を出奔上京、秋には妻子と別れた鉄幹と結婚。八月、第一歌集『みだれ髪』を出し、情熱的な恋愛感情、華麗奔放な空想的歌風は自我意識の解放とナルシシズムを基底とし、近代短歌の開幕を告げるものであった。以後、歌集『小扇』、『毒草』（鉄幹との合著）、『恋衣』（山川登美子・茅野雅子との合著）、『舞姫』と王朝的幻想性、多彩な色彩感覚を加え、近代日本の浪漫主義短歌を代表する歌人となる。日露戦争に従軍した弟を題材にした「君死にたまふことなかれ」は、大町桂月に「危険思想」と論難されたが、非戦詩として名高い。『明星』は明治四十一年十一月廃刊になるが、その前後も歌集は『常夏』『佐保姫』『春泥集』と続き、内面的心情の相剋を加える。自然主義の思潮の中で歌壇の主流からは外れるが、評論・小説・童話、『源氏物語』の口語訳（『新訳源氏物語』）など短歌とともに多彩な活動が開始され、平塚らいてうの青鞜社創立には賛助員となる。明治四十五年（大正元）五月から十月まで渡欧。帰国後は『雑記帳』『人及び女として』『我等何を求むるか』以下つぎつぎに評論集を刊行、婦人問題・教育問題を論じて、婦人評論家として目覚しい活躍をする。「母性保護」をめぐる平塚らいてうらとの論争では女性の自立は女性が経済力をみずから獲得することによって果たされるとし、保護に頼るべきではないとする立場を貫く。口語自由詩、長編小説『明るみへ』、『短歌三百講』などの歌論書、多くの古典口語訳、大正期の晶子のバイタリティーは驚嘆に価する。その間の歌集中では『夏より秋へ』（大正三年（一九一四））が渡欧を題材にし、解放的心情とかつての華麗な感覚に通じる抒情が注目される。大正十年、教育制度にとらわれぬ文化学院創立に参画、自身も学監となり古典文学を講じ、自由な教育を通して女性文化の向上に寄与する。昭和期にも大正期ほどではないが歌集・短歌入門書、評論集を刊行、『新新訳源氏物語』は晶子源氏と呼ばれる。歌風には展開はないが、没後の『白桜集』(昭和十七年(一九四二))は寛への挽歌など、沈静な艶と悲傷を湛え、自在な作を残す。晶子は実に十一人の子を生み、歌業のみならず駭くべき厖大多彩なその業績は近代女性史の中でも特筆されるべき存在である。昭和十七年五月二十九日六十五歳にて死去、多磨墓地(東京都府中市)に埋葬された。法名、白桜院鳳翔耀大姉。『与謝野晶子全集』全十三巻(昭和九年、追補一巻を加えて四十七年再版)、『定本与謝野晶子全集』全二十巻(昭和五十六年)がある。

[参考文献] 木俣修『定本与謝野晶子全集』解説、入江春行『与謝野晶子書誌』、佐藤春夫『みだれ髪を読む』、深尾須磨子『与謝野晶子―才華不滅―』、塩田良平・佐藤和夫『与謝野晶子全歌集総索引』、矢野峰人『鉄幹・晶子とその時代』、逸見久美『評伝与謝野鉄幹晶子』、同『みだれ髪全釈』、馬場あき子『鑑賞与謝野晶子の秀歌』 (武川 忠一)

よさのてっかん　与謝野鉄幹　一八七三―一九三五　明治から昭和時代にかけての歌人・詩人。本名寛(ひろし)。明治六年(一八七三)二月二十六日、京都府愛宕郡岡崎村(京都市左京区岡崎東天王町)に生まれる。父礼厳(れいごん)は西本願寺掛所願成寺住職、作歌を好む。母は初枝。寛は四男。父に従って鹿児島に赴いたり、二度養子入籍を経たりする。仲兄照幢経営の山口県徳山女学校に国語・漢文を教える。得度は諸説があるが、二十三年か。二十五年上京、落合直文にあう。二十六年、直文中心の浅香社結成に参加、新派和歌運動をおこす。二六社に入社、二十七年『二六新報』に「亡国の音」を書き、旧派を痛烈に批判。二十八年、直文の弟鮎貝槐園に招かれ、乙未義塾教師として渡韓、閔妃殺害事件に連坐して送還されたが十一月再渡韓。翌年、明治書院に入社。七月詩歌集『東西南北』刊、虎剣調とよばれる「ますらをぶり」は伝統和歌からの解放であった。『天地玄黄』『鉄幹子』も同じ歌風。三十二年、東京新詩社を結成、翌三十三年四月『明星』創刊。三十四年の怪書『文壇照魔鏡』によって中傷され『明星』は打撃を受ける。相棲の林タキノと別れ、上京した恋愛中の鳳晶子と結婚。同年詩歌集『紫』、詩歌散文集『うもれ木』、『毒草』(晶子と合著)は恋と詩を讃美する耽美的な華やかな感覚と技巧を意識する作に変貌。『明星』は一世を風靡し俊英を育成したが、浪漫主義退潮の中で、四十一年廃刊。この期の歌集『相聞(あいぎこえ)』(明治四十三年)は、心情の陰影、思想の厚味を加えた代表的な集となる。詩歌の主流からはずれていく中で、四十四年渡仏、大正二年(一九一三)帰朝、訳詩集『リラの花』(大正二年)を出す。八年慶応義塾大学教授、十年文化学院の創立に参画し教鞭をとり、同年『明星』を復刊(昭和二年(一九二七)廃刊)し、昭和五年『冬柏』を創刊したが、『日本古典全集』刊行や語源研究などに力をそそぐ。昭和十年三月二十六日肺炎にて死去。六十三歳。多磨墓地(東京都府中市)に埋葬。法名、冬柏院雋雅清節居士。『与謝野寛短歌全集』『与謝野寛遺稿歌集』がある。

[参考文献] 須永朝彦『鉄幹と晶子』、矢野峰人『鉄幹・晶子とその時代』、逸見久美『評伝与謝野鉄幹晶子』 (武川 忠一)

よしあきしんのう　嘉彰親王　⇨彰仁親王(あきひとしんのう)

よしいいさむ　吉井勇　一八八六―一九六〇　明治から昭和時代にかけての歌人、劇作家、小説家。明治十九年(一八八六)十月八日、東京芝高輪に伯爵吉井幸蔵・母静子の次男として生まれた。祖父友実は鹿児島藩士、明治維新の功臣で枢密顧問官。父は海軍士官だったが、貴族院に入り、捕鯨会社を経営。勇は、早稲田大学政経科在学中の明治三十八年新詩社に入り、はじめ海や船員を題材にした短歌から出発、恋愛をテーマにする作に変わり、北原白秋とともに『明星』末期の最も目立つ存在になった。四十年十二月白秋らとともに新詩社を退会、翌年の『明星』廃刊の一原因をなした。十二月に白秋・木下杢太郎・石井柏亭らとパンの会を結成、さらに四十二年森鷗外をうしろ楯とする『スバル』創刊に参加した。ともにいわゆる耽美派の集団であり、勇は『スバル』において、耽美的、頽唐的な歌風の先駆をなし、『酒ほがひ』(明治四十三年)を出した。一方四十二年、戯曲集『午後三時』収録の戯曲を『スバル』に発表し、以後象徴的な手法による多くの戯曲や、さらに『俳諧亭句楽』(大正五年(一九一六))、『狂芸人』(同六年)の写実的に町の芸人を描くいわゆる市井ものに移行する。短歌は『祇園歌集』(大正四年)、『東京紅燈集』(同五年)に遊里の巷の艶情と哀艶を歌ったが、徐々に歌壇の主流から離れる。昭和八年(一九三三)妻と別離、翌年の『人間経』は真な哀感を湛える。十一年土佐に隠棲、十三年京都に住み、戦争中富山県八尾町に疎開した時期以外、その流浪の後半生は、京都の処々に住んだ。昭和三十五年十一月十五日七十四歳にて死去した。法名、大叡院友仙生夢庵大居士。おおくの歌集・戯曲・小説・随筆などは『吉井勇全集』全八巻(番町書房、昭和三十八―三十九年)に収載。 (武川 忠一)

よしいげんた　吉井源太　一八二六―一九〇八　幕末・明治時代の土佐手漉き和紙改良指導家。文政九年(一八二六)三月一日、土佐国吾川郡伊野村(高知県吾川郡伊野町)の紙漉き人吉井太平の長男として生まれた。のちに家業を継ぎ、紙漉き桁などの用具や製法の改良に尽力し全国に普及させた。また、新種の和紙を創作、国内外の博覧会へ出品するなど和紙の国際的評価を高めるのに貢献し、海外にも販路を開拓した。明治四十一年一月十日没。八十三歳。

参考文献 北岡𡵧郎『吉井源太翁小伝』
（四宮 俊之）

よしいともざね 吉井友実 一八二七―九一 幕末、維新期の志士、明治時代の政治家。伯爵。文政十年（一八二七）二月二十六日薩摩藩士吉井友昌の長男として鹿児島城下高麗町（鹿児島市）に生まれる。幼名は仲助、のち幸輔、通称は仁左衛門、一時、徳春と称した。また山科兵部と名乗ったこともある。安政年間（一八五四―六〇）、大坂の藩邸にあって諸国の志士と交遊、安政の大獄で幕吏の追及を受けた月照らを援けた。ついで誠忠組に加わって大久保利通らと国事に奔走。文久二年（一八六二）島津久光に従って上京、さらに勅使大原重徳の東下を警固する島津久光に随行して江戸に赴いた。慶応三年（一八六七）十二月、岩倉具視・西郷隆盛・大久保らと王政復古の計画の協議に加わった。明治元年（一八六八）徴士・参与・軍務官判事・弾正少弼。この間、戊辰戦争に従軍し、鳥羽・伏見の戦では薩摩藩兵を指揮、また東北各地に転戦した。ついで、民部少輔（一時、大蔵少輔を兼任）、宮内少輔などを経て、同八年四月、元老院設立とともに、同院議官。その後、しばしば侍講・侍補を兼任して天皇の側近に仕えた。また一時、工部大輔を兼任。十五年一月退官し、翌月、日本鉄道会社社長に就任した。十七年七月伯爵に叙爵。同月官界に復帰し、長州派の杉孫七郎の後を受けて、宮内大輔（のち宮内次官）となった（宮内卿は伊藤博文）。十八年四月―十九年二月元老院議官兼任。二十一年四月、宮内次官のまま枢密顧問官に任ぜられ、憲法草案審議に参画した。質実重厚な人柄で明治天皇にも信頼厚く、宮中にあってはいわゆる保守派の一員と目されたが、改革派の伊藤博文との関係も悪くなかった。関係史料として宮中・郷党関係者からの来簡四百数十点と通達・辞令・意見書などの書類三百点余りが、『吉井友実文書』として国立国会図書館憲政資料室に、また、『三峰吉井友実日記』が宮内庁書陵部に収蔵されている。明治二十四年四月二十二日病没。六十五歳。墓は東京都港区の青山墓地にある。

参考文献 『枢密院高等官履歴』一
（鳥海 靖）

よしうえしょうりょう 吉植庄亮 一八八四―一九五八 大正・昭和時代の歌人、農場経営者、政治家。明治十七年（一八八四）四月三日吉植庄一郎・とくの長男として千葉県印旛郡下井新田村（本埜村）に生まれる。同三十三年ごろから『新声』などに短歌を投稿、金子薫園に師事、白菊会の同人となり愛剣と号した。東京帝国大学法科大学経済学科を卒業後、中央新聞に入り文芸部長。関東大震災により農村見直しの必要を感じ、大正十三年（一九二四）帰農し、岡山県の藤田農場などの視察をもとに農業機械の導入による沼沢地開墾を進め、故郷の本埜村に吉植農場を経営した。国や県の補助をうけ新しい農機具の投入と共同利用により十ヵ年で六十五町歩の開墾を実現した。この間本埜村村会議員、農会長はじめ各種農業団体役員を歴任した。昭和十一年（一九三六）父庄一郎の地盤をついで千葉県二区から衆議院議員に当選、立憲政友会中島派に属し、翼賛議員として活躍。第二次世界大戦後公職追放となった。歌集としては『寂光』（大正十年）、『開墾』（昭和十六年）などを出版、農民短歌として注目された。昭和三十三年十二月七日食道癌で死没。七十四歳。没後、『吉植庄亮全歌集』が刊行される。本埜村下井の大日庵境内に吉植翁碑がある。

参考文献 吉植庄亮『米の貌』
（宇野 俊一）

よしえたかまつ 吉江喬松 一八八〇―一九四〇 大正・昭和時代前期の詩人・仏文学者。号孤雁。明治十三年（一八八〇）九月一日長野県松本に生まれ、東筑摩郡塩尻村に育つ。父久一郎、母松枝。明治三十八年早稲田大学英文科を卒業、国木田独歩主宰の近事画報社に入り『新古文林』を編集する。早稲田中学英語教員を経て早大の教壇に立ち、英詩やボオドレエル、マアテルリンクなどを講じた。処女散文集『緑雲』（同四十二年）をはじめ、翻訳を含めて著作はきわめて多いが、大正五年（一九一六）から九年に及ぶフランス留学で得た『仏蘭西印象記』（同十年）、『仏蘭西文芸印象記』（同十二年）が文学界を裨益し、『仏蘭西古典劇研究』（昭和六年（一九三一））で学位を受けた。公務、役職をつとめながら、活躍した領域は広い。『吉江喬松詩集』（昭和五年）に見られる詩的感性と、『近代文明と芸術』（大正十三年）などに顕著な学究としての科学的な思考や鋭く透徹した社会・文明への批評眼、そして農民文芸会の組織（大正十三年）や海洋文芸の提唱（昭和十三年）などに及んで、その実態をうかがうことができる。その下に、西条八十ほかのすぐれた後進が育っている。昭和十五年三月二十六日没。六十一歳。『吉江喬松全集』全八巻（白水社）がある。

参考文献 根津憲三・桜井成夫・日夏耿之介編「吉江喬松年譜」（『吉江喬松全集』六所収）、服部嘉香「吉江喬松」（早稲田大学英文学会『英文学』四）
（榎本 隆司）

よしえたくじ 吉江琢児 一八七四―一九四七 明治から昭和時代前期にかけての数学者。明治七年（一八七四）四月二十九日、山形県南村山郡上山町（上山市）で、官吏吉江磨磋記・はんの長男として生まれた。第三高等中学校を経て、明治三十年に東京帝国大学理科大学数学科を卒業して大学院に入学したが、明治三十二年六月から三年間、文部省留学生としてドイツのゲッチンゲン大学に留学した。クラインとヒルベルトの二教授の指導のもとに、微分方程式論を専攻した。留学中、東大助教授となり、明治四十二年教授昇格、解析学の講義を担当し、後進の研究を指導して、日本における解析学研究の進展に貢献した。大正四年（一九一五）から十年まで、東宮御学問所御用掛として昭和天皇に数学を進講。大正十二年学術研究会議会員、昭和二年（一九二七）学士院会員となり、昭和十年東大を定年退職し名誉教授となったが、昭和二十二年十二月二十六日、七十四歳で東京で没す。墓は東京都府中市の多磨墓地にある。著書には『初等常微分方程式』などがある。

参考文献 本田欣哉「吉江琢児」(『数学セミナー』一五ノ九)　(本田　欣哉)

よしおかやよい　吉岡弥生　一八七一—一九五九　明治から昭和時代前期にかけての女性医師、日本の近代女子医学教育の基礎を築く。明治四年(一八七一)三月十日、現在の静岡県小笠郡大東町に医師鷲山養斎の次女として生まれる。済生学舎(東京)に学び、明治二十五年、女性ではわが国二十七番目の医師資格を得て、東京で開業。吉岡荒太と結婚。同三十三年、女子に門戸を開いていた済生学舎が女子の入学を拒否したことから、みずから後進を教育することを決意し東京女医学校を創始した。同四十一年に竹内茂代が医師資格を得、初の卒業生となった。同校は東京女子医学専門学校(四十五年)を経て、第二次世界大戦後の昭和二十七年(一九五二)に東京女子医科大学となり、現在ではわが国唯一のみならず、自由主義圏では数少ない女子医大となっている。彼女は大正十五年(一九二六)に東京連合婦人会長に就いたのをはじめ社会的な要職に多く関与して活発に発言し、日本女性の地位向上に努めた。そのため戦後一時公職追放を受けたが昭和二十六年に解除された。同三十四年五月二十二日没。八十八歳。東京都府中市の多磨墓地に葬られる。著書に『来るもの丶為に』などがある。子息の博人も同医大学長に就いた。

参考文献 吉岡弥生女史伝記編纂委員会編『吉岡弥生伝』、高見君恵『吉岡弥生』、東京女子医科大学編『東京女子医科大学八十年史』　(長門谷洋治)

よしおけいさい　吉雄圭斎　一八二二—九四　幕末から明治時代にかけての西洋医。名は種文。文政五年(一八二二)五月八日、シーボルトの門人であった医師吉雄幸載の次男として長崎に生まれる。長崎においてポンペ・ボードインに師事し、西洋医学を学ぶ。嘉永二年(一八四九)六月に、オランダ商館医師モーニケが牛痘接種に成功した際、モーニケに師事し種痘術を教授され、その普及に尽力。長崎医学校執事を経て、明治三年(一八七〇)熊本病院の初代院長となる。翌四年、長崎に戻り開業。同十年、西南の役の時に長崎軍団病院に勤務し、陸軍一等軍医に任ぜられた。のちに職を辞し再び長崎において開業。以後は診療に従事した。同十七年十二月、種痘術開始の功績により木盃一組を賞賜された。同二十七年三月十五日に病没。七十三歳。法名は無玷院自究圭斎居士。墓は長崎市寺町の禅林寺にある。明治十三年に正七位に叙せられている。

参考文献 古賀十二郎『西洋医術伝来史』　(高安　伸子)

よしかわあきまさ　芳川顕正　一八四一—一九二〇　明治・大正時代の官僚政治家。伯爵。天保十二年(一八四一)十二月十日、阿波国麻植郡川田村(徳島県麻植郡山川町)の医師原田民部・慶子の三男として生まれる。幼名は賢吉、号は越山。徳島で医学を学び、ついで文久二年(一八六二)以降、再三、長崎に赴いて養生所で医学修業にあたるかたわら、何礼之助・瓜生寅に英学を学んだ。慶応二年(一八六六)士分に列す。同三年長崎滞在中、伊藤俊輔(博文)と交遊。明治元年(一八六八)芳川と改姓。徳島の洋学教授を経て上京、同三年伊藤の推挙で、大蔵省に出仕し、同年から翌年にかけて伊藤に随行して渡米、貨幣・金融制度につき調査した。帰国後、紙幣頭・工部大丞・工部大書記官・電信局長などを歴任。十二—十三年イギリス出張。外務少輔・工部少輔を経て、十五年七月—十八年六月内務少輔兼東京府知事をつとめ、東京の地区改正や築港に力を尽くした。十八年六月内務大輔、ついで十九年三月内務次官に就任、二十三年五月までその任にあって、主として山県有朋内務卿・内相を補佐。二十三年五月第一次山県内閣の改造に際して文部大臣として入閣(二十四年六月辞任)、教育勅語の制定に関与した。政界にあっては長州閥に連なり、特に山県系政治家中の有力者と目された。二十六年三月第二次伊藤内閣に、山県辞任の後を継いで宮中顧問官兼帝室会計審査局長から司法相となり、以後、第三次伊藤内閣の内相(三十一年一—六月)、第二次山県内閣の逓相(三十一年十一月—三十三年十月)、第一次桂内閣の逓相(三十四年六月—三十六年七月)、同内相(三十七年二月—三十八年九月)など要職を歴任したが、三十八年九月五日には日露講和条約反対の日比谷焼打ち事件に際して治安の責任者たる内相として、自宅を群衆に襲われ放火された。事件鎮定後、責任を取って辞職。その間、功により二十九年子爵を授けられ、四十年には伯爵に昇爵。また、一時、子爵の互選により貴族院議員となった。四十三年枢密顧問官、四十五年一月—大正六年(一九一七)三月枢密院副議長(議長は山県有朋)。大正八年三月—九年一月、再度、枢密顧問官。この間、一時、国学院大学学長・皇典講究所総裁をつとめた。大正九年一月十日死去。八十歳。墓は東京都港区の青山墓地にある。著書に『越山遺稿』がある。

参考文献 水野秀雄『伯爵芳川顕正小伝』、芳川寛治『為政者の大道』　(鳥海　靖)

よしかわえいじ　吉川英治　一八九二—一九六二　昭和時代の小説家。本名英次。明治二十五年(一八九二)八月十一日に神奈川県久良岐郡(横浜市)で生まれる。父は直広、母はいく。父が訴訟に敗れて家運が傾き、太田尋常高等小学校を退学後、印章店の小僧、活版工、税務監督局の給仕、横浜ドックの船具工など各種の職業を転々とした。作業中の事故を機に志を抱いて上京、象眼細工師の徒弟などをしながらも独学をつづけ二十一歳で柳樽寺同人となり、雉子郎の名で川柳などを発表、大正九年(一九二〇)講談社の各種懸賞小説に入選、山崎帝国堂の文案係を経て毎夕新聞社に入社、同社の続き物を執筆、『親鸞記』を連載した。関東大震災を機に退き、講談社各誌に執筆、朝山李四・中条仙太郎など多くの筆名で明朗物から新作落語までこなした。大正十四年創刊の『キング』から『剣難女難』を連載、注目され、つづいて『鳴門秘帖』(大正十五年—昭和二年(一九二七))、『貝殻一平』(昭和四—五年)などを世に問い、大衆文壇の花形作家となる。しかし『かんかん虫は唄う』(昭和五—六年)を発表するころから新しい模索に入り、それまでの伝奇性に富んだ大衆物から次第に脱皮し、『松のや露八』(昭和九年)を経て『宮本武蔵』(同十—十四年)で一つの方向を拓いた。剣の求道者武蔵の青春像は、作者の理想であり広く若い読者に迎えられた。さらに『新書太閤記』(同十四—二十年)、『三国志』(同十四—十八年)につづいて、第二次世界大戦後は『新・平家物語』(二十五—三十二年)、『私本太平記』(三十三—三十六年)、『新・水滸伝』(三十三—三十六年)を書きつぎ、国民文学の可能性に迫った。自伝的回想に『忘れ残りの記』(三十—三十一年)があるほか、少年少女小説でも『神州天馬侠』(大正十四年—昭和三年)、『天兵童子』(昭和十二—十五年)など話題になった作品が少なくない。菊池寛賞(昭和二十八年)・文化勲章(同二十五年)・毎日芸術大賞(同三十七年)を受けた。昭和三十七年九月七日没。七十歳。法名は崇文院殿釈仁英大居士。墓は東京都府中市の多磨墓地にある。生前、吉川英治賞が制定され、死後形をかえて文化賞・文学賞として現在に至る。『決定版吉川英治全集』全五十三巻・補巻五巻(昭和五十四—五十九年)がある。 (尾崎 秀樹)

よしかわこうじろう　吉川幸次郎 一九〇四—八〇 昭和時代の漢学者。字は善之、唐学斎・箋杜室の室名を持つ。明治三十七年(一九〇四)三月十八日、神戸市花隈町三十四番地に生まれる。父久七、母幾。神戸一中、三高を経て、大正十五年(一九二六)京都帝国大学文学部文学科を卒業。昭和三年(一九二八)より六年まで中国留学、同年帰国後、東方文化学院京都研究所所員となり、京都帝国大学文学部講師を兼ねる。同二十二年、文学博士となり、京都大学文学部教授に就任。三十九年、日本芸術院会員に推され、四十二年、京都大学退官、四十四年、文化功労者に選ばれた。五十五年四月八日、京都大学病院で没す。七十六歳。戒名は文徳院釈幸善。京都西大谷墓地に葬る。研究は、古代から現代に及び、中国の思想・文学の多方面に渉るが、早年、清朝経学を修め、東方文化研究所で『尚書正義定本』を校定したのを基礎に、その精緻な研究法を文学に応用して、特に元雑劇・杜甫の詩の研究・解釈を大きく進展させた。『杜甫詩注』五巻(未完)および『吉川幸次郎全集』二十七巻・『吉川幸次郎遺稿集』三巻が刊行されている。

[参考文献] 桑原武夫・富士正晴・興膳宏編『吉川幸次郎』 (清水 茂)

よしかわじろうざえもん　吉川治郎左衛門 一八五六—一九二四 明治・大正時代の農村指導者。安政三年(一八五六)七月二十三日、近江国野洲郡吉川村(滋賀県野洲郡中主町吉川)に生まれる。生家は代々の地主、若くして村政にあたり、明治十六年(一八八三)村内有志と吉川奨励社を設立、農談会を開設して農事改良や篤農家の表彰につとめた。吉川村は野洲川が琵琶湖に注ぐ河口にあり、同二十二年、野洲川流域の幸津川など七ヵ村と合併、中洲村となった。同二十五年村内の琵琶湖沿岸地域の干拓、水利の改修を目的とする吉川興農銀行会社を設立、喜合(きごう)・菖蒲(あやめ)などの新田開発をはじめ、安治(あわじ)・野田浦の干拓事業を行い、野洲川堤防の改良などにつとめた。同三十年吉川汽船株式会社を設立し、大津との間の交通の便をはかり、同三十八年蒸気ポンプによる琵琶湖からの揚水場を設立した。この間、同十七年より四十年まで、短期間を除き県会議員をつとめ、自由党に所属して県政の発展に尽力した。大正四年(一九一五)秋、藍綬褒賞を受ける。大正十三年七月八日没。六十九歳。

[参考文献]『中主町史』 (伝田 功)

よしかわたいじろう　吉川泰二郎 一八五一—九五 明治時代の海運経営者。嘉永四年(一八五一)十二月二十九日、奈良の神官の家に生まれる。慶応二年(一八六六)上京し幕臣木下利義の塾に入門、明治二年(一八六九)、和歌山の共立学舎で英学を教授。同三年上京して慶応義塾に入学、五年弘前の東奥義塾に招かれ英学を担当。六年文部省に出仕し、八年愛知県英語学校長、のち宮城県師範学校長に転任したが、英学の学識を買われて十一年に三菱会社に入社した。岩崎弥太郎の特命を受けて海上保険法および荷為替金融事業の調査立案に従事した後、横浜・東京支社支配人を歴任、十五年に神戸支社支配人となり、共同運輸との競争の第一線で活躍した。十八年十月、日本郵船の発足により三菱の職員五百十五名とともに同社に移る。大阪支店兼神戸支店支配人の後、十九年七月本店本務課支配人となり、二十年一月理事に就任、二十一年七月には副社長となる。三菱出身社員の筆頭として森岡昌純社長を補佐し、経営組織の整備、財務体質の改善に努力した。二十七年三月第二代社長に就任したが、肺患のため二十八年十一月十二日に死去した。四十五歳。

[参考文献]『日本郵船株式会社百年史』、岩崎弥太郎・弥之助伝記編纂会編『岩崎弥太郎伝』下、実業之世界社編『財界物故傑物伝』下 (小風 秀雅)

よしかわもりくに　吉川守圀 一八八三—一九三九 明治・大正時代の社会主義者。若い時は守邦、号世民。明治十六年(一八八三)二月十八日、神奈川県(東京都)西多摩郡檜原村の山林地主の家に宇平・ブンの次男として生まれる。医学を志し済生学舎に学ぶが、社会主義に関心を寄せ、平民社に参加、『光』刊行に協力した。三十九年の日本社会党創立に加わり、東京市電値上げ反対運動で検挙・起訴される。社会党結社禁止後は片山潜・田添鉄二らと議会政策をとる社会主義同志会を組織し、『社会新聞』『東京社会新聞』発刊に尽力した。大逆事件後、広告取次業を営みつつ、堺利彦の『新社会』などに資金援助をする。大正九年(一九二〇)の日本社会主義同盟創立の発起人となり、十一年七月の日本共産党創立の一員ともなる。第一次共産党事件連座後は労農派に属し、全国大衆党・社会大衆党に加わる。昭和十三年（一九三八）二月の人民戦線事件で検挙。保釈後の十四年八月十四日、死亡した。五十七歳。著書『荊逆星霜史』は直接行動派と議会政策派の対立を中心に平民社設立から大逆事件までを描き、史料的価値が高い。

参考文献　茅原健「解説」（『荊逆星霜史』〔復刻版〕所収）、同「世民吉川守邦」（『東国民衆史』一）

（荻野富士夫）

よしざわけんきち　芳沢謙吉　一八七四―一九六五　大正・昭和時代の代表的外交官の一人。明治七年（一八七四）一月二十四日新潟県頸城郡諏訪村に誕生。地主で醬油醸造業を営む襄良の三男。明治三十二年東京帝国大学文科英文学科卒業、同年外交官試験に合格。三十三年厦門（アモイ）に領事官補として着任したがたまたま厦門事件がおこりその処理に尽力した。上海、牛荘、ロンドン、本省政務局（第一課長）、再びロンドンに在勤後、明治四十五年漢口総領事となり第二革命中勃発した漢口西村少尉事件を解決した。以後人事課長、北京公使館参事官を経て大正八年（一九一九）八月政務局長に就任、シベリア出兵問題の折衝にあたる。大正十二年中国公使に任命され昭和四年（一九二九）まで六年余軍閥時代から国民政府へと変動期の困難な対中国外交を担任し、その的確な判断と対応で芳沢の名を高からしめた。一方その間北京でソ連大使カラハンと日ソ国交回復交渉を開始し大正十四年一月二十日日ソ基本条約の調印に成功した。昭和五年駐仏大使となったが、翌六年九月満洲事変が勃発し中国が国際連盟に提訴したため理事会の日本代表として十三対一（理事会は十四ヵ国）の孤立のなかで交渉にあたった。同年十二月犬養内閣が成立すると外務大臣に迎えられ七年一月就任、上海事変・満洲国樹立問題などで対列国および対軍部との折衝に苦心した。五・一五事件で犬養内閣が倒れ外相辞任、貴族院の勅選議員となり交友倶楽部に所属する。昭和十一年八月には米国ヨセミテで開かれた太平洋問題調査会の会議に出席、中国代表胡適と応酬した。昭和十五年十二月から翌年六月まで蘭印において石油・錫などの物資獲得、日本人入国緩和など広範な交渉を蘭印政府と行なった。さらに十一月仏印特派大使としてハノイに着任して大使府を開設したが、翌十二月太平洋戦争が勃発し、以後二十年一月初めまでその職にとどまった。同年五月外交顧問、八月枢密顧問官となり終戦を迎えた。昭和二十一年一月公職追放となったが、二十六年八月解除されると翌二十七年八月、戦後初代の駐中華民国大使に任命され台湾に赴任し三十年十二月まで在職した。昭和四十年一月五日没。九十歳。墓は東京都港区の青山墓地にある。著書に『外交六十年』（『中公文庫』）、中野敬止編『芳沢謙吉自伝』がある。夫人操は犬養毅の娘。

（臼井　勝美）

よしざわけんぎょう　吉沢検校　江戸時代後期の盲人音楽家。

㈠初代　?―一八四二　尾張国海東郡日置村（愛知県海部郡佐屋町）の明通寺住職、北条義照の子。関名は儀一。天保二年（一八三一）藤川勾当を取立師匠として検校に登官、勾当時代の古川姓を吉沢姓に改める。天保十三年二月十九日没。

㈡二代　一八〇八―七二　初代の子。文化五年（一八〇八）十月二日生まれ。ただし、享年を七十二歳とすると、享和元年（一八〇一）生まれとなる。九歳で失明。初名、花ノ一。文政二年（一八一九）百引勾当となり、天保五年初代を取立師匠として検校に登官。父の勾当時代の古川姓を名乗ったが、父没後に吉沢検校審一と名乗ったと思われる。父のほかに中村検校寿一、およびその師の藤田勾当に師事。さらに尾張浄心寺住職羽塚秋楽庵、およびその門下の岡村鍵太郎に雅楽を学び、津島神社の神官氷室長翁に国学ならびに和歌を学ぶ。また、秦松洲（寿太郎）、奥田亮斎らから漢学を学ぶ。嘉永五年（一八五二）尾張盲人支配頭となり、藩主祖祭に平曲を語る。安政二年（一八五五）「花の縁」を作曲。勾当時代に胡弓曲として作曲した「千鳥の曲」を箏曲として改曲。このころから星野検校要一門下の福井検校運一らと反目し、「捨扇」を作曲、尾張を捨てて、文久二年（一八六二）以後は京に移住。職屋敷に勤めて、三老職にまで進む。光崎検校浪の一（文政四年検校登官、のち富機一）に私淑、古今調子などの新調弦による新形式の箏組歌古今組五曲、古今新組四曲を作曲。その他「新山姥」などの地歌・箏曲のほか、胡弓曲の作曲、三弦曲の箏・三弦替手の手付など、創作活動を盛んに行なった。門下に駒井検校梅寿一・磯谷勾当・吉山勾当・小松景和をはじめ、百余人がいたといわれる。明治五年（一八七二）九月十九日（過去帳には五月十九日）、京都で没。享年六十五。名古屋住吉町の福恩寺（のちに名古屋市中区千代田二丁目に移転）に葬られた。法名通松院義哲信一居士。

参考文献　『名古屋市史』、佐屋町誌編集委員会編『吉沢検校と小松検校』、伊藤隆太「二世吉沢検校審一と古今組」（『箏曲と地歌』所収）、平野健次「吉沢検校補遺」（『季刊邦楽』三二）

（平野　健次）

よしざわよしのり　吉沢義則　一八七六―一九五四　明治から昭和時代にかけての国語学・国文学者。明治九年（一八七六）八月二十二日愛知県の名古屋で木村正則の次男に生まれ、のち吉沢家に入籍。第一高等学校を経て三十五年東京帝国大学文科大学国文学科を卒業し、広島高等師範学校教授から四十一年京都帝国大学文科大学助教授に任じられ、大正七年（一九一八）文学博士、八年教授に昇任して昭和十一年（一九三六）停年で退官するまで国語学国文学講座を担当し、同大学名誉教授の称号を受けた。その後も日本学術振興会・国語審議会などの委員を勤め、二十三年武庫川学院女子大学長、二十八年同名誉学長となったが、二十九年十一月五日七十八歳を以て没した。国語史学、特に中古・中世の言語・文学に関する研究が多く、訓点語研究の開拓をはじめ、仮名の発達および仮名文の展開の研究、解釈や文法に関する研究に注目すべき業績を挙げた。『源氏物語』および和歌史・書道史に造詣が深く、また書家として草仮名に巧みで、歌人としても知られた。代表的な論文は『国語国文の研究』および『国語説鈴』に収められている。

参考文献 『国語国文』二四ノ一一（吉沢博士追悼号） （阪倉 篤義）

よしずみこさぶろう 吉住小三郎 一八七六―一九七二 四代。本名吉住小三郎。明治九年（一八七六）十二月十五日東京に生まれ、明治二十三年四代目を襲名、歌舞伎座に出勤したが退座し、同三十五年三代目杵屋六四郎（のちの二代目稀音家浄観）とともに長唄研精会を設立、演奏会用長唄の発展に寄与した。昭和四年（一九二九）東京音楽学校講師、同十一年同校教授。同二十三年芸術院会員。同三十一年重要無形文化財保持者に指定。同三十八年慈恭と改名。昭和四十七年二月二十七日東京で没。九十五歳。墓所は港区南麻布二丁目の西福寺。なお、現在六代目（一九三一―）が長唄研精会を主宰。 （星 旭）

よしだいっすい 吉田一穂 一八九八―一九七三 大正・昭和時代の詩人。明治三十一年（一八九八）八月十五日、父幸朔・母ふみの長男として北海道上磯郡釜谷村（同郡木古内町釜谷）に生まれる。本名由雄。早稲田大学を中退、在学中、横光利一らと交友。生家の没落で大学を退いたのち、生活のため童話・童謡を書く一方、福士幸次郎・三木露風・北原白秋らとも交渉をもった。第一詩集『海の聖母』（大正十五年（一九二六））は若き日の抒情詩から高踏派への歩みを示している。昭和期に入って『羅甸区』を創刊し、第二詩集『故園の書』（昭和五年（一九三〇））を刊行、散文詩集であるが、大正・昭和期のアナーキズムと詩の主知的立場の一種の融合を示している。昭和七年に福士幸次郎・佐藤一英・逸見猶吉らと『新詩論』を創刊して、その詩業を『稗子伝』（昭和十一年）、『黒潮回帰』（昭和十六年）にまとめた。また第四詩集『未来者』（昭和二十三年）などで、その孤高の詩境を示した。第二次世界大戦後は『現代詩』『至上律』などに詩と詩論を発表、詩集『羅甸薔薇』（昭和二十五年）、『吉田一穂詩集』（昭和二十七年）を出した。昭和四十八年三月一日、東京雑司ヶ谷の鬼子母神病院にて没。七十四歳。墓は北海道古平町浜町の禅源寺にある。童話集『海の人形』（大正十三年）、『吉田一穂大系』（全三巻・別巻一巻、昭和四十五年）、『定本吉田一穂全集』（全三巻・別巻一巻、昭和五十四年）がある。 （古川 清彦）

よしだえいざ 吉田栄三 人形遣い。

㈠初代 一八七二―一九四五 明治五年（一八七二）四月二十九日大阪に生まれた。本名柳本栄次郎。同十六年吉田栄寿の紹介で日本橋の沢の席の初開場に吉田光栄の名で初舞台。以来きまった師匠を持つことがなかった。十七年以後、主に彦六座に出勤、同二十五年同座で栄三と改名、三十一年に御霊文楽座に移り、その後明楽座と掛持ちで勤めたが、三十五年以後は文楽座勤務に終始して活躍した。昭和二年（一九二七）桐竹紋十郎没後、久しく空席だった人形の座頭におされた。はじめはおもに女形人形を遣っていたが、昭和初年から女形を三代目吉田文五郎に譲り立役に転じた。芸風は渋く、陰翳のある腹芸を見せ、近代の名人と謳われた。当り芸に松王、源蔵、熊谷など。昭和二十年十二月九日疎開先の奈良県生駒郡片桐村小泉（大和郡山市）で没。七十四歳。

㈡二代 一九〇三―七四 明治三十六年（一九〇三）九月九日大阪生まれ。本名荻野光秋。二代目吉田光造の子で、初代栄三に入門。昭和二十五年（一九五〇）二代目を襲名。初代の芸風をつぎ、すぐれた技を見せた。四十九年十月三十日没。七十一歳。

参考文献 鴻池幸武『吉田栄三自伝』、石割松太郎『人形芝居雑話』、義太夫年表編纂会編『義太夫年表』明治篇、文楽協会編『義太夫年表』大正篇 （山本 二郎）

よしだきよなり 吉田清成 一八四五―九一 明治時代前期の外交官。名は巳之次、通称は太郎、海外留学中は永井五百助、John Wesley Iwoske Nagai. 弘化二年（一八四五）二月十四日鹿児島藩士吉田源左衛門の四男として生まれる。慶応元年（一八六五）三月藩留学生として森金之丞（沢井鉄馬）らと渡英、ロンドンのユニバーシティー＝カレッジに二年間学ぶ。一八六七年七月アメリカに渡り、帰米中の宣教師S・R・ブラウンに学び、ついで六八年ラトガース＝カレッジに修学、当初は海軍測量術の研究、のち政治経済に及んだ。明治三年（一八七〇）十二月帰国、大蔵省出仕となり租税権頭・大蔵少輔に進み、五年二月理事官として七分利付外債募集のためアメリカ・イギリスに出張、七年九月アメリカ特命全権公使となり、税権回復の日米条約の改正交渉を進めた（吉田・エバーツ条約）。U・S・グラント前大統領の来日につき一時帰国し、その接遇にあたった。十五年外務大輔となり、ついで農商務大輔兼議定官・農商務次官をつとめた。二十年五月子爵、ついで元老院議官、二十一年五月枢密院顧問官。二十四年八月三日東京で死去した。四十七歳。墓は東京都港区の青山墓地にある。

参考文献 山本茂『条約改正史』、杉井六郎「横井左平太と横井大平のアメリカ留学」（『明治期キリスト教の研究』所収）、山本四郎編『吉田清成関係文書』書簡篇一・二、William Elliot Griffis: The Rutgers Graduates in Japan. （杉井 六郎）

よしだくまじ 吉田熊次 一八七四―一九六四 明治から昭和時代にかけての教育学者。特に東京帝国大学教育学研究室の基礎を築いた。明治七年（一八七四）二月二十七日山形県に生まれる。第一高等学校を経て同三十三年東京帝国大学文科大学哲学科を卒業、三十七年東京女子高等師範学校教授兼東京高等師範学校教授となり、欧州に留学。四十年帰国後、東京帝国大学文科大学助教授に就任し教育学講座を担当した。大正五年（一九一六）東京帝国大学文科大学教授となり、昭和九年（一九三四）停年退官後、国民精神文化研究所研究部長となる。東京帝国大学で数多くの教育学者を養成する一方、文部省のほか臨時教育会議・文政審議会の幹事など、教育政策の立案にも参画した。著訳書は六十冊以上にも及び、教育の社会的機能を重視する観点から教育学論・教育史論などを展開した。昭和三十九年七月十五日没。九十歳。

参考文献 唐沢富太郎編『図説教育人物事典』上、土屋忠雄「吉田熊次先生略歴・著作目録」（『教育哲学研究』一一）（佐藤 秀夫）

よしだげんじろう 吉田絃二郎 一八八六―一九五六 大正・昭和時代の小説家・戯曲家・随筆家。本名源次郎。明治十九年（一八八六）十一月二十四日に佐賀県に吉田栄作・竜子の次男として生まれる。酒造業を営んでいた父が事業に失敗して佐世保に移ったため同地で小学校を卒え、長崎のミッションスクールに学んでキリスト教的情操を養われ、さらに佐賀工業学校に学んだ。同三十八年上京して早稲田大学英文科に入学、同校卒業後逓信局嘱託のかたわら『六合雑誌』の編集を手伝い、同誌に文章を発表した。大正三年（一九一四）『早稲田文学』に発表した『磯ごよみ』で注目され、つづく『島の秋』（同六年）で認められ、母校の講師をつとめながら多くの小説や感想文を発表、青少年層にひろく愛読された。小説に『清作の妻』『人間苦』『夜船』『静夜曲』、戯曲に『西郷吉之助』『大谷刑部』『二条城の清正』、感想文集に『小鳥の来る日』『草光る』などがある。人生や自然への深い愛惜の情を流麗な筆致で訴えたものが多い。玉川瀬田（東京都世田谷区）に隠棲して武蔵野の自然に親しみ、妻と死別の後は孤独なかにわびしい晩年を送った。昭和三十一年（一九五六）四月二十一日没。六十九歳。『吉田絃二郎全集』全十八巻（昭和六―十一年）、『吉田絃二郎感想選集』全十巻（同十四―十五年）がある。（尾崎 秀樹）

よしだしげる 吉田茂 ㈠一八八五―一九五四 大正・昭和時代の内務官僚・政治家。明治十八年（一八八五）九月二日大分県北海部郡臼杵町（臼杵市）に生まれる。父は銀行員。父の転勤により上京。同四十四年東京帝国大学法科大学独法科卒業。内務省に入り地方官を経て神社局第二課長、同第一課長を歴任、明治神宮の造営の任にあたった。大正十二年（一九二三）東京市助役、復興局官房文書課長・監理課長として帝都復興に尽力。内務省神社局長を経て、昭和四年（一九二九）社会局長官に就任、同六年五月協調会常務理事となり、労資協調や農村更生など社会政策を進めた。九年十月岡田内閣の書記官長、ついで十年五月―十一年十二月内閣調査局長官をつとめ革新官僚の中心として総合国策の立案にあたった。十二年一月貴族院議員に勅選。十五年一月米内内閣に厚生大臣として入閣。同七月内閣総辞任により退任。福岡県知事を経て十九年十二月―二十年四月小磯内閣の軍需大臣をつとめた。敗戦後の二十一年一月公職追放、二十六年八月追放解除。晩年は神社本庁事務総長、国学院大学理事、日本文化放送理事などをつとめた。昭和二十九年十二月九日食道癌のため慶応病院で没。六十九歳。墓は東京都新宿区榎町の済松寺にある。

参考文献 吉田茂伝記刊行編輯委員会編『吉田茂』（鳥海 靖）

㈡一八七八―一九六七 明治から昭和時代にかけての外交官・政治家。特に第二次世界大戦における日本の敗北後、サンフランシスコ講和条約調印前後までの再建期の指導者として功績があった。明治十一年（一八七八）九月二十二日、旧土佐藩士で自由民権運動（のち自由党）の志士として活躍していた竹内綱の五男として生まれた。三歳の時、実父の親友である貿易商の吉田健三の養子となる。明治二十二年養父の死去に伴い遺産五十万円を相続したがその事業は継がなかった。学習院に学び大学部にまで進むが在学中院長近衛篤麿の死去のため大学部が閉鎖されたので東京帝国大学法科大学政治科に転学、明治三十九年に卒業。同年九月外交官及領事官試験に合格し、以後外交官としての途を進む。最初の任地は天津で領事官補として在勤、間もなく奉天在勤に転じ、さらにロンドン在勤となる。明治四十二年、牧野伸顕の長女雪子と結婚、同年大使館三等書記官としてローマに赴任。大正元年（一九一二）から四年余り安東領事をつとめたほか、済南領事・天津総領事・奉天総領事など若いころは中国大陸の勤務が多かった。同期に入省した十一名の仲間の中できわ立っていた広田弘毅をはじめ武者小路公共・林久治郎などと比べても、外交官としてはさして目立つ存在ではなかった。そのなかで、牧野全権の随員として第一次世界大戦後のパリ講和会議に参加したこと、および昭和三年（一九二八）田中義一首相兼外相と直談判して外務次官に就任したことが目立っている。しかし、直情径行的な人柄や思い切った行動様式を示すエピソードは当時においても少なくなかった。その点、上司として接したこともある実直で確実な幣原喜重郎とは対照的であり、当時二人の仲はあまり良くなかった。政策的にも、幣原の唱える中国に対する政治的不介入政策に現地にいた吉田はあきたらず、より積極的な政策を信奉していた。人脈的にも民政党系の幣原と政友会系の吉田とは対照的であった。こうした吉田の中国政策についての態度は、奉天総領事時代に彼が唱導した京奉線遮断案に最もよく現われていた。吉田の中国政策はしかし彼の親英主義と矛盾するものではなかった。外務次官をやめたあとイタリア大使やイギリス大使を歴任する。駐英大使時代は、彼一流のやり方で日英提携を画策したが成功はしなかった。その間、昭和十一年、二・二六事件直後、広田内閣の成立に際して外務大臣候補となったが、陸軍の反対により実現を阻まれた。昭和十四年に依願退官するまでの職業外交官としての経歴において吉田は概して志を遂げる場に恵まれなかった。退官後は近衛文麿らの宮中勢力に接近し、終戦工作に従事したことが知れて憲兵隊に拘束されたこともある。敗戦後、東久邇内閣・幣原内閣の外相をつとめたあと、追放処分を受けた鳩山一郎の依頼により自由党総裁に就任、昭和二十一年五月第一次吉田内閣を組織した。以後、片山・芦田両内閣を経て政権に復帰、昭和二十九年十二月に総辞職するまで五次にわたって内閣を組織した。その間、サンフランシスコ講和条約締結による日本の国際社会復帰に心血を注いだほか、自由党を拠点に戦後の新しい政治家たちを養成した。昭和四十二年十月二十日没。八十九歳。戦後初の国葬を以て葬られ、大勲位菊花章頸飾を贈られた。墓は東京都港区の青山墓地にある。

参考文献　吉田茂『回想十年』、猪木正道『評伝吉田茂』、高坂正堯『宰相吉田茂』(『中公叢書』)、J・ダワー『吉田茂とその時代』(大窪愿二訳)、吉田茂記念事業財団編『人間吉田茂』、渡辺昭夫・宮里政玄編『サンフランシスコ講和』、渡辺昭夫編『戦後日本の宰相たち』

（渡辺　昭夫）

よしだしょういん　吉田松陰　一八三〇―五九　幕末の思想家、教育者。長門の人。幼名虎之助、のち大次郎、松次郎、寅次郎に改む。名は矩方、字は義卿または子義、松陰・二十一回猛士と号す。天保元年(一八三〇)八月四日、父長州藩士杉百合之助常道(家禄二十六石)・母滝の次男として長門国萩に生まれた。五歳の時、山鹿流兵学師範として毛利家に仕えていた叔父吉田大助賢良(家禄五十七石六斗)の仮養子となり、翌年大助の死により吉田家を嗣ぐ。松陰は、すでに六歳にして藩の兵学師範たるべき運命を負い、幼少時から兵学と経学の習得に励んだだけでなく、時代の政治的課題と真正面から向き合い、それを身をもって生きようとした人物である。その思想の行跡は、浩瀚な全集に収められているが、ここでは、その生涯を五つの時期に分けてその事跡を迹付け、併せて思想の特質について略説する。第一期は、出生から山鹿流兵学師範になるまでの時期。松陰は養父の死後も実家杉家に同居し、実父百合之助や叔父玉木文之進から厳格な教育を施され、天保十年、十歳にして藩校明倫館にて家学を教授し、翌十一年には藩主毛利敬親の面前で『武教全書』を講じた。家学後見人であった藩士山田宇右衛門や山田亦介からは、兵学の知識を授けられたのみならず、当時の世界の形勢への眼を開かせられた。嘉永二年(一八四九)二十歳、三月には外寇御手当御内用掛を命ぜられ、六月には藩命により須佐・大津・豊浦・赤間関などの海岸防備の実状を巡視した。第二期は嘉永三年から同六年までの諸国遊歴の時期。嘉永三年八月から十二月までの四ヵ月間、九州の平戸・長崎などに遊歴して葉山佐内・山鹿万助らに家学の教授を受け、文武著名の人士を訪れる一方、中国および日本の海防関係の著述を読み、また陽明学の書や会沢正志斎の『新論』などを読んで見聞を広めた。翌四年三月には、藩主の東行に従って江戸に遊学し、安積艮斎・古賀茶渓(謹一郎)・山鹿素水・佐久間象山らに従学した。同年十二月、藩の許可なくして友人宮部鼎蔵らと東北行を敢行し、水戸では会沢正志斎や豊田彦次郎(天功)らに会い国史研究への眼を開かせられた。翌五年、会津・新潟・佐渡・秋田・弘前・青森・盛岡・仙台・米沢などをめぐって著名人士と交遊したのち、四月江戸に帰った。同月帰国を命ぜられて七ヵ月間萩に屏居し、その間、『日本書紀』『続日本紀』など国史の研究に没頭した。同年十二月、一年前の亡命の罪により御家人召放の処分を受け、父百合之助の育となる。翌六年正月、十年間の諸国遊学が許可されて再度江戸に遊学中、ペリーの浦賀来航に会う。佐久間象山のもとで砲術と蘭学を学び、象山の思想的影響をうけた松陰は、時務策を論じた「将及私言」その他を藩主に上書する一方、海外視察のために密航を企てた。ロシアの軍艦が長崎に来船すると聞くや、九月、長崎に向かったが果たさず、翌安政元年(一八五四)正月、ペリーが和親条約締結のため再航するや、三月二十七日夜、金子重之助とともに下田において米艦ポーハタン号に上り外国への密航を懇請したが容れられず、翌日自首して縛に就き、江戸の獄舎に投ぜられた。同年九月、連坐して捕縛された佐久間象山ともども自藩幽閉の処分となり、松陰は萩の野山獄に収容された。以上が松陰の生涯の前期とすれば、後期は萩野山獄での獄囚生活と杉家での幽居生活がその中心となる。これが第三期である。安政元年十一月から始まった野山獄の生活では、読書と思索に没頭したが、入獄の半年後には囚人たちの間で読書会が組織され、松陰は『孟子』を講義し、それが機縁となって主著『講孟余話』が生まれた。約一年に及ぶ獄囚生活の後、安政二年十二月、病気保養を理由に実家杉家に預けられ、以後幕命により江戸に召喚されるまでの二年半の間、いわゆる松下村塾の実質的な主宰者として、高杉晋作・久坂玄瑞・吉田栄太郎(稔麿)・入江杉蔵・野村和作(靖)・久保清太郎・前原一誠・伊藤博文など幕末・維新に活躍する有為の人材の教育に従事した。松陰にとっては最も輝かしい実りある時期である。松下村塾は、表向きは漢学塾であったが、松陰自身の強い実学指向の影響のもとで当時の世界情勢やわが国の実情について考究する実践的な思想鍛練の場となったことに大きな特色がある。だが、村塾の平和は長くは続かなかった。安政五年日米修好通商条約の調印問題をめぐって国内政治が混迷の度を深めるや、松陰はこれに深く関わっていったからである。これが第四期である。松陰は、幕府による通商条約の無断調印を厳しく批判し、藩政府に対して、上書などで働きかける一方、門下生を諸方に派遣して情報蒐集に努め、老中間部詮勝の要撃や公卿大原重徳の西下策、藩主の参観に際して藩主を擁して幕府に直諫せしめようとする伏見要駕策などをつぎつぎに提起するが、それに反対する門下生との間で次第に異和を生じ、深い孤独感と死への渇望を深めていった。藩政府は、松陰の一連の過激な言動に対して「学術不純にして人心を動揺せしむる」との理由をもって、安政五年十二月、再び野山獄に収容した。第五期は安政六年五月幕府より松陰東送の命が下り、江戸に護送されてから、十月、処刑されるまでの期間である。五月下旬萩を発して六月江戸着、七月九日より幕吏の訊問が開始された。幕府の訊問は、いわゆる安政の大獄で捕縛した梅田雲浜との関係を問うものでそれ自体はなんら処罰の対象となるものではなかったが、みずからが抱懐する信念をもって幕府役人を感格せしめようとの決心によって法廷に立った松陰は、みずからペリー来航以来の幕府の一連の政策を批判し、剰え幕府が全く知らなかった間部詮勝の要撃策や大原重徳の西下策まで自供したために「不レ憚二公儀一不敬之至」として「死罪」の判決をうけ、十月二十七日処刑された。享年三十。墓は東京都世田谷区若林四丁目松陰神社と山口県萩市椿東(ちんとう)にある。

以上、松陰の二十九年に及ぶ生涯の歩みを略述したが、その思想の特質としては、第一に、藩校明倫館は、荻生徂徠の初期の門人であった藩儒山県周南以来、徂徠学の影響下にあったが、朱子学を信奉していた叔父玉木文之進の影響のもとで思想形成した松陰は、朱子学思想との親近性を強く有し、陽明学や李卓吾などにも親しみ、自己の内面性を重視する思想を形成した。松陰が好んで使用した「至誠」もそうした松陰の特質を象徴する表現であり、松陰が、自分が至誠であれば必ずや他人(ひと)を感格しうるものだとの強い信念に立って多くのすぐれた門下生を育成しえたのはそのためである。だがまたこのような心情の論理が、政治的な利害抗争の場ではそのまま通用するものではないことも当然であり、現実の政治過程から疎隔されて幽囚生活を送っていた松陰が、一方では的確な情況への対応能力を喪失して門下生らの離反を招いたこと、他方で、幕吏の訊問しない事柄に対してもみずからの抱懐する正議をふりかざした挙句「死罪」を宣告される結果をも惹き起すことになった。第二に、松陰の思想は、生まれながらの兵学者として、当時圧力を強めつつあった欧米列強に対して国の独立をいかに保持するかを課題とし、その過程で、国家的価値への覚醒や蘭学を通しての欧米文化への開眼、尊王と敬幕、攘夷と開国、国家・天皇・将軍・藩主などへの忠誠観の相剋など、日本の近代国家形成期における思想的対立を身をもって生きたところに形成されたものであることから、その精神史的意味の究明は、その生き方の真摯さと三十歳の若さで政治的に葬り去られたその生涯とともに、日本の歴史に関心を持つ人々にとって、尽きることのない課題として与えられているといえる。山口県教育会編『吉田松陰全集』全十巻(昭和九年(一九三四)―十一年、岩波書店)が刊行され、同六十一年)より再刊。また漢文を読み下しにした同会編『吉田松陰全集』全十二巻(同十三年―十五年、岩波書店)があり、後これを底本に増補したものが大和書房(全十巻・別巻一、同四十七年―四十九年)より刊行。

参考文献 徳富蘇峰『吉田松陰』(『岩波文庫』)、玖村敏雄『吉田松陰』、広瀬豊『吉田松陰の研究』、河上徹太郎『吉田松陰』(『中公文庫』)、丸山真男「忠誠と反逆」(『日本近代思想史講座』五所収)、本郷隆盛「幕末思想論」(『講座日本近世史』九所収) (本郷 隆盛)

よしだせいいち 吉田精一 一九〇八―八四 昭和時代の国文学者。文学博士、学士院会員。明治四十一年(一九〇八)十一月十二日、東京市本所区横網町(東京都墨田区横網)に父銓之助・母清江の長男として生まれる。東京府立三中、一高を経て、昭和七年(一九三二)三月東京帝国大学文学部国文科卒業。二松学舎大・拓殖大・中央大・東京教育大・東大・埼玉大・大妻女子大の教授、またミシガン大・ハワイ大の客員教授を勤めた。日本近代文学研究や比較文学研究の推進に中心的な役割を果たした。昭和五十九年六月九日没。七十五歳。墓は東京都港区の青山墓地にある。主な著書に『近代日本浪漫主義研究』(昭和十五年)、『明治大正文学史』(十六年)、『芥川竜之介』(十七年)、『自然主義の研究』(上巻三十年、下巻三十三年。日本芸術院賞受賞)、『現代文学と古典』(三十六年)、『近代文芸評論史』(明治篇五十年、大正篇五十五年)などがあり、『吉田精一著作集』二十五巻・別巻二(五十四―五十六年)が刊行されている。

参考文献 杉野要吉「吉田精一ノート―戦時下の研究姿勢を中心に―」(『関東学院大学文学部紀要』四三)、同「吉田精一ノート序説」(『早稲田大学大学院文学研究科紀要』三〇)、三好行雄他「吉田精一博士追悼」(『国語と国文学』七三二)、浜田義一郎他「吉田精一先生追悼」(『大妻国文』一六) (浅井 清)

よしだぜんご 吉田善吾 一八八五―一九六六 明治から昭和時代にかけての海軍軍人。明治十八年(一八八五)二月十四日、佐賀県佐賀郡神野(こうの)村字神野(佐賀市神野町)で農業峯与八の次男として出生。母はミエ。佐賀中学在学中吉田祐次郎の養子となり、海軍兵学校に進み三十七年十一月卒業。日露戦争に少尉候補生として臨み日本海海戦には装甲巡洋艦春日乗組として参加した。大正四年(一九一五)十二月海軍大学校を卒業し、海上勤務では第三艦隊・第一水雷戦隊・練習艦隊の各参謀を、中央勤務では海軍省教育局第二課長・同軍務局第一課長の要職を歴任し、戦艦金剛・陸奥の両艦長を経て昭和四年(一九二九)十一月将官に進む。海軍軍令部第二班長、連合艦隊参謀長、海軍省軍務局長、練習艦隊司令官のあと第二艦隊ついで連合艦隊の司令長官となり、阿部内閣成立に伴い海軍大臣に就任。米内・近衛第二次の両内閣に留任したが独伊との同盟問題が起ったとき十五年九月、病気により辞任。同年十一月大将に進む。太平洋戦争中支那方面艦隊・横須賀鎮守府の各司令長官を勤める。四十一年十一月十四日東京で死去。八十一歳。墓は府中市の多磨墓地。

参考文献 実松譲『最後の砦―提督吉田善吾の生涯―』

（野村 実）

よしだたつごろう 吉田辰五郎 ？―一八九〇 人形遣い。三代目。二代吉川才治の門弟。安政四年（一八五七）三代目を襲名、以来立役と女形をかね立者となった。明治五年（一八七二）松島文楽座に出勤、十七年彦六座の人形座頭となった。早替り・宙づりが得意で、立役荒物・女方と何でも遣った。当り芸は丞相・由良之助・団七・良弁上人などがあり、明治二十三年没。

参考文献 義太夫年表編纂会編『義太夫年表』明治篇、竹本長門太夫編『（増補）浄瑠璃大系図』（『音曲叢書』六）

（山本 二郎）

よしだたまぞう 吉田玉造 人形遣い。四代目まである。

㈠初代 一八二九―一九〇五 文政十二年（一八二九）大坂に生まれた。天保十年（一八三九）初舞台、明治五年（一八七二）松島文楽座の初興行からはじめて人形紋下の位置に据えられた。立役・荒事・道化で評判をとり、三味線の豊沢団平、浄瑠璃の三代目竹本長門太夫（のち越路太夫）とともに三名人とうたわれた。三十六年引退し、三十八年一月十二日没。七十七歳。

㈡三代 一八六〇―一九二六 万延元年（一八六〇）生まれる。明治十一年（一八七八）初代吉田玉助に入門して松島の文楽座で初舞台を踏み、同三十年に稲荷座の立者となり、四十二年堀江座で三代目を継いだが、四十五年玉蔵と改めた。大正四年（一九一五）竹本越路太夫に従って文楽座に移り、立役と女方で活躍した。大正十五年九月九日没。六十七歳。

参考文献 義太夫年表編纂会編『義太夫年表』明治篇、文楽協会編『義太夫年表』大正篇

（山本 二郎）

よしだとうご 吉田東伍 一八六四―一九一八 明治・大正時代の歴史地理学者。正則に学校教育を一切受けたことなく、全くの独学で歴史学者として大成した篤学の士。元治元年（一八六四）四月十四日、越後国蒲原郡保田村（新潟県北蒲原郡安田町）に旗野木七・園子の三男として生まれる。明治十七年（一八八四）、蒲原郡大鹿新田（新津市大鹿）の吉田家の養子となる。はじめ小学全科教員の検定試験を受けて免状を得、郷里の小学校の教員となったが、程なく退職し、壮年の間を北海道に渡り、鮭漁に従事していた。明治二十四年、二十八歳の時、突如として、北海道より史学会へ「古代半島諸国興廃概考」なる論文を寄せ、中央学界に一躍歴史家として注目され、「北海道蟷斧生吉田東」の名で、『史海』に批評文をのせ、田口卯吉に「好敵手」とその才覚を認めさせた。その後読売新聞社に入社、「落後生」の筆名で紙上に史論を展開し、史学界に嘖々たる名声を博した。明治二十六年の『日韓古史断』『徳川政教考』の二著で学者としての地位を確立し、そのころより『大日本地名辞書』の刊行を準備し、明治三十三―四十四年に刊行、明治四十二年続刊を出版し、完結させた。明治三十四年、喜田貞吉の推挙により、その後任として東京専門学校講師となり、国史・地理を担任し、のち早稲田大学教授となり、同大学の史学科の重鎮として、研究・指導に活躍貢献をした。『利根川治水考』『維新史八講』『倒叙日本史』などの歴史書のほかに『世阿弥十六部集』の校訂刊行をし、能楽に対する造詣の深さを示している。突如、中央史学界に北海道の一鮭漁者から史学者と変貌して、学者たちに驚異の眼をみひらかせるまでに、どこで、どうして、内外の史籍を入手、渉猟し、充分に咀嚼し、蘊蓄したのか、それは永久の謎である。大正七年（一九一八）一月二十二日、五十五歳を一期として没した。新津市秋葉一丁目の正法寺に墓碑がある。無名の一処士から、彗星のごとく学界に出現してより二十七年、学臈短しとしないが、それは若くして大家の地歩を占めたためであり、五十五歳の死は、年齢的には早世といわねばならず、学界の一大損失として惜しまれた。遺著に『日本歴史地理之研究』（冨山房刊）がある。

参考文献 高橋源一郎編『吉田東伍博士追懐録』、佐藤能丸「吉田東伍」（永原慶二・鹿野政直編『日本の歴史家』所収）

（水野 祐）

よしだとうよう 吉田東洋 一八一六―六二 江戸時代後期の土佐藩士。諱は正秋、号は東洋、字は子悦、幼名は郁助、のちに官兵衛・元吉と称す。文化十三年（一八一六）、高知城下帯屋町で馬廻格二百石吉田光四郎正清を父に、その妻鉋代を母に生まれる。四男。兄たちの早世で嗣子となる。藩儒中村十次郎（西里）・一刀流指南役寺田忠次に学んだ。二十二歳の時、若党を無礼討ちにしている。天保十二年（一八四一）、父の死により家督相続、翌十三年、舟奉行となる。弘化元年（一八四四）十一月、藩主山内豊熙により「おこぜ組」が逐われた時、郡奉行となり済農倉設立を計画したが、同二年七月に病気で辞職。静養中、「時事五箇条」を建白し人材登用・法令整備・海防などの必要性を説いた。同四年に舟奉行に復帰したが、嘉永元年（一八四八）、豊熙の死により辞職。同六年、新藩主山内豊信（容堂）により大目付に任じられ、翌六年八月にペリー来航時のアメリカ国書に関する土佐藩意見書を起草、同十一月に参政（仕置役）となった。この後、藤田東湖らと交友。しかし、安政元年（一八五四）、山内家一門への不敬の罪により免職、城下四ヶ村禁足に処せられ、格禄二百石の内、百五十石のみ嗣子源太郎に与えられた。東洋は長浜鶴田（高知市長浜）に閑居、少林塾を開き、後藤象二郎（東洋の妻の甥）・福岡孝弟・岩崎弥太郎・間崎哲馬（滄浪）らを集めた。安政四年十二月、仕置役に復帰、後藤・福岡・乾（板垣）退助ら「新おこぜ組」を登用し、安政改革を指導した。その内容は、格式制度の簡素化、芸家廃止、文武館設立、『海南政典』編纂、国産仕法強化、倹約の強行などであったが、洋式兵器導入・貿易などは準備に着手したにとどまり、借銀も継続せざるを得なかった。この改革は豊信の支持を得て推進されたが、保守門閥の反発を招く一方、その公武合体

的志向は土佐勤王党の憎むところとなり、文久二年(一八六二)四月八日、下城途中、同党那須信吾らによって暗殺された。四十七歳。墓は高知市潮江山にあり、その遺稿は『吉田東洋遺稿』(『日本史籍協会叢書』)としてまとめられている。その主な内容は、安政五年の参政復帰後の記録である『参政録存』や安政の大獄時の土佐藩の対応を記した『東行日録』『東行西帰日録』などである。

参考文献　福島成行『吉田東洋』、平尾道雄『吉田東洋』(『人物叢書』二六)　(吉田　昌彦)

よしだとしまろ　吉田稔麿　一八四一―六四　幕末長州藩の志士。名は秀実。字は無窮・無逸。幼名栄太郎のち稔麿、または年麿・年丸。松里久助・同勇・松村小介・関口敬之助などの変名を使った。号は風萍軒。天保十二年(一八四一)閏正月二十四日、長州藩の士雇(準士)の吉田清内の長男に生まれる。嘉永六年(一八五三)江戸に勤め、安政三年(一八五六)帰藩して吉田松陰の松下村塾に学び、久坂玄瑞・高杉晋作と並び称された。秀実の名、無逸の字は松陰から与えられた。同五年十二月、松陰の投獄に際し、藩庁要路の難詰を企て、前原一誠らとともに謹慎組預けに処された。万延元年(一八六〇)八月、長州藩兵庫警衛の番手として同地にあったが、脱藩して江戸に出、幕臣妻木田宮に傭われ、用人となる。文久二年(一八六二)伊藤博文ら有志を頼って京都藩邸に自首して許され、文久三年四月に石清水社行幸の長州藩供奉の行列に加わる。同月、下関に出張し、同地で奇兵隊に入隊した。七月には、自身の建議により屠勇取立方引受に任命され、えたを登用した屠勇隊を組織した。同月、士籍に加えられた。文久三年八月十八日の政変後、蕃書調所の妻木を頼って長幕間の斡旋を企図したが成功せず、元治元年(一八六四)六月五日、京都三条の池田屋で志士と会合中を新撰組に襲われ(池田屋事件)、いったん逃れたが、長州藩邸前で自刃した。年齢二十四。墓は山口県萩市俊光寺にある。

参考文献　末松謙澄『防長回天史』、近藤清石編『増補防長人物志』、樹下明紀・田村哲夫編『萩藩給禄帳』　(井上　勝生)

よしだとみぞう　吉田富三　一九〇三―七三　昭和時代の病理学者、癌学者、吉田肉腫の発見者。医学博士。明治三十六年(一九〇三)二月十日福島県石川郡浅川村に生まれる。東京帝大医学部卒。佐々木隆興と発癌実験を行い、ラットの肝臓癌発生に成功、さらに移植しても発癌性を維持し、実験癌として研究に利用できる腹水癌「吉田肉腫」を発見。石館守三らと癌化学療法剤ナイトロミンを開発。長崎医大・東北大医学部・東大医学部の病理学教授を歴任。昭和四十一年(一九六六)には日本で第九回国際癌会議をもった。日本対ガン協会役員をつとめるなどわが国の癌研究と予防の先端に立った。医療問題に関心をもち同四十年日本医学協会を設立。また国語審議会委員として国語のあり方についても提言を行なった。日本学士院会員・癌研究会研究所所長・佐々木研究所所長。学士院恩賜賞(二回)・朝日文化賞受賞、昭和三十四年には文化勲章受章。著書に『癌の発生』『吉田肉腫』『吉田富三医学論文集』などがあるほかフィルヒョウ(通称ウィルヒョウ)の『細胞病理学』の翻訳がある。昭和四十八年四月二十七日没。七十歳。墓は東京都文京区本駒込三丁目の吉祥寺にある。長男直哉はＮＨＫテレビ演出家を経て武蔵野美術大学教授となり、平成十年(一九九八)に退職。　(長門谷洋治)

よしだならまる　吉田奈良丸　浪曲師。初代から四代まである。二代目がもっとも有名。

(一)初代　?―一九一五　奈良の出身で音丸の門人。大正四年(一九一五)没。

(二)二代　一八八〇―一九六七　明治十三年(一八八〇)奈良県吉野郡下市村(下市町)に生まれる。本名広橋広吉。父は花山大山の弟子で力山という祭文語り。はじめ花山若力という祭文語りだったが、十六歳の時に初代の弟子となり、優美で平易な節調が人気を博す。はじめの芸名は小奈良。二十三歳で二代奈良丸を襲名してから明治四十二年東京有楽座で公演。入りが悪く失敗となるが、特徴ある節調が土方久元伯爵の耳にとまり、華族会館で「七卿落ち」を演じ、奈良丸の名は一躍ひろまることとなった。「大高源吾」「神崎与五郎東下り」「南部坂雪の別れ」などの義士伝を得意とし、レコードによって全国的な人気となった。節調は奈良丸くずしといわれ、大正初年には渡米をしたりしたが、昭和四年(一九二九)一若に三代を譲り、大和之丞と改名。京都山科に大石神社(京都市山科区西野山桜馬場町)を建立したりした。昭和四十二年一月二十日没。墓は大阪府岸和田市流木町の共同霊園にある。

(三)三代　一八九八―一九七八　二代目門人。明治三十一年(一八九八)生まれる。本名炭田嘉一郎。はじめ一若を名乗る。昭和四十六年(一九七一)、弟子の三笠に四代目を譲り、大阪で引退。昭和五十三年一月十二日没。

(四)四代　一九二一―　大正十年(一九二一)生まれる。三代目の弟子。はじめ茶良丸。昭和四十六年(一九七一)に襲名する。　(宮尾　與男)

よしだはじめ　吉田一　一八九二―一九六六　大正時代の社会運動家。愛称ピン、大柄で大食漢。明治二十五年(一八九二)八月八日、千葉県夷隅郡御宿村(御宿町)の生まれ。同四十年ごろ上京、鍛冶工として秀英舎に入り、水沼辰夫らと相識る。大正八年(一九一九)水沼と労働相談所を開き、北風会に参加、一年、神近市子の援助で高尾平兵衛らと労働社を結成、『労働者』を創刊、アナキズム運動を始めた。翌年一月モスクワでのコミンテルン主催の極東民族大会に出席、レーニン、スターリンらと会いアナキズムから離れたが、徳田球一と対立、日本共産党には参加せず、十二年初頭、高尾らと戦線同盟を結成、六月赤化防止団長米村嘉一郎を襲撃、逆に足を撃たれた。以後運動の支援はつづけながらも第一線を離れて飲食店や豆腐屋を営んだが、昭和四十一年(一九六六)九月十七日心臓麻痺で死去。七十四歳。

参考文献 『神近市子自伝』、萩原晋太郎『永久革命への騎士高尾平兵衛』、同「その後の吉田一」(『リベルテール』昭和五十四年五―十月号) （神田 文人）

よしだひでお 吉田秀雄 一九〇三―六三 昭和時代の広告代理業経営者。株式会社電通の第四代社長。明治三十六年(一九〇三)十一月九日福岡県小倉市渡辺勝五郎の次男に生まれ、十四歳の時素封家吉田一次の養子となる。小倉中学、(旧制)第七高等学校を経て昭和三年(一九二八)東京帝国大学経済学部卒業。同年四月日本電報通信社(電通の前称)入社。広告営業部門で早くから頭角を現わし、十六年二月営業局地方部長、十七年六月取締役、同年十二月常務取締役に昇進。十八―十九年に実施された広告代理業の戦時企業整備(百八十六社を十二社に統合)および新算定基準による新聞広告料金の公定化で主導的役割を果たした。第二次世界大戦後二十二年六月第四代社長に就任、卓越した指導力を発揮して広告代理業の近代化を推進、いち早く商業放送に着目して育成に力を尽くし放送広告の新分野を開拓するとともに、広告活動の国際化をも推進し、電通(三十年社名変更)発展の基礎を築いた。三十八年一月二十七日胃癌のため死去。五十九歳。

参考文献 片柳忠男『広告の鬼吉田秀雄』、永井竜男『この人吉田秀雄』 （内川 芳美）

よしだひろし 吉田博 一八七六―一九五〇 明治から昭和時代にかけての洋画家、版画家。本姓上田。明治九年(一八七六)九月十九日福岡県久留米に生まれた。福岡の中学、修猷館に学び、洋風画家吉田嘉三郎の養子となった。同二十六年京都にでて田村宗立に師事したのち、翌年上京して小山正太郎の不同舎で油絵を学び、明治美術会会員となったが、同三十二年中川八郎とともに渡米、欧州各国を巡歴して二年後に帰国、同年太平洋画会を創立し、その中心となって活躍した。同四十年文展発足後は平明穏雅な作風による水彩画の大作を出品して受賞を重ね、のち審査員となって毎回力作を発表、注目された。その生涯は、山を愛し自然に親しむ情熱から、国内はもとより世界中を駆け廻る制作の旅に明け暮れたが、大正中期以後は木版画制作に没頭し、多色木版の分野で多大の功績を残した。昭和二十五年(一九五〇)四月五日東京の自宅で死去。享年七十三。墓は東京都文京区白山五丁目の白山道場竜雲院にある。『吉田博全木版画集』(昭和六十二年、阿部出版)がある。 （富山 秀男）

よしだぶんごろう 吉田文五郎 一八六九―一九六二 明治から昭和時代にかけての人形遣い。明治二年(一八六九)十月二十日大阪畳屋町に生まれた。本名河村巳之助。父は文楽の表方。十五歳の時吉田玉助(冨崎春昇の父)に弟子入りし、翌十七年九月京都四条北側芝居に巳之助(簑助)の名で出勤、その後御霊文楽座や彦六座へ出たり、東海道を放浪して東京の人形座へも出たりしたが、同三十八年に帰阪、四十年に桐竹亀松(二代目)を継ぎ、さらに四十二年五月市の側堀江座で三代目の文五郎を襲名した(初代―二代目文五郎については明らかではない)。四十五年に浄瑠璃専門の新劇場近松座へ一座こぞって移ったが、同座が大正三年(一九一四)に休座したため、翌四年一月御霊文楽座に迎えられ、立女方の位置についた。その後初代吉田栄三とともに活躍、文楽界の重鎮となり、女方人形遣いの名人として、その艶麗な演技は観客を魅了した。代表作はお染、お園、八重垣姫など。昭和二十四年(一九四九)日本芸術院会員、三十一年難波掾を受領、三十四年文化功労者に指定された。三十七年二月二十一日没。九十二歳。

参考文献 中山泰昌『文五郎芸談』、梁雅子『文五郎一代』、義太夫年表編纂会編『義太夫年表』明治篇、文楽協会編『義太夫年表』大正篇 （山本 二郎）

よしとみかんいち 吉富簡一 一八三八―一九一四 幕末・明治時代の庄屋、志士、地方政治家。幼名美之助。家督を継いでのちは藤兵衛。諱は篤敬。号は桂花楼、静思、楽水。天保九年(一八三八)正月十九日長州藩の周防国吉敷郡矢原村(山口市幸町)庄屋吉富惣右衛門の長男として生まれる。母は政。吉富家は代々庄屋、大庄屋を勤めた家柄。安政元年(一八五四)父の病気により家督を継ぐ。元治元年(一八六四)馬関攘夷費として藩札八十五貫を献納し、士籍に編入された。知行米十二石五斗。一貫して尊王攘夷派を支援し、周布政之助の活動を助けた。慶応元年(一八六五)諸隊挙兵のときは同志とともに鴻城軍を組織、閉門謹慎中の井上馨を総督に推し、みずからは参謀兼会計長として活躍した。明治維新後は上京して明治三年(一八七〇)小菅県大属、四年大蔵省営繕寮大属となったが、廃藩置県の際、藩債処分によって五千石にのぼる藩への債権が切り捨てられ、家計再建のため帰郷した。七年井上馨の先収会社の大阪店頭取となるが、九年同社解散により帰郷。十年山口県協同会社議員として県政に登場、十二年初代県会議長となり、自由民権論に対抗して独特の反民権論を提唱、十五年鴻城立憲政党を結成して主幹となった。十七年防長新聞社を創立して社長。二十三年第一回衆議院総選挙に当選、通算三期。晩年に至るまで長州閥の故地山口県の県政に重きをなし、矢原将軍と称された。大正三年(一九一四)一月十八日没。七十七歳。墓は山口市周布町船田にある。

参考文献 防長新聞社編『吉富簡一履歴』、田村貞雄編『山口県自由民権運動史料集』、田村貞雄・江村栄一「吉富簡一と山際七司」(『人物・日本の歴史』一一所収)、田村貞雄「鴻城立憲政党の成立過程」(『北海道教育大学紀要』一B一九ノ一・二、二〇ノ一・二)、同「藩閥政府と郷党意識の形成」(『静岡大学教養部研究報告』人文科学篇一一) （田村 貞雄）

よしのきんりょう 芳野金陵 一八〇二―七八 江戸時代後期の儒者。名は成育。字は叔果。通称愿三郎、のち立蔵。金陵のほか匏宇と号す。父彝倫(号南山)は下総国葛飾郡松ヶ崎村(千葉県柏市)の医師。母は斎藤氏。次男。享和二年(一八〇二)十二月二十日同国相馬郡小浮気(こぶけ)村(千葉県香取郡下総町)の母の実家で生まれる。父に句読を学ぶ。二十二歳亀田鵬斎の門を叩き、嗣子綾瀬に指導を受ける。文政九年(一八二六)浅草福井町(東京都台東区浅草橋一・二丁目)に私塾を開く。弘化四年(一八四七)八月駿河田中藩主本多正寛の招聘に応じ、儒員となる。国防を案じ、ペリー来航に際し、老中久世広周に建議、以後諮問を受ける。また藩財政の改革、文教の刷新に努める。文久二年(一八六二)十二月幕府に召され、御儒者となる。昌平黌の学制改革を建議したが、実行に至らなかった。明治元年(一八六八)十二月昌平学校教授。同三年廃校後は大塚に退隠。同十一年八月五日没。七十七歳。墓は千葉県柏市松ヶ崎の覚王寺と東京都台東区谷中の天王寺墓地に存す。著作の多くは烏有に帰し、『金陵詩鈔』『譚故書余』『金陵遺稿』など数点が存す。

参考文献 渡政輿『金陵先生行実』(『金陵遺稿』一〇)、松下忠『江戸時代の詩風詩論』 (梅谷 文夫)

よしのげんざぶろう 吉野源三郎 一八九九—一九八一 昭和時代のジャーナリスト。明治三十二年(一八九九)四月九日、東京生まれ。父源吉、母くめ。大正十四年(一九二五)東京帝国大学文学部哲学科卒。その後、一年志願兵、三省堂編集部を経、東大図書館に勤務。在学中から新カント派哲学を研究していたが、一九二〇年代末、同時代の認識方法としてマルクス主義哲学を受容。昭和六年(一九三一)には、日本共産党のシンパとして治安維持法違反で逮捕される。同十年、山本有三の推薦により新潮社の『日本少国民文庫』全十六巻の編集主幹となる。本文庫は良心的な児童図書として増刷を重ねた。吉野も、『君たちはどう生きるか』などを執筆。ヒューマニズムと社会科学の基本的視点を兼備したこれらの作品は、大学生や知識人にも読まれた。同十二年、岩波書店に勤務。翌年、『岩波新書』の創刊に携わる。第二次世界大戦後は、常務取締役として編集部門の責任者となったが、最も精力を注いだのは、総合雑誌『世界』の編集長としての仕事である。同二十一年創刊の『世界』は、平和の問題を最大の関心事とした。そして平和の危機や平和の構想について、知識人が持続的かつ組織的に討究する場を設営し、その発表舞台となり、平和と民主主義の世論形成を企図した。なかでも、多様な立場からなる平和問題談話会が、講和問題に際して全面講和論を強力に推進した同二十六年前後の社会的影響力がめざましい。その後も同四十年の役員・編集長の辞任まで、政府の改憲論や安保改定の企てに、一貫して反対の論陣を張り続けた。こうした活動の根底にあったのは、敗戦までの知識人の抵抗の弱さへの省察であった。その間、同三十年設立の日本ジャーナリスト会議の初代議長となる。また、同五十二年には、中野好夫らとともに「広島・長崎アピール」を発表し、原水禁運動の統一を訴えた。同五十六年五月二十三日、八十二歳にて没。墓は埼玉県所沢市下新井の所沢聖地霊園にある。『エイブ・リンカーン』『同時代のこと』『職業としての編集者』などの著書がある。

参考文献 鈴木正『戦中と戦後精神』、西川長夫・中原章雄『戦後価値の再検討』(『講座現代日本社会の構造変化』六)、丸山真男「『君たちはどう生きるか』をめぐる回想」(『世界』四二九) (富士 晴英)

よしのさくぞう 吉野作造 一八七八—一九三三 民本主義を鼓吹した大正時代の代表的政論家。明治十一年(一八七八)一月二十九日、宮城県志田郡古川町(古川市)の綿屋に生まれる。作蔵と名づけられたが、大正六年(一九一七)に作造と戸籍を改めた。弟の信次は第一次近衛内閣の商工相、鳩山内閣の運輸相。宮城尋常中学校(現仙台二高)、二高を経て、明治三十七年東京帝国大学法科大学政治学科を首席で卒業。二高時代にキリスト教に入信し、東大在学中は本郷教会に属し、牧師海老名弾正の自由神学に傾倒した。教会を通して安部磯雄・木下尚江らの社会主義に共鳴したが、唯物論派とは固く一線を画した。東大では藩閥政治に批判的な小野塚喜平次の政治学と一木喜徳郎の憲法学の影響を受けた。大学院に進んだあと、明治三十九年一月、袁世凱の長男克定の家庭教師として天津に赴き、翌年天津の北洋法政学堂の教習を兼任し、のちの中国共産党の指導者李大釗らを教えた。四十二年二月、東大助教授に就任し政治史を担当。翌年四月、ヨーロッパ留学に出発。一ヵ所に定住せずに各国の政治動向を観察し、デモクラシーが世界の大勢で労働者階級がその担い手となりつつあることを学んだ。大正二年七月帰国し一年後、教授に昇任。学内ではヨーロッパの現代政治史や社会主義運動史を講じ学生の人気を集めた。学外では滝田樗陰の知遇を得て『中央公論』に大正三年一月以来、ほとんど毎号に執筆。特に大正五年一月号の「憲政の本義を説いて其有終の美を済すの途を論ず」は、デモクラシーに民本主義の訳語を与え、政治の目的は民衆の利福にあり、政策の決定は民衆の意向によるべきであるの二点をその内容とし、当面の政治目標として普通選挙と言論の自由に支えられた政党政治の実現を要求した。主権の運用だけを問題とし、主権の所在を問わぬのは不徹底だとの批判が社会主義者から出たが、国体無視のとがめを受けずに議会中心主義を主張できる理論的武器として、民本主義論は知職人や先進的労働者をとらえ、大正デモクラシー運動の発展に貢献した。また彼は、帰国後ただちに友愛会評議員に就任し、同郷の後輩たる鈴木文治の労働運動を援助した。一方、吉野は軍部主導の大陸侵略政策を批判し、朝鮮・中国のナショナリズムに理解を示した。東大学生基督教青年会の指導に熱心で、大正六年には理事長となるが、これを通して中国・朝鮮の学生に接触し、その心情を知ることができた。大正六年末頭山満らの委嘱を受けて『支那革命小史』を刊行し、その翌年、日華共同防敵軍事協定に反対する中国人留学生を擁護した。大正五年春には朝鮮と満洲を旅行し、『中央公論』六月号の「満韓を視察して」において、武断的朝鮮統治策の実態を暴露し、同化政策を批判した。米騒動直後の大阪朝日新聞筆禍事件(白虹事件)に対する右翼浪人会の攻撃を非難し、浪人会の申出に応じて、大正七年十一月二十三日神田南明倶楽部における立会演説会に臨み、五人の相手を一人で論破した。これを機会に吉野指導下の学生は新人会を、また吉野みずからも学者思想家集団黎明会を結成、ともに大正デモクラシー運動の拠点となった。吉野は第一次世界大戦中にひきつづき内に民本主義の徹底のための論陣を張り、大本教弾圧や泥棒も戦死すれば神となる靖国神社を批判。さらにワシントン会議に先立って大正十年九月、尾崎行雄・島田三郎とともに軍備縮小同志会を結成。会議後は、美濃部達吉の憲法学説を一歩進めて、軍の編成に関する天皇の軍政大権のみならず、統帥に関する軍令大権までも政府の補弼内に置くべきことを主張し、軍部を議会の監督下に置く官制改革の方策を示した。また、外に国際平等主義の確立を説き、三・一独立運動に際しては、朝鮮にも民族自決の原則が適用されるべきだと主張。五・四運動に際しては、運動の打倒目標たる官僚・軍閥・財閥は大正デモクラシー運動のそれと同じであり、この目的を達してはじめて日中親善が実現するとして、五・四運動の先頭に立った学生との交流を提唱し、李大釗らの賛同を得て、大正九年五月、北京大学遊日・学生団の来日をもたらした。国際平等の精神をつらぬくため、大正八年八月には日本エスペラント協会に、翌年十一月には東京在住の社会主義者と朝鮮・中国の民族主義者との親睦団体コスモ倶楽部に加入した。吉野はシベリア出兵を批判し、過激社会運動取締法案や治安維持法に反対したが、マルクス・レーニン主義による革命方式には反対で、社会民主主義の立場をとることを表明した。大正十三年二月、東大教授を辞して、講師の身分を保持したまま朝日新聞社に入り、編集顧問兼東京朝日新聞論説委員となった。入社早早、二月二十五日神戸で行なった演説中、五箇条の誓文は支持基盤の弱い明治政府の悲鳴であるとの一節が右翼から不敬罪の告発を受け、検察当局も、『東京朝日新聞』に連載した「枢府と内閣」中、君主不親政を憲政主要の常則とした箇所が朝憲紊乱にあたるとみなして吉野を取り調べ、結局、六月に朝日新聞社を退社することで不起訴となった。このころからのマルクス主義の知識人への浸透により、吉野の民本主義の影響力はおとろえ、『中央公論』は大正四年以降吉野のために置いた時評欄を昭和三年(一九二八)末で打ち切った。この間大正十五年一月、安部磯雄・賀川豊彦とともに日本労働総同盟系の無産政党準備団体たる独立労働協会を組織し、同年十二月の社会民衆党の結成には安部・堀江帰一とともに提唱者となった。山川均の単一無産政党論を否定し、社会主義者の唯物主義派と精神主義派とは同一政党を構成すべきでないとの、本郷教会以来の持説を保持していたが、政策協定を結んでの共同戦線は否定しなかった。満洲事変勃発後も議会主義の維持、侵略批判の論陣を張り、女婿赤松克麿を書記長とする社会民衆党のファッショ化傾向を戒め、平和主義者安部磯雄を党首とする社会大衆党の結成を援助し、顧問に就任した。朝日新聞社退社後、東大講師を続ける中での最大の学問的業績は明治文化研究である。大正デモクラシーの必然性と正統性を明らかにするために資料収集を本格的に始めたのは大正十年であり、以後『新井白石とヨワン・シローテ』(大正十三年)をはじめとして、明治文化形成に及ぼした西洋文化の影響、明治憲法制定過程および自由民権の運動と思想について多くの業績をあげた。この間、大正十三年十一月明治文化研究会を組織し『明治文化全集』全二十四巻を刊行したことは、日本近代史研究の基礎をつくったものとして特筆に値する。朝日新聞社退社の翌年より持病の結核に苦しめられたが、昭和八年三月十八日、逗子の湘南サナトリウムで没。五十六歳。墓は東京都府中市の多磨墓地八区一種一三側。生前の著書は『ヘーゲルの法律哲学の基礎』(明治三十八年)から『対支問題』(昭和五年)まで二十九冊。このほかにおびただしい論文がある。主要著作は松尾尊兊・三谷太一郎・飯田泰三編『吉野作造選集』全十六巻に収録されている。

参考文献 田中惣五郎『吉野作造』、三谷太一郎『新版 大正デモクラシー論—吉野作造の時代—』、飯田泰三『批判精神の航跡』、松尾尊兊『民本主義と帝国主義』

(松尾 尊兊)

よしのしんじ 吉野信次 一八八八—一九七一 昭和時代の政治家。商工官僚出身。明治二十一年(一八八八)九月十七日、年蔵の三男(吉野作造の弟)として宮城県志田郡古川町(古川市)の商家に生まれ、大正二年(一九一三)東京帝国大学法科大学法律学科を首席で卒業、農商務省にはいった。商工省文書課長から昭和三年(一九二八)七月に工務局長となり、浜口内閣期には臨時産業合理局第二部長を兼任して産業合理化政策を推進した。六年十二月に商工次官となり、製鉄合同・日英綿業交渉・自動車製造事業法制定などに関与した。十一年十月次官を退き、東北興業株式会社総裁となり東北振興電力株式会社社長を兼務したが、十二年六月第一次近衛内閣の商工大臣に就任した。賀屋興宣蔵相に同調して「財政経済三原則」いわゆる「賀屋・吉野三原則」を提起し、輸出入品等臨時措置法制定など戦時統制経済への転換を指導した。十三年五月の内閣改造で商工大臣を退任し、十一月から満洲重工業開発株式会社の副総裁に就任、貴族院勅選議員となり、十八年七月に愛知県知事に就任した。第二次世界大戦後、公職追放となったが、二十七年に日本団体生命保険株式会社社長、東北放送株式会社社長となり、二十八年には宮城県地方区から参議院議員に当選、自由民主党に所属し、三十年十一月第三次鳩山内閣の運輸大臣となったが、内閣総辞職後は政界を引退した。三十一年四月には武蔵大学学長に就任し、四十年三月からは同大学名誉学長となり、四十六年五月九日没した。八十二歳。著書に『おもかじとりかじ』などがある。

参考文献 吉野信次追悼録刊行会編『吉野信次』

(三和 良一)

よしはらしげとし 吉原重俊 一八四五―八七 明治時代前期の大蔵官僚・日本銀行総裁。弘化二年(一八四五)四月に生まれる。父は鹿児島藩士。慶応二年(一八六六)から明治五年(一八七二)まで森有礼とともに米国に留学。外務省から大蔵省に移り、横浜税関長、租税権頭を経て十年一月から十四年十二月まで租税局長。この間大蔵大丞、大蔵大書記官と昇進し十三年三月から十七年十二月まで大蔵少輔であった。松方正義に重用され国際経済の認識が評価されて、十五年六月、日本銀行創立委員となり、十月から大蔵少輔のまま初代の日本銀行総裁となり、二十年十二月十九日、現職で没した。四十三歳。

(西村紀三郎)

よしひさしんのう 能久親王 一八四七―九五 北白川宮第二代。伏見宮第二十代邦家親王の第九王子として、弘化四年(一八四七)二月十六日誕生。幼称を満宮という。嘉永元年(一八四八)八月仁孝天皇の養子となり、青蓮院門室を相続した。しかし同五年三月改めて梶井門室を相続し、さらに安政五年(一八五八)九月輪王寺宮慈性親王の付弟となった。同十月親王宣下を蒙り、名を能久と賜わり、十一月入寺得度して法諱を公現と称した。翌六年京都を出て江戸東叡山に入り、慶応三年(一八六七)五月輪王寺門主となった。明治元年(一八六八)戊辰戦争に際し、奥羽越列藩同盟に擁せられて仙台に赴き、そのため江戸に帰ったのち伏見宮において謹慎させられた。しかし、同二年宥免されて伏見宮に復帰し、三年十一月能久に復名、十二月軍事研究のためドイツに留学した。プロシア陸軍大学校で七年学んだのち、十年七月帰国したが、その間の五年三月北白川宮を相続した。親王はつとに陸軍に籍を置き、累進して、二十五年十二月陸軍中将に昇り、この間、戸山学校教頭・東京鎮台司令官・第六師団長・第四師団長などを歴任した。ついで二十八年　月近衛師団長に補せられ、日清戦争に出征し、戦後台湾鎮定にあたったが、台南において病にかかり、十月二十八日陣没した。歳四十九。功により陸軍大将に昇任し、国葬により東京の豊島岡皇族墓地(文京区大塚五丁目)に葬られた。親王はまた大日本農会会頭・第二回内国勧業博覧会事務総裁・独逸学協会会長などをつとめた。

参考文献 『伏見宮系譜』、森鷗外『能久親王事蹟』

(川田 貞夫)

よしみつよしひこ 吉満義彦 一九〇四―四五 昭和時代前期のカトリック思想家、哲学者。明治三十七年(一九〇四)一月十三日鹿児島県大島郡亀津村(徳之島町)に生まれる。鹿児島県立一中、一高を経て昭和三年(一九二八)東京帝国大学文学部倫理学科卒業。この間、同二年内村鑑三門下よりカトリックに改宗。卒業直後、岩下壮一の推薦により渡仏、ジャック＝マリタンに師事。同五年帰国。以後上智大学、東京公教神学校で哲学を講ず。同十年より東大倫理学科講師兼任。『カトリック新聞』『声』などカトリック関係誌のほか『理想』『文学界』などにも健筆を振るい、特に同十五年の岩下の死後、同十八年にみずから肺結核で倒れるまでは、名実ともにカトリック思想界を代表した。その思想はマリタンより受け継いだネオ＝トミズムを基調とし、すぐれた中世思想やパスカル研究のほか、デカルト以下近代思想の内在的批判にも独自のものがあった。カトリックの立場からする時事的発言も多い。昭和二十年十月二十三日没。四十二歳。東京都府中市のカトリック墓地に葬られる。『吉満義彦全集』全五巻がある。

(半沢 孝麿)

よしむらいさぶろう 芳村伊三郎 長唄唄方の芸名(七・九・十代目は三味線方)。芳村姓の元祖。

(一)五代 一八三二―八二 本名石川清之丞。天保三年(一八三二)江戸に生まれる。旗本石川八五郎の次男。二代目吉住小三郎(前名三代目芳村伊十郎)の門弟。安政六年(一八五九)五代目を襲名。「伝馬町の伊三郎」とよばれ、明治時代初期の代表的唄方の一人。明治十五年(一八八二)十一月二十四日千葉で没。五十一歳。

(二)六代 一八二三―一九〇二 文政六年(一八二三)江戸新宿新町に生まれる。明治二十六年(一八九三)六代目を襲名。同三十五年五月十日没。八十歳

(三)七代 一八五五―一九二〇 六代目の次男。安政二年(一八五五)江戸に生まれる。明治三十七年(一九〇四)七代目を襲名。大正九年(一九二〇)八月二十日没。六十六歳。三味線方で伊三郎を襲名したのは七代目が最初

(四)八代 六代目芳村伊十郎の別名。

(星 旭)

よしむらいじゅうろう 芳村伊十郎 長唄唄方の芸名。伊三郎の控え名。

(一)六代 一八五八―一九三五 本名鵜沢徳蔵。安政五年(一八五八)十二月十七日駿河国藤枝に生まれる。明治二十六年(一八九三)六代目を襲名。明治後期から昭和初期にかけての長唄界の名人。大正十一年(一九二二)八代目伊三郎の名を贈られたが、伊三郎の名を陰の名として伊十郎の名で家元を相続。昭和十年(一九三五)十月三日東京で没。七十八歳。墓所は東京都府中市の多磨墓地。

(二)七代 一九〇一―七三 本名太田重次郎。明治三十四年(一九〇一)八月二十三日東京に生まれる。六代目の門弟。昭和二十五年(一九五〇)七代目を襲名。美声家で声量豊か、同三十一年重要無形文化財保持者に指定。翌年芸術院賞受賞。昭和四十八年九月二十日東京で没。七十二歳。墓所は多磨墓地。

(星 旭)

よしむらしげき 吉村茂樹 一八九七―一九八五 昭和時代の歴史学者。日本古代・中世初期の政治・法制、および古文書学。明治三十年(一八九七)十一月十四日、広島県佐伯郡津田村(佐伯町)に仁古・ムヨの次男として生まれる。広島修道中学、第七高等学校を経て東京帝国大学文学部国史学科に進む。大正十四年(一九二五)卒業と

同時に東京帝国大学史料編纂所編纂官補となり、昭和十一年（一九三六）編纂官、同二十八年文学博士（学位論文「国司制度崩壊に関する研究」）、翌年教授、昭和三十三年定年により退官した。その間、昭和十三年東洋大学史学科の創設に関わり三十年まで教授を兼任、昭和二十七年と四十年には天皇・皇后に朱雀天皇と二条天皇の事蹟について進講した。東京大学退官後、昭和四十六年まで上智大学教授をつとめ、同大学名誉教授となる。昭和六十年四月十六日没。享年八十七。墓所は東京都新宿区若松町の宝祥寺。法名は崇敬院律堂茂林居士。代表作『国司制度崩壊に関する研究』は、広く史料を網羅した当該期の実証的な制度史研究として学界に大きな影響を与え、今日の平安時代史研究盛行の先駆的役割を果たした。このほかに『平安時代の政治』（昭和八年）、『藤原氏の栄華と院政』（同九年）、『古文書学』『院政』（同三十三年）、『国司制度』（同三十七年）などの著書がある。

（平田　耿二）

よしむらじんべえ　吉村甚兵衛　一八三六―八六　幕末・明治時代前期の通信・運輸業者。三都定飛脚問屋和泉屋の当主、陸運元会社および内国通運会社の初代頭取。天保七年（一八三六）江戸に生まれる（月日不詳）。幕末・維新期に和泉屋の当主として家業の発展に努めたが、官営郵便の創業（明治四年（一八七一）三月）によって深刻な打撃を受けた。その結果旧定飛脚仲間と提携して、一時官営郵便とはげしい競争をくりひろげたが、結局、駅逓頭前島密の勧告や手代佐々木荘助らの助言に従って、明治五年六月、陸運元会社を日本橋佐内町和泉屋邸内に設立し、その頭取となった。なおこれより先、東京為替会社の設立（明治二年六月）の際には、身元金を差し出して頭取並に選任され、廻漕会社設立（明治三年正月、東京霊岸島）の際にも、十四人の同業者とともに頭取に選任された。また明治八年二月、陸運元会社を内国通運会社と改称した後も十四年八月まで頭取の地位にとどまったが、明治十九年十一月二十六日、五十一歳で病没した。墓は東京都台東区の谷中墓地にある。

参考文献　大蔵省編『（明治前期）財政経済史料集成』一五・一六・二一、『法規分類大全』運輸門八、日本通運株式会社編『社史』

（山本　弘文）

よしむらとらたろう　吉村虎太郎　一八三七―六三　幕末土佐の志士、天誅組の幹部。諱は重郷、号は黄庵、字は虎太郎・於菟。世上、寅太郎と書くが、自筆署名や確認し得る藩庁文書は虎太郎と書いている。天保八年（一八三七）四月十八日に土佐国高岡郡津野山郷芳生野村（高知県高岡郡東津野村）で父同村庄屋吉村太平重雄・母雪（吉良氏）の長男として誕生。十二歳で父の職を継ぎ同郡北川村庄屋となり、ついで同郡須崎郷浦庄屋に転じたが、安政四年（一八五七）に郡奉行下役に呼び捨てにされたことに強く抗議した。この抗議は天保庄屋同盟の思想に立脚するものであったが、そのために同郡下分村庄屋に転勤、同六年に同郡檮原村番人大庄屋となる。在職中、蔵紙制廃止による紙・楮価下落に伴い年貢の現物納を出願、他方、間崎滄浪（哲馬）に師事しその尊王思想に強く影響された。文久元年（一八六一）、土佐勤王党結成に参加、同二年二月、武市瑞山の命により長州に赴き久坂玄瑞と会い、九州では平野国臣より、島津久光率兵上京に乗じた伏見挙兵計画を聞き帰藩。挙藩勤王を目指す武市瑞山に同志の脱藩・挙兵計画への参加を説いたが失敗。三月、同郷の宮地宜蔵とともに脱藩。長州を経て上京し挙兵に加わろうとしたが、寺田屋騒動で挙兵は頓挫。虎太郎自身は事件に直接関与しなかったが、四月三十日、薩摩藩より土佐藩に引き渡された。しかし、尊攘派の藩政掌握により十二月に釈放、翌三年二月に再脱藩し、京坂・長州で活動した。孝明天皇の大和行幸が計画されるや、藤本鉄石・松本奎堂とともに前侍従中山忠光を擁して討幕挙兵を企図、八月十四日、京都を出て同志三十数名と天誅組を結成、藤本・松本らとともに総裁（副総裁とする説もある）・参謀となる。八月十七日、五条代官所襲撃に成功したが、八月十八日の政変で孤立した。天誅組は大和国十津川郷で募兵し、八月二十六日に高取城攻撃に敗退、虎太郎も重傷を負い、敗走行のなか、大和国鷲家口（奈良県吉野郡東吉野村鷲家）で津藩兵に射殺された。死亡日は、九月二十七日が有力であるが、同月二十六日とする説もある。二十七歳。墓は同地にある。明治二十四年（一八九一）四月贈正四位。

参考文献　寺石正路『土佐偉人伝』、梶谷信平『（幕末勤王）天誅組烈士戦誌』、平尾道雄『天誅組烈士吉村虎太郎』、東野善一郎『天誅組天誅録』、久保田辰彦『（いはゆる）天誅組の大和義挙の研究』、瑞山会編『維新土佐勤王史』、田尻佐編『贈位諸賢伝』二、原平三「天誅組挙兵始末考」（『土佐史談』六二・六三）

（吉田　昌彦）

よしむらまさもち　芳村正秉　一八三九―一九一五　明治時代の宗教家。神習教教祖。天保十年（一八三九）九月十九日芳村泰治の次男として生まれる。津山藩士で、幕末、京都に出て儒学・国学を学び、鞍馬で修行した。この間、勤王派の志士と交わった。明治維新後、神祇官ついで教部省に出仕したが、大教院設置に反対して去り、明治七年（一八七四）神宮司庁に仕えた。祭神論争では伊勢派として活動した。同十三年教導職となり、独自の神道を求めて霊山をめぐり修行した。諸国の神職・修験者らを自己の神道説で結集した講社を、神道教会と称することを公許された。翌年、神道神習派と改め、教派神道の一派として独立を公認され、のち教名を神習教と改めた。同教は東京神田に本祠を設け、造化三神・天神地祇を祀る。芳村の著述「神道三要」を教典とし、惟神の道を宣揚し、国教を天下に明らかにすることを目的とする。神事に内伝・外伝があり、禊・物忌・鎮魂などの修行で、神人一体・幽顕一致の安心を得るとしている。大正四年（一九一五）一月二十一日没。七十七歳。

参考文献 菅野正照『神習教管長芳村正秉君略伝』、野口珂北『神習教祖略伝』、田中義能『神道神習教の研究』 （村上 重良）

よだがっかい 依田学海 一八三三―一九〇九 明治時代の劇作家、演劇活動家。天保四年（一八三三）十一月二十四日、下総佐倉藩士依田貞剛の次男として江戸八丁堀（東京都中央区）に生まれた。名は百川、字は朝宗、学海と号した。はやくより学を藤森天山（弘庵）にうけ、詩文をよくした。幕末に際して尊王の説を唱え、入京して公卿の間に周旋した。明治維新後、佐倉藩大参事、新政府の集議院幹事、地方官会議書記官、文部省少書記官、修史局編修官などを歴任した。明治十八年（一八八五）退官後は文筆に親しみ、福地桜痴（源一郎）らとともに、劇界に対し意見を述べ、明治十九年演劇改良会をおこし、発起人の一人となる。また歌舞伎の改良のため、守田勘弥（十二世）や市川団十郎（九世）などの俳優を直接指導後援し、また一方、演劇に理解の少ない政府高官に対し、歌舞伎の認識や、演劇界の地位向上のことに努力した。著作に『譚海』『吉野拾遺』『英武蒙求』『改良脚本小御門』『十津川』『文覚上人勧進帳』その他がある。また、日記『墨水別墅雑録』『学海日録』が刊行されている。明治四十二年十一月二十七日（一説に十七日）、牛込区新小川町三丁目（新宿区）にて没。七十七歳。墓は東京都台東区の谷中墓地にある。

参考文献 二木慶・松川ヒロ子「依田学海」（『近代文学研究叢書』一〇所収） （福地 重孝）

ヨッフェ Adolf Abramovich Ioffe 一八八三―一九二七 ロシアの革命家およびソ連の外交官。一八八三年十月十日クリミア半島のシンフェロポリで、富裕なユダヤ系商人の子として生まれる。一九〇二年ロシア社会民主労働党に入党し、ウィーンにおいてトロツキーの主宰する新聞『プラウダ』の編集に携わるなど広範な活動をした。十月革命後はもっぱら外交官として活躍し、ブレスト＝リトフスクにおけるドイツとの休戦交渉の代表団首席、初代駐独全権代表を歴任したが、ドイツ革命に対して公然たる援助を与えたためドイツから追放された。二二年には駐華全権代表に任ぜられ、翌年一月には孫文と共同声明を発表し、さらに翌二月には日露協会会頭後藤新平の招きで訪日し、後藤および川上俊彦駐ポーランド公使との間に日ソ国交回復のための交渉を行うなどの成果をあげた。晩年は、トロツキーとともにスターリンへの批判を強め、二七年十一月十七日にトロツキーの党からの除名に抗議してピストル自殺した。四十四歳。

参考文献 E・H・カー『ボリシェヴィキ革命』二（宇高基輔訳）、Joseph L. Wieczynski ed., Thhe Modern Encyclopedia of Russian and Soviet History, vol. 14. Georges Haupt and Jean Jacques Marie eds., Makers of the Russian Revolution. （酒井 哲哉）

よどがわながはる 淀川長治 一九〇九―九八 昭和・平成時代の映画評論家。明治四十二年（一九〇九）四月十日神戸市に生まれる。幼少のころより映画に耽溺。昭和二年（一九二七）より「映画世界」編集部を皮切りに、ユナイテッド・アーチスツ宣伝部、東宝宣伝部と宣伝広報の仕事を中心に担当。同二十三年雑誌『映画之友』（のちに『映画の友』）編集長となり、読者との集い（友の会）を設立、評論活動のかたわら映画ファン層の拡大に尽力する。同三十五年「ララミー牧場」の解説役でテレビに登場、四十一年からは「土曜映画劇場」（のちに「日曜映画劇場」）の解説を始め、独特の楽しい語りで人気を得る。後年は執筆の他、講演、対談を数多くこなし、魅力的な個性と相まって、とくに初期の映画を新しい世代に伝える点で多大の功績を残す。著書は『映画散策』（同二十五年）はじめ多数。自伝に『淀川長治自伝』（同六十年）がある。平成十年（一九九八）十一月十一日動脈瘤破裂により死去。八十九歳。山路ふみ子賞、勲四等瑞宝章他数々の褒賞に輝く。 （宮本 高晴）

よないみつまさ 米内光政 一八八〇―一九四八 明治から昭和時代前期にかけての海軍軍人。旧南部藩士族米内受政の長男として明治十三年（一八八〇）三月二日、岩手県岩手郡三割村下小路（盛岡市愛宕町）に出生。母はみわ。盛岡中学を経て海軍兵学校に進み、三十四年十二月卒業。オーストラリア方面への遠洋練習航海を終えて海軍少尉に任官。日露戦争には中尉として従軍し、日本海海戦に駆逐艦電乗組として参加した。砲術専門の海軍将校として進み大正三年（一九一四）五月、海軍大学校甲種学生教程を卒業。旅順要港部参謀のあと第一次世界大戦に際してはロシア駐在となり、革命の勃発を体験した。六年に帰国して佐世保鎮守府参謀、ついで軍令部出仕・同参謀となり、シベリア出兵に際して浦塩派遣軍司令部付を勤めた。九年十二月大佐に進んで翌十年十一月から一年間にわたってポーランド駐在員監督となり、大戦後の東ヨーロッパの実情を見聞した。帰国後は装甲巡洋艦春日・同磐手・戦艦扶桑・同陸奥の各艦長を歴任して十四年十二月将官に進む。第二艦隊参謀長、海軍軍令部第三班長、第一遣外艦隊司令官、鎮海要港部司令官、第三艦隊司令長官、佐世保鎮守府司令長官、第二艦隊司令長官、横須賀鎮守府司令長官を歴任して、昭和十一年（一九三六）十二月連合艦隊司令長官兼第一艦隊司令長官となる。林内閣の成立に際して海軍大臣に就任し、十二年四月大将に任ぜられ、第一次近衛・平沼の両内閣に留任した。昭和十三年夏から翌十四年八月まで続いた第一次日独伊同盟交渉においては、日本陸軍のつよい同盟条約賛成意見に抵抗して反対の態度を貫き、この交渉を流産させた。独ソ不可侵条約締結を契機として平沼内閣が退陣するとき軍事参議官に退いたが、独伊との同盟に反対した態度は天皇の希望と合致するものであり、これが背景となって十五年一月、内閣を組織した。日本海軍の願望は米内が現役に留まったまま首相に就任することであったが、米内は文官の身分である首相となるには現役を退くべきであるとの信念から、海軍部内の引き留めにもかかわらずみずから予備役に編入された。米内内閣の総辞職後は前官の礼遇を賜わって重臣の一人となったが、太平洋戦争開戦には反対したものの予備役であるため実質的な権限はなく、傍観者的な立場に立った。戦局が不利となり昭和十九年になると、海軍部内で海軍の立て直しのため米内を現役に復帰させて海相にしようとする運動が起り、東条内閣の退陣とともに小磯国昭と並んで組閣の大命を受け、小磯内閣では副総理的な立場で天皇の特旨により現役に復帰して海相に就任した。鈴木内閣に留任して終戦工作に尽力し、よく海軍部内をまとめて終戦を実現させた。このあと東久邇宮・幣原の両内閣に留任して戦後処理にあたった。昭和二十三年四月二十日東京で没。六十九歳。墓は盛岡市南大通三丁目の円光寺にあり、市内本宮の盛岡市先人記念館に米内の遺品・資料が展示されている。

参考文献　緒方竹虎『一軍人の生涯』、実松譲『米内光政』、阿川弘之『米内光政』(『新潮文庫』)　（野村　実）

よねいげんじろう　米井源治郎　一八六一―一九一九　明治・大正時代の実業家。麒麟麦酒会社の創設者。文久元年(一八六一)九月十六日、美作国苫田郡高倉村(岡山県津山市)に豪農米井仲平の次男として生まれた。苦学ののち明治二十年(一八八七)慶応義塾を卒業し、又従兄弟の磯野計が経営する食料品輸入販売業明治屋商店の店員となった。三十年計が病没すると、その遺言により遺児菊の後見人として明治屋の発展に努め、三十六年に合名会社に改組して社長、四十四年株式会社に改組して社長となった。四十年、近藤廉平・瓜生震らとともに、岩崎久弥の個人的支援の下にジャパン＝ブルワリーを買収して麒麟麦酒株式会社を設立、専務に就任し、明治屋を専売店としてその発展を図った。また三十年設立の鉄・機械輸入業磯野商会を継承して米井商会と改め(大正六年(一九一七)合資、八年株式)、輸出入業と請負業を営んだほか、桜セメント・日本硝子工業などにも関係したが、大正八年七月二十日、五十九歳で没した。　（高村直助）

よねくぼみちすけ　米窪満亮　一八八八―一九五一　大正・昭和時代の海上労働運動・無産政党運動の指導者。初代労働大臣。明治二十一年(一八八八)九月十六日長野県東筑摩郡塩尻村(塩尻市)の百姓の次男に生まれ、苦学して松本中学を卒業、官費の東京高等商船学校に入り、大正三年(一九一四)の卒業後、松昌洋行の船長、五光商会のシンガポール支店長などをしたが、同商会が第一次世界大戦後倒産したため失業した。十年に結成された日本海員組合の初代組合長楢崎猪太郎に招かれて機関誌『海員』の編集者、のち編集長、庶務部長、国際部長、副組合長を歴任、国際労働会議にも労働代表、随員、顧問として数回出席した。右翼労働戦線統一をめざして昭和六年(一九三一)日本労働倶楽部、翌七年日本労働組合会議の結成に参加、書記長として活躍した。昭和三年の総選挙に社会民衆党から兵庫県で立候補して落選、十二年に当選したが、十七年の翼賛選挙で非推薦で落選した。敗戦後、昭和二十一年・二十二年・二十四年の総選挙に日本社会党から立候補して連続当選、二十二年の片山内閣の国務相、ついで初代労相に就任したが、昭和二十六年一月十六日脳溢血で死去した。六十二歳。

参考文献　日本海員掖済会編『顧問米窪満亮氏追悼録』、村上行示『海上労働運動夜話』、松井政吉『国会断罪・議員追想』　（松尾　洋）

よねだしょうたろう　米田庄太郎　一八七三―一九四四　明治から昭和時代前期にかけての社会学者。明治六年(一八七三)二月一日奈良県添上郡辰市村杏(奈良市杏町)の農業米田八十平の長男として生まれた。県立郡山尋常中学校に入学したが、翌年私立奈良英和学校へ転じた。明治二十八年欧米に留学し、コロンビア大学のギディングスとコレージュ＝ド＝フランスのタールドに社会学を学んだ。三十四年同志社に招かれて帰国し、翌年教授に就任、大正三年(一九一四)まで教鞭をとった。明治四十年京都帝国大学に開設された社会学講座の講師となり、昭和十七年(一九四二)まで教壇に立った。その間大正九年に文学博士の学位を受けようやく教授になったが、五年後の十四年には辞表を提出した。この不遇は「教授会で同席はごめんだ」など学内の部落差別の結果であった。各国語に通ずる卓抜な語学力を駆使して、欧米の社会学説の紹介を精力的に行い、科学としての社会学の確立に努めた。心理主義的社会学を導入して、社会思想研究の端緒を開き、組織社会学(方法論)・純正社会学・総合社会学(特殊社会学の総合)の体系化を構想した。また第一次世界大戦後の社会運動の発展に対し、この分野の理論的研究および各国各派の社会思想と社会運動の紹介にも力を注いだ。著書は『現代人心理と現代文明』『現代文化人の心理』『輓近社会思想の研究』『現代社会問題の社会学的考察』『歴史哲学の諸問題』など多数ある。昭和十九年十二月十八日没。七十二歳。

参考文献　『京都帝国大学史』、高田保馬『米田庄太郎先生のこと』、秋元律郎『日本社会学史』、木村京太郎「米田庄太郎博士を偲ぶ」(『部落』四三)、住谷悦治「米田庄太郎博士」(『荊冠の友』二一)　（川村善二郎）

よねやまうめきち　米山梅吉　一八六八―一九四六　明治から昭和時代前期にかけての銀行家。明治元年(一八六八)二月四日江戸生まれ。士族和田竹造の三男。同二十年米山家の養子となり、苦学の末三十年三井銀行に入行、昇進して四十二年常務取締役、池田成彬と並んで同行を代表する存在であった。大正十二年(一九二三)みずから制定した定年制で辞任、三井信託創立に努力して翌年三月社長に就任、初代信託協会会長を長く勤め、信託業界を代表する存在となった。かたわら大正十五年金融制度調査会委員、昭和七年(一九三二)三井合名理事、同九年三井報恩会理事長も勤め、またロータリークラブを日本に導入、私費で設立した緑岡小学校は現在の青山学院初等部となり、同学院の経営にも尽くした。同十三年以降勅選貴族院議員。二十一年四月二十八日没。七十九歳。著作にも才能をみせ、『米山梅吉選集』二巻がある。

参考文献　米山梅吉先生伝記刊行会編『米山梅吉伝』

（麻島　昭一）

よりひとしんのう　依仁親王　一八六七―一九二二　東伏見宮の初代。伏見宮第二十代邦家親王の第十七王子として、慶応三年（一八六七）九月十九日誕生。幼称を定宮という。明治二年（一八六九）山階宮晃親王の養嗣子となり、同十七年四月英国に留学し、のち仏国に転学。翌十八年十二月小松宮の継嗣に改められ、十九年五月親王宣下を蒙り、依仁と命名され、三品に叙される。ついで二十五年二月仏国留学から帰国し、三十六年一月小松宮継嗣を止め、東伏見宮の創立を勅許される。親王はつとに海軍に籍を置き、累進して海軍大将に至り、また大日本水産会総裁や日仏協会名誉総裁などをつとめたが、大正十一年（一九二二）六月二十七日死去。年五十六。継嗣を欠いたため、当宮家は親王一代で断絶した。墓は東京都文京区大塚五丁目豊島岡皇族墓地にある。

参考文献　東伏見宮家編『依仁親王』

（川田　貞夫）

よろずてつごろう　万鉄五郎　一八八五―一九二七　明治・大正時代の洋画家。明治十八年（一八八五）十一月十八日岩手県東和賀郡十二ヶ村（和賀郡東和町土沢）に誕生。父勝衛、母なか。同三十六年上京。早稲田中学に通う傍ら白馬会菊坂研究所で油絵を習い、同三十九年八ヵ月ほど渡米、翌年東京美術学校西洋画科に入学した。同四十五年同校を卒業したが、そのとき卒業制作として色彩対比の激烈な「裸体美人」を提出したことは有名であり、同年秋のフュウザン会展への参加、活躍と併せて注目された。大正三年（一九一四）からはしばらく帰省して制作したが、再上京後の同六年二科展にキュビスム風の「もたれて立つ人」その他を出品、再び話題となった。しかし同八年病を得て神奈川県高座郡茅ヶ崎町に転居後は、江戸時代の文人画を研究し、その素朴味を自作にとり入れようとしたが、その画業はフォービスム・キュビスムなど西欧の現代様式を率先して吸収しながら、これを東洋の精神をもって表現したところに先駆的な意義が認められる。昭和二年（一九二七）五月一日、茅ヶ崎の自宅で没。四十三歳。墓は東京都品川区西品川一丁目の妙光寺。画論・展覧会評・書簡を収めた『鉄人画論』がある。

参考文献　万鉄五郎画集編集委員会編『万鉄五郎画集』、神奈川県立近代美術館他編『生誕百年記念万鉄五郎展』（展覧会図録）、村上善男『万鉄五郎』（『有隣新書』三九）

（富山　秀男）

ら

ラーネッド　Dwight Whitney Learned　一八四八―一九四三　アメリカン＝ボード（会衆派系の外国伝道局）派遣の宣教師、同志社教授。一八四八年十月十二日、コネティカット州カンタベリーの牧師の家に生まれる。七三年イェール大学大学院卒業。明治八年（一八七五）十一月、妻とともに来日。翌年四月から創立間もない同志社で教えるとともに、新島襄を助けてその経営に尽力。昭和三年（一九二八）六月同志社との訣別の言葉を発表、九月神戸港を出帆。このとき七十九歳。勲三等瑞宝章を下賜された。同志社で担当した学科は、専門の聖書神学・キリスト教会史・教理史・新約釈義のほか、広く、数学・物理学・天文学・体操・ギリシャ語・ラテン語など多方面にわたった。『新約聖書』について、『使徒行伝』（明治十九―四十一年翻訳出版）をはじめとする膨大な注解を残している。その政治思想は進歩的・自由主義的かつ、ヒューマニズムが一貫しており、経済学は「右手に聖書、左手に経済学」という思想的立場と意気込みをもって講述された。イェール大学より博士号（D・D）の名誉学位をうけた。一九四三年三月十九日、カリフォルニア州クレアモントにて没。九十四歳。昭和四十年十一月、京都市左京区鹿ヶ谷若王子山町の同志社墓地に分骨される。著書に『経済新論』（宮川経緯訳）、『経済学之原理』（浮田和民訳）などがある。

参考文献　住谷悦治『ラーネッド博士伝』

（高橋　昌郎）

ライシャワー August Karl Reischauer 一八七九―一九七一 米国(北)長老派宣教師、教育家。祖父母の時オーストリアより米国に移住。イリノイ州南部に一八七九年九月四日生まれる。ハノーバー大学を経てマコーミック神学校((北)長老派系)を一九〇五年(明治三十八)卒業、同年結婚し教育宣教師として来日。明治学院教授(明治四十年―昭和五年(一九三〇))として神学のほか哲学・世界史を教える。彼の幅広い学問的関心と伝道対象の日本の伝統、特に仏教への追究は『真宗百話』の英訳(大正二年(一九一三))からStudies in Japanese Buddhism, 1919に結実し、のちThe Nature and Truth of the Great Religions, 1966に発展した。他方現日本聾話学校の設立は女児が聾児であるところから発心したもの(大正九年)。キリスト教各派協力の女子高等教育機関東京女子大学(常務理事)の設立経営にも参画し、昭和十六年帰国。一九七一年七月十日死去。九十一歳。駐日大使を勤めたエドウィン・O・ライシャワーは子である。

参考文献 秋山繁雄「東洋思想への深い理解」(『明治人物拾遺物語』所収) (大内 三郎)

ライシャワー Edwin Oldfather Reischauer 一九一〇―九〇 アメリカの日本研究者、駐日大使。一九一〇年十月十五日長老教会の宣教師カール＝ライシャワーの次男として東京で生まれた。十六歳まで日本で過ごし、三一年オハイオ州のオベリン大学を卒業、ハーバード大学で東洋学、特に日本と中国の言語と文化を専攻、奨学金を得てフランスに渡り、国立現代東洋語学校などで学んだ。その後東大・京大・北京大などで研究を進め九世紀の日唐関係の研究『入唐求法巡礼行記』で博士号を得た。三九年からハーバード大学で教鞭をとり、第二次世界大戦中は国務省・陸軍省に依頼され、日本語を翻訳したり、日本軍の暗号を解く解読者を養成する陸軍言語学校の創設に参加、また、日本関係の情報を分析する作業に従事した。日米開戦時の駐日大使グルーが国務次官に就任すると、戦後日本をどうするか、対日占領政策の立案に協力した。四六年ハーバードに戻り、助教授に就任、日本史と東洋の言語の講座を持ち、やがて教授に昇進した。アメリカ人の夫人を病気で失い、五六年明治の元老松方正義の孫ハルと再婚した。六一年(昭和三十六)四月、六〇年安保騒動、アイゼンハワー大統領訪日中止などでギクシャクした日米関係を修復するため、駐日大使として来日。「絶たれた対話の回復」を目指して学者と大使二つの顔を活用し、日本の近代化について新しい視点から問題提起を行うなど知識人・社会党を含む幅広い人々と接触した。日本全国で講演を行いテレビに出演し総合雑誌に論文を発表するなど活躍。特にベトナム戦争が激化し日本の反米感情が盛り上がった折は、アメリカの政策を日本人に理解させようと努力した。六四年三月日本人の精神分裂症の少年に刺され、池田勇人首相が陳謝する事件もあった。六六年七月大使を辞任、ハーバード大学に戻り研究を続けた。日米関係について積極的な提言を行い、八一年には「安保改定時から核搭載の米艦船の日本寄港、領海通過は日米間に口頭了解があった」と語り波紋を呼んだ。九〇年(平成二)九月一日、肝炎のため七十九歳の生涯をとじた。

参考文献 エドウィン・O・ライシャワー『ライシャワー自伝』(徳岡孝夫訳)、同『日本への自叙伝』(大谷堅志郎訳) (池井 優)

ライト Frank Lloyd Wright 一八六七―一九五九 アメリカ人建築家。一八六七年六月八日ウィスコンシン州に生まれる。生涯に八百余の建築設計を残した近代建築創始期の巨匠。日本では帝国ホテルの設計者として知られる。ライトの帝国ホテルは東京日比谷公園の東隣の敷地に、大正十二年(一九二三)に竣工した鉄筋コンクリート造の建築で、明快な機能の分割と空間構成、独創的な形態ならびに装飾によって、昭和四十二年(一九六七)に取壊されるまで、日本に建つライトの代表作として注目を集めた。なお帝国ホテルのロビー部のみ、取壊し後愛知県犬山市の博物館明治村に移築保存された。ライトは明治三十八年(一九〇五)以来いくどか来日し、日本に十二の建物の設計図を残し、このうちの六案が実現した。現存する主要作品として旧山邑邸(大正十三年竣工、兵庫県芦屋市、重要文化財)がある。ライトの全作品譜のなかで帝国ホテルをはじめとする日本での仕事は、初期のアメリカ中西部に建つ多くの住宅作品と、後期の鉄筋コンクリート造の特性を生かした独特の造形をもつ作品群との、ちょうど中間期に相当することを示す。ライトの作風は日本で少数の建築家に強い影響を与え、ライト式と称される一群の建築が大正末、昭和初期につくられた。一九五九年四月九日アリゾナ州フェニックスで没。九十一歳。

参考文献 山本学治他『帝国ホテル』、谷川正己『ライトの遺産』(『日本の建築〔明治大正昭和〕』九) (稲垣 栄三)

ライト William Ball Wright 一八四三―一九一二 明治時代来日した聖公会司祭。アイルランドに一八四三年十月五日生まれ、ダブリンのトリニティ大学を卒え、六七年司祭叙任。ヨーク教区で司牧していたが、福音宣教会(SPG)宣教師を志願、明治六年(一八七三)九月来日。東京三田の大松寺、ついで陽泉寺に英学塾を開き伝道。島田弟丸・山県与根二らを育成。特に地方農村伝道に力を注いだ。のち東京聖三一神学校や聖教社神学校に教える一方、ウィリアムズC. M. Williams主教を援けて聖公会最初の聖歌集『使徒公会之歌』(明治九年)を刊行、『朝晩禱文付リタニー』(同十一年)の編集にあたった。また新井白石の『西洋紀聞』上巻の英訳を『アジア協会報』九に発表している。八二年二月帰国、SPG書記となったが、八九年アメリカのミシガン教区アルバニー教会牧師となり、十年後帰国、一九一二年没。

参考文献 日本聖公会歴史編集委員会編『あかしびと

たち―日本聖公会人物史―』（海老沢有道）

ライト　William V. Wright　?―一八九三　フレンド派のカナダ年会婦人外国伝道協会後援による日本派遣宣教師。明治二十一年(一八八八)九月に夫人を伴い来日し、フィラデルフィア＝フレンド婦人外国伝道協会派遣のジョセフ＝コサンドが監督するフレンド派日本伝道に加わる。ジョージ＝ブレイスウェイトが始めた番町(東京都千代田区)伝道と青年夜学校を引き継いだ上で、キリスト教伝道を志す者のため、二十三年十一月、麻布(港区)に「男子学校」を開き、そこで『聖書』および英語の教授にあたった。同年、在日外国人フレンドを会員として外国伝道委員会が組織されると、書記に任命された。しかし健康を損い、二十四年に帰国している。一八九三年二月九日没。

[参考文献] 平川正寿編『基督友会五十年史』、Gurney Binford: As I Remember It, Fourty-three Years In Japan.（戸田　徹子）

ライマン　Benjamin Smith Lyman　一八三五―一九二〇　アメリカの地質学者。一八三五年十二月十一日マサチューセッツ州ノーザンプトンに生まれ、ハーバード大学卒業後、六二年までパリの鉱山学校およびドイツのフライベルクの鉱山学校で地質学を学ぶ。明治六年(一八七三)一月、開拓使の招きで来日。開拓使仮学校で地質学を講義するかたわら、毎年学生を連れて北海道各地の地質調査を行い、明治九年、はじめて二百万分の一の北海道地質図を表わした。この成果をもとに石狩・空知炭田開発の基礎が築かれた。その後、明治九年内務省勧業寮に、十一年には工部省工作局に移ったが、この間一貫してみずから計画した全国油田調査事業を続け、信越油田地域を中心に日本全土の地質調査を行う。明治十三年帰国。油田調査の総括は同十五年にアメリカで発表された。帰国後は一八八二年からペンシルベニア州地質調査所に勤め、九五年次長で退官。一九二〇年八月三十日、フィラデルフィアで没した。八十四歳。

[参考文献] 桑田権平『来曼先生小伝』、今井功『黎明期の日本地質学』（今井　功）

らいみきさぶろう　頼三樹三郎　一八二五―五九　江戸時代後期の儒者、志士。諱は醇、字は子厚・子春、通称は三木八・三樹三郎・三樹八郎、号は鴨崖・百城・古狂生。文政八年(一八二五)五月二十六日京都三本木(京都市上京区南町)に生まれる。父は山陽、母は梨影、三男。天保三年(一八三二)父を喪い、十一年大坂に下って後藤松陰の塾に入り、かたわら篠崎小竹に学んだが、十四年来坂した羽倉簡堂に伴われて江戸に遊学、昌平坂学問所に入寮した。弘化三年(一八四六)三月上野不忍池に遊び、弁天堂の石燈を倒して寛永寺の咎めを受け、退寮を命ぜられた。同年四月東北漫遊の途につき、九月三厩口から松前に渡り、江差で松浦武四郎と一日百詩・百印の雅興を楽しんだ。翌四年八月蝦夷地を去って本土に渡り、嘉永二年(一八四九)正月帰京して家塾を守り、梁川星巌・梅田雲浜らの諸儒と交わった。同六年外艦の渡来に皇国の安危にかかわると悲憤慷慨し、安政二年(一八五五)九月母を喪って以来、家を忘れて国事に奔走し、同五年将軍継嗣問題には一橋慶喜の擁立を画策し、四月星巌と謀議して、水戸藩に勅書が降下することを近衛忠煕に入説し、七月には星巌の宅で西郷吉兵衛(隆盛)・大楽源太郎らと時事を議した。同年八月水戸藩に戊午の密勅が降下すると、幕府は安政の大獄を起し、十一月三樹三郎はこれに連坐し、捕えられて六角の獄に投ぜられ、翌六年正月江戸に檻送され、福山藩邸に預けられ、評定所の糺問の後、十月七日死罪を命ぜられ、伝馬町の獄で斬首の上、遺骸は南千住の小塚原に棄てられた。年三十五。極刑の理由は、幕府側が「梁川星巌方へ参会いたし候三樹八郎・池内大学(陶所)・梅田源次郎(雲浜)、右四人反逆之四天王と自称いたし候由」(『公用方秘録』)との情報を得ていたためと思われる。墓は東京都荒川区南千住五丁目の回向院、同世田谷区若林四丁目の松陰神社境内にある。明治二十四年(一八九一)贈正四位。

[参考文献] 木崎好尚『頼三樹伝』、宮内省編『(修補)殉難録稿』前篇（吉田　常吉）

ラインシュ　Paul Samuel Reinsch　一八七〇―一九二三　アメリカの政治学者、外交官。一八七〇年に生まれる。一九〇一―一三年ウィスコンシン大学教授。世界政治を講じ、一三年ウィルソン W. Wilson 大統領の要請をうけて教壇から在中国公使として赴任、一九年まで在職。辛亥革命後の中国の自立と近代化への助言者として努力した。その間、一五年(大正四)日本の中国に対する二十一箇条要求に強く反対するようウィルソンに進言し、中国の立場を支持し、一七年アメリカの参戦を前にして中国を参戦させ、財政援助を与えることを国務省に説いたが、ランシング国務長官は消極的であった。また一九年のパリ平和会議では、中国の民族主義の高揚に共鳴し、山東半島のドイツ権益の返還には中国の主張を支持し、アメリカの山東問題における日本への譲歩を不満として公使を辞任した。二三年没。国際政治や中国に関する著書として、World Politics at the End of the Nineteenth Century (1900); Intellectual and Political Currents in the Far East (1911); An American Diplomat in China (1922)などがある。（長岡新次郎）

ラウレス　Johannes Laures　一八九一―一九五九　ドイツ人カトリック宣教師。一八九一年十一月二十一日ラインランド、フレリンゲンに生まれる。一九一三年四月十日イエズス会入会、二三年八月二十四日司祭叙階、二八年アメリカ合衆国コロンビア大学で経済学を修め、同年(昭和三年)十一月三十日来日、上智大学教授となる。特にキリシタン研究に力を注ぎ、北京ペイタン教会図書館文献やマニラ聖トマス大学図書館文献などを収集して上智大学にキリシタン文庫を設立、昭和三十二年キリシタン文献目録『吉利支丹文庫』を大成、『高山右近の生涯』『聖フランシスコ・ザビエルの生涯』なども著わす。昭和三十四年八月三日没。六十七歳。東京府中カトリック墓地に葬られる。

参考文献　純心女子短期大学長崎地方文化研究所編『プチジャン司教書簡集』、『キリシタン文化研究会会報』三ノ一・二合併号　（高木　一雄）

ラウレル　Jose P. Laurel　一八九一―一九五九　日本占領下のフィリピン共和国大統領。法学者。一八九一年三月九日、ルソン島バタンガス州タナワン町に生まれた。父ソテロ＝ラウレルはフィリピン革命の著名な指導者の一人。一九一五年にフィリピン大学法学部を卒業、同年司法試験に優秀な成績で合格したのち、一九年に国費留学生としてアメリカのイェール大学に留学、二〇年に法学博士の学位を得た。帰国後、内務次官を経て二三年に内務長官に就任したが、時の総督ウッド Leonard Wood の独裁的支配に抗議して同年辞任した。この辞任で民族主義者としての名声を高め、二五年には上院議員に当選した。ひき続いて上院で再選を果たすことはできなかったが、三四年には憲法制定議会に選出されて指導的役割を果たし、また三五年から日本軍の占領までは、最高裁判所陪席判事をつとめた。この間、三八年に東京大学から法学博士の名誉学位を授与された。こうした日本との友好的関係を評価され、日本軍政下ではフィリピン行政委員会の司法委員、内務委員に任命され、四三年十月からは日本軍の手で樹立されたフィリピン共和国の大統領に就任した。しかし、かれは日本軍の単なる傀儡ではなく、さまざまなかたちで日本軍に抵抗した。戦後、この時期の対日協力で国民裁判にかけられたが、四八年一月の大統領特赦で裁判から解放された。四九年、大統領選挙に出馬して惜敗したが、五一年には最高点で上院議員に当選し、名声を不朽のものとした。五九年十一月六日没。六十八歳。

参考文献　Rose Laurel Avanceña and Ilena Maramag: Days of Courage: The Legacy of Dr. Jose P. Laurel; Jose P. Laurel: War Memoirs.　（池端　雪浦）

ラグーザ　Vincenzo Ragusa　一八四一―一九二七　彫刻家。一八四一年（天保十二）七月八日、イタリア、シチリア島のパレルモ近郊パルタンナ＝モンデルロに生まれる。少年時代絵画と彫刻を学ぶ。ガリバルディの義勇軍に参加後、パレルモ塑造学校に学び、七二年（明治五）全イタリア美術展で、「装飾暖炉」が最高賞を受賞、七五年日本派遣彫刻学教師選抜コンクールで首席となり、明治九年工部美術学校彫刻学教師として来日した。同校では石膏取り、大理石彫刻の技法など基礎的な彫刻実技を教え、日本にはじめて洋風彫刻術をもたらした。門下に大熊氏広・藤田文蔵らがいた。また「日本の俳優」「日本の大工」「清原玉女像」「日本婦人」などを制作、明治十五年工部美術学校が廃止され、清原玉を伴って帰国。一八八四年パレルモ市に自費で工芸美術学校を創設、東洋美術の紹介につとめ、のちパレルモ市立高等工芸学校となり、一九二七年（昭和二）三月十三日八十六歳で没するまで校長をつとめた。

参考文献　隅元謙次郎『明治初期来朝伊太利亜美術家の研究』、東京国立近代美術館編『フォンタネージ・ラグーザと明治前期の美術展』（昭和五十二年特別展カタログ）　（三木　多聞）

ラグーザたま　ラグーザ玉　一八六一―一九三九　画家。文久元年（一八六一）六月十日、江戸芝新堀（東京都港区）に生まれる。幼名多代、本名清原玉。父は定吉、母はかね。明治五年（一八七二）十二歳のとき小林永洲につき日本画を習う。十年十七歳のときラグーザを識り、絵の指導を受け、十一年ラグーザの彫刻「清原玉女像」のモデルとなる。十三年二十九歳のときラグーザと結婚、再びラグーザの彫刻「日本婦人」のモデルとなる。十五年ラグーザに伴われてイタリアに赴き、パレルモ大学美術専攻科に入学、油彩画を本格的に描き始める。ラグーザが創設し校長をつとめる工芸美術学校の教授となり、のち副校長となる。一八八九年ラグーザと教会で結婚式をあげ、エオノーラ＝ラグーザと改名。イタリア国内はもちろんヨーロッパ各地の展覧会で受賞。一九二七年ラグーザ没。小野七郎の取材を基に木村毅の『ラグーザお玉』が『大阪毎日新聞』に連載、昭和八年（一九三三）帰国、銀座伊東屋で個展を開催。芝新堀町に画室を構える。昭和十四年四月六日七十九歳で没。東京麻布宮村町の長命寺（港区）に葬られる。代表的な作品に「天楽礼讃」「小鳥」「春」などがある。

参考文献　木村毅『ラグーザお玉』、同『ラグーザお玉自叙伝』、東京国立近代美術館編『フォンタネージ・ラグーザと明治初期美術展』（昭和五十二年特別展カタログ）、東京丸の内画廊編『ラグーザお玉展』（昭和五十八年特別展カタログ）　（三木　多聞）

ラゲ　Emile Raguet　一八五四―一九二九　ベルギー人カトリック宣教師。一八五四年十月二十四日トゥルネに生まれる。七七年九月九日パリ外国宣教会入会、七九年三月八日司祭叙階、四月十六日マルセイユ出発、同年（明治十二）五月長崎上陸、長崎県下黒島・平戸などで布教、明治二十一年から福岡・大分・宮崎各県下で布教、二十九年から四十四年まで鹿児島県下で布教、その間三十八年七月『仏和会話大辞典』出版、四十年一月鹿児島市で愛苦会（準修道会）設立、四十三年七月『ローマ字新約聖書』出版、同年長崎市浦上教会転任、東洋一の天主堂を完成させる。大正十一年（一九二二）引退して大浦天主堂内に住居、のち福岡市へ移り『仏和大辞典』の改訂に着手するも健康を害して入院、主なる著書十七冊、昭和二年（一九二七）勲五等瑞宝章に叙せられる。同三年四月東京府荏原郡大森町聖マリア共同医院へ移るも、四年十一月三日没。七十五歳。東京府中カトリック墓地に葬られる。

参考文献　池田敏雄『人物による日本カトリック教会

史』、聖母訪問会編『おもかげ』、河野純徳『鹿児島における聖書翻訳』 （高木　一雄）

らしんぎょく　羅振玉　Luo Zhen-yu　一八六六―一九四〇　清末・民国初期の考証学者。生家はもと浙江省上虞に在ったが、曾祖父の時、江蘇省淮安に移ったので、淮安で同治五年（一八六六）に生まれた。字は叔言、叔蘊。号は雪堂、貞松老人。光緒二十二年（一八九六）、日清戦争後の国力衰退を救うため、上海に農報館を設立し、欧米および日本の農学書を翻訳出版したが、藤田豊八はこの時招聘された。その後、同二十四年、東文学社を設立し、藤田を教授、田岡嶺雲を助教として清国学生を教育した。ついで同二十六年、湖広総督張之洞に招かれて湖北農務局総理兼農務学堂監督に就任したが、一年で辞した。同二十七年（明治三十四）末、湖北江蘇両省の命により、教育制度視察のためはじめて来日したが、自叙伝の記載では、この際、東京高等師範学校校長嘉納治五郎から教を受け、また小村寿太郎外相は官邸に招き、清国人留学生の革命思想取締につき要望した。同三十二年、北京に赴き、新設の学部の参事に就任したが、在任中に内閣の大庫に在った明末清初の学術的貴重史料を焼却から救った。宣統三年（一九一一）、武昌に革命が勃発すると、本願寺教主大谷光瑞および旧友の京都大学の内藤虎次郎・狩野直喜・富岡謙蔵各教授の勧めで京都に赴き、前後八年滞在し、この間に多年蒐集の資料を続々公刊したが、その中で彼が最も考古に裨益ありとした名著は、殷代文字の研究『殷虚書契考釈』である。民国八年（大正八、一九一九）、帰国して天津に住み、一時宣統帝（溥儀）の師傅としてその教育にあたり、退任後、旅順に移った。一九三二年（昭和七）、満洲国成立とともに参議府参議に任ぜられ、翌年、監察院院長に就任し、在任五年にして三七年に辞任したが、この間、日満文化協会会長なども兼ねた。四〇年六月十九日、旅順の私邸で急没。七十五歳。『貞松老人遺稿』がある。

参考文献　花岡千春『羅恭敏公正伝』、愛新覚羅溥儀『わが半生』（新島淳良・丸山昇他訳、『筑摩叢書』二四五・二四六）、満洲帝国政府編『満洲建国十年史』、島邦男「羅振玉」（東京大学中国哲学研究室編『中国の思想家』下所収）、榎一雄「羅振玉氏の訃」（『史学雑誌』五一ノ九）、島田好「羅振玉氏の自叙伝「集蓼編」」（満鉄大連図書館『書香』五三・五四）、梅渓昇「羅振玉と日本の関係序説」（『鷹陵史学』一八） （河村　一夫）

ラフカディオ＝ハーン　Lafcadio Hearn　⇨小泉八雲（こいずみやくも）

ラムステッド　Gustaf John Ramstedt　一八七三―一九五〇　フィンランド生まれの蒙古語・アルタイ語比較言語学者。一八七三年十月二十二日、タムミサーリに生まれる。一九一七年ヘルシンキ大学の員外教授、大正八年（一九一九）―昭和五年（一九三〇）は駐日公使。帰国後再びヘルシンキ大学教授となる。長年にわたりフィンランド東洋学会およびフィン＝ウゴル学会を主宰した。『ハルハ蒙古語の活用について』Uber die Konjugation des Khalkha-Mongolischen（一九〇三年）、『蒙古文語とウルガ方言の比較音韻論』Das Schrift-mongolische und die Urgamundart phonetisch verglichen（同年）にて蒙古語比較言語学を確立。日本滞在の成果として『朝鮮語文法』A Korean Grammer（一九三九年）、『朝鮮語語源研究』Studies in korean Etymology（一九四九年）を著わす。没後刊行された『アルタイ言語学研究序説』Einleitung in die Altaische Sprachwissenschaft（第一巻『音韻論』（一九五七年）、第二巻『形態論』（一九五二年）、第三巻『索引』（一九六六年））はアルタイ言語学に関する集大成である。日本語に関しては「アルタイ諸語と日本語との比較」（一九二四年）などにおいて、日本語がアルタイ語と親縁関係にあることを、いくつかの単語の比較により示そうとした。一九五〇年十一月二十五日没。七十七歳。エスペラント学者としても著名である。

参考文献　野村正良「故ラムステッド博士」（『言語研究』一九・二〇） （古田　啓）

ランバス　Walter Russell Lambuth　一八五四―一九二一　アメリカ南部メソジスト監督教会所属宣教師。関西学院創立者。一八五四年十一月十日、宣教師J・W・ランバス（老ランバス）の長男として上海に生まれる。アメリカの大学で神学と医学を修め、中国に帰って医師宣教師として活動。明治十九年（一八八六）神戸に来て、それより四年間、伝道につとめた。この間、居留地四十七番館に、パルモア牧師の援助をうけて、パルモア英学院を起し、明治二十二年九月、関西学院を創立。また広島英和女学校の建設にも尽力した。明治二十三年より、南メソジスト監督教会伝道局の主事補、主事をつとめ、明治四十三年に監督に選任された。この間、キューバ・メキシコ・ブラジル・ベルギー・フランス・朝鮮・中国・シベリア・アフリカ、それに日本など世界各地を旅行、伝道に従事。大正十年（一九二一）九月、急病で横浜万国病院に入院、同月二十六日死去。六十六歳。遺骨は、上海の老ランバス夫人の墓畔に葬る。著書にProphet and Proneer などがある。

参考文献　ランバス伝委員会編『関西学院創立者ランバス伝』 （高橋　昌郎）

り

リース Ludwig Riess 一八六一―一九二八 ドイツの歴史学者。一八六一年十二月一日、西プロイセンのドイツチュ＝クローネに生まれ、ベルリン大学で史学・地理学を学び、在学中ランケの写字生をもつとめた。八四年「中世におけるイギリス議会選挙権」の研究で同大学から学位を得たが、ユダヤ系で国内での就職が難しかったためか、招かれて明治二十年(一八八七)二月来日、東京の帝国大学文科大学に新設されたばかりの史学科教師となり、同三十五年七月まで十五年間在職、この間、ヨーロッパの歴史、ドイツの史学研究法などを英語で講義して専門的な西洋史学研究の基礎を開くとともに、渡辺洪基・重野安繹・三上参次らに協力して明治二十二年十一月の「史学会」開設を推進し、日本関係海外史料の採訪・利用を勧告、実践し、また同二十四・二十五両年は慶応義塾大学部補助外国教師を勤めた。この間教えを受けた者に村上直次郎・村川堅固・白鳥庫吉・幸田成友・内田銀蔵・喜田貞吉・黒板勝美・辻善之助・阿部秀助らがいた。解任にあたり、夫人大塚ふくと一男四女を東京に残して帰国、十六世紀ドイツ史の論文を発表して一九〇三年以降母校ベルリン大学の講師、ついで員外教授、別に陸軍大学講師として歴史学を講じた。帰国前グラーフェンロイト Th. Gravnreut またはゲンツ Th. Gentz の名で数種の新聞に寄稿した小品を集めて一九〇四年『日本雑記』Allerei aus Japan を刊行、〇九年夏季休暇で来日、一二年『日本近代史』Die Entwicklung des modernen Japan を刊行、のちハイデルベルク大学教授ゲオルク＝ウェーバーの遺著『世界史教程』Lehrbuch der Weltgeschichte や『世界史』Allgemeine Geschichte の改訂版刊行に努め、晩年には『英国最近世史』をも刊行した。その著述は一貫してランケの歴史叙述を模範とし、主観を排し、史料に基づく公平な判断を重んじた。二六年交換教授として渡米したが病のため開講せずに帰国、二七年ドイツ日本研究所理事となったが、二八年十二月二十七日ベルリンで死去。六十七歳。なお、著書のうち邦訳されたものに『世界史の使命』(大正十一年(一九二二)刊)、『ドイツ歴史学者の天皇国家観』(昭和六十三年(一九八八)刊)がある。

参考文献 金井圓・吉見周子編『わが父はお雇い外国人』、金井圓『お雇い外国人』一七、同「ルートウィヒ・リースと日本関係海外史料」(『史学雑誌』八七ノ一〇) (金井 圓)

リーズデール Algernon Bertram Freeman-Mitford, *1st Baron* Redesdale ⇨ミットフォード

リード Eugene M. Van Reed ⇨バン＝リード

リカルテ Artemio Ricarte 一八六六―一九四五 フィリピン革命の不屈の指導者。一八六六年十月二十日、ルソン島北イロコス州バタック町に生まれた。郷里で初等教育を受けてのちマニラに出て、サン＝フアン＝デ＝レトゥラン学院と師範学校で学び、九〇年からカビテ州で小学校の教師になった。ここで秘密結社カティプーナンへ入会し、九六年八月にフィリピン革命が勃発すると、革命軍将軍として活躍した。フィリピン・アメリカ戦争の勃発後、一九〇一年にアメリカ軍に逮捕され、グアム島へ追放されたが、アメリカ体制期に入り〇三年にマニラへ連れ戻された。しかし、依然としてアメリカへの忠誠を拒否したため、七年間の独房生活を強いられた上に、刑期満了後は香港へ追放された。一五年(大正四)に日本へ亡命、初めは名古屋市で土工として働いていたが、二二年にビハリ＝ボースの世話で上京、東京駒場の海外殖民学校でスペイン語を教えた。四一年(昭和十六)日本軍のフィリピン占領にあたって協力を求められ、帰国して宣撫工作に従事し、四五年七月三十一日山下奉文の兵団とともに敗走中病死した。七十八歳。

参考文献 太田兼四郎『鬼哭』、Grant K. Goodman: General Artemio Ricarte and Japan, Journal of Southeast Asian History. Ⅶ(2)(Sep. 1966). (池端 雪浦)

りかんよう 李完用 Yi Wan-yong 一八五八―一九二六 李朝末期の親日的政治家。字は敬徳、号は一堂。一八五八年李奭俊の子息として京畿道驪州に生まれた。のちに判中枢府事李鎬俊の養子となる。八一年に育英公院に入学して英語を学び、八二年に科挙文科に合格して官僚の道にはいった。一八八七年に駐米韓国公使館の参賛官になったが五月に帰国、同年十二月には駐米代理公使となり、九〇年までつとめた。九五年十月に閔妃が、駐韓日本公使三浦梧楼ら日本人グループに虐殺された事件があり、国王高宗がロシア公使館に播遷したとき成立した親露派政府で、外部大臣となった。日露戦争で日本が勝利すると親日派となり、一九〇五年(明治三十八)十一月の第二次日韓協約(乙巳保護条約)のとき、学部大臣であったかれは積極的にこれに賛成して日本の歓心をかい、朝鮮民衆からは乙巳五賊の頭目として糾弾された。〇七年四月に成立した親日内閣の総理となっていたかれは、同年六月のヘーグ密使事件のときも、高宗を引責退位させ、第三次日韓協定による日本の「次官政治」を受けいれた。〇九年十二月には、李在明という青年の襲撃による刺殺未遂事件があった。一〇年八月二十二日、韓国政府の全権委員として、第三代統監寺内正毅との間に日韓合併条約を締結し、その功労によって日本政府から伯爵、さらに三・一運動後の一九二〇年には侯爵を授けられた。日韓併合後には朝鮮総督府中枢院の顧問となり、日本への忠誠を尽くした。一九二六年二月十一日没。六十九歳。 (姜 在彦)

リギンズ John Liggins　一八二九―一九一二　日本に最初に来日したアメリカ聖公会宣教師。一八二九年五月十一日、イギリスのウォリックシャーに父ジョン、母エリザベスの子として生まれ、のち四一年、アメリカのフィラデルフィアに移住、五五年、バージニア聖公会神学校を卒業。同年、学友C・M・ウィリアムズとともに中国宣教師に任命され、五六年六月二十八日、上海に上陸し、揚子江沿岸地方に伝道。健康を害し転地療養のため、安政六年三月三十日(一八五九年五月二日)長崎に上陸、崇福寺境内に居住。アメリカ聖公会内外宣教会は、この年二月十四日、日本伝道開始を声明、リギンズおよびウィリアムズの両師は、その最初の宣教師に任命された。リギンズは、日本語の習得につとめるとともに、長崎奉行の依頼により、英語通訳の養成にあたり、英日対訳の会話書を著述した。また、在華宣教師の著になる科学書類の普及につとめ、将来の伝道開始にそなえた。翌安政七年(一八六〇年二月)在日十ヵ月で病気療養のためイギリスに渡り、のち帰米して牧会に従事した。一九一二年一月七日ニュージャージー州オーシャンシティで没。八十二歳。墓はニュージャージー州アトランチック市のセント＝ジェームス教会にある。著書に『英和日用千句集』Familiar Phrases in English and Romanized Japanese がある。

参考文献　日本聖公会歴史編纂委員会編『日本聖公会百年史』、海老沢有道編『立教学院百年史』

(高橋　昌郎)

りくそうよ　陸宗輿　Lu Zong-yu　一八七六―一九四一　清朝末期から民国にかけての政治家。浙江省海寧県の人。字は潤生。光緒二年(一八七六)生まれる。早稲田大学専門部で政治学を専攻し、帰国後、同二十八年から二年間、京師大学堂の教員となり、同三十一年、清廷が載沢・徐世昌ら五大臣を各国政治視察のため派遣した際、二等参賛として随行して徐世昌に認められ、同三十三年、徐世昌が東三省総督に任命されると、随行して奉天に至り、塩務督辦に充てられ、徐世昌が郵伝部尚書に転任後は、資政院議員、内閣印鋳局長、度支部副大臣を歴任した。民国二年(一九一三)、参議院議員および憲法起草委員に選ばれたが、同年十二月、駐日公使に任命され、同四年四月まで在任した。帰国後、段祺瑞を助けて西原借款の受入れに努力し、同六年、日華合弁中華滙業銀行の董事長に任命され、また同年以後、国会議員として曹汝霖とともに新交通系に属した。同七年七月、竜烟鉄鉱公司督辦となり、同年十月、幣制局総裁となった。同八年、五四運動が発生し、北京の学生三千余により国賊として曹汝霖・章宗祥とともに非難されたので、総統徐世昌は学生の公憤鎮静に努めたが、同年六月に入ると、各地の労働者・商人までストライキに参加するに至ったので、同月十日、曹・章とともに罷免され、政界を去るの余儀なきに至った。その後は、同十六年、交通銀行総理となったが、おおむね天津に引退し、同三十年、北京で病死した。六十六歳。主著に『五十自述記、附対日各案情実』がある。

参考文献　劉紹唐「陸宗輿」(『伝記文学』二五ノ二)

(河村　一夫)

りくちょうしょう　陸徴祥　Lu Zhi-xiang　一八七一―一九四九　中国近代北洋軍閥期の外交官。字子欣。一八七一年江蘇省上海に生まれる。八三年上海広方言館に入りフランス語を学んだのち、北京同文館を卒業。一八九三年ロシア駐在清国公使の通訳として露都(ペテルブルグ)に赴いた。一九〇六年オランダ公使となり翌〇七年のヘーグ万国平和会議に出席、一一年駐露公使となる。一二年中華民国が成立すると唐紹儀内閣の外交総長に就任、唐の辞職後国務総理(六月―九月)となった。以後段祺瑞・徐世昌・王士珍・銭能訓各内閣の外交総長を歴任(通算五年余)した。その間日本の二十一箇条要求交渉(大正四年(一九一五))に対応し、一九一九年のパリ平和会議には首席全権として出席、山東解決に不満で調印を拒否した。二二年駐スイス公使となり国際連盟代表をも兼ねた。二七年引退してベルギーのサン＝アンドレ修道院にはいった。四六年ローマ法王からサン＝ピエール修道院名誉院長の称号を受けた。四九年ベルギーで没。七十九歳。

参考文献　羅光『陸徴祥伝』

(臼井　勝美)

りこうしょう　李鴻章　Li Hong-zhang　一八二三―一九〇一　清朝末期の政治家。字は少荃。道光三年(一八二三)正月五日、安徽省合肥県(現在の合肥市)に生まれた。父李文安は刑部郎中となり、兄李瀚章はのちに両広総督となった。一八四五年(道光二十五)、上京して曾国藩に学び、四七年進士に及第後、翰林院に入り、五〇年、編修を授けられ、五三年(咸豊三)太平天国革命が安徽に及ぶと、郷里に帰って防衛にあたり、その後六二年(同治元)太平天国軍攻撃下の上海救援のため、曾国藩の推挙で江蘇巡撫(巡撫は一省の長官)に任命され、乱の鎮定に務めた。七〇年、曾国藩のあとを受けて直隷総督(直隷省の長官、通商事務ならびに北洋海軍の指揮権も有する)となり、以来約二十五年、その地位に在った。この間、彼は洋務運動(西洋の機械文明で清国の近代化を計る運動)にも尽力した。清国近代軍事工業の端緒は、六二年に彼が設立した上海の兵器工場で、六五年には再編されて江南製造総局となり、六七年に設立の天津機器局とともに軍事力増強に貢献した。七二年、彼は輪船招商局(中国最初のまた最大の汽船会社)を上海に設立した。七五年(光緒元、明治八)、英国から砲艦四隻購入を決定して建設に着手した北洋海軍は、日本海軍に対抗して着々増強され、九四年には、戦艦二(定遠・鎮遠)、巡洋艦七(済遠・致遠・靖遠・経遠・来遠・超勇・揚威)を主力として日清戦争を迎えた。彼は直隷総督として、清末の重要外交問題で関係しないものはなかった。彼の外交は概して平和主義で、外国との妥協が多かったので、反対派から軟弱外交として批判された。その交渉は、七〇年の天津における仏人宣教師虐殺事件の処理に始まり、七一年、大蔵卿伊達宗城との間に、双務的に領事裁判権を認めた日清修好条規に調印し、七五年の英国雲南探険隊通訳マーガリー A. R. Margary 殺害事件に際しては、清廷が英国公使ウェード T. F. Wade の広汎な要求に屈し、翌七六年、彼は全権として芝罘協定に調印した。琉球の帰属をめぐる日清交渉については、八〇年、彼は外務卿井上馨が派遣した大蔵少書記官竹添進一郎との間に、台湾に近い宮古・八重山両群島のみを清国領とし、その代償として日清修好条規を改訂し、日本に最恵国待遇を与える了解が成立したが、清流党(革新派)の陳宝琛の反対意見の上奏があり、彼もこれに同調したため、妥結に至らなかった。八二・八四年には、朝鮮国漢城で壬午・甲申の両事変が起ったが、彼は宗主国の立場から、日朝両国に対し威圧を与えるとともに、特に甲申事変前後は、清仏戦争の戦局との関連もあり、日本との衝突を回避し、事変を収拾するにも力を尽くした。かかる日本との関係を顧慮し、彼は一方では北洋海軍の拡張に大いに力を致した訳であるが、装備と規律の面では、日本海軍に劣ることも熟知していたので、開戦は極力回避した。日清戦争に入るや、はたしてその北洋陸海軍は全滅の悲運に会った。九五年四月、下関市の春帆楼で日清講和条約に調印した。また同年八月、直隷総督を免ぜられた。戦後、ロシアとの親善の気運が高まり、彼は露帝の戴冠式に特派使節として訪露の際、九六年六月、日本を対象とした李・ロバノフ条約(露清密約)に調印した。一九〇〇年、義和団事変勃発に際し、両広総督から再び直隷総督に転任し、翌年九月、全権として列国との講和条約(北清事変最終議定書)に調印し、同年十一月七日、北京で死去した。七十九歳。『李文忠公全集』全百六十五巻がある。

参考文献 竇宗一編『李鴻章年(日)譜』、田保橋潔『近代日鮮関係の研究』、同『日清戦役外交史の研究』、矢野仁一『日清役後支那外交史』、復旦大学歴史系・上海師範大学歴史系編『中国近代史』二、梁啓超『李鴻章』(張美慧訳)、伊藤博文編『機密日清戦争』、和田清「李鴻章とその時代」(『東亜史論藪』所収)、河村一夫「李鴻章の親露政策とその日本への影響」(『日本外交史の諸問題』所収)、William Francis Mannix, ed., Memoirs of Li Hung Chang.

(河村 一夫)

リサール José Rizal 一八六一―九六 フィリピン革命に先立つ改革運動(プロパガンダ運動)の中心的指導者。国民英雄。一八六一年六月十九日にルソン島ラグナ州カランバ町に生まれた。マニラのサント＝トマス大学を中退して、八二年にスペインのマドリード中央大学に留学、医学部と哲学・文学部を卒業した。このスペイン滞在中に同胞の留学生らに呼びかけて、フィリピン統治の改革を求める言論活動を開始し、八七年に小説『ノリ・メ・タンヘレ』を発表してスペイン当局に一大衝撃を与えた。その後、フィリピン人自身の民族的自覚を育成するための著述活動を行い、九一年には二番目の小説『反逆』を著わして民族の独立を主張するようになった。九二年六月、ヨーロッパから二度目の帰国を行い、「フィリピン民族同盟」を結成して穏健な政治活動を開始したが、反逆罪で逮捕されミンダナオ島のダピタンへ流刑された。フィリピン革命開始後、革命主謀者の容疑をうけて九六年十二月三十日に処刑された。三十五歳。著書の翻訳『ノリ・メ・タンヘレ』『反逆・暴力・革命』(ともに岩崎玄訳)が出版されている。

(池端 雪浦)

りしょうばん 李承晩 Yi Sŭng-man 一八七五―一九六五 大韓民国初代の大統領。号は雩南、黄海道平山出身。一八七五年三月二十六日生まれる。九四年にソウル培材学堂に入学、キリスト教に入信した。九七年にアメリカ帰りの徐載弼が組織した独立協会に参加して民権運動の先頭にたち、九八年に政府の御用団体皇国協会と衝突して逮捕され、一九〇四年まで獄中生活を送った。〇五年に渡米して日本侵略に対するアメリカの介入を訴えたが失敗し、ワシントン大学・ハーバード大学で学び、一〇年にプリンストン大学で哲学博士の学位を取得。一〇年八月に韓国が日本に併合されたとき帰国して、一二年まで YMCA 活動に従事したが、再び渡米。一四年にはハワイで雑誌『韓国太平洋』を創刊、キリスト教学院を創立して独立精神を鼓吹した。一九年に朝鮮で三・一独立運動が起り、四月に上海で大韓民国臨時政府が結成されたとき大統領に推戴されたが、ウィルソン大統領に朝鮮の委任統治を請願したことが問題となり、その地位を退いた。その後も臨時政府の欧米委員部の代表として外交活動に従事した。四五年八月十五日に朝鮮が解放されると、同年十月十六日に帰国し、アメリカ軍政下の南朝鮮で反共的政治運動を指導し、四五年十二月にモスクワ三国外相会議が最高五年間の四ヵ国(米・ソ・中・英)による信託統治案を決定すると、それに反対する反託運動を指導した。かれの反共・反託的政治運動は、ソ連軍進駐下の北朝鮮と対決するものであり、ついに四八年五月十日には国連監視下の南朝鮮だけの単独選挙を強行し、八月十五日に成立した大韓民国の初代大統領となった。五〇年六月二十五日に朝鮮戦争が起ると韓国軍の指揮権を国連軍司令官に渡し、五三年七月二十七日の停戦協定に対しても「北進統一」を叫びつづけて、ついにこの協定への署名を拒否した。一方、四八年八月に大韓民国の初代大統領となり、六〇年四・一九学生革命に屈して辞任するまで、韓国民主党と対決して大統領の地位に執着しつづけた。そのために五二年七月に、国会での大統領選挙で当選する可能性がなくなると、憲法を改正して大統領直選制にし、五四年十一月には初代大統領に限って大統領重任の制限を撤廃して、終身大統領になるための改憲を強行した。ところが六〇年三月十五日の正副大統領選挙で、不正選挙に抗議する馬山市民への流血の弾圧、特に高校生金朱烈の死に端を発して、李承晩の長期独裁政権に反対する抗議デモは全国に拡大し、警察との衝突で死亡者百八十六名、負傷者六千二十六名をだした。李承晩は四月二十七日に辞任し、五月二十九日に人目を避けてハワイに出国した。副大統領に当選した李起鵬一家も身の置きどころがなく自殺した。李承晩は六五年七月十九日にハワイで死亡、享年九十一。　（姜 在 彦）

参考文献　尹景徹『分断後の韓国政治』、R. T. Oliver: Syngman Rhee.

りたいおう　李太王　⇨高宗(こうそう)

リッジウェー　Matthew Bunker Ridgway　一八九五―一九九三　アメリカ合衆国軍人。一八九五年三月三日バージニア州フォート＝モンローに生まれる。一九一七年陸軍士官学校を卒業。第二次世界大戦中は陸軍空挺師団長・空挺軍団司令官としてシシリー・イタリア・ノルマンディー・北ドイツ方面の戦闘に活躍。朝鮮戦争に際しては五〇年十二月前任者戦死のあと第八軍司令官に任命され、人民中国軍参戦で敗色濃厚だった国連軍の陣容を立て直して反撃に転じ、五一年四月政府を批判して解任されたマッカーサーに代り朝鮮における国連軍最高司令官に任命されるとともに、在日連合国最高司令官を兼任し、同五月には陸軍大将に昇進した。朝鮮の戦線を北緯三八度線付近で安定させるとともに、対日講和が実現し日本が主権を回復する日本占領終結期の連合国最高司令官としての役目を無難に勤めた。五二年五月アイゼンハワーの後任として北大西洋条約機構軍の最高司令官に転出し、五三年から五五年まで陸軍参謀総長を勤めた。九三年七月二十六日ペンシルベニア州ピッツバーグ郊外で死去。九十八歳。著書にSoldier（一九五六年刊）がある。　（有賀　貞）

リッター　Hermann Ritter　一八二八―七四　ドイツ人の理化学者。御雇外国人教師。一八二八年ドイツのハノーバーに生まれる。ゲッチンゲン大学で化学をF・ウェーラーに学ぶ。卒業後アメリカに渡りセントルイスの化学工場で五年間働き、ドイツ帰国後さらにロシアに渡り、明治三年（一八七〇）金沢藩（石川県）の招きで来日した。しかし廃藩置県直前のため、金沢に赴くことなく、ハラタマの後任として大阪理学校（大阪舎密(せいみ)局の後身、のち東京の開成所分校）に勤務、同六年六月東京の開成学校の鉱山学科の教師となり、わが国の理化学教育の初期に多くの俊英を育てた。同年十月九日、開成学校の新校舎の開業式に明治天皇が行幸したとき、リッターは化学実験を天覧に供した。同七年十二月二十五日天然痘のため没。横浜外人墓地に葬られた。東京の谷中墓地には開成所鉱山学科での教え子たちにより記念碑が建てられている。　（山下　愛子）

参考文献　ユネスコ東アジア文化研究センター編『資料御雇外国人』、手塚竜麿『日本近代化の先駆者たち』、小柴俊雄「リッテル」（『市民グラフヨコハマ』昭和五十五年六月）

リットン　Victor Alexander George Robert, *2nd Earl of Lytton*　一八七六―一九四七　イギリスの政治家。一八七六年八月九日父E. R. Lytton（インド総督）の任地インドのシムラで生まれる。ケンブリッジ大学トリニティ＝カレッジを卒業。自由貿易論かつ婦人参政権を支持する異色の保守派であった。海軍省・インド省の政務次官を経て一九二二年インド、ベンガル州の知事に任命された（―二七）。その間短期であるが総督代理となった。帰国後も国際連盟総会のインド代表になるなどインドとの関係は深かった。後半生は国際連盟・国際連合の熱心な推進者として活躍したが、三一年満洲事変に対する国際連盟調査団の団長となり、日本の国際連盟脱退の原因となったいわゆる「リットン報告書」を作成したことで著名となった。同報告書は客観的かつ公正な内容であった。三五年発表したAntony: A Record of Youthは広範な読者を得た。一九四七年十月二十六日七十一歳で没。典型的なイギリス貴族と評せられた。　（臼井　勝美）

リデル　Hannah Riddell　一八五五―一九三二　英国教会宣教会（CMS）所属の女性宣教師。熊本回春病院の創始者。「救癩の母」といわれた。一八五五年十月十七日、北ロンドンのバーネット街に生まれる。明治二十二年（一八八九）十二月、三十四歳のとき、カレッジ＝ミッションの働きのために熊本市に派遣され、はじめ第五高等学校の教授・学生たちに福音を伝える。明治二十三年四月三日、五高の教授らと桜の名所、本妙寺に桜花見物に行き、物乞いする大勢のハンセン病患者を見て、救ライ事業に生涯を捧げる決意を固める。これより、ライ病院設立を人々に訴え、ついに明治二十八年十一月十二日、立田山麓に「回春病院」を設立。聖公会九州地方部エビントン監督司式により開院式と聖別式を挙行。これとともにCMSを辞し、病院運営に従事、病人の生活指導、救霊のために専念した。また、日本政府当局に救ライ事業を国家的事業とするよう建言を重ね、ついに明治四十年三月十九日、救ライの立法化を達成した。大正十四年（一九二五）病院の中心として、和風をとりいれた荘厳な礼拝堂を建設し、降臨教会と命名。これとならんで、群馬県草津や沖縄諸島にいる病者たちに教師を巡回派遣し、慰めと励ましの働きをつづけた。昭和七年（一九三二）二月三日熊本に没。七十六歳。遺骨は熊本回春病院跡のリデル記念老人ホーム納骨堂に安置される。明治三十六年に藍綬褒章、大正十四年に勲六等瑞宝章を受ける。リデルの死後、姪の宣教師エダ＝ハンナ＝ライトEdde Hannah Wright（明治二十九年来日）が事業を継いだが、昭和十六年二月三日、戦争切迫のために病院は閉鎖され、土地・建物・基金は、すべてライ予防協会に寄付された。　（高橋　昌郎）

参考文献　内田守編『ユーカリの実るを待ちて―リデルとライトの生涯―』

りほうしょう　李奉昌　Yi Pong-ch'ang　一九〇〇―三二　桜田門投弾事件を起した韓人愛国団員。一九〇〇年ソウル竜山の生まれ、十九歳のとき南満洲鉄道竜山停車場の従事員となった。二三年（大正十二）に渡日して木下昌蔵という日本人名を使いながら、東京・大阪などで職業を転々としながら放浪生活を送った。三一年一月に上海に渡ったかれは大韓民国臨時政府に接触し、十二月十三日に正式に韓人愛国団に加入した。臨時政府主席金九から日本天皇暗殺の指令をうけ、氷川丸の船便で上海から神戸に到着、東京に潜入して機会をうかがった。三二年(昭和七)一月八日、天皇が代々木練兵場で陸軍観兵式を終えてその車が桜田門外にさしかかったとき手投弾を投じたが、宮内大臣乗用の馬車の近くで爆発して未遂におわった。その場で逮捕されたが、天皇の暗殺を意図した韓人愛国団の一員であることを説明し、同年十月十日の午前九時、市ヶ谷刑務所で処刑された。享年三十三。墓はソウル孝昌公園の光復先烈墓域にある。

参考文献　李康勲編『独立運動大事典』　（姜　在　彦）

りゅうしょうき　劉少奇　Liu Shaoqi　一八九八―一九六九　毛沢東に次ぐ中国革命の指導者。一八九八年十一月二十四日湖南省寧郷県花明楼炭子冲に生まれる。原名渭黄、ペンネーム胡服・火伕。父は比較的豊かな農民。九歳で私塾、十六歳のとき玉潭小学入学。不正規な中等教育を経て、一九二一年ソ連留学、中国共産党入党。二二年帰国して労働運動を指導。二五年の五・三〇運動のとき中華全国総工会副委員長。二七年の漢口英租界回収運動を指導、党中央執行委員となる。三一年中共中央労働部長。三二年全国総工会ソビエト区中央執行局委員長。三四年中央政治局委員。三五年北上して平津白区工作を指導。三六年中共党中央局北方局書記。四一年には新四軍を再建して政治委員。遊撃戦を評価して毛沢東に接近。四二年延安に入って整風運動を支持。四五年春の七全大会でナンバー＝ツーの地位を確保し、四九年中華人民共和国成立時には中央人民政府副主席。五九年には毛沢東のあとを継いで主席となった。しかし六二年来の調整政策をきびしく批判されて六六年プロレタリア文化大革命発動時に失脚。六八年八期一二中総会で除名。六九年十一月十二日失意のなかに河南省開封で病死した。七十二歳。著書は『劉少奇選集』(中国共産党編、人民出版社)、『劉少奇主要著作集』(浅川謙次・尾崎庄太郎訳、三一書房)などに所収。

参考文献　東亜研究会編訳『劉少奇語録』　（宇野　重昭）

りゅうしんたろう　笠信太郎　一九〇〇―六七　昭和時代のジャーナリスト、評論家。明治三十三年(一九〇〇)十二月十一日福岡市に生まれる。県立中学修猷館、東京高等商業学校を経て大正十四年(一九二五)東京商科大学卒業。一時研究科に在籍後昭和三年(一九二八)大阪の大原社会問題研究所助手となり、同六年所員、経済学・労働問題を研究。十一年一月東京朝日新聞社に入社、九月論説委員。かたわら十三年近衛文麿のブレーン組織「昭和研究会」に加わる。十五年十月、一年の予定で欧州特派員として渡欧したが独ソ開戦のためそのままとどまり、戦後二十三年二月帰国して復社。十二月論説主幹となり『朝日新聞』の論説を主導、特にその全面講和論は大きな影響を及ぼした。二十六年十一月取締役・論説主幹、三十一年十二月常務取締役・論説主幹。三十七年十二月辞任し顧問。経済・外交・文化など幅ひろい評論活動でも知られ、『日本経済の再編成』(昭和十四年)、『ものの見方について』(同二十五年)、『〝花見酒〟の経済』(同三十七年)などは特に注目を集めた。晩年は世界連邦運動に熱心に協力した。四十二年十二月四日心筋硬塞で死去。六十六歳。『笠信太郎全集』全八巻がある。

参考文献　江幡清編『回想笠信太郎』　（内川　芳美）

りようきゅう　李容九　Yi Yong-gu　一八六八―一九一二　親日団体一進会を組織し、日本の韓国併合に協力した親日的政治家。字は大有、号は海山。一八六八年二月十四日(陰暦正月二十一日)慶尚道尚州郡に生まれる。父李一和。九〇年に東学に入信し、孫秉熙らとともに、第二代教主崔時亨の弟子となった。九四年の東学農民戦争に参加して逮捕されたが、出獄後は教勢の拡大につとめながら進歩会を結成。日露戦争中に日本軍とともに帰国した宋秉畯の工作によって一進会という親日団体をつくり、民衆を動員して軍需品の輸送および京義鉄道(ソウル―新義州)の敷設工事に協力した。一九〇六年に孫秉熙が天道教を創立して東学の正統を宣言すると、これに対決して侍天教をつくり、その教主となった。一進会の会長としてかれは、黒竜会主幹内田良平の操縦のもとに保護条約への支持、韓国併合への支持を声明して朝鮮民衆の糾弾をうけたが、一進会も韓国併合とともに解散。朝鮮で身の置きどころを失ったため、来日し、一九一二年(明治四十五)五月二十二日日本で死亡した。四十五歳。

参考文献　大東国男『李容九の生涯』、西尾陽太郎『李容九小伝―裏切られた日韓合邦運動―』　（姜　在　彦）

りょうけいちょう　梁啓超　Liang Qichao　一八七三―一九二九　清朝末期民国初期の政治家、学者。字は卓如、号は任公。広東省新会県の人。同治十二年(一八七三)正月二十六日に生まれた。はじめ広州の学海堂で訓詁詞章を学んだ後、光緒十五年(一八八九)、広東の郷試で挙人に合格したが、翌年上京して受験の会試は失敗、帰途上海で洋書の漢訳数種に興味を覚えた。同年、第一回の上書が容れられず帰郷した康有為に会い、大いに啓発された。康有為は同十七年、梁らの請で広州の長興里に私塾「万木草堂」を開いたが、梁はここで学んだ三年間に一生の学術の基礎を得、また康の著述『新学偽経考』『孔子改制考』の編纂を助けた。日清講和条約締結後、康が第二回の上書で講和拒否などを訴えた際は康とともに奔走し、ついで政治改革啓蒙のため、康が北京に強学会を設立すると、書記となり、同二十二年には上海に赴き、『時務報』を創刊、翌年には、不纏足会・大同訳書局・女学堂を設け、また『西政叢書』を編輯した。光緒二十四年、光緒帝は梁を召見し、六品の官位を与え、大学堂と訳書局の事務を執らせたが、その後二月余で政変が勃発、康・梁はともに日本に亡命した。亡命後、梁は横浜で『清議報』を創刊、ついで同二十七年冬、代わって『新民叢報』を創刊したが、この間、宮崎滔天らの尽力で、孫文ら革命派と合作を協議したところ、康の強い反対で果たさなかった。辛亥革命後の民国元年(一九一二、大正元)十月、帰国し、翌年五月、大総統袁世凱の下で進歩党を創立して理事となり、同年九月、熊希齢内閣の下で司法総長に就任、民国四年二月には袁総統の政治顧問となったが、袁の帝政運動には反対し、袁の死後、民国六年七月、段祺瑞内閣の財政総長となった。民国九年、欧州から帰国後、政界を引退し、その後、『清代学術概論』『先秦政治思想史』『中国歴史研究法』などの名著を著わした。民国十八年一月十九日、北京で死去した。五十七歳。主な著作は『飲冰室合集』に収められている。なお、『清代学術概論』は日本語訳(小野和子訳、『東洋文庫』二四五)がある。

参考文献　丁文江『梁任公先生年譜長編』、佐藤震二「梁啓超」(『中国の思想家』下所収)、中国史学会編『戊戌変法』、小野川秀美『清末政治思想研究』、林権助『わが七十年を語る』　(河村　一夫)

りょうこうし　梁鴻志　Liang Hong-zhi　一八八二—一九四六　日中戦争中、日本に協力した中華民国の政治家。福建省長楽出身。字衆異。文才があり福建十詩人の一人ともいわれる。一八八二年出生。清末の京師大学堂卒業。安徽系軍閥の段祺瑞に接近して法制局参事、京師衛戍司令部秘書処長などを歴任。段がいわゆる安福国会を設立すると参議院秘書長。安直戦争で安徽派が敗れたときには日本公使館に逃避したこともあったが、段が復権して臨時執政となると秘書長。一九二六年段が失脚すると、下野。その後、天津で引退生活を送っていたが三八年日本が南京を占領して中華民国維新政府を擁立すると引きだされて行政院院長。四〇年維新政府が解体されて汪兆銘の維新政府に吸収されたときには立法院院長に転じたが、終始日本現地軍の派閥的闘争にまきこまれて志を達せず、日本が敗北したのちには漢奸として国民政府に逮捕され、四六年十一月九日上海で銃殺刑に処せられた。六十五歳。

参考文献　日本国際政治学会太平洋戦争原因研究部編『太平洋戦争への道』四　(宇野　重昭)

りょうしょうし　廖承志　Liao Cheng-zhi　一九〇八—八三　親日的な中国革命指導者の一人。父は中国国民党左派の領袖廖仲愷。母は何香凝。一九〇八年(明治四十一)両親が日本留学中、東京小石川で出生。原籍は広東省帰善(現在恵陽)。一九年上海を経て広州に帰り、二五年嶺南大学学生時代に労働運動に接近。父が暗殺された後、再び来日、マルクス主義に接近。二八年早稲田大学第一高等学院に在学中逮捕され送還、反日大同盟上海分会の活動に参加、八月、中国共産党に加入。ドイツに派遣され中国海員運動を指導、三〇年に逮捕され、ソ連経由で帰国。三二年中華全国総工会宣伝部長、三四年第四方面軍総政治部秘書長。張国燾と対立して身柄拘束のまま長征参加。抗日戦争中は中共南方工作委員会を指導。四五年七全大会で中共中央委員候補、四九年同中央委員、宣伝工作と華僑工作に活躍。また中日友好協会会長としても活動、六二年には高碕達之助とLT協定に調印した。党十二全大会で中央政治局委員。八三年六月十日北京で病没した。七十六歳。

参考文献　王永均・劉建皐編『中国現代史人物伝』　(宇野　重昭)

りょうすすむ　竜粛　一八九〇—一九六四　昭和時代の歴史学者。明治二十三年(一八九〇)四月二十九日、静岡県敷知郡浜松町元城(静岡県浜松市元城町)に生まれた。父は金次郎、母は満寿。七歳の時東京に移り、大正四年(一九一五)七月、東京帝国大学文科大学史学科を卒業。ただちに大学院に進んだが、翌五年一月、東京帝国大学史料編纂所嘱託となる。同十一年史料編纂官に任じ、『大日本史料』第五編の編纂出版を担当した。昭和十三年(一九三八)辻善之助所長のあとを受けて、史料編纂所長となった。以後、超国家主義者らの圧迫と戦中戦後の物資欠乏の中で『大日本史料』『大日本古文書』の編纂事業を着実に進め、戦後の同所の出版事業再開へと尽力した。この間、帝国学士院の帝室制度歴史的研究事項調査嘱託、国学院大学教授、金沢文庫評議員などを歴任した。同二十五年四月、史料編纂所の機構改革により、東京大学教授に任じ、所長を兼務し、学生の指導にあたった。同二十六年三月東京大学を定年退官し、日本大学教授に就任。昭和三十四年日本大学より文学博士の学位を授与された。同三十九年二月二十五日没。七十三歳。墓は東京都府中市の多磨墓地にある。専攻は平安時代末から鎌倉時代の皇室史と政治史である。著書に『平安時代』、『鎌倉時代』上・下、『吾妻鏡』(『岩波文庫』、訳注)、『世界印刷通史』などがある。

参考文献　『東京大学百年史』部局史四、「竜粛先生略年譜及び著作目録」(頌寿記念論文集刊行委員会編『(石田和田竜山中四先生)頌寿記念史学論文集』所収)、竹内理三「竜粛博士の訃」(『史学雑誌』七三ノ四)、山中謙二「竜先生の追憶」(『日本大学史学会研究彙報』八)　(鈴木　圭吾)

りんけんどう　林献堂　Lin Xian-tang　一八八一—一九五六　日本統治下台湾の抗日民族運動の象徴的リーダー。名は朝琛、号灌園、献堂は字。一八八一年、北部の林本源家と並ぶ中部の名家霧峯林家の総領として生まれる。梁啓超と交遊がありその影響を受けた。一九一四年(大正三)板垣退助をかついだ台湾同化会に参加したが同会はまもなく解散処分、一八年ごろから東京留学生と結び新民会を組織するとともに、二一年より帝国議会に対する台湾議会設置請願運動を起した(三四年(昭和九)まで)。また同年台北に成立した台湾文化協会の総理も努め、抗日的知識人の文化啓蒙運動の後ろ楯となった。しかし、二七年左派の進出により文化協会が左旋回して以後は、世界漫遊旅行に出るなど行動は消極化した。第二次世界大戦後は台湾の再出発にあたり住民の声望を集め、台湾の名士を率いて南京に蔣介石を訪問したり台湾省参議会員を努めたりしたが、結局国民党政権と合わず、のちに台湾を離れ、台北から再三の帰国要請も拒否、昭和三十一年東京で客死した。

参考文献 葉栄鐘『林献堂先生年譜』(『林献堂先生紀念集』一)、張正昌『林献堂与台湾民族運動』 (若林 正丈)

りんずい 琳瑞 一八三〇—六七 幕末の浄土宗の僧侶。天保元年(一八三〇)十月二十七日、出羽国村山郡北口村(山形県西村山郡河北町)に、豪商細谷守福の六男として誕生した。初名は房蔵。弘化三年(一八四六)三月、浄土僧琳堂について仏門に入り、法名を琳瑞とした。嘉永二年(一八四九)江戸に赴き、伝通院処静院主行誡(のち福田姓)のもとで修業、本律道場の建設に尽力し、安政四年(一八五七)処静院が本律道場として改組されるや、行誡をついでこれの住職となった。他方、東条一堂の門に学び、経学を修めた。ここで同郷の清川八郎と交流をふかめ、次第に政治状況への関心をつよめて水戸学に接近した。文久二年(一八六二)十二月、清川八郎の提唱で浪士隊が結成されたが、これに参画したらしく、その会合は処静院で催された。また、この過程で高橋泥舟・山岡鉄舟・黒川嘉兵衛ら幕臣との交流が始まった。翌文久三年、『大般若経』の刊行を発願した行誡を助け、慶応二年(一八六六)これが完成をみた。翌慶応三年十二月十八日高橋泥舟邸より帰宅の途中、小石川三百間坂において幕臣に刺され、翌十九日没した。三十八歳。伝通院境内に葬られた。

参考文献 大橋俊雄『祥道琳瑞和上』 (井上 勲)

りんのうじのみやよしひさしんのう 輪王寺宮能久親王 ⇨能久親王(よしひさしんのう)

る

ルーズベルト Franklin Delano Roosevelt 一八八二—一九四五 アメリカ合衆国第三十二代大統領。在任一九三三—四五年。一八八二年一月三十日ニューヨーク州ハイド＝パークに生まれる。家系はニューヨークの富裕な名家で、第二十六代大統領セオドア＝ルーズベルトは遠縁にあたる。ハーバード大学卒業後、コロンビア大学で法律を学び弁護士の資格を得たが、まもなく民主党員として政界に入り、ウィルソン大統領の下で海軍次官を勤め、一九二〇年の選挙では民主党の副大統領候補になったが敗北した。その後小児麻痺にかかり下半身の自由を失ったがリハビリである程度回復し、二八年にはニューヨーク州知事に当選、三二年には民主党の大統領候補に推されて当選、以来四選し四五年死去するまで十二年余り在任し、その間、大不況克服のため「ニューディール」の諸政策を推進して人気を博し、また枢軸国の脅威に対処して対外政策を転換させ、第二次世界大戦を勝利に導いた。一九三〇年代半ばには、国民の間に孤立主義的気分が強く、ルーズベルト政権ももっぱら内政に力を注ぎ対外政策は消極的だった。しかし三九年に第二次世界大戦が勃発し翌年フランスが敗北すると、彼はドイツと戦うイギリスを援助し、米英の提携関係を強化した。四一年秋には米独海軍は大西洋上で事実上交戦状態にあったが、彼はまだドイツとの本格的戦争を国民に提議することは控えていた。日本に対しては、日中戦争が拡大するにつれて態度を硬化させたが、四一年六月日本が仏領インドシナ南部に派兵した時には在米日本資産凍結、さらに石油全面禁輸という制裁措置をとった。彼が日本のハワイ攻撃計画を知っていながら対独参戦の機会を得るために故意に攻撃を仕掛けさせたという説には根拠がない。彼は主要枢軸国には無条件降伏を要求し、戦後については日独の無力化、主要連合国の協力による秩序の維持を考え、当初は普遍的な国際組織の設立を重視しなかった。彼は四一年以来、米英あるいは米英ソの首脳外交を展開して、戦争の勝利のための国際協力と戦後国際秩序の形成とを推進したが、欧州での戦争終結の直前、対日戦争終結の四ヵ月前、四五年四月十二日静養先のフロリダで死去した。六十三歳。

参考文献 S. I. Rosenman, ed., Public Papers and Addresses of Franklin Delano Roosevelt. 13 vols.; Robert Dullek; Franklin D. Roosevelt and American Foreign Policy (1979); F. W. Marks; Wind over Sand (1987). ルクテンバーグ『ローズヴェルト』(陸井三郎訳)、新川健三郎『ルーズベルト』 (有賀 貞)

ルーズベルト Theodore Roosevelt 一八五八―一九一九 アメリカ合衆国第二十六代大統領。在任一九〇一―〇九年。一八五八年十月二十七日ニューヨーク市に生まれる。家系はニューヨークの富裕な名家であった。ハーバード大学を卒業後、一時は歴史・伝記の著述に従事したが、やがて共和党員として政界への関わりを深め、九七年に海軍次官となり、キューバをめぐるスペインとの紛争に際して主戦論の立場をとる。九八年米西戦争勃発後は職を辞し、みずから騎兵隊を組織してキューバの戦場に赴き、人気を博した。同年ニューヨーク州知事に当選、一九〇〇年には副大統領に当選し、翌年九月マッキンレー大統領の不慮の死により大統領に就任、〇四年の大統領選挙に勝ち、〇九年まで在任した。大統領として彼は公共の利益の擁護者として積極的に指導力を発揮する大統領の型をつくり、また外交の面では世界政治の舞台で重要な外交的役割を果たしたはじめての大統領となった。彼は強力な軍備をもって外交を行う必要を説き、海軍力の充実に努めた。彼の対外政策は西半球ではパナマ運河地帯の獲得、カリブ中米地域の勢力圏化を進める一方、東アジアや欧州の勢力均衡に関心を示し、日露戦争の講和斡旋や第一次モロッコ危機の解決に貢献した。それらの貢献によりノーベル平和賞を授与された。日露戦争に際し、日本に好意を示した彼は、強国となった日本の行動がアメリカの利益を害さない範囲にとどまることを期待した。〇八年の高平・ルート協定はそうした期待に沿う日米の合意であった。彼は円満な日米関係が日本人移民差別や排斥問題でこじれることを防ぐため、〇六年サンフランシスコ市の日本人生徒差別事件が起った時、彼は地元を説得して差別措置を撤回させ、一方日本政府からは対米移民自主規制についての一連の約束(日米紳士協約)を得た。彼は一旦政界を引退した後、一二年には大統領の座への復帰を狙って選挙に出馬したが敗れ、一九一九年一月六日ニューヨーク州オイスター＝ベイで死去した。六十歳。

参考文献 Elting E. Morison, ed., The Letters of Theodore Roosevelt. 8 vols. (1951―54); William H. Harbaugh: The Life and Times of Theodore Roosevelt (1975); Raymond A. Esthus: Theodore Roosevelt and Japan (1966); Charles E. Neu: An Uncertain Friendship: Theodore Roosevelt and Japan (1967). 斎藤真「米国艦隊の世界周航とT・ローズヴェルト」(本間長世編『現代アメリカの出現』所収)、長田彰文『セオドア・ルーズヴェルトと韓国』 (有賀 貞)

ルーミス Henry Loomis 一八三九―一九二〇 アメリカ長老教会の宣教師、現在の指路教会(横浜市中区尾上六丁目)の創立者。一八三九年三月四日、ニューヨーク州バーリントンに生まれる。南北戦争に陸軍大尉として従軍。戦役後、アウボルン神学校で神学を修め、その後ニューヨーク長老派外国伝道会社に入る。七二年二月、宣教師D・C・グリーンの妹と結婚、同年五月二十四日(明治五年四月十八日)来日。J・C・ヘボンとともに横浜居留地で青年たちに英語を教えていたが、明治七年七月五日、横浜居留地三十九番館のヘボン邸において第一回の洗礼式を行い、同年九月十三日、横浜第一長老公会(現指路教会)設立、信徒十八名、ルーミスが仮牧師に就任。明治九年四月、病気のため一時帰国したが、十四年再び来日。三十年間、横浜居留地四十二番の米国聖書会社 The American Bible Society 横浜支配人として活躍。また讃美歌集の編纂、海員伝道会の援助を行なった。日清・日露の両戦役に際し、出征軍人に同情して『聖書』小冊子類を配布。このほか、蝶類の研究で知られる。大正九年(一九二〇)八月二十七日、軽井沢で没。八十一歳。墓は横浜外人墓地(中区山手町)にある。

参考文献 毛利官治編『指路教会六十年史』、C. D. Loomis: Henry Loomis, Friend of the East (1923). (高橋 昌郎)

ル＝ジャンドル Charles William Le Gendre 一八三〇―九九 明治時代前期に日本政府の外交顧問として活躍したアメリカの退役軍人。漢名、李仙得・李善得。一八三〇年八月二十六日、フランスに生まれる。パリ大学に学んだのちアメリカに渡り、同国に帰化した。南北戦争に従軍して負傷し、退役後一八六六年から七二年まで清国厦門(アモイ)の領事を勤めた。明治五年(一八七二)帰国の途次横浜に立ち寄り、駐日公使デ＝ロングの紹介で外務卿副島種臣と会見、懇望されて外務省顧問となり、翌年、副島が台湾問題で清国に赴くのに随行した。同七年台湾への出兵問題が起るや、台湾蕃地事務局出仕に任ぜられ、長官大隈重信に対し台湾政策や対清外交について献策した。こうした活躍のため、局外中立政策をとっていたアメリカの領事に一時拘禁された。翌年外務省顧問を辞任したのちも日本に滞在し、大蔵卿大隈に殖産興業・北海道開拓や士族授産・秩禄処分、さらにはアジア外交など、多方面にわたって献策した。明治二十二年韓国に渡り、十年間にわたって韓国政府の外交顧問を勤め、一八九九年九月一日ソウルで没し、楊花津の外人墓地に葬られた。六十九歳。なお彼は、在日中に松平春岳の庶子池田糸と結婚し一男二女があり、一男は十五代目市村羽左衛門であるといわれている。著書にProgressive Japan, a study of the political and social needs of the Empire, 1878（小松原英太郎訳『日本開進論』（明治十二年））がある。

参考文献 『大隈文書』（早稲田大学図書館蔵）、里見弴「ル・ヂャンドル年譜」（『文芸春秋』昭和二十九年十月号）、中村尚美「ル・ヂャンドル外交意見―英露の極東政策と日本外交―」（『大隈研究』二）、同「李仙得」（『日本歴史』三三五）

（中村 尚美）

れ

レイ Horatio Nelson Lay 一八三二―九八 イギリス人初代清国総税務司、対日事業家。雅号李泰国。一八三二年、ロンドンに生まれ、父は初代広東領事。四六年、十四歳で清国に渡り通訳官となり、五四年、上海副領事。天津条約締結の際をはじめ、砲艦外交の一端を担って終始、清国を野蛮視し、高圧的態度をとった。五九年、清朝支援のため、清国初代の総税務司に就任、関税徴収の合理化にあたる。六二年、太平天国の乱に対抗するため、清朝の依頼を受けてレイ＝オズボーン艦隊を編成したが、指揮権をめぐり清国側と衝突、総税務司を解任された。一八六九年（明治二）七月、来日し、清国で成功しなかった鉄道・電信事業の請負を画策。同年十一月、東京―横浜間鉄道建設を日本政府から委任された。日本側の期待はレイからの私的な資金調達であったが、レイは契約書に基づき一〇〇万ポンドをロンドンで起債、技術者の斡旋に着手、行くゆく起債の担保としての鉄道、関税収入の取立てや鉱産物売却など、広大な代理権を行使する予定であった。しかし、起債利率の差額着服などの疑惑を理由に翌七〇年三月、日本政府から委任業務を解除された（正式解約は七〇年十二月（明治三年閏十月））。九八年没。

参考文献 坂野正高『近代中国外交史研究』、田中時彦『明治維新の政局と鉄道建設』、S. F. Wright: Hart and the Chinese Customs; John King: Horatio Nelson Lay, C. B. — A pioneer of British influence in the Far East, Journal of the American Asiatic Association. Vol. 14, No. 2 (1914).

（田中 時彦）

れいげんこう 黎元洪 Li yuang-hong 一八六四―一九二八 中華民国時代の軍閥的政治家、大総統。一八六四年十月十九日（同治三年九月十九日）生まれ。原籍は安徽省宿松であったが祖父が湖北省黄陂に移籍。父朝相は太平天国軍鎮圧に参加、のち直隷練軍の下士官に転じた。元洪も天津の北洋水師学堂に入学。日清戦争のときには砲術長として定遠に乗り組み、撃沈されたが大連付近で救われた。戦後、張之洞の下で新軍を訓練。九八年（明治三十一）および九九年、一九〇一年に来日して日本の軍事生産、陸軍教育、大演習などを視察。辛亥革命のときには湖北の第二十一混成旅団長として清軍側にあったが、兵士に捕えられて、逆に革命軍政府湖北都督に推戴された。一二年南京臨時政府が樹立されたときには孫文の下で副総統。「民社」を組織。袁世凱の帝政運動の時には武義親王に冊封されたが受けず、一六年、列強の支持のもと中華民国の大総統に就任。しかし段祺瑞国務総理に圧迫されて実権なく、張勲の復辟のときには日本公使館に避難。その後直隷派に推戴されて二二年大総統に復帰したが、一時利用されたのみで天津に逃避。以後日本の大分県別府で養療などしていたが、二八年六月三日脳溢血で天津に没した。六十五歳。

参考文献 張振鶴「黎元洪」（李新・孫思白編『民国人物伝』二所収）

（宇野 重昭）

れいぜいためちか 冷泉為恭 一八二三―六四 江戸時代後期の復古大和絵派画家。幼名を晋三、三郎、名を永恭、屋号を松殿と称す。文政六年（一八二三）画家狩野永泰（其同）の三男として京都に生まれた。京狩野の画家永岳は為恭の伯父にあたる。みずから冷泉姓を名乗ったが、嘉永三年（一八五〇）蔵人所衆岡田出羽守の株を購って養子となり、岡田姓を称し、菅原姓を名乗った。同年正六位下式部大録となり、安政二年（一八五五）式部少丞に昇った。翌年関白九条尚忠のお付きとなって関白直盧預と称し、安政五年従五位下に昇った。そして文久二年(一八六二)には、熱望していた近江守の国守号を手に入れた。為恭は田中納言模写の『伴大納言絵巻』を所有していたが、その原本を見たいがため、所蔵者であった京都所司代酒井忠義に接近していた。この結果、幕府に通じているという風聞が立ち、官位を辞退したが、なお尊皇派の浪士に狙われるようになった。為恭は上賀茂の神光院に隠れたのち、厚き親交を結んでいた僧願海のいる紀州の粉河寺へ逃れたが、元治元年(一八六四)五月五日、長州藩士の凶刃のため大和の丹波市(たんばいち)(奈良県天理市)にて非業の最後を遂げた。四十二歳。画ははじめ父に従って狩野派を学んだが、やがて大和絵に興味を持ち、古寺名刹に出入りしてその模写に努めた。その画才と有職故実の知識は、すでに十代にして国学者西田直養や長沢伴雄の認めるところであった。模写の代表作として「源頼朝像」(東京国立博物館蔵)、「法然上人絵伝」(京都知恩院蔵)などがある。為恭は大画面構成力にも恵まれ、安政度造営御所のうち小御所北廂の間三室を担当した。また安政四年の大樹寺(愛知県岡崎市)障壁画は、近世大和絵障壁画の記念碑的作品として、重要文化財に指定されている。

参考文献 京都帝室博物館編『多米知佳画集』、逸木盛照『冷泉為恭の生涯』、東京国立博物館編『冷泉為恭』、中村溪男『冷泉為恭と復古大和絵』(至文堂『日本の美術』二六一)、水尾博・辻惟雄「冷泉為恭大樹寺障壁画について」(『国華』八四四)　(河野　元昭)

れいぜいまさじろう　冷泉雅二郎　一八四一―一九〇二　幕末の志士、明治時代の裁判官。名は清雅、本清と号した。天保十二年(一八四一)正月十四日萩藩大組士にして歌人の冷泉古風の子に生まれた。安政四年(一八五七)、松下村塾に入り、尊王攘夷運動に参加した。文久三年(一八六三)、奇兵隊が結成されるとこれに加入、器械方会計方を務めた。慶応元年(一八六五)正月、高杉晋作の挙兵に呼応して、第二奇兵隊を結成した。ついで御楯隊付属の一新隊の司令となり、第二次長州征伐戦では、芸州口に出陣した。明治二年(一八六九)、天野家の養子となり名を御民とした。同三年九月、刑部省に入り権大録、四年二月、監獄制度視察のため香港・シンガポールに出張、帰国後、明法権大属として獄則の作成にあたった。十三年十二月、横浜裁判所判事、以来、長崎・宮崎の裁判所を歴任し、二十三年八月、検事となる。二十六年十月退官し、郷里で弁護士として活躍した。三十五年九月四日没。六十二歳。　(井上　勲)

レースレル　Karl Friedrich Hermann Roesler　一八三四―九四　ドイツの公法・経済学者。一八三四年十二月十八日、バイエルン上部フランケンのラウフにバイエルン控訴院弁護士の一人息子として生まれた。六歳で父を失い、同じフランケン地方のグレーフェンベルク地方裁判所判事の娘で信仰深かった母の手一つで育った。五二年から五六年にかけて、エルランゲン・ミュンヘン・チュービンゲンの各大学で法学および国家学を学んだ。やがて二十七歳の若さでローシュトック大学の国家学正教授に就任、七八年(明治十一)来日までその地位にあった。この間に、『アダム＝スミスによる国民経済学の基礎理論』(七一年)・『社会行政法』(二巻、七二―七三年)の著書を出して学界における指導的地位をきずいた。やがて彼は「自治」の概念をめぐってグナイストと論争し、またビスマルクのつくった帝国憲法に対する批判を行い、学界の主流やドイツの政治情勢に失望するに至った。また彼が教授をしていたローシュトック大学では福音派の信者だけしか教授になれなかったが、彼は七七年秋、改宗してカトリック信者になったため、その地位を去るよりしかたがなかった。このような複雑な事情のもとで、当時日本の外務省がドイツの公法学士を雇い入れる計画がドイツ公使青木周蔵の周旋で進められた結果、明治十一年十二月外務省顧問としての彼の来日が実現した。のち内閣顧問となり、同二十六年まで滞日した。来日当初の動静はよくわからないが、明治十四年三月ごろから商法典の起草にあずかりながら、一方で明治憲法の制定準備に関与した。同年七月憲法制定の根本方針をドイツ的立憲主義とすることを内容とする岩倉具視の憲法建議(大綱領・綱領・意見)が上奏されたが、それは岩倉幕下の井上毅が、レースレルの答議・指導に基づいて意見をまとめ上げたものであった。このことは、今日残っている、井上とレースレルとの間に交わされた多数の問議・答議の実際に示すところである。憲法原案の起草を極秘のうちに進めた伊藤博文は、レースレルを夏島(神奈川県横須賀市)近くにある寺に宿泊せしめて助言を求め、かつレースレルが提出した「日本帝国憲法草案」(ドイツ語原文は、"Entwurf einer Verfassung für das Kaisertum Japan", 30 April 1887)を特に熱心に参照して井上毅案の修正に用い、いわゆる夏島修正案ができた。この修正案を基礎として修正・公布されたのが大日本帝国憲法(明治憲法)で、その内容・構成・条文の形態においてレースレルの提案をほとんどといってよいほど受け入れたもので、明治憲法制定史上彼の役割は絶大であった。ただ、注目すべきことは、彼が憲法第一条草案の「日本帝国ハ万世一系ノ天皇之ヲ統治ス」という部分を神話に基礎をおく漠然・過大な表現として強く反対した事実である。もちろんこの提言は井上毅によって採用されなかった。彼は、自分の関与した憲法および商法の公布を見届けたうえ、同二十六年四月九日、一足さきに日本を離れた妻子の住むオーストリアに向かって帰国の途につき、やがて翌九四年十二月二日ボーツェンに近いコンピル城で逝去した。五十九歳。彼は明治十八年天津条約締結の功によって勲二等旭日章を受け、また帰国に際し、天皇は長期にわたる内閣顧問としての功績に謝辞を述べ、銅花瓶一対を下賜した。

参考文献 清水伸『独墺に於ける伊藤博文の憲法取調と日本憲法』、鈴木安蔵『憲法制定とロエスレル』、ヨハネス＝ジーメス『日本国家の近代化とロエスラー』(本間英世訳)、梅溪昇『お雇い外国人』一一、小嶋和司「ロエスレル"日本帝国憲法草案"について」(『法学』三三ノ一)　(梅溪　昇)

レビッソーン　Joseph Henry Levyssohn　?―一八八三　長崎出島のオランダ商館長。一八〇〇年ごろハーグに生まれる。父は弁護士であった。一八二五年以降東インド地方で勤務ののち、弘化二年(一八四五)より嘉永三年(一八五〇)まで出島の商館長として在勤。弘化三年にはフランス艦隊の長崎来航の際その斡旋の労をとり、また数回にわたり北海道地方に漂着した米国の難破捕鯨船の船員が長崎へ移送された時にもその世話とバタビアへの送還にあたった。嘉永二年には漂民受領のため来航した米国軍艦への引渡しを斡旋した。帰国後一八五二年 Bladen over Japan(『日本雑纂』)を出版した。在任中に米国の知人から得た米国内における日本開国への動きについての諸情報をこの著書中に載せたが、その一部は間もなく阿蘭陀通詞の翻訳するところと成り、『列遜ヤッパン紀事』その他の名称で一部有識者間に書写され流布した。当時米国の対日動向を知る一情報源と成っている。一八八三年三月四日アルンヘム Arnhem に没す。　(沼田　次郎)

れんげつに　蓮月尼　⇨大田垣蓮月(おおたがきれんげつ)

ろ

ろうやままさみち　蠟山政道　一八九五―一九八〇　大正・昭和時代の政治学者。日本における行政学の創始者の一人。明治二十八年(一八九五)十一月二十一日生まれる。大正六年(一九一七)九月東京帝国大学法科大学政治学科入学、九年七月東京帝国大学法学部卒業。十一年七月同大学助教授、十四年一月―昭和二年(一九二七)八月、欧米諸国とくに英国に留学。昭和三年十月東京帝国大学教授、前年九月より行政学講座担任。十四年四月、河合栄治郎事件をきっかけとして東京帝国大学教授辞任。十七年四月の総選挙で当選、二十年九月議員辞任。二十五年十月日本行政学会理事長。二十六年十二月民主社会主義連盟理事長。二十九年一月―三十四年十二月、お茶の水女子大学学長。三十七年二月、臨時行政調査会委員、同年四月、国際基督教大学教授・客員教授(四十八年三月まで)。四十三年十一月、日本学士院会員。東大法学部の初代の行政学講座担任者として、「技術」「統治」「生活営為」の三概念を中心として独自の行政学体系を樹立し、その研究領域は地方行政、都市行政、公益企業、計画行政などに及んだ。第二次世界大戦前には昭和研究会の活動にかかわり、衆議院議員となった。戦後、特に追放解除後は、民主社会主義研究会議(昭和三十五年創立)の指導者として日本における民主社会主義思想の確立に努力するとともに、学界、教育界、行政改革など多方面で巨大な足跡を残した。昭和五十五年五月十五日没。八十四歳。主要著作、『行政学講義序論』(昭和二十五年)、『行政学研究論文集』(同四十年)、『蠟山政道評論著作集』全六巻(同三十四―三十七年)。

[参考文献] 蠟山政道追想集刊行会編『追想の蠟山政道』　(田口富久治)

ろうんこう　呂運亨　Yŏ Un-hyŏng　一八八六―一九四七　朝鮮の民族運動の指導者。一八八六年生まれる。旧韓末の啓蒙運動家でキリスト教伝道師であったが、日本の韓国併合後中国に亡命、上海を拠点に独立運動を展開。第一次世界大戦後、新韓青年党を組織し、パリ講和会議に金奎植を派遣して朝鮮独立を訴える。三・一運動後上海に成立した大韓民国臨時政府の外務次長となり、原内閣の招請により東京を訪問、古賀廉造拓殖局長官・田中義一陸軍大臣など政府要人と会談、朝鮮独立の必然性・正当性を主張し、呂運亨の独立発言として注目をあびる。その後モスクワで開かれた極東民族大会の議長団として活躍、また孫文と親交をもち中国革命に参加、一九二九年上海で逮捕されて獄中生活三年余、三二年釈放後、朝鮮中央日報社長などを経て国内で非妥協的独立運動を持続する。四四年八月日本の敗戦を見こして朝鮮建国同盟を組織、解放朝鮮の政権構想をねる。四五年八月十五日徽文中学校庭で解放第一声を発し、建国準備委員会を組織し、みずから委員長となる。その後民族統一戦線方式の朝鮮人民共和国の成立とともに副主席となる。米ソ両国の対立、朝鮮政界の左右分裂の局面を民族的次元で克服するため左右合作運動の中心となる。四七年七月十九日、李承晩派の刺客により暗殺される。六十二歳。

[参考文献] 李万桂『呂運亨斗争史』、呂運弘『夢陽・呂運亨』、李基炯『夢陽・呂運亨』、姜徳相「青春時代の呂運亨」ほか(『三千里』三七・三八・四〇・四一・四三・四七―五〇)、学習院大学東洋文化研究所『調査研究報告』二四)　(姜　徳　相)

ロエスレル　Karl Friedrich Hermann Roesler　⇨レースレル

ローズベルト Franklin Delano Roosevelt ⇩ルーズベルト

ローズベルト Theodore Roosevelt ⇩ルーズベルト

ローゼン Roman Romanovich Rosen 一八四七―一九二二 帝政ロシアの外交官、男爵。一八四七年二月二十四日生まれる。明治八年(一八七五)七月樺太千島交換条約批准のためはじめて来日、八月批准書交換後、横浜領事館に副領事として勤務し、十年十一月駐日臨時代理公使、つづいて十五年二月代理公使となる。その後ニューヨーク総領事などを経て、三十年八月特命全権公使として来日し、日清戦争後の朝鮮を中心とする日露間の対立の調整にあたり、三十一年四月朝鮮問題に関する議定書、西・ローゼン協定を結んだ。三十六年四月、日英同盟締結によるロシア外交の不振に対処するため特命全権公使として来日、日露間の危機打開に尽力。三十七年戦争勃発にあたり帰国。三十八年アメリカ大使に就任し、ポーツマス講和会議に全権委員として出席、ウィッテを補佐しポーツマス条約の締結にあたった。一九一七年十月革命後、アメリカに亡命し、ジャーナリストとしてニューヨークに住み、一九二二年一月二日同地で没した。七十四歳。Forty years of Diplomacy(二巻、一九二二年)は外交官生活の回想録である。 (杉井 六郎)

ろくごうしんざぶろう 六郷新三郎 長唄囃子方の芸名。㈠五代 一八一五―八七 文化十二年(一八一五)江戸に生まれる。四代目の長男。嘉永三年(一八五〇)五代目を襲名。明治二十年(一八八七)七月三十一日没。七十三歳。㈡六代 一八五九―一九二七 本名細谷吉太郎。安政六年(一八五九)三月十五日江戸に生まれ、明治二十年(一八八七)六代目を襲名。六郷を六合と改めた。歌舞伎にはほとんど出演せず、むしろ囃子の研究家として知られ、後年東京音楽学校の邦楽調査課の嘱託となり、『近世邦楽年表』の編集に参加した。昭和二年(一九二七)一月六日没。六十九歳。 (星 旭)

ロケーニュ Joseph Marie Laucaigne 一八三八―八五 フランス人カトリック宣教師。一八三八年五月十三日オット、ピレネーのガルデールに生まれる。五九年十一月四日パリ外国宣教会入会、六二年十二月二十日司祭叙階、文久三年七月(一八六三年八月)横浜上陸、元治元年九月(一八六四年十月)長崎上陸、慶応元年二月二十日(一八六五年三月十七日)大浦天主堂において旧信徒発見、同三年六月長崎近傍浦上村で起った異宗徒迫害(浦上四番崩(くずれ))に神学生十三人、印刷工五人、日本語教師一人を伴い上海を経て香港へ避難、広東教区長の好意により特別の家を与えられる。明治四年(一八七一)長崎へ帰り伝道、同六年十月三日日本代牧補佐司教任命、七年二月二十二日司教叙階式、九年五月二十二日南緯代牧区設立により長崎駐在、十二年香港ナザレト療養所で十一ヵ月間転地療養、のち大阪へ移る。十七年十月七日南緯代牧に昇格、十八年一月十八日没。四十六歳。大阪司教座聖堂内聖コゼフ像のもとに葬られる。

参考文献 高木一雄『明治カトリック教会史研究』上、中島政利『福音伝道者の苗床』、マルナス『日本キリスト教復活史』(久野桂一郎訳) (高木 一雄)

ろじん 魯迅 Lu-xun 一八八一―一九三六 中国近代の思想家・小説家。本名は周樹人、幼名は周樟寿。字は予才。筆名はほかに唐俟何家幹など多数ある。一八八一年九月二十五日に浙江省紹興の地主の家に生まれた。しかし祖父の下獄、父の病死など不幸が相つぎ、幼年時代から辛酸を味わった。九八年南京に赴き江南水師学堂や陸師学堂付設の鉱務鉄路学堂に学び、西欧近代の思想にふれた。一九〇二年同校卒業後、官費留学生として日本に派遣され東京の弘文学院に学び、評論「スパルタの魂」「中国地質略論」を発表、ベルヌの『月界旅行』『地底旅行』を翻訳する。〇四年仙台医学専門学校に入学したが、半ばで文学に志を転じて退校、東京へもどり、革命的結社光復会にも属した。雑誌『河南』に「科学史教篇」「文化偏至論」ほかを発表、弟の周作人と共訳した『域外小説集』を出版したが期待したほどの反響は得られなかった。〇九年に帰国して杭州や紹興で教師をつとめるうち辛亥革命を迎え、南京の臨時政府の教育部員となり、さらに政府の移転に伴って北京へ移り社会教育司第二科長に就任した。しかし時代の反動的気運の中で、金石や画像石の拓本の収集に沈潜した。文学革命がおこると魯迅の署名を使って短篇『狂人日記』(一八年)を発表、古い社会制度に対する批判を狂人の手記の形でまとめ、つづいて『孔乙己』『故郷』『阿Q正伝』(二一―二二年)を発表して中国人の体質を徹底してえぐり、中国近代文学の基礎を築いた。それらの作品を収めた第一創作集『吶喊』(二三年)につづいて第二創作集『彷徨』(二六年)をまとめ、さらに内面の矛盾に光をあてた散文集『野草』(二七年)の諸篇を発表した。その間北京大学・北京女子高等師範学校などで教鞭をとり、『中国小説史略』を刊行、小説史研究に先鞭をつけた。二六年におこった三・一八事件の惨劇を機に北京を去って厦門(アモイ)へ移り厦門大学教授、さらに広東の中山大学教授に就任したが時代の反動化に抗して辞職し、二七年秋上海に移り、行動をともにした弟子の許広平と結婚、死ぬまで上海を動かなかった。この二人の間に交わされた愛の書簡『両地書』は、時代の苦悩を分かちあった人間の記録でもある。上海では創造社や太陽社の左派文学グループから激しい批判を受けたが、一歩も退かず逆にその安易さを衝き、論争をとおして階級的な自覚を深め、ソビエトの文芸政策やルナチャルスキーの芸術論、ソビエト文学などを翻訳紹介した。三〇年には国民党の弾圧に抗して自由を守る中国自由運動大同盟に参加し、さらに中国左翼作家連盟の結成に尽くした。国民党の反動や日本の侵略に抵抗しながら政治的社会的文化的な諸問題に鋭利な雑文の筆をとり、三六年には文芸界の抗日統一戦線のあり方をめぐっておこった国防文学論戦でも醒めた現実主義で厳しい批判を展開し、中国の民族解放と文化革命の師表と仰がれた。三六年十月十九日に結核のため死去した。五十六歳。墓は上海市の虹口公園内にある。没後、中国・日本で数種の全集が出版されたが、日本では昭和五十九年(一九八四)―六十一年に学習研究社より『魯迅全集』全二十巻が出た。（尾崎　秀樹）

ろっかくしすい　六角紫水　一八六七―一九五〇　明治から昭和時代前期にかけての漆芸家。慶応三年(一八六七)三月二十日安芸国佐伯郡大原村(広島県佐伯郡大柿町)の藤岡家に生まれる。のち六角家の養子となる。幼名注太郎、のち注太良と改名。広島師範学校を経て、東京美術学校漆工科を卒業。国宝指定調査、中国の漆液調査に従事。岡倉天心に従いアメリカに渡り、ボストン美術館に勤務(明治三十七年(一九〇四))、メトロポリタン美術館の漆工品の整理・修復を行い、ヨーロッパ各地・ロシア・中国を経て帰国す。東京美術学校教授、帝展・文展・輸出工芸展覧会などに出品、審査員となる。帝国芸術院会員。なお、紫水は漆芸品の制作以外に古典作の模造、中尊寺金色堂の修理、楽浪漆器の整理・修理を行い、特に彩漆の化学的製法において画期的業績を残し、独特の刀筆の技法による作品を発表した。昭和二十五年(一九五〇)四月十五日没。八十三歳。著書に『東洋漆工史』がある。

参考文献　広島県立美術館編『紫水と南山展』
（荒川　浩和）

ロッシュ　Léon Roches　一八〇九―一九〇一　フランスの外交官、駐日フランス公使。一八〇九年九月二十七日グルノーブルに生まれた。二八年バカロレア取得後グルノーブル大学の法科に入学したが六ヵ月で退学、三二年アルジェに渡り、アルジェリア総督の国民軍に入り、陸軍中尉に任官。三六年アフリカ軍の通訳官に任命された。四九年に軍籍を離れ、タンジール領事、五七年からチュニス総領事、代理公使に任じ、三十余年にわたり北アフリカにおいて軍人、そして外交官として活躍した。元治元年三月二十二日(一八六四年四月二十七日)初代駐日公使ベルクールの後任として横浜に着任。幕府は尊攘派に押され横浜鎖港を宣言し、談判使節を仏国に派遣し、外国側は前年尊攘派急先鋒の長州藩による下関事件の解決を要求していた。ロッシュは外相ドルーアン＝ド＝リュイスの外交方針に沿って、対日政策の重点を幕府援助においたが、これは英公使パークスと認識を異にし、諸藩への接近を企てるパークスと激しく対立した。ロッシュは、幕府の要望に応じ軍事力強化のため、勘定奉行小栗忠順らと折衝、幕府から元治元年十一月(一八六四年十二月)横須賀製鉄所(造船所、のち海軍工廠)設立の斡旋を依頼され、慶応元年正月(一八六五年二月)その契約が成立した。また二月にはナポレオン砲を幕府に譲渡した。さらに幕府が生糸を買い占めて仏国に輸送することを勧告したが、これは日仏間の特殊貿易関係設定の計画である。ロッシュの提案に基づき、慶応元年八月小栗忠順らの要請をうけて慶応二年六月経済使節クーレが来日し、クーレと小栗との間に、六〇〇万ドルの借款契約が成立。その大部分は武器・軍需品・軍艦の供与や製鉄所設立などの軍事援助にあてられることになっていた。徳川慶喜が将軍に就任すると、親仏政策はいよいよ強化された。慶応三年二月大坂城で慶喜と会見、外交・内政改革について助言した。内政改革では、内閣制度の実施、常備軍の確立、殖産興業など幕府を中心とする政権樹立の構想である。慶喜はこの進言の線で改革を進めた。軍事面では、慶応二年九月歩騎砲三兵伝習教官招聘契約が決まり、翌年春軍事使節団が渡来し、幕府陸軍の訓練に従事した。一八六六年九月更迭の新外相ド＝ムスティエは政策を転換し、六七年五月ロッシュの政策を否認する訓令を発した。彼はこれに反論し、なおも幕府援助政策を続けた。ロッシュは明治元年正月十九日(一八六八年二月十二日)江戸城に慶喜を訪ね再挙を勧告したが拒絶された。二月十五日(三月八日)仏水兵が殺害された堺事件が起ったが、新政府はロッシュの主張を入れて敏速に解決したため、彼も一応政府の善意を認めた。ロッシュは、京都に赴き、二月三十日(三月二十三日)明治天皇に謁見した。正月に発せられた帰国命令が到着したため、五月四日、ロッシュは失意のうちに帰国の途についた。帰国後は公的生活から離れ、一九〇一年六月二十六日、九十一歳の高齢でニースで没した。

参考文献　石井孝『増訂明治維新の国際的環境』
（秋本　益利）

ロハス　Manuel A. Roxas　一八九二―一九四八　一九四六年に樹立されたフィリピン共和国の初代大統領。一八九二年一月一日にパナイ島カピス州カピス町(現在のロハス市)に生まれた。一九一三年にフィリピン大学法学部を優秀な成績で卒業、同年司法試験に最高点で合格したのち、数年間法律家として修業したが、一七年に故郷のカピス町議会議員に選出され、政治の世界に入った。以後かれは政治家としてめざましい躍進をみせ、一九年には二十七歳の若さでカピス州知事に当選、ついで二二年には下院議員に当選した。初当選にもかかわらず、かれはただちに下院議長に選出され、以後三三年までこの職にあって、ケソン・オスメーニャらとともに国政の指導的地位を占めた。この間、オスロックスOSROX使節団を率いて渡米し、三三年に最初の独立法であるヘア＝ホーズ＝カッティング法をもち帰ったが、ケソン陣営との抗争に破れ、下院議長の職をも失った。しかし、三四年には、新たな独立法タイディングズ＝マックダフィ法に基づく憲法制定議会議員に選出され、コモンウェルス政府では、三八―四一年に財務長官をつとめた。四一年秋、上院議員に選ばれたが、日本軍の占領で四二年五月には捕虜となった。その後、日本軍政下で全国米穀組合議長などをつとめ、不承不承の協力を行なった。第二次世界大戦後、独立共和国初代大統領の選挙にあたってリベラル党を創立し(四六年一月)、選挙に勝利して四六年七月

四日大統領に就任したが、四八年四月十五日任期半ばで心臓病のため急死した。五十六歳。（池端　雪浦）

ロング　Charles E. De Long　⇨デ＝ロング

わ

ワグナー　Gottfried Wagner　一八三一—九二　明治時代、日本の産業発展に貢献したドイツ人化学者。一八三一年七月五日、ハノーバーに生まれる。四九—五一年ゲッティンゲン大学に学び、五二年同大学でドクトル＝フィロソフィーの学位を受ける。明治元年（一八六八）来日。同三年佐賀藩に招かれ、有田焼の改良に従事。翌年上京、大学南校・同東校（東京大学の前身）の御雇教師となる。一八七三年ウィーン、七六年フィラデルフィアの両次の万国博覧会に随行、わが国産業の歴史と現状を諸外国に知らしめるとともに、新技術の導入による殖産興業のための論策を政府に建言した。明治十一年京都府舎密局で、陶磁器、七宝の釉薬、ガラス、石鹼製造などの技術改善を指導。同十四年再度上京、東京大学で製造化学を講ずるかたわら、陶磁器の科学的研究につとめ、同十八年釉下着彩による吾妻焼（のち旭焼と改称）を完成。明治十七年東京職工学校（東京工業大学の前身）の陶器玻璃工科の主任に招かれ、その後の近代窯業の発展に大きな功績を遺す。明治二十五年十一月八日東京駿河台の寓居に没す。六十一歳。墓は東京都港区の青山墓地にある。

参考文献　梅田音五郎編『ワグネル先生追懐集』、土屋喬雄編『G・ワグネル維新産業建設論策集成』、塩田力蔵「ドクトル・ワグネル氏の事業」（『陶磁工芸の研究』所収）（南　邦男）

ワーグマン　Charles Wirgman　一八三二—九一　イギリスの画家。一八三二年八月三十一日ロンドンに生まれる。陸軍を大尉で退き、五七年『イラストレーテッド＝ロンドン＝ニューズ』の特派員として中国に渡った。文久元年（一八六一）イギリス公使オールコックに従って来日、横浜に住んだ。東禅寺事件をはじめ幕末に起った対外諸事件を文章と絵でレポートし、それらは『ロンドン＝ニューズ』に送られた。傍ら日本各地を旅して油彩や水彩で風景画や風俗画を描き、横浜で月刊の風刺漫画誌『ジャパン＝パンチ』を発行するなど、幕末・明治初年の世相を写して貴重な記録を残した。また洋画の習得を熱望する高橋由一や五姓田義松が門をたたき、教えを受けたことも特記しなければならない。日本女性と結婚、横浜に住んだが晩年は不遇であった。明治二十年（一八八七）から翌年にかけて一時帰英。同二十四年二月八日横浜で没した。五十八歳。墓は横浜市中区の外人墓地にある。遺作に「東禅寺浪士乱入図」「新潟の家」「飴売り」などがある。

参考文献　清水勲編『ワーグマン日本素描集』（『岩波文庫』）（原田　実）

ワイコフ　Martin Nevius Wyckoff　一八五〇—一九一一　アメリカ改革派教会派遣の宣教師。一八五〇年四月十日ニュージャージー州ミドルブッシュに生まれた。父ジェイコブ、母サラともにオランダ系。十五歳信仰告白受洗。七二年ラトガース大学卒業。同年（明治五）五月二十四日横浜上陸。同五年七月—同七年、福井の藩校明新館で物理化学を教え、七年九月から二年間新潟外国語学校で、九年から一年間東京大学予備門で教え、契約終了のち帰国。大学予備校を設立、校長となる。同十四年横浜山手に先志学校設立につき校長として来日。同十六年同校が築地大学校と合併して東京一致英和学校となるや上京、さらに明治学院に発展後も同学院で教授。目黒の慰廃園や東村山の癩病院のため尽力。基督教書類会社・基督教教育会にも尽力。明治四十四年一月二十七日病没。享年六十。東京市芝区白金台町瑞聖寺の明治学院外人墓地に埋葬された。

[参考文献] 明治学院同窓会『白金学報』一一・一二三、『福音新報』六一〇・八一四 （秋山 繁雄）

わいないさだゆき 和井内貞行 一八五八―一九二二 明治・大正時代の養魚事業家。安政五年（一八五八）二月十五日、陸中国鹿角郡毛馬内郷柏崎（秋田県鹿角市十和田毛馬内）に、貞明の長男として生まれる。幼時より漢学を修め、明治七年（一八七四）毛馬内小学校創設とともにその職員となった。同十四年十二月工部省小坂鉱山寮（秋田県鹿角郡小坂町）に勤め十和田支山詰となった。当時この鉱山には二千人もの関係者が定住していたが、魚肉を食する機会が少なかった。貞行は十和田湖を利用する養魚事業を発起し、同十七年鯉六百尾を放流した。同年政府が小坂鉱山の鉱業権を藤田組に譲渡し、このため彼も同社社員となったが、仕事のかたわら養魚事業を続け、苦心を重ねたが収支償わず失敗した。同三十五年支笏湖の姫鱒の卵を購入人工孵化して放流、三十六年藤田組を辞し本格的に事業に取り組み、三十八年九月ようやく成功を見ることとなった。十和田鱒の養魚事業に成功したのちも、十和田湖周辺の整備につとめ、国立公園への編入運動などに尽力した。大正十一年（一九二二）五月十六日没。六十五歳。

[参考文献] 北垣恭次郎『近代日本文化恩人と偉業』 （伝田 功）

わかえしゅうらん 若江秋蘭 一八三五―八一 明治時代前期の女流漢学者。名は薫子、通称は文、秋蘭と号した。天保六年（一八三五）京都に生まれた。若江家は菅原姓で父修理大夫量長は伏見宮家に仕えた。幼時より家庭に学び古注学者岩垣月洲に入門、十八歳で文天祥の『指南集』釈義を作ってその才を謳われ、歌道にも通じた。一条忠香の女寿栄君（のちの昭憲皇太后）の入内が内定すると、慶応三年（一八六七）九月より出仕、『孝経』などを講じその教導に任じた。入内後も宮中に伺候、西欧化を憂える建白書を幾度か提出し、政府より不穏当とて明治二年（一八六九）ごろ宮中の出入りを停止せられ、幽閉されたともいう。赦免後中国四国辺を遍歴し、同十二年丸亀の岡田東洲の塾に寄寓、病を得て明治十四年十月十一日その地に没した。四十七歳。丸亀玄要寺（香川県丸亀市南条町）に葬った（また、墓は若江家累代の塋域、京都市上京区高徳寺町の西園寺にもある）。皇后より五百金を下賜された。のち正五位を贈られた。『和解女四書』『杞憂独語』などの著がある。

[参考文献] 梶原竹軒『若江薫子と其遺著』、会田範治他編『近世女流文人伝』、斎藤精一郎「維新勤王の女傑贈正五位若江薫子」（『史蹟名勝天然紀念物』七集九）、尾佐竹猛「維新の女傑若江薫子」（『伝記』二ノ一） （水田 紀久）

わかおいくぞう 若尾幾造 明治・大正時代の実業家。横浜生糸貿易商。二代まである。

㈠初代 一八二九―九六 文政十二年（一八二九）十二月、甲斐国巨摩郡在家塚村（山梨県中巨摩郡白根町）に代々村役人でもあった旧家若尾家の三男として生まれる。父は林右衛門、母はみき。甲州財界の指導者逸平は異母兄である。農業に従事していたが、開港直後横浜の貿易業に進出した兄、逸平に誘われて横浜に移住。兄の生糸・水晶の売込み、棉花・砂糖の引取に協力した。明治八年（一八七五）二人の兄と財産を分割、横浜の生糸売込み問屋を譲り受けた。この時点ですでに、横浜財界人の代表的存在であり、明治十三年設立の横浜商法会議所の初代常議員に選ばれたほか、横浜財界人の共同事業に参加した。明治二十九年十月十日没。六十八歳。

㈡二代 一八五七―一九二八 安政四年（一八五七）十二月八日、甲州に初代幾造の長男として生まれる。幼名は隣之助、長じて林平。明治二十九年（一八九六）、父の死に伴って家督を継ぎ、幾造を襲名した。父の遺業を拡大するとともに、明治三十二年合名会社横浜若尾銀行を設立したほか、神奈川・埼玉両県に製糸場・生繭乾燥場を経営し、横浜財界でも活躍した。昭和三年（一九二八）四月二十九日没。七十二歳。

[参考文献] 『横浜市史稿』六 （森川 英正）

わかおいっぺい 若尾逸平 一八二〇―一九一三 明治時代の山梨県出身の企業家。甲州財閥のリーダーであった。文政三年（一八二〇）十二月六日、甲斐国巨摩郡在家塚村（山梨県中巨摩郡白根町）の若尾林右衛門の次男として生まれた。母きのとは生後まもなく死別した。生家は代々村役人の家柄であったが、父の代に訴訟で産を失った。二十歳で父から三分の資金を得て葉たばこの行商を開始、取扱品の種類を絹・綿・真綿・綿製品と増加する一方、取引範囲も武州・駿州のほか遠州にまで拡大した。安政六年（一八五九）の開港を機に横浜に進出、生糸・水晶の売込み、棉花・砂糖の引取によって巨富を得た。明治八年（一八七五）、兄林右衛門、事業上の協力者たる弟幾造と財産を分割し、横浜の生糸売込み問屋は弟に譲った。明治十一年甲府に両替店を開業、松方紙幣整理下の不況期には大量の土地を集中した。明治二十年代以降株式取得に乗り出した。二十六年若尾銀行と山梨貯蓄銀行を設立、前者は二十九年合名会社になり、後者は三十五年若尾貯蓄銀行と改称した。三十五年には若尾倉庫も設立した。多くの株式会社で大株主の地位を確保して財界に声威をふるうとともに、山梨県出身の財界人を育成した。初代甲府市長、多額納税貴族院議員でもあった。夫人の弟民造を養嗣子とした。大正二年（一九一三）九月七日没。九十四歳。法名は寿徳院俊山逸斎居士。墓は甲府市愛宕町長禅寺にある。

[参考文献] 内藤文治良『若尾逸平』 （森川 英正）

わかつきれいじろう 若槻礼次郎 一八六六―一九四九 明治・大正・昭和時代の大蔵官僚、大正・昭和時代の政党政治家。克堂と号した。慶応二年（一八六六）二月五日、出雲国松江城下雑賀町（松江市雑賀町）に松江藩士奥村仙三郎の次男として生まれ、叔父若槻敬の養子となった。一高を経て、明治二十五年(一八九二)帝国大学法科大学を首席で卒業して大蔵省に入り、二十七年愛媛県収税長、三十年主税局内国税課長、三十七年主税局長、三十九年第一次西園寺内閣の阪谷芳郎蔵相のもとで次官、同年西園寺公望首相と占領下の満洲視察、四十年政府特派財政委員(現職のまま定員外の次官)としてロンドンおよびパリに駐在、四十一年第二次桂内閣の桂太郎蔵相のもとで再度次官就任のために帰国して、非募債・非増税政策のもとでの在外正貨維持に苦心し、また治水計画の立案、済生会設立計画などにあたった。四十四年桂内閣の退陣とともに次官を辞し、貴族院議員に勅撰された。翌四十五年桂太郎の訪欧に随行してモスクワに赴いたが、明治天皇の崩御で帰国し、第三次桂内閣の蔵相に就任。また翌大正二年(一九一三)桂の立憲同志会結成に参加(これ以前から桂に政党結成を勧めていた。結成後総務、五年憲政会成立後も総務)、政治家への道を歩み始めた。三年第二次大隈内閣の蔵相に就任した(この時鉄道建設改良費の捻出のため減債基金の減額を断行した)が、四年加藤高明らと辞任、苦節十年ののち十三年加藤高明護憲三派内閣の成立とともに内務大臣に就任、郡役所廃止、普通選挙法の成立に尽力し、また治安維持法の成立にもかかわった。十四年三派の分裂で憲政会単独内閣となるが、留任し、十五年一月加藤の病没後を受けて、憲政会総裁となり、大命を受けて第一次若槻内閣を組織した。少数与党で苦しみ、昭和二年(一九二七)四月枢密院が台湾銀行救済の緊急勅令を否決したので総辞職。またこの年憲政会と政友本党が合同して立憲民政党を結成し、同党顧問。四年ロンドン海軍軍縮会議に首席全権として臨み、翌五年調印したが(その功績で六年男爵を授けられた)、この件で以後現状打破論者に攻撃を受けた。この年浜口雄幸総理大臣が右翼にピストルで撃たれ重傷を負い、六年四月辞職したが、その後を受けて立憲民政党の総裁に就任し、第二次若槻内閣を組織した。同年九月に満洲事変が勃発し、関東軍を抑えるのに苦心している内、党内で安達謙蔵内相を中心に政友会との協力内閣運動が起り、同年十二月閣内不一致で総辞職した。九年には斎藤内閣後継首班選定の重臣会議に列席し、以後重臣として扱われ、また「骸骨が大砲を牽くようになれば、軍備が充実するどころか、かえって弱体化する」という演説などに対する現状打破論者の攻撃もあって、この年立憲民政党総裁を町田忠治に譲った。以後「現状維持派」「親英米派」として攻撃されながら、日米開戦に反対し、開戦後は和平のために尽力した。戦後回想録『古風庵回顧録』を発表した。二十四年十一月二十日没。八十四歳。染井墓地に埋葬された。若槻は常識家、実際家であり、事務に堪能、バランス感覚に富んでいた。断行型ではなく、場合によって「ねばりのなさ」「優柔不断」「頼りなさ」といった批評を受けることもあった。また酒を嗜み、漢詩をよくした。

[参考文献] 尼子止『平民宰相若槻礼次郎』、青木得三『若槻礼次郎浜口雄幸』
(伊藤　隆)

わがつまさかえ　我妻栄　一八九七—一九七三　昭和時代の代表的民法学者。明治三十年(一八九七)四月一日、山形県米沢市に生まれる。第一高等学校を経て大正九年(一九二〇)東京帝国大学法学部卒業。同十一年同大学法学部助教授、昭和二年(一九二七)教授となる。同三十二年定年退職。この間、昭和二十一年—二十二年貴族院議員、同三十一年法務省特別顧問となる。同三十九年文化勲章受章。大学教授には、専門分野の全体にわたる体系書を執筆することと、その中の重要テーマについて終生的研究をすることの二つの任務がある、というのが持論で、生涯にわたってこれを実践した。第二次世界大戦後は、農地改革や家族法改正など法制審議会委員として数多の立法に関与し、指導的役割を演じた。昭和四十八年十月二十一日没。七十六歳。著作きわめて多数。主著として、『民法講義』『民法大意』『近代法における債権の優越的地位』『親族法』など。

[参考文献] 『ジュリスト』五六三(特集我妻法学の足跡)、『書斎の窓』二三二(特集我妻栄先生を偲ぶ)、有泉亨他編『追想の我妻栄』、水本浩「我妻栄」(『法学セミナー』三〇一)、星野英一「日本民法学史」(『法学教室』八・九)、星野英一「我妻栄」(同一七六)
(向井　健)

わかまつしずこ　若松賤子　一八六四—九六　明治時代の女流文学者。本名は巌本嘉志子。元治元年(一八六四)三月一日会津藩士島田勝次郎の女に生まれ、横浜に育つ。フェリス女学校を卒業し、母校で英語の教師となる。明治二十二年(一八八九)に『女学雑誌』の主幹で、明治女学校教頭の巌本善治と結婚。その後『女学雑誌』『国民之友』『少年園』などに続々と創作や翻訳を発表、主なものは創作に『旧き都のつと』『お向ふの離れ』『忘れ形見』など、翻訳にロングフェローの『世渡りの歌』、テニソンの『イナック・アーデン』、ディケンズの『いわひ歌』などあるが、特にアメリカのバーネット女史の『小公子』の訳はきわめてすぐれていて、よく読まれた。賤子の翻訳文体は言文一致運動にも貢献し、キリスト教徒として少年文学・家庭文学の分野での活躍が目立つ。海外のキリスト信者むけの英文PR誌『日本伝道新報』に毎号達意の英文で日本の風俗を紹介しているのも意義がある。明治二十九年二月十日没。三十三歳。墓は東京都豊島区の染井墓地にある。

[参考文献] 相馬黒光『明治初期の三女性』、塩田良平『明治女流作家論』、吉田精一編『日本女流文学史』近世・近代篇、宇南山順子・湯田純江「若松賤子」(『近代文学研究叢書』二所収)
(小玉晃一)

わかまつわかたゆう　若松若太夫　一八七四—一九四八　明治から昭和時代にかけての説経浄瑠璃の太夫。本名松崎大助。明治七年(一八七四)埼玉県大里郡石原村(熊谷市)の代々農・商を兼業する家に生まれる。祖父源蔵は観世流の能楽、父清蔵は祭文に堪能であった。薩摩若太夫(本名漆原四郎次。はじめ辰太夫といい、のち薩摩を若松に改める。隠居して日暮竜下という)に十一歳で入門。はじめ芳太郎、十六歳の時松崎の崎をとって崎太夫、二十九歳の時師の引退があって若松若太夫を襲名する。明治四十一年三月十九日の美音会第五回演奏会でその名を披露、次第に有力者の後援を受ける。三味線の弾き語りであるが、得意の曲目は「石童丸」「蓮生坊」「三荘太夫の鳴子歌」「小栗判官」「勧進帳」などで、新作もある。弟子や人形遣いは、農家の素人であるのが特徴。独創的なところもあり、説経節本来の古体をどの程度残しているか疑問。昭和二十一年(一九四六)子息(一九一九―)に襲名させ、聖徳太子奉讃会より贈られた武蔵大掾を名乗る。昭和二十三年十一月二十四日没。七十五歳。現在の若太夫は、本名松崎寛。幼時から父に従って修業。病気のため中絶したが、今は再起活動中。昭和五十七年三月二十七日、東京都無形文化財に指定される。

(室木弥太郎)

参考文献　山口平八・戸部銀作『若松若太夫芸談』

わかもりたろう　和歌森太郎　一九一五―七七　昭和時代の歴史学者、民俗学者。日本史学のなかに民俗学の活用をはかり、民俗学のなかに歴史学的方法の導入を説く、歴史民俗学的立場を提唱した。大正四年(一九一五)六月十三日、千葉県銚子に生まれ、東京で育ち、幼いころより庶民文化に関心をもつ。東京高等師範学校、東京文理科大学で学び、松本彦次郎・肥後和男に師事する。卒業論文でとり上げた修験道の研究は、当時歴史学に先行研究が少なく、『修験道史研究』として学界で注目され、日本宗教社会史における古典的成果の一つとなった。第二次世界大戦中、地方神社の祭儀の民俗学的調査に従事し、戦後の民俗学的研究の基礎を養うことになる。その折の成果は、のちにまとめられて『美保神社の研究』として公刊された。二十五、六歳のころより肥後和男らのすすめで柳田国男の門下となり、戦後柳田が設立した民俗学研究所に参画し、その後昭和二十四年(一九四九)に成立した日本民俗学会の中心的役割を果たすことになる。戦後は、社会学的方法をとり入れて歴史のなかの共同体への関心を深め、『国史における協同体の研究』『中世協同体の研究』を相ついでまとめた。そこには古代・中世における社会集団・社会組織について神社祭祀をからめて体系化しようとする視野の広さがあった。その後学界の内外を問わず、多彩な活動に終始した。東京教育大学教授として後進を育成する一方、日本歴史学協会・日本学術会議を拠点に歴史教育や紀元節復活反対運動に力を注いでいる。また民俗総合調査団を約十年間にわたって組織し、日本の地域社会の歴史と民俗の総合的把握を試みている。歴史研究における民俗学の有効性を説くことが本領であって個別論文には、その観点が貫かれており、『歴史と民俗学』『歴史研究と民俗学』として知られている。また歴史学と民俗学の接域に展開する『日本風俗史』『相撲今むかし』などにもユニークな史観が示されている。昭和五十一年三月、東京教育大学の職を辞し、都留文科大学学長となり、翌五十二年四月七日、東京都文京区本郷の順天堂大学医学部付属順天堂病院で没。六十一歳。死後、主要著作を収録した『和歌森太郎著作集』全十五巻・別巻一が刊行された。

(宮田　登)

わかやぎじゅどう　若柳寿童　一八四五―一九一七　日本舞踊若柳流創始者。本名若林勇吉。弘化二年(一八四五)六月二十三日、江戸新吉原仲之町(東京都台東区)の引手茶屋見吉屋若林見吉の末子として生まれる。舞踊は六歳で市山孝次郎(幸次、幸吉とも)、八歳ごろ坂東およしに習う。安政三年(一八五六)花柳寿助(のちに寿輔)に入門、同六年師の初名である芳松の名を許され、番付に名を連ね劇場振付師としても活躍。二十五歳ごろ一時舞踊を中断、三十歳ごろ再び寿輔門下となるが、明治二十六年(一八九三)破門となり、以後劇場から離れ、もっぱら柳橋(台東区)に地盤を設ける。翌年、本名の若と吉、芸名の柳と松をとり若柳吉松を名乗り、一流を樹立。封建的な社会の中で貧苦を重ねながら、柳橋の花柳界の援助を得て流儀を発展させた。同三十八年還暦を迎え、童にかえるという意味から寿童と改名。当時隆盛を極めていた藤間流と肩を並べて、藤・若時代をつくる。大正六年(一九一七)七月二十二日、蔵前の自宅で没。七十三歳。墓は東京都台東区の谷中墓地にある。法名園林院寿童日宝居士。なお宗家若柳流三世宗家寿邦が昭和六十三年(一九八八)十二月、二代目寿童を襲うが、翌年七月十七日六十七歳で没した。墓は台東区谷中の天王寺墓地にある。法名至芸院殿燦晃寿童日正居士。

(丸茂　祐佳)

参考文献　邦楽と舞踊社編『日本舞踊大系正派若柳流』

わかやまのりかず　若山儀一　一八四〇―九一　明治時代前期の経済学者。天保十一年(一八四〇)医師西川宗庵の子として江戸に生まれた。幼名は元正、隆民。緒方洪庵に学び、はじめ緒方正と名乗ったが、明治四年(一八七一)より儀一と改名、また養子にいって若山姓となった。明治元年開成所教授、同四年二月大学出仕、同年五月民部省に転じて地理権正に任じたが同年七月民部省廃止に伴って租税権助となる。同年岩倉遣外使節に随行して洋行、欧米にとどまって財政問題の研究を続けた。同七年三月帰国、同年六月租税助に任じたが同十年官を辞し生命保険事業を開始した。同十四年以後ふたたび官職につき太政官兼農商務権大書記官、参事院議官補などを歴任して同十八年退官した。同二十四年九月三日没。五十二歳。若山は西欧の経済学・法学・農学を日本に紹介、特に保護貿易論を提唱した。著書のうち『保護税説』は租税頭伊藤博文の委嘱で起草したもので、ポルトガル・トルコ・デンマーク・ロシア・インドなどに例をとって自由貿易と保護貿易との利害得失を論じ、後進国の資本主義育成にとって関税保護障壁が不可欠であることを主張した。これは明治四年当時の大蔵省の税法改革構想の柱をなすもので、『保護税説』は明治五年『大蔵省全書』の一冊として刊行された。このほか若山には『官版経済原論』『泰西農学』『西洋開拓新説』『西洋水利新説』『各国創建概略』『革税説』『国権備考』『革幣説』『万国通私法』『自由交易穴探』などの著書、翻訳書がある。なお、『若山儀一全集』全二巻がある。

参考文献 大山敷太郎「若山儀一の著書について」(『経済史研究』四六・四七・四九・五〇)、吉川秀造「若山儀一の「士族授産私議」について」(同四二)、三浦周行「我国における生命保険業の首唱と其先駆―若山儀一氏と日東保生会社―」(『経済論叢』二ノ四・五)

(岩崎 宏之)

わかやまぼくすい 若山牧水 一八八五―一九二八 明治・大正時代の歌人。本名繁(しげる)。明治十八年(一八八五)八月二十四日、宮崎県東臼杵郡坪谷村(東郷町坪谷)に生まれる。父立造・母マキの末子、三人の姉がある。立造は祖父健海の代からの医師、健海は武蔵国所沢の出身。明治三十二年延岡中学入学、在学中に回覧雑誌を始め、『新声』『秀才文壇』などに短歌・俳句などを投稿。三十七年早稲田大学予科入学、尾上柴舟を訪ねて入門。翌年柴舟を中心に前田夕暮・正富汪洋らと車前草社を結成。在学中、北原白秋・土岐哀果(善麿)らと交友。哀果ら七名の学友と回覧雑誌『北斗』を出し、小説を書く。国木田独歩などを愛読、また自然主義の潮流の影響も受けるが、四十年恋愛に苦しむ前後から、いわゆる牧水調と呼ばれる流麗な作に青春の哀感を歌い、『海の声』『独り歌へる』の作を含む第三歌集『離』(四十二年)によって注目され、翌年創刊された『創作』を編集、中絶はあるが没年に及ぶ。破調歌の一時期を経たが、旅の歌人、自然歌人として愛誦されている。昭和三年(一九二八)九月十七日、静岡県沼津市本(ほん)の自宅にて死去。四十四歳。同市の乗運寺に埋葬。法名、古松院仙誉牧水居士。歌集十五冊、歌論、紀行文などを収めた全集に改造社版(昭和五年)・雄鶏社版(同三十四年)がある。

(武川 忠一)

わきさかやすおり 脇坂安宅 一八〇九―七四 幕末維新期の老中、播磨国竜野藩主。文化六年(一八〇九)二月十五日竜野藩主脇坂安董の次男に生まれ、天保十二年(一八四一)四月竜野藩主となる。同十四年十月奏者番に就任、弘化二年(一八四五)五月寺社奉行を兼任。嘉永四年(一八五一)十二月京都所司代となる。安政元年(一八五四)禁裏炎上の時、率先して天皇の避難を護衛し、皇居の造営において工費を増額し、その規模を拡張した。また皇室の賄料を増加した。安政四年八月老中に就任、外交事務を担当した。万延元年(一八六〇)十一月老中を辞任し、文久二年(一八六二)四月藩主をも致仕した。同年五月老中に再び就任、外交事務を担当する。同年九月病気のため辞任。同年十一月井伊直弼暗殺の際、事実を秘したとの咎により謹慎を命ぜられる。のち赦される。明治七年(一八七四)一月十日死去。六十六歳。贈従三位。

参考文献 本間貞観他編『脇坂安宅公略伝並系譜』

(板垣 哲夫)

わきみずてつごろう 脇水鉄五郎 一八六七―一九四二 森林立地―地質学の創始者。慶応三年(一八六七)十一月九日、美濃国大垣に生まれる。明治二十六年(一八九三)帝国大学理科大学地質学科卒。帝国大学農科大学講師を勤め、同工学部講師および東京高等師範学校講師を兼ねる。大正六年(一九一七)東京帝国大学農科大学教授。もっぱら農林業の環境因子としての地質の究明に徹し、土壌の生成や性質、地形の形成を地質の特徴に基づいて解明する応用地質学の一分野である土壌地質学とくに森林立地―地質学を創出し、ミュンヘン大学と並び称せられる斯界の一人者となる。森林地質学は明治・大正時代における応用地質学の主流の位置を占め、㈠関西・山陽のはげ山は花崗岩地域に集中し、古生層の山地にスギ造林が発達すること、㈡同じ結晶片岩地域でも黒色片岩の山地はスギの生育は不良で、緑色片岩の山地は良好であることなどが解明された。晩年は全国にわたって天然記念物・名勝の調査を行い、薀蓄を傾けて、『車窓からの自然界』東海道・山陽篇など地質学的な日本風景論を残した。昭和十七年(一九四二)八月十日没。七十六歳。

参考文献 望月勝海『日本地学史』(『平凡社全書』)、今井功『黎明期の日本地質学』

(松井 愈)

わきむらよしたろう 脇村義太郎 一九〇〇―九七 昭和時代の経済学者。明治三十三年(一九〇〇)十二月六日、和歌山県田辺市で脇村市太郎の長男として生まれ、第三高等学校を経て、大正十三年(一九二四)に東京帝国大学経済学部商業学科を卒業。同大学助手・助教授・教授を歴任して、昭和三十六年(一九六一)に東京大学を停年退官、名誉教授の称号を受けた。この間、戦時中(昭和十三年)「教授グループ事件」に連座して治安維持法違反容疑で起訴され休職を余儀なくされたが、戦後教授として復職、貿易史・商業史(経営史)を講じ、同二十六年、経済学博士の学位を取得、同年および三十年から各二年間経済学部長を併任した。その後二十九年二月、日本学士院会員に選ばれ、六十三年四月からは六年間、院長に推されている。リベラルな見識と該博で堅実な学風で、専門分野では海運・造船、保険・金融等の重要産業や石油・綿花・砂糖等の国際商品を中心に、幅広く通商問題や独禁政策に及ぶ歴史的、実証的な研究を展開し、これを基盤に経済学・会計学・技術工学を融合した独自な経営史学を形成して、わが国における経営史研究の開拓者となった。日本経営史学会の創設に尽力、三十九年十月、初代会長(五十四年十一月からは名誉会長)に就任したほか、四十七年以降最晩年まで海事産業研究所の会長職にあり、三井文庫や日本経営史研究所にも役員として関係した。また新日本奨学会理事長のほか鎌倉近代美術館運営委員会会長など学芸面でも活躍した。同時に下記委員会等で重責を担い、財閥解体や産業再編等、戦後改革や日本経済発展に主導的な役割を果した。持株会社整理委員会委員、船員中央労働委員会委員長、経済安定本部参与、貿易庁顧問、海運造船合理化審議会委員、繊維工業設備審議会委員、原子力委員会参与、経済審議会委員、海運企業整備計画審議会会長、国鉄基本問題懇談会座長、国鉄財政再建推進会議座長、公正取引委員会独占禁止懇話会会長等々。これらの貢献により藍綬褒章(三十八年)、勲一等瑞宝章(四十六年)を受章し、文化功労者(平成四年(一九九二))にも選ばれた。平成九年四月十七日没。九十六歳。主要著書に、『石油』『世界経済図説』『続世界経済図説』『日本経済図説』『中東の石油』『趣味の価値』『カルテル・トラスト・コンツェルン』『東西書肆街考』『脇村義太郎対話集』『回想九十年―師・友・書―』『脇村義太郎著作集』全五巻。

[参考文献] 森真澄「脇村義太郎先生略年譜」・「脇村義太郎先生主要著作」(中川敬一郎編『企業経営の歴史的研究』所収)、大内力他「脇村義太郎先生追悼」(『経友』一三九)
(関口 尚志)

ワグネル Gottfried Wagner ⇨ワーグナー

わしづのぶみつ 鷲津宣光 一八二五―八二 幕末より明治時代前期の漢学者。名は宣光、字は重光、通称は郁太郎・九蔵、毅堂また蘇州と号した。文政八年(一八二五)十一月八日、尾張国丹羽郡丹羽村(愛知県一宮市丹羽)に父、儒学者の益斎、母磯貝氏の子として生まれた。父に学び、二十歳で伊勢国に赴き猪飼敬所に師事、のち江戸に出て昌平校に学んだ。嘉永六年(一八五三)上総国の久留里侯に仕え、慶応元年(一八六五)尾張藩主の侍読となり、翌年明倫堂の督学として家田大峯以来の折衷的学風を朱子学に改めた。維新には藩主を輔佐し献策奔走。明治政府に出仕し登米県(宮城県の一部)権知事、宣教判官、司法少書記官を歴任、東京学士会会員に列した。同十五年、司法権大書記官となり、明治十五年十月五日没。五十八歳。谷中天王寺(東京都台東区谷中七丁目)に葬り、葬儀には儀衛兵を賜わった。『毅堂集』『親燈余影』『薄遊吟草』『遷喬書屋集』『金山仙史私記』などの著がある。永井荷風はその外孫(母恒は宣光の次女、父禾原(かげん)は宣光門)で、『下谷叢話』に詳伝がある。

[参考文献] 干河岸貫一『近世百傑伝』、渡辺刀水「鷲津毅堂の臨終」(『伝記』七ノ七)、森銑三「「鷲津毅堂の臨終」を読みて」(同七ノ八・九)
(水田 紀久)

わしのおたかつむ 鷲尾隆聚 一八四二―一九一二 幕末維新期の公家。天保十三年(一八四二)十二月二十五日右近衛権中将鷲尾隆賢の第二子として生まれる。早くより勤王討幕の志を抱く。文久二年(一八六二)、上京した尊攘派の志士を糾合し、寺院に託し、時機の至るを待った。のち、朝譴を蒙り、差控を命ぜられる。慶応三年(一八六七)十二月差控を赦され、直ちに内勅を奉じ高野山に至り、檄を四方に発し、千名余を糾合した。京都の同志と呼応して大坂城を攻略しようとし、紀州藩の帰順をはかった。明治元年(一八六八)正月七日錦旗を授けられた。正月二十五日参与に就任、軍防事務局親兵掛を兼ねる。六月十日東征大総督府参謀となり、七月十三日には奥羽追討白河口総督を命ぜられ、東北各地に転戦した。同二年六月戊辰戦功により賞典禄二百石を下賜される。同三年三月五条県知事、四月兵部大丞を兼ね、四年八月若松県知事。さらに愛知県令、工部大書記官などを歴任。十五年元老院議官となる。十七年伯爵。四十五年三月四日没。七十一歳。正二位。
(板垣 哲夫)

わだいっしん 和田一真 一八一四―八二 幕末・明治時代の彫金家。琊蒭之(少)進のちに政隆。さらに大進政竜と称した。文化十一年(一八一四)十一月十日京都上長者町烏丸で馬場秀政の子として生まれた。父は但馬国二方郡八太荘(兵庫県美方郡温泉町)の郷士、母は同地の岡田氏の娘。京都柳の辻子に住し後藤家の下職であった藤木久兵衛の門で学ぶ。のち素質を認めた刀剣商沢田忠兵衛の斡旋により後藤一乗門下となる。入門後、一の字を免許され一真と名のる。高彫・色絵象嵌などに長じていた。真早・真虎・真彦などの弟子を養成。和歌と月琴を好み神道を信仰した。明治十五年(一八八二)十二月四日京都夷川西陣通り富小路で没。六十九歳。滋賀県膳所村字錦岡山(大津市)の墓地に葬られた。月琴堂・眉山・幽斎・松子丈・天然花と号す。
(香取 忠彦)

わだいわお 和田巌 一八九八―一九二三 大正時代の社会運動家。明治三十一年(一八九八)七月九日、青森県上北郡三本木村(十和田市)で出生。父足也の次男。畜産技師の父の勤務の関係で岐阜中学に入学、大正六年(一九一七)三月卒業、四月早稲田大学高等予科第四(商)に入学、九月第一(政経)に転入した。社会主義に関心をもち、七年労学会に参加、八年四月大学部政治経済学科に進学、組織力・指導力に優れ、同年高津正道らと民人同盟会を結成したが、実践運動に傾斜、高津らの社会主義研究会的な同盟の運営に不満で脱退、同年九月、浅沼稲次郎・稲村隆一・三宅正一らと建設者同盟を組織、学生運動から次第に農民運動に関係し、翌年日本社会主義同盟の発起人にも名前を連ねた。十一年三月卒業、同十月日本農民組合関東同盟会を組織して農民運動の社会主義的発展に尽力、同時に建設者同盟の機関誌『建設者』を創刊、同盟の牽引車的存在であった。翌年藤田農場争議応援に参加、帰京後腸チフスのため、二月十四日死去した。二十六歳。

[参考文献] 『建設者』二ノ二
(神田 文人)

わだえい 和田英 一八五六―一九二九 明治初年の製糸女工としての体験を記した『富岡日記』の著者。安政三年(一八五六)八月二十一日信濃国埴科郡松代城下代官町(長野市松代町松代)に松代藩士横田数馬と亀代の次女として生まれる。戸籍名はゑい。明治六年(一八七三)から七年にかけて官営富岡製糸場で器械製糸技術を習い、帰郷後旧松代藩士の設立した六工社の製糸教師となる。明治十三年陸軍軍人和田盛治と結婚、大正二年(一九一三)

『富岡日記』の稿了とともに夫と死別。昭和四年(一九二九)九月二十六日死去。七十四歳。長野県埴科郡松代町御安町(長野市松代町松代)の蓮乗寺の和田家墓地に葬られる。なお、大審院長となった横田秀雄は弟であり、第二次世界大戦後最高裁判所長官となった横田正俊は甥にあたる。

参考文献　和田英著・上条宏之編『定本富岡日記』、上条宏之『絹ひとすじの青春』(『NHKブックス』三二〇)　(石井　寛治)

わだえいさく　和田英作　一八七四―一九五九　明治から昭和時代にかけての洋画家。明治七年(一八七四)十二月二十三日鹿児島県大隅郡垂水村(垂水市)に生まれる。二十年に上京。はじめ曾山幸彦・原田直次郎に学び、二十七年天真道場に入塾して黒田清輝の指導を受けた。二十九年東京美術学校西洋画科助教授に推されたが辞退、同科選科四年級に入って三十年に卒業した。二十九年の白馬会結成に参加。三十二年渡欧、フランスでラファエル＝コランに師事し、三十六年に帰国して東京美術学校教授となり、以後長く同校で後進の育成にあたるとともに、堅実温雅な画風をもって文展・帝展を中心に活躍した。昭和七年(一九三二)東京美術学校長、十年美術研究所長、十二年帝国芸術院会員、十八年文化勲章を受章。三十四年一月三日静岡県清水市で死去。八十四歳。代表作は「渡頭の夕暮」「思郷」など。　(原田　実)

わだがきけんぞう　和田垣謙三　一八六〇―一九一九　明治時代の経済学者。万延元年(一八六〇)七月十四日但馬国豊岡藩士和田垣譲の次男として豊岡に生まれる。明治十三年(一八八〇)東京大学文学部理財学哲学科卒業。翌年イギリスに留学、のちドイツに転じ、帰国して文部省御用掛になった。同十九年帝国大学法科大学講師となり、同二十四年法学博士。同二十六年東京高等商業学校長事務取扱・同校商議員となる。同三十一年東京帝国大学農科大学教授となり農政学・経済学を担当した。かたわら私立日本女子商業学校長・私立東京商業学校長として民間実業教育にも尽くした。著書には英和・和英辞典、法制や経済学関係の教科書のほか随筆が多い。吐雲と号して俳句をよくし、弓・乗馬など多趣味であった。また奇行と洒落で有名であった。大正八年(一九一九)七月十八日東京の自宅で病没した。行年六十であった。墓は東京都豊島区の雑司ヶ谷墓地にある。　(川俣　茂)

わだきゅうたろう　和田久太郎　一八九三―一九二八　大正時代のアナキスト、テロリスト。ズボラなのでズボ久の渾名をもつ。兵庫県明石郡大明石町(明石市)で父久右衛門・母つゆの長男として明治二十六年(一八九三)二月六日誕生(戸籍簿は五月一日)。父の先妻の義姉、母の先夫の義兄もいる複雑な家庭環境に育ち、高等小学校中退。一時義兄の許にいたが、三十七年暮大阪の株式仲買店の丁稚になり、四十年に早くも買春、宿痾の性病にかかる。仕事の傍ら、酔蜂と号し河東碧梧桐に心酔、四十年同人と俳詩『紙衣』を創刊した。大正二年(一九一三)堺利彦の『へちまの花』に接し社会主義に関心をもち、五年三月上京、新聞配達などをしつつ駒込東片町(東京都文京区)の渡辺政太郎の研究会(のちの北風会)に参加、村木源次郎・古田大次郎・近藤憲二らと知り合う。一時足尾銅山の鉱夫になったが脱走して上京、大杉栄と会いアナキズムに傾斜した。大杉を助けて『労働新聞』、『労働運動』(一・二・三次)発刊に尽力、神出鬼没の活躍をした。関東大震災での大杉らの虐殺事件に遭遇、復讐のため翌年九月一日戒厳司令官だった福田雅太郎大将をピストルで狙撃したが失敗、古田らと裁判にかけられ、十五年九月十日無期懲役を宣告され、秋田刑務所に移され、昭和天皇践祚の恩赦で懲役二十年に減刑されたが、昭和三年(一九二八)二月二十日「もろもろの悩みも消ゆる雪の風」の辞世の句を残して縊死した。三十六歳。墓は明石市の浜光寺にあり、戒名は観窓院梅正久法居士。著書に『獄窓から』がある。

参考文献　『明石市史』下、松下竜一『久さん伝　あるアナキストの生涯』、古田大次郎『死の懺悔』、近藤憲二『一無政府主義者の回想』、秋山清『ニヒルとテロル』、『法律新聞』二四五五号　(神田　文人)

わだころく　和田小六　一八九〇―一九五二　大正・昭和時代の航空工学者。工学博士。明治二十三年(一八九〇)八月五日、木戸孝允の養嗣子孝正の次男で、幸一の実弟として東京赤坂に生まれ、のち和田家の養嗣子となる。大正四年(一九一五)東京帝国大学造船学科卒業。航空工学の研究開発を志し、五年航空学調査委員会委員として航空学科および航空研究所の創立に参画、同学科助教授を経て十三年教授、航空研究所風洞部主任所員、昭和七年(一九三二)航空研究所長に就任した。この間、航空力学研究のためイギリス・ドイツに留学、「飛行機翼ノ最大揚力ニ最少抗力ノ比ヲ増加セシムル装置」を発明、帝国発明協会恩賜賞をうけ、また本格的な長距離機の研究製作に取り組み、十三年いわゆる航研機による周回航続距離の世界記録を樹立した。その後、技術院次長を経て十九年十二月東京工業大学長に就任、二十七年六月十一日六十一歳で没するまでその職にあり、戦後の大学民主化と総合技術教育の確立に貢献した。訳書に『TVA―民主主義は進展する』(昭和二十四年)がある。

参考文献　東京帝国大学編『東京帝国大学学術大観』工学部・航空研究所、「故和田先生略歴・葬送記事」(『大学基準協会会報』一三)　(飯田　賢一)

わださんぞう　和田三造　一八八三―一九六七　明治から昭和時代にかけての洋画家。明治十六年(一八八三)三月三日兵庫県生野町(朝来郡生野町)に生まれ、十七歳で上京して白馬会洋画研究所で黒田清輝に師事、翌年東京美術学校西洋画科選科に入学して同三十七年卒業した。はじめは白馬会展に出品、受賞したが、同四十年創設の第一回文展に外光派的表現による浪漫的作品「南風」を出品して二等賞、翌年の第二回文展でも「煒燻」で連続二等賞をうけるなど、一躍脚光を浴び、同四十二年文部省留学生としてヨーロッパに留学、西洋画と工芸図案を学び、インド・東南アジアを経て大正四年(一九一五)帰国した。以後文展審査員、昭和二年(一九二七)帝国美術院会員となり、同七年から十九年まで東京美術学校教授として図案科の指導にあたった。第二次世界大戦後は制作の傍ら日本色彩研究所の理事長として、色彩研究にも多くの業績を残した。昭和四十二年八月二十二日東京で死去。享年八十四。

（富山 秀男）

わだせい　和田清　一八九〇―一九六三　大正・昭和時代の東洋史学者。明治二十三年(一八九〇)十一月十五日神奈川県高座郡鶴嶺村萩園(茅ヶ崎市)に出生。大正四年(一九一五)七月東京帝国大学文科大学史学科東洋史学専攻を卒業。十一年四月東京帝大文学部講師、十四年三月より約二ヵ年、欧米・中国へ留学。昭和二年(一九二七)三月東京帝大助教授、八年二月同教授。十四年二月文学博士となる。二十六年三月定年退官し、六月東京大学名誉教授、十月日本学士院会員となる。同年四月より三十六年三月まで日本大学教授。この間、大正八年より諸大学の教授・講師を勤め、東洋文庫専務理事など研究機関の役職につく。昭和三十四年四月ころより療養生活をつづけ、三十八年六月二十二日没。七十二歳。従三位勲二等に昇叙される。郷里茅ヶ崎市萩園の墓地に埋葬。著書は『東亜史論藪』(昭和十七年)、『中国史概説』上・下(『岩波全書』、同二十五年・二十六年)、『東亜史研究』満洲篇・蒙古篇(同三十年・三十四年)その他。

参考文献　「和田博士年譜・著作目録・講義題目一覧」(和田博士古稀記念東洋史論叢編纂委員会編『和田博士古稀記念)東洋史論叢』所収)

（和田 久徳）

わたせしょうざぶろう　渡瀬庄三郎　一八六二―一九二九　明治・大正期の動物学者。文久二年(一八六二)十一月十一日江戸牛込(東京都新宿区)に生まれる。明治十三年(一八八〇)開拓使官費生として札幌農学校入学、同十七年卒業。同年東京大学理学部動物学科選科へ入学、箕作佳吉に学ぶ。十九年渡米、ジョンズ＝ホプキンス大学へ留学し、学位を取得。二十三年から二十五年までクラーク大学講師。二十五年から三十二年までシカゴ大学助教授。その間ドイツのキール大学のフレミングに師事(一八九六年)するなど欧州各地で細胞学・発生学を学び、三十二年に帰国。三十四年五月東京帝国大学理科大学教授となり、大正十三年(一九二四)定年退官。その間、大正四年カナダ・アメリカ合衆国に渡り、養狐事業を視察したのをはじめ、捕鯨・食用ガエルの輸入など応用動物学分野にも活躍。また動物の地理的分布にも関心を示し、九州南部での分布境界線「渡瀬線」を後世に残す。昭和四年(一九二九)三月八日六十八歳で没。著書に『蛍の話』(明治三十五年)などがある。

参考文献　『動物学雑誌』四三(渡瀬庄三郎記念特集号)

（鈴木 善次）

わだつなしろう　和田維四郎　一八五六―一九二〇　明治・大正時代の鉱物学者。わが国の近代鉱物学の創始者。安政三年(一八五六)三月十五日、若狭小浜に生まれ、明治三年(一八七〇)若狭藩の貢進生として上京。明治七年開成学校入学、シェンクに鉱物学を学ぶ。明治八年、文部省学務課に出仕、開成学校教授を兼ねる。明治十年東京大学創設にあたり、理学部地質学科に教授ナウマンとともに助手ついで助教として勤める。日本最初の鉱物・結晶の書物『金石学』『本邦金石略誌』『金石識別表』『晶形学』を著わし、本草学の域を出なかったわが国の鉱物学を近代鉱物学に改変させた。ナウマンと協力し、最初の全国的地質調査である二十万分の一地質図幅調査事業の開始(明治十一年)、独立の地質調査機関である地質調査所の開設(明治十五年)に貢献し、初代地質調査所所長・東大教授を兼ねる。鉱山局長、八幡製鉄所長官を歴任。明治三十五年官界を去り鉱物学の研究に専念、『日本鉱物誌』(明治三十七年)を著わし日本産鉱物百三十種を記載し、記載鉱物学の基礎を確立した。日本最初の鉱物学雑誌『本邦鉱物資料』Beitrage zur Mineralogie von Japanを発行(明治三十八年―大正四年(一九一五))。さらに『本邦鉱物標本』(明治四十年)を著わすなどわが国における鉱物学の創始者として、その基礎を固めた功績は大きい。晩年には雲村と号し、古文書を収集し、研究した。大著『訪書余録』などを著わし、わが国の科学的書誌学の開拓者である。大正六年貴族院議員に勅選されたが、同九年十二月二十日、東京市牛込区市ヶ谷薬王寺町(新宿区)の自宅で没。六十五歳。

参考文献　望月勝海『日本地学史』(『平凡社全書』)、今井功『黎明期の日本地質学』

（松井 愈）

わだとくたろう　和田篤太郎　一八五七―九九　明治時代の出版人。春陽堂の創業者。号は鷹城。安政四年(一八五七)八月二十三日、美濃国不破郡荒川村(岐阜県大垣市)和田耕之助の三男に生まれる。十六歳で上京、苦学して巡査などを経験。明治十一年(一八七八)神田和泉町に書籍小売兼行商を始め、十五年ころより春陽堂として出版を始めた。初期は翻訳や絵草紙を刊行したが、のち文学書の出版に主力を注ぎ、二十二年雑誌『新小説』を発刊、須藤南翠を代表として、山田美妙・饗庭篁村(あえばこうそん)・石橋忍月・森田思軒らが執筆した。二十三年通巻二八号で休刊したが、二十九年幸田露伴を編集主任として再刊、明治三十年代の代表的文芸誌として重要作品を世に送りだした。また『文学世界』『春陽文庫』などを発行、坪内逍遙・森鷗外・尾崎紅葉・露伴などの主要著作をはじめ、明治文壇の多数の作家の単行本・選集・全集などを出版し、近代文学の発展に大きな役割を果たした。明治三十二年二月二十四日没。享年四十三。

参考文献　山崎安雄『春陽堂物語』

（由井 正臣）

わだとよじ　和田豊治　一八六一―一九二四　明治・大正時代の実業家。豊前国中津藩の下級藩士和田薫六の長男として、文久元年(一八六一)十一月十八日出生。明治三年(一八七〇)漢学塾に入ったが、のち上京して同十七年慶応義塾を卒業。翌年、武藤山治・桑原虎治とともに渡米、甲斐商店サンフランシスコ支店に勤務した。六年間のアメリカ生活後、日本郵船に入社したが、中上川彦次郎の推挙で三井銀行に入行(二十六年)、間もなく、武藤とともに鐘淵紡績に入社し、東京本店支配人となった。経歴の似た武藤(兵庫支店支配人)とはライバルの関係にあり、性格の差異、経営上の見解の差などが伏線にあって、欧米視察後の三十四年、鐘紡を去った。日比谷平左衛門・浜口吉右衛門の招きで富士紡績に入社し、専務取締役として経営の危機打開に尽力、その手腕は世の注目を集めた。東京瓦斯紡績をはじめとしていくつかの紡績会社を合併した富士瓦斯紡績の社長に就任したのは大正五年(一九一六)である。日本工業倶楽部・理化学研究所などの設立に奔走、同十一年には日本経済聯盟会常務理事となった。取締役あるいは相談役として関係した主な企業に、九州水力・耶馬渓鉄道・南亜公司・日華紡績・東洋製鉄・豊国銀行・第一火災海上再保険・白木屋呉服店などがある。また米穀委員会・臨時産業調査会その他の政府委員に就任、大正十一年には貴族院議員に勅選された。同十三年三月四日没。六十四歳。郷里の大分県下毛郡中津町寺町(中津市中津寺町)の浄安寺に葬られた。従五位勲三等瑞宝章追贈。

参考文献 喜多貞吉編『和田豊治伝』、絹川太一『本邦綿糸紡績史』四・七、田中身喜『富士紡生るゝ頃』
（村上 はつ）

わたなべいかりまろ 渡辺重石丸 一八三七―一九一五 幕末・明治時代の神官・国学者。幼名重任のち重石丸。与吉郎、哲次郎、鉄次郎と称し、豊城・鶯栖園隠士・捫虱庵主人、鉄十字と号した。天保八年(一八三七)十一月十五日、中津藩奥平家の臣、吹出浜古表神社の神職渡辺重蔭の次男として、豊前国中津桜町(大分県中津市中津)に生まれる。八歳の時中津藩校進修館教授手島仁太郎の私塾誠求堂に学び、嘉永六年(一八五三)十七歳の時藩儒野本真城の白巌塾に入る。のち藩の剣術師範に剣術を学ぶ。文久二年(一八六二)会沢安(正志斎)の『新論』を読み入門を希望するが果たせず、国学に水戸学を施す学風をつくりあげる。元治元年(一八六四)私塾道生館を開き門弟を教える。慶応三年(一八六七)平田篤胤の没後の門人となる。そして明治二年(一八六九)京都皇学所御用掛兼講官となったが、のち皇学所が廃せられて平田銕胤の私塾の都講となる。同五年教部省出仕考証掛となり、東京に移住。同六年大教院皇学講師・香取神宮少宮司・大講義、同七年教部省十等出仕、諸陵掛、同九年教部省中録・神名帳編纂掛、同十年内務省社寺局事務取扱となる。同年西南戦争において道生館門弟増田宋太郎らが薩軍に応じたためみずから官途を絶ち、同十五年野に下って道生館を東京に移して再開、著述と教育に専念、大正四年(一九一五)十月十九日七十九歳で没した。墓は東京都豊島区の雑司ヶ谷墓地にある。著書は『弁学小言』『真天主教説略』『天御中主神考』『固本策』『皇統歌』『修身礼要稿』『皇学所問答』などがある。

参考文献 上田賢治「渡辺重石丸考」(国学院大学日本文化研究所創立百周年記念論文集編集委員会編『維新前後に於ける国学の諸問題』所収)
（加藤 隆久）

わたなべかいきょく 渡辺海旭 一八七二―一九三三 明治から昭和時代前期にかけての浄土宗の学僧。号は壺月。僧名は明蓮社諦誉善阿。明治五年(一八七二)正月東京浅草田原町(東京都台東区)に渡辺啓造の長男として生まれ、十四歳の時に浄土宗深川西光寺の端山海定について出家得度。同二十八年浄土宗学本校を卒業と同時に、浄土宗内地留学生となり、浄土宗第一教校教諭を兼ねる。同三十三年五月浄土宗第一回海外留学生となり、ドイツに留学し、四十三年に帰国する。留学中の前半はサンスクリット・チベット・パーリ語を研究し、これを基礎として比較宗教学を専攻した。後半は各種学校の招きに応じて仏教哲学・インド学を講義したり、学会に出席したりした。その間に発表した論文は、欧文八編・和文二十六編にものぼっている。『普賢行願讃』諸本の比較研究により学位を授与されている。帰国後、大正大学・東洋大学教授となる。明治四十四年には仏教徒社会事業の先駆として深川に浄土宗労働共済会を設立した。また浄土宗立の芝中学校校長に就任し、これ以降終生その職にあった。大正十一年(一九二二)高楠順次郎とともに『(大正新修)大蔵経』の編集に尽力し、昭和七年(一九三二)正・続全八十五巻を刊行している。昭和四年には日本仏教学協会(現在の日本仏教学会)を結成。大正十二年からは浄土宗執綱として、宗務行政を統理するなど、学界・教界・教育界・社会事業など多方面に活躍した。昭和八年一月二十六日西光寺において没。六十二歳。著書に『欧米の仏教』がある。著書を含めて学術論文はすべて『壺月全集』全二巻に収められている。

参考文献 片川博通『渡辺海旭研究―その思想と行動―』
（宇高 良哲）

わたなべかざん 渡辺崋山 一七九三―一八四一 江戸時代後期の文人画家で蘭学者。名は定静。字は子安または伯登。通称は登。はじめ華山と号し、のち三十五歳のころに崋山に改めた。三河国渥美郡(愛知県渥美郡)にある田原藩の定府の家臣渡辺市郎兵衛定通の長男として、寛政五年(一七九三)九月十六日に江戸の半蔵門に近い田原藩邸の長屋で生まれた。田原藩は一万二千石の小藩のうえに、父が病身のため、極貧のうちに育ち、家計を助けるために画を学び、のち谷文晁に画才を認められて、その門に入った。他方、佐藤一斎や松崎慊堂らの大儒に師事して、漢学を学んだ。やがて文人画の高踏的な画風にあきたらず、三十歳ごろから写実的な洋画の技法を学び、独自の画風を確立した。洋画への傾倒は蘭学を学ぶ素地をつくった。しかし本格的な蘭学研究を始めるのは、天保三年(一八三二)に彼が藩の年寄役末席に起用されるともに、海岸掛を兼務することになって以来である。もっとも崋山は蘭語の素養がなく、また藩務が多忙をきわめたので、小関三英・高野長英らの蘭学者を招き、蘭書の翻訳を依頼して、新知識の吸収につとめ、主として海外事情を研究した。その成果は、天保十年三月に代官江川英竜のために執筆した『外国事情書』とその初稿および再稿に集約されている。やがて彼は「蘭学にて大施主」という世評を得、彼の学識をしたって集まる知識人が少なくなかった。その多くは幕臣と儒者であった。このことが幕府の文教を掌る林一斎とその一門の忌むところとなり、天保十年五月に崋山は投獄され、同年十二月には在所蟄居を命ぜられた(蛮社の獄)。在所田原に蟄居中の崋山は再び画業に専念したが、生活は極度に苦しかった。これを知った門人福田半香らは崋山の画をひそかに三河や遠州方面で売りさばいたが、やがて崋山はこのことが老中の遠州浜松藩主水野忠邦に探知されたと誤信し、主君に迷惑が及ぶことをおそれて、自刃して果てた。天保十二年十月十一日のことである。四十九歳。田原の城宝寺に葬られた。法名一心遠思花山居士、のち文忠院崋山伯登居士と改められた。画に「鷹見泉石像」(国宝)、「千山万水図」(重要文化財)などがある。

参考文献 鈴木清節編『崋山全集』、佐藤昌介校注『崋山・長英論集』(『岩波文庫』)、菅沼貞三『渡辺崋山と芸術』、小沢耕一『崋山渡辺登』、佐藤昌介『渡辺崋山』(『人物叢書』一八七)

(佐藤 昌介)

わたなべかてい 渡辺霞亭 一八六四―一九二六 明治・大正時代の新聞記者、小説家。元治元年(一八六四)十一月二十日、尾張国名古屋主税(ちから)町(名古屋市東区)の尾州藩士渡辺家に生まれる。父源吾、母はたけ。幼名を甲子太郎、のち勝と改めた。霞亭は号、別に碧瑠璃園(へきるりえん)・緑園・春帆楼・黒法師・無名氏・哉乎翁・朝霞隠士などと号した。小学校卒業後名古屋の好生館に学び、在館中から投書家として聞えた。明治十四年(一八八一)七月『岐阜日日新聞』に文芸主任として入社、多くの続き物を発表して読者に喜ばれた。同十九年二月名古屋の『金城新報』に編集長として招かれ、実録物をつぎつぎと発表して好評を得た。同二十年『燈新聞』(同年四月『めさまし新聞』と改題)に招聘されて上京、同紙が村山竜平に買収されて『東京朝日新聞』と改題後、一旦退社したが、まもなく復帰し、『三人同胞』『阿姑麻』などによって文壇に注目された。同二十三年六月『大阪朝日新聞』に転じ、翌年四月本吉欠伸・西村天囚・武田仰天子らと雑誌『なにはがた』を創刊、新聞・雑誌に健筆をふるい、関西文壇に確乎たる地歩を築いた。同三十八年須藤南翠のあとを受けて社会課長となり、時代物・現代物をつぎつぎと発表し、旺盛な創作活動は読者を魅了した。その活動は『大阪朝日新聞』一紙にとどまらず、さまざまな別号を用いて『東京日日新聞』『報知新聞』『読売新聞』をはじめ、地方新聞・雑誌にまで同時に筆を執り、当時の批評家をして「超人的」であると評させるほどであった。大正三年(一九一四)四月社会課長を辞し、同八年八月退社、以後同社の客員として活動を続けた。同十三年十一月『大阪朝日新聞』に野心作の歴史小説『井伊大老』の連載を始めたが、同十五年四月七日心臓発作のため大阪市天王寺区松ヶ鼻町にて没。作品は未完に終った。享年六十三。法名は綜芸院釈道現。墓は渡辺家の菩提寺の名古屋市中区栄三丁目の守綱寺にある。霞亭は小説のほか劇評家としても著名であって、生涯を通じて収集した蔵書は「霞亭文庫」として東大附属図書館に収められている。

参考文献 朝日新聞社編『村山竜平伝』、幡野たづゑ他「渡辺霞亭」(『近代文学研究叢書』二五所収)

(北根 豊)

わたなべき 渡辺驥 一八三六―九六 明治時代の旧松代藩出身の官僚。通称は左太郎、中洲と号す。天保七年(一八三六)九月九日信州松代藩士渡辺格の長男として出生。幼時、同藩の蘭学者・兵学者であった佐久間象山の塾に入門し、同門下の久坂玄瑞や中岡慎太郎らの影響をも受けて国事に奔走したが、藩士の身分に拘束され、思うようにその志を達することができなかった。幕末の討幕運動では、戊辰戦争当時に北陸先鋒総督をつとめて活動し、またその後、帰藩して、藩兵を率いて越後・東北に転戦して功を立て、松代藩主真田家より賞典禄五十石を下賜された。その後、明治二年(一八六九)、弾正台の出仕を経て司法大丞さらに大審院検事長などを歴任し、司法官僚として知られた。また元老院議官・貴族院議員もつとめ、晩年には禅を修めるとともに、茶道にも通じたといわれる。明治二十九年六月二十一日没。六十一歳。

参考文献 大平喜間多編『松代町史』下

(石塚 裕道)

わたなべくにたけ 渡辺国武 一八四六―一九一九 明治時代の官僚政治家。弘化三年(一八四六)五月五日信州諏訪郡長地(おさち)村(長野県岡谷市長地)に高島藩士渡辺政徳の次男として生まれ、小池家の養子となり、のち渡辺姓に戻る。無辺侠禅と号す。幕末、江戸に出て国事に奔走、明治維新後、伊那県に出仕、その後、民部省庶務少佑・大蔵省権中録を経て、明治七年(一八七四)大蔵省租税寮に移り、地租改正事業に従事、明治九年高知県権令となり立志社員を県庁内から追放し連合区会の設立を不認可とするなど、民権運動を弾圧した。十一年県令、翌年県下の四郡合併を専決施行して譴責をうけ依願免官となる。一時京都に転居、その間一切経を読み、東西の哲学に親しんだ。十四年に福岡県令、翌年大蔵省調査局長に転じ、主計局長を経て二十一年蔵相松方正義のもとで大蔵次官となり、第一議会での議会対策で頭角を現わした。二十五年第二次伊藤内閣では蔵相に抜擢され、翌年貨幣制度調査会を設置して金本位制実施を準備し、日清戦争中は戦時財政を担当して国庫剰余金と公債、特別資金の繰入れにより戦費を調達した。二十八年、日清戦争の功により子爵。一時逓相に転じるが、蔵相に復帰して日清戦後経営の大綱を立案、第九議会で軍備拡張計画、製鉄所創設、鉄道建設、教育事業の拡充などの諸事業を実現し、財源として新しく登録税・営業税・葉煙草専売の創設や酒造税の増税などを推進した。三十三年八月伊藤博文が立憲政友会の創立に着手すると創立委員長となり、十月第四次伊藤内閣には伊藤博文首相が予定した井上馨を排除して蔵相に就任、第十五議会に提出した増税案が貴族院の抵抗にあい、詔勅によって乗り切ったが、翌三十四年度、三十五年度の財政計画をめぐってその極端な緊縮方針に政友会出身閣僚らが反発し、五月閣内不統一のため内閣崩壊の因をつくった。以後、信州派のリーダーとして政界への影響力を行使しようとしたが、その偏狭さが禍いして信頼を失い、失意の晩年を過ごした。大正八年(一九一九)五月十一日没。七十四歳。墓は東京都府中市の多磨墓地にある。宮内大臣渡辺千秋は長兄。

参考文献　民友社編『山県有朋附渡辺国武、岡本柳之助』(『今世人物評伝叢書』一)、西野喜代作『歴代蔵相伝』

(宇野　俊二)

わたなべこうき　渡辺洪基　一八四七—一九〇一　明治時代の官吏、帝国大学初代総長。弘化四年(一八四七)十二月二十三日越前国南条郡府中善光寺町(福井県武生市)の蘭方医家に生まれた。父静庵、母蔦埜の長男で、浩堂と号した。元治元年(一八六四)下総国佐倉に赴いて佐藤舜海(尚中)の医塾に入り、翌慶応元年(一八六五)江戸の開成所に転じ、傍ら箕作麟祥(みつくりりんしょう)・福沢諭吉に英学を学び、慶応三年には幕府医学所の句読師となった。戊辰戦争に際しては頭取松本良順(順)に従って会津・米沢に赴き、かたわら英学校を開いた。明治二年(一八六九)大学少助教に挙げられ、翌年外務大録に転じ、同四年に岩倉遣外使節に一時随行したのち、同六年書記官としてイタリア、翌年オーストリア在勤を命じられた。この時夫人が同行したが、日本外交官の妻女帯同の嚆矢といわれる。同九年帰国して外務省記録局長心得となり、明治十四年太政官大書記官兼外務大書記官のとき『外交志稿』の編纂終了を機に一旦、官を辞し、日本全国を漫遊した。在官時、学習院次長を兼ね、法制部では集会条例を起案し、また輸入防遏団体万年会の組織にもあたっている。同—五年元老院議官に任じられ、工部少輔、東京府知事を経て、同十九年帝国大学総長兼法科大学長となり、翌年文官試験局長官を兼ねた。明治二十三年特命全権公使に転じ、ウィーンに駐割した。同二十五年帰国し、衆議院議員に当選して国民協会に加わり、同三十年には貴族院議員に勅選された。同三十三年伊藤博文の立憲政友会創立に参加したが、翌年五月二十四日病により没した。五十五歳。法名は正定院釈旦堂不退居士。墓は東京都港区の長谷寺にある。彼は訥弁ながら世話好きな人で、多様な官職や会社役員、さらに明治十二年創立の東京地学協会はじめ多くの学術・社交団体の役員を兼ね、三十六会長の異名があった。著書に『維新前後政治の観察』などがある。

参考文献　渡辺進編『夢—渡辺洪基伝—』、『東京大学百年史』通史一、東京大学百年史編集室編『渡辺洪基史料目録』(『東京大学史史料目録』一)、『武生郷友会誌』四九

(三谷　博)

わたなべじょうたろう　渡辺錠太郎　一八七四—一九三六　明治から昭和時代前期にかけての陸軍軍人。明治七年(一八七四)四月十六日、愛知県に和田武右衛門の長男として生まれ、のち渡辺家を継ぐ。陸軍士官学校第八期生。三十六年陸軍大学校卒業後、歩兵第三十六連隊の中隊長として日露戦争に出征、旅順要塞攻略に参戦。大本営陸軍参謀、山県有朋元帥付副官を経て、四十年よりドイツ駐在(軍事研究)。ドイツ大使館付武官補佐官・参謀本部部員・参謀本部課長・オランダ公使館付武官などを経て該博な識見と体験を養い、大正九年(一九二〇)歩兵第二十九旅団長。ついで参謀本部第四部部長(戦史担当)・陸軍大学校校長になり近代的軍事思想の教育に努め、以後、第七師団長・航空本部長・台湾軍司令官の要職を歴任。昭和六年(一九三一)八月に陸軍大将に昇進し、再び航空本部長。八年三月軍事参議官、十年七月教育総監となり、国軍の教育の刷新に鋭意努力中、一部青年将校の誤解を受けたためか、十一年二月二十六日の二・二六事件で叛乱軍により東京市杉並区の私邸で殺害された。六十三歳。墓は東京都府中市の多磨墓地にある。

参考文献　日本近代史料研究会編『日本陸海軍の制度・組織・人事』、宮田正一『郷土の偉人渡辺錠太郎』、田沢震五『人格の人渡辺大将』、額田坦『陸軍省人事局長の回想』

(森松　俊夫)

わたなべすいは　渡辺水巴　一八八二—一九四六　大正・昭和時代前期の俳人。本名義。明治十五年(一八八二)六月十六日、東京浅草小島町(東京都台東区)に生まれる。父は日本画家省亭。明治三十二年、日本中学三年で中退。明治三—三年、十九歳の折、俳句を始め、翌年、内藤鳴雪に師事した。のち高浜虚子に選評を受けた。明治三十九年『俳諧草紙』を創刊・主宰。のち『文庫』の俳句欄と合併。『文庫』廃刊後、『知仁勇』『藻の花』『警世』などの俳壇の選者をつとめた。大正元年(一九一二)の虚子の俳壇復帰とともに『ホトトギス』に拠り、江戸趣味の情趣による唯美的な俳風をみせた。虚子は代選をさせるなど信頼も厚かった。大正四年、曲水吟社をおこし、翌五年十月俳誌『曲水』を創刊・主宰した。作風は江戸趣味的な洒脱さ、唯美の情緒から繊細・清澄な境地に深められ、微妙な表現の中に生命感をこめるようになった。昭和二十一年(一九四六)八月十三日没。六十五歳。句集は数多くあり、大正十一年の『水巴句帖』、昭和十年の『隈笹』、十八年の『富士』が光る。

(松井　利彦)

わたなべたいすい　渡辺台水　一八六四—九三　明治時代の新聞記者。本名は治。元治元年(一八六四)二月水戸藩武道師範の家に生まれる。幼にして父母を亡い、叔母(寺門氏)に育てられた。県立茨城中学校を経て慶応義塾に進み、明治十五年(一八八二)卒業と同時に『時事新報』

に入社した。同十八年甲申の変交渉のため渡清した伊藤博文全権大使に同行し、特派員として活躍した。同二十一年『都新聞』を主宰、翌二十二年五月招かれて『大阪毎日新聞』の主筆に就任、さらに同二十三年八月初代社長に推され主筆を兼ねた。十一月には『大阪朝日新聞』が東京進出を果たして『東京朝日新聞』を経営したことに対抗して『朝野新聞』を買収、社長に就任した。しかし『大阪毎日新聞』の一部出資者の反対があったため同二十四年十一月、社を波多野承五郎に譲渡して大阪に戻り、以後社務に専念したが、同二十六年十月十五日三十歳の若さで没した。なお渡辺は、同二十三年七月の第一回衆議院議員選挙に茨城県から立候補して当選している。著訳書に『政治哲学』『政海之情波』『経世私言』『欧洲戦国策』『鉄血政略』などがある。

参考文献 『毎日新聞百年史』、『大阪毎日新聞』明治二十六年十月二十七日号付録 （北根　豊）

わたなべちあき　渡辺千秋　一八四三―一九二一　明治・大正時代の政治家、地方官、宮内官。天保十四年（一八四三）五月二十日、信濃国諏訪郡長地村（長野県岡谷市長地）に高島藩士渡辺政徳の長男として生まれる。国武は弟、千冬は三男（国武の養子）。初名は鍋太郎、楓関と号する。藩校長善館に学び、維新時には勤王派として活動、明治二年（一八六九）伊那県に出仕する。五年以降筑摩県の地方官として累進し、東京上等裁判所詰を経て、十年鹿児島県に移り大書記官となる。十三年七月鹿児島県令、十九年七月鹿児島県知事となり、道路開鑿・蚕業振興に従事した。二十三年九月行政裁判所評定官に移り、二十四年五月大津事件処理のため滋賀県知事となった。同六月北海道庁長官に転じ、北海道炭礦鉄道の堀基社長を更迭、道政を握る黒田清隆派と衝突した。二十五年七月、白根専一次官更迭問題で揺れる内務省に次官として迎えられたが、二十七年一月辞任、貴族院議員に勅選される（四十二年六月まで在任）。同年十一月京都府知事となり、二十八年十月宮内省内蔵頭となる。四十二年六月宮内次官兼内蔵頭兼帝室林野管理局長官となり、併せて枢密顧問官にも任ぜられる。三十三年には男爵、四十年には子爵に叙せられている。四十三年四月宮内大臣に任ぜられ大正三年（一九一四）四月まで在任、明治・大正の代替りに立ち会った。四十四年には伯爵に叙せられている。渡辺千秋は弟国武の縁もあって明治二十年代には松方正義に近く、三十年代には伊藤博文に近づいた。大正十年八月二十七日没。七十九歳。墓は横浜市鶴見区鶴見二丁目の総持寺にある。法名千秋院殿建心杌関大居士。

参考文献 戦前期官僚制研究会編『戦前期日本官僚制の制度・組織・人事』、歴代知事編纂会編『日本の歴代知事』一・二下・三下 （佐々木　隆）

わたなべちふゆ　渡辺千冬　一八七六―一九四〇　大正・昭和時代前期の政治家。明治九年（一八七六）五月一日、渡辺千秋の三男として筑摩県（長野県）松本に生まれる。渡辺千春は実兄。二十八年叔父国武の養子となる。三十三年東京帝国大学を卒業、実業界に入る。日本製鋼所・北海道炭礦汽船・日仏銀行の専務取締役を歴任、この間四十一年には長野県郡部選挙区から第十回衆議院選挙に出馬して当選した（第十一回以降は不出馬）。大正八年（一九一九）養父国武の死去に伴い子爵を襲爵、九年には子爵議員補欠選挙で貴族院議員に当選し研究会に属した。昭和初年、研究会幹部の専制的傾向に反対して「革正運動」を起し、研究会の実力者となる。渡辺は立憲民政党に近く、浜口内閣と第二次若槻内閣に司法大臣として入閣、昭和四年（一九二九）七月から六年十二月まで在任した。十四年八月には枢密顧問官に任ぜられたが、十五年四月十八日病気のため死去した。六十五歳。

参考文献 馬場恒吾「渡辺千冬論」（『中央公論』四四ノ一一） （佐々木　隆）

わたなべてつぞう　渡辺銕蔵　一八八五―一九八〇　大正・昭和時代の経済学者、経営者。明治十八年（一八八五）十月十四日大阪に生まれた。広島一中・一高を経て東京帝国大学に進み、四十三年政治学科を卒業、ドイツとベルギーに三年間留学したのち、大正二年（一九一三）同法科大学経済学科助教授となり商学を担当した。五年教授、八年独立した経済学部に転じたが、昭和二年（一九二七）辞職し、翌年日本商工会議所理事となったが、産業組合運動に反対し商権擁護運動を起したことから、辞職を余儀なくされた。十一年立憲民政党代議士となり、軍部・右翼を批判したが、翌年の総選挙で落選した。その後渡辺経済研究所を設立し、反ナチス運動に加わったが、十九年、戦局批判発言で投獄され、懲役一年・執行猶予三年の判決を受けた。二十二年十二月、争議に揺れる東宝映画の社長となり、翌年には大量の人員整理を占領軍支援のもとに強行した。二十五年退社し、二十七年に芦田均らと軍備促進連盟を結成、改憲・再軍備・反共を唱えた。五十五年四月五日没。九十四歳。北里柴三郎の女婿。法学博士。著書は『反戦反共四十年』など。 （高村　直助）

わたなべのぼる　渡辺昇　一八三八―一九一三　幕末の志士、明治時代の政治家。天保九年（一八三八）四月九日、肥前国大村（長崎県大村市）に藩士渡辺巌の次男として生まれる。清は兄。安政年間（一八五四―六〇）末期に江戸に出、安井息軒門下に学ぶ。斎藤弥九郎に剣術を学び、ここで桂小五郎（木戸孝允）を知る。帰藩後、勤王運動に携わり薩長連合実現の周旋に奔走した。明治元年（一八六八）四月長崎裁判所諸郡取調掛として新政府に出仕し、明治二年四月待詔局に移って御用掛・主事・中弁を歴任、同年八月弾正大忠となる。この間、キリシタン処分や贋札取締りに従事した。三年四月永世禄四十石を受ける。四年八月大阪府大参事、同十一月大阪府権知事となり、十年一月大阪府知事に就任した。十三年五月元老院議官に移り、十四年十月参事院議官となる。十七年五月会計検査院長に就任、二十―二十一年欧米を視察、会計検査制度の整備を進めた。二十年五月子爵に叙せられる。三十一年十二月会計検査院長を辞任、三十七年には貴族院議員に互選され四十四年まで在任した。この間、維新史料編纂会委員に名を列ねた。大正二年(一九一三)十一月十日没。七十六歳。墓は東京都港区の青山墓地にある。

参考文献　戦前期官僚制研究会編『戦前期日本官僚制の制度・組織・人事』、日本力行会編『現今日本名家列伝』、歴代知事編纂会編『日本の歴代知事』二下

（佐々木　隆）

わたなべまさのすけ　渡辺政之輔　一八九九―一九二八　日本共産党の指導者。筆名山名正照。明治三十二年(一八九九)九月七日、千葉県東葛飾郡市川町市川(市川市)に生まれる。父広吉、母てうの長男。大正六年(一九一七)上京、亀戸町の永峰セルロイド工場(のちの千代田セルロイド工業)職工となり、労働運動に参加、八年新人会に入会、五月その後援で新人セルロイド工組合を結成、賃上げ争議に成功、頭角を現わす。友愛会城東連合会に加入、亀戸支部を結成、急進派として翌年、城東連合会会長の平沢計七を、十年には東京連合会主事の棚橋小虎を追及、辞任させた。十一年、結成間もない日本共産党に入党、十月藤沼栄四郎・川合義虎らと南葛労働協会(のち南葛労働会)を結成、翌年六月第一次共産党事件に連座して市ヶ谷刑務所に収監され、関東大震災の弾圧を免れる。十三年三月丹野セツと結婚、そのころ共産党は解党した。直前の二月、南葛労働会を東京東部合同労働組合に改組、四月時計工組合などとともに日本労働総同盟関東同盟に加盟、十月の関東同盟大会では議事運営を攻撃、左派四組合を率いて退場、総同盟内紛の端緒をつくり、総同盟は十四年五月ついに分裂、左派は日本労働組合評議会を結成した。このころから共産党再建運動に参加、十五年四―八月第一次共産党事件で下獄、十二月の党再建大会で中央委員となる。コミンテルンの招集で昭和二年(一九二七)二月密出国、モスクワでの日本問題委員会に出席、「二七年テーゼ」作成に参加、中央常任委員に指名され、帰国後の十二月、日光会議で組織部長となる。翌年二月機関紙『赤旗』を創刊、「創刊の辞」を執筆、三・一五事件の検挙を免れ党再建のために九月コミンテルン代表と上海で会談、帰途の十月六日台湾の基隆(キールン)で警官に怪しまれ、警官を射殺して自殺した。三十歳。左腕上膊部内側の刺青「こう命」が死体確認の決め手になった。遺骨は十一月二十五日に市川町安国院に埋葬される。

参考文献　恒川信之『日本共産党と渡辺政之輔』、森村誠一・下里正樹・宮原一雄パネリスト『シリウス墜つ』、『日本の暗黒』二、渡辺政之輔『左翼労働組合の組織と政策』

（神田　文人）

わたなべよすけ　渡辺世祐　一八七四―一九五七　明治から昭和時代にかけての歴史学者。明治七年(一八七四)三月十三日、山口県吉敷郡上宇野令村上羽阪(山口市)に、漢学者蔵田本祐の次男として生まれる。長じて萩の名望家渡辺蒿蔵の養嗣子となる。同三十三年七月十日東京帝国大学文科大学国史科を卒業すると同時に埼玉県熊谷中学校の教頭として赴任。三年にしてここを辞し、三十六年九月東京帝国大学大学院に入学し、「関東を中心としたる足利時代史」という題目で研究生活に復帰した。翌三十七年十月同大学の史料編纂員嘱託となり、中世史の研究に本格的に進むことになった。三十八年九月には文科大学講師となり、大正四年(一九一五)十二月史料編纂官に任じ、同八年三月文学博士の学位を受ける。十一年四月以降、同学の文学部講師として多年にわたり中世史を講じ、昭和十一年(一九三六)三月停年申合せによって史料編纂官を退いたが、同十四年まで嘱託として史料編纂業務に携わった。また国学院大学に明治四十三年九月から昭和十九年まで出講した。昭和七年明治大学に専門部文科が創設されると教授、史学科長となり、二十四年新制大学として明治大学に文学部が設置されると文学部長として二十九年までその職にあるなど、史料編纂と教育活動に幅広く活躍した。学位請求論文である『(関東中心)足利時代之研究』(大正十五年、雄山閣)のほか、多数の著書・論文がある。昭和三十二年四月二十八日心臓伝達障害のため没。八十三歳。

参考文献　「渡辺世祐先生著書論文目録」(『駿台史学』八)、藤井貞文「渡辺世祐先生行状稿」(『国史学』六九)、森末義彰「渡辺世祐博士の思い出」(『歴史地理』八八ノ二)、同「渡辺世祐博士を偲ぶ」(『史学雑誌』六六ノ六)

（田中　博美）

わたなべれんきち　渡辺廉吉　一八五四―一九二五　明治・大正時代の行政裁判所評定官。法学博士。嘉永七年(一八五四)正月八日越後国長岡(新潟県長岡市)にて長岡藩士渡辺櫓左衛門の第七子として出生。幼名は正吉。十五歳のとき戊辰戦争に従軍して負傷した。帰郷後士族学校に入学したが、明治四年(一八七一)上京し大学南校独逸部に入学した。六年二月同校後身の第一大学区第一中学を卒業し開成学校に入学。十年十一月東京外国語学校教諭心得となり、以後同校で教諭・訓導としてドイツ語を教授した。十三年三月外務二等書記生に任ぜられ、在オーストリア公使館に勤務する傍ら、ウィーン大学で法律学・政治学を学び、そのころ憲法制度調査のため来墺した伊藤博文の知遇を得た。十六年八月帰国し、同年十一月太政官権少書記官に任ぜられた。翌年三月制度取調局御用掛を兼務し、明治憲法起草作業に従事した。十八年十二月法制局参事官となったが、二十一年五月内閣総理大臣秘書官に転じた。二十三年二月より地方官として静岡・岐阜・宮城で勤務した後、二十五年三月再び法制局参事官となり、翌年四月行政裁判所評定官に任命された。三十九年一月行政裁判所部長となり、四十一年五月行政裁判制度視察のため渡欧し翌年一月帰国した。同年九月行政裁判法取調委員となり、行政裁判法改正作業に携わった。大正十一年(一九二二)二月貴族院議員に任ぜられた。同月二十四日行政裁判所部長を依願免官となっ

た。大正十四年二月十四日事故により急死。七十二歳。墓は東京都港区の青山墓地にある。（小田中聰樹）

わだひでまつ　和田英松　一八六五―一九三七　明治から昭和時代にかけての歴史学者。慶応元年（一八六五）九月十日備後国沼隈郡鞆町（広島県福山市）に出生。父は和田五平。明治二十一年（一八八八）帝国大学古典講習科国書課を卒業。同二十八年、文科大学史料編纂掛（のち東京大学史料編纂所）の設置とともに編纂補助員となり、学習院教授を経て、同四十年から昭和八年（一九三三）まで、史料編纂官として『大日本史料』四・五編の出版など編纂業務に貢献した。臨時御歴代史実考査委員・帝室制度史調査委員・国宝保存会委員などを勤め、また国学院大学などの教壇にも立った。文学博士・帝国学士院会員。皇室制度や官職など諸制度に精通し、文献史料の集成、その研究に大きな業績をあげた。昭和十二年八月二十日、七十三歳で没。染井墓地（東京都豊島区駒込五丁目）に葬られた。主要な著書に『栄華物語詳解』（佐藤球と共著）、『増鏡詳解』（同）、『建武年中行事註解』、『官職要解』、『宸記集』、『皇室御撰之研究』、『本朝書籍目録考証』、『国書逸文』、論文集に『国史国文之研究』『国史説苑』があり、遺稿集『国史説苑』には「年譜」「著作並講演目録」を載せる。（笹山晴生）

わだひろお　和田博雄　一九〇三―六七　昭和時代の官僚、政治家。第二次世界大戦後日本社会党にあってユニークな存在の指導的政治家であった。俳号白遊子。明治三十六年（一九〇三）二月十七日埼玉県川越（埼玉県川越市）で出生。父和田亀之助、母マサの次男。中学の数学教師だった父の赴任地岡山へ移り、岡山中学、六高を経て大正十四年（一九二五）東大法学部卒業。同十五年農林省に入省。当時の農林官僚の指導者石黒忠篤の影響下小作問題・農地問題に意欲を示すが、昭和十年（一九三五）内閣調査局（のちの企画院）へ出向。このころの革新官僚左派的「和田農業班」の調査活動が治安維持法にとわれて十六年四月農政課長のとき「企画院事件」に連座。敗戦後の二十年九月に無罪判決。同年十月農政局長に返り咲き、松村謙三農相（幣原内閣）の下で第一次農地改革を、さらに翌二十一年五月第一次吉田内閣の農相に異例の抜擢をうけ、食糧危機への対処と第二次農地改革を手がけた。二十二年四月全国区参議院議員に当選（緑風会）。同年六月片山内閣に経済安定本部長官として入閣。旧企画院グループをはじめ朝野の人材を集めた「和田安本」は戦後の経済復興の先鞭をつけた。二十四年総選挙で大敗直後の社会党に入党。二十六年左右分裂後は左派社会党に属し、政策審議会長、書記長として左社の躍進に貢献。左右統一後三十二年政審会長のとき「全購連事件」で党から統制処分を受ける。のち国際局長、初代副委員長を歴任するが、四十一年政界から引退、ついに未完の大器に終った。この間二十七年の総選挙から岡山一区で連続当選六回。「知性の人」和田は、現実的理想主義者（リアリスティック＝アイデアリスト）として社会党を政権政党たらしめるため、イデオロギーより政策を重視し、「影の内閣（シャドー＝キャビネット）」づくりや積極中立路線に立つ「超党派外交」を提唱・模索したが、党の硬直的派閥的体質の中で孤立した。『早蕨』同人の俳人としても知られ、『冬夜の駅』『白雨』の二句集がある。四十二年三月四日現代俳句協会総会出席の途次東京芝公園内の街路上で急死。六十四歳。『和田博雄遺稿集』一巻がある。

参考文献　大竹啓介『幻の花―和田博雄の生涯―』、阿部真之助「和田博雄論」（『現代政治家論』所収）、寺山義雄「和田博雄」（『戦後歴代農相論』所収）、稲葉秀三「〝昭和官僚列伝〟官僚としての和田博雄」（『官界』昭和五十二年二月号）、「早蕨」同人「和田博雄追悼文」（『早蕨』二二ノ四）（大竹啓介）

わちたかじ　和知鷹二　一八九三―一九七八　大正・昭和時代初期の陸軍軍人。明治二十六年（一八九三）二月一日旧中津藩士陸軍中佐和知蓁一郎・武子の次男として生まれる。大正三年（一九一四）陸軍士官学校卒業（第二十六期生）。同十一年陸軍大学校卒業後、参謀本部員（支那課）、ついで中国華南に駐在、昭和三年（一九二八）の山東出兵時には済南駐在武官として事変解決にあたった。同六年末から関東軍参謀（満州国建国に関与）。七年八月から広東駐在武官、十年十二月から支那駐屯軍司令部付（太原特務機関長）、同軍参謀（回教工作担当）。十二年八月から歩兵第四十四聯隊長として支那事変に参戦。十三年三月大本営付として特務工作（新政権の樹立、敵側勢力の切崩し、華僑との友好工作）等に従事。十七年二月第十四軍参謀長として比島作戦参加、ついで比島軍政監を兼務。十八年六月陸軍中将。十九年三月南方軍総参謀副長、ついで十一月レイテ作戦中の第三十五軍参謀長。二十年四月南方軍総参謀副長。昭和五十三年（一九七八）十月三十日東京で没。八十五歳。墓は東京都小平市の小平霊園にある。

参考文献　土肥原賢二刊行会編『秘録土肥原賢二』（森松俊夫）

わつじてつろう　和辻哲郎　一八八九―一九六〇　大正・昭和時代の哲学者、倫理学者。「和辻倫理学」とよばれる独自の倫理学を形成するとともに、文化史家・思想史家としても多彩な活動を行なった。明治二十二年（一八八九）三月一日、兵庫県神東郡砥堀村仁豊野（姫路市仁豊野）の医家の次男として生まれる。父瑞太郎、母政。兵庫県立姫路中学校を経て、同三十九年第一高等学校に入学。このころから創作・評論活動を始める。同四十二年、東京帝国大学文科大学哲学科に入学。ケーベル・大塚保治・岡倉天心らの影響を受け、また小山内薫・谷崎潤一郎らとともに第二次『新思潮』の同人となる。同四十五年、高瀬照と結婚。同年、東京帝国大学を卒業（卒業論文はOn Schopenhauer's Pessimism and Salvation Theory）。大正二年（一九一三）、夏目漱石に紹介され、漱石山房を訪ねるようになる。『ニイチェ研究』（同二年）、『ゼエレン・

キエルケゴオル』(同四年)、『偶像再興』(同七年)など初期の諸作は、大正教養主義・人格主義の色彩が濃い。特に美的見地から日本文化を見なおした『古寺巡礼』(同八年)は広く読まれた。同九年、東洋大学教授に就任。同年刊の『日本古代文化』は文献学的、解釈学的方法による著作であり、以後日本および東洋文化のアカデミックな研究に向かう。同十年から雑誌『思想』の編集にあたり、法政大学・慶応大学などにも出講。同十四年、西田幾多郎・波多野精一らの招きに応じて京都帝国大学文学部助教授となり、倫理学を担当。この時期の著作は、『日本精神史研究』(同十五年)、『原始基督教の文化史的意義』(同年)、『原始仏教の実践哲学』(昭和二年(一九二七)、これにより同七年に文学博士の学位を得る)、『続日本精神史研究』(同十年)など、文化史的、思想史的研究が多い。昭和二―三年ドイツに留学。その間ハイデガーの『存在と時間』を読んで風土性の問題に着想し、のちに主著『風土―人間学的考察―』(同十年)を発表。比較文化論的に日本文化の特質を論じた。同九年、東京帝国大学文学部教授に転じ、倫理学を担当。同年刊の『人間の学としての倫理学』以後、人と人との「間柄」を基本におく、独自の倫理学体系の形成に向かう。『倫理学』(上巻同十二年、中巻同十七年、下巻同二十四年)は、その成果である。この倫理学は、集団の全体性を重んじる点で、個人意識を重視する西洋近代倫理学とは異なり、また集団帰属性を重んじる日本人の伝統的心性に根ざし、これを美化し正当化する傾向を含むものであった。こうした傾向は、第二次世界大戦中の『尊皇思想とその伝統』(同十八年)、『日本の臣道・アメリカの国民性』(同十九年)などに示されている。敗戦直後、昭和二十一―二十三年に佐々木惣一と論争し、新憲法によって政体は変更するが国体は変わらないと主張した(『国民統合の象徴』、同二十三年)。同二十四年、東京大学を定年退官し、学士院会員となる。翌二十五年、日本倫理学会の初代会長に推される。同三十年、文化勲章を受章。この間、『鎖国』(同二十五年、読売文学賞)、『日本倫理思想史』(上・下、同二十七年、毎日出版文化賞)、『日本芸術史研究』一「歌舞伎と操浄瑠璃」(同三十年)などを刊行。同三十一年に「自叙伝の試み」を執筆し始めたが、同三十五年十二月二十六日、心筋梗塞のため東京都練馬区の自宅で死去。七十一歳。翌三十六年、北鎌倉東慶寺(神奈川県鎌倉市山ノ内)に納骨。戒名は明徳院和風良哲居士。墓は西田幾多郎・鈴木大拙・岩波茂雄らと同じところにある。『和辻哲郎全集』(全二十巻、昭和三十六―三十八年。増補改版、全二十五巻、別巻二、平成元年(一九八九)―四年)がある。

[参考文献] 唐木順三編『和辻哲郎』(『現代日本思想大系』二八)、梅原猛編『和辻哲郎集』(『近代日本思想大系』二五)、湯浅泰雄『和辻哲郎―近代日本哲学の運命―』、同編『人と思想・和辻哲郎』、戸坂潤『日本イデオロギー論』(『岩波文庫』)、高坂正顕『西田幾多郎と和辻哲郎』、山田洸『和辻哲郎論』、坂部恵『和辻哲郎』、和辻照『和辻哲郎の思ひ出』、同『和辻哲郎とともに』

(古田 光)

索　引

〈凡　例〉

＊この索引は『日本近現代人名辞典』所収の見出し語と，本文より抽出した索引語を人名・文献・事項に分けて配列したもので，人名については漢字画引索引を付し，検索の便を図った.

＊索引項目のうち，行頭の・印は見出し語であることを示し，数字はページを，ａｂｃはそれぞれ上段・中段・下段を表わし，見出し語の頁・段はゴシックとした.

＊見出し語には(　)内に読みを入れた.

＊掲出語句の別表記および諱・通称・号などは，〔　〕内に注記した.

＊同音同字で明らかに意味の異なるものは，便宜(　)内に注記して区別した.

＊索引項目の配列は各分野とも，五十音順とした.

＊最後に，死没年月日順に配列した項目一覧を付した. 年次は一律に西暦を用いたが，明治４年(1871)以前の日本人の没日は旧暦である. 没年不詳および現存者については，別に五十音順にまとめた.

漢字画引索引

1画

一力　いちりき
一万田　いちまだ
一戸　いちのへ
一木　いちき
一志　いっし
一条　いちじょう
一柳　ひとつやなぎ
一竜斎　いちりゅうさい
一橋　ひとつばし
乙竹　おとたけ
乙骨　おつこつ

2画

丁　てい
乃木　のぎ
九条　くじょう
九鬼　くき
二川　ふたがわ
二木　ふたき
二条　にじょう
二見　ふたみ
二荒　ふたら
二宮　にのみや
二葉亭　ふたばてい
人見　ひとみ
入交　いりまじり
入江　いりえ
入沢　いりざわ
八木　やぎ
八代　やしろ
八田　はった
八羽　やつは
八住　やすみ
八浜　はちはま
十一谷　じゅういちや
十河　そごう

3画

下　しも
下山　しもやま
下中　しもなか
下田　しもだ
下坂　しもさか
下村　しもむら
下沢木　しもさわき
下国　しもぐに
下岡　しもおか
下河原　しもがわら
下津　しもつ
下曾根　しもそね
下間　しもつま
下総　しもうさ
下橋　しもはし
下瀬　しもせ
三ヶ島　みがしま
三上　みかみ
三土　みつち
三井　みつい
三木　みき
三田　みた
三田村　みたむら
三矢　みつや
三吉　みよし
三好　みよし
三宅　みやけ
三条　さんじょう
三条西　さんじょうにし
三沢　みさわ
三角　みすみ
三谷　みたに
三並　みなみ
三岡　みつおか
三枝　さいぐさ
三枡　みます
三品　みしな
三原　みはら
三島　みしま
三桝　みます
三浦　みうら
三益　みます
三笑亭　さんしょうてい
三鬼　みき
三崎　みさき
三淵　みぶち
三笠　みかさ
三船　みふね
三野　みの
三野村　みのむら
三遊亭　さんゆうてい
三須　みす
三輪　みわ
三輪田　みわた
三豬　みずま
三瀬　みせ
上　うえ
上山　かみやま
上中　うえなか
上代　じょうだい
上司　かみづかさ
上田　うえだ
上杉　うえすぎ
上村　うえむら・かみむら
上原　うえはら
上野　うえの
上遠野　かどの
万　よろず
万代　もず
万里小路　までのこうじ
万治　まんじ
与謝野　よさの
丸山　まるやま
丸川　まるかわ
丸田　まるた
丸尾　まるお
丸岡　まるおか
久世　くぜ
久布白　くぶしろ
久米　くめ
久坂　くさか
久我　こが
久村　くむら
久松　ひさまつ
久板　ひさいた
久保　くぼ
久保田　くぼた
久津見　くつみ
久原　くはら

漢字画引

久宮　くぐう
久野　くの
久邇宮　くにのみや
于越　うえつ
千　せん
千本松　せんぼんまつ
千田　せんだ
千石　せんごく
千坂　ちさか
千家　せんげ
千葉　ちば
千種　ちぐさ
千頭　ちかみ
及川　おいかわ
土子　つちこ
土井　つちい・どい
土方　ひじかた
土生　はぶ
土田　つちだ
土光　どこう
土佐　とさ
土岐　とき
土居　どい
土肥　どい
土肥原　どひはら
土門　どもん
土屋　つちや
土倉　どくら
土御門　つちみかど
土橋　つちはし
士来原　しきはら
大下　おおした
大久保　おおくぼ
大口　おおぐち
大山　おおやま
大川　おおかわ
大工原　だいくはら
大井　おおい
大内　おおうち
大戸　おおと
大手　おおて
大木　おおき
大平　おおひら
大正天皇　たいしょうてんのう
大田垣　おおたがき
大矢　おおや
大石　おおいし
大宅　おおや
大江　おおえ
大池　おおいけ
大竹　おおたけ
大西　おおにし
大来　おおきた
大佛　おさらぎ
大杉　おおすぎ
大村　おおむら
大沢　おおさわ
大町　おおまち
大角　おおすみ
大谷　おおたに
大和田　おおわだ
大和屋　やまとや
大国　おおくに
大岸　おおぎし
大岡　おおおか
大幸　おおさか
大東　おおひがし
大林　おおばやし
大武　おおたけ
大河内　おおこうち
大沼　おおぬま
大迫　おおさこ
大前田　おおまえだ
大屋　おおや
大洲　おおず
大津　おおつ
大泉　おおいずみ
大胡　おおご
大音　おおおと
大倉　おおくら
大原　おおはら
大島　おおしま
大庭　おおば
大浜　おおはま
大浦　おおうら
大院君　たいいんくん
大崎　おおさき
大貫　おおぬき
大野　おおの
大鳥　おおとり
大麻　おおあさ
大黒屋　だいこくや
大場　おおば
大森　おおもり
大給　おぎゅう
大達　おおだち
大道　だいどう
大隈　おおくま
大須賀　おおすが
大楽　だいらく
大滝　おおたき
大塩　おおしお
大熊　おおくま
大窪　おおくぼ
大関　おおぜき
大槻　おおつき
大蔵　おおくら
大橋　おおはし
大類　おおるい
大瀬　おおせ
大塚　おおつか
子母澤　しもざわ
子安　こやす
小久保　こくぼ
小山　おやま・こやま
小山内　おさない
小山田　おやまだ
小川　おがわ
小中村　こなかむら
小出　こいで
小平　おだいら・こだいら
小田　おだ
小田井　おだい
小田切　おだぎり
小池　こいけ
小西　こにし
小佐野　おさの
小坂　こさか
小杉　こすぎ
小村　こむら
小沢　おざわ
小谷　こたに
小岩井　こいわい
小松　こまつ
小松原　こまつばら
小松宮　こまつのみや
小林　こばやし
小河　おがわ・おごう
小沼　おぬま
小牧　こまき
小茂田　おもだ
小金井　こがねい
小南　こみなみ
小室　こむろ
小柳津　おやいづ
小津　おづ
小泉　こいずみ
小畑　おばた
小倉　おぐら
小原　おはら・おばら
小宮　こみや
小宮山　こみやま
小島　おじま・こじま
小栗　おぐり
小堀　こぼり
小崎　こざき
小渕　おぶち
小笠原　おがさわら
小野　おの
小野塚　おのづか
小森　こもり
小菅　こすげ
小熊　おぐま
小関　こせき
小幡　おばた
小橋　こばし
小磯　こいそ
小織　さおり
小藤　ことう
山下　やました
山上　やまがみ
山之内　やまのうち
山口　やまぐち
山川　やまかわ
山中　やまなか
山井　やまのい
山元　やまもと
山内　やまうち・やまのうち
山本　やまもと
山田　やまだ
山辺　やまのべ・やまべ
山名　やまな
山地　やまじ・やまち
山寺　やまでら
山尾　やまお
山村　やまむら
山沢　やまさわ
山国　やまぐに
山岸　やまぎし
山岡　やまおか
山城屋　やましろや
山室　やまむろ
山屋　やまや
山科　やましな
山県　やまがた
山座　やまざ
山脇　やまわき
山高　やまたか
山崎　やまざき
山梨　やまなし
山野　やまの
山鹿　やまが
山葉　やまは
山階　やましな
山極　やまぎわ
山路　やまじ
山際　やまぎわ
川上　かわかみ
川之辺　かわのべ
川口　かわぐち
川手　かわて
川北　かわきた
川尻　かわじり
川本　かわもと
川田　かわだ
川辺　かわのべ
川合　かわい
川名　かわな
川竹　かわたけ
川村　かわむら
川前　かわさき
川面　かわつら
川原　かわはら
川島　かわしま
川崎　かわさき
川部　かわべ
川勝　かわかつ
川喜多　かわきた
川越　かわごえ
川路　かわじ
川端　かわばた

工藤　くどう
才谷　さいだに

4画

中　なか
中上　なかがみ
中上川　なかみがわ
中丸　なかまる
中山　なかやま
中川　なかがわ
中川宮　なかがわのみや
中井　なかい
中本　なかもと
中田　なかた・なかだ
中江　なかえ
中牟田　なかむた
中西　なかにし
中条　ちゅうじょう・なかじょう
中村　なかむら
中沢　なかざわ
中谷　なかたに
中里　なかざと
中居屋　なかいや
中岡　なかおか
中林　なかばやし
中河　なかがわ
中屋　なかや
中原　なかはら
中宮寺宮　ちゅうぐうじのみや
中島　なかじま
中根　なかね
中浜　なかはま
中部　なかべ
中野　なかの
中御門　なかみかど
中曾根　なかそね
中橋　なかはし
丹羽　にわ
五十川　いそがわ
五代　ごだい
五百城　いおき
五来　ごらい
五姓田　ごせだ
五所　ごしょ
五島　ごとう
井上　いのうえ
井口　いぐち・いのくち
井戸　いど
井出　いで
井田　いだ
井伊　いい
井伏　いぶせ
井深　いぶか
井野　いの
井野辺　いのべ
井筒　いづつ
井関　いせき
今　こん
今川　いまがわ
今井　いまい
今北　いまきた
今西　いまにし
今村　いまむら
今城　いまき
今泉　いまいずみ
今野　いまの
仁井田　にいだ
仁礼　にれ
仁科　にしな
元田　もとだ
元良　もとら
内ヶ崎　うちがさき
内山　うちやま
内田　うちだ
内村　うちむら
内海　うつみ
内貴　ないき
内藤　ないとう
六人部　むとべ
六村　むつむら
六角　ろっかく
六郷　ろくごう
升田　ますだ
双葉山　ふたばやま
友田　ともだ
友松　ともまつ
円山　まるやま
円地　えんち
円城寺　えんじょうじ
壬生　みぶ
太刀山　たちやま
太田　おおた
太田垣　おおたがき
太田黒　おおたぐろ
太宰　だざい
天中軒　てんちゅうけん
天田　あまだ
天羽　あもう
天野　あまの
天璋院　てんしょういん
孔　こう
尹　いん
尺　せき
巴布扎布　バボージャブ
戸ヶ崎　とがさき
戸山　とやま
戸川　とがわ
戸水　とみず
戸田　とだ
戸坂　とさか
戸村　とむら
戸谷　とや
戸板　といた
戸波　となみ
戸倉　とくら
戸原　とはら
戸張　とばり
戸塚　とつか
手島　てじま
手塚　てづか
文　ぶん
日下　くさか
日下部　くさかべ
日比　ひび
日比谷　ひびや
日疋　ひびき
日尾　ひお
日柳　くさなぎ
日夏　ひなつ
日高　ひだか
日野　ひの
日置　ひおき・へき
日暮　ひぐらし
月田　つきだ
月成　つきなり
月形　つきがた
月見　つきみ
月岡　つきおか
月亭　つきてい
木下　きのした
木川田　きかわだ
木内　きうち
木戸　きど
木村　きむら
木見　きみ
木俣　きまた
木原　きはら
木宮　きみや
木島　きじま
木越　きごし
比田井　ひだい
比嘉　ひが
毛　もう
毛利　もうり
毛呂　もろ
毛里　もうり
氏家　うじいえ
水上　みなかみ
水本　みずもと
水田　みずた
水町　みずまち
水谷　みずたに
水沼　みずぬま
水屋　みずや
水原　みずはら
水野　みずの
水登　みずと
火野　ひの
片上　かたがみ
片山　かたやま
片平　かたひら
片岡　かたおか
片倉　かたくら
片桐　かたぎり
牛場　うしば
犬田　いぬた
犬養　いぬかい
犬塚　いぬづか
王　おう

5画

丘　おか
世古　せこ
世家間　せけま
仙石　せんごく
仙波　せんば
出　いで
出口　でぐち
出光　いでみつ
出淵　でぶち
出雲路　いずもじ
加太　かた
加治　かじ
加茂　かも
加門　かもん
加屋　かや
加倉井　かくらい
加島屋　かじまや
加納　かのう
加能　かのう
加賀屋　かがや
加福　かふく
加藤　かとう
加瀬　かせ
北　きた
北小路　きたこうじ
北山　きたやま
北川　きたがわ
北爪　きたづめ
北白川宮　きたしらかわのみや
北尾　きたお
北条　ほうじょう
北村　きたむら
北里　きたさと
北林　きたばやし
北垣　きたがき
北風　きたかぜ
北原　きたはら
北島　きたじま
北浦　きたうら
北畠　きたばたけ
半井　なからい
古川　ふるかわ
古井　ふるい
古今亭　ここんてい
古木　ふるき
古市　ふるいち

漢字画引

古田　ふるた
古在　こざい
古沢　ふるさわ
古松　ふるまつ
古武　こたけ
古河　ふるかわ
古屋　こや
古泉　こいずみ
古荘　ふるしょう
古島　こじま・ふるしま
古満　こま
古賀　こが
古橋　ふるはし
司馬　しば
四条　しじょう
外山　とやま
外村　とのむら
外海　そとうみ
外崎　とのさき
尼崎　あまがさき
左右田　そうだ
左近司　さこんじ
市山　いちやま
市川　いちかわ
市来　いちき
市村　いちむら
市岡　いちおか
市河　いちかわ
市原　いちはら
市島　いちしま
布川　ぬのかわ
布田　ふた
布施　ふせ
平子　ひらこ
平山　ひらやま
平井　ひらい
平戸　ひらど
平出　ひらいで
平生　ひらお
平田　ひらた
平尾　ひらお
平沢　ひらさわ
平岩　ひらいわ
平岡　ひらおか
平松　ひらまつ
平林　ひらばやし
平沼　ひらぬま
平泉　ひらいずみ
平野　ひらの
平賀　ひらが
平福　ひらふく
平櫛　ひらくし
平瀬　ひらせ
平塚　ひらつか
広川　ひろかわ
広田　ひろた
広江　ひろえ
広沢　ひろさわ
広岡　ひろおか
広津　ひろつ
広瀬　ひろせ
本山　もとやま
本木　もとき
本田　ほんだ
本因坊　ほんいんぼう
本多　ほんだ
本庄　ほんじょう
本居　もとおり
本阿弥　ほんあみ
本荘　ほんじょう
本郷　ほんごう
本野　もとの
本間　ほんま
末川　すえかわ
末広　すえひろ
末弘　すえひろ
末永　すえなが
末吉　すえよし
末次　すえつぐ
末岡　すえおか
末松　すえまつ
正力　しょうりき
正木　まさき
正田　しょうだ
正光　まさみつ
正宗　まさむね
正岡　まさおか
正富　まさとみ
正親町　おおぎまち
正親町三条　おおぎまちさんじょう
永井　ながい
永末　ながすえ
永田　ながた
永見　ながみ
永岡　ながおか
永倉　ながくら
永島　ながしま
永野　ながの
永楽　えいらく
氷川　ひかわ
氷室　ひむろ
玉乃　たまの
玉川　たまがわ
玉井　たまい
玉木　たまき
玉水　たまみず
玉田　たまだ
玉江　たまえ
玉虫　たまむし
玉松　たままつ
玉垣　たまがき
玉城　たまき
玉屋　たまや
玉楮　たまかじ
玉錦　たまにしき
瓜生　うりゅう
甘粕　あまかす
生方　うぶかた
生田　いくた
生江　なまえ
生島　いくしま
生駒　いこま
甲斐　かい
甲賀　こうが
田　でん
田丸　たまる
田口　たぐち
田子　たご
田山　たやま
田川　たがわ
田中　たなか
田中館　たなかだて
田代　たしろ
田尻　たじり
田母野　たもの
田辺　たなべ
田安　たやす
田村　たむら
田沢　たざわ
田岡　たおか
田所　たどころ
田河　たがわ
田沼　たぬま
田波　たなみ
田附　たつけ
田保橋　たぼはし
田畑　たばた
田原　たわら
田宮　たみや
田島　たじま
田能村　たのむら
田崎　たざき
田添　たぞえ
田部　たなべ
田部井　たべい
田熊　たくま
由利　ゆり
白上　しらかみ
白川　しらかわ
白井　しらい
白石　しらいし
白河　しらかわ
白柳　しらやなぎ
白洲　しらす
白根　しらね
白鳥　しらとり
白瀬　しらせ
目賀田　めがた
矢内原　やないはら
矢代　やしろ
矢田　やだ
矢田部　やたべ
矢次　やつぎ
矢吹　やぶき
矢板　やいた
矢原　やばら
矢崎　やざき
矢部　やべ
矢野　やの
矢嶋　やじま
石山　いしやま
石川　いしかわ
石井　いしい
石本　いしもと
石母田　いしもだ
石田　いしだ
石光　いしみつ
石坂　いしざか
石河　いしかわ
石垣　いしがき
石神　いしがみ
石原　いしはら
石射　いしい
石浜　いしはま
石崎　いしざき
石黒　いしぐろ
石渡　いしわた・いしわたり
石榑　いしぐれ
石橋　いしばし
石館　いしだて
石塚　いしづか
立　たち
立花　たちばな
立原　たちはら
辺見　へんみ

6画

伊丹　いたみ
伊井　いい
伊木　いぎ
伊地知　いじち
伊牟田　いむた
伊沢　いさわ・いざわ
伊良子　いらこ
伊谷　いたに
伊豆　いず
伊奈　いな
伊東　いとう
伊波　いは
伊原　いはら
伊庭　いば
伊能　いのう
伊野　いの
伊賀　いが
伊達　だて
伊集院　いじゅういん
伊勢　いせ
伊福部　いふくべ
伊藤　いとう
仮名垣　かながき

伍堂　ごどう
仲小路　なかしょうじ
仲尾次　なかおし
仲宗根　なかそね
伏見　ふしみ
伏見宮　ふしみのみや
伏原　ふしはら
光永　みつなが
光田　みつだ
全　ぜん
冲中　おきなか
各務　かがみ
吉川　きっかわ・よしかわ
吉井　よしい
吉本　よしもと
吉田　よしだ
吉江　よしえ
吉住　よしずみ
吉村　よしむら
吉沢　よしざわ
吉良　きら
吉岡　よしおか
吉弥　きちや
吉原　よしはら
吉野　よしの
吉富　よしとみ
吉植　よしうえ
吉満　よしみつ
吉雄　よしお
向　むこう
向山　むこうやま
向井　むかい
向坂　さきさか
名村　なむら
名取　なとり
名和　なわ
名倉　なくら
団　だん
多　おお(の)
多田　ただ
多紀　たき
存　そん
安　あん
安川　やすかわ
安井　やすい
安田　やすだ
安成　やすなり
安良城　あらき
安芸ノ海　あきのうみ
安居院　あごいん
安岡　やすおか
安保　あぼ
安倍　あべ
安島　あじま
安部　あべ
安部井　あべい
安場　やすば
安達　あだち
安積　あさか
安藤　あんどう
宇井　うい
宇田　うだ
宇田川　うだがわ
宇治　うじ
宇垣　うがき
宇津木　うつき
宇宿　うすき
宇都宮　うつのみや
宇野　うの
守正王　もりまさおう
守田　もりた
守島　もりしま
寺山　てらやま
寺内　てらうち
寺田　てらだ
寺石　てらいし
寺尾　てらお
寺村　てらむら
寺門　てらかど
寺島　てらしま
寺崎　てらざき
寺野　てらの
帆足　ほあし
庄司　しょうじ
成田　なりた
成沢　なりさわ
成島　なるしま
成瀬　なるせ
旭　あさひ
早川　はやかわ
早矢仕　はやし
早速　はやみ
会沢　あいざわ
会津　あいづ
有末　ありすえ
有田　ありた
有吉　ありよし
有地　ありち
有坂　ありさか
有村　ありむら
有沢　ありさわ
有松　ありまつ
有島　ありしま
有栖川宮　ありすがわのみや
有馬　ありま
有賀　あるが
朱　しゅ
朴　ぼく
江口　えぐち
江川　えがわ
江戸川　えどがわ
江木　えぎ
江田　えだ
江見　えみ
江東　こうとう
江原　えばら
江馬　えま
江崎　えさき
江藤　えとう
汐見　しおみ
池上　いけがみ
池内　いけうち
池田　いけだ
池辺　いけべ
池貝　いけがい
池波　いけなみ
池島　いけしま
池部　いけべ
池野　いけの
灰屋　はいや
牟田口　むたぐち
百田　ももた
百武　ひゃくたけ
竹下　たけした
竹久　たけひさ
竹之内　たけのうち
竹山　たけやま
竹中　たけなか
竹内　たけうち・たけのうち
竹友　たけとも
竹本　たけもと
竹尾　たけお
竹谷　たけのや
竹柴　たけしば
竹崎　たけざき
竹添　たけぞえ
竹越　たけこし
竹腰　たけのこし
米山　よねやま
米井　よねい
米内　よない
米田　こめた・よねだ
米村　よねむら
米原　よねはら
米窪　よねくぼ
羽仁　はに
羽田　はた・はだ・はねだ
羽田野　はたの
羽室　はむろ
羽倉　はぐら
羽原　はばら
羽塚　はねつか
臼井　うすい
舟木　ふなき
舟橋　ふなばし
色川　いろかわ
芝　しば
芝屋　しばや
芝野　しばの
衣笠　きぬがさ
西　にし
西ノ海　にしのうみ
西山　にしやま
西川　にしかわ
西太后　せいたいごう
西方　にしかた
西四辻　にしよつつじ
西田　にしだ
西光　さいこう
西尾　にしお
西条　さいじょう
西村　にしむら
西岡　にしおか
西東　さいとう
西河　にしかわ
西原　にしはら
西浜　にしはま
西脇　にしわき
西郷　さいごう
西野　にしの
西園寺　さいおんじ
西嶋　にしじま
辻　つじ
辻本　つじもと
辻村　つじむら

7画

串田　くしだ
何　か・が
佐々　さっさ
佐々木　ささき
佐々原　ささはら
佐久良　さくら
佐久間　さくま
佐六　さろく
佐分利　さぶり
佐双　さそう
佐田　さだ
佐多　さた
佐竹　さたけ
佐羽　さば
佐佐木　ささき
佐伯　さえき
佐倉　さくら
佐原　さわら
佐郷屋　さごうや
佐野　さの
佐野屋　さのや
佐須　さす
佐藤　さとう
佐瀬　させ
住井　すみい
住友　すみとも
住谷　すみや
但木　ただき
佃　つくだ
伯　はく
伴　ばん
伴林　ともばやし
来原　くるはら
来島　きじま・くるしま

漢字画引

来栖　くるす
児玉　こだま
児島　こじま
冷泉　れいぜい
初見　はつみ
別府　べっぷ
別所　べっしょ
利光　としみつ
呉　くれ・ご
吹田　すいた
呂　ろ
坂　さか
坂上　さかがみ
坂口　さかぐち
坂井　さかい
坂元　さかもと
坂内　さかうち
坂本　さかもと
坂田　さかた
坂西　ばんざい
坂村　さかむら
坂東　ばんどう
坂崎　さかざき
坂野　ばんの
寿岳　じゅがく
孝明天皇　こうめいてんのう
宍戸　ししど
宍野　ししの
宋　そう
尾上　おのえ
尾山　おやま
尾佐竹　おさたけ
尾形　おがた
尾沢　おざわ
尾高　おだか
尾崎　おざき
尾野　おの
尾藤　びとう
床次　とこなみ
志田　しだ
志賀　しが
志道　しじ
志摩　しま
我妻　わがつま
戒能　かいのう
折口　おりくち
杉　すぎ・すぎ
杉山　すぎやま
杉本　すぎもと
杉田　すぎた
杉村　すぎむら
杉原　すぎはら
杉浦　すぎうら
条野　じょうの
村上　むらかみ
村山　むらやま
村川　むらかわ
村中　むらなか
村井　むらい
村木　むらき
村田　むらた
村岡　むらおか
村松　むらまつ
村雨　むらさめ
村垣　むらがき
村野　むらの
村越　むらこし
村瀬　むらせ
李　り
汪　おう
沢　さわ
沢山　さわやま
沢井　さわい
沢田　さわだ
沢辺　さわべ
沢村　さわむら
沢柳　さわやなぎ
沢瀉　おもだか
沖　おき
沖田　おきた
沖野　おきの
沈　しん
男谷　おだに
町田　まちだ
町野　まちの
花山　はなやま
花山院　かざんいん
花川　はなかわ
花井　はない
花田　はなだ
花岡　はなおか
花房　はなぶさ
花柳　はなやぎ
花森　はなもり
芳川　よしかわ
芳村　よしむら
芳沢　よしざわ
芳野　よしの
芳賀　はが
芹沢　せりざわ
芥川　あくたがわ
芦田　あしだ
角田　つのだ
角藤　すどう
谷　たに
谷口　たにぐち
谷川　たにかわ
谷本　たにもと
谷村　たにむら
谷津　やつ
谷崎　たにざき
谷森　たにもり
貝島　かいじま
貝塚　かいづか
赤井　あかい
赤木　あかぎ
赤羽　あかばね
赤尾　あかお
赤沢　あかざわ
赤松　あかまつ
赤城　あかぎ
赤根　あかね
赤堀　あかぼり
足代　あじろ
足立　あだち
車　くるま
辰川　たつかわ
辰巳　たつみ
辰野　たつの
近江屋　おうみや
近角　ちかずみ
近松　ちかまつ
近衛　このえ
近藤　こんどう
那珂　なか
那智　なち
那須　なす
里見　さとみ
阮　げん
阪　さか
阪井　さかい
阪本　さかもと
阪田　さかた
阪谷　さかたに
阪東　ばんどう

8画

並木　なみき
並河　なみかわ
京極　きょうごく
依仁親王　よりひとしんのう
依田　よだ
周　しゅう
周布　すふ
和井内　わいない
和田　わだ
和田垣　わだがき
和辻　わつじ
和知　わち
和泉　いずみ
和宮　かずのみや
和歌森　わかもり
国分　こくぶ
国友　くにとも
国木田　くにきだ
国司　くにし
国沢　くにさわ
国定　くにさだ
国領　こくりょう
坪井　つぼい
坪内　つぼうち
坪田　つぼた
奈良　なら
奈良原　ならはら
妻木　つまき
姉小路局　あねがこうじ
姉崎　あねざき
妹尾　せのお
宜湾　ぎわん
実川　じつかわ
宗　そう
宗像　むなかた
定村　さだむら
宝　たから
宝井　たからい
宝月　ほうげつ
宝生　ほうしょう
宝田　たからだ
尚　しょう
岩下　いわした
岩川　いわかわ
岩井　いわい
岩内　いわうち
岩本　いわもと
岩永　いわなが
岩生　いわお
岩田　いわた
岩佐　いわさ
岩住　いわずみ
岩村　いわむら
岩谷　いわや
岩波　いわなみ
岩垣　いわがき
岩政　いわまさ
岩倉　いわくら
岩畔　いわくろ
岩崎　いわさき
岩野　いわの
岩槻　いわつき
岩橋　いわはし
岩瀬　いわせ
岸　きし
岸上　きしのうえ
岸本　きしもと
岸田　きしだ
岸沢　きしざわ
岸良　きしら
岡　おか
岡内　おかうち
岡本　おかもと
岡田　おかだ
岡村　おかむら
岡沢　おかざわ
岡谷　おかのや・おかや
岡松　おかまつ
岡倉　おかくら
岡崎　おかざき
岡部　おかべ
岡野　おかの
岡橋　おかばし
幸　こう

幸田　こうだ
幸野　こうの
幸徳　こうとく
弥永　いやなが
念仏　ねんぶつ
所　ところ
押小路　おしこうじ
押川　おしかわ
昌谷　さかや
明仁親王　あきひとしんのう
明石　あかし
明治天皇　めいじてんのう
明珍　みょうちん
服部　はっとり
枝吉　えだよし
杵屋　きねや
松　まつ
松下　まつした
松山　まつやま
松井　まつい
松方　まつかた
松木　まつき
松平　まつだいら
松本　まつもと
松永　まつなが・まつなが
松田　まつだ
松旭斎　しょうきょくさい
松尾　まつお
松村　まつむら
松沢　まつざわ
松谷　まつたに
松里　まつざと
松阪　まつざか
松並　まつなみ
松居　まつい
松岡　まつおか
松枝　まつえだ
松林　しょうりん・まつばやし
松前　まつまえ
松室　まつむろ
松原　まつばら
松島　まつしま
松根　まつね
松浦　まつうら・まつら
松崎　まつざき
松野　まつの
松森　まつもり
東　あずま・とう
東久世　ひがしくぜ
東久邇　ひがしくに
東山　ひがしやま
東伏見宮　ひがしふしみのみや
東条　とうじょう
東畑　とうはた・とうばた
東宮　とうみや
東恩納　ひがしおんな
東浦　ひがしうら
東流斎　とうりゅうさい
東郷　とうごう
東儀　とうぎ
板沢　いたざわ
板谷　いたや
板垣　いたがき
板倉　いたくら
林　はやし・りん
林田　はやしだ
林屋　はやしや
武山　たけやま
武井　たけい
武内　たけうち
武市　たけち
武田　たけだ
武見　たけみ
武谷　たけたに・たけや
武居　たけい
武林　たけばやし
武者小路　むしゃのこうじ
武島　たけしま
武部　たけべ
武富　たけとみ
武満　たけみつ
武藤　むとう
河上　かわかみ
河口　かわぐち
河井　かわい
河本　こうもと
河田　かわた・かわだ
河辺　かわべ
河合　かわい
河竹　かわたけ
河西　かさい
河東　かわひがし
河津　かわづ
河相　かわい
河原　かわら
河原田　かわらだ
河原崎　かわらさき
河島　かわしま
河崎　かわさき
河野　こうの
河鍋　かわなべ
河瀬　かわせ
沼田　ぬまた
沼間　ぬま
波多野　はたの
法道寺　ほうどうじ
油屋　あぶらや
物外　もつがい
物部　もののべ
物集　もずめ
牧　まき
牧口　まきぐち
牧田　まきた
牧野　まきの
的野　まとの
直木　なおき
直良　なおら
肥田　ひだ
肥後　ひご
肥塚　こいづか
臥雲　がうん
英照皇太后　えいしょうこうたいごう
若山　わかやま
若生　わこう
若江　わかえ
若尾　わかお
若松　わかまつ
若柳　わかやぎ
若槻　わかつき
茂木　もぎ
迫水　さこみず
金　きん・こん
金丸　かなまる
金子　かねこ
金井　かない
金内　かねうち
金田　かなだ・かねだ
金田一　きんだいち
金光　かなみつ
金沢　かなざわ
金谷　かなや
金春　こんぱる
金原　きんぱら
金栗　かなぐり
金森　かなもり
長　ちょう
長与　ながよ
長井　ながい
長田　おさだ・ながた
長坂　ながさか
長沢　ながさわ
長谷　ながたに
長谷川　はせがわ
長谷部　はせべ
長谷場　はせば
長岡　ながおか
長沼　ながぬま
長原　ながはら
長崎　ながさき
長野　ながの
長澤　ながさわ
長瀬　ながせ
長塚　ながつか
門野　かどの
阿波野　あわの
阿南　あなみ
阿倍　あべ
阿部　あべ
雨宮　あめみや
青山　あおやま
青木　あおき
青地　あおち
青柳　あおやぎ
青野　あおの
斉藤　さいとう

9画

信太　しだ
信夫　しのぶ
信時　のぶとき
保田　やすだ
保利　ほり
保科　ほしな
前川　まえかわ
前田　まえだ
前尾　まえお
前村　まえむら
前沢　まえざわ
前畑　まえはた
前原　まえばら
前島　まえじま
勅使河原　てしがはら
南　みなみ
南川　みなみかわ
南方　みなかた
南条　なんじょう
南原　なんばら
南郷　なんごう
南部　なんぶ
南雲　なぐも
巻　まき
品川　しながわ
垪和　はが
城　じょう
城多　きた
威仁親王　たけひとしんのう
室　むろ
室生　むろう
室田　しった・むろた
宣仁親王　のぶひと
屋代　やしろ
屋良　やら
建川　たてかわ
建部　たけべ
建野　たけの
後川　しっかわ
後宮　うしろく
後藤　ごとう
指原　さしはら
春山　はるやま
春日　かすが
春木　はるき
春風亭　しゅんぷうてい
昭和天皇　しょうわてんのう
昭憲皇太后　しょうけんこうたいごう
星　ほし
星合　ほしあい

星島　ほしじま
星野　ほしの
柴　しば
柴山　しばやま
柴田　しばた
柿内　かきうち
柏　かしわ
柏井　かしわい
柏木　かしわぎ
柏田　かしわだ
柏原　かしわばら
柏崎　かしわざき
柳　やなぎ
柳川　やながわ
柳田　やなぎた・やなぎだ
柳沢　やなぎさわ
柳河　やながわ
柳亭　りゅうてい
柳原　やなぎわら
柳瀬　やなせ
栃内　とちない
栃錦　とちにしき
段　だん
海上　うながみ
海江田　かえだ
海老沢　えびさわ
海保　かいぼ
海後　かいご
海津　かいづ
海音寺　かいおんじ
海部　かいふ
海野　うんの
洪　こう
津久井　つくい
津川　つがわ
津田　つだ
津波古　つはこ
津島　つしま
津崎　つざき
浅井　あさい
浅田　あさだ
浅利　あさり
浅見　あさみ
浅沼　あさぬま
浅香山　あさかやま
浅原　あさはら
浅野　あさの
泉　いずみ
泉二　もとじ
泉山　いずみやま
狩谷　かりや
狩野　かの・かのう
珍田　ちんだ
畑　はた
畑中　はたなか
皆川　みながわ
相川　あいかわ
相木　あいき
相田　あいだ
相沢　あいざわ
相良　さがら
相馬　そうま
相楽　さがら
砂田　すなだ
砂崎　すなさき
神山　かみやま
神川　かみかわ
神戸　かんべ
神田　かんだう
神尾　かみお
神谷　かみや
神近　かみちか
神保　じんぼ
神津　こうづ
神島　かみしま
神野　かみの
神鞭　こうむち
秋山　あきやま
秋元　あきもと
秋月　あきづき
秋永　あきなが
秋田　あきた
秋良　あきら
秋葉　あきば
紀　き(の)
紀平　きひら
紀伊国屋　きのくにや
県　あがた
美土路　みどろ
美山　みやま
美田村　みたむら
美空　みそら
美馬　みま
美野川　みのがわ
美濃部　みのべ
荒　あら
荒井　あらい
荒木　あらき
荒尾　あらお
荒垣　あらがき
荒畑　あらはた
苫米地　とまべち
荘　しょう
荘田　しょうだ
草田　くさた
草野　くさの
草場　くさば
草間　くさま
茅　かや
茅原　かやはら
茅野　ちの
貞方　さだかた
貞明皇后　ていめいこうごう
貞愛親王　さだなるしんのう
郁　いく
重光　しげみつ
重宗　しげむね
重野　しげの
重森　しげもり
重藤　しげとう
風見　かざみ
風巻　かざまき
風間　かざま
飛鳥田　あすかた
香川　かがわ
香月　かつき
香村　かむら
香取　かとり
香淳皇后　こうじゅんこうごう
香椎　かしい

10画

倉中　くらなか
倉田　くらた
倉石　くらいし
倉成　くらなり
倉沢　くらさわ
倉知　くらち
倉持　くらもち
倉場　くらば
倉富　くらとみ
倉橋　くらはし
俵　たわら
兼松　かねまつ
兼常　かねつね
剣持　けんもち
原　はら
原口　はらぐち
原田　はらだ
哥沢　うたざわ
唐　とう
唐沢　からさわ
夏川　なつかわ
夏目　なつめ
孫　そん
宮下　みやした
宮川　みやがわ
宮井　みやい
宮内　みやうち
宮本　みやもと
宮地　みやじ・みやち
宮沢　みやざわ
宮里　みやざと
宮武　みやたけ
宮城　みやぎ
宮原　みやはら
宮島　みやじま
宮崎　みやざき
宮部　みやべ
宮野　みやの
宮嶋　みやじま
島　しま
島中　しまなか
島木　しまき
島本　しまもと
島田　しまだ
島地　しまじ
島尾　しまお
島村　しまむら
島屋　しまや
島津　しまづ
島崎　しまざき
島野　しまの
師岡　もろおか
帯刀　たてわき
庭田　にわた
庭野　にわの
徐　じょ
恩田　おんだ
恩地　おんち
恭親王　きょうしんのう
扇屋　おうぎや
旃崖　せんがい
晃親王　あきらしんのう
時山　ときやま
時枝　ときえだ
書上　かきあげ
桜　さくら
桜井　さくらい
桜内　さくらうち
桜田　さくらだ
桜岡　さくらおか
桜間　さくらま
桂　かつら
桂川　かつらがわ
桂田　かつらだ
根本　ねもと
根岸　ねぎし
根津　ねづ
桑木　くわき
桑本　くわもと
桑田　くわた
桑原　くわばら
桐生　きりゅう
桐竹　きりたけ
桐野　きりの
桃　もも
桃川　ももかわ
桃中軒　とうちゅうけん
桃井　もものい
桃江　ももえ
梅　うめ・ばい
梅ケ谷　うめがたに
梅上　うめがみ
梅田　うめだ
梅辻　うめつじ
梅沢　うめざわ
梅若　うめわか
梅亭　ばいてい
梅津　うめづ

梅原　うめはら
梅根　うめね
梅崎　うめざき
梅棹　うめさお
梅園　うめぞの
栗本　くりもと
栗田　くりた
栗林　くりばやし
栗原　くりはら
栗島　くりしま
栗栖　くるす
栗野　くりの
桝本　ますもと
殷　いん
浜口　はまぐち
浜田　はまだ
浜尾　はまお
浜村　はまむら
浜岡　はまおか
浮世　うきよ
浮田　うきた
浦　うら
浦山　うらやま
浦田　うらた
浦野　うらの
流山　ながれやま
浪越　なみこし
烏丸　からすまる
畔上　あぜがみ
留岡　とめおか
畠山　はたけやま
益田　ますだ
益谷　ますたに
益満　ますみつ
益頭　ますず
真下　ました
真山　まやま
真木　まき
真田　さなだ
真名井　まない
真島　まじま
真崎　まさき
真清水　ましみず
真船　まふね
真継　まつぎ
秦　しん・はた
秦野　はたの
秩父宮　ちちぶのみや
笑福亭　しょうふくてい
翁家　おきなや
脇水　わきみず
脇坂　わきさか
脇村　わきむら
能久親王　よしひさしんのう
能勢　のせ
華岡　はなおか
華頂宮　かちょうのみや
荻　おぎ
荻生　おぎゅう
荻江　おぎえ
荻原　おぎわら
荻野　おぎの
荻須　おぎす
袁　えん
財部　たからべ
速水　はやみ
郡司　ぐんじ
酒井　さかい
酒井田　さかいだ
馬　ば
馬島　まじま
馬場　ばば
馬越　まごし
高　こう
高久　たかく
高山　こうやま・たかやま
高井　たかい
高木　たかき・たかぎ
高平　たかひら
高田　こうだ・たかた・たかだ
高安　たかやす
高池　たかいけ
高坂　こうさか
高尾　たかお
高杉　たかすぎ
高村　たかむら
高沢　たかざわ
高良　こうら
高見　たかみ
高見沢　たかみざわ
高谷　たかたに
高和　たかわ
高宗　こうそう
高松　たかまつ
高松宮　たかまつのみや
高柳　たかやなぎ
高津　たかつ
高砂　たかさご
高倉　たかくら
高島　たかしま
高峰　たかみね
高浜　たかはま
高畠　たかばたけ
高崎　たかさき
高梨　たかなし
高野　たかの
高階　たかしな
高須　たかす
高楠　たかくす
高碕　たかさき
高群　たかむれ
高橋　たかはし
高嶺　たかみね
高瀬　たかせ
竜　りゅう・りょう
竜村　たつむら

11画

乾　いぬい
冨田　とみた
副島　そえじま
務台　むたい
堀　ほり
堀口　ほりぐち
堀川　ほりかわ
堀内　ほりうち
堀切　ほりきり
堀田　ほった
堀江　ほりえ
堀米　ほりごめ
堀河　ほりかわ
堀越　ほりこし
埴谷　はにや
埴原　はにはら
堂本　どうもと
堂前　どうまえ
崎村　さきむら
崔　さい
常陸山　ひたちやま
常磐井　ときわい
常磐津　ときわづ
庵原　いはら
康　こう
張　ちょう
得田　とくだ
得能　とくのう
曹　そう
望月　もちづき
梶　かじ
梶井　かじい
梶田　かじた
梶原　かじわら
梶野　かじの
梨木　なしのき
梨本宮　なしもとのみや
梁　りょう
梁川　やながわ
淵辺　ふちべ
渋川　しぶかわ
渋江　しぶえ
渋沢　しぶさわ
渋谷　しぶたにかね・しぶや
淳宮　あつみや
深川　ふかがわ
深井　ふかい
深田　ふかだ
深尾　ふかお
深沢　ふかざわ
清川　きよかわ
清元　きよもと
清水　きよみず・しみず
清沢　きよざわ
清原　きよはら
清宮　きよみや・せいみや
清浦　きようら
清崎　きよさき
清野　きよの
清藤　きよふじ
清瀬　きよせ
淡島　あわしま
添田　そえだ
淀川　よどがわ
猪谷　いがや
猪股　いのまた
猪俣　いのまた
猪野　いの
猪飼　いがい
猪熊　いのくま
盛　せい
盛田　もりた
章　しょう
笠　りゅう
笠井　かさい
笠木　かさぎ
笠松　かさまつ
笠原　かさはら
笠置　かさぎ
笹川　ささがわ
笹本　ささもと
笹尾　ささお
笹沼　ささぬま
笹波　ささなみ
笹森　ささもり
粕谷　かすや
細川　ほそかわ
細井　ほそい
粛親王　しゅくしんのう
船田　ふなだ
船津　ふなつ
菱山　ひしやま
菱刈　ひしかり
菱田　ひしだ
菱沼　ひしぬま
菱屋　ひしや
菅　かん・すが
菅沼　すがぬま
菅原　すがわら
菅野　かんの・すがの
菊川　きくがわ
菊田　きくた
菊池　きくち
菊亭　きくてい
許　きょ
貫名　ぬきな
逸見　へんみ
進　しん
進藤　しんどう
郭　かく
郷　ごう
郷古　ごうこ

漢字画引

都太夫　みやこだゆう
都筑　つづき
都路　つじ
釈　しゃく
野上　のがみ
野之口　ののぐち
野口　のぐち
野中　のなか
野本　のもと
野田　のだ
野呂　のろ
野坂　のさか
野村　のむら
野沢　のざわ
野津　のづ
野崎　のざき
野間　のま
陳　ちん
陶　とう
陸　くが・りく
陸奥　むつ
魚　ぎょ
魚住　うおずみ
魚澄　うおずみ
鳥山　とりやま
鳥井　とりい
鳥尾　とりお
鳥谷部　とやべ
鳥居　とりい
鳥潟　とりがた
鹿子木　かのこぎ
鹿島　かしま・かじま
麻生　あそう
麻田　あさだ
黄　こう
黒川　くろかわ
黒木　くろき
黒正　こくしょう
黒田　くろだ
黒沢　くろさわ
黒岩　くろいわ
黒板　くろいた
黒沼　くろぬま
黒島　くろしま
黒部　くろべ
黒野　くろの
黒澤　くろさわ
斎藤　さいとう
亀川　かめかわ
亀井　かめい
亀田　かめだ

12画

厨川　くりやがわ
勝　かつ
勝本　かつもと
勝田　かつだ・しょうだ
勝沼　かつぬま
勝海　しょうかい
勝間田　かつまた
博恭王　ひろやすおう
喜田　きた
喜多　きた
喜多村　きたむら
堺　さかい
壺井　つぼい
堤　つつみ
奥　おく
奥平　おくだいら
奥田　おくだ
奥村　おくむら
奥畑　おくはた
奥原　おくはら
奥宮　おくのみや
奥野　おくの
富ノ沢　とみのさわ
富士川　ふじかわ
富山　とみやま
富井　とみい
富本　とみもと
富永　とみなが
富田　とみた
富吉　とみよし
富安　とみやす
富岡　とみおか
富松　とまつ
富崎　とみざき
富樫　とがし
嵐　あらし
幾島　いくしま
弾　だん
御木　みき
御木本　みきもと
御巫　みかんなぎ
御法川　みのりかわ
御堀　みほり
斑鳩　いかるが
斯波　しば
暁烏　あけがらす
景　けい
景山　かげやま
最上　もがみ
曾山　そやま
曾我　そが
曾我廼家　そがのや
曾禰　そね
朝山　あさやま
朝川　あさかわ
朝日　あさひ
朝比奈　あさひな
朝永　ともなが
朝田　あさだ
朝吹　あさぶき
朝河　あさかわ
朝彦親王　あさひこしんのう
朝海　あさかい
朝倉　あさくら
植木　うえき
植田　うえだ
植村　うえむら
植松　うえまつ
植原　うえはら
森　もり
森下　もりした
森久保　もりくぼ
森山　もりやま
森川　もりかわ
森戸　もりと
森本　もりもと
森末　もりすえ
森永　もりなが
森田　もりた
森村　もりむら
森近　もりちか
森岡　もりおか
森松　もりまつ
森重　もりしげ
森島　もりしま
椎名　しいな
棟方　むなかた
棚橋　たなはし
椋木　むくのき
椋梨　むくなし
椋野　むくの
渥美　あつみ
滋野　しげの
滋野井　しげのい
渡辺　わたなべ
渡部　わたなべ
渡瀬　わたせ
湯川　ゆかわ
湯本　ゆもと
湯沢　ゆざわ
湯浅　ゆあさ
満川　みつかわ
満井　みつい
満谷　みつたに
琴田　ことだ
琳瑞　りんずい
稀音家　きねや
税所　さいしょ
筑紫　つくし
筒井　つつい
粟田宮　あわたのみや
粟津　あわづ
結城　ゆうき
絞　しぼり
葛生　くずお
葛西　かさい
葛城　かつらぎ
葛飾　かつしか
萱野　かやの
萩谷　はぎや
萩原　はぎわら
萩野　はぎの
董　とう
葉山　はやま
落合　おちあい
賀川　かがわ
賀古　かこ
賀来　かく
賀茂　かも
賀屋　かや
越川　こしかわ
越後　えちご
越智　おち
遅塚　ちづか
開高　かいこう
間　はざま
間崎　まさき
間部　まなべ
間瀬　ませ
閑院宮　かんいんのみや
閔妃　びんひ
陽　よう
隈川　くまがわ
雲井　くもい
須川　すがわ
須永　すなが
須田　すだ
須貝　すがい
須崎　すざき
須磨　すま
須藤　すどう
飯久保　いいくぼ
飯田　いいだ
飯島　いいじま
飯降　いぶり
飯高　いいだか
飯野　いいの
飯塚　いいづか
馮　ふう

13画

園田　そのだ
園部　そのべ
圓中　まるなか
塚本　つかもと
塚田　つかだ
塚原　つかはら
塚越　つかごし
塙　はなわ
夢野　ゆめの
嵯峨　さが
嵯峨根　さがね
愛沢　あいざわ
愛宕　おたぎ
愛知　あいち
慈隆　じりゅう
新井　あらい

新木　あらき
新田　にった
新村　しんむら・にいむら
新見　しんみ・にいみ
新居　にい
新門　しんもん
新城　しんじょう
新海　しんかい
新美　にいみ
新宮　しんぐう
新島　にいじま
新納　にいろ
新堀　しんぼり
新渡戸　にとべ
新穂　にいぼ
楫取　かとり
楯山　たてやま
楢林　ならばやし
楢崎　ならざき
椿　つばき
楠山　くすやま
楠本　くすもと
楠瀬　くすのせ
楊　よう
溝口　みぞぐち
溥　ふ
滝　たき
滝川　たきかわ・たきがわ
滝井　たきい
滝本　たきもと
滝田　たきた
滝沢　たきざわ
滝野　たきの
煙山　けむやま
熙　き
照山　てるやま
猿若　さるわか
獅子　しし
福士　ふくし
福山　ふくやま
福井　ふくい
福本　ふくもと
福永　ふくなが
福田　ふくだ
福地　ふくち
福羽　ふくば
福住　ふくずみ
福村　ふくむら
福沢　ふくざわ
福岡　ふくおか
福原　ふくはら
福島　ふくしま
福留　ふくとめ
筧　かけひ
置賜　おきたま
蓑田　みのだ
蒲原　かんばら
蜂須賀　はちすか
詫間　たくま
豊川　とよかわ
豊田　とよだ
豊竹　とよたけ
豊沢　とよざわ
豊原　とよはら
豊島　とよしま
豊崎　とよさき
豊道　ぶんどう
跡見　あとみ
跡部　あとべ
載仁親王　ことひとしんのう
遠山　とおやま
遠藤　えんどう
鈴木　すずき
鈴江　すずえ
雍仁親王　やすひとしんのう
雷　いかずち
頓成　とんじょう
鳩山　はとやま
塩入　しおいり
塩川　しおかわ
塩井　しおい
塩田　しおだ
塩沢　しおざわ
塩谷　しおのや
塩原　しおばら
塩野　しおの

14画

嘉村　かむら
嘉悦　かえつ
嘉納　かのう
嘉彰親王　よしあきしんのう
境野　さかいの
増田　ますだ
増野　ましの
嶋中　しまなか
嶋田　しまだ
廖　りょう
彰仁親王　あきひとしんのう
徳大寺　とくだいじ
徳川　とくがわ
徳永　とくなが
徳田　とくだ
徳冨　とくとみ
徳富　とくとみ
榎　えのき
榎本　えのもと
槇　まき
榊原　さかきばら
槇村　まきむら
樺山　かばやま
樺島　かばしま
歌川　うたがわ
歌沢　うたざわ
歌橋　うたはし
熊川　くまがわ
熊代　くましろ
熊沢　くまざわ
熊谷　くまがい
瑪　ま
種田　たねだ
稲山　いなやま
稲田　いなだ
稲村　いなむら
稲沢　いなざわ
稲垣　いながき
稲畑　いなはた
稲葉　いなば
窪川　くぼかわ
窪田　くぼた
端山　はやま
管野　かんの
箕作　みつくり
箕浦　みのうら
綱島　つなしま
緒方　おがた
綿屋　わたや
綾川　あやがわ
蔡　さい
蔣　しょう
蓼　たで
蓮田　はすだ
蓮沼　はすぬま
蜷川　にながわ
関　せき
関口　せきぐち
関山　せきやま
関戸　せきど
関矢　せきや
関沢　せきざわ
関谷　せきや
関屋　せきや
関根　せきね
関野　せきの
静間　しずま
静寛院宮　せいかんいんのみや

15画

劉　りゅう
熾仁親王　たかひとしんのう
幡崎　はたざき
幣原　しではら
影山　かげやま
影佐　かげさ
慶親王　けいしんのう
敷田　しきだ
横山　よこやま
横川　よこかわ
横井　よこい
横田　よこた
横光　よこみつ
横江　よこえ
横尾　よこお
横溝　よこみぞ
横瀬　よこせ
権田　ごんだ
権藤　ごんどう
樋口　ひぐち
樋貝　ひがい
潮　うしお
潮田　うしおだ
熱田　あつた
穂積　ほづみ
箱田　はこた
箭内　やない
蔵田　くらた
蔵原　くらはら
諸井　もろい
諸戸　もろと
諸橋　もろはし
調所　ずしょ
輪王寺宮　りんのうじのみや
鄭　てい
養鸕　うかい
駒井　こまい
駒田　こまだ
魯迅　ろじん
黎　れい

16画

橘　たちばな
橋口　はしぐち
橋川　はしかわ
橋爪　はしづめ
橋本　はしもと
橋田　はしだ
樽井　たるい
熾仁親王　たるひとしんのう
篠田　しのだ
篠原　しのはら
篠崎　しのざき
繁田　はんだ
膳　ぜん
興津　おきつ
湊　みなと
薄田　すすきだ
親子内親王　ちかこないしんのう
頼　らい
頼母木　たのもぎ
錦小路　にしきのこうじ
閻　えん
頭山　とうやま
館　たて
鮎川　あいかわ
鮎沢　あゆざわ
鮎貝　あゆかい
鴨川　かもがわ

漢字画引

17画

優陀那院　うだないん
嶺田　みねた
薩埵　さった
薩摩　さつま
檀　だん
濤川　なみかわ
磯　いそ
磯山　いそやま
磯田　いそだ
磯村　いそむら
磯谷　いそがい
磯部　いそべ
磯野　いその
謝花　じゃはな
鍋山　なべやま
鍋田　なべた
鍋島　なべしま
鍵谷　かぎや
韓　かん
鮫島　さめしま
鴻　おおとり
鴻池　こうのいけ

18画

織田　おだ
藤山　ふじやま
藤川　ふじかわ
藤井　ふじい
藤本　ふじもと
藤田　ふじた
藤村　ふじむら
藤沢　ふじさわ
藤岡　ふじおか
藤枝　ふじえだ
藤林　ふじばやし
藤沼　ふじぬま
藤原　ふじはら・ふじわら
藤島　ふじしま
藤浪　ふじなみ
藤堂　とうどう
藤野　ふじの
藤森　ふじもり
藤間　とうま・ふじま
藤蔭　ふじかげ
藤懸　ふじかけ
観世　かんぜ
鎌田　かまた
鎌原　かんばら
難波　なんば
額田　ぬかだ
鯉沼　こいぬま
鵜沢　うざわ
鵜崎　うざき
鵜殿　うどの
鵜飼　うがい
櫛田　くしだ

19画

瀬川　せがわ
瀬戸　せと
瀬木　せき
瀬尾　せのお
瀬脇　せわき
瀬越　せごえ
蘆田　あしだ
羅　ら
蟹江　かにえ
鏑木　かぶらぎ

20画

巌本　いわもと
巌谷　いわや

21画

蠟山　ろうやま
轟　とどろき
顧　こ
鶴田　つるた
鶴沢　つるざわ
鶴見　つるみ
鶴屋　つるや
鶴原　つるはら
鶴賀　つるが

22画

灘尾　なだお
饗庭　あえば

23画

鷲尾　わしお・わしのお
鷲見　すみ
鷲津　わしづ

24画

鷹司　たかつかさ
鷹羽　たかのは
鷹見　たかみ

25画

靉光　あいみつ

27画

鱸　すずき

人名索引

あ

・アーサー　James Hope Arthur　1a 337c
・アーネスト=サトウ　*Sir* Ernest Mason Satow　⇨サトウ
・アーノルド　*Sir* Edwin Arnold　1a
相川景見　109a
・鮎川義介(あいかわよしすけ)　1b 101c 336a 375c 593a 936c
・相木鶴吉(あいきつるきち)　2a
愛郷学人　1027c
・相沢三郎(あいざわさぶろう)　2a 749c 1014c
・相沢春洋〔天心，酔硯，二水〕(あいざわしゅんよう)　2a
・会沢正志斎〔欣賞斎，憩斎〕(あいざわせいしさい)　2b 328b 384a 705c 733b 853b 960a 1138b
相沢石湖　986b
・相沢忠洋(あいざわただひろ)　3a
・愛沢寧堅(あいざわやすかた)　3a
相田吉五郎　241b
・相田二郎(あいだにろう)　3b
・愛知揆一(あいちきいち)　3c
愛知敬一　3c
会津多作　776c
・会津小鉄(あいづのこてつ)　3c 543c
・会津八一〔渾斎，秋艸道人〕(あいづやいち)　4a
・靉光〔靉川光郎〕(あいみつ)　4b
アインシュタイン　72c
・アウンサン　Aung San　4b
安栄　772a
・饗庭篁村〔竜泉居士〕(あえばこうそん)　4c 350c 1174c
・青木一男(あおきかずお)　5a
青木研蔵　5c
青木香葩　430c
・青木繁(あおきしげる)　5b 378c 437a 461a 1071c
・青木周弼(あおきしゅうすけ)　5c 216a
・青木周蔵〔琴城〕(あおきしゅうぞう)　5c 338a 491c 530a 878a 950a 1163b
青木庄蔵　831b
青木鶴子　844b
青木貞三　157c 159a
・青木信光(あおきのぶみつ)　6a 952b 1010c
・青木宣純(あおきのりずみ)　6b
青地信敬　534b
・青野季吉(あおのすえきち)　6b 852b 882c
青柳捨三郎　344a
・青山景通(あおやまかげみち)　6c
・青山杉雨(あおやまさんう)　7a
・青山杉作(あおやますぎさく)　7a 578a
・青山胤通(あおやまたねみち)　7b 6c 999a
・青山延光〔佩弦斎，晩翠〕(あおやまのぶみつ)　7b
・赤井景韶(あかいかげあき)　7c
赤井東海　452c
・赤井米吉(あかいよねきち)　7c
赤尾小四郎　638c
・赤尾敏(あかおびん)　8a
赤木桁平　750b
・赤城宗徳(あかぎむねのり)　8b
赤沢寛堂　616a
赤沢寛甫　518a
明石華陵　730c
・明石照男(あかしてるお)　8c 292b
・明石博高〔静瀾，万花堂主人〕(あかしひろあきら)　8c
・明石元二郎(あかしもとじろう)　9a 524b 670a
明石屋平蔵　880a
明石善方　8c
県信緝　716b 716c
県六石　716b 716c
・赤根武人〔赤禰〕(あかねたけと)　9a
赤羽一　786a
・赤堀四郎(あかぼりしろう)　9b
・赤松克麿(あかまつかつまろ)　9c 10b 670a 1029b 1144b
・赤松小三郎(あかまつこさぶろう)　10a 944a
赤松智城　789a
・赤松常子(あかまつつねこ)　10a
・赤松俊秀(あかまつとしひで)　10b
・赤松則良(あかまつのりよし)　10c 472a
赤松麟作　454a
・赤松連城(あかまつれんじょう)　11a 511a
・秋田雨雀(あきたうじゃく)　11b 167c 582a
・秋田清(あきたきよし)　11b
・秋田静臥(あきたせいが)　11c
秋田屋仁左衛門　547b
秋月桂太郎　344a
・秋月左都夫(あきづきさつお)　11c
・秋月種樹(あきづきたねたつ)　11c
・秋月種殷(あきづきたねとみ)　12a
秋永芳郎　373c
・アギナルド　Emilio Aguinaldo　12b 148c
安芸ノ海　917b
秋葉隆　76a
明仁親王　1109c
・彰仁親王(あきひとしんのう)　12b 183a 208b
・秋元志朝(あきもとゆきとも)　12c
・秋山定輔(あきやまさだすけ)　13a 228a 299c
・秋山真之(あきやまさねゆき)　13b
秋山光和　557a
・秋山好古(あきやまよしふる)　13b
・秋良貞温(あきらさだあつ)　13c
晃親王　793c 1013c　→山階宮
芥川道章　14b
・芥川也寸志(あくたがわやすし)　14a
・芥川竜之介〔澄江堂主人，我鬼〕(あくたがわりゅうのすけ)　14b 14a 75c 330b 380a 614b 677c 727c 943a 1050b 1051c 1119b
・暁烏敏(あけがらすはや)　14c 357a 468a 628c
・安居院庄七(あごいんしょうしち)　15a 299a 797c
・浅井忠(あさいちゅう)　15b 61a 157a 294c 381c 437a 768c 893a 973a 1079c
・朝海浩一郎(あさかいこういちろう)　15b
安積五郎　356a
・安積艮斎〔見山楼〕(あさかごんさい)　15c 121b 265b 329a 356a 385c 387c 437c 479b 497b 512b 651c 683a 1005c 1017a 1138b
浅香のぬま子　867a
浅香山　790b
・朝河貫一(あさかわかんいち)　15c
朝川善庵　150c 373b 699a
浅草庵(2代)　389c
浅草庵(3代)　389c
・朝倉文夫(あさくらふみお)　16b
浅田主計　616c
麻田勘七　622b
麻田公輔　566c
・朝田善之助(あさだぜんのすけ)　16b 341c
・浅田宗伯(あさだそうはく)　16c
・浅田信興(あさだのぶおき)　17a

・浅田正文(あさだまさふみ)　17b 582a
浅田勇次郎　797c
・浅沼稲次郎(あさぬまいねじろう)　17b 1172c
・浅野研真(あさのけんしん)　17c
・浅野総一郎(あさのそういちろう)　18a 271a 507b 538a 1082a
・浅野長勲(あさのながこと)　18c 473c 652a
・浅野長訓(あさのながみち)　19a
・浅原健三(あさはらけんぞう)　19a 71c
浅原六朗　957b
・旭玉山(あさひぎょくざん)　19b
・朝彦親王(あさひこしんのう)　19b 314a 359c 411a 582b 793c 794a 979a →中川宮
・朝比奈宗源〔別峯，平等軒〕(あさひなそうげん)　20a
・朝比奈知泉〔碌堂，珂南，珂水懶魚，不染廬主人〕(あさひなちせん)　20a
・朝比奈泰彦(あさひなやすひこ)　20b
・朝日平吾(あさひへいご)　20c 1082a
・朝吹英二(あさぶきえいじ)　20c 727b
・浅見与七(あさみよしち)　21a
朝山李四　1133c
浅利順四郎　646c
浅利義信　664a
・芦田恵之助(あしだえのすけ)　21b
・蘆田伊人(あしだこれと)　21b
・芦田均(あしだひとし)　21c 47a 1178c
・安島帯刀〔峨興〕(あじまたてわき)　22a
足代弘訓　470c 574c
・飛鳥田一雄(あすかたいちお)　22b
・アストン　William George Aston　22c 1018a
東吾作　631c
東関　631a
・東竜太郎(あずまりょうたろう)　22c 461b
畔上賢造　1013c
・麻生磯次(あそういそじ)　23a
・麻生太賀吉(あそうたかきち)　23b
・麻生太吉(あそうたきち)　23c 23b
麻生信子　23c
・麻生久(あそうひさし)　23c 17c 28c 299c 635a 646c 733a 1084a
足立寛　216b 273b
・安達謙蔵(あだちけんぞう)　24a 104b 191c 265b 375b 721a 754c 1169b
・安達憲忠(あだちけんちゅう)　24b
・足立康(あだちこう)　24c
・安達幸之助(あだちこうのすけ)　25a
・安達清風(あだちせいふう)　25a
・足立正(あだちただし)　25b
安達辰三郎　56c
足立長雋　196a 324a 477c 849b
安達梅渓　159a
・足立文太郎(あだちぶんたろう)　25c
562c
アッキンソン　987a
熱田房夫　480b
淳宮　323b
・渥美契縁〔択堂，見白山人〕(あつみかいえん)　25c 64a
・渥美清(あつみきよし)　26a
・渥美清太郎(あつみせいたろう)　26a
・アトキンソン　Robert William Atkinson　26b 376a 465b 606b 611a 970b
・跡部良弼(あとべよしすけ)　26b
跡見愛四郎　26c
・跡見花蹊(あとみかけい)　26c
跡見重敬　26c
跡見千代滝　26c
跡見李子　26c
・阿南惟幾(あなみこれちか)　27a
・姉小路公知(あねがこうじきんとも)　27a 275c 488b 516c 622c 994b
姉小路五郎丸　485b
・姉小路局(あねがこうじのつぼね)　27b
・姉崎正治〔嘲風〕(あねざきまさはる)　27c 198c 641b 1096c
アバ三津　863b
油屋治助　220b
・安部井磐根(あべいいわね)　28a
阿部勇　1022a
・安部磯雄(あべいそお)　28a 63b 274c 301b 406c 517b 562c 646c 785c 840a 899b 941b 972a 1043c 1143b
阿部市太郎　28c
・阿部市郎兵衛(あべいちろべえ)　28c
・阿部宇之八(あべうのはち)　29a
・阿部亀治(あべかめじ)　29a
阿部教順　28c
阿部教善　28c
阿部教祐　28c
・安倍源基(あべげんき)　29a
・安部公房(あべこうぼう)　29b 63c 578a
・阿倍貞行(あべさだゆき)　29c
・阿部重孝(あべしげたか)　29c
阿部浄幸　28c
阿部常省　28c
阿部浄廉　28c
・阿部次郎(あべじろう)　30a 126a 309a 434c
・阿部真造(あべしんぞう)　30b
・安倍晋太郎(あべしんたろう)　30b
・阿部真之助(あべしんのすけ)　30c
阿部専祐　28c
・阿部泰蔵(あべたいぞう)　30c 1019a
・阿部知二(あべともじ)　31a
・阿部信行(あべのぶゆき)　31b 871b
・阿部彦太郎(あべひこたろう)　31b
阿部秀助　1154a
阿部房次郎　28c
・阿部正外(あべまさと)　31c 704b 946a 986c
・阿部正弘〔裕軒〕(あべまさひろ)　32a 102a 124a 180c 488a 514c 549a 678a 703b 706b 792a 929b 939a 999b 1092b
・阿部守太郎(あべもりたろう)　32b 124b
・安倍能成(あべよししげ)　32c 23b 30a 126a 299a 679b 802b 1119c
阿部六郎　309b 758a
・安保清種(あぼきよかず)　33a
尼崎修斎　371a
甘粕正彦　93a 189a
・天田愚庵(あまだぐあん)　33b 730c
天邪鬼　460b
・天野辰夫(あまのたつお)　33b 1082b
・天野為之(あまのためゆき)　33c 137a 247a 596c 968a
・天野貞祐(あまのていゆう)　34a
・天野八郎(あまのはちろう)　34b 862c
天野御民　1163b
・雨宮敬次郎(あめみやけいじろう)　34b 102a 466a 1082a
アメリカ彦蔵(アメリカひこぞう)　⇨浜田彦蔵
・天羽英二(あもうえいじ)　34c
綾川武治　178a
鮎貝槐園　1131b
鮎沢伊太夫　571b
・荒井郁之助(あらいいくのすけ)　35a 402b 440c
・荒井賢太郎(あらいけんたろう)　35b
荒井小一郎　614b
・新井章吾(あらいしょうご)　35b 97b
新井助信　752a
荒井泰治　739b
・新居日薩(あらいにっさつ)　35c
荒井寛方　1010b
新井領一郎　936b
あらえびす　810a
・荒尾成章(あらおしげあきら)　36a
荒尾志摩　616c
・荒尾精〔東方斎〕(あらおせい)　36a 334b 433b 552b 730c 800b
・荒垣秀雄(あらがきひでお)　36b
・新木栄吉(あらきえいきち)　36c
荒木寛快　36c
・荒木寛畝(あらきかんぽ)　36c 37c 971c
・荒木古童(初代)(あらきこどう)　37a 137a
・荒木古童(3代)(あらきこどう)　37a
・荒木古童(4代)(あらきこどう)　37a
・荒木古童(5代)(あらきこどう)　37a
・荒木貞夫(あらきさだお)　37a 136c 425b 426b 561a 847b 963a
荒木蕃　662b
・荒木十畝(あらきじっぽ)　37c 436b
荒木竹翁　137a
・荒木寅三郎(あらきとらさぶろう)　37c 420a 828c
・安良城盛昭(あらきもりあき)　38a

嵐佳笑　584a
嵐亀蔵　765a
嵐亀太郎　765a
嵐寛寿郎　1108c
嵐橘次郎　271c
嵐笑太郎　764b
・荒畑寒村(あらはたかんそん)　38b 188c 327c 439a 623c 776b 1083b 1097a
アラビア太郎　1103b
荒正人　881b
・有坂成章(ありさかなりあきら)　38c
・有坂秀世(ありさかひでよ)　39a
・有沢広巳(ありさわひろみ)　39a 179a 1022a
・有島生馬(ありしまいくま)　39b 39c 696b
・有島武郎(ありしまたけお)　39c 39b 518c 614b 913b 1039a
・有末精三(ありすえせいぞう)　40b
有栖川宮家　49a 335a
有栖川宮喬子　27b
有栖川宮幟仁親王(ありすがわのみやたかひとしんのう)　⇨幟仁親王
有栖川宮威仁親王(ありすがわのみやたけひとしんのう)　⇨威仁親王
有栖川宮熾仁親王(ありすがわのみやたるひとしんのう)　⇨熾仁親王
・有田八郎(ありたはちろう)　40c 265c 275a
・有地品之允(ありちしなのじょう)　41a
有馬監物　473a
・有馬四郎助(ありましろすけ)　41a
・有馬新七(ありましんしち)　41b 181c 208c 506a 942c 1032c
有馬祐政　105b
・有松英義(ありまつひでよし)　41c
・有馬正文(ありままさふみ)　42a
有馬慶頼　473a
有馬頼咸　473a
有馬頼永　960b
・有馬頼寧(ありまよりやす)　42a 345b 428b 913c
・有馬良橘(ありまりょうきつ)　42b
・有村次左衛門(ありむらじざえもん)　42c
有村雄助　42c 151c 291b
・有村連(ありむられん)　42c
・有吉明(ありよしあきら)　43a
・有吉佐和子(ありよしさわこ)　43a
・有賀喜左衛門(あるがきざえもん)　43b
・有賀長雄(あるがながお)　43c 105a 398a 739a 940a
・アレクセーエフ　Evgenii Ivanovich Alekseev　44a
・アレクセーエフ　Kyril A. Alekseev　44a
・アレン　Horace Newton Allen　44c
淡島寒月　406a
粟田宮朝彦親王(あわたのみやあさひこしんのう)　⇨朝彦親王
・粟津高明(あわづたかあきら)　44c 723c
阿波野青畝　605c
案外堂主人　436a
安雅堂　993b
・安駉寿(あんけいじゅ)　45a
・安重根(あんじゅうこん)　45a 95a
・アンダーソン　Johan Gunnar Andersson　45b
アンチッセル　397c
アンデルソン　Johan Gunnar Andersson　⇨アンダーソン
・安藤紀三郎(あんどうきさぶろう)　45c
・安藤幸(あんどうこう)　45c 396a 405a 405c
安東畯　1074c
・安藤太郎(あんどうたろう)　46a 583b 801a
・安藤輝三(あんどうてるぞう)　46a
安藤俊雄　457c
安藤直裕　1009b
・安藤信正〔鶴翁〕(あんどうのぶまさ)　46b 943c 1038c
安藤信行　201b
安藤弘　595a
・安藤広太郎(あんどうひろたろう)　46c
安藤文沢　476c
・安藤正純(あんどうまさずみ)　47a 21c
・安藤利吉(あんどうりきち)　47b
安藤劉太郎　570c
・アンベール　Aimé Humbert　47b

い

飯久保恒年　293a
・飯島魁(いいじまいさお)　48a
・イーストレイク〔イーストレーキ〕　Frank Warington Eastlake　48a
飯高一也　13a
飯田義一　430a
・飯田武郷(いいだたけさと)　48b 109c
・飯田蛇笏〔山廬〕(いいだだこつ)　48c 605b 854b 953b
・飯田忠彦(いいだただひこ)　49a
飯田年平　725b
飯田秀雄　725b
・飯塚啓(いいづかあきら)　49b
飯塚朗　618b
・飯塚浩二(いいづかこうじ)　49b
・飯塚琅玕斎(いいづかろうかんさい)　49c
・井伊直弼(いいなおすけ)　49c 32b 42c 46b 102b 124a 140c 145b 151a 180c 190b 192b 214a 223c 291b 314a 358b 455a 488a 571b 633b 703c 706c 708a 708b 709a 756b 995a 1009b 1092c
・飯野吉三郎(いいのきちさぶろう)　50c
・イービ　Charles S. Eby　50c
・伊井蓉峰(いいようほう)　51a 106c 240a 304b 344a
五百城文哉　418c
猪飼敬所　1172a
雷権太夫　154c 155a
・猪谷六合雄(いがやくにお)　51a
猪谷千春　51b
伊賀陽太郎　617c
斑鳩隠士　725a
・伊木三猿斎(いぎさんえんさい)　51b
・伊木寿一(いぎひさいち)　51c
五十君南山　269a
幾島徳　1081a
生島遼一　395c
生田葵山　875b
・生田春月(いくたしゅんげつ)　51c
・生田長江(いくたちょうこう)　52a 52a 480c
・郁達夫(いくたっぷ)　52b
・井口阿くり(いぐちあくり)　52c
イグレック　921b
池内大学　488b 574c
・池内陶所(いけうちとうしょ)　52c 140c 488b
・池内宏(いけうちひろし)　53a 674c
・池貝喜四郎(いけがいきしろう)　53b 53c
・池貝庄太郎(いけがいしょうたろう)　53b
池上湘山　20a
・池上雪枝(いけがみゆきえ)　53c
池島信平　836c
池田勝馬　521a
・池田亀鑑(いけだきかん)　53c
・池田菊苗(いけだきくなえ)　54a 185c 261a 465c 558a 774a
・池田謙斎(いけだけんさい)　54b 216b
・池田謙三(いけだけんぞう)　54b
池田謙蔵　55b 255a
池田孤村　227a
・池田成彬(いけだしげあき)　54c 259c 430a 759a 1148c
池田静夫　213c
池田蕉園　1010b
池田草菴　371a
・池田泰真(いけだたいしん)　55a
池田孝寿　293b
・池田種徳(いけだたねのり)　55b
池田輝方　1010b
池田徳太郎　815c
・池田伴親(いけだともちか)　55b
・池田長発(いけだながおき)　55c 78c 648a
・池田勇人(いけだはやと)　56a 199c 204a 408a 467a 475a 950c 1008b 1029c 1150b
・池田茂政(いけだもちまさ)　56b 51b

957a
・池田慶徳(いけだよしのり)　56c 25a 56b 133b 984a
池田慶政　51b
・池波正太郎(いけなみしょうたろう)　57a
・池野成一郎(いけのせいいちろう)　57b 641c 877c
・池辺吉十郎(いけべきちじゅうろう)　57c 375a
・池辺三山〔鉄崑崙，無字庵主人〕(いけべさんざん)　57c 730c 774c
池辺重章　57c
池部春常　140b
・池辺義象(いけべよしかた)　58a 245c
生駒周行　708b
・生駒雷遊(いこまらいゆう)　58b
イザール　921c
イサムノグチ　⇨ノグチイサム
・伊沢修二〔楽石〕(いさわしゅうじ)　58b 162c 406b 608a 1111b
・伊沢多喜男(いさわたきお)　59a 425a 841b
伊沢政義　594b
伊沢蘭軒　1071c
・伊沢蘭奢(いざわらんじゃ)　59b
・石射猪太郎(いしいいたろう)　59c
・石井菊次郎(いしいきくじろう)　59c 74c 338a 500b 838a
石井謹吾　958a
石井研堂　1087b
・石井十次(いしいじゅうじ)　60a 203a 260b 429c 1112c
石井宗謙　492a
・石井鶴三(いしいつるぞう)　60c
石井鼎湖　266a
・石井漠(いしいばく)　60c
・石井柏亭(いしいはくてい)　61a 39c 349b 413b 1071c 1121c 1131c
・石井光次郎(いしいみつじろう)　61b 56b 70b 199c 217b
石井好子　61b
・石井亮一(いしいりょういち)　61c
・石井良助(いしいりょうすけ)　62a
石井林響　819b
石井林郎　60c
・石垣綾子(いしがきあやこ)　62b
石垣栄太郎　62b
石垣鋭之助　782c
石神良策　590b
・石川一郎(いしかわいちろう)　62b
石川桜所　606c 607b
石河確太郎　514b
・石川謙(いしかわけん)　62c
・石川光明(いしかわこうめい)　63a 19b
・石川三四郎(いしかわさんしろう)　63a 28b 407a 899b
石川七財　318c
・石川淳〔夷斎〕(いしかわじゅん)　63b
・石川舜台(いしかわしゅんたい)　64a 25c 193b 264c 663a 993a
・石川信吾(いしかわしんご)　64a
石川誠之助　740c
・石河正竜(いしかわせいりゅう)　64b
・石川啄木(いしかわたくぼく)　64c 171c 342a 363a 560c 611c 701a 721b 875b
石川武美　166a
・石川達三(いしかわたつぞう)　65a
石川千代　650c
・石川千代松(いしかわちよまつ)　65b
・石川藤八(いしかわとうはち)　65c
石川寅治　186b
・石川半山(いしかわはんざん)　66a
・石川総管(いしかわふさかね)　66a
・石河幹明(いしかわみきあき)　66b 722a
石河明善　384a
石川安次郎　765a
石川依平　975a 1046a
・石川理紀之助(いしかわりきのすけ)　66c 602b 766c 1068a
石川良信　607b 849b
石樽千亦　470b
石黒武重　96a
・石黒忠篤(いしぐろただあつ)　66c
・石黒忠悳(いしぐろただのり)　67a 849b
・石坂周造(いしざかしゅうぞう)　67b
石坂宗哲　492a
・石坂泰三(いしざかたいぞう)　67b 137b 429c
・石坂昌孝(いしざかまさたか)　67c 1049b 1068b
石坂美那子　343b
石崎融思　348b
・石田英一郎(いしだえいいちろう)　68a 76a
・石田貫之助(いしだかんのすけ)　68a
石田敬起　407b
石田退三　832c
石館守三　1141b
石田友治　301b
石田波郷　448b
・石田幹之助(いしだみきのすけ)　68b
・石田茂作(いしだもさく)　68c
・石田礼助(いしだれいすけ)　69a
伊地知季通　69b
・伊地知季安(いじちすえやす)　69b
・伊地知正治(いじちまさはる)　69b 181c 259a 1006a
・石塚英蔵(いしづかえいぞう)　69c 545a
・石塚重平(いしづかじゅうへい)　69c
石塚豊芥子　317c
石塚竜学　412c
石橋思案　71a 237a
・石橋正二郎(いしばししょうじろう)　70a
・石橋太郎兵衛(いしばしたろべえ)　70a
・石橋湛山(いしばしたんざん)　70b 56a 61b 407c 600a 1011a
石橋伝右衛門　563b
・石橋忍月(いしばしにんげつ)　70c 360a 1066a 1174c
・石橋政方(いしばしまさかた)　71a
石橋庸五　776c
・石橋和訓(いしばしわくん)　71a
石浜純太郎　800c
・石原莞爾(いしはらかんじ)　71a 19b 55a 77b 262b 641b 847c
・石原謙(いしはらけん)　71c 309a
石原広一郎　178a 452c 637b 708c
・石原忍(いしはらしのぶ)　72a
・石原純(いしはらじゅん)　72b
石原慎太郎　73a 257a 1022b
・石原広一郎(いしはらひろいちろう)　72c
石原八束　1037a
・石原裕次郎(いしはらゆうじろう)　73a
・石光真清(いしみつまきよ)　73a
石光真臣　73b
石光真人　73b
・石母田正(いしもだしょう)　73b
・石本新六(いしもとしんろく)　73c
・石本巳四雄(いしもとみしお)　74a
・石山賢吉(いしやまけんきち)　74a
伊集院鴨居　359c
・伊集院五郎(いじゅういんごろう)　74b
・伊集院彦吉(いじゅういんひこきち)　74b 32c 714b
・石渡荘太郎(いしわたそうたろう)　74c
石渡春雄　9c 1029b
石渡敏一　74c
・石渡繁胤(いしわたりしげたね)　75a
伊豆山人　711c
・伊豆長八(いずのちょうはち)　75b
・泉鏡花(いずみきょうか)　75b 237b 310c 711a
・泉靖一(いずみせいいち)　75c
泉政光　75b
・泉山三六(いずみやまさんろく)　76a
和泉要助　562a
・出雲路通次郎(いずもじみちじろう)　76b
・井関盛艮〔鶴陰〕(いせきもりとめ)　76b 1125a
伊勢時雄　492b
伊勢屋久兵衛　975a
渭川院　623b
磯淳　1028a
磯谷勾当　1135c
・磯谷廉介(いそがいれんすけ)　76c
五十川訒堂　1071a
五十川義集簑州　161a
磯田長秋　433a
磯野公道　264c
・磯野小右衛門(いそのこえもん)　76c

磯野計　1148a
・磯部浅一(いそべあさいち)　77a 125b 789c 1049b
磯辺弥一郎　48b
磯正智　293a
・磯村英一(いそむらえいいち)　77a
磯山清兵衛　174b 414b
・板垣征四郎(いたがきせいしろう)　77b 71b 116b 702c
・板垣退助(いたがきたいすけ)　77c 94c 95c 132a 145a 175a 176c 182a 183c 223b 270a 346b 385b 399a 406c 409b 423a 423c 435c 445c 526c 550a 582c 617c 622b 624a 700a 714a 734b 739b 741a 793b 851b 894c 924a 935c 1005b 1120a 1140c
井田吉六　999b
・板倉勝明〔甘雨，節山〕(いたくらかつあき)　78b 959b
・板倉勝静〔松叟〕(いたくらかつきよ)　78c 423a 737b 1107a
・板倉卓造(いたくらたくぞう)　79a
・板沢武雄(いたざわたけお)　79b
・伊谷以知二郎(いたにいちじろう)　79c
伊谷純一郎　115b
伊丹秀子　693b
・伊丹万作(いたみまんさく)　79c
・板谷波山(いたやはざん)　80a
市岡正蔵　510c
市谷隠士　987a
市川一角　1050b
市川右団次(初代)　1112a
・市川栄之助(いちかわえいのすけ)　80a
市川莚升　81a
・市川猿之助(初代)(いちかわえんのすけ)　80b
・市川猿之助(2代)(いちかわえんのすけ)　80b 330b 761a
・市川猿之助(3代)(いちかわえんのすけ)　80b
市川男女蔵(4代)　81b
市川男寅　81b
市川九蔵　82c
市川九女八　905c
市川家　249b
市川鯉吉　837a
市川厚一　1098a
・市川小団次(4代)(いちかわこだんじ)　80c 81a 318a
・市川小団次(5代)(いちかわこだんじ)　80c 82a
市川小米　81a
・市川斎宮〔兼恭，浮天斎〕(いちかわさいぐう)　81a
・市川左団次(初代)(いちかわさだんじ)　81a 82b 247b 969c 1070c
・市川左団次(2代)(いちかわさだんじ)　81a 82a 211a 223a 240a 324b 969c 995c 1119a
・市川左団次(3代)(いちかわさだんじ)　81a
・市川左団次(4代)(いちかわさだんじ)　81a
・市河三喜(いちかわさんき)　81b 212b
・市川三左衛門(いちかわさんざえもん)　81c 559a 621a 908a
・市川寿海(3代)(いちかわじゅかい)　82a
・市川正一(いちかわしょういち)　82a 6c 496b 882c
市川松莚　486c
市川笑猿(2代)　118c
市川寿美蔵(5代)　82a
市川寿美蔵(6代)　82a
市川団十郎(7代)　80c 837a
・市川団十郎(9代)(いちかわだんじゅうろう)　82b 80b 240a 247b 316b 318b 324b 551c 702c 911c 984c 990a 1070c 1147a
・市川団十郎(10代)(いちかわだんじゅうろう)　82b
・市川団十郎(11代)(いちかわだんじゅうろう)　82b
・市川団十郎(12代)(いちかわだんじゅうろう)　82b
市川段四郎(2代)　80b
・市川団蔵(6代)(いちかわだんぞう)　82c
・市川団蔵(7代)(いちかわだんぞう)　82c
・市川団蔵(8代)(いちかわだんぞう)　82c
・市川団蔵(9代)(いちかわだんぞう)　82c
・市川中車(7代)(いちかわちゅうしゃ)　83a
・市川中車(8代)(いちかわちゅうしゃ)　83a
市川登根　905c
・市川房枝(いちかわふさえ)　83a 376b 440b 640a 879a 908b 1096a 1105c
市河米庵　160b 944a
市川ぼたん　81a
・市川八百蔵(7代)　83a
・市川八百蔵(8代)　83a
市川義雄　882c
市川渡　806a
・市来乙彦〔楽斎，貫邦〕(いちきおとひこ)　83b
・一木喜徳郎(いちききとくろう)　83c 133a 219b 360b 536a 574a 940b 1021a 1120c 1143c
市来四郎　516c
・市島謙吉〔春城〕(いちしまけんきち)　84a 596c 844a
・一条忠香(いちじょうただか)　84b
一条美子　84c 532b →昭憲皇太后
・一戸直蔵(いちのへなおぞう)　84c
・一戸兵衛(いちのへひょうえ)　84c
市原盛宏　492b
・一万田尚登(いちまだひさと)　85a
・市村羽左衛門(13代)(いちむらうざえもん)　85b 247b
・市村羽左衛門(14代)(いちむらうざえもん)　85b
・市村羽左衛門(15代)(いちむらうざえもん)　85b 863a 1162a
・市村羽左衛門(16代)(いちむらうざえもん)　85b
・市村羽左衛門(17代)(いちむらうざえもん)　85b 863a
市村家橘　247b 85b
市村九郎右衛門　247b
・市村瓚次郎(いちむらさんじろう)　85c
市村竹之丞(6代)　766a
市村竹松　85b
・市村咸人(いちむらみなと)　86a
市山孝次郎　1170b
・一力健治郎(いちりきけんじろう)　86a
・一竜斎貞山(2代)(いちりゅうさいていざん)　86b
・一竜斎貞山(3代)(いちりゅうさいていざん)　86b
・一竜斎貞山(3代)　86b
・一竜斎貞山(5代)(いちりゅうさいていざん)　86b
・一竜斎貞山(5代)(いちりゅうさいていざん)　86b
・一竜斎貞山(6代)(いちりゅうさいていざん)　86b
・一竜斎貞山(7代)(いちりゅうさいていざん)　86b
一堺漁人　584a
一竿斎宝洲　316a
・一志茂樹(いっししげき)　86c
・井筒俊彦(いづつとしひこ)　87a
井筒屋善印　251a
井筒屋善助　251a
井出謙治　943b
・出隆(いでたかし)　87b
井手真棹　962b
・出光佐三(いでみつさぞう)　87c
・伊藤永之介(いとうえいのすけ)　87c
伊藤修　473c
伊藤一隆　381a
・伊東貫斎〔瑶川院〕(いとうかんさい)　88a
伊藤貫斎　674b
・伊藤熹朔(いとうきさく)　88a
伊東甲子太郎　9b 438c
・伊藤欽亮(いとうきんりょう)　88b 1026a
・伊藤圭介〔錦窠，太古山樵，花繞書屋〕(いとうけいすけ)　88b 92c 645b 1085b

・伊東玄朴〔冲斎，長翁〕(いとうげんぼく)
88c 187a 196a 326a 492a 504b 514b 518a 621b 623b 691a 718a 991b 1025c
・伊藤小左衛門(いとうこざえもん)　89a
伊藤佐喜雄　59b
・伊藤左千夫〔春園〕(いとうさちお)　89b
400c 451c 509b 677c 750c 763b 883a 962c
・伊東静雄(いとうしずお)　89c
・伊藤証信(いとうしょうしん)　90a
・伊藤次郎左衛門(いとうじろうざえもん)
90a
伊藤信吉　368a
伊東深水　572a
・伊藤慎蔵〔天真堂〕(いとうしんぞう)
90b 216b 888a
伊東瑞渓　633c
伊藤祐民　90b
伊東祐相　1080a
伊藤祐昌　90b
伊藤祐道　90a
伊藤祐基　90a
・伊東祐亨(いとうすけゆき)　90c
伊東祐帰　1080b
・伊藤整一(いとうせいいち)　91a
伊藤宗印(８代)　571c
伊藤退蔵　170c
・伊藤大八(いとうだいはち)　91a 739b
・伊東多三郎(いとうたさぶろう)　91b
・伊藤痴遊(いとうちゆう)　91c
・伊東忠太(いとうちゅうた)　91c 24c
・伊藤忠兵衛(初代)(いとうちゅうべえ)
92a 631a
・伊藤忠兵衛(２代)(いとうちゅうべえ)
92a
伊東潮花　535c
・伊藤長七〔寒水〕(いとうちょうしち)
92c
伊藤長兵衛　92a
伊藤伝右門　1088b
伊藤伝七　89b
・伊藤篤太郎(いとうとくたろう)　92c
伊藤敏子　838b
・伊藤雋吉(いとうとしよし)　92c
伊藤並根　89b
伊藤南岳　329a
伊東南洋　216a
・伊藤野枝(いとうのえ)　93a 52a 189a
297c 671a 1096a
・伊藤整(いとうひとし)　93b
・伊藤博邦(いとうひろくに)　93c
・伊藤博文〔俊輔〕(いとうひろぶみ)　93c
45b 50c 95c 101a 103a 107a 119a 120a 135b 148c 182a 205c 238c 270b 283a 290b 309c 314c 324c 346b 374a 382a 443c 446b 477b 495a 501b 511b 529a 544a 546b 552b 588b 595b 643b 644a 644c 678b 683b 692c 792a 807a 808a 835a 843b 851b 855a 861a 868c 878a 900b 935c 958b 973c 976c 978b 983b 997a 1022c 1036c 1040c 1053a 1057b 1059b 1062a 1065a 1067b 1093c 1094c 1105a 1120a 1132a 1133b 1138c 1141a 1170c 1177a 1177b 1178a 1178b 1179c
伊藤房次郎　106a
伊東方成　985c
・伊藤正徳(いとうまさのり)　95a
伊藤万次郎　92a
・伊藤道郎(いとうみちお)　95b 88b
・伊東巳代治(いとうみよじ)　95b 20b
100b 283a 290b
伊藤弥次郎　291c
伊藤快彦　157a
伊東藍田　697a
・伊藤律(いとうりつ)　96a 805c
・伊藤六郎兵衛(いとうろくろべえ)　96b
・井戸覚弘(いどさとひろ)　96c 850a
・井戸弘道(いどひろみち)　97a
井戸泰　98a
・稲垣示〔虎岳〕(いながきしめす)　97a
765a
・稲垣満次郎(いながきまんじろう)　97b
13a
稲垣見年　778c
稲沢宗庵　764c
・稲田正次(いなだまさつぐ)　97c
・稲田竜吉(いなだりゅうきち)　97c
伊奈信男　351a
・稲葉修(いなばおさむ)　98a
・稲畑勝太郎(いなはたかつたろう)　98b
・稲葉正邦(いなばまさくに)　98c
稲葉昌丸　357a
・稲葉正巳〔幾余翁〕(いなばまさみ)　99a
稲村隆一　17b 1172c
・稲山嘉寛(いなやまよしひろ)　99a 753c
・乾新兵衛(いぬいしんべえ)　99b
・犬養健(いぬかいたける)　99b 262b
343c 381c 474c
・犬養毅〔木堂〕(いぬかいつよし)　99c
135c 142c 175b 238c 365c 386a 417a 427b 548c 566b 586a 594c 637a 700b 727a 842b 855a 891a 935a 968a 972a 999c 1072c 1091a 1110c
犬田卯　567c
犬塚義章　109a
井上荒野　108a
井上石見　119c
・井上円了〔甫水〕(いのうええんりょう)
100b 357a
・井上馨〔世外〕(いのうえかおる)　101a
1b 6a 24a 93c 103a 163c 205c 257b 312c 346b 361c 391c 436a 501b 507a 552b 584c 594c 603b 639b 678b 688a 753b 758c 799b 807a 844c 854c 856c 861a 909a 931b 934a 935c 966c 976c 1006b 1022c 1061c 1065a 1070c 1093c 1105a 1142c
・井上角五郎(いのうえかくごろう)　101c
井上清虎　1093b
・井上清直(いのうえきよなお)　102a
50b 124a 388b
・井上剣花坊(いのうえけんかぼう)　102b
・井上幸治(いのうえこうじ)　102c
・井上毅〔梧陰〕(いのうえこわし)　102c
94b 95c 120a 290b 366a 375a 473c 544a 739b 868c 924c 931a 940a 958b 997a 1059c 1061b 1163c
井上三郎　561a
・井上成美(いのうえしげよし)　103b
591a
井上四明　196b
・井上十吉(いのうえじゅうきち)　103c
・井上準之助(いのうえじゅんのすけ)
104a 54c 421b 869c
井上静軒　636b
・井上省三(いのうえせいぞう)　104c
井上善次郎　828c
井上武雄　46a
・井上匡四郎(いのうえただしろう)　105a
井上仲竜　479c
井上勤　149a
・井上哲次郎〔巽軒〕(いのうえてつじろう)
105a 199a 268b 353c 394b 602a 611b 726c 788b 912a 1084a
・井上伝(いのうえでん)　105c 642b
・井上伝蔵(いのうえでんぞう)　105c
143a 628b
・井上友一(いのうえともいち)　106a
1117b
井上友一郎　657a
・井上日召〔日象〕(いのうえにっしょう)
106b 178a 440a 629c
井上文雄　109a 470c 1130b
井上文郁　1024b
井上豊忠　357a
・井上正夫(いのうえまさお)　106c 1007b
1119b
・井上勝(いのうえまさる)　107a 101a
621b
・井上通泰(いのうえみちやす)　107b
85c 1087b
・井上光貞(いのうえみつさだ)　107b
・井上光晴(いのうえみつはる)　107c
・井上靖(いのうえやすし)　108a
井上安治　430b
・井上八千代(２代)(いのうえやちよ)
108b
・井上八千代(３代)(いのうえやちよ)
108b
・井上八千代(４代)(いのうえやちよ)
108b
・井上良馨(いのうえよしか)　108c
・井上頼圀〔伯随，厚載〕(いのうえよりく

に) **108c** 230b 658c
伊能忠敬 199b
・伊能穎則〔蒿村，梅宇〕(いのうひでのり) **109a** 354b 426b 457b 563b 569b 1130b
伊能嘉矩 79b
・井口在屋(いのくちありや) **109b**
・猪熊浅麻呂(いのくまあさまろ) **109b**
猪熊夏樹 109c
猪熊信男 524a
猪野中行 645c
伊野徳右衛門 170c
・井野碩哉(いのひろや) **109c** 913c
・井野辺茂雄(いのべしげお) **110a** 844a
・猪俣津南雄〔鹿語〕(いのまたつなお) **110a** 564a 1097b
猪股伝次右衛門 89a
韋貝 132a
・伊庭貞剛(いばさだたけ) **110b** 292a 563a
・伊庭想太郎(いばそうたろう) **110c** 936a
・伊庭孝〔いば・こう〕(いばたかし) **110c**
・伊庭八郎(いばはちろう) **111a**
伊庭秀俊 111a
伊庭秀業 111a
・伊波普猷〔物外〕(いはふゆう) **111a** 867a
庵原助左衛門 223c
・伊原青々園(いはらせいせいえん) **111b**
・井深梶之助(いぶかかじのすけ) **111c** 416a 948a
・井深大(いぶかまさる) **111c** 1070b
伊福部昭 14a
・井伏鱒二(いぶせますじ) **112a** 626c
・飯降伊蔵(いぶりいぞう) **112b** 771c
・今井慶松(いまいけいしょう) **112c**
・今井五介(いまいごすけ) **112c**
・今泉嘉一郎(いまいずみかいちろう) **113a** 18b 336c 538a
今泉定助 646b
・今泉雄作(いまいずみゆうさく) **113b**
・今井武夫(いまいたけお) **113b** 173a 404c
・今井正(いまいただし) **113c**
・今井登志喜(いまいとしき) **114a**
・今井嘉幸(いまいよしゆき) **114a**
今川覚神 357a
今城重子 167a
・今北洪川〔守拙〕(いまきたこうせん) **114b** 316b 526b 560a
今仙人 289b
・今西錦司(いまにしきんじ) **114c** 76a
・今西竜(いまにしりゅう) **115b**
・今西林三郎(いまにしりんざぶろう) **115c**
今野賢三 87c
・今村明恒(いまむらあきつね) **115c**
今村繁三 120c 768a
・今村紫紅(いまむらしこう) **116a** 760c 852b 993b 1082c
・今村長賀(いまむらちょうが) **116a**
今村豊三郎 341b
・今村均(いまむらひとし) **116b**
今村百八郎 1028a
今村豊 76a
今村力三郎 780b
伊牟田尚平 245b 356a 506a
・弥永貞三(いやながていぞう) **116c**
・伊良子清白〔すずしろのや，蘿月〕(いらこせいはく) **116c** 303b 1126c
入江貫一 812b
入江九一 812b
・入江啓四郎(いりえけいしろう) **117a**
入江杉蔵 1138c
・入江相政(いりえすけまさ) **117b**
・入江波光(いりえはこう) **117b** 1045a
・入沢恭平(いりざわきょうへい) **117c**
・入沢宗寿(いりさわそうじゅ) **117c**
・入沢達吉〔雲荘〕(いりざわたつきち) **118a** 999a
入交好脩 880b
色川三中 465b 569b
岩井章 190c
・岩井勝次郎(いわいかつじろう) **118a**
岩井清臣 475a
岩井粂三郎(3代) 118b
岩井粂三郎(5代) 118b 569b
岩井紫若(2代) 118b
・岩井半四郎(8代)(いわいはんしろう) **118b**
・岩井半四郎(9代)(いわいはんしろう) **118b**
・岩井半四郎(10代)(いわいはんしろう) **118c**
岩内とみえ 634b
・岩生成一(いわおせいいち) **118c**
岩垣月洲 720a 1168a
・岩川友太郎(いわかわともたろう) **119a**
・岩倉具定(いわくらともさだ) **119a** 926c
岩倉具経 926c
・岩倉具視〔華竜，対岳〕(いわくらともみ) **119b** 18c 27a 48b 94a 163b 181c 200c 245b 260a 272b 277c 329b 346b 379a 423a 445b 484a 488b 499b 582c 622b 643b 655b 739b 741b 758b 769c 771b 801b 845a 885b 975a 1040c 1061b 1090c 1099a 1108b 1132a
・岩畔豪雄(いわくろひでお) **120b**
岩崎九兵衛 828b
・岩崎小弥太(いわさきこやた) **120b** 369b 768a 1106a
岩崎仙吉 277c
・岩崎俊弥(いわさきとしや) **121a**
岩崎長世 475a 975a
・岩崎久弥(いわさきひさや) **121a** 122b 532c 534c 1148a
岩崎英重 844b
・岩崎弥太郎〔毅堂，東山〕(いわさきやたろう) **121b** 20c 122b 175a 183c 318c 423a 441c 534b 727a 757b 1134c 1140c
・岩崎弥之助〔蘭室〕(いわさきやのすけ) **122a** 121a 318c 497b 534c
岩崎行親 922a
・岩佐作太郎(いわささくたろう) **122c** 1100c
・岩佐純〔黙斎〕(いわさじゅん) **122c** 462c
・岩下左次右衛門(いわしたさじえもん) ⇨岩下方平
・岩下清周〔誠堂〕(いわしたせいしゅう) **123a** 202a 404a 430a
・岩下壮一(いわしたそういち) **123b** 34a 1145b
・岩下方平(いわしたまさひら) **123b** 181c 968b 1077a
・岩住良治(いわずみりょうじ) **123c**
・岩瀬忠震〔蟾洲，百里，鷗処〕(いわせただなり) **124a** 32b 50b 102a 180c 314a 388b 884a 939a 1010a
・岩田愛之助(いわたあいのすけ) **124b**
・岩田好算(いわたこうざん) **124c**
岩田五郎左衛門 504b
・岩田宙造(いわたちゅうぞう) **124c** 780b
・岩田藤七(いわたとうしち) **125a**
岩田豊雄 334b
・岩田富美夫(いわたふみお) **125a** 338b 670a
・岩田義道(いわたよしみち) **125b** 1082b
・岩槻信治(いわつきのぶはる) **125c**
・岩永マキ(いわながマキ) **125c**
・岩永裕吉(いわながゆうきち) **125c** 772c
・岩波茂雄(いわなみしげお) **126a** 32c 292b 309a 912a 1003a 1026c
・岩野泡鳴(いわのほうめい) **126b** 170a 581c
・岩橋小弥太(いわはしこやた) **127a** 255b 789a
岩政信比古 13c
・岩村忍(いわむらしのぶ) **127a**
・岩村高俊(いわむらたかとし) **127b** 305a
・岩村透〔芋洗，観堂〕(いわむらとおる) **127b**
・岩村通俊(いわむらみちとし) **127c** 406c
・岩村通世(いわむらみちよ) **128a**
・巌本嘉志子(いわもとかしこ) ⇨若松賤子
・巌本善治(いわもとぜんじ) **128a** 149a 510a 581c 671a

・巌本真理(いわもとまり)　128b
・巌谷一六(いわやいちろく)　128b 367c 1124c
・巌谷小波〔漣山人〕(いわやさざなみ)　128c 166c 241c
・岩谷松平(いわやまつへい)　129a
・イング　John Ing　129a
・尹始炳(いんしへい)　129b
・殷汝耕(いんじょこう)　129b
尹宮　19c 359c
尹奉吉　361b 539a
殷約翰　129a

う

・ウィグモア　John Henry Wigmore　130a
ウィッテ　Sergei Yulievich Vitte　⇨ビッテ
・宇井伯寿(ういはくじゅ)　130b
ウイラレー　457a
・ウィリアムズ　Channing Moore Williams　130b 1150c 1155a
・ウィリアムズ　Samuel Wells Williams　130c 453c 926c 933b
・ウィリス　William Willis　131a 590b
ウイルクス　831c
・ウィン　Thomas Clay Winn　131a
・ウィンクラー　Heinrich Winkler　131b
・ウィンチェスター　Charles Alexander Winchester　131b
鳴々道人　458a
・ウーヌ　U Nu　131c
・ウェーバー　Karl Ivanovitch Waeber　132a
ウェーベル　45a
・植木枝盛(うえきえもり)　132a 270b 433c
・植木庚子郎(うえきこうしろう)　132c
植木四郎兵衛　602b
・上真行〔夢香〕(うえさねみち)　132c
・上杉慎吉(うえすぎしんきち)　133a 8a 33c 670a 940b 1020c 1021a
高杉晋作　135b
・上杉斉憲〔曦山〕(うえすぎなりのり)　133b 56b
・ウェスト　Charles Dickinson West　133c
・ウェストン　Walter Weston　133c
上田秋成　191a
・上田万年(うえだかずとし)　134a 169c 487a 645b 700c 726c 821a
上田兼憲　448a
上田喜三郎　685c
・植田謙吉(うえだけんきち)　134b 76c
上田絅二　134c
上田作之丞　570c
上田茂樹　634c
上田帯刀　1085b
上田悌子　134c
・上田貞次郎(うえだていじろう)　134b
上田東作　134c
上田八蔵　448a
・上田敏〔柳村〕(うえだびん)　134c 400c
上田柳村　867b
于越渓謙　230c
上中啓三　608a
・上野岩太郎(うえのいわたろう)　135a
・上野景範(うえのかげのり)　135a 491c
上野清　311b
上野俊之丞　549a
上野直昭　30a
・上野彦馬(うえのひこま)　135b
・上野理一〔有竹〕(うえのりいち)　135b 1051a
・植原悦二郎(うえはらえつじろう)　135c 301b
・上原敬二(うえはらけいじ)　136a
・上原専禄(うえはらせんろく)　136a 966b
・上原勇作(うえはらゆうさく)　136b 141c 636c 790c 900a 967c
・上原六四郎〔虚洞〕(うえはらろくしろう)　136c
植松有園　245c
植松有信　137b
・植松考昭〔蠡木〕(うえまつこうしょう)　137a
・植松茂岳〔松蔭，不言，不知〕(うえまつしげおか)　137a 1046a
・植村甲午郎(うえむらこうごろう)　137b
・上村松園(うえむらしょうえん)　137c
植村清之助　558b
植村宗一　735a
・植村環(うえむらたまき)　137c
・植村澄三郎(うえむらちょうざぶろう)　138a 137b
・植村直己(うえむらなおみ)　138b
・植村正久〔謙堂〕(うえむらまさひさ)　138b 137c 166b 267c 416a 476a 512c 530b 592c 601c 657b 829c 898b 948a 964b 1019c 1065a 1117b
・ウェルクマイスター　Heinrich Werkmeister　139b
・ウェルニッヒ　Albrecht Ludwig Agathon Wernich　139b
ウェン=リード　Eugene M. Van Reed　⇨バン=リード　935b
・ウォートルス　Thomas James Waters　139c
・ウォーナー　Langdon Warner　140a
魚住影雄　32c 397a
・魚住源次兵衛(うおずみげんじべえ)　140a
魚住折蘆　679b 912a
・魚澄惣五郎(うおずみそうごろう)　140b
ウォルター=ウエストン　416c
・鵜飼吉左衛門〔拙斎，聒翁〕(うがいきちざえもん)　140c 52c 995a 1109a
鵜飼幸吉　140c 995a
・養鸕徹定〔松翁古渓〕(うかいてつじょう)　141a 36a
鵜飼知明　140c
鵜飼信成　315b 1021c
・宇垣一成(うがきかずしげ)　141b 136c 252c 290a 401a 449b 749c 790c 820a 828a 900a 969a 993c
宇喜田一蕙　720a
・浮田和民(うきたかずたみ)　142b 492b
浮世三郎　583a
浮世亭○○　307a
・鵜崎鷺城(うざきろじょう)　142c
・鵜沢総明(うざわふさあき)　142c
・氏家直国(うじいえなおくに)　143a 105c
・潮恵之輔(うしおしげのすけ)　143a
・潮田千勢子(うしおだちせこ)　143b 1078b
・宇治紫文(初代)(うじしぶん)　143b
・宇治紫文(2代)(うじしぶん)　143b
宇治紫文斎　143c
・牛場卓蔵(うしばたくぞう)　143c
・後宮淳(うしろくじゅん)　143c
臼井吉見　491b
・宇宿彦右衛門(うすきひこえもん)　144a
宇増光　742b
宇田川槐園　479c
歌川国芳　320b 490b 1010b
宇田川玄真　216a
宇田川玄随　479c
宇田川興斎　879b 880b
宇田川榛斎　5c 718a 1016b
・宇田川文海〔半痴居士〕(うだがわぶんかい)　144b 327c
宇田川榕庵　492a 607b 1044c
歌沢相模　144c
歌沢笹丸　144c 144c
・哥沢芝金(初代)(うたざわしばきん)　144b
・哥沢芝金(3代)(うたざわしばきん)　144b
哥沢土佐大掾　144c
・歌沢寅右衛門(2代)(うたざわとらえもん)　144c
・歌沢寅右衛門(4代)(うたざわとらえもん)　144c
歌沢能登　144c
宇田新太郎　1078a
・宇田成一(うだせいいち)　145a
・宇田友猪〔滄溟〕(うだともい)　145a
優陀那院日輝　35c 794c
・歌橋(うたはし)　145b
・内ヶ崎作三郎(うちがさきさくさぶろう)　145b 166a
・内田五観〔観斎，宇宙堂〕(うちだいつみ)

145c 311b 932b
・内田嘉吉(うちだかきち)　145c
・内田銀蔵(うちだぎんぞう)　146a 766a 789a 925b 1000c 1154a
内田恒次郎　276c
・内田定槌(うちださだつち)　146c
内田静江　906a
内田鉦太郎　149a
内田四郎　462b
内田忠蔵　90a
・内田吐夢(うちだとむ)　146c 270c
・内田信也(うちだのぶや)　147a 1102c
・内田百閒(うちだひゃっけん)　147b
内田正雄　968b
・内田政風(うちだまさかぜ)　147c
・内田康哉(うちだやすや)　147c 32c 500b 695c 1126b
内田弥太郎　10a
・内田祥三(うちだよしかず)　148b
・内田良平〔硬石〕(うちだりょうへい)　148c 124b 312b 358b 370b 440a 586a 621c 700b 1158c
・内田魯庵〔不知庵，藤阿弥〕(うちだろあん)　149a 1087a
・内村鑑三(うちむらかんぞう)　149b 39c 195a 240a 307b 381a 389b 407a 446a 495c 554b 688c 712a 724b 780c 795a 904a 964b 986b 1013c 1084b 1145b
内村直也　724b
内村友輔　339a
・内山完造(うちやまかんぞう)　150b
・内山愚童(うちやまぐどう)　150b 407a
・内山七郎右衛門(うちやましちろうえもん)　150c 694b
内山隆佐　150c
・宇津木六之丞(うつきろくのじょう)　151a 50b 223c
ウッド　130c 453c
・宇都宮三郎(うつのみやさぶろう)　151a
・宇都宮太郎(うつのみやたろう)　151a 793a
・宇都宮徳馬(うつのみやとくま)　151b
・宇都宮正顕〔漁叟〕(うつのみやまさあき)　151c
・宇都宮黙霖〔覚了，鶴梁〕(うつのみやもくりん)　152a
・内海忠勝(うつみただかつ)　152a
鵜殿鳩翁　356b
海上竜子　152c
・海上胤平〔椎園〕(うながみたねひら)　152b
・宇野円空(うのえんくう)　152c
・宇野円三郎(うのえんざぶろう)　152c
・宇野浩二(うのこうじ)　153a 87c 299b
・宇野弘蔵(うのこうぞう)　153b 463a
・宇野重吉(うのじゅうきち)　153c
・宇野宗佑(うのそうすけ)　154a
・宇野哲人〔澄江〕(うのてつと)　154a
姥尉輔　569c
・生方敏郎(うぶかたとしろう)　154b
・梅ヶ谷藤太郎(初代)(うめがたにとうたろう)　154c
・梅ヶ谷藤太郎(２代)(うめがたにとうたろう)　154c
梅上沢融　11a 511a
・梅謙次郎〔瑟泉居士，洋々学人〕(うめけんじろう)　155a 719c 939c
梅棹忠夫　115b
・梅崎春生(うめざきはるお)　155b
・梅沢孫太郎(うめざわまごたろう)　155c
梅園立介　932b
・梅田雲浜〔湖南，東塢〕(うめだうんぴん)　156a 9b 41b 50b 53a 152a 367a 397b 655a 824b 1108b 1139a 1151b
梅田幽斎　205b
梅辻規清　327c
・梅津美治郎　116b
・梅根常三郎(うめねつねさぶろう)　156c
・梅原末治(うめはらすえじ)　157a
・梅原竜三郎(うめはらりゅうざぶろう)　157a 15b 378a 496a
・梅若万三郎(初代)(うめわかまんざぶろう)　157b 157c 325a
・梅若実(初代)(うめわかみのる)　157b 325a 467b 932a
・梅若実(２代)(うめわかみのる)　157b 325a
梅若六郎　157c 325a
・浦敬一(うらけいいち)　157c
・浦田長民〔改亭〕(うらたながたみ)　158a
浦野大蔵　486a
浦山寿貞　664a
浦靱負　14a
・瓜生岩(うりゅういわ)　158a 24c
瓜生震　1148a
・瓜生外吉(うりゅうそときち)　158b
・瓜生寅(うりゅうはじむ)　158c 1133b
瓜生政和　815b
雲月嬢　693b
・雲照(うんしょう)　158c
ウンシン　522a
海野久平　350c
・海野勝珉〔芳洲〕(うんのしょうみん)　159a 520b
海野普吉　97c
海野美盛　159a
海野游翁　48b
ウンベール　Aimé Humbert　⇨アンベール

え

・エアトン　William Edward Ayrton　159c 904c
永渓早暘　744a
永昌院　794c
・英照皇太后(えいしょうこうたいごう)　159c
・永楽和全(えいらくわぜん)　160a
慧海仁広　311c
・江川太郎左衛門(えがわたろうざえもん)　160a 101a 145c 208a 268c 522c 570b 594a 731a 732a 959b 972c　→江川英竜
江川坦庵　464a 607b
・江川英竜(えがわひでたつ)　⇨江川太郎左衛門　268c 452a 594a 731a 757b 959b 972c 1176a
江川英敏　197c
・江木鰐水〔健斎，三鹿斎〕(えぎがくすい)　161a 683a
・江木千之(えぎかずゆき)　161b
江木高遠　590b
・江木翼(えぎたすく)　161b 104b 969a
江木衷　13a 228a
江口定条　352b
江口三省(えぐちさんせい)　⇨小松三省
・江口朴郎(えぐちぼくろう)　161c
江崎礼二　522a
・江田国通(えだくにみち)　162a
江田五月　162c
・江田三郎(えださぶろう)　162b 468b
エダ＝ハンナ＝ライト　1157c
枝吉神陽　163b 178c 519b
枝吉南濠　519b
越後茂兵衛　701c
慧澄　897c
越境将軍　847b
エック　123b
越渓守謙　526b
・エッケルト　Franz Eckert　162c
・エッゲルト　Udo Eggert　162c
・江藤源九郎(えとうげんくろう)　163a 332b
・江藤淳(えとうじゅん)　163a 257a
・江藤新平〔南白〕(えとうしんぺい)　163b 78a 101b 178c 182a 223b 276a 408c 416b 423a 435c 445c 582b 624a 655a 777c 915c 1017b
・江戸川乱歩(えどがわらんぽ)　163c 694b 1128b
・エドキンズ　Joseph Edkins　164a
・榎一雄(えのきかずお)　164b
エノケン　1114a
・榎本健一(えのもとけんいち)　164c 1114a
・榎本武揚〔梁川〕(えのもとたけあき)　164c 35a 46a 111a 113a 135b 197c 214b 276c 351b 391c 402b 521a 606c 737b 753b 848b 869c 935b 940c 948b 973a 979c 980b 987a
・江原素六(えばらそろく)　165b 458a 723c

・海老沢有道(えびさわありみち)　165c
海老名喜三郎　492b
・海老名弾正(えびなだんじょう)　165c
63b 139a 476a 492b 562b 619b 679b 1024c 1080b 1143b
海老名みや　619b
海老原穆　742a
エビントン　1157c
エブラル　854c
・江馬務(えまつとむ)　166b 789a
・江見鋭馬(えみえいま)　166c
・江見水蔭(えみすいいん)　166c
・衛門内侍(えもんのないし)　167a
・エリオット　*Sir* Charles Norton Edgecumbe Eliot　167b
・エルギン　James Bruce, *8 th Earl of Elgin and 12th Earl* of Kincardine
102b 388b 995a
エルドリッジ　397c
・エルメレンス　C. J. Ermerins　167b
・エロシェンコ　Vasilii Eroshenko　167c
11b 582a 765b
猿翁　80b
猿岳樵翁　1061a
燕子半四郎　118b
・閻錫山(えんしゃくざん)　168a
・円城寺清〔天山〕(えんじょうじきよし)
168b
円瑞観光　1059b
・袁世凱〔容庵〕(えんせいがい)　168b
155b 665a 666a 684a 862a 1159a
・エンソー　George Ensor　169b
・円地文子(えんちふみこ)　169c
・エンデ　Hermann Ende　169c
・遠藤清子(えんどうきよこ)　170a
・遠藤允信〔睡竜斎〕(えんどうさねのぶ)
170a
・遠藤三郎(えんどうさぶろう)　170b
・遠藤七郎(えんどうしちろう)　170c
・遠藤周作(えんどうしゅうさく)　170c
943a
・遠藤利貞〔春江，春峰〕(えんどうとしさだ)　171a
遠藤秀景　97b
遠藤宏　427c
遠藤友四郎　605a
・遠藤芳樹〔靄軒〕(えんどうよしき)　171b

お

・及川古志郎(おいかわこしろう)　171c
215c 730a
及川鼎寿　1032a
・及川平治(おいかわへいじ)　172a
お伊根　254c
・オイレンブルク　Friedrich Albrecht *Graf* zu Eulenburg　172a 530a
920c
鴨沂水荘　649c
扇谷省造　836c
王原祁　720a
・王国維〔観堂〕(おうこくい)　172a 295a
・王克敏(おうこくびん)　172b
桜洲山人　738a
王照　883c
王枢之　554c
・汪精衛(おうせいえい)　⇨汪兆銘　311b
鶯栖園隠士　1175a
・汪兆銘〔精衛〕(おうちょうめい)　172c
155b 262b 404c 421b 531b 667b 699b
鶯亭金升　343c
阿武松　593c
・近江屋長兵衛(おうみやちょうべい)
173b
・大麻唯男(おおあさただお)　173c
大雷　154c
大池晴嵐　7a
・大井憲太郎(おおいけんたろう)　174a
35b 97b 105c 143a 232c 285a 414b 430b 739c 899a 977b 1017a 1049b 1068b
・大井成元(おおいしげもと)　174c
大石進　336c 868a
大石誠之助　230a 407a
・大石誠之助(おおいしせいのすけ)　174c
・大石正己(おおいしまさみ)　175a 13a
100a 727a 839c 1080c
大石弥太郎　622b
大石良英　849b
大泉兼蔵　813b
大井広介　835c
大井卜新　174a
・大内青巒〔泥牛〕(おおうちせいらん)
175b 100c 316c 464c 695a 733c
大内力　176a
・大内兵衛(おおうちひょうえ)　175c
39b 463a 677b 1022a 1026c 1030c
大内山　917b
大内露堂　175b
・大浦兼武(おおうらかねたけ)　176a
239a 283a 355c 556a 841c 1049b
・大浦慶(おおうらけい)　176b
大江健三郎　63c 257a
大江山人　436a
・大江卓〔天也〕(おおえたく)　176b 338a
851b 1040c
・大岡育造〔硯海〕(おおおかいくぞう)
176c 1062a
大岡雲峰　613a
大岡松堂　250a
・大岡昇平(おおおかしょうへい)　177a
758a
・大音青山(おおおとせいざん)　177b
大川権三　776c
・大川周明(おおかわしゅうめい)　177c
73a 141c 264b 338b 411b 630a 670a 708c 752c 789c 820a 904c 1015c 1081a
・大川平三郎(おおかわへいざぶろう)
178b 538a 914c
・大木遠吉(おおきえんきち)　178c
大岸頼好　2a
・大木喬任(おおきたかとう)　178c 67a
445c 487a 582b 1017b
・大来佐武郎(おおきたさぶろう)　179a
大木仲益　285a
正親町公和　1039a
・正親町公董(おおぎまちきんただ)　179b
272b
正親町実徳　485c 489b 499b 588a
・正親町実正(おおぎまちさねまさ)　179c
・正親町三条実愛(おおぎまちさんじょうさねなる)　179c 119c 771b
・大口喜六(おおぐちきろく)　180a
大口鯛二　248a
・大国隆正〔如意山人，佐紀乃屋，葵園〕(おおくにたかまさ)　180a 300a
558c 747a 817c 901b 1037c 1076a
大久保一翁(おおくぼいちおう)　⇨大久保忠寛
大久保要　202b 1109a
大窪詩仏　1086a
・大久保忠寛〔石泉，桜園〕(おおくぼただひろ)　180c 275c 1125b
・大久保利謙(おおくぼとしあき)　181a
大久保利武　226c
・大久保利通〔甲東〕(おおくぼとしみち)
181b 41b 78a 94a 103a 104c 119c 121c 127b 127c 181a 184b 208c 259a 277c 287c 329b 346a 367c 408c 423a 433c 445b 446b 447b 501b 506a 511c 515b 516b 648a 713c 739b 758c 777c 885a 931b 953c 976a 981b 985c 1006a 1089a 1094a 1099a 1132a
大久保利世　181b
・大久保留次郎(おおくぼとめじろう)
182c
大久保大和　438b
・大熊氏広(おおくまうじひろ)　182c
1152b
・大隈言道〔萍堂〕(おおくまことみち)
183a 747a 811b
・大隈重信(おおくましげのぶ)　183a
34c 78b 84a 94a 101b 103a 120a 175a 238c 246c 282c 341b 346b 379a 387a 392a 408c 414b 423b 445c 539b 574c 582b 596c 628a 644a 738c 755b 891a 926c 950b 976b 1022c 1040c 1061c 1087a 1091a 1105a 1116c 1161c
大蔵栄一　2a
大倉喜七郎　286c
・大倉喜八郎(おおくらきはちろう)　184a
266c 286c 647a 772a 909a 1082a
大倉孫兵衛　987b 1074a

大胡聿蔵　568b
・大河内一男(おおこうちかずお)　184c
大河内存真　88b
・大河内正質〔梅僊〕(おおこうちまさただ)　185a
・大河内正敏(おおこうちまさとし)　185a
・大幸勇吉(おおさかゆうきち)　185c 816a
大崎行智　159a
・大迫貞清(おおさこさだきよ)　185c 521a
大薩摩弦太夫藤原浄空　348a
大薩摩初音太夫東成　347a
大里梅隠　804c
大沢市左衛門　897b
大沢岳太郎　616a
・大沢謙二(おおさわけんじ)　186a 38a
大沢赤城　512b
・大沢善助(おおさわぜんすけ)　186a
大塩中斎　459a
大塩平八郎　26b 170c 459a 589c 653b
・大下藤次郎(おおしたとうじろう)　186b
・大島宇吉(おおしまうきち)　186b 360b
・大島健一(おおしまけんいち)　186c
・大島貞益(おおしまさだます)　187a 13a
大島三右衛門　445a
・大島高任(おおしまたかとう)　187a
・大島友之允〔似水〕(おおしまとものじょう)　187b
・大島久直(おおしまひさなお)　187b
・大島浩(おおしまひろし)　187c 564c
大島正健　381a 688c
・大島道太郎(おおしまみちたろう)　188a
・大島義昌(おおしまよしまさ)　188a
・大須賀乙字(おおすがおつじ)　188b
・大杉栄(おおすぎさかえ)　188c 19a 93a 228c 297c 301b 396c 439a 439a 590a 785c 913b 1008a 1083b 1173b
・大洲鉄然〔石堂，九香〕(おおずてつねん)　189b 11a 511a
大角南耕　720a
・大角岑生(おおすみみねお)　189c 468a
・大関増裕(おおぜきますひろ)　189c
・大関和七郎(おおぜきわしちろう)　190a
・大瀬甚太郎(おおせじんたろう)　190b
・太田亮(おおたあきら)　190c
太田市之進　1024a
・太田薫(おおたかおる)　190c 953b
・太田垣士郎(おおたがきしろう)　190c
・大田垣蓮月(おおたがきれんげつ)　191a 629b 720a
大滝光憲　278a 558c
太田玉茗　374b
太田錦城　258b 697a 909b 948c
・太田黒伴雄(おおたぐろともお)　191b 307b 845a
・大竹貫一(おおたけかんいち)　191c 228a
大武了玄　264c
・太田権右衛門〔崐々斎〕(おおたごんえもん)　191c 317b
・太田晶二郎(おおたしょうじろう)　192a
・太田資始〔道醇〕(おおたすけもと)　192b 995a
太田青丘　194c
・大達茂雄(おおだちしげお)　192c
大谷松次郎　194b
太田田竜　1068b
・大谷嘉兵衛(おおたにかひょうえ)　192c 772a
・大谷喜久蔵(おおたにきくぞう)　193a
・大谷光瑩〔現如〕(おおたにこうえい)　193b 64a 570c 779a
・大谷光演〔愚峰，春坡〕(おおたにこうえん)　193c
・大谷光瑞〔鏡如〕(おおたにこうずい)　193c 644c 951b 1153a
・大谷幸蔵(おおたにこうぞう)　194a
・大谷光尊〔明如〕(おおたにこうそん)　194a
大谷勝信　233c
大谷大康　1101c
・大谷竹次郎(おおたにたけじろう)　194b 538b
大谷徳二郎　248a
大谷友右衛門(2代)　248a
大谷友右衛門(7代)　764b
大谷広太郎　764b
大谷雄蔵　356a
・大谷米太郎(おおたによねたろう)　194b
太田秀通　73c
・太田水穂〔みづほのや〕(おおたみずほ)　194c 377a 715a
太田梁平　189b
大塚金之助　813b
大塚十右衛門　158b
・大塚武松(おおつかたけまつ)　194c
大塚同庵　792a
大塚蜂郎　196c
・大塚久雄(おおつかひさお)　195a 726a
・大塚保治〔大塚楠緒子〕(おおつかやすじ)　195c
大塚保治　417b 1180c
大槻玄沢　492a 607b
・大槻俊斎〔弘淵〕(おおつきしゅんさい)　195c
・大槻如電(おおつきじょでん)　196b
大築節蔵　687c
・大槻磐渓(おおつきばんけい)　196b 175b 254a 329a 502c 546b 607b
・大槻文彦〔仮名の舎，秋萍居士，復軒〕(おおつきふみひこ)　196c 997a
・大槻文平(おおつきぶんぺい)　197a
・大津淳一郎(おおつじゅんいちろう)　197b
・大手拓次(おおてたくじ)　197b
大戸郁蔵　216b
・大鳥圭介〔如楓〕(おおとりけいすけ)　197c 79a 165a 216b 799b 918c 1083c
・鴻雪爪〔清拙〕(おおとりせっそう)　198a
大鳥居信臣　960b
大鳥居理兵衛　151c
大鳥居理兵衛　960b
・大西滝治郎(おおにしたきじろう)　198b
大西椿年　309b
・大西祝〔操山〕(おおにしはじめ)　198b 679a
大西文次郎　676a
大貫ます　663a
・大沼枕山(おおぬまちんざん)　199a 250a
大野昌三郎　633c
・多忠朝(おおのただとも)　199a
大野鉄兵衛　191b 307b
・大野規周〔法眼〕(おおののりちか)　199b
・大野伴睦(おおのばんぼく)　199c 99c
大野幸彦　1025b
大野緑一郎　1019b
大場一真斎　155c
・大場磐雄(おおばいわお)　199c
・大庭柯公(おおばかこう)　200a
・大橋一蔵(おおはしいちぞう)　200b 497a
大橋乙羽　360a
・大橋佐平(おおはしさへい)　200b
大橋鎮子　836c
・大橋慎(おおはししん)　200c
・大橋新太郎(おおはししんたろう)　201a 727b
大橋真六　375c
大橋宗金(12代)　571c
大橋忠一　941a
・大橋訥庵(おおはしとつあん)　201a 200b 223c 322c 331a 371b 569c 853c 870a 1038c
・大庭二郎(おおばじろう)　201b 305c
・大庭雪斎(おおばせっさい)　201c
・大浜信泉(おおはまのぶもと)　201c
・大林芳五郎(おおばやしよしごろう)　202a
大原其戎　962b
・大原重徳(おおはらしげとみ)　202a 516b 582b 758b 793c 794a 1093a
・大原総一郎(おおはらそういちろう)　202c
・大原孫三郎(おおはらまごさぶろう)　202c 60b 440c 1097a
・大原幽学(おおはらゆうがく)　203a
大東義徹　1127b
・大平正芳(おおひらまさよし)　204a 467a 942c 950c
・大前田英五郎(おおまえだえいごろう)　204b

・大町桂月(おおまちけいげつ)　204b 620a
・大村純熙〔台山〕(おおむらすみひろ)　204c
・大村清一(おおむらせいいち)　205a
・大村西崖〔帰学堂学人〕(おおむらせいがい)　205a
・大村卓一(おおむらたくいち)　205b
大村桐陽　675b
・大村益次郎(おおむらますじろう)　205b 25a 183a 216b 436b 463b 567a 570b 633c 791b 796c 1012b →村田蔵六
・大森金五郎(おおもりきんごろう)　206a
大森鍾一　1059c
・大森房吉(おおもりふさきち)　206a
・大森義太郎(おおもりよしたろう)　206b 39a
・大屋晋三(おおやしんぞう)　206c
・大宅壮一(おおやそういち)　206c
・大矢透(おおやとおる)　207a
・大山郁夫(おおやまいくお)　207b 28b 62b 310b 614b 654a 731a 825c 996c
・大山巌〔赫山〕(おおやまいわお)　208a 278c 297a 329b 421a 684a 808a 851b
大山格之助　41c 907a
大矢正夫　343b
・大山綱良(おおやまつなよし)　208c 446a 655a 907a
大山彦太郎　740c
・大山康晴(おおやまやすはる)　209a 966b
・大類伸(おおるいのぶる)　209a
・オールコック *Sir* Rutherford Alcock 209b 46b 917b 929c 1075a 1167c
オールト　176b
・大和田建樹(おおわだたけき)　210a
・大和田悌二(おおわだていじ)　210a
・丘浅次郎(おかあさじろう)　210b 676a
・岡市之助(おかいちのすけ)　210b 141b
・岡内重俊(おかうちしげとし)　210c
岡内綾川　329a
・岡鬼太郎(おかおにたろう)　210c 223a
岡海蔵　216a
・岡潔(おかきよし)　211a
岡邦雄　444c
岡熊臣　180b 300a 901b
・岡倉士朗(おかくらしろう)　211b
・岡倉天心(おかくらてんしん)　211b 113b 140a 294a 316c 320c 430c 444c 524c 691a 782c 819b 870c 876c 892b 952a 1010b 1082c 1129c 1166a 1180c
・岡倉由三郎(おかくらよしさぶろう)　212b 81c
・岡崎嘉平太(おかざきかへいた)　212b
・岡崎邦輔〔晩香〕(おかざきくにすけ)　212c 24b
岡崎熊吉　1035b
岡崎三郎　1097b
岡崎清一郎　368a
・岡崎雪声(おかざきせっせい)　213a
・岡崎敬(おかざきたかし)　213b
岡崎俊夫　618b
岡崎撫松　648a
・岡崎文夫〔桜洲〕(おかざきふみお)　213b
・岡沢精(おかざわくわし)　213c
岡沢秀虎　272a
小笠原敬斎　371a
小笠原長国　786a
・小笠原長生(おがさわらながなり)　214a 110c 233c
・小笠原長行〔明山〕(おがさわらながみち)　214a 102b 110c 933c 1010a
・小笠原長幹(おがさわらながよし)　214b 1010c
小笠原秀之丞　42c
・岡鹿之助(おかしかのすけ)　214c 211a
・岡繁樹(おかしげき)　214c
岡島千代造　657a
・岡田章雄(おかだあきお)　215a
緒方章　218b
緒方郁蔵　216b
岡田以蔵　622b
岡田以伯　965a
岡田鴨里　693c
・岡敬純(おかたかずみ)　215b
尾形亀之助　368a
・岡田啓介(おかだけいすけ)　215b 467c 612a 697c 888c 1121a
岡田玄道　278b
・緒方洪庵〔適々斎〕(おがたこうあん)　216a 54b 88a 90b 197c 201c 205b 482a 518a 549a 606c 621b 811b 820b 895b 991b 1016c 1062b 1170c
岡田五菟　426c
緒方惟彰　216a
・緒方惟準(おがたこれよし)　216b
・岡田三郎助(おかださぶろうすけ)　216c 214c 417b
・岡田佐平治〔無息軒〕(おかださへいじ)　216c 219a 797c
岡田十松　160b 452a 909b
・岡田信一郎(おかだしんいちろう)　217a
岡田桑三　351a
・緒方竹虎(おがたたけとら)　217b 199c 425a
・岡田武松(おかだたけまつ)　217c
緒方正　1170c
・岡田忠彦(おかだただひこ)　217c
岡田為恭　645a
岡田東洲　1168b
・緒方富雄(おがたとみお)　218a
・緒方知三郎(おがたともさぶろう)　218a
岡田虎二郎　349a 582a
岡田平蔵　791b 923b
岡田兵蔵　966c
・緒方正規(おがたまさのり)　218b 263b
岡田満　32c 124b
・岡田弥一郎(おかだやいちろう)　218c
・岡田嘉子(おかだよしこ)　218c
・岡田良一郎〔淡山〕(おかだりょういちろう)　219a 219b
・岡田良平〔恭堂〕(おかだりょうへい)　219b 292b 357a
岡悌治　177c
岡稲里　290a
岡橙里　290a
・岡野喜太郎(おかのきたろう)　219c
・岡野敬次郎〔六樹〕(おかのけいじろう)　219c 155a
・岡谷繁実〔天民〕(おかのやしげざね)　220a 12c
・岡橋治助(おかばしじすけ)　220b
・岡麓〔三谷，傘谷〕(おかふもと)　220b 962c
・岡部金治郎(おかべきんじろう)　220c
岡部精一　340a
岡部長景　345b
・岡部長職(おかべながもと)　221a
岡正雄　43b
・岡松甕谷(おかまつおうこく)　221b 739c
・岡実(おかみのる)　221b
・岡村金太郎(おかむらきんたろう)　221c
岡村鍵太郎　1135b
・岡村柿紅(おかむらしこう)　221c 559c
・岡村司(おかむらつかさ)　222a
岡村梅軒　736c
・岡村寧次(おかむらやすじ)　222b 141c 749c
・岡本一平(おかもといっぺい)　222b 223c
・岡本かの子(おかもとかのこ)　222c 223c
岡本起泉　5a
・岡本綺堂〔狂綺堂，甲字楼主人〕(おかもときどう)　223a 81b 799a
岡本敬之助　223a
・岡本健三郎(おかもとけんざぶろう)　223b 78a 851b
・岡本黄石(おかもとこうせき)　223b
岡本潤　681a 816c
岡本武雄　373a
・岡本太郎(おかもとたろう)　223c
岡本椿所　736c
岡本豊彦　504c
岡本寧浦　121b
・岡本則録(おかもとのりぶみ)　224a
岡本弥三郎　616b
・岡本保孝〔順台〕(おかもとやすたか)　224b 354b
岡本保誠　524a
岡本利吉　877b
・岡本柳之助〔東光〕(おかもとりゅうのすけ)　224c 73b

・岡谷家(おかやけ)　**225a**
岡谷惣助　90b 225a
・岡義武(おかよしたけ)　**225a**
・岡鹿門(おかろくもん)　**225b** 265b 497b 765a 989b
・小川芋銭〔芋銭子，莒滄子〕(おがわうせん)　**225c**
・小川一真(おがわかずまさ)　**225c** 810b 949c
・小川清彦(おがわきよひこ)　**226a**
・小川郷太郎(おがわごうたろう)　**226b**
・小河滋次郎(おがわしげじろう)　**226b** 377b
・小川松民(おがわしょうみん)　**226c**
小川鉀吉　582a
・小川琢治(おがわたくじ)　**227a** 789a 910c
・小川環樹(おがわたまき)　**227c** 227b 1123a
小川為次郎　247a
・小川平吉〔射山〕(おがわへいきち)　**228a** 301a 338c 375b
・小川未明(おがわみめい)　**228b** 682b
小川豊　577a
小川芳樹　227b 1123a
・小川義綏(おがわよしやす)　**228c** 44c 723c 964a
小川理助　229a
沖一峨　993b
・荻江露友(4代)(おぎえろゆう)　**229a**
・荻江露友(5代)(おぎえろゆう)　**229a**
・沖牙太郎(おききばたろう)　**229a**
・荻須高徳(おぎすたかのり)　**229b**
沖田総司　438c 576a
置賜晰斎　426b
興津蔵人　571b
・沖禎介(おきていすけ)　**229c** 1126b
・沖中重雄(おきなかしげお)　**229c**
翁家馬之助　280a
翁家さん生　280a
翁家さん馬　279c 280a
・沖野岩三郎(おきのいわさぶろう)　**230a**
・荻野吟子(おぎのぎんこ)　**230a**
・沖野忠雄(おきのただお)　**230b** 1063b
・荻野独園〔退耕庵〕(おぎのどくおん)　**230c**
荻昌国　1061a 1125a
大給乗謨　99a
・大給恒(おぎゅうゆずる)　**230c** 482b
・荻原井泉水(おぎわらせいせんすい)　**231a** 238a
・荻原守衛〔碌山〕(おぎわらもりえ)　**231b** 581c 718c
・奥繁三郎(おくしげさぶろう)　**231c**
奥平謙輔　170c 742a 955c 1096b
奥平昌邁　749a
奥田誠一　905c
・奥田正香(おくだまさか)　**231c** 286c
・奥田義人(おくだよしと)　**232a** 1068c
奥田亮斎　1135c
・奥野昌綱(おくのまさつな)　**232b** 928c
・奥宮健之(おくのみやけんし)　**232b**
奥宮慥斎　232b 238a
奥宮正由　232b
奥畑米峰　1076c
・奥原晴湖(おくはらせいこ)　**232c**
・小熊秀雄(おぐまひでお)　**233a**
・小熊捍(おぐままもる)　**233a**
・奥むめお(おくむめお)　**233b** 440b
・奥村五百子(おくむらいおこ)　**233b**
・奥村喜和男(おくむらきわお)　**233c** 1021c
奥村庄八　293b
奥村禎次郎　268b
奥村栄実　953a
・奥村土牛(おくむらとぎゅう)　**234a** 266a
奥村梅皐　475b
・奥保鞏(おくやすかた)　**234b**
・奥好義(おくよしいさ)　**234b** 162c
・小倉金之助(おぐらきんのすけ)　**234c**
小倉処平　435a
・小倉進平(おぐらしんぺい)　**235a** 111a
小倉惣次郎　541b
小倉藤兵衛　192c
小倉房蔵　956c
・小倉正恒〔簡斎〕(おぐらまさつね)　**235b**
・小栗上野介(おぐりこうずけのすけ)　⇨小栗忠順
・小栗忠順(おぐりただまさ)　**235c** 124b 275c 542c 1022c 1166b
・小栗風葉(おぐりふうよう)　**236b** 237b 769a 995c
小栗政寧　881b
小河一敏　41c
・尾崎一雄(おざきかずお)　**236b**
・尾崎喜八(おざききはち)　**236c**
・尾崎紅葉〔十千万堂〕(おざきこうよう)　**237a** 75c 128c 149a 166c 236b 240a 277b 310c 406a 418b 455c 658b 711a 751b 1085c 1097c 1106c 1174c
尾崎谷斎　237a
・尾崎三良(おざきさぶろう)　**237b**
・尾崎士郎(おざきしろう)　**237c**
尾崎惣蔵　237a
・尾崎忠治(おざきただはる)　**237c**
・尾崎放哉〔一燈園〕(おざきほうさい)　**238a** 231b
尾崎秀樹　618c
・尾崎秀実(おざきほつみ)　**238b** 96a 443b 554c 585b
・尾崎行雄〔咢堂〕(おざきゆきお)　**238b** 97c 99c 213a 228a 386a 449b 668c 842b 968a 1010c 1027b 1071a 1091a 1144a
・長田新(おさだあらた)　**239a**
・尾佐竹猛(おさたけたけき)　**239b** 181a 1087b
・長田秋濤(おさだしゅうとう)　**240a** 316b
・小山内薫(おさないかおる)　**240a** 30a 81b 319a 376c 517a 623b 744c 866c 870b 877b 1106a 1119a 1180c
・小佐野賢治(おさのけんじ)　**240b**
・大佛次郎(おさらぎじろう)　**240c**
小沢一郎　829c
尾沢金左衛門　272c
小沢国太郎　241b
・小沢治三郎(おざわじさぶろう)　**241a**
・小沢武雄(おざわたけお)　**241a**
・小沢弁蔵(おざわべんぞう)　**241b**
小沢儀明　1130b
小沢良輔　887c
・押川春浪(おしかわしゅんろう)　**241b**
・押川方義(おしかわまさよし)　**241c** 948a 987a
・押小路甫子(おしこうじなみこ)　**242a**
小島祐馬　739a
・オズーフ　Pierre Marie Osouf　**242b**
オスボン　465b
小田井蔵太　34b
・小平浪平(おだいらなみへい)　**242b** 381b
・尾高惇忠〔藍香〕(おだかあつただ)　**242c** 507a
小田海僊　720a
・尾高邦雄(おだかくにお)　**243a**
・織田一磨(おだかずま)　**243a** 256b
尾高長七郎　507a
尾高朝雄　1030c
・愛宕通旭(おたぎみちてる)　**243b** 307c 575b 828b
・小田切万寿之助(おだぎりますのすけ)　**243b** 667a
小田切良太郎　350b
織田研斎　901c
・織田作之助(おださくのすけ)　**243c** 63c
・織田純一郎(おだじゅんいちろう)　**244a**
小田荘吉　1036b
・男谷精一郎(おだにせいいちろう)　**244b** 457a
男谷信友　457a
・織田幹雄(おだみきお)　**244c**
・織田萬(おだよろず)　**244c**
・落合謙太郎(おちあいけんたろう)　**245a**
・落合直亮(おちあいなおあき)　**245a** 48b
・落合直澄(おちあいなおずみ)　**245b**
・落合直文〔萩之家〕(おちあいなおぶみ)　**245c** 85c 245b 248a 290a 1131a
越智彦四郎　624a 818b 875c
乙骨耐軒　134c
・オット　Eugen Ott　**246a** 585b

・小津安二郎(おづやすじろう)　**246a** 218c 866c
・乙竹岩造(おとたけいわぞう)　**246b**
小沼正　104c 106b
・小野梓(おのあずさ)　**246c** 33c 84a 183c 459b 596c 861c
小野アンナ　128b
尾上伊三郎　248c
尾上丑之助(2代)　247b
尾上丑之助(4代)　248c
尾上丑之助(5代)　247c
尾上梅五郎　248c
尾上栄三郎(3代)　247b 248b
尾上栄三郎(5代)　248b
尾上栄三郎(6代)　863a
尾上英造　863a
尾上栄之助　248b
尾上覚之助　248b
尾上菊五郎(3代)　248b
・尾上菊五郎(4代)(おのえきくごろう) **247b** 248b
・尾上菊五郎(5代)(おのえきくごろう) **247b** 80b 82b 85b 318b 642a 657c 823a 911c 1070c
・尾上菊五郎(6代)(おのえきくごろう) **247b** 222a 248b 559c 657c 785c 799a 823c
尾上菊五郎(6代)　837a
・尾上菊五郎(7代)(おのえきくごろう) **247b**
尾上菊枝　247b
尾上菊太郎　837a
・尾上菊之丞(2代)(おのえきくのじょう) **247c**
尾上菊之助(3代)　247c 248c
尾上菊松　248c
尾上菊丸　785c
尾上幸三　247b
尾上琴次郎　247c
・尾上柴舟(おのえさいしゅう)　**247c** 245c 290a 871a 954a 1171a
尾上志げる　785c
尾上松鶴(2代)　248c
・尾上松緑(梅鶴松緑)(おのえしょうろく) **248a**
・尾上松緑(2代)(おのえしょうろく) **248a**
尾上多見蔵(初代)　83a
尾上多見蔵(2代)　248a 249a
尾上多女蔵　248a
尾上梅鶴　248a
尾上梅幸(4代)　247b
尾上梅幸(延若)　500a
・尾上梅幸(6代)(おのえばいこう)　**248b**
・尾上梅幸(7代)(おのえばいこう)　**248b**
・尾上松助(4代)(おのえまつすけ)　**248c**
・尾上松助(5代)(おのえまつすけ)　**248c**
・尾上松助(6代)(おのえまつすけ)　**248c**
・尾上松之助(おのえまつのすけ)　**248c** 957a
・小野鵞堂(おのがどう)　**249a**
小野包賢　251a
小野義真　459b
小野金兵衛　250c
・小野金六(おのきんろく)　**249b**
・小野晃嗣(おのこうじ)　**249b**
・小野広胖(おのこうはん)　**249c** 674b
・小野湖山(おのこざん)　**250a** 830b
小野篠五郎　250c
小野沢律造　1123b
小野七郎　1152c
小野助次郎　251a
・小野清一郎(おのせいいちろう)　**250b** 638a
・小野善右衛門(おのぜんえもん)　**250c** 251a
・小野善助(おのぜんすけ)　**250c** 960a
・小野武夫(おのたけお)　**251a** 726a
・小野太三郎(おのたさぶろう)　**251c**
小野竹喬　676c 1045a
・小野塚喜平次(おのづかきへいじ)　**251c** 720c 780c 937c 1143c
小野鉄二　457c
・小野友五郎(おのともごろう)　⇨小野広胖　674b
小野彦兵衛　250c
・小野秀雄(おのひでお)　**252a**
小野又次郎　251a
・尾野実信(おのみのぶ)　**252b**
小幡源右衛門　735b
・小畑忠良(おばたただよし)　**252c**
小畑達夫　813c
・小幡篤次郎(おばたとくじろう)　**252c**
・小畑敏四郎(おばたとししろう)　**253a** 222b 428c 749c
・小幡酉吉〔竜峯〕(おばたゆうきち)　**253b** 235b
・小原国芳(おばらくによし)　**253b** 1103c
・小原鉄心〔是水，酔逸〕(おはらてっしん) **253c** 198a
・小原直(おはらなおし)　**254a** 493b
小原豊雲　686b
・小渕恵三(おぶちけいぞう)　**254b**
小渕光平　254b
おぼろ山人　583a
・お美代の方(おみよのかた)　**254c**
・沢瀉久孝(おもだかひさたか)　**254c**
小茂田青樹　993b
・小柳津勝五郎(おやいづかつごろう) **255a**
小山田大六　124b
小山田与清　109a
小山東助　166a
・尾山篤二郎(おやまとくじろう)　**255a** 721b
・折口信夫(おりくちしのぶ)　**255b** 694a 789a 800c 818a
・温恭院殿(おんきょういんどの)　⇨徳川家定
オンサン　Aung San　⇨アウンサン
・恩田鉄弥(おんだてつや)　**256a**
・恩地孝四郎(おんちこうしろう)　**256b** 623c
・隠田の行者(おんでんのぎょうじゃ)　⇨飯野吉三郎

か

海応　695a
・海音寺潮五郎(かいおんじちょうごろう) **256c**
・開高健(かいこうたけし)　**256c**
海後磋磯之介　190b 257a
・海後宗臣(かいごときおみ)　**257a**
甲斐駒蔵　249c
海後宗親　257a
・貝島太助(かいじまたすけ)　**257b** 1b 101c
・貝塚茂樹(かいづかしげき)　**257c** 227b 1123a
貝塚渋六　455c
海津辰弥　217a
廻天　859a
戒能通厚　258a
・戒能通孝(かいのうみちたか)　**258a**
・海部俊樹(かいふとしき)　**258a**
海防僧　397c
・海保漁村〔伝経廬〕(かいほぎょそん) **258b** 502c 507a 512b 786a
艾約瑟　164a
快楽亭石井ブラック　920c
カウマン　749b
・ガウランド　William Gowland　**258c**
・臥雲辰致(がうんたっち)　**258c**
・海江田信義(かえだのぶよし)　**259a** 285c 529b
嘉悦氏房　847c
楓の内侍　447b
・何応欽(かおうきん)　**259a** 454c
・各務鎌吉(かがみけんきち)　**259b**
・各務鉱三(かがみこうぞう)　**259c**
鏡里　917b
加賀屋吉兵衛　764c
加賀屋福之助(2代)　767b
香川景樹　295c 604c 832b
・香川敬三〔東洲〕(かがわけいぞう)　**260a** 119c 200c
・賀川豊彦(かがわとよひこ)　**260a** 28b 42a 206c 553b 722b 1144b
・書上順四郎(かきあげじゅんしろう) **260c**
・柿内三郎(かきうちさぶろう)　**260c**
柿右衛門(かきえもん)　⇨酒井田柿右衛門

柿の村人　509b
•鍵谷カナ(かぎやカナ)　261a
花郷　573b
覚厳　859a
•賀来惟熊(かくこれくま)　261b
郭松齢　129b 433b 666b
角聖　871c
覚仙　859b
賀来飛霞　88c
•郭沫若(かくまつじゃく)　261c 52b
賀来三綱　261c
加倉井秋を　723b
•カクラン　George Cochran　262a 875c 961b
•影佐禎昭(かげささだあき)　262b 173b 404c 699a
•筧克彦(かけひかつひこ)　262c
•影山庄平(かげやましょうへい)　262c
景山英子(かげやまひでこ)　⇨福田英子 334c 414b 430b 714a
•影山正治(かげやままさはる)　263a 262c
•賀古鶴所(かこつるど)　263a 1066a
河西三省　955a
•笠井順八(かさいじゅんぱち)　263b
•笠井信一(かさいしんいち)　263c
•葛西善蔵(かさいぜんぞう)　264a 889a
葛西万司　631b
•笠置シヅ子(かさぎしづこ)　264a 1013a
•笠木良明(かさぎよしあき)　264b 178a 421b
•カサトキン　Ioan Dimitrovich Kasatkin ⇨ニコライ
•笠原研寿(かさはらけんじゅ)　264c 780a
•笠原白翁(かさはらはくおう)　264c
•風巻景次郎(かざまきけいじろう)　265a
風間丈吉　125b
•笠松謙吾〔蜂嶺〕(かさまつけんご)　265b
風間直得　322b
•風見章(かざみあきら)　265b 275a
花山院家理　189b
香椎浩平　552c
•梶井基次郎(かじいもとじろう)　265c 718b 1036c
梶佐太郎　266b
•梶田半古(かじたはんこ)　266a 234a 430c 952a
•梶常吉(かじつねきち)　266a
カシディ　591b
加治時次郎　283c
•梶野甚之助(かじのじんのすけ)　266b
•鹿島則文〔桜宇〕(かしまのりぶみ)　266b
•鹿島房次郎(かしまふさじろう)　266c
•鹿島万平(かしままんぺい)　266c
鹿島万兵衛　266c
•鹿島守之助(かじまもりのすけ)　267a
加島屋長次郎　367c
•何如璋〔子峩〕(かじょしょう)　267b 403c 1124c
•カション　*L'Abbé* Mermet de Cachon 267b 385c 929c
•柏井園(かしわいえん)　267c
•柏木貨一郎〔探古斎〕(かしわぎかいちろう)　268a
•柏木義円(かしわぎぎえん)　268a 619b
柏木如亭　1086a
•柏木忠俊(かしわぎただとし)　268c
柏崎林之助　1058c
柏扇吉　642a
柏田盛文　826c
柏原学介　8c
梶原景紹　973b
•梶原仲治(かじわらちゅうじ)　268c
•春日一幸(かすがいっこう)　268c
•春日潜庵〔潜庵〕(かすがせんあん)　269a 371a 545c 720a 1047c 1107a
春日野　718a
春日野しか子　867a
•春日弘(かすがひろむ)　269b
•春日政治(かすがまさじ)　269b
カズヌーブ　921c
和宮　46c 119b 659a 693a 704a 771b 798b 820c 845c 981a　→親子内親王　→静寛院宮
和宮親子(かずのみやちかこ)　⇨親子内親王
和姫　27b
糟谷磯丸　1046a
•粕谷義三〔竹堂〕(かすやぎぞう)　269c
加瀬忠次郎　558a
片岡我当(初代)　271c
片岡我当(2代)　271c
片岡我当(4代)　272a
片岡我童(2代)　271c
片岡我童(3代)　271c
片岡我童(4代)　271c
片岡我童(5代)　272a
•片岡健吉(かたおかけんきち)　270a 78a 409b 723c 807c 851b 1080c 1118c
片岡孝夫　272a
•片岡千恵蔵(かたおかちえぞう)　270c
片岡千代之助　272a
片岡土之助(2代)　271c
•片岡鉄兵(かたおかてっぺい)　270c 321a
•片岡直輝(かたおかなおてる)　271a 202a 436c
•片岡直温(かたおかなおはる)　271b
•片岡仁左衛門(8代)(かたおかにざえもん)　271b 1112a
•片岡仁左衛門(9代)(かたおかにざえもん)　271b
•片岡仁左衛門(10代)(かたおかにざえもん)　271b
•片岡仁左衛門(11代)(かたおかにざえもん)　271b
•片岡仁左衛門(12代)(かたおかにざえもん)　271b 1070c
•片岡仁左衛門(13代)(かたおかにざえもん)　271b
•片岡仁左衛門(14代)(かたおかにざえもん)　271b
•片岡仁左衛門(15代)(かたおかにざえもん)　271b
片岡秀太郎　271c
片岡ひとし　272a
片岡松之助(2代)　271c
片岡松若　271c
片岡安　631b
片岡芦燕(5代)　272a
片上天弦　764b
•片上伸〔天弦〕(かたがみのぶる)　272a 167c
•片桐省介(かたぎりせいすけ)　272b
片桐宗猿　49c
片桐春一　341c
•片倉兼太郎(初代)(かたくらかねたろう)　272c
•片倉兼太郎(2代)(かたくらかねたろう)　272c
片倉衷　71c
•加太こうじ(かたこうじ)　273a
•片平信明(かたひらしんめい)　273a
•片山国嘉(かたやまくにか)　273b
•片山潜〔深甫〕(かたやません)　273c 28b 62b 287b 349a 406c 439a 615c 628b 646c 741c 785c 937c 1043c 1115a 1129b 1134c
•片山哲(かたやまてつ)　274b 70c 170b 265c 1029b
•片山東熊(かたやまとうくま)　275a
•片山正夫(かたやままさお)　275b
華頂宮　889b
•勝海舟〔安芳〕(かつかいしゅう)　275c 10a 35a 124a 135b 165a 180c 276c 293b 346a 351b 445b 461c 464a 526b 549a 569c 722a 739c 862c 885a 886a 922a 929c 944a 1040b 1093b 1113c 1121c 1125b
•香月経五郎(かつきけいごろう)　276a
カックラン　769b
勝諺蔵　318a
勝五郎　37a
勝小鹿　722a 926c
葛飾北斎　589c
勝田銀次郎　1102c
•勝田孫弥〔泰東〕(かつだまごや)　276b
•カッテンダイケ　Willem Johan Cornelis, *Ridder* Huijssen van Kattendijke 276b 862a
•勝沼精蔵(かつぬませいぞう)　276c
活文　589c
•カッペレッティ　Giovanni Vincenzo

Cappelletti **277a**
・勝間田清一(かつまたせいいち) **277a**
・勝本清一郎(かつもとせいいちろう) **277b**
・勝安芳(かつやすよし) ⇨勝海舟
勝義邦 180c 445b
桂香逸 380b
桂川国興 89a
桂川甫安 607b
桂川甫賢 492a 607b
桂川甫周 607b
・葛城彦一(かつらぎひこいち) **277c**
桂小莚 280a
桂小五郎(かつらこごろう) ⇨木戸孝允 367c 382c 387c 452b 501b 568b 575b 595c 616c 617a 907c 1178c
桂小南(初代) 280a
・桂誉重〔方正居〕(かつらたかしげ) **277c** 558c
桂誉恕 278a
桂誉正 277c
・桂田富士郎(かつらだふじろう) **278b** 911b
・桂太郎(かつらたろう) **278b** 94c 95c 123b 283a 285c 333a 409c 424a 435a 444a 448a 459c 512c 552c 588b 623a 712b 745b 747c 807a 855a 861a 1050a 1054c 1094c 1115b 1169a
桂南光(2代) 280a
・桂久武(かつらひさたけ) **279b** 516a
桂文枝(2代) 279c
・桂文治(4代)(かつらぶんじ) **279b**
・桂文治(5代)(かつらぶんじ) **279b**
・桂文治(6代)(かつらぶんじ) **279b** 279c
・桂文治(7代)(かつらぶんじ) **279b**
・桂文治(8代)(かつらぶんじ) **279b**
・桂文治(9代)(かつらぶんじ) **279b**
桂文団治(初代) 279c
桂文団治(2代) 279c
桂文楽(2代) 279b
桂文楽(3代) 279b
・桂文楽(4代)(かつらぶんらく) **279c**
・桂文楽(6代)(かつらぶんらく) **279c**
桂米団治 279c
桂三木男 280b
・桂三木助(2代)(かつらみきすけ) **280a**
・桂三木助(3代)(かつらみきすけ) **280a**
桂柳昇 280b
加藤栄三 1121c
加藤桜老 465b
・加藤織平(かとうおりへい) **280b**
加藤一夫 757a
・加藤完治(かとうかんじ) **280b**
・加藤勘十(かとうかんじゅう) **280c** 19a 564b
加藤木重教 1036b
・加藤九郎(かとうくろう) **281a**
加藤景雲 60c
・加藤玄智〔藤玄〕(かとうげんち) **281b**
・加藤茂苞(かとうしげもと) **281c**
・加藤繁(かとうしげる) **281c**
加藤司書 151c 177c 391b
・加藤静枝(かとうしずえ) **282a**
・加藤祐一(かとうすけいち) **282b**
・加藤素毛〔周海，米行子〕(かとうそもう) **282b**
・加藤高明(かとうたかあき) **282c** 59a 100b 228a 398c 424a 841c 969b 999c 1169a
加藤拓川 962b
・加藤武男(かとうたけお) **283b**
加藤忠次郎 647a
・加藤恒忠(かとうつねただ) **283c** 962b
・加藤時次郎(かとうときじろう) **283c** 540c 555a 1098c
・加藤友三郎(かとうともさぶろう) **284a** 500b 704a 823b 943b
加藤梅翁 627a
・加藤寛治(かとうひろはる) **284b** 215c 879c
・加藤弘之(かとうひろゆき) **284c** 81a 464a 783b 841a 1052c 1085c
加藤信 574b
・加藤政之助(かとうまさのすけ) **285c**
・加藤正義(かとうまさよし) **286a** 1067a
加藤有隣 595b
・加藤鐐五郎(かとうりょうごろう) **286a**
・門野幾之進(かどのいくのしん) **286b**
・門野重九郎(かどのじゅうくろう) **286c**
・上遠野富之助(かどのとみのすけ) **286c**
・香取秀真〔六斎，梅花亭〕(かとりほつま) **287a**
楫取素彦 919a
カトリル 985c
金井烏洲 627a
金井謹之助 485a
・金井延(かないのぶる) **287b** 720c
・金井之恭(かないゆきやす) **287c** 245b
・仮名垣魯文〔鈍亭〕(かながきろぶん) **287c** 426c 453b
・金栗四三(かなくりしぞう) **288a**
金刺好盛 687c
・金沢庄三郎(かなざわしょうざぶろう) **288b**
・金田徳光(かなだとくみつ) **288b**
金丸鉄 473c
・金光庸夫(かなみつつねお) **289a**
・金森通倫(かなもりつうりん) **289a** 60a 712a
・金森徳次郎(かなもりとくじろう) **289b** 1021b 1030c
・金谷範三(かなやはんぞう) **289c**
蟹江義丸 105b
金内良輔 178a
金子家忠 952a
金子岩治郎 290c
金子馬治 272a
金子喜一 951c
・金子薫園(かねこくんえん) **290a** 248a 475b 701a 1132b
・金子堅太郎〔渓水〕(かねこけんたろう) **290a** 95c
金子蓑孝 843c
金子重之助 1138c
金子霜山 371a
・金子直吉(かねこなおきち) **290c** 656a 828a
金子文子 934c
・金子孫二郎〔錦村〕(かねこまごじろう) **291a** 42c 568b
金子政次郎 243a
・金子光晴(かねこみつはる) **291b**
金子洋文 87c
金子与三郎 981a
金田良吉 788b
兼常清佐 789a
・兼松房治郎(かねまつふさじろう) **291c**
・金丸信(かねまるしん) **288c**
狩野永岳 335a 1162c
・狩野亨吉(かのうこうきち) **292a**
・加能作次郎(かのうさくじろう) **292c**
・嘉納治五郎(かのうじごろう) **293a** 28b 288a 1023c 1153a
・嘉納治郎作(かのうじろさく) **293b** 293a
狩野探玉斎 604b
加納鉄哉 211c
狩野洞庭 604b
狩野洞白 320b
狩野友信 444c
狩野直喜 541c
・加納夏雄〔寿朗〕(かのうなつお) **293b** 159b 320b 520b
狩野寿信 63a
・加納久宜(かのうひさよし) **293c**
・狩野芳崖〔皐隣，松隣，翠庵〕(かのうほうがい) **293c** 524c 819b 892b
加納法宣 1058b
狩野雅信 819b
加納諸平 152b 469c 725b 747a
狩野良信 345b
狩野君山 541c
・鹿子木員信(かのこぎかずのぶ) **294a** 178a 960c 1082b
鹿子木仁夫 1025b
・鹿子木孟郎〔不倒〕(かのこぎたけしろう) **294c** 437a 769a
・狩野直喜〔君山，半農人〕(かのなおき) **294c** 325c 381a 1153a
何礼之助 1133b →何礼之
・何礼之(がのりゆき) **295a** 826b 935b 953c →何礼之
樺島石梁 885c

・樺山愛輔(かばやまあいすけ)　295b
126a 386b
樺山三円　622c
・樺山資雄(かばやますけお)　295c
・樺山資紀(かばやますけのり)　295c
93a 594c 1115a
・樺山資英〔紫海〕(かばやますけひで)
296a
加福喜一郎　1125a
・鏑木清方(かぶらぎきよかた)　296b
345b 676c 791c 971c 1010b
・鎌田栄吉(かまたえいきち)　296c
鎌田景弼　58a
・神尾光臣(かみおみつおみ)　296c
・神川彦松(かみかわひこまつ)　297a
・神島二郎(かみしまじろう)　297b
・神近市子(かみちかいちこ)　297b 93a
167c 189a 582a 1141c
・上司小剣(かみづかさしょうけん)　297c
・神野金之助(かみのきんのすけ)　298a
・上村彦之丞(かみむらひこのじょう)
298b
神谷簡斎　1114b
神谷九郎右衛門　225a
・神山茂夫(かみやましげお)　298b
神山政良　867a
上山草人　59b
神山魚貫　109a 563b
・上山満之進(かみやまみつのしん)　298c
神谷美恵子　952b
・神谷与平治(かみやよへいじ)　299a
・嘉村礒多(かむらいそた)　299a
香村小録　641c
亀井華卿　55b
・亀井勝一郎(かめいかついちろう)　299b
・亀井貫一郎(かめいかんいちろう)　299c
亀井茲明　1111a
・亀井茲監〔勤斎〕(かめいこれみ)　299c
180b 901b 1111a
・亀井至一(かめいしいち)　300b
亀井昭陽　885c
亀井南冥　886c 1095b
亀井鵬州　868a
亀川哲也　375c
亀田綾瀬　1143a
亀田鶯谷　426b 944a
亀田鵬斎　697a 909b 1143a
鴨川儀平　989a
賀茂規清　267a
加茂正雄　616b
加門桂太郎　562c
・賀屋興宣(かやおきのり)　300b 575b
1144c
・茅誠司(かやせいじ)　300c
・萱野長知(かやのながとも)　301a 228b
賀陽宮　19c
・茅原華山(かやはらかざん)　301a
・加屋霽堅(かやはるかた)　301b 191b
307b
何有仙史　779a
からくり儀右衛門　642b
カラザース　559b
・唐沢俊樹(からさわとしき)　301c
唐十郎　692b
烏丸勝長　272b
烏丸光徳　163b
カラゾルス　964a
ガラトマン　54b
・カラハン　Lev Mikhailovich Karakhan
301c
狩谷棭斎　224b 389c
臥竜窟主人　583a
瓦礫洞人　68c
・カロザーズ　Christopher Carrothers
302a 657b 858a
カロゾルス　Christopher Carrothers
⇨カロザーズ　281b
・河合栄治郎(かわいえいじろう)　302b
184c 206c 575b
・河井寛次郎(かわいかんじろう)　302c
843a 1042c 1088c
河合喜三郎　1111b
・川合玉堂(かわいぎょくどう)　303a
409a 819b
・川合清丸〔山陰道士〕(かわいきよまる)
303b
河合新蔵　186b
・河井酔茗(かわいすいめい)　303b 117a
577a 1126c 1130c
・河井荃廬〔木遷〕(かわいせんろ)　303c
・河合惣兵衛(かわいそうべえ)　304a
・河合武雄(かわいたけお)　304a 51a
344a 799a 970a
河相達夫　941a
・河井継之助(かわいつぐのすけ)　304b
431c 726b
・河合屏山(かわいへいざん)　305b 455b
河合雅雄　115b
・河合操(かわいみさお)　305c
・河井道(かわいみち)　305c
・河井弥八(かわいやはち)　306a
・川合義虎(かわいよしとら)　306a 1179a
・河合良成(かわいよしなり)　306b 755c
・川勝鉄弥(かわかつてつや)　306c 664b
・川上音二郎(かわかみおとじろう)　306c
51a 223a 240a 597a 610a 694a 906b
1075c
・河上清〔翠陵〕(かわかみきよし)　307a
406c
河上謹一　563a 683b
・河上彦斎(かわかみげんさい)　307b
191b 243b 356b 845a
・川上貞奴(かわかみさだやっこ)　307c
307a 895a 1075c
川上三太郎　102b
・河上丈太郎(かわかみじょうたろう)
308a
・川上善兵衛(かわかみぜんべえ)　308b
・川上操六(かわかみそうろく)　308b
151b 803a 1054c 1115b
・川上多助(かわかみたすけ)　309a
・河上徹太郎(かわかみてつたろう)　309a
177a 758a
・川上冬崖(かわかみとうがい)　309b
323a 437a 604b 973a
川上東巌　481b
・川上俊彦(かわかみとしつね)　309c
1147b
・河上肇(かわかみはじめ)　309c 42a
90a 125b 151b 207c 369a 428a 528a
867a 1007b
・川上眉山(かわかみびざん)　310c 75c
川上博　466c
・河上弥市(かわかみやいち)　311a
川喜田二郎　115b
・川北朝鄰〔立亭〕(かわきたちょうりん)
311b
・川喜多長政(かわきたながまさ)　311b
河喜多能達　588c
・河口慧海(かわぐちえかい)　311c
河口信任　607b
・川口松太郎(かわぐちまつたろう)　312a
川越茂　404c 699a
川崎巌雄　596a
川前紫渓　409a
・川崎紫山(かわさきしざん)　312a
川崎小虎　313b 433a
・川崎正蔵(かわさきしょうぞう)　312b
975c
・川崎卓吉(かわさきたくきち)　312c
・河崎董(かわさきただす)　313a
・川崎千虎〔鞆之舎〕(かわさきちとら)
313b 432c 986b
川崎長太郎　681a
・川崎八右衛門(かわさきはちえもん)
313b
川崎武吉　776c
・川路聖謨〔敬斎，頑民斎〕(かわじとしあきら)　313c 124a 160c 438b 607b
678a 818b 853c 917c 1016b
・川路利良〔竜泉〕(かわじとしよし)　314b
・河島醇(かわしまあつし)　314c
・川島正次郎(かわしましょうじろう)
314c
・川島甚兵衛(かわしまじんべえ)　315a
・川島武宜(かわしまたけよし)　315b
・川島浪速(かわしまなにわ)　315c 148c
528c 840c 917a
川島芳子　315c 528c
・川島義之(かわしまよしゆき)　316a
・川尻宝岑(かわじりほうきん)　316a
・川路柳虹(かわじりゅうこう)　316b
816c
・河瀬秀治(かわせひでじ)　316c 249b

河瀬真孝　868c
・河田烈(かわだいさお)　317a 736c
・川田甕江(かわだおうこう)　317a 228c
・河田景与〔研田〕(かわだかげとも)　317b 51b 245b 269b
川竹五十郎　508c
・河竹繁俊(かわたけしげとし)　317b 1087b
河竹新七(2代)　80c 318a
・河竹新七(3代)(かわたけしんしち)　317c
・河竹黙阿弥(かわたけもくあみ)　318a 80c 81a 144c 359a 1070c 317c
・川田小一郎(かわだこいちろう)　318c 271a 534c 601a 1117c
・川田順(かわだじゅん)　319a
河田小竜　461c
・河田嗣郎(かわたしろう)　319b
川田剛　588a
河田迪斎　352c
・河津祐之(かわづすけゆき)　319b
・川面凡児(かわつらぼんじ)　319c
・川手文治郎(かわてぶんじろう)　320a
川名兼四郎　545b
・河鍋暁斎〔狂斎〕(かわなべぎょうさい)　320b 430b
川之辺一湖　320c
・川之辺一朝(かわのべいっちょう)　320b
川之辺文朝　320c
川辺御楯　760c
・川端玉章(かわばたぎょくしょう)　320c 604b 883a 907c 971c 1121c
・川端茅舎(かわばたぼうしゃ)　320c 992c
・川端康成(かわばたやすなり)　321a 75c 265c 270c 346c 380a 439b 482a 1128c
・川端竜子(かわばたりゅうし)　321c 320c
川原慶賀　492a
・川原茂輔(かわはらもすけ)　322a
河東碧梧桐　188b
・河東碧梧桐(かわひがしへきごどう)　322a 110a 193c 231a 380a 605b 612c
川部宗無　603b
・河辺貞吉(かわべていきち)　322b 985b
・河辺正三(かわべまさかず)　322c
・川村迂叟〔楓橋〕(かわむらうそう)　322c
・川村景明(かわむらかげあき)　323a
・川村清雄〔時童〕(かわむらきよお)　323a 243a
川村貞次郎　147a
川村俊蔵　115b
・川村純義(かわむらすみよし)　323b 129a 158c 516a 535c
・川村竹治(かわむらたけじ)　323c
川村伝左衛門　716a
・川村驎也(かわむらりんや)　323c
・川本幸民〔裕軒〕(かわもとこうみん)　324a 514b 691a 1016c
川本洲楽　617b
河原崎国太郎　761a
・河原崎長十郎(2代)(かわらさきちょうじゅうろう)　324b 761a
・河原田稼吉(かわらだかきち)　324b
河原信可　292a
加和羅廼舎　573b
瓦屋七兵衛　989a
閑院宮載仁親王(かんいんのみやことひとしんのう)　⇨載仁親王
願海　1163a
観空覚叡　532a
・韓圭卨(かんけいせつ)　324c
寛淳　897c
・観世華雪(かんぜかせつ)　325a 157c
・観世清久(かんぜきよひさ)　325b
観世銕之丞　157c 325a
・観世元滋(かんぜもとしげ)　⇨観世清久
観世元正　325a
・神田喜一郎〔鬯盦〕(かんだきいちろう)　325b
神田佐一郎　1019c
・神田茂(かんだしげる)　325c
神田小伯山　326c
神田松鯉　326c
・神田孝平(かんだたかひら)　326a 687c 779a 1088b
・神田乃武(かんだないぶ)　326b 416a 1063b
・神田伯山(初代)(かんだはくざん)　326c
・神田伯山(2代)(かんだはくざん)　326c
・神田伯山(3代)(かんだはくざん)　326c 86b
・神田伯山(5代)(かんだはくざん)　326c
神田伯勇　326c
神田伯竜　326c
神田秀夫　448b
・神田鐳蔵(かんだらいぞう)　327a 398c
神田柳渓　326a
菅茶山　885c
観潮楼主人　1065c
・カンドー　Sauveur Antoine Candau　327a
・ガントレット恒子(ガントレットつねこ)　327b
・管野スガ〔幽月〕(かんのスガ)　327c 144b 407a 1030c
・菅野八郎(かんのはちろう)　327c
菅野和蔵　327c
・蒲原有明(かんばらありあけ)　328a 5b 557c 744c
鎌原桐山　463c 822c
ガンブル　1060b
神戸絢子　405c
神戸挙一　398c
神戸大助　616c
・菅政友〔桜廬〕(かんまさとも)　328b
菅正敬　711c
関浪磨甎　1059b

き

木内安蔵　329a
・木内順二〔竜山〕(きうちじゅんじ)　329a
・キオソーネ　Edoardo Chiossone　329a 713c 796b
機外禅透　588b
・木川田一隆(きかわだかずたか)　329b
木川田一隆　753c
義観　862c
・菊川英山(きくがわえいざん)　329c
菊川英二　329c
菊川正光　63a
菊如澹人　1067b
・菊田一夫(きくたかずお)　329c
・菊池秋雄(きくちあきお)　330a
・菊池寛(きくちかん)　330a 14b 321a 380a 614b 727c 824a 924a 1119b 1128c
・菊池恭三(きくちきょうぞう)　330c
・菊池教中(きくちきょうちゅう)　331a 716b
・菊池九郎(きくちくろう)　331b 129a
・菊池契月(きくちけいげつ)　331b 676c 791c
菊池源吾　445a
菊池五山　223c 1086a
菊池秋坪　216b
菊池松軒　663b
・菊池正士(きくちせいし)　331c
・菊池大麓(きくちだいろく)　332a 425c 484b 499c 849a 922a
・菊池武夫(きくちたけお)　332b 178a 435a 1021b
菊池比呂士　330b
・菊池寛(きくちひろし)　⇨きくちかん
菊池芳文　331b 409a
・菊池幽芳(きくちゆうほう)　332b 810b
・菊池容斎(きくちようさい)　332c 923c 993b
菊亭静　596a
・熙洽(きこう)　332c
・木越安綱(きごしやすつな)　333a
儀山善来　526b
・岸光景(きしこうけい)　333b
岸沢古式部(4代)　333b
岸沢古式部(5代)　333b
岸沢古式部(6代)　333c
・岸沢式佐(5代)(きしざわしきさ)　333b
・岸沢式佐(6代)(きしざわしきさ)　333b
・岸沢式佐(7・8代)(きしざわしきさ)　333b
・岸沢式佐(10代)(きしざわしきさ)　333b
・岸沢式佐(11代)(きしざわしきさ)　333b

岸沢竹遊斎　333b
岸沢仲助　702c
岸沢八十松　702a
・岸清一(きしせいいち)　333c
岸太年　309b
・岸田吟香(きしだぎんこう)　334a 36b 157c 843b 864b
・岸田国士(きしだくにお)　334b 745c
・岸田俊子〔湘烟，湘煙〕(きしだとしこ)　334c 747a 899a
・岸田劉生(きしだりゅうせい)　334c 86c 320c 353a 577b
・岸竹堂(きしちくどう)　335a 791c
其日庵　552b
・岸俊男(きしとしお)　335b
きしのあかしや　349b
・岸上鎌吉(きしのうえかまきち)　335c
・岸信介(きしのぶすけ)　336a 30b 70b 315a 407c 491a 659c 898a 913c 936c 987c 1037b 1084b
岸風三楼　723b
木島完之　106b
・来島又兵衛(きじままたべえ)　336c 346a 367b 595b
岸本綾夫　687a
・岸本吉右衛門(きしもときちえもん)　336c 538a
・岸本五兵衛(初代)(きしもとごへえ)　337a
・岸本五兵衛(２代)(きしもとごへえ)　337a
・岸本辰雄(きしもとたつお)　337b
岸本由豆流　389c
・岸良兼養(きしらけんよう)　337b
岸連山　335a
雉子郎　1133c
・キダー　Anna H. Kidder　337c 1a
・キダー　Mary Eddy Kidder　338a
義諦　667a
・北一輝(きたいっき)　338a 6c 55a 125a 177c 358b 789c 1015c
・北浦定政(きたうらさだまさ)　339a
北岡文兵衛　661c
・北尾次郎(きたおじろう)　339a
・北垣国道〔静屋〕(きたがきくにみち)　339b 647c
・北風正造(きたかぜしょうぞう)　339c
北川冬彦　1036c
喜多源逸　466b
北小路随光　109c 883a
・喜田貞吉〔斉東野人〕(きたさだきち)　339c 21c 25a 146a 789a 925b 1140b 1154a
・北里柴三郎(きたさとしばさぶろう)　340b 494b 804b 828c
北島吉蔵　306a
・北島正元(きたじままさもと)　340c
北白川宮　104c 985c
・北白川宮能久親王(きたしらかわのみやよしひさしんのう)　⇨能久親王
北静廬　389c
北爪有郷　986b
・城多虎雄(きたとらお)　341a
北畠道竜　189b 194a
・北畠治房(きたばたけはるふさ)　341a
北林谷栄　153c
北葉山　917b
・北原稲雄(きたはらいなお)　341b 975a
・北原泰作(きたはらたいさく)　341c 352a
・北原白秋〔薄愁，射水〕(きたはらはくしゅう)　342a 197c 328b 349b 349c 362b 560c 817a 1005a 1051c 1106a 1114b 1131c 1136a 1171a
北原義道　723c
北原因信　975a
喜多文十郎　344c
・喜多又蔵(きたまたぞう)　342c
・北村兼子(きたむらかねこ)　342c
喜多村栲窓　17a
北村三郎　312b
北村重昌　650b
北村重頼　928b
・北村西望(きたむらせいぼう)　343a
・北村透谷(きたむらとうこく)　343a 68a 277b 510a 669a 1102a
・北村徳太郎(きたむらとくたろう)　343c
北村寅之助　292a
北村政治郎　732b
喜多村正秀　664a
北村みどり　344a
・喜多村緑郎(きたむらろくろう)　343c 51a 304b 597a 837a 995c 1007c
・北山茂夫(きたやましげお)　344a
・北昤吉〔禮華〕(きたれいきち)　344b
・喜多六平太(きたろっぺいた)　344c
吉弥三津五郎　863b
・吉川経幹(きっかわつねまさ)　344c
・吉川霊華(きっかわれいか)　345b 971c
木戸明　406c
木戸貫治　885a
・木戸幸一(きどこういち)　345b 41a 42b 428b 555c 561a 697c 856b
・木戸孝允(きどたかよし)　345c 6a 78a 93c 101b 104c 163b 181c 184b 329b 387c 434a 445b 452b 461c 501b 511b 568b 595c 666c 687c 741a 812b 843b 885a 900b 907c 950a 978b 998b 1099a 1105a 1105b 1178c　→桂小五郎
城戸千楯　747a
・衣笠貞之助(きぬがさていのすけ)　346c
・杵屋勝三郎(２代)(きねやかつさぶろう)　347a 347c
・杵屋勝三郎(３代)(きねやかつさぶろう)　347a
・杵屋勝三郎(７代)(きねやかつさぶろう)　347a
杵屋寒玉　348a
杵屋勘五郎(３代)　348a
杵屋勘五郎(４代)　347b
杵屋勘兵衛　348a
杵屋喜三郎　348a
杵屋吉之丞　348a
杵屋喜音翁　348a
杵屋金次郎　347a
杵屋小三郎　347a
杵屋三郎助(５代)　347c
杵屋三郎助(６代)　347b
稀音家照海　348a
・稀音家浄観(初代)(きねやじょうかん)　347b
・稀音家浄観(２代)(きねやじょうかん)　347b 1106b 1136a
・杵屋正次郎(３代)(きねやしょうじろう)　347b 347a
・杵屋正次郎(４代)(きねやしょうじろう)　347b 347c
・杵屋正次郎(５代)(きねやしょうじろう)　347b
杵屋四郎治　347b
・杵屋六左衛門(11代)(きねやろくざえもん)　347c
・杵屋六左衛門(12代)(きねやろくざえもん)　347c
・杵屋六左衛門(13代)(きねやろくざえもん)　347c 642a
・杵屋六左衛門(14代)(きねやろくざえもん)　347c
杵屋六三郎(４代)　347b
稀音家六治　1106b
杵屋六四郎(初代)　347b
杵屋六四郎(３代)　347b 1106b 1136a
杵屋六松　348a
紀喜真　344c
紀伊国屋利八　1022c
木下韡村　371a 924c
・木下逸雲(きのしたいつうん)　348b 720a
・木下恵介(きのしたけいすけ)　348b 517a 681a 869a
木下犀潭　103a 1080a
木下順二　153c 211b 1119b
木下昌蔵　1158a
・木下竹次(きのしたたけじ)　348c
木下利義　1134c
・木下尚江(きのしたなおえ)　348c 28b 63b 327c 406c 765a 1143b
・木下杢太郎(きのしたもくたろう)　349b 328b 342a 1131c
・木下利玄(きのしたりげん)　349c 319a 1039a
・木原楯臣〔藤園〕(きはらたておみ)　350a
・木原均(きはらひとし)　350a
・紀平正美(きひらただよし)　350b

木俣清左衛門　223c
木見金治郎　209a 966b
・木宮泰彦(きみややすひこ)　350c
・木村曙(きむらあけぼの)　350c
・木村伊兵衛(きむらいへえ)　351a 725c
・木村芥舟〔楷堂〕(きむらかいしゅう)　351a 590b
・木村毅(きむらき)　351b 1087a 1152c
・木村京太郎(きむらきょうたろう)　351c 342a
・木村謹治(きむらきんじ)　352a
・木村久寿弥太(きむらくすやた)　352b 1b
・木村九蔵(きむらくぞう)　352b
・木村熊二(きむらくまじ)　352b
木村軍太郎　402b 792a
・木村小左衛門(きむらこざえもん)　352c
木村三郎　960b
・木村荘八(きむらしょうはち)　353a 577b 899c 1099b
・木村清四郎(きむらせいしろう)　353a
・木村泰賢(きむらたいけん)　353b
木村泰蔵　479c
・木村鷹太郎〔鳴潮〕(きむらたかたろう)　353c
木村長五郎　352b
木村鐙子　615a
・木村篤太郎(きむらとくたろう)　353c
木村騰　1051a
・木村栄(きむらひさし)　354a
木村武山　819b
・木村兵太郎(きむらへいたろう)　354a
木村平八　1051a
・木村正辞〔欟斎〕(きむらまさこと)　354b 109b 224c 390a
・木村義雄(きむらよしお)　354c 209a 572a 966b
木村喜毅(きむらよしたけ)　⇨木村芥舟 895b 925c
木村理助　923a
・キューパー　*Sir* Augustus Leopold Kuper　⇨クーパー
ギューリック　John Thomas Gulick　1063a
・ギューリック〔ギュリック〕　Orramel Hinckley Gulick　354c 80b 619b 1045b 1114a
ギュテイッグ　921b
キュルシウス　Jan Hendrik Donker Curtius　⇨ドンクル=キュルシウス 890b 944b
・魚允中〔一斎〕(ぎょいんちゅう)　355a
行阿　457b
行誡　1160a
京極高朗　46c 618a
京璨　859a
・恭親王奕訢(きょうしんのうえききん)　355a
教仁法親王　965b
・清浦奎吾〔奎堂〕(きようらけいご)　355b 50c 284b 632a 884a
清川円誠　357a
・清川八郎〔楽水〕(きよかわはちろう)　356a 55b 225b 245b 438c 576a 726b 869b 960b 1032c 1160a
清河八郎　913b
・許憲(きょけん)　356b
清崎敏郎　723b
・清沢洌(きよさわきよし)　356c
・清沢満之〔建峯，骸骨，石水〕(きよざわまんし)　356c 15a 193c 468a 487a 628c
居正　155b
・清瀬一郎(きよせいちろう)　357b 935a
・キヨソネ　Edoardo Chiossone　⇨キオソーネ
・清野謙次(きよのけんじ)　357c
・清野勉(きよのつとむ)　358a
清原貞雄　789a
・清藤幸七郎〔呑宇〕(さよふじこうしちろう)　358a
清水祥雲　358b
清水祥鱗　358b
清水祥嶺　358b
清水静斎　358b
清水六居　358b
・清水六兵衛(2代)(きよみずろくべえ)　358b
・清水六兵衛(3代)(きよみずろくべえ)　358b
・清水六兵衛(4代)(きよみずろくべえ)　358b
・清水六兵衛(5代)(きよみずろくべえ)　358b
・清水六兵衛(6代)(きよみずろくべえ)　358b
清水六和　358b
清宮四郎　1021c
魚眠洞　1051b
・清元梅吉(初代)(きよもとうめきち)　358c
・清元梅吉(2代)(きよもとうめきち)　358c
・清元梅吉(3代)(きよもとうめきち)　358c
清元梅三郎(2代)　358c
清元梅次郎　358c
清元栄寿太夫(3代)　359a
清元延寿翁(2代)　359a
・清元延寿太夫(2代)(きよもとえんじゅだゆう)　359a
・清元延寿太夫(3代)(きよもとえんじゅだゆう)　359a
・清元延寿太夫(4代)(きよもとえんじゅだゆう)　359a
・清元延寿太夫(5代)(きよもとえんじゅだゆう)　359a 358c
・清元延寿太夫(6代)(きよもとえんじゅだゆう)　359a
清元お葉　144c
清元叶太夫　984c
清元琴太夫　701c
清元寿兵衛(2代)　358c
清元巳三治郎　359a
吉良竜夫　115b
吉良の仁吉　521a
・キリーノ　*Elpidio Quirino*　359b
桐竹亀松(初代)　359b
桐竹亀松(2代)　1142b
桐竹門十郎　359b
・桐竹紋十郎(きりたけもんじゅうろう)　359b
・桐野利秋(きりのとしあき)　359c 502a →中村半次郎
桐の舎桂子　89b
・桐生悠々(きりゅうゆうゆう)　360a 711a
・宜湾朝保〔松風斎〕(ぎわんちょうほ)　360b
・金允植〔雲養〕(きんいんしょく)　360c
・金嘉鎮〔東農〕(きんかちん)　361a
・金九〔白凡〕(きんきゅう)　361b
・金玉均(きんぎょくきん)　361b 224c 233c 387a 402b 423b 581a 700b 714a 933c 1028c
・金弘集(きんこうしゅう)　362a 934a
・金鴻陸(きんこうりく)　362b
錦城斎典山(3代)　86b
・金素雲(きんそうん)　362b
・キンダー　Thomas William Kinder　362c
・金田一京助(きんだいちきょうすけ)　363a 171c
・金科奉(きんとほう)　363a
キンドル　Thomas William Kinder　⇨キンダー
・金日成(きんにっせい)　363b 208a
・金原明善(きんぱらめいぜん)　363c
金晩植　933c
金阜山人　735c
・金炳始(きんへいし)　364b
金璧輝　315c

く

愚庵(ぐあん)　⇨天田愚庵
・クアン=アパイウォン　Khuang Aphaiwong　364c
・クーパー　*Sir* Augustus Leopold Kuper　364c 782b
・クーラン　Maurice Courant　365a
・クーレ　Jacques Coullet　365b 236a 1166b
虞淵　667a

・クオン=デ　Cuong Dê　**365b** 890c
・陸羯南〔実〕(くがかつなん)　**365c** 20b 283c 373b 414a 476a 600c 730c 811b 854c 902c 962b 996c 1026a
・九鬼周造(くきしゅうぞう)　**366b** 34a 366c 738b
・九鬼隆一(くきりゅういち)　**366c** 116b 211c
久宮丈八　204b
・久坂玄瑞(くさかげんずい)　**366c** 93c 346a 461c 501b 567a 595a 617a 622c 636b 741a 771a 907c 942c 955b 975a 1104c 1138c 1141a 1146b 1176c
日下伯巌　1090c
日下部伊三次　140c
・日下部三之介(くさかべさんのすけ)　**367b**
日下部達三　356a
日下部太郎　926c
・日下部鳴鶴〔東嶼，翠雨，鳴鶴〕(くさかべめいかく)　**367c** 786a 871a 1114b 1124c
日下誠　145c
草田杜太郎　330b
・日柳燕石(くさなぎえんせき)　**367c** 595c 603c 609b 979b 1024b 1050b
・草野心平(くさのしんぺい)　**368a**
・草場佩川(くさばはいせん)　**368b** 371a 371b
・草間時福(くさまときよし)　**368b**
・クザン　Jules Alphonse Cousin　**368c**
・櫛田民蔵(くしだたみぞう)　**369a** 310a
櫛田ふき　369a
・串田万蔵(くしだまんぞう)　**369b** 352b
九条夙子　159c 772b
九条節子　684c 1097a
・九条武子(くじょうたけこ)　**369b**
・九条尚忠〔円真〕(くじょうひさただ)　**369c** 27a 50b 488a 756b 995b 1162c
・九条道孝(くじょうみちたか)　**370a** 208c
葛生玄晫　370b
・葛生能久(くずおよしひさ)　**370a**
楠六左衛門　488b
・楠瀬喜多(くすのせきた)　**370b**
楠瀬熊治　185b
・楠瀬幸彦(くすのせさちひこ)　**370c**
楠瀬正知　370b
楠本イネ　796c 633c
・楠本碩水(くすもとせきすい)　**370c** 371b
・楠本端山(くすもとたんざん)　**371b**
・楠本正隆〔西洲〕(くすもとまさたか)　**371c**
・楠山正雄(くすやままさお)　**372a**
・久世広周(くぜひろちか)　**372b** 46b 1143a
・久世通章(くぜみちふみ)　**372c**
・久津見蕨村(くつみけっそん)　**373a**
・工藤吉郎兵衛(くどうきちろべえ)　**373a**
工藤昭四郎　67c
・工藤他山(くどうたざん)　**373b** 365c
・工藤鉄三郎(くどうてつさぶろう)　**373b**
・グナイスト　Rudolf von Gneist　**373c**
・国木田独歩〔鉄斧〕(くにきだどっぽ)　**374a** 377a 658b 744c 1132b
国定忠治　204b
・国沢新九郎(くにさわしんくろう)　**374c** 15b
・国司信濃(くにししなの)　**374c** 336c 345a 367b 902a
国友古照軒　57c
・国友重章(くにともしげあき)　**375a**
国友善庵　384a
国友半右衛門昌　375a
久邇宮朝彦親王(くにのみやあさひこしんのう)　⇨朝彦親王
久野収　849a
久原庄三郎　909a
・久原房之助(くはらふさのすけ)　**375b** 1b 242b 407c 834b 909a 1011b
・久原躬弦(くはらみつる)　**376a** 26b 965a 970b
・久布白落実(くぶしろおちみ)　**376b** 1105c
久保猪之吉　248a 750c
窪川鶴次郎　472b 753c
久保木竹窓　569b
・久保栄(くぼさかえ)　**376b** 153c
久保清太郎　1138c
・窪田空穂(くぼたうつぼ)　**376c** 349c 577a 744c
・窪田清音(くぼたすがね)　**377a**
久保田助四郎　336c
・窪田静太郎(くぼたせいたろう)　**377b**
窪田雪鷹　720a
・久保田米僊(くぼたべいせん)　**377c** 409a
・久保田万太郎(くぼたまんたろう)　**377c** 75c 334b 694a 1019a
・久保天随(くぼてんずい)　**378a**
久保久成　654c
久保勉　397a
・熊谷岱蔵(くまがいたいぞう)　**378b**
熊谷直好　747a
・熊谷守一(くまがいもりかず)　**378c**
熊川兵庫　541a
隈川宗雄　261a
熊沢蕃山　153a 480a
熊代繁里　1046a
・久村清太(くむらせいた)　**378c** 828a
・久米邦武(くめくにたけ)　**379a** 497c 615c
・久米桂一郎(くめけいいちろう)　**379c** 127c 216c 392b
・久米正雄〔三汀〕(くめまさお)　**380a** 14b 330b 1119b
・クラーク　Edward Warren Clark　**380c** 769b
・クラーク　William Smith Clark　**380c** 149c
グラーフェンロイト　1154a
・雲井竜雄(くもいたつお)　**380b**
・倉石武四郎(くらいしたけしろう)　**381a** 227c
倉石典太　265b
倉沢義髄　341c
・倉田主税(くらたちから)　**381b** 242c
・倉田白羊(くらたはくよう)　**381b**
・倉田百三(くらたひゃくぞう)　**381c**
蔵田門之助　735b
・倉知鉄吉(くらちてつきち)　**382a**
・倉富勇三郎(くらとみゆうざぶろう)　**382b**
倉中住人　480b
倉中房男　480b
倉成竜渚　697a
・グラバー　Thomas Blake Glover　**382b** 139c 1093c
倉橋仙太郎　485a
倉橋由美子　257a
倉場富三郎　382c
・蔵原惟人(くらはらこれひと)　**383a** 383b 431b 754a
・蔵原惟郭(くらはらこれひろ)　**383a** 268b 619b
倉持子之吉　419a
久良々　986a
・グラント　Ulysses Simpson Grant　**383b** 267b 457b 1033b 1053a 1136c
・グリーン　Daniel Crosby Greene　**383c** 80a 487c 994a
・栗島すみ子(くりしますみこ)　**383c**
・栗田寛(くりたひろし)　**384a** 328c 997a 1044b 1126a
・栗田元次(くりたもとつぐ)　**384b**
グリナン　267c
・栗野慎一郎〔掖山〕(くりのしんいちろう)　**384c**
栗林一石路　231b
栗原勇　452c
栗原信兆　986b
・栗原信充(くりはらのぶみつ)　**384c**
栗原安秀　73a 215c 452c 789c
・栗原亮一(くりはらりょういち)　**385b**
・グリフィス　William Elliot Griffis　**385b** 380c
・栗本鋤雲(くりもとじょうん)　**385c** 267c 426c
栗本瀬兵衛　267c
・厨川白村(くりやがわはくそん)　**386a** 400c
・グルー　Joseph Clark Grew　**386b** 142a 1150a

・来島恒喜(くるしまつねき)　**386c** 183c 414b 669c 700a
・来栖三郎(くるすさぶろう)　**387a**
・栗栖赳夫(くるすたけお)　**387b**
クルティウス〔クルチウス〕 Jan Hendrik Donker Curtius　⇨ドンクル=キュルシウス　124a 130c
・来原良蔵(くるはらりょうぞう)　**387b** 93c
呉文聡　907b 1017a
・クレーギー *Sir* Robert Leslie Craigie　**387c** 489c 142a
・呉秀三(くれしゅうぞう)　**388a** 451c
・グロ〔グロー〕 *Baron* Jean Baptiste Louis Gros　**388b** 929c 102b
・黒板勝美(くろいたかつみ)　**388c** 146a 188c 460c 615c 671c 768a 931c 997b 1154a
黒井悌次郎　752c
・黒岩涙香〔所適〕(くろいわるいこう)　**389a** 307b 406c 505c 912a 1071a
・クローデル Paul Louis Charles Claudel　**389c**
クローン　427c
鉄屋喜兵衛　641c
黒川嘉兵衛　1160a
・黒川春村〔薄斎〕(くろかわはるむら)　**389c** 390a 479b
・黒川真頼〔荻斎〕(くろかわまより)　390a 479b 572b 994a 997a 1130b
・黒川良安〔静淵，自然〕(くろかわりょうあん)　**390b** 464a
・黒木為楨(くろきためもと)　**390b**
黒駒の勝蔵　521a
・黒澤明(くろさわあきら)　**390c** 750b 869a 1023c 1114a
黒沢忠三郎　190b
・黒沢鷹次郎(くろさわようじろう)　**391a**
・黒島伝治(くろしまでんじ)　**391a**
クロスビ　865a
・黒田一葦(くろだいちい)　**391b**
・黒田清隆(くろだきよたか)　**391b** 224c 397c 501b 529b 546b 600c 958b 980b 1033b 1075a
・黒田清綱(くろだきよつな)　**392a**
・黒田清輝(くろだせいき)　**392b** 5b 127c 211c 216c 335a 378c 379c 392b 757c 907c 1119a 1173a 1173c
黒田辰男　272a
黒田チカ　965b
・黒田俊雄(くろだとしお)　**392c**
黒田長知　290b
・黒田長溥(くろだながひろ)　**393a** 277c 391b 626b 669c 881a 890c
黒田斉溥　277c 514c
黒田播磨　177c
・黒田寿男(くろだひさお)　**393c**
・黒田英雄(くろだひでお)　**394a**
黒田保久二　1117a
黒田了介　501b
グロ男爵　267b
黒沼槐山　15b
黒野義方　377b
・クロパトキン Aleksei Nikolavich Kuropatkin　**394a**
クロフォード　992b
黒部権之介　317b 616c
黒部権之助　192a
・桑木厳翼(くわきげんよく)　**394a** 34a 635c
・桑田熊蔵(くわたくまぞう)　**394c** 377b 562b
桑田玄真　395a
・桑田忠親(くわただちか)　**395a**
桑田芳蔵　810b
・桑田立斎(くわたりっさい)　**395a**
桑名の穴生徳　521a
桑原静雄　809b
・桑原隲蔵(くわばらじつぞう)　**395b** 146a 789a
・桑原武夫(くわばらたけお)　**395c** 763a
桑原虎治　1175a
桑原頼太郎　787c
桑本正明　145c
・郡司成忠(ぐんじなりただ)　**396a** 45c 405a 405c 539b 1126b

け

ケアリ Otis Cary　⇨ケーリ
・慶親王奕劻(けいしんのうえききょう)　**396b** 243c
・景梅九(けいばいきゅう)　**396c**
・ケーベル Raphael Koeber　**396c** 30a 33a 72a 394b 405c 614c 788b 829c 1180c
・ケーリ Otis Cary　**397a**
・月性〔知円，清狂〕(げっしょう)　**397b** 9b 189b 655a 667b 1050b
月照　151c 277c 445a 473a 537b 670b 881a 1132a
蕨真　89b
月波散人　85c
・ケプロン Horace Capron　**397c** 391c
・煙山専太郎(けむやませんたろう)　**398a**
阮愛国　932c
けんか太郎　624c
絃教(初世)　1025a
絃教(２世)　1025a
憲奎王　528c
・玄々堂(げんげんどう)　⇨松本儀平
拳骨和尚　1059b
源氏山　790b
賢章院　514b
剣書閣主人　757c
憲政の神様　238c
玄昔運　1074c
ゲンツ　1154a
硯田農夫　627a
元徳　452b
現如　193b 264c 993a
剣持章行　145c

こ

・顧維鈞(こいきん)　**398b**
・小池国三(こいけくにぞう)　**398b**
・小池張造(こいけちょうぞう)　**398c** 500b
・小泉策太郎〔三申〕(こいずみさくたろう)　**399a** 406c
・小泉純一郎(こいずみじゅんいちろう)　399b
・小泉信三(こいずみしんぞう)　**399b** 369a 722a 813a
・古泉千樫(こいずみちかし)　**399c** 89c 349c 763b 1001b
小泉信吉　585a
・小泉又次郎(こいずみまたじろう)　**400a**
・小泉八雲(こいずみやくも)　**400b** 134c
小泉保太郎　1014a
・小磯国昭(こいそくにあき)　**400c** 141c 552c 1148a
・小磯良平(こいそりょうへい)　**401a**
・肥塚竜(こいづかりゅう)　**401b**
小出兼政　401c
・小出粲〔梔園〕(こいでつばら)　**401b**
・小出楢重(こいでならしげ)　**401c**
・小出光教(こいでみつのり)　**401c**
鯉沼伊織　260a
鯉沼九八郎　719b
・小岩井浄(こいわいきよし)　**402a**
・洪英植(こうえいしょく)　**402a** 933c
光格天皇　1009a
・甲賀源吾(こうがげんご)　**402b** 35b 781a
江稼圃　348b
孝欽皇后　569a
高堅　159a
公現法親王　693a
・黄興(こうこう)　**402c** 124b 148c 440a 545a 665b 668a
・郷古潔(ごうこきよし)　**403a**
弘済慈徳禅師　576c
高斎林良　611b
・高坂正顕(こうさかまさあき)　**403b** 411c
・黄遵憲(こうじゅんけん)　**403b**
香淳皇后　536a 1146a
・孔祥熙(こうしょうき)　**403c** 142a
・郷誠之助(ごうせいのすけ)　**404a** 306b 429c 755c 994b
・高宗(こうそう)　**404b**
・高宗武(こうそうぶ)　**404c** 173b 699a

光尊　175b
光沢(こうたく)　⇨広如
高田源兵衛　243b 307b
幸田幸　405c
幸田成常　405c
・幸田成友(こうだしげとも)　405a 45c 146a 396a 405c 966b 1154a
・幸田延(こうだのぶ)　405c 45c 396a 405a 614c
・幸田露伴(こうだろはん)　405c 45c 292b 396a 405a 453b 657b 663b 867b 962b 1087b 1174c
・神津仙三郎(こうづせんざぶろう)　406b
神津専三郎　58c 406b 608a →神津仙三郎
江東みどり　453b
・幸徳秋水(こうとくしゅうすい)　406b 28b 38b 63b 150c 188c 232c 274a 283c 307b 327c 338b 349a 389b 396c 399a 418a 455c 540c 605a 628b 665b 785c 1026c 1030c 1097a 1100c
・広如(こうにょ)　407b 189b 397b 667b
鴻池家　695a 856c
鴻池新十郎　961c
鴻池善右衛門　558b
鴻池屋伊助　923a
・河野一郎(こうのいちろう)　407b 154a 408a 748a 878c
河野金昇　258a
・河野謙三(こうのけんぞう)　408a 950c
河野三平　367a
・河野省三(こうのせいぞう)　408b
河野恒吉　1011a
河野禎造　890c
河野鉄兜　575b 603c
・河野敏鎌(こうのとがま)　408c 247a 271a 512c 777c 799b 1040a
・幸野楳嶺(こうのばいれい)　409a 137c 193c 303a 377c 617b
・河野広中〔磐州〕(こうのひろなか)　409a 3a 228a 270a 370b 409c 658a 1041c 1050a
・河野広躰(こうのひろみ)　409c
河野広胖　409b
・河野密(こうのみつ)　410a
河野洋平　408a
・神鞭知常〔謝海，千里〕(こうむちともつね)　410b 28a 790c
・孝明天皇〔統仁〕(こうめいてんのう)　410c 19c 119b 123a 516c 709b 770a 772a 793c 794a 978c 979c 995b
・河本大作(こうもとだいさく)　411b 178a 666b
・高山岩男(こうやまいわお)　411c 403b
・康有為〔長素〕(こうゆうい)　412a 403c 545a
黄洋　595a
・幸祥光(こうよしみつ)　412a
光誉禅竜　141a
・高良とみ(こうらとみ)　412b
高良斎　492a
ゴータ　564c
・コーツ　Harper Havelock Coates　412b
・ゴーブル　Jonathan Goble　412c 919c
古賀清志　178a 904c
・古賀謹一郎(こがきんいちろう)　412c 304b 504b 878a 1138b
古賀謹堂　304b 878a
古賀茶渓　603c 1138b
古賀十郎　243b
古賀精里　180a 368b 448c 818a
久我建通　27a 167a 269a 771b 1024a
古賀侗庵　78b 161a 385c 459a 482a 1016b 1016c 1079c
・小金井良精(こがねいよしきよ)　413a 616a
小金井芦州　86b 326c
・古賀春江(こがはるえ)　413a
・古賀政男(こがまさお)　413b
久我通明　269a
久我通久　269a
・古賀峯一(こがみねいち)　413c
古賀廉造　1164c
・黒正巌(こくしょういわお)　413c 945b
黒頭尊者　733c
国府犀東　539a
・国分青厓(こくぶせいがい)　414a
・小久保喜七〔城南〕(こくぼきしち)　414b
谷門道人　927a
・国領五一郎(こくりょうごいちろう)　414b
・古今亭志ん生(2代)(ここんていしんしょう)　414c
・古今亭志ん生(3代)(ここんていしんしょう)　414c
・古今亭志ん生(4代)(ここんていしんしょう)　414c
・古今亭志ん生(5代)(ここんていしんしょう)　414c
・古在由重(こざいよししげ)　415a
・古在由直(こざいよしなお)　415b
・小坂順造(こさかじゅんぞう)　415b
・小崎弘道(こざきひろみち)　415c 45a 492b 530b 619a 1024c 1063a
コサンド　1151a
越川平右衛門　563b
ゴシケビチ　629c
・児島惟謙(こじまいけん)　416b
・小島烏水(こじまうすい)　416c 134a
小島学古　17a
・古島一雄〔古一念〕(こじまかずお)　417a
・児島喜久雄(こじまきくお)　417b 34a
小島四郎　245b
小島成斎　258b
・児島善三郎(こじまぜんざぶろう)　417b
児島高徳　497b
・小島文治郎(こじまぶんじろう)　417c 481b
小島行正　380b
小島力次郎　602b
・小島竜太郎(こじまりょうたろう)　418a 457a
胡志明　932c
呉昌碩　843c 1114b
・五所平之助〔五所亭〕(ごしょへいのすけ)　418a
・小杉榲邨〔杉園〕(こすぎすぎむら)　418b 973b
・小杉天外(こすぎてんがい)　418b
・小杉放庵(こすぎほうあん)　418c
小菅丹治　641b
呉清源　574c
小関三英　196a 1027a 1176a
・五姓田芳柳(ごせだほうりゅう)　418c 1017b 1119a
五姓田勇子　419a
五姓田幽香　419a
・五姓田義松(ごせだよしまつ)　419a 419a 893a 1167c
五姓田柳翁　419a
巨勢小石　409a
吾曹　900b
・五代友厚(ごだいともあつ)　419b 34c 76b 282b 416b 447c 484b 515b 595b 691a 695a 753b 759c 886b 889a 909a 1064c 1077a
・小平邦彦(こだいらくにひこ)　419c
・古武弥四郎(こたけやしろう)　420a
小谷正雄　725a
・児玉一造(こだまいちぞう)　420b 729a 833a
・児玉花外(こだまかがい)　420b 803b 1051b
児玉果亭　331b
・児玉源太郎(こだまげんたろう)　420c 174b 208b 424a
児玉実文　846c
児玉順蔵　836b
・児玉秀雄(こだまひでお)　421a
・児玉誉士夫(こだまよしお)　421b
・呉長慶(ごちょうけい)　421c
コッチェ　1130a
後藤朝太郎　810b
・後藤伊左衛門(ごとういざえもん)　422a
・後藤一乗(ごとういちじょう)　422a 1172b
・五島慶太(ごとうけいた)　422a 715c
悟道軒円玉　312a
後藤三右衛門　731b
・後藤守一(ごとうしゅいち)　422b 550b
後藤松陰　78c 329a 518a 787b 961c 1151b
・後藤象二郎〔暘谷〕(ごとうしょうじろう)　422c 78a 102a 175a 176c 223b 361c

375b 382c 392a 408c 409b 414b 434a 435c 445b 462a 469b 582c 617c 651c 670b 738a 739b 808c 851b 894c 935c 1042a 1080c 1092c 1140c
• 後藤恕作(ごとうじょさく) 423c
• 後藤新平(ごとうしんぺい) 423c 100b 177c 245a 301b 314c 377b 421a 500b 552c 683b 733a 747c 841c 1082a 1110c 1147b
• 五島清太郎(ごとうせいたろう) 424c
• 伍堂卓雄(ごどうたくお) 424c 336a
• 後藤宙外(ごとうちゅうがい) 425a 518b
後藤貞行 541b
伍堂輝雄 755c
五島昇 197a
• 後藤文夫(ごとうふみお) 425a 627b 1081a
• 小藤文次郎(ことうぶんじろう) 425b
後藤光亨 731b
• 後藤隆之助(ごとうりゅうのすけ) 425c
琴田岩松 719b
• 載仁親王(ことひとしんのう) 426a 689c
小永井小舟 85c
• 小中村清矩〔陽春廬〕(こなかむらきよのり) 426b 109b 572b 1126a
• 小中村義象(こなかむらよしかた) ⇨池辺義象
• 小西義敬(こにしぎけい) 426c
• 小西重直(こにししげなお) 426c 239a 468a
• 近衛篤麿〔霞山〕(このえあつまろ) 427a 75a 100a 191c 228a 233c 334b 410b 427c 726a 740a 800c
• 近衛忠煕〔翠山〕(このえただひろ) 427b 140c 488a 488b 597b 622c 670b 793c 1151b
近衛忠房 6c 277c 577a
近衛直麿 428a
• 近衛秀麿(このえひでまろ) 427c
• 近衛文麿(このえふみまろ) 428a 42b 55a 75a 77b 106c 228b 235b 253b 265c 294b 324c 345b 376a 425a 425c 444c 468c 544c 555c 561a 697c 730a 784b 856b 879c 954c 963b 969a 974b 990c 1003b 1029c 1079b 1081a 1092a 1119b 1121a 1138a 1158b
近衛泰子 856b
• 呉佩孚(ごはいふ) 429a 666b
• 小橋一太〔杏城〕(こばしいちた) 429b
• 小橋勝之助(こばしかつのすけ) 429b 845a
小橋橘陰 329a
小橋実之助 429c 845a
小橋道寧 329a
小橋安蔵 979b
• 小林中(こばやしあたる) 429c 467a 755c
• 小林一三(こばやしいちぞう) 430a 336a 404b 924a
小林永洲 1152b
• 小林清親(こばやしきよちか) 430a
• 小林樟雄(こばやしくすお) 430b 174b 414b 899a
• 小林古径(こばやしこけい) 430c 234a 266a 496a 676c 791c 952a
小林正次 798c
• 小林躋造(こばやしせいぞう) 430c
• 小林多喜二(こばやしたきじ) 431a 1082b
小林富次郎 166a
小橋友之輔 329a
• 小林虎三郎(こばやしとらさぶろう) 431c
小林彦次郎 260a
• 小林秀雄(こばやしひでお) 431c 177a 631b 758a 850b 943a 957b 1083a
• 小林英夫(こばやしひでお) 432b
小林稔 1122c
• 小林行雄(こばやしゆきお) 432b
胡必成 527c
小堀甚二 882b
• 小堀鞆音(こぼりともと) 432c 313b 1082c
• 駒井和愛(こまいかずちか) 433a
駒井喜作 446c 460a
駒井検校梅寿一 1135c
• 駒井徳三〔麦秋〕(こまいとくぞう) 433a
古満寛哉 504c
小牧昌業 516c
• 駒田好洋(こまだこうよう) 433b
小松景和 1135c
小松謙吉 1118b
• 小松三省(こまつさんせい) 433c
• 小松帯刀(こまつたてわき) 433c 346a 516a 713c
小松宮彰仁親王(こまつのみやあきひとしんのう) ⇨彰仁親王
• 小松原英太郎(こまつばらえいたろう) 434a 219b
小南五郎右衛門 1092b
• 小宮豊隆(こみやとよたか) 434b 30a 32c 292b 802b
• 小宮山綏介〔南梁〕(こみやまやすすけ) 434c
• 小村寿太郎(こむらじゅたろう) 434c 32c 60a 74c 548b 606a 667c 688a 861b 946b 967b 1099c 1153a
• 小室重弘〔屈山〕(こむろしげひろ) 435b
• 小室信夫(こむろしのぶ) 435c 78a 223b 481b 519c
• 小室信介(こむろしんすけ) 435c
• 小室翠雲(こむろすいうん) 436a 627a
小室秀俊 691a
米田是容 103a 1061a
米田虎雄 938b
小森宗二 859a
古屋佐久左衛門 742a
• 子安峻〔悟風〕(こやすたかし) 436b 76c 1062b 1125a
• 小山健三(こやまけんぞう) 436c
小山作之助 614c
小山三巳 325a
• 小山松寿(こやましょうじゅ) 436c
• 小山正太郎(こやましょうたろう) 437a 5b 60c 211c 231b 294c 418c 757c 768c 893a 1017b 1071c 1142a
小山久之助 739b
• 小山益太(こやまますた) 437a
• 小山松吉(こやままつきち) 437b 780b
小山祐士 724b
• 五来重(ごらいしげる) 437b
コルシェルト 611a
コレット 893c
コワニー 886b
金光大神(こんこうだいじん) ⇨川手文治郎
厳護法城 993a
• 権田直助(ごんだなおすけ) 437c 48b 109a
• ゴンチャローフ Ivan Aleksandrovich Goncharov 438a
• 近藤勇(こんどういさみ) 438b 260a 356b 576a 576a 869b 881b
• 近藤栄蔵(こんどうえいぞう) 439a 189a
• 近藤憲二(こんどうけんじ) 439a 189a 1173b
近藤乾三 932a
• 今東光〔春聴〕(こんとうこう) 439b 442c
近藤周助 869b
• 権藤震二〔雷軒，高良山人〕(ごんどうしんじ) 439c
• 権藤成卿(ごんどうせいきょう) 439c
近藤正斎 224b
近藤雪竹 367c
• 近藤虎五郎(こんどうとらごろう) 440b
近藤平三郎 493b
• 近藤真柄(こんどうまがら) 440b 456b
• 近藤真琴(こんどうまこと) 440c 546b
• 近藤万太郎〔扇村〕(こんどうまんたろう) 440c
近藤茂左衛門 50b
• 近藤基樹(こんどうもとき) 441a 472a 692a
近藤守重 678a
• 近藤芳樹(こんどうよしき) 441b
近藤隆左衛門 515c
• 近藤廉平(こんどうれんぺい) 441b 1067a 1148a
• コンドル Josiah Conder 442a
• 厳如〔愚皐〕(ごんにょ) 442b

金春広成　467b
・今日出海(こんひでみ)　442b
金易二郎　572a

さ

・崔益鉉(さいえきげん)　443a
・西園寺公一(さいおんじきんかず)　443a
・西園寺公望(さいおんじきんもち)　443b　83c 265b 279a 345c 355c 374b 392b 399b 483b 536a 609b 619b 693a 739b 742c 745b 855a 856a 958b 973c 977c 983b 990a 1094c 1125c 1169a
・三枝博音(さいぐさひろと)　444b 833b
西郷吉之助〔吉兵衛〕　51b 346a 501b 651c 1151b →西郷隆盛
・西郷孤月(さいごうこげつ)　444c 819b
西郷小兵衛　269b
・西郷隆盛〔止水，南洲〕(さいごうたかもり)　445a 77c 131a 135b 181b 208b 208c 213b 233b 245b 259a 269a 275c 314b 329b 346a 359c 391c 423a 434a 438a 446a 447b 462b 501b 502a 506a 515b 516c 582c 622b 651c 670b 700a 713c 741a 820b 823c 826c 881a 910a 928b 930c 1024b 1047c 1093b 1094a 1109a 1129b 1132a 1151b →西郷吉之助
・西郷従道〔竜庵〕(さいごうつぐみち)　446a 93a 182a 208b 271a 472a 501c 532a 540b 651c 1094a 1115a
・西光万吉(さいこうまんきち)　446c 460a
・崔時亨〔海月〕(さいじこう)　447a
・税所敦子(さいしょあつこ)　447a
・税所篤〔厳舎，鵬北〕(さいしょあつし)　447b 1046c
・西条八十(さいじょうやそ)　447c 480b 873a 1132c
才谷梅次郎　461a
才谷梅太郎　461b
・斎藤宇一郎(さいとううういちろう)　447c
・斎藤月岑(さいとうげっしん)　448a
斉藤健次郎　1077a
斎藤栄　473b
・西東三鬼(さいとうさんき)　448b
斎藤赤城　603c
・斎藤拙堂〔鉄研道人〕(さいとうせつどう)　448c 158a 253c 304b 339a 574c 655a 818a 1005c 1108b
・斉藤惣一(さいとうそういち)　448c
・斎藤隆夫(さいとうたかお)　449a 21c 972c
・斎藤高行(さいとうたかゆき)　449b
斎藤辰吉　753a
斎藤淡堂　879b
斎藤竹堂　818b
・斎藤恒三(さいとうつねぞう)　449c
斎藤篤信斎　452a
・斎藤利行(さいとうとしゆき)　449c 473c
・斎藤恒(さいとうひさし)　450a
斎藤秀雄　128b
・斎藤秀三郎(さいとうひでさぶろう)　450a 48b
・斎藤博(さいとうひろし)　450b 40c
・斎藤実(さいとうまこと)　450c 83c 284a 444b 1120c
斎藤真典　655c
・斎藤万吉(さいとうまんきち)　451b
・斎藤茂吉(さいとうもきち)　451b 89c 400a 509b 763b 883a
・斎藤弥九郎(初代)(さいとうやくろう)　452a 346a 569c 616c 734b 1024a 1178c
・斎藤弥九郎(2代)(さいとうやくろう)　452a
斎藤雷太郎　738b
・斎藤劉(さいとうりゅう)　452c 73a
・斎藤良衛(さいとうりょうえい)　453a
・斎藤緑雨(さいとうりょくう)　453b 111b 418b 867b
斎藤鹿水　655c
・蔡培火(さいばいか)　453b
・サイル　Edward W. Syle　453c 130c
・佐伯祐三(さえきゆうぞう)　454a
小織桂一郎　344a
坂井伊之吉　561b
・阪井久良伎(さかいくらき)　454a 102b
酒井七馬　687a
・酒井田柿右衛門(12代)(さかいだかきえもん)　454b
・酒井田柿右衛門(13代)(さかいだかきえもん)　454b
・酒井田柿右衛門(14代)(さかいだかきえもん)　454b
・酒井隆(さかいたかし)　454c
・酒井忠義(さかいただあき)　454c 756b 995b 1163a
・酒井忠邦(さかいただくに)　455b
酒井忠績　304a
酒井忠正　1080c
・堺為子(さかいためこ)　455b
酒井篤礼　486a
・堺利彦〔枯川〕(さかいとしひこ)　455c 38b 52a 63b 188c 237c 283c 297c 310a 349a 389b 399a 407a 439a 540c 583a 605a 899b 913b 1026c 1032a 1072a 1096a 1097a 1134c
・境野黄洋〔哲海〕(さかいのこうよう)　456c
境野哲　595a
・酒井雄三郎(さかいゆうざぶろう)　456c 739b
坂内重兵衛　504c
坂上宗詮　20a
・榊原鍵吉(さかきばらけんきち)　457a 972a
榊原紫峰　676c 1045a
榊原政令　697b
・榊原芳野(さかきばらよしの)　457b 109b
・坂口安吾〔五峯〕(さかぐちあんご)　457b 63c 660c
坂口仁一郎　457b
・坂口昂(さかぐちたかし)　457c 146b 558b
坂崎斌　899a 977c
・坂崎紫瀾(さかざきしらん)　458a 899a
嵯峨実愛(さがさねなる)　⇨正親町三条実愛
・坂三郎(さかさぶろう)　458a
阪田警軒　1071a
・坂田三吉(さかたさんきち)　458b
・坂田昌一(さかたしょういち)　458b 724c 790a 1122c
・阪谷芳郎(さかたによしろう)　458c 1016c 1095b 1169a
・阪谷朗盧(さかたにろうろ)　459a
坂田諸遠　881a
嵯峨根遼吉　790a
阪正臣　726c
坂村徹　350a
・坂本嘉治馬(さかもとかじま)　459b 247a
・坂本金弥(さかもときんや)　459c
・坂本孝三郎(さかもとこうざぶろう)　459c 784b
・阪本清一郎(さかもとせいいちろう)　460a 446c
・坂元雪鳥(さかもとせっちょう)　460b
・坂本太郎(さかもとたろう)　460b
・坂本直寛(さかもとなおひろ)　460c
・坂本繁二郎(さかもとはんじろう)　461a 437a
・阪本勝(さかもとまさる)　461b
・坂本竜馬(さかもとりょうま)　461b 51b 76b 135b 210c 275c 346a 367a 408c 416b 423a 434a 445b 469b 595c 622c 651c 739b 741a 746c 757b 1040b
昌谷精渓　334a 459a
・相楽総三(さがらそうぞう)　462b 245b 438a
相良藤次　277c
・相良知安(さがらともやす)　462b 123a
・向坂逸郎(さきさかいつろう)　462c 39a
・崎村常雄(さきむらつねお)　463b
佐久間国善　463c
・佐久間左馬太(さくまさまた)　463b
・佐久間象山〔修理〕(さくましょうざん)　463c 67a 160c 254a 285a 304b 307b 390b 431c 436b 589c 595a 607b 621b 675c 741a 792a 822c 868a 888a 910a

1044c 1086a 1107a 1113c 1138b 1176b
・佐久間勉(さくまつとむ) **464c**
・佐久間貞一(さくまていいち) **464c** 615b
・佐久良東雄〔薑園，桜－〕(さくらあずまお) **465a**
桜井明石 1102a
桜井義肇 373a
桜井静 1098b
・桜井錠二(さくらいじょうじ) **465b** 970b
・桜井忠温(さくらいただよし) **465c**
・桜井ちか(さくらいちか) **466a** 1078b
桜井能監 473c
桜井平吉 1049c
・桜内幸雄〔蒼天〕(さくらうちゆきお) **466a**
桜岡源次衛門 571b
桜任蔵 465b
・桜田一郎(さくらだいちろう) **466b**
桜田勝徳 1033c
・桜田治助(さくらだじすけ) **466c**
・桜田武(さくらだたけし) **467a** 429c
桜田良佐 170a
・桜間弓川(さくらまきゅうせん) **467b**
・桜間左陣(さくらまさじん) ⇨桜間伴馬
・桜間伴馬(さくらまばんば) **467b** 157b 932a
佐郷屋留雄 124b
・迫水久常(さこみずひさつね) **467b** 216a 1021c
・左近司政三(さこんじせいぞう) **467c**
笹尾鉄三郎 985b
笹川種郎 146a
佐々木寛蔵 1109a
・佐々木月樵(ささきげっしょう) **468a** 357a 628c
・佐々木更三(ささきこうぞう) **468b**
佐々木駒之助 863c
・佐々木惣一(ささきそういち) **468c** 114b 133b 544b 653c 1181a
佐々木荘助 1146a
・佐々木隆興(ささきたかおき) **469a** 1141b
・佐佐木高行(ささきたかゆき) **469b** 471b 471c 546b 588a 870a 976b 1061b
佐々木只三郎〔唯三郎〕 356b 438c 741b
・佐々木太郎(ささきたろう) **469c**
佐々木千尋 1047b
佐々木忠次郎 1004c
・佐々木到一(ささきとういち) **470a**
・佐々木東洋(ささきとうよう) **470a**
・佐佐木信綱〔小鈴〕(ささきのぶつな) **470b** 319a 349c 369b 524c 621c 823c 1043c 1088b
・佐々木弘綱〔鈴山〕(ささきひろつな) **470c** 152b
佐々木豊寿 1078b
佐々木允明 524a
・佐々木安五郎〔照山〕(ささきやすごろう) **471a**
・佐佐木行忠(ささきゆきただ) **471b**
佐々木良作 269a
笹波萍二 546b
笹沼源之助 650b
佐々原宣明 479b
笹本戒浄 1101c
笹森儀助 373b
・指原安三(さしはらやすぞう) **471b**
佐須伊織 187b
佐瀬熊鉄 581a
佐瀬蘭舟 290a
・佐双左仲(さそうさちゅう) **471c**
・佐多稲子(さたいねこ) **472a** 680c
・佐田介石(さだかいせき) **472b**
・貞方良助(さだかたりょうすけ) ⇨阿部真造
佐竹永海 993b
佐竹鑑柳斎 585a
佐竹茂雄 585a
佐竹東三 317c
・佐竹義堯(さたけよしたか) **472c** 133b
・貞愛親王(さだなるしんのう) **472c** 284c 374a
・佐田白茅(さだはくぼう) **473a** 1074c
定村直好 1057c
祐宮 84b 772a →明治天皇
佐々鵲巣 371b
佐々醒雪 188b 711b
・佐々友房〔克堂〕(さっさともふさ) **473b** 24a 57c 375a 502a 552b 730c 751b
・薩埵正邦(さったまさくに) **473c**
・薩摩治郎八(さつまじろはち) **474a**
薩摩若太夫 1170a
・サトウ *Sir* Ernest Mason Satow **474a** 22c 634a 1018a
佐藤一英 1136a
佐藤一斎 15c 201a 329a 371a 371b 385c 463c 519b 589c 769a 822c 1005c 1020a 1107a 1175c
・佐藤栄作(さとうえいさく) **474c** 429c 898a 942b 1004a
佐藤喜一郎 67c
・佐藤清臣〔神琴，真澄廼舎〕(さとうきよおみ) **475a** 926b
・佐藤義亮〔橘香，妖堂，浩堂〕(さとうぎりょう) **475b**
・佐藤賢了(さとうけんりょう) **475c**
佐藤鋼次郎 177c
・佐藤紅緑(さとうこうろく) **475c** 188b 477b 577a 995c
佐藤里治 497a
・佐藤繁彦(さとうしげひこ) **476a**
佐藤成裕 707a
佐藤舜海 1177a
佐藤昇庵 278a
・佐藤昌介(さとうしょうすけ) **476b**
・佐藤尚中〔笠翁，笠翁〕(さとうしょうちゅう) **476c** 123a 462c 470b 824c 1177a
・佐藤進〔茶崖〕(さとうすすむ) **477a** 476c
・佐藤惣之助(さとうそうのすけ) **477b** 577b 1077b
・佐藤泰然〔紅園〕(さとうたいぜん) **477c** 470b 476c 506b 849b 938c 1025b
・佐藤達夫(さとうたつお) **478a**
佐藤球 1180a
佐藤千夜子 413b
佐藤中陵 707a 1071c
佐藤鉄三郎 291b
・佐藤鉄太郎(さとうてつたろう) **478b**
佐藤伝蔵 1101c
佐藤道碩 858b
佐藤歳三 51a
・佐藤尚武(さとうなおたけ) **478c** 483b 1069a
・佐藤誠実〔黙斎〕(さとうのぶざね) **479a** 1118c
・佐藤信淵(さとうのぶひろ) **479b**
・サトウハチロー **480b** 329c
・佐藤春夫(さとうはるお) **480c** 651a 660c 941c 1051c
佐藤彦五郎 869b
・佐藤北江〔北江狂士〕(さとうほっこう) **481a**
佐藤又市 600b
・佐藤三喜蔵(さとうみきぞう) **481b** 417c
佐藤愛麿 129a
佐藤与造 826b
里見勝蔵 417c
里見岸雄 641b
・里見弴(さとみとん) **481c** 39b 39c 75c 270c 495c 1039a
真田丑五郎 702a
真田幸貫 463c
佐野栄寿 216b
佐野静雄 915a
佐野竹之介 42c 190b
・佐野常民(さのつねたみ) **482a** 216b 231a 491c 929c
・佐野経彦(さのつねひこ) **482b**
・佐野利器(さのとしかた) **482c**
佐野文夫 882c
・佐野増蔵(さのますぞう) **482c** 56c
・佐野学(さのまなぶ) **483a** 496b 776b
佐野屋孝兵衛〔佐孝〕 331a
・佐羽吉右衛門(さばきちえもん) **483b**
・佐分利貞男(さぶりさだお) **483b** 388a 478c
・サボリ Nathaniel Savory **483c**
・サマーズ James Summers **484a**
・鮫島尚信(さめしまなおのぶ) **484b**

915c 931a 1064c
サラザン　588a
猿若山左衛門　348a
佐六小文字　701c
佐六文中　701c
沢井鉄馬　1064c 1136c
沢三伯　599a
沢田章　844a
• 沢田吾一(さわだごいち)　**484b**
• 沢田茂(さわだしげる)　**484c**
• 沢田正二郎(さわだしょうじろう)　**485a** 631c 799a
沢田四郎作　1033c
沢田忠兵衛　1172b
沢田半之助　535a 599b
• 沢田美喜(さわだみき)　**485b**
沢為量　499c 679c
• 沢宣嘉(さわのぶよし)　**485b** 311a 488c 603c 609b 692b 828b 836b 881a
• 沢辺正修(さわべせいしゅう)　**486a**
• 沢辺琢磨(さわべたくま)　**486a** 783a
• 沢村栄治(さわむらえいじ)　**486b**
沢村お紋　318a
沢村源平(4代)　486b
沢村源平(5代)　486b
沢村源平(6代)　486b
沢村西陂　371b
• 沢村宗十郎(7代)(さわむらそうじゅうろう)　**486b**
• 沢村宗十郎(8代)(さわむらそうじゅうろう)　**486b**
• 沢村宗十郎(9代)(さわむらそうじゅうろう)　**486b**
沢村宗之助　559c
• 沢村田之助(3代)(さわむらたのすけ)　**486c**
• 沢村田之助(4代)(さわむらたのすけ)　**486c**
• 沢村田之助(5代)(さわむらたのすけ)　**486c**
• 沢村田之助(6代)(さわむらたのすけ)　**486c**
沢村訥升(3代)　486b
沢村訥升(4代)　486b
沢村訥升(5代)　486b
沢村百之助　486c
沢村由次郎(初代)　486c
沢村由次郎(3代)　486c
沢村由次郎(4代)　487a
• 沢柳政太郎(さわやなぎまさたろう)　**487a** 159a 239b 253c 357a 426c 468a 815a 1103c
• 沢山保羅(さわやまぼうろ)　**487c** 779b 781b
早蕨内侍　1089b
佐原保治　813b
左腕居士　471b
サンガー　282b 1116c
三条公恭　237b 244a
• 三条実万〔澹空，忠成〕(さんじょうさねつむ)　**487c** 52c 140c 269a 574c 771b 824b
• 三条実美〔梨堂〕(さんじょうさねとみ)　**488b** 27a 119c 128c 182a 208c 237b 244a 272b 300a 329b 345a 346b 392b 445c 461c 473a 485c 489b 516c 622c 645a 736b 741a 787c 866a 868a 870a 881a 960b 966a 994c 1024a 1061b
• 三笑亭可楽(4代)(さんしょうていからく)　**489a**
• 三笑亭可楽(6代)(さんしょうていからく)　**489a**
• 三笑亭可楽(7代)(さんしょうていからく)　**489a**
• 三笑亭可楽(8代)(さんしょうていからく)　**489a**
• 三条西季知(さんじょうにしすえとも)　**489b** 488c
• サンソム　*Sir* George Bailey Sansom　**489b**
山東直砥　759b
山王草堂主人　711c
三遊亭円橘(2代)　490b
三遊亭円喬(3代)　490a
三遊亭円生(2代)　490b
• 三遊亭円生(3代)(さんゆうていえんしょう)　**489c**
• 三遊亭円生(4代)(さんゆうていえんしょう)　**489c**
• 三遊亭円生(5代)(さんゆうていえんしょう)　**489c**
• 三遊亭円生(6代)(さんゆうていえんしょう)　**489c**
• 三遊亭円朝(初代)(さんゆうていえんちょう)　**490b** 490a 296b 489c
• 三遊亭円朝(2代)(さんゆうていえんちょう)　**490b**
三遊亭円右(初代)　490c
三遊亭小円太　490b

し

• 椎名悦三郎(しいなえつさぶろう)　**491a** 773b
• 椎名麟三(しいなりんぞう)　**491a** 809b
椎野悦朗　96b
• シーボルト　Alexander Georg Gustav von Siebold　**491b** 1012c
• シーボルト　Heinrich Philipp von Siebold　**491c** 796b
• シーボルト　Philipp Franz von Siebold　**492a** 88c 89a 201c 390b 393b 598c 623b 718a 796c 871b 940c 948c
柹蔭山房主人　509b
慈雲　158c
シェーファー　229b
• ジェーンズ　Leroy Lansing Janes　**492b** 142b 165c 1024c 383a 416a
シェラー　1111a
シェンク　1174b
塩井雨江　620a
• 塩入松三郎(しおいりまつさぶろう)　**492c**
塩川文麟　409a
• 塩沢昌貞(しおざわまささだ)　**493a**
塩田三郎　267c
塩田広重　98a
• 塩野義三郎(初代)(しおのぎさぶろう)　**493a**
• 塩野義三郎(2代)(しおのぎさぶろう)　**493a**
• 塩野季彦(しおのすえひこ)　**493b**
• 塩谷温(しおのやおん)　**493c**
塩谷大四郎　885b
• 塩谷宕陰〔桃渓〕(しおのやとういん)　**494a** 326a 512b 603c 651c 726b 776a 812a 853c 937a 996c 1009a 1080a 1107a
塩谷時敏　572a
• 塩原又策(しおばらまたさく)　**494b**
汐見洋　870b
• 志賀潔(しがきよし)　**494b**
• 志賀重昂(しがしげたか)　**494c** 1026a
• 志賀泰山(しがたいざん)　**495b**
志賀直方　426a
• 志賀直哉(しがなおや)　**495c** 39c 236b 431a 432a 481c 612c 1039a
志賀廼家淡海　509a
• 志賀義雄(しがよしお)　**496a** 298c 710c 805c
慈禧太后　569a →西太后
• 敷田年治(しきだとしはる)　**496c**
士来原良蔵　313a
重藤千秋　141c
滋野井実在　499b
• 重野謙次郎(しげのけんじろう)　**496c**
• 滋野七郎(しげのしちろう)　**497a**
重野成斎　792c 818b
重信房子　96b
• 重野安繹(しげのやすつぐ)　**497a** 122b 181a 225b 379b 516c 615c 645c 776a 818b 937a 1154a
• 重光葵(しげみつまもる)　**497c** 40c 479a 791a 868c 941a 987c
• 重宗芳水(しげむねほうすい)　**498a** 1036b
重宗雄三　408a
重森三玲　686b
獅子王院宮　19c
• 宍戸左馬之介(ししどさまのすけ)　**498b**
• 宍戸璣(ししどたまき)　**498c** 230c
• 宍野半(ししのなかば)　**498c** 96c
• 獅子文六(ししぶんろく)　**499a** 334b
志道聞多　501b

慈性親王　1145a
・四条隆謌(しじょうたかうた)　499b 488c
静間小次郎　194b
志田重男　96b
・志田順(しだとし)　499c
・信太意舒(しだもとのぶ)　499c
実川延次　500a
・実川延若(初代)(じつかわえんじゃく)　500a 248b 761b
・実川延若(2代)(じつかわえんじゃく)　500a
・実川延若(3代)(じつかわえんじゃく)　500a
実川延二郎(初代)　500a
実川延二郎(2代)　500a
実川延次郎　500a
実川額十郎(初代)　500a
実川額十郎(2代)　500a
実川鴈治郎　761b
実川正若　538b
・後川文蔵(しっかわぶんぞう)　500b
実賢　159a
室田武里　657c
・幣原喜重郎(しではらきじゅうろう)　500b 99c 253b 290a 388a 398c 457c 483c 636a 704a 841b 949c 1137c
・幣原坦(しではらたいら)　501a
・品川弥二郎(しながわやじろう)　501b 315a 367c 446b 452b 540c 851b 878a 975a 1118a
篠崎小竹　78c 161a 329a 373b 818a 871b 1079c 1108b 1151b
篠崎訥堂　787b
篠田芥津　303c
篠原温亭　723b
・篠原国幹(しのはらくにもと)　502a 162b 360a 1047c
篠原守慶　927a
篠原助市　687b
信夫韓一郎　503a
・信夫淳平(しのぶじゅんぺい)　502b
・信夫恕軒(しのぶじょけん)　502c
信夫澄子　503a
・信夫清三郎(しのぶせいざぶろう)　502c
志濃夫廼舎　629b
司馬江漢　607b
柴弘吉　973a
・斯波孝四郎(しばこうしろう)　503a
・柴五郎(しばごろう)　503b 503c
柴秋邨　441c
・柴四朗(しばしろう)　503c 13a 58a 503c
斯波晋輔　318a
・芝祐泰(しばすけひろ)　504a
柴捨蔵　339b
・柴田桂太(しばたけいた)　504a 505b
・柴田収蔵(しばたしゅうぞう)　504b
柴田順作　273b
柴田昌吉　436b 1062b
・柴田承桂(しばたしょうけい)　504c
・柴田是真(しばたぜしん)　504c 55b 430b
柴田環(しばたたまき)　⇨三浦環
・柴田花守(しばたはなもり)　505a
・柴田雄次(しばたゆうじ)　505b
・斯波貞吉(しばていきち)　505c 1102b
芝野金七　521b
柴野栗山　385a
芝屋清五郎　880a
芝屋統園　723b
・柴山兼四郎(しばやまかねしろう)　505c
柴山矢八　506a
・柴山良助(しばやまりょうすけ)　506a
柴山老山　1086a
・司馬凌海(しばりょうかい)　506a
・司馬遼太郎(しばりょうたろう)　506b
渋江抽斎　258b
渋川敬直　731b
渋川六蔵　731b
・渋沢栄一(しぶさわえいいち)　507a 18a 24c 61c 98b 101b 138a 178b 252b 377c 404a 465c 508a 562b 606b 607c 627b 640c 713c 726b 755c 843b 861a 914c 923b 967a 1022c 1082a 1090b 1111a
・渋沢喜作(しぶさわきさく)　508a 242c
・渋沢敬三(しぶさわけいぞう)　508b 43b 175c 1033c
渋沢成一郎　34b 862c
渋沢正雄　753c
・渋谷兼八(しぶたにかねはち)　508c
・渋谷天外(初代)(しぶやてんがい)　508c 914a
・渋谷天外(2代)(しぶやてんがい)　508c
絞吉平　569c
島一葦　916b
・島尾敏雄(しまおとしお)　509a 63c
島男也　465b
・島木赤彦(しまきあかひこ)　509b 89c 763b
・島木健作(しまきけんさく)　509c
島崎勝太　438b
嶋崎孝次　776c
・島崎藤村(しまざきとうそん)　509c 11b 353c 581c 614b 658b 694c 711b 744c 867b 957b
・島崎正樹(しまざきまさき)　510c
島崎柳塢　1121c
島地大等　69a
・島地黙雷(しまじもくらい)　511a 11a 189b 194a
・島田一良(しまだいちろう)　511c 182b
島田一郎　511c
島田弟丸　1150c
・島田翰(しまだかん)　511c
・島田謹二(しまだきんじ)　512a
島田耕助　1024a
・島田篁村(しまだこうそん)　512b 295a 792c
・島田三郎(しまださぶろう)　512b 349a 439c 548c 726a 1010c 1144a
・嶋田繁太郎(しまだしげたろう)　513a 613b 697c
島田重礼　572a
島田正吾　631c
島田清次郎　52b
・島田俊雄(しまだとしお)　513a 746b
島津悦之助　1129b
島津源吉　513c
・島津源蔵(初代)(しまづげんぞう)　513b
・島津源蔵(2代)(しまづげんぞう)　513b
島津貞姫　447b 832b
島津茂久(しまづしげひさ)　⇨島津忠義 41c
・島津忠寛〔螻堂〕(しまづただひろ)　513c 807a
・島津忠義(しまづただよし)　514a 346a 976a 1056b
島津哲丸　447b
島津篤子　670b
島津篤姫　32b 145b →天璋院
・島津斉彬〔惟敬, 麟洲〕(しまづなりあきら)　514b 32a 144a 181b 259a 277c 324a 433c 445a 488a 691a 713c 718a 968b 982a 1092b
・島津斉興(しまづなりおき)　515b
島津久宝　514a
・島津久治(しまづひさはる)　516a
・島津久光(しまづひさみつ)　516b 41c 119b 123c 147c 162a 181c 208c 259a 276a 277c 346a 359c 385a 393c 433c 445a 594b 634a 713c 739c 794b 976b 979a 1132a
・島津久芳(しまづひさよし)　516c
・島津保次郎(しまづやすじろう)　517a 218c
・嶋中雄作(しまなかゆうさく)　517a
・島中雄三(しまなかゆうぞう)　517b
島貫兵太夫　581c
島野三郎　178a
・島秀雄(しまひでお)　517c 584b
・島村鼎甫〔紫軒〕(しまむらていほ)　517c
・島村速雄(しまむらはやお)　518a
・島村抱月(しまむらほうげつ)　518b 154b 228b 272a 372a 485a 510a 581c 623c 682a 762b 770c 825a 964b 970a 1007b 1026a
・島村光津(しまむらみつ)　518c
・島本仲道〔北洲〕(しまもとなかみち)　519a
島本久恵　303c
島本竜嘯　89a 201c
島安次郎　517c

島屋忠三郎　220b
島山村家　1112a
・島義勇〔楽斎〕(しまよしたけ)　**519b** 182a 276b
・志摩利右衛門〔豊円〕(しまりえもん)　**519c**
清水将夫　153c
・清水幾太郎(しみずいくたろう)　**520a**
・清水卯三郎(しみずうさぶろう)　**520b**
・清水亀蔵〔南山〕(しみずかめぞう)　**520b**
・清水喜助(しみずきすけ)　**520c**
清水行之助　125a 141c 708c 820a
清水七郎　480b
清水操夫　480b
清水操六　480b
清水町大師匠　727b
・清水澄(しみずとおる)　**520c**
・清水次郎長(しみずのじろちょう)　**520c** 4a 33b 543c
清水浜臣　224b 389c 952c
清水久義　1123a
清水文雄　1006c
・清水誠(しみずまこと)　**521b**
・清水三男(しみずみつお)　**521b** 10b 766b
清水霊山　707a
下総皖一　808c
・下岡忠治〔三峯〕(しもおかちゅうじ)　**521c** 841b
・下岡蓮杖(しもおかれんじょう)　**522a** 430b
下河原一霍　1013c
下河原一弘　1013c
・下国安芸(しもぐにあき)　**522a**
下国東七郎　987a
下啓助　79c
下坂藤太郎　291a
・子母澤寛(しもざわかん)　**522b**
下沢木鉢郎　1042c
・下瀬雅允(しもせまさちか)　**522c** 588c
・下曾根金三郎〔下曾禰－〕(しもそねきんざぶろう)　**522c** 10a 253c 313a 633c 678b →下曾根信敦
下曾根信敦〔下曾禰－〕　678b 986b →下曾根金三郎
・下田歌子(しもだうたこ)　**523a** 50c 697b
下津休也　1061a 1125a
下間良弼　328c
・下中弥三郎(しもなかやさぶろう)　**523b** 294b 517b 803c
・下橋敬長(しもはしゆきおさ)　**524a**
・下村治(しもむらおさむ)　**524a**
・下村海南(しもむらかいなん)　**524b**
下村兼愛　525b
・下村観山(しもむらかんざん)　**524c** 211c 573b 819b 852b 870c
下村清時　811c
・下村湖人(しもむらこじん)　**524c**
・下村定(しもむらさだむ)　**525a**
・下村正太郎(11代)(しもむらしょうたろう)　**525b**
・下村善太郎(しもむらぜんたろう)　**525c**
下村千秋　843b
下村継次　576a
下村宏　217b
下村房次郎　524b
下村正篤　525b
下村正堂　525b
下村正剛　525b
下村正立　525b
下村正弘　525b
下村正濤　525b
下村三四吉　1027b
・下山順一郎(しもやまじゅんいちろう)　**525c** 20b
・シモンズ　Duane B. Simmons　**526a**
釈雲照　316c
若英　667a
・釈宗演〔洪岳〕(しゃくそうえん)　**526b** 114c 560a
釈迢空(しゃくちょうくう)　⇨折口信夫
・シャノアーヌ　Charles Sulpice Jules Chanoine　**526b** 921b
・謝花昇(じゃはなのぼる)　**526c** 778b
シャルコー　999a
・シャンド　Alexander Allan Shand　**527a**
・シャンボン　Jean Alexis Chambon　**527b**
・十一谷義三郎(じゅういちやぎさぶろう)　**527b**
・周恩来〔翔宇，伍豪〕(しゅうおんらい)　**527c** 208a 665b 987c
修業堂　377a
・周作人(しゅうさくじん)　**528a** 1165c
秋波禅侶　1067b
愁風吟客　610a
・周仏海(しゅうふつかい)　**528a**
シューマン　427c
ジュールダン　921c
寿海　82b
・寿岳文章(じゅがくぶんしょう)　**528b**
樹喜王　714a
・粛親王善耆(しゅくしんのうぜんき)　**528c** 315c
狩水漁長　745b
・シュタイシェン　Michael A. Steichen　**529a**
・シュタイン　Lorenz von Stein　**529a**
・守脱(しゅだつ)　**529b**
・朱徳(しゅとく)　**529c**
・シュトライト　Robert Streit　**529c**
・シュピース　Gustav Spiess　**530a**
・シュピンナー　Wilfrid Spinner　**530a** 530b 1019c
ジュ=ブスケ　Albert charles Du Bousquet　⇨デュ=ブスケ
・シュミーデル　Otto Schmiedel　**530b**
ジュリー　473c
・シュルツェ　Wilhelm Schultze　**530c** **1012a**
春風亭小柳枝　489a
・ショイベ　Heinrich Botho Scheube　**530c**
ショイヤー夫人　604b
照庵　175b
常王坊慶中　927a
・蔣介石(しょうかいせき)　**531a** 129b 665b 666b 695b 891b
勝海雅道　294a
・松旭斎天一(初代)(しょうきょくさいてんいち)　**531c**
松旭斎天一(2代)　532a
・松旭斎天勝(初代)(しょうきょくさいてんかつ)　**532a**
荘清彦　533a
・昭憲皇太后(しょうけんこうたいごう)　**532b** 84c 249a 523a 1168a →一条美子
勝光院　27b
上甲振洋　786c
・庄司乙吉(しょうじおときち)　**532b**
小四海堂　818a
正直正太夫　453b
庄司春村　596a
静春院　718a
荘新右衛門　532c
・荘清次郎(しょうせいじろう)　**532c**
・城泉太郎(じょうせんたろう)　**533a**
・章宗祥(しょうそうしょう)　**533a** 580a
・尚泰(しょうたい)　**533b** 680a
・上代たの(じょうだいたの)　**533c**
・勝田主計(しょうだかずえ)　**533c** 790c
・正田貞一郎(しょうだていいちろう)　**534a**
・荘田平五郎(しょうだへいごろう)　**534b** 20c
・城常太郎(じょうつねたろう)　**535a** 599b
昭徳院殿(しょうとくいんどの)　⇨徳川家茂
条野採菊　296b
笑福亭福松(3代)　279c
章炳麟　172c 440a
向有恒　360b
・正力松太郎(しょうりきまつたろう)　**535a** 663c 755c 840a 994b
松林右円　535c
松林東玉(2代)　535c
・松林伯円(しょうりんはくえん)　**535b** 326c
・昭和天皇(しょうわてんのう)　**535c** 117b 292b 323b 555c 778a 780b 823b 829a 859c 874b 910b 958c 1091c 1120c 1132c 1146a 1148a 1158a →

裕仁親王 →迪宮
徐光範 361c 933c
茹古山民 786a
• 徐樹錚(じょじゅそう) 536c
• 徐世昌(じょせいしょう) 537a 168c 862b
ジョセフ=ヒコ 843a
ジョネス 532a
茹瓶山人 786a
ジョン=イング 1095c
ジョン=マン 757b
ジョンまんじろう ジョン万次郎 ⇨中浜万次郎
• ジラール Prudence Seraphin Barthelemy Girard 537a 929c
白石家 595b
• 白石正一郎(しらいししょういちろう) 537b 485c 558c 811c 881a
白石常人 895b
• 白石直治(しらいしなおじ) 537c
• 白石元治郎(しらいしもとじろう) 537c 18b 113a 336c
白石廉作 537b
• 白井松次郎(しらいまつじろう) 538a
• 白井光太郎(しらいみつたろう) 538b 641c
白上佑吉 847b
白川次郎 238b
白川資訓 975a
• 白川義則(しらかわよしのり) 538c 666b
• 白河鯉洋(しらかわりよう) 539a
不知山人 583a
• 白洲次郎(しらすじろう) 539a
白洲正子 539a
• 白瀬矗(しらせのぶ) 539b
白鳥倉吉 1027b →白鳥庫吉
• 白鳥庫吉(しらとりくらきち) 539c 164b 535c 674c 759c 839a 970c 1027b 1085a 1154a
• 白鳥敏夫(しらとりとしお) 540b 40c
• 白根専一(しらねせんいち) 540b 355c
白根竹介 540c
• 白柳秀湖(しらやなぎしゅうこ) 540c 1083b
• 慈隆〔洛山，静慮庵〕(じりゅう) 541a
シリング 427c
• 白鳥省吾(しろとりせいご) 541a
真海 447b
• 新海竹太郎(しんかいたけたろう) 541b
沈鈞儒 155b
新宮凉庭 871b 1033c
仁寿山校 518a
• 新城新蔵(しんじょうしんぞう) 541c
真誠院 598a
進経太 147b
真道 927a
進藤千尋 524a
慎徳院殿(しんとくいんどの) ⇨徳川家慶
• 秦徳純(しんとくじゅん) 541c
新場の兼太夫 701c
• 神保小虎(じんぼことら) 542a
新堀松輔 345c
• 新見吉治(しんみきちじ) 542b
• 新見正興〔閑水〕(しんみまさおき) 542c
• 新村出(しんむらいずる) 543a
• 新村猛(しんむらたけし) 543b
• 新門辰五郎(しんもんたつごろう) 543b 3c 972a
神竜 511a

す

吹田順助 309a
帥利 453c →サイル
• 末岡精一(すえおかせいいち) 544a
• 末川博(すえかわひろし) 544a
• 末次信正(すえつぐのぶまさ) 544b 215c
• 末永純一郎〔鉄巌，戯道人〕(すえながじゅんいちろう) 544c
• 末永雅雄(すえながまさお) 545a
• 末弘厳太郎(すえひろいずたろう) 545b 258a 315b 332b 835b 897a
末広重恭 175a 269b 434b 550a 739c 796c 839c
• 末広鉄腸〔浩斎〕(すえひろてっちょう) 545c 76c 269b 434b 550a 779a 796c 839c
末広恭雄 546a
• 末松謙澄〔青萍〕(すえまつけんちょう) 546a 316b 455c
末松太平 2a 178a 789c
• 末松保和(すえまつやすかず) 546c
末吉雄二 427c
• 須貝快天(すがいかいてん) 547a
• 菅運吉(すがうんきち) 547a
菅春風 1123b
菅波三郎 789c
菅沼勝右衛門 556c
• 菅沼貞風〔桃水学人〕(すがぬまただかぜ) 547b 902c
菅野序国 547c
• 菅野序遊(4代)(すがのじょゆう) 547c
• 菅野序遊(5代)(すがのじょゆう) 547c
菅了法 1080c
• スカルノ Sukarno 547c
須川長之助 961a
菅原白竜 691a
• 杉勇(すぎいさむ) 548a
• 杉浦重剛(すぎうらじゅうごう) 548b 105a 128c 166c 417a 433b 435a 465b 495a 536a 544c 600c 1026a
杉浦チカ子 405c
• 杉贋阿弥(すぎがんあみ) 548c
• 杉亨二(すぎこうじ) 548c 686c 687c
• 杉田玄端(すぎたげんたん) 549a 620c 944a
• 杉田成卿〔梅里〕(すぎたせいけい) 549b 64b 326a 514b 549a 607b 783b 820b 1016c
• 杉田仙十郎(すぎたせんじゅうろう) 549b
• 杉田定一(すぎたていいち) 549c 370b 749a 1062a
杉田日布 70b
杉田白元 549b
杉田伯元 549b 598c
• 杉田久女(すぎたひさじょ) 550b 821b
杉田立卿 549b 948c
• 杉原荘介(すぎはらそうすけ) 550b
• 杉原千畝(すぎはらちうね) 550c
• 杉孫七郎(すぎまごしちろう) 551a 618a
• 杉道助(すぎみちすけ) 551b
• 杉村楚人冠(すぎむらそじんかん) 551b
• 杉村春子(すぎむらはるこ) 551c 240b
• 杉村濬(すぎむらふかし) 552a
• 杉村陽太郎(すぎむらようたろう) 552a
杉本健吉 4b
杉本良吉 218c
• 杉山茂丸(すぎやましげまる) 552b 669c
• 杉山元(すぎやまはじめ) 552c
• 杉山平助(すぎやまへいすけ) 553a
• 杉山元治郎(すぎやまもとじろう) 553b 260b 801c
• 杉山寧(すぎやまやすし) 553c
スクーンメーカー 674b
• スクリーバ Jurius Scriba 554a 930a
• スコット Marian M. Scott 554a 680c
• 須崎芳三郎(すざきよしさぶろう) 554b
調所広郷 514c 515c
• 鈴江言一(すずえげんいち) 554b
鈴鹿野風呂 873b
鈴木市蔵 298c 496b
• 鈴木梅四郎(すずきうめしろう) 554c 915a
• 鈴木梅太郎(すずきうめたろう) 555a
• 鈴木浦八(すずきうらはち) 555b
鈴木織太郎 987a
鈴木鶩湖 999b
鈴木華邨 266a
• 鈴木貫太郎(すずきかんたろう) 555c 46a 467c
• 鈴木喜三郎(すずききさぶろう) 556a 649a 715a 1041c
• 鈴木久五郎〔鈴久〕(すずききゅうごろう) 556c
• 鈴木久太夫(すずききゅうだゆう) 556c
• 鈴木敬三(すずきけいぞう) 557a
• 鈴木券太郎(すずきけんたろう) 557b
鈴木源内 989b

鈴木行三　844a
・鈴木鼓村(すずきこそん)　557b
・鈴木三郎助(すずきさぶろうすけ)　557c 561a 647a 1073b
・鈴木三蔵(すずきさんぞう)　558a
・鈴木成高(すずきしげたか)　558b 411c
・鈴木重胤(すずきしげたね)　558b 277c 278a 747a 897b
鈴木重棟　571a
・鈴木重義(すずきしげよし)　559a
・鈴木舎定〔公愛〕(すずきしゃてい)　559a 302a 481b
鈴木春山　599a 1027a
・鈴木昌司(すずきしょうじ)　559b
鱸松塘　250a
鈴木松年　137c 377c 676c
鈴木恕平　41b 269a
・鈴木善幸(すずきぜんこう)　559c
・鈴木泉三郎(すずきせんざぶろう)　559c
・鈴木荘六(すずきそうろく)　560a 538c
・鈴木大拙(すずきだいせつ)　560a 788b 905b
・薄田泣菫(すすきだきゅうきん)　560c
薄田研二　376c
鈴木為次郎　574b
鈴木主税　981c 1047a
・鈴木忠治(すずきちゅうじ)　561a 557c
鈴木庸正　662b
・鈴木貞一(すずきていいち)　561a 540b
鈴木鼎湖　999b
鈴木貞次郎　999b
鈴木貞太郎　788b
・鈴木天眼(すずきてんがん)　561b 13a
・鈴木藤三郎(すずきとうざぶろう)　561b
・鈴木徳次郎(すずきとくじろう)　561c
鈴木豊次郎　853c
・鈴木虎雄(すずきとらお)　562a 227c
鈴木寅彦　755a
鈴木南嶺　329c 504c
鈴木百年　377c 883a
鈴木弘恭　152b
・鈴木文治(すずきぶんじ)　562a 274c 646c 744c 972b 1143c
鈴木文台　603c
・鈴木文太郎(すずきぶんたろう)　562c
・鈴木馬左也(すずきまさや)　563a
・鈴木雅之(すずきまさゆき)　563b
薄益三　20c
・鈴木三重吉(すずきみえきち)　563c 447c
・鈴木茂三郎(すずきもさぶろう)　564a 6c 281a 308b
・鈴木安蔵(すずきやすぞう)　564b
鈴木弥蔵　824c
鈴木与平　521b
・スターマー　Heinrich Georg Stahmer　564c
・スターリング　*Sir* James Stirling　565a
・スタウト　Henry Stout　565b
・須田国太郎(すだくにたろう)　565b
須田麟造　776c
・角藤定憲(すどうさだのり)　565c
須藤南翠　5a 1174c
・ストレイト　Willard Dickerman Straight　566a
須永於菟之輔伝蔵　862b
砂崎庄次郎　202a
・砂田重政(すなだしげまさ)　566b
・スネル　Schnell　566b 184b 305a
スパイM　125b
周布公平　687c
・周布政之助〔観山〕(すふまさのすけ)　566c 346a 387c 568b 735b 965c 1038c 1048b 1142c
・須磨弥吉郎(すまやきちろう)　567b 404c
・住井すゑ(すみいすえ)　567c
鷲見三郎　46a
・スミス　Erasmus Peshine Smith　568a
住友友視　886a
・住谷寅之介(すみやとらのすけ)　568b
スメドレー　62b 554c

せ

静寛院宮(せいかんいんのみや)　⇨親子内親王　662c 693a 704a 981a
星研堂　617a
西山翠嶂　699c
青山仙客　711c
・盛宣懐〔愚斎〕(せいせんかい)　568c 243c
・西太后(せいたいごう)　569a
・清宮秀堅〔棠陰，緜浦漁者〕(せいみやひでかた)　569a
セーボリ　Nathaniel Savory　⇨サボリ
瀬川菊次郎(２代)　569b
・瀬川菊之丞(せがわきくのじょう)　569b
・瀬川如皐(せがわじょこう)　569b
瀬川仙魚(２代)　569b
瀬川二五壮　569b
・関鑑子(せきあきこ)　569c
関一郎　570c
関寛斎　478a
関貫三　994a
関口敬之助　1141a
関口匠作　570a
・関口隆吉〔黙斎〕(せきぐちたかよし)　569c
・関口開(せきぐちひらき)　570a
・関沢明清(せきざわあききよ)　570b
・関沢房清(せきざわふさきよ)　570c
・関信三〔猶竜〕(せきしんぞう)　570c 993a
関信太郎　570c
・尺振八(せきしんぱち)　571a 830c 1028c
・関鉄之介(せきてつのすけ)　571a
関戸哲太郎　90a
・関直彦(せきなおひこ)　571b
石南居士　735c
・関根金次郎(せきねきんじろう)　571c 354c
・関根正二(せきねしょうじ)　572a
・関根正直(せきねまさなお)　572a
・関根矢作(せきねやさく)　572b
・関野貞(せきのただし)　572b 24c 340b
関野克　572c
関野雄　572c
・関一(せきはじめ)　572c
・瀬木博尚(せきひろひさ)　573a 1032a
関文之助　573c
石浦居士　1025c
・関谷清景(せきやきよかげ)　573b 206b
・関保之助(せきやすのすけ)　573b 422c 545a 557a
・関屋貞三郎(せきやていざぶろう)　574a
・関矢孫左衛門(せきやまござえもん)　574b 497a
関山新兵衛　152a
関藍梁　801b
世家間(真)大助　1112b
・瀬越憲作(せごえけんさく)　574b
・世古恪太郎(せこかくたろう)　574c
・セシーユ　Jean-Baptiste-Thomas-Médée Cécille　575a
雪堂暁林　576b
瀬戸末吉　748a
瀬戸久敬　401c
瀬尾喜兵衛　92b
・妹尾義郎(せのおぎろう)　575a
・妹尾三郎平(せのおさぶろべい)　575b
・セミョーノフ　Grigorii Mikhailovich Semenov　575c
・芹沢鴨(せりざわかも)　576a 438c 869c
・芹沢光治良(せりざわこうじろう)　576a
・セルギー　Tihomieroff Sergie　576b
瀬脇節蔵　687c
瀬脇寿人　687c
瀬脇光寿　687c
瀬脇律蔵　687c
善阿　1175b
仙英　49c
・旃崖奕堂(せんがいえきどう)　576b
・膳桂之助(ぜんけいのすけ)　576c
・千家尊福(せんげたかとみ)　576c 469c 577a
・千家元麿(せんげもとまろ)　577a 236c 381c 477b
・千石興太郎(せんごくこうたろう)　577b
・仙石貢(せんごくみつぐ)　577c
千山万水楼主人　310a
善斯　492b
善譲　189b

禅瑞　588c
千宗室　965c
・千田是也(せんだこれや)　**578a** 88b 240b 870b
千朶山房主人　1065c
仙太郎　412c
宣統帝(せんとうてい)　⇨溥儀　665a
仙波兵庫　414b 719b
・全琫準(ぜんほうじゅん)　**578b**
千本松喜助　70a
泉明　588c

そ

相応斎　1113c
・宋教仁〔漁父〕(そうきょうじん)　**579a** 169a 338b 370b 440a 665b
曹勲鉉　574c
・宋慶齢(そうけいれい)　**579a**
曹錕　862b
・草紙庵(そうしあん)　**579b**
・宗重正(そうしげまさ)　**579c** 187b 1074c
・宋子文(そうしぶん)　**579c**
・曹汝霖(そうじょりん)　**579c** 533b 739a
宋子良　113c
・左右田喜一郎(そうだきいちろう)　**580a** 394b
左右田金作　580a
・宋哲元(そうてつげん)　**580c**
ソウパー　Julius Soper　⇨ソーパー
宗缶　965c
・宋秉畯(そうへいしゅん)　**581a** 129b 228a 552b 621c 1158c
・相馬愛蔵(そうまあいぞう)　**581b** 581c
相馬一郎　306a
相馬九方　1107a
・相馬御風(そうまぎょふう)　**581b** 126b 264a 764b
相馬家　923b
・相馬黒光(そうまこくこう)　**581c** 167c
・相馬半治(そうまはんじ)　**582a**
相馬誠胤　541a
相馬充胤　541a
掃葉山房　697a
宗義達(そうよしあき)　⇨宗重正
宗義達　187b
・副島種臣〔蒼海，一々学人〕(そえじまたねおみ)　**582b** 78a 183b 276a 295c 435c 445c 540c 659a 757c 875a 926c 1089a 1161c
・添田啞蟬坊(そえだあぜんぼう)　**583a**
・添田寿一(そえだじゅいち)　**583a** 861b
・ソーパー　Julius Soper　**583b** 674b
・曾我祐準(そがすけのり)　**583c** 588a 732a
・曾我廼家五郎(そがのやごろう)　**584a**
曾我廼家十吾　509a 914a
曾我廼家十郎　509a
曾我量深　628c
・十河信二(そごうしんじ)　**584b** 71c
蘇兆徵　554c
外海鉄次郎　92a
・曾禰荒助〔西湖〕(そねあらすけ)　**584b**
・園田孝吉(そのだこうきち)　**584c**
・園部秀雄(そのべひでお)　**585a**
祖門鉄翁　720a
曾山幸彦　216c 907c 1173a
・ゾルゲ　Richard Sorge　**585b** 1082b
尊応入道親王　19c
存誠斎　849b
ゾンター　585b
尊超入道親王　52c
・孫文〔日新，中山，逸仙〕(そんぶん)　**585c** 148c 172c 301a 358b 402c 404a 459c 531a 545a 579a 665b 666a 690a 700b 883b 1018c 1028c 1072b 1159a
尊融入道親王　19c 52c 140c 156b 314a 411a 793c　→朝彦親王

た

・ダールマン　Joseph Dahlmann　**587a**
・ダイアー　Henry Dyer　**587a**
・大院君〔石坡〕(たいいんくん)　**587b** 362b 889c
大雲坊周永　725a
・大工原銀太郎(だいくはらぎんたろう)　**587c**
大黒屋光太夫　607b
大車院　35c
・大正天皇(たいしょうてんのう)　**588a** 520c 772b 977a 1060a 1089b 1123b　→嘉仁親王　→明宮
大拙承演　114b
・大道長安(だいどうちょうあん)　**588b** 100c
・ダイバース　Edward Divers　**588c** 185c 816a
大宝(だいほう)　⇨守脱
大楽源太郎　301c 307c 924c 988c 1151b
大林宗嗣　597a
・タウト　Bruno Taut　**589a**
田岡一雄　640a
・田岡嶺雲(たおかれいうん)　**589b** 744b 905b 1153a
高井喜三郎　417c 481b
高池三郎兵衛　695a
・高井鴻山(たかいこうざん)　**580c**
高井作左衛門　589c
高井としを　937b
・高尾平兵衛(たかおへいべえ)　**589c** 1141c
・高木市之助(たかぎいちのすけ)　**590a**
・高木兼寛〔穆園〕(たかきかねひろ)　**590b**
・高木正年〔喬木〕(たかぎせいねん)　**590b** 527a
・高木仙右衛門(たかぎせんえもん)　**590c**
・高木惣吉(たかぎそうきち)　**590c** 42a 103c
・高木貞治(たかぎていじ)　**591a**
高木徳子　110c
高木秀明　295c
・高木壬太郎(たかぎみずたろう)　**591b**
・高木八尺(たかぎやさか)　**591c** 990c 1013c
高久靄厓　649c
・高楠順次郎(たかくすじゅんじろう)　**591c** 130b 353b 672a 1175c
・高倉新一郎(たかくらしんいちろう)　**592a**
タカクラ=テル　1003b　→高倉輝
・高倉輝(たかくらてる)　**592b**　→タカクラ=テル
・高倉徳太郎(たかくらとくたろう)　**592c**
高崎温恭　514c 515c 593b
高崎五六　153a 571b
・高碕達之助(たかさきたつのすけ)　**593a** 1c 212c 1159b
・高崎正風〔葬の舎，宝義堂主人〕(たかさきまさかぜ)　**593b** 447b 470b
・高砂浦五郎(初代)(たかさごうらごろう)　**593b**
・高砂浦五郎(2代)(たかさごうらごろう)　**593b**
高沢省己　192a 616c
高階枳園　948c
・高島嘉右衛門(たかしまかえもん)　**593c**
高島菊次郎　914c
・高島秋帆(たかしましゅうはん)　**594a** 160c 196b 254a 452a 522c 607b 687c 731a 938a
・高島鞆之助〔丙革〕(たかしまとものすけ)　**594b** 35c
・高島米峰(たかしまべいほう)　**594c** 1026c
高島北海　436b
・高杉晋作〔東行〕(たかすぎしんさく)　**595a** 9b 93c 101a 311a 346a 367b 367c 482b 501b 537c 567a 811c 909a 942c 955b 1024b 1093c 1094a 1104c 1138c 1141a 1163a
高須琴渓　871b
高須梅渓　475b
高須芳次郎　1096c
・高瀬清(たかせきよし)　**595c**
・高瀬真卿(たかせしんけい)　**596a** 429b 545a
高田円乗　332c
・高田快清〔耕斎〕(たかだかいせい)　**596b**
・高田早苗〔半峰〕(たかたさなえ)　**596b** 84a 247a 338a 453c 681c
高田春太郎　101b
・高田慎吾(たかだしんご)　**596c**
高田竹山　303c

高谷宗範　603b
高谷竜洲　739c
高田雅夫　110c
高田又四郎　1101b
・高田実(たかたみのる)　**597a** 304b 344a 906c
・高田保馬(たかだやすま)　**597b** 369a 789a
・鷹司輔熙(たかつかさすけひろ)　**597b** 356b 488a 489b 966a
・鷹司政通(たかつかさまさみち)　**597c** 119b 180b 488a 642c
高津正道　189a 439a 595c 1172c
高梨哲四郎　426c
・高野岩三郎(たかのいわさぶろう)　**598a** 203a 599b 967c
・高野佐三郎(たかのさざぶろう)　**598b**
高野茂　557b
・高野長英〔瑞皐〕(たかのちょうえい)　**598c** 145c 196a 477c 514b 633c 796c 1027a 1176a
鷹羽雲淙　158a
・高野房太郎(たかのふさたろう)　**599a** 273c 535a
高野苗正　598b
・高野実(たかのみのる)　**599b** 190c
高橋景保　492a
・高橋亀吉(たかはしかめきち)　**599c**
・高橋健自(たかはしけんじ)　**600a** 69a 422c
・高橋健三(たかはしけんぞう)(1898没)　**600b** 211c 366a
・高橋健三(たかはしけんぞう)(1905没)　**600b**
・高橋幸八郎(たかはしこうはちろう)　**600c**
・高橋是清(たかはしこれきよ)　**601a** 33c 100b 104a 213a 319a 369b 399b 546b 637a 714c 807b 855b 893b 903c 999c 1018a 1062a 1118a 1127c
・高橋五郎(たかはしごろう)　**601c**
高橋作左衛門　492a
高橋貞樹　351c 634c
・高橋三吉(たかはしさんきち)　**602a**
高橋尚斎　196a
・高橋正作(たかはししょうさく)　**602b**
・高橋磌一(たかはししんいち)　**602b**
高橋新吉　368a
・高橋新五郎(たかはししんごろう)　**602c**
高橋進　932a
・高橋誠一郎(たかはしせいいちろう)　**603a**
・高橋箒庵(たかはしそうあん)　**603b**
高橋多一郎　42c 291b 465b 568b 571b
・高橋竹之介(たかはしたけのすけ)　**603c**
・高橋泥舟(たかはしでいしゅう)　**603c** 1160a
高橋正雄　1097b
・高橋光威(たかはしみつたけ)　**604a**
・高橋由一〔藍川，華陰逸人〕(たかはしゆいち)　**604b** 320c 858a 1167c
・高橋竜太郎(たかはしりゅうたろう)　**604c**
・高畠式部(たかばたけしきぶ)　**604c**
・高畠素之(たかばたけもとゆき)　**605a** 8a 106b 125a 237c 670a
・高浜虚子(たかはまきょし)　**605b** 48c 193c 238a 321a 322a 550b 723b 762c 774a 821b 854a 873b 953b 962b 992b 1012a 1045b 1177c
・幟仁親王(たかひとしんのう)　**605c**
・高平小五郎(たかひらこごろう)　**606a**
高松公祐　1046a
高松実村　220a
・高松豊吉(たかまつとよきち)　**606b** 26b
高松局　770a
高松宮宣仁親王(たかまつのみやのぶひとしんのう)　⇨宣仁親王
・高松凌雲(たかまつりょううん)　**606b** 216b
高見沢潤子　612b
・高見順(たかみじゅん)　**606c** 380a 482a
・鷹見泉石(たかみせんせき)　**607a**
・高峰譲吉(たかみねじょうきち)　**607c** 494b 555b 588c
・高嶺秀夫(たかみねひでお)　**608a** 58c
高見山　593c
・高村光雲(たかむらこううん)　**608b** 446a 876c 1035b
・高村光太郎(たかむらこうたろう)　**608c** 236c 368a 577b 1011a
・高村象平(たかむらしょうへい)　**609a**
・高村太平〔小隠〕(たかむらたへい)　**609b**
高村東雲　608b
・高村豊周(たかむらとよちか)　**609c** 608c
・高群逸枝(たかむれいつえ)　**609c** 879a
・高安月郊(たかやすげっこう)　**610a** 307a 557c
・高柳賢三(たかやなぎけんぞう)　**610b**
高柳真三　638a
・高柳光寿(たかやなぎみつとし)　**610c**
高山義三　796a
高山幸助　562a
・高山甚太郎(たかやまじんたろう)　**611a**
・高山長五郎(たかやまちょうごろう)　**611a**
・高山樗牛(たかやまちょぎゅう)　**611a** 27c 353c 641b 1096c
宝井馬琴(たからいばきん)　⇨東流斎馬琴
宝山左衛門(初代)　1058c
・宝山左衛門(2代)(たからさんざえもん)　**611c** 1058c
・宝山左衛門(3代)(たからさんざえもん)　**611c**
・宝山左衛門(4代)(たからさんざえもん)　**611c**
宝田通文　220b
・財部彪(たからべたけし)　**612a** 468a
高和介石　476c 477a
・田河水泡(たがわすいほう)　**612b** 826a
田川誠一　212c
・田川大吉郎(たがわだいきちろう)　**612c** 268a
・滝井孝作(たきいこうさく)　**612c**
・滝和亭〔蘭田〕(たきかてい)　**613a** 71a
滝川亀太郎　378a
滝川秀蔵　570a
・滝川政次郎(たきかわまさじろう)　**613a**
・滝川幸辰(たきがわゆきとき)　**613c** 468c 544b 1020c
滝沢修　153c 240b 376c 870b
滝助六郎　614a
・滝精一〔拙庵〕(たきせいいち)　**613c** 905c
・滝善三郎(たきぜんざぶろう)　**614a**
・滝田樗陰(たきたちょいん)　**614a** 517b 1143c
滝野知雄　756a
多紀元堅　17a
・滝本金蔵(たきもときんぞう)　**614b**
・滝本誠一(たきもとせいいち)　**614b** 813a
滝弥太郎　311a
・滝廉太郎(たきれんたろう)　**614c** 694c
タキンヌ　131c
田口逸所　736c
・田口卯吉〔鼎軒〕(たぐちうきち)　**615a** 66a 134c 388c 547c 652a 984a 994b 1102a 1140b
・田口運蔵(たぐちうんぞう)　**615c**
・田口和美(たぐちかずよし)　**616a**
田口掬汀　475b
田口文蔵　1129b
田口米作　430b
・田熊常吉(たくまつねきち)　**616b**
・詫間樊六〔神風生〕(たくまはんろく)　**616b**
・ダグラス　Archibold Lucius Douglas　**616c** 760a
・武井柯亭(たけいかてい)　**617a**
武井藤助　320b
武井安　617a
武居用拙　977b
竹内勝太郎　809b
・竹内久一〔久遠〕(たけうちきゅういち)　**617b**
武内桂舟　222b
竹内左顧　736c
竹内茂代　1133a
・竹内栖鳳(たけうちせいほう)　**617b** 137c 193c 409a 676c 791c 793b 819c

1045a
・竹内綱(たけうちつな)　617c 176c 270b
竹内伴右衛門　277c
・竹内保徳(たけうちやすのり)　618a 46c 551a 691a 917b 1016c 1093c
武内義雄　789a
・竹内好(たけうちよしみ)　618b 621a
・竹内理三(たけうちりぞう)　618c
竹内良一　218c
竹尾東一郎　830b
・竹越与三郎(たけこしよさぶろう)　619a 1041a
竹崎茶堂　289a 619b
・竹崎順子(たけざきじゅんこ)　619b
竹崎律次郎　619b
・竹下勇(たけしたいさむ)　619c
・竹下登(たけしたのぼる)　619c
竹柴金作　317c
・武島羽衣(たけしまはごろも)　620a 611b
・竹添進一郎(たけぞえしんいちろう)　620a 362a 511c 924c 1156a
竹添井々　511c
武田斐三郎　216b 781a
武田霞洞　786a
・武田簡吾(たけだかんご)　620b
武田仰天子　1176b
武田鵠　620c
・武田耕雲斎〔如雲〕(たけだこううんさい)　620c 155c 156b 576a 908a 977b 1050b
武田真元　900a
・武田泰淳(たけだたいじゅん)　621a 618b
武田長兵衛(たけだちょうべえ)　⇨近江屋長兵衛
武田悌吾　223a
・武田成章〔竹塘〕(たけだなりあき)　621b
武谷三男　458c 1122c
武田信充　384c
・武田範之(たけだはんし)　621c 439c 581a
武田久吉　416c
武田広親　430b
・武田祐吉(たけだゆうきち)　621c 255b 789a
・武田麟太郎(たけだりんたろう)　622a 607a 657a
武田廉卿　620c
・武市熊吉(たけちくまきち)　622b 120a
・武市瑞山(たけちずいざん)　622b 408c 423a 461c 469b 644c 651c 741a 771a 793a 1092c 1146b
武市半平太(たけちはんぺいた)　⇨武市瑞山　469b 486a 793a
・武富時敏(たけとみときとし)　623a 658c
竹友藻風　794b
竹中重固　185a
・竹内玄同〔西坡〕(たけのうちげんどう)　623b 718a
竹之内静雄　809b
竹内修敬　145c
竹内錫命　822c
竹内正志　430b
竹腰正諟　707c
建野保　721b
竹谷半次郎　1125a
・武林無想庵(たけばやしむそうあん)　623b 319a 671a
・竹久夢二(たけひさゆめじ)　623c 256b
・威仁親王(たけひとしんのう)　624a 588b
・武部小四郎(たけべこしろう)　624a 818b
・建部遯吾(たけべとんご)　624b
・武見太郎(たけみたろう)　624b
・武満徹(たけみつとおる)　624c
竹本綾瀬太夫(初代)　625a
・竹本綾之助(たけもとあやのすけ)　625a
・竹本大隅太夫(3代)(たけもとおおすみだゆう)　625a 625c 727c
・竹本大隅太夫(4代)(たけもとおおすみだゆう)　625a
・竹本大隅太夫(5代)(たけもとおおすみだゆう)　625a
小津賀太夫　728a
竹本越路太夫(2代)　625b 727b 1140a
竹本越路太夫(3代)　806a
竹本実太夫(4代)　625c
・竹本摂津大掾(たけもとせっつのだいじょう)　625b
竹本東玉(2代)　222a
竹本津太夫(2代)　728b
竹本登茂太夫　625c
竹本長門太夫(3代)　727b 1140a
・竹本長門太夫(4代)(たけもとながとだゆう)　625c
竹本南部太夫　625b
竹本津葉芽太夫　728b
竹本春子太夫　625a
竹本春太夫(5代)　625a 625b
竹本春太夫(6代)　625b
・武山勘七(たけやまかんしち)　625c
武山英子　290a
・竹山道雄(たけやまみちお)　626a
・武谷祐之(たけやゆうし)　626a
・田子一民(たごいちみん)　626b 744c
・太宰治(だざいおさむ)　626c 63c 660c
太宰春台　480a
・田崎草雲〔梅渓〕(たざきそううん)　627a 436a
タサ＝ショボー　840c
田沢与一郎　600b
・田沢義鋪(たざわよしはる)　627b 425a 525a
田島錦治　307b
田島順輔　781a
・田島直之〔愛林〕(たじまなおゆき)　627c
田島道治　292b
田島藍水　805a
・田尻稲次郎(たじりいなじろう)　627c
田尻新介　571b
・田代栄助(たしろえいすけ)　628a 106a
田代安定　961a
・田添鉄二(たぞえてつじ)　628b 407a 1134c
・多田鼎(ただかなえ)　628c 357a 468a
但木土佐　196c 1035c
多田親愛　220c 639b
・多田駿(ただはやお)　628c 77b 699a 862b
・立作太郎(たちさくたろう)　629a 297a
・橘曙覧(たちばなあけみ)　629b
橘糸重　397a 405c
・橘耕斎(たちばなこうさい)　629b
・橘孝三郎(たちばなこうざぶろう)　629c 178a 440a 752c
・橘樸(たちばなしらき)　630a
立花銑三郎　816b
・立花寛治(たちばなともはる)　630b
立花光臣　924a
橘守部　747a
橘家円蔵(4代)　490a
橘家円蔵(6代)　490a
・立原道造(たちはらみちぞう)　630c
・太刀山峰右衛門(たちやまみねえもん)　630c
辰川竜之助　338b
・田附政次郎(たつけまさじろう)　631a
・辰野金吾(たつのきんご)　631a
・辰野隆(たつのゆたか)　631b
辰巳吾作　631c
・辰巳柳太郎(たつみりゅうたろう)　631c
・竜村平蔵(たつむらへいぞう)　631c 699c
・建川美次(たてかわよしつぐ)　632a 141c
・伊達邦成(だてくにしげ)　632b 656b
・伊達邦直〔桃園〕(だてくになお)　632b
・伊達源一郎〔樸堂〕(だてげんいちろう)　632c
・蓼胡蝶(たてこちょう)　633a
楯崎検校　634b
楯沢勾当　634b
・伊達千広〔自得〕(だてちひろ)　633a 230c
館直志　508c
伊達宗興　212c 633a
・伊達宗紀〔自得〕(だてむねただ)　633b
・伊達宗城(だてむねなり)　633c 32a 76b 145b 205b 514c 599a 675c 695a 738a 979a 982a 1089a 1092b 1156a
伊達宗広　1009b
・楯山登(たてやまのぼる)　634a

伊達陽之助　1040b
伊達慶邦　133b 1035c
・帯刀貞代(たてわきさだよ)　**634b**
・田所哲太郎(たどころてつたろう)　**634c**
・田所輝明(たどころてるあき)　**634c** 17b
・田中阿歌麿(たなかあかまろ)　**635a** 643c
田中幾之助　932a
・田中市兵衛(たなかいちべえ)　**635a**
・田中一松(たなかいちまつ)　**635b**
・田中王堂(たなかおうどう)　**635c** 676a
田中近江大掾源久重　642b
田中大秀　629b
田中薫　635a
・田中角栄(たなかかくえい)　**636a** 204a 240b 748b 898a 938b 942c
田中克己　618b
・田中河内介(たなかかわちのすけ)　**636b** 41c 356b 960b
・田中義一(たなかぎいち)　**636b** 141b 252c 284c 305c 375c 399b 444a 453a 531b 536a 601b 665a 790c 1072b 1110a 1137c 1164c
・田中絹代(たなかきぬよ)　**637a**
・田中国重(たなかくにしげ)　**637b**
田中慶太郎　511c
田中顕一　641b
田中源助　642a
・田中源太郎(たなかげんたろう)　**637c**
田中幸助　695a
・田中耕太郎(たなかこうたろう)　**637c** 964a 1119c
田中佐太郎(7代)　642a
田中佐太郎(8代)　642b
田中沢二　641b
・田中静壱(たなかしずいち)　**638b**
田中舎身　124b
・田中正造(たなかしょうぞう)　**638b** 407a 527a 827a 899b
・田中正平(たなかしょうへい)　**639b** 649a 907b
田中二郎　1021c
・田中親美(たなかしんび)　**639b**
田中新兵衛　27b
・田中萃一郎(たなかすいいちろう)　**639c**
・田中寿美子(たなかすみこ)　**639c**
田中盛業　680c
・田中清玄(たなかせいげん)　**640a** 715b
田中西二郎　553b
・田中惣五郎(たなかそうごろう)　**640b**
・田中館愛橘(たなかだてあいきつ)　**640b** 425c 541c 656a 764c 765b 907b 1127b
・田中太郎(たなかたろう)　**640c**
田中千禾夫　578a 724b
・田中智学〔鐘宇，巴雷〕(たなかちがく)　**641a** 947c 1096c
田中千代　643c
・田中長三郎(たなかちょうざぶろう)　**641b**
・田中長兵衛(初代)(たなかちょうべえ)　**641c**
・田中長兵衛(2代)(たなかちょうべえ)　**641c**
・田中伝左衛門(9代)(たなかでんざえもん)　**642a**
・田中伝左衛門(10代)(たなかでんざえもん)　**642a**
・田中伝左衛門(11代)(たなかでんざえもん)　**642a**
田中稔男　640a
・田中久重(初代)(たなかひさしげ)　**642b** 229b
・田中久重(2代)(たなかひさしげ)　**642b**
・田中宏(たなかひろし)　**643a**
田中弘之　124b
・田中不二麻呂(たなかふじまろ)　**643a** 781b 998b
・田中冬二(たなかふゆじ)　**643c**
・田中平八(たなかへいはち)　**643c** 267a 594a
田中芳谷　641b
・田中穂積(たなかほづみ)　**644a**
・田中美知太郎(たなかみちたろう)　**644b**
・田中光顕(たなかみつあき)　**644b** 639b 641b
田中木叉　1101c
・田中有美(たなかゆうび)　**645a** 639b
・田中芳男(たなかよしお)　**645a** 674b 796b
・田中義能(たなかよしとう)　**645b**
・田中義成(たなかよしなり)　**645c**
・田中義麿(たなかよしまろ)　**646a**
・田中頼庸〔雲岫〕(たなかよりつね)　**646a** 158a 499a
・田中隆吉(たなかりゅうきち)　**646b** 702c
田中良　643a 906a
田中弥　820a
・棚橋絢子(たなはしあやこ)　**646b**
棚橋一郎　48b
・棚橋小虎(たなはしことら)　**646c** 23c 1179a
・棚橋寅五郎(たなはしとらごろう)　**647a** 558a
・田辺有栄(たなべありひで)　**647a**
田部芳　155a
・田辺五兵衛(たなべごへえ)　**647b**
・田辺朔郎(たなべさくろう)　**647c**
田辺貞吉　563a
・田辺太一(たなべたいち)　**647c** 1033b
・田辺元(たなべはじめ)　**648b** 292b 411c 1003a
・田辺治通(たなべはるみち)　**648c**
・田辺尚雄(たなべひさお)　**649a**
・田辺安太郎(たなべやすたろう)　**649b**
田部隆次　400c
田波御白　290a
谷梅之助　595a
谷川定吉　1085b
谷川俊太郎　649c
・谷川徹三(たにかわてつぞう)　**649b** 848c
谷干城(たにかんじょう)　⇨たにたてき
・谷口靄山〔文斎〕(たにぐちあいざん)　**649c**
谷口月窓　448a
谷口香嶠　409a
谷口千吉　1114a
谷口直平　813b
・谷口尚真(たにぐちなおみ)　**650a**
谷口房蔵　729a
・谷口雅春(たにぐちまさはる)　**650a**
・谷崎潤一郎(たにざきじゅんいちろう)　**650b** 75c 481a 614b 671a 750b 1051c 1180c
谷崎精二　264a 650b
谷崎千代子　480c
谷崎松子　651a
谷潜蔵　595a
・谷干城〔隈山〕(たにたてき)　**651c** 295c 469c 529b 583c 473c 615b 732a 868a
谷文晁　160b 607b 649c 1175c
・谷正之(たにまさゆき)　**652a**
・谷村計介(たにむらけいすけ)　**652b**
・谷本富(たにもととめり)　**652c** 348c
谷森種松　488b
・谷森善臣(たにもりよしおみ)　**653a** 488b
谷泰　115b
田沼意尊　944a
種田山頭火　231b
田内衛吉　622b
田能村竹田　653b
・田能村直入(たのむらちょくにゅう)　**653b** 323a 409a 649c
・頼母木桂吉(たのもぎけいきち)　**653b** 210a
頼母木コマ子　405c
頼母木駒子　653c
・田畑忍(たばたしのぶ)　**653c**
・田部井健次(たべいけんじ)　**653c**
・田保橋潔(たぼはしきよし)　**654a**
玉井喜作　491c
玉江三平　701b
玉垣額之助　154c
・玉楮象谷〔蔵黒〕(たまかじぞうこく)　**654b**
玉川映二　480b
玉城嘉十郎　1122c
・玉木文之進〔韓峰，玉韞〕(たまきぶんのしん)　**654b** 1138b
玉木正誼　802c
玉田三治　1012b

・玉錦三右衛門(たまにしきさんえもん)　654c
玉乃九華　655a
・玉乃世履(たまのせいり)　655a
・玉松操(たままつみさお)　655b 119c 1057b 1090c
玉水嘉一　719b
・玉虫左太夫〔拙斎，東海〕(たまむしさだゆう)　655b
玉屋山三郎　229a
田丸稲之衛門　908a
・田丸節郎(たまるせつろう)　655c
・田丸卓郎(たまるたくろう)　656a 691c 915a
・田宮嘉右衛門(たみやかえもん)　656a
・田宮如雲〔桂園，桂叢〕(たみやじょうん)　656a 596b 707c 708b 823c
タムソン　229a 1078b
田村秋子　724b 870b 1119a
・田村顕允〔珠山〕(たむらあきまさ)　656b 632b
・田村栄太郎(たむらえいたろう)　656c
田村葛嶺　217a
田村元雄　1071c
・田村駒治郎(たむらこまじろう)　657a
田村貞彦　56c 482c
田村実造　432c
田村図書　56c
田村宗立　1142a
・田村泰次郎(たむらたいじろう)　657a
田村太兵衛　631c
・田村俊子(たむらとしこ)　657b 996a
田村寿二郎　222a
・田村直臣(たむらなおみ)　657b 302a
・田村成義(たむらなりよし)　657c 222a
・田村又吉(たむらまたきち)　658a
田村利七　1031b
田村露英　657b
・田母野秀顕(たものひであき)　658a 409b
・田安亀之助(たやすかめのすけ)　⇨徳川家達　693a
田安慶頼　180c
・田山花袋〔汲古〕(たやまかたい)　658b 328b 374b 377a 711b 744c 825a 964b
・樽井藤吉(たるいとうきち)　658c 765a
・熾仁親王(たるひとしんのう)　659a 183a 184b 272b 329b 517a 662c 1046a
・ダレス　John Foster Dulles　659b
・俵国一(たわらくにいち)　659c 660b
・田原淳(たわらすなお)　660a
・俵孫一(たわらまごいち)　660b
ダン　892b
団伊玖磨　14a
・檀一雄(だんかずお)　660c 63c
・段祺瑞(だんきずい)　660c 169b 665a 666a 862b
潭月　723b
・団琢磨(だんたくま)　661b 956b 967a
ダンディ　427c
・弾直樹(だんなおき)　661c 791b
団野源之進義高　244b
・タンマラカ　Tan Malaka　662a

ち

チェンバレン　134a
・　Basil Hall Chamberlain　662b 22c 400b
・親子内親王(ちかこないしんのう)　662c 659a 704a 820c 981a　→和宮　→静寛院宮
・近角常観(ちかずみじょうかん)　662c 299b
・近松秋江(ちかまつしゅうこう)　663a 153a
千頭伝四郎　622b
千種有功　447b 604c
千坂高雅　97a
秩父宮　323b 846c 1083b
秩父宮雍仁親王(ちちぶのみややすひとしんのう)　⇨雍仁親王
・遅塚麗水(ちづかれいすい)　663b 1071a
智幢　695a
ちぬの浦浪六　1046c
・茅野蕭々(ちのしょうしょう)　663b
茅野雅子　663c 1130c
千葉栄次郎　507a
千葉勝五郎　657c
・千葉亀雄〔江東〕(ちばかめお)　663c
千葉定吉　461c
・千葉周作〔屠竜〕(ちばしゅうさく)　663c 152b 322c 356a
千葉常成　664a
千葉成胤　663c
・千葉命吉(ちばめいきち)　664a
・千葉勇五郎(ちばゆうごろう)　664b
チャニング=ウィリアムズ　61c
忠愛公　1056b
中宮寺宮家　49a
中条百合子(ちゅうじょうゆりこ)　⇨宮本百合子
丶山　726c
長安　588b
長勇　820a
・張学良(ちょうがくりょう)　664c 506a 531c
重九斎　329c
・張勲〔松寿〕(ちょうくん)　665a 661a
・張群(ちょうぐん)　665b 404c
・張継(ちょうけい)　665b
・張景恵(ちょうけいけい)　665c
長黄　666c
・張作霖(ちょうさくりん)　665c 661a 945c 968c
・長三洲(ちょうさんしゅう)　666c
・張之洞〔香濤〕(ちょうしどう)　666c 155b 793a
張錫鑾　968c
張善琨　311b
長連弘　570c
長南村　827b
・超然(ちょうねん)　667a
長梅外　666c
陳逸舟　649c
・陳公博(ちんこうはく)　667b
・珍田捨己(ちんだすてみ)　667c 129a 373b
・陳天華(ちんてんか)　668a
・陳独秀〔実庵〕(ちんどくしゅう)　668a

つ

・塚越停春楼(つかごしていしゅんろう)　668c
・塚田攻(つかだおさむ)　668c
塚田喜遊　58b
・塚原渋柿園(つかはらじゅうしえん)　669a
・塚本明毅〔寧海〕(つかもとあきたけ)　669a
塚本貝助　266b
塚本儀三郎　266b
・塚本善隆(つかもとぜんりゅう)　669b
塚本虎二　1013c
津川蝶園　971b
津川文作　971b
月岡芳年　1010a
・月形洗蔵〔格庵，運甓洞〕(つきがたせんぞう)　669c 741a 811c
月田蒙斎　371a 1028c
月亭文都　279c
・月成勲(つきなりいさお)　669c
月見覚了　357a
・津久井竜雄(つくいたつお)　670a
筑紫宗甫　721b
佃信夫　471a
・津崎矩子(つざきのりこ)　670a
・辻維岳〔僊風〕(つじいがく)　670b
都路華香　409a 720c
・辻清明(つじきよあき)　670c 315b
・辻潤(つじじゅん)　670c 93a
辻将曹　19a 434a 823c
・辻新次(つじしんじ)　671a
・辻善之助(つじぜんのすけ)　671b 1002a 1069c 1154a
辻荘一　427c
・辻直四郎(つじなおしろう)　671c
・辻政信(つじまさのぶ)　672a
・津島寿一〔方堂，芳塘〕(つしまじゅいち)　672b
・辻村太郎(つじむらたろう)　672c
・辻本満丸(つじもとみつまる)　672c
・津田出〔芝山〕(つだいずる)　673a 1047c

• 津田梅子(つだうめこ) **673b** 305c 674c
• 津田三蔵(つださんぞう) **673c**
津田信夫 609c
• 津田信吾(つだしんご) **674a**
• 津田仙(つだせん) **674a** 128b 416a 583b 673b 723c 1063a
• 津田左右吉(つだそうきち) **674c** 126a
津田信存 328c
• 津田秀夫(つだひでお) **675a**
• 津田真道(つだまみち) **675b** 276c 783b 940c
• 津田米次郎(つだよねじろう) **675c**
土井晩翠(つちいばんすい) ⇨どいばんすい
土子金四郎 13a
• 土田杏村(つちだきょうそん) **676a** 592b 676b
• 土田直鎮(つちだなおしげ) **676b**
• 土田麦僊(つちだばくせん) **676b** 617c 676a 791c 1045a
• 土橋八千太(つちはしやちた) **676c**
• 土御門晴雄(つちみかどはるお) **677a**
• 土屋邦敬(つちやくによし) **677a**
• 土屋喬雄(つちやたかお) **677b** 463a 833b
• 土屋文明(つちやぶんめい) **677c** 89c 1119b
• 筒井政憲〔鑾渓〕(つついまさのり) **678a** 314a 522c 917c 1016b
• 都筑馨六(つづきけいろく) **678b** 302a
• 堤磯右衛門(つつみいそえもん) **678c**
堤清六 878c
• 堤康次郎(つつみやすじろう) **678c**
• 綱島梁川(つなしまりょうせん) **679a**
恒藤恭 544b
• 角田喜右作(つのだきうさく) **679b**
角田九華 653b
• 角田真平(つのだしんぺい) **679c** 426c
• 角田忠行(つのだただゆき) **679c** 341b 975a
角田知長 124b
角田秀松 642c
椿椿山 452c 804c
• 津波古政正(つはこせいせい) **680a**
坪井為春 285a
坪井九右衛門 1038c 1048b 1055c
• 坪井九馬三(つぼいくめぞう) **680a** 379b 1046b
• 坪井玄道(つぼいげんどう) **680b** 554b
• 壺井栄(つぼいさかえ) **680c**
• 壺井繁治(つぼいしげじ) **681a** 233a 391a 680c 816c
• 坪井正五郎(つぼいしょうごろう) **681b** 731b 1077c
坪井信道 5c 187a 216a 324a 390b 395a 514b 549b 607b 687c 851c 978b 991b
坪井信良 123a 820b
坪井誠軒 886a
坪井忠益 197c
坪井芳洲 123a
• 坪内逍遙〔柿双〕(つぼうちしょうよう) **681c** 4a 5a 11b 272a 317c 453b 485a 518c 679a 694a 695b 711a 762b 823c 824c 825b 912a 916c 970a 1066a 1078a 1174c
• 坪田譲治(つぼたじょうじ) **682a**
妻木田宮 1141a
• 鶴賀新内(4代)(つるがしんない) **682b**
• 鶴賀新内(6代)(つるがしんない) **682b**
• 鶴賀新内(7代)(つるがしんない) **682b**
鶴賀祖元 682b
• 鶴賀鶴吉(3代)(つるがつるきち) **682c**
鶴沢三二(7代) 682c
鶴沢清二郎 359c
鶴沢清六(3代) 728b
鶴沢清六(4代) 728b
鶴沢大造 806c
鶴沢大之助 806b
鶴沢伝吉(3代) 682c
鶴沢友次郎(5代) 682c
• 鶴沢友次郎(6代)(つるざわともじろう) **682c** 806b
鶴沢虎蔵 806a
鶴沢鱗糸 806c
• 鶴田皓〔斗南〕(つるたあきら) **683a**
• 鶴原定吉(つるはらさだきち) **683a**
鶴見和子 683c
鶴見俊輔 683c
• 鶴見祐輔(つるみゆうすけ) **683b**
鶴屋団十郎 508c 584a
鶴屋南北(5代) 318a 569c
鶴屋孫太郎 318a

て

丁韙良 949b
• 鄭永昌(ていえいしょう) **684a**
ディクソン 450a
• 鄭孝胥(ていこうしょ) **684b** 870c
貞松老人 1153a
• 丁汝昌(ていじょしょう) **684c** 90c
ディットリッヒ 405c
ディビス 1063a
• 貞明皇后(ていめいこうごう) **684c** 50c
ディラック 790a
• ディルクセン Herbert von Dirksen **685a**
• デーニツ Wilhelm Dönitz **685a**
デーニッツ 1012b
• デービス Jerome Dean Davis **685b** 781b 1045b
テキストル 176b
• 出口王仁三郎(でぐちおにさぶろう) **685c** 686a
• 出口なお(でぐちなお) **686a** 685c
• 勅使河原蒼風(てしがはらそうふう) **686b**
手島仁太郎 5c 1175a
• 手島精一(てじませいいち) **686c**
デシャルム 921b
鉄翁 613a
• 手塚治虫(てづかおさむ) **687a**
• 手塚岸衛(てづかきしえ) **687b**
手塚太郎 687a
• 手塚律蔵(てづかりつぞう) **687b** 326a 674b 781a 783b 792a
手塚良仙 196a
徹定 159a
• デットリング Gustaf Detring **687c**
鉄如意斎 720a
• デニソン Henry Willard Denison **688a**
• デニング Walter Dening **688b**
• デビソン John Carrol Davison **688b**
• デフォレスト John Kinne Hoyde Deforest **688c**
出淵勝次 980c
徳穆楚古棟魯布 702c
• デュ=ブスケ Albert Charles Du Bousquet **688c** 921b
寺石貫夫 740c
• 寺内寿一(てらうちひさいち) **689a** 690a 842b 888c
• 寺内正毅(てらうちまさたけ) **689b** 73c 184b 253b 552c 666a 692c 712b 747c 790c 1095b 1154c
• 寺尾亨(てらおとおる) **690a**
• 寺尾寿(てらおひさし) **690a** 124c
• 寺尾博(てらおひろし) **690b**
• 寺門静軒〔克己，蓮湖〕(てらかどせいけん) **690b** 354b 476c
• 寺崎広業〔秀斎，宗山〕(てらざきこうぎょう) **690c** 819b
寺島忠三郎 367b
寺島白鹿 1107a
• 寺島宗則(てらしまむねのり) **691a** 267b 484b 692b
寺田忠次 1140c
• 寺田寅彦(てらだとらひこ) **691b** 672c 915a
• 寺野精一(てらのせいいち) **691c**
寺村左膳 423a
• 寺山修司(てらやましゅうじ) **692a**
照山峻三 1033a
• デ=ロング Charles E. De Long **692b** 864b 1161c
出羽ノ海 871c 871c
• 田健治郎(でんけんじろう) **692b** 878b 989c
• 天璋院(てんしょういん) **693a** 145b
天随 378a
• 天中軒雲月(初代)(てんちゅうけんうんげつ) **693b**

・天中軒雲月(2代)(てんちゅうけんうんげつ)　**693b**
田艇吉　692c
伝馬町の伊三郎　1145c
天門海翁　927a

と

土居市太郎　572a
・土居光華〔淡山〕(どいこうか)　**693c**
・土肥春曙(どいしゅんしょ)　**693c** 695c 970a
土井たか子　653c
・戸板康二(といたやすじ)　**694a**
・土井利忠(どいとしただ)　**694b** 150c 607b
土井利位　607b 694b
土井利往　377b
・土井晩翠(どいばんすい)　**694c** 615a
・土居通夫(どいみちお)　**694c**
・道契〔甎瓦子〕(どうかい)　**695a**
東海散士(とうかいさんし)　⇨柴四朗 503c
東海晴湖　232c
・陶希聖(とうきせい)　**695b** 404c
・東儀鉄笛(とうぎてってき)　**695b** 694a 970a
・東郷茂徳(とうごうしげのり)　**695c** 479a 791a 888c
・東郷青児(とうごうせいじ)　**696a**
東郷藤兵衛　144a
・東郷平八郎(とうごうへいはちろう)　**696b** 90c 214a 215b 284a 471c 518a 1026a
東国興　680a
唐俟何家幹　1165b
藤式部　167a
東秀斎琴調　535c
唐紹怡　697a
東条一堂　354b 356a 1160a
・唐紹儀(とうしょうぎ)　**697a** 169a
・東条琴台(とうじょうきんだい)　**697a**
・東条英機(とうじょうひでき)　**697b** 144a 216a 336a 354b 357b 428c 475c 513a 629a 646b 696a 729b 936c 1041b
東条文蔵　356a
・東条操(とうじょうみさお)　**698a**
・唐人お吉(とうじんおきち)　**698b** 860c
桃中軒牛右衛門　1028b
・桃中軒雲右衛門(とうちゅうけんくもえもん)　**698c**
藤堂釆女　699a
・藤堂高猷(とうどうたかゆき)　**698c**
・董道寧(とうどうねい)　**699a**
童馬山房主人　451b
東畑四郎　699c
・東畑精一(とうばたせいいち)　**699b** 179a
董必武　155b
堂前孫三郎　459c 784a
藤間生大　73b
東宮鉄男　280c
・堂本印象(どうもといんしょう)　**699c**
頭山秀三　421b
・頭山満〔立雲〕(とうやまみつる)　**700a** 8a 100a 124b 301a 312b 370b 387a 552b 659a 669c 818b 1143c
等誉明賢　141a
・東流斎馬琴(とうりゅうさいばきん)　**700b**
遠山稲子　593b
遠山静雄　906a
戸ヶ崎熊太郎　576a
富樫広蔭　245b
戸川秋骨　353c 794b
・時枝誠記(ときえだもとき)　**700c**
土岐清　1028a
土岐湖友　290a
・土岐善麿〔湖友，哀果〕(ときぜんまろ)　**701a** 65a 290a 342a 349c 1171a
時津風　917b
・時山直八(ときやまなおはち)　**701b**
常盤井仲雄　1012b
常磐津一佑太夫　701b
常磐津英寿　702b
常磐津英八郎　702b
常磐津兼太夫(6代)　701c
・常磐津兼太夫(7代)(ときわづかねたゆう)　**701b**
・常磐津兼太夫(8代)(ときわづかねたゆう)　**701b**
常磐津勘右衛門　333c
常磐津清勢太夫　701c
常磐津麒麟太夫　701b
常磐津小和登太夫　702b
常磐津小花太夫　702a
常磐津小文字太夫(4代)　701c
・常磐津小文字太夫(6代)(ときわづこもじだゆう)　**701b**
常磐津小文字太夫(7代)　702b
常磐津小文字太夫(8代)　702a
常磐津小文字太夫(9代)　702a
・常磐津小文字太夫(11代)(ときわづこもじだゆう)　**701b**
常磐津小文太夫　702a
常磐津小和登太夫　701c
常磐津紫弘　702b
常磐津松寿斎　702b
常磐津千東勢太夫　702b
常磐津浪花太夫　702a
常磐津豊後大掾(初代)　333b
常磐津豊後大掾(2代)　702a
常磐津松尾太夫(初代)　702b
常磐津松尾太夫(2代)　702b
・常磐津松尾太夫(3代)(ときわづまつおだゆう)　**701c** 702b
・常磐津松尾太夫(4代)(ときわづまつおだゆう)　**701c**
常磐津三登勢太夫(2代)　701c
常磐津文字太夫(4代)　702b
・常磐津文字太夫(5代)(ときわづもじたゆう)　**701c**
・常磐津文字太夫(6代)(ときわづもじたゆう)　**701c** 702b
・常磐津文字太夫(7代)(ときわづもじたゆう)　**701c**
・常磐津文字太夫(8代)(ときわづもじたゆう)　**701c**
・常磐津文字太夫(9代)(ときわづもじたゆう)　**701c**
・常磐津文字兵衛(初代)(ときわづもじべえ)　**702a**
・常磐津文字兵衛(2代)(ときわづもじべえ)　**702a**
・常磐津文字兵衛(3代)(ときわづもじべえ)　**702a**
・常磐津文字兵衛(4代)(ときわづもじべえ)　**702a**
・常磐津文字兵衛(5代)(ときわづもじべえ)　**702a**
常磐津八十太夫　702a
・常磐津林中(初代)(ときわづりんちゅう)　**702b** 701c
常磐津和登太夫　702b
常盤屋清吉　911c
・徳王(とくおう)　**702c** 646b
・徳川昭武〔鑾山〕(とくがわあきたけ)　**703a** 491b 507a 559a 606c 777c 1017a
徳川昭訓　559a
徳川篤敬　1044b
・徳川家定(とくがわいえさだ)　**703b** 89a 514c 623b 779a 860c
・徳川家達〔静岳〕(とくがわいえさと)　**703c** 180c 693a 981a 990b
徳川家茂　779a
徳川家斉　254c
・徳川家茂(とくがわいえもち)　**704a** 12a 17a 31c 46c 78c 99a 119b 180c 185a 275c 543a 603c 623b 662c 709b 862b 978c 1009b 1009b
・徳川家慶(とくがわいえよし)　**704c** 704a 778c 981c 1008c
徳川玄同　707b
・徳川武定(とくがわたけさだ)　**705a** 876c
・徳川斉昭〔景山，潜竜閣〕(とくがわなりあき)　**705c** 2b 22a 32a 50a 124a 140c 155c 187a 291a 452a 514c 571a 620c 633c 708a 708b 709a 793c 824b 909b 948c 959b 979b 982a 1009a 1080a
徳川治宝　633a 756a
・徳川夢声(とくがわむせい)　**707a** 924a
・徳川茂承(とくがわもちつぐ)　**707b**

1009c
・徳川茂徳〔穆堂〕(とくがわもちなが)
707b 708b
・徳川慶篤(とくがわよしあつ)　707c
22b 140c 559a 568b 709a
・徳川慶勝〔盛斎，月堂〕(とくがわよしかつ)　708a 345a 445b 596b 779c
徳川慶恕　514c 706c
・徳川義親(とくがわよしちか)　708c
715a 831a
徳川慶福　50a 145b 1009b
徳川義宜　371b
・徳川慶喜〔興山〕(とくがわよしのぶ)
709a 18c 98c 99a 119c 185a 231a 236a 276a 358b 423a 434a 526b 543c 604a 704a 737b 783b 864a 884a 922a 979c 1052b 1092b 1093b 1166b
徳川慶頼　704a
独眼竜将軍　1108b
徳寿宮李太王　404c
・徳大寺公純(とくだいじきんいと)　709c
・徳大寺実則(とくだいじさねのり)　710a
710a 868a
・徳田球一(とくだきゅういち)　710b
6c 96b 496b 805c 1141c
・徳田秋声(とくだしゅうせい)　711a
237b 264a 658c
・徳田寛豊(とくだひろあつ)　711c
得田麻水　711a
徳富猪一郎　492b 713a 872c
徳富一敬　711c 1125a
徳富淇水　135a 711c
徳冨健次郎　712a
・徳富蘇峰(とくとみそほう)　711c 374b
377c 492b 511c 619a 668c 713a 840a 893b 1026a 1028b 1102a 1121a 1122b
・徳冨蘆花(とくとみろか)　712c 308a
712a 951c
徳永重康　735a 1130b
・徳永直(とくながすなお)　713b 431b
徳永千規　622b
徳永恕　805a
徳永柳州　222b
・得能良介〔薫山〕(とくのうりょうすけ)
713c
戸倉伊八郎　570a
・土倉庄三郎(どくらしょうざぶろう)
714a 659a
・土光敏夫(どこうとしお)　714a 467a
・床次竹二郎(とこなみたけじろう)　714b
429b 556b 1062a 1127c
床次正精　714b
・所三男(ところみつお)　715a
・戸坂潤(とさかじゅん)　715b 415a 444c
土佐太夫　728b
土佐光文　313b
聡子内親王　85c
・利光鶴松(としみつつるまつ)　715c
1127c
戸田氏彬　254a
戸田氏共　254a
戸田氏正　253c
戸田氏栄　97a 253c
戸田雅楽　237b
戸田海市　428a
・戸田城聖〔城外城正〕(とだじょうせい)
715c 956a
戸田忠厚　716b
戸田忠敞　705c
戸田忠友　716a 716c
・戸田忠至(とだただゆき)　716a 220a
716c
・戸田忠恕(とだただゆき)　716c 716a
・戸田貞三(とだていぞう)　717a
戸田蓬軒　22a
・戸田芳実(とだよしみ)　717b
・栃内曾次郎(とちないそうじろう)　717b
・栃錦清隆(とちにしききよたか)　717c
・戸塚静海〔春山〕(とつかせいかい)　718a
117c 514b 623b 691a 820b 871b 991b 1025c
十束井斎　718a
戸塚静伯　858b
・戸塚文卿(とつかぶんけい)　718a
咄々道人　458a
轟武兵衛　636b 845a
戸波半九郎　1028a
外崎覚　373b
・外村繁(とのむらしげる)　718b
戸原安浦　1028a
・戸張孤雁(とばりこがん)　718c 582a
・土肥原賢二(どひはらけんじ)　718c
862b
トーマス=浮田　142b
・富松正安(とまつまさやす)　719a 414b
・苫米地義三(とまべちぎぞう)　719b
・富井政章(とみいまさあきら)　719c
155a 720c 939c
富岡謙蔵　1153a
・富岡鉄斎(とみおかてっさい)　720a
653b 720c
・富崎春昇(とみざきしゅんしょう)　720b
富崎宗順　720b
・戸水寛人(とみずひろんど)　720b 252a
1096b
富田織部　488b
・富田溪仙〔雪仙，溪仙〕(とみたけいせん)
720c
・富田幸次郎〔双川〕(とみたこうじろう)
721a 375c
・富田砕花(とみたさいか)　721a
・富田甚平(とみたじんぺい)　721b
・富田高慶〔任斎〕(とみたたかよし)　721c
449b 541a 797c
・富田鉄之助(とみたてつのすけ)　721c
187a
・富田正文(とみたまさふみ)　722a
・富田満(とみたみつる)　722b
富田泰州　339a
富永太郎　431c 758a
富永梅雪　186c
・富永有隣(とみながゆうりん)　722b
374b
富ノ沢麟太郎　1128c
富本午之助(2代)　723a
富本一枝　996a
・富本憲吉(とみもとけんきち)　722c
富本都路(初代)　723a
富本都路(3代)　723b
富本得梅　723a
富本豊鶴　723a
・富本豊前太夫(3代)(とみもとぶぜんだゆう)　722c
・富本豊前太夫(4代)(とみもとぶぜんだゆう)　722c
・富本豊前太夫(5代)(とみもとぶぜんだゆう)　722c
・富本豊前太夫(7代)(とみもとぶぜんだゆう)　722c
・富本豊前太夫(8代)(とみもとぶぜんだゆう)　722c
・富本豊前太夫(9代)(とみもとぶぜんだゆう)　722c
・富本豊前太夫(10代)(とみもとぶぜんだゆう)　722c
・富本豊前太夫(11代)(とみもとぶぜんだゆう)　722c
・富安風生(とみやすふうせい)　723b
605c
富山清琴　720b
富吉春琴　720b
・トムソン　David Thompson　723b
戸村十大夫　472c
・留岡幸助(とめおかこうすけ)　723c
41b 226c 377b
・友田恭助(ともだきょうすけ)　724b
870b
・朝永三十郎(ともながさんじゅうろう)
724b
・朝永振一郎(ともながしんいちろう)
724c 458c 790a
・伴林光平(ともばやしみつひら)　725a
469c 747a
寛仁親王　23c
・友松圓諦(ともまつえんたい)　725b
18a
友安三冬　973b
・土門拳(どもんけん)　725c
・戸谷敏之(とやとしゆき)　726a
・鳥谷部春汀(とやべしゅんてい)　726a
戸山英二郎　915b
・外山亀太郎(とやまかめたろう)　726b
75b
・外山脩造(とやましゅうぞう)　726b

• 外山正一(とやままさかず)　726c 105a 546b 611b 795a 1025c 1063b 1084a
• 外山光輔(とやまみつすけ)　726c 243b 307c 575b 828b
• 豊川良平(とよかわりょうへい)　727a 99c 283b
豊崎伍一　776c
豊沢丑之助　727b
豊沢猿京(4代)　682c
豊沢猿吾　806b
豊沢猿作　806b
• 豊沢団平(2代)(とよざわだんぺい)　727b 625a 625b 1140a
• 豊沢団平(3代)(とよざわだんぺい)　727b
豊沢広助(3代)　727b
豊沢広助(5代)　682c
豊沢力松　727b
• 豊島与志雄(とよしまよしお)　727c 1119b
• 豊田喜一郎(とよだきいちろう)　728a
豊竹古靭太夫(2代)　728b
豊竹島太夫　728c
豊竹仲路　728b
豊竹英太夫　728c
豊竹山城少掾藤原重房　728b
• 豊竹山城少掾(とよたけやましろのしょうじょう)　728a
• 豊竹呂昇(とよたけろしょう)　728b
豊竹呂太夫(初代)　728b
豊竹呂太夫(2代)　728c
豊竹呂太夫(3代)　728c
• 豊竹若大夫(10代)(とよたけわかたゆう)　728c
豊田謙次　575b
豊田小太郎　53a
豊田占童　37a
• 豊田佐吉(とよださきち)　728c 65c 833a
• 豊田副武(とよだそえむ)　729b
• 豊田武(とよだたけし)　729c
• 豊田貞次郎(とよだていじろう)　729c
豊田天功　328b 384a 707a 1138b
豊田彦次郎　1138b
豊田芙雄　571a
• 豊原又男(とよはらまたお)　730a
虎狩りの殿様　708c
• 鳥井信治郎(とりいしんじろう)　730b
• 鳥居素川(とりいそせん)　730c 825c 836a 996c
鳥居赫雄　836a
• 鳥居耀蔵〔胖庵〕(とりいようぞう)　731a 160b 594b
• 鳥居龍蔵(とりいりゅうぞう)　731b 550b
• 鳥尾小弥太〔得庵〕(とりおこやた)　732a 303b 583c 651c 1104c 114c
• 鳥潟右一(とりがたういち)　732b
鳥山新三郎　387c
頓宮四極　886c
• ドンクル＝キュルシウス　Jan Hendrik Donker Curtius　732b　→キュルシウス　→クルティウス
• 頓成(とんじょう)　732c
呑象　594a

な

内貴清兵衛　720c
内藤湖南(ないとうこなん)　⇨内藤虎次郎　213c 292b 541c 744b 759b 789a 910c
内藤助右衛門　277c
• 内藤民治(ないとうたみじ)　733a
• 内藤耻叟〔碧海〕(ないとうちそう)　733b
• 内藤虎次郎〔湖南〕(ないとうとらじろう)　733c 325c 541c 759b 789a 838c 1153a
内藤正縄　913b
• 内藤鳴雪(ないとうめいせつ)　734a 1177c
• 内藤魯一〔萩平〕(ないとうろいち)　734b 1049c
• ナウマン　Edmund Naumann　734c 1174b
直木三十一　735a
• 直木三十五(なおきさんじゅうご)　735a 6c 794b
直木三十三　735a
直木三十二　735a
• 直良信夫(なおらのぶお)　735a 432c
永井五百助　1136c
• 長井雅楽(ながいうた)　735b 346a 367a 387c 567a 955b 1055c
永井禾原　735c
• 永井荷風(ながいかふう)　735c 75c 211a 650c 906a 1019a 1066b
• 中井敬所〔蘩渚，菡萏居〕(なかいけいしょ)　736b
永井建子　557b
永井繁子　673b
永井青崖　275c
• 中井太一郎(なかいたいちろう)　736c
• 中井猛之進(なかいたけのしん)　736c
永井尚志　32b 102b 388b 881b 918a
• 永井尚志〔介堂〕(ながいなおゆき)　737a
• 長井長義(ながいながよし)　737b
• 中井信彦(なかいのぶひこ)　737c 203c
永井久一郎　735c
• 中井弘(なかいひろし)　737c 695a 792c 854c
• 中井正一(なかいまさかず)　738a
永井道雄　739a
• 中居屋重兵衛(なかいやじゅうべえ)　738b
• 永井柳太郎(ながいりゅうたろう)　738c 24b 317a 679a
• 中江丑吉(なかえうしきち)　739a 554c 580a
• 中江兆民〔秋水，木強生〕(なかえちょうみん)　739a 66a 91a 387a 406b 418a 433c 443c 456c 565c 868a 1017a 1028b
• 長岡外史(ながおかがいし)　740a
• 長岡監物(ながおかけんもつ)　740b 1061a 1125a
長岡是豪　740b
• 中岡艮一(なかおかこんいち)　740c 855c
長岡春一　478c
• 中岡慎太郎(なかおかしんたろう)　740c 461c 622c 644c 868a 870a 1176c
• 永岡鶴蔵(ながおかつるぞう)　741b
• 長岡半太郎(ながおかはんたろう)　741c 425c 541c 915a 946c
• 永岡久茂(ながおかひさしげ)　742a 1130a
長岡護美　301b 1061b
中尾佐助　115b
• 仲尾次政隆(なかおしせいりゅう)　742b
中尾都山(初世)　649b 1025a
• 中上健次(なかがみけんじ)　742b
中川紀元　899c 1099b
中川謙二郎　742c
• 中川小十郎(なかがわこじゅうろう)　742c 72c
• 中川末吉(なかがわすえきち)　743a
• 中川善之助(なかがわぜんのすけ)　743a
中川武三　743a
中川宮　954a 979a
中川宮朝彦親王(なかがわのみやあさひこしんのう)　⇨朝彦親王
中川八郎　1142a
中河与一　75c 321a
• 中勘助(なかかんすけ)　743b
永倉新八　438c
長坂八郎　2a
• 長崎英造(ながさきえいぞう)　743c 755c
• 中里介山(なかざとかいざん)　743c 540c
中沢岩太　294c 465c
長澤亀之助　311b 744a
• 長澤規矩也〔静盦〕(ながさわきくや)　744a
中沢雪城　786a
中沢佑　42a
長沢伴緒〔伴雄〕　747a 1163a
• 長沢別天(ながさわべってん)　744b
• 中沢弁次郎(なかざわべんじろう)　744b
• 中沢臨川(なかざわりんせん)　744c 377a
• 中島敦(なかじまあつし)　745a
中島歌子　867b
• 中島勝義〔中州，玩球〕(なかじまかつよ

し）　745b
中島兼子　1088c
・中島久万吉(なかじまくまきち)　745b 747a
中島検校中寿一(2代)　1025a
・中島健蔵(なかじまけんぞう)　745c
中島伊三郎(3代)　1025a
中島棕隠　223c
中島裁之　229c 665b
・永島段右衛門〔亀巣〕(ながしまだんえもん)　745c
・中島知久平(なかじまちくへい)　746a 954c 1101a
永島泥亀　745c
・中島俊子(なかじまとしこ)　⇨岸田俊子
・中島信行(なかじまのぶゆき)　746c 67c 714a 749a
・中島広足〔橿園，田翁〕(なかじまひろたり)　747a 629b
中島撫山　322c
中島錫胤　519c
永島祐伯　745c
中島来章　293b 320c 409a
中島楽翁　508c 508c
・中島力造(なかじまりきぞう)　747b 788b
・仲小路廉(なかしょうじれん)　747c 221b
中条仙太郎　1133c
永末英一　269a
長瀬田廬　350a
・長瀬富郎(ながせとみろう)　748a
長瀬真幸　350a 747a 845a
仲宗根貞代　440b
・中曾根康弘(なかそねやすひろ)　748a 620a
・中田薫(なかだかおる)　748b 62a 781c 1029a
・永田一二(ながたかずじ)　749a
中田謙斎　365c
・中田重治(なかたしげはる)　749b
・永田鉄山(ながたてつざん)　749c 2a 37b 141c 222b 253a 301c 411b 847c 963b
永田桐蔭　1016b
中田豊喜　75b
長谷幸輝　1025a
中谷省古　876c
中谷孝雄　265c 718b
中谷武世　294b
長田秀雄　342a 349b 750b
・永田広志(ながたひろし)　750a
中環　216a
・永田雅一(ながたまさいち)　750a
中田万三郎　75b
・長田幹彦(ながたみきひこ)　750b 48c
中田みづほ　723b 1012a
中塚一碧楼　322a
・長塚節〔桜芽，青果〕(ながつかたかし)　750c 89b 962c
中天游　216a
・中西伊之助(なかにしいのすけ)　751a
・中西牛郎(なかにしうしお)　751a
中西子正　664a
・中西梅花(なかにしばいか)　751b
中西正樹　375b
中西鷹山　17a
中沼葵園　741a
・長沼賢海(ながぬまけんかい)　751c
長沼智恵子　608c
・長沼妙佼(ながぬまみょうこう)　751c
・長沼守敬(ながぬまもりよし)　752a
中根駒十郎　475b
・中根雪江(なかねせっこう)　752b 981c 981c
中根半仙　504b
・長野朗(ながのあきら)　752c
中野いと　754b
中野延吉　92c
・永野修身(ながのおさみ)　752c 467c 888c
中野清茂　254c
中野清武　254c
・中野金次郎(なかのきんじろう)　753a
・中野梧一(なかのごいち)　753a 419c
・永野重雄(ながのしげお)　753b 99a 429c 467a 755c
・中野重治(なかのしげはる)　753c 472a 943a
永野鎮雄　755c
長野主膳　151a 710a 995a
・中野二郎三郎(なかのじろさぶろう)　754a
・中野正剛〔耕堂〕(なかのせいごう)　754b 24b 265b 1037b
中野碩翁　254c
永野俊雄　755c
・中野友礼(なかのとものり)　754c
・中野半左衛門〔景郷〕(なかのはんざえもん)　755a
・中野武営〔随郷〕(なかのぶえい)　755b 404a 727b
長野豊山　845c
・永野護(ながのまもる)　755c
・中野好夫(なかのよしお)　756a 867a 1143b
・長野義言〔桃廼舎〕(ながのよしとき)　756a 50a 233c 710a 995a
・中橋徳五郎(なかはしとくごろう)　756b 635b 959b 1062a
・中浜哲(なかはまてつ)　757a 925a
・中浜万次郎(なかはままんじろう)　757a 164c 571a 607b 783b 938a 1083c
・中林梧竹〔個閑〕(なかばやしごちく)　757b
・長原孝太郎〔止水〕(ながはらこうたろう)　757c
・中原中也(なかはらちゅうや)　758a 177a 368a 432a
中原悌二郎　718c
・中部幾次郎(なかべいくじろう)　758a
中丸精十郎　186b 907c
・中御門経之(なかみかどつねゆき)　758b 119c 243b 793c 794a
・中上川彦次郎(なかみがわひこじろう)　758c 21a 614b 873c 914c 1015a 1042a 1175a
那珂通高　759a
・那珂通世(なかみちよ)　759a 539c 912a
・永見伝三郎(ながみでんざぶろう)　759c
永見米吉郎　759c
・中牟田倉之助(なかむたくらのすけ)　760a 595b 929c
中村雁二郎　761b
中村秋香　726c
中村歌右衛門(4代)　764a
・中村歌右衛門(5代)(なかむらうたえもん)　760b 761a 768c
・中村歌右衛門(6代)(なかむらうたえもん)　760b 768c
中村歌六(3代)　765c
中村梅太郎　765c
中村梅之助(4代)　761a
中村延雀　248b 500a
中村円太　741a
中村鶴助(3代)　765c
・中村岳陵(なかむらがくりょう)　760c 899c 1099b 1121c
中村嘉七(4代)　767a
中村歌昇　765c
中村歌蝶　247b
中村歌女蔵　765a
中村歌六(初代)　247b
・中村翫右衛門(2代)(なかむらかんえもん)　760c
・中村翫右衛門(3代)(なかむらかんえもん)　760c
中村勘五郎(12代)　767a
・中村勘三郎(13代)(なかむらかんざぶろう)　761b
・中村勘三郎(17代)(なかむらかんざぶろう)　761b 551c
中村翫右衛門(3代)　324b
中村翫雀(2代)　765a
中村翫雀(4代)　761c
・中村鴈治郎(初代)(なかむらがんじろう)　761b 271c 538b 764a 823a
・中村鴈治郎(2代)(なかむらがんじろう)　761b
・中村鴈治郎(3代)(なかむらがんじろう)　761b
中村儀左衛門　764a
・中村義上(なかむらぎじょう)　761c
・中村吉右衛門(初代)(なかむらきちえも

ん) 761c 247b 551c 657c
・中村吉右衛門(2代)(なかむらきちえもん) 761c
・中村吉治(なかむらきちじ) 762a
・中村吉蔵(なかむらきちぞう) 762b 218c 1096c
中村奇痴堂 762b
・中村精男(なかむらきよお) 762c
中村銀之助 767a
・中村草田男(なかむらくさたお) 762c 605c 992c
中村敬 1095c
中村敬宇 57c 201a 368b 380c 401b 471c 547b 559b 572a 619a 769a 825b 875c 1029a
・中村啓次郎(なかむらけいじろう) 763a
・中村憲吉(なかむらけんきち) 763a 89c
中村検校寿一 1135b
中村源次 764a
・中村孝太郎(なかむらこうたろう) 763b
・中村孝也(なかむらこうや) 763c 350c 857b
中村児太郎(2代) 768c
中村児太郎(3代) 760b
・中村是公(なかむらこれきみ) 763c
中村西里 1140c
中村珊瑚郎 584a
中村芝翫(4代) 761a 768b
中村芝翫(5代) 760b
中村芝翫(6代) 760b
中村芝翫(7代) 768c
中村芝雀(3代) 764a
中村芝雀(4代) 764b
中村芝雀(6代) 765c
・中村七三郎(なかむらしちさぶろう) 764a
中村芝蔵 764a
中村芝之助 764a
・中村雀右衛門(初代)(なかむらじゃくえもん) 764a 765a
・中村雀右衛門(2代)(なかむらじゃくえもん) 764a
・中村雀右衛門(3代)(なかむらじゃくえもん) 764a
・中村雀右衛門(4代)(なかむらじゃくえもん) 764a
中村十次郎 1140c
中村重蔵(6代) 768b
中村寿蔵 768b
中村寿太郎 768b
中村春堂 2b
中村笑太郎 764b
中村真一郎 943a
中村信造 187b
・中村星湖(なかむらせいこ) 764b
・中村清二(なかむらせいじ) 764c 649a
中村政次郎(2代) 767b 768b
中村政治郎(3代) 768c
中村政之助 768b
・中村善右衛門(なかむらぜんえもん) 764c
中村扇玉 764a
中村扇雀 761c
中村善太郎 925b
・中村宗十郎(なかむらそうじゅうろう) 765a
中村高一 1117a
中村弼 471a
中村辰蔵 247b
中村種太郎(2代) 765c
・中村太八郎(なかむらたはちろう) 765a 349a 1026a 1102b
中村玉七(初代) 767a
中村玉蔵 767a
中村中倧 17a
・中村彝(なかむらつね) 765b 581c
中村鶴三郎 249a
中村鶴蔵 767a
中村汀女 605c
中村伝蔵 761b
・中村時蔵(初代)(なかむらときぞう) 765c
・中村時蔵(2代)(なかむらときぞう) 765c
・中村時蔵(3代)(なかむらときぞう) 765c
・中村時蔵(4代)(なかむらときぞう) 765c
・中村時蔵(5代)(なかむらときぞう) 765c
中村時代 584a
・中村富十郎(3代)(なかむらとみじゅうろう) 765c
・中村富十郎(4代)(なかむらとみじゅうろう) 765c 551c
・中村富十郎(5代)(なかむらとみじゅうろう) 765c
中村直方 751b
・中村直勝(なかむらなおかつ) 766a 10b
・中村直三(なかむらなおぞう) 766c
・中村仲蔵(江戸系3代)(なかむらなかぞう) 766c 761b
・中村仲蔵(江戸系4代)(なかむらなかぞう) 766c
・中村仲蔵(江戸系5代)(なかむらなかぞう) 766c
・中村仲蔵(大坂系4代)(なかむらなかぞう) 766c
中村梅丸 761a
・中村梅玉(2代)(なかむらばいぎょく) 767a 768c
・中村梅玉(3代)(なかむらばいぎょく) 767a 768c
・中村梅玉(4代)(なかむらばいぎょく) 767a 768c
中村梅枝(2代) 765c
中村梅枝(3代) 765c
中村梅雀 761a
・中村元(なかむらはじめ) 767b
・中村春二(なかむらはるじ) 767c 120c
中村半次郎(なかむらはんじろう) ⇨桐野利秋 741a
・中村栄孝(なかむらひでたか) 768a
中村福円 823a
・中村福助(成駒屋系3代)(なかむらふくすけ) 768b
中村福助(高砂屋系4代) 760b
・中村福助(成駒屋系5代)(なかむらふくすけ) 768b
中村福助(成駒屋系6代) 760b
中村福助(成駒屋系8代) 767b
・中村福助(成駒屋系9代)(なかむらふくすけ) 768b
中村福助(高砂屋系3代) 767b
中村福助(高砂屋系4代) 767b
・中村福助(高砂屋系5代)(なかむらふくすけ) 768b
・中村不折(なかむらふせつ) 768c 437a 765b 1026a 1071c
・中村武羅夫(なかむらぶらふ) 769a 299b
中村平蔵 467b
・中村正直(なかむらまさなお) 769a 225b 262a 358a 380c 401b 546b 547b 572a 619a 635a 635c 652c 989c 1025c 1029a
中村もしほ(4代) 761b
中村冶雷庵 762b
・中村弥六〔背水〕(なかむらやろく) 769b
・中村雄次郎(なかむらゆうじろう) 769c
中村好雄 761c
中村義雄 904c
中村良臣 339a
中村米吉 761b
中村米吉(2代) 765c
中村蘭台 303c
中村六右衛門 426b
中本たか子 383a
中屋徳兵衛 966c
・中山績子(なかやまいさこ) 770a
・中山伊知郎(なかやまいちろう) 770a 179a 699b
中山義秀 1128c
中山胡民 227a
中山省三郎 873a
・中山正善(なかやましょうぜん) 770b
・中山晋平(なかやましんぺい) 770c 518c
中山仙 406b
中山忠愛 636b
・中山忠光(なかやまただみつ) 770c 367b 473a 636b 725b 913b 989b 1024a

1146b
・中山忠能(なかやまただやす)　771a 27a 119b 485c 489b 588a 636b 994c
中山太郎　800c
中山徳二郎　248a
中山百花　248a
中山兵太郎　248a
・中山みき(なかやまみき)　771b 112b
・中山元成〔茶顚〕(なかやまもとなり) 772a
・中山慶子(なかやまよしこ)　772a
長与称吉　772c
・長与専斎〔松香〕(ながよせんさい)　772b 216b
・長与又郎(ながよまたお)　772c 276c 772c
・長与善郎(ながよよしろう)　772c 577b 772c 772c
半井桃水　867b
流山竜太郎　240c
・南雲忠一(なぐもちゅういち)　773a
・名倉太郎馬(なくらたろま)　773b
名越廼舎　437c
梨木誠斎　488c
梨本宮　1073c
梨本宮守正王(なしもとのみやもりまさおう)　⇨守正王
那須信吾　1141a
那須皓　699b
・灘尾弘吉(なだおひろきち)　773b
那智俊宣　557b
夏雄(なつお)　⇨加納夏雄
夏川八朗　1089b
・夏目漱石(なつめそうせき)　773c 14b 30a 33a 58a 75c 126a 134c 147b 292b 348c 380a 434b 460b 563c 614b 691c 730c 743b 750c 764a 802b 802b 949c 954a 962b 985a 1071b 1180c
名取洋之助　351a 725c
鍋島閑叟　462c 519b 775b
鍋島家　89a
・鍋島直大(なべしまなおひろ)　775a 874a 1049a
・鍋島直正(なべしまなおまさ)　775b 163b 462c 519b 582b 642c 776a
・鍋島直彬〔絅堂〕(なべしまなおよし) 776a 857a
鍋田玉英　266a
・鍋山貞親(なべやまさだちか)　776a 483a 496b 1014b
・ナホッド　Oskar Nachod　776c
・生江孝之(なまえたかゆき)　776c
・濤川惣助〔魁香〕(なみかわそうすけ) 777a
・並河成資(なみかわなりすけ)　777a
・並河靖之(なみかわやすゆき)　777b 266b 777a
並木春蔵　725a
並木せんざ　480b
浪越太夫　728b
・名村泰蔵(なむらたいぞう)　777b
名村八右衛門　135b 900b
楢崎猪太郎　1148b
奈良松荘　1024b
・奈良専二(ならせんじ)　777c
・奈良武次(ならたけじ)　778a
楢林栄建　1025b
・奈良原繁(ならはらしげる)　778a 41c 208c 526c
成沢英雄　342a 352a
成田正右衛門　1048c
・成田知巳(なりたともみ)　778b 22b
成田正之　144a
成島筑山　779a
・成島司直〔東岳，翠麓〕(なるしまもとなお)　778c 779a
・成島柳北(なるしまりゅうほく)　779a 193b 546a 993a
成瀬正一　330b
・成瀬仁蔵(なるせじんぞう)　779b 533c
成瀬大域　249a
・成瀬正肥〔双山〕(なるせまさみつ)　779c 596b 708b
・名和靖(なわやすし)　779c
南郷茂光　944a
・南条文雄(なんじょうぶんゆう)　780a 264c 922a 993a
・難波大助(なんばだいすけ)　780a
難波常雄　844a
・南原繁(なんばらしげる)　780b 252a 998a 1013c
南部利剛　133b

に

・新島襄(にいじまじょう)　781a 28b 166a 186b 268b 383b 487c 685b 688c 712a 714a 724a 872c 929a 1043c 1114a 1121a 1149c
新居水竹　441c
仁井田南陽　695a
・仁井田陞(にいだのぼる)　781c
新穂家　422a
・新美南吉(にいみなんきち)　782a
新見錦　438c
新見正興　655c
新村忠雄　407b 1030c
・ニール　Edward St. John Neale　782b
・新納中三〔刑部〕(にいろちゅうぞう) 782b 691a 1077a
・新納忠之介〔古拙〕(にいろちゅうのすけ) 782c
新納久仰　514a
鳰浮巣翁　498b
・ニコライ　Nikorai　782c 486a 576b 781a
・西周〔天根，甘寐斎〕(にしあまね)　783b 276c 675c 687c 880b 940c 973a 983a 1028c 1065c 1111a 1113c
・西岡虎之助(にしおかとらのすけ)　783c
西岡雄説　481b
・西尾末広(にしおすえひろ)　784a 268c 274c 459c
・西尾寿造(にしおとしぞう)　784c
・西尾実(にしおみのる)　785a
西方訥　170c
西川右近　785c
西川栄寿　785b
西川栄之助　248b
・西川喜洲(初代)(にしかわきしゅう) 785b
・西川喜洲(2代)(にしかわきしゅう) 785b
・西川喜洲(4代)(にしかわきしゅう) 785b
西川喜代春　785b 785b 785b
西河謙一　786c
・西川鯉三郎(初代)(にしかわこいさぶろう)　785b
・西川鯉三郎(2代)(にしかわこいさぶろう)　785b 211b
・西川光二郎(にしかわこうじろう)　785c 407a 628b 1099a
西川左近　785c
西川定義　730c
西川茂　785c
・西川春洞(にしかわしゅんどう)　786a 927a
・西川正治(にしかわしょうじ)　786b
・西川甚五郎(にしかわじんごろう)　786b
西川扇蔵(4代)　785b 837a
・西河通徹(にしかわつうてつ)　786c
西川貞二郎　787a
・西川伝右衛門(にしかわでんえもん) 787a
・西川藤吉(にしかわとうきち)　787a 1004c
西川虎吉　647a
西川仁蔵　785b
西川甫　828b
西川巳之助(3代)　785b
西川寧　7a 786a
西川芳次郎　837a
西川吉輔　901b
・西寛二郎(にしかんじろう)　787b
・西毅一(にしきいち)　787b
西吉兵衛　1075a
錦洋　790b
・錦小路頼徳(にしきのこうじよりのり) 787c 488c
・西嶋定生(にしじまさだお)　787c
西島蘭渓　426b
・西晋一郎(にししんいちろう)　788a
・西田幾多郎〔寸心〕(にしだきたろう)

788b 310b 354a 403b 411c 428a 648b 649b 676a 905b 1003a 1039c 1181a
西田直養　482b 1163a
・西田直二郎(にしだなおじろう)　789a 10b 255b
西田長男　1031a
西谷啓治　411c
・西田税(にしだみつぎ)　789c 2a 106b 178a 338c 904c
・仁科芳雄(にしなよしお)　790a 458c 724c
・西ノ海嘉治郎(初代)(にしのうみかじろう)　790b
・西ノ海嘉治郎(2代)(にしのうみかじろう)　790b
・西ノ海嘉治郎(3代)(にしのうみかじろう)　790b
西野文太郎　1065a
西浜伝蔵　757b
・西原亀三(にしはらかめぞう)　790b 534a
・西春彦(にしはるひこ)　791a 941a
西薇山　24c
西雅雄　634c
・西村勝三(にしむらかつぞう)　791b
西村勘六　250c 251a
・西村五雲(にしむらごうん)　791c 793b
・西村茂樹(にしむらしげき)　791c 469c 791b
西村庄太郎　494b
・西村真次〔酔夢〕(にしむらしんじ)　792b
西村宗三郎回全　160a
・西村天囚〔碩園〕(にしむらてんしゅう)　792c 455c 731a 1176b
西村東右衛門　291a
西村藐庵　999b
西村良三　1085b
西山玄道　88b
・西山志澄(にしやましちょう)　793a 270b
・西山翠嶂(にしやますいしょう)　793b
二十一回猛士　1138a
二十回狂士　1050b
・二条斉敬(にじょうなりゆき)　793c 250a 710a 758b
西義顕　699a
・西義一(にしよしかず)　794a
・西四辻公業(にしよつつじきんなり)　794a
二所ノ関　654c
・西脇順三郎(にしわきじゅんざぶろう)　794b
・日鑑(にちかん)　794c
日軌　35c
日輝　35c 794c
日薩　35c
日受　794c
日達　794c
日敬　752a
日進　641a
・新田邦光(にったくにてる)　794c
新田俊純　287c
新田満次郎　287c
・新渡戸稲造(にとべいなぞう)　795a 381a 533c 554b 575b 671a 785c 795c 831a 1013c 1026a 1080b 1084b
新渡辺太素　795c
・新渡戸伝(にとべつとう)　795c
・蜷川虎三(になかわとらぞう)　796a
・蜷川式胤(にながわのりたね)　796a 268a 968b
・二宮熊次郎〔孤松，震堂〕(にのみやくまじろう)　796b
・二宮敬作〔如山〕(にのみやけいさく)　796c 492a 633c 1012b
・二宮尊徳(にのみやそんとく)　797a 15a 160b 203c 217a 219a 449b 572b 721c 897b
二宮尊親　721c
二宮尊行　219a
二宮治重　141c 552c
・仁礼景範(にれかげのり)　798a 93a
丹羽海鶴　367c
・庭田嗣子(にわたつぐこ)　798b
庭野鹿蔵　752a
・丹羽保次郎(にわやすじろう)　798b

ぬ

・額田六福(ぬかだむつとみ)　799a
貫名海屋　52c 367c 649c
貫名菘翁　367c
布川孫市　1026a
沼田月斎　313b
・沼田多稼蔵(ぬまたたかぞう)　799a
・沼間守一(ぬまもりかず)　799b 608a

ね

根岸の勘五郎　348a
根岸友山　520b
・根津嘉一郎(ねづかいちろう)　800a 249b
ネットー　813c
・根津一(ねづはじめ)　800b 36b
・ネフスキー　Nikolai Aleksandrovich Nevskii　800c
根本新平　190b
・根本正(ねもとただし)　801a 533a
・念仏重兵衛(ねんぶつじゅうべえ)　801a

の

能美洞庵　5c
・ノーマン　Daniel Norman　801c
・ノーマン　Egerton Herbert Norman　801c
・野上豊一郎〔臼川〕(のがみとよいちろう)　802a 32c 292b 802b
・野上弥生子(のがみやえこ)　802b 802b
・乃木希典〔静堂，秀顕，石樵，石林子〕(のぎまれすけ)　802c 315c 523b 535c 1066b
・ノグチイサム　803a
・野口雨情(のぐちうじょう)　803b 581c
・野口援太郎(のぐちえんたろう)　803b 523c
・野口兼資(のぐちかねすけ)　803c 932a 992c
・野口遵(のぐちしたがう)　803c 142a 914b
・野口英世(のぐちひでよ)　804b
・野口幽谷(のぐちゆうこく)　804c 986a
・野口幽香(のぐちゆか)　804c
野口之布　35c
・野口米次郎(のぐちよねじろう)　805a 794b
野坂完山　161a
・野坂参三(のさかさんぞう)　805b 9c 96b 281a 813a 833b 1115a
野崎清二　341c
・野沢伊久太(のざわいくた)　805c
野沢市次郎　806a
野沢勝市(2代)　806b
野沢吉五郎(9代)　806b
野沢吉作　806a
野沢吉三郎(3代)　806a
野沢吉三郎(4代)　806a
野沢吉三郎(5代)　806b
野沢吉兵衛(3代)　625b
・野沢吉兵衛(4代)(のざわきちべえ)　806a 806b
・野沢吉兵衛(5代)(のざわきちべえ)　806a
・野沢吉兵衛(6代)(のざわきちべえ)　806a
・野沢吉兵衛(7代)(のざわきちべえ)　806a
・野沢吉兵衛(8代)(のざわきちべえ)　806a
・野沢吉兵衛(9代)(のざわきちべえ)　806a
野沢吉弥(4代)　806a
野沢吉弥(6代)　806a
野沢吉弥(7代)　806a
野沢喜八郎(3代)　682c
・野沢喜八郎(6代)(のざわきはちろう)　806b
・野沢喜八郎(7代)(のざわきはちろう)　806b
・野沢喜八郎(8代)(のざわきはちろう)　806b
・野沢喜八郎(9代)(のざわきはちろう)　806b

野沢喜代之助　806b
野沢勝市　806a
野沢庄治郎(3代)　806b
野沢庄治郎(4代)　806b
野沢新三郎　806b
野沢常造　806b
野沢堤雨　760c
野沢兵市　806a
野沢兵三　806a
野沢兵内　806b
野沢屋庄三郎　1057a
野尻芳春　805a
・能勢朝次(のせあさじ)　**806c**
能勢克男　738b
能勢祐之丞　452a
・能勢直陳〔卓軒〕(のせなおのぶ)　**806c**
・野田卯太郎〔大塊〕(のだうたろう)　**807a**
野田九浦　691a
野田聴松　557c
野田平次郎　581a
・野田律太(のだりつた)　**807b**
・ノックス　George William Knox　**807b**
・野津鎮雄(のづしずお)　**807c** 652c
ノット　741c
・野津道貫(のづみちつら)　**808a**
・野中至(のなかいたる)　**808a**
・野中四郎(のなかしろう)　**808b**
・野中助継(のなかすけつぐ)　**808b** 894c
野中太内　894c
野中千代子　808b
・野之口隆正(ののぐちたかまさ)　⇨大国隆正　720a
野々村戒三　925b
允子内親王　85c
・信時潔(のぶとききよし)　**808c** 14a
・宣仁親王(のぶひとしんのう)　**808c**
野間広春院　437c
・野間清治(のませいじ)　**809a**
・野間宏(のまひろし)　**809a**
のむき山人　583a
・野村兼太郎(のむらかねたろう)　**809b**
・野村吉三郎(のむらきちさぶろう)　**809c** 387b 431a 652b
・野村胡堂(のむらこどう)　**810a**
野村三次郎　108b
野村襄二　1014b
野村四郎　812a
野村清一郎　485a
・野村宗十郎(のむらそうじゅうろう)　**810b**
野村泰亨　739b
・野村徳七(のむらとくしち)　**810b**
・野村直邦(のむらなおくに)　**810c**
・野村秀雄(のむらひでお)　**811a**
・野村文夫〔雨荘，簾雨〕(のむらふみお)　**811b**
野村文挙　1068b
・野村望東(のむらぼうとう)　**811b** 233b 595b
野村益三　812b
野村万作　811c 812a
野村万造(6世)　811c
・野村万蔵(のむらまんぞう)　**811c** 812a
野村万之丞　812a
野村万之介　812a
野村三千三　1104b
・野村素介〔素軒〕(のむらもとすけ)　**812a**
・野村靖〔欲庵，香夢庵主〕(のむらやすし)　**812a** 1138c
・野村芳兵衛(のむらよしべえ)　**812c**
・野村竜太郎(のむらりゅうたろう)　**812c**
野村和作　1138c
・野本恭八郎〔互尊〕(のもときょうはちろう)　**812c**
野本真城　1175b
・野呂栄太郎(のろえいたろう)　**813a** 837b 882a 1107b
・野呂景義(のろかげよし)　**813c** 113a 641c
ノントー　968b

は

・パークス　*Sir* Harry Smith Parkes　**814b** 22c 183b 474b 514a 634a 738a 920b 933c 1012c 1018a 1040c 1166b
バーグナー　Gottfried Wagner　⇨ワーグナー
ハーヒェス　902a
・バーベック　Guido Herman Fridolin Verbeck　⇨フルベッキ
・パーマー　Harold E. Palmer　**814c**
パーム　241c
・パール　Radha Binod Pal　**815a**
ハーン　Lafcadio Hearn　⇨小泉八雲　386a
梅思平　173b 404c
ハイゼンベルク　790a
培達園主人　632b
・梅亭金鵞(ばいていきんが)　**815b**
・灰屋三郎助〔黍庵〕(はいやさぶろうすけ)　**815b**
・ハウス　Edward Howard House　**815c** 1016a
・垪和為昌(はがためまさ)　**816a** 185c 588c
・芳賀矢一(はがやいち)　**816a**
・萩野由之(はぎのよしゆき)　**816b** 245c
萩谷勝平　159a
・萩原恭次郎(はぎわらきょうじろう)　**816c** 681a
・萩原朔太郎(はぎわらさくたろう)　**817a** 89c 197c 256b 1051c 1112b
・萩原尊禮(はぎわらたかひろ)　**817b**
萩原久興　597a
・萩原広道〔葭沼〕(はぎわらひろみち)　**817c**
・萩原雄祐(はぎわらゆうすけ)　**817c**
伯徳令　928a
・羽倉簡堂〔外記〕(はぐらかんどう)　**818a** 265b 683a 1151b
羽倉秘救　818a
・箱田六輔(はこたろくすけ)　**818b** 387a 669c 700a
間秀矩　510c
・パジェス　Léon Pagès　**818c**
橋川文三　618c 1083a
・樋口五葉(はしぐちごよう)　**818c**
・橋田邦彦(はしだくにひこ)　**819a**
橋爪錦造　815b
橋本宇太郎　574c
・橋本雅邦(はしもとがほう)　**819b** 211c 294a 303a 444c 524c 782c 870c 892b 1129c
・橋本関雪(はしもとかんせつ)　**819c** 793b
・橋本欣五郎(はしもときんごろう)　**819c** 141c 178a
橋本国彦　14a
橋本憲三　609c
・橋本左内〔景岳〕(はしもとさない)　**820a** 216b 445a 752b 845c 910a 981c 1047a
・橋本実梁(はしもとさねやな)　**820c** 180c
・橋本進吉(はしもとしんきち)　**821a** 111a 700c
橋本善次郎　679a
・橋本多佳子(はしもとたかこ)　**821b**
橋本周延　345b
橋本忠次郎　5c
橋本鉄猪　200c
橋本藤左衛門　558b
・橋本増吉(はしもとますきち)　**821b**
・橋本増治郎(はしもとますじろう)　**821c**
・橋本明治(はしもとめいじ)　**822a**
橋本龍伍　822a
・橋本龍太郎(はしもとりゅうたろう)　**822a**
蓮田善明　1006c
・蓮沼門三(はすぬまもんぞう)　**822b** 879c
・長谷川昭道〔戸隠舎，一峰〕(はせがわあきみち)　**822c**
・長谷川一夫(はせがわかずお)　**822c** 346c 750b 959a 1114a
・長谷川勘兵衛(14代)(はせがわかんべえ)　**823a**
・長谷川勘兵衛(16代)(はせがわかんべえ)　**823a**
・長谷川勘兵衛(17代)(はせがわかんべえ)　**823a**
・長谷川清(はせがわきよし)　**823b**
・長谷川敬〔拙斎，是風〕(はせがわけい)　**823c** 708b

・長谷川時雨(はせがわしぐれ)　**823c** 1001b
・長谷川伸(はせがわしん)　**824a** 57a 1093a
長谷川世傑　329a
・長谷川宗右衛門〔峻阜〕(はせがわそうえもん)　**824b** 979b
・長谷川泰(はせがわたい)　**824c**
長谷川鉄之進　265b 975a
・長谷川天渓(はせがわてんけい)　**824c** 581c
・長谷川利行(はせがわとしゆき)　**825a**
・長谷川如是閑(はせがわにょぜかん)　**825b** 207c 731a 996c 1026c
長谷川速水　824b
長谷川浩　96a
長谷川寛　932b
長谷川弘　224a 249c
長谷川二葉亭　200a
・長谷川町子(はせがわまちこ)　**826a** 612b
・長谷川芳之助(はせがわよしのすけ)　**826b**
・長谷川好道(はせがわよしみち)　**826b** 325a 1095b
・長谷場純孝〔致堂〕(はせばすみたか)　**826c**
長谷場藤蔵　826c
・長谷部言人(はせべことんど)　**827a**
・長谷部恕連〔菊陰〕(はせべよしつら)　**827b**
・馬占山(ばせんざん)　**827c** 665c
・秦逸三(はたいつぞう)　**827c** 379a
・畑英太郎(はたえいたろう)　**828a**
・羽田恭輔(はだきょうすけ)　**828b**
畠山一清　109b
畠山古瓶　51a
・畠山義信(はたけやまよしのぶ)　**828b**
幡崎鼎　160b 705c
・秦佐八郎(はたさはちろう)　**828c**
秦寿太郎　1135b
・畑俊六(はたしゅんろく)　**829a** 552c
秦松洲　1135b
・秦瀬兵衛(はたせべえ)　**829b**
秦荘右衛門　829b
秦滄浪　1046a
・羽田孜(はたつとむ)　**829c**
畑中蓼坡　59b 724b
波多野秋子　40b
秦野章　1022a
波多野承五郎　1178a
・波多野精一(はたのせいいち)　**829c** 33a 397a 1003a 1043c 1181a
・羽田野敬雄(はたのたかお)　**830a** 926a
・波多野鶴吉(はたのつるきち)　**830b**
・波多野伝三郎(はたのでんざぶろう)　**830c**
・バチェラー　John Batchelor　**830c**
・蜂須賀斉裕(はちすかなりひろ)　**831a**
蜂須賀斉昌　519c
・蜂須賀茂韶(はちすかもちあき)　**831b** 56b
・八浜徳三郎(はちはまとくさぶろう)　**831b**
バチラー　688b
バック　62b
・バックストン　Barclay Fowell Buxton　**831c**
・ハッタ　Mohammad Hatta　**831c**
・八田達也(はったたつや)　**832a**
・八田知紀〔桃岡〕(はったとものり)　**832b** 295c 360c 392b 593b 747a 1090c
服部一三　400b
・服部宇之吉〔随軒〕(はっとりうのきち)　**832b** 85c
・服部兼三郎(はっとりかねさぶろう)　**832c** 729a
・服部金太郎(はっとりきんたろう)　**833a**
服部広太郎　536a
・服部之総(はっとりしそう)　**833b** 640b
服部十郎兵衛　797a
服部松旭　532a
・服部誠一〔撫松，吸霞楼〕(はっとりせいいち)　**833b**
・服部卓四郎(はっとりたくしろう)　**833c**
服部英男　687a
服部元済　48b
服部躬治　248a
・服部良一(はっとりりょういち)　**834a**
初見八郎　739b
・鳩山一郎(はとやまいちろう)　**834a** 21c 47a 70a 136a 199c 315a 376a 407c 449b 562c 604a 746b 834c 835a 835b 847a 935a 987c 1004b 1138a
・鳩山薫(はとやまかおる)　**834c**
・鳩山和夫(はとやまかずお)　**834c** 835a
・鳩山春子(はとやまはるこ)　**835a** 834c
・鳩山秀夫(はとやまひでお)　**835a** 332b
・花井卓蔵(はないたくぞう)　**835b** 142c 228a
華岡青洲　948c
花岡百樹　454b
花川蝶十郎　611c
花川蝶十郎(6代)　785b
・花田清輝(はなだきよてる)　**835c** 29b
・花田大五郎(はなだだいごろう)　**836a**
・花房義質(はなぶさよしもと)　**836b** 216b 431b
花堀守俊　927a
・花森安治(はなもりやすじ)　**836c**
花柳寿応　837a
花柳寿助　837a 1170b
・花柳寿輔(初代)(はなやぎじゅすけ)　**836c**(初代)　1170b
・花柳寿輔(2代)(はなやぎじゅすけ)　**836c**
・花柳寿輔(3代)(はなやぎじゅすけ)　**836c**
・花柳章太郎(はなやぎしょうたろう)　**837a** 1007c
花山若力　1141b
塙景太郎　983a
塙忠宝　389c
・羽仁五郎(はにごろう)　**837b** 813b 848c 1003b
・羽仁説子(はにせつこ)　**837c** 837b
・埴原正直(はにはらまさなお)　**837c** 483c 969b
・羽仁もと子(はにもとこ)　**838a** 837c
・埴谷雄高(はにやゆたか)　**838b** 809b
羽仁吉一　838a
・羽田亨(はねだとおる)　**838c**
・羽田正見(はねだまさみ)　**839a**
羽塚秋楽庵　1135b
・馬場鍈一(ばばえいいち)　**839b**
馬場孤蝶　353c 794b 867b 1071b
馬場正統　124c
・馬場辰猪(ばばたつい)　**839b** 175a 387a 546a 727a 739b
・馬場恒吾(ばばつねご)　**839c**
馬場の鬼勝　347a
・羽原又吉(はばらゆうきち)　**840b**
土生玄昌　117c
土生玄碩　492a
パプチャップ　巴布扎布　⇨バボージャブ
・バボージャブ　巴布扎布　**840b**
・浜尾新(はまおあらた)　**841a** 211c 292b
・浜岡光哲(はまおかこうてつ)　**841b**
浜尾四郎　924a
・浜口雄幸〔空谷〕(はまぐちおさち)　**841b** 59a 215c 283b 457c 660b 1021b
浜口吉右衛門　1175a
・浜田国太郎〔雷声〕(はまだくにたろう)　**842a**
・浜田国松〔孤松〕(はまだくにまつ)　**842b** 689b
・浜田耕作〔青陵〕(はまだこうさく)　**842c** 432b 545a 858c 905a
・浜田庄司(はまだしょうじ)　**843a** 302c 1042c 1088c
・浜田彦蔵(はまだひこぞう)　**843a** 334a 864b
・浜田広介(はまだひろすけ)　**843b**
浜田三孝　845c
浜の里人　824a
浜村蔵六(3代)　736b
・浜村蔵六(4代)(はまむらぞうろく)　**843c**
・浜村蔵六(5代)(はまむらぞうろく)　**843c**
羽室嘉右衛門　830c
・バモー　Ba Maw　**843c**
早川勘之助　693b

・早川純三郎(はやかわじゅんざぶろう) **844a** 110a
・早川雪洲(はやかわせっしゅう) **844b**
・早川千吉郎(はやかわせんきちろう) **844c** 844a
早川卓之丞 616c
林鼇 96c 929b →林復斎
林有通 350a
林市蔵 226c
・林歌子(はやしうたこ) **844c** 429c
・林桜園(はやしおうえん) **845a** 140a 191b 301b 307b 350a 1033a
林斧太 611b
・林遠里(はやしおんり) **845b**
林学斎 655c
・林鶴梁(はやしかくりょう) **845c** 658c
・林包明(はやしかねあき) **845c** 406c
・林久治郎(はやしきゅうじろう) **846a** 59c 888b 1137c
・林毅陸(はやしきろく) **846b**
林倉太郎 272c
林源十郎 1097a
林謙三 504a
林小伝治 266b
・林権助(はやしごんすけ) **846b** 32c 45a 243c 325a
林子平 480a
林述斎 15c 690c
林庄五郎 266b
・林譲治(はやしじょうじ) **847a**
林図書頭 334a
・林銑十郎(はやしせんじゅうろう) **847b** 19b 37b 963a
林泰輔 85c
・林田亀太郎(はやしだかめたろう) **847c**
・林武(はやしたけし) **848a** 696b
林田春潮 328a
・林董(はやしただす) **848b** 32b 961b
林忠崇 111a
林忠英 1008c
・林達夫(はやしたつお) **848c** 523c 649b
林長二郎 346c
林長丸 823a
・林鶴一(はやしつるいち) **849a** 234c 591a
林檉宇 78b
・林洞海(はやしどうかい) **849b** 477c 616a
林藤次 140a
・林友幸(はやしともゆき) **849b** 849c
・林博太郎(はやしひろたろう) **849c**
・林広守(はやしひろもり) **849c** 162c 234c
・林復斎〔梧南，藕潢〕(はやしふくさい) **850a** 655c →林鼇
・林房雄(はやしふさお) **850b** 431b
・林芙美子(はやしふみこ) **850b**
・林正明(はやしまさあき) **850c**
林昌之助 1009c
林巳之吉 776c
・林屋辰三郎〔燈心〕(はやしやたつさぶろう) **851a**
・林有造(はやしゆうぞう) **851b** 78a 176c 223b 270a 406c 723c 847a 1080c
林勇蔵 558c
・早矢仕有的(はやしゆうてき) **851c** 678c
・林頼三郎(はやしらいざぶろう) **851c**
葉山鎧軒 371b
端山海定 1175b
葉山佐内 1138b
・葉山嘉樹(はやまよしき) **852a**
・速水御舟(はやみぎょしゅう) **852b** 993b
・速水堅曹(はやみけんぞう) **852c** 936b
・早速整爾(はやみせいじ) **852c**
・バラー James Hamilton Ballagh **853a** 44c 138c 291c 241c 306c 570c 601c 948a 964a 1118c
・バラー John Craig Ballagh **853b**
・原市之進(はらいちのしん) **853b** 155c 582b
・原勝郎(はらかつろう) **853c** 146a
原口針水 511a
原三渓 639c
原修斎 988c
・原石鼎(はらせきてい) **854a** 605c 953b
・原善三郎(はらぜんざぶろう) **854b**
原田一道 856a
・原敬〔一山，逸山〕(はらたかし) **854c** 123b 143a 186c 238c 279a 283a 283c 323c 365c 444a 604a 636c 714c 740c 756c 807a 902c 955a 983b 990a 999c 1058a 1062a 1095a 1116b 1127c
・原田熊雄(はらだくまお) **856a** 345c 428b 561a 857c
・原田慶吉(はらだけいきち) **856b**
・原田二郎(はらだじろう) **856b**
・原田助〔渓鹿〕(はらだたすく) **856c**
・原忠順(はらただゆき) **856c** 776a
・原田敏明(はらだとしあき) **857a**
・原田伴彦(はらだともひこ) **857b**
・原田豊吉(はらだとよきち) **857c** 858a
・原田直次郎(はらだなおじろう) **858a** 186b 604b 757c 857c 1025b 1173a
・原胤昭(はらたねあき) **858a** 302a 377b
・ハラタマ Koenraod Woulter Gratama **858b** 216b 933b
・原田淑人(はらだよしと) **858c**
原田隆造 229b
・原坦山(はらたんざん) **859a** 175b
原智恵子 474a
原富太郎 639c
原南陽 948c
原熙 641b
・原文兵衛(はらぶんべえ) **859b**
原抱一庵 1071a
・原嘉道(はらよしみち) **859c** 228a 714b
・原亮三郎(はらりょうざぶろう) **859c**
・原六郎(はらろくろう) **860a** 54b
・ハリス Townsend Harris **860b** 88a 102a 124a 149c 172a 209c 698b 703b 874c 939a 995b
・ハリマン Edward Henry Harriman **861a**
・ハル Cordell Hull **861b** 888b
春木一郎 856b
春木強四郎 1024a
春木南溟 627a
・春木義彰(はるきよしあき) **861c**
・ハルデス Hendrik Hardes **861c**
春の屋おぼろ(朧) 681c
明宮 588a 772b 1123b →大正天皇
パルモア 1153c
春山花輔 101b
バレット 921c
藩浩 791b
・坂西利八郎(ばんざいりはちろう) **862a**
・伴貞懿(ばんさだよし) **862b**
班志超 862a
・繁田満義(はんだみつよし) **862c**
坂東一鶴(2代) 766a
坂東およし 1170b
坂東家橘 85b
坂東鶴之助(3代) 766a
坂東亀三郎(3代) 85b 863a
坂東亀蔵(2代) 863a
坂東吉弥(初代) 863b
坂東橘五郎 248c
坂東寿三郎(初代) 767a
坂東薪水 85b
坂東薪水(8代) 863a
坂東竹三郎(初代) 863a
坂東竹松 85b
坂東玉三郎 551c
・阪東妻三郎(ばんどうつまさぶろう) **862c**
坂東鶴之助(初代) 863a
・坂東彦三郎(5代)(ばんどうひこさぶろう) **863a**
・坂東彦三郎(6代)(ばんどうひこさぶろう) **863a**
坂東彦三郎(7代) 85b
・坂東彦三郎(8代)(ばんどうひこさぶろう) **863a**
坂東三田八 1070c
・坂東三津五郎(4代)(ばんどうみつごろう) **863b** 1070b
・坂東三津五郎(6代)(ばんどうみつごろう) **863b**
・坂東三津五郎(7代)(ばんどうみつごろう) **863b**
・坂東三津五郎(8代)(ばんどうみつごろう) **863b**

・坂東三津五郎(９代)(ばんどうみつごろう)　**863b**
坂東光伸　863b
坂東簑助(２代)　863b
坂東簑助(６代)　863b
坂東簑助(７代)　863b
坂東八十助(２代)　863b
坂東八十助(３代)　863b
坂東八十助(４代)　863b
・坂野兼通(ばんのかねみち)　**863c** 1098c
伴信友　389c 498b 653a 725b 747a 1090c
・パンペリー　Raphael Pumpelly　**863c**
・バン＝ボールクンバーク　Robert Bruce van Valkenburgh　**864a**
・バン＝リード　Eugene M. Van Reed　**864b** 334a

ひ

・ピアソン　Louise Henrietta Pierson　**865a**
ピーリー　1111a
・日置益(ひおきえき)　**865a** 253b 483c
日尾荊山　448a
・樋貝詮三(ひがいせんぞう)　**865b**
・東浦庄治(ひがしうらしょうじ)　**865b**
東恩納寛宜　865c
・東恩納寛惇〔虬州〕(ひがしおんなかんじゅん)　**865c**
・東久世通禧〔竹亭，古帆軒〕(ひがしくぜみちとみ)　**866a** 76b 488c 1047c
・東久邇稔彦(ひがしくになるひこ)　**866a** 70c
東久邇宮稔彦王　866b
東伏見宮依仁親王(ひがしふしみのみやよりひとしんのう)　⇨依仁親王
・東山魁夷(ひがしやまかいい)　**866b** 1121c
・東山千栄子(ひがしやまちえこ)　**866c** 7a 240b
・比嘉春潮(ひがしゅんちょう)　**867a**
ヒカステテス　959c
氷川烈　553a
・樋口一葉(ひぐちいちよう)　**867a**
樋口聿斎　479b
・樋口勘次郎(ひぐちかんじろう)　**867c** 21b
・樋口武(ひぐちたけし)　**867c**
樋口竜温　1045c
日暮竜卜　1170a
・ビゴー　Georges Ferdinand Bigot　**868a** 949c
肥後和男　1170a
・ピゴット　Francis Stewart Gilderoy Piggott　**868b**
・ピゴット　*Sir* Francis Tayler Piggott　**868c**
・久板栄二郎(ひさいたえいじろう)　**869a** 106c
・久松潜一(ひさまつせんいち)　**869a**
久松風陽　37a
土方定一　368a
・土方歳三〔歳蔵〕(ひじかたとしぞう)　**869b** 438c 576a 576a
・土方久徴(ひじかたひさあきら)　**869c** 893b
・土方久元〔秦山〕(ひじかたひさもと)　**870a** 158b 374a 461c 1061b 1141c
・土方与志(ひじかたよし)　**870b** 88a 211b 240b 376c 724b 997b 1050c 1119a
・菱刈隆(ひしかりたか)　**870b**
菱田重明　1033c
・菱田春草(ひしだしゅんそう)　**870c** 211c 819b
菱沼五郎　106b 661c
菱屋勘七　991a
菱山修三　368a
・比田井天来(ひだいてんらい)　**871a** 367c
・日高信六郎(ひだかしんろくろう)　**871a**
日高鉄翁　677b
・日高凉台(ひだかりょうだい)　**871b**
・常陸山谷右衛門(ひたちやまたにえもん)　**871c**
肥田理吉　1110a
・ビッケル　Luke Washington Bickel　**871c**
・ビッテ　Sergei Yulievich Vitte　**872a**
尾藤二洲　697a
尾藤水竹　250a
・一橋慶喜(ひとつばしよしのぶ)　⇨徳川慶喜　31c 78c 124a 140c 145b 155c 166c 202b 464b 514c 559a 620c 634a 707b 793c 853c 977b 979a 982a 1092b
・一柳米来留(ひとつやなぎめれる)　**872b**
・人見一太郎(ひとみいちたろう)　**872b**
人見勝太郎　111a
人見東明　581c 1112b
・日夏耿之介〔黄眠〕(ひなつこうのすけ)　**872c** 447c
日根野弁治　461c
・火野葦平(ひのあしへい)　**873a**
・日野草城(ひのそうじょう)　**873b**
日野鼎哉　264c 871b
ビハリ－ボース　552c 582a 690a 700b 1154b
・日比翁助(ひびおうすけ)　**873b** 759a
日疋信亮　131b
・日比谷平左衛門(ひびやへいざえもん)　**873c** 1175a
・ピブンソンクラーム　Phibunsongkhram, Plaek　**874a**
氷室長翁　1135b
・百武兼行(ひゃくたけかねゆき)　**874a**
・百武三郎(ひゃくたけさぶろう)　**874b**
・ヒュースケン　Henry Conrad Joannes Heusken　**874c** 356a 522a 860c 920c
平井海蔵　492a
平井義十郎　739b
・平井希昌(ひらいきしょう)　**874c**
・平泉澄(ひらいずみきよし)　**875a**
・平出修(ひらいでしゅう)　**875b** 1066b
・平岩愃保(ひらいわよしやす)　**875b** 50c 262a 338a 591b
平岡円四郎　507a
・平岡浩太郎(ひらおかこうたろう)　**875c** 387a 700a 818c 1081a
平岡弥三兵衛　735b
平尾在寛　876a
・平尾在脩(ひらおざいしゅう)　**876a**
・平生釟三郎(ひらおはちさぶろう)　**876a** 259b
平尾八十吉　719b
平賀磯次郎　177c
平賀敏　759a
平賀徳太郎　876c
平賀元義　817c
・平賀譲(ひらがゆずる)　**876b** 441a 705a
平川惟一　463b
・平櫛田中(ひらくしでんちゅう)　**876c**
・平子鐸嶺〔鐸嶺〕(ひらこたくれい)　**877a**
・平沢計七〔紫魂〕(ひらさわけいしち)　**877b** 1179a
・平瀬作五郎(ひらせさくごろう)　**877b** 57b
平田篤胤　6c 48b 109a 137b 180a 277c 278a 341b 385a 437c 465a 479c 510c 558b 675c 752b 830a 912c 968b 1175b
平田大江　811c
・平田鉄胤〔銕胤〕(ひらたかねたね)　**877c** 109a 438a 499a 558c 679c 830a 985a 996c 1057b 1076a
枚田水石　607b
・平田東助(ひらたとうすけ)　**877c** 355c 434b 502a 884a 990a
平田禿木　134c 867b
平田延胤　7b
平田彬斎　786a
・平田安吉(ひらたやすきち)　**878c**
平塚明子　1071b
平塚運一　1042c
・平塚常次郎(ひらつかつねじろう)　**878c**
・平塚らいてう〔雷鳥〕(ひらつからいちょう)　**878c** 83b 233b 802b 996a 1071b 1096a 1130c
平戸廉吉　816c
・平沼騏一郎(ひらぬまきいちろう)　**879b** 84a 235b 338c 425b 493c 556a 649a 859c 880b
・平沼専蔵(ひらぬませんぞう)　**880a**

・平沼淑郎(ひらぬまよしろう) 880b
・平沼亮三(ひらぬまりょうぞう) 880c
平野永太郎 535a
・平野国臣(ひらのくにおみ) 880c 311a 356b 485c 537c 811c 960b 1146b
・平野謙(ひらのけん) 881b 835c 838c
・平野富二(ひらのとみじ) 881c 1060b
平野万里 875b
平野尚勝 377b
・平野義太郎(ひらのよしたろう) 881c 813b
・平野力三(ひらのりきぞう) 882a 547a 744c
・平林たい子(ひらばやしたいこ) 882b
・平林初之輔(ひらばやしはつのすけ) 882b 6c
平福穂庵 691a 883a
・平福百穂(ひらふくひゃくすい) 883a 320c 345b 676c 971c 1121c
・平松時厚(ひらまつときあつ) 883a
平松武兵衛 566b
・平山清次(ひらやまきよつぐ) 883b
・平山周〔二楸庵，万里〕(ひらやましゅう) 883b 586a
平山昌斎 563b
平山子竜 244b
・平山信(ひらやましん) 883c 690b
・平山省斎(ひらやませいさい) 883c
・平山成信(ひらやまなりのぶ) 884a
平山兵介 46c
平山敬忠 1074c
・ヒルドレス Richard Hildreth 884b
広江孝助 346a
・広岡宇一郎(ひろおかういちろう) 884b
・広川弘禅(ひろかわこうぜん) 884c 1101a
・広川晴軒(ひろかわせいけん) 884c
・広沢真臣(ひろさわさねおみ) 885a 147c 380b 655a
広瀬一孝 887c
・広瀬久兵衛(ひろせきゅうべえ) 885b
・広瀬旭荘(ひろせきょくそう) 885c 281a 653b 666c 871b 887a 993a
・広瀬元恭(ひろせげんきょう) 886a 482a 642b
・広瀬宰平(ひろせさいへい) 886a 110b 292a 419c 753b
・広瀬武夫(ひろせたけお) 886b 42b 284c 612a
・広瀬淡窓(ひろせたんそう) 886c 55b 135b 205b 371a 371b 626b 649c 666c 818a 885b 885c 1127a
・広瀬豊作(ひろせとよさく) 887b 534a
広瀬愛親 887c
・広瀬久忠(ひろせひさただ) 887b
・広瀬保庵〔半渓〕(ひろせほあん) 887c
・広瀬政次(ひろせまさじ) 887c
・広田亀治(ひろたかめじ) 888a
・広田憲寛〔九鱗〕(ひろたけんかん) 888a
・広田弘毅(ひろたこうき) 888b 294b 846a 1069a 1099c 1137c
・広津和郎(ひろつかずお) 889a 153a 264a
・広津柳浪〔蒼々園〕(ひろつりゅうろう) 889a 735c 762b
裕仁皇太子 778a 868b →昭和天皇
裕仁親王 588b 958c →昭和天皇
・博恭王(ひろやすおう) 889b 513a
・閔妃(びんひ) 889c 999c

ふ

・ファビウス Gerhardus Fabius 890b 861c
ファルケンブルグ Robert Bruce van Valkenburgh ⇨バン＝ボールクンバーク
ファン＝カッテンダイケ Willem Johan Cornelis, *Ridder* Huijssen van Kattendijke ⇨カッテンダイケ
・ファン＝デン＝ブルーク Jan Karel van den Broek 890c
・ファン＝ボイチャウ Phan-Bôi-Châu 890c
ファン＝マンスフェルト Constant George van Mansvelt ⇨マンスフェルト
ファン＝メールデルフォールト Johannes Lijdius Catharinus Pompe van Meerdervoort ⇨ポンペ＝ファン＝メールデルフォールト
・フィッセル Marinus Willem de Visser 891a
風外本高 576b
・馮玉祥(ふうぎょくしょう) 891b 661a 666a 862b 894b
・馮国璋(ふうこくしょう) 891b 169b
・ブース William Booth 891c 274c
ブーフィエ 921c
・フェスカ Max Fesca 891c 1126b
・フェノロサ Ernest Francisco Fenollosa 892a 211c 294a 316c 357a 608b 617b 819b 1025c
フェントン 65c
・フォスター John Watson Foster 892b
・フォルカド Théodore Augustin Forcade 892c
フォルタン 921b
フォン＝グナイスト Rudolf von Gneist ⇨グナイスト
フォン＝ジーボルト Alexander Georg Gustav von Siebold ⇨シーボルト
フォン＝ジーボルト Heinrich Philipp von Siebold ⇨シーボルト
フォン＝ジーボルト Philipp Franz von Siebold ⇨シーボルト
フォン＝シュタイン Lorenz von Stein ⇨シュタイン
・フォンタネージ Antonio Fontanesi 893a 15b 437a 973a
フォン＝ディルクセン Herbert von Dirksen ⇨ディルクセン
フォン＝ブラント Max August Scipio von Brandt ⇨ブラント
・深井英五(ふかいえいご) 893a 712a 1079c
・深尾須磨子(ふかおすまこ) 893b
深川潜蔵 457b
・深沢七郎(ふかざわしちろう) 893c
・深田康算(ふかだやすかず) 894a 397a 738b 848c
・溥儀(ふぎ) 894a 373c 665a 684b 719a 870c 875a
福井検校運一 1135c
福井江亭 1121c
福井棣園 871b
福井茂兵衛 344a
福井利吉郎 557a
・福岡孝弟(ふくおかたかちか) 894c 423a 582c 1124a 1140c
福沢捨次郎 34c
福沢百助 895b
・福沢桃介(ふくざわももすけ) 895a 74b 984b
・福沢諭吉(ふくざわゆきち) 895b 5c 20c 31a 66b 101c 216b 238c 252c 286b 351b 361c 399c 446a 526a 534b 603b 608a 618a 619a 628a 691a 758c 759b 783c 851c 873b 910c 914c 933c 1062c 1080c 1091a 1177a
・福士幸次郎(ふくしこうじろう) 896c 480b 577b 1136a
福島清 51a
福島慶子 533a
福島繁太郎 474a
福島新吉 1042b
福島浪蔵 398c
・福島正夫(ふくしままさお) 897a 315b
・福島安正(ふくしまやすまさ) 897a 245a
福住清風 341b 975a
・福住正兄(ふくずみまさえ) 897b
・福田行誡〔大堂〕(ふくだぎょうかい) 897c 36a 175b 316c
福田清人 89c
・福田赳夫(ふくだたけお) 898a 30b 636a 942c
・福田恆存(ふくだつねあり) 898b
・福田徳三(ふくだとくぞう) 898b 134b 394b 399c 580b 770a
福田八之助 293a
福田半香 1176a
・福田英子(ふくだひでこ) 899a 414b
福田復 900a

・福田平八郎(ふくだへいはちろう)　899b
　760c 1099b
・福田雅太郎(ふくだまさたろう)　899c
　136c 141c 925a 1173b
・福田理軒(ふくだりけん)　900a
福田良介　997b
・福地桜痴(ふくちおうち)　⇨福地源一郎
　608a 648a 669a 735c 1071a 1147a
・福地源一郎(ふくちげんいちろう)　900b
　546b 571c 618a 648a 739b 997a 1010b
　1071a 1147a　→福地桜痴
福地信世　906a
・福留繁(ふくとめしげる)　900c
福永武彦　63c 943a
福羽登三　901b
・福羽逸人(ふくばはやと)　901a
・福羽美静〔木園，硯堂〕(ふくばびせい)
　901b 300a 997a
・福原有信(ふくはらありのぶ)　901c
・福原越後〔翠崖〕(ふくはらえちご)　901c
　254a 345a 375a 1024a
福原鶴三郎(2代)　611c
福原百三郎　1058c
福原百之助(初代)　1058c
福原百之助(2代)　611c
福原百之助(3代)　611c
福原百之助(6代)　612a
福原麟太郎　212b
福原霊川　707a
・福村周義(ふくむらちかよし)　902a
・福本和夫(ふくもとかずお)　902a 310a
　456b 710c 1097b
・福本日南(ふくもとにちなん)　902c
　454a 547c 1083c
・福山敏男(ふくやまとしお)　903a 24c
・溥傑(ふけつ)　903b
房子内親王　469c
藤井栄三郎　647a
・藤井健次郎(ふじいけんじろう)　903b
・藤井真信(ふじいさだのぶ)　903c
藤井至静　1045c
・藤井甚太郎(ふじいじんたろう)　904a
・藤井武(ふじいたけし)　904a 1013c
　1084c
・藤井竹外(ふじいちくがい)　904b
藤井春洋　255c
・藤井斉(ふじいひとし)　904b 106b 178a
藤枝泉介　918c
・藤岡市助(ふじおかいちすけ)　904c
　1036b
藤岡勝二　131b 672a
藤岡菊太郎　767a
・藤岡謙二郎(ふじおかけんじろう)　905a
・藤岡作太郎〔東圃〕(ふじおかさくたろう)
　905b 788b
藤岡仙菊　767a
・藤懸静也(ふじかけしずや)　905c
・藤蔭静樹(ふじかげせいじゅ)　905c
藤川勾当　1135b
藤川三渓　859c 979b
藤川貞　986b
・富士川游〔子長〕(ふじかわゆう)　906a
　388b
・藤川勇造(ふじかわゆうぞう)　906b
藤川理右衛門　654b
藤木久兵衛　1172b
・藤沢浅二郎(ふじさわあさじろう)　906b
　344a
・藤沢幾之輔(ふじさわいくのすけ)　906c
　86b
・藤沢周平(ふじさわしゅうへい)　906c
藤沢武夫　947b
藤沢東畡　114b 329a 907a
・藤沢南岳(ふじさわなんがく)　907a
　471b
藤沢令夫　644b
・藤沢利喜太郎(ふじさわりきたろう)
　907b 591a 849a
・藤島武二(ふじしまたけじ)　907c 39b
　222b 378c 401a
藤田和夫　115b
藤田剣峰　589b
藤田勾当　1135b
・藤田小四郎(ふじたこしろう)　907c
　155c 462b 621a 993b
藤田小太郎　909b
・藤田五郎(ふじたごろう)　908a
藤田貞正　706a
藤田鹿太郎　909a
・藤田たき(ふじたたき)　908b
・藤田嗣治(ふじたつぐはる)　908c
・藤田伝三郎(ふじたでんざぶろう)　908c
　1b 271a 419c 753b
・藤田東湖(ふじたとうこ)　909b 2b 259a
　328c 452a 465b 519b 679c 705c 733b
　820b 845c 853c 977b 1009a 1050b
　1080a 1086a 1140c
・藤田豊八〔剣峯〕(ふじたとよはち)　910a
　1153a
藤谷宗仁　603b
・藤田尚徳(ふじたひさのり)　910b
藤田文蔵　520b 1152b
藤田鳴鶴　910c
・藤田茂吉(ふじたもきち)　910b 99c
　386a 1091a
・藤田元春(ふじたもとはる)　910c
藤田幽谷　2b
藤田与次右衛門　278b
・藤田亮策(ふじたりょうさく)　911a
・藤浪鑑(ふじなみあきら)　911b
藤波言忠　524a 529b
・藤波与兵衛(初代)(ふじなみよへえ)
　911b
・藤波与兵衛(2代)(ふじなみよへえ)
　911b
・藤波与兵衛(3代)(ふじなみよへえ)
　911b
・藤波与兵衛(4代)(ふじなみよへえ)
　911b
藤沼栄四郎　1179a
藤野荘三　1093a
藤林泰助　88c
藤林普山　623b
藤原咲平　672c
伏原宣明　119b
藤間亀三郎　247c 764b
藤間勘右衛門(2代)　906a
藤間勘右衛門(4代)　248b
藤間勘斎(2代)　248b
藤間勘三郎　785c
藤間勘十郎(6代)　785c
藤間勘十郎(7代)　247c
藤間勘治郎　247c
藤雅三　379c
富士正晴　809b
藤間静枝　906a
藤間善蔵　85b
藤間竹遊　1112b
藤間八重次　906a
伏見宮　889b
伏見宮貞愛親王(ふしみのみやさだなるしんのう)　⇨貞愛親王
伏見宮博恭王(ふしみのみやひろやすおう)　⇨博恭王
伏見康治　300c
藤村トヨ　52c
・藤村操(ふじむらみさお)　912a 32c
　759c
藤本鉞樹　497a
藤本吉兵衛　569c
・藤本定義(ふじもとさだよし)　912b
藤本庄左衛門　913a
藤本浄本　1101c
・藤本清兵衛(初代)(ふじもとせいべえ)
　912b
・藤本清兵衛(2代)(ふじもとせいべえ)
　912b
・藤本善右衛門(ふじもとぜんえもん)
　912c
・藤本荘太郎(ふじもとそうたろう)　913a
藤本津之助　356a
・藤本鉄石(ふじもとてっせき)　913a
　128b 223c 245b 356a 975a 989b 1146b
藤森弘庵　35c 250a 265b 329a 334a
　701b 853c 1017a 1147a
・藤森成吉(ふじもりせいきち)　913b
　211b 277b
藤森天山　317a 569b 845c 1017a 1147a
・藤山愛一郎(ふじやまあいいちろう)
　913c 475a 914c
・藤山一郎(ふじやまいちろう)　913c
・藤山寛美(ふじやまかんび)　914a 509a
・藤山常一(ふじやまつねいち)　914b
　804a

• 藤山雷太(ふじやまらいた) 914b 759a
藤原あき 759a
• 藤原銀次郎(ふじわらぎんじろう) 914c 25b 336a 759a
• 藤原咲平(ふじわらさくへい) 915a
藤原正 32c
藤原秀広 723a
藤原松三郎 849a
• 藤原義江(ふじわらよしえ) 915b 474a
• ブスケ George Hilaire Bousquet 915c
• 布施辰治(ふせたつじ) 915c 1100c
ブゼル 664b
二川一騰 169b 688b
二川小島 169b
二川相近 183a
• 二木謙三(ふたきけんぞう) 916a
• 布田惟暉(ふたこれてる) 916b
• 二葉亭四迷(ふたばていしめい) 916c 58a 149b 681c 1078a 1129a
• 双葉山定次(ふたばやまさだじ) 917a
二見虎三郎 305a
二荒二郎 462b
• 淵辺徳蔵(ふちべとくぞう) 917b
• プチャーチン Evfimii Vasilievich Putyatin 917c 102b 124a 314a 413a 438b 678a 995a 1016b 1060b
• ブッセ Ludwig Busse 918a 788b
仏陀禅那 1101c
• プティジャン Bernard Thadée Petitjean 918a 242b 919b 1074a
舟木重雄 1032a
船田享二 918c
• 船田中(ふなだなか) 918b
• 船津辰一郎(ふなつたついちろう) 918c
• 船津伝次平(ふなつでんじべい) 919a
• 舟橋聖一(ふなはしせいいち) 919a
富美宮 849c
フューレ Louis Auguste Théodore Furet ⇨フュレ
• フュレ Louis Auguste Théodore Furet 919b
ブライス 1109c
• ブラウン Nathan Brown 919c 383c 306c
• ブラウン Samuel Robbins Brown 920a 111c 131a 138c 241c 338a 512b 601c 928c 1136c
ブラウンス 1130a
• ブラック John Reddie Black 920b
• ブラント Max August Scipio von Brandt 920c
• プリディ Pridi Panomyong 921a
• プリューイン Robert Hewson Pruyn 921a
プリュイン 865a
• ブリュネ Jules Brunet 921b
• ブリンクリ Francis Brinkley 922a 373a
• 古市公威(ふるいちこうい) 922b 878a
古井喜実 212c
ブルーク Jan Karel van den Broek ⇨ファン＝デン＝ブルーク
• ブルース James Bruce, 8*th Earl* of Elgin and 12*th Earl* of Kincardine 922c
ブルーノ＝タウト Bruno Taut ⇨タウト
• 古河勇(ふるかわいさむ) 923a
• 古河市兵衛(ふるかわいちべえ) 923a 251a 743a
古川魁蕾 5a
古川堯道 20a
古河潤吉 213a 923b
古河新水 1070c
古川他山 365c
• 古河太四郎(ふるかわたしろう) 923b
古川常一郎 200a
古沢南洋 924a
古川正雄 769b
• 古川躬行〔汲古堂〕(ふるかわみゆき) 923c
古河黙阿 318a
古河黙阿弥(ふるかわもくあみ) ⇨河竹黙阿弥
古河力作 1030c
• 古川緑波(ふるかわろっぱ) 924a 329c 707a
古木虎三郎 679a
• 古沢滋(ふるさわうろう) 924a 78a 223b
• 古島敏雄(ふるしまとしお) 924b
• 古荘嘉門(ふるしょうかもん) 924c
• 古田俊之助(ふるたしゅんのすけ) 924c
• 古田大次郎(ふるただいじろう) 925a 757a 1173b
• 古田良一(ふるたりょういち) 925a
• ブルック John Mercer Brooke 925b
• 古橋源六郎(ふるはしげんろくろう) 925c
• 古橋暉児(ふるはしてるのり) 926a 925c
• フルベッキ Guido Herman Fridolin Verbeck 926b 149a 183b 383c 385b 492b 582b 601a 915c 1049a 1062b 1099a 1110b
古松簡二 828b
ブレーク 863c
ブロムホフ 607b
• フローレンツ Karl Adolf Florenz 927a
文廷式 243c 759b
• 豊道春海(ぶんどうしゅんかい) 927a 786a

へ

• ベイティ Thomas Baty 927c
ペーツォルト夫人 139b
ヘール 174c
日置帯刀 614a
• ベックマン Wilhelm Böckmann 927c
別所梅之助 961c
• ベッテルハイム Bernard Jean Bettelheim 928a
ヘットナー 227b
• 別府晋介(べっぷしんすけ) 928b
• ヘボン James Curtis Hepburn 928b 232b 334a 353c 383c 606c 799b 919c 994a 1110b 1161c
• ベリ John Cuting Berry 928c 1114a
• ペリー Matthew Calbraith Perry 929a 32a 97a 484a 850a 933b
ペリオ 295a
ペリュセル 921b
• ベルクール P. Du Chesne de Bellecourt 929b 267b
• ペルス＝ライケン Gerhard Christiaan Coenraad Pels Rijcken 929c
• ベルツ Erwin von Baelz 930a 7b 118a 457a 530c 999a
• ベルニ François Léonce Verny 930b
ペルリ Matthew Calbraith Perry ⇨ペリー
• ベルリオーズ Alexandre Berlioz 930b
逸見重雄 813b
• 辺見十郎太(へんみじゅうろうた) 930c
逸見直造 1014b
逸見猶吉 368a 1136a
ヘンリー 920c

ほ

帆足万里 221b 230c 261c 496c
• ボアソナード Gustave Emil Boissonade de Fontarabie 931a 473c 690a 777c
• ボアンビル Alfred Chastel de Boinville 931b
ホイットマン 119a
• 宝月圭吾(ほうげつけいご) 931c
豊紫太夫 723a
北条一雄 902b
宝生金五郎(9代) 932a
• 宝生九郎(16代)(ほうしょうくろう) 932a 157b 467b 803c 992c
• 宝生新(ほうしょうしん) 932a
宝生新朔(8代) 932a
北条瀬兵衛 1048a
北条秀司 106c
宝生弥一 932b
法幢 886c

・法道寺善〔観山，勧〕(ほうどうじよし) 932b 145c
望東尼(ぼうとうに) ⇨野村望東
ボーア 790a
ホーイ 242a
・ボース Subhās Chandra Bose 932b 148c
・ホー＝チミン Ho-Chi-Minh 932c 646c
・ボードイン Antonius Franciscus Bauduin 933a 462c 772b 1133a 123a 998c 858b 54b 216b
・ポートマン Anton L. C. Portman 933b
ボーリズ William Merrell Vories ⇨一柳米来留
ホール 662b
ボールクンバーク Robert Bruce van Valkenburgh ⇨バン＝ボールクンバーク
穂北の久六 521a
・朴泳孝(ぼくえいこう) 933c 387a 402b
・朴慶植 Pak Kyong-sik(ぼくけいしょく) 934b
・朴正熙(ぼくせいき) 934b
・朴烈(ぼくれつ) 934c
星合常恕 441c
・星島二郎(ほしじまにろう) 934c 274c 1029b
・星恂太郎(ほしじゅんたろう) 935a
・星亨(ほしとおる) 935b 34c 35c 91c 110c 135a 165b 213a 399a 409c 410b 527a 715c 739c 846a 983b 1049b 1058a 1127c
保科俊太郎 267c
・保科善四郎(ほしなぜんしろう) 936a
星野貞志 480b
星野立子 605c
・星野長太郎(ほしのちょうたろう) 936b
・星野輝興(ほしのてるおき) 936b
星野天知 581c 867b
・星野直樹(ほしのなおき) 936c 252c
・星野恒〔豊城〕(ほしのひさし) 937a 379b 497c 645c
星りょう 581b
ボスケ 791b
細井若狭 171a
・細井和喜蔵(ほそいわきぞう) 937b
・細川嘉六(ほそかわかろく) 937b
・細川潤次郎(ほそかわじゅんじろう) 937c
・細川護立(ほそかわもりたつ) 938a
細川護成 58a
・細川護久(ほそかわもりひさ) 938b 140b
・細川護熙(ほそかわもりひろ) 938b
細川護美 140b
細川韶邦 1061b
細川慶順 1061b
北渓 329c
堀田璋左右 340a
堀田正倫 939a
堀田正養 221a
・堀田正睦(ほったまさよし) 938c 32b 50a 119b 124a 145b 314a 477c 706b 771b 792a 860c 1025c
・堀田善衛(ほったよしえ) 939b
穂積朝臣 557b
穂積五一 446c
穂積重遠 315b 743b 897a 939c
穂積重行 939c
・穂積陳重(ほづみのぶしげ) 939b 155a 360a 1106b
・穂積八束(ほづみやつか) 940a 133a 262c 939c
ボネ 921c
・ホブソン Benjamin Hobson 940b
・ホフマン Johann Joseph Hoffmann 940c 139c 462c 470b 587a 1012a 1035a
・堀内干城(ほりうちたてき) 940c
・堀内為左衛門(ほりうちためざえもん) 941a
堀内竜仙 617b
・堀江帰一(ほりえきいち) 941a 1144b
堀川教阿 11a
堀河紀子 167a
・堀切善次郎(ほりきりぜんじろう) 941b
・堀切善兵衛(ほりきりぜんべえ) 941c
・堀口大学(ほりぐちだいがく) 941c
堀越開山 426b
堀越文右衛門 942a
・堀越安平(ほりこしやすへい) 942a
・堀米庸三(ほりごめようぞう) 942b
・保利茂(ほりしげる) 942b
堀庄次郎 56c
・堀真五郎(ほりしんごろう) 942c
・堀辰雄(ほりたつお) 942c 630c 753c 1037a
・堀達之助(ほりたつのすけ) 943a
堀貞一 605a
・堀悌吉(ほりていきち) 943b
堀としを 937b
堀利忠 655c
・堀利熙〔有梅〕(ほりとしひろ) 943c 618a
堀直格 390a
・堀直虎〔九如斎，良山〕(ほりなおとら) 944a
堀内謙介 40c
堀秀成 245a 245b 245c
・堀基(ほりもとい) 944a 1178a
・ポルスブルック Dirk *de Graeff* van Polsbroek 944b
ポルトメン 933b
・ホルバート Dmitrii Leonidovich Horvat 944c
ホルワット 944c
本阿弥平十郎 116b
本因坊秀哉 574b
本康宗円 17a
・本郷房太郎(ほんごうふさたろう) 945a
・本庄栄治郎(ほんじょうえいじろう) 945a 414a
本荘一行 439c
・本庄繁(ほんじょうしげる) 945b 894b
・本庄陸男(ほんじょうむつお) 945c
・本荘宗秀(ほんじょうむねひで) 946a 31c
本多錦吉郎 225c
・本多熊太郎(ほんだくまたろう) 946b
本多謙三 848c
・本多光太郎(ほんだこうたろう) 946b 300c
本多秋五 881b
・本多精一〔雪堂〕(ほんだせいいち) 947a 967c
・本多静六(ほんだせいろく) 947a
・本田宗一郎(ほんだそういちろう) 947b
本多忠徳 314a
本多忠憲 377b
本多利明 480a
本多敏三郎晋 862b
本多日境 947c
・本多日生(ほんだにっしょう) 947c 575b
本多正寛 1143a
・本多庸一(ほんだよういつ) 947c 129a 1095c
・ポンペ＝ファン＝メールデルフォールト Johannes Lijdius Catharinus Pompe van Meerdervoort 948a 117c 123a 135b 216b 470b 476c 772b 991b 1133a
・本間憲一郎(ほんまけんいちろう) 948b 106b
本間精一郎 225b
・本間棗軒(ほんまそうけん) 948c
・本間雅晴(ほんままさはる) 948c 868c
本間游清 1130b

ま

・マーティン William Alexander Parsons Martin 949b 1114a
・マードック James Murdoch 949c
・マイエット Paul Mayet 950a
マイヨ 922b
・前尾繁三郎(まえおしげさぶろう) 950c 475a 773b
前川善三郎 92b
・前川春雄(まえかわはるお) 951a
前沢万重 341c
・前島密(まえじまひそか) 951a 312b 334b 426c 621b 859c 1146a
・前田慧雲〔止舟斎〕(まえだえうん) 951b
前田献吉 953c

・前田河広一郎(まえだこうひろいちろう)　951c
前田すゑ　229a
・前田青邨(まえだせいそん)　951c 266a 676c 1082c
前田孝錫　570c
・前田多門(まえだたもん)　952a 638a 1061a
・前田利定(まえだとしさだ)　952b
前田虎雄　106b
・前田夏蔭〔鶯園〕(まえだなつかげ)　952c
前田斉広　953a
・前田斉泰(まえだなりやす)　952c 954b
・前田一(まえだはじめ)　953a
・前田普羅(まえだふら)　953b 605c 873b
前田豊山　792c
・前田正名(まえだまさな)　953b 66c 830b
・前田正之〔雅楽〕(まえだまさゆき)　953c
・前田夕暮(まえだゆうぐれ)　954a 248a 255a 349c 630c 721b 1171a
前田陽一　952b
・前田慶寧(まえだよしやす)　954b
・前田米蔵(まえだよねぞう)　954c 746b
前田林外　126b 581c
・前田蓮山(まえだれんざん)　955a
・前畑秀子(まえはたひでこ)　955a
・前原一誠(まえばらいっせい)　955b 200b 742a 1028a 1094b 1130a 1138c 1141a
マエピン　953a
前村洞和　320b
・マガウアン　Daniel Jerome Macgowan　955c
真木和泉守〔和泉〕(まきいずみのかみ)　⇨真木保臣　2c 41c 300a 346a 356b 537b 636b 771a 881a
・牧口常三郎(まきぐちつねさぶろう)　955c 716a
真木外記　163b
・牧健二(まきけんじ)　956a
槙武　960c
牧田水石　232c
・牧田環(まきたたまき)　956b
牧戆斎　655a
・牧野英一(まきのえいいち)　956c 250b 274c 959b
・牧野権六郎〔柁軒〕(まきのごんろくろう)　957a 166c
牧野茂　876c
マキノ省三　863a
・牧野省三(まきのしょうぞう)　957a 249a 346c 958c
・牧野信一(まきのしんいち)　957b
・牧野信之助(まきのしんのすけ)　957c
・牧野富太郎(まきのとみたろう)　957c 961a
牧野虎雄　899c 1099b
・牧野虎次(まきのとらじ)　958a
・牧野伸顕(まきののぶあき)　958a 483b 536a 574a 624b 969b 1137c
・マキノ雅広(マキノまさひろ)　958c
マキノ正博　957b
マキノ雅弘　957b
マキノ雅裕　957b
・マキノ光雄　959a
牧野光雄　957b
・牧野康哉(まきのやすとし)　959a
・牧野良三(まきのりょうぞう)　959b 956c
・マキム　John Mckim　959c
・槇村正直(まきむらまさなお)　959c 230c 923c
・真木保臣〔紫灘〕(まきやすおみ)　960a 482b 636b 845a　→真木和泉守
・槙有恒(まきゆうこう)　960c
巻菱湖　223c 367c 452c
・マクシモービッチ　Karl Ivanovich Maksimovich　960c
・マクドナルド　*Sir* Claude Maxwell Macdonald　961a 949c
・マクドナルド　Davidson MacDonald　961b 262a
マクドナルド　Ranald MacDonald　1075a
・マクネア　Theodore Monroe MacNair　961b
マクラチー　457a
瑪高温　955c
マコーリー　1019c
・馬越恭平(まごしきょうへい)　961c 1116a
・正岡子規(まさおかしき)　962a 4a 33b 89b 188b 220c 231a 287a 322a 476a 509b 534a 605b 691c 734b 750c 773c 1045b 1083c
真崎勝次　963a
・真崎甚三郎(まさきじんざぶろう)　963a 37b 136c 426b 428c 847b 879c
間崎滄浪〔哲馬〕　622c 741a 1140c 1146b
・正木直彦(まさきなおひこ)　963b 632a
・正木昊(まさきひろし)　963c
・正木護(まさきまもる)　964a
昌子内親王　469c
正富汪洋　1171a
正光真人　859a
正宗敦夫　964b
正宗厳敬　964b
正宗得三郎　964b
・正宗白鳥(まさむねはくちょう)　964b 663a
真下信一　738b
・増野徳民(ましのとくみん)　965a
馬島靖庵　510c
馬島僴　28c 282b
・真島利行(まじまりこう)　965a 9b 275b 376b 816a
・真清水蔵六(初代)(ましみずぞうろく)　965b
・真清水蔵六(2代)(ましみずぞうろく)　965b
益頭峻南　804c
・益田右衛門介〔霜台〕(ますだうえもんすけ)　965c 375a 902a
・増田甲子七(ますだかねしち)　966a
益田遇所　736b
増田甲斎　629c
・升田幸三(ますだこうぞう)　966b 209a
益田静方　200b
・増田四郎(ますだしろう)　966b
増田宋太郎　1175b
・益田孝〔鈍翁〕(ますだたかし)　966c 34c 101b 507b 603b 639c 844c 961c 967a
益田孝義　966c
益田太郎冠者　1075c
益田弾正　345a
・益谷秀次(ますたにしゅうじ)　967a 1101a
増田渉　618b
益満休之助　506a 1093b
・桝本卯平(ますもとうへい)　967b
間瀬和三郎　220a 716c
町田曲江　331b 691a
・町田経宇(まちだけいう)　967c
町田源左衛門　463c
・町田忠治(まちだちゅうじ)　968a 466b 1098c 1169b
・町田久成(まちだひさなり)　968b 268a 736b 796b
・町野武馬(まちのたけま)　968c
・松井石根(まついいわね)　969a 294b 868c
・松井慶四郎(まついけいしろう)　969b
松井源左衛門　969c
松井玄水　969b
・松井源水(まついげんすい)　969b
松井玄長　969b
・松居松翁(まついしょうおう)　969c 304b
・松井須磨子(まついすまこ)　970a 485a 518c 1007b
松井道三　969b
・松井直吉(まついなおきち)　970b
・松井等(まついひとし)　970c
・松井康直(まついやすなお)　971a
・松井米太郎(まついよねたろう)　971a
・松浦武四郎〔北海，雲津〕(まつうらたけしろう)　971b 1151b
松浦辰男　658b
松枝茂夫　618b
松尾卯一太　407a
・松岡明義(まつおかあきよし)　971c
・松岡映丘(まつおかえいきゅう)　971c 345b 553c 822a 883a

松岡亀蔵　991a
・松岡好一(まつおかこういち)　972a
・松岡荒村(まつおかこうそん)　972a
・松岡駒吉(まつおかこまきち)　972b 562b 784b
・松岡磐吉(まつおかばんきち)　972c
・松岡寿(まつおかひさし)　973a 874b 893a 907c
・松岡調(まつおかみつぎ)　973b
・松岡康毅(まつおかやすたけ)　973c 1036c
松岡譲　330b
・松岡洋右(まつおかようすけ)　974a 64b 428c 443b 478c 540b 565a 696a 936c 946b
・松尾臣善(まつおしげよし)　974c
松尾相永　119c
・松尾多勢子〔多勢〕(まつおたせこ)　974c 1050b
・マッカーサー　Douglas MacArthur　975a 536b 428c
・松方幸次郎(まつかたこうじろう)　975c 312c 815a
・松方三郎(まつかたさぶろう)　976a
松方芳太郎　312c
・松方正義(まつかたまさよし)　976a 122b 175a 312c 318c 423b 491c 552b 584c 601b 628a 641c 722a 844c 860a 884a 893b 953c 1119a 1145a 1176c 1178b
松貫四(3代)　762a
真継雲山　124b
松木銀三　776c
・松木弘安(まつきこうあん)　⇨寺島宗則 514b 618a
松木弘庵　691a
松木平吉　430b
・松阪広政(まつざかひろまさ)　977a
松崎慊堂　196b 718a 845c 1080a 1175c
・松崎渋右衛門(まつざきじゅうえもん)　977b 824b 979b
松里勇　1141a
松里久助　1141a
・松沢求策(まつざわきゅうさく)　977b 972a
・松下幸之助(まつしたこうのすけ)　977c
松下筑陰　886c
松下正寿　1022a
・松島剛蔵(まつしまごうぞう)　978b
松島善譲　951b
・松平容保〔祐堂，芳山〕(まつだいらかたもり)　978b 98c 438c 576a 617a 634a 979c 1113c
・松平左近〔金岳〕(まつだいらさこん)　979b 980a
・松平定敬〔晴山〕(まつだいらさだあき)　979c 979a
・松平定安(まつだいらさだやす)　980a
・松平春岳〔春嶽〕(まつだいらしゅんがく)　⇨松平慶永　123a 198a 461c 629b 737a 752b 827b
・松平大膳〔芝岳〕(まつだいらだいぜん)　980a 979b
松平忠固　32b
松平忠誠　598b
・松平太郎(まつだいらたろう)　980b
・松平恒雄(まつだいらつねお)　980c 388a
・松平直哉(まつだいらなおとし)　980c
松平斉孝　1016b
・松平斉民〔確堂〕(まつだいらなりたみ)　981a
松平斉溥　393a
・松平信庸〔徳斎〕(まつだいらのぶつね)　981a
松平乗全　32b
松平秀之助　656b
・松平正直(まつだいらまさなお)　981b
・松平茂昭〔巽岳〕(まつだいらもちあき)　981b 1116a
松平康直　551a 618a 805c
・松平康英(まつだいらやすひで)　⇨松井康直
松平慶勝　656b 823c
松平慶倫　18c
・松平慶永〔春岳〕(まつだいらよしなが)　981c 32b 50b 145b 150c 156a 202b 356b 514c 633c 704a 706c 708b 709a 820b 824b 939a 978c 1047a 1092b 1124a 1125b
松平義恕　823c
松平慶恕　823c
松平頼胤　706b
・松平頼聡(まつだいらよりとし)　982b
松平頼徳　621a 708a 908a
松平頼恕　654b 824b 973b
松田亀太郎　344c
松田喜一　351c
松田源五郎　759c
・松田源治(まつだげんじ)　982c
松田孝作　983a
・松田権六(まつだごんろく)　982c
松田雪柯　1124c
松谷与二郎　780b
松田秀次郎　603c
・松田正久(まつだまさひさ)　983a 122c 238c 444a 977b 1062a
・松田道雄(まつだみちお)　983c
・松田道之(まつだみちゆき)　984a
・松永東(まつながとう)　984a
松永光　984b
・松永安左エ門〔耳庵〕(まつながやすざえもん)　984b 329b 895a
・松永和楓(3代)(まつながわふう)　984c 985a
・松永和風(4代)(まつながわふう)　984c
松並深蔵　828b
松根図書　633b
・松根東洋城(まつねとうようじょう)　985a 691c 1012a
・松野勇雄(まつのいさお)　985a 109a
・松野菊太郎(まつのきくたろう)　985b
松野クララ　571a
松野三平　367a
・松野鶴平(まつのつるへい)　985b
・松野礀(まつのはざま)　985c
松野頼三　985c
・松林桂月(まつばやしけいげつ)　986a 804c
松林雪貞　986a
松林飯山　204c 225b 989b
松林廉之助　204c
松原岩五郎　1129a
松原三五郎　294c
・松原佐久(まつばらすけひさ)　986a
・松前重義(まつまえしげよし)　986b
・松前崇広(まつまえたかひろ)　986c 522b 704b
・松前徳広〔桜陰〕(まつまえのりひろ)　986c 522b
・松村介石〔足堂〕(まつむらかいせき)　987a
・松村謙三(まつむらけんぞう)　987b
松村小介　1141a
・松村松年(まつむらしょうねん)　987c
・松村任三(まつむらじんぞう)　988a
松村大成　356b
・松村武雄(まつむらたけお)　988a
・松村友松(まつむらともまつ)　988b
松村昇　125b
・松村文次郎(まつむらぶんじろう)　988c
・松村雄之進〔鉄肝〕(まつむらゆうのしん)　988c
・松室致(まつむろいたす)　989a
松本喜太郎　876c
・松本儀平(まつもとぎへい)　989a
・松本奎堂(まつもとけいどう)　989b 128c 225b 771a 913b 1146b
・松本健次郎(まつもとけんじろう)　989c
松本謙三　932b
・松本剛吉(まつもとごうきち)　989c
・松本幸四郎(7代)(まつもとこうしろう)　990a
・松本幸四郎(8代)(まつもとこうしろう)　990a
・松本幸四郎(9代)(まつもとこうしろう)　990a
松本小勘子　248c
・松本治一郎(まつもとじいちろう)　990a 125b
松本恵雄　992c
・松本重治(まつもとしげはる)　990c 262b 699a
・松本重太郎(まつもとじゅうたろう)

991a 990c
・松本順〔蘭疇〕(まつもとじゅん)　991b 67a 824c 948b 1177a →松本良順
・松本烝治(まつもとじょうじ)　991c 637c 992b
松本新八郎　73b
・松本清張(まつもとせいちょう)　991c
・松本荘一郎(まつもとそういちろう)　992b
・松本たかし(まつもとたかし)　992b
・松本長(まつもとながし)　992c 803c 932a
・松本信広(まつもとのぶひろ)　992c
松本白鸚(初代)　990a
・松本白華(まつもとはっか)　993a 193b
・松本彦次郎(まつもとひこじろう)　993a 1170a
・松本楓湖(まつもとふうこ)　993b 116a 852b
・松本学(まつもとまなぶ)　993c
松本屋平右衛門　521b
松本愛重　1118c
松本良順　305b 506b 824c 948b 991b 1177a →松本順
松本良甫　506b
・松森胤保〔南郊〕(まつもりたねやす)　993c
・松山高吉(まつやまたかよし)　994a
・松山忠二郎〔哲堂〕(まつやまちゅうじろう)　994b 836a
松山良三　265b
・松浦詮(まつらあきら)　994b
・万里小路博房(までのこうじひろふさ)　994c
万里小路正房　140c
的野半介　387a 621c
・真名井純一(まないじゅんいち)　994c
・間部詮勝〔松堂〕(まなべあきかつ)　995a 50b 455a 756b
真船豊　578a
マヤス　260a
・真山青果(まやませいか)　995b
マリク　888c
マリン　854c
丸岡重堯　996a
・丸岡秀子(まるおかひでこ)　996a
丸尾長顕　893c
・丸尾文六(まるおぶんろく)　996b
丸川松隠　1107a
丸田藤左衛門　954a
・圓中文助(まるなかぶんすけ)　996b
丸山薫　630c
・丸山幹治〔侃堂〕(まるやまかんじ)　996c 731a 825c
・丸山作楽(まるやまさくら)　996c 157c 438a 828b 1010b
・丸山定夫(まるやまさだお)　997b 240b 1119a
・丸山二郎(まるやまじろう)　997b
丸山鶴吉　425a 627b
・丸山名政(まるやまなまさ)　997c
丸山晩霞　186b
・丸山眞男(まるやままさお)　997c 297b
丸山通一　1019c
円山溟北　816b
マルラン　921b
・マレー　David Murray　998b 643b
万治修一郎　1024a
満洲太郎　1103b
・マンスフェルト　Constant George van Mansvelt　998c 54b 216b 340b

み

ミーチャム　165b
三浦亀吉　232b
・三浦謹之助(みうらきんのすけ)　999a 276c
・三浦乾也(みうらけんや)　999b
・三浦梧楼〔観樹〕(みうらごろう)　999b 24b 208b 224c 552a 583c 587c 651c 732a 889c 1104c
三浦権四郎　1000a
三浦秀波　475a
・三浦新七(みうらしんしち)　1000a
・三浦環(みうらたまき)　1000b 60c
三浦千春　677b
三浦銕太郎　301b
三浦徹　338a
・三浦周行(みうらひろゆき)　1000b 10b 146b 766a 789a
・三浦命助(みうらめいすけ)　1001a
三浦守治　278b
三笠静子　264b
・三ヶ島葭子(みがしまよしこ)　1001b
・三上於菟吉(みかみおときち)　1001b
・三上参次(みかみさんじ)　1001b 62c 671b 905c 1154a
三上卓　904c
・三上次男(みかみつぎお)　1002a
三上兵部　655b
・三上義夫(みかみよしお)　1002b 171b
三河板垣　734b
・御巫清直(みかんなぎきよなお)　1002c
・三木清(みききよし)　1003a 310b 444c 649b 745c 837b 848c
・三鬼隆(みきたかし)　1003c
・三木武夫(みきたけお)　1003c 475a 942c 898a
・三木竹二(みきたけじ)　1004a 111b
御木徳一　288c
・三木武吉(みきぶきち)　1004b 47a 199c 407c
・御木本幸吉(みきもとこうきち)　1004c 787a
三木義久　274c
・三木露風〔羅風〕(みきろふう)　1005a 420c 447c 581c 1136a
・三崎亀之助(みさきかめのすけ)　1005a
三沢糾　166a
ミシェル　921c
・三品彰英(みしなしょうえい)　1005b
三島蕉窓　1010b
・三島中洲〔桐南, 絵荘〕(みしまちゅうしゅう)　1005c 547b 739c 1067b
三島毅　547b 588a
・三島徳七(みしまとくしち)　1005c
・三島通庸(みしまみちつね)　1006a 28a 145a 286a 409b 410a 604b 638c 658a
・三島弥太郎(みしまやたろう)　1006b
三島弥彦　288a
・三島由紀夫(みしまゆきお)　1006c 75c
三須錦吾　412a
・水谷民彦(みずたにたみひこ)　1007a
水谷竹紫　1007b
・水谷長三郎(みずたにちょうざぶろう)　1007b 274c 1117a
水谷豊文　88b
水谷まさる　843b
水谷亦六郎　836b
・水谷八重子(みずたにやえこ)　1007b 551c 724b
・水田三喜男(みずたみきお)　1007c
水登勇太郎　676a
・水沼辰夫(みずぬまたつお)　1008a 1141c
水野好美　51a 304a
・水野成夫(みずのしげお)　1008b 429c 467a
水野重教　1009c
水野忠篤　1008c
・水野忠邦〔松軒, 菊園〕(みずのただくに)　1008c 26b 160b 192b 704c 706a 731b 818a 939a
・水野忠央〔鶴峯〕(みずのただなか)　1009b 145b 1085b
・水野忠誠(みずのただのぶ)　1009b
・水野忠敬(みずのただのり)　1009c
・水野忠徳〔痴雲〕(みずのただのり)　1010a 46c 124a 388b 402b 484a 648a 900b 929c
・水野年方(みずのとしかた)　1010a 296b
・水野寅次郎(みずのとらじろう)　1010b 373a 997a
・水野直(みずのなおし)　1010b 6a 952b
・水野広徳(みずのひろのり)　1010c
水野正信　282c
・水野葉舟(みずのようしゅう)　1011a 377a 559c
・水野錬太郎(みずのれんたろう)　1011b
・水原茂(みずはらしげる)　1011c
・水原秋桜子(みずはらしゅうおうし)　1011c 605c 723b
水原準三郎　690b
水原二郎　245b

・三豬謙三(みずまけんぞう)　**1012a**
水町久兵衛　661c
・水町袈裟六(みずまちけさろく)　**1012b**
三角東園　128b
水本樹堂　1044a
水本成美　1044a
水屋長三郎　988b
・三瀬周三(みせしゅうぞう)　**1012b**
・溝口健二(みぞぐちけんじ)　**1012c** 218c
・美空ひばり(みそらひばり)　**1013a**
・三田定則(みたさだのり)　**1013b**
・三谷隆正(みたにたかまさ)　**1013b**
・美田村顕教(みたむらあきのり)　**1013c**
・三田村鳶魚(みたむらえんぎょ)　**1014a**
・三田村四郎(みたむらしろう)　**1014a** 776b
迪宮　323b 535c　→昭和天皇
三井甲之　89b 1020c
・満井佐吉(みついさきち)　**1014c**
三井三郎助　967a 1015b
三井雪航　367c
三井高朗　1015a
三井高棟　661b
・三井高保(みついたかやす)　**1014c**
・三井高喜(みついたかよし)　**1015a** 1015b
・三井高福(みついたかよし)　**1015b** 1015a
三井武之助　967a
三井八郎右衛門　266c 1015b
・三井八郎次郎(みついはちろうじろう)　**1015b**
三井養之助　967a
三岡八郎　1124a
・満川亀太郎(みつかわかめたろう)　**1015c** 177c 338b 789c
・箕作佳吉(みつくりかきち)　**1016a** 780a 1004c 1174b
・箕作元八(みつくりげんぱち)　**1016a**
・箕作阮甫(みつくりげんぽ)　**1016b** 187a 514b 520b 549b 607b 621b 675b 1016c 1020a
・箕作秋坪〔宜信斎〕(みつくりしゅうへい)　**1016c** 196c 263b 332a 618a 691a 779a 854c 879b 880b 1062c
・箕作麟祥(みつくりりんしょう)　**1017a** 174a 187a 319b 608a 739b 1085c 1177a
光崎検校浪の一　1135c
・光田健輔(みつだけんすけ)　**1017b** 24c
・満谷国四郎(みつたにくにしろう)　**1017b** 186b 437a 765b
・三土忠造(みつちちゅうぞう)　**1017c**
・ミットフォード　Algernon Bertram Freeman-Mitford, *1st Baron* Redesdale　**1018a**
・光永星郎(みつながほしお)　**1018b**
光永星郎　439c
満宮　104c
三矢重松　255b
水戸斉昭　180b
美土路昌一　217b
・南方熊楠(みなかたくまぐす)　**1018c**
水上源淵　649c
水上藻花　1001b
・水上滝太郎(みなかみたきたろう)　**1019a** 75c
皆川西園　128b
湊省太郎　754b
湊長安　492a
湊由良右衛門　154c
南川正雄　818c
南喜一　1008b
・南次郎(みなみじろう)　**1019b**
南助松　741c
南貞助　484a
・三並良(みなみはじめ)　**1019c** 530b
南八郎　311a 1038c
・南弘〔青園〕(みなみひろし)　**1020a**
南光利　973b
・嶺田楓江(みねたふうこう)　**1020a**
・箕浦勝人(みのうらかつんど)　**1020b** 99c 1091a
・箕浦元章(みのうらもとあき)　**1020c**
美野川利八　1022b
三野謙谷　329a
・蓑田胸喜(みのだむねき)　**1020c** 1021b
美濃部俊吉　1021a
・美濃部達吉(みのべたつきち)　**1021a** 84a 133a 163a 289b 332b 940b 1020c 1030b
美濃部茂矩　1008c
・美濃部洋次(みのべようじ)　**1021c**
・美濃部亮吉(みのべりょうきち)　**1022a** 175c
・三野村利左衛門(みのむらりざえもん)　**1022b** 266c 1015b
・御法川直三郎(みのりかわなおさぶろう)　**1023a**
・三原脩(みはらおさむ)　**1023a**
・三淵忠彦(みぶちただひこ)　**1023b**
・三船久蔵(みふねきゅうぞう)　**1023b**
・三船敏郎(みふねとしろう)　**1023c**
・壬生基修(みぶもとなが)　**1024a** 488c 787c
・御堀耕助(みほりこうすけ)　**1024a**
美馬援造　609b
・美馬君田〔桜水，休翁〕(みまくんでん)　**1024b**
美馬順三　492a 871b
三益愛子　750b
三桝岩五郎　271c
三桝梅丸　271c
三枡源之助(3代)　765a
三枡他人(3代)　767a
宮井安吉　360a
宮内幸太郎　725c
宮川太一郎　818b
・宮川経輝(みやがわつねてる)　**1024b** 492b
宮城喜代子　1025b
宮城浩蔵　337b
・宮城長五郎(みやぎちょうごろう)　**1024c**
・宮城道雄(みやぎみちお)　**1025a** 649b
三宅花圃　1026c
三宅驥一　335c
・三宅克己(みやけこっき)　**1025b**
・三宅艮斎〔桃樹園〕(みやけごんさい)　**1025b** 849b
三宅正一　17b 1172c
・三宅雪嶺(みやけせつれい)　**1025c** 495a 712b 744b 1087b
・三宅恒方(みやけつねかた)　**1026c**
三宅藤九郎(9世)　812a
・三宅友信(みやけとものぶ)　**1026c**
三宅片鉄(みやけへんてつ)　⇨三宅友信
三宅雄二郎(みやけゆうじろう)　⇨三宅雪嶺　712b
・三宅米吉(みやけよねきち)　**1027a** 69a 539c 860a 1074b
都一花　1027b
都一閑斎　143c
都一中(5代)　143c
宮古路国太夫半中　702c
都仙ト　1027b
・都太夫一中(10代)(みやこだゆういっちゅう)　**1027b**
・都太夫一中(11代)(みやこだゆういっちゅう)　**1027b**
都和中　143c
宮崎愛次郎　967c
宮崎阿波守信敦　960a
・宮崎市定(みやざきいちさだ)　**1027b**
・宮崎湖処子(みやざきこしょし)　**1027c** 374b
・宮崎車之助(みやざきしゃのすけ)　**1028a**
・宮崎民蔵〔巡耕〕(みやざきたみぞう)　**1028b** 1028c
・宮崎滔天(みやざきとうてん)　**1028b** 358b 586a 883b 972a 1028b 1159a
宮崎寅蔵　358b
・宮崎八郎(みやざきはちろう)　**1028c** 463b
宮崎正義　71b
・宮崎道三郎〔津城〕(みやざきみちさぶろう)　**1029a** 379b
・宮崎夢柳〔芙蓉〕(みやざきむりゅう)　**1029b**
宮崎弥蔵　358b 1028c
宮崎来城　440a
・宮崎竜介(みやざきりゅうすけ)　**1029b** 9c 1088b
宮里好麿　840c
・宮沢喜一(みやざわきいち)　**1029c**
・宮沢賢治(みやざわけんじ)　**1030a** 368b 641b

・宮沢俊義(みやざわとしよし)　1030b 175c 1021c
宮地宜蔵　1146b
・宮下太吉(みやしたたきち)　1030c 327c
・宮地直一(みやじなおかず)　1031a
宮島資夫　189a
・宮嶋資夫〔蓬州〕(みやじますけお)　1031b 1032a
・宮島清次郎(みやじませいじろう)　1031b 467a
・宮島幹之助(みやじまみきのすけ)　1031c
・宮武外骨(みやたけがいこつ)　1031c 239c 1072a 1087b
・宮地嘉六(みやちかろく)　1032a
宮野孫左衛門　1118b
・宮原二郎(みやはらじろう)　1032b
・宮部金吾(みやべきんご)　1032b
・宮部鼎蔵(みやべていぞう)　1032c 191b 845a 1138b
・宮部襄(みやべのぼる)　1033a
宮部春蔵　1033a
宮部増実　1032c
美山貫一　46a
・宮本小一(みやもとおかず)　1033b
宮本顕治　710c 805c 813b 1034c
・宮本元甫〔葵園〕(みやもとげんぽ)　1033c
宮本茶村　569b
宮本千代吉　32c 124b
・宮本常一(みやもとつねいち)　1033c
・宮本又次(みやもとまたじ)　1034a
・宮本百合子(みやもとゆりこ)　1034b 680c 792b
ミューラー　852c
・ミュラー〔ミュルレル〕　Benjamin Carl Leopold Müller　1035a
ミュルレル　1012a 1035a 462c　→ミューラー
ミュレル　139c
・明珍恒男(みょうちんつねお)　1035b
明如　189b
・三好伊平次〔黙軒〕(みよしいへいじ)　1035b
三好貫之助　571b
・三好監物〔顕民，閑斎〕(みよしけんもつ)　1035c
三好重臣　135c
・三好十郎(みよしじゅうろう)　1036a 106c
・三吉正一(みよししょういち)　1036a 905a
三好晋六郎　692a
・三好退蔵(みよしたいぞう)　1036b
・三好達治(みよしたつじ)　1036c 630c
三好英之　336b
・ミルン　John Milne　1037a 206b 573b 1121c
・三輪寿壮(みわじゅそう)　1037b
三輪田綱一郎　1076b
・三輪田真佐子(みわたまさこ)　1037c 1038a
・三輪田元綱(みわたもとつな)　1037c

む

・向井忠晴(むかいただはる)　1038b
・椋梨藤太(むくなしとうた)　1038b
・椋木潜(むくのきひそむ)　1038c
椋野元俊　886c
向軍治　530b
向山一履　267c
武者小路公共　1137c
・武者小路実篤(むしゃのこうじさねあつ)　1039a 40a 86c 236c 495c 577b 1119c
・務台理作(むたいりさく)　1039c
・牟田口元学(むたぐちげんがく)　1040a 861c
・牟田口廉也(むたぐちれんや)　1040a 322c
陸奥小次郎　1040b
陸奥速男　480b
睦仁親王　770c 793c　→明治天皇
・陸奥宗光(むつむねみつ)　1040b 147c 176c 212c 282c 501c 746c 848b 851b 854c 923b 935b 953c
六村中彦　499a
・武藤章(むとうあきら)　1041a 252c
・武藤金吉(むとうきんきち)　1041b
・武藤幸逸(むとうこういつ)　1041c
・武藤山治(むとうさんじ)　1041c 551b 600a 759a 1175a
・武藤信義(むとうのぶよし)　1042b 136c
無得志斎　697a
六人部是香　191a
・棟方志功(むなかたしこう)　1042c
・宗像利吉(むなかたとしよし)　1043a
無辺侠禅　1176c
・村井吉兵衛(むらいきちべえ)　1043a
・村井弦斎(むらいげんさい)　1043b
村井権兵衛　251a
・村井知至(むらいともよし)　1043c
村岡　670b
村岡箏子　329a
村岡宗四郎　329a
村岡長太郎　847b
・村岡典嗣(むらおかつねつぐ)　1043c
・村岡良弼〔櫟斎〕(むらおかりょうすけ)　1044a
・村垣範正〔淡叟〕(むらがきのりまさ)　1044b 542c
・村上英俊(むらかみえいしゅん)　1044c 739b
・村上華岳(むらかみかがく)　1044c 617c 676c
・村上格一(むらかみかくいち)　1045a
・村上鬼城(むらかみきじょう)　1045b 605b 854b 953b
・村上俊吉(むらかみしゅんきち)　1045b
村上四郎　462b
・村上専精(むらかみせんじょう)　1045c 100c 456c
村上代三郎　216b
村上泰治　628b
・村上忠順〔蓬廬，四方樹〕(むらかみただまさ)　1046a
・村上直次郎(むらかみなおじろう)　1046b 1154a
・村上浪六(むらかみなみろく)　1046c 399a
村上仏山　546b
村上守太郎　960b
村上良八　324a
村川堅固　1154a
・村川堅太郎(むらかわけんたろう)　1047a
村木源次郎　1173b
村越金蔵　327a
村雨まさを　834a
村瀬秋水　677b
村瀬藤城　1086a
村田綾部　1049a
・村田氏寿(むらたうじひさ)　1047a 981c 981c
村田亀太郎　748a
村田恒光　1088a
村田周魚　102b
村田春齢　557c
・村田省蔵(むらたしょうぞう)　1047b
・村田新八(むらたしんぱち)　1047c 360a 501b 502a 1052c
・村田清風〔松斎，炎々翁〕(むらたせいふう)　1048a 397b 566c 1055c
村田蔵六(むらたぞうろく)　⇨大村益次郎　25a 216b 567a 633c 796c 1012b
・村田経芳(むらたつねよし)　1048c
村田徹斎　549a
村田春門　180a 441b
・村田峰次郎〔柳外，聴秋〕(むらたみねじろう)　1048c
村田実　7a
村田了阿　389c
村田良庵　205b
・村田若狭(むらたわかさ)　1049a
・村中孝次(むらなかたかじ)　1049a 2a 77a
・村野常右衛門(むらのつねえもん)　1049b 67c
・村松愛蔵(むらまつあいぞう)　1049c 132b
村松暎　1050b
・村松亀一郎(むらまつかめいちろう)　1050a
・村松梢風(むらまつしょうふう)　1050a
村松喬　1050b
村松忠次右衛門　304c
・村松文三〔香雲〕(むらまつぶんぞう)

1050b
村松文良　1050b
村松隣亮　832a
・村山富市(むらやまとみいち)　**1050c**
・村山知義(むらやまともよし)　**1050c** 153c
村山松根　151c
・村山竜平〔香雪〕(むらやまりょうへい)　**1051a** 135c 524b
ムルドック　James Murdoch　⇨マードック
・室生犀星(むろうさいせい)　**1051b** 197c 256b 420c 817a 943a 1112b
室孝次郎　603c
室田義文　24a

め

・明治天皇(めいじてんのう)　**1052b** 84b 94b 123a 182b 213c 250b 285a 329b 419a 441b 457b 466a 467b 489b 568a 593b 636b 639a 644c 645a 659a 666c 667c 703a 710a 770c 772a 793c 794b 803a 812b 814c 864a 901b 1061a 1089b 1093b 1104b 1132a 1157b 1163c →睦仁親王
名人太兵衛　359a
目賀田帯刀　952c
・目賀田種太郎(めがたたねたろう)　**1054a** 790c 839b
目賀田守蔭　952c
メスロ　921b
メゾジスト教会　1102a
・メーソン　William Benjamin Mason　**1054a**
目玉の松ちゃん　249a
・メッケル　Klemens Wilhelm Jacob Meckel　**1054b**
メッテル　834a
メルメ　921c
メルメ＝ド＝カション　L'Abbé Mermet de Cachon　⇨カション
・メンデンホール　Thomas Corwin Mendenhall　**1054c** 640b

も

蒙古王　471a
・毛沢東(もうたくとう)　**1055a**
毛利定広　101a 452b 595b 735b
・毛利敬親(もうりたかちか)　**1055c** 5c 101a 345a 609b 735b 1047c 1048a 1056b 1138b
毛利斉広　1095c
毛利斉元　1095c
毛里英於菟　1021c
毛利元純　345a
・毛利元徳(もうりもとのり)　**1056a** 205c 735b
・モース　Edward Sylvester Morse　**1056b** 119a 796b 892a 1054c
モード　583c
モーニケ　1133b
最上徳内　492a
・茂木惣兵衛(初代)(もぎそうべえ)　**1057a** 391a
・茂木惣兵衛(2代)(もぎそうべえ)　**1057a**
・茂木惣兵衛(3代)(もぎそうべえ)　**1057a**
茂木ちゑ　52c
茂木長兵衛　1057a
茂木泰次郎　1057a
茂木保平　1057a
黙霖(もくりん)　⇨宇都宮黙霖　397b
・物集高見〔鶯谷，董園〕(もずめたかみ)　**1057b**
・物集高世〔葎屋〕(もずめたかよ)　**1057c**
万代義勝　745b
望月鶴三郎　611c
望月玉泉　409a
・望月圭介(もちづきけいすけ)　**1057c** 574b 1101a
・望月小太郎(もちづきこたろう)　**1058a**
望月春江　1121c
・望月信亨(もちづきしんこう)　**1058b**
望月太喜蔵　1058c
・望月太左衛門(4代)(もちづきたざえもん)　**1058b**
・望月太左衛門(5代)(もちづきたざえもん)　**1058b** 611c
・望月太左衛門(6代)(もちづきたざえもん)　**1058b**
・望月太左衛門(7代)(もちづきたざえもん)　**1058b**
・望月太左衛門(8代)(もちづきたざえもん)　**1058b**
・望月太左衛門(9代)(もちづきたざえもん)　**1058b**
・望月太左衛門(10代)(もちづきたざえもん)　**1058b**
・望月太左衛門(11代)(もちづきたざえもん)　**1058b**
・望月太左衛門(12代)(もちづきたざえもん)　**1058b**
望月長左久(初代)　1058c
望月長左久(2代)　1059a
望月長左久(3代)　1059a
望月長左久(4代)　1059a
望月長左久(5代)　1059a
望月長左久(6代)　1059a
望月長九郎(4代)　1058c
・物外不遷(もつがいふせん)　**1059b**
・モッセ　Albert Mosse　**1059b** 374a
・モット　John Raleigh Mott　**1059c**
本居内遠　339a 574c 747a 1046a
本居大平　137b 441b 830a
本居豊頴　1126a
・本居豊穎(もとおりとよかい)　**1060a** 558a 985b
・本居長世(もとおりながよ)　**1060a** 1025a
本居宣長　48b 480a
・本木昌造〔梧窓〕(もときしょうぞう)　**1060b** 76b 649b 810b 881c 1125a
・泉二新熊(もとじしんぐま)　**1060b**
・元田作之進(もとださくのしん)　**1060c**
元田竹渓　1057c 1061c
・元田永孚(もとだながざね)　**1061a** 469b 870a 1052c 1125a
・元田肇(もとだはじめ)　**1061c**
元田百平　1057c
・本野一郎(もとのいちろう)　**1062a** 253b 500b 619b
・本野盛亨(もとのもりみち)　**1062b** 436b
・本山彦一(もとやまひこいち)　**1062c**
本吉欠伸　455c 792c 1176b
・元良勇次郎(もとらゆうじろう)　**1063a**
・モーニケ　Otto Gottlieb Johann Mohnike　**1056c**
物部修理　166c
・物部長穂(もののべながほ)　**1063b**
桃江正吉　723c 964a
桃川若燕　326c
桃川如燕(3代)　326c
・百田宗治(ももたそうじ)　**1063c**
桃井英升　777b
・桃井春蔵(もものいしゅんぞう)　**1063c** 486a 622b
桃井直雄　1063c
・桃裕行(ももひろゆき)　**1064a**
・モラエス　Wenceslau de Moraes　**1064b**
・森有礼(もりありのり)　**1064b** 1a 338a 352c 423c 601a 620b 662b 671a 792a 924c 968b 998b 1083c 1090a 1123b 1125c 1145a
・森有正(もりありまさ)　**1065a**
・森英吉(もりえいきち)　**1065b**
・森鷗外(もりおうがい)　**1065c** 70c 85c 89b 112b 263a 349b 451c 453b 455c 611c 681c 734c 751b 858a 867b 1004a 1071b 1174c
・森岡昌純(もりおかまさずみ)　**1067a** 122b 286a 1134c
森鬼太郎　336c
・森槐南(もりかいなん)　**1067b**
森赫子　1075c
・森克己(もりかつみ)　**1067b**
・森嘉兵衛(もりかへえ)　**1067c**
・森川源三郎(もりかわげんざぶろう)　**1068a**
・森寛斎(もりかんさい)　**1068a**
森金之丞　1136c
・森久保作蔵(もりくぼさくぞう)　**1068b**
森巻耳　971a
・森広蔵(もりこうぞう)　**1068c**
森五六郎　190b

森重武兵衛　387c
森茂好　932b
・森下博(もりしたひろし)　1068c
森下正明　115b
・守島伍郎(もりしまごろう)　1069a
森島峰　805a
・森島守人(もりしまもりと)　1069b
森秀斎　771a
森俊斎　771a
・森春濤(もりしゅんとう)　1069b
・森末義彰(もりすえよしあき)　1069c
・森銑三(もりせんぞう)　1070a
・盛田昭夫(もりたあきお)　1070b
森田岡太郎　887c
・守田勘弥(11代)(もりたかんや)　1070b 702b 863b 1147a
・守田勘弥(12代)(もりたかんや)　1070b 657c
・守田勘弥(13代)(もりたかんや)　1070b
・守田勘弥(14代)(もりたかんや)　1070b
森田小市　1068a
森田是好　863b
森田沙夷　1121c
・森田茂(もりたしげる)　1070c
・森田思軒(もりたしけん)　1071a 211c 1043b 1174c
森田節斎　603c 693c 695a 787b
・森田草平(もりたそうへい)　1071b 30a 52a 879a
・森田恒友(もりたつねとも)　1071b
・森立之(もりたつゆき)　1071c
守田文治　1097a
・森近運平(もりちかうんぺい)　1072a 1030c 1035b
・森恪(もりつとむ)　1072a 64b 148b 215c 411b 428a 540b
森徹山　1068b
・森戸辰男(もりとたつお)　1072c 302b 597a 646c
・森永太一郎(もりながたいちろう)　1073a
森永貞一郎　951a
・森矗昶(もりのぶてる)　1073b 558a
森肇　1075c
・守正王(もりまさおう)　1073c →梨本宮
・森松次郎(もりまつじろう)　1074a
森三美　461a
・森村市左衛門(もりむらいちざえもん)　1074a 987b
森村豊　1074a
・森本薫(もりもとかおる)　1074b
・森本六爾(もりもとろくじ)　1074b 432c
・森山茂(もりやましげる)　1074c 473b
・森山多吉郎〔茶山〕(もりやまたきちろう)　1075a 900b 917b 1089c
・森山芳平(もりやまよしへい)　1075a
・森喜朗(もりよしろう)　1075b
・森律子(もりりつこ)　1075c
モルレー　David Murray　⇨マレー　643b
・モレル　Edmund Morel　1075c
諸井三郎　808c
諸井春畦　786a
・諸井恒平(もろいつねへい)　1076a
・師岡正胤(もろおかまさたね)　1076a
毛呂清輝　446c
・諸戸清六(もろとせいろく)　1076b
・諸橋轍次(もろはしてつじ)　1076b 677a
諸橋安平　1076b
諸橋嵐陰　1076b
・モンブラン　Comte Charles des Cantons de Montblanc　1077a

や

・矢板武(やいたたけし)　1077b
・八木重吉(やぎじゅうきち)　1077b
八木春泥　240c
八木昇平　691a
八木称平　514b
・八木奘三郎(やぎそうざぶろう)　1077c
・八木秀次(やぎひでつぐ)　1077c 220c
・矢崎嵯峨屋(やざきさがのや)　1078a
矢沢弦月　691a
・矢嶋楫子(やじまかじこ)　1078b 327b
矢島作郎　904c
矢代確三郎　776c
・八代国治(やしろくにじ)　1078c 110a 844a
屋代弘賢　385a 390a
矢代操　337b
・矢代幸雄(やしろゆきお)　1078c
・八代六郎(やしろろくろう)　1079a
・安井英二(やすいえいじ)　1079b
安井滄洲　1079c
・安井曾太郎(やすいそうたろう)　1079c 15b 39c
・安井息軒(やすいそっけん)　1079c 9a 46a 266b 368b 380b 408c 519a 651c 701b 769c 791c 987a 1033a 1036b 1178c
・安井てつ(やすいてつ)　1080b
安井朝完　1079c
・安岡雄吉(やすおかおきち)　1080c 406c
・安岡正篤(やすおかまさひろ)　1080c 425b
安岡良亮　57c 1080c
・安川敬一郎(やすかわけいいちろう)　1081a 989c
・安川第五郎(やすかわだいごろう)　1081b 242b
安川亨　723c
・安川雄之助(やすかわゆうのすけ)　1081b
・安田善次郎(やすだぜんじろう)　1081c 18b 20c 1090b
安田善之助　1004a
・安田銕之助(やすだてつのすけ)　1082b
・安田徳太郎(やすだとくたろう)　1082b
安田一　1068c
保田久成　464c
保田光則　196b
・安田靫彦(やすだゆきひこ)　1082c 116a 433a 496a 676c 764a 791c 952a
・保田與重郎(やすだよじゅうろう)　1083a 299b 618b
安田老山　232c
・安成貞雄(やすなりさだお)　1083a
泰宮　849c
安場保和　473c 552b
・雍仁親王(やすひとしんのう)　1083b
八住利雄　272a
矢田績　833a
・矢田挿雲(やだそううん)　1083c
矢田部尚今　726c
・矢田部良吉(やたべりょうきち)　1083c 105a 726c 957c 961a
矢田堀景蔵　402b 440c 799b 900b
矢田堀鴻　124a 929c
・矢次一夫(やつぎかずお)　1084a
・谷津直秀(やつなおひで)　1084b
八羽光穂　158a
箭内健次　1085a
・矢内原忠雄(やないはらただお)　1084b 195a 1013c
・箭内亘(やないわたり)　1085a
・柳川一蝶斎(初代)(やながわいっちょうさい)　1085a
・柳川一蝶斎(2代)(やながわいっちょうさい)　1085a
・柳川一蝶斎(3代)(やながわいっちょうさい)　1085a
梁川紅蘭　1037c 1086a
柳川左門　622b
・柳河春三(やながわしゅんさん)　1085b 779a
・柳川春葉(やながわしゅんよう)　1085c
・梁川星巌(やながわせいがん)　1086a 53a 140c 156b 199a 223c 250a 269a 329a 367a 397b 464a 589c 649c 655a 824b 904b 1020a 1037c 1069c 1108b 1151b
柳川蝶十郎　1085b
柳川蝶之助　1085a 1085b
柳川蝶柳斎　1085b
・柳川秀勝(やながわひでかつ)　1086b
・柳川平助(やながわへいすけ)　1086b 552c
柳敬助　582a
柳見仙　67a
柳沢孝　557b
・柳沢保恵(やなぎさわやすとし)　1086c
・柳沢保申〔静山〕(やなぎさわやすのぶ)　1087a
柳祐信　357a

・柳田泉(やなぎだいずみ)　**1087a**
柳田市兵衛　519a
柳田鼎　1087b
・柳田国男(やなぎたくにお)　**1087b** 43b 255b 297b 374b 437c 658b 744c 800c 867a 956a 992c 1019a 1033c 1170b
柳田静雄　1087b
柳田貞一　164c
柳田輝夫　1087b
・柳楢悦(やなぎならよし)　**1088a**
柳原極堂　962c
・柳原白蓮(やなぎはらびゃくれん)　**1088b** 1029b
・柳宗悦(やなぎむねよし)　**1088c** 302c 843a 1039a 1042c
・柳原前光(やなぎわらさきみつ)　**1089a** 180c 568a 684a 836b 1088b
・柳原愛子(やなぎわらなるこ)　**1089b** 1088b
・柳瀬正夢(やなせまさむ)　**1089b**
柳瀬良幹　1021c
・矢野勘三郎〔豹隠〕(やのかんざぶろう)　**1089c**
矢野相模　177c
・矢野二郎(やのじろう)　**1089c**
・矢野仁一(やのじんいち)　**1090a**
矢野青邨　887a
矢野長九郎　571b
・矢野恒太(やのつねた)　**1090b**
矢野紘吉　2a
矢野梅庵　177c 391b
・矢野玄道(やのはるみち)　**1090c** 438a 582b
・矢野文雄〔竜渓〕(やのふみお)　**1091a** 99c 183c 232c 238c 243c 854c 910c 1043b
・矢野道也(やのみちや)　**1091b**
矢野竜渓(やのりゅうけい)　⇨矢野文雄 374b 1043b 1071a
矢野隆山　853a
矢原将軍　1142c
・矢吹慶輝〔隈渓〕(やぶきけいき)　**1091c**
矢吹良慶　1091c
矢部定謙　678a
・矢部貞治(やべていじ)　**1092a**
矢部初子　233b
・矢部長克(やべひさかつ)　**1092a** 1130b
山内嘉六　245a
・山内豊信〔容堂〕(やまうちとよしげ)　**1092b** 18c 202b 488b 514c 979a 982a 1108a 1140c
・山内豊範〔鵬羊〕(やまうちとよのり)　**1093a** 270a 622c
山内民部　622c
・山内容堂(やまうちようどう)　⇨山内豊信 36c 77c 119c 423a 449c 514c 567a 622c 634a 741a 808b 868a 1020c 1108a 1140c
山岡静山　603c
山岡成章　858a
・山岡荘八(やまおかそうはち)　**1093a**
・山岡鉄舟〔鉄太郎〕(やまおかてっしゅう)　**1093b** 33b 114c 387a 438c 521a 598b 604a 924c 1050b 1052c 1160a
山岡信吉　603c
山岡米華　436b
・山尾庸三(やまおようぞう)　**1093c** 101a 621b
山鹿素水　1032c 1138b
・山県有朋〔狂介〕(やまがたありとも)　**1094a** 20b 50c 94c 95c 101c 163c 186c 187b 208a 263b 278c 283a 304c 355b 434b 444a 445c 446b 501b 521c 529b 546b 552b 636c 644c 651c 678b 692c 714a 783b 796c 807a 812b 855c 878a 922b 950b 974a 977a 990a 999c 1059c 1066a 1104b 1105a 1115b 1133b 1177b
・山県伊三郎(やまがたいさぶろう)　**1095a** 483c 747c
山県五十雄　949c
山県十蔵　735b
山県周南　1095b
・山県太華(やまがたたいか)　**1095b** 735b
山県与根二　1150c
・山鹿旗之進(やまがはたのしん)　**1095c**
山鹿万助　1138b
山上伸之　778c
・山川菊栄(やまかわきくえ)　**1096a** 62b 640a 908b
・山川健次郎(やまかわけんじろう)　**1096b** 292b
山川捨松　673b
・山川智応(やまかわちおう)　**1096c** 641b
山川登美子　1130c
・山川均(やまかわひとし)　**1096c** 38c 439a 456a 463a 605a 634c 902b 1096a
山川勇木　585a
・山岸荷葉(やまぎしかよう)　**1097c**
・山岸徳平(やまぎしとくへい)　**1097c**
・山極勝三郎(やまぎわかつさぶろう)　**1098a** 772c
・山際七司(やまぎわしちし)　**1098a**
山口二矢　17c
山口菅山　41b 156a 806c
山口義一　428a
・山口吉郎兵衛(初代)(やまぐちきちろうべえ)　**1098b**
・山口吉郎兵衛(2代)(やまぐちきちろうべえ)　**1098b**
・山口吉郎兵衛(3代)(やまぐちきちろうべえ)　**1098b**
・山口吉郎兵衛(4代)(やまぐちきちろうべえ)　**1098b**
・山口孤剣(やまぐちこけん)　**1098c** 540c
山口定雄　304a
山口誓子　448b 605c 723b 821b 1012a
山口青邨　605c 723b
山口辰之介　190b
山口貞一郎　806c
・山口尚芳(やまぐちなおよし)　**1099a**
・山口蓬春(やまぐちほうしゅん)　**1099b** 760c 899c
・山口素臣(やまぐちもとおみ)　**1099b**
山口義三　785c
山国兵部　908a
・山座円次郎(やまざえんじろう)　**1099c** 410c 888b
・山崎巌(やまざきいわお)　**1100a**
・山崎覚次郎(やまざきかくじろう)　**1100a**
・山崎楽堂(やまざきがくどう)　**1100b**
・山崎今朝弥(やまざきけさや)　**1100b**
・山崎猛(やまざきたけし)　**1100c**
・山崎達之輔(やまざきたつのすけ)　**1101a** 942b
山崎為徳　492b
・山崎朝雲(やまざきちょううん)　**1101b**
山崎知雄　389c
・山崎直方(やまさきなおまさ)　**1101b** 672c
山崎延吉　280b
・山崎弁栄(やまざきべんねい)　**1101c**
山沢為造　770b
・山路愛山(やまじあいざん)　**1101c** 343b 505c 765b 1122b
山路彰常　504b
山路諧孝　504b
山地蕉窓　736b
・山下亀三郎(やましたかめさぶろう)　**1102b**
山下国義　557b
・山下源太郎(やましたげんたろう)　**1103a**
山下松琴　557b
・山下太郎(やましたたろう)　**1103b**
・山下千代雄(やましたちよお)　**1103b**
・山下徳治(やましたとくじ)　**1103c**
・山下奉文(やましたともゆき)　**1103c** 45c 1154c
・山科言縄(やましなときなお)　**1104a** 109c 372c
山階宮　1013c
山科兵部　1132a
・山階芳麿(やましなよしまろ)　**1104b**
・山城屋和助(やましろやわすけ)　**1104b**
山勢検校松韻　112c
・山田顕義(やまだあきよし)　**1104c** 683a 689c 983b 1017b
山田一郎　84a
・山田宇右衛門(やまだうえもん)　**1105b** 1138b
・山田乙三(やまだおとぞう)　**1105b**
・山高しげり(やまたかしげり)　**1105c**
山田寛　506b
山田喜之助　244b

山田敬蔵　288a
・山田耕筰(やまだこうさく)　1106a 120c 427c 696b
・山田三良(やまださぶろう)　1106a
山田正太郎　64b
・山田抄太郎(やまだしょうたろう)　1106b
山田申吾　1121c
山田新助　101b
山田泰造　846a
・山田武甫(やまだたけとし)　1106b
山田藤吉　462a
山田信道　473c
・山田美妙(やまだびみょう)　1106c 149a 237a 310c 860a 1174c
・山田方谷(やまだほうこく)　1107a 304b 317a 1005c
山田亦介　1138b
山田以文　441b
・山田盛太郎(やまだもりたろう)　1107b 813b
山田安五郎　304b
山田八十太郎　754b
山田洋次　26a
・山田孝雄(やまだよしお)　1107c
山田良政　883c
山田柳塘　1010a
山田わか　83b
・山地元治(やまちもとはる)　1108a 210c
山寺常山　589c 822c
大和屋三郎兵衛　644a
山中一郎　276b
・山中献〔信天翁〕(やまなかけん)　1108b
・山中貞雄(やまなかさだお)　1108b
・山中新十郎(やまなかしんじゅうろう)　1108c
山中俊信　633a
・山中成太郎(やまなかなりたろう)　1109a
山中未成　1109b
・山中峯太郎(やまなかみねたろう)　1109a
・山梨勝之進(やまなしかつのしん)　1109b 943b
・山梨半造(やまなしはんぞう)　1109c 637a 828a
山名貫義　345b 971c
山名正照　1179a
山名義鶴　23c
山野芋作　824a
・山井基清(やまのいもときよ)　1110a
・山内梅三郎(やまのうちうめさぶろう)　1110b
・山之内一次(やまのうちかずじ)　1110b 714b
山内香雪　757c
山内春瓏　158a
・山内清男(やまのうちすがお)　1110c
山内多門　819b
山内英夫　495c
・山内量平(やまのうちりょうへい)　1111a
山野三郎　480b
・山辺丈夫(やまのべたけお)　1111a
・山葉寅楠(やまはとらくす)　1111b
・山辺健太郎(やまべけんたろう)　1111c
・山村登久(やまむらとく)　1112a
・山村友五郎(2代)(やまむらともごろう)　1112a 761b
山村友三郎　1112b
山村舞扇斎(2代)　1112a
・山村暮鳥(やまむらぼちょう)　1112b 817a 1051c
山村若子　1112a
・山室軍平(やまむろぐんぺい)　1112c 260b 724a 891c
・山本五十六(やまもといそろく)　1113a 413c 513a 943b
・山本一清(やまもといっせい)　1113b
山本伊兵衛　109a
・山本英輔(やまもとえいすけ)　1113c
・山本覚馬(やまもとかくま)　1113c 781b
・山本嘉次郎(やまもとかじろう)　1114a
・山本鼎(やまもとかなえ)　1114b 243a 256b 381c 1071c
山本毅軒　655b
・山本竟山(やまもときょうざん)　1114b
山本憲　430c
・山本懸蔵(やまもとけんぞう)　1114c 431b 805b
山本玄峰　106b
・山本権兵衛(やまもとごんべえ)　1115a 208b 283a 284c 296b 446b 478b 612a 696c 1110b
・山本実彦(やまもとさねひこ)　1115c
・山本周五郎(やまもとしゅうごろう)　1115c
山元春挙　1068b
・山本条太郎(やまもとじょうたろう)　1116a 666b 974a 1072b
山本甚右衛門　988b
・山本信次郎(やまもとしんじろう)　1116b
・山本宣治(やまもとせんじ)　1116c 807b 1082b
・山本滝之助(やまもとたきのすけ)　1117a
・山本忠興(やまもとただおき)　1117b
・山本達雄(やまもとたつお)　1117c 319a 415c 683b 756c 1062a
山本太郎　1114b
山本長五郎　33b
・山本悌二郎(やまもとていじろう)　1118a 40c 407c
・山本東次郎(初代)(やまもととうじろう)　1118a
・山本東次郎(2代)(やまもととうじろう)　1118a
・山本東次郎(3代)(やまもととうじろう)　1118a
・山本信哉(やまもとのぶき)　1118b
山本蘚園　720a
山本旗郎　568b
・山本秀煌(やまもとひでてる)　1118c 928c
・山本芳翠(やまもとほうすい)　1119a 392b 419a 907c
山本亡羊　636b
山本北山　697a 1086a
山本正美　813b
・山本安英(やまもとやすえ)　1119a 211b 240b 870b 997b
・山本有三(やまもとゆうぞう)　1119b 1143a
・山本幸彦(やまもとゆきひこ)　1120a
山本良吉　788b
山本緑陰　690c
・山屋他人(やまやたにん)　1120a
山脇巍　745b
・山脇房子(やまわきふさこ)　1120a
・屋良朝苗(やらちょうびょう)　1120b

ゆ

・湯浅倉平(ゆあさくらへい)　1120c 969a
湯浅七左衛門　844a
・湯浅治郎(ゆあさじろう)　1121a 619a 668c 712a
・湯浅半月(ゆあさはんげつ)　1121b
湯浅芳子　1034c
・ユーイング　*Sir* James Alfred Ewing　1121b 573b 640b 907b
猶海　655b
・結城素明(ゆうきそめい)　1121c 320c 345b 760c 866c 883a
・結城豊太郎(ゆうきとよたろう)　1122a 847c
結城虎五郎　440a
結城寅寿　706b
結城正明　870c
・結城礼一郎(ゆうきれいいちろう)　1122b
・湯川寛吉(ゆかわかんきち)　1122b
・湯川秀樹(ゆかわひでき)　1122c 211a 227b 458c 523c 725a 790a
・行秀(ゆきひで)　1123a
・湯沢三千男(ゆざわみちお)　1123a 1081a
夢野久作　552b
・湯本武比古(ゆもとたけひこ)　1123b
・湯本義憲(ゆもとよしのり)　1123c
・由利公正(ゆりきみまさ)　1124a 78a 223b 827b
ユンケル　139b

よ

蓉庵　364b
容膝堂主人　987a
・楊守敬(ようしゅけい)　1124c 367c 1114b
・陽其二(ようそのじ)　1125a 76c 810b

1060b
楊篤生　402c
横井左平太　926c
・横井小楠(よこいしょうなん)　1125a 346a 595b 740b 752b 827b 845a 910a 981c 988c 1061a 1106c 1124a
横井大平　926c
・横井時雄(よこいときお)　1125c 492b
・横井時冬(よこいときふゆ)　1125c
・横井時敬(よこいときよし)　1126a
横江鉄石　583a
横尾忠則　692b
・横川省三(よこかわしょうぞう)　1126b 229c
・横瀬夜雨(よこせやう)　1126c 117a
・横田喜三郎(よこたきさぶろう)　1126c
横田金馬　406c
・横田国臣(よこたくにおみ)　1127a
・横田成年(よこたせいねん)　1127b
・横田千之助(よこたせんのすけ)　1127c 693a 807b 954c 1062a 1072b
・横田秀雄(よこたひでお)　1128a 780b 1173a
・横田正俊(よこたまさとし)　1128a 1173a
・横溝正史(よこみぞせいし)　1128b
・横光利一(よこみつりいち)　1128c 270c 321a 794b 1136a
横山英太郎　732b
横山勘蔵　740c
横山久太郎　641c
横山休之進　737c
・横山源之助(よこやまげんのすけ)　1129a 730a
・横山正太郎(よこやましょうたろう)　1129b
・横山大観(よこやまたいかん)　1129c 211c 225c 524c 573b 721a 819b 852b 870c
・横山隆興(よこやまたかおき)　1130a
・横山俊彦(よこやまとしひこ)　1130a 955c
・横山又次郎(よこやままたじろう)　1130a
横山松三郎　300b 522a
・横山由清(よこやまよしきよ)　1130b 109b 390a
・与謝野晶子(よさのあきこ)　1130b 609c 879a 893c 941c 1071b 1096a
・与謝野鉄幹〔寛〕(よさのてっかん)　1131a 64c 245c 303b 342a 377a 480c 557c 609c 875b 941c 1071b 1130c
与謝野礼厳　629b
嘉彰親王(よしあきしんのう)　⇨彰仁親王　208c 368a 770a 883b
・吉井勇(よしいいさむ)　1131b 342a 349b
・吉井源太(よしいげんた)　1131c
・吉井友実(よしいともざね)　1132a 259a 469c 521b 973b 1061b
吉植愛剣　290a
吉植庄亮　290a
・吉植庄亮〔愛剣〕(よしうえしょうりょう)　1132b
吉江孤雁　377a
・吉江喬松〔孤雁〕(よしえたかまつ)　1132b
・吉江琢児(よしえたくじ)　1132c 591a
吉岡弘毅　1074c
吉岡禅寺洞　723b
吉岡博人　1133a
・吉岡弥生(よしおかやよい)　1133a
・吉雄圭斎(よしおけいさい)　1133a
吉雄権之助　390b 871b
吉雄常三　88c
吉雄如淵　1033c
・芳川顕正〔越山〕(よしかわあきまさ)　1133b 769b
・吉川英治(よしかわえいじ)　1133c 102b
吉川源十郎　479c
・吉川幸次郎(よしかわこうじろう)　1134a 63c 1037a
吉川才治(2代)　1140a
・吉川治郎左衛門(よしかわじろうざえもん)　1134b
・吉川泰二郎(よしかわたいじろう)　1134b 1067a
吉川忠行　499c
吉川半七　695b
・吉川守圀(よしかわもりくに)　1134c
・芳沢謙吉(よしざわけんきち)　1135a 483c 894b
・吉沢検校(初代)(よしざわけんぎょう)　1135b
・吉沢検校(2代)(よしざわけんぎょう)　1135b
吉沢検校審一　1135b
・吉沢義則(よしざわよしのり)　1135c
吉住小三郎(2代)　1145c
・吉住小三郎(4代)(よしずみこさぶろう)　1136a(4代)　347b
吉住慈恭　347b 1136a
吉田一若　1141c
・吉田一穂(よしだいっすい)　1136a
・吉田栄三(初代)(よしだえいざ)　1136b 1142b
・吉田栄三(2代)(よしだえいざ)　1136b
吉田栄寿　1136b
吉田栄太郎　1138c
・吉田清成(よしだきよなり)　1136c 197c 968b
吉田金太郎　579b
・吉田熊次(よしだくまじ)　1136c
・吉田絃二郎(よしだげんじろう)　1137a
吉田光栄　1136b
吉田小奈良　1141c
吉田小文　359c
・吉田茂(1954没)(よしだしげる)　1137b
・吉田茂(1967没)(よしだしげる)　1137c 3c 23b 47a 55a 235b 407c 417a 428c 429c 467a 474c 539b 617c 632c 636a 638a 699b 834b 846a 847a 884c 888b 935a 942b 963b 966a 1008b
・吉田松陰(よしだしょういん)　1138a 2c 9b 14a 93c 130c 152a 156b 345c 367a 387c 397b 431c 464a 501b 567a 595a 654c 701b 722b 845a 942c 955b 965a 965c 1032c 1094a 1095c 1141a
・吉田精一(よしだせいいち)　1139b
吉田清太郎　1112c
吉田晴風　1025a
・吉田善吾(よしだぜんご)　1139c
・吉田辰五郎(よしだたつごろう)　1140a
吉田辰造(3代)　359b
吉田玉助(初代)　1140a 1142b
・吉田玉造(初代)(よしだたまぞう)　1140a 359b 727b 761b
・吉田玉造(3代)(よしだたまぞう)　1140a
吉田玉太郎　761b
吉田長淑　598c
吉田恒二　557c
・吉田東伍(よしだとうご)　1140a 21c
吉田東篁　820b
・吉田東洋(よしだとうよう)　1140c 121b 423a 622c 808b 894c 1092b
・吉田稔麿〔風萍軒〕(よしだとしまろ)　1141a 1138c
・吉田富三(よしだとみぞう)　1141b 469a
吉田直哉　1141b
吉田難波掾　1142b
・吉田奈良丸(初代)(よしだならまる)　1141b
・吉田奈良丸(2代)(よしだならまる)　1141b
・吉田奈良丸(3代)(よしだならまる)　1141b
・吉田奈良丸(4代)(よしだならまる)　1141b
・吉田一〔ピン〕(よしだはじめ)　1141c
・吉田秀雄(よしだひでお)　1142a
・吉田博(よしだひろし)　1142a 437a
・吉田文五郎(3代)(よしだぶんごろう)　1142b 359c 1136b
吉田平陽　371b
吉田正秀　229b
吉田巳之助　1142b
吉田簑助(初代)　1142b
吉田簑助(2代)　359c
吉田大和之丞　1141c
・吉富簡一〔桂花楼〕(よしとみかんいち)　1142b
・芳野金陵(よしのきんりょう)　1142c 502c 1080a
・吉野源三郎(よしのげんざぶろう)　1143a
・吉野作造(よしのさくぞう)　1143b 9c 28b 114b 166a 207c 239c 252a 257b 274c 282a 394b 410a 456a 468c 562b

614b 646c 733a 898c 941b 1087b 1097a
・吉野信次(よしのしんじ) 1144c
吉野南山 1142c
吉野信次 1143b
吉野彝倫 1142c
・吉原重俊(よしはらしげとし) 1145a
・能久親王(よしひさしんのう) 1145a 541c 693a 770a
嘉仁親王 1089b 1097a →大正天皇
吉松淳三 367a
・吉満義彦(よしみつよしひこ) 1145b
・芳村伊三郎(５代)(よしむらいさぶろう) 1145b
・芳村伊三郎(６代)(よしむらいさぶろう) 1145b
・芳村伊三郎(７代)(よしむらいさぶろう) 1145b
芳村伊三郎(８代) 1145c
芳村伊十郎(３代) 1145c
・芳村伊十郎(６代)(よしむらいじゅうろう) 1145c
・芳村伊十郎(７代)(よしむらいじゅうろう) 1145c
吉村公三郎 517a
・吉村茂樹(よしむらしげき) 1145c
吉村秋陽 371a 371b
吉村信吉 635a
・吉村甚兵衛(よしむらじんべえ) 1146a
吉村寅太郎 622c
・吉村虎太郎〔黄庵〕(よしむらとらたろう) 1146b 771a 989b
吉村寅太郎 367a 913b 989b
吉村冬彦 691b
・芳村正秉(よしむらまさもち) 1146c
吉本隆明 835c
吉山勾当 1135c
・依田学海(よだがっかい) 1147a 51a 316b
依田治作 458a
依田孝 647b
依田雄太郎 853c
・ヨッフェ Adolf Abramovich Ioffe 1147a 338b 424b 616a 733a
・淀川長治(よどがわながはる) 1147b
・米内光政(よないみつまさ) 1147c 41a 376a 468a 591a 1113b
・米井源治郎(よねいげんじろう) 1148a
米川信濃 679c
・米窪満亮(よねくぼみちすけ) 1148b
・米田庄太郎(よねだしょうたろう) 1148b
米田富 446c 460a
ヨネ＝ノグチ 805b
米原雲海 876c 1101b
米村嘉一郎 590a 1141c
・米山梅吉(よねやまうめきち) 1148c
衛門内侍 167a
・依仁親王(よりひとしんのう) 1149a
・万鉄五郎(よろずてつごろう) 1149a

ら

ラートゲン 20b
・ラーネッド Dwight Whitney Learned 1149c
頼覚 979b
ライケン 890b
頼山陽 161a 367c 519c 904b
頼支峰 1090c
・ライシャワー August Karl Reischauer 1150a
・ Edwin Oldfather Reischauer 1150a
・ライト Frank Lloyd Wright 1150b
・ライト William Ball Wright 1150c
・ライト William V. Wright 1151a
・ライマン Benjamin Smith Lyman 1151a
・頼三樹三郎〔鴨崖，百城〕(らいみきさぶろう) 1151b 53a 152a 223c 397b 655a 667b 818b 824b 1108b
・ラインシュ Paul Samuel Reinsch 1151c
・ラウレス Johannes Laures 1151c
・ラウレル Jose P. Laurel 1152a
・ラグーザ Vincenzo Ragusa 1152b 182c 752a 1152b
・ラグーザ玉(ラグーザたま) 1152b
・ラゲ Emile Raguet 1152c
羅渓慈本 720a
・羅振玉〔雪堂〕(らしんぎょく) 1153a 172b 295a 910a
ラフカディオ＝ハーン Lafcadio Hearn ⇨小泉八雲
・ラムステッド Gustaf John Ramstedt 1153b
ラロック 886b
・ランバス Walter Russell Lambuth 1153c

り

・リース Ludwig Riess 1154a 405b 457c 539c 542b 1046b
リーズデール Algernon Bertram Freeman-Mitford, 1 *st Baron* Redesdale ⇨ミットフォード
リーチ 722c 843a
リード Eugene M. Van Reed ⇨バン＝リード
リーランド 680c
・リカルテ Artemio Ricarte 1154b
・李完用〔一堂〕(りかんよう) 1154c 934a
・リギンズ John Liggins 1155a 130b
・陸宗輿(りくそうよ) 1155a
・陸徴祥(りくちょうしょう) 1155b
李光洙 362b
・李鴻章(りこうしょう) 1155c 148c 168c 225c 446b 477b 667a 687c 892b
李香蘭 823a
・リサール José Rizal 1156b
李埈鎔 45a
李升基 466c
・李承晩〔雩南〕(りしょうばん) 1156b
李昰応 587b
李仙得 1161c
李善得 1161c
李太王(りたいおう) ⇨高宗
李泰国 1162b
リチャーズ 929a
・リッジウェー Matthew Bunker Ridgway 1157a
・リッター Hermann Ritter 1157a 607c
・リットン Victor Alexander George Robert, 2 *nd Earl* of Lytton 1157b 927c
・リデル Hannah Riddell 1157b
李範晋 45a
・李奉昌(りほうしょう) 1157c 361b
竜温 993a
・劉少奇〔胡服，火伕〕(りゅうしょうき) 1158a
・笠信太郎(りゅうしんたろう) 1158b
柳樽寺和尚剣花坊 102b
隆端 964a
柳亭小左楽 489a
柳亭左楽(５代) 280a 489a
良基 159a
・李容九〔海山〕(りようきゅう) 1158b 129b 148c 228a 552c 581a 621c
・梁啓超〔任公〕(りょうけいちょう) 1158c 403c 545a 846c 883c 891a 941b
・梁鴻志(りょうこうし) 1159a
・廖承志(りょうしょうし) 1159b
・竜粛(りょうすすむ) 1159b
・林献堂〔灌園〕(りんけんどう) 1159c
・琳瑞(りんずい) 1160a
輪王寺宮 331a 786a
輪王寺宮能久親王(りんのうじのみやよしひさしんのう) ⇨能久親王

る

・ルーズベルト Franklin Delano Roosevelt 1160c
・ Theodore Roosevelt 1161a
・ルーミス Henry Loomis 1161b
・ル＝ジャンドル Charles William Le Gendre 1161c

れ

・レイ Horatio Nelson Lay 1162b 135a
霊暀 732c
・黎元洪(れいげんこう) 1162c 661a

666a 697a 862b
・冷泉為恭〔松殿〕(れいぜいためちか) 1162c
・冷泉雅二郎〔本清〕(れいぜいまさじろう) 1163a
・レースレル　Karl Friedrich Hermann Roesler　1163b 94b 103a
レーブ　555a
レック　739b
烈公　706c 709a →徳川斉昭
・レビッソーン　Joseph Henry Levyssohn 1164a
レマルシャン　791b
蓮月尼(れんげつに)　⇨大田垣蓮月
蓮寿尼　42c

ろ

・蠟山政道(ろうやままさみち)　1164b 252a 426a 670c
・呂運亨(ろうんこう)　1164c
ロエスレル　Karl Friedrich Hermann Roesler　⇨レースレル
ローズベルト　Franklin Delano Roosevelt　⇨ルーズベルト　Theodore Roosevelt　⇨ルーズベルト
・ローゼン　Roman Romanovich Rosen 1165a
・六郷新三郎〔六合－〕(５代)(ろくごうしんざぶろう)　1165a
・六郷新三郎〔六合－〕(６代)(ろくごうしんざぶろう)　1165a
鹿林鈍翁　458a
・ロケニュ　Joseph Marie Laucaiqne 1165b
・魯迅(ろじん)　1165b 150b 528a
・六角紫水(ろっかくしすい)　1166a
・ロッシュ　Léon Roches　1166a 230c 236a 267c 709b 739b 884a 930b
・ロハス　Manuel A. Roxas　1166c
ロング　Charles E. De Long　⇨デ＝ロング

わ

・ワーグナー　Gottfried Wagner　1167b 513c
・ワーグマン　Charles Wirgman　1167b 320c 419a 430b 604b
ワーフィールド　397c
・ワイコフ　Martin Nevius Wyckoff 1167c
・和井内貞行(わいないさだゆき)　1168a
・若江秋蘭(わかえしゅうらん)　1168a
・若尾幾造(初代)(わかおいくぞう)　1168b 1168c
・若尾逸平(わかおいっぺい)　1168c 249b 398c 800a 1168b
若尾林右衛門　1168c
若狭太夫　682b
・若槻礼次郎(わかつきれいじろう)　1168c 283b 612a 842a 888c
・我妻栄(わがつまさかえ)　1169b 315b 897a 1030c
我妻貞哉　1012a
若乃花幹士　717c
若松崎太夫　1170a
・若松賤子(わかまつしずこ)　1169c 128b
若松常齢　633b
若松則文　593b
若松芳太郎　1170a
若松武蔵大掾　1170a
・若松若太夫(わかまつわかたゆう)　1169c 1170a
・和歌森太郎(わかもりたろう)　1170a
若柳吉松　1170c
・若柳寿童(初代)(わかやぎじゅどう) 1170b
若柳寿童(２代)　1170c
若柳寿邦　1170c
若柳芳松　1170b
・若山儀一(わかやまのりかず)　1170c
・若山牧水(わかやまぼくすい)　1171a 48c 248a 255b 342a 701a
・脇坂安宅(わきさかやすおり)　1171b
脇坂安董　313c
・脇水鉄五郎(わきみずてつごろう)　1171b
・脇村義太郎(わきむらよしたろう)　1171c 39b 1022a
ワグネル　Gottfried Wagner　⇨ワーグナー
和気亀亭(３代)　965b
若生精一郎　596a
鷲尾雨工　794b
鷲津益斎　1069c 1172a
・鷲津宣光〔毅堂，蘇州〕(わしづのぶみつ) 1172a 1067b
・鷲尾隆聚(わしのおたかつむ)　1172b 176b 200c 954a
・和田一真〔月琴堂，眉山〕(わだいっしん) 1172b
・和田巌(わだいわお)　1172c
・和田英(わだえい)　1172c 1128a
・和田英作(わだえいさく)　1173a 353c 906a
・和田垣謙三(わだがきけんぞう)　1173a
和田軌一郎　590a
和田久一　584a
・和田久太郎〔酔蜂〕(わだきゅうたろう) 1173b 189a 900a 925a
・和田小六(わだころく)　1173c
・和田三造(わださんぞう)　1173c 378c
和田重雄　867b
和田秀豊　45a
和田定節　815b
・和田清(わだせい)　1174a 1085a
・渡瀬庄三郎(わたせしょうざぶろう) 1174a
和田泰然　849b 1025b
・和田維四郎(わだつなしろう)　1174b
・和田篤太郎〔鷹城〕(わだとくたろう) 1174c
・和田豊治(わだとよじ)　1174c 759a 873c 1042a
渡辺暁雄　46a
渡部温　1085c
・渡辺重石丸(わたなべいかりまろ)　1175a 277c 454a
渡部一郎　1085c
渡辺卯三郎　216b
・渡辺海旭(わたなべかいきょく)　1175b 592a
・渡辺崋山(わたなべかざん)　1175c 160b 196a 452c 522c 598c 607b 649c 1027a
渡辺一夫　631b
・渡辺霞亭〔碧瑠璃園〕(わたなべかてい) 1176a 792c
・渡辺驥〔中洲〕(わたなべき)　1176b
渡辺清　1028a
・渡辺国武(わたなべくにたけ)　1176c 1178b
渡辺圭一郎　357a
渡辺虹衣　454b
・渡辺洪基〔浩堂〕(わたなべこうき)　1177a 554b 878a 1154a
渡辺綱章　496c
・渡辺錠太郎(わたなべじょうたろう) 1177b
・渡辺水巴(わたなべすいは)　1177c
渡辺清左衛門　204c
渡辺省亭　1010b
・渡辺台水(わたなべたいすい)　1177c
・渡辺千秋〔楓関〕(わたなべちあき)　1178a 1177a
・渡辺千冬(わたなべちふゆ)　1178b
渡辺綱光　1046a
渡辺貞庵　935b
・渡辺鉄蔵(わたなべてつぞう)　1178b
渡辺東一　572a
渡辺刀水　1070a
渡辺信義　1107a
・渡辺昇(わたなべのぼる)　1178c
渡辺登　160b
渡辺弗措　135c
渡辺政太郎　1173b
・渡辺政之輔(わたなべまさのすけ)　1179a 306b 414c 710c 1014b 1114c
渡辺弥一兵衛　938c
渡辺弥久馬　449c
渡部義通　73b
・渡辺世祐(わたなべよすけ)　1179b
・渡辺廉吉(わたなべれんきち)　1179c
・和田英松(わだひでまつ)　1180a
・和田博雄(わだひろお)　1180a 277a

699b
綿屋利八　991a
和田雄治　808a
・和知鷹二(わちたかじ)　1180b
・和辻哲郎(わつじてつろう)　1180c 397a 649b 650c 848c

文献索引

あ

あゝ玉杯に花うけて　476a
噫無情　389b
ああ大和にしあらましかば　560c
藍色の蟇　197c
相聞　1131b
愛郷　629c
間狂言の研究　1118b
愛国一端　137b
愛国志林　132b 749a
愛国新誌　132b 749a
愛国本義　902c
藍作指要　242c
相沢春洋著作集　2b
愛山文集　1102b
靉日　72c
愛情の問題　270c
愛情はふる星のごとく　238b
愛人の記　761b
愛するアメリカ　62b
愛すればこそ　650c
愛生園日記　1017b
愛染かつら　312a
愛知絵入新聞　186c
会津八一全歌集　4b
会津八一全集　4b
愛弟通信　374b
愛と認識との出発　382a
愛と理性の教育　8a
アイヌ英和対訳辞典　831a
アイヌ研究　592b
アイヌ語公教要理　930c
アイヌ社会経済史　840b
アイヌ叙事詩ユーカラ集　363a
アイヌ叙事詩ユーカラの研究　363a
アイヌ政策史　592a
アイヌ=フォークロア　801a
愛の詩集　1051c
愛のなやみ　222c
鞋韈日暦　371b
相寄る魂　52a
哀楽　954a
アヴァンギャルド芸術　224a
青嵐　310c
青い月曜日　257a
青い眼の人形　803b
青い夜道　643c
青ケ島大概記　112a
青き魚を釣る人　1051c
青木周蔵筆記　6a
青白い熱情　480c
蒼白き接吻　869a
蒼白き巣窟　1051c
青空　265c 718b 1036c
蒼空　592b
青砥稿花紅彩画　318b
青猫　817a
青野季吉日記　6c
青票白票　471b
青服　439a 1097a
青べか物語　1116a
赤い孤独者　491b
赤い絨毯　751a
赤い鳥　228c 447c 563c 682b 782a
赤い広場を横ぎる　616a
赤い船　228b
赤い繭　29b
赤い蠟燭と人魚　228c
赤蛙　509c
暁と夕の詩　630c
赭土に芽ぐむもの　751a
赤土の家　291b
赤と黒　681a 816c
アカネ　89b 188b 677c 750c 993a
赤旗　125b 310b 1089c 1115a 1179b
赤旗の靡くところ　616a
赤彦全集　509c
赤彦童謡集　509b
明るい風　316b
明る妙　255b
明るみへ　1130c
秋　14c
晶子曼陀羅　481a
秋田　351a
秋田魁新報　786c
秋田時事新聞　425a
秋立つまで　299b
秋田日報　100a 286c 786c
あぎなるど　1106c
秋の瞳　1077b
あきらめ　657b
悪源太　969c
芥川竜之介　1139c
悪太郎　222a
悪の愉しさ　65b
悪魔の恋　1001b
悪魔の手毬唄　1128b
安愚楽鍋　287c
揚繰網発明の真相　70b
明烏　280a
暁烏敏全集　15a
あけくれ　233b
明智光秀　610c
あけび　836a
曙新聞　238c 434b 546a
曙の声　316b
亜行詠　543a
赤穂義士実話　497c
亜行周海略日記　282c
赤穂誠忠録　502c
赤穂浪士　240c
あこがれ　64c
浅井忠　61a
朝顔　377c
朝顔話　728c
朝霧小唄　995c
浅草　377c
浅草紅団　321b
朝ぐもり　248a
朝田善之助全記録　16c
朝菜集　1037a
朝の果実　663c
朝の旅人　1037a
朝の螢　762c
朝花夜花　803b
朝蜩　290a
アサヒグラフ　551c
朝日新聞　135c 144b 244b 334b 356c 410a 668a 826a 1051a 1100b 1119c 1158b →大阪朝日新聞 →東京朝日新聞
朝比奈宗源老師の獅子吼　20a
朝比奈知泉文集　20b
朝日屋絹物店　499a
浅間の霊　126c
欺かれた歴史　453a
亜細亜　744b
アジア史論考　1027c
亜細亜人　557b
足迹　711b
アジアに立つ　151c
亜細亜の曙　1109b

アジアのなかの日本　49c
アジア民族政策論　937c
足利時代史　645c
足利尊氏　610c 1102b
足利ノ尊氏　766b
蘆刈　651a
無味気　1078a
明日　108a
葦手　63c
あしの葉わけ　817c
馬酔木　89b 400a 451c 509b 750c 877a 1012a
飛鳥　743c
飛鳥時代寺院址の研究　69a
飛鳥田一雄回想録　22c
飛鳥朝　344b
安土の春　964c
吾妻鏡の研究　1078c
吾妻新誌　833c
あづま新聞　174b
東の春　778c
あづま橋　736b
校倉の研究　69a
唖蟬坊流生記　583a
仇討浄瑠璃坂　735a
安達清風日記　25b
頭ならびに腹　1128c
熱海文藪　779b
熱海町の為のページェント　682a
新しい家庭の創造　640a
新らしい日本人の道　553b
新らしき小径　942a
新しき村の生活　1039b
新しき欲情　817a
あぢさゐ　378a
阿難の累ひ　682a
あにいもうと　1052a
あの日この日　236c
網走まで　495c
阿毘達磨論の研究　353b
あひゞき　916c
阿芙蓉彙聞　494b
油絵のマティエール　214c
油地獄　453b
アプレゲール=クレアトリス叢書　29b
阿部一族　1066c
安部公房全集　29c
阿部次郎全集　30b
阿部真之助選集　30c
阿部知二全集　31a
安倍能成選集　33a
鴉片始末考異　397c
阿房列車　147c
あほかいな　914b
雨蛙　496a
天草一揆　669a
天草時貞　215a
雨空　378a
天津皇産巣日考　482c
天津祝詞考　563c
天津祝詞考説略　563c
海人の刈藻　191b
天野貞祐全集　34b
阿弥陀仏之研究　1092a
雨(岡田武松)　217c
雨(織田作之助)　244a
雨(広津柳浪)　889b
雨の念仏　1025b
天之真榊　287b
天御中主神考　1175b
あめの夜の夢咄　328a
アメリカ史物語　297c
アメリカにおける秋山真之　512a
あめりか物語　736a
勿誤薬室方函　17a
あやめさん　949c
歩む人　316b
新井白石とヨワン・シローテ　1144b
新井白石の文治政治　384b
新生　510b
荒木又右衛門(岡本綺堂)　223a
荒木又右衛門(長谷川伸)　824b
あらくれ　711b
嵐　510b
嵐に直面する政党　626c
嵐の前　745a
新世帯　711b
あらたま　451c
荒畑寒村著作集　38c
荒魂　63c
荒布橋　349b
アララギ　220c 255c 400a 451c 509b 677c 750c 763b
あらゝぎ　1011a
阿羅々木　89b
霰　577b
霰に霙　228b
霰の音　292c
有明集　328b
在りし日の歌　758a
有島生馬全集　39c
有島武郎全集　40b
ありのすさび　425a
有吉佐和子選集　43b
或阿呆の一生　14c
歩いてきた道　1119b
或る男　1039b
或る女　40a
ある女の遠景　919b
或る女のグリンプス　40a
有賀喜左衛門著作集　43c
或る脚本家　1039a
或る『小倉日記』伝　992a
或る少女の死まで　1051c
或る職工の手記　1032b
或る青年の夢　1039a
アルプスと人　976a
アルルカンの慟哭　893c
歴山大王　405a
諳夷問答　2c
行火　476a
暗愚小伝　609a
暗黒日記　356c
安国論　636b
安吾巷談　457c
安吾史譚　457c
暗殺の年輪　907a
安城家の兄弟　482a
杏っ子　1052a
安政紀事　733b
安政三年日記　519b
安政三組盃　535c
鞍鐙図式　385a
アンドレ・ジイド生涯と作品　745c
あんどろめだ　794b
安保闘争史　503a
暗夜行路　496a
安楽に死にたい　983c
安楽の門　178a

い

飯倉だより　510c
イーストレーキ英語新誌　48b
井伊大老(岡繁樹)　215a
井伊大老(渡辺霞亭)　1176b
井伊大老の死　762b
飯田蛇笏全句集　49a
飯塚浩二著作集　49c
医院類案　5c
家　510b
イエスの宗教とその真理　260c
家康の臣僚　763c
家康の政治経済臣僚　763c
家康の族葉　763c
医戒　549b
意外　307a
医学と生物学　218a
医学のあゆみ　218a
筏　718b
如何なる星の下に　607a
伊賀の水月　86b 1014a
猪谷六合雄選集　51b
胃癌発生論　1098a
生きてゐる小平次　559c
生きてゐる兵隊　65b
生きとし生けるもの　1119c
「いき」の構造　366b
医業国営論　555a
暎咭唎国種痘奇書　88c
伊吉利文典　687c
イギリス・ヨーマンの研究　726a
生きる力　475c
生きんが為に　916a

育児の百科　983c
生田春月全集　52a
生田長江全集　52b
いくたびの春　117b
生くる日に　954a
池田亀鑑選集　54a
生ける墳墓　751a
生ける豊太閤　730c
医原枢要　598c
怡吾庵酔語　482a
夷斎虚実　63c
夷斎小識　63c
夷斎饒舌　63c
夷斎清言　63c
夷斎筆談　63c
夷斎遊戯　63c
夷斎俚言　63c
いささむら竹　1076b
いさなとり　406a
勇ましき主婦　59b
いさみ新聞　436b
十六夜清心　80c 318b
伊沢蘭軒　1066c
石井十次日誌　60b
石井亮一全集　61c
石狩川　946a
石狩国石狩郡当別村開墾顚末　632c
石川淳選集　63c
石川淳全集　64a
石川舜台選集　64a
石川啄木　363a
石川達三作品集　65b
石川達三選集　65b
石川千代松全集　65c
意識と本質　87b
石田英一郎全集　68a
石田三成　237c
伊地知正治日記　69c
石にひしがれた雑草　40a
石橋湛山全集　70c
石巻庄右衛門　310c
石母田正著作集　73c
医師薬剤交付権論　273c
いじわるばあさん　826a
維新豪傑逸事　792c
維新史　290c
維新史考　110a
維新史八講　1140b
維新者の信条　263a
維新史料　290c
維新史料綱要　195a
維新前後　223a
維新前後政治の観察　1177b
(維新前後に於ける)立憲思想　239c
維新前史の研究　110a
維新前の宮廷生活　524a
維新土佐勤王史　458a
維新風雲回顧録　645a
医心方　17a
伊豆七島図考　697b
伊豆の踊子　321b
伊豆の頼朝　418c
泉靖一著作集　76a
和泉屋染物店　349b
出雲大神　577a
出雲の阿国　43b
イスラーム思想史　87b
イスラーム哲学の原像　87b
為政鑑　721c
遺跡・遺物と古代史学　335c
伊勢式内神社検録　1002c
伊勢新九郎　237c
伊勢錦　766c
伊勢詣紀行　559a
伊勢物語に就きての研究　54a
伊勢物語評釈　377a
磯ごよみ　1137a
板垣君遭難実記　307a 906b
板垣退助君伝　145b 385b
板垣退助全集　78b
ヰタ・セクスアリス　1066a
伊丹市史　393a
伊丹万作全集　80a
伊太利文芸復興史　457c
異端　255b
一握の砂　65a
一握の玻璃　447c
一円札と猫　154b
一外交官の見た明治維新　474b
一隅の記　802c
一軍人の生涯―米内光政の思ひ出―　217b
一皇族の戦争日記　866b
無花果　762b
一商人として　581b
一族再会　163a
(一読三歎)当世書生気質　681c
一日本人　553a
一人一殺　106c
一年有半　740a
一之巻　75c
一無政府主義者の回想　439b
一夢の記　901b
市村咸人全集　86a
一歴史家の軌跡　851b
一路　349c
一老政治家の回想　417a
逸翁自叙伝　430a
一休と自来也　456a
一局議院論　132b
一口剣　406a
一茶　907a
逸事史補　982b
一種の攘夷思想　343b
一夕観　343c
一銭五厘の旗　836c
井筒俊彦著作集　87b
一点鐘　1037a
稜威男健　384a
一般天文学　883b
一兵卒の銃殺　658c
一本刀土俵入　824b
いつまでも若く　218b
イデオロギーの論理学　715b
出隆著作集　87b
遺伝学　646a
伊藤永之介作品集　87c
伊藤公を語る　290c
伊東静雄詩集　89c
伊藤整全集　93c
伊藤痴遊全集　91c
伊東忠太建築文献　92a
伊藤野枝全集　93b
医道百首　438a
田舎教師　658c
田舎青年　1117b
田舎の花　1051c
田舎のモーツァルト　236c
田舎話　459b
蝗　657a
稲作改良精説　125c
稲作小言　919a
稲作要綱　47a
稲田増穫説　627c
伊那の松風　475b
稲葉修回想録　98b
犬(中勘助)　743b
犬(長谷川時雨)　824a
犬養毅伝　142c
犬神の女　692a
井上侯全伝　91c
井上準之助論叢　104c
井上大英和辞典　104a
井上大和英辞典　104a
井上光貞著作集　107c
井上光晴作品集　108a
井上光晴新作品集　108a
井上光晴第三作品集　108a
井上光晴長編小説全集　108a
井上靖全集　108b
いのちの窓　303a
祈りの生活　139b
伊波普猷全集　111b
茨木　318b
茨城県史　932a
茨城新報　197b
茨城日日新聞　197b
井原西鶴　622a 1039b
井伏鱒二全集　112b
イプセン作社会劇　610a
胆振国有珠郡開墾顚末　632b
以文会筆記抄　1027b
以文会友―折り折りの記　859b
異本山家集　905b

異本太閤記　1093b
今井正・全仕事　114a
今鏡新註　572b
今だから話そう　408a
今戸心中　889b
今西錦司全集　115b
今橋集　183a
今様薩摩歌　211a
意味喪失の時代に生きる　195b
芋粥　14c
妹背貝　128c
妹背山婦女庭訓　359b
妹と背鏡　70c
いやな感じ　607a
伊予官社考証　973c
伊予日日新聞　1083c
入会の研究　258a
入江相政日記　117b
入江のほとり　964c
入来文書　16a
入沢先生の演説と文章　118a
医療正始　89a
医療の社会化運動　555a
IL　291c
キルヤム・ブレイク書誌　528b
刺青奇偶　824b
色川三中の研究　737c
いろは新聞　288a
岩倉具視　181b
岩下壮一全集　123b
岩手新聞　481b
岩永通信　126a
岩永裕吉君　95b
岩波国書解題　1069c
岩波茂雄伝　33a
岩波新書　589a 1143a
岩波中国語辞典　381b
岩波六法全書　544b
盤之屋歌集　997a
陰翳礼讃　651a
インカ帝国　76a
韻鏡考　207b
隠居論　939c
印刷雑誌　810b
印刷術　1091b
印刷術通説　1091c
印刷術発達史　1091c
陰獣　164a
院政　1146a
インタナショナル　635a
引痘要略解　395a
印度支那の民族と文化　993a
印度宗教史　27c
印度哲学研究　130b
印度哲学宗教史　353c
印度六派哲学　353b
淫売婦　852a
印譜考略　736c
インプレコール　1115a
陰謀・暗殺・軍刀　1069b
ヴァレリイの芸術哲学　648c

う

植木枝盛日記　132c
上田秋成　127a
ヴェーダ学論集　672a
上田貞次郎全集　134c
上田貞次郎日記　134c
上田敏全集　135a
上野景範文書　135b
飢ゑの季節　155c
上原専禄著作集　136b
植村全集　139b
ヴェルサイユ体制の崩壊　117b
ウォーナー=リスト　140a
宇垣日記　142a
うかれ胡弓　307c
浮雲(林芙美子)　850c
浮雲(二葉亭四迷)　70c 681c 916c
浮城物語　1091b
浮世絵　819a
浮世絵二百五十年史　603a
浮世絵の研究　905c
浮世人情守銭奴之肚　1078a
浮世風俗やまと錦絵　819a
鶯　87c
迂言　887a
羽左衛門伝説　482a
うしほ　583a
宇治市史　905b
失はれし政治　429a
失われた時　794b
牛部屋の臭ひ　964c
牛山ホテル　334b
雨情民謡百篇　803b
薄紅梅　75c
渦巻ける烏の群　391b
埋れた春　11b
嘘　782a
嘘の効用　545c
嘘の果　39c
歌行燈　75c 378a
歌い続けて　914a
謡の教え方と習い方　887c
歌ふ弥次喜多・東海道小唄道中　924a
うたかた草紙　256c
うたかたの記　70c 1066a
宴のあと　41a 1006c
歌声よひびけ南の空に　914a
歌詞遠鏡　471a
歌と草仮名　248a
宇太止不止　919c
歌に生き恋に生き　915c
うた日記　1066b
歌の絵本　14b
歌乃大武根　756b
宇多之不美　919c
歌のわかれ　754a
歌ぶくろ　609c
歌ものがたり　593b
歌よみに与ふる書　89b 750c 962c
歌はぬ人　381c
内田銀蔵遺稿全集　146b
内田百閒全集　147c
うちの宿六　533a
内村鑑三信仰著作全集　150b
内村鑑三聖書注解全集　150a
内村鑑三全集　150a
内村鑑三著作集　150a
内村鑑三日記書簡全集　150a
宇宙　1026b
宇宙進化論　541c
宇宙大観　541c
宇宙目的論　260c
美しい女　491b
美しい暮しの手帖　836c
美しい人　1036a
美しい町　480c
美しい村　943a
美しき喪失　447c
美しき魂　894a
美しき氷河　1051c
打墨縄　339a
宇都谷峠　80c
うつぼ猿　333b
腕一本　908c
腕くらべ　736a
宇野浩二全集　153b
宇野弘蔵著作集　153c
鵜の物語　718b
姥捨　482a
奪はれたる亜細亜　1015c
生れ出づる悩み　40a
海と毒薬　170c
海鳴り　907a
海鳴りの底から　939b
海に生くる人々　852b
海の慣習法　865b
海の聖母　1136a
海の人形　1136b
海彦山彦　1119c
海へ　510c
海やまのあひだ　255c
梅崎春生全集　155c
梅の屋文集　646b
うもれ木　867b 1131b
埋木舎の記　49c
うらおもて　310c
裏から見た支那人　454c
末枯　378a
裏日本　379c
恨みなき殺人　1031b
ウラル・アルタイ語族、フィン語と日本

語　131b
うるしのつや　983a
うるしの話　983a
ウル•マイステル研究　352a
宇留満乃日記　1048a
運河　491b
温州蜜柑譜　641c
雲荘随筆　118a
雲鳥　194c
運命　374b 406a
運命の丘　518c

え

永遠なる序章　491b
永遠の郷愁　893c
英会話文法　450b
映画監督五十年　147a
映画散策　1147b
映画時代　924a
詠歌辞典　471a
映画渡世　959a
映画之友　1147b
栄華物語詳解　1180a
英語学辞典　81c
英語教育　212b
英国議事院談　895c
英国現代史　398a
英国今日之社会　274b
英国策論　474b
英国産業革命史論　134c
英国資本主義の成立過程　809c
英国社会史　114a
英国社会主義立法　202a
英国職業紹介制度　730b
英国歩兵練法　10a
永小作論　251b
英語箋　71a 1044c
英語箋後篇　1044c
穎才新誌　658b
栄西禅師　350c
嬰児殺し　1119c
永日　248a
衛生新誌　1066a
永世中立　653c
衛生療病志　1066a
英武蒙求　1147a
エイブ•リンカーン　1143b
英文学史　400c
英文学叢書　81c 212b
英文国民之友　872c
英文財政経済月報　1058b
英文法研究　81c
英米対話捷径　757b
英米法源理論　610b
英訳句集）点滴　679c
英訳古事記　662b
（英雄小説）新日本島　241c
（英雄小説）東洋武侠団　241c
（英雄小説）武侠の日本　241c
英雄待望論　683c
英雄と伝説　729c
英雄論　903a
絵入自由新聞　389b 1029b
絵入朝野新聞　786c
英和印刷書誌辞典　1091c
英和対照電信局員必携　1054a
英和対訳辞書　196c
英和対訳袖珍辞書　943b
江木鰐水日記　161a
液体究理分離則　201c
駅夫日記　540c
駅前旅館　112a
駅路通　196b
江口朴郎著作集　162a
エゲレス語辞書和解　1075a
エゴ　477b
エコノミスト　221c 1063a
エコノミスト外相の二五二日　179b
江島生島　824a
恵蘇君之譬話　919c
蝦夷紀行　655c
蝦夷北蝦夷地図　607b
蝦夷志料　952c
蝦夷接壌全図　504b
蝦夷地　592b
蝦夷島奇観補註　987a
越前紙漉図説解説　957c
越前若狭古文書選　957c
慧超往五天竺国伝箋釈　910a
越山遺稿　1133c
得手に帆あげて　947c
江戸絵馬鑑　448b
江戸開帳披索記　448b
江戸から東京へ　1083c
江戸川乱歩全集　164a
東都地震記　448b
江戸時代　384b 503a
江戸時代史　1002a
江戸城明渡　307a 610a
江戸商業と伊勢店　341a
江戸小説概論　23b
江戸城総攻　995c
江戸新聞　176c
江戸生活のうらおもて　1014a
江戸育御祭佐七　318a
江戸大節用海内蔵　329c
江戸ッ子　1014a
江戸と大阪　405b
江戸読本　1014a
江戸幕府　341a
江戸幕府鎖国史論　763c
江戸幕府の権力構造　340c
江戸繁昌記　690c
江戸文学と中国文学　23b
江戸名所図会　448a
エトランゼエ　510c
画の悲み　374a
榎一雄著作集　164c
（江島土産）滑稽貝屏風　237a
榎本武揚　29c
江原素六先生伝　1122b
ゑぴすとら　165c
愛媛県史　932a
愛媛新聞　368c
FOU　481a
エプロンおばさん　826a
絵巻物小釈　972a
江馬務著作集　166c
（演繹帰納）論理学　358a
演歌　583a
縁外縁　406a
延喜式祝詞講義　558c
えんぎりしことば　520b
遠近精神分析観　825a
園芸果樹論　55c
演芸画報　26a
演芸倶楽部　222a
園芸通論　330a
演劇界　26a 43a
演劇新潮　475c
演劇的自叙伝　1051a
演劇評論　434c
縁山詩叢　141a
演出者の仕事　211b
円生全集　490a
厭世家の誕生日　481a
遠西奇器述　324a
厭世詩家と女性　343b
遠西方彙　88a
円地文子全集　169c
円朝考文集　490b
円朝全集　490b
炎天　577b
遠藤周作文学全集　171a
鉛筆紀聞　385c
鉛筆余唾　171b

お

老蘇の森　194c
生立ちの記　846b
桜雲洞詩鈔　986a
桜園集　181a
鷗外　1066c
鷗外全集　1067a
鷗外文学　873a
王学或問解　1107b
往還集　677c
欧行日記　917c
澳行日記　440c
欧工の友　1008a
甕谷遺稿　221b
黄金地獄　1031b

黄金伝説　63c
黄金バット　273a
黄金曼陀羅　1031b
欧洲紀行　1129a
欧洲教育史　190b
欧洲近世外交史　846b
欧洲経済学史　614c
欧洲経済史　195b 614c
欧洲現代政治及学説論集　252a
欧洲現代立憲政況一斑　252a
欧洲見聞録　872c
欧洲社会運動史　635a
(欧洲諸国)戦後の新憲法　1021c
奥州抃函館松前行日記志　519b
(欧洲)労働問題之大勢　394c
王将　458b
往事録　792b
欧人の支那研究　68b
王政復古の歴史　816c
黄疸出血性レプトスピラ病(ワイル病)　98a
王朝の貴族　676b
王道　513b
王道覇道と皇道政治　228b
応仁武鑑　385a
欧文植字　1008b
欧米学校教育発達史　30a
欧米教育思想史　118a
欧米見聞録　429a
欧米最近世史十講　854a
欧米人の日本観　398a
欧米の仏教　1175c
欧米文明記　389a
欧米歴遊日誌　827a
王法と仏法　393a
近江坂田郡志　379c
近江新報　554b
鸚鵡と時計　447c
嚶鳴雑誌　557b 799c 839c
王陽明　1026a
王陽明研究　1080c
大石良雄　802c
大いなる日に　609a
大内兵衛著作集　176a
大内旅宿　605b
大岡昇平集　177b
大岡昇平全集　177b
大岡政談　326c
大御乳人甫子記　242a
大御乳人甫子雑記　242a
大鏡新註　572b
狼　592b
狼へ！　913b
大川周明全集　178a
大国隆正全集　180b
大久保公神道碑　367c
大久保利謙歴史著作集　181b
大久保利通伝　276b
大隈伯昔日譚　168b 184a
大蔵省全書　1171a
大河内一男集　185a
大河内一男著作集　185a
大阪　1019a
大阪朝日新聞　58a 230a 240c 310a 342c 360b 468c 554b 600c 657b 730c 733c 786c 792c 825b 843b 947a 996c 1018b 1176b →朝日新聞
大阪講壇　1024c
大阪公論　135a 786c 792c 1018b 1051b
大阪滑稽新聞　1032a
大阪市史　127a 405a
大阪商業習慣録　171b
大阪新聞　144b
大阪新報　29a 604a 1020b 1122b
大さかづき　310c
大阪朝報　144b
大阪日日新聞　144b
大阪日報　38c 144b 292a 924b
大阪の宿　1019a
大阪平民新聞　1072a
大阪毎日新聞　30c 142c 144b 200a 292a 330b 360b 417a 560c 712b 731a 855a 1062c 1091b 1109b 1122b 1152c 1178a →東京日日新聞 →東京毎日新聞 →毎日新聞
大阪落語名題総覧　280a
大薩摩杵屋系譜　348a
祖父　496a
大塩平八郎(幸田成友)　405b
大塩平八郎(高安月郊)　610a
大塩平八郎(中村吉蔵)　762b
大塩平八郎伝　519b
大地震による東京火災調査報告　764c
大空に飛ぶ　343a
大高源吾　1141c
太田晶二郎著作集　192b
大谷刑部　1137a
大谷光瑞全集　194a
太田水穂全集　194c
大塚博士講義集　195c
大塚久雄著作集　195c
大つごもり　378a 867b
大津事件日誌　416c
大津順吉　495c
大手拓次全集　197c
大寺学校　378a 724b
大塔宮護良親王二王子小伝　653a
大伴家持の研究　255b
大西博士全集　199a
大野伴睦回想録　199c
大場磐雄著作集　200a
大橋訥庵先生全集　201b
大祓執中抄　441b
大原幽学(高倉輝)　592b
大原幽学(中井信彦)　737c
大原幽学(藤森成吉)　913c
大原幽学選集　204a
大原幽学全集　204a
大村益次郎先生伝　1049a
大本神諭　685c
大森介墟古物編　1056c 1084a
大宅壮一選集　207a
大山郁夫　654a
大山郁夫全集　208a
大山康晴全集　209a
丘浅次郎集　210b
丘浅次郎著作集　210b
岡倉天心集　212b
岡倉天心全集　212a
岡田章雄著作集　215a
岡田啓介回顧録　216a
緒方洪庵伝　218a
おかめ笹　736a
岡本かの子全集　222c
岡本綺堂戯曲選集　223b
岡本况斎雑著　224c
岡本太郎著作集　224a
岡山日報　435b 749b
岡義武著作集　225b
岡義武ロンドン日記　225b
小河滋次郎著作選集　226c
小川環樹著作集　227c
小川未明作品集　228c
小川未明童話集　228c
興津弥五右衛門の遺書　1066b
翁問答　807c
沖縄集　360c
沖縄時論　527a
沖縄糖業論　526c
沖縄の夜明け　1120b
沖縄文化　867a
沖縄毎日新聞　867a
お絹とその兄弟　480c
荻生徂徠　1102b
お吟さま　439b
屋上庭園　342b 349b
屋上の狂人　330b
屋上の土　400a
屋上の鶏　1037a
お国と五平　651a
奥の細道講読　23b
小熊秀雄詩集　233a
小熊秀雄全詩集　233a
小熊秀雄全集　233a
小熊秀雄評論集　233a
小倉金之助著作集　235a
小倉進平博士著作集　235b
小倉正恒談叢　235c
オーケストラをきく人へ　428a
おごそかな渇き　1116a
阿姑麻　1176b
尾崎咢堂全集　239a
尾崎一雄全集　236c
尾崎喜八詩文集　236c

尾崎紅葉全集　277b
尾崎士郎全集　237c
尾崎秀実著作集　238b
おさしづ　112c 770b
尾佐竹猛全集　239c
おさだの仇討　223a
小山内薫　376c
小山内薫演劇論全集　240b
小山内薫全集　240b
幼きものに　510c
大佛次郎自選集現代小説　240c
大佛次郎時代小説自選集　240c
大佛次郎時代小説全集　240c
大佛次郎ノンフィクション全集　240c
おじいさんのランプ　782a
教へ草　1037c
押絵と旅する男　164a
押小路甫子日記　242a
をぢさんの詩　609a
御鹿狩之事類　678b
啞の旅行　546a
惜みなく愛は奪ふ　40a
御城碁譜　574c
お末の死　40a
晩い初恋　481c
雄叫び　177c
織田作之助選集　244a
織田作之助全集　244a
織田時代史　645c
御紀不審箇条書　732c
織田豊臣時代史　957c
織田信長　399b
お民さん　481c
小樽日報　64c
落合直文集　246a
落穂双紙　328a
乙字句集　188b
乙字選碧梧桐句集　188b
乙字俳論集　188b
お伽草紙　627a
男ごゝろ　237a
おとこ鷹　522b
おとしばなし集　63c
音、沈黙と測りあえるほどに　625a
お夏狂乱　682a
鬼の児の唄　291c
鬼火　1128b
鬼平犯科帳　57a
小野梓全集(西村真次編)　247a
小野梓全集(早稲田大学大学史編集所編)　247a
尾上伊太八　223a
己が罪　304b 332b 597a
小野組の研究　1034b
小野友五郎日記　250a
おバカさん　171a
お化けの世界　682b
小原国芳全集　253c
おふでさき　770b 771c
お筆先　685c
オペラうらおもて　915c
オホーツク海沿岸•知床半島の遺蹟　433a
お三津さん　563c
おみよ　1011a
お向ふの離れ　1169c
思ひ出づるまゝ　1025b
思ひ川　153b
思草　470c
思ひ出すことども　1070b
思ひ出す事など　774b
思ひ出す人々　149b
思ひ出　342b 626c 1051c
於母比伝草　725b
思い出の記　1081b
思出の記　713a 995c
おもひ出の記　713a
憶ひ出の博言博士　48b
おもかげ　736b
於母影　245c 1066b
おもかじとりかじ　1145a
重き流れの中に　491b
面白倶楽部　809a
面白半分　1032a
お八重　70c
父子鷹　522b
親の味　509a
親バカ子バカ　509a 914a
おヨネとコハル　1064b
おらが茶の湯　603b
和蘭王兵学校掟書　326b
和蘭雑話　405b
おらんだ正月　1070b
阿蘭陀風説書の研究　79c
和蘭夜話　405b
和蘭用薬便覧　871b
オリーヴの墓標　62b
オリエンタル＝レビュー　840a
折口信夫全集　255c
折たく柴の記　807c
オルフェオン　643c
論鄂羅斯檄　163b
尾張志　137b
終りし道の標べに　29b
尾張国陶墟考　1007b
音韻啓蒙　496c
音韻考証　390a
音韻雑攷　354c
音韻論　39a
音楽とわたくし　745c
音楽の基礎　14b
音楽の現場　14b
音楽の旅　14b
音楽の遊園地　14b
音楽の余白から　625a
音楽利害　406b
音楽を愛する人に　14b
音楽を呼びさますもの　625a
恩給法原論　865b
恩賜京都博物館講演集　574a
恩讐三十年　362b
恩讐の彼方に　330b
音図及手習詞歌考　207b
婦系図　75c 344a
女坂　169c
女書生繁　318b
女大学評論新女大学　896b
女たちへのエレジー　291c
女の一生(森本薫)　551c 1074b
女の一生(山本有三)　1119c
女のなか　764b
女は歩く　376b

か

蛾　291c
ガーデンシリーズ　136a
怪異談牡丹燈籠　318a
海員　1148b
海運私見　1103a
懐往事談　900c
懐往時談　399b
海音寺潮五郎全集　256c
海外新聞　334a 843b
海外新話　1020b
改革十則　254a
絵画叢誌　691a
貝殻一平　1134a
貝殻追放　1019a
概観維新史　195a
開巻驚奇俠客　817c
概観世界史潮　457c
概観日本通史　925b
懐疑と象徴　745c
会議弁　896a
階級的大衆的単一政党とは何か　82b
階級闘争史論　1099a
戒訓　225a
海軍　499b 1011a
海軍生活四十年　901a
海軍の反省　901a
改憲の訴え　887c
海紅　322a 612c
邂逅　491b
外交繹史　759b
外交回想録　498a
外交官の一生　59c
外交五十年　501a
外交志稿　1177b
外交時報　200a 398a
外交随想　60a
開高健全集　257a
豈好辯　2c
外交余録　60a
外交六十年　1135b

開国起原　276a 733b
開国五十年史　184a
外国事情書　1176a
開国始末　512c
海国少年　276b
開国大勢史　184a
海国兵談　1064c
(海国冒険奇譚)海底軍艦　241c
(海国冒険奇譚)新造軍艦　241c
回顧七十五年　186b
回顧七十年(深井英五)　893b
回顧七十年(正木直彦)　963c
骸骨の舞跳　11b
海後宗臣著作集　257b
回顧と展望　840a
蚕の遺伝講話　646a
回顧八十年　479a
回顧録(戸水寛人)　720c
回顧録(牧野伸顕)　958c
開墾　1132b
カイゼル維廉科学研究所設立ノ顛末　656a
海産動物学　49b
海産動物油　673a
改釈の哲学　635c
会社財政及其整理論　387b
会社弁講釈　282b
会社法(岡野敬次郎)　220a
会社法(松本烝治)　991c
会社法講義案　220a
海舟全集　276a
海上国際法論　502b
海上の道　1088a
街上不平　701a
海商法　991c
海上砲術全書　549b 1016c
海商法提要　865b
鎧色図説　385a
灰燼　297c
改進党々報　168b
回心の回顧　476b
甲斐新聞　1122b
海神丸　802b
改正刑事訴訟法論　989a
改正磁石霊震気療説　90c
改正日本刑法論　1060c
改正普通体操法　680c
改正三河後風土記　778c
解析概論　591b
解析入門　420a
解説日本文化史　384b
海戦日録　214a
改造　206b 391b 432a 468c 481a 496a 576a 612c 682b 937b 937c 1051a 1115c
回想九十年―師・友・書―　1172a
改造の欧米より　626c
改造の試み　635c
回想のスメドレー　62b
改造の戦ひ　95b
回想の日本外交　791b
回想の文学　745c
開題門　783c
開拓使顧問ホラシ・ケプロン報文　397c
開拓者　268a
怪談　400b
怪男児　565c
怪談牡丹燈籠　490b
海潮音(上田敏)　135a 342a
海潮音(長谷川時雨)　823c
貝塚茂樹著作集　258a
海底戦記　1093a
改訂版歌集さんげ　836b
回天詩史　909c
回天実紀　870a
開導新聞　281b
街頭新聞　460a
街道を行く　506c
槐南遺稿　1067b
槐南集　1067b
海南新誌　460c
海南新聞　368c 749b 786c
海南政典　938a 1140c
戒能通孝著作集　258a
甲斐国現在人別調　549a
開発途上国における国有化　117b
海豹と雲　342b
海浜の家　869a
恢復期　943a
解放　9c 24a 154b 483a 1029b 1100c
海防糸口　1048b
解放運動の基本認識　16c
解剖学名彙　563a
解放群書　1100c
解放後在日朝鮮人運動史　934b
海防策　479c
解放された世界　65b
海防私議　1080a
海防私策　818b
解放の芸術　6c
解剖攬要　616b
開目抄講話　1096c
改良脚本小御門　1147a
改暦弁　896a
薤露行　774a
概論歴史学　209b
カインの末裔　40a
花影(大岡昇平)　177b
花影(原石鼎)　854b
蛙の目玉　1031c
顔　992a
花外詩集　420c
雅楽　504a
歌学会歌範評論　152b
科学概論　648b
化学教科書　606b
化学語彙　606b
化学工業時報　647a
化学工業六十年　647a
化学撮要　8c
下学邇言　2c
科学時代から人間の時代　120b
科学者と社会　458c
歌学新語　563c
化学新書　324a
科学する心　819b
歌学正言　563c
化学繊維工業論　202c
雅楽大系　504a
雅楽通解　504a
科学的教育学講義　652c
科学としての法律学　315b
科学と平和の創造　458c
科学方法論　715b
化学本論　275b
科学論　715b
鏡獅子　82b
鏡と剣と玉　600a
鏡葉　377a
輝ける闇　257a
篝火　237c
書かれざる一章　108a
賀川豊彦全集　260c
我観　835c 1026b
我観小景　1026a
我観南国　1115c
鍵　651b
柿の木のある家　681a
柿の蔕　682a
柿本人麿　451c
香木舎雑記　973c
下級士族の研究　542c
蝸牛の角　1031c
科挙　1027c
学　744b
学苑　344b
学芸　715b
学芸之世界　745b
学者安心論　896a
学習原論　348c
学習録　371c
学術維新　1021a
(学術宗教)青巒居士演説集　175c
学術上の東洋西洋　1026b
学生　204c 792b
学書筌蹄　871a
革新原理としての新国民主義　517c
各人心宮内の秘宮　343b
学生時代　380a
学制七十年史　257b
革税説　1171a
学生叢書　302c
学説乞丐袋　285b
格致哲学緒論　358a

格致問答　1016c
学鐙　149b 705b
革幣説　1171a
角兵衛　333b
隔蓂記　10c
革命前後　873b
革命前法朗西二世紀事　739c
革命前夜のロシア　22a
革命評論　301a 590a
学問のすゝめ　253a 896a
学問之独立　896b
鶴梁林先生日記　845c
鶴梁文鈔　845c
学歴無用論　1070b
かくれんぼ　453b
家訓録　90b
懸葵　188b 193c 993b
家系系図の合理的研究法　190c
花月新誌　779a
影と声　434c
崖の下　299b
陽炎　319a
かげろう絵図　992a
かげろふの日記　943a
かげろふの日記遺文　1052a
花香月露集　1108b
柯公全集　200b
花甲録　150b
籠釣瓶花街酔醒　318a
歌語童喩　109b
雅語訳解拾遺　1046a
葛西善蔵全集　264a
笠木良明遺芳録　264c
画作の余白に　554a
鵲　319a
累ヶ淵後日の怪談　490b
笠原遺文集　264c
傘火　448b
風巻景次郎全集　265a
崋山・長英論集　599a
火山灰地　153c 376c
花子　1066b
梶井基次郎全集　265c
賢所祭神考証　646b
遐邇新聞　144b
橿園随筆　747b
橿園長歌集　747b
橿園文集　747b
鹿島守之助外交論選集　267b
果樹園芸学　330a
果樹園芸経営法　256a
果樹栽培全書　901a
果樹栽培汎論　21a
仮象の創造　5b
柏井全集　268a
柏木義円集　268b
柏原山陵考　653a
花神　506c
嘉信　1084c
佳人　63c
化人幻戯　164a
画人生涯筆一管　321c
がしんたれ　330a
佳人之奇遇　503c
カズイスチカ　1066b
春日一幸著作撰集　269a
春日紀行　1088b
春日野　4b
和宮様御留　43b
家政学　523b
化石学教科書　1130b
風蕭々　1037a
風立ちぬ　943a
風にそよぐ葦　65b
風の中の子供　682b
風の又三郎　1030b
風博士　457b
風は草木にささやいた　1112b
下層社会研究　831c
仮装人物　711b
家族会議　1128c
家族構成　717b
家族の研究　717b
家族法研究の諸問題　743b
片腕　321b
片仮名の研究　269c
片上伸全集　272b
火宅の人　660c
片山潜著作集　274b
ガダルカナル戦詩集　108a
かたわ娘　896a
かたわれ月　290a
家畜医範　643a
家畜栄養の原理と応用　123c
家畜解剖図譜　643a
家畜改良論　123c
勝安芳　380c
勝海舟　522b
勝海舟全集　276a
学海日録　1147a
権貨法　480a
隔韡論　494b
客居偶録　563c
客居雑録　563c
活基督　1024c
学校　368a
学校管理法　59a
学校興廃考　7c
各個演習教程　52c
各国国会要覧　935c
各国所領万国地名捷覧　504b
各国創建概略　1171a
活語初の栞　756b
葛山鴻爪　401a
葛飾　1012a
葛飾土産　736b
合衆国視聴録　282c
活世界　561b
甲冑図式　385a
カツドウ屋一代　959a
活髑髏　792c
羯南文集　366b
羯南文録　366b
河童　14c
河童駒引考　68a
河童の話　682b
活法経済論　219a
勝間田清一著作集　277b
葛城太夫　663b
桂春団治　509a
桂文楽十八番集　280a
桂文楽全集　280a
家庭科事典　523c
家庭雑誌(1892創刊)　668c 712a
家庭雑誌(1903創刊)　455c
家庭小説　1085c
家庭叢談　896a
家庭之友　838a
家庭文庫　523b
過庭余聞　371a
花伝書　686c
霞堂遺草　563c
加藤完治全集　280c
加藤繁俳句集　282a
歌道小見　509b
加藤全権伝言　943b
加藤高明　95b
加藤弘之　653c
加藤弘之講演全集　285b
加藤弘之講論集　285b
加藤弘之自叙伝　285b
門三味線　453b
カトリック　718b
カトリック思想史　718b
カトリック新聞　1145b
カトリック大辞典　165c
仮名沿革　496c
神奈川地学　326a
仮名源流考及証本写真　207b
悲しき愛　721b
悲しき玩具　65a
哀しき父　264a
かなたの空　316b
仮名遣及仮名字体沿革史料　207b
仮名遣の歴史　1107c
仮名の研究　207b
仮名発達史序説　269c
仮名文天道溯原　281b
仮名屋小梅　304b 995c
仮名読新聞　288a
蟹工船　431b
蟹の泡　84b
かね　482a
金子光晴全集　291c

兼資芸談　803c
鐘の鳴る丘　330a
金ゆゑに　154b
狩野亨吉遺文集　292c
可能性の文学　244a
かのやうに　1066b
黴　711b
荷風全集　736b
歌舞音楽略史　426b
歌舞伎　111b 1004a
歌舞伎脚本傑作集　26b
歌舞伎狂言往来　26a
歌舞伎作者の研究　317c
かぶき讃　255c
歌舞伎史の研究　317c
歌舞伎新報　1004a
歌舞伎叢攷　317c
歌舞伎大全　26a
歌舞伎と文楽　211a
歌舞伎年表　111c
歌舞伎舞踊　26a
歌舞伎への招待　694a
歌舞伎眼鏡　211a
株式会社経済論　134c
株式会社発生史論　195b
株仲間の研究　1034a
鏑木秀子　694a
鏑酒舎歌集　341c
歌文集　109b
火兵学会誌　185b
貨幣銀行問題一斑　1100b
貨幣瑣話　1100b
貨幣と価値　580b
貨幣論　557b
壁―S・カルマ氏の犯罪　29b
火鞭　540c 1083b 1099a
河北新報　86a 476a
かまくら　206a
鎌倉遺文　619a
鎌倉市史　610c
鎌倉時代　1159c
鎌倉時代史　1000c
鎌倉仏教の研究　10c
鎌田栄吉全集　296c
窯にまかせて　843a
耐忍之書生貞操佳人　565c
神々と神と　170c
神川彦松全集　297a
紙衣　1173b
剃刀　762b
神という殺人者　1036a
神と神を祭る者との文学　622a
神の実現としての天理教　751b
神の道化師　491b
神も仏も　1126c
神山茂夫著作集　298c
髪結新三　318b
神代三陵異考　295c
神代三陵志　646a
神代真言　559a
かむながらの神道の研究　645b
嘉村礒多全集　299b
亀井勝一郎全集　299c
がめつい奴　330a
カメラ　725c
仮面　447c 873a
仮面の告白　1006c
蒲生氏郷　406a
臥遊席珍　604b
かよひ小町　63c
唐草表紙　349b
我楽多文庫　128c 237a 310c 1106c
鴉　87c
硝子戸の中　774c
ガラマサどん　924a
伽藍論攷　69a
雁金文七　223a
狩夫銀御旧法記　69b
ガリレオ問題の科学的批判　677a
歌林雑考　1130b
軽井沢を守った人々　654a
カルテル・トラスト・コンツェルン　39b 1172a
彼が三十の時　1039a
枯木灘　742c
枯木のある風景　153a
枯草　803b
彼の歩んだ道　544b
枯野集　633b
枯野の夢　153a
かろきねたみ　222c
画論(入江波光)　117c
画論(村上華岳)　1045a
河合栄治郎全集　302c
川合清丸全集　303b
乾いた湖　692a
河井弥八日記　306a
川上音二郎貞奴漫遊記　307c
河上徹太郎著作集　309b
河上肇全集　310c
川口松太郎全集　312a
川路聖謨　656c
川路聖謨文書　314b
川島武宜著作集　315c
蛙の声　141a
河竹黙阿弥　317c
河内国滝畑左近熊太翁旧事記　1034a
河内風土記　439b
河内屋　889b
川面凡児全集　320a
川連館　823a
歌話と評釈　954b
川のほとり　400a
川端茅舎句集　321a
川端康成全集　321c
河辺貞吉説教集　322b
川柳村将軍塚の研究　1074c
雁　1066b
癌　1098a
寰宇貞石図　303c
甘雨亭叢書　78c
寒雲　451c
寛永軍徴　69b
寛永三馬術　700c
函嶴日記幷東洋記　519b
環海航路新図　887c
環海航路日記　887c
雁かへる　657a
考へる葦　1129a
漢学　86a
感覚活動　1128c
漢学紀源　69b
感化事業之発達　724a
間花集　1037a
感化修身談　596a
眼科新篇　88a
(漢韓史籍に顕はれたる)日韓古代史資料　190c
かんかん虫は唄う　1134a
管窺愚考　69b
柑橘・無花果・枇杷・栗　256a
願経四分律古点　207b
官許横浜新聞　1125a
官許横浜毎日新聞　1125a
厳窟王　389b
汗血千里駒　458a
管絃記　779a
還元録　581c
観光紀游　225c
(元興寺極楽坊)中世庶民信仰資料の研究　437c
監獄学　226c
観古雑帖　350a
観古図説　796b
関西日報　786c
神崎与五郎東下り　1141c
贋作吾輩は猫である　147c
寒山拾得　1066c
寒山落木　962c
漢式鏡　422c
管子纂詁　1080a
管子纂詁考譌　1080a
慣習と法律　939c
観樹将軍回顧録　999c
観樹将軍縦横談　999c
感情　256b 817a 1051c
感情細胞の断面　93b
漢城旬報　102a
漢城新聞　375b
感情装飾　321b
感傷と反省　649b
感傷の春　52a
韓昌黎詩講義　1067b
官職要解　1180a

勧進帳　80b 82b 324b
観心本尊抄講話　1096c
完成期のゲーテ　352a
勧善訓蒙　1017a
勧善懲悪覗機関　318b
神田喜一郎全集　325c
邯鄲　433a 467b
菡萏居印枠　736c
寒竹　883a
ガンヂと真理の把持　294b
官田考　426b
カント　403b
寒燈集　4a
関東中心足利時代之研究　1179c
還東日乗　1066a
巌頭之感　912a
関東防空大演習を嗤ふ　360b
カント純粋理性批判の形而上学的性格　34a
カントと現代の哲学　394b
カントの実践哲学　33a
カントの平和論　724c
カントの目的論　648b
惟神の出典と其の新解釈　1118c
神ながらの道　262c
勧農新書　845b
勧農微志　766c
菅野実記　328a
癌の発生　1141b
観音岩　310c
(観音霊験記)三拾三所花野山　727b
官版経済原論　1171a
韓非子全書　907b
観風抄　1080a
観風新聞　596a
官武通紀　655c
漢文の訓読によりて伝へられたる語法　1107c
官報　366a 878a 1091b
間歩集　248a
完本池波正太郎大成　57b
菅政友全集　328c
冠弥左衛門　75c
関門日日新聞　142c
漢訳四本対照摂大乗論　468b
漢訳文則　502c
環游日記　392a
肝油の研究　673a
漢六朝の服飾　859a
官僚王国解体論　399b
官僚社会主義批判　151c
寒林集　319a

き

偽悪醜日本人　1026a
記憶録　792b
祇園　750b
祇園歌集　1131c
祇園夜話　750b
機械　1128c
機械学会誌　185b
気海観瀾広義　324a
議会政治の検討　1021c
議会制度論　1021c
幾何初歩　224b
木川田一隆・時代を超えて　329c
木川田一隆論文集　329c
旗艦　448b 873b
機関銃下の首相官邸　467c
帰雁の蘆　795a
帰郷　240c
企業と社会　134c
戯曲資本論　461b
戯曲論　70c
菊慈童　169c
菊水　240a 316b
掬水譚　481a
菊田一夫戯曲選集　330a
菊池寛全集　330c
義経伝　389a
伎芸天　319a
義血侠血　75c
紀元通略　818b
鬼哭子　548c
飢歳問答　602b
岸うつ波　681a
規式解　203c
岸田国士全集　334c
岸田国士長編小説全集　334c
岸田劉生全集　335a
義士伝　86b 698c
汽車之発明　786c
喜寿以後　23b
喜寿回顧　23b
技術人夜話　1078a
技術の哲学　444c
気象学　217c
気象学講話　217c
戯場戯語　863b
鬼城句集　1045b
儀仗兵仗ノ別ナカリシ時代ニ於ケル武器　574a
鬼女山房記　802c
貴女之友　367b
魏晋南北朝通史　213c
鬼心非鬼心　343b
疵だらけのお秋　1036a
傷だらけの山河　65b
傷ける群　292c
帰省　1028a
犠牲　913b
犠牲者　869a
奇蹟　264a 889a 1032a
季節の馬車　477c
貴族・資本家・労働者　299c
貴族の退場　443b
木曾の村方の研究　709a
北安曇郡郷土誌稿　86c
議題草案　783c
北一輝　640b
北一輝著作集　338c
喜田貞吉著作集　340b
北の開墾地　945c
北畠親房　766b
喜多村緑郎日記　344a
北山茂夫・遺文と書簡　344b
来るものゝ為に　1133a
奇男児　406a
議長一代　408b
几張のかげ　1088b
亀甲鶴　236b
橘窓書影　17a
キティ颱風　898b
毅堂集　1172b
棋道半世紀　572a
技道遍路　837b
キトロギア　903c
鬼涙村　957b
昨日いらっしって下さい　1052a
帰納法論理学　358a
帰納論理経世危言　358a
樹の鏡、草原の鏡　625a
紀ノ川　43a
城の崎にて　495c
木下尚江全集　349a
木下尚江著作集　349a
木下杢太郎詩集　349c
木下杢太郎全集　349c
木下杢太郎日記　349c
木下利玄全集　349c
木原楯臣直垂考　350a
騎馬旅行　246a
驥尾団子　811b 815b
棋風堂堂　209a
岐阜県史　932a
岐阜県社会運動史　596a
岐阜日日新聞　1176b
基本動詞大典　450b
君死にたまふことなかれ　1130c
君たちはどう生きるか　1143a
君と私と　481c
君の名は　330a
木村伊兵衛写真全集昭和時代　351a
木村熊二日記　352c
木村重成　669a
木村荘八全集　353a
木村摂津守喜毅日記　351b
木村泰賢全集　353c
きもの　837b
崎門文献録　371a
逆徒　875b
伽羅枕　237a
伽羅枕及び新葉末集　343b

キャラメル工場 472b
求安録 149c
杞憂臆言 371b
旧儀装飾十六式図譜 109c
急救或問 1080b
九桂草堂随筆 886a
九経談総論評説 822c
球形の荒野 992a
九香遺稿 189c
救荒食物便覧 88c
汲古山泉 653b
救済制度要義 106b
窮児悪化の状況 24c
九州新聞 399a
九州日日新聞 142c
九州日報 417a 539a 669c 902c
九州日の出新聞 561b
救恤十訓 226c
急進 605a
級数概論 234c
韮菁集 677c
弓箭図式 385a
宮廷女流日記文学 54a
宮殿調度図解 572b
旧典類纂 1130b
求道 663a
旧唐書食貨志・旧五代史食貨志 282a
牛痘発蒙 395a
杞憂独語 1168b
宮都と木簡 335c
旧南部藩に於ける百姓一揆の研究 1068a
牛乳屋の兄弟 380a
旧幕新撰組の結城無二三 1122b
旧幕府 648a
旧藩官制・職制 373b
旧弘前藩学制沿革・私塾儒臣略伝 373b
救貧制度要義 1100a
旧邦秘録 516c
旧約と新約 904b
教育及政治 367b
教育学 59a 239b
教育革新論 554b
教育家必携一駅逓局学校貯金法 950b
教育月報 367b
教育雑誌 745b
教育刷新策 373a
教育宗教関係論 100c
教育旬報 367b
(教育小説)稚児桜 833c
教育時論 373a 788b 1123c
教育哲学の課題 239b
教育と基督教 664b
教育と宗教との衝突 268b
教育ト宗教ノ衝突 105b
教育の根本問題としての宗教 253c
教育の本質観 426c
教育報知 367b
教育立国論 253c
薑園集 465b
侠艶録 476a
教王護国寺文書 10c
教界時言 357a
行誡上人全集 898a
行誡上人文集 898a
教会政治 928c
郷歌及び吏読の研究 235a
京鹿子 873b
仰臥漫録 962c
狂芸人 1131c
狂言面 812a
狂言のすすめ 1118b
狂言の道 811c
恐慌 87c
暁紅 451c
恐惶記事 448b
京極為兼 701a
鏡子の家 1006c
暁斎画談 320b
況斎雑話 224c
況斎叢書 224c
暁斎漫画 320b
共産主義的人間 848c
共産党宣言 341a 418a
共産党宣言の研究 369a
凝視 1011a
教旨大要 577a
強者の権利の競争 285b
暁鐘 694c
狂人遺書 457c
狂人日記 1165c
教政学 624b
行政学研究論文集 1164c
行政学講義序論 1164b
共生の旗 541b
行政法撮要 1021c
行政法大意 940b
競争 518c
暁窓追録 386a
競争入札と談合 959c
恭三の父 292c
共存雑誌 246c 281b 839c
兄弟 1119c
京大俳句 448b
経塚 69a
協同組合と農業問題 699b
協同主義の哲学的基礎 1003b
共同体の基礎理論 195b
郷土研究 1088a
京都滋賀新報 244b 341a 841b
郷土史研究の手引 656c
京都寺史考 10c
京都史蹟の研究 789b
行としての科学 819b
京都新報 841b
京都叢書 1121b
京都帝国大学文学部研究報告 842c
京都日記 314b
京都の故事に就て 524a
京都日出新聞 75c 841b
京都府下大黒町待賢校瘖唖生教授手順概略 923c
京日記 314b
行の哲学 350b
京の魅力 766b
今日は明日の前日 475a
狂風記 63c
恐怖の季節 1036a
清浦伯爵警察回顧録 356a
清河八郎遺著 356b
局所解剖学 563a
曲水 1177c
玉石雑誌 385a
旭荘文集 886a
極北に駆ける 138b
漁港及魚市場論 840b
清沢文集 357b
清沢満之全集 357b
馭戎問答 180b
虚心文集 389a
清洲城と名古屋城 768b
漁村文話 258b
魚服記 626c
魚眠洞発句集 1051c
虚無党実伝記鬼啾啾 1029b
清盛と仏御前 518c
巨鹿余稿 222b
儀礼備考 1095c
キララ 48c
雲母 48c
雲母集 342b
剪られた花 481a
斬られの仙太 1036a
霧 303c
切支丹時代の日本美術に現われた日本と西洋の最も古い関係 587a
切支丹史の研究 165c
切支丹宗門の迫害と潜伏 27c
キリシタン大名 215a
切支丹大名記 529a
切支丹典籍叢考 165c
キリシタン・バテレン 215a
吉利支丹文庫 1151c
希臘主義と基督教主義との調和の道 382a
ギリシヤの哲学と政治 87b
希臘の鉄 417b
基督教安心論 591c
基督教三綱領 289a
基督教史(石原謙) 72a
基督教史(柏井園) 268a
基督教十講 166a
基督教小史 1025c
基督教新聞 128b 416a 856c 987a 1125c
基督教新論 166a 1125c

基督教世界　416a
基督教大観　166a
基督教大辞典　591c
基督教的信仰梗概　961c
基督教徒窮す　285b
基督教と日蓮聖人　1096c
基督教の害毒　285b
基督教の起源　830a
キリスト教の弁証　648c
基督教の本義　166a
基督教評論　1102b
基督信徒の慰　149c
基督的世界観　592c
基督抹殺論　407b
桐竹紋十郎手記　359b
桐の花　342b
切火　509b
桐一葉　681c
麒麟(谷崎潤一郎)　650c
麒麟(1932創刊)　718b
儀礼疏攷正　381b
記録　609a
疑惑　663a
金　1031b
銀　349c
銀河　475c
金鎧山古墳の研究　1074c
銀河依然　763a
金閣寺　1006c
銀河鉄道の夜　1030b
金環蝕　65b
キング　809a 1134a
銀行規略　282b
均衡財政　56b
金工史談　287b
銀行大意　527a
銀行簿記精法　527a
銀座八丁　622a
銀座復興　378a
金山仙史私記　1172b
金史研究　1002a
近時政論考　366b
近事評論　745b 850c 1062c
禽獣　321b
金城新報　1176b
近世奥羽農業経営組織論　1068a
近世絵画史　905b
近世眼科処方集　72b
近世漢文学史　1098a
近世経済思想史論　310a
近世国際法史論　79a
近世寺院門前町の研究　880c
近世地方経済史料　251b
近世支那外交史　1090b
近世史の群像　341a
近世史の研究　91c
近世社会主義史　628c
近世城下町の研究　249c
近世初期農政史研究　762b
近世神道教化の研究　408b
近世道具移動史　603b
近世東洋外交史序説　453a
近世に於ける「我」の自覚史　724c
近世における繁栄中心の移動　114a
近世日本演劇史　111c
近世日本基督教史　1118c
近世日本交通史　656c
近世日本国民史　712b
近世日本農村社会史　341a
近世農業経営史論　726a
近世農政史論　908a
近世農村の構造　931c
近世の日本　146b
近世の民衆と都市　341a
近世藩法資料集成　956b
近世文学史論　734a
近世文芸史研究　1070b
近世邦楽年表　1165a
近世封建社会の構造　908a
近世民衆運動の研究　675b
近世民衆教育運動の展開　675b
近世名家文鈔　397c
近世名匠伝　1050b
近世欧羅巴植民史　178a
近世林業史の研究　715a
近世和歌史　470c
金石学　1174b
金石識別表　1174b
金石銘文鈔　390a
銀台遺稿　243c
近代欧洲経済史序説　195b
近代欧洲政治史　225a
近代絵画　432a
近代化の人間的基礎　195b
近代化の歴史的起点　195b
近代句を語る　48c
近代経済学の展開　770b
近代劇十二講　372a
近代国際政治史　297a
近代思想　38c 188c 1083b
近代支那史　1090b
近代資本主義の系譜　195b
近代社会成立史論　601a
金代女真の研究　1002a
近代人の信仰　145c
近代生活　321b
近代政治家評伝　30c
近代生活の解剖　126c
近代説話　506c
近代短歌　255c
金田一京助随筆選集　363a
金田一京助選集　363a
近代日支鮮関係の研究　654a
近代日鮮関係の研究　654b
近代日本外交史　503a
近代日本外国関係史　654a
近代日本産業史序説　503a
近代日本思想大系　712c
近代日本政治史　225b
近代日本の精神構造　297b
近代日本の政治家　225b
近代日本浪漫主義研究　1139c
近代能楽集　1007a
近代の小説　658c
近代の超克　835c
近代の恋愛観　386a
近代俳優術　578a
近代悲傷集　255c
近代文学　835c 838c
近代文学講義録　475c
近代文学十講　386a
近代文学ノート　277b
近代文芸之研究　518c
近代文明と芸術　1132c
近代法における債権の優越的地位　1169c
近代ヨーロッパ政治史　225a
欽定羅馬法学提要　546c
(勤王佐幕)巷説二葉松　144b
勤王実伝桜田血染雪　596a
勤王美談上野曙　565c
銀の簪　509a
銀の匙　743b
金鯱噂高浪　223a
金の船　480b
近秘野草　69b
金本位制離脱後の通貨政策　893b
金融資本論　110b
金陵遺稿　1143a
金陵詩鈔　1143a
金鈴　369c
銀鈴　248a

く

愚庵遺稿　33b
愚庵全集　33b
愚意摘要　607b
食道楽　1043b
悔いなき命を　219a
空海の風景　506c
偶然性の問題　366b
偶像再興　1181a
陸羯南全集　366b
愚管抄　1000c
九鬼君講説大意　366c
九鬼周造全集　366c
九鬼男爵日本美術論　366c
公暁　610a
箜篌　255b
草筏　718b
草籠　255b
艸千里　1037a
草と人　1011a
日柳燕石全集　368a

草野心平詩集　368a
草野心平全集　368b
草の花　723b
草場珮川日記　368b
草光る　1137a
草枕　774b
草わかば　328a
公事根源釈義　572b
櫛田民蔵全集　369a
孔雀船　117a
釧路新聞　64c
グスコーブドリの伝記　1030b
楠木正成　735a
葛の葉狐別れ　728b
屑屋の籠　792c
(楠山正雄)歌舞伎評論　372b
百済史研究　115c
くちなしの花　401c
口まめ草　203c
沓掛時次郎　824b
屈山詩歴　435c
屈辱と解放の歴史　342a
グッド・バイ　627a
久津見蕨村集　373a
苦闘三十年　679a
求道者と認識者　93b
グナイスト氏談話　374a
苦難の福音　749c
国木田独歩全集　374c
国ざかひ　541b
国定忠治　485a
国盗り物語　506c
くにのあゆみ　181a 215a 550b 1069c
国の光　801a
国廼真柱　577a
陸路廼記　441b
久能山東照宮伝世の文化財　557b
苦悩する駐ソ大使館　1069b
苦悩する農村　8b
苦の世界　153a
虞美人草　774b
首を切るのは誰だ　1036a
颶風新話　90c
弘福寺領讃岐国山田郡田図　973c
句仏句集　193c
久保栄全集　376c
窪田空穂全集　377a
九品官人法の研究　1027c
熊谷陣屋　728b
隈笹　1177c
熊沢蕃山　405a
熊野三山の史的研究　1031a
熊野集　742c
熊野新報　175a
雲　1112c
蜘蛛男　164a
天衣紛上野初花　318b
雲のゆくへ　711a
雲は天才である　64c
公羊伝及公羊学に就いて　739a
昊い海　907a
暗い絵　809b
倉石武四郎著作集　381b
苦楽　735a
暮しの手帖　836c
グラッドストーン伝　713a
蔵の中　153a
蔵原惟人評論集　383a
グラフィック　443b
鞍馬天狗　240c
クララの出家　40a
厨川白村全集　386b
グリーン氏倫理学説　747b
狂ひ凧　155b
廓文章　728c
くれなゐ　472b
くれの廿八日　149b
黒い雨　112a
黒い画集　992a
黒い眼と茶色の目　713b
黒い落日　373c
鉄集　1052a
黒髪　663b
黒川郡史　925b
黒川真頼全集　390b
黒御所伝　49a
黒潮回帰　1136b
黒地の絵　992a
黒島伝治全集　391b
黒住教の研究　645b
黒田清輝作品全集　392c
黒田清輝日記　392c
黒田俊雄著作集　393a
黒谷夜話　744a
クローディアスの日記　495c
黒蜴蜓　889b
黒の図説　992a
クロパトキン回想録　394a
黒檜　342b
クロポトキンの社会思想の研究　1072c
クロポトキンを中心とした思想の研究　817a
格朗究　619b
黒門町芸話　803c
黒煉瓦の家　466a
桑田忠親著作集　395a
桑苗簾伏方法　919a
桑の実　563c
桑原隲蔵全集　395b
桑原武夫集　396a
桑原武夫全集　396a
勲章(徳田秋声)　711b
勲章(永井荷風)　736b
群書索引　1057b
軍人心理　1010c
軍政或問　1080b
薫染　369c
群像　1036a
君台観左右帳記考証　113b
軍閥興亡史　95b
軍防令講義　385a
群馬県岩宿発見の石器文化　550c
訓蒙窮理図解　895c
(訓蒙)測地新法　224b

け

慶安太平記　81a
恵雨自伝　21b
芸苑　52a
桂園遺稿　656b
芸苑雑稿　127c
桂園叢書　107b
鯨海酔侯　458a
計画　875b
京華週報　796c
京華日報　353c 796c
荊冠　352a
荊冠の友　352a
京畿社寺考　127a
荊逆星霜史　1135a
桂月全集　204c
経国美談　307a 1091a
敬語法の研究　1107c
経済外交に生きる　179b
経済学一般理論　770b
経済学研究　1072c
経済学原理　899a
経済学原論　310a
経済学全集　899a
経済学総論　287b
経済学大綱　310b
経済訓　947a
経済原論　34a
経済国策の提唱　1116b
経済策論　34a
経済史　146a
経済史研究　945b
経済史総論　146b
経済小学　326a
経済進化論　628b
経済新聞　399a
経済成長実現のために　524b
経済大意　628a
経済的帝国論　614c
経済哲学の諸問題　580b
経済白書　179b
経済弁　523a
経済法則の論理的性質　580b
経済問答　479c
経済要略　479c
経済要録　479c
経済論　601c 950b
警察日記　87c

刑事訴訟法提要　437b
刑事訴訟法要義　852a
経史八論　1076c
刑事法評林　142c
刑事法論集　250b
芸者小竹　126b
芸術家の喜び　481a
芸術自由教育　1114b
芸術新潮　475c
芸術と享楽　635c
芸術と実生活　881b
芸術に関する走り書的覚え書　754a
形状言八衢　438a
京城日報　712b 996c
経史論考　1076c
京津日日新聞　630a
警世　1177c
経世私言　1178a
警世時論　987b
経世新論　550a
経世博義　751b
経世評論　58a
経世余論　326b
経世論　197b
経籍訪古志　1072a
形相　780c
芸窓筆記　1095c
芸談おもちゃ箱　761b
契沖全集　821b
奎堂遺稿　989b
芸道一代男　312a
系統的新教育学綱要　653a
系統動物学　218c
奎堂文稿　989b
奎堂夜話　356a
芸道礼讃　344a
刑罰の本質について・その他　250b
啓発録　820b
芸備日日新聞　545a 853a 1083c
京猫一斑　779b
芸文　894a
軽蔑　742c
刑法研究　956c
刑法大要　1060c
刑法読本　613c
刑法に於ける名誉の保護　250b
刑法論綱　719c
啓蒙手習之文　896a
軽雷集　763b
軽雷集以後　763b
渓流唱　342b
慶陵　432c
芸林　255b
芸林間歩　349c
鶏肋　21b
鶏肋集　265b
外科医法　477a
外科室　75c
外科必読　1016c
劇作　1074b
撃壌録　329a
劇書ノート　924a
劇戦　761a
(劇壇秘史)無線電話　657c
激動八年—屋良朝苗回想録—　1120b
劇と詩　541a
劇と評論　240b
撃滅　214a
激流　607a
華厳　321a
袈裟と盛遠　346c
化粧陶器　303a
結核　983c
月下の一群　942a
月刊支那研究　630a
月刊日本　178a
月刊民芸　1088c
月給日　680c
結金石縁　843c
月桂新誌　977c
月光とピエロ　942a
厥後集　349c
決算報告の見方　74b
月照(織田作之助)　244a
月照(高安月郊)　610a
血清学領域に於ける新知見　1013b
(決定版)岡倉天心全集　212a
決定版吉川英治全集　1134a
毛抜　81b
夏花　89c
けものたちは故郷をめざす　29b
けものみち　992a
ゲョエテ研究　663c
快楽　621b
ケルゼン学説の批判　1021c
幻影城　164a
遣欧使節航海日録　806a
現欧洲　902c
源叔父　374b
幻化　155c
言海　197a
玄鶴山房　14c
剣客商売　57b
研究社大英和辞典　212b
献芹迂言　293c
献芹詹語　1090c
献芹微衷　196c
源九郎義経　763c
遣倦録　868a
蹇蹇録　1041a
元寇紀略　201b
現行憲法の問題点　1100a
元号考　1066c
元寇の新研究　53b
源語奥旨　441b
建国神話論考　1005b
現今の哲学問題　747b
乾山伝書　999b
原史学序論　550c
原始基督教の文化史的意義　1181a
元始、女性は太陽であった　879b
現実　946a
現実国際法諸問題　629a
現実のなかの歴史学　393a
原始仏教思想論　353c
原始仏教の実践哲学　1181a
言志篇　2c 787c
源氏物語　53c 546b 651a
源氏物語講義　523b
源氏物語辞典　344a
源氏物語大成　53c
源氏物語とその時代　993b
源氏物語の音楽　1108a
源氏物語評釈　817c
現象学研究　1039c
現象即実在論　105b
現身仏と法身仏　27c
原政及国際論　366b
憲政大意　940b
憲政の本義を説いて其有終の美を済すの途を論ず　1143c
憲政本党々報　168b
建設者　1172c
現代　809a 1071c
現代欧洲之憲政　252a
現代音楽に関する三人の意見　14b
現代官僚論　992a
現代金権史　1102b
現代憲政評論　1021c
現代国家批判　825c
現代語訳源氏物語　377a
現代詩　1136b
現代詩歌　316c 816c
現代詩講座　896c
現代支那論　238b
現代詩の研究　541b
現代社会批判　825c
現代社会問題の社会学的考察　1148c
現代史を創る人びと　918c
現代人心理と現代文明　1148c
現代人物評伝　840a
現代生活と婦人　1096a
現代政治の諸研究　252a
現代大衆文学全集　523c
現代哲学　415a
現代と婦人の生活　879b
現代日本教会史論　1102b
現代日本研究　110b
現代日本国家の史的究明　298c
現代日本産業講座　39b
現代日本の開化　775c
現代日本の思想対立　715b
現代日本の政治過程　207c
現代日本文学全集　351c 712c 1115c

現代日本論　683c
現代之科学　84c
現代の青年生活　626c
現代のヒューマニズム　1040a
現代俳句秀作の鑑賞　49a
現代フランス哲学講義　366b
現代文学　835c 881b
現代文学と古典　1139c
現代文化人の心理　1148c
近代文芸評論史　1139c
現代文明論　986c
現代米国論　683c
建築史　25a
硯滴　996c
原典アメリカ史　591c 990c
剣道　598c
遣唐使　1067c
剣難女難　1134a
原日本考　896c
検尿法　526a
原爆の子　239b
顕微鏡術攬要　616b
言文一致普通文　455c
見聞私記　448b
遣米使日記　1044c
剣峯遺草　910b
憲法及憲法史研究　1021c
憲法及政治論集　449b
憲法学の基礎理論　653c
憲法学の基本問題　653c
憲法義解　544a
憲法講話(佐藤達夫)　478b
憲法講話(美濃部達吉)　1021a
憲法講話(宮沢俊義)　1030c
憲法撮要　332b 1021b
憲法精義　207c
憲法制定とロエスレル　564c
憲法制定と欧米人の評論　290c
憲法大意(穂積八束)　940b
憲法大意(宮沢俊義)　1030c
憲法提要　97c 940a
憲法二　1030c
憲法の歴史的研究　564c
憲法略説　1030c
憲法論大日本帝国憲法註釈　997c
玄朴と長英　995c
建武年中行事註解　1180a
建武中興の本義　875a
(建武中興を中心としたる)信濃勤王史攷　86a
幻滅者の社会観　605b
遺悶集　571b
権利侵害論　544b
原理日本　1020c
鈐林必携　523a
元禄及び享保時代における経済思想の研究　763c
元禄快挙真相録　902c
元禄快挙別録　1014a
元禄忠臣蔵　995c
剣話録　116b

こ

子　683c
語彙　224b 390a 457b
恋から愛へ　663b
恋ごころ　482a
恋衣　1130c
恋ざめ　236b
小石川植物園草木図説　88c
小石川植物園草木目録　88c
小泉三申全集　399b
小泉信三全集　399c
小泉純一郎の暴論・青論　399b
小泉八雲全集　400c
古逸叢書　1124c
小出粲翁家集　401c
小出楢重画集　401c
古医道治単考　438a
古医道治則略註　438a
恋のしやりかうべ　126c
古医方薬能略　438a
小祝の一家　1034c
梧陰存稿　103b
興亜綺談夢恋々　436a
かういふ女　882b
皇位継承篇　1130b
庚寅新誌　66a
項羽と劉邦　773a
光雲懐古談　608c
耕雲録　356b
交易心得草　282b
広益伝　299a
交易問答　285b
広益問答新聞　833c
甲乙丙丁　754a
航海録　993a
航海或問起源　1088b
好学雑誌　66a
興学私議　431c
皇学所問答　1175b
後宮制度沿革考　109a
興業意見　171b 953c
紅玉　349c
業苦　299b
工芸　1088c
工芸志料　390a
皇京日記　559a
高原詩抄　236c
考古学(大場磐雄)　200a
考古学(高橋健自)　600a
考古学(1930創刊)　432c 1074b
考古学研究　1027b
考古学研究法　1077c
考古学講座　600a
考古学雑誌　422c 600a
考古学論考　432c
考古画譜　390a 923c
皇国　385c
皇国学大綱　294c
皇国行政法　262c
(皇国史談)日本之亜細亜　149a
皇国千字文　368a
皇国大道辨　137b
皇国地誌　669b
広告人形　1128b
皇国名医伝　17a
江湖新聞　70c 744b 749b 900b 1026a
江湖新報　833c
好古図説　796b
考古精説　1077c
恍惚の人　43b
考古便覧　1077c
江湖負暄　2c
口語法別記　197a
光厳天皇　766b
高坂正顕著作集　403b
講座考古地理学　905b
講座日本近代法発達史　315b
高山国　471a
晃山扈従私記　778c
鬮山取蔵古本捜索録　141a
孔子(井上靖)　108b
孔子(白河鯉洋)　539a
紅糸　821b
孝子伊藤公　546c
広辞苑　543b
孔子教大義　832c
郷士制度の研究　251b
皇室御撰之研究　1180a
皇室御領史　1078c
告志篇　707a 926a
公爵桂太郎伝　312b
公爵山県有朋伝　312b
公衆医事　1066a
甲州葡萄栽培法　901a
交詢雑誌　99c
工場衛生　286b
工場細胞　431b
向上の道　475c
黄薔薇　490b
考証福沢諭吉　722b
工場法と労働保険　394c
工場法要議　730b
工場法論　221c
皇女和の宮　312a
孝女白菊の歌　245c
広辞林　288b
孔子論　1102b
行人　774c
紅塵　964b
行人の歌　236c
洪水以後　301b 889a

上野新聞　1041c
後世畏るべし　98b
更生記　481a
厚生経済研究　899a
航西日記　1066a
硬石五拾年譜　149a
黄石斎詩集　223c
香雪叢書　523b
構想　838c 881b
高層雲の下　236c
構想力の論理　1003b
皇族講話会に於ける帝国憲法講義　940b
篁村遺稿　512b
幸田成友著作集　405b
光太郎回想　609c
講談倶楽部　809a
剛胆の書生　565c
高知実業新聞　145a
高知新聞(1880創刊)　132b 414a 458a 1029b
高知新聞(1930創刊)　721a
河内山と直侍　318b
校註漢文叢書　378b
校註羽地仕置　865c
皇朝印典　736c
皇朝世鑑　497b 516c
皇朝編年史　220b
校訂古語拾遺　646b 1038a
校訂古事記　646b
校定新美南吉全集　782b
校訂日本紀　646b
皇典翼　1090c
弘道　792b
行動　31a 919b
皇統歌　1175b
弘道館記　706a 909c
弘道館記述義　909c
交道起源　158c
皇道述義　822c
高等小学校の研究　803c
江頭百咏　690c
皇統略記　109a
幸徳秋水　640b
幸徳秋水全集　407b
寄居随筆　441b
江南ところどころ　709a
江南文化開発史　213c
広日本文典　197a
弘仁暦運記考　341b
河野一郎自伝　408a
河野広中文書　409c
坑夫(夏目漱石)　774b
坑夫(宮嶋資夫)　1031b
幸福の限界　65b
幸福へ　292c
幸福者　1039b
広文庫　1057b
高分子化学とともに　466c
紅噴随筆　420c
神戸　448c
航米日録　655c
神戸クロニクル　400b
神戸新聞　539a
神戸港新聞　144b
神戸又新日報　68b
工房雑記　256b
公法雑誌　468c
弘法大師伝の研究　957c
興亡の此一戦　1011a
稿本国史眼　379b 497c
稿本天理教教祖伝史料　770b
校本万葉集　470c 621c 821a
校本宮沢賢治全集　1030b
興民新誌　745b
攪眠新誌　745b
興民新聞　670a
孝明天皇紀　710b
講孟余話　1138c
蝙蝠　1051c
蝙蝠の如く　39c
荒野　1039a
口訳万葉集　255b
高野の義人　743c
曠野の花　73b
曠野の火　236c
荒野の娘　477c
高野聖(泉鏡花)　75c
高野聖(常磐津節)　333c
高野聖(五来重)　437c
校友会雑誌　943a
公用方秘録　151a
黄揚楼客間　91b
講礼瑣言　839a
高麗史研究　115c
香炉を盗む　1051c
公論新報　846a
講和会議を目撃して　754c
声　529a 1145b
故園の書　1136a
小扇　1130c
古往来についての研究　63a
氷の花　743c
戸外遊戯法　680c
語学指南　479b
語格大成図　245c
樹蔭　378a
古瓦図鑑　69a
黄金の稲束　843b
こがね丸　128c
こがね蟲　291b
古賀春江　413b
語鑑言語経緯　653a
コギト　89c 1083a
故旧忘れ得べき　607a
護教　591b 1102a
古器用考　196b
古鏡聚英　422c
古経捜索録　141b
古経題跋　141a
古経堂詩文鈔　141b
故郷の花　1037a
古今和歌集講義　1060a
古今和歌集序　249a
古今和歌集評釈　377a
黒衣聖母　873a
ごく内ばなし　779a
黒煙　682b
国学院法学　613b
国学者の道　91c
国学の研究　408b
国学の史的考察　91b
国学の本義　1108a
国語音韻史の研究　39a
国語学原論　700c
国語学史(時枝誠記)　700c
国語学史(山田孝雄)　1108a
国語学の十講　134b
国語国文の教育　785a
国語国文の研究　1136a
国語説鈴　1136a
国語叢考　269c
国語読本　681c
国語のため　134b
国語の中に於ける漢語の研究　1108a
国際外交録　552b
国際海上運輸　1047c
国際経済紛争の争訟処理　117b
国際私法　1106b
国際政治学概論　297a
国際政治史　225b
国際政治論叢　502c
国際日本の地位　540b
国際反ファシズム文化運動　543b
国際不正競争と国際法　117b
国際紛争史考　79b
国際法　1127a
国際法上の賠償補償処理　117b
(国際法上より観たる)幕末外交物語　239c
国際聯盟政策論　297a
国策研究会文書　1022a
国史学の骨髄　875a
国史紀事本末　7c
国史国文之研究　1180a
国史纂要　937b
国史纂論　1095c
国史七論　925b
国史上の社会問題　1001a
国史説苑　1180a
国司制度　1146a
国司制度崩壊に関する研究　1146a
国史叢説　1078c
国史綜覧稿　122c 497b
国史総論　146c

国史大系　110a 388c 615c 653a →（新訂増補）国史大系
国史大辞典　110a 844a
国事探偵この手柏　751b
獄室の暗影　237c
国史における協同体の研究　1170b
国史の研究　389a
国史八面観　379c
獄舎報告書　929a
国書逸文　1180a
国史要略　196b
国書辞典　246a
国初聖蹟歌　319a
国書総目録　1069c
獄制沿革史　724a
国是三論　1125b
獄窓から　1173b
国造本紀考　384a
国体新論　285b
国体論及び純正社会主義　338b
獄中記　1001a
獄中十八年　711a
獄中十四年　902b
国柱新聞　641b
獄中贅語　310b
獄中独語　310b
獄中日記　198a
獄中の記　453a
獄中より　237c
黒潮　713a
黒潮第一篇　713a
古訓点の研究　269c
黒濤　934c
国土と国民　49b
国府　905b
国文学研究柿本人麿攷　622a
国文学史概論　816b
国文学史講話　905b
国文学史十講　816b
国文学全史平安朝篇　905b
国文学読本　816b
国文学の文献学的研究　470c
国防経済概論　319b
国防史　95b
国防私説　478b
国防新論　478c
国防大事典　466a
国民運動　9c 670a
国民経済その歴史的考察　195b
国民思想　294b
国民新聞　48c 135a 149b 186c 225c 238a 374b 563c 619a 632c 663c 668c 712a 840a 872c 883a 985a 1028a 1046c 1102a 1105c 1122b
国民政治時代　79b
国民叢書　712a
国民的大問題　872c
国民哲学の建設　635c
国民統合の象徴　1181a
国民道徳概論　105c
国民道徳史論　408b
国民道徳と基督教　166a
国民道徳要領　645b
国民道徳要論　408b
国民読本　184a
国民之友　20b 70c 149b 374b 456c 601c 668c 712a 872c 1026a 1028a 1102b 1169c
国民の本義　901b
国民百科大辞典　459b
国民文学　377a
獄門島　1128b
国訳漢文大成　494a
国訳南伝大蔵経　592a
国友雑誌　839c
極楽から来た　481a
極楽とんぼ　482a
黒竜江記事　621c
国領五一郎・山本懸蔵著作集　414c
国論　670a
孤軍奮闘の三十年　306c
壺月全集　1175c
古言衣延弁補考　207b
午後三時　1131c
古語拾遺講義　384a
心（小泉八雲）　400b
心（1948創刊）　33a 649c
心つくし　447b
心と心　1039a
心の小径　363a
こゝろの華　470b
心の花　89b 349c 470b
心の闇　237a
心優しき叛逆者たち　108a
古今京窯泥中閑話　965c
古今算鑑　145c
古今要覧　385a
古在由重著作集　415b
小崎全集　416b
小作制度論　744c
小桜縅　167a
湖山老後詩　250b
湖山楼詩鈔　250b
湖山楼十種　250b
こしかたの記　296b
古事記　137b
古事記及日本書紀の研究　674c
古事記研究帝紀攷　622a
古事記後伝　245c
古事記講録　245c
古事記上巻講義　1108a
古事記序文講義　1108a
古事記新釈　646b
古事記神代系図　901b
古事記通釈　58b
古事記の成立　993b
古事記標註（敷田年治）　496c
古事記標註（村上忠順）　1046a
古事記別伝　245c
古事記訳解　563c
古寺巡礼（土門拳）　725c
古寺巡礼（和辻哲郎）　1181a
古地震　817c
古地震探究　817c
古史成文　877c
古始太元図説　559a
古史対照年表　109a
古史徴　877c
御実紀　778c
痼疾者　919b
古史伝　341b 877c 1091a
越洲考　109a
児島惟謙　653c
小島烏水全集　417a
五勺の酒　754a
古社寺の研究　140b
五十音図纂　653a
五十音図の歴史　1107c
五重塔　406a
湖処子詩集　1028a
御所の五郎蔵　80c 318b
古事類苑　109a 266b 317b 390a 418b 426b 434c 457b 479b 572b 733b 792a 938a 971c 985b 1118c
古人今人　154c
故人今人　55a
故人春夏秋冬　188b
古神道大義（岩野泡鳴）　126b
古神道大義（筧克彦）　262c
湖水と彼等　727c
湖水の女　563c
コスモスとアンチコスモス　87b
個性　29b
語勢沿革研究　39a
古生物学綱要　1130b
五線譜による雅楽歌曲集　504a
五線譜による雅楽総譜　504a
古川柳の真髄　102b
小袖曾我薊色縫　318b
古代オリエント　548b
古代感愛集　255c
古代宮都の探求　335c
古代希臘に於ける宗教的葛藤　988b
古代研究　255c
古代史からみた万葉歌　335c
古代史疑　992a
古代支那史要　213c
古代史の道　460c
古代人骨の研究に基づく日本人種論　358a
古代探求　992a
古代中世社会経済史研究　10c
古代彫刻の臍　417b
古代東北アジア史研究　1002b

五代友厚　244a
古代日本の交通路　905b
古代日本の信仰と社会　857a
五代の民　482a
古代貝葉　780a
古代末期政治史序説　73b
御大礼用語類集　76b
児玉花外愛国詩集　420c
山響集　49a
古譚　745a
梧竹堂書話　757c
壺中観　589b
蝴蝶　1106c
国華　211c 226a 600c 614a 635b
国会　70c 1026a 1051b
国会開設奏議　183c
国会開設の儀に付建言　896a
国会手引草　559b
国会之準備　997c
国会の前途国会難局の由来治安小言地租論　896b
国会のはなし　478b
国会論　896a
国家及国家学　143a
国家改造案原理大綱　338b 789c 1015c
国家改造計画綱領　754c
国家改造の原理及其実行　306c
国家学　43c
国家学会雑誌　748b
国家教育策　367b
国家経済会報告　187a
国家権力の構造　882a
国家公務員制度　478b
国家社会主義　605a
国家社会主義新教育学　867c
国歌新論　546c
国家的社会論　505c
国家道徳論　792b
国歌としての「君が代」　972b
国家と宗教　780c
国家の統治権　285b
国家目標の発見　297b
国華余芳　329b
国家論大綱　122c
滑稽新聞　1032a
滑稽富士詣　287c
国憲大綱　1061b
国憲汎論　247a
国権備考　1171a
骨董協会雑誌　1032a
ゴッホの手紙　432a
古典雑攷　997c
古典参考資料図集　557b
古典参考図録　557a
古伝通解　180b
古典の批判的処置に関する研究　53c
小道具再見　912a
小道具藤浪与兵衛　911c
御当家様就一向宗御禁制愚按下書　69b
後藤新平　683c
後藤新平関係文書　424b
今年竹　482a
今年の秋　964c
ことだま　1088b
ことばの泉　246a
詞の経緯図　438a
詞玉緒補遺　747b
詞捷径　559a
ことばのはやし　1057b
詞の真澄鏡　438a
詞の八衢補遺　747b
琴姫物語　1050a
古都遍歴　626a
子供の四季　682b
小鳥の来る日　1137a
小鳥の巣　563c
小西博士全集　427a
古日本通史　949c
五人組制度論　939c
五人組帳の研究　809c
五人組法規集　939c
子の愛の為めに　663b
此一戦　1010c
近衛時代　991a
近衛内閣史論　840a
近衛文麿　225b 1092a
この男を見よ　773a
この国のかたち　506c
此花詠集　411b
この三つのもの　481a
子の来歴　153a
古白遺稿　962c
小林一三全集　430a
小林多喜二全集　431b
小林秀雄　163a
小林英夫著作集　432b
湖畔手記　264a
湖畔の画商　1039b
羔の婚姻　904b
古筆の見方　2b
こぶ　1119c
瘤　1119c
古風庵回顧録　1169b
辛夷　953b
古文旧書考　511c
古文芸の論　590a
古墳時代の研究　432c
古墳と上代文化　600a
古墳の航空大観　545b
古墳発見石製模造器具の研究　600a
古墳横穴及同時代遺物発見地名表　1077c
古兵器図解　350a
護法意見封事　397b
五方通語　1044c
固本策　1175b
独楽　702b
虚無僧　223a
コムミンテルンの密使　439a
小村外交史　502b
コンメンタール日本国憲法　1030c
隠沼　657a
古文書学　1146a
古文書学講義　379c
古文書類纂　937b
ゴヤ　939b
五友雑誌　962a
暦　680c
こよみと天文　541c
古来の砂鉄製錬法　660a
古琉球　111b
五竜王乃先生文集　655b
五竜文詩　655b
五稜郭血書　376c
御料地史稿　21c
惟任日向守　70c
コロー　316b
故老実歴　596b
虎狼痢治準　216b
子を貸し屋　153a
権狐　782a
金光明最勝王経音義攷証　354c
艮斎間話　15c
艮斎間話続編　15c
艮斎詩略　15c
渾斎随筆　4a
艮斎文略　15c
艮斎文略続編　15c
権三と助十　223a
金色青春譜　499a
金色夜叉　237a 597a
君府海峡通航制度史論　22a
今政十宜　246c
今世少年　405a
昆虫学汎論　1026c
昆虫世界　780a
昆虫分類学　988a
権藤成卿著作集　440a
混同秘策　479c
今日　448c
今日新聞　288a 426c
今日に生きる倫理　34b
今日の歌舞伎　694b
今日の日本　915c
紺暖簾　1097c
金毘羅　1066b
根本仏教　27c
坤輿初問　504b

さ

西域史研究　164b
西域文化史　839a
西域文明史概論　839a
西園寺公と政局　856b

財界回顧　55a
災害救済論　950b
財界太平記　541a
西海道談綺　992a
西海道風土記逸文新考　107b
西鶴語彙考証　996a
西鶴と西鶴本　1070b
歳寒窓憶語　667b
西行　319b
西行法師評伝　255b
最近外交政治史　680b
細菌学雑誌　494c
最近植物病理学　538c
最近世界外交史　22a
最近農業問題十講　251b
最近の欧米を見る　935a
最近の自然科学　648b
最近の小説家　52a
三枝博音著作集　444c
細君　681c
再軍備の経済学　39b
再建　509c
債権各論(末広厳太郎)　545b
債権各論(横田秀雄)　1128a
債権総論(末広厳太郎)　545c
債権総論(横田秀雄)　1128a
債権法における信義誠実の原則　835b
再航蝦夷日誌　971b
西航記　895c
西郷吉之助　1137a
西郷札　992a
西郷隆盛　256c
西郷隆盛全集　446a
西郷隆盛伝　276b
西航手帳　895c
西郷南洲(伊藤痴遊)　91c
西郷南洲(長谷場純孝)　827a
西光万吉選集　447a
西光万吉著作集　447a
西国立志編　769b
最後の一句　1066c
最後の共和国　65b
最後の将軍—徳川慶喜　506c
最後の殿様　709a
最後の舞踏　805b
祭祀遺蹟　200a
済時策　119c
祭祀の本領　936c
済衆録　477a
西上録　818b
(最新)科学的教育学　645b
最新植物病理学提要　538c
最新文章講義論　475b
最新法医学講義　273c
最新論理学綱要　350b
財政学　226b
財政学大綱　175c
財政経済時報　947a
済世顧問制度之精神　264a
済生三方　549b
財政整理　180a
財政と金融　628a
再生北陸政論　749b
財政問題百話　947a
済生要略　278a
(西大寺本)金光明最勝王経古点の国語学的研究　269c
斎藤月岑日記　448b
西東三鬼全句集　448c
斎藤隆夫政治論集　449b
斎藤茂吉全集　452a
斎藤茂吉ノオト　754a
在徳記　1066a
済南日報　630a
栽培経済論　472b
催馬楽訳譜　1110a
采風新聞　281b 549c
細民と救済　777a
再夢紀事　752b
在野の思想家たち　983c
佐伯祐三　461b
佐伯祐三全画集　454a
佐保姫　1130c
堺　729c
堺港攘夷始末　177b
堺事件　177b
堺市史　957c 1001a
堺利彦全集　456b
堺利彦伝　456b
坂崎出羽守　1119c
嵯峨実愛日記　180a
佐賀新聞　658c
杯　1066b
阪谷芳郎関係文書　459a
阪谷朗廬関係文書　459b
佐賀日日新聞　322a
坂の上の雲　506c
嵯峨野の露　610a
佐賀暴動記　307a
酒ほがひ　1131c
坂道　681a
相模湾産ヒドロ虫類　536c
坂元雪鳥能評全集　460b
坂本太郎著作集　460c
坂本直寛著作集　461a
坂本繁二郎作品全集　461b
坂本繁二郎文集　461b
坂本竜馬関係文書　462a
坂本竜馬全集　462a
相良家文書　51c
相楽総三とその同志　824b
雪客　255b
魁新聞　144b
砂金　447c
作詩法講話　1067b
作手伝五左衛門　824a
佐久の草笛　480c
作品　309a 442c
昨夢紀事　752b
桜　657a
佐久良東雄歌集　465b
桜井忠温全集　466a
桜内幸雄　466b
佐倉義民伝　80c
桜時雨　610a
桜島　155b
桜の実の熟する時　510b
さくら吹雪　823c
桜間芸話　467b
桜府日報　214c
錯乱　57a
坐具類聚　971c
鎖国　1181b
サザエさん　826a
サザエさんのうちあけ話　826a
佐々木月樵全集　468b
佐々木信濃守　279c
佐々木隆興先生論文集　469b
佐佐木信綱全集　470c
佐佐木行忠手記　471b
小波お伽全集　128c
さざなみ軍記　112a
さゝ浪新聞　792c
細雪　651b
左氏会箋　511c 620b
桟敷から書斎へ　111c
差貫考　971c
刺羽集　1129a
指物師名人長次　318a
差杉来由私考　69b
さすらひ　255b
坐禅之捷径　316b
蠍を飼う女　491b
佐田介石　18a
佐竹本三十六歌仙絵巻　639c
左千夫全集　89c
雑音の中　701a
作家精神　898b
作家の態度　898b
作家は行動する　163a
作歌八十二年　470c
作家論　964c
五月鯉　454b
雑記帳　1130c
数奇伝　589b
雑玉考　350a
薩隅日地理纂考　295c
薩隅日田賦雑徴　69b
薩州唐物来由考　69b
雑草集　310b
雑草万葉　590a
察地小言　431c
薩藩旧記雑録　69b
察病論　5c

左伝輯釈　1080b
左伝の思想史的研究　675a
佐藤紅緑全集　476a
佐藤惣之助全集　477c
佐藤達夫関係文書　478b
茶道の大成　395a
佐藤信淵家学全集　480b 614c
佐藤春夫詩集　480c
佐藤春夫全集　481a
佐渡新聞　338a
真田太平記　57b
真田幸村　610a
讃岐官社考証　973c
讃岐国名勝図会　973b
佐野学著作集　483b
寂しき曙　1005b
寂しき都会　1051c
寂しき路　292c
さぶ　1116a
侍　171a
差別と闘いつづけて　16c
乍浦集詠鈔　250b
様々なる意匠　432a
鮫　291c
覚めたる歌　290a
左翼芸術　1036a
左翼労働組合運動　1014c
左翼労働組合と右翼との闘争　776c
佐夜の夢　57a
更科日記略解　572b
サラリーマン物語　953b
猿楽考証　390a
申楽免廃論　953a
猿の群れから共和国まで　210b
沢柳政太郎全集　487b
沢山保羅研究　487c
早蕨　1180b
山陰訪古日録　645c
桟雲峡雨日記並詩草　620b
山河　290a
三階教の研究　1092a
山海庶品　707a
産科簡明　1016c
山果集　1037a
残花抄　236c
産科須知　1033c
餐霞録　477b
三願転入の論理　350b
三眼余考　2c
山記　1007b
散記　923c
残菊　889b
残菊物語　1007c 1050b
三教一致説　725b
産業組合の陣営より　577c
産業組合法要義　878b
産業における人間関係の科学　243a
産業立国主義と現代生活　967c
三郡小誌　569b
懺悔　349a
産経時事　79a
産経新聞　95b
山谿に生くる人々　852b
山月記　745a
三傑年譜　1007b
懺悔道としての哲学　648c
懺悔録　663a
三元素略説　885a
三県道路完成記念帖　604b
珊瑚　63c
山行　960c
三航蝦夷日誌　971b
山光集　4a
参考新日本史　350c
山高水長図記　198a
鑿工譜略　385a
三国干渉以後　1015c
三国志　1134a
山谷集　677c
三国同盟と三国協商　846b
三国名勝図会　295c
三語便覧　1044c
蚕糸経済概論　744c
算字算法基原或問　201c
産児制限の理論と実際　28c
三十石　279c 490a
纂輯御系図　1130b
三洲居士集　666c
三十三年の夢　433b 1028c
三十年史　351b
三十六人集　639c
蚕種論　726b
山椒魚　112a
三条演義　646b
三条実美文書　489a
山椒大夫　1066c
山上に立つ　805b
三四郎　774b
三酔人経綸問答　739c
サンスクリット文学史　672a
サンスクリット文法　672a
三正綜覧　669b
参政録存　1141a
三世相　333b
残雪　658c
サンセット　175a
三千里　322b
蚕桑長策　242c
山村の構造　924b
山相秘録　479c
三代回顧録　987c
三代集拾玉抄　390a
三代人物史　712c
三体千字文　666c
三太郎の日記　30a
山中放浪　442c
纂訂古風土記逸文　384a
サンデー毎日　30c 256c 1050b 1063a
蚕当計秘訣　764c
三等船客　951c
三人　809b
三人片輪　333c
三人吉三　80c
三人吉三廓初買　318b
三人同胞　1176b
三人妻　237a
三人生酔　333b
三人の処女　1112b
三年酒　280a
三年寝太郎　153c
三の酉　378a
さんびか　961c
讃美歌　232b
讃美歌の歴史　961c
讃美歌物語　961c
三部曲　40a
三兵答古知幾　599a
朱欒　197c 342b 817a 1051c
三宝絵略注　1108a
三峰吉井友実日記　1132a
散木棄歌集標註　1046a
三昧　322b
三万両五十三次　810b
三門十五義　732c
山谷五兵衛　1039b
三遊亭円朝全集　490b
山陽新報　270c 434b 557b 744b 749a
山陽先生行状　161a
三要文　928c
三律摭要　818b
山陵考　653a
山林助農説　627c
山廬集　48c

し

シィエーネベルグ日記　428a
シーボルト　79c
ジーボルト最後の日本旅行　491c
シーボルト先生其生涯及功業　388b
詩歌　255a 630c 954a
詩歌殿　805b
椎園詠草　152c
椎園家集　152c
虐げられた笑ひ　154b
椎名悦三郎文書　491a
椎名麟三信仰著作集　491b
椎名麟三全集　491b
椎の木　1036c 1063c
椎の若葉　264a
柹蔭集　509b
地唄　43a
梔園紀行文草　401c
塩竈市史　925b

潮騒　1006c
紫苑　802b
塩野季彦回顧録　493c
塩原多助一代記　318a 490b
紫苑物語　63c
史海　405a 615c 1140b
死海のほとり　171a
詩学　316c
史学会雑誌　328c 379b
史学概論　209b
史学協会雑誌　997a
史学研究法　680b
辞格考　1057c
史学叢書　937b
仕掛人・藤枝梅安　57b
滋賀県史　957c
志賀重昂全集　495b
耳科新書　263b
自画像　609c 745c
志賀直哉全集　496a
しがらみ　763b
しがらみ草紙　1004a 1066a
時間　939b 1128c
史観真珠湾攻撃　901a
私観太平洋戦争　591a
時間の園丁　625a
四季　89c 630c 643c 758a 817a 1037a
私記・一軍人六十年の哀歓　116b
色彩学　1091c
子規全集　962c
食堂　1066b
使崎日誌　287c
史記評林　907b
式部蓮月二女和歌集　604c
史記平準書・漢書食貨志　282a
詩経研究　1076c
時局国際法論　629a
子虚に答へたる復古法　479c
子規を語る　322b
しぐれ　321b
時雨脚本集　824a
しぐれ茶屋おりく　312a
死刑囚十一話　916a
死刑囚の思ひ出　925a
死刑宣告　816c
地下官人家伝　524a
重野博士史学論文集　497c
重盛　610a
重盛諫言　318b
事件　177b
詩・現実　1037a
資源辞典　504b
巵言日出　413a
慈光　663a
地獄の花　735c
地獄変　14c
子午線の祀り　153c 1119b
自己中心明治文壇史　167a
自己内対話　998b
自己批判　301b
自己を語る　605b
思索と観察　1040a
師子王　641b
師子王全集　641b
時事月刊　358b
時事憲法問題批判　1021c
時事小言　896a
視志緒言　494b
時事新報　66b 79a 88b 95b 210c 253a 286b 307b 603b 612c 663c 678c 751a 758c 896a 941b 941c 955a 1042b 1062c 1177c
時事大勢論　896a
資治通鑑　448c 699a
資治通鑑評　818b
獅子文六全集　499b
死者・生者　136b
寺社勢力　393a
死者の書　255c
自習画帖　1114b
侍従長の回想　910b
侍従とパイプ　117b
四十二章経講話　595a
四重の福音　749c
四十八歳の抵抗　65b
紙上世界漫画漫遊　222c
私小説論　432a
至上律　1136b
時事要論　174b
四書章句集註題疏　431c
自叙伝（河上肇）　310b
自叙伝（森田草平）　1071b
市塵　907a
詩人　303c 316b
地震　116a
地震学講話　206b
地震憲兵火事巡査　1100c
士人処世論　896b
地震と都市　227b
詩人の春　210a
使清弁理始末　287c
詩人論　400b
静岡印冊　736c
静岡新聞　88b
静岡日報　399a
しづかな流　743c
賤機　310c
沈みつ浮きつ　1103a
詩聖　643c
詩精神　233a
市井人　378a
市井にありて　510c
施政の要義　247a
自然　255b
慈善　777a
自然界の矛盾と進化　285b
自然科学概論　72c
自然主義　825a
自然主義の研究　1139c
自然主義汎論　745a
自然と印象　896c 1112b
自然と純粋　309a
自然と人生　713a
自選富本憲吉作品集　722c
自然と倫理　285b
自然の扉　231b
自然の人小村寿太郎　967c
自選浜田庄司陶器集　843a
慈善問題　724a
死線を越えて　260b
思想　649b 848c 1181a
地蔵経由来　380a
地蔵十輪経元慶点　207b
思想小史　222b
思想としての文学　715b
思想と風俗　715b
思想の運命　848c
思想の科学　273a
思想の勝利　272a
思想の旅　327b
思想のドラマトゥルギー　849a
氏族考　384a
舌　270c
四大恩書　563c
時代狂言傑作集　26b
時代思潮　1125c
時代と自分　937a
時代の一面　696a
時代の手　721b
時代閉塞の現状　65a 611c
時代椀大観　983a
下谷叢話　736a 1172b
七一雑報　355a 1045b
七億の隣人　151c
七卿落ち　1141c
七香斎類函　907b
自治新誌　41c
七新薬　506b
自治政談　35b
士人　319a 623b
自治の精神及趨勢　429b
七偏人　815b
自治民範　440a
自註鹿鳴集　4b
シヂュウキック氏倫理学説　747b
思潮　30a
自治要義　106b
市長の手帳　461b
自著年譜　371c
七里飛脚　709a
悉皆屋康吉　919b
実業時論　513b
実業新聞　1041c
実業之世界　74b 1026b

実業論　896b
日月の上に　609c
日月の窓　31a
実験園芸講義　256a
実験果樹剪定法　256a
実験教育学　246c
実験蚕体解剖　75b
実験動物学　424c
実験雄弁学　435c
実験苹果栽培法　256a
実際的教育学　487b
実践的文学論　6c
実践哲学概論　788b
実地経済農業指針　451b
疾病治療と体質　98a
実母の手紙　496a
実名敬避俗研究　939c
実用英文典　450b
実用教育学及教授法　652c
実用法医学　1013b
実録・アジアの曙　1109b
実録日本医師会　624c
史的研究日本の特性　384b
史的日本美術集成　993b
史的唯物論　206c
死出の道艸　327c
自転車　496a
自伝的戦後史　837c
自伝的に見た日本社会主義運動史　456b
自伝点描　840a
自伝ところどころ　894a
詩董狐　414b
使東雑詠　267b
使東述略　267b
児童新聞　523c
児童と社会　777a
児童百科事典　523c
児童問題研究　597a
詩と音楽　1106a
四得録　845c
使徒公会之歌　1150c
志渡寺　727c 728c
詩と詩論　643c 657a 794b 1037a
死と其前後　40a 518c
支那開化小史　615b
支那学雑草　282a
支那学文藪　295a
支那革命外史　338b 789c
支那革命史　282a
支那革命小史　1143c
支那革命党及革命之支那　338b
支那革命党及秘密結社　883c
支那革命の階級対立　554c
品川弥二郎関係文書　502a
品川弥二郎日記　502a
支那観　149a
支那近代外国関係研究　1090b
支那経済史概説　282a
支那経済史考証　282a
支那経済条約論　453a
支那研究　832c
支那現代思潮　970c
支那建築装飾　92a
支那国際関係概論　453a
支那国際法　114b
支那国民革命史　1029c
支那古代政治思想史　739a
支那古代暦法史研究　821c
支那古田制の研究　282a
支那史　85c
支那史概説　213c
支那思想及び人物講話　1081a
支那事変から大東亜戦争へ　946b
支那事変国際法論　629a
支那事変の回想　113c
支那社会研究　630b
支那浄土教史　468b
支那詩論史　562a
支那人名辞書　844a
支那数学史　1002b
支那通史　759b
支那哲学概論　154b
支那哲学史講話　154b
支那哲学史　154b
支那哲学の研究　154b
支那と支那人と日本　553a
支那南北記　349c
信濃　86c
支那の家族制　1076c
信濃教育　509b 785a
支那の建築と芸術　572c
信濃史料　86c 932a
支那の大統領　533a
信濃毎日新聞　312b 360b 1102a 1122b
信濃毎日新報　786c
支那は支那なり　731a
支那美術史彫塑篇　205a
支那仏教史綱　456c
支那仏教精史　456c
シナ仏教の研究　675a
支那文学概論講話　494a
支那文明史　539a
支那辺疆と英露の角逐　117b
支那身分法史　781c
支那輸出日本昆布業資本主義史　840b
支那歴史地理研究　227b
支那論集　85c
死に親しむ　711b
死ぬほど　39c
詩の家　1077b
死の蔭に　713b
詩の鑑賞と教育　541b
詩の原理　817a
死の叫び　20c
死の懺悔　925a
死の棘　509b
東雲新聞　385b 565c 739c
しのぶぐさ(八田知紀)　1076b
しのぶ草(師岡正胤伊藤痴遊)　832b
忍ぶの惣太　318a
志濃夫廼舎歌集　629b
死のよろこび　1126c
シバキ　823c
芝居うらおもて　1014a
芝居の小道具　912a
司馬遷　621a
磁場の政治学　297b
芝浜　280b
司馬遼太郎全集　506c
詩百篇　1039b
渋江抽斎　1066c
渋柿　691c 1012a
至福千年　63c
渋沢栄一伝記資料　677b
渋蛇の目　333c
自分は見た　577b
自分を語る　1026b
時弊十条　1129b
司法権の優位　610b
資本主義経済学の史的発展　310b
私本太平記　1134a
資本と労働の調和　730a
資本の理論　770b
資本論　605a
資本論五十年　153b
資本論入門　310b
島(堀田清美)　211b
島(1933創刊)　867a
島尾敏雄全集　509b
島木健作全集　509c
島崎藤村　881b
島地黙雷全集　511b
島田三郎全集　513a
島ちどり　318b
島鵆月白浪　318b
島津家国事鞅掌史料　516c
島津家正統系図　69b
島津保次郎映画脚本集　517a
島根新聞　632c
島の秋　1137a
清水幾太郎著作集　520a
清水次郎長伝　326c
清水三男著作集　521c
市民革命の構造　601a
時務一家言　712b
時務策　2c
志村夏江　1051a
紫溟雑誌　751b
紫溟新報　751b
自明の理　835c
示蒙彝訓　563c
下総国旧事考　569b
子母沢寛全集　522c
下曾根上書　523a

下田日記　314b
下野新聞　360a 997c
下村湖人全集　525a
霜夜鐘十字辻筮　318b
指紋　480c
師門問弁録　1107b
釈迦　1039b
社会悪と反撥　297c
社会運動辞典　635a
社会科学と信仰と　195c
社会科学における人間　195b
社会科学の方法—ヴェーバーとマルクス　195b
社会科学の予備概念　1003a
社会学　43c
社会学概論　597b
社会学原理　597b
社会学講義　520a
社会学的研究　597b
社会学批判序説　520a
社会革命史論　10a
社会科事典　523c
社会関係の研究　597b
社会経済学　287b
社会現象としての宗教　17c
社会事業　626c
社会事業綱要　777a
社会事業と方面委員制度　226c
社会思想家評伝　302c
社会思想史研究　302c
社会史的思想史　848c
社会集団の政治機能　670c
社会主義(村井知至)　1043c
社会主義(1920創刊)　456a 785c 972b
社会主義(1951創刊)　1097b
社会主義一斑　744b
社会主義運動　1111c
社会主義運動半生記　1111c
社会主義管見　1102b
社会主義研究(1906創刊)　456a
社会主義研究(1919創刊)　1097a 1100c
社会主義綱要　1072a
社会主義詩集　420c
社会主義神髄　407a
社会主義的・的政権　468c
社会主義と婦人　1099a
社会主義に於ける現実主義　10a
社会主義評論　310a
社会新聞　628b 786a 1134c
社会新報　244b
社会心理学　520a
社会政策　78b
社会政策及工業政策　394c
社会政策原理　302c
社会政策の基本問題　184c
社会組織と社会革命　261c 310b
社会存在論　1039c
社会タイムス　162b
社会調査　717b
社会的個人主義　189b
社会統計学史研究　598a
社会と伝承　857a
社会の構成並に変革の過程　902b
社会百面相　149b
社会病理学　77a
社会変革途上の新興仏教　575b
社会民主主義との闘争　776c
社会問題解釈法　28c
社会問題概論　28c
社会問題管見　310a
社会問題研究　310a
社会問題体系　319b
社会問題と財政　226b
ジャガタラ紀行　709a
(写経より見たる)奈良朝仏教の研究　69a
赤光　451c
釈宗演全集　526b
釈尊伝　52b
尺度綜考　910c
石楠　188b
写景法範　309c
社交生活と社会整理　624b
邪宗門　342b
社寺領性質の研究　1002a
写真鏡図説　1085b
写真月報　226a
写真随筆　725c
写真批評　725c
車窓からの自然界　1171c
社団法人実費診療所の歴史及事業　555a
釈教正謬　164b
釈教正謬初破再破　141a
寂光　1132b
娑婆歌　367c
ジャパン＝ガゼット　104a 824a 920b
ジャパン＝タイムス　632c
ジャパン＝タイムズ　840a
ジャパン＝パンチ　1167c
ジャパン＝ヘラルド　920b
斜陽　627a
ジャンカラの思想　767c
ジャングル大帝　687a
上海　1128c
上海時代　991a
上海戦と国際法　502b
朱印船貿易史の研究　119a
自由艶舌女文章　436a
自由沖縄　867a
自由画教育　1114b
収穫　954a
週刊朝日　707a 992a
週刊サンニュース　351a
週刊社会運動通信　1014b
周官備考　1095c
週刊平民新聞　174c 455c
蹴鞠　372c
十九歳の地図　742b
十九世紀欧洲政治史論　457a
自由教育真義　687b
自由教育と小学校教具　803c
自由教育論　253c
宗教及び文芸　139b 268a
宗教学(宇野円空)　152c
宗教学(加藤玄智)　281b
宗教学精要　281b
宗教研究　857a
宗教巡礼　476b
宗教談　751b
宗教哲学(井上円了)　100c
宗教哲学(波多野精一)　830a
宗教哲学骸骨　357a
宗教哲学序論　830a
宗教哲学の本質及其根本問題　830a
宗教と民俗　857a
宗教民族学　152c
集金旅行　112a
銃後　466a
集古印史　268a
自由交易日本経済論　615b
十五夜お月さん　803b
秀才文壇　255a 896c 1171a
十三松堂閑話録　963c
十三松堂日記　963c
十三世紀東西交渉史序説　127b
十三人　957b
十三夜　378a 867b
十字街　1071b
十字街頭を往く　386a
十字架ものがたり　928c
自由思想　327c 407b
十七論題真宗説教略弁　26a
重商主義経済学説研究　603a
自由詞林　132c
愁人　228b
自由新誌　97b
自由新聞(1882創刊)　385b 435b 615b 693c 739c 786c 839c 924b
自由新聞(1890創刊)　145a
自由新聞(1893.1創刊)　301a
自由新聞(1893.7創刊)　399a 406c
修身要領　896b
修身礼要稿　1175b
宗粋　1058b
秋声集　711b
従征日録　439c
修省論　406a
終戦秘史　524c
十善宝窟　159a
銃創瑣言　196a
周代古音考　207b
執着　663a
袖珍内外方叢　216a
重訂御書籍目録　850a

重訂御書籍来歴志　850a
重訂万国全図　504b
柔道一路　1023c
柔道回顧録　1023c
自由党史　78b 145b
自由・道徳及儒教主義　712a
十七世紀オランダ東インド会社と日本との関係　776c
(十七世紀)日蘭交渉史　776c
十二支考　1018c
十二年の手紙　1034c
十二の石塚　1121b
自由日本を漁る　356c
自由の彼方で　491b
自由之理　769b
自由燈　436a 458a 935c 1029b
自由平等経綸　740a
秋碧吟廬詩鈔　378b
自由貿易乎保護貿易乎　137a
宗門之維新　641b
修養　795b
修養雑話　809a
修養と倫理　747b
重要なる疾患の予後　98a
自由略論　174b
十六歳の日記　321b
十六羅漢図賛輯録　141a
朱王合編　371a
酒害予防論　273c
朱学管窺　15c
儒学史　154b
儒教の実践道徳　675a
儒教倫理概論　832c
珠玉　257a
粛軍に関する意見書　77a 1049b
(熟語本位)英和中辞典　450b
宿魂鏡　343c
縮図　711c
宿命　230a
主敬説　371c
修験道史研究　1170a
修験道入門　437c
種子精選改良法　766c
侏儒の言葉　14c
修禅寺物語　81b
修禅寺物語　223a
受胎告知　1079a
主知的文学論　31a
酒中日記　106c 995c
主潮　735a
出家とその弟子　381c
出獄人保護　858b
出孤島記　509b
出定後語　733c
出定笑語　465b
出陣　799a
出発　681a
出版月評　916c
種痘新書　871b
朱と緑　271a
シュピース日本遠征記　530a
主婦之友　686b 1105c 1119c
趣味の価値　1172a
趣味ぶくろ　603b
樹木大図説　136a
樹木と果実　65a 701a
樹木派　607a
樹木和名考　538c
朱門　31a 919b
主要変光星表　326a
狩猟図解　350a
シュルレアリスム文学論　794b
朱を奪ふもの　169c
俊寛　382a 467b 728b
春雁　237c
春琴抄　651a
春光の下に　1001b
殉死　506c
倖俶論集　143a
殉情詩集　480c
春宵十話　211a
純粋経済学　770b
純粋小説論　1129a
春鳥集　328b
春泥　378a
春泥集　1130c
春汀全集　726b
春泥尼抄　439b
順天時報　135a
順天堂外科実験　478a
順天堂算譜　900a
春燈　378a
春濤詩鈔　1069c
殉難録　317b
春婦伝　657a
春陽文庫　1174c
春蘭　49a
巡礼　510c
順礼紀行　713b
巡礼日記　33b
春浪快著集　241c
書院装飾に就て　574a
生　658c
少安集　677c
攘夷独語　822c
松雲公小伝　905b
小園　452a
荘園研究　16a
情艶詩集　477c
荘園史の研究　784a
荘園制社会　393a
湘烟日記　334c
荘園の研究　766a
生涯一書生　649c
小学国史　431c
小学修身経　471c
小学修身訓　546c
小学唱歌　58c
小学図画入門　313b
小学読本　457b 523b
城郭の研究　209b
小学普通体操法　680c
城下の人　73b
商家の腐敗　614c
小閑集　1115c
将棋大観　354c
商業習慣調　171b
商業政策　134c
状況的　618c
商業電報　157c
上京日記　360c
商業博物誌　158c
昇旭朝鮮太平記　969c
上宮太子実録　379c
将軍乃木　466a
晶形学　1174b
証券の発行と財団金融　387b
商行為及保険法　220a
商行為法　991c
商行為法要論　202a
小公子　1169c
少国民新聞　687a
上古職官考　384a
尚古図録　1130b
招魂祭一景　321a
象山と松陰　503a
庄司乙吉全集　532c
常識に還れ　898b
小詩国　290a
成実論天長点　207b
松寿閑談　958c
少女　657a
上書　778c
少将滋幹の母　651b
小乗仏教思想論　353c
少女倶楽部　809a 826a
尚書正義定本　1134b
小辞林　288b
正信偈本義　628c
小信仰問答　928c
上世印度宗教史　27c
招婿婚の研究　610a
小説家　1043b
小説家夏目漱石　177b
小説キリスト　260c
小説研究十六講　351c
小説神髄　681c
小説新潮　475c
小説太平洋戦争　1093b
小説智恵子抄　481a
小説帝銀事件　992a
正雪の二代目　223a
小説の方法　93b
小説八宗　453b

小説明治天皇　750b
小説論　1066b
正倉院の楽器　504a
正倉院薬物　20c
消息　178a
装束甲冑図解　572b
上疏録　868a
上代音韻攷　39a
上代官職制度の研究　127a
尚泰侯実録　533c 865c
上代史籍の研究　127a
摂大乗論研究　130b
上代たの文集　533c
上代日本の社会及び思想　674c
上代の土地関係　521c
上代歴史地理新考　107b
正太の馬　682b
掌中新増幼学詩韻　697b
掌中万国一覧　895c
象徴主義の文化へ　635c
象徴の烏賊　52a
笑調理論　732c
小天地　560c 803b
上都　433a 859a
松濤軒雑纂　448b
聖徳太子尊像聚成　69a
浄土和讃勧信録　25c
小日本歟大日本歟　561b
少年(大岡昇平)　177b
少年(谷崎潤一郎)　650c
少年(手塚治虫)　687a
少年園　1169c
少年倶楽部　612b 809a 1109b
少年行　764b
少年世界　128c 167a 200c 351b 405a
少年文学　128c
少年文庫　117a 228b
小農に関する研究　1126b
省諐録　464a
慴怕操筆　448b
勝負のこころ　209a
丈夫の本領　561b
招豊年　736c
正明寺小志　957c
常民の政治学　297b
上毛教界月報　268b
上毛自由　2a
将門記　177b
縄文的原型と弥生的原型　649c
条約改正記事　6a
生薬学　526a
条約十一国記　895c
逍遙選集　682a
松籟清談　142a
将来の教育学　653a
将来之日本　712a
松蘿玉液　962c
勝利　316b
勝利者の悲哀　712c
浄瑠璃坂　669a
小惑星回報　325c
昭和国民読本　712b
昭和時代　745c
昭和史発掘　992a
昭和史への一証言　991a
昭和将棋史　209a
昭和動乱私史　1084b
昭和農民総蹶起録　752c
昭和の精神史　626a
昭和の動乱　498a
昭和一人の世も花も一　36b
昭和文学史　881b
昭和文学盛衰史　607a
書苑　303c
女誡扇綺譚　481a
女学雑誌　70c 128b 149a 334c 343b 510a 1169c
初学小説心得　453b
女学新誌　128b
初学文範　221b
諸葛孔明　539a
初期ヴェーダーンタ哲学史　767b
初期絵巻物の風俗史的研究　557a
書記官　310c
初期中世社会史の研究　717b
触穢私考　830b
職業科事典　523c
職業観の変革　243a
職業社会学　243a
職業紹介事業の変遷　730b
職業と近代社会　243a
職業としての編集者　1143b
食後の唄　349c
続日本後紀纂詁　1044b
植物記　958a
植物系統学　57b
植物誌•絵と文　478b
植物渡来考　538c
植物妖異考　538c
植民及植民政策　1084b
殖民原論　739a
植民史　937c
殖民政策と社会政策　739a
殖民地教育　501b
食糧評論　744c
女訓の栞　1037c
叙景詩　248a 290a
諸系図　49a
所見　953c
恕軒遺稿　502c
恕軒詩鈔　502c
恕軒文鈔　502c
恕軒漫筆　502c
女工哀史　937b
初航蝦夷日誌　971b
諸国畸人伝　63c
書斎より街頭に　635c
諸山蔵経考　141a
ジョージ•ウィリアムズと基督教青年会　449a
書誌学(幸田成友)　405b
書誌学(1933創刊)　744a
書誌学序説　1098a
女子教育要言　1037c
女子参政蜃中楼　889b
女子自修文庫　523b
女子修身書　471c
女子処世論　1037c
女子の務　1037c
女子の本分　1037c
女子文壇　1001b
書生　744b
抒情詩　374b 658b 1028a 1078a
抒情小曲集　1051c
処女懐胎　63c
処女の純潔を論ず　343b
女声　657b
女性解放の思想と行動　640a
女性思想史　297c
女性時代　303c
女生徒　627a
女性の法律　275a
処生の道　809a
女性の歴史　610a
職工事情　1129b
初等幾何学教科書　332a
初等常微分方程式　1133a
初等整数論講義　591b
書道全集(1930)　303c
書道全集(1954)　325c
除稲虫之法　602b
書の実相　7a
庶民列伝　894a
書物の世界　528b
女優一代　1007c
所有権法の理論　315b
女優生活廿年　1075c
女優という仕事　1119b
諸陵説　653a
諸陵徴　653a
書論　666c
ジョン•ウェスレー伝　591c
ジョン=デューイ学説批判　1103c
如温武雷土　713a
ジョン万次郎漂流記　112b
白石正一郎日記　537c
白井光太郎著作集　538c
白樺　39c 40a 43b 86c 236c 335a 349c 417b 481c 495c 577b 773a 1039a 1088c
白河楽翁公と徳川時代　1002a
新羅花郎の研究　1005b
新羅史研究　115c
新羅史の諸問題　546c

白鷺　75c
白鷺集　290a
白玉姫　560c
白鳥庫吉全集　540a
不知火考　747b
白野弁十郎　799a
白南風　342b
白藤　310c
白百合　126b 581c 1112b
紫羅欄花　303c
知られざる国々　495b
シリーズ・学祖山田顕義研究　1105b
自立する女性へ　640a
自流泉　677c
死霊　838c
史料採訪　127a
寺領荘園の研究　619a
史料保存と歴史学　675b
志ろあらし　518b
白い姉　240c
白い壁　946a
白い線　496a
白い塔　31a
白い人　170c
素人鰻　280a
次郎物語　524c
白き瓶　907a
次郎吉懺悔　559c
白き手の猟人　1005a
白き路　248a
白き山　451c
白孔雀(九条武子)　369c
白孔雀(西条八十)　447c
白すみれ　1085c
城のある町にて　265c
しろばんば　108b
白桃　451c
史論(安積艮斎)　15c
史論(鈴木雅之)　563c
詩論　400b
史話東と西　405b
史話南と北　405b
心　774c
新愛知　145a 186c 360b 435b 502b
新朝顔日記　485a
新伊勢物語　707a
新潮来曲　167a
神遺方経験抄　438a
人雨草紙　448b
清英交際始末　895c
寝園　1128c
新演芸　222a 559c 799a 1122b
新・沖縄史論　38b
辛亥紀行　559a
信界建現　663a
心懐語　786a
新開場梅田神垣　316b
神楽　504a
新楽劇論　682a
人格社会主義の本質　260c
人格主義　30b
人格の哲学と超人格の哲学　724c
神学略説　807c
進化新論　65c
新片町より　510c
新家庭　1122b
新家庭訓　1037c
進化と思想　988a
進化論講話　210b
宸翰英華　127a 671c
新感覚論　1128c
新幹線そして宇宙開発　517c
秦漢帝国　788a
新カント派の社会主義観　580c
神官要義　901b
臣軌解　1095c
新紀元　28b 63b 349a 628b 899b
神祇史　1031a
神祇史概要　408b
宸記集　1180a
神祇志料　384a
成吉思汗　237c
成吉思汗実録　759b
神祇と祭祀　76b
新旧時代　239c
新教育講義　653a
真教弁明　1125c
人境廬詩草　403c
新曲浦島　682a
神宮祭神提要　646b
神宮祭神略記　646b
神宮神事考証　1003a
真空地帯　809b
神宮の建築に関する史的調査　903a
神宮明治祭式　158a
深紅の溜息　893c
深紅の人　477c
新傾向句集　322b
神経病時代　889a
新劇運動の黎明期　317c
新劇・愉し哀し　153c
新劇団大同団結の提唱　1051a
新月　470c
箴言講義　1121b
新建国　902c
慎憲塾叢書　64a
人権新説　285b
神権説と民約説　939c
人工衛星回報　325c
真興王の戊子巡境碑と新羅の東北境　53b
新興科学の旗のもとに　837b 1003b
人工気胸療法　378c
新稿憲法述義　133b
信仰五十年　987b
信仰五十年史　657c
新功算法　1088b
信仰の遺産　123b
信仰の生活　139b
信仰の友　139b
信仰の余瀝　663a
信仰文集　476b
信仰問題　663a
新興ロシアの教育　1103c
新公論　135a 373a
新古今時代　265a
新古今和歌集　319a
新古今和歌集評釈　377a
清国行政法　245a 281c
清国商業総覧　800b
清国通考　832c
清国通商綜覧　36b
新国民の修養　166a
新吾十番勝負　312a
新古文林　374b 1132b
新自讃歌評論　152b
新自然主義　126b
新時代の婦人　626c
新思潮　11b 14b 43a 240a 321a 330b 380a 428a 439b 650c 677c 727c 1119b 1180c
真実一路　1119c
真実信心弁惑論　732c
紳士と淑女　749b
新支那　554c
紳士の賊　565c
新次の身の上　1019a
新社会(矢野文雄)　1091b
新社会(1915創刊)　456a 605a 1083b 1097a 1099a 1134c
新社会の基礎　745a
新社会評論　456a
真珠　457c
心中　1066b
真宗安心論　64a
真宗学苑談叢　951c
神習紀行　559a
神州天馬俠　1134a
新修東洋倫理綱要　832c
神州万歳堅策　119b
真宗法要典拠　667b
真宗本義　11b
新修森有礼全集　1065a
新宿夜話　223a
真珠抄　342b
真珠島　1005a
真珠夫人　330b
真珠湾までの経緯　64b
真珠湾・リスボン・東京　1069b
新春　713b
新常識論　285b
尋常小学国語読本　21b
尋常小学児童洋算初歩　250a
新小説　228b 399a 406a 425a 750c

774b 824a 1010b 1174c
新女界　166a
新書太閤記　1134a
新詩論　1136a
新人　166a
人身窮理学小解　216a
人臣去就説　2c
真人基督　1020a
壬申戸籍成立に関する研究　542c
人心の政治学　297b
壬申乱　563c
新新訳源氏物語　1131a
新・水滸伝　1134a
新声　48c 255a 290a 420c 475b 701a 792b 1005a 1051b 1132b 1171a
新政　627b
人生　769a
人生学　145c
新世紀　416b
人生劇場　237c
人生詩集　805b
真盛上人御伝記集　957c
真政大意　285b
人生地理学　956a
人生と信仰　663a
人生と表現　993b
人生に相渉るとは何の謂ぞ　343b
新青年　499a 1128b
人生の幸福　964c
人性の自然と吾邦の前途　285b
人生の大惨劇　1097a
人生の半分　761b
人生の表裏　154b
人生の妙味　373a
新生の悦び　577b
神性発掘　210b
真説石川五右衛門　660c
新説国姓爺合戦　376c
新撰歌典　246a
新選組始末記　522b
新撰上野国志沿革図説　390a
新撰讃岐国風土記　973c
新撰姓氏録考証　384a
新撰数学　570a
新撰日本外史　58b
真善美日本人　1026a
新撰米作改良法　777c
新選前田河広一郎集　951c
(新撰)洋学年表　196b
新川柳六千句　102b
心像　49a
深層海流　992a
親族法　1169c
親族法講義　222b
人体寄生動物編　48a
人体系統解剖学　563a
新体詩歌集　726c
新体詩抄　105a 726c 1084a
新体詞選　1106c
神代史の研究　674c
人体組織攬要　616b
新体梅花詩集　751b
新太平記　1093b
死んだ海　1051a
新宝島　687a
信託法通釈　1023b
新・忠臣蔵　919b
新潮　206c 236b 475b 769a 995c 1083b
新勅撰愚考　390a
新著月刊　425a 518b
新著百種　128c 237a
新訂小林秀雄全集　432a
新訂坤輿略全図　504b
新定詩語砕金　697b
(新訂増補)国史大系　110a 388c 460c 997b →国史大系
新定東湖全集　910a
信天翁詩鈔　1108b
神典採要　158a
新田地主の研究　931c
真天主教説略　1175b
新天地　630a
神典翼　1090c
神道　22c
人道　724a
神道学雑誌　645b
神道原論　645b
神道考古学論攷　200a
神道綱要　1118c
神道三要　1146c
神道史　1031a
神道史序説　1031a
新唐詩選　1037a
神道思想史　1108a
神道書籍目録　281b
神道信仰要系序論　281b
神道新論　109b 601c
神道青年　645b
神道哲学精義　645b
神道の研究　408b
神道の宗教学的新研究　281b
神道謬弁　169b
神道弁謬　169b
新東北　145b
神道本論　1057c
神道問答鈔　979b
神道要典　1118c
親燈余影　1172b
神徳論　646b
新浪華　786c
清二京十八省輿地全図　697b
新日本　183c 382a 738c
新日本史　619b
新日本史図録　784a
新日本主義　126c
新日本史要説　925b
新日本の開拓者ゼー・シー・ヘボン博士　1119a
新日本の思想原理　1003b
新日本之青年　712a
新日本文学　257a 835c
真如の月　128c
神皇正統記述義　1108a
神農本草経攷註　1072a
真の道を知るの近路　685b
新橋夜話　736a
審判　153c
新版横溝正史全集　1128b
新美辞学　518b
辛未政表　549a
神秘的半獣主義　126b
神秘哲学　87b
新仏教　456c 595a
新仏教論　751b
人物叢書　610c
人物論　553a
信府日日新聞　435b
信府日報　66a
新聞薈叢　1085c
新聞研究　1122b
新聞原論　252b
新聞五十年　95b
新聞雑誌　511b
(新聞雑誌之創始者)柳川春三　239b
新文詩　1069c
新聞誌　334a
新聞紙実歴談　334a
新聞十六講　663c
新聞生活二十二年　95b
新文壇　475b
人文地理学研究　227b
人文地理学説史　49b
新聞に入りて　524c
新・平家物語　1134a
新・平家物語　707a
新編会津風土記　617a
新編女大学　471c
身辺雑話　142a
新編常陸国誌　384a
新編幼学詩韻　697b
進歩　459c
新封建論　666c
診法要略　470b
進歩党々報　168b
新満洲の風土と文化　541b
新磨妹と背かゞみ　681c
人民　301a 668c
人民戦線　751a
人民文庫　169c 607a 622a 657a 946a
新村出全集　543b
新村猛著作集　543b
清名家論画集　1108b
新訳和蘭国全図　607b
新訳源氏物語　1130c

新約聖書　306c
志無也久世無志与　306c
新約と新教　476b
深夜の酒宴　491b
新山姥　333b
新夕刊　826a
申酉雑記　971c
信用組合提要　502a
信用組合論　878b
親鸞(赤松俊秀)　10c
親鸞(三木清)　1003c
親鸞記　1133c
親鸞聖人伝　468b
真理　18a 530b 725c 1019c
真理易知　928c
真理一斑　138c
心理学概論　1063b
真理金針　100c
心理試験　163c
真理先生　1039b
新律綱領　1044a
深林　954a
森林経理学　495b
人類学研究　413a
人類学汎論　792c
人類文化史　767c
神霊界　685c
心霊の滅亡　6c
新論　2b 312b 881a 1138b
神話学概論　792c
神話学原論　988b
神話学論考　988b
神話と文化境域　1005b
親和力　869a

す

随　231b
翠雲炉辺画談　436b
水塩偶筆　667b
随縁集　633b
随縁鈔　400a
水滸伝　326c
水彩画家　510a
水彩画階梯　186b
水彩画之栞　186b
水産原論　336a
垂死の床にありて　310c
水晶幻想　321b
吹塵録　276a
随々草　633b
彗星　326a
彗星回報　325c
彗星考　987a
随想録　601c
酔亭詩話　845c
水天宮利生深川　318b
垂統秘録　480a
水巴句帖　1177c
ずいひつ牛歩七十年　317c
随筆滝沢馬琴　995c
随筆明治文学　1087b
水墨画　1079a
水墨集　342b
酔茗詩集　303c
酔茗詩話　303c
酔茗随筆　303c
睡余操觚　448b
睡余漫筆　1080b
随鑾紀程　317b
水理学　1063b
睡蓮　581c
数学起源　311b
数学教育史　235a
数学教育の根本問題　234c
数学教授本　326a
数学史研究　235a
数学叢書　849a
数学問題集　570a
芻蕘巷議　371b
枢府と内閣　1144b
枢密院重要議事覚書　893b
数理哲学研究　648b
数理の歴史主義展開　648c
末川博随想全集　544b
末永雅雄著作集　545b
末分椈　756b
周防大島を中心としたる海の生活誌　1034a
菅舎歌集　470a
巣鴨日記　498a
杉浦重剛全集　548c
杉亨二自叙伝　549a
過ぎ去りし、昭和　443b
杉先生講演集　549a
杉山メモ　553a
杉山寧素描聚成　554a
スキャンダル　171a
杉よ！眼の男よ！　757a
スコブル　1032a
鈴木重胤集　559a
鈴木重胤全集　559a
鈴木泉三郎戯曲全集　560a
鈴木大拙全集　560b
薄田泣菫全集　560c
鈴木三重吉全集　564a
鈴木茂三郎選集　564b
進み行く我化学工業　647a
進め　616a
雀の卵　342b
硯の海　778c
斯丁氏講義筆記　529b
捨小舟　70c
砂時計　155b
砂の器　992a
砂の女　29b
砂の砦　1037a
砂の枕　942a
素裸な自画像　59b
スバル　222c 342b 349b 480c 650c 663c 750b 875b 896c 941c 1066b 1131c
西班牙犬の家　480c
スペンサー氏倫理学説　747b
スペンサーの風船乗り　823a
スポーツと共に　23a
須磨寺附近　1116a
スミスとリスト　184c
墨染桜　310c
すみだ川　736a
墨塗女　333c
住吉　321b
住吉模本年中行事絵巻　557b
すめらあじあ　294c
相撲今むかし　1170b
摺木兎拍木鞍摺葦手書鞍考　350a
駿河小志　818b
諏訪史　114a
諏訪神社の研究　1031a
駿城記　818b
寸鉄　244b
駿府志略　818b

せ

世阿弥十六部集　802b 1140b
世阿弥十六部集評釈　806c
青靄集　269c
青蛙堂鬼談　223b
井蛙問対　722c
生あらば　727c
西医脈鑑　886a
西医略論　940b 1025c
声韻図考　653a
青雲　31a
星雲　1039b
説苑　1050b
西欧世界と日本　489c
政界財界五十年　745c
青厓詩存　414b
政界側面史　848a
政界の寧馨児　1115c
靖海問答　1080b
政界夜話　955a
性学趣意　203b
性学日記　203c
聖学要領　371a
西画指南　309c
聖家族　943a
生活と一枚の宗教　382a
生活と芸術　701a
生活と芸術叢書　1083b
生活と宗教　591c
生活の探求　509c

生活の貧しさと心の貧しさ　195b
静寛院宮御側日記　798b
静寛院宮御文通留　798b
星巌集　1086b
星巌先生遺稿　1086b
征韓評論　473b
征韓論実相　398a
征韓論の旧夢談　473b
正気歌　909c
正義の兜　477b
青丘学叢　768b
青牛集　400a
清狂遺稿　397c
西教史談　1119a
政教新論　416b
声曲類纂　448a
正義を求める心　189b
靖献遺言　156a
静軒一家言　690c
静軒漫筆　690c
星湖集　764b
星座　40a 65b
成斎先生遺稿　497c
成斎文初集　497c
成斎文二集　497c
清作の妻　1137a
青山閑話　918c
生産初歩　492c
聖山随想　5b
西算速知　900a
青山白雲　713a
聖フランシスコ・ザビエルの生涯　1152a
聖三稜玻璃　1112b
静思　382a
政治運動教程　635a
政治運動のABC　635a
政治学　1092a
政治学大綱　252a
姓氏家系大辞典　190c
正志斎文稿　2c
政事小説花間鶯　546a
政治小説研究　1087b
政治小説雪中梅　546a
政治哲学　142c
政治哲学の急務　648c
政治の社会的基礎　207c
政治汎論　596c
成熟と喪失　163a
青春　236b
青春と泥濘　873b
西巡日乗　287c
青春をどう生きるか　837c
聖書辞典　928c
聖書之研究　150a 240a
聖書之抄書　919c
聖書より見たる日本　749c 904b
政治わが道　913c
政治を考える指標　670c
政治をみる眼　297b
精神　726a
精神界　357b 468a 628c
精神啓微　388b
精神療法　388b
醒心和歌集　667b
西征紀行　78c
西征詩　1086b
生々抄　297c
聖世紹胤録　697b
税制整理論　226b
西征日暦　818b
征西日記　111a
生性発蘊　783c
生々流転　222c
生存を拒絶する人　297c
生体染色の研究　357c
生体染色の現況　357c
聖断の歴史学　503a
清談録　429a
製茶略説　772a
生長　1039a
清張古代史記　992a
生長する星の群　1039b
清張通史　992a
生長の家　650b
西哲夢物語　374a
青天霹靂史　519b
青鞜　93a 297b 802b 879a 899b 1096a
政党及び政党史　612c
青銅時代　431c
斉東史話　340b
正統と異端　942b
青銅の基督　773a
政党美談淑女操　51a
製陶余録　722c
西独基本法制定史の考察　98b
制度考　907b
制度法議　839a
聖トマスの天主の完徳　718b
西土歴代帝王図譜　818b
西南記伝　149a 312b
青南後集　677c
青南集　677c
性に眼覚める頃　1051c
青年(林房雄)　850b
青年(森鷗外)　1066b
青年(1923創刊)　525a
青年運動　634c
青年公民読本　626c
青年の福音　1097a
青年の環　809b
青年文　589b
青年文学　374b 663b
聖盃　873a
西藩田租考　69b
清貧の書　850c
清風集　563c
西部戦線異状なし　517b
生物学講話　210b
生物祭　93b
聖フランシスコザベリヨ　1119a
青萍詩存　546c
西方の人　14c
舎密局開講之説　858c
舎密局必携　135b
舎密便覧　890c
生命の川　381c
生命の冠　106c 1119b
生命の樹　607a
清明の節　377a
生命保険論　907b
星夜　343c
静夜　248a
静夜曲　1137a
製薬化学　526a
西洋衣食住　895c
西洋烟火之法　520b
西洋各国盛衰強弱一覧表　285b
西洋紀行航海新説　738a
西洋紀聞　1150c
西洋近世哲学史　33a 724c
西洋近世哲学史稿　366b
西洋見聞録　811b
西洋古代中世哲学史　33a
西洋最近世史　398a
西洋雑誌　1085c
西洋史記　1044c
西洋史講話　1016b
西洋事情　895c
西洋事情書　820b
西洋史新講　209b
西洋市民意識の形成　966c
西洋社会運動史　63b
西洋小品　667b
西洋女訓　749b
西洋水利新説　1171a
西洋政治史　114a
西洋操銃篇　187b
西洋旅案内　895c
西洋中世世界の成立　966c
西洋中世史概説・宗教改革史　854a
西洋中世世界の崩壊　942b
西洋中世の文化　209b
西洋彫刻史　127c
西洋哲学講義　105a
西洋哲学史　198c
西洋哲学史要　829c
西洋鉄熕鋳造篇　687c
西洋哲理　262c
西洋道中膝栗毛　287c
西洋美術館めぐり　417b
西洋文化史論考　209b
西洋封建社会成立期の研究　966c
西洋又南洋　1101c
西洋倫理学史　679b

西洋列国史略　479c
政理叢談　739c
政略哲学　1127b
聖陵図草　912c
勢力論　597b
聖霊の盈満　961c
青蘆集　713a
政論　175a 176c 423b 786c 1080c
青湾茶会図録　653b
ゼエレン・キエルケゴオル　1181a
ゼーロン　957b
世界　496a 796c 998a 1143b
世界印刷通史　1159c
世界お伽噺　128c
世界お伽文庫　128c
世界画報　443b
世界国尽　895c
世界経済診断　179b
世界経済図説　1022b 1172a
世界語　917a
世界古代文化史　792c
世界最終戦論　71c
世界史的立場と日本　403b 411c
世界史における現代のアジア　136b
世界史の使命　1154b
世界史の哲学　411c
世界週報　117b
世界情勢ノ推移ニ伴フ時局処理要綱　120b
世界史論講　457c
世界青少年の指導者J・R・モット　449a
世界大勢史　398a
世界大戦原因の研究　267a
世界大戦史　854a
世界大百科事典　523c 848c
世界的研究に基づける日本太古史　353c
世界動乱の三十年　567c
世界童話宝玉集　372a
(世界に於ける)希臘文明の潮流　457c
世界の一環としての日本　715b
世界之日本　619b 1041a
世界の一人　541a
世界美術全集　523c
世界百傑伝　312b
世界婦人　63b 899b
世界文化　543b 738b
世界文化人巡礼　1115c
世界文化と日本文化　30b
世界文化の趨勢　145c
世界法の理論　638a
世界歴史事典　102c
関ヶ原　506c
石魂　992c
惜春　169c
硯水詩草　371a
碩水先生遺書　371a
碩水先生余稿　371a
碩水日記　371a
碩水文草　371a
碩鼠漫筆　390a
責任論　285b
寂寞　964b
石門心学史の研究　63a
石油　1172a
世間師　236b
世間知らず　577b
世間と人間　1023b
せ・し・ぼん　474a
世事要言　326b
世相　244a
説教学　664b
説教問答　697b
説教話柄　1057c
楔形文字入門　548b
楔形文字法の研究　856b
雪月花　210a
雪原の少年　228c
折柴句集　613a
絶対的生活　382a
絶対の忠誠　282a
接痘瑣言　626b
拙堂文集　448c
絶望と享楽　553b
銭形平次捕物控　810b
妹尾義郎宗教論集　575b
妹尾義郎日記　575b
蟬しぐれ　907a
芹沢光治良　576b
芹沢光治良作品集　576b
芹沢光治良自選作品集　576b
施療室にて　882b
ゼロ成長脱出の条件　524b
ゼロの焦点　992a
善悪の岐　334c
潜庵遺稿　269b
繊維の科学　466c
繊維・放射線・高分子　466c
戦影　1011a
前衛　634c 945c 1097a
前衛の文学　277b
仙右衛門覚書　590c
禅海一瀾　114c
山海経　319a
戦旗　431b 681a 1036a 1050c
一九三二年の春　1034c
一九二八年三月十五日　431b
遷喬書屋集　1172b
選挙戦における労働農民党の初陣　1116c
選挙人目ざまし　740a
選挙之腐敗　435c
千家元麿全集　577b
宣言　40a
前賢故実　332c
宣言一つ　40a
全国合同策　119c
戦国時代和歌集　319b
戦国戦記　610c
全国徴兵論　896b
全国方言辞典　698b
戦後十年の国際政局　567c
戦後政治の覚書　942c
戦後日本政治史　503a
戦後日本の教育改革　257b
戦後農村の実態と再建の諸問題　251b
戦後労働組合の実態　184c
戦災者の悲み　964c
(戦時英雄小説)武俠艦隊　241c
先史考古学　1110c
戦時国際法　43c
戦時国際法講義　502b
戦時国際法提要　502b
戦時国際法論　629a
戦時断想　306c
先史地域および都市域の研究　905b
禅宗　923a
(全集未収)橋本左内関係史料研究　820c
戦場の顔　657a
前進　463a 1097b
善心悪心　481c
戦陣訓本義　105c
潜水艦U五一一号の運命　811a
潜水艇と潜水戦　95b
前世界史　1130b
泉石日誌　607b
戦前・戦後八十年　300c
戦争史大観　71c
戦争史論　120b
戦争と経済　39b
戦争論　624b
戦争を呪ふ　1098c
先祖の話　1088a
仙台市史　925b
仙台新聞　596a
全体新論　940b
仙台日々新聞　596a
先代萩　728c
仙台方言考　995c
千田是也演劇論集　578b
前置詞大完　450b
潜中紀事　356b
潜中始末　356b
先哲叢談後篇・続篇　697b
戦闘は継続する！　869a
禅に生くる　1031b
千年の愉楽　742c
善の研究　788c 1003a
千利休研究　395a
千羽鶴　321b
千万人と雖も我行かん　869a
選民　351c
扇面法華経　557b
川柳　102b 454b
川柳久良伎全集　454b
川柳梗概　454a

川柳人　102b
荃廬印譜　303c
戦論　1066a

そ

揷雲　1083c
層雲　238a
相益社談　97a
蒼海詩集　577b
蒼海全集　582c
創価教育学体系　716a 956a
槍騎兵　520a
創業三十五年を回顧して　73a
喪儀略　923c
喪儀類証　1002c
草径集　183a
造型美論　609a
象牙の塔を出て　386a
装剣備考　385a
綜合国史研究　384b
綜合日本史概説　384b
綜合日本史大系　309a 384b 784a
綜合文化　835c
相尅　567c
創作　86c 248a 255b 1171a
創作・労働問題　877b
荘子考　221b
想実論　70c
(増修)日本数学史　171b
早春の蜜蜂　236b
草上記　1037a
総統いまだ死せず　898b
創世記詳解　961c
漱石全集　434c 774c
漱石とその時代　163b
漱石の芸術　434c
壮絶快絶日清戦争　906b
総選挙読本　907b
創造教育の理論及実際　664a
送葬論　511a
相続法　743b
相対性原理　72c
左右田喜一郎全集　580c
双蝶のわかれ　343c
増訂華英通語　895b
(増訂)象山全集　464b
壮年団　525a
蒼氓　65b
総房共立新聞　786c
増補詠歌自在　471a
増補改正訳鍵　888a
増補雅言集覧　747b
増補上世年紀考　1005b
増補浄瑠璃大系図　625c
増補淡窓全集　887a
宋末の提挙市舶西域人蒲寿庚の事蹟　395b
走馬燈　448b
相馬の金さん　223a
滄溟詩集　145b
喪明録　496c
草莽雑誌　385b 430b
草莽事情　549c
草莽の国学　91c
艸木虫魚　560c
草木六部耕種法　479c
叢裡鳴虫　119c
蒼竜広録　114c
藻類系統学　221c
葬列　64c
蔵六居印藪　843c
蔵六居印略　843c
蔵六金印　843c
蔵六銅磁印譜　843c
蔵六漫筆古陶録　965c
蔵和辞典　311c
添田唖蝉坊新流行歌集　583a
添田唖蝉坊・知道著作集　583a
曾我綉俠御所染　318b
続一年有半　740a
続回顧録　720c
俗楽旋律考　137a
続鎌倉仏教の研究　10c
息距篇　707a
続金工史談　287b
続神戸　448c
続こしかたの記　296c
続古地震　817c
続再夢紀事　1047b
続三千里　322b
続春夏秋冬　322b
続世界経済図説　1172a
続草径集　183a
続々歌舞伎年代記　657c
続南洋日本町の研究　119a
続西田哲学　411c
続日本高僧伝　695a
続日本精神史研究　1181a
続俳人仲間　613a
続福沢全集　66b
続武将感状記　385a
続法制史の研究　1001a
続万葉の世紀　344b
俗蒙叢談　745b
続瘍科秘録　948c
頊克剌底　378b
続歴史と民族の発見　73c
続聯珠詩格　697b
続わが道　908b
素月集　248a
祖国　344b
祖国喪失　939b
祖国なき沖縄　756a
祖国を顧みて　310a
底の社会へ　228c
蔬菜園芸教科書　55c
蔬菜栽培法　901a
組織学汎論　563a
楚辞考　221b
楚囚之詩　343b
楚人冠全集　551c
租税論　226b
蘇浙游記　235c
祖先祭祀と日本法律　939c
即興詩人　1066b
息軒遺稿　1080b
袖萩祭文　728c
蘇東坡　589b
蘇東坡詩　227c
其面影　917a
その最後の世界　65b
園能池水　725b
その人　481c
その日まで　491b
その夜　773a
蘇峰叢書　712c
祖母の為に　495c
天うつ浪　406a
空と樹木　236c
橇　391b
反橋　321b
それから　774b
蘇聯瞥見　1115c
存華挫狄論　480a
尊攘紀事　225c
尊攘紀事補遺　225c
尊攘堂書類雑記　502a
尊攘余韻　329a
尊皇思想とその伝統　1181a
尊皇攘夷の血戦　234a
尊王論　896b
孫文伝　554c
そんへえ・おおへえ　150b
村落構造の史的分析　762b

た

大亜細亜　264b
大亜細亜主義　294b
第一次満蒙学術調査研究団報告　735b
第一東京演説　51a
第一人者　995c
第一の暁　11b
第一回興業意見　953c
ダイヴィング　919b
大英游記　551b
大役小志　495b
大学　657a
大学教授始末記　756a
大学今昔譚　1026b
大学左派　607a
大学述義　722c
大学説　1080b

大学評論　1029b
大学弁　563c
大化改新の研究　460b 460c
大観　183c
大漢和辞典　677a 1076c
大逆事件　237c
大経講話　64a
代教整数新法　224b
大凶の籤　622a
太虚集　509b
大空　238a
退屈読本　481a
大君の都　210a
体系日本史叢書　341a
体験を語る　809a
太鼓　233a 681a
太閤記　1083c
太閤検地の歴史的意義　38a
太閤検地の歴史的前提　38a
大語園　128c
醍醐寺新要録　10c
醍醐寺文書　931c
太古史略　457b
大根の葉　680c
大西郷　312b
第三帝国　301b
第三の隠者の運命　1039b
第三の神話　794b
第三の繊維　466c
第三ヒウマニズムと平和　1040a
対支外交論　1029c
大自然の夢　576b
大辞典　1107a
大慈悲　328a
対支問題　1144c
大衆　564a 595c
大衆運動　605a
第十九世紀日本ノ青年及其教育　712a
大衆倶楽部　1093a
大衆文芸　824b
大衆文芸評判記　1014a
大乗　194a
大乗院寺社雑事記　762a 1069c
大嘗会私考　475b
大正外交十五年史　502b
大正銀行史　8c
大正茶道記　603b
大正昭和財界変動史　600a
大正昭和政治史の一断面　271b
大正新修大蔵経　1175c
大正政治史　503a
大正川柳　102b
大正デモクラシー期の政治　990a
大正デモクラシー史　503a
大正天皇御記　588b
大正天皇御製歌集　588b
大正日日新聞　154b 731a 836a 996c
大正の青年と帝国の前途　712b
大将の銅像　843c
大乗仏教概論　560b
大乗仏教思想論　353b
大乗仏教史論　951c
大正名器鑑　603b
大清一統図　504b
大震災録　668c
代数学講義　591b
泰西英傑伝　398a
大政紀要　783c
大勢三転考　633b
泰西社会事業視察記　641a
大西新聞　484a
大勢新聞　505c
泰西新論　850c
泰西兵鑑初編　1027a
泰西兵餉一斑　431c
泰西本草名疏　88c
泰西名医彙講　1016c
大勢を達観せよ　184a
大船摭要　254a
大蔵経要義　947c
太素日記　795c
太素漫筆　795c
大地の愛　541b
大朝　135a
大調和　1039b
大帝康熙　773a
大典講話　572b
大東亜　312b
大東亜戦争肯定論　850b
大東亜戦争全史　834a
大統歌　494b
大東合邦論　659a
大導寺信輔の半生　14c
大東日報　828b 854c
大東の鉄人　1109b
大道本義　158a
大道要義　577a
大徳寺文書　932a
対髑髏　406a
大南北全集　26b
第二愛の詩集　1051c
第二芸術　395c
第二次世界大戦外交史　22a
滞日十年　386c
第二之維新　872c
第二の接吻　735a
第二貧乏物語　310b
大日本(1914創刊)　1015c
大日本(1932創刊)　641b
大日本維新史料　195a
大日本稲作要法　736c
大日本外交文書　195a 297a
大日本簡易排水法　736c
大日本憲政史　197b 312b
大日本校訂大蔵経　898a
大日本古記録　1064a
大日本国語辞典　459b
大日本国体概論　1108a
大日本国教論　159a
大日本古文書　51c 116c 388c 645c 931c 937a 1001c 1159c
大日本蚕業会報　75a
大日本史　2b 7c 328c 384a 497b 1044b
大日本樹木誌　737a
大日本商業史　547c
大日本植物誌　737a
大日本植物図彙　92c
大日本女性史　609c
大日本女性人名辞書　610a
大日本史料　51c 110a 127a 192b 215a 384b 395a 610c 618c 645c 671b 676b 937a 1000b 1001c 1064a 1118c 1159c 1180a
大日本史類名称訓　109b
大日本人名辞書　615c
大日本数学史　171a
大日本図画　158c
大日本地誌　658b 1101c
大日本地誌大系　21c
大日本地名辞書　459b 1140b
大日本帝国憲法の根本義　262c
大日本帝国最後の四か月　467c
大日本読史地図　21c
大日本農史　645b
大日本美術史　418b
大日本風土編　762c
大日本仏教全書　592a 1058b
大日本不動産法沿革史　1126a
大日本文章学会講義録　475b
大日本編年史　379b 497b
大日本方言地図•国語の方言区画　698b
大日本膨脹論　712a
泰否炳鑑　2c
第百階級　368a
大百科事典　523c
代表的日本人　149c 446a
太平新聞　1046c
太平洋　167a 658b
太平洋海戦史　591a
「太平洋戦争」と「もう一つの太平洋戦争」　503a
太平洋労働者　1115a
大菩薩峠　326c 743c
炬火　316c
大満洲国建設録　433b
大名と御伽衆　395a
大夢記　960b
隊務日記　1066a
ダイヤモンド　74b 88b
太陽　149b 200c 204c 377c 611b 726a 824c 1018c 1071c
太陽と花園　11b
太陽の季節　73a
太陽の子　896c

太陽のない街　713b 1051a
太陽暦耕作一覧　919a
第四階級の文学　1031b
第四間氷期　29b
平清盛　1107a
平将門(赤城宗徳)　8b
平将門(海音寺潮五郎)　256c
平将門(北山茂夫)　344b
平将門(幸田露伴)　406a
平将門(真山青果)　106c 995c
大陸小志　433b
大陸への悲願　433b
大礼と朝儀　76b
台湾諸島誌　227b
台湾日報　733c
台湾幣政論　439c
台湾民報　471a
田岡嶺雲全集　589b
鷹　63c
高木市之助全集　590a
高木海軍少将覚書　591a
高木惣吉日記　591a
高木八尺著作集　591c
高楠順次郎全集　592a
高倉家調進控装束織文集成　557b
タカクラ・テル名作選　592c
高倉徳太郎全集　593a
高倉徳太郎著作集　593a
高碕達之助集　593b
高島易断　594a
高島米峰自叙伝　595a
高島米峰選集　595a
高嶋流砲皆伝書　523a
高島流砲術秘伝書　594a
高杉晋作　237c
高杉晋作全集　595c
高瀬川　592b
高瀬舟　1066c
高田新聞　30c 84a
鷹司政通記　598a
鷹司政通記草　598a
高時　82b 318b
高嶺の雪　246a
高野長英全集　599a
高野実著作集　599c
高橋阿伝夜刃譚　288a
高橋健自集　600b
高橋是清自伝　601c
高橋財界月報　600a
高橋磧一著作集　602c
高橋誠一郎コレクション・浮世絵　603a
高橋由一履歴　604b
高見順全集　607a
高見順日記　607a
高峰譲吉　494b
高村光太郎全詩集　609a
高村光太郎全集　609a
高群逸枝全集　610a
高柳光寿史学論文集　610c
高山右近の生涯　1152a
高山操志　287c
財部彪関係文書　612b
財部彪日記　612b
滝井孝作全集　613a
滝口入道　611b
滝沢馬琴　23b
滝拙庵美術論集　614a
滝の白糸　75c 344a 1007c
焚火　495c
卓上の花　1037a
卓上噴水　817a 1051c
拓川集　283c
啄木全集　65a
濁流に泳ぐ　24a
竹内綱自叙伝附竹内綱獄中日記抄録　618a
竹内好全集　618c
竹内好談論集　618c
竹内理三著作集　619a
たけくらべ　867b
竹沢先生と云ふ人　773a
竹四郎廻浦日記　971b
武田泰淳全集　621b
武田祐吉著作集　622a
武田麟太郎全集　622a
竹取物語俚言解　471a
竹内式部君事迹考　937b
竹の木戸　374b
竹乃里歌　451c 962c
竹乃里歌全集　400a
竹の屋劇評集　5a
竹の舎集　57a
武見太郎回想録　624c
竹藪の家　457c
竹山道雄著作集　626a
太宰治全集　627a
他山遺稿　373b
他山の石　360b
他山文鈔　373b
多識会誌　92c
大正新脩大蔵経　592a
多情多恨　237a
多情仏心　482a
多甚古村　112a
たづがね集　593b
黄昏に　701a
堕胎医　329c
戦ひの時代　540b
戦いの中で一労働運動二十五年　190c
戦はこれからだ　466a
忠香公記　84c
忠直卿行状記　330b
たゞれ　711b
断たれたきずな　868c
立博士外交史論文集　629a
橘曙覧全集　629b
橘樸著作集　630b
立原道造全集　630c
立ち技・寝技一私の履歴書　289a
脱亜論　896b
獺祭書屋俳話　962b
韃靼疾風録　506c
辰野隆選集　631b
辰巳巷談　378a
立岩遺跡　213b
蓼喰ふ虫　401c 651a
伊達家文書　51c
竪琴草紙　1106c
伊達自得翁全集　633b
伊達騒動実録　197a
経緯談　559a
伊達評定　86b
伊達宗城在京日記　634a
田中一松絵画史論集　635b
田中王堂選集　635c
田中正造全集　639a
田中萃一郎史学論文集　639c
田中清玄自伝　640b
田中館愛橘先生　764c
田中智学自伝　641b
田中冬二全集　643c
田中美知太郎全集　644b
田中光顕文書　645a
七夕さま　802b
田辺元全集　648c
谷川徹三選集　649c
谷崎潤一郎全集　651b
谷干城遺稿　652a
他人の顔　29c
狸のお面　826a
種蒔く人　6c 87c 167c 751a 816c 882c 937b 951c 1089b
煙草御遠慮　517c
旅画師　166c
旅と滞在　236c
旅人　310b
旅人かへらず　794b
多磨　342b
玉霰窓の小篠　747b
玉川紀行　779a
玉川塾の教育　253c
魂の外交　946b
玉たすき　877c
玉手箱を開くまで　154b
霊能真柱　137b 622b
玉鉾百首　926a
田村栄太郎著作集　656c
田村俊子とわたし　996a
ためいき　480c
為朝　406a
田安宗武　701a
田山花袋全集　658c
堕落論　457c
熾仁親王墓誌銘　128c

誰だ？花園を荒す者は！　769a
誰のために　73b
多和叢書　973c
譚海　1147a
断崖　448b
丹鶴叢書　1009b
短歌研究　692a
短歌雑誌　255b
短歌雑話　954b
短歌三百講　1130c
短歌私鈔　452a
短歌写生の説　451c
檀一雄全集　660c
短歌入門　677c
短歌滅亡私論　248a
短歌立言　194c
弾丸下の経済建設　403a
単騎遠征録　793a
旦起私乗　356b
断橋　126b
探険世界　167a
譚故書余　1143a
探索日誌　448b
坦山和尚全集　859b
湛山回想　70c
端山詩文　371c
端山先生遺書　371c
端山文稿　371c
団十郎切腹事件　694b
男女交際論　896b
男女と貞操問題　126c
断層　869a
男装の麗人　1050b
断腸亭日乗　736a
探偵小説四十年　164a
耽溺　126b 236b
歎異鈔講義　663a
歎異鈔提要説教　25c
旦評戯鋏　736b
断片　817a
担保附社債信託法の研究　387b
短律時代　231b
暖流　334b

ち

治安策　563b 563c
小ひさき窓より　297c
小さな星　1070a
智恵子抄　609a
チェホフ祭　692a
チェーホフの『桜の園』について　153c
誓之巻　75c
近きより　963c
地球　910c 947a
地球暦　1038a
乳姉妹　304b 332b
竹外亭百絶　904b
竹外二十八字詩　904b
畜産学汎論　123c
畜産学教科書各論　123c
逐条憲法精義　332b 1021b
築城新法　886a
築城全書　90c
畜生道　875b
竹窓小話　883a
千曲川のスケッチ　510a
竹里歌話　400a
治罪法備考　103b
知識之戦場　745b
地質学教科書　1130b
地質現象の新解釈　227b
知事の手帳　461b
千島概史　592b
千島志料　952c
地上の子　682b
地上の理想国・瑞西　28c
痴人の愛　651a
知仁勇　1177c
(治水殖林)本源論　153a
(治水本源)砂防工大意　153a
知生論　886a
地租改正史論　251b
地租改正の研究　897a
地代論研究　463a
父　869a
父親　481c
父帰る　80b 330b
致知啓蒙　783c
父と良人　376b
父の婚礼　297c
父の心配　382a
乳の匂ひ　292c
秩父事件史料集成　102c
父を売る子　957b
池底叢書要目　390a
千鳥　563c
地の子　721b
地の果て至上の時　742c
地の群れ　108a
血は立ったまま眠っている　692a
チビの魂　711b
地平線　1088b
土伯特世譜　818b
西蔵美人　477c
西蔵文典　312a
西蔵旅行記　312a
地方改良本義　429b
地方官政及共同行政組織ノ要領　1059c
地方財政問題　947a
千もとの桜　57a
茶園栽培大意　772a
茶の本　212a
茶湯一会集　50a
茶話　560c
チャリネの曲馬　823a
茶を作る家　304b
中央学術雑誌　33c
中央公論　58a 142c 154b 206b 307b 330b 383b 495c 517b 592a 594c 612c 614a 635c 713b 744c 745a 750b 850b 869a 889a 923a 964c 995c 1034b 1050a 1051c 1143c 468c
中央新聞　66a 176c 312b 406c 683b 955a 969c 1122b
中央法律新報　274c
中外　733a 951c
中外広問新報　833c
籌海私議　494b
中外商業新報　353b 356c 996c
中外新聞　1085c
中外電報　244b 341a 786c 841b
虫界の驚異　988a
中外評論　549c
中外物価新報　353b
中学世界　204c 623c
中華民国革命秘笈　301a
中間小集　197b
中京朝日新聞　360b
忠孝活論　100c
忠孝本義　901b
忠孝論　788b
中国　618c
中国経済史研究　788a
中国経済史の開拓　282a
中国考古学論叢　433a
中国語学研究　227c
中国古鏡の研究　433a
中国古代国家と東アジア世界　788a
中国古代史学の発展　257c
中国古代政治思想　739a
中国古代帝国の形成と構造　788a
中国古代の社会と経済　788a
中国古典と国際法　117b
中国湖南省　376c
中国史　1027c
中国史概説　1174a
中国書道史　325c
中国史を学ぶということ―わたくしと古代史―　788a
中国に於ける外国人の地位　117b
中国・日本の政治商業情勢　929c
中国の嵐の中で　941a
中国農村慣行調査　781c
中国の孝道　395b
中国の社会とギルド　781c
中国の伝統と革命　782a
中国の農村家族　781c
中国の法と社会と歴史　782a
中国の法と政治　897a
中国文学　618b
中国文学月報　618b
中国文学史　381b
中国へかける橋　381b

中国法制史　781c
中国法制史研究　782a
中国民報　459c 589b
中国無産階級運動史　554c
中国問題への道　212c
痴遊雑誌　91c
中洲詩稿　1005c
中洲文稿　1005c
忠臣蔵　104a 902c 1083c
忠臣蔵四段目　728b
中世灌漑史の研究　931c
中世協同体の研究　1170b
中世キリスト教研究　72a
中世芸能史論考　1069c
中世国家の構造　942b
中世的世界の形成　73b
中世的なものとその展開　785b
中世哲学思想史研究　123b
中世に於ける社寺と社会との関係　875a
中世に於ける精神生活　875a
中世における都市の研究　857b
中世日本商業史の研究　729c
中世農業史論　762b
中世の社寺と芸術　1069c
中世の神仏と古道　717b
中世の関所　3b
中世の文学伝統　265a
中世の町　558b
中世武家不動産訴訟法の研究　62a
中世弓矢の付属具　574a
中世量制史の研究　931c
遊中禅寺記　78c
中等教育動物学教科書　48a
中等植物学教科書　538c
中等動物学教科書　424c
中等東洋史　395b
中等日本歴史　816c
中東の石油　1172a
中部日本新聞　95b
注文の多い料理店　1030a
中右記—躍動する院政時代の群像—　717b
中庸義解　722c
中庸説　1080b
中洋の歴史と文化　548b
中庸文脈　1095c
中庸弁　563c
丶山存稿　726c
帳合之法　896a
長安の春　68b
聴雨窓俳話　679c
潮音　194c 715a
長歌改良論弁駁　152b
長慶天皇御即位の研究　1078c
長慶天皇御即位論　109a
超現実主義詩論　794b
澄江堂遺珠　14c
長講堂領の研究　1078c
徴古雑抄　418b
徴古図説　796b
帖史　1108b
長子　763a
丁字みだれ　824a
鳥獣戯話　835c
長周叢書　1049a
朝鮮　243b
朝鮮学論考　911b
朝鮮教育論　501b
朝鮮考古学研究　911b
朝鮮語学史　235a
朝鮮古史の研究　115c
朝鮮古蹟図譜　572c
朝鮮語方言の研究　235b
朝鮮策略　362a 403c
朝鮮史　389a 654b 768a
朝鮮史概説　1005b
朝鮮史の栞　115c
朝鮮人強制連行の記録　934b
朝鮮森林植物誌　737a
朝鮮戦争の勃発　503a
朝鮮の建築と芸術　572c
朝鮮の友に贈る書　1088c
朝鮮屛風　223a
朝鮮—風土・民族・伝統—　768b
(朝鮮平安北道義州郡の西部に於ける)高麗時代の古城址　53b
朝鮮問題資料叢書　934b
朝鮮歴史地理　540a
彫虫窟印蛻　843c
町人　737c
朝晩禱文　1150c
朝野新聞　225c 238c 341a 368c 434b 546a 779a 786c 796c 1178a
朝野の五大閥　142c
朝陽閣鑒賞　329b
潮流　391a
長暦陰陽　1038a
貯金のすすめ　289b
直言　174c 283c 540c 623c
勅語衍義　105b
直接貿易意見一斑　953c
千代田歌集　471a
ちょっといい話　694b
鳥渡一言　987b
地理学評論　672c
塵壺　305b
散柳窓夕栄　736a
地霊　769a
チロルの秋　334b
地を泳ぐ　908c
椿花集　49a
鎮国説　137b
枕山詩鈔　199a
鎮西日報　88b 157c 628b
チンドン世界　1052a
珍品堂主人　112a
沈黙　171a
沈黙の血汐　805b
沈黙の塔　1066b

つ

通貨調節論　893b
通貨論　896a
通溝　53b
通航一覧　850a
通信教授政治学　596c
通信全覧　648a
通俗衛生小言　991b
通俗外交論　896b
通俗憲法論　997c
通俗好逑伝　817c
通俗国史　516c
通俗国権論　896a
通俗独逸歴史　307b
通俗動物新論　1016a
(通俗)日本民権精理　244a
通俗文学全書　210a
通俗民権論　896a
通俗倫理談　681c
通論考古学　842c
塚本善隆著作集　669c
津軽　627a
津軽藩史　373b
津軽藩禄制・租税則　373b
憑かれた人　108a
憑かれた人々　626a
月暈日暈　518b
月形半平太　485a
築地の園　1061a
月と不死　801a
月に吠える　817a
次の一戦　1011a
撞賢木　563c
次の時代　28c
月の都　605b 962b
月舎集　1130b
憑き物　126b
月夜と眼鏡　228c
月映　256b
辻占売　70c
辻潤全集　671a
辻浄瑠璃　406a
ツシタラの死　745a
辻直四郎著作集　672a
辻馬車　622a
辻村太郎著作集　672c
蔦紅葉宇都谷峠　318b
土　750c
土蜘　318b
土田杏村全集　676a
土と兵隊　873a
土の日本　630a
土御門家譜　677a

土御門晴雄日時勘文記　677a
土御門晴栄家記　677a
土を眺めて　377a
都々古別神社考証　109a
堤清六の生涯　733a
綴方教室　211b
壺井栄全集　681a
壺井繁治全詩集　681b
坪内逍遙　1087b
壺坂　625b
坪田譲治全集　682b
坪田譲治童話全集　682b
妻の座　681a
妻を買ふ経験　481c
罪と罰の殺人罪　343b
津村教授　1119b
爪　957b
爪色の雨　480b
通夜物語　304b
つゆ艸　194c
梅雨小袖昔八丈　318b
露子姫　70c
露じも　126b
露団々　406a
つゆのあとさき　736a
釣女　333c 702c
釣堀にて　378a
鶴　1051c
鶴亀　482a
鶴によせる日々　1119b
鶴八鶴次郎　312a 1007c
鶴は病みき　222c

て

庭園学概要　136a
帝皇略譜　653a
鼎軒田口卯吉全集　615c
帝国外交の基本政策　267a
帝国議会要論　276b
帝国憲政と道義　197b
帝国憲法　133a 449b
帝国憲法述義　133b
帝国憲法要綱　289c
帝国国防史論　478b
帝国国防論　478b
帝国主義下の印度　1084c
帝国主義下の台湾　1084b
帝国主義研究　110b
帝国主義時代の研究　162a
帝国主義と民族　162a
帝国主義の時代　162a
帝国唱歌　210a
帝国商業史講義録　1126a
帝国史略　43c
帝国新聞　1122b
帝国大学新聞　836c
帝国之新生命　166a
帝国文学　30a 52a 134c 204b 611b 620a 694c
帝謚考　1066c
帝室制度史　107b 1118c
帝室論　896a
帝人事件　306c
帝人心境録　306c
丁丑公論　896a
帝都　340b
ディナミック　63b
丁難日録　571b
提婆達多　743b
丁卯日記　752b
定本伊東静雄全集　89c
定本蛙　368a
定本川田順全歌集　319a
定本川端茅舎句集　321a
定本蒲原有明全詩集　328b
定本古泉千樫全歌集　400a
定本坂口安吾全集　457c
定本千利休の書簡　395a
(定本)高浜虚子全集　605c
定本野口雨情　803b
定本版山本有三全集　1119c
定本平出修集　875b
定本三好達治全詩集　1037a
定本室生犀星全詩集　1052a
定本モラエス全集　1064b
定本柳田国男集　1088a
定本横光利一全集　1129a
定本与謝野晶子全集　1131a
定本吉田一穂全集　1136b
貞明皇后御歌集　685a
貞明皇后御詩集　685a
手形小切手法要義　202a
手形法　991c
デカルト　394b 724c
デカルトの人間像　1065b
迪彝篇　2c
適清日録　287c
翟巣漫筆　448b
敵中横断三百里　1109b
溺濘叢談　779a
滴瀝　1011a
出口王仁三郎著作集　686a
弟子　745a
出鱈目の記　1091b
手塚治虫漫画全集　687b
哲学以前　87b
哲学一夕話　100c
哲学及哲学史研究　394b
哲学会雑誌　100c 357a
哲学概論(紀平正美)　350b
哲学概論(桑木厳翼)　394b
哲学概論(務台理作)　1040a
哲学研究　894a
哲学涓滴　1026a
哲学綱要　724c
哲学雑誌　100c 350b 635c 773c
哲学字彙　105a
哲学史的小品　724c
哲学十話　1040a
哲学叢書　30a 33a
哲学通論　648c
哲学的人間学　411c
哲学とは何か　411c
哲学入門　648c
哲学四十年　394b
鉄火石火　540c
鉄仮面　389b
鉄幹子　1131b
鉄業調　813c
てづくね　993b
鉄血政略　1178a
鉄舟随筆　1093c
鉄銃製造御用中心覚之概略　187b
鉄人画論　1149b
哲人主義　635c
鉄窓十三年　740c
丁稚制度の研究　996c
徹底個人主義　635c
徹底的ホーリネス　749c
鉄道唱歌　210a
鉄と鋼　660a
鉄兵傑作全集　271a
鉄炮窮理論　479c
鉄腕アトム　687a
手習　2b
手招く者　721b
デモクラシイ　1029b
テラコツタ　477b
テラコッタ　577b
寺子屋　82b
寺田寅彦全集　691c
寺山修司青春作品集　692b
寺山修司全歌集　692a
寺山修司の戯曲　692b
照葉狂言　75c
照る日くもる日　240c
天一坊　326c
田園の憂鬱　480c
天界　1113c
転換期の大正　225b
転換期の日本社会運動　10a
転換期の文学　6c
転換期幕藩制の研究　737c
転換時代　431b
伝記　1070a
天業民報　641b
塡空随筆　417b
典型　609a
転形期の人々　431b
転形期の歴史学　837c
伝経廬文鈔　258b
田健治郎日誌　693a
天鼓　589b

天香　448b
天才　236b
電子工学　221a
天囚雑綴十種　792c
天寿国曼荼羅記　141a
天正女合戦　256c
天正遣欧使節関係史料　215a
天子論及官吏論　1081a
天心全集　212a
転身の頌　873a
田制考　426b
天声人語　36b
田制篇　1130b
典籍雑攷　1108a
典籍説稿　1108a
伝説　237c
天説辨　137b
天則　285a
天則百話　285b
天体力学　818a
天体力学の基礎　818a
天地有情　694c
天地玄黄　1131b
天柱記　479c
天誅組　177b
天誅蜘蛛　273a
天朝正学　384a
天地論往復集　472b
伝統　875a
天道溯原　949b
点と線　992a
天と地と　256c
点取交通論　472b
天皇制と地主制　38b
天皇制に関する理論的諸問題　298c
天皇・天皇制・百姓・沖縄　38b
天皇—天皇統治の史的解明—　62a
天皇の世紀　240c
天皇の帽子　442c
天の鍵　893c
天平の甍　108b
天風魔帆　420c
天賦人権弁　132b
天兵童子　1134a
展望　491b 896c
電報　391a
天保演劇史　223a
電報新聞　301a 454a 1062c
天保図録　992a
転蓬日録　571b
天保六花撰　86b
典謨述義　2c
天満宮　297c
天無情　610b
天門　63c
天文学概観　541c
天文総報　325c
てんやわんや　499b
天来翁書話　871a
田頼文集　646b
天理教顕真論　751b
電力国家管理論　210b
天狼　448b 821b

と

独逸史学史　457c
独逸社会政策思想史　184c
独逸中世史の研究　966c
独逸中世史研究　136b
ドイツ中世都市　609b
独逸日記　1066a
ドイツ・ハンザの研究　609b
独逸膨脹史論　398a
ドイツ歴史学者の天皇国家観　1154b
独逸浪漫主義　663c
東亜月報　440a
東亜研究　86a
東亜古文化研究　859a
東亜古文化説苑　859a
東亜古文化論考　859a
東亜史研究　1174a
東亜植物図説　737a
東亜説林　589b
東亜先覚志士記伝　149a 370b
東亜文化史叢考　68b
東亜民族文化論攷　993a
宕陰存稿　494b
塔影　303b 303c
東瀛珠光　205a
燈影問答　783c
東奥日報　331b 476a
道往論　91b
東海暁鐘新報　693c 749a
東海経済新報　99c 727a
東海新報　749b
東海政法雑誌　590c
道会バイブル　987b
東海福音　412b
東海風土記　768b
東海遊侠伝　33b
燈下紀聞　887a
燈下言　1037a
銅貨二銭　391a
道家の思想と其の展開　675a
東還紀行　78c
闘牛　108b
童牛漫語　452a
東京　297c
東京哀詞　329c
東京曙新聞　174a 373a 745b 786c 1010b
東京朝日新聞　58a 66a 154b 200a 271a 360b 456c 481b 551c 553a 614b 682b 720c 743b 744b 750c 786c 793a 811a 917a 947a 1051a 1071b 1144b 1176b
東京医事新誌　1066a
東京絵入新聞　889b
東京経済雑誌　310a 615a
東京景物詩　342b
東京紅燈集　1131c
東京公論　1051b
東京市史稿　668c
東京社会新聞　786a 1134c
東京城　433a 859a
東京城建置考　434c
東京新誌　833c
東京新繁昌記　833c
東京新聞　30c
東京新報　20b 559b
東京人類学会雑誌　842c
東京スペクテートル　48b
東行先生遺文　595c
東京大家十四家集評論　152b
東京タイムス　65c
東京中新聞　176c
東京帝国大学学術大観　114a
東京帝国大学五十年史　114a
東京電報　366a 375b 417a 600c 902c
東京独立雑誌　150a 420c
東京独立新聞　48b
東京日日新聞　20b 95c 142c 188b 200a 240c 330b 334a 417a 546b 571c 623c 644a 663c 712b 731a 900b 947a 1010c 1062c 1125c 1176b →毎日新聞
東京の三十年　658c
東京の人　321b
東京繁昌記　353a
東京美術家墓所誌　1121c
東京毎週新誌　416a
東京毎週新報　138c 416a
東京毎日新聞　280c 301b 307b 373a 512c 644a 955a 1115c →大阪毎日新聞 →東京日日新聞 →毎日新聞
東京毎夕新聞　1122b
東京横浜毎日新聞　368c 512c 557b 799c 830c 997c 1125a
東京万朝報　505c →万朝報
東京輿論新誌　176c 997c
東京柳巷新史　833c
峠　506c
闘鶏　439b
統計学研究　598a
統計からみた世界経済　1022b
当家年代記　341c
道化の華　626c
峠の万歳　358c
刀剣押形集　116b
刀剣図式　385a
刀剣談　596a
道元と世阿弥　785b
刀剣と其装具　574a
刀剣と歴史　596a
桃源にて　1039b
東郷元帥詳伝　214a

統合主義新教授法　867c
東行西帰日録　1141a
東郷青児画集　696b
東行日録　1141a
東国興詩稿　680a
透谷全集　277b 343c
東西相触れて　795b
東西蝦夷山川地理取調日記　971b
東西蝦夷山川取調図　971b
東西交渉史の研究　910b
東西交渉の考古学　213b
東西抄　68a
東西書肆街考　1172a
東西数学史　1002b
東西南北　1131b
東西美術の関係　1026b
東西文学比較評論　610b
東西文芸評伝　610b
東西文明史論考　1000b
東西文明の調和　184a
東西蒙求録　811b
唐詩概説　227c
同志社大江義塾徳富蘇峰資料集　712c
同志社大学校設立旨趣　781b
同志社文学　268b
唐詩選評釈　1067b
唐史叢鈔　68b
同時代史　1026b
同時代のこと　1143b
同志野坂を迎へて　310c
同志の人々　1119c
陶磁の道　1002b
東寺文書　932a
童子問答　747b
洞上在家修証義　175b
道成寺　307a 467b
東条操著作集　698b
倒叙日本史　1140b
唐人お吉　527b
桃蕊集　84c
濤声　374b
当世商人気質　5a
(当世)言逆論政体篇　520b
当世うらおもて　30c
党生活者　431b
唐宋時代に於ける金銀の研究　282a
唐宋法律文書の研究　781c
藤村全集　510c
唐代の服飾　859a
東大陸　835c 1026b
頭註国訳本草綱目　538c
頭註新葉和歌集　1046a
動中静観　301b
道程　608c
東天紅　573a
東洞全集　388b
道徳之大本　807c
道徳法律進化の理　285b
道徳法律之進歩　285b
東都歳事記　448a
東都茶会記　603b
東都扁額略目　448b
答難　563c
冬柏　1131b
童馬山房夜話　452a
童馬漫語　451c
東藩文献志　7b
東肥新報　712a
道標　1034c
投票用紙事件の表裏　959c
動物学教科書　49b
動物学講義　65c
動物学提要　48a
動物小品　496a
動物進化論　65c
動物通解　119a
動物発生学　49b
動物分類表　1084b
東圃遺稿　905b
逃亡　992a
同胞諧和の道　1035c
東邦近世史　639c
東方策　97c
東方時論　754b
東方の門　510c
稲木抄　725b
東北新報　596a
東北数学雑誌　234c 849a
東北日報　86b 301a 375b 1098b
東北評論　605a
東北文化研究　340a
東北毎日新聞　596a
銅鉾銅剣の研究　600a
東奔西走　179b
道明寺　728b
同盟改進新聞　389b
童蒙教草　896a
童蒙道しるべ　657c
東洋遺稿　247a
東洋学芸雑誌　105a 425c
東洋学説林　325c
東洋学報　540a
東洋協会調査部学術報告　540a
東洋教政対西洋教政　1026b
東洋近世史　970c
東洋経済　30c
東洋経済新報　34a 137a 356c
東洋策　312b
東洋史教科書　395b
東洋史教授資料　395b
(東洋史上より見たる)日本上古史研究　821c
東洋思想研究　1080c
東洋漆工史　1166a
東洋史統　85c
東洋史と西洋史とのあいだ　49c
東洋車輛工場　1051a
東洋自由新聞　443c 739c 850c 972a 977c 983b 1098b
東洋史要　85c
東洋城全句集　985a
東洋人の思惟方法　767c
東洋新報　373a 1010b
東洋的近世　1027c
東洋哲学　100c 594c
東洋天文学史研究　541c
東洋読史地図　1085a
東洋とは何か　782a
東洋之婦女　132b
東洋の理想　212a
東洋美術　4a
東洋美術史　205b
東洋美術大観　205a
東洋日之出新聞　561b
東洋への郷愁　10a
東洋民権百家伝　436a
東洋倫理　788b
東洋歴史　405a
東洋論策　247a
陶寄　965c
道理の感覚　34a
唐令拾遺　781c
童話教育新論　988b
童話教室　682b
東亜史論藪　1174a
同和問題の歴史的研究　1035c
遠い呼び声の彼方へ　625a
遠ざかるノートル・ダム　1065b
遠野物語　1088a
トーマス・ヒル・グリーンの思想体系　302c
図海策　163b
都会の憂鬱　481a
時と永遠　830a
ときのこゑ　1112c
時は過ぎゆく　658c
常盤木　470c
常磐木　188b
徳育如何　896a
独英蘭対訳集　1012c
徳川家康(北島正元)　341a
徳川家康(山岡荘八)　1093a
徳川家康公伝　763c
徳川家康文書の研究　763c
徳川御殿女中　574a
徳川氏時代の平民的理想　343b
徳川時代史　950a
徳川時代の芸術と社会　30b
徳川時代の農家経済　251b
徳川時代の文学に見えたる私法　749a
(徳川時代)百姓一揆叢談　251b
徳川実紀　779a
徳川実紀校訂標記　733b
徳川十五代史　733b

徳川政教考　1140b
徳川太平記　434c
徳川幕府の米価調節　945b
徳川封建社会の研究　809c
徳川慶喜公伝　110a 816c 904a
徳川理財会要　614c
徳川礼典録　982b
得開瑣録　317b
毒草　1130c 1131b
独絃哀歌　328a
読史百話　340b
読史備要　249b
読詩附箋　839a
徳島の盆踊　1064b
読周官　2c
特殊熱電子管　221a
読書九十年　712c
読書窮理説　371c
読書饕余　295a
読書日札　2c
読書入門　1123b
読書は喜び　463a
読書法　715b
読史余録　668c
特選神名牒　384a
独創教育学　664a
独創主義教育価値論　664a
徳大寺実則日記　710b
徳田球一全集　711a
毒蕈　481c
徳田秋声集　711c
徳富蘇峰関係文書　712c
徳富蘇峰集　712c
得能五郎の生活と意見　93b
毒婦のやうな女　964c
読無字書斎詩鈔　158a
特命全権大使　379a
毒薬を飲む女　126b
独立人　1039b
独立評論　1102a
独露の思想文化とマルクス・レニン主義　1021a
どくろ杯　291c
独論七年　78b
読論日札　2c
杜鵑録　149a
登高行　721b
どこかに生きながら　228c
常夏　1130c
床次竹二郎伝　955a
何処へ　964c
何処へ往く　319b
所の倫理　411c
戸坂潤全集　715c
土佐日記絵巻　332c
土佐日記俚言解　471a
杜詩偶評講義　1067b
都市計画と公園　136a
(都市研究)平安京変遷史　910c
都市社会学研究　77b
都市政策の理論と実際　573a
都市政策汎論　612c
度日閑言　413a
都市と交通路の歴史地理学的研究　905b
都市農村相関経済論　744c
都市の論理　837c
都市発達史研究　114a
途上　299b
土上　723b
土壌学研究　493a
土壌学講義　588a
土壌の分類について　493a
土壌肥料講話　493a
ドストエフスキイの生活　432a
ドストエーフスキー覚書　1065b
戸田城聖全集　716a
土地及び聚落史上の諸問題　957c
栃木県史　932a
栃木新聞　35b 435b 638c
土地均享人類の大権　1028b
土地経済史考証　251b
土地国有論　28c
都知事12年　1022b
土地収用理論の展開　98b
土地抵当銀行説　950b
橡の実　691c
十津川　1147a
特許植民会社制度研究　178a
毒皷　641b
独歩集　374b
隣草　285b
隣の嫁　89b
利根川治水考　1140b
外村繁全集　718b
トパエ　868b
とばゑ　758a
扉　448b
扉を開く　460a
飛ぶ男　29c
翔ぶが如く　506c
飛ぶ橇　233a
とふのすがごも　255b
十符の菅薦　441b
杜峯丁丑随筆　532c
杜甫詩注　1134b
富岡先生　106c
富岡日記　1172c
富久　280a
富島松五郎伝　1074b
富田砕花詩集　721b
富田式暗渠排水法　721b
富田高慶日記　721c
富の圧制　786a
葬と供養　437c
留岡幸助著作集　724b
留岡幸助日記　724a
ともしび　452a
燈新聞　481b 1176b
友達　29c
朝永振一郎著作集　725a
伴林光平全集　725b
友松圓諦選集　725c
土門拳全集　725c
富山県史　393a
富山日報　439c
土陽雑誌　460c
土陽新聞　132b 145a 458a 1029b
土曜日　738b
土曜夫人　244a
豊島与志雄著作集　728a
豊田武著作集　729c
豊臣時代史　645c
豊臣秀吉研究　395a
豊中市史　393a
銅鑼　368a
虎狩　745a
トラ大臣になるまで　76b
鳥居龍蔵全集　731c
鳥の物語　743c
取引所講話　306c
鳥辺山心中　81b 223a
努力論　406a
トルストイ　713a 745a
トルストイ研究　475c
ドルメン　1110c
ドレフュス事件　240c
泥棒論語　835c
泥水清水　167a
問はずがたり　736b
鈍牛　57a
豚群　391a
敦煌学五十年　325c
燉煌出土未伝古逸仏典開宝　1092a
敦煌秘籍留真新編　325c
頓智協会雑誌　1031c
蜻蛉　496a

な

内外詠史歌集　447b
内外新報　157c
内外臣民公私権考　103b
内外政党事情　33c 833c
内科書　230a
内科新説　940b 1025c
内科秘録　948c
内観　301b
内外方叢　5c
内地雑居後之日本　1129b
内地雑居の利害　471c
内地雑居論　600c
泣いて笑って闘って　822b
内藤湖南全集　734a
内部生命論　343b

直木三十五全集　735a
菜穂子　943a
直毘霊　926a
直毘霊補注　180b
永井介堂君履歴稿本　737b
ながい坂　1116a
中井正一全集　738b
中江丑吉書簡集　739a
中江兆民全集　740a
長岡外史関係文書　740b
中上健二全集　742c
中勘助全集　743c
長崎絵入新聞　628b
長崎オランダ商館の日記　1046b
長崎海軍伝習所の日々　276c
長崎市史　1090b
長崎新報　373a
長崎日記　314b
中里介山全集　744a
長澤規矩也著作集　744a
中島敦全集　745a
中島広足全集　747b
仲小路廉集　747c
中田重治全集　749c
永田広志選集　750a
永田広志日本思想史研究　750a
長田幹彦全集　750c
長塚節全集　751a
長局　728b
中臣宮処連氏本系帳考証　973c
中臣寿詞講義　559a
長野県史　932a
中野重治詩集　753c
中野重治全集　754a
長野新聞　301a
長野日日新聞　373a
中野好夫集　756a
中原中也全集　758a
那珂通世遺書　759c
中村岳陵画集　760c
中村草田男全集　763a
中村憲吉全集　763b
中村直勝著作集　766b
中村直勝博士蒐集古文書　766b
中村元選集　767c
中村春二選集　768a
中山績子日記　770a
中山伊知郎全集　770b
仲良し手帖　826a
流れに抗して　463a
NAKIWARAI　701a
難解機能重荷　725b
投げすてよ！　882b
名越廼舎門人帳　438a
名古屋新聞　83b 436c
名残の星月夜　682a
生さぬ仲　1086a
梨のかた枝　489a
梨の花　754a
なすの夜ばなし　870b
謎の人生　154b
ナチス国防経済論　299c
夏絵　481c
なつかしい山河　87c
夏草(島崎藤村)　510a
夏草(千家元麿)　577b
夏雲　236c
夏衣集　109b
夏の最後のバラ　202c
夏の闇　257a
ナップ　1051a
夏目漱石　434c
夏より秋へ　1130c
牡丹平家譚　318b
七艸集　773c
七転び八起の智仁勇　1113c
何が彼女をさうさせたか　913b
難波江　224c
なにはかた　792c 1176b
浪花新聞　144b
何以結党　247a
鍋島直正公伝　379c
鍋山貞親著作集　776c
ナポレオン　102c
ナポレオンと田虫　1128c
生江孝之集　777a
なまみこ物語　169c
波(川路柳虹)　316b
波(藤森成吉)　913b
波(山本有三)　1119c
涙の二等分　260c
波の塔　992a
浪六全集　1046c
寧楽遺文　619a
奈良時代刀剣の外装　574a
奈良時代の貴族と農民　116c
奈良武次日記　778a
奈良朝　784a
奈良朝寺院の研究　903a
奈良朝時代民政経済の数的研究　484c
奈良朝の政治と民衆　344a
奈良朝文法史　1107c
奈良の筋道　796b
楢上枝　1038a
奈良美術史料・推古篇　4a
奈良平安時代史研究　676b
楢山節考　211b 893c
鳴神　81b
成瀬仁蔵著作集　779c
鳴門秘帖　1134a
なるほどの哲学　350b
南欧の日　39c
南画鑑賞　436b 654a
南画大成　303c
南京遺文　821a
南京新唱　4a
南極探検　539b
南京六月祭　99b
南郊開物経歴　994a
南国太平記　735a
南山小譜　653a
南山踏雲録　725b
汝が名は母　282b
楠氏考　317b
南窗集　1037a
南朝の研究　766b
南天荘歌集　107b
南天荘集　107b
南島沿革史論　501a
南島水路志　1088b
南島譚　745a
南島風土記　865c
南島論攷　865c
南原繁著作集　780c
南蛮学統の研究　165c
南蛮寺門前　349b
南蛮鉄　328a
南蛮文集　751c
南汎録　818b
南部坂雪の別れ　1141c
南聘紀考　69b
南方文化の建設へ　501b
南北朝　140b
南北朝時代史(久米邦武)　379c
南北朝時代史(田中義成)　645c
南北朝に於ける社会経済制度　213c
南洋群島の研究　1084c
南洋時事　495a
南洋日本町の研究　118c
南梁年録　434c

に

新潟時事新聞　955a
新潟新聞　238c 902c
新潟繁昌記　690c
新潟毎日新聞　145a
新島襄全集　781c
新島襄先生之伝　685b
仁井田陞博士輯北京工商ギルド資料集　782a
ニイチェ研究　1180c
ニイチェのツァラツストラ解釈並びに批評　30b
新美南吉全集　782b
二苑紀略　434c
肉体の悪魔　657a
肉体の文学　657a
肉体の門　657a
肉弾　466a
濁った頭　495c
にごりえ　663a 867b
濁れる川　377a
虹(石川淳)　63c

虹(千家元麿)　577b
虹(高浜虚子)　605c
西周全集　181a 783c
西周哲学著作集　783c
西周伝　1065c
西岡虎之助著作集　784a
西尾実国語教育全集　785b
錦木　1085c
西陣研究　945b
西田幾多郎全集　788c
西田氏実在論及倫理学　788c
西田哲学　411c
西田哲学と田辺哲学　403b
二十世紀日曜学校　657c
(廿世紀之怪物)帝国主義　406c
西原文書　791a
西ひがし　291c
西村茂樹全集　792b
二重国籍者の詩　805b
二十五絃　560c
二十三年国会未来記　833c
二十四の瞳　681a
二十年の歌　236c
二十八人集　374c
二十八歳の耶蘇と悪魔　1039a
二十八宿　1126c
二十六世紀　600c
二条城の清正　1137a
西脇順三郎全集　794b
贋物　264a
贋物さげて　264a
二千五百年史　619b
二銭銅貨(江戸川乱歩)　163c
二銭銅貨(黒島伝治)　391a
日英外交史　267a
日英会話篇　920a
日欧通交史　405b
日独伊同盟条約締結要録　453a
日独対抗競技　31a
日南子　902c
日南草廬集　903a
日仏関係文書集　526c
日仏辞典　818c
日米外交史　267b
日米外交秘話　387b
日米文学交流史の研究　351c
日没閉門　147c
日用方叢　88a
日蘭文化交渉史の研究　79b
日蘭貿易史　79c
日輪(三上於菟吉)　1001b
日輪(横光利一)　1128c
日暦　169c 607a
日蓮主義　641b
日蓮主義教学大観　641a
日露衝突　16a
日露戦争実記　1102b
日露戦争写真画報　241c
日露戦争羽川六郎　503c
日露陸戦国際法論　43c
日露陸戦新史　799b
日華公論　630a
日華文化交流史　350c
日鑑　913b
日刊英文通信　1058b
日韓合邦秘史　370b
日韓古史断　1140b
日間瑣事備忘　885c
日刊政論　739c
日韓併合小史　1111c
日記の端より　248a
日光　255c 319a 349c 399c 701a
日光駅路里数之表　607b
日光市史　1064a
日光道中雑誌　778c
日支交通史　350c
日召自伝　106c
日新真事誌　920b
日清戦役外交史の研究　654b
日清戦争　502c 597a
日新録　868a
日鮮関係史の研究　768b
日鮮神話伝説の研究　1005b
日鮮同祖論　288b
日宋文化交流の諸問題　1067c
日宋貿易の研究　1067c
日台対訳大辞典　406b
日中十五年戦争と私　170b
日拝式　577a
日葡交通史　609b
日本(Nippon)　492b 940c
ニッポン語　592b
日本橋　75c
二程子の哲学　154b
二等兵記　986b
新渡戸稲造全集　795b
新渡戸博士追想録　795b
二・二六　453a
二人狂　565c
二人女房　237a
(二人比丘尼)色懺悔　237a
二年兵役論　137a
二宮翁夜話　798a 897b
二宮先生語録　449b
二宮尊徳　1039b
二宮尊徳全集　798a
二宮尊徳の新研究　635c
弐倍収穫天理農法　255a
二物考　599a
日本(1889創刊)　47a 58a 88b 89b 102b 188b 322a 366a 375b 414a 417a 454a 476a 509b 545a 548b 554b 557b 600c 605b 652a 730c 750c 811b 825b 902c 962b 996c 1026a 1045b 1117b
日本(1925創刊)　228b
日本医学史　906a
日本イデオロギー論　715b
日本印人伝　736c
日本英雄物語　420c
日本絵入新聞　144b
日本塩業大系　1034a
日本演劇　694a
日本演劇史　111c
日本演劇辞典　26a
日本演劇全史　317c
日本演劇の説　51a
日本遠征記　929b
日本お伽噺　128c
日本及び日本人(内村鑑三)　149c
日本及び日本人(三好十郎)　1036a
日本及日本人(1907創刊)　142c 322a 414a 417a 428a 663c 1014a 1026b
日本音楽概論　110c
日本音楽講話　649b
日本音楽史音盤集　110c
日本音楽の聴き方　557c
日本音楽の話　557c
日本海運史綱　925b
日本絵画三代志　61a
日本開化小史　615a
日本絵画史論集　635b
日本開化之性質　615b
日本外交史(鹿島守之助)　267b
日本外交史(清沢洌)　356c
日本外交政策の史的考察　267b
日本海事史研究　751c
日本開進論　1162a
日本海藻誌　221c
日本改造法案大綱　338b
日本貝塚の研究　358a
日本海難救助法　950b
日本家屋保険論　950b
日本科学古典全書　444c
日本歌学史　470c
日本歌学全書　200c 471a
日本化学総覧　275b 965b
日本歌学の源流　1108a
日本家族制度と小作制度　43b
日本敵討ち異相　824b
日本学校史の研究　63a
日本甲冑史　557a
日本カトリック新聞　718b
日本から日本へ　713b
日本柑橘学　641c
日本柑橘図譜　641c
日本勧業銀行史　897a
日本関係海外史料目録　215a
日本官吏任用論　197b
日本官僚制の研究　670c
日本戯曲技巧論　762b
日本戯曲全集　26b
日本喫茶史　350c
日本紀年論批判　997c
日本紀標註　496c

日本記聞　1016c
日本旧石器時代の研究　735b
日本教育　679b
日本教育史　479b
日本教育志　196b
日本教育史の研究　246c
日本教育小史　257b
日本教育史略　457b
日本共産主義運動の問題点　496b
日本共産党史覚え書　496b
日本共産党小史　82b
日本共産党創立史話　596a
日本共産党の当面の要求　710c
日本行政法　1021c
日本行政法論　245a 468c
日本漁業経済史　840b
日本キリシタン史　165c
日本切支丹宗門史　818c
日本基督教会史　1119a
日本基督教史　1118c
日本基督教社会事業史　777a
日本キリスト教史論　72a
日本キリスト教歴史大事典　165c
日本金工史　287b
日本近世造船史　791c
日本近世問屋制の研究　1034a
日本近世窯業史　791c
日本近代学校史　257b
日本近代漁業経済史　840b
日本近代経済形成史　600a
日本近代経済発達史　600a
日本近代産業の生成　908a
日本近代史　1154a
日本近代史学史　181a
日本金融経済史の研究　387b
日本金融史資料　677c
日本菌類目録　538c
日本群島　227b 227b
日本経営理念史　677b
日本経済学説の要領　614c
日本経済再建の基本問題　179a
日本経済史(滝本誠一)　614c
日本経済史(竹越与三郎)　619b
日本経済史概要(内田銀三)　146c
日本経済史概要(土屋喬雄)　677b
日本経済史研究　405b
日本経済思想史　614c
日本経済史の研究　146b
日本経済史論　898c
日本経済新誌　310a
日本経済図説　1022b 1172a
日本経済成長論　524b
日本経済叢書　614c
日本経済大典　614c
日本経済入門　1022b
日本経済の再編成　1158b
日本経済変革論　399b
日本経済をどうするか　306c
日本芸術史研究　1181b
日本芸能史　127a
日本芸能史六講　255c
日本刑法　956c
日本現今之基督教並ニ将来之基督教　289b
日本原始絵画　600b
日本原人の研究　357c
日本憲政史　239c
日本憲政史大綱　239c
日本建築史研究　903a
日本憲法　1021c
日本憲法学史研究　564c
日本憲法制定史　904a
日本憲法の基本主義　1021b
日本憲法要論　468c
日本古印刷文化史　350c
日本工業史　1126a
日本工業統制論　39b
日本工業文化史　656c
日本考古学　1077c
日本考古学概説　200a
日本考古学研究　1074c
日本考古学・人類学史　358a
日本口語法講義　1107c
日本鉱物誌　1174b
日本講和条約の研究　117b
日本古学派之哲学　105b
日本国憲法原論　1021c
日本国憲法成立史　478b
日本国憲法誕生記　478b
日本国憲法論　469a
日本国国憲案　132b
日本国志　403c
日本国誌資料叢書　190c
日本国勢図会　1090c
日本国総制度・関東制度　675c
日本国体の研究　641a
日本国体の理論　956b
日本国の天職　149c
日本国法学　1021c
日本国防論　712a
日本国民と基督教　166a
日本古代稲作史雑考　47a
日本古代宮都の研究　335b
日本古代漁業経済史　840b
日本古代経済　792c
日本古代国家の研究　107c
日本古代史　379c
日本古代詩歌　662b
日本古代史研究　997c
日本古代史新研究　190c
日本古代思想　857a
日本古代思想史の研究　107c
(日本古代)氏族制度　190c
日本古代史と神道との関係　379c
日本古代史の基礎的研究　460c
日本古代社会経済史研究　116c
日本古代社会史の研究　309a
日本古代宗教　857a
日本古代政治史研究　335b
日本古代政治史の研究　344a
日本古代籍帳の研究　335b
日本古代農業発達史　735b
日本古代の政治と史料　116c
日本古代文化　1181a
日本古代文物の研究　335b
日本古代文字考　245c
日本国家主義運動史論　670a
日本国教大道叢誌　303b
日本古典全集　1131b
日本古美術案内　614a
日本古文書学　51c 766b
日本婚姻史　610a
日本昆虫学　988a
日本債権法各論　835b
日本債権法総論　835b
日本財政論　175c
日本再発見—芸術風土記　224a
日本財閥論　564b
日本祭礼行事集成　857a
日本雑記　1154a
日本雑事詩　403c
日本雑録　400b
日本茶道史　395a
日本産貝類標本目録　119a
日本産業組合史　865c
日本産業資料大系　614c
日本産業発達史の研究　249c
日本産物志　88c
日本三文オペラ　257a 622a
日本史(サンソム)　489c 729c
日本史(ナホッド)　776c
日本史(ヒルドレス)　884b
日本史(マードック)　949c
日本史概説(石井良助)　62a
日本史概説(北島正元)　341a
日本史学提要　1027b
日本詩集　316c
日本辞書　196c
日本事情　1077a
日本詩人　316c 475c 896c
日本地震輯報　206b
日本思想史研究　1044a 1044a
日本思想入門　1065b
日本疾病史　906a
日本支那楽律考　764c
日本史の研究　1001a
日本事物誌　662b
日本資本主義史上の指導者たち　677b
日本資本主義社会と法律　882a
日本資本主義社会の機構　882a
日本資本主義史論集　677b
日本資本主義と「家」制度　897a
日本資本主義の経営史的研究　677b
日本資本主義の諸問題　463a

日本資本主義の発達と私法　897a
日本資本主義発達史　599c 813b
日本資本主義発達史講座　813b 833b 837b 882a 1107b
日本資本主義分析　1107b
日本社会運動史　10a
日本社会史　43c
日本社会事彙　615c
日本社会史概説　762b
日本社会事業年鑑　597a
日本社会主義　670a
日本社会主義史　63b
日本社会の家族的構成　315b
日本宗教交渉史論　857a
日本宗教史の研究　751c
日本宗教制度史の研究　729c
日本儒学史　378b
日本主義(1897創刊)　353c
日本主義(1916創刊)　126c
日本主義を賛す　611b
日本朱子学派之哲学　105b
日本酒醸造化学　26b
日本庄園制史論　251b
日本城郭史　209b
日本商業史　1126a
日本商業志　171b
日本正金及株式取引所　950b
日本少国民文庫　1143a
日本商事慣例類集　614c
日本上代寺院経済史の研究　619a
日本上代史研究　674c
日本上代史の一研究　53b
(日本上代に於ける)社会組織の研究　190c
日本上代の甲冑　545a
日本上代の武器　545a
日本浄土教成立史の研究　107c
日本商人史　729c
日本書紀　22c
日本書紀研究　1005c
日本書紀講義　1060a
日本書紀古訓攷証　325c
日本書紀朝鮮関係記事考証　1005b
日本書紀通釈　48b
日本書紀定本　1044b
日本書紀伝　278a 558c
日本書紀の研究　997c
日本書紀の暦日に就て　226a
日本書紀名物正訓　503c
日本植物学輯報　57b
日本植物誌　88c 492b
日本植物名彙　988a
日本植物油脂　673a
日本女性史考　784a
日本庶民教育史　62c 246b
日本史論聚　851a
日本人(陸奥宗光)　1040c
日本人(1888創刊)　100c 142c 417a 495a 548b 733c 744b 972a 1026a
日本人口政策　134c
日本振農策　163a
日本人の結婚観　297b
日本人の発想　297b
日本新聞　344b
日本新聞史　252b
日本新聞発達史　252b
日本信用組合報徳結社問答　897b
日本森林植物帯論　947b
日本神話の研究(松村武雄)　988b
日本神話の研究(松本信広)　993a
日本数学史講話　484c
日本数学史の新研究　1002c
日本数学物理学会報　1122c
日本政治史　503a
日本政治の革新　234a
日本精神　350b
日本精神研究　178a
日本精神史研究　1181a
日本精神と独逸文化　352a
日本精神に生よ　106c
日本精神の研究　1080c
日本精神の哲学　294c
日本精神の本質　105c
日本精神の本質と基督教　166a
日本精神発達史　408b
日本青銅器時代地名表　1074c
日本青銅器の研究　550c
日本政党史　848a
日本制度通　816c
日本石器時代図譜　326b
日本絶句類苑　667b
日本全史　181b
日本先史土器図譜　1110c
日本先土器時代の研究　550c
日本宋学史　793a
日本想芸史　766b
日本僧宝事苑　667b
日本藻類図譜　221c
日本その日その日　1056c
日本尊農論　310a
日本村落史概説　251b
日本村落史考　251b
日本大黄考　520b
日本大家論集　200b 201a
日本大古石器考　326b
日本滞在記　380c
日本大文典　246a
日本たいむす　389b
日本脱出　964c
日本男子論　896b
日本地産論　892a
日本知識人の思想　983c
日本地誌提要　669b
日本地誌要略　196b
日本地図草紙　896a
日本中世史　854a
日本中世史の研究　854a
日本中世史論考　206a
日本中世の国家と宗教　393a
日本中世の社会と宗教　393a
日本中世の村落　521c
日本中世の民衆と領主　717b
日本中世封建制論　393a
日本彫刻史の研究　25a
日本地理志料　1044b
日本手形法　220a
日本哲学思想史　750a
日本哲学全書　444c
日本田制史　1130b
日本伝道新報　1169c
日本天文研究会報文　326a
日本天文史料　326a
日本天文史料綜覧　326a
日本道学淵源録　371a
日本糖業論　561c
日本陶瓷史　113b
日本統治下の朝鮮　1111c
日本道徳論　792a
日本刀の科学的研究　660a
日本動物誌　492b
日本童話宝玉集　372a
日本とオランダ　79c
日本読史年表　206a
日本独占資本の解剖　564b
日本渡航記　438b
日本図書目録　818c
日本と朝鮮　768b
日本奴隷経済史　613b
日本における外国文学　512a
日本における近代国家の成立　802a
日本に於ける自由基督教と其先駆者　1019c
日本における中国文学　325c
日本におけるヒポクラテス賛美　218a
日本二十六聖人殉教記　818c
日本のアウトサイダー　309b
日本之意匠及情交　615b
日本農学史　924b
日本農業及北海道殖民論　892a
日本農業概論　865c
日本農業起源論　251b
日本農業技術史　924b
日本農業における資本主義の発達　298c
日本農業の経済的変遷　451b
日本農業の展開過程　699b
日本農耕社会の形成　550c
日本農耕文化の起源　1074c
日本農政学　310a
日本農政論　865c
日本農村婦人問題　996a
日本農民一揆録　656c
日本農民史料聚粋　251b
日本農民の疲弊及其救治策　950b
日本農林種子学　441a

日本の海運　925b
日本の海賊　751c
日本の禍機　16a
日本之下層社会　730b 1129b
日本の紙　528b
日本の韓国併合　1111c
日本の気候　217c
日本の気象　376c
日本之教学　200c
日本の黒い霧　992a
日本の軍隊　49b
日本の経営　243a
日本の経済　1022b
日本の原始国家　956b
日本の現代版画　256b
日本建築史の研究　903a
日本の建築と芸術　572c
日本の古代宮都　335c
日本の古代国家　73b
日本の古典籍と古代史　997c
日本の古墳　545b
日本の古文書　3b
日本の山水　204c 322b
日本之時事　200c
日本の社会主義　162c
日本之商人　200c
日本之女学　200c
日本之殖産　200c
日本の臣道・アメリカの国民性　1181a
日本の精神的風土　49b
日本の政党　1092a
日本の村落共同体　762b
日本の大学　181a
日本の地衣　20c
日本の地方自治　670c
日本の鳥類と其生態　1104b
日本の天文気象史料　326a
日本の都市　905b
日本の富及所得　168b
日本の花嫁　657c
日本の美　738b
日本の人　1057b
日本の風俗　656c
日本の服装　557a
日本の婦人　634c
日本の封建社会　729c
日本の封建都市　729c
日本之法律　200c
日本の祭　1088a
日本の民俗　592b
日本の目覚め　212a
日本の離島　1034a
日本の労働運動　274b 786a
日本俳句鈔　322b
日本陪審法義解　852a
日本博物学年表　538c
日本埴輪図集　600a
日本美術の特質　1079a
日本美術評論　435c
日本美の再発見　589a
日本評論(1890創刊)　138c
日本評論(1935創刊)　301b
日本評論(1916創刊)　255c
日本ファシズム批判　825c
日本風景論　416c 495a
日本風俗画大成　972a
日本風俗史(田村栄太郎)　656c
日本風俗史(藤岡作太郎)　905b
日本風俗史(和歌森太郎)　1170b
日本風俗備考　1016c
日本服飾史論　600b
日本婦人問題資料集成　996a
日本婦人論　896b
日本仏教一貫論　1046a
日本仏教史(辻善之助)　671c
日本仏教史(三宅雪嶺)　1025c
日本仏教史之研究　671c
日本仏教社会事業史　18a
日本仏塔　69a
日本婦道記　1116a
日本不動産占有論　62a
日本舞踊史　26b
日本文学　985b
日本文学史　927a 1001c
日本文学史の構想　265a
日本文学史の周辺　265a
日本文学新史　248a
日本文学全書　200c 245c 816c
日本文学における生活史の研究　784a
日本文学の環境　590a
日本文学の世界的位置　277b
日本文学の発生序説　255c
日本噴火志　206b
日本文化史(辻善之助)　671c
日本文化史(叢書)　766a
日本文化史(叢書)　784a
日本文化史概論　792c
日本文化私観　457c
日本文化史序説　789b
日本文化史の研究　751c
日本文化小史　489c
日本文化史論考　789b
日本文化の活性化　396a
日本文化論(石田英一郎叢書)　68a
日本文化論(松本彦次郎)　993b
日本文芸史における中世的なもの　785a
日本文章史　204c
日本文章論　546c
日本文壇史　93b
日本文典(ホフマン)　940c
日本文典(文部省)　1025c
日本文法学概論　1107c
日本文法講義　1107c
日本文法論　1107c
日本文明史略　1057b
日本米価変動史　744c
日本兵農史論　251b
日本平民新聞　1072a
日本への回帰　817a
日本方言学　698b
日本封建社会成立史論　38b
日本封建制イデオロギー　750a
日本封建制下の都市と社会　857b
日本封建制度史　91c
日本封建制度成立史　956b
日本封建制の源流　762b
日本封建都市研究　857b
日本訪書志　1124c
日本法制史(池辺義象)　58b
日本法制史(滝川政次郎)　613b
日本法制史概説　62a
日本法制史概論　956b
日本法制史書目解題　58b
日本法典全書　200c
日本法理の自覚的展開　250b
日本法令予算論　83c
日本捕鯨史話　902b
日本捕虜志　824b
日本々国民に与ふ　453c
日本民家史　910c
日本民事慣例類集　614c
日本民主化のために　805c
日本民族研究叢書　353c
日本民族史　922a
日本民族と海洋思想　350c
日本民族の形成　299c
日本民族文化の起源　993a
日本民法草案　931b
日本民法草案註解　931b
日本民法相続篇の史的素描　856b
日本民法総論　835b
日本昔話　1018a
日本昔噺　128c
日本名勝記　663b
日本薬泉考　8c
日本耶蘇会刊行書志　474b
日本薬局方　504c 938a
日本薬局方註解　526a
日本唯物論史　750a
日本洋画の曙光　883a
日本陽明学派之哲学　105b
日本理財雑誌　33c
日本立憲政党新聞　319c 557b 714a 749a 924b
日本領主制成立史の研究　717b
日本林制史資料　389a
日本倫理彙編　105b
日本倫理思想史　1181b
日本ルネッサンス史論　902b
にほんれきし　1002a
日本歴史　610c
日本歴史概説　309a
日本歴史大辞典　344b
日本歴史地理総説　905b

日本歴史地理之研究　1140b
日本歴史地理用語辞典　905b
日本歴史評林　816c
日本歴史の国際環境　788a
日本労働組合運動史　545c
日本浪曼派　89c 299b 718b 1083a
日本和歌史論　194c
(入獄紀念)無政府共産　150c
入北記　519b
女房殺し　167a
女護島　297c
女人芸術　297c 824a 850c
女人焚殺　592b
女人焚死　481a
如来光明礼拝儀　1101c
二流文楽論　244a
二老人　374b
二六新報　13a 38c 439c 561b 1083b 1131a
庭苔　220c
庭田嗣子詠草　798b
庭田嗣子日記　798b
鶏　1066b
人形佐七捕物帳　1128b
人間(1919創刊)　270c
人間(1946創刊)　380a 869a
人間椅子　164a
人間経　1131c
人間苦　1137a
人間失格　627a
人間と実存　366b
人間中野正剛　217b
人間の歌　942a
人間の運命　576b
人間の学としての倫理学　1181a
人間の建設　211b
人間の中の家庭　996a
人間の悲劇　291c
人間の歴史　1082c
人間万歳　1039b
人間万事金世中　318c
認識論　350b

ぬ

額田六福戯曲集　799a
ぬかるみの街道　1063c
幣帛袋　633b
奴婢訓　692b

ね

寝白粉　236b
猫八　126c
鼠小僧　80c 535c
寝耳鉄砲　406a
ねむれ巴里　291c
眠れる美女　321b

年号読方考証稿　1108a
念珠集　452a
年代対照便覧並陰陽暦対照表　326a
年々日記　973c

の

能楽源流考　806c
能楽随想　325b
能楽全書　802b
農学汎論　256a
能楽筆陣　460b
能楽論叢　460b
農家相続と農地　315b
農家得益弁　777c
農業経営指鍼　451b
農業経済学　1126b
農業雑誌　128b 674b
農業三事　674b
農業随録　602b
農業全書　677b
農業団体の統制　865c
農業汎論　1126b
農業評論　865c
農業保険論　950b
農業本論　795b
能研究と発見　802b
農政落葉籠　67a
農政学概論　251b
農政本論　479c
農村学前篇　630a
農村研究　629c
農村自治　429b
農村社会史論講　251b
農村社会の研究　43b
農村随想　8b
農村生活と小作問題　744c
農村制度の改造　1126b
農村の開発　451b
農村の行方　251b
農村問題講話　744c
農村問題入門　110b
農地改革顚末概要　1107b
農地改革闘争の歴史　882b
「No」と言える日本―新日米関係の方策―　1070b
能と歌舞伎　434c
能の再生　802b
能の幽玄と花　802b
農本聯盟　630a
農民運動の現在及将来　251b
農民経済史研究　251b
農民劇場入門　764b
農民のめざまし　1097a
濃藍の空　290a
野上弥生子全集　802c
野菊の墓　89b
野口雨情民謡叢書　803b

野坂参三選集　805c
野崎参り　279c
野ざらし　727c
野ざらしの夢　328b
野末の菊　1078a
能勢朝次著作集　806c
望みなきに非ず　65b
後鑑　779a
後ちに来る者に　1039a
後は昔の記　848c
野天の光　577b
野火　177b
伸子　1034c
のぼり窯　376c
野間宏作品集　809b
野間宏全集　809b
野村直邦自叙八十八年の回顧　811a
野村望東尼全集　811c
野村万蔵著作集　812a
野村靖文書　812b
野村芳兵衛著作集　812c
のらくろ二等卒　612b
乗合船　333b
乗合船恵方万歳　467a
諄辞　646b
祝詞講義　278a
祝詞集　646b
祝詞正訓　559a
祝詞弁蒙　496c
野呂栄太郎全集　813c
野を歩みて　255b
野を歩む者　581c
暢気眼鏡　236b

は

灰色の壁　755c
灰色の月　496a
廃園　1005a
煤煙　1071b
煤煙の臭ひ　1032a
俳諧秋の声　679c
俳諧一串抄　188b
俳諧新潮　237b
俳諧草紙　1177c
俳諧大要　962c
俳諧亭句楽　1131c
誹諧文法概論　1107c
徽家捷径　1033c
廃墟　1036a
排曲学論　457a
拝金宗　603b
俳句稿　962c
俳愚伝　448c
俳句文学全集　49a
肺結核の早期診断と其治療指針　378c
稗子伝　1136b
媒灼人　491b

俳趣味の発達　23b
廃娼ひとすじ　376b
俳書解題　679c
俳人仲間　613a
珮川詩鈔　368b
敗戦真相記　755c
敗戦ドイツの復興過程　1022b
梅墩詩鈔　886a
梅墩漫筆　886a
俳優論　694a
配流日記　742b
バイロン詩集　420c
パウロ研究　664b
蠅　1128c
破戒　510a
馬鹿一　1039b
馬鹿一の夢　153c
破壊と建設　745a
馬鹿八と人はいう　41a
萩之家遺稿　246a
萩之家歌集　246a
萩原恭次郎全集　817a
萩原朔太郎　1037a
萩原朔太郎全集　817b
萩原朔太郎論　1037a
白雨　1180b
白雲先生　1039b
白桜集　1131a
白蛾　727c
白嶽　49a
幕儀参考　982b
白玉蘭　1106c
白秋全集　342c
白石・諭吉　837c
バクダン　149b
白痴(川端茅舎)　321a
白痴(坂口安吾)　457c
白痴群　43a 309a 758a
白痴児　61c
幕朝典故叢鈔　434c
白塔の歌　727c
馬具ニ就テ　574a
貘の舌　149b
幕藩社会と商品流通　737c
幕藩制の苦悶　341a
幕藩体制社会の成立と構造　38a
白眉　110c
白描　63c
幕府書物方日記　192b
幕府衰亡論　900c
博物新編　940c
博物之友　81b
博聞雑誌　1042a
幕末愛国歌　319b
幕末外交史の研究　195a
幕末外交談　648a
幕末史概説　110a
幕末実戦史　198a
幕末史の研究　110a
幕末社会の研究　675b
幕末政治家　900c
幕末の宮廷　524a
薄遊吟草　1172b
白羊宮　560c
白楽天池上篇　128c
羽倉随筆　818b
博覧会見聞録　440c
歯車　14c 939b
白鹿考証　778c
箱男　29c
函館日日新聞　435b
函館毎日新聞　373a
ハコネ用水　592c
方舟さくら丸　29c
葉桜　59b
土師式土器集成　550c
橋のない川　567c
橋本景岳全集　820c
橋本進吉博士著作集　821a
橋本大佐の手記　820a
橋ものがたり　907a
馬城大井憲太郎伝　882a
芭蕉句集講義　679c
芭蕉襍記　1051c
芭蕉七部集　406b
芭蕉の俤　875b
芭蕉の研究　434c
馬上の友　374a
芭蕉俳諧の根本問題　194c
芭蕉物語　23b
場所的論理と呼応の原理　411c
場所の論理学　1039c
パスカルに於ける人間の研究　1003a
パスカルの方法　1065b
パスクの星　327b
蓮沼門三全集　822b
長谷川昭道全集　822c
長谷川時雨全集　824a
長谷川伸全集　824b
長谷川利行画集　825b
長谷川如是閑選集　825c
破船　380a
旗　448c
畑稲　766c
波高島　112b
裸の王様　257a
畑俊六日記　829b
波多野精一全集　830a
肌の匂い　1036a
機姫物語　751b
旗本　542c
はたらく権利と女性の権利　640a
働く婦人　680c
働く婦人のために　634c
働くものから見るものへ　788c
八丈島物語　328a
八代選　563c
八年間　322b
八年制　713b
八幡宮の研究　1031a
八郎遺書之信言　328a
八老死後之為心得置条之事　328a
八老十ヵ条　328a
八老独り年代記　328a
白華余事　993a
白金之独楽　342b
初恋(国木田独歩)　374a
初恋(矢崎嵯峨屋)　1078a
はつ姿　418c
発展　126b
発展過程の均衡分析　770b
服部之総全集　833b
服部之総著作集　833b
発明への挑戦　986c
はてしらずの記　962b
艶容女舞衣　359c
鳩公の話　802b
鼻　14b
花筏　718b
華岡青洲の妻　43b 551c
花終る闇　257a
花が咲く　711b
花筐(檀一雄)　660c
花筐(三好達治)　1037a
花ぐらし　686c
花氷　873b
花衣　550b
花ざかりの森　1006c
花咲く港　329c 924a
花ざくろ　509a
花咲ける孤独　236c
花園天皇　127a
花田清輝全集　835c
花と兵隊　873a
花と竜　873b
花ぬすびと　686c
花の画集　478b
花の蘗　563c
花の生涯　919b
花の町　112a
華々しき一族　552a 1074b
花びらの旅　843c
パナマ事件　240c
"花見酒"の経済　1158b
花守　1126c
華やかな散歩　477c
花柳章太郎舞台衣装　837b
花嫁学校　270c
離　1171a
羽仁五郎歴史論著作集　837c
羽仁説子の女性シリーズ　837c
パニック　257a
羽仁もと子著作集　838b
埴輪考　681b

羽田博士史学論文集　839a
パノラマ島奇譚　164a
母　683c
母代　919b
馬場辰猪全集　839c
母と青葉木菟　202c
母の心　1085c
母を恋ふる記　650c
羽曳野市史　393a
バビロンの流れのほとりにて　1065b
浜口雄幸遺稿随感録　842a
浜口雄幸氏大演説集　842a
浜口雄幸氏大論弁集　842a
浜口蔵相演説集　842a
浜田耕作著作集　842c
浜田広介全集　843c
鱧の皮　297c
与林氏学論　563c
林氏米作改良演説筆記　845b
林達夫著作集　849a
囃子とともに―十一世田中伝左衛門著作集―　642b
林房雄著作集　850b
葉山嘉樹全集　852b
速水女塾　334b
はやり唄　418c
原敬日記　856a
パラシュートと母系制　640a
原敬関係文書　856a
原敬全集　856a
原敬伝　145b 955a
原田伴彦著作集　857c
原田伴彦論集　857c
原田日記　856b
薔薇と巫女　228b
バラルダ物語　957b
巴里・女・戦争　474a
巴里会議後の欧洲外交　22a
張込み　992a
巴里心景　366b
ハリス日本滞在記　861a
磔茂左衛門　106c 913b
巴里に死す　576a
鍼の如く　750c
巴里の横顔　908c
播磨風土記新考　107b
パリ燃ゆ　240c
春　510a
バルカン　22a
巴爾幹外交史論　502b
春と修羅　1030a
春のいそぎ　89c
春の潮　89c
春のことぶれ　255c
春の坂道　1093b
春の旅人　1037a
春の巻　623c
春の岬　1037a
春は馬車に乗って　1128c
馬鈴薯の花　509b 763b
汎愛派の教育思想　118a
繁栄への道　475a
晩悔堂印識　843c
樊噲夢物語　548c
藩鑑　850a
晩菊　850c
万機井蛙　598a
反響(伊東静雄)　89c
反響(1914創刊)　52a
輓近三代文学品題　873a
輓近社会思想の研究　1148c
輓近の倫理学書　747b
半夏生不晴不順に備る　328a
万国公法　783b 949b
万国史略　197a
万国新聞　920b
万国叢話　1017a
反語的精神　848c
犯罪救治論　641a
犯罪構成要件の理論　250b
犯罪社会学　30c
半七捕物帳　223a 223b
蛮社遭厄小記　599a
播州平野　1034c
晩春の日に　643c
反正紀略　667b
反省会雑誌　592a
藩制成立史の綜合研究米沢藩　91c
半生の記　992a
半世物語　886b
反戦反共四十年　1178c
藩祖肥州公伝　371b
伴大納言絵巻　1163a
判段夢之真暗　328a
「番町会」を暴く　1042b
番町皿屋敷　223a
般若心経講話　595a
万人労働の教育　523c
晩年　626c
范の犯罪　495c
パンの笛　942a
万物流転　875a
伴睦放談　199c
氾濫　93b
万緑(中村草田男)　763a
万緑(1946創刊)　763a

ひ

B島風物誌　155c
燧嚢図説　350a
飛雲抄　328b
避疫要法　599a
氷魚　509b
微温　1011a
美学　30a
比較各国憲法論　133a
比較国法学　544a
比較国会論　449b
比較思想論　767c
比較宗教学　27c
美学的空間　738b
美学入門　738b
比較文化論　49b
ひかげの花　736a
日蔭の村　65b
東恩納寛惇全集　866a
東倶知安行　431b
東久邇日記　866b
東中野日記　908b
東の国から　400b
東は東　499a
東廻海運及び西廻海運の研究　925b
東山桜荘子　569c
東山時代に於ける一縉紳の生活　854a
比嘉春潮全集　867a
光　38b 290a 785c 1099a 1134c
光と影　153c
光と風と夢　745a
光をかかぐる人々　713b
光を慕ひて　575b
彼岸過迄　774c
匪躬謇議　371c
備急千金要方　1071c
向日葵　954a
ひげ　343a
悲劇の哲学　309b
彦市ばなし　211b
微光　292c 964c
久板栄二郎戯曲集　869a
久松潜一著作集　869b
眉山全集　311a
薇山文稿　787c
彼此一時遊　787c
美辞学　596c
非射利主義生命保険会社の設立を望む　1090b
美術解剖学　563a
美術概論　417b
美術週報　557c
美術真説　892a
美術新報　127c 819a
美術の秋　39c
美術の小窓　417b
美術批評と美術問題　417b
美術評論　127c
非情　291c
微笑　1129a
非常時の経済対策　306c
美人伝　824a
ビスマルクの外交政策　267b
肥前風土記新考　107b
非増租論　168b
常陸帯　909c

ビタミン　555b
悲痛の哲理　126b
筆禍史　1032a
ピッケルの思い出　960c
筆算提要　90c
筆林集　633b
美的生活を論ず　611b
秀吉と利休　802c
比島から巣鴨へ　1041b
人及び女として　1130c
美と芸術の理論　894a
美と集団の論理　738b
ひとすじの道　282b
一つの石　6c
一つの時代　99b
ひとつの真実に生きて　996a
一つの先駆　877b
一つの戦史　263a
ひとつの火　248a
一粒の麦　260c
人のアラ世間のアラ　154b
人の目の塵を見る　41a
人はさまざま、歩く道もさまざま　14b
一葉舟　211b 510a
一房の葡萄　40a
囚屋のすさび　1076b
ひとりお美しいお富士さん　893c
独りきりの世界　65b
ひとりごち　183a
日夏耿之介全集　873a
日夏耿之介定本詩集　873a
美男狩　810b
美に生きる　848b
美について　609a
火野葦平選集　873b
火の国の女の日記　610a
火の誓い　303a
日の出　475c
日の出島　1043b
日出新聞　841b
火の鳥　93b
火の柱　349a
日の果て　155b
美の法門　1088c
日の丸　674b
批判　825c
批判マルクス主義　605b
響　1011a
日々の食物　376b
美・批評　738b
日比谷　816c
批評　881b
(美文韻文)霓裳微吟　620a
(美文韻文)花紅葉　620a
備忘漫録　993a
秘本玉くしげ　465b
微味幽玄考　203c
比牟呂　509b
ひもじい月日　169c
百一新論　783c
百学連環　783c
百戯述略　448a
百歳のかたつむり　343a
百姓一揆の研究　414a
百姓の唄　592b
百姓弥之助の話　744a
百魔　552c
百魔続篇　552c
百万小塔肆攷　877a
百味箪笥　2a
百物語　1066b
白蓮華　518b
百鬼園随筆　147b
日向国史　340b
ヒュースケン日本日記　874c
ヒューマニズム　649c
尾蠅欧行漫録　806a
病学通論　216b
氷河のあくび　553a
病間録　679b
評議会闘争史　807b
表現　1063c
評語　1095c
評釈良寛和尚歌集　581c
標準語引分類方言辞典　698b
表象抒情詩集　805b
病牀六尺　962c
(標註)韓図純理批判解説　358a
標註古語拾遺　1046a
標注古風土記　384a
標註職原抄校本　441b
評註名詩新選　378b
標註令義解校本　441b
氷島　817a
平等新聞　711a
氷壁　108b
漂民宇三郎　112b
漂洋紀事本末　219b
病理学総論　218b
病理学入門　218b
病理総論講義　1098a
漂流記　843b
病理論　5c
丕揚録　494b
評論　343b
評論新聞　434b 658c 742a 745b 786c
日和見主義に対する闘争　431b
平田篤胤　1108a
平田篤胤之哲学　645b
平田東助関係文書　878b
平塚らいてう著作集　879b
平戸貿易志　547b
平沼騏一郎回顧録　880a
平野謙全集　881b
平野次郎　307a
平林たい子全集　882b
平林初之輔文芸評論全集　882c
ビルマの竪琴　626a
ピルロニストのように　623c
悲恋悲歌　126b
秘録東京裁判　357c
広沢真臣関係文書　885b
広沢真臣日記　885b
ヒロシマ　725c
広島新聞　406c
広島問答　897c
ひろすけ童話読本　843c
広瀬川の畔　582a
広瀬旭荘全集　885c
広瀬武夫全集　886c
広津和郎全集　889a
広場の孤独　939b
博房卿記　994c
びわの実学校　682b
貧か富か　24c
貧窮問答　63c
鬢華集　745a
品行論　896b
備後三郎　307a
貧者必勝　597b
貧乏物語　310a 463a
貧民心理の研究　260c

ふ

ファウスト研究　352a
不安な結婚　491b
浮標　1036a
鞴祭　287b
フィールド・ノート　76a
フィヒテの政治哲学　780c
風雨強かるべし　889a
風雲　256c
諷詠十二月　1037a
風炎　482a
風景　1112b
風月万象　420c
風雪　31a
風雪のあゆみ　805c
風霜　237c
風俗画報　691a
風俗研究　166b
風俗時評　334b
風知草　1034c
楓荻集　118a
瘋癲老人日記　651b
風土　1181a
風濤　108b
風媒花　621a
風貌　725c
風蘭　211a
ブウランジェ将軍の悲劇　240c
風流戸解記　291c
風流線　75c

風流懺法　605b
風流深川唄　312a
風流仏　406a
風流微塵蔵　406a
風流夢譚　894a
笛　992c
婦嬰新説　940b 1025c
笛吹川　893c
ぷえるとりこ日記　43a
附音・挿図英和字彙　436b
不惱録　707a
深い河　171a
深尾須磨子詩集　893c
深尾正治の手記　491b
深川情調の研究　792c
舞楽図説　196b
深田康算全集　738b 894a
武漢作戦　65b
武器袖鏡　385a
蕗のとう　1008a
武侠世界　241c
不器用な天使　943a
舞曲扇林　324b
凫居集　183a
福井県史　957c
福音週報　138c
福音新報　138c 268a 987a 1045c
福音的基督教　592c
福音と現代　592c
福音丸新報　872a
福音道志流部　138c
福翁自伝　896b
福翁百余話　896b
福翁百話　896b
福岡日日新聞　604a
復軒雑纂　197a
複合汚染　43b
復斎詩文稿　850a
福沢全集　66b 896b
福沢全集緒言　896b
福沢先生浮世談　896b
福沢文集　896a
福沢諭吉(石河幹明)　66b
福沢諭吉(田中王堂)　635c
福沢諭吉全集　722a 896b
福沢諭吉伝　66b 722a
福士幸次郎著作集　896c
福島正夫著作集　897a
復讐と法律　939c
服制の研究　572b
服装と故実　557b
複素多様体論　420a
福田大将伝　389a
福田恆存全集　898b
福田恆存翻訳全集　898b
復某氏書　783c
福山敏男著作集　903a
福陵新報　669c 700a 786c
梟　87c
梟の城　506c
武家建築に就て　574a
武家時代社会の研究　957c
武家時代之研究　206a
普賢　63c
武江年表　448a
不合理ゆえに吾信ず　838c
富国捷径　273b 897b
富国の種まき　926b
不在地主　431b
釜山日報　52a
不二(1946創刊)　263a
富士(徳富蘆花)　713b
富士(渡辺水巴)　1177c
藤井武全集　904b
藤岡作太郎著作集　905b
不尽岳志　818b
扶氏経験遺訓　201c 216b
藤沢周平全集　907a
藤沢博士遺文集　907c
藤沢博士追想録　907c
富士新聞　353c
藤田五郎著作集　908b
藤田東湖伝　312b
武士団と村落　729c
武士道叢書　105b
節の研究　887c
無事の人　1119c
富士額男女繁山　318b
藤本家文書　912c
藤森成吉全集　913c
不惜身命　1119c
武州鉢形城　112b
撫松余韻　1081b
武将列伝　256c
婦女鑑　792a 993b
婦女新聞　523c
婦女の鑑　350c
藤原氏の栄華と院政　1146a
藤原定家　319b
藤原仲麻呂　335c
藤原宮阯伝説地高殿の調査　25a
婦人運動　233b
婦人記者廃業記　343a
婦人倶楽部　809a
婦人公論　62b 517b 634c 649c 1096a
婦人思想形成史ノート　996b
婦人世界　1043b
婦人戦線　567c 609c 879a
普請中　1066a
婦人と文学　1034c
婦人に勧めて　795b
婦人の国　475c
婦人の修養　835a
婦人の勝利　1096a
武人の徳操　847b
婦人之友　837c 838a 1026b
婦人文芸　297c
婦人問題と婦人運動　1096a
布施太子の入山　382a
婦選　83b 899b
普選運動秘史　400a
普選の話　612c
普選を中心として　114b
扶桑新誌　850c
武装図説　557a
武装せる市街　391b
扶桑探勝図　448b
風俗訳譜　1110a
舞台　799a
舞台観察手引草　548c
舞台銀幕六十年　823a
舞台装置の研究　88b
舞台装置の三十年　88b
舞台と旅と人と　1119b
舞台の合間に　1007c
舞台美術　88b
二筋道　344a
再び施治の方嚮を論ず　246c
二つの庭　1034c
二葉亭四迷全集　917a
二夜語　282c
二荒の行紀　778c
浮沈　736b
普通鉱物学　504c
普通選挙　468c
普通民権論　903a
普通論理学　358a
仏英独三国会話　1044c
二日物語　406a
物価問題入門　1022b
物価余論　479c
仏教　877a 923a
仏教各宗綱要　511b 947c
仏教活論　100c 1045c
仏教経済思想研究　725c
仏教芸術の研究　877a
仏教考古学論攷　69a
仏教語大辞典　767c
仏教史　11b
仏教社会学研究　18a
仏教史林　456c 1046a
仏教新論　601c
仏教聖典史論　27c
仏教大意　159a
仏教大辞典　1058b
仏教哲学系統論　100c
仏教哲理　262c
仏教統一論　1045c
仏教汎論　130b
仏教美術の基本　69a
仏教夫婦論　641a
物権法　545b 1128a
復興期の精神　835c
仏国革命盛衰記　749b

(仏国)巴里斯繁昌記　244a
復古法　479c
復古法概言　479c
復古法問答書　479c
仏語明要　1044c
仏心　20a
仏像彫刻　1035b
仏陀　18a
仏法護国論　397b
物理化学　185c
物理学と方法　458c
物理新論　994a
仏和辞林　91b 739c
不逞鮮人　751a
太い鮮人　934c
筆幸　318b
筆のしづく　204c
筆之力　744b
筆の花　471a
筆まかせ　962c
舞踏会　14c
葡萄栽培提要　308b
葡萄全書　308b
不同調　299b 439b
葡萄提要　308b
武道伝来記　256c
ふところ日記　310c
蒲団　658b
舟橋聖一選集　919b
府藩県制史　1032a
吹雪物語　457c
不平なく　701a
父母を蹴れ　1099a
踏絵　1088b
文づかひ　70c 1066a
武門諫曉抄　979b
冬木心中　799a
ふゆくさ　677c
冬菜　194c
冬の蠅　265c
冬の宿　31a
ふゆばら　1007c
冬彦集　691c
冬夜の駅　1180b
冬を越す蕾　1034c
舞踊とその創作法　61a
部落解放の路線　342a
普羅句集　953b
プラトン　644b
プラトン全集　644b
ぶらんこ　334b
仏蘭西印象記　1132c
フランス革命の研究　395c
仏蘭西古典劇研究　1132c
フランス大革命史　1016b
仏蘭西答屈智幾　1044c
ふらんす人形　240c
フランス文学研究序説　543b
仏蘭西文芸印象記　1132c
法朗西文典　1085b
ふらんす物語　736a
ふりかえって前へ進む　324b
俘虜記　177a
ふるあめりかに袖はぬらさじ　551c
古袷　847a
古い玩具　334b
古き文明より新しき文明へ　745a
旧き都のつと　1169c
古沢滋文書　924b
古島敏雄著作集　924b
ブルジョア　576a
古橋翁伝　475b
ブレヒト戯曲選集　578b
不連続殺人事件　457c
浮浪漫語　671a
風呂桶　711b
プロシア東亜遠征記　530a
プロレタリア経済学　635a
プロレタリア文学　1051a
プロレタリヤ・レアリズムへの道　383a
FRONT　351a
文　860a 1027b
文化　676a
文科　957b
文化価値と極限概念　580b
文化教育学の新研究　246c
文学　321b
文学界(1893創刊)　134c 343b 510a 867b
文学界(1933創刊)　31a 153a 299b 309b 432a 509c 745a 850b 1036a 1037a 1145b
文学五十年　6c
文学時代　475c
「文学者に就て」について　754a
文学小観　204c
文学生活　718b
文学世界　1174c
文学その折々　682a
文学大概　63c
文学に現はれたる我が国民思想の研究　674c
文学入門　395c
文学博士三宅米吉著述集　1027b
文学評論(片山伸)　272a
文学評論(1934創刊)　713b
文学理論の研究　395c
文学論　774a
文化史上より見たる日本の数学　1002b
文化主義と社会問題　394b
文化人類学　792c
文化人類学序説　68a
文化人類学ノート　68a
文化組織　835c
文化の末路　40a
文化類型学　411c
文教論集　85c
分家　89b
文芸　869a
文芸界　711b
文芸観　825a
文芸倶楽部　75c 200c 204c 328a 711a
文芸五十年史　553b
文芸時代　87c 270c 321b 439b 527b 1128c
文芸思潮論　386a
文芸首都　742b
文芸春秋　321a 330c 432a 439b 553a 553c 644b 756a 1116a
文芸戦線　6c 87c 391a 616a 751a 850b 852a 882b 882c 951c
文芸叢書　454a
文芸東西南北　351c
文芸都市　442c
文芸と心理分析　825a
文芸復興　848c 1032b
文芸文化　1006c
文芸類纂　457b
文芸レビュー　93b
文芸論　366b
分権論　896a
文庫(1889創刊)　166c
文庫(1895創刊)　48c 255a 303b 316b 342a 377a 416c 509b 663c 1005a 1126c 1177c
豊後風土記新考　107b
分子熱力学総論　275b
文章九格　907b
文章倶楽部　475c
文章世界　154b 270c 292c 377a 643c 658b 1128c
文相初体験　1075b
文人画概論　614a
文政十年相国宣下武門記　778c
文選植字の技術　1008b
文体論の建設　432b
文体論の美学的基礎づけ　432b
文体論の理論と実践　432b
文壇三十年　663b
文壇照魔鏡　1131b
文壇照魔鏡与謝野鉄幹　475b
文壇無駄話　663b
文壇与太話　1083b
文典辨疑　438a
文党　439b
糞尿譚　873a
文武一途之説　1125b
文武虚実論　180b
文明雑誌　1032a
文明東漸史　910c
文明の考現学　297b
文明批評　93a 189a
文明評論　268a
文明論女大学　693c

文明論之概略　896a
文楽の人形と三味線　359c
文禄慶長の役　53b

へ

平安遺文　619a
平安時代　1159c
平安時代の政治　1146a
(平安初期)裏面より見たる日本歴史　379c
平安朝史　309a
平安朝時代の草仮名の研究　248a
平安朝中期　784a
平安朝文法史　1107c
米欧回覧実記　379a
兵家紀聞　385a
鼈休録　34b
平家物語　73c
平家物語考　1108a
平家物語の研究　10c
平家物語の語法　1107c
米国学校法　643c
米国憲法ノ由来及特質　1021c
米国史　854a
米国職業紹介事業概要　730b
米国政治史序説　591c
米国に使して　810a
米国百年期博覧会教育報告　643c
兵士懐中便覧　895c
平時国際法論　629a
平城宮大内裏跡坪割之図　339a
平城京及大内裏考　572c
米政撮要　776a 857a
兵制全書　599a
兵隊過去帳　466a
丙丁炯戒録　494b
米麦技術の改良　125c
平凡　917a
平凡の自覚　150c
平民新聞(1903創刊)　63b 188c 232c 283c 407a 456a 605a 785c 883a
平民新聞(1907創刊)　38c 189a 225c 1097a 1099a
平民新聞(1914創刊)　407a
平民の福音　1112c
平民の目さまし　739c
平民文庫　628b
平民法律　1100c
平明書屋歌話　255b
平明調　255b
兵要録口義　722c
兵論　896a
平和　343b 756a
平和主義者　297c
平和の哲学　649c
平和への念願　33a
平和への努力　429a
ヘーゲル　411c
ヘーゲル研究　1039c
ヘーゲル哲学と弁証法　648b
ヘーゲルの法律哲学の基礎　1144c
碧　322b
碧巌集講話　175b
闢邪小言　201a 371b
北京十二年　443b
北京籠城日記　832c
ペスト病論　1098a
へたも絵のうち　378c
ヘチマくん　171a
へちまの花　456a 1173b
別後　803b
ペテロ研究　664b
紅蝙蝠　824b
蛇いちご　418c
蛇の歌　63c
蛇の花嫁　197c
蛇姫様　312a
縁　802b
ペリー日本遠征随行日記　130c
ベルグソン　745a
ペルシアの陶器　1002b
ペルシャの幻術師　506b
ベルツの日記　930a
変革期日本の政治経済　234a
弁学小言　1175b
眄柯集　2c
変光星回報　325c
変光星図　326a
弁護士大安売　1100c
弁護士生活の回顧　859c
ペン縦横　663c
ペン習字手本　2b
変身　448c
弁天小僧　318b
弁妄　1080b
弁孟　563c
変目伝　889b
遍歴　1031b

ほ

ボアソナード文献双書　931b
匏庵遺稿　386a
法医学提綱　273c
砲痍論　477a
崩解感覚　809b
防海余論　479c
法学志林　155b
法学通論(鵜沢総明)　142c
法学通論(岡村司)　222a
(法学博士)桑田熊蔵遺稿集　394c
邦楽舞踊辞典　26a
法学論綱　719c
礮家必読　599a
幇間　650c
箒のあと　603b
箒屋娘　280a
奉教人の死　14c
望郷の歌　73b 560c
暴君へ　39c
礮卦　464a
抱月全集　518c
某月某日　609a
封建経済政策の展開と市場構造　675b
封建社会解体過程研究序説　675b
封建社会の研究　558b
封建社会の展開過程　908a
封建社会崩壊過程の研究　677b
冒険世界　241c
方言と方言学　698b
方谷遺稿　1107b
報国纂録　132b
法国歩兵演範　621b
放哉書簡集　238a
報四叢談　511b
蓬室集　48c
棒しばり　222a
奉使米利堅紀行　351b
法社会学講座　315b
砲術訓蒙　549b
砲術新書　886a
忘春詩集　1051c
豊城存稿　937b
北条霞亭　1066c
方丈記私記　939b
北条九代名家功　318b
宝生新自伝　932b
豊饒の海　1007a
豊饒の女神　794b
訪書余録　1174c
方寸　61a 243a 381c 1071c 1114b
法制志　1044b
法制史の研究　1001a 1001a
法制史論集　62a 749a
法制史論叢　613b
宝石　164a
防雪林　431b
鳳仙歌　742c
蓬仙日記　1038a
法窓閑話　545c
法窓夜話　939c
豊太閤真蹟集　395a
豊太閤伝記物語の研究　395a
報知新聞　66a 356c 374b 554b 969c 1014a 1083c 1122b 1176b
防長回天史　455c 546c 1102a
防長近世史談　1049a
防長風土注進案　498b
法典論　939c
暴動　87c
奉答紀事　752b
芳塘随想　672c
報徳外記　449b

報徳学斉家談　219b
報徳記　721c 798a
報徳作大益細伝記　299a
報徳富国論　219a
報徳論　721c
法然上人行状絵図　412c
法然上人全集　1058b
法然と親鸞の信仰　382a
法の本質　1021c
暴風説　324b
泡沫の三十五年　387b
亡命十六年　805c
泡鳴全集　126c
奉命日誌　522b
望野　1039a
訪余録　511c
蓬萊曲　343b
炮烙の刑　657b
法律及政治　239c
法律時報　258a
法律社会学の諸問題　258a
法律進化論　939c
法律哲学(鵜沢総明)　142c
法律哲学(横田国臣)　1127b
法律と道徳との関係　142c
法律不溯及論　931b
法隆寺金堂画仏記　141b
法隆寺・法起寺・法輪寺建立年代の研究　4a
暴力　622a
暴力団記　1050c
蜂巓詩集　265b
邦暦西暦対照表　677a
放浪　126b
放浪記　330a 850c
放浪者の詩　609c
保嬰新書　606c
頰杖つきて　730c
ボオドレエル研究序説　631b
母岩　368a
北緯七十九度　49b
北越新聞　368c
北斎と写真　902b
北支果樹園芸　330a
牧師の家　762b
墨汁一滴　962c
墨水雑鈔　390a
墨水別墅雑録　1147a
北征記事　994a
北征日史　603c
木石　919b
墨蹟大成　303c
北地略説　621b
北斗　1171a
濹東綺譚　353a 736a
北東の風　869a
北米時事　356c
北米毎日新聞　215a
北門新報　740a
牧羊城　433a 859a
牧羊神　692a
北陸公論　97b 749b
北陸自由新聞　550a 711a 749a
北陸政論　97b
北陸日報　97b
母系制の研究　610a
法華経の行者日蓮　27c
ポケット論語　1090c
保険法　991c
保護税説　1170c
保古飛呂比　469c
反古袋　418b
菩薩蛮記　1027c
星　480c
母子敍情　222c
星亨伝　955a
星野輝興先生著作集日本の祭祀　936c
捕囚　31a
保守新論　471c 732a
星より来れる者　1051c
戊辰日記　519b 752b
母性の言葉　879b
細井和喜蔵全集　937b
細川ガラシヤ夫人　1071b
細川嘉六著作集　937c
榾　476a
穂高神社史　1031a
蛍草　380a
蛍の話　1174b
牡丹の木　342b
牡丹刷毛　970b
北海タイムス　29a 30c 630a
北海道史　592a 957c
北海道新聞　29a
北海道拓殖史　592b
北海道地質報文　542a
北海道毎日新聞　29a
牧会百話　1024c
法句経講義　725c
法華思想史上の日蓮聖人　1096c
北光　987b
北行日譜　818b
北国新聞　70c 439c 594c 1051b
堀田善衛全集　939b
坊つちやん　774a
北方未来考　707a
穂積陳重遺文集　939c
穂積陳重立法関係文書　939c
穂積八束博士論文集　940b
暮笛集　560c
捕盗安民策　563c
ホトトギス　48c 89b 188b 292c 297c 550b 563c 605b 691c 723b 734b 762c 774a 802b 854b 953b 962c 985a 992b 1012a 1045b 1177c
不如帰　597a 713a
沓手鳥孤城落月　681c
炎の人　211b 1036a
堀口大学全詩集　942a
堀口大学全集　942a
堀辰雄全集　943a
刺青　650c 657a
ボロ屋の春秋　155b
本学挙要　180b
梵学講義　780a
本願寺派学事史　951c
本教大基　505b
本化聖典大辞林　641b 1096c
本化妙宗式目　641a
本化妙宗式目講義録　641a 1096c
本言考　1057c
本日休診　112a
梵鐘　211a
本庄栄治郎著作集　945b
本庄陸男遺稿集　946a
本陣殺人事件　1128b
本草　538c
本草学論攷　538c
本草綱目　538c
本尊論批判　575b
本多造林学　947b
凡談愚言　914b
ぼんち　126c
本朝画人伝　1050b
本朝書籍目録考証　1180a
本朝数学家小伝　311b
本朝廿四孝　359c
本の美術　256b
ポンペ日本滞在見聞記　948b
本邦金石略誌　1174b
本邦鉱物資料　1174c
本邦鉱物標本　1174c
本邦生祠の研究　281b

ま

マアチャンの日記帳　687a
マイステル研究序説　352a
毎朝神拝詞記　475b 877c
舞鶴心中　663b
毎日新聞　66a 349a 439c 512c 726a 1129a →大阪毎日新聞 →東京毎日新聞
毎日電報　142c 1062c 1091b
まいにちひらかなしんぶんし　951b
舞姫　70c 1066a 1130c
前田慧雲全集　951c
前田夕暮全歌集　954b
前田夕暮全集　954b
魔風恋風　418c
真木和泉守遺文　960c
牧唄　380a
牧口常三郎全集　956a
牧の方　681c

牧野信一全集　957b
牧野富太郎自叙伝　958a
牧野富太郎選集　958a
牧野伸顕日記　958c
槙有恒全集　960c
馬越恭平伝　822b
将門　333b
真崎甚三郎日記　963b
正木ひろし著作集　964a
真佐子集　1037c
正宗白鳥　432a
正宗白鳥全集　965a
魔女　480c
魔睡　1066b
増鏡詳解　1180a
貧しき人々の群　1034b
増田甲子七回想録　966a
真澄舎歌文稿　475b
又意外　307a
又々意外　307a
マダムXと快走艇　893c
斑猫　893c
真知子　802c
マチス以後　316b
町の踊り場　711b
松井石根大将の陣中日誌　969b
松井慶四郎自叙伝　969b
松岡映丘画集　972a
松か枝　511a
松川裁判　889a
末日頌　721b
松島　333b 702c
松島行記　371c
松平春嶽全集　21c
松平春岳全集　982b
松永安左ヱ門著作集　984c
松の緑　144c
松の名所　702b
松のや露八　1134a
待間あはれ　518b
松前重義著作集　986c
松村松年自伝　988a
松本金鶏城の俳句　993b
松本健次郎懐旧談　989c
松本剛吉政治日誌　990a
松本新聞　458a 977c
松本清張全集　992a
松本たかし句集　992c
松浦党の研究　751c
末盧国　213b
まつり　200a
万里小路日記　994c
まてりありすむすみりたんす　206c
窓展く　481a
マナスル登頂記　960c
真夏の星　577b
学ぶということ　463a
真昼　622a
まひる野　377a
瞼の母　824b
まぼろしの記　236c
幻影の盾　774a
幻の田園　1005a
幻の華　1088b
蝮のすゑ　621a
真山青果全集　996a
眉かくしの霊　75c
黛　985a
マライシヤに於ける稲米儀礼　152c
マラソン人生　408b
丸　612b
丸岡秀子評論集　996b
マルクス＝エンゲルス全集　463a
マルクス主義　456b 496b 776c 850b 902b 1014b
マルクス主義文学闘争　6c
馬爾去斯人口論要略　187a
マルスの歌　63c
丸本歌舞伎　694b
円窓より　879b
団団珍聞　811b 815b
丸山眞男講義録　998b
丸山眞男座談　998b
丸山眞男集　998b
漫画少年　687a 826a
満韓を視察して　1144a
卍　651a
満洲考古学　1077c
満州事変と奉天総領事　846b
満州事変の思い出　1069b
満洲事変の裏面史　1067c
満洲大豆論　433b
満洲帝国吉林省顧郷屯発掘ノ古生人類遺品　735b
満洲日日新聞　30c
満州の終焉　593b
満洲評論　630b
満洲問題　1084c
満洲歴史地理　540a
まんじゆさげ　255b
満鮮原始墳墓の研究　1002b
満鮮史研究　53b
満鮮地理歴史研究報告　540a
満鉄事件　959c
満鉄調査時報　630a
万年筆　825a
漫罵　343c
万宝山　87c
満蒙　630a
満蒙特殊権益論　502c
漫遊記程　738a
万葉歌人の誕生　254c
万葉群像　344b
万葉古径　254c
万葉集　107b 254c 354b
万葉集雑攷　107b
万葉集私解　836b
万葉集私注　677c
万葉集事典　470c
万葉集序説　254c
万葉集新考　107b
万葉集新釈　89c
万葉集全註釈　622a
万葉集注釈　254c
万葉集追攷　107b
万葉集年表　677c
万葉集の鑑賞及び其批評　509b
万葉集の研究　470c
万葉集評釈　377a
万葉集美夫君志　354c
万葉集略解補正　354c
万葉の作品と時代　254c
万葉の創造的精神　344a
万葉片々　269c

み

木乃伊の口紅　657b
三浦見聞志　621b
三浦内科学纂録　999a
三浦梅園の哲学　444c
三浦老人昔話　223b
澪　750b
澪標　718b
御垣の下草　447b
御垣の下草後編　447b
三ヶ島葭子全歌集　1001b
三ヶ島葭子日記　1001b
三日月　1046c
三上於菟吉全集　1001b
三上次男著作集　1002b
三河蚕糸考　926b
三河新聞　733c
三河国古蹟考　830b
身替座禅　222a
蜜柑の皮　237c
三木清全集　1003c
三木清における人間の研究　442c
三木露風全集　1005a
ミケルアンヂェロ　837b
見事な醜聞　482a
操くらべ　351a
岬　742c
三品彰英論文集　1005b
三島通庸関係文書　1006b
三島由紀夫全集　1007a
みづうみ　321b
水甕　248a
みすず日記　1076b
水の面に書きて　942a
水野忠邦　341a
三田商業界　74b
御盾　1093a
三谷隆正全集　1013c

三田文学　377c 480c 736a 794b 941c 1019a 1066b
みたまのふゆ　438a
三田村鳶魚全集　1014a
見た・揺れた・笑われた　257a
みだれ髪　1130c
道　987b
道草　774c
みち草わき道しぐれ道　914b
途暗し　843b
みちのくの人形たち　894a
みづゑ　186b
密会　29c
密教発達志　205b
三つの声　972b
三つの宝　14c
蜜のあはれ　1052a
三の山踏　633b
蜜蜂　743c
三屋清左衛門残日録　907a
水戸義公伝　477b
水戸市史　91b
水戸史談　596b
水戸藤田家旧蔵書類　910a
緑会雑誌　998a
南方熊楠全集　1019a
水上滝太郎全集　1019b
身投げ救助業　330b
南小泉村　995c
南支那の一瞥　218a
源実朝　319b
水内神社考　341c
見果てぬ夢　937a
身分法の基礎理論　743b
身分法の総則的課題　743b
美保神社の研究　1170a
任那興亡史　546c
みゝずのたはこと　713b
耳の趣味　557c
耳の物語　257a
宮城県史　925b
宮城日報　596a
宮古島フォークロア　801a
都新聞　389b 592b 612c 656c 682b 824a 1178a
都鳥廓白浪　318a
都の花　334c 860a 867b 1010b
宮崎市定全集　1027c
宮崎先生法制史論集　1029a
宮崎滔天全集　1028c 1029c
宮沢賢治の世界　649c
宮地直一論集　1031a
宮嶋資夫著作集　1031b
宮武外骨滑稽新聞　1032a
宮武外骨著作集　1032a
宮売の神の攷　563c
深山自由新聞　435b
宮本常一著作集　1034a
宮本又次著作集　1034b
宮本武蔵　707a 1134a
妙行正軌　641b
苗字の歴史　729c
妙宗　641b 1096c
明星　52a 126b 134c 222c 245c 342a 366b 377a 420c 608c 610b 635c 721b 875b 893c 1011a 1130c 1131b 1131c
三好十郎著作集　1036a
三好十郎の仕事　1036a
三好達治全集　1037a
未来　447c
未来者　1136b
ミラボーとフランス革命　102c
民間格致問答　201c
民間経済録　896a
民間雑誌　238c 896a
民権数へ歌　132c
民権自由論　132b
民権自由論二篇甲号　132b
民権新聞　740a
民衆　1063c
民衆生活史研究　784a
民主社会を支えるもの　1092a
民主主義の展開　275a
民主的文芸の先駆　541b
民主労働者　1014b
民情一新　896a
民商法雑誌　544b
明清書道図説　7a
民声新報　374b
民政要編　1095c
民政要論　563c
民政要論略篇　563b
民族　43b
民族と歴史　340a
民族農政学　251b
民族の哲学　403b
民族派の文学運動　263a
民報　100a
民法出テテ忠孝亡フ　940a
民法解釈学の諸問題　315b
民法原論　719c
民法講義　1169c
民法講話　545c
民法雑記帳　545c
民法雑考　545c
民法親族法論　232b
民法相続法論　232b
民法総論　719c
民法大意　1169c
民法之骨　247a
民法風土記　743b
民法弁疑　931b
民法論綱　719c
民約訳解　739c

む

無為の設計　316b
無憂華　369c
昔の家　577b
昔の人今の状況　396a
無我之愛　90a
麦　577b
無機化学　526a
麦と兵隊　873a
麦の舎集　604c
無教会　149c
椋鳥の夢　843c
葎屋文集　1057c
無弦弓　303b
無限抱擁　613a
武蔵野(国木田独歩)　374b
武蔵野(山田美妙)　1106c
武蔵国風土記之内御府内之部　678b
武蔵野夫人　177a
無産階級(1922創刊)　6c 82a 882c
無産階級(1925創刊)　634c
無産階級運動の方向転換　1097a
無産階級と国防問題　1011a
無産階級の文化　882c
無産者新聞　805b 1089c
無産政党とは何ぞや　24a
無産党十字街　635a
無産農民　634c
虫のいろいろ　236b
蝕まれた友情　496a
武者小路実篤全集　1039c
無宿人別帳　992a
無上政法論　132c
無常といふ事　432a
無尽会社論　387b
無尽蔵　843a
娘巡礼記　609c
娘と私　499b
夢醒真論　30b
夢声戦争日記　707a
無政府主義　373a
むさうあん物語　623c
無息軒翁一代記　219a
無駄なき生活　1120b
無腸遺稿　695a
陸奥外交　502c
陸奥物語　995c
霧笛　240c 353a
武藤山治全集　1042b
宗像沖ノ島　213b
棟方志功全集　1043a
宗方姉妹　240c
宗像詣記　559a
宗清　333b
無筆の号外　584a
謀叛論　308a 713b

無名作家の日記　330b
無名詩集　29b
無門関解釈　350b
無門関提唱　20a
村井長庵　80c 318b
村岡典嗣著作集　1044a
村垣淡路守公務日記　1044c
村上忠順集　1046b
村上文庫目録　1070a
村上義光錦旗風　1106c
村川堅太郎古代史論集　1047a
むらぎも　754a
紫　1131b
紫の梅　1088b
紫の火花　211a
村住　723b
むら竹　5a
村田省蔵遺稿比島日記　1047c
村田清風全集　1048b
村の家　754a
村野日誌　1049c
村の無名氏　1011a
村明細帳の研究　809c
村山知義戯曲集　1051a
村山知義の美術の仕事　1051a
室生犀星句集魚眠洞全句　1052a
室生犀星全集　1052a
室生犀星童話全集　1052a
牟婁新報　38b 175a
室町御所　223a
室町時代　140b

め

明暗　89c
明暗(夏目漱石)　774c
明暗(1926創刊)　377a
名印部類　313b
明義　124c 360a 513b
明教新誌　175b 733c
明訓一斑抄〔明君一斑抄〕　707a 926a
鳴弦原由　923c
鳴沙余韻　1092a
明治維新(尾佐竹猛)　239c
明治維新(羽仁五郎)　837b
(明治維新)三大政治家　58a
明治維新史　833b
明治維新史研究　837c
明治維新史講話　904a
明治　代女　312a
明治演劇史　111c
明治奇聞　1032a
明治銀行史　8c
明治憲法成立史　97c
明治憲法成立史の研究　97c
明治憲法の出来るまで　181b
明治工業史　647c
明治孝節録　441b
明治碁譜　574c
明治三十七八年海戦史　1010c
明治史伝　137a
明治唱歌　210a
(明治史料)顕要職務補任録　287c
明治新撰泉譜　779b
明治政史　471c
(明治前期)財政経済史料集成　677b
(明治前期)土地制度史論　251b
明治前日本薬物学史　20c
明治・大正期自立的労働運動の足跡　1008b
明治大正見聞史　154c
明治大正国民史　541a
明治大正産業発達史　599c
明治大正史世相篇　1088a
明治大正詩史　873a
(明治大正昭和)神道書籍目録　281b
明治大正文学史　1139c
明治代表詩人　303c
明治天皇紀　405a 870a
明治天皇御紀　290b 1001c
明治天皇御製集　1060b
明治廿三年後ノ政治家ノ資格ヲ論ス　712a
(明治廿七八年)在韓苦心録　552a
明治日報　997a 1005a
明治年中行事　938a
明治の一青年像　306c
明治の政治家たち　833b
明治の哲学界　394b
明治叛臣伝　589b
明治評論　726a
明治秘話二大外交の真相　502b
明治仏教史編纂所蔵目録　725c
明治文学管見　343b
明治文学研究　1087b
明治文学全集　712c 1087b
明治文学叢刊　1087b
明治文学展望　351c
明治文化研究　239c
明治文化史　904a
明治文化全集　239c 351c 904a 1087b 1144b
明治文壇回顧録　425a
明治民権史論　754c
名将言行録　220b
明治両陛下聖徳記　546c
迷信　541c
名人　321b
名人伝　745a
鳴雪句集　734b
鳴雪俳句鈔　734b
迷想的宇宙観　285b
冥途　147b
MADE IN JAPANわが体験的日本戦略　1070b
名婦伝　824a
伽羅先代萩　359b
明要附録　1044c
明倫会会史　637c
明倫百人一首　249a
迷路　802c
明六雑誌　326a 459b 520b 549a 675c 783c 792a 896a 1017a 1065a
夫婦善哉　244a
女夫波　106c
眼鏡　510c
めぐりあひ　916c
めさまし草　453b 867b 1066a
めさまし新聞　399a 481b 1018b 1176b
飯　762b
目玉のチビちゃん　612b
眼の壁　992a
免囚者の如く　1032a

も

蒙古史研究　1085a
蒙古襲来　393a
蒙古襲来の研究　3b
蒙古世譜　818b
毛詩輯疏　1080b
盲詩人　744b
孟子新評　228b
孟子養気章解　1107b
孟子養気章講義　1107b
妄想　1066a
毛沢東伝　257c
もうひとつの新劇史　578b
盲目　509c
盲目の川　773a
盲目物語　651a
燃えつきた地図　29c
燃えよ剣　506c
モオツァルト　432a
黙阿弥脚本集　317c
黙阿弥襍記　317c
黙阿弥全集　318c
黙移　582a
木葦集　825a
木弓故実撮要　385a
木魚遺響　15b
目見耳聞西洋紀行　738a
黙示録の現代研究　664b
藻屑　563c
木像　297c
木彫七十年　608c
目録学　381b
もしほ草　334a 864b
文字禍　745a
門司新報　786c 1115c
若し我自ら当らば　246c
モスクワ・東京・ロンドン　685a
物集高見全集　1057b
莫設氏講義筆記　1059b
本居全集　1060a

本居宣長　432a 1043c
元警視総監の体験的昭和史　859b
元田永孚関係文書　1061c
元田永孚文書　1061c
元の枝へ　711b
本山考古室図録　432b
戻橋　333c
物言はぬ顔　228b
物部水理学　1063b
物の見方考へ方　2a
ものの見方について　1158b
藻の花　1177c
ものわりのはしご　520b
紅葉狩　82b 307a 318b 333c
樅ノ木は残った　1116a
桃太郎の母　68a
桃裕行著作集　1064a
桃山の春　209b
百夜　658c
燃ゆる頰　943a
森　802c
森有礼　181a
森有礼全集　1065a
森有正全集　1065b
森鷗外　63c
盛岡新誌　559b
森克己著作選集　1067c
森嘉兵衛著作集　1068a
森銑三著作集　1070a
森本薫戯曲全集　1074b
森本薫全集　1074b
諸橋轍次著作集　1076c
門　774b
文覚上人勧進帳　316b 1147a
モンゴル社会経済史の研究　127b
文字之教　896a
紋章　1128c
門跡伝　49a
問答有用　707a
文徳実録纂詁　1044b

や

八重の残花　796b
八木重吉詩集　1077c
八木重吉全集　1077c
山羊の歌　758a
訳和蘭文語　201c
約言　887a
薬師寺伽藍の研究　25a
役者馬鹿　837b
訳場列位　141b
約束　1093a
訳註大日本史　312b
厄年　292c
葯房主人歌草　562a
薬用植物学　504b 526a
薬令輯彙　901c
焼跡のイエス　63c
夜行巡査　75c
野史　49a
弥次喜多再興　222c
野史纂略　7c
矢島柳堂　496a
靖国紀念大日本続蔵経　951c
保田與重郎全集　1083a
陽春廬雑考　426b
野性の誘惑　773a
瘠我慢の説　165b
痩せた花嫁　439b
野戦兵嚢　687c
耶蘇　1039b
耶蘇会士日本通信　1046b
弥太郎笠　522b
奴の小万　1046c
八つ墓村　1128b
夜濤集　610b
やどり木　1085c
寄生木　713b
矢内原忠雄全集　1084c
谷中村滅亡史　38c
梁川星巌全集　1086b
柳宗悦全集　1088c
屋根裏の散歩者　164a
矢野竜渓集　1091b
藪かうじ　711a
破太鼓　1046c
矢部貞治日記　1092a
山間の名花　334c
山内一豊夫人伝　938a
山岡荘八全集　1093b
山県有朋　225b
山形自由新聞　301a
山形毎日新聞　786c
山川菊栄集　1096a
山川均全集　1097b
山岸徳平著作集　1098a
山恋ひ　153a
山崎直方論文集　1101c
山桜　63c
山路愛山集　1102b
山下水　677c
山科言縄卿記　1104b
邪馬台国研究総覧　1005b
耶馬台国と倭国　788a
山田耕筰全集　1106a
山田方谷全集　1107b
山田盛太郎著作集　1107c
倭をぐな　255c
大和唐古弥生式遺跡の研究　432c
山跡古々路　747b
大和路・信濃路　943a
大和時代　792c
やまと新聞　125b 154b 435b 669a 1083b 1115c 1122b
大和新聞　1010a
大和日記　989b
大和国古都略記図　339a
大和国古班田坪割略図解　339a
大和国地名抜書　339a
大和国坪割細見図　339a
大和穂　766c
大和本草　538c
山と水と　470c
日本美談　953c
山梨日日新聞　58a
山上憶良が貧窮問答の歌を読む　972b
山の音　321b
山の心　960c
山の力　374a
山の手の子　1019a
山比古　377a 744c
山彦　563c
山へよする　623c
山繭　309a 431c 943a
山村暮鳥全集　1112c
山室軍平選集　1113a
山本五十六と米内光政　591a
山本権兵衛関係文書　1115c
山本周五郎全集　1116a
山本宣治全集　1117a
山本宣治選集　1117a
山本滝之助全集　1117b
闇潮　310c
闇と光　610a
闇の絵巻　265c
闇の盃盤　126b
病めるアメリカ　62b
病める薔薇　480c
やもり　889a
弥生式土器集成　550c
弥生式土器聚成図録　432c
弥生集　303c
八幡屋の娘　559c
ヤンキー　744b
ヤング・ジャパン　920c

ゆ

遺教経講話　595a
唯識二十論対訳研究　468b
由井正雪　669a
由比正雪(大佛次郎)　240c
由比正雪(小泉策太郎)　399b
唯物史観経済史出立点の再吟味　899a
唯物史観研究　310a
唯物史観講話　750a
唯物史観と現代の意識　1003a
唯物弁証法講話　750a
唯物弁証法読本　206c
唯物論研究　715b
唯物論者のみた梟　902b
唯物論全書　715b
友愛　78b 145a

友愛婦人　877b
夕刊フクニチ　826a
有機化学　504c 526a
猶興　344c
遊古疑考　992a
憂国　1006c
夕子の旅行記　773a
夕潮　126b
友情　1039b
幽情記　406a
有職衣紋写真図解　372c
遊清五録　595b
遊神帖　4a
郵政省解体論　399b
遊相医話　1071c
有職故実　76b
夕月　1126c
夕鶴　211b 1119b
夕日岡月次集　633b
郵便報知新聞　29a 99c 132a 168b 238c 281b 286c 426c 612c 779a 854c 910c 951b 1020b 1091a
幽閉　112a
夕の虹　942a
雄弁　809a
幽芳全集　332c
有朋堂文庫　810b
ユウモレスク　297c
有文錦考　385a
有用植物図説　645b
幽霊はここにいる　29c
融和事業概論　1035c
湯川秀樹自選集　1123a
湯川秀樹著作集　1123a
雪明りの路　93b
雪国　321b
雪に生きる　51b
雪の上の足跡　943a
雪の信濃路　341c
雪のシベリア　391b
雪之丞変化　1001b
雪の玉水　310c
雪の細道　141a
雪夫人絵図　919b
雪間草　220c
ゆく雲　420c
ゆく春　560c
U新聞年代記　297c
猶太国地名人名辞典　858b
夢二画集　256b
夢二抒情画選集　623c
夢路の記　519b
夢十夜　774b
夢殿　743c
夢の跡　193c
夢の引用　625a
夢の浮橋　651b
夢の中での日常　509a
夢の日記　743b
夢の夢　1085c
夢は呼び交す　328b
夢物語　599a
湯屋の二階　223a
由利旗江　334b

よ

夜あけ朝あけ　567c
夜明け前　510b 510c
妖　169c
妖怪学講義　100c
洋外礮具全図　687c
幼学綱要　792a 993b 1061b
洋学指針　1085b
洋学捷径仏英訓弁　1044c
瘍学全書　477a
洋学年表　196b
洋学論　602c
洋貨考　621b
瘍科新選　1033c
瘍科精義　871b
瘍科秘録　948c
謡曲地拍子精義　1100b
謡曲全集　802b
漾虚集　774a
鎔鉱炉の火は消えたり　19b
洋語音訳筌　811b
養蚕日誌　832a
洋算用法　1085b
養生法　991b
養小録　818b
用人棒日月抄　907a
揚子江は今も流れている　99c
雍正帝　1027c
鎔造化育論　479c
幼稚園記　571a
幼稚園創立之法　571a
幼稚園では遅すぎる　112a
幼稚園法二十遊嬉　571a
幼年　177b
幼年記　509a
幼年倶楽部　809a
幼年時代　163a 1051c
遙拝隊長　112a
洋服細民の悲しき笑ひ　154b
洋兵明鑑　895c
窯辺雑記　722c
用砲軌範　621b
欧羅巴　58b
欧羅巴から日本を見る　959c
ヨーロッパ・キリスト教史　72a
ヨーロッパ近代工業の成立　102c
ヨーロッパ中世世界の構造　942b
ヨーロッパとは何か　966c
ヨーロッパの旅　626a
慾　481c
慾情新話　669a
欲望という名の電車　551c
横井博士全集　1126b
横になった令嬢　919b
横浜開港五十年史　401b
横浜新報　864b
横浜毎朝新報　824a
横浜毎日新聞　76b 288a 401b 512b 799c
横山源之助全集　1129b
横山由清雑稿　1130b
与謝野晶子全集　1131a
与謝野寛遺稿歌集　1131b
与謝野寛短歌全集　1131b
予算詳解　623b
よしあし草　303b 1096c 1130c
吉井勇全集　1131c
吉井友実文書　1132a
吉植庄亮全歌集　1132b
吉江喬松詩集　1132c
吉江喬松全集　1132c
吉川幸次郎遺稿集　1134b
吉川幸次郎全集　1134b
芳沢謙吉自伝　1135b
吉田一穂詩集　1136b
吉田一穂大系　1136b
吉田絃二郎全集　1137b
吉田松陰(河上徹太郎)　309b
吉田松陰(徳富蘇峰)　712a
吉田松陰全集　1139b
吉田精一著作集　1139c
吉田東洋遺稿　1141a
吉田富三医学論文集　1141b
吉田肉腫　1141b
吉田博全木版画集　1142b
義時の最期　682a
吉野葛　651a
吉野作造　640b
吉野作造選集　1144c
吉野拾遺　1147a
吉野拾遺名歌誉　316b
吉野朝史　766b
吉野朝の悲歌　319b
吉野西氏俗採訪録　1034a
吉野の鮎　590a
好仁親王行実　809a
吉満義彦全集　1145b
よじょう　1116a
予譲　883a
寄席育ち　490a
輿地航海図　620b
世継草　559a
世継草摘分　278a
淀川長治自伝　1147b
淀君　1001b
夜長姫と耳男　457c
米山梅吉選集　1149a
世の中へ　292c

余は如何にして基督信徒となりし乎　149c
ヨハネ伝　664b
ヨハネ伝講義　1024c
呼子と口笛　65a
夜船　1137a
読売新聞　75c 84a 200a 228b 236b 281b 310a 328a 350c 436b 518b 535b 596c 611b 632c 644b 663c 711a 712c 751b 823c 964b 969c 996c 1062b 1176b
余身帰　633b
夜もすがら検校　824a
余裕　297c
頼朝の死　995c
夜沈々　1037a
夜の河　577b
夜の靴　1129a
夜の祭典　491b
夜の進軍ラッパ　228c
夜の蝶　312a
夜の桃　448c
鎧話　986b
余録　996c
余録二十五年　996c
喜の音　338a
万朝報　13a 63b 66a 149c 168b 214c 297b 301b 307b 308a 373a 389b 406c 417a 455c 505c 519a 571c 589b 733c 843b 969c 1083b →東京万朝報
経済之百年　926b
与話情浮名横櫛　569c

ら

癩　509c
礼記備考　1095c
雷軒唾屑　439c
頼山陽　995c
頼山陽及其時代　1071b
雷銃操法　895c
雷電　237c
癩病理図譜　1017b
楽園の途上　541b
落語系図　280a
ラグーザお玉　1152c
落日の光景　718b
駱駝の瘤にまたがって　1037a
落梅集　510a
洛北の秋　369c
洛陽餓ゆ　461b
楽浪　859a
楽浪郡治址　433a
ラシャメンの父　559c
羅生門　14c
螺旋機汽説　324b
裸像　753c
落下傘　291c
ラッフルズ　503a
ラッフルズ伝　503a
羅甸区　1136a
羅甸薔薇　1136b
蘭学実験　326a
ランケと世界史学　558b
蘭語翻訳の鍵　1012c
懶眠余稿　576c
蘭和通弁　1060b

り

理化学研究所彙報　185b
理化学的工芸雑誌　513c
理学鉤玄　739c
理学新論　563c
理学提要　886a
理学入門　886a
力学　656a
李義山詩講義　1067b
陸軍　873a
陸軍数学教程　224b
六合雑誌　28b 138c 198c 307b 416a 601c 657b 856c 1019c 1043c 1121a 1125c 1137a
六合新聞　520b
陸放翁鑑賞　310b
六諭衍義伝　865c
利囫新誌　554b
李氏経済論　187a
李詩講義　1067b
理事功程　643b 781b
李青集　349c
利摂蘭度人身窮理書　886a
理想　1145b
李太白　480c
理査土格武電　713a
立憲自由新聞　740a 749b
立憲政体略　285b
立憲同志会　409c
立憲非立憲　468c
リッ子・その愛　660c
リッ子・その死　660c
立志之礎　987b
栗里先生雑著　384b
律令制と貴族政権　619a
律令の研究　613b
リー・ハント　533c
略説日本国家史　62a
留客斎日記　247a
琉球語彙　360c
琉球諸嶋風物詩集　477c
琉球新報　778b
琉球人名考　865c
琉球録話　778c
柳橋新誌　779b
竜渓閑話　1091b
竜渓随筆　1091b
竜山漫録　329a
竜子画業二十五年青竜社とともに　321c
竜神出湯日記　633b
笠信太郎全集　1158b
流通経済講話　899a
留日回顧　396c
柳北遺稿　779b
柳北奇文　779b
柳北全集　779b
両羽博物図譜　994a
良寛和尚遺墨集　581c
良寛と子守　682a 702b
涼月集　524a
療治定　478a
量子力学　725a
良心　1005a
良心起原論　198c
良人の自白　349a
梁川全集　679b
梁川文集　679b
量地括要　1088b
遼東新報　545a 630a
漁舟論　1088b
龍馬がゆく　506c
良夜　694b
良友　843c
綾里村快挙録　270c
緑雲　1132b
緑草心理　954a
緑髪　228b
旅愁　1129a
李陵　745a
理論血清学　218a
理論普通社会学　624b
理論物理学の進歩　1122c
林檎　850b
林檎園日記　376c
林檎一つ落つ　805b
隣疝臆議　201b
林泉集　763b
臨川全集　745a
輪廻　1071b
倫理学(大西祝)　198c
倫理学(和辻哲郎)　1181a
倫理学の根本問題　788b
倫理御進講草案　548c
倫理新説　105b
倫理的帝国主義　142b

る

涙香文選　389b
涙痕集　197b
類纂撰要　448b
類題玉藻集　1046a
類題三河歌集　1046a
ルソー　848c
ルソー研究　395c

ルッター研究　476b
流転　1078a
流転七十五年　915c
ルネサンス文化の研究　209b
ルネサンス文化の潮流　209b
ルネッサンス及び先カント派の哲学　724c
ル・パルナス・アンビュラン　1066b
流民詩集　233a
流浪の人　964c

れ

嶺雲揺曳　589b
霊界物語　685c
霊魂説略　563c
霊魂の秋　52a
霊芝　49a
冷笑　736a
伶人　290a
霊性の危機　139b
蠡測編　818b
令知会雑誌　511b
レイテ戦記　177b
黎明　11b 24a
黎明期の海外交通史　865c
黎明期の文学　581c
黎明期の明治日本　225b
零落(長田幹彦)　750b
零落(真山青果)　995c
鈴林必携　1027a
レオナルド研究　417b
レオナルド研究寄与　417b
歴観農話連報告　1068a
歴史科学　656c
歴史学研究　38a
歴史学研究法　114a
歴史学的方法の基準　737c
歴史学における理論と実証　38a
歴史学の再生　393a
歴史家の旅から　457c
(歴史小説)三国干渉　663b
歴史其儘と歴史離れ　1066c
歴史地理　3b 21c 206a 215a 340a
歴史地理の研究　140b
歴史的景観の美　905b
歴史的現実　648c
歴史的省察の新対象　136b
歴史的世界　403b
歴史哲学　1003b
歴史哲学の諸問題　1148c
歴史と現在　784a
歴史と現代　195b
歴史と古道　717b
歴史と趣味　763c
歴史と人物　1001a
歴史と地理　140b
歴史と民俗学　1170b
歴史と民族の発見　73c
歴史の暮方　848c
歴史の中の生活者　701a
歴世服飾図説　600b
歴代学案　512b
歴代内閣物語　955a
歴程　368a 758a
烈公行実　707a
列伝体西洋哲学小史　747b
列島おんなのうた　893c
列遜ヤッパン紀事　1164a
檸檬　265c
恋愛創生　609c
連歌概説　1108a
聯句と連歌　806c
蓮月式部二女和歌集　191b
蓮月尼全集　191b
錬卒訓語　254a
恋慕ながし　236b

ろ

魯庵随筆集　149b
ロイド・ヂョールヂ　145b
琅玕　743c
老監督ウイリアムス　1061a
老記者の思ひ出　20b
老妓抄　222c
労作教育　426c
労作教育・活動学校　803c
狼疾記　745a
老子の研究　142c
弄石余談　994a
労働　646c
労働運動　93a 189a 439a 1008a 1173b
労働運動千一夜　807b
労働運動二十年　562c
労働運動の哲学　189b
労働及産業　805b 877b
労働学校　18a
労働組合及労働争議　493a
労働組合幹部必携　599c
労働経済論　898c
労働者　590a 1097a
労働週報　877b 1100c
労働新聞　189a 1173b
労働世界　2a 280c 420c 785c 803b
労働婦人問題　634c
労働法研究　545c
労働保護論　307b
労働問題研究　302c
蠟人形　447c
老年病理学総論概説　218b
労農　38c 110b 206b 456b 463a 564a 1097b
老農林遠里農事演説筆記　845b
老農渡部斧松翁伝　784a
蠟山政道評論著作集　1164c
朗廬全集　459b
朗廬文鈔　459b
羅馬字早学び　1084a
羅馬書講解に現れしルッターの根本思想　476b
羅馬史略　197a
ローマ法　856b
ローマ法の原理　856b
蘆花伝　951c
蘆花徳冨健次郎　756a
六月風　677c
六十年之回顧　340b
六代目菊五郎評伝　26a
六道遊行　63c
六之巻　75c
鹿鳴館　551c
鹿鳴集　4a
六六堂療法家言　871b
露光集　609c
露国及露人研究　200b
魯国虚無党事情　786c
ロゴスとイデア　644b
露骨なる描写　658b
ロシアの革命　983c
露西亜侵略史　554b
露西亜亡国論　149a
ロシヤ戦争前夜の秋山真之　512a
ロシヤにおける広瀬武夫　512a
露珠閣叢書　993a
魯迅　618b
魯迅全集　1165a
ロストワールド　687a
ロダン　894a
六橋記聞　887a
六平太芸談　344c
魯鈍な猫　228b
驢馬　472a 753c 943a
露伴全集　406b
ロビンソンの末裔　257a
路傍の石　1119c
路傍の花　316b
ロマン・ロラン　543b
論語　507c
論語彙纂　907b
論語集説　1080b
論語と孔子の思想　675a
論語の新研究　1027c
論集史学　73c
ロンドン軍縮会議　612a
竜動新繁昌記　244a
論理学　198c
論理とその実践　738b

わ

矮屋一家言　180b
ワイマール共和国物語　39b
ワイマール共和国物語余話　39b

和英語林集成　334a 928c
和英大辞典　922a
わが愛する詩人の伝記　1052a
和解女四書　1168b
若い女性の生きかた　640a
和解論　155a
わが映画の青春　346c
わが思い出　711a
わがおもひ　290a
わが音楽三十年　428a
わが画生活　321c
わが歌舞伎　694a
わが喜劇　509a
若きゲーテ研究　352a
若き日　292c
若き日の悩み　913b
わが九十年の生涯　777a
若きルーテル　476b
我が国憲法の独自性　468c
我邦の基督教問題　1125c
わが芸談　344a
我国体と基督教　285b
我国体と国民道徳　105b
わが心の遍歴　773a
わが心を語る子育て母育て　112a
我が子の教育　835a
和歌史の研究　470c
我社会主義　274b
我信念　357b
わが青春　460c
わが戦後文学史　881b
わが袖の記　611b
わかっちゃくれない　99b
我が手を見よ　805b
若菜集　30a 510a
我が南洋　1101c
我が農村建設　577c
若葉　723b
吾輩は猫である〔吾輩ハ猫デアル〕　702b 774a 818a
わが非哲学　635c
わがひとに与ふる哀歌　89c
わが文壇青春記　657a
わか松　351a
わが道　908b
わが胸の底のここには　607a
和歌森太郎著作集　1170b
わが家　1074b
若山儀一全集　1171a
我が四十五年間　87c
我が歴史観　875a
別れたる妻に送る手紙　663a
わかれ道　867b
我牢獄　343c
和漢書の印刷とその歴史　744a
脇村義太郎対話集　1172a
脇村義太郎著作集　1172a
和訓略解禅林句集　316b
若人　575b
和刻本漢籍分類目録　744a
和刻本漢籍分類目録補正　744a
和魂論ノート　415a
和算暦学史ノート　326a
鷲　319a
輪中聚落地誌　744c
忘れ形見　1169c
萱草に寄す　630c
忘れ残りの記　1134a
早稲田大学百年史　351c
早稲田文学　154b 264a 420b 425a 518b 541a 679a 681c 764b 964b 969c 1071c 1137a
わたくしの歩いた道　879b
わたくしの古代史学　107c
私の歩んだ道　867a 1120b
私の受けた家庭教育　837c
私の音楽談義　14b
わたしの外交白書　791b
私の詩と真実　309b
私の社会学者たち　520a
私の職域　1081b
私の人生観　55a
私の政治観　343a
私の聖書物語　491b
私の「漱石」と「竜之介」　147c
私の手が語る　947c
私の鉄鋼昭和史　99b
私の二十年　823a
私の日本改造構想　162c
私の花　686c
私の見た日本アナキズム運動史　439b
私の三菱昭和史　197b
私の民間外交二十年　986c
わたしの山旅　960c
私の履歴書　918c
私は赤ちゃん　983c
私は共産党をすてた　776c
私は時計であります　509a
渡辺崋山(藤森成吉)　913c
渡辺崋山(森銑三)　1070b
和田博雄遺稿集　1180b
和辻哲郎全集　1181b
わてらの年輪　509a
和独大辞典　352a
窊篤児薬性論　849b
侘しすぎる　481a
侘助　112b
和文教科書　523b
和文天祥正気歌　909c
和訳英辞書　953c
和訳字彙　48b
和訳独逸辞典　506b
和訳法華経　1096c
笑の研究　23b
和楽堂画集　804c
藁草履　510a
藁屋詠草　629b
わらはの思出　899b
妾の半生涯　899b
わるいやつら　992a
われから　867b
われに五月を　692a
我は我　193c
吾木香　1001b
我等　200a 207c 731a 825c
我等何を求むるか　1130c
笑うとくなはれ　509a
和魯通言比考　629c
椀久色神送　702b

事項索引

あ

あゝ金の世　583a
アーク燈　159c
あゝわからない　583a
ILO　562b
ILO会議　646c
ILO代表権問題　646c
愛怨峡　1013a
相生座　249a
愛郷会　629c
愛郷塾　629c
愛苦会　1152c
愛国勤労党　33c
愛国公党(1874結成)　78a 582c 924b
愛国公党(1890結成)　132b 270b 385b
愛国社(1875結成)　78a 132b 161a 409b 430b 793b 1028c
愛国社(1928結成)　124b
愛国社村塾　124b

愛国政治同志会　744c
愛国婦人会　233c 523b
愛国労働農民同志会　744c
相沢事件　1014c
相沢忠洋記念館　3a
IGU　1101c
愛真学校　131b
愛身社　145a
愛善苑　686a
愛染かつら　637b
愛知県交親社　734b
愛知自由党　186c
愛知セメント会社　594a
愛知大学　402a
会津自由党　145a
会津戦争　158b →戊辰戦争
会津部屋　3c
会津六郡連合会　145a
愛に甦へる日　1012c
アイヌ人説　357c 413a
アイヌ宣教協会　831a
愛隣学校　831a
青い山脈　113c 914a
葵祭　315a
青い目の人形　1060b
青い眼の人形　958c
青垣会　400a
青木村仕法　797c
青山学院　412b 583b 948a
青山学院初等部　1149a
青山脳病院　451c
赤い椅子　822a
赤い靴　803b 1060b
赤城興業組合　679b
赤城人類文化研究所　3a
赤城の子守唄　477c
赤坂喰違の変　622b
赤坂派　358c
赤坂宵待草　914a
赤坂離宮　275a
明石原人　735a
明科事件　327c
明石屋　764b
赤とんぼ　1005a
赤西蠣太　80a 270c
赤旗事件　38c 188c 327c 407a 456a 605a 1024c 1097a 1099a
赤羽応接所　523a
赤ひげ　390c 1023c
赤門派　620a
秋田県農会　66c
秋田鉱山専門学校　618a
秋月党　1028a
秋月の乱　1028a
秋津洲　472a
秋茄子　791c
秋二題　1099b
芥川賞　29b 63c 108b 170c 236b 330c 742c 939b 992a
上知令　704c 939a 1009a
赤穂屋　337b
アコーディオンのある静物　908c
朝明けの潮　866c
あさ香社　248a
浅香社　245c 1131a
阿佐ヶ谷教会　875c
浅草オペラ　61a 110c 915b
浅草座　597a
浅草の灯　517a
朝倉彫塑塾　16b
朝田理論　16c
浅沼稲次郎暗殺事件　1100a
浅野共済病院　18b
浅野製鉄所　18b
浅野セメント　18b
浅野セメント会社　507b
浅野セメント工場　18b
浅野綜合中学　18b
浅野造船所　18b
浅野同族会社　18b
朝日　889b
旭硝子株式会社　121a
旭座　249a
朝日座　538b
朝日新聞社　407c 551b 600c →大阪朝日新聞社 →東京朝日新聞社
旭石油　743c
朝日紡績　115c
旭日丸　22b 706b
旭焼　1167b
麻布中学校　165b
浅間高原教会　230a
浅間山米軍演習地問題　654a
アジア・アフリカ作家会議　939b
アジア経済研究所　699c
アジア主義　427b 700a
アジア同志会　344c
亜細亜同志会　264b
亜細亜文化協会研究所　1080c
足尾鉱山ストライキ　646c
足尾鉱毒兇徒聚衆事件　1128a
足尾鉱毒事件　1026a
足尾鉱毒事件　899b 1061a
足尾争議　24a
足尾銅山鉱毒事件　407a 511b 674b 923b 1036c
足尾銅山鉱毒事件調査委員会　638c
足尾銅山鉱毒問題　349a 415b 638c 827a
足利学校　511c
足利絹市　483b
足利氏木像梟首事件　435c 679c 975a 1076b
足芸　718c
味の素　54a 557c 561a
阿修羅　952a
飛鳥坐神社　255b
明日香保存特別立法　545b
預調練所　523a
東　843b
東おどり　247c
東工業米沢人造絹糸製造所　379a
吾妻座　51a 344a 565c
東唐桟　602c
吾妻焼　1167b
東屋唐桟　602c
校倉　565c
麻生商店　23b
仇討選手　147a
仇討流転　79c
安達ヶ原　347a
熱海会議　101b
熱海事件　1024c
熱海ホテル　240b
新しい女　297b
新しい日本を考える会　162b
アチック=ミューゼアム　43b 508b
熱田神宮　680a
熱田文庫　137b
跡見女学校　26c
アドレナリン　494b 607c
アナーキスト連盟　63b
アナキズム運動　1141c
兄いもうと　997b
兄とその妹　517a
あばれ獅子　863a
阿部外務省政務局長暗殺事件　254a
安部公房スタジオ　29c
阿部内閣　40b
阿部日本文化研究所　30a
アヘン戦争　463c 494a
海女　553c
尼崎紡績　330c
甘粕事件　780b 900a
甘納豆　523a
阿弥陀之図　1045a
アムステルダム・オリンピック　244c
雨　899c
飴売り　1167c
雨のノートルダム　1025b
アメリカ=オランダ改革派　926b
アメリカ改革派教会　853a 920a 1167c
アメリカ学会　591c 990c
アメリカ聖公会　959c 1155a
アメリカ=タバコ=トラスト　1043b
アメリカ長老派教会　723b 807b 853b 928b 949b 961b 1161b
アメリカ南部メソジスト監督教会　1153c
アメリカ婦人一致伝道協会　865a
アメリカ=メソジスト監督教会　583b
アメリカン=ボード　354c 383c 397a 928c 1149c
厦門事件　1135a
厦門出兵　424a

厦門占領作戦　1115b
天羽声明　35a 498a
操人形　419b
綾浪織　632a
あやめ会　805a
あやめの衣　216c
菖蒲浴衣　347a 347c
荒川獄　60c
荒木文相事件　638a
安良城理論　38b
嵐を呼ぶ男　73a
アラビア石油　1103b
アラビア石油会社　467a
アララギ派　89c 677c
霰織り　105c
有田・クレーギー会談　388a
有田焼　1167b
有馬火消　543c
有賀理論　43b
アルプスへの道　417c
或る夜の殿様　346c
あれ夕立に　617c
アーレンス商会　493a 777a
阿波藍　519c
阿波沖海戦　696b
安房水産　1073b
阿波煙草　519c
阿波丸　226b
安雅堂画塾　993b
安政大地震　698c 706b 910a
安政の大獄　19c 22b 49a 50b 78c 84b 152a 156b 250a 269a 291b 327c 427c 445a 455a 488a 571b 574c 597b 706c 708a 709b 710a 756b 793c 820c 946a 995a 1086a 1108b 1109a 1139a 1151b
安直戦争　661a
安藤記念教会　46a
安藤社会科　47b
安中教会　268b 1121a
安福国会　661a
安保改定反対運動　8b 393c 618c
安保闘争　17c
安保反対運動　265c

い

イースタン=ブディスト=ソサエティ　560b
異安心事件　732c
飯田事件　132b
飯山戦争　589c
イエズス会　587a
威遠流　633c
医学博士　54b
いかづち会　248a
坐摩版　465b
医学館　5c
医学校　131a 390b
伊香保の沼　971c
壱岐坂教会　530b
医業国営論　554c
異郷の人　844b
イギリス公使館焼討ち事件　93c 501b 1093c
イギリス聖公会　830c
英吉利法律学校　232b
生きる　390c
育英舎　783c
育児会　158b
育子金　705c
生野の変　311a 339b 485c 860a 1109a
煒爈　1173c
池貝工場　53b
池貝式標準旋盤　53b
池貝鉄工所　53b
池上感化院　53c
池田学校　787c
池田研究所　54a
井桁商会　729a
池田内閣　524a
池田屋事件　869c 979a 1141a
生ける人形　147a
伊佐美演劇　51a
石井記念友愛社　60b
石井漠舞踊研究所　61a
石井・ランシング協定　60a
石狩罐詰所　570b
石川島造船所　507b
石川島播磨重工業　714b 881c
石川島平野造船所　881c
石川木綿織工場　65c
石田散薬　869b
石橋財団　70a
石橋文化センター　70a
石原産業海運株式会社　72c
石原式色盲検査表　72b
石山切　639c
伊集院信管　74b
衣裳研究所　836c
維新会　11b
維新史料編纂会　276b 816b
維新の三傑　182b 346c
維新変革期とキリスト教　165c
伊豆の踊子　418a 637a
和泉屋　1146a
出雲　284a
出雲大社教会　577a
出雲大社敬神講社　577a
医制　772b
伊勢勝商店　791b
伊勢勝造靴工場　791b
伊勢幸　757c
伊勢神宮　589a 722b
磯　553c
磯野商会　1148a
磯野農場小作争議　431b
板垣退助　630c
板垣退助洋行問題　615b
伊谷草　79c
傷ましき腕　224a
異端　430c
異端事件　732c
一億総白痴化　207a
一月一日　133a
一高俳句会　231a
一代華族論　78b
一番丸　757b
一民会　129b
市村座　85b 222a 240a 247b 317c 318a 347a 565c 657c 762a 1059a
市村文庫　85c 86a
一葉女史の墓　296b
一厘事件　1128a
一六流　128c
一閑流　37a
厳島　271a
一県一行主義　219c
一向宗法難事件　742b
一国社会主義　483a
一切経　311c
乙巳保護条約　404b 1154c
一所持　782b
一進会　129b 312b 581a 621c 1158b
一進会財団　440a
一新隊　1163b
一水会　39c 61a
一世一元の制　1052c
一夕会　37b 561a 749c 847b 963a
乙丑の獄　741a
一中節　1027b
一中節宇治派　143b
井筒部屋　790b
一燈園　231b
一派温暖育法　352b
乙卯研究所　493b
一本稲　777c
五浦釣人　877a
出光興産　87c
出光商会　87c
伊藤糸店　92b
伊藤銀行　90b
伊藤組　89b
伊藤外海組　92b
伊藤忠合名会社　92b
伊藤忠商事株式会社　92b
伊藤忠兵衛本部　92b
伊藤博文暗殺事件　361b
伊藤文庫　88c
伊藤本店　92a
伊藤道郎舞踊研究所　95b
伊藤屋　90a
糸屋　644a
稲畑商店　98b
稲畑染料店　98b

稲畑染工場　98b
因幡二十士　616c
稲荷座　727c 1140a
犬　565c
犬山城　779c
井上流　108b
井の頭学校　24c
井の頭自然文化園彫刻館　343a
慰廃園　1167c
伊庭歌劇賞　111a
茨城県連合会　719b
茨城自由党　414b
易反応性鉛粉製造法　513c
移風会　112c
伊吹　284c 889b
異邦人論争　889a
今五　974a
イマジズム　794b
今出絣　261a
伊予絣　261a
伊予縞　261b
入新井村信用組合　293c
入山採炭　313c 404a
医療利用組合　555a
いろは丸沈没事件　746c
岩井産業　118a
磐城炭礦　18b
岩倉遣外使節　94a 568a 644c 648a 673b 722a 781b 812b 878a 900b 926c 1099a 1104c 1170c 1177a 1124a
岩倉鉄道学校　507c
岩倉具視　1163c
イワシ酸　673a
岩清水　1010b
岩宿　3a
岩宿遺跡　550c
岩田植物生理化学研究所　504b
岩波書店　126a 1003a
巖本真理弦楽四重奏団　128b
岩谷天狗　129a
印刷学会　1091b
印刷局　713c
院展三羽烏　952a
陰徳講　938c
インド鉄鋼会社　337a
印旛沼掘割工事　731a
インパール作戦　322c 1040b

う

ウィーン万国博覧会　440c 491c 613a
ウィスキー　730c
ウィムズハースト式感応起電機　513c
植木学校　463b 1029a
植木店派　347c
上田倉庫　391a
上野巌有院殿御霊屋二天門前図　300b
上野公園　462c
上野撮影局　135b
上野戦争　775a
上野博物館　442a
ウォークマン　1070b
魚沼立憲改進党　574b
うかれ蝶の曲　1085b
浮かれの蝶　1085b
浮草物語　246b
有喜大尽　347b
雨月物語　637b 750b 1013a
烏合会　296b
雨後山水図　320c
宇佐神宮　319c
うしほ会　583a
牛岡組報徳社　217a 797c
宇治川水力電気会社　35c
宇治川之巻　721a
牛込教会　262a
宇治製茶法　458a
宇治の宮の姫君たち　971c
雨情記念館　803b
有珠郷学校　656c
渦巻ポンプ　109b
うすれ日　461a
雨靄　617c
右大臣実朝　971c
歌川玄冶店派　1010b
うたごえ運動　569c
哥沢節芝派　144b
歌沢節寅派　144c
内田汽船会社　147a
内田商事会社　147b
内田焦土外交　148b
内田造船所　147b
内林製薬所　173c
内原訓練所　280c
内村鑑三不敬事件　139a 1019c
内山書店　150b
美しき天然　620a
靭猿　347a
畝傍　472a
畝傍山東北陵　716b 716c
卯の日座　307a 906b
烏淵自助会　668c
鵜舟　720c
馬　4b 1114a
生れてはみたけれど　246b
海　401c
海の幸　5b
海辺の村　765b
海山十題　1129c
海ゆかば　808c
梅香崎教会　565b
梅香崎女学校　565b
梅吉派　358c
梅津・何応欽協定　129b 156c 454c
梅・常陸時代　871c
梅若流　157b 157c 325a
埋木舎　49c
羽陽正義会　497a
浦上教徒事件　125c
浦上天主教徒　864a
浦上天主堂　1152c
浦上四番崩　101b 590c 1165b
憾　615a
浦安　199b
売上税　748b
瓜生会　158b
蔚山沖海戦　284a 298b
漆絵　505a
宇和島鉄道　695a
雲月節　693b
雲崗石窟　92a
雲行丸　515a
雲揚　108c
雲竜寺(群馬)　638c
雲竜水　642b

え

AACK(京都大学学士山岳会)　115a
映画　750a
映画女優　637b
営業税　1054b
営業税反対運動　1042a
英語教授研究所　815a
英国教会宣教会　1157c
英国教会伝道会社　688b
英国教会伝道協会　169b
英国公使館焼打　812b
英国水兵殺害事件　449c
永小作　251b
英語所　926c
盈進館　516a
衛生局　772b
永青文庫　938b
永福寺(兵庫)　614a
鋭武隊　722c
英文通信社　1058b
永平寺(福井)　576c
英雄時代論　590a
エウロペ　553c
江川塾　208a
易幟事件　664c
エキセレント　833a
易風会　694a 695b
駅弁大学　207a
亦楽書院　293a
S・C・M　664b
蝦夷島政府　165a
穢多非人等の称廃止令　661c
越後獅子の唄　1013b
越後鉄道疑獄事件　429b
X線写真　513c
越佐同盟会　1098b
越佐毎日新聞社　200b

越天楽　428a
越天楽変奏曲　1025a
江戸開城　445b 1093b 1099a
江戸川乱歩賞　164a
江戸城　1052c
江戸店　483b
江戸屋　764a
江戸湾防備　731a
江波屋　1112a
Ｎ響　428a
Ｎの家族　401c
エノケン　997b
エノケン一座　924a
エノケンの青春酔虎伝　1114a
エノケンのチャッキリ金太　1114a
江ノ島電気鉄道会社　91b
江ノ島電鉄　34c
荏原製作所　109b
夷谷座　538b
ＦＨＧ　905a
エベレスト登山　976a
ＭＫ磁石鋼　1006a
エリザベス＝サンダース＝ホーム　485b
ＬＬ会　776b
ＬＴ協定　1159b
ＬＴ貿易　593a
エローラ交響曲　14a
煙雲館　245c
演歌　583a
演歌師　583a
円切上げ　1007c
演芸矯風会　196b
園芸試験場　256a
演劇改良　1070c 1107a
演劇改良運動　546b 565c
演劇改良会　1147a
演劇研究所　518c 682a
演劇博物館　317c 682a
衍象舎　570a
遠思楼　887a
塩水選種法　1126b
円線一致術　932b
援段政策　533b
煙突の見える場所　418a 637b
エンハルモニュウム　639b
炎舞　852b
演武館　515a
演武荘　699a
円本　351c 1115c
遠陽自由党　754b
遠陽婦女自由党　754b
遠洋捕鯨　758b
延遼館　154c

お

追鳥狩　706a
老鼠　1110a
花魁図　604b
オイル＝ショック　898a
奥羽越列藩同盟　11c 133c 278a 472c 566b 655c 981b 1035c 1145a
奥羽追討総督　179b
奥羽追討陸軍病院　477a
奥羽百文会　188b
奥羽列藩同盟　225b →奥羽越列藩同盟
鷗外文庫　1066c
桜花鶏図　320c
桜下勇駒図　294a
桜渓塾　459a
桜渓書院　371b
王子稲荷神社　504c
王師会　904c
王子製紙　25b 404a 507b 914c 1125a
王子誕生之図　645a
王将　863a
王政復古　119c 579c 708b 771b 1092c
王政復古の大号令　445b 655b 709c 1052c
御歌所　593b
黄疸出血性レプトスピラ　98a
汪兆銘工作　629a
汪兆銘政権　99b
桜桃忌　627a
王道国家論　630b
鷗渡会　247a 596c
桜楓会　779b
王仏冥合　716a
欧文正鵠学館　484a
近江兄弟社　872b
近江基督教慈善教化財団　872b
近江基督教伝道団　872b
近江銀行　92b
近江絹糸争議　770b
近江商人　718b
近江八景　116a
近江ミッション　872b
近江屋　462a 741b
嚶鳴社　401b 615a 679c 799c
欧友会　1008a
鴨緑江の戦　787b
OSK　264b
大石神社　1141c
大内山脈　175c
大浦事件　59a 848a
大浦天主堂　918b 919c
大浦内相事件　254a 879b 1049b
大江義塾　712a
大川財閥　178b
大久保政権　183b
大久保利通暗殺事件　655a
大隈財政　183c
大隈参議国会開設奏議　1091a
大隈重信暗殺未遂事件　254a
大隈条約改正案反対運動　652a
大倉組　184b
大倉組商会　184b
大倉高等商業学校　184b 507c
大倉屋　184a
大倉屋銃砲店　184a
大蔵流　1118a
大河内記念会　185b
大河内記念賞　185b
大河内理論　184c
大胡弓　1025a
大阪朝日新聞社　994b →朝日新聞社
大阪朝日新聞筆禍事件　793a 825c 996c 1051b 1144a →白虹事件
大阪朝日新聞膺懲運動　148c
大坂坐摩神社　465b
大坂医学校兼病院　1012c
大阪印刷労働組合　1014b
大阪運上所　695a
大阪英語学校　492c
大阪会議　101b 182b 346b
大阪瓦斯会社　271a
大阪瓦斯会社報償問題　947a
大阪歌舞伎座　538b
大阪株式取引所　419c 886b
大阪共立銀行　991a
大阪銀行集会所　726c 991a
大阪毛糸　115c
大阪興業銀行　991a
大阪高等工業学校　756c
大阪後役図　432c
大阪三品取引所　631a
大阪事件　35b 67c 69c 97b 143a 174b 343b 414b 430b 659a 777c 899a 1049b 1068b 1098b
大坂商会　121c
大阪商科大学　419c
大阪商業会議所　695a
大阪商業講習所　419c
大阪商工会議所　419c 551b
大阪商船　110b 115c 292a 635b 886b
大阪松竹楽劇部　264b
大阪商法会議所　419c 753b 909a
大阪職業紹介所　831b
大阪新報　283c
大坂舎密局　858c
大阪製鉄所　336c
大阪製銅会社　419c 886b
大阪製錬所　188a
大阪送電会社　895a
大阪玉水橋伝道所　322b
大阪鉄工組合　459c
大阪電気労働組合　776b
大阪電鉄　695a
大阪電燈会社　695a
大阪伝道学館　322b
大阪同盟汽船取扱会社　115c
大阪日本橋教会　322b
大阪農工銀行　220b

大阪野村銀行　810c
大阪の宿　418a
大阪病院　998c
大阪風景　243b
大阪平民社　1072a
大阪紡績　28c 110b
大阪紡績会社　507b 967a 1111b
大阪毎日新聞社　810b 1062c
大阪民俗談話会　1033c
大阪読売新聞社　535b
大阪理学校　1157b
大阪陸軍臨時病院　477b
大阪労働学校　308a
大沢商会　186a
大塩平八郎の乱　525b 706a
大杉栄遺骨奪還　125b
大杉栄虐殺事件　79a 900a
大芹　1110a
大曾根家の朝　869a
大谷重工業　194b
大谷製鋼所　194c
大谷派　442b
大谷派伝導院　628c
大塚史学　195a
大津唐崎図　335a
大津事件　165a 319c 416c 673c 783a 973c 1036c 1178a
大手座　822c
オートバイ　947b
大之浦坑　257c
大之浦鉱区　257b
大野丸　694b
大野屋　694b
大葉子　1101b
大橋図書館　200c
大林組　202a
大原家奨農会　203a
大原社会事業研究所　597a
大原社会問題研究所　203a 597a 598b 1073a
大原春景図　1068b
大原奨農会農業研究所　441a
大原農業研究所　203a 441a
大原美術館　203a
大村益次郎暗殺事件　497a
大本教　685c 686a 879a
大本教事件　685c
大本教弾圧　1144a
大森貝塚　1056c
大森銀行ギャング事件　1024c
大宅壮一文庫　207a
大鷲図　294a
おかあさん　637b
岡崎永楽　160a
小笠原島開拓御用　484a
岡塾　273c
緒方医学化学研究所　218a
緒方病院　216c
岡本太郎美術館　224a
岡山いろは倶楽部　1035b 1072a
岡山県協和会　1035b
岡山県藤田農場争議　402a
岡山孤児院　60b 1112c
岡山孤児院農業部　1112c
岡山女子懇親会　899a
丘を越えて　413b 914a
荻江節　229a
荻窪会談　425b 428b
沖商会　229a
荻須記念美術館　229c
沖電気工業　229a
沖中記念成人病研究所　230a
沖縄開発　778b
沖縄学　111a
沖縄倶楽部　527a
沖縄県祖国復帰協議会　1120b
沖縄県農工銀行　778b
沖縄国際海洋博覧会協会　202a
沖縄資料センター　756a
沖縄人連盟　867a
沖縄日本復帰運動　1120b
沖縄の自由民権運動　778b
沖縄返還運動　756a
沖縄問題等懇談会　201c
屋上会　843b
おこぜ組　449c
お琴と佐助　517a 637b
幼きイエズス修道女会　918b
忍商業銀行　1123c
鴛鴦歌合戦　270c 959a
お正月　614c
お嬢さん　246b
お嬢さん乾杯　348c
愛宕通旭事件　1090c
小田急電鉄　422b 715c
小田原急行鉄道　715c
小田原紡織　1072b
落葉の踊　906a
乙川綿布合資会社　65c
オッペケペ節　307a
お伝絣　105c
お父さん　517a
お伽芝居　307c
お伽噺　128c
男の肖像　374c
男はつらいよ　26a
男はつらいよ寅次郎夕焼け小焼け　219a
乙竹文庫　246c
踊り子　234a
音羽屋　247b 248b 248c 766a
小名木川綿布会社　873c
尾上流　247c
小野組　250c 251a 923b
小野組転籍事件　337c
小野慈善院　251c
小野商会　250c
小野善　250c
小野田セメント　263b
大原御幸　524c
大原女　676c
OBサミット　898a
をびや許し　771c
お筆先　686a
御振替　288c
朧夜の女　418a
御室の桜　721a
沢瀉屋　80b
御雇外国人　530c 950a 1054a 1054c
お傭い教師　1037a
お由羅騒動　181b 277c 515c
オリザニン　494b 555b
オリンピック　288a 293a
オリンピック東京大会　23a
オレンジロード急行　219a
尾張紡績　232a
温故堂　938c
温泉　930a
御岳教人道徳光教会　288c
御岳教徳光教会　288c
女　231c 765b
女義太夫　625a
女の園　348c
女の平和　866c
遠里式稲作改良法　845b

か

カーザ東山　121b
海員伝道会　1161c
海運自治連盟　1047b
海援隊　210c 462a 469b 746c
海外市場調査会　551b
絵画共進会　211c
海岸　461a
海岸教会　853a
海岸防備掛　705a
海軍　659a
海軍拡張計画　451a
海軍技術研究所　705b
海軍軍縮条約　284b
海軍航空術委員会委員　746a
海軍航空隊　198b 284b
海軍工廠　1166b
海軍下瀬火薬製造所長　522c
海軍省　442a
海軍水路部　1088a
海軍伝習所　32b 249c
海軍奉行　190a
海軍兵学寮　617a 760a
懐古　199b
偕行社　222b
開興商社　521b
開国　929b
外国語学校大学予備門　950b

外国伝道委員会　1151a
開国論　94a
開墾社　700a
海事協会　41a
貝島炭礦株式会社　257b
会社員生活　246b
回春病院　1157c
回春病室　1017b
会所　593b
海上寮　718b
快進社　821c
改進党　22a 173c 315a 343c 357b 498a 987c
改心楼　203c
海水浴　991b
開成学校　1157b
開成館　121b 423a
開成社　29c
開成所　32b 514a
改正新聞紙条例　84a
偕成伝道女学校　865a
開成丸　999b
改税約書　944b
凱旋ラッパの曲　634b
廻漕会社　1146a
改造社　1115c
改造同盟　754b
外帯　734c
開拓使官有物払下問題　103a 246c 392a 732a 900c
改定律例　683a
回天　402c
会同所　67c
海道東征　808c
皆読・皆話・皆書　21b
懐徳堂　793a
開南丸　539b
海寧観潮　436b
開発社　1123c
解放運動犠牲者救援弁護団　916a
解放運動無名戦士の墓　1100c
海防掛　705a
解剖学　616a
海防愚存　706b
解剖の三太郎　562c
海防八策　464a
外務省庁舎　931b
開明社　272c
買物ブギ　264b
会訳社　1085c
開陽　402c
開陽丸　165a 276c
改良あぐり網　570b
改良揚繰網　70a
改良座　584a
臥雲紡績機　258c
下越農民協会　547a
楓　1099b
花王石鹸　748a
科学研究所　790a
化学工業調査会委員　606b
科学者京都会議　458c
科学的日本主義　9c
加賀鳶　430c
各務クリスタル製作所　259c
鏡獅子　347c 877a
鏡を持てる女　417c
加賀屋　767b
輝く会　824a
柿右衛門製陶技術保存会　454b
柿紅葉　1129c
柿に目白　430b
限りなき前進　147a
核拡散防止条約　475a
学者貴族　332a
学習院　597c 688b
学習院女学部　523b
学術研究会議　606b
郭松齢挙兵事件　968c
学書言志軒　744a
革新官僚　210b 234a 467c 936c 1021c 1137b
革新倶楽部　100b 239a 448a 754c 842b 848a
学制　445c 554b 643b 666c 998b
革正運動　1178b
廓清会　512c
学政研究会　58c
学生問題研究所　1084c
学生連合会　496b
岳南自由党　693c
学農社　128b
学農社農学校　674b
額兵隊　935b
革命義勇軍　148c
革命評論社　338b
学連事件　564c
学労窟　281b
掛川信用組合　219a
掛川農学社　219a
歌劇　911c
過激社会運動取締法　1144a
過激社会運動取締法案　851c
懸硯方納金　775b
影武者　390c
影を慕いて　413b 914a
賀古耳科院　263b
笠井明府遺業宣揚会　263c
笠松神社　966a
禾山笑　877a
画室　323b
カジノ=フォリー　164c
下士派　77c
橿原考古学研究所　545a
鹿島組　267a
鹿島紡績所　267a
加州日本人靴工同盟会　535a
仮像　553c
海上保安庁水路部　1088a
春日　696b 1077a
ガス燈　594a
ガス燈と広告　454a
ガス値下げ運動　456b
和宮降嫁問題　119b
加寿利　105c
河川法　1123c
数え唄変奏曲　1025a
家族　401b
華族会館　12a 57a 120a
華族局　710b
家族ぐるみ・地域ぐるみ闘争　599c
華族女学校　523a
加速度計　74a
華族令　94b
ガソリン税　636a
方結丸　508c
片仮名　207b
片倉組　113a 272c
片倉製糸紡績株式会社　272c 1023a
片山内閣　275a 1023b
カチューシャの唄　970b 770c
花鳥の図　315b
花鳥諷詠　605c
脚気　590b
学校党　57c
活字　810b
活字母型　649b
甲冑製作所　385a
河童ブギ　1013a
活版工組合　273c
活版工組合会頭　512c
活版工組合懇話会　512c
活弁　433b
桂・ハリマン協定〔－覚書〕　435b 861b
桂離宮　589a
活歴物　318b
家庭学校　724a
家庭小説　332b
霞亭文庫　1176b
加藤隼戦闘隊　1114a
加藤病院　283c
鷲堂流　2b 249a
角座　344a 538b
香取神宮　109b
カトレーン　624c
鼎峠上人　721a
神奈川県匡済会　580c
金巾製織　28c 92b
金栗賞朝日マラソン　288a
金沢女子専門学校　8a
金沢亭　280a
金沢文庫　220b
哀の極　162c
カナダ合同教会　801c

カナダ年会婦人外国伝道協会 1151a
カナダ=メソジスト教会 50c 412b 961b
かなのくわい 997a
金森伝道 289b
かなりあ 447c
金叶貯蓄銀行 880b
刀服部商店 832c
鐘淵工業 674a
鐘淵実業 674a
鐘淵紡績会社 507b 674a 873c
鐘淵紡績会社争議 674a
鐘淵紡績株式会社 1042a
狩野文庫 292c
加波山事件 91c 719a 734c 777c 1006b 1126b
加伯利英和学校 688c
歌舞伎 1147a
歌舞伎小唄 579b
歌舞伎座 217a 223a 317c 348a 538b 642a 657c 698c 799a 900c 911c
歌舞伎十八番 81b 82b 247b
歌舞伎囃子協会 642b
歌舞劇協会 110c
寡婦と孤児 870c
株仲間廃止 704c
画布に猫 430b
雅文会 414a
壁 461b
火兵学会 185b
貨幣制度調査会 1176c
火鞭会 540c
華北分離工作 76c 719a
釜石鉱山田中製鉄所 641c
釜石製鉄所 641c
鎌倉アカデミア 444c 833b
鎌倉大学校 444c 833b
鎌倉文庫 380a 482a
蝦蟇仙人 381c
神風特別攻撃隊 42a
神櫛王墓 973b
紙漉 721a
神皇命之道 1082b
紙寸法 1091b
神の国運動 260b
神のやしろ 771c
紙巻たばこ 129a
紙巻煙草 1043a
亀戸事件 780b 877b
亀岡陸運会社 637c
亀治 888a
亀田丸 621b
亀の尾 29a
亀屋 854b
亀山社中 461c
亀山天皇廟 407b
仮面会 676c
鴨 234a
鴨の騒立 926a
蚊帳 988c
賀屋・吉野三原則 1144c
火曜会 428b 471b
機巧堂 642b
からくり人形 642b
硝子製水槽 125a
烏山藩仕法 797c
臥裸婦 1119a
樺太工業 178b 915a
樺太国境問題 582c
樺太・千島交換条約〔千島・樺太交換条約〕 165a 691b 1165a
ガラ紡機 258c
訶梨帝母 699c
カリフォルニア州排日土地法 500b
加利夜須 1110b
ガリラヤ丸 872b
刈羽郡自由党 988c
軽井沢避暑団 801c
加児波尼電機火薬 329a
カルメン故郷に帰る 348c
枯木のある風景 401c
カレー=ライス 581b
彼をめぐる五人の女 218c
カロゾルス不敬事件 302b
河合栄治郎事件 302c 1164b
河井寛次郎記念館 303a
川井清一郎訓導事件 785a
川上楽劇団 308a
川上革新劇 307a
川上座 307a 307c
川上貞奴一座 308a
川上児童劇団 308a
川上正劇運動 307c
河上肇事件 1024c
川岸製糸所 272c
川崎汽船 1102c
川崎銀行 313c
川崎組 313b
川崎財閥 313b
川崎造船所 266c 312b 876b 975c
川崎貯蓄銀行 313c
川尻組 1023a
為替会社 250c
為替方 251a
為替バンク三井組 520c
河内屋 337b 500a
河と降る光と 1089b
川端画学校 320c
川俣事件 639a
川浦郷学校 265b
河原崎座 318a
簡易生命保険 623a
簡易生命保険法 907b
簡易法律相談所 274c
寛永検地 706a
寛永寺大慈院 709c
感化院 281b 596a
考える人 231b
鑑画会 294a 819b 892b
感化救済事業 724a
感化救済事業講習会 106a
感化協会 596a
咸宜園 355b 885c 887a
官紀振粛問題 652a
艦型試験所 441a
癌研究会 7b
癌研究会研究所 1141b
癌研究所 469a
観光丸 890b
監獄学 226b
韓国併合 404c 552c 689c 700a 1095b 1158b
看護婦養成所 590b
関西書道会 1114c
関西青年文学会 1130c
関西電気 984b 895a
関西電力 191a
関西美術院 15b 294c
関西貿易 92b
関西貿易会社 841b
関西貿易社 419c
関西貿易商会 753b
関西民衆党 114b
寒山拾得 819c
含羞 16b
干城隊 955b 1110b
玩辞楼十二曲 761c
韓人愛国団 1157c
関西学院 1153c
艦隊派 33b 64b 189c 284c 544b
神田銀行 327a
神田寺 725c
神田祭 347b
寒暖計 765a
観潮楼 1066c
観潮楼歌会 89b 451c 1066b
罐詰 79c
寒天 79c
関東金属産業労働組合 281a
関東軍 630b 1072b
関東醗曹 62b
関東消費組合連盟 233b
関東総督 188b
関東大地震 425c
関東大震災 534a 900a 934c 1054a 1120c
関東緋桜一家 958c
関東節 698c
神ながらの道 280c
神習舎 109a
官女 19b
カンヌ 157b
元年者 864b
勧農義会 66c
勧農社 845b

官民調和 896a
関門海底トンネル 552c
関門トンネル 647c
咸臨丸 275c 276c 351b 521a 757b 895b 925c 973a
寒林幽居 436b

き

生糸荷為替組合 266c
祇園小唄 750b
祇園の姉妹 750a 1012c
機械学会 109b
飢餓海峡 147a
企画院事件 277a 1180b
偽官軍 462b 475b
機関部倶楽部 842a
機関部同志会 842a
気球揚る 760c
企業別組合 184c
菊花蒔絵書棚 320c
菊川派 329c
菊慈童 870c
菊水 330a
菊渓窯 160a
菊池寛賞 36b 209a 330c 512a 522c 992a
菊池線 331c
キクとイサム 113c
麴坊吟社 223c
菊屋 766a
伎芸天 617b
喜劇 584b
義血団 934c
紀元節 59a
紀元節復活反対運動 1170b
義祭同盟 178c 183b 519b 582b
木崎村争議 17c
冀察政務委員会 533b
岸の柳 347c
岸本汽船株式会社 337b
岸本商店 336c
岸本製釘所 337a
岸本製鉄所 337a
汽車製造合資会社 107a
紀州道成寺 348a
紀州派 212c 939a
帰順部曲点検所 380b
気象大学校 217c
奇捷丸 293b
鬼女図額面 505a
淇水文庫 712c
黄瀬川陣 1082c
生世話物 80c 318b
汽船衝突事件 655a
機船底曳網漁業 508c
喜撰山 1129c
貴族院改革 471b
木曾興業 178b
木曾電気興業 895a
期待される人間像 403b
北伊豆地震 604c
喜多方事件 145a
北樺太石油会社 468a
喜多合名 342c
北里研究所 340c 494c 828c
キダーさんの学校 338a
北設楽郡報徳会 925c
北支那開発株式会社 404b
喜田女学校 337c
喜多女学校 1a
北日本農民組合 547a
北浜銀行 77a 123b
喜多流 467b
来たれや来たれ 59a
菊花図 791c
菊花雞図 804c
吉金文会 303c
狐の道 321c
冀東防共自治委員会 129b
起倒流 293a
衣笠映画連盟 346c
鬼怒川水力電気会社 715c
杵勝派 347a
昨日消えた男 959a
紀伊国屋 486c
木下恵介劇場 348c
騎馬民族説 68a
奇文欣賞塾 502c
紀文大尽 347b
義兵運動 9a
奇兵隊 9b 51b 101a 367b 537c 595a 666c 701b 849b 1094a 1099b 1163a
儀鳳暦 226a
君が代 162c 234c 850a
喜三の庭 347a 347c
義務教育費国庫負担 219c
木村伊兵衛賞 351a
機務六箇条 1053a
穹 553c
旧雨社 497c
九箇国条約 284b
求我社 481b 559b
義勇艦隊 41a
鳩居堂 205b
九皐社 799c
糾合所屯集隊 245b
救国国民総連合 630a
救国総連合 178a
救護法 1100a
九州改進党 623a 826c 983b 1106c
九州工業大学 1081b
九州製鋼 1081b
九州製紙 178b
九州大学医学部 626b
九州電燈鉄道 984b
九州同志会 983b
九州民憲党 19b
九州臨時裁判所 337c
急進愛国党 421b 670a
急進愛国労働者総連盟 670a
救世学校 674b
救世軍 891c 1112c
救世軍病院 1113a
救世軍療養所 1113a
旧石器 3a
旧石器文化 550b
義勇隊 1028c
九大事件 613a
宮中某重大事件 338b 536a 769c 855b 1015c 1095a
牛痘 626b
求道会館 663a
求道学舎 663a
牛痘種継所 772c
牛痘種痘 216b
牛痘接種法 395a
牛痘法 88c
牛肉店帳場 353a
旧日本銀行京都支店 631b
牛乳 472b 991b
救ライ事業 1157c
胡瓜畑 234a
九連城攻撃 787b
教育改造運動 253c
教育改造の四綱領 523c
教育議 103a
教育議附議 1061b
教育基本法 603a 638a
教育史学会 63a
教育勅語 102c 769b 1061b 1094b 1133b
教育と宗教の衝突 602a 923a
教育二法案 192c
教育の世紀社 523c 803c
教育令 643b 998b
教員赤化事件 592b
杏雨書屋 734a
杏雲堂医院 469a 470a
共益社 790c
共学社 63b
教学大旨 1061b
教科書疑獄事件 332a 367b 860a
教化総動員運動 429b
彊義隊 104c
教憲 230c
狂言座 247b 823c
教護院 597a
共行社 1010b
京極屋 248a
京極流 557c
共済組合活動 465a
共済五百名社 1082a
行財政改革 748b 822b
共済生命保険 1082a

共済生命保険合資会社　1090b
共産党準備委員会　595c
共産党シンパ事件　1107b
共産党リンチ事件　1024c
郷詩社　629c
矯志社　624a 700a 818b
教授グループ事件　39b 1022a 1171c
(教授の統合中心としての)郷土科研究　956a
教職追放　638a
共進会　266a 267a
競進社　352b
矯正院　493c
行政式仕法　797c
行政執行法　41c
共存同衆　11a 246c 511b
京大基礎物理学研究所　1123a
京大三高俳句会　873b
京大事件　544b
京大俳句事件　448b
兄弟村農場　629c
行地会　178a
行地社　752c 789c 904c 1015c
協調会　177a 627b 714c 730b 745b
京都赤旗事件　776b
共同印刷　200c
共同印刷争議　713b
共同運輸会社　122a 122b 435c 501c 507b 944b
共同会　284a 331b 948a
共同社　850c
共働社　877b
共同出版会社　244b
協同隊　1029a
共同被告同志に告ぐる書　776b
京都織物会社　98b 507b 841b
郷土会　1088a
京都学派　411c
京都学連事件　813b 1116c
京都瓦斯株式会社　231c
京都看病婦学校　781b 929a
郷土研究の会　956a
京都国立博物館　325b
京都自動車　500b
京都社会主義談話会　605a
京都守護職　978c
京都商工会議所　841b
京都商工銀行　841b
京都女子大学　369c
京都食管　796a
京都青年絵画研究会　409a
京都青年絵画研究所　377c 617b
京都倉庫会社　841b
京都大学　127b
京都探検地理学会　115a
京都帝国大学　146b
京都電燈会社　186a
京都陶器会社　841b
京都博物館　275a
京都美術協会　377c
京都日出新聞社　500b
京都府医学校　530c
京都府画学校　377c 409a 653b
京都府教育委員会文化財保護課　10b
京都府立高等農林学校　330a
京都府療病院　998c
京都法政学校　244c 742c
京都療病院　530c
強忍社　624a 818b
共農舎　1041c
教派神道　751b
矯風会運動　327b
矯風会万国大会　327b
教部省　511a
京枡屋　765a
暁民会　595c
暁民共産党　439a 595c
京名所八景　952a
京屋　764a 764b 765c
教養主義　397a
行余学堂　575b
清浦内閣流産事件　355c
狂乱物価　636a
共立学舎　571a 1106c
共立女子学園　835a
共立女子職業学校　835a
共立女子神学校　865a
共立女子大学　834c
共立統計学校　549a
共立病院　549b
協力社　759c
協力内閣運動　24b 375c 721a 754c 1169b
狂恋の女師匠　218c
共和演説事件　238c
漁業経済史　840b
玉音放送　536b 1081a
曲独楽　969c
旭日照六合　907c
曲水吟社　1177c
玉泉寺(静岡)　698b 860c
玉泉舎　1051a
玉池吟社　250a 1086a
極東委員会　489c
極東勤労者大会　274b
極東国際軍事裁判　142c 258a 357b 401a 498a 613b 646b 696a 698a 791a 815a 894b 927c
玉堂美術館　303a
極東平和友の会　383b 1011a
極東民族大会　1141c 1164c
挙国一致内閣　451a 1116b
居之隊　497a 603c
居士隊　574b
巨人軍　486b 912b 1011c 1023a
清須越し　90a
漁村の一部　1099b
清原玉　1152b
魚紋　321c
魚籃観音　63a
帰来塾　722c
煌めく嫉妬　718c
桐工作　113c 1041b
キリシタン禁制　1074a
キリシタン南蛮文学入門　165c
キリシタンの弾圧と抵抗　165c
キリシタン文化研究会　165c
キリシタン文庫　1151c
キリスト教解禁　918b
キリスト教教育　270b
基督教教育会　1167c
キリスト教史学会　165c
基督教書類会社　1167c
キリスト教婦人矯風会　230b
キリスト公会　781b
霧の湖畔　1114b
桐野斜坑　257b
桐生織物　1075b
騎竜観音　858a
麒麟麦酒　382c
麒麟麦酒　1148a
ギロチン社　757a 925a
義和団事件　60a 278c 315c 396b 427b 435a 474b →北清事変
金解禁　104b 841c
金閣　10c
錦旗　1172b
緊急勅令　96a
均業会社　912c
金銀分析所　419b
キングスレイ館　273c
金鶏学院　425b 1081a
金権政治　636a
銀行学局　713c
銀行集会所　507b
金港堂　860a 1027b
琴古流　37a
銀座カンカン娘　834a
金鵄麝香　1068c
禁酒運動　46a 273b 349a 674b 801a 1078b
禁酒事業　583b
近思録崩　69b 515b
芹水荘　223c
金星　912b
金属材料研究所　946c
近村(紙すき場)　852b
近代女義太夫　728c
近代劇協会　110c 485a
近代定型詩　560c
近鉄　1023b
近東平和会議　245a
勤王党(肥後)　140a
勤王党(土佐)　423a 622c 741a 868a

→土佐勤王党
勤王党の獄　519a
勤王橋　407b
勤皇まことむすび社　33c
金の首飾　157b
金原銀行　364a
金原治山治水財団　364a
欣舞節　583a
金本位制　601b 1117c
蒟醬　654b
金南風　125c
金門印刷所　214c
禁門の変　314b 317b 336c 367b 411a 434a 445a 446b 447b 464b 488c 498b 501b 516a 567b 597c 709b 881b 902a 960b 966a 979a 979c 1024a 1052b 1056a →蛤御門の戦
金融学会　1100b
金融恐慌　299a 580c 601b 756c
金融再生　254b
金輸出再禁止　601b
金蓉　1079c
金曜会　197a 407a
金曜会屋上演説事件　456a
金鈴社　345b 883a 971c 1121c
銀嶺の果て　1023c
勤労国民党　28c 274c 972c
勤労聯盟　332b

く

空気投　1023c
九鬼周造文庫　366b
区裁判所規則　915c
草倉銅山　923b
草創名主　448a
梳る女　848a
孔雀　553c
孔雀図　36c
屑糸紡績所　64b
救世院　588c
救世観音像　892b
救世教　588b
九谷焼　160a
屈原　1129c
靴屋の阿爺　858a
靴屋の店　454a
公内借三十七ヵ年賦皆済の法　1048b
宮内省怪文書事件　338c
国定忠治　1108c
恭仁山荘　733c
久能文庫　570a
頸城自由党　7c 559b
首無し事件　963c
首の座　958c
久保田材木場　547b
熊本英学校附属女学校　619b
熊本改進党　1106c
熊本協同隊　463b
熊本国権党　473c 751b 924c
熊本実学党　1106c
熊本城　651c
熊本女学校　619b
熊本隊　57c 375a 473b
熊本治療所兼医学校　998c
熊本バンド　492b 712a 1024c 1125c
熊本洋学校　492b 1106c 1125c
雲　898b
蜘蛛巣城　390c 1023c
蔵紙制　1146b
久良岐社　454a
苦楽座　707a 997b
倉敷天文台　203a
倉敷紡績所　202c
倉敷レイヨン　466c
倉敷労働科学研究所　203a
グラバー商会　382c 843b
倶楽部排撃同盟　281a
鞍馬山　347a
蔵本　888a
クラレ　466c
繰綿店丸合組　250c
グルタミン酸ソーダ　558a
狂った一頁　346c
狂った果実　73a
車　686b
久留米開墾社　988c
久留米絣　105c
久留米青年義会　440a
グレーの秋　15b
グレーブ=コンセクエンス事件　969b
黒扇　907c
鉄屋　641c
黒川田辺屋　647b
黒き猫　871a
黒崎窯業　1081b
黒猫　676c
黒羽織党　570c 953a
黒四ダム　191a
桑原文庫　395b
軍医制度　991b
軍医総監　991b
軍靴　791b
群鷺争餌　791c
軍艦教授所　249c 737a
軍艦操練所　249c 737a 757b
軍艦奉行　275c
軍事救護法制定運動　1042a
軍事研究団事件　17b
軍事公債　727b
群獣　686b
軍縮派　33b 189c
軍需省　336b
軍人訓誡　783c
軍人勅諭　783c 1053a 1094b
軍制改革　1054c
郡是製糸　830b
軍隊赤化事件　440b
燻炭肥料　255a
訓点　269c
訓点語学　269c
薫陶学舎　1020b
軍備縮小同志会　1011a 1144a
軍備促進連盟　1178c
軍部大臣現役武官制　1011a
ぐんま　834a
群馬県蚕種業組合連合会　679b
訓盲院　334b 769b
郡役所　1169a
軍令派　544b
軍令部　1115a

け

経緯会　923a
慶運寺　537b
倪雲林　819c
桂園時代　279a 444a
慶応義塾　130a 253a 688b 895b 1042a
慶応義塾出版社　758c
慶応義塾大学医学部　340c
慶応義塾大学工学部　915a
慶応山岳会　960c
京華社　500b
荊冠友の会　352a
瓊江塾　935b
経済安定九原則　56a
経済雑誌社　615a
経済史研究会　945b
経済団体連合会　714b
経済談話会　615a
経済同友会　1008b
警察官職務執行法改正問題　935a
警察制度　314b
警察予備隊　975b
警察予備隊違憲訴訟　638a
桂林月宵　866c
刑事訴訟法　852a
閨秀会　52b
芸術座　372a 485a 518c 762b 770c 970a
警職法反対闘争　564b
京津電気軌道株式会社　231c
敬神党　191b 301c 955c
経世会　288c 620a
警醒社　416a 1121a
恵泉女学園　305c
慶大福沢研究センター　722b
景諦社　1125a
系統農会運動　925c
芸能史研究会　851a
迎賓館壁画　401b
京浜電気鉄道　422b
京浜電力　1116b

京浜臨海工業地帯　18b
京釜鉄道　176c 237c 618a
刑法　777c 931a
刑法改正　1060c
警務学堂　315c
啓明会　517b 523c 680b
契約結婚　1065a
渓流　417c
桂林園　887a
KS鋼　946c
劇作家協会　330c
劇団築地座　551c
劇団民芸　153c 211b
華厳　699c
罌粟　676c 952a
下女貯金　289b
牙彫　19b
結核　378c
結核研究所　469a
結核予防事業　718b
月下猫児図　335b
撃剣会　457a
結社式仕法　797c
血盟団　104c
血盟団事件　33c 106b 661c 1024c
月曜会　721b
けれん物　80c
玄猿　819c
遣欧使節　772b
玄華　686b
弦楽のための三楽章　14a
弦楽のためのレクイエム　624c
元嘉暦　226a
研究会　6a 221a 1010c 1178b
元勲　182b 1094b
剣劇　485a
元寇　347b
元号　1081a
健康保険法　576c
言語過程説　700c
建国会　8a 106b 421b 670a
建国祭　8a
建国神廟　894b
建国紛業　769a
乾坤社　548b
堅志社　818b
言志塾　913b
剣術　457a
原子力委員会　535b
原水禁運動　205c 1143b
憲政会　161c 239a 283a 448a 653b 754c 968a 1169a
憲政資料室　181a
憲政党　97b 183c 213a 238c 270b 495a 512c 835a 983b 1094c
憲政本党　183c 512c
憲政擁護運動　238c 279a 712b 983c 1049b →護憲運動
建設者同盟　17b 599b 634c 1172c
現代かなづかい　363a
現代俳句協会　448b
建築史研究会　24c
剣道　598c
堅忍社　624a
玄武館　664a
建武隊　732a
言文一致　490b
言文一致運動　455c 1106c 1169c
玄文社　1122b
遣米使節　235c 282c 895b 1044b
憲法改正案　991c
憲法議会　289c
憲法建議　1163c
憲法研究会　428a 598b
憲法研究所　653c
憲法懇談会　97c
憲法草案要綱　564c
憲法調査会　610b 1030c
憲法に関する意見書　1091a
憲法の番人　95c
憲法問題研究会　175c 1030c
憲法問題懇談会　544b
憲法問題調査委員会　1030b
憲法擁護国民連合　170b 265c 275a 1029c
憲法擁護新国民会議　275a
権門体制論　393a
硯友社　75c 237a 1106c
玄窯　358c
玄洋社　552b 669c 700a 818c 875c
玄洋社三傑　387a 700a
玄窯叢花瓶　358c
厳翼館　516a
権利恢復同盟　658b
原理日本社　1020c
元老　279a 1094b
元禄女　637a
元禄花見踊　347c

こ

鯉　899c
小池育英会　398c
小池銀行　398c
小池国三商店　398c
小池合資会社　398c
小池文庫　398c
小石川植物園　1084a
五・一五事件　72c 100b 106b 178a 440a 630a 789c 904c 948c 958c 1024c
御一新　1052c
恋の逃避行事件　218c
恋文　637b
小岩井農場　121a
梧陰文庫　868c
興亜学塾　1015c
興亜塾　264b
広運館　926c
交易営団　69a
公益事業委員会　984c
航海遠略策　367a 567a 735b 1055c
航海遠略論　372b
黄海海戦(日清戦争)　284a 478b 518a 1115b 1120a
黄海海戦(日露戦争)　284c 602a 696c 889b
慷慨組　462b
公害防止協定　1022a
公害防止条例　1022a
皇学所　48b
工学寮　587a
高賀十種　486c
江華条約　404b
皇学校設立建白　1090c
江華島事件　108c 1033b
合化労連　190c
広寒宮　793b
講義所　166a
耕教学舎　583b 1063a
交響管弦楽のための音楽　14a
交響三章　14a
鉱業条例　741b
攻玉社　440c
攻玉塾　440c
航空研究所　1127b 1173c
工芸済々会　287a
纐纈織　632a
江月流水書屋　367a
航研機　1173c
曠原社　343a
神籠石　379b 1077c
畊香館　613a
浩々洞　15a 357b 468a 628c
考古学　681b 1056c
考古学会　600a 1027b
皇国史観　875a
興国同志会　33c 1072c
皇国民法仮規則　163c
江湖倶楽部　228a
甲午農民戦争　404b 447a
光彩舎　419a
興蚕運動　926b
黄山暁雲　866c
功山寺決起　595b
紅児会　116a 760c 1082c
皇室典範　95c 103b
麴町教会　486b
講釈界の三羽烏　86b
公衆劇団　304b
甲州財閥　34b 249b 800a
杭州湾上陸作戦　729b 1041b
交詢社　21a 99c 253a 603a 896a
高尚館　756a
興譲館　459a

鴻城軍　101b 1142c
高陞号事件　696c 1115b
興正寺別派独立問題　11a
荒城の月　614c 694c
工場法　287b 730b
鴻城立憲政党　1142c
交信会　58a
荒神口橋　407b
甲申事変　594c
恒心社　1049c
甲申政変　404b 934a →甲申の変
行進隊　928b
甲辰の国難　706b
甲申の変　402b 404b 620b 791b →甲申政変
庚申丸　978b
江水社　167a
合成一号　466c
公正会　521c
弘成館　419b
好生館　5c 201c
香草社　15a
後素如雲社　1068b
甲田屋　521a
講談社　567c 809a
宏池会　467a
高知教会　270b 807c
高知工業学校　618a
河内山宗俊　1108c
峡中同進会　647b
皇典講究所　109a 469c 499a 606a 985b 1105a
皇道大本　685c
弘道館　2c 568b 706a 909c
講道館　293a 1023b
皇道教育　280c
公道協会　186c 1049c
耕到天　907c
高踏派　1136a
皇道派　2a 37c 136c 316a 338c 426b 428c 698a 749c 847c 900a 963a 1104a
康徳学院　433b
幸徳事件　1100c →大逆事件
高度経済成長政策　898a
江都砂子香具屋八景　329c
甲南学園　876b
興南錬成学院　501b
抗日同盟軍　891b
鴻池銀行　856c
豪農論　908b
河野書簡　408a
紅梅　557c
光風会　401a 1025b
公武合体　19c 411a 793c 1092c
公武合体派　710a
公武合体論　699a 735b
光武館道場　585a
幸福安全社　693c
光復会　1165b
興復社　449b 721c 797c
講武所　32b 180c 244b 457a
講武場　32b 244b
工部大学校　133c 587a
工部大学校講堂　931b
甲武鉄道　577c
工部美術学校　277a 893a
弘文学院　293a
弘文館　776a
高分子学会　466c
工兵　136c
神戸海軍操練所　275c 461c
神戸教会　994a
神戸高等商業学校　756c
神戸桟橋会社　419c
神戸事件　814c
神戸製鋼所　290c 656a
神戸労働学校　308a
講法会　590c
講法学社　174a
公法研究会　468c
降魔　117c
光明会　1101c
光明会設立趣意書　1101c
光明学園　1101c
光明思想普及会　650b
光明寺党　367b
光明修養会　1101c
興民公会　197b
攪眠社　693c
拷問　931a
高野切　2b
曠野社　1039b
公友倶楽部　521c
郷勇団　1098b
向陽義塾　669c
向陽社　700a 818b 875c
甲陽鎮撫隊　438c
黄葉村　768c
高麗屋　990a
強羅ホテル　240b
合立社　845c
降臨教会　1157c
硬六派　473c 495a
興和　833a
興和新薬　833a
興和紡績　833a
講和問題同志会　228a
講和問題同志聯合会　191c
媾和問題同志聯合会運動　471a
氷砂糖　561b
郡奉行　705c
語学教育研究所　815a
五箇条の誓文　346b 894c 1052c 1124a
古賀精里　721c
国維会　425b 1081a
国画院　971c
国画会　157b
国画玉成会　1082c
国学院　469c 985b 1105a
国学所　469c
国画創作協会　117c 157a 676c 722c 1045a
国技館　154c
国語　134b
国語学会　821a
国語教育易行道　21b
国語研究所　1119c
国語審議会　1119c
国語問題　1108a
国際会議センターレリーフ壁画　224a
国際家族計画連盟　282b
国際汽船　1102c
国際協調のための経済構造調整研究会　951a
国際興業　240b
国際交流基金　442c
国際司法裁判所　244c
国際柔道連盟　986c
国際聖母病院　718b
国債整理基金　459a
国際地理学連合　1101c
国際通運株式会社　753a
国際通信社　632c
国際電信電話株式会社　508b
国際反共聯盟　332b
国際文化会館　991a
国際連合　479a
国際連合加盟　652b
国際連盟　478c 500c 552a 974b
国際連盟脱退　652b
国際労働会議　221b 287a 289a 967b
国際労働機構　562b
国策研究会　790c 1084a
国策研究同志会　1084a
国策の基準　936a
国産品愛用運動　472b
国史学　1001c
国事御用掛　19c 488b 489b
国事周旋運動　1092c
国士無双　80a
国書刊行会　84a 844a
国辱公債　534a
黒色青年連盟　122c
国事寄人　771a 787c
国粋主義　366a 548b 1026a
国政研究会　746b 1084a
国性文芸会　641b
国葬　1138a
国泰寺(広島)　498c
国体明徴　556b
国体明徴運動　332b 1021b
国体明徴声明　1021b
国体明徴問題　163a
国柱会　71b 641a 1030a

国柱会館　641a
国鉄合理化　69b
黒糖　782c
黒濤会　934c
黒糖専売　515a
黒瓢会　590a
国風音楽会　557c
国宝鑑査官　905c
国防献金労働協会　459c
国本会　947c
国本社　425b 493c 556b 649a 859c 879c
国民英学会　48b
国民協会(1892結成)　473c 501c
国民協会(1933結成)　9c 670a
国民協同党　1003c
国民実践要領　34a
国民自由党　97b 1098b
国民主義　366a
国民新聞社　712b 872c
国民精神作興に関する詔書　793a 879c 947c
国民精神総動員運動　428b
国民精神文化研究所　789b 1137a
国民政府　531c
国民政府全国経済委員会　235b
国民政府を対手とせず声明　699a →近衛声明
国民葬　184a
国民党　740a
国民同志会　1042b
国民同盟　265c 754c
国民同盟会　228a 410b 427b 473c 740a
国民の国語運動連盟　1119c
国民美術協会　127c 392c
国民民主党　22a 343c 719b
克明社　430b
国友会　175a 546a
小倉屋　537b
国立遺伝学研究所　233a
国立衛生試験所　772c
国立戒壇　716a
国立教育期成同盟会　58c
国立銀行　318c 527a 726b
国立銀行条例　507a 713c 843b
国立劇場　442c
国立国語研究所　785a
国立国会図書館　289c 837c
国立西洋美術館　976a
国立農試園芸部　256a
国立歴史民俗博物館　107c 460c
黒竜会　129b 148c 312b 338b 370a 581a 621c 700b
国連加盟　498a
護憲運動(第1次)　23c 184a 754b 1095a →憲政擁護運動
護憲運動(第2次)　283b 356a 522a →憲政擁護運動
護憲三派　100b 756c 239a
護憲三派内閣　283b 500c
護国寺茶寮　603b
五穀神社　642b
護国団　189b
小御所会議　18c 202b 445b 514b 1052c
心座　919b
小坂鉱山　909b
小阪事件　757a
莫迦九　1067c
小作条例期成同盟会　174b
小作条例調査会　174b
小作争議　553b
五・三〇運動　666a
孤児院　1074a
五・四運動　527c 580a 739a 1144a
護持会財団　11a 189b 194b
五色の糸　347a
孤児教育会　60b
五私鉄疑獄事件　228b 493c 1110a
古社寺保存会　574c
古社寺保存法　366c 572c
五常講　797b
五条代官所　1146c
五条橋　348a
孤女学院　61c
コスモ倶楽部　1144a
後赤壁図　1068b
子育掛代官　938c
鼓村楽堂　557c
互尊文庫　813a
五大生命保険　1090b
御大葬之図　645a
古代鷹狩　63a
五大電力　984b
児玉機関　421b
胡蝶の舞　139b
国会開設運動　486a 787c
国会開設建白書　638c
国会開設懇望協議会　1098b
国会開設請願運動　550a 719b 793b
国会開設の勅諭　103a
国会期成同盟　132b 270a 430b 977c 1050a
国会期成同盟会　486a
国家改造運動　708c
国家教育社　58c 671b
国家経済研究所　746b
国家社会主義　9c
国家社会主義運動　605a
国家社会党　505c 765b 1102b
国家総動員法　428b 475c
国家統制経済論　754c
国旗・国歌法　254b
克己塾　690c
克己堂　14a
国共合作　531b
国教主義　1061b
滑稽絵　612b
国憲創立議会　583c
国権論　700a
黒鉱製煉法　909a
黒溝台の会戦　13c
小繋事件　258a
古典保存会　1108a
後藤毛織　423c
後藤毛織製造所　423c
五島美術館　422b
後藤隆之助事務所　426a
寿屋　730c
寿屋洋酒店　730c
小鳥　1152c
湖南汽船会社　286a
湖南塾　156a
五人の裸婦　908c
近衛管弦楽団　428a
近衛上奏文　428c
近衛内閣　404b
斯華会　249b
此美人　819a
木の間の秋　524c
呉佩孚工作　862b
小林水平社　351c
小林製鋼所　290c
湖畔　392c
碁盤忠信　249a
湖畔の宿　477c 834a
古美術自然科学研究会　613c
ゴブラン織　632a
古墳　258c
枯木寒鴉　320b
駒木野関所　245a
駒場農学校　645b
駒村屋　761a
五万石騒動　417c 481b
コミンテルン　456a 483a 554c 1114c
コミンテルン日本支部準備会　439a
コム＝アカデミー事件　882a
コム＝アカデミー事件　1107b
小村・ウェーバー協定　435a
小村外交　435b 946b 1099c
米　113c
米騒動　106b 254a 690a 747c 916a 1114c
米一握り運動　777b
小諸義塾　352c
古文書学　379b
御用外国荷為替制　585a
五稜郭　231a 508a 606c 621b 921c
御霊文楽座　1136b 1142b
五郎劇　584a
コロボックル説　681b
声色　924a
婚姻予約事件　1128a
金戒光明寺(京都)　978c
金剛　471c

金光教　320a
金剛石　532b 634b
今後における学校教育の総合的な拡充整備のための基本的施策について　1073a
金神　320a
金蔵院　541a
昆虫二題葉蔭魔手・粧蛾舞戯　852b
ゴンドラの唄　970b
コントラバスを弾く　696b
コンドル　541c
今日の音楽　624c
金春流　467b 467b
困民党　105c 280b 628b
婚約三羽烏　517a
懇話会　652a

さ

サアカス　413b
サーニャ　1114b
彩雨　303a
彩雲閣書房　220c
財界四天王　429c 467a 753c
西鶴一代女　637b 1013a
サイクロトロン　790a
細君譲渡事件　651a
再軍備　22a
再建の賦　686b
在郷軍人会　636c
最高裁誤判事件　1023b
最高裁判所　1023b 1127a
西郷隆盛像　608b
西郷伝説　446a
祭祀学会　936c
彩磁桔梗文水差　80a
祭神論　1146c
祭政一致　1090c
済生会　263b 878b 1169a
済生学舎　824c 1133a
財政経済三原則　1144c
済世顧問制度　226c 263c
済世病院　158b
済生病院　694b
才谷屋　461c
在地領主制　717b
斎藤隆夫除名問題　449b
斎藤報恩会　925b
済南事件　454c 470a
済農倉　1140c
財閥転向　55a
財閥の転向　1038b
催馬楽　1110a
裁判医学校　685b
裁判所構成法　1127b
サイパン島の戦　773a
在米日本人社会主義団　615c
歳末慈善鍋運動　1113a
在満機構改革問題　652b
西明寺(愛知)　930a
財務相　1030a
済物浦条約　836b
囀　1121c
阪井座　194b
堺事件　1020c 1166b
堺緞通　913a
堺紡績所　64b
堺屋　886c
栄屋　767a
賢木舎　558c
佐賀郡立病院　685b
坂下門外の変　331a 716b 716c
酒田事件　799b
坂田模型　458c
沙河の会戦　13c 323a
佐賀の乱　12c 163c 234b 276a 337c 408c 420c 623a 624a 651c 732a 787b 1099a 1104c
酒屋会議　132b
相良織　632a
相楽隊　341c 438c
魁塚　462b
砂丘の家　1017c
坐漁荘　444b
作新学院　918b
佐久間ダム　593a
桜井塾　1114b
桜井女学校　466a 1078b
桜井女塾　466a
桜会　299c 470a
桜組　791b
桜田門外の変　42c 411a 465b 706c 708a 711c 978c
桜田門事件　1024c 1157c
桜宮公会堂玄関　139c
桜宮神社　199b
桜町仕法　797b
桜町病院　718b
桜山招魂社　313a
鮭図　604b
酒は涙か溜息か　413b 914a
鎖国　411a
佐々木研究所　469a
佐々木草案　468c
佐々木高綱被甲図　313b
漣　899c
笹の舟　480b
池萍堂　183a
猿島茶　772a
猿島茶売捌会所　772a
サスケハナ号　929a
さすらいの唄　970b
座像　1079c
薩英戦争　131a 365a 446b 497b 502a 516a 778a 782b
作家同盟　431b
五月会　468b
薩長同盟　461c 514b 1099a
薩長連合〔薩長盟約〕　346a 434a 445b 741a 1178c
薩土盟約　434a 445b 741a
薩藩史研究会　181a
撒兵隊　699a
札幌独立教会　381a 688c
札幌農学校　380c
札幌農学校園　381a
札幌麦酒会社　507b
薩摩問屋　537b
薩摩屋　129a
座頭市　750b
座頭座　251c
砂糖消費税　1054b
サトウライト　494b
里見日本文化学研究所　641b
佐羽商店　483b
寂しき人々　517a
錆びたナイフ　73a
砂防法　153a
狭山会社　862c
左翼劇場　578a
沙羅　808c
サルタンバンク　696b
サルバルサン　828c
茶話会　69c 878a
沢村賞　486b
沢柳事件　468c 487b 653a
三・一五事件　351c 431b 437b 446c 463a 483a 493c 496b 556b 710c 805b 807b 977a 1008b 1117a 1179b
三・一独立運動　826c 1088c 1095b 1144a 1164c
山雲　866c
三遠農学社　299a 761c
三角縁神獣鏡　432c
三科造形美術協会　1050c
三月事件　142a 178a 400c 411b 708c 749c 820a
残菊物語　1013a
蚕業　611a
三共医薬品製造株式会社　608a
三教会同　111c
三侠客　4a 543c
三共株式会社　494b
産業組合　577c
産業組合運動　1178c
産業組合拡充五ヵ年計画　577c
産業組合振興刷新運動　577c
産業組合中央金庫　577c
産業合理化運動　745b
三共商店　494b 608a
産業復興公団　743c
産業報国運動　324c
産業問題研究会　753c
三共薬品合資会社　494b

三居沢カーバイド製造所　914b
散切物　318b
参勤交代　516b 1125b
三計塾　1080a
サンケイ=スワローズ　1008b
三家衆　625c
懺悔の刃　246b
三光寺派　511c
三公社民営化　748b
三古会　1070a
珊瑚会　225c
三国干渉　652a 1041a 1115b
三才子　5a
三事策　119b
三師社　409b 658a
産児制限運動　282a 807b 1082b 1116c
三叉学舎　196c 1016c
三十一年式速射野砲　38c
三二年テーゼ　274b 805b 1115a
蚕種改良組合　679b
残照　866c
山椒大夫　1013a
三升米騒動　547a
三新法　182b
山水緑処邨荘　511c
山西事件　1038b
三誠社　1093a
残雪　758a
三全社　272c
三大事件建白運動　68a 739c 851b 935c 1098b 1126b
三大船成金　1102c
三多摩壮士　1049b 1068b
サンダカン八番娼館・望郷　637b
三丹物産　637c
サンチョ=クラブ　681a
サンデー毎日小説賞　663c
サンデー毎日新人賞　663c
サンデー毎日大衆文芸賞　663c
蚕当計　764c
三党首会談　999c
山東出兵　454c 666b 1072b 1180c
山東問題　1151c
サントリー会社　730c
三人委員会　96b
三人の会　14a
三佞人　1009a
三年会　1119c
産馬協同会社　1077b
賛美歌　412c
讃美歌　688c
讃美歌集　1161c
サンフランシスコ講和会議　23c 56a 539b 632c 719c
サンフランシスコ講和条約　659c 1137b
桑港社会党　274a
桑港平民社　214c
散文芸術論争　889a
算変法　932b
参謀本部　277a 308c
三本木開拓　795c
サン・マルタン運河　229c
三名人　157b 467b
サン=モール修道女会　918b
三友寺(岡山)　60b
三遊派　490b
三曜会　652a
三陽自由党　1049c
山陽鉄道会社　758c
参予会議　704b 979a
サンライス　1043a
山陵　716b 717a
山陵修補　22a
山陵奉行　716b
山陵復興建言　1090c
山林学校　985c
杉林遊鹿図　819c

し

思案橋事件　742a
四・一六事件　82a 483a 776b 977a 1014b
椎名裁定　491a 1004a
椎木吟社　152b
シーボルト事件　492a 598c 718a 796c
シーメンス事件　238c 254a 389b 439c 451a 493b 512c 584a 612a 692c 878b 879b 1110b 1115b 1116a
梔蔭社　401c
寺院寮　511a
試衛館　438b
自営館　657b
自衛戦力違憲論　1127a
ジェトロ　551b
ジェノア国際経済会議　893b
シェパード犬　554a
JPS　351a
ジェラード事件　15c
塩野義三郎商店　493a
塩野義商店　493a 493b
塩野義製薬　493b
塩野製薬所　493a
塩野屋　493a
塩見理化学研究所　234c
志賀・神山論争　298c
史学会　497b 615b 1154a
士学館　1063c
史学協会　997a
シカゴ万国博覧会　377c 617b
鹿印煉歯磨　748a
自画像　4b
地下足袋　70a
私学校　360a 445c 502b 1047c
磁化焙焼法　156c
士官学校事件　77a
四奸二嬪　771b
辞官納地　982b
四季　614c
子規庵　985a
四季花鳥図　444c
直指庵　670b
敷島屋　852c
直心影流　244b 457a 585b
四季の調べ　112c
四季の山姥　348a
四季美人図　137c
色盲　72b
自郷社　550a
四境戦争　701b
時局懇話会　790c
紫禁城　157b
時雨西行　347a
自慶会　947c
賜硯楼　250b
思郷　1173a
紫紅会　1082c
四国増租反対同盟会　416c
地獄門　346c 750b
四国連合艦隊　365a 944b
四国連合艦隊下関砲撃　94a 498c 885a 978b
C53　517c
思斎堂　373b
芝山巌事件　58c
資産金貸付所　217a 219a
紫山塾　948c
師子王学会　1096c
師子王文庫　641a
四時軒　1125b
時事新報社　758c
時習学館　716a
時習堂　886a
自主憲法期成運動　297a
自勝砲　313a
地震学　573b 1037b
地震学会　1037a
地震計　573b 1037a
地震研究所　74a
静岡学問所　380c
静岡教会　961b
静岡県出獄人保護会社　364a
静岡事件　91c 754b
静岡女子高等学院　350c
静岡製茶直輸会社　996b
静かなる愛国心　34a
閑谷学校　1107b
閑谷黌　787c
賤機舎　961b
市政刷新連盟　1004b
思誠塾　201a
市政調査会　424b
市制・町村制　1059c
四聖堂　100c
資生堂　901c

慈善会財団　194b
慈善事業　724a
自然主義　510a 711b 964c
自然主義文学　518b
詩草社　303c
時代区分　733c
時代考証　1014a
時代祭　109c 573c
下谷吟社　199a
史談会　473b
自治学会　440a
七卿落ち　237b 488c 870a
七卿落之図　645a
七絃会　676c
自治講究会　752c
七十三国立銀行　339c
七生社　106b 133b
七人の侍　390c 1023c
自治農民協議会　752c
七博士意見書　690a 720c
七博士事件　252a
七曜座　247c
実学党　492b 711c 740c 938b 1061a 1125a
実業学校増設計画　219b
実業同志会　757a 1042a
実業之日本社　1043b
実験工房　624c
実験心理学　1063a
実行教　505a
実行社　430b
実在工業美術会　609c
実修女学校　1120b
実践女学校　523b
実践女子大学　523b
実同　1042a
実の神　771c
実費診療所　555a
七宝　266a 777a 777b
七宝会　992b
七宝四季花鳥図花瓶　777b
七宝小禽図盆　777a
七宝花盛器　777a
七宝焼　225a
姉弟　572a
幣原外交　500c 946b
幣原喜重郎首相代理失言問題　1072c
幣原内閣　1030b
自転車　266b
四天王　1085c
児童演劇　308a
児童虐待防止運動　1113a
自動車工業　728a
自動車重量税　636a
自動車製造事業法　1144c
自動織機　728a 729a
児童の村小学校　523c 803c 812c
児童文学　128c 228b
児童保護事業　597a
品川硝子製造所　791b
品川毛織　423c
品川台場　452a
品川電燈　123a
支那事変　1180c
支那事変処理を中心とした質問演説　449b
信濃史学会　86c
信濃電気　415c
信濃の山　234a
死絵　1058c
地主制論争　38b
篠塚流　785b
不忍池　893a
事の妙法敬神所　519a
芝浦製作所　21a 642c
支払猶予令　104b 601b
師範学校　554b
師範教育制度　554b
渋沢商店　508b
志布志中学校　949c
四分利付英貨公債　844c
斯文会　494a
紙幣　329b 713c
紙幣整理　976b
紙幣寮製造場　931b
シベリア出征兵士粛軍断行要求意見書　148c
シベリア出兵　148a 478c 484c 500b 575c 636c 690a 945c 1062b 1135a 1144a 1147c
シベリア撤兵　284b
司法官化石発言　178c
司法官赤化事件　437b 1024c
司法省　928a
司法省法学校　915c 931a
司法省民法会議　915c
絞出し貯金　289b
思凡　906a
姉妹社　826a
島田毛織製造所　423c
島津製作所　513b
島根組　508c
島の娘　750b
清水建設株式会社　520c
清水の富士　419a
自民党都市政策大綱　636a
紫溟会　473b 751b 924c 1106c
紫溟学会　473c
自明社　983a
下石田報徳社　299a 797c
下鴨画塾　294c
下瀬火薬　522c
下田学校　523a
下田協約　698b
下田条約　102a 860c
下野紡績所　322c
下関償金　131c
下関償金問題　933c
下関条約　403c 892c
下関砲撃　567b 944b
闍威弥尼　5b
釈迦　139b
社会科学研究会　151b
社会科学研究所　1084c
社会学　1148c
社会革命党　122c 407a
社会学会　1026a
社会教育研究所　1080c
社会教育連合会　717a
社会経済史学会　613b 809c 880c
社会契約説　739c
社会事業　777a
社会市民連合　162b
社会主義　416a
社会主義運動　274a 456a
社会主義協会(1900結成)　28b 274a 455c
社会主義協会(1950結成)　38c 463a 1097b
社会主義研究会(1898結成)　28b 273c 406c 1043c
社会主義研究会(1980結成)　468b
社会主義講究会　232c
社会主義同志会　628b 1134c
社会主義同盟　38c 122c
社会進化論　285c
社会政策学会　287b 394c 562b 598a 1100b
社外船大手五社　1102c
社会大衆党　17c 19b 24a 28c 274c 393c 410a 517c 598b 784b 1100c 1135a 1144b
社会的キリスト教運動　664b
車会党　232b
社会婦人同盟　10b
社会文庫　564b
社会民衆党　9c 10b 24a 28b 274c 517b 562c 784b 941b 1029b 1144b
社会民主党　28b 274a 307b 349a 406c 785c 1050c
社会民主連合　162b
社会問題研究会　66a 273c 406c 418a 457a 615b 765a 1026a 1061a
釈迦十大弟子　1042c
ジャカード　8c
爵位局　710b
爵位剝奪　870b
借紅園　386a
石神井会議　456a
尺八　37a
尺八譜　137a
折伏大行進　716a
借家人組合　1014b
写真館　135b

写真師　522a
写真術　135b
写生句　605b
蛇性の婬　146c
写生文　605b
車前草社　248a 1171a
社倉・囲米　938c
ジャーディン＝マセソン商会　923b
ジャパン=ブリュワリー=カンパニー　382c
ジャパン＝ブルワリー　1148a
車夫懇親会　232b
シャボン玉　770c
斜陽族　627a
ジャングルブギ　264b
上海印刷　1072b
上海事変　134b 470a 498a 539a 646b
上海紡績　1042a
十一会　973a
十一学舎　624a
十一月事件　1049a
十一字会　15b 437a
秀英舎　465a
縦横会　23c
集会条例　1177b
収穫　15b
自由学園　838a
十月事件　2a 178a 411b 789c 820a 904c
雌雄鑑別法　75a
衆議院議員選挙法　526c
蹴鞠　372c
蹴鞠保存会　372c
就義隊　818b
自由倶楽部　1005b
自由劇場　80b 81b 82a 240a
充治学園　35c
集古館　968b
十五銀行　585a
十五日会　824b
十五年戦争　945c
十五夜お月さん　1060b
秀山十種　762a
一三年式村田銃　1048c
修史館　379b
自由詩社　1112b
十七弦　1025a
十字屋書店　858b
十字路　346c
修身教育　708a
重臣グループ　958c
修身社　1035b 1040a
自由新聞社　175a
自由人連盟　757a
秋声会　679c
集成館　144a 514c
修成講社　795a
集成舎　165b
十善会　159a
終戦工作　103c 467c 591a
終戦詔書　467c
十全病院　526a
終戦連絡中央事務局　15b
自由大学　592b 676a
十大発明家　1117b
集談会　919a
秋庭歌一具　624c
自由党　8b 23c 67c 76a 78a 132b 270a 385b 423b 430b 435b 519b 546a 618a 623a 719b 734b 739c 746c 793b 845c 935c 966a 983b 1033a 1120a →立憲自由党
柔道　293a
修道学院　598b
修道館　980a
自由党準備会　1098b
自由党分党派　1004b
修徳館　585b
自由日本を守る会　300c
十人衆　625c
宗派神道　499a
修文館　699a
自由法曹団　916a
自由民権運動　78a 435b 496c 550a 714a 719b 739c 746c 755b 799c 896a 899a
自由民主党　8b 22a 30b 61b 109c 199c 217b 254b 288c 315a 336b 773b 822a 829c 834a 859b 959c 966a 967b 985c 1004c 1075b
修養団　493c 627b 822b 879c
十四日会　1039a
自由律俳句　238a
シュールレアリスム　794b
自由労働組合同盟　757a
自由労働者宿泊所　24c
授戒会　158b
守旧派　605b
塾歌　722a
粛軍　689b
粛軍に関する質問演説　449a
樹下石人談　225c
修験道　1170a
朱拵の女　793b
寿考散　748a
首座三家衆　90a
シュザンヌ　906b
種子上田法　556c
樹獣一生きもの　686b
酒税　1054b
寿星麵粉公司　1072b
守銭奴　997b
主知主義　31a
首長制　73c
出版法　41c
種痘　196a 264c 694b 775c 959b 1056c
種痘館　981c
種痘術　1133b
種痘所　88a 88c 89a 196a 1025c
種痘法　393b
ジュネーブ一般軍縮会議　969a
ジュネーブ海軍軍縮会議　431a 451a 478c 483c 943b
主婦連合会　233b
ジュリアス＝シーザー　88a
酒類官造法　950b
純愛物語　113c
遵義社　679c
春秋園事件　917b
春秋会　554b
春秋座　80b 761a
春宵怨　266a
純正調オルガン　639b
純正普選運動　148c
春雪　303a
春暖　444c
春鳥会　186b
順天求合社　900a
順天高等学校　900a
順天堂　470b 476c 477c 938c
順天堂医院　477a 477b
順動丸　293b
春洞流　786a
春風社　506b
純文学論争　881b
春畝　15b
春陽会　60c 214c 353a 381c 1071c 1114b
春陽堂　1174c
純労働者組合　877b
松陰神社　595b 1139a
商業銀行　398c
翔鶴　42a
松下村塾　366c 654c 1138c 1141a
浄感寺(静岡)　75b
松間瀑布　1068b
彰義隊　34b 205c 242c 455a 508a 862b
将棋大成会　354c
彰技堂　15b 225c 374c
将棋同盟会　571c
娼妓取締規則　1113a
将棋名人戦　572a
承久楽　199b
称仰院(東京)　596a
商業会議所　841b
状況劇場　692b
商業興信所　726c
奨匡社　977c
上宮教会　316c
賞勲局　231a
将軍継嗣　752b
将軍継嗣問題　708b
将軍継嗣問題　53a 488a 703c 704a 709a 820b 939a 1092b 1151b

鐘渓窯　302c
小劇場運動　692b
招賢閣　485c
商権擁護運動　1178c
聖護院洋画研究所　15b
彰考館　2b
商工組合中央金庫　226b 1122a
称好塾　548b
定山渓鉄道　422b
抄紙会社　507a 1125a
娘子関を征く　401a
上士派　77c
尚歯法　959b
詳証学　145c
尚商立国　896b
少女猫を抱く図　1101b
浄心　822a
彰真社　391a
小生産者的発展説　195b
紹成書院　221b
小説家協会　330c
商船学校　122a
小選挙区比例代表並立制　1050c
正遷宮　574c
象先堂　89a
正倉院裂　632a
正倉院宝物　644c
正倉院薬物　20c
松竹　384a 823a 970a
松竹家庭劇　509a 914a
松竹蒲田撮影所　348b 418a
松竹キネマ合名社　194b 538b
松竹合名会社〔松竹合名社〕　194b 538b
松竹少女歌劇団　7a
松竹新喜劇　509a
上智大学　587a 677a
象徴詩体　342b
昭電疑獄事件　387b 467c 898a →昭和電工疑獄事件
尚徳館　56c
聖徳太子奉讃会　389a 1170a
浄土宗労働共済会　1175c
湘南うずら園　1097b
小楠公　316b
小楠堂　1125a
昭南博物館　708c
小日本主義　301b
少年院　493c
尚農会　547a
鍾美館　858a
定飛脚仲間　1146a
消費税増税　1050c
丈夫団　403a
成仏寺　928b
昌平黌　272b
常平倉　515a
昇平丸　515a
商法　155a 683a 991c
商法会議所　339c
商法講習所　1065a 1090a
衝鋒隊　742a
上毛繭糸改良会社　936b
上毛青年連合会　668c
松門の双璧　595a
条約改正　6a 20b 183c 387a 435b 491c 495a 548b 931b 1040c
条約改正会議　6a 688a
条約調印問題　703c 704a
条約勅許　488a 488b 489b 709c 752b 793c 946a 1092b
条約派　189c 612a 943c 1109c
常陽明治記念館　645a
勝楽寺(新潟)　566c
条里制　339a
昇立社　525c
少林塾　1140c
浄瑠璃所作事　318b
奨励会　304b
青蓮院宮令旨事件　622c
昭和維新　2a 316a
昭和維新論　71b
松隈内閣　183c
昭和会　1058a 1101a
昭和研究会　238b 426a 444c 1003b 1092a 1158b 1164b
昭和残侠伝　959a
昭和塾　426a
昭和神聖会　686a
昭和石油　743c
昭和電工　1073c
昭和電工株式会社　561a
昭和電工疑獄事件　22a 784b →昭電疑獄事件
昭和同人会　426a
昭和特殊製鋼　647a
昭和肥料　1073b
昭和洋画奨励賞　696b
昭和楽　199b
諸学校令　1065a
職業紹介事業　730b
職業紹介所　730b
職業婦人社　233b
職業婦人団体　233b
殖産興業政策　183c
職場防衛連絡協議会　1014c
織宝会　632a
食糧報国連盟　744c
植林会社　86b
諸国民の中の正義の人賞　551a
女子英学塾　673c
女子学院　302a 466a 858b 1078b
女子教育　523a
女子教訓所　787b
女子工芸学校　523b
女子高等教育機関設立運動　779b
女子修道院浦上十字会　125c
女子小学校　674b
女子職業学校　834c
女史箴図巻　430c
女子文芸学舎　511b
諸宗同徳会盟　159a
諸生党　81c
除地衆　625c
食器輸入制限問題　15c
職工義友会　535a
職工組合期成同志会　459c 784b
書道会　571c
除痘館　265a
所得倍増計画　179b 524b
白井文庫　538c
白河教会　486a
白川党事件　1045c
白川洋学校　492b
白菊会　290a 1132b
白木屋　422b
白浪物　80c
シリカ傾斜計　74a
自力更生運動　926b
自立社　1098b
史料主義歴史学　619a
詩暦　368b
白石会議　472c
白木狂言の会　811c
白木屋　603a
指路教会　1161b
白熊捉膃肭之図　791c
白地草花絵扁壺　303a
次郎長三国志　959a
白芙蓉　852b
時論三策　583c
死を思ふ日　572a
新栄教会　44c
新栄女学校　1078b
新栄橋教会　229a 723b
信越化学　415c
信越窒素　415c
新越南公憲会　890c
新演劇　307a 565c
新演劇肇祖角藤定憲碑　566a
新おこぜ組　449c 808b 1140c
辛亥革命　315c 531a 1116a
深海の情景　413b
心学　766c
心学種　766c
新貨条例　507a
シンガポール攻略戦　1104a
進化論　59a 65b 210b
新感覚派　321b 1128c
新感覚派論争　889a
新官僚　301c 993c
神祇院　469c
神祇官再興建議　1090c
神器陣　1048b

新教育委員会法　357b
新教育運動　118a
新協劇団　11b 376c 578a 869a 1051a
新教神学校　530b 530b 1019c
神宮教院　496c
神宮皇学館　266b 496c
神宮祭主　19c
新傾向俳句運動　322a
新劇　7a 499a 518c 911c
新劇運動　682a 724b
新劇協会　59b 724b
新劇座　837a
新劇事件　211b
新劇場　1106a
新戯作派　63c
慎憲塾　64a
真剣勝負　147a
新興いけばな宣言　686b
申孝園　641a
新興教育研究所　1103c
新交響楽団　428a
新興芸術派　919b
新興財閥　1c
信仰の悲しみ　572a
新興俳句運動　1012a
新興仏教青年同盟　575b
新興大和絵会　971c 1099b
新古演劇十種　247b
壬午協会　247a
新国劇　485a 631c 911c 915b
深刻小説　889b
清国人ヲ入学セシムル公私立学校ニ関スル規程　668a
清国労働者非雑居期成同盟　535a
壬午の変　404b 875c 931b
震災外債　534a
震災記念堂　92a
震災手形　104b
震災手形処理法案　1042b
震災予防調査会　206b 332a 425c 640c
震災予防評議会　115c
新桜田教会　45a
新作曲派協会　624c
信参鉄道　926b
新詩社　349b 608c 721b
新時代劇協会　106c 485a
真実一路　959a
神社音楽協会　199b
神洲義団　20c
神習教　1146c
新自由クラブ　748b
真宗信徒生命保険　92b
新自由党　1068b
人種改良論　726b
新宿遠望　353a
真珠養殖　787a 1004c
真珠湾攻撃　753a 773a 1113b
新女性主義　609c
新人会　9c 24a 33c 299b 410a 754a 850b 1029b 1144a 1179a
新神学　289b
新人画会　4b
新々官僚　234a
新人セルロイド工組合　1179a
新進党　258b 829c
新真婦人会　786a
神水義塾　751b
薪水給与令　705a
新燧社　521b
新政会　11b
新星歌劇団　110c
新正倶楽部　848a
人生劇場　147a 413b 959a
新政研究会　1084a
新制作派協会　229b 401a
新声社　85c 475b
新生党　829c
人生のお荷物　418a
新生丸　758a
新雪　899c
新撰組　9b 438c 576a 869b 978c
人造絹糸　378c
神葬祭運動　926b
新体詩　611b
新体詩運動　105a
新体制運動　234a 265c 425b 746b 754c 1092a
信託業　1148c
信託協会　1148c
仁丹　1068c
仁丹体温計　1069a
辛丑条約　396b
新徴組　869b
晨鳥社　791c
新潮社　475b
新築地劇団　376c 578a 997b
深殿弾琴図　300b
神道学会　645b
神道教会　1146c
人道教授所　519a
神道考古学　200a
神道祭天古俗論　379b
神道史　1031a
神道修成派　794c
神道神習派　1146c
神道青年連盟協会　645b
神道大社教　577a
神道大社派　577a
神道扶桑教　499a
神道本局　482b
神道丸山教会　96c
神道無念流　452a
進徳館(長野)　801c
新徳寺(京都)　55b
振徳堂　1080a
新富座　317c 584a 657c 1070c
新富座時代　1070c
新内節　682b
新日本音楽　1025a
新日本国民同盟　294b 460a 517c
新日本製鉄会社　99b
新日本同盟　425a 627b
新日本婦人の会　996a
新日本文学会　681b 713c 1034c
新派　565c 695c 1007c 1075c
新派劇　307a 307c 911c
新派三頭目時代　344a
神発流砲術　706b
新派和歌運動　248a 1131a
神風流　616c
神風連　191b 845a
神風連の乱　420c
振武学校　531a
新福音丸　872a
真福寺(東京)　918a
振武軍　242c 508a
新夫人　294c
新婦人協会　83b 233b 879a 1096a
振武隊　928b
真武隊　189b
新仏教徒同志会　595a
新舞踊運動　906a
新聞　1085c 1125a
新聞学研究室　252b
新文芸協会　695c
新聞講談　535c
新聞コラム　36b
新聞事業　786c
新聞紙条例　546a
新聞紙条例違反　456a
新聞縦覧所　961b
新聞商品論　1063a
新聞同盟社　1122b
新聞筆禍事件　900b
新聞文化賞　79a
親兵　445c
神兵隊事件　33c 263a 1024c 1082b
進歩党(1896結成)　183c 423b 512c 623a
進歩党(1945結成)　173c 501a
新町活版製造所　1125a
新町座　565c
新民会　453b 1159c
新民会改革問題　1041b
人民主権　739c
人民戦線　24a
人民戦線事件　38c 110b 162b 175c 206c 281a 393c 463a 468b 599c 654a 751a 1097b 1135a
人民戦線論　825c
人民に訴ふ　496b 710c
神武会　178a
新山姥　1135c
信友会　1008a

新鷹会　824b
信用組合　219a
森羅万象　225c
真理運動　18a
真理運動本部　725c
人力車　412c 561c
神理教　482b
神理教会　482b
新律綱領　675c 683a
森林学　985c
森林地質学　1171b
新労農党　402a
神話学　988b

す

瑞雲会　927b
随鷗吟社　378b 414a 1067b
粋狂連　490b
水交会　1109c
水産伝習所　570b
水師営会見図　419a
翠松学舎　1037c
翠苔緑芝　852b
吹田事件　1033c
水田中耕除草機　736c
水稲農林一号　777b
水難救済会　705b
水爆実験禁止協定　523c
水平社　460a
水平社宣言　446c
水魅戯　225c
綏猷堂　225c
水曜会　24a 634c 1084a
水雷　902a
推理式指導算術　716a
水路部　1088a
スウェーデン体操　52c
崇禅寺馬場　958c
崇徳館　304c
数理書院　311b
末広屋　765a
周防国・長門国萩藩領天保二年一揆　1048a
姿三四郎　390c
菅野派　547c
菅牟田鉱区　257b
巣鴨教誨師事件　41b
スキー　740b
杉田文庫　550a
杉山鍼按学校　24c
杉山農業補習学校　273b
杉山報徳学舎　273b
杉山報徳社　273b
スクアレン　673a
宿毛隊　851b
菅生事件　964a
鈴木商店　290c 558a 561a 743c 872c
鈴木製糖部　561c
鈴木製薬所　558a
鈴木農場　561c
スタージ女学校　565b
スチール記念学校　565b
捨扇　1135c
ストライキ節　583a
砂川事件　638a 1127a
砂山　770c
須磨教会　1045c
須磨コレクション　567c
炭窯　1121c
隅田綾瀬之図　332c
隅田川　358c
住友合資会社　563b
住友財閥　235c 924c 1122b
角屋　576a
棲みわけ理論　115a
皇御国　59a
駿河銀行　219c
駿河台英和女学校　1a
諏訪生糸同業組合　272c
諏訪倉庫　391a
駿台英和女学校　337c
スンビン　890b 929c

せ

聖アグネス学院　959c
西安事件　531c 665a 990c
成医会　590b
成医会講習所　590b
誠意塾　603c
精鋭隊　1093b
清温育　611a
青海波　358c
青海波塗　505a
性科学　1082b
性学教導所　203c
菁莪塾　853c
精華女学校　276b
生活綴方教育　812c
静嘉堂文庫　120c 122c 497b
征韓党　276b
征韓論〔-の議，-論争〕　94a 182a 346b 423a 445c 463b 488c 1099a
正気　910a
精錡水　334b
正議隊　987a
正義党　1094a
成簣堂文庫　712c
正義派　595b
青丘学会　768b
政教社　100c 495a 511b 548b 1026a
聖教社神学校　1150c
清狂草堂　397b
清軍派　820a
成蹊園　768a
成蹊学園　120c 767c
成蹊実務学校　768a
正劇運動　911c
聖公会　1150c
生巧館　465a
生巧館画学校　1119a
製鋼懇話会　538a
青甲社　793b
盛産社　647b
青山文庫　644c
製産役所　988b
青思会　421c
政治改革関係法　1050c
政治改革関連三法案　258b
政治研究会　233b 274c 517b
精糸原社　936b
政治資金規正法　474c
政事総裁職　982a
政実協定　1042b
政治的自由獲得労農同盟　207c 1117a
製糸同盟　272c
政治の倫理化運動　424b
政治問題研究会　564a
成雀屋　767a
聖者の死　1045a
青春酔虎伝　164c
聖書　412c
斉唱　401b
政商　1103a
正条植　15a 299a 773b
成城学園　427a
成城学校　997a
成章舎　887a
成城小学校　487a
聖書神学校　831c
誠信講　327c
誠心隊　627a
征清大総督　12c
税制改革　748b
済々黌　552b
青々塾　875a
税制調査会　699c
生々流転　1129c
聖戦貫徹議員連盟　1101a
正則英語学校　48b 450b
正則中学校　1063b
清泰院　902a
政体書　582c
声帯模写　924a
成達書院　497b
政談講学所　519a
製茶改良会社　193a
誠忠組　516b 1132a
精忠組　181c 259a
征長総督　708b
生長の家　650a
征長の役　979a →長州征討
政党解消連盟　974b
正道館　658a

青鞜社　52b 93a 297c 657b 879a 1130c
青銅塗　505a
清党問題　744c
政党連合運動　745b
精得館　772b
生徳社　1013c
成徳書院　938c
西南戦争〔西南の役〕　12c 57c 135b 162b 182b 209a 223b 234b 279b 314b 337c 360a 375a 393c 419a 420c 446b 463b 477b 482b 502b 517a 583c 594b 606c 617c 624a 651c 659a 655a 685b 732a 753b 787b 802c 815c 826c 851b 909a 928b 930c 944b 1036c 1047c
青年亜細亜同盟　789c
青年歌舞伎　1070c
青年教育会　356a
青年倶楽部　583a
青年訓練所　219c
青年思想研究会　421c
青年団　627b 1117a
精農会　1068a
聖パウロ学校　959c
正派同志会　436b
正派西川流　785b
済美館　926c
成美団　304b 344a 597a
整武隊　689c 1104c
西武鉄道　679a
西武農業鉄道　679a
政法学校　690a
舎密局　1167b
正名団　1110b
生命保険　30c
生命保険業　1090b
製薬士　504c
政友会　94c 1115b
政友倶楽部　213a
政友本党　322a 604a 714c 756c 763a 884c 982c 1062a 1118a
西洋医学所　89a 623b
西洋奇術　1085b
西洋婦人像　374c
聖ヨゼフ堂　590c
聖ヨハネ会　718b
聖ヨハネ汎愛医院　718b
青藍舎　909b
性理学　203b
青竜社　321c
静隆社　521a
清流女学校　1095c
青楼美人合　329c
世界医師会　624c
世界恐慌　104b
セカイフィルム社　433c
世界平和アピール七人委員会　523c 533c
世界平和日本宣言　523c
世界平和評議会　208a
世界民主研究所　776b
世界連邦運動　1158b
世界聯邦建設同盟　879a
積信社　458a
赤報隊　462b
石門心学　316b
石油危機　898a
赤曜会　760c
石陽社　409b
赤瀾会　93a 440b 1096a
赤痢菌　494b
赤化防止団　1141c
石器時代人　357c
雪景山水図　294a
石鹸　678c
斥候　541c
摂政　536a 588b
摂政宮狙撃事件　535a →虎ノ門事件
摂津第一公会　994a
摂津第一神戸基督公会　383c
摂津病院　278b
摂津紡績　330c
Z項　354a
雪来館　885c
セメント製造会社　263b
セメント連合会　1076a
施薬救療の大詔　555a
瀬山流　1112b
世話物　318b
全愛会議　421c
船員病及熱帯病研究所　278b
前衛芸術家同盟　945c
前衛社　634c
千賀　727b
一九三〇年協会　454a
宣教師同盟　919c
選挙干渉　540c
選挙干渉弾劾決議案　176b
選挙粛正運動　627b 1079b
選挙粛正中央連盟　627b
選挙粛正同盟会　627b
選挙法　855b
宣言一つ論争　889a
全購連事件　1180b
全国革新市長会　22b
全国漁業組合連合会職員組合　559c
全国購買組合連合会　577c
全国産業団体連合会　576c
全国社会福祉協議会　626c
全国師友協会　1081a
全国水平社　16c 446c 460a 483a →全水
全国水平社解消の提議　341c
全国水平社青年同盟　351c
全国製茶共進会　458b
全国青年団　636c
全国大衆党　456b 564a 598b 751a 1135a
全国地域婦人団体連絡協議会　1105c
全国同志新聞記者　495a
全国同和教育研究協議会　352a
全国農事会　293c 925c
全国婦人同盟　634b
全国普選連合会　191c
全国米穀販売購買組合連合会　577c
全国弁護士倶楽部　835a
全国民衆党　1029b
全国有志大懇親会　739c
全国離島振興協議会　1034a
全国労働組合自由連合会　439b
全国労働倶楽部排撃闘争同盟　599c
全国労農大衆党〔労農大衆党，労農党〕　207c 393c 456b 564a 784b 1007b
戦後経営　976c
千山万水図　1176a
先志学校　1167c
戦時金融金庫　235b
先史考古学会　1110c
戦時統制経済　1144c
戦時ポスター　215a
先収会社　101b 961c 966c
専修学校　628a
千秋丸　402b
千住大橋の雨　718c
千住製絨所　104c
全生庵　1093c
戦場にかける橋　844b
染織祭　573c
全人教育論　253c
全神教趣大日本世界教　319c
前進座　324b 761a
全水　16c 446c 460a →全国水平社
全水解消意見　16c
潜水艦　705b
潜水艇　464c
戦線同盟　1141c
浅草寺(東京)　332c
戦争と青春　113c
戦争未亡人　1105c
先祖株組合　203b
全村学校　993c
仙台教会　242a
仙台神学校　242a 527b
船中八策　462a
全逓中郵事件　1128b
船頭小唄　384a 770c 803b
セントルイス万国博覧会　823a
全日本愛国者共同闘争協議会　670a
全日本愛国者団体会議　421c
全日本学生自治会総連合〔全学連〕　640a
全日本興国同志会　33c
全日本鉱夫総連合会　24a 280c
全日本農民組合　744c
全日本農民組合同盟　547a 744c 882a
全日本無産者芸術団体協議会　383a
全日本無産者芸術聯盟　681a

全日本無産者芸術連盟　6c 383a 431b 913b →ナップ
全日本労働総同盟〔全総〕　598b 784b 972c
千利休・本覚坊遺文　1023c
専売制度　515a
専売特許局　607c
千疋屋　686b
全評〔日本労働組合全国評議会〕　599c
泉布観　139c
善福寺(東京)　716b 860c
千本座　249a 957a
全面講和論　33a 1143b
全楽堂　522a
川柳久良伎社　454b
全労統一全国会議　281a 599c

そ

相愛社　712a
創価学会　715c 956a
創価教育学会　716a 956a
双桂精舎　512b
早慶戦　1011c 1023a
草月流　686b
宗興寺(神奈川)　928b
総合人間科学研究会　640b
創作版画運動　1114b
壮士　565c
造士館　41c 492c 515a
総持寺(石川)　576b
壮士隊　699a
壮士節　583a
宗社党　840c
双松岡塾　225b
装飾暖炉　1152b
創政会　620a
創生の歌　696b
造船疑獄　99c 254b 474c
造船協会　692a 705b
造船所　1166b
創造社　52b
創造性理論　1123a
創造美術　822a
左右田銀行　580a
曹洞扶宗会　175b
総同盟(1921結成)　24a
総同盟(1946結成)　599c
総同盟関東労働同盟会　1114c
草土社　335a 353a
壮年団期成同盟会　627b
総評　190c 599c →日本労働組合総評議会
造幣規則　507a
造幣寮　139c 362c
総房水産　1073b
相馬事件　389b 423c
相馬藩仕法　721c 797c
相馬報徳社　449b
蒼民　959a
壮猶館　390b 953a
早陽文庫　744a
叢流社　458a
草梁倭館　473b
総力戦体制　697c
蔵六風　965c
曾我廼家五郎劇　509a
曾木電気会社　804a
測量器械　199b
俗論党　1094a
俗論派　595b 1038c
狙撃隊　336c
祖国同志会　344b
そこに在る　413b
底曳網　508c
蘇州夜曲　834a
ソーダ工業　62b
曹達晒粉同業会　62c
速記　490b
測候技術官養成所　217c
卒倒菌　75a
蘇鉄　57b
ソニー　112a 1070b
ソニー教育振興財団　112a
日照雨　791c
素朴な月夜　413b
ゾライズム思潮　735c
蘇李訣別　870c
ゾルゲ事件　96a 99b 238b 246a 443b
尊攘運動　2b
尊攘堂　502a
尊聖堂　1048b
尊属殺規定合憲判決　638a
尊王攘夷　19c
尊王攘夷論　1092c
尊皇奉仏大同団　175b

た

大亜細亜協会　294b 821c
大亜細亜建設社　264b
大アジア主義　294b 424a
第一映画　750a
第一銀行　8c
第一高等中学校　949c 950b
第一国立銀行　507a 507b 520c
第一次共産党事件　9c 110b 402a 439a 456b 483a 493c 595c 634c 710b 805b 1097a 1114c 1135a 1179a
第一次世界大戦　500b
第一次戦後派　809b
第一生命　67c 1090b
大尉の娘　1007b
大映　750a 750b 912b
大映スターズ　750b
対外硬　28a 700a
対外硬運動　902c
対外硬六派　100a
大海報　13b
大化会　125b
対華二十一箇条の要求　228a 253b 283a 399a 865b 1151c 1155b
大韓医院　477b
大韓民国　1156c
大逆事件　65a 122c 150c 175a 232c 254a 327c 407b 437b 875b 879b 989a 1030c 1066b 1072a →幸徳事件
大教院　897c
大教院分離運動　11a 511b
大教宣布　576c
大工原法　588a
待賢校瘖唖教場　923c
代言人試験漏洩事件　977c
太閤検地論争　38a
大黒座　566a
大黒屋　194a
大子郷校　571b
第五高等中学校　400b
大孤山沖の海戦　684c
第三国立銀行　1082a
第三十三国立銀行　322c
第三十四国立銀行　220b
大師会　967a
第四高等学校　949c
第四国立銀行　372a
第四十二国立銀行　635b
対支出兵反対闘争委員会　564a
第七高等学校　949c
第七十七国立銀行　507b
帝釈試三獣図　409a
第十九国立銀行　391a
第十九銀行　272c
第十五銀行　12a 120a
大銃製造方　775b
第十八国立銀行　760a
第十六国立銀行　507b
大正教養主義　773a
大小切税法廃止反対運動　647b
大嘗祭　901b
大松寺　1150c
大正新教育運動　487b
大正政変　100a 136c 636c 1095a
大正デモクラシー　456a 503a 1143c
大乗非仏説論争　923a
大信州主義　360b
大成会　28a
大成教　519a 884a
大政奉還　18c 434a 462a 469b 709c 737b 741a 783b 814c 894c 1052b
大政翼賛会　21c 42b 299c 345c 410a 426a 428c 738c 746b 754c 1079b
大政翼賛会中央協力会議　412b
滞船　61a
大惣　681c

体操伝習所　680c
退蔵文庫　1003a
体操遊戯取調委員会　680c
太一車　736c
大調和展　1039b
大東亜協会　312b
大東亜建設審議会　235b
大東亜省　696a
大東亜錬成院　501b
大同海運　1102c
大道学館　303b
大東急記念文庫　422b
大同協和会　174b
大同倶楽部　97b 100a 473c
大東塾　262c 263a
泰東書道院　2b 927b 1114c
大同団結運動　102a 409b 423b 433c 435b 495a 1026a 1080c 1103b
大同電力　895a
大東南宗院　436b
大東文化協会　228b
第二インターナショナル　456c
第二高等学校　688b
第二次護憲運動　1127c
第二次世界大戦　1160c
第二十国立銀行　507b
大日庵　1132b
対日占領政策　1150b
大日本愛国党　8b
大日本育英会　739a
大日本映画　750b
大日本織物協会　645b
大日本海外教育会　242a
大日本生糸販売組合連合会　577c
大日本教育会　367b 671b 860a
大日本教育団　867c
大日本協会　28a 35c 97b 353c 410b 473c
大日本経営学会　134c
大日本言論報国会　294b 712b
大日本皇道会　8a
大日本国会期成有志公会　977c
大日本国会法草案　1098b
大日本国憲草案　734b
大日本再生製紙会社　1008b
大日本産業組合中央会　293c 577b
大日本山林会　473a 501c 645b
大日本実業組合連合会　1042a
大日本修斎会　685c
大日本私立衛生会　340b 772c
大日本人造肥料　62b
大日本水産会　570b 645b
大日本相撲協会　654c
大日本生産党　149a 370b
大日本政治会　289a 1019c
大日本精神団　50c
大日本製糖　290c 872c 914c
大日本製糖疑獄　385b
大日本青年党　820a
大日本製薬　737b 901c
大日本赤誠会　820a
大日本セルロイド　118b
大日本体育協会　28b 293a 333c
大日本大政翼賛会　974b
大日本忠霊顕彰会　870c
大日本帝国剣道形　598c
大日本帝国憲法　95c 1053b 1163c →明治憲法
大日本東京野球倶楽部　486b 912b 1011c 1023a
大日本同胞融和会　1035b
大日本図書株式会社　465a
大日本塗料株式会社　513c
大日本日蓮主義青年団　575b
大日本農会　12c 55c 66c 501c 645b
大日本麦酒株式会社　962a
大日本仏教慈善会財団　11a 189b
大日本武徳会　1014a
大日本文明協会　84b
大日本紡績　330c
大日本紡績連合会　449c 507b 674a
大日本報徳社　219a 798a
大日本綿糸布商連合会　631a
大日本立正交成会　752a
大日本連合青年団　627b
大日本労働協会　174b 232c
大日本労働至誠会　741c
大日本労働総同盟友愛会　562b
大日本労働団体連合本部　1129b
大農論　476b
台場　957a
第百銀行　283b
第百三十国立銀行　991a
第百十九国立銀行　727a
第百四十八国立銀行　1098c
対米開戦論　697c
泰平組合　184b
太平丸　293b
太平洋画会　186b 381c 1017c 1142a
太平洋画会彫刻部　541b
太平洋戦争　215a 428c 696a 1113b 1148a
太平洋ひとりぼっち　73a
太平洋問題調査会　449a 856c 1135b
大菩薩峠　270c
大丸　525c 603a
大丸マート　525c
大丸屋　525b
ダイヤモンド社　74b
大雄峰会　264b 421b
大洋　1023a
太陽　912b
大洋漁業会社　508c 758a
太陽曹達　291a
太陽党　829c
太陽の塔　224a
大洋捕鯨　758b
大陸打通作戦　222b
大陸浪人　73b
大里製糖所　290c
第六十八国立銀行　1087a
対露同志会　95a 148c 228a 410b 427b 473c 700a
台湾議会設置請願運動　1159c
台湾銀行　291a 552c 583b 1169a
台湾銀行救済問題　290b
台湾銀行調査会　104b
台湾事件　648a
台湾出兵　182a 346b 446b 815c 931b 1089a
台湾製糖会社　561c 967a
台湾青年会　453b
台湾総督　1020a
台湾地方自治聯盟　453c
台湾同化会　1159c
台湾文化協会　453b 1160a
台湾民衆党　453c
高矣義塾　589c
高雄　402c
たかおかみ　1101b
高倉学寮　64a
高崎崩　181b 277c 515c
高砂改正組　593b
高砂事件　593b
高砂屋　767a 767b 768b
高島学校　593c 853b
高島炭坑　382c
高島炭坑事件　1026a
高島農場　594a
高島屋　80c 81a
高島流砲術　594a
タカジャスターゼ　494b 607c
高田事件　7c 559b 655b 1098b
高田商会　184b
高千穂　471c 1032b
高千穂学校　507c
高浪織　632a
高輪仏教大学　951b
高徳題桜　332c
高橋経済研究所　600a
高平・ルート協定　606b 1161b
高松隊　341c
高松地方裁判所差別裁判糾弾闘争　990b
鷹見泉石像　1176a
高屋山上陵　295c
高山社　352b 611a
宝塚少女歌劇　430a
兌換銀行券　976c
滝川事件　426c 468c 544b 613c 834b 852a 956a 1021a
抱寝の長脇差　1108c
滝野川学園　61c
滝の白糸　1012c
抱き山本　173c

託児所　805a
択善会　507b
拓北農場　121a
田熊汽罐製造株式会社　616b
タクマ式ボイラ　616b
田熊常吉研究所　616b
竹内商会石炭部　1102b
竹下派　288c
竹製筥　49c
武田薬品工業株式会社　173b
竹取物語　952a
筍　899c
武満トーン　624c
多条繰糸機　1023a
黄昏　37c
ダダ　794b
ダダイズム　758a
多田声明　629a
立花屋　83a
橘屋　85b 85b
田附糸店　631a
田附商店　631a
脱隊騒動　722c
ダット号　821c
ダットサン　821c
ダット自動車製造　821c
辰野葛西建築事務所　631b
辰野片岡建築事務所　631b
巽画会　993b
竜村製織所　631c
達理堂　1044c
伊達コレクション　633a
伊達神社　632b
楯の会　1007a
蓼派　633a
館林製粉会社　534b
田中井戸　1110a
田中外交　1116b
田中銀行　644a
田中組　644a
田中鉱山株式会社　642a
田中工場　642c
田中製造所　642c
田中電機研究所　639b
田中久重工場　53b
棚倉電気会社　498b
棚橋製薬所　647a
田辺五兵衛商店　647c
田辺製薬　647c
田辺哲学　648b
たなべや薬　647b
田辺屋振出薬　647b
狸の休日　1114a
狸・狢事件　1128a
たねなしスイカ　350b
煙草　1043a
煙草神社　1043a
田原坂の戦　689c
玉川学園　253c 427a
多摩湖鉄道　678c
玉里御殿　515c
多摩聖蹟記念館　645a
玉乗り　718c
多摩美術専門学校　344b
多摩美術大学　344b
田丸屋　1051a
黙れ事件　475c
田村駒商店　657a
田村友禅工場　657a
鱈梅花　604b
ダルトン＝プラン　8a 753a
多和文庫　973c
田原結節　660a
田原東陵　339a
丹鶴丸　1009b
団菊左　82b 247b
弾・北岡組　661c
丹下左膳余話・百万両の壺　1108c
短詩　322b
男子学校　1151a
男子貞操義務事件　1128a
丹重　991a
団蔵型　82c
丹那トンネル　647c
断髪令　191b
耽美主義　736a
耽美派　1131c
弾・水町組　661c
鍛錬道　509b

ち

治安維持法　313a 556b 813b 852a 935a 989a 1144a 1169a
治安警察法　41c
小さき群　985b
千恵蔵プロダクション　270c
チェロ　133a
致遠館(長崎)　183b 582b 926c
治河協力社　364a
地下鉄サリン事件　1050c
近松座　625a 1142b
近松物語　1013a
智感情　392c
地球学団　910c
竹杖会　617c 791c
蓄妾批判　389b
筑前共愛会　818c 875c
筑前叫革団　990b
蓄電池　513c
筑豊炭鉱株式会社創立　11c
竹林に鳩　819b
治罪法　655a 777c 931a
地質学　734c
地質調査所　734c 892a
千島艦事件　1040c
地租改正　183c 445c
地租改正事務局　507a
地租改正反対運動　550a
地租増徴反対運動　999c
地租増徴問題　652a
地租補充資金法案　950b
地代論争　463a
知多木綿　65c
秩父困民党　280b
秩父事件　102c 105c 280b 628a 777c
秩父セメント　1076a
秩父鉄道　1076a
秩禄処分　183c
千歳海上火災　286b
千歳座　81a 247b 657c
千歳丸　419b
千鳥の曲　1135c
千葉教院　628c
千葉賞　663c
地方改良運動　83c 106a 1117b
地方改良事業講習会　106a
地方官会議　372a
地方史研究所　613b
知法思国会　947c
地方主義宣言　896c
地方制度編纂委員会　1059b
地明会　947c
茶臼原孤児院　60b
茶業組合中央会　193a
茶商協同組　193a
チャタレイ事件〔-裁判〕　93b 638a 963c
察哈爾事件　542a
矮鶏　608b
血槍富士　147a 270c
忠愛社　997a
中央会堂　51a
中央合唱団　569c
中央教育審議会　1073a
中央芸術劇場　1051a
中央構造線　734c
中央公論社　517b 848c
中央慈善協会　106a 377b 777a
中央社会福祉協議会　626c
中央製紙　178b
中央大学　232b
中央茶業本部　772a
中央停車場　631b
中央農業会　577c
中央農地委員会　1107b
中央乃木会　803a
中央福音伝道館　749b
中央仏教会館　316c
中央報徳会　1117b
中央法律相談所　274c
中央融和事業協会　1035c
中央労働委員会　545c 770b
中外商業新報社　316c
中外物価新報　967a

中華民国臨時政府　429a
中京財閥　232a
中国革命同盟会　148c 338b 459c 668a
→中国同盟会
中国関税特別会議　483c
中国研究所　882a
中国興業株式会社　1072b
中国語学研究会　381b
忠告社　511c
中国社会科学院日本研究所　39b
中国同盟会　402c 531a 579a 665b 1028c
→中国革命同盟会
中国の会　618c
中国文学研究会　618b 621a
中国文化研究協会　275a
中小企業助成会　1c
中小企業政治連盟　1c
中小企業庁　1007b
忠臣蔵　346c
中世　854a
中正会　238c 521c
中正党　469c
中節社　638c
鋳銭所　514a
鋳銅雲竜図　213b
中日　1011c
中日実業株式会社　382b 508a 1072b
中日友好協会　1159b
中部同盟会　579a
中部農民組合　744c
忠勇隊　741a
調鞠図　699c
長鯨丸　293b
聴香読画楼　309b
超国家主義　262c
張鼓峰事件　498a 763b
長恨歌　819c
張作霖爆殺事件〔－爆死事件〕　411b 450a
536a 539a 637a 666c
調査研究連盟　755a
長州征討　19a 56c 101a 345a 411a
445a 447b 488c 701b 722c 737b 741a
902a 946a 1056a 1110b
長州藩脱隊騒動　802c 924c 1089c
朝妝　392b
朝靄薄暮　1121c
長善館　562a 971a
朝鮮古蹟研究会　911a
超然主義　94b
朝鮮神宮　1095b
朝鮮人労働者虐殺事件　934c
朝鮮戦争　975b 1156c
朝鮮総督　451a 689c
朝鮮総督府疑獄　1110a
朝鮮大学校　1022a
朝鮮二個師団増設問題　74a
朝鮮併合　581a
朝鮮民族美術館　1088c
朝鮮民族美術展覧会　1088c
腸チフス　1066c
蝶々夫人　1000b
超党派外交　1180b
長八記念館　75b
長福寺(大分)　886c
徴兵制　205c 445c 1094b
徴兵令　783b
張北事件　542a
朝陽館　419c
朝陽磁鶴首花瓶　80a
長養堂　367a
朝陽丸　760a
長老派教会　302a
貯金　951b
著作権法　41c 1119c
著作権保護同盟　65b
千代田火災　286b
千代田瓦斯会社　715c
千代田館　58b
千代田生命保険　286b
直行団　540c
地理学　495a 1101b
ちりなし　888a
鎮西学院　688c
沈竃・容膝　720c
青島上陸作戦　729b

つ

追遠文庫　712c
通款社　883b
通潤橋　916b
通商会社　250c
通商航海条約　32c
通信閥　649a
塚越双子　602c
塚越結城　602c
月　461b
月ヶ瀬梅渓図巻　233a
月雁図鉄額　293c
築地明石町　296b
築地A六番女学校　302a
築地訓盲院　281b
築地座　724b 1074b
築地小劇場　7a 88a 240b 551c 578a
724b 866c 870b 997b 1119a
築地造船所　312c
築地大学校　302a 853b 1167c
築地西本願寺本室　92a
築地ホテル館　520c
突出事件　446b
月天心　303a
月の兎　770c
月の国　1060b
月の像　686b
月は上りぬ　637b
継山流　720b
筑波　441a 495a
筑波山の挙兵　1050b
筑波大学附属盲学校　334b
九十九商会　121c 318c
津田式力織機　676a
津田塾大学　673b
土　147a
土蜘　347c
土崎湊出入役所　547b
恙虫病　323c 772c
堤商会　878c
堤石鹼製造所　678c
綴方教育　21b
綴方教室　1114a
綴錦　315a
綱館　348a
角筈女子工芸学校　899b
燕会　460a
都保美連　728b
妻問婚　610a
鶴岡事件　799b
鶴岡米穀取引所　878c
ツルシャン物　634b
鶴瓶　634b
釣瓶貯金　289b
鶴見列車事故〔鶴見事故〕　69a 444c

て

ディアナ号　620b 918a
D51　517c
定基塾　722b
帝劇附属技芸学校　308a
帝国海事協会　692a
帝国海上保険　1082a
帝国学士院賞　1054c
帝国館　58b
帝国議会　584c 1094b
帝国教育会　487b 671b
帝国銀行　8c
帝国芸術院　932b
帝国劇場　223a 248b 308a 485a 970a
1058c 1075c
帝国劇場歌劇部　60c 1000b
帝国劇場管弦楽部　139b
帝国更新会　1025a
帝国公道会　176c
帝国座　307a
帝国在郷軍人会　560a
帝国蚕糸株式会社　306b 1041c
帝国商業銀行　77a
帝国女優養成所　307a 307c
帝国人造絹糸　379a 828a 1042b →
帝人
帝国生命保険会社　901c
帝国大学　950b
帝国大学令　841a
帝国通信社　653b

帝国鉄道協会　992b
帝国党　177a 473c 1033a
帝国農会　293c
帝国博物館　366c
帝国発明協会恩賜賞　1173c
帝国飛行協会　368c
帝国美術院　392c 963c
帝国美術院展覧会　963c
帝国婦人協会　523b
帝国ホテル　507b 1150b
帝国ホテル演芸場　59b
丁字戦法　1120a
帝室技芸員　63a 392c
帝室制度調査会　1104b
帝室博物館　389a
停車場の夜　757c
T嬢の像　401a
帝人　206c 379a →帝国人造絹糸
帝人事件　254b 394a 429c 743c 745c 755c 1018a 1024c
帝展　287a 963c
帝都高速度交通営団　226b
帝都復興院　424b
停年制　749a
丁未印社　303c
丁酉倫理会　198c 747b
提梁花紋花筒　609c
TYK無線電話　732b
出稼型賃労働　184c
手形交換所　507b
荻外荘　428b
出来ごころ　246b
適塾　216a 772b →適々斎塾
滴翠美術館　1098c
適々斎塾　216a 895b →適塾
テクスチュアズ　624c
手事　1025a
哲学会　100c
哲学館　100c
哲学館事件　679b
哲学書院　100c
哲学堂　100c
鉄筋コンクリート建築　537c
鉄拳団　934c
鉄工組合　241b 273c 599b
鉄鋼研究所　946c
鉄工懇親会　241b
鉄興社　647a
涅歯　331c
鉄心会　19a
鉄辰砂草花丸文大壺　303a
鉄道　1075c
鉄道建設　1162b
鉄道国有法　747c 1095b
鉄道国有論　34c
鉄道唱歌　133a
鉄道政略ニ関スル議　107a
鉄道敷設法　91b 107a
鉄道亡国論　472b
鉄砲百合　392c
出船の港　770c
寺内総督暗殺未遂事件　361b
テラスの広告　454a
寺田屋　41c 208c 462a
寺田屋騒動〔寺田屋事件〕　446b 502a 506a 516b 636b 778a 881a 942c 960b 1006a 1067a 1089c 1146b
てるてる坊主　770c
テレビジョン　1117b
田園文学　1028a
天絵画舎　604b
天絵楼　604b
天楽礼讃　1152c
田家秋景図　409a
天下太平記　79c
天下三館　459a
天下の三老農　926b
電気化学工業会社　914b
伝記学会　1070a
電気学会　905a 1054a
電気事業再編成審議会　984c
電気窃盗事件　1128a
天橋義塾　436a 486a
石花菜　658a
「天狗」印　129a
天狗党　81c 245b 462b 576a 709b 716c 944a
天狗党の乱　341b 621a 706c 708a 716b 926b
電源開発　1073b
電源開発会社　593a
天剣党　904c
天剣党事件　789c
天行会　421b
天行会独立青年社事件　421b
転向文学　509c
篆刻会　736b
天国と地獄　1023c
天彩学舎　294c
転生　877a
天照教　711c
天井桟敷　692b
伝書鳩　721a
天津機関　719a
天津事件　719a
電信修技学校　1054a
天津条約　165a 1163c
天神真楊流　293a
天津製靴会社　535a
天津租界封鎖問題　1041b
天真道場　379c 392b 1173a
天津丸　42b
伝通院処静院　1160a
天晴会　947c
伝染病研究所　7b 340b 494b
天体写真　135b
天地八声蒸籠　1085b
天誅組　245b 469c 699a 881a 913b 975a 989b 1146b
天誅組の乱　341b 725b 771a 954a 1087a 1109a
天誅党旨意書　7c
田中美術館　877a
電通　439c 1018b 1142a
電燈　904c
天動地静説　472b
天然痘　1056c
天然理心流　438b
天皇機関説　133a 1021a 1118a
天皇機関説問題〔－事件，－論争〕　84a 254b 290b 332b 556b 940b 982c 1021a
天王寺屋　766a
天皇主権説　133a
天皇親政運動　1061b
天皇制　386c
天皇人間宣言　536b
天平時代　5b
天賦人権論　285b
天保学連　960b
天保検地　706a
天保庄屋同盟　1146b
天保大一揆　1048a
天保通宝　514a
天保の改革　192b 480a 494a 515c 704c 705c 706a 731a 939a 1008c 1048b
天満紡績　220b
天満宮　900a
天明の大飢饉　479c
天佑侠　148c 621c
天佑侠団　700a 875c
天洋丸　692a
天籟画塾　691a
天覧劇　823a 1070c
天理外国語学校　770b
天理教　112b 751b 770b 771b
天理参考館　770b
天理大学　770b
天理図書館　770b
天理農法　255a
天竜運輸株式会社　364a
天竜事件　654c
電流丸　642c
天竜木材株式会社　364a
電力経済研究所　415c
電力国家管理　234a
電力国家管理案　210b
電力事業の国家管理　466b
電力中央研究所　984c
電力連盟　54c

と

ドイツの女　61a
ドイツの少女　858a

同愛社　196b 606c
東亜会　427b
東亜学術研究会　85c
東亜協同体論　238b
東亜経済懇談会　235b
東亜経済調査局　178a
東亜研究所　1107b
東亜考古学会　858c
東亜青年会　765b
東亜青年居士会　264b
東亜天文学会　1113c
東亜同文会　100a 228a 334b 410b 427b 800c
東亜同文書院　334b 427b 800c
東亜聯盟協会　71c
統一協議会　902b
統一基督教弘道会　562b
東映　959a 1011c
東英社　496c →山形義会
東奥義塾　331b 373b 948a
東音会　1106b
道会　987a
東海地震　918a
東海精機　947b
東海大学東海精華女子高等学校　276b
東海貯金銀行　313c
東海道新幹線　69b 517c 584b
東華学校　688c 781b
東学党の乱　404b
東華造船　1072b
東急コンツェルン　422b
東丘社　699c
東京朝日新聞　217b 994b →朝日新聞
東行庵　595c
東京医会　470b
東京医学校　139c 685a
東京一致英和学校　853b 961c 1167c
東京一致神学校　920b
東京印刷株式会社　1125a
東京印刷工組合　1008a
東京英語学校　548b
東京英和学校　948a
東京駅　631b
東京音楽学校　139b 347b
東京音頭　447c 770c
東京海上保険会社　259b 507b
東京化学会　737b
東京学士院　459b
東京学士会院　783c 896a
東京火災保険　1082a
東京瓦斯会社　507b
東京瓦斯紡績　873c 1175a
東京株式取引所　507b
東京為替会社　1146a
東京感化院　596a
東京機械製造株式会社　249b
東京急行電鉄　422b
東京教育社　367b
東京教育博物館　686c
東京基督教青年会　326c 416a
東京基督公会　723c 964a
東京銀座街日報社　430b
東京禁酒会　801a
東京経済学協会　615a
東京経済講習会　615a
東京経済雑誌社　994b
東京経済大学　184b
東京芸術劇場　376c
東京芸術座　1051a
東京毛織物　1076a
東京公会　44c 229a
東京工業学校　686c
東京考古学会　1074b
東京行進曲　770c
東京高等工業学校　687a 756c
東京高等蚕糸学校　507c
東京高等実習女学校　52c
東京高等師範学校　688b 756c
東京高等商業学校　507c 949c 1090a
東京高等女学校　646c
東京国立博物館　968b
東京国立文化財研究所　392c
東京座　347a
東京裁判　475c 698a 719a 815a
東京左翼劇場　869a
東京市会汚職事件　936a
東京市街鉄道　34c 715c
東京慈恵会医科大学　590b
東京市水道鉄管事件　813c
東京市政会館　1082a
東京市政革新同盟　517c
東京市政疑獄事件　1004b
東京市政刷新運動　727b
東京市政調査　952a
東京市電スト　274a 751a
東京市電値上げ反対運動　785c 916a 1099a 1102b 1134c
東京芝浦電気　714b 905a
東京司薬場　772c
東京車輛製造所　643a
東京修身学社　792a
東京純文社　581c
東京女医学校　1133a
東京市養育院　507c
東京将棋倶楽部　571c
東京商業学校　1090a
東京商船学校　122a
東京商法会議所　967a
東京商法教習所　967a
東京植物学会　1084a
東京女子医学専門学校　1133a
東京女子医科大学　1133a
東京女子師範学校　769b
東京女子大学　795b 1080b 1150a
東京職工学校　686c 1167b
東京神学社　139a
東京新詩社　64c 1130c 1131b
東京人造肥料会社　507b 607c 967a
東京人類学会　326b 681b
東京数学会社　171a 224b 326b 332a 1088a
東京数学物理学会　332a
東京相撲会所　154c
東京聖三一神学校　1150c
東京青年会　138c
東京製薬所　901c
東京石鹼　494b
東京専門学校　183c 247a 596c 681c 951b →早稲田大学
東京第一基督教会　45a
東京第一浸礼教会　1a
東京第一長老教会　302a
東京大学　1054c
東京大学原子核研究所　725a
東京大学生物学会　1084a
東京大学安田講堂　1082a
東京大司教　242b
東京大神学校　327b
東京第百十二国立銀行　644a
東京宝塚劇場　430a
東京建物株式会社　730a
東京地質学会　1101b
東京鋳金会　287a
東京彫工会　19b
東京貯蔵銀行　860a
東京通信工業　112a 1070b
東京築地活版所　810b
東京築地活版製造所　881c
東京帝国大学　148b
東京帝国大学地震研究所　817b
東京帝京大学大講堂　148b
東京帝京大学図書館　148b
東京帝大オーケストラ　427c
東京鉄道会社　715c
東京電気会社　905a
東京電気鉄道　715c
東京電車鉄道　715c
東京電信学校　1054a
東京奠都　178c
東京電燈　404b 507b
東京天文台　690b 883c
東京電力会社　329b
東京東部合同労働組合　1179a
東京都公害研究所　258a 1022a
東京日日新聞社　252b 314c
東京日本基督公会　723b
東京農業大学　1126b
東京の女　218c
東京の宿　218c
東京俳優学校　906c
東京白熱電燈球製造会社　905a 1036b
東京馬車鉄道会社　419c
東京美術学校　113b 211c 294a 316c

819b 892b
東京美術学校事件　211c
東京フィルハーモニー会管弦楽部　1106a
東京フィル赤坂研究所　696b
東京フィルハーモニック=ソサエチー　120c
東京風景　243b
東京ブギウギ　264b 834a
東京府慈善協会　640c
東京府社会事業協会中央工業労働紹介所　730b
東京婦人矯風会　1078b
東京婦人ホーム　1112c
東京府大病院　131a
東京物理学校　762c
東京府美術館　217a
東京文理科大学　1027b
東京貿易商社　266c
東京法学院　232b
東京法学社　473c
東京法学校　473c
東京帽子会社　507b
東京保護所　858b
東京毎日新聞社　653b
東京無産党　456b 564a 751a
東京娘　914a
東京盲学校　334b
東京毛布製造会社　423c
東京物語　246b 866c
東京横浜電鉄　422b
東京ラプソディ　413b 914a
東京理科大学　762c
東京連合婦人会　1105c 1133a
登極令　109c
東宮御学問所　535c
洞窟の頼朝　952a
統計院　950b
東慶寺　526b
刀剣保存会　596a
同交会　834b
同光会　148c
東光学園　276b
東工作　567c
東郷青児美術館　696b
東山学院　565b
東山農事株式会社　121a
東山農場　121a
同志クラブ　501a
同志倶楽部　331b
同志社　397a 412b 685b 781a 1113c 1121a 1149c
同志社英学校　781b
同志社カレッジソング　872b
同志社大学　856c
同志社病院　781b 929a
同志同行社　21b
東芝　67c
湯治場　952a
堂島米会所　77a
堂島座　538b
堂島米商会所　419c
藤十郎の恋　1114a
東条内閣　697c
同仁会　273b
同伸会社　936b
同進社　670c
同人社　262a 380c 769b
同人社女学校　769b
東信電気　1073b
統帥権干犯　612a 841c
統帥権干犯問題〔-論〕　284c 500c 536b 544c 650a 1072c
堂摺連　625a 728b
濤声　866c
同成会　59a
道生館　1175b
統制派　316a 338c 426b 698a 749c 847c 900a 1041b 1084a
東禅寺事件(1861)　1167c
東禅寺事件(1862)　782b
東禅寺浪士乱入図　1167c
闘草　430c
藤村詩碑　609c
東大学生基督教青年会　1143c
東大俳句会　1012a
東大ポポロ劇団事件　1127a
道徳教育　34a 47b
東南アジア研究センター　127b
討幕の密勅　179c 181c 445b 758c 771b
銅版弘通所　989b
党風刷新連盟　898a
動物学　1056c
東武鉄道　17b 800a
同文会　427b
東文学社　910a 1153a
当別神社　632c
東宝　390c 430a 823a 1023c
東方会　24a 754c 1103a
東方会議　453a 1072b
東方学院　767c
桐朋学園短大　578a
東方学会　68b
東邦協会　410b 427a 545a 902c
東宝劇団　82a
東方研究会　767c
東宝交響楽団　428a
東方社　848c
東邦書道会　1114c
東宝争議　1178c
東方通信社　632c
東邦電力　984b
東宝東和株式会社　311b
東方仏教徒協会　560b
東方文化学院京都研究所　295a
東邦レーヨン会社　467a
東北学院　242a
東北史学会　925b
東北七州自由党　559b
東北帝国大学　487b
東北鉄道会社　577c
東北物産会社　197b
東北有志会　559b
同盟会　897c
同盟社　571c
同盟進工組　241b
同盟通信社　126a
堂本美術館　700a
東遊運動　890c
道友会　987b
東洋一派民権講釈一座　458a
東洋移民会社　465a
東洋印刷　1043b
東洋英和学校　262a 412b
東洋塩業　1072b
東洋音楽学校　649b
東洋学会　85c
東洋学館　550a 875c
東洋硝子会社　507b
東洋館　247a
当用漢字　1119c
東洋館書店　459b
東洋議政会　99c 1091a
東洋汽船　18b
東洋汽船会社　507b
東洋協会学術調査部　540a
東洋倶楽部　174b
東洋経済新報社　70b 968a
東洋鋼鈑　593a
東洋史　759b
東洋史研究会　1027c
東洋自動車部品会社　240b
東洋社会党　658c
東洋自由党　35c 97b 174b
桃夭女塾　523a
東洋製罐　593a
東洋製鉄　404a 1072b
東洋精糖　422b
東洋大学　100c
東洋拓殖会社　69c
東洋炭礦　1072b
東洋陶器　1074a
東洋道徳、西洋芸術　464b
東洋文庫　68c 121b 164b 540a
東洋紡績　1111b
東洋紡績会社　449c
東洋棉花株式会社　420b
東洋木材防腐株式会社　495b
東洋モスリン　634b
東洋レーヨン　1081c
東横映画　959a
踏路社　7a
同和会　69c
童話劇　307a 307c
東和商事合資会社　311b

同和奉公会　1035c
同和問題　724a
遠江国報徳社　217a 219a
都会　875b
トーキー　637b
都教組事件　1128b
常磐会　1066a
常磐津　333b
読画会　37a 37c
徳川家兵学校　783b →沼津兵学校
徳川生物学研究所　708c
徳川林政史研究所　708c
徳川黎明会　708c
徳義社　707b
独絃調　328b
読書　392b
徳譲館　776a
特振社　496c
独創学会　664a
徳光教　288c
毒滅　1069a
徳山曹達　118b
土倉式植林法　714a
独立倶楽部　213a
独立自尊　896b
独立青年社　421b
独立党　546a
独立美術協会　417c 848a
独立労働協会　274c 517b 1144b
髑髏　19b
髑髏の舞　218c
髑髏を持てる自画像　765b
時計工組合　1179a
常葉学園　350c
常葉女子短期大学　350c
常闇　695c
常世　433a
土佐勤王党　461c 894c 1092c 1141a 1146b →勤王党
土佐州会　132b
土佐商会　318c
土佐派　409c
土佐藩国事運動　894c
都市学　77b
戸定館　705b
図書館　1121a
土地国有運動　765b
土地制度史学会　1107b
土地単税論　533a
橡の木　1106b
土地復権同志会　1028b
土地問題研究会　1028b
十津川郷士　954a
どっこい生きてる　113c
特攻戦法　198b
ドッジ＝ライン　206c
鳥取第百国立銀行　860a
独歩社　374b
徒弟学校　465a
都電　715c
怒濤　343a
渡頭の夕暮　1173a
隣の八重ちゃん　218c 517a
利根川治水同盟会　1123c
鳥羽・伏見の戦　56c 57a 131a 314b 445b 446b 447b 695a 699a 707b 709c 779c 787b 869c 1132a
土肥原機関　862b
土肥原・秦徳純協定　542a 719a
トーマス製鋼法　113a
富岡製糸場　21a 64b 242c 689a 1172c
戸水事件　252a 720c
富本芝屋会　723b
都民党　1022a
トモエ会　243a
巴会　323a
友達座　761a
友の会(羽仁もと子)　838b
友の会(淀川長治)　1147b
知盛幻生　952a
土門拳記念写真美術館　725c
屠勇隊　1141a
土曜映画劇場　1147b
土曜会　584a
土曜劇場　1106a
豊田式織機株式会社　729a
豊田式木製動力織機　729a
豊田式力織機　66a
トヨタ自動車工業　728a
豊田自動織機製作所　728a 729a
豊田商店　729a
豊田紡織株式会社　729a
豊幡雲　760c
トラウトマン和平工作　629a 699a
虎ノ門事件　437b 535a 536a 780b 1110c 1115b 1120c →摂政宮狙撃事件
トラピスト修道院　930c
トランク劇場　869a
鳥居記念博物館　731c
鳥井商店　730c
トリカミ　686c
とりで社　7a
鳥は星形の庭に降りる　624c
トリプリティーク　14a
度量衡　199b
ドル買い　54c
十和田湖　848a
十和田国立公園功労者顕彰記念碑の裸婦像　609a
十和田鱒　1168a
頓成事件　732c
呑象楼　367c
どん底　870b 997b
どんたく図案社　623c
屯田兵　17a 391c 944b
トンネル横町　222c

な

ナイアガラ号　542c
内安外競　896a
内外通信社　200c
内外伝道協会　130b
内閣制度　1166b
内国勧業博覧会　182b 316c 332c 440c 968b
内国製薬　494b
内国通運会社　753a 1146a
内帯　734c
内大臣府御用掛　428c
ナイトロミン　1141b
内番交替参勤　727a
内務省　182a
内務省社会局　714c
ナウマンゾウ　735a
直木三十五賞　735a
直木賞　57a 312a 330c 506c 660c 694b 907a
長唄研精会　347b 1106b 1136a
中座　538b 768c 914a
長崎大橋　1060b
長崎海軍伝習所　393b
長崎警備　775b
長崎製鉄所　862a
長崎精得館　998c
長崎聖婢姉妹会　125c
長崎造船所　862a
長崎電燈　695a
長崎の鐘　914a
長崎派　348b
長崎奉行所　469b
長崎丸　144a
長崎養生所　948b 991b
中沢電気株式会社　744c
中支那振興株式会社　404b
長島愛生園　1017b
中島商事　746b
中島飛行機株式会社　746b
中島飛行機製作所　746b
中条郷小作人協会　547a
長瀬商会　748a
永田鉄山暗殺事件　143a
中津中学校　949c
長野県生糸同業組合連合会　272c
中野式食塩電解法　755a
長野石炭油会社　67b
長野電燈株式会社　415c
永見商店　759c
永見松田商社　759c
中村座　466c
中村社会史　762b
中村屋　231b 581b 581c
中山社　771a
長夜　137c

流れる　384a 637b
薙刀術　585a
泣蟲小僧　384a
名古屋共産党事件　852a
名古屋事件　186c 232c
名古屋市高等女学校　646c
名古屋鉄道会社　287a
名古屋電燈　895a 984b
名古屋西川流　785b
名古屋紡績　625c
名古屋模型　458c
ナザレトハウス　718b
梨木神社　488a
ナショナルトラスト運動　859b
茄子　852b
那須開墾社　1077b
なつかしの歌声　914a
ナップ　6c 383a 431b 680c 681a 713b 754a 913b →全日本無産者芸術連盟
夏山三題　1121c
七十路会　858b
七つの子　803b 1060b
浪速　471c 696c 1032b
浪華悲歌　750a 1012c
浪花教会　487c
浪花座　538b 565c 584a
浪花青年文学会　1096c
浪華青年文学会　762b
浪華遷都の建白書　181c
浪花の恋の物語　147a
浪華病院　858c
浪花文学会　792c
菜の花忌　954b
ナポレオン砲　1166b
生麦事件　78c 123c 131a 214b 707c 778a 782b
なまり節　604b
並河顕彰会　777b
名大滝怨恨短銃　316b
奈良稲　777c
奈良県大正村事件　351c
楢林塾　492a
奈良美術院　1035b
双松岡学舎　989b
奈良丸くずし　1141c
楢山節考　348c 637b
成金　556c
成駒屋　760b 761a 761b 761c 767b 768b 768c
成田山(千葉)　75b
成田山奉讃会　264c
成田屋　82a 82b
鳴滝塾　492a
鳴門　234a
名和昆虫研究所　780a
南越自由党　550a
南画　436a
南画会　436a
南画協会　649c
南葛労働会　306b 1179a
南葛労働協会　306b 1179a
南紀派　50b 145b 703c 756b
南極探検　539b
南京虐殺事件　969a
南京同文書院　427b
南京略奪事件　665a
楠公　348a
楠公祭　573c
楠公像　608b
楠公袂別　433a
軟弱外交　500c
南宗画学校　653b
南進論　547b 698a 754c
南朝正統史論　497b
南朝正統論　1118a
南島商会　615b
南風　1173c
南方同胞援護会　201c
南北朝正閏論争　645c
南北朝正閏問題　1118a
南明倶楽部　1144a
南洋協会　146a
南洋鉱業公司　72c
南陽社　941a
南和鉄道　695a

に

新潟女学校　779b
新潟の家　1167c
ニ・一スト　710c
仁王図　294a
二階より　413b
二科会　39c 61a 696b 906b
二月の頃　1045a
二科展　39c
二紀会　378c
二教一致調和説　114c
憎いあンちくしょう　73a
肉体美白丸　1068c
二個師団増設　636c
二個師団増設問題　826c
濁手　454b
ニコポン主義　279a
ニコライ堂〔－聖堂〕　217a 442a 576b 783a
にごりえ　113c
西川学派　786b
西川流鯉風派　785c
西陣織物労働組合　414c
西大洋漁業　758b
西大洋漁業統制　758b
西田川郡勧農会　878c
西田哲学　788c
二十世紀研究所　520a
西鉄　1023a
西日本普選大連合　114b
西丸御政事　704c 1008c
西原借款　533b 534a 580a 661a 689c 790c 1155b
西原文庫　790c
西本願寺疑獄事件　644c
西村画塾　791c
二十一日会　824a
二七年テーゼ　110b 274b 456b 483a 496b 776b 902b 1097b 1114c 1179b
二十四の瞳　348c
二二年テーゼ草案　456a
二十六世紀問題　973c
二十六日会　824b
西・ローゼン協定　1165a
贋札事件　909a
二段階革命論　110b
日印綿業会談　489c
日英協約　32b
日英修好通商条約　102b 922c
日英通商航海条約　6a
日英通商条約　283a
日英東京会談　388a
日英同盟　94c 278c 283a 435a 584c 652a 1115b
日英同盟協約　848b
日英約定　565a
日欧交通史料展覧会　405b
日濠貿易兼松房治郎商店　292a
日独伊三国同盟〔－軍事同盟〕　60a 187c 246a 387a 428b 453a 565a 730a 974b 1113b
日独伊防共協定　40b
日独伊同盟　1147c
日独防共協定　187c 246a 695c 888c
日農関東同盟会　562c
日版会　1042c
日仏会館　389c 1106b
日仏協約　384c 848b 891a
日仏銀行　583b
日仏修好通商条約　102b 267b 388b 929c
日米安全保障条約　357c 336b 491a 784b
日米安全保障条約改定　408a 659c
日米安全保障条約改定交渉　913c
日米移民問題　483c
日米ガイドライン見直し　254b
日米交渉　696a 810a
日米財界人会議　753c
日米修好通商条約　50b 102a 119b 124a 410c 464a 485c 488a 542c 706b 708a 709a 860c 874c 939a 995a 1138c
日米新ガイドライン　822b
日米紳士協約　1161b
日米通商航海条約　386c
日米通商条約　597b 597c 708b 787c

日米約定　860c
日米和親条約　96c 703b 850a 929b 933b 943b
日満議定書　1042c
日満教育連盟　664a
日満財政研究会　71b
日満文化協会　1153a
日曜映画劇場　1147b
日曜日　517a
日蘭交渉史研究会　118c
日蘭修好通商航海条約　732b
日蘭修好通商条約　944b
日蘭追加条約　124a 1010a
日蘭和親条約　732b
日蓮　1025a
日露協商　94c 148a
日露協約　848b 1062b
日魯漁業　758b 878c
日露講和会議　606a
日露修好通商条約　102b 917c
日露戦争　13b 13c 58a 74b 90c 208b 234b 279a 290b 298b 323a 390c 394a 404b 421a 431a 450c 459a 465c 472a 477b 495b 584c 601b 632a 696c 727b 740b 752c 783a 787b 803a 809c 872a 886c 889b 897b 1010c 1026a 1045a 1053c 1072b 1094c 1122b 1126b
日露相扶会　733a
日露追加条約　124a 1010a
日露同盟　60a
日露和親条約　314a 678a 917c
日華共同防敵軍事協定　1143c
日華協力委員会　336b 665b
日華事変　428b
日華通商条約　497c
日活撮影所　73a
日華同盟条約　652b
日華陸軍共同防敵軍事協定　141b 862b
日韓会談　199c 551b
日韓合併条約　1154c
日韓協約　324c 404b 848b 1154c
日韓協力委員会　336b
日韓同志会　765b
日韓併合　584c →韓国併合
日記　200c
日協　670a
日経連　467a
日光　72b
日光会議　496b 1179b
日光社参　704c
日光東照宮　589a
日光陽明門　300b
日光領仕法　797c
日産　1b
日産化学工業　62b
日産自動車　821c
日支貿易商会　493a
日支紡績　1116b
日就社　436b 1062b
日商岩井　118a
日支和平条項　695b
日新館　1113c
日清汽船　1047b 507b
日清協約　1099c
日清講和条約　95c 243b 1156a
日新社　739b
日清修好条規　568a 582c 634a 675c 836b 1089a 1156a
日清製粉会社　534b
日清戦後経営　278c
日清戦争　12c 13c 58a 79c 90c 198a 234b 298b 315c 318c 323a 333a 377c 390c 404b 420c 459a 472a 477b 478b 545a 587c 684c 687c 696c 730c 787b 803a 808a 897a 1026a 1041a 1053b 1094c 1108a
日清貿易研究所　36b 334b 800b
日清紡績会社　467a 873c
日瑞修好通商条約　47c
日赤中央病院　482b
日鮮通好事務取扱　579c
日曹コンツェルン　754c
日ソ基本条約　302a 888b 1135a
日ソ共同宣言　407c
日ソ漁業交渉　695c
日ソ漁業条約　302a
日ソ経済合同委員会　753c
日ソ国交回復　834b
日ソ国交樹立　424b
日ソ国交調整　498a
日ソ石油会社　975c
日ソ中立条約　479a 696a 974b
日ソ通商条約　696a
日ソ不可侵条約　696a 632b
日窒コンツェルン　804a
日中覚書貿易　212c
日中学院　381b
日中共同防敵軍事協定　661a
日中国交回復運動　265c
日中国交回復国民会議　937c
日中国交正常化　204a 636a
日中戦争　429a 470a 536b 554c 697b 729b 888c 1086c
日中通商条約　483c
日中文化交流協会　443b 745c
日中平和友好条約　898a
日中友好協会　443b 670a 990c
日中友好元軍人の会　170b
日朝修好条規　101b 404b 581a 691b 836b 1033b 1075a
日展五科　927b
日糖疑獄　254a 879b 914c 1049c →日糖事件
日東倶楽部　471a
日糖事件　912c 1125c →日糖疑獄
日普修好通商条約　46b 920c
日報社　571c
新渡戸記念館　795c
二・二六事件　46a 71b 73a 77a 103c 215c 253a 316a 338c 375c 428b 444b 449a 452c 467c 536b 555c 601c 632a 708c 789c 794a 808b 820a 945c 958c 963b 1014c 1049b 1104a 1113c 1120c 1177c
日本アジア協会　662b
日本アナーキスト連盟　439b
日本医学協会　1141b
日本育種学会　646a 726b
日本いけばな芸術協会　686c
日本医師会　624b
日本医史学会　118a 906a
日本遺伝学会　646a
日本印刷学会　1091b
日本運輸会社　404a
日本英学館　846a
日本英文学会　81c
日本エスペラント協会　188c 1144a
日本園芸中央会　256a
日本演劇社　211a
日本・オーストリア＝ハンガリー修好通商航海条約　920c
日本・オーストリア＝ハンガリー条約　920c
日本オリエント学会　548b
日本音楽著作権協会　480c
日本海員組合　842b 1148b
日本海海戦　217c 284a 513a 518a 602a 696b 752c 1010c 1139c 1147c
日本絵画協会　211c 266a 870c
日本開発銀行　429c
日本解剖学会　616a
日本改良演劇　565c
日本画会　37c 436a
日本化学工業　558a 647a
日本科学史学会　235a
日本化学繊維協会　379a
日本楽劇協会　1106a
日本学術会議　300c 350b 1170b
日本学術会議原子核連絡委員会　725a
日本学術研究会議　465c
日本学術振興会　465c 644a 655c
日本革新党　9c
日本学生基督教青年会同盟　1059c
日本学生東亜聯盟　332b
日本画士　332c
日本楽器　33c
日本楽器製造株式会社　1111b
日本楽器争議　776b 1014b 1111c
日本カーバイド商会　804a
日本館　60c
日本勧業銀行　135c
日本観光文化研究所　1034a
日本棋院　574b
日本教育学会　63a 239b

日本教育史学会　63a
日本教育者協会　42a
日本教員組合啓明会　523c
日本教会　987b
日本侠客伝　959a
日本共産党　96a 273c 439a 456a 472b 483a 564a 595c 634c 710b 751a 754a 776b 805b 813a 902b 916a 1014b 1034c 1097a 1111c 1114c 1135a
日本共産党中央再建準備委員会事件　402a
日本共和国憲法私案要綱　598b
日本基督一致教会　138c 229a
日本基督教会　131b 138c 229a 476a
日本基督教会同盟　948a
日本キリスト教女子青年会　305c
日本キリスト教青年会　448c
日本基督教青年会同盟　138c
日本基督教団　722b
日本基督教伝道会社　166a
日本基督教婦人矯風会　845a 1078b
日本基督教連盟　1060a
日本基督公会　44c 229a 232b 570c 853a
日本基督新栄教会　964b
日本基督伝道会社　781b
日本銀行　318c 722a 893b 951a 976b 1145a
日本銀行本店　631b
日本禁酒同盟　46a 801a
日本近代史研究会　833b
日本近代文学館　607a
日本組合基督教会　562b
日本倶楽部　473c 548b 652a
日本経営史学会　1171c
日本経済研究所　564b 600a
日本経済史研究所　414a 945b
日本経済史編纂会　619b
日本芸術院　405c 603a
日本血清学会　218a
日本原子力研究所　466c
日本鋼管　18b 113a 337a 537c
日本鉱業会　187b
日本交響楽協会　428a 1106a
日本興業銀行　220b 552b 583b
日本工業倶楽部　576c 745b 1175a
日本航空学会　1127b
日本工芸美術会　983a
日本考古学協会　422c 911a
日本広告株式会社　439c 1018b
日本鉱山同盟　741b
日本交通労働組合　751a
日本弘道会　792b
日本講道会　792a
日本高等国民学校　280c
日本鋼板工業　1007c
日本工房　351a
日本国憲法　478a
日本国憲法草案　1049c
日本国憲法草案要綱　97c
日本国際政治学会　297a
日本国際法学会　1106b
日本国民高等学校　280b
日本湖沼学会　635a
日本互尊社　813a
日本国家社会党　9c
日本国教大道社　303b 732a
日本国憲按　319c
日本古典全集刊行会　1108a
日本古文化研究所　389a
日本ゴム　70a
日本古文書学会　51c 766b
日本固有法調査会　493c
日本昆布会社　267a
日本再建連盟　336b
日本作曲家協会　413b
日本山岳会　134a 416c 673a
日本産業協議会　62c
日本三曲会　720b
日本産児調節連盟　282b
日本色彩研究所　1174a
日本式綴り方　656a
日本史研究会　851a
日本地震学会　206b 1121c
日本史籍協会　844b
日本漆工会　227a
日本児童研究会　906a
日本児童文学者協会　228c
日本児童学会　906a
日本資本主義論争　369a 463a
日本姉妹会　718b
日本社会学会　717a
日本社会主義同盟　228c 280c 439b 456a 634c 1008a 1096a 1097a 1099a 1100c 1134c 1172c
日本社会党(1906結成)　274a 407a 456a 628b 785c 1072a 1134c
日本社会党(1945結成)　17c 22b 260c 274c 281a 393c 463a 468b 562c 564b 598b 640a 708c 784b 882a 1029c 1050c 1073a 1097b
日本写真家協会　351a
日本社中　594a
日本ジャーナリスト会議　1143b
日本車輛　232a
日本宗教学会　27c
日本住血吸虫　278b
日本自由党(1945結成)　21c 47a 199c 407c 449b 834b 878c 935a 966a 967b 1004b
日本自由党(1953結成)　407c 1004b
日本自由メソジスト教会　322b
日本主義　350b 353c 611b
日本出版会社　739c
日本商工会議所　286c
日本商工連盟　753c
日本常民文化研究所　508b
日本醬油　561c
日本書紀研究会　1005b
日本書誌学会　744a
日本女子大学　779b
日本女子大学校　779b
日本人　357c
日本人移民排斥問題　888b
日本神経学会　999a
日本新党　938b
日本新聞学会　252b
日本新聞協会　573a
日本新聞社　962b
日本新聞連合　632c
日本新聞聯合社　126a
日本進歩党　22a 99b 352c 449b 683b 968a
日本人民解放連盟　805c
日本水彩画会　186b 718c
日本水産　758b
日本水産学会　221c
日本水力　895a 1116b
日本数学会　171a 1088a
日本スポーツ少年団　1103c
日本相撲協会　593b
日本生化学会　261a
日本正教会　486a
日本正教宣教団　783a
日本聖公会　130b 971b
日本製鋼所　102a
日本政治経済研究所　483a
日本製茶株式会社　193a
日本製鉄　404b
日本精糖会社　507b 561c 582a
日本精製糖株式会社　561c
日本青年会　1117b
日本青年絵画協会　691a
日本青年館　428a 627b
日本生命保険会社　271b
日本製錬　647a
日本赤軍米大使館占拠事件　98b
日本赤十字社　12c 67b 482a
日本石器時代人　357c
日本石鹼　1043b
日本セルロイド人造絹糸株式会社　118b
日本船員同志会　842a
日本戦闘的無神論者同盟　750a
日本染料製造株式会社　98b
日本創作版画協会　60c 256b 718c 1114b
日本造船学会　705b
日本曹達　118b 755a
日本測定器　112a
日本村治派同盟　440a 630a
日本大学　973c
日本大衆党　19b 410a 564a 744c
日本タイプライター社　653b
日本足袋会社　70a
日本団体生命保険会社　576c

日本畜産学会　123c
日本地質学会　425c
日本窒素肥料会社　804a 914b
日本中学校　548b
日本中山会　1029c
日本鋳鉄会社　34c
日本彫刻会　876c 1101b
日本鳥類保護連盟会長　1104b
日本貯金銀行　991a
日本地理学会　1101b
日本通運株式会社　753a
日本帝国憲法草案　1163c
日本鉄鋼協会　814a
日本鉄道会社　101c 120a 507b 577c 593c 1132a
日本鉄道矯正会　2a 273c
日本テレビ　535b
日本電気株式会社　798c
日本電気工業　1073b
日本伝染病学会　916b
日本電池株式会社　513c
日本電燈会社　466b
日本伝統工芸展　983a
日本伝道隊　831c
日本電報通信社　439c 1142a
日本天文学会　690b
日本天文研究会　325c
日本陶器　1074a
日本童謡協会　480c
日本土木会社　143c
日本鳥学会　1104b
日本内科学会　999a
日本南画院　436b
日本南画協会　653b 720a
日本日曜学校協会　657c
日本農民組合(1922結成)　17c 393c 553b 562c 1065b
日本農民組合(1931結成)　744c
日本農民組合関東同盟会　1172c
日本農民組合総同盟　562c 744c
日本農民党　547a
日本のこえ　298c
日本のこえ同志会　496b
日本の商業・航海人会社　236a
日本の聖書　165c
日本の大工　1152b
日本のなかの中国研究会　618c
日本の俳優　1152b
日本の悲劇　348c
日本のローマ字社　656a
日本俳優学校　247c
日本博物同志会　81b
日本橋人類　735b
日本発送電　415c
日本発送電　984b
日本発明協会　607c
日本母親大会　996a
日本バプテスト教会　664b
日本バプテスト教団　664b
日本バプテスト横浜教会　919c
日本ハム　1011c
日本ハリストス正教会　576b 782c
日本・ハワイ修好通商条約　692b 864b
日本板画院　1042c
日本版画協会　60c 256b
日本ハンガリー救援会　972c
日本万国博覧会　803b
日本美術院　211c 225c 266a 294a 432c 444c 524c 691a 819b 870c 993b 1082c 1129c
日本美術院彫刻部　60c
日本美術家連盟　1079c
日本美術協会　316c 333b
日本ヒポクラテスの会　218a
日本麦酒鉱泉　800a
日本風俗史学会　166b 215a
日本フェビアン協会　28b 1100c
日本福音ルーテル教会　1111a
日本婦人　1152b
日本婦人参政権協会　376b
日本婦人団体連合会　412b
日本婦人有権者同盟　440b
日本仏教会　725c
日本仏教学協会　1175c
日本仏教学会　1175c
日本フランネル　115c
日本プロシア通商条約　530a
日本プロレタリア演劇同盟　869a
日本プロレタリア芸術聯盟　754a
日本プロレタリア作家同盟　713b 850b 1034c
日本プロレタリア文化連盟婦人協議会　1034c
日本文学報国会　380a 712b 1039b
日本文化人会議　73c
日本文化連盟　993c
日本文芸家協会　6c
日本兵士反戦同盟　805b
日本平和委員会　937c
日本平和会　343b
日本ペンクラブ　6c 496a
日本弁護士協会　228a
日本貿易会　745c
日本貿易銀行　92b
日本貿易振興会　551b
日本方言学会　698a
日本法社会学会　258a 315c
日本放射線高分子研究協会　466c
日本法理研究会　493c
日本法律学校　973c 1105a
日本ホーリネス教会　749b
二本松製糸会社　852c
日本民具学会　1034a
日本民芸館　843a 1088c
日本民主党　22a 47b 70b 151b 174a 315a 336b 498a 834b 935a 987c 1004b
日本民主婦人の会　10b
日本民俗学会　1170b
日本無産党　24a 281a 564b 599c
日本無線電信　745b
日本メソジスト教会〔日本メソヂスト教会〕　875b 947c
日本メリヤス　404a
日本綿花会社　342c
日本モンゴル学会　127b
日本薬学会　20c 737b
日本郵船会社　101c 122a 122b 286a 318c 435c 441c 501c 507b 842a 944b 1067a 1134c
日本輸血学会　218a
日本輸出石油　1103b
日本輸出入石油　1103b
日本輸送機株式会社　513c
日本沃度　1073b
日本癩学会　1017b
日本陸上競技連盟　269b
日本立憲政党　924b
日本立憲政党新聞社　486a
日本臨床神経学会　229c
日本臨床病理同学院　218a
日本倫理学会　1181a
日本歴史学協会　1170b
日本歴史学会　610c
日本歴史地理学会　340a
日本歴史地理研究会　206a 340a
日本列島改造論　636a
日本煉瓦製造　1076a
日本聯合医学会　616b
日本労働科学研究所　203a
日本労働協会　174b
日本労働組合会議(1932結成)　459c 784b 1148b
日本労働組合会議(1946結成)　1014b
日本労働組合全国評議会〔全評〕　281a 599c
日本労働組合総同盟〔総同盟〕　599c
日本労働組合総評議会　599c →総評
日本労働組合総連合　189a 459c 1008a
日本労働組合同盟　281a 646c
日本労働組合評議会　776b 807b 1014b 1114c 1179a
日本労働組合評議会婦人部テーゼ　1096a
日本労働組合連合会　459c
日本労働倶楽部　281a 459c 1148b
日本労働総同盟　280c 562b 784b 1144b
日本労働総同盟関東同盟　1179a
日本労農党　17c 24a 281a 410a 635a
日本労農同盟会　1065b
日本労農弁護士団事件　1024c
日本労友会　19b
日本聾話学校　1150a
日本YMCA　1059c
日本YWCA　305c
日本を守る会　20a

入道雲　757c
ニューヨーク急行線　1047b
女房詞　770a
女房紛失　246b
女人観世音板画巻　1042c
二・四事件　592b
二楽荘　193c
ニワ＝パーミアメーター　798c
人形の家　870b
人魚詩社　817a 1112b
人間釈迦　61a
人間宣言　1109c
人情紙風船　1108c
仁清窯　160a

ぬ

布屋　1098b
沼津兵学校　113c 549b →徳川兵学校
沼津陸軍医学所　549b
沼四題　225c

ね

ネオ・ヒューマニズム　1003b
根方銀行　219c
根岸家庭学園　41b
根岸短歌会　89b 220c 962c
根岸派　5a
鼠小僧次郎吉　1108c
根津育英会　800b
根津合名会社　800b
熱国の巻　116a
根津美術館　800b
眠狂四郎　750b
念仏園　801b

の

ノヴェンバー・ステップス　624c
農会　925c
農会準則　293c
農会法　293c 925c
農家経済調査　451b
農業協同組合運動　8b
農業総合研究所　699c
農工銀行　526c
農事試験場　630b
農事巡回教師　919a
農事調査　451b
農政審議会　699c
農村革新会　547a
農村救済請願運動　752c
農村聯盟　630a
農談会　556c 558a 766c 919a 925c 1134b
農談会運動　926b
農地改革　1107b 1180b
農地市価調査　451b
濃尾地震　425c 429c 640c
濃尾大震災　1112c
農報館　1153a
農本主義　280c
農本ファシズム　629c
農本聯盟　752c
農民運動　553b
農民組合　42a
農民決死隊　630a
農民美術研究所　1114b
農民文芸会　1132c
農民労働党　17c 402a 564a
能面と鼓の胴　461b
農林一号　29a 777b
農林水産技術会議　699c
ノートルダム　848a
ノーベル賞　1123a
ノーベル平和賞　475a
野上記念法政大学能楽研究所　802b
野川流　720b
野菊の如き君なりき　348c
野口英世記念館　804c
野沢会　806a
野沢屋　1057a
野沢屋呉服店　1057a
野沢屋輸出店　1057a
能代木山方　547b
野田醬油争議　125b
野幌牧場　574b
野の花　1129c
野村学芸財団　810b
野村合名　810c
野村財閥　810c
野村商店　810c
野村総本店　810c
野村徳七商店　810c
ノモンハン事件　76c 484c 695c 833c
野山獄　498b 1138c
ノンキ節　583a

は

パークデビス社　608a
俳諧散心　985a
梅花学園　487c
梅花女学校　779b
梅花図鍍金印櫃　520c
梅花双鶴　791c
俳句革新　4a
俳句革新運動　322a
俳句革新者　962c
売勲事件　1110a
拝啓天皇陛下様　26a
梅光女学院　565b
売春禁止法制定促進委員会　376b
廃娼運動　349a 376b 668c 845a 1078b
廃娼同盟会　512c
陪審法　852a
拝天堂　987b
排同　599c
廃刀令　191b
排日移民法　838a
廃藩置県　181c 346b 1052c
廃仏毀釈　695a 897c
売文社　188c 456a
俳優座　7b 578a 866c
俳優座演劇研究所付属俳優養成所　578a
俳優座劇場　578b
俳優養成所　906c
博多教会　1111a
博多屋　886c
墓守　16b
バカヤロー発言　884c
はぎ合せ硝子スタンド　125a
萩の舎塾　867b
萩の乱　200b 742a 999c 1130a
ハ行転呼音　207b
萩原朔太郎記念館　817b
博愛社　231a 482b 845a
パグウォッシュ会議　1123a
白雲紅樹図　819c
伯円忌　535c
泊園書院　907b
白鷗社　1086a
白乾坤　436b
幕薩一和　10a
白日社　954a
伯爵同志会　178c
麦秋　246b 866c
白色倫理運動　822b
博進堂　200c
白水炭鉱会社　237c
幕政改革　1092c
白痴　1023c
白糖製造機械　514a
白熱舎　905a 1036b
白熱電球　1036b
白馬会　216c 379c 392b 907c 1173a
幕府商社肝煎　339c
博物館　968b
博文館　200b 201a 658b 824c
博文館印刷所　200c
薄暮　760c
博報堂　573a
幕末＝厳マニュ時代論　833b
幕末三傑　124b
函館教会　527b
箱館産物会所　339c
箱館政府　980b
箱館戦争　583c
箱館湾海戦　696b
箱根　417c
箱根土地株式会社　678c
箱根八里　614c

箱根山の合戦　679a
破産法　683a
パシフィック　912b
橋弁慶　348a
橋本明治記念室　822a
破邪顕正運動　570c
破傷風病原菌　340b
恥しい夢　637a
長谷川大道具株式会社　823a
長谷川美術館　826b
裸　906b
裸の町　147a
羽田八幡宮文庫　830b
バタフライトリック　1085b
働く婦人の家　233b
バターン死の行進　949a
八・一五事件　638b
八月革命説　1030c
八月十八日の政変　317b 345a 367b 411a 485c 489b 499b 567b 597c 710a 787c 793c 820c 866a 979a 982a 1024a 1092c
八時間労働　465a 1043a
八八艦隊　705a 876b
撥鬢小説　1046c
八幡基督教青年会館　872b
八幡銀行　786b 787a
八幡屋　765c
八文字屋本　5a
バチラー学園　831a
八路軍　529c
罰　676c
薄光　1121c
白虹事件　731a 793a 825c 836a 947a 994b 996c 1051b 1144a →大阪朝日新聞筆禍事件
抜歯　413a
八聖殿　24b
八達館　832b
服部商店　729a
服部時計店　833a
服部貿易株式会社　833a
服部報公会　833a
発明博覧会　616b
鳩ポッポ　614c
花　620a
花岡山の結盟　492b
花岡山奉教趣意書　383a
花岡山盟約　142b 289a
華岡流外科　948c
花咲爺　614c
花咲く港　348b
花と犬　760c
花の縁　1135c
花の習作　899c
花洒家文庫　390a
花札事件　416c →弄花事件
花柳流　836c
花屋敷　825b
パネー号事件　450b
波野英学塾　374b
母古稀像　60c
馬場財政　839b
母の家　805a 845a
パプチャップ(巴布扎布)事件　433b
バプテスト教会　1a 337c
バプテスト自由伝道会社　412c
バプテスト派　919c
波浮の港　770c 803b
蛤御門の戦〔-の変〕　501b 9b →禁門の変
浜田城　317b
浜田青陵賞　842c
浜村屋　569b
羽室組　830b
林兼漁業　758b
林兼商店　508c 758a
林兼冷蔵　758b
林崎文庫　266b
林銑十郎　749c
林大尉の戦死　1017c
原寄宿舎　858b
腹切り問答　689b 842b 888c
バラ塾　987a
原女学校　858b
パラソルさせる女　696b
原敬記念館　856a
原田積善会　856c
原町派　573c
パリ　224a
パリ会議　459a
パリ外国宣教会　327a 368c 527b 537a 529a 892c 918b 919b 930c 1152c 1165b
パリ講和会議〔パリ平和会議〕　11c 342c 428a 450b 483b 500b 893b 958b 969b 1137c
ハリストス復活大聖堂　783a
巴里の宿にて　61a
パリ万国博覧会　456c 482a 491c 507a 514a 606c 648a 703a 775a 953c 968b 1077a
播磨屋　521b 761c 762a 765c
張り物　461a
パリ約定　55c
春　1152c
バルチック艦隊　696c 1072b
春の海　1025a
春の江ノ島　720b
哈爾賓特務機関　719a
パルモア英学院　1153c
ハワイ移民　864b
ハワイ作戦　1113b
ハワイ・マレー沖海戦　1114a
版画　256b
板画　1042c
阪堺鉄道会社　419c
盤岳の一生　1108c
番傘川柳社　454b
阪急　912b
阪急百貨店　430a
半偈捨身　377c
万国学生基督教連盟　1059c
万国宗教史学会　560b
万国赤十字国際会議　67b
万国博覧会　335a
万国婦人参政権大会　327b
万国郵便連合　951b
反魂丹　969c
坂西機関　719a 862a
坂西公館　862a
蛮社の獄　599a 705a 731a 1027a 1176a
反射炉　160c 187a 261c 706b 775c
番衆技塾　906b
反宗教闘争同盟　750a
播重席　728b
播州博愛社　429c
晩春　246b
晩鐘　343a
万象閣　693a
蕃書調所　32b 412c 504b 783b
阪神　912b
阪神淡路大震災　1050c
阪神急行電鉄　430a
反省会　592a 923a
晩成堂　5c
版籍奉還　181c 346b 514b 1052c
ハンセン病　1017b →癩病
汎太平洋婦人会議　327b
汎太平洋労働組合会議　1114c
番町会　306b 755c
番町教会　416a
坂東流　785b
パンの会　342b 349b 353a 1131c
藩閥横綱　790b
蛮勇演説　296a
蟠竜　402c 470b 973a

ひ

ヒーロー　1043a
比叡　471c 696c
PHP研究所　978a
ピエトロ＝ミッカ図　874b
美音会　1170a
美音倶楽部　639b
比較思想学会　767c
皮革製造伝習授業及軍靴製造伝習授業御用製造所　661c
日蔭茶屋事件　93a 189a 297c
ひがしくに教　866b
東村山癩病院　1167c
東山御文庫　389a 644c
東山女子専門学校　369c

美華書館　928c
光の美(ガラス)　125a
引取屋　118b
飛行機　746a
飛行船　746a
備荒儲蓄法　912b
備荒儲蓄法案　950b
肥後奨学会　356a
肥後農法　721b
彦六大いに笑う　997b
彦六座　625a 727b 1136b 1140a 1142b
備作平民会　1035b
悲惨小説　889b
美術劇場　485a
美術研究所　392c 1079a
美術文化協会　4b
美人読書　71a
日高河清姫図　1045a
日立鉱山　375b
日立製作所　242b
日立争議　646c
ビタミン　555b
美的生活論争　1066a
比島委員会　699b
比島沖海戦　241a
比島防衛作戦　1041b
一橋大学　1065a
一橋派　50b 145b 314a 703c 756b 939a
ひとのみち　475c
ひとのみち教団　288c
一人一業主義　436c
一人息子　246b
ひながたの道　771c
ビニロン　466c
火の海　844b
日比谷銀行　873c
日比谷焼打事件　191c 228a 375b 409c 747c 1122b 1133c
悲母観音像　294a
ひまわり　686b
秘密出版事件　91c
ひめゆりの塔　113c 959a
緋毛氈　1017c
白衣観音　63a 608b
百尺　1082c
白蓮社　511b
白狐　524c
日向堂　1039b
ヒュースケン殺害事件　209c
氷河論争　1101b
表慶館　275a
兵庫沖会談　933c
兵庫開港　986c
兵庫教会　1045b
兵庫商社　236a
兵庫聖書講義所　1045b
兵庫造船所　312c
兵庫隊　339c
標準強震計試作試験委員会　604c
標準ローマ字会　928c
平調のメヌエット　1110b
費用節省芻言　583c
平等会　765a
兵部省海軍部水路局　1088b
平井古墳　350a
平尾山荘　811b
平泳　955a
平賀粛学　302c 638a 699b
平仮名　207b
平沼銀行　880b
平沼貯蓄銀行　880b
平野活版製造所　881c
平野汽船組合　881c
平野力三農相問題　275a
麦酒室　825a
ビルマ進攻作戦　1040b
弘前基督公会　129a
弘前日本基督公会　948a
弘前メソジスト教会　948a
広沢真臣暗殺事件　337c 655a
広島英和女学校　1153c
広島高等師範学校　756c
広島士族授産所　670c
広島・長崎アピール　1143b
ひろすけ童話　843c
広瀬記念能楽賞　887c
広瀬神社　886c
広目屋　433b
琵琶行　233a
閔妃殺害事件　24b 146c 370c 375b 435a 552a 581a 587c 621c 1131b
貧民救済制度意見　377b
貧民研究会　377b 1129b

ふ

フィーパン号事件　933b
フィールズ賞　420a
フィリピン　1166c
フィリピン攻略作戦　949a
フィリピン友の会　1047c
風俗画　296c
風俗研究会　166b
風俗研究所　166b
風流活人剣　1108c
風流美人近江八景　329c
フェートン号　775b
フェリス女学院　338a
フェリス和英女学校　338a
フォッサマグナ　734c 857c
深い河　1023c
深川工作局白煉瓦石工場　791b
深川工作分局　18a
深草　699c
武漢作戦　949a
吹込みルビー色硝子銀花瓶　125a
普及福音教会　530b
普及福音新教伝道会　530a 530b
福井座　584a
福井地震　604c
福音丸　872a
福音丸浸礼教会　872a
福岡国際マラソン　288a
福岡党　624a
福岡連隊差別糾弾闘争　351c
福岡連隊差別事件　990b
福沢諭吉協会　722b
福島救育所　158b
福島事件　3a 409b 410a 655b 858b 1006b 1050a
福島自由党　3a
福島紡績　912c
福島鳳鳴会　158b
福泉寺　918a
福田会　175b
福羽苺　901a
福博電気軌道会社　895a 984b
福原流　611c
福坊主　373b
福松商会　984b
福本イズム　564a
不敬罪　1032a
不敬事件　149c
富国徴兵保険　800a
冨山房　247a 459b
富士一山講社　96c 499a
藤岡電気事務所　905a
藤蔭会　906a
藤蔭流　905c
不二教　505a
富士山頂越冬気象観測　808a
富士信仰　96b
富士製紙　249b 1074b
富士製紙会社　915a
富士石油　1103b
藤田組　101c 375b 909a
藤田組贋札事件　753b
富士田子浦蒔絵額面　505a
藤田農場争議　1172c
不二道　505a
不時登城　706c 708a 709a
藤浪肉腫　911b
藤房天馬の諌　332c
富士紡績　722a 873c 1074b
藤間流　248b 1170c
伏見兵学校　25a
藤本銀行　912c
藤本ビルブローカー　912c
藤本ビルブローカー銀行　912c
藤山同族株式会社　914c
藤・若時代　1170c
藤原科学財団　915a
藤原歌劇団　915b
藤原工業大学　915a

藤原宮跡　389a
婦人矯風会　143b
婦人国際平和自由連盟　533c
婦人参政権運動　170a 440b 879a 935a
婦人参政権獲得期成同盟会　83b 376b 1105c
婦人参政権協会　327b
婦人参政権要求運動　1105c
婦人政治運動促進会　440b
婦人セツルメント　233b
婦人像　848a
婦人俳句会　550b
婦人民主クラブの創立　1034c
婦人問題研究所　908b
婦人有権者同盟会　83b
不戦条約　148a
普選法　83c
扶桑　158c 471c
扶桑教　96c 499a 505a
扶桑教会　499a
舞台芸術学院　11b
二木式健康法　916b
布田神社　916b
二葉会　411b 749c
二葉独立教会　805a
二葉幼稚園　805a
武断派　594c
プチジャン版　30b
普通選挙運動〔普選運動〕　283b 456a 754b 916a 935a
普通選挙期成同盟会　66a 765b
普通選挙同盟会　174b
普通選挙法　553b 1120c 1169a
普通選挙法案　313a
普通体操　680c
仏学塾　739b
二日月　303a
復活大聖堂　576b
仏教考古学　68c
仏教青年協会　923a
仏教婦人会　369c
仏教法政経済研究所　18a 725c
仏教民俗学　437b
復興局事件　584b
仏国遣日軍事教官団　921b
復古大和絵派　1162c
物産方役所　633c
仏仙社　859a
仏和学校　537b
不逞社　934c
不同舎　294c 437a
ぶどうの会　211b 1119b
不動明王図　294a
葡萄栗鼠図　1068b
葡萄を採る男　381c
武徳会　598c
舟木医師差別事件　460a
船田派　918c
船成金　147b
船橋　1106b
舟弁慶　347a
不平士族　445c
不偏不党　896a
冬　381c
フュウザン会　335a
富有柿　256a
扶桑教　751b
舞踊研究会　823c
無頼派　63c 457c 627a
ブラウン塾　920b
ぶらかし論　706b
プラカード事件　963c
部落解放　548c
部落解放研究所　857b
部落解放全国委員会　16c 342a 990b 1035c
部落解放同盟　16c 342a 990b
部落厚生皇民運動　16c 341c 351c
部落差別　990b
部落農会　577b
部落問題研究所　352a 857b
部落問題全国会議　342a 352a
仏蘭西学舎　739b
仏国語学所　386a
フランス輸出入会社　236a
ブリヂストンタイヤ会社　70a
ブリヂストン美術館　70a
プリンス=イゴール　95b
古河財閥　743a
古川ロッパ一座　924a
古鷹　876b
古橋懐古館　926b
不連続線の理論　545c
フレンド派　1151a
浮浪人研究会　562b
プロテスタント作家　491b
プロフィンテルン　1114c
プロ野球　912b
プロレタリア演劇時代　240b
プロレタリア音楽家同盟　569c
プロレタリア科学研究所　750a 838c
プロレタリア教育　1103c
プロレタリア芸術運動　569c
プロレタリア劇場　869a
プロレタリア作家同盟　299b
プロレタリア詩人会　233a
プロレタリア美術　1089b
プロレタリア文学　6c 391b 431a 680c
プロレタリア文学運動　713b 754a
プロレタリア=リアリズム　431b
ブロンド　906b
文化学院　1131a 1131b
文化学会　517b
文学研究会　52b
文学座　334b 499b 551c 707a 724b
文学立体化運動　334b
文化史　209b
文化人類学　792c
文化人連盟　598b
文化庁　442c
文化通信社　955a
文化奉公会　466a
文教院　15a
文芸委員会制度　774b
文芸家協会　330c 1119c
文芸協会　485a 518b 682a 694a 695b 970a
文芸協会演劇研究所　485a
文芸座　1070c
文芸春秋社　330c
『文庫』の三羽烏　117a
文庫派　475b
文士劇　548c
文人画　1175c
文政改革　938c
分団式動的教育法　172a
文展　392c 782c 963c 1129c
憤闘　343a
文武学校　822c
文武館　1140c
文武塾　356a
文明開化　472b
文明学社　229c
文明協会　183c
大学寮　178a 1015c
文楽座　538b 625b 682c 727b 728b 1136b 1140a

へ

米国改革派教会　338a
米国聖公会　130b 453c
米国聖書会社　1161c
米国長老教会　131a
米国長老派　1150a
米国伝道会社　130c 688c
米国日本人美以教会　322b
米国バプテスト教会　871c
米国メソジスト監督教会　688b
丙午出版社　595a
兵式体操　381a
平治の重盛　971c
米商会社　339c
併心隊　818b
丙辰丸盟約　568b 978b
平成　1081a
平城京　339a
ヘイヘイブギ　264b
平凡社　102c 523c 848c
平民クラブ　175a
平民劇団　584a
平民宰相　855b
平民史観　1102b
平民社　63b 283c 349a 407a 456a 517b

540c 785c 899b 1098c 1134c
平民舎ミルクホール　1072a
平民主義　1102b
平民青年党　20c
平民大学　1100c
平民病院実費診療所　284a
平和革命論　463a
平和祈念像　343a
平和推進国民会議　575b
平和同志会　990c
平和と社会主義　496b
平和問題談話会　33a 544b 1143b
平和四原則　599c
平和を守る会　208a
碧梅寒店　913b
北京関税会議　483c
北京議定書　396b
ヘーグ密使事件　404c 934a 1154c
ペスト菌　340c
ペニシリン　790a
紅花　28c
ベネチア映画祭　390c
ヘボン塾　853b 928c
ヘボン施療所　338a 928c
ペリー艦隊　130c
ペリー来航　488a 775c
ベルサイユ講和会議　444a 974a 1125c
ベルサリエーレの歩哨　973b
ベルツ水　930a
ベルリン・オリンピック　955a
偏奇館　736a
勉精館　877a
紅忠　92a
紅長　92a
弁天座　538b
便覧舎　1121a

ほ

保安条例　406c 1006b
貿易商会　851c
貿易省設置問題　652b
防援会　564a
報恩会　985b
法界坊　164c
法観寺塔婆　565c
箒庵　603b
方義隊　497a 603c
芳蕙　907c
方言区画論　698b
方言詩　896c
冒険小説　241c
咆哮　791c
豊公　1082c
報効義会　396a 539b
葆光彩磁草花文花瓶　80a
邦国国家　529a
防穀令事件　1040c
望古譜　686b
砲術　160b
宝生流　932a
帽子を冠れる自画像　401c
邦人一如運動　993c
法人所得課税　1054b
望星学塾　986c
法制史学会　62a
法政大学　473c 931b
紡績機械　514a
房総鉄道会社　237c
放送無線電話　732b
報知新聞　653b 810b 1043b
防長史談会　1048c
防長新聞社　1142c
傍聴人合同会議　409b
奉直戦争　537a 661a
法典調査会　220a
奉天特務機関　719a
奉天の会戦　323a
法典編纂　931a
豊島沖海戦　284a 696c
奉答文事件　3b 228a 409c
報徳運動　219a 897b
報徳教　798a
宝徳寺　64c
報徳思想　724a
報徳仕法　15a 449b 773b 797b 897b
報徳社　761c 797c 897b
報徳社運動　15a 217a 721c
報徳善種金　273b
房南捕鯨組　570b
豊年　266a
某夫人像　216c
防腐療法　530c
放牧三馬　461b
鳳鳴書院　371a 371c
方面委員　263c
方面委員制度　226c
蓬萊社　423b 617c
蓬萊之棚　983a
法律講義(習)会　799c
法隆寺　92a
法隆寺金堂壁画再現模写事業　1082c
法隆寺金堂壁画模写　822a
法隆寺再建論　340a
法隆寺新非再建論　25a
法隆寺非再建論　877a
法隆寺壁画保存調査委員　505b
法隆寺壁画模写　117c 760c
法隆寺夢殿　892b
ポーツマス講和会議　13a 435b 720c 946b 1099c 1165a
ポーツマス条約　872a
ポーハタン号　542c 860c 1138c
ボーリズ合名会社　872b
簿記　527a
北越学館　412b 779b 987b
北越殖民会社　574b
北越新聞社　200b
北越先鋒嚮導官　603c
牧牛　893a
北洲社　519b
北辰一刀流　664a
北清事変　243c 396b 424a 503b 667a 897b 1099b 1115b →義和団事件
北辰社　3a 693c
北辰自由党　1098b
北辰隊　170c
北進論　698a
墨堤春暁図　320c
牧童　63a
北風会　590a 1141c 1173b
北部仏印進駐　485a
北鳴学校　944b
北門団　655a
北陸学院　131b
北陸電化　1116b
北立社　97a
北立自由党　97a
朴烈事件　254b 338c 437b 493c 852a
捕鯨　570b
母系制　610a
法華経寺(千葉)　32a
保険業法　1090b
保晃会　1077b
戊午の密勅　2c 46b 140c 488a 568b 706c 708a 853c 1151b
鉾をおさめて　770c
ポサドニック号　46b
戊子英学館　786c
星亨議長除名問題　331b
母子保護法　1105c
母子ホーム　805a
保守合同　217b
保守中正派　732a
戊戌政変　412a
戊戌封事　706a
保守党中正派　471c
戊申倶楽部　755c
戊辰戦争　57a 66b 69c 77c 220a 254a 259a 317b 323b 339b 359c 391c 431c 499b 502a 566b 659a 699a 775c 787b 999c 1052c →会津戦争
母性保護連盟　1105c
母性保護論争　879a 1096a 1130c
保善社　1082a →安田保善社
細川内閣　829c
菩提達磨　345b
穂高の麓　186b
牡丹と猫　377c
北海道運輸会社　435c 944b
北海道家庭学校　724a
北海道製麻会社　507b
北海道大学　476b
北海道炭礦鉄道会社　507b 944b

北海道同志教育会　242a
北海道農会　476b
北光会　987b
北光社　461a
没骨描法　212a
ポツダム宣言　556a 696a
没理想論争　681c 1066a
ホテル・ニューオータニ　194c
時鳥の曲　634b
保輔会　556a
堀江座　625a 1140a 1142b
堀河夜討図　332c
本学　180b
本覚寺(石川)　25c
本学霊社　341c
本願寺無料宿泊所　24c
本教　180b
本教教会所　711c
本渓湖煤鉄公司　184b
本化妙宗連盟　1096c
本郷教会　166a
本郷座　344a 597a 698c 906c
本圀寺(京都)　317b
本圀寺事件　616c
本山改革　11a 189b 511a
本席　112b
本草学会　538c
本田技研工業　947b
本能寺合戦　957a
本派浄土宗　1058b
本百姓　1102b
本立社　1050a

ま

舞妓　392c
埋葬　413b
舞鶴屋　767a 767a 767a
マヴォ　1050c
前川レポート　951a
前橋水平社　125b
前橋製糸所　852c
前原一誠の乱　654c
間門園　1116a
蒔絵竹林文箱　983a
蒔絵槙に四十雀模様二段棚　983a
牧志・恩河事件　360c 680a
マキノ映画　270c 957b
枕慈童　348a
マグロ漁　570b
孫　760c
まことむすび社　948c 1082b
真砂座　106c
正宗抹殺論　116b
益子参考館　843a
魔術の女王　532a
魔障　524c
また逢う日まで　113c
マダムと女房　418a 637b
斑猫　617c
街の入墨者　1108c
街の手品師　218c
町火消　543c
松江中学　400b
松ヶ岡文庫　560b
松方コレクション　976a
松方財政　976c
松方デフレ　976b
松方内閣　427a
松川事件　153b 638a 916a
松川葉煙草　1043a
松坂屋　90b
抹殺論　497b
松沢病院　388b
松下政経塾　978a
松下電気器具製作所　977c
松下電器産業株式会社　977c
松下電器製作所　978a
松島　518a 1140a
松島文楽座　1140a
松島屋　271c 272a
松島遊廓疑獄　1020b
沫若文庫　262a
松代商法会社　194a
松代騒動　194a
燐寸　521b
松前問屋　337a
松本開産社　341c
松本組　990b
茉莉凹巷処　1069c
瑪得瑪弟加塾　145c
摩天嶺の戦　787b
マニュファクチュア論争　503a 833b
真昼の暗黒　113c
マリアナ沖海戦　241a
マリア＝ルス号事件　176b 436b 568a 582c 691b 692b 836b 875a
まり千代像　822a
丸喜商店　342c
マルクス主義芸術研究会　754a
丸三商会　895a
丸二麦酒　800a
丸正事件　964a
丸善　851c
団団社　811b
丸屋　851c
丸屋銀行　364a 851c
丸山会議　885b
丸山教　96b
丸山講　96b 499a
円山派　320c
マレー作戦　1040b
万延遣米使節　884b
満洲移民　280c
満洲映画協会　959a
満洲義軍　700a
満州国　433a
満洲国協和会　19b
満洲国軍　470a
満洲採炭　1072b
満洲産業開発計画　1c
満洲事変　71b 77b 316a 400c 411b 428b 478c 500c 540b 564a 630b 632a 650a 719a 894b 945c 1069a 1069b 1135a 1157b 1169b
満洲重工業開発会社　1b 336a
満鮮地理歴史調査部　1085a
満鮮問題国民同盟　149a
満鉄事件　554c
マンドリンを持つ少女　874b
万人講　15a
マンネスマン式継目無鋼管　113a
万年会　1177b
万年自鳴鐘　642b
満蒙開拓青少年義勇軍　280c
満蒙開拓青少年義勇軍訓練所　280c
満蒙新五鉄条協定　666b
特殊権益　1084c
満蒙独立運動　315c 399a 840c
満蒙分離政策　1072b
万葉学会　254c

み

三池争議〔-炭鉱争議〕　770b 1014c 463a
三池炭礦社　661b
三池土木会社　807a
三池紡績会社　807a
三池労組民主化同盟　1014c
稜威会　319c
稜威隊　830b
三重紡績会社　449c 507b
美会神学校　1095c
未解放部落　510a
三笠　284a 284c 809c 889b
三河交親社　734b
三河島事故　69a
三川商会　121c 318c
三河国挙母藩・岡崎藩領他天保七年一揆　926a
三木おろし　942c
三木哲学　1003b
ミキモトパール　1004c
御木本養殖場　1004c
三国鉄道　550a
三熊野の那智の御山　1099b
御輿振　952a
短夜　793b
水　553c
水沢緯度観測所　354a
水沼製糸所　936b
水野文相優諚事件　59b
水野文相優諚問題　1011b
水の変態　1025a

水辺　553c
瑞穂劇団　153c
瑞穂屋　520b
水より上る馬　461b
未成年者飲酒禁止法　801a
禊教　316a
三田育種場　55c
三田演説会　896a
三田演説館　896a
三鷹事件　638a 963c
御岳教　482b
御楯組　955b 1104c
御楯隊　609b 689b 1024b 1163a
三谷三九郎事件　655a
三田村学校　1014c
道　866c
三千歳　358c
道は六百八十里　557b
三井　603a
三井銀行　54c 758c 844c 1015b 1022c
三井組　1015b 1022c
三井鉱山合名会社　661b 956b
三井合名会社　21a 661b 967a 1038b
三井呉服店　873c
三井御用所　1022c
三井財閥　21a 338c 661b 758c 956b 1015a 1015b
三井信託銀行　1148c
三井物産　69a 101b 184b 729a 961c 966c 1081b 1038b 1072b
三井物産船舶部　1102c
三井文庫　737c
三井報恩会　55a
三井本社　1038b
三井両替店　1022b
三越　405b 603b 819a 873c 873b
三越七絃会　791c
ミッション＝ホーム　865a
光田反応　1017b
ミッドウェー作戦〔－海戦〕　773a 1113b
三菱会社　121b 951b
三菱汽船会社　121c
三菱銀行　283b
三菱鉱業　197a
三菱鉱業セメント　197a
三菱航空機株式会社　503b
三菱合資会社　121a 122b 503b
三菱合資会社銀行部　727a
三菱財閥　532c 534b
三菱社　122b 352b
三菱重工業株式会社　503b
三菱商会　121c 318c
三菱商業学校　122a 727a
三菱製紙株式会社　121b
三菱造船株式会社　503b
三菱マテリアル　197a
三和会　359c
水戸学　909c
緑岡小学校　1149a
南方熊楠記念館　1019a
湊川神社　708b
南座　538b 610a
南波照間　331c
南満洲鉄道　861a
南満洲鉄道会社　540a 689c
南満洲鉄道株式会社　453a 974a 1085a
南山騒動　341b
源頼朝像　1163a
ミノファーゲン製薬本舗　151b
美濃屋　625c
御法川式多条繰糸機　113a
ミノリカワ＝ロウシルク　1023a
壬生浪人　438c
美作　1110a
見廻組　462a
宮城植林株式会社　86b
宮城中会　242a
宮城道雄記念館　1025b
三宅村維持資産会　876a
三宅村国恩会　876a
宮古湾海戦　696b
都おどり　108c 247c
都鳥　347a
都の西北　695c
宮崎神宮　573c
宮沢賢治記念館　1030b
宮さん宮さん　501c
宮原機械研究所　1032b
宮原式水管式ボイラー　1032b
宮部線　1032c
宮本武蔵　147a
茗荷屋　862b
妙国寺　1020c
明星学園　7c
明星派　64c 475b
繆斌事件　75a
妙蛉連　912c
三吉工場　1036b
三吉電機工場　1036b
三好屋　525c
御代の春　112c
ミルクキャラメル　1073b
三輪学院　1091c
三輪田学園　1037c
三輪田女学校　1037c
民会　409b
民会規則　409b
民具　508b
民芸　843a 1088c
民芸運動　1088c
民権運動　1094b
民権党　463b
民社党　268c →民主社会党
民衆詩派　1063c
民主社会主義研究会議　1164b
民主社会党　268c 275a 784c →民社党
民主自由党　23c 501a 966a 1101a
民主主義科学者協会　73c 234c 415a 750a 882a
民主主義文化連盟　569c
民主人民戦線　1097b
民主人民連盟　1097b
民主党(1947結成)　22a 501a 719b
民主党(1998結成)　829c 938c
民主保育連盟　837c
民主労働者協会　1014b
民人同盟会　17b 1172c
民生委員　263c
民生委員制度　226c
民政党　829c 982c →立憲民政党
民撰議院設立　423b
民撰議院設立建白書　223b 285a 435c 582c 792a 920b 924b
民俗学　508b 1087b 1170a
民俗学研究所　1087c 1170b
民俗総合調査団　1170b
明朝活字　1060b
民法　155a 655a 931a
民法仮法則　163c
民法典大改正　743b
民法典論争　512c 719c 931a 939c 940a
民法判例研究会　545b
民法編纂局　931a
民本主義　301b 1143b
民友社　511c 712a 872c
民謡復興運動　1126c

む

無我苑　90a
昔語り　392c
無窮会　879b
無教会　149c
無教会主義　904a
无型　609c 983a
無原罪聖母会　529c
婿取婚　610a
武庫離宮　644c
武蔵高等学校　800b
武蔵水電　1076a
武蔵大学　800b
武蔵電気鉄道　422b
武蔵野鉄道　679a
無産政党綱領　1096a
無産大衆党　393c 564a 751a
無産婦人芸術聯盟　567c
虫プロダクション　687a
虫干　323b
武者図　433a
无声会　321c 883a 1121c
無政府共産党事件　439b
無線織　632a
無線電信法　648c

無線電話 732b
陸奥外交 1041a
陸奥国盛岡藩領嘉永六年一揆 1001a
無刀流 1093c
棟方志功記念館 1043a
棟方志功芸業展 1042c
宗像神社 558c
宗像農場 1043a
無辺春色画屋 309b
無法松の一生 80a 863a 997b
無銘 801a
無名会 694a 695c
無名館盟約 658a
村井カタン糸 1043b
村井汽船 1043b
村井兄弟商会 1043a
村井銀行 1043b
村井鉱業 1043b
村井貯蓄銀行 1043b
村上文庫 1046a
村上義光 430c
むらさき節 583a
村田銃 1048c
村の先生 517a
村の花嫁 418a
村山座 85b
室君 971c

め

明暗 61a
鳴鶴社 559b
明教堂 1080a
明訓校 497a
明月清風校 475b 926b
明工舎 229b
明治維新 1052c
明治会 469c 471c 641b
明治海運会社 147a
明治学院 111c 807c 853b 928c 1167c
明治義塾 727a
明治銀行 232a 991a
明治憲法 102c 290b 373c 529b 1053b 1163c 1179c →大日本帝国憲法
明治憲法草案 868c
明治鉱業株式合資会社 1081a
名士古聖を弔す 331c
明治座 81a 223a 317c 538b 610a 911c
明治三詩人 250a
明治三老農 766c 777c 845b 919a
明治七難件 655a
明治十四年の政変 94b 183c 758c 1091a 1105a
明治十六年事件 879b
明治女学校 352c 615a
明治神宮 947b
明治神宮競技大会 1123b
明治新聞雑誌文庫 573a 1032a
明治製糖会社 17b 507b
明治製糖株式会社 582a
明治製糖脱税事件 582b
明治聖徳記念学会 281b
明治生命保険会社 31a
明治生命保険会社 217a
明治専門学校 1081b
明治大学 337b 931b
明治炭坑株式会社 1081a
明治美術会 15b 300b 323a 419a 437a 752a 858a 973a 1119a
明治仏教史編纂所 725c
明治文学会 1087b
明治文学談話会 1087b
明治文化研究会 239c 351c 765b 1087b 1144b
明治法律学校 337b 931b
明治屋 1148a
明十社 559b
名樹散椿 852b
明粧 676c
名人 572a
明信館 598b
明新館 385b
明親館 339c
明政会 683b
明善記念館 364b
明電舎 498b
明道館 820b 981c 1103b
明糖事件 582b
名物裂 632a
明法社 174a
明法寮 931a
明楽座 1136b
明倫会 452c 637c
明倫学舎 1037c
明倫館 452b 694b
明倫堂学生登用法 708b
明六社 459a 549a 675c 783c 792a 896a 1016c 1065a
眼鏡橋 916b
目黒蒲田電鉄 422b
メソジスト監督教会 129a
メソジスト教会 262a 1095c 1102a
メデューサ号 944b
目のある風景 4b
目安箱 341b
メンソレータム 872b
メンデンホール記念賞 1054c
綿フランネル 828b

も

盲唖院 923c
盲唖教育 769b
蒙古襲来図 993b
猛虎図 335b
孟春丸 760a
毛武鉄道会社 91b
朦朧画 870c
盲聾教育 923b
朦朧体 1129c
朦朧派 212a
燃える人 224a
茂木銀行 1057a
茂木商店 1057a
木喰仏 1088c
「もく星」号 1003c
木曜会(1890結成) 221a
木曜会(1922結成) 82a 561a
木曜会(1931結成) 969a
木曜会(戦後結成) 480c
木蘭 819c
模型舞台研究所 88a
モスリン紡織株式会社 98b
もたれて立つ人 1149a
持立犁 558a
茂木領仕法 797c
元の神 771c
元切りの話 771c
ものおもい 71a
ものさし 145c
紅葉 1129c
紅葉屋 298a 327a
紅葉屋銀行 327a
紅葉屋商会 327a
桃太郎 614c
モラトリアム 104b
森鷗外記念会 1066c
森コンツェルン 1073b
森下仁丹株式会社 1069a
森下南陽堂 1068c
モリソン号 130c 706a 705a
モリソン文庫 68c
森田座 1070b 863b
森戸事件 33c 175c 274c 468c 1073a
森永製菓株式会社 1073b
森永西洋菓子製造所 1073a
森の掟 224a
森村学園 1074b
森村銀行 1074b
森村組 1074a
森村商事 1074b
森村同族株式会社 1074b
森村ブラザース 1074a
モールス信号 1054a
文覚 231b
文部省美術展覧会 212a 963c
モンマルトル裏 229c

や

ヤーパン号 276c
八重潮路 769a
矢表 971c
八海事件 963c

野外歴史地理学研究会　905a
野外歴史地理学研究所　905a
八木アンテナ　1078a
薬剤師　504c
薬師堂　75b
薬種中買株仲間　647b
薬草園　1025c
八雲　330a
八雲丸　980a
ヤクルト　1023b
薬研派　55b
野史亭　497b
屋島の義経　971c
安川電機　1081b
安川電機製作所　1081b
靖国神社　1144a
弥助砲　208a
安田火災　1082a
安田銀行　1082a
安田財閥　1081c
安田商事合名会社　1082a
安田商店　1082a
安田生命　1082a
安田生命馘首事件　178a
安田保善社　1082a →保善社
安田屋　1081c
谷田部領仕法　797c
夜多羅　1110b
八千草　1121c
薬局　504c
ヤド・ヴァシエム賞　551a
矢内原事件　1084c
柳川新田　1086b
柳沢統計研究所　1086c
柳田学　1087c
柳田文庫　1087c
柳廼社　694c
脂派　15b
矢野記念館　1090a
八幡製鉄所　188a 404b
八幡製鉄所事件　879b
八幡製鉄所争議　280c
弥彦塾　200b
山一合資会社　398c
山一証券　398c
山形義会　496c →東英社
山県内閣　427a
山県閥　1094c
山形屋　786b 995a
山県・ロバノフ協定　1094c
山川イズム　1097b
山口銀行　863c 1098c
山口合資　1098c
山口財閥　1098c
山国隊　860a
山国の秋　866c
山崎屋　324b
山下汽船株式会社　1102c
山下汽船鉱業株式会社　1102c
山下汽船合名会社　1102c
山下鉱業　1102c
山下商店　1103b
山下石炭株式会社　1102c
山科生幹事件　655a
山階鳥類研究所　1104b
山城　876b
山城小作争議　1116c
山新木綿　1109a
邪馬台国　432c
山田文法　1107c
山田村経済会　66c
大和　91a 696c 876b
大和行幸　411a 913b
大和倶楽部　708c
大和し美し版画巻　1042c
やまと新聞社　882c
大和文華館　1079a
大和報国運動　990b
大和紡績　631a
大和無産統一党　460a
大和屋　118b
山梨軍縮　1109c
山梨蚕糸協会　832a
山梨貯蓄銀行　1168c
山梨養蚕協会　832a
山葉楽器製造所　1111b
山葉風琴製作所　1111b
山邑邸　1150c
山村屋　248c
山村流　249a 1112a
山本天文台　1113c
山本内閣　512c
山本安英の会　1119b
山脇学園　1120b
山脇高等女学校　1120b
闇　16b
夜遊楽　1106b
弥生倶楽部　746c
「ヤルキ」(やる気)社　229b
柔　413b 1013b

ゆ

ゆあみ　541c
唯研事件　715b 750a
唯物論研究会　234c 444c 715b 750a 833b
友愛会　24a 394c 562b 646c 842a 972b 1143c
友愛会城東連合会　1179a
有為館　719b
有為社　935c
融貫社　67c
悠久　199b
遊撃軍　336c
遊撃隊(江戸幕府)　111a 457a 604a 1064a
遊撃隊(荻藩)　741a
猶興会　590c
猶興館　371c
憂国党　276b 519c
有志共立東京病院　590b
有司専制　1040c 1129b
有終館　307c 1107a
遊就館　277a
郵・商ユニオン　259c
又新会　590c
有信社　996b 1033a
又新堂　687c
融通会所　633b
郵船汽船三菱会社　441c
湧然する女者達々　1042c
有造館　448c
猶存社　177c 294b 338b 1015c
遊蝶花　214c
夕月　117c
夕和雲　822a
夕張　876b
有備館　346a
郵便　951a
郵便為替　951b
郵便汽船三菱会社　121c
郵便条約　951a
郵便報知新聞社　1046c 1071a
由分社　455c
友楽館　344a
有楽座　384a 693b 720b 924a 1141c
有楽座名人会　728b
雄略天皇陵　12c
有料自動車専用道路　679a
有料道路　636a
有隣会　228a 700b
融和事業　1035c
融和事業完成十ヵ年計画　1035c
愉快節　583a
ユーカラ　363a
湯川記念館　1123a
湯川理論　1122c
雪　899c
雪之丞変化　346c
雪の発電所　214c
雪晴　760c
雪ふり　105c
雪柳と海芋に波斯の壺　417c
行く春　303a
輸出入品等臨時措置法　1144c
ユダヤ人避難民　551a
湯女　676c
ゆにてりあん弘道会　1019c
ユニテリアン協会　512c
湯の町エレジー　413b
夢　1060a
夢淡き東京　914a
夢二式美人　623c

夢殿(法隆寺)　211c
夢殿(安田靫彦)　1082c
湯本報徳社　897b
熊野　347b

よ

酔ひどれ天使　1023c
宵の会　261a
宵待草　623c
養育院　24c 1017b
養育館　976b
洋画沿革展覧会　604b
洋学所(江戸幕府)　32b 412c
洋学所(会津藩)　1113c
洋楽伝来史　165c
窯業　1167b
洋銀相場会所　644a
養蚕改良競進組　352b
幼児開発協会　112a
幼児生活団　837c
揚州薫風　866c
養殖真珠　1004c
用心棒　390c 1023c
陽泉寺(東京)　1150c
幼稚園　571a
陽風園　251c
洋風版画会　243a
養蜂　55c
陽明学研究会　1080c
養命酒　744c
養老孝子　1101b
翼賛議員同盟　746b
翼賛政治会　289a 410a 431a 739a
翼賛政治体制協議会　746b
翼賛選挙　697c 746b
浴場の女　819a
横須賀製鉄所　930b 1166b
横須賀造船所　249c 930b
横田・前田法律事務所　954c
横綱　790b
横浜打払事件　245b
横浜英学所　853a 928c
横浜火災保険両会社　722a
横浜火災運送保険株式会社　260c
横浜瓦斯局　18a
横浜活版舎　1125a
横浜家庭学園　41b
横浜生糸　1074b
横浜共立学園　865a
横浜魚油会社　673a
横浜基督公会　723c
横浜銀行　880b
横浜公会　44c 138c 229a
横浜蚕糸売込業組合　854b
横浜蚕糸外四品取引所　260c
横浜事件　937c
横浜地震　1037a
横浜社会館　580c
横浜社会問題研究所　580c
横浜商業会議所　193a
横浜商業学校　193a
横浜正金銀行　585a 860a 942a
横浜商法会議所　961c 1168b
横浜市立大学病院　526a
横浜製茶検査所　458b
横浜精糖会社　582b
横浜石炭商会　1102c
横浜第一浸礼教会　919c
横浜第一長老公会　928c 1161c
横浜第一バプテスト教会　412c
横浜通商会社　644a
横浜天主堂　537b
横浜病院　526a
横浜仏語伝習所　267c
横浜平民結社　38b
横浜若尾銀行　1168b
横山大観記念館　1129c
夜桜　1129c
吉植農場　1132b
吉雄塾　492a
吉川英治賞　1134a
吉川汽船株式会社　1134b
吉川興農銀行会社　1134b
吉川奨励社　1134b
吉田・エバーツ条約　1136c
吉田内閣　76a 417a
吉田肉腫　1141b
吉野　284a
吉野神宮奉讃会　389a
義光勇戦図　793b
吉見百穴住居論　681b
米井商会　1148a
ヨネ桃の林　216c
予備感化院　429b 596a
予防拘禁所　496b 1111c
読売新聞社　535a 840a 994b
読売新聞社争議〔読売争議〕　535b 840a
夜見ヶ浜人　735b
蓬生　720b
黄泉比良坂　5b
頼朝会　206a
万朝報　252b
万朝報社　406c 505c
万屋　469c 765c
よろづたすけ　771c
弱法師　524c
四箇国条約　284b
四十日抗争　204a
四六答申　1073a

ら

癩　1017b →ハンセン病
雷撃隊　930c
雷声寺　842b
ライ予防協会　1157c
癩予防協会　1017b
癩療養所全生病院　1017b
洛外六題　852b
落語協会　280a 490a
落語組合　279c
落語三遊協会　490a
楽石社　58c
楽善会　769b
楽善堂　36b
楽善堂薬舗　334b
らくだの馬さん　164c
楽天会　508c
落梅　793b
落葉　871a
ラジオ　732b
ラジオ体操の歌　914a
羅紗製造所　104c
裸女　417b
羅生門　390c 750b 1023c
羅須地人協会　1030a
裸体美人　1149a
ラッパと娘　264b
ラッパ節　583a
ラッパを持てる少年　401c
ラテンアメリカ協会　146a
ラ・バタイユ　844b
裸婦　1045a
ラブミー農場　894a
ララミー牧場　1147b
乱　390c
嵐陰義塾　1076b
蘭学館　694b
蘭学資料研究会　218a
蘭書翻訳取締令　89a
籃胎漆器　654b
ランプ亡国論　472b
蘭方禁止令　89a

り

理化学研究所　9b 185b 275b 332b 465c 555b 606b 608a 724c 742a 790a 965b 1175a
理化学興業株式会社　185b
理学宗　548c
梨花村舎　1086a
力織機　65c
陸羽一三二号　29a 690b
陸運元会社　1146a
陸援隊　462a 644c 741b
陸軍　659a
陸軍刑法　675c
陸軍大学校　1054c
陸軍パンフレット　24a
陸軍奉行　189c
六書会　196b
リクルート事件　30c 620a 1029c

理研酒　555b
離騒　345b
理想団　389b 455c
立教YMCA　1061a
立教学校ミッション　1061a
立教女学院　130b
立教大学　130b 959c 1061a
立憲改進党　84a 100a 183c 238c 247a 286b 341b 408c 474a 512c 596c 679c 755b 799c 834c 910c 997c 1020b 1040a 1091a
立憲国民党　175b 409c 512c 842b
立憲自由党　270b 435b 546a 623a 740a 746c 935c 983b 1106c →自由党
立憲政体漸次樹立の詔　1053a
立憲政党　486a 714a 746c
立憲政友会　68a 97b 177a 213a 238c 270b 290b 323c 443c 497a 546b 550a 556b 678b 683b 714c 721a 740a 746b 754c 807a 827a 855a 936a 983b 1042b 1049b 1057c 1062a 1068b 1094c 1110b 1120a 1177a 1177b
立憲帝政党　900c 997a 1010b
立憲同志会　11c 161c 176a 279b 285c 424a 448a 512c 712b 747c 841c 968a 1050a 1169a
立憲民政党　466b 714c 721a 754c 763a 841c 1118a 1169a →民政党
立憲養正会　641b
立憲労働義会　383b
立志社　78a 270a 286b 460c 519b 617c 793b 851b 1120a
立志社陰謀事件　655a
立志社建白　132b
立志社の獄　1010b
立女　331c
立正安国会　641a
立正佼成会　752a
立誠社　759c
リットン調査団　127b
リットン報告書　1157b
立命館大学　244c 742c
李白観瀑図　819b
硫安　1073b
柳蓁流　385a
琉球海軍伝道会　928a
琉球帰属問題　267b 403c
琉球処分　533c 680a
琉球新報社　866a
琉球通宝　514a
琉球民殺害台湾事件　582c
竜護寺(山口)　902a
竜虎図屛風　819c
硫酸製造会社　886b
竜子記念館　321c
龍驤　696b
柳条湖事件　945c 1019b
竜翔寺(京都)　699c
竜井堂　801b
竜沢寺(静岡)　75b
竜池会　316c 333b 892a
凌雲閣　905a
両宜塾　690c
両国国技館　871c
菱湖流　249a
涼宵　819c
凌風丸　642c
両毛鉄道株式会社　615b
両毛鉄道会社　507b
遼陽の会戦　323a
緑蔭の饗莚　760c
緑庭　1099b
緑風会　109c 632c 1119c
旅順攻略　84c
旅順閉塞戦　42c
リリオム　164c
臨海実験所　1016a
臨海の村　117c
林業試験所　986a
リンゴ　55c
りんご追分　1013b
リンゴ事件　1011c
りんごの歌　480b
臨時外交調査委員会　500b 689c
臨時教育会議　219c
臨時行政改革推進審議会　714b
臨時行政調査会　714b
臨時軍用気球研究会　1127b
臨時産業合理局　745b
臨時台湾旧慣調査委員　245a
臨時理化学研究所　946c
臨時利得税　903c
林泉舞妓　676c

る

ルーテル教会　1111a
瑠爽画社　553c

れ

麗子像　335a
麗人　384a
冷水摩擦　469a
冷泉家時雨亭文庫　851a
霊泉由来　321c
麗沢社　497c
令知会　511b
嶺頭白雲　1121c
霊南坂教会　45a
黎明会　24a 114b 207c 394b 456a 468c 724c 733a 898c 1144a
霊友会　752a
歴史学研究会　837c
歴史教育　1170b
歴史研究と民俗学　1170b
歴史小説　14c
歴史民俗学　1170a
歴世服装美術研究会　557a
レコード　702c
レスツ＝ハウス　831a
レディバード号砲撃事件　820a
蓮華会　641a
蓮月焼　191b
連合　190c →日本労働組合総連合会
連合映画芸術家協会　735a
連合艦隊　13b 696c
連合生糸荷預所　961c
連合国軍最高司令官総司令部民間情報教育局　257b
連合国最高司令官　975b 1157a
連合国最高司令官総司令部民政局　1101a
連獅子　347a 347c
練武館　627a
練兵館　452a
蓮門教　519a
蓮門講社　519a

ろ

老猿　608b
滝園社　392b
労学会　805b 1007b 1172c
弄花事件　973c 416c 1036c →花札事件
浪曲　698c
労研センター　190c
浪士組　576a 1093b
浪士隊　960b 1160a
老人医療無料化　1022a
老人病研究所　218b
老壮会　177c 264b 294b 1015c
ローソク　378c
ロータリークラブ　1148c
労働共励館　831c
労働組合期成会　273c 512c 535a 599b 1129b
労働組合研究会　535a
労働組合総同盟関東金属労働組合　38c
労働組合総連合　757a
労働組合法案　576c
労働劇団　877b
労働公安事件　638a
労働事情調査所　1084a
労働社　590a 1141c
労働者講話会　562b
労働者懇親会　13a
労働者農民党　207c 393c
労働省婦人少年局　1096a
労働女塾　634b
労働新聞社　2a
労働農民党　9c 17c 24a 28b 207c 393c 553b 784b
労働問題演説会　599b

労働余暇会　741b
朗読研究会　694a 695b
浪人会　148c 1144a
浪人街　958c
老農　766c
労農芸術家聯盟　852b 882b
労農前衛党　483a
労農派　456b 463a
労農派教授グループ　175c
労農派教授グループ事件　153b
労農民衆党　744c
労農無産協議会　24a 281a 564b
老夫　752a
老母像　765b
ローマ字　640c 656a
羅馬字会　726c
ローマ字式カナ文字　72b
羅馬使節　952a
ローランス画伯の肖像　294c
六三制　638a
碌山美術館　231c
六潮会　760c 1099b
六徳組　1023a
鹿鳴館　442a
鹿鳴館時代　101b
ロケット　517c
盧溝橋事件　322c 531c 1040b
ロシア革命　605a
ロシア正教会　783a
魯迅友の会　618c
露探事件　13a
六海商社　759c
ロッキード事件　98b 240b 421c 636a
六工社　1172c
六〇六号　828c
羅馬コンスタンチン凱旋門　1025b
浪漫主義　510a 560c 1131b
浪漫主義短歌　1130c
ロマン=ロラン友の会　236c
ロンドン覚書　209c
ロンドン海軍軍縮会議　215c 284c 431a 450b 468a 478c 753a 841c 980c 1113b 1127a 1169a
ロンドン海軍軍縮条約　96a 290b 451a 500c 544c 1021b
ロンドン化学会　465b
ロンドン軍縮問題　161c
ロンドン国際経済会議　286c 893b
ロンドン条約　103b 943b 1109c
ロンドン伝道会　164a

わ

YMCA　448c 872b
隈板内閣　183c
ワイル病病原体　98a
若尾銀行　1168c
若尾倉庫　1168c
若尾貯蓄銀行　1168c
わが青春に悔なし　869a
若槻内閣　1169a
吾輩は猫である　1114a
若葉会　548c
若松港沖仲士労働組合　873a
ワカマツ=コロニー　566c
わかもの座　724b
若柳流　1170b
わかれ雲　418a
別れのブルース　834a
輪切体歴史　615b
和敬会　175b
和算　171a 1088b
和算書　332a
和紙　1131c
輪島漆芸技術研修所　983a
ワシントン会議　284b 450b 483c 500b 544c 893b 943b 1109b 1127c 1144a
ワシントン条約　1103a
早稲田詩社　581c
早稲田実業学校　33c
早稲田騒動〔-大学騒動〕　738c 207c 596c
早稲田大学　183c 247a 400b 596b 951b
→東京専門学校
早稲田大学社会学会　972b
和田安本　1180b
和田塾　477c
渡瀬線　1174b
わだつみのいろこの宮　5b
わだつみの像　544b
渡辺経済研究所　1178c
互瀬組　936b
和暖　617c
和辻倫理学　1180c
ワッパ騒動　416b
和仏法律学校　931b 1017a
和文ポイント活字　810b
笑の王国　707a 924a
和楽堂　804c
我等の家　879a

項目一覧

《死没年月日順》

渡辺崋山 1841.10.11
吉沢検校(初代) 1842.3.19
佐藤信淵 1850.1.6
高野長英 1850.10.30
水野忠邦 1851.2.10
徳川家慶 1853.6.22
江川太郎左衛門 1855.1.16
村田清風 1855.5.26
井戸弘道 1855.7.-
清元延寿太夫(2代) 1855.9.26
藤田東湖 1855.10.2
千葉周作 1855.12.10
二宮尊徳 1856.10.20
広瀬淡窓 1856.11.1
板倉勝明 1857.4.10
阿部正弘 1857.6.17
宇治紫文(初代) 1858.2.22
ペリー Matthew Calbraith Perry 1858.3.4
大原幽学 1858.3.7
井戸覚弘 1858.4.-
月性 1858.5.11
徳川家定 1858.7.6
島津斉彬 1858.7.16
鷹見泉石 1858.7.16
清元延寿太夫(3代) 1858.8.10
梁川星巌 1858.9.2
望月太左衛門(5代) 1859.2.12
杉田成卿 1859.2.19
柴田収蔵 1859.4.10
筒井政憲 1859.6.8
安島帯刀 1859.8.27
鵜飼吉左衛門 1859.8.27
島津斉興 1859.9.12
梅田雲浜 1859.9.14
林復斎 1859.9.17
三条実万 1859.10.6
橋本左内 1859.10.7
頼三樹三郎 1859.10.7
吉田松陰 1859.10.27
長岡監物 1859.12.17
武田簡吾 1859.-.-
有村次左衛門 1860.3.3
井伊直弼 1860.3.3
清水六兵衛(2代) 1860.3.-
佐久良東雄 1860.6.27
尾上菊五郎(4代) 1860.6.28
徳川斉昭 1860.8.15
堀利熙 1860.11.6
桂文治(5代) 1860.-.-
安積艮斎 1861.3.30
望月太左衛門(4代) 1861.4.17
飯田忠彦 1861.5.27
岩瀬忠震 1861.7.11
大関和七郎 1861.7.26
金子孫二郎 1861.7.26
中居屋重兵衛 1861.8.-
ヒュースケン Henry Conrad Joannes Heusken 1861.12.6
二宮敬作 1862.3.12
吉田東洋 1862.4.8
大槻俊斎 1862.4.9
有馬新七 1862.4.23
田中河内介 1862.5.1
関鉄之介 1862.5.11
羽倉簡堂 1862.7.3
大橋訥庵 1862.7.12
菊池教中 1862.8.8
成島司直 1862.8.13
長野義言 1862.8.27
来原良蔵 1862.8.29
宇津木六之丞 1862.10.27
池内陶所 1863.1.22
長井雅楽 1863.2.6
片岡仁左衛門(8代) 1863.2.16
清川八郎 1863.4.13
姉小路公知 1863.5.20
緒方洪庵 1863.6.10
牧野康哉 1863.6.13
箕作阮甫 1863.6.17
会沢正志斎 1863.7.14
安居院庄七 1863.8.13
鈴木重胤 1863.8.15
広瀬旭荘 1863.8.17
芹沢鴨 1863.9.16
藤本鉄石 1863.9.25
松本奎堂 1863.9.25
吉村虎太郎 1863.9.27
河上弥市 1863.10.14
一条忠香 1863.11.7
坂東三津五郎(4代) 1863.11.18
守田勘弥(11代) 1863.11.18
ブルース James Bruce, *8th Earl of Elgin and 12th Earl of* Kincardine 1863.11.20
萩原広道 1863.12.3
青木周弼 1863.12.16
宇宿彦右衛門 1863.12.24
中島広足 1864.1.21
伴林光平 1864.2.26
三浦命助 1864.3.10
堀田正睦 1864.3.21
錦小路頼徳 1864.4.27
冷泉為恭 1864.5.5
宮部鼎蔵 1864.6.5
吉田稔麿 1864.6.5
久世広周 1864.6.25
佐久間象山 1864.7.11
男谷精一郎 1864.7.16
来島又兵衛 1864.7.19
久坂玄瑞 1864.7.19
平野国臣 1864.7.20
真木保臣 1864.7.21
前田夏蔭 1864.8.26
周布政之助 1864.9.25
国司信濃 1864.11.11
益田右衛門介 1864.11.11
宍戸左馬之介 1864.11.12
福原越後 1864.11.12
中山忠光 1864.11.15
松島剛蔵 1864.12.19
河合惣兵衛 1864.12.26
鍵谷カナ 1864.-.-
武田耕雲斎 1865.2.4
藤田小四郎 1865.2.4
水野忠央 1865.2.25
スターリング *Sir* James Stirling 1865.4.22
ファン=デン=ブルーク Jan Karel van den Broek 1865.5.23
武市瑞山 1865.⑤.11
椋梨藤太 1865.⑤.28
ヒルドレス Richard Hildreth 1865.7.11
斎藤拙堂 1865.7.15
月形洗蔵 1865.10.23
広瀬保庵 1865.-.-
高島秋帆 1866.1.14
赤根武人 1866.1.25
カッテンダイケ Willem Johan Ridder Cornelis' Huijssen van Kattendijke 1866.2.6
松前崇広 1866.4.25
市川小団次(4代) 1866.5.8
徳川家茂 1866.7.20
藤井竹外 1866.7.21
太田権右衛門 1866.8.3
詫間樊六 1866.8.3
木下逸雲 1866.8.10
山県太華 1866.8.-
水野忠誠 1866.9.14
海保漁村 1866.9.18
シーボルト Philipp Franz von Siebold 1866.10.18
岸沢式佐(5代) 1866.12.19
窪田清音 1866.12.25
孝明天皇 1866.12.25
黒川春村 1866.12.26
宮本元甫 1866.-.-
竹内保徳 1867.2.-
吉川経幹 1867.3.20
高杉晋作 1867.4.14
高橋新五郎 1867.5.15
太田資始 1867.5.18
住谷寅之介 1867.6.13
菊川英山 1867.6.16
伊地知季安 1867.8.3
原市之進 1867.8.14
塩谷宕陰 1867.8.28
中村福助(2代) 1867.8.-
赤松小三郎 1867.9.3
草場佩川 1867.10.29
野村望東 1867.11.6
松本儀平 1867.11.8
庭田嗣子 1867.11.9
山田宇右衛門 1867.11.11
ジラール Prudence Seraphin Barthelemy Girard 1867.11.14
坂本竜馬 1867.11.15
中岡慎太郎 1867.11.17
物外不遷 1867.11.25
木内順二 1867.11.27
松平大膳 1867.12.2
大関増裕 1867.12.9
琳瑞 1867.12.19
井上清直 1867.12.28
桂文治(4代) 1867.-.-
山口吉郎兵衛(初代) 1867.-.-
柴山良助 1868.1.9
蜂須賀斉裕 1868.1.13
堀直虎 1868.1.17
滝善三郎 1868.2.9
箕浦元章 1868.2.23
超然 1868.2.29
相楽総三 1868.3.3
川路聖謨 1868.3.15

項目一覧

寺門静軒 1868. 3.24
徳川慶篤 1868. 4. 5
近藤勇 1868. 4.25
小栗忠順 1868.④. 6
時山直八 1868. 5.13
伴貞懿 1868. 5.15
戸田忠恕 1868. 5.26
野中助継 1868. 5.27
三宅艮斎 1868. 7. 3
木原楯臣 1868. 7. 8
水野忠徳 1868. 7. 9
桑田立斎 1868. 7.27
大隈言道 1868. 7.29
松平左近 1868. 8.10
三好監物 1868. 8.15
河井継之助 1868. 8.16
日柳燕石 1868. 8.25
橘曙覧 1868. 8.28
法道寺善 1868. 9.16
日高凉台 1868. 9.17
鷹司政通 1868.10.16
佐羽吉右衛門 1868.10.20
天野八郎 1868.11. 8
松前徳広 1868.11.29
土井利忠 1868.12. 3
跡部良弼 1868.12.20
井上八千代(2代) 1868. -. -
ニール Edward St. John Neale 1868. -. -
横井小楠 1869. 1. 5
常磐津文字太夫(5代) 1869. 2.29
玉楮象谷 1869. 2. -
甲賀源吾 1869. 3.25
市川三左衛門 1869. 4. 3
井上伝 1869. 4.26
玉虫左太夫 1869. 4.
土方歳三 1869. 5.11
伊庭八郎 1869. 5.12
牧野権六郎 1869. 6.28
念仏重兵衛 1869. 8. 9
安達幸之助 1869. 9. 4
松崎渋右衛門 1869. 9. 8
三笑亭可楽(4代) 1869. 9.10
土御門晴雄 1869.10. 6
新見正興 1869.10.18
大村益次郎 1869.11. 5
日鑑 1869.12. 8
佐藤三喜蔵 1870. 2. 4
グロ Baron Jean Baptiste Louis Gros 1870. 2. 8
ベッテルハイム Bernard Jean Bettelheim 1870. 2. 9
柳河春三 1870. 2.20
樋口武 1870. 6.14
小松帯刀 1870. 7.20
横山正太郎 1870. 7.27
小島文治郎 1870. 9. 7
長谷川宗右衛門 1870. 9.24
林桜園 1870.10.12
広瀬元恭 1870.10.27
栗原信充 1870.10.28
雲井竜雄 1870.12.28
伊東玄朴 1871. 1. 2
北浦定政 1871. 1. 7
広沢真臣 1871. 1. 8
鍋島直正 1871. 1.18
桂誉重 1871. 2. -
森山多吉郎 1871. 3.15
毛利敬親 1871. 3.28
ハルデス Hendrik Hardes 1871. 4.10
田宮如雲 1871. 4.19
鈴木雅之 1871. 4.21
河崎董 1871. 4.27
御堀耕助 1871. 5.13
川本幸民 1871. 6. 1
仲尾次政隆 1871. 7. 8
江見鋭馬 1871. 8.15
大国隆正 1871. 8.17
中村雀右衛門(初代) 1871. 8.18
広如 1871. 8.19
九条尚忠 1871. 8.21
新渡戸伝 1871. 9.27
青山延光 1871. 9.29
広瀬久兵衛 1871. 9.29
安藤信正 1871.10. 8
市川団蔵(6代) 1871.10.22
斎藤弥九郎(初代) 1871.10.24
モレル Edmund Morel 1871.11. 5
片岡仁左衛門(9代) 1871.11.22
愛宕通旭 1871.12. 3
外山光輔 1871.12. 3
河上彦斎 1871.12. 4
山口吉郎兵衛(2代) 1871. -. -
松岡磐吉 1871. -. -
島津久治 1872. 1. 4
本間棗軒 1872. 2. 8
玉松操 1872. 2.15
笠松謙吾 1872. 2.18
妹尾三郎平 1872. 3. 8
佐藤泰然 1872. 4.10
小原鉄心 1872. 4.15
大橋慎 1872. 6. 2
山内豊信 1872. 6.21
浅野長訓 1872. 7.26
秦瀬兵衛 1872. 8.17
吉沢検校(2代) 1872. 9.19
常磐津小文字太夫(6代) 1872.11.13
慈隆 1872.11.24
市川栄之助 1872.11.25
山城屋和助 1872.11.29
お美代の方 1872. -. -
大谷広次(5代) 1873. 2. 1
ホブソン Benjamin Hobson 1873. 2.16
片桐省介 1873. 2.19
バン=リード Eugene M. Van Reed 1873. 2. -
神田伯山(初代) 1873. 3.31
布田惟暉 1873. 4. 3
津崎矩子 1873. 8.23
八田知紀 1873. 9. 2
坂東三津五郎(6代) 1873. 9.11
沢宣嘉 1873. 9.27
鳥居耀蔵 1873.10. 3
セシーユ Jean - Baptiste - Thomas - Médée Cécille 1873.10. 9
長谷部恕連 1873.11.17
本荘宗秀 1873.11.20
酒井忠義 1873.12. 5
大庭雪斎 1873. -. -
尾上松緑(梅鶴松緑) 1873. -. -
入沢恭平 1874. 1.10
脇坂安宅 1874. 1.10
村松文三 1874. 1. -
中野半左衛門 1874. 2.13
大前田英五郎 1874. 2.26
秋月種殷 1874. 3.18
サボリ Nathaniel Savory 1874. 4.10
江藤新平 1874. 4.13
香月経五郎 1874. 4.13
島義勇 1874. 4.13
望月太左衛門(6代) 1874. 5. 7
前田慶寧 1874. 5.18
下曾根金三郎 1874. 6. 5
灰屋三郎助 1874. 6.23
武市熊吉 1874. 7. 9
美馬君田 1874. 7.27
哥沢芝金(初代) 1874. 8.27
池田種徳 1874. 9.12
リッター Hermann Ritter 1874.12.25
一竜斎貞山(2代) 1874. -. -
村田若狭 1874. -. -
中山績子 1875. 2.12
高田快清 1875. 3.12
本木昌造 1875. 9. 3
新門辰五郎 1875. 9.19
歌沢寅右衛門(2代) 1875.10.13
大田垣蓮月 1875.12.10
戸塚静海 1876. 1.29
植松茂岳 1876. 3.20
富本豊前太夫(3代) 1876. 5. 2
道契 1876. 7.23
秋元志朝 1876. 7.26
星恂太郎 1876. 7.27
宜湾朝保 1876. 8. 6
河合屏山 1876. 8.14
世古恪太郎 1876. 9.22
安井息軒 1876. 9.23
後藤一乗 1876.10.17
小出光教 1876.10.18
太田黒伴雄 1876.10.24
加屋霽堅 1876.10.24
宮崎車之助 1876.10.28
玉木文之進 1876.11. 6
山村登久 1876.11.23
前原一誠 1876.12. 3
横山俊彦 1876.12. 3
永岡久茂 1877. 1.12
高村太平 1877. 2.17
三野村利左衛門 1877. 2.21
江田国通 1877. 3. 4
篠原国幹 1877. 3. 4
谷村計介 1877. 3. 4
国沢新九郎 1877. 3.12
宮崎八郎 1877. 4. 6
武部小四郎 1877. 5. 3
伊達千広 1877. 5.18
増野徳民 1877. 5.20
木戸孝允 1877. 5.26
真清水蔵六(初代) 1877. 6.16
山田方谷 1877. 6.26
伊能穎則 1877. 7.11
池田慶徳 1877. 8. 2
杵屋六左衛門(11代) 1877. 8. 7
桜田治助 1877. 8. 7
菅運吉 1877. 8.10
福村周義 1877. 8.16
小林虎三郎 1877. 8.24
親子内親王 1877. 9. 2
山中新十郎 1877. 9. 9
桂久武 1877. 9.24
桐野利秋 1877. 9.24
西郷隆盛 1877. 9.24
別府晋介 1877. 9.24
辺見十郎太 1877. 9.24
村田新八 1877. 9.24
大山綱良 1877. 9.30
中根雪江 1877.10. 3
坂東彦三郎(5代) 1877.10. 1
三瀬周三 1877.10.19
池辺吉十郎 1877.10.26
アーサー James Hope Arthur 1877.12. 9
津波古政正 1877. -. -
林鶴梁 1878. 1.16
ホフマン Johann Joseph Hoffmann 1878. 1.19
ハリス Townsend Harris 1878. 2.25
岡田佐平治 1878. 3. 3
斎藤月岑 1878. 3. 6
春日潜庵 1878. 3.23
岡本保孝 1878. 4. 5
崎村常雄 1878. 5. 7
大久保利通 1878. 5.14

大槻磐渓　1878. 6. 13
菊池容斎　1878. 6. 16
沢村田之助(3代)　1878. 7. 7
関沢房清　1878. 7. 8
鷹司輔熙　1878. 7. 9
樺山資雄　1878. 7. 13
島田一良　1878. 7. 27
岩田好算　1878. 7. -
芳野金陵　1878. 8. 5
土屋邦敬　1878. 9. 1
東条琴台　1878. 9. 26
柏木忠俊　1878. 11. 29
手塚律蔵　1878. 11. 29
二条斉敬　1878. 12. 5
三輪田元綱　1879. 1. 14
司馬凌海　1879. 3. 11
酒井忠邦　1879. 3. 25
大原重徳　1879. 4. 1
加藤素毛　1879. 5. 12
伊藤小左衛門　1879. 5. 21
旃崖奕堂　1879. 8. 24
池田長発　1879. 9. 12
宇治紫文(2代)　1879. 9. 13
稲葉正巳　1879. 9. 16
川路利良　1879. 10. 13
清宮秀堅　1879. 10. 20
山内梅三郎　1879. 11. 11
ドンクル=キュルシウス Jan Hendrik Donker Curtius　1879. 11. 27
横山由清　1879. 12. 2
正親町公董　1879. 12. 27
竹内玄同　1880. 1. 12
葛城彦一　1880. 1. 23
武田成章　1880. 1. 28
エルメレンス C. J. Ermerins　1880. 2. 11
賀来惟熊　1880. 2. 25
近藤芳樹　1880. 2. 29
村垣範正　1880. 3. 15
関信三　1880. 4. -
ブラック John Reddie Black　1880. 6. 11
伊藤慎蔵　1880. 6. 17
ブラウン Samuel Robbins Brown　1880. 6. 19
野津鎮雄　1880. 7. 22
姉小路局　1880. 8. 9
笠原白翁　1880. 8. 23
富本豊前太夫(5代)　1880. 8. 23
三条西季知　1880. 8. 24
白石正一郎　1880. 8. 31
中村善右衛門　1880. 8. -
魚住源次兵衛　1880. 9. 16
粟津高明　1880. 10. 29
平田鉄胤　1880. 10. -
松村友松　1880. 11. 7
鮫島尚信　1880. 12. 4
阪谷朗廬　1881. 1. 15
中村仲蔵(大坂系4代)　1881. 2. 13
島村鼎甫　1881. 2. 25
鈴木徳次郎　1881. 3. 26
川上冬崖　1881. 5. 3
梅沢孫太郎　1881. 5. 20
斎藤利行　1881. 5. 26
高畠式部　1881. 5. 28
オイレンブルク Friendrich Albercht Graf zu Eulenburg　1881. 6. 2
下国安芸　1881. 6. 4
瀬川如皐　1881. 6. 28
清水喜助　1881. 8. 9
三遊亭円生(3代)　1881. 8. 16
内山七郎右衛門　1881. 8. 18
北原稲雄　1881. 10. 2
江木鰐水　1881. 10. 8
若江秋蘭　1881. 10. 11
田中久重(初代)　1881. 11. 7
榊原芳野　1881. 12. 2
野沢吉兵衛(4代)　1881. 12. 30
大村純熙　1882. 1. 12
岩井半四郎(8代)　1882. 2. 19
佐野増蔵　1882. 3. 13
内田五観　1882. 3. 29
フォンタネージ Antonio Fontanesi　1882. 4. 17
羽田野敬雄　1882. 6. 1
デュ=ブスケ Albert Charles Du Bousquet　1882. 6. 18
松田道之　1882. 7. 6
佐藤尚中　1882. 7. 23
大島友之允　1882. 8. 9
中村直三　1882. 8. 13
蜷川式胤　1882. 8. 21
鷲津宣光　1882. 10. 5
スミス Erasmus Peshine Smith　1882. 10. 21
芳村伊三郎(5代)　1882. 11. 24
松平定安　1882. 12. 1
和田一真　1882. 12. 4
佐田介石　1882. 12. 9
物集高世　1883. 1. 2
高井鴻山　1883. 2. 6
プリューイン Robert Hewson Pruyn　1883. 2. 26
レビッソーン Joseph Henry Levyssohn　1883. 3. 4
楠本端山　1883. 3. 18
戸田忠至　1883. 3. 30
古川躬行　1883. 5. 6
清水六兵衛(3代)　1883. 6. 4
笠原研寿　1883. 7. 16
ウィンチェスター Charles Alexander Winchester　1883. 7. 18
岩倉具視　1883. 7. 20
徳川慶勝　1883. 8. 1
中野梧一　1883. 9. 19
梶常吉　1883. 9. 20
川手文治郎　1883. 10. 10
プチャーチン Evfimii Vasilievich Putyatin　1883. 10. 16
徳大寺公純　1883. 11. 5
天璋院　1883. 11. 12
岸良兼養　1883. 11. 15
田母野秀顕　1883. 11. 29
得能良介　1883. 12. 27
嶺田楓江　1883. 12. 28
鶴賀新内(4代)　1883. -. -
鈴木舎定　1884. 1. 1
志摩利右衛門　1884. 1. 14
広川晴軒　1884. 1. 14
前田斉泰　1884. 1. 16
守脱　1884. 2. 10
ウィリアムズ Samuel Wells Williams　1884. 2. 16
万里小路博房　1884. 2. 22
徳川茂徳　1884. 3. 6
関口開　1884. 4. 12
大浦慶　1884. 4. 17
宍野半　1884. 5. 13
田中平八　1884. 6. 8
荻江露友(4代)　1884. 6. 30
押小路甫子　1884. 9. 2
安達清風　1884. 9. 15
プティジャン Bernard Thadée Petitjean　1884. 10. 7
佐竹義堯　1884. 10. 23
古賀謹一郎　1884. 10. 31
村上忠順　1884. 11. 23
間部詮勝　1884. 11. 28
成島柳北　1884. 11. 30
百武兼行　1884. 12. 21
洪英植　1884. -. -
呉長慶　1884. -. -
ロケニュ Joseph Marie Lucaiqne　1885. 1. 18
塚本明毅　1885. 2. 5
岩崎弥太郎　1885. 2. 7
ケプロン Horace Capron　1885. 2. 22
会津小鉄　1885. 3. 19
林正明　1885. 3. 21
パークス *Sir* Harry Smith Parkes　1885. 3. 22
亀井茲監　1885. 3. 23
宇都宮正顕　1885. 3. -
田代栄助　1885. 5. 17
加藤織平　1885. 5. 18
山中献　1885. 5. 25
橘耕斎　1885. 5. 31
川村迂叟　1885. 6. 4
ボードイン Antonius Franciscus Bauduin　1885. 6. 7
野沢喜八郎(6代)　1885. 6. 21
阿倍貞行　1885. 6. 23
グラント Ulysses Simpson Grant　1885. 7. 23
赤井景韶　1885. 7. 27
小室信介　1885. 8. 25
堀越安平　1885. 8. 25
フォルカド Théodore Augustin Forcade　1885. 9. 12
嘉納治郎作　1885. 9. 15
橋本実梁　1885. 9. 16
実川延若(初代)　1885. 9. 18
五代友厚　1885. 9. 25
クーパー *Sir* Augustus Leopold Kuper　1885. 10. 29
森立之　1885. 12. 6
島津久芳　1885. 12. 8
黒田一葦　1885. 12. 13
三井高福　1885. 12. 20
岡本健三郎　1885. 12. 26
桃井春蔵　1885. -. -
ブラウン Nathan Brown　1886. 1. 1
小野梓　1886. 1. 11
幟仁親王　1886. 1. 24
長谷川敬　1886. 1. 30
クラーク William Smith Clark　1886. 3. 9
滋野七郎　1886. 3. 16
伊木三猿斎　1886. 3. 20
大音青山　1886. 4. 19
伊地知正治　1886. 5. 23
沢辺正修　1886. 6. 19
山内豊範　1886. 7. 11
玉乃世履　1886. 8. 8
三宅友信　1886. 8. 8
近藤真琴　1886. 9. 4
富松正安　1886. 10. 5
大野規周　1886. 10. 6
吉村甚兵衛　1886. 11. 26
尺振八　1886. 11. 28
島崎正樹　1886. 11. 29
パジェス Léon Pagès　1886. 11. -
箕作秋坪　1886. 12. 3
井上省三　1886. 12. 10
高山長五郎　1886. 12. 10
中村仲蔵(江戸系3代)　1886. 12. 24
モーニケ Otto Gottlieb Johann Mohnike　1887. 1. 26
中山みき　1887. 2. 18
城多虎雄　1887. 2. 20
行秀　1887. 3. 5

項目一覧

黒田長溥 1887. 3. 7
沢山保羅 1887. 3. 27
大谷幸蔵 1887. 4. 6
阿部正外 1887. 4. 20
矢野玄道 1887. 5. 19
権田直助 1887. 6. 8
松沢求策 1887. 6. 25
六郷新三郎(5代) 1887. 7. 31
頓成 1887. 11. 19
島津久光 1887. 12. 6
吉原重俊 1887. 12. 19
カッペレッティ Giovanni Vincenzo Capp-elletti 1887. -. -
山口吉郎兵衛(3代) 1887. -. -
菅野八郎 1888. 1. 2
箱田六輔 1888. 1. 19
ハラタマ Koenraad Woulter Gratama 1888. 1. 19
松浦武四郎 1888. 2. 10
阿部真造 1888. 3. 21
ファビウス Gerhardus Fabius 1888. 3. 24
上野景範 1888. 4. 11
鶴田皓 1888. 4. 16
福田行誡 1888. 4. 25
中村福助(成駒屋系3代) 1888. 5. 5
中山忠能 1888. 6. 12
山岡鉄舟 1888. 7. 19
大久保忠寛 1888. 7. 31
バン=ボールクンバーク Robert Bruce van Valkenburgh 1888. 8. 1
斎藤弥九郎(2代) 1888. 8. 5
新居日薩 1888. 8. 29
広田憲寛 1888. 9. 9
三島通庸 1888. 10. 23
馬場辰猪 1888. 11. 1
狩野芳崖 1888. 11. 5
佐々木太郎 1888. 11. 27
田島直之 1888. 11. -
森有礼 1889. 2. 12
大橋一蔵 1889. 2. 13
シモンズ Duane B. Simmons 1889. 2. 19
工藤他山 1889. 2. 27
福田理軒 1889. 3. 19
一竜斎貞山(3代) 1889. 3. 21
板倉勝静 1889. 4. 6
河鍋暁斎 1889. 4. 26
ペルス=ライケン Gerhard Christiaan Coenraad Pels Rijcken 1889. 5. 2
関口隆吉 1889. 5. 10
上杉斉憲 1889. 5. 20
菅沼貞風 1889. 7. 6
弾直樹 1889. 7. 9
杉田玄端 1889. 7. 19
宮崎夢柳 1889. 7. 23
富本豊前太夫(4代) 1889. 9. 7
伊豆長八 1889. 10. 8
中村宗十郎 1889. 10. 8
来島恒喜 1889. 10. 18
三浦乾也 1889. 10. 7
森春濤 1889. 11. 21
古今亭志ん生(2代) 1889. 11. 24
伊達宗紀 1889. 11. 25
新納中三 1889. 12. 10
富田高慶 1890. 1. 5
村上英俊 1890. 1. 10
新島襄 1890. 1. 23
加藤九郎 1890. 1. -
井関盛艮 1890. 2. 11
唐人お吉 1890. 3. 27
沼間守一 1890. 5. 17
平山省斎 1890. 5. 23
松平慶永 1890. 6. 2
藤本善右衛門 1890. 6. 18
松岡明義 1890. 6. 22
柴田花守 1890. 7. 11
松平茂昭 1890. 7. 25
シュタイン Lorenz von Stein 1890. 9. 23
黒川良安 1890. 9. 28
サイル Edward W. Syle 1890. 10. 5
秋良貞温 1890. 10. 16
木村曙 1890. 10. 19
竹本長門太夫 1890. 10. 22
吉田辰五郎 1890. -. -
落合直澄 1891. 1. 6
永島段右衛門 1891. 1. 11
伊達邦直 1891. 1. 12
柳楢悦 1891. 1. 15
小笠原長行 1891. 1. 22
元田永孚 1891. 1. 22
堤磯右衛門 1891. 1. 28
ワーグマン Charles Wirgman 1891. 2. 8
青山景通 1891. 2. 11
マクシモービッチ Karl Ivanovich Maksimovich 1891. 2. 16
三条実美 1891. 2. 18
養鸕徹定 1891. 3. 15
松平斉民 1891. 3. 24
鈴木久太夫 1891. 4. 9
吉井友実 1891. 4. 22
小川松民 1891. 5. 30
中村正直 1891. 6. 7
山際七司 1891. 6. 9
佐々木弘綱 1891. 6. 25
永井尚志 1891. 7. 1
柴田是真 1891. 7. 13
吉田清成 1891. 8. 3
中御門経之 1891. 8. 27
若山儀一 1891. 9. 3
水谷民彦 1891. 9. 22
ゴンチャローフ Ivan Aleksandrovich Goncharov 1891. 9. 27
津田三蔵 1891. 9. 30
大沼枕山 1891. 10. 1
朝彦親王 1891. 10. 25
サマーズ James Summers 1891. 10. 26
野村文夫 1891. 10. 27
藤本清兵衛(初代) 1891. 10. 31
鹿島万平 1891. 12. 29
池上雪枝 1891. -. -
今北洪川 1892. 1. 16
植木枝盛 1892. 1. 23
遠藤七郎 1892. 1. -
五姓田芳柳 1892. 2. 1
信太意舒 1892. 4. 18
奈良専二 1892. 5. 4
福住正兄 1892. 5. 20
前田正之 1892. 7. 23
原坦山 1892. 7. 27
藤田茂吉 1892. 8. 19
ワーグナー Gottfried Wagner 1892. 11. 8
山田顕義 1892. 11. 11
平野富二 1892. 12. 3
伊達宗城 1892. 12. 20
古橋暉児 1892. 12. 24
山本覚馬 1892. 12. 28
徳田寛豊 1892. -. -
中山元成 1892. -. -
松森胤保 1892. -. -
島本仲道 1893. 1. 2
杉田仙十郎 1893. 1. 10
河竹黙阿弥 1893. 1. 22
ライト William V. Wright 1893. 2. 9
山田武甫 1893. 2. 23
エッゲルト Udo Eggert 1893. 3. 1
小橋勝之助 1893. 3. 12
下村善太郎 1893. 6. 4
寺島宗則 1893. 6. 7
清水次郎長 1893. 6. 12
梅亭金鵞 1893. 6. 30
伊東貫斎 1893. 7. 28
松野勇雄 1893. 8. 6
細川護久 1893. 8. 30
ミュラー Benjamin Carl Leopold Müller 1893. 9. 13
浦田長民 1893. 10. 2
柳沢保申 1893. 10. 2
渡辺台水 1893. 10. 15
内田政風 1893. 10. 18
松平容保 1893. 12. 5
市村羽左衛門(14代) 1893. -. -
モンブラン Comte Charles des Cantons de Montblanć 1893. -. -
羽田正見 1893. -. -
マガウアン Daniel Jerome Macgowan 1893. -. -
堀達之助 1894. 1. 3
辻維岳 1894. 1. 4
厳如 1894. 1. 15
末岡精一 1894. 1. 21
桂文楽(4代) 1894. 1. 28
武谷祐之 1894. 2. 1
ウィリス William Willis 1894. 2. 14
三井高喜 1894. 3. 11
吉雄圭斎 1894. 3. 15
浅田宗伯 1894. 3. 16
金玉均 1894. 3. 28
伊藤六郎兵衛 1894. 3. 30
北村透谷 1894. 5. 16
森寛斎 1894. 6. 2
矢野勘三郎 1894. 6. 4
松尾多勢子 1894. 6. 10
斎藤高行 1894. 6. 12
山口尚芳 1894. 6. 12
御巫清直 1894. 7. 4
高橋由一 1894. 7. 6
河津祐之 1894. 7. 12
茂木惣兵衛(初代) 1894. 8. 21
柳原前光 1894. 9. 2
榊原鍵吉 1894. 9. 11
中井弘 1894. 10. 10
高橋正作 1894. 10. 28
原忠順 1894. 10. 28
仮名垣魯文 1894. 11. 8
原田豊吉 1894. 12. 1
レースレル Karl Friedrich Hermann Roesler 1894. 12. 2
島津源蔵(初代) 1894. 12. 8
落合直亮 1894. 12. 11
三潴謙三 1894. 12. 29
能勢直陳 1894. -. -
畠山義信 1894. -. -
熾仁親王 1895. 1. 15
幸野楳嶺 1895. 2. 2
林洞海 1895. 2. 2
藤堂高猷 1895. 2. 9
丁汝昌 1895. 2. 12
岡松甕谷 1895. 2. 18
浜村蔵六(4代) 1895. 2. 24
長三洲 1895. 3. 13
井上毅 1895. 3. 17
片岡仁左衛門(10代) 1895. 4. 15
河野敏鎌 1895. 4. 24
全琫準 1895. 4. 24

鈴木昌司	1895. 4.30
武井柯亭	1895. 5.23
中村雀右衛門(2代)	1895. 7.20
グナイスト Rudolf von Gneist	1895. 7.22
鶴沢友次郎(5代)	1895. 8. 4
荻野独園	1895. 8.10
山中成太郎	1895. 8.26
有村連	1895.10. 2
閔妃	1895.10. 8
小中村清矩	1895.10.11
石河正竜	1895.10.16
能久親王	1895.10.28
中村勘三郎(13代)	1895.10.29
吉川泰二郎	1895.11.12
北風正造	1895.12. 5
山村友五郎(2代)	1895.12.21
関谷清景	1896. 1. 9
川田甕江	1896. 2. 2
杵屋勝三郎(2代)	1896. 2. 5
末広鉄腸	1896. 2. 5
若松賤子	1896. 2.10
金弘集	1896. 2.11
平井希昌	1896. 2.12
林広守	1896. 4. 5
恭親王奕訢	1896. 4.10
槇村正直	1896. 4.21
大迫貞清	1896. 4.27
ゴーブル Jonathan Goble	1896. 5. 1
丸尾文六	1896. 5. 1
永楽和全	1896. 5. 6
ウェルニッヒ Albrecht Ludwig Agathon Wernich	1896. 5.19
島津忠寛	1896. 6.20
渡辺驥	1896. 6.21
平田安吉	1896. 7.19
関根矢作	1896. 7.30
広田亀治	1896.10. 3
若尾幾造(初代)	1896.10.10
荒尾精	1896.10.30
杵屋正次郎(3代)	1896.10.31
川田小一郎	1896.11. 7
樋口一葉	1896.11.23
毛利元徳	1896.12.23
小宮山綏介	1896.12.24
リサール José Rizal	1896.12.30
魚允中	1896. -. -
関沢明清	1897. 1. 9
英照皇太后	1897. 1.11
永田一二	1897. 1.28
長谷川昭道	1897. 1.30
西周	1897. 1.31
栗本鋤雲	1897. 3. 6
田中頼庸	1897. 4.10
瓜生岩	1897. 4.19
薩埵正邦	1897. 6.14
岸竹堂	1897. 7.27
後藤象二郎	1897. 8. 4
神津仙三郎	1897. 8.18
守田勘弥(12代)	1897. 8.21
陸奥宗光	1897. 8.24
宇都宮黙霖	1897. 9.15
町田久成	1897. 9.15
山地元治	1897.10. 3
河田景与	1897.10.12
菅政友	1897.10.22
オールコック *Sir* Rutherford Alcock	1897.11. 2
森田思軒	1897.11.14
箕作麟祥	1897.11.29
浜田彦蔵	1897.12.12
島津忠義	1897.12.26
松平直哉	1897.12.31
子安峻	1898. 1.15
木村九蔵	1898. 1.29
加納夏雄	1898. 2. 3
大院君	1898. 2.22
岸沢式佐(6代)	1898. 2.26
フルベッキ Guido Herman Fridolin Verbeck	1898. 3.10
近衛忠熙	1898. 3.18
森岡昌純	1898. 3.27
豊沢団平(2代)	1898. 4. 1
キオソーネ Edoardo Chiossone	1898. 4.11
岡本黄石	1898. 4.12
小室信夫	1898. 6. 5
白根専一	1898. 6.14
船津伝次平	1898. 6.15
野口幽谷	1898. 6.26
神田孝平	1898. 7. 5
稲葉正邦	1898. 7.15
崔時亨	1898. 7.20
高橋健三	1898. 7.22
島田篁村	1898. 8.27
田崎草雲	1898. 9. 1
中西梅花	1898. 9. 3
柏木貨一郎	1898. 9. 6
金炳始	1898. 9.16
片平信明	1898.10. 6
金鴻陸	1898.10.10
小野広胖	1898.10.29
佐久間貞一	1898.11. 6
中浜万次郎	1898.11.12
四条隆謌	1898.11.23
レイ Horatio Nelson Lay	1898. -. -
古河勇	1899. 1.15
勝海舟	1899. 1.19
師岡正胤	1899. 1.23
栗田寛	1899. 1.25
原善三郎	1899. 2. 6
清水誠	1899. 2. 8
滝本金蔵	1899. 2. 9
和田篤太郎	1899. 2.24
西川鯉三郎(初代)	1899. 2.25
中島信行	1899. 3.27
沢村田之助(4代)	1899. 4. 3
高木仙右衛門	1899. 4.13
遠藤允信	1899. 4.20
村田氏寿	1899. 5. 8
川上操六	1899. 5.11
石川総管	1899. 6.23
矢田部良吉	1899. 8. 8
丸山作楽	1899. 8.19
永見伝三郎	1899. 8.27
ル=ジャンドル Charles William Le Gendre	1899. 9. 1
大木喬任	1899. 9.26
西四辻公業	1899.10. 7
長沢別天	1899.11.22
ピアソン Louise Henrietta Pierson	1899.11.28
池田茂政	1899.12.12
原田直次郎	1899.12.26
谷口靄山	1899.12.30
市川斎宮	1899. -. -
フュレ Louis Auguste Théodore Furet	1900. 1.15
税所敦子	1900. 2. 4
品川弥二郎	1900. 2.26
外山正一	1900. 3. 8
秋田静臥	1900. 3.14
高砂浦五郎(初代)	1900. 4. 8
安駒寿	1900. 5.27
臥雲辰致	1900. 6.29
三遊亭円朝(初代)	1900. 8.11
岩下方平	1900. 8.15
黒田清隆	1900. 8.23
飯田武郷	1900. 8.26
アンベール Aimé Humbert	1900. 9.19
大西祝	1900.11. 2
仁礼景範	1900.11.22
酒井雄三郎	1900.12. 9
富永有隣	1900.12.20
小松三省	1900.12.27
尾高惇忠	1901. 1. 2
河竹新七(3代)	1901. 1.10
伊藤圭介	1901. 1.20
福沢諭吉	1901. 2. 3
早矢仕有的	1901. 2.18
中村富十郎(3代)	1901. 2.21
大島高任	1901. 3.29
カクラン George Cochran	1901. 5.24
渡辺洪基	1901. 5.24
岸田俊子	1901. 5.25
大河内正質	1901. 6. 2
星亨	1901. 6.21
ロッシュ Léon Roches	1901. 6.26
尚泰	1901. 8.19
滝和亭	1901. 9.28
宍戸璣	1901.10. 1
中上川彦次郎	1901.10. 7
鹿島則文	1901.10.10
大橋佐平	1901.11. 3
田中長兵衛(初代)	1901.11. 7
李鴻章	1901.11. 7
木村芥舟	1901.12. 9
中江兆民	1901.12.13
ハウス Edward Howard House	1901.12.18
敷田年治	1902. 1.30
楠本正隆	1902. 2. 7
森松次郎	1902. 2.26
大洲鉄然	1902. 4.25
芳村伊三郎(6代)	1902. 5.10
宗重正	1902. 5.25
真名井純一	1902. 7.16
西郷従道	1902. 7.18
宇都宮三郎	1902. 7.23
藤本荘太郎	1902. 7.28
氏家直国	1902. 7. -
稲垣示	1902. 8. 9
西村茂樹	1902. 8.18
冷泉雅二郎	1902. 9. 4
長与専斎	1902. 9. 8
正岡子規	1902. 9.19
ベックマン Wilhelm Böckmann	1902.10.22
新田邦光	1902.11.25
川崎千虎	1902.11.27
佐野常民	1902.12. 7
高山樗牛	1902.12.24
山本東次郎(初代)	1902. -. -
大谷光尊	1903. 1.18
花柳寿輔(初代)	1903. 1.28
鈴木重義	1903. 1.31
成瀬正肥	1903. 2. 4
高橋泥舟	1903. 2.13
彰仁親王	1903. 2.18
尾上菊五郎(5代)	1903. 2.18
池田泰真	1903. 3. 7
指原安三	1903. 3. 9
松本荘一郎	1903. 3.19
古河市兵衛	1903. 4. 5
石坂周造	1903. 5.22
藤村操	1903. 5.22
清沢満之	1903. 6. 6
内藤耻叟	1903. 6. 7
磯野小右衛門	1903. 6.11
滝廉太郎	1903. 6.29
潮田千勢子	1903. 7. 4
伊藤忠兵衛(初代)	1903. 7. 8

項目一覧

津田真道 1903. 9. 3
杵屋勝三郎(3代) 1903. 9. 11
市川団十郎(9代) 1903. 9. 13
荒尾成章 1903. 9. 21
松平頼聡 1903. 10. 17
尾崎紅葉 1903. 10. 30
片岡健吉 1903. 10. 31
落合直文 1903. 12. 16
市村羽左衛門(13代) 1903. -. -
近衛篤麿 1904. 1. 1
天田愚庵 1904. 1. 17
三遊亭円生(4代) 1904. 1. 27
田口和美 1904. 2. 3
高野房太郎 1904. 3. 12
清元延寿太夫(4代) 1904. 3. 16
アーノルド Sir Edwin Arnold 1904. 3. 24
広瀬武夫 1904. 3. 27
西毅一 1904. 3. 28
清野勉 1904. 3. -
斎藤緑雨 1904. 4. 13
沖禎介 1904. 4. 21
横川省三 1904. 4. 21
阿部彦太郎 1904. 5. 5
上野彦馬 1904. 5. 22
鴻雪爪 1904. 6. 18
松井康直 1904. 7. 5
松岡荒村 1904. 7. 23
市川左団次(初代) 1904. 8. 7
山口素臣 1904. 8. 7
川村純義 1904. 8. 12
小泉八雲 1904. 9. 26
秋月種樹 1904. 10. 17
伊達邦成 1904. 11. 29
春木義彰 1904. 12. 17
松岡調 1904. 12. 17
島村光津 1904. -. -
スクリーバ Jurius Scriba 1905. 1. 3
マクドナルド Davidson Mac Dinaod 1905. 1. 3
常磐津文字兵衛(初代) 1905. 1. 6
吉田玉造(初代) 1905. 1. 12
内海忠勝 1905. 1. 20
副島種臣 1905. 1. 31
松林伯円 1905. 2. 8
イーストレイク Frank Warington Eastlake 1905. 2. 18
田中久重(2代) 1905. 2. 22
黄遵憲 1905. 2. 23
マレー David Murray 1905. 3. 6
竹崎順子 1905. 3. 7
高橋健三 1905. 4. 5
田口卯吉 1905. 4. 13
鳥尾小弥太 1905. 4. 13
小幡篤次郎 1905. 4. 16
エドキンズ Joseph Edkins 1905. 4. -
津田出 1905. 6. 2
岸田吟香 1905. 6. 7
神鞭知常 1905. 6. 21
巌谷一六 1905. 7. 11
城常太郎 1905. 7. 26
佐双左仲 1905. 10. 9
尾崎忠治 1905. 10. 16
神谷与平治 1905. 10. 17
陳天華 1905. 12. 8
亀井至一 1905. -. -
岩村高俊 1906. 1. 4
九条道孝 1906. 1. 4
福地源一郎 1906. 1. 4
林遠里 1906. 1. 30
壬生基修 1906. 3. 6
三崎亀之助 1906. 3. 16
三吉正一 1906. 3. 24
渥美契縁 1906. 4. 16
横井時冬 1906. 4. 18
常磐津林中 1906. 5. 6
久保田米僊 1906. 5. 19
杉村濬 1906. 5. 21
沖牙太郎 1906. 5. 29
相良知安 1906. 6. 10
矢野二郎 1906. 6. 17
オズーフ Pierre Marie Osouf 1906. 6. 27
メッケル Klemens Wilhelm Jacob Meckel 1906. 7. 5
児玉源太郎 1906. 7. 23
徳川茂承 1906. 8. 20
黒川真頼 1906. 8. 29
陽其二 1906. 9. 24
佐々友房 1906. 9. 28
藤浪与兵衛(初代) 1906. 10. 14
新井章吾 1906. 10. 16
佐野経彦 1906. 10. 16
平岡浩太郎 1906. 10. 24
海江田信義 1906. 10. 27
諸戸清六 1906. 11. 12
山本芳翠 1906. 11. 15
崔益鉉 1906. 11. 17
ブルック John Mercer Brooke 1906. 12. 14
石坂昌孝 1907. 1. 13
川崎八右衛門 1907. 1. 13
角藤定憲 1907. 1. 20
田能村直入 1907. 1. 21
西村勝三 1907. 1. 31
清元梅吉(初代) 1907. 2. 1
奥村五百子 1907. 2. 7
波多野伝三郎 1907. 2. 13
松本順 1907. 3. 12
池田伴親 1907. 3. 15
金井之恭 1907. 5. 13
クラーク Edward Warren Clark 1907. 6. 5
飯降伊蔵 1907. 6. 9
鶴賀新内(6代) 1907. 6. -
エンデ Hermann Ende 1907. 8. 10
石塚重平 1907. 8. 12
福羽美静 1907. 8. 14
水野忠敬 1907. 8. 17
陸羯南 1907. 9. 2
名村泰蔵 1907. 9. 6
北尾次郎 1907. 9. 7
ブッセ Ludwig Busse 1907. 9. 13
網島梁川 1907. 9. 14
佐田白茅 1907. 10. 4
中山慶子 1907. 10. 5
伊庭想太郎 1907. 10. 31
林友幸 1907. 11. 8
浅井忠 1907. 12. 19
古河太四郎 1907. 12. 26
ウエスト Charles Dickinson West 1908. 1. 10
三木竹二 1908. 1. 10
吉井源太 1908. 1. 10
橋本雅邦 1908. 1. 13
荒木古童(初代) 1908. 1. 17
柳川秀勝 1908. 2. 6
那珂通世 1908. 3. 2
佐藤誠実 1908. 3. 11
田添鉄二 1908. 3. 19
岩崎弥之助 1908. 3. 25
水野年方 1908. 4. 7
松浦詮 1908. 4. 13
小出粲 1908. 4. 15
津田仙 1908. 4. 24
ベルニ François Léonce Verny 1908. 5. 2
松野礀 1908. 5. 14
小室重弘 1908. 6. 13
川上眉山 1908. 6. 15
大道長安 1908. 6. 15
国木田独歩 1908. 6. 23
児島惟謙 1908. 7. 1
松平定敬 1908. 7. 21
シーボルト Heinrich Philipp von Siebold 1908. 8. 11
服部誠一 1908. 8. 15
三好退蔵 1908. 8. 18
遠藤芳樹 1908. 9. 11
フェノロサ Ernest Francisco Fenollosa 1908. 9. 21
ポンペ=ファン=メールデルフォールト Johannes Lijdius Catharinus Pompe van Meerdervoort 1908. 10. 3
野津道貫 1908. 10. 18
円城寺清 1908. 10. 21
西太后 1908. 10. 22
榎本武揚 1908. 10. 26
謝花昇 1908. 10. 29
エアトン William Edward Ayrton 1908. 11. 8
稲垣満次郎 1908. 11. 25
星野長太郎 1908. 11. 27
西ノ海嘉治郎(初代) 1908. 11. 30
岡沢精 1908. 12. 12
鳥谷部春汀 1908. 12. 21
梅若実(初代) 1909. 1. 19
野村靖 1909. 1. 24
田中不二麻呂 1909. 2. 1
柳川一蝶斎(3代) 1909. 2. 17
ジェーンズ Leroy Lansing Janes 1909. 3. 27
雲照 1909. 4. 13
由利公正 1909. 4. 28
二葉亭四迷 1909. 5. 10
松平太郎 1909. 5. 24
西川藤吉 1909. 6. 22
水野寅次郎 1909. 6. -
国友重章 1909. 7. 16
荒井郁之助 1909. 7. 19
緒方惟準 1909. 7. 21
ハリマン Edward Henry Harriman 1909. 9. 9
箕作佳吉 1909. 9. 16
中井敬所 1909. 9. 30
正親町三条実愛 1909. 10. 20
伊藤博文 1909. 10. 26
張之洞 1909. 10. -
高橋竹之介 1909. 11. 7
田中伝左衛門(9代) 1909. 11. 11
古橋源六郎 1909. 11. 13
浜村蔵六(5代) 1909. 11. 25
依田学海 1909. 11. 27
本野盛亨 1909. 12. 10
アレクセーエフ Evgenii Ivanovich Alekseev 1909. -. -
中村時蔵(2代) 1909. -. -
大給恒 1910. 1. 6
清水卯三郎 1910. 1. 20
藤岡作太郎 1910. 2. 3
濤川惣助 1910. 2. 9
高嶺秀夫 1910. 2. 22
佐佐木高行 1910. 3. 2
佐藤清臣 1910. 3. 17
安重根 1910. 3. 26
小杉榲邨 1910. 3. 29
岩倉具定 1910. 4. 1
小野湖山 1910. 4. 10
佐久間勉 1910. 4. 15
荻原守衛 1910. 4. 22
川島甚兵衛 1910. 5. 5

衛門内侍 1910. 5. 7
松原佐久 1910. 5. 31
税所篤 1910. 6. 21
キダー Mary Eddy Kidder 1910. 6. 25
角田喜右作 1910. 6. 25
ボアソナード Gustave Emil Boissonade de Fontarabie 1910. 6. 27
徳川昭武 1910. 7. 3
田中市兵衛 1910. 7. 25
井上勝 1910. 8. 2
柴田承桂 1910. 8. 2
川尻宝岑 1910. 8. 10
桐竹紋十郎(初代) 1910. 8. 15
梅謙次郎 1910. 8. 26
川之辺一朝 1910. 9. 5
曾禰荒助 1910. 9. 13
大和田建樹 1910. 10. 1
山田美妙 1910. 10. 24
デービス Jerome Dean Davis 1910. 11. 4
ウィリアムズ Channing Moore Williams 1910. 12. 2
奥野昌綱 1910. 12. 2
重野安繹 1910. 12. 6
信夫恕軒 1910. 12. 11
宝山左衛門(2代) 1910. 12. 20
今村長賀 1910. 12. 27
明石博高 1910. -. -
エンソー George Ensor 1910. -. -
雨宮敬次郎 1911. 1. 20
シーボルト Alexander Georg Gustav von Siebold 1911. 1. 23
内山愚童 1911. 1. 24
大石誠之助 1911. 1. 24
奥宮健之 1911. 1. 24
幸徳秋水 1911. 1. 24
宮下太吉 1911. 1. 24
森近運平 1911. 1. 24
管野スガ 1911. 1. 25
ワイコフ Martin Nevius Wyckoff 1911. 1. 27
松井直吉 1911. 2. 1
島地黙雷 1911. 2. 3
桂文治(6代) 1911. 2. 17
野沢吉兵衛(5代) 1911. 2. 22
森槐南 1911. 3. 7
栗原亮一 1911. 3. 13
青木繁 1911. 3. 24
河島醇 1911. 4. 28
デフォレスト John Kinne Hoyde Deforest 1911. 5. 8
平子鐸嶺 1911. 5. 10
谷干城 1911. 5. 13
清元梅吉(2代) 1911. 5. 14
鶴賀新内(7代) 1911. 5. 21
西山志澄 1911. 5. 23
哥沢芝金(3代) 1911. 5. 27
大鳥圭介 1911. 6. 15
武田範之 1911. 6. 23
内藤魯一 1911. 6. 29
宇野円三郎 1911. 7. 20
ブリュネ Jules Brunet 1911. 8. 12
平松時厚 1911. 8. 22
坂本直寛 1911. 9. 6
下瀬雅允 1911. 9. 6
市川団蔵(7代) 1911. 9. 11
田辺有栄 1911. 9. 14
菱田春草 1911. 9. 16
クザン Jules Alphonse Cousin 1911. 9. 18
ヘボン James Curtis Hepburn 1911. 9. 21
鳩山和夫 1911. 10. 3
大下藤次郎 1911. 10. 10
長瀬富郎 1911. 10. 26
川上音二郎 1911. 11. 11
谷森善臣 1911. 11. 16
アストン William George Aston 1911. 11. 22
小村寿太郎 1911. 11. 26
グラバー Thomas Blake Glover 1911. 12. 16
古沢滋 1911. 12. 24
名倉太郎馬 1911. -. -
平尾在脩 1911. -. -
東久世通禧 1912. 1. 4
岩佐純 1912. 1. 5
リギンズ John Liggins 1912. 1. 7
椋木潜 1912. 1. 31
下山順一郎 1912. 2. 12
スタウト Henry Stout 1912. 2. 16
ニコライ Nikolai 1912. 2. 16
池辺三山 1912. 2. 28
高崎正風 1912. 2. 28
西寛二郎 1912. 2. 28
鷲尾隆聚 1912. 3. 4
長谷川泰 1912. 3. 11
デーニッツ Wilhelm Dönitz 1912. 3. 12
書上順四郎 1912. 3. 25
本多庸一 1912. 3. 26
藤田伝三郎 1912. 3. 30
石本新六 1912. 4. 2
岸本辰雄 1912. 4. 4
小野太三郎 1912. 4. 5
Edward Divers 1912. 4. 8
堀基 1912. 4. 8
石川啄木 1912. 4. 13
浅田正文 1912. 4. 18
ノックス George William Knox 1912. 4. 25
岡本柳之助 1912. 5. 14
李容九 1912. 5. 22
松旭斎天一 1912. 6. 14
明治天皇 1912. 7. 29
長谷川芳之助 1912. 8. 12
ブース William Booth 1912. 8. 20
渋沢喜作 1912. 8. 30
杵屋六左衛門(12代) 1912. 8. 31
西郷孤月 1912. 8. 31
田岡嶺雲 1912. 9. 7
乃木希典 1912. 9. 13
植松考昭 1912. 9. 14
穂積八束 1912. 10. 5
マンスフェルト Constant George van Mansvelt 1912. 10. 17
ブリンクリ Francis Brinkley 1912. 10. 28
茂木惣兵衛(2代) 1912. 10. 29
川崎正蔵 1912. 12. 2
元良勇次郎 1912. 12. 13
小川義綏 1912. 12. 19
ライト William Ball Wright 1912. -. -
小島竜太郎 1913. 1. 5
速水堅曹 1913. 1. 18
兼松房治郎 1913. 2. 6
川端玉章 1913. 2. 14
本居豊穎 1913. 2. 15
坂崎紫瀾 1913. 2. 17
瓜生寅 1913. 2. 23
小柳津勝五郎 1913. 3. 5
ダグラス Archibald Lucius Douglas 1913. 3. 13
宋教仁 1913. 3. 22
上原六四郎 1913. 4. 1
平沼専蔵 1913. 4. 6
木村正辞 1913. 4. 11
山本幸彦 1913. 5. 23
坪井正五郎 1913. 5. 26
松本重太郎 1913. 6. 20
荻野吟子 1913. 6. 23
沢辺琢磨 1913. 6. 25
威仁親王 1913. 7. 10
林董 1913. 7. 10
奥原晴湖 1913. 7. 28
石川光明 1913. 7. 30
伊藤左千夫 1913. 7. 30
竹本大隅太夫(3代) 1913. 7. 31
ミルン John Milne 1913. 7. 31
中林梧竹 1913. 8. 4
ベルツ Erwin von Baelz 1913. 8. 31
岡倉天心 1913. 9. 2
鈴木藤三郎 1913. 9. 4
田中正造 1913. 9. 4
阿部守太郎 1913. 9. 6
若尾逸平 1913. 9. 7
グリーン Daniel Crosby Greene 1913. 9. 15
松村文次郎 1913. 9. 23
桂太郎 1913. 10. 10
堀真五郎 1913. 10. 25
岡橋治助 1913. 11. 2
渡辺昇 1913. 11. 10
田村顕允 1913. 11. 20
徳川慶喜 1913. 11. 22
キダー Anna H. Kidder 1913. 11. 23
デニング Walter Dening 1913. 12. 5
末永純一郎 1913. 12. 31
デットリング Gustaf Detring 1913. -. -
中井太一郎 1913. -. -
伊東祐亨 1914. 1. 16
吉富簡一 1914. 1. 18
石井十次 1914. 1. 30
広瀬宰平 1914. 1. 31
永岡鶴蔵 1914. 2. 10
宝山左衛門(3代) 1914. 2. 11
青木周蔵 1914. 2. 16
岡鹿門 1914. 2. 28
下岡蓮杖 1914. 3. 3
松田正久 1914. 3. 4
長谷場純孝 1914. 3. 15
平出修 1914. 3. 17
羽田恭輔 1914. 3. 30
昭憲皇太后 1914. 4. 11
山座円次郎 1914. 5. 28
デニソン Henry Willard Denison 1914. 7. 3
井上頼圀 1914. 7. 4
高砂浦五郎(2代) 1914. 7. 4
武藤幸逸 1914. 8. 20
斎藤万吉 1914. 9. 2
大島貞益 1914. 10. 19
高山甚太郎 1914. 10. 23
佐藤北江 1914. 10. 30
高島嘉右衛門 1914. 11. 14
押川春浪 1914. 11. 16
埘和為昌 1914. 11. 21
鶴原定吉 1914. 12. 2
石川藤八 1914. -. -
岡田良一郎 1915. 1. 1
楊守敬 1915. 1. 9
後藤伊左衛門 1915. 1. 10
有坂成章 1915. 1. 11
岸本五兵衛(2代) 1915. 1. 19

芳村正秉	1915. 1.21
シャノアーヌ Charles Sulpice Jules Chanoine	1915. 1.29
長塚節	1915. 2. 8
岩村通俊	1915. 2.20
森山芳平	1915. 2.27
土肥春曙	1915. 3. 2
ビッテ Sergei Yulievich Vitte	1915. 3.13
香川敬三	1915. 3.18
遠藤利貞	1915. 4.20
松平正直	1915. 4.20
古荘嘉門	1915. 5.10
荒木寛畝	1915. 6. 2
横山源之助	1915. 6. 3
川勝鉄弥	1915. 6.11
鍋島直彬	1915. 6.14
鈴木三蔵	1915. 6.25
島田翰	1915. 7.28
佐久間左馬太	1915. 8. 5
西川春洞	1915. 8.10
井上馨	1915. 9. 1
五姓田義松	1915. 9. 4
石川理紀之助	1915. 9. 8
マクドナルド *Sir* Claude Maxwell Macdonald	1915. 9.10
田辺太一	1915. 9.16
岡内重俊	1915. 9.19
海野勝珉	1915.10. 6
渡辺重石丸	1915.10.19
トムソン David Thompson	1915.10.29
マクネア Theodore Monroe MacNair	1915.11.21
小林清親	1915.11.28
辻新次	1915.11.30
長田秋濤	1915.12.25
吉田奈良丸(初代)	1915. -. -
小山正太郎	1916. 1. 7
高島鞆之助	1916. 1.11
外山脩造	1916. 1.13
北垣国道	1916. 1.16
大林芳五郎	1916. 1.24
中村仲蔵(江戸系4代)	1916. 1.31
今村紫紅	1916. 2. 2
加藤弘之	1916. 2. 9
富田鉄之助	1916. 2.27
海上胤平	1916. 3.29
中牟田倉之助	1916. 3.30
松尾臣善	1916. 4. 8
横山隆興	1916. 4.11
村上俊吉	1916. 5. 6
八田達也	1916. 6. 4
袁世凱	1916. 6. 6
田中芳男	1916. 6.22
エッケルト Franz Eckert	1916. 7. 6
上田敏	1916. 7. 9
岡市之助	1916. 7.20
山葉寅楠	1916. 8. 6
上村彦之丞	1916. 8. 8
ミットフォード Algernon Bertran Freeman-Mitford, 1st Baron Redesdale	1916. 8.17
竹内久一	1916. 9.23
高田実	1916. 9.24
巴布扎布	1916.10. 8
高松凌雲	1916.10.12
松永和風(3代)	1916.10.15
宮本小一	1916.10.16
黄興	1916.10.31
貝島太助	1916.11. 1
山科言縄	1916.11. 6
桃中軒雲右衛門	1916.11. 7
安部井磐根	1916.11. 9
津田米次郎	1916.11. -
夏目漱石	1916.12. 9
大山巌	1916.12.10
二宮熊次郎	1916.12.17
マーティン William Alexander Parsons Martin	1916.12.17
渋谷天外(初代)	1916.12.18
楠本碩水	1916.12.23
石橋政方	1916.12.26
盛宣懐	1916. 4.27
慶親王奕劻	1916. -. -
村岡良弼	1917. 1. 4
片倉兼太郎(初代)	1917. 2.13
藤沢浅二郎	1917. 3. 3
宝生九郎	1917. 3. 9
山路愛山	1917. 3.15
黒田清綱	1917. 3.23
竹添進一郎	1917. 3.31
梶田半古	1917. 4.23
伊沢修二	1917. 5. 3
ビッケル Luke Washington Bickel	1917. 5.11
杉贋阿弥	1917. 5.13
関矢孫左衛門	1917. 6.21
川合清丸	1917. 6.24
桜間伴馬	1917. 6.24
塚原渋柿園	1917. 7. 5
花房義質	1917. 7. 9
土倉庄三郎	1917. 7.19
若柳寿童	1917. 7.22
稀音家浄観(初代)	1917. 7.28
岩村透	1917. 8.17
菊池大麓	1917. 8.19
奥田義人	1917. 8.21
土居通夫	1917. 9. 9
星野恒	1917. 9.10
竹本摂津大掾	1917.10. 9
片山東熊	1917.10.24
フェスカ Max Fesca	1917.10.31
フォスター John Watson Foster	1917.11.15
杉亨二	1917.12. 4
樋口勘次郎	1917.12.13
山尾庸三	1917.12.21
青山胤通	1917.12.23
重宗芳水	1917.12.30
千家尊福	1918. 1. 3
柳川春葉	1918. 1. 9
宮原二郎	1918. 1.15
吉田東伍	1918. 1.22
手島精一	1918. 1.23
朝吹英二	1918. 1.31
秋山真之	1918. 2. 4
蜂須賀茂韶	1918. 2.10
波多野鶴吉	1918. 2.23
藤岡市助	1918. 3. 5
松平信庸	1918. 3. 5
外山亀太郎	1918. 3.29
池田謙斎	1918. 4.30
古今亭志ん生(3代)	1918. 5.10
井上伝蔵	1918. 6. -
奈良原繁	1918. 8.13
シュピンナー Wilfrid Spinner	1918. 8.31
中野二郎三郎	1918. 9. 4
本野一郎	1918. 9.17
ダイアー Henry Dyer	1918. 9.25
大浦兼武	1918. 9.30
中野武営	1918.10. 8
佐々木東洋	1918.10. 9
尾崎三良	1918.10.13
鈴木浦八	1918.10.30
土方久元	1918.11. 4
島村抱月	1918.11. 5
出口なお	1918.11. 6
山内量平	1918.11.11
湯本義憲	1918.11.15
ストレイト Willard Dickerman Straight	1918.12. 1
土居光華	1918.12.11
角田忠行	1918.12.15
大内青巒	1918.12.16
中島力造	1918.12.21
金田徳光	1919. 1. 4
松井須磨子	1919. 1. 5
ルーズベルト Theodore Roosevelt	1919. 1. 6
有地品之允	1919. 1.17
高宗	1919. 1.21
黒沢鷹次郎	1919. 1.27
織田純一郎	1919. 2. 3
白石直治	1919. 2.17
福島安正	1919. 2.19
寺崎広業	1919. 2.21
森山茂	1919. 2.26
加納久宜	1919. 3. 2
成瀬仁蔵	1919. 3. 4
福岡孝弟	1919. 3. 7
三島弥太郎	1919. 3. 7
角田真平	1919. 3.20
辰野金吾	1919. 3.25
中村翫右衛門(2代)	1919. 4.27
前島密	1919. 4.27
渡辺国武	1919. 5.11
三島中洲	1919. 5.12
徳大寺実則	1919. 6. 4
井上円了	1919. 6. 6
井上友一	1919. 6.12
関根正二	1919. 6.16
板垣退助	1919. 7.16
和田垣謙三	1919. 7.18
赤松連城	1919. 7.20
内田銀蔵	1919. 7.20
米井源治郎	1919. 7.20
緒方正規	1919. 7.30
箕作元八	1919. 8. 9
森村市左衛門	1919. 9.11
菅野序遊(4代)	1919. 9.23
三井八郎次郎	1919. 9.30
明石元二郎	1919.10.26
釈宗演	1919.11. 1
寺内正毅	1919.11. 3
田中義成	1919.11. 4
久原躬弦	1919.11.21
原亮三郎	1919.12. 8
白河鯉洋	1919.12.25
小松原英太郎	1919.12.26
上野理一	1919.12.31
笠井順八	1919.12. -
川北朝鄰	1919. -. -
中村時蔵(初代)	1919. -. -
馮国璋	1919. -. -
マイエット Paul Mayet	1920. 1. 9
本多精一	1920. 1.10
芳川顕正	1920. 1.10
牟田口元学	1920. 1.13
大須賀乙字	1920. 1.20
権藤震二	1920. 1.21
金允植	1920. 1.22
岩永マキ	1920. 1.27
バラー James Hamilton Ballagh	1920. 1.29
藤沢南岳	1920. 1.31
繁田満義	1920. 2.25
岩谷松平	1920. 3.10
小林樟雄	1920. 4. 9
高木兼寛	1920. 4.13
杉孫七郎	1920. 5. 3

岩野泡鳴 1920. 5. 9
山辺丈夫 1920. 5. 14
イング John Ing 1920. 6. 4
豊川良平 1920. 6. 12
林包明 1920. 6. 17
コンドル Josiah Conder 1920. 6. 21
柏井園 1920. 6. 25
中沢臨川 1920. 8. 9
芳村伊三郎(7代) 1920. 8. 20
ルーミス Henry Loomis 1920. 8. 27
ライマン Benjamin Smith Lyman 1920. 8. 30
山口孤剣 1920. 9. 2
赤松則良 1920. 9. 23
末松謙澄 1920. 10. 5
黒岩涙香 1920. 10. 6
楠瀬喜多 1920. 10. 18
鶴賀鶴吉(3代) 1920. 11. 1
安岡雄吉 1920. 11. 1
田村成義 1920. 11. 8
バラー John Craig Ballagh 1920. 11. 15
一戸直蔵 1920. 11. 27
肥塚竜 1920. 12. 2
山崎弁栄 1920. 12. 4
岡谷繁実 1920. 12. 9
遠藤清子 1920. 12. 18
和田維四郎 1920. 12. 20
清水六兵衛(4代) 1920. -. -
服部兼三郎 1920. -. -
ブラント Max August Scipio von Brandt 1920. -. -
鈴木文太郎 1921. 1. 9
日比谷平左衛門 1921. 1. 9
伊集院五郎 1921. 1. 13
高木壬太郎 1921. 1. 27
奥田正香 1921. 1. 31
三宅恒方 1921. 2. 2
近藤廉平 1921. 2. 9
村田経芳 1921. 2. 9
藤浪与兵衛(2代) 1921. 2. 15
松村雄之進 1921. 2. 22
橋口五葉 1921. 2. 24
小池張造 1921. 2. 25
飯島魁 1921. 3. 14
沖野忠雄 1921. 3. 26
伊藤雋吉 1921. 4. 10
岡崎雪声 1921. 4. 16
神田伯山(2代) 1921. 4. 27
北畠治房 1921. 5. 4
豊沢団平(3代) 1921. 5. 5
福羽逸人 1921. 5. 19
鍋島直大 1921. 6. 7
中村梅玉(2代) 1921. 6. 8
有賀長雄 1921. 6. 17
松岡好一 1921. 6. 29
佐藤進 1921. 7. 25
前田正名 1921. 8. 11
渡辺千秋 1921. 8. 27
福本日南 1921. 9. 2
大江卓 1921. 9. 12
朝日平吾 1921. 9. 28
ランバス Walter Russell Lambuth 1921. 9. 26
安田善次郎 1921. 9. 28
大島道太郎 1921. 10. 5
マードック James Murdoch 1921. 10. 30
田村又吉 1921. 10. -
原敬 1921. 11. 4
坂三郎 1921. 12. 22
林有造 1921. 12. 29
ローゼン Roman Romanovich Rosen 1922. 1. 2
野沢喜八郎(7代) 1922. 1. 3
三井高保 1922. 1. 4
竹内綱 1922. 1. 9
大隈重信 1922. 1. 10
日下部鳴鶴 1922. 1. 27
山県有朋 1922. 2. 1
市川猿之助(初代) 1922. 2. 6
樺山資紀 1922. 2. 8
宇都宮太郎 1922. 2. 15
粛親王善耆 1922. 2. 17
神野金之助 1922. 2. 20
牛場卓蔵 1922. 3. 5
矢板武 1922. 3. 22
岡村司 1922. 3. 23
田中源太郎 1922. 4. 3
荘田平五郎 1922. 4. 30
岸光景 1922. 5. 3
市川小団次(5代) 1922. 5. 6
和井内貞行 1922. 5. 16
江原素六 1922. 5. 20
常陸山谷右衛門 1922. 5. -
ガウランド William Gowland 1922. 6. 10
饗庭篁村 1922. 6. 20
依仁親王 1922. 6. 27
森鷗外 1922. 7. 9
近藤虎五郎 1922. 7. 17
高峰譲吉 1922. 7. 22
宮崎湖処子 1922. 8. 9
柴四朗 1922. 9. 25
大井憲太郎 1922. 10. 15
樽井藤吉 1922. 10. 25
坪井玄道 1922. 11. 2
丸山名政 1922. 11. 21
早川千吉郎 1922. 11. -
小野鵞堂 1922. 12. 6
宮崎滔天 1922. 12. 6
鈴木馬左也 1922. 12. 25
スコット Marian M. Scott 1922. -. -
島村速雄 1923. 1. 8
寺野精一 1923. 1. 8
金原明善 1923. 1. 14
黒木為楨 1923. 2. 3
貞愛親王 1923. 2. 4
大谷光瑩 1923. 2. 8
和田巌 1923. 2. 14
横田国臣 1923. 2. 22
何礼之 1923. 3. 2
池辺義象 1923. 3. 6
小野金六 1923. 3. 11
井口在屋 1923. 3. 25
加藤恒忠 1923. 3. 26
ショイベ Heinrich Botho Scheube 1923. 3. -
鳥潟右一 1923. 6. 5
有島武郎 1923. 6. 9
ケーベル Raphael Koeber 1923. 6. 14
松本楓湖 1923. 6. 22
正親町実正 1923. 6. 25
高尾平兵衛 1923. 6. 26
都筑馨六 1923. 7. 6
細川潤次郎 1923. 7. 20
寺尾寿 1923. 8. 6
パンペリー Raphael Pumpelly 1923. 8. 10
田中萃一郎 1923. 8. 13
田尻稲次郎 1923. 8. 15
加藤友三郎 1923. 8. 24
園田孝吉 1923. 9. 1
松岡康毅 1923. 9. 1
圓中文助 1923. 9. 1
メーソン William Benjamin Mason 1923. 9. 1
厨川白村 1923. 9. 2
川合義虎 1923. 9. 4
平沢計七 1923. 9. 4
宮部襄 1923. 9. 5
野呂景義 1923. 9. 8
張勲 1923. 9. 12
伊藤野枝 1923. 9. 16
大杉栄 1923. 9. 16
ギューリック Orramel Hinckley Gulick 1923. 9. 18
坂本金弥 1923. 10. 22
大森房吉 1923. 11. 8
島田三郎 1923. 11. 14
大谷喜久蔵 1923. 11. 26
池田謙三 1923. 11. 29
青木宣純 1923. 12. 12
小山健三 1923. 12. 19
加藤正義 1923. 12. 24
河野広中 1923. 12. 29
神田乃武 1923. 12. 30
旭玉山 1923. -. -
金嘉鎮 1923. -. -
ラインシュ Paul Samuel Reinsch 1923. -. -
仲小路廉 1924. 1. 17
神保小虎 1924. 1. 18
長谷川好道 1924. 1. 27
荻野由之 1924. 1. 31
原勝郎 1924. 1. -
杉浦重剛 1924. 2. 13
中村春二 1924. 2. 21
和田豊治 1924. 3. 4
田中長兵衛(2代) 1924. 3. 9
メンデンホール Thomas Corwin Mendenhall 1924. 3. 22
福原有信 1924. 3. 30
八代国治 1924. 4. 1
伊集院彦吉 1924. 4. 26
野沢吉兵衛(6代) 1924. 6. 4
小山益太 1924. 7. 1
松方正義 1924. 7. 2
下橋敬長 1924. 7. 4
吉川治郎左衛門 1924. 7. 8
黒田清輝 1924. 7. 15
安成貞雄 1924. 7. 23
西村天囚 1924. 7. 29
郡司成忠 1924. 8. 15
三笑亭可楽(6代) 1924. 8. 18
今西林三郎 1924. 8. 27
奥繁三郎 1924. 9. 8
人見一太郎 1924. 9. 29
鈴木泉三郎 1924. 10. 6
阿部泰蔵 1924. 10. 22
安藤太郎 1924. 10. 27
岸本吉右衛門 1924. 10. 28
常磐津文字兵衛(2代) 1924. 10. 29
三遊亭円朝(2代) 1924. 11. 2
阿部宇之八 1924. 11. 14
難波大助 1924. 11. 15
高瀬真卿 1924. 11. 17
山村暮鳥 1924. 12. 8
中村彝 1924. 12. 24
富岡鉄斎 1924. 12. 31
シュミーデル Otto Schmiedel 1924. -. -
日下部三之介 1925. 1. 2
平瀬作五郎 1925. 1. 4
植村正久 1925. 1. 8
クロパトキン Aleksei Nikolaevich Kuropatkin 1925. 1. 23
宋秉畯 1925. 1. 30
東儀鉄笛 1925. 2. 4
横田千之助 1925. 2. 4
渡辺廉吉 1925. 2. 14
木下利玄 1925. 2. 15
小池国三 1925. 3. 1
孫文 1925. 3. 12
ピゴット *Sir* Francis Tayler

項目一覧

Piggott 1925. 3. 12
小河滋次郎 1925. 4. 2
平田東助 1925. 4. 14
野村宗十郎 1925. 4. 23
岡村柿紅 1925. 5. 6
モッセ Albert Mosse 1925. 5. 30
大町桂月 1925. 6. 10
矢嶋楫子 1925. 6. 16
久津見蕨村 1925. 8. 7
細井和喜蔵 1925. 8. 18
寺尾亨 1925. 9. 15
浜尾新 1925. 9. 25
湯本武比古 1925. 9. 27
古田大次郎 1925. 10. 15
上野岩太郎 1925. 10. 27
滝田樗陰 1925. 10. 27
石川半山 1925. 11. 12
下岡忠治 1925. 11. 22
モース Edward Sylvester Morse 1925. 12. 20
イービ Charles S. Eby 1925. 12. 21
岡野敬次郎 1925. 12. 22
岡部長職 1925. 12. 27
徐樹錚 1925. 12. 30
クーラン Maurice Courant 1925. -. -
シュルツェ Wilhelm Schultze 1925. -. -
菊池九郎 1926. 1. 1
村井吉兵衛 1926. 1. 2
跡見花蹊 1926. 1. 10
小栗風葉 1926. 1. 15
加藤高明 1926. 1. 28
三浦梧楼 1926. 1. 28
小沢武雄 1926. 1. 29
古今亭志ん生(4代) 1926. 1. 29
石橋忍月 1926. 2. 1
松本白華 1926. 2. 5
箭内亘 1926. 2. 10
李完用 1926. 2. 11
大木遠吉 1926. 2. 14
内藤鳴雪 1926. 2. 20
佐々木月樵 1926. 3. 6
島木赤彦 1926. 3. 27
尾崎放哉 1926. 4. 7
穂積陳重 1926. 4. 7
渡辺霞亭 1926. 4. 7
大島義昌 1926. 4. 10
中浜哲 1926. 4. 15
川村景明 1926. 4. 28
斎藤宇一郎 1926. 5. 10
望月太左衛門(8代) 1926. 5. 26
落合謙太郎 1926. 6. 4
森川源三郎 1926. 6. 7
宇田成一 1926. 7. 17
名和靖 1926. 8. 30
吉田玉造(3代) 1926. 9. 9
目賀田種太郎 1926. 9. 10
尾上松之助 1926. 9. 11
早速整爾 1926. 9. 13
日置益 1926. 10. 22
伊庭貞剛 1926. 10. 23
森久保作蔵 1926. 11. 4
高平小五郎 1926. 11. 28
鈴木天眼 1926. 12. 10
荘清次郎 1926. 12. 25
大正天皇 1926. 12. 25
楯山登 1926. -. -
六郷新三郎(6代) 1927. 1. 6
大沢謙二 1927. 1. 10
神尾光臣 1927. 2. 6
芳賀矢一 1927. 2. 6
根津一 1927. 2. 18
野田卯太郎 1927. 2. 23
木村熊二 1927. 2. 28
中村是公 1927. 3. 1
富田甚平 1927. 3. 3
大村西崖 1927. 3. 7
新海竹太郎 1927. 3. 12
ラグーザ Vincenzo Ragusa 1927. 3. 13
康有為 1927. 3. 21
三ヶ島葭子 1927. 3. 26
志賀重昂 1927. 4. 6
片岡直輝 1927. 4. 13
浅田信興 1927. 4. 27
万鉄五郎 1927. 5. 1
福田英子 1927. 5. 2
三輪田真佐子 1927. 5. 3
望月小太郎 1927. 5. 19
並河靖之 1927. 5. 28
王国維 1927. 6. 2
高田慎吾 1927. 7. 5
芥川竜之介 1927. 7. 24
村井弦斎 1927. 7. 30
村野常右衛門 1927. 7. 30
古泉千樫 1927. 8. 11
左右田喜一郎 1927. 8. 11
梅ヶ谷藤太郎(2代) 1927. 9. 2
伊藤大八 1927. 9. 10
横井時雄 1927. 9. 13
徳冨蘆花 1927. 9. 18
山県伊三郎 1927. 9. 24
ビゴー Georges Ferdinand Bigot 1927. 10. 10
楠瀬幸彦 1927. 10. 13
有松英義 1927. 10. 24
八木重吉 1927. 10. 26
横井時敬 1927. 11. 1
南条文雄 1927. 11. 9
中村雀右衛門(3代) 1927. 11. 15
村上格一 1927. 11. 15
ヨッフェ Adolf Abramovich Ioffe 1927. 11. 17
林田亀太郎 1927. 12. 1
戸張孤雁 1927. 12. 9
堀江帰一 1927. 12. 9
野村素介 1927. 12. 23
沢柳政太郎 1927. 12. 24
岸本五兵衛(初代) 1927. -. -
ナウマン Edmund Naumann 1927. -. -
押川方義 1928. 1. 10
大岡育造 1928. 1. 26
坂口昂 1928. 1. 28
グリフィス William Elliot Griffis 1928. 2. 5
都太夫一中(10代) 1928. 2. 6
九条武子 1928. 2. 7
大槻文彦 1928. 2. 17
和田久太郎 1928. 2. 20
片上伸 1928. 3. 5
鳥居素川 1928. 3. 10
大矢透 1928. 3. 16
岩下清周 1928. 3. 19
河瀬秀治 1928. 4. 2
元田作之進 1928. 4. 16
宮崎道三郎 1928. 4. 18
大倉喜八郎 1928. 4. 22
武藤金吉 1928. 4. 22
伊藤欽亮 1928. 4. 28
若尾幾造(2代) 1928. 4. 29
石橋和訓 1928. 5. 3
松村任三 1928. 5. 4
野口英世 1928. 5. 21
上遠野富之助 1928. 5. 26
黎元洪 1928. 6. 3
張作霖 1928. 6. 4
伊沢蘭奢 1928. 6. 8
梅ヶ谷藤太郎(初代) 1928. 6. 15
物集高見 1928. 6. 23
葛西善蔵 1928. 7. 23
宮崎民蔵 1928. 8. 15
佐伯祐三 1928. 8. 16
尾上松助(4代) 1928. 9. 5
若山牧水 1928. 9. 17
桂文治(7代) 1928. 9. 18
村松亀一郎 1928. 9. 22
大島久直 1928. 9. 27
渡辺政之輔 1928. 10. 6
広津柳浪 1928. 10. 15
中村雄次郎 1928. 10. 20
深田康算 1928. 11. 12
桜井ちか 1928. 12. 19
高畠素之 1928. 12. 23
小山内薫 1928. 12. 25
東流斎馬琴(4代) 1928. 12. 27
リース Ludwig Riess 1928. 12. 27
阿部亀治 1928. -. -
デビソン John Carrol Davison 1928. -. -
珍田捨己 1929. 1. 16
梁啓超 1929. 1. 19
山下千代雄 1929. 2. 4
立花寛治 1929. 2. 5
長井長義 1929. 2. 20
川面凡児 1929. 2. 23
沢田正二郎 1929. 3. 4
松本剛吉 1929. 3. 5
山本宣治 1929. 3. 5
渡瀬庄三郎 1929. 3. 8
井上良馨 1929. 3. 22
杉田定一 1929. 3. 23
吉川霊華 1929. 3. 25
井上十吉 1929. 4. 7
上杉慎吉 1929. 4. 7
後藤新平 1929. 4. 13
水野直 1929. 4. 30
川原茂輔 1929. 5. 19
内田魯庵 1929. 6. 29
モラエス Wenceslau de Moraes 1929. 6. 30
添田寿 1929. 7. 4
中村弥六 1929. 7. 7
須貝快天 1929. 7. 11
藤田豊八 1929. 7. 15
笠井信一 1929. 7. 25
牧野省三 1929. 7. 25
シュタイシェン Michael A. Steichen 1929. 7. 26
山崎直方 1929. 7. 26
津田梅子 1929. 8. 16
サトウ *Sir* Ernest Mason Satow 1929. 8. 26
箕浦勝人 1929. 8. 30
小川一真 1929. 9. 6
平山成信 1929. 9. 25
和田英 1929. 9. 26
田中義一 1929. 9. 29
西河通徹 1929. 9. 29
長谷川勘兵衛(14代) 1929. 10. 1
高橋健自 1929. 10. 19
村上専精 1929. 10. 31
ラゲ Emile Raguet 1929. 11. 3
一力健治郎 1929. 11. 5
斎藤秀三郎 1929. 11. 9
三宅米吉 1929. 11. 11
岸上鎌吉 1929. 11. 22
佐分利貞男 1929. 11. 29
アトキンソン Robert William Atkinson 1929. 12. 10
岸田劉生 1929. 12. 20
ベルリオーズ Alexandre Berlioz 1929. 12. 30
愛沢寧堅 1929. -. -
後藤恕作 1929. -. -
中村精男 1930. 1. 3
宇田川文海 1930. 1. 6

早川純三郎 1930. 1.25
田辺安太郎 1930. 1.26
児玉一造 1930. 1.30
常磐津文字太夫(6代) 1930. 2.15
山極勝三郎 1930. 3. 2
近藤基樹 1930. 3. 8
内村鑑三 1930. 3.28
シャンド Alexander Allan Shand 1930. 4.12
伊藤長七 1930. 4.19
前田慧雲 1930. 4.29
粕谷義三 1930. 5. 4
原田二郎 1930. 5. 5
福田徳三 1930. 5. 8
下村観山 1930. 5.10
田山花袋 1930. 5.13
木村泰賢 1930. 5.16
生田春月 1930. 5.19
畑英太郎 1930. 5.31
豊竹呂昇 1930. 6. 7
ダールマン Joseph Dahlmann 1930. 6.22
八代六郎 1930. 6.30
藤井武 1930. 7.14
奥保鞏 1930. 7.19
シュトライト Robert Streit 1930. 7.31
御法川直三郎 1930. 9.11
フィッセル Marinus Willem de Visser 1930.10. 7
岩崎俊弥 1930.10.16
豊田佐吉 1930.10.30
秋山好古 1930.11. 4
重野謙次郎 1930.11. 5
浅野総一郎 1930.11. 9
宇田友猪 1930.11.12
田健治郎 1930.11.16
長原孝太郎 1930.12. 1
安達憲忠 1930.12. 2
ウィンクラー Heinrich Winkler 1930. -. -
加藤時次郎 1930. -. -
韓圭卨 1930. -. -
中西牛郎 1930. -. -
賀古鶴所 1931. 1. 1
清藤幸七郎 1931. 1. 4
美田村顕教 1931. 1.10
大槻如電 1931. 1.12
西ノ海嘉治郎(2代) 1931. 1.27
今泉雄作 1931. 1.28
ウィン Thomas Clay Winn 1931. 2. 8
小出楢重 1931. 2.13
松室致 1931. 2.16
岡本則録 1931. 2.17
山下源太郎 1931. 2.18
日比翁助 1931. 2.22
久米邦武 1931. 2.24
大塚保治 1931. 3. 2
沢田吾一 1931. 3.12
鈴木鼓村 1931. 3.12
エリオット *Sir* Charles Norton Edgecumbe Eliot 1931. 3.16
本多日生 1931. 3.16
本郷房太郎 1931. 3.20
井口阿くり 1931. 3.26
鈴木三郎助 1931. 3.29
田村駒治郎 1931. 3.31
桝本卯平 1931. 4.10
桑原隲蔵 1931. 5.24
伊藤博邦 1931. 6. 9
北里柴三郎 1931. 6.13
平林初之輔 1931. 6.15
矢野文雄 1931. 6.18
山川健次郎 1931. 6.26
木村鷹太郎 1931. 7.18
北村兼子 1931. 7.26
坂野兼通 1931. 8.12
九鬼隆一 1931. 8.18
湯川寛吉 1931. 8.23
浜口雄幸 1931. 8.26
一戸兵衛 1931. 9. 2
三浦周行 1931. 9. 6
小堀鞆音 1931.10. 1
鄭永昌 1931.10. 4
山本滝之助 1931.10.26
仙石貢 1931.10.30
片山国嘉 1931.11. 3
渋沢栄一 1931.11.11
花井卓蔵 1931.12. 3
後川文蔵 1931.12.22
塩野義三郎(初代) 1931.12.28
西川喜洲(初代) 1931.12.29
石川舜台 1931.12.31
尹始炳 1931. -. -
草間時福 1932. 1. 5
大津淳一郎 1932. 1.29
神田伯山(3代) 1932. 1.30
喜多又蔵 1932. 1.31
リデル Hannah Riddell 1932. 2. 3
藤井斉 1932. 2. 5
井上準之助 1932. 2. 9
団琢磨 1932. 3. 5
梶井基次郎 1932. 3.24
木越安綱 1932. 3.26
呉秀三 1932. 3.26
岡田信一郎 1932. 4. 4
高橋光威 1932. 4. 9
田中王堂 1932. 5. 7
犬養毅 1932. 5.15
今西竜 1932. 5.20
白川義則 1932. 5.26
関根正直 1932. 5.26
白井光太郎 1932. 5.30
福田雅太郎 1932. 6. 1
田中太郎 1932. 6. 5
湯浅治郎 1932. 6. 7
守田勘弥(13代) 1932. 6.16
栃内曾次郎 1932. 7.12
中島勝義 1932. 7.15
ケーリ Otis Cary 1932. 7.23
鹿島房次郎 1932. 7.29
伊井蓉峰 1932. 8.15
滝本誠一 1932. 8.20
江木千之 1932. 8.23
江木翼 1932. 9.18
田丸卓郎 1932. 9.22
李奉昌 1932.10.10
岩田義道 1932.11. 3
野沢喜八郎(8代) 1932.11.30
森田茂 1932.11.30
桑田熊蔵 1932.12.10
アレン Horace Newton Allen 1932.12.11
森恪 1932.12.11
山之内一次 1932.12.21
本山彦一 1932.12.30
内田嘉吉 1933. 1. 3
根本正 1933. 1. 5
堺利彦 1933. 1.23
渡辺海旭 1933. 1.26
田中宏 1933. 1.27
大谷嘉兵衛 1933. 2. 3
小林多喜二 1933. 2.20
奥好義 1933. 3. 6
吉野作造 1933. 3.18
田中有美 1933. 3.20
池貝喜四郎 1933. 3.28
森田恒友 1933. 4. 8
馬越恭平 1933. 4.20
長岡外史 1933. 4.21
田附政次郎 1933. 4.26
岩川友太郎 1933. 5. 2
金谷範三 1933. 6. 6
松居松翁 1933. 7.14
平岩愃保 1933. 7.26
西ノ海嘉治郎(3代) 1933. 7.28
武藤信義 1933. 7.28
富本豊前太夫(8代) 1933. 8. 3
金井延 1933. 8.11
中村福助(成駒屋系5代) 1933. 8.13
巌谷小波 1933. 9. 5
古賀春江 1933. 9.10
宮沢賢治 1933. 9.21
新渡戸稲造 1933.10.15
岸清一 1933.10.29
平福百穂 1933.10.30
片山潜 1933.11. 5
上原勇作 1933.11. 8
境野黄洋 1933.11.11
原六郎 1933.11.14
村山竜平 1933.11.24
嘉村礒多 1933.11.30
麻生太吉 1933.12. 8
山本権兵衛 1933.12. 8
藤沢利喜太郎 1933.12.23
田口運蔵 1933.12.26
ナホッド Oskar Nachod 1933. -. -
堀内為左衛門 1933. -. -
佐々木安五郎 1934. 1. 1
田村直臣 1934. 1. 7
片倉兼太郎(2代) 1934. 1. 8
山本竟山 1934. 1.24
古市公威 1934. 1.28
有馬四郎助 1934. 2. 4
志賀泰山 1934. 2. 5
留岡幸助 1934. 2. 5
鎌田栄吉 1934. 2. 6
横瀬夜雨 1934. 2.14
伊東巳代治 1934. 2.19
野呂栄太郎 1934. 2.19
直木三十五 1934. 2.24
服部金太郎 1934. 3. 1
大工原銀太郎 1934. 3. 9
武藤山治 1934. 3.10
大熊氏広 1934. 3.20
中橋徳五郎 1934. 3.25
高倉徳太郎 1934. 4. 3
大手拓次 1934. 4.18
関直彦 1934. 4.21
土田杏村 1934. 4.25
中村憲吉 1934. 5. 5
川村清雄 1934. 5.16
片岡直温 1934. 5.21
岡田良平 1934. 5.23
東郷平八郎 1934. 5.30
久保天随 1934. 6. 1
古在由直 1934. 6.18
内藤虎次郎 1934. 6.26
水町袈裟六 1934. 7.10
池貝庄太郎 1934. 7.28
久米桂一郎 1934. 7.29
竹久夢二 1934. 9. 1
井上剣花坊 1934. 9.11
小田切万寿之助 1934. 9.12
木村清四郎 1934. 9.24
石田貫之助 1934.10. 8
大沢善助 1934.10.10
高村光雲 1934.10.10
片岡仁左衛門(11代) 1934.10.16
コーツ Harper Havelock Coates 1934.10.22
鵜崎鷺城 1934.10.28
江見水蔭 1934.11. 3
乾新兵衛 1934.11. 4
櫛田民蔵 1934.11. 5

項目一覧

尾上梅幸(6代) 1934.11. 8
藤浪鑑 1934.11.18
田所輝明 1934.11.19
安川敬一郎 1934.11.30
神田鐳蔵 1934.12. 8
埴原正直 1934.12.20
高木正年 1934.12.31
松山高吉 1935. 1. 4
一竜斎貞山(5代) 1935. 1. 7
ユーイング *Sir* James Alfred Ewing 1935. 1. 7
石川千代松 1935. 1.17
戸水寛人 1935. 1.20
関一 1935. 1.26
藤井真信 1935. 1.31
中村鴈治郎(初代) 1935. 2. 1
小笠原長幹 1935. 2. 9
大庭二郎 1935. 2.11
チェンバレン Basil Hall Chamberlain 1935. 2.15
坪内逍遙 1935. 2.28
坂本孝三郎 1935. 3. 4
小藤文次郎 1935. 3. 8
速水御舟 1935. 3.20
与謝野鉄幹 1935. 3.26
佐藤繁彦 1935. 4.16
茂木惣兵衛(3代) 1935. 4.16
荒木古童(3代) 1935. 5. 2
藤川勇造 1935. 6.15
大石正己 1935. 7.12
杉山茂丸 1935. 7.19
五島清太郎 1935. 7.20
関野貞 1935. 7.29
駒田好洋 1935. 8.11
永田鉄山 1935. 8.12
岡村金太郎 1935. 8.21
高橋五郎 1935. 9. 7
床次竹二郎 1935. 9. 8
川上俊彦 1935. 9.12
富井政章 1935. 9.14
芳村伊十郎(6代) 1935.10. 3
千葉亀雄 1935.10. 4
林鶴一 1935.10. 4
中村太八郎 1935.10.17
山脇房子 1935.11.19
木村久寿弥太 1935.11.23
松本長 1935.11.29
曾我祐準 1935.11.30
月成勲 1935.12.16
岩井勝次郎 1935.12.21
寺田寅彦 1935.12.31
山本東次郎(2代) 1935. -. -
藤山常一 1936. 1. 4
生田長江 1936. 1.11
坪井九馬三 1936. 1.21
松田源治 1936. 2. 1
宮川経輝 1936. 2. 2
ベリ John Cuting Berry 1936. 2. 9
斎藤実 1936. 2.26
高橋是清 1936. 2.26
渡辺錠太郎 1936. 2.26
野中四郎 1936. 2.29
内田康哉 1936. 3.12
牧野信一 1936. 3.24
山本条太郎 1936. 3.25
川崎卓吉 1936. 3.27
マキム John Mckim 1936. 4. 4
池田菊苗 1936. 5. 3
満川亀太郎 1936. 5.12
柳沢保恵 1936. 5.25
土田麦僊 1936. 6.10
鈴木三重吉 1936. 6.26
相沢三郎 1936. 7. 3
冨田溪仙 1936. 7. 6
安藤輝三 1936. 7.12
市川中車(7代) 1936. 7.12
満谷国四郎 1936. 7.12
志田順 1936. 7.19
岡崎邦輔 1936. 7.22
ウェルクマイスター Heinrich Werkmeister 1936. 8.16
手塚岸衛 1936.10. 7
下田歌子 1936.10. 8
魯迅 1936.10.19
岡倉由三郎 1936.10.31
段祺瑞 1936.11. -
野本恭八郎 1936.12. 4
浜岡光哲 1936.12. 6
大川平三郎 1936.12.30
城泉太郎 1936. -. -
森本六爾 1936. -. -
真清水蔵六(2代) 1936. -. -
大森金五郎 1937. 1.13
ブスケ George Hilaire Bousquet 1937. 1.15
森永太一郎 1937. 1.24
浅野長勲 1937. 2. 1
河東碧梧桐 1937. 2. 1
斎藤恒三 1937. 2. 5
ソーパー Julius Soper 1937. 2. 5
伊庭孝 1937. 2.25
上真行 1937. 2.28
伊谷以知二郎 1937. 3.30
十一谷義三郎 1937. 4. 2
松井等 1937. 5.12
海老名弾正 1937. 5.22
中村啓次郎 1937. 5.22
ホルバート Dmitrii Leonidovich Horvat 1937. 5. -
石井亮一 1937. 6.13
有吉明 1937. 6.25
権藤成卿 1937. 7. 9
内田良平 1937. 7.26
小泉策太郎 1937. 7.28
尾上松助(5代) 1937. 8. 9
磯部浅一 1937. 8.19
北一輝 1937. 8.19
西田税 1937. 8.19
村中孝次 1937. 8.19
和田英松 1937. 8.20
高松豊吉 1937. 9.27
友田恭助 1937.10. 6
並河成資 1937.10.14
中原中也 1937.10.22
上田万年 1937.10.26
木下尚江 1937.11. 5
瓜生外吉 1937.11.11
栗野慎一郎 1937.11.15
ネフスキー Nikolai Aleksandrovich Nevskii 1937.11.24
多田鼎 1937.12. 7
高橋箒庵 1937.12.12
山本悌二郎 1937.12.14
カラハン Lev Mikhailovich Karakhan 1937.12.16
馬場鍈一 1937.12.21
柏木義円 1938. 1. 8
荒井賢太郎 1938. 1.29
坂元雪鳥 1938. 2. 5
福沢桃介 1938. 2.15
松岡映丘 1938. 3. 2
富田幸次郎 1938. 3.22
天野為之 1938. 3.26
鄭孝胥 1938. 3.28
嘉納治五郎 1938. 5. 4
望月太左衛門(7代) 1938. 5.19
後藤宙外 1938. 6.12
鳩山春子 1938. 7.12
浜田耕作 1938. 7.25
上山満之進 1938. 7.30
新城新蔵 1938. 8. 1
平沼淑郎 1938. 8.14
坂本嘉治馬 1938. 8.23
井上八千代(3代) 1938. 9. 7
西村五雲 1938. 9.16
村上鬼城 1938. 9.17
山中貞雄 1938. 9.17
井上角五郎 1938. 9.23
伊藤痴遊 1938. 9.25
唐紹儀 1938. 9.30
元田肇 1938.10. 1
野間清治 1938.10.16
入沢達吉 1938.11. 5
横田秀雄 1938.11.16
門野幾之進 1938.11.18
萩原恭次郎 1938.11.19
秦佐八郎 1938.11.22
倉田白羊 1938.11.29
高田早苗 1938.12. 3
玉錦三右衛門 1938.12. 4
飯塚啓 1938.12.10
小川芋銭 1938.12.17
藤山雷太 1938.12.19
武富時敏 1938.12.22
タウト Bruno Taut 1938.12.24
益田孝 1938.12.28
坂東彦三郎(6代) 1938.12.28
小崎弘道 1938. -. -
及川平治 1939. 1. 1
比田井天来 1939. 1. 4
梶原仲治 1939. 1. 6
町田経宇 1939. 1.10
瀬木博尚 1939. 1.22
桜井錠二 1939. 1.28
加藤寛治 1939. 2. 9
フローレンツ Karl Adolf Florenz 1939. 2. 9
岡本かの子 1939. 2.18
斎藤博 1939. 2.26
岡本綺堂 1939. 3. 1
山本懸蔵 1939. 3.10
鈴木券太郎 1939. 3.14
観世清久 1939. 3.21
杉村陽太郎 1939. 3.24
田中光顕 1939. 3.28
立原道造 1939. 3.29
ラグーザ玉 1939. 4. 6
村松愛蔵 1939. 4.11
久世通章 1939. 4.14
朝比奈知泉 1939. 5.22
各務鎌吉 1939. 5.27
阿部重孝 1939. 6. 5
佐藤昌介 1939. 6. 5
徐世昌 1939. 6. 6
三上参次 1939. 6. 7
矢吹慶輝 1939. 6.10
林権助 1939. 6.27
喜田貞吉 1939. 7. 3
浅野研真 1939. 7.10
服部宇之吉 1939. 7.11
本庄陸男 1939. 7.23
吉川守圀 1939. 8.14
戸塚文卿 1939. 8.17
岩永裕吉 1939. 9. 2
串田万蔵 1939. 9. 5
浜田国松 1939. 9. 6
泉鏡花 1939. 9. 7
朴泳孝 1939. 9.20
棚橋絢子 1939. 9.21
岡田三郎助 1939. 9.23
中田重治 1939. 9.24
牧野信之助 1939. 9.25
小橋一太 1939.10. 2
斯波貞吉 1939.10.14
結城礼一郎 1939.10.17
村上華岳 1939.11.11
田中智学 1939.11.17

岡実 1939.11.20
出雲路通次郎 1939.11.26
松村介石 1939.11.29
呉佩孚 1939.12.4
小久保喜七 1939.12.14
中村義上 1939.-.-
根津嘉一郎 1940.1.4
三遊亭円生(5代) 1940.1.23
石本巳四雄 1940.2.4
杵屋正次郎(4代) 1940.2.12
頼母木桂吉 1940.2.19
鈴木荘六 1940.2.20
原田助 1940.2.21
市川左団次(2代) 1940.2.23
正木直彦 1940.3.2
山室軍平 1940.3.13
明珍恒男 1940.3.18
杵屋六左衛門(13代) 1940.3.23
水上滝太郎 1940.3.23
吉江喬松 1940.3.26
ウエストン Walter Weston 1940.3.27
藤沢幾之輔 1940.4.3
宋哲元 1940.4.4
鈴木梅四郎 1940.4.15
渡辺千冬 1940.4.18
辻本満丸 1940.4.24
上田貞次郎 1940.5.8
徳川家達 1940.6.5
羅振玉 1940.6.19
井深梶之助 1940.6.24
鈴木喜三郎 1940.6.24
大森義太郎 1940.7.28
長谷川天渓 1940.8.30
麻生久 1940.9.6
山屋他人 1940.9.10
中村歌右衛門(5代) 1940.9.12
島中雄三 1940.9.16
長谷川利行 1940.10.12
西川光二郎 1940.10.22
三並良 1940.10.27
ファン=ボイチャウ Phan-Bôi-Chau 1940.10.29
富士川游 1940.11.6
小熊秀雄 1940.11.20
西園寺公望 1940.11.24
岩下壮一 1940.12.3
湯浅倉平 1940.12.24
大島宇吉 1940.12.31
平山周 1940.-.-
望月圭介 1941.1.1
野口援太郎 1941.1.11
植村澄三郎 1941.1.16
河野広躰 1941.1.24
大角岑生 1941.2.5
諸井恒平 1941.2.14
田中国重 1941.2.19
森矗昶 1941.3.1
樺山資英 1941.3.19
伊藤篤太郎 1941.3.21
鹿子木孟郎 1941.4.3
太刀山峰右衛門 1941.4.3
広岡宇一郎 1941.4.8
西義一 1941.4.15
石黒忠篤 1941.4.26
九鬼周造 1941.5.6
ノーマン Daniel Norman 1941.6.19
今泉嘉一郎 1941.6.29
川端茅舎 1941.7.17
伊原青々園 1941.7.26
加藤政之助 1941.8.2
加能作次郎 1941.8.5
井上通泰 1941.8.15
長与又郎 1941.8.16
石渡繁胤 1941.8.18
勝田孫弥 1941.8.21
長谷川時雨 1941.8.22
物部長穂 1941.9.9
桐生悠々 1941.9.10
河合操 1941.10.11
谷口尚真 1941.10.30
阪谷芳郎 1941.11.14
小川琢治 1941.11.15
近角常観 1941.12.3
中村吉蔵 1941.12.24
足立康 1941.12.29
南方熊楠 1941.12.29
陸宗輿 1941.-.-
猪俣津南雄 1942.1.19
郷誠之助 1942.1.19
横山又次郎 1942.1.20
荒木寅三郎 1942.1.28
竹本綾之助 1942.1.31
小川平吉 1942.2.2
原胤昭 1942.2.23
山本信次郎 1942.2.28
佐藤鉄太郎 1942.3.4
河合武雄 1942.3.21
小野晃嗣 1942.3.24
白鳥庫吉 1942.3.30
石光真清 1942.4.15
萩原朔太郎 1942.5.11
佐藤惣之助 1942.5.15
金子堅太郎 1942.5.16
河田嗣郎 1942.5.21
野沢吉兵衛(7代) 1942.5.23
与謝野晶子 1942.5.29
内田定槌 1942.6.2
八木奘三郎 1942.6.17
宮城長五郎 1942.6.25
長沼守敬 1942.7.18
石塚英蔵 1942.7.28
中江丑吉 1942.8.3
脇水鉄五郎 1942.8.10
松山忠二郎 1942.8.16
竹内栖鳳 1942.8.23
遅塚麗水 1942.8.23
土方久徴 1942.8.25
巌本善治 1942.10.5
北原白秋 1942.11.2
清浦奎吾 1942.11.5
中島敦 1942.12.4
塚田攻 1942.12.18
狩野亨吉 1942.12.22
菊池恭三 1942.12.28
陳独秀 1942.-.-
天中軒雲月(初代) 1942.-.-
大原孫三郎 1943.1.18
林銑十郎 1943.2.4
湯浅半月 1943.2.4
大谷光演 1943.2.6
倉田百三 1943.2.12
平賀譲 1943.2.17
歌沢寅右衛門(4代) 1943.3.7
国領五一郎 1943.3.19
藤島武二 1943.3.19
ラーネッド Dwight Whitney Learned 1943.3.19
森下博 1943.3.20
新美南吉 1943.3.22
平山清次 1943.4.8
山本五十六 1943.4.18
ウィグモア John Henry Wigmore 1943.4.20
川崎紫山 1943.5.12
立作太郎 1943.5.13
清元延寿太夫(5代) 1943.5.22
西村真次 1943.5.27
中村不折 1943.6.6
荒木古童(4代) 1943.7.1
岩田富美夫 1943.7.6
牧田環 1943.7.6
石川幹明 1943.7.25
鈴木久五郎 1943.8.16
島崎藤村 1943.8.22
野村竜太郎 1943.9.18
鈴木梅太郎 1943.9.20
児玉花外 1943.9.20
木村栄 1943.9.26
池野成一郎 1943.10.4
柳原愛子 1943.10.16
黒島伝治 1943.10.17
中野正剛 1943.10.27
岡鬼太郎 1943.10.29
西晋一郎 1943.11.13
徳田秋声 1943.11.18
山本秀煌 1943.11.21
桂三木助(2代) 1943.12.1
下村正太郎(11代) 1944.1.6
森広蔵 1944.1.12
野口遵 1944.1.15
橋本増治郎 1944.1.18
村上浪六 1944.2.1
三上於菟吉 1944.2.7
小倉進平 1944.2.8
添田唖蟬坊 1944.2.8
安川雄之助 1944.2.13
河合栄治郎 1944.2.15
村井知至 1944.2.16
三谷隆正 1944.2.17
高安月郊 1944.2.26
金子直吉 1944.2.27
国分青厓 1944.3.5
古賀峯一 1944.4.1
バチェラー John Batchelor 1944.4.2
三笑亭可楽(7代) 1944.4.12
市島謙吉 1944.4.21
近松秋江 1944.4.23
中里介山 1944.4.28
松岡寿 1944.4.28
有馬良橘 1944.5.1
丘浅次郎 1944.5.2
大橋新太郎 1944.5.5
川上善兵衛 1944.5.21
秦逸三 1944.5.25
大瀬甚太郎 1944.5.29
宝生新 1944.6.10
俵孫一 1944.6.17
山梨半造 1944.7.2
南雲忠一 1944.7.8
田丸節郎 1944.8.5
原嘉道 1944.8.7
常磐津兼太夫(7代) 1944.8.18
田中穂積 1944.8.22
田辺朔郎 1944.9.5
荒木十畝 1944.9.11
岸沢式佐(7・8代) 1944.9.18
大竹貫一 1944.9.22
前田利定 1944.10.2
頭山満 1944.10.5
中川小十郎 1944.10.7
有馬正文 1944.10.15
小金井良精 1944.10.16
山崎楽堂 1944.10.29
尾崎秀実 1944.11.7
ゾルゲ Richard Sorge 1944.11.7
井上哲次郎 1944.11.9
汪兆銘 1944.11.10
松旭斎天勝 1944.11.11
牧口常三郎 1944.11.18
田沢義鋪 1944.11.24
辻潤 1944.11.24
小野塚喜平次 1944.11.26
庄司乙吉 1944.11.30
田中阿歌麿 1944.12.1
沢村栄治 1944.12.2
秋田清 1944.12.3
永井柳太郎 1944.12.4
宮島幹之助 1944.12.11

項目一覧

山下亀三郎 1944. 12. 13
一木喜徳郎 1944. 12. 17
山本信哉 1944. 12. 18
米田庄太郎 1944. 12. 18
倉知鉄吉 1944. 12. 22
片岡鉄兵 1944. 12. 25
末次信正 1944. 12. 29
飯野吉三郎 1944. -. -
野村徳七 1945. 1. 15
柳川平助 1945. 1. 22
野口雨情 1945. 1. 27
橋本進吉 1945. 1. 30
建部遯吾 1945. 2. 18
光永星郎 1945. 2. 20
河口慧海 1945. 2. 24
田保橋潔 1945. 2. 26
橋本関雪 1945. 2. 26
金森通倫 1945. 3. 2
一竜斎貞山(6代) 1945. 3. 10
河井荃廬 1945. 3. 10
山岸荷葉 1945. 3. 10
市川正一 1945. 3. 15
鈴江言一 1945. 3. 15
小室翠雲 1945. 3. 30
足立文太郎 1945. 4. 1
小川郷太郎 1945. 4. 1
阪井久良伎 1945. 4. 3
伊藤整一 1945. 4. 7
ルーズベルト Franklin Delano Roosevelt 1945. 4. 12
田村俊子 1945. 4. 16
猪熊浅麿呂 1945. 5. 1
市村羽左衛門(15代) 1945. 5. 6
入沢宗寿 1945. 5. 12
滝精一 1945. 5. 17
載仁親王 1945. 5. 20
清沢洌 1945. 5. 21
織田萬 1945. 5. 25
柳瀬正夢 1945. 5. 25
石井菊次郎 1945. 5. 25
関保之助 1945. 5. -
平山信 1945. 6. 2
西田幾多郎 1945. 6. 7
相田二郎 1945. 6. 22
秋月左都夫 1945. 6. 25
高楠順次郎 1945. 6. 28
山崎覚次郎 1945. 6. 28
利光鶴松 1945. 7. 4
塩沢昌貞 1945. 7. 7
リカルテ Artemio Ricarte 1945. 7. 31
戸坂潤 1945. 8. 9
セルギー Tihomieroff Sergie 1945. 8. 10
阿南惟幾 1945. 8. 15
大西滝治郎 1945. 8. 16
丸山定夫 1945. 8. 16

島木健作 1945. 8. 17
ボース Subhās Chandra Bose 1945. 8. 18
田中静壱 1945. 8. 24
影山庄平 1945. 8. 25
郁達夫 1945. 8. 29
川島義之 1945. 9. 8
建川美次 1945. 9. 9
杉山元 1945. 9. 12
橋田邦彦 1945. 9. 14
島津保次郎 1945. 9. 18
三木清 1945. 9. 26
戸谷敏之 1945. 9. -
杉村楚人冠 1945. 10. 3
薄田泣菫 1945. 10. 9
本居長世 1945. 10. 14
木下杢太郎 1945. 10. 15
田中正平 1945. 10. 16
葉山嘉樹 1945. 10. 18
水野広徳 1945. 10. 18
深井英五 1945. 10. 21
吉満義彦 1945. 10. 23
橘樸 1945. 10. 25
工藤吉郎兵衛 1945. 11. 18
本庄繁 1945. 11. 20
三宅雪嶺 1945. 11. 26
平生釟三郎 1945. 11. 27
中沢弁次郎 1945. 11. 28
岩崎小弥太 1945. 12. 2
安井てつ 1945. 12. 2
吉田栄三(初代) 1945. 12. 9
柴五郎 1945. 12. 13
近衛文麿 1945. 12. 16
白石元治郎 1945. 12. 24
王克敏 1945. 12. 25
村田峰次郎 1945. 12. 29
岩井半四郎(9代) 1945. -. -
相馬半治 1946. 1. 7
伊良子清白 1946. 1. 10
鬉光 1946. 1. 19
杉田久女 1946. 1. 21
蓑田胸喜 1946. 1. 26
鳩山秀夫 1946. 1. 29
河上肇 1946. 1. 30
谷本富 1946. 2. 1
バックストン Barclay Fowell Buxton 1946. 2. 5
南弘 1946. 2. 8
木下竹次 1946. 2. 14
山下奉文 1946. 2. 23
原田熊雄 1946. 2. 26
田中義能 1946. 3. 4
大村卓一 1946. 3. 5
加藤繁 1946. 3. 7
鈴木文治 1946. 3. 12
片岡仁左衛門(12代) 1946. 3. 16
関根金次郎 1946. 3. 22
林歌子 1946. 3. 24

武田麟太郎 1946. 3. 31
本間雅晴 1946. 4. 3
桂田富士郎 1946. 4. 5
村岡典嗣 1946. 4. 13
安藤利吉 1946. 4. 19
尾野実信 1946. 4. 19
千葉勇五郎 1946. 4. 21
岩波茂雄 1946. 4. 25
米山梅吉 1946. 4. 28
中部幾次郎 1946. 5. 19
三浦環 1946. 5. 26
松井慶四郎 1946. 6. 4
恩田鉄弥 1946. 6. 10
寺内寿一 1946. 6. 12
幸田延 1946. 6. 14
矢野道也 1946. 6. 23
松岡洋右 1946. 6. 27
梅若万三郎 1946. 6. 29
陳公博 1946. 6. -
今井五介 1946. 7. 9
坂田三吉 1946. 7. 23
渡辺水巴 1946. 8. 13
博恭王 1946. 8. 16
茅野蕭々 1946. 8. 29
白瀬矗 1946. 9. 4
望月太左衛門(9代) 1946. 9. 12
酒井隆 1946. 9. 13
伊丹万作 1946. 9. 21
尾佐竹猛 1946. 10. 1
窪田静太郎 1946. 10. 6
森本薫 1946. 10. 6
山本鼎 1946. 10. 8
福士幸次郎 1946. 10. 10
松井米太郎 1946. 10. 16
浮田和民 1946. 10. 28
近藤万太郎 1946. 11. 7
梁鴻志 1946. 11. 9
町田忠治 1946. 11. 12
堀切善兵衛 1946. 11. 25
杉山平助 1946. 12. 1
大塚武松 1946. 12. 5
草紙庵 1946. 12. 5
川上貞奴 1946. 12. 7
桑木厳翼 1946. 12. 15
黒板勝美 1946. 12. 21
セミョーノフ Grigorii Mikhailovich Semenov 1946. -. -
永野修身 1947. 1. 5
織田作之助 1947. 1. 10
小畑敏四郎 1947. 1. 10
石原純 1947. 1. 19
清水三男 1947. 1. 27
水野葉舟 1947. 2. 2
内ヶ崎作三郎 1947. 2. 4
市村瓚次郎 1947. 2. 22
大島健一 1947. 3. 24
船津辰一郎 1947. 4. 4

児玉秀雄 1947. 4. 7
萱野長知 1947. 4. 14
今井慶松 1947. 7. 11
常磐津松尾太夫(3代) 1947. 7. 13
野口米次郎 1947. 7. 13
アウンサン Aung San 1947. 7. 19
呂運亨 1947. 7. 19
菊池幽芳 1947. 7. 21
幸田露伴 1947. 7. 30
小幡酉吉 1947. 8. 9
伊波普猷 1947. 8. 13
三浦新七 1947. 8. 14
中村孝太郎 1947. 8. 29
上司小剣 1947. 9. 2
永田広志 1947. 9. 7
清水澄 1947. 9. 25
谷津直秀 1947. 10. 2
桜内幸雄 1947. 10. 9
田川大吉郎 1947. 10. 9
泉二新熊 1947. 10. 25
矢崎嵯峨屋 1947. 10. 26
リットン Victor Alexander George Robert, 2nd Earl of Lytton 1947. 10. 26
川村麟也 1947. 10. 31
豊原又男 1947. 11. 10
山本達雄 1947. 11. 12
狩野直喜 1947. 12. 13
島田俊雄 1947. 12. 21
吉江琢児 1947. 12. 26
横光利一 1947. 12. 30
塚越停春楼 1947. 12. 31
殷汝耕 1947. -. -
張継 1947. -. -
今村明恒 1948. 1. 1
木村謹治 1948. 1. 13
出口王仁三郎 1948. 1. 19
倉富勇三郎 1948. 1. 26
菊池寛 1948. 3. 6
千家元麿 1948. 3. 14
山崎達之輔 1948. 3. 15
野田律太 1948. 3. 16
中村梅玉(3代) 1948. 3. 18
真山青果 1948. 3. 25
小山松吉 1948. 3. 27
三土忠造 1948. 4. 1
ロハス Manuel A. Roxas 1948. 4. 15
鈴木貫太郎 1948. 4. 17
津田信吾 1948. 4. 18
米内光政 1948. 4. 20
周仏海 1948. 4. -
美濃部達吉 1948. 5. 23
安保清種 1948. 6. 8
入江波光 1948. 6. 9
太宰治 1948. 6. 13

望月信亨 1948. 7.13
小西重直 1948. 7.21
安達謙蔵 1948. 8. 2
朝河貫一 1948. 8.11
馮玉祥 1948. 9. 1
シャンボン Jean Alexis Chambon 1948. 9. 8
影佐禎昭 1948. 9.10
大谷光瑞 1948.10. 5
勝田主計 1948.10.10
岡本一平 1948.10.11
曾我廼家五郎 1948.11. 1
森英吉 1948.11.24
若松若太夫 1948.11.24
清水亀蔵 1948.12. 7
小島烏水 1948.12.13
多田駿 1948.12.18
本多熊太郎 1948.12.18
額田六福 1948.12.21
板垣征四郎 1948.12.23
木村兵太郎 1948.12.23
東条英機 1948.12.23
土肥原賢二 1948.12.23
広田弘毅 1948.12.23
松井石根 1948.12.23
武藤章 1948.12.23
岩槻信治 1948. -. -
中村七三郎 1948. -. -
宇野円空 1949. 1. 1
塩野季彦 1949. 1. 7
梅津美治郎 1949. 1. 8
蔵原惟郭 1949. 1. 8
財部彪 1949. 1.13
嶋中雄作 1949. 1.17
牧野伸顕 1949. 1.25
松本幸四郎(7代) 1949. 1.27
安部磯雄 1949. 2.10
沢村宗十郎(7代) 1949. 3. 2
安田銕之助 1949. 3.19
高野岩三郎 1949. 4. 5
須崎芳三郎 1949. 4.28
中村武羅夫 1949. 5.13
宮地直一 1949. 5.16
佐藤紅緑 1949. 6. 3
白鳥敏夫 1949. 6. 3
小野武夫 1949. 6. 5
川島浪速 1949. 6.14
金九 1949. 6.26
竹下勇 1949. 7. 1
尾上菊五郎(6代) 1949. 7.10
姉崎正治 1949. 7.23
伊沢多喜男 1949. 8.13
石原莞爾 1949. 8.15
加藤茂苞 1949. 8.16
上村松園 1949. 8.27
東浦庄治 1949. 9. 2
黒正巌 1949. 9. 3
紀平正美 1949. 9.19
稲畑勝太郎 1949. 9.29
斎藤隆夫 1949.10. 7
河上清 1949.10.12
高島米峰 1949.10.25
中島知久平 1949.10.29
松平恒雄 1949.11.14
パーマー Harold E. Palmer 1949.11.16
柴田桂太 1949.11.19
若槻礼次郎 1949.11.20
水野錬太郎 1949.11.25
森田草平 1949.12.14
鹿子木員信 1949.12.23
青木信光 1949.12.27
タンマラカ Tan Malaka 1949. -. -
陸徴祥 1949. -. -
藤本清兵衛(2代) 1949. -. -
小川清彦 1950. 1.10
竹越与三郎 1950. 1.12
波多野精一 1950. 1.17
秋山定輔 1950. 1.19
野口幽香 1950. 1.27
田辺治通 1950. 1.30
三田定則 1950. 2. 6
井上正夫 1950. 2. 7
野上豊一郎 1950. 2.23
稲田竜吉 1950. 2.27
今井登志喜 1950. 3.21
岡崎文夫 1950. 3.24
岩田愛之助 1950. 3. -
吉田博 1950. 4. 5
六角紫水 1950. 4.15
相馬御風 1950. 5. 8
坂西利八郎 1950. 5.31
関屋貞三郎 1950. 6.10
松方幸次郎 1950. 6.24
児島喜久雄 1950. 7. 5
三淵忠彦 1950. 7.14
東郷茂徳 1950. 7.23
千石興太郎 1950. 8.22
原田慶吉 1950. 9. 1
大幸勇吉 1950. 9. 9
野沢吉兵衛(8代) 1950. 9.20
藤原咲平 1950. 9.22
池田成彬 1950.10. 9
三浦謹之助 1950.10.11
小磯国昭 1950.11. 3
石渡荘太郎 1950.11. 4
白柳秀湖 1950.11. 9
ラムステッド Gustaf John Ramstedt 1950.11.25
楠山正雄 1950.11.26
長岡半太郎 1950.12.11
林毅陸 1950.12.17
鈴木忠治 1950.12.29
高野佐三郎 1950.12.30
三上義夫 1950.12.31
馬占山 1950. -. -
守正王 1951. 1. 1
仁科芳雄 1951. 1.10
米窪満亮 1951. 1.16
宮本百合子 1951. 1.21
白井松次郎 1951. 1.23
宮嶋資夫 1951. 2.19
実川延若(2代) 1951. 2.22
幣原喜重郎 1951. 3.10
宮部金吾 1951. 3.16
金子薫園 1951. 3.30
菊池秋雄 1951. 4. 5
クオン=デ Cuong Dê 1951. 4. 6
前田夕暮 1951. 4.20
山本忠興 1951. 4.21
常磐津文字太夫(7代) 1951. 5. 4
貞明皇后 1951. 5.17
堀内干城 1951. 5.28
林芙美子 1951. 6.29
今井嘉幸 1951. 6.30
大井成元 1951. 7.15
結城豊太郎 1951. 8. 1
佐藤義亮 1951. 8.18
久村清太 1951. 9. 1
岡麓 1951. 9. 7
末弘厳太郎 1951. 9.11
朝永三十郎 1951. 9.18
矢野恒太 1951. 9.23
小泉又次郎 1951. 9.24
山口吉郎兵衛(4代) 1951.10. 2
島津源蔵(2代) 1951.10. 3
小平浪平 1951.10. 5
鶴沢友次郎(6代) 1951.10. 8
膳桂之助 1951.11.25
芦田恵之助 1951.12. 9
原石鼎 1951.12.20
許憲 1951. -. -
八浜徳三郎 1951. -. -
西川正治 1952. 1. 5
藤井健次郎 1952. 1.11
田原淳 1952. 1.19
松野菊太郎 1952. 1.25
本多静六 1952. 1.29
蒲原有明 1952. 2. 3
木村小左衛門 1952. 2.28
久米正雄 1952. 3. 1
有坂秀世 1952. 3.13
豊田喜一郎 1952. 3.27
三鬼隆 1952. 4. 9
三田村鳶魚 1952. 5.14
中井正一 1952. 5.17
田中館愛橘 1952. 5.21
古島一雄 1952. 5.27
和田小六 1952. 6.11
山本実彦 1952. 7. 1
菱刈隆 1952. 7.31
茅原華山 1952. 8. 4
平沼騏一郎 1952. 8.22
大河内正敏 1952. 8.29
小杉天外 1952. 9. 1
広瀬政次 1952. 9. 8
市村羽左衛門(16代) 1952.10. 4
岡田啓介 1952.10.17
土井晩翠 1952.10.19
池内宏 1952.11. 1
富本豊前太夫(9代) 1952.11.30
中井猛之進 1952.12. 6
藤田五郎 1952.12. 8
エロシェンコ Vasilii Eroshenko 1952.12.23
藤浪与兵衛(3代) 1952.12.24
中山晋平 1952.12.30
竹本大隅太夫(4代) 1952. -. -
樋貝詮三 1953. 1. 1
雍仁親王 1953. 1. 4
横田成年 1953. 1.11
鳥居龍蔵 1953. 1.14
河辺貞吉 1953. 1.17
河井道 1953. 2.11
斎藤茂吉 1953. 2.25
美濃部洋次 1953. 2.28
斎藤恒 1953. 3. 8
佐野学 1953. 3. 9
伊東静雄 1953. 3.12
古田俊之助 1953. 3.23
長崎英造 1953. 4.29
堀辰雄 1953. 5.28
乙竹岩造 1953. 6.17
幣原坦 1953. 6.29
斎藤瀏 1953. 7. 5
阪東妻三郎 1953. 7. 7
河本大作 1953. 8.25
折口信夫 1953. 9. 3
阿部信行 1953. 9. 7
布施辰治 1953. 9.28
塩野義三郎(2代) 1953.10. 3
野口兼資 1953.10. 4
徳田球一 1953.10.14
樺山愛輔 1953.10.21
ガントレット恒子 1953.11.29
田熊常吉 1953.12.22
井野辺茂雄 1954. 1.20
香取秀真 1954. 1.31
ベイティ Thomas Baty 1954. 2. 2
石射猪太郎 1954. 2. 8
本多光太郎 1954. 2.12
相馬愛蔵 1954. 2.14
市来乙彦 1954. 2.19
岸田国士 1954. 3. 5
前田米蔵 1954. 3.18
煙山専太郎 1954. 3.21
山鹿旗之進 1954. 4. 1

項目一覧

伊東忠太 1954. 4. 7
来栖三郎 1954. 4. 7
新納忠之介 1954. 4.13
安藤紀三郎 1954. 5.10
幸田成友 1954. 5.15
山崎朝雲 1954. 6. 4
三宅克己 1954. 6.30
山崎今朝弥 1954. 7.29
前田普羅 1954. 8. 8
西原亀三 1954. 8.22
暁烏敏 1954. 8.27
中村吉右衛門(初代) 1954. 9. 5
御木本幸吉 1954. 9.21
尾崎行雄 1954.10. 6
松本烝治 1954.10. 8
吉沢義則 1954.11. 5
吉田茂 1954.12. 9
太田水穂 1955. 1. 1
塩原又策 1955. 1. 7
潮恵之輔 1955. 1. 9
河原田稼吉 1955. 1.22
モット John Raleigh Mott 1955. 1.31
坂口安吾 1955. 2.17
田中伝左衛門(10代) 1955. 2.22
クローデル Paul Louis Charles Claudel 1955. 2.23
能勢朝次 1955. 2.25
野中至 1955. 2.28
相馬黒光 1955. 3. 2
金光庸夫 1955. 3. 5
羽田亨 1955. 4.13
下村湖人 1955. 4.20
桂文治(8代) 1955. 5.20
佐々木到一 1955. 5.30
恩地孝四郎 1955. 6. 3
ウォーナー Langdon Warner 1955. 6. 9
豊島与志雄 1955. 6.18
ハル Cordell Hull 1955. 7.23
宮武外骨 1955. 7.28
戸田貞三 1955. 7.31
丸山幹治 1955. 8.13
川村竹治 1955. 9. 8
菊池契月 1955. 9. 9
笠木良明 1955. 9.23
大達茂雄 1955. 9.25
カンドー Sauveur Antoine Candau 1955. 9.28
辻善之助 1955.10.13
安藤正純 1955.10.14
鶴沢総明 1955.10.21
大山郁夫 1955.11.30
菊池武夫 1955.12. 1
栗田元次 1955.12. 1
岩崎久弥 1955.12. 2
南次郎 1955.12. 5
棚橋寅五郎 1955.12.11
百田宗治 1955.12.12
赤松克麿 1955.12.13
安井曾太郎 1955.12.14
ディルクセン Herbert von Dirksen 1955.12.19
清野謙次 1955.12.27
柴山兼四郎 1956. 1.23
緒方竹虎 1956. 1.28
日野草城 1956. 1.29
沖野岩三郎 1956. 1.31
キリーノ Elpidio Quirino 1956. 2.29
服部之総 1956. 3. 4
織田一磨 1956. 3. 8
梅根常三郎 1956. 3.17
高村光太郎 1956. 4. 2
馬場恒吾 1956. 4. 5
伍堂卓雄 1956. 4. 7
吉田絃二郎 1956. 4.21
宇垣一成 1956. 4.30
松本たかし 1956. 5.11
橋本増吉 1956. 5.19
太田亮 1956. 5.27
稀音家浄観(2代) 1956. 5.28
山川智応 1956. 6. 2
宮城道雄 1956. 6.25
三木武吉 1956. 7. 4
溝口健二 1956. 8.24
真崎甚三郎 1956. 8.31
岡田武松 1956. 9. 2
明石照男 1956. 9.29
多忠朝 1956.10.21
黒田英雄 1956.11. 1
斎藤良衛 1956.11. 4
三輪寿壮 1956.11.14
会津八一 1956.11.21
石川三四郎 1956.11.28
佐野利器 1956.12. 5
池田亀鑑 1956.12.19
青山杉作 1956.12.26
市川団十郎(10代) 1956. -. -
林献堂 1956. -. -
有馬頼寧 1957. 1.10
尾上紫舟 1957. 1.13
牧野富太郎 1957. 1.18
小林一三 1957. 1.25
志賀潔 1957. 1.25
重光葵 1957. 1.26
大口喜六 1957. 1.27
大麻唯男 1957. 2.20
桜間弓川 1957. 3. 1
村田省蔵 1957. 3.15
結城素明 1957. 3.24
小林古径 1957. 4. 3
ノーマン Egerton Herbert Norman 1957. 4. 4
羽仁もと子 1957. 4. 7
渡辺世祐 1957. 4.28
江藤源九郎 1957. 5. 3
橋本欣五郎 1957. 6.29
川合玉堂 1957. 6.30
生江孝之 1957. 7.31
長沼妙佼 1957. 9.10
豊田副武 1957. 9.22
星野輝興 1957.10.14
中野金次郎 1957.10.30
徳富蘇峰 1957.11. 2
徳川武定 1957.11.29
前田河広一郎 1957.12. 4
下村海南 1957.12. 9
マキノ光雄 1957.12. 9
大川周明 1957.12.24
砂田重政 1957.12.27
山崎猛 1957.12.27
松本彦次郎 1958. 1.14
富崎春昇 1958. 2. 2
葛生能久 1958. 2. 3
岩住良治 1958. 2.10
徳永直 1958. 2.15
横山大観 1958. 2.26
久保栄 1958. 3.15
浜田国太郎 1958. 3.15
山川均 1958. 3.23
武田祐吉 1958. 3.29
西山翠嶂 1958. 3.30
戸田城聖 1958. 4. 2
宮地嘉六 1958. 4.10
藤田元春 1958. 4.13
門野重九郎 1958. 4.24
林頼三郎 1958. 5. 7
及川古志郎 1958. 5. 9
蓼胡蝶 1958. 7. 2
藤井甚太郎 1958. 7. 9
俵国一 1958. 7.30
藤懸静也 1958. 8. 5
松岡駒吉 1958. 8.14
中西伊之助 1958. 9. 1
小笠原長生 1958. 9.20
安藤広太郎 1958.10.14
岡田忠彦 1958.10.30
木村荘八 1958.11.18
山田孝雄 1958.11.20
吉植庄亮 1958.12. 7
三好十郎 1958.12.16
飯塚琅玕斎 1958.12.17
石井柏亭 1958.12.29
宗像利吉 1958. -. -
堺為子 1959. 1. 2
和田英作 1959. 1. 3
観世華雪 1959. 1. 6
山本一清 1959. 1.16
新木栄吉 1959. 2. 1
平沼亮三 1959. 2.13
小岩井浄 1959. 2.19
岡倉士朗 1959. 2.22
鳩山一郎 1959. 3. 7
井上匡四郎 1959. 3.18
魚澄惣五郎 1959. 3.26
高浜虚子 1959. 4. 8
中川末吉 1959. 4. 8
ライト Frank Lloyd Wright 1959. 4. 9
田宮嘉右衛門 1959. 4.13
川路柳虹 1959. 4.17
永井荷風 1959. 4.30
堀悌吉 1959. 5.12
クレーギー *Sir* Robert Leslie Craigie 1959. 5.16
吉岡弥生 1959. 5.22
ダレス John Foster Dulles 1959. 5.24
土方与志 1959. 6. 4
岡繁樹 1959. 6. 5
金森徳次郎 1959. 6.16
芦田均 1959. 6.20
苫米地義三 1959. 6.29
川上多助 1959. 7. 4
中村時蔵(3代) 1959. 7.12
伊藤永之介 1959. 7.26
清水六兵衛(5代) 1959. 8. 1
ラウレス Johannes Laures 1959. 8. 3
五島慶太 1959. 8.14
梅若実(2代) 1959. 8.16
渥美清太郎 1959. 8.20
本間憲一郎 1959. 9.19
内山完造 1959. 9.20
阿部次郎 1959.10.20
ラウレル Jose P. Laurel 1959.11. 6
小山松寿 1959.11.25
千葉命吉 1959.12.29
風巻景次郎 1960. 1. 4
松阪広政 1960. 1. 5
火野葦平 1960. 1.24
高木貞治 1960. 2.28
石黒忠篤 1960. 3.10
藤原銀次郎 1960. 3.17
林譲治 1960. 4. 5
賀川豊彦 1960. 4.23
中島久万吉 1960. 4.25
服部卓四郎 1960. 4.30
閻錫山 1960. 5.23
蘆田伊人 1960. 6. 6
野村兼太郎 1960. 6.22
斉藤惣一 1960. 7. 5
中村清二 1960. 7.18
河井弥八 1960. 7.21
後藤守一 1960. 7.30
常磐津文字兵衛(3代) 1960. 8. 6
犬養健 1960. 8.28
浅沼稲次郎 1960.10.12

小坂順造	1960.10.16
中村富十郎(4代)	1960.10.17
西尾寿造	1960.10.26
松村松年	1960.11. 7
吉井勇	1960.11.15
藤田亮策	1960.12.12
水谷長三郎	1960.12.17
和辻哲郎	1960.12.26
アンダーソン Johan Gunnar Andersson	1960. -. -
富田満	1961. 1.15
桂三木助(3代)	1961. 1.16
古川緑波	1961. 1.16
村松梢風	1961. 2.13
下中弥三郎	1961. 2.21
筧克彦	1961. 2.27
長田新	1961. 4.18
郷古潔	1961. 4.28
柳宗悦	1961. 5. 3
小川未明	1961. 5.11
駒井徳三	1961. 5.13
喜多村緑郎	1961. 5.16
牧野良三	1961. 6. 1
片山正夫	1961. 6.11
青野季吉	1961. 6.23
伊達源一郎	1961. 7.15
寺尾博	1961. 7.16
森律子	1961. 7.22
外村繁	1961. 7.28
妹尾義郎	1961. 8. 4
田中惣五郎	1961. 8. 4
北昤吉	1961. 8. 5
菅野序遊(5代)	1961. 8.20
前田蓮山	1961. 9.12
宇野浩二	1961. 9.21
長与善郎	1961.10.29
坂東三津五郎(7代)	1961.11.4
伊藤道郎	1961.11. 6
正田貞一郎	1961.11. 9
沼田多稼蔵	1961.11.15
小倉正恒	1961.11.20
豊田貞次郎	1961.11.21
津田左右吉	1961.12. 4
矢田挿雲	1961.12.13
須田国太郎	1961.12.16
風見章	1961.12.20
矢内原忠雄	1961.12.25
石井漠	1962. 1. 7
中村時蔵(4代)	1962. 1.28
熊谷岱蔵	1962. 2.19
鳥井信治郎	1962. 2.20
吉田文五郎	1962. 2.21
児島善三郎	1962. 3.22
室生犀星	1962. 3.26
武林無想庵	1962. 3.27
西東三鬼	1962. 4. 1
竜村平蔵	1962. 4.11
伊藤正徳	1962. 4.21
田辺元	1962. 4.29
畑俊六	1962. 5.10
秋田雨雀	1962. 5.12
塩谷温	1962. 6. 3
前田多門	1962. 6. 4
春日政治	1962. 6.30
小林躋造	1962. 7. 4
板沢武雄	1962. 7.15
山本英輔	1962. 7.27
柳田国男	1962. 8. 8
真島利行	1962. 8.19
岸沢式佐(10代)	1962. 9. 4
吉川英治	1962. 9. 7
植田謙吉	1962. 9.11
松永和風(4代)	1962. 9.26
塩入松三郎	1962.10. 1
章宗祥	1962.10. 1
飯田蛇笏	1962.10. 3
松野鶴平	1962.10.18
小倉金之助	1962.10.21
谷正之	1962.10.26
正宗白鳥	1962.10.28
信夫淳平	1962.11. 1
滝川幸辰	1962.11.16
植原悦二郎	1962.12. 2
細川嘉六	1962.12. 2
奈良武次	1962.12.21
張景恵	1962. -. -
石原忍	1963. 1. 3
河野省三	1963. 1. 8
伊藤証信	1963. 1.14
鈴木虎雄	1963. 1.20
東恩納寛惇	1963. 1.24
吉田秀雄	1963. 1.27
湯沢三千男	1963. 2.21
酒井田柿右衛門(12代)	1963. 3. 7
安藤幸	1963. 4. 8
野村胡堂	1963. 4.14
久保田万太郎	1963. 5. 6
松林桂月	1963. 5.22
橋本多佳子	1963. 5.29
富本憲吉	1963. 6. 8
長谷川伸	1963. 6.11
市川猿之助(2代)	1963. 6.12
和田清	1963. 6.22
尾山篤二郎	1963. 6.23
宇井伯寿	1963. 7.14
田子一民	1963. 8.15
宮島清次郎	1963. 9. 6
秦徳純	1963. 9. 7
河田烈	1963. 9.27
園部秀雄	1963. 9.29
板谷波山	1963.10.10
加藤武男	1963.10.17
松本健次郎	1963.10.17
渋沢敬三	1963.10.25
百武三郎	1963.10.30
三枝博音	1963.11. 9
勝沼精蔵	1963.11.10
相沢春洋	1963.11.23
市村咸人	1963.11.28
佐佐木信綱	1963.12. 2
小津安二郎	1963.12.12
板倉卓造	1963.12.23
長谷川勘兵衛(16代)	1964.1.16
牧野虎次	1964. 2. 1
アギナルド Emilio Aguinaldo	1964. 2. 6
野沢喜八郎(9代)	1964.2.17
尾崎士郎	1964. 2.19
高碕達之助	1964. 2.24
竜粛	1964. 2.25
辰野隆	1964. 2.28
太田垣士郎	1964. 3.16
マッカーサー Douglas Mac Arthur	1964. 4. 5
三好達治	1964. 4. 5
広瀬豊作	1964. 4.12
小杉放庵	1964. 4.16
朝倉文夫	1964. 4.18
堤康次郎	1964. 4.26
佐藤春夫	1964. 5. 6
長田幹彦	1964. 5. 6
一柳米来留	1964. 5. 7
野村吉三郎	1964. 5. 8
光田健輔	1964. 5.14
大野伴睦	1964. 5.29
高群逸枝	1964. 6. 7
野村秀雄	1964. 6.20
三田村四郎	1964. 6.20
阿部真之助	1964. 7. 9
ピブンソンクラーム Phibunsongkhram, Plaek	1964. 7.14
吉田熊次	1964. 7.15
石山賢吉	1964. 7.23
林久治郎	1964. 7.23
山本東次郎(3代)	1964.7.26
尾上菊之丞	1964. 8.13
三笑亭可楽(8代)	1964.8.23
杉山元治郎	1964.10.11
松根東洋城	1964.10.28
生駒雷遊	1964.12. 2
杉道助	1964.12.14
石川信吾	1964.12.17
西田直二郎	1964.12.26
三木露風	1964.12.29
芳沢謙吉	1965. 1. 5
花柳章太郎	1965. 1. 6
河井酔茗	1965. 1.17
三船久蔵	1965. 1.27
久原房之助	1965. 1.29
河辺正三	1965. 3. 2
有田八郎	1965. 3. 4
サンソム *Sir* George Bailey Sansom	1965. 3. 8
土橋八千太	1965. 3.11
岩村通世	1965. 3.13
水沼辰夫	1965. 4.15
中勘助	1965. 5. 3
加藤玄智	1965. 5. 8
グルー Joseph Clark Grew	1965. 5.25
岡野喜太郎	1965. 6. 6
近藤栄蔵	1965. 7. 3
河野一郎	1965. 7. 8
山下徳治	1965. 7.10
内藤民治	1965. 7.15
山田乙三	1965. 7.18
梅崎春生	1965. 7.19
李承晩	1965. 7.19
赤松常子	1965. 7.21
江戸川乱歩	1965. 7.28
谷崎潤一郎	1965. 7.30
信時潔	1965. 8. 1
佐々木惣一	1965. 8. 4
池田勇人	1965. 8.13
高見順	1965. 8.17
桜井忠温	1965. 9.17
市川団十郎(11代)	1965.11.10
河上丈太郎	1965.12. 3
中野友礼	1965.12.10
山田三良	1965.12.17
工藤鉄三郎	1965.12.18
山田耕筰	1965.12.29
藤蔭静樹	1966. 1. 2
川田順	1966. 1.22
岩田宙造	1966. 2.22
川端竜子	1966. 4.10
ピゴット Francis Stewart Gilderoy Piggott	1966. 4.26
二木謙三	1966. 4.27
山中峯太郎	1966. 4.28
小宮豊隆	1966. 5. 3
栗栖赳夫	1966. 5.10
小泉信三	1966. 5.11
清元梅吉(3代)	1966. 6. 1
市川団蔵(8代)	1966. 6. 4
安倍能成	1966. 6. 7
高橋三吉	1966. 6.15
仁井田陞	1966. 6.22
鈴木大拙	1966. 7.12
牟田口廉也	1966. 8. 2
岡村寧次	1966. 9. 2
小原直	1966. 9. 8
村上直次郎	1966. 9.17
吉田一	1966. 9.17
佐々木隆興	1966.10.31
荒木貞夫	1966.11. 2
小沢治三郎	1966.11. 9
亀井勝一郎	1966.11.14
吉田善吾	1966.11.14

項目一覧

河井寛次郎	1966. 11. 18
大久保留次郎	1966. 11. 19
松本治一郎	1966. 11. 22
一竜斎貞山(7代)	1966. 12. 7
東条操	1966. 12. 18
曹汝霖	1966. -. -
徳王	1966. -. -
広川弘禅	1967. 1. 7
パール Radha Binod Pal	1967. 1. 10
吉田奈良丸(2代)	1967. 1. 20
武島羽衣	1967. 2. 3
津島寿一	1967. 2. 7
鮎川義介	1967. 2. 13
岩佐作太郎	1967. 2. 13
山本周五郎	1967. 2. 14
満井佐吉	1967. 2. 16
柳原白蓮	1967. 2. 22
井上日召	1967. 3. 4
和田博雄	1967. 3. 4
唐沢俊樹	1967. 3. 14
勝本清一郎	1967. 3. 23
加藤完治	1967. 3. 30
伊藤熹朔	1967. 3. 31
窪田空穂	1967. 4. 12
豊竹若大夫(10代)	1967. 4. 18
豊竹山城少掾	1967. 4. 22
矢部貞治	1967. 5. 7
金沢庄三郎	1967. 6. 2
磯谷廉介	1967. 6. 6
山下太郎	1967. 6. 9
高柳賢三	1967. 6. 11
壺井栄	1967. 6. 23
清瀬一郎	1967. 6. 27
古田良一	1967. 7. 12
浅原健三	1967. 7. 19
花田大五郎	1967. 7. 26
孔祥熙	1967. 8. 15
新村出	1967. 8. 17
和田三造	1967. 8. 22
溥儀	1967. 10. 17
吉田茂	1967. 10. 20
時枝誠記	1967. 10. 27
中山正善	1967. 11. 14
河竹繁俊	1967. 11. 15
中田薫	1967. 11. 21
笠信太郎	1967. 12. 4
山梨勝之進	1967. 12. 17
柿内三郎	1967. 12. 24
周作人	1967. -. -
町野武馬	1968. 1. 10
松永東	1968. 1. 22
藤田嗣治	1968. 1. 29
下村定	1968. 3. 25
林博太郎	1968. 4. 28
大谷米太郎	1968. 5. 19
大村清一	1968. 5. 24
古武弥四郎	1968. 5. 30
山崎巌	1968. 6. 26
子母沢寛	1968. 7. 19
大原総一郎	1968. 7. 27
天羽英二	1968. 7. 31
クアン=アパイウォン Khuang Aphaiwong	1968. 8. -
広津和郎	1968. 9. 21
今村均	1968. 10. 3
沢瀉久孝	1968. 10. 14
石田英一郎	1968. 11. 9
北村徳太郎	1968. 11. 15
沢村田之助(5代)	1968. 12. 3
渋谷兼八	1968. 12. 16
双葉山定次	1968. 12. 16
中村福助(高砂屋系5代)	1969. 1. 1
三好伊平次	1969. 1. 8
羽原又吉	1969. 3. 19
柳田泉	1969. 6. 7
矢部長克	1969. 6. 23
石川謙	1969. 7. 12
坂本繁二郎	1969. 7. 14
生方敏郎	1969. 8. 6
近藤憲二	1969. 8. 6
奥村喜和男	1969. 8. 19
左近司政三	1969. 8. 30
ホー=チミン Ho-Chi-Minh	1969. 9. 3
松村武雄	1969. 9. 25
市川左団次(3代)	1969. 10. 3
正力松太郎	1969. 10. 9
木宮泰彦	1969. 10. 30
長谷川如是閑	1969. 11. 11
劉少奇	1969. 11. 12
伊藤整	1969. 11. 15
中村岳陵	1969. 11. 20
田村栄太郎	1969. 11. 29
高柳光寿	1969. 12. 1
長谷部言人	1969. 12. 3
高坂正顕	1969. 12. 9
獅子文六	1969. 12. 13
倉田主税	1969. 12. 25
大谷竹次郎	1969. 12. 26
矢野仁一	1970. 1. 2
永野護	1970. 1. 3
榎本健一	1970. 1. 7
石川一郎	1970. 1. 20
花柳寿輔(2代)	1970. 1. 22
中村孝也	1970. 2. 5
西岡虎之助	1970. 2. 26
市河三喜	1970. 3. 17
西光万吉	1970. 3. 20
石原広一郎	1970. 4. 16
牧野英一	1970. 4. 18
須磨弥吉郎	1970. 4. 30
鈴木茂三郎	1970. 5. 7
河合良成	1970. 5. 14
守島伍郎	1970. 6. 4
山田抄太郎	1970. 6. 8
スカルノ Sukarno	1970. 6. 21
藤田尚徳	1970. 7. 23
内田吐夢	1970. 8. 7
西条八十	1970. 8. 12
桐竹紋十郎(2代)	1970. 8. 21
山内清男	1970. 8. 29
長谷川清	1970. 9. 2
富本豊前太夫(10代)	1970. 9. 6
春日弘	1970. 9. 12
豊道春海	1970. 9. 26
坂田昌一	1970. 10. 16
川島正次郎	1970. 11. 9
泉靖一	1970. 11. 15
細川護立	1970. 11. 18
岩畔豪雄	1970. 11. 22
大宅壮一	1970. 11. 22
三島由紀夫	1970. 11. 25
伊木寿一	1970. 11. 28
飯塚浩二	1970. 12. 4
山井基清	1970. 12. 8
加藤鐐五郎	1970. 12. 19
内田信也	1971. 1. 7
喜多六平太	1971. 1. 11
宮崎竜介	1971. 1. 23
福留繁	1971. 2. 6
市川寿海	1971. 4. 3
内田百閒	1971. 4. 20
宋子文	1971. 4. 25
吉野信次	1971. 5. 9
平塚らいてう	1971. 5. 24
山口蓬春	1971. 5. 31
斯波孝四郎	1971. 6. 13
日夏耿之介	1971. 6. 13
松永安左ヱ門	1971. 6. 16
市川中車(8代)	1971. 6. 20
ライシャワー August Karl Reischauer	1971. 7. 10
徳川夢声	1971. 8. 1
松村謙三	1971. 8. 21
小熊捍	1971. 9. 10
志賀直哉	1971. 10. 21
金田一京助	1971. 11. 14
駒井和愛	1971. 11. 22
桂文楽(8代)	1971. 12. 12
佐藤尚武	1971. 12. 18
三品彰英	1971. 12. 19
高田保馬	1972. 2. 2
平林たい子	1972. 2. 17
吉住小三郎	1972. 2. 27
鏑木清方	1972. 3. 2
川端康成	1972. 4. 16
水野成夫	1972. 5. 4
高村豊周	1972. 6. 2
田中隆吉	1972. 6. 5
丸山二郎	1972. 6. 30
田中義麿	1972. 7. 1
瀬越憲作	1972. 7. 27
久布白落実	1972. 10. 23
内田祥三	1972. 12. 14
棚橋小虎	1973. 2. 20
吉田一穂	1973. 3. 1
石井鶴三	1973. 3. 17
椎名麟三	1973. 3. 28
足立正	1973. 3. 29
菊田一夫	1973. 4. 4
阿部知二	1973. 4. 23
石橋湛山	1973. 4. 25
吉田富三	1973. 4. 27
大佛次郎	1973. 4. 30
関鑑子	1973. 5. 1
伊藤忠兵衛(2代)	1973. 5. 29
近衛秀麿	1973. 6. 2
高瀬清	1973. 8. 7
益谷秀次	1973. 8. 18
緒方知三郎	1973. 8. 25
白鳥省吾	1973. 8. 27
松方三郎	1973. 9. 15
芳村伊十郎(7代)	1973. 9. 20
古今亭志ん生(5代)	1973. 9. 21
山本嘉次郎	1973. 9. 21
我妻栄	1973. 10. 21
鶴見祐輔	1973. 11. 1
サトウハチロー	1973. 11. 13
友松圓諦	1973. 11. 16
浜田広介	1973. 11. 17
本庄栄治郎	1973. 11. 18
愛知揆一	1973. 11. 23
早川雪洲	1973. 11. 23
後宮淳	1973. 11. 24
岡敬純	1973. 12. 4
野村直邦	1973. 12. 12
山本有三	1974. 1. 11
朴烈	1974. 1. 17
天野辰夫	1974. 1. 20
尾崎喜八	1974. 2. 4
宇野哲人	1974. 2. 19
赤井米吉	1974. 2. 26
田中耕太郎	1974. 3. 1
福田平八郎	1974. 3. 22
松本学	1974. 3. 27
橘孝三郎	1974. 3. 30
深尾須磨子	1974. 3. 31
平塚常次郎	1974. 4. 4
中村星湖	1974. 4. 13
南原繁	1974. 5. 19
広瀬久忠	1974. 5. 22
石田幹之助	1974. 5. 25
木村伊兵衛	1974. 5. 31
務台理作	1974. 7. 5
神山茂夫	1974. 7. 8
神田茂	1974. 7. 29
佐藤達夫	1974. 9. 12
高野実	1974. 9. 13
有島生馬	1974. 9. 15

花田清輝	1974. 9.23
吉田栄三(2代)	1974.10.30
新見吉治	1974.11. 4
菊池正士	1974.11.12
高木市之助	1974.12.23
原田淑人	1974.12.23
坂東三津五郎(8代)	1975.1.16
佐藤賢了	1975. 2. 6
森島守人	1975. 2.17
丹羽保次郎	1975. 2.28
石坂泰三	1975. 3. 6
中川善之助	1975. 3.20
戒能通孝	1975. 3.22
阪本勝	1975. 3.22
守田勘弥(14代)	1975. 3.28
蔣介石	1975. 4. 5
藤浪与兵衛(4代)	1975.5.7
矢代幸雄	1975. 5.25
佐藤栄作	1975. 6. 3
大島浩	1975. 6. 6
大場磐雄	1975. 6. 7
林武	1975. 6.23
朝比奈泰彦	1975. 6.30
金子光晴	1975. 6.30
佐佐木行忠	1975. 8.10
壺井繁治	1975. 9. 4
堂本印象	1975. 9. 5
棟方志功	1975. 9.13
林房雄	1975.10. 9
上原専禄	1975.10.28
倉石武四郎	1975.11.14
三島徳七	1975.11.19
田中親美	1975.11.24
鹿島守之助	1975.12. 3
正木昊	1975.12. 6
井上成美	1975.12.15
堀米庸三	1975.12.22
沢村宗十郎(8代)	1975.12.25
大類伸	1975.12.27
長野朗	1975. -. -
檀一雄	1976. 1. 2
周恩来	1976. 1. 8
舟橋聖一	1976. 1.13
八木秀次	1976. 1.19
大浜信泉	1976. 2.13
薩摩治郎八	1976. 2.22
中村直勝	1976. 2.23
久松潜一	1976. 3. 2
藤原義江	1976. 3.22
武者小路実篤	1976. 4. 9
岡田弥一郎	1976. 4.28
荻原井泉水	1976. 5.20
嶋田繁太郎	1976. 6. 7
久板栄二郎	1976. 6. 9
日高信六郎	1976. 6.18
安川第五郎	1976. 6.25
田中長三郎	1976. 6.28
石原謙	1976. 7. 4
朱徳	1976. 7. 6
オット Eugen Ott	1976. 8.11
宮沢俊義	1976. 9. 4
徳川義親	1976. 9. 6
毛沢東	1976. 9. 9
石橋正二郎	1976. 9.11
武田泰淳	1976.10. 5
森有正	1976.10.18
瀬川菊之丞(6代)	1976.11. 3
神田伯山(5代)	1976.11. 4
浅見与七	1976.11. 6
水田三喜男	1976.12.22
高橋亀吉	1977. 2.10
末川博	1977. 2.16
宇野弘蔵	1977. 2.22
竹内好	1977. 3. 3
木川田一隆	1977. 3. 4
田中絹代	1977. 3.21
村山知義	1977. 3.22
木戸幸一	1977. 4. 6
幸祥光	1977. 4. 6
和歌森太郎	1977. 4. 7
山辺健太郎	1977. 4.16
賀屋興宣	1977. 4.28
江田三郎	1977. 5.22
藤森成吉	1977. 5.26
バモー Ba Maw	1977.5.28
青木一男	1977. 6.25
小野秀雄	1977. 7.18
迫水久常	1977. 7.25
熊谷守一	1977. 8. 1
石田茂作	1977. 8.10
今東光	1977. 9.19
小畑忠良	1977.10.11
前田青邨	1977.10.27
比嘉春潮	1977.11. 1
山高しげり	1977.11.13
海音寺潮五郎	1977.12. 1
小原国芳	1977.12.13
森末義彰	1977.12.17
浜田庄司	1978. 1. 5
吉田奈良丸(3代)	1978.1.12
花森安治	1978. 1.14
岡潔	1978. 3. 1
桂文治(9代)	1978. 3. 8
平野謙	1978. 4. 3
東郷青児	1978. 4.25
岡鹿之助	1978. 4.28
安田靫彦	1978. 4.29
前田一	1978. 5. 2
野村万蔵	1978. 5. 6
星野直樹	1978. 5.29
片山哲	1978. 5.30
郭沫若	1978. 6.12
スターマー Heinrich Georg Stahmer	1978. 6.13
古賀政男	1978. 7.25
石田礼助	1978. 7.27
植村甲午郎	1978. 8. 1
入江啓四郎	1978. 8.13
加藤勘十	1978. 9.27
山岡荘八	1978. 9.30
小林英夫	1978.10. 5
和知鷹二	1978.10.30
岩橋小弥太	1978.12. 9
赤松俊秀	1979. 1.24
萩原雄祐	1979. 1.29
富安風生	1979. 2.22
保利茂	1979. 3. 4
成田知巳	1979. 3. 9
船田中	1979. 4.12
西尾実	1979. 4.16
江馬務	1979. 5.10
巌本真理	1979. 5.11
影山正治	1979. 5.25
中島健蔵	1979. 6.11
朝永振一郎	1979. 7. 8
高木惣吉	1979. 7.27
鍋山貞親	1979. 8.18
中野重治	1979. 8.24
朝比奈宗源	1979. 8.25
三遊亭円生(6代)	1979.9.3
勅使河原蒼風	1979. 9. 5
麻生磯次	1979. 9. 9
木村毅	1979. 9.18
辻直四郎	1979. 9.24
椎名悦三郎	1979. 9.30
水谷八重子	1979.10. 1
朴正熙	1979.10.26
堀切善次郎	1979.11. 1
有賀喜左衛門	1979.12.20
平櫛田中	1979.12.30
星島二郎	1980. 1. 3
柴田雄次	1980. 1.28
塚本善隆	1980. 1.30
平野義太郎	1980. 2. 8
天野貞祐	1980. 3. 6
出隆	1980. 3. 9
大屋晋三	1980. 3. 9
植木庚子郎	1980. 3.11
ハッタ Mohammad Hatta	1980. 3.14
田所哲太郎	1980. 3.21
豊田武	1980. 3.29
渡辺銕蔵	1980. 4. 5
吉川幸次郎	1980. 4. 8
田中冬二	1980. 4. 9
中山伊知郎	1980. 4. 9
土岐善麿	1980. 4.15
清水六兵衛(6代)	1980.4.17
大内兵衛	1980. 5. 1
東山千栄子	1980. 5. 8
沢田美喜	1980. 5.12
後藤文夫	1980. 5.13
蠟山政道	1980. 5.15
井野碩哉	1980. 5.19
蓮沼門三	1980. 6. 6
大平正芳	1980. 6.12
野沢吉兵衛(9代)	1980.7.9
長沼賢海	1980. 7.14
岩田藤七	1980. 8.23
河上徹太郎	1980. 9.22
山川菊栄	1980.11. 2
長澤規矩也	1980.11.21
沢田茂	1980.12. 1
麻生太賀吉	1980.12. 2
山田盛太郎	1980.12.27
竹本大隅太夫(5代)	1980. -. -
北原泰作	1981. 1. 3
河野密	1981. 1. 4
宮本常一	1981. 1.30
市川房枝	1981. 2.11
藤本定義	1981. 2.18
蜷川虎三	1981. 2.27
荒畑寒村	1981. 3. 6
出光佐三	1981. 3. 7
松本信広	1981. 3. 8
堀口大学	1981. 3.15
森嘉兵衛	1981. 4. 8
森克己	1981. 4.26
五所平之助	1981. 5. 1
吉野源三郎	1981. 5.23
川喜多長政	1981. 5.24
宋慶齢	1981. 5.29
泉山三六	1981. 7. 7
水原秋桜子	1981. 7.17
前尾繁三郎	1981. 7.23
神近市子	1981. 8. 1
杵屋六左衛門(14代)	1981.8.23
湯川秀樹	1981. 9. 8
石井光次郎	1981. 9.20
河原崎長十郎(2代)	1981.9.22
十河信二	1981.10. 3
西尾末広	1981.10. 3
保田與重郎	1981.10. 4
上原敬二	1981.10.24
小林中	1981.10.28
金素雲	1981.11. 2
平野力三	1981.12.17
横溝正史	1981.12.28
安井英二	1982. 1. 9
松本幸四郎(8代)	1982.1.11
高橋誠一郎	1982. 2. 9
衣笠貞之助	1982. 2.26
岡田章雄	1982. 3.18
水原茂	1982. 3.26
上代たの	1982. 4. 8
植村環	1982. 5.26
西脇順三郎	1982. 6. 5
今井武夫	1982. 6.12
高橋幸八郎	1982. 7. 2
酒井田柿右衛門(13代)	1982. 7. 3

項目一覧

坪田譲治 1982. 7. 7
木村篤太郎 1982. 8. 8
鳩山薫 1982. 8. 15
中村翫右衛門(3代) 1982. 9. 21
芝祐泰 1982. 10. 10
諸橋轍次 1982. 12. 8
向井忠晴 1982. 12. 19
蔡培火 1983. 1. 4
原田敏明 1983. 1. 17
里見弴 1983. 1. 21
富本豊前太夫(11代) 1983. 1. 21
梅原末治 1983. 2. 19
井上光貞 1983. 2. 27
小林秀雄 1983. 3. 1
近藤真柄 1983. 3. 18
渋谷天外(2代) 1983. 3. 18
矢次一夫 1983. 3. 22
尾崎一雄 1983. 3. 31
片岡千恵蔵 1983. 3. 31
中村鴈治郎(2代) 1983. 4. 13
田中一松 1983. 4. 19
安田徳太郎 1983. 4. 22
朝田善之助 1983. 4. 29
プリディ Pridi Panomyong 1983. 5. 2
寺山修司 1983. 5. 4
東畑精一 1983. 5. 6
東竜太郎 1983. 5. 26
羽仁五郎 1983. 6. 8
廖承志 1983. 6. 10
辻村太郎 1983. 7. 15
西川鯉三郎(2代) 1983. 7. 31
中村草田男 1983. 8. 5
鈴木安蔵 1983. 8. 7
杉原荘介 1983. 9. 1
河野謙三 1983. 10. 16
北島正元 1983. 11. 1
田村泰次郎 1983. 11. 2
金栗四三 1983. 11. 13
福本和夫 1983. 11. 16
原田伴彦 1983. 12. 8
安岡正篤 1983. 12. 13
武見太郎 1983. 12. 20
弥永貞三 1983. 12. 30
中村栄孝 1984. 1. 4
児玉誉士夫 1984. 1. 18
一万田尚登 1984. 1. 22
北山茂夫 1984. 1. 30
三原脩 1984. 2. 6
平泉澄 1984. 2. 18
植村直己 1984. 2. -
田辺尚雄 1984. 3. 5
長谷川一夫 1984. 4. 6
岡部金治郎 1984. 4. 8
神田喜一郎 1984. 4. 10
林達夫 1984. 4. 25
高木八尺 1984. 4. 28
永野重雄 1984. 5. 4
森戸辰男 1984. 5. 28
吉田精一 1984. 6. 9
竹山道雄 1984. 6. 15
横田正俊 1984. 7. 1
今日出海 1984. 7. 30
大河内一男 1984. 8. 9
稲田正次 1984. 8. 14
後藤隆之助 1984. 8. 21
有吉佐和子 1984. 8. 30
遠藤三郎 1984. 10. 11
富田砕花 1984. 10. 17
伊東多三郎 1984. 10. 29
滝井孝作 1984. 11. 21
美濃部亮吉 1984. 12. 24
向坂逸郎 1985. 1. 22
石川達三 1985. 1. 31
中野好夫 1985. 2. 20
藤山愛一郎 1985. 2. 22
一志茂樹 1985. 2. 27
森銑三 1985. 3. 7
笠置シヅ子 1985. 3. 30
野上弥生子 1985. 3. 30
藤岡謙二郎 1985. 4. 14
吉村茂樹 1985. 4. 16
桜田武 1985. 4. 29
川口松太郎 1985. 6. 9
谷口雅春 1985. 6. 17
高橋礦一 1985. 8. 6
入江相政 1985. 9. 29
永田雅一 1985. 10. 24
東流斎馬琴(5代) 1985. 10. 26
直良信夫 1985. 11. 2
白洲次郎 1985. 11. 28
各務鉱三 1985. 12. 3
田中美知太郎 1985. 12. 18
増田甲子七 1985. 12. 21
佐々木更三 1985. 12. 24
顧維鈞 1985. -. -
猪谷六合雄 1986. 1. 10
梅原竜三郎 1986. 1. 16
石母田正 1986. 1. 18
小野清一郎 1986. 3. 9
高倉輝 1986. 4. 2
松田権六 1986. 6. 15
桜田一郎 1986. 6. 23
木原均 1986. 7. 27
杉原千畝 1986. 7. 31
西春彦 1986. 9. 20
荻須高徳 1986. 10. 14
黒田寿男 1986. 10. 21
小佐野賢治 1986. 10. 27
野村芳兵衛 1986. 11. 4
島尾敏雄 1986. 11. 12
円地文子 1986. 11. 14
木村義雄 1986. 11. 17
中村吉治 1986. 12. 10
桃裕行 1986. 12. 25
石川淳 1986. 12. 29
岸俊男 1987. 1. 21
宣仁親王 1987. 2. 3
清元延寿太夫(6代) 1987. 2. 5
貝塚茂樹 1987. 2. 9
坂本太郎 1987. 2. 16
阪本清一郎 1987. 2. 19
太田晶二郎 1987. 2. 20
北村西望 1987. 3. 4
亀井貫一郎 1987. 4. 7
桑田忠親 1987. 5. 5
望月太左衛門(10代) 1987. 5. 12
山岸徳平 1987. 5. 22
三上次男 1987. 6. 6
羽仁説子 1987. 7. 10
石原裕次郎 1987. 7. 17
岸信介 1987. 8. 7
栗島すみ子 1987. 8. 16
深沢七郎 1987. 8. 16
宝月圭吾 1987. 9. 13
稲山嘉寛 1987. 10. 9
大和田悌二 1987. 10. 18
何応欽 1987. 10. 21
海後宗臣 1987. 11. 22
宇野重吉 1988. 1. 9
有沢広巳 1988. 3. 7
鈴木成高 1988. 3. 7
岩生成一 1988. 3. 21
神川彦松 1988. 4. 5
桑原武夫 1988. 4. 10
中村勘三郎(17代) 1988. 4. 16
岩村忍 1988. 6. 1
木村京太郎 1988. 6. 11
土光敏夫 1988. 8. 4
清水幾太郎 1988. 8. 10
土屋喬雄 1988. 8. 19
茅誠司 1988. 11. 9
草野心平 1988. 11. 12
三木武夫 1988. 11. 14
小磯良平 1988. 12. 16
大岡昇平 1988. 12. 25
ノグチイサム 1988. 12. 30
陶希聖 1988. -. -
昭和天皇 1989. 1. 7
松本重治 1989. 1. 10
山階芳麿 1989. 1. 28
芥川也寸志 1989. 1. 31
小林行雄 1989. 2. 2
手塚治虫 1989. 2. 9
志賀義雄 1989. 3. 6
江口朴郎 1989. 3. 15
緒方富雄 1989. 3. 31
松下幸之助 1989. 4. 27
春日一幸 1989. 5. 2
槇有恒 1989. 5. 2
高村象平 1989. 5. 11
相沢忠洋 1989. 5. 22
美空ひばり 1989. 6. 24
尾上松緑(2代) 1989. 6. 25
下村治 1989. 6. 29
所三男 1989. 6. 30
荒垣秀雄 1989. 7. 8
鈴木貞一 1989. 7. 15
牧健二 1989. 7. 24
辰巳柳太郎 1989. 7. 29
伊藤律 1989. 8. 7
井上幸治 1989. 9. 9
津久井竜雄 1989. 9. 9
岡崎嘉平太 1989. 9. 22
前川春雄 1989. 9. 22
谷川徹三 1989. 9. 27
安倍源基 1989. 10. 6
榎一雄 1989. 11. 5
杉勇 1989. 11. 25
開高健 1989. 12. 9
田河水泡 1989. 12. 12
勝間田清一 1989. 12. 14
福島正夫 1989. 12. 14
栃錦清隆 1990. 1. 10
東久邇稔彦 1990. 1. 20
赤尾敏 1990. 2. 6
古在由重 1990. 3. 6
帯刀貞代 1990. 3. 31
池波正太郎 1990. 5. 3
丸岡秀子 1990. 5. 25
高倉新一郎 1990. 6. 7
岡崎敬 1990. 6. 11
藤山寛美 1990. 6. 21
ライシャワー Edwin Oldfather Reischauer 1990. 9. 1
土門拳 1990. 9. 15
奥村土牛 1990. 9. 25
岡義武 1990. 10. 5
飛鳥田一雄 1990. 10. 11
中井信彦 1990. 11. 27
土屋文明 1990. 12. 8
張群 1990. 12. 14
野間宏 1991. 1. 2
蔵原惟人 1991. 1. 25
井上靖 1991. 1. 29
宮本又次 1991. 3. 12
常磐津文字太夫(8代) 1991. 3. 19
橋本明治 1991. 3. 25
升田幸三 1991. 4. 5
末永雅雄 1991. 5. 7
安倍晋太郎 1991. 5. 15
実川延若(3代) 1991. 5. -
辻清明 1991. 7. 30
本田宗一郎 1991. 8. 5
松前重義 1991. 8. 25
戸田芳実 1991. 8. 29
今井正 1991. 11. 22
村川堅太郎 1991. 12. 23
保科善四郎 1991. 12. 25
海老沢有道 1992. 1. 3

寿岳文章　1992. 1. 16
滝川政次郎　1992. 1. 29
岡田嘉子　1992. 2. 10
有末精三　1992. 2. 14
末松保和　1992. 4. 10
冲中重雄　1992. 4. 20
川島武宜　1992. 5. 21
長谷川町子　1992. 5. 27
井上光晴　1992. 5. 30
今西錦司　1992. 6. 15
大山康晴　1992. 7. 26
鈴木敬三　1992. 7. 28
松本清張　1992. 8. 4
大槻文平　1992. 8. 9
中上健次　1992. 8. 12
稲葉修　1992. 8. 15
信夫清三郎　1992. 10. 10
新村猛　1992. 10. 31
赤堀四郎　1992. 11. 3
津田秀夫　1992. 11. 15
中村仲蔵(江戸系5代)　1992. 12. -
藤田たき　1993. 1. 4
井筒俊彦　1993. 1. 7
石井良助　1993. 1. 12
高良とみ　1993. 1. 17
安部公房　1993. 1. 22
戸板康二　1993. 1. 23
土田直鎮　1993. 1. 24
黒田俊雄　1993. 1. 26
服部良一　1993. 1. 30
大来佐武郎　1993. 2. 9
青山杉雨　1993. 2. 13
横田喜三郎　1993. 2. 17
芹沢光治良　1993. 3. 23
安良城盛昭　1993. 4. 12
島田謹二　1993. 4. 20
西園寺公一　1993. 4. 22
高山岩男　1993. 7. 5
井伏鱒二　1993. 7. 10
高橋竜太郎　1993. 7. 10
リッジウェー Matthew Bunker Ridgway　1993. 7. 26
藤山一郎　1993. 8. 21
富田正文　1993. 8. 27
小川環樹　1993. 8. 31
尾高邦雄　1993. 9. 11
荻江露友(5代)　1993. 9. 22
杉山寧　1993. 10. 20
山本安英　1993. 10. 20
マキノ雅広　1993. 10. 29
赤城宗徳　1993. 11. 11
野坂参三　1993. 11. 14
田中清玄　1993. 12. 10
五来重　1993. 12. 11
田中角栄　1993. 12. 16
片岡仁左衛門(14代)　1993. 12. -
灘尾弘吉　1994. 1. 22
溥傑　1994. 2. 28
田畑忍　1994. 3. 14
片岡仁左衛門(13代)　1994. 3. 26
金日成　1994. 7. 8
福田恆存　1994. 11. 20
千田是也　1994. 12. 21
高宗武　1994. -. -
ウーヌ U Nu　1995. 2. 14
前畑秀子　1995. 2. 24
田中寿美子　1995. 3. 15
尾上梅幸(7代)　1995. 3. 24
天中軒雲月(2代)　1995. 3. 31
福山敏男　1995. 5. 20
宮崎市定　1995. 5. 24
福田赳夫　1995. 7. 5
古島敏雄　1995. 8. 29
朝海浩一郎　1995. 9. 9
田部井健次　1995. 9. 14
大久保利謙　1995. 12. 31
岡本太郎　1996. 1. 7
武満徹　1996. 2. 10
司馬遼太郎　1996. 2. 12
金丸信　1996. 3. 28
大塚久雄　1996. 7. 9
渥美清　1996. 8. 4
丸山眞男　1996. 8. 15
遠藤周作　1996. 9. 29
石垣綾子　1996. 11. 12
藤沢周平　1997. 1. 26
屋良朝苗　1997. 2. 14
埴谷雄高　1997. 2. 19
竹内理三　1997. 3. 2
田中伝左衛門(11代)　1997. 3. 16
杉村春子　1997. 4. 4
磯村英一　1997. 4. 5
脇村義太郎　1997. 4. 17
住井すゑ　1997. 6. 16
増田四郎　1997. 6. 22
奥むめお　1997. 7. 7
小平邦彦　1997. 7. 26
井深大　1997. 12. 19
三船敏郎　1997. 12. 24
林屋辰三郎　1998. 2. 11
朴慶植　1998. 2. 12
加太こうじ　1998. 3. 13
島秀雄　1998. 3. 18
神島二郎　1998. 4. 5
宇野宗佑　1998. 5. 19
松田道雄　1998. 6. 1
西嶋定生　1998. 7. 25
堀田善衛　1998. 9. 5
黒澤明　1998. 9. 6
太田薫　1998. 9. 24
佐多稲子　1998. 10. 12
淀川長治　1998. 11. 11
織田幹雄　1998. 12. 2
木下恵介　1998. 12. 30
東山魁夷　1999. 5. 6
坂東三津五郎(9代)　1999. 4. -
江藤淳　1999. 7. 21
原文兵衛　1999. 9. 7
盛田昭夫　1999. 10. 3
中村元　1999. 10. 10
萩原尊禮　1999. 11. 14
小渕恵三　2000. 5. 14
竹下登　2000. 6. 19
宇都宮徳馬　2000. 7. 1
中村歌右衛門(6代)　2001. 3. 31
張学良　2001. 10. 14
加藤静枝　2001. 12. 22

《没年不詳》

相木鶴吉
阿部市郎兵衛
アレクセーエフ Kyril A. Alekseev
石橋太郎兵衛
伊藤次郎左衛門
ウェーバー Karl Ivanovitch Waebar
ウォートルス Thomas James Waters
歌橋
浦敬一
近江屋長兵衛
大庭柯公
岡谷家
小沢弁蔵
小野善右衛門
小野善助
梶野甚之助
何如璋
カション L'Abbé Mermet de Cachon
加藤祐一
カロザーズ Christopher Carrothers
煕洽
キンダー Thomas William Kinder
クーレ Jacques Coullet
景梅九
小西義敬
シュピース Gustav Spiess
スネル Schnell
武山勘七
田辺五兵衛
辻政信
デ＝ロング Charles E. De Long
董道寧
富本豊前太夫(7代)
西川甚五郎
西川伝右衛門
野沢伊久太
淵辺徳蔵
ベルクール P. Du Chesne de Bellecourt
ボアンビル Alfred Chastel de Boinville
ポートマン Anton L. C. Portman
ポルスブルック Dirk de Graeff van Polsbroek
正木護
松井源水
柳川一蝶斎(初代)
柳川一蝶斎(2代)

《生没未確認》

金枓奉
中岡艮一

《現　存》

海部俊樹
小泉純一郎
鈴木善幸
中曽根康弘
橋本龍太郎
羽田孜
細川護熙
宮沢喜一
村山富市
森喜朗

日本近現代人名辞典

二〇〇一年（平成十三）七月二十日　第一版第一刷発行
二〇一三年（平成二十五）十一月二十日　第一版第九刷発行

編集　臼井勝美　高村直助　鳥海靖　由井正臣

発行者　前田求恭

発行所　株式会社　吉川弘文館
〒一一三―〇〇三三
東京都文京区本郷七丁目二番八号
☎（〇三）三八一三―九一五一（代表）
振替口座〇〇一〇〇―五―二四四

ISBN978―4―642―01337―6

製版印刷　株式会社　東京印書館
本文用紙　三菱製紙株式会社
表紙クロス　ダイニック株式会社
製　本　誠製本株式会社
製　函　株式会社光陽紙器製作所

装　幀　山崎　登